DICCIONARIO ESPAÑOL - RUSO

L. Martínez Calvo

Este diccionario Español-Ruso contiene unas 80.000 voces consideradas detenidamente en las diversas acepciones, así como una rica fraseología con abundancia de locuciones, dichos, proverbios y términos científicos, técnicos, etc.

Al principio del mismo hemos incluido unas nociones de **Gramática española** y, al final, listas de nombres geográficos, históricos, mitológicos y patronímicos.

EDITORIAL RAMON SOPENA, S.A.

ИСПАНСКО-РУССКИЙ СЛОВАРЬ

Лаврентий М. Калво

Настоящий Испанско-Русский словарь содержит около 80.000 слов с широкой разработкой значений, а также богатая фразеология, много устойчивых и привычных словосочетаний, идиоматика, поговорки и пословицы, научные и технические термины и т. д.

В начале словаря помещается сведения по испанской грамматике и, в его конце, дан ряд списков географических, исторических, мифологических и фамильных названий.

EDITORIAL RAMON SOPENA, S.A.

Reservados todos los derechos. El contenido de esta publicación no podrá reproducirse total ni parcialmente, ni almacenarse en sistemas de reproducción, ni transmitirse en forma alguna, ni por ningún procedimiento mecánico, electrónico, o de fotocopia, grabación u otro cualquiera, sin el permiso previo de los editores por escrito.

© EDITORIAL RAMÓN SOPENA, S.A.

C/ Córcega, 60 - 08029 Barcelona
Tel. 93 322 00 35
Fax. 93 322 37 03
e-mail: edsopena@teleline.es
Depósito Legal: B-39483-2000
Impreso en EDIM,S.C.C.L.
Badajoz,145 - 08018 Barcelona
Printed in Spain

ISBN 84-303-1141-6

ПРЕДИСЛОВИЕ

Настоящий предлагаемый вниманию читателей Испанско-Русский словарь выходит в издании впервые в Испании и составлялся в течение лет 8.

По своему профилю данный двуязычный словарь однотипен с выпущенным Издательством SOPENA Русско-Испанским словорем примерно такого же объема (В 1965).

Словарь включает слов 80.000 с широкой разработкой значений и рассчитан на самый широкий круг читателей.

При подготовке настоящего словаря внимание составителя было прежде всего направлено на то, чтобы возможно полнее представить лексику, фразеологию современного испанского литературного, разговорного и общенародного языка.

Мы сочли необходимым включить в этот словарь значительное количество идиом, пословиц и поговорок, а также и научно-техническую, общественно-политическую и военную терминологию.

Мы надеемся, что настоящий словарь явиться полезным пособием для переводчиков, студентов, преподавателей высших учебных заведений, институтов и факультетов иностранных языков и вообще для всех лиц обращающихся к испанской литературе.

Составитель словаря отдаёт себе отчёт что в такой сложной работе неизбежны некоторые недочёты и промахи, поэтому он будет признателен за критические дельные замечания и исправления, которые помогут в дальнейшей работе над словорем.

ЛЕКСИКОГРАФИЧЕСКИЕ ИСТОЧНИКИ

Real Academia Española.
Diccionario de la Lengua Española. Ed. 1956, 1970.

Enciclopedia Universal Sopena.
Diccionario Ilustrado de la Lengua Española, en 10 tomos. Barcelona 1965, 1973.

Espasa-Calpe. Madrid.
Enciclopedia Universal Ilustrada (70 tomos con 10 apéndices y 15 suplementos, 1934 —1966).

Ed. Gustavo Gili, Barcelona 1959.

Julio Casares (Real Academia Española). Diccionario Ideológico de la Lengua Española.,

Diccionario Durvan de la Lengua Española, publicado bajo los auspicios de Ramón Menéndez Pidal. Durvan, S. A. de Ediciones — Bilbao 1966.

María Moliner.
Diccionario de uso del Español.
Editorial Gredos. S. A. — Madrid 1967.

Martín Alonso. Enciclopedia del Idioma. Madrid 1958.

Martín Alonso, Diccionario Compendiado del Idioma Español. Madrid 1960.

Federico Carlos Sáinz de Robles. Ensayo de un Diccionario de Sinónimos y Autónimos. Ed. Aguilar, S. A. Madrid 1951.

Barcia Roque. Sinónimos Castellanos. Buenos Aires 1956.

Andrés M. F.. Diccionario español de sinónimos y equivalencias. Barcelona 1959.

Словарь русского языка. В четырех томах. Институт русского языка АН СССР. Москва 1957-1961.

Владимир Даль. Толковый словарь живого великорусского языка. В 4-х т. Москва 1955.

Словарь современного русского литературного языка. В 17 томах. Институт русского языка АН СССР. Москва-Ленинград 1950-64.

Орфографический словарь русского языка. Институт языкознания АН СССР. Москва 1956.

Русско-Испанский словарь. Х. Ногейра и Г. Я. Туровер. Из. Советская Энциклопедия. Москва 1967.

Французско-Русский словарь по судостроению и судоходству, А. В. Телегин и С. С. Могилевская. Москва 1961.

Французско-русский словарь под редакцией Л. И. Барона. Москва 1967.

Русско-Французский ядерный словарь-О. Г. Агзибеков, В. М. Каменева. В. И. Салтыкова, М. Г. Циммерман. Москва 1962.

Англо-Русский сельскохозяйственный словарь. Б. Н. Усовский и Н. В. Геминова. Москва 1956.

Ботанический словарь. Н. Н. Давыдов.

Французско-Русский словарь по оптике и спектроскопии. Г. В. Флейшер. Москва 1962.

Краткий словарь синонимов русского языка - В. Н. Клюева. Москва 1956.

ИСПАНСКИЙ АЛФАВИТ

ИСПАНСКИЙ АЛФАВИТ
Alfabeto español

Буква Letra Печатная impresa	Буква Letra Печатная impresa	Буква Letra Рукописная manuscrita	Буква Letra Рукописная manuscrita	Название букв Nombre de las letras
A,	a			а
B,	b			бе
C,	c			цэ
D,	d			дэ
E,	e			е
F,	f			эфэ
G,	g			хэ
H,	h			аче
I,	i			и
J,	j			хота
K,	k			ка
L,	l			элэ
LL,	ll			элья
M,	m			эмэ
N,	n			энэ
Ñ,	ñ			энье
O,	o			о
P,	p			пэ
Q,	q			ку
R,	r			эрэ
S,	s			эсэ
T,	t			тэ
U,	u			у
V,	v			увэ
W,	w			увэ добле
X,	x			экиз
Y,	y			и (греческая)
Z,	z			цэда

СВЕДЕНИЯ ПО ИСПАНСКОЙ ГРАММАТИКЕ

Ударение (Acento)

В испанском языке ударение может падать на любой слог слова.

Вообще, слова оканчивающиеся на гласные или на согласные **n, s**, имеют ударение на втором слоге от конца:

        hombre, мужчина
        sombra, тень

Окончание множественного числа существительных —s на ударение не влияет.

        casas, дома

Очень часто, слова оканчивающиеся на согласные (кроме **и** или **s**), имеют ударение на последнем слоге:

        pincel, кисть

В других случаях ударение обозначается графически:

        corazón, сердце
        árbol, дерево

В словах, имеющие тоническое ударение на третьем слоге от конца, ударение обозначается графически:

        histórico, исторический
        apático, апатичный

Графическое ударение ставится также для различения омонимов:

Артикль (Artículo)

Неопределенные и определенные артикли

В испанском языке существует служебное слово, которое называется артиклем. Артикль ставится перед существительным.

В испанском языке различаются следующие формы артикля:

1) неопределенный артикль

ед. число		мн. число	
муж. род	un	муж. род	unos
женск. род	una	женск. род	unas

2) определенный артикль

ед. число		мн. число	
муж. род	el	муж. род	los
женск. род	la	женск. род	las
средний род	lo		

Примечания:

а) Перед словами женского рода, начинающимися с a или ha, употребляется артикль un поскольку первый звук в таких словах является гласным:

un águila, орёл

б) Перед словами женского рода, начинающимися с a или ha, употребляется артикль el, поскольку первый звук в таких словах является гласным:

el hambre, голод

Общей функцией неопределенного артикля, то есть его способностью выражать неопределенность существительного, обусловливается употребление неопределенного артикля:

а) Перед существительным, обозначающим одного из представителей данного класса предметов:

un muchacho le espera, какой-то мальчик ждет вас.

б) Перед существительным, которое обозначает родовое понятие, сопоставляемое с видовым.
птица — покрытое пухом и перьями животное
el pájaro es un animal cubierto de plumón y plumas.

Общей функцией определенного артикля, то есть его способностью выражать определенность существительного, обуславливается употребление определенного артикля:

а) Перед существительными, обозначающими предметы, единичные вообще или в данной обстановке.

las plantas necesitan agua, растения нуждаются в воде.

б) Перед существительным, которое определяется притяжательным прилагательным или прилагательным в превосходной степени.

La Unión Soviética es el país más grande de la Tierra.
Советский Союз самая большая страна в мире.

Слитные артикли al и del

Артикль el с предшествующим ему предлогом a образует слитную форму al.
ir al trabajo, идти на работу

Если предлог de стоит перед артиклем el, то происходит их слияние del.
la lluvia caía del tejado, дождь стекал с крыши.

Артикль опускается

а) Когда в указании на объем признаков, присущих предмету, нет необходимости.

    noche cerrada, глубокая ночь

б) Перед существительными при перечислении, если обозначаемые ими понятия не противополагаются друг другу и особо не выделяются.

    hombres y mujeres, мужчины и женщины

в) в целом ряде устойчивых словосочетаний, во многих пословицах.

    pedir perdón, просить прощения

г) Когда указывает на неопределенное множество предметов или на неопределенное количество вещества.

    compré libros, я купил книги
    beber cerveza, пить пиво

Существительное (Substantivo)

В испанском языке различаются два рода: мужской и женский. Главным показателем рода существительного являются формы артикля.

    un periódico, газета
    la pluma, перо

Большинство существительных мужского рода оканчивается на **о**.

    исключения; mano, nao, radio,
      или на **e**
    poste, lacre
      или на **u**
    espíritu, tisu
    исключение; tribu
      или на **l**
    árbol, panal
    исключения:
    cal, col, miel, sal и т. д.
      или на **r**
    ámbar, placer
    исключения;
    labor, mujer, flor.

Большинство существительных женского рода оканчивается на **a**.

     casa, camisa, cama
     исключения: día, planeta, idioma, clima и т. д.
       или на **d**
     bondad, salud
     исключения: abad, ardid, césped.
       или на **z**
     altivez, codorniz, paz
     исключения
     albornoz, almirez, pez, arroz и т. д.

В испанском языке выделяются пары существительных мужского и женского рода, которые имеют общую основу, но различаются окончаниями.

Такие пары в большинстве случаев состоят из соотносительных по своему значению слов, обозначающих людей и животных.

    alumno, alumna ученик — ученица
    sastre, sastra портной — портниха
    oso, osa   медведь, — медведица

Некоторые существительные могут быть как мужского, так и женского рода, в зависимости от пола обозначаемого ими лица. Род таких существительных выражается только формой артикля.

    el testigo, la testigo, свидетель, свидетельница

Такие существительные называются существительные общего рода.

Примечание. Некоторые названия животных и птиц также имеют парные обозначения для мужского и женского родов, причем часть их образована от других корней:

    toro, vaca бык, корова
    carnero, oveja баран, овца.

Однако большинство названий животных, рыб и птиц парных обозначений для мужского и женского рода не имеет.

    gorrión, ardilla, rata воробей, белка, крыса

Когда хотят указать, к какому полу относится данное животное, то к существительному прибавляются слова.

    macho (самец) или hembra (самка)

Род существительных, обозначающих название городов и т. д. определяется по окончаниям.

    Málaga (ж.) León (м.)

Названия рек, гор, дней, месяцев и нот — мужского рода.

    Tajo, Guadarrama, jueves, julio, do, la.

ЧИСЛО СУЩЕСТВИТЕЛЬНОГО

Множественное число существительного

Существительные, оканчивающиеся в единственном числе на безударный гласный образуют множественное число путем прибавления к форме единственного числа окончания —s.

casa — casas, río — ríos
дом — дома, река — реки

Но существительные на гласный с ударением во множестве числе принимают окончание —es.

jabalí, jabalíes кабан, кабаны

исключения:

papá, papás, mamá, mamás,
esquí, esquís и т. д.

исключения:

Существительные, оканчивающиеся в единственном числе на —e с ударением принимают во множестве числе окончание s.

café, cafés, canapé, canapés

Существительные, оканчивающиеся на согласный, образуют множественное число путем прибавления к форме единственного числа окончания —es.

reloj, relojes; mes, meses

Имена существительные, оканчивающиеся в единственном числе на —z или на x, образуют множественное число путем изменения —z или x на c и прибавления окончания —es.

pez, peces

сложные существительные

Во множественном числе некоторых существительных изменяется только последний элемент слова.

sordomudo, sordomudos
ferrocarril, ferrocarriles

Но, если оно состоит из двух глаголов во множественном числе не изменяется.

el correveidile, los correveidile

Сложные существительные, когда последний элемент слова, оканчивается на —s (испанское множественное число) во множественном числе не изменяются.

el limpiabotas, los limpiabotas

примечание:

Некоторые существительные имеют формы только единственного или только множественного числа.

прим. España, Ebro, bondad, lógica
Alpes, alicates, gafas.

Увеличительные и уменьшительные суффиксы.

1) увеличительные суффиксы.

а) —ón, —ona: pared, paredón, mujer, mujerona.

б) —azo, —aza: perro, perrazo.

в) —acho, achón, —a; —ote, —a; vulgo, vulgacho, cuerpo, corpachón, libro, librote, palabra, palabrota.

г) —arrón, arraco; —etón: mozo, mozarrón, tipo, tiparraco; pobre, pobretón.

2) уменьшительные суффиксы.

а) —ito, —ita: pájaro, pajarito; casa casita.

б) —illo, —illa; —ico, —ica; —uelo, —uela: pájaro, pajarillo; mesa, mesilla; burro, borrico; río, riachuelo.

в) —ato; —ezno; —ino; —ucho; —ajo; —ejo; —ijo; liebre, lebrato; lobo, lobezno; libro, librejo.

Прилагательное (Adjetivo)

Род и число прилагательных испанского языка зависят от существительного, которое они определяют.

Прилагательные делятся на два разряда: прилагательных двух родовых окончаний и прилагательные, имеющие одну форму для мужского и женского рода.

niño alto, niña alta
niño valiente, niña valiente

Иногда и перед существительными прилагательные мужского рода утрачивают последний гласный (или слог).

bueno, buen hombre

примечание.
Прилагательное bueno перед одушевленным существительным имеет обычно значение хороший, а после существительного добрый.

Образование женского рода.

1) Прилагательные, оканчивающиеся на —o теряют конечное —o и принимают окончание —a.

   negro, negra.

2) Прилагательные на —an, —in, —ón, —or, образуют женский род путем прибавления окончания —a.

   holgazán, holgazana

3) Уменьшительные на —ete и увеличительные на —ote, образуют женский род путем изменения —e на, —a.

   grandote, grandota

4) Прилагательные, обозначающие национальность, образуют женский род прибавлением окончания —a.

   español, española
   ruso, rusa

примечание.
   Когда окончание таких прилагательных —e или —a они не изменяются по родам.

   árabe, belga.

5) Остальные имеют одну форму для мужского и женского рода.

   verde, gris.

Образование множественного числа

Множественное число прилагательных образуется так же, как и множественное число существительных.

Степени сравнения

Прилагательные, образуют две степени сравнения: сравнительную и превосходную

Прилагательные в положительной степени обозначают качество предмета без сравнения с этим качеством в других предметах.

Сравнительная степень образуется при помощи наречий **más** (больше) **menos** (меньше, менее), **tan ... como** так ... как).

Эти наречия ставятся перед прилагательным в форме положительной степени

   полож. степ. blanco (белый)
   сравн. степ.

   más blanco (более белый)
   menos blanco (менее белый)
   tan blanco como (так же бел, как).

сведения по испанской грамматике

В испанском языке две формы превосходной степени: превосходная относительная степень и превосходная абсолютная степень.

а) относительная превосходная степень сравнения образуется аналитически путем определенного артикля, добавляемого к форме сравнительной степени.
относительная превосходная степень выражает высшую степень качества предмета по сравнению с другими

el más blanco (самый белый)
la más blanca (самая белая)
los más blancos, las más blancas (самые белые)

б) абсолютная превосходная степень образуется синтетически путем суффикса -ísimo.
Если прилагательное оканчивается на согласный, то суффикс -ísimo прибавляется к прилагательному в положительной степени.

полож. ст. difícil (трудный)
превос. ст. dificilísimo (самый трудный, труднейший)

Если прилагательное оканчивается на гласную, то конечная гласная опускается.

полож. ст. severo (строгий)
превос. ст. severísimo (самый строгий, строжайший)

Превосходная обсолютная степень выражает высшую степень качества предмета без сравнения с другими предметами.
Степень сравнения некоторых прилагательных в испанском языке имеют наряду с обычными формами степеней сравнения также и особые формы.

полож. ст.	срав. ст.	превос. ст.
bueno хороший	mejor лучший, лучше	el mejor самый лучший (наи)лучший
malo плохой	peor худший, хуже	el peor самый плохой, (наи) худший
grande большой	mayor больший, больше	el mayor самый большой, самый старший, (наи)больший
pequeño маленький малый	menor меньший, меньше, моложе	el menor самый маленький, самый младший (наи) меньший

сведения по испанской грамматике

Притяжательные Прилагательные

(adjetivos posesivos)

Единственное Число

мужск. род			женск. Род		
mío	(mi)	мой	mía	(mi)	моя
tuyo	(tu)	твой	tuya	(tu)	твоя
suyo	(su)	его, ее, Ваш	suya	(su)	его, ее, Ваша
nuestro		наш	nuestra		наша
vuestro		ваш	vuestra		ваша
suyo	(su)	их, ваш, Ваш	suya	(su)	их, ваша, Ваша

Множественное число

míos	(mis)	мои	mías	(mis)	мои
tuyos	(tus)	твои	tuyas	(tus)	твои
suyos	(sus)	его, ее, Ваши	suyas	(sus)	его, ее, Ваши
nuestros		наши	nuestras		наши
vuestros		ваши	vuestras		ваши
suyos	(sus)	их, ваши, Ваши	suyas	(sus)	их, ваши, Ваши

Притяжательные прилагательные согласуются с существительным, обозначающим обладаемый предмет.

Перед существительным в испанском языке притяжательные прилагательные следующие.

Единственное число
мужск. и женск. род

mi	мой, моя
tu	твой, твоя
su	его, ее, Ваш, Ваша

множественное число

mis	мои
tus	твои
sus	его, ее, ваши, Ваши, их

mi casa, мой дом
su lápiz его, ее, ваш, ваша, их карандаш

УКАЗАТЕЛЬНЫЕ ПРИЛАГАТЕЛЬНЫЕ (adjetivos demostrativos)

испанского языка следующие:

единственное число

мужск. род		женск. род	
este	этот	esta	эта
ese	тот (этот)	esa	та (эта)
aquel	тот	aquella	та

множественное число

estos	эти	estas	эти
esos	те (эти)	esas	эти
aquellos	те	aquellas	те

примечание

Указательные прилагательные всегда стоят перед существительным, к которому относятся, и согласуются с ним в роде и числе.

este libro, эта книга
aquellos libros, те книги

НЕОПРЕДЕЛЕННЫЕ ПРИЛАГАТЕЛЬНЫЕ (adjetivos indefinidos)

Наиболее употребительные неопределенные прилагательные следующие:

alguno, (algún), —a, —os, —as

примечания
Перед существительным имеет значение: какой-л, какой-н, некоторый, кое-какой
cómprame **alguna** cosa, купи мне какую-л вещь
После существительного значит: никакой
no tengo libro **alguno**, у меня нет никакой книги
Прилагательное **alguno** теряет конечное —o перед существительным мужского рода
cómprame **algún** libro, купи мне какую-л книгу

algunos, —as (мн. ч. от **alguno**) имеет значение: некоторые, кое-какие
algunos libros, некоторые (кое-какие) книги

bastante, —es значит: достаточный

примечание
Не изменяется в роде.
bastantes libros, достаточное количество книг

cada имеет значение каждый

   примечание
      Не изменяется в роде и числе
      cada persona, каждый человек

ninguno, —a; —os, —as имеет значение никакой
      ninguna carta, никакое письмо

   примечание
      Прилагательное **ninguno** перед существительным или другим прилагательным теряет конечное —o
      ningún lápiz, никакой карандаш

tal, —es такой
   примечание
      Не изменяется в роде
      hasta **tal** punto, до такой степени

tanto, —a; —os, —as столько
      tanta gente, столько людей

mucho, —a; —os, —as многий
      él demostró **mucho** valor, он оказал многую храбрость

otra, —a; —os, —as имеет значение другой, иной
      otra persona, другой человек

cualquier(a); (мн. ч. **cualesquiera**) какой-л, любой
      cualquier libro, любая книга

todo, —a, —os, —as весь, целый
      todo el día, весь день

poco, —a; —os, —as малый, небольшой
      poca cantidad, малое количество

mismo, —a; —os, —as значит тот же, тот самый, такой же, одинаковый
      de la **misma** especie, такого же рода

vario, —a; —os, —as разный, различный
      varias personas, несколько человек

ЧИСЛИТЕЛЬНОЕ (numeral)

А) Количественные числительные

следующие:

0	cero	10	diez	10	diez
1	uno (un, una)	11	once	20	veinte
2	dos	12	doce	30	treinta
3	tres	13	trece	40	cuarenta
4	cuatro	14	catorce	50	cincuenta
5	cinco	15	quince	60	sesenta
6	seis	16	dieciséis	70	setenta
7	siete	17	diecisiete	80	ochenta
8	ocho	18	dieciocho	90	noventa
9	nueve	19	diecinueve	100	ciento

mil	1.000
millón	1.000.000
mil millones	1.000.000.000

примечания

а) Количественные числительные обычно предшествуют существительным и не изменяются в роде, за исключением **uno**, а также числительных, обозначающих сотни, начиная с двухсот до девятисот которые имеют формы мужского и женского рода и в этом случае артикль не употребляется.

б) Числительные **uno** и **ciento** теряют конечное —o и то перед существительными мужского рода.

      un lápiz, один карандаш
      cien años, сто лет

в) Количественные числительные от 16 до 30 пишутся слитно.

      diecisiete, семнадцать
      veintiuno, двадцать один

г) Количественные числительные после 30 пишутся отдельно.

      treinta y ocho, тридцать восемь

д) Перед числительным **millón, uno** сохраняется, и после слова **millón** ставится предлог **de**.

      un **millón** de libros, один миллион книг
      dos **millones** de libros, два миллиона книг

е) К количественным числительным обычно относятся также слова una decena (десяток), una docena (дюжина), un millar (тысяча), которые по существу являются существительными со значением собирательности.

сведения по испанской грамматике

Б) Порядковые числительные

следующие

1.º	primero (primer)	21.º	vigésimo primero
2.º	segundo	30.º	trigésimo
3.º	tercero	40.º	cuadragésimo
4.º	cuarto	50.º	quincuagésimo
5.º	quinto	60.º	sexagésimo
6.º	sexto	70.º	septuagésimo
7.º	séptimo	80.º	octogésimo
8.º	octavo	90.º	nonagésimo
9.º	noveno	100.º	centésimo
10.º	décimo	200.º	ducentésimo
11.º	undécimo	300.º	tricentésimo
12.º	duodécimo	400.º	cuadrigentésimo
13.º	décimotercio или décimotercero	500.º	quingentésimo
14.º	décimocuarto	600.º	sexcentésimo
15.º	décimoquinto	700.º	septingentésimo
16.º	décimosexto	800.º	octingentésimo
17.º	decimoséptimo	900.º	noningentésimo
18.º	décimoctavo	1.000.º	milésimo
19.º	décimonono или décimonoveno	10.000.º	diezmilésimo
20.º	vigésimo	100.000.º	cienmilésimo
		1.000.000.º	millonésimo

Примечания

а) Порядковые числительные обычно предшествуют существительному и согласуются с ним, подобно прилагательным, в роде и числе.

б) Порядковые числительные (особенно после 10) употребляются редко. Обычно они заменяются количественными.

в) Вообще при образовании составных порядковых числительных вместо **primero tercero** и **noveno** употребляются формы **primo, tercio** и **nono**.

г) Порядковые **primero, tercero** и **postrero** перед существительными теряют конечное -о:

el primer amor, первая любовь
el tercer día, третий день
la postrer lección, последний урок

д) при обозначении страниц, глав, томов и т. д. порядковое числительное обычно ставится после существительного. В этом случае оно может быть заменено соответствующим количественным числительным: página sexta или seis, шестая страница.

МЕСТОИМЕНИЕ (pronombre)

Различаются местоимения: личные, притяжательные, указательные, неопределенные, вопросительные и относительные.

1) Личные местоимения испанского языка следующие:

единственное число

1.ᵉ yo; me; mí; conmigo
2.ᵉ tú; te; ti; contigo
3.ᵉ él (ella); lo; la; le; se; sí; consigo; ello

множественное число

1.ᵉ nosotros, nosotras, nos
2.ᵉ vosotros, vosotras, vos
3.ᵉ ellos (ellas); los, las; les; se; sí

2) склонения личных местоимений.

В испанском языке склонение существует только для личных местоимений. Существительные и прилагательные не склоняются.

A) склонение беспредложных форм

и. п.	в. п.	д. п.
yo - я	me - меня	me - мне
tú - ты	te - тебя	te - тебе
él - он	le, lo - его	- ему
ella - она	la - ее	le - ей
Vd. - Вы (м. р.)	le, lo - вас (м. р.)	- вам (м. р.)
Vd. - Вы (ж. р.)	la - вас (ж. р.)	- вам (ж. р.)
nosotros - мы (м. р.)	nos - нас (м. р., ж. р.)	нам (м. р., ж. р.)
nosotras - мы (ж. р.)	os - вас (м. р., ж. р.)	вам (м. р., ж. р.)
vosotros - вы (м. р)	les, los - их (м. р.)	les им (м. р.)
vosotras - вы (ж. р.)	las - их (ж. р.)	им (ж. р.)
ellos - они (м. р.)	les, los - вас (м. р.)	вам (м. р.)
ellas - они (ж. р.)	las - вас (ж. р.)	вам (ж. р.)
Vds. - вы (мн. ч. м. р.)		
Vds. - вы (мн. ч. ж. р.)		

сведения по испанской грамматике

Б) склонение предложных форм

р. п.	в. п.	д. п.	п. т. п.
de mí	a mí	a, para mí	de, sobre mí
de ti	a ti	a, para ti	de, sobre, ti
de él	a él	a, para él	de, con, sobre él
de ella	a ella	a, para ella	de, con, sobre ella
de Vd.	a Vd.	a, para Vd.	de, con, sobre Vd.
de nosotros, -as	a nosotros, -as	a, para nosotros, -as	de, con, sobre nosotros, -as
de vosotros, -as	a vosotros, -as	a, para vosotros, -as	de, con, sobre vosotros, -as
de ellos, -as	a ellos	a, para ellos	de, con, sobre ellos
de ellas	a ellas	a, para ellas	de, con, sobre ellas
de Vds.	a Vds.	a, para Vds.	de, con, sobre Vds.

примечания

Личные местоимения указывают на лицо и являются в предложении подлежащим или дополнением.

В функции подлежащего:

yo, tú, él, ella; Ud; nosotros, —as, vosotros, —as, ellos, ellas, Uds.

В функции подлежащего или дополнения без предлога:

él, ella, ello, Ud., nosotros, —as, vosotros, —as, Uds., vos, ellos, ellas

В функции прямого дополнения.

me, te, se, lo, la, nos, os, los, las

В функции косвенного дополнения без предлога.

me, te, se, le, nos, os, les

Местоимения mí, ti, sí употребляются только с предлогами.

hablan de mí, они говорят обо мне

Личные местоимения 1.—го и 2—го лица ед. ч. образуют с предлогом **con** особые формы:

conmigo (со мной), **contigo** (с тобой)

Когда местоимения me, te, le, la, lo, nos, os, les, las, los, употребляются в предложении рядом с повелительным наклонением, инфинитивом или деепричастием, то эти местоимения стоят после них.

dá**me-lo,** дайте **мне** это

При сочетании с повелительным наклонением 1ᵉ и 2ᵉ л. мн. числа утрачивают **s** или **d** тогда, когда после глагола стоит возвратное местоимение.

sentémonos, давайте посидим

Характерным для испанского языка является употребление в предложении двух косвенных или прямых дополнений, стоящих в одном лице и выраженных двумя местоимениями или местоимением и существительным.

te lo doy a ti, я (тебе) даю это тебе

ПРИТЯЖАТЕЛЬНЫЕ МЕСТОИМЕНИЯ (pronombres posesivos)

Притяжательные местоимения следующие:

м. р ед. ч.	мн. ч.	ж. р ед. ч.	мн. ч.	с. р
(el) mío	(los) míos	(la) mía	(los) míos	(lo) mío
(el) tuyo	(los) tuyos	(la) tuya	(los) tuyos	(lo) tuyo
(el) suyo	(los) suyos	(la) suya	(los) suyos	(lo) suyo
(el) nuestro	(los) nuestros	(la) nuestra	(los) nuestros	(lo) nuestro
(el) vuestro	(los) vuestros	(la) vuestra	(los) vuestros	(lo) vuestro
(el) suyo	(los) suyos	(la) suya	(los) suyos	(lo) suyo

Примечания

Притяжательные местоимения согласуются в роде и числе с замещаемым существительным и вообще употребляются с определенным артиклем.

mi casa es grande. La tuya es pequeña
мой дом большой — твой маленький

Для формы вежливого обращения притяжательных местоимений используется местоимение suyo.

mi casa es grande. La suya es pequeña
мой дом большой — Ваш маленький

УКАЗАТЕЛЬНЫЕ МЕСТОИМЕНИЯ (pronombres demostrativos)

Указательные местоимения следующие:

Единственное число

м. р.	ж. р.	с. р.
éste этот	ésta	esto
ése	ésa	eso
aquél	aquélla	aquello

множественное число

éstos	éstas
ésos	ésas
aquéllos	aquéllas

Примечания

Указательные местоимения самостоятельные согласуются в роде и числе с замещаемым им существительным.

В испанском языке формы среднего рода указательных местоимений esto, eso, aquello.

В отличие от указательных прилагательных, на указательных местоимениях ставится ударение.

НЕОПРЕДЕЛЕННЫЕ МЕСТОИМЕНИЯ (pronombres indefinidos)

Наиболее употребительные неопределенные местоимения следующие:

alguien имеет значение кто-то, некто, кто-л.

Примечание

Не изменяется ни в роде, ни в числе. Замещает существительное, обозначающее одушевленные предметы.

cualquier(a); мн. ч. **cualesquier(a)**.

quienquiera; мн. ч. **quienesquiera** (м. употр.) имеют значение кто-н, кто(бы) ни, кто бы то ни был.

> cualquiera (quienquiera) que venga
> кто бы ни пришел

nada. ничего.

Примечание

Не изменяется ни в роде ни в числе. Замещает существительное, обозначающее неодушевленные предметы.

> no quiero **nada**, я ничего не хочу.

algo, нечто, что-то.

Примечание

Не изменяется ни в роде, ни в числе. Замещает существительное, обозначающее неодушевленные предметы.

> **algo** extraño, нечто странное.

ВОПРОСИТЕЛЬНЫЕ МЕСТОИМЕНИЯ (pronombres interrogativos)

К вопросительным местоимениям относятся местоимения:

¿qué?, что?

примечание

Не изменяется ни в роде, ни в числе и обозначает неодушевленные предметы.
> ¿**qué** haces? что ты делаешь.

¿quién? ¿quiénes?, кто?

примечание

Не изменяется в роде и обозначает одушевленные предметы.
> ¿**quién** ha venido?, кто пришел?

¿cuál, cuales? который?

примечание

Не изменяется в роде и обозначает неодушевленные предметы.
¿cuál de los dos? Который из двух?

¿cuánto, cuántos? сколько?

примечание

Изменяется в роде и в числе.
¿cuántos libros? сколько книг?

ОТНОСИТЕЛЬНЫЕ МЕСТОИМЕНИЯ (pronombres relativos)

Относительные местоимения служат для связи придаточных предложений с главным.

Относительные местоимения испанского языка следующие:
que - кто, что, который.

примечание

Не изменяется ни в роде, ни в числе.
no se sabe quien lo hizo - кто это сделал, неизвестно.
la persona que estuvo aquí, человек, который был здесь.

cual (мн. ч. cuales) который.

примечание

Не изменяется в роде. Употребляется с определенным артиклем.
para el cual, ради которого.

quien (мн. ч. quienes) кто, который.

примечание

Не изменяется в роде. Употребляется только для одушевленных предметов.
A quien quiera que sea, хоть кого

Cuyo, cuya, (мн. ч. cuyos, -as). которого, которой, которых.
vimos la montaña, cuya cima estaba cubierta de nieve.
мы увидели гору, вершина которой была покрыта снегом.

cuanto, сколько.

примечание

изменяется в роде и в числе
cuanto quiera. столько, сколько хотите

ПРЕДЛОГ (preposición)

В испанском языке предлоги играют исключительно важную роль, являясь одним из главных средств выражения отношений существительного (или местоимения) к другим словам в предложении. В русском языке эти отношения выражаются не одними предлогами, а предлогами с падежными окончаниями. В испанском же языке эти отношения выражаются только предлогами, поскольку существительные в общем падеже, с которыми они сочетаются, не имеют специальных окончаний.

В испанском языке предлоги следующие: a, ante, bajo, cabe, con, contra, de, desde, en, entre, hacia, hasta, para, por, según, sin, so, sobre, tras.

примечание

Предлогами наиболее широкого значения являются o и de.

НАРЕЧИЕ (adverbio)

В испанском языке различаются простые наречия, которые не могут быть разложены на составные части и производные, образованные из других частей речи.

Aprisa, поспешно
Bien, хорошо

Значительное место среди производных наречий занимают наречия, образованные от прилагательных при помощи суффикса - **mente**.

tranquilamente, спокойно

В качестве наречий используются некоторые прилагательные в форме мужск. рода единственного числа.

hablar bajo, говорить тихо

Многие наречия могут иметь степени сравнения, которые образуются так же, как и степени сравнения прилагательных.

полож. степ.	сравнит. степ.	превосх. степ.
Rápidamente	Más rápidamente	Rapidísimamente
быстро	быстрее	быстрее всего

Классификация наречий по значению

1) Наречия места.
Abajo, acá, acullá, ahí, allá, allende, allí, aquende, aquí, arriba, cerca, debajo, delante, dentro, detrás, donde, encima, enfrente, fuera, junto, lejos.

2) Наречия времени.

Después, entonces, hogaño, hoy, jamás, luego, mañana, mientras, nunca, presto, pronto, siempre, tarde temprano, todavía.

3) Наречия меры и степени.

Bastante, casi, cuan, cuanto, harto, más, menos, mucho, muy, nada, poco, tan, tanto.

4) Наречия образа действия.

Adonde, apenas, aposta, alto, así, bajo, bien, buenamente, como, conforme, despacio, duro, excepto, quedo, mal, malamente, recio, salvo.

5) Наречия сомнения.

Acaso, quizá, quizás, si.

6) Утвердительные и отрицательные наречия.

Ciertamente, cierto, si, también, verdaderamente, jamás, no, nunca, tampoco.

7) Наречия образуемые от прилагательных.

Ligeramente, hábilmente, torpemente и т. д.

8) Адвербиальные выражения.

A sabiendas, a diestro y siniestro, a saber, a la moderna, a pie juntillas, a la moda, a obscuras, a la cuenta, a troche y moche, con todo, de golpe, en resumen, en efecto, por último, por alto, sin más ni más, sin embargo, por mayor, por junto, en fin, en un santiamén, entre dos luces, de pronto, de nuevo, de cuando en cuando, al revés и т. д.

СОЮЗ (conjunción)

В роли союзов используются как собственные союзы так и некоторые наречия. Широко распростанены сложные союзы, состоящие из предлога или наречия и союза с очень широким значением.

По своей функции в речи союзы делятся на сочинительные и подчинительные.

а) Сочинительные.

Y, en, ni, que, o, u, ya, bien, sea, que, ora, aunque, empero, mas, pero, sino, siquiera и т. д.

б) Подчинительные.

Porque, pues que, puesto que, para que, así, como, tal como, así como, que, si, aunque, cuando, aun cuando, siquiera, siempre que, con tal que, conque, luego, por consiguiente, pues, así que, a fin de que, con objeto de que, cuanto, antes que, después que.

МЕЖДОМЕТИЯ (interjección)

Междометия — это слова, которые выражают чувства и побуждения, но не называют их.

¡Ah!, ¡ay!, ¡bah!, ¡ca!, ¡caramba!, ¡cáspita!, ¡ea!, ¡eh!, ¡guay!, ¡oh!, ¡ojalá!, ¡uf!, ¡quiá!, ¡hola!, ¡huy! и т. д.

Примечание.

В междометия могут превращаться другие слова или словосочетания, если они теряют свое первоначальное значение и начинают выражать чувства или побуждения, не называя их.

¡Anda!, ¡calle!, ¡cómo!, ¡viva!, ¡sopla!, ¡puf!, ¡toma!, ¡oiga!, ¡pues!, ¡ya!, ¡vaya!, ¡fuego!, ¡diantre!, ¡ay de mí!, ¡ay dolor! и т. д.

ГЛАГОЛ (El verbo)

А) Личные и неличные формы глагола

Формы глагола делятся на личные и неличные.

Личные формы глагола выражают лицо, число, наклонение, время, залог. К личным формам относятся формы глагола в трех лицах единственного и множественного числа во всех временах действительного и страдательного залога в изъявительном и сослагательном наклонении.

Неличные формы глагола — инфинитив, герундий и причастие — выражают, в отличие от личных форм, действие без указания лица, числа и наклонения.

б) Наклонение.

Временные формы делятся на простые (образуются изменением аффиксов) и сложные (образуются с помощью вспомогательного глагола).

Формы наклонения показывают, как говорящий рассматривает действие по отношению к действительности.

В испанском языке имеются следующие наклонения:

1) **Личные формы.**

Изъявительное наклонение (indicativo)

Простые времена
    Presente
    Pretérito или co-pretérito
    Pretérito indefinido или pretérito
    Futuro imperfecto или futuro

Сложные времена
    Pretérito perfecto или ante-presente
    Pretérito pluscuamperfecto или ante-co-pretérito
    Pretérito anterior или ante-pretérito
    Futuro perfecto или ante-futuro

Условное наклонение (Condicional или Potencial)
    Potencial simple, imperfecto или pos-pretérito
    Potencial compuesto, perfecto или ante-pos-pretérito

Сослагательное наклонение (Subjuntivo)
Простые времена
    Presente
    Pretérito imperfecto или pretérito
    Futuro imperfecto или futuro

Сложные времена
    Pretérito perfecto или ante-presente
    Pretérito pluscuamperfecto или ante-co-pretérito
    Futuro perfecto или ante-futuro

Повелительное наклонение (Imperativo)

    Presente

в) **Залог**
В испанском языке имеются два залога: действительный залог (voz activa) и страдательный залог (voz pasiva).

г) **Спряжение глаголов**
В испанском языке все глаголы по окончанию неопределенной формы делятся на три группы или класса спряжения. Окончания инфинитива этих групп следующие:

        1-я имеет окончание —ar
        2-я   "   "   —er
        3-я   "   "   —ir

Примечание.

Правильные глаголы образуют Presente de Indicativo следующим путем: отбрасываются окончания —ar, —er, —ir и к основе глаголов добавляются окончания, соответствующие данному лицу.

д) **Схема спряжения правильных глаголов**
    (дейст. залог)

Примечание

Для удобства изложения формы глагола будут обозначаться следующим образом:

      1 ф. - форма   1 л. ед. ч.   3 ф - 1л. мн. ч.
      2 ф. - форма   2 л. ед. ч.   4 ф - 2 л. мн. ч.
      3 ф. - форма   3 л. ед. ч.   5 ф - 3 л. мн. ч.

Примечания.

Форма третьего лицо глагола совпадает с вежливой формой.
   a)   él, ella come; usted come.
   b)   ellos, ellas comen; ustedes comen.

В испанском языке часто опускается личное местоимение - подлежащее, когда речь идет об известном лице.

Mañana estaré aquí - Я буду здесь завтра (окончание глагола показывает, о каком лице идет речь).

При противопоставлении местоимение-подлежащее сохраняется.

   Yo como y tú duermes

Большинство испанских глаголов спрягается по приведенной схеме. У некоторых глаголов при спряжении происходит чередование двух или нескольких вариантов основы.

E) **Вспомогательные глаголы.**

Глаголы ser и haber называются вспомогательными, так как при их помощи образуются различные сложные формы глагола.

SER	ВСПОМОГАТЕЛЬНЫЕ ГЛАГОЛЫ	
MODO INFINITIVO	FORMAS SIMPLES	FORMAS COMPUESTAS
Infinitivo	ser	haber sido
Gerundio	siendo	habiendo sido
Participio	sido	

MODO INDICATIVO

Presente
yo soy, tú eres, él es;
nosotros somos, vosotros sois, ellos son.

Pretérito imperfecto
era, eras, era;
éramos, erais, eran.

Pretérito indefinido
fui, fuiste, fue;
fuimos, fuisteis, fueron.

Futuro imperfecto
seré, serás, será;
seremos, seréis, serán.

Pretérito perfecto
he sido, has sido, ha sido;
hemos sido, habéis sido, han sido.

Pretérito pluscuamperfecto
había sido, habías sido, había sido;
habíamos sido, habíais sido, habían sido.

Pretérito anterior
hube sido, hubiste sido, hubo sido;
hubimos sido, hubisteis sido, hubieron sido.

Futuro perfecto
habré sido, habrás sido, habrá sido;
habremos sido, habréis sido, habrán sido.

MODO POTENCIAL

Potencial simple
sería, serías, sería;
seríamos, seríais, serían.

Potencial compuesto o perfecto
habría sido, habrías sido, habría sido;
habríamos sido, habríais sido, habrían sido.

MODO SUBJUNTIVO

Presente
sea, seas, sea;
seamos, seáis, sean.

Pretérito imperfecto
fuera o fuese, fueras o fueses, fuera o fuese;
fuéramos o fuésemos, fuerais o fueseis, fueran o fuesen.

Futuro imperfecto
fuere, fueres, fuere;
fuéremos, fuereis, fueren.

Pretérito perfecto
haya sido, hayas sido, haya sido;
hayamos sido, hayáis sido, hayan sido.

Pretérito pluscuamperfecto
hubiera o hubiese sido, hubieras o hubieses sido, hubiera o hubiese sido;
hubiéramos o hubiésemos sido, hubierais o hubieseis sido, hubieran o hubiesen sido.

Futuro perfecto
hubiere sido, hubieres sido, hubiere sido;
hubiéremos sido, hubiereis sido hubieren sido.

MODO IMPERATIVO

Presente
sé tú, sea él;:
seamos nosotros, sed vosotros, sean ellos.

HABER

MODO INFINITIVO	FORMAS SIMPLES	FORMAS COMPUESTAS
Infinitivo	haber	haber habido
Gerundio	habiendo	habiendo habido
Participio	habido	

MODO INDICATIVO

Presente
yo he, tú has, él ha o hay;
nosotros hemos o habemos, vosotros habéis, ellos han.

Pretérito imperfecto
había, habías, había;
habíamos, habíais, habían.

Pretérito indefinido
hube, hubiste, hubo;
hubimos, hubisteis, hubieron.

Futuro imperfecto
habré, habrás, habrá;
habremos, habréis, habrán.

Pretérito perfecto
he habido, has habido, ha habido;
hemos habido, habéis habido, han habido.

Pretérito pluscuamperfecto
había habido, habías habido, había habido;
habíamos habido, habíais habido, habían habido.

Pretérito anterior
hube habido, hubiste habido, hubo habido;
hubimos habido, hubisteis habido, hubieron habido.

Futuro perfecto
habré habido, habrás habido, habrá habido;
habremos habido, habréis habido, habrán habido.

MODO POTENCIAL

Potencial simple
habría, habrías, habría;
habríamos, habríais, habrían.

Potencial compuesto o perfecto
habrían habido, habrías habido, habría habido;
habríamos habido, habríais habido, habrían habido.

MODO SUBJUNTIVO

Presente
haya, hayas, haya;
hayamos, hayáis, hayan.

Pretérito imperfecto
hubiera o hubiese, hubieras o hubieses, hubiera o hubiese;
hubiéramos o hubiésemos, hubierais o hubieseis, hubieran o hubiesen.

Futuro imperfecto
hubiere, hubieres, hubiere;
hubiéremos, hubieres, hubieren.

Pretérito perfecto
haya habido, hayas habido, haya habido;
hayamos habido, hayáis habido, hayan habido.

Pretérito pluscuamperfecto
hubiera o hubiese habido, hubieras o hubieses habido, hubiera o hubiese habido;
hubiéramos o hubiésemos habido, hubierais o hubieseis habido, hubieran o hubiesen habido.

Futuro perfecto
hubiere habido, hubieres habido, hubiere habido;
hubiéremos habido, hubiereis habido, hubieren habido.

MODO IMPERATIVO

Presente
he tú, haya él;
hayamos nosotros, habed vosotros, hayan ellos.

	СПРЯЖЕНИЯ ПРАВИЛЬНЫХ ГЛАГОЛОВ	Первое спряжение (1.ª conjugación)
A M A R		
MODO INFINITIVO	FORMAS SIMPLES	FORMAS COMPUESTAS
Infinitivo	am-ar	haber am-ado
Gerundio	am-ando	habiendo am-ado
Participio	am-ado	
MODO INDICATIVO		
Presente	yo am-o, tú am-as, él am-a; nosotros am-amos, vosotros am-áis, ellos am-an.	
Pretérito imperfecto	am-aba, am-abas, am-aba; am-ábamos, am-abais, am-aban.	
Pretérito indefinido	am-é, am-aste, am-ó; am-amos, am-asteis, am-aron.	
Futuro imperfecto	amar-é, amar-ás, amar-á; amar-emos, amar-éis, amar-án.	
Pretérito perfecto	he am-ado, has am-ado, ha am-ado; hemos am-ado, habéis am-ado, han am-ado.	
Pretérito pluscuamperfecto	había am-ado, habías am-ado, había am-ado; habíamos am-ado, habíais am-ado, habían am-ado.	
Pretérito anterior	hube am-ado, hubiste am-ado, hubo am-ado; hubimos am-ado, hubisteis am-ado, hubieron am-ado.	
Futuro perfecto	habré am-ado, habrás am-ado, habrá am-ado; habremos am-ado, habréis am-ado, habrán am-ado.	
MODO POTENCIAL		
Potencial simple	amar-ía, amar-ías, amar-ía; amar-íamos, amar-íais, amar-ían.	
Potencial compuesto o perfecto	habría am-ado, habrías am-ado, habría am-ado; habríamos am-ado, habríais am-ado, habrían am-ado.	
MODO SUBJUNTIVO		
Presente	am-e, am-es, am-e; am-emos, am-éis, am-en.	
Pretérito imperfecto	am-ara o am-ase, am-aras o am-ases, am-ara o am-ase; am-áramos o am-ásemos, am-arais o am-aseis, am-aran o am-asen.	
Futuro imperfecto	am-are, am-ares, am-are; am-áremos, am-areis, am-aren.	
Pretérito perfecto	haya am-ado, hayas am-ado, haya am-ado; hayamos am-ado, hayáis am-ado, hayan am-ado.	
Pretérito pluscuamperfecto	hubiera o hubiese am-ado, hubieras o hubieses am-ado, hubiera o hubiese am-ado. hubiéramos o hubiésemos am-ado, hubierais o hubieseis am-ado, hubieran o hubiesen am-ado.	
Futuro perfecto	hubiere am-ado, hubieres am-ado, hubiere am-ado; hubiéremos am-ado, hubiereis am-ado, hubieren am-ado.	
MODO IMPERATIVO		
Presente	am-a tú, am-e él; am-emos nosotros, am-ad vosotros, am-en ellos.	

TEMER

Второе спряжение (2.ª conjugación)

	FORMAS SIMPLES	FORMAS COMPUESTAS
MODO INFINITIVO		
Infinitivo	tem-er	haber tem-ido
Gerundio	tem-iendo	habiendo tem-ido
Participio	tem-ido	

MODO INDICATIVO

Presente
yo tem-o, tú tem-es, él tem-e;
nosotros tem-emos, vosotros tem-éis, ellos tem-en.

Pretérito imperfecto
tem-ía, tem-ías, tem-ía;
tem-íamos, tem-íais, temían.

Pretérito indefinido
tem-í, tem-iste, tem-ió;
tem-imos, tem-isteis, tem-ieron.

Futuro imperfecto
temer-é, temer-ás, temer-á;
temer-emos, temer-éis, temer-án.

Pretérito perfecto
he tem-ido, has tem-ido, ha tem-ido;
hemos tem-ido, habéis tem-ido, han tem-ido.

Pretérito pluscuamperfecto
había tem-ido, habías tem-ido, había tem-ido;
habíamos tem-ido, habíais tem-ido, había tem-ido.

Pretérito anterior
hube tem-ido, hubiste tem-ido, hubo tem-ido;
hubimos tem-ido, hubisteis tem-ido, hubieron tem-ido.

Futuro perfecto
habré tem-ido, habrás tem-ido, habrá tem-ido;
habremos tem-ido, habréis tem-ido, habrán tem-ido.

MODO POTENCIAL

Potencial simple
temer-ía, temer-ías, temer-ía;
temer-íamos, temer-íais, temer-ían.

Potencial compuesto o perfecto
habría tem-ido, habrías tem-ido, habría tem-ido;
habríamos tem-ido, habríais tem-ido, habrían tem-ido.

MODO SUBJUNTIVO

Presente
tem-a, tem-as, tem-a;
tem-amos, tem-áis, tem-an.

Pretérito imperfecto
tem-iera o tem-iese, tem-ieras o tem-ieses, tem-iera o tem-iese;
tem-iéramos o tem-iésemos, tem-ierais o tem-ieseis, tem-ieran o tem-iesen.

Futuro imperfecto
tem-iere, tem-ieres, tem-iere;
tem-iéremos, tem-iereis, tem-ieren.

Pretérito perfecto
haya tem-ido, hayas tem-ido, haya tem-ido;
hayamos tem-ido, hayáis tem-ido, hayan tem-ido.

Pretérito pluscuamperfecto
hubiera o hubiese tem-ido, hubieras o hubieses tem-ido, hubiera o hubiese tem-ido;
hubiéramos o hubiésemos tem-ido, hubierais o hubieseis tem-ido, hubieran o hubiesen tem-ido.

Futuro perfecto
hubiere tem-ido, hubieres tem-ido hubiere tem-ido;
hubiéremos tem-ido, hubiereis tem-ido, hubieren tem-ido.

MODO IMPERATIVO

Presente
tem-e tú, tem-a él;
tem-amos nosotros, tem-ed vosotros, tem-an ellos.

PARTIR

Третье спряжение (3.ª conjugación)

	FORMAS SIMPLES	FORMAS COMPUESTAS
MODO INFINITIVO		
Infinitivo	part-ir	haber part-ido
Gerundio	part-iendo	habiendo part-ido
Participio	part-ido	

MODO INDICATIVO

Presente
yo part-o, tú part-es, él part-e;
nosotros part-imos, vosotros part-ís, ellos part-en.

Pretérito imperfecto
part-ía, part-ías, part-ía;
part-íamos, part-íais, part-ía.

Pretérito indefinido
part-í, part-iste, part-ió;
part-imos, part-isteis, part-ieron.

Futuro imperfecto
partir-é, partir-ás, partir-á;
partir-emos, partir-éis, partir-án.

Pretérito perfecto
he part-ido, has part-ido, ha part-ido;
hemos part-ido, habéis part-ido, han part-ido.

Pretérito pluscuamperfecto
había part-ido, habías part-ido, había part-ido;
habíamos part-ido, habíais part-ido, habían part-ido

Pretérito anterior
hube part-ido, hubiste part-ido, hubo part-ido;
hubimos part-ido, hubisteis part-ido, hubieron part-ido.

Futuro perfecto
habré part-ido, habrás, part-ido, habrá part-ido;
habremos part-ido, habréis part-ido, habrán part-ido.

MODO POTENCIAL

Potencial simple
partir-ía, partir-ías, partir-ía;
partir-íamos, partir-íais, partir-ían.

Potencial compuesto o perfecto
habría part-ido, habrías part-ido, habría part-ido;
habríamos part-ido, habríais part-ido, habrían part-ido.

MODO SUBJUNTIVO

Presente
part-a, part-as, part-a;
part-amos, part-áis, part-an.

Pretérito imperfecto
part-iera o part-iese, part-ieras o part-ieses part-iera o part-iese;
part-iéramos o part-iésemos, part-ierais o part-ieseis, part-ieran o part-iesen.

Futuro imperfecto
part-iere, part-ieres, part-iere;
part-iéremos, part-iereis, part-ieren.

Pretérito perfecto
haya part-ido, hayas part-ido, haya part-ido;
hayamos part-ido, hayáis part-ido, hayan part-ido.

Pretérito pluscuamperfecto
hubiera o hubiese part-ido, hubieras o hubieses part-ido, hubiera o hubiese part-ido.
hubiéramos o hubiésemos part-ido, hubierais o hubieseis part-ido, hubieran o hubiesen part-ido.

Futuro perfecto
hubiere part-ido, hubieres part-ido, hubiere part-ido;
hubiéremos part-ido, hubiereis part-ido, hubieren part-ido.

MODO IMPERATIVO

Presente
part-e tú, part-a él;
part-amos nosotros, part-id vosotros, part-an ellos.

НЕПРАВИЛЬНЫЕ ГЛАГОЛЫ

acertar; pres. *acierto, aciertas, acierta;* pres. sub. *acierte, aciertes, acierte;* imperat. *acierta.*

acordar; pres. *acuerdo, acuerdas, acuerda;* pres. sub. *acuerde, acuerdes, acuerde;* imperat. *acuerda.*

adquirir; pres. *adquiero, adquieres, adquiere;* pres. sub. *adquiera, adquieras, adquiera;* imperat. *adquiere.*

advertir; pres. part. *advirtiendo;* pres. *advierto, adviertes, advierte;* pret. *él advirtió, ellos advirtieron;* pres. sub. *advierta, advirtamos, advirtáis, adviertan;* imp. sub. *advirtiese* и *advirtiera;* fut. sub. *advirtiere;* imperat. *advierte.*

almorzar; pres. *almuerzo, almuerzas, almuerza;* pres. sub. *almuerce, almuerces, almuerce;* imperat. *almuerza.*

amoblar; pres. *amueblo, amueblas, amuebla;* pres. sub. *amueble, amuebles, amueble;* imperat. *amuebla.*

andar; pret. *anduve, anduviste, anduvo; anduvimos, anduvisteis, anduvieron;* imp. sub. *anduviese* или *anduviera;* fut. sub. *anduviere.*

asir; pres. *asgo, ases, ase;* pres. sub. *asga, asgas, asga* и т. д.; imperat. *ase.*

avergonzar; pres. *avergüenzo, avergüenzas, avergüenza;* pres. sub. *avergüence, avergüences, avergüence; avergoncemos, avergoncéis, avergüencen;* imperat. *avergüenza.*

bendecir; как *decir* кроме part. pas. *bendecido,* и *bendito;* fut. *bendeciré;* cond. *bendeciría;* imperat. *bendice.*

caber; pres. *yo quepo;* pret. *cupe, cupiste, cupo; cupimos, cupisteis, cupieron;* fut. *cabré, cabrás;* cond. *cabría, cabrías;* pres. sub. *quepa, quepas,* etc.; imp. sub. *cupiese* или *cupiera;* fut. sub. *cupiere.*

caer; pres. part. *cayendo;* pres. *caigo, caes, cae;* pret. *él cayó, ellos cayeron;* pres. sub. *caiga, caigas, caiga* и т. д.; imp. sub. *cayese* или *cayera;* fut. sub. *cayere.*

cocer; pres. *cuezo, cueces, cuece;* pres. sub. *cueza, cuezas, cueza* и т. д.; imperat. *cuece.*

comenzar; pres. *comienzo, comienzas, comienza;* pres. sub. *comience, comiences, comience;* imperat. *comienza.*

concebir; pres. part. *concibiendo;* pres. *concibo, concibes, concibe;* pret. *él concibió, ellos concibieron;* pres. sub. *conciba, concibas* и т. д.; imp. sub. *concibiese* или *concibiera;* fut. sub. *concibiere;* imperat. *concibe.*

concertar; как *acertar.*

condoler; как *moler.*

conducir; pres. *conduzco, conduces, conduce;* pret. *conduje, condujiste, condujo; condujimos, condujisteis, condujeron;* pres. sub. *conduzca, conduzcas* и т. д.; imp. sub. *condujese* или *condujera;* fut. sub. *condujere.*

conferir; как *herir.*

confesar; pres. *confieso, confiesas, confiesa;* pres. sub. *confiese, confieses, confiese;* imperat. *confiesa.*

conocer; pres. *conozco, conoces, conoce;* pres. sub. *conozca, conozcas* и т. д.

constituir; как *huir.*

contar; pres. *cuento, cuentas, cuenta;* pres. sub. *cuente, cuentes, cuente;* imperat. *cuenta.*

costar; pres. *cuesto, cuestas, cuesta;* pres. sub. *cueste, cuestes, cueste;* imperat. *cuesta.*

dar; pres. *doy, das, da;* pret. *di, diste, dio; dimos, disteis, dieron;* pres. sub. *dé, des, dé;* imp. sub. *diese* или *diera;* fut. sub. *diere;* imperat. *da.*

decir; pres. part. *diciendo,* pas. part. *dicho;* pres. *digo, dices, dice; decimos, decís, dicen;* pret. *dije, dijiste, dijo; dijimos, dijisteis, dijeron;* fut. *diré, dirás;* cond. *diría, dirías;* pres. sub. *diga, digas* и т. д.; imp. sub. *dijese* или *dijera;* fut. sub. *dijere;* imperat. *di.*

desleír; pres. part. *desliendo;* pres. *deslío, deslíes, deslíe;* pret. *él deslió, ellos deslieron;* pres. sub. *deslía, deslías* и т. д.; imp. sub. *desliese* или *desliera;* fut. sub. *desliere;* imperat. *deslíe.*

discernir; pres. part. *discirniendo;* pres. *discierno, disciernes, discierne;* pret. *él discirnió, ellos discirnieron;* pres. sub. *discierna, disciernas, discierna, discirnamos, discirnáis, disciernan;* imp. sub. *discirniese* или *discirniera;* fut. sub. *discirniere;* imperat. *discierne.*

dormir; pres. part. *durmiendo;* pres. *duermo, duermes, duerme;* pret. *él durmió, ellos durmieron;* pres. sub. *duerma, duermas, duerma; durmamos, durmáis, duerman;* imp. sub. *durmiese* или *durmiera;* fut. sub. *durmiere;* imperat. *duerme.*

empezar; pres. *empiezo, empiezas, empieza;* pres. sub. *empiece, empieces, empiece;* imperat. *empieza.*

encontrar; pres. *encuentro, encuentras, encuentra;* pres. sub. *encuentre, encuentres, encuentre;* imperat. *encuentra.*

engrosar; pres. *engrueso, engruesas, engruesa;* pres. sub. *engruese, engrueses, engruese;* imperat. *engruesa.*

enmendar; pres. *enmiendo, enmiendas, enmienda;* pres. sub. *enmiende, enmiendes, enmiende;* imperat. *enmienda.*

errar; pres. *yerro, yerras, yerra;* pres. sub. *yerre, yerres, yerre;* mperat. *yerra.*

expedir; как *pedir.*

forzar; pres. *fuerzo, fuerzas, fuerza;* pres. sub. *fuerce, fuerces, fuerce;* imperat. *fuerza.*

gemir; pres. part. *gimiendo;* pres. *gimo, gimes, gime;* pret. *él gimió, ellos gimieron;* pres. sub. *gima, gimas, gima* и т. д.; imp. sub. *gimiese* или *gimiera;* fut. sub. *gimiere;* imperat. *gime.*

gobernar; pres. *gobierno, gobiernas, gobierna;* pres. sub. *gobierne, gobiernes, gobierne;* imperat. *gobierna.*

hacer; pres. part. *haciendo;* pas. part. *hecho;* pres. *hago, haces, hace;* pret. *hice, hiciste, hizo; hicimos, hicisteis, hicieron;* fut. *haré, harás,* cond. *haría, harías;* pres. sub. *hiciese* или *hiciera;* fut. sub. *hiciere;* imperat. *haz.*

helar; pres. *hielo, hielas, hiela;* pres. sub. *hiele, hieles, hiele.*

henchir; pres. part. *hinchiendo;* pres. *hincho, hinches, hinche;* pret. *él hinchió, ellos hinchieron;* pres. sub. *hincha, hinchas, hincha* и т. д.; imp. sub. *hinchiese* или *hinchiera;* imperat. *hinche.*

herir; pres. part. *hiriendo;* pres. *hiero, hieres, hiere;* pret. *él hirió, ellos hirieron;* pres. sub. *hiera, hieras, hiera; hiramos, hiráis, hieran;* imp. sub. *hiriese* или *hiriera;* fut. sub. *hiriere;* imperat. *hiere.*

holgar; pres. *huelgo, huelgas, huelga;* pres. sub. *huelgue, huelgues, huelgue;* imperat. *huelga.*

huir; pres. part. *huyendo;* pres. *huyo, huyes, huye;* pret. *él huyó, ellos huyeron;* pres. sub. *huya, huyas, huya* и т. д.; fut. sub. *huyere;* imperat. *huye.*

inducir; как *conducir.*

ir; pres. part. *yendo;* pas. part. *ido;* pres. *voy, vas, va; vamos, vais, van;* imp. *iba, ibas;* pret. *fui, fuiste, fue; fuimos, fuisteis, fueron;* pres. sub. *vaya, vayas, vaya* и т. д.; imp. sub. *fuese* или *fuera;* fut. sub. *fuere;* imperat. *ve.*

jugar; pres. *juego, juegas, juega;* pres. sub. *juegue, juegues, juegue;* imperat. *juega.*

lucir; pres. *luzco, luces, luce;* pres. sub. *luzca, luzcas, luzca* и т. д.; imperat. *luce.*

llover; (impers.) pres. *llueve, llueven;* pres. sub. *llueva, lluevan.*

manifestar; pres. *manifiesto, manifiestas, manifiesta;* pres. sub. *manifieste, manifiestes, manifieste;* imperat. *manifiesta.*

moler; pres. *muelo, mueles, muele;* pres. sub. *muela, muelas, muela;* imperat. *muele.*

morder; pres. *muerdo, muerdes, muerde;* pres. sub. *muerda, muerdas, muerda;* imperat. *muerda.*

morir; как *dormir* (pres. *muero*), кроме pas. part. *muerto.*

mostrar; pres. *muestro, muestras, muestra;* pres. sub. *muestre, muestres, muestre;* imperat. *muestra.*

mover; pres. *muevo, mueves, mueve;* pres. sub. *mueva, muevas, mueva;* imperat. *mueve.*

nacer; pres. *nazco, naces, nace;* pres. sub. *nazca, nazcas, nazca* и т. д.

negar; pres. *niego, niegas, niega;* pres. sub. *niegue, niegues, niegue;* imperat. *niega.*

nevar; (impers.); правильный кроме pres. *nieva;* pres. sub. *nieve.*

oír; pres. part. *oyendo;* pres. *oigo, oyes, oye;* pret. *él oyó, ellos oyeron;* pres. sub. *oiga, oigas, oiga* и т. д.; imp. sub. *oyeses* или *oyera,* fut. sub. *oyere;* imperat. *oye.*

oler; pres. *huelo, hueles, huele;* pres. sub. *huela, huelas, huela;* imperat. *huele.*

parecer; pres. *parezco, pareces, parece;* pres. sub. *parezca, parezcas, parezca* и т. д.; imperat. *parece.*

pedir; pres. part. *pidiendo;* pres. *pido, pides, pide;* pret. *él pidió, ellos pidieron;* pres. sub. *pida, pidas, pida* и т. д.; imp. sub. *pidiese* или *pidiera;* fut. sub. *pidiere;* imperat. *pide.*

pensar; pres. *pienso, piensas, piensa;* pres. sub. *piense, pienses, piense;* imperat. *piensa.*

perder; pres. *pierdo, pierdes, pierde;* pres. sub. *pierda, pierdas, pierda;* imperat. *pierde.*

placer; (impers.) pret. *plugo;* pres. sub. *plazca;* imp. sub. *pluguiese* или *pluguiera;* fut. sub. *pluguiere;* imperat. *place.*

poder; pres. part. *pudiendo;* pres. *puedo, puedes, puede;* pret. *pude, pudiste, pudo; pudimos, pudisteis, pudieron;* fut. *podré, podrás;* cond. *podría, podrías;* pres. sub. *pueda, puedas, pueda;* imp. sub. *pudiese* или *pudiera;* fut. sub. *pudiere.*

poner; pas. part. *puesto;* pres. *pongo, pones, pone;* pret. *puse, pusiste, puso;* fut. *pondré, pondrás;* cond. *pondría;* pres. sub. *pusiese* или *pusiera;* fut. sub. *pusiere;* imperat. *pon.*

predecir; как *decir* кроме imperat. *predice.*

presentir; как *sentir.*

probar; pres. *pruebo, pruebas, prueba;* pres. sub. *pruebe, pruebes, pruebe;* imperat. *prueba.*

pudrir или редко **podrir;** pres. inf. *pudrir* или *podrir;* pas. part., *podrido.*

quebrar; pres. *quiebro, quiebras, quiebra;* pres. sub. *quiebre, quiebres, quiebre;* imperat. *quiebra.*

querer; pres. *quiero, quieres, quiere;* pret. *quise, quisiste, quiso; quisimos, quisisteis, quisieron;* fut. *querré, querrás;* cond. *querría, querrías;* pres. sub. *quiera, quieras, quiera;* imp. sub. *quisiese* или *quisiera;* fut. sub. *quisiere;* imperat. *quiere.*

recluir; как *huir.*

recontar; как *contar.*

regir; pres. part. *rigiendo;* pres. *rijo, riges, rige;* pret. *él rigió, ellos rigieron;* pres. sub. *rija, rijas, rija* и т. д.; imp. sub. *rigiese* или *rigiera;* fut. sub. *rigiere;* imperat. *rige.*

reír; pres. part. *riendo;* pres. *río, ríes, ríe;* pret. *él rió, ellos rieron;* pres. sub. *ría, rías, ría* и т. д.; imp. sub. *riese* или *riera;* fut. sub. *riere;* imperat. *ríe.*

rendir; pres. part. *rindiendo;* pres. *rindo, rindes, rinde;* pret. *él rindió, ellos rindieron;* pres. sub. *rinda, rindas, rinda* и т. д.; imp. sub. *rindiese* или *rindiera;* fut. sub. *rindiere;* imperat. *rinde.*

renegar; как *negar.*

renovar; pres. *renuevo, renuevas, renueva;* pres. sub. *renueve, renueves, renueve;* imperat. *renueva.*

reñir; pres. part. *riñendo;* pres. *riño, riñes, riñe;* pret. *él riñó, ellos riñeron;* pres. sub. *riña, riñas* и т. д.; imp. sub. *riñese* или *riñera;* fut. sub. *riñere;* imperat. *riñe.*

repetir; pres. part. *repitiendo;* pres. *repito, repites, repite;* pret. *él repitió, ellos repitieron;* pres. sub. *repita, repitas, repita* и т. д.; imp. sub. *repitiese* или *repitiera;* fut. sub. *repitiere;* imperat. *repite.*

requerir; как *herir.*

resonar; как *sonar.*

restriñir; pres. part. *restriñendo;* pret. *él restriñó, ellos restriñeron;* imp. sub. *restriñese* или *restriñera;* fut. sub. *restriñere;* imperat. *restriñe.*

rodar; pres. *ruedo, ruedas, rueda;* pres. sub. *ruede, ruedes, ruede;* imperat. *rueda.*

rogar; pres. *ruego, ruegas, ruega;* pres. sub. *ruegue, ruegues, ruegue;* imperat. *ruega.*

saber; pres. *sé, sabes, sabe;* pret. *supe, supiste, supo; supimos, supisteis, supieron;* fut. *sabré, sabrás;* cond. *sabría;* pres. sub. *sepa, sepas* и т. д.; imp. sub. *supiese* или *supiera;* fut. sub. *supiere.*

salir; pres. *salgo, sales, sale;* fut. *saldré, saldrás;* cond. *saldría;* pres. sub. *salga, salgas* и т. д.; imperat. *sal.*

seguir; pres. part. *siguiendo;* pres. *sigo, sigues, sigue;* pret. *él siguió, ellos siguieron;* pres. sub. *siga, sigas* и т. д.; imp. sub. *siguiese* или *siguiera;* fut. sub. *siguiere;* imperat. *sigue.*

sentar; pres. *siento, sientas, sienta;* pres. sub. *siente, sientes, siente;* imperat. *sienta.*

sentir; pres. part. *sintiendo;* pres. *siento, sientes, siente;* pret. *él sintió, ellos sintieron;* pres. sub. *sienta, sientas, sienta; sintamos, sintáis, sientan;* imp. sub. *sintiese* или *sintiera;* fut. sub. *sintiere;* imperat. *siente.*

servir; pres. part. *sirviendo;* pres. *sirvo, sirves, sirve;* pret. *él sirvió, ellos sirvieron;* pres. sub. *sirva, sirvas* и т. д.; imp. sub. *sirviese* или *sirviera;* fut. sub. *sirviere;* imperat. *sirve.*

soler; употребляется только pas. part. или правильный imp. *(solido, solía);* pres. *suelo, sueles, suele;* pres. sub. *suela, suelas, suela.*

solver; pas. part. *solvido;* pres. *suelvo, suelves, suelve;* pres. sub. *suelva, suelvas, suelva;* imperat. *suelve.*

sonar; pres. *sueno, suenas, suena;* pres. sub. *suene, suenes, suene;* imperat. *suena.*

soñar; pres. *sueño, sueñas, sueña;* pres. sub. *sueñe, sueñes, sueñe;* imperat. *sueña.*

temblar; pres. *tiemblo, tiemblas, tiembla;* pres. sub. *tiemble, tiembles, tiemble;* imperat. *tiembla.*

tender; pres. *tiendo, tiendes, tiende;* pres. sub. *tienda, tiendas, tienda;* imperat. *tiende.*

torcer; pres. *tuerzo, tuerces, tuerce;* pres. sub. *tuerza, tuerzas, tuerza;* imperat. *tuerce.*

traer; pres. part. *trayendo;* pres. *traigo, traes, trae;* pret. *traje, trajiste, trajo; trajimos, trajisteis, trajeron;* pres. sub. *traiga, traigas, traiga;* imp. sub. *trajese* или *trajera;* imperat. *trae.*

trascender; как *tender* (pres. *trasciendo* и т. д.).

transferir; как *herir.*

valer; как *salir,* кроме imperat. *vale* или *val.*

venir; pres. part. *viniendo;* pres. *vengo, vienes, viene;* pret. *vine, viniste, vino; vinimos, vinisteis, vinieron;* fut. *vendré, vendrás;* cond. *vendría, vendrías;* pres. sub. *venga, vengas* и т. д.; imp. sub. *viniese* или *viniera;* fut. sub. *viniere;* imperat. *ven.*

ver; pres. part. *viendo;* pas. part. *visto;* pres. *veo, ves, ve;* imp. *veía, veías;* pret. *vi, viste, vio; vimos, visteis, vieron;* pres. sub. *vea, veas* и т. д.; imp. sub. *viese* или *viera;* fut. sub. *viere;* imperat. *ve.*

verter; pres. *vierto, viertes, vierte;* pres. sub. *vierta, viertas, vierta;* imperat. *vierte.*

vestir; pres. part. *vistiendo;* pres. *visto, vistes, viste;* pret. *él vistió, ellos vistieron;* pres. sub. *vistiese* или *vistiera;* imperat. *viste.*

volar; pres. *vuelo, vuelas, vuela;* pres. sub. *vuele, vueles, vuele;* imperat. *vuela.*

volver; pas. part. *vuelto;* pres. *vuelvo, vuelves, vuelve;* pres. sub. *vuelva, vuelvas, vuelva;* imperat. *vuelve.*

СТРУКТУРА СЛОВАРЯ

Испанские слова, перевод которых дается в словаре напечатаны жирным шрифтом и расположены в строго алфавитном порядке.

Пояснения и факультативная часть испанских переводов заключены в круглых скобках. Например:

epacta. [ж.] эпакта (11 дней, коими солнечный год длиннее лунного).

В переводах синонимы отделяются запятой. Разные значения — точкой с запятой. например:

brega [ж.] драка, борьба; спор, стычка.

Фразеологические единицы, пословицы, составные термины и т. д. даются в конце словарной статьи за знаком двоеточия. Например:

antipatía [ж.] антипатия, неприязнь, неприязненное чувство: tener **antipatía** а, питать антипатию к кому-л.

Если испанское слово не имеет эквивалента в русском языке, оно передается транслитерацие, а в скобках дается пояснение по-Русски. например:

garrocha. [ж.] (тавр.) гарроча (длинная заострённая палка).

Важнейшие грамматические сведения о слове обозначаются соответсвующей пометой:

а) Существительные снабжены родовыми и т. д. пометами и заключены в квадратных скобках:

alienismo [м.]
arenisca [ж.]
arugas [ж. множ.]
bártulos [м. множ.]

б) Прилагательные и причастия даны в форме единственного числа мужского и женского рода и снабжены соответствующей пометой.

arroscado, da [страд. прич] к arroscar, [прил.] винтообразный.

Переходность, непереходность, безличность и неправильность глагола обозначается с помощью соответствующей пометы:

coadunar [перех.]
altercar [неперех.]

структура словаря

Неправильные формы глагола помещены в конце словарной статьи. Например:
jugar...; [**непр. гл.**] **ind. pres.** juego, -as, jugamos, -áis, juegan; **subj. pres.** juegue-es и т. д.

г) Служебные слова обозначаются соответствующей пометой:

    предл.
    нареч.
    союз и т. д.

Остальные пометы приняты в словаре следующие:

УСЛОВНЫЕ СОКРАЩЕНИЯ

Русские
Rusas

ав. — авиация
авт(о). — автомобильное дело
Амер. — американизм
анат. — анатомия
англ. — англицизм
антр. — антропология
арг. — арго, жаргонное слово
ариф. — арифметика
арт. — артистическое дело; артикль
арх. — архитектура
археол. — археология
астр. — астрономия
безл. — безличная форма
библ. — библейское выражение
биол. — биология
бот. — ботаника
бран. — бранное слово, выражение
букв. — буквально
в. — век
в(ин.) — винительный (падеж)
варв. — варваризм
вет. — ветеринария
воен. — военное дело
воз(в). — возвратное
вопр. — вопросительное
воскл. — восклизательный
вр. — время
в разн. знач. — в разных значениях
вул. — вульгаризм
гал. — галлицизм
г. — год; город; грамм
геогр. — география
геод. — геодезия
геол. — геология
геом. — геометрия
геофиз. — геофизика
герал. — геральдика
гидр. — гидротехника, гидрология
гл. — глагол(ьный)
горн. — горное дело
грам. — грамматика

груб. — грубое слово или выражение
д(ат.) — дательный падеж
деепр. — деепричастие
дейст. — действительная форма
дипл. — дипломатический термин
ед. — единственное число
ж. — женский род
ж. д. — железнодорожное дело
жив. — живопись
знач. — значение
зоол. — зоология
и(м.) — именительный падеж
ирон. — в ироническом смысле
иск. — искусство
ист. — история
и. т. д. — и так далее
ихтиол. — ихтиология
канц. — канцелярское выражение
карт. — термин карточной игры
кем-л. — кем-либо
кг. — килограмм
кино. — кинематография
км. — километр
книж. — книжный стиль
колич. — количественное
ком. — коммерческий термин
кул. — кулинария
л. — литр; лицо
ласк. — ласкательная форма
лат. выр(аж.) — латинское выражение
лес. — лесное дело
линг(в). — лингвистика
лит. — литература
лич(н.) — личная форма
лог. — логика
м. — метр; мужской (род)
м. употр. — малоупотребительно
мат. — математика
мед. — медицина
межд. — междометие
мест. — местоимение
метеор. — метеорология
мех. — механика

условные сокращения

мин. — минералогия или горное дело
миф. — мифология
мн. — множественное (число)
мор. — морское дело, морской термин
муз. — музыка
накл. — наклонение
напр. — например
нареч. — наречие
наст. — настоящее время
неодобр. — неодобрительно
неол. — неологизм
неопр. — неопределенная форма
непр. гл. — неправильный глагол
нескл. — несклоняемое слово
неупотр. — неупотребительно
обл. — областное слово или выражение
обознач. — обозначает
обыкн. — обыкновенно
о.-в. — остров
о.-ва. — острова
оз. — озеро
опред. — определённое (местоимение и т. д.)
опт. — оптика
относ(и). — относительное
отриц. — отрицательный, -ая
офиц. — официальный термин
охот. — охотничий термин
п. — предложный
пад. — падеж
палеонт. — палеонтология
пат. — патология
п-в. — полуостров
перен. — в переносном значении
повел. — повелительное (наклонение)
полига. — полиграфия
полит. — политический термин
порядк. — порядковое (числительное)
поэт. — поэтическое слово
превосх. ст. — превосходная степень
презр. — презрительно
прил. — прилагательное (имя)
притяж. — притяжательное
прич. — причастие
прост. — просторечие
прош. — прошедшее время
прям. — в прямом значении
психол. — психология
пчел. — пчеловодство
р. — река; род; родительный (падеж)
радио. — радиотехника
разг. — разговорное слово

рел. — религия
рит(ор). — риторически
р(од). — родительный (падеж)
рыб. — рыболовство, рыбоводство
с. — средний (род)
сад. — садоводство
сл. — слово
сложн. — сложный
см. — смотри
соб(ир). — собирательное (существительное)
сокр. — сокращение
сосл. — сослагательное (наклонение)
спорт. — спорт, физкультура
спря. — спряжение
спряг. — спрягается
сравнит. ст. — сравнительная степень
ст. — степень
стр. — строительное дело
стр(ад). — страдательная (форма)
сущ. — существительное (имя)
с.-х. — сельское хозяйство
т(вор). — творительный (падеж)
театр. — театроведение, театр
текст. — текстильное дело
тех. — техника
тже. — также
тк. — только
топ. — топография
увелич. — увеличительная форма
умень. — уменьшительная форма
употр. — употребляется
усеч. — усечённая форма
уст. — устаревшее слово
уступ. — уступительный
ф. — форма
фарм. — фармацевтический термин
фех. — фехтование
физ. — физика
физиол. — физиология
Фил(ип.) — Филиппинские о.-ва
фил(ол). — филология
фил(ос). — философия
фин. — финансовый термин
фольк. — фольклор
фото. — фотография
фр. — французский термин
хим. — химия
хир. — хирургия
церк. — церковное слово
ч. — число
числ. — числительное

шахм. — термин шахматной игры
шутл. — шутливое слово или выражение
эк. — экономика
эл. — электротехника
энто. — энтомология
юр. — юридический термин

Испанские
Españolas

cond. — condicional
fut. — futuro
ger. — gerundio
imp(erf.). — imperfecto
imperat. — imperativo
imperat. — imperativo
impers. — impersonal
ind. — indicativo
indef. — indefinido
inf. — infinitivo
part. — participio
pas. — pasado
perf. — perfecto
pot. — potencial
pres(t). — presente
pret. — pretérito
sub(j.) — subjuntivo

A a

A. название первой буквы испанского алфавита; a [**предлог.**] (сливаясь с артиклем el принимает форму al): di el libro al hermano, я дал книгу брату; (служит признаком винительного падежа, когда прямым дополнением является лицо или олицетворённый предмет: * matar a una persona, убить человека; при обознач. орудия или средства, которым производится действие, без предлога: * a lápiz, карандашом; * al óleo, маслом; при обознач. движения к месту (куда?): в, на+a. поехать в город; * ir a la ciudad; перев. тж. наречием: идти домой; * ir a casa; при обознач. временных отношений (когда?) уезжать в два часа; * partir a las dos; при обознач. наступления действия, выраженного инфинитивом: * romper a reír; засмеяться; при обознач. расстояния до чего-л (часто с сочет. с предлог. de): * de París a Barcelona, от Парижа до Барселоны; при указ. приговора и т. д. (к чему?, как?) к+d. на+a.: * condenar a muerte; приговорить к смертной казни; * condenar a cadena perpetua, приговорить к вечную каторгу; при указ. цены и т. д., по; согласно, по: * a 50 rublos; по пятидесяти рублей, a ley, по закону; при обознач. побуждения к действию (к чему?, на что?), к+d. на+a.: * empujar a, толкнуть на какой-л поступок; при указ. направления действия (куда?, к кому?, к чему?) к+d. или d. без предлога, * voy al campo, еду в деревню; при указ. места (где?) в, на, у, за: * a la entrada, у входа; * a la derecha, направо; * a la mesa, за столом; при обознач. лица у которого что-л лишается, которое чего-л лишается, y+g.: украсть у кого-л часы, * robar a uno el reloj; при обознач. сходства, склонности; после некоторых определённых прилагательных; * parecido a, похожий на; dedicado al arte, преданный, посвятивший себя искусству; при обознач. времени (когда, в, на: * ¿a qué hora?, в котором часу?; * al día siguiente, на следующий день; входит в состав многочисленных наречных и предложных оборотов: * poco a poco, понемногу; * cuerpo a cuerpo, врукопашную; * a escondidas, тайком; * a la fuerza, насильно; * a pie, пешком; * a nado, вплавь; * a menudo, часто; * a cuestas, на спине; * a tiempo, вовремя; * a veces, иногда; * a caballo, верхом; * a sabiendas, умышленно; * a saber, а именно; * a primera vista, на первый взгляд; * a duras penas, с большим трудом; * a la francesa, на французский лад; * al revés, наоборот; * a ratos, иногда, временами; * al fiado, в кредит; * al menos, по крайней мере; * a lo largo, вдоль; * a lo lejos, вдали; * a la luz, при свете; * al amanecer, на рассвете; * a cuchillazos, ударами ножа; * a pedir de boca, как нельзя лучше; по желанию; * gracias a, благодаря; * a falta de, за неимением; перед инфинитивом соответствует деепричастному обороту; * al llegar a Madrid, приехав в Мадрид; после некоторых глаголов, как ir, venir, означает цель, намерение: * voy a comer, я собираюсь обедать; заменяет союз: * si: a no afirmarlo tú, lo dudaría; если бы ты не утверждал это, я бы сомневался; прочие сочет. см. на своём месте под соответствующими **сущ.** и **нареч.**

¡aba! [**межд.**] осторожно!, берегись!

abá. [**м.**] (Амер.) антильский дикий кустарник.

ababa. [**ж.**] мак (травянистое растение): * de ababa, маковый.

ababarí. [**м.**] (Амер.) выдра (хищное плавающее животное).

ababol. [**м.**] см. ababa, разиня, простофиля.

abacá. [**ж.**] (бог.) манильская конопля, манильская пенька; ткань из манильской пеньки.

abacería. [**ж.**] бакалейная лавка, бакалейный магазин.

abacero. [**м.**] лавочник, владелец лавки, бакалейщик.

abacial. [**прил.**] аббатский; монастырский.

abacio, cia. [**прил.**] не имеющий права голоса.

ábaco. [**м.**] счёты; (горн.) лоток для промывки золота; (арх.) абака.

abacorado. [**прил.**] (Амер.) преследуемый.

abacorar. [**перех.**] (Амер.) преследовать, гнаться за кем-л с целью поимки, гнать без передышки; застичь; монополизировать, захватывать в одни руки; осмеливаться.

abad. [**м.**] аббат, настоятель католического монастыря; католический священник; шпанская муха: * abad mitrado, аббат с митрою; * el abad de lo que canta yanta, всякий должен питаться своим ремеслом; * como canta el abad responde el sacristán, каков поп, таков и приход.

abadejo. [**м.**] треска, промысловая рыба; шпанская муха; (птица, насекомое) королёк.

abadesa. [**ж.**] аббатисса; настоятельница.

abadesco. [**прил.**] аббатский, монастырский.

abadesil. [**прил.**] см. abadesco.

abadía. [**ж.**] аббатство, католический монастырь с принадлежащими ему владениями; звание аббата.

abajadero. [**м.**] склон, откос, наклонная поверхность чего-л.

abajador. [**м.**] (в шахтах) рабочий, ведающий инструментами.

abajarse. [**страд.**] (Амер.) разлагаться, разложиться, гнить.

abajeño. [**м.**] (Амер.) уроженец или житель побережья.

abajero. [**прил.**] (Амер.) нижний.

abajino. [**прил. сущ.**] (Амер.) живущий на севере страны.

abajo. [**нареч.**] вниз; внизу; ниже, позже: * mirar a alguien de arriba abajo, смотреть на кого сверху вниз; смерить с головы до ног; * venirse abajo, рухнуть; * de abajo, снизу, внизу; * echar abajo, ломать, валивать, низвергать; (перен.) захреть; * de arriba abajo, сверху донизу; * hacia abajo, вниз. * calle abajo, ниже по улице; * más abajo, ниже; * cuesta abajo, под гору.

abajo. [**межд.**] долой!

abalanzar. [**перех.**] приводить весы в равновесие; уравновешивать, уравновесить.

abalanzar. [**перех.**] швырять, толкать; [**возв. гл.**] кидаться, бросаться; нападать, набрасываться.

abaldonar. [**перех.**] делать презренным, унижать; оскорблять, позорить.

abaleamiento. [**м.**] (действие по глаг. веять) веяние.

abaleador. [**м.**] веяльщик, тот, кто работает на веяльке: * abaleadora, веяльщица.

abalear. [**перех.**] веять, провеивать.

abalear. [**перех.**] (Амер.) подвергать обстрелу, обстрелять, обстреливать.

abaleo. [**м.**] (действие по знач. глаг. веять) веяние, провеивание (зерна).

abalizamiento. [**м.**] (мор) установка бакенов, буев.

abalizar. [**перех.**] (мор.) ставить баканы, буи (для обозначения отмели, места рыбацкой сети и т. д.): * abalizarse. [**возв. гл.**] отмечаться на карте.

abalorio. [**м.**] бусина, бусинка, бисерина (разг.); стеклянные бусы: * no vale un abalorio, (погов.) ломаного гроша не стоит.

aballado. [**страд. прич.**] (о своде) низкий: (жив.) смягчённый; (Амер.) сбитый.

aballestar. [**перех.**] (мор) тянуть, натягивать.

abama. [**ж.**] (бот) антерикус.

abanderado. [**м.**] знаменосец, тот, кто несёт или носит знамя; (мор) судно, идущее под национальным флагом.

abanderamiento. [м.] (действие по знач. глаг. снабжать судно документами, заносить в списки судов) занесение в списки судов; набор; вербовка (в армию).

abanderar. [перех.] снабдить (снабжать) судно документами, удостоверяющими его национальность; заносить в списки судов.

abanderizar. [перех.] формировать шайки; вербовать: * abanderizarse. [возв. гл.] (Амер.) становиться на чью-л сторону.

abandonado. [стр. прич.] брошенный, покинутый; (сад) запущенный, заброшенный; [прил.] небрежный, неряшливый, неаккуратный; (Амер.) развратный, порочный: * niño abandonado, подкидыш. (ребёнок); * estar abandonado, глохнуть; * vivir abandonado, беспризорничать.

abandonamiento. [м.] запустение; запущенность; см. abandono.

abandonar. [перех.] покидать, бросать, оставлять; лишать защиты, поддержки; отодвигать на задний план; забрасывать, запускать; * abandonarse. [возв. гл.] становиться небрежным; предаваться, отдаваться; бросаться (смело); предаваться унынию, падать духом: * abandonar los negocios, забросить свои дела.

abandono. [м.] оставление; запустение; кидание; заброшенность; запущенность беспризорность; беспомощное состояние; (в разговоре и. т. д.) непринуждённость, непристойность; небрежность, неряшливость: * caer en el abandono, запустеть.

abanicar. [перех.] обмахивать веером; [возв. гл.] обмахиваться веером.

abanicazo. [м.] удар веером.

abanico. [м.] веер, опахало; вентилятор; экран, заслон, съедобный гриб; резкий ветер; остов воздуходувных мехов: * en forma de abanico, веером, веерообразно.

abanico. [м.] (мор.) подъёмная, грузовая стрела.

abaniqueo. [м.] быстрое обмахивание веером; (разг.) размахивание руками.

abaniquería. [ж.] мастерская (фабрика) вееров; магазин вееров.

abaniquero. [м.] мастер, делающий веера; продавец вееров.

abano. [м.] веер; вентилятор.

abanto. [прил.] боязливый, пугливый; [м.] род испанского стервятника.

abarajar. [п.] (Амер.) тасовать (карты); мешать.

abaratamiento. [м.] удешевление.

abaratar. [перех.] сбавлять, снижать цену; дёшево покупать или продавать, терять уважение; пренебрегать; [неперех.] дешеветь; * abaratarse. [возв. гл.] удешевляться, дешеветь.

abarca. [ж.] лапоть (из сыромятной кожи).

abarcadura. [ж.] охватывание; (воен.) охват.

abarcamiento. [м.] см. abarcadura.

abarcar. [перех.] охватывать обхватывать, обнимать; окол.] окружать чьи-л. леса; браться за много дел сразу; включать; добавлять; (Амер.) скупать, придерживать; сидеть на яйцах: * quien mucho abarca, poco aprieta, (погов.) за двумя зайцами погонишься, ни одного не поймаешь.

abarloar. [перех.] (мор.) пришвартовывать, пришвартовать: * abarloarse. [возв. гл.] пришвартовываться, швартоваться.

abarquillar. [перех.] коробить, кривить, делать погнутым. * abarquillarse. [возв. гл.] коробиться, кривиться, делаться кривым.

abarracar. [неперех.] жить в бараках, размещать по баракам: * abarracarse. [возв. гл.] располагаться в бараках.

abarrado, da. [прил.] полосатый, с полосками.

abarraganamiento. [м.] внебрачная связь, сожительство.

abarraganar. [перех.] (ткань) делать непромокаемой: * abarraganarse. [возв. гл.] находиться во внебрачной связи, сожительствовать вне брака.

abarrajado. [страд. прич.] к abarrajar(se); [прил.] (Амер.) см. pendenciero, libertino.

abarrajar. (воен.) атаковать; разбить, разгромить; (Амер.) (поспешно) выйти.

abarrajarse. [возв. гл.] (Амер.) становиться негодяем, предаваться разврату; низко пасть; сойтись с недостойными людьми.

abarrajo. [м.] (Амер.) действие по знач. глаг. спотыкаться; падение.

abarramiento. [м.] бросание, швыряние; метание.

abarrancadero. [м.] мель, мелкое место; скверное положение, затруднение.

abarrancamiento. [м.] размыв дождём; посадка корабля на мель.

abarrancar. [перех.] наделать рытвин; сталкивать в канаву; [неперех. возв. гл.] (мор.) сесть, садиться на мель, (перен.) погрязнуть, впутаться, попадать на трудное положение.

abarrar. [перех.] бросать, кидать (с большой силой).

abarredera. [ж.] метла, веник.

abarrer. [перех.] мести, подметать.

abarrisco. [нареч.] без разбора, без различия; в целом.

abarrotado. [м.] (Амер.) карточная игра в малилью; гастрономический магазин.

abarrotar. [перех.] укреплять балками; заполнять, забивать, наполнять, набивать (лавку товарами и т. д.); (мор.) заполнять трюм мелкими тюками; нагружать судно; быть монополизировать, сделать что-л предметом монополии; * abarrotarse. [возв. гл.] становиться дешевле, удешевляться.

abarrote. [м.] (мор.) кипа для заполнения трюма; [множ.] (Амер.) товары; продукты.

abarrotería. [ж.] торговля скобяными изделиями.

abarrotero, ra. [м. и ж.] (Амер.) бакалейщик (-ица).

abarse. [возв. гл.] отходить, удалиться от какого-л места.

abasar. [перех.] поставлять; снабжать.

abastado, da. [прил.] см. surtido.

abastamiento. [м.] снабжение; плодородие, изобилие.

abastante. [прил.] (устар.) обильный, изобильный.

abastanza. [ж.] изобилие, обилие, избыток.

abastar. [перех.] см. abastecer.

abastardar. [неперех.] вырождаться; ухудшаться; поступать недостойно.

abastecedor. [перех.] поставщик; скупщик; спекулянт; биржевой спекулянт; торговец; купец.

abastecer. [перех.] поставлять, доставив, снабдить (каким-л товаром); ввозить продовольствие; брать на себя поставки; * abastecerse. [возв. гл.] запасаться, обеспечить себя чем-л на случай необходимости.

abastecimiento. [м.] снабжение, поставка: * abastecimiento de agua, водоснабжение.

abastionar. [перех.] (воен.) укреплять бастионами.

abasto. [м.] снабжение; изобилие, обилие, избыток; (Амер.) бойня; * abastos, съестные припасы, продовольствие.

abatanar. [перех.] (сукно) валять; бить, избивать, ударять.

abatatar. [перех.] (разг.) (Амер.) смущать, привести в смущение.

abate. [м.] см. abad.

abatí. [м.] кукурузный спиртной напиток.

abatidamente. [нареч.] униженно.

abatidero. [м.] водосточная труба.

abatido, da. [страд. прич. к abatir] подавленный, удручённый, сниженный в цене; (мор.) спущенный (о парусе); прибитый к берегу; [прил.] презренный, низкий, подлый.

abatimiento. [м.] изнеможение, состояние полной усталости и. т. д., упадок сил; уныние, безнадежная печаль, гнетущая скука; (мор.) дрейф, снос судна с линии курса: * entregarse al abatimiento, предаваться унынию.

abatir. [перех.] валить, повалить; сбить, сбивать; рубить (лес); ломать; сразить, ослабить, ошеломить; бить, резать (скот); (мор.) спускать; убить, убивать; подавлять; унижать, оскорблять; приводить в уныние; [неперех.] (мор.) дрейфовать, отклоняться от курса; * abatir un avión, сбить самолёт; * abatir su orgullo, смиряться, смириться; * no dejarse abatir, не поддаваться унынию; * dejarse abatir, поддаваться унынию; * abatirse. [возв. гл.] повалиться, рухнуть; упасть; ослабевать (о ветре); бросаться на добычу (о хищных птицах); повалиться (о лошади).

abatojar. [перех.] см. abatollar.

abatollar. [перех.] лущить (бобы, и т. д.).

abax. [м.] жужелица.

abayado. [прил.] стручковидный; (Амер.) гнедой (о лошади).

abayuncar. [перех.] (Амер.) валить; подчинять, покорять: * abayuncarse [возв. гл.] (Амер.) грубеть.

abazón. [м.] защёчный мешочек (у некоторых животных); (перен. разг.) см. buche.

abdera. [ж.] (зоол.) абдера (жук).

abdicación. [м.] отречение от престола; сложение с себя сана; отказ (от убеждений, от права и т. д.].

abdicar. [перех.] отрекаться от престола (от трона); слагать с себя сан; отказываться (от права и т. д.): * abdicar el poder, отказаться от власти.

abdomen. [м.] брюшная полость; живот; брюшко (у насекомых).

abdominal. [прил.] брюшной: * cavidad abdominal, брюшная полость; * tifus abdominal, брюшной тиф.

abducción. [ж.] абдукция, отведение мышцы, функция отводящей мышцы; (филос.) абдукция.

abductor. [прил.] отводной, отводящий; оттягивающий (о мышце); [м.] (анат.) отводящая мышца; (хим.) отводная трубка.

abecé. [м.] азбука, букварь; основы: * no saber el abecé, быть круглым невеждой.

abecedario. [м.] азбука, букварь.

abedul. [м.] берёза: * abedul de Carelia, карельская берёза.

abedular. [м.] березняк, берёзовая роща.

abedulillo. [м.] белый бук, граб.

abedulino. [прил.] берёзовый.

abeja. [ж.] (энто.) пчела: * abeja obrera o neutra, рабочая пчела; * abeja macho, трутень; * abeja machiega, maesa, maestra o reina, пчела-матка.

abejar. [м.] пчельник, пасека.
abejareño. [прил.] пасечный.
abejarrón. [м.] (энто.) шмель; майский жук.
abejarruco. [м.] (орни.) щурка, пчелояд; сплетник.
abejeo. [м.] (обл.) добыча пчел.
abejera. [ж.] пасека, пчельник; (бот.) мелисса, лимонная мята.
abejero. [м.] пчеловод; пасечник; щурка, пчелояд.
abejón. [м.] трутень; шершень: * jugar con uno al abejón, насмехаться над кем-л.
abejorreo. [м.] гудение, жужжание пчел.
abejorro. [м.] (энто.) шмель; майский жук.
abejuela. [ж.] умен.] маленькая пчела.
abejuno, na. [прил.] пчелиный, относящийся к пчёлам, к пчеловодству.
abelmosco. [м.] (бот.) бамия.
abellacado, da. [страд. прич. к abellacar];
[прил.] развращённый, порочный; лукавый, плутоватый; мошеннический.
abellacar. [перех.] портить, развращать; извращать.
abellar. [м.] (уст.) см. abejar.
abellota. [ж.] (вар.) жёлудь.
abellotado, da. [прил.] (бот.) имеющий форма жёлудя.
abemoladamente. [нареч.] медленно, потихоньку.
abemolar. [перех.] (муз.) ставить бемоли; смягчать, делать нежным (о голосе).
abena. [ж.] (бот.) вербена.
abenuz. [м.] (бот.) эбеновое дерево, чёрное дерево.
abercoque, abercoquero. [м.] (бот.) (обл.) абрикос (плод и дерево).
aberenjenado, da. [прил.] фиолетовый, цвета баклажана; имеющий форму баклажана.
aberración. [м.] (физ.) (астр.) аберрация; заблуждение; отклонение от истины: * aberración mental, помрачение ума.
aberrar. [перех.] заблуждаться; отклоняться от истины.
abertal. [прил.] легко покрывающийся трещинами; открытый (без стен); [м.] трещина, расселина, щель.
abertura. [ж.] отверстие, дыра, щель, скважина; открывание, отпирание, вскрытие, распечатывание; вход в гавань; откровенность, искренность.
abesana. [ж.] проведение первой борозды на пашне.
abestiado, da. [прил.] одуревший, отупевший, потерявший человеческий облик.
abestializado, da. [прил.] одуревший, см. abestiado.
abestiarse. [возв. гл.] озвереть, опуститься до животного состояния, отупеть, одичать.
abestionar. [перех.] (усм.) укреплять бастионами.
abesugado, da. [прил.] имеющий форму краснопёрого спара.
abetal. [м.] ельник, еловый лес.
abetar. [м.] ельник.
abete. [м.] скоба.
abetino. [м.] см. abeto.
abetinote. [м.] жидкая смола ели.
abeto. [м.] (бот.) ель, ёлка: * abeto albar o común, европейская пихта.
abetunado, da. [страд. прич. к abetunar]; [прил.] битуминозный.
abetunar. [перех.] покрывать битумом; мазать запорной мазью (обувь).
abey. [м.] (бот.) антильское дерево.
abezón. [прил.] дрессированный; обученный.
ab hoc et ab hac. [лат. выр.] вкривь и вкось.
abia. [ж.] (обл.) (бот.) черника (растение и ягода).

abibollo. [м.] (обл.) (бот.) мак (полевой), см. abadal.
abieldar. [перех.] провеивать (зерно).
abiertamente. [нареч.] открыто, откровенно; явно; напрямик, решительно, недвусмысленно; чистосердечно, откровенно.
abierto, ta. [страд. прич. к abrir]; [прил.] открытый, отпертый, раскрытый; (перен.) откровенный, чистосердечный, прямой, искренний, незащищённый, неукреплённый; расточительный: * con los brazos abiertos, распростёртыми объятиями; * ciudad abierta, открытый город, неукреплённый город.
abietina. [ж.] (хим.) абиетин.
abigarrado, da. [страд. прич. к abigarrar]; [прил.] пёстрый, разноцветный; смешанный.
abigarramiento. [м.] пестрота, пестрая окраска, окрашивание в пёстрые цвета.
abigarrar. [перех.] испещрять, пёстро окрашивать, делать чрезмерно пёстрым; приводить в беспорядок.
abiglato. [м.] (юр.) кража, угон скота, скотокрадство.
abigeo. [м.] (юр.) скотокрад, конокрад.
abigotado. [прил.] усатый, с большими усами.
abijar. [перех.] (Амер.) науськивать, натравливать (собак).
abillar. [перех.] оскорблять, позорить, поносить.
ab immemoriabili. [лат. выраж.] с незапамятных времён.
ab initio. [лат выраж.] с начала.
ab intestato. [лат. выраж.] небрежно, беззаботно; без завещания.
abiotrofía. [ж.] (мед.) абиотрофия.
abiotrófico, ca. [прил.] (мед.) к абиотрофия.
ab irato. [лат. выраж.] под действием гнева.
abisal. [прил.] глубоководный; глубинный.
abiselación. [ж.] скашивание краёв; гранение.
abiselar. [перех.] скашивать края, см. biselar.
abisinio, nia. [прил.] абиссинский; [м. и ж.] абиссинец, абиссинка; [м.] абиссинский язык.
abismal. [прил.] бездонный, глубинный: * profundidad abismal, (перен.) бездонная пропасть.
abismar. [перех.] низвергать, сбрасывать в бездну; запрятывать, скрывать; погубить, обесславить; приводить в замешательство, недоумение, смущение; * abismarse. [возв. гл.] гружаться в размышления, уходить в себя, замкнуться в себе; (Амер.) удивляться, поражаться, изумляться.
abismo. [м.] бездна, пропасть, пучина; (перен.) водоворот, пучина; гибель; ад: * al borde el abismo, на краю гибели.
abitar. [перех.] (мор.) привязывать якорный трос к битенгам.
abitón. [м.] (мор.) кнехт, битенг, битс.
abiyelar. [перех.] (арг.) иметь.
abizcochado, da. [страд. прич. к abizcochar]; [прил.] похожий на бисквит.
abizcochar. [перех.] придавать форму или вкус бисквита.
abjurable. [прил.] достойный отречения, ошибочный.
abjuración. [ж.] клятвенное отречение.
abjurar. [перех.] клятвенно отрекаться.
ablación. [ж.] (хир.) ампутация, удаление; (мед.) промежуток между двумя приступами лихорадки.
ablactación. [ж.] отнятие от груди (о ребёнке).
ablactar. [перех.] отнимать от груди (ребёнка).
ablandable. [прил.] могущий быть размягчённым.

ablandabrevas. [м.] бесполезный человек.
ablandador, ra. [прил.] смягчающий, размягчающий; изнеживающий, расслабляющий.
ablandahigos. [м.] см. ablandabrevas.
ablandamiento. [м.] размягчение, смягчение; изнеженность.
ablandar. [перех.] размягчать, смягчать, делать мягче; (перенх) смягчать, облегчать, ослаблять, тронуть, растрогать, умилять; [неперех. и возв. гл.] смягчаться, изнеживаться; становиться теплее (о погоде); утихать (о ветре).
ablandativo. [прил.] мягчительный, смягчающий.
ablandecer. [перех.] смягчать, размягчать, делать мягче; [непр. гл.] спрягается как agradecer.
ablanedo. [м.] (бот.) (обл.) орешник, заросли орешника.
ablano. [м.] (обл.) орешник, ореховый куст.
ablativo. [м.] (грам.) творительный падеж.
ablefaria. [ж.] отсутствие век.
ablefaro, ra. [прил.] лишённый век.
ablendar. [перех.] (обл.) провеивать.
ablentar. [перех.] провеивать, разбрасывать, рассеивать; отделять.
ablepsia. [ж.] потеря зрения.
ablución. [ж.] (рел.) омовение; (разг.) обмывание, умывание, мытьё.
abluente. [прил.] омывающий, очищающий (рану).
abluir. [перех.] восстанавливать написанное (химическим путём).
abnegación. [ж.] самоотречение, самопожертвование; самоотверженность; самоотвержение; отрешённость.
abnegadamente. [нареч.] самоотверженно.
abnegado, da. [страд. прич. к abnegar]; [прил.] самоотверженный.
abnegar(se). [возв. гл.] категорически отрицать; добровольно отказываться своих желаний и т. д.; [непр. гл.] спрягается как acertar.
abobadamente. [нареч.] глупо, по-дурацки.
abobado, da. [страд. прич. к abobar]; [прил.] глуповатый, оторопелый, дурацкий, тупой, нелепый.
abobamiento. [м.] изумление; тупоумие.
abobar. [перех.] делать глупым; притуплять; повергнуть в изумление, ошеломить [неперех.] см. delirar; * abobarse, [возв. гл.] изумиться, остолбенеть.
abocadear. [перех.] откусывать (зубами); ранить зубами.
abocado, da. [страд. прич. и прил.] нежный, прятный на вкус, вкусный; тонкого букета (о вине).
abocado. [м.] адвокат.
abocamiento. [м.] переговоры, свидание; (воен.) сближение; хватание зубами.
abocar. [перех.] хватать зубами; приближать; сводить для переговоров; наводить, нацеливать (оружие); пересыпать из одного мешка, и т. д., в другой; [неперех.] входить в канал, в пролив: * abocarse. [возв. гл.] встречаться; (груб.) снюхаться.
abocardado, da. [прил.] расширяющийся.
abocardar. [перех.] расширять (отверстие).
abocardo. [м.] бур (в шахтах).
abocastro. [м.] (Амер.) ужасное чудовище.
abocatero. [м.] (гал.) (бот.) агвиат.
abocelado, da. [страд. прич. к abocelar]; [прил.] имеющий форму рожка.
abocelar. [перех.] придавать форму рожка. [неперех.] падать лицом вниз, ничком.

abocetado, da. [прил.] эскизный, являющийся эскизом.
abocetar. [перех.] делать эскиз, набросок.
abocinadamente. [нареч.] ничком.
abocinadero. [м.] место, где легко падать ничком.
abocinado, da. [прил.] расширяющийся; низкий (о своде); идущий опущенной головой (о лошади).
abocinar. [перех.] придавать форму рожка; [неперех.] падать ничком, лицом вниз, (Амер.) расширяться к краям (о ступице колеса).
abochar. [перех.] (Амер.) (вул.) приводить в смущение и т. д.
abochornado, da. [страд. прич. к abochornar]; смущённый, покрасневший; [прил.] оскорбительный; постыдный.
abochornar. [перех.] заставлять краснеть, приводить в смущение: * **abochornarse** [возв. гл.] краснеть от стыда, смущения и т. д.; (с-х) засыхать от солнца (о растениях); * **abochornarse por alguno**, краснеть за кого-л.
abodocarse. [возв. гл.] (Амер.) покрываться шишками (о голове).
abofetado, da. [прил.] (Амер.) опухший, одутловатый; вздувшийся.
abofeteador, ra. [прил. и сущ.] давший пощёчину; тот, кто даёт пощёчину.
abofetear. [перех.] дать пощёчину; (перен.) унизить, оскорбить; (Амер.) ударять кулаком.
abogable. [прил.] защитимый, могущий быть предметом судебного разбирательства.
abogacía. [ж.] адвокатура, профессия адвоката.
abogada. [ж.] жена адвоката; (перен.) посредница.
abogadear. [неперех.] (разг.) заниматься кляузными делами.
abogaderas. [ж. мнаж.] (Амер.) адвокатские хитрости, уловки.
abogaderías. [ж. множ.] (Амер.) см. **abogaderas.**
abogadesco, ca. [прил.] (през.) адвокатский.
abogadil. [прил.] см. **abogadesco.**
abogadillo. [м.] (през.) захудалый адвокат.
abogadismo. [м.] чрезмерное влияние адвокатов.
abogado. [м.] адвокат; (перен.) заступник; посредник, ходатай: * **abogado de secano**, или (Амер.) **de sábana**, законник, человек, рассуждающий о том, чего он не знает; * **abogado fiscal**, заместитель прокурора; * **abogado firmón**, адвокат, ставящий за вознаграждение свою подпись под сомнительными документами; * **abogado de oficio**, (юр.) защитник по назначению.
abogador. [м.] церковный сторож, см. **muñidor.**
abogalla. [м.] (обл.) чернильный, дубильный орешек.
abogar. [перех.] защищать дело в суде; вести дело, вести тяжбу, судиться; защищать, доказывать, утверждать, ходатайствовать; вступаться: * **abogar por alguno, por alguna cosa**, говорить в чью-л. пользу, в пользу чего-л.
abohetado, da. [прил.] одутловатый, вздувшийся; напыщенный.
abolengo. [м.] происхождение, генеалогия, родословная, родословная, предки; родовое имение: * **bienes de abolengo**, имение, унаследованное от предков.

abolible. [прил.] подлежащий отмене, упразднению; могущий быть отменённым, упразднённым.
abolición. [ж.] отмена, уничтожение, упразднение; прекращение, аннулирование.
abolicionismo. [м.] аболиционизм.
abolicionista. [м.] аболиционист.
abolir. [перех.] отменять, упразднять, уничтожать; прекращать; аннулировать; [недост. гл.] (употребляется только в формах имеющие i).
abolitivo. [прил.] отменяющий, упраздняющий.
abolorio. [м.] генеалогия, родословная, родословие.
abolsado, da. [страд. прич. к abolsar]; [прил.] мешковатый; мешковидный, мешкообразный.
abolsarse. [возв. гл.] принимать мешковатую форму; образовывать мешки.
abolla. [ж.] род шинели.
abolladura. [ж.] вмятина, чеканная работа; металлопластика.
abollar. [перех.] делать вмятины; делать выпуклости на чем-л; придавать смятый вид; чеканить, выбивать, штамповать: * **abollarse.** [возв. гл.] покрываться вмятинами.
abollero. [м.] (уст.) сток для нечистот, сточная труба.
abollón. [м.] (бот.) почка, глазок; шишка.
abollonar. [перех.] чеканить, выбивать; заниматься металлопластикой; [неперех.] (обл.) пускать почки.
abomaso. [м.] сычуг (четвёртый желудок жвачных) (уменьш.) сычужок.
abombado, da. [прил.] выпуклый; выгнутый; ветреный; опрометчивый, безрассудный; оглушённый; вогнутый (Амер.) немного испорченный, с душком; (разг.) с подмоченной репутацией: * **frente abombada**, выпуклый лоб; * **cristal abombado**, выпуклое стекло.
abombamiento. [м.] оглушение, смущение, замешательство.
abombar. [перех.] выгибать, делать выпуклым; придавать выпуклую форму; (разг.) оглушать, ошеломлять: * **abombarse** [возв. гл.] (Амер.) начинать портиться (о мясе и т. д.), пьянеть, хмелеть; вздуваться (о фрукте).
abominable. [прил.] мерзкий, омерзительный, отвратительный, противный, ненавистный: * **tiempo abominable**, мерзкая погода.
abominablemente. [нареч.] отвратительно, мерзко, омерзительно.
abominación. [ж.] мерзость, гнусность, безобразие; отвращение; что-л мерзкое и т. д.: * **ser la abominación de**, внушать отвращение.
abominar. [перех.] питать отвращение; ненавидеть; осыпать проклятиями.
abonable. [прил.] достойный доверия и т. д.; подлежащий уплате; (с-х.) улучшаемый.
abonado, da. [страд. прич. к abonar]; [прил.] имеющий кредит; готовый, склонный делать что-л; богатый, денежный; подписывающийся; (с-х.) удобренный.
abonador, ra. [сущ.] поручитель (-ница).
abonamiento. [м.] одобрение; поручительство; гарантия, обеспечение; абонемент; подписка; удобрение.
abonanzar. [неперех.] проясняться, успокаиваться.
abonar. [перех.] одобрять, признавать хорошим, гарантировать, ручаться, быть порукой; уплачивать, кредитовать, удостоверять; уплачивать; (с-х.) удобрять; [неперех.] см. **abonanzar**; **abonarse** [возв. гл.] абонироваться; подписываться.

abonaré. [м.] денежный ордер, чек.
abondar. [неперех.] (обл.) изобиловать.
abondo. [нареч.] (обл.) обильно.
abonico. [нареч.] тихо, осторожно.
abono. [м.] гарантия, обеспечение; абонемент; подписка; поручительство; уплачивание; удобрение; тук, компост: * **abonos químicos**, химические удобрения; * **abonos fosfatados**, фосфатные удобрения; * **abonos potásicos**, калийные удобрения.
aboquillar. [перех.] расширять (отверстие): * **aboquillarse.** [возв. гл.] расширяться к краям.
abordable. [прил.] доступный.
abordador. [м.] (мор.) берущий на абордаж; человек чувствующий себя свободно с кем-л.
abordaje. [м.] (мор.) абордаж; приставание (к берегу), причаливание; столкновение судов: * **entrar, saltar, tomar al abordaje**, брать на абордаж.
abordar. [перех.] высадиться; причаливать, приставать (к берегу); подходить вплотную; сталкиваться (о двух судах); таранить; (мор.) идти на абордаж; [неперех.] брать на абордаж; (перен.) браться за что-л, приступать; подойти к кому-л; заговорить с кем-л: * **abordarse.** [возв. гл.] подходить друг к другу; сходиться.
abordo. [м.] (мор.) см. **abordaje.**
aborigen. [прил. сущ.] туземный; абориген, туземец (-мка), коренной (-ая) житель (-ница).
aborio. [м.] (бот.) земляничное дерево.
aborlonado, da. [прил.] (Амер.): * **papel aborlonado**, бумага верже; * **tela aborlonada**, полосатая материя.
aborrachado, da. [прил.] алый, яркокрасный.
aborrajarse. [перех.] (с-х) засыхать преждевременно (о пшенице и т. д.).
aborrascado, da. [страд. прич. прил.] грозовой, бурный (о ветре); беспорядочный.
aborrascarse. [возв. гл.] портиться (о погоде); (разг.) напиваться, напиться пьяным, охмелеть.
aborrecedor. [м.] человек полный ненависти.
aborrecer. [перех.] питать отвращение, ненавидеть, чувствовать омерзение; покидать (гнездо); надоедать; * **aborrecerse.** [возв. гл.] ненавидеть себя; ненавидеть друг друга; [непр. гл.] спрягается как **agradecer.**
aborrecible. [прил.] заслуживающий ненависти, отвращения, ненавистный, мерзкий, отвратительный.
aborreciblemente. [нареч.] гнусно; отвратительно; ненавистно.
aborrecido, da. [страд. прич. к aborrecer]; ненавистный, презренный [прил.] скучающий, испытывающий скуку.
aborrecimiento. [м.] отвращение, ненависть; скука.
aborregar. [перех.] (с-х) скирдовать.
aborregarse. [возв. гл.] (о небе) покрываться белыми облачками; (Амер.) отупеть.
aborricarse. [возв. гл.] (Амер.) зверить, доходить до скотского состояния, одичать; отупеть.
aborrir. [перех.] (обл.) ненавидеть, чувствовать омерзение.
aborrugarse. [возв. гл.] (разг.) укутываться.
abortado. [страд. прич.] неудавшийся, провалившийся.
abortamiento. [м.] преждевременные роды, см. **aborto.**
abortar. [перех.] выкинуть (родить раньше срока); [неперех.] недозреть, оставаться недоразвитым; не иметь успеха, терпеть неудачу, провалиться, не удаться;

abrumador 51

* hacer abortar, (перен.) сорвать, провалить что-л.
abortín. [м.] (обл.) недоносок, уродец (только о животном).
abortivo, va. [прил.] абортивный, вызывающий аборт (о средстве).
aborto. [м.] преждевременные роды; аборт, выкидыш; неудача, провал, срыв; уродец: * aborto espontáneo, непроизвольный выкидыш; * aborto provocado, искусственный выкидыш.
abortón. [ж.] (только о животном) недоносок; выродок, урод, ублюдок; шкура недоношенного ягнёнка.
aborujar. [перех.] сматывать в клубок: * aborujarse. [возв. гл.] сматываться, свёртываться в клубок; укутываться, см. arrebujarse.
abosadura. [ж.] (Амер.) действие по знач. гл. abosar.
abosar. [перех.] (Амер.) дразнить, подстрекать бойцовых петухов.
abostezar. [неперех.] (Амер.) (варв.) зевать, см. bostezar.
abotagado. [страд. прич.] багровый и опухший.
abotagamiento. [м.] опухоль, припухлость.
abotagar. [перех.] раздувать: * abogatarse. [возв. гл.] вздуться, опухать; пухнуть.
abotargarse. [возв. гл.] (разг.) см. abotagarse.
abotijarse. [возв. гл.] (прост.) вздуться, пухнуть, разбухать.
abotinado, da. [прил.] имеющий форму гетр.
abotinar. [перех.] придавать форму гетр.
abotonador. [м.] крючок для застёгивания пуговиц.
abotonadura. [ж.] (прост.) см. botonadura.
abotonar. [перех.] застёгивать; [неперех.] распускаться, пускать почки; * abotonarse. [возв. гл.] застёгиваться.
abovedado. [прил.] сводчатый; выпуклый; дугообразный.
abovedamiento. [м.] действие по знач гл. abovedar.
abovedar. [перех.] (арх.) сводить своды, делать своды; придавать форму свода.
aboyar. [перех.] (мор.) ставить баканы; [неперех.] плавать.
abozalar. [перех.] надевать намордник.
abozar. [перех.] стопорить, останавливать тягу снасти; закреплять снасть.
abra. [ж.] гавань; небольшая бухта, залив; широкая трещина в земле; широкое ущелье; (Амер.) прогалина; створка (окна и т. д.).
abracadabra. [ж.] абракадабра.
abracadabrante. [прил.] таинственный; чудесный; поразительный: * esto es abracadabrante, это абракадабра какая-то.
abraca-palo. [м.] (Амер.) орхидея.
abracar. [перех.] (Амер.) крепко обнимать.
abracijo. [м.] (разг.) объятие.
abrahonar. [перех.] крепко обнимать.
abrandecosta. [ж.] (бот.) кубинское дикое дерево.
abrasadamente. [нареч.] горячо, пламенно.
abrasador, a. [прил.] горячий, знойный; жгучий.
abrasamiento. [м.] ожог.
abrasar. [перех.] сжигать, обжигать, опалять, высушивать (солнце); (перен.) позорить, стыдить, растрачивать, проматывать; разжигать, воспламенять: * abrasarse. [возв. гл.] обжигаться; (перен.) воспламеняться, пылать, загораться.
abrasivo, va. [прил.] абразивный.
abrazada. [ж.] обнимание; железная скоба.
abrazadera. [ж.] кольцо (на рукоятке инструмента, ножа, и т. д.), железная скоба, бандаж; подхват (у занавесей и т. д.); бугель; (полигр.) фигурная скобка; (воен.) ложевое кольцо.
abrazador, ra. [прил.] обнимающий; окружающий; [м.] (арг.) полицейский агент.
abrazamiento. [м.] обнимание (разг.), объятие.
abrazar. [перех.] обнимать, заключать в объятия, обхватывать; окружать, охватывать; обвивать(ся) (о вьющихся растениях); содержать, заключать в себе; следовать; присоединяться; взять на себя что-л; * abrazarse. [возв. гл.] обниматься.
abrazo. [м.] объятие.
abregar. [перех.] (Амер.) сражаться, воевать.
ábrego. [м.] южный ветер.
abrelatas. [м.] консервный нож.
abrevadero. [м.] водопой, колода, водопойный жёлоб, поилка.
abrevador. [м.] поильщик; см. abrevadero.
abrevar. [перех.] поить, утолять чью-л жажду; (о скоте) напаивать; смочить, напоить влагой (растения и т. д.); поливать, орошать; замачивать кожу (для дубления); * abrevarse. [возв. гл.] утолить жажду, напиться.
abreviación. [ж.] сокращение, уменьшение; ускорение; конспект.
abreviadamente. [нареч.] кратко, сокращённо, вкратце; суммарно, конспективно; наскоро.
abreviar. [перех.] сокращать, уменьшать, ограничивать; ускорять; * ¡abrevie!, короче!; * abreviarse. [возв. гл.] (Амер.) торопиться, спешить.
abreviatura. [ж.] аббревиатура; сокращение; * en abreviatura, сокращенно.
abribonarse. [возв. гл.] связаться, якшаться, водиться со всяким сбродом; опускаться; становиться плутом, мошенником.
abrida. [ж.] (Амер.) повторное открывание.
abridero. [прил.] открывающийся легко; [м.] (бот.) персик (один из сортов).
abridor. [м.] прививальный ножик.
abrigadero. [м.] навес, козырёк от ветра; место защищённое от ветра; (Амер.) притон (воровской, разбойничий).
abrigar. [перех.] укрывать от...; давать приют; помогать, покровительствовать, иметь, таить (надежду и т. д.): * abrigarse. [возв. гл.] укрываться, заворачиваться, запахиваться, завернуться; (bien) кутаться.
abrigo. [м.] кров, пристанище, приют; укрытие; убежище; пальто, манто, верхняя одежда; (воен.) блиндаж; (перен.) покровительство, помощь, попечение, заступничество; (Амер.) густота: * al abrigo de, под (по)кровом, под прикрытием, под защитой; * estar al abrigo de, находиться в безопасности; * abrigo de entretiempo, демисезонное пальто.
abril. [м.] апрель; (перен.) годы юности: * estar hecho (parecer) un abril, быть прекрасным как весна; * en abril, в апреле.
abrileño. [прил.] апрельский.
abrillantador. [м.] гранильщик (драгоценных камней); шлифовщик (-ица).
abrillantar. [перех.] шлифовать; гранить; (перен.) придавать блеск.
abrimiento. [м.] (действие) открывание, отпирание; вскрытие, распечатывание.
abrir. [перех.] открывать, растворять, раскрывать, отворять: отпирать; (перен.) начинать, открывать; просверливать; проламывать, прокладывать, пробивать; вскрывать, разрезать; обнажить, открыть (месторождение), рыть, выкапывать; гравировать; (эл.) размыкать (цепь) (мор.) отчаливать, (Амер.) расчищать лес; [неперех.] (о погоде) проясняться: * abrir una sesión, открыть заседание; * abrir el corazón, (перен.) открыть душу, доверять свою тайну; * abrir el circuito, (эл.) разомкнуть цепь; * abrir una carretera, положить путь; * abrir una vena, вскрыть вену; * abrir las filas, разомкнуть ряды; * abrir el apetito, возбудить аппетит; * abrir la suscripción, открывать подписку; * abrir una cuenta corriente, открыть текущий счет; * abrir la discusión, открыть дискуссию; * abrir un pozo, вырыть колодец; * abrir el fuego, открывать огонь; * abrir paréntesis, (мат.) открыть скобки; * abrir el ojo, (разг.) держать ухо востро; * abrir los ojos a uno, (перен.) открыть глаза кому-л; * abrir brecha, пробивать брешь; * abrirse. [возв. гл.] открываться, раскрываться, растворяться; отпираться; распускаться (о цветах); (перен.) начинаться; расступаться, разверзаться; трескаться, раскалываться; (мед.) прорываться; рваться (о материи) (перен.) открываться, доверять свою тайну кому-л; (Амер.) убегать; уходить, отказываться от участия; * abrirse camino, становиться известным; проложить себе путь к успеху; [страд. прич.] abierto.
abrocalado. [прил.] похожий на закраины колодца.
abrochador. [м.] см. abotonador.
abrochadura. [ж.] см. abrochamiento.
abrochamiento. [ж.] застёгивание на крючки, на пряжки, на пуговицы.
abrochar. [перех.] застегивать на крючки, на пряжки, на пуговицы; * abrocharse. [возв. гл.] застегиваться; (Амер) схватываться врукопашную, спорить, ссориться, браниться.
abrogable. [прил.] могущий быть отменённым, упразднённым
abrogación. [м.] отмена, упразднение (закона, обычая).
abrogatorio, ria. [прил.] отменяющий, упраздняющий.
abrojal. [м.] место, заросшее репейником, чертополохом.
abrojín. [м.] (зоол.) морская улитка.
abrojo. [м.] (бот.) репейник; чертополох; (зоол.) краб; (воен.) ёж; (мор.) острые подводные скалы.
abrollo. [м.] (уст.) см. abrojo.
abromado, da. [прил.] (мор.) туманный, мглистый, пасмурный.
abromar. [перех.] (уст.) см. abrumar: * abromarse. [возв. гл.] покрываться червоточинами.
abroncar. [перех.] (разг.) причинять неприятности, досаждать, надоесть; сердить, раздражать; смущать, вгонять в краску.
abroquelado, da. [прил.] (бот.) щитовидный.
abroquelar. [перех.] закреплять паруса; * abroquelarse. [возв. гл.] покрываться щитом; (перен.) защищаться чем-л.
abrótano. [м.] (бот.) полынь (белая).
abrotoñar. [неперех.] распускаться, пускать почки.
abrullar. [неперех.] (обл.) мычать; реветь.
abrumado, da. [страд. прич.] подавленный, удручённый, обременённый.
abrumador, ra. [прил.] тягостный, тяжкий, тяжёлый; подавляющий; удручающий; изнуряющий; докучный, надоедливый: * pruebas abrumadoras, не опровержимые улики, доказательства.

abrumar. [перех.] угнетать, удручать, подавлять; гнести; отягать, обременять; вызывать усталость, изнеможение; (перен.) казнить; гнести; докучать, надоедать; *abrumar de trabajo, заваливать работой; *abrumar de reproches, осыпать упрёками; *abrumarse. [возв. гл.] покрываться туманом; делаться подозрительным.

abrupto. [прил.] крутой, обрывистый, отвесный.

abrutado, da. [прил.] озверелый, одичавший; скотский, зверский; лишённый разума.

abscedarse. [возв. гл.] нарывать, опухнуть и нагноиться.

absceso. [м.] абсцесс, нарыв, гнойник: *formarse un absceso, нарывать.

abscisa. [ж.] (геом.) абсцисса: *eje de abscisas, ось абсцисс.

absenteísmo. [м.] (гал.) см. absentismo.

abséntico, ca. [прил.] полынный.

absentismo. [м.] абсентеизм.

absidal. [прил.] к апсида (абсида); похожий на апсиду.

abside. [м.] (арх.) абсида, апсида; (астр.) апсида.

absintio. [м.] (бот.) полынь; абсент, полынная водка.

absolución. [м.] оправдание; прощание; (церк.) отпущение грехов.

absoluta. [ж.] категорическое утверждение; (воен.) *licencia absoluta, увольнение со службы.

absolutamente. [нареч.] абсолютно, совершенно, безусловно; непременно; по существу, существенно.

absolutismo. [м.] абсолютизм, неограниченная монархия; самодержавие.

absolutista. [м.] абсолютист; [прил.] абсолютистский.

absoluto, ta. [прил.] абсолютный, безусловный, безоговорочный; неограниченный (о власти и. т. д.); властный, повелительный (о тоне и. т. д.); необусловленный; решительный: *mayoría absoluta, абсолютное большинство.

absoluto. [м.] (фил.) абсолют.

absolutorio, a. [прил.] (юр.) оправдательный.

absolver. [перех.] признавать невиновным, оправдать; освобождать (от какой-л обязанности); (церк.) отпускать грехи; разрешать вопрос; прощать.

absorbencia. [ж.] всасывание, впитывание, поглощение, абсорбция; способность всасываться, впитываться, поглощаться, абсорбироваться.

absorbente. [прил.] всасывающий, впитывающий, поглощающий, абсорбирующий; (перен.) всепоглощающий; восторженный; [м.] всасывающее вещество.

absorber. [перех.] всасывать, впитывать, поглощать; заглушить; (хим.) абсорбировать; поглощать, поглощать (имущество и т. д.): *absorber la atención, завладеть вниманием; *absorberse. [возв. гл.] всасываться, впитываться; абсорбироваться; погружаться, углубляться.

absorbible. [прил.] поглощаемый, впитываемый, абсорбируемый.

absorbida. [ж.] (Амер.) затяжка (при курении); облизывание.

absorbimiento. [м.] всасывание, впитывание, абсорбция, поглощение.

absorción. [ж.] см. absorbimiento.

absortar. [перех.] захватывать, поглощать; держать в неизвестности, в неопределённости; увлекать, очаровывать, восхищать.

absorto, ta. [прил.] восхищённый, поражённый, удивлённый, в восторге, в восхищении; углублённый.

abstemio, a. [прил.] непьющий; [сущ.] трезвенник (-ица).

abstención. [ж.] воздержание, умеренность; уклонение от голосования; (юр.) самоотвод: *abstención parlamentaria, неявка на заседание парламента.

abstencionista. [м.] абсентеист.

abstenerse. [возв. гл.] воздерживаться; остерегаться; не употреблять вина; *absténgase usted de hacerlo, ни в коем случае этого не делайте.

abstergente. [прил. м.] (мед.) очищающий; средство, очищающее рану.

absterger. [перех.] промывать, очищать рану.

abstersión. [ж.] промывание, очищение раны.

abstersivo, va. [прил.] очищающий.

abstinencia. [ж.] воздержание, умеренность; воздержание от пищи; пост, соблюдение поста; голодание, голодовка.

abstinente. [прил.] воздержанный, воздержный (уст.), умеренный; трезвый; непьющий.

abstinentemente. [нареч.] умеренно, воздержа(ан)но.

abstracción. [ж.] абстракция, отвлечение; абстрактность; отвлечённое понятие; сосредоточение, сосредоточенность; стремление к одиночеству: *hacer abstracción, произвести абстракцию; оставлять что-л в стороне.

abstractamente. [нареч.] абстрактно, отвлечённо.

abstractivamente. [нареч.] абстрактно.

abstractivo, va. [прил.] абстрагирующий.

abstracto, ta. [прил.] абстрактный, отвлечённый; беспредметный, нежизненный: *en abstracto, абстрактно, отвлечённо; *lo abstracto, абстрактное.

abstraer. [перех.] отвлекать, абстрагировать, мысленно отделять; [неперех.] упускать, пропускать, опускать, оставлять в стороне; *abstraerse. [возв. гл.] отвлекаться, погружаться, углубляться, уходить в себя, предаваться размышлениям; [страд. прич.] abstracto.

abstraído, da. [страд. прич. к abstraer] погружённый; поглощённый чем-л, задумчивый; [прил.] живущий в одиночестве; рассеянный.

abstruso, sa. [прил.] заумный, тёмный, трудный для понимания, непонятный, неясный.

absuelto. [страд. прич.] к absolver.

absurdamente. [нареч.] нелепо, абсурдно.

absurdidad. [ж.] нелепость; абсурд, вздор, глупость, нелепость, ерунда бессмыслица, вздорность, безрассудность; несообразность, несуразность (перен.) дикость.

absurdo, da. [прил.] нелепый, бессмысленный, абсурдный, безрассудный, вздорный, несуразный; [м.] вздор, бессмыслица, нелепость, абсурд, ерунда, ересь, чепуха, нелепица, дребедень; (прост.) заум, (разг.) дичь, (перен.) дикость: *reducir al absurdo, довести до абсурда; *decir absurdos, говорить ересь; *es absurdo, дико.

abubilla. [м.] (орни.) удод.

abubo. [м.] (обл.) сорт груши.

abuchear. [перех.] громко выражать неудовольствие, шикать.

abucheo. [м.] действие по знач. гл. abuchear, шиканье, громкое выражение неудовольствия; (Амер.) гвалт.

abuelastro, tra. [сущ.] отец или мать (отчима или мачехи).

abuelita. [м. умень.] бабушка (на детском языке).

abuelito. [м. умень.] дедушка (на детском языке).

abuelo. [м.] дед, дедушка; старик; предок: *abuelos, [множ.] деда и бабка; деды, предки.

abuardillado, da. [прил.] расположенный в виде мансарды, мансардный, чердачный (о жилой комнате).

abuhado, da. [прил.] опухший, вздутый, одутловатый.

abuja. [ж.] (разг.) см. aguja.

abujero. [м.] (прост.) см. agujero.

abulense. [прил.] к Avila; [сущ.] житель или уроженец Авилы.

abulia. [ж.] (мед.) абулия, патологическое безволие; ослабление воли, безволие.

abúlico, ca. [прил.] (мед.) страдающий абулией; со слабой волей, безвольный.

abultado, da. [страд. прич.] к abultar; [прил.] толстый, большой, объёмистый; округлённый.

abultamiento. [м.] увеличение; разбухание; (перен.) раздувание.

abultar. [перех.] утолщать; прибавлять, увеличивать (объём, численный состав); преувеличивать; усиливать: *abultarse. [неперех.] увеличиваться, возрастать; пухнуть, вздуваться, разбухать.

abundamiento. [м.] изобилие, избыток: *a mayor abundamiento, кроме того, сверх того.

abundancia. [ж.] изобилие, избыток; довольство; множество; достаток; сильное размножение: *en abundancia, в изобилии; (разг.) вдоволь, вдосталь; *cuerno de la abundancia, рог изобилия; *vivir en la abundancia, жить в достатке, жить в полном довольстве; *la abundancia no perjudica a nadie, кашу маслом не испортишь.

abundante. [прил.] обильный, изобильный; избыточный.

abundantemente. [нареч.] обильно, много: *comer abundantemente, плотно поесть.

abundar. [неперех.] изобиловать, иметься в изобилии; кишеть; (Амер.) лгать, преувеличивать.

¡abur! [межд.] прощай(те)!, будь(те) здоров(ы)!

aburar. [перех.] зажигать.

aburguesamiento. [м.] действие и состояние по знач. aburguesarse.

aburguesarse. [возв. гл.] стать буржуа, приобрести обывательские привычки, обуржуазиться, омещаниться.

aburrado, da. [прил.] похожий на осла; грубый, невежливый.

aburrición. [м.] (разг.) см. aburrimiento.

aburrido. [прил.] скучный, утомительный, наводящий скуку; надоедливый; прескучный; [м.] прескучный человек.

aburridora. [ж.] (Амер.): *echar la aburridora, бранить.

aburrimiento. [м.] скука, тоска; неприятность, огорчение; досада; отвращение.

aburrir. [перех.] наводить скуку, надоедать; досаждать, причинять неприятности; докучать; утомлять, тяготить, тратить (деньги и т. д.); (разг.) рисковать (деньгами); оставлять, покидать (гнездо); лезть; (разг.) допекать, донимать: *aburrirse. [возв. гл.] испытывать скуку, скучать; *empezar a aburrirse, заскучать; *aburrir a la larga, наскучить.

aburujar. [перех.] см. aborujar.
abusar. [перех.] (de) злоупотреблять чем-л; употреблять во зло; обманывать; бесчестить, насиловать: * abusar de la buena fe de uno, злоупотребить чьим-л доверием.
abusión. [ж.] см. abuso; суеверие; празднаменование; катахреза (риторическая фигура).
abusionero, ra. [прил.] суеверный.
abusivamente. [нареч.] противозаконно, несправедливо.
abusivo, va. [прил.] противозаконный, несправедливый; чрезмерный; оскорбительный.
abuso. [м.] злоупотребление; правонарушение: * abuso de confianza, обман, злоупотребление доверием; abuso de autoridad, злоупотребление властью, превышение власти.
abutagamiento. [м.] (Амер.) опухоль и т. д., см. abotagamiento.
abutagar. [перех.] (прост.) раздувать, см. abotagar.
abutardo. [м.] (обл.) стервятник.
abyección. [ж.] низость, гнусность; мерзость, гадость; падение (нравственное).
abyecto, ta. [прил.] гнусный, низкий, мерзкий, пакостный, грязный.
acá. [нареч.] здесь, тут: * acá y allá, здесь и там; * de acá para allá, отсюда туда; * de cuándo acá?, с каких пор?
acabable. [прил.] имеющий конец.
acabación. [ж.] (обл.) см. acabamiento.
acabadamente. [нареч.] совершенно; вполне, польностью.
acabado, da. [страд. прич.] к acabar; [прил.] (за)конченный, оконченный, совершенный; изношенный, истрёпанный; отживший, постаревший; разрушенный (о здоровье); * lo acabado, законченность.
acabador, ra. [прил.] завершающий, заканчивающий; [сущ.] завершитель (-ница).
acabalar. [неперех.] заканчивать, совершать, дополнять, пополнять.
acaballadero. [м.] конный завод, конезавод; пора случки.
acaballado, da. [страд. прич. и прил.] похожий на лошадиную голову.
acaballar. [перех.] покрывать (о животных).
acaballonar. [перех.] (с-х.) запахивать грядами.
acabamiento. [м.] окончание, завершение; доделывание; законченность; исполнение; выполнение, осуществление; окончательная отделка; смерть; конец; довершение.
acabañar. [перех.] строить бараки.
acabar. [перех.] кончать, оканчивать, завершать, заканчивать, доделывать, доканчивать; добивать, приканчивать; заключать; исчерпывать, израсходовать; совершенствовать, улучшать; отделывать; окончательно отделывать (мебель); [неперех.] оканчиваться, приходить к концу, доститать, кончаться; умирать: * acabar sus días, дожить свой век; * acabar con, добить, закончить, умертвить; * antes que acabes no te alabes, не говори гоп пока не перепрыгнёшь; * (él) acabará mal, он плохо кончит; * acabar en punta, заканчиваться остриём; * acabar por, кончить тем, что; * que no se acaba nunca, бесконечный, нескончаемый; * ¡quiere usted acabar!, перестаньте; * ¿has acabado? да перестанешь ли ты?; * acaba ya (de una vez), довольно; * acabáramos, наконец.
acabellado, da. [прил.] (о цвете) каштановый.
acabijo. [м.] (разг.) конец, окончание.
acabildar. [перех.] объединять (людей).

acabiray. [м.] (Амер.) род аргентинского стервятника.
acabo. [м.] см. acabamiento.
¡acabóse! [м.] (разг.): * ¡esto es el acabóse!, дальше некуда.
acabronado, da. [прил.] имеющий сходство с козлом.
acacia. [ж.] (бот.) акация.
acacharse. [возв. гл.] см. agacharse; (Амер.) становиться неходким, терять спрос (о товаре).
acachazamiento. [м.] (Амер.) смирение, терпение, покорность.
acachetear. [перех.] ударять кулаком по лицу.
academia. [ж.]. академия; объединение учёных, художников; научное общество; учебный округ; школа; училище: * academia de ciencias, академия наук.
académicamente. [нареч.] академически.
academicismo. [м.] академичность.
academicista. [прил.]. академический, академический; сторонник академизма.
académico, ca. [м. и ж.]. академик; [прил.] академический, академичный.
academismo. [м.] академизм.
academista. [м.] художник и т. д., следующий принципам академизма; (м. употр.) академик.
acacedero. [прил.]. возможный, легко случающийся, весьма возможный.
acaecer. [неперех.]. случаться, происходить, наступать, приключаться. [возв. гл.] (уст.) нечаянно приходить или присутствовать.
acaecimiento. [м.] происшествие, событие; замечательный случай.
acafresna. [ж.] (бот.) рябина.
acahual. [м.] (Амер.) сухая трава, служащая топливом; разновидность подсолнечника.
acahualarse. [возв. гл.] (Амер.) зарастать высокой травой.
acahualillo. [м.] (Амер.) травянистое растение.
acahuite. [м.] (бот.) мексиканская сосна.
acaid. [м.] (уст.) (хим.) уксусная кислота.
acaimiento. [м.] (уст.) значительный случай.
acalabazado. [страд. прич. и прил.] тыквообразный.
acalabazarse. [возв. гл.] принимать форму тыквы; (перен.) звереть, доходить до скотского состояния.
acalefo. [м.]. (зоол.) медуза.
acalenturado, da. [прил.] лихорадочный.
acalenturarse. [возв. гл.] заболеть лихорадкой.
acalicino, na. [прил.] (бот.) лишённый чашечки.
acaloradamente. [нареч.] запальчиво.
acalorado, da. [прил.] разгорячённый; раздражённый; (Амер.) пылкий, горячий, бурный, необузданный.
acaloramiento. [м.] согревание; жар, пыл; (перен.) вспыльчивость, горячность, запальчивость; вспышка; разгорячённость.
acalorar. [перех.]. согревать, нагревать; разжигать, возбуждать, распалять; (перен.) воспламенять, одушевлять; ободрять, воодушевлять; раздражать, выводить из себя; утомлять (излишной работой и т. д.); * acalorarse. [возв. гл.] (разг.) горячиться, распалиться, прийти в возбуждение, вспылить, выйти из себя; * acalorarse por una nadería, вспылить из-за пустяка.
acaloro. [м.]. см. acaloramiento.
acalla. [ж.]. (бот.) алтея, просвирняк, см. malvavisco.
acallantar. acallar. [перех.] успокаивать, усми-

рять; унимать; заставить замолчать; утолять.
acamar. [перех.]. прибить (дождём, ветром и т. д., хлеба, растения): * acamarse [возв. гл.] (обл.) располагаться на ночь (о стаде).
acamastronarse. [возв. гл.] (Амер.) стать хитрым.
acamellado, da. [прил.] имеющий сходство с верблюдом, похожий на верблюда.
acamellonar. [перех.] (Амер.) разбивать садовые грядки.
acampanado, da. [страд. прич. и прил.] имеющий форму колокола.
acampanar. [перех.] придавать форму колокола.
acampado. [сущ.] лагерник.
acampar. [перех.] располагать лагерем; [неперех.] стоять (располагаться) лагерем.
acampo. [м.] см. dehesa.
acampto, ta. [прил.] несгибаемый.
acanalado, da. [прил.] каналообразный; рубчатый, рифлёный; [м.] род шёлковой ткани.
acanalador. [м.] двойной шпунтовик.
acanaladura. [ж.] (арх.) каннелюра; (Амер.) действие по знач. глаг. acanalar.
acanalar. [перех.] делать выемки, желобки; придавать форму жёлоба, делать выемку, вырез.
acanallado, da. [прил.] нечестный, низкий, наглый.
acancerado, da. [страд. прич.] к acancerarse; [прил.] твёрдый, упорный.
acancerarse. [возв. гл.] см. cancerarse.
acandilado, da. [прил.] имеющий сходство с масляной лампочкой; прямой, стоящий торчком, негнущийся.
acandilar. [перех.] придавать форму масляной лампочки.
acanelado, da. [прил.] коричневый; цвета или вкуса корицы.
acanelonar. [перех.] наказывать (розгами).
acanillado, da. [прил.] полосатый (о материи).
acanilladura. [ж.] недостаток полосатой материи.
acanogar. [перех.] (Амер.) придавать форму каноэ, см. acanalar.
acansinarse. [возв. гл.] уставать, утомляться.
acantáceo, a. [прил.] (бот.) акантовый.
acantalear. [безл. гл.] (обл.) (сильно) сыпаться, идти (о граде); идти в изобилии (о дожде).
acantarado, da. [страд. прич.] к acantarar; [прил.] (разг.) (совсем) глупый, дурацкий.
acantear. [перех.] бросать камнями кого-л.
acantilado, da. [прил.] (мор.) скалистый, крутой, обрывистый; [м.] прибрежные отвесные скалы, обрывистый берег.
acantilar. [мор.] разбивать корабль о скалы; драгировать, очищать дно (моря); углублять дно (моря): * acantilarse. [возв. гл.] выброситься на берег; сесть на мель.
acantio. [м.] (бот.) род чертополоха.
acanto. [м.]. (бот.) акант; (арх.) акант, акантовые листья (орнамент); см. acantio.
acantonamiento. [м.] (воен.) квартирное расположение, расквартирование (войск); место расположения войск.

acantonar. [перех.] (воен.) размещать, расквартировывать (войска): * acantonarse, [возв. гл.] замкнуться, уединиться (гал.).
acantopterigios. [множ.] колючепёрые рыбы.
acañaverear. [перех.] ранить острыми тростниками.
acañonear. [неперех.] обстреливать из пушек.
acapacle. [м.] (Амер.) (бот.) род лечебного камыша.
acaparador. [м.] скупщик (-щица); спекулянт (-тка); (уст.) барышник; (разг.) перекупщик (-ица).
acaparamiento. [м.] скупка; (разг.) перекупка; (уст.) барышничество.
acaparar. [перех.] скупать в большом количестве; (разг.) перекупать; (уст.) барышничать; монополизировать; (перен.) всецело завладевать кем-л.
acaparazonado, da. [прил.] имеющий форму покрышки.
acapararse. [возв. гл.] сговориться, согласоваться с кем-л.
acaparrosado, da. [прил.] цвета купороса.
acapillar. [перех.] поймать, схватить; ловить; взять в плен.
acapizarse. [возв. гл.] (обл.) ударяться друг друга головой; вступать в драку.
acaponado, da. [прил.] похожий на скопца; (перен.) женоподобный.
acapullarse. [возв. гл.] принять форму бутона.
acarabear. [перех.] (арг.) говорить; именовать.
acaracolado, da. [прил.] улиткообразный.
acaramelado, da. [прил.] засахаренный; (перен.) заискивающий, слащавый.
acaramelar. [перех.] засахаривать; (перен.) (разг.) хвалить, восхвалять; услаждать; заискивать, угождать.
acarar. [перех.] делать очную ставку; вести себя вызывающе.
acarbarse. [перех.] прятаться от солнца, от мух (о стаде).
acardenalado, da. [прил.] синеватый.
acardenalar. [перех.] ушибить (до синяков); наставить синяков; * acardenalarse. [возв. гл.] покрываться синяками.
acardenillarse. [возв. гл.] покрываться окисью меди.
acardíaco, ca. [прил.] без сердца.
acareamiento. [м.] очная ставка.
acarear. [перех.] устраивать очную ставку; смело идти навстречу; вести себя вызывающе; (уст.) (перен.) сличать.
acariciador, ra. [прил.] ласковый; ласкающий; нежный.
acariciar. [перех.] ласкать; гладить; умасливать, нежить; (поэт.) миловать; * acariciar un sueño, лелеять мечту.
acarminado, da. [прил.] карминного цвета.
acarnerado, da. [прил.] похожий на баранью голову; похожий на барана; (Амер.) малодушный, трусливый.
acaros. [м.] (зоол.) клещи.
acarpo, pa. [прил.] неплодоносящий.
acarrarse. [перех.] (овцы) собираться, чтобы прятаться от солнца.
accarrascado, da. [прил.] похожий на каменный дуб.
acarrazar. [перех.] (обл.) крепко хватить: * acarrazarse. [возв. гл.] крепко хвататься.
acarreadizo, za. [прил.] перевозимый, могущий быть перевезённым.

acarreador, ra. [м. и ж.] ломовик, ломовой (из)возчик; носильщик (-ица); разносчик (-ица).
acarreamiento. [м.] см. acarreo; гужевой транспорт.
acarrear. [перех.] везти, везти на подводах, тележках; перевозить, переносить; заниматься ломовым извозом; (перен.) причинять, вызывать, приносить, влечь за собой.
acarreo. [м.] (пере)возка, извоз, развозка, гужевой транспорт.
acarretear [перех.] (прост.) см. carretear.
acarroñar. [перех.] (Амер.) наводить страх, запугивать, устрашать; * acarroñarse. [возв. гл.] (уст.) гнить, портиться (Амер.) (разг.) падать духом, струсить.
acarto. [м.] (хим.) сурик.
acartonado, da. [прил. и страд.] к acartonar; [прил.] картонообразный; (разг.) сухонький, сухой, сухопарый.
acartonar. [перех.] делать похожим на картон: * acartonarse. [возв. гл.] становиться сухоньким; (перен.) (разг.) важничать, надменно вести себя.
acartonamiento. [м.] действие и состояние по знач. гл. acartonar(se); (перен.) имеющий форму каземата; мумификация.
acasamatado, da. [прил.] снабжённый казематами.
acasanate. [м.] очень вредная мексиканская чёрная птица.
acasape. [м.] (Амер.) оксидированный металл.
acaserarse. [возв. гл.] (Амер.) оставаться дома; любить, привязываться; делаться постоянным покупателем, завсегдатаем.
acaso. [м.] случай, случайность, судьба, непредвиденный случай; [нареч.] случайно; нечаянно; неужели? (в вопросе) возможно, быть может; небось: * por si acaso, на всякий случай.
acastorado, da. [прил.] похожий на бобровый мех.
acatable. [прил.] достойный уважения, послушания.
acatadamente. [нареч.] покорно, почтительно.
acatadura. [ж.] (уст.) вид, выражение лица.
acatar. [перех.] чтить, уважать почитать; (уст.) принимать во внимание; обдумывать, взвешивать; рассматривать; быть покорным кому-л; (Амер.) не пропускать, замечать; * acatarse. [возв. гл.] (уст.) опасаться; подозревать.
acatarrar. [перех.] (Амер.) надоедать, докучать, мучить, изводить; * acatarrarse. [возв. гл.] простудиться, получить (схватить) насморк: * estoy acatarrado, у меня насморк.
acatechitli [м.] мексиканская птица похожа на зяблика.
acato. [м.] почтение, уважение, дань уважения: * delante hago acato, y por detrás el rey mato, служить и нашим и вашим; * darse acato, замечать что-л.
acaudado, da. [прил.] бесхвостый.
acaudalado, da. [страд. прич.] к acaudalar; [прил.] богатый; накопленный, обильный, изобильный.
acaudalador, ra. [м. и ж.] скопидом (-ка); стяжатель.
acaudalar. [перех.] копить деньги, накапливать, накоплять (богатства); (перен.) накапливать.
acaudeo, a. [прил.] бесхвостый.
acaudillador, ra. [прил. и сущ.] командующий; начальник, командир; вождь, глава, главарь, атаман.
acaudillamiento. [м.] командование, боевое управление.

acaudillar. [перех.] командовать войском; управлять, руководить; * acaudillarse. [возв. гл.] избирать атамана, начальника, главаря.
acaule. [прил.] (бот.) бесстебельный.
acautelarse. [перех.] принимать меры предосторожности, остерегаться.
acceder. [перех.] соглашаться, присоединяться (к мнению и т. д.); снисходить.
accesibilidad. [ж.] доступность; достижимость.
accesible. [прил.] доступный, достижимый; досягаемый; склонный к чему.
accesiblemente. [нареч.] доступным образом.
accesión. [м.] согласие, присоединение (к мнению и т. д.); побочная вещь; соединение, совокупление, половой акт; (мед.) приступ, припадок.
acceso. [м.] доступ; подступ, подход; вход, проход, переход, переезд; совокупление, половой акт; (мед.) приступ, припадок; вспышка: * acceso de cólera, вспышка гнева.
accesoria. [ж.] (чаще множ.) пристройка; службы.
accesoriamente. [нареч.] дополнительно; побочно.
accesorio, ria. [прил.] побочный, второстепенный; дополнительный; вспомогательный; * accesorios, [множ.] приборы, принадлежности: * accesorios teatrales, бутафория.
accidentado, da. [страд. прич.] к accidentar; [прил.] взволнованный, возбуждённый; неровный, пересечённый; разнообразный; (Амер.) пострадавший (от несчастного случая и т. д.).
accidental. [прил.] случайный, непредвиденный, нечаянный, неожиданный; несущественный; временно исполняющий должность; [м.] (муз.) альтерация.
accidentalidad. [ж.] случайность, неожиданность.
accidentalismo. [м.] (мед.) физиологичность.
accidentalmente. [нареч.] случайно, неожиданно.
accidentarse. [возв. гл.] лишаться чувств.
accidentariamente. [нареч.] случайно, неожиданно.
accidentario, ria. [прил.] случайный, см. accidental.
accidente. [м.] несчастный случай, неприятное приключение, непредвиденный случай; (мед.) обморок, потеря сознания, беспамятство; (грам.) изменение; (муз.) альтерация: * accidente de trabajo, несчастный случай на производстве; * por accidente, случайно.
accido, da. [прил.] (вар.) кислый.
acción. [ж.] действие, дело; активность; функционирование; действие, воздействие, влияние; поведение, поступок; (полит. ком.) акция; сражение; позиция; (юр.) право иска; (ком.) пай; эффект, сила воздействия; (жив.) поза натуры: * acción combinada, совместное выступление; * acción directa, прямое действие; * acción de gracias, выражение признательности, благодарности; * buena acción, красивый поступок; * mala acción, неблаговидный поступок; * cometer malas acciones, (разг.) нагрешить; * acción a distancia, действие на расстояние; * acción premeditada, намеренный, сознательный поступок; * la acción se desarrolla в, действие происходит в; * unidad de acción, единство действия; * en plena acción, в самый разгар; * sociedad por acciones, (ком.) акционерная компания; * poner en acción, привести в действие, пустить в ход; * es-

tar en acción, действовать, работать, функционировать.
accionamiento. [м.] (Амер.) управление.
accionar. [неперех.] жестикулировать, замахивать руками; (Амер.) (юр.) предъявлять иск к кому-л; [перех.] пускать в ход, приводить в движение.
accionista. [м.] (ком.) акционер, пайщик.
accipitre. [м.] (зоол.) хищная птица.
acebal. [м.] acebeda. [ж.] acebedo. [м.] место, поросшее остролистом.
acebedul. [м.] опушка, край леса.
acebino. [м.] (обл.) (бот.) сорт остролиста; (обл.) остролист.
acebo. [м.] (бот.) остролист, падуб.
acebolladura. [ж.] растрескивание (дерева).
acebrado, da. [прил.] полосатый как зебра.
acebuchal. [прил.] к дикое оливкое дерево; [м.] дикая оливкая роща.
acebuche. [м.] дикое оливкое дерево.
acebucheno, na. [прил.] к диковое оливкое дерево.
acebuchina. [ж.] дикая оливка.
acecido. [м.] прерывистое дыхание, одышка.
accecinado, da. [страд. прич.] к acecinar; [прил.] (разг.) худощавый, сухощавый.
accecinador. [м.] (уст.) убийца.
accecinadura. [ж.] копчение (мяса).
accecinamiento. [м.] (уст.) убийство.
accecinar. [перех.] коптить, вялить мясо; *accecinarse. [возв. гл.] (по)худеть, высохнуть.
acechadera. [ж.] место откуда можно подстерегать, караулить.
acechader. [см.] acechadera.
acechador, ra. [прил. и сущ.] тот, кто подстерегает.
acechanza. [ж.] см. acecho.
acechar. [перех.] подстерегать, выслеживать; сторожить; выжидать, поджидать; приглядываться: * acechar la ocasión, выжидать удобный случай.
aceche. [м.] купорос.
acecho. [м.] действие по знач. гл. подстерегать; дозор, стража, караул; охотничья сторожка; см. acechadera; *estar al acecho, быть настороже, подстерегать.
acechón, na. [прил. и сущ.] (разг.) см. acechador; * hacer la acechona, (разг.) подстерегать.
acedamente. [нареч.] едко, колко; резко, сурово.
acedar. [перех.] придавать кислый вкус, окислять; (перен.) огорчать, печалить; * acedarse, [возв. гл.] становиться кислым на вкус; скисать, закисать, окисляться; (перен.) огорчаться, печалиться; вянуть, желтеть (о растениях).
acedera. [ж.] щавель, кислица; (Амер.) уксусница.
acedía. [ж.] кислота; кислотность; изжога; (перен.) суровость, жёсткость, резкость; блёклость, желтизна.
acedo, da. [прил.] кислый, кислотный, кисловатый; терпкий; острый, резкий, пронзительный (о голосе); (перен.) несговорчивый, неуступчивый, неуживчивый.
acefalía. [ж.] отсутствие головы.
acefálico, ca. [прил.] к acefalía.
acéfalo, la. [прил.] безглавый; безголовый; (зоол.) телоголовый; (перен.) без руководителя.
acefalogastro, tra. [прил.] лишённый головы и брюшной полости.
acefalomía. [ж.] безобразия головы.
acefalopodia. [ж.] отсутствие головы и ног.
acefalópodo, da. [прил.] лишённый головы и ног.

acefaloquiria. [ж.] отсутствие головы и рук.
acefaloquirio, ria. [прил.] лишённый головы и рук.
acefalorraquia. [ж.] отсутствие головы и позвоночного столба.
acefalorraquio, ia. [прил.] лишённый головы и позбоночного столба.
acefalotoracia. [ж.] отсутствие головы и груди.
acefalotorácico, ca. [прил.] лишённый головы и груди.
acefalótoro. [м.] урод лишённый головы и груды.
aceguero. [м.] человек занимающийся сбором хвороста.
aceifa. [ж.] (уст.) летняя мавританская экспедиция.
aceitada. [ж.] количество налитого масла; промасленный хлеб и т. д.
aceitado. [м.] смазывание, смазка маслом.
aceitar. [перех.] смазывать маслом; (по)маслить, намасливать, промасливать.
aceitazo. [м.] густое мутное масло.
aceite. [м.] масло (растительное, минеральное): *aceite vegetal, растительное масло; *aceite de girasol, подсолнечное масло; *aceite de cañamón, конопляное масло; *aceite de máquinas, машинное масло; *aceite de hígado de bacalao, рыбий жир; *aceite de ricino, касторовое масло, касторка; *aceite de oliva, оливковое масло; *aceite de ballena, ворвань; *aceite alcanforado, камфорное масло; *aceite de linaza, льняное масло; *aceite de anís, анисовая настойка, анисовка; *aceites volátiles, эфирные масла; *aceites pesados, тяжёлые масла; *aceite mineral, нефть; *aceite de vitriolo, купоросное масло; *pintar al aceite, писать маслом; *cundir como el aceite, (перен.) распространяться, увеличиваться; *echar aceite al fuego, (перен.) подливать масла в огонь.
aceitera. [ж.] продавщица масла; маслёнка; (зоол.) шпанская муха.
aceitería. [ж.] маслоделие; маслобойное производство; магазин растительного масла; ремесло торговца маслом.
aceitero, ra. [прил.] масляный; [м.] торговец маслом; маслодел.
aceitillo. [м.] дикое кубинское дерево; (Амер.) туалетное масло.
aceitón. [м.] густое мутное масло.
aceitoso, sa. [прил.] маслянистый, масляный.
aceituna. [ж.] олива, маслина; предмет, имеющий форму оливки: *aceituna zapatera, испорченная оливка; *aceituna zarzaleña, маленькая круглая оливка; *llegar a las aceitunas, прийти к шапочному разбору.
aceitunada. [ж.] уборка оливок.
aceitunado, da. [прил.] оливкого цвета, с оливковым оттенком; смуглый (о коже).
aceitunera. [ж.] (обл.) время сбора оливок.
aceitunero, ra. [м. и ж.] тот, кто продаёт, собирает или перевозит оливки; [м.] склад оливок.
aceitunil. [прил.] (Амер.) (прост.) с оливковым оттенком.
acelajado, da. [прил.] о небе с отблесками солнца на краях облаков.
aceleración. [ж.] ускорение, приращение скорости; скорость; активизация, форсирование; *aceleración negativa, замедление; *aceleración de la gravedad, ускорение силы тяжести.
acelerada. [ж.] резкое приращение скорости.

aceleradamente. [нареч.] с ускорением; быстро, живо, проворно; наспех.
acelerado, da. [прил.] ускоренный; быстрый; (Амер.) поспешный: *con paso acelerado, ускоренным шагом.
acelerador, ra. [прил. и сущ.] ускоряющий; (тех.) ускоритель, акцелератор: *acelerador de partículas, (физ.) ускоритель частиц.
aceleramiento. [м.] ускорение, приращение скорости; скорость.
acelerar. [перех.] ускорять, набрать скорость; форсировать, активизировать, заторопить: *acelerar el paso, прибавить шагу.
aceleratriz. [прил.] ускорительная (сила).
acelerógrafo. [м.] акцелерограф.
acelga. [ж.] (бот.) белая свёкла: *cara de acelga, бледное лицо.
acelia. [ж.] отсутствие выемки.
acémila. [ж.] вьючная лошадь, вьючное животное, мул; старый залог; (перен.) (разг.) выносливый человек; (перен.) (разг.) грубиян, бурбон.
acemilado, da. [прил.] похожий на вьючного животного.
acemilar. [прил.] к вьючная лошадь, к погонщик мулов.
acemilería. [ж.] загон для вьючных животных; занятия погонщика мулов.
acemilero, ra. [прил.] к загон вьючных мулов; [м.] погонщик мулов.
acemita. [ж.] отрубный хлеб.
acenaria. [ж.] (бот.) морковь.
acendrado, da. [прил.] незапятнанный, чистый; очищенный (о металле); (перен.) чистый, искренний, глубокий (о любви, и т. д.).
acendramiento. [м.] аффинаж, очистка (металлов).
acendrar. [перех.] очищать (металл); (перен.) улучшать, облагораживать, очищать.
acenoria. [ж.] (бот.) (обл.) морковь.
acensar. [перех.] (уст.) облагать налогом (владение).
acensuador. [м.] лицо, получающее арендную плату или ренту.
acensuar. [перех.] облагать налогом (владение).
acento. [м.] (грам.) ударение; знак ударения; произношение, выговор, акцент; звук, тон, интонация, модуляция голоса: *acento agudo, острое ударение; *acento grave, тяжёлое ударение; *acento circunflejo, облечённое ударение; *acento tónico o prosódico, тоническое ударение; *acento extranjero, иностранный акцент; *acento andaluz, андалузское произношение.
acentuable. [прил.] (грам.) подлежащий ударению, ударяемый.
acentuación. [ж.] ударение, постановка ударения; (перен.) усиление, подчёркивание, акцентирование, выделение: *acentuación viciosa, неправильные ударения.
acentuadamente. [нареч.] с ударением; подчёркнуто.
acentuador, ra. [м. и ж.] (Амер.) человек с ударным произношением.
acentual. [прил.] к ударение..., см. acento.
acentuar. [перех.] (прям.) (перен.) акцентировать, акцентовать; делать ударение; ставить знак ударения; (перен.) оттенять, выделять, напирать, подчёркивать, выдвигать на первый план; (перен.) усиливать, ускорять, преувеличивать: *acentuarse. [возв. гл.] произноси-

ться с ударением; обостряться, заостряться, усиливаться; принимать более резко выраженный характер.

aceña. [ж.] водяная мельница; см. *azud*: el que está en la **aceña** muele, que no el que va y viene, терпение и труд всё перетрут.

aceñal. [ж.] место, где много водяных мельниц.

aceñero. [м.] мельник (водяной мельницы); работник на водяной мельнице.

acepar. [неперех.] пускать (пустить) корни.

acepción. [ж.] значение (слова); (юр.) пристрастие; (уст.) одобрение; принятие: * en toda la **acepción** de la palabra, в полном смысле слова; * sin **acepción** de persona, не взирая на лицо; * **acepción** de personas, лицеприятие.

acepillador, ra. [прил.] строгальный; [суж.] строгальщик.

acepilladora. [ж.] строгальная машина; строгальный станок.

acepilladura. [ж.] обстругивание, обстружка, строгание (рубанком); стружка; лучина, щепка; [умень.] лучинка.

acepillar. [перех.] строгать, обстругивать; чистить (щёткой); (перен.) шлифовать, придавать лоск; (Амер.) льстить; делать замечание, выговор, отчитывать.

aceptabilidad. [ж.] (Амер.) приемлемость.

aceptable. [прил.] приемлемый; годный.

aceptablemente. [нареч.] приемлемым образом; с одобрением.

aceptación. [м.] принятие; согласие; одобрение; (ком.) акцепт(ование): * falta de **aceptación**, неприятие; * **aceptación** de personas, лицеприятие.

aceptadamente. [нареч.] с принятием.

aceptador, aceptante. [сущ.] (ком.) акцептант.

aceptar. [перех.] принимать; одобрять; соглашаться на...; (ком.) акцептовать, принимать к уплате: * **aceptar** el hecho, мириться с фактом, признавать факт; * **aceptar** una invitación, принять приглашение; * **aceptar** una letra de cambio, акцептовать вексель, принять вексель к уплате; * **aceptar** el desafío, принять вызов.

acepto, ta. [прил.] принимаемый с удовольствием, приятный.

acequia. [ж.] оросительная канава; (Амер.) акведук; ручей, поток.

acequiador. [м.] тот, кто проводит оросительные канавы.

acequiar. [перех.] проводить оросительные канавы.

acera. [ж.] тротуар; панель; (арх.) облицовка.

aceración. [ж.] превращение железа в сталь.

acerado, da. [прил.] покрытый сталью, стальной; сталистый; (перен.) крепкий как сталь; хлёсткий, едкий, острый.

acerar. [перех.] превращать в сталь, осталивать, насталивать; покрывать сталью; (перен.) укреплять, делать крепким как сталь.

acerar. [перех.] делать тротуары; (арх.) облицовывать.

acerato, ta. [прил.] безрогий; (Амер.) [м.] род растения.

aceratosia. [ж.] отсутствие рог.

acerbamente. [нареч.] едко, колко, резко, сурово; жестоко, беспощадно.

acerbidad. [ж.] терпкость; резкость (тона, и т. д.); строгость, суровость.

acerbo, ba. [прил.] терпкий; (перен.) резкий (о тоне, и т. д.); строгий, суровый; жестокий.

acerca. [нареч.] (уст.) близко: * **acerca** de, насчёт, о, относительно, в отношении, по отношению к...

acercador, ra. [прил.] приближающий.

acercamiento. [м.] приближение; подход; сближение.

acercanza. [ж.] (уст.) близость.

acercar. [перех.] приближать, придвигать; сближать; пододвигать: * **acercarse.** [возв. гл.] приближаться, подходить; придвигаться, придвигаться; сближаться; * se **acerca** la hora, близится час; * **acérquese** usted, подойдите, приблизьтесь; * **acérquese** un poco, подойдите-ка.

acere. [м.] (бот.) клён.

acería. [ж.] сталелитейный завод.

acerico, acerillo. [м.] маленькая подушечка; подушечка для иголок и булавок.

acerino, na. [прил.] (поэт.) стальной.

acernadar. [перех.] (вет.) прикладывать припарки (из щёлка).

acero. [м.] сталь; холодное оружие, кинжал, шпага, планшетка; (перен.) [множ.] твёрдость, решимость, сила, крепость, мощь; аппетит; отвага: * fabricar el **acero**, варить сталь; * cable de **acero**, стальной канат; * **acero** Bessemer, пуделёный, бессемеровская сталь; * **acero** martín, мартеновская сталь; * **acero** colado, fundido, литая сталь; * **acero** templado, качественная (закалённая) сталь; * **acero** cromado, хромистая сталь; * **acero** natural, сырцовая сталь; * **acero** inoxidable, нержавеющая сталь; * **acero** de cementación, цементированная сталь; * templar el **acero**, закалять сталь; * de **acero**, стальной; * corazón de **acero**, (перен.) стальной человек; * voluntad de **acero**, (перен.) железная воля; * tener envidiables **aceros**, (перен.) иметь хороший аппетит.

acero, ra. [прил.] безрогий; не имеющий щупалец.

acerola. [ж.] ягода испанского боярышника.

acerolado, da. [прил.] похожий на ягоду испанского боярышника.

acerolar. [м.] роща из испанского боярышника.

acerolero. [м.] торговец ягодами испанского боярышника.

acerolo. [м.] (бот.) испанский боярышник.

acerón. [м.] (бот.) коровяк.

acerrar. [перех.] (арг.) схватить.

acérrimamente. [нареч.] крепко, очень сильно.

acérrimo, ma. [прил.] очень сильный; очень стойкий, очень упорный, очень настойчивый; очень крепкий; (обл.) грубый; очень суровый: * el enemigo más **acérrimo**, злейший враг.

acerrojar. [перех.] запирать под замком.

acertadamente. [нареч.] ловко, успешно, удачно.

acertado, da. [страд. прич. к *acertar*]; [прил.] удачный, ловкий; разумный; соответствующий; (перен.) меткий.

acertador, ra. [прил.] попадающий в цель; [м. и ж.] гадальщик(-щица).

acertajo. [м.] (разг.) загадка.

acertamiento. [м.] см. *acierto*.

acertar. [перех.] попадать, достигать, бить в цель; найти, находить, отыскать; угадать, разгадать; [неперех.] удаваться, иметь успех; случаться; (с.-х.) приниматься: * **acertar** al primer golpe, попасть в самую точку; * **acertar** con la calle, дойти до улицы; [неправ. гл.] pres. indicativo: acierto, -as, -a, -an; pres. subj.: acierte, -es, -e, -en.

acertijo. [м.] загадка.

aceruelo. [м.] род маленького седла для объездки; см. *acerico*.

acervo. [м.] куча, груда, накопление, скопление; (юр.) совокупность имущества; имущество, состояние.

acescencia. [ж.] закисание.

acescente. [прил.] закисающий.

acetato. [м.] (хим.) ацетат.

acético, ca. [прил.] (хим.) уксуснокислый: * ácido **acético**, уксусная кислота.

acetificación. [ж.] (хим.) обращение в уксус.

acetileno. [м.] (хим.) ацетилен.

acetilización. [ж.] (хим.) ацетилирование.

acetilo. [м.] (хим.) ацетил.

acetímetro. [м.] (хим.) ацетометр.

acetín. [м.] (бот.) барбарис.

acetol. [м.] (хим.) очищенный уксус.

acetomiel. [м.] уксусный сироп.

acetona. [ж.] (хим.) ацетон.

acetosa. [ж.] (бот.) щавель.

acetosidad. [ж.] (уст.) кислотность; кисловатый вкус.

acetosilla. [ж.] (бот.) маленький щавель.

acetoso, sa. [прил.] кислый как уксус; уксусный.

acetre. [м.] медное вёдрышко (для черпания жидкостей); (церк.) кропильница; (обл.) см. *aguamanil*.

acezar. [неперех.] прерывисто, тяжело дышать.

acezo. [м.] прерывистое дыхание, одышка.

acezoso, sa. [прил.] задыхающийся; едва переводящий дух.

aciago, ga. [прил.] пагубный, гибельный; роковой, зловещий; [м.] (уст.) несчастья.

acial. [м.] завёртка (для завёртывания губы у бешеных лошадей).

acialazo. [м.] удар завёрткой; см. *acial*; (Амер.) (прост.) удар бичом.

aciano. [м.] (бот.) ландыш; [множ.] см. *escobilla*.

acíbar. [м.] (бот.) алоэ; горький сок алоэ, сабур; [перен.] горечь, огорчение, печаль; неудовольствие, досада.

acíbara. [ж.] (бот.) агава, столетник.

acibaradamente. [нареч.] горько, с горечью.

acibaramiento. [м.] действие по знач. гл. делать горьким или огорчать.

acibarar. [перех.] делать горьким; (перен.) причинять огорчения, огорчать, печалить.

acibarrar. [перех.] (уст.) бросать, кидать (с большой силой).

aciberar. [перех.] молоть, превращать в порошок.

acicaladamente. [нареч.] чисто, изысканно.

acicalado, da. [страд. прич. к *acicalar*]; [прил.] чистый, изысканный; полированный; [перен.] жеманный, натянутый; [ж.] чистка (полировка) металлических предметов; [перен.] наведение лоска.

acicalador, ra. [прил. и сущ.] полировальный, полировочный; [м.] полировальный станок, полировальный инструмент.

acicaladura. [ж.] чистка (полировка) металлических предметов, начищение до блеска; [перен.] наведение лоска.

acicalamiento. [м.] см. *acicaladura*.

acicalar. [перех.] чистить до блеска, начищать, полировать, шлифовать, лощить; [перен.] украшать, наряжать; красить, подкрашивать, румянить (лицо); * **acicalarse**. [возв. гл.] наряжаться, украшаться.

acicate. [м.] шпора (с одним остриём); [перен.] стимул, побудительная причина; (Амер.) [множ.] ноги.

acicatear. [перех.] (Амер.) (прост.) вонзать шпоры; побуждать, подстрекать.

acicular. [прил.] иглообразный, игольчатый.

acicúleo, a. [прил.] иглообразный, игловидный.

aciculifolio, lia. [прил.] имеющий иглообразные листья.

aciculiforme. [прил.] иглообразный.

aciche. [м.] сечка; кирка; тяпка.

acidalio, lia. [прил.] принадлежащий Венере.

acidez. [ж.] кислотность; кисловатый вкус.

acidia. [ж.] медлительность; вялость; небрежность.

acidífero, ra. [прил.] выделяющий (содержащий) кислоту; кислотообразующий.

acidificable. [прил.] (хим.) способный к окислению.

acidificación. [ж.] (хим.) окисление, подкисление.

acidificante. [дейст. прич.] окисляющий.

acidificar. [перех.] (хим.) окислять, подкислять.

acidimetría. [ж.] ацидиметрия.

acidímetro. [м.] ацидиметр.

acidioso, sa. [прил.] ленивый; вялый.

acidizar. [перех.] (хим.) окислять.

ácido, da. [прил.] (прям. и перен.) кислый, кисловатый, кислотный; (о вине) кисловатый; [м.] кислота: * concentrar o reforzar el ácido, (хим.) концентрировать кислоту; * ponerse ácido, закисать; * refractario al ácido, кислотоупорный; * ácido sulfúrico, серная кислота; * ácido bórico, борная кислота; * ácido nítrico, азотная кислота; * ácido clorhídrico, соляная кислота; * ácido cianhídrico, ácido prúsico, синильная кислота; * ácido láctico, молочная кислота; * ácido cítrico, лимонная кислота; * ácido arsénico, мышьяковая кислота; * ácido carbónico, углекислота; * ácido fénico, карболовая кислота.

acidómetro. [м.] (хим.) ацидиметр.

acidular. [перех.] (хим.) окислять, подкислять.

acídulo, la. [прил.] кисловатый; (разг.) с кислинкой.

acierto. [м.] попадание в цель; успех, удача достижение; ловкость, способность; такт, благоразумие.

acidosis. [ж.] (мед.) ацидоз.

aciesia. [ж.] бесплодность женщины.

acigarrado, da. [прил.] (Амер.) охрипший, сиплый (из-за табака).

aciguar. [неперех.] (обл.) отдыхать; делать остановку.

aciguatado, da. [страд. прич. к aciguatar]; [прил.] бледный, желтоватый.

aciguatar. [перех.] (обл.) подстерегать, выслеживать; шпионить; * aciguatarse. [возв. гл.] заболеть желтухой.

acijado, da. [прил.] цвета купороса.

acije. [м.] (хим.) купорос.

acijoso, sa. [прил.] содержащий купорос.

acimboga. [ж.] (бот.) цедрат (разновидность).

acimbogar. [перех.] придавать форму цедрата.

ácimo. [прил.] пресный.

acimut. [м.] (астр.) азимут; см. azimut.

acimutal. [прил.] (астр.) азимутный, азимутальный.

acincelar. [перех.] (мало употр.) чеканить, высекать; см. cincelar.

acinesia. [ж.] (мед.) паралич.

ación. [ж.] путлище (ремень стремени).

acionero. [м.] шорник.

acipado, da. [прил.] очень плотный (о ткани).

aciprés. [м.] (бот.) кипарис; см. ciprés.

acivilarse. [возв. гл.] вступать в гражданский брак (без участия церкви).

aciscado, da. [прил.] боязливый, робкий.

aciscarse. [возв. гл.] (Амер.) смущаться.

acisodonte. [прил.] острозубый.

acístico, ca. [прил.] лишённый мочевой пузыря.

acistinervia. [ж.] паралич мочевой пузырь.

aclamación. [ж.] приветственный возглас, шумное приветствие: * por aclamación, без голосования, единодушным шумным одобрением.

aclamador, ra. [сущ. и прил.] тот, кто шумно приветствует, аплодирует кому-л.

aclamar. [перех.] устроить овацию кому-л, шумно, бурно аплодировать, приветствовать кому-л; избирать без голосования; скликать птиц.

aclarable. [прил.] объяснимый.

aclaración. [ж.] объяснение, разъяснение; выяснение; расчистка, прореживание (леса); разжижение; (Амер.) отстаивание (жидкости).

aclarar. [перех.] выяснять, уяснять; объяснять, разъяснять; разжижать; прореживать; полоскать (бельё); (мор.) рассучивать, расплетать (трос); перемывать (руды); расправлять морщины лба; см. esclarecer; [неперех.] (о погоде) проясняться; (рас)светать; * aclararse. [возв. гл.] разъясняться; * aclarar una duda, разрешить сомнение; * aclarar un bosque, проредить лес.

aclaratorio, ria. [прил.] выясняющий, разъясняющий, объяснительный.

aclarecer. [перех.] см. aclarar; [непр. гл.] спрягается как crecer.

aclavelado, da. [прил.] гвоздиковидный.

aclavelamiento. [м.] действие по [знач. гл.] принимать форму гвоздики.

aclavelarse. [возв. гл.] принимать форму гвоздики.

acleide. [ж.] (уст.) род палицы.

aclimatable. [прил.] поддающийся акклиматизации.

aclimatación. [ж.] акклиматизация.

aclimatar. [перех.] акклиматизировать, приучать к новой среде, к новому климату: * aclimatarse. [возв. гл.] акклиматизироваться, свыкаться с новой средой, обживаться.

aclocamiento. [м.] дейст. к aclocarse.

aclocarse. [возв. гл.] становиться наседкой; сидеть на яйцах; см. arrellanarse.

aclorhidria. [ж.] отсутствие соляной кислоты.

acluecarse. [возв. гл.] (Амер.) (прост.) см. aclocarse.

acmé. [м.] (пат.) высшая точка течения болезни.

acné. [ж.] (мед.) угри.

acneiforme. [прил.] (мед.) похожий на угри.

acnemia. [ж.] атрофия икр; отсутствие или калечение ног.

acobardadamente. [нареч.] застенчиво, пугливо; опасливо.

acobardador, ra. [прил.] запугивающий.

acobardamiento. [м.] уныние, упадок духа; запугивание, устрашение.

acobardar. [перех.] запугивать, устрашать, пугать, страшить; вызывать робость; наводить страх, приводить в уныние, обескураживать; унижать: * acobardarse. [возв. гл.] пугаться, бояться, страшиться, делаться робким, трусливым, дрейфить.

acobrado, da. [прил.] медного цвета.

acocarse. [возв. гл.] червиветь.

acoceador, ra. [прил.] лягающийся, брыкающийся, брыкливый (прост.).

acoceamiento. [м.] лягание, брыкание.

acocear. [перех.] лягаться, брыкаться; (перен.) унижать, оскорблять, попирать, топтать; валять (ногами).

aclocarse. [возв. гл.] (обл.) приседать, сесть на корточки, на задние лапы.

acocotar. [перех.] убивать ударом в затылок; ударять по затылку; (разг.) сбивать с ног.

acocote. [м.] (Амер.) род бутылочной тыквы.

acocullado, da. [прил.] (Амер.) выпивший, под хмельком, подвыпивший, навеселе.

acocuyado, da. [прил.] (Амер.) выпивший; см. acocullado.

aconcharse. [возв. гл.] приседать на корточки, нагибаться, притаиться.

acochi. [м.] (зоол.) (Амер.) птица, похожа на дрозда.

acochinado. [страд. прич. к acochinar]; [прил.] грязный, отвратительный, омерзительный.

acochinar. [неперех.] убивать, (за)резать; см. acoquinar; запирать (в игре); замять дело.

acodado, da. [страд. прич. к acodar]; [прил.] коленчатый, согнутый коленом.

acodadura. [ж.] облокачивание; (с-х.) разведение отводками.

acodalamiento. [м.] (арх.) подпирание, укрепление подпорками.

acodalar. [перех.] подпирать, ставить подпорки.

acodar. [перех.] гнуть (трубы и т. д.); (с-х.) отсаживать отводки, разводить отводками; (арх.) подпирать, поддерживать; * acodarse. [возв. гл.] облокачиваться.

acodiciar. [перех.] воспламенять желанием, страстно желать: * acodiciarse. [возв. гл.] воспламеняться желанием.

acodillar. [перех.] сгибать углом; [неперех.] опускаться на передние ноги (о животных).

acodo. [м.] (с-х.) отводок, побег; отсадка отводков.

acogedizo, za. [прил.] набранный отовсюду, без разбору, с бору да с сосенки.

acogedor, ra. [прил.] гостеприимный, приветливый, ласковый; уютный.

acogencia. [ж.] (Амер.) принятие.

acoger. [перех.] принимать, встречать; одобрять, благосклонно принимать; (перен.) оказывать протекцию, протежировать, покровительствовать, помогать, принимать, примиряться с чем-л; * acogerse. [возв. гл.] укрываться, прибегать к покровительству кого-л; пользоваться предлогом, чтобы скрыть что-л.

acogeta. [ж.] место укрытия.

acogida. [ж.] приём, принятие, встреча; покровительство, защита; сток воды в одно место; место сбора, убежище: * acogida calurosa, горячий приём; * hacer una buena acogida a uno, хорошо принять кого-л.

acogimiento. [м.] приём, принятие, встреча.

acogollar. [перех.] (с-х.) укрывать от... защищать от...

acogollar. [неперех. и возв. гл.] (с-х.) кочаниться (о капусте).

acogombradura. [ж.] (с-х.) окучивание.

acogombrar. [перех.] (с-х.) окучивать.

acogotar. [перех.] убивать ударом в затылок; ударять по затылку; см. acoquinar; (перен.) сразить.

acohombrar. [перех.] (с.-х.) окучивать; см. acogombrar.

acojinamiento. [м.] (тех.) заклинивание.

acojinar. [перех.] подбивать ватой; acojinarse. [возв. гл.] заклиниваться.

acolchar. [перех.] подбивать ватой, стегать; (мор.) сучить (тросы).

acolchí. [м.] (Амер.) иволга.

acolchonar. [перех.] (Амер.) подбивать ватой, стегать: * acolchonarse. [возв. гл.] (Амер.) (прост.) см. apelmazarse.

acolitar. [неперех.] (Амер.) служить церковной служкой; (разг.) (перен.) сопровождать; участвовать в еде, выпивке.

acolitazgo. [м.] занятия церковной службы.

acólito. [м.] церковный служка; (перен.) пособник, помощник, приспешник, прихвостень; спутник.

acolochar. [перех.] (Амер.) завивать (волосы).

acollador. [м.] (мор.) талреп.

acolladura. [ж.] (мор.) обтягивание стоячего такелажа и вант (талрепами).

acollar. [перех.] (мор.) выбирать втугую (при помощи талрепов), чеканить, конопатить (судно); (с.-х.) окучивать.

acollarar. [перех.] надевать ошейник, хомут; (Амер.) (охот.) собирать сбору; женить; * acollararse. [возв. гл.] (Амер.) жениться; хвататься за шиворот.

acollonar. [перех.] запугивать; вызывать робость; наводить страх; приводить в уныние, обескураживать.

acombar. [перех.] сгибать, искривлять; * acombarse. [возв. гл.] сгибаться, искривляться.

acomedido, da. [страд. прич. и прил.] (Амер.) услужливый, любезный, обязательный, предупредительный.

acomedimiento. [м.] (Амер.) услужливость, любезность.

acomedirse. [возв. гл.] быть услужливым, любезным.

acometedor, ra. [прил. и сущ.] энергично нападающий, наступающий, атакующий.

acometer. [перех.] энергично нападать, атаковать, набрасываться; предпринимать, затевать; браться, приниматься за...; энергично начинать; быстро охватывать, неожиданно наступать (о сне и т. д.); (уст.) см. encomendar; proponer: * acometer furiosamente, (перен.) громить.

acometida. [ж.] отводный канал; см. acometimiento.

acometimiento. [м.] энергичное нападение, наступление, атака; приступ, припадок (болезни); отводка от главной сточной трубы; начинание; (Амер.) столкновение (автомашин и т. д.).

acometividad. [ж.] воинственность.

acomia. [ж.] (мед.) плешивость.

acomodable. [прил.] приспособляемый.

acomodación. [ж.] адаптация, приспособление; аккомодация; аккомодация глаза.

acomodadamente. [нареч.] надлежащим образом; удобно.

acomodadizo, za. [прил.] сговорчивый, покладистый, нетребовательный, снисходительный; легко приспособляющийся.

acomodado, da. [прил.] надлежащий, подходящий, своевременный; зажиточный; непринуждённый; обеспеченный; богатый; (о цене) умеренный, доступный; (Амер.) имеющий хорошее служебное положение; любящий удобства: * vida acomodada, зажиточная жизнь.

acomodador, ra. [прил. и сущ.] устраивающий, приспособляющий; [сущ.] капельдинер.

acomodamiento. [м.] устройство; сделка, соглашение; удобство, комфорт.

acomodar. [перех.] приспособлять, аккомодировать, приноравливать, прилаживать; устраивать; приводить в порядок; отделывать (квартиру и т. д.); определять на работу, и. т. д.; примирять, улаживать; согласовывать; снабжать всем необходимым; доставлять удобства; [неперех.] подходить; * acomodarse. [возв. гл.] применяться, приноравливаться, приспосабливаться; привыкать; покоряться, примиряться; располагаться; устраиваться (на работу и т. д.); (Амер.) наряжаться.

acomodaticio, cia. [прил.] сговорчивый, покладистый, снисходительный.

acomodo. [м.] должность, занятие; приспособление; (Амер.) украшение, убранство; мошенничество; сделка (полюбовная).

acompañado, da. [прил.] посещаемый, проезжий, людный; сопутствуемый, сопровождаемый; (Амер.) пьяный; [м.] (обл.) сопровождение; (Амер.) см. atarjea.

acompañador, ra. [прил. и сущ.] сопровождающий; (муз.) аккомпаниатор, концертмейстер.

acompañamiento. [м.] сопровождение; аккомпанемент, (музыкальное) сопровождение, аккомпанирование; свита, кортеж, конвой, эскорт; совпадение; (театр.) статисты.

acompañanta. [ж.] спутница, компаньонка; (муз.) аккомпаниаторша.

acompañar. [перех.] сопровождать, сопутствовать; вести, указывать дорогу; сочувствовать, соболезновать; эскортировать; провожать обратно; провожать посетителя, гостя; составить компанию; (по)быть вместе с кем-л; (муз.) аккомпанировать; вторить; соединять, складывать вместе.

acompasadamente. [нареч.] мерно; степенно.

acompasado, da. [прил.] размеренный, (равно)мерный; мерный, ритмический; (перен.) степенный.

acompasar. [перех.] см. compasar.

acomplexionado, da. [прил.] см. complexionado.

acomunarse. [возв. гл.] соединяться (ради общей цели).

aconchabarse. [возв. гл.] соединяться (ради осуществления дурных действ), сговариваться.

aconchadillo. [м.] (кул.) сорт рагу.

aconchar. [перех.] (уст.) украшать, наряжать.

aconchar. [перех.] (мор.) выбрасывать ветром или течением на берег, риф, скалу (судно); (Амер.) придавать форму раковины: * aconcharse. [возв. гл.] (мор.) ложиться на борт (о судне на мели); сталкиваться; выбрасываться на берег; укрываться; (Амер.) становиться приживальщиком; отстояться (о жидкости).

aconchegar. [перех.] (прост.) (обл.) см. aconchar.

acondicionado, da. [прил.] обусловленный; кондиционный; (тех.) кондиционированный: * bien, mal acondicionado, находящийся в хорошем, плохом характере; хорошего, плохово качества (о товарах и т. д.): * aire acondicionado, кондиционированный воздух.

acondicionamiento. [м.] дейст. к обусловливать; обусловленность; (тех.) кондиционирование.

acondicionar. [перех.] обусловливать, * acondicionarse. [возв. гл.] приобретать известный характер, качество.

acondroplasia. [ж.] (пат.) ахондроплазия.

aconeína. [ж.] (хим.) аконитин.

acongojadamente. [нареч.] печально, грустно.

acongojado, da. [прил.] огорчённый, удручённый; кручинный (народ-поэт.).

acongojar. [перех.] наполнять тревогой, угнетать, мучить, огорчать, удручать; (перен.) надоедать: * acongojarse. [возв. гк.] горевать; кручиниться (народнопоэт.).

aconitina. [ж.] (хим.) аконитин.

acónito. [м.] (бот.) аконит, волчий корень.

aconsejador, ra. [прил. и сущ.] советующий; советчик (-ица.): * los aconsejadores no pagan, советчики не ответчики; * el hambre es mala aconsejadora, голод плохой советчик.

aconsejar. [перех.] советовать, давать совет; (перен.) руководить, направлять; надоумить; толковать, интерпретировать: * aconsejarse. [возв. гл.] советоваться, получать совет; * bien aconsejado, получивший хороший совет.

aconsolar. [перех.] (прост.) утешать.

aconsonantar. [неперех.] рифмовать, быть созвучным; [перех.] облечь в стихотворную форму; (перен.) согласовывать.

acontagiar. [перех.] (прост.) заражать.

acontecedero, ra. [прил.] могущий случиться.

acontecer. [неперех. безл.] случаться, происходить; [непр. гл.] спрягается как agradecer.

acontecimiento. [м.] происшествие, событие; случай; быль.

acontentar. [перех.] (обл.) удовлетворять.

acopado, da. [страд. прич. к acopar.] [прил.] похожий на вершину дерева; округленный и полый (о копыте).

acopar. [перех.] образовывать верхушку (о растениях); [перех.] искусственно придавать хорошую форму (растениям).

acopetado, da. [прил.] с хохолком, хохлатый.

acopiador, ra. [м. и ж.] скупщик (-ица); спекулянт(-ка).

acopiamiento. [м.] см. acopio.

acopiar. [перех.] собирать, копить, накапливать; скупать.

acopio. [м.] собирание, накапливание; скопление; скупка.

acopladura. [ж.] соединение (частей между собой).

acoplamiento. [м.] соединение попарно; спаривание, случка; сцепка, сцепление, зацепление; соединение; примирение; запряжка парой.

acoplado. [м.] (Амер.) прицепной вагон, прицеп.

acoplar. [перех.] (при)соединять; запрягать парой, впрягать попарно; подгонять, пригонять; сцеплять; запускать; монтировать; (Амер.) прицеплять (вагон); (перен.) примирять.

acoplo. [м.] см. acopladura.

acoquinamiento. [ж.] запугивание, устрашение, упадок духа, уныние.

acoquinar. [перех.] запугивать, устрашать; наводить страх; вызывать робость; приводить в уныние, обескураживать; лишать бодрости: * acoquinarse. [возв.

гл.] пугаться, струсить, робеть, упасть духом.

acor. [м.] (уст.) печаль, скорбь, огорчение.

acorador, ra. [прил.] прискорбный.

acoralado, da. [прил.] коралловидный.

acorar. [перех.] огорчать, удручать, мучить; (обл.) убивать быка ударом ножа в затылок; (Амер.) в загоне: * acorarse [возв. гл.] хиреть (о растениях).

acorazado, da. [страд. прич. к acorazar]; [прил.] одетый в броню; бронированный, броневой; броненосный; [м.] броненосец, линкор; * acorazado de bolsillo, карманный броненосец.

acorazamiento. [м.] бронирование, одевание в броню, покрывание бронёй.

acorazar. [перех.] бронировать, обшивать бронёй; одевать в броню.

acorazonado, da. [прил.] сердцевидный.

acorazonar. [перех.] придавать форму сердца.

acorchado, da. [прил.] губчатый, пористый; сморщенный, съёжившийся.

acorchamiento. [м.] высыхание; онемение (конечностей).

acorcharse. [возв. гл.] делаться мягким, пористым, губчатым; загнивать (о фруктах и т. д.); (перен.) потерять чувствительность, онеметь (о конечностях).

acordada. [ж.] (юр.) приказ высшей инстанции; документ, удостоверяющий полномочия; род мексиканской жандармерии.

acordadamente. [нареч.] с общего (обоюдного) согласия, ладно, в согласии; здраво, с размышлением.

acordado, da. [страд. прич. к acordar]; [прил.] обдуманный, продуманный; зрелый, разумный; одобренный; (муз.) (гал.) созвучный, гармоничный; (зоол.) беспозвоночный.

acordar. [перех.] решать, постановлять, принимать решение; декретировать, издавать указ, декрет; определять (сумму и т. д.); согласовывать; напоминать; (муз.) настраивать; (жив.) гармонично располагать тона; согласоваться, совпадать; усматривать, понимать; (Амер.) жаловать, предоставлять; * acordarse. [возв. гл.] приходить к соглашению; вспоминать; * si mal no me acuerdo, (разг.) если я не ошибаюсь.

acorde. [прил.] соответствующий, сообразный с...; согласный; гармонирующий; [м.] аккорд.

acordelar. [перех.] измерять бечёвкой; размечать с помощью бечёвки; выстраивать в ряд с помощью бечёвки (о улицах).

acordemente. [нареч.] с общего (обоюдного) согласия; сообразно, в соответствии с...

acordeón. [м.] (муз.) гармоника, гармонь, гармония, гармошка (разг.); аккордеон.

acordeona. [ж.] (Амер.) гармоника, см. acordeón.

acordeonista. [м.] гармонист; аккордеонист.

acordinarse. [возв. гл.] играть, петь дуэтом.

acordión. [м.] (Амер.) (прост.) см. acordeón.

acordonado, da. [страд. прич. к acordonar]; [прил.] окружённый, оцепленный; (Амер.) тонкий, хилый, хрупкий (о животных).

acordonar. [перех.] шнуровать; обложить, окружить, изолировать (город и т. д. при эпидемии); оцеплять (людьми); ставить кордоны, (Амер.) подготовлять почву для посадки овощей.

acoria. [ж.] (мед.) отсутствие зрачка.

acoria. [ж.] (мед.) волчий аппетит.

acornar. [перех.] ударять (ранить) рогами, бодать(ся); [непр. гл.] спрягается как contar.

acornear. [перех.] см. acornar.

ácoro. [м.] (бот.) аир; * ácoro aromático, тростниковый аир, ирный корень.

acoroideo, a. [прил.] похожий на аир.

acorralamiento. [м.] помещение скота в загон, в ограду; окружение, отрезание выхода (кому-л); запугивание, устрашение.

acorralar. [перех.] ставить, помещать скот в загон, в ограду; затравить; (перен.) запугивать; наводить страх; смущать, приводить в замешательство; затравить, припирать к стенке; запирать, отрезать выход кому-л.

acorredor, a. [прил.] приходящий на помощь.

acorrer. [перех.] прибегать; помогать, оказывать помощь; (уст.) приводить в смущение, стыдить, заставлять стыдиться; [непрех.] обратиться к...; [возв. гл.] убегать, укрываться.

acorro. [м.] помощь.

acorrucarse. [возв. гл.] скорчиваться; см. acurrucarse.

acortadizos. [м. множ.] (обл.) обрезки; неиспользованные материалы.

acortamiento. [м.] укорачивание, сокращение, уменьшение.

acortar. [перех.] укорачивать, убавлять; урезывать; сокращать, уменьшать; отсекать; * acortarse. [возв. гл.] уменьшаться; укорачиваться, сокращаться; быть в нерешительности, запнуться, не знать что сказать; съёживаться (о лошади).

acortejarse. [возв. гл.] (вул.) (Амер.) сожительствовать вне брака.

acorvar. [перех.] искривлять, сгибать.

acorzar. [перех.] (обл.) см. acortar.

acosado, da. [страд. прил. к acosar]; [прил.] гонимый.

acosador. [прил. и сущ.] преследующий, ловчий; преследователь (-ница); гонитель (-ница); (перен.) давильщик.

acosamiento. [м.] преследование, гонение, травля.

acosar. [перех.] преследовать, гнаться на..., гнать без передышки; гнать, погонять (лошадь); (перен.) преследовать; подвергать гонениям; мучить, терзать; надоедать, досаждать, докучать.

acosijar. [перех.] (Амер.) преследовать, затравливать, угнетать; см. acosar.

acostado, da. [страд. прич. к acostar]; [прил.] лежащий, лежачий; наклонённый: * acostado, [нареч.] в лежачем положении; * estar acostado, лежать.

acostadura. [ж.] (разг.) действие по (знач. гл.) ложиться спать.

acostamiento. [м.] укладывание в постель; приближение, прислонение; наклон; см. estipendio, paga.

acostar. [перех.] класть, укладывать в постель; приближать, прислонять; (мор.) причаливать, приставать; [непрех.] наклониться; покоситься (о здании); приплывать к берегу; * acostarse. [возв. гл.] ложиться; (Амер.) рождать; (перен.) присоединяться (к мнению и т. д.).

acostumbradamente. [нареч.] обыкновенно, обычно.

acostumbrar. [перех.] приучать к чему, прививать (привычку); [непрех.] иметь привычку, обыкновение: * acostumbrarse. [возв. гл.] привыкаться к чем-л, свыкаться; * asostumbrarse a, набить руку.

acotación. [ж.] заметка (на полях); сноска, примечание; (теа.) ремарка; цифровое обозначение (на планах); см. acotamiento.

acotado. [ж.] питомник деревьев.

acotamiento. [м.] установка межевых знаков, размежевание; отметка; обочина (дороги).

acotar. [перех.] ставить межевые знаки; точно обозначать; обрубать (макушку и т. д.); резервировать; (разг.) выбирать: * acotarse. [возв. гл.] скрываться, переходя границу.

acotar. [перех.] отмечать на полях; расписываться на полях; отмечать высоты на карте, размеры на чертеже, ставить цифры на планах; (разг.) призывать в свидетели, ссылаться на что-л.

acotejar. [перех.] (Амер.) (вар.) см. acomodar; (Амер.) побуждать, стимулировать.

acotejo. [м.] (Амер.) (вар.) распорядок, распределение, расположение; приспособление.

acotiledón, acotiledóneo. [прил.] (бот.) бессеменодольный.

acotillo. [м.] большой кузнечный молот.

acotolar. [перех.] (обл.) уничтожать, истреблять.

acoyundar. [перех.] надевать ярмо (на волов).

acoyuntar. [перех.] объединяться подвое (об однолошадниках).

acoyuntero. [м.] однолошадник, работающий в паре с другим.

acracia. [ж.] учение анархистов; (мед.) слабость, немощность.

acráneo, a. [прил.] бесчерепной.

ácrata. [прил. и сущ.] анархистский, анархист(-ка).

acre. [м.] акр (земельная английская мера).

acre. [прил.] острый, едкий, забористый; терпкий; (перен.) язвительный, едкий, колкий.

acrecencia. [ж.] увеличение; развитие, развёртывание, расширение; право на дополнительную долю наследства; задолженность, долг; см. acrecentamiento.

acrecentador, ra. [прил.] умножающий, увеличивающий.

acrecentamiento. [м.] увеличение, прибавление, приращение, усиление; развитие, развёртывание, расширение; приумножение; повышение (по службе).

acrecentar. [перех.] увеличивать, прибавлять, усиливать; умножать, приумножать, обогащать; повышать (по службе): * acrecentarse. [возв. гл.] умножаться; усиливаться, увеличиваться, возрастать; усиливаться; [непр. гл.] спрягается как acertar.

acrecer. [перех.] увеличивать, прибавлять, расширять; [непрех.] возрастать, увеличиваться; расти, произрастать; (юр.) иметь право на дополнительную долю наследства; [непр. гл.] спрягается как crecer.

acrecimiento. [м.] увеличение; см. acrecencia.

acreción. [ж.] (мед.) нарастание, наслоение.

acreditación. [ж.] акредитование.
acreditado, da. [страд. прич.] к acreditar; [прил.] уважаемый, известный; пользующийся (доверием) известностью; дип.) аккредитованный.
acreditador, ra. [прил.] аккредитующий; удостоверяющий.
acreditar. [перех.] аккредитовать, уполномочивать; внушать доверие, поднимать кредит; удостоверять, ручаться; (ком.) принимать в счёт (часть суммы); * acreditarse. [возв. гл.] приобретать (доверие) известность; слыть кем-л.
acreedor, ra. [прил. и сущ.] достойный награды; кредитор, заимодавец.
acreencia. [ж.] (Амер.) (прост.) кредит.
acreer. [перех.] (уст.) давать взаймы.
acremente. [нареч.] едко, язвительно, жёстко, сурово.
acrianzado, da. [прил.] воспитанный.
acrianzar. [перех.] растить, воспитывать.
acribador, ra. [сущ. и прил.] тот, кто просеивает, веяльщик (зерна).
acribadura. [ж.] просеивание.
acribar. [перех.] просеивать; (перен.) изрешетить.
acribillar. [перех.] изрешетить; нанести много ран, укусов, уколов; (перен.) забросать (вопросами и т. д.); (очень часто) беспокоить.
acridiforme. [прил.] имеющий форму саранчи.
acridina. [ж.] (хим.) акридин.
acridios. [м. множ.] саранчовые насекомые.
acriminable. [прил.] (юр.) инкриминируемый, вменяемый в вину.
acriminación. [ж.] (юр.) инкриминирование, вменение в вину, в преступление; обвинение.
acriminador, ra. [прил.] обвиняющий; [сущ.] обвинитель (-ница).
acriminar. [перех.] (юр.) вменять в вину, в преступление, инкриминировать, обвинять.
acrimonia. [ж.] (прям.) (перен.) едкость, язвительность; жёлчность, сварливость, колкость, бранчливость, (разг.) надутость.
acrimonioso, sa. [прил.] (прям.) (перен.) едкий; язвительный, сварливый, колкий, жёлчный.
acriollado, da. [прил.] свойственный креолу.
acriollarse. [возв. гл.] (Амер.) усваивать нравы и обычаи креолов.
acrisolación. [ж.] аффинаж, очистка металлов в тигле.
acrisolado. [страд. прич.] очищенный в тигле; (перен.) чистый.
acrisolar. [перех.] очищать металлы в тигле; (перен.) подтверждать истину, выяснять; очищать.
acristianar. [перех.] (разг.) крестить, обращать в христианскую веру.
acritud. [ж.] см. acrimonia.
acroático, ca. [прил.] слышимый.
acrobacia. [ж.] (неол.) акробатика: * acrobacias aéreas, высший пилотаж; фигуры высшего пилотажа.
acróbata. [м.] акробат(ка): * acróbata sobre la cuerda, балансёр.
acrobático, ca. [прил.] акробатический.
acrobatismo. [м.] акробатизм.
acrobistitis. [ж.] (вет.) воспаление крайней плоти.
acrocarpo, pa. [прил.] верхоплодный.
acrocefalia. [ж.] (мед.) акроцефалия.

acrocéfalo, la. [прил. и сущ.] акроцефалический; акроцефал, человек с заострённой формой черепа.
acroleína. [ж.] акролеин.
acromastitis. [ж.] (мед.) воспаление соска.
acromático, ca. [прил.] ахроматический, бесцветный.
acromatina. [ж.] (биол.) ахроматин.
acromatismo. [м.] ахроматизм, бесцветность.
acromatización. [ж.] обесцвечение.
acromatizar. [перех.] обесцвечивать.
acromatopsia. [ж.] (мед.) ахроматопсия.
acromegalia. [ж.] (мед.) акромегалия.
acromia. [ж.] (мед.) ахромия.
acropétalo, la. [прил.] (бот.) верхоростный.
acrópolis. [ж.] (ист.) акрополь.
acropostitis. [ж.] (мед.) воспаление крайней плоти.
acróstico. [м.] акростих
acroteras. [ж. множ.] (арх.) акротерии.
acruñar. [перех.] (арг.) см. arropar.
acta. [ж.] акт, документ; акт; протокол; декларация: * acta de venta, купчая; * acta adicional, дополнительный закон; * acta de acusación, обвинительный, акт; * acta notarial, нотариальный акт; * actas del registro civil, акты гражданского состояния; * actas, о actos, de los Apóstoles, деяния апостолов (книга); * levantar acta, составить акт; * inscribir en acta, запротоколировать; * tomar acta, (Амер.) принять что-л к сведению, констатировать.
actea. [ж.] (бот.) воронец.
actinia. [ж.] (зоол.) актиния.
actinicidad. [ж.] актиничность, химическая активность (лучей).
actínico. [прил.] (хим.) актинический (о лучах).
actinidia. [ж.] (бот.) актинидия.
actinio. [м.] (хим.) актиний.
actinógrafo. [м.] (физ.) актинограф.
actinograma. [м.] (физ.) актинограмма.
actinómetro. [м.] (физ.) актинометр.
actinometría. [ж.] (физ.) актинометрия.
actinométrico, ca. [прил.] (физ.) актинометрический.
actinón. [м.] (хим.) актинон.
actinoscopia. [ж.] рентгеновское исследование.
actinota. [ж.] (мин.) актинолит.
actinoterapia. [ж.] (мед.) актинотерапия.
actinotropismo. [м.] (бот.) гелиотропизм.
actitar. [перех.] (обл.) см. tramitar. [непрех.] поступать юридически.
actitud. [ж.] поза, положение (тела); манера; поведение, позиция; образ действия; отношение; тактика: * actitud benévola, благосклонное отношение; * actitud expectante, выжидательная позиция; * actitud pacífica, мирная позиция.
activación. [ж.] активация.
activador. [м.] (хим.) активатор.
activamente. [нареч.] деятельно, активно: * participar activamente, участвовать активно.
activar. [перех.] ускорять, усиливать, активизировать; торопить; (хим.) активировать: * activar el fuego, раздувать огонь; * activarse. [возв. гл.] активизироваться.
actividad. [ж.] деятельность, активность; действия; поведение, деловитость; живость, расторопность, энергия, пыл: * estar en plena actividad, загрузить; * coeficiente de actividad, загрузка; * actividad vital, жизнедеятельности; * volcán en actividad, действующий вулкан.
activo, va. [прил.] деятельный, активный; деловитый; жизнедеятельный; действенный; живой, энергичный, подвижной; действенный, действующий; (воен.) кадровый (грам.) действительный;

[м.] актив, наличность; (воен.) кадровая армия: * tomar parte activa, принять деятельное участие в чём-л.; * servicio activo, действительная военная служба; * voz activa, (грам.) действительный залог; * tener en su actividad, иметь на своём счёту; * por activo у por pasivo, (перен.) (разг.) во всяком случае.
acto. [м.] акт, действие, деяние, поступок; постановление, решение, декрет; (теа.) акт, действие; литературное выступление: * acto de violencia, насилие; * acto brutal, грубый приём; * hacer acto de presencia, явиться в вежливости; * hacer acto de contrición, покаяться; * acto seguido, contiguo, немедленно, тут же; * en el acto, непосредственно, тотчас, немедленно; * en el acto de..., тогда как.
actor. [м.] актёр; лицедей (уст.); артист; участник, действующее лицо: * ser actor, актёрствовать.
actora. [ж.] (юр.) истица.
actriz. [ж.] актриса, артистка.
actuación. [ж.] действие; деятельность; участие в судебном деле; [множ.] (юр.) судебные процедуры.
actuado, da. [страд. прич.] к actuar; привычный, обычный, испытанный, опытный.
actual. [прил.] настоящий, нынешний, современный, актуальный, имеющий место (в данный момент); действительный, реальный, существующий, подлинный, фактический: * momento actual, текущий момент; * en la hora actual, теперь, в настоящее время; * posición actual, существующее положение.
actualidad. [ж.] настоящее время, современность, актуальность; действительность; реальность; своевременность; [множ.] киножурнал, кинохроника: * las actualidades, текущие события; * de actualidad, новейший, злободневный, современный, актуальный; * asunto de actualidad, боевой вопрос; * en la actualidad, в настоящее время.
actualmente. [нареч.] в настоящее время, ныне, теперь; реально, действительно, в самом деле.
actualizar. [перех.] делать актуальным, современным, осовременивать.
actuante. [действ. прич. и сущ.] деятельный; диссертант.
actuar. [непрех.] действовать, поступать, работать; вести судебный процесс; защищать диссертацию; (теа.) исполнять роль: * actuar conjuntamente, взаимодействовать; * actuar de acuerdo con la ley, действовать сообразно закону.
actuario. [м.] секретарь суда.
acuadrillar. [перех.] собирать шайку; возглавлять шайку; (Амер.) (много людей) атаковать кого-л.
acuafortista. [м.] акфортист.
acuajaronar. [перех.] (обл.) коагулировать, свёртывать; см. coagular.
acuantiar. [перех.] оценивать, делать оценку.
acuaplano. [м.] глиссёр, глиссер.
acuarela. [ж.] акварель: * pintura a la acuarela, акварельная живопись; * acuarela, (color) акварельная краска.
acuarelista. [м.] акварелист(-ка).
acuario. [м.] аквариум.
Acuario. [м.] (астр.) Водолей (созвездие).
acuartar. [перех.] (обл.) привязывать уздечкой (лошадь).
acuartelado, da. [страд. прич. и прил.] размещённый по казармам; запертый в казарменные помещения; (герал.) разделённый на четыре поля.
acuartelamiento. [м.] расквартирование, размещение по казармам; место расквартирования.

acuartelar. [перех.] располагать по казармам, расквартировывать.
acuate. [м.] (Амер.) водяная змея.
acuático, ca, acuátil. [прил.] водяной (о растениях и животных).
acuatinta. [ж.] (полигр.) акватинта.
acuatizaje. [м.] (Амер.) посадка на воду.
acuatizar. [неперех.] (Амер.) садиться на воду.
acubado. [страд. прич.] к acubar; [прил.] имеющий форму куба или бочки, бочкообразный.
acubar. [перех.] придавать форму бочки: * acubarse. [возв. гл.] (обл.) напиваться.
acubilar. [неперех.] помещать, ставить скот в загон, в ограду.
acúbito. [м.] римский диван.
acubitorio. [м.] (у римлян) столовая.
acucia. [ж.] проворство; старание, прилежание, рвение, усердие; услужливость; горячее желание.
acuciadamente. [нареч.] проворно; старательно; с горячим желанием.
acuciador, ra. [прил.] стимулирующий, возбуждающий.
acuciamiento. [м.] стимулирование, побуждение к чему-л, поощрение.
acuciar. [перех.] стимулировать, побуждать, торопить, подстёгивать; горячо желать (тж. неперех.); (уст.) заботиться усердно.
acuciosamente. [нареч.] проворно; старательно; поспешно; с готовностью; горячим желанием.
acuciosidad. [ж.] (Амер.) (неол.) усердие, рвение, старание; горячее желание.
acucioso, sa. [прил.] проворный, хлопотливый, старательный, прилежный; ревностный, усердный; услужливый, готовый к услугам; движимый горячим желанием.
acuclillarse. [возв. гл.] (Амер.) садиться на корточки, приседать.
acuchamado, da. [прил.] (Амер.) печальный, грустный; унылый, удручённый.
acuchamarse. [возв. гл.] (Амер.) унывать, падать духом.
acuchar. [перех.] (обл.) укрывать от..., защищать от...; давать приют: * acucharse. [возв. гл.] (обл.) наклоняться.
acucharado, da. [прил.] имеющий форму ложки.
acucharar. [перех.] придавать форму ложки.
acuchilladizo. [м.] фехтовальщик или гладиатор.
acuchillado, da. [страд. прич.] к acuchillar; покрытый ножевыми ранами; [прил.] (перен.) опытный, знающий жизнь.
acuchillador. [м.] дуэлянт, бретёр; забияка, драчун; задира, спорщик; см. acuchilladizo.
acuchillar. [перех.] наносить удары ножом; (арг.) заколоть, зарезать; убивать ударами ножа; скоблить паркет и т. д.; рассекать (воздух); (с.-х.) разрезать; * acuchillarse. [возв. гл.] драться на ножах.
acuchillear. [перех.] (Амер.) наносить удары ножом и т. д.; см. acuchillar.
acuchuchar. [перех.] (Амер.) раздавить, жать.
acudimiento. [м.] явление; частое посещение; внезапное появление; оказание помощи; принятие во внимание; возражение.
acudir. [неперех.] прибегать, быстро приходить, являться; прибегать к посредничеству кого-л; оказывать помощь, часто посещать; быстро отвечать; принимать во внимание; отвечать взаимностью; возражать; (о лошади) слушаться; (о земле) плодоносить: * acudir en auxilio, прибегать на помощь, поспешить на помощь; * acudir a, обращаться к кому-л.
acueducto. [м.] акведук; водопровод.
acueducho. [м.] (уст.) см. acueducto.
ácueo, a. [прил.] водянистый, водяной.
acuerdado, da. [прил.] выравненный верёвкой, вытянутый по верёвке.
acuerdar. [перех.] выравнивать верёвкой, вытягивать по верёвке.
acuerdo. [м.] соглашение, договор, аккорд (уст.); сговор; согласие, уговор; решение, постановление; декрет; указ; мнение, совет; память, воспоминание; договор; (грам.) согласование, лад; гармония, гармоничность: * ¡de acuerdo!, ладно!, хорошо!, согласен!; * de acuerdo con, в согласии с...; * вместе с ...; * estar de acuerdo, быть согласным; * de común acuerdo, заодно, с общего, с обоюдного согласия; * acuerdo final, заключительный аккорд; * poner de acuerdo, помирить; * ponerse de acuerdo, согласиться, договориться; * llegar a un acuerdo, достичь соглашения; * volver sobre su acuerdo, отказываться от принятого решения; * acuerdo entre varias partes, договорённость; * dormiréis sobre ello, y tomaréis acuerdo, семь раз отмерь, а один отрежь; * volver uno en su acuerdo, прийти в себя.
acuerpado, da. [страд. прич.] к acuerpar; [прил.] (Амер.) с большим телом.
acuerpar. [перех.] (Амер.) защищать, прикрывать кого-л.
acuesto. [м.] (уст.) склон.
acueta. [ж.] неаполитанский ликёр.
acuicola. [прил.] водяной, живущий в воде.
acuidad. [ж.] острота.
acuidarse. [возв. гл.] заботиться; присматривать, наблюдать.
acuilmarse. [возв. гл.] (Амер.) скорбеть, печалиться, сокрушаться; делаться робким, трусливым; струсить.
acuitadamente. [нареч.] печально; мучительно.
acuitar. [перех.] огорчать, удручать, печалить: * acuitarse. [возв. гл.] огорчаться, печалиться, сокрушаться, скорбеть.
acujera. [ж.] силок.
acular. [перех.] поставить в безвыходное положение; припирать к стенке; загонять в угол: * acularse. [возв. гл.] (мор.) касаться мели (о судах).
aculeado, da. [прил.] иглистый, колючий, с шипами, с жалом, жалоносный.
aculebrinado, da. [прил.] похожий на кулеврину, на пищаль.
aculeiforme. [прил.] имеющий форму жала.
acúleo. [м.] жало.
aculeoso, so. [м.] [прил.] имеющий жало или шип; жалоносный.
aculescente. [прил.] (о волосе) жёсткий и колющий.
acullillar. [перех.] (Амер.) запугивать, устрашать; лишать бодрости.
acullá. [нареч.] там; туда.
acullicar. [перех.] (Амер.) жевать листья коки.
acumetría. [ж.] измерение амплитуды слуха.
acúmetro. [м.] инструмент для измерения амплитуды слуха.
acuminado, da. [прил.] игольчатый, остроконечный.
acumíneo, a. [прил.] см. acuminado.
acuminifoliado, da. [прил.] остролистный.
acumuchamiento. [м.] (Амер.) (прост.) скопление, нагромождение, агломерация.
acumuchar. [перех.] (Амер.) скоплять; см. acumular.

acumulación. [ж.] накопление, умножение; нагромождение, скопление; (тех.) аккумуляция; (перен.) капитализация: * acumulación inicial del capital, первоначальное накопление капитала.
acumuladamente. [нареч.] гуртом, грудой, кучей.
acumulador, ra. [прил.] собирательный; [м.] стяжатель; (эл.) аккумулятор.
acumular. [перех.] накоплять, собирать, накапливать; копить; складывать, ссыпать в амбары; нагромождать, наваливать, загрести, (тех.) аккумулировать; капитализировать; (юр.) обвинять по совокупности.
acumulativamente. [нареч.] совместно, сообща; (юр.) на всякий случай.
acunar. [перех.] качать колыбель, колыхать, баюкать, укачивать.
acuñación. [ж.] чеканка монеты; заклинивание, подкладывание клина, вбивание клиньев.
acuñador. [м.] монетчик, монетный мастер, чеканщик, медальер.
acuñar. [перех.] чеканить (бить) монету; обращать в монету; выбивать медали.
acuñar. [перех.] закладывать, вбивать клинья; подкладывать клинья.
acuosidad. [ж.] водянистость.
acuoso, sa. [прил.] водянистый; сочный (о фруктах).
acupuntura. [ж.] (хир.) накалывание иглой.
acupunturar. [перех.] (хир.) накалывать иглой.
acurcullarse. [возв. гл.] (обл.) съёжиться в комок; см. acurrucarse.
acure, acuri, acurito. [м.] (Амер.) см. agutí, агути.
acurrado, da. [страд. прич.] к acurrarse; [прил.] (Амер.) франтовской.
acurrarse. [возв. гл.] подражать андалузскому произношению и т. д.
acurrucarse. [возв. гл.] свернуться в комок, жаться, ёжиться, съёживаться, скорчиваться; садиться на корточки.
acusación. [ж.] обвинение, вменение в вину, инкриминирование; упрёк; (юр.) обвинительный акт: * acusaciones. [множ.] нападки; * falsa acusación, напраслина, навет.
acusado, da. [страд. прич. и сущ.] обвиняемый (-ая), подсудимый (-ая); [прил.] явный, ясно выраженный, резко очерченный: * rasgos acusados, крупные черты лица.
acusador, ra. [прил. и сущ.] обвинитель (-ница), доносчик (-ица): * acusador público, общественный обвинитель.
acusar. [перех.] обвинять, вменять в вину; доносить; порицать, корить, упрекать, уведомлять; (гал.) проявлять: * acusar sin fundamentos, обвинять голословно; * acusarse. [возв. гл.] сознавать себя виновным, винить себя.
acusativo. [м.] (грам.) винительный падеж.
acusatorio, ria. [прил.] (юр.) обвинительный.
acuse. [м.] уведомление: * acuse de recibo, расписка в получении.
acusica. [м. и ж.] см. acusón.
acusete, acusete. [м. и ж.] наушник(-ница); см. acusón.
acusón, na. [прил. и сущ.] наушнический; наушник (-ница), доносчик (-ица), ябедник (-ница); (перен.) фискал (-ка).
acústica. [ж.] акустика.

acústico, ca. [прил.] акустический, слуховой: *trompetilla acústica, слуховой рожок; *nervio acústico, слуховой нерв.
acutangular. [прил.] образующий острый угол.
acutángulo, la. [прил.] остроугольный.
acutí. [м.] (Амер.) см. agutí.
acuticaude. [прил.] (зоол.) острохвостый.
acutifloro, ra. [прил.] (бот.) остроцветный.
achabacanamiento. [м.] см. chabacanería.
achacable. [прил.] приписываемый кому-л.
achacadizo, za. [прил.] (уст.) симулированный, притворный, ложный, фальшивый, лукавый, хитрый.
achacana. [ж.] (Амер.) род перуанского артишока.
achacar. [перех.] вменять в вину, приписывать кому-л; (перен.) (разг.) валить.
achacillarse. [перех.] (обл.) (о хлебах) ложиться.
achacoso, sa. [прил.] нездоровый, болезненный, постоянно недомогающий, хилый, хворый, квёлый (обл.): *apariencia achacosa, хилость; *ponerse achacoso, хилеть.
achaflanar. [перех.] стёсывать (края).
achagrinado, da. [прил.] похожий на шагреневую кожу.
achagua. [м.] (Амер.) индеец.
achagual. [м.] (Амер.) подсолнечник; лужа.
achajuanarse. [перех.] (Амер.) изнемогать от усталости; задыхаться от жары (о животных).
achampanado, da, achampañado, da. [прил.] (о вине и т. д.) пенистый, игристый, шипучий.
achamparse. [перех.] (Амер.) пускать корни как la champa: *achamparse con, похищать что-л.
achancharse. [возв. гл.] смущаться, стыдиться, краснеть.
achantar. [перех.] (Амер.) заставлять замолчать, затыкать рот.
achantarse. [возв. гл.] прятаться, переживать опасность; (разг.) покоряться; (Амер.) замолкать, сдержаться; трусить, сдавать, пасовать; падать духом; застревать; оставаться жить (в чужом доме).
achaparrado, da. [страд. прич.] к achaparrar; [прил.] (о деревьях) малорослый, низкорослый; коренастый, приземистый; (о человеке) малорослый и дюжий; (о вещах) низкий и обширный.
achaparrarse. [возв. гл.] принимать форму каменного дуба.
achaque. [м.] частое недомогание; недуг, немощь; (разг.) менструация; (перен.) беременность; дело, вещь, тема; (перен.) предлог, отговорка, причина, повод; (перен.) репутация; недостаток или порок; штраф; (Амер.) обман.
achaquiento, ta. [прил.] нездоровый, болезненный, хилый, хворый.
¡achara! [межд.] (Амер.) как жаль!
acharado, da. [прил.] см. avergonzado, ревнивый.
acharar. [перех.] (прост.) см. azarar; вызывать ревность: *achararse. [возв. гл.] смущаться, чувствовать себя стеснённым чем-л, испугаться.
achares. [м. множ.] (прост.) ревность, мука, мучение, страдание.
acharolado, da. [страд. прич.] к acharolar; [прил.] покрытый лаком, лаковый.

acharolador, ra. [м. и ж.] лакировщик (-ица).
acharoladura. [ж.] лакировка.
acharolar. [перех.] лакировать, покрывать лаком.
achatadamente. [нареч.] сплюснутым, сплюснутым образом.
achatado, da. [страд. прич.] к achatar; [прил.] сплющенный, сплюснутый.
achatamiento. [м.] сплющивание, расплющивание.
achatar. [перех.] сплющивать, делать плоским: *achatarse. [возв. гл.] (Амер.) падать духом, струсить; похищать, красть.
acheta. [ж.] (зоол.) цикада.
acheté. [нареч.] (арг.) вчера.
achí. [нареч.] (Амер.) так, таким образом.
achibé. [нареч.] (арг.) сегодня.
achicado, da. [страд. прич.] к achicar; уменьшенный, сокращённый; приниженный; робкий; (перен.) детский, ребяческий, ребячий; похожий на дитя (по поступкам и т. д.).
achicador. [прил.] уменьшающий; [м.] черпак, ковш.
achicadura, achicamiento. [ж. и м.] уменьшение, убыль, убывание; выкачивание, вычерпывание.
achicar. [перех.] уменьшать, убавлять, сокращать, умалять; вычерпывать, выкачивать, отливать воду; (перен.) унижать, смущать, обескураживать, приводить в уныние: (Амер.) убить, умертвить; сажать в тюрьму; *achicarse. [возв. гл.] уменьшаться; падать духом; скромничать.
achicopalarse. [возв. гл.] (Амер.) падать духом, поддаваться унынию.
achicoráceo, a. [прил.] (бот.) похожий на цикорий.
achicoria. [ж.] (бот.) цикорий.
achicorial. [м.] цикорное поле.
achichado, da. [прил.] пьяный, выпивший, хмельной.
achichar. [перех.] (Амер.) опьянить, напоить допьяна.
achicharradero. [м.] очень жаркое место.
achicharrador, ra. [прил.] палящий, обжигающий.
achicharradura. [ж.] обжог, обжигание; перегрев.
achicharrar. [перех.] чересчур поджарить, пережаривать, переваривать, перегревать; (перен.) надоедать; (Амер.) стискивать, сдавливать; *achicharrarse. [возв. гл.] подгорать; обжигаться.
achicharronarse. [возв. гл.] (Амер.) см. achicharrarse; морщиться, покрываться морщинами.
achichicle. [м.] (Амер.) сталактит.
achichincle, achichinque, achichintle. [м.] (горн.) рабочий, выкачивающий воду.
achiguar. [перех.] придавать форму зонта: *achiguarse. [возв. гл.] (Амер.) выгибаться; полнеть.
achihua. [ж.] (Амер.) род парусинового навеса.
achilarse. [возв. гл.] (Амер.) упасть духом, струсить.
achimero. [м.] (Амер.) разносчик, бродячий торговец с локтом; (уст.) коробейник.
achimes. [м.] [множ.] мелочные товары бродячего торговца.
achín. [м.] разносчик, бродячий торговец с локтом; (уст.) коробейник.
achinado, da. [прил. и страд. прич. к achinar]; [прил.] похожий на китайца; (Амер.) живущий внебрачным сожительством; плебейский.
achinar. [перех.] (разг.) устрашать, запугивать; лишать бодрости.

achinarse. [возв. гл.] (Амер.) походить на мулата.
achinelado, da. [страд. прич. к achinelar]; [прил.] имеющий форму туфли без задника.
achinelar. [перех.] придавать форму туфли без задника.
achinería. [ж.] (Амер.) мелочные товары бродячего торговца (коробейника).
achinero. [м.] (Амер.) бродячий торговец с локтом, разносчик, (уст.) коробейник.
achingar. [перех.] укорачивать (платье).
achipilcarse. [возв. гл.] (Амер.) захлебнуться (при питье).
achique. [м.] (мор.) выкачивание, вычерпывание: *bomba de achique, балластная помпа.
achiquillado, da. [прил.] см aniñado.
achiquitar. [перех.] (Амер.) делать маленьким, укращать, уменьшать; *achiquitarse. [возв. гл.] упасть духом, струсить.
achira. [ж.] перуанское съедобное растение.
achirarse. [возв. гл.] (Амер.) покрыться тучами (о небе).
achirdar. [перех.] (арг.) уменьшать, сокращать.
achirlar. [перех.] (Амер.) разжижать.
achispar. [перех.] подпаивать; *achisparse. [возв. гл.] напиваться, захмелеть; *achispado, выпивший, под хмельком; *estar achispado, быть навеселе, быть под хмельком.
achit. [м.] (бот.) (в Мадагаскаре) род виноградной лозы.
achivatar. [перех.] (обл.) (разг.) бить дубинкой; дубасить.
achocadura. [ж.] ударение; ранение палькой, камнем.
achocar. [перех.] ударять, отбрасывать, отталкивать обо что-л; ранить кого-л палькой, камнем; (разг.) копить деньги; (Амер.) потерять сознание (из-за ударов).
achocolatado, da. [прил.] цвета шоколада.
achocharse. [возв. гл.] (разг.) впадать в детство.
acholado, da. [страд. прич. к acholar]; [прил.] имеющий цвет лица как сын европейца и индианки (cholo).
acholamiento. [м.] (Амер.) смущение, стыд.
acholar. [перех.] (Амер.) смущать, заставлять стыдиться: *acholarse. [возв. гл.] смущаться, краснеть; походить на метиса.
acholarse. [возв. гл.] получать солнечный удар.
acholencado, da. [прил.] (Амер.) хилый, болезненный, слабый.
acholo. [м.] (Амер.) смущение, стыд.
acholloncarse. [возв. гл.] (Амер.) приседать, садиться на корточки.
achonado, da. [прил.] (Амер.) глупый, дурашливый; нескромный.
achongar. [перех.] (Амер.) смущать, заставлять стыдиться, краснеть, приводить в смущение.
achorgornar. [неперех.] (арг.) быстро приходить, являться.
achorizado, da. [прил.] имеющий вкус или форму колбасы.
achotar. [перех.] (Амер.) стегать, хлестать кнутом или плетью; сечь розгами, пороть, бить.
achual. [м.] (Амер.) гигантская пальма.
achuare. [м.] (бот.) род каучуконосного дерева.
achubascarse. [возв. гл.] (мор.) покрываться дождевыми облаками, тучами.

achucutado, da. [страд. прич. к achucutarse]; [прил.] (Амер.) обескураженный, упавший духом; увядший, поблёкший, вялый.

achucutar. [перех.] (Амер.) унижать, относиться с пренебрежением.

achucutarse, achucuyarse. [возв. гл.] (Амер.) упасть духом, струсить, приходить в уныние; вянуть, сохнуть, блёкнуть.

achuchar. [перех.] (разг.) раздавить; мять, комкать, измять; стискивать, тискать; (разг.) сталкивать друг с другом; (обл.) (груб.) лапать рукой; * achucharse. [возв. гл.] (Амер.) заболевать перемежающейся лихорадкой.

achuchar. [перех.] (разг.) науськивать, натравливать.

achuchar. [перех.] (Амер.) раздавить; стискивать, тискать; жать; * achucharrarse. [возв. гл.] (Амер.) пугаться; робеть.

achucharrar. [перех.] (Амер.) см. achicharrar.

achucharse. [возв. гл.] (Амер.) заболевать chucho (перемежающейся лихорадкой).

achuchón. [м.] стискивание, тисканье.

achuicarse. [возв. гл.] (Амер.) смущаться, краснеть, стыдиться, стесняться.

achujar. [перех.] (Амер.) науськивать, натравливать.

achulado, da. [страд. прич. к achularse]; [прил.] (разг.) имеющий манеры и т. д., сутенёра (chulo).

achulapado, da. [страд. прич. к achulaparse]; [прил.] (разг.) см. achulado.

achulaparse, achularse. [возв. гл.] (Амер.) принимать манеры сутенёра (chulo).

achumarse. [возв. гл.] (Амер.) напиваться.

achunchar. [перех.] (Амер.) стыдить, заставлять стыдиться.

achune. [ж.] (обл.) крапива.

achuñuscar. [перех.] (Амер.) см. achuchar; * achuñuscarse. [возв. гл.] (Амер.) мяться; уменьшаться.

achura. [ж.] (Амер.) кишка (у крупного рогатого скота).

achurador. [м.] (Амер.) тот, кто очищает от кишок (волов, и. т. д.).

achurar. [перех.] (Амер.) потрошить, очищать от кишок (о крупном рогатом скоте); убивать или ранить ножом и т. д.

achurrar. [перех.] (Амер.) мять; см. achucharrar, estrujar.

achurruscar. [перех.] (Амер.) жать, сжимать, сдавливать, прессовать; * achurruscarse. [возв. гл.] (Амер.) свёртываться.

achuru. [м.] (Амер.) род лавра (для лечения водянки).

achurucarse. [возв. гл.] (Амер.) вянуть, блёкнуть, сохнуть.

achuzar. [перех.] (обл.) науськивать, натравливать.

ad aras. [лат. выр.] до алтаря, до конца.

ad calendas graecas. [лат. выр.] говорят о том, что никогда не сбудется.

ad captandum vulgus. [лат. выр.] чтобы прельщать народу.

ad cautelam. [лат. выр.] (юр.) на всякий случай.

ad efesios. [лат. выр.] безрассудно.

ad finem. [лат. выр.] наконец.

ad hoc. [лат. выр.] для этого.

ad honorum. [лат. выр.] для чести (не для выгоды).

ad interim. [лат. выр.] временно.

ad libitum. [лат. выр.] по желанию.

ad litem. [лат. выр.] (юр.) для процессы.

ad litteram. [лат. выр.] буквально.

ad nutum. [лат. выр.] по желанию.

ad patres. [лат. выр.] к дедам.

ad pedem literae. [лат. выр.] буквально.

ad perpetuam. [лат. выр.] навсегда.

ad rem. [лат. выр.] к делу.

ad summum. [лат. выр.] максимум.

ad unguem. [лат. выр.] в совершенстве.

ad vitam aeternam. [лат. выр.] навсегда, на веки.

adacción. [ж.] принуждение; принуждённая зависимость.

adacilla. [ж.] (бот.) сорт сорга.

adagial. [прил.] пословичный, поговорочный.

adagio. [м.] поговорка, пословица, краткая сентенция.

adagio. [м.] (муз.) адажио; [нареч.] адажио, медленно, в медленном темпе.

adaguar. [перех.] поить (скот).

adalid. [м.] главарь, вожак, командир, начальник; глава.

adalina. [ж.] адалин.

adamadamente. [нареч.] медленно, мягко.

adamado, da. [страд. прич. к adamar]; [прил.] женоподобный; изнеженный, нежный, деликатный; тонкий; изящный, элегантный.

adamantino, na. [прил.] (поэт.) алмазный; твёрдый или сверкающий как алмаз.

adamar. [перех.] ухаживать (за женщиной); (уст.) любить (страстно).

adamarse. [возв. гл.] изнеживаться; размягчаться; уподобляться женщине.

adamascado, da. [страд. прич. к adamascar]; [прил.] узорчатый; с тканым узором, камчат(н)ый; похожий на дамаск или камку.

adamascar. [перех.] ткать узором (наподобие дамаска или камки).

adamasco. [м.] (уст.) см. damasco.

adamasquería. [ж.] камчат(н)ая фабрика.

adámico, ca. [прил.] наносный (о земле, принесённой морем).

adamina. [ж.] (мин.) адамит.

adamita. [ж.] (мин.) адамит.

adamsita. [ж.] (мин.) адамсит.

Adán. [м.] Адам; (перен.) неряха; неряшливый человек; апатичный, небрежный человек.

adansita. [ж.] (мин.) см. adamsita.

adaptabilidad. [ж.] приспособляемость.

adaptable. [прил.] приспособляемый; применяющийся, приспосабливающийся; применяемый.

adaptación. [ж.] приспосабливание; прилаживание, пригонка; применение; (биол.) приспособляемость (к среде); (физиол.) адаптация; (перен.) приспособление (к обстоятельствам); * incapacidad de adaptación, неприспособленность; * adaptación de una novela al cine, экранизация.

adaptadamente. [нареч.] надлежащим образом.

adaptado. [страд. прич. к adaptar] [прил.] соразмерный; соответствующий; подходящий.

adaptador. [прил.] приспособляющий; [м.] приспособляющий инструмент.

adaptar. [перех.] приспособлять, прилаживать, подгонять, адаптировать, аккомодировать; применять к...; * adaptarse. [возв. гл.] прилаживаться; применяться, приспособляться; * adaptarse a las circunstancias, применяться к обстоятельствам.

adaraja. [ж.] (стр.) зубчатый край кирпичной стены.

adardear. [перех.] ранить копьями.

adarga. [ж.] овальный или сердцевидный кожаный щит.

adargar. [перех.] закрывать, защищать щитом; (перен.) защищать, покровительствовать.

adarguero. [м.] тот, кто делает или употребляет adarga.

adarme. [м.] адарме (мера веса, равная 179 сантиграммам); (перен) очень маленькая величина; * por adarmes, скупо; * no tiene un adarme de corazón, он бессердечен.

adarticulación. [ж.] (мед.) диартроз.

adarvar. [перех.] приводить в оцепенение.

adatar. [перех.] датировать, ставить число; заносить (сумму).

adaza. [ж.] (бот.) сорго.

adazal. [м.] нить испанского дрока.

adecenamiento. [м.] расположение, разделение на десятки.

adecenar. [перех.] собирать, считать по десяткам; разделять на десятки.

adecentar. [перех.] делать приличным, придавать приличный вид; * adecentarse. [возв. гл.] приобретать приличный вид, становиться приличным.

adecuación. [ж.] уравнивание, приравнивание; пригонка, прилаживание, соразмерность; адекватность, соответствие; (мат.) тождество.

adecuadamente. [нареч.] адекватно.

adecuado, da. [страд. прич. к adecuar]; [прил.] сообразный, соразмерный; соответствующий; совпадающий; адекватный; достаточный.

adecuamiento. [м.] см. adecuación.

adecuar. [перех.] делать адекватным; приспосабливать; приводить в соответствие; уравнивать; **adecuarse.** [возв. гл.] сообразоваться.

adecuja. [ж.] род сосуда (употребляемый морисками в Андалузии).

adedalado, da. [прил.] имеющий форму напёрстка.

adedar. [перех.] (уст.) указывать пальцем.

adefagia. [ж.] (зоол.) прожорливость.

adéfago, ga. [прил.] (зоол.) прожорливый.

adefeciero, ra. [прил.] (Амер.) смешно, нелепо одевающийся; говорящий глупости.

adefecio. [м.] (Амер.) см. adefesio.

adefera. [ж.] маленький печной изразец.

adefesieramente. [нареч.] (Амер.) смехотворно, экстравагантно, экстравагантным образом.

adefesiero, ra. [прил.] (Амер.) смешно, нелепо одевающийся; см. adefeciero.

adefesio. [м.] (разг.) сумасбродство, нелепость, несуразность (чаще множ.); странный, смешной наряд; разодетый, причудливо одетый человек; нелепый человек.

adefesioso, sa. [прил.] (Амер.) (прост.) смешно, нелепо одевающийся; говорящий глупости.

adehala. [м.] прибавка, надбавка (сверх условленной цены); денежная награда, чаевые; магарыч (прост).

adehesamiento. [м.] дейст. к adehesar под пастбище.

adehesar. [перех.] отводить под пастбище (землю).

adelantación. [ж.] (уст.) см. anticipación.

adelantadamente. [нареч.] заранее, до срока, досрочно, предварительно, вперёд.

adelantado, da. [страд. прич. к adelantar]; [прил.] скороспелый, ранний (о плодах); выдающийся вперёд, выдвинутый вперёд, выплачиваемый вперёд, авансируемый; (перен.) отважный, дерзкий, смелый; рано, преждевременно развившийся (о ребёнке); непочтительный; делающий успехи (об ученике); (ист.) губернатор пограничной провинции; * el pago por adelantado, плата вперёд, авансом; * **adelantado** de mar, начальник морской экспедиции (являвшийся губернатором земель, которые могли быть открыты).

adelantamiento. [м.] движение вперёд, продвижение; предвосхищение; скороспелость; раннее развитие; преждевременное наступление; (перен.) развитие, улучшение, сдвиг; увеличение, рост.

adelantar. [перех.] двигать вперёд, продвигать, выдвигать; ускорять, торопить; платить вперёд; выдавать авансом, авансировать; переводить вперёд (часы); идти впереди, забегать вперёд, обгонять, опережать, перегонять; превосходить, превышать; улучшать, совершенствовать; см. **anticipar**; [неперех.] прогрессировать, делать успехи, продвигаться, идти вперёд, преуспевать; расти; спешить; поправляться (о больном); улучшаться; * **adelantarse.** [возв. гл.] идти вперёд, продвигаться; приближаться; выдаваться, выступать; забегать вперёд, опередить; * **adelantar** dinero, судить деньги; * **adelantar** una opinión, высказывать мнение; * **adelantar un reloj**, перевести стрелку часов вперёд; * **el reloj adelantó**, часы спешат.

adelante. [нареч.] вперёд; впереди; дальше, впредь; * **en adelante**, de hoy en adelante, de aquí en adelante, впредь, отныне, в дальнейшем; * **más** adelante, позднее, ниже (сего), далее; * **seguir adelante**, продолжать; * **correr adelante**, забегать; * **pasar adelante**, идти дальше.

¡**adelante**! [межд.] вперёд! продолжайте!; войдите!; входите, пожалуйста!; смелей!; не падай духом!; не унывай(те)!

adelanto. [м.] аванс, задаток; движение вперёд, продвижение; опережение, улучшение, развитие; увеличение, рост; достижение.

adelfa. [ж.] (бот.) олеандр.
adelfal. [м.] место, поросшее олеандрами.
adélfico, ca. [прил.] (бот.) олеандровый.
adelfilla. [ж.] (бот.) дикий лавр, волчье лыко.
adelfino, na. [прил.] (бот.) похожий на олеандр.
adelfismo. [м.] стремление к братству; общность, конгрегация, корпорация; братство.
adelgazador, ra. [прил.] вызывающий похудение.
adelgazamiento. [м.] похудение, исхудание, стёсывание, утончение.
adelgazar. [перех.] утончать, делать более тонким; (перен.) очищать; (перен.) делать более утончённым; (уст.) брить; уменьшать, сокращать; [неперех. и возв. гл.] худеть; становиться тоньше.
adeliparia. [ж.] чрезмерная полнота, тучность, ожирение.
adelobranquios. [м.] (зоол.) безжаберные, брюхоногие моллюски.
adelodermo, ma. [прил.] скрытожаберный.
adelógeno, na. [прил.] (геол.) афанитовый.
adelópodo, da. [прил.] не имеющий видимых ног.
adema. [ж.] (горн.) подпорка, распорка, стойка; * quitar **ademas**, убирать крепление (в шахте).
ademador. [м.] (горн.) крепильщик.
ademán. [м.] жест, телодвижение; [множ.] манеры, манера держать себя; * hacer

ademán de, делать вид, что; * en ademán de, на позиции.
ademar. [перех.] (горн.) ставить подпорки.
además. [нареч.] сверх, помимо, кроме, ещё; вдобавок, при всём том, кроме того, сверх этого, сверх того; а также; лишний; за исключением этого; * **además** de esto, впрочем; кроме того; причём.
ademe. [м.] (горн.) подпорка, распорка, стойка.
adementado, da. [страд. прич. к **ementar**]; [прил.] (разг.) душевнобольной, сумасшедший.
adementar. [перех.] сводить с ума.
ademonia. [ж.] (мед.) упадок духа, подавленность, уныние.
adeniforme. [прил.] похожий на железу или на ганглий.
adenilema. [м.] (мед.) секреция желез.
adenitis. [ж.] (мед.) аденит, воспаление желез.
adenófora. [ж.] (бот.) бубенчик.
adenografía. [ж.] (анат.) описание желез.
adenoide. [прил.] (анат.) аденоидный; * **vegetaciones adenoides**, аденоиды.
adenología. [ж.] (анат.) учение о железах.
adenoma. [м.] (мед.) аденома; гипертрофия желез.
adenomalacia. [ж.] (мед.) размягчение желез.
adenomegalia. [ж.] (мед.) ганглиозная гипертрофия.
adenoso, sa. [прил.] (анат.) железистый.
adensar. [перех.] сгущать.
adentellar. [перех.] вонзать зубы; (перен.) злословить, перемывать кому-л косточки, разбирать кого-л по косточкам; (арх.) оставлять в кладке стены выступающие зубцы.
adentrarse. [возв. гл.] проникать; углубляться в..., вникать в; изучать.
adentro. [нареч.] внутрь, внутри; [межд.] войди(те); * **tierra adentro**, внутри страны; * **para sus adentros**, про себя; * **ser uno muy de adentro**, быть своим человеком в доме.
adepto, ta. [прил. и м.] посвящённый (в тайну и т. д.) прозелит, адепт, сторонник, приверженец; член (секты и т. д.); алхимик.
aderezador, ra. [прил.] украшающий.
aderezamiento. [м.] украшение; дейст. к приправлять; приготовление; поправление.
aderezar. [перех.] украшать, делать красивым, наряжать; (кул.) приправлять; придавать вкус; приготовлять (пищу); устраивать; распоряжаться; починять, поправлять, чинить, латать; направлять, давать направление.
aderezo. [м.] см. **aderezamiento**; украшение, убранство; (кул.) гарнир, заправка, приправа; наряд; убор (из драгоценностей); сбруя и украшения (лошади); отделка (холодного оружия); отделка, выделка, аппретура; * **medio aderezo**, серьги и брошь.
adermina. [ж.] адермин.
aderredor. [нареч.] (уст.) вокруг, кругом.
adestrado, da. [прил.] дрессированный; (герал.) имеющий у себя на правой стороне другое изображение.
adestrador, ra. [м. и ж.] дрессировщик (-щица); см. **adiestrador**.
adestramiento. [м.] тренировка, обучение; см. **adiestramiento**.
adestrar. [перех.] см. **adiestrar**; [непр. гл.] спрягается как **acertar**.
adeudar. [перех.] быть должным, задолжать, иметь долги; быть обязанным

платить налог или таможенную пошлину; (бух.) заносить в дебет; * **adeudarse.** [возв. гл.] входить в долги.
adeudo. [м.] долг (денежный); (бух.) дебетирование; таможенная пошлина.
adeveras. [нареч.] (Амер.) всерьёз, серьёзно.
adevinar. [перех.] (прост.) угадывать; см. **adivinar**.
adherencia. [ж.] сила сцепления; сцепление, связь; прилипание, приставание; плотное прилегание; (мед.) спайка; (перен.) (при)соединение; примыкание; родство, связь.
adherente. [дейст. прич. к **adherir**]; [прил.] прилегающий, примыкающий; (мед.) сросшийся; [м.] приверженец, сторонник, единомышленник; [чаще. множ.] см. **requisito**.
adherir. [неперех.] плотно прилегать к; налипать; прирастать; соглашаться на; примыкать; * **adherirse.** [возв. гл.] примыкать; присоединяться, соглашаться; вступать (в партию и т. д.); [непр. гл.] спрягается как **sentir**.
adhesión. [ж.] сцепление; прилипание; слипание (частиц); привязанность, преданность, верность; соединение; приветствие (съезду и т. д.); одобрение; согласие, присоединение, примыкание; вступление в члены.
adhesividad. [ж.] липкость.
adhesivo, va. [прил.] липкий, пристающий, клейкий; плотно прилегающий; * **fórmula adhesiva**, выражение согласия, изъявление согласия.
adhibir. [перех.] (обл.) присоединять, добавлять.
adhortar. [перех.] (уст.) убеждать, уговаривать, увещевать.
adiabático, ca. [прил.] (физ.) адиабатический, адиабатный.
adiablado, da. [прил.] (уст.) дьявольский.
adiado, da. [страд. прич. к **adiar**]; [прил.] назначенный (день).
adiáfano, na. [прил.] (неол.) непрозрачный.
adiaforia. [ж.] безразличие, безучастность.
adiáforo, ra. [прил.] безразличный, безучастный.
adiamantado, da. [прил.] похожий на алмаз.
adiamantar. [перех.] снабжать алмазами.
adiano, na. [прил.] (уст.) дюжий, сильный, крепкий, мощный.
adiar. [перех.] назначать день.
adiatérmano, na, adiatérmico, ca. [прил.] (физ.) теплонепроницаемый.
adición. [ж.] прибавление, добавление, добавка, прибавка, наддача (прост.); примесь; присоединение; (мат.) сложение, суммирование; (бух.) дополнение, поправка к счёту.
adicionable. [прил.] (мат.) слагаемый.
adicionador, ra. [прил.] считающий; прибавляющий; складывающий, делающий сложение.
adicional. [прил.] добавочный, дополнительный; * **cláusula adicional**, дополнительная статья (к договору).
adicionar. [перех.] прибавлять, присоединять, добавлять; намешивать; наддавать (прост.) (мат.) складывать, делать сложение.
adicto, ta. [прил.] верный, преданный; любящий; склонный, приверженный; причисленный, прикомандированный; [м. ж.] приверженец, сторонник (-ница), послушник (-ница); прикомандированное лицо.

adiestrado, da. [страд. прич. к adiestrar] дрессированный; тренированный, обученный: * adiestrado para la caza, ловчий.

adiestrador, ra. [прил. и сущ.] дрессировщик(-щица); тренер.

adiestramiento. [м.] тренировка; дрессировка; выучка, муштровка, муштрование; (перен.) указание пути.

adiestrar. [перех.] тренировать, обучать; муштровать, делать ловким; (перен.) указывать путь: * adiestrarse. [возв. гл.] обучаться, практиковаться, тренироваться; наловчиться: * adiestrar hasta dejar a punto, натренировать; * adiestrar hasta coger la forma, натренироваться.

adietar. [перех.] (мед.) сажать на диету.

adifés. [нареч.] (Амер.) с умыслом, преднамеренно, умышленно.

adinamia. [ж.] (мед.) адинамия, бессилие, упадок сил.

adinámico, ca. [прил.] (мед.) астенический, связанный с упадком сил.

adinerado, da. [страд. прич. к adinerar]; [прил.] богатый; имеющий много денег.

adinerarse. [возв. гл.] быстро разбогатеть.

adiós. [м.] прощание; [межд.] прощай(те): * de adiós, прощальный; * decir adiós, проститься с кем-л.

adipal. [прил.] жирный.

adipocele. [м.] (пат.) жировая грыжа.

adipocira. [ж.] жир трупов.

adiposidad. [ж.] жирность.

adiposis. [ж.] (мед.) ожирение.

adiposo, sa. [прил.] сальный (о железе); жирный, жировой: * tejido adiposo, жировая ткань.

adipsia. [ж.] (мед.) отсутствие жажды.

aditamento. [м.] прибавление, добавление, добавка; дополнение.

aditamiento. [м.] (Амер.) см. aditamento.

aditicio, cia. [прил.] прибавленный, добавленный.

adiva. [ж.] (зоол.) род лисы.

adivina. [ж.] (обл.) загадка.

adivinable. [прил.] легко разгадываемый, легко отгадываемый.

adivinación. [ж.] гадание; угадывание, пророчество, разгадывание, отгадывание.

adivinador, ra. [м. и ж.] прорицатель (-ница), предсказатель (-ница); гадальщик (-щица), гадалка; вещун (-ья) (уст.) колдун (-ья); кудесник.

adivinaja. [ж.] загадка.

adivinalla. [ж.] (прост.) загадка.

adivinamiento. [м.] гадание; угадывание, разгадывание, отгадывание, пророчество.

adivinanza. [ж.] см. adivinación; загадка, детская загадка.

adivinar. [перех.] угадывать, разгадывать, отгадывать, догадываться; прорицать, пророчествовать, предсказывать; (перен.); схватывать; заучать.

adivinatorio, ria. [прил.] относящийся к гаданию, к угадыванию.

adivino, na. [м. и ж.] см. adivinador.

adjetivadamente. [нареч.] в качестве прилагательного.

adjetival. [прил.] принадлежащий прилагательному.

adjetivar. [перех.] (грам.) согласовывать; квалифицировать, употреблять в качестве прилагательного.

adjetivo. [м.] (грам.) прилагательное, имя прилагательное.

adjudicable. [прил.] могущий быть присуждённым.

adjudicación. [ж.] присуждение, присвоение, предоставление; отдача с торгов.

adjudicador, ra. [прил. и сущ.] присуждающий, присваивающий (награду и т. д.).

adjudicar. [перех.] присуждать, присваивать (награду и т. д.); приписывать, признавать за кем-л; отдавать с торгов: * adjudicarse. [возв. гл.] присваивать, завладевать; * él se adjudicó la mejor parte, он присвоил себе лучшую часть, долю.

adjudicatario, ria. [м. и ж.] купивший с торгов; получивший подряд; подрядчик; лицо, получившее что-л.

adjunción. [ж.] (юр.) присоединение.

adjuntamente. [нареч.] со вложением; при сём.

adjuntar. [перех.] присоединять, прилагать (к письму).

adjunto. [прил.] присоединённый, приложенный, вложенный; при сём прилагаемый; [м.] см. aditamento; [сущ.] помощник (-ница), заместитель (-ница): * profesor adjunto, (уст.) адъюнкт.

adjuración. [ж.] заклинание; мольба.

adjurar. [перех.] (уст.) заклинать, умолять.

adjutor, ra. [прил.] вспомогательный, подсобный; [м. и ж.] помощник (-ица).

adminicular. [перех.] (юр.) помогать, подкреплять, подтверждать.

adminículo. [м.] вспомогательное средство, подспорье; подсобный материал.

administración. [ж.] управление, администрирование, ведение, заведование; отправление обязанностей; администрация; управление, административное учреждение; административно-хозяйственная часть: * administración de justicia, отправление правосудия; * administración central, главное управление; administración pública, государственный аппарат; * administración municipal, управление муниципальным хозяйством; * consejo de administración, правление; * administración doméstica, домоуправление; * en administración, под управлением; под опекой; в употреблении, в пользовании; * por administración, непосредственно правительством, муниципалитетом.

administrado, da. [прил. и сущ.] находящийся (-аяся) в ведении, подчинённый (-ая); руководимый (-ая), управляемый (-ая).

administrador, ra. [прил. и сущ.] управляющий (-ая), заведующий (-ая); администратор, хозяйственник; (Амер.) приказчик, управляющий плантацией: * mal administrador, нехозяйственный.

administrar. [перех.] вести дела, управлять, заведовать, ведать, администрировать; подавать, подносить; занимать должность, служить; выполнять обязанность; поставлять, снабжать, доставлять (всё необходимое); (церк.) причащать (умирающего); (вулг.) ударять, наносить удар: * administrar unos bastonazos, поколотить палкой; * administrar un medicamento, подать (или заставить принять) лекарство; * administrar justicia, отправлять правосудие.

administrativamente. [нареч.] в административном порядке.

administrativo, va. [прил.] административный; распорядительный; деловой: * órgano administrativo, распорядительный орган; * cuerpo administrativo, администрация, административный персонал.

administratorio, ria. [прил.] (м. употр.) административный; см. administrativo.

admirable. [прил.] замечательный, восхитительный; удивительный, изумительный; бесподобный; великолепный, чудесный, дивный.

admirablemente. [нареч.] дивно, замечательно, бесподобно, блестяще, великолепно, восхитительно, чудесно; гениально.

admiración. [ж.] восторг, восхищение, удивление, преклонение; любование; фурор; предмет восхищения; (грам.) восклицательный знак: * transporte de admiración, дикий восторг.

admirado, da. [страд. прич. к admirar]; [прил.] удивлённый, изумлённый, поражённый.

admirador, ra. [прил. и сущ.] любующийся; поклонник (-ница); обожатель (-ница) (уст.) (ирон.) * admirador de una mujer, вздыхатель, обожатель.

admirando, da. [прил.] восхитительный; см. admirable.

admirante. [м.] (грам.) восклицательный знак.

admirar. [перех.] любоваться, восхищаться; удивлять; изумлять; смотреть с удивлением, восторгом, восхищением на что-л.; хвалить; восхвалять: * admirarse. [возв. гл.] дивиться; любоваться самим собой, любоваться друг другом; * admirar hasta la saciedad, налюбоваться.

admirativamente. [нареч.] восхищённо, с восхищением; (уст.) см. admirablemente.

admirativo, va. [прил.] восхищённый, удивлённый; способный вызвать удивление, чудесный, дивный, восхитительный.

admisibilidad. [ж.] допустимость, приемлемость.

admisible. [прил.] допустимый, приемлемый.

admisión. [ж.] допущение, принятие, приём; зачисление; набор; допуск; (тех.) впуск, ввод, приём (горячей смеси, пара и т. д.): * de admisión, впускной; * derecho de admisión, право доступа.

admitancia. [ж.] (эл.) полная проводимость.

admitido, da. [страд. прич. к admitir] принятый, установившийся; [прил.] * bien admitido, хорошо принятый.

admitir. [перех.] допускать, принимать, допускать, признавать; позволять, терпеть; допускать, давать возможность; одобрять.

admixtión. [ж.] примешивание.

admonición. [ж.] выговор; предупреждение.

adnata. [ж.] (анат.) конъюнктива, соединительная оболочка глаза.

adnato, ta. [прил.] (бот.) приросший.

adoba. [ж.] (обл.) необожжённый кирпич.

adobado. [страд. прич. к adobar] маринованный (о рыбе и т. д.); [прил.] дублёный (о коже); приправленный (о пище); [м.] домашние консервы из мяса.

adobadura. [ж.] adobamiento. [м.] см. adobo.

adobar. [перех.] готовить, стряпать; приправлять (пищу); мариновать; дубить, выделывать (кожу); см. atarragar.

adobe. [м.] необожжённый кирпич, кирпич-сырец; (Амер.) большая нога.

adobe. [м.] (уст.) ножные кандалы.

adobera. [ж.] форма для выделки необожжённых кирпичей; (Амер.) форма для сыров; (Амер.) сыр в форме кирпича; кирпичный завод (необожжённых кирпичей).

adobería. [ж.] кирпичный завод (необожжённых кирпичей); кожевный завод.

adobero. [м.] (Амер.) горшечник, гончар.

adobo. [м.] приготовление пищи, стряпанье; маринование; маринад; соус, подливка; приправа; аппрет, аппретура, шлихта; дубильная смесь; грим; (уст.) украшение; (Амер.) тушёное мясо.

adocamble. [нареч.] (арг.) где бы то ни было, повсюду.

adocenadamente. [нареч.] вульгарно, тривиально.

adocenado, da. [страд. прич. к adocenar]; [прил.] заурядный, обыденный, обыкновенный, посредственный, мещанский, обывательский, дюжинный.

adocenar. [перех.] считать, разделять по дюжинам; считать кого-л заурядным.

adocir. [перех.] (уст.) ссылаться.

adoctrinamiento. [м.] поучение, наставление.

adoctrinar. [перех.] поучать, наставлять, просвещать.

adojar. [перех.] (арг.) украшать, наряжать.

adolecer. [перех.] заболевать, быть больным, страдать (какой-л болезнью); (перен.) страдать, иметь (отрицательное свойство, порок и т. д.); (уст.) болеть; (м. употр.) расти, вырастать; *adolecerse.* [возв. гл.] соболезновать, сочувствовать.

adoleciente. [дейст. прич.] к adolecer.

adolescencia. [ж.] отрочество, юношеский возраст.

adolescente. [прил. и сущ.] отроческий; подросток, юноша, отрок (уст.), девушка-подросток.

adolescentula. [ж.] девушка-подросток.

adolorado, adolorido, da. [прил.] жалобный, жалостный, см. dolorido.

adomiciliar. [перех.] поселять, вселять; см. domiciliar.

adonado, da. [прил.] (уст.) женоподобный; изнеженный.

adonde. [нареч.] куда; см. donde: * ¿adónde bueno?, куда он едет?, куда ты едешь?

adondequiera. [нареч.] куда-л; где-л; везде, повсюду, всюду, где бы то ни было.

adonecer. [неперех.] (обл.) увеличиваться.

adónide. [м.] теплица экзотических растений.

Adonis. [м.] (миф.) Адонис; (перен.) красавец.

adonis. [м.] (бот.) адонис, желтоцвет.

adonizarse. [возв. гл.] украшаться, делаться красивым; считать себя красавцем.

adopción. [ж.] усыновление, удочерение, принятие, одобрение.

adaptable. [прил.] приемлемый, допустимый; могущий быть усыновлённым, удочерённой; могущий быть принятым.

adoptación. [ж.] (уст.) усыновление, удочерение, см. adopción.

adoptado, da. [страд. прич.] к adoptar; [м. и ж.] приёмный сын, приёмная дочь.

adoptador, ra. [прил.] усыновляющий.

adoptar. [перех.] усыновить, удочерить; принять (предложение и т. д.); одобрять, утверждать, санкционировать: * adoptar una decisión, провести решение; * adoptar una opinión, присоединиться к мнению; * adoptar una resolución, принять резолюцию.

adoptivo, va. [прил.] усыновлённый; усыновивший, усыновляющий: * hijo adoptivo, приёмный сын; * hija adoptiva, приёмная дочь; * padre adoptivo, приёмный отец.

adoquín. [м.] камень для мощения улицы, брусок, булыжник; (перен.) тупой человек: * adoquines de desecho, щебень; adoquines, брусчатка.

adoquinado, da. [страд. прич.] к adoquinar; [м.] мощение, настилка мостовой; брусчатая мостовая, мостовая, брусчатка (разг.).

adoquinar. [перех.] мостить брусчаткой, мостить булыжником или камнем; * el que adoquina, мостильщик.

adorable. [прил.] обожаемый, обаятельный, восхитительный, прелестный.

adorablemente. [напеч.] восхитительно, прелестно.

adoración. [ж.] обожание; поклонение; почесть воздаваемая кардиналами папе по избранию: * adoración de los Reyes, (церк.) Богоявление.

adorador, ra. [прил. и сущ.] обожатель (-ница), поклонник (-ица).

adorar. [перех.] поклоняться, чтить, почитать; (перен.) обожать, любить безумно, питать к кому-л чувство сильной любви, боготворить. [неперех.] молиться.

adoratorio. [м.] (уст.) американский языческий храм; род портативного алтаря.

adormecedor, ra. [прил.] усыпляющий, усыпительный; [м. и ж.] усыпитель (-ница).

adormecer. [перех.] усыплять, наводить сон; усыплять; притуплять (бдительность и т. д.); (перен.) унимать, притуплять, успокаивать (боль); вызывать онемение; делать бесчувственным; (уст.) спать; * adormecerse. [возв. гл.] засыпать; утратить бдительность, неметь; задремать, забыться: * adormecer el dolor, заглушить; [непр. гл.] спрягается как agradecer.

adormecimiento. [м.] усыпление; засыпание; дремота, сонливость; забытьё; онемение, оцепенение, затекание; успокоение.

adormentar. [перех.] (уст.) см. adormecer, (обл.) спать.

adormidera. [ж.] (бот.) мак.

adormilarse. [возв. гл.] задремать.

adormir. [неперех.] (уст.) см. adormecer, * adormecerse. [возв. гл.] (уст.) засыпать.

adormitarse. [возв. гл.] см. adormilarse.

adornable. [прил.] украшаемый, могущий быть украшенным.

adornamiento. [м.] украшение.

adornante. [дейст. прич.] к adornar.

adornar. [перех.] украшать, красить, наряжать; декорировать, орнаментировать; отделывать; украшать помпонами; разукрашивать; (перен.) одарять, наделять (какими-л качествами и т. д.): * adornar con trajes, костюмировать; * adornar con anillos, кольцевать.

adornista. [м.] декоратор.

adorno. [м.] украшение; орнамент; убор; отделка; краса; [множ.] прикрасы; (арг.) платье; [множ.] (бот.) бальзамин.

adorote. [м.] (Амер.) род ручных носилок.

adosar. [перех.] прислонять, прижимать спиной; * adosarse. [возв. гл.] прислоняться к...; опираться о...

adquirente, adquiridor, ra. [прил. и сущ.] приобретающий; приобретатель; покупатель (-ница).

adquirible. [прил.] могущий быть приобретённым.

adquiriente. [дейст. прич.] к adquirir; приобретающий.

adquirir. [перех.] приобретать, покупать; (перен.) приобретать, заслуживать, снискивать; овладевать (знаниями), принимать, усваивать; наживать; заводить; (за)получать, достигать (славы и т. д.).

adquisición. [ж.] приобретение (знаний и т. д.); приобретение, покупка, купля; овладение (знаниями и т. д.); достижение.

adquisitivo, va. [прил.] подлежащий приобретению.

adra. [ж.] черёд, очередь; (обл.) см. prestación personal.

adrado, da. [прил.] (уст.) уединённый, удалённый.

adral. [м.] борт (телеги, повозки).

adrede, adredemente. [нареч.] нарочно, намеренно, преднамеренно, обдуманно, умышленно, нарочито: * como si lo hiciera adrede, как на греха.

adrenalina. [ж.] (фарм.) адреналин.

adrián. [м.] подрагические шишки (на ногах); сорочье гнездо.

adriático, ca. [прил.] адриатический.

adrizado, da. [страд. прич.] (мор.) отвесный, прямой, вертикальный; [мн.] фалы.

adrizamiento. [м.] (мор.) выпрямление, распрямление.

adrizar. [перех.] (мор.) выпрямлять, расправлять, выправлять.

adrolla. [ж.] (уст.) неправда, обман, мошенничество, подлог, надувательство.

adrollado, da. [прил.] обманчивый; фальшивый.

adscribir. [перех.] приписывать, вменять (в вину); зачислять на должность; принимать в число; прикомандировывать, назначать чьим-л помощником.

adscripción. [ж.] зачисление на должность; приписывание; принятие в число.

adscri(p)to, ta. [непр. страд. прич.] к adscribir.

adsorber. [перех.] (физ.) адсорбировать.

adsorción. [ж.] адсорбция, поверхностное поглощение.

astricción. [ж.] сжимание, стягивание, см. astricción.

adstringente. [дейст. прич.] к adstringir, вяжущий.

adstringir. [перех.] см. astringir.

aduana. [ж.] таможня; таможенная пошлина; (арг.) дом терпимости; место для хранения украденных вещей: * aduana central, главная таможня; * pasar por todas las aduanas, пройти все инстанции; * franco de aduanas, беспошлинный.

aduanal. [прил.] (Амер.) таможенный.

aduanar. [перех.] осматривать на таможне; оплачивать таможенную пошлину.

aduanero, ra. [прил.] таможенный; [м.] таможенник, таможенный досмотрщик: * unión aduanera, таможенный союз; * tarifa aduanera, таможенный тариф.

aduanilla. [ж.] (обл.) продуктовый магазин.

aduanista. [м.] таможенник, таможенный досмотрщик.

aduar. [м.] дуар (кочевой табор бедуинов); цыганский табор; (Амер.) индейский посёлок.

adúcar. [ж.] шёлковые охлопки; ткань из шёлка-сырца.

aducción. [ж.] приведение мышц.

aducir. [перех.] ссылаться (на кого-л, на что-либо), приводить доводы, приводить в доказательство; прибавлять, присоединять; [непр. гл.] спрягается как conducir.

aductor. [прил.]: * músculo aductor, (анат.) приводящая мышца.

aducho, cha. [прил.] (уст.) опытный, знающий.

adeudado, da. [прил.] имеющий особенности домового.

adueñarse. [возв. гл.] завладеть, овладеть, захватить; присваивать; становиться владельцем чего-л.
adufa. [ж.] (обл.) подъёмный затвор (шлюза).
adufe. [м.] мавританский бубен; (перен.) (разг.) глупец, дурак.
adufero, ra. [м. и ж.] музыкант, бьющий в мавританский бубен.
adufre. [м.] мавританский бубен.
aduja. [ж.] (мор.) бухта (троса и т. д.); свёрток парусов.
adujar. [перех.] (мор.) свёртывать, укладывать в бухту (трос и т. д.).
adulación. [ж.] лесть, угодничество, заискивание, низкопоклонство, льстивость: *adulación rastrera,* (перен.) холуйство; *con adulación,* льстиво.
adulador, ra. [прил.] льстивый; [м. и ж.] льстец, льстивая женщина.
adulancia. [ж.] (Амер.) лесть, угодничество, заискивание, низкопоклонство.
adular. [перех.] льстить кому-л, заискивать перед кем-л, ластиться, низкопоклонничать; лебезить перед кем-л (разг.) (перен.) кадить, курить фимиам кому-л: *adular rastreramente,* холуйствовать; *adular astutamente,* лисить.
adularia. [ж.] (мин.) адуляр, разновидность полевого шпата.
adulatorio, ria. [прил.] льстивый.
adulear. [перех.] (обл.) кричать, орать во всё горло.
adulete. [прил.] (Амер.) см. adulón.
adulón. [прил. и сущ.] (Амер.) льстивый; льстец, льстивая женщина, подхалим (-ка), подлиза, низкопоклонник.
adulonería. [ж.] (Амер.) лесть; угодничество; см. adulación.
adulterable. [прил.] могущий быть подделанным, поддающийся подделке, фальсифицируемый.
adulteración. [ж.] нарушение супружеской верности; подделка, фальсификация; изменение естественных свойств, денатурация; липа; подмешивание.
adulterador, ra. [прил. и сущ.] поддельщик (-ница), фальсификатор; (уст.) см. **adúltero.**
adulterante. [дейст. прич.] к adulterar.
adulterar. [неперех.] нарушать супружескую верность; [перех.] подделывать, фальсифицировать; лишать природных свойств; искажать, извращать; подмешивать.
adulterinamente. [нареч.] с нарушением супружеской верности.
adulterinidad. [ж.] незаконнорождённость.
adulterino, na. [прил.] незаконнорождённый; относящийся к супружеской измене, внебрачный; (перен.) поддельный.
adulterio. [м.] супружеская измена, неверность, нарушение супружеской верности; (уст.) адюльтер, прелюбодеяние; (перен.) подделка, фальсификация: *cometer un adulterio,* нарушить супружескую верность.
adúltero, ra. [прил. и сущ.] нарушающий супружескую верность, адюльтерный; (уст.) прелюбодей (-ка); [прил.] (перен.) поддельный, фальшивый.
adultez. [ж.] (Амер.) возмужалость.
adulto, ta. [прил. и сущ.] взрослый, достигший зрелого возраста, совершеннолетний; (перен.) совершенный: *llegar a la edad adulta,* взрослеть.
adulzamiento. [м.] смягчение (металлов); подслащивание.
adulzar. [перех.] размягчать, делать мягким (металл); подслащать.

adulzorar. [перех.] подслащивать; (перен.) смягчать, облегчать.
adumbración. [ж.] тени, тёмные места (о живописи).
adumbrar. [перех.] (жив.) класть тени, оттенять; *adumbrar un dibujo,* растушёвывать, штриховать рисунок.
adunar. [перех.] соединять, собирать; объединять.
aduncirrostro, tra. [прил.] (зоол.) с крючконосным клювом.
adunco, ca. [прил.] кривой, согнутый; изогнутый, согбенный.
adundarse. [возв. гл.] (Амер.) изумляться, поражаться.
adunia. [нареч.] (м. у.) в изобилии.
adurido, da. [страд. прич.] к adurir; [прил.] (пенен.) раскалённый.
adurir. [перех.] сжигать, обжигать; [страд. прич.] adusto.
adustez. [ж.] суровость, строгость, жёсткость, грубость.
adustión. [ж.] (мед.) каутеризация, прижигание.
adusto, ta. [прил.] сожжённый, выжженный солнцем, сухой (о местности); (перен.) строгий, суровый; угрюмый, неприветливый, мрачный, нелюбезный; меланхолический, меланхоличный; (Амер.) упрямый; упорный, настойчивый, неподатливый.
advenedizo, za. [прил. и сущ.] иностранный, иноземный, приезжий, пришлый, чужой, посторонний, чужеземный, назойливый; иностранец (-нка); пришелец (-льца); выскочка, парвеню.
advenidero, ra. [прил.] грядущий, будущий; см. venidero.
advenimiento. [м.] прибытие, пришествие, восшествие на престол.
advenir. [неперех.] прибывать, приезжать, случаться, происходить; [непр. гл.] спрягается как venir.
adventicio, cia. [прил.] случайный; побочный; пришлый, чуждый.
adventista. [м.] адвентист.
adverar. [перех.] удостоверять, свидетельствовать.
adverbial. [прил.] (грам.) адвербиальный, употребляющийся в качестве наречия, наречный: *locución adverbial,* наречное, адвербиальное выражение.
adverbializar. [перех.] употреблять в качестве наречия, адвербиально.
adverbialmente. [нареч.] (грам.) адвербиально, в качестве наречия.
adverbio. [м.] (грам.) наречие.
adversario, ria. [сущ.] противник; враг; соперник; недруг; [прил.] (уст.) неприятельский, неблагоприятный.
adversativo, va. [прил.] (грам.) выражающий противоположность: *conjunción adversativa,* противительный союз.
adversidad. [ж.] несчастье, бедствие, злосчастье невзгода, беда, напасть, (разг.) враждебность; несчастное положение.
adverso, sa. [прил.] противный, враждебный; неблагоприятный, несчастный; противоположный, противостоящий: *fortuna adversa,* злополучие, неудача.
advertencia. [ж.] предупреждение, предостережение; уведомление, объявление; замечание, внушение, примечание; напоминание; предостережение.
advertido, da. [страд. прич.] к advertir; предупреждённый, настороженный; [прил.] осторожный, осмотрительный, рассудительный; сообразительный, дальновидный; опытный, способный, знающий, искушённый; догадливый.
advertir. [перех.] уведомлять, предупреждать, примечать (тже. неперех.); пре-

достерегать; советовать; внушать; упрекать; привлекать внимание; обращать внимание; замечать что-л, догадываться о чём-л; *no advertir la presencia de,* не доглядеть за кем-л; *no advertir,* не досмотреть, не поглядеть; *advertirse.* [возв. гл.] догадываться о чём-л; *se advierte claramente,* становится ясно.
adviento. [м.] (церк.) рождественский пост.
adyacencia. [ж.] смежность, близость.
adyacente. [приль] смежный, прилегающий, примыкающий, прилежащий, близлежащий.
adyuvante. [прил.] помогающий.
aellas. [ж. множ.] ключи.
aeración. [ж.] проветривание, вентиляция, аэрация; насыщение атмосферным воздухом воды.
aéreo, a. [прил.] воздушный, относящийся к воздуху; воздушный, авиационный; (перен.) воздушный, лёгкий, химический, химеричный, заоблачный, нереальный, фантастический, обманчивый, иллюзорный, призрачный, несбыточный, неправдоподобный: *transporte aéreo,* авиатранспорт; *comunicación aérea,* воздушное сообщение; *reconocimiento aéreo,* авиаразведка; *correo aéreo,* воздушная почта, авиапочта; *ataque aéreo,* воздушный налёт; *billete aéreo,* авиабилет; *unidad aérea,* авиачасть; *fotografía aérea,* аэрофотосъёмка; *navegación aérea,* аэронавигация; *servicio aéreo de transmisión,* авиасвязь; *ruta aérea,* авиатрасса; *carácter aéreo,* (перен.) химеричность.
aeronauta. [м.] (Амер.) аэронавт, воздухоплаватель.
aerícola. [прил.] живущий в воздухе.
aerífero, ra. [прил.] воздухоносный.
aerificación. [ж.] газообразование, превращение в газ.
aerificar. [перех.] превращать в газ, газифицировать.
aeriforme. [прил.] газообразный.
aerobio. [м.] аэроб.
aeróbico, ca. [прил.] аэробный.
aerobiosis. [ж.] аэробиоз.
aerobomba. [ж.] авиабомба.
aerobús. [м.] многоместный пассажирский самолёт.
aeroclub. [м.] аэроклуб.
aerodinamia. [ж.] (физ.) см. aerodinámica.
aerodinámica. [ж.] (физ.) аэродинамика.
aerodinámico, ca. [прил.] аэродинамический, обтекаемый: *tubo aerodinámico,* аэродинамическая труба.
aeródromo. [м.] аэродром: *aeródromo acuático,* гидроаэродром.
aeroestación. [ж.] аэровокзал.
aerofagia. [ж.] (мед.) глотание воздуха.
aeréfano, na. [прил.] прозрачный.
aerofiltro. [м.] (физ.) аэрофильтр.
aerofobia. [ж.] (мед.) аэрофобия, воздухобоязнь.
aerófobo, ba. [прил.] (мед.) боящийся воздуха.
aerófono. [м.] аэрофон.
aeróforo, ra. [прил.] воздухоносный.
aerofotografía. [ж.] аэрофотосъёмка, аэросъёмка; аэрофотоснимок.
aerofotogrametría. [ж.] (топ.) аэрофотограмметрия.
aerografía. [ж.] аэрография.
aerográfico, ca. [прил.] аэрографический.
aerógrafo. [м.] аэрограф.
aerograma. [м.] радиограмма.
aerolito. [м.] аэролит, метеорит.

aerología. [ж.] аэрология.
aerológico, ca. [прил.] аэрологический, атмосферный.
aerólogo, ga. [м. и ж.] аэролог.
aerometría. [ж.] аэрометрия.
aerómetro. [м.] аэрометр.
aeromodelismo. [м.] авиамоделизм.
aeromodelista. [м. и ж.] авиамоделист (-ка).
aeromodelo. [м.] авиамодель.
aeromotor. [м.] аэромотор, мотор, приводимый в движение воздухом, ветродвигатель.
aeromóvil. [м.] аэромобиль.
aeromoza. [ж.] бортпроводница.
aeronauta. [м.] аэронавт, воздухоплаватель.
aeronáutica. [ж.] аэронавтика, воздухоплавание: * **aeronáutica** civil, гражданский воздушный флот.
aeronáutico, ca. [прил.] воздухоплавательный: * industria **aeronáutica**, авиационная промышленность; * fábrica **aeronáutica**, авиазавод.
aeronaval. [прил.] воздушно-морской.
aeronave. [ж.] летательный аппарат; воздушный корабль.
aeronavegación. [ж.] (неол.) аэронавигация, самолётовождение.
aeroplano. [м.] аэроплан, самолёт.
aeroposta. [ж.] воздушная почта, аэропочта.
aeropostal. [прил.]: * por correo aeropostal, авиапочтой, воздушной почтой.
aeropuerto. [м.] аэропорт, аэровокзал.
aerorruta. [ж.] авиалиния, воздушная трасса.
aeroscafo. [м.] (мор.) парусник.
aeroscala. [ж.] промежуточный аэродром.
aerosfera. [ж.] атмосфера.
aerosol. [м.] (хим.) аэрозоль.
aeroestación. [ж.] воздухоплавание.
aerostática. [ж.] аэростатика.
aerostático, ca. [прил.] аэростатический, воздухоплавательный, воздушный: * globo aerostático, воздушный шар, аэростат.
aeróstato. [м.] аэростат.
aerostero. [м.] аэронавт.
aerotécnica. [ж.] авиатехника.
aeroterapia. [ж.] аэротерапия, лечение воздухом.
aeroterrestre. [прил.] воздушносухопутный.
aerotórax. [м.] (мед.) пневмоторакс.
aerotropismo. [м.] аэротропизм.
aerozoo, a. [прил. и м.] см. **aerobio**.
aeta. [сущ.] филиппинский горец.
afabilidad. [ж.] приветливость; любезность, учтивость, вежливость, ласковость, общительность.
afable. [прил.] приветливый; любезный, ласковый, милый, невзыскательный, вежливый, учтивый.
afablemente. [нареч.] приветливо, любезно, вежливо, ласково.
afabulación. [ж.] нравоучение, мораль (в басне).
afabular. [перех.] придавать форму басни.
áfaco, ca. [прил.] (пат.) лишённый хрусталика.
afamado, da. [страд. прич.] к **afamar**; [прил.] известный, знаменитый; прославленный; отличный.
afamar. [перех.] делать знаменитым.
afán. [м.] чрезмерный, тяжёлый, старательный труд; горячее желание; старание, деятельность, активность; утомление; забота, заботливость.
afanadamente. [нареч.] с чрезмерным, тяжёлым, старательным трудом, стремлением.

afanador, ra. [прил.] работающий изо всех сил; (разг.) воровской; [м.] карманник, вор; (Амер.); [м. и ж.] чернорабочий.
afanaduría. [ж.] (Амер.) морг.
afanar. [неперех.] старательно работать, с напряжением работать; выбиваться из сил, хлопотать за, заботиться; [перех.] заставлять сильно работать; (разг.) воровать, красть; тратить, расходовать: * **afanarse.** [возв. гл.] старательно работать; хлопотать, заботиться.
afano. [м.] (арг.) воровство, кража.
afanosamente. [нареч.] старательно; утомительно.
afanoso, sa. [прил.] утомительный, трудный, тяжёлый; тягостный, мучительный; трудолюбивый, работящий, старательный.
afantasmado, da. [прил.] (разг.) тщеславный, чванный; похожий на призрак.
afarallonado, da. [прил.] имеющий форму обрывистого берега.
afargar. [перех.] (арг.) покрывать, закутывать (одеждой).
afarolamiento. [м.] (Амер.) досада; возбуждение, воодушевление.
afarolarse. [возв. гл.] (Амер.) сердиться, приходить в ярость; выражать крайнюю радость, крайнее огорчение; (перен.) загораться, воспламеняться, воодушевляться; возбуждаться.
afarrasar. [перех.] (обл.) (прост.) см. **alfarrazar**.
afascalar. [перех.] (обл.) вязать снопы.
afasia. [ж.] (мед.) афазия, потеря дара речи.
afasíaco, ca. [прил.] см. **afásico**.
afásico, ca. [прил.] (мед.) относящийся к афазии; потерявший способность речи.
afatagar. [перех.] (Амер.) одурманивать сильным запахом; см. **atafagar**.
afatar. [перех.] (обл.) запрягать, седлать (лошадь).
afatuado, da. [прил.] (обл.) глупый, идиотский.
afeable. [прил.] достойный порицания.
afeador, ra. [прил.] делающий безобразным; порицающий, хулительный.
afeamiento. [м.] обезображивание; (перен.) поношение; порицание, неодобрение.
afear. [перех.] безобразить, делать безобразным, некрасивым, обезображивать, уродовать, искажать; (перен.) порицать, хулить, позорить, критиковать, резко осуждать; **afearse.** [возв. гл.] дурнеть.
afeblecerse. [возв. гл.] худеть, слабеть; [непр. гл.] спрягается как **agradecer**.
afebril. [прил.] (мед.) безлихорадочный.
afeca. [ж.] (уст.) армия; войско.
afección. [ж.] привязанность; любовь; нежность; болезнь, заболевание; недуг; повреждение; впечатление: * afección nerviosa, нервное заболевание.
afeccionado, da. [прил.] (гал.) любимый; любящий.
afeccionarse. [возв. гл.] (гал.) питать расположение, любить.
afectabilidad. [ж.] эмоциональность; возбудимость.
afectable. [прил.] впечатлительный, чувствительный.
afectación. [ж.] аффектация, неестественность, ненатуральность, притворство, жеманство, деланность, изысканность, напыщенность; показная любовь к чему-л; см. **anexión**.
afectadamente. [нареч.] неестественно, манерно.

afectado, da. [прил.] неестественный, деланный, напускной, показной, притворный, аффектированный, надуманный, манерный, ненатуральный, наигранный, жеманный, заученный, напыщенный; чопорный, натянутый; кокетливый; затронутый, поражённый (болезнью и т. д.); огорчённый, опечаленный: * con modales afectados, манерно; * estilo afectado, литературщина, высокопарный стиль.
afectar. [перех.] притворяться, прикидываться; принимать вид; аффектировать, выставлять напоказ; действовать, производить впечатление на; затрагивать; влиять на, огорчать, трогать, волновать; (мед.) поражать (недугом); прикомандировывать; см. **anexar**; (юр.) налагать обязательство; (разг.) корчить (разг.); (перен.) кокетничать; (гал.) присваивать, принимать форму: * afectar ignorancia, прикидываться незнающим; * afectar indiferencia, принимать равнодушный вид; * afectar gracia y delicadeza, манерничать.
afectivo, va. [прил.] аффективный, повышенно эмоциональный, умилительный, трогательный: * naturaleza afectiva, чувствительная натура.
afecto, ta. [прил.] любящий, привязанный, преданный; прикомандированный; (Амер.) (гал.) предназначенный для чего; (юр.) подлежащий обложению (о ренте и т. д.).
afecto. [м.] привязанность; любовь; нежность; (реже) аффект; (мед.) см. **afección**; (перен.) выразительность, живость.
afectuosamente. [нареч.] нежно, любовно, с любовью, сердечно.
afectuosidad. [ж.] любвеобильность, нежность, приветливость, доброжелательность, доброжелательство; благосклонность.
afectuoso, sa. [прил.] любящий, ласковый, сердечный, нежный, дружелюбный, мягкосердечный: * poco afectuoso, немилостивый.
afeitada. [ж.] (Амер.) бритьё.
afeitado, da. [страд. прич.] к **afeitar**; бритый; [прил.] подмазанный, подкрашенный; приукрашенный; [м.] бритьё: * afeitado y corte de pelo, бритьё и стрижка.
afeitar. [перех.] брить, выбривать; низко остригать; красить, подкрашивать, румянить; подмазывать (ресницы и т. д.); подстригать (гриву или хвост); (уст.) наставлять: * afeitarse. [возв. гл.] бриться; скучать, томиться; * sin afeitar, небритый.
afeite. [м.] притирание, украшение, убор; косметическое средство, грим, румяна: * ponerse afeites, нарумяниться, накрашиваться.
afélico, ca. [прил.] (аст.) относящийся к афелии.
afeligranar. [перех.] (Амер.) (прост.) см. **afiligranar**.
afelio. [м.] (астр.) афелий.
afelpado, da. [прил.] бархатистый, похожий на бархат; мохнатый, пушистый, волосатый.
afelpar. [перех.] делать похожим на бархат.
afelquia. [ж.] рассеянность.
afeminación. [ж.] изнеживание; изнеженность, расслабленность.
afeminadamente. [нареч.] изнеженно.
afeminado, da. [прил.] изнеженный; женоподобный; женственный: * rostro afeminado, женственное лицо (у мужчины).
afeminar. [перех.] изнеживать: * afeminarse. [возв. гл.] изнеживаться, терять мужественность.

aferente. [прил.] (анат.): * conductos aferentes, приносящие сосуды.

aféresis. [ж.] (грам.) афереза; (хир.) ампутация, удаление.

aferradamente. [нареч.] упрямо; упорно, настойчиво.

aferrado, da. [страд. прич.] к aferrar(se); [прил.] упрямый, неуступчивый, упорный, настойчивый, стойкий, напористый.

aferrador, ra. [прил.] крепко охватывающий, соединяющий, связывающий; [м.] (арг.) сбир, полицейский агент.

aferramiento. [м.] взятие, захват; упрямство; упорство, настойчивость; (мор.) убирание.

aferrar. [перех.] хватать, схватывать; крепко держать; (мор.) убирать, крепить (паруса); зацеплять (багром); (мор.) бросать якорь; [неперех.] входить в грунт (о якоре): * aferrarse. [возв. гл.] хвататься за что-л., за кого-л, цепляться, крепко держаться; упрямиться, упорствовать; * сцепляться (о судах); (может быть и прав. и неправ., в последнем случае спрягается как acertar).

aferrucharse. [возв. гл.] (Амер.) хвататься, ухватиться, уцепиться.

aferruzado, da. [прил.] сердитый, гневный, хмурый.

aferventar. [перех.] (уст.) кипятить.

afervorar. [перех.] наполнять энтузиазмом, воодушевлять.

afervorizar. [перех.] см. afervorar.

afestonado, da. [страд. прич.] к afestonar; [прил.] украшенный фестонами, гирляндами, имеющий форму фестонов.

afestonar. [перех.] делать в виде фестонов.

afeudador, ra. [прил.] (перен.) союзный; союзнический.

afeudamiento. [м.] (перен.) дружба, приязнь.

afeudarse. [возв. гл.] (перен.) сдружиться.

afgano, na. [прил.] афганский; [м. и ж.] афганец (-ка).

afianzado, da. [прил.] твёрдый, стойкий, укреплённый; упрочённый.

afianzador, ra. [прил.] гарантирующий; схватывающий; укрепляющий.

afianzamiento. [м.] гарантия, обеспечение, ручательство, поручительство, порука; укрепление, упрочение.

afianzar. [перех.] гарантировать, ручаться, обеспечивать, быть порукой, давать поручительство; схватывать; укреплять, упрочивать; подпирать, поддерживать.

afición. [ж.] привязанность, любовь, пристрастие, влечение, склонность к чему-л, к кому-л; настойчивость, усердие (в); болельщики: * tener afición a, любить кого-л.

aficionado, da. [прил.] любящий, преданный, привязанный, желающий; [м. и ж.] любитель (-ница); дилетант (-ка); болельщик (-щица): * aficionado a, лакомый до; * espectáculo de aficionados, любительский спектакль; * trabajo de aficionado, кустарщина, кустарничество.

aficionador, ra. [прил.] привлекательный, захватывающий; привлекающий.

aficionar. [перех.] внушать любовь или привязанность к чему-л, к кому-л: * aficionarse. [возв. гл.] привязываться к кому-л; пристраститься к чему-л.

afiche. [м.] (гал.) афиша, плакат.

afidífago, ga. [прил.] питающийся тлями.

afiebrarse. [возв. гл.] (Амер.) лихорадить.

afijo, ja. [прил. и м.] (грам) аффиксальный, аффикс.

afiladera. [ж.] точильный камень, точильный брусок.

afilado, da. [страд. прич.] к afilar; [прил.] заострённый, острый; выточенный, отточенный; точёный; (перен.) тонкий (о голосе).

afilador. [прил.] точильный; [м. и ж.] точильщик (-ица); [м.] точильный ремень; (Амер.) точильный брусок, камень.

afiladora. [ж.] точильный станок.

afiladura. [ж.] точка, оттачивание; правка (бритвы); (уст.) лезвие, остриё.

afilalápices. [м.] машинка для чинки карандашей.

afilamiento. [м.] тонкость (черт лица и т. д.).

afilantropía. [ж.] мизантропия, скука.

afilar. [перех.] точить, оттачивать, заострять; (Амер.) ухаживать, говорить любезности; (Амер.) (разг.) льстить, угодничать, заискивать; (Амер.) (разг.) попасться на удочку: * afilarse. [возв. гл.] заостряться (о чертах лица и т. д.).

afile. [м.] влюблённость, ухаживание.

afilia. [ж.] (бот.) афилия, отсутствие листьев.

afiliación. [ж.] присоединение, примыкание (к обществу и т. д.); принятие (в члены общества и т. д.); усыновление.

afiliado, da. [страд. прич.] к afiliar; [прил.] принятый (в члены общества, организации).

afiliar. [перех.] принимать (в члены): * afiliarse. [возв. гл.] вступать в члены.

afiligranado, da. [страд. прич.] к afiligranar; [прил.] филигранный; (перен.) тонкий, хрупкий, изящный, деликатный.

afiligranar. [перех.] делать филигрань; (перен.) отделывать, отшлифовывать, доводить до совершенства.

afilo, la. [прил.] (бот.) безлист(н)ый.

afilón. [м.] точильный ремень; см. chaira.

afiorar. [перех.] (Амер.) наряжать, украшать.

afilosofado, da. [прил.] подражающий философу (внешне).

afillamiento. [м.] (уст.) усыновление, удочерение.

afillar. [перех.] (уст.) усыновить, удочерить.

afín. [прил.] близкий, ближний, ближайший, смежный, прилегающий, соприкасающийся; сходный, похожий, родственный; [м.] свойственник (-ица).

afinable. [прил.] могущий быть точным; (муз.) могущий быть настроенным.

afinación. [ж.] аффинаж, очистка, очищение, рафинирование (металлов); окончательная отделка; (муз.) настройка.

afinadamente. [нареч.] в совершенстве; чисто; (перен.) деликатно, нежно, изящно; (муз.) верно.

afinado, da. [страд. прич.] к afinar; окончательно отделанный; (перен.) (муз.) настроенный; (перен.) см. fino.

afinador, ra. [прил.] очищающий металл; [м.] (муз.) настройщик; ключ для настройки.

afinadura. [ж.] очистка; см. afinación.

afinamiento. [м.] см. afinación и finura.

afinar. [перех.] совершенствовать, доводить до совершенства, окончательно отделывать, очищать (металл) полировать, шлифовать; (о человеке) делать более культурным и т. д., облагораживать; (муз.) настраивать; верно петь, играть: * afinarse. [возв. гл.] совершенствоваться; образовываться; очищаться (о металлах): * afinar la fundición, отбеливать чугун; * afinar la guitarra, настраивать гитару.

afinar. [перех.] (Амер.) кончать, заканчивать, прекращать, оканчивать.

afincar. [неперех. и возв. гл.] приобретать недвижимость; [перех.] (Амер.) давать деньги под залог недвижимости; (уст.) см. ahincar.

afine. [прил.] см. afín.

afinería. [ж.] аффинажный завод.

afinidad. [ж.] свойство, родство по браку; (перен.) сходство, родство; близость, сродство (книж.); аналогия; симпатия, влечение; (мат.) аффинность; (хим.) сродство: * afinidad colectiva, сродство душ.

afino. [м.] аффинаж, очистка (металлов): * fundición de primer afino, отбеливание чугуна.

afirmación. [ж.] утверждение, уверение, удостоверение, подтверждение; укрепление, упрочение.

afirmadamente. [нареч.] крепко, твёрдо, непоколебимо.

afirmadero. [м.] (Амер.) подпорка.

afirmado, da. [страд. прич.] к afirmar; [м.] укат, настил из булыжника, щебня, щебёночное (гравийное) покрытие дорог.

afirmador, ra. [прил.] укрепляющий; утверждающий, удостоверяющий.

afirmante. [действ. прич.] к afirmar.

afirmar. [перех.] укреплять, упрочивать, прикреплять; утверждать; подтверждать, удостоверять; (мор.) крепить, закреплять, заворачивать (снасть); (Амер.) ударять, наносить (удары), давать (пощёчину) [неперех.] (уст.) (обл.) жить, обитать: * afirmarse. [возв. гл.] подпираться; опираться; упираться.

afirmativa. [ж.] утвердительное предложение; положительный ответ.

afirmativamente. [нареч.] утвердительно.

afirmativo, va. [прил.] утвердительный, утверждающий; подтверждающий: * respuesta afirmativa, утвердительный ответ.

afirolar. [перех.] (Амер.) наряжать, украшать, убирать.

afistular. [перех.] делать фистулозным.

aflatarse. [перех.] (Амер.) см. entristecerse.

aflato. [м.] дуновение, веяние, ветер; (перен.) вдохновение.

aflechado, da. [прил.] похожий на стрелу, стреловидный, стрелообразный.

aflegmasía. [ж.] (мед.) отсутствие слизи.

afleo. [прил.] (бот.) лишённый древесной коры.

aflicción. [ж.] печаль, скорбь, горе, душевная боль, безысходная скорбь, безотрадность, кручина, кручинушка (народ.-поэт.) нравственные му́ки, терзание; волнение.

aflictivo, va. [прил.] огорчительный: * pena aflictiva, (юр.) наказание по приговору суда.

aflicto, ta. [непр. страд. прич.] к afligir, (поэт.).

afligido, da. [страд. прич.] к afligir; [прил.] огорчённый, удручённый, безотрадный, скорбящий; озабоченный, кручинный (поэт.) * estar afligido por alguna cosa, горевать о чём-л.

afligidamente. [нареч.] печально, с глубокой скорбью.

afligimiento. [м.] скорбь; см. aflicción.

afligir. [перех.] огорчать, вызывать сожаление, удручать, печалить, опечаливать; мучить, беспокоить, волновать; (уст.) бить, избивать палкой, сечь: * afligirse. [возв. гл.] скорбеть, печалиться, сокрушаться, горевать; кручиниться (народ.-поэт.)

aflijo. [м.] (Амер.) скорбь, печаль, огорчение, горе.

aflijón, na. [прил.] (Амер.) легко поддающийся унынию.

aflojamiento. [м.] ослабление, уменьшение напряжения; замедление.

aflojar. [перех.] ослаблять, отпускать, распускать (натянутое); разжимать; (перен.) (разг.) передавать, выпускать из рук; [неперех.] слабеть, успокаиваться, утихать; смягчаться; становиться менее упругим, натянутым; (перен.) охладевать к чему-л: * aflojar la mosca, (разг.) раскошеливаться; * aflojarse. [возв. гл.] разжиматься (о руках и т. д.); распускаться (о шнуровке, узлах и т. д.).

aflorado, da. [страд. прич.] к aflorar; цветущий; [прил.] превосходный, отличный.

afloramiento. [м.] (геол.) выход на поверхность, обнажение (о месторождении, пласте).

aflorar. [неперех.] (геол.) обнажаться, выходить на поверхность (о месторождении, пласте). [перех.] просеивать муку и т. д.

afluencia. [ж.] стечение, приток, наплыв; прилив, стечение; изобилие, избыток, богатство; словоохотливость, говорливость, многословие; краснобайство: * afluencia de gente, стечение народа, многолюдность, многолюдье.

afluente. [прил.] впадающий; притекающий; речистый, многословный, красноречивый, [м.] приток (реки).

afluentemente. [нареч.] обильно.

afluir. [перех.] впадать; притекать, приливать; стекаться, сбегаться.

aflujo. [м.] (мед.) прилив: * aflujo de sangre, прилив, приток крови.

afluxionarse. [перех.] (Амер.) (прост.) простужаться, получить, схватывать насморк.

afoetear. [перех.] (Амер.) стегать, хлестать кнутом или плетью; пороть

afofarse. [возв. гл.] вздуваться.

afogarar. [перех.] сжигать посевы; дать подгореть кушанью.

afoliado, da. [прил.] (бот.) безлист(н)ый.

afollado, da. [страд. прич.] к afollar. [м.] складки (на платье); [множ.] (уст.) кальсоны.

afollar. [перех.] дуть, раздувать мехами; складывать (складками); кое-как строить; * afollarse. [возв. гл.] покрываться пузырями (о стене); [непр. гл.] спрягается как contar.

afondar. [перех. и неперех.] погружать, топить; идти ко дну, тонуть.

afonía. [ж.] (мед.) афония, потеря голоса.

afónico, ca. или áfono, na. [прил.] беззвучный; лишившийся голоса, безголосый; афонический.

afonizar. [перех.] (грам.) лишать звука.

aforador. [м.] мерильщик.

aforar. [перех.] оценивать товары для установления пошлины; вымерять, измерять расход воды и т. д.; вымеривать ёмкость хранилищ, резервуара; даровать привилегии; отдавать или дать в аренду (имение и т. д.).

aforía. [ж.] см. esterilidad.

aforisma. [ж.] (вет.) аневризм(а).

aforismo. [м.] афоризм, максима, краткое изречение.

aforístico, ca. [прил.] афористический, афористичный.

aforo. [м.] обмер (вместимости, расход воды); оценка (товаров); количество мест в зрительном зале.

aforrar. [перех.] класть на подкладку, подшивать подкладку: * aforrarse. [возв. гл.] закутаться; (перен.) есть или пить обильно; (обл.) см. fastidiarse.

aforro. [м.] подкладка.

afortinar. [перех.] (мер.) укреплять, придавать силу.

a fortiori. [лат. выраж.] тем более, с тем большим правом, основанием.

afortunadamente. [нареч.] счастливо, удачно, успешно; к счастью.

afortunado, da. [прил.] счастливый, благополучный; удачный, удачливый; бурный (о погоде): * no afortunado, неблагополучный.

afortunar. [перех.] осчастливить; обогащать.

afosarse. [возв. гл.] (воен.) рыть рвы, чтобы защищаться.

afoscarse. [возв. гл.] (мор.) покрываться облаками.

afra. [ж.] (бот., обл.) клён.

afragar. [м.] (уст.) ярь-медянка, окись меди.

afragatado, da. [прил.] (мор.) похожий на фрегат.

afrailado, da. [прил.] похожий на монаха.

afrailamiento. [м.] (с.-х.) обрезывание верхушек (деревьев).

afrailar. [перех.] (с.-х.) обрезать верхушки (деревьев).

afrancesado, da. [страд. прич. к afrancesar]; [прил.] подражающий французам; [м.] французоман; (ист.) приверженец Наполеона во время войны за независимость.

afrancesado, da. [прил.] (обл.) целинный.

afrancesamiento. [м.] французомания.

afrancesar. [перех.] офранцуживать, переделать на французский лад.

afranelado, da. [прил.] похожий на фланель.

afranjado, da. [прил.] бахромчатый.

afratelarse. [возв. гл.] вступать в общину, братство.

afrecharse. [перех.] заболеть лошадь (из-за отрубей).

afrechero. [м.] американская птица.

afrecho. [м.] отруби.

afrenta. [ж.] оскорбление, обида; надругательство, бесчестье, позор, посрамление, стыд; унижение; (уст.) афронт.

afrentador, ra. [прил. и сущ.] оскорбительный, обидный; оскорбитель (-ница), обидчик (-ица).

afrentar. [перех.] оскорблять, позорить, порочить; унижать: * afrentarse. [возв. гл.] краснеть, стыдиться.

afrentosamente. [нареч.] оскорбительно, обидно; позорно.

afrentoso, sa. [прил.] постыдный, позорный, бесчестный, зазорный; бесчестящий, позорящий.

afreñir. [перех.] (обл.) разбивать комья земли.

afretado, da. [прил.] похожий на бахрому, бахромчатый; (мор.) чистый, мытый.

afretar. [перех.] (мор.) чистить подводную часть (судна).

afretar. [неперех.] (мор.) см. fletar.

africado, da. [прил.] (грам) аффрикативный; [м.] аффриката.

africander. [м.] африкандер.

africanista. [сущ.] африканист.

africano, na. [прил.] африканский; [сущ.] африканец (-нка).

áfrico. [м.] юго-западный ветер; [прил.] см. africano.

africochar. [перех.] (Амер.) (вул.) убивать, умерщвлять.

afrijolar. [перех.] (Амер.) убить (огнестрельным оружием).

afroamericano, na. [прил.] афроамериканский.

afrocubano, na. [прил.] афрокубинский.

afrodisíaco, ca. [прил.] (мед.) возбуждающий половое стремление; [м.] средство, возбуждающее половое стремление.

afroditario. [м.] см. afrodisíaco.

afróforo, ra. [прил.] пенистый.

afronía. [ж.] (мер.) отсутствие распознавания.

afronitro. [м.] селитренная пена.

afrontamiento. [м.] действие по знач. гл. afrontar; очная ставка; сличение, сравнение.

afrontar. [перех.] ставить лицом к лицу; смело выступать против кого-л, чего-л; встречать безбоязненно, лицом к лицу; не бояться; оказывать сопротивление, противостоять; см. carear; (Амер.) (вар.) немедленно уплатить; (уст) оскорблять; (уст) делать замечание, выговор.

afta. [ж.] (мед.) маленькая язва (во рту).

aftoso, sa. [прил.] ящурный; страдающий ящуром: * fiebre aftosa, ящур.

afuera. [нареч.] снаружи, наружу, на дворе, вне; публично: * ¡afuera!, прочь!, вон!; [множ.] окрестности.

afuereño, ña. [прил.] приезжий, чужестранный.

afuerino, na. [прил.] (Амер.) приходящий батрак.

afueteadura. [ж.] (Амер.) (прост.) хлестание.

afuetear. [перех.] (Амер.) (прост.) хлестать, стегать, сечь кнутом.

afufa. [ж.] (разг.) бегство, побег: * estar sobre las afufas, готовиться к бегству; * tomar las afufas, бежать, убегать.

afufar. [неперех.] (разг.) бежать, убегать, спасаться бегством; * afufárselas, убегать, удирать, исчезать.

afufón. [м.] (разг.) бегство, побег.

afujía. [ж.] (Амер.) затруднительное положение.

afumar. [перех.] (обл.) науськивать, натравливать.

afusilamiento. [м.] (Амер.) (вул.) расстрел.

afusilar. [перех.] (разг.) расстреливать.

afusión. [ж.] (мед.) обливание.

afusionar. [перех.] (мед.) обливать.

afuste. [м.] (воен.) лафет, станок.

afutrarse. [возв. гл.] наряжаться, украшаться, принаряжаться.

agabachar. [перех.] (прост.) офранцуживать.

agabanado, da. [прил.] похожий на пальто.

agacé. [прил. и сущ.] живущий около парагвайского устья.

agachada. [ж.] хитрость, коварство, уловка; (Амер.) нагибание, приседание; поклон, реверанс.

agachadera. [ж.] (обл.) (Амер.) род жаворонка.

agachadiza. [ж.] (зоол.) болотный кулик: * hacer uno la agachadiza, (разг.) делать вид спрятаться.

agachado, da. [страд. прич. к agachar]; [прил.] (Амер.) холопский; лицемерный, притворный; снисходительный муж.

agachaparse. [возв. гл.] (обл.) спрятаться, см. agazaparse.

agachar. [перех.] клонить, наклонять, нагибать; agacharse. [возв. гл.] наклоняться, нагибаться, сгибаться; скорчиваться, съёживаться; скрываться (некоторое время); сидеть смирно, (перен.) (разг.) временно удаляться общества; (перен.)

(Амер.) уступать, повиноваться: * agachar la cabeza, * agachar las orejas, (разг.) (перен.) опускать голову; [страд. прич.] agachado.

agache. [м.] (Амер.) ложь, уловка, хитрость.

agachón, na. [прил.] (Амер.) снисходительный.

agachona. [ж.] (зоол.) водяная мексиканская птица.

agadón. [м.] (обл.) узкая ложбина; (обл.) источник.

agafar. [перех.] (обл.) хватать, схватывать.

agaitado, da. [прил.] похожий на волынку.

agaje. [м.] (Амер.) упаковка; голова.

agalacto, ta. [прил.] не бравший груди (о младенце); не имеющая молока (о женщине).

agalaxia. [ж.] (мед.) отсутствие молока у роженицы.

agalbanado, da. [прил.] (разг.) ленивый, праздный.

agalgado, da. [прил.] похожий на борзую.

agalisiano, na, agalísico, ca. [прил.] (геол.) terreno agalisiano, земля Сатурнова периода.

agalmatolita. [ж.] (мин.) агальматолит.

agáloco. [м.] (бот.) слепник, индейское, смолистое райское дерево.

agalla. [ж.] чернильный, дубильный орешек; (вет.) начинающий пузырь; [множ.] жабры; миндалины, миндалевидные железы; (Амер.) (прост.) жадность, хитрость; (перен.) (разг.) храбрость, отвага: * tener agallas, быть неустрашимым.

agalladero, ra. [прил.] (Амер.) напыщенный.

agallado, da. [прил.] (Амер.) бравый, молодцеватый.

agalladura. [ж.] зародыш (в яйце).

agallarse. [возв. гл.] (Амер.) осмелеть, прикидываться храбрым.

agallegado, da. [прил.] похожий на галисийцев.

agalludo, da. [прил.] (разг.) (Амер.) (прост.) хитрый, коварный, лукавый; корыстолюбивый; жадный, корыстный, алчный; неустрашимый, смелый, отважный, храбрый.

agalluela. [ж. умен.] к agalla.

agama. [ж.] (зоол.) (Амер.) род рака.

ágama. [ж.] (зоол.) агама (род ящерицы).

agamí. [м.] трубач (птица).

agamia. [ж.] агамия.

agámico, ca. [прил.] см. asexual.

agámidos. [м. множ.] (зоол.) агамы, американские ящерицы.

ágamo, ma. [прил.] (бот.) безбрачный.

agamuzado, da. [страд. прич. к agamuzar]; [прил.] выделанный под замшу; [прил.] похожий на замшу; светложёлтый (о цвете).

agamuzar. [перех.] выделывать под замшу.

agangrenarse. [возв. гл.] загнивать, становиться гангренозным.

agapanto. [м.] (бот.) агапантус, любоцветник, милоцвет.

ágape. [м.] вечеря братства у первых христиан; братская трапеза; банкет.

agapetas. [ж. множ.] девы, жившие в обществе, не дав монашеского обета (у первых христиан).

agar-agar. [м.] агар-агар.

agarbado, da. [прил.] бодрый, см. garboso.

agarbanzado, da. [страд. прич. к agarbanzar]; [прил.] имеющий цвет турецкого гороха (о бумаге).

agarbanzar. [неперех.] (обл.) пускать почки.

agarbarse. [возв. гл.] наклоняться; сгибаться, пригибаться; скорчиваться, съёживаться.

agarbillar. [перех.] (с.-х.) вязать в снопы.

agarbizonar. [перех.] (обл.) agarbillar.

agardamarse. [возв. гл.] (обл.) быть тронутым червоточиной (о дереве).

agarduñar. [перех.] (обл.) красть, воровать.

agareno, na. [прил.] магометанский.

agaricíneas. [ж.] (множ.) губкообразные грибы.

agárico. [м.] (бот.) разновидность губкообразных грибов (съедобных), опёнок, груздь.

agarrada. [ж.] пререкание, ссора, спор.

agarradera. [ж.] (Амер.) см. agarradero.

agarradero. [м.] (разг.) ручка, рукоятка; (мор.) якорная стоянка; (перен.) предлог, повод; поддержка, опора.

agarrado, da. [прил.] (разг.) скаредный, скупой, мелочный, скаредничающий: * ser agarrado, быть тугой на расплату.

agarrador, ra. [прил.] схватывающий; опьяняющий, хмельной; [м.] (разг.) альгвасил, полицейский.

agarrafar. [перех.] (разг.) крепко хватать (в драке и т. д.).

agarrar. [перех.] вцепиться, схватить, хватать, схватывать; захватывать, брать; ловить; заражаться, схватывать (болезнью); (перен.) (разг.) достигнуть, добиться; (неперех.) (Амер.) направляться куда-л; (мор.) входить в грунт, забирать (о якоре); пускать корни: * agarrarse, [возв. гл.] браться, схватываться, ухватиться, цепляться за..., зацепиться, держаться; уцепиться; бороться, драться; схватиться, вступить в драку; тузить друг друга; спорить, ссориться, браниться: * agarrarse a un clavo (hierro) ardiendo, (перен.) хвататься за соломинку.

agarro. [м.] действие к agarrar.

agarrochador. [м.] тот, кто отбирает быка для боя (с помощью гаррочи).

agarrochar. [перех.] (таур.) отбирать быка для боя (с помощью гаррочи).

agarrotamiento. [м.] связывание, скручивание.

agarrotar. [перех.] крепко связывать, скручивать, сжимать, давить; стягивать, затягивать; казнить гарротой; * agarrotarse, [возв. гл.] коченеть (о членах тела).

agasajador, ra. [прил.] приветливый, любезный, услужливый; льстивый, угодливый.

agasajar. [перех.] оказывать радушный приём, радостно, приветливо встречать, угощать; угождать, доставлять удовольствие; дать приют, помещение.

agasajo. [м.] радушный приём; приветливость, любезность, радушие; подарок, дар; угощение; угощение; (уст.) (по вечерам) лёгкая закуска.

ágata. [ж.] агат: * de ágata, агатовый.

agatídeo, a, agatino, na. [прил.] агатовый, имеющий вид агата.

agatino. [м.] (зоол.) ахатина, брюхоногий моллюск.

agauchado, da. [страд. прич. к agaucharse]; [прил.] (Амер.) похожий на гаучо, имеющий привычки или внешность гаучо.

agaucharse. [возв. гл.] (Амер.) перенимать манеры или привычки гаучо.

agauja. [ж.] (обл.) (бот.) см. gayuba.

agavanza. [ж.] (бот.) плод шиповника.

agavanzo. [м.] (бот.) шиповник.

agave. [м.] (бот.) агава, алоэ, столетник.

agavillador, ra. [м. и ж.] вязальщик (-ица) снопов; [ж.] сноповязалка.

agavillar. [перех.] (с.-х.) вязать в снопы, копнить, вязать в пуки (сено, солому); собирать шайку; задуматься над чем-л; (арг.) красть, воровать (шайкой); * agavillarse, [возв. гл.] толпиться.

agazapar. [перех.] (разг.) хватать, схватывать, ловить; * agazaparse, [возв. гл.] съёжиться, прятаться, скрываться, залегать: * agazaparse en un rincón, забиться в угол.

agelena. [ж.] (зоол.) лабиринтовый паук.

agencia. [ж.] старание, прилежание, усердие, заботливость, забота; агентство, бюро; отдел, контора (предприятия); (Амер.) ломбард: * agencia de colocaciones, контора по найму; * agencia telegráfica, телеграфное агентство; * agencia de transportes, транспортное учреждение.

agenciar. [перех.] настойчиво добиваться чего-л, настойчиво просить, ходатайствовать; доставлять, добывать.

agenciero. [м.] (Амер.) (прост.) владелец ломбарда, ростовщик; владелец бюро продажи лотерейных билетов.

agencioso, sa. [прил.] проворный, хлопотливый, услужливый, готовый к услугам, предупредительный, старательный, прилежный, усердный.

agenda. [ж.] записная книжка.

agenesia. [ж.] женское бесплодие; недостаточное развитие.

agentamiento. [м.] тщеславие, чванство.

agente. [прил.] производящий какое-л действие; [м.] фактор, движущая сила, действующая сила; агент, посредник; представитель, поверенный, уполномоченный; клеврет (книж.) * agente de negocios, торговый агент; * agente de bolsa, биржевой маклер; * agente de policía, полицейский агент; * red de agentes, агентура; * agente secreto, секретный агент; * agente del servicio de contraespionaje, контрразведчик; * agente químico, (хим.) реагент.

agentive. [м.] (арг.) стул, скамья, лавка и т. д.

agerasia. [ж.] здоровая старость.

agérato. [м.] (бот.) агератум.

agermanado, da. [страд. прич. к agermanarse]; [прил.] подражающий немцам.

agestado, da. [страд. прич. к agestarse]; [прил.] * bien agestado, красивый, имеющий хорошую внешность; * mal agestado, некрасивый, имеющий дурную внешность.

agestarse. [возв. гл.] принять определённое выражение.

agestión. [ж.] соединение в одно целое.

ageustia. [ж.] потеря или отсутствие вкусового чувства.

agibílibus. [м.] (разг.) житейская смётка; ловкость, сметливость; ловкач, пройдоха, пронырливый, жуликоватый человек.

agibilidad. [ж.] исполнимость.

agible. [прил.] исполнимый, осуществимый, возможный.

agigantado, da. [страд. прич. к agigantar]; [прил.] гигантский, исполинский; (перен) чрезвычайный, необыкновенный, необычайный, выдающийся.

agigantar. [перех.] придавать гигантские формы.

ágil. [прил.] ловкий, проворный, живой, быстрый, скорый, расторопный; гибкий.

agilar. [неперех.] (Амер.) ходить быстро, торопиться, спешить.

agileza. [ж.] (обл.) (вул.) ловкость; см. agilidad.

agilidad. [ж.] ловкость, проворство, живость, быстрота, скорость; лёгкость, подвижность гибкость, беглость: *con agilidad, легко, ловко; гибко.

agilitar. [перех.] делать проворным, быстрым, гибким; облегчать, способствовать; (Амер.) (прост.) ускорять, активизировать.

ágilmente. [нареч.] ловко, живо, легко, проворно; гибко.

aginar. [неперех. и возв. гл.] трудиться, старательно работать; добиваться чего-л; усердно, терпеливо заниматься чем-л.

aginia. [ж.] лишение женщины; неприязнь к женщине; (бот.) отсутствие пестика.

agino. [м.] см. ajetreo.

agio. [м.] (ком.) ажио, лаж, промен; спекуляция денежными бумагами; ажиотаж.

agiotador. [м.] ажиотёр, биржевой игрок, см. agiotista.

agiotaje. [м.] ажиотаж, биржевая игра, спекуляция; чрезмерная спекуляция.

agiotista. [м.] биржевой игрок, играющий (-ая) на бирже, биржевой спекулянт.

agitable. [прил.] поддающийся агитации; легко возбуждающийся, возбудимый.

agitación. [ж.] волнение, возбуждение, взволнованность; взбалтывание, встряхивание; клокотанье, колыхание; махание; агитация: *lugar de agitación propagandística, агитпункт; *sección de agitación y propaganda, агитпроп.

agitado, da. [страд. прич. к agitar]; взволнованный, беспокойный, возбуждённый, неспокойный, тревожный; взболтанный; мятежный; бурливый; [прил.] буйный (о больном): *sueño agitado, тревожный, беспокойный сон; *mar agitado, разбушевавшееся море.

agitador, ra. [прил.] агитаторский, агитационный; [м.] агитатор; мешалка; встряхиватель.

agitanada, da. [страд. прич. к agitanarse]; [прил.] похожий на цыгана; цыганский.

agitanarse. [возв. гл.] становиться похожим на цыгана (о повадках и т. д.), присваивать цыганские манеры.

agitar. [перех.] махать, размахивать; колебать, колыхать; встряхивать, взбалтывать, взбаламучивать; волновать, возбуждать; агитировать; (разг.) болтать: *agitar un líquido, (разг.) взбалтывать, бултыхать; *agitar hacia arriba, взмахивать; *empezar a agitar, зашатать, замахать; *agitarse. [возв. гл.] волноваться, возбуждаться; возиться; суетиться; метаться, бурлить, колебаться, колыхаться, качаться (на волнах); *empezar a agitarse, заволноваться, замешаться.

aglobulia. [ж.] (мед.) уменьшение числа красных кровяных телец в крови.

aglomeración. [ж.] скопление, агломерация, нагромождение, накопление, груда.

aglomerado. [м.] агломерат; брикет.

aglomerar. [перех.] скоплять, нагромождать, копить.

aglosia. [ж.] (физиол.) отсутствие языка.

aglutición. [ж.] (мед.) невозможность глотать.

aglutinación. [ж.] слипание, склеивание;

заживление краёв раны, стягивание; (лингв.) агглютинация.

aglutinante. [прил.] склеивающий; липкий, клейкий; (мед.) стягивающий; (лингв.) агглютинирующий.

aglutinar. [перех.] склеивать; (мед.) стягивать.

agnación. [ж.] (юр.) единокровное родство, сродство по отце.

agnado, da. [сущ.] (юр.) агнат, кровный родственник по отцовской линии.

agnición. [ж.] (поэт.) узнавание.

agnominación. [ж.] парономазия.

agnoscia. [ж.] неспособность узнавать; см. agnosia.

agnosia. [ж.] невежество.

agnosticismo. [м.] (фил.) агностицизм.

agnóstico, са. [прил.] агностический; [м.] агностик.

agobiador, ra. [прил.] изнуряющий, изнурительный, утомительный; удручающий; тягостный, тяжкий.

agobiante. [дейст. прич.] к agobiar; гнетущий: *tristeza agobiante, гнетущая тоска.

agobiar. [перех.] гнуть, сгибать, гнести; придавливать; теснить, жать; (перен.) угнетать, гнести, притеснять, стеснять, давить, подавлять; обременять, отягчать; вызывать усталость, изнеможение; унишать; *agobiarse. [возв. гл.] гнуться, сгибаться под тяжестью.

agobio. [м.] угнетённое состояние, подавленность, уныние, гнёт.

agogía. [ж.] (горн.) трубы в рудниках для выпускания воды.

agolar. [перех.] (мор.) зарифлять (паруса).

agolpamiento. [м.] скопление, накопление, нагромождение, стечение; скопище, сборище (людей).

agolpar. [перех.] нагромождать, наваливать; *agolparse. [возв. гл.] скопляться, собираться, сбегаться, сходиться, набиваться.

agolpear. [перех.] (Амер.) (разг.) избивать.

agonal. [прил.] относящийся к состязаниям.

agonfo, fa. [прил.] беззубый.

agonía. [ж.] агония, предсмертные муки; (перен.) тоска, мучительное беспокойство; горячее, пламенное желание; [м. множ.] пессимист: *estar en la agonía, быть при смерти, быть в агонии, агонизировать.

agónico, са. [прил.] к агония; умирающий.

agonioso, sa. [прил.] желающий; жаждущий.

agonista. [сущ.] борец.

agonística. [ж.] наука атлетов.

agonizadamente. [нареч.] тревожно, с мучительным беспокойством.

agonizante. [прил. и сущ.] умирающий, находящийся в агонии, при смерти, агонизирующий; [м.] монах находящийся у кого-л при смерти.

agonizar. [перех.] сопровождать умирающего, ухаживать за умирающим; (перен.) терзать, мучить; [неперех.] агонизировать, быть в агонии, при смерти; кончаться, прекращаться; мучиться; страстно желать.

ágono, na. [прил.] (геом.) лишённый углов.

agora. [нареч.] (уст.) (обл.) теперь; см. ahora.

agorador, ra. [прил. и сущ.] предвещающий; см. agorero.

agorafobia. [ж.] (мед.) боязнь пространства, агорафобия.

agorar. [перех.] предсказывать, предвещать; начертать, пророчествовать; (разг.) пророчить, предвидеть, пред-

чувствовать; [непр. гл.] спрягается как contar.

agorería. [ж.] (обл.) см. agüero.

agorero, ra. [прил.] предвещающий, предсказывающий; предначертанный, вещий; [сущ.] прорицатель (-ница), предсказатель (-ница), вещун (-ья).

agorrinarse. [возв. гл.] (обл.) доходить до скотского состояния.

agorzomar. [перех.] мучить, изводить: *agorzomarse. [возв. гл.] падать духом, унывать.

agostadero. [м.] летнее пастбище, выгон; копание виноградника.

agostado, da. [страд. прич.] к agostar; [м.] (обл.) копание (виноградника).

agostador, ra. [прил.] иссушающий.

agostamiento. [м.] высыхание, выжигание (травы и т. д.).

agostar. [перех.] сжигать, выжигать, высушивать (растения); пахать, обрабатывать землю в августе; [неперех.] пасти скот по стерне: *agostarse. [возв. гл.] увядать, сохнуть.

agosteño, ña. [прил.] августовский.

agostero. [м.] сезонный сельскохозяйственный рабочий, косарь, жнец.

agostía. [ж.] работа (или время) сезонного сельскохозяйственного рабочего.

agostino, na. [прил.] см. agostero.

agostizo, za. [прил.] августовский; (обл.) хилый, слабый.

agosto. [м.] август; жатва, косовица, уборка, косьба; время уборки: *hacer uno su agosto, использовать случай, набить карман, поживиться чем-л.

agostón, na. [прил.] рождённый в июле (о свиньях).

agotable. [прил.] исчерпываемый, иссякающий.

agotamiento. [м.] выкачивание, вычерпывание, откачка (воды); изнеможение, бессилие; израсходование.

agotar. [перех.] вычерпывать, выкачивать (воду); (перен.) исчерпывать, израсходовать; истощать, изнурять, изматывать; (с-х.) истощать почву: *agotar todos los medios, исчерпать все средства; *agotar la paciencia, исчерпать терпение, истощить чьё-л терпение; *agotarse. [возв. гл.] иссякать, исчерпываться; (перен.) истощаться, изнуряться; расходиться (о книгах); распродаваться (о билетах).

agovía. [ж.] см. alborga.

agozcado, da. [прил.] похожий на шавку.

agracear. [перех.] (Амер.) (прост.) придавать прелесть; см. agraciar.

agracejina. [ж.] плод барбариса.

agracejo. [м.] (бот.) барбарис.

agracejo. [м.] недозрелый виноград; (обл.) оливка-падалица.

agraceño, ña. [прил.] кислый как сок недозрелого винограда.

agracera. [ж.] сосуд для хранения сока недозрелого винограда.

agraciadamente. [нареч.] грациозно.

agraciado, da. [прил.] грациозный; миловидный, привлекательный, миленький.

agraciar. [перех.] придавать грацию, привлекательность и т. д., придавать авантажный вид; даровать, жаловать; прощать, (по)миловать; [неперех.] (обл.) нравиться.

agracillo. [м.] (бот.) барбарис.

agradabilísimo. [м. прил. прев. степ.] к agradable, очень приятный.

agradable. [прил.] приятный, милый, миленький; благообразный; любезный: *persona agradable, душка.

agradablemente. [нареч.] приятно.

agradamiento. [м.] см. agrado.

agradar. [неперех.] нравиться, быть приятным.

agradecer. [перех.] благодарить; быть благодарным; вежливо отказываться от чего-л; благословлять; (непр. гл.: pres. ind. agradezco, -eces и т. д.; pres. subj. agradezca, -cas и т. д.)

agradecido, da. [страд. прич. к agradecer] [прил.] благодарный, признательный; * le estoy muy **agradecido**, я вам очень благодарен.

agradecimiento. [м.] благодарность, признательность.

agrado. [м.] приветливость, благосклонность; доброжелательство; услужливость, любезность, предупредительность; добрая воля, желание, согласие; (Амер.) угождение: * mirar con **agrado**, любоваться; * con **agrado**, любезно, услужливо, с удовольствием.

agrafía. [ж.] аграфия.

agramadera. [ж.] мялка, льномялка, льнотрепалка, льнотеребилка, трепальная машина (для льна, пеньки).

agramado, da. [страд. прич. к agramar]; [м.] трепание (льна и т. д.).

agramador, ra. [сущ.] трепальщик (-ица) льна, копопли.

agramaduras. [ж. множ.] отбросы льна и т. д. после трепания и чесания.

agramar. [перех.] мять, трепать (лён, пеньку); (перен.) бить, колотить.

agramilar. [перех.] (арх.) окрашивать под кирпич.

agramiza. [ж.] костра, кострика; (обл.) см. **agramadera**.

agramón. [м.] (бот.) дико(растущий) ясень.

agrandamiento. [м.] увеличение, расширение.

agrandar. [перех.] увеличивать, расширять; (перен.) преувеличивать: * **agrandarse.** [возв. гл.] увеличиваться, расширяться, распространяться.

agranitado, da. [страд. прич. к agranitar]; [прил.] похожий на гранит.

agranitar. [перех.] делать похожим на гранит.

agranujado, da. [прил.] зерновидный.

agranujado, da. [страд. прич. к agranujar]; [прил.] имеющий мошеннические манеры.

agrario, ria. [прил.] аграрный, земельный; земледельческий; [м.] член аграрной партии: * leyes **agrarias**, аграрное законодательство; * reforma **agraria**, земельная реформа, аграрная реформа; * ley **agraria**, земельный закон; * técnico **agrario**, агротехник; * región **agraria**, агрорайон.

agravación. [ж.] обострение; см. **agravamiento**.

agravador, ra. [прил.] усугубляющий, отягчающий; обостряющий; ухудшающий.

agravamiento. [м.] отягчение, усугубление (вины); обострение (болезни; противоречий); ухудшение (состояния).

agravante. [прил. м. и ж.] усугубляющий; * circunstancias **agravantes**, отягчающие вину обстоятельства.

agravar. [перех.] отягчать, усложнять, усугублять; причинять неприятности; обременять (налогами и т. д.): * **agravarse**. [возв. гл.] ухудшаться (о состоянии); обостряться (о болезни).

agravatorio, ria. [прил.] (юр.) усугубляющий.

agravear. [перех.] (Амер.) (прост.) обижать; см. **agraviar**.

agraviadamente. [нареч.] обидно, оскорбительно.

agraviado, da. [страд. прич. к agraviar, обиженный, оскорблённый.

agraviador, ra. [м. и ж.] обидчик (-чица), оскорбитель (-ница); [м.] (арг.) неисправимый преступник.

agraviamiento. [м.] нанесение обиду, оскорбление.

agraviante. [дейст. прич.] к agraviar.

agraviar. [перех.] обижать, оскорблять, наносить обиду, оскорбление; опечаливать, причинять неприятности; наносить ущерб; обременять (налогами); усугублять (вину); * **agraviarse**. [возв. гл.] обостряться (о болезни); оскорбляться.

agravio. [м.] оскорбление, обида; ущерб, вред, урон, убыток; вина, неправота: * deshacer **agravios**, добиться удовлетворения.

agravión, na. [прил.] (Амер.) обидчивый, легко обижающийся, склонный чувствовать обиду.

agravioso, sa. [прил.] обидный, оскорбительный; причиняющий вред, вредный, наносящий ущерб.

agraz. [м.] недозрелый виноград; кислый сок из недозрелого винограда; см. **agrazada**; (перен.) (разг.) горечь, огорчение, досада, печаль, неудовольствие; * en **agraz**, преждевременно; * echar a uno el **agraz** en el ojo, наговорить кому-л неприятностей; * sazonado con **agraz**, приправленный кислым виноградным соком.

agraz. [м.] (бот.) род омелы; (обл.) барбарис.

agrazada. [ж.] напиток из кислого сока недозрелого винограда, воды и сахара.

agrazar. [неперех.] иметь кислый вкус как сок незрелого винограда; [перех.] огорчать, печалить, удручать; отравлять радость.

agrazón. [м.] одичавший виноград; недозрелый виноград; дикорастущий крыжовник; (перен.) недовольство, неудовольствие; досада, огорчение.

agrazón. [м.] (обл.) (бот.) барбарис.

agrecillo. [м.] (бот.) барбарис.

agredir. [перех.] нападать, энергично атаковать; (недост. гл. спрягается только в формах имеющие букву i).

agregable. [прил.] могущий быть присоединённым.

agregación. [ж.] присоединение, добавление; приписка; прикомандирование, причисление.

agregado, da. [страд. прич.] к agregar; [м.] соединение однородных частей в одно целое; прибавление, добавление, добавка; временный служащий, чиновник; сверхштатный работник; см. **arrendatario**: * **agregado** militar, военный атташе; * **agregado** naval, морской атташе; * **agregado** diplomático, атташе посольства.

agregamiento. [м.] см. **agregación**.

agregar. [перех.] присоединять, аннексировать, добавлять, прибавлять, наддавать, соединять, складывать вместе; причислять, прикомандировывать; приписывать: * **agregar** líquido, доливать.

agregativo, va. [прил.] дополнительный.

agreman. [м.] плетеная или стеклярусная тесьма для украшения платьев, аграмант (уст.).

agremiar. [перех.] объединять в цех или корпорацию.

agreño, ña. [прил.] дикий, дикорастущий, полевой.

agresión. [ж.] агрессия, нападение (внезапное); нарушение чьих-л прав: * guerra de **agresión**, агрессивная война.

agresivamente. [нареч.] агрессивно, наступательно; вызывающе; злобно.

agresividad. [ж.] агрессивность; вызывающее поведение.

agresivo, va. [прил.] агрессивный, наступательный, захватнический; боевой, воинственный; вызывающий, задорный; * **agresivo** químico, боевое отравляющее вещество.

agresor, ra. [прил.] нападающий (внезапно), агрессивный; [м.] (юр.) правонарушитель; агрессор; захватчик; обидчик; насильник.

agreste. [прил.] деревенский, сельский; полевой; (перен.) дикий, грубый, непристойный; дикорастущий.

agrete. [прил.] кисловатый, с кислинкой.

agriamente. [нареч.] едко, колко, сильно, резко, строго, язвительно, сурово; (перен.) горько, горестно, с горечью.

agriar. [перех.] делать кислым, окислять; квасить; (перен.) сердить, раздражать, озлоблять: * **agriarse**. [возв. гл.] скисать, прокисать, кваситься; раздражаться, ожесточаться; становиться неуживчивым, тяжёлым (о характере); (Амер.) преждевременно желтеть (о листьях табака).

agriar. [м.] (бот.) коричное дерево, цейлонская корица.

agrícola. [прил.] сельскохозяйственный, земледельческий, агрикультурный (уст); [м.] земледелец, хлебороб, сельскохозяйственник: * química **agrícola**, агрохимия; * químico **agrícola**, агрохимик; * estación **agrícola**, агропункт; * mínimo de conocimientos **agrícolas**, агроминимум; * trabajar de obrero **agrícola**, батрачить.

agricultor, ra. [м. и ж.] земледелец, хлебороб, хлебопашец.

agricultura. [ж.] сельское хозяйство, земледелие, агрикультура (уст.): * escuela de **agricultura**, агрошкола.

agridulce. [прил.] кислосладкий.

agridulcemente. [нареч.] кислосладко.

agriera. [ж.] или **agrieras** [множ.] (Амер.) изжога.

agrietamiento. [м.] растрескивание.

agrietar. [перех.] вызывать трещины, производить трещины; расщеплять: * **agrietarse.** [возв. гл.] покрываться трещинами, трескаться, растрескаться, истрескаться: * **agrietado**, растрескавшийся, покрытый мелкими трещинами; * **agrietarse** los labios, запекаться.

agrifado, da. [прил.] (Амер.) темнокожий.

agrifolio. [м.] (бот.) падуб, остролист.

agrilito. [м.] (зоол.) сверчок.

agrilla. [ж.] (бот.) щавель.

agrillo, lla. [прил. умен.] кисловатый, с кислинкой.

agrimensor. [м.] геодезист; межевик, межевщик, землемер.

agrimensorio, ria. [прил.] геодезический, землемерный (уст.).

agrimensura. [ж.] геодезия; межевание; межевое дело.

agrimonia. [ж.] (бот.) репейник.

agrimoña. [ж.] (обл.) см. **agrimonia**.

agringarse. [возв. гл.] (Амер.) вести себя как гринго.

agrio, ria. [прил.] кислый, терпкий, квашеный, квасный (обл.), прокисший (о вине); свернувшийся (о молоке); (перен.) ломкий, хрупкий, не ковкий (о металле); труднодоступный, крутой, ухабистый (о дороге); едкий, колкий, язвительный (о речи); резкий, пронзительный (о голосе); угрюмый, брюзгливый, хмурый (о характере); невыносимый (о наказании и т. д.); [м.] кислота; [множ.] кислый фруктовый сок; цитрусовые; *ponerse agrio el vino, прокиснуть; *tono agrio, язвительный тон; *mascar las agrias, скрывать досаду; *gusto agrio, квасок; *ponerse agrio, закисать, киснуть.

agrioso, sa. [прил.] (Амер.) кислосладкий.
agriotimia. [ж.] (пат.) буйное помешательство.
agripalma. [ж.] (бот.) пустырник.
agriparse. [возв. гл.] заболеть гриппом.
agripinia. [ж.] (пат.) бессонница.
agripnótico, ca. [прил.] вызывающий бессонницу.
agripnía. [ж.] (пат.) бессонница.
agrisado, da. [прил.] сероватый.
agrisar. [перех.] придавать серый цвет.
agrisetado, da. [прил.] светлосерый.
agriura. [ж.] (Амер.) кислота; см. agrura.
agro, gra. [прил.] (уст.) кислый, кислотный: см. agrio.
agro. [м.] (обл.) обнесённое оградой место, огороженный земельный участок.
agrobiología. [ж.] агробиология.
agrobiológico, ca. [прил.] агробиологический.
agrobiólogo, ga. [м. и ж.] агробиолог.
agrobotánico, ca. [прил.] агроботанический.
agrofísica. [ж.] (неол.) агрофизика.
agrofísico, ca. [прил.] (неол.) агрофизический.
agrología. [ж.] почвоведение, агропочвоведение.
agrológico, ca. [прил.] агропочвенный.
agrólogo, ga. [м. и ж.] почвовед.
agromanía. [ж.] пристрастие к полю.
agrómena. [м. и ж.] сельский житель.
agrometeorología. [ж.] (неол.) агрометеорология.
agrometeorológico, ca. [прил.] (неол.) агрометеорологический.
agrometeorólogo. [м. и ж.] (неол.) агрометеоролог.
agrómetro. [м.] агрометр.
agronomía. [ж.] агрономия.
agronómico, ca. [прил.] агрономический: *estación agronómica, агропункт; *propaganda agronómica, агропропаганда; *escuela agronómica, агрошкола.
agrónomo. [м. и ж.] агроном.
agróstide. [ж.] (бот.) полевица.
agrostología. [ж.] наука о злаковых растениях.
agrostológico, ca. [прил.] принадлежащий науке о злаковых растениях.
agrostologista. [м. и ж.] специалист по науке о злаковых растениях.
agrotécnica. [ж.] (неол.) агротехника.
agrotécnico, ca. [прил.] (неол.) агротехнический.
agrotécnico. [м. и ж.] (неол.) агротехник.
agrumar. [перех.] створаживать; *agrumarse. [возв. гл.] створаживаться, свёртываться; запекаться, сгущаться.
agrumado, da. [страд. прич.] к agrumar; [прил.] свернувшийся, запёкшийся.
agrupable. [прил.] могущий быть сгруппированным.
agrupación. [ж.] группирование; группировка; группа; объединение, союз; (воен.) отделение, группа: *agrupación de artillería, артиллерийский дивизион.
agrupado, da. [страд. прич.] к agrupar; [прил.] (жив.) расположенный группом.
agrupado, da. [прил.]: *bien agrupado, с хорошим крупом (о лошади).
agrupar. [перех.] группировать, объединять в группы, собирать, соединять; сплачивать, объединять; собирать в кучу, скоплять: *agruparse. [возв. гл.] толпиться, собираться; *agruparse en torno a, сплачиваться вокруг кого-л.
agrura. [ж.] кислота, кислый вкус; кислый сок; крутость; [множ.] (бот.) цитрусовые.
agú! [межд.] (Амер.) так!, прекрасно! ладно!
agua. [ж.] вода; раствор; эссенция; вода, чистота окраски, блеска, прозрачности драгоценного камня; дождь; скат крыши; (мор.) течь, пробоина; см. marea; [множ.] воды; реки, водоёмы, водная масса реки, озера, моря; жидкость (моча и т. д.); слёзы; минеральный источник; след, оставляемый судном; *agua corriente, проточная вода; *agua estancada, agua muerta, стоячая вода; *agua dulce, пресная вода; *agua viva, *agua de roca, родниковая, ключевая вода; *agua de mar, морская вода; *agua mineral, минеральная вода; *aguas subterráneas, грунтовые воды; *agua poco profunda, мелкая вода; *agua potable, питьевая вода; *agua de mesa, столовая вода; *agua de régimen, лечебная вода; *agua carbónica, газированная вода; *agua de Seltz, сельтерская (вода); *agua purgante, слабительная вода; *agua fuerte, неочищенная азотная кислота; *agua de cepas, вино; *agua de purga, сточные воды; *agua regia, (хим.) царская водка; *agua nieve, мелкий град, крупа; *agua de colonia, одеколон; *agua blanca, (фарм.) свинцовая вода; *agua abajo, по течению; *agua arriba, против течения; *a flor de agua, на поверхности воды; *agua oxigenada, (хим.) перекись водорода; *agua pesada, (хим.) тяжёлая вода; *aguas de creciente, прилив; *aguas de menguante, отлив; *aguas llenas, см. pleamar; *aguas termales, тёплые целебные воды; *ir a tomar las aguas, отправиться или поехать на воды; *aguas madres, (хим.) маточник, маточный раствор; *hacer aguas, давать течь, иметь пробоину; *aguas jurisdiccionales, территориальные воды; *aguas menores, моча; *aguas mayores, экскременты, кал, испражнения; *arrojarse al agua, броситься в воду; *sin decir agua va, (разг.) неожиданно, без предупреждения; *llevar el agua a su molino, отвести воду к своей мельнице; извлекать выгоды из чего-л.; *nadar entre dos aguas, плавать под водой; служить и нашим и вашим; *hacer aguas, мочиться, испускать мочу; *escribir en el agua, писать вилами по воде; *ahogarse en un vaso de agua, теряться, быть беспомощным; *hacérsele a uno agua, una agua, la boca, (разг.) от этого слюнки текут; *sacar agua de las piedras, извлекать из всего пользу; *nadie diga de esta agua no beberé, не плюй в колодец, пригодится воды напиться; *pescar en agua revuelta, в мутной воде рыбу ловить; *guárdate del agua mansa, в тихом омуте черти водятся; *hacerse (volverse) agua de borrajas (cerrajas), пойти прахом, расстроиться, сорваться (о деле); *coger agua en cesto, носить воду решетом; толочь воду в ступе; *agua pasada no muele molino, мёртвые не вредят; estar con el agua al cuello, быть на крайности, в безвыходном положении.

aguabendítera. [ж.] (обл.) (церк.) кропильница; (бот.) (обл.) волчец, ворсянка.
aguacal. [ж.] известковый раствор.
aguacatal. [м.] роща из aguacates; (Амер.) авокадо.
aguacate. [м.] (бот.) авокадо, агвиат; (перен.) тестикул; (Амер.) лежебока, ленивец, лодырь.
aguacate. [м.] (бот.) агвиат.
aguacatero, ra. [прил.] (Амер.) голодный, голодающий; богатый, имеющий много денег; [м.] авокадо.
aguacella. [ж.] (обл.) мокрый снег.
aguaceral. [м.] (Амер.) ливень.
aguacero. [м.] ливень; (Амер.) род светляка.
aguacibera. [ж.] вода для поливки; политый участок.
aguacil. [м.] (обл.) см. alguacil.
aguacuán. [м.] (зоол.) бразильская жаба.
aguacha. [ж.] (Амер.) застоявшаяся вода.
aguachar. [м.] лужа.
aguachar. [перех.] наполнять водой; (Амер.) отлучать, отнимать от груди (о животных); *aguacharse. [возв. гл.] отращивать брюхо (о лошади); краснеть (от стыда и т. д.).
aguacharnar. [перех.] заливать, затоплять.
aguache. [м.] (Амер.) маленький водяной уж; (Амер.) (перен.) друг-приятель.
aguachentarse. [возв. гл.] (Амер.) становиться водянистым (о фруктах).
aguachento, ta. [прил.] (Амер.) водянистый (о фруктах).
aguachi. [м.] (Амер.) мориче (вид пальмы).
aguachil. [м.] (Амер.) водянистый бульон.
aguachinangarse. [возв. гл.] принимать мексиканские манеры.
aguachinar. [перех.] (обл.) наполнять водой.
aguachirle. [м.] бурда; плохое вино и т. д.; (перен.) пошлость, банальность.
aguachoso, sa. [прил.] (Амер.) водянистый.
aguada. [ж.] запас питьевой воды; место, где наливаются пресной водой; (обл.) утренняя роса; (жив.) гуашь; (Амер.) питьевые воды; (Амер.) водопой; (мор.) *hacer aguada, запасаться пресной водой; *a la aguada, (жив.) гуашью.
aguadar. [перех.] (Амер.) (прост.) разбавлять водой, см. aguar.
aguadeño. [м.] (Амер.) соломенная шляпа.
aguadera. [ж.] маховое перо; водонепроницаемая одежда; (обл.) канава; [множ.] плетёные сумы для глиняных сосудов с водой.
aguadero, ra. [прил.] непромокаемый (о пальто и т. д.); [м.] место, где бросают в воду сплавной лес; водопой.
aguadija. [ж.] серозная жидкость.
aguadillo. [м.] (обл.) род окрошки.
aguadito. [м.] (Амер.) водка с водой.
aguado, da. [страд. прич.] к aguar(se); [прил.] разбавленный водой; непьющий; (Амер.) прохладительный напиток (фрукты с водой или водкой).
aguador, ra. [м. и ж.] водовоз; водонос.
aguaducho. [м.] стремительный поводье; киоск с прохладительными напитками; нория, водокачка; (Амер.) (вул.) см. tinajero.
aguadulcera. [ж.] (Амер.) лёгкая закуска.
aguafiestas. [м. и ж.] нарушитель (-ница) общего веселья; человек, наводящий уныние.
aguafresquera. [ж.] (Амер.) продавщица прохладительных напитков.
aguafuerte. [ж.] (жив.) офорт.
aguafuertista. [м. и ж.] офортист.

aguagoma. [ж.] водяное раствор гуммиарабика.
aguaicar. [перех.] (Амер.) нападать на одинокого человека (о группе людей).
aguaija. [ж.] (обл.) серозная жидкость.
aguaitacamino. [м.] (Амер.) (зоол.) род козодоя.
aguaitada. [ж.] (Амер.) (прост.) см. aguaitamiento.
aguaitador, ra. [прил и сущ.] выслеживающий, наблюдатель.
aguaitamiento. [м.] выслеживание, наблюдение.
aguaitar. [перех.] подстерегать, выслеживать.
aguaite. [м.] (Амер.) см. aguaitamiento.
agual. [м.] (Амер.) лужа; болото.
aguajaque. [м.] укропная камедь.
aguaje. [м.] водопой; (мор.) сильный морской прилив; открытое море; (мор.) след, оставляемый судном; кильватер; сильное течение (морской воды); периодическое морское течение; место, где наливаются пресной водой; (Амер.) ливень; большая лужа; (Амер.) строгий выговор; (Амер.) ложь; надувательство, обман: * hacer aguaje, бурно реагировать.
aguajear. [неперех.] (Амер.) кривляться, выражать крайнюю радость, крайнее огорчение; лгать.
aguajirarse. [возв. гл.] (Амер.) падать духом; становиться мрачным, нелюдимым.
aguajoso, sa. [прил.] водянистый, влажный.
agualmeque. [м.] дерево Гондураса.
agualó. [м.] (арг.) асессор; советник.
agualoja. [ж.] (обл.) напиток из воды, мёда и пряностей.
agualojero. [м.] (Амер.) (обл.) продавец агалохи.
agualotal. [м.] (Амер.) (вул.) болото, трясина.
aguallevado. [м.] (обл.) способ очищения канавок.
aguamala. [ж.] (зоол.) медуза.
aguamanil. [м.] кувшин или таз для умывания рук; умывальник.
aguamanos. [м.] вода для умывания рук.
aguamar. [м.] (зоол.) медуза.
aguamarina. [ж.] (мин.) аквамарин, берилл.
aguamarse. [возв. гл.] падать духом, струсить.
aguamelar. [перех.] смешивать с мёдом (напитком); подслащивать воду.
aguamiel. [ж.] мёд (напиток).
aguanieve. [ж.] мокрый снег, мелкий град, крупа.
aguanieves. [ж.] (зоол.) трясогузка (птица).
aguanosiarse. [возв. гл.] становиться слишком водянистым (о фруктах); (перен.) терпеть крушение, неудачу.
aguanosidad. [ж.] (физиол.) серозная жидкость.
aguanoso, sa. [прил.] водянистый; слишком влажный.
aguantable. [прил.] сносный, терпимый.
aguantaderas. [ж. мн.] (Амер.) терпение, чрезмерная снисходительность.
aguantadero, ra. [прил.] сносный, терпимый.
aguantador, ra. [прил.] (Амер.) выносливый, терпеливый.
aguantar. [перех.] поддерживать; сдерживать, удерживать, задерживать, останавливать; сносить, выдерживать, терпеть, претерпевать; выдерживать, терпеть; (мор.) натягивать верёвку; [неперех.] умолкать, сдерживаться; (обл.) торопиться, ходить быстро; [возв. гл.] умолкать, сдерживаться; быть сносным, терпимым; терпеть (переносить) друг друга: * no aguantar ancas или cosquillas, не быть выносливым, терпеливым; * aguantar hasta el fin, дотерпеть.
aguante. [м.] выносливость, стойкость; (мор.) сопротивляемость (судна); сила, мощь, крепость; выдержка, терпеливость, покорность судьбе, смирение, безропотность, терпение, долготерпение.
aguantero, ra. [прил.] (Амер.) выносливый, стойкий.
aguao. [м.] (Амер.) водянистый суп из риса с мясом.
aguaparse. [возв. гл.] (Амер.) (прост.) прикидываться храбрым.
aguapié. [м.] плохое вино из виноградных выжимок; (перен.) бурда; проточная вода.
aguar. [перех.] разбавлять водой (вино и т. д.); (перен.) омрачать, нарушать радость и т. д.; (перен.) смягчать, уменьшать; * aguar el vino, разбавить вино.
aguará. [м.] (зоол.) (Амер.) южноамериканская лисица.
aguarachay. [м.] (зоол.) (Амер.) бразильская лисица.
aguardada. [ж.] ожидание, выжидание.
aguardadero. [м.] шалаш, засада (охотника).
aguardador, ra. [прил.] ожидающий.
aguardar. [перех.] ждать, ожидать, поджидать; надеяться; потерпеть, запастись терпением; давать отсрочку: * aguardar a uno, ждать кого-либо.
aguardentera. [ж.] сорт фляги для водки.
aguardentería. [ж.] лавка, где торгуют водкой.
aguardentero, ra. [м. и ж.] торговец водкой.
aguardentoso, sa. [прил.] водочный: * voz aguardentosa, хриплый голос.
aguardiente. [м.] водка: * aguardiente fuerte, виноградная водка; * aguardiente de cereales, хлебное вино.
aguardientería. (Амер.) (прост.) см. aguardentería.
aguardillado, da. [прил.] расположенный в виде мансарды, мансардный.
aguardo. [м.] см. acecho; (охот.) засада, шалаш; (обл.) ожидание.
aguarear. [неперех.] (Амер.) моросить.
aguarecerse. [возв. гл.] (вул.) см. guarecerse.
aguarería. [ж.] (Амер.) несчастливое предзнаменование.
aguarote. [м.] (Амер.) бурда, мутная безвкусная жидкость.
aguarrada. [ж.] (обл.) лёгкая дождь.
aguarrás. [ж.] терпентинное масло, скипидар.
aguasado, da. [страд. прич.] к aguasarse; [прил.] глупый, простоватый.
aguasal. [ж.] рассол; раствор соли.
aguasaliarse. [возв. гл.] напиваться.
aguasarse. [возв. гл.] (Амер.) опроститься; принимать грубые манеры.
aguatal. [м.] (Амер.) лужа; болото.
aguatero, ra. [м. и ж.] (Амер) водовоз-водонос; продавец воды.
aguatinta. [ж.] (полигр.) акватинта.
aguatocha. [ж.] насос, помпа.
aguatocho. [м.] (обл.) лужа.
aguaturma. [ж.] (бот.) топинамбур, земляная груша.
aguatusar. [перех.] (Амер.) отнимать силой.
aguatuso. [м.] (Амер.) свалка.
aguaverde. [м.] (зоол.) медуза зелёного цвета.
aguaviento. [м.] дождь с сильным ветром.
aguaxir. [м.] школьные каникулы.
aguaza. [ж.] жидкость, влага, сок (опухоли); сок.
aguazal. [м.] лужа; болото.
aguazar. [перех.] наводнять, затоплять, заливать, делать лужи: * aguazarse. [возв. гл.] затопляться.
aguazo. [м.] живопись клеевой краской.
aguazoso, sa. [прил.] водянистый; влажный (слишком); сывороточный.
aguadamente. [нареч.] остро.
agudeza. [ж.] острота, заострённость (инструмента и т. д.); (перен.) острота (зрения и т. д.); (перен.) тонкость, проницательность (ума), остроумие, хитрость, изворотливость, остроумная штука, острота; (перен.) быстрота, лёгкость: * agudeza de ingenio, живость.
agudización. [ж.] (вар.) обострение.
agudizar. [перех.] обострять, делать острым; * agudizarse. [возв. гл.] обостряться (о болезни).
agudo, da. [прил.] острый, заострённый, остроконечный; (перен.) резкий, пронзительный (о голосе); резкий, острый, тонкий; жгучий, пронизывающий (о боли); едкий, колкий, язвительный; тяжёлый (о болезни); острый (о зрении и т. д.); проницательный, дальновидный; (муз.) верхний; остроумный, хитроумный, быстрый, лёгкий: * dolor agudo, острая боль; * palabra aguda, (грам.) слово с ударением на последнем слоге; * acento agudo, (грам.) острое ударение.
agüela. [ж.] **agüelo.** [м.] (разг.) см. abuela, abuelo.
agüera. [ж.] сточная канава.
agüerista. [прил.] (Амер.) суеверный, верующий в предзнаменования.
agüero. [м.] предзнаменование, предвестие; предсказание: * buen agüero, счастливое предзнаменование; * mal agüero, зловещее предзнаменование; * de mal agüero, не предвещающий ничего хорошего, сулящий недоброе.
aguerrido, da. [страд. прич.] к aguerrir; [прил.] обстрелянный, втянувшийся в боевую жизнь, искусный в военном деле, закалённый в боях; (перен.) опытный, выносливый, привыкший к трудностям.
aguerrir. [перех.] приучать к бою; втягивать в боевую жизнь; (перен.) закалять, делать выносливым, приучать к трудностям; aguerrirse. [возв. гл.] приобретать боевой опыт; недост. гл. употребляется только в формах имеющие i.
agüetas. [ж. мн.] (обл.) пикет (вино из виноградных выжимок), см. aguachirle.
aguijada, aguijadera. [ж.] длинная палка с железным наконечником, которой погоняют волов.
aguijador, ra. [прил. и сущ.] стимулирующий, возбуждающий; погонщик волов.
aguí. [ж.] (арг.) мёд.
aguijón. [м.] колючка, шип; игла (у ежа); жало (у насекомых); стрекало; остриё; (перен.) возбудитель, побуждение, стимул.
aguijar. [перех.] погонять остроконечной палкой (волов); погонять (волов и т. д.); (перен.) подстрекать, подгонять, побуждать, стимулировать, поощрять; [неперех.] ускорять шаг.
aguijonazo. [м.] укол жала, колючки; удар палкой (с железным наконечником).

aguijoneador, ra. [прил.] стимулирующий, возбуждающий.

aguijonear. [перех.] погонять остроконечной палкой (волов); колоть жалом; (перен.) тревожить, мучить, терзать; побуждать, поощрять.

águila. [ж.] орёл, орлица; (перен.) орёл, герой, человек выдающегося проницательности и т. д.; (ист.) знамя (с изображением орла); (Амер.) бумажный змей; название разных монет; [м.] род ската: * **águila** hembra, орлица; * **águila** real, беркут; * **águila** de mar, орлан; * **águila** barbuda, орёл-ягнятник; mirada de **águila**, орлиный взор, пронзительный взгляд; * él no es ninguna **águila**, он звёзд с неба не хватает; * chillido del **águila**, клёкот; * chillar el **águila**, клекотать.

aguilando. [м.] новогодний подарок, см. aguinaldo; (разг.) (обл.) глупец, дурак.

aguileña. [ж.] (бот.) водосбор, аквилегия.

aguileño, ña. [прил.] орлиный: (арг.) пособник вора: * nariz **aguileña**, орлиный нос.

aguilera. [ж.] скала, где живёт орёл.

aguilita. [м.] (Амер.) полицейский агент.

aguilón. [м.] крупный орёл; стрела подъёмного крана; брус; черепица или шифер (разрезаный вкось); угол фронтона (здания); (гер.) орёл без клюва и без когтей.

aguilote. [м.] мексиканский помидор с ядовитым корнем; (Амер.) (зоол.) хищная птица.

aguilucho. [м.] орлёнок.

agüin. [м.] высокий хвойный куст.

aguinaldo. [м.] рождественский, новогодний подарок; подарок (к празднику); рождественская народная песня; антильская лиана.

agüio. [м.] птица Центральной Америки.

aguisote. [м.] (Амер.) (прост.) зловещее предзнаменование.

agüista. [сущ.] курортник, курортница.

agüitarse. [возв. гл.] (Амер.) падать духом, унывать.

aguizgar. [перех.] (уст.) стимулировать, побуждать.

aguja. [ж.] игла, иголка; вязальная игла; шляпная булавка; стрелка (в часах, весах, компасе; тж. ж.-д.); (ж.-д.) жезл, жезло; шпиц, шпиль, игла; пик; (зоол.) морская игла; обелиск; слоёный мясной пирог; (полигр.) бумажная складка: * **aguja** de coser, швейная игла; * **aguja** de tejer, вязальная спица; * **aguja** de medias, спица для вязания чулок; * **aguja** de gancho, вязальный крючок; * **aguja** de enjalmar, шорная игла; * **aguja** de gramófono, патефонная иголка; * **aguja** de embalar, рогожная игла; * de **aguja**, игольчатый, игольный; * **aguja** magnética, магнитная стрелка; * **aguja** de náutica, компас; * **aguja** de picar (dibujos), шило для накалывания узоров; * **aguja** de venus, (бот.) скандикс; * **aguja** de válvula, стальной пунсон; * предние рёбра (у животных): * buscar una **aguja** en un pajar, искать иголку в стоге сена; * enhebrar una **aguja**, вдеть нитку в иголку; * conocer la **aguja** de marear, уметь вести себя; * alabar sus **agujas**, расхваливать самого себя.

agujadera. [ж.] трикотажница; чулочница.

agujal. [м.] (Амер.) игольник; коробка для булавок.

agujazo. [м.] игольный укол.

agujerar. [перех.] продырявливать, см. agujerear.

agujerable. [прил.] могущий быть продырявленным.

agujereador, ra. [прил.] дыропробивной; [м.] дырокол.

agujerear. [перех.] проделать дыру или дыры в чём-л, дырявить (прост.), продырявливать, пробивать отверстие, навертеть отверстий, (разг.) истыкивать; прорывать, протыкать; сверлить; изрешетить.

agujero. [м.] дыра, отверстие; лазейка; скважина; горловина; фабрикант и продавец иголок, игольник: * **agujero** de la cerradura, замочная скважина; * **agujero** de hombre, люк, лаз; * tapar un **agujero**, (перен.) заплатить неотложные долги.

agujeruelo. [м. умен.] дырка, дырочка.

agujeta. [ж.] шнурок с металлическим наконечником для ботинок и т. д.; [множ.] ломота от чрезмерной усталости.

agujetería. [ж.] мастерская ремешков, шнурков.

agujetero, ra. [м. и ж.] фабрикант шнурков; торговец шнурками; (Амер.) см. alfiletero.

agujón. [м.] шляпная булавка и т. д.; рыба живущая в Антильском море.

agujoso, sa. [прил.] игольчатый.

agujuela. [ж. умен.] к aguja, иголочка; сорт гвоздя.

aguosidad. [ж.] жидкость, влага (в организме).

aguoso, sa. [прил.] водянистый, влажный; сочный (о фруктах).

agur! [межд.] прощай(-те)! будь(-те) здоров(ы)!

agusajo. [м.] (Амер.) шум причиняющий беспокойство.

agusanamiento. [м.] действие к делаться червивым.

agusanarse. [возв. гл.] червиветь, делаться червивым; agusanado, червивый.

agustina. [ж.] (бот.) род трёхцветного анемона.

agustiniano, na. [прил.] августинский.

agustino. [м.] монах-августинец; см agustiniano.

agutero. [м.] (Амер.) (вар.) игольник.

agutí. [м.] (зоол.) агути (млекопитающее из отряда грызунов).

aguzable. [прил.] поддающийся оттачиванию.

aguzadera. [ж.] точильный камень, точило.

aguzado, da. [страд. прич.] к aguzar; [прил.] заострённый, острый, отточенный.

aguzador, ra. [м. и ж.] точильщик (-ица); (перен.) подстрекатель (-ница), возбудитель (-ница).

aguzadura. [ж.] точка, оттачивание, заострение, заточка; правка (бритвы).

aguzamiento. [м.] (дейст.) оттачивание, заострение.

aguzanieves. [ж.] (орни.) трясогузка.

aguzar. [перех.] точить, оттачивать, заострять, затачивать, затёсывать, начинивать, натачивать; (перен.) возбуждать, побуждать, стимулировать, подстрекать; (перен.) будить; (обл.) см. azuzar: * **aguzar** las orejas, поводить ушами (о лошади).

aguzonazo. [м.] удар кочергой или шпагой

¡ah! [межд.] ах!, а!, у!, о!, ох!, э!, эй!

ahajar. [перех.] мять, комкать, см. ajar.

ahechadero. [м.] место, где веют зерно.

ahechador, ra. [м. и ж.] веяльщик, веяльщица.

ahechadura. [ж.] (чаще множ.) мякина, высевки, отсевки: * de ahechadura(s), мякинный.

ahechar. [перех.] веять зерно, очищать от мякины и сора, просеивать (через решето и т. д.).

ahecho. [м.] просеивание (через грохот и т. д.).

aheleado, da. [страд. прич.] к ahelear; [прил.] имеющий жёлчный вкус.

ahelear. [перех.] придавать горький вкус (жёлчный вкус): (перен.) огорчать, печалить; [неперех.] иметь жёлчный вкус.

ahelgado, da. [прил.] имеющий неровные, редкие зубы.

ahembrado, da. [прил.] женоподобный.

aherrojamiento. [м.] заковывание в кандалы; (перен) угнетение, притеснение.

aherrojar. [перех.] заковывать в кандалы; сажать на цепь; (перен.) угнетать, покорять, порабощать.

aherrumbrar. [перех.] придавать цвет или вкус железа, покрывать ржавчиной; * **aherrumbrarse.** [возв. гл.] ржаветь, проржаветь, покрываться ржавчиной; делаться железистой (о воде).

aherrumbroso, sa. [прил.] ржавый, проржавленный.

ahervorarse. [возв. гл.] перегреваться под действием брожения (зерно).

ahí. [нареч.] там, тут, здесь; туда: * **ahí** me las den todas, мне всё равно, (разг.) мне в высшей степени наплевать; * de por **ahí**, очень обыкновенный; * **por ahí, por ahí**, приблизительно; * de **ahí**, отсюда; * de **ahí** se deduce, отсюда вытекает; * ¡ahí está!, так!; * **ahí está** el quid, вот в чём суть, вот где собака зарыта; в чём загвоздка; * **ahí está** la dificultad, вот в чём затруднение.

ahidalgadamente. [нареч.] благородно; с достоинством.

ahidalgado, da. [прил.] благородный, неурядный; рыцарский (о поступке).

ahigadado, da. [прил.] храбрый, мужественный, доблестный, бесстрашный, смелый; цвета печени.

ahigado, da. [прил.] похожий на фигу (плод).

ahiguerado, da. [прил.] пахожий на фиговое дерево.

ahijada. [ж.] см. aguijada.

ahijado, da. [прил.] крестник, крестница; (перен.) опекаемый; протеже, пользующийся (-аяся) чьим-л покровительством, ставленник (-ица).

ahijar. [перех.] усыновить, удочерить; (перен.) вменять в вину, приписывать кому-л; [неперех.] (по)рождать, производить на свет; (с.-х.) давать ростки.

ahijonear. [перех.] погонять остроконечной палкой (волов), см. aguijonear.

ahilado, da. [прил.] непрерывный и слабый (о ветре); [м.] (Амер.) (прост.) см. liño.

ahilar. [неперех.] ходить, идти один за другим: * **ahilarse.** [возв. гл.] упасть в обморок (за отсутствием пищи); худеть; чахнуть, хиреть, увядать (о растениях); прокисать (о вине); (Амер.) [перех.] устраивать вереницу.

ahilo. [м.] внезапный упадок сил, ослабление, бессилие, слабость; обморок; хирение, хилость (растений).

ahincadamente. [нареч.] с готовностью; с силой.

ahincado, da. [прил.] настойчивый, усердный, упорный, твёрдый в достижении чего-л.

ahincar. [перех.] (уст.) настойчиво просить, умолять: * **ahincarse.** [возв. гл.] торопиться, спешить.

ahinco. [м.] настойчивость, усердие, рвение.

ahitar. [перех.] переполнять желудок, перекармливать, пичкать: * **ahitarse**, [возв. гл.] наедаться до отвала.

ahitera. [ж.] (разг.) несварение, расстройство желудка.

ahito, ta. [прил.] страдающий несварением, расстройством желудка; (перен.) испытывающий пресыщение, пресыщенный, [м.] несварение желудка, расстройство пищеварения.

ahobachonado, da. [прил.] ленивый, не желающий работать, заниматься, обленившийся.

ahobachonarse. [возв. гл.] облениться, стать ленивым.

ahocarse. [возв. гл.] (разг.) (Амер.) запутываться.

ahocinarse. [возв. гл.] суживаться, течь между оврагами и т. д. (о реке).

ahogadero. [прил.] удушливый, удушающий; [м.] верёвка палача; душное помещение, переполненное людьми; род ожерелья; верёвка и т. д., надеваемая на шею (лошади).

ahogadizo, za. [прил.] терпкий (о фруктах); утонувшего животного (о мясе); легко идущий ко дну (о дереве).

ahogado, da. [страд. прич.] к **ahogar(se)** задушенный; сдавленный; [прил.] душный, тесный (о помещении): * **estar ahogado**, быть перегруженным работой; [м. и ж.] утопленник (-ица).

ahogador, ra. [прил.] душный, удушливый; [м.] ожерелье.

ahogagato. [м.] (Амер.) сладости, сласти.

ahogamiento. [м.] дейст. к **ahogar**; удушение, удавление, подавление; (перен.) печаль, скорбь; см. **ahogo**.

ahogar. [перех.] душить, удушить, удавить, задушить; топить (убивать); приглушать (звуки); топить, потоплять (в воде); заглушать, подавлять; тушить; (перен.) терзать, мучить; **ahogarse**, [возв. гл.] тонуть, топиться; душиться, задыхаться: * **aquí se ahoga uno**, здесь душно; * **ahogar un ruido**, заглушить шум; * **ahogarse en un vaso de agua**, впадать в панику по пустякам; * **ahogarse de calor**, задыхаться от жары.

ahogaviejas. [ж.] (бот.) ползучий лютик.

ahogo. [м.] затруднённое дыхание, одышка, удушье; асфиксия; давка, теснота; стеснённое положение; недостаток, нужда в чём-л; тоска; см. **ahoguío** (Амер.) род ивы.

ahoguijo. [м.] (вет.) ангина.

ahoguío. [м.] затруднённое дыхание, одышка, стеснение в груди; (мед.) астма.

ahojar. [перех.] (обл.) объедать листья с животных).

ahombrado, da. [прил.] (м. употр.) мужественный, мужеподобный.

ahombrarse. [возв. гл.] стать мужеподобной (о женщине).

ahondable. [прил.] углубляемый.

ahondado, da. [страд. прич.] к **ahondar**; [прил.] см. **hondo**.

ahondamiento. [м.] углубление; глубокая вспашка.

ahondar. [перех.] углублять, делать глубже; глубоко вспахивать; (перен.) углубляться в..., вникать в..., доходить до сути (дела и т. д.); углублённо изучать.

ahonde. [м.] углубление; глубокая вспашка.

ahora. [нареч.] теперь, в настоящее время, ныне (уст. книж.), нынче (разг.); (перен.) сейчас, тотчас, только что, скоро, немедленно, безотлагательно: * **por ahora**, пока что; * **des(de) ahora en adelante**, впредь, отныне, начиная с этого момента; * **ahora bien**, однако, и вот;

* **hasta ahora**, до сих пор, доселе (уст.);
* **ahora mismo**, сию минуту, сейчас же; только что; * **aunque sea ahora mismo**, хоть сейчас; [союз], хотя; * **ahora..., ahora,** ли..., ли..., или; * **ahora que**, однако; * **ahora si que**, на этот раз.

ahorcable. [прил.] достойный виселицы.

ahorcadizo, za. [прил.] достойный виселицы.

ahorcado, da. [страд. прич.] к **ahorcar**; повешенный (-ая); висельник (уст.); (Амер.) ботинки на шнурках: * **en casa del ahorcado no hay que mentar la soga**, в доме повешенного не говорят о верёвке.

ahorcadora. [ж.] (Амер.) род осы.

ahorcadura. [ж.] повешение; казнь через повешение.

ahorcamiento. [м.] см. **ahorcadura**.

ahorcaperros. [м.] (мор.) мёртвая петля, затяжной узел.

ahorcar. [перех.] вешать, казнить через повешение; вешать, подвешивать; (перен.) бросить, оставить, покинуть, прекратить делать что-л: * **ahorcar los hábitos**, (разг.) отречься от монашеского сана; **ahorcarse**, [возв. гл.] повеситься, удушиться (прост.).

ahorita. [нареч. умен.] (разг.) см. **ahora**; (Амер.) сейчас.

ahormar. [перех.] формовать; (перен.) образовывать; урезонить кого-л; * **ahormarse**, [возв. гл.] хорошо сидеть, быть по ноге и т. д.

ahornagamiento. [м.] действие и состояние к **ahornagar(se)**.

ahornagar. [перех.] опалить тронутые морозом растения (о солнце): * **ahornagarse**, [возв. гл.] засыхать, вянуть (от зноя).

ahornar. [перех.] сажать в печь: * **ahornarse**, [возв. гл.] пригореть, оставаясь непропечённым (о хлебе).

ahorquillado, da. [страд. прич.] к **ahorquillar**; [прил.] раздвоенный, вилообразный.

ahorquillar. [перех.] подпирать, поддерживать развилками (ветви деревьев); придавать форму вилку: * **ahorquillarse**, [возв. гл.] раздваиваться, разветвляться.

ahorradamente. [нареч.] свободно.

ahorrado, da. [страд. прич.] к **ahorrar**; бережливый, хозяйственный, экономный; освобождённый (от рабства), вольноотпущенный; освобождённый, свободный, избавленный от...

ahorrador, ra. [прил. и сущ.] освобождающий, освободитель; бережливый, хозяйственный, экономный, запасливый: * **poco ahorrador**, небережливый.

ahorramiento. [м.] освобождение [от рабства]; сбережение.

ahorrar. [перех.] освобождать, отпускать на волю (раба); сберегать, экономить, откладывать; бережно относиться, беречь, щадить; **ahorrarse** [возв. гл.] щадить себя; не давать себе труда: * **ahorrar fuerzas**, беречь, экономить силы; * **no ahorrárselas, o no ahorrarse, uno con nadie**, говорить прямо в глаза.

ahorrativa. [ж.] сбережение, накопление.

ahorrativo, va. [прил.] (разг.) скаредный, скудный, мелочный.

ahorrío. [м.] освобождение, избавление.

ahorrillos. [м. множ. умен.] маленькие сбережения.

ahorro. [м.] сбережение, экономия, накопление; [множ.] сбережения: * **caja de ahorros**, сберегательная касса; * **libreta de ahorros**, сберегательная книжка; * **hacer pequeños ahorros**, делать небольшие сбережения; **gastar**, или **hurtar los ahorros** растратить общественные деньги.

ahoy. [нареч.] (Амер.) сегодня.

ahoyador. [м.] (обл.) тот, кто роет ямы для древонасаждения.

ahoyadura. [ж.] рытьё ям и т. д.

ahoyar. [перех.] копать, рыть ямы и т. д.

ahuachafar. [перех.] (Амер.) вульгаризировать.

ahuatentle. [м.] (Амер.) канавка (оросительная).

ahuatoto. [м.] (зоол.) мексиканская птица.

ahuchador, ra. [прил.] накапливающий деньги или вещи; [м. и ж.] скопидом (-ка); стяжатель.

ahuchar. [перех.] накапливать деньги в копилке; прятать, хранить накопленные деньги или вещи.

ahuchar. [перех.] (Амер.) науськивать; прогонять (кур и т. д.).

ahuchar. [перех.] (Амер). тискать, стискивать, жать, раздавливать.

ahuchear. [перех.] освистать, ошикать.

ahucheo. [м.] освистывание, шиканье.

ahuecamiento. [м.] выдалбливание; разрыхление; (перен.) тщеславие; хвастовство.

ahuecar. [перех.] выдалбливать, выдалбливанием делать углубление и т. д. в чём-л., делать полым; взрыхлять (почву); выбивать (волосы); повысить голос, говорить важным тоном: * **ahuecar (el ala)**, (разг.) удирать; * **ahuecarse**. [возв. гл.] выдалбливаться, становиться полым; увеличиваться в объёме; (перен.) (разг.) гордиться, чваниться.

ahuesado, da. [страд. прич.] к **ahuesarse**; [прил.] имеющий цвет или твёрдость кости.

ahuesarse. [возв. гл.] (Амер.) терять престиж; терять спрос (о товаре); исхудать, сильно похудеть.

ahuizote. [м.] (зоол.) мексиканская амфибия, ещё не классифицированная; надоедливый человек; колдовство, чародейство.

ahujero. [м.] (Амер.) (вар.) дыра; см. **agujero**.

ahulado. [м.] (Амер.) брезент, грубая плотная непромокаемая ткань.

ahumada. [ж.] дымовой сигнал; (употр. глаголом **hacer**).

ahumado, da. [прил.] закопчённый; задымлённый, закоптевший, закоптелый; дымчатый; копчёный; (Амер.) пьяный; [м.] копчение; окуривание: * **cristales ahumados**, дымовые стёкла; * **arenque ahumado**, копчёная селёдка.

ahumadura. [ж.] копчение.

ahumamiento. [м.] копчение.

ahumar. [перех.] задымить, закоптить, прокоптить; коптить (сельдь, окорок, рыбу); окуривать; [неперех.] дымить, задымиться; чадить: * **ahumarse**, [возв. гл.] закоптиться, прокоптиться; пахнуть дымом, принимать дымовой вкус; (Амер.) хмелеть; сердиться.

ahumear. [перех.] (обл.) дымить; см. **humear**.

ahunche. [м.] (Амер.) остаток, негодная вещь, отбросы.

ahurragado, ahurrugado, da. [прил.] (с.-х.) паханный.

ahusado, da. [прил.] веретенообразный.

ahusamiento. [м.] заострение.

ahusar. [перех.] придавать форму веретена, заострять: * **ahusarse**, [возв. гл.] принимать форму веретена, заостряться.

ahuyentar. [перех.] прогонять, заставить уйти откуда-л, обращать в бегство; отогнать, испугав, отпугнуть; отбрасывать (мысли и т. д.): * **ahuyentarse.** [возв. гл.] убегать, удирать.

aijada. [ж.] стрекало; см. **aguijada.**

aijares. [м. множ.] (Амер.) (прост.) см. **ijares.**

ailanto. [м.] (бот.) айлант.

aimiqui. [м.] (прост.) кубинское дерево.

aína. [нареч.] быстро, проворно; легко; чуть ли не.

ainado, da. [прил.] усталый, утомлённый.

ainas. [нареч.] см. **aína**: * **no tan aínas,** не так легко, как кажется.

ainda, aindamáis. [нареч.] (разг.) (юмор.) кроме того, сверх того; а также.

aindiado, da. [прил.] (Амер.) имеющий черты лица или цвет индейца.

aipatía. [ж.] хроническая болезнь.

airadamente. [нареч.] гневно, сердито, яростно.

airado, da. [прил.] гневный, яростный, сердитый; неистовый, бешеный; запальчивый; (перен.) развратный, порочный, распутный: * **vida airada,** разврат, распутство, разгул; * **mujer de vida airada,** развратница, распутница.

airamiento. [м.] раздражение.

airar. [перех.] рассердить, приводить в гнев: * **airarse.** [возв. гл.] рассердиться.

aire. [м.] воздух; атмосфера; ветер; вид, мина, наружность; осанка, выправка, манера держать себя; грация, изящество; [множ.] манеры: * **aire comprimido,** сжатый воздух; * **aire líquido,** жидкий воздух; * **aire libre,** вольный воздух; * **aire fresco,** свежий воздух; * **corriente de aire,** сквозняк; * **aire cargado,** тяжёлый, душный, спёртый воздух; * **tomar el aire,** подышать воздухом; * **ir a tomar el aire,** выйти на воздух; * **aire natal,** родной воздух; * **impermeable al aire,** непроницаемый для воздуха; * **en el aire,** в воздухе; на воздух; (перен.) повисший в воздухе; * **en pleno aire,** на чистом воздухе, под открытым небом; * **al aire libre,** на вольном воздухе; * **renovar el aire de una habitación,** проветрить комнату; * **disparar al aire,** выстрелить в воздух; * **cambiar de aires,** переменить местожительство; * **hablar al aire,** говорить на ветер, необдуманно; * **azotar al aire,** толочь воду в ступе; * **hacer castillos en el aire,** строить воздушные замки; * **ofenderse del aire,** обижаться из-за всякой чепухи, быть обидчивым; * **estar con un pie en el aire,** занимать шаткое положение; * **aire de familia,** фамильное сходство; * **tener aire de,** казаться; * **aire de suficiencia,** самодовольный вид; * **echar al aire,** открывать, оголять (шею и т. д.); * **el Aire,** военно-воздушные силы.

aire. [м.] (муз.) мотив, напев, ария: * **aires populares,** народные песни.

aire. [м.] (зоол.) кубинское насекомоядное млекопитающее.

aireable. [прил.] могущий быть проветренным.

aireación. [ж.] проветривание, вентиляция, аэрация.

airear. [перех.] проветривать; вентилировать; просушивать на воздухе: * **airearse.** [возв. гл.] проветриваться; подышать воздухом; простужаться, получить насморк; * **aireado.** [страд. прич.] проветренный; * **airear un alojamiento,** настуживать.

aireatorio, ria. [прил.] относящийся к проветриванию.

airela. [ж.] (бот.) род вереска.

aireño, ña. [прил.] воздушный.

aireo. [м.] проветривание.

airón. [м.] (орни.) хохлатая цапля; хохол (у птиц); султан, эгрет, плумаж (на шляпе и т. д.).

airón. [прил.] очень глубокий (о колодце).

airón. (Амер.) галопом: * **andar al airón,** нестись галопом, галопировать.

airosamente. [нареч.] грациозно, изящно.

airosidad. [ж.] грациозность, изящность.

airoso, sa. [прил.] ветреный; статный, стройный; изящный, грациозный; миловидный, привлекательный; победоносный, торжествующий: * **salir airoso,** иметь успех.

aislable. [прил.] изолируемый, разобщаемый.

aislacionismo. [м.] изоляционизм.

aisladamente. [нареч.] отдельно, в одиночку, в отдельности.

aislado, da. [страд. прич. к aislar]; [прил.] уединённый; пустынный, одинокий; отдельный, единичный; изолированный, разобщённый, отдельный: * **un caso aislado,** единичный случай.

aislador, ra. [прил.] изолирующий, разобщающий; [м.] изолятор, изолирующее средство, изоляционный материал: * **aislador eléctrico,** электроизолятор.

aislamiento. [м.] уединённость, уединение, одиночество; обособленность, изолированность, отчуждённость, замкнутость; изоляция, изолирование, изолировка; разобщение.

aislante. [дейст. прич. к aislar и прил.] (физ.) (тех.) изолирующий, изоляционный.

aislar. [перех.] окружать водой; изолировать, уединять, отделять, обособлять, разобщать; (эл.) изолировать.

aislatorio, ria. [прил.] относящийся к уединению и т. д.

aite. [м.] кубинское дикорастущее дерево.

aizcoles. [м. множ.] (бот.) (об.) волчьи бобы.

¡ajá! [межд.] да, так точно!, ладно!, правильно!

ajabeba. [ж.] мавританская флейта.

ajacintado, da. [прил.] похожий на гиацинт.

ajacho. [м.] (Амер.) крепкий напиток (из **ají** и **chicha**).

ajada. [ж.] соус из размоченного хлеба, толчёного чеснока и соли; (Амер.) см. **ajamiento.**

ajadamente. [нареч.] грустно, печально, томно.

ajadizo, za. [прил.] легко поддающийся увяданию.

¡ajajá! [межд.] см. **¡ajá!**

ajaleado, da. [прил.] похожий на желе (из фруктов).

ajaletinado, da. [прил.] похожий на желатин.

ajambado, da. [прил.] прожорливый; глупый, тупой; [м. и ж.] обжора.

ajamiento. [м.] комкание; увядание; блёклость; оскорбление, поругание чести, (уст.) бесчестье.

ajamonarse. [возв. гл.] полнеть (о женщине уже не молодой); (Амер.) **amojamarse.**

ajan. [м.] (обл.) (бот.) см. **clamátide.**

ajanado, da. [прил.] гладкий, ровный.

ajaquecarse. [возв. гл.] заболеть, страдать мигренью.

ajar. [перех.] мять, комкать, измять; вызывать увядание; делать блёклым, тусклым, лишать свежести, поношенным, ис-трепать, загрязнить ноской; оскорблять, ругать, бранить, позорить, бесчестить, клеймить, хаять (прост.); **ajarse.** [возв. гл.] мяться; вянуть, увядать, блёкнуть.

ajar. [м.] земля, засеянная чесноком.

ajarafe. [м.] открытая терраса (на крыше); возвышенная и обширная местность.

ajardinar. [перех.] придавать форму сада.

ajaspajas. [ж. множ.] пошлость, банальность; (обл.) сухой ствол лука.

ajataba. [ж.] диоптр, визир.

aje. [м.] постоянное недомогание, недуг, хроническое заболевание.

aje. [м.] (зоол.) кошениль Гондураса, дающая красивую жёлтую краску.

ajea. [ж.] (бот.) сорт чернобыльника.

ajear. [неперех.] жаловаться (о куропатке).

ajebe. [м.] квасцы.

ajedrea. [ж.] (бот.) чабёр, чабрец.

ajedrecista. [м. и ж.] шахматист, шахматистка.

ajedrecístico, ca. [прил.] шахматный: * **concurso ajedrecístico,** шахматный турнир.

ajedrez. [м.] шахматы: * **tablero de ajedrez,** шахматная доска.

ajedrezado, da. [прил.] шахматный, похожий на шахматную доску.

ajedrezar. [перех.] комбинировать разные цвета.

ajedrecista. [м. и ж.] шахматист, шахматистка.

ajelar. [перех.] (арг.) льстить.

ajenabe. [м.] (бот.) горчица.

ajenar. [перех.] (уст.) см. **enajenar.**

ajengibre. [м.] (бот.) имбирь.

ajeniar. [перех.] (Амер.) захватывать.

ajenjo. [м.] полынь; абсент, полынная водка.

ajeno, na. [прил.] чужой, не собственный, принадлежащий другим; чуждый, чужой, не родной, не своей семьи, посторонний; различный, разный; свободный от чего-л; неподходящий, неподобающий, несвойственный: * **en manos ajenas,** в чужие руки; * **vivir a costa ajena,** жить на чужой счёт; * **estar ajeno de una cosa,** ничего не знать о чем-л; * **ajeno de cuidados,** свободный от забот; * **ajeno a,** непричастный; * **lo ajeno,** чужое.

ajenuz. [м.] (бот.) посевная чернушка.

ajeo. [м.] куропачья жалоба.

ajerezado, da. [прил.] имеющий вкус похожий на херес.

ajergar. [перех.] придавать жаргонную форму.

ajeriar. [перех.] (арг.) жарить.

ajerizar. [перех.] (арг.) см. **ajeriar.**

ajero, ra. [м. и ж.] торговец чесноком; владелец земли, засеянной чесноком.

ajete. [м. умен.] молодой или зелёный чеснок; соус с чесноком.

ajetrearse. [возв. гл.] уставать от работы, ходьбы и т. д.; суетиться.

ajetreo. [м.] суета, суетня, хлопотливые занятия с утомительной ходьбой, утомление, мотня (прост.): * **andar en constante ajetreo,** трудиться не покладая рук.

ají. [м.] индейский перец; см. **ajiaco**: * **ponerse uno como un ají,** (перен.) (разг.) краснеть.

ajiaceite. [м.] соус из толчёного чеснока и оливкового масла.

ajiaco. [м.] (Амер.) перечный соус; похлёбка из овощей и мяса с перцем; (Амер.) шум, суматоха, скандал; (бот.) род щавеля: * **estar, o ponerse uno como ajiaco,** (разг.) быть в дурном настроении.

ajicarar. [перех.] придавать форму чашки для шоколада.

ajicera. [ж.] (Амер.) перечница.
ajicero, ra. (Амер.) [прил.] к индейский перец; [м. и ж.] торговец индейским перцем; перечница.
ajicola. [ж.] клей из чесноков и отрывков выделанной козьей кожи.
ajicomino. [м.] соус из чеснока и тмина.
ajicón. [м.] кубинское дикорастущее растение похожее на баклажан.
ajiconal. [м.] (Амер.) поле, изобилующее ajicones.
ajicuervo. [м.] (бот.) (обл.) растение с сильным чесноковым запахом.
ajiche. [прил.] (Амер.) худой, хилый.
ajigolear. [перех.] (Амер.) торопить, понуждать.
ajicolones. [м. множ.] (Амер.) спешка, суетливая быстрота и т. д.
ajigotar. [перех.] (разг.) дробить, делить на мелкие части.
ajigriné. [м.] (арг.) агат, чёрный янтарь, см. azabache.
ajilar. [перех.] (арг.) помогать, оказывать помощь; (Амер.) клевать (о рыбе); (арг.) доставить кому-л клизму.
ajilé. [м.] (арг.) клизма.
ajilí. [м.] (арг.) (бот.) цветок апельсинового или лимонного дерева.
ajilibrio. [м.] (Амер.) (вул.) слабость, немощность.
ajilimoje и ajilimójili. [м.] род соуса; [множ.] принадлежности, службы (постройки).
ajillo. [м.] (обл.) картофельное кушанье.
ajiménez. [м.] солнцепёк, галерея, приспособленная для солнечных ванн.
ajimez. [м.] сводчатое окно, разделённое центральной колонкой.
ajinar. [перех.] делить, дробить на мелкие части.
ajiné. [м.] (арг.) часть, доля; порция.
ajipa. [ж.] (бот.) боливийское растение.
ajipuerro. [м.] дикий лук-порей.
ajironar. [перех.] класть заплатки; (изо)рвать на куски.
ajitera. [ж.] (Амер.) (прост.) пресыщение, расстройство желудка.
ajizal. [м.] (Амер.) земля, засеянная ají.
ajo. [м.] чеснок; соус из чеснока; долька чеснока; (перен.) косметическое средство; бранное слово; грязное дело: * diente de ajo, долька, зубок чесноку; * cabeza de ajo, головка чесноку; * ristra de ajos, связка чеснока; * quien se pica ajos come, на воре шапка горит; * andar en el ajo, быть замешанным в грязном деле; * apestar a ajos, вонять чесноком; * bueno anda el ajo, всё идёт вверх дном; * como un ajo, (разг.) свеж, как огурчик; * harto de ajos, грубиян, мужлан; * ajo porro или puerro, лук-порей; * tieso como un ajo, важничающий.
¡ajó! [межд.] агу! (в обращении к детям).
ajoarriero. [м.] (обл.) кушанье из трески с чесноком, яйцами и оливковым маслом.
ajobar. [перех.] нести на спине или в руках; ajobarse. [возв. гл.] (уст.) сожительствовать вне брака.
ajobero, ra. [прил.] несущий на спине или в руках; [м.] грузчик.
ajobilla. [ж.] род моллюска.
ajobo. [м.] ноша на спине или в руках; груз (на спине или в руках); (перен.) бремя, трудная доля.
ajochar. [перех.] (вул.) (Амер.) науськивать; раздражать; (Амер.) настаивать.
ajofaina. [ж.] умывальный таз.
ajolín. [м.] (арг.) (зоол.) заяц.
ajolín. [м.] (зоол.) род чёрного клопа.
ajolote. [м.] (зоол.) мексиканская амфибия.

ajomate. [м.] (бот.) речная водоросль.
ajonjear. [перех.] (Амер.) ласкать, нежить, лелеять, баловать; соблазнять; см. jonjabar.
ajonjera (juncal). [ж.] (бот.) колючелистник, колючник: * ajonjera juncal, хондрилла.
ajonjolí. [м.] (бот.) кунжут, сезам.
ajonjolín. [м.] (Амер.) (вар.) кунжут, сезам.
ajonuez. [м.] соус из чеснока и мускатного ореха.
ajoqueso. [м.] рагу, приправленное чесноком и тёртым сыром.
ajorar. [перех.] прогонять; уносить, уводить силой; (вул.) беспокоить, обременять, приставать, терзать.
ajorca. [ж.] украшение в виде кольца из металла, носимое на запястье, на ногах; (para los brazos) браслет.
ajordar. [неперех.] (обл.) кричать до хрипоты.
ajornalar. [перех.] нанимать поденно.
ajoró. [м.] (арг.) пятница.
ajorrar. [перех.] (обл.) притаскивать брёвна до места для погрузки.
ajorro. [нареч.] на буксире; на прицепе.
ajotar. [перех.] (Амер.) науськивать, натравлять, побуждать; презирать: * ajotarse. [возв. гл.] краснеть, стыдиться; изнеживаться.
ajote. [м.] (бот.) губовидная трава.
ajotollo. [м.] (Амер.) рагу из tollo.
ajotrino. [м.] (обл.) дикорастущий лук-порей.
ajuanetado, ajuaneteado. [прил.] имеющий подагрические шишки на ногах.
ajuar. [м.] приданое; носильные вещи; домашняя утварь, кухонная утварь.
ajuarar. [перех.] (Амер.) меблировать.
ajubonar. [перех.] придавать форму камзола.
ajudiado, da. [прил.] похожий на еврея; похожий на манеры и т. д. евреев.
ajudiarse. [возв. гл.] принимать манеры евреев.
ajuiciado, da. [страд. прич. к ajuiciar]; [прил.] благоразумный, здравомыслящий, рассудительный, осмотрительный.
ajuiciar. [перех.] образумить, сделать благоразумным, рассудительным; см. juzgar, enjuiciar. [неперех.] стать благоразумным, рассудительным, образумиться.
ajumarse. [возв. гл.] (прост.) охмелеть, напиться пьяным.
ajumpiarse. [возв. гл.] качаться на качелях.
ajuncia. [ж.] (Амер.) нравственная му́ка; терзание.
ajunco, ca. [прил.] (арг.) обиженный, оскорблённый.
ajuno, na. [прил.] чесночный, чесноковый.
ajupar. [перех.] (Амер.) науськивать, натравлять.
ajustadamente. [нареч.] справедливо.
ajustado, da. [страд. прич. к ajustar]; [прил.] правильный, верный; обтянутый, прилегающий, облегающий; налаженный (о механизме); точно пригнанный; согласованный; (об)условленный; (неуп.) ничтожный, мизерный.
ajustador. [м.] камзол и т. д. облегающий тело; корсет, лиф(чик), корсаж; кольцо; наладчик, слесарь-монтажник; сборщик (механизмов); (полигр.) верстальщик; верстатка: * mecánico ajustador, слесарь-механик.
ajustamiento. [м.] пригонка, прилаживание (частей); юстировка, регулировка; сжимание; плотное свинчивание; выравнивание; окончательная отделка; урегулирование; примерка (платья и т. д.); выверка, сверка, проверка, подведение (счетов); (полигр.) вёрстка; согласование, договорённость.
ajustar. [перех.] точно пригонять, прилаживать, подгонять; соединять (отдельные части между собою); юстировать, выверять, отрегулировать; упорядочивать, приводить в порядок; устраивать, сообразовать; шнуровать, зашнуровывать; плотно облегать, примерять, делать по фигуре (о платье и т. д.); налаживать (механизм); комплектовать; улаживать (дело и т. д.); приводить к соглашению, примирять; условиться о цене; (полигр.) верстать; уплачиваться, рассчитываться (по счёту); сверять (счета); наносить (удар и т. д.); скаредничать; [неперех.] точно сходиться; * ajustar (las cuentas), сводить счёты; * ajustar el tiro, пристреливать; * ajustarse. [возв. гл.] соглашаться, договариваться; применяться, приноравливаться, приспособляться.
ajuste. [м.] см. ajustamiento; место соединения; торговая сделка; договорённость; договор, соглашение; (Амер.) см. adehala: * tornillo de ajuste, (тех.) клемма; * más vale mal ajuste que buen pleito, худой мир лучше доброй ссоры.
ajusticiado, da. [страд. прич. и сущ.] казнённый, казнённая.
ajusticiador. [м.] палач.
ajusticiamiento. [м.] казнь, лишение жизни как высшая мера судебной кары.
ajusticiar. [перех.] казнить, подвергать смертной казни.
al. стяжение предлога a и определённого артикля el; (прежде неопределённой формой глагола) в тот момент, в ту минуту, когда: * al morir, при смерти.
ala. [ж.] крыло; боковое строение, крыло (здания); флигель; (воен.) крыло, фланг; (ав.) крыло, плоскость, лопасть (воздушного винта); поля (шляпы); ряд, линия; (мор.) маленький парус; навес, свес кровли; [множ.] дерзость: * en ala, гуськом; * las dos, las tres, del ala, две, три песеты; * las alas de la nariz, (анат.) крылья носа; * cortar las alas a alguien, (перен.) подрезать крылья кому-л; * dar alas, (прям.) (перен.) воодушевлять; * desplegar las alas, (прям. перен.) расправлять крылья; * ahuecar el ala, (перен.) удирать; * volar uno con sus propias alas, стать самостоятельным; * arrastrar el ala, (перен.) (разг.) ухаживать, волочиться; * ala de mosca, шулерский приём; * ala del corazón, предсердие.
Alá. [м.] Аллах.
alabable. [прил.] похвальный.
alabado, da. [страд. прич. к alabar]; [м.] (муз.) мотет; (Амер.) утренняя песня ночного сторожа; песня при начинании и окончании работы: * al alabado, (Амер.) наконец; * por el alabado dejé el conocido, y vime arrepentido, не сули журавля в небе, а дай синицу в руки.
alabador, ra. [прил. и сущ.] восхваляющий (-ая).
alabamiento. [м.] хвала, похвала, восхваление.
alabancero, ra. [прил.] льстивый.
alabancia. [ж.] хвастовство, хвастливость, бахвальство (прост.)
alabancioso. sa. [прил.] хвастливый.
alabanco. [м.] (зоол.) дикая утка, чирок.

alabanza. [ж.] хвала, похвала; похвальное слово; дифирамб; (разг.) похвальба: * deshacerse en alabanzas, рассыпаться в похвалах.

alabar. [перех.] хвалить, расхваливать, восхвалять, величать, славословить, восхвалять; одобрять; (Амер.) петь el alabado, (см. alabado): * alabar desmesuradamente, петь аллилуйя кому-л, курить фимиам; * alabarse. [возв. гл.] хвалиться, хвастаться, (разг.) бахвалиться, восхваляться, похваляться: * alabarse mucho, нахвастаться, нахвалиться; * alabarse de, хвастаться чем-л.

alabarda. [ж.] (ист.) старинное оружие-секира на длинном древке, алебарда, бердыш; оружие и значки сержантов пехоты; звание сержанта.

alabardado, da. [прил.] имеющий форму алебарды.

alabardazo. [м.] удар алебардой.

alabardero. [м.] (ист.) воин, вооружённый алебардой; (перен.) (разг.) клакёр.

alabardiforme. [прил.] имеющий форму алебарды, похожий на алебарду.

alabastrado. [прил.] похожий на алебастр.

alabastrar. [перех.] отделывать под алебастр.

alabastrario. [м.] склад алебастра; рабочий, занимающийся обработкой алебастра.

alabástrico, ca. [прил.] алебастровый.

alabastrina. [ж.] прозрачный лист гипсового алебастра.

alabastrino, na. [прил.] алебастровый; похожий на алебастр.

alabastrita. [ж.] алебастрит, гипсовый алебастр.

alabastrites. [ж.] см alabastrita.

alabastro. [м.] (мин.) алебастр: * alabastro oriental, очень прозрачный алебастр; * alabastro yesoso или blanco, гипсовый алебастр.

alabastrofia. [ж.] мастерство по выделке алебастра.

alabastrón. [м.] древняя ваза без ручек из алебастрита.

alabastroso, sa. [прил.] изобилующий алебастром.

alabatorio. [м.] хвала, похвала.

álabe. [м.] пригнутая к земле ветвь; (тех.) плица, лопасть водяного колеса; палец, кулак; зацепка; рогожа (у бортов телеги и т. д.); (уст.) навес (крыши).

alabeado, da. [страд. прич. к alabear(se)] [прил.] согнутый, выгнутый, искривлённый.

alabear. [перех.] искривлять, коробить, перекашивать (доску); сгибать; гнуть; * alabearse. [возв. гл.] перекашиваться, коробиться, кривиться (о дереве).

alábega. [ж.] (бот.) см. albahaca.

alabeo. [м.] изгиб, выгиб, покоробленность, кривизна, искривление (дерева).

alabesa. [ж.] см. alavesa.

alacate. [м.] (Амер.) (бот.) род тыквы.

alacayuela. [ж.] (бот.) вид розана.

alacena. [ж.] стенной шкаф; (Амер.) верхняя часть груди.

alacenar. [перех.] придавать форму стенного шкафа.

alacet. [м.] (обл.) фундамент, основание для стен здания.

alaciamiento. [м.] увядание.

alaciar, alaciarse. [возв. гл.] вянуть, увядать, блёкнуть, сохнуть.

alaco. [м.] (Амер.) тряпка, лоскут, (разг.) ветошка, клочок; старая, вышедшая из употребления вещь; развратник (-ица), распутник (-ица).

alacrán. [м.] (энто.) скорпион; крючок удил; застёжка; (Амер.) человек, склонный злословить; * alacrán marino, морская жаба; * picado del alacrán, страдающий физическим недостатком; страдающий венерической болезнью.

alacranado, da. [прил.] укушенный скорпионом; (раз.) развращённый, испорченный, порочный, развратный.

alacranear. [перех.] (разг.) злословить, сплетничать о чём-л.

alacranera. [ж.] (бот.) скорпионник.

alacranídeo, a. [прил.] похожий на скорпиона.

alacraniforme. [прил.] имеющий форму скорпиона.

alacre. [прил.] весёлый; бодрый, проворный.

alacridad. [ж.] радость, бодрость, проворство, живость.

alactaga. [м.] (зоол.) земляной заяц, тушканчик-алактага.

alacha. [ж.] анчоус, хамса (рыба).

alachar. [перех.] (арг.) находить, раскрывать.

alache. [м.] анчоус, хамса (рыба).

alachero, ra. [м. и ж.] продавец (-щица) анчоусов.

alachingar. [перех.] (арг.) удлинять; вытягивать, растягивать.

alada. [ж.] взмах крыльев.

aladares. [м. множ.] волосы падающие на виски.

aladear. [перех.] (прост.) откладывать, класть в сторону; (перен.) лишать покровительства.

aladica. [ж.] (энто.) крылатый муравей.

agladierna. [ж.] (бот.) вечнозелёная крушина.

alado, da. [прил.] крылатый; быстрый, лёгкий; (бот.) перистый (о листьях).

aladrada. [ж.] (обл.) борозда (плугом).

aladrar. [перех.] (обл.) пахать, вспахивать (плугом).

aladrería. [ж.] (обл.) сельскохозяйственные орудия.

aladrero. [м.] (мин.) рабочий, занимающийся изготовлением подпорок и т. д.; (обл.) тот, кто строит плуги, сельскохозяйственные орудия.

aladro. [м.] (обл.) плуг.

aladroque. [м.] анчоус, хамса (рыба).

aledul. [м.] котёл, чан.

alafia. [ж.] (разг.) милость, прощение, пощада, помилование: * pedir alafia, просить прощения.

alafre. [прил.] (Амер.) презренный, низкий, подлый.

álaga. [ж.] (бот.) полба, особый вид пшеницы; зерно и хлеб полбы.

alagadizo, za. [прил.] легко или часто заливающийся, заливной (о местности).

alagado, da. [прил.] похожий на озеро; [м.] (Амер.) затопленная местность.

alagar. [перех.] вызывать появление болот и т. д., заболачивать.

alagarero, ra. [прил.] болтливый, крикливый.

alagartado, da. [прил.] пёстрый как кожа ящерицы.

alagartijado, da. [прил.] похожий на маленькую ящерицу (ящерку).

alagipapo, alagópago. [м.] кустарник Канарских островов.

alagunado, da. [прил.] похожий на маленькое озеро.

alagunar. [перех.] (Амер.) (праст.) вызывать появление болот.

alahabar. [м.] (хим.) чёрный свинец.

alaica. [ж.] (обл.) крылатый муравей.

alajú. [м.] медовый пряник (с миндалём и орехами).

alalá. [м.] народная песня (на севере Испании).

alalia. [ж.] афония, потеря голоса.

alalico, ca. [прил.] к афония, потеря голоса.

alalimón. [м.] детская игра.

alalino, na. [прил.] немой.

alam. [м.] (в Марокко) знамя, штандарт.

alama. [ж.] (бот.) бобовое растение.

alamanda. [ж.] (бот.) кустарник с желтыми цветами, употребляемый слабительным.

alamar. [м.] петлица, нашивка; см. cairel.

alambicadamente. [нареч.] затейливо, витиевато.

alambicado, da. [страд. прич. к alambicar; прил.] витиеватый, затейливый, замысловатый, лишённый простоты, утончённый, мудрёный; скупой; выдаваемый скупо, в обрез.

alambicador, ra. [прил. и сущ.] перегоняющий, дистиллирующий; скаредный, скудный.

alambicamiento. [м.] перегонка, дистилляция; чрезмерная витиеватость, утончённость.

alambicar. [перех.] перегонять, дистиллировать, очищать перегонкой; (перен.) мудрить, говорить, писать витиевато; выдавать скупо, в обрез.

alambique. [м.] перегонный куб: * por alambique, скупо, в обрез.

alambiquería. [ж.] (Амер.) спиртовой или водочный завод.

alambiquero. [м.] (Амер.) владелец спиртового или водочного завода.

alambor. [м.] (арх.) кромка, фаска; (воен.) эскарп; (бот.) разновидность апельсинового дерева.

alambrada. [ж.] (воен.) проволочное заграждение.

alambrado. [м.] проволочная сетка, решётка; ограда из проволоки.

alambrador, ra. [прил.] огораживающий проволокой.

alambrar. [перех.] огораживать проволокой.

alambrar. [неперех.] (обл.) проясняться (о небе).

alambrario. [м.] склад проволоки; торговец проволокой, проволочник, рабочий, занимающийся обработкой проволоки и изготовлением изделий из неё.

alambre. [м.] проволока; железная проволока; колокольчики, бубенцы (у скота); (мор.) стальной трос; (уст.) медь; латунь, жёлтая медь; бронза: * alambre de espino, колючая проволока; * estirar alambres, волочить (проволоку); * dar el alambre, скреплять стальным тросом.

alambrear. [перех.] клевать проволоки клетки (о куропатке).

alambrera. [ж.] проволочная сетка (на окнах); колпак для кушаний из проволочной сетки.

alambrería. [ж.] магазин, где продают проволочные изделия.

alambrero, ra. [м. и ж.] торговец проволокой; проволочник, рабочий, занимающийся обработкой проволоки и изготовлением изделий из неё.

alambrillo. [м.] (Амер.) кубинское травянистое растение.

alameda. [ж.] тополиная роща; тополевая аллея; аллея, дорога с рядами деревьев по обеим сторонам.

alamedero. [м.] сторож тополиной рощи.

alamillo. [м.] (бот.) маленький тополь.

alamín. [м.] (обл.) см. **alamillo**; (обл.) маленькая тополиная роща.
álamo. -**m.** [бот.] тополь; * **álamo blanco**, серебристый тополь; * **álamo negro**, чёрный тополь; * **álamo temblón**, alpino, o líbico, осина.
alamor. [м.] (бот.) сафлор.
alampar. [неперех.] (обл.) жечь (об ощущении на нёбе); **alamparse** [возв. гл.] (разг.) жадно желать (есть, пить): * **alampar** por, зариться на что-л, жаждать чего-л.
alamud. [м.] железный засов.
alanceador, ra. [прил. и сущ.] наносящий удары копьём.
alanceadura. [ж.] нанесение ударов копьём.
alancear. [перех.] наносить удары копьём, ранить копьём; (перен.) см. **zaherir**.
alandrearse. [возв. гл.] делаться белым, тугим и сухим (о шелковичных червях).
alanés. [м.] (зоол.) большой мексиканский олень.
alangari. [м.] (арг.) прощение; извинение; боль.
alangit. [м.] (бот.) филиппинское дерево.
alano. [м.] порода собак, употребляемая на охоту за кабанами: * **alanos**, (ист.) варварский народ.
alante. [прост.] см. **adelante**.
alanzar. [перех.] наносить удары копьём, ранить копьём; см. **lanzar**; бросать копья в сооружение из досок.
alaqueca, alaqueque. [м.] сердолик.
alaquiar. [перех.] (арг.) ткать, плести.
alaquinó, ní. [м. и ж.] (арг.) ткач, ткачиха.
alar. [м.] навес; силок, петля для ловли куропаток; [множ.] (арг.) шаровары.
alárabe. [прил. и сущ.] арабский; араб, арабка.
alarbe. см. **alárabe**; [м.] (перен.) грубиян.
alarconiano, na. [прил.] принадлежащий Аларкону.
alarde. [м.] (воен.) смотр; парад; выставление напоказ, хвастовство; осмотр пчёлами улья; посещение судьей заключённых: * **hacer alarde**, кичиться, хвастать(ся), хвалиться чем-л, выставлять напоказ.
alardear. [неперех.] щеголять чем-л, выставлять напоказ, хвалиться, хвастаться чем-л, кичиться, чваниться чем-л: * **sin hacer alarde**, без хвастовства, не хвастаясь.
alardeo. [м.] выставление напоказ, хвастовство.
alardo. [м.] (уст.) смотр; парад; см. **alarde**.
alardoso, sa. [прил.] кичливый, хвастливый, пышный.
alargada. [ж.] (мор.) прекращение ветра.
alargadera. [ж.] (хим.) надставная, удлинительная трубка; согнутый побег виноградной лозы.
alargado, ra. [прил.] могущий быть удлинённым.
alargado, da. [страд. прич. к **alargar**]; [прил.] обширный; (перен.) удалённый, отдалённый, далёкий.
alargador, ra. [прил.] удлиняющий и т. д.
alargadura. [ж.] (мор.) прекращение ветра.
alárgama. [ж.] (бот.) дикая рута.
alargamiento. [м.] удлинение; вытягивание, растягивание; продолжение, продление, отсрочка, откладывание, задержка, промедление, приостановка; (тех.) наращивание.
alargar. [перех.] удлинять, надставлять, делать надставку; вытягивать, растягивать; наращивать, удлинять прибавлением чего-л; ослаблять, отпускать (верёвку и т. д.); продлить, продолжить; откладывать, отсрочивать; заме-

длять; задерживать; увеличивать, повышать, прибавлять (рацион и т. д.); передавать из рук в руки, от одного к другому; [неперех.] отходить (о тре): * **alargar el paso**, ускорить шаг, прибавить шагу; * **alargar el cuello**, протягивать шею; * **alargarse** [возв. гл.] удлиняться; удаляться, отходить в сторону; распространяться; (мор.) менять направление (о ветре); увеличиваться, длиться, продолжаться (о времени): * **alargarse en el discurso**, говорить длинно (пространно).
alargas. [ж. множ.] (обл.) замедление; см. **largas**.
alarguez. [м.] название различных колючих растений.
alaria. [ж.] инструмент для полировки глиняных сосудов.
alarida. [ж.] крики, гам.
alarido. [м.] военный мавританский крик; жалобный крик, вопль; крик, вой, завывание: * **ponerse a dar alaridos**, завопить, взвыть, зареветь.
alarifazgo. [м.] должность **alarife**.
alarife. [м.] архитектор, зодчий (уст.); руководитель строительных работ; мастер-каменщик; (Амер.) умный человек.
alarma. [ж.] тревога; набат; (перен.) тревога, беспокойство, волнение; переполох: * **señal de alarma**, тревожный гудок, сигнал тревоги; * **falsa alarma**, напрасная, ложная тревога; * **dar la señal de alarma**, бить тревогу; ударить в набат; поднимать тревогу.
alarmadamente. [нареч.] тревожно.
alarmador, ra. [прил.] тревожащий, тревожный.
alarmante. [действ. прич.] вызывающий тревогу, тревожный, угрожающий.
alarmar. [перех.] поднимать по тревоге; поднимать на ноги, будоражить, взбудораживать, тревожить, беспокоить, волновать, испугать.
alarmativo, va. [прил.] тревожный, вызывающий тревогу.
alarmatorio, ria. [прил.] к тревога, тревожный.
alarmega. [ж.] (бот.) дикая рута.
alarmista. [прил.] паникерский, паникёрский; [м. и ж.] паникёр (-ша), алармист (-тка).
alarse. [возв. гл.] (арг.) удирать, уходить, уезжать.
alas. [ж. множ.] (перен.) дерзание.
alaste. [прил.] (Амер.) эластичный; скользкий.
alastrar. [перех.] прясть ушами, поводить ушами (о животных): * **alastrarse.** [возв. гл.] притаиться, забиться, прижаться к земле (о животных).
alaterna. [м.] (бот.) вид оливкового дерева.
alaterno. [м.] (бот.) вечнозелёная крушина.
alatés. [м.] (арг.) слуга вора или сутенёра.
alatinadamente. [нареч.] по-латински, согласно правилам латинского языка.
alatli. [м.] (Амер.) (зоол.) мексиканский зимородок.
alatón. [м.] (обл.) (бот.) ягода боярышника.
alatonero. [м.] (обл.) (бот.) боярышник.
alatonado, da. [прил.] латунный, сделанный из латуни.
alaureado, da. [прил.] похожий на лавр или имеющий его свойства.
alavanco. [м.] дикая утка, чирок.
alavense, alavés. [прил.] к Alava; [сущ.] житель или уроженец этого города.
alavesa. [ж.] древнее короткое копьё.
alavete. [м.] (зоол.) вид жаворонка.

alayán. [м.] (бот.) буковое филиппинское дерево.
alazán, na. [прил.] рыжей масти (о лошади); [м.] рыжая лошадь, лошадь рыжей масти.
alazana. [ж.] пресс для маслин.
alazano, na. [прил.] рыжей масти (о лошади); [м.] рыжая лошадь.
alazo. [м.] взмах крылом.
alazor. [м.] (бот.) красильный сафлор.
alba. [ж.] рассвет, заря; белая одежда католических священников; (арг.) простыня: * **al rayar el alba**, на рассвете; * **quebrar, rayar, reír** или **romper el alba**, светать.
albaca. [ж.] (Амер.) (бот.) базилик.
albacara. [ж.] башенка древних крепостей.
albacea. [м.] душеприказчик.
albaceato. [м.] (Амер.) обязанности душеприказчика.
albaceazgo. [м.] обязанности душеприказчика.
albacetense, albaceteño. [прил.] к Albacete; житель или уроженец этого города.
albacora. [ж.] тунец (Средиземного моря).
albacora. [ж.] ранняя фига.
albacorón. [м.] (обл.) см. **alboquerón**.
albada. [ж.] утренняя серенада.
albahaca. [ж.] (бот.) базилик: * **albahaca silvestre mayor**, тимьян, чебрец.
albahaquero. [м.] горшок для цветов; ступенька для этих горшков.
albahaquilla. [ж.]: * **albahaquilla de Chile** или **del campo**, бобовое чилийское растение.
albahío. [прил.] желтоватый (о масти быка).
albaicín. [м.] квартал на склоне горы.
albaida. [ж.] (бот.) бобовое растение с желтыми цветами.
albainar. [перех.] (обл.) просеивать через решето, грохот.
albaire. [м.] (арг.) куриное яйцо.
albalá. [м.] свидетельство, аттестат; (ист.) королевская грамота, привилегия.
albalado, da. [прил.] (арг.) спящий.
albalaero. [м.] тот, кто продавал **albalaes**.
albán. [м.] дыхание; пыхтение; игральная кость.
albana. [ж.] итальянский виноград.
albando, da. [прил.] (арг.) спящий, (-ая).
albando, da. [прил.] раскалённый добела (о железе).
albanega. [ж.] сетка для волос; силок, петля для ловли зайцев и кроликов.
albaneguero. [м.] игрок в (игральные) кости.
albanés. [м.] (арг.) см. **albaneguero**; **albaneses.** [множ.] игральные кости.
albanés. [прил.] албанский; [м. и ж.] албанец, албанка; [м.] албанский язык.
albano, na. [прил.] албанский; [м. и ж.] албанец, (-ка).
albañal. [м.] сток, сточная канава, труба для стока нечистот; (прям.) (перен.) клоака: * **salir por el albañal**, (разг.) играть некрасивую роль в чём-л.
albañalar. [перех.] придавать форму сточную трубу.
albañalero. [м.] канализационный рабочий, рабочий очищающий сточные трубы, канавы.
albañar. [м.] см. **albañal**.
albañil. [м.] каменщик.
albañila. [ж.] род пчелы.

albañilería. [ж.] каменно-строительная работа; каменная кладка, кирпичная кладка; искусство каменщика.
albañilesco, ca. [прил.] свойственный каменщикам.
albaquía. [ж.] остаток.
albar, ro. [прил.] белый, беловатый; [м.] меловая почва: *conejo albar, белый кролик; *pino albar, пихта.
albar. [перех.] отбеливать монету.
albara. [ж.] (мед.) белая проказа; туберкулёзная проказа.
albaricino, na. [прил.] к белая проказа.
albarán. [м.] объявление о сдаче в наём (о квартире и т. д.); см. albalá.
albarás. [м.] см. albarazo.
albarazado, da. [прил.] (мед.) поражённый белой проказой.
albarazado, da. [прил.] красно-чёрного цвета; (Амер.) мексиканский метис.
albarazar. [перех.] (обл.) будить кого-л. на рассвете.
albarazo. [м.] (мед.) см. albara.
albarca. [ж.] кожаный лапоть (из сыромятной кожи); (обл.) см. zueco.
albarcoque. [м.] абрикос; см. albaricoque.
albarcoquero. [м.] (бот.) абрикосовое дерево; см. albaricoquero.
albarda. [ж.] вьючное седло; (Амер.) седло из сырой кожи; ломтик сала: *albarda gallinera, плоское вьючное седло; *albarda sobre albarda, лишняя нагрузка; лишние слова; *echar una albarda a uno, взвалить на кого-л лишнее бремя и т. д.; *venirse o volverse la albarda a la barriga, (перен.) (разг.) оказаться противоположно тому, что ожидалось, наоборот.
albardado, da. [страд. прич. к albardar]; навьюченный; [прил.] имеющий на спине шерсть другого цвета (о животных); (обл.) обваленный в чем-л (о мясе).
albardán. [м.] шут, гаер; мошенник, плут.
albardanería. [ж.] шутовская выходка; мошенничество, жульничество.
albardar. [перех.] надевать вьючное седло на; см. enalbardar.
albardear. [перех.] (Амер.) надоедать, приставать, досаждать, лезть, докучать.
albardeca. [ж.] грязь, приклеивающаяся к плугу.
albardela. [ж.] седло для объездки жеребят.
albardería. [ж.] мастерская вьючных сёдел; ремесло седельщика (специалиста по вьючным сёдлам); квартал седельщиков.
albardero. [м.] седельщик (специалист по вьючным сёдлам).
albardilla. [ж.] седло для объездки жеребят; (зимняя) густая шерсть овец; ломтик сала; кожаная подушка на плече у водоносов; грязь, приклеивающаяся к плугу; рукоятка материи для утюга; грязь, приклеивающаяся к водоносам; (разделительная) земляная куча с двумя скатами; крышка с двумя скатами на стене; (кул.) ломтик сала; тесто, с которым обваливают (мясо, рыбу).
albardillado, da. [страд. прич. к albardillar]; [прил.] похожий на вьючное седло; [м.] дейст. к albardillar.
albardillar. [перех.] шпиговать; надевать колпачок на голову охотничьих птиц.

albardín. [м.] злаковое растение, похожее на испанский дрок.
albardón. [м.] большое плоское верховое седло; (Амер.) холм среди лагун; крышка с двумя скатами на стене.
albardonería, albardonero. см. albardería, albardero.
albarejo. [прил.] белый, чистый (о пшенице).
albareño. [м.] косметическое средство.
albareque. [м.] сетка для ловли сардин.
albarejo. [прил.] белый, чистый (о пшенице).
albaricocado, da. [прил.] похожий на абрикос.
albaricoque. [м.] абрикос; (бот.) абрикосовое дерево: *hueso de albaricoque, абрикосовая косточка; *albaricoques secos, курага.
albaricoquero. [м.] (бот.) абрикосовое дерево.
albarillo. [м.] (муз.) оживлённый аккомпанемент на гитаре.
albarillo. [м.] белый абрикос (плод и дерево).
albarino. [м.] косметическое средство.
albariza. [ж.] соляная лагуна; (обл.) меловая почва.
albarizo, za. [прил.] белёсый, беловатый (о почве); [м.] меловая почва.
albarrada. [ж.] каменная стена, сложенная без раствора; земляной вал; (воен.) окоп, земляное укрепление.
albarrada. [ж.] пористый глиняный сосуд.
albarrana, albarranilla. см. cebolla.
albarrano, na. [прил.] (обл.) цыганский.
albarraz. [м.] белая проказа.
albarrazado, da. [прил.] чёрно-красный.
albarza. [ж.] рыбачья корзина.
albarzar. [перех.] красить бороду или волосы.
albarse. [ж.] см. albarza.
albatros. [м.] (орни.) альбатрос, буревестник, морская птица.
albatoza. [ж.] маленькая покрытая лодка.
albatroste. [м.] (орни.) альбатрос, буревестник.
albayaldado, da. [прил.] обмазанный свинцовыми белилами.
albayaldar. [перех.] покрывать, обмазывать свинцовыми белилами.
albayalde. [м.] свинцовые белила: *blanco de albayalde, блейвейс.
albazano, na. [прил.] тёмнорусый (о лошади).
albazo. [м.] (Амер.) утренняя серенада.
albear. [м.] почва, богатая голубой глиной.
albear. [неперех.] белеть, белеться.
albear. [неперех.] (Амер.) вставать рано.
albedrío. [м.] воля; прихоть, каприз, мимолётное желание: *libre albedrío, свободная воля; *rendir el albedrío, покоряться, подчиняться, добровольно прийти в повиновение кому-л; *al albedrío, по желанию; *al albedrío de alguien, по усмотрению кого-л.
albedro. [м.] (обл.) (бот.) земляничное дерево.
albéitar. [м.] ветеринар, коновал.
albeitería. [ж.] ветеринария.
albeja. [ж.] вика, журавлиный горох.
albeldador, ra. [прил.] (обл.) провеивающий зерно.
albeldar. [перех.] (обл.) провеивать зерно.
albeldense. [прил.] к Albelda; [сущ.] житель или уроженец этого города.
albellanino. [м.] (обл.) кизил(ь) (кустарник).

albellón. [м.] см. albañal.
albena. [ж.] (бот.) бирючина.
albenda. [ж.] древние белые стенные ковры.
albendera. [ж.] (перен.) праздношатающаяся женщина.
albendero. [прил.] (обл.) ленивый; праздный.
albéndola. [ж.] сеть для ловли мелкой рыбы.
albéntola. [ж.] см. albéndola.
albentolero, ra. [м. и ж.] продавец (-щица) сетей для ловли мелкой рыбы или тот, кто вяжет их.
albeña. [ж.] (бот.) бирючина.
alberca. [ж.] водоём, бассейн; резервуар; мочило; en alberca, без крыши (о здании).
albercón. [м.] большой водоём, бассейн; см. alberca.
albercoque. [м.] абрикос; см. albaricoque.
alberchiga. [ж.] см. albérchigo.
albérchigo. [м.] абрикос (один из сортов); абрикос.
alberchiguero. [м.] персиковое дерево (разновидность); абрикосовое дерево.
albergación. [ж.] предоставление кому-л приюта (или помещения) у себя.
albergadero [м.] (обл.) пристанище, приют для животных.
albergador, ra. [прил.] дающий приют кому-л; [м. и ж.] (уст.) содержатель (-ница) постоялого двора, трактирщик (-ица).
albergar. [перех.] приютить (или поместить) у себя; [возв. гл.] получать приют; останавливаться у кого-л.
alberge. [м.] (обл.) абрикос.
albergero. [м.] (обл.) (бот.) абрикосовое дерево.
albergue. [м.] постоялый двор, гостиница, трактир; приют, пристанище, кров; жилище, жильё; берлога, логовище.
alberguería. [ж.] (уст.) постоялый двор, гостиница, корчма, харчевня; приют; богадельня, приют для бедных.
alberguero, ra. [м. и ж.] (уст.) содержатель (-ница) постоялого двора, трактирщик (-ица).
albericoque. [м.] абрикос; см. albaricoque.
alberja. [ж.] (бот.) вика, журавлиный горох.
alberno. [м.] сорт камлота (шерстяной ткани).
albero, ra. [прил.] см. albar; [м.] беловатый грунт; посудное полотенце; (обл.) (в кухне) место для золы.
albiam, albian. [м.] (бот.) нарцисс.
albiar. [м.] (бот.) апельсиновое дерево.
albibarbo, ra. [прил.] (зоол.) имеющий белую морду.
albica. [ж.] (мин.) белая глина.
albicanta. [ж.] (бот.) белая анемона.
albicante. [прил.] беловатый, белеющий.
albicaudo, da. [прил.] (зоол.) белохвостый.
albicaulo, la. [прил.] (бот.) белостебельный.
albíceps. [прил.] (зоол.) белоголовый.
albicerato, ta. [прил.] имеющий цвет белого воска; сорт белой фиги.
albicie. [ж.] белизна.
albícolo, la. [прил.] (зоол.) с белой шеей.
albicolor. [прил.] белого цвета.
albicomo, ma. [прил.] (бот.) с белыми лепестками.
albicórneo, a. [прил.] (зоол.) имеющий белый усики, щупальца.
albícoro. [м.] (зоол.) молодой тунец.
albidípena. [прил.] (зоол.) белокрылый.
albido, da. [прил.] беловатый.
albiduria. [ж.] (физиол.) выделение белой мочи.

albifloro, ra. [прил.] (бот.) белоцветковый.
albigense. [прил.] (ист.) альбигойский; [м.] альбигоец.
albilabro, bra. [прил.] имеющий белые губы.
albillo, lla. [прил.] сорт сладкого белого винограда, а также вино из этого винограда.
albímano, na. [прил.] имеющий белые руки.
albín. [м.] (мин.) гематит, красный железняк, кровяник; (жив.) тёмный кармазин.
albina. [ж.] лагуна, образуемая морем в низких местах; соль, отлагающаяся в этих лагунах.
albinia. [ж.] (мед.) альбинизм.
albinismo. [ж.] (мед.) альбинизм.
albino, na. [прил.] к альбинизм; [м. и ж.] альбинос (-ка); (Амер.) потомок мориска и европейки (или наоборот).
albinuria. [ж.] (мед.) выделение белой мочи.
albión. [м.] (зол.) вид кольчатого червя.
albionita. [ж.] взрывчатое вещество, имеющее сходство с динамитом.
albípedo, da. [прил.] (зоол.) имеющий белые ноги (о животных).
albipenne. [прил.] (зоол.) имеющий белое оперение.
albir. [м.] смола тиса.
albiriji. [ж.] (арг.) см. destreza, maña.
albirrostro, tra. [прил.] (зоол.) имеющий белый клюв.
albita. [ж.] (мин.) белый полевой шпат.
albitana. [ж.] изгородь для защиты растений; * albitana de ropa, (мор.) фальстем, фальстарнпост.
albo, ba. [прил.] (поэт.) белый; раскалённый добела.
alboaire. [м.] израцовое украшение (у сводах и т. д.).
albodáctilo, la. [прил.] имеющий белые пальцы.
albogón. [м.] древний музыкальный инструмент; сорт волынки.
albogue. [м.] сорт свирели; древний пастушеский музыкальный инструменит.
alboguear. [перех.] играть на albogue.
alboguero, ra. [м. и ж.] тот, кто играет на albogue; тот, кто продаёт или делает albogues.
albohol. [м.] см. sahumerio; (бот.) повилика, вьюнок.
albolena. [ж.] (хим.) вазелин.
albollón. [м.] сточная труба; водоотводный канал; см. albañal.
albomaculado, da. [прил.] (бот.) белопятнистый.
albóndiga. [ж.] (кул.) фрикаделька, мясной или рыбный шарик, биток.
albondiguilla. [ж. умен.] фрикаделька (рыбная или мясная), биток, биточек.
alboquerón. [м.] (бот.) малькольмия (разновидность).
albor. [м.] крайняя белизна; (чаще множ.) сияние зари; (перен.) начало чего-л; (перен.) детство или юность.
alborada. [ж.] рассвет, заря (утренняя); утренняя серенада; (воен.) утреннее наступление; (муз.) музыкальное или поэтическое произведение о рассвете.
albórbola. [ж.] (чаще множ.) весёлый радостный шум.
alborear. [неперех.] брезжить(ся), светать, рассветать.
albornía. [ж.] (обл.) род обуви из пеньки.
albornez. [м.] (обл.) северный ветер.
albornía. [ж.] большой глиняный сосуд, круглый и без ручки.
albornio. [м.] (бот.) см. madroño.

alborno. [м.] (бот.) заболонь.
albornoz. [м.] прочная некрашеная шерстяная материя; бурнус, плащ носимый бедуинами; купальный халат.
alborocera. [ж.] (обл.) (бот.) см. madroño, alboroza.
alboronía. [ж.] кушанье из баклажанов, помидоров и т. д.
alboroque. [м.] угощение по заключении торговой сделки.
alborotadamente. [нареч.] шумно, беспорядочно.
alborotadizo, za. [прил.] шумливый, неугомонный, легковозбудимый.
alborotado, da. [страд. прич.] к alborotar; [прил.] легкомысленный, ветреный.
alborotador, ra. [прил.] склонный нарушать тишины, общественного порядка и т. д.; шумливый, крикливый, неугомонный, непоседливый, беспокойный; [сущ.] буян, крикун, (прост.) бузотёр, дебошир.
alborotapueblos. [м.] см. alborotador; весельчак.
alborotar. [перех.] нарушать спокойствие, общественный порядок, тишину; приводить в смятение, вызывать волнение, мятеж и т. д.; тревожить, беспокоить, [неперех.] буйствовать, буянить, шуметь, дебоширить: * alborotarse. [возв. гл.] бушевать, становиться бурным (о море); (Амер.) становиться на дыбы (о лошади); * alborotar el gallinero или el cotarro, шуметь, дебоширить, вызывать волнение и т. д.
alborotista. [сущ.] (Амер.) буян; см. alborotador.
alboroto. [м.] нарушение тишины, общественного порядка, спокойствия, суматоха, оглушительный шум, крик, содом, гам, скандал, беспорядок, буйство, буянство, кутерьма (разг.), дебош, гомон, гвалт, буча (прост), переполох; волнение, возбуждение; ссора, драка; бунт; (Амер.).
alborotoso, sa. [прил.] (Амер.) шумливый, нарушающий тишину, общественный порядок, спокойствие; см. alborotador.
alboroza. [ж.] (обл.) (бот.) плод земляничного дерева.
alborozadamente. [нареч.] весело, шумной радостью.
alborozador, ra. [прил. и сущ.] радостный, вызывающий шумную радость, ликование.
alborozar. [перех.] вызывать ликование, шумную радость, веселить, увеселять; достовлять удовольствие; (уст.) см. alborotar; * alborozarse. [возв. гл.] ликовать.
alborozo. [м.] ликование, крайнее удовольствие, наслаждение, веселье.
albortante. [м.] (Амер.) стенной светильник.
alborto. [м.] (бот.) см. madroño.
albotín. [м.] (бот.) терпентиновое дерево.
alboyo. [м.] (обл.) навес.
albricia. [ж.] (обл.) (Амер.) см. albricias, подарок.
albriciar. [перех.] приносить хорошую весть.
albricias. [ж.] подарок за хорошую весть; подарок к счастливому событию; * ¡albricias!, [межд.] выражающее ликование, поздравление; * ganar uno las albricias, первым приносить хорошую весть.
albudeca. [ж.] (бот.) плохой арбуз; безвкусная дыня.
albufera. [ж.] озеро или лагуна образованная морем на низменном берегу, морской залив, отделённый от моря песчаной косой.
albúgina. [ж.] (мед.) белое пятнышко на роговой оболочке.

albugíneo, a. [прил.] совсем белый; (анат.) белочный.
albuginitis. [ж.] (мед.) воспаление фиброзной ткани.
albugo. [м.] (мед.) см. albúgina.
albuhera. [ж.] см. albufera; искусственный водоём; см. alberca.
album. [м.] альбом; книга, тетрадь в переплёте для стихов, рисунков и т. д.: * album fotográfico, фотоальбом; [множ.] albumes.
albumen. [м.] (биол.) белок.
albúmina. [ж.] (хим.) альбумин, белковое вещество, белковина.
albuminado, da. [страд. прич. к albuminar]; [прил.] белковый; покрытый альбумином (о бумаге).
albuminar. [перех.] (фот.) приготавливать альбумином.
albuminiforme. [прил.] похожий на альбумин.
albuminimetría. [ж.] определение процента белка в жидкости (в моче).
albuminoide. [м.] (хим.) альбуминоид.
albuminoso, sa. [прил.] содержащий белок, белковый; * degeneración albuminosa, белковое перерождение.
albuminuria. [ж.] (мед.) альбуминурия, белковое мочеизнурение.
abuminúrico, ca. [прил.] к белковое мочеизнурение; страдающий белковым мочеизнурением.
albumor. [м.] (хим.) альбумин.
albur. [м.] плотва, плотица (рыба); случайность, риск; (маще множ.) (Амер.) карточная игра; и каламбур: * correr un albur, положиться на случай.
albura. [ж.] совершенная белизна; яичный белок; (бот.) заболонь.
alburente. [прил.] губчатый, пористый (о дереве).
alburiar. [перех.] (Амер.) обольщать, обманывать лестью.
alburno. [м.] (бот.) заболонь.
alburoso, sa. [прил.] заболонный.
alcabala. [м.] древний налог.
alcabalero. [м.] древний сборщик налогов.
alcabrith. [м.] (хим.) (уст.) сера.
alcabuco. [м.] (Амер.) гора, поросший лесом.
alcacel. [м.] (бот.) зелёный ячмень.
alcacer. [м.] (бот.) зелёный ячмень; ячменное поле; (обл.) люцерна: * estar ya duro el alcacer para zampoñas, (перен.) (разг.) быть уже слишком старым чтобы учиться, обучаться чему-л; прозевать удобный случай; * retorcerle a uno el alcacer, (перен.) (разг.) быть слишком весёлым.
alcací, alcacil. [м.] (бот.) дикий артишок; (Амер.) артишок.
alcacilera. [ж.] (растение) артишок.
alcachofa. [ж.] (бот.) артишок; булка в виде артишока; (Амер.) пощёчина; (тех.) металлическая сетка, фильтр.
alcachofado, da. [прил.] артишоковидный; [м.] кушанье из артишоков.
alcachofal. [м.] место, засаженное артишоками; необработанный участок, заросший дикими артишоками.
alcachofar. [перех.] придавать форму артишока; (перен.) делать тщеславным.
alcachofar. [м.] см. alcachofal.
alcachofera. [ж.] артишок (растение); продавщица артишоков.
alcachofero, ra. [прил.] дающий артишоки (о растении); [м.] продавец артишоков.

alcachofla. [ж.] (прост.) (Амер.) артишок.
alcafar. [м.] украшение лошади.
alcahaz. [м.] большая клетка (для птиц).
alcahazada. [ж.] птицы посаженные в alcahaz.
alcahazar. [перех.] сажать в alcahaz.
alcahuetaje. [м.] (разг.) (обл.) предлог.
alcahuete, ta. [м. и ж.] сводник, сводница, сводня, человек занимающийся сводничеством; (разг.) (разг.) укрыватель (-ница); (перен.) (разг.) ябедник, ябедница; (театр.) второй занавес.
alcahuetear. [перех.] сводничать; [неперех.] заниматься сводничеством.
alcahuetería. [ж.] сводничество; (разг.) утаивание, укрывательство; (перен.) (разг.) хитрый обман.
alcaide. [м.] начальник тюрьмы; комендант крепости; управляющий (хлебным и т. д.) рынком.
alcaidesa. [ж.] жена alcaide.
alcaidía. [ж.] должность, звание alcaide; дом alcaide, территория юрисдикции alcaide; плата за проход скота (древний налог).
alcairía. [ж.] (обл.) ферма, хутор.
alcalá. [м.] (воен.) замок на холме.
alcala. [м.] (обл.) кроватный занавес.
alcalame. [ж.] (с.-х.) прививочный отросток.
alcalamines. [м.] (обл.) щавель.
alcaldada. [ж.] превышение власти алькальда; (вообще) превышение власти; глупое выражение (с глаголами dar или meter).
alcalde. [м.] алькальд, мэр, городской голова, бургомистр, председатель муниципального совета; древний городской судья; руководитель танца; карточная игра; * teniente alcalde, заместитель алькальда.
alcaldesa. [ж.] жена алькальда.
alcaldesco, ca. [прил.] (шутл.) [прил.] к алькальду.
alcaldía. [ж.] должность, звание алькальда; территория юрисдикции алькальда; ратуша; городская дума.
alcalescencia. [ж.] (хим.) щёлочность; образование щёлочей (при брожении).
alcalescente. [прил.] (хум.) щелочной, имеющий щелочные свойства.
alcalescer. [перех.] (хим.) превращать в щёлочь.
álcali. [м.] (хим.) щёлочь: * álcali volátil, аммиак; * álcali fijo, поташ.
alcalífero, ra. [прил.] (хим.) содержащий щёлочь, щелочной.
alcalificable. [прил.] могущий быть превращённым в щёлочь.
alcalificación. [ж.] (хим.) превращение в щёлочь.
alcalificar. [перех.] (хим.) превращать в щёлочь.
alcalimetría. [ж.] (хим.) алкалиметрия.
alcalimétrico, ca. [прил.] к алкалиметрии, алкалиметр.
alcalímetro. [м.] (хим.) алкалиметр.
alcalinidad. [ж.] (хим.) щёлочность.
alcalino, na. [прил.] (хим.) щелочной.
alcalización. [ж.] (хим.) алкализация, подщелачивание, щелочение.
alcalizar. [перех.] (хим.) алкализировать, подщелачивать, щелочить.
alcaloide. [м.] (хим.) алкалоид.
alcaloideo, a. [прил.] алкалоидный.
alcaloidico, ca. [прил.] к алкалоид.

alcaller. [м.] гончар, горшечник; гончарная мастерская.
alcallería. [ж.] (собир.) глиняные сосуды.
alcamar. [м.] (зоол.) хищная перуанская птица.
alcamonero, ra. прил. (Амер.) назойливый.
alcamonías. [ж. множ.] (кул.) семя для улучшения вкуса; (перен.) (разг.) см. alcahueterías. (перен.) (разг.) см. alcahuete.
alcana. [ж.] (бот.) бирючина.
alcaná. [м.] торговые ряды.
alcance. [м.] достижение; досягаемость; дальность действия; дальнобойность; остаток долга, дефицит, дебет; срочный курьер; последние известия в газетах; (вет.) прикосновение; важность, значение, преследование; [множ.] понятливость, талант, дарование; доступность пониманию: * dar alcance, догонять, настигать; найти, настичь кого-л; * andarle (irle) a uno a los alcances, подсматривать, следить за кем-л; * estar al alcance, быть доступным; находиться в пределах досягаемости; ° cortos alcances, ограниченный ум; * de cortos alcances, (перен.) ограниченный, тупой; * fuera del alcance, вне пределов досягаемости.
alcancía. [ж.] копилка; (воен.) горшок полный горючей жидкости; кружка для пожертвований; склад лесного материала внутри шахты; (арг.) владелец дома терпимости.
alcándara. [ж.] шест для птиц соколиной охоты или для белья.
alcandés. [м.] кубинская рыба.
alcandía. [ж.] (бот.) болотное просо.
alcandial. [м.] место, заросшее болотным просом.
alcándora. [ж.] см. alcándara; (арг.) вешалка.
alcanfor. [м.] (фарм.) камфара; камфарное дерево: * aceite de alcanfor, камфарное масло.
alcanforáceo, a. [прил.] имеющий свойства камфары.
alcanforado, da. [страд. прич. к alcanforar]; [прил.] камфарный, содержащий камфару: * aceite alcanforado, камфарное масло.
alcanforar. [перех.] пропитывать или смешивать камфарой; [возв. гл.] (Амер.) исчезнуть, скрыться.
alcanforero. [м.] (бот.) камфарное дерево.
alcanfórico, ca. [прил.] камфарный, содержащий камфару.
alcanforismo. [м.] камфарная интоксикация.
alcantarilla. [ж.] мостик с одним пролётом (через болото и т. д.); канал для стока (подземный; (Амер.) водохранилище.
alcantarillado, da. [страд. прич. к alcantarillar; [м.] канализационная сеть; сооружение, имеющее форма подземного канала для стока.
alcantarillar. [перех.] настилать мостки (с одним пролётом).
alcanzadizo, za. [прил.] легко достижимый.
alcanzado, da. [страд. прич. к alcanzar]; [прил.] обременённый долгами; остро нуждающийся, неимущий; (Амер.) (варв.) усталый, утомлённый.
alcanzador, ra. [прил. и сущ.] достигающий и т. д.
alcanzar. [перех.] догнать, настичь, нагнать, настигнуть; добиться, достать, достигнуть; дотянуться, доставать; воспринимать; (перен.) быть чьим-л современником, застать в живых; быть способным сделать что-л; понимать;

одержать (победу); успеть; (ком.) иметь в активе; [неперех.] бить, стрелять в определённое расстояние, попасть; хватать; выпадать на долю, доставаться; доставать до чего-л: * alcanzar el fin, достичь цели; * alcanzar con una piedra, попасть камнем; * alcanzar el techo, достать до потолка; * alcanzar en días, переживать, жить дольше других; * no se me alcanza, я не понимаю.
alcanzativo, va. [прил.] (Амер.) клеветнический.
alcañizano, na. [прил.] к Alcañiz; [м. и ж.] уроженец этого города.
alcaor. [м.] (обл.) (бот.) головня.
alcaparra. [ж.] (бот.) каперс, каперсовый куст, каперсы; (Амер.) цветочная почка каперса; * alcaparra de Indias, настурция.
alcaparrado, da. [прил.] (Амер.) приправленный каперсами.
alcaparral. [м.] поле, заросшее каперсовыми кустами.
alcaparrera. [ж.] (бот.) каперсовый куст; судок для каперсов; продавщица каперсов.
alcaparrero. [м.] продавец каперсов.
alcaparro. [м.] (бот.) каперс, каперсовый куст.
alcaparrón. [м.] (бот.) плод каперса.
alcaparrosa. [ж.] (хим.) купорос.
alcaracache. [м.] (бот.) (обл.) шиповник (растение и плод).
alcaraceño, ña. [прил.] относящийся к городу Alcaraz; [сущ.] уроженец этого города.
alcaraquiento. [м.] (Амер.) (варв.) тот, кто делает показное выражение чувств; см. alharaquiento.
alcaraván. [м.] (орни.) выпь, ночная болотная птица из сем. цапель.
alcaravanero, ra. [прил.] привыкший гнаться за выпями (о соколе).
alcaravanino, na. [прил.] к выпь.
alcaravea. [ж.] (бот.) тмин.
alcarceña. [ж.] (бот.) вика.
alcarcil. [м.] виковое поле.
alcarcil. [м.] дикий артишок.
alcarchofa. [ж.] (бот.) артишок.
alcaría. [ж.] (обл.) ферма, хутор.
alcarracería. [ж.] место (мастерская или лавка), где делают или продают alcarrazas.
alcarracero, ra. [м. и ж.] продавец (-щица) alcarrazas; мастер по выделке alcarrazas; этажерка для alcarrazas.
alcarrán. [м.] (арг.) трутень.
alcarraza. [ж.] пористый глиняный сосуд.
alcarreño, ña. [прил. и сущ.] относящийся к Alcarria.
alcarria. [ж.] ровная нагорная площадка без растительности.
alcartaz. [м.] бумажный кулёк, фунтик.
alcatara. [ж.] перегонный куб.
alcatifa. [ж.] тонкий ковёр; прослойка щебня с песком (при мощении).
alcatife. [м.] (арг.) шёлк.
alcatifero. [м.] вор, занимающийся кражами шёлка.
alcatraz. [м.] фунтик; (орни.) пеликан; (бот.) кустарник со съедобными ягодами.
alcaucí. [м.] (бот.) дикий артишок.
alcaucil. [м.] дикий артишок; артишок.
alcaudón. [м.] плотоядная птица.
alcayata. [ж.] костыль (гвоздь); крюк.
alcayate. [ж.] (Амер.) (прост.) костыль, см. alcayata.
alcayota. [ж.] (Амер) тыква, идущая на изготовление варенья.
alcazaba. [ж.] крепость, замок, цитадель.
alcázar. [м.] крепость; королевский дворец; (мор.) ют.

alcazareño, ña. [прил. и сущ.] относящийся к Alcázar.
alcazuz. [м.] (бот.) см. regaliz.
alce. [м.] (зоол.) лось, лосиха; * carne, piel de alce, лосина; * pantalones de piel de alce, лосины; * de alce, лосёвый, лосиный.
alce. [м.] (карт.) снятие карты перед раздачей; (полигр.) печатание листов; снятие карт (игральных); (Амер.) сбор сахарных тростников: * no dar alce, не давать передышки.
alcea. [ж.] (бот.) (уст.) штокроза, садовая мальва.
alcedo. [м.] место, поросшее клёнами.
alcedón. [м.] (орни.) зимородок.
alcino. [м.] губовидное растение, с маленькими синими цветами.
alción. [м.] (орни.) зимородок; род зоофита.
alción. [ж.] (Амер.) (вул.) путлище, ремень стремени.
alciona. [ж.] (зоол.) род бабочки.
alcionera. [ж.] (Амер.) (вул.) путлище.
alciónico, ca. [прил.] к alción.
alcionio. [м.] колония полипов (из некоторых зоофитов).
alcionito. [м.] окаменелая колония полипов.
alcirense, alcireño. [прил. и сущ.] относящийся к Alcira.
alcista. [м.] биржевик, играющий на повышение.
alcoba. [ж.] спальня, альков; мебель (в спальне); место, где находится стрелка весов; большая рыболовная сеть.
alcocarra. [ж.] гримаса, ужимка.
alcofa. [ж.] большая плетёная корзина с двумя ручками.
alcofol. [м.] (уст.) алкоголь, спирт.
alcohol. [м.] алкоголь, спирт; чёрный порошок для чернения бровей, волос и т. д.; сурьма: * alcohol desnaturalizado, денатурат; * alcohol metílico, o de madera, древесный спирт, метанол; * alcohol etílico, vínico или ordinario, винный спирт; * conservar en alcohol, заспиртовать.
alcoholado, da. [страд. прич.] к alcoholar; имеющий более тёмную шерсть вокруг глаз (о животных) [м.] настойка на спирту.
alcoholador, ra. [прил. и сущ.] добывающий спирт.
alcoholar. [перех.] (хим.) добывать спирт; чернить, сурмить (волосы и т. д.); промыть глаза спиртом; (мор.) смолить, просмаливать законопаченные места.
alcoholar. [неперех.] проезжать галопом мимо врага (военное упражнение у древних мавританских).
alcoholato. [м.] настойка на спирту.
alcoholero, ra. [прил.] алкогольный, относящийся к промысленной продукции и т. д. спирта.
alcohólico, ca. [прил.] спиртовый, спиртной, алкогольный; [м. и ж.] алкоголик, алкоголичка.
alcoholificación. [ж.] алкогольное брожение.
alcoholimetría. [ж.] алкоголиметрия.
alcoholímetro. [м.] спиртомер.
alcoholismo. [м.] алкоголизм.
alcoholización. [ж.] алкоголизация.
alcoholizado, da. [страд. прич.] к alcoholizar; [прил.] страдающий алкоголизмом.
alcoholizar. [перех.] перемешивать со спиртом, добавлять спирт к вину и т. д.; (хим.) добывать спирт; толочь.
alcoholofilia. [ж.] невоздержное влечение к спиртным напиткам.
alcoholófilo, la. [прил.] страдающий невоздержным влечением к спиртным напиткам.

alcoholometría. [ж.] алкоголиметрия.
alcoholómetro. [м.] спиртомер.
alcoholmetría. [ж.] алкоголиметрия.
alcohómetro. [м.] спиртомер.
alcolla. [ж.] большой стеклянный сосуд с длинным горлышком.
alcona. [ж.] (бот.) бакаут, гваяковое дерево.
alconcilla. [ж.] румяна.
alconete. [м.] (воен.) (ист.) фальконет.
alcontrizar. [перех.] (обл.) жать, сжимать, см. estrechar.
alcor. [м.] холм, пригорок.
Alcorán. [м.] Коран, книга которая содержащая изложение догм и положений мусульманской религии.
alcoránico, ca. [прил.] принадлежащий Корану.
alcoranista. [м.] толкователь Корана.
alcoravisar. [перех.] (арг.) достигать, добиться.
alcorce. [м.] (обл.) укорачивание; тропинка, сокращающая путь.
alcornocal. [м.] лес или роща пробковых дубов.
alcornoque. [м.] (бот.) пробковый дуб; [сущ.] (перен.) неуч, невежда, глупец, дурочка; * es un alcornoque, он глуп как пробка; * cabeza de alcornoque, медный лоб, дубовая голова.
alcornoqueño, ña. [прил.] принадлежащий или относящийся к пробковому дубу.
alcorozado, da. [прил.] (Амер.) расстояние между двумя балками.
alcorque. [м.] сандалия с пробковой подошвой; (арг.) см. alpargata.
alcorque. [м.] углубление около дерева для задержания воды.
alcorza. [ж.] тесто из сахара и крахмала; печенье, покрытое alcorza.
alcorzado, da. [страд. прич. к alcorzar]; покрытый тестом из сахара и крахмала; [перен.] (разг.) медоточивый, заискивающий, слащавый.
alcorzar. [перех.] покрывать тестом из сахара и крахмала (alcorza); (перен.) украшать.
alcorzar. [перех.] (обл.) сокращать, уменьшать, укорачивать.
alcosor. [м.] (хим.) (фарм.) (уст.) камфара.
alcotán. [м.] (орни.) балабан, перелётный сокол.
alcotana. [ж.] маленькая кирка.
alcoyano, na. [прил. и сущ.] относящийся к Alcoy, уроженец этого города.
alcrebite. [м.] сера.
alcribis. [м.] (гор.) сопло.
alcribite. [м.] сера.
alcubilla. [ж.] водохранилище, водоём; водонапорная башня.
alcubiyí. [м.] (орни.) хохлатый жаворонок.
alcucería. [ж.] магазин, торгующий alcuzas; (соб.) сосуды для оливкового масла.
alcucero, ra. [прил.] (перен.) (разг.) любящий лакомиться; [м. и ж.] мастер по выделке alcuzas или человек, торгующий ими.
alcucilla. [ж. умен.] маленькая alcuza.
alcudia. [ж.] холм, пригорок.
alcujala. [ж.] (арг.) Коран.
alcuño. [м.] (уст.) прозвище, насмешливое прозвище, кличка.
alcurnia. [ж.] род, происхождение; восходящая линия родства: * de noble alcurnia, знатного рода.
alcurniado, da. [прил.]: * bien alcurniado, знатного рода.
alcuza. [ж.] сосуд для оливкового масла; (Амер.) уксусница: * sacar leche de una alcuza, выжимать воду из камня.

alcuzada. [ж.] ёмкость alcuza.
alcuzcucero. [м.] сосуд для изготовления alcuzcuz.
alcuzcuz. [м.] тесто из муки и мёда обращ. в зернистое состояние, идущее на изготовление кушанья.
alchub. [м.] (обл.) см. aljibe.
aldaba. [ж.] молоток (у двери), металлическое кольцо; засов, задвижка, затвор, щеколда; (Амер.) крючок (у двери, окна); [множ.] (разг.) протекция, блат (груб.); * agarrarse uno a, o de, buenas aldabas, o tener buenas aldabas, (разг.) иметь большую протекцию.
aldabada. [ж.] удар дверным молотком; (перен.) внезапный страх, испуг.
aldabazo. [м.] сильный удар дверным молотком.
aldabear. [неперех.] стучать дверным молотком.
aldabeo. [м.] стучание дверным молотком.
aldabía. [ж.] балка, поддерживающая висящую перегородку.
aldabilla. [ж.] задвижка, затвор, засов, оконный, дверной и т. д. крючок.
aldabón. [м. увел.] к aldaba: молоток (у двери); большая ручка сундука и т. д.
aldabonazo. [м.] сильный удар дверным молотком.
aldea. [ж.] деревня, деревушка, местечко, посёлок, весь (уст.).
aldeanamente. [нареч.] по-деревенски; (перен.) грубо.
aldeaniego, ga. [прил.] деревенский, сельский; (перен.) грубый, неотёсанный, необразованный, непросвещённый.
aldeanismo. [м.] слово или оборот речи, свойственные деревенским жителям.
aldeano, na. [прил.] деревенский, сельский; (перен.) некультурный, необразованный, грубый; [м. и ж.] деревенский (-ая) житель (-ница), крестьянин (-янка), мужик.
aldehídico, ca. [прил.] (хим.) альдегидный.
aldehido. [м.] (хим.) альдегид.
aldehuela. [ж.] деревушка, местечко, деревенька, деревце, деревцо.
aldehílla. [ж. умен.] см. aldehuela.
aldeorrio. [м.] aldeorro (презр.) заброшенная деревушка, отдалённая от культурных центров деревня, захолустье.
alderredor. [нареч.] вокруг, кругом, см. alrededor.
aldino, na. [прил.] принадлежащий печатнику Aldo Manucio; (полигр.) курсивный; альдинское (у издания).
aldiza. [ж.] (бот.) василёк.
aldorta. [ж.] (орни.) дрохва, дрофа.
aldraguero, ra. [прил.] (обл.) сплетничающий, см. chismoso.
aldrán. [м.] продавец вина (пастбищный); (уст.) старший пастух.
aldúcar. [м.] шёлковые охлопки, см. adúcar.
ale. [ж.] эль (английское пиво).
¡ale! [межд.] ну!, скорей!, пойдём!, давайте!
alea. [ж.] стих, параграф, строфа (Корана).
alea jacta est. [лат. выр.] жребий брошен.
aleación. [ж.] сплав, лигатура; сплавка, сплавление металлов: * aleación de plomo, estaño y antimonio, гарт.
aleada. [ж.] короткий полёт у птиц; удар крылом.
aleador, ra. [прил.] сплавляющий (о металлах); [м. и ж.] человек, занимающийся сплавкой металлов.

aleanto. [м.] (бот.) млечное дерево.
alear. [перех.] сплавлять (металлы), соединять посредством плавления.
alear. [неперех.] махать крыльями; махать руками (как крыльями); (перен.) перевести дух; собраться с духом, набраться сил; передохнуть; поправляться, выздоравливать; стремиться к чему-л.
aleatoriamente. [нареч.] ненадёжно.
aleatorio, ria. [прил.] азартный (о играх), (юр.) зависящий от случая.
alebrado, da. [прил.] похожий на зайца.
alebrarse. [возв. гл.] прижаться к земле (как заяц); [перен.] трусить, падать духом; [непр. гл.] спрягается как acertar.
alebrastarse, alebrestarse. см. alebrarse; (Амер.) становиться на дыбы (о лошади); тревожиться, беспокоиться; возгордиться; влюбиться.
alebronar. [перех.] запугивать; вызывать робость, наводить страх; * alebronarse, [возв. гл.] пугаться, трусить, падать духом; робеть.
alecantina. [ж.] (Амер.) см. cantaleta.
aleccionador, ra. [прил.] поучительный, назидательный, наставительный, (уст.) душеполезный, душеспасительный; [м.] наставник.
aleccionamiento. [м.] наставление; учение, обучение.
aleccionar. [перех.] учить; обучать; просвещать; наставлять, поучать; преподавать.
alece. [м.] анчоус, хамса (рыба); кушанье из печёнки (рыбьей).
alecorita. [ж.] (бот.) род ореха.
alecrín. [м.] (зоол.) род очень прожорливой акулы.
alectoria. [ж.] камешек иногда находящийся в печени старых петухов.
alectórico, ca. [прил.] петуший.
aléctridas. [ж. множ.] см. gallináceas.
alectriomaquia. [ж.] петуший бой.
alechar. [перех.] придавать вид молока.
aleche. [м.] анчоус, хамса (рыба).
alechigar. [перех.] смягчать; (уст.) ложиться в постель.
alechigarse. [возв. гл.] принимать вид молока.
alechugado, da. [страд. прич. к alechugar]; [прил.] похожий на салатный лист.
alechugar. [перех.] придавать форму салатного листа (для украшения).
alechuzarse. [возв. гл.] принимать вид совы; (Амер.) делать недовольную мину.
aleda. [ж.] прополис, пчелиный клей.
aledaño, ña. [прил.] смежный, соприкасающийся, прилегающий, прилежащий, граничащий; [м.] предел, граница, рубеж.
alefato. [м.] еврейский алфавит.
alefriz. [м.] (мор.) паз, шпунт.
alegación. [ж.] ссылка; приведение доказательств; (юр.) защитительная речь, см. alegato.
alegajar. [перех.] (Амер.) связывать (бумаги).
alegamar. [перех.] удобрять землю тиной; * alegamarse, [возв. гл.] покрываться тиной.
alegar. [перех.] ссылаться на кого-что, указывать; приводить основания, доказательства и т. д.; ссылаться на, цитировать; (Амер.) ссориться.
alegato. [м.] (юр.) письменное заявление защитника в пользу подзащитного; (Амер.) спор, ссора, перебранка.

alegatorio, ria. [прил.] относящийся к ссылке и т. д.
alegoría. [ж.] аллегория, иносказание.
alegóricamente. [нареч.] аллегорически.
alegórico, ca. [прил.] аллегорический, аллегоричный, иносказательный.
alegorismo. [м.] аллегоризм.
alegorizador, ra. [прил.] склонный выражаться иносказательно, выражающийся образно; [м.] любитель аллегорий.
alegorizar. [перех.] объяснять аллегориями; выражаться образно, иносказательно, изображать аллегорически.
alegoso, sa. [прил.] (Амер.) спорящий.
alegra. [ж.] (мор.) род бурава.
alegrador, ra. [прил.] весёлый, забавный, радующий, вызывающий радость; [м.] бумажная лента для зажигания.
alegradura. [ж.] (хир.) см. legradura.
alegrante. [действ. прич.] радующий.
alegrar. [перех.] возбуждать радость в ком-л, в чём-л, радовать, веселить, развлекать, приводить в весёлое настроение, возбуждать, развеселить; увеличивать свет, огонь; оживлять, украшать; (мор.) увеличивать дыру; (мор.) травить, отпускать конец; возбуждать быка: alegrarse, [возв. гл.] радоваться, веселиться, веселеть, забавляться; (разг.) быть навеселе, под хмельком; * me alegro de verle, рад вас видеть.
alegrar. [перех.] (хир.) скоблить кость резцом, долотом; [м. употр.] скоблить, скрести, чистить скребком.
alegre. [прил.] весёлый, радостный, бодрый, живой, забавный, веселящийся; жизнерадостный, сияющий, улыбающийся; (разг.) подвыпивший, под хмельком, навеселе; (разг.) пикантный, легкомысленный; (разг.) легкого поведения, ветреный; яркий (о краске); азартный (об игроке): * estar alegre, быть в весёлом настроении; быть навеселе, под хмельком; * alegre de cascos, ветреный, легкомысленный; * ser alegre, быть жизнерадостным.
alegremente. [нареч.] весело, бодро, с лёгким сердцем; жизнерадостно.
alegrete. [прил. умен.] к alegre, игривый, резвый, шаловливый, шутливый, дурашливый, забавный.
alegreto. [м.] (муз.) аллегретто.
alegría. [ж.] радость, веселье, весёлость, ликование, оживление, живость; (бот.) сезам, кунжут; (арг.) трактир, кабак, кабачок; (мор.) отверстие орудийного люка: * alegrías. [множ.] народный праздник, андалузский танец; * alegría de vivir, жизнерадостность.
alegro. [м.] (муз.) аллегро.
alegrón. [м.] большая внезапная радость; ярко пылающий огонь, вспышка пламени; (Амер.) любящий ухаживать за женщинами; [м.] волокита, любитель ухаживать за женщинами; подвыпивший.
alegrona. [ж.] (Амер.) проститутка.
alegroso, sa. [прил.] очень весёлый, радостный.
aleja. [ж.] (обл.) посудная полка.
alejado, da. [страд. прич. к alejar]; [прил.] удалённый, отдалённый, расположенный в стороне; далёкий, дальний; * alejado de, отстоящий от; * mantenerse alejado, держаться в стороне.
alejamiento. [м.] удаление, отдаление; отдалённость; отчуждённость, неприязненное отношение.
alejandrar. [перех.] ободрять, воодушевлять.

alejandrino, na. [прил.] александрийский; неоплатонический; [м.] александрийский стих.
alejandrino, na. [м. и ж.] александриец (-дрийка).
alejandrita. [ж.] (мин.) александрит, драгоценный камень.
alejar. [перех.] удалять; держать вдали, на расстоянии, отдалять; отодвигать; отстранять, устранять, отталкивать; отбрасывать; разлучать: * alejarse. [возв. гл.] удаляться, отходить в сторону, отлучаться.
alejur. [м.] (уст.) медовый пряник.
alelado, da. [страд. прич. к alelar]; [прил.] одуревший, отупевший, ошалевший; оторопевший, оторопелый; изумлённый, ошеломлённый, растерянный.
alelamiento. [м.] одурение, отупение, тупость, одурь; ошеломление, изумление.
alelar. [перех.] вызывать одурь у кого-л, одурять; ошеломлять, крайне удивлять: * alelarse. [возв. гл.] одуреть, (о)тупеть, (по)глупеть.
aleleví. [м.] (обл.) прятки (игра).
alelí. [м.] (бот.) левкой.
aleluya. [ж.] (церк.) аллилуйя; лубочная картинка с текстом; (бот.) маленький щавель; молочное печенье; (перен.) (разг.) аляповатая картина; (перен.) (разг.) неряшливые и прозаические стихи; (перен.) скелет (о тощем человеке или животном); (перен.) (разг.) радость, веселье, ликование; (перен.) веселящая весть; [м.] пасхальное время: * cantar aleluyas a alguien, петь аллилуйя кому-л, курить фимиам, чрезмерно льстить; * entonador de aleluyas, аллилуйщик.
aleluyar. [неперех.] петь аллилуйю; (перен.) радостно кричать.
alema. [ж.] вода для орошения полей (в порядке очереди); (Амер.) общественные купальни, на берегу рек.
alemán, na. [прил.] немецкий; [м. и ж.] немец, немка; [м.] немецкий язык.
alemana. или alemanda; [ж.] немецкий танец.
alemanés, sa. [прил.] немецкий; [м. и ж.] немец, немка.
alemanesco, ca. [прил.] узорчатый; см. alemanisco.
alemánico, ca. [прил.] немецкий.
alemanisco, ca. [прил.] см. alemánico; узорчатый; камчат(н)ый.
alendelar. [перех.] удовлетворять; доставлять удовольствие; снисходить.
alendoy, alendayí. [прил.] (арг.) весёлый, радостный; довольный; удовлетворённый.
alenguado, da. [страд. прич. к alenguar]; [прил.] похожий на язык; (перен.) болтливый, говорливый.
alenguamiento. [перех.] переговоры о сдаче в аренду (о пастбище).
alenguar. [перех.] вести переговоры о сдаче в аренду (о пастбище).
alengüetado, da. [прил.] имеющий форму клапана и т. д.
alentada. [ж.]: * de una alentada, единым или одним духом, без передышки.
alentadamente. [нареч.] смело, мужественно.
alentado, da. [страд. прич. к alentar]; [прил.] не знающий усталости, мужественный, смелый, доблестный, храбрый; бодрый; высокомерный, надменный; (Амер.) здоровый.
alentador, ra. [прил.] ободрительный, вселяющий бодрость.
alentar. [перех.] внушать бодрость, поднимать настроение у кого-л, ободрять,

воодушевлять, поощрять; (Амер.) рукоплескать, поощрять жестами, ударами в ладоши и т. д.; [неперех.] дышать: * alentarse. [возв. гл.] (Амер.) поправляться, выздоравливать; [непр. гл.] спрягается как acertar.

alentoso, sa. [прил.] смелый, храбрый, мужественный, доблестный; высокомерный, надменный, гордый.

aleñar. [перех.] (обл.) наколоть дров.

aleócaro. [м.] жесткокрылое насекомое, живущее под камнями и т. д.

aleonado, da. [прил.] рыжий; (Амер.) см. alborotadizo.

aleonar. [перех.] (Амер.) см. alionar.

aleopatía. [ж.] (мед.) аллопатия.

alepantado, da. [прил.] (Амер.) углублённый, погружённый (в мысли и т. д.), задумчивый.

alepantamiento. [м.] (Амер.) рассеянность, удивление, изумление.

alepido, da. [прил.] (зоол.) лишённый раковины.

alepín. [м.] очень тонкая шерстяная ткань.

alerce. [м.] (бот.) лиственница: de alerce, лиственничный.

alergia. [ж.] (мед.) аллергия.

alero. [м.] навес (крыши); крыло (экипажа); * alero de cornisa, отлив (карниз наподобие водосточного жёлоба.

alero. [прил.] молодой (об олене).

alerón. [м.] (ав.) элерон.

alerta. [межд.] (воен.) слушай!. [ж.] тревога; [нареч.] бдительно, неусыпно (употр. с глаголами estar, andar, vivir и т. д.): * estar alerta, насторожиться, быть настороже, начеку; * estar ojo alerta, смотреть в оба.

alertado, da. [страд. прич. к alertar]; (Амер.) [прил.] бдительный, неусыпный, зоркий, недремлющий.

alertamente. [нареч.] бдительно, неусыпно.

alertar. [перех.] призывать к бдительности; * alertarse. [возв. гл.] (м. употр.) быть бдительным.

alerto, ta. [прил.] бдительный, неусыпный, осторожный.

alerzal. [м.] лиственничный лес.

alesna. [ж.] шило.

alesnado, da. [прил.] остроконечный; (бот.) шиловидный.

alesnador, ra. [прил.] придающий форму шила.

alesnar. [перех.] придавать форму шила.

alesta. [ж.] (бот.) род пырея.

aleta. [ж.] крылышко; плавник.

aletada. [ж.] взмах крыльев.

aletado, da. [прил.] с плавниками.

aletargado, da. [страд. прич. к aletargar]; [прил.] погружённый в летаргию.

aletargar. [перех.] погружать в летаргию; (перен.) усыплять: * aletargarse. [возв. гл.] впасть в летаргическое состояние; страдать летаргией.

aletazo. [м.] удар крылом, плавником; (Амер.) пощёчина, удар кулаком; (разг.) выманивание денег; кража.

aletear. [неперех.] махать крыльями на месте; двигать плавниками вне воды; (перен.) махать руками (как крыльями).

aleteo. [м.] махание крыльями на месте; движение плавниками вне воды; (перен.) сильное сердцебиение.

aleto. [м.] (орни.) род сокола с коротким клювом.

aletología. [ж.] сочинение или слово об истине.

aletría. [ж.] (об.) вермишель.

aleudar. [перех.] ставить тесто на дрожжах.

aleutiano, na. [прил.] алеутский; [м. и ж.] алеут, (-ка).

aleve. [прил. и сущ.] предательский, изменнический, вероломный, коварный; изменник (-ица), предатель (-ница); [м.] (уст.) вероломство: * a aleve. [нареч.] (уст.) см. alevosamente.

aleve. [м.] см. alabeo.

alevemente. [нареч.] предательски, изменнически, вероломно, коварно.

alevilla. [ж.] бабочка с белыми крыльями.

alevinador, ra. [прил.] (гал.) пускающий мальков в реку, пруд).

alevinamiento. [м.] (гал.) дейст. к alevinar.

alevinar. [перех.] (гал.) заселять мальками, пускать мальков (в пруд, реку).

alevín, alevino. [м.] (гал.) малёк, маленькая рыбка, недавно вышедшая из икры (пускаемая на развод).

alevosa. [ж.] лягушечья опухоль.

alevosamente. [нареч.] предательски, изменнически, вероломно, коварно.

alevosía. [ж.] измена, предательство, вероломство, коварство; осторожные козни: * con alevosía, предательски, не рискуя ничем, без риска.

alevoso, sa. [прил.] вероломный, коварный, предательский; совершающий предательно, не рискуя ничем, без риска; [сущ.] предатель, изменник.

aleya. [ж.] стих, параграф (в Коране).

alezna. [ж.] (бот.) (обл.) чёрная горчица.

aleznado, da. [прил.] шиловидный.

alfa. [ж.] альфа (название первой буквы греческого алфавита): * alfa y omega, альфа и омега, начало и конец; * rayos alfa, (физ.) альфа-лучи.

alfa. [ж.] (Амер.) (усечение) испанский клевер, люцерна.

alfaba. [ж.] земельный участок.

alfábega. [ж.] (бот.) см. albahaca.

alfabéticamente. [нареч.] в алфавитном порядке, по алфавиту.

alfabético, ca. [прил.] алфавитный: * orden alfabético, алфавитный порядок.

alfabetizar. [перех.] располагать в алфавитном порядке.

alfabeto. [м.] алфавит; азбука, букварь; начатки.

alfacta. [ж.] (хим.) перегонка, дистилляция.

alfada. [ж.] выкуп.

alfafor. [м.] (Амер.) см. alfajor.

alfagra. [ж.] канал.

alfaguara. [ж.] обильный источник.

alfahar. [м.] гончарная мастерская.

alfaharería. [ж.] гончарная мастерская или лавка; гончарное ремесло.

alfaharero. [м.] гончар, горшечник, горшеня (обл.).

alfaida. [ж.] (мор.) прилив, полная вода.

alfaje. [м.] арабский паломник.

alfajía. [ж.] небольшая балка.

alfajor. [м.] см. alajú; (Амер.) название других сластей; (Амер.) (вул.) большой нож.

alfalaca. [ж.] (Амер.) лапоть из сыромятной кожи.

alfalfa. [ж.] (бот.) испанский клевер, люцерна.

alfalfal, alfalfar. [м.] поле, засеянное люцерной.

alfalfar. [перех.] (Амер.) засеивать поле люцерной.

alfalfe. [м.] (бот.) люцерна.

alfalmez. [м.] (обл.) люцерна.

alfamar. [м.] (обл.) украшение на платье.

alfana. [ж.] боевой конь.

alfaneque. [м.] (орни.) пустелга, африканский сокол.

alfaneto. [м.] см. alfaneque.

alfanjado, da. [прил.] имеющий форму мавританской сабли.

alfanjazo. [м.] удар мавританской саблей.

alfanje. [м.] короткая кривая мавританская сабля; ятаган; меч-рыба.

alfanjete. [м. умен.] маленький alfanje.

alfañique. [м.] (Амер.) (прост.) см. alfeñique.

alfaque. [м.] песчаный нанос в устье реки.

alfaquí. [м.] доктор мавританского закона.

alfar. [м.] горшечная мастерская; глина.

alfar. [прил.] становящийся на дыбы (о лошади).

alfar. [неперех.] становиться на дыбы (о лошади).

alfaraz. [м.] лёгкая лошадь когда-то употр. арабами.

alfarda. [ж.] древний надог, взимавшийся с мавров и евреев; (обл.) налог на орошение; (в Марокко) чрезвычайный налог.

alfardero. [м.] (обл.) сборщик налогов на орошение.

alfardilla. [ж.] см. esterilla.

alfardón. [м.] (обл.) (тех.) шайба, прокладка, диск.

alfardón. [м.] (обл.) налог на орошение.

alfardón. [м.] (Амер.) маленькая балка.

alfareme. [м.] арабский головной убор.

alfarense. [прил.] относящийся к Alfaro; [сущ.] уроженец этого города.

alfarería. [ж.] гончарное ремесло; гончарная мастерская и лавка.

alfarero. [м.] горшечник, гончар.

alfarfa. [ж.] (Амер.) (прост.) люцерна; см. alfalfa.

alfarje. [м.] мельничный жёрнов (для дробления оливок); потолок с лепными украшениями.

alfarjía. [ж.] небольшая балка.

alfarma. [ж.] (обл.) (бот.) дикая рута.

alfaz. [м.] (обл.) поле, засеянное люцерной.

alfazaque. [м.] род скарабея.

alfeiza, alfeizar. [м.] (арх.) амбразура, оконный или дверной проём; подоконник.

alfeizar. [перех.] строить амбразуры.

alfendoz. [м.] (обл.) см. regaliz.

alfenique. [м.] (Амер.) сладкое миндальное тесто; см. alfeñique.

alfeñicase. [страд. прич. к alfeñicarse]; [прил.] (разг.) жеманный, манерный.

alfeñicarse. [возв. гл.] прикидываться деликатным, изнеженным, жеманиться; (перен.) сильно похудеть.

alfeñique. [м.] сладкое миндальное тесто; (перен.) (разг.) тщедушный человек, неженка; (разг.) гримаса.

alfeñique. [м.] (обл.) (бот.) валерьяна.

alferazgo. [м.] звание и т. д., младшего лейтенанта; (Амер.) богослужение оплач. младшим лейтенантом.

alferecía. [ж.] (мед.) эклампсия.

alferecía. [ж.] звание и т. д., младшего лейтенанта.

alférez. [м.] (ист.) знамёнщик, офицер-знаменосец; (воен.) младший лейтенант, (уст.) прапорщик; (Амер.) избранное лицо, уплачивающее расходы по балу и т. д.; (Амер.) муниципальная должность в индейских посёлках.

alferga. [ж.] (обл.) напёрсток.

alferraz. [м.] коршун.

alfico, ca. [прил.] очень белый.

alficoz. [м.] разновидность огурца.

alfid. [м.] (шахт.) слон.

alfidel. [м.] (Амер.) (вул.) булавка; см. alfiler.

alfil. [м.] (шахт.) слон; (уст.) см. proverbio, agüero.

alfiler. [м.] булавка; драгоценная булавка, брошь; бобовое кубинское дерево; (Амер.) филейная часть мяса, (арг.) см. navaja; [множ.] десткие игры с булавками; чаевые (в гостинице); деньги на женский туалет: * sujeción con alfileres, прикалываться; * ir con todos sus alfileres, estar de veinticinco alfileres, быть одетым с иголочки; быть разодетым в пух и прах; * pegado (prendido o puesto con alfileres, (перен.) (разг.) ненадёжный; * no estar uno con sus alfileres, быть в плохом настроении; * alfiler de criandera, de gancho, de nodriza, (Амер.) см. imperdible.

alfilera. [ж.] (Амер.) филейная часть мяса.

alfilerar. [перех.] прикалывать, пришпиливать булавками.

alfilerazo. [м.] булавочный укол; (перен.) вызывающий взгляд; (перен.) намёк.

alfiletera. [ж.] (обл.) плод герани и других растений.

alfilería. [ж.] булавочная мастерская или лавка; (соб.) булавки.

alfilerero, ra. [м. и ж.] фабрикант булавок или торговец булавками; (обл.) см. alfiletero.

alfilerillo. [м.] кормовое чилийское растение; дерево Сан-доминго.

alfiletero. [м.] игольник; коробка для булавок.

alfira. [ж.] (арг.) олеандр.

alfitete. [м.] род манной крупы.

alfitión. [м.] (мед.) перелом черепной коробки.

alfolí. [м.] хлебные, зерновые склады, житница (уст.), закром; соляной амбар.

alfoliar. [перех.] складывать соль в амбар.

alfoliero, alfolinero. [м.] (ист.) соляной пристав.

alfombra. [ж.] пёстрый ковёр для пола; (перен.) ковёр; (поэт.) зелёный ковёр: * de alfombra(s), ковровый; * fabricación de alfombras, ковроделие.

alfombrilla. [ж.] (мед.) см. alfombrilla.

alfombrado, da. [страд. прич.] к alfombrar; [м.] ковры; пол, покрытый коврами, [прил.] ковровый (о ткани).

alfombrador, ra. [прил.] покрывающий коврами; [м. и ж.] человек, покрывающий коврами.

alfombrar. [перех.] покрывать, устилать коврами.

alfombrero, ra. [м. и ж.] ковровщик (-щица), ковродел.

alfombrilla. [ж. умен.] коврик; (мед.) сорт кори (без катарального воспаления).

alfombrista. [сущ.] торговец коврами; см. alfombrador.

alfóncigo. [м.] (бот.) фисташковое дерево; (плод.) фисташка.

alfóndega. [ж.] (обл.) рынок (преимущественно хлебный).

alfondeguero. [м.] (обл.) управляющий рынком (преимущественно хлебным).

alfonsearse. [возв. гл.] (м. употр.) смеяться над.

alfonsí. [прил.] см. alfonsino.

alfónsigo. [м.] (бот.) фисташковое дерево; (плод.) фисташка.

alfonsino, na. [прил.] принадлежащий королям Alfonso.

alforfón. [м.] гречиха, греча.

alforja. [ж.] сума, котомка; перемётная сума; дорожная провизия: * pasarse a la otra aforja, (Амер.) выйти из границ дозволенного); * por la pura alforja, бесполезно, напрасно; * sacar los pies de las alforjas, смелеть (о робком человеке); * ¡qué alforja!, какая наглость!.

alforjar. [неперех.] класть что-л в суму; хорошо закутываться.

alforjero, ra. [прил.] к котомке; сторожащий суму (о собаке); [м. и ж.] мастер, изготовляющий котомки или перемётные сумы; продавец котомок и т. д.; нищий-монах.

alforjón. [м.] гречиха, греча.

alforjuela. [ж. умен.] к alforja, маленькая котомка.

alforza. [ж.] складка, рубец на платье; запас (излишек ткани за швом); (перен.) (разг.) рубец, шрам.

alforzar. [перех.] делать складки или придавать форму складки.

alfós. [м.] (мед.) белая проказа.

alfosio, sia. [прил.] беловатый.

alfoz. [м. или ж.] предместье, пригород, слобода (уст.).

alfualfa. [ж.] (Амер.) люцерна.

alga. [ж.] (бот.) водоросль.

algaba. [ж.] лес.

algáceo. [прил.] (бот.) похожий на водоросль.

algaida. [ж.] пространство, поросшее густым кустарником; лесистое пространство.

algaido, da. [ж.] прокрытый соломой или ветвями.

algalaba. [ж.] (бот.) дикая виноградная лоза.

algalia. [ж.] (жир.) пустой, желобчатый зонд.

algalia. [ж.] мускус, остро пахучее вещество; (бот.) мускусная трава.

algaliar. [перех.] душить мускусом.

algaliero, ra. [прил.] любящий духи (преимущественно мускус).

algamasa. [ж.] (Амер.) (прост.) известковый раствор, строительный раствор.

algara. [ж.] см. binza.

algara. [ж.] грабительская конная военная часть; налёт этой части.

algarabar. [перех.] (арг.) красть, воровать.

algarabía. [ж.] арабский язык; (перен.) (разг.) невнятная речь, невнятное писание; ломаный язык; (перен) (разг.) галиматья, тарабарщина; бормотание; сплошной шум, гам; (м. употр.) путаница; (бот.) дрок.

algarabiado, da. [прил. и сущ.] владеющий арабским языком.

algaracear. [перех.] идти мелкими хлопьями (о снеге).

algarada. [ж.] (ист.) баллиста, машина для метания камней и брёвен.

algarada. [ж.] см. algara; сплошной крик, шум, гам, поднятый отрядом или толпой: (de los moros) развлекательные конные упражнения.

algarazo. [м.] (обл.) внезапный ливень.

algarda. [ж.] (воен.) утренняя заря (сигнал); утреннее наступление.

algarero, ra. [прил.] крикливый, шумливый; болтливый; [м.] всадник, состоящий в algara.

algarino, na. [прил.] спрятанный в пещерах.

algarismo. [м.] (мат.) алгоритм.

algarrada. [ж.] (ист.) баллиста, машина для метания камней и брёвен.

algarrada. [ж.] загон быков в помещение; новильяда, бой молодых быков.

algarroba. [ж.] (бот.) сладкий рожок.

algarrobal. [м.] лес, роща рожковых деревьев.

algarrobera, re. см. algarrobo.

algarrobero. [м.] (бот.) см. algarrobo.

algarrobilla. [ж.] (бот.) вика, журавлиный горох.

algarrobillo. [м.] (Амер.) (бот.) сладкий рожок.

algarrobo. [м.] (бот.) рожковое дерево.

algasia. [ж.] тошнота; тоска, тяжёлое настроение.

algavaro. [м.] очень чёрное жесткокрылое насекомое с длинными щупальцами.

algazara. [ж.] воинственный крик (мавров); (перен.) крик, шум, гам, гомон, гвалт (преимущественно радостный); шум, крик, (уст.) см. algara, отряд.

algazo. [м.] водоросль на поверхности воды.

algebra. [ж.] алгебра.

algebraicamente. [нареч.] алгебраически.

algebraico, ca. [прил.] алгебраический: * igualdad algebraica, алгебраическое уравнение.

algébricamente. [нареч.] алгебраически.

algébrico, ca. [прил.] алгебраический.

algebrista. [м.] алгебраист; костоправ; (арг.) см. alcahuete, ta.

algente. [прил.] (поэт.) холодный как лёд, ледяной.

algera. [ж.] (арг.) металлическое кольцо.

algerina. [ж.] шипучий напиток, похожий на пиво.

algesia. [ж.] (мед.) повышенная чувствительность к боли.

algésico, ca. [прил.] болезненный.

algesímetro. [м.] прибор для измерения болевой чувствительности.

algesiógeno, na. [прил.] вызывающий боль.

algestesis. [ж.] болезненное ощущение.

algético, ca. [прил.] болезненный.

algia. [ж.] боль.

álgico, ca. [прил.] (мед.) болевой.

algidez. [ж.] (мед.) ледяной холод.

álgido, da. [прил.] ледяной, холодный; (мед.) сопровождаемый ознобом; (вар.) кульминационный: * fiebre álgida, лихорадка.

algo. [мест.] что-то, что-либо, что-нибудь, кое-что, нечто; [нареч.] немного, несколько: * bueno para algo, на что-л годный; * algo distante, немного удалённый; * algo ajeno no hace heredero, чужое впрок не идёт.

algoaza. [м.] см. lavadero.

algobar. [м.] (обл.) пыль.

algodón. [м.] (бот.) хлопчатник; хлопок; вата; хлопчатая бумага; хлопчатобумажная ткань; хлопчатобумажная ткань; * algodón pólvora, пироксилин, нитроклетчатка, нитроцеллюлоза; * algodón en rama, вата; * tejido de algodón, хлопчатобумажная ткань; * algodón hidrófilo, гигроскопическая вата; * hilandería de algodón, хлопкопрядение; * aprovisionamiento de algodón, хлопкозаготовки; * cultivador del algodón, хлопкороб; * cultivo del algodón, хлопководство; * plantación de algodón, хлопковая плантация; * siembra del algodón, хлопкосеяние; * recolección de algodón, хлопкоуборка; * fábrica de algodón, хлопкозавод; * secadero de algodón, хлопкосушилка; * estar criado entre algodones, (перен.) быть изнеженным; * llevar, meter, tener entre algodones, (перен.) нежить.

algodonal. [м.] хлопковая плантация; (бот.) хлопчатник.

algodonar. [перех.] набивать или подбивать ватой.

algodonero, ra. [прил.] хлопковый, хлопчатобумажный; торговец хлопком; [м.] (бот.) хлопчатник.

algodonita. [ж.] (мин.) альгодонит.
algodonosa. [ж.] (бот.) растение с желтыми цветами, покрытое пушистыми волосками.
algodonoso, sa. [прил.] пушистый; содержащий хлопок; вялый, мятый (о фруктах).
algología. [ж.] часть ботаники, занимающаяся водорослями.
algomagó. [м.] (арг.) житель.
algómetro. [м.] см. algesímetro.
algónquico, ca. [прил.] (геол.) альгонский; [м.] альгонская система.
algor. [м.] холодное ощущение.
algorfa. [ж.] хлебный амбар (в чердаке).
algorismo. [м.] (мат.) алгоритм, см. algoritmo.
algoritmia. [ж.] (мат.) наука о алгебраическом исчислении.
algorítmico, ca. [прил.] алгоритмический.
algoritmo. [м.] (мат.) см. algoritmia; алгоритм.
algorra. [ж.] (Амер.) сыпь (у детей).
algoso, sa. [прил.] изобилующий (поросший) водорослями.
algospasmo. [м.] судорога, спазм(а).
algostasis. [ж.] (мед.) прерывание или прекращение боли.
alguacil. [ж.] альгвазил, судебный исполнитель; полицейский; (уст.) начальник города или района; (зоол.) род паука: * alguacil del agua, (мор.) ведающий запасом пресной воды; * cada uno tiene su alguacil, на каждого управа найдётся.
alguacila. [ж.] (разг.) жена альгвазила.
alguacilato. [м.] (Амер.) должность альгвазила.
alguacilazgo. [ж.] должность альгвазила.
alguacilejo. [м. умен.] к alguacil.
alguacilesa. [ж.] жена альгвазила.
alguacilesco, ca. [прил.] к alguacil.
alguaquida. [ж.] серная спичка.
alguaquidero, ra. [м. и ж.] (уст.) продавец (-щица) серных спичек.
alguarín. [м.] (обл.) комнатка для хранения чего-л (в нижнем этаже).
alguaza. [ж.] (обл.) оконная, дверная петля.
alguese. [м.] (обл.) барбарис.
alguien. [неопр. мест.] кто-то, кто-либо, кто-нибудь, некто.
alguinio. [м.] (обл.) большая корзина (для сбора винограда и т. д.).
algún. [прил.] (усечённая форма от alguno, употребляемая перед сущ. м. р.): * algún tanto, [нареч.] немного.
alguno [прил.] кто-либо, кто-нибудь; некто; какой-либо, какой-нибудь; кое-какой, некоторый; никакой (после сущ.); * algunos, немногие; несколько; * alguna vez, иногда, порою; * alguno que otro, кое-кто, некоторые, немногие; * ¿ha llamado alguno?, кто-нибудь стучал в дверь?; * alguno de ellos, кое-кто (кто-то) из них.
alhábega. [ж.] (обл.) см. albahaca.
alhacena. [ж.] стенной шкаф.
alhaja. [ж.] драгоценность, ювелирное изделие большой ценности; (перен.) драгоценная вещь; сокровище; жемчужина; * ¡buena alhaja!, какой жулик и т. д.!
alhajado, da. [страд. прич. к alhajar]; [прил.] (Амер.) богатый, обеспеченный.
alhajar. [перех.] украшать драгоценностями; меблировать.
alhajera. [ж.] alhajero. [м.] (Амер.) ларчик, ларец, футляр (для драгоценностей).
alhaji. [м.] (бот.) бобовое растение.
alhajito, ta. [прил.] (Амер.) красивый, хорошенький, милый, приятный.
alhajuela. [ж. умен.] маленькая драгоценность.

alhame. [м.] льняная или шёлковая ткань.
alhámega. [ж.] (бот.) дикая рута.
alhamel. [м.] (обл.) вьючное животное; (обл.) носильщик; (обл.) погонщик вьючных животных.
alhamí. [м.] невысокая изразцовая скамья у ворот.
alhandal. [м.] (фам.) горькая тыква.
alhaquim. [м.] (в Марокко) врач, мудрец.
alharaca. [ж.] показное выражение чувств.
alharaco. [м.] (вул.) см. alharaca.
alharaquiento, ta. [прил.] выражающий чувства показным образом.
alhárgama, alharma. [ж.] (бот.) дикая рута.
alhavara. [ж.] старинный налог, взимавшийся с пекарей; (уст.) крупчатка.
alhelear. [неперех.] (обл.) редеть.
alhelí. [м.] (бот.) левкой: * alhelí amarillo, желтофиоль.
alheña. [ж.] (бот.) бирючина обыкновенная, цветы бирючины; хна; ржа, головня; см. azúmbar; * hecho alheña, molido como una alheña, изнурённый.
alheñar. [перех.] красить хной; * alheñarse. [возв. гл.] покрываться ржавчиной (о растениях); вянуть (о хлебных злаках).
alhócigo. [м.] (бот.) фисташковое дерево.
alhoja. [ж.] (орни.) жаворонок.
alholva. [ж.] (бот.) пажитник сенной.
alhóndiga. [ж.] рынок (преимущественно хлебный).
alhondigaje. [м.] (Амер.) плата за хранение на складе.
alhondiguero. [м.] управляющий рынком (преимущественно хлебным).
alhorín. [м.] (обл.) амбар; хранилище для оливок, фруктов.
alhorma. [ж.] мавританский лагерь.
alhorre [м.] (у новорождённых) сыпь; кал, экскременты: * yo te curaré el alhorre, я тебе дам (шаловливым детям).
alhorro. [м.] (обл.) см. alforre.
alhóstigo. [м.] (бот.) фисташковое дерево.
alhoz. [м.] (обл.) см. alfoz.
alhuate. [м.] (Амер.) пушок (на плодах).
alhucema. [ж.] (бот.) лаванда.
alhucemilla. [ж.] (бот.) губовидное растение с синими цветами.
alhumajo. [м.] сосновые листья.
alhurreca. [ж.] соляная корка (у моря).
aliabierto, ta. [прил.] с раскрытыми крыльями.
aliacanado, da. [прил.] (мед.) желтушный.
aliacán. [м.] (мед.) желтуха.
aliáceo, a. [прил.] чесночный, чесноковый.
aliado, da. [страд. прич. к aliar]; [прил.] союзный, связанный договором или дружбой; союзнический; [м. и ж.] союзник (-ица), член союза, конфедерации; (Амер.) фиакр, наёмный экипаж; * los Aliados, союзники, союзные державы.
aliaga. [ж.] (бот.) см. aulaga.
aliagar. [ж.] (бот.) см. aulagar.
aliaje. [м.] (гал.) сплав, лигатура; смесь; примесь.
aliala. [ж.] (обл.) (прост.) см. adehala.
aliancista. [м.] (Амер.) тот, кто принадлежит одному из двух объединённых политических партий.
alianza. [ж.] союз, альянс, объединение, единение, единство; смычка; договор, пакт, соглашение; родство по браку, свойство; (гал.) обручальное кольцо; (Амер.) смесь различных напитков.
aliar. [перех.] объединять в союз для общего дела; * aliarse. [возв. гл.] соединяться, вступать в союз, заключать союз; породниться.
aliara. [ж.] сосуд из рога.
aliaria. [ж.] (бот.) чесночница, крестоцветное растение с резким чесночным запахом.

alias. [нареч.] иначе говоря; [м.] прозвище, кличка.
alibambán. [м.] филиппинское бобовое дерево.
alibi. [м.] (гал.) алиби.
alibilidad. [ж.] питательность.
aliblanca. [ж.] (Амер.) лень, сонливость; нерадение; небрежность, нераспорядительность; (Амер.) (зоол.) лесной голубь.
alible. [прил.] питательный, пригодный для питания, сытный.
álica. [ж.] (уст.) овощная каша.
alicaído, da. [прил.] с опущенными крыльями; с подбитым крылом; (перен.) (разг.) слабый, слабосильный, бессильный, грустный, печальный, унылый; обедневший, разорившийся, обеднелый (разг.).
alicancano. [м.] (разг.) (обл.) большекрылая вошь; (перен.) (разг.) надоедливый человек.
alicanco. [м.] (Амер.) кляча.
alicancro. [м.] (Амер.) кляча.
alicántara, alicante. [ж.] (зоол.) очень ядовитая гадюка.
alicantina. [ж.] (разг.) хитрость, уловка, хитрый приём с обманчивой целью.
alicantino, na. [прил. и сущ.] относящийся к Alicante; уроженец (-нка) этого города.
alicanto. [м.] (бот.) очень ароматичный чилийский куст.
alicatado. [страд. прич. и м.] панель из изразцов с арабесками.
alicatar. [перех.] покрывать изразцами, придавая форму alicatados.
alicate. [м.] плоскогубцы; (Амер.) член общества, товарищества, компаньон.
alicates. [м. множ.] плоскогубцы.
aliciente. [м.] влечение, приманка, соблазн; побудительная причина, стимул, побуждение.
alicorado, da. [прил.] опьяневший, под хмельком, навеселе.
alicorear. [перех.] (Амер.) украшать, наряжать.
alicortar. [перех.] обрезать крылья; ранить в крылья; (перен.) подрезать крылья кому-л.
alicorto, ta. [прил.] (обл.) см. alicaído.
alicrejo. [м.] (Амер.) кляча.
alicuanta. [прил.] (мат.) аликвантная часть (величины); число на которое другое число не делится без остатка.
alicuanto. [нареч.] немного.
alicubcub. [м.] филиппинская петля для ловли птиц.
alicuota. [прил.] (мат.) содержащийся без остатка; пропорциональный.
alicurco, ca. [прил.] (Амер.) хитрый, коварный; лукавый.
alicuz. [м.] шустрый человек, стремящийся к извлечению пользу.
alidada. [ж.] (геом.) алидада.
alídeo, a. [прил.] (бот.) похожий на чеснок.
aliebrarse. [возв. гл.] прижаться к земле; см. alebrarse.
alienable. [прил.] (юр.) могущий быть отчуждённым, отчуждаемый.
alienación. [ж.] (юр.) отчуждение; (перен.) душевное расстройство, сумасшествие, умопомешательство; см. embelesamiento.
alienado, da. [страд. прич. к alienar(se)]; [прил.] сумасшедший, душевнобольной, умалишённый, помешанный.

alienar. [перех.] (юр.) отчуждать; сводить с ума.

alienígena. [прил.] иностранный, иноземный; [м. и ж.] иностранец (-ка).

alienígeno, na. [прил.] странный.

alienismo. [м.] психиатрия.

alienista. [прил.]: * médico **alienista**, психиатр; [м.] психиатр, врач, специалист по психиатрии.

aliento. [м.] дейст. к **alentar**; дыхание; дейст. к дуть, дуновение, веяние; (м. употр.) обоняние; (перен.) (чаще множ.) храбрость, мужество, присутствие духа, бодрость, смелость; * de un **aliento**, залпом; * sin tomar **aliento**, одним, единым духом, без передышки; * **aliento** corto, одышка; * mal **aliento**, плохой запах изо рта; * tomar, cobrar **aliento**, перевести дух; собраться с духом; * hasta perder el **aliento**, до изнеможения; * sin **aliento**, запыхавшийся; * exhalar el último **aliento**, испустить дух.

alif. [м.] название первой буквы арабского алфавита.

alifa. [ж.] (обл.) двухлетний сахарный тростник.

alifafe. [м.] недомогание; (вет.) волдырь.

alifar. [перех.] (обл.) полировать; украшать, наряжать.

alifara. [ж.] лёгкий завтрак (после сделки).

alífero, ra. [прил.] крылатый, с крыльями.

aliforme. [прил.] крыловидный.

aligación. [ж.] соединение, связь; смешение.

aligamiento. [м.] соединение, связь; смешение.

aligar. [перех.] (м. употр.) см. **ligar**.

aligator. [м.] (гал.) см. **caimán**.

aligeramiento. [м.] облегчение; разгрузка; ускорение; утешение, облегчение.

aligerar. [перех.] облегчать, уменьшать тяжесть, освобождать от лишнего груза; ускорять; умерять, ослаблять, унимать; сокращать; (мор.) облегчать (путём разгрузки); [неперех.] торопиться, спешить.

alígero, ra. [прил.] (поэт.) с крыльями, крылатый; (перен.) (поэт.) очень быстрый, лёгкий.

aligonero. [м.] (бот.) см. **almez**.

aligustre. [м.] (бот.) бирючина.

alijado, da. [страд. прич. к **alijar**]; [прил.] мало погруженный, не имеющий нужной осадки.

alijador. [м.] (мор.) лихтер, грузовое незамоковое судно типа баржи; чистильщик хлопка; [прил.] (мор.) разгружающий.

alijar. [перех.] (мор.) разгружать; выгружать контрабанду; очищать хлопок.

alijar. [перех.] полировать, тереть, чистить кожей акулы.

alijarar. [перех.] делить необработанную землю (для обработки, возделывания).

alijarero. [м.] человек получающий **alijar** для обработки.

alijo. [м.] разгрузка судна; (с.-х.) очистка хлопка; контрабандный груз; (м. употр.) (ж.-д.) тендер.

alilaila. [ж.] (бот.) пуэрториканское дерево.

alilaya. [ж.] (Амер.) пустое извинение, пустой предлог.

alileno. [м.] (хим.) углеводород извлечённый из чеснока.

alim. [м.] (бот.) молочайное филиппинское деревце.

alimango. [м.] (Фили.) большой краб.

alimanisco, ca. [прил.] (Амер.) см. **alemanisco**.

alimaña. [ж.] животное; хищный зверёк.

alimañero. [м.] сельский сторож, истребляющий хищных зверков.

alimentación. [ж.] питание, кормление; еда; снабжение, довольствие; (тех.) питание, снабжение; подача (воды и т. д.); * alimentación artificial, искусственное довольствие; * alimentación insuficiente, недоедание.

alimentador, ra. [прил.] кормящий, питающий; [м.] (эл.) фидер.

alimental. [прил.] пищевой, съестной.

alimentar. [перех.] питать, кормить, доставлять пропитание, поддерживать питанием; снабжать, довольствовать; (тех.) питать, доставлять необходимый материал, снабжать (сырьём и т. д.) (перен.) питать, ощущать, испытывать; разжигать; (перен.) поддерживать; * alimentarse. [возв. гл.] питаться, кормиться; * alimentar una esperanza, питать надежду; * alimentar el odio, (перен.) разжигать ненависть; * alimentar una caldera de vapor, питать паровой котёл.

alimentario, ria. [прил.] относящийся к питанию; [м.] (юр.) см. **alimentista**.

alimenticio, cia. [прил.] пищевой, съестной, питательный, сытный; * pensión alimenticia, алименты, пенсия; * pastas alimenticias, макаронные изделия.

alimentista. [м. и ж.] человек, получающий алименты.

alimento. [м.] продукт питания, питание; (перен.) снабжение; поддерживание; пища для чего-л; [множ.] пища; алименты, пенсия: * de mucho **alimento**, сытный.

alimentoso, sa. [прил.] питательный, сытный.

alimoche. [м.] (орни.) род грифа.

alimón (al). [нареч.] один из приёмов боя быков.

alimonarse. [возв. гл.] (с.-х.) желтеть(ся) (о листьях).

alindado, da. [страд. прич. к **alindar**]; [прил.] претенциозно чистый, опрятный; (уст.) миловидный.

alindamiento. [м.] установка межевых знаков, размежевание.

alindar. [перех.] устанавливать межевые знаки; [неперех.] граничить, быть смежным.

alindar. [перех.] украшать, делать красивым: * alindarse. [возв. гл.] (уст.) украшаться.

alinde. [м.] оловянная амальгама для зеркал.

alinderar. [перех.] (Амер.) ставить вехи, размежёвывать; намечать границы.

alindongarse. [возв. гл.] (обл.) одеваться слишком изящно.

alineación. [ж.] выравнивание, расположение по прямой линии; (воен.) равнение, выстраивание в линию: * ¡alineación (por la) derecha!, (воен.) направо равняйсь!

alineamiento. [м.] см. **alineación**.

alinear. [перех.] выравнивать, выстраивать в линию, в ряд; (воен.) равнять; **alinearse** [возв. гл.] выравниваться; (воен.) равняться.

alinfia. [ж.] (мед.) отсутствие лимфы.

alingaongao. [м.] (зоол.) филиппинский комар.

aliñado, da. [страд. прич. к **aliñar**]; [прил.] украшенный, опрятный.

aliñador, ra. [прил. и сущ.] украшающий, приправляющий; [м.] декоратор; (Амер.) костоправ.

aliñar. [перех.] украшать; убирать, прибирать, приводить в порядок; приправлять, придавать вкус, составлять напитки; (Амер.) вправлять (кости).

aliño. [м.] украшение; убирание, приведение в порядок; чистота, опрятность; устройство, приспособление; составление напитков; приправа.

aliñoso, sa. [прил.] украшенный, наряженный; старательный.

alioli. [м.] см. **ajiaceite**.

alionar. [перех.] (Амер.) подстрекать к беспорядку, бунту и т. д.

alionín. [м.] (орни.) род синицы.

alípede. [прил.] (поэт.) с крылатыми ногами; см. **alípedo**.

alípedo, da. [прил. и сущ.] (зоол.) рукокрылый; см. **alípede**.

alipegarse. [возв. гл.] (Амер.) присоединиться, пристать к кому-л.

alipego. [м.] (Амер.) см. **adehala**; (Амер.) навязчивый, незваный гость, назойливый человек.

aliquebrado, da. [страд. прич. к **aliquebrar**]; [прил.] (перен.) см. **alicaído**.

aliquebrar. [перех.] сломать или подбить крыло.

alirón. [м.] (обл.) ощипанное крыло.

alirrojo, ja. [прил.] краснокрылый.

alisado. [м.] см. **alisadura** (дейст.).

alisador, ra. [прил. и сущ.] полирующий, лощащий; гладильный, гладильщик (-ица), лощильщик (-ица); лощило, гладило, гладилка; полировщик; (Амер.) (прост.) частый гребень.

alisadura. [ж.] полировка, шлифовка, лощение, полирование; приглаживание; [множ.] обрезки, опилки.

alisal. [м.] ольховая роща, ольшаник, ольховник.

alisar. [перех.] полировать, шлифовать, лощить; накатывать; проглаживать, прокатывать наглаживать, приглаживать (волосы).

alisar. [м.] **aliseda** [ж.] (бот.) ольховая роща, ольшаник, ольховник, ольшняк. (обл.).

alíscafo. [м.] судно на подводных крыльях.

alisia. [ж.] (бот.) бразильская водоросль; род насекомых.

alisios. [м. множ.] пассат, пассатный ветер, сухой тропический ветер, дующий в области между тропиками и экватором.

aliso. [м.] (бот.) ольха; de **aliso**, ольховый: * **aliso** blanco, (обл.) берёза.

alistado. [страд. прич. к **alistar**, занесённый в список]; [прил.] полосатый.

alistador. [м.] составляющий список; вербовщик.

alistamiento. [м.] занесение в список, вербовка, набор; поступление на военную службу; наём рабочих.

alistar. [перех.] записывать, заносить в список; вербовать, набирать, нанимать; * **alistarse**. [возв. гл.] поступать добровольцем на военную службу; завербовываться; примкнуть к партии.

alistar. [перех.] приготовлять, подготовлять.

aliteración. [ж.] (лит.) аллитерация.

aliterado, da. [прил.] содержащий в себе аллитерацию.

alitienzo. [м.] (бот.) бирючина.

alitierno. [м.] (бот.) вечнозелёная крушина.

alitranca. [ж.] (мер.) см. **retranca**; [множ.]

(Амер.) хитрость, уловка, хитрый приём, поступок.
alitronco. [м.] (Амер.) пряжка.
alitronco. [м.] (зоол.) заднегрудие или заднегрудие, последнее кольцо, к которому прикрепляются крылья у насекомых.
alitúrgico, ca. [прил.] (церк.) не имеющий особой службы, неслужебный (день).
aliviadero. [м.] приёмник для избытка воды.
aliviador, ra. [прил.] облегчающий; смягчающий, успокаивающий, унимающий (боль); [м.] регулирующий рычаг на мельнице; (арг.) вор, получающий краденое (другим вором).
aliviar. [перех.] облегчать, уменьшать тяжесть; (перен.) облегчать, утешать, помогать, смягчать, успокаивать (боль, горе и т. д.); (перен.) ускорять шаги, спешить; подвигать, ускорять (работу); см. solivar; содействовать, способствовать; (арг.) воровать, украсть; [неперех.] (прост.) уходить, уезжать; * aliviarse. [возв. гл.] переставать, успокаиваться (о боли); выздоравливать, поправляться.
alivio. [м.] облегчение; (перен.) облегчение, утешение; смягчение, ослабление (боли); поправка; отдых; ускорение (шаги); (арг.) защитник (адвокат).
alizar. [м.] изразцовый фриз; изразец.
alizari. [м.] мареновый корень.
alizárico, ca. [прил.] (хим.) ализариновый.
alizarina. [ж.] (хим.) ализарин: * tinta de alizarina, ализариновые чернила.
alizo. [м.] аргентинское дерево (плюсконосное).
aljaba. [ж.] колчан.
aljaba. [ж.] (бот.) (Амер.) фуксия.
aljafana. [ж.] умывальный таз.
aljama. [ж.] собрание мавров или евреев; мечеть; синагога; мавританский или еврейский квартал.
aljamados. [м. множ.] жители мавританского или еврейского квартала; прихожане мечети или синагоги.
aljamel. [м.] (обл.) вьючное животное; см. alhamel.
aljamía. [ж.] исковерканный испанский язык, на котором говорили мавры, в Испании; испанские рукописи, написанные арабскими буквами.
aljamiado, da. [прил.] говорящий на исковерканном испанском языке (о маврах); написанный арабскими буквами (о испанских рукописях).
aljamiar. [неперех.] плохо говорить (на каком-л языке).
aljarafe. [м.] см. ajarafe.
aljarfa, aljarfe. [м.] центральная часть aljerife.
aljecería. [ж.] гипсовый завод, см. yesería.
aljecero. [м.] мастер или продавец гипсовых изделий.
aljecireño, ña. [прил.] относящийся к Algeciras; [сущ.] уроженец Algeciras.
aljedrecista. [сущ.] (Амер.) (вар.) шахматист (-ка).
aljedrez. [м.] (Амер.) (вар.) шахматы.
aljerife. [м.] большая рыболовная сеть.
aljerifero. [м.] (уст.) тот, кто ловил рыбу с помощью aljerife.
aljévena. [ж.] умывальный таз.
aljez. [м.] (мин.) гипс, известковое минеральное вещество.
aljezar. [м.] месторождение гипса; разработки гипса.
aljezón. [м.] штукатурный мусор; обломки штукатурки.
aljibe. [м.] водоём, цистерна; резервуар; (мор.) наливное судно; бак для пресной воды; (Амер.) колодец; родник, источник; (уст.) подземная тюрьма: * vagón aljibe, вагон-цистерна, нефтеналивной вагон; * camión aljibe, автоцистерна.
aljibero, ra. [м. и ж.] управляющий (-ая) водоёмами.
aljofaina. [ж.] умывальный таз.
aljofar. [м.] маленькая неправильная жемчужина; совокупность таких жемчужин; вещь похожая на aljofar; (поэт.) капля росы.
aljofarar. [перех.] покрывать или украшать aljofares; (перех.) покрывать или украшать чём-л похожим на aljofar.
aljofifa. [ж.] тряпка для пола, суконка.
aljofifar. [ж.] протирать пол суконкой.
aljonje, aljonjera, aljonjero, aljonjolí. [м.] (бот.) кунжут, сезам.
aljor. [м.] гипс.
aljorozar. [перех.] (Амер.) штукатурить, покрывать стены и т. д. слоем густого известкового раствора с песком.
aljorra. [ж.] (Амер.) маленькое очень вредное для полей насекомое.
aljuba. [ж.] мавританская одежда, употр. тоже христианами.
aljuma. [ж.] (обл.) см. pinocha.
alma. [ж.] душа; (перен.) житель; человек, живое существо; канал ствола (в огнестрельном оружии); (тех.) сердечник; шейка; (муз.) душка (в струнных инструментах): * alma atravesada, de Caín o de Judas, жестокий человек; * alma de cántaro, простофиля; (разг.) * alma de Dios, простой, хороший человек, душа-человек, простак; * alma en pena, одинокий грустный человек; * alma perdida, (орни.) перуанская птица, живущая в одиноких местах; * alma de caballo, недобросовестный человек; * andar como alma en pena, бродить как неприкаянный; * dar (entregar) el alma, умереть, испустить дух, скончаться; * arrancársele a uno el alma, глубоко сожалеть о чём-л; * caérsele a uno el alma a los pies, падать духом; * como alma que lleva el diablo, очень быстро; * sacar el alma a alguien, причинить большой вред; * darle a uno el alma alguna cosa, (разг.) предчувствовать; * echarse el alma a la espalda, пренебречь общественным мнением, правилами приличия; * con el alma y la vida, от всего сердца; * no hay alma viviente, нет ни живой души; * paseársele a uno el alma por el cuerpo, быть ленивым; * estar, quedar, uno como el alma de Garibay, быть нерешительным, колебаться; * alma mía!, душа моя; * alma vil, низкопоклонник; * alma ruin, душонка; * entregarse en cuerpo y alma, отдаться телом и душой; * tener uno el alma en su armario, en su cuerpo o en sus carnes, обладать способностями к чему-л; * alma de cántaro, дурак, олух; * elevación de alma, благородность; * llegar a uno al alma, тронуть глубоко, вызывать в ком-л чувствие; * está con el alma en un hilo, у него душа в пятки ушла; * sentir en el alma, глубоко, крайне сожалеть.
almacén. [м.] магазин; амбар, товарный склад; кладовая, силос; (Амер.) бакалейная лавка; мелочная лавка: * almacén de agua, (мор.) цистерна с пресной водой.
almacenador, ra. [прил.] складывающий в амбар, хранящий на складе.
almacenaje. [м.] плата за хранение на складе.
almacenamiento. [м.] складирование, помещение на склад, складывание, ссыпка в амбары; (перен.) накопление, собирание, сосредоточивание.
almacenar. [перех.] сдавать на склад, складировать, помещать на склад, складывать, ссыпать в амбары; (перен.) собирать, накоплять.
almacenero, ra. [м. и ж.] смотритель склада, заведующий складом; (Амер.) владелец бакалейной лавки, лавочник; (воен.) кантенармус.
almacenista. [м.] владелец магазина или склада; заведующий магазином или складом; кладовщик; виноторговец, имеющий вина на складе.
almáciga. [ж.] камедь, мастика.
almáciga. [ж.] (с-х) питомник.
almacigado, da. [страд. прич. к almacigar]; [прил.] желтого цвета; (Амер.) цвета меди (о лошади); смешанной расы.
almacijar. [перех.] курить, окуривать камедью, мастикой.
almácigo. [м.] (бот.) мастиковое дерево; (бот.) кубинское дерево.
almácigo. [м.] (с-х) питомник.
almaciguero, ra. [прил.] относящийся к питомнику.
almada. [ж.] (Амер.) (вар.) подушка.
almádana. [ж.] молоток каменотёса.
almadaneta. [ж.] умен. молоточек каменотёса.
almadearse. [возв. гл.] (м. употр.) испытывать головокружение, тошноту.
almádena. [ж.] молоток каменотёса.
almadeneta. [ж. умен.] см. almadaneta.
almadía. [ж.] плот; паром; пирога.
almadiar. [неперех.] переплывать реку на плоте, на пароме.
almaldiarse. [возв. гл.] испытывать головокружение, тошноту.
almadiero. [м.] паромщик, перевозчик на плоте, пароме.
almadilla. [ж.] (Амер.) (вар.) подушечка.
almadillo. [м.] (Амер.) (вар.) (зоол.) броненосец.
almádina. [ж.] молоток каменотёса.
almadraba. [ж.] ловля тунцов; место, где ловят тунцов; время ловли тунцов; большая сеть для ловли тунцов.
almadrabero. [м.] ловец тунцов.
almadreña. [ж.] деревянный башмак; almadreñas [множ.] сабо.
almadreñero. [м.] человек, изготовляющий (или продающий) сабо, деревянные башмаки.
almágana. [ж.] (Амер) см. almádana; (Амер.) ленивый человек, лентяй, ленивец, лодырь.
almaganeta. [ж.] см. almádana.
almagaña. [ж.] (воен.) древняя машина для метания камней.
almagesto. [м.] астрономическая книга, сборник астрономических наблюдений.
almagra. [ж.] (мин.) красная охра.
almagrado, da. [страд. прич. к almagrar]; [прил.] красный.
almagral. [м.] почва, изобилующая красной охрой.
almagrar. [перех.] красить красной охрой; делать отметку; бесчестить, позорить; (арг.) ранить.
almagre. [м.] (мин.) красная охра; отметка, значок, знак.
almagreño, ña. [прил. и сущ.] относящийся к Almagro; уроженец этого города.
almagrera. [ж.] жестянка для красной охры; (мин.) место, изобилующее красной охрой.

almagrero, ra. [прил.] богатый, изобилующий красной охрой.
almaina. [ж.] (обл.) (вул.) молоток каменотёса.
almaizal, almaizar. [м.] газовый женский головной убор (мавританский); см. humeral.
almaizo. [м.] (бот.) боярышник.
almaja. [ж.] (обл.) древний налог на плод.
almajal. [м.] (бот.) см. almarjal.
almajaneque. [м.] (воен.) (в древности) приспособление для разрушения городских стен.
almajar. [м.] шёлковая накидка.
almajar. [м.] место, заросшее зольником.
almajara. [ж.] удобренная почва, для быстрого прорастания семян.
almajarre. [ж.] (с-х.) питомник.
almaje. [м.] (обл.) общинное стадо.
almajo. [м.] (бот.) см. almarjo.
almalafa. [ж.] мавританская одежда.
almanac. [м.] см. almanaque.
almanafa. [ж.] род мавританской вуали.
almanaque. [м.] календарь (с указанием астрономических, метеорологических и других сведений), альманах (сборник).
almanaquero, almanaquista. [м. и ж.] составитель (-ница) или продавец (-вщица) альманахов, календарей.
almancebe. [м.] древняя речная сеть (в Гвадалквивире).
almandina. [ж.] almandino. [м.] (мин.) альмандин.
almánguena. [ж.] красная охра.
almanta. [ж.] пространство между рядами деревьев, виноградными лозами; часть почвы, отмеченная двумя бороздами (для управления посевом).
almarada. [ж.] острый кинжал, с тремя лезвиями; большая игла для шитья обуви из пеньки.
almarbatar. [перех.] соединять две деревянные части.
almarbate. [м.] (арх.) подкос.
almarbaz. [м.] (обл.) стамеска.
almarca, almarcha. [ж.] посёлок, расположенный в долине или низине; (в Марокко) болотистая почва.
almarga. [ж.] залежи мергеля.
almariete. [м. умен.] к almario.
almario. [м.] см. armario.
almarjal. [м.] место, заросшее зольником; болотистая почва.
almarjo. [м.] (бот.) зольник; см. barrilla.
almaro. [м.] (бот.) см. maro.
almarrá. [м.] тонкий цилиндр, для очистки хлопка.
almarraja, almarraza. [ж.] сорт стеклянной лейки.
almártaga. [ж.] (хим.) окись свинца, свинцовый глёт.
almártaga. [ж.] недоуздок; (Амер.) см. mandria.
almártega. [ж.] окись свинца, свинцовый глёт.
almártiga. [ж.] недоуздок.
almartigón. [м.] грубый недоуздок, для привязки к кормушке.
almaste, almastec. [м.] камедь, мастика.
almástiga. [ж.] камедь, мастика.
almastigado, da. [прил.] содержащий камедь, мастику.
almatrero. [м.] тот, кто ловил рыбу с помощью almatroque.
almatriche. [м.] (с-х.) оросительный канал.

almatroque. [м.] старинная рыболовная сеть.
almatroste. [м.] (Амер.) громоздкий предмет; см. armatoste.
almazara. [ж.] маслобойня, маслобойный завод.
almazarero. [м.] управляющий маслобойней; владелец маслобойни.
almazarrón. [м.] (мин.) красная охра.
almea. [ж.] восточная танцовщица и певица.
almea. [ж.] (бот.) см. azúmbar; стиракс, ароматический бальзам; стираксовая древесная кора (без смолы).
almear. [м.] стог, скирда; см. almiar.
almedina. [ж.] (в Марокко) центр города.
almedra. [ж.] древний налог.
almeja. [ж.] съедобная ракушка, безглавы моллюск.
almejí, almejía. [ж.] маленькая грубая накидка испанских мавров.
almelado, da. [прил.] цвета мёда.
almelga. [ж.] (обл.) (вар.) широкая борозда.
almena. [ж.] зубец (стены).
almenado, da. [прил.] зубчатый; украшенный зубцами; [м.] зубцы (стены).
almenaje. [м.] зубцы (стены).
almenar. [перех.] снабжать, увенчивать или украшать зубцами.
almenar. [м.] (уст.) железная подставка для лучины.
almenara. [ж.] сигнальный огонь на дозорной башне; железная подставка для лучины; древний подсвечник.
almenara. [ж.] (обл.) отводной канал.
almendra. [ж.] миндалина; ядро плода; миндалевидный предмет; миндалевидный бриллиант; подвеска (к люстре и т. д.); булыжник; (арх.) миндалевидное украшение; (обл.) кокон первого сорта; (арг.) пуля; * almendras, [множ.] миндаль; * almendra garrapiñada, обсахаренный и поджаренный миндаль; * almendra amarga, горький миндаль; * almendra dulce, съедобный миндаль; * almendra mollar, миндаль с легко дробящей скорлупой; * de la media almendra, жеманный; * aceite de almendras, миндальное масло; * leche de almendras, миндальное молоко; * de almendra(s), миндальный.
almendrada. [ж.] миндальное молоко с сахаром, миндальная эмульсия; * dar una almendrada a uno, (перен.) (разг.) сказать что-л лестное.
almendrado, da. [страд. прич. к almendrar]; [прил.] миндалевидный; [м.] миндальное тесто; миндальное печенье.
almendral. [м.] миндальная роща; миндальное дерево, миндаль.
almendrar. [перех.] (арх.) украшать миндалевидными украшениями.
almendrario. [м.] место, для хранения миндаля.
almendrate. [м.] миндальное кушанье.
almendrera. [ж.] (бот.) миндаль, миндальное дерево: * florecer la almendrera, преждевременно седеть.
almendrero. [м.] (бот.) см. almendro; блюдо или ваза для миндаля.
almendrica. [ж.] маленькая миндалина.
almendrilla. [ж.] слесарский напильник с миндалевидным наконечником; балласт, щебень, щебёнка, дресва, гравий.
almendrillo. [м.] (бот.) кубинское дерево.
almendro. [м.] (бот.) миндальное дерево, миндаль.
almendrón. [м.] (бот.) терминалия.
almendruco. [м.] незрелая миндалина; almendrucos. [множ.] незрелый миндаль.
almenilla. [ж.] отделка в виде зубчиков (на платье и т. д.).

almeriense. [прил. и сущ.] относящийся к Almería; уроженец этого города.
almete. [м.] шлем, каска; солдат, носящий шлем, каску.
almuez. [м.] (бот.) каменное дерево, каркас.
almeza. [ж.] ягода каменного дерева.
almiar. [ж.] стог, скирд, большая, высокая и круглая куча плотно уложенного сена (соломы).
almiarar. [перех.] скирдовать, стоговать: * acción de almiarar, стогование, стогометание, скирдование, скирдовка (разг.).
almíbar. [м.] сироп; (в Америке, ж.) фрукты в сиропе.
almibarado, da. [страд. прич. к almibarar]; залитый сиропом; засахаренный; [прил.] (перен.) слащавый, медоточивый, заискивающий.
almibarar. [перех.] заливать сиропом, засахаривать; (перен.) слащавыми словами добиваться чьего-л расположение, заискивать.
almidón. [м.] крахмал: * que contiene mucho almidón, крахмалистый; * almidón animal, de hígado, гликоген.
almidona. [ж.] внутренняя часть крахмала.
almidonado, da. [страд. прич. к almidonar]; крахмальный, накрахмаленный; (перен.) (разг.) чопорный, натянутый; принаряженный, нарядный; [м.] крахмаление, накрахмаливание: * cuello almidonado, накрахмаленный воротничок.
almidonar. [перех.] (на)крахмалить, вымачивать в крахмальной воде для придания жёсткости.
almidonería. [ж.] крахмальная фабрика или лавка.
almidonero, ra. [м. и ж.] фабрикант или продавец (-щица) крахмала.
almidonito. [м.] (хим.) крахмалистое вещество.
almifor. [м.] (арг.) лошадь.
almiforero. [м.] (арг.) конокрад, вор, занимающийся кражами лошадей.
almila. [м.] гончарная печь.
almilla. [ж.] куртка, плотно облегающая тело; куртка с короткими рукавами, надевавшаяся под броню; (тех.) шип; см. hormilla.
almimbar. [м.] мечетный амвон.
alminar. [м.] минарет, башня при мечети, с к-рой призывают на молитву.
almiquí. [м.] (зоол.) (Амер.) насекомоядное кубинское млекопитающее.
almiranta. [ж.] адмиральский корабль, флагманское судно; адмиральша, жена адмирала.
almirantazgo. [м.] адмиралтейство; адмиральский чин; (ист.) налог на торговые суда в пользу королевского (военного) флота.
almirante. [м.] адмирал, флотоводец; (уст.) главарь, вожак; (перен.) (обл.) тренер плавания; (уст.) головное украшение: * navío almirante, флагман (корабль).
almirantear. [неперех.] занимать должность адмирала.
almirez. [м.] металлическая ступка.
almizclado, da. [страд. прич. к almizclar]; [прил.] мускусный (о запахе); надушенный мускусом.
almizclar. [перех.] (на)душить мускусом.
almizcle. [м.] мускус, остро пахучее вещество, вырабатываемое железами самца кабарги и нек-рых других животных; (Амер.) жирное вещество (у хвоста некоторых птиц).
almizcleña. [ж.] (бот.) род мускусного гиацинта.

almizcleño, ña. [прил.] мускусный.
almizclera. [ж.] (зоол.) мускусная крыса; (бот.); см. almizcleña.
almizclero, ra. [прил.] см. almizcleño; (зоол.) кабарга.
almo, ma. [прил.] (поэт.) оживляющий; животворный, живительный; благой, благодетельный; маститый.
almocaber. [м.] (в Марокко) кладбище.
almocadén. [м.] пехотный капитан; (в Марокко) род квартального мэра.
almocafre. [м.] (с.-х.) мотыга; ручное земледельческое орудие, садовая кирка.
almocárabe, almocarbe. [м.] украшение в виде бантов.
almocatracía. [ж.] древний налог на шерстяные ткани.
almocela. [ж.] капюшон.
almocrí. [м.] чтец корана (в мечети).
almodí. [м.] хлебный рынок; см. almudí.
almodia. [ж.] индейский челнок.
almodón. [м.] размоченная и (после) измельчённая мука.
almodonear. [перех.] (м. употр.) запутывать дело; слишком о чём-л говорить.
almodrote. [м.] соус из оливкового масла, толчёного чеснока и т. д.; (перен.) (разг.) смесь.
almofate. [м.] круглый нож, употр. шорниками.
almofía. [ж.] умывальный таз.
almoflate. [м.] см. almofate.
almogama. [ж.] (мор.) шпангоут.
almogávar. [м.] (ист.) солдат, специалист по набегам.
almogavarear. [неперех.] набегать, совершать набеги, заниматься набегами.
almogavaría. [ж.] войсковая часть almogávares.
almohacear. [перех.] (Амер.) чистить скребницей.
almohada. [ж.] подушка; наволочка (чехол для подушки); подпорка для головы; (арх.) см. almohadilla: * aconsejarse, o consultar, con la almohada, (перен.) (разг.) зрело, основательно обдумать; * mejor es consultarlo con la almohada, утро вечера мудренее.
almohadazo. [м.] удар подушкой.
almohadilla. [ж.] подушечка; подушечка для плетения кружев; бортовка; потник для лошадей; (Амер.) подушечка для булавок и иголок; род маленькой подушечки, кот-рой хватают утюг; (арх.) выступающий камень.
almohadón. [м.] подушка для сиденья или для ног; (арх.) пята арки.
almohatre. [м.] нашатырь.
almohaza. [ж.] скребница, железная щётка для чистки лошадей.
almohazador, ra. [м.] тот, кто чистит скребницей.
almohazar. [перех.] чистить скребницей.
almojábana. [ж.] круглый пирог из муки и сыра; жареный пирожок из муки, сливочного масла, сахара и яйца.
almona. [ж.] (обл.) мыловаренный завод.
almondera. [ж.] (обл) грубая ткань (из пеньки).
almóndiga, almondiguilla. [ж.] см. albóndiga.
almoneda. [ж.] продажа с торгов, с молотка, аукцион; дешёвая распродажа.
almonedar, almonedear. [перех.] продавать с молотка, с торгов, с аукциона.
almora. [ж.] (обл.) груда камней.
almorabú. [м.] (Амер.) см. almoraduj.
almoraduj или almoradux. [м.] (бот.) майоран.
almorávid. [прил.] (ист.) относящийся к Almorávides.
almorejo. [м.] (бот.) чумиза, гоми, щетинник зелёный.

almorí. [м.] тесто из муки, мёда и т. д., идущее на торты.
almoronía. [ж.] см. alboronía.
almorrana. [ж.] (мед.) геморрой; (Амер.) кубинское растение.
almorraniento, ta. [прил. и сущ.] страдающий геморроем.
almorta. [ж.] (бот.) лупин, волчий боб.
almorzada. [ж.] пригоршня, содержимое пригоршни; (Амер.) дейст. по знач. гл. завтракать.
almorzado, da. [страд. прич.] к almorzar, [прил.]: * ya vengo almorzado, я уже позавтракал.
almorzar. [неперех.] завтракать; [перех.] есть за завтраком (что-л); [непр. гл.] спрягается как contar.
almotacén. [м.] инспектор мер и весов; палата мер и весов; (в Марокко) инспектор крытых рынков.
almotacenazgo. [м.] должность и бюро инспектора мер и весов.
almotacenía. [ж.] плата за проверку мер и весов; должность almotacén.
almotazaf. [м.] см. almotacenía.
almotazanía. [ж.] см. almotacenía.
almozárabe. [прил.] см. mozárabe.
almucia. [ж.] (обл.) короткая мантия с капюшоном, см. muceta.
almud. [м.] алмуд (мера сыпучих тел).
almudada. [ж.] участок земли, засеянный одним алмудом семян.
almudí, almudín. [ж.] хлебный рынок; (обл.) мера сыпучих тел; см. alhóndiga.
almuecín, almuédano. [м.] муэдзин.
almuercera. [ж.] (Амер.) передвижной кабачок.
almuercería. [ж.] (Амер.) кабачок; продовольственная лавочка.
almuérdago. [м.] (бот.) омела.
almuertas. [ж. множ.] (обл.) древний налог на зерновые хлеба.
almuerza. [ж.] пригоршня (содержимое пригоршни).
almuerzo. [м.] завтрак; прибор (или сервиз) для завтрака: * almuerzo de tenedor, завтрак с мясом, а следовательно требующий ножа и вилки; * almuerzo comida, ранний обед под видом завтрака.
almunia. [ж.] огород или плодовый сад; ферма, хутор.
alna. [ж.] (уст.) локоть (старинная мера длины).
alnado, da. [м. и ж.] пасынок, падчерица.
¡aló! (Амер.) алло!
alobadado, da. [прил.] укушенный волком.
alobadado, da. [прил.] (вет.) имеющий мешочкообразную опухоль.
alobado, da. [прил.] наводнённый волками (о заповеднике).
alobunado, da. [прил.] похожий на волка, (преимущественно о масти).
alocadamente. [нареч.] ветрено, безрассудно, необдуманно, неосмотрительно.
alocado, da. [прил.] ветреный, легкомысленный, безрассудный; необдуманный; (разг.) придурковатый; (Амер.) [страд. прич.] к alocarse.
alocarse. [перех.] (Амер.) сойти с ума.
alocasia. [ж.] (бот.) тепличное растение.
alocroico, ca. [прил.] меняющий свой цвет.
alocroísmo. [м.] цветоизменчивость
alocroíta. [ж.] род норвежского граната.
alocución. [м.] краткое слово, краткая речь, обращение.
alocuo, cua. [прил.] лишённый дара речи.
aloda. [ж.] (орни.) жаворонок.
alodial. [прил.] аллодиальный, свободный от повинностей или податей.
alodio. [м.] наследство или поместье, свободное от податей.

áloe или aloe. [м.] (бот.) алоэ, столетник; сок или древесная смола алоэ; сабур.
aloético, ca. [прил.] к алоэ, алойный.
alófilo. [прил.] (бот.) цейлонское дерево.
alógeno, na. [прил.] другой расы; иностранный.
alógico, ca. [прил.] лишённый логики, бессмысленный, несуразный.
alóglota. [прил.] говорящий на другом языке.
aloína. [ж.] (хим.) алкалоид алоэ.
aloisia. [ж.] куст с благоуханными цветами.
aloja. [ж.] напиток из воды, мёда и пряностей: * aloja chicha, кукурузная водка.
alojado, da. [страд. прич.] к alojar; [м.] солдат, находящийся на постое; (Амер.) гость.
alojamiento. [м.] предоставление кому-л приюта или помещения; квартира; жилище; (воен.) постой; постойная повинность; (воен.) расквартирование; (уст.) (воен.) привал: * condiciones de alojamiento, жилищно-бытовые условия.
alojar. [перех.] приютить, предоставлять помещение, давать приют; помещать; (воен.) расквартировывать (войска); размещать: * alojarse. [возв. гл.] поселиться, снять квартиру; находить себе приют; устраиваться, расквартироваться; жить, квартировать; (воен.) становиться на постой; засесть (о пуле).
alojarse. [возв. гл.] становиться сладким, смягчаться.
alojé, jí. [прил.] (арг.) приветливый; приятный, милый.
alojería. [ж.] лавка, где продают aloja.
alojero, ra. [м. и ж.] человек, приготовляющий и продающий aloja.
aloji. [м.] (Амер.) предоставление кому-л приюта или помещения; см. alojamiento.
alollar. [перех.] (арг.) принимать в своём доме; см. acoger.
alomado, da. [страд. прич. к alomar]; [прил.] имеющий форму позвоночника, хребта; [м.] (с-х.) запашка грядами.
alomar. [перех.] (с-х.) запахивать грядами: * alomarse. [возв. гл.] стать заводским (о лошади).
alombar. [перех.] (обл.) (с-х.) запахивать грядами.
alón. [м.] ощипанное крыло.
alón, na. [прил.] (Амер.) большекрылый.
alonar. [перех.] (арг.) приправлять солью и т. д.
alondra. [ж.] (орни.) жаворонок.
alondrilla. [ж.] (орни.) славка.
alongado, da. [страд. прич. к alongar]; [прил.] продолговатый; удлинённый; растянутый, вытянутый.
alongamiento. [м.] удлинение, растягивание, вытягивание; удаление, (тех.) наращивание; расстояние; промедление, отсрочка, задержка.
alongar. [перех.] удлинять, надставлять; вытягивать; удалять; отсрочивать, медлить с...; замедлять; [непр. гл.] спрягается как contar.
alópata. [м.] (мед.) аллопат.
alopatía. [ж.] (мед.) аллопатия.
alopáticamente. [нареч.] аллопатически.
alopático, ca. [прил.] (мед.) аллопатический.
alopecia. [ж.] (мед.) выпадение волос, облысение.
alopecio, cia. [прил.] причиняющий выпадение волос.

alopecuro. [м.] (бот.) лисохвост, батлачок, злаковое растение.
alopiado, da. [прил.] содержащий опиум, опий.
aloque. [прил.] светлое красное (вино).
aloquecerse. [возв. гл.] сойти с ума.
alorarse. [возв. гл.] (Амер.) загореть, почернеть от солнца.
alosa. [ж.] бешенка (рыба).
alosna. [ж.] (бот.) полынь.
alotar. [перех.] (мор.) убирать.
alotón. [м.] (обл.) (бот.) боярышник; ягода боярышника.
alotropía. [ж.] (хим.) аллотропия.
alotrópico, ca. [прил.] (хир.) аллотропический.
aloxuria. [ж.] (пат.) содержание в моче аллоксуровых (пуриновых) тел.
aloya. [ж.] (обл.) жаворонок.
alpaca. [ж.] мельхиор: * de alpaca, мельхиоровый.
alpaca. [ж.] (зоол.) альпака, южноамериканская коза с длинной шерстью; шерсть альпака; ткань из шерсти альпака.
alpacón. [м.] (Амер.) ткань грубее чем альпака.
alpaga. [ж.] (зоол.) альпака, см. alpaca.
alpandi. [м.] (арг.) апрель.
alpañata. [ж.] красная глина.
alparcería. [ж.] (обл.) сплетни, пересуды.
alparcero, ra. [прил. и сущ.] основанный на сплетнях; сплетник (-ница); (обл.) см. aparcero.
alpargata. [ж.] альпаргат, обувь из пеньки.
alpargatado, da. [страд. прич. к alpargatar]; [прил.] имеющий форму альпаргаты (см. alpargata).
alpargatar. [перех.] делать альпаргаты.
alpargatazo. [м.] удар альпаргатой.
alpargate. [м.] альпаргат.
alpargatería. [ж.] мастерская альпаргат или лавка, где продаются альпаргаты.
alpargatero, ra. [м. и ж.] мастер по шитью альпаргат; продавец (-щица) агльпаргат.
alpatana. [ж.] (обл.) сельскохозяйственный инвентарь.
alpe. [м.] высокая гора.
alpechín. [м.] тёмная жидкость, вытекающая из оливок.
alpechinera. [ж.] вместилище для alpechín.
alpende. [м.] навес; домик для хранения рабочих инструментов.
alpendre. [м.] см. alpende; (обл.) палатка; шкаф; тёмная комнатушка; склад старья.
alpenstock. [м.] (спорт.) альпеншток.
alpérsico. [м.] (бот.) персик; см. pérsico.
alpestre. [прил.] альпийский; гористый, холмистый; дикорастущий, живущий на высоте (о растениях).
alpicoz. [м.] (обл.) огурец (одна из разновидностей).
alpígeno, na. [прил.] происходящий из Alpes.
alpinal. [м.] (Амер.) см. aguazal.
alpinismo. [м.] (спорт.) альпинизм, высокогорный туризм.
alpinista. [м. и ж.] альпинист(-ка).
alpino, na. [прил.] альпийский; альпинистский; относящийся к Alpes: * cazador alpino, альпийский стрелок.
alpistal. [м.] поле, засеянное канареечником.
alpiste. [м.] (бот.) канареечник; канареечное семя.

alpistero, ra. [прил.] служащий просеиванием канареечных семян.
alpujarreño, ña. [прил. и сущ.] принадлежащий или относящийся к Alpujarras; родом из Alpujarras.
alquequenje. [м.] (бот.) вишня полевая; плод этого растения.
alquería. [ж.] ферма, хутор, хуторок.
alquermes. [м.] очень возбуждающий столовый напиток.
alquero. [м.] (арг.) комната, помещение.
alquez. [м.] мера ёмкости, равная литрам 120 (для вина).
alquicel, alquicer. [м.] одежда морисков.
alquifol. [м.] (мин.) свинцовый блеск.
alquilable. [прил.] сдаваемый, сдающийся в наём.
alquiladizo, za. [прил.] отдающийся в наём, наёмный.
alquilador, ra. [м. и ж.] лицо, сдающее или берущее в наём, на прокат; содержатель (-ница) наёмных экипажей или лошадей.
alquilamiento. [м.] сдача в наём, взятие в наём, наём, прокат.
alquilar. [перех.] сдавать или брать в наём, на прокат, нанимать, снимать: * alquilarse. [возв. гл.] наниматься; отдаваться в наём: * alquilar por años, нанимать на год; сдавать на год.
alquilate. [м.] (обл.) налог на продажу имущества и плодов.
alquiler. [м.] см. alquilamiento; наём, прокат, плата за наём помещения, плата за прокат; квартплата: * subir el alquiler, убавить, увеличить плату за наём.
alquilón, na. [прил.] (през.) см. alquiladizo; [м.] наёмная лошадь; (Амер.) (вул.) съёмщик (-ица); жилец (-ица); квартиронаниматель; арендатор.
alquimia. [ж.] алхимия.
alquímicamente. [нареч.] по правилам алхимии.
alquímico, ca. [прил.] алхимический.
alquimila. [ж.] (бот.) манжетка.
alquimista. [сущ.] алхимик, тот, кто занимается алхимией.
alquinal. [м.] женский головной убор, газ, тюль, вуаль.
alquitara. [ж.] перегонный куб: * por alquitara, скупо, малыми порциями, в обрез.
alquitarar. [перех.] перегонять, дистиллировать.
alquitira. [ж.] см. tragacanto.
alquitrán. [м.] смола; гудрон; дёготь: * alquitrán mineral или de hulla, каменноугольная смола; * alquitrán vegetal, древесный дёготь; * barrica del alquitrán, бочка со смолою; * destilería de alquitrán, смоловарня, дегтярный завод.
alquitranado, da. [страд. прич. к alquitranar]; смоляной; просмолённый; дегтярный [м.] (мор.) просмолённый холст.
alquitranador, ra. [прил.] смолящий, просмаливающий.
alquitranar. [перех.] смолить, просмаливать; гудронировать; (перен.) (уст.) поджигать.
alquitrete. [м.] (Амер.) сводник, см. alcahuete.
alrededor. [нареч.] вокруг, кругом, около, почти, приблизительно: * alrededor de una hora, около часа; [м. множ.] окрестности.
aredor. [нареч.] (обл.) см. alrededor.
alredores. [м. множ.] (обл.) окрестности.
alrevesado, da. [прил.] (Амер.) см. enrevesado.
alrota. [ж.] очёски льна, конопли.
alsaciano, na. [прил.] эльзасский; [м. и ж.] эльзасец (-ка)

álsine. [ж.] (бот.) мокрица, курьяча трава.
alta. [ж.] старинный танец; упражнения танца; выписка из больницы; воинский билет; публичное состязание (в фехтовании); (арг.) башня, окно: * dar el alta, dar el alta, выписать из больницы; * tomar el alta, выписаться из больницы; * darse de alta, вступать в регламентированную профессию.
altabaca. [ж.] (бот.) (обл.) см. matojo.
altabaque. [м.] корзинка для рукоделия.
altabaquillo. [м.] (бот.) гречишник, спорыш, почечуйная гречиха, птичий горец; см. correhuela.
altacimut. [м.] (топ.) альтазимут.
altacoya. [ж.] (арг.) аист.
altaico, ca. [прил.] алтайский.
altamandría. [ж.] (обл.) (бот.) см. centinodia.
altamente. [нареч.] в высшей степени; крайне, чрезмерно, необычайно; отлично, превосходно.
altamía. [ж.] (обл) глиняная кастрюля, покрытая глазурью.
altamisa. [ж.] (бот.) чернобыльник, см. artemisa.
altamisilla. [ж.] (бот.) (Амер.) дикое кубинское растение.
altamuz. [м.] (Амер.) (прост.) см. altramuz.
altana. [ж] (арг.) храм.
altanado, da. [прил.] (арг.) женатый, замужняя.
altanar. [перех.] (арг.) жениться, выходить замуж.
altaneramente. [нареч.] гордо, надменно, высокомерно.
altanería. [ж.] см. cumbre; высокий полёт птиц; соколиная охота; (перен.) высокомерие, надменность, надутость, горделивость, гордость; форст: * conducirse con altanería, форсить.
altanero, ra. [прил.] летающий высоко (о хищных птицах); (перен) гордый, надменный, надутый, спесивый, высокомерный; (арг.) вор (в высоких местах).
altanos. [прил.] (о ветрах) дующие с моря на сушу и наоборот (переменно); [м. множ.] переменные ветры.
altar. [м.] жертвенник, алтарь: * conducir, или llevar, al altar, жениться (о мужчине); * el altar y el trono, (перен.) религия и монархия.
altarejo. [м. умен.] маленький алтарь.
altarero. [м.] делающий алтари; украшающий алтари в дни религиозных праздников.
altaricón, na. [прил.] очень высокий и дородный (о человеке); [м. и ж.] дылда, верзила.
altarreina. [ж.] (бот.) тысячелистник.
altavoz. [м.] громкоговоритель; репродуктор, динамик.
altea. [ж.] (бот.) алтей, алтея, просвирняк.
altearse. [возв. гл.] возвышаться, подниматься (о земле).
alterabilidad. [ж.] изменяемость; подверженность порче: * alterabilidad de los colores, жухлость красок.
alterable. [прил.] изменяемый; подверженный изменениям; портящийся; линяющий (о тканях).
alteración. [м.] изменение; ухудшение, порча, повреждение; альтерация; модификация; искажение (лица и т. д.); волнение, беспокойство (в голосе), испуг; беспорядки, волнения; ссора, пререкание, размолвка; шум, крик, суматоха; подделка, фальсификация.
alterador, ra. [прил.] подделывающий; нарушающий порядок, общественное спо-

alucinar 95

койствие и т. д.; [м. и ж] подделыватель; подстрекатель, смутьян.

alterante. [прил.] (мед.) модифицирующий кровяной состав (средство).

alterar. [перех.] изменять, переменять; перепутать, перемешать; видоизменить, переменять; модифизировать, ухудшать; портить; искажать; подделывать, подновать, нарушать общественный порядок, поколебать; * **alterarse.** [возв. гл.] изменяться; искажаться; ухудшаться, портиться.

alterativo, va. [прил.] могущий вызывать изменения, искажение и т. д.; вызывающий изменения.

altercación. [ж.] пререкание, ссора, стычка, спор, распря, перебранка.

altercado, da. [страд. прич.] к altercar; [м.] пререкание, ссора, спор, см. altercación.

altercador, ra. [прил. и сущ.] сварливый, придирчивый; спорщик (-ица), забияка.

altercante. [дейст. прич.] к altercar.

altercar. [неперех.] спорить, пререкаться, затевать драки, ссоры, ссориться.

alter ídem. [лат выраж.] ну, ещё раз!

alternabilidad. [ж.] (Амер.) свойство по знач. alternable.

alternable. [прил.] (Амер.) поддающийся чередованию.

alternación. [ж.] чередование, смена; перемена, перестановка.

alternadamente. [нареч.] попеременно, поочерёдно.

alternado, da. [страд. прич. к alternar] чередующийся, перемежающийся, попеременный.

alternador. [м.] (эл.) альтернатор, генератор переменного тока: * alternador para centrales eléctricas, гидроэлектрогенератор.

alternancia. [ж.] см. alternación; (лингв.) альтернация; (эл.) полупериод.

alternante. [дейст. прич.] к alternar, чередующийся.

alternar. [перех.] чередовать; переставлять, переменять; [неперех.] чередоваться, сменяться; делать по очереди; (арг.) вступать в воровское общество; (тавр.) вступать в разряд тореадоров; * alternar los cultivos, чередовать посевы, * alternar con, бывать в обществе кого-л.

alternativa. [ж.] альтернатива; альтернатива, выбор одного из двух единственно возможных решений, право выбора; (тавр.) вступление в разряд тореадоров (церемония приёма).

alternativamente. [нареч.] попеременно, поочерёдно.

alternativo, va. [прил.] попеременный, чередующийся, перемежающийся.

alternifloro, ra. [прил.] попеременно расположенные (о цветах растений).

alternifoliado, da. [прил.] попеременно расположенные (о листьях).

alternipenne. [прил.] (зоол.) попеременно расположенные (о перьях птиц).

alterno, na. [прил.] попеременный, чередующийся, перемежающийся; (геом.) противолежащий (об угле); (эл.) переменный (о токе); (бот.) попеременно расположенный.

alternomotor. [м.] двигатель переменного тока.

altero. [м.] (Амер.) куча, нагромождение.

alterón. [м.] (обл.) возвышение, возвышенность; (Амер.) куча.

alteroso, sa. [прил.] (мор.) очень высокий (о надводной части корабля).

alteza. [ж.] см. altura: высочество, светлость (титул); (перен.) превосходство, возвышенность, высота (мыслей, чувств и т. д.).

altibajo. [м.] (фех.) удар сверху вниз; старинный узорчатый бархат; (уст.) прыжок; [множ.] холмистая местность; превратности судьбы.

altica. [ж.] (энто.) вредное жесткокрылое насекомое.

altielocuencia. [ж.] (вар.) (Амер.) см. altilocuencia.

altielocuente. [прил.] (вар.) (Амер.) см. altilocuente.

altilocuencia. [ж.] выспренность, напыщенность.

altilocuente. [прил.] напыщенный, выспренний (о стиле и т. д.).

altílocuo, cua. [прил.] см. altilocuente.

altillano. [м.] (Амер.) плоскогорье.

altillanura. [ж.] плоскогорье, плато.

altillo. [м.] холмик, пригорок, бугор; (Амер.) чердачная комната, чердак.

altimetría. [ж.] альтиметрия, гипсометрия, измерение высоты.

altimétrico, ca. [прил.] к альтиметрия, гипсометрический.

altímetro. [м.] альтиметр, гипсометр, высотомер.

altiplanicie. [ж.] плоскогорье, нагорье.

altiplano. [м.] (Амер.) см. altiplanicie.

altisa. [ж.] (гал.) см. altica.

altísimo, ma. [прил.] высочайший; [м.] всевышний, Бог.

altisonancia. [ж.] высокопарность, выспренность, напыщенность (слога).

altisonante. [прил.] высокопарный, напыщенный, пышный (о слоге); звучный, звонкий.

altísono, na. [прил.] см. altisonante.

altítono, na. [прил.] высокого тона.

altitud. [м.] высота, вышина, возвышенность; высота над уровнем моря; (уст.) превосходство, возвышенность (чувств и т. д.).

altivamente. [нареч.] высокомерно, надменно, гордо.

altivar. [перех.] (м. употр) возвышать, превозносить; восхвалять; * **altivarse.** [возв. гл.] становиться высокомерным, гордым.

altivecer. [перех.] делать гордым, высокомерным; возбуждать гордость; [непр. гл.] спряг. как agradecer.

altivez, altiveza. [ж.] надменность, гордость, высокомерность, спесь, высокомерие, важность; кичливость: * mostrar altivez, (разг.) важничать.

altivo, va. [прил.] высокомерный, надменный, гордый, горделивый, спесивый, важный: * hacerse altivo, загордиться.

alto. [м.] (воен.) остановка, стоянка, отдых; привал; (воен.) (слово команды) стой!; [межд.] стой!, стоп!: * hacer alto, остановиться, делать остановку; задумываться, думать над чем-л; * ¡alto ahí!, остановись!; * ¡alto! стой!, ни с места, довольно!, ни слова больше!

alto, ta. [прил.] высокий; высоколежащий, нагорный, возвышенный, приподнятый (о местности); верховный, высший; (геогр.) верхний; высокий, большой, значительный; тяжёлый, тяжкий (о преступлении); выгодный; полезный; крупный, высокий, превосходный; поздний (о часе); высокий, дорогой, почтенный; громкий, звонкий, резкий (о голосе): * alta tensión, (эл.) высокое напряжение; * alta frecuencia, (эл.) высокая частота; * alta presión, (тех.) высокое давление; * de alta calidad, высококачественный; * el río está alto, вода в реке поднялась; * alta mar, открытое море; * las altas partes contratantes, высокие договаривающиеся стороны; * alta traición, государственная смена; * en alta voz, громко, вслух; * en el más alto grado, в высшей степени; * alto horno, доменная печь, домна; * el Alto Rin, верхний Рейн; * tener una alta opinión de alguien, быть высокого мнения о; * bien alta la noche, поздно ночью; [м.] верхняя часть; вершина; высота, возвышенность, холм; куча, груда; (муз.) альт; [множ.] (Амер.) верхние этажи: * lo alto, верхняя часть; небо; [нареч.] высоко; громко; * más alto, выше; громче; * pasar por alto, умолчать; пропускать мимо ушей, не обращать внимания; * en alto, наверх(у); вверх(у); * de lo alto, свыше; сверху.

altoparlante. [м.] громкоговоритель, репродуктор: * altoparlante electrodinámico, динамик.

altor. [м.] высота (размер).

altorrelieve. [м.] (непр.) горельеф.

altozanero. [м.] (Амер.) носильщик, грузчик, крючник.

altozano. [м.] холмик на равнине; наивысшее место (в городе); (Амер) паперть.

altramucero, da. [м. и ж.] продавец (-щица) лупинов.

altramuz. [м.] (бот.) лупин, волчий боб.

altruismo. [м.] альтруизм.

altruista. [прил.] альтруистический; [м. и ж.] альтруист (-ка).

altura. [ж.] вышина, высота; возвышенность, возвышение; холм, вершина, верх, верхушка; верхняя часть; высота над уровнем моря; рост; (мат.) высота; (перен.) превосходство, возвышенность, высота, величие; [множ.] небо, небеса: * de diez metros de altura, вышиной в десять метров; * a la altura de, на высоте..., на одной линии с...; на уровне с...; * estar a la altura de, (перен.) быть на высоте, удовлетворять требованиям чего-л; * tomar altura, (ав.) набирать высоту; * a estas alturas, на этом месте; в это время; * a altura del pecho, (арх.) достигающий груди; * navegación de altura, плавание в открытом море; дальнее плавание; * de altura, (мор.) дальнего плавания;* altura de la borda, (мор.) высота надводного борта.

altureño, ña. [прил.] (Амер.) происходящий из верхней части страна.

alúa. [ж.] (Амер.) сосуо.

alubia. [ж.] (бот.) фасоль: * alubias blancas, белая фасоль.

alubiar. [м.] фасолевое поле.

alubrar. [м.] (бот.) заболон.

alucema. [ж.] (бот.) лаванда.

aluciar. [перех.] лощить, наводить глянец, полировать; чистить до блеска; (горн.) точить, заострять; * **aluciarse.** [возв. гл.] см. acicalarse.

alucinación. [ж.] галлюцинация, наваждение, заблуждение.

alucinador, ra. [прил.] вводящий в заблуждение.

alucinamiento. [ж.] дейст. к вводить в заблуждение; обольщение.

alucinante. [дейст. прич.] к alucinar; [прил.] галлюцинирующий.

alucinar. [перех.] вводить в заблуждение; (перен.) обольщать: * alucinar con falsas razones, пускать пыль в глаза; [неперех.] галлюцинировать; * **alucinarse.** [возв. гл.] впасть в заблуждение, заблуждаться.

alucinatorio, ria. [прил.] иллюзорный, нереальный.

alucón. [м.] (зоол.) лесная сова.

alud. [м.] лавина, снежная глыба, низвергающаяся с гор.

aluda. [ж.] (энто.) крылатый муравей.

aludel. [м.] (хим.) сосуд для возгонки.

aludir. [неперех.] намекать на...

aludo, da. [прил.] большекрылый.

aluengar. [перех.] удлинять, см. alongar.

alufrar. [перех.] (обл.) смутно различать, видеть см. columbrar.

alujar. [перех.] (Амер.) см. pulir.

alum. [м.] (обл.) квасцы.

alumaje. [м.] (гал.) (тех.) запал, зажигание.

alumbra. [ж.] (м. употр.) см. excava.

alumbrado, da. [страд. прич. и прил.] квасцовый.

alumbrado, da. [страд. прич. к alumbrar(se)]; освещённый; [прил.] озарённый (еретик); (разг.) под хмельком, выпивший; [м.] освещение.

alumbrador, ra. [прил.] освещающий.

alumbramiento. [м.] освещение; роды; (м. употр.) обман, иллюзия: * feliz alumbramiento, счастливые роды.

alumbranoche. [ж.] (обл.) светляк.

alumbrante. [дейст. прич.] к alumbrar; [м.] (театр.) осветитель.

alumbrar. [перех.] квасцевать.

alumbrar. [перех.] освещать, озарять; светить кому-л; освещать путь; нести факел (в процессии и т. д.); возвращать зрение; (с.-х.) очищать виноградную лозу от земли которой она была укрыта; выводить грунтовые воды на поверхность для их использования; (перен.) просвещать, распространять среди кого-л знания, культуру; (разг.) бить, колотить; [неперех.] рожать, производить на свет; светить, бросать свет; * alumbrarse [возв. гл.] напиваться, захмелеть.

alumbre. [м.] квасцы.

alumbrera. [ж.] квасцовый рудник.

alúmbrico, ca. [прил.] содержащий квасцы, квасцовый.

alumbrífero, ra. [прил.] см. alúmbrico.

alumbroso, sa. [прил.] квасцовый.

alúmina. [ж.] (хим.) глинозём, окись алюминия.

aluminario, ria. [прил.] квасцовый, содержащий квасцы.

aluminato. [м.] (хим.) алюминат.

aluminar. [перех.] алюминировать, покрывать тонким слоем алюминия.

alumínico, ca. [прил.] алюминиевый.

aluminífero, ra. [прил.] алюминиевый, содержащий алюминий.

aluminio. [м.] (хим.) алюминий.

aluminosis. [ж.] болезнь, вызываемая квасцами, и поражающая лёгкие.

aluminoso, sa. [прил.] глинозёмный.

aluminotermia. [ж.] (хим.) алюминотермия.

alumnado. [м.] (неол.) интернат; школа; (Амер.) ученики.

alumno, na. [м. и ж.] ученик (-ица), воспитанник (-ица), учащийся (-аяся); * alumno de las musas, (перен.) поэт; * alumno de escuela nocturna, (прост.) вечерник (-ица); * alumno de instituto, гимназист.

alumocalcita. [ж.] (мин.) алюмокальцит, разновидность опала.

alunado, da. [страд. прич. к alunar(se)]; [прил.] см. lunático; страдающий запором (о лошади); имеющий форму полумесяца (о клыках старых диких кабанов).

alunamiento. [м.] (мор.) закругление нижней части, у нек-рых парусов.

alunarse. [возв. гл.] гнить, не разводя червей (о свином сале); (Амер.) см. encornarse.

alune. [нареч.] (арг.) далеко.

alunífero, ra. [прил.] квасцовый.

alunita. [ж.] (мин.) алунит.

alunizaje. [м.] прилунение.

alunizar. [неперех.] прилуниться.

alunógeno, na. [прил.] (мин.) алюноген.

alus. большой палец (у ног).

alusión. [ж.] намёк; напоминание: * alusión indirecta, косвенный намёк; * hacer alusión a..., намекать на...

alusivo, va. [прил.] намекающий, содержащий намёк.

alustrar. [перех.] лощить, наводить глянец; чистить обувь.

alutación. [ж.] (мин.) крупинка самородного золота, находящаяся на поверхности почвы.

alutrado, da. [прил.] имеющий цвет выдры.

aluvial. [прил.] наносный (о земле), аллювиальный, намывной.

aluvión. [м.] наводнение, потоп; (геол.) нанос, аллювий; (перен.) наплыв, скопление, появление людей и т. д., в большом количестве: * aluvión de arcilla margosa, лесс; * aluviones cuaternarios de los ríos actuales, делювий; * sedimentos de aluvión, делювиальные отложения; * de aluvión, наносный (о земле).

aluzar. [перех.] (Амер.) освещать; см. alumbrar; рассматривать яйцо на свет.

alveario. [м.] внешняя слуховая труба.

alveo. [м.] русло (реки).

alveolado, da. [прил.] (бот.) ячеистый.

alveolar. [прил.] (зоол.) ячеечный, ячеистый, альвеолярный.

alveoliforme. [прил.] сотовидный, сотовый.

alveolitis. [ж.] воспаление альвеол.

alveolo. [м.] ячейка (сотовая); (анат.) альвеола; лунка, луночка (зубная).

alverja. [ж.] (бот.) вика, журавлиный горох.

alverjado. [м.] (Амер.) кушанье из журавлиных горохов песеты.

alverjilla. [ж.] (Амер.) (бот.) душистый горошек.

alverjón. [м.] (бот.) горох одна из разновидностей).

alvidriar. [перех.] (обл.) глазировать, покрывать глазурью (посуду); см. vidriar.

alvino, na. [прил.] (анат.) брюшной.

alvo. [м.] (анат.) брюшная полость; живот; (анат.) матка; улей.

alza. [ж.] подставка, подкладка; подстилка; повышение (цен, спроса); вздорожание; (воен.) прицел; прицельная колодка: * jugar al alza, играть на повышение, спекулировать (на бирже); * estar en alza, повышаться в цене, идти на повышение; * alza de la peseta, повышение курса песеты.

alzacuello. [м.] стоячий воротник; брыжи (у духовных лиц).

alzada. [ж.] рост лошади; (юр.) апелляция; (обл.) летнее, отгонное пастбище на высоком месте).

alzadamente. [нареч.] оптом (о цене).

alzadera. [ж.] противовес (при прыжке).

alzadero. [м.] (обл.) посудная полка.

alzadizo, za. [прил.] легко могущий быть поднятым.

alzado, da. [страд. прич. к alzar]; [прил.] злостный (о банкроте); оптовый (о цене); (Амер.) одичавший (о домашних животных); высокомерный, надменный; [м.] вид спереди или сбоку (о чертеже); (полигр.) подборка печатных листов; (арх.) разрез, вертикальная проекция (на чертеже); (обл.) воровство, кража.

alzador. [м.] (полигр.) подборщик, тот, кто подбирает печатные листы; место для подборки листов.

alzadora. [ж.] (Амер.) няня.

alzadura. [ж.] см. alzamiento.

alzafuelles. [сущ.] (перен.) (разг.) льстец, льстивый человек.

alzamiento. [м.] поднимание, поднятие; повышение; надбавка цены на аукционе; злостное банкротство; восстание, бунт, мятеж: * alzamiento de trabas, (юр.) снятие ареста с имущества.

alzapaño. [м.] розетка поддерживающая занавески, подхваты для занавесей.

alzapelo. [прил.] (Амер.) трусливый (о петухе); (перен.) трусливый, малодушный (о человеке).

alzapié. [м.] род силка.

alzapiés. [м.] табуретка (для ног).

alzapón. [м.] (обл.) ширинка (у старинных брюк).

alzaprima. [ж.] рычаг для поднятия тяжестей; клин для поднятия чего-л; кобылка (на струнных инструментах).

alzaprimar. [перех.] поднимать рычагом; (перен.) оживлять, воодушевлять, возбуждать, животворить; побуждать, подстрекать.

alzapuertas. [м.] (театр.) актёр на выходных ролях слуги.

alzar. [перех.] поднимать, переместить наверх, ставить или класть выше; приподнимать; брать (с земли, с пола); приводить в стоячее положение; поднимать облатку или чашу; поднимать, устремлять вверх (взгляд); повышать, поднимать, увеличивать (цену); (с.-х.) собирать урожай, (с.-х.) поднимать пар, целину; (карт.) снимать карты; похищать, подбирать и прятать; воздвигать, строить, возводить (здания и т. д.); основывать; спугнуть (дичь); побуждать к восстанию, поднимать на мятеж; подавать материалы при каменной кладке; повышать голос; (полигр.) подбирать печатные листы; (воен.) снижать запрет, (осаду); собирать, взимать (налоги); убирать, устранять (препятствия); превозносить; * alzarse [возв. гл.] повышаться, подниматься, вставать; совершать злостное банкротство; взбунтоваться, восстать; (карт.) уходить, не дав отыграть; (перен.) задирать нос; (Амер.) убегать и дичать (о домашних животных); (юр.) подавать апелляцию; * alzar la casa, переезжать на другую квартиру; * alzar la mesa, убирать со стола; * alzarse con algo или con el santo y la limosna, незаконно присваивать; * alzarse uno a mayores, возгордиться; * alzarse el gallo, высокомерно повышать голос; * ¡alza! [межд.] (разг.) ну!, давай!.

alzo. [м.] (Амер.) воровство, кража; победа (в петушином бою).

allá. [нареч.] вон там; туда; тогда: * más allá, дальше, за; * muy allá, далеко; * allá tú, вольно тебе; * allá usted, как вам (будет) угодно; (для обозначения дальности); * allá en América, в Америке; (для обозначения далёких времён); * allá en mis tiempos jóvenes, в дни моей юности; * allá te las hayas, (разг.) делай, как знаешь.

allamarado, da. [страд. прич. к allamararse]; [прил.] горячий, пламенный.

allamararse. [возв. гл.] (перен.) воспламеняться.

allanabarrancos. [м.] (обл.) тот, кто всё облегчает.

allanador, ra. [прил. и сущ.] сглаживающий, выравнивающий.

allanamiento. [м.] выравнивание, сглаживание; выравнивание грунта; разрушение (городов и т. д.); устранение (затруднений); подчинение, повиновение, усмирение, умиротворение: * allanamiento de morada, налёт на чужой дом.

allanar. [перех.] сглаживать, выравнивать, делать ровным; выравнивать грунт; сравнивать с землёй, разрушать (город и т. д.); (перен.) устранять, преодолевать (затруднения); умиротворять, успокаивать; проникнуть силой, врываться в чужой дом: * allanarse. [возв. гл.] обваливаться, обрушиваться; (перен.) примиряться, подчиняться, покоряться; отказываться от привилегии (о дворянстве и т. д.); * allanar dificultades, устранять затруднения, препятствия, расчищать дорогу для...

allantarse. [возв. гл.] (Амер.) останавливаться; расположиться на месте.

allariz. [м.] сорт полотна.

allegadero, ra. [прил.] собирающий, соединяющий.

allegadizo, za. [прил.] наспех собранный, собранный без разбора; набранный с бору да с сосенки.

allegado, da. [прил.] близкий, ближний, расположенный поблизости; ближний, родственный; приверженный, преданный кому-л; [м. и ж.] родственник (-ица), приверженец, сторонник (-ница), последователь (-ница).

allegamiento. [м.] собирание; соединение; прибавление, прибавка; добавление, добавка; прибытие; приближение; (уст.) совокупление, половой акт.

allegar. [перех.] собирать; соединять, присоединять; приближать, придвигать, прислонять; сгребать граблями; прибавлять, добавлять; [неперех.] см. llegar; (уст.) совершать половой акт: * allegarse. [возв. гл.] присоединяться к мнению.

allego. [м.] (обл.) помощь, поддержка.

allegro. [м.] (муз.) аллегро.

allende. [нареч.] с другой стороны, оттуда; кроме того, сверх того; [предл.] дальше, за: * allende los mares, из-за моря; за морем.

allentiac. [м.] араукaнский диалект.

allí. [нареч.] там, тут; туда; тогда, в те времена, при этом обстоятельстве: * allí está, вон он; он там.

allo. [м.] (Амер.) разновидность попугая.

allocarse. [возв. гл.] (обл.) стремиться сесть на яйца (о птицах).

allodio. [м.] участок земли.

alloza. [ж.] незрелый миндаль.

allozar. [м.] роща, заросли дикого миндаля.

allozo. [м.] (бот.) миндаль; дикий миндаль.

ama. [ж.] хозяйка; госпожа; владелица; женщина, ведущая хозяйственные дела одинокого священника или мирянина; домоправительница; экономка; кормилица; см. alcahueta; * ama de gobierno или de llaves, экономка, домоправительница, ключница; * ama de cría или de leche, кормилица, мамка; * ama seca или de brazos, няня; * buena ama de casa, хозяйка; * ama de mancebía, владелица или женщина ведущая публичный дом.

amabilidad. [ж.] любезность, приветливость; ласковость: * tenga la amabilidad, (с)делайте любезность, будьте любезны.

amabilísimo, ma. [прил.] очень любезный.

amable. [прил.] достойный любви; любезный, приятный, приветливый, милый: * poco amable, немилостивый, нелюбезный, неприветливый; * de manera poco amable, не любезно; * es muy amable por su parte, это очень любезно (мило) с вашей стороны.

amablemente. [нареч.] любезно, приветливо.

amacayo. [м.] (Амер.) (бот.) лилия.

amacena. [ж.] разновидность сливы (плод).

amaceno, na. [прил.] дамасский; [м.] разновидность сливы, сливового дерева.

amacey. [м.] (Амер.) (бот.) высокое бобовое дерево.

amacigado, da. [прил.] жёлтый.

amación. [ж.] любовная страсть.

amacollar(se). [неперех. и возв. гл.] (бот.) разрастаться.

almacozque. [м.] (орни.) мексиканская птица.

amacoztic. [м.] (Амер.) (бот.) мексиканское дерево.

amachado, da. [прил.] (аргз.) мужественный.

amachambrar. [перех.] (Амер.) см. machihembrar: * amachambrarse. [возв. гл.] (Амер.) см. amancebarse.

amachar. [перех.] (Амер.) см. juntar: * amacharse. [возв. гл.] (Амер.) упорствовать, упрямиться.

amachet(e)ar. [перех.] наносить удары или убивать тесаком.

amachimbrarse. [возв. гл.] (Амер.) жить в незарегистрированном браке, находиться в внебрачной связи, сожительствовать вне брака; делаться трусливым, робким.

amachinarse. [возв. гл.] (Амер.) см. amachimbrarse.

amachorrar. [перех.] (Амер.) стерилизовать, делать неспособным к деторождению.

amadamarse. [возв. гл.] изнеживаться, уподобляться женщине, подражать женщинам.

amadicito, ta. [м. и ж.] (разг.) любимая собачка.

amado, da. [страд. прич. к amar]; [прил.] дорогой, драгоценный любезный, любимый; [м. и ж.] любимый, (-ая), возлюбленный (-ая): * bien amado, желанный; (поэт.) ненаглядный; * amado mío, amada mía, (обращение), любовь моя, душа моя, душенька.

amador, ra. [прил.] любящий, влюблённый; [м. и ж.] влюблённый, (-ая), поклонник (-ница), (шутл.) (уст.) вздыхатель (-ница).

amadota. [ж.] род груши.

amadrigar. [перех.] приютить, принимать, давать приют: * amadrigarse. [возв. гл.] прятаться в нору (о кроликах); (перен.) забиваться в свою нору, редко бывать в обществе.

amadrinadero. [м.] (Амер.) столб для привязки скота.

amadrinado, da. [страд. прич. к amadrinar]; [прил.] (разг.) имеющий крёстную мать, стесняющийся вне общества других (о лошади).

amadrinamiento. [м.] соединение двух лошадей или мулов ремнём.

amadrinar. [перех.] соединять двух лошадей или мулов ремнём; (перен.) см. apadrinar; (мор.) закреплять борт о борт (два судна); (Амер.) приучать табун идти за кобылой.

amadroñado, da. [прил.] похожий на земляничное дерево.

amadrugar. [неперех.] (обл.) вставать рано.

amaestrable. [прил.] могущий быть дрессированным.

amaestradamente. [нареч.] мастерски, в совершенстве, искусно.

amaestrado, da. [страд. прич. к amaestrar]; дрессированный, вымуштрованный, выдрессированный, обученный; [прил.] хитрый, лукавый.

amaestrador, ra. [прил.] дрессирующий (-ая), занимающийся (-аяся) дрессировкой; [м. и ж.] дрессировщик (-щица).

amaestramiento. [м.] обучение, преподавание, наставление; дрессировка: * amaestramiento para la caza, натаска.

amaestrar. [перех.] обучать, наставлять; просвещать; муштровать; дрессировать; объезжать (о лошади); (арг.) приручать, укрощать: * amaestrar para la caza, натаскивать.

amafiarse. [возв. гл.] (Амер.) см. confabularse.

amagallarse. [возв. гл.] (обл.) становиться сухопарым.

amagamiento. [м.] (Амер.) см. amago; (Амер.) узкое и глубокое ущелье.

amagar. [перех.] обнаруживать намерение сделать что-л в скором времени; замахиваться, грозить ударить; [неперех.] обнаруживать симптомы болезни; делать жест причинять вред и т. д.; быть близким (событие и т. д.): * amagar y no dar, грозить и не ударить (детская игра); * amagarse. [возв. гл.] (разг.) скрываться, прятаться, притаиться.

amagatorio. [м.] (обл.) см. escondite.

amago. [м.] дейст. по знач. гл. amagar; [м.] признак, симптом.

ámago. [м.] прополис, пчелиный клей; (перен.) тошнота.

amagón. [м.] (обл.) лёгкое недомогание.

amagur. [м.] сардина.

amainador, ra. [м. и ж.] тот, кто вытаскивает из шахт наполненные бочки.

amainar. [перех.] (мор.) зарифлять, убирать паруса; (горн.) вытаскивать из шахт наполненные бочки; [неперех.] ослабевать, спадать (о ветре); (перен.) уступать, ослабевать.

amaine. [м.] (мор.) дейст. к зарифлять.

amaitaco. [м.] (бол.) закуска между завтраком и обедом.

amaitinar. [перех.] подстерегать, выслеживать.

amaizar. [неперех.] (Амер.) обогащаться, богатеть.

amajadar. [перех.] ставить, помещать скот в загон; ставить скот в какое-л место для удобрения; [неперех.] стоять, находиться в ограде, в загоне.

amalado, da. [страд. прич. к amalar]; [прил.] больной, нездоровый, болезненный.

amalayar. [перех.] (Амер.) страстно желать.

amalecita. [прил.] принадлежащий одному древнему аравийскому народу.

amalgama. [ж.] (прям.) (перен.) амальгама; (перен.) смесь разнородных вещей, идей, мешанина.

amalgamación. [ж.] амальгамирование, амальгамация.

amalgamador, ra. [прил. и сущ.] амальгамирующий (-ая).

amalgamadora. [ж.] амальгамирующая машина.
amalgamiento. [м.] см. amalgamación.
amalgamar. [перех.] (прям.) (перен.) амальгамировать; сплавлять, смешивать; (перен.) соединять и т. д., разнородные предметы.
amalhayar. [неперех.] страстно желать.
amalignadura. [ж.] (Амер.) действ. по знач. болеть злокачественной лихорадкой.
amalignarse. [возв. гл.] болеть злокачественной лихорадкой.
amalvezarse. [возв. гл.] (обл.) пристраститься к чему-л, находить удовольствие в чём-л.
amallarse. [возв. гл.] запутываться в рыболовных сетях.
amallarse. [перех.] (Амер.) (карт.) уходить, не дав отыграться.
amamal. [м.] (Амер.) пруд.
amamantador, ra. [прил.] кормящий грудью.
amamantamiento. [м.] кормление грудью.
amamantar. [перех.] кормить грудью; (перен.) питать, кормить.
amamblucea. [ж.] сорт хлопчатобумажной ткани.
amán. [м.] аман, арабский крик, прося пощади.
amanal. [м.] (Амер.) пруд.
amancay. [м.] (Амер.) род жёлтого нарцисса.
amancebado, da. [страд. прич.] к amancebarse; [м. и ж.] человек, живущий во внебрачном сожительстве.
amancebamiento. [м.] внебрачная связь, внебрачное сожительство.
amancebarse. [возв. гл.] сожительствовать вне брака.
amancillamiento. [м.] см. mancilla.
amancillar. [перех.] пачкать, марать, делать тусклым, обесцвечивать; (о)бесчестить, позорить, порочить, чернить, марать репутацию и т. д.
amanear. [перех.] одевать путы, стреноживать.
amanecer. [неперех.] светать, рассветать, чуть светиться, (за)брезжить(ся); появляться, показываться на рассвете; прибывать на место к рассвету; (перен.) начинать открыто проявляться; amanece, светает; [непр. гл.] спрягается как agradecer; * antes del amanecer, до рассвета, перед рассветом; (прост.) затемно; * al amanecer, чуть свет, на рассвете; (перен.) на заре; * desde el amanecer, с рассвета.
amanecida. [ж.] рассвет, время перед восходом солнца.
amaneciente. [действ. прич.] к amanecer.
amaneradamente. [нареч.] с жеманными манерами.
amanerado, da. [страд. прич. к amanerarse]; [прил.] манерный, жеманный, лишённый простоты и естественности, ненатуральный, деланный, не естественный, вычурный; (Амер.) приветливый, вежливый, любезный; * ser amanerado, (разг.) манерничать.
amaneramiento. [м.] действ. по знач. гл. amanerarse; манерность, жеманство, ненатуральность, деланность, неестественность, вычурность.
amanerarse. [перех.] становиться манерным, жеманным и т. д.
amanezca. [ж.] (Амер.) рассвет, утренняя заря.
amanguala. [ж.] (Амер.) сговор.

amangualarse. [возв. гл.] (Амер.) договариваться, сговариваться.
amangue. [лич. мест.] (1-го л. мн. ч.) мы.
amaniatar. [перех.] связывать руки.
amanillar. [перех.] (обл.) надеть наручники.
amanita. [ж.] (бот.): * amanita muscaria, мухомор; * amanita phalloides, поганка бледная.
amanitina. [ж.] (хим.) вещество, добываемое из мухомора.
amanojado, da. [страд. прич.] к amanojar; [прил.] (бот.) пучковидный.
amanojamiento. [м.] связывание в пучки.
amanojar. [перех.] связывать в пучки.
amansable. [прил.] приручимый, укротимый.
amansador, ra. [прил. и сущ.] приручающий, укрощающий; укротитель (-ница); [м.] (Амер.) пикадор.
amansaje. [м.] (Амер.) см. amansamiento.
amansamiento. [м.] приручение, укрощение; обуздание; (перен.) смягчение, успокоение, умиротворение.
amansar. [перех.] приручать, укрощать, покорять, обуздывать; (перен.) смягчать, покорять, обуздывать; успокаивать, смягчать, облегчать; [неперех.] успокаиваться; смягчаться (о характере и т. д.).
amanse. [м.] (Амер.) см. amansamiento.
amantar. [перех.] покрывать одеялом, пледом и т. д.; закутывать; (обл.) покрывать камышами (о крестьянском доме, в Валенсии и Мурсии).
amante. [действ. прич.] к amar; любящий; [м. и ж.] любитель (-ница); любовник (-ница).
amante. [м.] (мор.) толстый канат.
amanteca. [прил.] древний мексиканский туземец.
amanteniente. [нареч.] рукой или руками.
amantillar. [перех.] (мор.) тянуть, натягивать топенанты.
amantillo. [м.] (мор.) топенант.
amanuense. [сущ.] человек, пишущий под диктовку; переписчик, писец, писарь.
amanzanamiento. [м.] (Амер.) деление земли на квадратные участки.
amanzanar. [перех.] (Амер.) делить землю на квадратные участки.
amañado, da. [страд. прич. к amañar]; [прил.] (обл.) ловкий, проворный.
amañar. [перех.] ловко действовать, устраивать; (обл.) см. arreglar, componer; * amañarse. [возв. гл.] приспосабливаться.
amaño. [м.] ловкость, сноровка, искусство, изворотливость; (чаще множ.) уловки, приёмы, происки; [множ.] рабочие инструменты.
amapola. [ж.] (бот.) (полевой) мак, мак-самосейка; (Амер.) см. altea.
amapuches. [м. множ.] (Амер.) вещи; пожитки; жеманство.
amar. [перех.] любить; быть влюблённым; ценить, уважать; желать, хотеть; * amar locamente, любить безумно; * amar de corazón, искренно любить.
amaracino, na. [прил.] (бот.) майорановый.
amáraco. [м.] (бот.) майоран.
amaraje. [м.] (ав.) посадка на воду.
amarantáceo, cea. [прил.] (бот.) щирицевый; [ж. множ.] (бот.) щирицевые.
amarantina. [ж.] (бот.) щирицевое растение (с красными цветами).
amaranto. [м.] (бот.) амарант, бархатник: * amaranto caudatus, щирица.
amarar. [неперех.] (ав.) садиться на воду, приводняться (о гидросамолёте).
amarcigado, da. [прил.] (Амер.) тёмного цвета (о коже).

amarchantarse. [возв. гл.] (Амер.) становиться постоянным покупателем, клиентом.
amarecer. [перех.] см. amorecer.
amarés. [прил.] (1-го л. мн. ч.) (арг.) наш.
amarescente. [прил.] горьковатый.
armagaleja. [ж.] (бот.) см. endrina.
amargamente. [нареч.] горько, горестно, с горечью.
amargar. [неперех.] горчить, иметь горьковатый вкус; [перех.] делать горьким; (перен.) огорчать, причинять огорчение кому-л, удручать.
amargo, ga. [прил.] (прям.) (перен.) горький; терпкий; (перен.) горестный, тяжёлый, мучительный, огорчённый; [м.] (прям.) (перен.) горечь; горькое, миндальное печенье; миндальный горький ликёр.
amargón. [м.] (бот.) одуванчик.
amargor. [м.] горечь, горький вкус; (перен.) горечь, горькое чувство от обиды, неудачи, несчастья, печаль, скорбь, огорчение.
amargosamente. [нареч.] горько, горестно, с горечью.
amargoso, sa. [прил.] см. amargo; [м.] (бот.) рябина (дерево).
amarguear. [неперех.] иметь постоянный горьковатый вкус.
amarguera. [ж.] (бот.) горькое растение с жёлтыми цветами.
amarguillo. [м.] печенье из горького миндаля.
amargujear. [неперех.] (разг.) легко горчить.
amargura. [ж.] горечь; (перен.) горечь, горесть, грусть, печаль, скорбь.
amarías. [прил.] (арг.) (1-го л. мн. ч.) наша.
amaricado, da. [прил.] (разг.) женоподобный, изнеженный.
amariconado, da. [прил.] (Амер.) женоподобный, жественный; изнеженный.
amarilis. [ж.] (бот.) амариллис.
amarilla. [ж.] (перен.) (разг.) золотая монета; (вет.) болезнь печени (у овец и т. д.).
amarillar. [неперех.] (Амер.) желтеть(ся), см. amarillear.
amarillazo, za. [прил.] имеющий желтоватый цвет.
amarillear. [неперех.] желтеть(ся), виднеться (о жёлтом); иметь желтоватый оттенок; бледнеть.
amarillecer. [неперех.] желтеть, становиться жёлтым; [непр. гл.] спрягается как agradecer.
amarillento, ta. [прил.] желтоватый, пожелтелый, желтеющий, имеющий желтоватый оттенок: * de tez amarillenta, желтокожий; * matiz amarillento, желтинка, желтизна.
amarillejo, ja. [прил.] умен. к amarillo; желтоватый.
amarillento, ta. [прил.] желтоватый.
amarilleo. [м.] пожелтение.
amarillez. [ж.] желтизна, жёлтый оттенок, бледность.
amarillo, lla. [прил.] жёлтый; [м.] жёлтый цвет, жёлтая краска; болезнь шелковичных червей; (Амер.) см. tataré: * amarillo de cromo, хромовокислый свинец, жёлтый кром; *pintar de amarillo, желтить; * tirando a amarillo, с желтизной; * mancha amarilla, желтинка; * amarillo canario, канареечный цвет.
amarillo, sa. [прил.] (Амер.) желтоватый.
amarinado, da. [страд. прич. к amarinar]; [прил.] привыкший к морю.
amarinar. [перех.] (мор.) приучать к морю.

amariposado, da. [прил.] имеющий форму бабочки; мотыльковый.
amaritud. [ж.] горечь, см. amargor.
amarizaje. [м.] (ав.) посадка на воду.
amarizar. [неперех.] (Амер.) садиться на воду, приводняться (о гидросамолёте).
amarizarse. [неперех.] отдыхать в полдень (скот, дающий шерсть); [возв. гл.] совокупляться (скот, дающий шерсть).
amarizo. [м.] (обл.) место для совокупления (скота) см. amarizarse.
amaro. [м.] (бот.) шалфей мускатный.
amaró, rí. [прил.] (1-го л. мн. ч.) (арг.) наш, наша.
amaromar. [перех.] привязывать канатом и т. д.
amarra. [ж.] мартингал (в конской упряжи); (мор.) швартов, канат, трос, конец причальная верёвка; (Амер.) (вар.) см. **amarradura.** [множ.] (перен.) (разг.) протекция, поддержка: *asegurar con amarras*, (мор.) завартовывать; *largar las amarras*, дать концы.
amarraco. [м.] пять очков в игре mus.
amarradera. [ж.] (Амер.) см. amarra.
amarradero. [м.] столб, металлическое кольцо и т. д. к которому привязывают что-л; (мор.) причал, место стоянки.
amarradijo. [м.] (Амер.) см. amarradura; плохо завязанный узел.
amarrado, da. [страд. прич. к amarrar]; [прил.] (Амер.) неповоротливый, неловкий в движениях и т. д.; (обл.) (Амер.) скаредный, скупой.
amarradura. [ж.] (мор.) постановка на швартовы, швартовка; швартование; причальный узел.
amarraje. [м.] налог на швартовку.
amarrar. [перех.] крепить (трос или тросами), прикреплять, привязывать, связывать, скручивать; (мор.) швартовать, пришвартовывать, ставить на причалы, швартовы, причаливать; вязать снопы; плутовать при тасовке карт; (Амер.) (перен.) договариваться о чём-л: *amarrársela uno*, (Амер.) (разг.) напиваться.
amarre. [м.] см. amarradura; плутовство (при тасовке карт).
amarreco. [м.] см. amarraco.
amarrete. [прил.] (Амер.) скаредный, скупой.
amarrido, da. [прил.] огорчённый, удручённый; скорбящий; грустный, печальный.
amarro. [м.] см. sujeción.
amarroso, sa. [прил.] (Амер.) (вар.) пресный, горький.
amarteladamente. [нареч.] влюблённо.
amartelado, da. [страд. прич. к amartelar]; [прил.] влюблённый.
amartelamiento. [м.] чрезмерное ухаживание за кем-л.
amartelar. [перех.] постоянно ухаживать за кем-л; мучить; **amartelarse.** [возв. гл.] влюбляться.
amartillado, da. [страд. прич. к amartillar]; [прил.] похожий на молоток.
amartillar. [перех. и неперех.] см. martillar; брать на прицел (ружьё).
amarulencia. [ж.] горечь, злопамятство.
amasadera. [ж.] квашня; месилка для теста; (обл.) творило (для гашения извести).
amasadero. [м.] место, где месят тесто.
amasador, ra. [прил. и сущ.] месильщик (-ица) теста, извести.
amasadura. [ж.] замешивание теста, извести и т. д.; замешанная мука.
amasamiento. [м.] см. amasadura; (мед.) массаж, растирание тела с лечебной целью.
amasandería. [ж.] (Амер.) (хлебо)пекарня, булочная.

amasandero. [м.] (Амер.) хлебопёк, пекарь, булочник.
amasar. [перех.] замешивать, месить тесто; мешать, смешивать; (перен.) состряпать (дельце); замышлять, строить козни; (мед.) делать массаж, массировать, растирать; (перен.) см. amalgamar.
amasia. [ж.] (Амер.) наложница, возлюбленная, любовница, сожительница.
amasiato. [м.] (Амер.) внебрачная связь, внебрачное сожительство.
amasijo. [м.] тесто; замешивание теста; раствор извести и т. д.; (перен.) (разг.) дело, работа, труд, задача; задание; (перен.) (разг.) смутное смешение идей; заговор, интрига, происки.
amata. [ж.] (Амер.) потёртость (у упряжного скота).
amatal. [м.] место, засаженное amates.
amate. [м.] (бот.) мексиканское фиговое дерево.
amatista. [ж.] (мин.) аметист, полудрагоценный камень.
amatistado, da. [прил.] похожий на аметист.
amatividad. [ж.] сексуальный инстинкт, сексуальность.
amativo, va. [прил.] склонный к любви.
amatorio, ria. [прил.] относящийся к любви; вводящий в любовь.
amaurosis. [ж.] полная слепота; (разг.) тёмная вода.
amaurótico, ca. [прил.] к полная слепота.
amauta. [м.] (Амер.) учёный (у древних перуанцев).
amayorazgar. [перех.] превращать в майорат (владение).
amazacotado, da. [прил.] тяжёлый, тяжеловесный, грубо сделанный; (перен.) лишённый гибкости, изящества и т. д., запутанный (о литературном произведении).
amazia. [ж.] (анат.) отсутствие одной или обеих грудных желез.
amazona. [ж.] амазонка (наездница; платье для верховой езды).
amazonita. [ж.] (мин.) амазонит.
amazónico, ca, amazonio, nia. [прил.] относящийся к амазонке, Амазонке.
ambages. [м. множ.] обиняки: *hablar sin ambages*, говорить без обиняков.
ambagioso, sa. [прил.] с обиняками.
ámbar. [м.] амбра, янтарь: *ámbar amarillo*, янтарь; *ámbar negro*, чёрный янтарь; *ámbar gris*, серая, душистая амбра; *ser un ámbar*, быть прозрачным (о вине и т. д.).
ambarcillo. [м.] (бот.) мускусная трава.
ambarina. [ж.] (бот.) см. algalia; (Амер.) скабиоза.
ambarino, na. [прил.] амбровый, янтарный; янтарного цвета.
ambateño, ña. [прил.] уроженец этого города.
ambicano. [м.] (Амер.) знахарь.
ambición. [ж.] честолюбие, властолюбие; тщеславие; стремление, устремление к чему-л.
ambicionar. [перех.] домогаться, добиваться чего-л; стремительно желать чего-л, страстно стремиться к.
ambiciosamente. [нареч.] честолюбиво.
ambicioso, sa. [прил.] честолюбивый, властолюбивый, тщеславный; жаждущий; цепкий; [м. и ж.] честолюбец, карьерист (-ка).
ambidextrismo. [м.] владение одинаково обеими руками.
ambidextro, tra. [прил.] владеющий одинаково обеими руками.
ambiente. [прил.] окружающий; [м.] воздух, окружающий тел; окружение, окружающая обстановка (среда), круг,

(уст.) антураж; быт, повседневная жизнь; (прям.) (перен.) атмосфера: *ambiente de camaradería*, товарищеская среда; *vida ambiente*, окружающая действительность; *medio ambiente*, окружающий мир, окружающая среда; *ambiente cargado*, духота, тяжёлый воздух; натянутая атмосфера.
ambigú. [м.] стол из одних холодных блюд или закусок, которые все ставятся на стол; буфет.
ambiguamente. [нареч.] двусмысленно.
ambigüedad. [ж.] двусмысленность, двойственность.
ambiguo, gua. [прил.] двусмысленный, двойственный; неопределённый, недостаточно точный, неясный, сомнительный: *situación ambigua*, двойственное положение; *solución ambigua*, двойственное решение.
ambiopía. [ж.] двоящееся зрение.
ambir. [м.] (Амер.) табачный сок.
ambisilábico, ca. [прил.] принадлежащий двум слогам.
ámbito. [м.] округа, окружающая местность, окрестность; пространство внутри определённых границ.
amblador, ra. [прил.] идущий иноходью: *caballo amblador*, иноходец.
ambladura. [ж.] иноходь.
amblar. [неперех.] идти иноходью.
amblehuelo. [м. умен.] восковая свеча.
ambleo. [м.] восковая свеча; подсвечник для этой свечи.
amblico. [м.] (бот.) род миндаля.
ambligonio. [прил.] (геом.) тупоугольный.
ambliopía. [ж.] (мед.) ослабление зрительной способности.
ambo. [м.] (Амер.) пара (костюм).
ambón. [м.] (церк.) амвон.
ambos, bas. [прил. множ.] оба, один и другой, тот и другой.
ambrí. [м.] (арг.) см. apero.
ambrosía. [ж.] амброзия, пища богов (в греческой мифологии); (перен.) необычайно вкусное блюдо; (бот.) амброзия, растение с жёлтыми цветами.
ambrosíaceo, cea. [прил.] похожий на амброзию.
ambrosíaco, ca. [прил.] имеющий приятный вкус и запах.
ambrosiano, na. [прил.]: *canto ambrosiano*, амброзианское пение.
ambrunesa. [ж.] (бот.) род крупной черешни (плод).
ambucia. [ж.] (Амер.) прожорливость, жадность (в еде); ненасытность.
ambuciento, ta. [прил.] (Амер.) прожорливый, ненасытный.
ambuesta. [ж.] пригоршня, содержимое пригоршни.
ambulacro. [м.] аллея, дорога, усаженная симетрическими рядами деревьями; (зоол.) двигательный орган иглокожих.
ambulancia. [ж.] полевой подвижной госпиталь; медицинский пункт; санитарная повозка, карета для перевозки больных, скорой помощи: *ambulancia de correos*, почтовая контора (на поездах).
ambulanciero. [м.] санитар походного госпиталя.
ambulante. [прил.] странствующий, бродячий; походный; передвижной; разъездной; см. ambulativo; *vida ambulante*, бродячая жизнь; *compañía ambulante*,

заезжая труппа; * artistas ambulantes, заезжие актеры; * vendedor ambulante, уличный торговец; [м.] разъездной почтовый служащий.
ambular. [неперех.] (м. употр.) ходить, бродяжничать.
ambulativo, va. [прил.] склонный к бродяжничеству.
ambulatorio, ria. [прил.] служащий для ходьбы; (мед.) амбулаторный.
ambustión. [м.] прижигание (действ.); ожог.
ameba. [ж.] (зоол.) амёба.
amebiforme. [прил.] имеющий форму амёбы.
amébula. [ж.] маленькая амёба.
amechar. [перех.] вставлять фитиль; шпиговать салом.
amedrantar. [перех.] (прост.) см. amedrentar.
amedrentador, ra. [прил.] ужасный, страшный, вызывающий ужас, пугающий; [сущ.] жупел, пугало, страшилище.
amedrentar. [перех.] пугать, страшить, ужасать, вызывать ужас, приводить в ужас, внушать страх; * amedrentarse [возв. гл.] пугаться, ужасаться; (разг.) дичиться.
amedrento. [м.] страх, боязнь; испуг.
amel. [м.] (арабский) начальник района.
amelar. [неперех.] вырабатывать мёд (пчёлы).
amelcochar. [перех.] делать густым как мёд; * amelcocharse. [возв. гл.] (Амер.) притворяться довольным; (Амер.) влюбляться.
ameleón. [м.] род нормандского цедрата.
amelga. [ж.] (с.-х.) широкая борозда, проведённая чтобы правильно сеять.
amelgado, da. [прил.] (с.-х.) неровный (о всходах); [м.] (обл.) установка межевых знаков, размежевание.
amelgar. [перех.] проводить широкие борозды, чтобы правильно сеять; (обл.) размежёвывать.
amelía. [ж.] территория юрисдикции amel.
ameliorar [перех.] (гал.) улучшать.
amelocotonado, da. [прил.] похожий на персик.
amelonado, da. [прил.] дынеобразный; (арг.) очень влюблённый.
amelonarse. [возв. гл.] (вул.) страстно влюбляться.
amellar. [перех.] (Амер.) см. mellar.
amembrillado, da. [прил.] похожий на айву (плод).
amén. [м.] аминь: * en un decir amén, (разг.) в один миг, мгновенно, моментально; * llevarle a uno el amén, (Амер.) (перен.) (разг.) соглашаться.
amén. [нареч.] исключая, кроме, за исключением; кроме того, сверх того: * amén de, (разг.) сверх того.
amenamente. [нареч.] привлекательно, увлекательно (о речи).
amenaza. [ж.] угроза; * con aire de amenaza, грозно; * proferir amenazas, грозить(ся), угрожать; * bajo la amenaza de, под угрозой.
amenazador, ra. [прил.] угрожающий, грозный.
amenazadoramente. [нареч.] грозно, угрожающе.
amenazante. [дейст. прич.] к amenazar, угрожающий.
amenazar. [перех. и неперех.] грозить, угрожать кому-л чем-л; грозиться; подвергать какой-л опасности; (перен.) нависать; предвещать (опасность и т. д.): * amenazar ruina, грозить разрушением, падением; * me amenaza un peligro, мне грозит опасность; * amenazar con el dedo, грозить пальцем; * amenaza la lluvia, собирается дождь, будет дождь.
ameneiro. [м.] (обл.) ольха.
amenguador, ra. [прил.] (разг.) уменьшающий, умаляющий.
amenguamiento. [м.] уменьшение, убавление, умаление; (перен.) бесчестие, предание позору.
amenguar. [перех.] уменьшать, убавлять, умалять; (перен.) позорить, чернить; (о)бесчестить, порочить, поносить, унижать.
amenia. [ж.] (пат.) аменорея.
amenidad. [ж.] привлекательность, приятность, прелесть; занимательность, увлекательность (речи); приветливость, любезность.
amenito. [нареч.] (Амер.) точно, в точности, правильно.
amenizar. [перех.] делать привлекательным, приятным; оживлять; веселить, увеселять; делать занимательным, увлекательным (рассказ и т. д.).
ameno, na. [прил.] приятный, прелестный, доставляющий наслаждение, ласкающий взор; занимательный, привлекательный, увлекательный.
amenorrea. [ж.] (пат.) аменорея.
amentífero, ra. [прил.] серёжчатый.
amentiforme. [прил.] (бот.) имеющий форму серёжки.
amento. [м.] (бот.) серёжка; см. amiento.
amerar. [перех.] см. merar: * amerarse. [воев. гл.] пропитываться.
amerengado, da. [прил.] похожий на меренгу; (перен.) слащавый, приторный (о человеке).
americana. [ж.] длинный пиджак, жакет; американка; см. habanera.
americanismo. [м.] (лингв.) американизм; пристрастное сочувствие всему американскому.
americanista. [сущ.] американист.
americanización. [ж.] американизация.
americanizar. [перех.] американизировать: * americanizarse. [возв. гл.] (Амер.) перенять обычаи северной Америки.
americano, na. [прил.] американский; [м. и ж.] американец -нка; (обл.) разбогатевший в Америке (об испанцах).
amerindio, dia. [сущ.] американский индеец (-дианка).
ameritado, da. [прил.] (вул.) (Амер.) заслуживающий, достойный чего-л.
ameritar. [неперех.] (прил.) (вул.) (Амер.) заслуживать, быть достойным чего-л.
amesquite. [м.] (бот.) род мексиканского фигового дерева.
amestizado, da. [прил.] похожий на метиса.
ametábolo, a. [прил.] (зоол.) неподверженный превращениям.
ametalado, da. [прил.] металлообразный, похожий на латунь; звонкий как металл.
ametalar. [перех.] (м. употр.) сплавлять металлы.
ametista. [ж.] (мин.) аметист.
ametrallador, ra. [прил.] пулемётный; [м.] автоматчик; пулемётчик: * fusil ametrallador, ручной пулемёт.
ametralladora. [ж.] (воен.) пулемёт: * ametralladora antiaérea, зенитный пулемёт; * cinta de ametralladora, пулемётная лента.
ametralladorista. [сущ.] пулемётчик, стрелок на пулемёте.
ametrallar. [перех.] обстреливать из пулемётов, пулемётным огнём; (уст.) стрелять картечью.
ametría. [ж.] неправильность; беспорядочность; (мед.) отсутствие матки.
ametrope. [прил.] страдающий аметропиею.
ametropía. [ж.] (пат.) аметропия.
ameyal. [м.] (Амер.) колодец, вырытый около водоёма, чтобы фильтровать воду.
amezquinarse. [возв. гл.] жаловаться.
amezquindarse. [возв. гл.] (м. употр.) печалиться, грустить.
amia. [ж.] акула.
amiantáceo, a. [прил.] похожий на асбест.
amianto. [м.] асбест, амиант, горный лён.
amiba. [ж.] (зоол.) амёба.
amibiasis. [ж.] (мед.) болезнь, вызываемая амёбами.
amibo. [м.] (зоол.) см. amiba.
amiboide, amiboideo, a. [прил.] амёбовидный, амёбоподобный.
amicísimo, ma. [прил.] самый дружеский.
amida. [ж.] (хим.) амид.
amidoácido. [м.] (хим.) амидокислота.
amidógeno. [м.] (хим.) амидогенная группа.
amidol. [м.] (хим.) амидол.
amielia. [ж.] отсутствие спинного мозга.
amielo. [м.] зародыш, лишённый спинного мозга.
amielónico, ca. [прил.] лишённый спинного мозга.
amielotrofia. [ж.] (пат.) атрофия спинного мозга.
amiento. [м.] ремень для разных употреблений.
amiga. [ж.] подруга, приятельница; наложница, сожительница, любовница; учительница школы девочек; школа девочек: * amiga de noche, (бот.) (Амер.) индейский жасмин.
amigabilidad. [ж.] расположение к себе.
amigable. [прил.] дружеский, дружественный; полюбовный; дружелюбный; сходный, схожий.
amigablemente. [нареч.] дружески, по-дружески; полюбовно, миром, добром; ласково.
amigar. [перех.] см. amistar: * amigarse. [возв. гл.] подружиться; помириться; сожительствовать вне брака, поступать в связь.
amigazo. [м.] (Амер.) дружище.
amígdala. [ж.] (анат.) миндалевидная железа, миндалина.
amigdaleas. [ж. множ.] (бот.) миндалевидные, миндальные.
amigdáleo, a. [прил.] миндалевидный; [ж. множ.] (бот.) миндалевидные, миндальные.
amigdalita. [ж.] (геол.) миндалевидный камень.
amigdalitis. [ж.] воспаление миндалин.
amigo, ga. [прил.] дружеский, приятельский; дружественный; приветливый, любезный, ласковый; расположенный, склонный; (поэт.) благоприятный; [м. и ж.] друг, подруга, приятель, (-ница); хороший знакомый (-ая); любитель (-ница); любовник (-ница): * amigo íntimo (de la casa) близкий (закадычный) друг; * amigo de pelillo (de taza de vino) корыстный друг; * falso amigo, ненадёжный друг; * tener que de pocos amigos, иметь злой, отталкивающий вид; * los amigos se conocen en la desgracia, друзья познаются в беде; * a muertos y a idos no hay amigos, с глаз долой-из сердца вон; * ser amigos de, быть на дружеской ноге; * amigos, братва; * hacerse amigos, дружиться; * amigo de confianza, надёжный друг; * ¡amigo mío!, (обращение) братец!; * amigo de hacer favores, услужливый человек; * entre dos amigos,

un notario y dos testigos; cuanto más **amigos**, más claros, дружба дружбой, а денежкам счёт; * **amigo** de las artes, любитель искусства.

amigote. [м.] (разг.) дружище.
amiguísimo, ma. [прил.] см. **amicísimo**.
amiláceo, a. [прил.] крахмалистый, содержащий крахмал.
amilamia. [ж.] добрая фея, волшебница.
amilanado, da. [страд. прич. к **amilanar**]; напуганный; [прил.] трусливый, малодушный.
amilanamiento. [м.] уныние, упадок духа.
amilanar. [перех.] пугать, страшить, приводить в уныние, обескураживать, нагонять страх, ужас на кого-л: * **amilanarse**. [возв. гл.] падать духом, пугаться.
amilasa. [ж.] (хим.) амилаза.
amilemia. [ж.] присутствие крахмала в крови.
amilénico, ca. [прил.] к амилен.
amileno. [м.] (хим.) амилен.
amílico. [прил.] (разг.) сивуха; плохое вино.
amilo. [м.] (хим.) амил.
amiloide. [м.] (хим.) амилоид.
amiloideo, a. [прил.] (хим.) амилоидный, похожий на крахмал.
amilolisis. [ж.] амилолиз, гидролиз крахмала.
amilosa. [ж.] (хим.) амилоза.
amilote. [м.] (ихтиол.) мексиканская озерная рыба.
amiluria. [ж.] присутствие крахмала в моче.
amillaramiento. [м.] пропорциональное обложение налогом и список.
amillarar. [перех.] пропорционально облагать налог.
amillonado, da. [прил.] облагаемый налогом; человек, обладающий миллионным состоянием.
amimancado, da. [прил.] (обл.) избалованный.
amimancar, amimantar. [перех.] (обл.) лелеять, баловать.
amina. [ж.] (хим.) амин.
amínico, ca. [прил.] к амин.
aminoácido. [м.] (хим.) аминокислота.
aminoración. [ж.] уменьшение; см. **minoración**.
aminorar. [перех.] уменьшать, сокращать, убавлять; замедлять: * **aminorar** el paso, замедлять шаги.
amiostenia. [ж.] (пат.) недостаточная мышечная сила.
amiotaxia. [ж.] (пат) беспорядочные, непроизвольные мышечные движения.
amiotrofia. [ж.] (пат.) мускульная атрофия.
amiquí. [м.] (Амер.) кубинское дерево.
amir. [м.] эмир.
amis. [м.] греческий, ночной горшок.
amiscle. [м.] (Амер.) (зоол.) морской лев.
amistad. [ж.] дружба, приязнь, привязанность, преданность; одолжение, милость, любезность; содружество; внебрачная связь, сожительство; [множ.] друзья: * buscar la **amistad** de, набиваться в друзья; * romper las **amistades**, поссориться; * hacer las **amistades**, примириться.
amistar. [перех.] сближать, делать друзьями; мирить, примирять: * **amistarse**. [возв. гл.] сдружиться с кем-л, подружиться, связываться с кем-л; близко сойтись; (по)мириться, примиряться.
amistosamente. [нареч.] дружески, по-дружески, дружелюбно; ласково.
amistoso, sa. [прил.] дружественный, дружеский, дружелюбный, приветливый, ласковый.
amitigar. [перех.] (м. употр.) смягчать; см. **mitigar**.
amito. [м.] (церк.) омофор.

amixia. [ж.] (пат.) недостаточное выделение слизи.
ammonitas. [ж. множ.] аммониты, ископаемые морские моллюски.
amnesia. [ж.] (мед.) амнезия, потеря, ослабление памяти.
amnesíaco, ca. [прил.] страдающий амнезией.
amnícola. [прил.] растущий у воды.
amnios. [м.] (анат.) сорочка, амнион.
amniótico, ca. [прил.] к амнион, сорочка.
amnistía. [ж.] амнистия.
amnistiar. [перех.] амнистировать, миловать, прощать.
amo. [м.] глава дома или семьи; владелец, хозяин, предприниматель, собственник; барин, господин; лицо, пользующееся наёмным трудом, частный наниматель; вершитель; арендатор; старший пастух; надсмотрщик; старший надсмотрщик: * **amo** de una casa, домовладелец; * ser el **amo** del cotarro, быть первым в деле; * asentar uno con el **amo**, наняться, искать, к кому наняться; * asentar uno con el **amo**, наняться у кого-л; * el ojo del **amo** engorda al buey, от хозяйского глаза добреет.
amoblar. [перех.] см. **amueblar**. [непр. гл.] спрягается как **contar**.
amochar. [перех.] (обл.) ударять головой: * **amocharse**. [возв. гл.] (обл.) см. **fastidiarse**.
amodita. [ж.] очень ядовитая гадюка.
amodorrardo, da. [прил.] сонливый, заспанный; дремлющий.
amodorramiento. [м.] дремота, сонливость, забытьё; спячка.
amodorrante. [дейст. прич.] к **amodorrar**, усыпительный, усыпляющий.
amodorrar. [перех.] усыплять; вызывать сонливость: * **amodorrarse**. [возв. гл.] впадать в спячку.
amófilo, la. [прил.] живущий в песчаных местах.
amogollarse. [возв. гл.] (Амер.) запутываться.
amogotado, da. [прил.] имеющий форму бугорка.
amoguis. [м.] (бот.) филиппинское дерево, идущее на строительство.
amohecer. [перех.] покрывать плесенью: * **amohecerse**. [возв. гл.] плесневеть, покрываться плесенью. [непр. гл.] спрягается как **agradecer**.
amohinar. [перех.] выводить из себя, вызывать досаду, сердить, раздражать: * **amohinarse**. [возв. гл.] сердиться, раздражаться; будировать.
amohosar. [перех.] (Амер.) покрывать плесенью.
amojamado, da. [прил.] худой, сухой, сухощавый.
amojamiento. [м.] сухость тела, худощавость.
amojamar. [перех.] коптить или вялить тунца; * **amojamarse**. [возв. гл.] см. **acecinarse**.
amojelar. [перех.] (мор.) прикреплять кусками верёвки.
amojonador, ra. [м. и ж.] межевик, межевщик, человек, размежевывающий, устанавливающий межевые знаки.
amojonamiento. [м.] установка межевых знаков, размежевание, размежёвка, межевание; межевые знаки.
amojonar. [перех.] межевать, размежевывать, устанавливать межевые знаки, вехи.
amoladera. [ж.] точильный камень, точило.
amoladero, ra. [прил.] точильный, служащий для натачивания чего-л.
amolado, da. [страд. прич. к **amolar**]; [прил.] (Амер.) (вул.) докучливый, надоедливый, назойливый; испытывающий несчастье.

amolador, ra. [прил.] (перен.) (разг.) часто докучающий; [м. и ж.] точильщик (-ица).
amoladura. [ж.] оттачивание, (за)точка, направка, точение.
amolanchín. [м.] (презр.) см. **amolador**.
amolar. [перех.] точить, оттачивать, натачивать, заострять; (вул.) наводить скуку, надоедать, досаждать, изводить: [непр. гл.] спрягается как **contar**.
amoldador, ra. [прил.] формующий; [м. и ж.] формовщик, (-щица), литейщик (-щица).
amoldamiento. [м.] формовка, отливка.
amoldar. [перех.] формовать, отливать в форму; (перен.) приучать: * **amoldarse**. [возв. гл.] приучаться; приспосабливаться, применяться; * **amoldarse** a las circunstancias, применяться к обстоятельствам.
amolelar. [перех.] (арг.) ценить, оценивать, определять цену.
amollador, ra. [прил. и сущ.] упускающий (карту в игре); отступающий перед чем-л.
amollante. [дейст. прич.] к **amollar**.
amollar. [неперех.] упускать карту в игре; поддаваться; отступать перед чем-л; отказываться (от намерения и т. д.); [перех.] (мор.) травить, отпускать, ослаблять (туго натянутое).
amollentar. [перех.] размягчать, смягчать, мягчить, делать мягким.
amolletado, da. [прил.] имеющий форму булки (mollete).
amollinar. [неперех.] (обл.) моросить.
amomo. [м.] (бот.) род кардамона.
amonana. [ж.] соты, делаемые нек-рыми пчёлами под землёй.
amonárquico, ca. [прил.] не монархический.
amonarse. [возв. гл.] (разг.) хмелеть, напиваться.
amondongado, da. [прил.] (разг.) толстый, жирный, неуклюжий.
amonedación. [ж.] чеканка монеты.
amonedado, da. [страд. прич.] к **amonedar**.
amonedar. [перех.] чеканить (бить) монету; обращать в монету.
amonestación. [ж.] выговор; предупреждение, предостережение; замечание, внушение; уведомление, извещение; оглашение (о предстоящем браке): * **amonestación** severa, (разг.) нагоняй, нахлобучка; * recibir una severa **amonestación**, (разг.) получить нахлобучку; * correr las **amonestaciones**, делать оглашение (о предстоящем браке).
amonestador, ra. [прил. и сущ.] делающий выговор, замечание и т. д., отчитывающий.
amonestamiento. [м.] см. **amonestación**.
amonestante. [дейст. прич.] к **amonestar**, отчитывающий.
amonestar. [перех.] делать выговор, замечание, внушение, отчитывать, бранить, читать нотацию; (церк.) делать оглашение (о предстоящем браке); предостерегать, предупреждать, уведомлять.
amonguillarse. [возв. гл.] (Амер.) быть разбитым параличом; (Амер.) падать духом.
amoniacado, da. [прил.] аммиачный, содержащий аммиак.
amoniacal. [прил.] (хим.) аммиачный.
amoniáceo, a. [прил.] аммиачный.
amoníaco, ca. [м.] аммиак, нашатырный спирт: * carbonato de **amoníaco**, углекислый аммиак.

amónico, ca. [прил.] к аммоний.
amonio. [м.] (хим.) аммоний.
amonite. [ж.] аммонит.
amonites. [м.] (палеонт.) аммониты, ископаемые морские моллюски.
amoniuria. [ж.] (пат.) избыток аммиака в моче.
amoniuro. [м.] (хим.) аммиачное соединение.
amontar. [перех.] обратить в бегство; [неперех.] убегать в гору; * amontarse. [возв. гл.] убегать в гору.
amontazgar. [перех.] платить за прогон скота через гору.
amontillado. [м.] сорт выдержанного вина.
amontonadamente. [нареч.] кучей, грудой; в куче, в кучу, вместе.
amontonador, ra. [прил. и сущ.] нагромождающий, сваливающий в кучу; тот, кто сваливает в кучу.
amontonamiento. [м.] нагромождение, скопление; раздражение; внебрачная связь, сожительство.
amontonar. [перех.] нагромождать, наваливать, наворачивать, валить, сваливать в кучу, загребать, скоплять; * amontonarse. [возв. гл.] нагромождаться, скопляться; раздражаться, сердиться; (перен.) (разг.) см. amancebarse; * amontonarse el juicio, говорить вздор из гнева.
amor. [м.] любовь; склонность, влечение, стремление; любовная страсть; предмет любви; нежность; любимый человек; (бот.) см. cadillo. [множ.] любовная связь; * amor propio, самолюбие, амбиция; чувство собственного достоинства; * amor al arte, любовь к искусству; * al amor del agua, по течению; * por amor a, из любви к...; * amor con amor se paga, долг платежём красен; * herir el amor propio, задеть самолюбие; * amor fraternal, братолюбие; * con mil amores, (разг.) с величайшим удовольствием, от всего сердца, очень охотно; * ¡amor mío!, любовь моя, душа моя, душенька; * al amor de la lumbre, у камина, у огонька; * en amor y compañía, в добром согласии; * amor de hortelano, (бот.) подмаренник цепкий; * hacer el amor, ухаживать; домогаться любви; * a su amor, на холгадаменте; * con amor, любовно, с любовью; * ¡por amor de Dios!, ради Бога; * tratar amores, иметь любовные отношения, (уст.) амурничать.
Amor. (в античной мифологии) амур, бог любви.
amoragarse. [возв. гл.] (обл.) становиться фиолетовым.
amoral. [прил.] аморальный, безнравственный.
amoralidad. [ж.] аморальность.
amoralismo. [м.] аморализм.
amoratado, da. [прил.] фиолетовый; синеватый (о лице).
amoratar. [перех.] делать фиолетовым; * amoratarse. [возв. гл.] становиться фиолетовым.
amorcar. [перех.] (м. употр.) см. amurcar.
amorcillo. [м. умен.] к Амур.
amordazador, ra. [прил. и сущ.] затыкающий рот кляпом и т. д.
amordazamiento. [м.] затыкание, зажимание рта.
amordazar. [перех.] всунуть кляп, заткнуть рот (кляпом, платком); надевать намордник; (перен.) заткнуть рот, не дать высказаться.

amorecer. [перех.] случать барана с овцой; [непр. гл.] спрягается как agradecer.
amoreteado, da. [прил.] зольного цвета; (вул.) см. amoratado.
amorfa. [ж.] (бот.) американское садовое растение.
amorfía. [ж.] бесформенность, аморфность.
amórfico, ca. [прил.] бесформенный, аморфный.
amorfismo. [м.] бесформенность, расплывчатость, аморфизм.
amorfo, fa. [прил.] бесформенный, аморфный.
amorfosomía. [ж.] бесформенность тела.
amorgonar. [перех.] (обл.) разводить отводками (виноград).
amoricones. [м. множ.] (разг.) проявление любви.
amorillar. [перех.] (с.-х.) окучивать.
amorío. [м.] (разг.) см. enamoramiento; мимолётная любовь; (уст.) дружба.
amoriscado, da. [прил.] похожий на мавра.
amormado, da. [прил.] больной сапом.
amormío. [м.] (бот.) род нарцисса.
amorosamente. [нареч.] влюблённо, любовно, ласково, нежно.
amorosidad. [ж.] влюблённость.
amoroso, sa. [прил.] испытывающий или выражающий любовь к кому-л, влюблённый, любовный, (шутл.) амурный; любящий; нежный, ласковый, проявляющий любовь, сердечный, податливый, мягкий; умеренный, тепловатый, приятный (о климате); * enredo amoroso, любовная связь; * tener relaciones amorosas, иметь любовные отношения, амурничать (уст.).
amorrar. [неперех. и возв. гл.] опускать или наклонять голову; (разг.) дуться; (мор.) идти носом к дну, зарываться носом.
amorriñarse. [возв. гл.] (обл.) слабеть, заболевать.
amorrionado, da. [прил.] (м. употр.) имеющий форму шлема (см. morrión).
amorronar. [перех.] (мор.) подавать (флагом) сигнал о помощи.
amorrongarse. [возв. гл.] (обл.) засыпать на руках ласкающего человека (о ребёнке); (Амер.) упасть духом, струсить.
amortajador, ra. [м. и ж.] человек, одевающий покойника (преимущественно по профессии).
amortajamiento. [м.] одевание покойника.
amortajar. [перен.] одевать покойника, надевать саван на покойника; (перен.) покрывать, прятать.
amortecer. [перех.] см. amortiguar; * amortecerse. [возв. гл.] падать в обморок; [непр. гл.] спрягается как agradecer.
amortecimiento. [м.] бесчувственное состояние, глубокий обморок, беспамятство, потеря сознания; замирание.
amortiguación. [ж.] см. amortiguamiento; (тех.) амортизация; оглушение.
amortiguador, ra. [прил.] вызывающий обморок; ослабляющий (силу удара и т. д.); [м.] (тех.) амортизатор, буфер, гаситель.
amortiguamiento. [м. дейст.] к amortiguar (вызывать бесчувственное состояние, потеря сознания, беспамятство, обморок; ослабление (силы удара и т. д.), амортизация; приглушение (звука); смягчение (красок); притупление (боли).
amortiguar. [перех.] вызывать обморок, бесчувственное состояние, потерю сознания; ослаблять, смягчать уменьшать (силу удара и т. д.); приглушать, заглушать (звук); притуплять (боль); * amorti-

guarse. [возв. гл.] уменьшаться, ослабевать.
amortizable. [прил.] (бух.) погашаемый: * préstamo amortizable, погашаемый заём.
amortización. [ж.] амортизация, погашение (долгов и т. д.).
amortizar. [перех.] амортизировать, погашать (долг и т. д.); упразднять должности (в бюро и т. д.).
amorugarse. [возв. гл.] (обл.) становиться угрюмым.
amoscarse. [возв. гл.] см. enfadarse; (Амер.) покраснеть от стыда, поражаться.
amostachado, da. [прил.] усатый, с большими усами.
amostazamiento. [м.] раздражение.
amostazar. [перех.] сердить, раздражать, озлоблять; * amostazarse. [возв. гл.] раздражаться, сердиться; (Амер.) см. avergonzarse.
amotinado, da. [прил.] мятежный, восставший; [м. и ж.] бунтовщик, (-ица), бунтарь, мятежник, повстанец, инсургент.
amotinador, ra. [прил. и сущ.] призывающий или подстрекающий к мятежу.
amotinamiento. [м.] мятеж, бунт, возмущение, восстание.
amotinar. [перех.] призывать или подстрекать к мятежу; (перен.) будоражить, возмущать; * amotinarse. [возв. гл.] бунтовать(ся), восставать; возмущаться, волноваться.
amover. [перех.] смещать, отрешать, отстранять от должности, увольнять, снимать с поста; см. abortar; [непр. гл.] спрягается как mover.
amovibilidad. [ж.] (Амер.) см. amovilidad.
amovible. [прил.] сменяемый, смещаемый; (тех.) выдвижной, съёмный.
amovilidad. [ж.] сменяемость, смещаемость.
ampara. [ж.] (юр.) наложение ареста на имущество.
amparable. [прил.] достойный поддержки, покровительства, защиты.
amparador, ra. [прил. и сущ.] покровительственный, защищающий; покровитель (-ница), защитник (-ица).
amparar. [перех.] покровительствовать, помогать, защищать; оказывать протекцию, протежировать; (обл.) налагать арест на имущество; (Амер.) выполнять условия, дающие право эксплуатации шахты; * ampararse. [возв. гл.] прибегать к покровительству, защите кого-л; искать защиты, укрытия, укрываться; * ampararse de alguien, прибегать к покровительству кого-л; * ampararse del frío, защищаться от холода.
amparo. [м.] протекция, покровительство, поддержка; защита, помощь; убежище, пристанище; (перен.) оплот; (арг.) защитник, адвокат; (обл.) кусочек, осколок, частица.
ampelídeas. [ж. множ.] (бот.) семейство виноградных.
ampelita. [ж.] углистый сланец.
ampelófago, ga. [прил.] употребляющий в пищу виноградную лозу.
ampelografía. [ж.] ампелография.
ampelográfico, ca. [прил.] относящийся к ампелографии.
ampelógrafo, fa. [м. и ж.] специалист по ампелографии.
ampelología. [ж.] ампелология.
ampelólogo, ga. [м. и ж.] специалист по ампелологии.
ampeloterapia. [ж.] ампелотерапия.
amper(e). [м.] название ампера в международной номенклатуре.
amperaje. [м.] ампераж.

amperímetro. [м.] амперметр.
amperio. [м.] (эл.) ампер, единица измерения силы электрического тока: *amperio-hora, ампер-час.
ampio. [м.] (арг.) оливковое масло.
ampioleto. [м.] (арг.) мазь, см. ungüento.
amplexicaulo, la. [прил.] (бот.) стеблеобъемлющий.
amplexifloro, ra. [прил.] (бот.) объемлющий.
ampliable. [прил.] могущий быть расширенным или увеличенным.
ampliación. [ж.] расширение, увеличение; увеличенный фотоснимок.
ampliador, ra. [прил.] расширяющий, увеличивающий; *ampliadora fotográfica, фотоувеличитель.
ampliamente. [нареч.] пространно, обширно, широко, полно.
ampliar. [перех.] расширять, увеличивать; увеличивать фотоснимок.
ampliativo, va. [прил.] увеличивающий.
amplificación. [ж.] увеличение, расширение; (эл.) усиление; (ритор.) амплификация.
amplificador, ra. [прил.] усиливающий, увеличивающий, расширяющий; [м.] (радио) усилитель; *amplificador de lámparas, ламповый усилитель; *amplificador audiométrico, усилитель звука.
amplificar. [перех.] расширять, увеличивать; (эл.) усиливать; развивать тему.
amplificativo, va. [прил.] увеличивающий.
amplio, plia. [прил.] просторный, широкий, пространный, обширный, необъятный, большой, свободный; (муз.) полнозвучный: *en sentido amplio, в широком смысле.
amplísimo, ma. [прил. прев. степ.] к amplio; широчайший, обширнейший, просторнейший.
amplitud. [ж.] протяжение, величина, протяжённость; ширина; простор; расширение, растяжение; широта, размах; масштаб; (астр.) амплитуда: *amplitud de las oscilaciones, амплитуда колебаний.
ampo. [м.] ослепительная, снежная белизна; пушинка снега.
ampoa. [ж.] (Амер.) (прос.) см. ampolla.
ampolla. [ж.] пузырь, волдырь (на коже); склянка; колба; ампула; бюретка; пузырь, пузырёк (на воде); пузырь (в стекле); см. vinajera.
ampollar. [прил.] похожий на пузырь, на волдырь.
ampollar. [перех.] вызывать появление волдырей; вздувать, раздувать, надувать, набухать; см. ahuecar; *ampollarse. [возв. гл.] вздуваться и т. д.
ampolleta. [ж.] песочные часы: *no soltar, o tomar, uno la ampolleta, говорить, не давая говорить другим.
ampollón, na. [прил.] (Амер.) бездеятельный, праздный.
ampolluela. [ж. умен.] к ampolla, пузырёк.
ampón, na. [прил.] напыщенный (о стиле); кочанный, коренастый, просторный.
ampra. [ж.] (обл.) заём, ссуда.
amprar. [перех.] (обл.) брать взаймы у кого-л, занимать.
ampricia. [ж.] (обл.) протокол, акт, см. sumaria.
ampuchar. [перех.] (арг.) преследовать, гнать без передышки.
ampulosamente. [нареч.] напыщенно.
ampulosidad. [ж.] напыщенность, высокопарность, выспренность, ходульность.
ampuloso, sa. [прил.] напыщенный, многословный, высокопарный (ирон.); натянутый, эмфатический; выспренный, ходульный, велеречивый.
ampurdanés, sa. [прил.] относящийся к Ampurdán; [м. и ж.] уроженец этого района.

amputación. [ж.] (хир.) ампутация: *amputación de una pierna, ампутация ноги.
amputado, da. [страд. прич.] (хир.) ампутированный.
amputar. [перех.] (хир.) ампутировать, отнимать.
amuchachado, da. [прил.] детский, ребяческий, ребячий, мальчишеский.
amuchar. [перех.] (Амер.) (вул.) умножать, множить, увеличивать; *amucharse. [возв. гл.] (Амер.) напиваться.
amueblar. [перех.] меблировать, обставлять мебелью.
amuelar. [перех.] собирать в кучу (о пшенице).
amugamiento. [м.] размежевание.
amugronador, ra. [прил.] разводящий отводками (виноград).
amugronamiento. [м.] разведение отводками (винограда).
amugronar. [перех.] разводить отводками (виноград), отсаживать отводки.
amujar. [перех.] (Амер.) см. amusgar.
amuje. [м.] (обл.) маленький лосось (малёк).
amujerado, da. [прил.] женоподобный.
amujeramiento. [м.] изнеживание; изнеженность.
amular. [неперех.] быть неплодородным: *amularse. [возв. гл.] становиться неспособным кормить грудью (о кобыле); (обл.) сердиться, раздражаться; (Амер.) становиться бесполезным.
amulatado, da. [прил.] смуглый, похожий на мулата.
amulatarse. [возв. гл.] становиться смуглым, похожим на мулата.
amuleto. [м.] амулет, (уст.) ладанка.
amunicionar. [перех.] снабжать боеприпасами и т. д.
amunucarse. [возв. гл.] (Амер.) (разг.) сердиться, дуться.
amuñecado, da. [прил.] похожий на куклу.
amuñijar. [перех.] (арг.) укореняться.
amura. [ж.] (мор.) носовая часть борта судна; галс.
amurada. [ж.] (мор.) нижняя часть борта судна.
amurallado, da. [прил.] окружённый каменной стеной.
amurallar. [перех.] обносить или окружать каменной стеной.
amurar. [перех.] (мор.) натягивать галс.
amurcar. [перех.] бодать, бить, колоть рогами.
amurco. [м.] удар рогами.
amurcón, na. [прил.] бодливый, имеющий обыкновение бодаться.
amurillar. [перех.] (Амер.) окучивать.
amurrarse. [возв. гл.] (Амер.) см. amodorrarse.
amurriarse. [возв. гл.] (обл.) хандрить, впадать в меланхолию, становиться грустным.
amurriñarse. [возв. гл.] (Амер.) заболеть водянкой (о животных).
amurruñarse. [взаим. гл.] ласкать друг друга.
amusco, ca. [прил.] тёмнокоричневый.
amusgar. [перех.] прясть ушами (о животных); прищуриваться, прищуривать глаз(а); *amusgarse. [возв. гл.] опустить глаза со стыда, (за)стыдиться, краснеть, смущаться.
amuso. [м.] мраморная плита, на поверхности которой, чертили розу ветров.
amustiar. [перех.] вызывать увядание, см. enmustiar.
- an. [предлог.] (арг.) в, на.
ana. [ж.] мера длины, равная приблизительно 1 м.
ana. [ж.] (фарм.) равное количество.

anabado, da. [прил.] имеющий форму репы.
anabaptismo. [м.] анабаптизм.
anabaptista. [прил. и сущ.] анабаптистский, анабаптист (-ка).
anabas. [м.] (зоол.) ползун (рыба).
anabí. [м.] см. nabí.
anabiosis. [ж.] анабиоз.
anabólico, ca. [прил.] к анаболизм; см. constructivo.
anabolismo. [м.] анаболизм.
anacarado, da. [прил.] перламутровый.
anacardiáceas. [ж. множ.] (бот.) анакардиевые, сумаковые.
anacardo. [м.] (бот.) анакардия.
anacatarsia. [ж.] отхаркивание.
anacatártico, ca. [прил.] отхаркивающий (о средстве).
anaco. [м.] (Амер.) кусок материи, которым индианки прикрывают бёдра.
anaconda. [ж.] большая змея.
anacoreta. [м.] отшельник (-ница), анахорет.
anacorético, ca. [прил.] анахоретский, отшельнический.
anacorestismo. [м.] отшельничество, отшельническая жизнь.
anacreóntico, ca. [прил.] (лит.) анакреонтический; лёгкий.
anacrónicamente. [нареч.] анахронически.
anacrónico, ca. [прил.] анахронический, являющийся анахронизмом: *calidad de anacrónico, анахроничность.
anacronismo. [м.] анахронизм.
anactésico, ca, anactético, ca. [прил.] восстанавливающий.
anacusia. [ж.] (мат.) глухота, потеря слуха.
anachelco. [м.] (Амер.) жилет.
ánade. [м.] (орн.) утка или птица имеющая родовые признаки утки: *cantando las tres ánades, madre, легко, весело ходящий.
anadear. [неперех.] ходить вперевалку, вразвалку, уточкой, переваливаться с боку на бок.
anadeja. [ж. умен.] уточка.
anadiar. [перех.] (арг.) прибавлять, добавлять.
anadino, na. [м. и ж.] утёнок, уточка.
anadipsia. [ж.] сильная жажда.
anadón. [м.] утёнок, птенец утки.
anaerobio, bia. [прил.] живущий без свободного кислорода (о микроорганизмах); [м.] анаэроб.
anaerobiosis. [ж.] анаэробиоз.
anafalantiasis. [ж.] потеря бровей.
anafase. [ж.] (биол.) анафаза.
anafe или anafre. [м.] жаровня; переносная печь.
anafia. [ж.] (мед.) потеря осязания.
anafiláctico, ca. [прил.] анафилактический.
anafilaxia. [ж.] (пат.) анафилаксия.
anáfora. [ж.] (лит.) анафора.
anafórico, ca. [прил.] (лит.) анафорический.
anafrodisia. [ж.] уменьшение или отсутствие полового влечения.
anafrodisíaco, ca. [прил. и м.] см. antiafrodisíaco.
anafrodita. [прил.] воздерживающийся от чувственного наслаждения.
anagap. [м.] филиппинское дерево.
anaglífico, ca. [прил.] (арх.) покрытый грубыми рельефами.
anáglifo. [м.] резная работа (грубая).
anagnórisis. [ж.] (поэт.) распознание, распознавание.

anagoge. [м.] anagogía. [ж.] мистическое толкование священного писания; возвышение души к небу, религиозный экстаз; (мед.) см. vómito.
anagógicamente. [нареч.] мистическим толкованием.
anagógico, ca. [прил.] мистический.
anagogo, ga. [прил.] (мед.) рвотный, тошнотворный; [м.] рвотное средство.
anagrama. [м.] анаграмма.
anagramático, ca. [прил.] анаграмматический.
anagramatizar. [перех.] излагать в виде анаграммы.
anahao. [м.] (бот.) филиппинское дерево.
anahora. [нареч.] (Амер.) сейчас, немедленно, тотчас.
anaína. [нареч.] (Амер.) (разг.) лицемерно, притворно.
anal. [прил.] (анат.) анальный, заднепроходный.
analco. [м.] (Амер.) заречье (о посёлке).
analectas. [ж. множ.] (лит.) избранные отрывки.
analepsia. [ж.] восстановление здоровья, сил.
analéptico, ca. [прил.] укрепляющий, восстанавливающий здоровье, силы (о режиме).
anales. [м. множ.] анналы, хроника, летопись; * en los anales de la historia, в анналах истории.
analfabético, ca. [прил.] к неграмотность.
analfabetismo. [м.] неграмотность, безграмотность; * liquidar el analfabetismo, добиться всеобщей грамотности.
analfabeto, ta. [прил.] неграмотный, безграмотный, невежественный; [м. и ж.] неграмотный человек.
analgesia. [ж.] анальгия, потеря болевых ощущений; безболезненность.
analgésico, ca. [прил.] успокаивающий боль, болеутоляющий.
analgesina. [ж.] (фарм.) антипирин.
análisis. [м.] анализ, разложение, расчленение; разбор; критика; изучение, рассмотрение: * análisis cualitativo, качественный анализ; * análisis cuantitativo, количественный анализ; * análisis de sangre, анализ крови; * análisis espectral, спектральный анализ; * análisis volumétrico, (хим.) объёмный анализ; * análisis gramatical, грамматический разбор.
analista. [м. и ж.] автор анналов, летописи, летописец; аналитик.
analístico, ca. [прил.] летописный, относящийся к анналам.
analítica. [ж.] (фил.) аналитика.
analíticamente. [нареч.] аналитически.
analítico, so. [прил.] аналитический.
analizable. [прил.] поддающийся анализу, разбору.
analizador, ra. [прил.] анализирующий; [м.] анализатор.
analizar. [перех.] анализировать, разлагать; рассматривать, критиковать, разбирать; * acción de analizar, анализирование.
análogamente. [нареч.] аналогично.
analogía. [ж.] аналогия, сходство, соответствие; (грам.) морфология; * por analogía, по аналогии.
analógicamente. [нареч.] аналогично; (грам.) по аналогии.
analógico, ca. [прил.] аналогический; аналогичный, сходный.

análogo, ga. [прил.] аналогичный, сходный, подобный: * de modo análogo, аналогично.
analto, ta. [прил.] (мед.) неизлечимый.
anamartesia. [ж.] непогрешимость.
anamita. [прил.] аннамский; [м. и ж.] аннамит (-ка).
anamnesia. [ж.] (мед.) анамнез.
anamórfico, ca. [прил.] анаморфический.
anamorfosis. [ж.] (геом.) (физ.) анаморфоз.
anamú. [м.] кубинское растение, с чесночным запахом.
anana(s). [ж.] (бот.) ананас: * de anana(s), ананасный, ананасовый.
anandria. [ж.] (мед.) см. anafrodisia; кастрация.
anaoz. [м.] (арг.) палач.
anapelo. [м.] (бот.) аконит, волчий корень.
anapéstico, ca. [прил.] (лит.) анапестический.
anapesto. [м.] (лит.) анапест.
anaplastia. [ж.] (хир.) пластическая хирургия.
anapláistico, ca. [прил.] относящийся к пластической хирургии.
anapnoico, ca. [прил.] (мед.) способствующий дыханию.
anaptixis. [ж.] (грам.) появление гласного между двумя связными согласными; например: Ingalaterra за Inglaterra.
anaquel. [м.] полка (в шкафу), доска (шкафа).
anaquelería. [ж.] ряд полок или досок, прикреплённых одна над другой.
anaranía. (арг.) аминь.
anaranjado, da. [прил.] оранжевый.
anaranjear. [перех.] забрасывать апельсинами.
anarcosindicalismo. [м.] анархо-синдикализм.
anarcosindicalista. [прил.] анархо-синдикалистский; [м.] анархо-синдикалист.
anargasi. [м.] филиппинское дерево, с текстильной корой.
anarigar. [неперех.] (обл.) упасть ничком, лицом вниз.
anarquía. [ж.] анархия, безвластие, безначалие; анархия, беспорядок, хаос.
anárquicamente. [нареч.] анархическим образом.
anárquico, ca. [прил.] анархический, безвластный.
anarquismo. [м.] анархизм, анархичность.
anarquista. [прил.] анархистский; [м. и ж.] анархист (-ка).
anarquisante. [действ. прич.] к anarquizar, способствующий анархии.
anarquizar. [перех.] способствовать анархии, приводить в состояние анархии.
anasarca. [ж.] (мед.) водянка.
anastáltico, ca. [прил.] (мед.) закрепляющий.
anastasia. [ж.] (бот.) см. artemisa.
anastigmático, ca. [прил.] (опт.) анастигматический.
anastigmatismo. [м.] (опт.) анастигматизм.
anastomizarse. [возв. гл.] (анат.) соущиваться, соединяться концами (о сосудах).
anastomosis. [ж.] анастомос.
anastomótico, ca. [прил.] относящийся к анастомосу.
anástrofe. [ж.] (грам.) инверсия, перестановка слов, нарушающая обычный порядок (слов).
anata. [ж.] годовой доход.
anatema. [м. и ж.] анафема, отлучение от церкви; (перен.) проклятие; * lanzar un anatema contra alguien, предать анафеме, проклинать.
anatematismo. [м.] анафема, отлучение от церкви.

anatematización. [ж.] отлучение от церкви; проклятие.
anatematizar. [перех.] предавать анафеме, отлучать от церкви; проклинать; порицать, осуждать.
anatidas. [ж. множ.] (орни.) утиные.
anatideo, a. [прил.] утиный, похожий на утку; [ж. множ.] утиные.
a nativitate. [лат. выраж.] с рождения.
anatocismo. [м.] анатоцизм.
anatomía. [ж.] анатомия; вскрытие, анатомирование: * anatomía comparada, сравнительная анатомия; * anatomía descriptiva, описательная анатомия; * anatomía patológica, патологическая анатомия; * anatomía animal, анатомия животных; * anatomía vegetal, анатомия растений; *anfiteatro de anatomía, анатомический театр. (прост.) анатомичка.
anatómicamente. [нареч.] анатомически.
anatómico, ca. [прил.] анатомический; [сущ.] анатом, анатомист; * anfiteatro anatómico, анатомический театр. (прост.) анатомичка.
anatomista. [сущ.] анатом, анатомист.
anatomizar. [перех.] анатомировать, вскрывать (труп).
anatopismo. [м.] беспорядок.
anatoxina. [ж.] анатоксин.
anatresis. [ж.] (жир.) трепанация.
anátropo, pa. [прил.] (бот.) анатропный.
anavia. [ж.] (бот.) (обл.) см. arándano.
anay. [м.] очень вредное филиппинское насекомое.
anca. [ж.] круп, зад (у животных); (перен.) ягодица: * a ancas, a las ancas. [нареч.] позади, в хвосте; * no aguantar или no sufrir ancas, не позволять насмешек над собой; * estar a las ancas de, жить на чей-л счёт.
ancestral. [прил.] (гал.) прародительский, дедовский; см. atávico.
ancianidad. [ж.] глубокая старость.
anciano, na. [прил.] очень старый; старинный; [м.] глубокий старик, глубокая старуха, старец; старшина, старейшина.
ancilar. [прил.] относящийся к служанкам.
ancillo. [ж.] (обл.) см. torta. (обл.) сени, подъезд.
ancla. [ж.] (мор.) якорь; (арг.) рука: * ancla de la esperanza, якорь спасения, последняя надежда; * echar anclas, бросать отдать якорь; * levar el ancla, поднимать якорь; * estar el buque sobre el ancla, или las anclas, стоять на якоре; * alongar el ancla, заводить якорь; * asegurar con anclas, зашвартовывать.
ancladero. [м.] (мор.) якорная стоянка; (м. употр.) постановка на якорь.
anclaje. [м.] (мор.) бросание якоря; отдача якоря, постановка на якорь; якорная стоянка, якорное место; портовый сбор, плата за стоянку на якоре в порту.
anclar. [неперех.] (мор.) бросать, отдавать якорь; становиться на якорь, заякорить, стоять на якоре.
anclisó. [м.] (арг.) см. anteojo.
anclote. [м.] (мор.) небольшой якорь, кошка, дрек; (Амер.) бочка.
ancoán. [м.] (орни.) хищная мексиканская птица.
ancón. [м.] небольшая бухта, бухточка, небольшой морской залив, годный для стоянки судов; (Амер.) угол; (арх.) консоль карниза.
anconada. [ж.] небольшая бухта, бухточка.
anconagra. [ж.] (пат.) боль в суставе локтя.
anconi. [м.] (арх.) консоль карниза, консоль.
anconitano, na. [прил.] относящийся к Ancona; [м. и ж.] уроженец этого города.

anconitis. [ж.] воспаление сустава локтя.

áncora. [ж.] см. ancla; (перен.) убежище: * áncora de la esperanza, последняя надежда.

ancorar. [неперех.] (мор.) бросать, отдавать якорь; см. anclar.

ancorca. [ж.] охра.

ancorel. [м.] камень, служащий якорем (у сети).

ancorería. [ж.] завод, выделывающий якоря.

ancorero, ra. [м. и ж.] лицо, выделывающее якоря.

ancorque. [м.] (м. употр.) охра.

ancosa. [ж.] (Амер.) дегустация напитка.

ancri(só). [м.] (арг.) антихрист.

ancuco. [м.] (Амер.) нуга, халва из арахиса (или орехов) и мёда.

ancusa. [ж.] (бот.) красный корень.

ancurviña. [ж.] могила древних чилийцев.

ancha. [ж.] (арг.) большой город.

anchamente. [нареч.] пространно, обширно.

anchar. [перех.] (разг.) расширять; [неперех.] (м. употр) и [возв. гл.] расширяться; раздвигаться.

ancheta. [ж.] небольшое количество товаров, вывозившегося куда-л в продажу (преимущественно в Америку, при испанском владычестве); прибыль, выгода; (Амер.) глупость, дурость; неразумный поступок; (Амер.) выгодное дело, находка; невыгодное дело, неудача; болтовня.

anchicorto, ta. [прил.] широкий и короткий.

ancho, cha. [прил.] широкий; большой, обширный, просторный, свободный; открытый (о море); (перен.) непринуждённый, развязный, беззастенчивый, гордый, высокомерный; [м.] ширина: * estar a sus anchas, испытывать довольство; * ponerse (estar muy) ancho, (разг.) возгордиться; * a mis (a tus, a sus) anchas, или anchos, a todos anchos, удобно, свободно, непринуждённо; * darse uno tantas en ancho como en largo, (перен.) жить удобно, свободно и т. д.

anchoa. (ихтио.) анчоус, хамса: * anchoa de Noruega, килька; * de anchoa(s), анчоусный.

anchoar. [перех.] начинять оливки анчоусом.

anchoneta. [ж.] (ихтио.) маленькая мексиканская рыба.

anchor. [м.] ширина; см. anchura.

anchova. [ж.] (ихтио.) анчоус, хамса.

anchoveta. [ж.] (ихтио.) (Амер.) род сардины.

anchura. [ж.] ширина; расширение; (перен.) непринуждённость, развязность, беззастенчивость.

anchurón. [м.] (гор.) опускание шахты.

anchurosamente. [нареч.] обширно, пространно.

anchuroso, sa. [прил.] очень широкий; просторный, обширный, пространный (книж.).

anda. [ж.] (Амер.) носилки.

anda. [ж.] (арг.) конец, окончание; [нареч.] (арг.) после, затем.

andada. [ж.] очень тонкий хлеб (без мякиша); (Амер.) пастбище; ходьба, хождение; длинная прогулка; (охот.) следы (зверей и т. д.); * volver a las andadas, приниматься за старое.

andaderas. [ж. множ.] детский стул для начинающих ходить; (обл.) см. seca: * no necesitar andaderas, быть самостоятельным.

andadero, ra. [прил.] удобный для хождения (место), легко проходимый; [м. и ж.] ходок, бродяга, скиталец, (-ица).

andado, da. [прил.] людный, проезжий (о дороге); заурядный, обыденный, обыденный; ношеный, поношенный; [м.] (Амер.) походка, поступь, манера ходить.

andado, da. [м. и ж.] (разг.) пасынок, падчерица.

andador, ra. [прил.] много или быстро ходящий; бродячий; [м.] хороший ходок; скиталец, бродяга; см. alguacil; вестник; тропинка; проулок; см. pollera (плетёный стул); [множ.] детские помочи: * poder andar sin andadores, быть самостоятельным.

andadura. [ж.] ходьба, хождение; походка: * paso de andadura, иноходь.

andalocio. [м.] (обл.) ливень, внезапный ливень.

andalón, na. [прил.] (Амер.) много или быстро ходящий (о лошади и т. д.).

andalotero, ra. [прил.] (обл.) уличный (о человеке).

andalucismo. [м.] оборот речи в каком-л языке построенный по образцу андалузского диалекта, а также слово, заимствованное из андалузского диалекта.

andalucita. [ж.] (мин.) андалузит.

andaluz, za. [прил.] андалузский; [м. и ж.] андалузец (-ка).

andaluzada. [ж.] (разг.) шутка, острота, хвастовство или бахвальство, свойственное андалузцам; преувеличение.

andalla. [ж.] (обл.) см. sandalia; (обл.) старый башмак.

andalla. [мест.] (арг.) см. este.

¡andallo! [межд.] идёт!, ладно! и т. д.

andallo. [мест.] (арг.) см. esto. eso.

andamiado. [ж.] (собо.) строительные леса больших размеров.

andamiar. [перех.] ставить строить, возводить леса, подмостки, помост.

andamiadura. [ж.] установка лесов для строительных работ.

andamiento. [м.] хождение.

andamio. [м.] строительные леса, подмостки, помост; помост, трибуна; (разг.) обувь, башмак; (уст.) см. túmulo; (уст.) хождение; походка.

andana. [ж.] ряд; линия, вереница; строй: * llamarse uno andana, (разг.) отказаться от своего слова и т. д.

andanada. [ж.] (мор.) (бортовой) салп; крытые трибуны в цирке для боя быков; (разг.) резкая отповедь, выговор: * soltarle a uno la, или una andanada, делать строгий выговор кому-л.

andancia. [ж.] (Амер.) см. andancio; случай, происшествие.

andancio. [м.] (обл.) эпидемическое заболевание (лёгкое).

¡andando! [межд.] (разг.) живее!, пошевеливайся!

andándula. [ж.] (арг.) лиса, лисица, см. zorra.

andañino. [м.] плетёная стойка для обучения детей ходьбе.

andante. [дейст. прич. к andar]; ходящий странствующий; [м.] (Амер.) (нспр.) лошадь: * bien andante, счастливый; * mal andante, несчастный; * caballero andante, странствующий рыцарь.

andante. [нареч.] (муз.) анданте, плавно, медленно, умеренно; [м.] анданте.

andantesco, ca. [прил.] к странствующее рыцарство.

andantino. [муз.] андантино.

andanza. [ж.] случай; событие, происшествие; [мн.] [множ.] похождения: * buena andanza, удача; успех, счастливый случай; * mala andanza, см. malandanza.

andar. [неперех.] ходить, идти, ступать, шагать, двигаться, действовать, функционировать (о механизме и т. д.); проживать, разъезжать, расхаживать; жить, поживать, чувствовать себя; быть, находиться в том или ином состоянии; быть, находиться где-л; бежать, ходить (о времени); (мор.) см. arribar, (перен.) см. haber; [перех.] проходить, пробегать: * andar descalzo, идти босиком; * andar de puntillas, ходить на цыпочках; * andar corriendo, бегать; * andar por el bosque, ходить по лесу; * cansarse de tanto andar, заходиться; * echar a andar, заходить; * fue necesario andar, (разг.) хожено; * andar de un lado para otro, метаться, (прост.) мотаться; * dime con quien andas y te diré quien eres, скажи мне, кто твои друзья, и я тебе скажу, кто ты; * modo de andar, походка; *andar en bicibleta, ехать на велосипеде; * andar a la deriva, дрейфовать; плыть без руля и без ветрил (также перен.); * andar a derechas, derecho, справедливо поступать; * ¡ande rápido!, действуйте быстро; * andar ocupado, быть занятым; * andar malo, быть больным; * andar sin trabajo, быть без работы; * andar a cuatro patas, ползать на четвереньках (также перен.); * andar por los cuarenta años, быть около сорока лет от роду; * andar derecho, быть безупречным; беспрекословно подчиняться; * andar con pies de plomo, быть очень осторожным; * andar en la caja, запускать руки в кассу, воровать из кассы; * andar metido en el ajo, быть впутанным в деле; * andar entre buena gente, водиться или иметь дело с хорошими людьми; * andar tras una cosa, добиваться чего-л; * andar tras alguien, выслеживать кого-л; * охотиться за кем-л; * andar de la ceca a la meca, попадать из огня да в полымя; * andar a navajazos, пустить в ход ножи; * andar a palos (golpes, piñas), бить(ся), драться; *a más andar, a todo andar, вовсю, сломя голову; (с деепр. означает дейст.); * andar cazando, охотиться; * andar toda la ciudad, пробежать (пройти) весь город; * ¡vamos, anda!, ну вот ещё!, да ну!; * ¡anda a paseo!, убирайся вон!; * ¡anda!, ладно!, начинайте!; andarse. [возв. гл.] уходить, приниматься, садиться за что-л; употреблять что-л; смешиваться; * andarse con rodeos, хитрить, изворачиваться; * no sabe por donde se anda, он ничего в этом не смыслит; (непр. гл. pret. ind. anduve, subj. imp. anduviera или anduviese).

andar. [м.] ходьба, хождение; ход; походка, поступь; скорость (корабля); поведение: * a largo andar, с течением времени, со временем; * buen andar, хорошая походка (поступь); * a tres horas de andar, в трех часах ходьбы; * estar a un andar, быть на одном уровне с...

andaraje. [м.] колесо нории.

andaraz. [м.] (Амер.) (зоол.) кубинское грызун.

andareguear. [неперех.] (Амер.) бестолку суетиться.

andariego, ga. [прил.] много и быстро ходящий; [м.] бродяга, скиталец.

andarín, na. [прил.] ходящий много или быстро (преимущественно по профессии); [м.] хороший ходок, скороход.

andarina. [ж.] ласточка.

andarivel. [м.] (мор.) канат, по которому ходит паром; (мор.) поручень; (мор.) штормовой леер; (Амер.) паром; (мор.) сорт талей.

andarríos. [м.] (орни.) трясогузка.
andas. [ж. множ.] носилки; гроб на носилках: * en andas y en volandas, на лету, не касаясь земли; быстро.
andavete. [м.] (Амер.) горшок для chicha (кукурузной водки).
andel. [м.] колея, углубление от колёс на поле.
andén. [м.] полка; круг, по которому ходит лошадь, приводящая в движение колесо нории или мельницы; коридор; перила; перрон, платформа (на вокзале); набережная; тротуар (на мосту); (Амер.) тротуар (уличный); [множ.] гряды (на горных склонах Анд).
andero, ra. [м. и ж.] тот, кто носит на носилках.
andesina. [ж.] андезин.
andesita. [ж.] андезит.
andesítico, ca. [прил.] принадлежащий или относящийся к андезиту.
andiar. [нареч.] (арг.) так, таким образом; [предлог.] согласно, по соответствию.
andícola. [прил.] живущий в районе Анд.
andigar. [неперех.] (арг.) присутствовать.
andilú. [м.] брусок дерева для лощения подошвы обуви.
andino, na. [прил.] принадлежащий или относящийся к Андам.
andirá. [ж.] (Амер.) вампир, летучая мышь.
ándito. [м.] галерея вокруг дома.
andola. [ж.] песенка XVII-го века.
andolayé. [нареч.] (арг.) там, туда.
andolina. [ж.] ласточка.
andón, na. [прил.] (Амер.) много и быстро ходящий (о лошади).
andorga. [ж.] (разг.) брюхо, пузо: * llenar la andorga, набивать брюхо.
andorí. [ж.] (арг.) см. golondrina.
andorina. [ж.] (орни.) ласточка.
andorra. [ж.] (разг.) уличная женщина, праздношатающаяся женщина.
andorrano, na. [прил. и сущ.] относящийся к Андорре, т. д.
andorrear. [неперех.] (разг.) бесцельно бродить, шататься.
andorrero, ra. [прил.] склонный бесцельно бродить или шататься, праздношатающийся (преим. о женщине).
andosco, ca. [прил.] двухгодовалый (о мелком скоте).
andrajero, ra. [м. и ж.] тряпичник (-ница), ветошник (-ница).
andrajo. [м.] тряпка, лоскут; [множ.] тряпьё, лохмотья, рубище, отрепья, лоскутья; (перен.) жалкий, опустившийся человек, оборванец.
andrajosamente. [нареч.] в лохмотьях.
andrajoso, sa. [прил.] оборванный, покрытый лохмотьями.
andrehuela. [ж.] (обл.) сорт дыни.
andrina. [ж.] тёрн (плод).
andrino. [м.] терновник.
andrinópolis. [ж.] кумач (ткань).
andrismo. [м.] склонность к мужским манерам (о женщине).
andró. [м.] (арг.) дорога.
androcéfalo, la. [прил.] имеющий человеческую голову.
androceo. [м.] (бот.) андроцей.
andrófago, ga. [прил.] андрофаг; см. antropófago.
androfobia. [ж.] (пат.) андрофобия.
andrófobo, ba. [прил.] страдающий андрофобией.
andróforo. [м.] (бот.) андрофор.

androgenia. [ж.] продолжение человеческого рода.
androginia. [ж.] (бот.) андрогиния.
andrógino, na. [прил.] (бот.) двуполый, однодомный; [м.] гермафродит.
androide. [м.] робот (автомат).
andrólata. [прил. и сущ.] поклоняющийся человеку.
andolatría. [ж.] религиозное поклонение человеку.
andrología. [ж.] андрология.
andrológico, ca. [прил.] принадлежащий или относящийся к андрологии.
andrómeda. [ж.] (бот.) андромеда.
andromina. [ж.] (разг.) ложь, дудумка.
androsemo. [м.] (бот.) полевой шалфей.
androspora. [ж.] (бот.) оплодотворяющая спора.
androtomía. [ж.] анатомия человека.
andruque. [нареч.] (арг.) где, куда.
andujareño, ña. [прил.] относящийся к Andújar; [сущ.] уроженец этого города.
andulario. [м.] слишком длинная одежда.
andulencia. [ж.] (обл.) (уст.) см. andanza.
andullo. [м.] свернутый табачный лист; связка табачных листьев.
andurriales. [м. множ.] отдалённые места.
anea. [ж.] (бот.) рогоз, камыш.
aneaje. [м.] вымеривание локтем.
anear. [м.] заросли камыша.
anear. [перех.] (обл.) укачивать, баюкать.
aneblar. [перех.] покрывать туманом, мглой; см. anublar; [непр. гл.] спрягается как acertar.
anécdota. [ж.] анекдот; рассказик, забавная история: contar una anécdota, рассказать анекдот; * le ocurrió una anécdota, с ним случился анекдот.
anecdotario. [м.] сборник анекдотов.
anecdótico, ca. [прил.] анекдотический: * lo anecdótico. [м.] анекдотичность.
anecdotista. [м. и ж.] анекдотист.
aneciarse. [возв. гл.] становиться глупым, глупеть.
anegable. [прил.] заливаемый, затопляемый.
anegación. [ж.] наводнение, затопление, разлив; потопление; кораблекрушение.
anegadizo, za. [прил.] часто затопляемый; заливной (о лугах).
anegado, da. [страд. прич.] к anegar.
anegamiento. [м.] см. anegación.
anegar. [перех.] наводнять, затоплять, заливать; топить, потоплять: * anegarse. [возв. гл.] терпеть кораблекрушение, идти ко дну (о корабле), тонуть; * anegarse en llanto, залиться слезами.
anego. [м.] (Амер.) наводнение, затопление, см. anegación.
anegociado, da. [прил.] занятый, занятой; погружённый в дела: * hombre anegociado, делец, воротила, заправила.
anejar. [перех.] присоединять, аннексировать, см. anexar.
anejín, anejir. [м.] поговорка удобная для пения.
anejo, ja. [прил.] см. anexo; [м.] церковь причтённая к другой; посёлок присоединённый к другому.
anejo, ja. [прил.] (обл.) см. añejo.
anelacio. [м.] средневековая короткая шпага.
aneldo. [м.] (бот.) укроп.
aneléctrico, ca. [прил.] (физ.) неэлектризующийся.
anelectrótono. [м.] (физ.) анэлектротон.
anélidos. [м. множ.] (зоол.) кольчатые черви.
anemia. [ж.] малокровие, анемия, бледная немочь: * anemia perniciosa, злокачественное малокровие, пернициозная анемия.
anemiar. [перех.] вызывать малокровие.
anémico, ca. [прил. и сущ.] малокровный, бескровный анемический, анемичный; страдающий анемией: * calidad de anémico, анемичность.
anemocordio. [м.] эолова арфа.
anemografía. [ж.] наука, изучающая ветры.
anemógrafo. [м.] специалист по изучению ветров; анемограф.
anemometría. [ж.] анемометрия.
anemométrico, ca. [прил.] принадлежащий анемометрии или анемометру.
anémona, anémone. [ж.] (бот.) анемон(а), ветреница: * anémona de mar, актиния.
anemómetro. [м.] анемометр, ветромер; (ав.) указатель скорости.
anemoscopio. [м.] анемоскоп.
anencefalia. [ж.] анэнцефалия.
aneota. [ж.] (обл.) мелисса, лимонная мята.
anepigráfico, ca. [прил.] лишённый записи и т. д.
anergia. [ж.] (мед.) анергия.
anérgico, ca. [прил.] относящийся к анергии.
anerobio. [м.] (вар.) см. anaerobio.
aneroide. [прил.]: * barómetro aneroide, анероид.
anestesia. [ж.] анестезия, обезболивание, наркоз; потеря чувствительности: * anestesia general, общий наркоз; * anestesia local, местный наркоз; * operación con anestesia, операция под наркозом.
anestesiante. [действ. прич.] к anestesiar; [прил.] анестезирующий.
anestesiar. [перех.] анестезировать, обезболивать, делать нечувствительным.
anestésico, ca. [прил.] анестезирующий, обезболивающий; [м.] анестезирующее средство.
aneto. [м.] (бот.) (обл.) укроп.
anetol. [м.] (хим.) анетол.
aneurisma. [м.] (мед.) аневризм(а), расширение артерии; расширение сердца.
aneurismal. [прил.] принадлежащий или относящийся к аневризме.
aneurosis. [ж.] (физиол.) отсутствие нервов.
anexar. [перех.] аннексировать, присоединять.
anexión. [ж.] присоединение, аннексия.
anexionamiento. [м.] (Амер.) см. anexión.
anexionar. [перех.] аннексировать, см. anexar.
anexionismo. [м.] политика аннексий, захватническая политика.
anexionista. [прил.] аннексионистский, захватнический; [м.] аннексионист, сторонник аннексий.
anexo, xa. [прил.] добавочный, прилагаемый; вложенный; [м.] пристройка; (Амер.) прилагаемый документ; [множ.] (мед.) придатки.
anfesibena. [ж.] см. anfisbena.
anfibio, bia. [прил.] земноводный [м.] (зоол.) [множ.] (зоол.) земноводные, амфибии: * avión anfibio, самолёт-амфибия.
anfibiografía. [ж.] наука о земноводных.
anfibol. [м.] (мин.) амфибол.
anfibolia. [ж.] см. anfibología.
anfibolífero, ra. [прил.] (мин.) содержащий амфибол.
anfibolita. [ж.] (мин.) амфиболит.
anfibología. [ж.] двусмысленность, двойной смысл; двусмысленное выражение.
anfibológicamente. [нареч.] двусмысленно.
anfibológico, ca. [прил.] двусмысленный, имеющий двоякий смысл, двоякое значение.

anfiboloide. [прил.] (геол.) похожий на амфибол.
anfíbraco. [м.] (лит.) амфибрахий.
anfictión. [м.] депутат (в Греции).
anfictionía. [ж.] конфедерация древних греческих городов.
anfigenita. [ж.] (мин.) амфигенит.
anfigonía. [ж.] (биол.) амфигония.
anfilogita. [ж.] (мин.) род слюды.
anfión. [м.] (хим.) опий.
anfioxo. [м.] (зоол.) рыбообразное морское животное.
anfípodos. [м. множ.] (зоол.) плосконогие (отряд класса ракообразных).
anfisbena. [ж.] (миф.) баснословное пресмыкающееся животное; (зоол.) американское пресмыкающееся животное.
anfiscio, cia. [прил.] живущий в жарком поясе.
anfisibena. [ж.] см. anfisbena.
anfisímilo. [м.] (хир.) скальпель (обоюдоострый).
anfiteatral. [прил.] принадлежащий амфитеатру.
anfiteatro. [м.] амфитеатр: * anfiteatro anatómico, анатомический театр.
anfitrión. [м.] (перен.) (разг.) амфитрион, радушный, гостеприимный, щедрый хозяин.
ánfora. [ж.] амфора; (Амер.) избирательная урна; [множ.] церковные сосуды.
anfóreo, a. [прил.] принадлежащий амфоре.
anfótero, ra. [прил.] амфотерный.
anfotis. [м.] греческий кувшин с двумя ручками.
anfractuosidad. [ж.] извилистость, неровность: anfractuosidades, [множ.] неровности почвы; (анат.) извилины мозга.
anfractuoso, sa. [прил.] извилистый, имеющий извилины.
anganillas. [ж. множ.] плетёные сумы для глиняных сосудов с водой; седло с двумя сиденьями.
angaria. [ж.] старинная повинность; (мор.) запрещение выхода судну с целью неиспользования его для специальной службы.
angarillas. [ж. множ.] ручные носилки; см. aguaderas; графинчики (для уксуса и масла).
angarillear. [перех.] (Амер.) переносить что-л. на носилках; работать с носилками.
angarillón. [м.] большие носилки; большая двухколёсная повозка.
angaripola. [ж.] холстина; [множ.] пёстрая безвкусная отделка на платье, нелепый наряд.
ángaro. [м.] сигнальный огонь на дозорной башне.
angarria. [ж.] (Амер.) худой человек.
angarrio. [м.] (Амер.) (перен.) скелет, очень худой человек или животное; (обл.) см. molestia.
angazo. [м.] орудие для улова морских ракушек; (обл.) см. rastro.
ángel. [м.] ангел; (перен.) грация, симпатия, привлекательность; (употр. преимущест. глаголом tener); (перен.) добродетельный человек; (ист.) (воен.) цепные ядра: * ángel de tinieblas или malo, дьявол; * ángel exterminador, истребительный ангел; * ángel custodio или de la guarda, ангел-хранитель; * angel patudo, (перен.) (разг.) ехидный человек; * salto del ángel, (разг.) прыжок ласточкой.
¡Ángela mía! [межд.] ну!, ах!, а! ага!, понимаю!, ладно!, хорошо!
angelar. [перех.] (Амер.) вздыхать.
angelí. [прил.] (арг.) см. anterior.
angélica. [ж.] (бот.) дягиль, дудник.
angelical. [прил.] ангельский; (перен.) похожий на ангела; (перен.) (разг.) невин-

ный, чистый, нежный: * sonrisa angelical, ангельская улыбка.
angelicalmente. [нареч.] ангельски, простодушно, наивно.
angélico. [м. умен.] к ángel, ангелочек; (перен.) малютка, малюточка; (обл.) лютиковое растение.
angélico, ca. [прил.] см. angelical.
angelín. [м.] (бот.) бразильское дерево.
angelito. [м. умен.] к ángel; ангелочек; (перен.) малютка, малюточка; (Амер.) умерший ребёнок; (ирон.) невинный младенец: * estar con los angelitos, спать; быть очень рассеянным; витать в облаках.
angelizado, da. [страд. прич. и прил.] чистый и т. д. как ангел.
angelizarse. [возв. гл.] совершенствоваться (в духовном отношении).
angelolatría. [ж.] поклонение ангелам.
angelón. [м. увел.] к ángel, большой ангел; (перен.) * angelón de retablo, (перен.) (разг.) толстяк, пухленький человек.
angelote. [м.] увел. к angel; большая статуя ангела; (разг.) большой, пухленький и спокойный ребёнок; (перен.) (разг.) кроткий, миролюбивый человек; морская рыба (сорт акулы); (бот.) бобовое растение.
angelus. [м.] (церк.) молитва к Пресвятой Богородице (у католик).
angella. [предл.] (арг.) раньше, прежде.
angiectasis. [ж.] расширение сердца и кровеносных сосудов.
angielcosis. [ж.] (пат.) изъязвление сосуда.
angiitis. [ж.] (пат.) воспаление сосудов.
angina. [ж.] ангина, жаба: * angina de pecho, грудная жаба; * angina membranosa, дифтерит; круп.
anginoso, sa. [прил.] ангинный.
angiocarditis. [ж.] воспаление сердца и больших кровеносных сосудов.
angiocarpo, pa. [прил.] (бот.) покрытоплодный.
angiodiastasis. [ж.] (пат.) расширение сосудов.
angiografía. [ж.] описание кровеносной системы, и кровеносных сосудов.
angiohidrografía. [ж.] описание лимфатических сосудов.
angioleucitis. [ж.] (пат.) воспаление лимфатических сосудов.
angioleucología. [ж.] (анат.) отдел ангиологии, посвящённый изучению нервной системы.
angiología. [ж.] ангиология.
angiológico, ca. [прил.] принадлежащий или относящийся к ангиологии.
angioma. [м.] (пат.) ангиома.
angioneurosina. [ж.] (хим.) нитроглицерин.
angionoma. [м.] (пат.) изъязвление сосудов.
angiopancreatitis. [ж.] (мед.) воспаление панкреатических сосудов.
angiopatía. [ж.] болезнь сосудов.
angiopiria. [ж.] (пат.) воспалительная лихорадка.
angiospermas. [ж. множ.] (бот.) покрытосеменные.
angiostenia. [ж.] (мед.) кровяное давление.
angioténico, ca. [прил.] (пат.) воспалительный.
angla. [ж.] (геогр.) мыс.
angl. [нареч.] (арг.) впереди, вперёд.
anglesita. [ж.] (мин.) англезит.
anglicanismo. [м.] англиканизм, англиканство.
anglicano, na. [прил.] англиканский; [сущ.] англиканец: * iglesia anglicana, англиканская церковь.

anglicismo. [м.] англицизм, слово или оборот речи, заимствованные из английского языка.
anglificación. [ж. действ.] по знач. гл. англизировать.
anglificar. [перех.] англизировать.
anglo, gla. [прил.] английский; [м. и ж.] англичанин (-ка).
angloamericano, na. [прил.] англо-американский.
anglofilia. [ж.] англофильство.
anglófilo, la. [прил.] англофильский; [м. и ж.] англофил.
anglofobia. [ж.] англофобство, ненависть ко всему английскому.
anglófobo, ba. [ж.] англофобский; [м. и ж.] англофоб.
anglófono, na. [прил.] употребляющий английским языком.
anglomanía. [ж.] англомания, пристрастие ко всему английскому.
anglómano, na. [прил.] англоманский; [м. и ж.] англоман (-ка).
anglosajón, na. [прил.] англосаксонский; [м. и ж.] англосаксонец, англосакс.
angola. [ж.] (Амер.) кислое молоко.
angolán. [м.] (бот.) индийское дерево.
angor. [м.] * angor pectoris, грудная жаба.
angora. [прил.] * gato de angora, ангорская кошка.
angorina. [ж.] (неол.) ангорская шерсть.
angorra. [ж.] защитный кусок ткани или кожи; (обл.) детская игра.
angostamente. [нареч.] тесно; в тесноте.
angostar. [перех.] суживать, делать более узким, тесным; (уст.) (перен.) см. angustiar.
angostillo. [м.] (бол.) узкий, длинный проход между домами, переход.
angosto, ta. [прил.] узкий, тесный.
angostura. [ж.] узость; теснота; сужение; ущелье, теснина, узкий проход, дефиле.
angra. [ж.] небольшая бухта, губа.
angromo. [м.] (арг.) см. cerrojo.
anguarina. [ж.] сорт пальто грубого сукна
angüejo. [м.] жареные пирожки.
anguiforme. [прил.] змеевидный.
anguila. [ж.] (зоол.) угорь; (мор.) anguilas [множ.] спусковые полозья: * escurrirse como una anguila, выскользнуть, вывернуться; * anguila de cabo, кнут, плеть (на галерах), линёк; * anguila de mar, см. congrio.
anguilazo. [м.] удар кнутом.
anguilera. [ж.] угрёвый садок.
anguilero, ra. [прил.] служащая вместилищем для угрей (корзина).
anguiliforme. [прил.] угреобразный, угревидный.
anguililla. [ж.] маленький оросительный канал.
anguilo. [м.] (обл.) маленький морской угорь.
anguilla. [ж.] (Амер.) угорь.
anguina. [ж.] (вет.) паховая вена.
anguitarró, rrí. [м. и ж.] (арг.) тряпичник (-ица).
anguja. [ж.] (арг.) тоска; грусть, печаль, скорбь.
angula. [ж.] малёк угря.
angulado, da. [прил.] угловатый.
angular. [прил.] угольный, угловой; угловидный: * piedra angular, краеугольный камень; * hierro angular, (тех.) угловое железо.

angularmente. [нареч.] углом, в форме угла.
angulema. [ж.] пеньковое полотно; [множ.] (разг.) приторные слова.
anguliforme. [прил.] угловой, углевидный, имеющий форму угла.
angulinervio, via. [прил.] (бот.) угольнервный.
ángulo. [м.] (геом.) угол: * ángulo recto, прямой угол; * ángulo agudo, острый угол; * ángulo obtuso, тупой угол; * ángulo de reflexión, угол отражения; * ángulo de refracción, угол преломления: * ángulo de incidencia, de caída, угол падения; * ángulos adyacentes, смежные углы; * ángulo alterno, противолежащий угол; * ángulo interno, внутренний угол; * ángulo facial, (анат.) лицевой угол; * ángulo de ataque, (воен.) угол атаки; * ángulo muerto, (воен.) мёртвое пространство; * ángulo de elevación, (воен.) угол прицеливания.
angulométrico, ca. [прил.] угломерный.
angulómetro. [м.] угломер, прибор для измерения углов.
angulosidad. [ж.] угловатость.
anguloso, sa. [прил.] угловатый.
angullón. [м.] (обл.) нравственная мука; горе, скорбь.
angurria. [ж.] (мед.) (разг.) болезненное мочеиспускание; (Амер.) (разг.) жадность, прожорливость.
angurriento, ta. [прил.] (Амер.) (разг.) жадный, прожорливый.
angustí. [ж.] (арг.) палец.
angustia. [ж.] тоска, ужас, томление, тревога; печаль, огорчение, скорбь; мука, мучение, пытка, жуть (разг.); тошнота; (арг.) см. cárcel; [множ.] (арг.) галеры.
angustiadamente. [нареч.] тоскно, томительно, мучительно, жутко.
angustiado, da. [прил.] огорчённый, удручённый, полный тоски, тревоги и т. д.; жадный, см. miserable; (Амер.) короткий, узкий; [м.] (арг.) каторжник, приговорённый к галерам.
angustiador, ra. [прил.] наводящий тревогу, страх.
angustiar. [перех.] наполнять тревогой, страхом, томлением; огорчать, удручать, печалить.
angustiosamente. [нареч.] см. angustiadamente.
angustioso, sa. [прил.] полный тоски, тревоги и т. д., вызывающий тоску, тревогу, и т. д.
angustro. [м.] (арг.) кольцо.
anhelación. [ж.] (мед.) одышка, затруднённое дыхание, прерывистое дыхание.
anhelante. [дейст. прич. к anhelar]; [прил.] запыхавшийся, задыхающийся; едва переводящий дух.
anhelar. [перех.] прерывисто, тяжело дышать, с трудом переводить дыхание, задыхаться, запыхаться; [перех. и непрех.] страстно желать чего-л, вздыхать о чём-л; добиваться, домогаться; * no anhela más que venganza, он ждёт не дождётся мести.
anhélito. [м.] одышка.
anhelo. [м.] страстное желание, жажда чего-л.
anhelosamente. [нареч.] страстным желанием, пламенно.
anheloso, sa. [прил.] тяжёлый, затруднённый, учащённый (о дыхании) запыхавшийся, страстно желающий.

anhidremia. [ж.] ангидремия.
anhídrico, ca. [прил.] (хим.) см. anhidro.
anhídrido. [м.] (хим.) ангидрид: * anhídrido sulfuroso, (хим.) сернистый ангидрид или газ.
anhidrita. [ж.] (мин.) ангидрит, сернокислый кальций.
anhidro, dra. [ж.] (хим.) безводный.
anhidrosis. [ж.] (мед.) уменьшение или задержание потоотделения.
aní. [м.] (Амер.) лазящая птица.
aniaga. [ж.] (обл.) годовая заработная плата (о пахарях); (обл.) участок земли.
aniaguero, ra. [м. и ж.] (обл.) тот, кто пашет aniaga.
aniatán. [м.] (бот.) дикое филиппинское деревце.
anidamiento. [м.] дейст. по знач. гл. гнездиться.
anidar. [непрех.] гнездится, вить гнездо; жить, обитать; иметься в изобилии (о мыслях и т. д.); [перех.] приютить кого-л.
anidiar. [перех.] (обл.) белить стены; * anidiarse. [возв. гл.] причёсываться.
anidio. [м.] (обл.) побелка стен.
anieblar. [перех.] (обл.) см. aneblar; * aneblarse. [возв. гл.] (обл.) одуреть.
aniego. [м.] (обл.) см. anegación.
aniejar. [перех.] (обл.) см. añejar.
aniejo, ja. [прил.] (обл.) см. añejo.
anilina. [ж.] (хим.) анилин.
anilla. [ж.] металлическое кольцо (для занавеса и т. д.); [множ.] гимнастические кольца.
anillado, da. [страд. прич. к anillar]; [прил.] кольчатый.
anillar. [перех.] придавать форму кольца; завивать кольцами; приделывать кольца к чему-л.
anillejo, anillete. [м. умен.] колечко, маленькое кольцо.
anillo. [м.] кольцо, перстень; зубчатое колесо (мельницы); звено; (анат.) членик, сегмент (насекомых); (арх.) фриз; [множ.] (арг.) ножные кандалы: * anillo de boda, обручальное кольцо; *anillo del Pescador, папская печать; * de anillo, почётный (о должности и т. д.); * venir una cosa como anillo al dedo, (перен.) (разг.) прийтись впору.
ánima. [ж.] душа; душа чистилища; (перен.) канал ствола (в огнестрельном оружии); [множ.] ночной колокольный звон призывающий к молитве и время этого звона: * a las ánimas, ночью; * ánima rayada, нарезная часть канала ствола.
animación. [ж.] оживление, оживлённость, живость; бойкость, ободрение, воодушевление; азарт; многолюдство, многолюдье: * con animación, живо, с живостью.
animadamente. [нареч.] живо оживлённо; с душой.
animado, da. [страд. прич. и прил.] (во)одушевлённый, живой, оживлённый; бойкий, оживлённый; людный; весёлый; мужественный, решительный.
animador, ra. [прил.] оживляющий, воодушевляющий, ободрительный; [м. и ж.] вдохновитель (-ница); массовик.
animadversión. [ж.] ненависть; недружелюбие, враждебность, неприязнь, неприязненность, злоба; порицание, строгий выговор, осуждение.
animal. [м.] животное; (перен.) животное, скотина, невежда, грубиян (-ка), неуч, глупец, дурак, дура [прил.] животный; (перен.) животный, звериный, скотский: * animales domésticos, домашние животные; * animales carnívoros, хищные жи-

вотные; * animales salvajes, дикие животные; * animales de sangre fría, холоднокровные животные; * animal bípedo, двуногое животное; * animal de carga, вьючное животное; * animal de bellotas, свинья; (перен.) (бран.) свинья, грубиян; * ¡qué animal!, ну и скотина!; * mundo animal, животный мир; * reino animal, животное царство; * vida animal, животная жизнь; * miedo animal, животный страх; * animal hembra de raza holandesa, голландка (корова, курица и т. д.).
animalada. [ж.] (разг.) грубость, глупость.
animalaje. [м.] (Амер.) скот, скотина.
animalazo. [м. увел.] к animal; (перен.) круглый грубиян.
animálculo. [м.] микроскопическое животное.
animalejo. [м. умен.] маленькое животное.
animalidad. [ж.] животное или скотское состояние; совокупность особенностей, определяющих животное; животный мир, животное царство.
animalista. [м. и ж.] анималист (художник, скульптор).
animalizable. [прил.] могущий быть переработанным в живую органическую материю.
animalización. [ж.] переработка в живую органическую материю; (перен.) превращение в животное.
animalizar. [перех.] перерабатывать в живую органическую материю; (м. употр.) превращать в животное; * animalizarse. [возв. гл.] см. embrutecerse.
animalucho. [м.] (през.) противное животное.
animar. [перех.] оживлять, животворить, живить, бодрить, придавать живость, вдохнуть жизнь (в мрамор и т. д.); одушевлять; одухотворять; ободрять, воодушевлять; приводить в движение; (перен.) электризовать, наэлектризовывать; [непрех.] жить, проживать; * animarse. [возв. гл.] оживляться, воодушевляться, вдохновляться, наэлектризовываться.
anímico, ca. [прил.] принадлежащий или относящийся к душе, см. psíquico.
animismo. [м.] (филос.) анимизм.
animista. [сущ.] сторонник анимизма.
animístico, ca. [прил.] анимистический.
animita. [ж.] (Амер.) род светляка.
ánimo. [м.] душа, дух; бодрость, мужество, смелость, дух, энергия, храбрость; зажигательность; рвение, старание; намерение, воля: *¡ánimo!, не унывай(те)!, смелее!, мужайся!; * presencia de ánimo, присутствие духа, хладнокровие; * ganar los ánimos, завладеть умами; * dar ánimo, ободрять; * no perder el ánimo, крепиться; * ánimo decaído, минорное настроение; * cobrar ánimos, мужаться, собраться с духом, воспрянуть духом; * levantar el ánimo, поднять дух; * con ánimo de, с намерением; * sin ánimo de, без намерения; * esparcir el ánimo, развлекаться; * estaba lejos de mi ánimo, я был далёк от мысли.
animosamente. [нареч.] мужественно, смело.
animosidad. [ж.] злоба, озлобление, враждебность, недружелюбие; неприязнь, неприязненность; (м. употр.) мужество, смелость, отвага, храбрость, бесстрашие.
animoso, sa. [прил.] мужественный, храбрый, отважный, смелый, неробкий; бравурный.
aniñadamente. [нареч.] по-детски, ребячески.

aniñado, da. [страд. прич. к aniñarse]; [прил.] детский, ребяческий, ребячий, похожий на ребёнка.
aniñarse. [возв. гл.] ребячиться.
anión. [м.] (эл.) анион: * de anión, анионный.
anipnia. [ж.] бессонница.
aniquilable. [прил.] легко уничтожимый.
aniquilación. [ж.] уничтожение, истребление.
aniquilador, ra. [прил.] уничтожающий, истребляющий, губящий; разрушительный, истребительный; [сущ.] разрушитель (-ница).
aniquilamiento. [м.] см. aniquilación.
aniquilar. [перех.] уничтожать, истреблять; сводить на нет; губить, разрушать; (перен.) задушить; * aniquilarse. [возв. гл.] уничтожаться; сойти на нет; повреждаться; см. anonadarse.
anís. [м.] (бот.) анис; анисовая водка, настойка или ликёр, анисовка: * anís de la China или estrellado de las Indias, бадьян, звёздчатый анис; * no es un grano de anís, (разг.) это (далеко) не пустяк.
anisado, da. [прил.] анисовый; [м.] анисовая водка, анисовка.
anisal. [м.] (Амер.) поле, засеянное анисом.
anisar. [м.] поле, засеянное анисом.
anisar. [перех.] приправлять анисом.
aniscuria. [ж.] (пат.) недержание мочи.
aniseta. [ж.] anisete. [ж.] анисовая водка, анисовка.
anisocoria. [ж.] анизокория.
anisodonte. [прил.] неравными зубами, неравнозубчатый.
anisófilo, la. [прил.] (бот.) неравнолистный.
anisogamia. [ж.] анизогамия.
anisol. [м.] (хим.) анизол.
anisomero, ra. [прил.] состоящий из неравных и неправильных частей.
anisopétalo, la. [прил.] (бот.) состоящий из неравных лепестков.
anisotropía. [ж.] анизотропия.
anisotrópico, ca. [прил.] анизотропный.
anispa. [ж.] (арг.) оса.
anito. [м.] филиппинский кумир.
anivelación. [ж.] (Амер.) см. nivelación.
anivelador. [м.] (Амер.) см. nivelador.
anivelar. [перех.] (Амер.) см. nivelar.
aniversario, ria. [прил.] годичный, годовой, ежегодный; [м.] годовщина; обедня в день годовщины смерти кого-л, годовая панихида.
anivelar. [перех.] (Амер.) см. nivelar.
¡anjá! [межд.] (Амер.) хорошо! браво!
anjeo. [м.] грубый холст, дерюга.
anjoba. [ж.] (обл.) сорт солёной рыбы.
anmetro. [м.] (физ.) сорт амперметра.
ano. [м.] (анат.) задний проход, анальное отверстие.
anobio. [ж.] шашел(ь).
anobling. [м.] (бот.) магнолиевое филиппинское дерево.
anoche. [нареч.] вчера вечером или ночью.
anochecedor, ra. [прил. и сущ.] полуночничающий, полуночник (-ница).
anochecer. [неперех.] вечереть, наступать (о вечере), темнеть (о наступлении темноты, сумерек); быть застигнутым ночью где-л; [перех.] см. obscurecer; прятать, скрывать, красть: * anochecerse. [неправ. гл.] поэт. темнеть; [непр. гл.] спрягается как agradecer.
anochecer. [м.] сумерки: * al anochecer, под вечер(ом), в сумерки, в сумерках, с наступлением ночи.
anochecida. [ж.] сумерки, наступление ночи.
anódico, ca. [прил.] (физ.) анодный.
anodinar. [перех.] (мед.) давать болеутоляющие средства.
anodinia. [ж.] (мед.) отсутствие боли.

anodino, na. [прил.] (мед.) болеутоляющий (о средстве); (перен.) бесцветный, бессодержательный, незаметный, незначительный, плоский, бледный (о стиле) [м.] болеутоляющее средство.
anodmia. [ж.] отсутствие обоняния.
ánodo. [м.] (эл.) анод, положительный электрод.
anodonta. [ж.] anodonte; [м.] (зоол.) анодонта.
anodonte. [прил.] беззубый.
anodontia. [ж.] отсутствие всех зубов.
anoea. [ж.] (мед.) слабоумие, имбецильность.
anoesia. [ж.] идиотизм.
anofeles. [м.] (энто.) анофелес, малярийный комар.
anoftalmia. [ж.] (мед.) (физиол.) врождённое отсутствие глаз, анофтальм.
anolis. [м.] (зоол.) род американской ящерицы.
anomalía. [ж.] аномалия, отклонение от нормы; ненормальность, неправильность, незакономерность: * anomalía magnética, магнитная аномалия.
anomalístico, ca. [прил.] аномалистический.
anómalo, la. [прил.] аномальный, отклоняющийся от нормы; неправильный, анормальный.
anomalotrofia. [ж.] ненормальное питание.
anona. [ж.] съестные припасы.
anonadación. [ж.] уничтожение, истребление; ограничение, сокращение, унижение; уныние.
anonadador, ra. [прил.] уничтожающий и т. д.
anonadamiento. [м.] см. anonadación.
anonadar. [перех.] уничтожать, истреблять; сокращать, ограничивать; (перен.) унижать, приводить в уныние: * anonadarse. [возв. гл.] быть удручённым, поддаваться унынию, впадать в уныние.
anonang. [м.] (бот.) дикое филиппинское дерево.
anoncillo. [м.] (Амер.) см. mamoncillo.
anónfalo, la. [прил.] беспупочный.
anónimante. [нареч.] анонимно.
anónimo, ma. [прил.] безымённый, анонимный, безымянный; [м.] аноним(ка), анонимное письмо; аноним: * carta anónima, анонимное письмо аноним(ка); * obras anónimas, аноним(ка); *autor anónimo, аноним; * sociedad anónima, акционерное общество: * calidad de anónimo, анонимность.
anoniquia. [ж.] отсутствие ногтей.
anopsia. [ж.] (пат.) слепота.
anorexia. [ж.] (пат.) отсутствие или потеря аппетита.
anorganoquímica. [ж.] (хим.) неорганическая химия.
anorganoquímico, ca. [прил.] принадлежащий или относящийся к неорганической химии.
anoria. [ж.] нория.
anormal. [прил.] анормальный, ненормальный; [сущ.] ненормальный человек.
anormalidad. [ж.] ненормальность, анормальность.
anormalmente. [нареч.] ненормально.
anortar. [неперех.] покрываться тучами, когда дует северный ветер.
anórtico, ca. [прил.] (крист.) моноэдрический, агирно-примитивный.
anortita. [ж.] (мин.) анортит.
anortosita. [ж.] анортозит.
anos. [м.] филиппинская бамбуковая трость.
anosmia. [ж.] (пат) отсутствие или потеря обоняния.
anotación. [ж.] примечание (к тексту); отметка, заметка; аннотация (библиографическая).
anotador, ra. [прил.] аннотирующий и т. д.
anotar. [перех.] записывать, снабжать примечаниями; аннотировать.
anotia. [ж.] (пат.) врождённое отсутствие ушей.
anovelado, da. [прил.] романический.
anoxemia. [ж.] (пат.) кислородное голодание.
anque. [союз.] (Амер.) (прост.) см. aunque.
anqueador, ra. [прил.] (Амер.) идущий иноходью (о лошади).
anquear. [неперех.] (Амер.) идти иноходью.
anquera. [ж.] (Амер.) попона, покрывало для коня.
anqueta. [ж. умен.] к anca: * estar de media anqueta, (разг.) сидеть неудобно.
anquí. [ж.] (арг.) очки.
anquialmendrado, da. [прил.] с очень узким крупом (о лошади).
anquiderribado, da. [прил.] имеющий высокий, склонённый к бёдрам круп.
anquilosamiento. [м.] (мед.) анкилоз; потеря гибкости.
anquilosis. [ж.] (мед.) анкилоз, неподвижность суставов.
anquilosar. [перех.] делать неподвижными (суставы): * anquilosarse. [возв. гл.] деревенеть, терять гибкость.
anquimuleño, ña. [прил.] с круглым крупом (о лошади).
anquirredondo, da. [прил.] с очень выпуклым крупом.
ansa. [ж.] (ист.) ганза, ганзейские города.
ánsar. [м.] (зоол.) дикий гусь; гусь, гусак.
ansarería. [ж.] место где живут гуси.
ansarino, na. [прил.] гусиный; [м.] гусёнок.
ansarón. [м.] см. ánsar; гусёнок, птенец гуся.
anseático, ca. [прил.] (ист.) ганзейский.
ansí. [нареч.] (уст.) см. así.
ansia. [ж.] тоска, тревога, томление, беспокойство; страстное желание; тревожное ожидание; жадность; (арг.) пытка; (арг.) см. galeras; [множ.] тошнота; * cantar uno o en el ansia, признаваться в чём-л (при пытке).
ansiadamente. [нареч.] см. ansiosamente.
ansiar. [перех.] страстно желать, жаждать чего-л; страстно стремиться к чему-л; (прост.) зариться.
ansiático, ca. [прил.] (ист.) ганзейский.
ansiático, ca. [прил.] (Амер.) тошнотворный; см. nauseabundo.
ansiedad. [ж.] тоска, тревога, мучительное беспокойство, душевное волнение; (мед.) тоска.
ansina. [нареч.] (уст.) см. así.
ansión. [м. увел.] к ansia; (обл.) печаль, грусть, уныние, ностальгия.
ansiosamente. [нареч.] тревожно, с мучительным беспокойством, жадно, алчно.
ansioso, sa. [прил.] тоскливый; тревожный, озабоченный; жаждущий; стремящийся к; нетерпеливо ожидающий.
ansós. [союз.] (арг.) хотя; невзирая, несмотря на; даже (если).
anstoano, na. [прил. и сущ.] относящийся к долине Ansó; уроженец этой долины.
anta. [ж.] (зоол.) лось; менгир; (арг.) краеугольная пилястра; (Амер.) [м.] (зоол.) тапир; [множ.] угловые лопатки здания.

antagónico, ca. [прил.] противоположный; противоречивый; антагонистический; враждебный.
antagonismo. [м.] антагонизм, непримиримое противоречие, вражда.
antagonista. [прил.] противодействующий; антагонистический, враждебный; [сущ.] антагонист, противник, враг, соперник: * músculos antagonistas, антагонисты (о мышцах).
antainar. [неперех.] (Амер.) торопиться, спешить.
antalgia. [ж.] (мед.) отсутствие боли.
antálgico, ca. [прил.] см. anodino.
antamilla. [ж.] (обл.) см. altamía.
antana (llamarse). [разг.] отказаться от своего слова, обещания.
antanino, na. [прил.] (обл.) тщедушный, хилый, болезненный, хворый.
antañada. [ж.] (м. употр.) устаревшее известие, весть.
antañazo. [нареч.] (разг.) уже давно, давным-давно, в былые времена.
antaño. [нареч.] в прошлом году; когда-то, некогда, встарь, в старину: * en tiempos de antaño, давным-давно, в былые времена.
antañón, na. [прил.] очень старый.
antarca. [нареч.] (Амер.) навзничь.
antarcarse. [возв. гл.] (разг.) (Амер.) упасть навзничь.
antártico, ca. [прил.] антарктический, южно-полярный.
ante. [м.] (зоол.) лось; лань; замша; буйвол.
ante. [предл.] у, около, возле, перед, к; о(б); мимо; в присутствии; перед лицом; перед, прежде: * ante todo, прежде всего, во-первых, в первую очередь.
ante. [приставка] пред, пре, до.
anteado, da. [прил.] светло-жёлтый (о цвете).
antealtar. [м.] пространство перед ступенькой алтаря.
anteanoche. [нареч.] позавчера вечером или ночью.
anteante(a)noche. [нареч.] вечером или ночью три дня тому назад.
anteanteayer. [нареч.] три дня тому назад.
anteantier. [нареч.] (разг.) три дня тому назад.
antear. [перех.] покрывать замшей или придавать вид замши.
anteayer. [нареч.] позавчера, третьего дня: * desde anteayer, с позавчерашнего дня.
antebrazo. [м.] (анат.) предплечье; см. brazuelo.
anteburro. [м.] (зоол.) мексиканский тапир.
antecama. [ж.] коврик у постели, коврик перед кроватью.
antecámara. [ж.] передняя, прихожая.
antecapilla. [ж.] первое от входа помещение в часовне.
antecedencia. [ж.] прежнее действие или слово; см. ascendencia; предшествование.
antecedente. [дейст. прич.] предшествующий, предыдущий, прежний; [м.] прежнее действие или слово; (мат.) (лог.) антецедент, предшествующий член; (грам.) предшествующее слово или предложение; (лог.) большая посылка; [множ.] прошлая жизнь, прежняя деятельность; прошедшее, прошлое: * antecedentes penales, сведения о судимости; * falta de antecedentes penales, несудимость; * certificado de antecedentes penales, справка о несудимости.

antecedentemente. [нареч.] до этого, раньше.
anteceder. [перех.] идти впереди; предшествовать.
antecesor, ra. [м. и ж.] предшественник (-ица); [множ.] предки.
anteco, ca. [прил.] (геогр.) находящиеся в равном расстоянии от экватора.
antecocina. [ж.] помещение перед входом в кухню.
antecolumna. [ж.] (арх.) отдельная колонна.
antecomedor. [м.] помещение перед входом в столовую.
antecoro. [м.] помещеиие в церкви перед входом в хоры.
antecristo. [м.] антихрист; см. anticristo.
antedata. [ж.] пометка задним числом.
antedatar. [перех.] помечать задним числом.
antedecir. [перех.] предсказывать, предвещать; (разг.) наворáживать, нагадать; см. predecir; [непр. гл.] спрягается как decir.
antedespacho. [м.] небольшое помещение перед входом в кабинет.
antedía (de). [адверб. выр.] до назначенного дня; накануне.
antedicho, cha. [непр. страд. прич.] к antedecir; [прил.] вышесказанный, вышеназванный, вышеупомянутый.
antediluvial. [прил.] см. antediluviano.
antediluviano, na. [прил.] допотопный; (перен.) ветхозаветный, допотопный, устарелый, старомодный, отсталый.
ante-escenario. [м.] авансцена.
antefoso. [м.] (воен.) ров вокруг контрэскарпа.
antegabinete. [м.] род передней.
anteguerra. [ж.] довоенное время, довоенный период.
antehistórico, ca. [прил.] доисторический.
anteiglesia. [ж.] (церк.) атриум, паперть, крыльцо перед входом в церковь; приходская церковь (в неко-рых местах).
antejardín. [м.] двор, перед садом.
antejo. [м.] дикое кубинское дерево.
antelación. [ж.] предшествование: * con antelación, предварительно, заранее, заблаговременно.
antelar. [возв. гл.] (Амер.) (варв.) см. anticipar.
antellevar. [перех.] (Амер.) см. atropellar, arrollar.
antemano (de). [адверб. выр.] заранее, предварительно, заблаговременно.
antemeridiano, na. [прил.] дополуденный, предполуденный.
antenis. [м.] (бот.) пупавка.
antemural. [м.] крепость, скала или гора, служащая защитой и т. д.; (перен.) оплот.
antena. [ж.] сяжок, усик, щупальце (у насекомых); (мор.) длинный рéек; (радио) антенна, приёмный провод: * antena de emisión (emisora), передающая и передаточная антенна; * antena receptora, приёмная антенна; * instalar una antena de tierra, заземлить антенну; * antena de tierra, земная антенна; * antena de cuadro, рамочная антенна; * antena interior, комнатная антенна.
antenacido, da. [прил.] рождённый преждевременно.
antenado, da. [м. и ж.] пасынок, падчерица.
antenatal. [прил.] предшествующий рождению.
antendeixis. [ж.] (мед.) противопоказание.
antenoche. [нареч.] позавчера вечером или ночью.
antenombre. [м.] имя существительное или прилагательное, предшествующее собственному (напр: don, san и т. д.).

antenunciar. [перех.] предсказывать, предвещать; (разг.) нагадывать и т. д.
antenupcial. [прил.] предбрачный, предсвадебный.
anteojera. [ж.] футляр для очков, очечник (разг.); наглазник, шоры (у лошади).
anteojero. [м.] очечный мастер; продавец очков.
anteojo. [м.] зрительная труба; [множ.] бинокль (полевой); очки: * anteojo de larga vista, подзорная труба.
anteón. [м.] (бот.) см. bardana.
antepagador, ra. [прил. и сущ.] платящий вперёд.
antepagar. [перех.] платить вперёд.
antepagmento. [м.] (арх.) косяк (двери, окна).
antepalco. [м.] аванложа.
antepasado, da. [страд. прич.] к antepasar; [прил.] прошедший, прежний, прошлый; [множ. ж.] предки, деды.
antepasar. [неперех.] (м. употр.) предшествовать.
antepasto. [м.] см. aperitivo.
antepechado, da. [прил.] снабжённый перилой, подоконником.
antepecho. [м.] перила, балюстрада; подоконник; подгрудный ремень (сбруи), перекладина у ткацкого станка.
antepenúltimo, ma. [прил.] третий с конца.
anteponer. [перех.] ставить впереди; предпочитать, отдавать предпочтение; [непр. гл.] спрягается как poner.
anteporta, anteportada. [ж.] (полигр.) шмуцтитул.
anteposición. [ж.] дейст. по знач. ставить впереди; предпочтение.
anteproyecto. [м.] предварительный проект, эскизный проект.
antepuerta. [ж.] драпри (перед дверью); вторая дверь.
antepuerto. [м.] аванпорт, внешняя гавань, рейд.
antepuesto, ta. [непр. страд. прич.] к anteponer.
antequerano, na. [прил.] относящийся к Antequera; [м. и ж.] уроженец этого города.
antera. [ж.] (бот.) пыльник.
anteridio. [м.] (бот.) антеридий.
anterífero, ra. [прил.] (бот.) пыльниконосный.
anterior. [прил.] передний; предшествующий, предыдущий, прежний; прошедший, бывший, бывалый.
anterioridad. [ж.] предшествование: * con anterioridad, ранее, прежде.
anteriormente. [нареч.] ранее, в прошлом, прежде, до этого, раньше, перед тем.
antero, ra. [м. и ж.] мастер по изделиям из замши.
anteroideo, a. [прил.] пыльникообразный.
anterozoide. [м.] (бот.) антерозоид.
antes. [нареч.] раньше, до этого времени, прежде, за; лучше, скорее; предварительно, сначала; (употр. прил-ным) предыдущий, прошлый, прежний [союз] прежде чем, раньше чем: * cuanto antes, как можно скорее; * poco antes, недавно; * mucho antes, давно, гораздо раньше; * давно; * antes al contrario, скорее, напротив; * antes bien, напротив, * antes bien, напротив, наоборот; * como antes, по-прежнему; * antes de; раньше; * un mes antes, за месяц до того; * ocho días antes, за восемь дней; * antes de ayer, позавчера; * el día antes de, за день до; * antes de, прежде чем; до того, как; * antes de la guerra, до войны; * de antes, прежний; * antes que, скорее... чем, лучше... чем; как; * antes que empiece a llover, пока не пошёл

дождь; * antes morir, лучше умереть; * antes con antes, (разг.) как можно скорее.
antesacristía. [ж.] небольшое помещение перед входом в ризницу.
antesala. [ж.] аванзал, передняя, прихожая, приёмная: * hacer antesala, ждать приёма в приёмной.
antesalazo. [м.] (Амер.) долгое ожидание в приёмной.
antestatura. [ж.] импровизированная траншея, окоп.
antetecho. [м.] (Амер.) навес крыши.
antetemplo. [м.] паперть.
antetrén. [м.] передний ход плуга.
anteúltimo, ma. [прил.] предпоследний.
antevenir. [неперех.] приходить раньше; см. preceder; [непр. гл.] спрягается как venir.
antever. [перех.] заранее видеть; предвидеть; [непр. гл.] спрягается как ver.
antevíspera. [ж.] позавчерашний день: * la antevíspera..., за два дня до...
antevisto, ta. [непр. страд. прич.] к antever.
anti. [приставка] (обозначающая противоположность) анти, противо...; пред...
antia. [ж.] (ихтиол.) невкусная рыба.
antiácido, da. [прил.] противокислотный.
antiaditis. [ж.] (мед.) воспаление миндалин.
antiaéreo, a. [прил.] противовоздушный: зенитный: * refugio antiaéreo, бомбоубежище; * artillería antiaérea, зенитная артиллерия.
antiafrodisíaco, ca. [прил.] противопохотный.
antialcohólico, ca. [прил.] антиалкогольный, antiálgico, ca. [прил.] болеутоляющий.
antiaris. [м.] (бот.) анчар.
antiaristocrático, ca. [прил.] направленный против аристократии.
antiartístico, ca. [прил.] антихудожественный, нехудожественный.
antiartrítico, ca. [прил.] противодействующий подагре.
antiasfíctico, ca. [прил.] противодействующий асфиксии.
antiasmático, ca. [прил.] противодействующий астме.
antiasténico, ca. [прил.] укрепляющий.
antibactérico, ca. [прил.] противобактерийный, бактерицидный.
antibaquio. [м.] стопа из трёх слогов.
antibélico, ca. [прил.] антивоенный, антимилитаристский.
antibiótico, ca. [прил.] антибиотический; [множ.] (фарм.) антибиотики.
antibolchevismo. [м.] (неол.) антибольшевизм.
antibraquial. [прил.] (анат.) предплечевой.
antibrómico, ca. [прил.] предназначенный для борьбы с дурным запахом.
anticanceroso, sa. [прил.] (мед.) противораковый.
anticaño, ña. [прил.] (Амер.) древнейший.
anticatarral. [прил.] (мед.) противодействующий простуде.
anticátodo. [м.] (физ.) антикатод.
anticatólico, ca. [прил.] антикатолический.
anticausótico, ca. [прил.] противолихорадочный.
anticiclón. [м.] антициклон.
anticipación. [ж.] предварение; исполнение до срока; использование до срока; предрешение (вопроса); предпочтение; опережение; извещение (заранее): * con anticipación, до срока, досрочно; вперёд, заранее; заблаговременно.
anticipada. [ж.] неожиданная атака.
anticipadamente. [нареч.] раньше времени, до срока, вперёд, наперёд, досрочно, заблаговременно, предварительно, (обл.) (прост.) загодя.

anticipado, da. [страд. прич.] к anticipar; [прил.] преждевременный.
anticipamiento. [м.] см. anticipación.
anticipante. [дейст. прич.] к anticipar.
anticipar. [перех.] делать, выполнять раньше времени; предварять, предвосхищать (события); выплатить деньги до срока, авансировать, дать задаток; предупреждать; предпочитать; см. sobrepujar; предрешать (вопрос): * anticiparse. [возв. гл.] опережать; наступать, случаться, приходить раньше времени.
anticipo. [м.] см. anticipación; аванс, задаток, деньги, выдаваемые вперёд в счёт заработка, а также под отчёт: * entregar un anticipo, дать задаток; * hacer un anticipo, делать аванс; * amortizar un anticipo, погашать аванс.
anticlerical. [прил.] антиклерикальный; [м.] антиклерикал.
anticlericalismo. [м.] антиклерикализм.
anticlinal. [прил.] антиклинальный, [м.] антиклиналь.
anticloro. [м.] антихлор.
anticonstitucional. [прил.] противоконституционный.
anticolérico, ca. [прил.] (мед.) противохолерный.
anticomunismo. [м.] борьба против коммунизма, антикоммунизм.
anticomunista. [прил.] антикоммунистический; [м.] антикоммунист.
anticorrosivo, va. [прил.] (хим.) (тех.) антикоррозийный.
anticristianismo. [м.] движение против христианства.
anticristiano, na. [прил.] антихристианский, враждебный христианству.
anticristo. [м.] антихрист.
anticrítica. [ж.] ответная критика, ответ на критику.
anticuado, da. [страд. прич. к anticuar]; [прил.] устарелый, устаревший, вышедший из употребления, отживший.
anticuar. [перех.] считать устарелым, вышедшим из употребления: * anticuarse. [возв. гл.] устареть, становиться устарелым, выйти из употребления.
anticuaria. [ж.] антикварное дело (наука).
anticuario, ria. [м. и ж.] антиквар(ий).
anticuco, ca. [прил.] (Амер.) древнейший.
anticuerpo. [м.] (мед.) антитело.
antidáctilo. [м.] антидактиль.
antideportivo, va. [прил.] неспортивный, несогласный с правилами спорта.
antideslizante. [прил.] предохраняющий от буксования.
antidiftérico, ca. [прил.] (мед.) противодифтерийный.
antidiluviano, na. [прил.] (варв.) допотопный.
antidinámico, ca. [прил.] ослабляющий силу.
antidotario. [м.] фармакопея, рецептурная книга; место для противоядий и т. д.
antídoto. [м.] противоядие, антидот.
antieconómico, ca. [прил.] антиэкономический.
antiegoísmo. [м.] альтруизм.
antiemético, ca. [прил.] прекращающий рвоту.
antiepiléptico, ca. [прил.] противодействующий эпилепсии.
antier. [нареч.] (разг.) позавчера.
antiesclavista. [м. и ж.] сторонник (-ница) отмены рабства.
antiescorbútico, ca. [прил.] противоцинготный; [м.] противоцинготное средство.
antiespasmódico, ca. [прил.] антиспастический; [м.] антиспастическое средство.
antiestatal. [прил.] антигосударственный.
antiestrofa. [ж.] (рет.) антистрофа.

antievangélico, ca. [прил.] несогласный с духом евангелия.
antifármaco. [м.] противоядие.
antifascista. [прил.] антифашистский; [м. и ж.] антифашист (-ка).
antifaz. [м.] маска, полумаска.
antifebril. [прил.] (мед.) противолихорадочный, жаропонижающий.
antifebrina. [ж.] антифебрин.
antifecundativo, va. [прил.] противозачаточный.
antifermento. [м.] антифермент.
antifernales. [прил.] * bienes antifernales, имущество получаемое женою от мужа по брачному договору.
antifilosófico, ca. [прил.] противоречащий принципам философии.
antifímico, ca. [прил.] (мед.) противотуберкулёзный.
antiflogístico, ca. [прил.] противовоспалительный.
antífona. [ж.] (церк.) антифон.
antifonal, antifonario. [м.] (церк.) книга антифонов, осмигласник.
antifrasis. [ж.] (рет.) антифраза.
antifricción. [ж.] (тех.) антифрикционный сплав.
antigás. [прил.] противохимический, противогазовый.
antígeno. [м.] (мед.) антиген.
antigramatical. [прил.] несогласный с правилами грамматики.
antigualla. [ж.] что-л устаревшее, (чаще множ.) старьё, старинные вещи.
antiguamente. [нареч.] прежде, в старину, в глубокой древности, в былые времена.
antiguamiento. [м.] дейст. по знач. гл. antiguar(se).
antiguar. [перех.] см. anticuar; [неперех.] делаться заслуженным: * antiguarse. [возв. гл.] устареть, выйти из употребления.
antigubernamental. [прил.] противоправительственный.
antigüedad. [ж.] древность, античность; давность; старшинство (по службе); стаж, выслуга лет; произведение искусства древности, антик; [множ.] древности: * en la antigüedad, в глубокой древности; * tienda de antigüedades, антикварный магазин.
antiguo, gua. [прил.] античный, древний; старый, старомодный, старинный; былой, давний, давнишний, давнопрошедший; старый, заслуженный; [м. множ.] древние: * el mundo antiguo, античный мир; * arte antiguo, античное искусство; * estilo antiguo, античный стиль; * de antiguo, издревле, искони (уст.); * chapado a la antigua, старого закала.
antihelmíntico, ca. [прил.] глистогонный; [м.] глистогонное средство.
antihemorroidal. [прил.] противодействующий геморрою.
antihemorrágico, ca. [прил.] кровоостанавливающий.
antihidrofóbico, ca. [прил.] (мед.) антирабический.
antihigiénico, ca. [прил.] антигигиенический.
antihistérico, ca. [прил.] противодействующий истерии.
antihumanitario, ria. [прил.] негуманный, бесчеловечный.
antiimperialismo. [м.] движение против политики империализма.
antiimperialista. [прил.] антиимпериалистический; [м.] антиимпериалист.

antijudío, a. [прил.] антисемитский; [сущ.] антисемит (-ка).
antilegal. [прил.] противозаконный.
antiliberalismo. [м.] движение против политики либерализма.
antilísico, ca. [прил.] (мед.) см. antirábico.
antilisina. [ж.] антитела лизинов.
antilogaritmo. [м.] (мат.) антилогариф.
antilogía. [ж.] логическое противоречие.
antilógico, ca. [прил.] нелогичный.
antilogismo. [м.] (рет.) нелогичное выражение.
antiloímico, ca. [прил.] противочумный.
antílope. [м.] (зоол.) антилопа.
antillano, na. [прил.] антильский; [м.] уроженец Антильских островов.
antimarxista. [прил.] антимарксистский; [м.] антимарксист.
antimilitarismo. [м.] антимилитаризм.
antimilitarista. [прил.] антимилитаристический, антивоенный; [м.] антимилитарист.
antiministerial. [прил.] направленный против министерства или министров.
antimonárquico, ca. [прил.] антимонархический.
antimonial. [прил.] (хим.) сурьмяный, сурьмянистый, содержащий сурьму.
antimonífero, ra. [прил.] (мин.) сурьмяный, содержащий сурьму.
antimonilo. [м.] (хим.) антимонил.
antimonio. [м.] (хим.) сурьма, антимоний.
antimonita. [ж.] (мин.) антимонит.
antimoño. [м.] (Амер.) (прост.) см. antimonio.
antimoral. [прил.] антиморальный.
antinacional. [прил.] антинациональный.
antinatural. [прил.] противоестественный.
antinazi. [прил.] направленный против нацизма.
antinefrítico, ca. [прил.] противодействующий нефриту.
antineurálgico, ca. [прил.] противоневралгический.
antinomia. [ж.] (фил.) антиномия, противоречие.
antinómico, ca. [прил.] (фил.) противоречивый.
antipalúdico, ca. [прил.] противолихорадочный, противомалярийный.
antipapa. [м.] самозванный папа.
antipara. [ж.] ширма, экран; (арх.) наружный заслон у окна: * antiparas, [множ.] гамаши, гетры.
antiparasitario, ria. [прил.] уничтожающий паразитов (о порошке и т. д.).
antiparásito, ta. [прил.] (радио) противопомеховый.
antiparero. [м.] солдат носящий antiparas (род гетр).
antiparlamentario, ria. [прил.] антипарламентский.
antiparlamentarismo. [м.] антипарламентаризм.
antiparras. [ж. множ.] (разг.) очки, консервы (защитные очки).
antiparte. [нареч.] (обл.) отдельно; в стороне, поодаль; вне от.
antipatía. [ж.] антипатия, неприязнь, неприязненное чувство: * tener antipatía a, sentir antipatía por, питать антипатию к кому-л.; невзлюбить кого-л.; * antipatía por, нерасположение к кому-л.
antipático, ca. [прил.] антипатичный, несимпатичный.
antipatinador. [м.] предохраняющий от буксования.

antipatizar. [неперех.] (Амер.) (con) чувствовать или питать антипатию к кому-л.
antipatriota. [м. и ж.] антипатриотический человек.
antipatriótico, ca. [прил.] антипатриотический.
antipedagógico, ca. [прил.] антипедагогический, антипедагогичный.
antiperistalsis. [ж.] (физиол.) антиперистальтика.
antiperistáltico, ca. [прил.] (физиол.) антиперистальтический.
antipestilencial. [прил.] противочумный.
antipestoso, sa. [прил.] см. antipestilencial.
antipirético, ca. [прил.] жаропонижающий, противолихорадочный.
antipirina. [ж.] (фарм.) антипирин.
antipiromanía. [ж.] болезненное пристрастие к антипирину.
antípoda. [м.] (прям.) (перен.) антипод.
antipoético, ca. [прил.] непоэтический.
antipolítico, ca. [прил.] политически вредный; см. impolítico.
antipopular. [прил.] антинародный.
antiprohibicionista. [прил.] направленный против запретительной системы.
antiproteccionista. [прил.] направленный против протекционизма.
antipsórico, ca. [прил.] противодействующий чесотке.
atiptosis. [ж.] (грам.) употребление одного падежа вместо другого.
antipútrido, da. [прил.] противогнилостный.
antiquiro. [м.] большой палец.
antiquísimo. [прил. прев. степ.] к antiguo; древнейший.
antiquismo. [м.] архаизм; см. arcaísmo.
antiquista. [м. и ж.] архаист; см. arcaísta.
antirrábico, ca. [прил.] (мед.) предупреждающий бешенство.
antirreglamentariamente. [нареч.] несогласно с регламентом.
antirreglamentario, ria. [прил.] несогласный с регламентом.
antirreligioso, sa. [прил.] антирелигиозный.
antirrepublicano, na. [прил.] противореспубликанский.
antirreumático, ca. [прил.] противодействующий ревматизму, противоревматический.
antirrevolucionario, ria. [прил.] контрреволюционный; [м. и ж.] контрреволюционер (-ка).
antiscio, cia. [прил.] см. anteco.
antisemita. [прил.] антисемитский; [м. и ж.] антисемит (-ка).
antisemítico, ca. [прил.] антисемитский.
antisemitismo. [м.] антисемитизм.
antisepsia. [ж.] антисептика.
antiséptico, ca. [прил.] антисептический; [м.] антисептическое средство.
antisifilítico, ca. [прил.] противодействующий сифилису.
antisocial. [прил.] антисоциальный, антиобщественный.
antisocialista. [прил.] направленный против социализма.
antisoviético, ca. [прил.] (неол.) антисоветский.
antistrofa. [ж.] антистрофа.
antisudoral, ca. [прил.] (мед.) противопотогонный.
antisudorífico, ca. [прил.] см. antisudoral.
antitanque. [прил.] (воен.) противотанковый: * cañón antitanque, противотанковая пушка; * mina antitanque, противотанковая мина.
antítesis. [ж.] антитеза, противопоставление.
antitetánico, ca. [прил.] (мед.) противостолбнячный.

antitético, ca. [прил.] антитетический, содержащий антитезу; противоположный.
antitífico, ca. [прил.] (мед.) противотифозный.
antitísico, ca. [прил.] (мед.) противотуберкулёзный.
antitóxico, ca. [прил.] (мед.) антитоксический.
antitoxina. [ж.] (мед.) антитоксин.
antitrago. [м.] (анат.) противокозелок ушной раковины.
antituberculoso, sa. [прил.] (мед.) антитуберкулёзный.
antivenenoso, sa. [прил.] служащий противоядием.
antivenéreo, rea. [прил.] противодействующий венерическим болезням.
antiverminoso, sa. [прил.] (мед.) глистогонный.
antizímico, ca. [прил.] задерживающий брожение.
antófago, ga. [прил.] питающийся цветами.
antofitas. [ж. множ.] (бот.) цветковые.
antóforo, ra. [прил.] цветоносный.
antoideo, a. [прил.] цветковидный.
antojadizamente. [нареч.] своенравно, капризно.
antojadizo, za. [прил.] своенравный, капризный, прихотливый.
antojado, da. [прил.] желающий (о капризном человеке); (арг.) в кандалах.
antojarse. [возв. гл.] страстно желать (из прихоти), иметь сильное желание, прихоть; вздуматься, взбрести в голову; считать, думать, пологать. (примечание. только употр. 3 л. с мест. me, te, se, nos и т. д.): *se me antoja, хочется (мне) мне кажется.
antojera. [ж.] см. anteojera.
antojo. [м.] страстное желание (мимолётное); предчувствие; причуда, прихоть, блажь, каприз, затея, фантазия, мимолётное желание, фокус (чаще множ.); (разг.) желание беременной женщины; [множ.] прихоты; родинки, родимые пятна; (арг.) кандалы.
atojuelo. [м. умен.] к antojo.
antolar. [м.] (Амер.) прошивка.
antología. [ж.] хрестоматия, антология; сборник стихов.
antológico, ca. [прил.] антологический.
antólogo, ga. [м. и ж.] автор антологии.
antomanía. [ж.] пристрастие к цветам.
antónimo, ma. [прил.] с противоположным по отношению к другому слову значением (о слове); [м.] антоним.
antonomasia. [ж.] (риторическая фигура) антономазия: * por antonomasia, по преимуществу.
antonomástico, ca. [прил.] к антономазия.
antor. [м.] (обл.) продавец украденной вещи.
antorcha. [ж.] факел; (перен.) светоч.
antorchar. [перех.] см. entorchar.
antorchera. [ж.] (обл.) см. antorchero.
antorchero. [м.] подставка для больших восковых свечей.
antorismo. [м.] (ритор.) определение.
antraceno. [м.] (хим.) антрацен.
antrácico, ca. [прил.] карбункулёзный.
antracífero, ra. [прил.] содержащий антрацит.
antracina. [ж.] (пат.) род ракового карбункула; см. antraceno.
antracita. [ж.] антрацит, лучший сорт каменного угля.
antracítico, ca. [прил.] антрацитовый.
antracitoso, sa. [прил.] (геол.) содержащий антрацит.
antracoide. [прил.] (пат.) похожий на карбункул.

antracosis. [ж.] (пат.) болезнь, вызываемая угольной пылью.
antral. [прил.] (анат.) полостной.
antrax. [м.] (мед.) карбункул.
antritis. [ж.] (пат.) воспаление слизистой оболочки гайморовой полости.
antro. [м.] пещера, грот, притон; (анат.) полость.
antrocele. [м.] (пат.) скопление жидкости в гайморовой полости.
antropocéntrico, ca. [прил.] к антропоцентризм.
antropocentrismo. [м.] антропоцентризм.
antropofagia. [ж.] антропофагия, людоедство, каннибализм.
antropófago, ga. [прил.] людоедский; [м. и ж.] людоед, антропофаг, каннибал.
antropofilia. [ж.] филантропия.
antropófilo, la. [прил.] филантропический; [м.] филантроп.
antropofobia. [ж.] мизантропия, антропофобия.
antropófobo, ba. [прил.] мизантропический; [м.] мизантроп.
antropofonía. [ж.] наука о человеческом голосе.
antropogénesis. [ж.] антропогенез.
antropogenia. [ж.] см. antropogénesis.
antropogénico, ca. [прил.] к антропогенез.
antropografía. [ж.] антропография.
antropográfico, ca. [прил.] к антропография.
antropógrafo, fa. [м. и ж.] специалист по антропографии.
antropoide(o). [м.] человекообразный (об обезьянах).
antropolatría. [ж.] религиозное поклонение человеку.
antropolito. [м.] ископаемые остатки человека.
antropología. [ж.] антропология, наука о биологической природе человека.
antropológico, ca. [прил.] антропологический.
antropólogo, ga. [м. и ж.] антрополог, специалист по антропологии.
antropomancia. [ж.] гадание по внутренностям человека.
antrómetra. [м.] специалист по антропометрии.
antropometría. [ж.] антропометрия.
antropométrico, ca. [прил.] антропометрический.
antropómetro. [м.] антропометр.
antropomórfico, ca. [прил.] антропоморфический.
antropomorfismo. [м.] антропоморфизм.
antropomorfo, fa. [прил.] антропоморфный; человекообразный (о обезьянах).
antropomorfología. [ж.] антропоморфология.
antropopatía. [ж.] наука о свойствах человеческих.
antropopiteco. [м.] антропопитек, ископаемый человек.
antroposociología. [ж.] антропосоциология.
antroposofía. [ж.] антропософия.
antroposófico, ca. [прил.] антропософский.
antropósofo, fa. [м. и ж.] антропософ (-ка); см. filósofo.
antruejada. [ж.] гротескная шутка.
antruejar. [перех.] мистифицировать кого-л (на масленице).
antruejo. [м.] масленица.
antuerpia. [прил.] (Амер.) очень неловкий (о человеке).
antuerpiense. [прил.] относящийся к Антверпену; [м. и ж.] уроженец или житель этого города.
antuviada. [ж.] (разг.) внезапный, нечаянный удар.
antuviar. [перех.] (разг.) нанести внезапный удар.
antuvión. [м.] (разг.) неожиданный удар или неожиданное событие; (перен.) тот, кто наносит неожиданный, внезапный удар: * de **antuvión**, (разг.) неожиданно, вдруг.
antuzano. [м.] (обл.) крыльцо или небольшая площадь перед входом в здание.
anual. [прил.] годовой, ежегодный, годичный; (уст.) каждогодний: * plan **anual**, годовой план.
anualidad. [ж.] годичный срок; годовой доход; годовой взнос.
anualmente. [нареч.] ежегодно, в год.
anuario. [м.] годовой обзор; справочник; ежегодник; телефонная книга; табель-календарь.
anúbada. [м.] см. **anúteba**.
anubado, da; anubarrado, da. [страд. прич. к **anubarrar**] (поэт.) покрытый тучами, облачный; (перен.) муаровый.
anubarse. [возв. гл.] (обл.) см. **anublarse**.
anublado, da. [страд. прич.] к **anublar**; [прил.] (арг.) слепой.
anublar. [перех.] покрывать, заволакивать тучами; (перен.) омрачать, помрачать; затмевать; вызывать увядание; делать тусклым, мутным; заглушать, глушить (растения); (арг.) прятать, скрывать; * **anublarse**. [возв. гл.] покрываться, заволакиваться тучами; (перен.) темнеть; вянуть, блёкнуть, увядать; (перен.) исчезнуть.
anublo. [м.] см. **añublo**.
anucleado, da. [прил.] лишённый ядра.
anudador, ra. [прил.] завязывающий узлом.
anudadura. [ж.] завязывание (узлом).
anudamiento. [м.] см. **anudadura**.
anudar. [перех.] связывать, завязывать узлом, завязывать узел; (перех.) завязывать, соединять; устанавливать связь; продолжать (о прерванном работе и т. д.): * **anudarse**. [возв. гл.] переставать расти, становиться рахитичным.
anudrirse. [возв. гл.] (обл.) изнуряться, чахнуть.
anuencia. [ж.] согласие.
anuente. [прил.] соглашающийся.
anuir. [неперех.] соглашаться, одобрять.
anulabilidad. [ж.] свойство по знач. отменимый.
anulable. [прил.] отменимый.
anulación. [ж.] отмена, уничтожение, аннулирование; упразднение (закона и т. д.); (юр.) кассация.
anulador, ra. [прил.] отменяющий, упраздняющий, аннулирующий.
anular. [прил.] кольцеобразный, кольцевой; * dedo **anular**, безымянный палец; * isla **anular**, атолл.
anular. [перех.] отменять, аннулировать; не засчитывать (прыжок и т. д.); (юр.) кассировать; объявлять недействительным; (юр.) расторгать, аннулировать (акт, договор); упразднять (закон); отменять приказание, заказ; (перен.) (юр.) объявлять неправомочным, лишать власти; * **anularse**. [возв. гл.] унижаться.
anulativo, va. [прил.] отменяющий, аннулирующий; кассирующий.
ánulo. [м.] (арг.) колечко.
anuloso, sa. [прил.] составленный из колец; см. **anular**.
anunciación. [ж.] объявление, извещение; (рел.) благовещение (церк. праздник).
anunciador, ra. [прил. и сущ.] объявляющий; предвещающий, предсказывающий; [м. и ж.] предвестник, предвозвестник (-ица).
anunciante. [действ. прич.] к **anunciar**; объявляющий; ведущий программу (в театре и т. д.); [м.] клиент, печатающий свои объявления (в определённой газете).
anunciar. [перех.] объявлять; извещать, уведомлять; докладывать, возвещать; анонсировать; предвещать, предсказывать, пророчествовать.
anuncio. [м.] объявление, извещение, сообщение, уведомление; афиша, плакат, реклама; анонс; предвестие, предзнаменование, признак: * **anuncio luminoso**, световая реклама; * **anuncio publicitario**, реклама.
anuo, nua. [прил.] (юр.) годовой, годичный.
aneuresis, anuria. [ж.] (мед.) анурия.
anúrico, ca. [прил.] (мед.) относящийся к анурии.
anuro, ra. [прил.] бесхвостый; [множ.] (зоол.) бесхвостые.
anusep. [м.] филиппинское дерево.
anúteba. [ж.] призыв к войне.
anutrimentar. [перех.] питать, кормить.
anverso. [м.] лицевая сторона монеты или медали.
anzar. [м.] (в Марокко) источник, родник, ключ.
anzolado, da. [прил.] имеющий форму рыболовного крючка; снабженный рыболовными крючками.
anzolero. [м.] торговец рыболовными крючками или мастер по выделке рыболовных крючков.
anzuelo. [м.] рыболовный крючок; (перен.) (разг.) приманка; удочка: * picar en el **anzuelo**, (перен.) (разг.) попасться на удочку; клюнуть; * acción de picar en el **anzuelo**, жор; * cebar el **anzuelo**, насаживать на крючок; * plomo del **anzuelo**, грузило; * tragar el **anzuelo**, см. picar en el **anzuelo**.
aña. [ж.] (обл.) кормилица.
aña. [ж.] см. **añas**; (Амер.) (миф.) злой дух, дьявол.
añacalero. [м.] (обл.) подручный каменщика, подносчик (кирпича).
añada. [ж.] земельный участок под паром; годовая погода.
añadido, da. [страд. прич.] к **añadir**; [м.] накладка (из волос); вставка в корректуру и т. д.).
añadidura. [ж.] прибавление, добавление, дополнение, добавка, прибавка, наставка, надставка, наддача, надбавка, набавка: * por **añadidura**, к тому же, вдобавок, не в зачет.
añadir. [перех.] прибавлять, присоединять, добавлять, надбавлять, набавлять, докладывать, надставлять, доливать, досыпать; дополнять, увеличивать, расширять.
añafe. [ж.] (Амер.) см. **añafea**.
añafea. [ж.] обёрточная серая бумага.
añafil. [м.] сорт мавританской трубы; человек, играющий на **añafil**.
añafilero. [м.] человек, играющий на **añafil**.
añagaza. [ж.] манок; (перен.) приманка; хитрость.
añaje. [м.] (Амер.) вид, выражение лица.
añal. [прил.] см. **anual**; годовалый (о скоте).
añalejo. [м.] (церк.) требник.
añangotarse. [возв. гл.] (Амер.) съёживаться, скорчиваться, сжиматься всем телом.
¡añañay! [межд.] выражающее одобрение.
añapanco. [м.] (Амер.) маленький, круглый кактус.
añares. [м. множ.] (Амер.) годы (года).

añas. [ж.] (зоол.) (Амер.) род перуанской лисы.

añascar. [перех.] (разг.) копить незначительные предметы; запутывать.

añasco. [м.] путаница.

añasco. [м.] (Амер.) (зоол.) вонючка.

añejamiento. [м.] постарение; изменение (под влиянием времени); выдерживание в течение определённого времени (вина и т. д.).

añejar. [перех.] старить; выдерживать в течение определённого времени (о вине и т. д.); * añejarse. [возв. гл.] становиться выдержанным (о вине и т. д.); изменяться (под действием времени).

añejo, ja. [прил.] старый, многолетний; выдержанный (о вине); (разг.) (перен.) устаревший; * vino añejo, выдержанное вино.

añero, ra. [прил.] (Амер.) (бот.) см. vecero.

añicos. [м. множ.] осколки, куски; * hacer añicos, (разг.) разбить на куски; * hacerse añicos, (разг.) ломаться; * hacerse uno añicos, (перен.) (разг.) добиться.

añil. [м.] (бот.) индиго (растение, краска); (Амер.) рыба, похожая на сардину.

añilal, añilar. [м.] плантация индиго.

añilar. [перех.] красить краской индиго.

añinero. [м.] продавец или специалист по дублению шкур годовалых ягнят.

añino, na. [прил.] годовалый (о ягнёнке); [м.] годовалый ягнёнок; [множ.] шкуры годовалых ягнят; ягнячья шерсть.

año. [м.] год; годичный период; [множ.] возраст; * año académico, академический год; * año escolar, учебный год; * año económico, бюджетный год; * año astronómico, астрономический год; * año solar, солнечный год; * año bisiesto, високосный год; * año sideral (sidéreo), звёздный год; * año nuevo, новый год; * año pasado, прошлый год; * año en curso, текущий год; * de año en año, из года в год; * año fértil, урожайный год; * año de mala cosecha, неурожайный год; * todo el año, круглый год; * en el año próximo, в будущем году; * hace un año, год тому назад; * el año que comienza, наступающий год; * al cabo de un año, по прошествии года, через год; * año nuevo, первый день нового года; * una vez al año, один раз в год; * todos los años, ежегодно, каждый год; * ¿cuántos años tiene (él)?, который ему год; * en lo que va del año, за истекшие месяцы года; * con los años, с годами, с течением времени; * año nuevo, vida nueva, с новым годом, с новым счастьем; * felicitar el año nuevo, поздравлять с Новым годом; * ¡feliz Año Nuevo!, с Новым годом; * celebrar los años, праздновать день рождения; * en mis (tus и т. д.) años jóvenes, в молодости; * el peso de los años, бремя лет, старость; * entrado en años, в годах, пожилой; * quitarse años, молодиться, убавлять себе годы; * estar de buen año, быть упитанным, полным; * un año con otro, в среднем (считая хорошие и дурные годы); * año de nieves, año de bienes, (разг.) снежный год-урожайный год, будет снег, будет и хлеб; * no hay quince años feos, молодость всегда прекрасна; * sacar el vientre de mal año, (разг.) набить желудок пищей, съесть больше, чем всегда; * año de la nana, годовая панихида.

año. [м.] (обл.) ягнёночек.

añojal. [м.] (с.-х.) пар, поле под паром.

añojo, ja. [м. и х.] годовалый бычок или ягнёнок.

año-luz. (астр.) световой год.

añoñar. [перех.] (Амер.) ласкать, льстить, расхваливать.

añoranza. [ж.] тоска (по ком-чем).

añorar. [перех.] (за)тосковать по..

añoso, sa. [прил.] многолетний, старый.

añublado, da. [страд. прич. к añublar]; [прил.] (арг.) слепой.

añublar. [перех.] см. anublar; (арг.) прятать, скрывать.

añublo. [м.] (бот.) ржавчина; спорынья; головня.

añudador, ra. [прил.] см. anudador.

añudar. [перех.] завязывать узлом; см. anudar.

añusgar. [неперех.] подавиться; * añusgarse. [возв. гл.] сердиться, раздражаться.

aojada. [ж.] (Амер.) слуховое окно.

aojador, ra. [прил.] приносящий несчастье дурным глазом; [сущ.] колдун, (-ья).

aojadura. [ж.] aojamiento. [м.] см. aojo.

aojar. [перех.] сглазить, повредить кому-л дурным глазом, недоброжелательным взглядом; (перен.) приносить несчастье.

aojo. [м.] сглаз.

aojusgar. [неперех.] давиться (при глотании застрявшего в горле куска).

Aónides. [ж. множ.] Музы.

aonio, nia. [м. и ж.] (также прил.) беотиец, беотийка, житель (-ница) древней Беотии; принадлежащий музам.

aonixo, xa. [прил.] (обл.) лишённый ногтей.

aorístico, ca. [прил.] аористический.

aoristo. [м.] (грам.) аорист.

aorta. [ж.] (анат.) аорта, главная, самая крупная артерия.

aortacia, aortactia. [ж.] (пат.) узость аорты.

aortectasis. [ж.] (пат.) растяжение аорты.

aórtico, ca. [прил.] аортальный.

aortitis. [ж.] (пат.) аортит, воспаление аорты.

aósmico, ca. [прил.] не пахнувший.

aoto, ta. [прил.] (зоол.) лишённый ушей.

aovado, da. [прил.] яйцеобразный, яйцевидный, овальный.

aovar. [перех.] нести яйца, нестись, класть яйца.

aovillar. [перех.] сматывать в клубок; * aovillarse. [возв. гл.] сматываться, свёртываться в клубок, сворачиваться клубком.

apa. [нареч.] (Амер.) на спине, на плечах.

apabilado, da. [страд. прич.] к apabilar; [прил.] (обл.) павший духом.

apabilar. [перех.] поправлять фитиль; (обл.) вызывать головокружение и т. д. (о сильных, неприятных запахах); * apabilarse. [возв. гл.] чахнуть, хиреть, ослабевать, изнемогать.

apabullamiento. [м.] см. apabullo.

apabullar. [перех.] (разг.) раздавить; затыкать рот, заставить молчать.

apabullo. [м.] (разг.) раздавливание; дейст. по знач. затыкать рот, заставить молчать.

apacentadero. [м.] пастбище, выгон, выпас.

apacentador, ra. [прил.] пасущий; пастух (-шка), гуртобщик.

apacentamiento. [м.] пастьба; подножный корм.

apacentar. [перех.] пасти на выгоне, на пастбище; кормить скот; (перен.) обучать; просвещать; учить, наставлять; разжигать (страсть и т. д.); * apacentarse, [возв. гл.] пастись; [непр. гл.] спрягается как acertar.

apacibilidad. [ж.] кротость, мягкость, благодушие, добродушие, приветливость; мирность, безмятежность; спокойствие;

* apacibilidad del clima, умеренность климата.

apacibilísimo, ma. [прил. непр. превос. степ.] к apacible.

apacible. [прил.] спокойный, кроткий, смирный, добродушный, благодушный, тихий, мирный; безмятежный, невозмутимый; ясный (о небе, погоде).

apaciblemente. [нареч.] мирно, тихо; безмятежно.

apaciguador, ra. [прил.] умиротворяющий; миротворный (уст.); [сущ.] умиротворитель (-ница), миротворец.

apaciguamiento. [м.] успокоение, смягчение; умиротворение; замирение; примирение.

apaciguar. [перех.] умиротворять, усмирять; успокаивать; смягчать, унимать, ослаблять, уменьшать (боль, гнев и т. д.); * apaciguarse. [возв. гл.] затихать; успокаиваться; перестать сердиться.

apacorral. [м.] (Амер.) гигантское дерево, древесная кора которого употребляется противолихорадочным средством.

apachar. [перех.] (Амер.) (прост.) раздавливать; см. despachurrar.

apache. [м.] апаш, хулиган, вор; индеец-апаш; [прил.] принадлежащий к этим индейцам.

apachetero. [м.] (Амер.) вор, бандит, разбойник.

apacheta. [ж.] (Амер.) груда камней, насыпаемая индейцами на плоскогорьях Анд по религиозным обычаям.

apáchico. [м.] (Амер.) кипа, тюк, свёрток, узел.

apachugarse. [возв. гл.] (Амер.) прижаться к земле; см. alebrarse.

apachurrado, da. [прил.] (прост.) (Амер.) коренастый, приземистый; см. achaparrado.

apachurrar. [перех.] см. despachurrar.

apadrinador, ra. [прил. и сущ.] покровительственный, защищающий; покровитель (-ница), защитник (-ица); крёстный отец; шеф; свидетель, секундант.

apadrinamiento. [м.] дейст. по знач. гл. apadrinar.

apadrinar. [перех.] участвовать в обряде крещения кого-л в роли духовного отца или матери (крёстного отца, крёстной матери); сопровождать в качестве секунданта, свидетеля; защищать, покровительствовать; шефствовать, брать, взять шефство над...

apagable. [прил.] могущий быть погашенным.

apagadizo, za. [прил.] легко гаснущий; не поддающийся действию огня, огнестойкий.

apagado, da. [страд. прич. к apagar]; [прил.] угасший, безжизненный, потускневший, мутный (о взгляде и т. д.); бесцветный, тусклый, вялый, неяркий; безжизненный (о человеке); приглушённый, заглушённый (о звуке); малосильный; робкий.

apagador, ra. [прил.] гасящий; [сущ.] гасильщик (-ица); гаситель, гасильник (для свечей); (муз.) модератор.

apagafuegos. [м.] огнетушитель.

apagaincendios. [м.] (мор.) брандспойт, пожарный насос.

apagamiento. [м.] тушение, гашение; потухание, угасание, затухание; приглушение; смягчение; утоление; выключение (света).

apagapenol. [м.] (мор.) нок-гордень.

apagar. [перех.] тушить, гасить; задувать, гасить (известь); приглушать (звук); смягчать (краски); понижать (голос); (перен.) умерять, заглушать, подавлять, утолять, успокаивать (жажду); выклю-

чать (свет); подавлять артиллерийским огнём батарею противника: *apagarse. [возв. гл.] гаснуть, тухнуть, переставать гореть, догорать; молкнуть, замирать, (о звуках); затухать, тускнеть, угасать (о взоре); умирать; *apagar a soplos, фукнуть; *¡apaga y vámonos!, (разг.) хватит!.
apagavelas. [м.] гасильник (для свечей).
apagma. [ж.] перелом, вывих, смещение кости в суставе.
apagón, na. [прил.] (Амер.) трудно поддающийся действию огня; [м.] случайное и внезапное выключение света.
apagoso, sa. [прил.] (Амер.) легко гаснущий.
apagullar. [перех.] (разг.) см. abatullar; наносить удар кому-л (неожиданно).
apainelado. [прил.] (арх.) низкий (о своде).
apaisado, da. [прил.] продолговатый, вытянутый в ширину.
apaisanarse. [возв. гл.] (Амер.) усваивать крестьянские манеры.
apaisar. [перех.] придавать вытянутую в ширину форму.
apajarado, da. [прил.] (Амер.) ветреный, легкомысленный.
apalabrador, ra. [прил.] назначающий деловое свидание; договаривающийся.
apalabramiento. [м.] назначение делового свидания; договор, соглашение (устное).
apalabrar. [перех.] назначать деловое свидание; договариваться, приходить к соглашению после переговоров.
apalabrear. [перех.] (Амер.) (вулг.) см. apalabrar.
apalachina. [ж.] садовое деревце.
apalancamiento. [м.] поднимание с помощью рычага.
apalancar. [перех.] поднимать или двигать с помощью рычага.
apalastrarse. [возв. гл.] (Амер.) истощаться; падать в обморок.
apaleador, ra. [прил.] ударяющий, избивающий палкой; выколачивающий пыль палкой или прутом (также сущ.): *apaleador de sardinas, (арг.) каторжник, приговорённый к галерам.
apalear. [перех.] бить или колотить палкой; (разг.) накостылять; выколачивать пыль палкой или прутом.
apalear. [перех.] (с.-х.) веять, ворошить зерно лопатой; см. varear: (él) apalea el dinero, у него денег куры не клюют.
apalearse. [возв. гл.] (Амер.) пить (глотками).
apaleo. [м.] (с.-х.) веяние зерна лопатой.
apalpar. [перех.] см. palpar.
apampar. [перех.] (Амер.) обманывать, обольщать: *apamparse. [возв. гл.] (Амер.) етрамрарse.
apanado, da. [прил.] (Амер.) см. panado.
apanalado, da. [прил.] сотовидный.
apanar. [перех.] (Амер.) (прост.) см. empanar.
apancle. [м.] (Амер.) водопроводная труба.
apancora. [ж.] (Амер.) чилийский краб.
apandar. [неперех.] (разг.) захватить что-л у кого-л, похищать, присвоить, стащить.
apandillamiento. [м.] организация союза, шайки, клики, компании; см. pandillaje.
apandillar. [перех.] организовывать союз, банду, шайку, клику, компанию (арг.) плутовать (в игре).
apandorgarse. [возв. гл.] (Амер.) толстеть (о женщинах); см. apoltronarse.
apangado, da. [страд. прич.] к apangarse. [прил.] (Амер.) глупый, дурашливый.
apangalarse. [возв. гл.] (Амер.) одуреть.
apanguarse. [возв. гл.] (Амер.) пригибаться, склоняться к низу, к земле, вниз.

apaniaguado, da. [прил.] см. paniguado.
apaniaguarse. [возв. гл.] (Амер.) сговариваться.
apaninarse. [возв. гл.] (Амер.) акклиматизироваться, свыкаться с новой средой.
apanojado, da. [прил.] имеющий форму початка.
apantallado, da. [страд. прич.] к apantallar; [прил.] глупый, простоватый, придурковатый.
apantallar. [перех.] (Амер.) удивлять, поражать, изумлять, ослеплять (перен.).
apantanador, ra. [прил.] затопляющий водой, превращающий в болото, заболачивающий.
apantanamiento. [м.] превращение в болото, заболачивание.
apantanar. [перех.] превращать в болото, заболачивать; затоплять водой: *apantanarse. [возв. гл.] заболачиваться.
apante. [м.] (Амер.) орошаемая земля.
apantle. [м.] (Амер.) оросительный канал; водопроводная труба.
apantomancia. [ж.] гадание по предметам нечаянно представляющимся.
apantropía. [ж.] (пат.) болезненное пристрастие к одиночеству.
apántropo, pa. [прил.] (пат.) страдающий болезненным пристрастием к одиночеству.
apantuflado, da. [прил.] имеющий форму туфли (без задника и каблука).
apanzaburrado, da. [страд. прич.] к apanzaburrarse; [прил.] тёмно-серый (о небе).
apanzaburrarse. [возв. гл.] покрываться тучами и становиться тёмно-серым (о небе).
apañacuencos. [м.] (разг.) (обл.) см. lañador.
apañado, da. [прил.] похожий на сукно.
apañar. [страд. прич.] к apañar; [прил.] искусный, ловкий, умелый, изворотливый, предприимчивый; (разг.) способный, пригодный к, подходящий.
apañador, ra. [прил.] захватывающий, берущий; [м.] тот, кто собирает людей, чтобы обращаться к ним с речью.
apañadura. [ж.] дейст. по знач. гл. apañar; починка, приведение в порядок, выделка.
apañarse. [возв. гл.] (Амер.) приютиться.
apañamiento. [м.] см. apañadura.
apañar. [перех.] брать руками; захватывать, брать; собирать и прятать; незаконно захватить, завладеть, присваивать; красть, приводить в порядок, наряжать, украшать, убирать; (разг.) укутывать, покрывать, закутывать (одеждой); (обл.) (разг.) чинить, латать, штопать: *apañarse. [возв. гл.] (разг.) наловчиться, улучать момент, ухитриться, воспользоваться ловко справляться с делом.
apaño. [м.] см. apañadura; (разг.) починка; (разг.) заплатка; (разг.) ловкость, сноровка, проворство; (разг.) наложница, любовница, любовник.
apañuscador, ra. [прил.] (разг.) комкающий, мнущий.
apañuscar. [перех.] комкать, мять, измять; незаконно захватить, завладеть, присваивать; красть, (Амер.) (вар.) сжимать; см. apiñar.
apapachar. [перех.] (Амер.) ласково гладить, ласкать.
apapagallado, da. [прил.] похожий на попугая (преимущ. о носе).
apapizar. [перех.] (обл.) см. empapuzar.
aparador. [сущ.] заготовщик (обуви); [м.] буфет, шкаф (для посуды); поставец (род буфета) (уст.); стол или консоль у алтаря; мастерская (художника); см.

escaparate; (обл.) см. vasar; (Амер.) (вар.) угощение: *estar de aparador, (разг.) наряжаться в ожидании гостей (о женщине).
aparar. [перех.] подставлять руки, подол и т. д. чтобы получать или принимать что-л; (с.-х.) вторично окучивать и т. д.; передавать из рук в руки; делать заготовки (обуви); приготовлять, подготовлять; украшать; выравнивать (теслом).
aparasolado, da. [прил.] зонтообразный; (бот.) зонтичный.
aparatarse. [возв. гл.] нарядно одеваться, наряжаться; (Амер.) покрываться тучами, собираться (о дожде, снеге и т. д.); см. adornarse.
aparatero, ra. [прил.] (Амер.) (обл.) см. aparatoso.
aparato. [м.] приготовления, сборы, набор инструментов, приспособления, принадлежности; торжественность, великолепие, помпа, пышность, выставление напоказ; аппарат, прибор, механизм, приспособление; (мед.) совокупность признаков тяжелой болезни; (хир.) бандаж; повязка; (физиол.) аппарат, совокупность органов, выполняющих какую-л особую функцию организма; (перен.) аппарат; (разг.) телефон; самолёт; [множ.] аппаратура: *aparato fotográfico, фотографический аппарат; *aparato receptor, приёмник; *aparato digestivo, пищеварительный аппарат; *aparato administrativo, административный аппарат.
aparatosamente. [нареч.] театрально.
aparatosidad. [ж.] (Амер.) роскошь, пышность.
aparatoso, sa. [прил.] роскошный, пышный, торжественный, великолепный; напускной, деланый; театральный, показной, ходульный, эффектный, сенсационный.
aparcar. [перех.] располагать лагерем (о артиллерии); ставить, помещать в парк; ставить на стоянку.
aparcería. [ж.] товарищество, общество; испольщина, испольничество.
aparcero, ra. [прил.] член товарищества, общества; совладелец; испольщик; (уст.) участник, компаньон.
apareamiento. [м.] соединение попарно; спаривание, случка.
aparear. [перех.] подбирать под пару; спаривать, соединять, класть в пару; совокуплять, случать, спаривать: *aparearse. [возв. гл.] становиться парами.
aparecer. [неперех.] появляться, показываться; оказываться, заводиться; виднеться; мелькать: *aparecer entre sueños, (прис)ниться; [непр. гл.] спрягается как agradecer.
aparecido, da. [сущ.] привидение, призрак умершего; (Амер.) очень красивая птичка.
aparecimiento. [м.] появление, явление.
aparejadamente. [нареч.] способно, надлежащим образом.
aparejado, da. [прил.] способный к, пригодный, соразмерный; подготовленный, приготовленный; оборудованный, оснащённый; (мор.) готовый к отплытию: *traer aparejado, иметь следствием.
aparejador, ra. [прил.] приготовляющий, устраивающий и т. д. (тже. сущ.); [м.] десятник (на строительстве).
aparejar. [перех.] приготовлять, подготовлять, готовить; устраивать; надевать

упряжь, сбрую, вьючное седло, седлать, запрягать; (мор.) оснащать; вооружать (парусами и т. д.); (жив.) грунтовать; см. imprimar.

aparejería. [ж.] (Амер.) седельная, шорная мастерская или лавка.

aparejo. [м.] приготовление, подготовка; налаживание; конское снаряжение, сбруя, упряжь; (жив.) грунтовка; (мор.) оснастка, снасти, такелаж; система блоков, полиспаст, тали, таль; (тех.) апертура; [множ.] принадлежности, орудия, инструменты: * aparejo diferencial, таль, тали; * maniobrar un aparejo, поднимать на талях; * aparejo para la pesca de sollos y otros peces carnívoros, жерлица.

aparejuelo. [м. умен.] к aparejo.

aparencial. [прил.] (фил.) кажущийся, имеющий только кажущееся существование.

aparentamiento. [м.] внешний вид; см. apariencia.

aparentar. [перех.] прикидываться, притворяться, симулировать, сделать вид, что; казаться, иметь вид.

aparente. [прил.] кажущийся, мнимый, ложный, неискренний; очевидный, явный, видимый, наружный; напускной, притворный, деланый, наигранный; удобный, подходящий, надлежащий, уместный, своевременный.

aparentemente. [нареч.] очевидно, вероятно, по-видимому, видимо, видно.

aparición. [ж.] появление, явление; видение, привидение.

apariencia. [ж.] внешний вид, внешность, видимость, наружность, облик; мина; фирма (перен.); вероятность; иллюзия; [множ.] (театр.) декорации: * pura apariencia, только видимость; * en apariencia, на взгляд; * las apariencias engañan, наружность обманчива; * guardar las apariencias, соблюдать приличия или внешнее приличие; * a juzgar por las apariencias, судя по наружности; * tener la apariencia, казаться; * según todas las apariencias, по всей вероятности.

aparitmesis. [ж.] (ритор.) перечисление.

aparqui. [м.] (Амер.) одеяло в заплатах.

aparrado, da. [страд. прич. к aparrar(se)]; [прил.] имеющий форму вьющихся виноградных лоз; см. achaparrado, rechoncho.

aparragarse. [возв. гл.] (Амер.) см. achaparrarse; (Амер.) прятаться, скрываться, наклоняться.

aparrandado, da. [прил.] опьяневший, пьяный.

aparrangado, da. [прил.] (Амер.) см. aparrandado.

aparrar. [перех.] придавать форму вьющихся виноградных лоз.

aparronado, da. [прил.] имеющий форму дикого винограда (parrón).

aparroquiado, da. [страд. прич. к aparroquiar]; [прил.] учреждённый в церковном приходе; имеющий много покупателей, клиентов.

aparroquiador, ra. [прил.] привлекающий покупателей, посетителей, клиентов; (Амер.) привлекающий в свой приход.

aparroquiamiento. [м.] привлечение покупателей, посетителей; (Амер.) привлечение в свой приход.

aparroquiar. [перех.] привлекать покупателей, посетителей, клиентов; привлекать в свой приход.

aparta. [ж.] (Амер.) отнятый от груди скот; отделение скота.

apartadamente. [нареч.] отдельно, тайно, тайком, секретно.

apartadero. [м.] полоса отчуждения (вдоль дороги); запасной путь; разъезд; место сортировки шерсти; место для отделения предназначенных к бою быков.

apartadijo. [м.] см. apartadizo; небольшая часть, частица чего-л: * hacer apartadijos, разъединять на части.

apartadizo, za. [прил.] необщительный, избегающий общения с другими людьми; [м.] отгороженное помещение.

apartado, da. [страд. прич. к apartar]; [прил.] удалённый, отдалённый; далёкий, дальний; уединённый; захолустный, глухой; [м.] комната расположенная в стороне, задняя комната; абонементный почтовый ящик; запирание предназначенных к бою быков по отдельным стойлам; отделение животных от стада; параграф; определение пробы (золота, серебра).

apartador, ra. [прил. и сущ.] отделяющий, распределяющий и т. д.; [м.] сортировщик шерсти; реторта для выливания серебра; человек, отделяющий животных от стада (Амер.) (вар.) остроконечная палка погонщика быков; (арг.) вор скота.

apartamento. [м.] (Амер.) (гал.) квартира, помещение, апартамент.

apartamiento. [м.] отделение, разделение; удаление, отдаление; сортировка (писем и т. д.); обособление; изолирование; (юр.) отречение от чего-л; развод, расторжение брака; место, расположенное в стороне, уединённое место; квартира, помещение, жилище; (арг.) скотокрадство.

apartar. [перех.] отделять, разъединять, разделять; разлучать; отодвигать; удалять, заставлять уйти; отбрасывать, отталкивать; изолировать; обособлять; отговаривать, отсоветовать, разубеждать; сортировать, отбирать, перебирать, разбирать; * apartarse. [возв. гл.] удаляться, отходить в сторону; расходиться; (юр.) отрекаться, отказываться от чего-л; разводиться, расторгать свой брак; * apartar la vista, сводить глаз; * apartarse, del buen camino, сбиться с пути.

aparte. [м.] красная строка, абзац, параграф; (театр.) реплика в сторону, про себя; уединённая беседа; (обл.) пространство между двумя словами; (Амер.) разделение скота разных владельцев.

aparte. [нареч.] отдельно, раздельно, сепаратно, порознь; в стороне, поодаль, в сторону; с новой строки: * eso es aparte, это особая статья; * dejando aparte, не говоря о..., не считая, если не считать; за исключением; * bromas aparte, шутки в сторону.

apartidar. [перех.] организовывать партию: * apartidarse. [возв. гл.] примыкать к партии.

apartijo. [м.] см. apartadijo.

apartrosis. [ж.] диартроз.

aparvadera. [ж.] aparvadero. [м.] см. allegadera.

aparvador, ra. [прил.] раскладывающий снопы (для молотьбы).

aparvamiento. [м.] раскладывание снопов (для молотьбы).

aparvar. [перех.] раскладывать снопы (для молотьбы); собирать, складывать в кучу.

apasionadamente. [нареч.] страстно, пламенно, пылко; неистово, страстно; азартно; с пристрастием, пристрастно.

apasionado, da. [прил.] страстный, охваченный страстью, пламенный, пылкий; страстно интересующийся или увлекающийся чем-л; пристрастный; влюблённый; приверженный; страдающий (о части тела); * apasionado por, страстно интересующийся чем-л; [м.] влюблённый; любитель, ярый сторонник, приверженец; страстный поклонник; (арг.) тюремщик.

apasionamiento. [м.] страстное увлечение; пристрастие; (уст.) см. pasión.

apasionante. [дейст. прич.] вызывающий страсть; захватывающий.

apasionar. [перех.] вызывать, возбуждать страсть, восторг; захватывать, увлекать; живо интересовать; мучить, терзать, волновать; apasionarse. [возв. гл.] принимать к сердцу; * apasionarse (por), проникнуться горячим чувством, страстью к кому-чему; влюбиться; пристраститься к чему; увлекаться: * apasionarse por el arte, пристраститься к искусству.

apasito. [нареч.] (Амер.) тихонько.

apasote. [м.] (бот.) см. pazote.

apastar. [перех.] см. apacentar.

apaste. [м.] (Амер.) глиняная миска с ручками.

apastillado, da. [прил.] бело-розовый.

apatán. [м.] филиппинская мера ёмкости, равная 94 миллил.

apatanado, da. [прил.] грубый, неотёсанный.

apatía. [ж.] апатия, равнодушие, безразличие, безучастие, апатичность, вялость, дряблость, нерадение, нерадивость, небрежность, беспечность: * con apatía, апатично.

apáticamente. [нареч.] апатично, безучастно; беспечно.

apático, ca. [прил.] апатичный, равнодушный, безразличный, беззаботный, беспечный, вялый, небрежный, нерадивый, мягкотелый.

apatita. [ж.] (мин.) апатит.

apátrida. [м.] апатрид, человек без родины, человек, утративший право гражданства.

apatronarse. [возв. гл.] (Амер.) становиться чьей-л любовницей.

apatusca. [ж.] (обл.) детская игра (монетами).

apatuscar. [перех.] небрежно делать что-л.

apatusco. [м.] (разг.) украшение, наряд; инструмент, орудие; (обл.) неловкий и небрежный человек.

apayasar. [перех.] придавать клоунский характер; apayasarse [возв. гл.] паясничать: * apayasado, клоунский, шутовской.

apazote. [м.] (Амер.) лебеда.

apea. [ж.] путы для лошадей.

apeadero. [м.] подножка, ступенька; привал, место остановки в пути; (ж.-д.) полустанок; (перен.) временное помещение.

apeador, ra. [прил. и сущ.] стреноживающий; [м.] землемер, межевик.

apealar. [перех.] (Амер.) набрасывать лассо на передние ноги.

apeamiento. [м.] сход с лошади, выход из вагона и т. д.; отговаривание, разубеждение; подпорки здания.

apear. [перех.] высаживать, помогать сойти с лошади или выйти из вагона и т. д.; треножить, стреноживать, спутывать; межевать, размежёвывать; валить дерево; (разг.) преодолевать затруднения, камень или бревно под колёса экипажа и т. д.; (перен.) (разг.) отговорить, отсоветовать, разубедить; (арх.) подпирать; снести вниз (с места); * apearse. [возв. гл.] высаживаться; сходить (из вагона, экипажа);

спешиваться, слезать (с лошади); менять своё мнение и т. д. разубедиться; * apearse por las orejas, (разг.) полететь через голову (о всаднике); сказать вздор, чтобы выйти из положения; * apearse del burro, признавать свою ошибку; * no apeárselo, (перен.) (разг.) (Амер.) пьянствовать.

apechar. [неперех.] (перех.) см. apechugar.

apechugar. [неперех.] толкать, ударять грудью; (перен.) (разг.) подчиняться скрепя сердце; (Амер.) (прост.) захватить что-л у кого-л.

apedarse. [возв. гл.] (Амер.) (вул.) напиваться.

apedazador, ra. [прил.] разрубающий, разделяющий и т. д. на части, на куски.

apedazar. [перех.] см. despedazar; чинить, латать, класть заплаты.

apedernalado, da. [прил.] твёрдый как кремень (преимущ. перен.)

apedia. [ж.] (анат.) отсутствие ног.

apedreadero. [м.] место, где мальчишки дерутся камнями.

apedreado, da. [страд. прич.] к apedrear; [прил.] крапчатый, пёстрый; в оспинах (о лице).

apedreador, ra. [прил.] забрасывающий камнями.

apedreamiento. [м.] побивание камнями; забрасывание камнями.

apedrear. [перех.] побивать камнями; бросать в кого-л камни; [безлич. гл.] сыпаться, идти (о сильном граде); * apedrearse. [возв. гл.] пострадать от сильного града.

apedreo. [м.] забрасывание камнями; см. apedreamiento.

apegadamente. [нареч.] преданно.

apegaderas. [ж.] (обл.) см. lampazo.

apegado, da. [страд.прич.] к apegar; [прил.] привязанный, преданный, приверженный, склонный.

apegarse. [возв. гл.] привязываться, чувствовать особую симпатию, пристраститься к чему-л., привязаться к кому-л.

apego. [м.] привязанность, преданность, особая симпатия, склонность: * tener apego, любить, льнуть; * tomar apego, привязываться к...

apelable. [прил.] (юр.) подлежащий обжалованию, апелляции.

apelación. [ж.] (юр.) апелляця, обжалование; (разг.) консилиум, совещание врачей: * interponer apelación, подавать апелляцию; apelando, обжаловать в апелляционном порядке; * sin apelación, не подлежащий обжалованию; (перен.) безвозвратно.

apelado, da. [страд. прич.] к apelar; [прил.] обжалованный (о решении суда).

apelado, da. [прил.] одноцветный, чистой масти (о лошади).

apelador, ra. [м. и ж.] (юр.) аппелянт.

apelambrador, ra. [прил.] погружающи кожи в известковый раствор.

apelambradura. [ж.] погружение кож в известковый раствор.

apelambrar. [перех.] погружать кожи в известковый раствор.

apelante. [действ. прич. и сущ.] (юр.) апеллирующий; апеллянт.

apelar. [неперех.] (юр.) апеллировать, обжаловать в апелляционном порядке; подать апелляцию; взывать к; прибегнуть к кому-чему; относиться к чему-л.

apelar. [неперех.] быть одноцветным (о масти двух лошадей.)

apelativo. [прил.] (грам.) нарицательный: * nombre apelativo, имя нарицательное, слово, обозначающее ряд однородных предметов, понятий.

apeldar. [неперех.] (разг.) обратиться в бегство: * apeldarse. [возв. гл.] собираться; * apeldarlas, обратиться в бегство.

apelde. [м.] (у нек-рых монастырей) утренний звон; бегство.

apelgararse. [возв. гл.] (обл.) становиться ленивым.

apelmazado, da. [прил.] см. amazacotado.

apelmazar. [перех.] сжимать, уплотнять, делать плотнее чем нужно.

apelo, la. [прил.] (хир.) лишённый кожи.

apelotonador, ra. [прил.] сматывающий в клубок.

apelotonar. [перех.] сматывать в клубок; * apelotonarse. [возв. гл.] сматываться, свёртываться в клубок; съёживаться в комок; скатываться (о шерсти); скапливаться (о людях).

apellador, ra. [прил.] выделывающий кожи.

apelladura. [ж.] выделка кож.

apellar. [перех.] выделывать кожи, дубить.

apellidamiento. [м.] дейст. по знач. гл. apellidar.

apellidar. [перех.] провозглашать, торжественно объявлять; созывать, призывать на битву; назвать по имени или по фамилии; называть, именовать; (юр.) апеллировать.

apellidero. [м.] старинный воин.

apellido. [м.] фамилия; название; прозвище, кличка; призыв (на войну); вопль, крик; люди, призванные на войну: * a voz de apellido, по приглашению.

apellinarse. [возв. гл.] (Амер.) съёживаться, высыхать, ссыхаться.

apena. см. apenas.

apenachado, da. [страд. прич.] к apenacharse; [прил.] имеющий форму хохолка, плюмажа.

apenachar. [прил.] придавать форму хохолка, плюмажа.

apenado, da. [страд. прич.] к apenar(se); [прил.] огорчённый, удручённый, опечаленный.

apenar. [перех.] огорчать, удручать, причинять огорчение, страдания, опечаливать, печалить.

apenas. [нареч.] едва, еле-еле, чуть-чуть, с (большим) трудом; (разг.) почти нет; едва... как; как только.

apencar. [неперех.] см. apechugar.

apendejado, da. [страд. прич.] к apendejarse; [прил.] (Амер.) малодушный, трусливый, простоватый, глупый, недалёкий (о человеке).

apendejarse. [возв. гл.] (Амер.) упасть духом, струсить.

apéndice. [м.] приложение; (анат.) придаток, отросток; придаток: * apéndice cecal, vermicular или vermiforme, аппендикс, червеобразный отросток.

apendicectasia. [ж.] (пат.) растяжение аппендикса.

apendicitis. [ж.] (мед.) аппендицит.

apendicular. [прил.] (анат.) придаточный; имеющий придаточную форму.

apendículo. [м.] маленький придаток.

apensionar. [перех.] назначать, выдавать пенсию: * apensionarse. [возв. гл.] скорбеть, печалиться, сокрушаться.

apeñuscar. [перех.] складывать в кучу; громоздить одно на другое, нагромождать; скоплять.

apeo. [м.] межевание; юридический акт определения границ; подпирание здания; подпор(ка); валка деревьев.

apeonado, da. [страд. прич.] к apeonar; [прил.] (Амер.) плебейский, имеющий грубые манеры, огрубевший.

apeonar. [неперех.] быстро ходить или бегать (о птицах).

apeorar. [неперех.] (вул.) (Амер.) см. empeorar.

apepsia. [ж.] (мед.) апепсия.

apequenado, da. [страд. прич.] к apequenarse; [прил.] (Амер.) шустрый, бойкий, проворный, сметливый.

apequenarse. [возв. гл.] (Амер.) проявить сметливость; двигаться, чтобы избегать наказания.

aperado, da. [страд. прич.] к aperar; [прил.] (обл.) снабжённый сельскохозяйственным инвентарём (о ферме).

aperador. [м.] деревенский тележник; фермер; управляющий рудником.

aperar. [перех.] украшать, убирать; делать телеги, сельскохозяйственные орудия; (Амер.) снабжать провиантом; (Амер.) (вар.) запрягать, седлать лошадь.

apercanarse. [возв. гл.] (Амер.) покрываться плесенью, плесневеть.

apercatar(se). [неперех.] (Амер.) см. percatar(se).

apercazar. [перех.] (обл.) с трудом брать.

apercepción. [ж.] (фил.) апперцепция.

apercibimiento. [м.] подготовка, приготовление; принятие мер, мероприятие; оборудование; предостережение, предупреждение, внушение; замечание; выговор; настойчивое требование; (юр.) предупреждение судьи.

apercibir. [перех.] приготовлять, подготовлять; устраивать; уведомлять, предупреждать, делать предупреждение; делать выговор, отчитывать; (юр.) требовать: * apercibirse. [возв. гл.] готовиться.

aperción. [ж.] (м. употр.) открывание; см. apertura.

apercollar. [перех.] (разг.) хватать за шиворот; (разг.) убивать ударом в затылок; (разг.) тайком, украдкой стащить; (Амер.) припирать к стенке, отрезать выход кому-л, лишать бодрости.

aperchar. [перех.] (Амер.) нагромождать, сваливать в куку.

aperdigar. [перех.] слегка поджаривать, подрумянивать (о птицах); приготовлять (о мясе); (перен.) (разг.) см. disponer, preparar.

apereá. [м.] (Амер.) (зоол.) животное, похожее на кролика.

aperezarse. [возв. гл.] (Амер.) (прост.) см. emperezarse.

apergaminado, da. [страд. прич.] к apergaminar; [прил.] пергаментный, похожий на пергамент; затвердевший; сморщенный, высохший (о человеке).

apergaminarse. [возв. гл.] (перен.) (разг.) худеть, сохнуть; см. acartonarse.

apergollar. [перех.] (Амер.) тайком, украдкой стащить; (Амер.) заключать в тюрьму; см. aperzogar.

aperiente. [прил.] (мед.) (фарм.) ослабляющий, см. laxante.

aperillado, da. [прил.] грушевидный, имеющий форму груши или остроконечной бородки.

aperiodicidad. [ж.] свойство по знач. прил. апериодический.

aperiódico. [прил.] апериодический.

aperitivo. [прил.] возбуждающий аппетит; (мед.) слабительный; [м.] аперитив (напиток, возбуждающий аппетит); (мед.) слабительное.

aperlado, da. [прил.] жемчужный (о цвете).

apermazar. [перех.] (Амер.) (прост.) см. apelmazar.

apernador, ra. [прил. и сущ.] (собака) хватающая пастью за ноги (о скоте).

apernar. [перех.] хватать, ловить пастью за ноги (о собаке); [непр. гл.] спрягается как acertar.

apero. [м.] (чаще множ.) сельскохозяйственный инвентарь; рабочий скот (предназначенный к сельскохозяйственным работам); овчарня; (Амер.) нарядное, разукрашенное седло; [множ.] орудия производства; инструменты; * aperos de labranza, сельскохозяйственный инвентарь.

aperreadamente. [нареч.] с трудом, с усилием.

aperreador, ra. [прил. и сущ.] докучливый, надоедливый, назойливый, навязчивый; скучный, наводящий скуку; навязчивый человек.

aperreamiento. [м.] натравливание (собак); утомление.

aperrear. [перех.] натравливать собак; (перен.) (разг.) утомлять; * aperrearse. [возв. гл.] см. emperrarse.

aperreo. [м.] (разг.) см. aperreamiento; утомление, изнурение; надоедливость; см. emperramiento.

aperruchar. [перех.] (Амер.) жать, выжимать, раздавливать.

apersogar. [перех.] привязывать животное за шею.

apersonado, da. [страд. прич.] к apersonarse; [прил.] (уст.) представительный, видный (о внешности): * bien apersonado, представительный; * mal apersonado, невзрачный.

apersonamiento. [м.] (юр.) явка в суд.

apersonarse. [перех.] явиться в суд; [возв. гл.] см. personarse.

apertómetro. [м.] апертометр.

apertrechar. [перех.] (Амер.) (прост.) см. pertrechar.

apertura. [ж.] открывание, отпирание; вскрытие, распечатывание (завещания); открытие, начало; дебют; возобновление занятий и т. д.

apesadumbrar. [перех.] огорчать, печалить; * apesadumbrarse. [возв. гл.] печалиться, грустить, опечаливаться, огорчаться, кручиниться (поэт.); * apesadumbrado, огорчённый, невесёлый, кручинный (поэт.).

apesaradamente. [нареч.] с раскаянием; с огорчением.

apesarar. [перех.] см. apesadumbrar; * apesararse. [возв. гл.] (Амер.) каяться, раскаиваться в чём-л.

apescollar. [перех.] (Амер.) (прост.) см. apercollar.

apesgamiento. [м.] отягчение; угнетённое состояние, подавленность, уныние.

apesgar. [перех.] отягчать, обременять; вызывать усталость; * apesgarse. [возв. гл.] отяжелеть.

apestado, da. [страд. прич.] к apestar; [прил.] поражённый чумой, зачумлённый, чумной; * estar apestado de alguna cosa, иметь что-л. в изобилии.

apestamiento. [м.] заражение чумой; чума.

apestar. [перех.] заражать чумой; наполнять зловонием, смрадом; заражать, распространять заразу; (перен.) губить, портить, разлагать, развращать; наводить скуку, надоедать, досаждать; [неперех.] распространять зловоние, вонять: * apestarse. [возв. гл.] заражаться чумой; (Амер.) простудиться, схватить насморк.

apestillar. [перех.] (Амер.) крепко схватить кого-л.; вводить в моду.

apestoso, sa. [прил.] вонючий, зловонный, смрадный; (перен.) скучный, наводящий скуку, надоедливый.

apétalo, la. [прил.] (бот.) безлепестковый.

apetecedor, ra. [прил.] желающий, жаждущий, жадный, алчный, корыстолюбивый.

apetecer. [перех.] желать, хотеть, требовать (о желудке); (прост.) зариться; [неперех.] любить, нравиться; [непр. гл.] спрягается как agradecer.

apetecible. [прил.] аппетитный, желательный: * poco apetecible, неаппетитный.

apetencia. [ж.] аппетит, аппетитность; сильное влечение, желание чего-л.; сильное чувственное влечение.

apetite. [м.] соус возбуждающий аппетит; (перен.) побуждение, стимул.

apetito. [м.] аппетит; желание есть; позыв, желание: * despertar el apetito, возбуждать аппетит, желание; * coger apetito, нагулять аппетит; * falta de apetito, отсутствие аппетита; * abrir el apetito con algo, дразнить аппетит чем-л.; * ¡buen apetito!, приятного аппетита!; * apetito concupiscible, вожделение, сильное чувственное влечение, желание чего-л.

apetitosamente. [нареч.] с аппетитом.

apetitoso, sa. [прил.] аппетитный, возбуждающий аппетит, вкусный, лакомый; привлекательный, заманчивый, пикантный, возбуждающий чувственность; любящий хорошо покушать; стремящийся удовлетворить все свои желания.

ápex. [м.] апекс.

apezonado, da. [прил.] имеющий форму соска.

apezuñado, da. [прил.] имеющий форму копыта.

apezuñar. [неперех.] крепко опираться на копыта (о животных).

api. [ж.] сорт яблока.

apiadador, ra. [прил.] чувствующий сострадание, жалость, сочувствующий, соболезнующий.

apiadar. [перех.] вызывать жалость, разжалобить: * apiadarse. [возв. гл.] сочувствовать кому-чему; сжалиться над; разжалобиться.

apialar. [перех.] (Амер.) набрасывать лассо на передние ноги.

apianar. [перех.] понижать тон, приглушить звук.

apiaradero. [м.] инвентаризация, подсчёт поголовья скота в стаде.

apiario, ria. [прил.] (зоол.) похожий на пчелу; [м.] см. colmenar.

apical. [прил. и ж.] имеющий отношение к концу языка.

apicararse. [возв. гл.] становиться плутом; усваивать характерные черты плута.

ápice. [м.] вершина, верх, верхушка, кончик; (грам.) орфографический знак над буквами; крупинка, пустяк; суть вопроса, дела: * estar uno en los ápices de alguna cosa, быть знатоком чего-л.; * ni un ápice, ничуть, ни крупинки; * no faltar un ápice, ни в чём не иметь недостатка.

apíceo. [прил.] остроконечный.

apicilar. [прил.] принадлежащий или относящийся к вершине или кончику.

apícola. [прил.] пчеловодческий.

apículo. [м.] короткое и неплотное остриё.

apicultor, ra. [м. и ж.] пчеловод.

apicultura. [ж.] пчеловодство.

apiensar. [перех.] (обл.) задавать корм скоту.

apifobia. [ж.] болезненная боязнь пчёл.

apiguatado, da. [прил.] (Амер.) рахитический.

apilado, da. [прил.] сушёный (о каштанах).

apilador, ra. [прил.] складывающий в кучу, в штабеля, [м. и ж.] укладчик (-ица).

apilamiento. [м.] складывание в кучу, в стопки; укладка в штабеля; нагромождение.

apilar. [перех.] складывать в кучу, в стопки, в штабеля; громоздить одно на другое, наваливать, нагромождать: * apilar desordenadamente, наворачивать.

apilguarse. [возв. гл.] (Амер.) давать побеги (о деревьях).

apilo. [м.] (вул.) (Амер.) см. montón.

apilonar. [перех.] (Амер.) см. apilar.

apimpollado, da. [прил.] похожий на побег, на бутон розы.

apimpollarse. [возв. гл.] распускаться (о растениях).

apincelado, da. [прил.] (бот.) имеющий форму кисти.

apinto. [м.] (Амер.) род агавы, корень которой употр. мылом.

apiñado, da. [страд. прич.] к apiñar; [прил.] шишковидный, имеющий форму сосновой шишки и т. д.

apiñadura. [ж.] **apiñamiento.** [м.] группирование, объединение, группировка, скопление.

apiñar. [перех.] (тесно) группировать, собирать; делать густым: * apiñarse. [возв. гл.] толпиться, тесниться.

apiñonado, da. [прил.] соснового семени цвета (о лице).

apio. [м.] сельдерей: * apio silvestre, дикая петрушка, дикий сельдерей; * apio cimarrón, американский дикий сельдерей; * apio de ramas, (бот.) лютик.

apiolar. [перех.] связать лапы убитого животного; (перен.) арестовывать кого-л.; (перен.) (разг.) убивать, умерщвлять, лишать жизни.

apiparse. [возв. гл.] объедаться, наедаться до отвала; хмелеть, напиваться до отвала.

apiporrarse. [возв. гл.] (обл.) наедаться или напиваться до отвала.

apir. [м.] (Амер.) см. apiri.

apiramidar. [перех.] придавать форму пирамиды.

apique. [м.] (Амер.) (горн.) ствол.

apirear. [перех.] (Амер.) перевозить минералы.

apirético, ca. [прил.] безлихорадочный.

apirexia. [ж.] (мед.) отсутствие лихорадки.

apiri. [м.] (Амер.) рабочий, транспортирующий минерал.

apiro. [прил.] огнеупорный.

apis. [м.] (бот.) филиппинский куст.

apisonador, ra. [прил.] трамбующий; [м.] трамбовка; тот, кто трамбует.

apisonadora. [ж.] дорожный каток.

apisonamiento. [м.] трамбование, трамбовка, утрамбовка.

apisonar. [перех.] трамбовать, утрамбовывать.

apiste. [прил.] (Амер.) см. avaro.

apiterapia. [ж.] применение пчёл с лечебной целью.

apitiguarse. [возв. гл.] (Амер.) унывать; см. abatirse.

apito. [м.] (обл.) крик.

apitón. [м.] (бот.) филиппинское дерево.

apitonado, da. [страд. прич.] к apitonar; [прил.] обидчивый, придирчивый, щепетильный.

apitonamiento. [м.] появление рогов; почкование.

apitonar. [перех.] протыкать, прокалывать клювом или молодым рогом; [неперех.] чуть пробиваться (о рогах); распускаться, пускать почки, давать побеги: * apitonarse [возв. гл.] (перен.) (разг.)

ругать друг другу, наговорить друг другу колкостей.

apívoro, ra. [прил.] питающийся пчелами.

apizarrado, da. [прил.] аспидного цвета.

aplacable. [прил.] поддающийся усмирению, легко успокаиваемый, усмиряемый или утоляемый.

aplacador, ra. [прил.] успокаивающий, успокоительный; усмиряющий; утоляющий.

aplacamiento. [м.] успокоение, смягчение, облегчение; умиротворение, усмирение, примирение; утоление (жажды).

aplacar. [перех.] успокаивать, смягчать, облегчать, унимать, ослаблять; усмирять, примирять; утолять (жажду): * aplacarse. [возв. гл.] утихать, стихать; успокаиваться, усмиряться.

aplacer. [неперех.] нравиться, быть приятным, быть по вкусу, удовлетворять; [непр. гл.] спрягается как nacer.

aplacerado, da. [прил.] (мор.) плоский и неглубокий (о морском дне).

aplacible. [прил.] приятный, радостный; см. agradable.

aplaciente. [дейст. прич.] к aplacer, удовлетворяющий.

aplacimiento. [м.] удовлетворение; удовольствие, радость.

aplanacalles. [м.] (Амер.) фланёр, праздношатающийся.

aplanadera. [ж.] трамбовка, ручная баба.

aplanado, da. [страд. прич.] к aplanar; [прил.] (Амер.) плоский, ровный, без возвышений и углублений.

aplanador, ra. [прил. и сущ.] выравнивающий, сглаживающий; утрамбовывающий, сплющивающий; [м.] большой кузнечный молот.

aplanamiento. [м.] выравнивание, утрамбовывание; сплющивание, расплющивание.

aplanar. [перех.] выравнивать; делать плоским, сплющивать, утрамбовывать; наезжать; (м. употр.) см. aplastar; (перен.) ошеломлять, крайне удивлять и т. д.: * aplanarse. [возв. гл.] обваливаться, рухнуть, обрушиваться; (перен.) терять бодрость, силы; падать духом.

aplanchado. [м.] см. planchado.

aplanchadora. [ж.] см. planchadora.

aplanchar. [перех.] см. planchar.

aplanético, ca. [прил.] (физ.) лишённый сферической аберрации.

aplanetismo. [м.] (физ.) отсутствие сферической аберрации.

aplaneto. [м.] (фот.) апланат.

aplantillar. [перех.] тесать, обтёсывать по шаблону.

aplasia. [ж.] (пат.) аплазия.

aplásmico, ca. [прил.] (пат.) не содержащий протоплазмы.

aplastador, ra. [прил.] сплющивающий; раздавливающий.

aplastamiento. [м.] сплющивание, расплющивание; раздавливание.

aplastante. [дейст. прич.] к aplastar; [прил.] расплющивающий, подавляющий, гнетущий.

aplastapapeles. [м.] (Амер.) пресс-папье; см. pisapapeles.

aplastar. [перех.] сплющивать, раздавливать, расплющивать, расплюскивать; (перен.) (разг.) приводить в замешательство, смущать, сбивать с толку; (Амер.) (непр.) обратить в бегство; наносить поражение.

aplástico, ca. [прил.] лишённый пластичности.

aplatanarse. [возв. гл.] (Амер.) обживаться, свыкаться с новой средой.

aplaudible. [прил.] похвальный, заслуживающий похвал, одобрения.

aplaudidor, ra. [прил. и сущ.] аплодирующий (-ая); одобряющий.

aplaudir. [перех.] аплодировать, хлопать (ударять, бить) в ладоши, рукоплескать, (разг.) хлопать; одобрять; хвалить, восхвалять: * comenzar a aplaudir, зааплодировать.

aplauso. [м.] рукоплескания, аплодисменты; одобрение, восхваление: * aplausos frenéticos, бурные аплодисменты; * recibir con aplausos, встретить аплодисментами.

aplayar. [неперех.] выступать, выходить из берегов (о реке); заливать берега.

aplazable. [прил.] могущий быть отложенным.

aplazamiento. [м.] отсрочка, затяжка, откладывание, отлагательство (книж.); перенесение.

aplazar. [перех.] созывать на..., вызывать по повестке; откладывать, отсрочивать, отлагать, давать отсрочку.

aplebeyamiento. [м.] унижение, потеря чувства достоинства.

aplebeyarse. [возв. гл.] терять чувство достоинства.

aplegar. [перех.] (обл.) приближать, придвигать.

aplestia. [ж.] (мед.) неутолимый голод.

aplicabilidad. [ж.] применимость, приложимость.

aplicable. [прил.] применимый, приложимый.

aplicación. [ж.] накладывание, прикладывание (чего-л.); приложение, проведение в жизнь, применение, применение; аппликация; прилежание, усидчивость, усердие, особое старание; (чаще множ.) накладка, накладная работа.

aplicadero, ra. [прил.] применимый; см. aplicable.

aplicado, da. [страд. прич.] к aplicar [прил.] прилежный, усердный, усидчивый; прикладной: * aplicado a, преданный.

aplicar. [перех.] прикладывать накладывать; прилаживать; посвящать; применять, прилагать; (перен.) приписывать кому-л; взваливать на кого-л; (юр.) присуждать; * aplicar el oído, внимательно слушать; * aplicarse. [возв. гл.] стараться, старательно заниматься чем-л, прилагать старание к; отдаваться чему-л, посвящать себя.

aplicativo, va. [прил.] служащий накладыванием.

aplique. [м.] (теа.) предмет, дополняющий декорацию; бра.

aplita. [ж.] (геол.) аплит.

aplodontia. [ж.] (зоол.) род сурка.

aplomado, da. [прил.] свинцового цвета, сероватый; благоразумный, спокойный, умеренный; (перен.) ленивый, неповоротливый.

aplomamiento. [м.] дейст. по знач. гл. aplomar; см. desplome.

aplomar. [перех.] перегружать; проверять по отвесу (тже. неперех.); располагать отвесно, вертикально, по вертикали; (Амер.) (непр.) приводить в замешательство, в конфуз: * aplomarse. [возв. гл.] см. desplomarse.

aplomo. [м.] апломб, самоуверенность, самообладание, хладнокровие; вертикальность: * hablar con aplomo, говорить с апломбом; * perder el aplomo, растеряться.

aplomo. [м.] отвес.

aplonis. [м.] (орни.) род дрозда.

aployar. [перех.] (Амер.) повреждать; см. maltratar; убивать, умерщвлять.

apnea. [ж.] (пат.) приостановка дыхания.

apneofixia. [ж.] (пат.) приостановка дыхания и пульса.

apneumia. [ж.] (физиол.) отсутствие лёгких.

apneustia. [ж.] (пат.) отсутствие дыхания.

apneusto, ta. [прил.] (пат.) не дышащий или с трудом дышащий.

apoa. [м.] (зоол.) (Амер.) род бразильской змеи; род бразильской утки.

apobanga (de). [нареч.] (Амер.) перворазрядного, превосходно.

ápoca. [ж.] (обл.) квитанция, расписка.

apocadamente. [нареч.] малодушно, робко.

apocado, da. [страд. прич.] к apocar; [прил.] малодушный, трусливый, робкий, бесхарактерный, застенчивый; (перен.) низкий, подлый, гнусный.

apocador, ra. [прил.] убавляющий, уменьшающий.

apocalipsis. [м.] (рел.) апокалипсис, последняя книга нового завета, содержащая пророчества о конце мира.

apocalíptico, ca. [прил.] апокалипсический; (перен.) ужасный, страшный, фантастический; загадочный, тёмный, неясный.

apocamiento. [м.] малодушие, робость, трусость, застенчивость, бесхарактерность; см. abatimiento.

apocar. [перех.] уменьшать, сокращать, снижать, убавлять, ослаблять; ограничивать, урезывать; (перен.) унижать, принижать; apocarse. [возв. гл.] падать духом.

apocema, apócima. [ж.] (фарм.) микстура.

apocináceo, a. [прил.] барвинковый; [ж. множ.] барвинковые растения.

apócino. [м.] (бот.): * apócino siberiano, кендырь.

apocopado, da. [страд. прич.] к apocopar; [прил.] (грам.) усечённый (о конечном звуке, букве).

apocopar. [ж.] (грам.) усекать конечный звук, букву.

apócope. [ж.] (грам.) апокопа, усечение конечного звука, буквы.

apócrifamente. [нареч.] подложным образом.

apócrifo, fa. [прил.] апокрифический; подложный, недостоверный.

apocrisiario. [м.] посол греческой империи.

apocromático, ca. [прил.] ахроматический.

apochamiento. [м.] (разг.) (обл.) дейст. и сост. по знач. гл. apocharse.

apocharse. [возв. гл.] (разг.) (обл.) облениться, стать ленивым.

apochinarse. [возв. гл.] (Амер.) обтрепаться.

apochincharse. [возв. гл.] (Амер.) удовлетворять аппетит, объедаться; удовлетворять.

apochongarse. [возв. гл.] (Амер.) падать духом, приходить в уныние.

apodador, ra. [прил. и сущ.] имеющий привычку давать прозвища.

apodar. [перех.] давать прозвища, клички.

apoderado, da. [прил. и сущ.] уполномоченный (-ая), доверенный (-ая): * constituir apoderado, уполномочить, давать кому-л полномочия на что-л.

apoderamiento. [м.] дейст. по знач. гл. уполномочить.

apoderante. [дейст. прич.] уполномочивающий, дающий полномочия; [прил.] см. poderdante.

apoderar. [перех.] уполномочивать, давать кому-л полномочия на что-л: * apoderarse. [возв. гл.] овладеть (-евать), завладеть (-евать), захватить (-ывать): * apoderarse de algo, захватить что-л у кого-л; * la tristeza se **apoderó** (de mí, etc.), нашла грусть; * la cólera se **apoderó** de él, им овладел гнев; * **apoderarse** con malas artes, или mañas, (прост.) хапать, хапнуть.

apodia. [ж.] (физиол.) отсутствие ног.

apodíctico, ca. [прил.] аподиктический, неоспоримый, убедительный, неопровержимый, несомненный.

apodioxis. [ж.] (рит.) отвержение доказательства, как нелепого.

apodo. [м.] насмешливое прозвище, кличка.

ápodo, da. [прил.] безногий.

apódosis. [ж.] (рит.) вторая часть периода.

apófige. [ж.] (арх.) нижний пояс (колонны).

apofilita. [ж.] (мин.) апофиллит.

apofisario, ria. [прил.] (анат.) относящийся к апофизу.

apófisis. [ж.] (анат.) апофиз, отросток, костный вырост.

apofisitis. [ж.] (мед.) воспаление апофиза, костного выроста.

apofonía. [ж.] (филол.) гласное изменение в корне.

apóftoro. [прил.] (мед.) вызывающий аборт.

apofalactismo. [м.] (физиол.) отлучение от груди.

apogamia. [ж.] (бот.) апогамия.

apogear. [неперех.] (астр.) быть в апогее.

apogeico, ca. [прил.] к апогей.

apogeo. [м.] апогей; (перен.) апогей, высшая степень, расцвет чего-л: * en el apogeo de su gloria, в апогее славы; * estar en todo su apogeo, идти полным ходом, быть в разгаре, достичь высшей точки, кипеть.

apógrafo. [м.] копия с подлинника.

apolar. [прил.] (анат.) лишённый продления.

apolepismo. [м.] (пат.) шелушение.

apolexia. [ж.] старческая слабость, немощь.

apolillador, ra. [прил.] разъедающий, проедающий (о моли).

apolilladura. [ж.] изъеденное место, дырочка от моли.

apolillamiento. [м.] дейст. по знач. разъедать, проедать (о моли).

apolillar. [перех.] разъедать, проедать (о моли): * **apolillarse.** [возв. гл.] быть тронутым, изъеденным молью; * **apolillado,** изъеденный молью.

apolinar. [прил.] (поэт.) аполлоновский; см. **apolíneo.**

apolinario, ria. [прил.] принадлежащий или относящийся к Аполлону.

apolíneo, a. [прил.] аполлоновский, относящийся к Аполлону.

apolino, na. [прил.] см. **apolíneo**; похожий на Аполлона.

apólisis. [ж.] (мед.) см. **parto**; конец болезни.

apolismar. [перех.] (Амер.) (прост.) см. **magullar.**

apolítico, ca. [прил.] аполитичный, аполитический.

Apolo. [м.] (миф.) Аполлон.

apologética. [ж.] апологетика.

apologético, ca. [прил.] апологетический, [м.] (уст.) см. **apología.**

apologetizar. [перех.] защищать; восхвалять кого-л.

apología. [ж.] апология, восхваление; защитительная речь.

apológico, ca. [прил.] апологический.

apologista. [м.] апологет; защитник.

apologizar. [перех.] защищать, оправдывать, выступать с апологией кого-чего.

apólogo, ga. [прил.] см. **apológico;** [м.] аполог, нравоучительная басня, аллегорический рассказ.

apoltronamiento. [м.] дейст. и сост. по знач. гл. облениться.

apoltronarse. [возв. гл.] облениться, стать ленивым.

apolvillarse. [возв. гл.] (Амер.) см. **atizonarse.**

apoma (de). [нареч.] (Амер.) перворазрядного сорта, превосходно.

apomace. [м.] шлифование или полировка пемзой.

apomazador, ra. [прил.] шлифующий пемзой.

apomazar. [перех.] шлифовать или полировать пемзой.

apomecometría. [ж.] см. **telemetría.**

apompar. [перех.] (Амер.) делать тупым, притуплять, утолщать (острие).

aponeurosis. [ж.] (анат.) апоневроз.

aponeurositis. [ж.] (мед.) воспаление апоневроза.

apeneurótico, ca. [прил.] принадлежащий к апоневрозу.

apontocar. [перех.] прислонять к.

apoplejía. [ж.] (апоплексический) удар, апоплексия; * ataque de **apoplejía**, апоплексический удар.

apoplético, ca. [прил.] апоплексический; [м.] апоплектик.

apopocharse. [возв. гл.] насыщаться, наедаться досыта.

apoquinar. [перех.] (вул.) раскошеливаться, платить.

aporca. [ж.] (Амер.) см. **aporcadura.**

aporcador, ra. [прил.] (с.-х.) окучивающий.

aporcadura. [ж.] (с.-х.) окучивание, окапывание.

aporcar. [перех.] окучивать; прикрывать землёй (растение).

aporcelanado, da. [прил.] похожий на фарфор.

aporco. [м.] (Амер.) (с.-х.) см. **aporcadura.**

aporético, ca. [прил.] см. **dubitativo.**

aporisma. [ж.] (хир.) подкожная опухоль.

aporque. [м.] (с.-х.) окучивание.

aporracear. [перех.] (обл.) бить дубинкой; см. **aporrear.**

aporrar. [непереx.] (разг.) умолкать от смущения.

aporrarse. [возв. гл.] (разг.) становиться надоедливым, скучным.

aporratar. [перех.] (Амер.) монополизировать, делать что-л предметом монополии.

aporreado, da. [прил.] несчастный, бедный жалкий, неряшливый; хитрый, лукавый, бессовестный; [м.] (Амер.) кушанье из говядины.

aporreador, ra. [прил.] ударяющий дубинкой и т. д.

aporreadura. [ж.] **aporreamiento.** [м.] см. **aporreo.**

aporrear. [перех.] ударять, бить дубинкой, или палкой; ударять, бить, дубасить, накостылять, колотить; (перен.) досаждать, докучать, наводить смертельную скуку; (Амер.) приготовлять: * **aporrear** el piano, бренчать на рояле, на пианино; * **aporrearse.** [возв. гл.] (перен.) напряжённо работать, целиком отдаваться работе.

aporreo. [м.] битьё, порка, палочные удары; крайняя усталость; надоедливость.

aporrión. [м.] (Амер.) удар дубиной; см. **batacazo.**

aportación. [ж.] вклад, доля, взнос.

aportadera. [ж.] сосуд овальной формы для транспортировки винограда из виноградника в давильню.

aportadero. [м.] пристань, место где можно пристать к берегу и т. д.

aportar. [неперех.] причаливать, приставать к берегу; входить в порт; приходить, приезжать куда-л после отклонения от пути; (Амер.) приближаться, прибывать, показываться.

aportar. [перех.] нести, доставлять, приносить; приводить (доказательства и т. д.); приносить или вносить свою долю в общество и т. д.

aporte. [м.] (Амер.) вклад, доля, взнос.

aportillar. [перех.] пробивать отверстие, пролом, брешь в стене; ломать, разламывать: * **aportillarse.** [возв. гл.] обваливаться, рухнуть (о части стены).

aportuguesado, da. [прил.] подражающий португальцам.

aporuñar. [перех.] (Амер.) собирать, копить деньги и т. д.: * **aporuñarse.** [возв. гл.] (Амер.) оставаться в дураках.

aposarse. [возв. гл.] (Амер.) см. **posarse.**

aposentaderas. [ж. множ.] (разг.) (обл.) зад.

aposentador, ra. [прил.] дающий приют, помещающий у себя; [м. и ж.] квартирный (-ая) хозяин, хозяйка, содержатель (-ница) квартиры, гостиницы или меблированных комнат; квартирмейстер.

aposentaduría. [ж.] должность **aposentador.**

aposentamiento. [м.] размещение, расквартирование; (уст.) квартира, помещение, жилище, комната; постоялый двор, деревенская гостиница.

aposentar. [перех.] помещать; размещать, отводить квартиру, помещение; давать приют; * **aposentarse.** [возв. гл.] поселяться, снимать квартиру, помещаться; жить, квартировать.

aposento. [м.] квартира, квартирка, помещение, комната, жилище; постоялый двор, деревенская гостиница; ложа в театре.

aposesionar. [перех.] см. **posesionar.**

aposición. [ж.] (грам.) приложение.

aposirma. [ж.] (пат.) поверхностное изъязвление кожи.

apositia. [ж.] отвращение к пище.

apositico, ca. [прил.] (мед.) лишающий аппетита.

apositivo, va. [прил.] (грам.) дополнительный, приставной, относящийся к приложению.

apósito. [м.] (мед.) наружное лекарство; повязка.

aposta, apostadamente. [нареч.] нарочно, преднамеренно, умышленно, обдуманно, намеренно.

apostadero. [м.] пост, пункт; сторожевой пост; (мор.) военный порт.

apostador, ra. [прил.] держащий пари; [м.] любитель держать пари; спорщик (-ица).

apostal. [м.] (обл.) удобное место для улова рыбы (у реки).

apostante. [дейст. прич.] к **apostar,** держащий пари.

apostar. [перех.] держать пари, биться об заклад; ставить, выставлять, расставлять посты; [неперех.] держать пари; соревноваться: * **apostarse.** [возв. гл.] соперничать, соревноваться, состязаться; * **apostarlas,** или **apostárselas,** a alguno, или con alguno, вызывать на соревнование; угрожать.

apostasía. [ж.] вероотступничество, отречение от своей религии; отступничество.

apóstata. [м. и ж.] вероотступник (-ница), отступник (-ница).

apóstatamente. [нареч.] (веро)отступническим образом.

apostatar. [неперех.] отрекаться от своей религии, веры, партии; переходить из одной партии в другую; выходить из монашеского ордена.

apostema. [ж.] нарыв, абсцесс, гнойник.
apostemar. [перех.] вызывать, причинять нарыв: * apostemarse. [возв. гл.] покрываться нарывами.
apostemático, ca. [прил.] (мед.) принадлежащий или относящийся к нарыву, гнойнику.
a posteriori. [лат. нареч.] апостериори, апостериорно, на основании опыта, путём вывода, умозаключения.
apostilla. [ж.] краткое примечание, приписка, сноска.
apostillado. [м.] дейст. к снабжать примечанием, припиской.
apostillar. [перех.] снабжать примечанием, припиской, сноской.
apostillarse. [возв. гл.] покрываться струпьями.
apóstol. [м.] апостол; (перен.) последователь и распространитель какой-л идеи, проповедник; миссионер.
apostolado. [м.] апостольство; апостолы; (перен.) распространение какой-л идеи, какого-л учения.
apostolical. [м.] (уст.) священник или духовное лицо.
apostólicamente. [нареч.] апостольски; (разг.) бедно, скромно.
apostolicidad. [ж.] свойст. по знач. прил. апостольский; сообразность мнений с апостолами.
apostólico, ca. [прил.] апостольский; папский: * nuncio apostólico, папский легат.
apostolizador, ra. [прил.] распространяющий учение Христа; [м.] апостол.
apostolizamiento. [м.] распространение учения Христа.
apostolizar. [перех.] распространять учение Христа, проповедовать христианство.
apostrofador, ra. [прил.] наставляющий; делающий выговор; осуждающий.
apostrofar. [перех.] обращаться к кому-л с проповедью, наставлять; резко заговорить с кем-л, упрекать; осуждать.
apostrofar. [перех.] (грам.) ставить знак апострофа.
apóstrofe. [м. или ж.] (ритор.) апострофа, обращение к кому-л (стилистическая фигура); резкое замечание; см. dicterio.
apóstrofo. [м.] (грам.) апостроф (диакритический знач).
apostura. [ж.] миловидность; внешность; осанка, манеры.
apotáctica. [ж.] аскетизм.
apote. [нареч.] (разг.) обильно.
apotegma. [м.] апофтегма, афоризм, максима.
apotema. [ж.] (геом.) апофема.
apoteosis. [ж.] (в разн. знач.) апофеоз.
apoteótico, ca. [прил.] апофеозный.
apotincar. [перех.] (Амер.) сажать на корточки: * apotincarse. [возв. гл.] садиться на корточки.
apoto, ta. [прил.] непьющий.
apotrarse. [возв. гл.] (Амер.) злиться, беситься, раздражаться, сердиться.
apotrerar. [перех.] (Амер.) отводить землю под пастбище; выгонять скот на пастбище.
apoyar. [перех.] упирать, прислонять, приставлять (лестницу и т. д.); опирать; (перен.) подпирать, поддерживать, оказывать поддержку, содействие; подтверждать, подкреплять, обосновывать: * apoyar los codos en la mesa, положить локти на стол; * apoyar una proposición, поддержать предложение, [неперех.] налегать, нажимать, опираться: * apoyarse. [возв. гл.] опираться, прислоняться; полагаться, опираться, основываться на чём-л, базироваться.
apoyatura. [ж.] (муз.) форшлаг.

apoyo. [м.] опора, поддержка; подпорка, подставка, стойка; упор; (перен.) опора, поддержка, протекция, покровительство; подтверждение, обоснование; (арх.) (тех.) кронштейн, держатель: * punto de apoyo, опорный пункт; * servir de apoyo, нести.
apozarse. [возв. гл.] (Амер.) образовывать лужу.
apreciabilidad. [ж.] свойст. по знач. прил. apreciable.
apreciable. [прил.] оценимый; заметный, значительный, ощутительный; достойный уважения, уважаемый (при обращении).
apreciación. [ж.] оценка, определение (цены, достоинства); суждение.
apreciadamente. [нареч.] с уважением, уважительно.
apreciador, ra. [прил.] определяющий стоимость и т. д.; [м. и ж.] оценщик (-ица), ценитель (-ница).
apreciar. [перех.] оценивать, делать оценку, определять стоимость, значение и т. д.; расценивать, квалифицировать, определять; исчислять; уважать, (высоко) ценить, дорожить.
apreciativo, va. [прил.] оценочный.
aprecio. [м.] см. apreciación; уважение, почтение.
aprehender. [перех.] хватать, схватывать (преимущ. о контрабанде); (фил.) воспринимать; (обл.) см. embargar.
aprehendiente. [дейст. прич.] к aprehender.
aprehensión. [ж.] схватывание, захват (преим. о контрабанде); (фил.) восприятие.
aprehensivo, va. [прил.] относящийся к восприятию; восприимчивый.
aprehensor, ra. [прил.] схватывающий, захватывающий; [м.] захватчик.
aprehensorio, ria. [прил.] служащий схватыванием и т. д.
apremiadamente. [нареч.] принудительным порядком.
apremiador, ra. [прил.] принудительный, принуждающий, заставляющий; настоятельный, неотложный, неотступный, срочный, спешный, безотлагательный.
apremiar. [перех.] принуждать, заставлять, понуждать; торопить, ускорять, требовать, настаивать, обязывать; см. oprimir: * el tiempo apremia, время не терпит.
apremio. [м.] принуждение; понуждение; стеснение; (юр.) настойчивое требование; административное распоряжение; увеличение (налога и т. д.) за несвоевременный взнос.
aprendedor, ra. [прил.] учащий, и т. д.
aprender. [перех.] учить, изучать, усваивать какие-л знания, навыки, заучивать, выучивать, учиться, обучаться: * terminar de aprender, доучить (-ивать); * aprender superficialmente, (прост.) нахватывать; * aprender a leer y escribir, учиться грамоте; * aprender de memoria, учить наизусть; * aprender una lección, выучить урок.
aprendiz, za. [м. и ж.] ученик (-ица), подмастерье (в ремесле).
aprendizaje. [м.] ученичество, время учения; учение, обучение (ремеслу).
aprensador, ra. [прил. и сущ.] прессующий.
aprensadura. [ж.] (м. употр.) см. prensadura.
aprensar. [перех.] см. prensar; (перен.) угнетать, гнести, притеснять, наполнять тревогой и т. д.
aprensión. [ж.] боязнь, опасение; мнительность; ложное представление, необоснованное мнение, необоснованная идея (преимущ. употр. в множ. ч.); (перен.) щепетильность; см. aprehensión.

aprensionarse. [возв. гл.] (Амер.) (вар.) волноваться.
aprensivo, va. [прил.] боязливый, робкий, застенчивый; мнительный, видящий во всём для себя опасность и т. д.
apresador, ra. [прил. и сущ.] схватывающий когтями или зубами; пират, разбойник, корсар; берущий в плен.
apresamiento. [м.] схватывание когтями или зубами; взятие в плен; заточение в тюрьму; захват судна.
apresar. [перех.] схватывать когтями или зубами; захватывать судно; брать в плен; заключать в тюрьму.
apreso, sa. [прил.] пускающий корни (о растениях).
aprestar. [перех.] приготовлять, подготавливать к чему-л, устраивать; (тех.) аппретировать, отделывать: * aprestarse. [возв. гл.] приготовляться, готовиться к...
apresto. [м.] приготовление; аппретура, аппретирование.
apresuración. [ж.] см. apresuramiento.
apresuradamente. [нареч.] поспешно, на скорую руку.
apresurado, da. [страд. прич.] к apresurar; [прил.] ускоренный, быстрый.
apresuramiento. [м.] поспешность, торопливость; ускорение; форсирование.
apresurar. [перех.] (за)торопить, ускорять, форсировать: * apresurarse. [возв. гл.] торопиться, спешить, пороть горячку (прост.).
apretadamente. [нареч.] тесно, плотно; настойчиво.
apretadera. [ж.] (чаще. множ.) тесьма, лента, шнур, веревка, ремень и т. д. (для стягивания).
apretadero, ra. [прил.] см. apretativo; [м.] грыжевой бандаж.
apretadizo, za. [прил.] легко затягиваемый, стягиваемый и т. д.
apretado, da. [страд. прич.] к apretar; [прил.] тесный, узкий; густой, частый; плотный, убористый; сжатый; трудный, затруднительный, опасный; неотложный; (перен.) (разг.) скупой, мелочный, мелкий, скаредный; [м.] убористый почерк; (арг.) камзол.
apretador, ra. [прич. и сущ.] сжимающий, сдавливающий, затягивающий, стягивающий; [м.] натяг; зажим; свивальник; безрукавная куртка, плотно облегающая тело; головная лента.
apretadura. [ж.] давление, нажатие, сжимание, сжатие; стягивание; плотное свинчивание.
apretamiento. [м.] см. aprieto; (уст.) скупость, скаредность, скряжничество.
apretante. [дейст. прич.] к apretar.
apretar. [перех.] жать, сжимать, давить, сдавливать, прижимать, пожимать; нажимать, надавливать; зажимать, давить, быть тесным (об одежде и т. д.); стягивать, затягивать, подтягивать; тревожить, удручать, угнетать, мучить, томить, огорчать; упорно преследовать, теснить; оказывать; принуждать; торопить, ускорять; настаивать; (раз.) делать усилие; (жив.) оттенять; [неперех.] усиливаться: * apretar un nudo, затягивать узел; * apretar a correr, (разг.) броситься бежать; * apretar el paso, прибавить шагу; ускорить ход; * apretar (la lluvia), идти сильнее (о дожде); * apretar con uno, (разг.) энергично на-

падать на кого-л; *apretarse un nudo, захлестнуться (прост.). [непр. гл.] спрягается как acertar.

apretón. [м.] быстрое и сильное сжатие и т. д.; усилие (в действии); давка, толкучка, большое скопление народа; (разг.) позыв (о кишечнике); (разг.) быстрый и короткий бег; (перен.) (разг.) стеснение; столкновение; (жив.) усилительная тень; *apretón de manos, пожатие руки.

apretujar. [перех.] сильно сжимать, давить и т. д.

apretujón. [м.] сильное сжимание, сжатие, давление.

apretura. [ж.] толкотня, теснота, давка; тесное место; стеснённое положение; угнетённое состояние; недостаток, нужда (преимущ. о продовольствии); (мало употр.) см. apremio, urgencia.

aprevenir. [перех.] (обл.) (Амер.) предупреждать; см. prevenir.

apriesa. [нареч.] скоро, быстро, проворно, живо.

aprietapapeles. [м.] (Амер.) пресс-папье.

aprieto. [м.] толкотня, давка; (перен.) стеснённое положение; угнетённое состояние; нужда; опасность: *meter en un aprieto, посадить в калошу кого-л, поставить в неловкое положение; *(estar) en un aprieto, (быть) как кур во щи; *en amarillentos aprietos, (с гл. dejar, estar, ver и т. д.) (разг.) (Амер.) в стеснённом положении.

aprimar. [перех.] доводить до совершенства, совершенствовать.

a priori. [нареч.] априори.

apriorismo. [м.] (фил.) априоризм.

apriorístico, ca. [прил.] (фил.) априористический.

aprisa. [нареч.] скоро, быстро, проворно, живо, поспешно.

apriscador, ra. [прил. и сущ.] загоняющий скот.

apriscar. [перех.] загонять, ставить, помещать скот в овчарню.

aprisco. [м.] хлев для овец, овчарня.

aprisionar. [перех.] сажать, заключать в тюрьму; брать в плен, захватить в плен; пленять (поэт.); (перен.) покорять, подчинять.

aproar. [перех.] (мор.) поворачивать судно на определённый румб.

aprobable. [прил.] заслуживающий, достойный одобрения.

aprobación. [ж.] одобрение; апробация; согласие, разрешение; проба, испытание.

aprobado, da. [страд. прич.] к aprobar; [прил.] принятый; выдержавший экзамен; [м.] удовлетворительная отметка.

aprobador, ra. [прил.] одобрительный, одобряющий; соглашающийся; апробирующий.

aprobante. [дейст. прич.] к aprobar.

aprobanza. [ж.] (разг.) одобрение, согласие.

aprobar. [перех.] одобрять, благосклонно принимать, дать согласие, соглашаться на...; благословлять; хвалить; апробировать: *aprobar un proyecto, принять проект; [непр. гл.] спрягается как contar.

aprobativamente. [нареч.] одобрительно.

aprobativo, va. [прил.] одобрительный.

aprobatorio, ria. [прил.] см. aprobativo.

aproches. [м. множ.] (воен.) апроши.

aprometer. [перех.] (прост.) см. prometer.

aprontamiento. [м.] (быстрые) приготовления; немедленный взнос, платёж, передача.

aprontar. [перех.] быстро, живо приводить в готовность; передавать, вносить без промедления (деньги и т. д.).

apropiable. [прил.] могущий быть присвоенным.

apropiación. [ж.] присвоение, завладение, захват.

apropiadamente. [нареч.] соответственным, надлежащим образом.

apropiado, da. [страд. прич.] к apropiar; [прил.] надлежащий, подходящий, соответствующий, соответственный, адекватный, пригодный.

apropiar. [перех.] давать в собственность, давать во владение; приспособлять; придавать надлежащий вид; *apropiarse. [возв. гл.] присваивать (себе); узурпировать; усваивать.

apropincuación. [ж.] (юмор.) приближение.

apropincuarse. [возв. гл.] (юмор.) приближаться.

apropósito. [м.] злободневная пьеса.

aprosopia. [ж.] (физиол.) отсутствие лица.

aprovecer. [неперех.] (обл.) делать успехи, преуспевать.

aprovechable. [прил.] прибыльный, выгодный, полезный, могущий быть использованным.

aprovechadamente. [перех.] полезно, с пользой, успешно; (м. употр.) выгодно.

aprovechado, da. [страд. прич.] к aprovechar; [прил.] извлекающий из всего пользу; бережливый, хозяйственный, экономный; прилежный, старательный.

aprovechador, ra. [прил. и сущ.] извлекающий из всего пользу, рвач.

aprovechamiento. [м.] пользование, использование, утилизация, употребление; прибыль, выгода, барыш, польза; успех, продвижение.

aprovechante. [дейст. прич.] к aprovechar, извлекающий пользу и т. д.

aprovechar. [неперех.] пользоваться, получать, извлекать пользу, прибыль, барыш; приносить пользу, выгоду; быть полезным, выгодным; продвигаться в чём-л, успевать, делать успехи; (мор.) лавировать; [перех.] употреблять с пользой, использовать; *aprovecharse. [возв. гл.] извлекать пользу из..., пользоваться, воспользоваться; *aprovecharse de la ocasión, воспользоваться случаем; *aprovechar el tiempo, беречь время, не тратить даром времени; *aprovecharse de todo, из всего извлекать пользу; *¡que aproveche!, приятного аппетита!

aprovisionador. [м.] (гал.) см. abastecedor.

aprovisionamiento. [м.] (гал.) снабжение, поставка; см. abastecimiento: *aprovisionamiento de trigo, cereales и т. д., хлебозаготовки.

aprovisionar. [перех.] снабжать, запасать, заготовлять, довольствовать, см. abastecer.

aproximación. [ж.] приближение; сближение; лотерейный билет предшествующий или следующий после главного выигрыша.

aproximadamente. [нареч.] около, приблизительно, примерно.

aproximado, da. [прил.] приблизительный.

aproximar. [перех.] придвигать, приближать.

aproximativamente. [нареч.] (Амер.) приблизительно; см. aproximadamente.

aproximativo, va. [прил.] приблизительный.

aprudenciado, da. [страд. прич.] к aprudenciarse; [прил.] (Амер.) (вар.) осторожный, осмотрительный, благоразумный.

aprudenciarse. [возв. гл.] (Амер.) (прост.) становиться сдержанным, сдерживаться.

ápside. [м.] (астр.) апсида.

apsiquia. [ж.] (пат.) потеря сознания.

aptamente. [нареч.] надлежащим образом.

aptar. [перех.] приспособлять, адаптировать.

apterigios. [м. множ.] (зоол.) бескрылые птицы.

aptérix. [м.] (орни.) киви-киви (птица в Новой Зеландии).

áptero, ra. [прил.] (зоол.) бескрылый.

apterología. [ж.] отдел энтомологии о бескрылых насекомых.

aptitud. [ж.] способность, (при)годность к чему-л, задатки: *aptitud para el trabajo, работоспособность; *certificado de aptitud, диплом или свидетельство о прохождении курса (по специальности).

apto, ta. [прил.] способный к...; пригодный к...; компетентный: *no apto para, неприспособленный; *apto para el trabajo, работоспособный, трудоспособный; *apto para el combate, боеспособный.

aptótico, ca, aptoto, ta. [прил.] (филол.) несклоняемый, неизменяемый.

apuchincharse. [возв. гл.] (Амер.) объедаться, объедать слишком много, до пресыщения; обогащаться.

apuesta. [ж.] пари, заклад; ставка: *hacer una apuesta, биться об заклад, держать пари; *ganar una apuesta, выиграть заклад.

apuestamente. [нареч.] мило, славно.

apuesto, ta. [прил.] статный, стройный; изящный, грациозный, миловидный, хорошенький; [нареч.] (уст.) см. apuestamente.

apulgaramiento. [м.] толкание большим пальцем.

apulgarar. [перех.] толкать большим пальцем.

apulgararse. [возв. гл.] покрываться пятнами (о белье).

apulismarse. [возв. гл.] (Амер.) см. desmedrarse.

apunado, da. [страд. прич.] к apunarse; [прил.] худой, изможденный, изнуренный.

apunarse. [возв. гл.] (Амер.) заболеть puna (горной болезнью).

apuntación. [ж.] см. apuntamiento; (муз.) обозначение условными знаками.

apuntado, da. [страд. прич.] к apuntar; [прил.] остроконечный, заострённый, острый; кислый (о вине): *apuntado de cordón, (Амер.) слабая водка.

apuntador, ra. [прил. и сущ.] отмечающий точками, знаками и т. д.; наводчик; табельщик (-щица); (театр.) суфлёр; (арг.) см. alguacil.

apuntalador, ra. [прил. и сущ.] подпирающий, поддерживающий и т. д.

apuntalamiento. [м.] подпирание стойками; (мор.) укрепление подпорками, подставами.

apuntalar. [перех.] подпирать стойками, ставить подпорки; (перен.) поддерживать, подпирать.

apuntamiento. [м.] дейст. по знач. гл. apuntar; (театр.) суфлирование; примечание; заметка; (юр.) выписка из акта; краткое изложение, обозрение.

apuntar. [перех.] (орудие и т. д.) наводить, целить, метить(ся), прицеливаться, брать на прицел; указывать (пальцем); отмечать точками, знаками; отмечать, делать заметку, записывать (для памяти); записывать, конспектировать, законспектировать; делать набросок; оттачивать, заострять;

согласовывать (немногими словами); делать на живую нитку, слегка скреплять; (карт.) понтировать, делать ставку; делать выписку из протокола и т. д.; (театр.) суфлировать; брать на изготовку; (разг.) латать, штопать; (уст.) подпирать стойками; (перен.) предлагать, намекать, внушать, слегка затрагивать; [неперех.] наступать; (перен.) показываться, пробиваться, едва показываться: * ¡apunten!, целься!; * apuntar y no dar, (разг.) обещать и не исполнить; * el día apunta, светает; * apuntarse. [возв. гл.] скисать, прокисать, киснуть (о вине); (разг.) хмелеть (легко).

apuntatura. [ж.] (муз.) обозначение условными знаками.

apunte. [м.] см. apuntamiento; набросок; голос суфлёра; суфлёр; помощник режиссёра; суфлёрский экземпляр; ставка (в игре); заметка, запись, намётка, выписка, записка; понтёр; (перен.) (разг.) хитрый, коварный человек, плут, шельма; странный, причудливый человек: * apuntes, записки; * llevar, или tomar, el apunte a uno, (разг.) (Амер.) принимать во внимание.

apuntillar. [перех.] добивать кинжалом.

apuñada. [перех.] (обл.) ударять, бить кулаками.

apuñador, ra. [прил. и сущ.] ударяющий кулаками.

apuñalada, da. [страд. прич.] к apuñalar; [прил.] имеющий форму кинжала.

apuñalamiento. [м.] закалывание кинжалом.

apuñalar. [перех.] закалывать (кинжалом), наносить удары или убивать кинжалом.

apuñalear. [перех.] (Амер.) закалывать (кинжалом); см. apuñalar.

apuñamiento. [м.] схватывание в кулаке; удары кулаками.

apuñar. [перех.] схватывать, зажимать в кулаке; см. apuñear; [неперех.] сжимать в кулак.

apuñear. [перех.] (разг.) бить кулаками.

apuñegar. [перех.] (обл.) см. apuñear; (перен.) (разг.) утомлять, надоедать, докучать.

apuñetear. [перех.] см. apuñear.

apuñuscar. [перех.] (Амер.) мять, комкать; см. apañuscar; * apuñuscarse. [возв. гл.] скопляться, нагромождаться.

apupar. [перех.] (Амер.) носить на своей спине, на плечах.

apupio. [м.] (Амер.) чайоте (род тыквы).

apuracabos. [м.] приспособление при помощи к-рого можно дожигать свечи до конца.

apuración. [ж.] очищение; см. apuramiento; см. apuro.

apuradamente. [нареч.] точно, в точности.

apurado, da. [страд. прич.] к apurar; [прил.] бедный, остро нуждающийся; трудный, тяжёлый, опасный (о положении); точный, прекрасно сделанный, тонко отделанный; (Амер.) поспешный.

apurador, ra. [прил.] очищающий; исчерпывающий и т. д. (см. apurar); [м.] см. apuracabos.

apuramiento. [м.] очищение; вычерпывание; тщательные изыскания; исследование, проверка.

apuranieves. [ж.] (орни.) трясогузка.

apurar. [перех.] очищать; исчерпывать, извлекать, истощать; доводить до крайности; выжимать, выжимать все соки; выяснять, разъяснять, расследовать, торопить, понуждать; перестрадать; рассердить, вывести из себя; огорчать, удручать, печалить: * apurar la paciencia, вывести кого-л из терпения; * apurar el vaso, выпить до последней капли; * apurar el cáliz hasta las heces, испить чашу до дна; * apurarse. [возв. гл.] огорчаться, печалиться; наполняться тревогой и т. д.; тревожиться, беспокоиться; (Амер.) торопиться.

apure. [м.] (горн.) очищение, очистка (порода); остаток свинцовой руды (при промывании).

apurismado, da. [прил.] (Амер.) тщедушный, щуплый, хилый, чахлый, ледащий (прост.).

apuro. [м.] нужда, стеснённое, затруднительное положение, угнетённое состояние; печаль, скорбь, горе, огорчение; (Амер.) поспешность, торопливость: * estar en un apuro, быть в затруднении, в затруднительном положении, попасть в переплёт; * sacar de un apuro, вывести из затруднения.

apurón, na. [прил.] (Амер.) имеющий привычку всех подгонять.

apurpujado, da. [прил.] маленький (о глазах).

apurrir. [перех.] (обл.) передавать из рук в руки, от одного к другому.

apurruñar. [перех.] (Амер.) мять, комкать (руками).

apususarse. [возв. гл.] (Амер.) быть изъеденным молью.

aquebrajar. [перех.] (прост.) см. quebrajar.

aquebrazarse. [возв. гл.] (обл.) покрываться трещинками (о руках, ногах).

aquejador, ra. [прил. и сущ.] наводящий грусть, огорчение; томительный, мучительный, наполняющий тревогой и т. д.

aquejar. [перех.] огорчать, печалить, удручать; наполнять тревогой, мучить.

aquejerar. [перех.] (арг.) влюблять в себя; см. enamorar.

aquejoso, sa. [прил.] огорчённый, удручённый.

aquejumbrarse. [возв. гл.] (Амер.) жаловаться; см. quejarse.

aquel, aquella, aquello. [мест.] (aquel, aquella употр. также прил.) (обозначает предмет более удалённый от говорящего) тот, та, то (множ. те); * aquél, aquélla, он, она; [м.] грация, прелесть, привлекательность.

aquelarre. [м.] шабаш (ночное сборище ведьм).

aquende. [нареч.] по сю, по эту сторону.

aquenio. [м.] (бот.) семянка.

aquerenciado, da. [страд. прич. и прил.] влюблённый.

aquerenciarse. [возв. гл.] привыкать к месту (преимущ. о скоте).

aqueridarse. [возв. ул.] (Амер.) сожительствовать вне брака.

aquese, sa, so. [указ. мест.] (поэт.) см. ese.

aqueste, ta, to. [указ. мест.] (поэт.) см. este.

aqueta. [ж.] цикада; см. cigarra.

aquí. [нареч.] здесь, тут; сюда; в настоящий момент; тогда: * de aquí en adelante, отныне, впредь, в дальнейшем; * he aquí, вот; * aquí y allí, тут и там; * ¡aquí Moscú!, говорит Москва!; * hasta aquí, до этого места, до сих пор; (разг.) * aquí, здесь, сюда; этой дорогой; * aquí no hay nada, здесь ничего нет; * aquí yace, здесь погребён..., здесь покоится прах...; ° de aquí, отсюда; * de aquí a mañana, в течение сегодняшнего дня; * de aquí se puede deducir, отсюда (из этого) можно заключить.

aquiescencia. [ж.] согласие, одобрение; позволение, разрешение.

aquiescente. [прил.] соглашающийся.

aquiescer. [неперех.] (м. употр.) соглашаться на...

aquietador, ra. [прил.] успокаивающий, успокоительный.

aquietamiento. [м.] успокоение.

aquietar. [перех.] успокаивать, смягчать, унимать.

aquifolio. [м.] (бот.) падуб, остролист.

aquijotado, da. [прил.] см. quijotesco.

aquilatamiento. [м.] определение чистоты золота и т. д.; (перен.) правильная оценка (достоинства и т. д.); очищение.

aquilatar. [перех.] определять чистоту золота и т. д.; (перен.) оценивать должным образом (достоинства и т. д.); очищать.

aquilea. [ж.] (бот.) тысячелистник.

aquileño, ña. [прил.] (уст.) см. aguileño; (арг.) обладающий способностями к воровству.

aquilia. [ж.] (физиол.) врождённое отсутствие губ(ы); отсутствие хилуса.

aquílido, da. [прил.] похожий на орла.

aquilífero. [м.] (ист.) вексилларий, римский знаменосец.

aquilino, na. [прил.] см. aguileño.

aquilón. [м.] (поэт.) аквилон (северный ветер); север или северный полюс.

aquilonal, aquilonar. [прил.] к аквилон, северный; зимний.

aquillado, da. [прил.] похожий на киль; (мор.) имеющий очень длинный киль.

aquillar. [перех.] придавать форму киля.

aquintralarse. [возв. гл.] (Амер.) покрываться quintral (о деревьях).

aquiranto. [м.] (бот.) соломоцвет.

aquiria. [ж.] (физиол.) врождённое отсутствие рук(и).

aquistar. [перех.] добиться, достигнуть; завоёвывать.

ar, a. [хим.] символ аргона.

ara. [ж.] алтарь; алтарный камень; жертвенник; символ солнца и огня: * acogerse a las aras, см. refugiarse; * en aras, во имя чего-л, ради чего-л.

ara. [ж.] ара (порода попугаев).

arabata. [м.] (зоол.) ревун (порода обезьян).

árabe. [прил.] арабский; [м. и ж.] араб, арабка; [м.] арабский язык.

arabesco, ca. [прил.] см. arábigo; [м. множ.] арабески.

arabia. [ж.] (Амер.) клетчатая ткань.

arábigo, ga. [прил.] см. arábico; [м.] арабский язык; * goma arábiga, [м.] гуммиарабик.

arabismo. [м.] (линг.) арабизм.

arabista. [м. и ж.] арабист.

arabizar. [перех.] подражать арабскому языку и т. д.

arable. [прил.] пахотный, пригодный для пахоты: * tierra arable, пахотная земля.

arabófono. [прил.] говорящий по-арабски.

arac. [м.] крепкий восточный ликёр из пальмового вина, риса.

arácnido, da. [прил. и м.] (зоол.) паукообразный.

aracnología. [ж.] отдел зоологии о паукообразных.

aracnológico, ca. [прил.] принадлежащий к изучению паукообразных.

aracnólogo, ga. [м. и ж.] специалист по изучению паукообразных.

arada. [ж.] (грядами) запашка, вспашка, пахота; пахота; поле, вспаханное плугом, пашня; участок, вспахиваемый в один день одной запряжкой волов; (обл.) время пахоты.

arado. [м.] плуг; вспашка (грядами): * arado de madera, соха; * de arado, плуговой, плужный; * arado de vapor, паровой плуг; * arado de dos rejas, двухлемешный плуг; * arado automático, автоплуг; * arado de siembra, запашник.

124 arador

arador, ra. [прил.] пашущий плугом; [м.] плугарь, плугатарь (обл.), пахарь, земледелец, хлебороб, хлебопашец; (зоол.) клещ (насекомое).
aradro. [м.] (обл.) плуг.
aradura. [ж.] запашка, пахота, вспашка (плугом); (обл.) участок, вспахиваемый в один день одной запряжкой волов.
aragonés, sa. [прил.] арагонский; [м.] арагонец; род чёрного винограда.
aragonesismo. [м.] сборот речи и т. д. построенный по образу арагонского говора.
aragonita. [ж.] (мин.) арагонит.
araguaney. [м.] (бот.) текома (одка из разновидностей).
araguato. [м.] американская обезьяна.
araguirá. [м.] (Амер.) (орнн.) аргентинская птичка.
aralejo. [м.] кубинское дерево.
aralia. [ж.] (бот.) аралия, канадский куст.
aralieas. [ж. множ.] (бот.) аралиевые.
aramaico, ca. [прил.] арамейский.
arambel. [м.] стенные ковры; (перен.) тряпка, лоскут.
arambeloso, sa. [прил.] оборванный, в лохмотьях.
arambol. [м.] (обл.) лестничная балюстрада.
arameo, a. [прил.] арамейский; [м. и ж.] арамеец, арамейка.
aramio. [м.] поле под паром.
aramitas. [м. множ.] бразильские индейцы.
arán. [м.] (обл.) терновник; тёрн (плод).
arana. [ж.] обман, ложь; дыдумка; мошенничество.
arancel. [м.] тариф; такса; прейскурант.
arancelario, ria. [прил.] тарифный, тарифицированный: *derechos arancelarios*, таможенные пошлины.
arancelarse. [возв. гл.] (Амер.) становиться клиентом.
arandanedo. [м.] черничник, заросли черники.
arándano. [м.] черника (растение и ягода).
arandela. [ж.] свечная розетка, розетка подсвечника; (тех.) шайба, диск, чашка на копье; род воронки с водой против муравьёв (у деревьев); бра; (Амер.) жабо обшлага.
arandela. [ж.] (обл.) ласточка.
arandillo. [м.] насекомоядная птица; (обл.) см. *caderillas*.
arandino, na. [прил. и сущ.] относящийся к Aranda del Duero; уроженец этого города.
arandón. [м.] (бот.) филиппинское деревце.
aranero, ra. [прил.] лгущий; [м. и ж.] лжец, лгун (-ья), враль, обманщик (-щица); мошенник, жулик, плут.
arrangorri. [м.] большеголовая кантабрийская рыба.
araniego, ga. [прил.] (охот.) пойманный сетью (о ястребе).
aranoso, sa. [прил.] лгущий.
aranzada. [ж.] земельная мера.
araña. [ж.] паук; люстра; сеть для ловли птиц; (перен.) (разг.) человек из всего извлекающий пользу; (бот.) лютиковое растение; проститутка, публичная женщина; (Амер.) лёгкая коляска; (мор.) блок; см. *arrebatiña*; *tela de araña*, паутина; * *araña de mar*, морской паук, краб; * *araña picabayos*, американский паук; * *araña pollito*, большой чёрный паук; * *araña lobo*, см. *tarántula*; * *araña de jardín*, крестовик.

arañada. [ж.] удар когтями; см. *arañamiento*.
arañador, ra. [пркл. и сущ.] царапающий.
arañamiento. [м.] царапанье, удар когтями.
arañando. [нареч.] с большим трудом.
arañar. [перех.] царапать, оцарапать, расцарапывать; чертить, проводить поверхностные черты; (разг.) наскрести, накопить понемногу: * *arañarse*. [возв. гл.] оцарапаться, исцарапаться.
arañazo. [м.] царапина: * *cubrir de arañazos*, исцарапывать, расцарапывать.
arañil. [прил.] паучий.
araño. [м.] см. *arañamiento, arañazo*.
arañón. [м.] (обл.) (бот.) терновник.
arañonero. [м.] см. *arañón*.
arañero, ra. [прил.] дикий, трудно поддающийся приручению (о птице).
arañuela. [ж.] (бот.) паучок; лютиковое растение, чернушка (разновидность); см. *arañuelo*.
arañuelo. [м.] клещ (насекомое); гусеница лугового мотылька; сеть для ловли птиц.
arapende. [м.] старинная земельная мера.
aráquida. [ж.] арахис, земляной орех.
araquídeo, a. [прил.] к *aráquida*; похожий на арахис.
arar. [м.] (бот.) африканская лиственница.
arar. [перех.] пахать, вспахивать, обрабатывать землю плугом; бороздить (поэт.): * *comenzar a arar*, запахать (плугом); * *cuántos aran y cavan*, (перен.) (разг.) много народа; * *él no viene de arar, у него губа не дура, его не проведёшь*.
arará. [м.] дикое американское дерево.
arara. [м.] (Амер.) попугай.
aratada. [ж.] (арг.) дурное обращение с кем-л.
arate. [м.] назойливость, глупость; см. *suerte*; (арг.) менструация.
araticú. [м.] южноамериканский орех.
aratoso, sa. [прил.] (обл.) докучливый, надоедливый, утомительный.
aratriforme. [прил.] имеющий форму плуга.
araucano, na. [прил.] арауканский; [м. и ж.] арауканец (-ка); [м.] арауканский язык.
araucaria. [ж.] (бот.) араукария.
arauja. [ж.] вьющееся бразильское растение.
aravico. [м.] (у древних перуанцев) летописец, поэт, стихотворец.
araxat. [м.] свинец.
arazá. [м.] уругвайское дерево с съедобным плодом; плод этого дерева.
arazar. [м.] роща и его *arazares*.
arbalestrilla. [ж.] род старинного секстанта.
arbejilla. [ж.] (обл.) см. *guisante*.
arbelcorán. [м.] (обл.) (бот.) род левкоя.
arbellón. [м.] водоотводный канал; сточная труба.
arbequín. [м.] разновидность оливкового дерева.
arbicuajer. [м.] (бот.) дикорастущее смолистое кубинское дерево.
arbitrable. [прил.] произвольный, самовольный.
arbitración. [ж.] см. *arbitramento*.
arbitrador, ra. [прил. и сущ.] действующий произвольно; решающий третейским судом.
arbitraje. [м.] арбитраж, третейский суд.
arbitral. [прил.] арбитражный, третейский, посреднический: * *sentencia arbitral*, третейское решение.
arbitram(i)ento. [м.] обязанность и т. д., третейского судьи; третейское решение.
arbitrante. [дейст. прич.] к *arbitrar*.
arbitrar. [перех.] поступать по собственному усмотрению, произвольно; (юр.) судить, решать дело (или спор) третейским судом; (спорт.) судить; * *arbitrarse*. [возв. гл.] ухищряться, умудряться; проявлять изобретательность.
arbitrariamente. [нареч.] произвольно; незаконно, беззаконно, деспотично.
arbitrariedad. [ж.] произвол, самоуправство, беззаконность, беззаконие.
arbitrario, ria. [прил.] произвольный, самоуправный, деспотичный, деспотический, незакономерный, беззаконный; см. *arbitral*; абсолютный, неограниченный (о власти).
arbitrativo, arbitratorio. [прил.] см. *arbitral*.
arbitrio. [м.] свобода, воля; чрезвычайное средство, выход; третейское решение; власть; воля, сознательное стремление к осуществлению чего-л.; действие, совершаемое по своей прихоти: * *arbitrio de juez* (judicial), полномочия суда или судьи; [множ.] городская ввозная пошлина (на продукты и некоторые товары): * *al arbitrio de*, в чьей-л. власти.
árbitro, tra. [прил.] неограниченный, независимый; [м.] арбитр, третейский судья; член арбитражной комиссии; посредник; (спорт.) судья, арбитр, судья на ринге (в борьбе и т. п.); судья на вышке (в волейболе); судья-фиксатор (в теннисе); главный судья (в хоккее); неограниченный властелин: * *árbitro de la elegancia*, законодатель мод.
árbol. [м.] дерево; (тех.) вал; валик; ось; шпиндель; (мор.) мачта; часть рубашки, покрывающая туловище; (арг.) человеческое тело; буравчик (часовщичий); (Амер.) вешалка; древо (поэт.): * *árbol frutal*, плодовое дерево; * *árbol de Navidad*, рождественская ёлка; * *árbol de adorno*, декоративное дерево; * *árbol enano*, карликовое дерево; * *árbol sin ramas, хлыст*; * *árbol joven*, деревце (цо); * *corteza de árbol, корьё*; * *árbol de las pelucas*, сумах; * *árbol del cielo*, см. *ailanto*; * *árbol de la vida*, туя; * *árbol de la cera*, восковая мирика; * *árbol genealógico*, родословное дерево; * *árbol de costados*, родословное дерево; * *árbol de manivela* или *cigüeñal*, коленчатый вал; * *árbol motor*, ведущий вал; * *árbol de transmisión*, передаточный, трансмиссионный вал; * *árbol maestro* (mayor), (мор.) грот-мачта; * *árbol seco*, (мор.) мачта с убранными парусами; * *árbol marino*, коралл; * *barrera de árboles derribados*, засека.
arbolado, da. [прил.] лесистый, засаженный деревьями; [м.] (соб.) деревья; (арг.) дылда, верзила, очень высокий человек.
arboladura. [ж.] (мор.) рангоут, мачты и реи.
arbolar. [перех.] см. *enarbolar*; (мор.) ставить рангоут, мачты; прислонять; * *arbolarse*. [возв. гл.] становиться на дыбы.
arbolario, ria. [прил.] (перен.) (разг.) взбалмошный, безрассудный, ветреный; сумасбродный; [м. и ж.] ветреник (-ка) вертопрах, сумасброд (-ка), чудак.
arbolear. [перех.] (Амер.) метать, бросать, швырять.
arbolecer. [неперех.] см. *arborecer*.
arboleda. [ж.] роща, место, засаженное деревьями, насаждение.
arboledo. [м.] (соб.) деревья.
arbolejo. [м.] деревце, деревцо.
arbolillo. [м.] см. *arbolejo*; ветка.
arbolista. [м. и ж.] см. *arboricultor*; торговец (-вка) деревьями.
arbolito. [м.] деревце, деревцо; (Амер.) фейерверочное сооружение.
arbollón. [м.] см. *albollón*: * *salir por el arbollón*, (разг.) играть некрасивую роль в чём-л.

arborecer. [неперех.] расти деревом; [непр. гл.] спрягается как agradecer.
arbóreo, a. [прил.] к дерево; древесный; вьющийся (о плюще); древовидный.
arborescencia. [ж.] вырастание деревом; древовидное разветвление; (мин.) древовидная кристаллизация.
arborescente. [прил.] растущий деревом; древовидный.
arborícola. [прил.] живущий на деревьях, древесный.
arboricultor. [м. и ж.] лесовод, садовод.
arboricultura. [ж.] разведение деревьев, древоводство, культура древесных растений, лесоводство; садоводство.
arboriforme. [прил.] древовидный.
arborización. [ж.] древовидное образование, отпечаток растений (в минералах).
arborizado, da. [прил.] представляющий древовидное образование (о минералах).
arborizar. [перех.] придавать древовидную форму; [неперех.] выращивать деревья.
arbotante. [м.] (арх.) подпорная арка, контрфорс.
arbuscular. [прил.] разветвлённый.
arbúsculo. [м.] маленькое деревце.
arbustivo, va. [прил.] кустарниковый.
arbusto. [м.] куст(арник), кустик, кусточек.
arca. [ж.] ящик, ларь, сундук; ларец, шкатулка; несгораемый шкаф; бак; студенческий бой (камнями); (Ноев) ковчег; обжигательная печь на стекольном заводе; [мн.] сокровищница; * arca cerrada, (перен.) замкнутый человек; * arca de Noé, Ноев ковчег; морской моллюск; * arca de agua, бак; * arca del cuerpo, человеческое туловище; * arca del pan, (перен.) (разг.) живот, брюхо; * el buen paño en las arcas se vende, хороший товар сам за себя говорит.
arcabuceamiento. [м.] стрельба из пищали, аркебуза, мушкета; расстрел.
arcabucear. [перех.] стрелять из аркебуза, мушкета, пищали; расстреливать.
arcabucería. [ж.] войско, вооружённое пищалями, аркебузами, мушкетами; залп из пищалей, аркебузов; лавка или мастерская пищалей, аркебузов.
arcabucero. [м.] аркебузир, стрелок из пищали, аркебуза, мушкетёр; оружейный мастер, выделывающий пищали, аркебузы, мушкеты.
arcabucete. [м. умен.] к пищаль, аркебуз.
arcabuco. [м.] густой лес.
arcabuz. [м.] пищаль, аркебуз; мушкет.
arcabuzazo. [м.] выстрел из пищали, аркебуза.
arcacil. [м.] (бот.) артишок; дикий артишок.
arcada. [ж.] тошнота, позыв к рвоте; аркада, галерея из арок в архитектурном сооружении; пролёт моста; (муз.) движение смычком.
arcachofa. [ж.] (Амер.) (бот.) артишок.
árcade. [прил.] аркадский; [м.] член литературной академии «Аркадия».
arcádico, ca. [прил.] аркадский.
arcador. [м.] шерстобит.
arcaduz. [м.] водопроводная труба; колодезная бадья; (перен.) (разг.) средство для достижения чего-л.
arcaico, ca. [прил.] архаический, архаичный, устаревший, давний.
arcaísmo. [м.] архаизм.
arcaísta. [м. и ж.] архаист.
arcaizante. [дейст. прич.] к arcaizar архаизирующий, архаистический.
arcaizar. [перех.] архаизировать; [неперех.] употреблять архаизмы; * acción de arcaizar, архаизация.
arcanamente. [нареч.] таинственно.

arcángel. [м.] архангел, ангел высшего чина.
arcangélica. [ж.] (бот.) дягиль.
arcangelical. [прил.] см. arcangélico.
arcangélico, ca. [прил.] архангельский.
arcano, na. [прил.] тайный, сокровенный, секретный, затаённый; непроницаемый; [м.] тайна, секрет.
arcar. [перех.] бить шерсть.
arcatifa. [ж.] смесь извести с песком.
arcatura. [ж.] (арх.) изображённая аркада.
arcayata. [ж.] (Амер.) костыль (гвоздь).
arcazón. [м.] (обл.) см. mimbre.
arce. [м.] (бот.) клён.
arcea. [ж.] (обл.) бекас (птица).
arcediana. [ж.] (бот.) (Амер.) амарант, бархатник.
arcedianato. [м.] сан архидиакона; территория архидиакона.
arcediano. [м.] архидиакон.
arcedo. [м.] кленовый лес.
arcén. [м.] край, берег; край колодца.
arceo. [м.] (Амер.) бортовая, боковая качка.
arcifinio, nia. [прил.] имеющий естественные границы.
arciforme. [прил.] дугообразный.
arciláceo, a. [прил.] цвета глины; растущий на глинистой почве.
arcilla. [ж.] глина: * arcilla figulina, гончарная, горшечная глина; * arcilla blanca, белая глина; * arcilla refractaria, огнеупорная глина.
arcillar. [перех.] удабривать глиной песчаную землю.
arcilloso, sa. [прил.] глинистый, глиноносный.
arcina(r). (Амер.) (прост.) см. hacina(r).
arción. [м.] (арх.) средневековое орнаментальное украшение.
arciprestado. [м.] (обл.) см. arciprestazgo.
arciprestal. [прил.] к протопресвитер.
arciprestazgo. [м.] сан протопресвитера; территория юрисдикции протопресвитера.
arcipreste. [м.] протопресвитер, протоиерей.
arco. [м.] дуга, дужка; лук; (арх.) арка, свод; (муз.) смычок; обод, обруч: * arco iris, celeste, de San Martín, радуга; * arco de bóveda, изгиб свода: * arco de medio punto, круглая арка; * arco de círculo, (мат.) дуга, часть окружности; * arco carpanel, пологая арка; лучковая арка; * arco peraltado, повышенный свод; * arco gótico или ojival, стрельчатая (готическая) арка; * arco de iglesia, (разг.) трудно выполнимая вещь; * arco voltaico, вольтова дуга; * lámpara de arco, * дуговая лампа; * arco triunfal, арка победы, триумфальная арка; * tirar con arco, стрелять из лука; * de arco, арочный.
arcobricence. [прил. и сущ.] относящийся к Arcos de la Frontera; уроженец этого города.
arcón. [м. увел.] к arca. большой ящик; ларь, ларец; (воен.) зарядный ящик.
arcontado. [м.] (ист.) сан архонта.
arconte. [м.] (ист.) архонт.
arcosa. [ж.] (мин.) песчаник.
archa. [ж.] (ист.) род копья.
archi. [прист.] архи..., в высшей степени; величайший, крайний, высший.
achibribón. [м.] архиплут.
archidiácono. [м.] архидиакон.
archiducado. [м.] эрцгерцогство.
archiducal. [прил.] эрцгерцогский.
archiduque. [м.] эрцгерцог.
archiduquesa. [ж.] эрцгерцогиня.
archiganzúa. [м.] (перен.) хитрый вор.
archilaúd. [м.] большая лютня.
archimandrita. [м.] архимандрит.
archimillonario, ria. [м.] архимиллионер.

archina. [ж.] (мера) аршин.
archipámpano. [м.] человек с большим самомнением, зазнайка.
archipiélago. [м.] архипелаг.
archivador, ra. [прил.] хранящий документы в архиве; [м.] шкаф для хранения документов и т. д.
archivamiento. [м.] хранение документов в архиве.
archivar. [перех.] хранить документы в архиве.
archivero, ra. [м. и ж.] архивариус, архивист.
archivista. [м. и ж.] см. archivero.
archivo. [м.] архив.
archivolta. [ж.] (арх.) архивольт.
arda. [ж.] (зоол.) белка.
ardalear. [неперех.] плохо наливаться (о виноградных гроздьях).
ardea. [ж.] (орни.) выпь.
ardentía. [ж.] пыл, жар; (мед.) изжога; морское свечение.
ardentísimamente. [нареч.] (очень) горячо, пылко, пламенно.
ardentísimo, ma. [превосх.] к ardiente; очень горячий, пылкий.
arder. [неперех.] (прям.) (перен.) гореть, пылать, воспламеняться, пламенеть; вызывать зуд, жжение; (перен.) быть в жару; [перех.] жечь; * arderse. [возв. гл.] сгорать, увядать, портиться (от жары, зноя, сырости) (о посевах); * arder en deseos, гореть желанием; * arder de..., сгорать, пылать от..., пламенеть; * comenzar a arder, запылать; * La cosa está que arde, в семье разлад; в доме содом; * arder verde por seco, расплачиваться за кого-л.
ardero, ra. [прил.] охотящийся на белок (о собаке).
ardeviejas. [ж.] (вул.) см. aulaga.
ardid. [прил.] (уст.) хитрый, коварный; [м.] хитрость, коварство, уловка, манёвр: * ardid bélico или de guerra, военная хитрость; * usar de ardides, хитрить, лукавить.
ardido, da. [прил.] храбрый, доблестный, мужественный, неустрашимый, отважный; раздражённый, сердитый, рассерженный; сожжённый зноем (о растениях и т. д.).
ardidoso, sa. [прил.] (обл.) хитрый, коварный, ловкий.
ardiente. [страд. прич.] к arder, горящий, пылающий; [прил.] горячий, пылкий, знойный, жаркий; (перен.) горячий, пылкий, жгучий, бурный, вспыльчивый, страстный, пламенный; (поэт.) огненный, красный; * sol ardiente, палящее солнце; * ser ardiente, быть энергичным, смелым.
ardientemente. [нареч.] горячо, пылко, пламенно: * desear ardientemente, страстно желать.
ardil. [м.] (Амер.) клевета, обвинение, донос; (прост.) см. ardid.
ardiloso, sa. [прил.] хитрый, ловкий, изворотливый; (Амер.) (вул.) доносчик; ябедник.
ardilla. [ж.] (зоол.) белка.
ardimiento. [м.] горение, сгорание.
ardimiento. [м.] неустрашимость, отвага, храбрость, мужество.
ardínculo. [м.] (вет.) гангренозный абсцесс.
ardiñal. [прил.] ловкий.
ardiondo, da. [прил.] полный храбрости, отваги, горячего стремления и. т. д.

ardita. [ж.] (Амер.) белка.
ardite. [м.] ардита (старинная мелкая монета в Кастилии): * no importa, или vale, un ardite, (разг.) не стоит ни гроша.
ardor. [м.] пыл, жар; жжение; задор, горячность, запал, зажигательность, запальчивость, вспыльчивость, живость, резвость, подвижность, пылкость; рвение, горячее стремление; смелость, отвага, храбрость; блеск: * ardor de estómago, (мед.) изжога.
ardorada. [ж.] краска стыда.
ardorosamente. [нареч.] пылко, пламенно, запальчиво, горячо, с горячим стремлением.
ardorosidad. [ж.] смелость, отвага, бесстрашие; воодушевление, живость, резвость.
ardoroso, sa. [прил.] горячий, жаркий; пылкий, задорный, кипучий, запальчивый.
arduamente. [нареч.] с трудом, с усилием, тяжело.
arduidad. [ж.] трудность, затруднительность.
arduo, a. [прил.] очень трудный, затруднительный, затруднённый, деликатный.
are. [м.] филиппинский ар (мера поверхности).
área. [ж.] площадь, занимаемая зданием; ар, мера поверхности, равная 100 кв. м.; участок земли (маленький); площадь, поверхность.
areaje. [м.] измерение земли арами.
areca. [ж.] (бот.) арека; плод этого растения.
arecina. [ж.] красящее вещество плодов ареки.
arefacción. [ж.] просушка, сушка.
areito. [м.] народная песня и пляска древних антильских индейцев.
arel. [м.] большое решето для просеивания зерна.
arelar. [перех.] просеивать зерно с arel.
a remotis. [лат. выраж.] из отдалённых мест.
arena. [ж.] песок; гравий, дресва; металлическая пыль; (перен.) арена, поприще; арена для боя быков; [множ.] (мед.) песок (в моче): * arena gorda, гравий, дресва; * arena movediza, плывун, зыбучий песок; * banco de arena, песчаная отмель; * arena aurífera, золотоносный песок; * arena muerta, бесплодные пески; * edificar sobre arena, строить на песке; * medir la arena, сражаться.
arenáceo, a. [прил.] песчаный.
arenación. [ж.] (мед.) покрытие больной части тела горячим песком.
arenal. [м.] местность с зыбучими песками; песчаная почва.
arenalejo. [м. умен.] к arenal.
arenamiento. [м.] посыпание песком.
arenar. [перех.] см. enarenar; натирать или чистить песком.
arenaria. [ж.] (бот.) песчанка.
arenario, ria. [прил.] растущий на песчаной почве.
arencado, da. [прил.] имеющий форму селёдки; (перен.) худощавый, сухопарый.
arencar. [перех.] солить и коптить рыбу.
arencón. [м.] род большой селёдки.
arenero, ra. [м. и ж.] продавец (-щица) песка; песочница (в паровозе и т. д.).
arenga. [ж.] торжественная речь; (перен.) (разг.) скучное, длинное, утомительное рассуждение; (Амер.) спор, пререкания, ссора.

arengador, ra. [прил. и сущ.] обращающийся с краткой речью.
arengar. [перех.] обращаться с краткой речью.
arenguear. [неперех.] (Амер.) спорить, препираться.
arenícola. [прил.] обитающий в песке или на песчаной почве; [ж.] пескожил.
arenífero, ra. [прил.] содержащий песок.
arenilla. [ж.] мелкий песок для просушивания черни; [множ.] толчёная селитра; камни в почках.
arenillera. [ж.] (Амер.) arenillero. [м.] песочница, прибор для посыпания песком написанного.
arenisca. [ж.] песчаник.
arenisco, ca. [прил.] смешанный с песком.
arenoso, sa. [прил.] песчаный.
arenque. [м.] сельдь, селёдка: * arenque ahumado, копчёная селёдка.
arenquera. [ж.] сеть для ловли сельдей; (перен.) (вул.) грубая, сварливая женщина.
arenquería. [ж.] сельдяная лавка.
arenquero, ra. [м. и ж.] торговец (-вка) сельдями (селёдками).
areografía. [ж.] ареография.
areógrafo, fa. [м. и ж.] специалист по ареографии.
areola. [ж.] (анат.) розовый кружочек вокруг соска; (мед.) краснота вокруг опухоли или нарыва.
areolar. [прил.] к areola.
areolitis. [ж.] воспаление areola.
areometría. [ж.] (физ.) ареометрия, определение плотности жидкости.
areométrico, ca. [прил.] к ареометрия.
areómetro. [м.] (физ.) ареометр, прибор для определения плотности жидкости.
areopagita. [м.] (ист.) член ареопага.
areópago. [м.] (ист.) (перен.) ареопаг.
areóstilo. [м.] (арх.) редкостолбие.
arepa. [ж.] сорт кукурузного хлеба.
arepero, ra. [прил.] (Амер.) грубый, неотёсанный, глупый, тупой; [ж.] уличная женщина.
arequipa. [ж.] (Амер.) десерт из молока.
ares: * ares y mares. [с. гл. contar, hacer, poseer], сказочные, чудесные вещи.
arestil, arestin. [м.] (бот.) род чертополоха; (вет.) ссадина, повреждение кожи; (перен.) см. desazón, molestia.
arestinado, da. [прил.] (вет.) страдающий повреждением кожи (arestín).
arestiniento, ta. [прил.] (Амер.) см. arestinado.
areta. [ж.] (Амер.) arete. [м.] серьга.
aretil(i)o. [м.] (бот.) дикорастущее кубинское дерево.
arfada. [ж.] (мор.) килевая качка.
arfar. [ж.] (Амер.) испытывать килевую качку.
arfeo. [м.] (мор.) килевая качка.
arfil. [м.] (уст.) (Амер.) слон (в шахматах).
arfueyo. [м.] (бот.) омела.
arga. [ж.] (бот.) сорт американской оливки, маслины.
argadijo, argadillo. [м.] мотовило, моталка; (разг.) беспокойный, непоседливый человек; (обл.) большая ивовая корзина.
argalí. [м.] (зоол.) аргали, дикий баран.
argalia. [ж.] (хир.) род зонда.
argallera. [ж.] кривая ручная пила для бочарных работ.
argamandel. [м.] тряпка, ветошка, лоскут.
argamandijo. [м.] (разг.) (соб.) мелкие вещицы.
argamasa. [ж.] (тех.) известковый раствор, строительный раствор; тестообразная смесь.

argamasar. [перех.] приготовлять известковый раствор, строительный раствор; соединять известковым раствором.
argamasilla. [ж.] мелкий известковый раствор.
argamasón. [м.] отпавшая штукатурка.
argamula. [ж.] (обл.) (бот.) воловик.
argán. [м.] североафриканское дерево с съедобным плодом.
árgana. [ж.] (мор.) судовой грузоподъёмный механизм.
árgana. [ж. множ.] вьючные перемётные корзины.
argandeño, ña. [прил.] относящийся к Arganda; [м.] уроженец этого города.
arganel. [м.] маленький металлический круг, часть астролябии.
arganeo. [м.] (мор.) якорный рым.
argano. [м.] см. árgana.
arganudo, da. [прил.] (Амер.) храбрый, смелый, отважный, неустрашимый.
argaña. [ж.] (обл.) (бот.) ость, тонкий длинный узик у злаков.
argavieso. [м.] внезапный ливень с ветром и т. д.
argayar. [безлич.] обваливаться (отделившиеся части горы).
argayo. [м.] обломки горной породы (после постоянного дождя): * argayo de nieve, (обл.) лавина.
argayo. [м.] широкое верхнее платье из грубой ткани (у доминиканцев).
argel. [прил.] имеющий белую отметину на правой ноге (о лошади).
argelino, na. [прил.] алжирский; [м. и ж.] алжирец, алжирка.
argema. [ж.] (прил.) круглая, поверхностная язва (на роговице).
argemone. [ж.] (бот.) аргемоне.
argén. [м.] (герал.) белый, серебряный (о цвете).
argentada. [ж.] женское старинное косметическое средство.
argentado, da. [стад. прич.] к argentar; [прил.] посеребрённый; серебристый; см. plateado.
argentador, ra. [прил.] серебрящий; [м.] серебреник.
argentadura. [ж.] серебрение.
argentán. [м.] аргентан (сплав для нагревательных приборов).
argentar. [перех.] серебрить; украшать серебром.
argentario. [м.] см. platero; начальник монетчиков.
argente. [прил.] (Амер.) услужливый, усердный.
argénteo, a. [прил.] серебрённый; посеребрённый; серебристый.
argentería. [ж.] серебряное или золотое шитьё; (м. употр.) см. platería; (перен.) выражение более блестящее чем основательное.
argentero. [м.] золотых и серебряных дел мастер.
argentífero, ra. [прил.] сереброносный.
argentina. [ж.] (бот.) лапчатка, гусиная лапка.
argentinismo. [м.] аргентинизм, оборот речи или слово, свойственные аргентинцам.
argentino, na. [прил.] см. argénteo; аргентинский; серебристый (о голосе); [м. и ж.] аргентинец (-инка); золотая монета в пять песо.
argentita. [ж.] (мин.) аргентит.
argento. [м.] (поэт.) серебро: * argento vivo, ртуть; * argento vivo sublimado, см. solimán.
argentón. [м.] (хим.) аргентан.
argentorífero, ra. [прил.] содержащий серебро и золото.

argentoso, sa. [прил.] содержащий серебро, сплавленный с серебром.
argiena. (муз.) греческая флейта.
argila. [ж.] глина.
argiloso, sa. [прил.] глинистый.
argilla. [ж.] глина.
arginasa. [ж.] (хим.) аргиназа.
arginina. [ж.] (хим.) аргинин.
argirita. [м.] аргентит.
argirocracia. [сущ.] плутократия.
argirócrata. [м. и ж.] плутократ.
argirocrático, ca. [прил.] плутократический.
argiroide. [прил.] аргироид.
argivo, va. [прил.] относящийся к Argos.
argo. [м.] (хим.) аргон.
argólico, ca. [прил.] см. argivo.
argolla. [ж.] толстое металлическое кольцо; крокет (игра); пытка железным ошейником; старинное ожерелье; (Амер.) обручальное кольцо; (перен.) зависимость: *dar la argolla a uno, (перен.) (разг.) (Амер.) сыграть с кем-л. штуку, смеяться над кем-л.
argolleta. [ж. умен.] к argolla.
argollón. [м. увели.] к argolla.
árgoma. [ж.] (бот.) дрок.
argomal. [м.] заросли дрока.
argón. [м.] (хим.) аргон.
argonauta. [м.] (миф.) (моллюск) аргонавт; [множ.] (миф.) аргонавты.
argonáutico, ca. [прил.] к аргонавты.
argonero. [м.] (обл.) рябина (дерево).
argos. [м.] (миф.) аргус, бдительный, зоркий страж; (перен.) проницательный человек.
argot. [м.] (разг.) арго, жаргон.
argucia. [ж.] тонкость, словесная уловка; хитрость, хитросплетение.
argucioso, sa. [прил.] содержащий в себе словесную уловку; употребляющий словесную уловку.
argudella. [ж.] (с.-х.) каталонское оливковое дерево.
argüe. [м.] (мор.) шпиль.
arguellado, da. [страд прич.] к arguellarse; [прил.] истощённый, худой.
arguellarse. [возв. гл.] (обл.) чахнуть, хиреть, ослабевать; прихварывать; останавливаться в росте.
arguello. [м.] (обл.) истощение, упадок сил; действ. по знач. гл. arguellarse.
árguenas. [ж. множ.] см. angarillas, alforjas; (Амер.) перемётные корзины для вьюка.
arguende. [м.] (Амер.) сплетни; злословие.
arguendero, ra. [прил.] (Амер.) см. chismoso.
arguenero. [м.] (Амер.) продавец или мастер по выделке árguenas.
arguenita. [ж.] (Амер.) жёлтый цветочек.
árgueñas. [ж. множ.] см. árguenas.
argüidor, ra. [прил. и сущ.] приводящий доводы.
argüir. [неперех.] аргументировать, приводить доводы (в доказательство чего-л.); (м. употр.) см. alegar; [перех.] заключать, делать вывод, заключение; бросать обвинение; [непр. гл.] спрягается как huir.
argüitivo, va. [прил.] противоречащий.
argumentación. [ж.] аргументация, приведение доводов; довод, аргумент: *argumentación convincente, убедительная аргументация.
argumentador, ra. [прил. и сущ.] аргументирующий, приводящий доводы.
argumentante. [дейст. прич.] к argumentar, аргументирующий.
argumentar. [неперех.] аргументировать, приводить доводы, основания; см. argüir.
argumentista. [м. и ж.] см. argumentador; спорщик (-щица).

argumento. [м.] довод, аргумент, мотив; сюжет, тема; краткое изложение, содержание; признак, знак: *falso argumento, ложный аргумент, довод; *gran argumento, основной довод; *pobreza de argumentos, неубедительность; *argumento contundente, убийственный аргумент.
arguyente. [дейст. прич.] к argüir; приводящий доводы.
ari. [нареч.] (Амер.) да.
aria. [ж.] (муз.) ария.
Ariadna. (миф.) Ариадна: *hilo de Ariadna, нить Ариадны.
aribe. [м.] (Амер.) способный, умный ребёнок.
arica. [ж.] (Амер.) пчела.
aricar. [перех.] поверхностно пахать плугом; см. arrejacar.
aridarse. [возв. гл.] высыхать.
aridecer. [перех.] высушивать; [неперех.] высыхать: *aridecerse. [возв. гл.] высыхать; [непр. гл.] спрягается как agradecer.
aridez. [ж.] сухость; бесплодность, бесплодие, неплодородность, безводье; сухость (почвы, стилия и т. д.).
aridifoliado, da. [прил.] с сухими листьями.
árido, da. [прил.] сухой, засушливый, безводный, маловодный; бесплодный (о почве); (перен.) сухой, скучный, чёрствый (о человеке); [м. множ.] сыпучие тела.
arienzo. [м.] старинная монета в Кастилии; мера веса, равная 123 сантиграммам (в Арагоне).
Aries. [м.] (астр.) Овен.
arieta. [ж. умен.] к aria, песенка.
arietar. [перех.] (м. употр.) таранить, разрушать тараном.
arietario, ria. [прил.] (воен.) к таран.
ariete. [м.] (воен.) (уст.) таран; (мор.) таран (судно): *ariete hidráulico, гидравлический таран.
arietino. [прил.] похожий на голову барана.
arifarzo. [м.] (арг.) род шинели.
arigue. (в Филип.) сорт бруса.
arije. [прил.] красный (о некотором роде винограда).
arijo. [прил.] легко обрабатываемый (о земле).
arillo. [м. умен.] к aro, деревянный ободок; металлическое кольцо, продаваемое в мочку уха для украшения.
arimez. [м.] (арх.) выступ.
arinatro. [прил.] (арг.) заключённый, находящийся в заключении.
arincarse. [возв. гл.] (Амер.) страдать запором.
ario, ria. [прил.] арийский; [м. и ж.] ариец, арийка.
arique. [м.] (Амер.) верёвка из yagua.
ariquipe. [м.] (Амер.) десерт из молока.
arisblanco, ca. [прил.] белый (о колосовых остях и т. д.).
ariscar. [перех.] (Амер.) пугать, внушать страх.
ariscarse. [возв. гл.] сердиться, раздражаться, хмуриться.
arisco. [м.] (обл.) ярмо для запряжки (у плуга).
arisco, ca. [прил.] резкий, жёсткий, суровый, нелюдимый, сварливый, дикий; необщительный.
arisnegro, gra. [прил.] чёрный (о колосовых остях и т. д.).
arisprieto, ta. [прил.] см. arisnegro.
arista. [ж.] (бот.) ость, колючка; (с.-х.) костра, костриха; ребро, грань; (арг.) камень; заусенец (на металле): *sin aristas, (бот.) безостый; *quitar las aristas, обтёсывать.

aristado, da. [прил.] остистый.
aristarco. [м.] строгий критик.
aristida. [ж.] (бот.) аристида.
aristín. [м.] (обл.) см. aristino.
aristino. [м.] (вет.) гниение стрелки (копыта).
aristocracia. [ж.] аристократия.
aristócrata. [м. и ж.] аристократ, аристократка.
aristocráticamente. [нареч.] аристократически.
aristocrático, ca. [прил.] аристократический, великосветский; благородный, благовоспитанный.
aristocratizar. [перех.] вводить аристократическое направление; (гал.) см. ennoblecer.
aristoloquia. [ж.] (бот.) кирказон.
aristón. [м.] (арх.) угол здании и т. д.
aristón. [м.] (муз.) аристон.
aristoso, sa. [прил.] остистый.
aristotélico, ca. [прил.] аристотелев, аристотелевский.
aristotelismo. [м.] аристотелевское учение.
aritmántico, ca. [прил.] относящийся к арифметике, арифметический.
aritmética. [ж.] арифметика.
aritméticamente. [нареч.] по арифметическим правилам.
aritmético, ca. [прил.] арифметический.
aritmógrafo. [м.] арифмограф.
aritnomancia. [ж.] гадание по числам.
aritmómetro. [м.] арифмометр.
aritmotipo. [м.] счётная машина.
arito. [м.] (Амер.) (Филип.) серьга; см. arillo.
arjorán. [м.] (бот.) сикомора.
arlar. [перех.] подвешивать для сушки плоды.
arlequín. [м.] арлекин, паяц, шут; (перен.) (разг.) балагур, шутник, весельчак, скоморох; шербет: *arlequín de frutas, (Амер.) десерт разных консервированных фруктов.
arlequinada. [ж.] арлекинада; шутовская выходка.
arlequinesco, ca. [прил.] арлекинский.
arlo. [м.] (бот.) барбарис; подвешенные для сушки плоды.
arlote. [прил.] (обл.) оборванный, нечистоплотный, грязный.
arma. [ж.] оружие; огневое средство; вид оружия; род войск; [множ.] военная служба, военное дело, вооружение; защитные органы (у животных); (перен.) оружие, средства; герб (государственный, фамильный); латы, металлические доспехи: *arma de fuego, огнестрельное оружие; *arma blanca, холодное оружие; *arma arrojadiza, метательное оружие; *arma defensiva, оборонительное оружие; *arma(s) atómica(s), атомное оружие; *arma termonuclear, термоядерное оружие; *arma de destrucción colectiva, оружие массового уничтожения; *tomar las armas, взяться за оружие; *rendir las armas, сложить оружие; *alzarse en armas, поднять оружие; *con las armas terciadas, с ружьём наперевес; *¡descansen armas!, к ноге!, смирно!; *¡a las armas!, ¡arma, arma!, ¡al arma! к оружию!; в ружьё; sobre las armas, начеку; *presentar las armas, брать на караул; *pasar pos las armas, расстрелять; *la carrera de las armas, военная профессия; *hacer las primeras armas, получить боевое крещение; *maestro de armas, учи-

тель фехтования; * mujer de armas tomar, бой-баба; * fortificación de armas de fuego, дот; * sin armas голыми руками.

armada. [ж.] (мор.) флот; эскадра; (арг.) шулерство, мошенничество; (Ам.) приготовление лассо к бросанию; (охот.) загонщики.

armadera. [ж.] (мор.) шпангоут.

armadía. [ж.] плот.

armadija, armadijo. [ж. и м.] (охотн.) западня, ловушка; см. trampa.

armadillo. [м.] (зоол.) броненосец.

armado, da. [страд. прич.] к armar; [прил.] армированный; (Амер.) броненосец; * armado de pies a cabeza, вооружённый с ног до головы; * cemento armado, железобетон.

armador, ra. [сущ.] арматурщик; (мор.) судовладелец; лицо снаряжающее судно; корсар, пират; камзол, куртка; тот, кто нанимает рыбаков для тресковой ловли или для охоты на китов; см. corsario.

armadura. [ж.] защитное вооружение, доспехи, латы; арматура; оборудование; ферма; остов; каркас; стропила; (зоол.) скелет позвоночных животных; (эл.) якорь.

armaga. [ж.] (бот.) дикая рута.

armajal. [м.] см. (al)marjal.

armajo. [м.] (бот.) см. almarjo.

armamento. [м.] военные приготовления; вооружение; боевое снаряжение; арматура; (мор.) вооружение корабля.

armar. [перех.] вооружать, снаряжать; заряжать (орудие); монтировать, собирать (машину и т. д.); сооружать, строить, воздвигать; армировать; ставить на что-л; делать золотую или серебряную оправу; (перен.) (разг.) организовывать, устраивать; создавать, порождать, вызывать, заводить, затевать (скандал и т. д.): * armarla, (разг.) мошенничать при игре в карты; (разг.) затеять ссору; [неперех.] подходить, годиться; (геол.) залегать; * armarse. [возв. гл.] вооружаться; (перен.) вооружаться, запасаться; затеяться; (Амер.) упираться (о животных); * armarse de paciencia, вооружиться терпением.

armario. [м.] шкаф; * armario de luna, зеркальный шкаф.

armatoste. [м.] тяжёлый громоздкий предмет; западня, ловушка; (перен.) (разг.) увалень.

armatroste. [м.] (Амер.) см. armatoste.

armazón. [прил.] леса (строительные); остов (здания и т. д.); арматура; каркас; стропила; корпус; монтаж, монтирование; [м.] скелет позвоночных, костяк; (Амер.) см anaquelería: * trabajos de armazón, арматурные работы.

armelina. [ж.] горностаевый мех.

armella. [ж.] винт с кольцом.

armelluela. [ж. умен.] к armella; маленький винт с кольцом.

arménico. [прил.]: *bol(o) arménico, армянская жирная глина.

arna. [ж.] улей (ящик).

armenio, nia. [прил.] армянский; [м. и ж.] армянин, армянка; [м.] армянский язык.

armental. [прил.] скотный.

armería. [ж.] арсенал, склад оружия и военного снаряжения; цейхгауз; оружейное мастерство; магазин оружия; геральдика.

armero. [м.] оружейник, оружейный мастер; продавец оружий; смотритель арсенала; ружейные козлы: * armero mayor, начальник арсенала.

armerol. [м.] (неуп.) оружейник.

armífero, ra. [прил.] (поэт.) носящий оружие; см armígero.

armígero, ra. [прил.] вооружённый, носящий оружие; (перен.) воинственный; [м.] оруженосец, молодой воин, носивший оружие рыцаря.

armilar. [прил.]: * esfera armilar, небесный глобус.

armilla. [ж.] (арх.) астрагал; (астр.) род небесного глобуса.

armillado, da. [прил.] (арх.) кольчатый (о колонне).

armiñado, da. [прил.] отделанный горностаем; белый как горностай.

armiño. [м.] (зоол.) горностай (животное и мех).

armipotencia. [ж.] (поэт.) обладание орудийным могуществом.

armipotente. [прил.] обладающий орудийным могуществом.

armisonante. [прил.] носящий звучные оружия.

armisticio. [м.] перемирие.

armón. [м.] передний ход, передок (орудия).

armona. [ж.] (обл.) мыловаренный завод.

armonía. [ж.] гармония, созвучие, благозвучие, благозвучность, гармоничность; согласие, единодушие, лад, взаимопонимание; стройность (линий); соответствие: * vivir en buena armonía, жить в ладу, жить по хорошему, ладить, жить в согласии; * falta de armonía, неблагозвучие, дисгармония; * que carece (falto) de armonía, неблагозвучие, дисгармонический; * estar en armonía con..., быть в соответствии с, гармонировать с...

armónica. [ж.] (муз.) губная гармоника.

armónicamente. [нареч.] гармонически, гармонично, созвучно, стройно, ладно.

armonicista. [м. и ж.] человек, играющий на губной гармонике.

armónico, ca. [прил.] гармонический; гармоничный, созвучный, стройный, благозвучный, согласованный, ладный; [м.] (муз.) отзвук.

armonino. [м.] (муз.) музыкальный инструмент похожий на фисгармонию.

armonio. [м.] (муз.) фисгармония.

armoniosamente. [нареч.] гармонично, созвучно, стройно.

armonioso, sa. [прил.] гармоничный, созвучный, мелодический, мелодичный, напевный, благозвучный, стройный.

armonista. [м.] армонист, специалист в области гармонии.

armonium. [м.] (вар.) фисгармония.

armonizable. [прил.] могущий быть гармонизированным.

armonización. [ж.] (муз.) гармонизация, согласование.

armonizar. [перех.] (муз.) гармонизировать, гармонизовать; приводить в соответствие, в согласие, согласовывать; сводить воедино; [неперех.] гармонировать: * no armonizar, дисгармонировать.

armuelle. [ж.] (бот.) лебеда; см. bledo.

arna. [ж.] улей (ящик).

arnaco. [м.] (Амер.) старая, вышедшая из употребления вещь.

arnacho. [м.] (бот.) см. gatuña.

arnaucho. [м.] (Амер.) очень мелкий и горький перец.

arnasca. [ж.] (обл.) продолговатый сосуд из камня.

arnaucho. [м.] (Амер.) род ají.

arnaute. [прил.] албанский; [м. и ж.] албанец (-ка).

arnera. [ж.] твёрдая почва.

arnés. [м.] броня, латы; [мн.] конское снаряжение, сбруя, упряжь; [мн.] принадлежности: * blasonar uno del arnés, (перен.) хвастать(ся), бахвалиться.

árnica. [ж.] (бот.) арника, горный баранчик: * de árnica, арниковый.

arnillo. [м.] рыба Антильских островов.

aro. [м.] серсо; (тех.) обруч, кружало, обойма, кольцо, бандаж, оковка, обод; рама (стола) (Амер.) серьга: * entrar por el aro, (разг.) подчиниться, покориться.

aro. [м.] (бот.) аронник, арум.

aroca. [ж.] португальское льняное полотно.

aroma. [м.] благовонное вещество; благоухание, аромат; [ж.] цветок (благоухающей) акации: * exhalar buen aroma, благоухать.

aromado, da. [прил.] ароматный, ароматический, благоухающий.

aromal. [м.] (Амер.) место, изобилующее акацией.

aromar. [перех.] делать душистым, см. aromatizar.

aromáticamente. [нареч.] ароматическим образом.

aromaticidad. [ж.] ароматичность, благовоние.

aromático, ca. [прил.] ароматный, ароматический, ароматичный, душистый, благовонный; (хим.) ароматический.

aromatismo. [м.] ароматизм.

aromatización. [ж.] ароматизация.

aromatizador, ra. [прил. и сущ.] делающий ароматным, душистым, наполняющий благоуханием.

aromatizante. [дейст. прич.] к aromatizar делающий душистым, ароматным.

aromatizar. [перех.] делать душистым, ароматичным, душить, наполнять благоуханием; сдабривать, приправлять пряностями.

aromo. [м.] (бот.) благоухающая акация, разновидность акации.

aromoso, sa. [прил.] ароматический, благовонный.

arón. [м.] род шкафа для святых книг (у евреев).

arpa. [ж.] (муз.) арфа: * arpa eolia, эолова арфа; * tronar como arpa vieja, (перен.) (разг.) кончаться внезапно и катастрофическим образом.

arpado, da. [прил.] зубчатый, зазубренный.

arpado, da. [прил.] (поэт.) гармоничный, напоминающий звуки арфы (о пении птиц).

arpadura. [ж.] царапина, ссадина, царапинка.

arpaneta. [ж.] (муз.) треугольная арфа.

arpar. [перех.] царапать; рвать, прорывать.

arpazo. [м.] удар арфой.

arpegiar. [перех.] (муз.) исполнять арпеджио.

arpegio. [м.] (муз.) арпеджио.

arpella. [ж.] (зоол.) род сокола.

arpende. [м.] старая испанская земельная мера.

arpente. [м.] арпан, старая французская земельная мера.

arpeo. [м.] (мор.) абордажный крюк, багор.

arpía. [ж.] (миф.) (зоол.) гарпия; (разг.) злая женщина, ведьма, мегера; (арг.) см. alguacil; (перен.) (разг.) рвач.

arpiar. [перех.] вырывать, резким движением брать, отнимать силой.

arpillador, ra. [м. и ж.] человек, обшивающий тюки или ящики (грубым холстом).

arpilladura. [ж.] (Амер.) обшивка тюков (грубым холстом).

arpillar. [перех.] (Амер.) обшивать тюки или ящики (грубым холстом).
arpillera. [ж.] грубый холст, дерюга; см. harpillera.
arpiña. [ж.] (Амер.) кража.
arpiñar. [перех.] (Амер.) красть.
arpista. [м. и ж.] арфист(-ка).
arpista. [м.] (Амер.) профессиональный вор.
arpón. [м.] гарпун, острога; (обл.) род кирки; (арх.) железная скоба: * de arpón, гарпунный.
arponado, da. [прил.] имеющий форму гарпуна.
arpon(e)ar. [перех.] бить острогой, гарпуном, гарпунить; [неперех.] метать гарпун, ловко (умело) обращаться с острогой, гарпуном.
arponero. [м. и ж.] гарпунёр, гарпунщик.
arqueada. [м.] (муз.) удар смычка или смычком; позыв к рвоте.
arqueado, da. [прил.] дугообразный.
arqueador. [м.] шерстобит.
arqueador. [м.] человек, измеряющий тоннаж судна.
arqueaje. [м.] обмер вместимости корабля, см. arqueo.
arqueamiento. [м.] обмер вместимости корабля, см. arqueaje.
arqueano, na. [прил.] (геол.) архейский.
arquear. [перех.] придавать дугообразную форму, сгибать в дугу; бить шерсть лучком; [неперех.] см. nausear: * arquear las cejas, насупиться, нахмурить брови.
arquear. [перех.] (мор.) вымеривать, измерять тоннаж, вместимость судна.
arquear. [перех.] (Амер.) ревизовать, проверять кассу.
arqueo. [м.] проверка, ревизия кассы.
arqueo. [м.] сгибание в дугу; битьё шерсти лучком.
arqueo. [м.] обмер, измерение вместимости корабля, тоннажа судна; вместимость корабля, тоннаж.
arqueografía. [ж.] археография, научное собирание, описание и издание письменных памятников прошлого.
arqueográfico, ca. [прил.] археографический.
arqueógrafo, fa. [м. и ж.] археограф, специалист по археографии.
arqueología. [ж.] археология, наука, изучающая быт и культуру древних народов.
arqueológico, ca. [прил.] археологический; древний.
arqueólogo, ga. [м. и ж.] археолог, специалист по археологии.
arqueoptérix. [м.] (палеонт.) археоптерикс.
arqueornis. [м.] (палеонт.) археорнис.
arqueozoico, ca. [прил.] археозойский.
arquería. [ж.] (арх.) ряд арок, аркада.
arquero. [м.] кассир.
arquero. [м.] стрелок из лука, лучник; мастер по изготовлению обручей и т. д.; (Амер.) (спорт.) вратарь.
arqueta. [ж. умен.] к arca, сундучок, шкатулка; * arqueta relicario, (церк.) рака; * arqueta de drenaje, подземный водосток, дрен.
arquetar. [перех.] бить шерсть лучком.
arquetipo. [м.] архетип, прообраз, прототип.
arquetón. [увел.] к arca, большой сундук.
arquí. [прист.] архи..., в высшей степени, см. archi.
arquiagudo, da. [прил.] (арх.) готический.
arquibanco. [м.] рундук.
arquidiócesis. [ж.] архиепископская епархия.
arquiepiscopal. [прил.] архиепископский.
arquillo. [м.] (муз.) смычок.

arquimandrita. [м.] архимандрит.
arquimesa. [ж.] бюро (мебель).
arquipéndulo. [м.] отвес.
arquisinagogo. [м.] начальник синагоги.
arquitecto. [м.] архитектор, зодчий.
arquitectónico, ca. [прил.] архитектурный, архитектонический.
arquitectura. [ж.] архитектура, зодчество.
arquitectural. [прил.] архитектурный.
arquitis. [ж.] (пат.) воспаление прямой кишки.
arquitrabado, da. [прил.] имеющий архитрав.
arquitrabe. [м.] (арх.) архитрав.
arquivolta. [ж.] (арх.) архивольт, выступ под аркой.
arrabal. [м.] предместье; пригород, слобода.
arrabalero, ra. [прил.] живущий в предместье, пригороде; грубый, невежливый; [м. и ж.] житель (-ница) предместья, пригорода; невежливый человек.
arrabiado, da. [прил.] гневный, взбесившийся, сердитый, яростный, бешеный.
arrabiatar. [перех.] (Амер.) привязывать к хвосту; * arrabiatarse. [возв. гл.] (Амер.) рабски соглашаться с чужим мнением.
arrabillado, da. [прил.] повреждённый головнёй (о хлебных злаках).
arrabio. [м.] чугун.
arracacha. [ж.] (Амер.) сельдерей; (Амер.) глупость, вздор, нелепость.
arracachada. [ж.] (Амер.) глупость, вздор, нелепость.
arracacho, cha. [прил.] (Амер.) глупый, см. necio.
arracada. [ж.] серьга с подвеской.
arracimarse. [возв. гл.] образовывать гроздья или кисти.
arraclán. [м.] (обл.) скорпион; (бот.) вид крушины.
arrachaca. [ж.] (Амер.) сельдерей.
arráez. [м.] арабский или мавританский начальник; капитан арабского или мавританского судна; начальник работ almadraba; (фил.) капитан корабля.
arraigadamente. [нареч.] крепко, твёрдо.
arraigado, da. [страд. прич.] к arraigar; [прил.] владеющий земельными угодьями; [м.] (мор.) см. amarradura.
arraigamiento. [м.] укоренение, см. arraigo.
arraigán. [м.] (Амер.) род мирта.
arraigante. [дейст. прич.] к arraigar, пускающий корни и т. д.
arraigar. [неперех.] пускать корни; (перен.) укореняться; (юр.) обеспечивать угодьями; [перех.] укоренять, внедрять: * arraigarse. [возв. гл.] укореняться, поселяться.
arraigo. [м.] укоренение; недвижимость, недвижимое имущество, земельные угодья.
arraigue. [м.] укоренение.
arraizar. [неперех.] (Амер.) пускать корни, см. arraigar.
arralar. [неперех.] редеть; плохо наливаться (о виноградных гроздьях) см. ralear.
arramar. [перех.] (обл.) (вул.) проливать; разливать, см. derramar.
arramblar. [перех.] наносить песок (о ручьях и т. д.); (перен.) уносить, сносить всё за собой (резко): * arramblar con todo, уносить всё с собой; * arramblarse. [возв. гл.] покрываться песком после разлива реки и т. д.
arranado, da. [прил.] сплюснутый как лягушка.
arranarse. [возв. гл.] (обл.) садиться на корточки.
arrancaclavos. [м.] гвоздедёр.
arrancada. [ж.] (Амер.) резкий отъезд; (мор.) первый толчок судна при начале движения; внезапное увеличение скорости.
arrancadera. [ж.] большой колокольчик у вожака стада.
arrancadero, ra. [прил.] вырывающий, выдёргивающий и т. д.; [м.] местостарта, старт; (обл.) самая толстая часть ружейного ствола.
arrancado, da. [страд. прич.] к arrancar; [прил.] (перен.) (разг.) бедный, не имеющий ни гроша (о человеке).
arrancador, ra. [прил. и сущ.] вырывающий, выдёргивающий и т. д.; [ж.] (с.х.) уборочная машина (по уборке свёклы, картофеля); плуг для вырывания корней.
arrancadura. [ж.] arrancamiento. отрывание; вырывание, выдёргивание, удаление, вырывание с корнем; искоренение.
arrancamuelas. [м.] зубодёр.
arrancapinos. [м.] (перен.) (разг.) маленький человек, карлик.
arrancar. [перех.] вырывать, выдёргивать с корнем; отделять, дыдёргивать силой; отнимать, выхватывать, лишать чего-л, похищать насильственным путём; отрывать; вымогать; искоренять; отхаркивать, выплёвывать; срывать; добиться чего-л с трудом, хитростью или насильственным путём; (мор.) ускорять ход судна: * arrancar una muela, вырвать (коренной) зуб; * arrancar una confesión, вынудить признание; * arrancar las lágrimas, исторгать слёзы; * arrancar a la muerte, спасти от смерти; *arrancar la careta, сорвать маску; [неперех.] начинаться, брать начало; трогаться с места (об автомобиле и т. д.); стартовать; (разг.) отправляться, уезжать, отъезжать; пускаться в путь; уходить; забегать, начать бегать; (мор.) ускорять ход судна; * arrancarse. [возв. гл.] (разг.) внезапно начинать что-л делать.
arrancasiega. [ж.] вырывание и кошение чего-л; (перен.) (обл.) перебранка.
arrancarse. [возв. гл.] прогорклость.
arrancón. [м.] (Амер.) резкий выход; грусть, печаль, скорбь, тоска, тревога; энтузиазм, воодушевление, стремительность; см. despedida.
arranchador, ra. [прил.] ловко преследующий беглых негров.
arranchar. [перех.] (мор.) проходить в виду берега; закреплять шкоты.
arranchar. [перех.] (Амер.) искать, преследовать беглых негров и нападать на них в их ранчо; (Амер.) похищать, отнимать силой; * arrancharse. [возв. гл.] жить с кем-л в одной комнате; есть из общего котла; сожительствовать вне брака.
arranque. [м.] вырывание или выдёргивание с корнем, вырывание; (чаще множ.) (перен.) стремление, порыв, вспышка; трогание с места; мощь, сила, мощность; быстрое и неожиданное решение; (арх.) пята свода; опора арки; * aparato de arranque, (тех.) пускатель, пусковое приспособление.
arranquera. [ж.] (Амер.) (обл.) временное или постоянное отсутствие денег.
arranquitis. [ж.] (Амер.) см. arranquera.
arraoz. [м.] (зоол.) дельфин.
arrapaaltares. [м.] церковный вор.
arrapar. [перех.] похищать, отнимать силой.
arrapiezo. [м.] старая тряпка, лоскут, ветошка; (перен.) (презр.) маленький, молодой или бедный человек, парнишка, коротышка, бедняк.

arrapo. [м.] старая тряпка, лоскут, ветошка.

arras. [ж. множ.] задаток; тринадцать монет, передаваемых женихом невесте перед венчанием; приданое жениха.

arrasado, da. [страд. прич.] к arrasar; [прил.] атласный, атласистый.

arrasadura. [ж.] выравнивание, см. rasadura.

arrasamiento. [м.] выравнивание; сравнивание с землёй; разрушение.

arrasar. [перех.] сглаживать, выравнивать; (Амер.) малоподвижный, ленивый; сносить, срывать до основания, стирать с лица земли, разрушать, сравнивать с землёй; разорять, опустошать; наполнять сосуд до краёв; (м. употр.) см. rasurar; выравнивать палкой сыпучие тела при измерении; наполнять слезами (о глазах); [неперех. и возв. гл.] проясняться (о небе); [возв. гл.] наполняться слезами (о глазах): * el granizo lo ha arrasado todo, град всё побил.

arrascar. [перех.] (обл.) см. rascar.

arrastraculo. [м.] (мор.) маленький четырёхугольный парус.

arrastrada. [ж.] (разг.) публичная женщина, проститутка; (Амер.) см. arrastramiento.

arrastradamente. [нареч.] (перен.) (разг.) неполно; неправильно; ошибочно; с трудом, скудно.

arrastradera. [ж.] (мор.) бом-брамсель.

arrastradero. [м.] дорога для вывоза деревьев из леса; (тавр.) место, куда вытаскивают убитых быков; (Амер.) притон.

arrastradizo, za. [прил.] волочащийся (по земле); обмолоченный.

arrastrado, da. [страд. прич.] к arrastrar; [прил.] бедный, неимущий; убогий, нищенский; (перен.) (разг.) плутовской, бесстыжий; [м. и ж.] (разг.) плут (-овка), шельма: * vivir arrastrado, * llevar una vida arrastrada, влачить жалкое существование.

arrastramiento. [м.] ползание; волочение.

arrastrante. [действ. прич.] к arrastrar.

arrastrapiés. [м.] волочение ног.

arrastrar. [перех.] тянуть, тащить, волочить; вовлечь, вовлекать привлекать на свою сторону, убеждать; тянуть за собой, иметь следствием; таскать за собой; * arrastrar los pies, волочить ноги; * arrastrar una vida miserable, влачить жалкое существование; * arrastrar hasta, дотащить, дотянуть; [неперех.] волочиться, тянуться, тащиться (сзади, по полу); козырять; * arrastrarse. [возв. гл.] ползать, елозить (прост.); заползать; красться ползком; волочиться, тащиться, едва передвигаться; унижаться, пресмыкаться, подхалимствовать, подличать, низкопоклонничать; * arrastrarse hasta, доползать, долезать; * empezar a arrastrarse, заползать; * arrastrarse ante alguien, низкопоклонничать.

arrastre. [м.] таскание, волочение; (карт.) козыряние; вывоз деревьев из леса; трелёвка; (горн.) отсек ствола; (Амер.) (горн.) добрильня для серебряной руды; вытаскивание убитых быков: * quedar para el arrastre, (перен.) (разг.) быть никуда не годным.

arrate. [м.] фунт, равный 16 унц.

arratonado, da. [прил.] изъеденный мышами.

arratonarse. [возв. гл.] (Амер.) плохо расти (о растениях).

arrayador. [м.] (Амер.) палка для выравнивания сыпучих тел при измерении.

arrayán. [м.] (бот.) мирт.

arrayanal. [м.] миртовая роща.

arrayar. [перех.] (вул.) см. rayar.

arrayaz, arraz. [м.] арабский или мавританский начальник, см. arráez.

¡arre! [межд.] (возглас, к-рым возница понукает лошадей и т. д.) но!, вперёд! трогай!; * ¡arre allá!, проваливай; [м.] кляча.

arrea. [ж.] (Амер.) караван (вьючных животных).

arreada. [ж.] (Амер.) увод чужого скота, скотокрадство.

arreado, da. [страд. прич.] к arrear; [прил.] (Амер.) малоподвижный, ленивый; см. cachazudo; (разг.) бедный.

arreador. [м.] тот, кто сбивает палкой (оливки); (обл.) надсмотрщик за сельскохозяйственными рабочими; (Амер.) кнут.

arrear. [перех.] украшать.

arrear. [перех.] погонять вьючных животных; торопить; побуждать; ударять, бить, наносить удар; (Амер.) перевозить; красть или угонять чужой скот; [неперех.] быстро ходить: * ¡arrea!, [межд.] (разг.) живее!, поворачивайся!; (разг.) да ну тебя!, не морочь голову!

arreatar. [перех.] см. reatar.

arrebañador, ra. [прил. и сущ.] тщательно подбирающий крошки и т. д.

arrebañadura. [ж.] тщательное подбирание крошек и т. д.; [множ.] объедки, остатки от еды.

arrebañar. [перех.] тщательно подбирать, собирать крошки и т. д.; подбирать и съедать объедки.

arrebatadamente. [нареч.] бурно, стремительно; запальчиво.

arrebatadizo, za. [прил.] вспыльчивый, запальчивый, бурный, пылкий.

arrebatado, da. [страд. прич.] к arrebatar; [прил.] бурный, стремительный, поспешный, неудержимый, внезапный; увлечённый; неистовый, пылкий; вспыльчивый, запальчивый; пылающий (о лице).

arrebatador, ra. [прил.] уводящий, уносящий насильно; увлекательный, очаровательный; * похититель.

arrebatamiento. [м.] похищение, увод силой; исступление; восторг, восхищение; стремительность; экстаз.

arrebatapuñadas. [м.] (м. употр.) см. perdonavidas, драчун.

arrebatar. [перех.] похищать, брать, отбирать, забирать, отнимать силой; уносить, уводить силой; брать стремительно, поспешно; жадно хватать, схватывать; (перен.) восхищать, очаровывать, увлекать; приводить в восторг; сжигать, высушивать (растения и т. д.); * arrebatarse. [возв. гл.] вспылить, выйти из себя, приходить в ярость; краснеть, покрываться румянцем (от стыда, восторга и т. д.); подгорать (о кушанье); засыхать (о посевах): * arrebatarse de alegría, ликовать.

arrebatc. [м.] схватка, стычка.

arrebatinga. [ж.] (Амер.) см. arrebatiña.

arrebatiña. [ж.] свалка, дейст. по знач. вырывать из рук друг у друга.

arrebato. [м.] ярость, неистовство, бешенство; горячность; запальчивость; исступление; порыв, вспышка, экстаз, восторг, восхищение.

arrebatoso, sa. [прил.] вспыльчивый, запальчивый; стремительный, поспешный.

arrebiatar. [перех.] (Амер.) см. reatar.

arrebiate. [м.] (Амер.) см. reata; [множ.] (Амер.) принадлежности.

arrebiato. [м.] (Амер.) см. reata.

arrebol. [м.] алый цвет облаков; грим, румяна; (Амер.) украшение; [множ.] алые облака.

arrebolada. [ж.] алые облака.

arrebolar. [перех.] окрашивать в алый цвет; * arrebolarse. [возв. гл.] (на) румяниться; розоветь (об облаках).

arrebolera. [ж.] коробочка для румян; продавщица румян; (бот.) чудоцвет.

arrebollarse. [возв. гл.] (обл.) падать с высоты, см. despeñarse.

arrebosar. [неперех.] (Амер.) (вул.) см. rebosar.

arrebozada. [ж.] рой.

arrebozar. [перех.] см. rebozar; ловко прятать, скрывать; * arrebozarse. [возв. гл.] роиться (о пчелах, мухах и т. д.); * arrebozarse con (en) la capa, закрывать лицо плащом.

arrebujadamente. [нареч.] неясно, смутно, спутанно, сбивчиво; с полуслова.

arrebujar. [перех.] комкать, мять; закутывать; * arrebujarse. [возв. гл.] мяться; укутываться; тепло укрываться.

arrebullarse. [возв. гл.] (обл.) укутываться.

arrebuñar. [перех.] (варв.) мять, комкать, см. arrebujar.

arrecadar. [перех.] (обл.) хранить, беречь.

arreciar. [перех.] увеличивать, усиливать; [неперех.] набираться здоровья и т. д.; усиливаться, увеличиваться, крепчать (о ветре); * arreciarse. [возв. гл.] увеличиваться; см. arrecirse: * arreciar el viento, крепчать ветер.

arrecifar. [перех.] (обл.) мостить, выстилать камнем.

arrecife. [м.] мостовая, шоссе, шоссейная дорога; риф, подводный камень.

arrecil. [м.] половодье, разлив (реки и т. д.).

arrecirse. [возв. гл.] леденеть, коченеть от холода.

arrecloques. [м. множ.] (Амер.) безвкусные украшения; обиняки.

arrecoger. [перех.] (вул.) поднимать, подбирать, см. recoger.

arrecostarse. [возв. гл.] (вул.) наклоняться; прилечь, см. recostarse.

arrecular. [неперех.] (вул.) отступать, пятиться; (перен.) сдавать свои позиции, см. recular.

arrechar. [перех.] (уст.) поднимать; выпрямлять; (Амер.) беситься, злиться, сердиться; (Амер.) становиться похотливым.

arrechera. [ж.] (Амер.) похотливость, сладострастие; (у животных) половое возбуждение.

arrecho, cha. [прил.] (обл.) негибкий, несгибающийся, негнущийся; (Амер.) похотливый, сладострастный; (у животных) находящийся в периоде полового возбуждения; (Амер.) мужественный, смелый.

arrecholarse. [возв. гл.] (Амер.) скрываться; уединяться; см. retraerse.

arreconcharse. [возв. гл.] (Амер.) прятаться, скрываться, забиться.

arrechucho. [м.] (разг.) вспышка гнева; лёгкое и внезапное недомогание.

arrechura. [ж.] (Амер.) похотливость, сладострастие; см. arrechera.

arredilar. [перех.] ставить, помещать, загонять скот в загон.

arredomado, da. [страд. прич.] к arredomar; [прил.] лукавый, хитрый, коварный, осторожный, матерой; см. redomado.

arredomar. [перех.] (арг.) собирать, копить; соединять: * arredomarse. [возв. гл.] (арг.) см. escandalizarse.

arredondear. [перех.] округлять.
arredramiento. [м.] удаление, отдаление; запугивание, устрашение.
arredrar. [перех.] удалять, отделять; отстранять; (перен.) заставлять отступать, подаваться назад, оттаскивать; запугивать; вызывать робость; наводить страх: * **arredrarse.** [возв. гл.] пугаться, робеть; отступать, отходить; подаваться назад, пятиться, идти назад.
arredro. [нареч.] назад; сзади; позади.
arreflexia. [ж.] (мед.) отсутствие рефлексов.
arregazado, da. [страд. прич.] к arregazar; [прил.] вздёрнутый (о носе).
arregazar. [перех.] подбирать, поднимать, приподнимать (платье, подол); см. arremangar.
arregladamente. [нареч.] в соответствии с установленными правилами; сообразно, в соответствии с...; с порядком; умеренно, воздерж(ан)но.
arreglado, da. [прил.] подчинённый определённым правилам; определённый, установленный; размеренный, равномерный; урегулированный; хозяйственный, домовитый; умеренный, воздерж(ан)ный; нарядный.
arreglador, ra.]прил. и сущ.[приводящий в порядок и т. д.
arreglar. [перех.] подчинять определённым правилам; приводить в порядок; улаживать, прилаживать; устраивать; убирать, наряжать; чинить, исправляя, делать вновь пригодным, ремонтировать; согласовывать; распутывать, выяснять: * **arreglar** una habitación, убирать комнату; * **arreglar** cuentas, сводить счёты; * **arreglarse.** [возв. гл.] сообразоваться с...; ладиться, налаживаться, направляться (прост.); улаживаться (о деле, споре); приходить к соглашению, уславливаться; наряжаться; * **arreglárselas,** (разг.) ухищряться, находить выход из затруднительного положения; * todo se **arreglará,** мука будет.
arreglo. [м.] приведение в порядок, упорядочение, урегулирование; уборка; соглашение; сделка; наладка; правило, порядок; исправление, починка, ремонт; (разг.) см. amancebamiento; * con **arreglo** a, сообразно, в соответствии с; * más vale mal **arreglo** que buen pleito, худой мир лучше доброй ссоры; * tener **arreglo,** быть хозяйственным.
arregoldar. [неперех.] (вул.) рыгать.
arregostarse. [возв. гл.] пристраститься к чему-л.
arregosto. [м.] (разг.) охота, склонность к чему.
arreguerar. [перех.] (мор.) прикреплять к трём якорям.
arrejacar. [перех.] (с.-х.) боронить.
arrejaco. [м.] (орни.) см. vencejo.
arrejada. [ж.] (с.-х.) лопатка с помощью которой соскабливают грязь с лемеха плуга.
arrejada. [ж.] (Амер.) (вул.) риск, опасность.
arrejaque. [м.] трезубец для улова рыбы; (орни.) см. vencejo.
arrejar. [перех.] (Амер.) см. arriesgar.
arrejerar. [перех.] (мор.) прикреплять к трём якорям.
arrejón. [м.] (Амер.) (вул.) риск, опасность.
arrejonado, da. [прил.] имеющий форму острия, колючки и т. д.
arrejonado, da. [прил.] (Амер.) (вул.) смелый; отчаянный.
arrelde. [м.] вес, мера веса, равная фунтам 4.

arrelingarse. [возв. гл.] (Амер.) (прост.) жеманиться, ломаться, манерничать; разодеться, нарядиться.
arrellanarse. [возв. гл.] удобно садиться; развалиться, рассесться (в кресле и т. д.); жить довольным своим положением.
arrellenarse. [возв. гл.] (вул.) см. arrellanarse.
arremangado, da. [страд. прич.] к arremangar; [прил.] вздёрнутый (о носе).
arremangar. [перех.] подбирать, приподнимать, поднимать (подол); засучивать (рукава); * **arremangarse.** [возв. гл.] приподниматься, подбирать (платье, подол); (перен.) (разг.) энергично принимать решение.
arremango. [м.] подбирание (платья); засучивание (рукавов); подобранный подол; (перен.) смелость, отвага; энергичное решение.
arremansar. [возв. гл.] (Амер.) застыть на месте, не двигаться вперёд.
arrematar. [перех.] (разг.) см. rematar.
arremedar. [перех.] см. remedar.
arremetedero. [м.] (воен.) подступ.
arremetedor, ra. [прил. и сущ.] яростно нападающий или наступающий; проворно бросающийся на кого-л.
arremeter. [перех.] яростно нападать, атаковать, наступать; [неперех.] проворно кидаться, бросаться на кого-л; (перен.) (разг.) неприятно поражать, шокировать, приводить в смущение нарушением правил приличия, коробить.
arremetida. [ж.] стремительная (яростная) агрессия, нападение, наступление, атака, сильный напор, натиск; неожиданное стремительное нападение, налёт, наскок.
arremetimiento. [м.] стремительное нападение; см. arremetida.
arremingarse. [возв. гл.] (Амер.) жеманиться, ломаться, манерничать; см. remilgarse.
arremolinadamente. [нареч.] кучей.
arremolinarse. [возв. гл.] толпиться (беспорядочно).
arrempujar. [перех.] толкать, отталкивать, см. rempujar.
arrempujón. [м.] (разг.) сильный толчок, см. rempujón.
arremueco, arremuesco. [м.] (Амер.) см. arrumaco.
arrendable. [прил.] могущий быть сданным в аренду; сдаваемый в аренду.
arrendación. [м.] см. arrendamiento.
arrendadero. [м.] кольцо, укреплённое к стене для привязывания животных к кормушке.
arrendado, da. [прил.] послушный, покорный (о лошади).
arrendador, ra. [м. и ж.] лицо, отдающее в аренду, (м. употр.) арендатор (-ша); (арг.) покупатель украденных вещей; см. arrendadero.
arrendador, ra. [прил.] умеющий объезжать лошадь.
arrendamiento. [м.] сдача, отдача или взятие в аренду, в наём, аренда (пользование...); аренда, арендная плата.
arrendante. [действ. прич.] к arrendar.
arrendar. [перех.] сдавать в аренду, отдавать в аренду, в наём; брать в аренду, арендовать; нанимать; [непр. гл.] спрягается как acertar.
arrendar. [перех.] привязывать лошадь за повод; объезжать лошадь; (перен.) см. sujetar; (Амер.) (обл.) (с.-х.) окучивать; [непр. гл.] спрягается как acertar.
arrendar. [перех.] передразнивать: * no le arriendo la ganancia, не хотел бы я быть в его шкуре.
arrendatario, ria. [прил. и сущ.] берущий в аренду, арендатор, съёмщик.

arrendaticio, cia. [прил.] (юр.) арендный, относящийся к аренде.
arrenquín. [м.] (Амер.) лошадь, на которой сидит погонщик; помощник погонщика; послушный слуга; неразлучный спутник.
arreo. [м.] украшение, наряд, [множ.] конское снаряжение, сбруя, упряжь, шорные изделия; мелкие принадлежности.
arreo. [нареч.] последовательно, постепенно, один за другим, непрерывно; [м.] (Амер.) (непр.) надевание сбруи.
arrepanchigarse. [возв. гл.] (разг.) удобно садиться, рассесться (в кресле и т. д.).
arrepápalo. [м.] род пончика.
arreparar. [перех.] (обл.) (вул.) обращать внимание, замечать, размышлять, обдумывать.
arrepechar. [неперех.] (Амер.) подниматься на пригорок, откос.
arrepentida. [ж.] покаявшаяся женщина.
arrepentido, da. [страд. прич.] к arrepentirse, раскаявшийся, покаявшийся.
arrepentimiento. [м.] раскаяние, покаяние; (жив.) исправления, переписанные места (в картине).
arrepentirse. [возв. гл.] каяться, раскаиваться в чём-л, сожалеть; казниться; [непр. гл.] спрягается как sentir.
arrepiso, sa. [непр. страд. прич.] к arrepentirse.
arrepistar. [перех.] (тех.) трепать тряпки для бумажной массы.
arrepisto. [м.] трепание тряпок для бумажной массы.
arrepollado, da. [страд. прич.] к arrepollar; [прил.] имеющий форму кочана.
arrepollar. [неперех.] (Амер.) см. repollar: * **arrepollarse.** [возв. гл.] (Амер.) садиться на пол, расправляя юбку.
arrepsia. [ж.] нерешительность.
arrepticio, cia. [прил.] находящийся во владении беса, бесноватый, одержимый бесом.
arrequesonarse. [возв. гл.] створаживаться, свёртываться (о молоке).
arrequín. [м.] (Амер.) см. arrenquín.
arrequintar. [перех.] (Амер.) сильно стягивать бинтом или верёвкой.
arrequives. [множ.] украшения; (перен.) (разг.) обстоятельства, условия.
arrestación. [ж.] взятие под арест.
arrestado, da. [прил.] смелый, отважный, предприимчивый; [страд. прич.] к arrestar; арестованный; * estar arrestado, находиться под арестом; * estar arrestado en el domicilio, быть под домашним арестом.
arrestar. [перех.] (воен.) арестовывать, задерживать; посадить (взять) под арест, запрещать выход из казармы; подвергать домашнему аресту; (м. употр.) см. arriesgar: * **arrestarse.** [возв. гл.] отваживаться, дерзать, сметь, осмеливаться.
arresto. [м.] арест, задержание, заключение под стражу; короткое арест; лишение отпуска из казармы; домашний арест; смелость, отвага: * **arresto** mayor, арест сроком от месяца до шести; * **arresto** menor, арест сроком до месяца; * levantar el **arresto,** выпустить из под ареста, снять арест.
arretín. [м.] см. filipichín.
arretirarse. [возв. гл.] (прост.) см. retirarse.
arretranca. [ж.] (Амер.) см. retranca.
arrevesado, da. [прил.] см. enrevesado.

arrevolver. [перех.] (обл.) (Амер.) см. revolver.
arrezafe. [м.] см. cardizal.
arrezagar. [перех.] подбирать, приподнимать (платье); засучивать (рукава); поднимать, двигать снизу вверх.
arria. [ж.] караван вьючных животных.
arriada. [ж.] (мор.) спуск парусов, флага.
arriada. [ж.] см. riada.
arriado, da. [прил.] (Амер.) медлительный, ленивый.
arriadura. [ж.] спуск парусов или флага.
arrial. [м.] см. arriaz.
arrianismo. [м.] арианство, ересь Ария.
arriar. [перех.] (мор.) спускать (флаг, паруса и т. д.); зарифлять парус; травить (канат и т. д.): * arriar velas, (перен.) поджать хвост.
arriar. [перех.] затоплять, заливать: * arriarse. [возв. гл.] быть залитым, затопленным.
arriar. [перех.] (Амер.) (вул.) погонять вьючных животных, см. arrear.
arriata. [ж.] см. arriate.
arriate. [м.] насыпь вдоль стены для посадки цветов и т. д.; грядка, куртина (уст.); шоссейная дорога, дорожка, тропинка; плетёная изгородь.
arriaz. [м.] эфес (шпаги и т. д.).
arriaza. [ж.] (обл.) мочка (льна).
arriazar. [перех.] (обл.) мочить (лён).
arriba. [нареч.] наверх, вверх; наверху, выше, раньше; сверх, более: * ¡arriba!, поднимайся!, вставай!; * de arriba, свыше; сверху; * allá arriba, там наверху; * de arriba abajo, сверху донизу, сверху вниз, с начала до конца; с головы до ног; дотла; * mirar de arriba abajo, смотреть свысока на кого-л.; * estar arriba, занимать почётное место; первенствовать; * más arriba, выше; раньше, прежде; * hacia arriba, наверх, вверх; кверху; * río, calle, escaleras arriba, вверх по реке, по улице, по лестнице; * cuesta arriba, в гору; с трудом; * de arriba, (Амер.) бесплатно; * patas arriba, вверх ногами; * arriba de mil pesetas, более тысячи песет; * ¡manos arriba!, руки вверх; * tirar hacia arriba, вздёрнуть.
arribada. [ж.] прибытие в порт; причаливание; дрейф(ование): * arribada forzosa, вынужденное прибытие в порт.
arribaje. [м.] см. arribada.
arribano, na. [прил.] (Амер.) живущий в южных провинциях.
arribante. [дейст. прич.] к arribar.
arribar. [непepex.] прибывать в порт; причаливать, приставать к берегу; заходить в гавань (во время шторма и т. д.); (мор.) дрейфовать; прибывать, приезжать; (перен.) (разг.) достигнуть цели; (перен.) (разг.) выздоравливать, поправляться, восстанавливать благосостояние и т. д.
arribazón. [м.] стечение, скопление рыб (у берега и т. д.).
arribeño, ña. [прил. и сущ.] (Амер.) живущий в высоких областях или внутри страны.
arribismo. [м.] карьеризм.
arribista. [м. и ж.] карьерист (-ка).
arribo. [м.] прибытие; приезд; приход; наступление (весны и т. д.).
arricés. [м.] пряжка (у путлища); (Амер.) незначительный или презренный человек.

arricete. [м.] мель; отмель.
arriciarse. [возв. гл.] коченеть.
arridar. [перех.] (мор.) натягивать, напрягать.
arriendar. [перех.] (Амер.) объезжать (о лошади).
arriendo. [м.] см. arrendamiento: * contrato de arriendo, арендаторский (-рный) договор; * dar en arriendo, сдать в аренду; * tomar en arriendo, взять в аренду, арендовать; * arriendo a largo plazo, долгосрочная аренда; * arriendo a corto plazo, краткосрочная аренда.
arriera. [ж.] (Амер.) красный муравей.
arrieraje. [м.] (Амер.) (соб.) погонщики вьючных животных; ремесло или обязанности погонщика вьючных животных.
arriería. [ж.] ремесло или обязанности погонщика вьючных животных.
arrieril. [прил.] (разг.) свойственный погонщику вьючных животных.
arrierito. [м. умен.] к arriero: * arrieritos somos, не плюй в колодец - пригодится воды напиться.
arriero. [м.] погонщик вьючных животных, погоныч (прост.): * arriero somos, y en el camino nos encontraremos, см. arrieritos somos.
arriesgada. [ж.] (Амер.) (разг.) риск, опасность.
arriesgadamente. [нареч.] с риском; отважно и т. д.
arriesgado, da. [прил.] рискованный, содержащий в себе риск, опасный; отважный, дерзкий, смелый; неосторожный, неблагоразумный, отчаянный.
arriesgador, ra. [прил. и сущ.] рискующий, действующий, не боясь риска, опасностей.
arriesgar. [перех.] рисковать чем-л., подвергать опасности; делать наудачу: * arriesgarse. [возв. гл.] отваживаться на что-л.; рисковать собой; * el que no se arriesga no pasa la mar, риск- благородное дело.
arriesgo. [м.] риск, опасность.
arrimadera. [ж.] (Амер.) приближение; сближение.
arrimadero. [м.] опора, поддержка; приступка.
arrimadillo. [м.] плетёная рогожка, покрывающая стены.
arrimadizo, za. [прил.] приставной; (перен.) паразитарный, паразитический; [сущ.] паразит, блюдолиз.
arrimado, da. [страд. прич.] к arrimar; [прил.] (Амер.) живущий в незарегистрированном браке.
arrimadura. [ж.] приближение; см. arrimo.
arrimar. [перех.] приближать, придвигать; ставить рядом; прислонять; (перен.) оставлять, покидать, бросать (о должности и т. д.); (перен.) отстранять (от должности); не обращать внимания, лишать (доверия и т. д.); отодвигать на задний план; наносить удар: * arrimar los libros, бросать книги; * arrimar un bofetón, влепить пощёчину; * arrimar el hombro, подставлять плечо; оказывать помощь; работать с большим рвением; * arrimarse. [возв. гл.] подходить, приближаться к...; прислоняться к...; примыкать, присоединяться к о...; прибегнуть к кому-л., к чему-л; (перен.) опираться на кого-л.; приближаться к познанию чего-л.; (разг.) сожительствовать вне брака: * arrímate a los buenos y serás uno de ellos, с кем поведёшься, от того наберёшься; * ;arrimarse al sol que más calienta, искать милости у человека входящего в силу.

arrimo. [м.] приближение, придвигание; прислонение; посох; подпорка; (перен.) покровительство, протекция, поддержка; привязанность, особая симпатия, склонность; смежная, общая стена (арг.) внебрачное сожительство.
arrimón. [м.] тот, кто подходит на улице (прислонённый к стене); прихлебатель: * estar de arrimón, долго поджидать, подстерегать на улице (прислонённый к стене и т. д.); * hacer el arrimón, идти по стенке, не держаться твёрдо на ногах (о пьяном).
arrinclín. [м.] (Амер.) худое животное.
arrinconado, da. [страд. прич.] к arrinconar [прил.] удалённый, отдалённый, уединённый, далёкий; захолустный; (перен.) заброшенный.
arrinconamiento. [м.] уединение, удаление.
arrinconar. [перех.] класть, ставить, задвигать в угол; (прям. перен.) загнать в угол, припирать к стенке; загнать в безвыходное положение, в тупик; (перен.) отстранять (от должности и т. д.); лишать (доверия, покровительства); отодвигать на задний план; покидать, бросать, оставлять (о должности и т. д.); * arrinconarse. [возв. гл.] (разг.) удаляться от общества.
arrinia. [ж.] (пат.) врождённое отсутствие носа.
arrinquín. [м.] (Амер.) см. arrenquín.
arriñonado, da. [прил.] почковидный.
arriostrado. [м.] скрепление поперечными связями, укрепление распорками, крепление анкерами.
arriostramiento. [м.] см. arriostrado.
arriostrar. [перех.] скреплять поперечными связями, укреплять распорками.
arriquín. [м.] (Амер.) неразлучный спутник.
arrisado, da. [страд. прич.] к arrisar; [прил.] смеющийся; приятный для глаза; благодушный, приветливый, кроткий.
arriscadamente. [нареч.] отважно, дерзко.
arriscadero. [м.] (Амер.) скала, см. risco.
arriscado, da. [прил.] каменистый; смелый, отважный, неустрашимый; ловкий, развязный, непринуждённый, проворный; (Амер.) (непр.) вздёрнутый (о носе); (о полях шляпы).
arriscador, ra. [м. и ж.] человек, подбирающий маслины (при сбивании плодов с оливковых деревьев).
arriscamiento. [м.] смелость, отвага; решимость.
arriscar. [перех.] см. arriesgar; (м. употр.) см. enriscar; (Амер.) засучивать (рукава); * arriscarse. [возв. гл.] рисковать собой, подвергать себя опасности; осмеливаться; гордиться, кичиться чем-л; сердиться; см. despeñarse (о животных); (Амер.) изысканно одеваться.
arrisco. [м.] риск, опасность.
arristranco. [м.] (Амер.) старая, вышедшая из употребления вещь.
arritmia. [ж.] аритмичность, неритмичность; (мед.) аритмия (сердца).
arrítmico, ca. [прил.] аритмичный, неритмичный: * calidad de arrítmico, аритмичность.
arritranca. [ж.] (Амер.) шлея, см. retranca.
arritranco. [м.] (обл.) старая, вышедшая из употребления вещь; (Амер.) упряжь, сбруя.
arrivista. [м. и ж.] (гал.) карьерист (-ка), см. advenedizo.
arrizafa. [ж.] сад, парк.
arrizar. [перех.] (мор.) брать рифы у парусов; (мор.) поднимать и привязывать баркас; (мор.) (разг.) привязывать, связывать кого-л.
arroaz. [м.] (ихтио.) дельфин.

arroba. [ж.] арроба (мера веса: 11-12'5 к.) (мера жидкости: 10-16 л.); гиря весом одну арробу; * echar por arrobas, (перен.) (разг.) преувеличивать; * por arrobas, обильно.

arrobadera. [ж.] дорожный каток.

arrobadizo, za. [прил.] склонный к экстазу, восхищению и т. д.; притворяющийся восхищённым и т. д.

arrobador, ra. [прил.] прелестный, очаровательный, приводящий в восторг, восхищающий.

arrobamiento. [м.] восхищение, восторг, экстаз.

arrobar. [перех.] восхищать, очаровывать, приводить в восторг; см. embelesar; (уст.) красть, воровать; * arrobarse. [возв. гл.] восторгаться, восхищаться, приходить в восторг, быть вне себя от восторга, восхищения и т. д.

arrobero, ra. [прил.] весящий arroba; [м. и ж.] булочник (-ница) коллектива.

arrobeta. [ж.] (обл.) мера оливкого масла, равная 24 фунтам.

arrobo. [м.] восхищение, восторг, экстаз.

arrocabe. [м.] (арх.) украшение в виде фриза.

arrocado, da. [прил.] имеющий форму прялки.

arrocería. [ж.] рисовая плантация.

arrocero, ra. [прил.] рисовый; [м.] рисовод; торговец рисом; * molino arrocero, завод для очистки риса.

arrocinado, da. [страд. прич.] к arrocinar; [прил.] имеющий сходство с клячой.

arrocinamiento. [м.] озверение, глупость.

arrocinar. [перех.] см. embrutecer; * arrocinarse. [возв. гл.] см. embrutecerse; (перен.) (разг.) слепо влюбляться.

arrochelarse. [возв. гл.] (Амер.) заупрямиться (о лошади); нервничать (о лошади).

arrodajarse. [возв. гл.] (Амер.) садиться на землю, поджав под себя ноги.

arrodear. [перех.] окружать, см. rodear.

arrodelar. [перех.] (м. употр.) покрывать круглым щитом; * arrodelarse. [возв. гл.] покрываться щитом.

arrodeo. [м.] см. rodeo.

arrodillada. [ж.] (обл.) коленопреклонение.

arrodilladura. [ж.] коленопреклонение.

arrodillamiento. [м.] коленопреклонение.

arrodillar. [перех.] ставить на колени. [неперех.] становиться на колени; arrodillarse. [возв. гл.] становиться на колени.

arrodo. [нареч.] в избытке, во множестве.

arrodrigar, arrodrigonar. [перех.] (с.-х.) подвязывать, подпирать подпорками, кольями (виноград).

arrogación. [ж.] присвоение; усыновление.

arrogador, ra. [прил.] присваивающий себе.

arrogancia. [ж.] высокомерие, надменность, гордость, горделивость, форс, спесь, заносчивость, надутость, мужество; статность, стройность: * con arrogancia, заносчиво; * conducirse con arrogancia, форсить.

arrogante. [прил.] высокомерный, надменный, спесивый, чванный, заносчивый, надутый, гордый, горделивый, задорный, залихватский, ершистый; отважный, мужественный, статный, стройный: * con aire arrogante, задорно.

arrogantemente. [нареч.] высокомерно, надменно, гордо, заносчиво, залихватски и т. д.

arrogar. [перех.] усыновлять; * arrogarse. [возв. гл.] присваивать себе, приписывать себе.

arrojadamente. [нареч.] смело, отважно.

arrojadera. [ж.] (Амер.) рвота.

arrojadizo, za. [прил.] метательный.

arrojado, da. [прил.] смелый, отважный, неустрашимый, бесстрашный, дерзновенный, молодцеватый, доблестный, героический, геройский; [м. множ.] (арг.) шаровары.

arrojador, ra. [прил. и сущ.] бросающий, кидающий и т. д.

arrojar. [перех.] бросать, кидать, метать, швырять, запускать; набрасывать; выбрасывать; зашвыривать; валить, гнать; распространять (запах); пускать ростки; изрыгать, извергать; (разг.) см. vomitar; выгонять, увольнять; (физ.) излучать, испускать: * arrojar con fuerza, бахнуть; * arrojar con fuerza y produciendo ruido, брякать; * arrojar a un líquido, бултыхать; * arrojar por la ventana, (перен.) мотать; * arrojarse. [возв. гл.] бросаться, кидаться; накидываться, (на)броситься, низвергаться, устремляться вниз; (перен.) рисковать; * arrojarse sobre (comida и т. д.), дорваться (до еды); * arrojarse a un líquido, бултыхаться; * arrojarse sobre (uno), напасть, налететь, накидываться, набрасываться.

arrojar. [перех.] (обл.) накаливать печь.

arrojo. [м.] неустрашимость, отвага; дерзание, дерзновение (высок.); дерзость, бесстрашие, молодечество.

arrollable. [прил.] могущий быть свёрнутым.

arrollado, da. [страд. прич.] к arrollar; [м.] свиной рулет.

arrollador, ra. [прил.] свёртывающий и т. д.; [м.] валик.

arrollar. [перех.] свёртывать, скатывать, навёртывать; наматывать, обёртывать; обматывать; сносить, катить (водой, ветром); (перен.) привести в замешательство, смущать; обратить в бегство, разбить наголову, разгромить врага; качать колыбель, убаюкивать; топтать, попирать (права и т. д.); уничтожать (препятствия); (текст.) наматывать на шпулю.

arromadizar. [перех.] вызывать насморк; **arromadizarse.** [возв. гл.] получить насморк, простудиться.

arromanzado, da. [прил.] (поэт.) похожий на романс.

arromanzar. [перех.] переводить на испанский язык.

arromar. [перех.] затупить, притупить, делать тупым.

arromper. [перех.] (разг.) поднимать целину, распахивать новь.

arrompido, da. [страд. прич.] к arromper; [м.] поднятая целина.

arronar. [перех.] (обл.) качать колыбель.

arronzar. [перех.] (мор.) поднимать или двигать тяжесть рычагами; [неперех.] чрезмерно отклоняться в подветренную сторону; [перех.] (уст.) (мор.) поднимать якорь.

arropamiento. [м.] покрытие (одеждой и т. д.).

arropar. [перех.] одевать, надевать; кутать, укутывать, покрывать, закутывать (одеждой); (обл.) покрывать привитую лозу слоем земли; * arroparse. [возв. гл.] одеваться, кутаться, покрываться, закутываться; (арг.) приготовляться к чему-л, вооружаться.

arropar. [перех.] прибавлять в вино виноградный сироп.

arrope. [м.] виноградный сироп; (обл.) варёный мёд; (фарм.) сироп из разных фруктов.

arropea. [ж.] см. grillete; путы (лошади и т. д.).

arropera. [ж.] сосуд для arrope.

arropía. [ж.] варёный мёд, см. melcocha.

aropiero, ra. [м. и ж.] продавец (-щица) arropía, или тот, кто изготовляет arropía.

arropilla. [ж.] (Амер.) варёный мёд.

arroró. [м.] колыбельная песня.

arroscado, da. [страд. прич.] к arroscar; [прил.] винтообразный.

arroscar. [перех.] (уст.) см. enroscar; (арг.) соединять, завёртывать и т. д.

arrostrado, da. [прил.] (bien или mal), имеющий хорошее или дурное выражение лица.

arrostrar. [перех.] смело выступать против кого-чего; встречать безбоязненно, лицом к лицу; не бояться, бравировать; противостоять; [неперех.] терпеть неприятного человека и т. д.; проявлять склонность к чему-л; * arrostrarse. [возв. гл.] встречаться лицом к лицу с врагом.

arroto, ta. [страд. прич.] к arromper; (обл.) [м.] поднятая целина.

arrow-root. [м.] (англ.) см. arruruz.

arroyada. [ж.] лощина, где протекает ручей; ручей; поток образовавшийся от дождя; промоина, рытвина, ложбина; прибыль воды (в ручьях).

arroyadero. [м.] ручей, поток образовавшийся от дождя, см. arroyada.

arroyar. [перех.] размывать почву; образовывать ручьи, ложбины и т. д. (о дожде).

arroyarse. [возв. гл.] покрываться ржавчиной (о растениях).

arroyo. [м.] ручей, небольшой водный поток; ложе ручья и т. д.; часть улицы, где протекает вода; улица; дорога; сточная канавка; (перен.) поток; (Амер.) немноговодная, но судоходная река: * plantar или poner en el arroyo, выгнать, выбросить на улицу.

arroyuela. [ж.] (бот.) плакун-трава.

arroyuelo. [м. умен.] к arroyo; ручеёк.

arroz. [м.] рис: * arroz a la italiana, блюдо из риса; * tener arroz y gallo muerto, заколоть жирного тельца; * arroz con leche, рисовая каша; * arroz con carne, пилав.

arrozal. [м.] рисовая плантация, рисовое поле.

arruar. [неперех.] хрюкать (о кабане).

arruchar. [перех.] (Амер.) разорять, доводить до нищеты.

arrufadura. [ж.] (мор.) прогиб корпуса судна.

arrufaldado, da. [страд. прич.] к arrufaldarse; [прил.] с поднятым крылом.

arrufaldarse. [возв. гл.] (уст.) (обл.) гордиться; ободриться, раздражаться, сердиться.

arrufar. [перех.] (мор.) делать дугообразным; * arrufarse. [возв. гл.] (Амер.) раздражаться, сердиться.

arrufianado, da. [прил.] нахальный, наглый, развратный, бессовестный.

arrufianarse. [возв. гл.] предаваться разврату и жить на средства своей любовницы-проститутки.

arrufo. [м.] (мор.) прогиб корпуса судна.

arruga. [ж.] морщина; складка, сборка; (Амер.) обман, мошенничество: * cubierto de arrugas, изборождённый, покрытый морщинами, морщинистый.

arrugación, arrugamiento. [м.] дейст. и сост.

arrugado, da. [страд. прич.] к arrugar; [прил.] морщинистый; сморщенный.

arrugar. [перех.] морщить; мять, комкать; съёживать (кожу): * arrugar la frente, нахмуриться, (на)морщить лоб; * arrugar el ceño, нахмурить брови, нахмуриться; * arrugarse. [возв. гл.] морщиться, морщить (о платье); набегать; (арг.) см. huir, escaparse.

arrugia. [ж.] золотые прииски.

arruinador, ra. [прил.] разоряющий, разорительный; [м. и ж.] разоритель, разрушитель.

arruinamiento. [м.] падение, разрушение; разорение, распад; уничтожение.

arruinar. [перех.] разрушать, опустошать, разорять; губить; приводить к гибели; портить; * arruinar la salud, истратить, расшатать своё здоровье; * arruinarse. [возв. гл.] разрушаться, рушиться; разоряться, беднеть; приходить в упадок; портиться; захудать (прост.): * arruinarse completamente, разориться дотла.

arrullador, ra. [прил.] убаюкивающий, воркующий, ласковый; [сущ.] льстец, льстивый человек.

arrullar. [перех.] ворковать (о голубях); качать колыбель; убаюкивать колыбельной песней; (перех.) (разг.) льстивыми ласками, словами, внушить кому-л чувство любви к себе.

arrullo. [м.] воркованье; колыбельная песня; льстивые ласки, слова, внушающие чувство любви к себе; (перен.) убаюкивающий шум и т. д.

arrumaco. [м.] внешнее проявление любви в жесте и т. д.; (разг.) странное украшение, наряд.

arrumaje. [м.] погрузка и распределение грузов на судне.

arrumar. [перех.] (мор.) размещать, распределять груз, нагрузку на судне; * arrumarse. [возв. гл.] покрываться облаками (о горизонте).

arrumazón. [м.] см. arrumaje; облака на горизонте.

arrumazonarse. [возв. гл.] заволакиваться, покрываться тучами (о горизонте).

arrumbada. [ж.] (мор.) коридор (у носовой части галеры).

arrumbador, ra. [прил. и сущ.] убирающий, кладущий в угол; [м.] (обл.) рабочий переливающий вино из сосуда в сосуд.

arrumbar. [перех.] убирать, класть, ставить в угол, засовывать (ненужное); (перен.) приводить в замешательство; отодвигать на задний план; отстранять от должности; лишать доверия.

arrumbar. [перех.] (мор.) вести судно по определённому румбу; [неперех.] определять курс; * arrumbarse. [возв. гл.] брать курс на; см. marearse.

arrumbre. [м.] (Амер.) (вар.) ржавчина.

arrumí. [м.] (обл.) выпь.

arruncharse. [возв. гл.] (Амер.) съёжиться в углу.

arrunflar. [перех.] (карт.) подбирать масть.

arrurrú. [м.] (Амер.) колыбельная песня.

arruruz. [м.] съедобный крахмал.

arrutanado, da. [прил.] (Амер.) статный, стройный, милый, миловидный.

arsáfraga. [ж.] (бот.) поручейник (узколистный).

arsenal. [м.] верфь; (прям. перн.) арсенал.

arseniado, da. [прил.] мышьяковистый, мышьяковый, мышьячный.

arseniato. [м.] соль мышьяковой кислоты.

arsenical. [прил.] мышьяковый.

arsenicismo. [м.] отравление препаратом мышьяка.

arsénico. [м.] (хим.) мышьяк.

arsenífero, ra. [прил.] мышьяковистый, мышьяковый, мышьячный.

arsenioso, sa. [прил.] (хим.) мышьяковистый.

arsenito. [м.] соль мышьяковой кислоты.

arseniuro. [м.] (хим.) соединение мышьяка с металлом.

arsenoterapia. [ж.] применение мышьяка с лечебной целью.

arta. [ж.] (бот.) подорожник.

ártabro, bra. [прил. и сущ.] живущий в одной области Галисии; принадлежащий к этой области.

artanica, artanita. [ж.] (бот.) цикламен, альпийская фиалка.

artanta. [ж.] (бот.) южноамериканское растение.

arte. [м. или ж.] искусство; умение; мастерство; творчество; хитрость, хитроумие, ловкость; (обл.) нория; (чаще-множ.) рыболовные принадлежности, снасть, невод, рыболовная сеть; [множ.] логика, физика, метафизика; * artes liberales, свободные искусства; * bellas artes; изящные искусства; * el arte de la guerra, военное искусство; artes gráficas, графические искусства; * con arte, искусно; * malas artes, недостойные средства, уловки; * tener buen arte, иметь способности к; * objetos de arte, художественные произведения; * no tener arte ni parte en una cosa, не иметь никакого отношения к делу.

artecracia. [ж.] преимущество искусства или искусств.

artefacto. [м.] приспособление, прибор, механизм, машина.

artejo. [м.] сустав пальца; сустав.

artel. [м.] артель.

artemisa. [ж.] (бот.) полынь: * artemisa común, обыкновенная полынь, чернобыльник; * artemisa bastarda, тысячелистник.

artemisal. [м.] (Амер.) заросли чернобыльника.

artemisia. [ж.] см. artemisal.

artemisilla. [ж.] (бот.) кубинское дикорастущее растение.

arteramente. [нареч.] коварно и т. д.

artería. [ж.] хитрость, коварство, лукавство, уловка.

arteria. [ж.] (анат.) артерия; (перен.) артерия, магистраль: * arteria celíaca, чревная артерия; * arteria coronaria, венечная артерия сердца.

arteriagra. [ж.] (пат.) артериальная боль.

arterial. [прил.] артериальный: * tensión arterial, кровяное давление; * sangre arterial, артериальная кровь.

arterialización. [ж.] окисление крови.

arteriectasia. [ж.] (пат.) болезненное растяжение артерий.

arterioesclerosis. [ж.] см. arteriosclerosis.

arteriografía. [ж.] (мед.) описание артерий.

arteriola. [ж.] артериола, маленькая артерия.

arteriología. [ж.] наука, изучающая артерии.

arteriológico, ca. [прил.] относящийся к изучению артерий.

arteriomalacia. [ж.] (мед.) размягчение артерий.

arterionecrosis. [ж.] (мед.) омертвение стенок артерий.

arteriopatía. [ж.] (мед.) болезнь артерий.

arteriosclerosis. [ж.] (мед.) артериосклероз.

arteriosclerótico, ca. [прил.] к артериосклерозу.

arteriosidad. [ж.] свойст. к артериальный.

arterioso, sa. [прил.] артериальный; изобилующий артериями.

arterovenoso, sa. [прил.] относящийся к артериям и венам.

arteritis. [ж.] (мед.) артериит, воспаление артерий.

artero, ra. [прил.] хитрый, лукавый, коварный, ловкий, проворный.

artesa. [ж.] корыто, квашня.

artesanado. [м.] ремесленное сословие; ремесленники.

artesanía. [ж.] кустарный промысел, работа кустаря; ремесленники.

artesano, na. [м. и ж.] ремесленник; кустарь.

artesianidad. [ж.] свойст. по знач. прил. артезианский.

artesiano, na. [прил.] артезианский: * pozo artesiano, артезианский колодец.

artesilla. [ж.] лоток (у нории); род игры на лошади.

artesón. [м.] корыто, квашня; (арх.) четырёхугольное или многоугольное украшение; (арх.) см. artesonado.

artesonado, da. [прил.] (арх.) снабжённый лепными многоугольными украшениями; [м.] плафон, потолок, снабжённый лепными многоугольными украшениями.

artesonar. [перех.] украшать лепными многоугольными украшениями (о потолке).

artesuela. [ж.] корытце.

artético, ca. [прил.] страдающий подагрой, подагрический.

artetístico, ca. [прил.] лишённый члена.

ártico, ca. [прил.] арктический, северный, полярный.

artícola. [прил.] живущий около полюса.

articulación. [ж.] соединение; сустав, сочленение; отчётливое произношение, артикуляция; (тех.) шарнир; шарнирное соединение: * articulación del dedo, сустав пальца; * articulación de la rodilla, коленный сустав; * articulación pelviana, тазобедренный сустав.

articuladamente. [нареч.] ясно, отчётливо, членораздельно (о речи).

articulado, da. [прил.] сочленённый; суставчатый, членистый; расчленённый, гибкий; отчётливый, членораздельный (о речи); шарнирный, коленчатый; [м.] ряд параграфов, статей (договора и т. д.); [множ.] (зоол.) членистоногие.

articulamiento. [м.] соединение; сочленение.

articular. [прил.] (анат.) суставной: * reumatismo articular, суставной ревматизм; * dolores articulares, боли в суставах.

articular. [перех.] связывать, соединять, сочленять; отчётливо произносить, выговаривать, артикулировать; (тех.) соединять шарнирно, на шарнирах, сочленять; излагать по пунктам, по статьям; (Амер.) ворчать, бормотать себе под нос; [неперех.] ссориться.

articulatorio, ria. [прил.] (грам.) речевой, относящийся к артикуляции.

articulista. [м.] автор газетной или журнальной статьи, журналист.

artículo. [м.] см. artejo; статья (устава, закона); статья (газетная, словарная); параграф, пункт; товар, категория товара, артикул; изделие; предмет; (ком.) артикул; [грам.] член, артикль; (юр.) спорный вопрос: * artículo de gastos, расходная статья; * artículo de fondo, передовая, редакционная статья, передовица; * artículo de comercio, товар; * artículo de fe, догмат веры; * artículos de primera necesidad, предметы первой необходимости; * artículo de la muerte, время при смерти, при последнем издыхании; * hacer el artículo, показывать товар лицом; * artículo definido, (грам.) определённый артикль; * artículo indifinido, неопределённый артикль.

artifara, artife. [м.] (арг.) хлеб.

artifero. [м.] (арг.) булочник, пекарь.

artífice. [м. и ж.] артист (-ка), мастер своего дела; см. autor; ловкач (разг.).
artificial. [прил.] искусственный; искусственный, неестественный, наигранный, напускной.
artificialidad. [ж.] искусственность; неестественность.
artificialmente. [нареч.] искусственно, деланно.
artificiero. [м.] пиротехник; (уст.) фейерверкер.
artificio. [м.] искусство, мастерство; искусственность; притворство, лукавство; приспособление, устройство; [множ.] хитросплетения, ухищрения.
artificiosamente. [нареч.] коварно; искусственно.
artificioso, sa. [прил.] искусственный; надуманный; коварный; плутоватый.
artiga. [ж.] (с.-х.) распашка нови, подъём целины; распаханная земля, поднятая целина.
artigar. [перех.] поднимать целину, распахивать новь.
artilugio. [м.] (разг.) хитроумное но незначительное устройство.
artillado, da. [страд. прич.] к artillar; [прил.] вооружённый пушками; [м.] артиллерия крепости или судна.
artillar. [перех.] снабжать артиллерией крепость или судно: * artillarse. [возв. гл.] (арг.) вооружаться.
artillería. [ж.] артиллерия: * artillería ligera, лёгкая артиллерия; * artillería pesada, тяжёлая артиллерия; * artillería de campaña, полевая артиллерия; * artillería de montaña, горная артиллерия; * artillería naval, морская артиллерия; * artillería de costa, береговая артиллерия; * artillería antiaérea, зенитная артиллерия; * artillería antitanque, противотанковая артиллерия; * artillería de largo alcance, дальнобойная артиллерия; * parque de artillería, артиллерийский парк; * artillería atómica, атомная артиллерия; * pieza de artillería, артиллерийское орудие; * unidad de artillería, артиллерийская часть.
artillero. [м.] артиллерист.
artimaña. [ж.] (прям.) (перен.) ловушка, западня; (перен.) хитрость, уловка.
artimón. [м.] (мор.) один из парусов галеры.
artina. (бот.) плод arto.
artiodáctilo, la. [прил. и сущ.] (зоол.) парнокопытный; [множ.] парнокопытные.
artiseda. и (Амер.) **artisela.** [ж.] искусственный шёлк.
artista. [прил.] занимающийся изучением искусств; [м. и ж.] артист (-ка); художник; мастер своего дела: * artista dramático, актёр, актриса; * artista lírico, певец, певица.
artísticamente. [нареч.] художественно, искусно, артистически.
artístico, ca. [прил.] художественный, артистический; (спорт.) фигурный: * patinaje artístico, фигурное катание на коньках.
artizar. [перех.] искусно делать что-л.
arto. [м.] (бот.) см. cambronera; название разных колючих растений.
artocarpo. [м.] (бот.) хлебное дерево.
artófago, ga. [прил.] едящий много хлеба.
artolas. [ж. множ.] носилки для двух сидячих раненых и т. д.
artos. [м.] (бот.) см. cambronera.
artralgia. [ж.] (пат.) суставная боль.
artrálgico, ca. [прил.] (пат.) относящийся к суставной боли.
artrectasia. [ж.] (пат.) суставное растяжение.

artremia. [ж.] (пат.) тяжёлый артрит.
artrítico, ca. [прил.] артритический, подагрический; больной артритизмом; подагрик (разг.).
artritis. [ж.] (мед.) артрит, подагра.
artritismo. [м.] (мед.) артритизм.
artrofima. [ж.] (пат.) суставная опухоль.
artoflogosis. [м.] (пат.) суставное воспаление.
artrografía. [ж.] описание суставов.
artográfico, ca. [прил.] относящийся к описанию суставов.
artrolálico, ca. [прил.] относящийся или принадлежащий к устной речи.
artrolitiasis. [ж.] (мед.) подагра.
artrología. [ж.] артрология.
artrológico, ca. [прил.] к артрология.
artrón. [м.] (анат.) сустав.
artropatía. [ж.] (мед.) суставная болезнь (вообще).
artropiosis. [ж.] (пат.) гноящийся артрит.
artrópodo, da. [прил. и сущ.] (зоол.) членистоногий.
artrorreumatismo. [м.] суставной ревматизм.
artrosia. [ж.] (пат.) суставная боль.
artulario. [м.] (обл.) см. artilugio; [множ.] (обл.) вещи; пожитки.
artuña. [ж.] овца, которая лишилась ягнёнка.
artuñar. [неперех.] (обл.) выкинуть (об овце).
aruco. [м.] (орни.) американская голенастая птица.
arugas. [ж. множ.] (бот.) лечебное растение.
árula. [ж.] (арх.) маленький алтарь.
arundíneo, a. [прил.] тростниковый.
aruñar, aruñazo, aruño. см. arañar, arañazo, araño.
arúspice. [м.] аруспиций, утробогадатель.
aruspicina. [ж.] утробогадание.
arveja. [ж.] (бот.) вика, журавлиный горох; (обл.) (Амер.) горох: * arveja silvestre, луговой горошек, чина.
arvejal, arvejar. [м.] поле, засеянное викой.
arvejana, arvejera. [ж.] (бот.) вика, см. arveja.
arvejo. [м.] горох.
arvejón. [м.] (обл.) см. almorta.
arvejote. [м.] (обл.) см. almorta.
arvela. [ж.] (орни.) зимородок.
arvense. [прил.] (бот.) растущий на пашнях.
arvícola. [прил.] (зоол.) живущий в засеянных полях; [ж.] полевая мышь.
arvicólidos. [м. множ.] (зоол.) полевковые (семейство грызунов).
arvicultura. [ж.] (неол.) обработка зерновых хлебов.
aryo, rya. [прил.] арийский.
arzobispado. [м.] архиепископство.
arzobispal. [прил.] архиепископский.
arzobispo. [м.] архиепископ.
arzollo. [м.] (обл.) дикое миндальное дерево.
arzón. [м.] ленчик седла, седельная лука.
as. [м.] (карт.) туз; одно очко; (разг.) мастер своего дела, дока (уст.); мастер спорта; (арг.): * as de oros, зад; * ser un as, быть первым; * as de la aviación, ас (искусный лётчик-истребитель).
as. (хим.) (знак) мышьяк.
asa. [ж.] (обл.) (бот.) падуб, остролист.
asa. [ж.] ручка (корзины и т. д.) (перен.) случай, предлог, повод; (перен.) ушная раковина: * en asas, подбоченясь; * ser muy del asa, быть близким другом.
asa. [ж.] растительный сок: * asa dulce, бензой.
asá. (разг.): * así que asá, так или иначе.
asabalado, da. [прил.] (Амер.) имеющий длинную шею, тонкую голову и маленький живот (о лошади).

asaborar. [перех.] см. saborear.
asacar. [перех.] см. inventar; притворяться, прикидываться, симулировать; выставлять в качестве предлога; приписывать кому-л.
asación. [ж.] (мед.) варение лекарств в собственном их соке.
asacristanado, da. [прил.] похожий на пономаря.
asadero, ra. [прил.] годный для жаренья.
asado, da. [страд. прич.] к asar; [м.] жареное мясо; жаркое: * pasarse el asado, (обл.) упустить случай (благоприятный).
asador. [м.] вертел; жаровня: * poner toda la carne en el asador, не церемониться.
asadorazo. [м.] удар вертелом.
asadura. [ж.] (чаще множ.) потроха, внутренности; лёгкое животного; печень; ливер, печень и лёгкие; (разг.) см. pachorra: * echar las asaduras, изнемогать от чрезмерной работы.
asaetador. [м.] стреляющий из лука; [м.] стрелок из лука, лучник; (пре)скучный человек.
asaetear. [перех.] стрелять из лука; ранить или убивать стрелой; (перен.) наводить скуку; надоедать (часто).
asaetinado, da. [прил.] атласный, атласистый (о ткани).
asainetado, da. [прил.] похожий на sainete; (популярную комическую пьесу).
asainetear. [перех.] (перен.) делать пикантным.
asalareo. [м.] (обл.) договор, соглашение, контракт.
asalariado, da. [прил.] наёмный; подкупленный.
asalariar. [перех.] назначать жалованье, заработную плату: * estar asalariado, работать за наём.
asalmonado, da. [прил.] см. salmonado; светло-розовый (о цвете).
asaltador, ra. [прил. и сущ.] нападающий, атакующий, наступающий; агрессор.
asaltante. [действ. прич.] к asaltar; нападающий и т. д.
asaltar. [перех.] нападать, атаковать, набрасываться; штурмовать (крепость и т. д.); поражать, неожиданно случаться, приходить и т. д.
asalto. [м.] атака, нападение, наступление; штурм, приступ; натиск, напор; (в фехтовании) состязание; выпад; вольный бой (в боксе): * tomar por asalto, взять штурмом.
asamblea. [ж.] собрание; ассамблея; дума; (воен.) сбор (сигнал к сбору): * asamblea general, общее собрание; * asamblea general de la O. N. U., Генеральная ассамблея ООН; * asamblea constituyente, учредительное собрание; * asamblea legislativa, законодательное собрание; * asamblea representativa, палата депутатов; * presidir la asamblea, председательствовать на собрании; * asamblea mundial, мирская сход.
asambleísta. [сущ.] член собрания.
asar. [перех.] жарить, поджаривать; (перен.) приводить скуку, надоедать: * asarse. [возв. гл.] (прям.) (перен.) жариться: * asarse de calor, страдать от жары.
asarcia. [ж.] чрезмерная худоба.
asarero. [м.] (бот.) терновник.
asargado, da. [прил.] похожий на саржу.
asariar. [перех.] (вул.) (Амер.) стыдить.

asarina. [ж.] (бот.) род камфары.
ásaro. [м.] (бот.) копытень.
asaselar. [перех.] (арг.) радовать, веселить, увеселять.
asaselo. [м.] (арг.) см. regocijo.
asaúra. [ж.] (арг.) медлительность; флегматичность.
asayé. [м.] (Амер.) плетёная корзина с двумя ручками (из пальмовых листьев).
asaz. [прил.] (поэт.) достаточный; [нареч.] достаточно, довольно.
asbestiforme. [прил.] похожий на асбест.
asbestino, na. [прил.] асбестовый.
asbesto. [м.] (мин.) асбест, горный лён.
asbolana. [ж.] (мин.) асболит.
asbólico, ca. [прил.] похожий на сажу.
asbolita. [ж.] (мин.) асболит.
ascalonia. [ж.] (бот.) лук-шарлот.
ascalabote. [м.] (зоол.) гекко (ящерица).
áscar. [м.] (в Марокко) армия.
ascari. [м.] марокканский пехотинец.
ascáride. [ж.] (зоол.) аскарида, круглый глист.
ascaridiasis. [ж.] (пат.) аскаридоз.
ascendencia. [ж.] родство по восходящей линии; предки.
ascendente. [прил.] восходящий; возрастающий; подымающийся.
ascender. [неперех.] подниматься, восходить, всходить, идти в гору, возвышаться; въезжать; взлетать; возрастать, увеличиваться, доходить до; (про)двигаться (по службе); [перех.] повышать в чине, продвигать по службе; [непр. гл.] спрягается как entender.
ascendiente. [действ. прич.] к ascender; [сущ.] родственник по восходящей линии; [м.] влияние, авторитет, моральное превосходство; [множ.] родственники по восходящей линии.
Ascensión. [ж.] (рел.) Вознесение.
ascensión. [ж.] восхождение; подъём; взлет (с трамплина): *ascensión recta, (астр.) прямое восхождение (светила).
ascensional. [прил.] восходящий; подъёмный.
ascensionista. [м. и ж.] альпинист (-ка); см. aeronauta.
ascenso. [м.] (м употр.) см. subida; повышение по службе, продвижение; присвоение (очередного) звания, производство в чин.
ascensor. [м.] лифт, подъёмник.
ascensorista. [м. и ж.] лифтёр (-ша).
asceta. [м. и ж.] аскет; пустынник.
ascetario. [м.] скит.
ascéticamente. [нареч.] по аскетическим правилам и т. д.
ascético, ca. [прил.] аскетический; [ж.] см. ascetismo.
ascetismo. [м.] аскетизм.
ascidia. [ж.] (бот.) асцидия.
ascidiáceo, a. [прил.] к асцидия.
ascidiado, da. [прил.] (бот.) бокальчатый.
ascios. [м. множ.] жители жаркого пояса, безтеневые.
ásciro. [м.] (бот.) асцирум.
ascítico, ca. [прил. и сущ.] страдающий водяной живота.
ascitis. [ж.] (мед.) брюшная водянка.
asco. [м.] тошнота; отвращение, омерзение; брезгливость; мерзость, отвратительная вещь; (разг.) боязнь: *dar asco, вызывать отвращение, претить; *estar hecho un asco, быть очень грязным; *hacer ascos, (разг.) жеманиться, кривляться; *con asco, брезгливо.

asco. [м.] (археол.) греческая ваза.
ascosidad. [ж.] (уст.) вещь, вызывающая отвращение, мерзость.
ascua. [ж.] жар, горящие, расплённые угли: *ascua de oro, блестящий предмет; *sacar el ascua con mano ajena, чужими руками жар загребать; *estar hecho una ascua de oro, быть хорошо одетым, блестящим и т. д.; *estar en ascuas, быть как на угольях, на углях: *arrimar uno el ascua a su sardina, пользоваться удобным случаем; [межд.] ¡ascuas! чёрт возьми! ишь ты!
aseadamente. [нареч.] чисто, изящно, нарядно.
aseado, da. [страд. прич.] к asear; [прил.] чистый, опрятный, чистоплотный; изящный, элегантный.
asear. [перех.] украшать; наряжать; чистить, приводить в порядок и т. д.
asebia. [ж.] неверие, безбожие.
asechador, ra. [прил. и сущ.] устраивающий ловушку, западню.
asechamiento. [м.] ловушка, засада, западня; [множ.] козни.
asechanza. [ж.] см. asechamiento.
asechar. [перех.] устраивать ловушки, расставлять сети; (уст.) см. acechar.
asecho. [м.] см. asechamiento.
asedado, da. [страд. прич. и прил.] шелковидный.
asedar. [перех.] делать шелковистым.
asedar. [перех.] передвигать с места.
asediador, ra. [прил. и сущ.] осаждающий; докучливый, надоедливый, навязчивый.
asediar. [перех.] осаждать, блокировать; (перен.) докучать, надоедать, неотвязно, неотступно осаждать.
asedio. [м.] (воен.) осада; блокада; приставание, надоедание.
aseglararse. [возв. гл.] жить по-светски (о священнике и т. д.).
asegundar. [перех.] повторять.
aseguración. [ж.] страховой полис; (уст.) страхование.
asegurado, da. [страд. прич.] к asegurar; [сущ.] застрахованный (-ая), страхователь.
asegurador, ra. [прил. и сущ.] страхующий от...; страховщик.
aseguramiento. [м.] укрепление, упрочение; обеспечение, гарантирование, гарантия, ручательство; страхование; лицензия, разрешение; заверение, уверение; пропуск.
aseguranza. [ж.] (обл.) гарантия, см. resguardo.
asegurar. [перех.] (прям.) (перен.) укреплять, подпирать, давать опору чему-л; уверять, заверять; обеспечивать; (за)страховать; гарантировать; заключать (в тюрьму и т. д.); лишать защиты; охранять, защищать от чего-л; успокаивать; обеспечивать залогом; ставить и т. д. в безопасное место; *asegurarse [возв. гл.] убедиться; обеспечить себя от; страховаться.
aseguro. [м.] (Амер.) (прост.) страховой полис, см. seguro.
aseidad. [ж.] самосущность, самостоятельное существование (о Боге).
aseladero, aselador. [м.] насест.
aselarse. [возв. гл.] (обл.) садиться на насест (о курах и т. д.).
aselgotripsia. [ж.] (пат.) женский онанизм.
aselo. [м.] (зоол.) ослик водяной (ракообразное животное).
asemejar. [перех.] подражать, уподоблять; [неперех.] иметь сходство, быть схожим, похожим и т. д.; *asemejarse [возв. гл.] уподобляться.

asemillar. [неперех.] (Амер.) цвести (о злаках и т. д.).
asendereado, da. [страд. прич.] к asenderear; [прил.] торный (о дороге); выбившийся из сил, преследуемый, беззащитный; (перен.) знающий, сведущий, опытный.
asenderear. [перех.] делать просеки, тропы в лесу; преследовать кого-л по просекам, тропам и т. д.
asengladura. [ж.] (мор.) см. singladura.
asenso. [м.] согласие, одобрение: *dar asenso, (по)верить кому-л, чему-л.
asentada. [ж.] см. sentada: *de una sentada, в один или за один присест.
asentaderas. [ж. множ.] (разг.) ягодицы, зад.
asentadillas (a). [нареч.] сидя по спине (женским образом).
asentado, da. [страд. прич.] к asentar, сидящий; лежащий, находящийся, расположенный; [прил.] мирный; смирный; рассудительный, (благо)разумный; постоянный, непрерывный, перманентный, прочный, твёрдый.
asentador. [м.] каменщик-кладчик; поставщик; ремень для правки бритв; (Амер.) (полигр.) равнильная дощечка (для околачивания формы).
asentamiento. [м.] сажание; учреждение, основание; установление, обоснование; определение на место; устройство; местонахождение, расположение; (воен.) огневая позиция; (перен.) благоразумие; спокойствие.
asentar. [перех.] сажать, усаживать; устраивать на должность; ставить, укладывать; класть основание, основывать, учреждать; ловко и с большой силой наносить удары; сглаживать, выравнивать; укреплять, делать устойчивым, править (лезвие); предполагать; утверждать; соглашаться, договариваться, условливаться; устанавливать, констатировать; отмечать, вносить в список и т. д.; (юр.) вводить в владение; [неперех.] быть к лицу; *asentarse [возв. гл.] садиться, усаживаться; обосновываться, поселяться; располагаться; садиться на насест и т. д. (о птицах); осаждаться, выделяться из жидкости; давать осадку (о здании и т. д.); ранить, повреждать, причинять боль (о вьючном седле и т. д.); [непр. гл.] спрягается как acertar.
asentimiento. [м.] согласие, одобрение.
asentir. [неперех.] соглашаться, одобрять: *asentir a una opinión, поддакивать; [непр. гл.] спрягается как sentir.
asentista. [м.] поставщик.
aseñorado, da. [прил.] подражающий барину; похожий на барина, свойственный барину.
aseo. [м.] чистота, опрятность, чистоплотность; украшение; тщательность, осанка: *cuarto de aseo, уборная.
asépalo, la. [прил.] (бот.) лишённый чашелистиков.
asepsia. [ж.] (мед.) асептика.
asepsis. [ж.] (мед.) асептика.
aséptico, ca. [прил.] (мед.) асептический.
aseptizar. [перех.] (мед.) делать асептическим.
asequibilidad. [ж.] достижимость, доступность.
asequible. [прил.] доступный, достижимый.
aserción. [ж.] утверждение, уверение.
aseriarse. [возв. гл.] становиться серьёзным.
asermonado, da. [прил.] имеющий свойства проповеди.
aserradero. [м.] лесопильный завод, лесопильня, лесопилка (разг.).
aserradizo, za. [прил.] поддающийся пилке, годный для пилки.

aserrado, da. [страд. прич.] к aserrar; [прил.] (бот.) зубчатый как пила.
aserrador, ra. [прил.] пилящий; [м.] пильщик.
aserradura. [ж.] разрез (пилой); распил, место распила; [мн.ч.] опилки (древесные).
aserraduría. [ж.] лесопильный завод.
aserrar. [перех.] пилить, распиливать; [непр. гл.] спрягается как acertar.
aserrería. [ж.] лесопильня, лесопилка; ремесло, профессиональное занятие пильщика.
aserrín. [м.] опилки (древесные).
aserruchar. [перех.] (Амер.) резать ручной пилой, ножовкой.
asertar. [перех.] (ненуж. неол.) утверждать, см. afirmar, aseverar.
asertivamente. [нареч.] утвердительно.
asertivo, va. [прил.] утвердительный, утверждающий.
aserto. [м.] утверждение.
asertor. [м. и ж.] утверждающий человек.
asertorio, ria. [прил.] (юр.) утвердительный.
asesar. [перех.] делать рассудительным; [неперех.] становиться рассудительным.
asesinar. [перех.] убить, убивать (предательски, злодейски); [перен.] терзать, изводить; поступать вероломно.
asesinato. [м.] убийство (совершаемый предательским образом); вероломное предательство.
asesino, na. [прил.] смертоносный, убийственный; [м.] убийца, злодей; предатель.
asesor, ra. [прил. и сущ.] советующий; асессор, судебный заседатель, советчик, советник (-ица).
asesoral. [перех.] относящийся к должности асессора и т. д.
asesoramiento. [м.] дейст. по знач. советовать(ся).
asesorar. [перех.] советовать (о асессоре и т. д.): * asesorarse. [возв. гл.] советоваться (с асессором или с кем-л).
asesoría. [ж.] должность асессора; жалованье асессора; бюро асессора.
asesorial. [прил.] к асессор.
asesteadero. [м.] (обл.) место, где скот отдыхает в полдень.
asestadura. [ж.] прицеливание, наводка; нанесение (удара и т. д.); злой умысел; устремление (взгляда).
asestar. [перех.] наводить, направлять (орудие, оптический прибор); устремлять взгляд; наносить (удары и т. д.); бросать; (перен.) замышлять что-л преступное; [неперех.] (перен.) нацеливаться, иметь в виду.
asestar. [неперех.] (обл.) отдыхать в полдень (о скоте).
aseveración. [ж.] утверждение, уверение, удостоверение.
aseveradamente. [нареч.] утвердительно.
aseverar. [перех.] утверждать, уверять, заверять.
aseverativo, va. [прил.] утвердительный, утверждающий, подтверждающий.
asexuado, da. [прил.] см. asexual.
asexual. [прил.] бесполый; неясный, неопределённый.
asexualización. [ж.] (хир.) удаление яичка или яичника.
asfaltado, da. [страд. прич.] к asfaltar; [прил.] асфальтовый; [м.] асфальтирование, асфальт (мостовая и т. д.).
asfaltar. [перех.] асфальтировать, покрывать асфальтом: * obrero que asfalta, асфальтовщик.
asfáltico, ca. [прил.] асфальтовый.

asfaltita. [ж.] (мин.) асфальтит.
asfalto. [м.] асфальт: * fábrica de asfalto, асфальтозавод.
asfíctico, ca. [прил.] удушливый, удушающий.
asfigmia. [ж.] отсутствие пульса.
asfixia. [ж.] асфиксия, удушье.
asfixiador, ra. [прил.] удушливый, удушающий.
asfixiante. [дейст. прич.] к asfixiar, удушающий: * gases asfixiantes, удушливые газы.
asfixiar. [перех.] удушать; вызывать удушье; * asfixiarse. [возв. гл.] задохнуться.
asfíxico, ca. [прил.] удушливый.
asfódelo. [м.] лилия-асфодела.
asgar. [перех.] (Амер.) (вар.) хватать, схватывать, см. asir.
así. [нареч.] таким образом, так; (употр. как союз) как если: * así se habla, так говорится; * así, así, кое-как, так себе, с грехом пополам; посредственно; * así sea, аминь; да будет так, пусть будет так; * así pues, стало быть; * si es así, коли (коль) на то пошло; así y todo, тем не менее, несмотря на; por decirlo así, так сказать, если можно так выразиться; * así que, así como, [союз] как только; так что; * así que llegó, как только пришел; * ¿cómo así?, почему? так как?; * así como, настолько насколько; * yo soy así, такой уж у меня характер; вот я каков; * así que, [союз] поэтому; * ni así, также не.
asiáticamente. [нареч.] (очень) роскошно, пышно.
asiaticismo. [м.] склонность к азиатским привычкам и т. д.
asiático, ca. [прил.] азиатский; [м. и ж.] азиат, (-ка).
asicar. [перех.] (Амер.) (прям.) (перен.) осаждать.
asidera. [ж.] (Амер.) ремень для привязывания лассо.
asidero. [м.] ручка, ушко; рукоятка, ручка; черенок; предлог, повод, случай.
asidonense. [прил. и сущ.] относящийся к Asido (Medina Sidonia); уроженец этого города.
asiduamente. [нареч.] усердно, прилежно, усидчиво; нередко, часто; постоянно; неизменно.
asiduidad. [ж.] прилежание, усидчивость, усердие; постоянное присутствие; постоянные заботы; постоянство; настойчивость, упорство: * falta de asiduidad, неусидчивость.
asiduo, dua. [прил.] усердный, усидчивый, прилежный; постоянный (о заботах, посещениях); настойчивый, упорный.
asiento. [м.] сиденье или сидение, место, предмет на к-ром сидят; место(нахождение), расположение; цоколь, основание; опорная поверхность; опора; осадок; гуща; оседание, образование осадка; слой известкового раствора (при кладке кирпичи и т. д.); мирный договор, соглашение; торговая сделка, договор на государственные поставки; заметка, письменная отметка для памяти; (Амер.) территория и население прииска; несварение, тяжесть, задержка в желудке; (перен.) постоянство, благоразумие; порядок, упорядоченность; [мн.ч.] неровные жемчуга; ягодицы, зад: * calentar el asiento, насиживать; * es culo de mal asiento, ему не живётся на одном месте; * tomar asiento, садиться; * tome Vd. asiento!, садитесь!; * estar de asiento, жительствовать, иметь местожительство; * hacer asiento, основываться; * de asiento, оседло.
asierra. [ж.] (Амер.) пила.

asignable. [прил.] ассигнуемый, назначаемый.
asignación. [ж.] ассигнование, ассигновка; ассигнованная сумма, платёжное распоряжение; жалованье.
asignado, da. [страд. прич.] к asignar; [м.] (обл.) жалованье; (Амер.) часть заработной платы натурой, продуктами.
asignar. [перех.] ассигновать; назначать, определять, устанавливать.
asignatario, ria. [м. и ж.] (Амер.) наследник (-ница).
asignatura. [ж.] курс наук, предмет.
asignatarse. [возв. гл.] (Амер.) заболеть желтухой.
asilado, da. [страд. прич.] к asilar; [м.] человек помещённый в приют, призреваемый.
asilamiento. [м.] предоставление приюта, убежища.
asilar. [перех.] давать кому-л приют; помещать в дом призрения.
asilenciar. [перех.] (Амер.) замалчивать, обходить что-л молчанием.
asílidos. [м. мн.ч.] (зоол.) двукрылые, диптеры (одна из разновидностей).
asilo. [м.] убежище, приют, кров; приют, дом призрения; (перен.) покровительство, защита: * derecho de asilo, право убежища; * asilo de alienados, дом умалишённых; * asilo de ancianos, богадельня; * sin asilo, беспризорный.
asilvestrado, da. [прил.] (бот.) одичавший.
asilla. [ж. умен.] к asa; предлог, повод.
asimao. [м.] (бот.) филиппинский дикорастущий куст.
asimbolia. [ж.] (мед.) афазия, потеря дара речи.
asimetría. [ж.] асимметрия.
asimétrico, ca. [прил.] асимметричный, асимметрический, несимметричный.
asimientar. [перех.] (обл.) сеять.
asimiento. [м.] хватание, схватывание; (перен.) привязанность, особая симпатия, склонность.
asimilabilidad. [ж.] способность к ассимиляции.
asimilable. [прил.] ассимилируемый, усваиваемый; уподобляемый.
asimilación. [ж.] уподобление, ассимиляция; усвоение, освоение; приравнивание, сопоставление, уравнение в правах, соответствие в чинах: * facilidad de asimilación, лёгкость восприятия.
asimilar. [перех.] уподоблять, ассимилировать; приравнивать, сопоставлять; усваивать; осваивать; [неперех.] быть похожим; asimilarse. [возв. гл.] усваивать(ся); уподобляться.
asimilativo, va. [прил.] могущий уподоблять; ассимилирующий.
asimina. [ж.] южноамериканское растение.
asimismo. [нареч.] таким же, подобным образом; тоже, точно так же, так же.
asimplado, da. [прил.] имеющий дурацкий вид.
asimplarse. [возв. гл.] становиться глупым и т. д.
asin, asina. [нареч.] (уст.) так, таким образом; см. así.
asíncrono, na. [прил.] асинхронный.
asindético, ca. [прил.] к асиндетон, бессоюзие; краткий, лаконичный (о стиле).
asíndenton. [ж.] (линв.) бессоюзие, асиндетом.
asinergia. [ж.] асинергия.
asinino, na. [прил.] ослиный.

asintáctico, ca. [прил.] не синтаксический.
asíntota. [ж.] (геом.) асимптота.
asintótico, ca. [прил.] (геом.) асимптотический.
asintotismo. [м.] (геом.) свойство двух асимптотических линий.
asir. [перех.] хватать, схватывать; брать; [неперех.] приниматься, пускать корни (о растениях): * asirse. [возв. гл.] хвататься за что-л, за кого-л; держаться, цепляться; ссориться; * asirse de la mano, взяться за руки; * asió, (прост.) хвать; [непр. гл.] prest.: asgo, ases...; prest. subj.: asga, -a...
asirio, ria. [прил.] ассирийский; [м. и ж.] ассириец (-йка); ассириянин (-нка).
asiriología. [ж.] ассириология.
asiriológico, ca. [прил.] к ассириология.
asiriólogo, ga. [м. и ж.] специалист по ассириологии.
asistencia. [ж.] присутствие; помощь; содействие, поддержка, уход; посещение; посещаемость; собрание, присутствующие; (Амер.) комната для приёма близких друзей; [множ.] пособие: * asistencia mutua, взаимная помощь, взаимопомощь; * pacto de asistencia mutua, пакт о взаимопомощи; * asistencia pública, общественная благотворительность; благотворительное учреждение; * asistencia médica, медицинская помощь; * puesto de asistencia médica, медпункт; * centro de asistencia médica, здравпункт; * asistencia continua, постоянное присутствие; * asistencia a las clases, посещаемость уроков.
asistenta. [ж.] камеристка; послушница (в монастыре); старшая сестра (в некоторых монастырях); приходящая домашняя работница.
asistente. [дейст. прич.] к asistir; присутствующий; оказывающий содействие; [м. и ж.] помощник (-ица); ассистент (-ка); денщик, вестовой; (уст.) городской судья (в некоторых городах).
asistimiento. [м.] (обл.) содействие; см. asistencia.
asistir. [перех.] сопровождать, помогать; ассистировать; лечить; ухаживать за; прислуживать; содействовать, помогать; (тж. неперех.); [неперех.] присутствовать, находиться где-л в данное время; посещать, часто бывать: * asistir a las clases, посещать уроки.
asistolia. [ж.] асистолия, ослабление сердечной деятельности.
asistólico, ca. [прил.] к асистолия.
asma. [ж.] (мед.) астма, удушье; одышка, наступающие припадками.
asmático, ca. [прил.] астматический; [м. и ж.] астматик (-ичка).
asna. [ж.] ослица; [множ.] балки.
asnacho. [м.] (бот.) бобовое растение, с желтыми цветами.
asnada. [ж.] (перен.) (разг.) дурачество, глупость.
asnado. [м.] (обл.) подпор(к)а (шахтная).
asnal. [прил.] ослиный, ишачий (обл.); (перех.) скотский, зверский; глупый.
asnalmente. [нареч.] верхом на осле; грубо; глупо, бестолково.
asnallo. [м.] (бот.) см. asnacho.
asnucho. [м.] (Амер.) перец.
asnazo. [м. увел.] к asno; большой осёл; тупица.
asnear. [перех.] (Амер.) именовать кого-л ослом: * asnearse. [возв. гл.] вести себя, быть глупо.

asnedad. [ж.] глупость, дурачество, глупая выходка.
asnejón. [м.] (презр.) увел. к asno; грубый, глупый человек.
asneque. [м.] глупость.
asnería. [ж.] (разг.) табун ослов; (разг.) глупость, дурачество, глупая выходка.
asnerizo. [м.] (уст.) погонщик ослов.
asnico. [м.] (обл.) приспособления для укрепления вертела.
asnilla. [ж. умен.] к asna; (стр.) козлы, подставка.
asnillo. [м. умен.] к asno; ослёнок, ослик; разновидность бескрылой саранчи; (обл.) см. asnico.
asnino, na. [прил.] ослиный, ишачий (обл.).
asno. [м.] осёл, ишак (обл.); (бран.) осёл, дурак, болван: * asno silvestre, онагр; * quien lava la cara al asno pierde tiempo y jabón, дурака учить, что мёртвого лечить; * apearse, или caer de su asno, признавать свои ошибки; * no ver siete, o tres en un asno, плохо видеть; * por dar en el asno dar en la albarda, путаться, сбиваться с толку; * al asno muerto la cebada al rabo, о чём-л сделано позже, чем нужно.
asobarcar. [перех.] (разг.) см. sobarcar.
asobiar. [перех.] (обл.) см. silbar.
asobinarse. [возв. гл.] падать и не мочь подниматься (о животном).
asobio. [м.] (обл.) см. silbo.
asocar. [перех.] (Амер.) (мор.) затягивать узлы; см. azocar.
asocarronado, da. [прил.] хитрый, коварный, притворный, плутовской.
asociable. [прил.] могущий быть присоединённым.
asociación. [ж.] присоединение; объединение (дейст.); ассоциация, объединение, союз, общество, товарищество; артель; (фил.) ассоциация: * asociación de ideas, ассоциация идей; * asociación científica, научная ассоциация.
asociacionismo. [м.] ассоциационизм.
asociado, da. [страд. прич.] к asociar; [м. и ж.] член какой-л союза и т. д.; товарищ, участник (-ица), компаньон (-ка) (в деле).
asociamiento. [м.] см. asociación.
asociar. [перех.] принимать в товарищество, организацию; брать в сотрудники; соединять, присоединять; объединять; сочетать, связывать, ассоциировать; * asociarse. [возв. гл.] ассоциироваться; вступать в товарищество, объединяться; блокироваться.
asocio. [м.] (Амер.) (прост.) см. asociamiento.
asofia. [ж.] невежество.
asolación. [ж.] см. asolamiento.
asolador, ra. [прил.] опустошительный, производящий опустошение, разорительный.
asolamiento. [м.] опустошение, разрушение, разорение.
asolanar. [перех.] (с.-х.) губить растения (о солнце или ветре): * asolanarse. [возв. гл.] засыхать, вянуть от солнца или ветра (о растениях).
asolapar. [перех.] класть в виде чешуи (о черепицах).
asolar. [перех.] бросить на землю, опустошать, превращать в пустыню, разорять; * asolarse. [возв. гл.] оседать (о жидкостях); [непр. гл.] спрягается как contar.
asolar. [перех.] высушивать поля, губить растения, посевы (о солнце, засухе и т. д.).
asoldadar, asoldar. [перех.] держать на жалованье, нанимать; [непр. гл.] спрягается как contar.
asoleada. [ж.] (Амер.) солнечный удар.

asoleado, da. [прил.] неловкий, неуклюжий, грубый.
asolaer. [перех.] выставлять на солнце: * asolearse. [возв. гл.] загорать, покрываться загаром; согреваться на солнце; (вет.) заболеть одышкой (о животных).
asoleo. [м.] выставление или согревание на солнце; загар; (воен.) просушка пороха на солнце; (вет.) одышка (у животных).
asollamar. [перех.] (Амер.) см. sollamar: * asollamarse. [возв. гл.] см. alorarse.
asomada. [ж.] выглаживание; короткое появление (у окна и т. д.); место, откуда становится видной какая-л местность.
asomadero. [м.] (Амер.) место, откуда становится видной какая-л местность.
asomar. [неперех.] показываться, появляться, едва показываться; [перех.] высовывать, выставлять наружу; давать понять, намекать; * asomarse. [возв. гл.] высовываться; (разг.) пьянеть; * asomado, выпивший.
asombradizo, za. [прил.] пугливый, робкий, легко пугающийся.
asombrador, ra. [прил.] удивительный, удивляющий.
asombrar. [перех.] давать тень; затемнять, делать темнее (о красках); (перен.) ужасать, вызывать ужас, приводить в ужас, пугать, страшить; удивлять, изумлять, дивить; * asombrarse. [возв. гл.] удивляться, изумляться, дивиться, поражаться.
asombro. [м.] ужас, страх, испуг; удивление, изумление, оцепенение, удивительный человек, удивительная вещь.
asombrosamente. [нареч.] удивительно, поразительно и т. д.
asombroso, sa. [прил.] удивительный, изумительный, поразительный, дивный, чудесный, курьёзный: * es asombroso, невероятно; * ¡asombroso!, хоть куда!
asomo. [м.] дейст. к asomar(se); знак, метка, примета, признак; подозрение, предположение, догадка: * ni por asomo, нисколько, вовсе нет, никоим образом.
asonada. [ж.] шумное, беспорядочное собирание; мятеж, возмущение.
asonancia. [ж.] (поэт.) ассонанс; созвучие; консонанс; соответствие, соотношение.
asonantar. [перех.] (лит.) употреблять ассонансы; [неперех.] образовывать ассонансы.
asonante. [прил.] созвучный, образующий созвучие; [м.] ассонанс.
asonar. [неперех.] образовывать созвучие, ассонанс, быть созвучным; [непр. гл.] спрягается как contar.
asonlocadamente. [нареч.] неразумно и т. д.
asoporarse. [возв. гл.] (Амер.) погружаться в тяжёлый сон.
asorar. [перех.] (Амер.) (прост.) волновать, смущать, см. azorar, asurar.
asordamiento. [м.] заглушение.
asordante. [дейст. прич.] к asordar.
asordar. [перех.] заглушать.
asorocharse. [возв. гл.] (Амер.) страдать горной болезнью.
asortado, da. [прил.] удачливый.
asotanado, da. [страд. прич.] к asotanar; [прил.] имеющий форму подвала, погреба.
asotanar. [перех.] строить подвалы.
aspa. [ж.] крестовина; крест, имеющий форму экиса (х); мотовило, моталка; крыло ветряной мельницы, лопасть, крыло, крылышко; (горн.) место пересечения двух рудных жил; [множ.] (Амер.) рога: * aspa de san Andrés, крест, имеющий форму экиса (х).
aspadera. [ж.] мотовило, моталка.

aspado, da. [страд. прич.] к aspar; [прил.] имеющий форму х (экис); (разг.) не способный свободно двигать руками (из-за тесного платья).

aspador, ra. [прил. и сущ.] мотальный, мотающий, мотальщик (-ица); [м.] мотовило.

aspamiento. [м.] (Амер.) (вар.) преувеличенное выражение испуга, удивления и т. д.

aspar. [перех.] мотать, сматывать, распинать на aspa; [перен.] (разг.) см. mortificar; *asparse. [возв. гл.] (перен.) (разг.) проявлять боль или раздражение; надсаживаться (прост.): *asparse a gritos, надсаживаться (прост.), накричаться.

aspaventar. [перех.] запугивать, внушать страх, спугивать, ужасать, вызывать ужас.

aspaventero, ra. [прил. и сущ.] любящий делать преувеличенные выражения испуга, удивления и т. д.; кривляка.

aspaviento. [м.] преувеличенное или напускное выражение испуга, удивления и т. д.; [множ.] кривлянье: *hacer aspavientos, кривляться.

aspear. [перех.] (Амер.) сбивать с ног животного (вверх ногами).

aspearse. [возв. гл.] испытывать боль от хождения (о ногах).

aspecto. [м.] вид; внешность, наружность, обличье, внешний вид; мина; аспект; точка зрения, взгляд на, сторона; положение зданий по отношению к четырём странам света; (грам.) вид: *tener aspecto, глядеть; *a juzgar por el aspecto, судя по виду; *tener buen aspecto, иметь хороший вид; *a(l) primer aspecto, на первый взгляд; *bajo el aspecto, в аспекте.

ásperamente. [нареч.] резко, сурово.

asperarteria. [ж.] (анат.) трахея, дыхательное горло.

asperear. [неперех.] иметь терпкий вкус.

asperete. [м.] оскомина, кисловатый привкус.

aspereza. [ж.] терпкость; шероховатость, неровность, шершавость (о коже); резкость, суровость, грубость, жесткость, крутость (характера); трудности; *suavizar asperezas, смягчать.

aspergear. [перех.] кропить, обрызгивать, опрыскивать.

asperger. [перех.] см. aspergear.

asperges. [м.] (разг.) окропление; (разг.) кропило; *quedarse asperges, (разг.) остаться с носом, быть разочарованным.

aspergiar. [перех.] кропить, обрызгивать, см. aspergar.

aspergiliforme. [прил.] (бот.) кропиловидный.

aspérgula. [ж.] (бот.) подмаренник цепкий.

asperiego, ga. [прил.]: manzana asperiega, кисловатое яблоко (сидровое).

asperifoliado, da. [прил.] (бот.) шероховатолистный.

asperilla. [ж.] (бот.) пахучий ясменник.

asperillo. [м.] кисловатый привкус.

asperjar. [перех.] кропить, обрызгивать, опрыскивать; взбрызгивать, набрызгивать; поливать.

aspermo, ma. [прил.] (бот.) бессемянный.

aspernible. [прил.] достойный презрения, низкого происхождения.

áspero. [м.] см. aspro.

áspero, ra. [прил.] терпкий; шероховатый, шершавый, негладкий, неровный; дубовый; суровый, жёсткий; крутой, жестокий; тяжёлый, трудный.

asperón. [м.] песчаник; точильный камень.

asperonar. [перех.] полировать песчаником.

aspérrimo, ma. [прил. прев. степ.] к áspero.

aspersión. [ж.] окропление, обрызгивание.

aspersorio. [м.] кропило.

aspérula. [ж.] (бот.): *aspérula común, см. asperilla.

asperura. [ж.] см. aspereza.

áspid(e). [м.] аспид (змея).

aspidio. [м.] (бот.) мужской щитовник (папоротник).

aspierto, ta. [прил.] (Амер.) (вул.) живой, остроумный.

aspilla. [ж.] (обл.) градуированная палочка для измерения жидкостей.

aspillador, ra. [м. и ж.] (обл.) тот, кто измеряет градуированной палочкой (о вине).

aspillar. [перех.] (обл.) измерять градуированной палочкой (о вине).

aspillera. [ж.] (воен.) бойница, амбразура (в стене); (Амер.) см. arpillera.

aspillerar. [перех.] (воен.) устроить амбразуры.

aspiración. [ж.] вдыхание, вдох; всасывание (о насосе); втягивание; (лингв.) придыхание; (муз.) четверть паузы; [множ.] запросы, чаяния.

aspirado, da. [страд. прич.] к aspirar; [прил.] придыхательный.

aspirador, ra. [прил.] вдыхающий; [м.] пылесос; (физ.) аспиратор.

aspirantado. [м.] (соб.) аспиранты, кандидаты.

aspirante. [дейст. прич.] к aspirar, всасывающий; [м.] аспирант(-ка) и кандидат (-ка); сверхштатный служащий: *aspirante de marina, гардемарин.

aspirar. [перех.] вдыхать, втягивать; всасывать (насосом); желать, стремиться к чему-л; метиться; произносить звуки с придыханием.

aspirativo, va. [прил.] (линг.) придыхательный.

aspiratorio, ria. [прил.] к вдыхание и т. д.

aspirina. [ж.] аспирин: *tomar una aspirina, принять аспирин.

aspro. [м.] турецкая монета.

aspurio. [прил.] (Амер.) (прост.) внебрачный, незаконный (о ребёнке) см. espurio.

asquear. [неперех. и перех.] испытывать отвращение, омерзение и т. д.

asquerosamente. [нареч.] грязно и т. д.

asquerosidad. [ж.] отвратительная грязь, неопрятность; гадость.

asqueroso, sa. [прил.] отвратительно грязный, нечистый, омерзительный, тошнотворный, отвратительный, противный, похабный, непристойный; предрасположенный к тошноте; *tiempo asqueroso, гнилая погода.

asquiento, ta. [прил.] испытывающий отвращение.

assas. [ж.] (Мар.) таможенный солдат.

asta. [ж.] (ист.) копьё; дротик (у древних); пика; древко (копья, алебарды, знамени); рукоятка; (жив.) ручка кисти; рог (у животных): *asta de bandera, флагшток; *a media asta, приспущенный (о флаге); *arriar la bandera a media asta, приспустить флаг в знак траура; *darse de las astas, (перен.) (разг.) бороться врукопашную; *dejar en las astas del toro, оставлять кого-л в опасности.

astabatán. [м.] (обл.) (бот.) шандра.

astabolo. [м.] род старинного мавританского барабана.

ástaco. [м.] (зоол.) рак.

astado, da. [прил.] рогатый [м.] (ист.) гастан, копьеносец.

Astarte. (миф.) Астарта.

astasia. [ж.] (мед.) астазия, неспособность стоять.

astático, ca. [прил.] астатический.

astazo. [м.] (Амер.) (вул.) удар камнем.

astear. [перех.] (Амер.) (вул.) бодать, ударять рогами.

asteatosis. [ж.] (мед.) недостаточное отделение кожного сала.

astenia. [ж.] (мед.) астения, бессилие, слабость.

asténico, ca. [прил.] (мед.) астенический, слабый, вялый; [сущ.] астеник.

astenopia. [ж.] астенопия.

aster. [м.] (бот.) астра.

astereómetro. [м.] (астр.) астереометр.

asteria. [ж.] (мин.) опал (одна из разновидностей); (зоол.) астерия, морская звезда.

asterisco. [м.] (полигр.) звёздочка (*).

asterismo. [м.] (аст.) созвездие.

asternia. [ж.] (физиол.) отсутствие грудины.

astero. [м.] (ист.) гастан, копьеносец.

asteroidal. [прил.] (астр.) астероидный.

asteroide. [прил.] звездообразный; [м.] (астр.) астероид, малая планета.

asteroideo, a. [прил.] звездообразный.

asterómetro. [м.] астерометр.

astifino. [прил.] с тонкими рогами (о быке).

astigitano, na. [прил.] относящийся к Ecija; [м. и ж.] уроженец этого города.

astigmático, ca. [прил.] (опт.) астигматический, страдающий астигматизмом.

astigmatismo. [м.] (опт.) астигматизм.

astigmómetro. [м.] прибор для измерения астигматизма.

astil. [м.] ручка, рукоятка; древко; топорище, палка у метлы, кнутовище; остов стрелы; коромысло весов; полый стержень птичьего пера.

astilla. [ж.] щепка, осколок; заноза; (арг.) (карт.) мошенничество: *sacar astilla, (перен.) (разг.) получать барыш; *de tal palo tal astilla, каков поп, таков и приход.

astilladura. [ж.] расщепление.

astillar. [перех.] расщеплять.

astillazo. [м.] удар или царапина от отскочившей щепки, удар щепкой.

astillero. [м.] козлы (для копий и т. д.); корабельная верфь; склад лесоматериалов; (Амер.) лесосека: *en astillero, на важном посту.

astillón. [м. увел.] к astilla.

astilloso, sa. [прил.] ломкий, легко ломающийся, расщепляющийся.

astiñar. [перех.] (арг.) красть, воровать.

astómato, ta. [прил.] лишённый рта.

astomia. [ж.] отсутствие рта.

astorgano, na. [прил.] относящийся к Astorga; [сущ.] уроженец этого города.

astracán. [м.] каракуль; каракульча; толстая шерстяная материя: *de astracán, каракулевый.

astracanada. [ж.] (теат.) гротеск; см. bufonada.

astragalino, na. [прил.] к астрагал.

astrágalo. [м.] (бот.) (арх.) (анат.) астрагал.

astral. [прил.] астральный, звёздный.

astral. [м.] (обл.) см. destral.

astraleja. [ж.] род тесла.

astrancia. [ж.] (бот.) астранция, звездовка.

astrapea. [ж.] (Амер.) перуанское мальвовое растение.

astreñir. [перех.] см. astringir; [непр. гл.] спрягается как señir.

astricción. [ж.] стягивание, действие вяжущего лекарства; принуждение.

astrictivo, va. [прил.] вяжущий (о лекарстве); закрепляющий.

astricto, ta. [непр. страд. прич.] к astringir; сжатый, стянутый; принуждённый.
astrífero, ra. [прил.] (поэт.) звёздный, усеянный звёздами.
astrígero, ra. [прил.] (поэт.) усеянный звёздами.
astringencia. [ж.] вяжущее свойство (лекарства); см. astricción.
astringente. [прил.] (мед.) вяжущий; [м.] вяжущее лекарство.
astringir. [перех.] сжимать, стягивать; заставлять, принуждать, вынуждать.
astriñir. [перех.] см. astringir; [непр. гл.] спрягается как ceñir.
astro. [м.] небесное светило: * astro del día, дневное светило, солнце.
astrobolismo. [м.] (пат.) солнечный удар, апоплексия.
astrofísica. [ж.] астрофизика.
astrofísico, ca. [прил.] астрофизический.
astrofotografía. [ж.] астрофотография.
astrofotográfico, ca. [прил.] к астрофотографии.
astrofotometría. [ж.] астрофотометрия.
astrofotométrico, ca. [прил.] к астрофотометрии.
astrognosia. [ж.] астрогнозия.
astrognósico, ca. [прил.] к астрогнозии.
astrógrafo. [м.] (астр.) астрограф.
astrolabio. [м.] (аст.) астролябия.
astrolatra. [м.] (ист.) звёздопоклонник.
astrolatría. [ж.] (ист.) астролатрия, звёздопоклонство.
astrolito. [м.] (метеор.) аэролит.
astrología. [ж.] астрология.
astrológico, ca. [прил.] астрологический.
astrólogo, ga. [прил.] см. astrológico; [сущ.] астролог, звездочёт.
astrometría. [ж.] астрометрия.
astrométrico, ca. [прил.] к астрометрии.
astronáutica. [ж.] астронавтика, межпланетные полёты.
astronauta. [м.] астронавт; звездоплаватель.
astronomía. [ж.] астрономия.
astronómicamente. [нареч.] по правилам астрономии.
astronómico, ca. [прил.] астрономический.
astrónomo. [м. и ж.] астроном.
astroquímica. [ж.] астрохимия.
astrosamente. [нареч.] нечистоплотно.
astroscopio. [м.] астроскоп.
astroso, sa. [прил.] грязный, неопрятный, неаккуратный, оборванный, нечистоплотный; (перен.) подлый, гнусный, презренный, достойный презрения.
astrospectroscopia. [ж.] астроспектроскопия.
astrospectroscópico, ca. [прил.] к астроспектроскопии.
astucia. [ж.] лукавство, коварство; хитрость, хитроумие; пронырливость, изворотливость, находчивость; проницательность, тонкость; (перен.) манёвр: * emplear la astucia, пустить в ход хитрость, схитрить; * usar de astucias, хитрить, вертеться; * con astucia, с хитрецой, коварно.
astucioso, sa. [прил.] лукавый, хитрый, см. astuto.
asturcar. [м.] (обл.) (бот.) род василька.
asturianismo. [м.] слово или выражение свойственное астурийским людям.
asturiano, na. [прил.] астурийский; [сущ.] астуриец, астурианка.
asturicense. [прил.] относящийся к Astorga, (когда-то Astúrica); [м. и ж.] уроженец этого города.
asturión. [м.] см. esturión; лошадка.
astutamente. [нареч.] коварно, хитро.

astuto, ta. [прил.] лукавый, коварный, хитрый; ловкий, лисий, изворотливый, пронырливый; находчивый; * hombre astuto, хитрец, лукавец: * con aire astuto, хитро; * maniobras astutas, хитросплетение.
asuana. [ж.] (Амер.) сосуд для чичи (кукурузной водки).
asubiar. [неперех.] (обл.) укрываться от дождя.
asueto. [м.] короткое время отдыха, часы отдыха; [прил.] (уст.) см. acostumbrado: * día de asueto, неприсутственный день.
asumir. [перех.] брать на себя; принимать: * asumir el mando, принять командование; * asumir la responsabilidad, брать на себя ответственность; * asumir los gastos, нести расходы.
asunción. [ж.] дейст. и сост. по знач. брать на себя (ответственность и т. д.); (рел.) Успение.
asuntar. [неперех.] (Амер.) любопытствовать, совать свой нос в чужие дела.
asunto. [м.] тема, предмет, вопрос (доклада и т. д.); сюжет, предмет изучения, тема; дело, вещь, история: * asunto turbio, афера; * el asunto de una obra, сюжет, тема произведения; * los asuntos, делишки; * asuntos corrientes, текущие дела; * descubrir la clave del asunto, докопаться до сути дела; * dar largas al asunto, канителиться с чём-л, тянуть, разводить канитель; * asunto feo y complicado, заваруха; * llevar el asunto a buen término, довести дело до конца; * un asunto sucio, нечистое дело; * el asunto va bien, дело на мази; * asunto enojoso, дело; * el asunto va mal, дело дрянь; * ¿cómo van los asuntos? как дела?; * el asunto es de su competencia, дело (есть) до вас; * por un asunto privado, по личному делу; * por asuntos de familia, по семейным обстоятельствам; * no es asunto mío, это не моё дело; моё дело сторона; * resolver un asunto a la ligera, решать дело с кондачка; * meterse en asuntos ajenos, лезть не в своё дело, мешаться в чужие дела; * persona hábil en algunos asuntos, ходок; * verse envuelto en un asunto desagradable, попасть в неприятную историю; * llevar la parte económica de un asunto, хозяйствовать; * discutir un asunto, обсудить вопрос.
asuramiento. [м. дейст.] по знач. гл. asurar.
asurar. [перех.] дать подгореть кушанью; сжигать посевы (солнце); (перен.) беспокоить, тревожить, терзать; **asurarse.** [возв. гл.] см. asarse; подгорать (о кушанье); сгорать (о посевах); тревожиться; терять терпение.
asurcado, da. [прил.] избороздённый.
asurcano, na. [прил.] смежный, прилегающий, соседний (о землях).
asurcar. [перех.] см. surcar.
asuso. [нареч.] см. arriba.
asustada. [ж.] (Амер.) сильный испуг.
asustadizo, za. [прил.] боязливый, пугливый, трусливый; легко пугающийся.
asustador, ra. [прил.] тревожный, угрожающий.
asustar. [перех.] (на)пугать, страшить, внушать страх, боязнь, запугивать; **asustarse.** [возв. гл.] (на)пугаться, (разг.) дичиться; * asustado, напуганный, запуганный и т. д.
asutilar. [перех.] см. sutilizar.
atabaca. [ж.] (обл.) (бот.) крестовник.
atabacado, da. [прил.] табачного цвета.
atabacarse. [воев. гл.] (Амер.) отравляться табаком.
atabal. [м.] литавры; литаврщик, литаврист; тамбурин; барабанщик.

atabalear. [неперех.] стучать ногами (о лошади); барабанить пальцами.
atabalejo. [м. умен.] к atabal.
atabalero. [м.] литаврщик, литаврист; барабанщик.
atabanado, da. [прил.] пегий, чалый (о лошади).
atabaque. [м.] род грубого барабана.
atabardillarse. [возв. гл.] заболеть тифозной горячкой.
atabe. [м.] отдушина.
atabernado, da. [прил.] продаваемый в розницу (о вине).
atabladera. [ж.] (с.-х.) борона.
atablar. [перех.] (с.-х.) боронить (о только что засеянной земле).
atacable. [прил.] уязвимый, мало защищённый; открытый для нападения.
atacado, da. [страд. прич.] к atacar; [прил.] робкий, застенчивый, нерешительный, трусливый, малодушный; скупой; жалкий, несчастный; (арг.) убитый ударами кинжала.
atacador, ra. [прил. и сущ.] нападающий, атакующий, наступающий; [м.] насильник; (воен.) банник; (Амер.) см. engallador; (арг.) кинжал.
atacadura. [ж.] atacamiento. [м.] застёгивание.
atacar. [перех.] шнуровать, зашнуровывать; застегивать; (воен.) забивать пыж; нападать, атаковать, атаковывать; наполнять, набивать, (перен.) противоречить кому-л, опровергать; быстро охватывать, неожиданно наступать (о болезни, сне и т. д.); (хим.) действовать (реактивами); разъедать; **atacarse.** [возв. гл.] зашнуровываться; застёгиваться: * atacar por sorpresa, напасть врасплох; * atacar por la espalda, напасть сзади.
atacir. [м.] (астрол.) деление небесного свода на двенадцать частей.
atacola. [ж.] шлея.
atactica. [ж.] беспорядок; беспорядочность.
atáctico, ca. [прил.] беспорядочный и т. д.
atache. [м.] (Амер.) (гал.) скрепка для бумаг.
ataché. [м.] (Амер.) (гал.) совокупность однородных вещей.
atadoras. [ж. множ.] (разг.) подвязки (круглые для чулок).
atadero. [м.] привязь; место связки, узел; коновязь; (Амер.) см. cenojil; (разг.): * no tener atadero, быть беспорядочным и т. д.
atadijo. [м.] маленькая связка (преимущ. плохо связанная); привязь, завязка.
atado, da. [страд. прич.] к atar; [прил.] малодушный, трусливый, робкий, забитый; ограниченный: * atado de pies y manos, связанный по рукам и ногам, лишённый возможности действовать; [м.] пук, пучок, (с)вязка, вязанка, охапка хвороста и т. д.; узел: * un atado de leña, охапка, вязанка хвороста.
atador, ra. [прил. и сущ.] связывающий; завязывающий; привязывающий; [м.] вязальщик снопов, сноповязальщик.
atadura. [ж.] связывание, завязывание; связка, узел; шнуровка; то, чем связывают (лента, верёвка, шнурок и т. д.); привязь, завязка; (перен.) связь; узы.
atafagar. [перех.] одурманивать, вызывать головокружение сильным запахом; (перен.) докучать, надоедать, досаждать (сильно).
atafenatado, da. [прил.] похожий на тафту.
atagallar. [перех.] идти на всех парусах.
atagüía. [ж.] временная плотина.
ataharre. [м.] наспинный ремень в упряжи.
atahona. [ж.] (хлебо)пекарня; булочная, мельница приводимая в движение лошадью.

atahonero. [м.] пекарь, булочник; мельник.

atahorma. [ж.] (орни.) светлосерый орёл.

atahulla. [ж.] см. tahulla.

ataifor. [м.] круглый столик (у мавров).

ataire. [м.] резьба, украшение на двери, окне.

atairar. [перех.] делать ataires.

ataja. [м.] (Амер.) см. ataharre; (Амер.) убегающий преступник.

atajada. [ж.] (Амер.) сокращение пути; преграждение пути.

atajadero. [м.] препятсвие (у оросительных канав и т. д.) для управления воды.

atajadizo. [м.] перегородка; изгородь; отгороженное место.

atajador, ra. [прил. и сущ.] преграждающий, отрезающий кому-л путь; идущий кратчайшим путём; [м.] (Амер.) старший погонщик.

atajamiento. [м. дейст. по знач.] atajar(se): потеря хладнокровия, самообладания и т. д.; смущение.

atajaprimo. [м.] кубинский народный танец.

atajar. [неперех.] идти кратчайшим путём; [перех.] загородить дорогу, преградить поставить какую-л ограду; делить на небольшие стада; прерывать, перебивать; пересекать; препятствовать, мешать; * atajarse. [возв. гл.] стыдиться смущаться, сбиваться, растеряться; (обл.) см. emborracharse.

atajarría. [ж.] (Амер.) см. ataharre.

atajasolaces. [м.] (разг.) нарушитель общего веселья; человек, наводящий уныние.

atajea, atajía. [ж.] см. atarjea.

ataje. [м.] (обл.) сокращение пути; преграждение пути.

atajo. [м.] тропа, тропинка сокращающая путь, просёлочная дорога; (перен.) наилучший выход из положения; отделение, разделение; преграждение пути; сокращение пути; (обл.) отставший от стада скот; * echar por el atajo, идти кратчайшим путём; * no hay atajo sin trabajo, ничего не даётся без труда; * salir al atajo, прерывать кого-л; * dar atajo a una cosa, прерывать что-л.

atajo. [м.] см. recua; маленькое стадо.

atajona. [ж.] род кнута, хлыста.

atajuelo. [м. умен.] к atajo.

atalajar. [перех.] запрягать.

ataleje. [м.] (воен.) упряжка, упряжь; (перен.) (разг.) см. ajuar.

atalantar. [перех.] нравиться; см. convenir.

atalantar. [перех.] оглушать, ошеломлять, поражать.

atalaya. [ж.] дозорная башня, сторожевая башня, вышка; каланча; господствующая над местностью высота; [м.] наблюдатель; часовой; (воен.) охрана моста; (арг.) вор.

atalayador, ra. [прил. и сущ.] подстерегающий, выслеживающий; наблюдатель; часовой.

atalayar. [перех.] подстерегать, выслеживать, сторожить; стоять на посту; (перен.) выслеживать других.

atalayero. [м.] авангардный часовой.

atalayuela. [ж. умен.] к atalaya.

atalondancos. [м. множ.] (обл.) посуда, утварь и т. д.; (преимущ. непригодная).

ataludar, ataluzar. [перех.] скашивать.

atalvina. [ж.] сладкое блюдо из миндального молока.

atamán. [м.] гетман, атаман, кошевой.

atamiento. [м.] малодушие, боязливость, робость, застенчивость; (уст.) см. atadura.

atanatismo. [м.] обожествление, дейст. к обессмертить; вера в бессмертие души.

atanco. [м.] помеха, препятствие; см. atasco.

atandador. [м.] тот, кто назначает очередь (при орошении).

atanor. [м.] водопровод, водопроводная труба; горн.

atanquía. [ж.] удаляющая волосы мазь; шёлковые охлопки; см. adúcar.

atañadero, ra. [прил.] относящийся, касающийся.

atañer. [неперех.] касаться, иметь отношение к; принадлежать; лежать на обязанности (кого-л): возлагаться на; относиться; (обл.) останавливать убегающую лошадь; [непр. гл.] спрягается как tañer.

atapar. [перех.] см. tapar.

atapialar. [перех.] (Амер.) (прост.) обносить стеной или забором.

atapierna. [ж.] (уст.) подвязка для чулок.

atapuzar. [перех.] (Амер.) набивать, наполнять.

ataque. [м.] нападение, наступление, атака; налёт; агрессия; наскок, выпад; (воен.) подступы к крепости и т. д.; (мед.) припадок, приступ; удар; спор, пререкание, ссора; * ataque aéreo, воздушная атака; * ataque imprevisto, налёт; * ataque frontal, фронтальная атака; * ataque por sorpresa, внезапное нападение, внезапная атака; * falso ataque, ложная атака; * rechazar un ataque, отразить атаку, нападение; * línea de ataque, (спорт.) нападение; * ataque de nervios, нервный припадок, истерика.

ataquiza. [ж.] (с.-х.) разведение отводками (преимущественно винограда).

ataquizar. [перех.] разводить отводками (преимущественно виноград).

atar. [перех.] привязывать, прикреплять; связывать, соединять; завязывать, зашнуровать; (перен.) мешать движению: * atarse. [возв. гл.] путаться, запутаться; (перен.) заставлять себя; * atar corto, обуздывать; * atar de pies y manos, связать по рукам и ногам; * atar los perros con longanizas, жить в своё удовольствие.

ataracea. [ж.] см. taracea.

ataracear. [перех.] см. taracear.

atarantado, da. [страд. прич.] к atarantar; [прил.] укушенный тарантулом; (перен.) шумливый, неугомонный, непоседливый, беспокойный; (перен.) оглушённый, запуганный.

atarantamiento. [м.] ошеломление; смущение.

atarantapayos. [м.] (Амер.) блестящая безделушка.

atarantar. [перех.] (перен.) (разг.) ошеломлять, поражать: * atarantarse. [возв. гл.] изумляться, поражаться; (Амер.) торопиться.

ataraxia. [ж.] невозмутимость, спокойствие, душевное равновесие.

atarazana. [ж.] верфь, сарай, где выделывают верёвки; (обл.) винный подвал; (арг.) дом, где воры вкладывают краденые вещи.

atarazar. [неперех.] кусать, рвать зубами.

atardecer. [неперех.] (за)вечереть; [непр. гл.] спрягается как agradecer.

atardecer. [м.] вечер; * al atardecer, под вечер, вечером.

atarear. [перех.] давать работу, задание; заваливать работой: * atarearse. [возв. гл.] целиком отдаваться работе; * atareado, занятый, занятой; хлопотливый; * persona que está siempre atareada, хлопотун (-ья); * echarlas de atareado, притворяться очень занятым.

atareo. [м.] (Амер.) постоянное занятие и т. д.

atarjea. [ж.] сточный жёлоб, сточная канавка; кирпичная оболочка, покрывающаяся система трубопроводов.

atarquinar. [перех.] наполнять илом: * atarquinarse. [возв. гл.] наполняться илом.

atarraga. [ж.] (бот.) лечебное растение.

atarragar. [перех.] придавать надлежащую форму подкове или гвоздям; (Амер.) см. clavar; * atarragarse. [возв. гл.] объедаться.

atarrajar. [перех.] делать винты или нарезку.

atarraya. [ж.] круглая рыболовная сеть.

atarrayar. [перех.] ловить рыбу с помощью atarraya (круглой сетью); (Амер.) арестовывать, заключать в тюрьму.

atarrayero. [м.] тот, кто ловит рыбу atarraga (круглой сетью).

atarria. [ж.] (Амер.) наспинный ремень в упряжи.

atarrillarse. [возв. гл.] (Амер.) см. asolearse.

atarugamiento. [м.] крепление деревянными гвоздями; затыкание втулками; (перен.) (разг.) смущение; волнение, растерянность, дейст. к объедаться.

atarugar. [перех.] скреплять шипами, деревянными гвоздями и т. д.; заткнуть втулками, затычками; (перен.) (разг.) смущать, приводить в замешательство; (перен.) (разг.) набивать, наполнять: * atarugarse. [возв. гл.] смущаться; объедаться; поперхнуться.

atasajado, da. [страд. прич.] к atasajar; [прил.] (разг.) лежащий на лошади и т. д.

atasajar. [перех.] разрезать мясо на куски для соления или копчения.

atascadero. [м.] топь, трясина; (перен.) помеха, препятствие.

atascado, da. [страд. прич.] к atascar; [прил.] (обл.) упрямый, упорный.

atascamiento. [м.] см. atasco.

atascar. [перех.] конопатить; засорять, заводить в грязь, в топь, в болото; (перен.) мешать, тормозить: * atascarse. [возв. гл.] засоряться; увязнуть в грязи; (перен.) вязнуть, увязать, впутаться, запутаться; (перен.) сесть на мель.

atasco. [м.] препятствие, помеха, затруднение, загвоздка; засорение, завал; (мед.) засорение желудка.

atasquería. [ж.] (обл.) упорство, упрямство.

ataúd. [м.] гроб; старинная мера сыпучих тел.

ataudado, da. [прил.] имеющий форму гроба.

ataujía. [ж.] насечка.

ataurique. [м.] гипсовый орнамент в виде листьев и цветов.

ataviar. [перех.] украшать; наряжать: * ataviarse. [возв. гл.] наряжаться; * ataviado con galas ajenas, в павлиньих перьях.

atávico, ca. [прил.] атавистический, наследственный.

atavío. [м.] украшение, наряд, убранство, убор; наряд (наряд, одежда); см. vestido; [множ.] украшения, безделушки.

atavismo. [м.] атавизм, появление у потомка признаков, свойственных его отдалённым предкам, (обычно, о явлениях вырождения, уродства).

ataxia. [ж.] атаксия, расстройство координации движений.

atáxico, ca. [прил.] к атаксия; страдающий атаксией.

atayotarse. [возв. гл.] бледнеть.

atecnia. [ж.] (пат.) половая неспособность, половое бессилие; стерильность.

atecomate. [м.] (Амер.) стакан для воды.
atecorralar. [перех.] (Амер.) обносить или окружать каменной стеной.
atediante. [действ. прич.] к atediar; [прил.] см. tedioso.
atediar. [перех.] наводить скуку, внушать отвращение; надоедать, докучать, утомлять.
ateísmo. [м.] атеизм, безбожие, неверие.
ateísta. [прил.] атеистический, безбожный; [сущ.] атеист (-ка), безбожник (-ица).
ateístico, ca. [прил.] к атеизм, атеистический.
atejo. [м.] (Амер.) пакет, свёрток, связка, пачка.
atejonarse. [возв. гл.] (Амер.) прятаться, скрываться, см. agazaparse.
atelaje. [м.] упряжь, упряжка; запряжка.
atele. [м.] (зоол.) южноамериканская обезьяна.
atelectasia. [ж.] (пат.) ателектаз.
atelencefalia. [ж.] (физиол.) недоразвитие мозга.
atelestomia. [ж.] (физиол.) недоразвитие рта.
atelocardia. [ж.] (физиол.) недозарвитие сердца.
atelocefalia. [ж.] (физиол.) несовершенство черепа или головы.
ateloglosia. [ж.] (физиол.) врождённый недостаток языка.
atelomielia. [ж.] (физиол.) отсутствие спинного мозга (частичное или полное).
atelopodia. [ж.] (физиол.) врождённый недостаток ног.
ateloprosopia. [ж.] (физиол.) недоразвитие лица.
ateloquilia. [ж.] (физиол.) несовершенное развитие губ.
ateloquiria. [ж.] (физиол.) недоразвитие рук.
atembar. [перех.] (Амер.) ошеломлять, поражать; см. embobar.
atemorizar. [перех.] вызывать страх, опасение, робость; наводить страх; запугивать, застращивать, (на)пугать: * atemorizado, запуганный, напуганый и т. д.
atempa. [ж.] (обл.) пастбище в открытом и невысоком месте.
atemperación. [ж.] уменьшение, смягчение; облегчение; приспособление.
atemperado, da. [страд. прич.] к atemperar; [прил.] (Амер.) поправленный (о здоровье).
atemperar. [перех.] умерять, смягчать, сдерживать; уменьшать, ослаблять; приспосабливать, приспособлять: * atemperarse. [возв. гл.] приспосабливаться; привыкать.
atenacear. [перех.] рвать или пытать калёными щипцами; (перен.) терзать, жестоко мучить, истязать, раздирать.
atenazado, da. [страд. прич.] к atenazar; [прил.] имеющий форму клещей.
atenazar. [перех.] см. atenacear; сжимать зубы (от боли и т. д.).
atención. [ж.] внимание; внимательность, почтительность, любезность, предупредительность, забота; бдительность, напряжённость, взор; контракт на закупку и продажу шерсти; [множ.] знаки внимания, уважения и т. д.; дела, обязанности: * con mucha atención, напряженно; * falta de atención, невнимательно; * por falta de atención, по невниманию; * prestar atención, обращать внимание; * desviar la atención, отвлекать внимание;

* atraer (llamar) la atención, привлекать внимание; * sin atención, невнимательно; * concentrar la atención, заострять внимание; * redoblar la atención, напрягать внимание; * que no llama la atención, неприметный; * ¡atención!, берегись!, осторожно!; (воен.) слушай!; * en atención a, из уважения к...; * rodear de mil atenciones, окружать кого-л множеством забот; * en atención, принимая во внимание.
atendedor, ra. [сущ.] (полигр.) подчитчик.
atendencia. [ж.] действ. к atender; внимание.
atender. [перех.] ждать кого-л; см. aguardar; принимать во внимание, учитывать; заниматься делами, уделять внимание; присматривать, ухаживать, (полигр.) подчитывать; [неперех.] внимательно слушать: * atender a un enfermo, ухаживать за больным [непр. гл.] спрягается как entender.
atendible. [прил.] достойный внимания и т. д.
atendido, da. [страд. прич.] к atender; [прил.] (Амер.) внимательный, вежливый, осторожный.
Atenea. (миф.) Афина Паллада.
atenebrarse. [возв. гл.] покрываться мраком; см. entenebrecerse.
ateneísta. [м. и ж.] член атенея (литературно-научного общества).
ateneo. [м.] атеней (литературно-научное общество).
ateneo, a. [прил.] (поэт.) афинский; [сущ.] афинянин (-янка).
atenerse. [возв. гл.] примыкать, присоединяться; опираться, основываться на, останавливаться на: * no sé a qué atenerme, не знаю, как мне поступить; не знаю чего держаться; * saber a que atenerse, знать, как к этому отнестись; [непр. гл.] спрягается как tener.
ateniense. [прил.] афинский; [сущ.] афинянин (-янка).
atenorado, da. [прил.] (муз.) высокий мужской (о голосе и т. д.), похожий на тенор.
atentación. [ж.] злоупотребление властью, превышение власти.
atentadamente. [нареч.] осмотрительно, осторожно; против законного порядка, противозаконно.
atentado, da. [страд. прич.] к atentar; [прил.] благоразумный, рассудительный, осторожный, осмотрительный; сделанный осторожно, осмотрительно, тщательно, бесшумно; [м.] покушение, посягательство; злоупотребление властью.
atentalar. [перех.] щупать, ощупывать, см. tentalear.
atentamente. [нареч.] внимательно, чутко, заботливо и т. д.
atentar. [перех. и неперех.] покушаться, посягать на что-л; (Амер.) щупать, ощупывать: * atentarse. [возв. гл.] поступать осмотрительно; смягчаться; воздерживаться: * atentar a la vida, покушаться на чью-л жизнь.
atentatorio, ria. [прил.] посягающий, покушающийся; противозаконный.
atento, ta. [прил.] внимательный, сосредоточенный; настороженный, неусыпный; бдительный, заботливый; вежливый, учтивый, услужливый, предупредительный, любезный, обязательный: * mantenerse atento, внимательно следить за...
atentón, ta. [м.] (Амер.) см. tocamiento.
atenuación. [ж.] смягчение; уменьшение; облегчение; утончение.
atenuadamente. [нареч.] с уменьшением.
atenuante. [прил.] смягчающий; уменьшающий: * circunstancias atenuantes, смягчающие вину обстоятельства.

atenuar. [перех.] утончать; смягчать; ослаблять, уменьшать (вину и т. д.); приглушать, умерять.
atenuativo, va. [прил.] утончающий; смягчающий; ослабляющий; уменьшающий и т. д.
ateo, a. [прил.] атеистический, неверующий; [м. и ж.] атеист (-ка), безбожник (-ница).
ateperetarse. [возв. гл.] (Амер.) поступать без толку.
atepocate. [м.] (Амер.) головастик.
atercianado, da. [прил.] страдающий трёхдневной лихорадкой.
aterciopelado, da. [прил.] бархатистый, похожий на бархат.
aterciopelar. [перех.] придавать бархатистый вид.
aterecerse. [возв. гл.] см. aterirse; [непр. гл.] спрягается как agradecer.
aterica. [м.] (зоол.) африканское насекомое.
aterimiento. [м.] окочение, онемение, оцепенение (от холода).
aterirse. [возв. гл.] дрогнуть, коченеть, цепенеть (от холода); (только употр. инфинитив и причастие).
atermal. [прил.] холодный (о минеральных источниках).
atermanidad. [ж.] свойст. к атермический.
atérmano, na. [прил.] (физ.) атермический, непроницаемый для тепла.
atermasia. [ж.] (мед.) (физ.) отсутствие теплоты.
atérmico, ca. [прил.] (физ.) атермический.
ateroma. [ж.] (пат.) атерома.
ateromatosis. [ж.] (мед.) атероматоз.
ateromatoso, sa. [прил.] к атерома.
aterrada. [ж.] (мор.) причал(ивание) см. recalada.
aterrador, ra. [прил.] ужасающий, страшный.
aterrajar. [перех.] делать винты или нарезку, делать винтовые нарезы, нарезать (винт).
aterraje. [м.] (мор.) причал(ивание); (ав.) приземление, посадка.
aterramiento. [м.] ужас, страх, см. terror.
aterramiento. [м.] сбрасывание, сваливание на землю; низвержение; унижение, подавленность, уныние.
aterrar. [перех.] сносить вниз; сбрасывать, сваливать, повалить на землю; сразить; низвергать; покрывать, засыпать землёй; см. aterrar; приводить в ужас, наводить ужас, ужасать: * aterrarse. [возв. гл.] ужасаться; (мор.) подходить, приближаться к берегу; [неперех.] достигать земли; причаливать, приставать к берегу.
aterrear. [перех.] (гор.) насыпать развалины и т. д.
aterrilladura. [ж.] солнечный удар.
aterrillarse. [перех.] (Амер.) заболеть солнечным ударом (преимущ. о животных).
aterrizador. [м.] (ав.) шасси.
aterrizaje. [м.] (ав.) приземление, посадка: * aterrizaje forzoso, вынужденная посадка; * tren de aterrizaje, см. aterrizador.
aterrizamiento. [м.] (ав.) приземление, посадка.
aterrizar. [неперех.] (ав.) садиться, приземляться.
aterronar. [перех.] разбивать на комки: * aterronarse. [возв. гл.] превращаться в комки.
aterrorizador, ra. [прил.] нагоняющий страх, терроризирующий.
aterrorizar. [перех.] терроризировать, наводить ужас, устрашать; напустить страху на кого-л.

atesador. [м.] (тех.) стяжная, винтовая муфта.
atesar. [перех.] (мор.) делать тугим, натягивать: * atesarse. [возв. гл.] (Амер.) поспешно уходить.
atesmia. [ж.] отсутствие регулирующих правил; анархия.
atesoramiento. [м.] накопление, собирание денег, ценностей.
atesorar. [перех.] накоплять, накапливать, копить деньги, ценности; (перен.) обладать большими достоинствами.
atestación. [ж.] удостоверение, свидетельство, засвидетельствование; свидетельское показание.
atestadamente. [нареч.] твёрдо, непоколебимо.
atestado, da. [страд. прич.] к atestar, наполненный, полный, переполненный; [м.] свидетельство, сертификат; [множ.] доказательства: * formar un atestado, протоколировать, составить протокол; * redacción de un atestado, протоколирование, внесение в протокол.
atestado, da. [прил.] упрямый, упорный, напористый, настойчивый.
atestadura. [ж.] см. atestamiento; доливание сусла после ферментации и также доливаемое сусло.
atestamiento. [м.] наполнение, набивание; вкладка; доливание сусла после ферментации.
atestante. [дейст. прич.] к atestar; свидетель.
atestar. [перех.] наполнять; переполнять; набивать битком, доверху; вкладывать, доливать сусло после ферментации; пресыщать; (разг.) закармливать; [непр. гл.] спрягается как acertar.
atestar. [перех.] (юр.) свидетельствовать, выступать в качестве свидетеля.
atestiguación, atestiguamiento. [м.] удостоверение, свидетельское показание, свидетельство.
atestiguar. [перех.] свидетельствовать, удостоверять в качестве свидетеля.
atetado, da. [прил.] имеющий форму груди, округлый.
atetar. [перех.] вскармливать, кормить грудью; [неперех.] (обл.) сосать грудь.
atetillar. [перех.] (с.-х.) окапывать деревья.
atetosis. [ж.] (пат.) атетоз.
atey. [м.] (Амер.) род стрижа.
atezado, da. [страд. прич. и прил.] загорелый, загоревший; чёрный или тёмный.
atezamiento. [м.] загорание; загар; почернение.
atezar. [перех.] покрывать загаром, делать смуглым; см. ennegrecer; atezarse. [возв. гл.] см. ennegrecerse.
atibar. [перех.] засыпать рудник; (Амер.) (мор.) размещать груз.
atiborrar. [перех.] набивать грубой шерстью; (перен.) (разг.) пичкать, набивать, закармливать, поить досыта, до отвала: * atiborrarse. [возв. гл.] пичкаться чем-л., объедаться.
atibumar, atibunar. [перех.] (Амер.) пичкать, кормить, поить до отвала, закармливать.
aticismo. [м.] утончённость и изящество слога, свойственные жителям Аттики и древней Греции.
ático, ca. [прил. и сущ.] аттический; [м.] (арх.) аттик, надстройка: * sal ática, аттическая соль.
atiendado, a. [прил.] (Амер.) похожий на лавку (о конторе).
atierre. [м.] (горн.) см. escombro.
atiesar. [перех.] туго натягивать.
atigrado, da. [прил.] полосатый как тигр, похожий на тигровую шкуру, тигровый.

atigrar. [перех.] придавать вид тигровой шкуры, красить под тигра (мех).
atigronarse. [возв. гл.] (Амер.) становиться крепким, укрепляться.
atijara. [ж.] товар; торговля; стоимость перевозки товара; награда, вознаграждение, милосердие.
atijarero. [м.] лицо, занимающееся перевозкой, транспортированием.
atildado, da. [страд. прич.] к atildar; [прил.] чистый, опрятный, чистоплотный; изящный, нарядный.
atildadura. [ж.] atildamiento. [м.] расстановка знаков тильды; лёгкая критика, мелкое замечание, украшение; изысканность, элегантность.
atildar. [перех.] ставить тильды; делать мелкое замечание, возражать; одевать изящно, наряжать, украшать.
atilintar. [перех.] (Амер.) натягивать верёвку.
atimia. [ж.] (мед.) упадок духа; уныние; отчаяние.
atinadamente. [нареч.] ловко, искусно; умно, разумно; благоразумно.
atinado, da. [страд. прич.] к atinar; [прил.] удачный, ловкий; своевременный, уместный; надлежащий; благоприятный; благоразумный.
atinar. [неперех.] находить на ощупь; случайно находить (тж. перех.) [перех.] попадать в цель; угадать.
atinca. [м.] (Амер.) (прост.) бура.
atincar. [м.] (хим.) бура.
atinconar. [перех.] (горн.) ставить подпорки, укреплять (стены).
atinencia. [ж.] (Амер.) отношение; см. tino, acierto.
atingencia. [ж.] соприкосновение; связь, отношение; см. tino; (Амер.) примыкание, отношение, связь, (Амер.) компетенция, см. incumbencia.
atingido, da. [страд. прич.] к atingir(se); [прил.] малодушный; огорчённый, печальный.
atingir. [перех.] (Амер.) угнетать, притеснять, тиранить: * atingirse. [возв. гл.] (Амер.) печалиться, скорбеть, огорчаться, сокрушаться, тосковать.
atiparse. [возв. гл.] (Амер.) см. hartarse.
atípico, ca. [прил.] (мед.) атипический.
atiplar. [перех.] (муз.) повысить тон.
atipujarse. [возв. гл.] (Амер.) объедаться, съедать до пресыщения.
atiputarse. [возв. гл.] (Амер.) см. hartarse.
atiquizar. [перех.] (Амер.) см. atizar, fustigar.
atirantar. [перех.] скреплять скрепами, укреплять распорками; напрягать, натягивать, натянуть.
atiriciarse. [возв. гл.] заболеть желтухой.
atiroidia. [ж.] отсутствие щитовидной железы.
atisba. [м.] (Амер.) наблюдатель, часовой.
atisbadero. [м.] место, откуда подсматривают и т. д.
atisbador, ra. [прил. и сущ.] осторожно наблюдающий, подстерегающий и т. д.
atisbadura. [ж.] осторожное выслеживание, подстерегание, наблюдение и т. д.
atisbamiento. [м.] см. atisbadura.
atisbar. [перех.] осторожно наблюдать, выслеживать, подстерегать, подсматривать и т. д.
atisbo. [м.] см. atisbadura; (перен.) признак, примета; догадка, предположение.
atisbado, da. [прил.] похожий на парчу.
ativar. [перех.] (Амер.) см. estibar.
atizacandiles. [м.] (разг.) см. entremetido.
atizadero. [м.] кочерга, кочерёжка, предмет для раздувания огня; дверца топки в плавильных печах.

atizador, ra. [прил. и сущ.] раздувающий огонь; [м.] истопник, кочегар; кочерга, кочерёжка; надсмотрщик на оливковой давильне.
atizar. [перех.] раздувать, разжигать огонь, мешать дрова (в печи), мешать угли; снимать нагар; (перен.) разжигать; (перен.) (разг.) ударять, наносить (удары), влепить (пощёчину), хватить; * le atizó (удар и т. д.), хвать: * ¡atiza! чёрт возьми!
atizar. [перех.] (Амер.) чистить мелом.
atizonar. [перех.] (стр.) класть каменные кладки в перевязку (для скрепления); вделывать бревно в стену; * atizonarse. [возв. гл.] заболеть головнёй (о злаках).
atlante. [м.] (арх.) атлант, кариатида.
atlántico, ca. [прил.] относящийся к горам Атласа, атласский.
atlántico, ca. [прил.] атлантический: * Océano Atlántico, * el Atlántico, Атлантический океан; * pacto Atlántico, Атлантический пакт.
atlantosauro. [м.] атлантозавр.
atlas. [м.] (анат.) атлант, первый шейный позвонок; атлас, собрание геогр. карт.
Atlas. (миф.) Атлант.
atleta. [м. и ж.] атлет; силач, богатырь; легкоатлет (-тка); гиревик, тяжёлоатлет.
atlético, ca. [прил.] атлетический, богатырский.
atletismo. [м.] лёгкая атлетика.
atloideo, a. [прил.] (анат.) относящийся к атланту.
atmolisis. [ж.] (хим.) атмолиз.
atmología. [ж.] отдел физики, в к-ром изучаются газообразные тела и т. д.
atmológico, ca. [прил.] (физ.) относящийся к изучению газообразных тел.
atmómetro. [м.] (метеор.) атмометр.
atmósfera. [ж.] атмосфера; (перен.) сфера, окружающие условия, обстановка; атмосфера, единица измерения давления газов.
atmosferia. [ж.] применение атмосферного воздуха с лечебной целью.
atmosférico, ca. [прил.] атмосферный, атмосферический: * presión atmosférica, атмосферное давление; * fenómenos atmosféricos, атмосферные явления; * precipitaciones atmosféricas, атмосферные осадки.
atmosferografía. [ж.] описание атмосферы.
atmosferográfico, ca. [прил.] относящийся к описанию атмосферы.
atmosferología. [ж.] изучение атмосферы.
atmosferológico, ca. [прил.] относящийся к изучению атмосферы.
atmosferólogo, ga. [м. и ж.] специалист по изучению атмосферы.
atoaje. [м.] (мор.) буксирование.
atoar. [перех.] (мор.) буксировать, тянуть на туерной цепи.
atoba. [ж.] (обл.) необожжённый кирпич.
atobomba. [ж.] (физ.) (воен.) атомная бомба.
atobómbico, ca. [прил.] относящийся или принадлежащий к атомной бомбе.
atocar. [перех.] (разг.) (Амер.) трогать, (при)касаться; ощупывать.
atocia. [ж.] (пат.) стерильность, бесплодие (о женщине).
atocinado, da. [страд. прич.] к atocinar; [прил.] жирный, тучный, ожиревший (о человеке).

atocinar. [перех.] разрезать свиную тушу на куски и солить сало; (разг.) злодейски убивать; * atocinarse. [возв. гл.] сердиться, раздражаться; страстно, безумно влюбляться.

atocinado, da. [прил.] (Амер.) (вар.) жирный, тучный (о человеке).

atocle. [м.] (Амер.) влажная и плодородная почва.

atocha. [ж.] испанский дрок.

atochal, atochar. [м.] участок земли, засеянный дроком (испанским).

atochar. [перех.] набивать испанским дроком; (перен.) набивать, наполнять, переполнять: * atocharse. [возв. гл.] (мор.) заедать (о концах); быть прижатым ветром к такелажу (о парусе).

atochero. [м.] человек, занимающийся транспортированием испанского дрока.

atochón. [м.] тростник испанского дрока; см. atocha.

atochuela. [ж. умен.] к atocha.

atofán. [м.] (хим.) атофан.

atojar. [перех.] (Амер.) науськивать, см. azuzar.

atol(e). [м.] жидкая кукурузная каша на молоке и т. д.: * dar atol(e) con el dedo, (Амер.) обманывать.

atoleadas. [ж. множ.] (Амер.) народный праздник (в Гондурасе).

atolería. [ж.] место, где делают или продают atole.

atolero, ra. [м. и ж.] тот, кто готовит или продаёт atole.

atolillo. [м.] (Амер.) каша из кукурузной муки и т. д.; [множ.] мочегонная микстура.

atolón. [м.] атолл, коралловый остров.

atolondradamente. [нареч.] ветрено, безрассудно, необдуманно, неосмотрительно, глупо.

atolondrado, da. [страд. прич.] к atolondrar; [прил.] ветреный, легкомысленный, безрассудный; изумлённый, ошеломлённый, поражённый.

atolondramiento. [м.] ошеломление; удивление, изумление.

atolondrar. [неперех.] (прям.) (перен.) ошеломлять; удивлять, изумлять; * atolondrarse. [возв. гл.] удивляться, дивиться.

atoll. [м.] атолл, см. atolón.

atolladal, atolladar. [м.] (обл.) топь, трясина, см. atolladero.

atolladero. [м.] топь, трясина; (перен.) тупик, безвыходное положение; загвоздка, помеха, затруднение; недоумение: * estar en un atolladero, быть в затруднительном положении; * salir del atolladero, выйти из затруднения; * está en un atolladero, как кур во щи.

atollar. [неперех.] увязнуть в грязи, завести в болото; (перен.) (разг.) см. atascarse.

atollecer. [неперех.] (обл.) уставать.

atomicidad. [ж.] (хим.) атомность; валентность.

atómico, ca. [прил.] атомный: * peso atómico, атомный вес; * núcleo atómico, атомное ядро; * reactor atómico, атомный реактор; * energía atómica, атомная энергия; * pila atómica, атомный котёл; * armas atómicas, атомные оружия; * teoría atómica, атомистическая теория.

atomismo. [м.] (филос.) атомизм.

atomista. [м. и ж.] сторонник атомизма.

atomística. [ж.] атомистика.

atomístico, ca. [прил.] атомистический.

atomizar. [перех.] тонко распылять (жидкость).

átomo. [м.] атом; (перен.) малейшая частица, крупица: * desintegración del átomo, расщепление; разложение атома; * maníaco del átomo, атомщик.

atonal. [прил.] (миз.) атональный.

atonalidad. [ж.] (муз.) атональность.

atondar. [перех.] подгонять ногами лошадь (при верховой езде).

atonía. [ж.] (мед.) атония, потеря тонуса, вялость, расслабление.

atonicidad. [ж.] свойст. к атонический.

atónico, ca. [прил.] (грам.) неударяемый, см. átomo; атонический.

atónito, ta. [прил.] изумлённый, удивлённый, поражённый, озадаченный; растерявшийся: * quedar atónito, остолбенеть; разинуть рот от удивления.

átono, na. [прил.] (грам.) неударяемый, безударный (о гласном звуке).

atontadamente. [нареч.] безрассудно, глупо, бестолково; нелепо, по-дурацки; нескромно.

atontamiento. [м.] одурение, отупение, одурь; ошеломление; крайнее изумление.

atontar. [перех.] см. aturdir, atolondrar; * atontarse. [возв. гл.] (о)дуреть, (о)глупеть, (о)тупеть.

atoque. [м.] (обл.) украшение, убор.

atorácico, ca. [прил.] (зоол.) лишённый грудной клетки.

atorado, da. [страд. прич.] к atorar(se). [прил.] (Амер.) взволнованный, нервный, неосмотрительный; недоверчивый; упрямый.

atoramiento. [м.] застревание в чём-л вязком; дейст. к подавиться.

atorar. [перех.] заводить в грязь, в топь; загромождать, заваливать, затруднять проход, преграждать путь; загораживать, (тж. неперех. и возв. гл.); * atorarse. [возв. гл.] см. atragantarse.

atorar. [перех.] колоть дрова, [непр. гл.] спрягается как contar.

atorar. [перех.] (Амер.) приступать к задаче и т. д.

atorcazar. [перех.] (Амер.) нагонять страх на кого-л, устрашать, пугать.

atorgar. [перех.] жаловать, см. otorgar.

atormentadamente. [нареч.] мучительно.

atormentador, ra. [прил. и сущ.] мучительный и т. д.; палач, мучитель, истязатель (-ница).

atormentante. [дейст. прич.] к atormentar; пытающий, подвергающий пытке и т. д.

atormentar. [перех.] пытать, подвергать пыткам; мучить, терзать, истязать, томить; заботить, задёргать, морить, дразнить; грызть; подогреть; надоедать; изводить, (воен.) обстрелять (из пушек): * atormentar hasta causar la muerte, замучить; * atormentarse. [возв. гл.] мучиться, казниться; заботиться; трудиться.

atornasolado, da. [прил.] (Амер.) переливающийся, см. tornasolado.

atornillador. [м.] (Амер.) отвёртка.

atornillar. [перех.] привинчивать, завинчивать, ввинчивать, ввёртывать, навёртывать, навинчивать; скреплять винтами.

atoro. [м.] (Амер.) см. atoramiento; затруднительное положение.

atorozarse. [возв. гл.] подавиться, поперхнуться.

atorra. [ж.] род нижней юбки.

atorranta. [ж.] (Амер.) (вул.) шлюха, проститутка.

atorrante. [м.] (Амер.) бродяга, праздношатающийся человек; лентяй, лодырь, бездельник.

atorrantear. [неперех.] (Амер.) (вул.) бродяжничать, см. atorrar.

atorrar. [неперех.] (Амер.) бродяжничать, скитаться, слоняться.

atorrollar. [перех.] (Амер.) (вар.) приводить в замешательство, см. aturullar.

atortajar. [перех.] (Амер.) см. aturdir: atortajarse. [возв. гл.] (Амер.) (вар.) смущаться; робеть, пугаться.

atortillar. [перех.] (Амер.) см. atortujar; раздавить.

atortojar. [перех.] (Амер.) см. atortajar; смущать, внушать боязнь.

atortolar. [перех.] (дазг.) смущать, волновать; вызывать робость, боязнь: * atortolarse. [возв. гл.] смущаться; робеть; пугаться.

atortujar. [переx.] сплющивать, расплющивать, сдавливая, делать плоским.

atorunado, da. [прил.] (Амер.) похожий на toruno.

atorunarse. [возв. гл.] (Амер.) (прост.) становиться угрюмым, сердиться, дуться.

atosigado, da. [страд. прич.] к atosigar; [прил.] (Амер.) бессмысленный; безрассудный.

atosigador, ra. [прил.] отравляющий; [сущ.] отравитель (-ница); мучитель (-ница).

atosigamiento. [м.] интоксикация, отравление; неотступное преследование; неотвязчивость, надоедание, приставание.

atosigar. [перех.] отравлять; (перен.) торопить; надоедать, приставать.

atotumarse. [возв. гл.] (Амер.) быть ошеломлённым; изумляться, поражаться.

atoxicar. [перех.] отравлять: * atoxicarse. [возв. гл.] отравляться; см. atosigar.

atóxico, ca. [прил.] неядовитый.

atoyarse. [возв. гл.] (Амер.) (за)пачкаться, вымазаться чем-л вязким.

atrabajado, da. [страд. прич.] к atrabajar; [прил.] изнурённый работой; неестественный, вымученный (о стиле и т. д.).

atrabajar. [перех.] (м. употр.) мучить, изнурять работой.

atrabancado, da. [страд. прич.] к atrabancar; [прил.] (Амер.) запутанный в долгах; безрассудный, опрометчивый, ветреный.

atrabancar. [перех.] делать кое-как, на скорую руку, спустя рукава, топорно, небрежно, халтурить; (обл.) заполнять.

atrabanco. [м.] небрежное выполнение работы.

atrabiliariamente. [нареч.] едко, язвительно; сурово, строго.

atrabiliario, ria. [прил.] (мед.) жёлчный; (перен.) жёлчный, раздражительный, злой, мрачный.

atrabilioso, sa. [прил.] (мед.) жёлчный.

atrabilis. [ж.] (мед.) чёрная меланхолия, меланхолия.

atracable. [прил.] (мор.) удобный для причала, см. abordable.

atracada. [ж.] (Амер.) см. atracón; (Амер.) ссора, перебранка; (мор.) причаливание, приставание к берегу.

atracadero. [м.] дебаркадер, пристань.

atracado, da. [страд. прич.] к atracar; [прил.] (Амер.) строгий, суровый; скупой, скаредный, мелочный.

atracador. [м.] налётчик, грабитель.

atracar. [перех.] (разг.) перекармливать, пичкать, закармливать, набивать, кормить, поить до отвала; придвигать, приближать; совершать налёты с целью грабежа, грабить; [перех] причаливать, приставать к берегу, пришвартовываться; [перех.] см. zurrar: * atracarse. [возв. гл.] объедаться, наедаться до отвала; (Амер.) ссориться, схватиться врукопашную; (Амер.) присоединяться к мнению и т. д.

atracazón. [м.] (Амер.) см. hartazgo; (Амер.) толпа.

atracción. [ж.] притяжение; влечение; притягательная сила; притягательность, привлекательность; [множ.] аттракцион: * atracción universal, всемирное тяготение; * atracción molecular, молекулярное сцепление.

atraco. [м.] грабёж; нападение, налёт с целью грабежа.

atracón. [м.] (разг.) дейст. по знач. гл. объедаться: * darse un atracón de, объедаться чем-л.

atractivamente. [нареч.] притягательно и т. д.

atractivo, va. [прил.] притягивающий; притягательный, привлекательный, пленительный, обворожительный, соблазнительный, обольстительный, влекущий, заманчивый, манящий: * poco atractivo, (о лице) невзрачный; [м.] привлекательность, прелесть; (перен.) приманка.

atractriz. [прил.] (физ.) притягивающая.

atraer. [перех.] притягивать; привлекать; завлекать, манить, заманивать; навлекать, влечь за собой; вовлекать; вербовать, привлекать в какую-л организацию и т. д. [непр. гл.] спрягается как traer.

atrafagar. [неперех.] напряжённо работать, целиком отдаваться работе, быть перегруженным работой, изнуряться работой.

atragantamiento. [м.] дейст. по знач. гл. давиться, подавиться, поперхнуться; смущение (при разговоре).

atragantar. [перех.] (м. употр.) с трудом глотать: * atragantarse. [возв. гл.] (по)давиться, поперхнуться, захлёбываться; (перен.) запнуться, смущаться при разговоре.

atraíble. [прил.] притягаемый, притягивающий и т. д.

atraicionar. [перех.] изменять, предавать, см. traicionar.

atraidorado, da. [прил.] поступающий предательски; изменнический, предательский.

atraillar. [перех.] (охот.) брать на свору (собак), смыкать собак (на охоте); преследовать дичь со своей собакой.

atramentario. [м.] (археол.) чернильница (римское название).

atramentario, ria. [прил.] похожий на чернила.

atramento. [м.] (м. употр.) чёрный цвет.

atramojar. [перех.] (Амер.) брать на свору собак, смыкать собак на охоте, см. atraillar.

atrampar. [перех.] захватывать в ловушку: * atramparse. [возв. гл.] попадать в ловушку; засоряться (о трубе и т. д.); портиться (о задвижке двери) (перен.); (разг.) сбиваться, путаться, запутаться (в деле).

atramuz. [м.] (бот.) лупин, волчий боб.

atrancar. [перех.] запирать дверь большим деревянным засовом; см. atascar; [неперех.] (разг.) ходить большими шагами, быстрым шагом; шить крупными стежками; читать быстро, глотая слова: * atrancarse. [возв. гл.] засоряться (о трубе, о трубе и т. д.) (тех.) заедать; (разг.) заупрямиться, упереться; см. atascarse.

atranco, atranque. [м.] см. atolladero; затруднение; помеха, препятствие и т. д.

atrapamoscas. [ж.] (бот.) мухоловка.

atrapar. [перех.] (разг.) поймать, схватывать, захватывать, зацапывать (прост.); ловить; (перен.) (разг.) получать; достигнуть, добиться; (тех.) обмануть, провести: * atrapar a un fugitivo, догнать беглеца.

atrás. [нареч.] назад; за, сзади, позади; раньше, прежде, до этого времени: * hacia atrás, задом, пятясь; * volver atrás, воротиться с дороги; * echarse atrás, запрокидываться; * echar atrás, запрокидывать; * ni atrás ni adelante, ни взад ни вперед; * dar marcha atrás, дать задний ход; * volverse atrás, отрекаться; не сдержать обещания; * hacerse atrás, отступать, подаваться назад, пятиться, идти назад; * quedarse atrás, отставать; * !atrás!, назад!; * desde muy atrás, с давних пор.

atrasado, da. [прил.] отсталый; запоздалый, неразвитый, недоразвитый; задолжавший, в долгах.

atrasar. [перех.] откладывать, отсрочивать; задерживать; замедлять; затягивать; переводить часы назад; [неперех.] запаздывать, отставать (тж. возв. гл.); отставать: * atrasar una fecha, помечать задним числом.

atraso. [м.] опоздание, запаздывание; задержка; затягивание; отставание; отодвигание назад; [множ.] (разг.) недоимки.

atravesado, da. [страд. прич. и прил.] косой, косоглазый (не совсем); скрещённой породы; искривлённый; поперечный; пересечённый; злой; неискренний, лживый; (обл.) мулатский.

atravesaño. [м.] поперечная балка, см. travesaño.

atravesar. [перех.] проезжать через..., переходить, переправляться, пересекать; класть поперёк; протыкать, просверливать; прокаливать, пронзать насквозь; проходить насквозь; проникать через; пробивать; проколоть насквозь; промочить насквозь; пронизывать; простреливать; (разг.) сглазить; держать пари; (мор.) класть судно в дрейф; (перен.) мелькать; (м. употр.) монополизировать; скупать в большом количестве с целью спекуляции: * atravesarse. [возв. гл.] бросаться поперёк; вмешиваться; перебивать, прерывать (речь); ссориться, спорить; (мор.) ложиться в дрейф.

atravieso. [м.] (Амер.) перевал; деньги (при пари).

atrayente. [прил.] привлекательный, влекущий, пленительный, притягательный; манящий, прельщающий, завлекательный, заманчивый: * de manera atrayente, заманчиво.

atraznalar. [перех.] (обл.) см. atresnalar.

atrecista. [сущ.] реквизитор; см. tramoyista.

atrechar. [неперех.] (Амер.) идти кратчайшим путём, ходить по тропе.

atrecho. [м.] (Амер.) тропинка, сокращающая путь, тропа.

atreguado, da. [страд. прич.] к atreguar; [прил.] своенравный, сумасбродный, странный, чудной, маньяческий; находящийся в состоянии перемирия.

atreguar. [перех.] заключать перемирие.

atrenzo. [м.] (Амер.) затруднение, затруднительное положение.

atrepsia. [ж.] (пат.) атрепсия.

atrépsico, ca. [прил.] к атрепсия.

atréptico, ca. [прил.] лишённый питательных свойств.

atresia. [ж.] (мед.) заращение естественного отверстия.

atresnalar. [перех.] укладывать снопы.

atretelitria. [ж.] (физиол.) не перфорация влагалища.

atretoblefaria. [ж.] (физиол.) склейка или срастание век.

atretocisia. [ж.] (физиол.) врожденное заращение анального отверстия.

atretocistia. [ж.] (физиол.) не перфорация мочевого пузыря.

atretocormia. [ж.] (физиол.) не перфорация тазовых отверстий.

atretogastria. [ж.] (физиол.) не перфорация желудка.

atretolemia. [ж.] (физиол.) не перфорация пищеварительных путей.

atretometría. [ж.] (физиол.) не перфорация матки.

atretopsia. [ж.] отсутствие или сращение зрачка.

atretorrinia. [ж.] (физиол.) врожденное заращение ноздрей.

atretostomia. [ж.] (физиол.) врожденное заращение рта.

atreturetria. [ж.] (физиол.) не перфорация мочеиспускательного канала.

atreudar. [перех.] (обл.) сдавать в долгосрочную аренду.

atreverse. [возв. гл.] решаться на рискованный поступок; отваживаться, дерзать, сметь, осмеливаться; рисковать; становиться дерзким, наглым, наглеть: * no atreverse, не решиться, не отваживаться.

atrevidamente. [нареч.] смело, отважно, дерзко, лихо и т. д.

atrevidillas. [ж. множ.] (перен.) чечевицы.

atrevido, da. [прил. и сущ.] смелый, отважный, дерзкий, дерзновенный (высок.), неробкий, удалой, бравый, неустрашимый, залихватский, молодецкий; непристойный, неприличный, бесстыдный; наглый, дерзкий, нахальный; нахал (-ка); хлюст: * aspecto atrevido, молодцеватость.

atrevimiento. [м.] отвага, дерзание, дерзновение (высок.), смелость, кураж (прост.), удаль, молодечество; решимость; смелый поступок; дерзость, вольность; нахальство, наглость.

atrial, atriario. [прил.] к атриум, паперть и т. д.

atribución. [ж.] присвоение, предоставление; приписывание, вменение (в вину); компетенция, ведение, функция, право, власть; полномочия.

atribuir. [перех.] присваивать; приписывать; признавать за кем-л; (разг.) валить; вменять (в вину): * atribuirse. [возв. гл.] присваивать, приписывать себе.

atribulación. [ж.] горе, нравственные муки, терзание, скорбь; см. tribulación.

atribular. [перех.] огорчать, печалить, удручать: * atribularse. [возв. гл.] огорчаться, печалиться, сокрушаться.

atributivo, va. [прил.] присваивающий; присущий, свойственный; приписываемый; (грам.) атрибутивный, определяющий.

atributo. [м.] принадлежность, атрибут; свойство, признак; (грам.) определение.

atrición. [ж.] (рел.) покаяние.

atril. [м.] аналой, пюпитр, пульт.

atrilera. [ж.] (церк.) покрывало для аналоя.

atrillar. [перех.] см. trillar; (перен.) бить, стегать, хлестать кнутом и т. д.; наказывать.

atrincar. [перех.] (Амер.) см. trincar; прикреплять: * atrincarse. [возв. гл.] (Амер.) упрямиться, упорствовать.

atrincheramiento. [м.] окопы; сооружение полевого типа.

atrincherar. [перех.] (воен.) оборудовать окопами, прикрывать окопами, укреплять; загораживать: * atrincherarse. [возв. гл.] окапываться, укрепляться, забаррикадироваться, засесть в траншею.

atrinchilar. [перех.] (Амер.) загонять в угол, припирать к стенке, запирать, отрезать выход кому-л.

atrio. [м.] атриум, портик, галерея, вход, сени; паперть; см. zaguán; (анат.) атриум, предсердие.

atripedo, da. [прил.] (зоол.) черноногий (о животных).

atriquiasis. [ж.] (пат.) врождённое отсутствие волос.

atriquinarse. [возв. гл.] (Амер.) унижаться, терять чувство достоинства.

atrirrostro, tra. [прил.] (зоол.) с чёрным клювом.

atristado, da. [прил.] печальный, грустный.

atrito, ta. [прил.] полный покаяния.

atrocidad. [ж.] жестокость, злодеяние, зверство, бесчеловечность; (разг.) чрезмерность; излишество; невероятная глупость или дерзость: * cometer atrocidades, зверствовать; * ¡qué atrocidad!, (разг.) какой ужас.

atrochar. [неперех.] идти по тропам; идти напрямик полем или кратчайшим путём.

atrofia. [ж.] атрофия: * atrofia muscular, мышечная атрофия.

atrofiar. [перех.] вызывать атрофию; [возв. гл.] атрофироваться: atrofiado, атрофированный, недоразвитый; (разг.) очень глупый.

atrófico, ca. [прил.] к атрофия.

atrofoderma. [ж.] (пат.) кожная атрофия.

atrojar. [перех.] см. entrojar: * atrojarse. [возв. гл.] (Амер.) не находить выхода из трудного положения.

atrompetado, da. [прил.] расширяющийся.

atronadamente. [нареч.] опрометчиво, безрассудно, необдуманно.

atronado, da. [прил.] ветреный, легкомысленный, безрассудный, опрометчивый.

atronador, ra. [прил.] гремящий, громкий; (перен.) крикливый; оглушительный, оглушающий, громовой, грохочущий, громогласный, громоподобный.

atronadura. [ж.] глубокая трещина в древесном стволе.

atronamiento. [м.] оглушение (ударом или шумом); ошеломление.

atronar. [перех.] оглушать; ошеломлять; оглушать сильным ударом (животное перед убоем); убивать быка ударом в затылок; [неперех.] греметь, грохотать; * atronarse. [возв. гл.] быть оглушённым или убитым громовым шумом (о цыплятах и т. д.); [непр. гл.] спрягается как contar.

atroncar. [перех.] придавать форму или вид ствола дерева; * atroncarse. [возв. гл.] становиться неподвижным.

atronerar. [перех.] (воен.) устраивать бойницы.

atrongado, da. [прил.] (обл.) безобразный, уродливый.

atropa. [ж.] (бот.): * atropa belladonna, белладонна, красавка, сонная одурь.

atropado, da. [страд. прич.] к atropar; [прил.] густой, частый (о деревьях).

atropar. [перех.] собирать толпу, составлять группы и т. д.; * atroparse. [возв. гл.] толпиться, собираться в группы.

atropelladamente. [нареч.] поспешно, на скорую руку; второпях, впопыхах, беспорядочно.

atropellado, da. [страд. прич.] к atropellar; [прил.] опрометчивый; вспыльчивый; говорящий или действующий поспешно, опрометчиво.

atropellador, ra. [прил. и сущ.] сшибающий с ног и т. д.

atropellamiento. см. atropello.

atropellar. [перех.] поспешно проходить через кого-л; толкать, расталкивать; сшибать с ног; затолкать; приводить в беспорядок; передвигать, сдвигать с места, опрокидывать; давить, топтать; (перен.) попирать (законы и т. д.); грубиянить, грубо обращаться, оскорблять, обижать; совершать надругательство; * atropellarse. [возв. гл.] толкаться, говорить или действовать поспешно, опрометчиво; слишком торопиться.

atropello. [м.] (дейст. к atropellar); толкотня, давка; нарушение закона, правонарушение; несправедливость; насилие, произвол; притеснение, гнёт: * atropello de palabras, невнятное произношение.

atropina. [ж.] (хим.) атропин.

atroz. [прил.] ужасный, жестокий, свирепый, зверский, бесчеловечный; чрезмерный, несоразмерный, огромный: * dolor atroz, нестерпимая боль; * un grito atroz, душераздирающий крик.

atrozmente. [нареч.] ужасно, жестоко, чудовищно.

atruchado, da. [прил.] с форелевыми пятнышками (о железе).

atruendo. [м.] см. atuendo.

atruhanado, da. [прил.] плутоватый.

atruhanarse. [возв. гл.] приобретать плутоватые манеры.

ataché. [м.] (гал.) атташе, см. adjunto, agregado.

atucuñar. [перех.] (Амер.) наполнять, набивать плотно; * atucuñarse. [возв. гл.] (Амер.) наедаться до отвала, объедаться и т. д.

atuendo. [м.] пышность, роскошь, блеск, выставление напоказ; украшение, наряд, одежда; (обл.) старая вышедшая из употребления вещь; [множ.] (обл.) сбруя (для осла).

atufadamente. [нареч.] сердито и т. д.

atufado, da. [страд. прич.] к atufar; [прил.] носящий пряди волос на висках; (Амер.) оглушённый.

atufamiento. [м.] гнев, негодование, досада, раздражение.

atufar. [перех.] вызывать дурноту, тошноту запахом гари и т. д.; сердить, раздражать, вызывать досаду, выводить из себя, злить, досаждать; * atufarse. [возв. гл.] чувствовать дурноту (запахом гари); закисать, киснуть (о вине); задохнуться; сердиться, раздражаться, досадовать на что-л, выходить из себя; (Амер.) быть оглушённым и т. д.; (Амер.) гордиться.

atufo. [м.] досада, раздражение, гнев, негодование.

atujar. [перех.] см. azuzar; (Амер.) сердить, раздражать.

atular. [перех.] (Амер.) науськивать, см. azuzar.

atumultuar. [перех.] вызывать, устраивать беспорядок, поднимать на бунт и т. д.

atún. [м.] (ихтиол.) тунец (рыба): * ser un pedazo de atún, быть дураком.

atunara. [ж.] место, где ловятся тунцы.

atunera. [ж.] большой рыболовный крючок, для ловли тунцов.

atunero. [м. и ж.] торговец (-вка) тунцами; [м.] ловец тунцов.

atuntunarse. [возв. гл.] (Амер.) заболеть малокровием.

aturar. [перех.] (разг.) затыкать наглухо.

aturbonarse. [возв. гл.] покрываться чёрными, густыми тучами (о небе).

aturdidamente. [нареч.] ветрено, безрассудно; * conducirse aturdida-mente, вести себя легкомысленно, ветреничать (разг.).

aturdido, da. [страд. прич.] к aturdir, ошеломлённый, оглушённый; [прил.] ветреный, легкомысленный.

aturdidor, ra. [прил.] оглушительный, оглушающий, ошеломляющий; поразительный, необыкновенный, потрясающий.

aturdimiento. [м.] оглушение, ошеломление; оглушённость; головокружение; шум в голове; удивление, изумление, неосмотрительность, неосторожность.

aturdir. [перех.] оглушать, ошеломлять; вызывать головокружение; поражать, изумлять, злить; * aturdirse. [возв. гл.] быть оглушённым, ошеломлённым; остолбенеть; конфузиться; дивиться, изумляться, поражаться; растеряться, смутиться, прийти в замешательство.

aturnear. [неперех.] (обл.) яростно мычать.

aturquesado, da. [прил.] бирюзовый (о цвете).

aturrado, da. [страд. прич.] к aturrarse; [прил.] (Амер.) параличный, неподвижный; морщинистый; увядший, вялый, поблёкший.

aturrar. [перех.] (обл.) оглушать, ошеломлять.

aturrarse. [возв. гл.] (Амер.) вянуть, блёкнуть, сохнуть.

aturriar. [перех.] см. aturrar.

aturrullar. [перех.] (разг.) смущать, приводить в замешательство, конфузить; * aturrullarse. [возв. гл.] смущаться, приходить в замешательство, растеряться, конфузиться, см. aturdirse.

aturrullamiento. [м.] ошеломление, см. atolondramiento.

aturullar. [перех.] см. aturrullar.

atusador, ra. [м. и ж.] парикмахер.

atusar. [перех.] стричь, подстригать; обрезывать лишние ветви и т. д.; приглаживать волосы; * atusarse. [возв. гл.] принаряжаться, разодеться в пух и прах.

atutiplén. [нареч.] (разг.) в изобилии, досыта.

auca. [ж.] гусь; гусёк (игра).

auca. [прил. и сущ.] принадлежащий к одному из племён аука; индеец этого племени.

aucupio. [м.] соколиная охота.

audacia. [ж.] отвага, смелость, удаль, дерзание, дерзновение (высок.).

audaz. [прил.] отважный, дерзкий, смелый, удалой, дерзновенный (высок.).

audazmente. [нареч.] отважно, дерзко, смело и т. д.

audibilidad. [ж. свойст.] слышимость.

audible. [прил.] слышимый.

audición. [ж.] слушание; выслушивание: * audición de los testigos, допрос свидетелей.

audiencia. [ж.] аудиенция; приём; судебное заседание, слушание дела (в суде); здание суда; [множ.] допрос сторон в суде; * obtener audiencia, получить аудиенцию; * conceder audiencia, давать аудиенцию; * hacer audiencia, (в суде) слушать дела; * audiencia a puerta cerrada, процесс при закрытых дверях.

audífono. [м.] аудифон, слуховой аппарат.

audiometría. [ж.] измерение тонкости слуха.

audiómetro. [м.] авдиометр, аудиометр, измеритель тонкости слуха.

audión. [м.] аудион, трёхэлектродная детекторная лампа.

auditivo, va. [прил.] слуховой; [м.] слуховая трубка (телефона).

auditor. [м.] (уст.) слушатель; аудитор: * auditor de guerra, военный судья.
auditoría. [ж.] должность или кабинет аудитора.
auditorio, ria. [прил.] слуховой; [м.] аудитория, слушатели; зал для прослушивания.
auditorium. [м.] (ненуж. лат.) зал для прослушивания (музыки и т. д.).
auge. [м.] высокий сан, высшая степень имущества; (аст.) апогей; (вар.) подъём.
augesis. [ж.] (ритор.) гипербола, преувеличение.
Augías. (миф.) Авгий: * los establos de Augías, авгиевы конюшни.
augita. [ж.] (мин.) авгит.
augitita. [ж.] (мин.) авгитит.
augur. [м.] (ист.) авгур.
auguración. [ж.] предсказание, предзнаменование, предвещание.
augurador, ra. [прил.] предсказывающий, предвещающий; [сущ.] предсказатель.
augural. [прил.] к авгур, предзнаменование и т. д.
augurar. [перех.] предсказывать, предвещать, пророчествовать, прорицать (книж.).
augurio. [м.] предзнаменование, предсказание, предвещание.
augusto, ta. [прил.] величественный, великий; высокий, высочайший; августейший; [м.] август (титул) римских императоров.
aula. [ж.] классная комната; аудитория, помещение для чтения лекций; королевский и т. д. дворец.
aulacomeles. [ж.] (хир.) каналообразный зонд.
aulaga. [ж.] (бот.) вид дрока; см. tojo.
aulagar. [м.] место, поросшее aulagas.
auleo. [м.] (археол.) ковёр.
auletes. [м.] (муз.) (в древней Греции) флейтист.
áulico, ca. [прил.] придворный; дворцовый; [м.] придворный.
aulo. [м.] (муз.) (в древней Греции) род флейты.
aulladero. [м.] место, где ночью собираются волки и завывают.
aullador, ra. [прил.] воющий, завывающий; [м.] ревун (обезьяна).
aullante. [дейст. прич.] к aullar, воющий завывающий.
aullar. [неперех.] выть, завывать (о волках и т. д.).
aullido, aúllo. [м.] вой, завывание (волка, собаки и т. д.).
aumentabilidad. [ж.] способность к увеличению.
aumentable. [прил.] увеличиваемый; способный к увеличению, допускающий увеличение.
aumentación. [ж.] (уст.) см. aumento; (ритор.) увеличение, нарастание.
aumentador, ra. [прил.] увеличивающий и т. д.
aumentante. [дейст. прич.] к aumentar.
aumentar. [перех.] увеличивать, прибавлять, надбавлять, набавлять, наддавать (прост.); дополнять; множить, умножать, приумножать, расширять, нарастать; завышать; (прост.) накидывать; [неперех.] возрастать, увеличиваться, повышаться; расширяться: * aumentar (en peso) прибавлять в весе; * aumentarse. [возв. гл.] увеличиваться, множиться, увеличиваться и т. д.
aumentativo, va. [прил.] увеличивающий и т. д.; (грам.) увеличительный.
aumentista. [м. и ж.] биржевик, спекулирующий на повышении.

aumento. [м.] увеличение, прибавление, прибавка, надбавка, набавка; дополнение; приращение, нарастание, повышение, завышение, наддача (разг.); приумножение, расширение; прирост.
aun или aún. [нареч.] даже; ещё; всё-таки, однако, тем не менее, при всём том, все же, несмотря: * aún no, ещё нет (не); * aun cuando, хотя, несмотря; * aun así, всё же.
aunable. [прил.] соединимый.
aunar. [перех.] соединять, объединять (в союз), сплачивать; смешивать, помешивать, комбинировать, сочетать; * aunarse. [возв. гл.] смешиваться; сливаться с..., соединяться с.
aunche. [м.] (Амер.) отруби, отбросы, остатки.
auniga. [ж.] (орни.) филиппинская перепончатолапая птица.
aunque. [союз] хотя, хоть, даже если, несмотря на то, что, невзирая на, хотя бы; до такой степени, что; по крайней мере, допустим, хоть бы: * aunque me maten, хоть убей.
auñar. [перех.] (обл.) красть, воровать; [неперех.] (обл.) см. apezuñar.
¡aupa! [межд.] гоп!
aupar. [перех.] (разг.) помогать кому-л подниматься или вставать; (перен.) расхваливать, восхвалять; * auparse. [возв. гл.] вздыматься; хвалиться.
auque. [м.] (Амер.) белая глина.
aura. [ж.] аура, дуновение ветерка; дуновение; дыхание; (мед.) ощущение лёгкого дуновения в начале эпилептического припадка; популярность, известность.
aura. [ж.] (зоол.) род ястреба; * aura tiñosa, южноамериканский ястреб.
aural. [прил.] к aura; слуховой.
auramalgama. [ж.] золотая амальгама.
áureo, a. [прил.] золотой; золочёный; золотистый; [м.] старинная кастильская золотая монета.
aureola. [ж.] ореол, сияние, нимб; см. aréola; (перен.) слава, известность, популярность.
aureóla. [ж.] см. aureola.
aureolar. [перех.] окружать нимбом, сиянием, создавать ореол.
aurero. [м.] (Амер.) собрание auras (вокруг трупа животного и т. д.).
aurgitano, na. [прил. и сущ.] относящийся к Aurgi (стар. назв. Jaén); уроженец этого города.
aurícula. [ж.] (анат.) предсердие, сердечное ушко; мочка уха, ушная раковина; (бот.) медвежье ушко.
auricular. [прил.] слуховой, ушной; [м.] мизинец; слуховая трубка; телефонная трубка; [множ.] наушники: * dedo auricular, мизинец.
auriense. [прил. и сущ.] относящийся к Auria (стар. назв. Orense); уроженец этого города.
aurífero, ra. [прил.] золотоносный.
aurificación. [ж.] пломбирование золотом.
aurificar. [перех.] ставить золотые коронки (на зубы); пломбировать золотом.
aurífico, ca. [прил.] см. aurífero; золотой.
auriga. [м.] (поэт.) кучер, возница; (астр.) Возничий.
aurígero, ra. [прил.] см. aurífero.
auriginoso, sa. [прил.] (пат.) желтушный.
aurilavo. [хир.] прибор для мойки уха.
aurimelo. [м.] (Амер.) род беловатого и маленького персика.
aurista. [м. и ж.] (ненуж. неол.) специалист по ушным болезням; (разг.) ушник, см. otólogo.

aurívoro, ra. [прил.] (поэт.) жадный до золота.
auroch. [м.] (вар.) (зоол.) зубр, см. uro.
aurón. [м.] (зоол.) американская змея.
aurona. [ж.] (бот.) см. artemisa.
Aurora. (миф.) Аврора.
aurora. [ж.] утренняя заря; (поэт.) (уст.) денница; (перен.) заря, начало, зарождение чего-л радостного; (перен.) красота лица, розовое лицо; напиток из миндального молока и коричной воды; (Амер.) род chicha (кукурузной водки); мексиканская лазящая птица; * aurora boreal, северное сияние, полярное сияние; * aurora austral, южное сияние; * despuntar или romper la aurora, рассветать, светать, едва показываться, заниматься (о заре).
auroral. [прил.] к утренняя заря, утренний.
aurragado, da. [прил.] плохо пахан(н)ый.
aururo. [м.] сплав золота с другими металлами.
auscultación. [ж.] (мед.) аускультация, выслушивание.
auscultar. [перех.] (мед.) аускультировать, выслушивать.
auscultativo, va, auscultatorio, ria. [прил.] к выслушиванию, аускультация.
ausencia. [ж.] отсутствие; отлучка; неявка; (юр.) отсутствие; неимение, недостаток, нехватка: * ausencia en el trabajo, невыход, неявка на работу; * ausencia no justificada, прогул; * durante mi ausencia, в моё отсутствие; * ausencia sin permiso, самовольная отлучка; * en ausencia de, заглазно; * brillar por su ausencia, блистать отсутствием.
ausentado, da. [страд. прич. и прил.] отсутствующий.
ausentar. [перех.] удалять; * ausentarse. [возв. гл.] отлучаться; покидать своё место; исчезать.
ausente. [прил.] отсутствующий, недостающий, не явившийся: * estar ausente, быть в отсутствии.
ausentismo. [м.] абсентеизм, см. absentismo.
ausetano, na. [прил. и сущ.] относящийся к Ausa (стар. назв. Vich); уроженец этого города.
ausol. [м.] (Амер.) трещина в вулканической почве; (Амер.) гейзер.
auspiciar. [перех.] покровительствовать, содействовать.
auspicio. [м.] предзнаменование; (перен.) протекция, покровительство, поддержка, защита; шефство: * bajo los auspicios de, под покровительством кого-л.
auspicioso, sa. [прил.] (Амер.) счастливого предзнаменования, благоприятный.
austeramente. [нареч.] строго, сурово, стоически, твёрдо.
austeridad. [ж.] терпкость; строгость, суровость; самоистязание; стоицизм.
austero, ra. [прил.] терпкий, строгий, суровый; мрачный, угрюмый.
austral. [прил.] южный, астральный; южнополярный, антарктический.
australiano, na. [прил.] австралийский; [м. и ж.] австралиец (-йка).
australiense, см. australiano.
austríaco, ca. [прил.] австрийский; [м. и ж.] австриец (йка).
austrida. [прил.] (м. употр.) австрийский.
austro. [м.] (поэт.) южный ветер.
austroalemán, na. [прил. и сущ.] австро-германский.

austrohúngaro, ra. [прил. и сущ.] австро--венгерский.
ausubo. [м.] (бот.) антильское дерево.
autarquía. [ж.] автаркия.
autárquico, ca. [прил.] автаркический.
auténtica. [ж.] оригинал, подлинник; заверенная копия; удостоверение.
autenticación. [ж.] установление подлинности чего-л.
auténticamente. [нареч.] точно, достоверно, подлинно, доподлинно (разг.), неподдельно.
autenticar. [перех.] устанавливать подлинность чего-л; (юр.) засвидетельствовать, удостоверять, заверять.
autenticidad. [ж.] подлинность, достоверность, неподдельность, аутентичность; * falta de autenticidad, недостоверность.
auténtico, ca. [прил.] подлинный, достоверный, настоящий, аутентичный, доподлинный, неподдельный, аутентический (книж.).
autentificar. [перех.] (неол.) см. autenticar.
autentizar. [перех.] (вар.) см. autenticar.
autillo. [м.] секретное постановление инквизиционного трибунала.
autillo. [м.] (зоол.) лесная сова.
autismo. [м.] аутизм.
auto. [м.] постановление, судебное решение; процесс; (театр.) короткая драма с библейским и т. д. сюжетом: * auto de fe, (ист.) аутодафе, сожжение на костре; * auto de ejecución, экзекватура; * auto de prisión, ордер на арест; предписание об аресте; постановление о задержании; * auto de posesión, (юр.) судебное разрешение вступить во владение; [множ.] (юр.) дело (документы); * poner en autos, давать знать; * estar en los autos, (перен.) (разг.) быть в курсе дела.
auto... [прист.] само..., авто...
auto. [ж. сокр.] (разг.) автомобиль.
autoacusación. [ж.] самообвинение, самооб- личение.
autoadministración. [ж.] самоуправление.
autoanálisis. [м.] самоанализ.
autobiografía. [ж.] автобиография.
autobiográfico, ca. [прил.] автобиографический.
autobiógrafo. [м. и ж.] автобиограф.
autoblindado. [м.] автоброневик.
autobombo. [м.] самохвальство.
autobús. [м.] автобус.
autocamión. [м.] грузовой автомобиль, грузовик.
autocar. [м.] автобус для туристов и т. д.
autocarril. [ж.] (Амер.) автомотриса.
autocatálisis. [ж.] (хим.) автокатализ.
autoclave. [ж.] автоклав.
autoclavo. [м.] см. autoclave.
autocopiar. [перех.] размножать в копиях.
autocopista. [м.] прибор, размножающий в копиях.
autocracia. [ж.] автократия, самодержавие.
autócrata. [м. и ж.] автократ, самодержец, неограниченный властелин.
autocráticamente. [нареч.] самодержавным образом.
autocrático, ca. [прил.] автократический, самодержавный; неограниченный (о власти).
autocrítica. [ж.] самокритика, критика книги и т. д. самим автором.
autocrítico, ca. [прил.] самокритический, самокритичный; [м.] автор самокритики.
autocromo. [прил.] автохромный; [м.] автохром.

autóctono, na. [прил.] туземный; автохтонный, [м. и ж.] коренной житель, коренная жительница, автохтон, абориген, туземец (-ка).
autodesintegración. [ж.] самораспад.
autodeterminación. [ж.] (полит.) самоопределение.
autodidáctica. [ж.] самообразование.
autodidáctico, ca. [прил.] самообразовательный; * manual autodidáctico, самоучитель.
autodidacto, ta. [прил. и сущ.] самоучка, автодидакт.
autodidaxia. [ж.] способность к самообразованию.
autodino. [м.] автодин.
autódromo. [м.] автодром.
autoeducación. [ж.] самовоспитание.
autoexcitación. [ж.] самовозбуждение электрической машины.
autofecundación. [ж.] самооплодотворение, самоопыление.
autofilia. [ж.] автофилия.
autofílico, ca. [прил.] к автофилия.
autofobia. [ж.] боязнь самого себя, одиночества.
autogaraje. [м.] автогараж.
autogénesis. [ж.] (биол.) автогенез.
autogenia. [ж.] (физиол.) автогенез.
autógeno, na. [прил.] (тех.) автогенный: soldadura autógena, автогенная сварка.
autogiro. [м.] автожир.
autognosia. [ж.] знание самого себя.
autogobierno. [м.] самоуправление.
autograbado. [м.] автогравюра.
autografía. [ж.] автография.
autografiar. [перех.] воспроизводит почерк.
autográfico, ca. [прил.] автографический.
autógrafo, fa. [прил.] собственноручный; [м.] автограф.
autohemoterapia. [ж.] (мед.) автогемотерапия.
autohemoterápico, ca. [прил.] к автогемотерапия.
autohipnosis. [ж.] автогипноз.
autohipnótico, ca. [прил.] к автогипноз.
autoinducción. [ж.] (эл.) самоиндукция.
autoinductancia. [ж.] (эл.) коэффициент самоиндукции.
autoinfección. [ж.] (пат.) самозаражение.
autointoxicación. [ж.] самоотравление, автоинтоксикация.
autólatra. [прил. и сущ.] самовлюблённый.
autolatría. [ж.] самовлюблённость.
autolátrico, ca. [прил.] к самовлюблённость.
autolísico, ca. [прил.] к автолиз.
autólisis. [м.] автолиз.
autología. [ж.] изучение самого себя.
autómata. [м.] (прям.) (перен.) автомат, робот.
automáticamente. [нареч.] автоматически, машинально.
automático, ca. [прил.] автоматический; (перен.) автоматический, машинальный, непроизвольный, самопроизвольный; [м.] кнопка: * arma automática, автоматическое оружие; * dirección automática, автоматическое управление; * inmovilización automática, автоблокировка.
automatismo. [м.] автоматизм.
automaturgo. [м.] строитель автоматов.
automedonte. [м.] (поэт.) см. auriga.
Automedonte. (миф.) Автомедон.
automnibus. [м.] (м. употр.) автобус.
automorfismo. [м.] автоморфизм.
automotor, ra. [прил.] самодвижущийся, самоходный; [м.] самодвижущийся механизм; автомотриса: * furgón automotor, моторный (трамвайный) вагон; * coche automotor, автомотриса.
automotriz. [прил. ж.] самодвижущаяся, самоходная.

automóvil. [прил.] самодвижущийся, самоходный; [м.] автомобиль, (авто)машина: * automóvil ligero, легковой автомобиль; * automóvil para todos los terrenos, вездеходный автомобиль, вездеход; * automóvil de carreras, гоночный автомобиль; * fábrica de automóviles, автозавод; * automóvil habilitado para la nieve, автосани; * constructor de automóviles, автомобилестроитель; * construcción de automóviles, автомобилестроение; * neumático de automóvil, автомобильная шина, автошина; * transporte (por) automóvil, автомобильный транспорт, автотранспорт; * ir en automóvil, ехать на автомобиле, на (авто)машине; * conducir un automóvil, вести автомобиль, управлять машиной; * automóvil blindado, броневик, броневтомобиль.
automovilismo. [м.] автомобилизм, автомобильный спорт.
automovilista. [прил.] автомобильный; [м. и ж.] автомобилист (-ка), автолюбитель.
automovilístico, ca. [прил.] автомобильный: * tráfico, tránsito automovilístico, автомобильное движение.
automutilación. [ж.] умышленное причинение себе увечий; (воен.) самострел.
autonomía. [ж.] автономия, самоуправление; независимость; автономия, продолжительность полёта без заправки: * autonomía nacional, национальная автономия или независимость.
autonómico, ca. [прил.] автономный, самоуправляющийся.
autonomismo. [м.] стремление к автономии, самоуправлению.
autonomista. [прил.] автономистский; [м. и ж.] сторонник (-ница) автономии, самоуправления, автономист.
autónomo, ma. [прил.] автономный, самоуправляющийся: * región autónoma, автономная область.
autoomnibus. [м.] (м. употр.) автобус.
autooscilación. [ж.] (эл.) автоколебание.
autooxidación. [ж.] (хим.) самоокисление.
autopepsia. [ж.] (пат.) автолиз.
autopiano. [м.] (Амер.) (вар.) пианола.
autopista. [ж.] автострада, автомагистраль.
autoplastia. [ж.] (мед.) автопластика.
autoplástico, ca. [прил.] к автопластика.
autopropulsado, da. [прил.] самодвижущийся; реактивный (о снаряде).
autoprotección. [ж.] самозащита.
autopsia. [ж.] автопсия, аутопсия, вскрытие (трупа): * hacer la autopsia, вскрывать труп, делать вскрытие.
autópsido, da. [прил.] металлического вида (о рудах).
autor, ra. [м. и ж.] творец, создатель; писатель; автор; литератор; (юр.) виновник; зачинщик: * de autor, авторский; * derechos de autor, авторское право; * honorarios de autor, авторские; * el autor de sus días, (шутл.) его родитель, его отец.
autorcillo. [м. умен.] к autor; (презр.) писака.
autoría. [ж.] (прежде) управление театральной труппой.
autoridad. [ж.] власть, сила; полномочие, право; начальствование; влияние, вес, авторитет, вескость, авторитетность, престиж; см. ostentación; [множ.] начальство, представители власти; власти, органы власти: * autoridad suprema, верховная власть; * de propia autoridad, самовластно, самочинно, самовольно; * pasado en autoridad de cosa juzgada, (юр.) вошедший в законную силу, в действие; (перен.) само собой разумеющийся; * gozar de gran autoridad, пользоваться большим авторитетом; * hacer uso de

su **autoridad**, пользоваться своей властью; * **abusar** de su **autoridad**, превысить власть; * **autoridad** moral, моральный вес, кредит; * **autoridades** civiles, гражданские власти; * **autoridades** militares, военные власти; * **autoridades** locales, власть на местах; * con **autoridad**, веско, авторитетно.

autoritariamente. [нареч.] властно.

autoritario, ria. [прил. и сущ.] авторитетный; властный: * aspecto **autoritario**, начальственная внешность.

autoritarismo. [м.] авторитарность, самовластие.

autorizable. [прил.] разрешимый.

autorización. [ж.] разрешение, позволение, дозволение; доверенность; полномочие, правомочие; уполномочение; авторизация (перевода): * por **autorización**, по доверенности.

autorizadamente. [нареч.] с разрешением; с авторитетом.

autorizado, da. [страд. прич.] к **autorizar**; [прил.] авторитетный, заслуживающий доверия, уважения.

autorizador, ra. [прил. и сущ.] разрешающий, позволяющий.

autorizamiento. [м.] см. **autorización**.

autorizar. [перех.] разрешать, позволять, дозволять (прост.); авторизовать; давать право, уполномочивать; устанавливать подлинность чего-л.; заверять; засвидетельствовать, удостоверить; подтверждать, доказывать (ссылками и т. д.); придавать вес, престиж, возвеличивать; поднимать кредит.

autorregulador, ra. [прил.] саморегулирующий; (тех.) авторегулятор, саморегулятор.

autorretrato. [м.] автопортрет.

autorriel. [м.] автомотриса.

autorrotación. [ж.] авторотация, самовращение.

autorzuelo. [м.] писака.

autoseroterapia. [ж.] автосеротерапия.

autoseroterápico, ca. [прил.] к автосеротерапия.

auto-stop. [м.]: * hacer **auto-stop**, (разг.) останавливать попутные машины с просьбой подвезти, «голосовать».

autosugestión. [ж.] самовнушение.

autotipia. [ж.] (фот.) автотипия.

autotransformador. [м.] (физ.) автотрансформатор.

autotrén. [м.] автопоезд.

autovacuna. [ж.] (мед.) автовакцина.

autovía. [ж.] (авто)дрезина.

autumnal. [прил.] осенний.

auxanología. [ж.] наука, изучающая развитие организмов.

auxanológico, ca. [прил.] к **auxanología**.

auxanómetro. [м.] ауксанометр.

auxiliador, ra. [прил. и сущ.] оказывающий помощь и т. д.; помощник.

auxiliante. [действ. прич.] к **auxiliar**, оказывающий помощь, содействующий и т. д.

auxiliar. [прил.] вспомогательный, подсобный; (воен.) нестроевой; [сущ.] помощник (-ица); ассистент (-ка); лаборант (-ка); подсобный работник, рабочий, пособник, (-ица): * **catedrático auxiliar**, **auxiliar** de **cátedra**, ассистент (-ка); * verbo **auxiliar**, (грам.) вспомогательный глагол; * servicios **auxiliares**, (воен.) нестроевая служба.

auxiliar. [перех.] помогать, оказывать помощь, выручать, оказывать содействие, содействовать; ассистировать; (церк.) давать предсмертное отпущение грехов.

auxiliaría. [ж.] ассистентские обязанности.

auxilio. [м.] помощь, содействие, поддержка; пособие: * prestar, **auxilio**, оказывать помощь, подать помощь; * ¡**auxilio**!, помогите!

auxina. [ж.] (бот.) (хим.) ауксин.

auxiómetro. [м.] аксиометр.

auxocardia. [ж.] (мед.) диастола; гипертрофия сердца.

auxología. [ж.] наука, изучающая развитие организмов.

auxospora. [ж.] (бот.) ауксоспора.

auyamá. [ж.] (Амер.) тыква.

avacado, da. [прил.] с большим животом и т. д. (как у коровы, о лошади).

avadar. [неперех.] становиться переходимой вброд (о реке).

avagarse. [перех.] (Амер.) покрываться плесенью, плесневеть.

avahar. [перех.] согревать паром; [неперех.] издавать пар.

aval. [м.] (ком.) поручительство по векселю; рекомендация (документ) (преимущ. о политике).

avalancha. [ж.] (гал.) см. **alud**.

avalar. [перех.] поручиться, дать поручительство по векселю, гарантировать (уплату по векселю); давать рекомендацию.

avalentado, da. [прил.] свойственный фанфарону, хвастуну и т. д.; вызывающий.

avalentamiento. [м.] (м. употр.) слово или поступок хвастуна, фанфарона.

avalentonado, da. [прил.] вызывающий, храбрый на словах.

avalentonarse. [возв. гл.] см. **envalentonarse**.

avalista. [сущ.] тот, кто даёт поручительство по векселю.

avalizar. [перех.] (мор.) отмечать баканами.

avalorar. [перех.] делать оценку, оценивать; ценить, уважать; хвалить; расхваливать; ободрять, воодушевлять.

avaluación. [ж.] оценка, расценка; см. **valuación**.

avaluador, ra. [прил. и сущ.] делающий оценку, оценивающий и т. д.

avaluar. [перех.] см. **avalorar**.

avalúo. [м.] оценка, расценка; см. **valuación**.

avalvular. [прил.] (мед.) лишённый клапанов.

avallar. [перех.] обносить изгородью, оградой.

avambrazo. [м.] часть рыцарских доспехов, покрывающая предплечье.

avance. [м.] движение вперёд, продвижение, выдвижение; наступление; аванс; выдача авансом, выдача вперёд; ссуда; задаток; см. **avanzo**; (Амер.) игра в мяч (на открытом поле).

avancino, na. [прил.] (Амер.) склонный к фамильярности, фамильярный, панибратский; фамильярничающий.

avanecerse. [возв. гл.] делаться мягким, загнивать (о фруктах).

avantal. [м.] передник, фартук; см. **delantal**.

avante. [нареч.] (обл.) (мор.) вперёд.

avant-propos. [м.] (ненуж. гал.) предисловие.

avantrén. [м.] передний ход, передок (зарядного ящика).

avanza. [м.] см. **avanzo**.

avanzada. [ж.] передовой пост, передовой отряд, аванпост.

avanzadilla. [ж.] (мор.) род пристани, под которой протекает вода; (воен.) полевой караул; аванпост; форпост.

avanzado, da. [страд. прич. и прил.] выдающийся, выдвинутый вперёд, находящийся впереди; (гал.) прогрессивный, передовой; глубокий: * edad **avanzada**, глубокая старость.

avanzar. [перех.] двигать вперёд, продвигать, выдвигать; (гал.) платить вперёд; выдавать авансом, авансировать; выдвигать (предложение и т. д.); [неперех.] двигаться вперёд, продвигаться вперёд; вдаться, грясти (уст.), надвигаться; (перен.) двигаться; (воен.) наступать, продвигаться вперёд, атаковать; прогрессировать: * **avanzar** a pasos gigantescos, идти вперёд гигантскими шагами.

avanzo. [м.] (ком.) баланс; предварительная смета.

avaramente. [нареч.] скупо и т. д.

avaricia. [ж.] скупость, скаредность; крохоборство (разг.): * **avaricia** desmedida, скряжничество; * obrar con **avaricia** desmedida, скряжничать.

avariciosamente. [нареч.] скупо, алчно и т. д.

avaricioso, sa. [прил.] см. **avariento**.

avarientamente. [нареч.] см. **avariciosamente**.

avariento, ta. [прил.] скупой, скуповатый, скаредный; [сущ.] скупец, скряга, кощей (разг.).

avariosis. [ж.] (мед.) (гал.) сифилис.

avaro, ra. [прил.] скупой, скаредный; (перен.) скупой на; крохоборческий (разг.); [сущ.] скупец, скряга, (прост.) крохобор, кощей, скупердяй, сквалыга, сквалыжник, жадина, жадюга.

avaros. [м. множ.] аварцы (аварец, аварка).

avasallador, ra. [прил.] порабощающий; [м.] поработитель.

avasallamiento. [м.] порабощение, закабаление, покорение, подчинение.

avasallar. [перех.] порабощать, закабалять, покорять, подчинять: * **avasallarse**. [возв. гл.] делаться подданным.

ave. [ж.] птица; курица; домашняя птица: * **ave** de rapiña, rapaz, rapiega, хищная птица; * **ave** fría, чибис; * **ave** de paso, pasajera, перелётная птица, залётная птица; * **ave** brava (montaraz, silvestre), дикая птица; * **ave** tonta, овсянка; * **ave** del paraíso, райская птица; * **ave** de albarda, осёл; * **ave** lira, лирохвостка, птица-лира; * **ave** de mal agüero, вестник бедствия.

avecasina. [ж.] (Амер.) (гал.) бекас.

avecica. [ж. умен.] к **ave**; птичка.

avecilla. [ж. умен.] к **ave**: * **avecilla** de las nieves, трясогузка.

avecinar. [перех.] приближать, придвигать; принимать в число жителей: * **avecinarse**. [возв. гл.] приближаться к; поселяться где-л.

avecindamiento. [м.] поселение; место жительства.

avecindar. [перех.] принимать в число жителей; приближать, придвигать: * **avecindarse**. [возв. гл.] поселяться где-л.; (м. употр.) приближаться.

avechucho. [м.] безобразная птица; (перен.) (разг.) отталкивающий человек.

avefría. [ж.] (зоол.) чибис, небольшая болотная птица.

avejancarse. [возв. гл.] (Амер.) казаться старше своих лет.

avejentado, da. [страд. прич.] к **avejentar**; [прил.] кажущийся старше своих лет.

avejentar. [перех.] старить; придавать старый вид: * **avejentarse**. [возв. гл.] казаться старше своих лет, стареть, стариться.

avejigar. [перех.] образовывать пузыри: * **avejigarse**. [возв. гл.] пузыриться (о красках).

avellana. [м.] лесной орех.

avellanado, da. [страд. прич.] к **avellanar**; [прил.] светло-каштановый (о цвете).

avellanador. [м.] (тех.) развёртка (инструмент).
avellanal. [м.] заросли орешника.
avellanar. [м.] см. avellanal.
'avellanar. [перех.] растачивать (отверстие): * avellanarse. [возв. гл.] покрываться морщинами и худеть.
avellaneda. [ж.] заросли орешника.
avellanedo. [м.] см. avellaneda.
avellanera. [ж.] см. avellano; продавщица лесных орехов.
avellanero. [м.] продавец лесных орехов.
avellano. [м.] орешник, лещина, орешина (обл.): de avellano, орешниковый.
avemaría. [ж.] молитва богородице; зерно чёток: * al avemaría, в сумерки; * en un avemaría, (разг.) вмиг, моментально.
avena. [ж.] (бот.) овёс; (поэт.) см. zampoña; * avena loca, или morisca, (бот.) куколь; * avena caballuna, разновидность куколя; * avena triturada, геркулес.
avenáceo, a. [прил.] похожий на овёс, овсоподобный.
avenado, da. [прил.] маньяческий, маниакальный, неуравновешенный.
avenal. [м.] овсяное поле.
avenamia. [ж.] овсяная клейковина.
avenamiento. [м.] дренаж, дренирование, осушение почвы.
avenar. [перех.] дренировать, осушать почву, давать выход стоячей воде.
avenate. [м.] напиток из овса.
avenencia. [ж.] соглашение, договор; договорённость; взаимное согласие, единодушие; соответствие: * ser de fácil avenencia, быть сговорчивым.
avenencia. [ж.] (м. употр.) трубочка для пробы вина.
avenera. [ж.] овсяное поле.
avenerón. [м.] (бот.) куколь.
avenible. [прил.] сговорчивый.
aveniblemente. [нареч.] сговорчивым образом.
avenícceo, a. [прил.] овсяный.
avenida. [ж.] половодье, разлив (реки и т. д.), паводок, наводнение; подъездная дорога; широкая обсаженная деревьями улица; проспект; (перен.) наплыв, приток, стечение; (обл.) соглашение, договор; взаимное согласие, (воен.) подступ.
avenido, da. [страд. прич. и прил.]: * bien avenido, в добром согласии; * mal avenido, в противоречии.
avenidor, ra. [прил. и сущ.] посредничающий; посредник (-ица), примиритель, умиротворитель.
aveniente. [действ. прич.] к avenir.
aveniforme. [прил.] имеющий форму овсяного зерна.
avenimiento. [м.] примирение; согласование.
avenir. [перех.] улаживать, согласовывать; примирять; [неперех.] вдруг наступать, неожиданно случаться, происходить; * avenirse. [возв. гл.] улаживаться (о деле и т. д.), соглашаться, приходить к соглашению, уславливаться; примиряться; уживаться, приноравливаться, идти вперёд.
avenoso, sa. [прил.] содержащий овёс; овсоподобный.
aventado, da. [страд. прич.] к aventar [прил.] см. arremangado; (Амер.) павший в бою.
aventador, ra. [прил. и сущ.] веющий зерно; веяльщик (-ица); вилы для сена и т. д.; [ж.] веялка.

aventadura. [ж.] (вет.) опухоль, припухлость.
aventajadamente. [нареч.] выгодно.
aventajado, da. [страд. прич.] к aventajar; [прил.] превосходный, отличный, отменный, совершенный; выдающийся; выгодный; полезный; привилегированный; [м.] солдат, получающий больше других.
aventajamiento. [м.] (уст.) см. ventaja.
aventajar. [перех.] давать преимущество; ставить в благоприятные условия, ставить в более выгодное положение; увеличивать чью-л. долю; превосходить, превышать; предшествовать; получать преимущество, перевес; предпочитать: * aventajarse. [возв. гл.] (a, en) превосходить, превышать; отличаться.
aventamiento. [м.] веяние, провеивание (зерна).
aventanado, da. [прил.] открытый настежь.
aventar. [перех.] обмахивать, веять (зерно); навевать; проветривать; (разг.) гнать, выгонять, прогонять, удалять; (Амер.) просушивать на солнце (сахар): * aventarse. [возв. гл.] наполняться ветром, надуваться; (разг.) убираться, дать тягу, удирать, улепётывать, убегать; (обл.) портиться (о дичи и т. д.). [непр. гл.] спрягается как acertar.
aventear. [перех.] см. ventear.
aventón. [м.] (Амер.) сильный толчок.
aventura. [ж.] приключение; похождение, авантюра; происшествие, риск, опасность: * espíritu de aventura, авантюризм; * meterse en aventuras, пуститься в авантюры; * novela de aventuras, приключенческий, авантюрный роман; * ir a la aventura, идти куда глаза глядят, наугад; * aventura amorosa, любовная связь, роман.
aventuradamente. [нареч.] с риском.
aventurado, da. [страд. прич.] к aventurar; отважный; польный случайностей, рискованный, опасный.
aventurar. [перех.] рисковать чем-л., подвергать опасности, риску; высказывать предположение; * aventurarse. [возв. гл.] отваживаться на что-л., рисковать, подвергаться опасности, риску; выдвинуться вперёд.
aventureramente. [нареч.] наудачу, на авось.
aventurero, ra. [прил.] ищущий приключения, занимающийся авантюрами; (Амер.) преждевременно созревший (о рисе, кукурузе); [м. и ж.] искатель, (-ница) приключений, авантюрист, (-ка) (Амер.) временный помощник торговца животными, скотом.
averdugado, da. [прил.] прыщавый, на прыщах (о лице).
avergonzar. [перех.] стыдить, вызывать чувство стыда, заставлять краснеть, стыдиться: * avergonzarse. [возв. гл.] испытывать чувство стыда, стыдиться, краснеть от стыда; [непр. гл.] спрягается как contar.
avería [ж.] птичник; место или дом, где разводят птиц; см. averío.
avería. [ж.] авария, повреждение, поломка; (товаров) порча; (разг.) ущерб, убыток; (Амер.) несчастье, беда, несчастный случай: * reparar una avería, исправлять повреждение.
averiarse. [возв. гл.] терпеть аварию; портиться (о товарах).
averiguable. [прил.] поддающийся исследованию, изысканию.
averiguación. [ж.] изыскание, исследование; расследование; доискивание, допытывание.
averiguadamente. [нареч.] несомненно.

averiguador, ra. [прил.] допытывающийся, доискивающийся; [сущ.] контролёр, испытатель (-ница), исследователь (-ница).
averiguamiento. [м.] см. averiguación.
averiguar. [перех.] исследовать, расследовать, разузнавать; допытываться, доискиваться, дознаваться; (Амер.) ссориться.
averío. [м.] стая птиц.
averno, na. [прил.] (поэт.) адский.
averno. [м.] (поэт.) ад, преисподняя.
averrugado, da. [прил.] бородавчатый.
averrugarse. [возв. гл.] покрываться бородавками, становиться бородавчатым.
aversión. [ж.] отвращение, неприязнь, антипатия, ненависть, нелюбовь; * sentir aversión por, в рот не брать чего-л.
avestruz. [ж.] (зоол.) страус: * avestruz de América, нанду.
avetado, da. [прил.] с прожилками, с жилками (о дереве, камне).
avetarda. [ж.] (орни.) дрохва, дрофа (птица).
avetoro. [м.] (зоол.) род цапли.
aveza. [ж.] (обл.) вика, журавлиный горох.
avezar. [перех.] приучать к чему: * avezarse. [возв. гл.] привыкать, приучаться к чему.
aviación. [ж.] авиация: * aviación de bombardeo, бомбардировочная авиация; * aviación de caza, истребительная авиация; * aviación civil, гражданская авиация; * aviación comercial (de transporte), транспортная авиация; * aviación de asalto, штурмовая авиация; * aviación de enlace, авиация связи; * aviación naval, морская авиация; * aviación de exploración (de reconocimiento), разведывательная авиация; * cuerpo de aviación, авиакорпус; * división de aviación, авиадивизия; * escuadra de aviación, авиаэскадра; * escuadrilla de aviación, авиаотряд; * unidad de aviación, авиачасть, авиасоединение; * campo de aviación, авиационное поле, лётное поле, аэродром; * talleres de aviación, авиазавод; * técnico de aviación, авиатехник; * construcción de motores de aviación, авиамоторостроение; * escuela de aviación, летная школа, авиашкола; * parque de aviación, авиапарк; * ametralladora de aviación, авиапулемёт; * aviación transportada, корабельная авиация; * de aviación, авиационный.
aviador, ra. [прил. и сущ.] приготовляющий; [м.] (тех.) тонкий бурав, сверло; [м. и ж.] (Амер.) человек, финансирующий, дающий капитал, средства на что-л.
aviador, ra. [прил.] водящий самолет; [м. и ж.] авиатор, летчик (-ица): * de aviador, авиаторский.
aviamiento. [м.] приготовления; см. avío.
aviar. [перех.] приготовлять, собирать в дорогу; доставлять, снабжать деньгами и всем необходимым; финансировать, давать капитал, средства на что-л; снабжать одеждой; пристраивать, оборудовать, оснащать, снабжать инструментами, орудиями производства; (разг.) ускорять, торопить; (Амер.) ссужать, давать в кредит: * vamos aviando, поскорей!; * estar uno aviado, находиться в затруднении, в затруднительном положении, попасть в переплет; * aviarse. [возв. гл.] готовиться и отъезду.
aviar. [прил.] птичий.
aviario, a. [прил.] относящийся к птицам, птичий; авиационный, авиаторский; [м.] вольер(а), большая птичья клетка.
aviatorio, ria. [прил.] авиационный, авиаторский.
avica. [ж.] (обл.) (орни.) королёк (птица).

aviceda. [ж.] африканская хищная птица.
aviceptología. [ж.] искусство птицелова.
aviciar. [перех.] (обл.) удобрять, утучнять (землю).
avícola. [прил.] птицеводческий.
avicultor, ra. [м. и ж.] птицевод.
avicultura. [ж.] птицеводство.
avichucho. [м.] безобразная птица.
ávidamente. [нареч.] жадно, алчно.
avidez. [ж.] жадность, алчность, корыстолюбие, корысть: *con avidez, жадно, алчно; *avidez insaciable, непомерная алчность.
ávido, da. [прил.] жадный, алчный, корыстный, корыстолюбивый; жаждущий: *ávido de, алчный до, жадный до, *ávido de saber, любознательный; *ávido de gloria, жаждущий славы; *mostrarse ávido, жадничать; *persona ávida, корыстолюбец, жадина.
aviejar. [перех.] старить; придавать старый вид; см. avejentar.
avienta. [ж.] веяние, провеивание (зерна).
aventar. [перех.] (Амер.) (вар.) веять (зерно).
aviento. [м.] ручная веялка, см. bieldo; большие вилы.
aviero, ra. [м. и ж.] человек, служащий в авиации.
aviesamente. [нареч.] зло, злобно, со злостью, зловеще.
avieso, sa. [прил.] извилистый, искривлённый, кривой; окольный; злой, злобный, извращённый, порочный, испорченный, дурной; косой, угрожающий (о взгляде).
avigorar. [перех.] укреплять, придавать силу; ободрять, см. vigorar.
avilantarse. [возв. гл.] становиться наглым, дерзким.
avilantez. [ж.] дерзость, наглость, дерзание, бесстыдство, нахальство.
avilés, so. [прил.] относящийся к Ávila; [сущ.] уроженец этого города.
avilesino, na. [прил.] относящийся к Avilés; [сущ.] уроженец этого города.
avillanado, da. [страд. прич.] к avillanar; [прил.] простонародный, грубый; вульгарный (о языке); (перен.) подлый, гнусный, презренный, грубый, неотёсанный, невежественный.
avillanamiento. [м.] дейст. к avillanar(se).
avillanar. [перех.] унижать; делать грубым, подлым, гнусным и т. д.; *avillanarse. [возв. гл.] связаться, водиться, якшаться со всяким сбродом; опускаться.
avinado, da. [прил.] пропитанный вином; похожий на вино; (гал.) пьяный.
avinagradamente. [нареч.] (перен.) (разг.) сурово, резко, едко, колко.
avinagrado, da. [страд. прич.] к avinagrar; [прил.] (перен.) кислый, угрюмый, нелюдимый, хмурый (прост.): *cara avinagrada, кислое лицо.
avinagrar. [перех.] делать кислым, окислять; раздражать; *avinagrarse. [возв. гл.] скисать, прокисать; превратиться в уксус (о вине); раздражаться; становиться неуживчивым, тяжёлым (о характере).
avinca. [ж.] (Амер.) род перуанской тыквы.
avío. [м.] приготовления, сборы; (Амер.) ссуда, кредит; запас продуктов (пастухов и полевых рабочих); [множ.] орудия, рабочие инструменты, принадлежности; *al avío!, поскорей!
avión. [м.] (орни.) городская, земляная ласточка.
avión. [м.] самолёт, аэроплан: *avión para dos pasajeros, двухместный самолёт; *avión de un solo motor, одномоторный самолёт; *avión de bombardeo, бомбардировщик; *tripulación de un avión, лётный состав; *pasajero de avión, авиапассажир; *constructor de aviones, авиаконструктор; *avión de caza, самолёт-истребитель; *avión de adiestramiento, тренировочный самолёт; *avión de reacción, реактивный самолёт; *avión de reconocimiento (exploración), разведывательный самолёт; *avión de enseñanza, учебный самолёт; *avión de pasajeros, пассажирский самолёт; *avión estratosférico, стратоплан; *avión correo, почтовый самолёт; *avión torpedero, самолёт-торпедоносец; *avión cohete, самолёт-снаряд; *avión gigante, гигантский, многомоторный самолёт; *avión de bombardeo en picado, пикирующий бомбардировщик; *avión de asalto, штурмовик; *por avión, воздушной почтой.
avioneta. [ж.] авиетка.
avisadamente. [нареч.] осторожно, осмотрительно.
avisado, da. [страд. прич.] к avisar; [прил.] осторожный, осмотрительный, рассудительный, благоразумный; сообразительный, дальновидный; *mal avisado, неосторожный, неблагоразумный; [м.] (арг.) судья.
avisador, ra. [прил.] предупреждающий; [м.] уведомитель, предвестник.
avisar. [перех.] уведомлять, доводить до сведения, поставить в известность, извещать; извещать заранее; предвещать; предупреждать; советовать; (арг.) замечать; (Амер.) подтверждать получение письма; *avisar por anticipado, предварительно извещать.
aviso. [м.] уведомление, сообщение, извещение; предупреждение, совет; указание; признак, осмотрительность, бдительность, неусыпность; (Амер.) объявление, извещение; (мор.) авизо; (арг.) распутник: *estar или andar sobre aviso, быть настороже, быть начеку; остерегаться.
avisón. [м.] тревога.
avispa. [ж.] оса; очень хитрый человек: *de avispa, осиный.
avispado, da. [страд. прич.] к avisar; [прил.] расторопный, проворный, смышлёный, живой, резвый; (арг.) подозрительный, недоверчивый, осторожный.
avispar. [перех.] погонять стрекалом (животных), пришпоривать, давать шпоры; учить уму-разуму; придавать развязность, уверенность; настораживать; (арг.) исследовать, разузнавать, выслеживать, подстерегать; (Амер.) пугать; *avisparse. [возв. гл.] беспокоиться, тревожиться; (разг.) настораживаться.
avispedar. [перех.] (арг.) осторожно смотреть, глядеть.
avispero. [м.] осиное гнездо; (осиные) соты; запутанное и неприятное дело; (мед.) острый фурункулёз.
avispita. [ж.] (зоол.) кубинское перепончатокрылое насекомое.
avispón. [м.] шмель.
avisporear. [перех.] (Амер.) нарушать тишину, спокойствие, общественный порядок, тревожить; см. espantar.
avistar. [перех.] (у)видеть, замечать издали, завидеть; *avistarse. [возв. гл.] встречаться, видаться.
avitaminosis. [ж.] (мед.) авитаминоз.
avitelado, da. [прил.] похожий на тонкий пергамент, велень.
avituallamiento. [м.] снабжение: *avituallamiento de municiones, боепитание; *avituallamiento de víveres, продовольственное снабжение; *avituallamiento de agua, водоснабжение; обводнение.
avituallar. [перех.] снабжать (продовольствием, боевыми припасами), довольствовать.
avivadamente. [нареч.] живо, горячо.
avivador, ra. [прил.] оживляющий, возбуждающий; разжигающий; [м.] маленький промежуток между двумя лепными орнаментами; фальцхебель.
avivamiento. [м.] оживление, воодушевление; разжигание.
avivar. [перех.] оживлять, воодушевлять, возбуждать; поощрять, побуждать; ускорять, торопить; воспламенять, одушевлять; оживлять, освежать (краски); делать более ярким, сильным; разжигать, раздувать (огонь); (тех.) полировать, шлифовать: *avivar el paso, спешить, укорять шаг; [неперех.] оживать; *avivarse. [возв. гл.] оживляться.
avizor. [прил.] бдительный; [м.] наблюдатель; [множ.] (арг.) глаза: *ojo avizor, бдительный глаз.
avizador, ra. [прил.] подстерегающий, выслеживающий и т. д.; [м.] наблюдатель.
avizorar. [перех.] (разг.) подстерегать, выслеживать, сторожить, следить; шпионить; см. acechar.
avocación. [ж.] avocamiento. [м.] (юр.) затребование дела в высшую инстанцию.
avocar. [перех.] (юр.) затребовать дело в высшую инстанцию.
avocastro. [м.] (Амер.) некрасивый, безобразный человек.
avocatero. [м.] (Амер.) (бот.) см. aguacate.
avolcanado, da. [прил.] с вулканами (о месте).
avosar. [перех.] быть на вы.
avucasta. [ж.] (орни.) дрохва, дрофа (птица).
avugo. [м.] род груши.
avuguero. [м.] (бот.) разновидность грушевого дерева.
avulsión. [ж.] (мед.) удаление, извлечение.
avúnculo. [м.] брат матери, дядя.
avutarda. [ж.] (орни.) дрохва, дрофа (птица).
avutardado, da. [прил.] имеющий сходство с дрохвой.
avutardo. [м.] (обл.) стервятник.
¡ах! [межд.] (восклицание при боли) ай!, ох!
axial, axil. [прил.] осевой, аксиальный, продольный.
axila. [ж.] подмышечная ямка, впадина, подмышка.
axilar. [прил.] подмышечный.
axioma. [ж.] аксиома.
axiomáticamente. [нареч.] очевидно, явно, неоспоримо.
axiomático, ca. [прил.] аксиоматический, очевидный, определённый, неоспоримый, неопровержимый.
axiómetro. [м.] аксиометр.
axis. [м.] (анат.) второй шейный позвонок.
axo. [м.] (Амер.) четырёхугольный кусок шерстяной ткани, образовывающий главную часть женской одежды.
axoideo, a. [прил.] (анат.) к второй шейный позвонок.
axon. [м.] аксон, осево-цилиндрический отросток.
axonometría. [ж.] аксонометрия, способ изображения предметов на чертеже.
axonométrico, са. [прил.] аксонометрический.

¡ay! [межд.] ай! ох! (при испуге, внезапном удивлении, радости и т. д.); * ¡ay de mí!, горе мне!, * ay del que, горе тому, кто...; * ¡ay, Dios mío!, ай, боже мой!; [м.] вздох, жалоба, стон; * proferir ayes, айкать; * lanzar un ay, айкнуть.

ayacahuite. [м.] (бот.) разновидность мексиканской сосны.

ayacuá. [м.] невидимый чертёнок, вооружённый луком (в Аргентине).

ayate. [м.] редкая ткань из агавы.

ayatear. [перех.] (Амер.) тереть ayate (редкой тканью из агавы).

ayear. [неперех.] (м. употр.) айкать, стонать, охать.

ayecahue. [прил.] (разг.) смешно одетый; [м.] грубый, смешно одетый человек; [множ.] странности, сумасбродство.

ayer. [нареч.] вчера; недавно, в недавнем прошлом; прежде: * ayer por la tarde, вчера вечером; * de ayer, вчерашний; недавний; * de ayer acá, de ayer a hoy в короткий промежуток времени; * desde ayer, со вчерашнего дня; * lo sucedido, etc. ayer, вчерашнее.

ayo, ya. [м. и ж.] воспитатель (-ница), гувернёр (-нантка); бонна, дуэнья.

ayocote. [м.] (Амер.) мексиканские бобы.

ayocuantoto. [м.] (орни.) мексиканский щегол (птица).

ayoguascle. [м.] (Амер.) тыквенные семена.

ayote. [м.] (Амер.) тыква: * dar ayotes, см. dar calabazas.

ayotera. [ж.] (Амер.) тыква (растение).

ayotete. [м.] (Амер.) (бот.) тыквенное вьющееся растение.

ayotoste. [м.] (Амер.) (зоол.) броненосец.

ayuda. [ж.] помощь, поддержка, содействие; пособие; (мед.) клизма; удар шпорами; [м.] помощник; водонос (у пастухов): * ayuda mutua, взаимопомощь; * venir en ayuda, прийти на помощь; * pedir ayuda, звать на помощь; * con ayuda de, с помощью, при помощи; * sin ayuda de nadie, без посторонней помощи; * tomar una ayuda, ставить клизму; * ayuda de cámara, камердинер; * prestar ayuda, помочь, оказать помощь, брать на буксир кого-л.

ayudado, da. [страд. прич.] к ayudar; [прил.] (Амер.) см. endemoniado.

ayudador, ra. [прил.] оказывающий помощь, помогающий; [м.] помощник (-ица); второй пастух.

ayudanta. [ж.] помощница, ассистентка.

ayudante. [дейст. прич.] к ayudar; [м.] помощник; ассистент; (воен.) адъютант: * ayudante de campo, флигель-адъютант; * ayudante del director (ópera), хормейстер.

ayudantía. [ж.] должность и контора помощника и т. д.

ayudar. [перех.] помогать, оказывать помощь; покровительствовать; содействовать, поддерживать, способствовать; * ayudarse, помогать друг другу; оказывать взаимную помощь; * ayúdate y ayudarte he, кто сам не плошает, тому Бог помогает; * ayudar a misa, прислуживать священнику во время обедни; * ayudar a morir, приготовлять кого-л к смерти.

ayuga. [ж.] (бот.) см. mirabel.

ayuiné. [м.] (Амер.) род лавра.

ayuiñandí. [м.] (Амер.) род лавра, из которого извлекают ладан.

ayunador, ra. [прил.] воздерживающийся от пищи; [м.] постник.

ayunante. [дейст. прич.] к ayunar.

ayunar. [неперех.] воздерживаться от пищи, удовольствия; поститься, постничать, говеть: * ayunar a uno, (перен.) (разг.) уважать, бояться кого-л; * ayunar durante mucho tiempo, наголодаться.

ayuno. [м.] воздержание от пищи, от удовольствия; пост; голодание.

ayuno, na. [прил.] не евший; воздерживающийся от пищи, от удовольствия; не понимающий о чём идёт речь, в чём дело, не сведущий в чём-л., в чём, в ком, натощак; не понимающий о чём идёт речь, в чём дело; * quedarse en ayunas, ничего не понять; уйти не солоно хлебавши.

ayunque. [м.] наковальня.

ayuntamiento. [м.] собрание; муниципалитет, городское самоуправление, муниципальный совет; коммуна, мэрия; ратуша; городская дума; совокупление.

ayuso. [нареч.] см. abajo.

ayustar. [перех.] (мор.) сплетать концы канатов, сплеснивать, сращивать, приплеснивать (линь, трос).

ayuste. [м.] (мор.) сплесень, связывание или соединение деревянных частей шипами.

ayuyuyes. [м. множ.] ласки, см. arrumacos.

azabachado, da. [прил.] чёрный как гагат.

azabache. [м.] (мин.) гагат, чёрный янтарь; (зоол.) сойка, чёрный дрозд; [множ.] гагатовые изделия.

azabara. [ж.] (бот.) алоэ.

azabra. [ж.] (старинный) лёгкий корабль.

azacán, na. [прил. м.] водонос: * estar (andar) hecho un azacán, (разг.) добиваться чего-л.

azacanarse. [возв. гл.] (м. употр.) (прост.) см. afanarse.

azacaya. [ж.] (обл.) труба; трубопровод.

azacuan. [м.] (Амер.) (зоол.) род коршуна.

azache. [прил.] низкого качества (о шёлке).

azada. [ж.] мотыга, цапка, сапка: * cavar con azada, мотыжить.

azadada. [ж.] удар мотыгой, сапкой.

azadazo. [м.] см. azadada.

azadilla. [ж.] см. almocafre.

azadón. [м.] большая мотыга, кирка: * azadón de peto, или де рicо, кирка-мотыга.

azadonada. [ж.] удар большой мотыгой: * a tres azadonadas, sacar agua, без всякого труда достичь.

azadonar. [перех.] мотыжить, обрабатывать землю большой мотыгой.

azadonazo. [м.] удар большой мотыгой.

azadonero. [м.] тот, кто мотыжит.

azafata. [ж.] (ист.) камеристка королевы; бортпроводница, стюардесса.

azafate. [м.] плетёная корзинка (сорт лотка); лукошко; (Амер.) деревянный умывальный таз.

azafatero. [м.] продавец azafates, или тот, кто делает их.

azafrán. [м.] (бот.) шафран; (мор.) спинка руля: * azafrán bastardo или romí, сафлор.

azafranado, da. [страд. прич.] к azafranar; [прил.] шафранового цвета; (Амер.) рыжий (о волосах).

azafranal. [м.] шафранное поле, место, засеянное шафраном.

azafranamiento. [м. дейст.] к azafranar.

azafranar. [перех.] приправлять или красить шафраном.

azafranero, ra. [м. и ж.] продавец (-щица) шафрана; тот, кто занимается разведением шафрана.

azagadero, azagador. [м.] тропа, протоптанная скотом.

azagaya. [ж.] метательное короткое копьё.

azagayada. [ж.] удар azagaya (метательным коротким копьём).

azagor. [м.] см. cardenillo.

azahar. [м.] цветок апельсинового или лимонного дерева: * flores de azahar, флёрдоранж.

azainadamente. [нареч.] вероломно, коварно, предательски.

azal. [ж.] чёрная разновидность португальского винограда.

azalá. [ж.] (в Марокко) молитва.

azalea. [ж.] (бот.) азалия.

azambado, da. [прил.] (Амер.) имеющий сходство с мулатом.

azamboa. [ж.] (бот.) разновидность цедрата.

azamboero, azambogo, azamboo. [м.] цедрат (дерево).

azanahoriate. [м.] засахаренная морковь; (перен.) очень услужливый комплимент или выражение.

azanca. [ж.] подземный родник, источник.

azándar. [м.] (обл.) сандал.

azanjar. [перех.] (Амер.) (вар.) см. zanjar.

azanoria. [ж.] (бот.) морковь.

azanoriate. [м.] (обл.) засахаренная морковь.

azar. [м.] (обл.) (бот.) клён.

azar. [м.] слепой случай, случайность, непредвиденное происшествие; несчастный случай; судьба, удар судьбы; риск; опасность; (карт.) несчастная карта, неудачный ход; * al azar, (гал.) наугад, наудачу, на авось, наобум, кое-как, как придётся; * juego de azar, азартная игра; * salir azar, (перен.) (разг.) не осуществиться, потерпеть неудачу.

azaramiento. [м.] (вар.) смущение, растерянность, см. azoramiento.

azarandar. [перех.] просеивать, см. zarandar.

azarar. [перех.] (разг.) смущать, волновать, сбивать с толку.

azararse. [возв. гл.] плохо идти или затягиваться (о делах); (прост.) растеряться, смущаться; (Амер.) краснеть, стыдиться, испытывать чувство стыда.

azarbe. [м.] отводной канал, желобок, канав(к)а.

azarbeta. [ж.] маленький отводной канал, впадающий в azarbe.

azarcón. [м.] (хим.) свинцовый сурик; ярко-оранжевая краска.

azarearse. [возв. гл.] (Амер.) см. azararse; (Амер.) сердиться, раздражаться, досадовать на что-л.

azareo. [м.] (Амер.) раздражение.

azarimit. [м.] (мин.) род камня.

azarja. [ж.] сорт баранчика.

azarolla. [ж.] (бот.) ягода испанского боярышника; (обл.) рябина (ягода).

azarollo. [м.] (бот.) испанский боярышник; (обл.) рябина (дерево).

azarosamente. [нареч.] неудачно.

azaroso, sa. [прил.] рискованный, опасный; пугливый, трусливый.

azaúcho. [м.] (бот.) род дикого фигового дерева.

azaya. [ж.] (обл.) см. cantueso.

azcarrio. [м.] (обл.) (бот.) клён.

azcona. [ж.] (старинное) метательное копьё.

azemar. [перех.] лощить, полировать.

azenoria. [ж.] (бот.) морковь.

azeotrópico, ca. [прил.] mezcla azeotrópica, (хим.) азеотропная смесь.

ázimo. [прил.] пресный (о хлебе).

azimut. [м.] (астр.) азимут.

azimutal. [прил.] (астр.) азимутный, азимутальный.
aznacho. [м.] (бот.) род сосны.
aznallo. [м.] (бот.) см. aznacho.
azoado, da. [прил.] азотистый, азотный: * óxido azoado, закись азота.
azoar. [перех.] (хим.) азотировать.
azoato. [м.] (хим.) нитрат.
azobenceno. [м.] azobencida. [ж.] azobenzol. [м.] (хим.) азобензол.
azocar. [перех.] (мор.) затягивать узлы; (Амер.) сильно сдавливать.
ázoe. [м.] (хим.) азот: * perióxido de ázoe, двуокись азота.
azoemia. [ж.] (пат.) азотемия.
azoémico, ca. [прил.] к азотемия.
azofaifa. [ж.] azofaifo. [м.] см. azufaifa, azufaifo.
azófar. [м.] латунь.
azogadamente. [нареч.] стремительно, живо; суетливо.
azogado, da. [прил.] ртутный; (перен.) (разг.) суетливый, подвижной, как ртуть.
azogador, ra. [прил. и сущ.] покрывающий ртутью.
azogamiento. [м.] амальгамирование (зеркала); (перен.) (разг.) сильное смущение.
azogar. [перех.] покрывать ртутью; амальгамировать: * azogarse. [возв. гл.] отравляться парами ртути; (перен.) (разг.) сильно смущаться, волноваться, суетиться.
azogar. [перех.] гасить известь.
azogue. [м.] ртуть: * ser un azogue, быть подвижным, как ртуть.
azogue. [м.] рыночная площадь, рынок.
azoguejo. [м.] маленькая рыночная площадь, маленький рынок.
azogueño, ña. [прил.] относящийся к Azoguer; [сущ.] уроженец этого города.
azoguería. [ж.] завод или мастерская, где покрывают ртутью, амальгамируют.
azoguero. [м.] тот, кто амальгамирует или управляет этой работой.
azoico, ca. [прил.] (хим.) см. nítrico; (геол.) азойский.
azolar. [перех.] обтёсывать теслом; [непр. гл.] спрягается как contar.
azolvar. [перех.] засорять, затыкать трубопровод и т. д.
azolve. [м.] (Амер.) ил, тина, грязь, засоряющая трубопровод и т. д.
azolvo. [м.] засорение.
azónico, ca. [прил.] неограниченный, беспредельный, безграничный.
azonzar. [перех.] (Амер.) делать глупым, нелепым.
azoospermia. [ж.] (пат.) азооспермия.
azopilotado, da. [прил.] имеющий глупый, дурашливый вид.
azor. [м.] (орни.) ястреб; (арг.) вор.
azorada. [ж.] (Амер.) см. azoramiento.
azorado, da. [страд. прич.] к azorar; [прил.] подозрительный, недоверчивый, беспокойный.
azoramiento. [м.] смущение, волнение.
azorar. [перех.] смущать, волновать, сбивать с толку; (уст.) раздражать, сердить, ободрять: * azorarse. [возв. гл.] смущаться, чувствовать себя стеснённым чем-л, волноваться.
azonrencado, da. [прил.] (Амер.) глупый, тупой, дурацкий.
azorencarse. [возв. гл.] (Амер.) одуреть, становиться тупым.
azoro. [м.] (Амер.) см. azoramiento.
azorocarse. [возв. гл.] (Амер.) пугаться, см. asustarse.
azorrado, da. [страд. прич.] к azorrar; [прил.] имеющий сходство с лисой; (перен.) пьяный, тупой.

azorramiento. [м.] сонливость (от вина и т. д.).
azorrarse. [возв. гл.] впадать в спячку (от вина и т. д.); (Амер.) (вар.) см. azorrarse.
azotable. [прил.] достойный быть стёганным плетью и т. д.
azotacalles. [м. и ж.] фланёр, праздношатающийся (-аяся), гуляка.
azotado, da. [страд. прич.] к azotar; [прил.] пёстрый; (Амер.) полосатый как зебра, тигр; [м.] преступник, понёсший телесное наказание; см. disciplinante.
azotador, ra. [прил. и сущ.] стегающий, хлещущий.
azotaina. [ж.] (разг.) сечение плетьми, порка (наказание).
azotalenguas. [ж.] (обл.) подмаренник цепкий.
azotamiento. [м.] сечение плетьми, бичевание, хлестание.
azotaperros. [м.] церковный сторож, выгоняющий собак из церкви.
azotar. [перех.] хлестать, стегать плетью, кнутом; пороть; бить, сечь, драть розгами, лупить; (прост.) лущевать, шлёпать рукой; часто или сильно хлестать, ударять (о ветре и т. д.); (перен.) бичевать, ударять: * azotarse. [возв. гл.] - хлестаться, бичевать себя; * azotar fuertemente, нахлёстывать (прост.); * azotarse fuertemente, нахлёстываться (прост.); * azotar calles, шататься без дела.
azotazo. [м.] удар кнутом, розгой; шлепок.
azote. [м.] плеть, кнут, бич, хлыст; розга; шлепок, удар (по ягодице); (перен.) бич, бедствие; наказание; удар (рукой и т. д.): * azote de cabos, (мор.) линёк; * no salir de azotes y galeras, не преуспевать; * besar el azote, покорно получать наказание.
azotea. [ж.] плоская крыша; (Амер.) дом с плоской крышей.
azotemia. [ж.] (мед.) азотемия.
azotémico, ca. [прил.] к азотемия.
azotera. [ж.] (Амер.) бич с несколькими концами; узкий ремень.
azotina. [ж.] сечение плетьми, порка. см. azotaina.
azotómetro. [м.] азотометр.
azozobrar. [перех.] беспокоить, тревожить.
azre. [м.] (бот.) клён; см. arce.
azteca. [прил.] ацтекский, ацтек; ацтекский язык.
aztor. [м.] (орни.) ястреб.
aztorrera. [ж.] ястребиное гнездо.
azua. [ж.] кукурузная водка, см. chicha.
azuayo, ya. [прил.] (Амер.) относящийся к Azuay; [сущ.] уроженец этой провинции.
azúcar. [м. и ж.] сахар: * azúcar amarillo, или amarilla, moreno, или morena, negro, или negra, terciado, или terciada, сахар-сырец; * azúcar blanco, или blanca, или de flor, рафинад; * azúcar cande, candi, или piedra, леденец; * azúcar de cortadillo, пилёный сахар; * azúcar de lustre, рафинад; * azúcar de pilón, колотый сахар; * azúcar de caña, тростниковый сахар; * azúcar de remolacha, свекловичный сахар; * azúcar pulverizado, или pulverizada, cristalizado, или cristalizada, сахарный песок; * azúcar de leche, молочный сахар; * azúcar de terrón, кусковой сахар; * bañar en azúcar, засахаривать; * pan de azúcar, голова сахару.
azucarado, da. [страд. прич.] к azucarar; [прил.] сладкий; (перен.) сладкий, слащавый, приторный, вкрадчивый, (уст.) медоточивый.
azucaradador, ra. [прил. и сущ.] кладущий сахар во что-л, подслащивающий.
azucaramiento. [м.] дейст. к azucarar.

azucarar. [перех.] класть сахар во что-л, посыпать сахаром, (разг.) сахарить, насахаривать; (перен.) (разг.) подслащивать; * azucararse. [возв. гл.] см. almibararse.
azucarera. [ж.] сахарница; сахарный завод.
azucarería. [ж.] (Амер.) лавка, где продают сахар.
azucarero, ra. [прил.] сахарный; [м.] заведующий сахарным заводом; сахарница; (орни.) лазящая птица.
azucarí. [прил.] (обл.) сладкий, сахаристый (о фруктах).
azucarillo. [м.] ноздреватый сахар, кондитерское изделие из сахара, белка и лимонного сока.
azucarito. [м.] дикорастущее кубинское дерево.
azucena. [ж.] лилия: * azucena de agua, см. nenúfar.
azucenal. [м.] место, засаженное лилиями.
azud. [м.] сорт нории для подъёма речной воды (при орошении); плотина.
azuda. [ж.] см. azud; (обл.) нория.
azuela. [ж.] тесло, дексель, плотничий инструмент.
azufaifa. [ж.] грудная ягода (плод).
azufaifo. [м.] грудная ягода (растение): azufaifo loto, см. loto.
azufeifa. [ж.] azufeifo. [м.] см. azufaifa, azufaifo.
azufrado, da. [страд. прич.] к azufrar; [прил.] см. sulfuroso; серного цвета; [м.] пропитывание серой.
azufrador, ra. [прил.] опрыскивающий, пропитывающий серой и т. д.; [м.] камера для обработки серой; см. enjugador; прибор для опрыскивания серой, серо-опылитель, сероопрыскиватель.
azuframiento. [м.] пропитывание серой; беление парами серы; окуривание серой.
azufrar. [перех.] пропитывать и окуривать серой; обрабатывать парами серы.
azufre. [м.] (хим.) сера: * azufre vegetal, порошок ликоподия.
azufrera. [ж.] серный рудник, серная копь.
azufrín. [м.] серный фитиль.
azufrón. [м.] порошок серного колчедана.
azufroso, sa. [прил.] серный, содержащий серу.
azul. [прил.] синий; [м.] синий (голубой) цвет; лазурь, синева: * azul claro, голубой, светло-голубой; * azul celeste, лазурный; * azul de montaña, (хим.) голубец; * azul de mar, или marino, тёмно-синий; * azul de Berlín, или de Prusia, берлинская лазурь; * teñir(se) de azul, засинить (ся).
azulado, da. [прил.] лазурный, голубой; синеватый, голубоватый.
azulaque. [м.] см. zulaque.
azular. [перех.] синить, красить в голубой цвет, засинить.
azulear. [неперех.] голубеть, синеть: * el cielo azulea, небо голубеет.
azulejar. [перех.] покрывать изразцами (azulejos).
azulejería. [ж.] ремесло azulejero; изразцовая стена и т. д.
azulejero. [м.] человек, делающий или продающий azulej з.
azulejo, ja. [прил. умен.] к azul; (Амер.) синеватый, голубоватый; [м.] (бот.) василёк; (орни.) см. abejaruco; (Амер.) см. morcella; название разных рыб.
azulejo. [м.] тонкий кирпич из белой глины, покрытый с лицевой стороны глазурью, рисунками и т. д.; изразец, кафель, мозаика.

azulenco, ca. [прил.] см. azulado.
azulete. [м.] синька.
azulino, na. [прил.] голубоватый, синеватый; лазурный, (поэт.) лазоревый.
azulona. [ж.] род антильского голубя.
azuloso, sa. [прил.] (Амер.) голубоватый, синеватый.
azumagarse. [возв. гл.] (Амер.) покрываться плесенью, плесневеть.
azumar. [перех.] красить волосы (соком).
azúmbar. [м.] (бот.) красноволоска (разновидность); росный ладан (душистая смола).
azumbrado, da. [прил.] (разг.) пьяный.
azumbre. [ж.] асумбре, мера жидкостей, равная 2.16 литрам.
azuquita, azuquitar. [м. или ж.] (Амер.) умен. (разг.) к azúcar.
azur. [м.] лазурь, синева.
azurita. [ж.] азурит.
azurronarse. [перех.] высохнуть до созревания (о пшеничном зерне).
azurrumbarse. [возв. гл.] (Амер.) быть оглушённым, ошеломлённым.
azut. [м.] (обл.) см. azud.
azutero. [м.] смотритель за azut.
azuzador, ra. [прил.] науськивающий и т. д.; [сущ.] подстрекатель.
azuzamiento. [м.] науськивание; натравливание; раздражение, дейст. к дразнить.
azuzar. [перех.] науськивать, натравливать (собак); (перен.) дразнить кого-д, раздражать.
azuzón, na. [м. и ж.] (перен.) (разг.) подстрекатель (-ница).

Bb

B, b. [ж.] 2-я буква испанского алфавита.
Baal. (миф.) Ваал.
baba. [ж.] слюна; пена (у рта); слизь (у улиток); (Амер.) род каймана: * caérsele a uno la **baba**, глазеть, разинув рот от удовольствия и т. д.
babada. [ж.] (вет.) см. **babilla**.
babadero, babador. [м.] детский нагрудник, слюнявчик.
babahoyano, na. [прил.] относящийся к Babahoya; [м. и ж.] уроженец этого эквадорского города.
babanca. [сущ.] (обл.) глупец, дурак, дура.
babar. [неперех.] (обл.) пускать слюну.
babara. [ж.] сорт телеги.
babastibias. [м.] (Амер.) простак, простофиля.
babaza. [ж.] густая слизь; (зоол.) слизняк.
babazorro, ra. [прил. и сущ.] см. **alavés**; (обл.) увалень, грубиян, мужлан.
babbit. [м.] (тех.) баббит.
babeador. [м.] детский нагрудник, слюнявчик.
babear. [неперех.] пускать слюну; брызгать слюною; (перен.) (разг.) ухаживать, рассыпаться в любезностях.
Babel. Вавилон; (перен.) (разг.) [м. и ж.] шумное сборище; путаница, сумятица: * torre de **Babel**, Вавилонская башня; (перен.) (шутл.) вавилонское столпотворение.
babélico, ca. [прил.] к Вавилонская башня; запутанный, неясный.
babeo. [м.] пускание слюны.
babera. [ж.] см. **baberol**; детский нагрудник, слюнявчик.
babero. [м.] детский нагрудник, слюнявчик.
baberol. [м.] подбородочная часть доспехов.
Babia (estar en). ротозейничать, витать в облаках.
babichas. [ж. множ.] (Амер.) объедки.
babichón. [м.] любимая собачка.
babieca. [ж.] глупец, простофиля, балда, болван.
babieco, ca. [прил.] (вар.) глупый, простоватый.
babilejo. [м.] (Амер.) штукатурная лопатка.
Babilonia. [ж.] (разг.) см. **Babel**.
babilónico, ca; babilonio, nia. [прил.] вавилонский.
babilonio, nia. [м. и ж.] вавилонянин (-янка).
babilla. [ж.[(вет.) скакательный сустав; коленная чашечка; (Амер.) (вет.) излитый сок, мешающий укреплению перелома.

babiney. [м.] (Амер.) топь, трясина, непролазная грязь.
babirusa. [ж.] (зоол.) сорт дикого кабана.
babitonto, ta. [прил.] очень глупый.
bable. [м.] астурийский диалект.
babón, na. [прил.] см. **baboso**, (перен.) влюблённый.
babonuco. [м.] (Амер.) см. **babunuco**.
babor. [м.] (мор.) левый борт, бакборт: * ¡a **babor**!, лево руля; * ¡a **babor** todo!, лево на борт.
babosa. [ж.] (зоол.) слизняк (улитка); (Амер.) панцирный моллюск; (обл.) луковица (семенная); см. **cebolleta**; (Амер.) бычачья болезнь; змея (одна из разновидностей); (арг.) см. **seda**.
babosada. [ж.] (Амер.) презренная вещь или человек; (Амер.) глупость.
babosear. [перех.] слюнявить, слюнить, покрывать слюной; [неперех.] ухаживать, рассыпаться в любезностях.
baboseo. [м.] ухаживание за женщинами; дейст. к слюнить.
babosilla. [ж.] (зоол.) маленький слизняк.
baboso, sa. [прил. и сущ.] слюнявый; (перен.) (разг.) сопливый; [м.] ухаживатель, волокита: сопляк; (Амер.) глупец, дурак; см. **budión**.
babosuelo, la. [прил. и сущ. умен.] к **baboso**.
baboyana. [ж.] (Амер.) маленькая ящерица, с длинным хвостом.
babucha. [ж.] туфля без задка и каблука.
babuino. [м.] (зоол.) (гал.) бабуин, павиан; (перен.) урод, рожа; (перен.) карлик; (перен.) жалкий трус.
babujal. [м.] (Амер.) злой дух, владеющий человеком; разг.) (Амер.) см. **brujo**.
babul. [м.] (Амер.) негритянская пляска.
babunuco. [м.] (Амер.) прокладка из тряпок, подкладываемая под ремень при переноске тяжестей.
babusear. [перех.] (обл.) слюнявить; см. **babosear**.
babuvismo. [м.] бабувизм.
babuvista. [прил. и сущ.] относящийся к бабувизму, последователь Бабёфа.
baby. [м.] (англ.) беби, дитя, крошка.
baca. [ж.] империал, верхняя часть дилижанса и т. д. с местами для пассажиров или для багажа; брезентовый верх (экипажа и т. д.); см. **baya**; [м.] африканский сокол, отвратительного вида: * dar **baca**, (Амер.) дать задний ход.
bacal. [м.] (Амер.) маисовый початок без зёрен.
bacalada. [ж.] сухая треска.
bacaladero, ra. [прил.] тресковый; относящийся к тресковому лову.

baca(l)lao. [м.] треска (рыба); (перен.) худой человек: * aceite de hígado de **bacalao**, рыбий жир; * cortar el **bacalao**, задавать тон; * te conozco **bacalao**, (разг.) я вижу тебя насквозь.
bacalar. [м.] (обл.) ранняя фига (плод).
bacalario. [м.] см. **bachiller**.
bacallao. [м.] см. **bacalao**.
bacallar. [м.] грубиян, мужлан.
bacán. [м.] (Амер.) род волована, слоёного пирога.
bacanal. [прил.] вакханальный, вакхический; [ж.] вакханалия; дикий разгул, оргия.
bacanora. [ж.] спиртной напиток.
bacante. [ж.] вакханка; (перен.) (разг.) распутная женщина.
bacao. [м.] (бот.) манглия.
bacar(r)á. [м.] баккара (игра в карты).
bacelar. [м.] см. **parral**.
bacenica, bacinilla. [ж.] (Амер.) (вул.) см. **bacinilla**.
baceta. [ж.] (карт.) прикуп.
bacía. [ж.] тазик, чашка; бритвенный тазик.
bacífero, ra. [прил.] ягодоносный.
baciforme. [прил.] ягодообразный.
báciga. [ж.] безик, название карточной игры.
bacilar. [прил.] бациллярный; палочкообразный.
bacilífero, ra. [прил.] являющийся бациллоносителем (о больном).
baciliforme. [прил.] бациллообразный, палочковидный.
bacilíparo, ra. [прил.] производящий бациллы.
bacilación. [ж.] туберкулёз.
bacilo. [м.] бацилла, палочка.
bacillar. [м.] см. **parral**; новый виноградник.
bacín. [м.] ночной горшок; кружка для сбора пожертвований; (перен.) человек достойный презрения.
bacina. [ж.] (обл.) кружка для пожертвований.
bacinada. [ж.] содержимое ночного горшка; (перен.) (разг.) презренный поступок.
bacinejo. [м. умен.] к **bacín**.
bacinero, ra. [м. и ж.] (церк.) сборщик (-ица) пожертвований.
bacineta. [ж.] блюдечко для сбора пожертвований.
bacinete. [м.] шлем; (анат.) таз, тазовое отверстие.
bacinica, bacinilla. [ж.] см. **bacineta**; маленький ночной горшок.
bacívoro, ra. [прил.] (зоол.) питающийся ягодами.

bacona. [ж.] (бот.) кубинское дикорастущее дерево.
bacora. [ж.] (обл.) ранняя фига, винная ягода; см. albacora.
bacteria. [ж.] бактерия.
bacteriáceas. [ж. множ.] палочковые бактерии семейства схизомицетов.
bacterial, bacteriano, na. [прил.] бактерийный.
bactericida. [прил.] убивающий бактерии, бактерицидный.
bacteriemia. [ж.] (пат.) бактериемия.
bacteriforme. [прил.] имеющий форму бактерии.
bacteriófago, ga. [прил.] уничтожающий бактерии; [м.] бактериофаг.
bacterioide. [прил.] похожий на бактерию.
bacteriolisina. [ж.] бактериолизин.
bacteriolisis. [ж.] бактериолиз.
bacteriolítico, ca. [прил.] к бактериолиз.
bacteriología. [ж.] бактериология.
bacteriológico, ca. [прил.] бактериологический.
bacteriólogo, ga. [м. и ж.] бактериолог.
bacterioscopia. [ж.] бактериоскопия.
bacterioscópico. ca. [прил.] к бактериоскопии.
bacteriosis. [ж.] (пат.) бактериоз.
bacterioterapia. [ж.] бактериотерапия.
bacterioterápico, ca. [прил.] к бактериотерапии.
bacterización. [ж.] бактеризация.
bactrócero. [м.] (зоол.) двукрылое насекомое (род мухи).
bacuey. [м.] (Амер.) кубинское дикорастущее растение.
baculiforme. [прил.] похожий на посох.
báculo. [м.] посох; (перен.) опора, поддержка: * báculo de peregrino, посох.
bacuyán. [м.] (бот.) филиппинское дерево.
bachaco. [м.] (Амер.) насекомое, имеющее сходство с муравьём.
bachajé. [м.] (Амер.) мясник, резник.
bácharo, ra. [прил.] (Амер.) см. mellizo.
bachata. [ж.] (Амер.) см. holgorio.
bachatear. [неперех.] (Амер.) веселиться, забавляться.
bachatero, ra. [прил.] насмешливый и т. д.; шутник (-ица), весельчак, насмешник.
bache. [ж.] выбоина, рытвина; (разг.) воздушная яма: * bache grande, ухаб, ухабина (разг.).
bache. [м.] загон для скота (перед стрижкой).
bache. [м.] загон для скота (перед стрижкой).
bachear. [перех.] выравнивать выбоины, рытвины.
bacheo. [м.] выравнивание выбоин.
bachero. ra. [прил.] (Амер.) см. bachatero; (Амер.) лгущий; обманчивый, лживый.
bachicha. [м. и ж.] (Амер.) презрительное название итальянцев; [м.] (Амер.) итальянский язык; [м. множ.] (Амер.) то, что остаётся в недопитом стакане; (Амер.) окурок.
bachiche. [ж.] (Амер.) см. bachicha, italiano; (Амер.) остаток; [множ.] остатки.
bachiller. [м. и ж.] бакалавр, лицо, окончившее среднюю школу.
bachiller, ra. [прил. в суб.] (разг.) говорун, надоедливый болтун; говорунья, болтушка, синий чулок, сухая педантка.
bachillerada. [ж.] (разг.) необоснованный ответ, чепуха.
bachilleramiento. (уст.) [м.] присуждение степени бакалавра.

bachillerar. [перех.] присуждать степень бакалавра: * bachillerarse. [возв. гл.] получить степень бакалавра, аттестат зрелости.
bachillerato. [м.] степень бакалавра, средняя школа; прохождение курса для получения степени бакалавра.
bachillerear. [неперех.] (разг.) болтать, разглагольствовать, трещать без умолку.
bachillerejo, ja. [прил. умен.] к bachiller, ra.
bachillería. [ж.] (разг.) надоедливая и неуместная болтливость; (разг.) необоснованный ответ (чтобы выйти из положения), вздор, чепуха.
bachillero. ra. [м. и ж.] (разг.) болтун (-ья).
bachoca. [ж.] (обл.) зелёные бобы, см. bajoca.
bachos. [м. множ.] сплетни.
bada. [ж.] носорог.
badajada. [ж.] удар языком колокола; (перен.) (разг.) нелепость, вздор, глупость, пустяки.
badajazo. [м.] удар языком колокола, удар колокола.
badajear. [неперех.] (перен.) (разг.) бестолково болтать, трепать языком.
badajo. [м.] язык (у колокола); (перен.) (разг.) глупый, невежественный болтун.
badajocense. [прил.] относящийся к Badajoz; [сущ.] уроженец этого города.
badajuelo. [м. умен.] к badajo.
badal. [м.] (обл.) спинное мясо.
badalonés, sa. [прил.] относящийся к Badalona; [сущ.] уроженец этого города.
badallada. [ж.] (обл.) удар языком колокола.
badallar. [неперех.] (обл.) зевать.
badelico. [м.] (арг.) лопатка или совок для углей, кочерга, кочерёжка.
badallo. [м.] (обл.) язык (у колокола).
badán. [м.] туловище (у животных).
badana. [ж.] выделанная баранья кожа низкого качества: * zurrar a uno la badana, (разг.) поколотить, вздуть, взгреть, дубасить, избивать; взбучить, дать, задать, или сделать взбучку кому-л; ругать; * cascar a uno la badana, (обл.) см. zurrar a uno la badana.
badanero, ra. [м. и ж.] тот, кто выделывает бараньи кожи.
badanilla. [ж.] выделанная баранья кожа низкого качества (очень тонкая).
badano. [м.] (тех.) долото, стамеска.
badea. [ж.] безвкусная, водянистая дыня или арбуз; (обл.) род огурца; (перен.) ленивец; дурачок, никчёмный человек; (перен.) (разг.) пустяк.
badén. [м.] канавка (от дождя); небольшой овраг; отводная канавка.
badeón. [м.] арбуз.
baderna. [ж.] (мор.) пеньковый мат, толстая плетёнка.
badián. [м.] badiana. [ж.] (бот.) бадьян, звёздчатый анис.
badiera. [ж.] кубинский куст.
badil. [м.] лопатка или совок для углей.
badila. [ж.] badil для жаровни: * dar a uno con la badila en los nudillos, (перен.) (разг.) упрекать кого-л, пренебрегать.
badilazo. [м.] удар badil или badila.
badilejo. [м.] штукатурная лопатка, мастерок.
badina. [ж.] (обл.) лужа, лужица.
badomía. [ж.] нелепость, глупость, несообразность.
badulacada. [ж.] (Амер.) см. calaverada; см. bellaquería.
badulaque. [м.] старинное украшение; (разг.) дурень, дурень, простофиля, болван, балда балбес, дурачок; (Амер.) [м.] лжец, лгун, враль; (Амер.) мошенник, плут.

badulaquear. [неперех.] (Амер.) см. bellaquear.
badulaquería. [ж.] (Амер.) см. bellaquería.
baezano, na. [прил.] относящийся к Baeza; [сущ.] уроженец этого города.
bafea. [ж.] отбросы; грязь, нечистота.
bafear. [неперех.] (обл.) см. vahear.
bafuroso, sa. [прил.] (обл.) грязный, нечистоплотный.
baga. [ж.] (бот.) коробочка льна.
baga. [ж.] (обл.) верёвка для прикрепления грузов к животным.
bagá. [ж.] кубинское дерево.
bagacera. [ж.] место, где производится сушка сахарных жмыхов.
bagaje. [м.] (воен.) возимое имущество; (воен.) обоз; (воен.) обозная повозка; (воен.) вьючное животное перевозящее грузы солдатов и т. д.: * bagaje mayor, лошадь, мул; * bagaje menor, осёл; (Амер.) (вар.) багаж, поклажа.
bagajero. [м.] (воен.) обозчик, обозный.
bagamán. [м.] (Амер.) см. vagabundo.
bagar. [неперех.] идти в семена (о льне).
bagarín, bagarino. [м.] (когда-то) наёмный гребец.
bagasa. [ж.] проститутка, публичная женщина, (глуб.) шлюха.
bagatela. [ж.] безделица, пустяк, мелочь, вещица, безделушка.
bagazo. [м.] выжимки; шелуха; (Амер.) сахарные жмыхи.
bago. [м.] (обл.) см. pago (поле); (обл.) ягода винограда, виноградина.
bago. [м.] филиппинское деревце.
bagre. [м.] (Амер.) рыба американских рек.
bagrerío. [м.] (Амер.) собрание безобразных женщин.
bagual. [прил.] (Амер.) дикий, неподдающийся приручению (о животных); [м.] (перен.) (разг.) (Амер.) высокий, худой и неумный человек, чучело.
baguala. [ж.] меланхолическая, аргентинская песня.
bagualada. [ж.] табун лошадей, неподдающихся приручению животных; (перен.) глупость, нелепость, вздор.
baguarí. [м.] (Амер.) род аргентинского аиста.
baguío. [м.] ураган (на Филиппинских островах).
bagullo. [м.] (обл.) кожица виноградины.
¡ba! [междм.] вот что!, полноте! ну и что же!, подумаешь!, дудки, ба! (выражение презрения, удивления, сомнения).
bahareque. [м.] (Амер.) домишко, лачуга; (Амер.) плетень.
baharí. [м.] (зоол.) род сокола.
bahía. [ж.] бухта, губа, залив; рейд.
bahorrina. [ж.] отвратительные отбросы в грязной воде; (перен.) собрание грубых и подлых людей; см. suciedad.
bahuno, na. [прил.] подлый, гнусный, презренный, мерзкий, низкий, пакостный; см. bajuno.
bahurrero. [м.] (обл.) птицелов.
baicurú. [м.] (Амер.) см. guaicurú.
baidar. [м.] (мор.) рыболовное каноэ, байдара.
bailable. [прил.] танцевальный (о музыке); [м.] вставной танцевальный номер.
bailadero. [м.] место, где танцуют.
bailador, ra. [м. и ж.] танцор, плясун (-ья); [м.] (арг.) вор.
bailante. [дейст.] к bailar; [прил.] танцующий; [м.] (Амер.) ночная оргия у бедных людей.
bailar. [неперех.] танцевать, плясать; быстро вертеться; неудержимо кипеть (о страстях); [перех.] заставить танцевать; (арг.) красть, воровать: * bailar en la cuerda, ходить по канату; (перен.) дер-

жаться на волоске, быть в трудных обстоятельствах; * bailar el agua, (разг.) разрываться на части, стоять (ходить) на задних лапах перед кем-л, лебезить; * ponerse a bailar, затанцевать; * fatigarse de tanto bailar, затанцеваться; * bailar el pelado, (разг.) обеднеть, остро нуждаться; * otro, или otra, que bien baila, (разг.) два сапога пара; * bailar al son que tocan, плясать под чужую дудку.

bailarín, na. [прил. и сущ.] танцующий; [м. и ж.] артист балета, танцовщик, балерина, танцовщица; танцор; плясун (-ья).

baile. [м.] танец, пляска, пляс; танцевальный вечер, бал; балет; (арг.) вор: * baile de máscaras, маскарад; * baile de trajes, костюмированный бал; * cuerpo de baile, кордебалет; * maestro de baile, балетмейстер; * baile de botón gordo, de candil, или de cascabel gordo, развлечение вульгарных людей; * baile de cuenta, фигурный танец; * baile de San Vito, (мед.) хорея, пляска святого Витта.

baile. [м.] (уст.) судья (в некоторых арагонских местах).

bailete. [м.] короткий балет (у некоторых драматических представлений).

bailío. [м.] (ист.) бальи.

bailón. [м.] (арг.) старый вор.

bailón, na. [прил. и сущ.] (Амер.) танцующий, танцор, плясун.

bailongo. [м.] (Амер.) бедный, но весёлый и приятный танцевальный вечер.

bailotear. [неперех.] много и плохо танцевать.

bailoteo. [м.] лишённый грации пляс.

bairán. [м.] байрам.

baja. [ж.] понижение, снижение, падение (цен и т. д.); (воен.) потеря, урон: * certificado de baja, por enfermedad, больничный листок; * dar de baja, считать выбывшим из строя, исключать из списков; дать больничный листок; * darse de baja, (ком.) выходить из дела; * jugar a la baja, играть на понижение (на бирже); * dar baja, потерять в ценности; * el enemigo tuvo muchas bajas, враг несёт большие потери.

bajá. [м.] паша (турецкий).

bajaca. [ж.] (Амер.) женская головная повязка.

bajada. [ж.] спуск(ание), схождение; спуск, скат, склон: * bajada de aguas, водосточная труба.

bajadero. [м.] (обл.) спуск.

bajador. [м.] (Амер.) мартингал (ремень).

bajagua. [ж.] (Амер.) плохой табак.

bajalato. [м.] сан паши; пашалык.

bajamanero. [м.] (арг.) вор, карманник.

bajamano. [м.] (арг.) магазинный вор; [нареч.] под мышкой.

bajamar. [м.] (мор.) отлив.

bajamente. [нареч.] низко, подло, неблагородно, нечистоплотно.

bajar. [неперех.] сходить вниз, спускаться, идти под гору; катиться вниз, свергаться (о горных потоках); слезать; выходить, сходить, съезжать; высаживаться; понижаться; опускаться, падать; уменьшаться, убывать, ослабевать, снижаться; стихать; блёкнуть, выцветать, бледнеть (о красках); наклоняться, нагибаться, убывать (о морском приливе); унижаться; [перех.] опускать, спускать, помещать ниже, сносить вниз, наклонять, нагибать; понижать, опускать, сбавлять (цену); принижать, унижать, умалять (достоинство) отчислять, вычитать; уменьшать, ослаблять; смягчать; отдавать (приказ на подпись); (Амер.) платить: * bajar (el frío и т. д.) легчать; * bajar (el río), мелеть; * bajar la voz, понизить голос; * bajar los ojos, опустить глаза, потупить взор; * bajar el punto, понизить тон; * bajar la cabeza, опустить голову, чувствовать себя пристыжённым; покориться; * bajar los humos, сбить с кого-л спесь; * hacer bajar el gallo, заткнуть рот кому-л; * bajarse. [возв. гл.] спускаться; нагибаться, наклоняться; унижаться.

bejareque. [м.] (Амер.) домишко, лачуга; (Амер.) род плетня.

bajear. [перех.] (Амер.) (перен.) зондировать; (Амер.) см. vahear; (Амер.) наводить на мысль.

bajel. [м.] корабль, судно.

bajelero. [м.] владелец или арендатор корабля (bajel).

bajero, ra. [прил.] (Амер.) нижний; стоящий или лежащий ниже.

bajete. [м. умен.] к bajo; (муз.) баритон.

bajetón, na. [прил.] (Амер.) среднего роста (о человеке).

bajeza. [ж.] низость, подлость, мерзость, гнусность; унижение, униженность; * bajeza de ánimo, малодушие; * con bajeza, гнусно.

bajial. [м.] (Амер.) низина.

bajillo. [м.] (обл.) винная бочка.

bajío. [м.] (мор.) мель, мелководье, банка, песчаная банка, подводная отмель (Амер.) низина: * dar en un bajío, выскочить на банку, сесть на мель; (перен.) попасть в затруднительное положение.

bajista. [м. и ж.] биржевик, играющий на понижение.

bajista. [м. и ж.] виолончелист (-ка).

bajito, ta. [прил. умен.] к bajo; [нареч.] очень тихо (о голосе).

bajo, ja. [прил.] низкий, невысокий; нижний, нижне...; негромкий, низкий (о звуке); тихий (о голосе); опущенный (о голове и т. л.); маленький, низкорослый, малого роста; (геогр.) низменный; бледный, блёклый, тусклый (о цвете); низкопробный; низший; (перен.) подлый, хамский, низкий, гнусный, презренный, низменный; унизительный, сервильный, рабский; заурядный, посредственный (об уме); вульгарный, плоский (о стиле) [м.] низменное место, низина, низ, нижняя часть; низ, нижний этаж дома; (мор.) мель, банка; (муз.) бас; [множ.] подол юбки; ноги лошади; нижние женские одежды; [нареч.] тихо, вниз, внизу; [предл.] под; на: * bajo (о реке и т. д.), мелководный; вниз, низ, нижний этаж; * de baja estatura, низкорослый; * a bajo precio, по низкой цене; * baja presión, низкое давление; * baja tensión, (эл.) низкое напряжение; * Bajos Alpes, Нижние Альпы; * gente baja, простонародье; * hablar bajo, тихо говорить; * por bajo, потихоньку, тайком; * bajo la lluvia, под дождём; * bajo mi honor, клянусь честью; * bajo palabra, на слово, на честное слово; * bajo tutela, под опекой; * clave de bajo, (муз.) басовый ключ; * cuerda de bajo, басок.

bajoca. [ж.] (обл.) зелёный боб; (обл.) мёртвый и одеревенелый шелковичный червь.

bajocal. [м.] (обл.) бобовое поле.

bajón. [м.] (муз.) фагот; фаготист.

bajón. [м. увел.] к baja; (перен.) (разг.) заметное ухудшение.

bajonado. [м.] (ихтиол.) род дорады.

bajonazo. [м.] (тавро.) удар шпагой.

bajoncillo. [м.] (муз.) инструмент похожий на фагот.

bajonista. [м.] (муз.) фаготист.

bajoquero, ra. [м. и ж.] (обл.) продавец (-щица) зелёных бобов.

bajorrelieve. [м.] барельеф.

bajovientre. [м.] нижняя часть живота; (анат.) подчревная область.

bajujo (por lo). [нареч.] (Амер.) потихоньку, скрытно; тайком.

bajumbal. [м.] (Амер.) низина.

bajuno, na. [прил.] низкий, подлый, мерзкий, гнусный.

bajura. [ж.] отсутствие высоты.

bal. [м.] (арг.) волосы.

bala. [ж.] пуля; пушечное ядро; кипа, тюк; сорт драже; * bala dum-dum, дум-дум; * bala explosiva, разрывная пуля; * bala perforante, бронебойная пуля; * bala perdida, шальная пуля; (перен.) шальной человек; * bala fría, пуля на излёте; * bala roja, калёное ядро; * correr como una bala, (разг.) нестись стрелой.

balaca. [ж.] (Амер.) бахвальство, хвастовство, самохвальство; (Амер.) кичливость; внешний блеск; (Амер.) женская головная повязка.

balacada. [ж.] (Амер.) бахвальство, хвастовство, фанфаронство.

balacear. [перех.] (Амер.) обстреливать.

balacera. [ж.] (Амер.) перестрелка.

balada. [ж.] баллада; (арг.) соглашение, договор.

baladí. [прил.] банальный, пошлый, бессодержательный, пустой, нелюбопытный; грошовый, пустяковый.

baladista. [м. и ж.] автор баллады.

balador, ra. [прил.] блеющий.

baladrar. [неперех.] вопить, орать, реветь, кричать, горланить.

baladre. [м.] олеандр.

baladrero, ra. [прил.] кричащий, вопящий, крикливый; [м. и ж.] крикун (-ья), горлан.

baladro. [м.] крик, вопль.

baladrón, na. [прил.] храбрый на словах, хвастливый и т. д.; [м. и ж.] бахвал, хвастун (-ья), фанфарон; (Амер.) см. bellaco.

baladronada. [ж.] бахвальство, фанфаронство, хвастовство.

baladronear. [неперех.] хвастать, бахвалиться.

balagán. [м.] небольшой домишко из ветвей и т. д.

balagar. [м.] (обл.) стог (сена).

balagoriense. [прил.] относящийся к Balaguer; [сущ.] уроженец этого города.

bálago. [м.] солома; см. balaguero; обильная мыльная пена; * menear, sacudir или zurrar a uno el bálago, (разг.) поколотить, избивать.

balagre. [м.] (Амер.) лиана.

balaguero. [м.] соломенная куча на гумне (при веянии).

balaj(e). [м.] сорт рубина низкого качества (розового цвета).

balajú. [прил.] (Амер.) худой; безобразный.

balalaica, balalaika. [ж.] (муз.) балалайка; el que la toca, балалаечник.

balance. [м.] качание, покачивание; колебание; (мор.) бортовая качка, боковая качка; (ком.) баланс, итог; (перен.) недоумение, нерешительность; (Амер.) дело; кресло-качалка: * hacer el balance, подводить баланс; * balance comercial, торговый баланс; * balance anual, годовой отчёт.

balancé. [м.] балансе (па в танцах).

balancear. [неперех.] качаться, покачиваться; испытывать боковую качку; (перен.) колебаться, быть в нерешитель-

ности; [перех.] качать, колыхать, уравновешивать; * balancearse. [возв. гл.] качаться, покачиваться, раскачиваться; * comenzar a balancearse, закачаться.
balanceo. [м.] бортовая, боковая качка; качание, колыхание, покачивание.
balancia. [ж.] (обл.) белый виноград; (обл.) дыня.
balancín. [м. умен.] к balanza; валёк для постромок; вага (в дышле) коромысло; балансир; доска-качели; чеканный пресс.
balandra. [ж.] (мор.) шлюп (одномачтовое судно).
balandrán. [м.] широкая длиннополая одежда с пелеринкой (у некоторых священников).
balandrista. [м. и ж.] яхтсмен.
balandro. [м.] (мор.) маленькая спортивная яхта; (Амер.) рыбачье судно.
balandrón. [прил.] (обл.) (Амер.) (вар.) см. baladrón.
balandronada. [ж.] (обл.) (Амер.) (вар.) см. baladronada.
balandronear. [неперех.] (обл.) (Амер.) см. baladronear.
balango. [м.] (бот.) род овса (в Канарских о-вах).
balanitis. [ж.] (пат.) воспаление покрова головки полового члена.
bálano, balano. [м.] (анат.) головка мужского полового члена; желудник, морской желудь (ракообразное животное).
balanófago, ga. [прил.] питающийся желудями.
balanóforo, ra. [прил.] желуденосный.
balante. [дейст. прич.] к balar; (арг.) баран.
balanza. [ж.] весы; (перен.) сравнение, взвешивание; (астр.) Весы; (мор.) балансир; (арг.) виселица; * balanza romana, безмен; * balanza de precisión, точные весы; * balanza de resorte, пружинный безмен; * platillo de balanza, тарелка весов; * balanza de ensayo, пробирные весы; * balanza de comercio, торговый баланс; * balanza de pagos, платёжный баланс; * poner en balanza, ставить вопрос; * en balanza(s), в опасности; в нерешительности.
balao. [м.] (бот.) филиппинское дерево (ароматическое).
balaquear. [неперех.] (Амер.) хвастать, бахвалиться.
balaquero, ra. [прил.] (Амер.) храбрый на словах; [сущ.] хвастун (-ья), бахвал, фанфарон.
balar. [неперех.] блеять; * balar uno por una cosa, вздыхать о чём-л.; * ponerse a balar, заблеять.
balarrasa. [ж.] (перен.) (разг.) очень крепкая водка.
balastaje. [м.] (ж. д.) балластировка.
balastar. [перех.] (ж.-д.) укладывать, балласт, балластировать.
balastera. [ж.] карьер для добывания балласта.
balasto. [м.] (ж.-д.) балласт.
balata. [ж.] американское дерево, из которого добывается род каучука.
balate. [м.] (зоол.) род съедобного морского слизняка; край огородной гряды; наклонная почва; внешний край оросительного рва.
balausta. [ж.] плод гранатового дерева (одной из разновидностей).

balastra. [ж.] (бот.) гранатовое дерево (одна из разновидностей).
balaustrada. [ж.] балюстрада, перила.
balaustrado, da или balaustral. [прил.] имеющий форму балясины.
balaústre или balaustre. [м.] балясина, стойка.
balay. [м.] (Амер.) ивовая корзина; деревянная тарелка для веяния риса.
balayo. [м.] (обл.) ивовая корзина.
balazo. [м.] пулевая рана; выстрел.
balboa. [м.] бальбоа (панамская золотая монета).
balbuceamiento. [м.] см. balbuceo.
balbucear. [неперех.] лепетать, говорить невнятно, запинаться, заикаться.
balbucencia. [ж.] balbuceo. [м.] лепет, лепетание; заикание, запинание; бормотание.
balbuciente. [дейст. прич.] к balbucear, говорящий невнятно, лепечущий; запинающийся.
balbucir. [неперех.] см. balbucear; употр. только в формах имеющ. i, или в неопределённой форме.
balbusardo. [м.] (зоол.) соколиная птица.
balcánico, ca. [прил.] балканский.
balcarrotas. [ж. множ.] (Амер.) пряди коротких волос; [Амер.] [множ.] бакенбарды.
balcón. [м.] балкон; перила балкона; антресоли; (театр.) балкон; см. miranda; * balcón de popa, (мор.) кормовой балкон.
balconada. [ж.] (обл.) балкон или наблюдательный пункт.
balconaje. [м.] ряд балконов украшающих здание.
balconcillo. [м.] балкончик; (тавр.) место с перилой (над помещением для быков).
balconear. [неперех.] (разг.) (Амер.) осторожно наблюдать, подсматривать; (Амер.) (разг.) любезничать, ворковать.
balconero, ra. [прил.] стоящий на балконе; [м.] тот, кто делает балконы.
balda. [ж.] полка в шкафу.
baldadura [ж.] baldamiento. [м.] потеря способности двигаться.
baldanza (de). [нареч.] шатаясь (без дела).
baldaquín, baldaquino. [м.] балдахин.
baldar. [перех.] лишать способности двигаться (о болезни и т. д.); (карт.) откозырять; (перен.) парализовать, препятствовать; (обл.) см. descabalar; baldado, потерявший способность двигаться; * estar baldado, чувствовать себя разбитым.
balde. [м.] ведро, бадья, чан, ушат.
balde (de). [нареч.] бесплатно, даром, безвозмездно, на даровщинке; без оснований, без причин; напрасно, бесплодно; * en balde, напрасно, бесплодно; * no en balde, недаром.
baldear. [перех.] поливать из вёдер; (мор.) мыть палубу; вычерпывать воду; (обл.) препятствовать.
baldeo. [м.] (мор.) мытьё палубы; вычерпывание воды; (арг.) шпага, нож.
baldequín. [м.] (Амер.) (вар.) балдахин.
baldés. [м.] лайка, выделанная кожа.
baldíamente. [нареч.] напрасно, бесплодно, тщетно; без присмотра.
baldío, día. [прил.] невозделанный, запущенный, заброшенный (о земле) неосновательный; бродячий; бездомный (о бродяге); [м.] пустошь; бродяга.
baldioso, sa. [прил.] (Амер.) не занимающийся честным трудом.
baldo, da. [прил. и сущ.] (карт.) ренонс; (Амер.) потерявший способность двигаться.
baldomero. [м.] (бот.) кубинское дикорастущее дерево, из которого добывают твёрдую древесину хорошего качества.
baldón. [м.] (тяжкое) оскорбление, поношение, обида, (уст.) афронт; (обл.) см. aldabón.
baldonador, ra. [прил.] оскорбительный.
baldonar, baldonear. [перех.] бранить, поносить, оскорблять (в лицо).
baldoquín. [м.] (Амер.) (вар.) см. baldaquín.
baldorro. [м.] (обл.) см. aldabón.
baldosa. [ж.] глиняная или каменная плитка.
baldosa. [ж.] (муз.) старинный музыкальный инструмент, похожий на гусли.
baldosado. [м.] (Амер.) см. embaldosado.
baldosador. [м.] мостильщик.
baldosar. [перех.] мостить или облицовывать плитками.
baldosilla. [ж.] baldosín. [м.] маленькая плитка (для облицовки и т. д.).
baldosón. [м.] каменная или глиняная плита.
baldragas. [м.] (разг.) тряпка, бесхарактерный человек.
balduque. [м.] шнурок для прошивки бумаг; (Амер.) см. belduque.
balea. [ж.] (с.-х.) большая метла для подметания гумна.
baleadera. [ж.] (обл.) (с.-х.) метла для веяния.
balear. [прил.] балеарский; [сущ.] уроженец или житель Балеарских о-вах; [м.] балеарский диалект.
balear. [перех.] (обл.) (с.-х.) веять, провеивать.
balear. [перех.] (Амер.) обстреливать; расстреливать.
baleárico, ca, baleario, ria. [прил.] балеарский.
baleo. [м.] см. ruedo, felpudo.
baleo. [м.] (Амер.) перестрелка.
balería. [ж.] balerío. [м.] боеприпасы, боевые припасы (патроны).
balero. [м.] форма для пуль; (Амер.) бильбоке (игрушка).
baleta. [ж.] тючок.
balhurria. [ж.] (арг.) чернь.
balí. [м.] см. pali; (зоол.) азиатская змея.
bali. [прил.] (в Марокко) старый, древний, старинный.
baliar. [перех.] (арг.) бить, колотить, ударять, двигать, шевелить.
baliche, balicho. [м.] (арг.) см. cerdo.
balido. [м.] блеяние.
balimbin. [м.] филиппинское дикорастущее деревцо.
balín. [м. умен.] к bala, картечина, шрапнель.
balista. [м.] (ист.) баллиста, машина для метания камней и брёвен.
balística. [ж.] баллистика.
balístico, ca. [прил.] баллистический.
balistita. [ж.] балистит, взрывчатое вещество.
balita. [ж.] филиппинская мера поверхности, равная 27,95 арам.
balita. [ж. умен.] к bala.
balitar, balitear. [неперех.] часто блеять.
balitido. [м.] крик лани.
baliza. [ж.] (мор.) буй, буёк бакен бакан веха.
balizamiento. [м.] установка буев, вех.
balizar. [перех.] ставить вехи, бакены (на рейде и т. д.); отмечать буйками.
balizar. [м.] место, где много буев; совокупность буев, вех и т. д.
balneario, ria. [прил.] курортный, купальный; [м.] курорт.
balneografía. [ж.] бальнеография.
balneología. [ж.] бальнеология.
balneólogo, ga. [м. и ж.] бальнеолог.
balneoterapia. [ж.] бальнеотерапия.
balneoterápico, ca. [прил.] к бальнеотерапия.
balompié. [м.] футбол.

balompédico, ca. [прил.] футбольный.
balón. [м. увел.] к bala; большой тюк, кипа (товаров); большой мяч; игра в мяч; баллон, колба, шаровидный сосуд: * balón de papel, кипа бумаги в 24 стопы (как мера); * balón a mano, хандбол.
baloncesto. [м.] баскетбол: * jugador de baloncesto, баскетболист.
balonmanista. [м. и ж.] игрок в хандбол, хандболист.
balonmano. [м.] хандбол, гандбол.
balota. [ж.] избирательный шар.
balotada. [ж.] скачок лошади.
balotaje. [м.] (Амер.) избрание (шарами).
balotar. [неперех.] избирать (шарами).
balsa. [ж.] лужа; сточный жёлоб собирающий отбросы (маслобойный): * balsa de aceite, (перен.) спокойное место, спокойное стечение народа; * estar como una balsa de aceite, (разг.) быть очень спокойным.
balsa. [ж.] плот; паром; (арг.) помеха, препятствие.
balsadera. [ж.] паромная пристань.
balsadero. [м.] см. balsadera.
balsamera, balsamerita. [ж.] флакончик или маленький сосуд для бальзама.
balsámico, ca. [прил.] бальзамический.
balsamífero, ra. [прил.] бальзамический, бальзамный.
balsamina. [ж.] (бот.) бальзамин.
balsamináceas. [ж. множ.] (бот.) бальзаминовые.
balsamíneo, nea. [прил.] похожий на бальзамин; [ж. множ.] (бот.) разряд бальзаминовых.
balsamizar. [перех.] передавать бальзамические свойства; мешать с бальзамом.
bálsamo. [м.] бальзам; (перен.) бальзам, утешение: * bálsamo de copaiba, копайский бальзам.
balsar. [м.] болотистая местность (кустарниковая).
balsear. [перех.] переплывать на плоту.
balsear. [неперех.] (Амер.) плавать, держаться на поверхности воды.
balseo. [м.] см. balsadera.
balsero. [м.] плотовщик.
balsete. [м.] (обл.) лужица.
balsié. [м.] (Амер.) панамская атлетическая игра.
balso. [м.] (мор.) строп.
balso. [м.] (Амер.) лёгкое, губчатое дерево (материал).
balsón. [м.] (Амер.) большая, широкая лужа.
balsopeto. [м.] мешок, носящийся около груди; (перен.) (разг.) внутренность груди.
balsoso, sa. [прил.] (Амер.) губчатый, мягкий, ноздреватый, пористый.
balsudo, da. [прил.] (Амер.) губчатый, пористый, невесомый, лёгкий.
bálteo. [м.] старинный офицерский пояс.
báltico, ca. [прил.] балтийский; прибалтийский.
baltra. [ж.] (обл.) живот, брюхо, пузо.
baluarte. [м.] (воен.) больверк, бастион; (перен.) оплот, защита.
balumba. [ж.] накопление, скопление, нагромождение вещей; (Амер.) мятеж, возмущение.
balumbo. [м.] лёгкая, но громоздкая вещь.
balumoso, sa. [прил.] (Амер.) громоздкий, загромождающий.
baluquero. [м.] (Амер.) фальшивомонетчик.
ballarte. [м.] (обл.) носилки.
ballena. [ж.] кит; китовый ус; корсетная кость: * pesca de la ballena, китобойный промысел; * de ballena, китовый.
ballenato. [м.] молодой кит.

ballener. [м.] средневековый, длинный корабль.
ballenera. [ж.] китобойный бот; (мор.) вельбот (шлюпка).
ballenero, ra. [прил.] китобойный, китоловный: * buque ballenero, китобоец, китобой.
ballesta. [ж.] (ист.) арбалет, самострел; силок, петля для ловли птиц; рессора (пластинчатая); (арг.) см. alforja: * a tiro de ballesta, на большом расстоянии.
ballestada. [ж.] стрельба из арбалета, самострела.
ballestazo. [м.] рана от стрелы арбалеты.
ballestear. [перех.] стрелять из арбалета, самострела.
ballestera. [ж.] бойница, отверстие для стрельбы из арбалета, самострела.
ballestería. [ж.] охотничье искусство; охотничий двор, дом; отряд арбалетчиков; совокупность арбалетов, самострелов.
ballestero. [м.] (ист.) арбалетчик; мастер или продавец арбалетов, самострелов, заведующий королевской охотой.
ballestilla. [ж.] маленький валёк; (карт.) шулерский приём; (мор.) рыболовное орудие, похожее на арбалет.
ballestón. [м.] большой арбалет, самострел; (арг.) шулерский приём.
ballet. [м.] (гал.) балет.
balleta. [ж.] (Амер.) см. bayetón.
ballico. [м.] многолетний плевел, английский райграс.
ballueca. [ж.] (бот.) куколь.
bamba. [ж.] удачный удар, ход (в игре); род пористой сдобы; (Амер.) название разных монет.
bambalear(se). [неперех. и возв. гл.] качаться, покачиваться, колебаться, шататься; (перен.) колебаться.
bambalinas. [ж. множ.] (театр.) полосы ткани, изображающие небо, потолок и т. д.
bambalúa. [ж.] (Амер.) см. gambalúa.
bambanear. [неперех.] трястись, шататься, см. bambonear.
bambarria. [м. и ж.] (разг.) простофиля, глупец; удачный удар, ход (в игре).
bambarrión. [м.] (разг.) увел. к bambarria, удачный удар, ход (в игре).
bambazo. [м.] (Амер.) удачный ход, счастливый удар (в игре).
bambié. [м.] (орни.) американская птица.
bambino, na. [м. и ж.] (итал.) (Амер.) мальчик, подросток.
bambión. [м.] (обл.) толчок, толкание.
bambita. [ж.] маленькая монета (в Гватемале).
bamboa. [ж.] (Амер.) бамбук (в Гватемале).
bambochada. [ж.] (жив.) картина из народной, сельской жизни.
bamboche. [м.] толстый человек малого роста, с красным, отёкшим лицом.
bambolear. [неперех.] bambolearse. [возв. гл.] колебаться, качаться, покачиваться, шататься, трястись: * hacer bambolear, колебать.
bamboleo. [м.] качание, покачивание, колебание, шатание.
bamboleón. [м.] сильное колебание.
bambolla. [ж.] (разг.) выставление напоказ, хвастовство, ложный пышность, роскошь, блеск, кичливость.
bambollero, ra. [прил.] (разг.) хвастливый, тщеславный, любящий пышность.
bambonear. [неперех.] bambonearse. [возв. гл.] шататься, колебаться, покачиваться, трястись.
bamboneo. [м.] качание, колебание, см. bamboleo.
bambordear. [перех.] (Амер.) (вар.) бомбардировать; бомбить.

bamboula. [ж.] танец кубинских и других американских негров; сорт флейты из бамбука для этого танца.
bambú, bambuc. [м.] (бот.) бамбук.
bambuco. [м.] колумбийский народный танец и сопровождающей его песни.
bambuche. [м.] (Амер.) гротескная глиняная фигура.
bambudal. [м.] (Амер.) бамбуковая плантация.
bambuquear. [неперех.] (Амер.) танцевать bambuco.
bamburé. [м.] род большой жабы.
bamburrete. [м.] (Амер.) простофиля, глупец, дурак.
bambusáceo, a. [прил.] похожий на бамбук.
bamia. [ж.] (бот.) мальвовое растение.
banaba. [м.] филиппинское дерево.
banago. [м.] филиппинское дерево, принадлежащее к семейству липовых.
banal. [прил.] (гал.) банальный, обыкновенный, пошлый.
banalidad. [ж.] (гал.) банальность, пошлость.
banana. [ж.] банан (плод); (Амер.) (бот.) платан.
bananero, ra. [прил.] банановый.
banano. [м.] (бот.) банан, банановое дерево; платан (дерево).
banas. [ж. множ.] (Амер.) оглашение о предстоящем браке.
banasta. [ж.] лубочная или плетёная корзина.
banastero, ra. [м. и ж.] корзинщик (-щица), продавец (-щица) корзин (banastas); [м.] (арг.) см. carcelero, alcaide.
banasto. [м.] круглая лубочная или плетёная корзина; (арг.) см. cárcel.
banca. [ж.] деревянная скамья без спинки; плот для стирки белья; лодка; (картёжная игра) банк; стол, прилавок (на рынке); финансы, банки, банкиры; (Амер.) скамья; (обл.) гряда, грядка (огородная и т. д.): * tener la banca, держать банк; * hacer saltar la banca, сорвать банк; * agente de banca, финагент.
bancable. [прил.] продажный, могущий быть проданным (о векселе).
bancada. [ж.] скамья или стол для подстригания ворса сукна; (мор.) скамья, банка; фундамент; (мин.) ступень; (арх.) часть стройки.
bancal. [м.] участок земли для выращивания овощей; гряда, грядка (огородная и т. д.); ковёр для скамьи; песчаная отмель; ступень; (бот.) филиппинское дерево: * bancal florido, куртина.
bancalero. [м.] ткач ковров для скамей.
bancario, ria. [прил.] банковый, банковский; банкирский.
bancarrota. [ж.] банкротство, крах: * hacer bancarrota, обанкротиться; * bancarrota fraudulenta, злостное банкротство.
bancarrotero, ra. [м. и ж.] банкрот, несостоятельный должник (-ица).
bancaza. [ж.] (мор.) скамья, банка.
bancazo. [м.] удар скамейкой; (Амер.) каркас.
banco. [м.] скамья, скамейка, лавка, лавочка; (спорт.) (мор.) банка, скамья (в лодке); стол; верстак; косяк, стая рыб; банк; мель, отмель, банка; (геол.) пласт, слой; (арх.) цоколь; антресоли; (арг.) см. cárcel; * banco del Estado, госбанк; * banco hipotecario, земельный банк; * banco de descuento, учётный банк; * billetes de banco, банкноты; * banco de

sardinas, косяк сардин; * banco de arena, песчаная отмель, бар; *banco azul, (ист.) министерская скамья в испанских Кортесах; * banco de carpintero, столярный верстак; * estar uno en el banco de la paciencia, переносить тяжкое испытание.

banda. [ж.] орденская лента; лампас; лента, полоса, перевязь; пояс; шайка, ватага, гурьба, стая (птиц); (мор.) берег; бок; сторона; борт; борт на бильярде; (арх.) поясной карниз; (церк.) см. humeral; (обл.) железная шина; (воен.) военный оркестр: * jefe de banda, главарь шайки; * banda de frecuencias, (радио) полоса частот; * bandas de absorción, (физ.) полоса поглощения; * banda sonora, de sonido, звуковая дорожка; * dar a la banda, (мор.) давать крен, крениться; * de banda a banda, насквозь, совершенно; * cerrarse a la banda, (перен. разг.) упрямо держаться какого-л решения, твёрдо стоять на своём.

bandada. [ж.] стая (птиц, насекомых); толпа: * a bandadas, толпами.

bandado. [м.] (Амер.) человек, получивший звание учителя и отличительную перевязь.

bandaje. [м.] бандаж.

bandalla. [м.] (Амер.) закоренелый преступник.

bandarse. [возв. гл.] (Амер.) получать звание учителя и отличительную перевязь.

bandayo, ya. [м. и ж.] мошенник, плут.

bandazo. [м.] (мор.) сильный, внезапный крен: * dar bandazos, крениться, испытывать боковую качку; * dar un bandazo, дать крен.

bandeado, da. [страд. прич. и прил.] полосатый, с полосками.

bandearse. [возв. гл.] изворачиваться, перебиваться в жизни; (обл.) качаться на качелях.

bandeja. [ж.] поднос.

bandejón. [м.] большой поднос.

bandera. [ж.] знамя; флаг; (воен.) батальон: * bandera nacional, государственный флаг; * jurar la bandera, присягать знамени; * arriar, или rendir bandera, спустить флаг; (перен.) сдаться врагу; * levantar bandera, становиться во главе; * a banderas desplegadas, открыто; * batir banderas, (мор.) салютовать; * dar a uno la bandera, уступить пальму первенства; * llevarse uno la bandera, одержать верх; * bandera del tercio, батальон иностранного легиона.

banderear. [неперех.] (Амер.) цвести (о сахарном тростнике).

bandereta. [ж.] маленькое знамя, флажок.

banderia. [ж.] приверженность к определённой группе и т. д.; группировка, фракция; клика.

banderilla. [ж.] (тавр.) бандерилья, маленький дротик с флажком для раздражения быка; (Амер.) см. banderillazo; (перен.) (разг.) колкость, насмешка: * banderilla de fuego, горящая банерилья; * poner una banderilla, или un par de banderillas, сказать колкость.

banderillazo. [м.] (Амер.) надувательство, обман, выманивание денег.

banderillear. [перех.] вонзать бандерильи в быка.

banderillear. [м. дейст.] к banderillear.

banderillero. [м.] бандерильеро, тореро, вонзающий быка бандерильи.

banderín. [м. умен.] к bandera; флажок; (воен.) значок; носящий значок (ротный и т. д.); линейный; призывной пункт.

banderizar. [перех.] формировать банды: * banderizarse. [возв. гл.] примыкать к какой-л группировке.

banderizo, za. [прил.] мятежный, крамольный (уст.) (перен.) пламенный, горячий.

banderola. [ж.] вымпел; флажок; значок на пиках (у кавалерии).

bandidaje. [м.] см. bandolerismo.

bandido. [м.] бандит, разбойник, грабитель, головорез; громила, башибузук (уст.); негодяй.

bandín. [м.] (мор.) скамья (у кормы).

bandinegro, gra. [прил.] с чёрными полосами.

bandirrojo, ja. [прил.] с красными полосами.

banditismo. [м.] бандитизм, разбой.

bando. [м.] объявление, приказ, указ; торжественное обнародование приказа; жестокое обнародование приказа; стая рыб; банда, шайка, группировка, клан (уст.); сторона (в войне и т. д.); гурьба: * echar bando, опубликовать.

bandolero. [м.] разбойник; (перен.) бандит, злой человек.

bandolín. [м.] (муз.) мандолина.

bandolino. [м.] (Амер.) (муз.) см. bandola и bandolín.

bandolón. [м. увел.] к bandola; вид гитары.

bandolonista. [м. и ж.] мандолинист, (-ка).

bandoneón. [м.] (муз.) вид баяна.

bandoneonista. [м. и ж.] человек, играющий на bandoneón.

bandujo. [м.] большая кишка, наполненная рубленым мясом; (обл.); см. bandullo.

bandullo. [м.] (разг.) брюхо, утроба.

bandurria. [ж.] (муз.) вид маленькой гитары.

bandurrista. [м. и ж.] музыкант, играющий на bandurria.

bangaño, ña. [прил.] (Амер.) круглый и большой (о фруктах, сосудах).

banglo. [м.] (бот.) красящее растение.

bango. [м.] вид конопли.

baniano. [м.] индийский торговец.

banilad. [м.] (бот.) филиппинское дикорастущее дерево.

banjeurine. [м.] вид банджо.

banjo. [м.] (Амер.) банджо, негритянский щипковый инструмент.

banquear. [перех.] (Амер.) разравнивать почву.

banqueo. [м.] (Амер.) разравнивание почвы.

banquero. [м.] банкир; финансист; (карт.) банкомёт; (ист.) меняла; (арг.) тюремный смотритель, тюремщик.

banquestrado. [м.] (Амер.) скамья, скамейка (со спинкой).

banqueta. [ж.] скамеечка без спинки, табуретка; скамейка для ног; (Амер.) тротуар, панель; (воен.) траншейная ступень для стрельбы.

banquete. [м. умен.] к banco; банкет; обильный обед: * dar un banquete, дать банкет; * banquete exuberante, лукулловский пир, пиршество.

banqueteado, da. [прил.] (Амер.) бесстыдный, наглый.

banqueteador, ra. [прил. и сущ.] устраивающий банкеты; приглашённый в банкет.

banquetear. [перех.] устраивать, давать банкеты; [неперех.] пировать.

banquillo. [м.] скамья подсудимых; длинная узкая скамейка; (Амер.) см. patíbulo.

banquisa. [ж.] (гал.) припай (массы прибрежного льда).

banza. [м.] негритянская гитара.

banzo. [м.] каждая из двух частей пялец; каждый из двух деревянных брусков ручной лестницы и т. д.; см. quijero.

baña. [ж.] (обл.) место купания диких животных, или где они валяются по земле.

bañadera. [ж.] (Амер.) ванна; (Амер.) низкая, болотистая местность.

bañadero. [м.] место купания диких животных, или где они валяются по земле.

bañado, da. [страд. прич.] к bañar; [м.] ночной горшок; (Амер.) болотистое место.

bañador, ra. [прил. и сущ.] купающий; [м.] большой ящик для обливки разных предметов; купальщик; купальный костюм; (Амер.) см. bañista.

bañar. [перех.] купать, погружать в воду и т. д.; увлажнять; мочить, смачивать; омывать (о реке); промывать; наносить верхний слой белой или цветной глины на гончарные изделия, покрывать глазурью, глазировать; обливать: * bañarse. [возв. гл.] купаться; плескаться (о птицах); (Амер.) иметь удачу в делах.

bañera. [ж.] ванна, сосуд для купания.

bañero, ra. [м. и ж.] владелец купального заведения; купальщик (-щица); банщик (-щица).

bañezano, na. [прил.] относящийся к La Bañeza; [сущ.] уроженец этого города.

bañil. [м.] (обл.) место купания скота.

bañista. [м. и ж.] купальщик (-ица); курортник (-ица).

baño. [м.] (дейст.) купание; жидкость для купания; ванна; (место) купальня; баня; обильная поливка; (тех.) поверхностный слой (металла и т. д.); глазурь, мурава (обл.); ангоб (цветная или белая глина); [множ.] курорт: * baño de sol, солнечная ванна; * baño de mar, морское купание; * baños de mar, морские ванны; * baño de lodo, грязевая ванна; * establecimiento de baños de barro mineral, грязелечебница; * tomar baños, купаться; * tomar un baño, принять ванну; * casa de baños, баня; * cubrir con un baño, глазировать; * baño María, водяная баня; * cuarto de baño, ванная; * de baño, купальный; ванный; * dar un baño, намылить кому-л голову.

bañomaría. [м.] водяная баня.

bao. [м.] (мор.) бимс; продольная бортовая балка.

baobab. [м.] (бот.) баобаб.

baptismo. [м.] баптизм.

baptista. [м.] баптист.

baptisterio. [м.] часовня для крещения; крестильная купель.

baque. [м.] шум падающего предмета; см. batacazo.

báquea. [ж.] цвет лица пьяница, алкоголика.

baqueano, na. [прил.] (Амер.) см. baquiano.

baquear. [неперех.] (мор.) идти, плыть по течению (о судне).
baquelita. [ж.] бакелит: * de baquelita, бакелитовый.
baquero, ra. [прил.]: * sayo baquero, одежда с застёжкой на спине.
baqueta. [ж.] шомпол, стержень для чистки и смазки канала ствола стрелкового оружия и т. д.; прут; (арх.) багет; [мн.ж.] барабанные палочки; шпицрутены; побои, телесное наказание: * de baqueta, шомпольный; * mandar a baqueta, или a la baqueta, (разг.) деспотически распоряжаться; * tratar a la baqueta, сурово обходиться, держать строго, в повиновении; * hacer pasar por las baquetas, прогнать сквозь строй; * pasar por la baquetas, пройти сквозь строй.
baquetazo. [м.] удар шомполом, шпицрутеном.
baqueteado, da. [страд.] к baquetear; [прил.] обстрелянный, опытный, богатый опытом.
baquetear. [перех.] прогнать сквозь строй; бить шерсть; (перен.) чрезмерно надоедать, беспокоить; (Амер.) см. adiestrar.
baqueteo. [м.] дейст. к baquetear.
baquetilla. [ж.] (арх.) маленький багет.
baquetón. [м.] (арх.) большой багет.
baquetón, na. [прил.] (Амер.) медлительный; флегматичный, вялый.
baquía. [ж.] знание дорог, бродов страны; (перен.) способность к ручным работам.
baquiano, na. [прил.] сведущий, знающий, опытный, искусный, ловкий; [м.] знаток дорог, бродов страны; проводник.
baquiar. [перех.] (Амер.) см. adiestrar.
báquico, ca. [прил.] вакхический.
baquiné. [м.] (Амер.) бдение около умершего ребёнка.
báquira. [м.] (Амер.) см. saíno.
bar. [м.] бар, пивная, кабачок; закусочная (с продажей у стойки).
bar. [м.] бар, единица атмосферного давления.
barabara. [м.] (Амер.) венесуэльское дерево.
baracuta. [ж.] название некоторой рыбы (в Гондурасе).
barahunda. [ж.] большой шум, суматоха.
baraja. [ж.] (карт.) колода; спор, перебранка, ссора; неразбериха: * jugar con dos barajas, вести двойную игру.
barajado, da. [страд. прич.] к barajar; [прил.] (разг.) перепутанный, запутанный; беспорядочный; неясный.
barajadura. [ж.] тасовка.
barajar. [перех.] тасовать, перемешивать карты; (перен.) смешивать, перемешивать; спутывать, перепутывать; (Амер.) мешать; (мор.) держаться берега; [неперех.] ссориться: * barajar las cartas, мешать карты.
baraje. [м.] (карт.) тасовка.
barajo. [м.] (Амер.) (разг.) язык (колокола); (Амер.) (карт.) тасовка; [межд.] см. caramba.
barajustar. [неперех.] (Амер.) прыгать, делать прыжки (о лошади); уходить внезапно (о животных).
¡barajuste! [межд.] (Амер.) чёрт возьми!
baranda. [ж.] перила, балюстрада; борт (на бильярде): * echar de baranda, (перен.) (разг.) расхваливать, рассказывать небылицы.
barandado, barandaje. [м.] см. barandilla.
barandal. [м.] верхний и нижний брус у перил; балюстрада; перила, балюстрада.
barandas. [м. мн.ж.] тюремные служащие.
barandilla. [ж.] перила; борт на бильярде; (Амер.) см. comulgatorio.
barangayán. [м.] (Фил.) большая лодка.

barata. [ж.] низкая цена, мена, обмен; притворная продажа; (Амер.) распродажа по низким ценам: * a la barata, беспорядочно.
barata. [ж.] (Амер.) таракан.
baratador, ra. [прил. и сущ.] занимающийся менами, обменами; (уст.) обманщик.
baratamente. [нареч.] не требующий труда, и т. д.
baratear. [перех.] продешевить, продать слишком дёшево; (уст.) торговаться.
baratería. [ж.] мошенничество, обман, надувательство (в торговле); взяточничество (судьи): * baratería de capitán, или de patrón, (мор.) баратрия (намеренное повреждение груза, судна).
baratero, ra. [прил.] (уст.) продающий дешево; (Амер.) см. regatero; [м.] тот, кто получает подарок с выигрыша.
baratez, baratía. [ж.] низкая цена, см. baratura.
baratija. [ж.] безделица, мелочь, безделушка.
baratillero, ra. [м. и ж.] старьёвщик (-ица): * baratillero de libros, букинист.
baratillo. [м.] старьё; лавка старьёвщика, (уст.) толкучка; букинистическая лавка.
baratío. [м.] (Амер.) дешёвая распродажа.
barato, ta. [прил.] дешёвый, недорогой; (перен.) легко достижимый, ничего не стоящий; [м.] дешёвая распродажа: денежное подношение (с выигрыша), деньги, к-рые требует baratero у выигравшего: * cobrar el barato, прикидываться храбрым; * costar barato, дёшево стоить; * de barato, бесплатно, даром; * dar de barato, (разг.) добровольно уступать; * hacer barato, продавать по дешёвке; * lo barato sale caro, дёшево да гнило, дорого да мило.
bárato. [м.] (поэт.) ад.
baratujales. [м. мн.ж.] (Амер.) безделицы.
baratura. [ж.] дешёвая цена, (разг.) дешёвка; дешевизна.
baraúna. [ж.] (бот.) бобовое дерево.
baraúnda. [ж.] см. barahunda.
baraustado, da. [прил.] (арг.) убитый кинжалом.
baraustador. [м.] (арг.) кинжал, нож.
baraustar. [перех.] нападать, наводить орудие; отклонять удар (кинжала и т. д.).
¡baray! [межд.] верти восьми!
barba. [ж.] подбородок; борода; первый пчелиный рой; верхняя часть улья; бритьё; китовый ус; (перен.) человек, лицо; [т.] (театр.) актёр, играющий роли стариков; [мн.ж.] волокна и т. д.: * barba de chivo, козлиная борода; * barba de ballena, китовый ус; * hazme la barba, hacerte he el copete, рука руку моет; * barba cabruna, (бот.) см. salsifí; * barba poblada, густая борода; * por barba, на брата, душевой; * temblarle a uno la barba, бояться; * hombre de barba, мужественный человек; * hacer(se) la barba, бриться; * dejarse la barba, отпустить бороду; * barba honrada, человек достойный уважения; * barba a barba, лицом к лицу; * a barba regada, в изобилии; * en sus barbas, или en las barbas, a la barba, в зло; в пику кому-л; * (él) tiene pocas barbas, у него ещё молоко на губах не обсохло; * andar, или estar con la barba sobre el hombro, (перен.) быть внимательным; * andar con la barba por el suelo, (перен.) быть стариком; * echar a las barbas, (перен.) бросать обвинение; * echar el gato a las barbas, поставить кого-л в опасное или тяжёлое положение; * mentir por la barba, или por la mitad de la barba, (разг.) бесстыдно лгать.

barbacana. [ж.] бойница, амбразура; машикули, галерея с навесными бойницами; церковная ограда; отверстие для стока воды.
barbacoa. [ж.] (Амер.) плетёнка, служащая постелью; (Амер.) сторожевая вышка на кукурузных полях; (Амер.) жилище, построенное на деревьях или столбах; (Амер.) решётка для вьющихся растений; (Амер.) род решётки для жаренья.
barbada. [ж.] нижняя челюсть (у лошади и т. д.); цепочка (у мундштука); род трески; (Амер.) см. barboquejo.
barbacú. [м.] (орни.) чёрная кукушка.
barbadejo. [м.] (бот.) калина.
barbadina. [ж.] (Амер.) страстоцвет.
barbado, da. [страд. прич. и прил.] бородатый; [м.] отросток (с корнями); побег идущий от корня дерева; (арг.) козёл.
barbaja. [ж.] (бот.) козелец, сладкий корень; [мн.ж.] первые корни растений.
barbaján. [м.] (Амер.) грубый человек (употр. тж. как прил.).
barbajuelas. [м. мн.ж.] первые корни растений дерева.
barbal. [прил.] (арг.) см. barbián.
barbar. [неперех.] пробиваться (о бороде); роиться (о пчёлах); пускать корни.
bárbaramente. [нареч.] грубо и т. д.
barbárico, ca. [прил.] варварский.
barbaridad. [ж.] варварство, жестокость; жестокий, грубый поступок; лютость; зверство; (перен.) нелепость, вздор, нелепица; см. atrocidad.
barbarie. [ж.] варварство, невежество, бескультурье; бесчеловечность, жестокость, дикость.
barbarija. [ж.] (бот.) вид калины.
barbarismo. [м.] (лингв.) варваризм (перен.) нелепость, вздор, нелепица; жестокий поступок; (перен.) (разг.) см. barbarie; (поэт.) орда варваров.
barbarizador, ra. [прил. и сущ.] говорящий глупости.
barbarizar. [неперех.] говорить глупости и т. д.
bárbaro, ra. [прил.] варварский; жестокий, бесчеловечный, зверский; отважный, смелый, грубый, некультурный, невежественный, неотёсанный, безрассудный; [м. и ж.] варвар.
barbarote, ta. [прил.] (разг.) увел. к bárbaro.
barbasco. [м.] (бот.) коровяк.
barbastrino, na. [прил.] относящийся к Barbastro; [сущ.] уроженец этого города.
barbatulo. [м.] усач (рыба).
barbaza. [ж. увел.] к barba; большая борода.
barbear. [перех.] доставать бородой до...; брить; (разг.) (Амер.) льстить; [неперех.] заниматься своим делом (о парикмахере); (перен.) приближаться, подходить близко, вплотную.
barbechada. [ж.] (с.-х.) поднятие пара.
barbechar. [перех.] (с.-х.) поднимать пар; оставлять поле под паром.
barbechazón. [м.] (с.-х.) время поднятия пара.
barbechera. [ж.] (с.-х.) пары; поднятие пара; время поднятия пара.
barbechero, ra. [прил.] (обл.) под паром.
barbecho. [м.] (с.-х.) пар; поднятие пара: * campo en barbecho, поле под паром, залежь, залежные земли; * dejar en barbecho, пускать землю под пар.
barbel. [м.] маленький усач (рыба).

barbelado, da. [прил.] зубчатый, колючий: * alambre barbelado, колючая проволока.
barbería. [ж.] парикмахерская.
barberil. [прил.] (разг.) парикмахерский.
barbero. [м.] цирюльник; парикмахер; рыба Антильского моря; (Амер.) льстец.
barberol. [м.] (зоол.) нижняя челюсть (у некоторых насекомых).
barbeta. [ж.] (обл.) бородка; [м.] (Амер.) дурень.
barbeta. [ж.] (мор.) барбет, сезень; найтов.
barbi. [прил.] (арг.) см. barbián.
barbián, na. [прил.] милый, стройный и развязный.
barbianería. [ж.] стройность, статность; молодцеватость.
barbiasomante. [прил.] о человеке, у которого начинает расти борода.
barbibermejo, ja. [прил.] с яркокрасной бородой.
barbiblanco, ca. [прил.] белобородый, с белой бородой.
barbicacho. [м.] лента завязанная под подбородком.
barbicano, na. [прил.] седобородый.
barbicastaño, ña. [прил.] с бородой каштанового цвета.
babicorto, ta. [прил.] с короткой бородой.
barbiespeso, sa. [прил.] с густой бородой.
barbihecho, cha. [прил.] свежевыбритый.
barbijo. [м.] подбородный ремень, см. barboquejo.
barbilampiño, ña. [прил.] безбородый, с редкой бородой.
barbilindo, da, barbilucio, cia. [прил. и м.] молодой франт, щёголь.
barbiluengo, ga. [прил.] длиннобородый.
barbilla. [ж.] подбородок; бородка; усик (у рыб); [м.] (вет.) ранула; выступ.
barbillas. [м.] (Амер.) человек с редкой бородой.
barbimono, na. [прил.] (Амер.) с белокурой бородой.
barbimoreno, na. [прил.] с коричневой бородой.
barbinegro, gra. [прил.] чернобородый.
barbiponiente. [прил.] о человеке, у которого начинает расти борода; (перен.) начинающий.
barbiquejo. [м.] см. barboquejo; (Амер.) вид дикого голубя; (Амер.) головной платок, завязывающийся под подбородком.
barbirrapado, da. [прил.] с рыжей бородой, рыжебородый.
barbirrojo, ja. [прил.] с рыжей бородой, рыжебородый.
barbirrubio, bia. [прил.] с белокурой бородой.
barbirrucio, cia. [прил.] седобородый.
barbitaheño, ña. [прил.] рыжебородый.
barbiteñido, da. [прил.] с крашеной бородой.
barbitonto, ta. [прил.] с дурацким лицом.
barbo. [м.] усач (рыба): * barbo de mar: см. salmonete.
barboleta. [ж.] (Амер.) бабочка.
barboletear. [неперех.] (Амер.) порхать.
barbolla. [ж.] (Амер.) (прост.) см. barbulla.
barbollar. [неперех.] (Амер.) говорить быстро и невнятно.
barbollón, na. [прил.] говорящий быстро и невнятно.
barbón. [м.] бородач, бородатый человек; козёл; (церк.) бородатый послушник; (обл.) отросток с корнями.
barbona. [ж.] бородатая женщина.
barboquejo. [м.] подбородный ремень фуражки и т. д.; лента шляпы, завязывающаяся под подбородком.

barbosa. [ж.] (ихтиол.) губан (рыба); отросток с корнями.
barbotar. [неперех.] бормотать, шамкать, невнятно говорить.
barbote. [м.] подбородная часть лат.
barboteo. [м.] бормотанье.
barbuchas. [м. множ.] (Амер.) человек с редкой бородой.
barbuchín. [прил.] (Амер.) безбородый, с редкой бородой.
barbucho, cha. [прил.] с твёрдой и редкой бородой.
barbudo, da. [прил.] с густой бородой, бородатый, бородастый (прост.) [м.] отросток с корнями.
barbulla. [ж.] гам, гомон, беспорядочный гул голосов, бормотанье.
barbullar. [неперех.] (разг.) путанно говорить, говорить быстро и невнятно.
barbullir. [неперех.] см. barbullar.
barbullón. [прил.] говорящий путанно, быстро и невнятно. [сущ.] (разг.) губошлёп.
barbuquejo. [м.] см. barboquejo.
barbusano. [м.] (бот.) дерево из лавровых.
barca. [ж.] лодка; шлюпка; барка; стоимость перевозки на барке, лодке: * barca de pasaje, паром; * barca de pesca, рыбачья лодка.
barcada. [ж.] груз барки; каждый рейс барки.
barcaje. [м.] перевозка грузов на барке; стоимость перевозки на барке.
barcal. [м.] дерево для постройки лодок; лохань, корыто.
barcalonga. [ж.] рыбачья лодка.
barcarola. [ж.] (муз.) баркарола.
barcarrón. [м.] большой, безобразный судно.
barcaza. [ж.] (мор.) баржа; баркас; лихтер; шаланда: * barcaza de desembarco, десантная баржа.
barcelonés, sa, barcelonense. [прил.] барселонский; [сущ.] барселонец.
barceno, na. [прил.] см. barcino.
barceo. [м.] альфа, злаковое растение; циновка, мат, плетёнка.
barcero, ra. [м.] (обл.) см. zarzal.
barcia. [ж.] высевки, отсевки.
barcina. [ж.] (обл.) сеть для перевозки соломы; (обл.) (Амер.) большой сноп.
barcinador, ra. [м. и ж.] (обл.) тот, кто перевозит снопы на ток (в телеге).
barcinar. [перех.] (обл.) перевозить снопы на ток (в телеге).
barcino, na. [прил.] белопегий (о животных); (Амер.) легко меняющий свои политические убеждения и т. д.
barco. [м.] судно, корабль; (Амер.) большая тыква; неглубокий овраг: * barco de guerra, военный корабль; * barco mercante, торговое судно; * barco de vapor, пароход; * barco de vela, парусное судно; * barco de vela y vapor, ходовое судно; * barco de recreo, прогулочный катер; * barco de carga, грузовое судно; * barco ballenero, китобойное судно; * barco de cabotaje, каботажное судно; * barco de pesca, рыболовное судно; * barco draga, дноуглубительное судно; * barco escuela, учебное судно; * propietario de un barco, корабельщик; * columna de barcos, кильватерная колонна.
barcolongo, barcoluengo. [м.] (мор.) старинное, продолговатое судно.
barcote. [м. увел.] к barco; большой, некрасивое судно.
barchilón, na. [м. и ж.] (Амер.) санитар (-ка).
barchilla. [ж.] мера ёмкости.
barda. [ж.] (ист.) конские доспехи; солома, ветки и т. д. к-рыми покрывают верхнюю часть стены; (обл.) забор, изгородь из колючих кустарников; (обл.) дуб; (мор.) грозная чёрная туча.
bardado, da. [прил.] закованный в латы (о лошади).
bardaguera. [ж.] вид ивы.
bardaja, bardaje. [м.] педераст (пассивный).
bardal. [м.] стена, у которой верхняя часть покрыта ветками и т. д.
bardana. [ж.] (бот.) лопух.
bardanza (andar de). (разг.) прогуливаться без цели, (уст.) фланировать.
bardar. [перех.] покрывать ветками и т. д. (о верхней части стен).
bardero. [м.] лесоруб, доставляющий поленья для печей.
barbiota. [сущ.] византийский телохранитель.
bardiza. [ж.] (обл.) ограда из тростников.
bardo. [м.] (ист.) бард; поэт, певец.
bardoma. [ж.] грязь, отбросы, мусор.
bardomera. [ж.] хворост и т. д. утащенный реками (при паводке).
baremo. [м.] книга готовых расчётов.
bareque. [м.] (Амер.) домишко, лачуга; (Амер.) род плетня.
barga. [ж.] склон горы, косогор; род морского угря; вид речной лодки (гребной и парусной).
barganal. [м.] частокол.
bargano. [м.] кол, свая.
bargueño, ña. [прил. и сущ.] к Bargas; [м.] бюро (мебель).
barguilla. [ж.] (с.-х.) костра (пеньки).
barí. [прил.] (обл.) превосходный, отличный, отменный.
baria. [ж.] (физ.) атмосфера (единица давления).
baría. [ж.] (бот.) кубинское дерево.
baricéntrico, ca. [прил.] (физ.) барицентрический.
baricentro. [м.] (физ.) барицентр.
bárico, ca. [прил.] к барий, бариевый.
bariencefalia. [ж.] (пат.) слабоумие.
barígula. [ж.] (бот.) вид опёнка (гриба).
baril. [прил.] (обл.) превосходный, отличный, отменный.
bario. [м.] (хим.) барий: * carbonato de bario, углекислый барий; * óxido de bario, окись бария; * bióxido de bario, двуокись бария; * sulfato de bario, сернокислый барий; * sulfuro de bario, сернистый барий.
bario. [м.] (физ.) см. baria.
barisfera. [ж.] (геол.) барисфера.
barita. [ж.] (хим.) окись бария.
baritado, da. [прил.] содержащий барий.
baritel. [м.] (тех.) см. malacate.
barítico, ca. [прил.] (хим.) бариевый.
baritífero, ra. [прил.] содержащий окись бария.
baritina. [ж.] (минер.) барит, тяжёлый шпат, сернокислый барий.
baritonía. [ж.] меланхолия, хандра.
barítono. [м.] (муз.) баритон (голос, певец): * cantar con voz de barítono, петь баритоном.
barjoleta. [ж.] (уст.) см. barjuleta; [прил. и сущ.] (Амер.) дурацкий, глупый; дурак, глупец.
barjuleta. [ж.] ранец, вещевой мешок; сума.
barloa. [ж.] (мор.) швартов; румпель-тали.
barloar. [неперех.] (мор.) швартоваться.
barlote. [м.] (мор.) рыболовная лодка (в Галисии); (уст.) скоба.
barloventeador, ra. [прил.] (мор.) хорошо лавирующий.
barloventear. [неперех.] (мор.) лавировать, двигаться против ветра по ломаной линии; (перен.) (разг.) бродить взад и вперёд.

barlovento. [м.] (мор.) наветренная сторона: * costado de barlovento, наветренный борт корабля.
barlú. [прил.] (арг.) одуревший, отупевший, глупый.
barluz. [прил.] (арг.) см. barlú: * quedarse barluz, сильно ошеломляться.
barman. [м.] (англ.) бармен (буфетчик за стойкой в баре, пивной и т. д.).
barnabita. [м.] монах варнавитского ордена.
barnacla. [ж.] (орни.) морской гусь.
barniz. [м.] лак, политура; глазурь; косметика, грим; типографская краска; (перен.) лоск, наружный блеск, поверхностное знание: * barniz del Japón, лаковое дерево, сумах.
barnizada. [ж.] (Амер.) лакировка.
barnizado, da. [страд. прич.] к barnizar; [м.] лакировка; канун вернисажа.
barnizador, ra. [м. и ж.] лакировщик (-ица).
barnizadura. [ж.] лакировка.
barnizar. [перех.] лакировать, покрывать лаком; покрывать глазурью (посуду); (перен.) наводить лоск.
barógrafo. [м.] (физ.) барограф.
barología. [ж.] теория о земном тяготении.
barométrico, ca. [прил.] барометрический.
barómetro. [м.] (физ.) барометр: * barómetro aneroide, пружинный барометр; * barómetro registrador, барограф; * barómetro de cuadrante, стрелочный барометр; * el barómetro baja, барометр падает; * el barómetro sube, барометр поднимается.
barometrógrafo. [м.] барограф.
barón. [м.] барон, дворянский титул ниже графского.
baronesa. [ж.] баронесса.
baronet. [м.] баронет (в Англии).
baronía. [ж.] баронство; поместье барона; баронский титул.
baroscopio. [м.] (физ.) бароскоп.
barotermómetro. [м.] (физ.) баротермометр.
baroto. [м.] (мор.) лодочка (в Филиппинских ос-вах).
barquear. [неперех.] перевозить на лодках и лихтерах; [перех.] переезжать реку на лодке.
barqueo. [м.] переезд на лодке; перевозка на лодках.
barquero, ra. [м. и ж.] лодочник (-ица): * decir las verdades del barquero, сказать кому-л всю правду-матку.
barquerol. [м.] (поэт.) лодочник.
barqueta. [ж.] лодочка, ялик.
barquete. [м. умен.] к barco, небольшое судно.
barquía. [ж.] лодка с восемью вёслами (или меньше).
barquichuela. [ж.] лодчонка.
barquichuelo. [м. умен.] к barco, кораблик.
barquilla. [ж.] сорт вафельницы в виде кораблика; лодочка, ялик, челнок; гондола (дирижабля); корзина (аэростата); люлька (воздушного шара) (мор.) сектор для лага.
barquillero, ra. [м. и ж.] вафельщик [м.] вафельница, вафельная форма.
barquillo. [м.] вафельная трубочка, вафля.
barquín. [м.] кузнечный мех.
barquinazo. [м.] сильный удар при падении, падение; см. vuelco.
barquino. [м.] мех, бурдюк.
barra. [ж.] брус, железная балка; полоса железа; прут, продольная балка, продольный брус; лом; железный прут; болт; стержень; брусок металла, слиток (в виде бруска); перила, отделяющая судей от публики; (спорт.) штанга; (мор.) бар (мель у входа в реку, бухту); изъян на материи; (Амер.) см. marro (игра); особый род колодок (тюремных);
* barra fija, (спорт.) перекладина, турник; * barras paralelas, брусья; * oro en barras, золото в слитках; * estirar la barra, напрягать все силы для достижения чего-л; * llevar a la barra, требовать отчета; * sin mirar, pararse, reparar, или tropezar en barras, не обращая ни на что внимания; * tirar la barra, продавать по самой высокой цене; * estar en barras, преуспевать в делах; * a barras derechas, откровенно; * de barra a barra, от одного конца до другого.
barrabás. [м.] (перен.) (разг.) шалун, проказник; злодей: * ser de la piel de barrabás, быть шалуном.
barrabasada. [ж.] (разг.) серьёзная шалость; проделка; бессмысленный, бесчестный и т. д. поступок.
barraca. [ж.] крестьянский дом (в Валенсии и Мурсии); хижина, мазанка, домишко, лачуга; (Амер.) склад; * barraca de feria, балаган; * campamento de barracas, барачная постройка.
barracón. [м.] большой барак.
barragán. [м.] (обл.) холостяк.
barragán. [м.] непромокаемая ткань и пальто из этой ткани.
barragana. [ж.] любовница, наложница; (уст.) наложница живущая у любовника.
barraganería. [ж.] внебрачная связь, сожительство.
barrajar. [перех.] (Амер.) сбивать с ног, валить; [неперех.] быстро, поспешно выходить.
barral. [м.] (обл.) большая бутылка.
barrales. [м. множ.] борта (телеги, повозки).
barranca. [ж.] см. barranco: * a trancas y barrancas, чрезвычайными усилиями.
barrancal. [м.] овражистая местность.
barranco. [м.] глубокий овраг; пропасть; (перен.) затруднение, препятствие, затруднительное положение: * salir del barranco, выйти из затруднительного положения.
barrancoso, sa. [прил.] пересечённый оврагами, овражистый.
barraní. [прил.] внешний, наружный.
barranquear. [перех.] перевозить через овражистую местность.
barranquera. [ж.] см. barranca.
barraque. [м.]: * a traque barraque, всегда.
barraquear. [перех.] см. verraquear; (Амер.) внушать страх.
barraquera. [ж.] (обл.) (вул.) непрерывный рёв ребёнка.
barraquero. [прил.] к барака, лачуга; [сущ.] (обл.) строитель barracas; (Амер.) заведующий складом.
barraquete, ta. [м. и ж.] (Амер.) толстый ребёнок.
barrar. [перех.] пачкать или покрывать грязью; см. barrear.
barrate. [м.] маленькая балка.
barreal. [м.] болото, трясина, топь, болотистое место.
barrear. [перех.] укреплять, преграждать балками, брусьями и т. д.; (обл.) вычёркивать; [неперех.] поскользнуться на доспехах с копья.
barrearse. [возв. гл.] (обл.) валяться в грязи (о диком кабане); (уст.) см. atrincherarse.
barrera. [ж.] барьер.
barredera. [ж.] машина для подметания улиц; донная сеть; род метлы для подметания печи.
barredero, ra. [прил.] подметающий; [сущ.] метельщик (-ица).
barreduela. [ж.] (обл.) небольшая площадь (преимущ. без выхода).
barredura. [ж.] подметание, выметание; [множ.] мусор, сор.
barrefosos. [м.] (воен.) пушка крупного калибра.
barreminas. [м.] (мор.) тралер.
barrena. [ж.] бурав, сверло, бур(авчик); (ав.) штопор: * entrar en barrena, входить в штопор.
barrenado, da. [страд. прич. и прил.] странный, чудной, безумный: * barrenado de cascos, безмозглый дурак.
barrenador, ra. [прил.] бурящий и т. д.; [м.] бурильщик; сверлильщик.
barrenamiento. [м.] бурение, сверление: * de barrenamiento, бурильный; сверлильный.
barrenar. [перех.] сверлить, буравить, бурить; (мор.) делать подводную пробоину; расстраивать, разрушать; тайно препятствовать, вредить; нарушать (закон).
barrenador, ra. [м. и ж.] метельщик (-ица).
barrenear. [перех.] (Амер.) сверлить, буравить, бурить.
barrenero. [м.] буравочный мастер; продавец буравов; бурильщик.
barrenilla. [ж. умен.] сверло, буравчик.
barrenillo. [м.] жесткокрылое насекомое; (Амер.) упрямство.
barreno. [м.] большой бурав; буровая скважина; (воен.) фугас; (перен.) см. vanidad; (Амер.) навязчивая идея; * dar barreno, (мор.) делать подводную пробоину.
barreña. [ж.] barreño. [м.] глиняная миска, глиняный, круглый сосуд для мойки посуды и т. д.; (Амер.) народный танец.
barrer. [перех.] мести, подметать; (перен.) сметать, сносить, уносить, увлекать всё за собой: * barrer hacia dentro, извлекать из чего-л выгоду, поступать корыстно; * barrer al enemigo, рассеять противника.
barrera. [ж.] застава; (ж.-д.) шлагбаум; преграда, барьер; (воен.) (уст.) парапет; первый ряд для публики на бое быков; (перен.) препятствие, помеха; заграждение: * formar barreras, (спорт.) баррикадировать; * barrera de aviación, барражирование.
barrera. [ж.] карьер для копки гончарной глины; куча земли, остающаяся после извлечения селитры из селитровых ям; стенной шкаф для глиняной посуды.
barrero. [м.] горшечник, гончар; карьер для копки гончарной глины; см. barrizal; селитровая почва.
barreta. [ж. умен.] к barra; кожаная стелька; маленький, железный прут или рычаг; (Амер.) род кирки.
barretear. [перех.] укреплять металлическими полосами, брусками и т. д.; (Амер.) ставить кожаную заплату (на обуви).
barretero. [м.] горнорабочий, работающий киркой, ломом и т. д.
barretina. [ж.] каталонская шапочка с кисточкой.
barretón. [м.] (горн.) кирка.
barriada. [ж.] квартал или часть квартала.
barrial. [прил.] (Амер.) глинистый; [м.] см. barrizal.
barrica. [ж.] бочка.
barricada. [ж.] баррикада; заграждение: * levantar barricadas, возводить баррикады; * cerrar con barricadas, (за)баррикадировать; * de barricada(s), баррикадный.

barrida. [ж.] (Амер.) подметание, выметание; сор, мусор.
barrido, da. [страд. прич.] к **barrer**; [м.] подметание, выметание; мусор, сор.
barridura. [ж.] (Амер.) мусор, сор.
barriga. [ж.] живот, брюхо; брюшко; утроба; (книж. уст.) чрево; пузо(прост.); выпуклость некоторых предметов: * echar **barriga**, отращивать брюхо, (прост.), (уст.) брюхатеть, * llenar la **barriga**, (прост.) набивать себе брюхо, лопать, напиваться.
barrigón, na. [прил.] толстобрюхий, (прост.) брюха(с)тый, см. **barrigudo.**
barrigudo, da. [прил.] пузатый, толстопузый (прост.).
barriguera. [ж.] подпруга, чересседельник.
barril. [м.] бочонок, бочка; см. **barrila**; * **barril de pólvora**, пороховая бочка.
barrila. [ж.] (обл.) глиняный кувшин с коротким узким горлом.
barrilaje. [м.] (Амер.) бочки, склад бочек.
barrilamen. [м.] см. **barrilería.**
barrilejo. [м. умен.] к **barril**, маленький бочонок.
barrilería. [ж.] бочарная мастерская или лавка; бочки.
barrilero, ra. [м. и ж.] бочар, бондарь.
barrilete. [м. умен.] к **barril**; (столярная) гребёнка; бумажный змей; съедобный краб; барабан револьвера; (мор.) вид узла; (Амер.) кокетка.
barrilla. [ж.] (бот.) зольник, верблюжье сено; зола зольника из которой добывают соды.
barrillar. [м.] место, засеянное зольником; место, где жгут зольник.
barrillero, ra. [прил.] из которого добывается сода (о растениях).
barrillo. [м. умен.] к **barro**, грязь; прыщ, угорь; * **cubierto de barrillos**, прыщавый (прост.).
barrio. [м.] квартал, часть города; городской район; предместье, пригород, слобода: * **el otro barrio**, тот свет; * **mandar al otro barrio**, отправить на тот свет, убить; * **irse al otro barrio**, отправиться на тот свет, умереть; * **barrio obrero**, рабочий посёлок.
barriotero, ra. [прил.] (Амер.) вульгарный, плебейский (о человеке).
barrir. [перех.] (обл.) мести, подметать.
barriscar. [перех.] (обл.) продавать на глаз, (без помощи измерительных приборов).
barrisco (a). [нареч.] в целом, вперемешку.
barrisquear. [перех.] (обл.) поспешно мести.
barrisqueo. [м.] (обл.) поспешное метение.
barritar. [неперех.] реветь (о слоне, носороге).
barrito. [м.] рёв (слона, носорога).
barrizal. [м.] топь, трясина, непролазная грязь.
barro. [м.] грязь, уличная грязь; ил; тина; глина; глиняный сосуд для воды и т. д.; замазка; (перен.) пустяк, чуточка: * **dar barro a su mano**, снабжать деньгами, средствами для чего-л; * **tener barro a mano**, располагать деньгами для чего-л; * **estar comiendo, или mascando barro**, быть в могиле; * **no ser barro**, иметь ценность; * **revolcarse en el barro**, валяться в грязи; * **andar por el barro**, chapotear en el **barro**, месить грязь; * **cubrir**

de barro (las paredes), обмазывать глиной; * **barro de alfarero**, гончарная глина; * **barro de la China**, китайский фарфор; * **barro blanco**, каолин; * (objetos de) **barro**, гончарные изделия.
barro. [м.] прыщ, угорь.
barroco, ca. [прил.] барочный; (Амер.), (гал.) странный, причудливый, см. **estrambótico**; * **estilo barroco**, барокко (стиль).
barrocho. [м.] открытый четырёхместный экипаж.
barrón. [м.] большой брус; злаковое растение.
barroquismo. [м.] (неол.) вычурность; экстравагантность, дурной тон, вкус.
barroso, sa. [прил.] грязный; топкий, тинистый; цвета глины; [м.] (арг.) см. **jarro.**
barroso, sa. [прил.] (мед.) прыщавый; в пятнах (о скоте).
barrote. [м.] короткий и толстый железный брус; брус.
barrueco. [м.] жемчуг неправильной формы; (геол.) сфероидальная конкреция.
barrullo. [м.] (Амер.) см. **barullo.**
barrumbada. [ж.] (раст.) хвастливое выражение, слово; хвастливая расточительность, швыряние деньгами.
barruntador, ra. [прил. и сущ.] предполагающий и т. п.
barruntamiento. [м.] см. **barrunto.**
barruntar. [перех.] догадываться, предполагать, строить догадки, предвидеть, предчувствовать.
barrunte, barrunto. [м.] догадка, предположение, предчувствие, (уст.) конъектура.
bartola. [ж.] * **a la bartola**, [нареч.] животом вверх, беззаботно; * **echarse, или tumbarse a la bartola**, удобно расположиться.
bartolear. [неперех.] (разг.) (Амер.) лениво, небрежно работать.
bartolillo. [м.] пирожок с кремом или мясом.
bartolina. [ж.] узкая тёмная тюремная камера.
bartular, bartulear. [неперех.] (Амер.) ломать себе голову над чем-л, см. **cavilar.**
bartuleo. [м.] (Амер.) дейст. к **bartular.**
bártulos. [м. множ.] (разг.) вещи, пожитки, манатки: * **liar los bártulos**, собрать все свои манатки.
barú. [м.] филиппинская пальма (из которой добывается сахар).
baruca. [ж.] см. **impedimento.**
barullento, ta, barullero, ra. [прил.] (Амер.) запутывающий; [сущ.] интриган (-ка).
barullo. [м.] беспорядок, неразбериха, неурядица, путаница.
barza. [ж.] (обл.) см. **zarza.**
barzal. [м.] см. **zarzal.**
barzón. [м.] хождение без всякой цели; (с.-х.) кольцо ярма для дышла плуга: * **dar barzones**, см. **barzonear.**
barzonear. [неперех.] (обл.) гулять, бродить, колобродить, фланировать, слоняться.
barzoque. [м.] (разг.) шутливое название чёрта.
basa. [ж.] (обл.) лужа.
basa [ж.] основание, фундамент; (арх.) база.
basada. [ж.] (мор.) эллинг.
basal. [прил.] к основание, фундамент.
basalicón. [м.] (вар.) см. **basilicón.**
basáltico, ca. [прил.] базальтовый, базальтный.
basaltiforme. [прил.] похожий на базальт.
basalto. [м.] (вар.) базальт.
basamento. [м.] (арх.) цоколь, базамент.
basanita. [ж.] (геол.) базальт, см. **basalto.**

basar. [перех.] обосновывать, основывать; (арх.) закладывать основание, фундамент; * **basarse.** [возв. гл.] (арх.) иметь основание; основываться на чём-л, базироваться, исходить.
basáride. [ж.] (зоол.) род американской ласки.
basca. [ж.] тошнота, приступ тошноты; отвращение; (перен.) тоска, тревога, упадок духа; (перен.) (разг.) порыв, стремление.
bascosidad. [ж.] грязь, нечистоты, (Амер.) непристойное слово; * **bascosidades** [множ.] (Амер.) непристойности.
bascoso, sa. [прил.] испытывающий тошноту; (Амер.) грязный, неопрятный, лишённый чистоты; (Амер.) непристойный.
báscula. [ж.] десятичные весы.
bascular. [прил.] к десятичные весы.
bascular. [неперех.] (неол.) качаться; раскачиваться.
bascuñana. [ж.] разновидность пшеницы.
base. [ж.] основание, фундамент; (перен.) основа, основание, база, базис, опора, фундамент, костяк, мотивировка, база (военная и т. д.) (арх.) см. **basa**; (геом.) основание; (разн. знач.) база: * **base aérea**, авиабаза; * **poner por base**, класть на основу; * **base de una potencia**, (мат.) основание степени; * **tomar como base**, принять за основу; * **de base**, базовый, низовой; основной.
basebol. [м.] (англ.) (спор.) бейсбол.
basebolero, ra. [прил.] (Амер.) к бейсбол или к игра в мяч; (Амер.) [м.] игрок в мяч.
basebolista. [м. и ж.] бейсболист (-ка).
baseto. [м.] такса (собака).
basicidad. [ж.] (хим.) основность.
básico, ca. [прил.] (хим.) основной; служащий основанием, фундаментальный, основной, существенный: * **cuestión básica**, краеугольный вопрос.
basifijo, ja. [прил.] прикреплённый к основанию.
basig. [м.] спиртный напиток из сахарного тростника.
basilar. [прил.] основной, расположенный у основания, внизу; служащий основанием.
basilea. [ж.] (арг.) виселица.
basílica. [ж.] дворец; базилика; собор; (анат.) плечевая внутренняя вена.
basilical. [прил.] к базилика и т. д.
basilicón. [м.] род мази.
basilidión. [м.] мазь против чесотки.
basilisco. [м.] (миф.) василиск; (воен.) старинная пушка: * **estar hecho un basilisco**, сильно гневаться.
basna. [ж.] (обл.) род тележки, саней для тяжестей.
basquear. [неперех.] тошнить; [перех.] вызывать тошноту.
basquetbol. [м.] (англ.) баскетбол.
basquetbolista. [м. и ж.] (англ.) баскетболист, (-ка).
basquilla. [ж.] (вет.) болезнь, вызываемая избытием крови.
basquiña. [ж.] чёрная юбка; (обл.) см. **basquilla.**
basta. [ж.] (обл.) род седла (вьючного).
basta. [ж.] намётка, смётывание, шитьё на живую нитку; [множ.] стежки (у матраса).
¡basta! [межд.] довольно!, баста!, хватит!, будет!, достаточно!; стоп!, стой!: * **¡basta ya!**, кончено!
bástago. [м.] (бот.) см. **vástago.**
bastaje. [м.] носильщик, грузчик; грубый человек.
bastamente. [нареч.] грубо.

bastante. [прил.] достаточный, удовлетворяющий потребностям; [нареч.] довольно, достаточно; порядочно: * bastante largo, довольно длинный; ¡bastante!, кончено.

bastantemente. [нареч.] довольно, достаточно.

bastar. [неперех.] быть достаточным, хватать; изобиловать, иметься в изобилии: * basta de...!, перестаньте!, довольно!, будет!

bastar. [перех.] (Амер.) приметывать, наметывать, пришивать на живую нитку.

bastarda. [ж.] мелкий напильник; старинная пушка.

bastardeamiento. [м.] (неол.) вырождение, дегенерация; незаконнорождённость.

bastardear. [неперех.] вырождаться (о животных, растениях); дегенерировать; развращаться (о человеке); опозорить честь рода; [перех.] подделывать.

bastardelo. [м.] см. minutario.

bastardeo. [м.] вырождение, дегенерация; см. adulteración.

bastardía. [ж.] незаконнорождённость; (перен.) нечто неподобающее.

bastardilla. [ж.] (муз.) род флейты.

bastardilla. [прил. и сущ.] курсивный шрифт; курсив.

bastardo, da. [прил.] внебрачный, незаконнорождённый; побочный; вырождающийся; неподлинный, ненастоящий; [м. и ж.] внебрачный ребёнок; побочный сын, дочь; [м.] ублюдок; (биол.) помесь, гибрид; боа, удав; (обл.) большая змея; (мор.) некоторый парус.

baste. [м.] намётка.

baste. [м.] подушка на седле.

baste. [м.] (арг.) палец.

bastear. [перех.] приметывать, намётывать, пришивать на живую нитку.

bastedad. [ж.] (Амер.) грубость.

bastedad. [ж.] (Амер.) изобилие, избыток.

basterna. [ж.] старинные, покрытые носилки для перевозки римских женщин.

bastero. [м.] шорник, продавец вьючных сёдел.

bastetano, na. [прил.] относящийся к Bastetania; [сущ.] уроженец этой старинной испанской области.

basteza. [ж.] грубость.

bastida. [ж.] старинное, военное приспособление в виде башни.

bastidor. [м.] рама, рамка, пяльцы; (тех.) станина; (жив.) подрамник; (тех.) шасси; (театр.) (перен.) кулиса; (Амер.) металлический матрас: * bastidor inmóvil, глухая, оконная рама; * entre bastidores, (прям.) (перен.) за кулисами.

bastilla. [ж.] рубец (материи).

bastillar. [перех.] подрубать (материю), настрачивать.

bastillar. [перех.] (Амер.) см. bastillar.

bastimentar. [перех.] снабжать продовольствием.

bastimentera. [ж.] (Амер.) сума, котомка, см. alforja.

bastimento. [м.] снабжение, продовольствие; (мор.) судно.

bastión. [м.] (воен.) бастион, (перен.) оплот.

bastionado, da. [прил.] снабжённый бастионами.

basto. [м.] вьючное седло; подушка на седле; (карт.) трефовый туз; (Амер.) см. **baste;** [множ.] трефы: * jugar (echar) bastos, ходить с треф.

basto, ta. [прил.] грубый, неотёсанный, неучтивый, невежливый, невежественный; загрубелый.

bastón. [м.] палка, палочка, трость, клюка; (обл.) батог; жезл (знак власти); (обл.) (бот.) почка; (Амер.) длинный кусок теста: * empuñar el bastón, прийти к власти.

bastonazo. [м.] удар палкой, тростью.

bastoncillo. [м.] узкий галун; (анат.) палочка (в сетчатке глаза).

bastonear. [перех.] бить (или колотить) палкой, тростью; приводить в движение вино палкой; [неперех.] (обл.) объедать почки (о скоте).

bastoneo. [м.] палочные удары; шум палок.

bastonera. [ж.] стойка для зонтов и тростей.

bastonería. [ж.] лавка, где продают палки, трости.

bastonero. [м.] тот, кто делает или продаёт палки, трости; распорядитель танцев; помощник начальника тюрьмы; (Амер.) см. maestro de ceremonias.

basura. [ж.] грязь, отбросы, сор, мусор, нечистоты; лошадиный навоз; (Амер.) табачные отбросы: * cubo de la basura, мусорный ящик; * manchar con basura, замусорить, засорять.

basural. [м.] (Амер.) свалка, свалочное место.

basurear. [перех.] (вул.) (Амер.) убить, побеждать; (Амер.) см. apabullar.

basurero. [м.] мусорщик (убирающий улицы); свалка, свалочное место; помойка.

basuriento, ta. [прил.] (Амер.) грязный, нечистый; поганый.

basurilla. [ж.] (Амер.) колдовство, порча, сглаз, дурной глаз.

basurita. [ж.] (вул.) (Амер.) чаевые.

bata. [ж.] халат, халатик, капот; старинная женская одежда: * media bata, см. batín; * bata acolchada, душегрейка.

bata. [прил.] (в Филиппинских ост-вах) см. niño; [м. и ж.] ребёнок, дитя, девочка, детка; [м.] маленький индеец или метис.

bata. [ж.] (Амер.) бита для игры в мяч; (Амер.) валёк.

bata. [ж.] (арг.) жена или любовница.

batacazo. [м.] сильный удар при падении: * darse un batacazo, растянуться во весь рост, во всю длину.

batahola. [ж.] (разг.) оглушительный шум, крик, суматоха, гам, содом, гул голосов, гомон, буча (прост.).

batajola. [ж.] (Амер.) см. brega; шалость, проказа.

batalla. [ж.] сражение, битва, бой; (уст.) (поэт.) брань; состязание, турнир; старинная часть армии; часть седла, на которой сидит всадник; расстояние между двумя осями; (перен.) беспокойство, тревога, волнение; (жив.) батальная живопись; распря: * batalla campal, генеральное сражение; * campo de batalla, поле битвы, бранное поле; * caer en el campo de batalla, пасть на поле брани; * librar una batalla, дать сражение; * en plena batalla, в разгар(е) сражения; в пылу битвы; * presentar la batalla, вызвать на бой; * pintor de batallas, баталист.

batallador, ra. [прил.] воинственный, боевой; сварливый, задорный, драчливый; [м.] воин, боец; фехтовальщик; спорщик (-ца), драчун; забияка: * temperamento batallador, драчливость.

batallar. [неперех.] сражаться, драться, воевать, вести бой, биться; (перен.) спорить; диспутировать; ссориться; (перен.) колебаться; фехтовать.

batallero, ra. [сущ.] (Амер.) см. bullebulle.

batallola. [ж.] (мор.) перила, поручни.

batallón. [м.] батальон; (уст.) (воен.) эскадрон; (Амер.) картофельное кушанье: * batallón de infantería, пехотный батальон; * batallón de ingenieros, сапёрный батальон; * batallón de transmisiones, батальон связи; * batallón blindado, танковый батальон; * de batallón, батальонный.

batallona. [прил.] (разг.) очень важный, злободневный (о вопросе).

batán. [м.] суковальная машина; валяльня, суковальня; валяльный пест; детская игра; (Амер.) см. tintorería.

batanadura. [ж.] валяние сукна.

batanar. [перех.] валять сукно.

batanear. [перех.] (перен.) (разг.) бить, колотить кого-л.

batanero. [м.] суковал.

bataola. [ж.] оглушительный шум, гул голосов, суматоха, см. batahola.

bataria. [ж.] (бот.) перуанское растение.

batata. [ж.] (бот.) батат; (Амер.) (разг.) застенчивость, робость.

batatal, batata. [м.] поле, засаженное бататом.

batatero, ra. [м. и ж.] (Амер.) продавец сладкого картофеля, батата; (Амер.) см. papanatas.

batatilla. [ж.] (Амер.) вьюнковое растение (в Аргентине).

batatín. [м.] (обл.) маленький батат.

batato, ta. [м. и ж.] (перен.) приземистый человек; [прил.] приземистый.

batato, ta. [прил.] (Амер.) черноватый, синеватый (о цвете кожи).

batayola. [ж.] (мор.) перила, поручни.

batazo. [м.] удар битой (см. bate).

bate. [м.] род кирки-мотыги; бита для игры в бейсбол; (Амер.) см. buscavidas.

bate. [м.] поднос, род лотка; блюдо; плоскодонная лодка; см. artesilla; открытый вагон; (Амер.) корыто.

bateador. [м.] (в бейсболе) тот, кто отбивает мяч битой.

bateaguas. [м.] (обл.) дождевой зонт.

batear. [перех.] (в бейсболе) отбивать мяч битой.

bateita. [прил.] (Амер.) сплетничающий.

batel. [м.] (мор.) небольшое судно, бот.

bateles. [множ.] (арг.) собрание сутенёров и т. д.

batelada. [ж.] груз, могущий быть помещённым в batel.

batelejo. [м. умен.] к batel; ботик.

batelero, ra. [м. и ж.] лодочник (-ица).

batelo. [м.] (орни.) род жаворонка; (бот.) африканский лишай.

batemuro. [м.] (воен.) старинное артиллерийское орудие.

bateo. [м.] (разг.) крещение, см. bautizo.

batería. [ж.] (воен.) батарея; (тех.) батарея; (муз.) группа ударных инструментов в оркестре; барабанный бой; драка, потасовка; (театр.) рампа, ряд ламп перед сценой; (воен.) брешь от снаряда и т. д.; (перен.) вещь, производящая впечатление; (перен.) настойчивые просьбы, надоедание: * batería antiaérea, зенитная батарея; * batería anticarros, противотанковая батарея; * fuego de batería, батарейный огонь; * batería eléctrica, электрическая батарея; * batería de acumuladores, аккумуляторная батарея; * batería de cocina, кухонная утварь, кухонная посуда; * hacer batería, ударить.

batero, ra. [м. и ж.] специалист по шитью халатов (см. bata).

batey. [м.] (Амер.) территория сахарного завода.

bateya. [ж.] (Амер.) (прост.) см. batea.

batibolear. [перех.] (Амер.) хлопотать (о чём-л.), предпринимать какие-л. шаги.

batiboleo. [м.] (Амер.) см. batahola; (Амер.) хождение или переезд с места на место по каким-л делам.
batiborrillo, batiburrillo. [м.] куча сваленных вещей, всякая всячина, мешанина; см. baturrillo.
batición. [м.] облава.
baticola. [ж.] подхвостная часть конского прибора; (Амер.) см. ataharre, и taparrabo.
baticolearse. [возв. гл.] (Амер.) важничать, чваниться.
baticulín. [м.] (бот.) филиппинское дерево.
batículo. [м.] (мор.) толстая верёвка; род косого паруса.
batida. [ж.] облава (на зверя); (воен.) разведка, чеканка монеты; (Амер.) см. acometida: * batida de lobos, охота на волков; * batida de policía, уличная облава.
batidera. [ж.] мешалка для извести; маленький инструмент для вынимания мёда из ульев.
batidero. [м.] битьё, хлопанье; ухабистая дорога.
batido, da. [страд. прил.] к batir; [прил.] с отливом, переливчатый (о шёлке); людный, оживлённый (о дороге); битый молотом; [м.] тесто для облаток и т. д.; взбитые яйца: * batido de los metales, ковка.
batidor, ra. [прил.] ударяющий; сбивающий и т. д. (см. batir); [м.] гребень, расчёска; всякое орудие для взбивания; цеп; (воен.) разведчик; (охот.) загонщик, (уст.) лазутчик; (воен.) ординарец; (Амер.) шоколадница: * batidora de manteca, маслобойка.
batiduras. [ж. множ.] окалина, изгарь.
batiente. [дейст. прич.] к batir; [м.] створка двери; притвор (оконный, дверной); место прибоя.
batifondo. [м.] (Амер.) большой шум, суматоха, ссора, свалка.
batihoja. [м.] рабочий, специалист по обработке золотых и т. д. листов; плющильщик.
batilongo. [м.] (Амер.) род женского халата.
batimán. [м.] батман (в балете).
batimento. [м.] (жив.) тень.
batimetría. [ж.] батиметрия.
batimétrico, ca. [прил.] батиметрический.
batimiento. [м.] битьё, хлопанье; дейст. к batir.
batín. [м.] домашняя куртка.
batintín. [м.] гонг, там-там (музыкальный ударный инструмент).
bationdeo. [м.] колыхание от ветра (о знамии, занавеске).
batiportar. [перех.] (мор.) укреплять артиллерию (по старинному приёму).
batir. [перех.] бить, колотить, хлопать; толочь, бить; разрушать, чеканить; выбивать, выколачивать; махать; сбивать; взбивать; набалтывать; ломать, сносить (строение); месить, размачивать; (о ветре и т. д.); расчёсывать, распутывать; бить, побеждать, громить (врага); обстреливать, поражать; ковать, бить молотом, расплющивать; (охот.) устраивать облаву; (воен.) производить разведку; batirse. [возв. гл.] сражаться, биться, драться; драться на дуэли; бросаться на добычу (о хищных птицах); [неперех.] (гал.) биться (о сердце).
batirrinco, ca. [прил.] с большим клювом (о птицах).

batiscafo. [м.] батискаф (самодвижущийся аппарат для исследования морских глубин).
batisfera. [ж.] батисфера (снаряд для изучения морских глубин).
batista. [ж.] батист (ткань): * de batista, батистовый.
batista. [ж.] (орни.) (кубинская) хищная птица.
bato. [м.] глупец, дурак, грубиян; (Амер.) голенастая птица (одна из разновидностей).
bató. [м.] (Амер.) большой челн.
batofobia. [ж.] боязнь высоты (болезнь).
batojar. [перех.] сбивать плоды с деревьев с помощью шеста.
batolítico, ca. [прил.] к батолит.
batolito. [м.] батолит.
batología. [ж.] (рит.) ненужное повторение.
batológico, ca. [прил.] к batología.
batollar. [перех.] (обл.) сбивать плоды с деревьев с помощью шеста.
batometría. [ж.] батометрия, измерение морских глубин.
batométrico, ca. [прил.] к батометрия.
batómetro. [м.] батометр, измеритель морских глубин.
batón. [м.] (Амер.) просторный, женский халат.
batracios. [м. множ.] земноводные.
batracoideo, a. [прил.] (зоол.) лягушкообразный.
batro. [м.] (бот.) род шпажника.
batuda. [ж.] ряд прыжков с трамплина.
Batuecas: * estar en las Batuecas, витать в облаках.
batueco. [м.] (обл.) неоплодотворённое яйцо.
batuquear. [перех.] сильно махать чем-л.
baturrada. [ж.] выражение или поступок baturro.
baturrillo. [м.] всякая всячина, смесь, мешанина.
baturro, rra. [прил.] арагонский; [м.] арагонский крестьянин.
batuta. [ж.] дирижёрская палочка, капельмейстерская палочка: * llevar la batuta, верховодить, руководить.
baúl. [м.] баул, сундук; ларь; (разг.) пузо, брюхо: * henchir, или llenar el baúl, объедаться, набить брюхо; * baúl pequeño, дорожный сундучок; * de baúl(es), сундучный.
baule. [м.] (Амер.) см. baúl.
baulería. [ж.] мастерская сундучника; лавка где продают сундуки.
baulero. [м.] сундучник, или продавец сундуков.
bauprés. [м.] (мор.) бу(г)шприт.
bausa. [ж.] (Амер.) праздность; леность.
bausán, na. [м. и ж.] соломенное чучело покрытое доспехами; (перен.) ротозей (-ка), зевака, простофиля.
bausano, na. [прил.] (Амер.) ленивый; праздный; глупый.
bautismal. [прил.] крестильный: * pila bautismal, купель.
bautismo. [м.] крещение; крестины: * bautismo de fuego, боевое крещение.
bautista. [м. и ж.] тот, кто крестит.
bautisterio. [м.] часовня для крещения.
bautizante. [дейст. прич.] к bautizar.
bautizar. [перех.] крестить; дать прозвище, окрестить; (перен.); (шутл.) разбавить вино водой; (перен.) (шутл.) обрызгать кого-л: * bautizarse. [возв. гл.] креститься, принять крещение.
bautizo. [м.] крещение; крестины.
bauxita. [ж.] (мин.) боксит: * de bauxita, бокситовый.
bauza. [ж.] неотёсанное бревно (двух или трёх метров).

bauzado. [м.] (обл.) кровля лачуги.
bavanita. [ж.] небогатая девочка.
bávaro, ra. [прил.] баварский; [м. и ж.] баварец (-ка).
baviera. [ж.] (Амер.) баварское пиво.
baya. [ж.] (бот.) ягода; стручок; лилейное растение; съедобная ракушка.
bayabas. [м.] (бот.) филиппинское дикорастущее дерево, с ягодами идущ. на изготовление варенья.
bayabe. [м.] (Амер.) род толстой верёвки: * dar bayabe, привязывать кого-что.
bayahonda. [ж.] (Амер.) вид акации.
bayadera. [ж.] баядера, баядерка.
bayajá. [м.] (Амер.) полосатый платок.
bayal. [м.] род рычага.
bayamonés, sa. [прил.] относящийся к Bayamón; [сущ.] уроженец этого пуэрториканского города.
bayarte. [м.] носилки.
bayeta. [ж.] байка (ткань); [множ.] (Амер.) см. pañales: * arrastrar bayetas, делать кандидатские визиты в университете; (разг.) ходатайствовать о чём-л. (разг.) учиться в университете.
bayetilla. [ж.] (Амер.) байка высокого качества.
bayetón. [м.] мольтон (шерстяная ткань).
bayo, ya. [прил.] гнедой, гнедой масти, буланый (о лошади): * bayo oscuro, караковый; * бабочка из шелковичной черви, для улова рыбы; (Амер.) (разг.) гроб для бедных.
bayoco. [м.] старинная медная монета; (обл.) неспелая фига.
bayón. [м.] род мешка (в Филиппинских ос-вах); (обл.) (бот.) см. espadaña (растение).
bayonesa. [ж.] (вар.) майонез.
bayoneta. [ж.] штык; кубинский куст: * calar la bayoneta, примкнуть штык(и); * ¡a la bayoneta!, в штыки!; * ataque a la bayoneta, штыковая атака; * carga a la bayoneta, штыковой бой; * de bayoneta, штыковой.
bayonetazo. [м.] удар штыком; штыковая рана.
bayoque. [м.] старинная римская монета.
bayosa. [ж.] (арг.) шпага.
bayoya. [ж.] (зоол.) кубинская ящерица; (Амер.) крик, шум; суматоха.
bayoyar. [неперех.] (Амер.) шуметь, кричать.
bayoyo, ya. [прил.] (Амер.) обильный: * ponerse bayoyo, раздражаться; смущаться от страха.
bayú. [м.] (Амер.) дом терпимости.
bayuca. [ж.] (разг.) трактир, кабак, кабачок, пивная, харчевня.
bayunca. [ж.] (Амер.) см. bayuca.
bayunco, ca. [прил.] (Амер.) грубый, неотёсанный.
bayunquear. [неперех.] (Амер.) дурить, говорить глупости.
bayusco, ca. [прил.] (Амер.) яростный, бешеный, раздражённый.
baza. [ж.] взятка (в карточной игре): * asentar bien su baza, (разг.) преуспевать; * no dejar meter baza, (разг.) никому не давать вставить слово; * meter baza, (разг.) вмешиваться в разговор.
bazar. [м.] крытый рынок, базар (на востоке); дешёвый универсальный магазин, универмаг.
bazo, za. [прил.] темнокоричневый, коричневато-серый; смуглый: * pan bazo, серый хлеб; [м.] (анат.) селезёнка.
bazofia. [ж.] бурда, объедки; скверная пища; дрянь, негодная вещь.
bazucar. [перех.] взбалтывать, встряхивать (жидкость); см. traquetear.
bazuquear. [перех.] см. bazucar.
bazuqueo. [м.] взбалтывание (жидкости).

be. [ж.] название буквы b.
be. [м.] блеяние.
beabá. [м.] (перен.) (разг.) начала, основы (науки и т. д.).
bearnés, sa. [прил.] беарнский; [м. и ж.] беарнец, житель (-ница) Беарна: * el Bearnés, Беарнец (прозвище Генриха IV).
beata. [ж.] набожная, богомольная женщина; монашка собирающая пожертвования; (разг.) святоша, ханжа; (арг.) см. peseta.
beatería. [ж.] ханжество.
beaterío. [м.] женская монашеская община; (чаще множ.) ханжество.
beático, ca. [прил.] ханжеский.
beatificación. [ж.] (церк.) причисление к лику святых, блаженных.
beatíficamente. [нареч.] блаженно.
beatificar. [перех.] осчастливить, обрадовать; делать почтенным; (рел.) причислить к лику блаженных, святых; (Амер.) см. viaticar.
beatífico, ca. [прил.] дающий блаженство; блаженный: * visión beatífica, блаженное видение.
beatilla. [ж.] род редкого, тонкого льняного полотна.
beatitud. [ж.] блаженство, блаженное состояние, нега; титулование папы.
beato, ta. [прил.] блаженный, счастливый; набожный; (рел.) причисленный к лику блаженных; ханжеский, ханжеской; [м.] богомольный человек; ханжа, святоша.
beatón, na. [прил.] лицемерный; [м. и ж.] лицемер (-ка); ханжа, святоша.
beatuco, ca. [прил.] презр. к beato.
bebe. [м.] (Амер.) стаканчик chicha.
bebe, ba. [сущ.] (Амер.) (разг.) малютка, младенец.
bebé. [м.] (гал.) дитя, малютка, младенец; кукла.
bebecina. [ж.] опьянение, хмель; неутолимая жажда.
bebeco, ca. [прил.] с признаками альбинизма; [м. и ж.] альбинос (-ка).
bebedera. [ж.] длинное или частое питьё.
bebedero, ra. [прил.] годный для питья, питьевой; [м.] водопой, поилка; носик (кувшина и т. д.); (Амер.) см. abrevadero; [м. множ.] подшивка (у платья): * bebedero automático, автопоилка.
bebedizo, za. [прил.] годный для питья, питьевой; [м.] микстура; любовный напиток, приворотное зелье; зелье, отрава.
bébedo, da. [прил.] (обл.) выпивший, под хмельком.
bebedor, ra. [прил.] пьющий (-ая); [сущ.] пьющий человек, любящий выпивать; [м.] (обл.) поилка; (Амер.) водопой.
bebelera. [ж.] (Амер.) неутолимая жажда.
bebendurria. [ж.] (Амер.) опьянение, хмель.
beber. [м.] (действие) питьё; питьё, напиток.
beber. [неперех.] (тже. перех.) пить, утолять жажду; (тже. перех.) см. brindar; (разг.) часто пить вино или другой напиток; выпивать: * beber a la salud de, поднять заздравный кубок за кого-л; * beber con, запить, хлебать (прост.); * beber ávidamente, напиваться; * acabar de beber, допить, допивать; * beber precipitadamente, хватить (прост.); * beber mucho, надуться, надуваться (прост.); * dar de beber, напаивать; * beber de un trago, опрокинуть, выпить залпом; * beber de bruces, пить прямо из (реки и т. д.); * beber con exceso, como una esponja, como un zaque, beber más que un saludador, пить мёртвую, пьянствовать; * sin comerlo ni beberlo, неждaнно-негaдaнно; * beber los vientos, страстно желать; * beber en las fuentes, обращаться к первоисточникам.

bebera. [ж.] (бот.) противолихорадочное растение.
beberaje. [м.] (Амер.) опьянение, хмель; неутолимая жажда.
beberegua. [ж.] (Амер.) см. beberaje.
beberrón, na. [прил.] неутолимо пьющий; [сущ.] пьянчушка.
beberruchar. [неперех.] (разг.) (обл.) попивать.
bebestible. [прил.] (разг.) питьевой, годный для питья.
bebezón. [м.] (Амер.) опьянение, хмель; (Амер.) см. bebecina; (Амер.) спиртной напиток.
bebezona. [ж.] (Амер.) опьянение, хмель; неутолимая жажда.
bebi. [м.] хлопчатобумажная ткань.
bebible. [прил.] (разг.) питьевой, пригодный для питья.
bebida. [ж.] питьё, напиток; выпивка; (Амер.) время отдыха на полевых работах: * bebida alcohólica, (разг.) хмельное; * bebidas alcohólicas, спиртные, хмельные, алкогольные напитки; * darse a la bebida, запить, зашибать.
bebido, da. [прил.] выпивший, под хмельком; хмельной: * estar bebido, под мухой (или с мухой) быть; [м.] лекарственное питьё.
bebistrajo. [м.] (разг.) странная смесь напитков; (разг.) бурда, пойло.
bebón, na. [прил.] (Амер.) пьющий.
beborrotear. [неперех.] попивать, понемногу, но часто пить.
beca. [ж.] значок школьников; часть плаща, которой закрывают лицо; стипендия; род шарфа; [множ.] кожа пальто.
becabunga. [ж.] (бот.) вид вероники.
becacina. [ж.] (гал.) (орни.) см. agachadiza.
becada. [ж.] (орни.) бекас, кулик.
becafigo. [м.] (орни.) лесной жаворонок.
becardón. [м.] (обл.) (орни.) см. agachadiza.
becario, ria. [м. и ж.] стипендиат (-ка): * becario del Estado, казённокоштный студент.
becasina. [ж.] (Амер.) (гал.) болотный кулик.
becerra. [ж.] тёлка; (бот.) львиный зев, львиная пасть.
becerrada. [ж.] бой молодых быков.
becerrear. [неперех.] (разг.) реветь; орать.
becerrero. [м.] пастух (при стаде молодых быков).
becerril. [прил.] относящийся к молодым быкам, тёлкам.
becerrillo. [м. умен.] к becerro; выделанная телячья кожа.
becerro. [м.] молодой бычок (до года, или немного больше), телёнок; см. becerrillo; картулярий: * becerro de oro, золотой телец; * becerro marino, тюлень.
beconguilla. [ж.] (Амер.) (бот.) рвотное растение.
becoquín. [м.] шапка-ушанка.
becuadro. [м.] (муз.) бекар.
becuna. [ж.] (ихтиол.) род морского усача.
bechamel. [ж.] бешамель (соус).
beche. [м.] (обл.) козёл.
bedano. [м.] (гал.) (тех.) (толстое) зубило, долото.
bedar. [перех.] (арг.) см. enseñar; (арг.) молиться.
bedel. [м.] университетский сторож, (уст.) педель.
bedelía. [ж.] должность университетского сторожа, педеля.
bedelín. [м.] род хлопка.
bedelio. [м.] камедесмола.
bederre. [м.] (арг.) палач.
bedoya. [ж.] (Амер.) глупый, дурацкий.
beduino, na. [прил.] бедуинский; [сущ.] бедуин (-ка); [м.] (перен.) грубиян.

bedul. [м.] (обл.) берёза.
befa. [ж.] насмешка, глумление, издевательство, надругательство: * hacer befa, высмеивать, поднимать на смех, см. befar.
befar. [перех.] высмеивать, поднимать на смех, издеваться, глумиться, насмехаться над кем-л; [неперех.] двигать нижней губой (о лошадях).
befedad. [ж.] свойст. к кривоногий, колченогий.
befo, fa. [прил.] толстогубый, губастый; с отвислой нижней губой; кривоногий, колченогий; косолапый; [м.] губы животных; (зоол.) серебристая обезьяна.
begonia. [ж.] (бот.) бегония.
begoniáceas. [ж. множ.] (бот.) бегониевые.
beguina. [ж.] бегинка, монахиня.
behetría. [ж.] (перен.) беспорядок, замешательство, неразбериха, разлад.
beige. [прил.] (гал.) беж (о цвете).
beilical. [прил.] к бей, или к территории юрисдикции бея.
beilicato. [м.] территория юрисдикции бея.
beisbol. [м.] бейсбол.
bejarano, bejerano, na. [прил.] относящийся к Béjar; [сущ.] уроженец этого города.
bejigón, na. [прил.] (Амер.) толстый, вздутый.
bejín. [м.] (бот.) дождевик (гриб); брюзга, ворчун; плакса, тот, кто много и часто плачет (о детях).
bejina. [ж.] (обл.) см. alpechín.
bejino. [м.] (обл.) брюзга, ворчун.
bejuca. [ж.] (Амер.) (зоол.) ядовитая змея.
bejucada. [ж.] (Амер.) см. bejucal.
bejucal. [м.] место, заросшее лианами.
bejuco. [м.] (бот.) лиана.
bejuquear. [перех.] (Амер.) бить (или колотить) палкой и т. д.; дубасить; см. varear.
bejuqueda. [ж.] см. bejucal; (Амер.) палочные удары; наказание палками.
bejuquera. [ж.] bejuquero. [м.] место, заросшее лианами.
bejuquillo. [м.] золотая цепочка; (бот.) ипекакуана.
belcho. [м.] (бот.) кузьмичёва трава.
beldad. [ж.] (поэт.) красота; красавица, красивая женщина.
beldar. [перех.] (с.-х.) веять, провеивать.
belduque. [м.] (Амер.) род большого остроконечного ножа.
beleda. [ж.] (обл.) белая свёкла.
belemnita. [ж.] белемнит.
belemnítico, ca. [прил.] (геол.) содержащий белемниты.
belemnoide. [прил.] (анат.) стреловидный.
belén. [м.] изображение рождения Христа; (перен.) шум, замешательство, неразбериха, суматоха; сложное дело: * estar en Belén, витать в облаках.
beleño. [м.] (бот.) белена.
beleñoso, sa. [прил.] снотворный.
belez, belezo. [м.] см. vasija; большой глиняный кувшин (для хранения масла или вина); (арг.) домашний предмет; [множ.] утварь.
belfo, fa. [прил.] с отвислой нижней губой; [м.] губа (животных).
belga. [прил.] бельгийский; [м. и ж.] бельгиец (-йка).
bélgico, ca. [прил.] бельгийский.
bélicamente. [нареч.] воинственно.
belicismo. [м.] воинственность, милитаристская политика, воинственный дух.

belicista. [прил.] воинственный, склонный к войне.
bélico, ca. [прил.] военный, относящийся к войне.
belicología. [ж.] наука о войне.
belicosamente. [нареч.] воинственно.
belicosidad. [ж.] воинственность.
belicoso, sa. [прил.] воинственный, боевой, агрессивный.
belideo. [м.] (зоол.) сумчатое животное.
beligerancia. [ж.] состояние войны; ведение войны.
beligerante. [прил.] воюющий; [м.] воюющая сторона.
belígero, ra. [прил.] (поэт.) воинственный, боевой.
belinograma. [м.] изображение, переданное по бильдаппарату, фототелеграмма.
belinún. [м.] (Амер.) разиня, ротозей.
belísono. [прил.] военнозвучащий.
belístico, ca. [прил.] военный, относящийся к войне.
belitre. [прил.] плутоватый, презренный, низкий; [сущ.] жулик, плут, презренный, низкий человек.
belitrería. [ж.] подлость и т. д.
belitrero. [м.] (арг.) распутник, обманывающий плутов.
beliz. [м.] (Амер.) ручной чемодан.
belóculo. [м.] (мин.) драгоценный камень.
belomancia. [ж.] гадание по стрелам.
belorruso, sa. [прил.] белорусский; [сущ.] белорус (-ка).
belorta. [ж.] кольцо на рукоятке плуга.
beltranear. [неперех.] неучтиво вести себя или говорить.
beluario. [м.] укротитель, специалист по укрощению диких зверей.
beluga. [ж.] (зоол.) белуха.
belvedere. [м.] (итал.) бельведер (вышка, с которой открывается вид на окрестности).
bellacada. [ж.] см. **bellaquería**.
bellacamente. [нареч.] подло.
bellaco, ca. [прил.] плутоватый, подлый; лукавый, хитрый, проницательный; (Амер.) норовистый (о лошади); [сущ.] плут (-овка), шельма; мошенник (-ица); мерзавец (-ка).
bellacuelo, la. [прил. умен.] к **bellaco**.
belladona. [ж.] (бот.) (фарм.) белладонна.
bellamente. [нареч.] мило, славно; совершенно.
bellaquear. [неперех.] плутовать, мошенничать; (Амер.) стать на дыбы (о лошади); сопротивляться, оказывать сопротивление, упрямиться.
bellaquera. [ж.] (Амер.) похотливость, сладострастие.
bellaquería. [ж.] плутовство, плутня, мошенничество, лукавство, коварство.
bellasombra. [ж.] (обл.) американское дерево, см. **ombú**.
bellerife. [м.] (арг.) служащий юстиции.
belleza. [ж.] красота, миловидность, (поэт.) краса: * una **belleza**, красавица; * **belleza** trivial, красивость; * salón de **belleza**, косметический кабинет; * la **belleza** del diablo, свежесть молодости.
bellico. [м.] (с.-х.) овёс (одна из разновидностей).
bellido, da. [прил.] красивый, прекрасный.
bello, lla. [прил.] красивый, прекрасный; хороший: * hacerse más **bello**, хорошеть; * la **bella** durmiente, спящая красавица; * el **bello** sexo, прекрасный пол; * las **bellas** letras, художественная литература, беллетристика.

bellota. [ж.] жёлудь, жолудь; бутон гвоздики; флакон для духов в виде жёлудя.
bellotal. [м.] место, изобилующее желудями.
bellote. [м.] большой гвоздь с круглой шляпкой.
bellotear. [неперех.] питаться желудями (о свиньях).
bellotera. [ж.] сборщица или продавщица желудей; сбор желудей; время сбора желудей; см. **montanera**.
bellotero. [м.] собиратель или продавец желудей; сбор желудей.
belloto. [м.] (Амер.) лавровое дерево.
bemba. [ж.] (Амер.) см. **bembo**; (разг.) (Амер.) морда, рыло.
bembe. [м.] (Амер.) см. **bemba**.
bembé. [м.] (Амер.) очень старинный африканский танец.
bembetear. [неперех.] (Амер.) разговаривать, болтать; сплетничать.
bembeteo. [м.] (Амер.) болтовня.
bembo. [м.] толстая отвислая губа.
bembón, na. [прил.] (Амер.) толстогубый, губастый.
bembrillo. [м.] (Амер.) (вул.) см. **membrillo**.
bembudo, da. [прил.] см. **bezudo**.
bemol. [м.] (муз.) бемоль; нежный тон (речи): * tener **bemoles**, tener tres **bemoles**, быть очень сложным, тяжёлым.
bemolado, da. [страд. прич. и прил.] с бемолями.
bemolar. [перех.] (муз.) ставить бемоли.
ben. [м.] (бот.) бобовое дерево.
benceno. [м.] (хим.) бензол.
bencilo. [м.] (хим.) бензил.
bencina. [ж.] (хим.) бензин; бензол: * estufa de **bencina**, (разг.) бензинка.
bendecidor, ra. [прил.] благословляющий, освящающий.
bendecir. [перех.] благословлять; (рел.) освящать; осыпать ценностями (о Боге); восхвалять; прославлять; [непр. гл.] спрягается как **decir**.
bendición. [ж.] благословение; освящение; прославление; восхваление: * **bendiciones** nupciales, обряд венчания; * echar la **bendición**, (перен.) (разг.) отказываться от чего-л; отделаться; * ser **bendición** de Dios, ser una **bendición**, быть обильным, превосходным и т. д.; * recibir la **bendición**, благословляться.
benditera. [ж.] (обл.) (церк.) кропильница.
bendito, ta. [страд. прич.]; [прил.] блаженный, святой; счастливый, благополучный; простодушный, простоватый; [м.] молитва, начинающаяся этим словом: * ser un **bendito**, быть простодушным; * saber como el **bendito**, (перен.) (Амер.) знать наизусть; * **agua bendita**, святая вода; * **bendito** muchacho, несносный, или проклятый мальчишка.
benedícite. [м.] разрешение на поездку (у монахов и т. д.); молитва перед приёмом пищи.
benedicta. [ж.] вид лекарства.
benedictino, na. [прил.] бенедиктинский; [сущ.] бенедиктинец (-ка); [м.] бенедиктин (сорт ликёра).
benefactor, ra. [прил.] совершающий благодеяние; [сущ.] благотворитель (-ница), благодетель (-ница).
beneficencia. [ж.] благотворительность; благотворительное общество: * **beneficencia** pública, общественная благотворительность; благотворительное учреждение; * casa de **beneficencia**, богадельня и т. д.
beneficentísimo, ma. [прил. превосх. степ.] к **benéfico**; чрезвычайно благотворный.
beneficiable. [прил.] прибыльный.

beneficiación. [ж.] улучшение; разработка, эксплуатация; извлечение пользы.
beneficiado, da. [страд. прич.] к **beneficiar**; (театр.) бенефициант (-ка); пользующийся чем-л; (церк.) лицо, имеющее бенефиций.
beneficiador, ra. [прил.] делающий добро; [м. и ж.] благодетель (-ница).
beneficial. [прил.] (церк.) относящийся к бенефиции.
beneficiar. [перех.] делать добро кому-л, благодетельствовать, помогать; улучшать, облагораживать; получать прибыль, выгоду; извлекать пользу; возделывать, использовать, обрабатывать (землю); разрабатывать, добывать, эксплуатировать (рудник и т. д.); получать должность за деньги; учитывать вексель; (Амер.) продавать в розницу (о мясе).
beneficiario. [м.] получивший в пользование; концессионер.
beneficio. [м.] благодеяние; услуга; выгода, преимущество; доход, барыш, прибыль; польза; пользование; эксплуатация, разработка; обработка (земли); оплаченная должность; (театр.) бенефис: * función a **beneficio**, бенефис; * **beneficio** eclesiástico, (церк.) бенефиций; * a **beneficio** de, на благо, к выгоде; в чьих-л интересах; * a **beneficio** de inventario, под условием проверки, условно; * desconocer el **beneficio**, быть неблагодарным; * no tener ni oficio ni **beneficio**, (прост.) не иметь ни должности ни состояния.
beneficioso, sa. [прил.] выгодный, полезный, прибыльный, доходный; благотворительный, благотворный.
benéfico, ca. [прил.] благотворительный, благодетельный: * efecto **benéfico**, благодетельность.
benemérito, ta. [прил.] заслуженный, достойный награды: * la **benemérita**, см. **guardia civil**.
beneplácito. [м.] согласие, одобрение, разрешение; апробация; агреман.
benévolamente. [нареч.] благосклонно, доброжелательно, благожелательно.
benevolencia. [ж.] доброжелательность, благосклонность, благожелательность, благожелательное отношение, благорасположение, благоволение, дружелюбие, милость: * con **benevolencia**, доброжелательно, дружелюбно, дружески, милостиво; * sin **benevolencia**, немилостиво.
benevolente. [прил.] (ненуж. неол.) см. **benévolo**.
benevolentísimo, ma. [прил. превосх. степ.] к **benévolo**, чрезвычайно благосклонный.
benévolo, la. [прил.] доброжелательный, благосклонный, благорасположенный, дружелюбный, милостивый, снисходительный, терпимый; * poco **benévolo**, немилостивый.
bengala. [ж.] индийский тростник; жезл (знак власти); (обл.) муслин, кисея: * luces de **bengala**, бенгальский огонь.
bengalí. [прил.] бенгальский; [м. и ж.] бенгалец (-ка); [м.] бенгальский язык, бенгали; (орни.) маленькая птица, происходящая из Бенгалии.
bengalina. [ж.] (Амер.) муслин, кисея.
benignamente. [нареч.] благодушно; благосклонно.
benignidad. [ж.] доброта; благодушие, мягкость, незлобивость; (мед.) доброкачественность.
benigno, na. [прил.] благодушный, добросердечный; кроткий, незлобивый, незлой; безобидный; (перен.) умеренный, мягкий; доброкачественный (об опухоли); неопасный (о болезни).

benito, ta. [прил.] бенедиктинский; [м. и ж.] бенедиктинец (-ка).
benjamín. [м.] младший (-ая); младшее любимое дитя; любимчик, маменькин сынок.
benjuí. [м.] бензой, росный ладан, бензойная смола.
benque. [м.] (Амер.) берег реки.
benteveo. [м.] (Амер.) см. bientevео.
bentónico, ca. [прил.] относящийся к морским глубинам.
benzoado, da. [прил.] содержащий бензой.
benzoato. [м.] (хим.) соль бензойной кислоты.
benzoico, ca. [прил.] бензойный.
benzol. [м.] (хим.) бензол.
benzonaftol. [м.] (фарм.) бензонафтол.
beocio, cia. [прил.] происходящий из Беотии; [сущ.] беотиец, беотийка, житель (-ница) древней Беотии; (перен.) тупица.
beodez. [ж.] опьянение, хмель; пьянство.
beodo, da. [прил.] пьяный, хмельной, нетрезвый; [сущ.] пьяный, (-ая).
beorí. [м.] (зоол.) американский тапир.
beotismo. [м.] тупость; идиотизм.
beque. [м.] (мор.) передняя часть судна, гальюн; (перен.) ночной горшок.
béquico, ca. [прил.] действующий против кашля.
bequista. [сущ.] (Амер.) стипендиат(-ка), см. becario.
berbeci. [м.] (Амер.) брюзга, ворчун.
berbén. [м.] (Амер.) род скорбута.
berberecho. [м.] вид съедобной ракушки.
berberí. [прил.] берберийский; [м.] бербер.
berbería. [ж.] (Амер.) олеандр.
berberís. [м.] (бот.) см. bérbero(s).
berberisco, ca. [прил.] берберийский; [м.] бербер.
bérbero(s). [м.] (бот.) барбарис; барбарисовое варенье.
berbiquí. [м.] коловорот.
berceo. [м.] овёс (одна из разновидностей).
barciano, na. [прил. и сущ.] к Bierzo (район, в провинции Леона).
bereber. [прил.] берберский, берберийский; [м.] бербер.
berengo, ga. [прил.] (Амер.) глупый, глуповатый, простоватый.
berenjena. [ж.] (бот.) баклажан (растение и плод).
berenjenal. [м.] баклажановое поле; (перен.) (разг.) очень сложное дело; путаница, неразбериха: * meterse en un berenjenal, браться за сложное дело.
berenjenazo. [м.] удар баклажаном.
berenjenero, ra. [м. и ж.] продавец (-щица) баклажанов.
berenjenín. [м.] (бот.) разновидность баклажана.
bereque. [прил.] (Амер.) кривоглазый.
bergadán, na. [прил.] относящийся к Berga; [м. и ж.] уроженец этого каталонского города.
bergamota. [ж.] (бот.) бергамот (сорт груши, лимона).
bergamote, bergamoto. [м.] (бот.) бергамотовое дерево.
bergante. [м.] мошенник, мазурик, бездельник, лоботряс, бессовестный плут, негодяй.
bergantín. [м.] (мор.) бриг, небольшое коммерческое двухмачтовое парусное судно.
bergantinejo. [м. умен.] к bergantín.
beri. [м.] (арт.) каторга.
beriberi. [м.] (мед.) бери-бери, болезнь обмена веществ, вызываемая отсутствием витамина B₁.
beribérico, ca. [прил.] (мед.) к бери-бери.

berilio. [м.] (хим.) бериллий.
berilo. [м.] (мин.) берилл.
berlina. [ж.] берлина, двухместная карета; отделение вагона, дилижанса.
berlina. [ж.] * ponerse en berlina, быть на виду, выставлять себя напоказ; * poner en berlina, (разг.) делать общим посмешищем; * estar en berlina, (разг.) быть у всех на языке.
berlinés, sa. [прил.] берлинский; [м. и ж.] берлинец, житель(-ница) Берлина.
berlinga. [ж.] длинная палка употр. для перемешивания плавки; (перен.) (обл.) верзила, дылда; (мор.) короткая мачта; ствол.
berlingar. [перех.] перемешивать плавку с berlinga.
berma. [ж.] берма.
bermejal. [м.] (Амер.) большое пространство красноватой почвы.
bermejear. [неперех.] алеть, краснеть.
bermejizo, za. [прил.] красноватый, рыжеватый; [м.] род летучей мыши.
bermejo, ja. [прил.] алый, яркокрасный; * tomar un color bermejo, алеть; * ponerse (volverse) bermejo, алеться.
bermejón, na. [прил.] алый, яркокрасный; рыжеватый.
bermejuela. [ж.] сорт рыбы; (обл.) вереск.
bermejuelo, la. [прил. умен.] к bermejo.
bermejura. [ж.] алый, яркокрасный цвет.
bermellón. [м.] (мин.) киноварь.
bermuda. [ж.] (Амер.) злаковое растение (садовое).
bernacla, bernacha. [ж.] морской гусь.
bernardina. [ж.] (разг.) хвастовство, бахвальство, фанфаронство (тж. множ.).
bernardo. [м.] монах-бернардинец.
bernegal. [м.] род чашки.
bernés, sa. [прил.] бернский; [м. и ж.] житель (-ница), уроженец Берна.
bernia. [ж.] старинная шерстяная ткань; род плаща из этой ткани; (Амер.) [м. и ж.] ленивец (-ица), лентяй (-ка), лодырь, бездельник, лежебока; флегматический человек.
berniz. [м.] (обл.) лак, см. barniz.
berozo. [м.] (обл.) вереск: * berozo blanco, или macho, древовидный вереск.
berra, berraza. [ж.] (бот.) рослый кресс; см. berrera.
berraco. [м.] род короткой пушки XVI в.
berrán. [м.] (Амер.) любовник проститутки; (Амер.) см. disgusto и berrinche.
berraña. [ж.] (бот.) несъедобный кресс.
berraza. [ж.] см. berrera; рослый кресс.
berrear. [неперех.] мычать, реветь (о животных); орать, кричать, горланить, плохо петь; [перех.] сердить, раздражать; (арг.) разоблачать, раскрывать, признавать себя и т. д.
berrenchín. [м.] тяжёлый запах, распространяемый разъярённым диким кабаном; (перен.) досада, гнев (ребёнка).
berrenchinarse. [возв. гл.] (Амер.) раздражаться (о коже).
berrendearse. [возв. гл.] (обл.) созревать (о пшенице).
berrendo, da. [прил.] двухцветный (о животных); (обл.) коричневый (о шелковичном черве); [м.] мексиканский олень.
berrengue. [м.] (Амер.) бычья жила для наказания, кнут, бич.
berreo. [м.] (Амер.) досада, гнев (ребёнка).
berreón, na. [прил.] (обл.) крикливый.
berrera. [ж.] сизон, растение из сем. зонтичных; (обл.) продающаяся кресс.
berretín. [м.] (разг.) упорная склонность; упрямство, страстное желание; занятие в часы досуга; (Амер.) упрямство.

berriadora. [ж.] (Амер.) опьянение, хмель.
berrido. [м.] мычание, рёв; (перен.) повышенный тон.
berrietas. [м.] (Амер.) плакса (о детях).
berrín. [м.] брюзга, ворчун.
berrinchar. [неперех.] (Амер.) возражать, протестовать.
berrinche. [м.] (разг.) гнев, досада, капризы (ребёнка); сильное раздражение.
berrinchudo, da. [прил.] (Амер.) много и часто плачущий (о детях); часто протестующий и т. д.; (Амер.) пьянствующий.
berrizal. [м.] место, заросшее крессом.
berro. [м.] (бот.) кресс.
berrocal. [м.] скалистая местность (гранитная).
berrochar. [неперех.] (Амер.) шуметь, скандалить, бузить.
berroche. [м.] (Амер.) шум, гам, галдёж, крик, суматоха.
berrochón, na. [прил.] (Амер.) шумный, шумливый; кричащий.
berroqueño, ña. [прил.] * piedra berroqueña, гранитный камень.
berrueco. [м.] маленькая зрачковая опухоль; утёс, скала; неровный жемчуг.
bersagliero. [м.] (воен.) берсальер, итальянский солдат.
berza. [ж.] капуста: * berza de pastor, см. cenizo; * estar en berza, быть зелёным, незрелым; * troncho de berza, кочерыжка; * hoja de berza, капустный лист.
berzal. [м.] капустное поле, капустник (прост.).
berzo. [м.] (обл.) люлька, колыбель.
berzotas. [м.] грубый, неотёсанный, тупой человек.
besador, ra. [прил.] целующий.
besalamano. [м.] (сокращённо В. L. М.) официальное извещение, составленное в третьем лице и без подписи.
besamanos. [м.] (приветствие) целуй руки; торжественный приём во дворце; воздушный поцелуй.
besamela. [ж.] бешамель (соус).
besana. [ж.] проведение параллельных борозд; первая борозда; (обл.) пашня, посевная площадь.
besante. [ж.] старинная византийская золотая (или серебряная) монета.
besar. [перех.] целовать, (уст.) лобзать, лобызать; соприкасаться друг с другом (о вещах): * besar el suelo, упасть ничком; * llegar y besar el santo, очень быстро чего-л добиться; * besarse [возв. гл.] целоваться; неожиданно стукнуться лицом или головой.
besico. [м. умен.] к beso: * besico de monja, (бот.) повилика, вьюнок.
besiero. [м.] род дикорастущей груши (дерева).
besito. [м. умен.] к beso; (Амер.) свежая булка; (Амер.) см. merengue.
beso. [м.] поцелуй; (поэт.) лобзание; (перен.) удар лбом: * comerse a besos, empezar a dar besos, зацеловать; * dar un beso, (уст.) запечатлеть поцелуй; * beso de Judas, поцелуй Иуды; * dar un beso al jarro, сделать глоток из кружки.
besotear. [перех.] зацеловывать; (Амер.) целовать несколько раз подряд.
bestezuela. [ж.] зверёк, зверушка.

bestia. [ж.] зверь, животное; (перен.) [м.] дурак, дура, невежда; зверь скотина, болван; * **bestia** de albarda, осёл, ишак (обл.); * **bestia** de carga, вьючное животное; * **bestia** feroz, дикое животное; * **bestia** de silla, верховая лошадь; * gran bestia, лось; тапир.

bestiaje. [м.] (соб.) вьючные животные.

bestial. [прил.] скотский, животный, звероподобный, зверский; безрассудный, неразумный; (перен.) огромный, громадный, колоссальный, звериный; [м.] корова, лошадь, осёл.

bestialidad. [ж.] зверство, скотство; неистовство; совокупление с животным; безумие, безрассудство.

bestializarse. [возв. гл.] низводиться до уровня животного, до скотского состояния, звереть.

bestialmente. [нареч.] по-скотски, скотски.

bestiario. [м.] гладиатор, боровшийся с дикими зверями; бестиарий (в средние века описание зверей с аллегорическим их истолкованием).

bestión. [м. увел.] к bestia; фантастическое изображение (преимущ. арх.).

bestionazo. [м. увел.] к bestia, грубый, невежественный человек, скотина, болван.

béstola. [ж.] см. arrejada.

besucador, ra. [прил. и сущ.] целующий несколько раз подряд.

besucar. [перех.] целовать частыми, быстрыми поцелуями.

besucón. [м.] см. besucador, любитель целоваться.

besugada. [ж.] пирушка, где едят красноперые спары.

besugo. [м.] красноперый спар (рыба); [множ.] (арг.) носки: * te veo, или ya te veo besugo, que tienes el ojo claro, (разг.) я вижу тебя насквозь.

besuguera. [ж.] продавщица спара; посуда для варки рыбы (на пару).

besuguero. [прил.] продавец спара; тот, кто занимается перевозкой красноперых спаров; (обл.) рыболовный крючок для ловли этой рыбы.

besuguete. [м. умен.] к besugo; (ихтиол.) султанка (рыба).

besuquear. [перех.] (разг.) целовать частыми поцелуями.

besuqueo. [м.] дейст. к целовать частыми поцелуями.

bet. [м.] 2-я буква еврейского алфавита.

beta. [ж.] 2-я буква греческого алфавита: * rayos beta, бета-лучи; * partículas beta, бета-частицы.

beta. [ж.] (обл.) кусок верёвки или нитки; (мор.) тонкая верёвка, троса.

betabel. [м.] (Амер.) свёкла, свекловица.

betaina. [ж.] (хим.) бетаин.

betarraga, betarrata. [ж.] свёкла, свекловица, см. remolacha.

betatrón. [м.] бетатрон.

betel. [м.] (бот.) бетель.

beteraga, beterraga. [ж.] (Амер.) свёкла, свекловица.

bético, ca. [прил.] (уст.) андалузский.

bétula. [ж.] берёза (одна из разновидностей).

betumear. [перех.] (Амер.) смолить; мазать сапожной мазью (обувь).

betuminoso, sa. [прил.] см. bituminoso.

betuminizar. [перех.] см. bituminizar.

betún. [м.] битум; сапожная мазь, вакса, см. zulaque; (Амер.) глазурь из сахара и взбитых белков: * betún de Judea, плавик, см. zulaque; * de betún, битумный.

betunear. [перех.] (Амер.) смачивать табак битумом.

betunería. [ж.] завод вакси или лавка где продают ее.

betunero, ra. [м. и ж.] продавец (-щица) вакси, тот, кто делает ее; (обл.) чистильщик (-ица) сапог.

beuna. [ж.] (обл.) сорт винограда; [м.] (обл.) вино из этого винограда.

beut. [м.] см. roncador (рыба).

bey. [м.] (ист.) бей.

bezar. [м.] см. bezoar.

bezo. [м.] толстая губа; опухоль вокруг гнойной раны.

bezoar. [м.] (хим.) камень в желудке у некоторых животных (преимущ. жвачных).

bezudo, da. [прил.] толстогубый, губастый.

bezugo. [м.] филиппинское вьющееся растение.

bherée. [м.] род индийского корнета.

biaba. [ж.] (Амер.) (арг.) пощёчина, удар кулаком; палочные удары и т. д.; см. derrota: * dar la biaba, (арг.) (Амер.) ударять, поколотить; см. derrotar.

biabar. [неперех.] (Амер.) бросаться на кого-л, ударять.

biabista. [м.] (прост.) (Амер.) вор-убийца.

biajaca. [ж.] рыба, живущая в реках и озёрах (в Кубе).

biajaiba. [ж.] рыба, живущая в Антильском море.

biarticulado, da. [прил.] (анат.) двухсуставный.

biasar. [перех.] (м. употр.) поляризировать.

biatómico, ca. [прил.] (хим.) двухатомный.

biauricular. [прил.] относящийся к двум ушам.

biaxífero, ra. [прил.] двухосный.

bibásico, ca. [прил.] двухосновный.

bibelot. [м.] (гал.) безделушка, изящная вещица, безделица.

bibero. [м.] род полотна.

biberón. [м.] детский рожок, соска (для молока).

bibí. [м.] (Амер.) лилейное растение.

bibicho. [м.] (Амер.) кот, кошка.

bibijagua. [ж.] (Амер.) очень вредный кубинский муравей; (перен.) (Амер.) заботливый, усердный человек.

bibijagüero. [м.] (Амер.) муравейник.

Biblia. [ж.] Библия.

bíblicamente. [нареч.] библейским образом.

biblicismo. [м.] библейский характер.

biblicista. [м.] (Амер.) специалист по изучению Библии.

bíblico, ca. [прил.] библейский.

bibliobús. [м.] передвижная библиотека.

bibliofilia. [ж.] любовь к книгам, библиофильство.

bibliófilo, la. [м. и ж.] библиофил, книжник, книголюб.

bibliognosta. [м. и ж.] книжник, знаток книг.

bibliografía. [ж.] библиография.

bibliográfico, ca. [прил.] библиографический.

bibliógrafo, fa. [м. и ж.] библиограф.

bibliólatra. [м.] человек имеющий много книг, но не читающего их.

bibliología. [ж.] библиология.

bibliológico, ca. [прил.] библиологический.

bibliólogo, ga. [м. и ж.] библиолог.

bibliomanía. [ж.] библиомания.

bibliómano, na. [м. и ж.] библиоман.

bibliomapa. [м.] атлас, сборник географических карт.

bibliopola. [м.] книгопродавец.

bibliótafo, fa. [м. и ж.] библиотаф.

biblioteca. [ж.] библиотека, книгохранилище; * **biblioteca** circulante, передвижная библиотека; * **biblioteca** pública, публичная библиотека; * **biblioteca** del Estado, государственная библиотека.

bibliotecario, ria. [м. и ж.] библиотекарь (-рша).

bibliotecografía. [ж.] библиотековедение, библиотечное дело.

bibliotecográfico, ca. [прил.] к библиотековедение.

bibliótofo, fa. [м. и ж.] библиотаф.

bibona. [ж.] кубинское дикорастущее растение.

bica. [ж.] (обл.) пресное печенье.

bical. [м.] (ихтиол.) лосось (самец).

bicamarista. [прил.] (полит.) двухпалатный.

bicameral. [прил.] (полит.) двухпалатный.

bicapsular. [прил.] (бот.) двукоробочный.

bicarbonato. [м.] (хим.) двууглекислая соль, бикарбонат: * **bicarbonato** de sosa, двууглекислый натрий, питьевая сода.

bicéfalo, la. [прил.] двуглавый.

bicenal. [прил.] двадцатилетний.

bíceps. [прил.] двуглавый (о мышце); [м.] двуглавая мышца, бицепс: * **bíceps** femoral, двуглавая мышца бедра.

bicerra. [ж.] (зоол.) серна.

bicia. [ж.] (бот.) род хлопчатника.

bicicleta. [ж.] велосипед: * fábrica de bicicletas, велозавод; * neumático de bicicletas, велокамера.

bicicletería. [ж.] (Амер.) велосипедная лавка.

biciclista. [м. и ж.] велосипедист (-ка).

biciclo. [м.] велосипед (старинный, с высоким передним колесом, без передачи).

bicimotor. [м.] велосипед с моторчиком.

bicípite. [прил.] двуглавый.

bicloruro. [м.] (хим.) двухлористое соединение.

bicoca. [ж.] (перен.) (разг.) мелочь, безделка; (Амер.) (вул.) тюбетейка; (Амер.) (вул.) щелчок.

bicolor. [прил.] двухцветный.

bicóncavo, va. [прил.] двояковогнутый.

bicónico, ca. [прил.] (полит.) двуконусный.

biconvexo, xa. [прил.] двояковыпуклый.

bicoque. [м.] (Амер.) удар сочленениями пальцев по голове.

bicoquete. [м.] шапка-ушанка.

bicorne. [прил.] (поэт.) двурогий; двухконечный.

bicornio. [м.] треуголка (шляпа).

bicorpóreo, a. [прил.] с двумя телами, состоящий из двух тел.

bicos. [м. множ.] золотое кружево.

bicuadrado, da. [прил.] (мат.) биквадратный.

bicuarzo. [м.] (физ.) биквартц.

bicuento. [м.] (ариф.) см. billón.

bicha. [ж.] (арх.) фантастическое животное; (разг.) змея; (обл.) чешуекрылое насекомое; (Амер.) см. bicho.

bichadero. [м.] (Амер.) дозорная башня; вышка.

bichar. [перех.] см. bichear; (Амер.) обтёсывать бревно.

bicharraco. [м. презр.] к bicho.

biche. [прил.] (Амер.) зелёный, незрелый (плод); слабый, болезненный (о человеке); (Амер.) губчатый, ноздреватый; (Амер.) большой горшок.

bicheadero. [м.] (Амер.) дозорная башня; вышка.

bichear. [перех.] (Амер.) выслеживать, шпионить; (арг.) ловко, незаметно прятать что-л, см. escamotear.

bichento, ta. [прил.] (Амер.) завистливый; досадный; (Амер.) рахитический.

bichero. [м.] (мор.) багор: de bichero, багорный.

bichillo. [м.] (обл.) филей, филейная часть мяса.

bicho. [м.] мурашка, букашка; животное (преимущ. домашнее); (перен.) смешной, нелепый человек; (тавр.) бык готовый к бою; * mal bicho, фрукт; * bicho viviente, (разг.) живое существо, живая душа; * todo bicho viviente, и те и другие.

bicho, cha. [м. и ж.] (Амер.) мальчик, юноша.

bichofear. [перех.] освистывать кого-л; шутить.

bichoronga. [ж.] (Амер.) пустяк; (Амер.) проститутка, публичная женщина, (груб.) шлюха.

bidé. [м.] биде.

bidentado, da. [прил.] см. bidente.

bidente. [прил.] двузубый; [м.] двузубые вилы; (бот.) череда.

bidigitado, da. [прил.] (бот.) двупальчатый.

bidón. [м.] (гал.) бидон, жбан.

biela. [ж.] (тех.) шатун, дышло.

bielda. [ж.] грабли или вилы для соломы и т. д.; веяние.

bieldar. [перех.] (с.-х.) (про)веять.

bieldero, ra. [м. и ж.] тот, кто делает или продаёт bieldos.

bieldo. [м.] (с.-х.) род грабель или вил для веяния; см. bielda.

bielga. [ж.] (обл.) большие грабли для складывания соломы.

bielorruso, sa. [прил.] белорусский; [сущ.] белорус (-ка).

bien. [м.] добро, благо, благодеяние; добро, польза; [множ.] имение, владения, имущество, собственность, состояние; * hacer bien, помогать, облегчать кому-л.; * un hombre de bien, порядочный человек; * el bien público, общественная польза, общественное благо; * bienes muebles, движимость, движимое имущество; * bienes inmuebles, недвижимость, недвижимое имущество; * bienes nacionales, всенародное достояние; * bienes semovientes, скот; * bienes adventicios, имущество, полученное в дар или в наследство; * bienes castrenses, имение, полученное за участие в войне; * bienes mostrencos, бесхозяйное имущество; * bienes raíces, земельные угодья; * bienes dotales, приданое (жены) * bienes de propios, общинные угодья; * bienes vinculados, неотчуждаемое имущество; * bienes de abolengo, родовое имение; * bienes públicos, bienes del Estado, государственное имущество; * bienes gananciales, имущество, составляющее общую собственность супругов; * comer los bienes, промотать своё имущество.

bien. [нареч.] хорошо; ладно, хорошенько; ловко; верно; охотно, очень, вполне; * muy bien, очень хорошо, на диво; * encontrarse bien, sentirse bien, хорошо поживать, хорошо себя чувствовать; * bastante bien, довольно хорошо; порядочно; изрядно; * ¡bien, muchacho!, ай да молодец; * ¡qué bien!, вот хорошо; * está bien, хорошо; будет; * ni bien ni mal, ни шайко, ни валко; * ¡bien venido sea(s)!, добро пожаловать; * tener a bien, благоволить; * ir bien, ладиться; * si bien, хотя, ну; но; * bien que, хоть, хотя; * lo tiene bien merecido, он этого вполне заслужил; * tener a bien, или por bien, быть чем-л довольным, соглашаться с чем-л; * считать за то.

bienal. [прил.] двухгодичный.

bienamado, da. [прил.] горячо любимый, возлюбленный.

bienandante. [прил.] счастливый, блаженный.

bienandanza. [ж.] счастье, удача.

bienaventuradamente. [нареч.] счастливо, благополучно.

bienaventurado, da. [прил.] блаженный, счастливый; (ирон.) незлой, простоватый, глуповатый.

bienaventuranza. [ж.] блаженство, блаженное состояние; счастье.

biendichoso, sa. [прил.] (обл.) блаженный, счастливый, см. bienaventurado.

bienestar. [м.] хорошее самочувствие; блаженное состояние, блаженство; приятное чувство; благосостояние, достаток; комфорт, уют; благоустройство (квартиры и т. д.); благополучие; зажиточность.

bienfortunado, da. [прил.] счастливый, удачливый см. afortunado.

bienhablado, da. [прил.] вежливый, учтивый (в разговоре).

bienhaciente. [прил.] см. bienhechor.

bienhadado, da. [прил.] см. afortunado.

bienhecho, cha. [прил.] статный, стройный, пропорционального телосложения.

bienhechor. [прил.] благотворительный, совершающий благодеяние; благотворный; [м. и ж.] благотворитель (-ница); благодетель (-ница); кормилец.

bienhechuría. [ж.] (Амер.) улучшение введённое в арендованное владение.

bienintencionadamente. [нареч.] благонамеренно.

bienintencionado, da. [прил.] благонамеренный, доброжелательный: * persona bien-intencionada, доброжелатель.

bienio. [м.] двухгодичный промежуток, двухлетие.

bienllegada. [ж.] благополучное прибытие; радушный приём.

bienllegado, da. [прил.] желанный (о госте).

bienmandado, da. [прил.] послушный, повинующийся.

bienmesable. [м.] сладости из сахара и яичных белков.

bienoliente. [прил.] благоуханный, ароматный, душистый.

bienquerencia. [ж.] благосклонность, симпатия, доброжелательность, доброжелательство; привязанность, преданность.

bienquerer. [м.] см. bienquerencia.

bienquerer. [перех.] любить, уважать, высоко ценить.

bienqueriente. [дейст. прич.] к bienquerer. любящий, уважающий.

bienquistar. [перех.] мирить, примирять; * bienquistarse. [возв. гл.] снискивать всеобщее уважение, любовь.

bienquisto, ta. [непр. стр. прич.] к bienquistar; [прил.] всеми любимый, уважаемый и т. д., пользующийся хорошей репутацией и т. д.

biensonancia. [ж.] благозвучность.

biensonante. [прил.] благозвучный, приятно на слух.

bienteveo. [м.] см. candelecho; (Амер.) аргентинская птица.

bienvenida. [ж.] благополучное прибытие; радушный приём, приветствие по случаю приезда.

bienvivir. [неперех.] жить зажиточно, богато; честно, порядочно жить.

bienza. [ж.] (обл.) см. binza.

biercol. [м.] (бот.) вид вереска.

biergo. [м.] (с.-х.) род грабель или вил для веяния.

bies. [м.] (гал.) см. sesgo: * al bies, см. al sesgo.

biezo. [м.] (бот.) (обл.) берёза.

bifacial. [прил.] двусторонний.

bifásico, ca. [прил.] (эл.) двухфазный.

bife. [м.] (Амер.) см. bisteck, (Амер.) пощёчина.

bífero, ra. [прил.] (бот.) приносящий плоды два раза в год.

bífido, da. [прил.] (бот.) раздвоенный, расщеплённый.

bifloro, ra. [прил.] двуцветковый.

bifocal. [прил.] двухфокусный.

bifoliado, da. [прил.] двулистный.

biforado, da. [прил.] (бот.) с двумя отверстиями.

biforme. [прил.] (поэт.) с двумя образами.

bifronte. [прил.] двуликий.

biftec. [м.] бифштекс.

bifundido, da. [прил.] плавленный два раза.

bifurcable. [прил.] отдающийся бифуркации.

bifurcación. [м.] бифуркация, раздвоение, разветвление.

bifurcado, da. [страд. прич. и прил.] раздвоенный, вилообразный.

bifurcarse. [возв. гл.] раздваиваться, разветвляться.

biga. [ж.] римская двухколёсная колесница.

bigamia. [ж.] бигамия, двоежёнство, двоебрачие, двоемужие; второй брак.

bígamo, ma. [м. и ж.] двоеженец, двоемужница; женатый вторым браком; женатый на вдове.

bigarada. [ж.] сорт кислого апельсина.

bigarda. [ж.] (обл.) чижик (детская игра).

bigardear. [неперех.] (разг.) бродяжничать, скитаться; бездельничать; вести распутную жизнь.

bigardía. [ж.] насмешка, обман; симуляция, притворство.

bigardo, da. [прил.] развратный, распутный (о монахе) (тже. сущ.); (перен.) праздный, ленивый, развратный (тже. сущ.).

bigardón, na. [прил. и сущ. увел.] к bigardo; (обл.) очень высокий (о человеке).

bigardonear. [неперех.] (разг.) (обл.) бродяжничать и просить милостыню.

bígaro. [м.] (мор.) род съедобной морской улитки.

bigarra. [ж.] род рычага.

bigarrado, da. [прил.] пёстрый.

bigarro. [м.] см. bígaro.

bigato. [м.] старинная римская серебряная монета.

bígemo, ma. [прил.] (бот.) двупочечный.

bigiboso, sa. [прил.] с двумя шишками.

bigorneta. [ж. умен.] к bigornia; маленькая двурогая наковальня.

bigornia. [ж.] двурогая наковальня.

bigornio. [м.] (арг.) член шайки хвастунов, объединившихся, чтобы пугать людей.

bigorrella. [ж.] (мор.) очень тяжёлый камень, для погружения сети в воду.

bigote. [м.] ус, усы; (полигр.) линейка; [множ.] языки пламени (из печи): * teñir el bigote, нафабрить (-ся) усы; * no tener malos bigotes, быть красивой (о женщине); * tener bigotes, быт стойким (в решениях); * reírse de alguien en sus bigotes, смеяться кому-л в лицо.

bigotera. [ж.] узкая полоска, покрывающая усы; остатки вина на верхней губе; откидное сиденье; маленький циркуль; * pegar una bigotera, выманивать воровским, мошенническим способом.

bigotudo, da. [прил.] усатый.

biguá. [м.] (Амер.) перепончатолапая птица.

bigudí. [м.] бигуди, папильотка.

bijagua. [ж.] кубинское дикорастущее дерево.
bijarro. [м.] (Амер.) (вар.) булыжник; см. **guijarro**.
bijaura. [ж.] (Амер.) (бот.) род дурмана.
bijirita. [ж.] (Амер.) род канарейки; кубинец, сын испанца; маленький бумажный змей.
bijón. [м.] род смолы.
bijorria. [ж.] (Амер.) беспокойство, неудобство; бедствие, несчастье.
bijugo. [м.] гватемальская птичка.
bilabarquín. [м.] (Амер.) коловорот, см. **berbiquí**.
bilabiado, da. [прил.] (бот.) двугубый.
bilabial. [прил.] (лингв.) билабиальный, двугубный.
bilallo. [м.] (мор.) большое судно.
bilao. [м.] тростниковый поднос.
bilateral. [прил.] билатеральный, двусторонний; двусторонний, обоюдный (о соглашении и т. д.): * calidad de bilateral, билатеральность; * acuerdo bilateral, двустороннее соглашение.
bilbaíno, na. [прил.] относящийся к Bilbao; [сущ.] уроженец этого города.
bilboquete. [м.] бильбоке (игра).
bilda. [ж.] (обл.) см. **bielda**.
bildar. [перех.] веять (хлеб).
bildo. [м.] (обл.) род главель или вил для веяния см. **bieldo**.
bildurra. [ж.] (обл.) страх, боязнь, трусость, малодушие.
bilenda. [ж.] (Амер.) выгода; польза.
biliar, biliario. [прил.] жёлчный: * vesícula biliar, жёлчный пузырь; * cálculos biliares, камни в печени.
bilingüe. [прил.] двуязычный: * diccionario bilingüe, двуязычный словарь.
bilingüismo. [м.] двуязычие; владение двумя языками.
bilioso, sa. [прил.] жёлчный, содержащий желчь.
bilis. [ж.] (физиол.) жёлчь; (перен.) жёлчь, злоба, раздражение: * exaltársele (a uno) la bilis, раздражаться; * con bilis, (перен.) жёлчно.
billtero, ra. [прил.] состоящий из двух букв.
bilma. [ж.] (обл.) (Амер.) компресс, припарка, примочка; пластырь.
bilmar. [перех.] (обл.) (Амер.) ставить припарки; накладывать пластырь.
bilobado, da. [прил.] двулопастный; двудольный.
bilocación. [ж.] присутствие в двух местах одно.
bilocado, da. [прил.] (Амер.) безрассудный; [возв. гл.] быть одновременно в двух местах; (Амер.) см. **chiflarse**.
bilocular. [прил.] двухкамерный, двугнёздный.
bilogía. [ж.] (лит.) сочинение, состоящее из двух частей.
bilongo. [м.] (Амер.) колдовство.
bilonguear. [перех.] (Амер.) околдовывать.
bilonguero, ra. [сущ.] колдун, колдунья, ведьма (тж. прил.).
biltrotear, biltrotera, см. **viltrotear, viltrotera**.
bill. [м.] билль, законопроект (в английском парламенте и в США).
billa. [ж.] карамболь (приём бильярдной игры).
billalda. [ж.] чижик (детская игра).
billar. [м.] бильярд: * partida de billar, партия на бильярде; * bola de billar, бильярдный шар; * taco de billar, бильярдный кий; * jugar al billar, играть на бильярде; * sala de billar, бильярдная.
billarista. [сущ.] бильярдный игрок.
billetaje. [м.] (собир.) билеты.
billete. [м.] записка, (разг.) бумажка; письмецо; извещение; билет: * billete amoroso, любовная записка; * billete de Banco, банковый билет, банкнот, ассигнация; * billete de crédito, кредитный билет, кредитка; * billete de diez rublos, десятка; * billete de ida y vuelta, билет туда и обратно; * billete de regreso, обратный билет; * billete de andén, перронный билет; * medio billete, детский билет; * viajero sin billete, безбилетный пассажир, безбилетник (прост.); * billete de favor, льготный билет; (театр.) контрамарка.
billetera. [ж.] (Амер.) бумажник.
billetero, ra. [м. и ж.] уличный продавец (-щица) лотерейных билетов; [м.] бумажник.
billón. [м.] биллион.
bimano, na. [прил.] двурукий.
bimba. [ж.] (разг.) цилиндр (шляпа); (Амер.) дылда, верзила; (Амер.) (вул.) см. **bemba**.
bimbo. [м.] (Амер.) (зоол.) индюк.
bimbral. [м.] (разг.) см. **mimbral**.
bimembre. [прил.] состоящий из двух членов или частей.
bimensual. [прил.] двухнедельный; совершаемый два раза в месяц.
bimestral. [прил.] двухмесячный.
bimestre. [прил.] см. **bimestral**; [м.] промежуток времени в два месяца; рента или пенсия, получаемая раз в два месяца.
bimetálico, ca. [прил.] биметаллический.
bimetalismo. [м.] биметаллизм.
bimetalista. [прил.] биметаллический.
bimorfo, fa. [прил.] диморфный.
bimotor, ra. [прил.] двухмоторный: * bimotor, двухмоторный самолёт.
bina. [ж.] (с.-х.) перепашка.
binación. [ж.] (церк.) дейст. к служить две обедни в один день.
binador, ra. [м. и ж.] тот, кто перепахивает; пропашник.
binadura. [ж.] (с.-х.) перепашка, перепахивание.
binar. [перех.] перепахивать (землю); вторично окапывать (виноградник); (церк.) служить две обедни в один день.
binario. [прил.] двойной; бинарный, состоящий из двух элементов и т. д.
binazón. [ж.] (с.-х.) перепашка.
bincha. [ж.] (Амер.) см. **vincha**.
bingarrote. [м.] (Амер.) вид водки.
binocular. [прил.] (оит.) бинокулярный, двуглазый.
binóculo. [м.] бинокль; лорнет, лорнетка: * mirar a través de un binóculo, лорнировать.
binodal. [прил.] (физ. и т. д.) состоящий из двух узлов.
binomial. [прил.] (мат.) двучленный.
binomio. [м.] (мат.) бином, двучлен: * binomio de Newton, бином Ньютона.
binubo, ba. [прил.] вновь женатый и т. д.
binucleado, da. [прил.] с двумя ядрами.
binza. [ж.] внутренняя кожица яйца; внешняя кожица лука; см. **membrana**; помидорное семя и т. д.
biocenosis. [ж.] биоценоз.
bioculado, da. [прил.] двуглазый.
biodinámica. [ж.] биодинамика.
biofísica. [ж.] биофизика.
biofísico, ca. [прил.] биофизический.
biogénesis. [ж.] биогенез (-ис).
biogenético, ca. [прил.] биогенетический.
biogeografía. [ж.] биогеография.
biogeográfico, ca. [прил.] биогеографический.
biogeoquímica. [ж.] биогеохимия.
biogeoquímico, ca. [прил.] биогеохимический.
biognosis. [ж.] наука о жизни, изучение жизни.
biografía. [ж.] жизнеописание, биография.
biografiado, da. [м. и ж.] человек, описанный в биографии.
biografiar. [перех.] составлять биографию, писать чью-л биографию.
biográficamente. [нареч.] биографическим образом.
biográfico, ca. [прил.] биографический.
biografista. [м. и ж.] тот, кто занимается биографиями.
biógrafo, fa. [м. и ж.] биограф.
biología. [ж.] биология.
biológico, ca. [прил.] биологический.
biólogo, ga. [м. и ж.] биолог.
bioluminiscencia. [ж.] биолюминесценция.
biomagnetismo. [м.] биомагнетизм.
biombo. [м.] ширмы.
biomecánica. [ж.] биомеханика.
biomecánico, ca. [прил.] биомеханический.
biometría. [ж.] биометрия.
biométrico, ca. [прил.] биометрический.
biomía. [ж.] род мухи.
bión. [м.] (биол.) индивидуальный организм.
biopsia. [ж.] биопсия.
bioquímica. [ж.] биохимия.
bioquímico, ca. [прил.] биохимический.
biosfera. [ж.] биосфера.
biotecnia. [ж.] биотехника.
biotécnico, ca. [прил.] биотехнический.
biótico, ca. [прил.] биотический.
biotita. [ж.] биотит.
biovulado, da. [прил.] (бот.) с двумя яйцеклетками.
bióxido. [м.] двуокись; перекись.
bipartición. [ж.] раздвоение.
bipartido, da. [прил.] двураздельный.
bípedo, da. [прил.] двуногий; [м.] двуногое существо.
biperforado, da. [прил.] с двумя отверстиями.
biplano. [м.] (ав.) биплан.
biplaza. [прил.] (ав.) двухместный; [м.] двухместный самолёт.
bipolar. [прил.] (физ.) двухполюсный, биполярный.
bipolaridad. [ж.] биполярность, двуполюсность.
birabira. [ж.] (Амер.) дикий цвет, сорт чайного куста.
biribí. [м.] (Амер.) оживлённое веселье.
biribís. [м.] бириби (азартная игра).
biricú. [м.] портупея.
biriji. [м.] (бот.) антильское дерево.
birimbao. [м.] (муз.) биримбао (музыкальный инструмент).
birimbí. [прил.] (Амер.) слабый.
biringo, ga. [прил.] (Амер.) см. **desnudo**.
biriqui. [м.] кушанье из рубленых лёгких; см. **chanfaina**.
biriquí. [м.] (Амер.) (гал.) коловорот; см. **berbiquí**.
birla. [ж.] (обл.) кегля; (обл.) чижик (игра).
birlador. [прил.] пускающий шар вторично (при игре в кегли) и т. д.; [м.] (арг.) см. **estafador**.
birlar. [перех.] пускать шар вторично (при игре в кегли); (перен.) (разг.) перехватить работу, должность или невесту; (перен.) (разг.) убивать, сбивать одним ударом или выстрелом; (арг.) мошенничать.
birle. [м.] дейст. к пускать шар вторично (при игре в кегли).
birlesca. [ж.] (арг.) собрание воров, сутенёров.
birlesco. [м.] (арг.) вор, сутенёр.

birlí. [м.] (типогр.) не напечатанная нижняя часть листа.
birlibirloque. [м.]: * por arte de birlibirloque, чудесным образом.
birlo. [м.] (арг.) вор.
birlocha. [ж.] бумажный змей.
birloche. [м.] (арг.) вор, сутенёр; (Амер.) см. birlocho.
birlocho. [м.] открытый четырёхместный экипаж.
birlón. [м.] (обл.) большая кегля, стоящая в середине.
birlonga. [ж.]: * a la birlonga; (разг.) небрежно, как придётся.
birmano, na. [прил.] бирманский; [сущ.] бирманец, (-ка).
birrectángulo. [прил.] с двумя прямыми углами (о сферическом треугольнике).
birrefringencia. [ж.] (физ.) двойное преломление.
birreta. [ж.] кардинальская шапочка.
birrete. [м.] см. birreta; берет; шапочка (учёного, судьи и т. д.).
birretina. [ж.] шапочка; (уст.) шапка гренадёра; гусарская шапка.
birria. [ж.] безобразный человек или предмет, смешной, нелепый человек; (Амер.) каприз: * jugar de birria, (Амер.) играть не на деньги; ¡es una birria!, что за безобразие!
birringa. [ж.] (Амер.) легкомысленная, ветреная женщина.
birringuear. [неперех.] (Амер.) шататься, легкомысленно поступать (о женщине).
birrión. [м.] (Амер.) пятно продолговатой формы.
birrotación. [ж.] переменное вращение, мутаротация.
bis. [нареч.] бис, ещё раз.
bisabuelo, la. [м. и ж.] прадед, прабабка.
bisagra. [ж.] петля (дверная, оконная), навеска; шарнир, шарнирная петля; гладилка, лощило (сапожное).
bisalto. [м.] (обл.) горох.
bisanual. [прил.] (бот.) двухгодичный.
bisanuo, va. [прил.] (бот.) дву(х)летний, живущий два года.
bisar. [перех.] бисировать, исполнять на бис.
bisarma. [ж.] (обл.) дылда, высокий, нескладный человек.
bisayo, ya. [прил.] относящийся к Bisayas; [сущ.] уроженец островов или язык этих филиппинских островов.
bisbis. [м.] род рулетки.
bisbisar. [перех.] цедить сквозь зубы; нашёптывать, зашушукать [?]
bisbisear. [неперех.] (разг.) см. bisbisar.
bisbiseo. [м.] шепот; шушуканье; нашёптывание; бормотание.
biscochuelo. [м.] (Амер.) см. bizcocho.
biscuit. [м.] (гал.) сухарь; галет; бисквит, см. bizcocho.
bisecar. [перех.] делить на две равные части.
bisección. [ж.] (геом.) деление на две равные части.
bisector, triz. [прил.] (геом.) разделяющий надвое.
bisectriz. [ж.] (геом.) биссектриса.
bisegmentación. [ж.] деление на два отрезка.
bisegmentar. [перех.] делить на два отрезка.
bisel. [м.] скошенный край, фаска.
biselado. [м.] скашивание краёв; гранение.
biselador. [м.] тот, кто скашивает края.
biselar. [перех.] скашивать края; гранить.
biselio. [м.] (арх.) двухместный стул.
bisemanal. [прил.] выходящий (или приходящий) два раза в неделю.
bisextil. [прил.] високосный.

bisexual. [прил.] двуполый.
bisgo, ga. [прил.] (обл.) косоглазый, косой; см. bizco.
bisiesto. [прил.] високосный (год).
bisilábico, ca. [прил.] см. bisílabo.
bisílabo, ba. [прил.] (линг.) двусложный.
bismutífero, ra. [прил.] содержащий висмут.
bismutina. [ж.] (мин.) висмутин.
bismutita. [ж.] (мин.) висмутит.
bismuto. [м.] (хим.) висмут.
bisnieto, ta. [м. и ж.] правнук, правнучка.
biso. [м.] улиточный, раковинный шёлк, морской шёлк.
bisojo, ja. [прил.] косой, косоглазый.
bisonte. [м.] (зоол.) бизон, бизонья самка.
bisoñada. [ж.] (разг.) промах по неопытности.
bisoñé. [м.] парик, покрывающий переднюю часть головы.
bisoñería. [ж.] см. bisoñada.
bisoño, ña. [прил.] начинающий, необученный; [сущ.] новобранец, рекрут, призывник, призывной; новичок: * tropas bisoñas, необстрелянные войска.
bisoreco, ca. [прил.] немного косоглазый.
bistec. [м.] бифштекс.
bisteque. [м.] (Амер.) см. bistec.
bístola. [ж.] (обл.) см. arrejada.
bistorta. [ж.] (бот.) горец змеиный, горлец, змеевик, раковые шейки.
bistraer. [перех.] (обл.) давать или брать аванс (перех.) (разг.) см. sonsacar.
bistre. [м.] бистр, коричневая краска (для однотонной тушёвки и размывки).
bistrecha. [ж.] задаток, аванс.
bistrecha. [ж.] (обл.) аванс; см. bistrecha.
bisturí. [м.] хирургический нож.
bisulco, ca. [прил.] (зоол.) двупалый, двукопытный.
bisulfato. [м.] (хим.) бисульфат, кислая соль серной кислоты.
bisulfito. [м.] (хим.) бисульфит, кислая соль сернистой кислоты.
bisulfuro. [м.]: * bisulfuro de carbono, (хим.) сероуглерод.
bisunto, ta. [прил.] грязный, жирный.
bisurcado, da. [прил.] вилообразный.
bisutería. [ж.] (гал.) торговля имитированными ювелирными изделиями, магазин имитированных ювелирных изделий.
bita. [ж.] (мор.) битенг.
bitácora. [ж.] (мор.) нактоуз.
bitadura. [ж.] (мор.) бухта троса (снасть), уложенная в круг.
bitangente. [прил.] (мат.) дважды касательный.
bitango. [прил.]: * pájaro bitango, бумажный змей.
bitar. [перех.] (мор.) привязывать якорный трос к битенгам.
biter. [м.] горкая можжевёловая водка.
bitón. [м.] (мор.) битс.
bitoque. [м.] деревянная затычка, втулка (в бочке); (Амер.) кран.
bituminación. [м.] обработка битумом.
bituminizar. [перех.] превращать в битум.
bituminoso, sa. [прил.] битуминозный.
bivalencia. [ж.] (хим.) свойст. к двухвалентный.
bivalente. [прил.] (хим.) двухвалентный.
bivalvo, va. [прил.] двустворчатый (о раковине).
bivalvulado, da. [прил.] с двумя клапанами.
biyaya. [прил.] быстрый, проворный, ловкий, умелый.
biza. [ж.] (ихтиол.) тунец (рыба).
bizantino, ga. [прил.] см. византолог.
bizantinería. [ж.] см. bizantinismo; бесплодный, схоластический спор.
bizantinismo. [м.] чрезмерность (о искусстве, роскоши и т. д.); (перен.) начётничество; склонность к бесплодным, схоластическим спорам.

bizantino, na. [прил.] византийский; [сущ.] византиец: * discusión bizantina, бесплодный спор.
bizantiólogo, ga. [прил.] см. bizanciólogo.
bizarramente. [нареч.] мужественно, смело и т. д.
bizarrear. [неперех.] проявлять мужество или щедрость.
bizarría. [ж.] мужество, смелость, храбрость, отвага; благородство, великодушие; миловидность; щедрость; (гал.) странность.
bizarro, rra. [прил.] мужественный, смелый; великодушный, благородный; миловидный; щедрый; (гал.) странный, причудливый.
bizarrón. [м.] большой подсвечник.
bizaza. [ж.] кожаная сума, котомка (тж. множ.).
bizbirinda. [ж.] (Амер.) живая бесстыдная девушка.
bizbirindo, da. [прил.] (Амер.) весёлый, живой.
bizcaitarra. [м.] баскофил.
bizcar. [неперех.] косить(-ся), быть косым; [перех.] см. guiñar: * bizcar con los dos ojos, косить на оба глаза.
bizco. [м.] (обл.) свиной позвоночник.
bizco, ca. [прил.] косой, косоглазый.
bizcochada. [ж.] молочный суп с сухарями; продолговатый хлебец.
bizcochar. [перех.] подсушивать хлеб (для хранения).
bizcochería. [ж.] (Амер.) лавка, где продают бисквиты, плитки шоколада и т. д.
bizcochero, ra. [прил.] (мор.) для сухарей (о ящике и т. д.); [м.] бочонок и т. д. для сухарей; [м. и ж.] тот, кто делает или продает бисквиты и т. д.
bizcocho. [м.] сухарь; галет; бисквит; бисквит (не покрытый глазурью фарфор); гипс: * bizcocho borracho, баба; * bizcocho de mazapán, марципан; * embarcarse con poco bizcocho, (перен.) пуститься в какое-л предприятие, не приняв предожторожностей.
bizcocho, cha. [прил.] (Амер.) низкого качества; (Амер.) трусливый, малодушный.
bizcochuelo. [м. умен.] к bizcocho; (Амер.): * comer bizcochuelo, см. pelar la pava.
bizcoreto, ta. [прил.] (Амер.) косой, косоглазый.
bizcorneado, da. [страд. прич.] к bizcornear; [прил.] (Амер.) косой, косоглазый.
bizcornear. [неперех.] (Амер.) косить, быть косым.
bizcorneta. [м. и ж.] (Амер.) косоглазый человек.
bizcorneto, ta. [прил.] (Амер.) косой, косоглазый.
bizcotela. [ж.] сухарик.
bizcuerno, na. [прил.] (разг.) см. косой, косоглазый.
bizma. [ж.] пластырь; компресс, припарка, примочка.
bizmar. [перех.] накладывать пластырь; ставить припарки и т. д.
bizna. [ж.] перегородка в грецком орехе.
biznieto, ta. [м. и ж.] правнук, правнучка, см. bisnieto, ta.
bizquear. [неперех.] (разг.) косить глазами, быть косым.
bizquera. [ж.] косоглазие.
blanca. [ж.] маленькая старинная монета; (перен.) деньги; (муз.) половина (ноты); (обл.) см. urraca: * estar sin blanca, no tener ni blanca, быть без гроша, на мели.

blancal

blancal. [прил.]: * perdiz blancal, белая куропатка.
blancarte. [м.] (геол.) жильная порода.
blancazo, za. [прил.] беловатый, белёсый.
blanco, ca. [прил.] белый, чистый; (разг.) трусливый, малодушный; белой расы; [м.] белый цвет; белая краска; белая звёздочка на лбу (у животных); мишень, цель; пустой промежуток, незанятый промежуток, пробел; белый (человек белой расы); белогвардеец; белок; антракт; (перен.) цель, намерение; (Амер.) белая пчела; (арг.) глупец; (полиг.) [множ.] пробельный материал, шпации; * pelo blanco, седые волосы; * blanco de ballena, спермацет; * blanco del ojo, белок глаза; * lo blanco del ojo, белок глаза; * blanco de la uña, белая полулуночка на ногте; * tirar al blanco, стрелять холостыми патронами; * dar en el blanco, бить в цель; * dejar en blanco alguna cosa, пропускать что-л; * al blanco, добела, до белого каления; * dejar a uno en blanco, обманывать, обмануть чьи-л надежды, оставить кого-л ни с чем; * no distinguir lo blanco de lo negro, быть невежественным; * dar carta blanca, предоставлять полную свободу действий; * poner de blanco, набелить; * vestirse de blanco, одеваться в белое; * blanco de plomo, свинцовые белила; * blanco de zinc, цинковые белила.
blancolina. [ж.] вазелин.
blancor. [м.] белизна.
blancote, ta. [прил. увел.] к blanco; (Амер.) трусливый, малодушный (тже. сущ.).
blancura. [ж.] белизна: * blancura del ojo, (вет.) бельмо.
blancuzco, ca. [прил.] беловатый, белёсый.
blanda. [ж.] (арг.) кровать, постель, место для спанья.
blandamente. [нареч.] мягко; изнеженно и т. д.
blandear. [перех.] см. blandir.
blandear. [неперех.] ослабевать; поддаваться, уступать; [перех.] переубеждать; успокаивать.
blandengue. [прил.] (разг.) слишком добрый или уступчивый; (Амер.) трусливый, малодушный; [м.] (Амер.) (воен.) старинный улан.
blandicia. [ж.] лесть, льстивость; изнеженность; деликатность.
blandiente. [прил.] раскачивающийся и т. д.
blandir. [перех.] размахивать, потрясать, бряцать (оружием); [неперех.] (м. употр.) колебаться.
blandizal. [ж.] мокрая почва.
blando, da. [прил.] мягкий, нетвёрдый; влажный и тёплый (о погоде и т. д.); (перен.) деликатный, мягкий, кроткий, лишённый грубости, уступчивый; (перен.) вялый, слабый, дряблый; неприспособленный к труду; (перен.) малодушный, трусливый; (муз.) минорный; (мед.) флуктуирующий (об опухоли); [нареч.] кротко, мягко, нежно; * ser blando de corazón, быть мягкосердечным.
blandón. [м.] большая восковая свеча; подсвечник для этой свечи.
blanducho, cha. [прил.] (разг.) немного мягкий, дряблый.
blandujo, ja. [прил.] см. blanducho.
blandura. [ж.] мягкость (на ощупь); нежность; вытяжной пластырь; влажность и тёплость (о погоде и т. д.); оттепель; (перен.) мягкость, деликатность; изнеженность, неприспособленность к труду; (перен.) кротость, ласковость, нежность, приветливость; (перен.) любезное слово; см. blanquete.
blandurilla. [ж.] помада для волос.
blanduzco, ca. [прил.] немного мягкий, дряблый.
blanqueación. [м.] полировка, очистка металлов и т. д.; см. blanqueo.
blanqueada. [ж.] blanqueado. [м.] (Амер.) см. blanqueo.
blanqueador, ra. [прил.] отбеливающий; [м.] белильщик; маляр.
blanqueadura. [ж.] blanqueamiento. [м.] стирка; очистка, отбеливание; беление, отбелка (ткани); побелка известью; нанесение слоя извести.
blanquear. [перех.] белить; мыть, стирать; штукатурить, покрывать, обмазывать известкой; (тех.) бланшировать; см. blanquecer; [неперех.] белеть(-ся); седеть; * blanquear completamente (con cal и т. д.), забеливать.
blanquecedor. [м.] тот, кто чистит или полирует монеты.
blanquecer. [перех.] чистить, полировать (монеты, металлы); см. blanquear; [непр. гл.] спрягается как agradecer.
blanquecimiento. [м.] полировка или очистка монет и т. д.
blanquecino, na. [прил.] беловатый, белёсый.
blanquería. [ж.] белильня.
blanqueo. [м.] стирка, мытьё; очистка; забелка; отбеливание, беление, отбелка; побелка известью; нанесение слоя извести.
blanquero. [м.] (обл.) кожевник, дубильщик.
blanqueta. [ж.] старинная шерстяная ткань.
blanquete. [м.] белила для лица.
blanquición. [ж.] очистка металлов.
blanquilla. [ж.] растение, идущее на изготовление метел.
blanquillo, lla. [прил. и сущ.] см. candeal (пшеница); [м.] (Амер.) сорт белого персика; (Амер.) (ихтиол.) чилийская рыба.
blanquimento, blanquimiento. [м.] (хим.) хлорная вода.
blanquinoso, sa. [прил.] беловатый, белёсый.
blanquizaje. [м.] (Амер.) отблеск солнца на краях облаков; см. celaje.
blanquizal, blanquizar. [м.] почва, богатая голубой глиной.
blanquizco, ca. [прил.] беловатый.
blao. [прил.] лазурный; [м.] лазурь.
blasfemable. [прил.] достойный порицания.
blasfemador, ra. [м. и ж.] богохульник (-ница) (тже. прил.).
blasfemamente. [нареч.] богохульным образом.
blasfemante. [дейст. прич.] к blasfemar; богохульствующий и т. д.
blasfemar. [неперех.] богохульствовать, кощунствовать; ругать, проклинать: * coger la costumbre de blasfemar, (перен.) взять моду ругаться.
blasfematorio, ria. [прил.] богохульный.
blasfemia. [ж.] богохульство, кощунство; хула, поношение.
blasfemo, ma. [прил.] богохульный, кощунственный; [сущ.] богохульник (-ица).
blásido. [м.] желтоватый цвет белья из долгого употребления.
blasón. [м.] герб; геральдический знак; геральдика; (перен.) честь, слава: * hacer blasón de, чваниться, кичиться чем-л.
blasonado, da. [прил.] обладающий гербом, аристократический.
blasonador, ra. [прил.] тщеславный, хвастливый.
blasonante. [дейст. прич.] к blasonar.
blasonar. [перех.] составлять герб, украшать гербом, гербами; [неперех.] чваниться, хвастаться чем-л.
blasonería. [ж.] хвастовство, бахвальство.
blasónico, ca. [прил.] геральдический.
blasonista. [сущ.] знаток геральдики или в геральдике.
blastema. [ж.] (биол.) бластема.
blastemático, ca. [прил.] (биол.) к бластема.
blata. [ж.] таракан.
blaterón, na. [прил.] говорящий пустяки, болтливый, разговорчивый.
ble. [м.] см. ple.
bledo. [м.] (бот.) петуший гребешок: * no importar un bledo, не стоить ломаного гроша; * no dársele a uno un bledo, ни во что не ставить.
bledomora. [ж.] (бот.) шпинат.
blefárico, ca. [прил.] (анат.) пальпебральный, относящийся к глазному веку.
blefarides. [ж.] [множ.] (поэт.) (мед.) ресницы.
blefaritis. [ж.] (мед.) блефарит, воспаление век.
blefaroftalmía. [ж.] (пат.) воспаление век и соединительной оболочки глаза.
blefarorragia. [ж.] (пат.) пальпебральное кровотечение.
blenda. [ж.] (хим.) цинковая обманка, бленда.
blenenteria. [ж.] (мед.) понос.
blenia. [ж.] морская рыба.
blenoftalmía. [ж.] гноящийся конъюнктивит.
blenorragia. [ж.] (мед.) гонор(р)ея.
blenorrágico, ca. [прил.] гонор(р)ейный.
blenorrea. [ж.] (мед.) бленнорея, триппер.
blenorreico, ca. [прил.] (мед.) бленнорейный.
blenorrinia. [ж.] (пат.) насморк.
blenuretría. [ж.] (мед.) гонор(р)ея.
blesboc. [м.] (зоол.) вид южноафриканской антилопы.
blesidad. [ж.] произношене "s" как "c".
blima. [ж.] (обл.) ива.
blinda. [ж.] (возн.) засека; щит, заслонка.
blindado, da. [страд. прич.] к blindar; [м.] (Амер.) см. acorazado.
blindaje. [м.] блиндаж; броня.
blindar. [перех.] блиндировать, бронировать, покрывать бронёй: * blindado, da. блиндированный; бронированный: * carro blindado, танк; * unidad blindada, бронечасть; * tren blindado, бронепоезд; * automóvil blindado, бронеавтомобиль, броневик.
bloc. [м.] блокнот; (Амер.) отрывной календарь.
blocao. [м.] блокгауз, дот, дзот.
blonda. [ж.] блонды, шёлковое кружево.
blondina. [ж.] узкие блонды.
blondo, da. [прил.] белокурый: * blondo claro, белобрысый; * persona blonda, блондин (ка), см. rubio.
bloque. [м.] каменная глыба, кабан, обломок скалы; (полит.) блок: * bloque de casas, (Амер.) группа домов; * en bloque, гуртом.
bloquear. [перех.] блокировать, обложить (крепость, город, страну); (полиг.) переворачивать литеру; (ком.): * bloquear los salarios, замораживать зарплату; * bloquear los créditos, замораживать кредиты.
bloqueo. [м.] (воен.) блокада, блокировка: * bloqueo de salarios, замораживание заработной платы; * bloqueo económico, экономическая блокада; * declarar el bloqueo, объявлять блокаду; * establecer el bloqueo, устанавливать блокаду; * levantar

el bloqueo, снять блокаду; * romper el bloqueo, прорвать блокаду.

blufear. [неперех.] (Амер.) блефовать, пускать пыль в глаза.

bluff. [м.] (англ.) блеф, пускание пыли в глаза, обман; запугивание.

blusa. [ж.] блуза; кофта, халат; (Амер.) куртка; * blusa de trabajo, рабочая блуза, рабочий халат.

blusón. [м.] длинная блуза.

bo. [м.] лечебный китайский чай.

boa. [ж.] (зоол.) боа, удав; боа (женский шейный шарф из меха или перьев).

boalaje. [м.] пастбище для волов; (обл.) старинный налог.

boalar. [м.] см. dula; (обл.) пастбище для волов.

boardilla. [ж.] см. buhardilla.

boato. [м.] пышность, роскошь, внешний блеск.

boba. [ж.] (Амер.) некоторый синий попугай.

bobada. [ж.] глупость, чепуха, вздор, гиль (прост.): * ¡qué bobada!, что за дичь!; * perder el tiempo en bobadas, баклушничать; * decir bobadas, молоть глупости, бобы разводить.

bobalías. [сущ.] (разг.) набитый дурак, несмышлёный человек, балда.

bobalicón, na. [прил.] (разг.) увел. к bobo; [сущ.] (разг.) простофиля, придурковатый человек, набитый дурак, балда.

bobamente. [нареч.] неразумно, глупо, бестолково; по-дурацки, нелепо; без труда, небрежно.

bobarrón. см. bobalicón.

bobatel. [м.] (разг.) глупый человек, глупец, простофиля, несмышлёный человек.

bobáticamente. [нареч.] глупо, бестолково, см. bobamente.

bobático, ca. [прил.] глупо сделано или сказано.

bobear. [неперех.] глупить; заниматься пустяками, глупостями, говорить или делать глупости; (перен.) зевать, ротозейничать, медлить, мешкать, копаться, канителиться; бессмысленно, бесполезно тратить время.

bobera, bobería. [ж.] глупость, нелепость, вздор, пустяки, глупая выходка, чепуха.

bobeta. [прил. и сущ.] (Амер.) см. bobalicón.

bóbilis, bóbilis (de). [адвер. выр.] безвозмездно, бесплатно, даром; без труда, без заботы и т. д.

bobillo. [м.] пузатый кувшин с одной ручкой; старинное кружево.

bobina. [ж.] катушка, бобина: * bobina de inducción, (эл.) индукционная катушка, бобина.

bobinadora. [ж.] машина для наматывания катушек, шпулек.

bobinar. [перех.] наматывать на катушку.

bobito. [м.] (орни.) род кубинской мухоловки.

bobitonto, ta. [прил.] (разг.) крайне глупый и т. д.

bobo, ba. [прил.] глупый, глуповатый, простоватый, несмышлёный, безголовый; глупый, нелепый; [сущ.] дурак, дура, глупец, простак, простушка, простофиля, балда, болван, дурачок, дурочка, балбес, шут гороховый, шут, буффон (актёр); (Амер.) см. sauce llorón; сорт рыбы; * bobo de capirote, * bobo de Coria, набитый дурак; * entre bobos anda el juego, они все хитрецы.

bobón, na; bobote, ta. [прил. увел.] к bobo.

bobuno, na. [прил.] дурацкий.

boca. [ж.] рот, губы, (поэт.) уста; пасть, (уст.) зев; отверстие; вход; букет (о ви-не); едок, рот; остриё, лезвие; (мор.) люк (отверстие); край колодца: * boca de acceso, лаз; * boca de arma de fuego, дуло; * boca de espuerta, рот до ушей, большерот; * boca sumida, тонкие сжатые губы; * boca del metro, вход в метро; * boca de pozo de mina, устье шахты, выход шахты; * boca de martillo, задок молотка; * boca de escorpión, (перен.) злой язык; * boca de fuego, огнестрельное оружие; * boca de jarro, пьяница; * boca desalquilada, беззубый рот; * a boca de costar, без меры; * boca de la colmena, леток улья; * beber a boca de jarro, без меры пить; * a boca de noche, при наступлении ночи, в сумерки; * boca arriba, навзничь, лёжа на спине; * boca abajo, лёжа на животе; * boca de oro, (перен.) красноречивый оратор, златоуст, краснобай; * no abrir la boca, не проронить ни слова; * sin decir esta boca es mía, (разг.) молча; * no tener que llevar a la boca, (разг.) класть зубы на полку; * no decir esta boca es mía, упорно молчать; * correr de boca en boca, estar en todas las bocas, переходить из уст в уста; быть у всех на устах; * a boca llena, откровенно; * quedarse con la boca abierta, оставаться с разинутым ртом; * dejar con la palabra en la boca, оставить без ответа; * a pedir de boca, a qué quieres boca, и (сколько) душе угодно; * buscar a uno la boca, выведывать что-л у кого-л; * calentársele a uno la boca, наговорить резкостей в пылу раздражения; * se le hace la boca agua, (разг.) у него слюнки текут; * provisiones de boca, съестные припасы; * no caérsele a uno cosa de la boca, говорить об одном и том же; * tapar a uno la boca, (разг.) заткнуть, кому-л рот; * ¡punto en boca!, молчать!, ни слова!; * a boca, внезапно; * hablar por boca de ganso, повторять чужие слова; * tener mala boca, плохо о других говорить; irse de la boca, рваться, вырываться (о лошади); срываться с языка; * para abrir boca, на закуску; * con la boca abierta, разинув рот; * a pedir de boca, кстати; * decir uno lo que le viene a la boca, говорить всё, что взбредёт в голову.

bocabajo. [м.] (Амер.) хлестание; [нареч.] (Амер.) ничком.

bocacalle. [ж.] начало или конец улицы.

bocacaz. [ж.] каменное устье отводного канала.

bocací. [м.] дерюга, лощёнка (жёсткая ткань).

bocacha. [м.] большой мушкетон.

bocadear. [перех.] разделять, рвать на куски.

bocadillo. [м. умен.] к bocado; сорт тонкого полотна; род узкой тесьмы; закуска у полевых рабочих между завтраком и обедом; сандвич, бутерброд; (Амер.) кокосовое варенье.

bocadito. [м.] (Амер.) вид кубинской сигареты.

bocado. [м.] количество, порция пищи, принимаемая за один раз; кусок, кусочек, укус; лёгкая еда; яд в пище; мундштук; узда, удила; (вет.) прибор для открывания роты; [множ.] консервированные фрукты: * el mejor bocado, (разг.) лакомый кусочек; * tomar un bocado, закусить, наскоро поесть; заморить, перехватить что-л; * bocado sin hueso, (перен.) синекура; * no tener para un bocado, быть скудным (о еде и т. д.), не иметь ни гроша; * bocado (перен.) дорогая затея; * con el bocado en la boca, (разг.) сразу после еды; * bocado de Adán, кадык, адамово яблоко; * comer en un bocado, en dos bocados, (разг.) сразу, быстро проглотить.

bocadulce. [м.] (зоол.) род акулы (Антильского моря).

bocal. [м.] кувшин для переливания вина; (гал.) банка.

bocal. [м.] (обл.) плотина, запруда.

bocallave. [ж.] замочная скважина.

bocamanga. [ж.] обшлаг (множ. обшлага).

bocamina. [ж.] вход в рудник, в шахту.

bocana. [ж.] узкий канал между островом и континентом; (Амер.) устье.

bocanada. [ж.] глоток жидкости; затяжка или клуб дыма (при курении): * bocanada de viento, порыв ветра; * bocanada de gente, стечение народа, (разг.) давка, толчея, пробка; * echar bocanadas, хвастаться; * echar bocanadas de sangre, плевать кровью; * hablar a bocanadas, (разг.) хвастать(ся), говорить ни с того ни с сего.

bocanegra. [м.] (Амер.) (арг.) револьвер.

bocarada. [ж.] (Амер.) (вар.) см. bocanada.

bocarda. [ж.] мушкет с воронкообразным дулом.

bocarte. [м.] (обл.) маленькая сардина.

bocarte. [м.] (тех.) толчея (для руды).

bocartear. [перех.] размельчать руду толчею.

bocateja. [ж.] (арт.) первая черепица на краю крыши.

bocatería. [ж.] (Амер.) хвастовство.

bocatero, ra. [прил.] храбрый на словах, хвастливый; [сущ.] хвастун, (-ья).

bocatijera. [ж.] набор передних колёс.

bocatoma. [ж.] (Амер.) каменное устье отводного канала.

bocaza. [ж. увел.] к boca; [м. и ж.] нескромный болтун(-ья).

bocear. [неперех.] шевелить губами (о животных).

bocera. [ж.] остатки на губах после питья или еды; трещина в углах губ; см. boquera.

boceras. [м.] нескромный болтун; человек достойный презрения.

boceto. [м.] набросок, черновой проект, эскиз, намётка, кроки.

bocezar. [неперех.] шевелить губами (о животных).

bocina. [ж.] рог, охотничий рог; (муз.) рожок; рупор; (автомобильный) гудок; граммофонная труба; большая морская раковина; (аст.) Малая Медведица; (Амер.) слуховая трубка для глухих.

bocinar. [неперех.] трубить в рог, говорить в рупор.

bocinero, ra. [сущ.] тот, кто трубит в рог.

bocio. [м.] (мед.) зоб: * bocio exoftálmico, базедова болезнь.

bock. [м.] пивная кружка; кружка пива.

bocón, na. [прил.] большеротый; (перен.) хвастливый; злословящий; [сущ.] большерот; хвастун(-ья); краснобай; клеветник; (Амер.) крупная сардина Антильского моря; (Амер.) большой мушкетон.

bocona. [ж.] (Амер.) вид гитары.

boconada. [ж.] (Амер.) хвастовство.

boconear. [неперех.] (Амер.) хвастать(ся), см. fanfarronear.

boconería. [ж.] (Амер.) см. fanfarronada, bravata.

bocor. [м.] (Амер.) колдун, чародей.

bocoy. [м.] большая наливная бочка.

bocudo, da. [прил.] большеротый.

bocha. [ж.] кегельный шар; (обл.) складка, морщина (на платье); [множ.] некоторая игра с шарами.

bochaca. [ж.] (обл.) карман, внутренний карман.

bochado. [м.] (арг.) казнённый.

bochar. [перех.] отталкивать шаром шар противника (в игре с шарами); (Амер.) (разг.) провалить на экзамене; пренебрегать.

bochazo. [м.] удар одного шара о другой.

boche. [м.] ямка в земле для игры в орешки и т. д.

boche. [м.] (Амер.) см. bochazo; (Амер.) шелуха от зерна после извлечения крахмала; (арг.) палач: *dar boche, dar un boche, (Амер.) пренебрегать.

bochero. [арг.] помощник палача.

bochicha. [ж.] (разг.) (Амер.) брюхо, пузо.

bochín. [м.] (Амер.) маленький кегельный шар.

bochinche. [м.] шум, суматоха, крик, гам, содом; беспорядок, непорядок, неурядица.

bonchinchear. [неперех.] (Амер.) кричать, шуметь, буянить.

bochinchero, ra. [прил.] шумный, неугомонный, нарушающий тишину, спокойствие и т. д. (тоже сущ.).

bochista. [сущ.] тот, кто ловко отталкивает шаром шар противника.

bochornera. [ж.] сильный летний зной.

bochorno. [м.] зной, сильная жара от нагретого солнцем воздуха; душная жара; прилив крови к голове; (перен.) краска на лице (от стыда и т. д.); (перен.) оскорбление.

bochornoso, sa. [прил.] оскорбительный; постыдный; *tiempo bochornoso, летний зной.

boda. [ж.] брак, бракосочетание; замужество, женитьба; свадьба; свадебный пир; свадебные гости: *boda de negros, шумное общество; *perrito de todas las bodas, блюдолиз, прихлебатель, нахлебник, приживальщик; *bodas de Camacho, роскошный пир; *no hay boda sin tornaboda, нет веселья без похмелья; *bodas de oro, золотая свадьба; *bodas de plata, серебряная свадьба; *boda de hongos, бедная свадьба.

bode. [м.] козёл.

bodega. [ж.] винный погреб, подвал, подземелье; винодельный завод; помещение для хранения съестных припасов, см. troje; изобилие вина; (мор.) трюм; склады в порту; кладовая; (Амер.) мелочная или бакалейная лавка; (обл.) нижний этаж.

bodegaje. [м.] (Амер.) складочный сбор, плата за хранение.

bodegón. [м.] харчевня; корчма; трактир; кабак; (жив.) натюрморт: *echar el bodegón por la ventana, (разг.) сорить деньгами; сердиться; *¡en qué bodegón hemos comido juntos?, что за фамильярности?

bodegoncillo. [м. умен.] к bodegón: *bodegoncillo de puntapié, закусочная под открытым небом.

bodegonear. [неперех.] ходить из трактира в трактир.

bodegoneo. [м.] хождение из трактира в трактир.

bodegonero, ra. [м. и ж.] кабатчик (-ица), харчевник (прост.), содержатель (-ница) харчевни, трактира.

bodeguero, ra. [м. и ж.] заведующий винным погребом; (Амер.) см. abacero.

bodigo. [м.] (церк.) свежая булка из крупчатки; (разг.) (обл.) объёмистая безобразная булка.

bodijo. [м.] (разг.) неравный брак; скромная свадьба.

bodocazo. [м.] удар глиняным ядром.

bodollo. [м.] (обл.) садовый нож.

bodón. [м.] лужа, высыхающая летом.

bodonal. [м.] (обл.) почва, покрытая грязью; (обл.) см. juncar.

bodoque. [м.] (уст.) глиняное ядро для метательной машины; гладь (вышивка); узел; (перен.) глупец, дурак, дурачок, дурень, простофиля; (Амер.) шишка на голове и т. д.

bodoquera. [ж.] форма для глиняных ядер; место у арбалета, где помещали глиняные ядра; см. cerbatana.

bodoquero, ra. [м.] (Амер.) контрабандист (-ка).

bodorrio. [м.] (разг.) см. bodijo; (Амер.) пир.

bodrio. [м.] отвар с остатками еды (для нищих); свиная кровь с луком (на изготовление сорта колбасы); похлёбка; (перен.) мешанина.

boer. [прил.] бурский; [сущ.] бур.

bofada. [ж.] множество лёгких убойного скота; кушанье из этих лёгких.

bofadal. [м.] (Амер.) болотистая почва, см. tremedal.

bofe. [м.] (анат.) лёгкое; лёгкое (животного): *echar el bofe, или los bofes, изнемогать от чрезмерной работы и т. д.

bofena. [ж.] см. bofe.

bofeña. [ж.] (обл.) колбаса из свиного лёгкого.

bofeta. [ж.] сорт хлопчатобумажной ткани.

bofetada. [ж.] пощёчина, оплеуха, (прост.) затрещина; (перен.) оскорбление: *dar una bofetada, дать пощёчину; *sacudir una bofetada, (прост.) залепить, закатить пощёчину; (уст.) заушить; (перен.) оскорбить; *repartir bofetadas, раздавать пощёчины направо и налево.

bofetear. [перех.] (Амер.) давать пощёчину, (прост.) залепить, закатить пощёчину.

bofeteo. [м.] (Амер.) питание.

bofetón. [м.] сильная пощёчина, оплеуха, пощёчина.

bofia. [ж.] (арт.) полиция.

bofo, fa. [прил.] см. fofo.

boga. [ж.] (обл.) маленький нож с двумя лезвиями.

boga. [ж.] гребля; плавание; [м. и ж.] гребец; *estar en boga, быть в моде; иметь большой успех.

bogada. [ж.] процеживание.

bogada. [ж.] расстояние, проходимое одним взмахом вёслами.

bogador, ra. [м. и ж.] гребец.

bogadura. [ж.] (действ.) гребля.

bogalla. [ж.] (обл.) чернильный, дубильный орешек.

bogante. [действ. прич.] к bogar, гребущий.

bogar. [неперех.] (мор.) грести; (Амер.) отделять шлак от руды.

bogavante. [м.] (мор.) загребной; место загребного; морской рак.

bogie. [м.] (англ.) (ж.-д.) двухосная тележка.

bogotano, na. [прил.] относящийся к Bogotá; [сущ.] уроженец этого города.

bogue. [м.] (Амер.) открытый двухколёсный экипаж в одну лошадь.

bohardilla. [ж.] см. buhardilla.

bohemia. [ж.] беспорядочный быт (Амер.) богема.

bohemiano, na. bohémico, ca. [прил.] см. bohemo.

bohemio, mia. [прил. и сущ.] см. bohemo; цыганский, цыган; человек, ведущий жизнь богемы; [м.] чешский язык.

bohemo, ma. [прил.] чешский; [м. и ж.] чех, чешка.

bohena. [ж.] лёгкое; колбаса из свиного лёгкого.

bohío. [м.] (Амер.) хижина из дерева, ветвей или тростника (преимущ. без окон).

bohordo. [м.] (бот.) камыш; род старинного короткого копья.

boicot. [м.] бойкотирование, бойкот.

boicotear. [перех.] бойкотировать.

boicoteo. [м.] бойкотирование.

boil. [м.] загон для быков.

boina. [ж.] берет.

boiquira. [ж.] (Амер.) (зоол.) гремучая змея.

boira. [ж.] туман.

boj. [м.] (бот.) самшит, букс; сапожная колодка.

boja. [ж.] (бот.) полынь (белая).

bojar. [перех.] смягчать кожи.

bojar. [перех.] измерять контур острова или мыса; [неперех.] иметь контур (о мысе и т. д.); объехать остров, мыс и т. д.

bojazo. [м.] (Амер.) сильный удар.

boje. [м.] (бот.) см. boj; кубинское дерево, идущее на изготовление вёсел; [прил.] (Амер.) глупый, нелепый, несмышлёный.

bojear. [перех. и неперех.] измерять контур острова или мыса; [неперех.] плыть вдоль берега.

bojedad. [ж.] (Амер.) дурачество, глупость.

bojedal. [м.] самшитовый лес.

bojeo. [м.] (мор.) измерение контура мыса, острова и т. д.; контур мыса, острова и т. д.

bojeta. [ж.] (обл.) небольшая сардина.

bojiganga. [ж.] старинная бродячая труппа.

bojío. [м.] (Амер.) см. bohío.

bojo. [м.] (мор.) измерение контура мыса или острова.

bojote. [м.] (Амер.) узел, тюк, пакет.

bojotear. [перех.] (Амер.) завёртывать, обёртывать; связывать верёвкой; упаковывать.

bol. [м.] см. redada; крупная рыболовная сеть.

bol. [м.] чаша, чашка; миска; см. ponchera.

bol. [м.] глинозём.

bola. [ж.] шар; кегельный или бильярдный шар; ком; мяч; (карт.) забирание всех взяток; (перен.) ложь, неправда; вакса; крем для чистки обуви; (Амер.) баллотировочный шар; крокет; круглый бумажный змей; шум, ссора; (арг.) ярмарка; *bola de nieve, снежный ком, снежок; (бот.) снежный шар; *¡dale bola!, вечно одно и то же; *ruede la bola!, была не была!; *a bola vista, очевидно; *hacer bolas, убегать из школы, отлынивать от уроков, прогуливать уроки; не присутствовать; *contar bolas, врать, втирать очки, отливать (или лить) пули; *dejar que ruede la bola, махнуть рукой; предоставить события их естественному ходу; *escurrir la bola, убегать, бежать; *dar, или darle a la bola, (Амер.) удачно попасть в цель; *no dar pie con bola, постоянно ошибаться; *hacer bolas, катать.

bolacear. [неперех.] (Амер.) говорить (или делать) глупости.

bolaco. [м.] (Амер.) комок (или большой кусок) руды; см. socaliña, ardid.

bolacha. [ж.] (Амер.) комок сырого каучука.

bolada. [ж.] бросание шара; выстрел старинной пушки; небольшая лавина; (Амер.) дурное обращение с кем-л.; ложь; лакомство; удача.

bolado. [м.] (Амер.) azucarillo; (Амер.) удачный ход в бильярдной игре.

boladoras. [ж. множ.] (Амер.) (прост.), см. boleadoras.

bolaga. [ж.] (обл.) (бот.) вольче лыко, см. torvisco.
bolagar. [м.] место, заросшее вольчими лыками.
bolán. [м.]: * de bolín, de bolán, (разг.) необдуманно.
bolanchera. [ж.] (Амер.) род кадрили.
bolaño. [м.] (воен.) каменный шар (для метательной машины).
bolardo. [м.] (мор.) причальная тумба.
bolate. [м.] (Амер.) беспорядок; путаница.
bolaverde. [м.] (бот.) род съедобного гриба.
bolazo. [м.] удар шаром: * de bolazo, (перен.) поспешно и небрежно.
bolceguí. [м.] (Амер.) (вар.) ботинок на шнурках.
bolchaca. [ж.] (презр.) (обл.) внутренний карман, карман.
bolchacazo. [м.] (разг.) (обл.) сильный удар при падении.
bolchevique. [прил.] большевистский; [м. и ж.] большевик, (-чка).
bolcheviquismo. [м.] большевизм.
bolchevista. [прил.] к большевизм; см. bolchevique.
bolchevismo. [м.] большевизм.
bolchevista. [прил.] большевистский; [м. и ж.] большевик, (-чка).
bolchevización. [ж.] большевизация.
bolchevizar. [перех.] большевизировать.
boldre. [м.] (обл.) ил; тина; грязь.
boleada. [ж.] (Амер.) охота, поездка на охоту; (Амер.) провал на экзамене.
boleado, da. [страд. прич.] к bolear; [прил.] (Амер.) пойманный boleadoras; (Амер.) (перен.) (разг.) см. avergonzado.
boleador. [м. и ж.] (арг.) тот, кто валит с ног кого-л.
boleadoras. [ж. множ.] (Амер.) болеадорас (род лассо, оружие индейцев и гаучо).
bolear. [неперех.] играть на бильярде; держать пари при бросании шаров; (обл.) немилосердно врать; [перех.] (Амер.) охотиться при помощи болеадорас (род лассо); бросать болеадорас в ноги животного; провалить кого-л. на экзамене.
bolear. [перех.] (разг.) бросать, кидать; [неперех.] (арг.) упасть.
boleco, ca. [прил.] (Амер.) выпивший.
bolecha. [ж.] небольшая сеть для ловли мелкой рыбы у берега.
bolencia. [ж.] (Амер.) опьянение, хмель.
boleo. [ж.] кегельбан; бросание шара; см. bolera.
bolera. [ж.] площадка для игры в шары, в кегли.
bolero. [ж. множ.] болеро (испанская песня).
bolero, ra. [прил.] прогуливающий (о школьнике); лгущий; [сущ.] лжец, лгун (-ья), враль, врун (разг.), (прост.) брехун; (Амер.) игра в кегли.
bolero, ra. [м. и ж.] танцор, танцовщица болеро; [м.] болеро (песня, танец, кофточка); (Амер.) шляпа.
bolerón. [м.] (Амер.) большая оборка.
boleta. [ж.] входной билет; пропуск; (воен.) билет на постой; старинный табачный пакетик; ордер; (воен.) избирательный бюллетень: * boleta de alojamiento, ордер на расквартирование.
boletar. [перех.] делать табачные пакетики.
boletería. [ж.] (Амер.) билетная касса.
boletero. [м.] (воен.) квартирмейстер.
boletero, ra. [м. и ж.] билетный кассир (-ша).
boletero, ra. [прил.] (вул.) лгущий; лгун (-ья), враль.
boletiforme. [прил.] похожий на гриб.

boletín. [ж. умен.] к boleta; входной билет; ордер на расквартирование; избирательный бюллетень; бюллетень (журнал); ордер, приказ (об уплате денег); сводка.
boleto. [м.] (Амер.) билет (театральный и т. д.).
boleto. [м.] (бот.) белый гриб: * boleto amarillo, маслёнок.
boleto. [м.] (Амер.) (вул.) ложь, выдумка.
bolichada. [ж.] забрасывание боличе; улов рыбы с помощью боличе; (разг.) счастливый случай: * de una bolichada, (разг.) сразу.
boliche. [м.] шарик; фортунка, боличе (азартная игра); игра в кегли; кегельбан; дешёвый сорт табака; бильбоке (игра); боличе (сеть для ловли мелкой рыбы у берега); рыбешка (водящаяся у берега); украшение в виде шарика на мебели; небольшая печь (для плавления свинцовой руды); (арг.) игорный дом; (обл.) небольшая типография; (Амер.) лавка, торгующая старьём; (Амер.) харчевня.
bolichear. [неперех.] (Амер.) заниматься мелкой торговлей.
bolichero. [прил.] тот, кто ловит рыбу с помощью боличе.
bolichero, ra. [м. и ж.] владелец(-лица) места, где играют в боличе или фортунку; (Амер.) мелочной торговец.
bolichero, ra. [м. и ж.] (обл.) продавец (-щица) рыбёшки.
bolichillo. [м.] (мор.) небольшое боличе (сеть).
bolicho. [м.] (обл.) небольшая сеть для ловли креветок.
bólido. [м.] (астр.) болид, метеор.
bolígrafo. [м.] род вечного пера.
bolillo. [м.] коклюшка для кружев; форма для плиссировки; маленькая кегля; бабка (кость у животных); (Амер.) белый хлеб; [множ.] соломки (печенье).
bolín. [м. умен.] к bola; кегельный шарик: * de bolín, de bolán, необдуманно.
bolina. [ж.] (мор.) булинь; лот; старинное наказание булинью (на корабле); (перен.) шум, суматоха, ссора, брань: * echar uno de bolina, (разг.) вести себя вызывающе; чрезмерно преувеличивать; * ir, или navegar de bolina, идти бейдевинд; * viento de bolina, (мор.) боковой ветер.
bolina. [ж.] (Амер.) коллективное опьянение.
bolinche. [м.] (обл.) (вар.) бильбоке (игра).
bolineador, ra. [прил.] (мор.) см. bolinero.
bolinear. [перех. и неперех.] (мор.) идти бейдевинд.
bolinero, ra. [прил.] (мор.) хорошо идущий бейдевинд; (перен.) (разг.) (Амер.) см. alborotador.
bolinillo. [м.] (Амер.) ручная мельница.
bolisa. [ж.] искра; см. pavesa.
bolisero, ra. [прил.] (обл.) плутоватый, жуликоватый.
bolista. [м.] (Амер.) буян.
bolita. [ж. умен.] к bola; шарик; (Амер.) избирательный шар; (Амер.) броненосец.
bolívar. [м.] боливар (серебряная монета, денежная единица Венесуэлы).
bolivarense. [прил.] относящийся к Bolívar; [сущ.] уроженец этой провинции Эквадора.
bolivianismo. [м.] боливийский оборот речи.
boliviano, na. [прил.] боливийский; [сущ.] боливиец, боливийка; [м.] серебряная монета, денежная единица Боливии.

bolo. [м.] кегля; шпиндель (винтовой лестницы); (карт.) забирание всех взяток; (обл.) подушка для плетения кружев; (фарм.) большая пилюля; (Амер.) песо (монета); (разг.) невежда, глупец, дурак; [множ.] (игра в) кегли.
bolo. [м.] (фил.) большой тяжёлый нож.
bolo, la. [прил.] (Амер.) хмельной, пьяный, нетрезвый; (Амер.) не имеющий хвоста (о птицах).
bologote. [м.] (Амер.) бунт, мятеж.
bolombo, ba. [прил.] (Амер.) приземистый.
bolométrico, ca. [прил.] болометрический.
bolómetro. [м.] болометр.
bolón. [м.] (Амер.) большая камень, (гал.) болт; см. perno.
bolondrón. [м.] (уст.) куча; (Амер.) см. quingombó.
bolongo, ga. [прил.] (Амер.) приземистый.
bolonio, nia. [м. и ж.] ученик(-ица) испанского учебного заведения в Болонии (тже. прил.) (перен.) (разг.) невежда (-чка).
boloñés, sa. [прил.] относящийся к Bolonia; [сущ.] уроженец этого города.
boloto. [м.] (филип.) название маленького судна.
bolsa. [ж.] род мешка; кошелёк; (горн.) место, заполненное какой-л горной породой; сумочка, ридикюль (уст.); см. folgo; мужская сетка для волос; складка, морщина (на платье); (мед.) гнойник; (перен.) см. lonja; биржа; (анат.) мошонка; деньги, богатство, состояние; см. bolsada: * bolsa de gas, полевой газгольдер; * bolsa bien repleta, (перен.) туго набитый кошелёк, тугой кошелёк; * bolsa de papel, кулёк; * llenar la bolsa, набить мошну; * bolsa de hierro, скряга; * bolsa rota, расточитель; * echar un nudo a la bolsa, (разг.) скупиться; * alargar la bolsa, (разг.) раскошеливаться; * bolsa de trabajo, биржа труда; * bolsa de valores, фондовая биржа; * operación de bolsa, биржевая операция; * agente de bolsa, биржевой маклер; * bolsa negra, чёрная биржа.
bolsada. [ж.] (горн.) место, заполненное самой хорошей горной породой.
bolsazo. [м.] (Амер.) отказ жениху; (Амер.) мошенничество, обман, выманивание денег.
bolsear. [неперех.] (обл.) морщить (об одежде и т. д.); [перех.] красть из кармана; (Амер.) выпрашивать подарок; (Амер.) отказать жениху.
bolsera. [ж.] (уст.) сетка для волос.
bolsería. [ж.] ремесло бользеро; лавка, где продают кошельки; кошельки.
bolsero, ra. [м. и ж.] тот, кто делает или продаёт кошельки; (Амер.) прихлебатель, попрошайка.
bolsicalavera. [ж.] кошелёк без денег.
bolsico. [м.] (Амер.) карман.
bolsicón. [м.] (Амер.) род байковой юбки (нижней).
bolsillo. [м.] сумка для хранения денег; карман; (перен.) состояние, богатство, деньги: * de bolsillo, карманный; * llenar el bolsillo, (разг.) набить карман; * consultar con el bolsillo, посоветоваться со своим карманом, подсчитать свои ресурсы; * andar con las manos en los bolsillos, бездельничать; * dinero de bolsillo, карманные деньги; * no está al alcance de mi bolsillo, это мне не по карману; * rascarse el bolsillo, вынимать из кошелька; * tener los bolsillos rotos, не наготовиться денег.

bolsín. [м.] чёрная биржа.
bolsiquear. [перех.] (Амер.) шарить по чужим карманам.
bolsista. [м.] биржевик.
bolsita. [ж.] кошелёк.
bolso. [м.] сумка для хранения денег.
bolsón. [м.] большой мешок или кошелёк, сумка; железная скоба; (Амер.) см. vademecum; (Амер.) крупные залежи минерала; (Амер.) невежда, дурак, глупец, болван.
bolsota. [прил.] (Амер.) глупый, тупой, ограниченный.
bolsudo, da. [прил.] (Амер.) мешковидный; (Амер.) глупый, дурацкий.
boluca. [ж.] (Амер.) шум, суматоха, крик.
bolla. [ж.] (обл.) булочка из муки' и молока.
bolla. [ж.] старинный налог.
bolladura. [ж.] см. abolladura.
bollar. [перех.] см. abollar.
bollén. [м.] (бот.) чилийское дерево.
bolleo. [м.] (Амер.) беспорядок, волнение; шум, суматоха.
bollería. [ж.] место, где пекут или продают сдобные булки, сдобу.
bollero, ra. [м. и ж.] тот, кто печёт или продаёт сдобные булки (сдобу), кондитер; (Амер.) формовщик на черепичном заводе.
bollicio. [м.] (обл.) шум, гам; беспорядки; см. bullicio.
bollo. [м.] сдобная булка, сдоба; шишка; вмятина; складка на материи; (Амер.) см. tamal; [м.] кусок глины для черепицы; (Амер.) удар кулаком: * bollo maimón, марципан с консервами; крендель, баранка.
bollón. [м.] гвоздь с большой позолоченной (или серебрёной) шляпкой; серьга; шишка; (обл.) почка.
bollonado, da. [прил.] снабжённый гвоздями с большими позолоченными (или серебрёными) шляпками.
bolluelo. [м. умен.] к bollo.
bomba. [ж.] насос; помпа; бомба, авиабомба; колпак для лампы; огнетушитель; (разг.) импровизированные стихи; (Амер.) цилиндр (шляпа); (Амер.) (разг.) пузырь (на воде); (Амер.) аростат; утка(слух); хмель: * bomba aspirante, всасывающий насос; * bomba impelente, нагнетательный насос; * bomba de incendios, пожарный насос; брандспойт; * bomba de agua, водяной насос; * sacar o extraer con la bomba, качать (насосом); * bomba atómica, атомная бомба; * bomba de hidrógeno, водородная бомба; * bomba termonuclear, термоядерная бомба; * bomba de plutonio, de uranio, бомба с плутонием, с ураном; * bomba explosiva, бомба ударного, разрывного действия, граната; * bomba de efecto retardado, бомба замедленного действия; * bomba incendiaria, зажигательная бомба; * bomba de mano, ручная бомба; * bomba de aviación, авиабомба; * bomba volante, самолёт-снаряд; * lanzar bombas, сбрасывать бомбы; * caer como una bomba, явиться как снег на голову.
¡bomba! [междм.] внимание! (перед произнесением тоста и т. д.).
bombacha. [ж.] (Амер.) шаровары.
bombar. [перех.] качать (насосом).
bombarda. [ж.] (ист.) бомбарда, пищаль (метательная машина); (мор.) (уст.) двухмачтовое судно; нижний регистр органа; (муз.) старинный духовой инструмент.
bombardeable. [прил.] могущий быть бомбардированным.
bombardeador, ra. [прил.] бомбардирующий.
bombardear. [перех.] бомбардировать, сбрасывать бомбы, бомбить; обстреливать артиллерийским огнём, обстреливать тяжёлой артиллерией.
bombardeo. [м.] бомбардирование, бомбардировка, обстрел; бомбометание; (разг.) бомбёжка.
bombardero, ra. [прил.] бомбардировочный; [м.] бомбардировочный самолёт, бомбардировщик, бомбовоз; (уст.) бомбардир.
bombardino. [м.] (муз.) род корнет-а-пистона, баритон.
bombardo. [м.] (муз.) итальянский музыкальный инструмент.
bombardón. [м.] духовой музыкальный инструмент самого низкого регистра.
bombasí. [м.] бумазея.
bombástico, ca. [прил.] (англ.) (Амер.) высокопарный, напыщенный, ходульный; (Амер.) хвалебный, панегирический.
bombazo. [м.] взрыв бомбы; результат взрыва бомбы.
bombé. [м.] шарабан.
bombea. [ж.] (зоол.) род черепахи.
bombeador. [м.] (Амер.) разведчик, шпион.
bombear. [перех.] бросать забрасывать, метать бомбы; (Амер.) качать (насосом); (Амер.) вести дальнюю разведку, шпионить; (Амер.) увольнять; (Амер.) красть, ловко, незаметно стащить; (Амер.) провалить на экзамене.
bombear. [перех.] расхваливать, превозносить.
bombel. [м.] выпуклость.
bombera. [ж.] см. sosería.
bombero. [м.] пожарный; бомбомёт; (Амер.) разведчик, шпион, сыщик: * jefe de bomberos, брандмайор.
bómbice. [м.] гусеница шелкопряда.
bombilla. [ж.] (мор.) морской фонарь; электрическая лампочка; сифонная трубка; (Амер.) тонкая тростниковая трубка для питья матэ; (Амер.) разливательная ложка.
bombillo. [м.] вентиляционная труба (в уборных); пипетка; сифон; (Амер.) портативный насос; (Амер.) электрическая лампочка.
bombín. [м.] (Амер.) котелок (шляпа).
bombista. [м.] тот, кто делает насосы или электрические лампочки; подхалим.
bombita. [ж.] лампочка; (Амер.) стыд, смущение.
bombo, ba. [прил.] поражённый, оглушённый, ошеломлённый; озадаченный; (Амер.) безвкусный, пресный; [м.] большой барабан; музыкант, играющий на этом инструменте; (мор.) тяжёлое плоское судно; лотерейное колесо; (перен.) шумная гласность, шумиха: * dar bombo, чрезмерно восхвалять; * anunciar a bombo y platillos, рекламировать, поднимать шумиху вокруг чего-л; * darse bombo mutuamente, восхвалять друг друга.
bombón. [м.] (филип.) бамбуковый сосуд.
bombón. [м.] конфета с ликёром, шоколадная конфета.
bombona. [ж.] баллон, бутыль.
bombonera. [ж.] бонбоньерка.
bombonería. [ж.] конфеты с ликёром, шоколадные конфеты; лавка, где продают эти конфеты.
bombónido, da. [прил.] жужжащий (о насекомых).

bombote. [м.] (Амер.) тяжёлое плоское судно.
bombyx. [м.] гусеница шелкопряда.
bominí, bominisí. [м.] (Амер.) (бот.) дикорастущее кубинское дерево, из которого извлекают смолу.
bonachón, na. [прил.] простодушный, добродушный, легковерный, снисходительный; [сущ.] добряк, простак.
bonachonería. [ж.] простодушие, добродушие.
bonaerense. [прил.] относящийся к Buenos Aires; [сущ.] уроженец этого города.
bona fide. [лат. выраж.] честно.
bonancible. [прил.] спокойный, тихий (о море); ясный, безоблачный (о погоде).
bonanciblemente. [нареч.] спокойно, тихо.
bonanchón, na. [прил.] (вар.) (Амер.) см. bonachón.
bonanza. [ж.] (мор.) штиль, безветрие, затишье; благополучие, процветание, покой; (горн.) зона очень богатой руды: * ir en bonanza, плыть при попутном ветре; (перен.) процветать; * instalarse la bonanza, заштилеть.
bonanzoso, sa. [прил.] цветущий, процветающий, преуспевающий.
bonapartismo. [м.] бонапартизм.
bonapartista. [прил.] к бонапартизм; бонапартистский; [м.] бонапартист.
bonasa. [ж.] (зоол.) птица из куриных.
bonasí. [м.] (Амер.) род ядовитой рыбы.
bonaso. [м.] (зоол.) бизон.
bonazo, za. [прил. увел.] к bueno; простодушный, добродушный, доверчивый, легковерный.
bondad. [ж.] доброта; доброжелательность, добродушие, беззлобие, мягкосердечие, благодушие, мягкость, снисходительность, нежность, кротость: * tenga la bondad, сделайте милость, благоволите, сделайте одолжение, будьте добрый; не в службу, а в дружбу; * con bondad, доброжелательно, добродушно.
bondadosamente. [нареч.] простодушно, добродушно, доброжелательно.
bondadoso, sa. [прил.] добрый; добродушный, благодушный, кроткий, снисходительный, мягкосердечный, незлобивый; мягкий, нежный (тже. сущ.).
bondoso, sa. [прил.] см. bondadoso.
boneta. [ж.] (мор.) лисель.
bonetada. [ж.] приветствие, поклон, снимание шляпы и т. д. знак приветствия.
bonetazo. [м.] удар шляпой и т. д.
bonete. [м.] четырёхугольная шапочка (убор духовенства и т. д.); (перен.) белое духовное лицо; сосуд для варенья; (уст.) шапка, колпак; рубец (второй желудок у жвачных): * bravo bonete, идиот; * a tente bonete, hasta tente bonete, решительно, настойчиво; * gran bonete, (разг.) шишка, важная персона.
bonetería. [ж.] ремесло шапочника; место, где делают или продают четырёхугольные шапочки; (Амер.) (гал.) см. mercería.
bonetero, ra. [м. и ж.] шапочник; (бот.) бересклет.
bonetillo. [м.] старинное украшение в дамской причёске.
bonetón. [м.] (Амер.) некоторая игра в фанты.
bonga. [ж.] (Филип.) (бот.) арека.
bongalón. [м.] (Филип.) (бот.) дикорастущее дерево.
bongo. [м.] (Амер.) индейский челнок; (Амер.) род парома.
bongó. [м.] (Амер.) индейский барабан.
bongosero. [м.] (Амер.) тот, кто бьёт в бонго.

bonguero, ra. [м. и ж.] (Амер.) бродячий торговец с лотком.
bonhomía. [ж.] (Амер.) (гал.) добродушие, простота, простодушие.
boniatal. [м.] (Амер.) поле, засаженное маниоками.
boniato. [м.] (бот.) маниок.
bonicamente. [нареч.] см. bonitamente.
bonico, ca. [прил. умен.] к bueno: * a bonico. [нареч.] (обл.) тихо; бесшумно.
bonicho, cha. [прил.] (Амер.) (вул.) хорошенький; см. bonito.
bonifacio. [м.] (Амер.) (ихтиол.) род маленького тунца.
bonificación. [ж.] улучшение, мелиорация; удобрение.
bonificar. [перех.] улучшать, удобрять.
bonijo. [м.] (обл.) косточка оливки.
bonina. [ж.] (бот.) см. manzanilla loca.
bonina. [ж.] (обл.) маленький кусок стекла и т. д., с которым играют дети.
bonísimo, ma. [прил. превосх. степ.] к bueno.
bonitalo. [м.] (ихтиол.) см. bonito.
bonitamente. [нареч.] осмотрительно, осторожно, скрытно; (разг.) шаг за шагом; медленно, постепенно.
bonitera. [ж.] (мор.) сеть для ловли bonito; ловля bonito.
bonito. [м.] (ихтиол.) род маленького тунца.
bonito, ta. [прил. умен.] к bueno; хороший, хорошенький, красивый; милый, миленький; изящный; * niño bonito, красавчик; (разг.) франт.
bonitura. [ж.] (Амер.) (прост.) красота.
bonja. [ж.] (бот.) род чая.
bono, na. [прил.] (уст.) см. bueno; [м.] талон на получение помощи по благотворительности; чек, бон, денежный ордер: * bono para una comida, талон на обед; * bonos del tesoro, боны казначейства.
bonomía. [ж.] (вар.) добродушие, простота, простодушие.
bonote. [м.] волокно из скорлупы кокосового ореха.
bonzo. [м.] бонза (буддийский жрец).
boñiga. [ж.] коровий помёт.
boñigar. [прил.] к фига (одна из разновидностей); [м.] разновидность фиги (плод).
boñigo. [м.] каждая доля коровьего помёта.
boo. [м.] (бот.) японский сахарный тростник.
booboc. [м.] род совы.
boope. [м.] (ихтиол.) род бразильского тунца.
Bootes. [м.] (астр.) Волопас.
boque. [м.] (зоол.) (обл.) козёл.
boque. [м.] (арг.) аппетит, желание есть.
boqueada. [ж.] вздох (при смерти): * dar la última boqueada, испустить последний вздох; * estar dando las boqueadas, быть в агонии.
boquear. [неперех.] открывать рот; быть в агонии; (перен.) приходить к концу; [перех.] произнести слово, воскликнуть.
boquera. [ж.] каменное устье отводного канала; окошко на сеновале; (обл.) пролом в стене (для скоты); (обл.) сток, сточный жёлоб; (мед.) трещина в углах губ; (вет.) язва рту.
boqueriento, ta. [прил.] страдающий от трещины в углах губ; (Амер.) оборванный, неопрятный и презренный.
boquerón. [м.] большое отверстие.
boquerón. [м.] (ихтиол.) анчоус.
boqueta. [ж.] (Амер.) (горн.) отверстие для вентиляции; (Амер.) см. boquineto (тже. прил.).

boquete. [м.] узкий проход; пролом, брешь.
boqueto, ta. [прил.] (Амер.) с раздвоенной верхней губой.
boqui. [м.] чилийское вьющееся растение.
boqui. [м.] (арг.) аппетит, желание есть.
boquiabierto, ta. [прил.] с открытым ртом; открывающий рот из праздного любопытства, от удивления; [сущ.] ротозей, (-ка), зевака.
boquiancho, cha. [прил.] большеротый.
boquiangosto, ta. [прил.] с узким ртом.
boquiblando, da. [прил.] мягкогубый (о лошадях).
boquiconejuno, na. [прил.] с ртом как кролик (о лошадях).
boquiche. [прил.] (разг.) (Амер.); см. boqueto; (Амер.) разговорчивый, болтливый; [сущ.] говорун, болтун (-ья).
boquiduro, ra. [прил.] с твёрдым ртом (о лошадях и т. д.).
boquiflojo, ja. [прил.] см. boquirroto.
boquifresco, ca. [прил.] с влажным ртом (о лошадях); (перен.) (разг.) спокойно говорящий неприятные правды.
boquifruncido, da. [прил.] кривящий рот (о лошадях).
boquihundido, da. [прил.] имеющий углы губ очень высоко (о лошадях).
boquil. [м.] (Амер.) (бот.) см. boqui.
boquilla. [ж.] нижнее отверстие брюк; отверстие в оросительном канале; мундштук, дульце (духовых инструментов, для сигар, сигарет); вырезка; (воен.) ложевое кольцо винтовки (ближе к дулу); (воен.) ударная трубка; ламповая горелка: * de boquilla, (держать пари или играть) без наличных денег.
boquillazo. [м.] (Амер.) устная весть.
boquillero, ra. [прил.] (Амер.) болтливый, говорливый.
boquimuelle. [прил.] мягкогубый (о лошадях); (перен.) легковерный, легко верящий всему (тже сущ).
boquín. [м.] род грубой байки.
boquina. [ж.] (обл.) козья кожа.
boquinatural. [прил.] с нормальным ощущением во рту (о лошадях).
boquinegro, gra. [прил.] черноротый; [м.] разновидность улитки.
boquinete. [м.] см. boquineto; конический сосуд для возгонки.
boquineto, ta. [прил.] (Амер.) с заячьей губой.
boquirrasgado, da. [прил.] широкоротый.
boquirroto, ta. [прил.] см. boquirrasgado; болтливый, говорливый.
boquirrubio. [прил.] болтливый; наивный, простой, неопытный; [м.] (разг.) молокосос; дамский угодник, волокита, ухажёр (о юноше).
boquisecо, ca. [прил.] с сухим ртом; не покрывающийся пеной (о рте лошади).
boquisumido, da. [прил.] имеющий углы губ очень высоко (о лошадях).
boquita. [ж. умен.] к boca, ротик, роток.
boquitorcido, da. [прил.] косоротый.
boquituerto, ta. [прил.] см. boquitorcido.
boquiverde. [прил.] непринуждённо говорящий о наглых предметах.
boraciar. [неперех.] (Амер.) хвастаться, вести себя вызывающе.
borácico, ca. [прил.] (хим.) борный.
boracita. [ж.] (мин.) борацит.
boraso. [м.] (бот.) род пальмого дерева.
boratera. [ж.] рудник буры.
borato. [м.] (хим.) борнокислая соль.
bórax. [м.] (хим.) бура.
borboja. [ж.] (Амер.) (вар.) пузырёк воздуха, газа (в воде и т. д.).
borboleta. [ж.] (Амер.) бабочка.
borbollar. [неперех.] кипеть ключом, бурлить, клокотать.
borbolleamiento. [м.] кипение, клокотание.

borbollear. [неперех.] см. borbollar.
borbolleo. [м.] кипение, клокотание.
borbollón. [м.] бурление, клокотание: * a borbollones, стремительно.
borbollonear. [неперех.] см. borbollar.
Borbones. Бурбоны.
borbónico, ca. [прил.] к Бурбоны.
borbor. [м.] клокотание, кипение.
borborigmo. [м.] урчание в желудке.
borboritar. [неперех.] кипеть ключом, бурлить, клокотать.
borborito. [м.] (обл.) см. borbotón.
borbotar. [неперех.] см. borbollar: * empezar a borbollar, забурлить.
borbotear. [неперех.] бить ключом, см. borbollar.
borboteo. [м.] см. borbolleo.
borbotón. [м.] см. borbollón: * a borbotones, стремительно; * hablar a borbotones, говорить захлёбываясь.
borceguí. [м.] ботинок со шнуровкой.
borceguinería. [ж.] место, где шили или продавали ботинки на шнурках.
borceguinero, ra. [м.] тот, кто шил или продавал ботинки на шнурках.
borcelana. [ж.] (обл.) умывальный таз; (Амер.) см. bacineta.
borcellar. [м.] край сосуда.
borchincho. [м.] (Амер.) семейный бал.
borda. [ж.] (мор.) борт; большой парус на галерах: * arrojar por la borda, выбросить за борт; * altura de la borda, надводный борт.
borda. [ж.] см. choza.
bordada. [ж.] (мор.) галс при лавировании; (разг.) гулянье взад и вперёд: * dar bordadas, (мор.) лавировать, делать галсы.
bordado. [страд. прич.] к bordar; [м.] вышивание, вышивка.
bordador, ra. [м. и ж.] вышивальщик, (-ица).
bordadura. [ж.] вышивка.
bordaje. [м.] (мор.) палубный настил.
bordar. [перех.] вышивать; (перен.) делать что-л очень искусно.
borde. [прил.] дикорастущий; внебрачный.
borde. [м.] край, закраина, кромка; сторона, выступающий край; рант; кант, грань; (ав.) ребро; (мор.) борт (судна); берег; опушка: * hasta los bordes, доверху; * estar a borde de, чуть было не…
bordear. [неперех.] ходить по краю; лавировать; [перех.] окаймлять.
bordejada. [ж.] (Амер.) (вар.) галс при лавировании.
bordej(e)ar. [неперех.] (Амер.) (вар.) лавировать см. bordear.
bordelés, sa. [прил.] бордосский; [сущ.] уроженец Бордо.
bordeo. [м.] (мор.) лавирование; хождение по краю; окаймление.
bordillo. [м.] закраина, край, бордюрный камень тротуара и т. д.
bordiona. [ж.] (уст.) проститутка, публичная женщина.
bordo. [мор.] борт; галс; (обл.) граница, межа; (Амер.) дерновый парапет: * a bordo, на борту корабля; * al bordo, у судна; * dar bordos, лавировать; * libro de bordo, судовой журнал; * diario de a bordo, бортовой журнал; * segundo de a bordo, капитан лейтенант.
bordo, da. [прил.] (Амер.) дикорастущий; внебрачный.
bordón. [м.] посох; стих, повторяемый после каждой строфы; слово или фраза, часто повторяемые в разговоре; вожак; (муз.) басок, бас (струна); (полигр.) пропуск.

bordona. [ж.] (Амер.) басок, бас (струна).
bordonasa. [ж.] большое полое копьё.
bordoncillo. [м.] слово или фраза, часто повторяемые в разговоре.
bordonear. [неперех.] идти, опираясь на посох; ударять посохом; бродяжничать, скитаться; перебирать струны.
bordoneo. [м.] звук bordón (гитары).
bordonería. [ж.] бродяжничество, жизнь скитальца, скитальчество.
bordonero, ra. [прил.] см. vagabundo.
bordonete. [м.] (Амер.) корпия, см. lechino.
bordonúa. [ж.] (Амер.) большая грубая гитара.
bordura. [ж.] крайняя часть герба.
boreal. [прил.] северный: * aurora boreal, северное сияние, полярное сияние.
boreas. [м.] борей, северный ветер.
borgoña. [м.] бургундское (вино).
borgoñón, na. [прил.] бургундский; [сущ.] бургундец (-ка).
borgoñota. [ж.] (воен.) (ист.) шлем, шишак.
borguil. [м.] (обл.) стог, скирда.
boricado, da. [прил.] борный.
bórico, ca. [прил.] (хим.) борный: * ácido bórico, борная кислота, (разг.) борная.
borinqueño, ña. [прил. и сущ.] см. portorriqueño.
borla. [ж.] кисть, кисточка; отличительный знак на шапочке докторов и преподавателей университета; [множ.] (бот.) амарант: * tomar la borla, получать учёную степень; * borla de adorno, помпон.
borlarse. [возв. гл.] (Амер.) получать учёную степень.
borlilla. [ж.] (бот.) пыльник.
borlón. [м. увел.] к borla; ткань усыпана кисточками; [множ.] (бот.) см. amaranto.
borlote. [м.] (Амер.) см. burlote; (Амер.) крик, шум, суматоха.
borna. [ж.] (эл.) клемма.
borne. [м.] (бот.) ракитник.
borne. [прил.] ломкий (о дереве).
borne. [м.] конец турнирного копья; (эл.) зажим, клемма для проводов; (арг.) виселица.
borneadizo, za. [прил.] гибкий.
bornear. [перех.] сгибать, искривлять; выгибать; отделывать колонны; [неперех.] (мор.) поворачиваться на якоре; (обл.) выделывать (ногами) антраша; * bornearse. [возв. гл.] искривляться, выгибаться; коробиться (о дереве).
bornear. [перех.] смотреть, прищурив глаз, правильна ли линия; класть строительные камни; (Амер.) сбивать как можно больше кеглей.
borneo. [м.] выгибание; движение тела при танце.
borní. [м.] (орни.) род сокола.
bornita. [м.] (арг.) повешенный.
bornita. [ж.] борнит.
bornizo. [прил.] первого снятия (о коре пробкового дуба); (обл.) побег, росток.
bornoi. [м.] пробковый поплавок.
boro. [м.] (хим.) бор.
borococo. [м.] (обл.) см. pisto; (Амер.) запутанность, путаница; (Амер.) тайная любовная дружба.
borocho, cha. [прил.] см. mellado.
borona. [ж.] просо; кукуруза; кукурузный хлеб; (Амер.) хлебная крошка.
boronal. [м.] (обл.) кукурузное поле.
borondanga. [ж.] (Амер.) груда ненужных вещей.
boronillo, lla. [прил.] (Амер.) разбитый вдребезги.

boroschi. [м.] (Амер.) американский волк.
boroschi. [м.] (Амер.) хлебная крошка.
borra. [ж.] годовалый ягнёнок; грубая шерсть; козий пух или шерсть; хлопок-сырец; мягкая прокладка; осадок, гуща; пыль, пух (образующийся под мебелью и т. д.); налог на скот; (перен.) (разг.) пустословие; (разг.) безделица, пустяк; болтовня; [множ.] отбросы, остатки; * borra de lana, шерстяные очёски; * borra de seda, шёлковые охлопки; * henchir de borra, набивать (мебель и т. д.); * tener mucha borra, быть многословным при бедности мысли.
borra. [ж.] (хим.) бура.
borrable. [прил.] изгладимый.
borracha. [ж.] (перен.) (разг.) бурдюк для вина.
borrachada. [ж.] опьянение, хмель, см. borrachera.
borrachear. [неперех.] пьянствовать, заниматься пьянством.
borrachera. [ж.] опьянение, хмель; пьянство; (разг.) пьянка, пьяная пирушка, попойка; (перен.) большая глупость, бессмыслица; (перен.) упоение: * dormir la borrachera, проспаться после пьянства; * andar de borrachera, пьянствовать, (прост.) зашибать; * borrachera continua, беспробудное пьянство.
borrachería. [ж.] (Амер.) трактир, кабак; (уст.) см. borrachera.
borrachero. [м.] (бот.) дурман.
borrachez. [ж.] хмель, опьянение; (перен.) упоение.
borrachico. [м.] плод земляничного дерева.
borrachín. [м. умен.] к borracho; (обл.) земляничное дерево.
borracho, cha. [прил.] опьяневший, пьяный, хмельной, нетрезвый; приготовленный с вином; темнолилового цвета (о фруктах и т. д.); (перен.) опьянённый; (Амер.) перезрелый; [сущ.] пьяница, пьяная женщина; (уст.) бражник; * borracho como una cuba, пьян в лоск; * bizcocho borracho, ромовая баба; * borracho empedernido, горький-пьяница; * borracho inveterado, беспробудный пьяница.
borrachoso, sa. [прил.] (Амер.) см. borrachín.
borrachuela. [ж.] (бот.) куколь, плевел.
borrachuelo, la. [прил. умен.] к borracho.
borrado, da. [прил.] (Амер.) рябой, в оспинах.
borrador. [м.] черновик, черновой набросок; черновая запись; (бух.) журнал для записей: * hacer un borrador, написать, сделать начерно; * sacar de borrador a uno, (перен.) (разг.) чисто одевать кого-л.
borradura. [ж.] вычёркивание и т. д.; (обл.) см. salpullido.
borragíneo, a. [прил.] похожий на бурачник (лекарственный).
borraj. [м.] (хим.) бура.
borraja. [ж.] (бот.) лекарственный бурачник, огуречник.
borrajear. [перех.] пописывать, черкать, марать бумагу; писать каракулями.
borrajera. [ж.] (Амер.) куча сосновой опавшей листвы.
borrajo. [м.] см. rescoldo; сосновая опавшая листва.
borrar. [перех.] стирать; вычёркивать, зачёркивать; (перен.) сглаживать; изгладить; затмевать; заслонять: * borrar de la faz de la tierra, стереть с лица земли.
borrasca. [ж.] шторм (на море), буря, гроза; (перен.) опасность, риск; (перен.) (разг.) оргия, пиршество; (Амер.) (горн.) отсутствие годной руды: * borrasca de nieve, буран.

borrascoso, sa. [прил.] бурный, грозовой; (перен.) развратный, распутный, распущенный.
borrasquero, ra. [прил.] (перен.) (разг.) развратный, распутный, распущенный.
borratina. [ж.] (Амер.) вычёркивание.
borregada. [ж.] стадо баранов.
borregaje. [м.] (Амер.) стадо баранов.
borrego, ga. [м. и ж.] годовалый ягнёнок; (перен.) (разг.) простак, простушка, глупец, дурачок, дурак; [ж.] овца-ярка; (перен.) см. pajarota.
borregoso, sa. [прил.] кудрявый.
borreguero, ra. [прил.] годный для баранов (о пастбище); [м.] чабан.
borreguil. [прил.] бараний.
borreguillo. [м.] барашек (облако).
borrén. [м.] задняя лука седла.
borreno. [м.] (Амер.) см. borrén.
borrero. [м.] (уст.) палач.
borrica. [ж.] ослица; (перен.) (разу.) глупая женщина, дура (тже. прил.).
borricada. [ж.] стадо ослов; прогулка на ослах; (перен.) глупая выходка, глупость, дурачество; невежество.
borrical. [прил.] ослиный.
borricalmente. [нареч.] глупо, по-дурацки, см. asnalmente.
borrico. [м.] осёл; плотничий верстак, козлы; (бран.) осёл, неуч, дурак; [прил.] необразованный и т. д.: * ser un borrico, быть неуслыным; быть необразованным; * caer de su borrico, (перен.) признать свою ошибку.
borricón. [м.] (перен.) (разг.) выносливый, терпеливый человек (тже. прил.).
borricote. [м.] см. borricón.
borrilla. [ж.] первый ягнячий пух; пух (на плодах).
borrina. [ж.] (обл.) густой сырой туман.
borriqueño, ña. [прил.] ослиный.
borriquería. [ж.] см. borricada.
borriquero. [м.] погонщик или сторож ослов; [прил.] * cardo borriquero, сорт чертополоха с белыми цветами и т. д.; (перен.) суровый, неприветливый человек.
borriquete. [м.] плотничий верстак, козлы; (мор.) сорт паруса.
borriquito. [умен.] к borrico, ослик.
borro. [м.] годовалый ягнёнок; налог на скот, дающий шерсть.
borrón. [м.] клякса, чернильное пятно на бумаге; черновик, черновой набросок, черновая запись, эскиз; (перен.) канва, литературный набросок; недостаток, изъян, дефект, недочёт; позорное пятно: * el mejor escribano echa un borrón, на всякого мудреца, довольно простоты.
borronear. [перех.] см. borrajear.
borroniento, ta. [прил.] (Амер.) (вул.) см. borroso.
borroso, sa. [прил.] мутный, с осадком; расплывчатый; нечисто отпечатанный; бледный; неясный, туманный.
borrufalla. [ж.] (обл.) безделица, пустяк.
borrumbada. [ж.] см. barrumbada.
bortal. [м.] (обл.) место, заросшее земляничными деревьями.
borto. [м.] (обл.) (бот.) земляничное дерево.
boruca. [ж.] (разг.) крик, шум, суматоха, см. bulla.
boruga. [ж.] (Амер.) род творога.
boruju. [м.] см. burujo; выжимки маслин; (уст.) виноградные выжимки.
borujón. [м.] шишка на голове (от удара).
boruquiento, ta. [прил.] шумный, шумливый, весёлый, живой.
borusca. [ж.] см. seroja.
bosa. [ж.] (мор.) конец, верёвка.
bosado. [м.] чрезмерное движение бёдер (при некоторой пляске).

bosboque. [м.] (зоол.) род антилопы.
boscaje. [м.] роща, лесок; (жив.) лесной пейзаж.
boscoso, sa. [прил.] лесистый.
bósforo. [м.] пролив, канал между двумя морями.
bosi. [м.] (бот.) род африканской сливы (дерева).
bosorola. [ж.] (Амер.) осадок, отстой.
bosque. [м.] лес; густой кустарник; (арг.) борода: *bosque maderable, строевой, мачтовый лес; *bosque espeso, густой лес; *parte del bosque destinada a la tala, делянка; *bosque frondoso, лиственный лес; *bosque joven, молодняк; *bosque de coníferas, бор; *bosque nacional, лесной заповедник; *bosque vedado, заповедный лес.
bosquecillo. [м. умен.] к bosque, мелколесье.
bosquejador, ra. [прил. и сущ.] набрасывающий, делающий эскиз, набросок.
bosquejar. [перех.] делать эскиз, набросок, набрасывать; подготовлять вчерне, начерчивать; слегка намечать, намечать в общих чертах.
bosquejo. [м.] эскиз, набросок, кроки, черновой проект, зарисовка, намётка; очерк, канва: *en bosquejo, начерно, в незаконченном виде.
bosquete. [м. умен.] к bosque; искусственная роща, лесок.
bosquiman. [м.] южноафриканский дикарь.
bosta. [ж.] коровий или конский навоз.
bostear. [неперех.] (Амер.) испражняться (о скоте).
bostezador, ra. [прил.] зевающий.
bostezar. [неперех.] зевать: *bostezar fuerte, зевать во весь рот.
bostezo. [м.] зеванье, зевота; зевок: *lanzar un bostezo, очень зевнуть.
bosticar. [неперех.] (Амер.) ворчать, бормотать себе под нос.
bostón. [м.] бостон (танец).
bostonear. [неперех.] (Амер.) вальсировать, танцевать бостон.
bostoniano, na. [прил.] относящийся к Бостону; [сущ.] уроженец этого города.
bota. [ж.] маленький бурдюк, мех для вина; бочка; мера жидкостей, равная 516 л.; сапог; женский ботинок: *botas de montar, ботфорты; *ponerse las botas, разбогатеть; воспользоваться случаем; *botas de siete leguas, семимильные сапоги, сапоги-скороходы; *estar de botas, или con las botas puestas, быть готовым к пути.
botabarro. [м.] (Амер.) крыло (экипажа).
botacuchar. [неперех.] вмешиваться в чужие дела.
botada. [ж.] (мор.) см. botadura; (Амер.) увольнение.
botadero. [м.] (Амер.) (прост.) свалка, свалочное место; (Амер.) брод.
botado, da. [страд. прич.] к botar; [прил.] (Амер.) подкинутый матерью (о ребёнке); см. descocado; очень дешёвый; покоряющийся, расточающий; [м.] (Амер.) подкидыш.
botador, ra. [прил.] выгоняющий, и т. д.; (Амер.) см. manirroto; [м.] багор, шест (для отталкивания лодок); гвоздодёр; зубные щипцы; (Амер.) расточитель.
botadura. [ж.] спуск на воду (судна).
botafuego. [м.] (воен.) (уст.) пальник; (перен.) (разг.) вспыльчивый человек.
botafumeiro. [м.] кадило; *manejar el botafumeiro. (перен.) (разг.) см. adular.
botagueña. [ж.] свиная колбаса.
botalodo. [м.] крыло (экипажа).
botalón. [м.] (мор.) бон; гик.

botamanga. [ж.] (Амер.) обшлаг, см. bocamanga.
botamen. [м.] (соб.) аптекарская посуда; (мор.) бочки (для воды, вина и т. д.).
botana. [ж.] деревянная затычка, втулка (в бочке); заплата (на бурдюке); (разг.) тампон; рубец от раны, шрам.
botánica. [ж.] ботаника, фитология.
botánico, ca. [прил.] ботанический: *jardín botánico, ботанический сад; [м.] ботаник.
botanista. [м.] ботаник.
botanizar. [перех.] собирать растения для гербария, составлять гербарий.
botanófago, ga. [прил.] (м. употр.) питающийся растительной пищей.
botanófilo, la. [прил.] любящий ботанику (тже. сущ.).
botanografía. [ж.] описание растений.
botanógrafo, fa. [м. и ж.] специалист по описанию растений.
botar. [перех.] с большой силой бросать, метать, выбрасывать; гнать, выгонять; (мор.) спускать корабль на воду; (мор.) класть, выправлять руль; (Амер.) увольнять служащего; проматывать, растрачивать; расточать; [неперех.] отскакивать; подскакивать; *botar de botar, запрыгать; *botarse. [возв. гл.] стать на дыбы (о лошади).
botaratada. [ж.] легкомысленный, необдуманный поступок, сумасбродство.
botarate. [м.] (разг.) легкомысленный человек, вертопрах, буйная головушка, сумасброд; (Амер.) (вул.) мот, расточитель.
botaratear. [неперех.] (Амер.) сумасбродить, сумасбродничать.
botarel. [м.] (арх.) контрфорс.
botarete. [прил.] *arco botarete, (арх.) подпорная арка, контрфорс.
botarga. [ж.] старинные широкие длинные штаны; (театр.) пёстрый нелепый костюм; (театр.) арлекин; сорт колбасы.
botasilla. [ж.] (воен.) сигнал седлать коней, сигнал «седлай».
botat. [м.] (бот.) (Филип.) дикорастущее дерево.
botavante. [м.] (мор.) багор для отталкивания от другого судна.
botavara. [ж.] (мор.) бизань.
bote. [м.] удар пики и т. д.; прыжок лошади; отскакивание мяча; скачок, прыжок (человека или вещи); отскакивание рикошетом (пули); ямка в земле (для игры в орешки и т. д.): *de bote y voleo, тотчас, немедленно; *bote pronto, (спорт.) удар с полулёта; *bote de carnero, брыкание, сбрасывание (о лошади).
bote. [м.] аптекарская баночка; жестянка; консервная банка; (Амер.) мороженица.
bote. [м.] лодка, лодочка, лодчонка; бот, ботик; шлюпка; челнок: *bote transbordador, паром: *bote salvavidas, спасательная лодка; bote en bote (de). [выраж.] набитый до отказа; *estar de bote en bote, (разг.) вплотную.
botecario. [м.] (ист.) военный налог.
boteja. [ж.] (обл.) кувшин с коротким узким горлом.
botella. [ж.] бутылка; мера жидких тел, равная 0'75 л.; (Амер.) см. sinecura: *botella de Leyden, (физ.) лейденская банка; *botella de greda, пористый глиняный кувшин для воды; *verde botella, бутылочный цвет; *de botella, бутылочный.
botellazo. [м.] удар бутылкой.
botellera. [ж.] (обл.) (бот.) водяная лилия.
botellería. [ж.] (вар.) киоск с прохладительными напитками, см. botecario.
botellero, ra. [м. и ж.] тот, кто делает или продаёт бутылки; [м.] ящик с клетками для перевозки бутылок.

botellín. [м. умен.] к botella; бутылочка.
botellón. [м. увел.] к botella; бутыль; (Амер.) см. damajuana.
botepronto. [м.] (спорт.) удар с полулёта.
botequín. [м.] (мор.) лодочка, лодчонка.
botería. [ж.] бурдючная мастерская или лавка; (мор.) (соб.) бочки для воды и бурдюки для вина; (Амер.) сапожная мастерская.
botero. [м.] тот, кто делает, продаёт и т. д., бурдюки; (Амер.) сапожник.
botero. [м.] лодочник.
botete. [м.] американский москит.
botez. [м.] грубость, неотёсанность, неловкость.
botica. [ж.] аптека; (соб.) лекарства; лавка; (арг.) галантерейная лавка; (перен.) см. mejunje.
boticaria. [ж.] аптекарша (прост.), жена аптекаря и женщина-аптекарь.
boticario. [м.] аптекарь; (арг.) см. mercero; *venir como pedrada en ojo de boticario, явиться кстати.
botiga. [ж.] (обл.) лавка, лавочка (торговая).
botiguero. [м.] (обл.) лавочник.
botija. [ж.] кувшин с коротким узким горлом; (Амер.) дикорастущее дерево: *botija verde, (Амер.) оскорбительное выражение; *estar hecho una botija, (перен.) (разг.) досадовать и плакать (о ребёнке); быть очень толстым.
botijero, ra. [м. и ж.] мастер или продавец кувшинов.
botijo. [м.] большой глиняный кувшин с ручкой и двумя отверстиями (одно из них носиком); (разг.) толстяк, приземистый человек; бутуз.
botijón. [м. увел.] к botijo; (Амер.) большой глиняный кувшин, см. tinaja.
botijuela. [ж. умен.] к botijo; чаевые; см. alboroque.
botijuelo. [м.] (Амер.) лесть, см. adulación.
botilla. [ж.] старинные женские полусапожки; см. borceguí.
botiller. [м.] см. botillero.
botillería. [ж.] киоск с прохладительными напитками.
botillero. [м.] (уст.) продавец прохладительных напитков.
botillero. [м.] (Амер.) сапожник; продавец сапог.
botillero. [м.] (арг.) род тренера и уполномоченного pelotari.
botillo. [м.] маленький бурдюк для вина.
botín. [м.] небольшая штиблета; дамский ботинок; (Амер.) носок, короткий чулок.
botín. [м.] добыча (военная); пленные и трофеи.
botina. [ж.] ботинок.
botinchado, da. [прил.] (обл.) опухший и т. д.
botinería. [ж.] место, где шьют или продают ботинки.
botinero, ra. [прил.] имеющий другую расцветку на ногах (о животных); [м.] тот, кто шьёт или продаёт ботинки.
botiquín. [м.] аптечка; (Амер.) винный погребок: *botiquín de viaje, дорожная аптечка.
botito. [м.] ботинок с пуговицами и т. д.
boto, ta. [прил.] тупой; затупившийся; (перен.) тупой, несообразительный, грубый, неотёсанный; [м.] небольшой бурдюк; (обл.) воловья кишка, начинённая топлёным свиным салом; (обл.) ботфорты.

botocudo, da. [прил.] туземный бразильских девственных лесов.
botolán. [м.] (бот.) филиппинское деревце (cicca pentandra).
botón. [ж.] (бот.) почка; бутон; прыщ(ик); пуговица; кнопка (звонка и т. д.); пуговка, шишечка (рапиры и т. д.); круглая ручка (радиоприёмника и т. д.); * botón de manivela, палец кривошипа; * botón de fuego, прижигатель, термокаутер; * botón de oro, едкий лютик; * botón de cuello, пуньо, запонка.
botona. [ж.] (ихтиол.) съедобная рыба.
botonadura [ж.] (соб.) пуговицы.
botonar. [неперех.] (Амер.) пускать почки; [перех.] (Амер.) см. abotonar.
botonazo. [м.] удар пуговкой (рапиры и т. д.).
botoncillo. [м.] (Амер.) кубинское растение с цветами оранжевого цвета.
botonería. [ж.] пуговичная фабрика, пуговичная мастерская; магазин, где продают пуговицы.
botonero, ra. [м. и ж.] (мастер) пуговичник; продавец (-щица) пуговиц.
botones. [м.] (перен.) (разг.) посыльный (в гостинице и т. д.).
bototo. [м.] (Амер.) тыквенный сосуд для воды; большой башмак.
botriforme. [прил.] гроздевидный.
botrino. [м.] (обл.) см. buitrón.
botriógeno. [м.] (мин.) красный железный купорос.
botrioideo, a. [прил.] похожий на гроздь винограда.
botrioterapia. [ж.] лечение виноградом.
botrítico, ca. [прил.] гроздевидный.
botuto. [м.] черешок у листьев папайи; военная труба индейцев Ориноко.
bou. [м.] рыбная ловля с неводом.
boudoir. [м.] (гал.) будуар; см. camarín.
bouqué, bouquet. [м.] (гал.) букет; букет, арома вина.
bovaje, bovático. [м.] старинный налог на волов.
bóveda. [ж.] (арх.) свод; помещение со сводами; подвал; склеп; * arco de bóveda, дуга; * bóveda ojival, стрельчатый, оживальный свод; * bóveda celeste, небосвод, небесный свод, небо; * bóveda del cráneo, черепной свод; * bóveda palatina, нёбная дуга; * hablar de bóveda, или en bóveda, высокомерно говорить.
bovedilla. [ж.] расстояние между двумя балками потолка; * subirse a las bovedillas, (перен.) (разг.) сердиться.
bovino, na. [прил.] бычачий, бычий; [м. множ.] быки (порода).
box. [м.] (Амер.) бокс; см. boxeo.
box. [м.] стойло (лошади); (Амер.) см. boxeo.
boxeador. [м.] боксёр; см. púgil.
boxear. [неперех.] боксировать.
boxeo. [м.] бокс; см. pugilato: * boxeo aficionado, любительский бокс; * boxeo profesional, профессиональный бокс.
boxita. [ж.] (мин.) боксит.
boya. [ж.] буй, бакан, бакен; поплавок (сети); * boya de salvamento, спасательный круг; * boya luminosa, светящийся буй; * boya pequeña, буёк; * de buena boya, счастливый.
boyada. [ж.] стадо волов.
boyal. [прил.] для рогатого скота (о пастбище).
boyal. [м.] буй для указания опасности.

boyante. [дейст. прич.] к boyar; плавающий, плавучий; [прил.] (перен.) счастливый; (мор.) не имеющий нужной осадки, с неполным грузом, ненагруженный.
boyar. [неперех.] (мор.) сняться с мели, снова плавать (о судне на суше).
boyarda. [ж.] (ист.) боярыня.
boyardo. [м.] (ист.) боярин: * los boyardos, боярство.
boyarín. [м.] (мор.) буёк.
boyatero. [м.] (обл.) погонщик или сторож волов.
boyazo. [м.] (Амер.) удар кулаком; удар, шлепок.
boyazo. [м. увел.] к buey; большой вол.
boycot. [м.] бойкот.
boycotear. [перех.] бойкотировать.
boyé. [м.] (Амер.) уж, очищающий плантации от вредных животных.
boyera, boyeriza. [ж.] воловня, бычачий хлев, загон для рогатого скота (на скотобойне).
boyerizo, boyero. [м.] погонщик или сторож волов, быков; волопас; (Амер.) кубинская птичка.
boyezuelo. [м. умен.] к buey; бычок.
boyo. [м.] род змеи.
boyuda. [ж.] (арг.) (карт.) колода.
boyuno, na. [прил.] бычачий, коровий.
boza. [ж.] (мор.) стопор.
bozada. [ж.] (Амер.) недоуздок.
bozal. [прил.] только что прибывший из Африки (о негре); (перен.) (разг.) неумелый, неопытный; (перен.) глупый, невежественный; дикий, необъезженный (о лошади); (перен.) (разг.) (Амер.) плохо говорящий по-испански; [м.] негр, только что прибывший из Африки; новичок; глупец, дурак, идиот; недоуздок; намордник.
bozalejo. [м. умен.] к bozal.
bozalillo. [м.] см. bozalejo; (Амер.) род недоуздка.
bozo. [м.] пушок на подбородке или верхней губе; нижняя часть лица; недоуздок; (обл.) намордник.
braba. [ж.] род большой сети.
brabante. [м.] голландское полотно (из Брабанта).
brabanzón, na. [прил.] брабантский; [сущ.] уроженец Брабанта.
brabejón. [м.] филиппинское деревце.
brabera. [ж.] (арх.) отдушина (пещеры); см. bravera.
brabeuta. [м.] судья (олимпийских игр и т. д.).
brabio. [м.] приз, награда.
bracamonte. [м.] привидение, домовой.
braceada. [ж.] размахивание руками.
braceado. [м.] размешивание расплавленного металла; пивоварение.
braceador, ra. [прил.] разбрасывающий передними ногами (о лошади).
braceaje. [м.] чеканка монеты.
braceaje. [м.] (мор.) глубина (в определённом месте).
bracear. [неперех.] размахивать руками; разбрасывать передними ногами (о лошадях); (перен.) делать усилия, плыть сажёнками; перемешивать расплавленный металл.
bracear. [неперех.] (мор.) брасовать.
bracelete. [м.] (вор.) браслет; см. brazalete.
braceo. [м.] размахивание руками; (мор.) дейст. к брасовать.
braceral. [м.] наручник (часть доспехов).
bracero, ra. [прил.] бросающий рукой; [м.] кавалер, подающий даме руку; чернорабочий, землекоп; тот, кто имеет твёрдую руку (при метании): * bracero del campo, батрак, пеон; * de bracero, под руку (взявшись).
bracete. [м. умен.] к brazo: * de bracete. (разг.) под руку (взявшись).
bracil. [м.] наручник (часть доспехов).
bracillo. [м.] часть удил.
bracio. [м.] (арг.) см. brazo; * bracio godo, (арг.) правая рука; * bracio ledro, (арг.) левая рука.
bracitendido, da. [прил.] ленивый.
bracmán. [м.] брахман, брамин, браман.
bracmánico, ca. [прил.] брахманский, браминский.
braco, ca. [прил.] легавый; (перен.) (разг.) курносый; [м.] легавая собака, ищейка (собака); (перен.) (разг.) курносый человек.
bractea. [ж.] (бот.) прицветник.
bracteiforme. [прил.] похожий на прицветник.
bractéola. [ж.] (бот.) прицветничек.
bradicardia. [ж.] (пат.) замедление пульса.
bradicinesia. [ж.] (мед.) ненормальное замедление движения.
bradipepsia. [ж.] (мед.) медленное пищеварение.
bradipéptico, ca. [прил.] страдающий медленным пищеварением (тже. сущ.).
bradipnea. [ж.] (пат.) медленное дыхание.
bradirritmia. [ж.] уменьшение ритма.
braditocía. [ж.] (мед.) медленные роды.
bradita. [ж.] (астр.) падающая звезда.
brafonera. [ж.] часть доспехов, покрывающая руку (от плеча до локтя).
braga. [ж.] короткие штаны до колен (тже. множ.); подъёмный канат; пелёнка; детская подстилка.
bragada. [ж.] внутренняя сторона ляжки лошади и других животных.
bragado, da. [прил.] имеющий другую расцветку на венутренней стороне ляжках (о воле и т. д.); (перен.) коварный, обманчивый, злонамеренный (о человеке); (перен.) (разг.) энергичный, мужественный.
bragadura. [ж.] пах; мотня (у брюк).
bragazas. [м.] (перен.) простак, дурень, находящийся под башмаком (у женщины).
bragazas. [ж. множ.] (Амер.) см. bramadera.
braguerista. [м. и ж.] тот, кто шьёт или продаёт грыжевые бандажи.
braguero. [м.] грыжевой бандаж; (арт.) пушечный брюк; (Амер.) см. gamarra.
bragueta. [ж.] передний разрез брюк, штанов, ширинка (разг.).
braguetazo. [м. увел.] к bragueta; * dar braguetazo, (перен.) (вул.) жениться на богатой женщине.
braguetero. [прил. и сущ.] (разг.) похотливый, сладострастный, блудливый; (Амер.) тот, кто женится на богатой женщине (тже. прил.).
braguillas. [ж. множ.] ребёнок, начинающий носить штанишки; болезненный, хилый ребёнок.
brahmán. [м.] брахман, браман, брамин.
brahmánico, ca. [прил.] брахманский, браминский.
brahmanismo. [м.] брахманизм, браманизм.
brahmín. [м.] см. brahmán.
braja. [ж.] (поэт.) облако пыли.
brama. [ж.] течка (у оленя и других животных).
bramadera. [ж.] трещётка; (Амер.) см. bravera.
bramadero. [м.] место, где собираются олени и т. д. во время течки; (Амер.) столб, к которому привязывают животных.
bramador, ra. [прил.] кричащий (об олене, лани); мычащий; рычащий, ревущий; завывающий (о ветре); [м.] (арг.) см. pregonero.

bramante. [действ. прич.] к bramar.
bramante. [м.] шпагат; бечёвка; см. brabante.
bramar. [неперех.] кричать (об олене, лани); мычать; рычать; реветь; выть, завывать (о ветре); реветь (о море); рычать (от ярости); (арг.) кричать, орать.
bramera. [ж.] (Амер.) (вул.) отдушина (печная).
bramido. [м.] крик оленя, лани; мычание; рёв, вой, завывание; рычание; завывание (ветра); рёв (моря); крик ярости.
bramo. [м.] (арг.) крик; см. bramido.
bramón. [м.] (арг.) доносчик; см. soplón.
bramona (soltar la). [ж.] (арг.) осыпать оскорбительными словами или выражениями.
bramor. [м.] (обл.) см. bramido.
bramoroso, sa. [прил.] кричащий (об олене и т. д.); мычащий; рычащий; завывающий; воющий.
bramuras. [ж. мн.] бравады, угрозы.
bran de Inglaterra. [м.] старинная испанская пляска.
branca ursina. [ж.] (бот.) акант, медвежья лапа.
brancada. [ж.] замётанный невод.
brandal. [м.] (мер.) бакштаг (снасть); [мн.] верёвочный трап.
brandeburgo. [м.] петлица, нашивка (на мундире).
brandís. [м.] старинная большая куртка.
brandy. [м.] бренди (английская водка).
branque. [м.] (мор.) форштевень.
branquiado, da. [прил.] дышащий жабрами, жаберный.
branquial. [прил.] жаберный.
branquias. [ж. мн.] жабры.
branquífero, ra. [прил.] жаберный, с жабрами.
branza. [ж.] толстое металлическое кольцо (у каторжников).
braña. [ж.] (обл.) летнее, отгонное пастбище.
braquete. [м. умен.] к braco; ищейка (собака).
braquial. [прил.] (анат.) плечевой; ручной.
braquialgia. [ж.] плечевая или ручная боль.
braquicefalia. [ж.] брахицефалия.
braquicéfalo, la. [прил.] короткоголовый или круглоголовый; [м.] брахицефал.
braquifacial. [прил.] с коротким лицом.
braquifilo, la. [прил.] (бот.) короткол́истный.
braquigrafía. [ж.] см. taquigrafía.
braquígrafo, fa. [м. и ж.] см. taquígrafo.
braquimétrope. [прил.] близорукий.
braquimetropía. [ж.] близорукость.
braquimetrópico, ca. [прил.] к braquimetropía; близорукий.
braquiocefálico, ca. [прил.] (анат.) относящийся к руке и голове.
braquiocubital. [прил.] (анат.) плечелоктевой.
braquiópodos. [прил.] (зоол.) брахиоподы, плеченогие.
braquiotomía. [ж.] (хир.) ампутация руки (brazo).
brasa. [ж.] жар, горящие, раскалённые угли; (арг.) вор: *estar en brasas, или como en brasas, сидеть как на углях.
brasca. [ж.] огнеупорная облицовка.
brasero. [м.] жаровня; (ист.) место, где сжигали преступников; (арг.) кража; (Амер.) пылающий костёр.
brasil. [м.] (бот.) бразильское дерево; красная краска.
brasilado, da. [прил.] красный.
brasileño, ña. [прил.] бразильский; [сущ.] бразилец (-ьянка).
brasilero, ra. [прил. и сущ.] (Амер.) см. brasileño.
brasilete. [м.] (бот.) бразильское дерево.

brasilina. [ж.] бразилин, красная краска.
brava. [ж.] (Амер.) см. bravata; выманивание денег; (арг.) фомка, ломик (для взламывания замков).
bravada. [ж.] см. bravata.
bravamente. [нареч.] храбро, мужественно; жестоко; совершенно; вполне; обильно.
bravata. [ж.] бравада, хвастливая угроза, вызывающий поступок: *echar bravatas, бравировать, храбриться.
bravatero. [м.] (арг.) драчун, забияка.
braveador, ra. [прил.] хвастливый; [сущ.] хвастун, фанфарон.
bravear. [неперех.] бравировать, вести себя вызывающе, заносчиво.
bravera. [ж.] отдушина (печная).
bravero. [м.] (Амер.) забияка, задира, драчун; хвастун, фанфарон.
braveza. [ж.] свирепость (животных); храбрость, смелость, мужество, отвага; ярость, сила (стихий).
bravío, a. [прил.] свирепый, хищный; дикий, дикорастущий; (перен.) грубый, неотёсанный, резкий; [м.] свирепость, дикость (о животных).
bravo, va. [прил.] храбрый, отважный, смелый, мужественный, доблестный, неробкий, лихой, залихватский, молодецкий; дикий, свирепый (о животных); хороший, отличный, прекрасный; бурный, неспокойный (о море); дикий, невозделанный, запущенный; см. fragoso; скалистый (о береге); (перен.) (разг.) хвастливый, вызывающий, храбрый на словах; (перен.) (разг.) грубый, суровый (о характере); (перен.) (разг.) пышный, великолепный; раздражённый.
¡bravo! [межд.] браво!
bravo. [м.] (арг.) судья.
bravocear. [неперех.] (м. употр.) придавать храбрость; [перех.] см. bravear.
bravonel. [м.] хвастун, фанфарон, храбрец на словах.
bravosía, bravosidad. [ж.] учтивость, вежливость; высокомерие, надменность; бахвальство, хвастовство, фанфаронство.
bravoso, sa. [прил.] (уст.) см. bravo.
bravote. [м.] (арг.) хвастун, фанфарон, храбрец на словах, забияка, драчун.
bravucón, na. [прил.] хвастун, фанфарон, храбрый на словах; [сущ.] хвастун(-ья), фанфарон, бахвал; молодчик.
bravuconada. [ж.] бравада, хвастливая угроза.
bravuconería. [ж.] хвастливость.
bravura. [ж.] дикость, свирепость (животных); храбрость, смелость, доблесть, лихость, отвага, мужество, мужественность, молодецкая удаль; см. bravata.
braza. [ж.] морская сажень (мера длины, равная 1'6718 м.); браса (земельная мера на Филиппинах, равная 0'279 ара); (спорт.) (непр.) брасс; (мор.) брас.
brazada. [ж.] охапка; взмах обеих рук при плавании; пространство, проходимое пловцом при одном взмахе рук.
brazado. [м.] охапка.
brazaje. [м.] чеканка монеты.
brazaje. [м.] глубина моря в определённом месте.
brazal. [м.] (уст.) нарукавник (часть доспехов); (уст.) ручка, петля щита; нарукавная повязка; траурная повязка, креп; боковой канал или сток.
brazalete. [м.] браслет; (уст.) запястье; нарукавник (часть доспехов).
brazo. [м.] рука (от плеча до кисти или от плеча до локтя); передняя нога или лапа (у четвероногих); рукав (реки); бра (лампы и т. д.); ручка, локотник, подлокотник (у кресла, дивана); плечо (рычага); ветвь; (перен.) сила, власть, могущество, бодрость, мужество, храбрость; [мн.] протекция, покровительство; (перен.) чернорабочие; подёнщики: *brazo de manivela, щека, плечо; *brazo de báscula, коромысло (весов); *brazo de gitano, сорт пирожного; *brazo de pared, бра (стенной подсвечник); *brazo de la nobleza, депутаты дворянства; *brazo del reino, сословие; *brazo de mar, пролив; *brazo de río, рукав реки; *brazo eclesiástico, депутаты духовенства; *brazo real, secular, или seglar, светская власть; *a brazo, рукой; *a brazo partido, поперёк тела, в охапку; врукопашную; силой; упорно; *andar a los brazos, подраться; *con los brazos abiertos, с распростёртыми объятиями; *brazo a brazo, врукопашную; *con los brazos cruzados, (прям.) (перен.) сложа руки; *cruzarse de brazos, ждать у моря погоды; сидеть сложа руки; *ser el brazo derecho, быть у кого-л правой рукой; *dar el brazo a, подать кому-л руку; *coger del brazo a, взять кого-л под руку; *del brazo, (взявшись) под руку; dar los brazos, (разг.) см. abrazar; *de brazos caídos (huelga), итальянская забастовка; *echarse en brazos de, кидаться кому-л в объятия; *estrechar en los brazos, душить в объятиях; *tener brazos, быть крепким; *vivir por sus brazo(s), жить своим трудом; *no dar su brazo a torcer, не уступать; *a todo brazo, изо всех сил; *a fuerza de brazos, насильно; силой; с большим усилием; *hecho un brazo de mar, великолепно одетый; *tender los brazos a alguno, протягивать руки к кому-л; (перен.) предлагать о помощи.
brazola. [ж.] (мор.) коммингс (люка).
brazolargo. [м.] (зоол.) (Амер.) прыгун (обезьяна).
brazuelo. [м. умен.] к brazo; лопатка (у животных).
brea. [ж.] смола; вар; дёготь; брезент, упаковочный холст; чилийское деревце: *brea grasa, жидкая смола; *brea de hulla, каменноугольный дёготь; *brea seca, канифоль; *dar brea, (мор.) мазать галипотом; мазать дёгтем; *jabón de brea, дегтярное мыло.
breadura. [ж.] см. embreadura.
break. [м.] (англ.) брек (открытый экипаж); бричка, линейка.
brear. [перех.] (уст.) см. embrear; (перен.) дурно, грубо обращаться; досаждать; надоедать; (разг.) высмеивать, поднимать на смех; см. chasquear.
brebaje. [м.] питьё, напиток (неприятное на вкус); (мор.) пиво, вино или сидр.
brebajo. [м.] см. brebaje; (обл.) смесь из воды, соли и отрубей.
breca. [ж.] уклейка (рыба).
brecina. [ж.] род вереска.
brecol. [м.] (бот.) капуста (одна из разновидностей).
brecolera. [ж.] спаржевая капуста.
brecha. [ж.] брешь, проход, пролом, пробоина; зазубрина, щербина; (перен.) глубокий отпечаток, след; (арг.) игральная кость; *abrir brecha, прорвать (пробить) брешь, открыть проход; *batir en brecha, пробивать брешь в чём-л; *estar siempre en la brecha, быть всегда деятельным, вести непрестанную борьбу; *mantenerse en la brecha, остаться на посту; *cerrar una brecha, заполнить прорыв.

brechar. [непех.] (арг.) играть шулерскими игральными костями.
brechero. [м.] (арг.) тот, кто играет шулерскими игральными костями.
brefotrofio. [м.] детский приют.
brega. [ж.] драка, борьба, рукопашная схватка; спор, стычка, столкновение, ссора, перебранка; (перен.) насмешка; шутка.
bregado, da. [прил.] (Амер.) (вар.) см. bragado.
bregador, ra. [прил.] борющийся; трудящийся (усердно); (Амер.) см. desvergonzado.
bregar. [непех.] бороться, вести борьбу; возиться, суетиться; метаться; лезть из кожи вон; усердно трудиться; преодолевать трудности; спорить, браниться; [перех.] раскатывать тесто.
bregetear. [непех.] (Амер.) см. bregar; оспаривать.
bréjete. [м.] (Амер.) шум, суматоха, крик, скандал.
brejeterías. [ж. множ.] (Амер.) сплетни.
brejetero, ra. [прил.] (Амер.) основанный на сплетнях; [сущ.] сплетник (-ца).
brema. [ж.] (гал.) (ихтиол.) лещ.
bremo. [м.] см. brema.
bren. [м.] отруби.
brenca. [ж.] столб поддерживающий затвор оросительного канала.
breña. [ж.] скалистая местность, заросшая кустарником.
breñal, breñar. [м.] см. breña.
breñero, ra. [прил.] (Амер.) см. breñal.
breñoso, sa. [прил.] скалистый и заросший кустарником.
breque. [м.] (ихтиол.) уклейка; (Амер.) (вар.) см. brete.
breque. [м.] (Амер.) багажный вагон; лёгкий четырёхколёсный экипаж.
brequear. [перех.] (Амер.) взнуздывать; сдерживать, обуздывать.
brequero. [м.] (Амер.) тормозной кондуктор.
bresca. [ж.] пчелиные соты.
brescar. [перех.] вырезать соты.
bretaña. [ж.] бретонская ткань; (бот.) см. jacinto.
brete. [м.] ножные кандалы; (м. употр.) тюрьма; (перен.) нужда, стеснённое положение; (Амер.) загороженное место для забоя или клеймения скота: * estar en un brete, находиться в затруднительном положении; * poner en un brete, ставить в затруднительное положение.
bretear. [непех.] (Амер.) находиться в любовных похождениях.
bretero, ra. [прил.] (Амер.) склонный к любовным похождениям.
bretón, na. [прил.] бретонский; [сущ.] бретонец (-ка); [м.] капуста (одна из разновидностей).
breva. [ж.] ранняя фига; скороспелый жёлудь; сорт гаванской сигары; (перен.) неожиданная выгода; случайный табак (арг.) жевательный табак; (арг.) золотая унция (монета): * más blando que una breva, (перен.) мягче воска; * poner las brevas a cuarto, дать нагоняй.
breval. [прил.] дающий ранние фиги; [м.] фиговое дерево, дающее ранние фиги.
breviario. [м.] см. breviario.
breve. [прил.] короткий, краткий, недолгий, кратковременный; краткий, отры-
вистый, непродолжительный; сжатый; (лингв.) краткий; [м.] бреве, послание папы; (муз.) нота: * más breve, короче; * respuesta breve, короткий ответ; * en breves palabras, вкратце; * en breve, вскоре, в скором времени.
brevedad. [ж.] краткость, сжатость; непродолжительность, краткосрочность.
brevemente. [нареч.] кратко, коротко.
brevet. [м.] (гал.) патент; диплом, свидетельство
brevete. [м. умен.] к breve; штамп, см. membrete.
brevetín. [м.] евангелия.
breviario. [м.] (церк.) требник, молитвенник; сокращённое изложение; (полигр.) боргес; (арг.) тот, кто быстро выполняет что-л.
brevicaudo, da. [прил.] с коротким хвостом, короткохвостый.
brevicornio. [прил.] (зоол.) с короткими рогами.
brevilocuo, cua. [прил.] лаконический, краткий.
breviloquio. [м.] лаконизм.
brevipenne. [прил.] с большим телом и короткими крыльями (тже. сущ.).
brevirrostro, tra. [прил.] (зоол.) с коротким клювом.
brevivalvo, va. [прил.] (бот.) с короткими семенными коробочками; (зоол.) с короткими раковинами.
brezal. [м.] место, поросшее вереском.
brezo. [м.] (бот.) вереск.
briáceo, a. [прил.] (бот.) моховой, относящийся к мху.
briaga. [ж.] толстый канат; подъёмный канат.
briaga. [ж.] (Амер.) опьянение, хмель.
briago, ga. [прил.] (Амер.) пьяный, опьяневший.
brial. [м.] старинное женское платье; (воен.) большая мужская юбка.
briba. [ж.] плутовское безделье: * andar, или echarse, a la briba, жить в плутовском безделье.
bribar. [непех.] (уст.) жить в плутовском безделье.
bribia. [ж.] (уст.) см. briba; (арг.) способ обманывать хорошими словами и т. д.: * echar la bribia, (разг.) плакаться, вымаливать.
bribión. [м.] (арг.) тот, кто обманывает хорошими словами и т. д.
bribón, na. [прил. и сущ.] бездельник, лентяй, плут, гулящий; плут (-овка), мошенник (-ица), воришка, мазурик, мерзавец (-ка), негодяй (-ка), хам.
bribonada. [ж.] плутовство, мошенничество.
bribonear. [непех.] плутовать; бродяжничать; озорничать.
bribonería. [ж.] плутовать; бродяжничество.
bribonesco, ca. [прил.] принадлежащий бездельнику, плуту и т. д., плутовской.
bribonzuelo, la. [прил. и сущ. умен.] к bribón, (разг.) плутишка.
bricbarca. [м.] (мор.) род брига.
briche. [м.] (англ.) (Амер.) мост.
bricho. [м.] мишура.
brida. [ж.] узда; повод; (мед.) сращение, спайка: * por la brida, в поводу; * a toda brida, во весь опор; * poner la brida, взнуздывать; * aflojar la brida, отпустить поводья; (перен.) дать волю чему-л.
bridecú. [м.] см. biricú.
bridge. [м.] (англ.) (карт.) бридж: * jugar al bridge, играть в бридж.
bridón. [м.] трензельная уздечка; всадник, едущий на длинных стременах; взнузданная лошадь; (поэт.) горячий конь.
briega. [ж.] (обл.) см. brega.

brigada. [ж.] бригада; отряд; артель (строительных рабочих); [м.] (воен.) старшина.
brigadero. [м.] возчик в обозной бригаде.
brigadier. [м.] бригадный генерал; (мор.) гардемарин.
brigadiera. [ж.] жена бригадного генерала.
brigan. [м.] (Амер.) (гал.) разбойник, грабитель.
brigandaje. [м.] (Амер.) (гал.) разбой, грабёж.
brigantina. [ж.] кольчуга, лёгкие полулаты.
brigantino, na. [прил.] относящийся к La Coruña.
brigbarca. [ж.] см. bricbarca.
brigola. [ж.] (воен.) (ист.) старинная метательная машина (род катапульты).
brija. [ж.] (арг.) цепочка для часов.
Briján (saber más que). [м.] быть очень проницательным.
brilla. [ж.] (обл.) детская игра.
brillador, ra. [прил.] блестящий.
brillante. [прил.] блестящий, сверкающий, глянцевый, глянцевитый, лощёный, блистательный; (перен.) блестящий, блистательный, замечательный; [м.] брильянт.
brillantemente. [нареч.] блистательно, блестяще.
brillantez. [ж.] блеск.
brillantina. [ж.] блестящий сатин; порошок для чистки металлов; брильянтин.
brillantino, na. [прил.] (Амер.) блестящий, сияющий.
brillar. [непех.] блестеть, блистать, сиять, сверкать, искриться, лосниться, взблескивать, маслиться; (перен.) блистать, выделяться: * empezar a brillar, заблестеть.
brillazón. [ж.] (Амер.) мираж в пампе.
brillo. [м.] блеск, сверканье; глянец; (перен.) слава, известность, блеск, великолепие, яркость, пышность, роскошь; (физ.) яркость: * sacar brillo, наводить глянец, блеск, глянцевать.
brilloso, sa. [прил.] (Амер.) блестящий, сияющий.
brimbran. [м.] (Амер.) шум, крик, суматоха; скандал.
brin. [м.] см. vitre; (обл.) шафранное волокно; (Амер.) холст.
brincada. [ж.] (Амер.) прыжок на месте, см. corcovo.
brincador, ra. [прил.] перепрыгивающий, перескакивающий и т. д.
brincia. [ж.] частица, осколок; (перен.) капелька чего-л.
brincar. [непех.] прыгать, скакать; подпрыгивать, подскакивать, припрыгивать; (перен.) пропускать, опускать; сердиться; приходить в ярость, досадовать; [перех.] подбрасывать вверх ребёнка.
brinco. [м.] скачок, прыжок; старинная маленькая драгоценность; (перен.) (разг.) мгновение; * en dos, или en un brinco, мгновенно.
brincolear. [непех.] (Амер.) см. brincar.
brindador, ra. [прил.] поднимающий бокал за кого-л.
brindar. [непех.] поднимать, предлагать, произносить тост, пить за чьё-л здоровье, провозглашать здравицу за кого-что; чокаться; [перех.] приглашать, предлагать; * brindarse, [возв. гл.] предлагать свои услуги, вызываться.
brindis. [м.] тост: * brindis a la salud de, здравица; * echar un brindis, произносить тост.
brinete. [м.] (мор.) род холста.
brinquillo, lla. [прил.] (Амер.) шаловливый, непокорный (о ребёнке).
brinquillo, brinquiño. [м.] маленькая драгоценность, брелок; португальское печенье: * ir hecho un brinquillo, быть хорошо, роскошно одетым.

brinza. [ж.] (арг.) варёное мясо.
brinzal. [м.] (бот.) маленькое растение (из падающего семени дерева).
briñón. [м.] (бот.) персик (одна из разновидностей).
brío. [м.] напор, сила (чаще мн.); (перен.) живость, пылкость, бодрость; решимость, отвага, мужество, храбрость; изящество, миловидность, красивая осанка, стройность, статность, выправка; непринуждённость.
briocóride. [м.] (зоол.) род клопа.
brioche. [м.] (гал.) бриошь, сдобная булочка.
briofago, ga. [прил.] (зоол.) питающийся мхом.
brioideo, a. [прил.] похожий на мох; относящийся к мху, моховой.
briol. [м.] (мор.) верёвка для уборки паруса; * **brioles**, гордень, гитов.
briología. [ж.] бриология.
briológico, ca. [прил.] относящийся к бриологии.
bríos! (¡voto a). чёрт возьми!
briosamente. [нареч.] мощно, с силой, бодро, безудержно, мужественно.
brioso, sa. [прил.] мужественный, храбрый, решительный; бравурный, бодрый, безудержный, пламенный, пылкий, горячий; необузданный; изящный, красивой осанки; напористый.
briozoarios. [м. мн.] (зоол.) мшанки.
brique. [м.] (мор.) (Амер.) бриг.
briqueta. [ж.] брикет.
brisa. [ж.] бриз, морской ветер; ветерок; (Амер.) аппетит; [мн.] пассаты: * **brisa de mar**, морской ветер; * **brisa de tierra**, береговой ветер.
brisa. [ж.] кожица винограда.
brisca. [ж.] карточная игра; туз или тройка (при brisca).
briscado, da. [прил.] кручёная с шёлком (золотая или серебряная нить); [м.] ткань или рукоделие с этой нитью.
briscan. [м.] (Амер.) карточная игра, см. brisca.
briscar. [перех.] ткать или вышивать золотой или серебряной нитью, кручёной с шёлком, заткать.
brisera. [ж.] **brisero.** [м.] (Амер.) сорт переднего ветрового стекла.
briska. [ж.] бричка.
brisote. [м.] северо-восточный пассат с сильными ливнями.
bristol. [м.] бристольская бумага.
británica. [ж.] (бот.) многолетнее растение; (Амер.) большая гаванская сигара.
británico, ca. [прил.] британский, английский.
britano, na. [прил.] см. **británico**; [сущ.] британец (-ка).
brivias. [ж. мн.] (арг.) хорошие слова.
briza. [ж.] род злаковых растений.
briza. [ж.] туман, густой туман.
brizar. [перех.] убаюкивать.
brizna. [ж.] волокно, частица чего-л; капелька чего-л; волокно некоторых овощей.
briznar. [неперех.] (Амер.) моросить.
briznoso, sa. [прил.] имеющий много волокон, частиц.
brizo. [м.] колыбель.
broa. [ж.] род бисквита.
broa. [ж.] (мор.) опасная неглубокая и маленькая бухта.
brobo. [м.] (арг.) каторжник, любящий затевать драки, ссоры и т. д.
broca. [ж.] шпулька; коническое сверло, коловорот; сапожный гвоздь; (уст.) пуговица.
brocadillo. [м.] парча низкого сорта.
brocado. [м.] парча; глазет; тиснёная золотом или серебром кожа.

brocal. [м.] край колодца; металлическое кольцо на рукоятке (ножа и т. д.); деревянный бурдючный кружок (у отверстия); (воен.) кольцо, укрепляющее жерло пушки; (горн.) устье шахты.
brocamantón. [м.] старинная драгоценная брошь.
brocar. [перех.] продырявливать книги (о моли).
brocatel. [м.] полупарча; мрамор с брекчиевидной структурой.
brocatela. [ж.] (геол.) аморфного цемента камень.
brocato. [м.] (обл.) см. **brocado**.
brocearse. [возв. гл.] (горн.) истощаться (о шахте).
broceo. [м.] (Амер.) (горн.) истощение (о шахте).
brocino. [м.] шишка (на голове).
broco, ca. [прил.] (Амер.) не имеющий одного из двух рогов; без одного пальца или руки.
brocol. [м.] (чаще мн.) спаржевая капуста.
brócul. [м.] (обл.) спаржевая капуста. (обл.) см. **coliflor**.
brócula. [ж.] род слесарского буравчика.
bróculi. [м.] спаржевая капуста.
brocha. [ж.] кисть (живописца, маляра); мазилка; шулерская игральная кость; (уст.) пуговица; (Амер.) см. **chito** (игра); льстец: * **pintor de brocha gorda**, маляр; мазилка (плохой живописец); * **brocha de afeitar**, кисточка для бритья.
brochada. [ж.] мазок кистью.
brochado, da. [прил.] расшитый золотом или серебром (о шёлковой ткани).
brochadura. [ж.] набор застёжек и т. д. (у плаща, мундира).
brochal. [м.] поперечный брус.
brochar. [неперех.] накладывать краски отрывистыми, короткими движениями кисти, плохо красить.
brochazo. [м.] мазок (кистью). см. **brochada**.
broche. [м.] застёжка; крючок и петля; брошь, брошка; (Амер.) [мн.] запонки.
brocherón. [м.] (обл.) (вул.) дыра, прореха.
brocheta. [ж.] см. **broqueta**.
brochina. [ж.] (обл.) холодный ветерок, дующий от Moncayo.
brochón. [м.] малярная кисть.
brochón, na. [прил.] льстивый.
brodequín. [м.] (гал.) см. **borceguí**.
brodio. [м.] см. **bodrio**.
broja. [ж.] (обл.) см. **enebro**.
brollador, ra. [прил.] кипящий ключом и т. д.
brollar. [неперех.] см. **borbotar**.
brollero, ra. [прил.] (Амер.) занимающийся мелкими интригами.
brollo. [м.] (Амер.) запутанность, см. **embrollo**.
broma. [ж.] шутка; проделка, выходка; подтрунивае; шалость; радостный шум, крик и т. д.: * **broma pesada** злая шутка; * **meter broma**, болтать вздор; [т.] una broma pesada, втирать очки кому-л, разыгрывать кого-л; * **bromas a un lado**, шутки в сторону; * **tomar a broma**, превратить в шутку; * **esto ya pasa de broma**, это уже не шутка; * **en broma**, в шутку, шутя, (разг.) нарочно; * **ser objeto**, или el blanco, de las **bromas**, служить мишенью для насмешек.
broma. [ж.] щебень.
broma. [ж.] шашень морской (моллюск, разъедающий дерево).
bromado, da. [прил.] бромистый.
bromar. [перех.] разъедать дерево.

bromato. [м.] (хум.) бромат, бромноватокислая соль.
bromazo. [м.] грубая, злая шутка.
bromear. [неперех.] шутить, смеяться, балагурить; шалить.
bromhidrato. [м.] (хим.) бромистое соединение.
bromhídrico, ca. [прил.] бромистоводородный.
bromhidrosis. [ж.] (пат.) зловонный пот.
brómico, ca. [прил.] бромовый; бромноватый.
brómido. [м.] (хим.) бромид.
bromífero, ra. [прил.] бромистый.
bromista. [прил.] насмешливый; [сущ.] шутник (-ица), весельчак, балагур, забавник (-ица); каверзник (-ница).
bromo. [м.] (хим.) бром.
bromo. [м.] (бот.) костёр.
bromobenceno. [м.] (хим.) бромбензол.
bromobenzol. [м.] (хим.) см. **bromobenceno**.
bromuro. [м.] (хим.) бромистое соединение: * **bromuro de sodio**, бромистый натрий; * **bromuro de potasio**, бромистый калий; * **bromuro de plata**, бромистое серебро.
bronca. [ж.] (разг.) грубая шутка; (разг.) ссора; спор, перебранка; драка; (арг.) см. **policía**: * **armar bronca**, (прост.) сделать замечание.
broncamente. [нареч.] резко, сурово.
bronce. [м.] бронза; (перен.) бронзовая статуя, бюст, медаль; (поэт.) пушка, колокол, труба; медная монета: * **de bronce**, бронзовый; * **ser de bronce**, быть твердокаменным; быть терпеливым, неутомимым: * **escribir en bronce**, удерживать в памяти.
bronceado, da. [прил.] смуглый, загорелый, бронзовый, бронзового цвета; [м.] бронзирование, бронзировка.
bronceadura. [ж.] бронзирование, бронзировка.
broncear. [перех.] бронзировать; **broncearse**, [возв. гл.] загорать.
broncear. [перех.] (Амер.) см. **traquetear**.
broncería. [ж.] бронзовые предметы, изделия.
broncia. [ж.] (мин.) пирит, колчедан.
broncíneo, a. [прил.] похожий на бронзу, бронзовый.
broncista. [сущ.] бронзировщик.
bronco, ca. [прил.] грубый, неотделанный, необработанный; ломкий, хрупкий; резкий (о звуке); жёсткий, суровый (о характере).
brocoectasia. [ж.] бронхоэктазия.
broncoespasmo. [м.] (мед.) бронхиальная спазма.
broncoestenosis. [ж.] (мед.) бронхостеноз.
broncolito. [м.] (пат.) камень в бронхах.
bronconeumonía. [ж.] (мед.) бронхопневмония.
bronconeumónico, ca. [прил.] относящийся к бронхопневмонии; страдающий бронхопневмониею (тже. сущ.).
broncopatía. [ж.] родовое название бронхиальных болезней.
broncoplejía. [ж.] (пат.) паралич бронхов.
broncopleuresía. [ж.] (пат.) воспаление бронхов и плевры.
broncopulmonar. [прил.] бронхиальный и лёгочный.
broncopulmonía. [ж.] (пат.) бронхопневмония.
broncorragia. [ж.] (пат.) бронхиальное кровотечение.

broncoscopia. [ж.] бронхоскопия: * relativo a la broncoscopia, бронхоскопический.
broncoscopista. [ж.] специалист по бронхоскопии.
broncostenosis. [ж.] (пат.) см. broncoestenosis.
broncha. [ж.] род старинного кинжала.
bronquear. [перех.] (Амер.) делать строгий выговор, внушение; [неперех.] см. empinarse.
bronquedad. [ж.] грубость; суровость, жёсткость; резкость; хрупкость; глуховатость.
bronquial. [прил.] бронхиальный.
bronquina. [ж.] (разг.) ссора, перебранка; драка.
bronquinoso, sa. [прил.] (Амер.) драчливый.
bronquio. [м.] (анат.) бронх.
bronquiolo. [м.] (анат.) бронхиола, мелкий бронх.
bronquista. [прил.] (Амер.) драчливый, сварливый, склонный к ссорам и т. д.
bronquítico, ca. [прил.] к бронхит: страдающий бронхитом.
bronquitis. [ж.] (пат.) бронхит, воспаление слизистой оболочки бронхов.
brontofobia. [ж.] (мед.) боязнь громов, громобоязнь.
brontosaurio. [м.] бронтозавр.
broquel. [м.] небольшой щит; (перен.) защита; (Амер.) (гал.) перила, см. brocal.
broquelarse. [возв. гл.] прикрываться щитом; (перен.) защищаться чем-л, см. abroquelarse.
broquelazo. [м.] удар щитом.
broquelero. [м.] мастер щитов; тот, кто покрывался щитом; (перен.) драчун, сварливый человек.
broquelete. [м. умен.] к broquel.
broquelillo. [м.] род серьги.
broquelona. [ж.] (разг.) (Амер.) клещ (насекомое).
broqueta. [ж.] небольшой вертел.
bróquil. [м.] (обл.) спаржевая капуста.
brosquil. [м.] (обл.) загон для скота, см. redil.
brota. [ж.] (бот.) побег, росток, почка (на деревьях); (Амер.) прорастание.
brotadura. [ж.] прорастание.
brótano. [м.] (бот.) полынь (белая), см. abrótano.
brótano. [м.] (бот.) побег, росток, почка (на деревьях).
brotar. [неперех.] прорастать (о семенах); всходить (о посевах); появляться (о листьях); распускаться, пускать почки, побеги; бить ключом; пробиваться, сочиться; брызгать, хлынуть, фонтанировать; (перен.) покрыться прыщами, угрями (о лице и т. д.); (перен.) открыто проявляться, иметь начало; покрываться травой и т. д.
brote. или (обл.) **broto.** [м.] почка (на деревьях), росток, побег; бутон; открытое проявление чего-л; (обл.) крошка, частица, капелька чего-л.
brótula. [ж.] (ихтиол.) рыба американских морей.
browning. [ж.] браунинг.
broza. [ж.] хворост; отбросы, отходы; хлам; густой кустарник, заросль кустарника; сорная трава; (перен.) лишние слова (в рукописи и т. д.); (полигр.) щётка.
brozar. [перех.] (полигр.) чистить формы щёткой.
broznamente. [нареч.] резко, сурово.

brozno, na. [прил.] резкий, жёсткий, суровый; грубый, см. bronco.
brozorola. [ж.] (Амер.) осадок, отстой.
brozoso, sa. [прил.] заросший кустарником, кустарниковый.
brucelosis. [ж.] (мед.) бруцеллёз.
brucero. [м.] щёточный мастер; торговец щётками.
bruces (a или de). [адверб. выраж.] лицом, вниз, лёжа на животе: * caer, или dar, de bruces, упасть ничком; * beber de bruces, пить прямо из реки.
bruco. [м.] род вереска.
brucu. [м.] (Амер.) поступок и т. д., достойный порицания.
brucú. [м.] (Амер.) только что прибывший из Гвинеи.
brugo. [м.] название одного очень бредного чешуекрылого насекомого.
bruja. [ж.] чародейка, колдунья, ведьма; (перен.) ведьма; сова; (Амер.) проститутка; (м.) (Амер.) мошенник, жулик: * vieja bruja, старая карга, баба яга; * estar, или quedar, bruja, (Амер.) оставаться без денег; * parecer que le han chupado las brujas, быть очень худым; [прил.] (обл.) очень мелкий (о песке).
brujear. [неперех.] колдовать.
brujería. [ж.] колдовство, чародейство; дьявольщина.
brujesco, ca. [прил.] колдовской.
brujidor. [м.] прибор для отреза (стекла).
brujez. [ж.] (Амер.) бедность, нищета.
brujir. [перех.] отрезать (стекло).
brujo. [м.] колдун, чародей; (Амер.) бедняк.
brujo, ja. [прил.] (Амер.) недостаточный, с недостатками; бедный, обедневший.
brújula. [ж.] (физ.) магнитная стрелка; (мор.) компас, буссоль; мушка (прицела): * brújula de declinación, буссоль склонения; * brújula de inclinación, буссоль наклонения; * brújula giroscópica, гирокомпас; * perder la brújula, растеряться.
brujular. [прил.] разыскивающий, любопытный.
brujularmente. [нареч.] с любопытством и т. д.
brujulear. [перех.] (карт.) открывать постепенно карты; (перен.) догадываться, предполагать; подстерегать, выслеживать; [неперех.] (Амер.) кутить.
brujuleo. [м.] дейст. по знач. гл. brujulear.
brulote. [м.] (мор.) брандер; (Амер.) оскорбительное, грубое, непристойное выражение.
bruma. [ж.] туман на море, густой туман; (уст.) зима.
brumador, ra. [прил.] см. abrumador.
brumal. [прил.] туманный; (уст.) зимний.
brumamiento. [м.] угнетённое состояние, подавленность, изнеможение.
brumar. [перех.] угнетать, удручать; обременять; вызывать усталость.
brumario. [м.] (ист.) брюмер.
brumazón. [м.] очень густой туман.
brumo. [м.] белый, очищенный воск.
brumoso, sa. [прил.] туманный, мглистый.
bruno, no. [прил.] чёрный, тёмный.
bruno. [м.] мелкая чёрная слива (и дерево).
bruñidera. [ж.] доска для лощения воска; (Амер.) см. fastidio.
bruñido, da. [страд. прич.] к bruñir; [м.] полировка (металла); воронение (стали); лощение; шлифовка, полировка; чистка, наведение лоска.
bruñidor, ra. [прил.] полирующий и т. д.; [м. и ж.] полировщик (-ица) (металла), полировальный инструмент (щётка и

круг и т. д.); гладилка, лощило, гладило.
bruñidura. [ж.] **bruñimiento.** [м.] полировка, лощение, шлифовка; воронение (стали).
bruñir. [перех.] полировать, шлифовать; лощить, наводить лоск; чистить до блеска; воронить (сталь); (перен.) красить, подкрашивать, румянить (лицо).
bruño. [м.] мелкая чёрная слива.
bruñuelo. [м.] (вар.) см. buñuelo.
brus. [м.] (мор.) щётка с рукояткой.
brusca. [ж.] (Амер.) бобовое растение; хворост или другие мелкие предметы лёгкого горения.
bruscamente. [нареч.] неожиданно, внезапно; разом; порывисто; резко; круто; с налёта.
brusco, ca. [прил.] внезапный, неожиданный; грубый, резкий, крутой; [м.] (бот.) иглица понтийская; отходы, отбросы (при веянии зерна, сборе винограда).
brusela. [ж.] (бот.) барвинок.
bruselas. [ж. множ.] пинцет.
bruselense. [прил.] брюссельский; [сущ.] уроженец Брюсселя.
brusquedad. [ж.] резкость, грубость; неожиданность.
brusquero. [м.] (Амер.) хворост и т. д.; густые заросли кустарника.
brusquilla. [ж.] (Амер.) хворост.
brusulaca. [ж.] (Амер.) см. broza.
brutal. [прил.] грубый, жестокий; лютый; зверский, скотский, животный; [м.] см. bruto: * volverse brutal, звереть.
brutalidad. [ж.] грубость, жестокость; грубое обращение; зверство, насилие; дикая, грубая выходка; невежество; отупение.
brutalizarse. [возв. гл.] (м. употр.) зверски поступать; см. embrutecerse.
brutalmente. [нареч.] грубо, резко, необузданно; зверски; мощно.
brutamente. [нареч.] зверски; грубо.
brutaña. [ж.] грубость, неотёсанность.
brutear. [перех.] (Амер.) именовать скотиной; [неперех.] см. disparatar.
brutesco, ca. [прил.] см. grutesco.
bruteza. [ж.] см. brutalidad; отсутствие украшения и т. д.
bruto, ta. [прил.] несообразительный, глупый, неразумный; скотский, грубый, зверский; сырой, необработанный; неочищенный; неотделанный, грубый; полный, чистый (о весе) [м.] зверь, скот, (прост.) зверюга; грубый человек, скотина; хам; дурак, болван: * estado bruto, необработанность, * en bruto, брутто; без обработки, неотделанный, неочищенный.
bruza. [ж.] жёсткая щётка для чистки лошадей; типографская щётка.
bruzador. [м.] (полигр.) доска для чистки форм.
bruzar. [перех.] (полигр.) чистить формы щёткой.
bu. [м.] (разг.) бука, страшилище, пугало, оборотень: * hacer el bu, пугать, внушать страх.
búa. [ж.] см. buba.
buarillo, buaro. [м.] (орни.) сарыч, лунь (хищная птица).
buba. [ж.] прыщ(-ик), пузырь, волдырь.
búbalo, la. [м. и ж.] (зоол.) род африканской антилопы.
bubático, ca. [прил.] пустулёзный, гнойничковый.
bubí. [м.] негр (в Фернандо-по).
bubón. [м.] (мед.) бубон, опухоль желез.
bubónico, ca. [прил.] (мед.) бубонный: * peste bubónica, бубонная чума.
buboso, sa. [прил.] покрытый бубонами.

bucal. [прил.] (анат.) ротовой.
bucaneros. [м. множ.] морские разбойники, опустошавшие испанские владения в Америке.
búcara. [ж.] род винограда.
búcara. [ж.] (Амер.) скалистая местность у берега.
bucarán. [м.] (обл.) см. bocasí.
bucardo. [м.] (обл.) дикий козёл.
búcaro. [м.] сорт ароматической глины; сосуд из этой глины; (Амер.) род лилии.
buccino. [м.] большая морская раковина.
bucear. [неперех.] (мор.) погружаться в воду, держаться под водой; работать водолазом; (перен.) тщательно исследовать.
bucéfalo. [м.] (миф.) Буцефал; (перен.) (разг.) кляча, грубиян, мужлан, невежда, неуч.
bucelas. [ж. множ.] род маленьких щипцов.
buceo. [м.] ныряние; погружение в воду; дейст. к держаться под водой.
bucero, ra. [прил.] черномордый (о собаке); [сущ.] черномордая собака.
buces (de). [нареч.] лицом вниз; см. bruces (de).
bucle. [м.] локон, (уст.) букля.
buco. [м.] (зоол.) козёл.
buco. [м.] отверстие.
buco. [м.] (Амер.) враньё, ложь.
bucofaríngeo, a. [прил.] относящийся к рту и к глотке.
bucolabial. [прил.] относящийся к рту и к губам.
bucólica. [ж.] (лит.) буколика.
bucólica. [ж.] (разг.) пища, съестное, корм, еда.
bucólico, ca. [прил.] (лит.) буколический.
bucolingual. [прил.] относящийся к рту и к языке.
bucolismo. [м.] склонность к буколической поэзии.
bucosidad. [ж.] (мор.) ёмкость судна.
bucul. [м.] (Амер.) большой сосуд из güira (некоторого плода).
bucurú. [м.] (Амер.) сорт картофеля; колдовство.
buchaca. [ж.] (Амер.) луза (на бильярде); тюрьма; кошелёк; сумка, кошель (обл.).
buchada. [ж.] (обл.) глоток; см. bocanada.
buche. [м.] зоб (у птиц); желудок (у некоторых четвероногих); глоток; складка, морщинка (на платье); (разг.) желудок, пузо, брюхо; сердце (хранитель тайн); (Амер.) цилиндр (шляпа).
buche. [м.] ослёнок (сосунок); (Амер.) негодяй.
buchería. [ж.] (Амер.) подлость, низость.
buchete. [м.] надутая щека.
buchí. [м.] (арг.) палач.
buchillo. [м.] (обл.) большой нож или кинжал.
buchinche. [м.] см. zaquizamí; (Амер.) кабак, питейное заведение.
buchógrafo. [м.] (Амер.) см. borrachín.
búdico, ca. [прил.] буддийский.
budín. [м.] пудинг.
budinera. [ж.] форма для пудинга.
budión. [м.] некоторая рыба.
budismo. [м.] буддизм.
budista. [прил.] буддийский; [сущ.] буддист (-ка).
buduar. [м.] (фр.) будуар.
bué. [м.] (обл.) вол.
buega. [ж.] (обл.) межа, граница земельных участков.
buen. [прил.] усечённая форма к bueno (употр. перед сущ. м. р. или глаг.)
buenamente. [нареч.] легко, удобно; добровольно, охотно; простосердечно, искренне.

buenamoza. [ж.] (Амер.) желтуха.
buenandanza. [ж.] см. bienandanza.
buenastardes. [ж.] (Амер.) (бот.) денная красавица, трёхцветный вьюнок.
buenaventura. [ж.] счастье; удача, успех; гадание, ворожба.
buenavista. [ж.] филиппинское деревце.
buenazo, za. [прил.] (разг.) простодушный, добродушный.
buenísimo, ma. [прил.] см. bonísimo.
bueno, na. [прил.] хороший, доброкачественный; добрый, добросердечный, мягкосердечный, добродушный; славный; хороший, благоприятный, годный, пригодный, полезный; вкусный; подходящий, удобный, значительный; весёлый; приятный; здоровый; достаточный, неповреждённый, целый: * bueno como el pan, добрейшей души; * a buena distancia, на значительном расстоянии; * ser de buena pasta, tener buena pasta, иметь мягкий характер; * buena fe, добросовестность; * buena voluntad, добрая воля, готовность, желание; * a las buenas, por las buenas, охотно, добровольно; * de buenas a primeras, с первого взгляда; вдруг; * estar bueno, быть здоровым; * bueno está, достаточно; * de buenas a buenas, простосердечно; * estar de buenas, быть в хорошем настроении; * ¿a dónde buenas?, куда вы идёте?; * ¿de dónde buenas?, откуда вы пришли?; * dejar a uno con las buenas noches, оставить с носом; * escapar de buena, дёшево или счастливо отделаться; * no muy bueno, не ахти какой; * a la buena de Dios, наобум; * dar por bueno, подтверждать; [нареч.] хорошо; * ¡bueno está!, хорошо!, ладно!; довольно!; [м.] доброе, хорошее: * lo bueno de la historia..., самое забавное в этом; [межд.] хорошо!, довольно!; * buenos días! добрый день!, здравствуйте!; * buenas tardes!, добрый вечер!, здравствуйте!; * buenas noches!, добрый вечер!, здравствуйте!; спокойной ночи!
bueña. [ж.] (обл.) кровяная колбаса.
buera. [ж.] (обл.) струп или прыщ во рту.
buey. [м.] [множ.] (арг.) карты: * buey de agua, сильная струя воды; * a paso de buey, очень медленно; * ¿dónde irá el buey que no are?, всяк сверчок, знай свой шесток.
bueyada. [ж.] стадо волов.
boyazo. [м. увел.] к buey.
bueyecillo. [м.] бычок.
bueyerizo. [м.] сторож или погонщик волов, волопас.
bueyero. [м.] (Амер.) см. bueyerizo.
bueyezuelo. [м. умен.] к buey.
bueyuno, na. [прил.] воловий.
¡buf! [межд.] (Амер.) тьфу!, фу!
bufa. [ж.] (разг.) (физиол.) нешумные ветры.
bufa. [ж.] шутка; насмешка; грубая шутка; (Амер.) пьянка; см. borrachera.
bufada. [ж.] (мор.) сильный порыв ветра.
bufadera. [ж.] (Амер.) трещётка.
bufado, da. [страд. прич. и прил.] выдутый (о стекле).
bufaire. [м.] (арг.) доносчик.
bufalaga. [ж.] название нескольких растений.
bufalino, na. [прил.] буйволовый, буйволов.
búfalo, la. [м. и ж.] буйвол (-ица).
bufanda. [ж.] кашне, широкий тёплый шарф.
bufandista. [сущ.] (Амер.) пьяный человек.
búfano, na. [м. и ж.] (уст.) см. búfalo; [м.] (бот.) кубинское дерево.
búfano, na. [прил.] губчатый, пористый.

bufar. [неперех.] сопеть, храпеть; фыркать (о животных); (перен.) (разг.) тяжело дышать от гнева; (обл.) сильно дуть ртом: * bufarse. [возв. гл.] (Амер.) прогибаться (о стене).
bufeo. [м.] (Амер.) (зоол.) касатка.
bufet. [м.] (гал.) буфет, шкаф (для посуды); буфет, стойка (с закусками); (Амер.) (гал.) ужин; полдник.
bufete. [м.] бюро, письменный стол; контора, бюро адвоката; клиентура адвоката; * abrir bufete, заниматься адвокатурой.
bufetillo. [м. умен.] к bufete; сундучок.
bufia. [ж.] (арг.) маленький бурдюк для вина.
bufiador. [м.] (арг.) кабатчик, продавец вина.
bufido. [м.] мычание, храп, фырканье (животных); (перен.) (разг.) действие, выражающее раздражение и т. д.; (арг.) грубый окрик.
bufina. [ж.] (обл.) ветерок.
bufo, fa. [прил.] шутовской, комический; гротескный; (театр.) см. bufón.
bufo, fa. [прил.] (Амер.) губчатый, пористый, неосновательный.
bufón. [м.] бродячий торговец.
bufón. [м.] (Амер.) револьвер.
bufón, na. [прил.] шутовской, забавный, потешный, шутливый; [сущ.] шут, буффон; балагур, забавник, шутник, весельчак: * servir de bufón, быть посмешищем.
bufonada. [ж.] шутовство, буффонада; забавная выходка, грубоватая шутка.
bufonearse. [возв. гл.] разыгрывать шута, гаерничать (уст.), скоморошествовать, балаганить (тж. неперех.).
bufonería. [ж.] см. bufonada; (обл.) мелочная торговля вразнос; см. buhonería.
bufonesco, ca. [прил.] шутовской, гротескный.
bufonicista. [прил. и сущ.] разыгрывающий шута, гаерничающий (уст.)
bufonizar. [неперех.] разыгрывать шута; см. bufonearse.
bufonoideo, a. [прил.] жабий.
bufosa. [ж.] (Амер.) пистолет.
bufoso. [м.] (Амер.) (арг.) револьвер.
bugalla. [ж.] чернильный, дубильный орешек.
bugato. [м.] (Амер.) (вул.) педераст.
bugle. [м.] (муз.) рожок (бот.) см. búgula.
buglosa. [ж.] (бот.) воловик.
búgula. [ж.] (бот.) губоцветное растение.
buhar. [перех.] (арг.) раскрывать, доносить.
buharda, buhardilla. [ж.] слуховое окно; мансарда; чердак.
buharro, buharro. [м.] род совы.
buhedera. [ж.] см. tronera.
buhedo. [м.] лужа, высыхающая летом.
buhero. [м.] человек, ухаживающий за совами.
buhito. [м.] хищная ночная птица.
buho. [м.] филин, сова; (перен.) (разг.) нелюдим; (арг.) доносчик.
buhonería. [ж.] мелочная торговля вразнос; [множ.] мелочные товары.
buhonero. [м.] бродячий торговец мануфактурой и галантереей вразнос; (уст.) коробейник.
buhorio. [м.] (зоол.) род выпи.
buido, da. [прил.] тонкий и удлинённый; рубчатый, рифлёный; изборождённый;

buitre. [м.] (орни.) стервятник, гриф: *gran buitre de la India, см. cóndor; * comer como un buitre, есть за четверых, с жадностью набрасываться на еду.

buitreada. [ж.] (Амер.) охота за стервятниками; см. vomitada.

buitrear. [перех.] (Амер.) охотиться за стервятниками; см. vomitar.

buitrera. [ж.] место, где кладут приманку для стервятников.

buitrero, ra. [прил.] относящийся к стервятнику; [м.] охотник за стервятниками; тот, кто кладёт приманку для стервятников.

buitrino. [м.] сеть для ловли куропаток (м. употр.).

buitrón. [м.] верша (рыболовная); род сети для ловли куропаток; (Амер.) плавильная печь.

buja. [ж.] (Амер.) букса; см. buje.

bujalazor, bujarasol. [м.] (обл.) красная фига (одна из разновидностей фиги).

bují. [м.] (арг.) картофель.

bujarra. [м.] (Амер.) см. bujarrón.

bujarrón. [м.] (разг.) содомит (тже. прил.).

bujarronear. [неперех.] (разг.) быть содомитом.

bujarronería. [ж.] (разг.) содомизм.

buje. [м.] (ж.-д.) букса; (ав.) втулка винта.

buje. [м.] (Амер.) тыква (растение).

bujeda, bujedal, bujedo. [м.] см. bojedal.

bujería. [ж.] мелочь, безделица, безделушка; [множ.] мелочные товары.

bujero. [м.] (вар.) дыра, отверстие; см. agujero.

bujeta. [ж.] деревянный ящик; флакон для духов; коробка для флакона с духами.

bujía. [ж.] свеча (тже. тех.); (арг.) см. joroba; * bujía de ignición, запальная свеча.

bujiería. [ж.] старинный магазин восковых свечей и т. д.

bujio. [м.] хищная ночная птица.

bul. [м.] сладкий прохладительный напиток с лимонным соком, водой и сахаром.

bula. [ж.] булла, папская грамота: * no poder con la bula, (перен.) (разг.) быть в изнеможении, обессилеть; * haber bulas para difuntos, пользоваться привилегиями; * no valerle a uno la bula de Meco, (перен.) (разг.) быть в безнадёжном положении.

bulario. [м.] собрание, коллекция булл.

bulbar. [прил.] (анат.) (пат.) относящийся к продолговатому мозгу.

bulbiforme. [прил.] (бот.) луковицевидный.

bulbo. [м.] (бот.) (анат.) луковица: * bulbo raquídeo, продолговатый мозг; * bulbo ocular, глазное яблоко; * bulbo piloso, волосяная луковица.

bulboso, sa. [прил.] (бот.) луковичный.

buldog. [м.] (англ.) бульдог; маленький револьвер.

bule. [м.] (Амер.) тыква.

bulerías. [ж. множ.] андалузская песня и пляска.

bulero. [м.] тот, кто раздаёт буллы верующим; (арг.) лжец, лгун, враль (тже. прил.).

buleto. [м.] бреве, послание папы.

bulevar. [м.] бульвар: * vagar por los bulevares, слоняться по бульварам.

bulevardero, ra. [прил.] бульварный; слоняющийся по бульварам; [сущ.] бульварный завсегдатай.

búlgaro, ra. [прил.] болгарский; [сущ.] болгарин (-ка); [м.] болгарский язык.

bulí. [м.] (филип.) саговая пальма; см. burí.

bulimia. [ж.] (пат.) неутолимый голод.

bulímico, ca. [прил.] (пат.) относящийся к неутолимому голоду; страдающий неутолимым голодом (тже. сущ.).

bulista. [прил.] пускающий утки (ложные слухи) (тже. сущ.).

bulo. [м.] ложный слух, утка: * propalar bulos, муссировать слухи, пускать утки; * bulos, кривотолки.

bulón. [м.] (гал.) болт; винт.

bulto. [м.] объём, размер, величина чего-л; неясный предмет и т. д. (в темноте, на расстоянии): кипа, узел, тюк, ящик с товаром, чемодан, сундук, место, местечко, отдельная вещь багажа, груза; бюст, статуя; опухоль, припухлость; наволочка; (Амер.) школьная сумка; * a bulto, на глаз, приблизительно; безрассудно; с бору да с сосенки; * escurrir, guardar, или huir el bulto, улизнуть, увильнуть, исчезнуть, прятаться (от работы и т. д.); избегать, уклоняться от; * menear, tentar, или tocar a uno el bulto, поколотить кого-л; * buscar a uno el bulto, преследовать кого-л; * de bulto, очевидный, явный; * coger, или pescar, a uno el bulto, поймать, арестовать.

bultra. [ж.] (арг.) внутренний карман.

bultuntún (a). [адвер. выраж.] наудачу; на авось, кое-как, как придётся, наобум.

bululú. [м.] бродячий актёр; (Амер.) шум, крик, суматоха, гам, содом, скандал, дебош.

bululú. [м.] (Амер.) доллар, песо.

bulla. [ж.] оглушительный шум, крик, гам, содом, суматоха, возня; толпа, стечение народа: * meter bulla, шуметь, кричать; * meter a bulla, запутать дело (нарочно).

bullabulla. [ж.] (Амер.) буян, крикун.

bullado, da. [прил.] сенсационный, нашумевший; см. ruidoso.

bullaje. [м.] скопление народа, шумная толпа.

bullanga. [ж.] шум, суматоха, волнение, дебош.

bullanguería. [ж.] (Амер.) шум, крик, гам; суматоха.

bullanguero, ra. [прил.] шумный, шумливый; [сущ.] буян, крикун, скандалист.

bullaranga. [ж.] (Амер.) см. bullanga.

bullarengue. [м.] (разг.) род кринолина; (Амер.) фальшивая вещь.

bullarse. [м.] см. bulla; (Амер.) побуждаемая пляска.

bullaruga. [ж.] (Амер.) шум, суматоха, шумное веселье; оживление.

bull-dog. [м.] см. buldog.

bulldozer. [м.] (англ.) бульдозер.

bullebulle. [сущ.] (перен.) (разг.) назойливый непоседливый человек, непоседа: * ser un bullebulle, суетиться без дела.

bullente. [действ. прич.] к bullir.

bullero, ra. [прил.] (Амер.) шумный, шумливый; непоседливый; см. bullicioso.

bullicio. [м.] шум, гам, беспорядочный гул голосов; см. tumulto.

bulliciosamente. [нареч.] шумно, неугомонно.

bulliciosidad. [ж.] шумливость; неугомонность, непоседливость; непокорность; см. bulicio.

bullicioso, sa. [прил.] шумливый, неугомонный, (разг.) вертлявый, непоседливый; мятежный, непокорный.

bullidor, ra. [прил.] подвижной, резвый; суетливый, непоседливый; (разг.) вертлявый.

bullir. [неперех.] кипеть; бурлить, клокотать; кишеть, копошиться, шевелиться; бурлить, волноваться; суетиться, метаться; следовать один за другим; часто случаться; быть суетливым; [перех.] двигать, приводить в движение; шевелить, шевельнуть; (Амер.) высмеивать, поднимать на смех; [непр. гл.] спрягается как mullir.

bullista. [прил.] (Амер.) см. bullicioso.

bullón. [м.] кипящая краска.

bullón. [м.] металлическое украшение в виде шляпки гвоздя (у книг); складка на материи; род старинного ножа.

bullón. [м.] (Амер.) дебош, скандал.

bulloso, sa. [прил.] (Амер.) см. bullicioso.

bumerang. [м.] бумеранг.

buna. [ж.] (Амер.) муравей (одна из разновидностей).

bunde. [м.] (Амер.) негритянский танец; стеснённое положение.

bundear. [неперех.] (Амер.) работать без значительной пользы; бродить; [перех.] (Амер.) увольнять.

bunga. [ж.] (Амер.) небольшой оркестр; ложь, неправда.

bungalow. [м.] (англ.) бунгало, дачный домик.

buniatal. [м.] поле, засаженное маниоками.

buniatillo. [м.] варенье из маниока.

buniato. [м.] маниок, род батата.

bunio. [м.] репа (для семени).

bunker. [м.] (воен.) блиндаж.

buñolería. [ж.] лавка или палатка где продают пончики.

buñolero, ra. [м. и ж.] тот, кто делает или продаёт пончики.

buñuelo. [м.] пончик; (перен.) (разг.) сделанная кое-как вещь.

bupresto. [м.] златка (жук).

buque. [м.] ёмкость, вместимость; см. cabida; (поэт.) корабль; корпус судна: * buque de dos palos, двухмачтовое судно, двухмачтовик; * buque de carga, грузовой пароход; * buque escuela, учебное судно; * buque de vela, парусник; * buque de vapor, пароход; * buque mercante, торговое судно; * buque de guerra, военный корабль; * buque de cabotaje, каботажное судно; * buque en rosca, неоснащённое судно; *buque submarino, подводная лодка; * buque de ruedas, колёсный пароход; * buque tanque, cisterna, танкер.

buqué. [м.] (гал.) букет; пучок; букет, аромат (вина).

buquenque. [прил. и сущ.] см. alcahuete.

buquetero. [м.] (Амер.) (гал.) ваза для цветов.

buquetino. [м.] (зоол.) род козла.

buquí. [м.] (Амер.) обжора.

bura. [ж.] (Амер.) кукурузное тесто.

buraca. [ж.] (Амер.) продолговатая кожаная котомка.

buraco. [м.] (обл.) дыра, отверстие; (Амер.) большая дыра.

burata. [ж.] (Амер.) деньги.

buratado, da. [прил.] похожий на burato.

buratina. [ж.] род муслина.

burato. [м.] сорт шерстяной или шёлковой ткани; грубая шёлковая или льняная ткань.

burba. [ж.] африканская монета.

burbaque. [м.] (Амер.) ссора, драка; шум, крик; беспорядок.

burbuja. [ж.] пузырь, пузырёк воздуха, газа (в воде и т. д.); раковина (в железе).

burbujeante. [действ. прич.] к burbujear; кипящий.

burbujear. [неперех.] кипеть ключом, пузыриться.

burbujeo. [м.] кипение.

burchaca. [ж.] см. burjaca.

burche. [м.] оборонительная башня (или высокое здание).

burcho. [м.] гребное судно.

burda. [ж.] (мор.) бакштаг (снасть).

burda. [ж.] (арг.) дверь.

burdamente. [нареч.] грубо, неотёсанно; неловко, неумело.
burdégano. [м.] лошак, мул.
burdel. [прил.] сладострастный, сластолюбивый, распутный, развратный; [м.] публичный дом, дом терпимости.
burdeos. [м.] бордо (сорт вина).
burdo, da. [прил.] грубый, толстый (о ткани и т. д.); мешковатый (об одежде); неуклюжий; неловкий (о предлоге и т. д.).
burear. [перех.] (Амер.) см. burlar; развлекаться, забавляться.
burelado, da. [прил.] (гер.) разнополосый.
burén. [м.] (Амер.) род кухонной печи.
burengue. [м.] (обл.) мулатский раб.
bureo. [м.] старинный трибунал; развлечение, увеселение.
bureta. [ж.] (хим.) бюретка.
burga. [ж.] тёплый источник, родник.
burgado. [м.] род улитки.
burgalés, sa. [прил.] относящийся к Burgos; [сущ.] уроженец этого города.
burgandina. [ж.] род перламутра.
burguense. [прил. и сущ.] см. burgalés.
burgomaestre. [м.] бургомистр.
burgrave. [м.] бурггграф.
burgravesa. [ж.] жена бурггграфа.
burgraviato. [м.] звание бурггграфа; территория юрисдикции бурггграфа.
burgués. [прил.] буржуазный: * burgués inculto, филистер, обыватель; [сущ.] буржуа, (разг.) (презр.) буржуй (-ка); * carácter burgués, буржуазность.
burguesía. [ж.] буржуазия: * gran burguesía, крупная буржуазия; * pequeña burguesía, мелкая буржуазия.
burguesismo. [м.] буржуазность.
burguete. [м.] (обл.) огород, плодовый сад небольшого размера.
burí. [м.] саговая пальма.
buriato, ta. [прил.] бурятский; [сущ.] бурят (-ка).
buriel. [прил.] красно-коричневый, бурый.
buril. [м.] штихель, гравёрный резец.
burilada. [ж.] след резца; штрих, сделанный резцом.
buriladura. [ж.] гравирование резцом.
burilar. [перех.] работать, гравировать резцом.
burio. [м.] (бот.) дерево Гондураса.
burjaca. [ж.] большая кожаная котомка (нищего).
burla. [ж.] насмешка, осмеяние, издевка; зубоскальство, издевательство, глумление, насмехательство; насмешливая выходка; обман, плутня; шутки; поддразнивание; мистификация: * burla burlando, незаметно, шутя, играя; * aguantar burlas, понимать шутку; * ¡basta de burlas!, довольно насмехательств; * hacer burla de, смеяться, потешаться над кем-л; * de burlas, в шутку, не всерьёз, шутки ради, для потехи.
burladero. [м.] (тавр.) убежище для тореро; узкий проход для пешеходов.
burlador, ra. [прил.] насмешливый; [сущ.] насмешник (-ица); обманщик; мистификатор; обольститель (-ница), соблазнитель (-ница), ловелас; глиняный сосуд с замаскированными дырочками мочащий того, кого хочет пить.
burlar. [перех.] обманывать, разыгрывать, морочить, мистифицировать, нагреть; (чаще возв. гл.) осмеивать, издеваться; глумиться, насмехаться, высмеивать; вышучивать, подтрунивать, поддразнивать; [неперех. и возв. гл.] шутить; мистифицировать, обманывать, насмехаться, смеяться над кем-л; не обращать вниманиe на кого-что, плевать; показать нос, кукиш: * dejar burlado a uno, по губам помазать.

burlería. [ж.] обман, надувательство; бабьи россказни, небылицы, басня, сказка, выдумка; насмешка, издевка; иллюзия, заблуждение; шутка.
burlescamente. [нареч.] насмешливо и т. д.
burlesco, ca. [прил.] шутовской, насмешливый, шутливый, глумливый; смехотворный, шуточный (о жанре).
burleta. [ж. умен.] к burla.
burlete. [м.] валик, шнурок (для заделки щелей в окне, двери).
burlisto, ta. [прил.] (Амер.) см. burlón.
burlón, na. [прил.] насмешливый, издевательский, глумливый, шутливый, шуточный; [сущ.] насмешник (-ица), шутник, зубоскал (-ка): * carácter burlón, насмешливость.
burlonamente. [нареч.] насмешливо, задорно.
burlote. [м.] случайный и переходный банк (в азартных играх).
buro. [м.] (обл.) см. greda.
buró. [м.] бюро, письменный стол; (Амер.) ночной столик.
buró. [м.] (тавр.) бык.
burocracia. [ж.] бюрократия.
burócrata. [м. и ж.] бюрократ (-ка).
burocrático, ca. [прил.] бюрократический, (презр.) казённый; * administración burocrática, администрирование.
burocratismo. [м.] бюрократизм; (разг.) казёнщина, канцелярщина: * implantar el burocratismo, бюрократизировать.
burra. [ж.] ослица; глупая невежественная женщина (тж. прил.); трюдолюбивая женщина; (Амер.) карточная игра; мужская фетровая шляпа (с широкими полями): * caer de su burra, признавать свои ошибки; * estarle a uno una cosa como a las burras las arracadas, не быть к лицу (о платье и т. д.); * írsele a uno la burra, разбалтывать секрет и т. д.
burrada. [ж.] табун ослов; глупость, вздор.
burrajear. [перех.] черкать, марать бумагу, см. borrajear.
burrajo. [м.] (обл.) сухой конский навоз (употребляемый на топливо).
burral. [прил.] (м. употр.) ослиный, животный.
burreño. [м.] лошак, мул.
burrero. [м.] погонщик ослов; продавец ослиного молока; (Амер.) владелец или погонщик ослов.
burrero, ra. [м. и ж.] (вул.) (Амер.) любитель скачек.
burriciego. [прил.] (тавр.) плохо видящий (о быке); (разг.) близорукий; (разг.) глуповатый.
burriel. [прил.] (м. употр.) см. buriel.
burrillo. [м.] требник.
burrión. [м.] (Амер.) колибри.
burriqueño, ña. [прил.] ослиный.
burriquita. [ж.] умен. к borrico, детская игра.
burrito. [м. умен.] к burro; (Амер.) чолка.
burro. [м.] осёл; ишак (обл.); козлы; маховик, зубчатое колесо; карточная игра; (бран.) ишак, осёл, дурак; невежда; грубый, неотёсанный человек; (разг.) трудолюбивый, терпеливый человек; (Амер.) стремянка: * burro cargado de letras, псевдоучёный; * burro de carga, работяга; (разг.) глиняный сосуд; * caer uno de su burro, признать свои ошибки; * correr burro, una cosa, потеряться; * ver burros negros, искры посыпались из глаз; * los burros, (Амер.) (вул.) скачки; * trabajar como un burro, работать как вол, ишачить; * burro de gimnasia, конь.
burrumbada. [ж.] (разг.) см. barrumbada.
burrunazo. [м.] (Амер.) удар дубиной.

bursaca. [ж.] см. buchaca.
bursario, ria. [прил.] мешковидный.
bursátil. [прил.] биржевой.
buruca. [ж.] (Амер.) крик, шум.
burucuyá. [ж.] (Амер.) (бот.) страстоцвет.
burujaca. [ж.] (Амер.) (гал.) см. burjaca.
burujina. [ж.] (Амер.) беспорядок; оживление.
burujo. [м.] небольшой тюк; выжимки из оливок.
burujón. [м.] шишка (на голове).
burundanga. [ж.] (Амер.) (вул.) ничтожная вещь; путаница.
burusca. [ж.] (Амер.) крошка, малость, капля.
busa. [ж.] (гал.) большие кузнечные мехи.
busaca. [ж.] (Амер.) луза бильярдного стола; см. buchaca.
busardo. [м.] лунь (хищная птица).
busca. [ж.] искание, поиски, розыски, отыскивание, разыскивание; гончая собака; поиск следа с собакой; охота: * en busca de, в поисках кого-л, чело-л.
buscada. [ж.] искание, отыскивание, разыскивание, поиски.
buscabulla. [сущ.] (Амер.) задира, скандалист, дебошир; склочник.
buscador, ra. [прил.] ищущий и т. д.; [сущ.] искатель (-ница); исследователь (-ница): * buscador de oro, золотоискатель, старатель.
buscaniguas. [м.] (разг.) (Амер.) см. buscapiés.
buscapié. [м.] пробный шар, уловка; см. buscapiés.
buscapiés. [м.] шутиха (фейерверк).
buscapiques. [м.] (Амер.) см. buscapiés.
buscapleito(s). [м. и ж.] (Амер.) сутяга, забияка, задира.
buscar. [перех.] искать; отыскивать, разыскивать; изыскивать; внимательно исследовать; добиваться, домогаться; гнаться; копаться; (арг.) ловко красть, воровать: * buscar hasta encontrar, доискаться; * ir a buscar, (разг.) лезть; * enviar a buscar los libros, послать за книгами; * buscar los medios, изыскивать средства; * buscar una solución pacífica, добиваться мирного решения; * ir a buscar, пойти за..., зайти за; * buscarle tres pies al gato, искать повода для ссоры или выводить из терпения; * buscar una aguja en un pajar, искать иголку в стоге сена; иголка в сто попала пиши пропало; искать вчерашнего дня; * buscársela или buscárselas, изыскивать средства к существованию; * quien busca halla, кто ищет, тот найдёт; копнешь, так найдёшь; * buscar la boca, искать повода для ссоры; стараться выведать тайну.
buscarruidos. [м. и ж.] забияка, задира, скандалист, (уст.) бретёр, крикун; склочник.
buscavida. [м. и ж.] трудолюбивый заботливый человек; проныра.
buscavidas. [м. и ж.] см. buscavida; любопытный(-ая); (Амер.) доносчик.
busco. [м.] порог шлюзной двери.
buscón, na. [прил.] ищущий; [сущ.] искатель; ловкий вор, мошенник, плут, пройдоха; [ж.] проститутка, публичная женщина.
busconear. [перех.] (Амер.) выслеживать, обследовать.
búshel. [м.] (англ.) бушель.

busilis. [м.] (разг.) узел, главное затруднение, суть: *ahí está el busilis, вот в чём трудность, вот в чём суть, вот где собака зарыта, вот в чём загвоздка; * dar en el busilis, отыскать узел.
búsqueda. [ж.] искание, поиски, отыскивание, разыскивание.
busquillo. [м.] (Амер.) см. buscavidas; шпиц (собака).
busto. [м.] бюст; торс.
busua. [м.] (Амер.) большой игральный шар.
buta. [м.] (Амер.) (прост.) начальник шабаша.
butaca. [ж.] кресло; (театр.) место в партере.
butadio. [м.] (хим.) синтетический каучук.
butagamba. [ж.] (Амер.) (вар.) гуммигут.
butano. [м.] (хим.) бутан.
butaque. [м.] (Амер.) (вар.) кресло; детский костюм.
butaquito. [м.] мексиканская народная песня.

buten (de). [адвер. выраж.] (разг.) перворазрядный.
buterola. [ж.] (гал.) (тех.) обжимка.
butifarra. [ж.] свиная колбаса; (разг.) слишком широкий чулок или обувь; (обл.) кожаный передник; (Амер.) бутерброд с ветчиной и салатом.
butifarrería. [ж.] лавка, где продается butifarra; изготовление butifarra.
butifarrero. [м.] колбасник, тот, кто изготовляет butifarras или торгует ими.
butifarrón. [м.] (Амер.) вещь, кое-как сделанная.
butileno. [м.] (хим.) бутилен.
butílico, ca. [прил.] (хим.) бутиловый.
butilo. [м.] (хим.) бутил.
butiondo, da. [прил.] вонючий, зловонный, смрадный; сладострастный, развратный.
butirina. [ж.] (хим.) бутирин.
butiro. [м.] сливочное масло.
butirómetro. [м.] бутирометр.
butiroso, sa. [прил.] маслянистый.
buto. [м.] (обл.) (бот.) можжевельник.
butrino, butrón. [м.] см. buitrón.
butúa. [ж.] (вул.) (Амер.) еда, пища.
butuco, ca. [прил.] (Амер.) толстый и приземистый.
buturo. [м.] сливочное масло.

butute. [м.] (Амер.) рог, употр. сигнальным инструментом.
buya. [ж.] (зоол.) бобр.
buyador. [м.] (обл.) см. latonero.
buyes. [м. множ.] (арг.) игральные карты.
buyo. [м.] (филип.) жевательная смесь; бетель.
buyón. [м.] (Амер.) переносная печь.
buz. [м.] почтительный поцелуй; целование руки; губа: * hacer el buz, выказывать кому-л свою преданность.
buzamiento. [м.] (горн.) падение (пласта и т. д.).
buzar. [неперех.] (горн.) спускаться вниз (о рудной жиле и т. д.).
buzarda. [ж.] (мор.) внутренняя подкрепляющая часть носа.
buzo. [м.] водолаз; старинное судно; (арг.) очень ловкий вор: * émbolo buzo, ныряло, плунжер.
buzo. [м.] лунь (хищная птица).
buzón. [м.] шлюзовой затвор, щит; отверстие у почтового ящика; почтовый ящик; пробка, затычка.
buzonera. [ж.] (обл.) сточная труба (в внутреннего двора).
buzos (de). [адвер. выраж.] ничком.
byronismo. [м.] (лит.) байронизм.

Cc

c. 3-я буква испанского алфавита.
¡ca! [межд.] (разг.) никоим образом!, ну да!, как бы не так!
caaraboa. [м.] (бот.) бразильское деревце (против сифилиса).
caataja. [ж.] (бот.) бразильское слабительное растение.
caaya. [м.] (зоол.) обезьяна (один из видов).
cab. [м.] (англ.) кэб.
cabal. [прил.] точный, правильный, верный (вес и т. д.); приходящийся на каждого; (перен.) совершившийся, законченный; лояльный, честный; [нареч.] правильно, точно: * por sus cabales, точно, правильно, безукоризненно; * no estar en sus cabales, быть сумасшедшим.
cabal. [м.] (бот.) филиппинское дерево.
cábala. [ж.] кабала, кабалистика; происки, интрига, тайный умысел, заговор; колдовство; предположение, догадка (чаще множ.): * hacer cábalas, предсказывать будущее.
cabaladamente. [нареч.] совершенно, точно и т. д.
cabalamiento. [м.] пополнение, дополнение, комплектование.
cabalar. [перех.] дополнять, пополнять; заканчивать.
cabalero. [прил. и сущ.] младший, младший сын.
cabalgada. [ж.] кавалерийский отряд; добыча; (уст.) набег, наезд.
cabalgador, ra. [м. и ж.] всадник(-ница), ездок.
cabalgadura. [ж.] верховое животное; вьючная лошадь, вьючное животное.
cabalgante. [дейст. прич.] к cabalgar.
cabalgar. [прил.] (Амер.) (варв.) конский.
cabalgar. [неперех.] садиться верхом; ездить верхом; сидеть верхом; скрещивать, ноги при ходьбе (о лошади); [перех.] покрывать, спариваться (о животных).
cabalgata. [ж.] кавалькада, группа всадников.
cabalgazón. [м.] спаривание, случка.
cabalísticamente. [нареч.] кабалистическим образом.
cabalístico. [прил.] кабалистический.
cabalizar. [перех.] заниматься кабалистикой.
cabalmente. [нареч.] правильно, точно; совершенно.
caballa. [ж.] макрель.
caballada. [ж.] табун лошадей; (обл.) группа всадников, кавалькада; (перен.) (Амер.) см. animalada.

caballaje. [м.] случка лошадей или ослов; плата за случку.
caballar. [прил.] конский, лошадиный: * ganado caballar, конское поголовье.
caballazo. [м.] (Амер.) толчок, удар при встрече, столкновение (о всадниках и т. д.).
caballear. [неперех.] (разг.) часто ездить верхом.
caballejo. [м.] деревянная кобыла (для пыток); кляча, лошадка.
caballera. [ж.] рыболовная сеть для ловли макрели.
caballerango. [м.] (Амер.) заведующий конюшней.
caballerazo. [м.] (Амер.) вежливый человек, конюший (уст.).
caballerear. [неперех.] выдавать себя за человека вежливого, знатного.
caballerescamente. [нареч.] по-рыцарски.
caballeresco, ca. [прил.] рыцарский.
caballerete. [м.] щёголь, франт.
caballería. [ж.] животное для верховой езды, вьючное животное; кавалерия, конница; рыцарство; рыцарское достоинство; благородство; [множ.] вьючные животные: * caballería andante, странствующее рыцарство; * caballería ligera, лёгкая кавалерия; * caballería de carga, вьючное животное; * caballería mayor, лошадь, мул; * caballería menor, осёл; * Orden de caballería, рыцарский орден; * andarse en caballerías, проявлять излишнюю вежливость.
caballerismo. [м.] благородство, великодушие.
caballerito. [м.] (Амер.) противолихорадочное растение.
caballeriza. [ж.] конюшня; (соб.) конюхи; жена заведующего конюшней.
caballerizo. [м.] заведующий конюшней.
caballero, ra. [прил.] ездящий верхом; верховой; [м.] кавалер; рыцарь, дворянин; господин; (г)идальго; вполне корректный человек, джентльмен; выдающийся человек; (обращение) сударь; старинный испанский танец; излишняя земля (у выемки в земле); земельная мера (3863 а. в Испании, 1343 в Кубе, 7858 в Пуэрто-Рико); (уст.) кавалерист: * caballero andante, или aventurero, странствующий рыцарь; * caballero cubierto, испанский гранд; * caballero de industria, или de la industria, пройдоха, мошенник, аферист, проходимец; * caballero de la triste figura, рыцарь печального образа (о дон-Кихоте); * caballero novel, новоиспечённый дворянин, выскочка; * caballero de mohatra, тот, кто выдаёт себя за

барина и т. д.; * a caballero, свыше; * caballero en plaza, (тавр.) конный тореро; * armar caballero, посвящать в рыцари; * poderoso caballero es don dinero, с деньгами легко.
caballerosamente. [нареч.] благородно и т. д.
caballerosidad. [ж.] благородство, джентльменство.
caballeroso, sa. [прил.] благородный, джентльменский, вполне корректный; рыцарский.
caballerote. [м. увел.] к caballero; грубый дворянин; (Амер.) кубинская рыба.
caballeta. [ж.] кузнечик.
caballete. [м. умен.] к caballo; конёк двускатной крыши; деревянная кобыла (для пыток); козлы; подмостки; (жив.) мольберт; гряда между двумя бороздами; конец или верхняя часть дымовой трубы; горбинка на носу; треножник; повышенная костяная часть грудки птицы.
caballico. [м. умен.] к caballo; (обл.) форма для черепиц.
caballino, na. [прил.] конский, лошадиный; [м.] (бот.) алоэ (разновидность).
caballista. [м.] знаток лошадей; хороший наездник; (обл.) конный контрабандист.
caballitero, ra. [м. и ж.] (Амер.) см. volatinero; хозяин конного цирка.
caballito. [м. умен.] к caballo; лошадка и т. д.; (Амер.) детская подстилка; [множ.] скачки (игра); карусель; (Амер.) род плота: * caballito de Bamba, бесполезный человек или вещь; * caballito del diablo или (Амер.) de San Vicente, синяя стрекоза.
caballo. [м.] лошадь, конь; (шахм.) конь; игральная карта с изображением лошади и т. д.; козлы; см. bubón; нить, запутывающая моток; (горн.) сплошная каменная масса перерезывающая рудную жилу; [множ.] (воен.) кавалеристы: * caballo de tiro, упряжная лошадь; * caballo de silla, верховая лошадь; * caballo de posta, почтовая лошадь; * caballo de tronco, коренная лошадь, коренник; * caballo alazán, лошадь рыжей масти; * caballo marino, морской конёк; * caballo zaino, лошадь без отметин; * caballo de batalla, ратный конь; * caballo de Troya, троянский конь; * caballo de Frisa, или Frisia, рогатка, ёж; * caballo blanco, человек, вкладывающий деньги в сомнительное предприятие; * caballo castrado, capón, мерин; * caballo albardón, или de albarda, старинное название вьючной лошади; * caballo padre, заводской жеребец,

производитель; * caballo doble, ломовая лошадь; * caballo de mano, запасная лошадь; * caballo de encuarte, пристяжная лошадь; * caballo del diablo, синяя стрекоза; * caballo de palo, деревянная кобыла для пыток; * caballo de gimnasia, гимнастический конь; * caballo de vapor, лошадиная сила; * a caballo, верхом; * ¡a caballo!, на коней!, садись!; * montar a caballo, сесть на лошадь; ездить верхом; * estar a caballo, сидеть верхом; * soldado de a caballo, кавалерист, верховой; * a mata caballo, поспешно, во весь опор; * enganchar los caballos, закладывать, запрягать лошадей; * caballo de buena boca, человек, легко примиряющийся со всем: * a caballo regalado no le mires el diente, дарёному коню в зубы не смотрят; * movido por caballos, на конной тяге; * el ojo del amo engorda al caballo, от хозяйского глаза конь добреет; * mover el caballo (шахм.) сделать ход конем.

caballón. [м.] гряда между двумя бороздами.

caballote. [м.] деревянная кобыла для пыток.

caballuelo. [м. унич.] к caballo, лошадёнка.

caballuno, na. [прил.] лошадиный, похожий на лошадь (о вещи большого размера).

cabaña. [ж.] шалаш; лачуга; овечья отара; караван мулов; (жив.) пейзаж с изображением хижин и т. д.

cabañal. [прил.] для прогонки овец (о дороге); [м.] деревушка (из хижин); (обл.) навес для скота.

cabañera. [ж.] (обл.) дорога, тропа для прогонки овец и т. д.

cabañería. [ж.] недельный запас провизии для пастухов.

cabañero, ra. [прил.] к cabaña; [м.] пастух; погонщик каравана вьючных животных: * perro cabañero, овчарка.

cabañil. [прил.] принадлежащий или относящийся к пастушескому каравану; принадлежащий к одному из мулов каравана; [м.] пастух; погонщик каравана вьючных животных.

cabañuela. [ж. умен.] к cabaña, хижинка; [множ.] ранние летние дожди.

cabás. [м.] (гал.) ручная корзинка, плетёная сумка (для покупок).

cabdal. [прил.] королевский (об орле).

cabe. [м.] удар крокетным шаром: * dar un cabe, причинять убыток; * cabe de pala, счастливый случай.

cabe. [предл.] (поэт.) рядом, возле.

cabeceada. [ж.] (Амер.) качание головой; удар головой; см. cabezada и cabeceo.

cabeceado. [м.] толстая чёрточка на верхней части некоторых букв.

cabeceador. [м.] (Амер.) тот, кто отрицает головой.

cabeceamiento. [м.] см. cabeceo.

cabecear. [неперех.] качать, трясти головой; сонно покачивать головой, клевать носом; отрицать головным качанием; вскидывать голову (о лошади); (мор.) испытывать килевую качку; быть тряским (об экипаже); склоняться; [перех.] сдабривать молодое вино старым; окаймлять юбку и т. д.; надвязывать чулки; (Амер.) связывать пачками листья табака; (с.-х.) пахать края борозд.

cabeceo. [м.] качание, покачивание головой; (мор.) килевая качка; тряска (экипажа).

cabecequia. [ж.] заведующий оросительными каналами.

cabecera. [ж.] изголовье; начало или главная часть чего-л; столица; почётное место (за столом); предмостное укрепление; истоки реки; заголовок; виньетка; подушка; [ж.] (обл.) глава семьи; (горн.) начальник бурильщиков.

cabecería. [ж.] упорство, упрямство; (перен.) см. primacía.

cabeciancho, cha. [прил.] с широкой головой.

cabecidurez. [ж.] (Амер.) упорство, упрямство.

cabeciduro, ra. [прил.] (Амер.) упрямый, упорный, напористый.

cabecil. [м.] кружок, который кладут на голову при переноске тяжестей.

cabecilla. [ж. умен.] к cabeza, головушка, головка; [м.] главарь мятежников и т. д.; (разг.) верховод (-ка); безрассудный человек.

cabecista. [м.] (Амер.) начальник, шеф, заведующий, директор.

cabecita. [ж. умен.] к cabeza, головка; (орни.) южноамериканская птичка.

cabellado, da. [прил.] тёмно-русый (отсвечивающий).

cabelladura. [ж.] шевелюра, волосы, см. cabellera.

cabellar. [неперех.] пробиваться (о волосах); украшаться накладными волосами.

cabellejo. [м. умен.] к cabello, волосок, волосик.

cabellera. [ж.] шевелюра; парик; грива; хвост кометы.

cabello. [м.] волос, волосок; волосы на голове; хвост кукурузного початка; * cabello merino, курчавые волосы; * cabello(s) de ángel, цукаты из апельсинной корки; * en cabellos, с непокрытой головой; простоволосый; * asirse de un cabello, пользоваться всякой возможностью, поводом; * estar pendiente de un cabello, висеть на волоске; * hender, partir, cortar un cabello en el aire, быстро понимать, схватывать; * ponérsele a uno los cabellos de punta, встать дыбом (о волосах); * tropezar en un cabello, теряться по пустякам; * de cabellos espesos, густоволосый.

cabelludo, da. [прил.] волосатый, косматый; волокнистый (о растениях): * cuero cabelludo, волосяной покров.

cabelluelo. [м. умен.] к cabello, волосок.

caber. [неперех.] вмещаться, укладываться, умещаться; содержать, заключать в себе; принадлежать; лежать на ком-л, на чьей-л обязанности; касаться; выпадать на долю; быть возможным или естественным; [перех.] вмещать; допускать: * ¡no cabe más!, (разг.) дальше некуда!, больше невозможно!; * en cuanto cabe, en lo que cabe, как можно больше; * no caber en sí, быть слишком гордым; * todo cabe en él, он на все способен; * caber en suerte, выпадать на долю; * caber a la satisfacción de, быть рад, что; * no caber en sí de gozo, быть очень довольным; [непр. гл.] prest. ind.: quepo, cabes, и т. д.; prest. indef.: cupe, cupiste, cupo и т. д.; fut.: cabré, cabrás и т. д.; pot.: cabría и т. д.; prest. subj.: quepa, quepas и т. д.; imperf.: cupiera или cupiese и т. д.

cabero, ra. [прил.] последний; [м.] (обл.) тот, кто насаживает на рукоятку, на ручку, на топорище и т. д.

caberú. [м.] (зоол.) африканская собака.

cabestraje. [м.] (соб.) недоуздки.

cabestrante. [м.] (мор.) см. cabrestante.

cabestrar. [перех.] надевать недоуздок.

cabestrear. [неперех.] давать вести себя на поводу; [перех.] (Амер.) вести на поводу.

cabestrería. [ж.] мастерская, где изготовляют недоуздки и другие канатные изделия; лавка где продают их.

cabestrero, ra. [прил.] начинающий давать вести себя на поводу (о животных); [м.] тот, кто изготовляет или продает недоуздки и другие изделия.

cabestrillo. [м.] перевязь для больной руки; старинная шейная цепочка (украшение).

cabestro. [м.] недоуздок; корда, длинный повод для выездки лошади; вол, идущий во главе стада; старинная шейная цепочка (украшение).

cabete. [м.] металлический наконечник (на шнурках и т. д.), см. herrete.

cabeza. [ж.] голова; череп; начало или конец чего-л; передняя или головная часть; шляпка (гвоздя); головка (различных предметов); заголовок; вершина, верхушка; кромка, край; (перен.) источник, начало, причина, происхождение; столица; главный город (области и т. д.); человек, индивидуум; голова (скота); голова, сознание, ум, разум, рассудок; головка, луковица; [м.] глава семьи; глава, руководитель, начальник; главарь, вожак: * cabeza de ajo, головка чесноку; * cabeza de chorlito, cabeza a pájaros, вертопрах, легкомысленный человек; * cabeza de ganado, голова скота; * cabeza de jabalí, срезанная головая голова кабана; * mala cabeza, беспутник, вздорный человек; * tener la cabeza dura, быть тупым; * tener buena cabeza, быть в здравом уме; meterse algo en la cabeza, брать себе в голову; * venir a la cabeza, прийти на ум, в голову; * no me pasó por la cabeza, у меня ни в мыслях не было; * meter en la cabeza a, вбить в голову кому-л; * que se sube a la cabeza хмельной; * cabeza mayor, вол, лошадь и т. д.; * cabeza menor, козёл, овца и т. д.; * cabeza redonda, глупый, тупой человек; * cabeza torcida, лицемер; * cabeza de puente, (воен.) предмостное укрепление; * cabeza de hierro, упрямец; * cabeza de tarro, человек с большой головой, дурак; * cabeza de roca, скалы, обнажающиеся во время отлива; * cabeza de turco, козёл отпущения; * abrir la cabeza, разбить голову; * levantar (la) cabeza, оправиться (от болезни); выйти из нужды; * de cabeza, не колеблясь, не задумываясь; * caer de cabeza, кувыркаться; * romperse la cabeza, (перен.) (шутл.) шевелить мозгами, думать; * por cabeza, (разг.) на брата; * marchar de cabeza, приходить в хаотическое состояние; * de su cabeza, своего изготовления; * sentar la cabeza, остепениться, образумиться; * hacer cabeza, быть начальником; * cabeza loca no quiere toca, дуракам закон не писан; * escarmentar en cabeza ajena, учиться на чужом опыте; * levantar cabeza, быть очень занятым; * tantas cabezas, tantos pareceres, сколько голов, столько умов; * írsele a uno la cabeza, терять голову; падать в обморок; * tener la cabeza como olla de grillos, быть смущённым, изумлённым; * calentársele uno la cabeza, вольноваться; * subirse a la cabeza, ударять в голову (о вине); * estar a la cabeza, быть во главе; * ponerse a la cabeza, стать во главе, принять начальство; * torcer la cabeza, заболеть; * tener dolor de cabeza, страдать головной болью; * bajar la cabeza, опустить голову; * tirarse de cabeza, броситься очертя голову; * cabeza de vieja (de viejo), (Амер.) разновидность кактуса; * asomar la cabeza, высунуть голову, высунуться; hacer cabeza, верховодить.

cabezada. [ж.] удар головой; кивок головой; поклон; головка сапога; возвышенность; оголовье уздечки; (мор.) килевая качка, зарыванье носом: * dar cabezadas, сонно покачивать головой, клевать носом; * darse de cabezadas, ломать голову над чем-л.

cabezal. [м.] подушка, изголовье; думка (подушка); узкий матрац; компресс; передок, передний ход (экипажа): * cabezal de hilas, (хир.) тампон; * cabezal de husillo, (тех.) бабка.

cabezalejo. [м. умен.] к cabezal.
cabezalería. [ж.] (уст.) обязанности душеприказчика.
cabezalero, ra. [м. и ж.] душеприказчик (-ица).
cabezana. [ж.] (обл.) оголовье уздечки.
cabezazo. [м.] удар головой.
cabezo. [м.] вершина горы; бугор, круглый холм; обшивка или воротник рубашки; подводный камень.
cabezón, na. [прил.] головастый, с большой головой; упрямый, упорный (тж. сущ.); [м. увел.] к cabeza; ворот (рубашки и т. д.): * llevar, traer por los cabezones, водить кого-л за нос; вить верёвки из кого-л; * coger por los cabezones, хватать за шиворот.
cabezonada. [ж.] (разг.) упрямство.
cabezorro. [м. увел.] к cabeza; (разг.) большая несоразмерная голова.
cabezota. [ж. увел.] к cabeza; [м. и ж.] человек с большой головой; голован (обл. прост.); (перен.) упрямец (-ица).
cabezote. [м.] (Амер.) род кефали; неправильный камень (для кладки).
cabezudamente. [нареч.] упрямо и т. д.
cabezudo, da. [прил.] большеголовый, головастый (прост.); (перен.) упрямый как осёл, строптивый; очень крепкий (о спиртных напитках); [м.] фигура большеголового карлика; кефаль (рыба).
cabezuela. [ж. умен.] к cabeza, головка; мука третьего помола; (бот.) растение, идущее на изготовление метел; бутон розы; [сущ.] (разг.) легкомысленный человек, ветреник.
cabezuelo. [м. умен.] к cabezo.
cabiblanco. [м.] (Амер.) большой нож.
cabida. [ж.] вместимость, ёмкость, вместительность; земельная площадь.
cabido, da. [страд. прич.] к caber; [прил.] к некоторый рыцарский орден.
cabila. [ж.] бедуинское или берберское племя.
cabildada. [ж.] поспешное, необдуманное решение или постановление.
cabildante. [м.] член городского совета.
cabildear. [неперех.] интриговать, строить козни (в корпорации и т. д.).
cabildeo. [м.] интрига, происки (в корпорации и т. д.): * andar de cabildeos см. cabildear.
cabildero. [м.] интриган.
cabildo. [м.] капитул (церковный); городской совет; заседание городского совета; зал заседаний.
cabileño, ño. [прил.] к cabila; [сущ.] cabila.
cabilla. [ж.] (мор.) см. cabillo; штырь руля.
cabillo. [м.] (уст.) см. cabildo; ножка, хвостик, стебелёк (цветка, листа), плодоножка; см. pezón.
cabima. [ж.] кубинское каучуконосное дерево.
cabimiento. [м.] см. cabida.
cabina. [ж.] (гал.) каюта; кабина, кабинка; будка; клетка лифта: * cabina telefónica, телефонная будка.
cabinza. [ж.] чилийская рыба.
cabio. [м.] (арх.) небольшая балка, брус; стропило: * cabio de copete, полустропило.

cabizbajarse. [возв. гл.] опустить голову.
cabizbajo, ja, cabizcaído, da. [прил.] (разг.) с опущенной, поникшей головой; грустный, молчаливый, задумчивый, меланхолический.
cabizcano, na. [прил.] седоволосый.
cabizcubierto, ta. [прил.] с покрытой головой.
cabizchato. [м.] род дельфина северных морей.
cabizmordido, da. [прил.] (разг.) с впалым затылком.
cabiztuerto. [м.] лицемер.
cabla. [ж.] (Амер.) хитрость, уловка.
cable. [м.] канат; трос, кабель, провод; (мор.) якорный канат; кабельтов (морская мера длины, равная 185,2 м.): * cable-guía (de globo), гайдроп (аэростата); * cable de alimentación, (эл.) фидер; * cable de conducción eléctrica, электрический провод; * cable submarino, подводный кабель; * cable de alta tensión, провода высокого напряжения.
cable. [м.] каблограмма.
cablegrafía. [ж.] передача по подводному кабелю.
cablegrafiar. [перех.] телеграфировать по подводному кабелю, передавать каблограмму.
cablegráfico, ca. [прил.] к каблограмма или к подводный кабель.
cablegrama. [ж.] каблограмма.
cablista. [сущ.] (Амер.) хитрец, хитрая женщина.
cabo. [м.] конец; край; краешек; конец, кончик, кусок, отрезок, обрывок, остаток; см. mango; нить, нитка, связка, пачка, небольшой тюк; (геогр.) мыс; главарь, вожак, начальник, вождь, глава; место; (перен.) конец; (обл.) параграф, глава; (мор.) конец, верёвка, трос; (воен.) капрал; ефрейтор; [множ.] грива, хвост, ноги, морда (лошади); брови; ресницы; борода; принадлежность туалета; разные вопросы речей: * cabo de trincar, (мор.) линь; * cabo de cable, канатная прядь; * cabo de año, (церк.) годовщина; * cabo blanco, не просмолённый канат; * cabo de escuadra, командир отделения; * cabo de cuartel, дежурный по роте; * cabo de vara, надсмотрщик над каторжниками; держиморда; * cabo de mar, старшина; * cabo de cañón, командир орудия; * cabo de vela, огарок; * llevar a cabo, доводить до благополучного конца; * dar cabo a una cosa, кончать, заканчивать; * dar cabo de una cosa, разрушать, уничтожать что-л; * de cabo a cabo, de cabo a rabo, от начала до конца; * al cabo (y a la postre), в конце концов; * al fin y al cabo, ещё; * estar al cabo de un negocio, справиться с делом; * estar al cabo de la calle, схватывать, понимать; * no tener cabo ni cuerda, быть очень запутанным; * dejar cabos sueltos, оставить след; не довести до конца; * doblar un cabo, огибать мыс.
cabogbog. [м.] (бот.) филиппинское дерево.
cabortero, ra. [прил.] (Амер.) непокорный (о животных).
cabotaje. [м.] прибрежное, каботажное плавание, каботаж: * barco de cabotaje, каботажное судно.
cabra. [ж.] коза; некоторый моллюск; лебёдка; (обл.) колос, оставшийся в поле после косьбы; (Амер.) шулерская игральная кость; нечестная игра в кости; лёгкая двуколка; подпорка, стойка; [множ.] (астр.) плеяды: * cabra montés,

дикая коза; * cabra de almizcle, кабарга; * la cabra siempre tira al monte, горбатого могила исправит; * cargar, или echar, las cabras, обвинять в чём-л, приписывать кому-л * meterle a uno las cabras en el corral, (разг.) внушать страх.
cabracapel. [м.] кобра (змея).
cabracoja. [ж.] (обл.) (бот.) терпентиновое дерево.
cabrahigar. [м.] место, заросший cabrahigos.
cabrahigo. [м.] дикий фиговое дерево, лесная смоковница (и плод этого дерева).
cabrajo. [м.] см. bogavante (рак).
cabrear. [неперех.] прыгать, играть: * cabrearse. [возв. гл.] (разг.) раздражаться, выходить из себя; (арг.) см. escamarse.
cabreo. [м.] см. enfado; (обл.) картулярий.
cabrera. [ж.] пастушка, пасущая коз; жена cabrero.
cabrería. [ж.] место, где продают козье молоко; загон для коз.
cabreriza. [ж.] шалаш для пастуха, пасущего коз; жена пастуха, пасущего коз.
cabrerizo, za. [прил.] козий; [м.] пастух, пасущий коз.
cabrero. [м.] пастух, пасущий коз; (Амер.) небольшая птичка; колоколообразный невод: * ponerse cabrero, (Амер.) (вул.) раздражаться.
cabrero, ra. [прил.] (Амер.) легко раздражающийся.
cabrestante. [м.] (тех.) ворот, кабестан; (мор.) шпиль.
cabrestar. [перех.] (Амер.) (вар.) надевать недоуздок; см. cabrestrar.
cabrestear. [перех.] (Амер.) см. cabestrear.
cabresto. [м.] (Амер.) (прост.) см. cabestro.
cabretilla. [ж.] (Амер.) выделенная козья или овечья кожа; см. cabritilla.
cabria. [ж.] лебёдка, подъёмный кран; ручной ворот (при шахте).
cabriada. [ж.] (обл.) стадо больше двухсот коз.
cabrilla. [ж.] плотничьи козлы; рыба, имеющая сходством с форелью; [множ.] (астр.) Плеяды; ожоги; (мор.) барашки.
cabrillear. [неперех.] (мор.) покрываться барашками; см. rielar.
cabrilleo. [м.] барашки на море, дейст. по знач. гл. cabrillear.
cabrillona. [ж.] (Амер.) козочка.
cabrío. [м.] стропила.
cabrío, a. [прил.] козий; [м.] стадо коз; (уст.) козёл: * macho cabrío, козёл.
cabriola. [ж.] балетный прыжок; пируэт; см. volteretа: * hacer cabriolas, см. cabriolar.
cabriolar. [неперех.] прыгать, скакать, делать прыжки.
cabriolé. [м.] кабриолет, одноколка; сорт плаща.
cabriolear. [неперех.] см. cabriolar.
cabriolista. [м.] плясун; см. saltarín.
cabrita. [ж.] козлёнок; старинное приспособление для метания камней.
cabritero, ra. [м.] сдирающий шкуру (о ноже) [м. и ж.] продавец (-щица) мяса козлёнка.
cabritilla. [ж.] выделанная козья или овечья кожа (кожа) лайка; * de cabritilla, лайковый.
cabritillo. [м.] корсаж.
cabrito. [м.] козлёнок.
cabrituno, na. [прил.] относящийся к козлёнку.
cabro. [м.] (Амер.) козёл; (вул.) (Амер.) любовник; мальчик, подросток; (арг.) (Амер.) содомит.

cabrón. [м.] козёл; рогоносец, обманутый муж; (Амер.) сводник.
cabronazo. [м.] (Амер.) удар палкой.
cabronzuelo. [м. умен.] к cabrón.
cabruno, na. [прил.] козлиный.
cabruñar. [перех.] (обл.) точить косу.
cabruño. [м.] (обл.) точка, оттачивание косы.
cabú. [м.] (обл.) неплодородная почва.
cabuchón. [м.] (Амер.) (гал.) см. cabujón.
cabuja. [ж.] (бот.) американская агава.
cabujón. [м.] кабошон (не гранёный драгоценный камень).
cábula. [ж.] (Амер.) (вар.) хитрость, уловка; см. cábala.
cabula. [ж.] см. cabuya.
cabulista. [сущ.] (Амер.) (варв.) см. cabalista.
cabulla, cabullería. [ж.] см. cabuya, cabuyería.
caburé. [м.] аргентинская хищная птица.
cabuya. [ж.] пита (разновидность агавы); волокно питы; (Амер.) (обл.) верёвка из питы; (мор.) см. cabuyería; * dar cabuya, пришвартовать; * ponerse en la cabuya, уяснить себе дело.
cabuyal. [м.] (Амер.) см. maguey.
cabuyera. [ж.] верёвки принадлежащие одной стороне гамака.
cabuyería. [ж.] (мор.) мелкие снасти.
cabuyo. [м.] (Амер.) см. cabuya.
caca. [ж.] кал, младенческий кал; (перен.) (разг.) нечистота, грязь; порок, недостаток.
cacabear. [неперех.] кричать (о куропатке).
cácabo. [м.] римский котёл.
cacaería. [ж.] (Амер.) шоколадная фабрика.
cacaero. [м.] (Амер.) работник шоколадной фабрики.
cacaguatal, cacahual. [м.] (Амер.) какаовая плантация.
cacahuatal. [м.] (Амер.) см. cacaguatal.
cacahuate. [м.] см. cacahuete; * no valer un cacahuate, не стоить ни гроша.
cacahuate. [прил.] изрытый оспой, в оспинах.
cacahuatero, ra. [м. и ж.] (Амер.) продавец (-щица) земляных орехов.
cacahue. [м.] см. cacahuete.
cacahuete, cacahuey. [м.] (бот.) земляной орех, арахис (плод и растение).
cacahuetero, ra. [м. и ж.] продавец (-щица) земляных орехов.
cacahuey. [м.] см. cacahuete.
cacajao. [м.] (зоол.) обезьяна (разновидность).
cacalina. [ж.] (Амер.) пустяк.
cacalo. [м.] (Амер.) см. disparate.
cacalota. [ж.] (Амер.) долг (денежный).
cacalote. [м.] (Амер.) ворон.
cacao. [м.] какао (дерево и плод), семя какао; (Амер.) шоколад: * pedir cacao, (Амер.) просить пощады.
cacaotado, da. [прил.] содержащий какао.
cacaotal. [м.] какаовая плантация.
cacaotero. [м.] какао (дерево).
cacaoyer. [м.] (Амер.) кудахтанье.
cacaraña. [ж.] ямка на коже лица (от оспы и т. д.); оспина.
cacarañado, da. [страд. прич.] к cacarañar; [прил.] в оспинах (о лице), изрытый оспой.
cacarañar. [перех.] (Амер.) покрывать оспинами; царапать.
cacaraquear. [неперех.] (Амер.) кудахтать.
cacaraqueo. [м.] (Амер.) кудахтанье.

cacareador, ra. [прил.] кудахчущий; хвастливый.
cacarear. [неперех.] кудахтать, кричать (о курице) [перех.] хвалиться, хвастаться.
cacareo. [м.] кудахтанье; (перен.) бахвальство.
cacarero, ra. [прил.] см. cacareador.
cacarico. [м.] (Амер.) рак (речной).
cacarico, ca. [прил.] (Амер.) параличный.
cacarizo, za. [прил.] (Амер.) см. cacarañado.
cacaste. [м.] (Амер.) см. cacaxtle.
cacatúa. [ж.] какаду (попугай).
cacaxtle. [м.] (Амер.) короб разносчика (носимый за плечами); скелет.
cacaxtlero. [м.] (Амер.) мексиканский индеец-разносчик (носящий что-л на cacaxtle).
cacear. [перех.] переворачивать разливательной ложкой.
caceo. [м.] дейст. к переворачивать разливательной ложкой.
cacera. [ж.] небольшой оросительный канал, бьеф.
cacera. [ж.] (обл.) охота, поездка на охоту.
cacereño, ña. [прил.] относящийся к Cáceres; [сущ.] уроженец этого города.
cacería. [ж.] охота, поездка на охоту; (жив.) картина с изображением охоты; добыча на охоте.
cacerina. [ж.] патронташ.
cacerola. [ж.] кастрюля.
cacerolada. [ж.] содержимое кастрюли; полная кастрюля.
caceta. [ж.] (фарм.) род глубокой сковороды.
cacica. [ж.] жена кацика; хозяйка вассалов; жена индейской главы.
cacical. [прил.] к кацик.
cacicato, cacicazgo. [м.] сан, положение кацика; территория, подвластная кацику; власть кацика; (перен.) власть влиятельного и богатого человека.
cacillo. [м.] маленькая разливательная ложка.
cacimba. [ж.] углубление на пляже для добывания питьевой воды; см. balde; (Амер.) хлебный амбар.
cacique. [м.] кацик (вождь и старейшина некоторых индейских племён); (перен.) влиятельный и богатый человек (сельский и т. д.).
caciquería. [ж.] (соб.) (перен.) кацики (влиятельные и богатые люди (сельские и т. д.).
caciquil. [прил.] к кацик, относящийся к кацику.
caciquismo. [м.] (разг.) чрезмерное влияние кациков; власть кациков.
caciquista. [прил.] к cacique, или caciquismo; [сущ.] сторонник (-ица) кацика и т. д.
cacito. [м.] род высокого металлического кувшина; (разг.) см. mentón.
cacle. [м.] (Амер.) грубая сандалия из сыромятной кожи.
caco. [м.] ловкий вор; (разг.) трус, трусливый, робкий, боязливый человек.
cacoetes. [м.] дурная привычка, дурная склонность.
cacofonía. [ж.] какофония, неблагозвучие.
cacofónico, ca. [прил.] какофонический, неблагозвучный.
cacofrasia. [ж.] неправильное произношение.
cacografía. [ж.] неправильная орфография.
cacográfico, ca. [прил.] относящийся к неправильной орфографии.
cacógrafo. [м.] тот, кто неправильно пишет.
cacología. [ж.] неправильный оборот речи, выражение.
cacológico, ca. [прил.] относящийся к неправильному выражению.

cacólogo. [м.] тот, кто в речи употребляет ошибочные выражения.
cacomiztle. [м.] (Амер.) род американской ласки.
cacona. [ж.] (Амер.) парадный детский костюм; сюртук; см. levita.
cacoquimia. [ж.] (мед.) худосочие.
cacoquímico, ca. [прил.] худосочный, болезненный; страдающий худосочием (тже. сущ.).
cacoquimio, mia. [прил.] меланхолический, грустный человек.
cacorra. [ж.] (обл.) грусть, печаль, уныние.
cacorraquitis. [ж.] (мед.) деформация позвоночного столба.
cacorritmia. [ж.] нерегулярная каденция.
cacorro. [м.] неженка; содомит, гомосексуалист.
cacositia. [ж.] (мед.) отвращение к пище.
cacostomía. [ж.] плохой запах изо рта.
cacreco, ca. [прил.] (Амер.) празднешатающийся, бездельный; беспризорный; испорченный, повреждённый; непригодный.
cactáceo, a. [прил.] (бот.) кактусовый.
cácteo, a. [прил.] (бот.) см. cactáceo; [ж. множ.] кактусовые.
cacto. [м.] (бот.) кактус.
cacuí. [м.] (Амер.) ночная птица.
cacuja. [ж.] (Амер.) пенка (молока).
caculear. [неперех.] (Амер.) порхать; см. mariposear.
cacumen. [м.] (уст.) вершина горы; (перен.) проницательность.
cauro. [м.] (Амер.) осиное гнездо.
cacha. [ж.] каждая из двух частей рукоятки некоторых ножей; (толстая) щека; (обл.) (Амер.) ягодица (чаще множ.); (Амер.) рукоятка ножа; * hasta las cachas, крайне, чрезвычайно; * a medias cachas, (Амер.) навеселе; * hacer cachas, хлопотать; передразнивать.
cacha. [ж.] (Амер.) сосуд из рога; деревянный сундук; искусственная шпора петуха (при бое).
cachaciento, ta. [прил.] (Амер.) флегматичный, медлительный.
cachaco. [м.] (Амер.) франт, щеголь, модник; полицейский.
cachada. [ж.] удар волчком; (Амер.) удар рогом.
cachaderas. [ж. множ.] (Амер.) интуиция; проницательность.
cachafaz. [прил.] весёлый, беззаботный и плутоватый.
cachafo. [м.] (Амер.) окурок.
cachafú. [м.] (Амер.) старое ружьё.
cachagua. [ж.] (Амер.) сточная труба.
cachalandaco, ca. [прил.] (Амер.) в лохмотьях.
cachalote. [м.] (зоол.) кашалот.
cachamarín. [м.] см. cachemarín.
cachamenta. [ж.] (Амер.) рога; (Амер.) разбивка на куски, разрушение.
cachampa. [ж.] название одной чилийской рыбы.
cachanchán. [м.] (полит.) доверенное лицо.
cachanlagua. [ж.] см. canchalagua.
cachano. [м.] (разг.) чёрт: * llamar a cachano, напрасно просить.
cachaña. [ж.] (Амер.) насмешка, издевательство; дерзость, наглость.
cachañar. [перех.] (Амер.) высмеивать, поднимать на смех, вышучивать.
cachañear. [м.] (Амер.) см. cachañar.
cachañero, ra. [прил.] (Амер.) насмешливый (тже. сущ.).
cachapa. [ж.] (Амер.) кукурузная булка.
cachapada. [ж.] (обл.) собрание мелких вещей, предметов.
cachapera. [ж.] (обл.) шалаш (из веток).

cachorro 195

cachapucha. [ж.] (перен.) (разг.) смесь, мешанина.
cachaquería. [ж.] (Амер.) щедрость, великодушие.
cachar. [перех.] разбить вдребезги, колоть; делить надвое (топором и т. д.); пахать грядами; (Амер.) высмеивать, поднимать на смех; (Амер.) см. conseguir; стащить что-л у родителей (о детях); см. acornear.
cacharpari. [м.] (Амер.) прощальная пирушка, вечеринка в честь отъезжающего.
cacharpas. [ж. множ.] (Амер.) домашний скарб.
cacharpaya. [ж.] (Амер.) см. cacharpari.
cacharpearse. [возв. гл.] (Амер.) принаряживаться.
cacharpero, ra. [м. и ж.] (Амер.) старьёвщик (-ица).
cacharrazo. [м.] (разг.) большой глоток (вина или напитка).
cacharrear. [перех.] (Амер.) заключать в тюрьму
cacharrería. [ж.] лавка гончарных изделий.
cacharrero, ra. [м. и ж.] продавец (-щица) гончарных изделий.
cacharro. [м.] грубый глиняный сосуд; черепок (разбитой посуды); (перен.) разбитая, сломанная вещь; (Амер.) тюрьма; безделица.
cachava. [ж.] детская игра в мяч; бита, к-рой бьют в этой игре; пастуший посох; см. cayado.
cachavazo. [м.] удар битой; удар пастушьим посохом.
cachavo. [м.] грубая палка (преимущ. узловатая).
cachavona. [ж.] (обл.) род дубины.
cachaza. [ж.] (разг.) медлительность; флегма, равнодушие; водка на патоке; первая пена сока сахарного тростника.
cachazo. [м.] (Амер.) удар рогом.
cachazudo, da. [прил.] медлительный; флегматичный, равнодушный; [сущ.] флегматик, медлительный, нерасторопный человек; [м.] (Амер.) очень вредный для табака червь.
cache. [прил.] (Амер.) неряшливый, лишённый грации, изящества.
cache. [м.] потайное место, где зимуют некоторые насекомые.
cacheada. [ж.] удар рогом.
cacheador, ra. [прил.] (Амер.) ударяющий рогами, бодающий.
cachear. [перех.] производить личный обыск; (Амер.) бодать, ударять рогами.
cachelo. [м.] (обл.) большая варёная картофелина.
cachemarín. [м.] (мор.) см. quechemarín.
cachemir(a). [м.] кашемир; см. casimir.
cachencho. [м.] дурак, дурень, глупец; [ж.] насмешка: * hacer cachencho, высмеивать, поднимать на смех.
caché. [м.] (Амер.) (гал.) кашне.
cacheo. [м.] личный обыск.
cachera. [ж.] одежда из грубошёрстной ткани с длинным ворсом; (Амер.) проститутка, публичная женщина.
cachería. [ж.] (Амер.) небольшая лавка; мелочная торговля; отсутствие вкуса в одежде.
cachero, ra. [прил.] лгущий; см. pedigüeño; заботливый; усердный; см. burlón.
cacheta. [ж.] защёлка замка.
cachetada. [ж.] (обл.) (Амер.) пощёчина.
cachetazo. [м.] (Амер.) пощёчина; глоток напитка.
cachete. [м.] удар кулаком по лицу или в голову; толстая щека; нож употребляемый на скотобойнях.

cachetear. [перех.] (Амер.) давать тумак по лицу.
cachetera. [ж.] (Амер.) карабин.
cachetero. [м.] короткий, острый кинжал; (тавр.) тореадор, приканчивающий кинжалом быка на арене и самый кинжал; (перен.) (разг.) человек, наносящий кому-л последний, смертельный удар (Амер.) песо (монета).
cachetero, ra. [м. и ж.] карманник (тж. прил.); [прил.] очень сжатый (о сигаре).
cachetina. [ж.] кулачная драка.
cachetón, na. [прил.] толстощёкий; (Амер.) [м.] пощёчина (сильная).
cachetudo, da. [прил.] толстощёкий, (прост.) мордастый.
cachi. [прист.] casi (почти).
cachi. [м.] (мин.) сорт белого камня.
cachi. [м.] (Амер.) полицейский, см. polizonte.
cachibajo, ja. [прил.] (Амер.) см. cabizbajo; хромой.
cachicha. [ж.] (Амер.) чёрт, дьявол, бес.
cachicam(b)o. [ж.] (Амер.) броненосец.
cachicán. [м.] старший рабочий на ферме; (разг.) хитрец (тж. прил.).
cachicubo. [м.] (Амер.) бочонок.
cachicuerno, na. [прил.] с роговой рукояткой (о ноже).
cachicha. [ж.] (Амер.) см. berrinche.
cachidiablo. [м.] человек, маскированный чёртом.
cachiflín. [м.] (Амер.) шутиха (фейерверк).
cachiflorear. [перех.] (Амер.) сказать комплименты незнакомой женщине.
cachifo. [м.] (Амер.) мальчуган, паренёк.
cachifolar. [перех.] (Амер.) см. cachifollar.
cachifollar. [перех.] обманывать, разыгрывать; унижать.
cachigordete. [прил. умен.] см. cachigordo.
cachigordo, da. [прил.] (разг.) коренастый, приземистый, толстый и маленький.
cachila. [ж.] (орни.) аргентинская птичка.
cachilla. [ж.] индейское кушанье из варёной пшеницы.
cachillada. [ж.] см. lechigada.
cachimán. [м.] (разг.) потайное место, тайник; притон.
cachimba. [ж.] (Амер.) курительная трубка; мелкий колодец; углубление на пляже для добывания питьевой воды; гильза патрона; (арг.) револьвер, пистолет: * fregar la cachimba, (разг.) надоедать, наскучивать.
cachimbazo. [м.] (Амер.) удар; выстрел; глоток напитка.
cachimbiro. [м.] (Амер.) рабочий, склонный к щегольским нарядам и т. д.
cachimbo. [м.] (Амер.) курительная трубка; (презр.) жандарм; (разг.) небольшой сахарный завод: * chupar cachimbo, курить трубку; (разг.) облизывать пальчик (о ребёнке).
cachinflín. [м.] (Амер.) шутиха (фейерверк).
cachipodar. [перех.] (обл.) обрезывать маленькие ветви.
cachipolla. [ж.] (энто.) подёнка.
cachiporra. [ж.] дубина, палица.
cachiporrazo. [м.] удар дубиной, палицей.
cachiporrearse. [возв. гл.] (Амер.) важничать, чваниться.
cachiporreo. [м.] (разг.) важничанье.
cachiporro. [м.] (обл.) см. cachiporra.
cachipuco, ca. [прил.] (Амер.) с одной щекой толще другой.
cachiri. [м.] (Амер.) сорт индейского напитка.
cachirre. [м.] (Амер.) небольшой кайман.

cachirula. [ж.] (Амер.) ажурный вязаный платок из шерсти.
cachirulo. [м.] сосуд для водки и т. д.; трёхмачтовое парусное судно; женское головное украшение XVIII го века; (вул.) любовник; (обл.) маленький сосуд; головной платок арагонских крестьян; бумажный змей; (Амер.) нашивка из кожи на кавалерийских брюках.
cachito. [м.] (Амер.) анекдот, остроумный анекдот, сказка; плод aromo; игральные кости и чашечка.
cachivache. [м.] негодная старая вещь; [множ.] хлам, всё бесполезное, ненужное; жалкий домашний скарб; (перен.) (разг.) смешной ничтожный человек.
cachivachería. [ж.] (Амер.) лавка, где продают старьё; старые подержанные вещи.
cachivachero, ra. [сущ.] (Амер.) старьёвщик, (-ица).
cachiveo. [м.] (Амер.) род челнока.
cachiyuyo. [м.] (бот.) род водоросли.
cachizo, za. [прил.] большой, поддающийся пилке (о дереве) (тж. сущ.).
cacho. [м.] кусок чего-л, кусочек; лоскут, часть, обломок, ломоть (хлеба), ломтик; долька (лимона); название карточной игры.
cacho. [м.] речная рыба.
cacho. [м.] (обл.) грубый глиняный сосуд; маленький сосуд.
cacho, cha. [прил.] см. gacho; м. (Амер.) рог; гроздь, ветка бананов; залежавшийся товар; чашечка для игральных костей; насмешка; булка в форме рожка: * empinar el cacho, (Амер.) (разг.) пить спиртные напитки; * tirar al cacho, (Амер.) (разг.) бросать жребий; * raspar a uno el cacho, (Амер.) (разг.) делать выговор; * echar cacho, (Амер.) см. aventajar.
cachola. [ж.] (обл.) голова.
cachón. [м.] разбивающаяся в пену морская волна (тж. множ.); струя воды образующая пену.
cachón, na. [прил.] рогастый; [м.] бык.
cachona. [прил.] см. cachonda.
cachondear. [перех.] (Амер.) щупать (женщину).
cachondearse. [возв. гл.] (перен.) (прост.) подшучивать над кем-л.
cachondeo. [м.] дейст. к cachondearse.
cachondez. [ж.] блудливое желание.
cachondo, da. [прил.] чувствующий сильное влечение к удовлетворению полового желания.
cachopín. [м.] см. cachupín.
cachopo. [м.] (обл.) сухой ствол дерева.
cachorra. [ж.] (обл.) мягкая шляпа.
cachorrada. [ж.] (Амер.) слово или выражение человека любящего противоречить.
cachorrear. [неперех.] (Амер.) см. zaherir, molestar; сонно покачивать головой; искать повода для ссоры.
cachorreñas. [ж. множ.] (Амер.) род супа.
cachorreo. [м.] (Амер.) насмешка; покачивание головой (при сне).
cachorrería. [ж.] (Амер.) см. perrería.
cachorrero, ra. [прил.] (Амер.) надоедливый.
cachorrillo. [м.] маленький пистолет, карманный пистолет.
cachorro. [м.] щенок; детёныш животного; [прил.] (Амер.) любящий противоречить; упрямый; злопамятный; см. cachorrillo.

cachote. [м.] (Амер.) (гал.) тюрьма, см. calabozo.
cachú. [м.] см. cato.
cachua. [ж.] пляска перуанских индейцев.
cachuar. [ж.] (Амер.) плясать cachua.
cachucha. [ж.] небольшая лодка; род фуражки; (обл.) пляска и припев к ней; (Амер.) (разг.) пощёчина, оплеуха.
cachuchear. [перех.] (обл.) (разг.) ласкать, баловать; см. engreír.
cachuchero. [м.] тот кто шьёт или продаёт cachuchas (род фуражек или игольников); (арг.) вор золота, тот, кто ворует золото.
cachucho. [м.] название антильской рыбы.
cachucho. [м.] мера растительного масла, равная 1/6 ф.; игольник; небольшая лодка; место для помещения одной стрелы (в колчане); (арг.) золото; (обл.) грубый, небольшой сосуд.
cachudito. [м.] чилийская птичка.
cachudo, da. [прил.] (Амер.) лукавый, коварный, хитрый; имеющий много денег, богатый (тже сущ.); [м.] см. cachudito.
cachuela. [ж.] (обл.) кушанье из внутренностей; зоб (у птиц).
cachuelo. [м.] (ихтиол.) речная рыбка.
cachuelo. [м.] (Амер.) награда, наградные, приплата; чаевые.
cachufo. [м.] (Амер.) боевой петух.
cachulera. [ж.] (обл.) потайное место, тайник.
cachulero. [м.] (обл.) род клетки.
cachumba. [ж.] (бот.) род шафрана Филиппинских о-ов.
cachumbambé. [м.] детская игра.
cachumbo. [м.] см. gachumbo; (Амер.) локон.
cachunde. [ж.] кашу (сок акации, пальмы, применяемый в медицине).
cachupanda. [ж.] см. cuchipanda; (обл.) мешанина (о пище).
cachupín, na. [прил.] испанец, переселившийся в Северную Америку.
cachupina. [ж.] (Амер.) смирительная рубашка.
cachupinada. [ж.] (разг.) собрание людей с претензией на элегантность.
cachureco, ca. [прил.] (Амер.) искривлённый, кручёный; искажённый; см. beato, santurrón; консервативный.
cachureo. [м.] (Амер.) торговля безделушками.
cachureque. [прил.] (полит.) консервативный; [сущ.] консерватор.
cachureto, ta. [прил.] (Амер.) кривоногий см. chueco.
cachurra. [ж.] (обл.) детская игра и бита с к-рой играют.
cachurra. [ж.] (Амер.) лавочка.
cada. [м.] (бот.) можжевельник.
cada. [прил.] каждый, всякий; любой: * a cada momento, постоянно, поминутно; * cada dos días, через день; * a cada paso, на каждом шагу; * cada vez peor, чем дальше, тем хуже; * cada dos por tres, постоянно; * cada vez más, всё больше и больше; * cada día más, с каждым днём всё больше; * cada uno, cada cual, cada quisque, каждый, всякий; * cada vez que, каждый, всякий раз как.
cadahalso. [м.] дощатый барак.
cadalecho. [м.] (обл.) постель из ветвей.
cadalso. [м.] трибуна; эшафот: * subir al cadalso, взойти на плаху.
cadañego, ga. [прил.] каждый год дающий много плодов (о растениях).

cadañero, ra. [прил.] ежегодный; ежегодно мечущий (о животных); (Амер.) ежегодно избираемый (о должностных лицах).
cadápano. [м.] (обл.) см. níspero.
cadarzo. [ж.] шёлковые охлопки; (обл.) ленточка из грубого шёлка.
cadáver. [м.] труп, мёртвое тело, мертвец: * depósito de cadáveres, морг, (разг.) мертвецкая.
cadavérico, ca. [прил.] трупный; мертвенный.
cadaverina. [ж.] (хим.) кадаверин.
cadaverino, na. [прил.] (поэт.) см. cadavérico; (зоол.) трупоядный.
cadejo. [м.] клок, пук волос; пучок; моток; (Амер.) см. melena; сказочное ночное животное.
cadena. [ж.] цепь, цепочка; цепь, ряд; цепной привод; [множ.] оковы, кандалы, оковы, рабство; узы; основа (ткани); связь (в каменных стенах; тже. хим.); (перех.) последовательность, цепь: * cadena de agrimensor, мерная цепь (длиной в 10 м.); * cadena de reloj, цепочка для часов; * cadena de montañas, горная цепь, кряж; * estar en cadena, находиться, сидеть в тюрьме; * cadena perpetua, пожизненное заключение; * en cadena, a la cadena, конвейером.
cadenazo. [м.] удар цепью.
cadencia. [ж.] такт; размер, ритм; темп, частота (муз. и т. д.) каденция.
cadenciado, da. [прил.] мерный, ритмический, ритмичный, размеренный; благозвучный.
cadenciar. [перех.] (гал.) соблюдать ритм и т. д.
cadenciosamente. [нареч.] мерно и т. д.
cadencioso, sa. [прил.] см. cadenciado.
cadenear. [перех.] измерять мерной цепью, или лентой.
cadeneo. [м.] измерение мерной цепью, или лентой.
cadenero. [м.] тот, кто измеряет мерной цепью, землемер.
cadeneta. [ж.] шов цепочкой.
cadenilla. [ж.] цепочка; * cadenilla y media cadenilla, жемчуга разных размеров.
cadenita. [ж.уменьш.] к cadena, цепочка.
cadente. [прил.] неустойчивый; падающий; см. cadencioso.
cadera. [ж.] бедро; [множ.] см. caderillas.
caderillas. [ж. множ.] кринолин.
caderudo, da. [прил.] с широкими бёдрами.
cadetada. [ж.] легкомысленный, необдуманный поступок, опрометчивость.
cadete. [м.] кадет, юнкер; воспитанник военного училища; курсант; (Амер.) ученик при магазине; посыльный, рассыльный: * hacer el cadete, поступать необдуманно, легкомысленно.
cadí. [м.] кади, мусульманский судья.
cadiazgo. [м.] должность кади (см. cadí).
cadillar. [м.] место, заросшее репейником.
cadillo. [м.] (бот.) репейник; бородавка; пух (у некоторых растений); [множ.] основа.
cadillo. [м.] (обл.) щенок.
cadmico, ca. [прил.] (хим.) кадмиевый.
cadmífero, ra. [прил.] кадмиевый, содержащий кадмий.
cadmio. [м.] (хим.) кадмий.
cadmita. [ж.] взрывчатое вещество.
cado. [м.] (обл.) нора, логовище.
cadoce, cadoz. [м.] пескарь (рыба).
cadozo. [м.] водоворот (в реках).
caducamente. [нареч.] слабо и т. д.
caducante. [дейст. прич.] к caducar.
caducar. [неперех.] говорить вздор, страдать старческим слабоумием; выходить из употребления и т. д.; терять силу (о законе); быть просроченным;

отживать; покрываться давностью; разрушаться (от старости).
caduceo. [м.] кадуцей (жезл Меркурия).
caducidad. [ж.] (юр.) потеря силы, недействительность, просроченность.
caduco, ca. [прил.] дряхлый, немощный; ветхий; отживший; давнишний; недолговечный.
caduquear. [неперех.] становиться дряхлым и т. д.
caduquez. [ж.] дряхлость, ветхость, немощь; обветшалость; ломкость, недолговечность.
caedizo, za. [прил.] неустойчивый; [м.] (Амер.) навес.
caedura. [ж.] (текст.) отходы.
caer. [неперех.] падать, упасть; отпадать, отделяться; опадать; неожиданно случиться, оказаться; впадать в...; попадаться, угождать; пасть; спадать, стихать, утихать, ослабевать; стихать, приходиться; подходить к концу; пасть в бою; погибать; умирать; быть к лицу, идти; нападать на; выходить, смотреть (в окне и т. д.); (разг.) лететь (падать); (разг.) бабахнуться; низвергаться: * caer en cama, слечь; * caer enfermo, заболеть; * caer de cabeza, полететь кубарем; * caer en tierra, падать на землю; * caer en el garlito, или en el lazo, попасться, попасть впросак; * caer en la cuenta, приходить на память; * caer sin sentido, падать без чувств; * caer de colodrillo; * caer de coronilla, упасть навзничь; * caer como muerto, упасть замертво; * caer pesadamente, грянуться; * dejar caer, уронить; * caer a los pies de, упасть к ногам кого-л; * caer inesperadamente, налететь; * dejar caer con estrépito, брякать; * caer con estrépito, брякаться; * caer patas arriba, полететь кувырком; * caer en gran cantidad, наваливаться, валом; * caer de las nubes, упасть с облаков; * caer bien, случиться, прийтись кстати; * caer en domingo, приходиться на воскресенье; * estar al caer, быть очень близким (по времени); * caer de pie, счастливо отделаться; * caer en falta, провиниться; * caer en desgracia, впасть в немилость; * caer en ruinas, развалиться; * caer en la lucha, пасть в борьбе; * caer en el olvido, быть забытым; * la ventana cae a la calle, окно выходит на улицу; * cae por su peso, que, само собой разумеется; * hacer caer en la tentación, вводить в искушение; * caer redondo, упасть в обморок и т. д.; * caerse, [возв. гл.] падать, валиться с ног; хлопнуться, (прост.) хлюпнуться; отделяться, отрываться; сокрушаться, печалиться; * no tener donde caerse (muerto), не иметь ни кола, и двора * caerse la cara de vergüenza, сгореть со стыда; [непр. гл.] ind. pres. caigo, caes и т. д.; pret. indef. cayó, cayeron; prest. subj. caiga, caigas и т. д.; imper. cayera или cayese и т. д.
cafagua. [ж.] (Амер.) водянистый кофе.
cafar. [неперех.] (арг.) удирать.
café. [м.] кофе; кофейное дерево; кафе, (уст.) кофейня, кофейная: * café con leche, кофе с молоком; * café cantante, кафешантан, кабаре; * café canalla, (Амер.) кофе низкого качества; * bote de café, кофейница; * molinillo de café, кофейница; * color café, кофейный (о цвете).
cafeína. [ж.] (хим.) кофеин.
cafería. [ж.] деревня, село; см. cortijo.
cafetal. [м.] кофейная плантация.
cafetalista. [м. и ж.] (Амер.) владелец кофейной плантации.
cafetear. [перех.] (Амер.) делать замечание, выговор.

cafetera. [ж.] содержательница кафе; продавщица кофе; кофейник.
cafetería. [ж.] (Амер.) лавка, где продают кофе в розницу.
cafetero, ra. [прил.] кофейный; [м. и ж.] рабочий на кофейной плантации; содержатель(-ница) кафе; продавец(-щица) кофе.
cafetín. [м.] маленькое кафе, кабачок.
cafeto. [м.] кофе, кофейное дерево.
cafetucho. [м.] см. cafetín.
cafiche. [м.] (Амер.) сутенёр.
cafifia. [ж.] (Амер.) экскременты; грязь, нечистота.
cáfila. [ж.] (разг.) множество людей, животных или предметов.
cafiroleta. [ж.] варенье из батата, кокосового ореха и сахара.
cafongo. [м.] (Амер.) сорт кукурузного хлеба.
cafre. [прил. и сущ.] кафрский, кафр; (перен.) варварский, жестокий; грубый, неотёсанный.
caftán. [м.] кафтан: * de caftán, кафтанный.
caften. [м.] (Амер.) владелец публичного дома; сутенёр.
cafúa. [ж.] (Амер.) тюрьма.
cafuche. [прил.] (Амер.) плохо приготовленный (о кофе и т. д.); плохой, низкого качества (о табаке); (зоол.) см. saíno.
cafuinga. [м.] (Амер.) плохой кофе.
cagaaceite. [м.] (орни.) насекомоядная птица, сорт дрозда.
cagachín. [м.] маленький красноватый комар; птичка меньше щегла.
cagada. [ж.] испражнение, кал; помёт; (перен.) неподходящий поступок.
cagadero. [м.] отхожее место.
cagadilla. [ж. умен.] к cagada.
cagado, da. [страд. прич. и прил.] (разг.) трусливый, малодушный.
cagaduelo. [прил. умен.] к cagado; простоватый.
cagafierro. [м.] шлак.
cagajón. [м.] лошадиный помёт.
cagalaolla. [ж.] маскарадный костюм.
cagalar. [м.]: * tripa del cagalar, прямая кишка.
cagalera. [ж.] (разг.) понос; (Амер.) прямая кишка; колючее дерево.
cagalitroso, sa. [прил.] (разг.) грязный, засаленный.
cagaluta. [ж.] см. cagarruta.
cagamuja. [ж.] (бот.) молочай.
cagancia. [ж.] (разг.) понос.
caganidos. [м.] (обл.) тот, кто часто переезжает в новый дом.
cagantina. [ж.] (Амер.) понос; проигрыш.
cagar. [неперех.] испражняться; (перен.) (разг.) некстати делать что-л.
cagarrache. [м.] тот, кто обмывает оливковые косточки; см. cagaaceite.
cagarria. [ж.] см. colmenilla.
cagarropa. [м.] маленький красноватый комар.
cagarruta. [ж.] помёт мелкого скота.
cagatinta(s). [м.] (разг.) (презр.) писака.
cagatorio. [м.] отхожее место.
cagón. [прил.] часто испражняющийся (тже. сущ.); (перен.) (разг.) трусливый, малодушный (тже. сущ.); [м.] кубинская рыба.
caguama. [ж.] (Амер.) морская черепаха и его панцирь.
caguamo. [м.] (Амер.) панцирь caguama.
caguane. [м.] кубинский морской моллюск.
caguanete. [м.] (Амер.) пух хлопка и т. д.).
caguaní. [м.] кубинское дерево.
caguará. [ж.] кубинский морской моллюск.

caguarero. [м.] кубинская хищная птица, питающаяся caguaraes.
caguarita. [ж.] (Амер.) очень маленькая caguará.
caguayo. [м.] (Амер.) см. lagartija.
cague. [м.] (Амер.) разновидность гуся.
cagueta. [м. и ж.] (разг.) малодушный человек.
cagüil. [м.] см. cahuil.
cahime. [м.] (зоол.) перуанский кайман.
cahiz. [м.] мера сыпучих тел, равная 666 л.; см. cahizada.
cahizada. [ж.] участок земли, который можно засеять одним cahiz зерна.
cáhuil. [м.] (Амер.) род чилийской чайки.
cahuín. [м.] (Амер.) пьянка; попойка; (перен.) сплетник (тже. прил.): * andar en cahuines, (разг.) сплетничать.
caíble. [прил.] неустойчивый.
caica. [ж.] род попугая.
caico. [м.] (Амер.) большой риф, иногда образующий островки.
caicobé. [ж.] (Амер.) (бот.) мимоза.
caichi. [прил.] (Амер.) болезненный, чахлый, рахитичный.
caíd. [м.] судья, губернатор в мусульманских странах): * caíd arrehá, начальник гарнизона; * caíd mía, капитан.
caída. [ж.] (Мар.) традиция, обычай.
caída. [м.] (обл.) традиция, обычай; ние; выпадение; отделение, отпадание; скат; заход солнца; склон; занавес (-ка); (перен.) крушение, деградация; грехопадение; (арг.) обида, оскорбление; доход проститутки: * caída de la hoja, листопад; * caída potencial, падение напряжения; * caída de pelo, выпадение волос; * a la caída de la tarde, с наступлением вечера; * a la caída del sol, на закате; * caída de ojos, особая манера опускать глаза; * andar, или ir de caída, разоряться.
caído, da. [страд. прич.] к caer; [прил.] упавший; слабеющий; изнемогающий; подавленный; упавший духом, обескураженный; * caído de color, бледный, вялый; [м. мн.] косые линейки в тетради и т. д.; проценты не уплаченные в срок.
caifa. [прил.] (Амер.) хитрый, лукавый; притворный (тже. сущ.).
caifás. [м.] (перен.) жестокий человек.
caigua. [ж.] (Амер.) (бот.) название тыквенного растения.
caima. [прил.] (Амер.) тупоумный, тупой.
caimacán. [м.] заместитель великого визиря.
caimán. [м.] (зоол.) кайман, аллигатор; (перен.) хитрый, лукавый человек.
caimanazo. [м.] (Амер.) пируэт; телодвижение с целью избежать удара.
caimanear. [перех.] (Амер.) надуть, облапошить (прост.).
caimanera. [ж.] (Амер.) логовище кайманов.
caimaneso. [м.] (Амер.) тот, кто замещает кого-л. (временно).
caimanzote. [м.] (Амер.) лентяй.
caime. [м.] (бот.) кубинское растение с съедобными клубнями, а также клубни.
caimiento. [м.] падение; выпадение; опадение; крушение, отделение, отпадание; см. desfallecimiento .
caimital. [м.] (Амер.) место, заросшее caimitos.
caimitillo. [м.] кубинское дерево, дающее похожий на оливку плод.
caimito. [м.] (бот.) кубинское дерево.
Caín. [м.]: * alma de Caín, жестокий человек.
cainar. [неперех.] (Амер.) провести день где-л.

cainorfica. [ж.] (муз.) цитра; музыкальный инструмент похожий на арфу.
caique. [м.] (мор.) каик (лодка).
caira. [ж.] caire. [м.] (арг.) деньги.
cairel. [м.] накладка из чужих волос; род бахромы; (мор.) перила; [множ.] (разг.) наставки, украшения на платье.
cairelar. [перех.] обшивать, или украшать бахромой.
cairo. [м.] (Амер.) хлопчатобумажный фитиль.
caisimón. [м.] (бот.) кубинское дикорастущее растение.
caita. [прил.] (Амер.) дикий (тже. сущ.); нелюдимый, необщительный (тже. сущ.).
caite. [м.] (Амер.) см. cacle.
caito. [м.] (Амер.) некоторая нить грубой шерсти.
caja. [ж.] ящик, ларь, короб; коробка; шкатулка; футляр; ножны; денежный ящик; кассир, касса; гроб; кузов; барабан; лестничная клетка; корпус (часов, фортепиано и т. д.); (полигр.) наборная касса; (тех.) коробка; цевьё ложи (ружейной); (бот.) клетка; (тех.) кожух; деревянное почтовое отделение; углубление; выемка; подставка для жаровни; (Амер.) русло, дно (реки); мера веса, равная 4 ц.: * caja alta, (полигр.) касса для заглавных букв; * caja baja, касса для маленьких букв; * caja de ahorros, сберегательная касса; * caja fuerte, caja de caudales, несгораемый шкаф, денежный ящик; * caja del cuerpo, грудная клетка; * caja aneroide, анероидная коробка; * caja de reclutamiento, (воен.) призывной пункт; * caja de resonancia, резонатор; * caja de velocidades, коробка скоростей; * en caja, здоровый; * estar en caja, быть здоровым; быть в порядке; * despedir, или echar, con cajas destempladas, выгонять кого-л.
cajear. [перех.] вытачивать пазы; (Амер.); см. azotar.
cajel. [прил.]: * naranja cajel, разновидность апельсина.
cajera. [ж.] кассирша.
cajería. [ж.] мастерская по изготовлению тары.
cajero. [м.] мастер, изготовляющий тару; кассир; часть откоса между уровнем воды и поверхностью почвы (у каналов); см. buhonero.
cajeta. [ж. умен.] к caja; (обл.) кружка для пожертвований; (Амер.) табакерка.
cajeta. [ж.] (мор.) линь, линёк.
cajeta. [ж.] (Амер.) род кастрюли.
cajetilla. [ж.] пачка или коробка папирос или сигарет.
cajetín. [м.] (полигр.) отделение наборной кассы; (каучуковый) штемпель; металлическая коробка для билетов (у трамвайного кондуктора).
cají. [м.] кубинская рыба.
cajiga, cajigal. см. quejigo, quejigal.
cajín. [прил.] (обл.) о разновидности граната.
cajista. [м.] (полигр.) наборщик.
cajita. [ж. умен.] к caja, коробочка.
cajo. [м.] (Амер.) род кабана.
cajón. [м.] большой ящик, сундук; выдвижной ящик; пространство между двумя полками (в шкафу); лавчонка; барак; (Амер.) долина, ущелье; бассейн; гроб; см. abacería; (уст.) корреспонденция из Испании: *es de cajón, само собой разумеется; * cajón de sastre, (разг.) мешанина; сумасбродный человек; * cajón de perro, собачья конура; * cajón de limpiabotas, ящик (чистильщика сапог).

cajonear. [неперех.] (Амер.) ходить по магазинам, за покупками.
cajonear. [неперех.] (Амер.) барабанить.
cajonera. [ж.] (соб.) ящики ризницы.
cajonera. [ж.] (Амер.) владелица лавчонки; уличная торговля.
cajonería. [ж.] (соб.) ящики шкафа и т. д.
cajonero. [м.] владелец лавчонки; (горн.) тот, кто черпает воду.
cajonga. [ж.] (Амер.) лепёшка из кукурузной муки.
cajtarada. [ж.] (арг.) шум, крик; ссора, драка.
cajuela. [ж.] коробка; дикое кубинское дерево.
cajuil. [м.] американское дерево, тже. называемое marañón.
cajún. [м.] (филип.) пита, американская агава.
cal. [ж.] известь: * cal viva, негашёная известь; * cal muerta, гашёная известь; * agua de cal, известковый раствор, известковое молоко; * ahogar la cal, гасить известь; * de cal y canto, прочный; * cloruro de cal, хлорная известь.
cala. [ж.] надрез; первый кусок, ломтик (арбуза и т. д., вырезанный для пробы); брешь, пролом; слабительный суппозиторий; (мед.) зонд; (мор.) трюм в судне; (арт.) дыра, отверстие * hacer cala, hacer cala y cata, осматривать; * a cala, с условием есть для пробы.
cala. [м.] (мор.) небольшая бухта, бухточка.
calabacear. [перех.] (пенен.) (разг.) см. dar calabazas; * calabacearse, [возв. гл.] биться головой об стенку; ломать голову над ч.-л.
calabacera. [ж.] торговка тыквами; (бот.) тыква (растение).
calabacero. [м.] торговец тыквами; (арг.) вор, открывающий замки и т. д. отмычкой.
calabacil. [прил.] о груше в виде бутылочной тыквы.
calabacilla. [ж.] огурец (одна из разновидностей); серьга в виде бутылочной тыквы.
calabacín. [м.] (бот.) кабачок; (перен.) (разг.) дурак, глупец.
calabacinate. [м.] кушанье из кабачков.
calabacino. [м.] тыквенная бутылка.
calabaza. [ж.] (бот.) тыква (растение и плод); тыквенная бутылка (перен.); (разг.) дурак, глупец, тупица; (разг.) голова, башка; (мор.) плохое судно, калоша; (арг.) отмычка: * calabaza bonetera, или pastelera, большая тыква в виде четырёхугольной шапочки; * calabaza vinatera, тыквенная бутылка; * dar calabazas, провалить на экзаменах; отказать жениху.
calabazada. [ж.] (разг.) удар головой; покачивание головой (при сне): * darse uno de calabazas, (перен.) (разг.) ломать голову над чем-л.
calabazano, na. [прил.] провалившийся на экзамене и т. д.
calabazar. [м.] тыквенное поле.
calabazazo. [м.] удар тыквой; (разг.) удар по голове.
calabazo. [м.] (мор.) плохое судно; (бот.) тыква (плод); тыквенная бутылка; (Амер.) музыкальный инструмент.
calabazo. [м.] (мор.) род перемёта (рыболовной снасти).
calabazón. [м. увел.] к calabaza; (обл.) вишнёвое дерево (одна из разновидностей).

calabazona. [ж.] зимняя тыква; (обл.) вишнёвое дерево (одна из разновидностей).
calabobos. [м.] (разг.) мелкий затяжной дождь.
calabocear. [перех.] (Амер.) ранить кинжалом.
calabocero. [м.] тюремный смотритель, тюремщик.
calabozo. [м.] тюрьма, застенок; одиночная камера.
calabozo. [ж.] садовый нож, сорт серпа; нож, кинжал.
calabrés. [пиил.] калабрийский; [сущ.] ка-. -йка).
calabriada. [ж.] смесь разных вин (преимущ. красной и белой); (перен.) смесь всякой всячины.
calabriar. [перех.] смешивать; спутывать, запутывать, путать.
calabrote. [м.] (мор.) канат, кабельтов.
calabucab. [м.] (зоол.) филиппинская ядовитая змея.
calaca. [ж.] (Амер.) смерть.
calacear. [перех.] ударять, ударять хвостом.
calacuerda. [ж.] (воен.) (уст.) сигнал атаки (барабанный бой).
calache. [м.] (Амер.) см. cachivache; некто, кто-то; презренная личность.
calada. [ж.] пропитывание; промачивание; впитывание, всасывание; стремительный полёт хищной птицы: * dar una calada, делать суровый выговор.
calada. [ж.] (мор.) род рыболовной сети.
caladera. [ж.] (обл.) сеть для ловли кефалей.
caladero. [м.] (мор.) удобное место для опускания сетей в воду.
caladizo, za. [прил.] см. coladizo; (перен.) умный, проницательный.
calado. [м.] ажурная строчка, ажурная вышивка; мережка; ажурная резьба (по дереву, металлу); (мор.) осадка судна, водоизмещение; глубина воды.
calador. [м.] сверлильщик; (хир.) зонд; (Амер.) большая игла, к-рой воруют.
caladora. [ж.] (Амер.) большая пирога (лодка).
caladre. [ж.] (орни.) горный жаворонок.
caladura. [ж.] ломтик фрукта, вырезанный для пробы (тже. дейст.).
calafate. [м.] конопатчик.
calafateado. [м.] мастерство конопатчика; конопачение.
calafateador. [м.] конопатчик.
calafateadura. [ж.] конопачение.
calafatear. [перех.] конопатить, заделывать щели.
calafateo. [м.] конопачение, заделывание щелей.
calafatería. [ж.] см. calafateo.
calafatín. [м.] конопатчик-подмастерье.
ealagozo. [м.] садовый нож.
calagraña. [ж.] разновидность винограда.
calaguala. [ж.] (бот.) перуанский папоротник.
calaguasca. [ж.] водка.
calaguatazo. [м.] (Амер.) удар камнем по голове.
calagurritano, na. [прил.] относящийся к Calahorra; [сущ.] уроженец этого города.
calahorra. [ж.] дом, где раздавали хлеб через решетчатое окно (при голоде).
calahorrano, na; calahorreño, ña. [прил.] относящийся к Calahorra; [сущ.] уроженец этого города.
calaíta. [ж.] бирюза.
calaje. [м.] (обл.) выдвижной ящик.
calalú. [м.] кубинская похлёбка; щирицевое растение.
calaluz. [м.] маленькое судно.
calamaco. [м.] шерстяная ткань; (Амер.) см. fríjol; водка.

calamar. [м.] (ихтиол.) кальмар.
calamarcín. [м.] (ихтиол.) род осьминога.
calambac. [ж.] восточное дерево.
calambre. [м.] судорога, спазм(-а): * calambre de estómago, боль в желудке.
calambuco. [м.] (Амер.) сосуд для молока, молочник; (бот.) орлиное дерево.
calambur. [м.] (гал.) каламбур, игра слов.
calamento. [м.] (бот.) горная мята (растение сем. губоцветных).
calamento. [м.] (мор.) опускание сетей в воду.
calamidad. [ж.] бедствие, большое несчастье, бич: * calamidad pública, голод.
calamiforme. [прил.] похожий на полый стержень птичьего пера.
calamillera. [ж.] цепь с крюком для подвешивания котла над огнём.
calamina. [ж.] (мин.) каламин, галмей.
calaminar. [прил.] содержащий каламин (о камне).
calaminta. [ж.] (бот.) разновидность душевика.
calamistro. [м.] старинные щипцы для завивки.
calamita. [ж.] (мин.) каламит; см. brújula.
calamite. [ж.] небольшая жаба зелёного цвета.
calamitosamente. [нареч.] бедственным образом.
calamitoso, sa. [прил.] бедственный; несчастный.
cálamo. [м.] античная флейта; (поэт.) тростинка, стебель; перо (писчее); злаковое растение: * cálamo aromático, ирный корень.
cálamo currente. [адвер. выраж.] (лат.) (перен.) способность легко и быстро писать, сочинять стихи; внезапно, вдруг.
calamocano. [прил.] (разг.) подвыпивший; слабоумный, болтающий вздор.
calamoco. [м.] ледяная сосулька.
calamocho. [ж.] охра светло-жёлтого цвета.
calamón. [м.] голенастая птица; гвоздь с большой круглой шляпкой.
calamonarse. [возв. гл.] (обл.) тлеть (о траве).
calamorra. [ж.] (разг.) башка, голова.
calamorrada. [ж.] удар головой; склонность головы к груди (при сне).
calamorrazo. [м.] (разг.) удар по голове.
calamorro. [м.] (Амер.) грубая обувь.
calán. [м.] (Амер.) сосуд из güira или бамбука.
calanchín. [м.] (Амер.) подставное лицо; уловка (при игре).
calandra. [ж.] певчий жаворонок.
calandraca. [ж.] (мор.) суп из сухарей (при нужде); (перен.) (обл.) надоедливый разговор.
calandraca. [ж.] (Амер.) презренная личность.
calandraco. [м.] (Амер.) оторванный, болтающийся кусок одежды.
calandrado. [м.] каландрирование (лощение сукна и т. д.).
calandrajo. см. calandraco; (разг.) лоскут, тряпка; презренная личность; (обл.) предположение; см. comentario.
calandrar. [перех.] прокатывать, лощить, каландрировать (сукно и т. д.).
calandria. [ж.] (орни.) горный, певчий жаворонок; (арг.) глашатай.
calandria. [ж.] (тех.) каландр (для лощения сукна и т. д.), лощильный пресс; человек, притворяющийся больным чтобы даром жить в больнице.
calandruna. [ж.] две дудки.
cálanis. [м.] (бот.) ирный корень.
calántica. [ж.] старинный женский головной убор, похожий на митру.
calántico. [м.] (бот.) род опёнка.
calaña. [ж.] форма, образчик, модель; свойство, характер, нрав: * de la misma

calaña, из одного теста, одного поля ягода; * ser de buena calaña, иметь хороший характер.
calaña. [м.] род простого веера.
calañés, sa. [прил.] относящийся к Calañas (Huelva); [сущ.] уроженец этого местечка; [м.] шляпа с загнутыми полями.
calao. [м.] филиппинская лазящая птица.
calapatillo. [м.] род долгоносика (жука).
calapé. [м.] (Амер.) жареная черепаха (вместе с костным панцирем).
calapitrinche. [м.] (Амер.) субъект, тип; презренная личность.
calar. [прил.] см. calizo; [м.] местность, изобилующая известняком.
calar. [перех.] пропитывать, смачивать, промочить, вымочить; проникать, проходить насквозь, пронизывать; прокалывать, протыкать, пробивать отверстие; постигать, разгадывать; узнавать намерения человека; делать резьбу; вырезать первый кусок для пробы (с арбуза и т. д.); нахлобучивать (шляпу и т. д.); (мор.) опускать в воду сети; спускать, убирать; (Амер.) см. apabullar; [неперех.] иметь осадку; * calarse. [возв. гл.] промокнуть до костей; падать камнем (о хищной птице); (арг.) проскальзывать куда-л чтобы воровать; * calar las cubas, вымеривать, измерять бочки; * calado, сквозной, ажурный.
calatear. [перех.] (Амер.) раздевать (тж. возв. гл.).
calatería. [ж.] (Амер.) нагота; (соб.) голые мальчики.
calatino, na. [прил.] имеющий форму рюмки.
calato, ta. [прил.] (Амер.) совсем голый, в чём мать родила.
calato. [м.] (археол.) корзина в виде церковной чаши без ножки.
calatravo, va. [прил.] принадлежащий к ордену Калатравы.
calavera. [ж.] череп; (перен.) ветреник, ветрогон, вертопрах; кутила, гуляка: * calavera in coquis, ветреник; * hacer el calavera, шуметь, буянить.
calaverada. [ж.] легкомысленный, необдуманный поступок.
calaverear. [перех.] обрезывать нос кому-л; [неперех.] лысеть.
calaverear. [неперех.] (разг.) поступать безрассудно; буйствовать; проказничать, проказить; кутить, гулять.
calavernario. [м.] склад костей; см. osario.
calavero. [м.] (обл.) череп.
calaverón. [м.] большой череп; прожигатель жизни, жуир.
calazo. [м.] (Амер.) удар волчком; невольный толчок, удар при встрече.
calazón. [м.] (мор.) осадка судна.
calboche. [м.] (обл.) род продырявленного горшка для жаренья каштанов.
calbote. [м.] (обл.) жареный каштан.
calbotes. [м. множ.] (обл.) зелёные бобы.
calca. [ж.] (арг.) см. camino; (Амер.) амбар; [множ.] (арг.) следы ног, см. pisadas.
calcable. [прил.] судоходный; переходимый вброд.
calcado. [м.] (тех.) калькирование.
calcador, ra. [м. и ж.] тот, кто калькирует; [м.] прибор для калькирования.
calcáneo. [м.] (анат.) пяточная кость.
calcañal, calcañar, calcaño. [м.] (анат.) пята, пятка.
calcañuelo. [м.] пчелиная болезнь.
calcar. [перех.] калькировать, снимать на кальку; срисовывать; придавливать ногой; (перен.) рабски подражать; подражать: * papel de calcar, калька; * calcar un dibujo, декалькировать.
calcáreo, a. [прил.] известковый.

calcariforme. [прил.] имеющий форму шпоры.
calcatrife. [м.] (арг.) см. ganapán.
calce. [м.] (обл.) отводный или оросительный канал; русло (реки).
calce. [м.] железная шина (на колёсах); клин; тормозная колодка; (Амер.) конец какого-л документа.
calce. [м.] (Амер.) удобный случай.
calcedonia. [ж.] (мин.) халцедон.
calcedonita. [ж.] (мин.) разновидность халцедона.
cálceo. [м.] старинная римская обувь.
calceolaría. [ж.] (бот.) кошельки.
calcéolo. [м.] маленькая обувь, женская обувь.
calcero. [м.] (обл.) обувь (преимущ. кожаная).
calcés. [м.] (мор.) верхняя часть мачты.
calceta. [ж.] носок, чулок до колен; (перен.) кандалы; (обл.) род колбасы.
calceta. [ж.] (Амер.) неширокая простыня.
calcetar. [неперех.] вязать чулки.
calcetería. [ж.] чулочная мастерская и лавка; ремесло чулочника.
calcetero, ra. [м. и ж.] чулочник(-ница); [м.] тот, кто делал calzas; (арг.) тот, кто надевал кандалы.
calcetín. [м.] носок.
calcetón. [м.] суконный чулок.
calcicloro. [м.] (хим.) хлористый кальций.
cálcico, ca. [прил.] кальциевый, содержащий кальций.
calcífero, ra. [прил.] известковый.
calciferol. [м.] (хим.) кальциферол.
calcificación. [м.] (пат.) отвердение ткани (из-за кальцевых солей).
calcificar. [перех.] обращать в известняк; давать кальциевые соли.
calcígero, ra. [прил.] известковый.
calcil. [м.] светло-рыжий цвет.
calcilla. [ж.] (обл.) см. peal.
calcillas. [ж. множ. умен.] к calzas; [м.] (перен.) человек маленького роста; робкий, трусливый человек.
calcímetro. [м.] прибор для определения количества извести в земли.
calcina. [ж.] бетон.
calcinable. [прил.] (тех.) обжигаемый.
calcinación. [м.] обжиг(-ание), кальцинация: * calcinación inmersiva, (хим.) обработка золота царской водкой.
calcinaguas. [ж. множ.] (Амер.) женские панталоны.
calcinar. [перех.] обжигать, кальцинировать; (хим.) пережигать.
calcinatorio. [м.] сосуд для обжигания.
calcinero. [м.] обжигальщик извести.
calcinita. [ж.] камень содержащий известь.
calcio. [м.] (хим.) кальций.
calcispongiarios. [м. множ.] известковые губки.
calcita. [ж.] кальцит, известковый шпат.
calcitrar. [неперех.] (поэт.) брыкаться, топать ногами (не употр.).
calciuria. [ж.] (мед.) присутствие кальция в моче.
calco. [м.] копия, калька; (арг.) см. zapato: calco heliográfico, гелиография.
calcocha. [ж.] (Амер.) род маленького бумажного змея.
calcocho, cha. [прил.] (Амер.) изрытый оспой.
calcografía. [ж.] калькография.
calcografiar. [перех.] заниматься калькографиею.
calcográfico. [прил.] калькографический.
calcógrafo. [м.] калькограф.
calcomanía. [ж.] декалькомания; переводная картинка.
calcopirita. [ж.] (мин.) халькопирит, медный колчедан.
calcorrear. [неперех.] (арг.) бежать, бегать.

calcorreo. [м.] (арг.) бег(-анье).
calcorro. [м.] (арг.) башмак, (полу)ботинок.
calculable. [прил.] исчислимый.
calculación. [м.] вычисление, исчисление.
calculador, ra. [прил.] делающий исчисление и т. д.; корыстный, эгоистический (тже. сущ.); [м. и ж.] калькулятор, счётчик (-ица); счётная машина; вычислительный аппарат: * calculador mecánico, арифмометр.
calcular. [перех.] считать, вычислять, высчитывать; делать расчёт, рассчитывать; обдумывать, соображать, прикидывать: * él ha calculado mal, он плохо рассчитал.
calculatorio, ria. [прил.] свойственный вычислению и т. д.
calculiforme. [прил.] имеющий форму булыжника.
calculista. [прил. и сущ.] см. proyectista.
cálculo. [м.] вычисление, исчисление, расчёт, подсчёт, выкладка; догадка, предположение; расчёт, соображения; (мед.) отложение солей в организме; мочевой камень: * cálculo mental, устный счёт; * cálculo infinitesimal, исчисление бесконечно малых; * cálculo integral, интегральное исчисление; * cálculo vectorial, векторное исчисление; * cálculo de probabilidades, теория вероятностей; * hacer cálculos, строить предположения; * equivocarse en sus cálculos, просчитаться; * cálculo urinario, (мед.) камень в мочевом пузыре; * cálculo biliar, жёлчный камень.
calculoso, sa. [прил.] страдающий каменной болезнью.
calcha. [ж.] (чаще множ.) (Амер.) щётка (у лошади); перья на ногах (у некоторых птиц); [множ.] бельё рабочих.
calchacura. [ж.] (Амер.) род лишайника.
calchón, na. [прил.] (Амер.) мохноногий (о птицах); имеющий много щёток (о лошади).
calchona. [ж.] (Амер.) фантастическое существо, пугающее одиноких путешественников; см. bruja; дилижанс, почтовая карета, экипаж; безобразная старуха.
calchudo, da. [прил.] (Амер.) мохноногий (о птицах).
calda. [ж.] нагревание; топка (дейст.); [множ.] водолечебница, минеральные ванны: * dar calda, или una calda, (перен.) возбуждать; * dar una calda, нагревать.
caldaico, ca. [прил.] см. caldeo.
caldario. [м.] парильня (в римском бане).
caldeador, ra. [прил.] сильно нагревающий (тже. сущ.).
caldeamiento. [м.] сильное нагревание.
caldear. [перех.] сильно нагревать, согревать; накаливать, накалять; раскалять.
caldeísmo. [м.] халдейский идиоматизм.
caldeo. [м.] нагрев: * superficie de caldeo, поверхность нагрева.
caldeo, a. [прил.] (ист.) халдейский; [сущ.] халдей (-ка); [м.] халдейский язык.
caldera. [ж.] большой котёл, чан; содержимое котла; металлическая коробка литавры; (Амер.) сосуд для нагревания чая и т. д., чайник, кофейник; кратер вулкана; (горн.) нижняя часть шахты: * caldera de vapor, паровой котёл; * caldera tubular, жаротрубный котёл; * caldera de locomotora, паровозный котёл; * caldera de jabón, мыловаренный завод; * sala de calderas, котельная; * las calderas de Pero Botero, ад.

calderada. [ж.] содержимое котла.
calderería. [ж.] ремесло котельщика или медника; квартал и лавка где делают или продают металлическую посуду; котельная мастерская.
calderero. [м.] котельщик, медник.
caldereta. [ж.] (церк.) кропильница; котелок; (кул.) рыбное блюдо под винным соусом; кушанье из мяса ягнёнка.
calderetero. [м.] (Амер.) котельщик, медник.
calderil. [м.] (обл.) палка для подвешивания котла над огнём.
calderilla. [ж.] (церк.) кропильница; (соб.) разменная неполноценная монета, медь, мелочь.
calderín. [м.] (тех.) см. domo.
caldero. [м.] котелок с дужкой; содержимое этого котелка.
calderón. [м. увел.] к caldera, большой котёл; (обл.) детская игра; (муз.) фермата.
calderoniano, na. [прил.] к Calderón (писатель).
caldibache, caldibaldo. [м.] водянистый бульон.
caldillo. [м.] соус, подливка; (Амер.) рубленое мясо с бульоном и пряностями.
caldo. [м.] бульон, отвар; соус; [множ.] жидкие продукты (вино, уксус, масло и т. д.); (Амер.) сок сахарного тростника, чудоцвет: * **caldo** de cultivo, (биол.) бульон, питательная среда (для посева бактерий); * **caldo** de zorra, лицемер; * **caldo** de puchero, навар; * **caldo** de gallina, куриный бульон; * hacer el **caldo** gordo, помогать, содействовать; * amargar el **caldo**, огорчать, опечаливать; * dar un **caldo**, (Амер.) подвергать пыткам.
caldoso, sa. [прил.] водянистый (о бульоне).
calducho. [м.] водянистый бульон; (Амер.) короткий отдых.
calduda. [ж.] (Амер.) род слоёного пирога.
caldudo, da. [прил.] см. caldoso.
cale. [м.] лёгкий удар рукой.
calé. [м.] (арг.) (Амер.) медная монета; (обл.) см. gitano.
calecer. [неперех.] нагреваться; [непр. гл.] спрягается как agradecer.
calecerse. [возв. гл.] портиться (о мясе); [непр. гл.] спрягается как agradecer.
calecico. [м. умен.] к cáliz.
calef. [м.] (бот.) садовое растение.
calefacción. [ж.] подогревание, нагревание; отопление, отопительная система: * **calefacción** central, центральное отопление.
calefactor. [м.] приспособление для согревания.
calefactorio. [м.] тёплая комната (у некоторых монастырей).
calefón. [м.] (Амер.) колонка для ванны.
calejo. [м.] (обл.) отшлифованный водой камень.
calembé. [м.] (Амер.) набедренная повязка (у жителей тропиков), см. taparrabo.
calén. [м.] (Амер.) см. talento; деньги.
calendar. [перех.] датировать, проставлять число, дату.
calendario. [м.] календарь: * **calendario** de pared, стенной календарь; * **calendario** gregoriano, грегорианский календарь; * hacer **calendarios**, предсказывать будущее.
calendas. [ж. множ.] (ист.) календы: * dejar para las **calendas** griegas, отложить до греческих календ, отложить в долгий ящик.

calendarista. [м. и ж.] тот, кто делает или составляет календари.
calender. [м.] нищий-дервиш.
caléndula. [ж.] (бот.) ноготки.
calenduláceas. [ж. множ.] (бот.) ноготковые.
calendúleas. [ж. множ.] см. calenduláceas.
calentador, ra. [прил.] согревающий, нагревающий; [м.] нагревательный прибор, нагреватель; (перен.) (разг.) большие карманные часы: * **calentador** de cama, грелка для постели; * **calentador** de baño, колонка для ванны.
calentamiento. [м.] согревание, нагревание; (вет.) лёгочное заболевание (у лошадей).
calentano, na. [прил.] (Амер.) живущий в тёплых странах (тж. сущ.).
calentar. [перех.] греть, согревать, нагревать; накалять, накаливать, оживлять, возбуждать; бить, колотить кого-л; * **calentarse.** [возв. гл.] нагреваться; (раз)горячиться, воспламеняться, прийти в возбуждение; быть в течке (о животных); * **calentar** el asiento, или la silla, долго сидеть где-л; * **calentarse** al sol, греться на солнце; [непр. гл.] спрягается как acertar.
calentito, ta. [прил. умен.] к caliente; (перен.) (разг.) новый, свежий; [м.] (обл.) блинчатый пирог, [нареч.] совсем недавно, только что.
calentón (darse un). [выраж.] (разг.) поспешно или легко греться.
calentura. [ж.] лихорадка, жар, горячка; (уст.) см. calor; (Амер.) чахотка.
calenturear. [неперех.] (Амер.) страдать лихорадкой.
calenturiento, ta. [прил.] лихорадочный, (прост.) горячечный (тж. в сущ.); (Амер.) чахоточный.
calenturilla. [ж.] лёгкая лихорадка.
calenturoso, sa. [прил.] см. calenturiento.
caleño, ña. [прил.] известковый.
calepino. [м.] (перен.) латинский словарь.
caler. [неперех.] (обл.) быть полезным, годиться, интересовать.
calera. [ж.] (обл.) рыболовный баркас.
calera. [ж.] печь для обжигания извести; каменоломня, где добывается известняк.
calería. [ж.] известковый завод; место, где продают известь.
calero, ra. [прил.] известняковый, известковый; [м.] обжигальщик извести; продавец извести; печь для обжигания извести.
calés. [м.] **calesa.** [ж.] шарабан.
calesera. [ж.] род андалузской куртки; андалузское народное пение.
calesero. [м.] возница шарабана.
calesín. [м.] лёгкий шарабан.
calesinero. [м.] хозяин наёмных лёгких шарабанов (calesines); возница лёгкого шарабана.
calesitas. [ж. множ.] (Амер.) карусель.
caleta. [ж.] (мор.) бухточка; (Амер.) корпорация портовых рабочих.
caleta. [ж.] (арг.) вор, ворующий через отверстие.
caletero. [м.] (арг.) вор, сопровождающий caleta.
caletre. [м.] (разг.) смекалка, сообразительность; благоразумие; (перен.) голова: * de su **caletre**, своего изготовления.
cali. [м.] (хим.) щёлочь, см. alcalí.
calibo. [м.] (обл.) см. rescoldo.
calibración. [ж.] (тех.) калибровка, калибрование.
calibrador. [м.] (тех.) штангенциркуль, калибр.
calibrar. [перех.] калибровать; калибрировать; устанавливать или выверять калибр огнестрельного оружия.

calibre. [м.] калибр, величина, размер; диаметр: * del mismo **calibre**, одного калибра; * de buen **calibre**, большой величины.
calicanto. [м.] каменная кладка.
calicata. [ж.] (горн.) шурфование.
caliciforme. [прил.] (бот.) чашечковидный.
calicillo. [м.] (бот.) мутовка.
calicinal. [прил.] (бот.) чашечковый.
calicó. [м.] коленкор.
caliche. [м.] кусок извести (у кирпича); пятно (на фруктах); (обл.) трещина в сосуде; (Амер.) натриевая селитра; почва содержащая натриевую селитру, земля остающаяся после извлечения селитры.
calichera. [ж.] (Амер.) залежи натриевой селитры.
calichoso, sa. [прил.] (Амер.) каменистый.
calidad. [ж.] качество, свойство, сорт, марка; условие, обстоятельство; важность, сан, звание; хорошее качество; дворянство; [множ.] хорошие качества, совершенства (о людях): * en **calidad** de, в качестве (кого-л); * de primera **calidad**, первосортный; (разг.) хоть куда; * mala **calidad**, недоброкачественность; * baja **calidad**, низкопробность; * a **calidad** de que, с условием.
calidez. [ж.] (мед.) жар.
calididad. [ж.] умение, искусство, ловкость.
cálido, da. [прил.] тёплый; горячий; пылкий; см. caluroso; (жив.) тёплый (тон и т. д.).
calidófono. [м.] (физ.) калейдофон.
calidopolariscopio. [м.] (физ.) усовершенствованный калейдоскоп.
calidoscópico, ca. [прил.] калейдоскопический.
calidoscopio. [м.] калейдоскоп.
calientapiés. [м.] ножная грелка.
calientaplatos. [м.] приспособление для согревания тарелок.
caliente. [прил.] см. cálido; (Амер.) гневный: * en **caliente**, немедленно, тотчас.
caliepia. [ж.] изысканность стиля.
califa. [м.] халиф, калиф.
califal. [прил.] к калиф или халиф, халифский.
califato. [м.] калифат, халифат: * de **califato**, халифатский.
calífero, ra. [прил.] известковый.
calificable. [прил.] квалифицируемый, определяемый, подлежащий определению.
calificación. [ж. разн. знач.] квалификация; определение или обозначение качества, оценка чего-л; (перен.) облагораживание.
calificadamente. [нареч.] авторитетно и т. д.
calificado, da. [прил.] квалифицированный; влиятельный, авторитетный; признанный, заслуженный, достойный, испытанный.
calificador. [м.] тот, кто определяет, квалифицирует: * **calificador** del Santo Oficio, инквизиционный цензор.
calificar. [перех.] относить к разряду, называть; определять, квалифицировать; облагораживать; * **calificarse.** [возв. гл.] законно доказывать своё дворянское происхождение.
calificar. [перех.] согревать, нагревать, см. calentar.
calificativo, va. [прил.] определяющий, квалифицирующий; (грам.) качественный; [м.] прозвище.
californiano, na, californico, ca, californio, nia [прил.] калифорнийский (тж. сущ.).
californio. [м.] (хим.) калифорний.
cáliga. [ж.] род сандалии (у старинных римских солдат).

calígine. [ж.] густой туман, мгла; (варв.) духота, см. **bochorno**.
caliginoso, sa. [прил.] мрачный, тёмный, туманный, мглистый; (варв.) душный, см. **bochornoso**.
caligo. [м.] бельмо.
caligrafía. [ж.] каллиграфия.
caligrafiar. [перех.] старательно выписывать.
caligráfico, ca. [прил.] каллиграфический.
calígrafo, fa. [м. и ж.] каллиграф.
calilo, la. [прил.] (обл.) глупый, придурковатый.
calilogía. [ж.] изысканность речи.
calilla. [ж.] (Амер.) несносный, надоедливый человек; (разг.) надоедливость, беспокойство; [множ.] (разг.) задолженность, см. **calvario**.
calillar. [перех.] (Амер.) надоедать, докучать.
calima. [ж.] дымка, мгла.
calima. [ж.] (мор.) верёвка с кусками пробковой коры (служащая буём).
calimaco. [м.] шерстяная ткань.
calimba. [ж.] (Амер.) железный штамп для клеймения скота.
calimbar. [перех.] (Амер.) клеймить скот и т. д.; наказывать.
calimbo. [м.] качество, свойство и т. д.
calimete. [м.] (Амер.) соломина для питья прохладительных напитков.
calimoso, sa. [прил.] затянутый туманом и т. д., см. **calinoso**.
calimote. [м.] центральный поплавок (у некоторой рыболовной сети).
calina. [ж.] дымка, мгла.
calinda. [ж.] кубинская пляска.
calino, na. [прил.] известковый.
calinoso, sa. [прил.] затянутый туманом, дымкой.
calípedes. [м.] (зоол.) ленивец (животное).
caliqueño. [м.] (разг.) сигар низкого качества.
calisaya. [ж.] сорт хинного дерева.
calistenia. [ж.] род гимнастики.
calitipia. [ж.] фотографический приём.
cáliz. [м.] церковная чаша, потир; (поэт.) бокал, кубок; (бот.) чашечка; * apurar el **cáliz** hasta las heces, (перен.) испить чашу до дна.
caliza. [ж.] известняк; известковый шпат: * **caliza** lenta, см. **dolomía**.
calizo, za. [прил.] известняковый.
calma. [ж.] безветрие, затишье; штиль; тишина, покой, спокойствие, беззаботность; хладнокровие; см. **cesación**; (разг.) медлительность, см. **pachorra**: * **calma** chicha, мёртвый штиль; * mar en **calma**, спокойное море.
calmado, da. [прил.] (обл.) в поту, сильно вспотевший; усталый, утомлённый.
calmante. [прил.] успокоительный, успокаивающий; болеутоляющий; [м.] успокоительное средство, болеутоляющее средство.
calmar. [перех.] успокаивать; смягчать, унимать, ослаблять (гнев, боль и т. д.); [неперех.] утихать, успокаиваться.
calmazo. [м. увел.] к **calma**; (мор.) мёртвый штиль.
calmear. [неперех.] постепенно успокаиваться.
calmil. [м.] (Амер.) посевы, прилегающие к дому.
calmita. [ж. умен.] к **calma**; медлительность, см. **sorna**.
calmo, ma. [прил.] без деревьев или кустарников; под паром.
calmoso, sa. [прил.] спокойный, тихий, безмятежный; медлительный, беззаботный.
calmuco, ca. [прил.] калмыцкий; [сущ.] калмык, (-ычка).
calmudo, da. [прил.] см. **calmoso**.

calnado. [м.] см. **candado**.
calo. [м.] (Амер.) большой и длинный тростник, содержащий воду.
calo. [м.] (ист.) раб старинного римского солдата.
caló. [м.] цыганский язык (часто перешедший в разговорную испанскую речь).
calobiótica. [ж.] естественная склонность к размеренному образу жизни (у человека).
calocéfalo, la. [прил.] с красивой головой.
calófilo, la. [прил.] (бот.) с красивыми листьями.
calofriarse. [возв. гл.] дрожать, чувствовать озноб.
calofrío. [м.] (чаще множ.) см. **escalofrío**.
calografía. [ж.] каллиграфия, см. **caligrafía**.
calología. [ж.] эстетика.
calomel, calomelanos. [м. множ.] (хим.) каломель; хлористая ртуть.
calón. [м.] круглая палка поддерживающая сети; шест для измерения речной глубины и т. д.
calonche. [м.] спиртный напиток из сока кактуса-олунции.
caloprimo. [м.] (зоол.) род австралийского кенгуру.
calóptero, ra. [прил.] (зоол.) с красивыми крыльями.
calor. [м.] теплота, тепло; жар; жара; (перен.) деятельность, активность; пыл, жар, пылкость, горячность; радушный приём, восторженность, лиризм: * hace **calor**, тепло; * tengo **calor**, мне жарко; * dar **calor**, (перен.) оживлять, побуждать; * entrar en **calor**, согреваться; * **calor** animal, животная теплота; * **calor** latente, скрытая теплота; * **calor** específico, удельная теплота, теплоёмкость; * **calor** radiante, лучистая теплота; * **calor** solar, солнечное тепло; * **calor** de fusión, теплота плавления; * **calor** canicular, зной; * ahogarse de **calor**, задыхаться; * con **calor**, тепло.
caloría. [ж.] (физ.) калория: * **caloría**-gramo, pequeña **caloría**, грамм-калория, малая калория; * **caloría**-kilógramo, kilo-**caloría**, **caloría** grande, килокалория, большая калория.
caloricidad. [ж.] калорийность, животная теплота.
caloricio. [м.] (Амер.) (варв.) удушливая жара.
calórico, ca. [прил.] (физ.) теплород; теплота.
calorífero, ra. [прил.] теплопроводный; [м.] калорифер: нагреватель, грелка: * **calorífero** de aire, воздушный калорифер; * **calorífero** de vapor, паровой калорифер.
calorificación. [ж.] выделение тепла, теплообразование.
calorífico, ca. [прил.] развивающий теплоту; теплотворный; нагревательный, калорический, теплопроизводительный: * emisión **calorífica**, теплоотдача; * conductibilidad **calorífica**, теплопроводность; * capacidad **calorífica**, теплоёмкость; * intercambio **calorífico**, теплообмен.
calorífugo, ga. [прил.] плохо проводящий тепло, теплоизолирующий; термоизоляционный; см. **incombustible**.
calorimetría. [ж.] (физ.) калориметрия.
calorimétrico, ca. [прил.] калориметрический.
calorímetro. [м.] (физ.) калориметр, теплометр.
calorimotor. [м.] (физ.) теплотворный прибор.
calorina. [ж.] (обл.) дымка, мгла.
calorosamente. [нареч.] см. **calurosamente**.
caloroso, sa. [прил.] см. **caluroso**.
calosfriarse, calosfrío. см. **calofriarse** и т. д.
caloso, sa. [прил.] промокательный (о бумаге).

calóstrico, ca. [прил.] к молозиво.
calostro. [м.] молозиво.
calota. [ж.] (мед.) род шапочки против лишая.
calotipia. [ж.] см. **calitipia**.
caloyo. [м.] ягнёночек; новорождённый ягнёнок или козлёнок; (обл.) новобранец, рекрут, призывной, призывник.
calpamulo, la. [м. и ж.] название одного вида метиса.
calpián. [м.] (Амер.) сторож.
calpixque. [м.] (Амер.) старинный мексиканский сборщик налогов.
calpuchero. [м.] (обл.) см. **calboche**.
calpul. [м.] (Амер.) тайное сборище; холмик отмечающий старинные индейские деревни.
calquín. [м.] (Амер.) разновидность орла.
calseco, ca. [прил.] консервированный с известью.
calta. [ж.] (бот.) лютиковое растение: **calta** palustris, калужница болотная.
caltrizas. [ж. множ.] ручные носилки.
calucha. [ж.] (Амер.) вторая корка кокосового ореха и т. д.
caluma. [ж.] (Амер.) ущелье, теснина (в Андах); индейский посёлок.
calumbarse. [возв. гл.] (обл.) нырнуть, нырять.
calumbo. [м.] (обл.) быстрое погружение в воду, окунание, ныряние, (разг.) нырок.
calumnia. [ж.] клевета, (разг.) наговор, напраслина, (уст.) навет.
calumniador, ra. [прил.] клеветающий; [сущ.] клеветник, (-ица), (уст.) наветчик, (-ица).
calumniar. [перех.] клеветать, наговаривать, (прост.) клепать.
calumniosamente. [нареч.] клеветнически.
calumnioso, sa. [прил.] клеветнический, ложный.
calungo. [м.] (Амер.) порода собаки.
caluro. [м.] (Амер.) лазящая птица.
calurosamente. [нареч.] с жаром, горячо, пылко.
caluroso, sa. [прил.] тёплый, жаркий; горячий; (перен.) горячий, тёплый, пламенный, живой.
caluyo. [м.] (Амер.) индейская пляска.
calva. [ж.] плешь, лысина; прогалина, поляна.
calvar. [перех.] обманывать.
calvario. [м.] см. **vía crucis**; (перен.) (разг.) задолженность (при покупке в кредит); голгофа, жестокое нравственное страдание: * el camino del **calvario**, хождение по мукам.
calvatorio, ria. [прил.] свойственный лысине.
calvatrueno. [м.] (разг.) лысая голова; (перен.) (разг.) ветреник, ветреный, легкомысленный человек, вертопрах.
calverizo, za. [прил.] с многими прогалинами (о местности).
calvero. [м.] прогалина, поляна, лужайка (в лесу); см. **gredal**.
calvete. [прил.] редковолосый.
calvez, calvicie. [ж.] плешивость.
calvijar. [м.] см. **calvero**.
calvinismo. [м.] кальвинизм.
calvinista. [прил.] кальвинистский, кальвинистический; [м. и ж.] кальвинист, (-ка).
calvitar. [м.] см. **calvero**.
calvo, va. [прил.] лысый, облысевший, облыселый, плешивый; лишённый растительности (о горах); оголенный, неплодородный (о почве); вытертый (о материи): * quedarse **calvo**, лысеть, плешиветь, облысеть.

calza. [ж.] повязка на ноге животного для отличия его от других; тормозная колодка; (разг.) чулок, носок; (обл.) см. pina; [множ.] штаны, короткие штаны (в старину); (арг.) ножные кандалы: * medias calzas, чулки до колен; * en calzas prietas, в стеснённых обстоятельствах; * tomar calzas, tomar las calzas de Villadiego, удирать; * en calzas y jubón, неполно; * calzas de arena, мешок с песком, употреблявшийся при пытках.
calzacalzón. [м.] длинные штаны.
calzada. [ж.] шоссейная дорога, шоссе; мостовая, брусчатка.
calzadera. [ж.] шнур(ок), шнурочек, верёвочка; обод колеса: * apretar las calzaderas, (перен.) (разг.) приготавливаться удирать.
calzado, da. [прил.] обутый (о некоторых монахах); мохноногий (о птицах); белоногий (о лошади и т. д.); с коротким лбом; [м.] обувь; [множ.] чулки, носки: crema para el calzado, сапожная мазь; * gastar el calzado, износить, истоптать (обувь).
calzador. [м.] рожок для надевания обуви; (Амер.) ручка для письма; вставка для карандаша.
calzadura. [ж.] обувание; деревянный обод колеса.
calzar. [перех.] обувать, надевать обувь; надевать (перчатки, шпоры и т. д.); подкладывать клин; подкладывать тормоз под колёса; насаживать шину; (с.-х.) окучивать; * calzarse. [возв. гл.] обуваться: * calzarse pocos in muchos juntos, иметь более или менее таланта; * calzarse una cosa, добиться, достигнуть; * calzarse a uno, подчинять себе кого-л.
calzo. [м.] см. calce; [множ.] конечности (животного).
calzón. [м.] короткие штаны, штанишки; см. tresillo (игра); (Амер.) болезнь сахарного тростника: * calzarse, или ponerse los calzones, держать мужа под башмаком; * tener bien puestos los calzones, быть энергичным.
calzonarias. [ж. множ.] (Амер.) подтяжки, помочи; женские штаны (короткие).
calzonario. [м.] (Амер.) женские короткие штаны.
calzonazos. [м.] (перен.) (разг.) безвольный человек.
calzoncillero, ra. [м. и ж.] тот, кто шьёт кальсоны.
calzoncillo. [м.] (Амер.) род попугая.
calzoncillos. [м. множ.] кальсоны.
calzonear. [неперех.] (Амер.) испражняться.
calzoneras. [м. множ.] (Амер.) длинные брюки для верховой езды, застёгивающиеся по бокам на пуговицы.
calzoneta. [ж.] (Амер.) плавки.
calzorras. см. calzonazos.
calla. [ж.] (Амер.) (с.-х.) остроконечная палка для вырывания с корнем.
calla, callando. [нареч.] (разг.) потихоньку, тайно.
callacuece. [м. и ж.] (разг.) (обл.) проныра, пролаза, неискренний человек.
callada. [ж.] молчание, безмолвие; тишина; (мор.) затишье, затихание: * a las calladas, de callada, тайно, тайком; * dar la callada por respuesta, не отвечать.
calladamente. [нареч.] тайно, тайком, без шума.
calladito. [м.] (Амер.) чилийский народный танец, исполняющийся без пения.

callado, da. [прил.] сдержанный, молчаливый, безмолвный; бесшумный, тихий; действующий тайком, без шума.
callampa. [ж.] (Амер.) гриб; (разг.) котелок (шляпа).
callana. [ж.] (Амер.) грубый сосуд для поджаривания кукурузы и пшеницы (у индейцев); род мозольных пятен (у ягодиц негров); шлак; плавильник для пробирования металлов; большие карманные часы.
callandicamente, callandico. см. callandito.
callandito. [нареч.] (разг.) тайком, исподтишка; тихо, вполголоса.
callando. [нареч.] см. callandito: * a la chita callando, тихо, осторожно, тайно, без шума.
callandriz. [м.] человек скрывающий свои мысли, чувства.
callantar. [перех.] заставить замолчать.
callantío, a. [прил.] молчаливый, скрытный, сдержанный, осторожный.
callanudo, da. [прил.] (Амер.) имеющий мозольные пятна на ягодицах; см. desvergonzado.
callao. [м.] булыжник; (обл.) плоская каменистая местность.
callapo. [м.] (горн.) (Амер.) см. entibo; (горн.) ступень(ка); носилки.
callar. [перех.] замалчивать, скрывать, умолчать о чём-л, обходить что-л молчанием; держать в тайне; [неперех.] молчать, замолкать, умолкать, стихать; * hacer callar, заставить замолчать; * por sabido se calla, само собой разумеется; * quien calla otorga, молчание знак согласия: * ¡quiere usted hacer el favor de callarse!, да замолчите же! * ¡cállese!, замолчите!; * ¡calla или calle!, ну (удивление).
calle. [ж.] улица; (перен.) предлог, повод; (арг.) свобода; (полигр.) коридор: * en plena calle, * en medio de la calle, посреди улицы; * en la calle, по улицам; * calle de árboles, аллея; * calle frecuentada, людная улица; * hombre de la calle, рядовой человек; * chico de la calle, уличный мальчишка; * dar a la calle, выходить на улицу; * doblar la calle, поворачивать за угол; * azotar calles, слоняться по улицам, шататься; * estar en la calle, стоять по сторонам, на краю дороги; * hacer calle, пролагать путь; * echar a la calle, plantar en la calle, выкинуть на улицу, уволить; * estar en la calle, быть без пристанища, без работы; * echar por la calle de en medio, сказать напрямик; * ir desempedrando la calles, мчаться во весь опор; * ¡calle!, дорогу!; * echarse a la calle, см. amotinarse; * pasear (rondar) la calle, ухаживать за женщиной.
calle calle. [ж. или м.] (Амер.) лечебное белоцветковое растение.
calleja. [ж. умен.] к calle, см. callejuela.
callejear. [неперех.] бродить, слоняться по улицам, шататься без дела.
callejeo. [м.] дейст. к слоняться, бродить по улицам, фланирование, шатание.
callejero, ra. [прил.] склонный слоняться, бродить по улицам; праздношатающийся; [м.] список улиц (большого города); список местожительств подписчиков на газету и т. д.
callejo. [м.] (обл.) яма для ловли хищников и т. д.
callejón. [м. увел.] к calleja, проулок, узкий, длинный проход между домами; (тавр.) проход между барьером и вторым барьером: * callejón sin salida, тупик (тже. перен.); * estar en un callejón sin salida, быть в безвыходном положении.

callejuela. [ж.] проулок, улочка, переулок, уличка; (перен.) предлог, увёртка, отговорка.
callemandra. [ж.] шерстяная ткань.
callicida. [ж.] средство против мозолей.
callista. [м. и ж.] мозольный оператор; педикюрша.
callizo. [м.] (обл.) проулок, улочка.
callo. [м.] мозоль; (хир.) затвердение, рубец на костях; [множ.] (кул.) рубцы: * callos de herradura, концы подковы; * criar, hacer, или tener callos, закаляться.
callón. [м.] точило, инструмент для точки шильев.
callón, na. [прил.] молчаливый.
callonca. [прил.] не вполне жареный (о каштане, тже. сущ.); [ж.] пожилая дерзкая женщина; (разг.) проститутка.
callosidad. [ж.] (лёгкая) мозоль.
calloso, sa. [прил.] мозолистый; мозольный.
callueso. [м.] (обл.) насекомое, вредное для овощей.
cama. [ж.] кровать; койка; постель; ложе: подстилка, нора, логовище; дно повозки и т. д.; часть некоторых фруктов, лежащая на земле (тыквенных и т. д.); помёт, детёныши (зверей); (уст.) см. sepulcro; * cama de matrimonio, двухспальная кровать; * cama turca, тахта; * hacer la cama, оправить постель, постлать постель; * deshacer la cama, измять постель; * estar en cama, guardar, или hacer cama, лежать в постели (о больном), быть больным; * caer en cama, или en la cama, заболеть; лечь в постель (о больном); * estar postrado en cama, лежмя лежать (прост.); * irse a la cama, идти спать; * ropa de cama, постельное бельё.
cama. [ж.] каждый из двух железных стержней удил; каждая из частей обода колеса; часть плуга.
cama. [ж.] (Амер.) дикий голубок.
camacero. [м.] американское дерево из паслёновых.
camachuelo. [м.] (орни.) чечётка (птица).
camada. [ж.] помёт, приплод, выводок (детёнышей); совокупность горизонтально расположенных предметов: * todos son lobos de una misma camada, все они одного поля ягода.
camafeo. [м.] камея, камень с рельефно вырезанным изображением.
camagón. [м.] филиппинское дерево.
camagua. [прил.] (Амер.) начинающийся зреть (о кукурузе); [ж.] кубинское дикорастущее дерево.
camagüeyano, na. [прил.] относящийся к Camagüey; [сущ.] уроженец этой кубинской провинции.
camagüira. [ж.] кубинское дикорастущее дерево.
camahueto. [м.] (Амер.) сказочное водяное животное.
camaina. [ж.] (Амер.) чёрт, дьявол, бес.
camaján, na. [прил.] (Амер.) проницательный, хитрый, лукавый.
camal. [м.] недоуздок; большая палка; (обл.) большая ветвь; (Амер.) бойня.
camalara. [ж.] кубинское дикорастущее дерево.
camaleón. [м.] (зоол.) хамелеон (тже. перен.); (Амер.) см. iguana; большая кубинская ящерица; маленькая птица; * camaleón mineral, марганцово-калиевая соль.
camaleonismo. [м.] (зоол.) перемена окраски кожи при перемене цвета окружающей среды.
Camaleopardo. [м.] (астр.) северное созвездие.
camaleópsido. [м.] (зоол.) род американского хамелеона.

camalero. [м.] (Амер.) см. matarife; мясник, торговец мясом.
camalotal. [м.] (Амер.) место, покрытое camalotes.
camalote. [м.] (бот.) водяное растение (у больших южноамериканских рек); скопление этих растений, которые, вместе с другими, образовывают плавающие островa; мексиканское растение.
camama. [ж.] (разг.) обман, ложь, надувательство; шутка, выдумка.
camambú. [м.] (Амер.) дикорастущее растение с жёлтыми цветами и съедобными белыми ягодами, вид физалиса.
camamila. [ж.] см. camomila.
camanance. [м.] (Амер.) ямочка (на щеке).
camanchaca. [ж.] (Амер.) густой туман (на пустыне Tarapacá).
camándula. [ж.] чётки; (перен.) лицемерие, притворство; (бот.) вид сапиндуса: * tener muchas camándulas, быть очень хитрым, лукавым.
camandular, camandulear. [неперех.] обманывать, лукавить; (обл.) см. chismear.
comandulense. [м.] бенедиктинец (тж. прил.).
camandulería. [ж.] лицемерие, ханжество.
camandulero, ra. [прил.] лицемерный, ханжеский, лукавый (тже. сущ.).
camao. [м.] (Амер.) дикий голубь.
cámara. [ж.] главная комната, зал; собрание; двор (монарха и т. д.); палата; чулан; камера; хлебный амбар; каюта; (воен.) см. morterete; очищение желудка; кал; камера, воздушная камера; [множ.] см. diarrea: * cámara doblada, комната с алькoвом; * cámara obscura, фотографическая камера, фотокамера; * Cámara de comercio, торговая палата; * Cámara de los diputados, палата депутатов; * Cámara alta, верхняя палата; * Cámara baja, нижняя палата; * cámara de oficiales, (мор.) кают-компания; * cámara de fuego, топка; * cámara frigorífica, ледник; * tener cámaras en la lengua, (разг.) нескромно говорить.
camarada. [м.] товарищ (тже. в обращ.), друг; спутник.
camaradería. [ж.] товарищество, товарищеские отношения.
camaraje. [м.] плата за наём хлебного амбара.
camaranchón. [м.] (презр.) чердак; чулан, каморка.
camarera. [ж.] горничная, служанка; официантка; камеристка: * camarera mayor, главная придворная дама; * camarera de teatro, костюмерша.
camarería. [ж.] должность горничной или официантки.
camarero. [м.] офицер папского двора; камердинер; камергер; официант, гарсон (в ресторане и т. д.): * camarero mayor, обер-камергер.
camareta. [ж. умен.] к cámara; комнатка, комнатушка; (мор.) маленькая каюта.
camareto. [м.] род кубинского батата.
camarico. [м.] (Амер.) старинный дар индейцев; (перен.) любимое место; любовная связь.
camariento, ta. [прил.] страдающий поносом (тже. сущ.).
camarilla. [ж.] (ист.) камарилья, придворная клика; клика.
camarillesco, ca. [прил.] к camarilla.
camarín. [м. умен.] к cámara, небольшая комната; ниша для статуй святых; комнатка для хранения ценных вещей, статуй святых; уборная (для актёров в театре); туалетная комната; кладовая для хранения ценных вещей; уединённое помещение для изучения дел; см. cambarín.

camarista. [ж.] камеристка королевы и т. д.
camarita. [ж.] (Амер.) мужская фетровая шляпа, см. hongo.
camaro, camarón. [м.] (зоол.) креветка.
camaronear. [перех.] (Амер.) ловить креветок; (полит.) см. chaquetear.
camaronera. [ж.] сеть для ловли креветок.
camaronero, ra. [м. и ж.] тот, кто ловит или продаёт креветок; [м.] (Амер.) см. martín pescador.
camarote. [м.] каюта; кабина для спанья.
camarotero. [м.] (Амер.) корабельный слуга.
camarroya. [ж.] дикорастущий цикорий.
camasquince. [м. и ж.] (разг.) человек, во всё вмешивающийся.
camastra. [ж.] (Амер.) хитрость, коварство, скрывание (чувств, мыслей), притворство.
camastrear. [перех.] (Амер.) хитрить, лукавить, притворяться, скрывать (чувства и т. д.), (разг.) вертеть хвостом.
camastro. [м.] (презр.) убогое ложе.
camastrón, na. [прил.] лицемерный, двуличный, пронырливый; [сущ.] хитрец, хитрая женщина, проныра, пролаза, пройдоха.
camastronería. [ж.] хитрость, пронырливость, притворство.
camata. [ж.] (Амер.) род дикой курицы.
camatón. [м.] (обл.) небольшая вязанка.
camaya. [ж.] (Амер.) корзина, плетёнка.
camayo. [м.] (Амер.) управляющий, приказчик (в имении).
camaza. [ж.] (Амер.) плод camacero.
camba. [ж.] стержень удил; (обл.) одна из частей обода колеса; полоса скошенного сена.
cambа. [прил.] (Амер.) кривоногий, косолапый.
cambado, da. [прил.] (Амер.) кривоногий, колченогий, косолапый.
cambalachar. [перех.] см. cambalachear.
cambalache. [м.] (разг.) мена, обмен, выменивание; (Амер.) лавка старья, лоскутная лавка.
cambalachear. [перех.] (разг.) менять, выменивать, обменивать.
cambalachero, ra. [прил.] обменивающий что-л (тже. сущ.); [сущ.] старьёвщик.
cambalada. [ж.] (обл.) шатание пьяного человека.
cambaleo. [м.] старинная труппа бродячих комедиантов.
cambali. [м.] сорт стали.
cambalud. [м.] (обл.) спотыкание (без падения).
cambaluz. [м.] род одноактной пьесы.
cambamba. [ж.] (разг.) (Амер.) спор, ссора, драка, проказа; проделка.
cambambero, ra. [прил.] ветреный, легкомысленный, безрассудный (тже. сущ.).
cambar. [перех.] (Амер.) гнуть, сгибать.
cambara. [ж.] рак-отшельник.
cambará. [м.] (бот.) южноамериканское дерево, кора которого употр. противохорадочным средством и листья против кашля.
cambarín. [м.] (обл.) площадка (лестничная).
cámbaro. [м.] краб, съедобная ракушка.
cambera. [ж.] рыболовная сеть для ловли креветок.
cambero. [м.] (обл.) (рыб.) ивовая ветка.
cambeto, ta. [прил.] (Амер.) кривоногий, косолапый.
cambiable. [прил.] пригодный для обмена, меновой, выменяемый.
cambiada. [ж.] (мор.) перестановка парусов.
cambiador, ra. [прил.] обменивающий что-н. [сущ.] (уст.) меняла; (ж.-д.) стрелочник.

cambial. [прил.] переводный (о векселя); [м.] переводный вексель.
cambiamiento. [м.] перемена; изменение.
cambiante. [дейст. прич.] меняющий, обменивающий; изменчивый; переливчатый, отливающий разными цветами (о ткани); [м.] игра цветов, перелив; меняла.
cambiar. [перех.] менять, обменивать, поменять; сменять, заменять; выменять, променять; разменивать (деньги); (видо-) изменять, переменять, варьировать; наменивать; (мор.) см. virar; [неперех.] меняться, перемениться (о ветре); * cambiar de sitio, перемещать, передвигать, переставлять; * cambiarse de ropa, менять бельё, одежду, переодеться; * cambiar de peinado, изменить причёску; * cambiar de opinión, изменить мнение; * cambiar el aparejo, (мор.) брасопить реи, брасовать; * cambiar de bordo, (мор.) лечь на другой галс.
camblavía. [м.] (Амер.) (ж.-д.) стрелочник.
cambiazo. [м. увел.] к cambio: * dar el cambiazo, менять обманным путём.
cambija. [ж.] водонапорная башня.
cambímbora. [ж.] (Амер.) агат, чёрный янтарь; (вул.) см. vasija.
cambín. [м.] верша.
cambio. [м.] мена, обмен; размен (денег); видоизменение; перемена, изменение; поворачивание, поворот; перемена, мелочь, мелкие деньги; котировка, вексельный курс; денежный перевод; превращение; (ж.-д.) стрелка, перестройка; * cambio de velocidad, перемена передач; * a cambio, в обмен; * en cambio, зато; вместо, взамен; * a cambio de, взамен, в награду за; * a las primeras de cambio, вначале; * cambio de vía, (ж.-д.) перевод рельсового пути, стрелочный перевод; * cambio de sitio, cambio de lugar, перемещение, передвижение, перестановка; * cambio favorable, перемена к лучшему, улучшение; * valor de cambio, меновая стоимость; * cambio de valor, переоценка; * de cambio, обменный.
cambista. [м. и ж.] обменщик; меняла; [м.] биржевой маклер; банкир.
cambocho, cha. [прил.] (Амер.) кривоногий.
camboyano, na. [прил.] камбоджийский; [сущ.] камбоджиец (-ийка).
cambriano, na. [прил.] кембрийский.
cambrón. [м.] (бот.) жостер, крушина слабительная; см. zarza.
cambronal. [м.] заросли жостера.
cambronera. [ж.] (бот.) род дерезы.
cambroño. [м.] (бот.) род ракитника.
cambrún. [м.] (Амер.) шерстяная ткань.
cambucha. [ж.] (обл.) см. pina; маленький бумажный змей.
cambucho. [м.] (Амер.) фунтик, бумажный пакетик; род корзины; см. chiribitil; соломенный колпак (на бутылку); маленький бумажный змей.
cambueca. [ж.] (Амер.) кривоногий, колченогий.
cambuj. [м.] маска; род детского колпака.
cambujo, ja. [прил.] см. morcillo; происходящий по рождению от китайца и индианки (или наоборот); (Амер.) с чёрным мясом и оперением (о птицах).
cambulera. [ж.] (Амер.) тюрьма.
cambullón. [м.] (Амер.) плутовство, жульничество; запутанность; заговор; см. cambalache.
cambumba. [ж.] (Амер.) детская игра.
cambur. [м.] (Амер.) род шерстяной ткани.

cambur. [м.] (бот.) вид банана.
cambute, m. тропическое злаковое растение; (Амер.) см. cambutera; плод cambutera; большая съедобная улитка.
cambutera. [ж.] (Амер.) (бот.) вид лианы.
cambuto, ta. [прил.] (Амер.) маленький, низкорослый.
camedrio, camedris. [м.] (бот.) дубровник, растигор.
camedrita. [ж.] настойка на дубровнике.
camelador, ra. [прил.] обольщающий и т. д.
camelar. [перех.] (разг.) ухаживать, говорить любезности; обольщать, прельщать; любить, желать; (Амер.) смотреть, подсматривать.
camelete. [м.] (воен.) старинное артиллерийское орудие.
camelia. [ж.] (бот.) камелия; (Амер.) шерстяная ткань; см. amapola.
camelieo, a. [прил.] (бот.) к камелия.
cameliforme. [прил.] (зоол.) имеющий форму верблюда.
camelina. [ж.] (бот.) рыжик, резуха.
camelo. [м.] (разг.) ухаживание; шутка, проделка; см. bulo; (Амер.) красная мальва; * dar un camelo, обманывать; * hablar en camelo, говорить невнятно, на условном языке.
camelopardal. [м.] (зоол.) жираф(а).
camelopardalino, na. [прил.] (зоол.) жирафовый.
camelotado, da. [прил.] похожий на камлот (о ткани).
camelote. [м.] камлот (шерстяная ткань).
camelote. [м.] (бот.) тропическое злаковое растение.
camelotero, ra. [м. и ж.] тот, кто ткёт или продаёт камлот (ткань).
camelotina. [ж.] род камлота (ткани).
cameloton. [м.] род грубого камлота.
camella. [ж.] см. gamella (корыто).
camella. [ж.] верблюдица; (с.-х.) см. caballón.
camella. [ж.] дуга ярма.
camellar. [прил.] верблюжий.
camellejo. [м. умен.] к camello, маленький верблюд, верблюжонок.
camellería. [ж.] ремесло погонщика верблюдов.
camellero. [м.] погонщик верблюдов, верблюжатник.
camello. [м.] (зоол.) верблюд: * camello pardal, жираф; * carne, piel de camello, верблюжина. (прост.) верблюжатина.
camellón. [м.] см. caballón; камлот (ткань).
camellón. [м.] деревянное корыто для пойла скота.
camena. [ж.] муза.
camenal. [прил.] к музы.
camera. [ж.] (Амер.) (зоол.) род дикого кролика.
camerano, na. [прил. и сущ.] к Sierra de Cameros.
camerino. [м.] (итал.) (непр.) уборная (для актёров в театре).
camero, ra. [прил.] кроватный, относящийся к широкой кровати; [м. и ж.] мастер кроватей и постельных принадлежностей; лицо, сдающее в наём койки.
camezo. [м.] (зоол.) птица, питающаяся муравьями.
camica. [ж.] (Амер.) скат крыши.
camijeta. [ж.] (Амер.) длинная рубашка (у индейцев).
camile. [м.] (Амер.) бродячий знахарь.
camilucho, cha. [прил.] подённый (о индейском работнике); [м.] индеец-подёнщик.

camilla. [ж.] кушетка, диван; стол с жаровней под ним для согревания ног; носилки (санитарные).
camillero. [м.] (воен.) санитар.
caminador, ra. [прил.] много ходящий.
caminal. [м.] нечистая соль.
caminal. [м.] (Амер.) сеть путей.
caminante. [дейст. прич.] к caminar, ходящий; [сущ.] путник, пешеход; ходок, прохожий, (-ая); слуга сопровождающий путешественника; (Амер.) род жаворонка.
caminar. [неперех.] идти, брести, ходить, ступать; шагать, двигаться; ехать; течь; [перех.] проходить, проезжать (расстояние): * acción de caminar, хождение, продвижение; * caminar derecho, (перен.) (разг.) идти прямым путём, прямой дорогой.
caminata. [ж.] (разг.) длинная прогулка, гулянье; большая поездка; увеселительная прогулка.
caminero, ra. [прил.] дорожный; (реón) дорожный рабочий; смотритель за исправностью путей; путевой сторож.
camini. [м.] (бот.) мате, парагвайский чай.
camino. [м.] (прям.) (перен.) дорога, путь; тропа; путешествие, поездка; путь, переход; (перен.) путь, стезя; способ, манера: * camino real, большая дорога; тракт; * camino de herradura, дорога для верховых или вьючных животных; * camino de hierro, железная дорога; * camino trillado, торная дорога (тже. перен.); * camino carretero, de ruedas, проезжая дорога; * ponerse en camino двинуться в путь, отправиться в путь; * enseñar el camino, показать дорогу; (перен.) показать пример; * en el camino, в пути; * a la mitad del camino, на полпути; * de camino, по дороге, попутно, заездом, мимоходом; * abrirse camino, (разг.) выйти в люди; * ir por el camino recto, идти прямым путём; * hacer un alto en el camino, задержаться в дороге; * salir al camino, выходить навстречу; (перен.) вставать на пути; * a un día de camino, на расстоянии дневного перехода; * todos los caminos conducen a Roma, все дороги ведут в Рим; * traer a uno al buen camino, наставлять на путь истинный; * abrir el camino, расчищать путь к чему-л; * echarse al camino, выходить на большую дорогу, заниматься разбоем; * camino de Santiago, Млечный Путь; * volver al buen camino, вернуться с повинной; * ir por buen camino, ладиться; * camino de la virtud, стезя добродетели.
camión. [м.] подвода, ломовая телега; грузовик, грузовой автомобиль: * camión cisterna, автоцистерна; * camión volquete, самосвал.
camionaje. [м.] перевозка грузов; плата за перевозки грузов.
camional. [прил.] к подвода или грузовик.
camioneta. [ж.] лёгкий грузовой автомобиль.
camionista. [сущ.] ломовой извозчик, ломовик, возчик; водитель грузовой машины.
camisa. [ж.] рубашка, сорочка; верхняя рубашка; (тех.) покров, оболочка, рубашка; облицовка (бот.) кожица на плодах; кожа, сбрасываемая змеёй; обложка, обёртка; см. menstruo; (полигр.) полотно: * en mangas de camisa, в рубашке, без пиджака; * dejar a uno sin camisa, разорить кого-л дочиста; * camisa de fuerza, смирительная рубашка; * vender hasta la camisa, остаться в одной рубашке; * meterse uno en camisa de once varas, вмешиваться не в своё дело; * en camisa,
без приданого (о женщине); * no llegarle a uno la camisa al cuerpo, быть очень тревожным и т. д.; * camisa incandescente, газокалильная сетка; * camisa de una vela, (мор.) тело паруса.
camisería. [ж.] белошвейная мастерская; бельевой магазин.
camisero, ra. [м. и ж.] тот, кто шьёт или продаёт рубашки.
camiseta. [ж.] нижняя короткая рубашка; * camiseta deportiva, майка, футболка; * camiseta de punto, фуфайка.
camisol. [м.] см. loriga.
camisola. [ж.] верхняя сорочка; мужская рубашка хорошего качества; (Амер.) см. jubón.
camisolín. [м.] манишка.
camisón. [м. увел.] к camisa; длинная рубашка; ночная рубашка; (Амер.) женская сорочка; женское платье (кроме чёрного).
camisote. [м.] панцирь, кольчуга.
camistrajo. [м.] (разг.) (презр.) убогое ложе.
camoatí. [м.] (Амер.) род осы; гнездо или соты этих ос.
camochar. [перех.] (Амер.) срезать, снимать верхушку.
camocán. [м.] старинная парча.
camodar. [перех.] (арг.) см. trastocar.
camomila. [ж.] (бот.) ромашка.
camón. [м.] каждая из круглых частей кольца гидравлического колеса; (арх.) свод.
camón. [м.] большая кровать; портативный трон; застеклённый балкон; ширма; (Амер.) pina (колеса); * camón de vidrios, стеклянная перегородка.
camoncillo. [м.] табуретка.
camorra. [ж.] (разг.) драка, бурная ссора: * buscar camorra, искать ссоры с кем-л.
camorrear. [неперех.] (разг.) надоедать, терзать.
camorrero, ra. [прил.] см. camorrista.
camorrista. [прил.] сварливый, драчливый; [сущ.] драчун, задира, забияка, буян, дебошир, крикун, бретёр (уст.).
camorrita. [м.] (Амер.) драчун, задира, забияка.
camota. [м. и ж.] (бол.) идиот (-ка), тупой человек.
camotal. [м.] (Амер.) место, засаженное бататом.
camote. [м.] (Амер.) (бот.) батат; цветочная луковица; след, рубец (от удара хлыстом и т. д.) ушиб, синяк; влюблённость; любовница, возлюбленная; дурак, глупец; мошенник, плут, наглец; обман, ложь; * tomar un camote, (разг.) влюбляться.
camotear. [неперех.] (Амер.) блуждать в поисках чего-л.
camotero, ra. [прил.] (Амер.) продающий бататы; [м. и ж.] продавец (-щица) бататов.
camotillo. [м.] (Амер.) пирожное из батата; (бот.) куркума; см. yuquilla.
camoyana. [ж.] (Амер.) сорт карабина.
campa. [прил.] лишённая деревьев (о местности).
campal. [прил.] полевой: * batalla campal, генеральное сражение, битва.
campamento. [м.] (дейст.) лагерное расположение; лагерь; стан; группа квартирьеров; кочевье; стойбище; * levantar el campamento, снять лагерь; * campamento gitano, цыганский табор.
campamiento. [м.] дейст. к acampar.
campana. [ж.] колокол; стеклянный колпак; колпак над камином; церковь; приходская территория; см. queda; предмет в виде колокола; (арг.) см. saya; campana de chimenea, колпак (дымо-

вода газов, дыма, паров); * campana de reloj, бой часов; * campana de buzo, водолазный колокол; * campana de cristal, стеклянный колокол; * a campana herida, или tañida, быстро, поспешно; * echar las campanas al vuelo, звонить в все колокола, радостно возвещать о чём-л.; * oír campanas, y no saber donde, слышать звон, да не знать, где он; * doblar las campanas, звонить по покойнике; * picar la campana, (мор.) отбивать склянки.

campanada. [ж.] колокольный звон; скандальная новость, скандал.

campanario. [м.] колокольня: * de campanario, колокольный; (перен.) свойственный необразованным людям (о поведении и т. д.).

campanazo. [м.] см. campanada.

campanear. [неперех.] звонить в колокола: * allá te las campanees, это только тебя касается.

campanela. [ж.] пируэт (в танце); некоторый гитарный звук.

campaneo. [м.] трезвон; (перен.) см. contoneo.

campanero. [м.] мастер, отливающий колокола; звонарь; род венесуэльского дрозда.

campaneta. [ж. умен.] к campana; колокольчик.

campaniforme. [прил.] в виде колокола.

campanil. [прил.] колокольный (о металле); [м.] (обл.) муниципальный округ; (уст.) колокольня, башенка.

campanilla. [ж.] колокольчик, звонок, звоночек; пузырь (на воде); (анат.) язычок; украшение в виде колокола; (бот.) повилика, вьюнок; колокольчик; * campanilla blanca, подснежник; * de (muchas) campanillas, очень важный (о человеке).

campanillazo. [м.] сильный звон колокольчиком.

campanillear. [неперех.] звонить (в колокольчик).

campanilleo. [м.] частый звон колокольчика.

campanillero. [м.] тот, кто по ремеслу звонит в колокольчик.

campanillo. [м.] (обл.) колокольчик на шее скота.

campano. [м.] колокольчик, бубенчик (на шее скота); монастырский колокольчик, маленький колокол; американское дерево.

campanología. [ж.] искусство campanólogo.

campanólogo, ga. [м.] музыкант, исполняющий музыкальное произведение, звоня в колокола.

campante. [прил.] превышающий, превосходящий; (разг.) чванный, высокомерный; довольный собой.

campanudo, da. [прил.] в виде колокола; полнозвучный; выспренний, напыщенный, высокопарный (о слоге); велеречивый (книж.).

campánula. [ж.] (бот.) колокольчик.

campanuláceas. [ж. множ.] (бот.) колокольчатые.

campaña. [ж.] ровное поле, равнина; открытое место; кампания, мероприятия для осуществления важной задачи; (воен.) поход, кампания; (Амер.) поле: * entrar en campaña, двинуться в поход; * estar, hallarse en campaña, воевать, вести войну; * en campaña, в действующей армии; * campaña contra, кампания против; * campaña en favor de, кампания за что-л.

campañista. [м.] (Амер.) пастух.

campañol. [м.] (зоол.) полевая мышь.

campar. [неперех.] превышать, превосходить; (воен.) см. acampar: * campar por sus respetos, располагать собой; хозяйничать в чужом доме.

camparín. [м.] (обл.) лестничная площадка.

campeada. [ж.] (Амер.) (воен.) см. correría.

campeador. [прил.] выдающийся своими воинскими подвигами (прозвище Сида).

campear. [неперех.] выходить на пастбище; выходить из логовища (о зверях); зеленеть (о всходах); превышать, превосходить; (воен.) производить разведку; воевать, вести войну; выводить войска на поле сражения; (Амер.) выходить на поиски.

campecico, llo, lo. [м. умен.] к campo.

campechana. [ж.] (мор.) доски в виде решётки (у кормы некоторых судов); (Амер.) напиток из разных ликёров; гамак; проститутка.

campechanamente. [нареч.] попросту.

campechanía. [ж.] (обл.) откровенность, чистосердечие, весёлость.

campechano, na. [прил.] (разг.) открытый, искренний, прямой, чистосердечный; весёлый; великодушный; щедрый.

campechano, na. [прил.] (Амер.) сельский, деревенский; крестьянский, см. campesino.

campeche. [м.] кампешевое дерево.

campeo. [м.] (обл.) место, где скот может пастись по желанию.

campeón. [м.] борец, поборник; чемпион: * ser campeón de, получить первенство; * de campeón, чемпионский.

campeona. [ж.] чемпионка.

campeonato. [м.] чемпионат, первенство; чемпионство.

camperero, ra. [прил.] (обл.) о пастухе свиного стада.

campería. [ж.] (обл.) время, когда пасут свиней.

campero, ra. [прил.] находящийся в открытом поле; ночующий в открытом поле (о скоте и т. д.); ползучий (о растениях); (Амер.) опытный в сельском хозяйстве; опытный (о некоторых животных); [м.] (обл.) монах, управляющий имением.

camperuso, sa. [прил.] (Амер.) крестьянский, грубый, неотёсанный, нелюдимый.

campesinado. [м.] (Амер.) (соб.) крестьянство.

campesino, na. [прил.] полевой; деревенский, сельский; крестьянский; [м. и ж.] деревенский житель, (-ница), крестьянин, (-янка), мужик, (прост.) балахонник, лапотник; * campesino sin tierra, бобыль; * los campesinos, (соб.) крестьянство.

campestre. [прил.] полевой; сельский, деревенский; [м.] старинный мексиканский танец.

campichuelo. [м.] (Амер.) маленькое поле, покрытое травой.

campilán. [м.] сабля, расширяющаяся к концу.

campillo. [м. умен.] к campo; см. ejido.

camping. [м.] (англ.) (спорт.) кэмпинг, туризм; экскурсионный лагерь, туристический лагерь.

campiña. [ж.] распаханное, но не засеянное поле: cerrarse uno de campiña, (разг.) твёрдо стоять на своём.

campirano, na. [прил.] (Амер.) грубый, неотёсанный; см. campesino (тж. сущ.); опытный в сельском хозяйстве или в объездке лошадей.

campiruso, sa. [прил.] (Амер.) см. campesino.

campista. [м.] (Амер.) арендатор или акционер рудников; надсмотрщик за скотом.

campo. [м.] поле; нива; деревня; поле, открытое ровное место; площадка; посёлка; окрестности города; лагерь; лагерная стоянка (жив.); поле, фон; (физ.) поле; (перен.) область деятельности, знаний; поприще; [множ.] сельская местность: * trabajo del campo, полевые работы; * campo llano, равнина; * campo santo, кладбище; * a campo raso, в открытом поле; * en el campo, в деревне, на даче; * vivir en el campo, жить в деревне, * ocuparse de las labores del campo, крестьянствовать; * hombre de(l) campo, деревенский житель; * casa de campo, деревенский дом, дача; * a campo traviesa, или travieso, по полям; * campo de combate, * campo de batalla, * campo de honor, поле сражения, битвы, брани; * campos Elíseos или Elisios, Елисейские поля; * campo de concentración, концлагерь; * campo de prisioneros de guerra, лагерь военнопленных; * campo de tiro, стрельбище, полигон; * campo de instrucción, учебный плац; * campo de fútbol, футбольное поле; * campo de tenis, теннисный корт; * campo visual, (физ.) поле зрения; * campo magnético, магнитное поле; * campo del honor, место поединка; * campo de aviación, аэродром; * campo de deportes, спортивная площадка; * campo (арг.) см. mancebía; * ir de campo, выезжать за город, на прогулку; * quedar en el campo, быть убитым на месте; * levantar el campo, (перен.) сняться с места; * salir al campo, (перен.) вступить в борьбу, в полемику и т. д.; * del campo, деревенский.

camposanto. [м.] кладбище.

campuno, na. [прил.] (обл.) деревенский; крестьянский.

campuroso, sa. [прил.] (обл.) обширный, пространный (книж.); просторный.

campusano, na. [прил. и сущ.] см. campesino.

camuatí. [м.] (Амер.) хижина лесорубов; см. camoatí.

camucha. [ж.] (разг.) (презр.) к cama, убогое ложе.

camuesa. [ж.] кальвиль (сорт яблок).

camueso. [м.] кальвиль (дерево); (перен.) увалень, дурак.

camuflaje. [м.] маскировка, переодевание; камуфляж: * camuflaje de las luces, (воен.) затемнение, светомаскировка; см. enmascaramiento.

camuflar. [перех.] (гал.) (за)маскировать; (воен.) камуфлировать, затемнять.

camuliano, na. [прил.] (Амер.) начинающий зреть (о фруктах).

camungo. [м.] (Амер.) голенастая птица, см. chajá.

camuñas. [ж. множ.] зёрна (кроме пшеницы, ржи или ячменя).

camuro. [м.] (Амер.) плод camacero.

camuza. [ж.] см. gamuza.

camuzón. [м. увел.] к camuza или gamuza.

can. [м.] пёс, собака; (астр.) созвездие большого Пса; передняя часть балки (под навесом крыши); курок винтовки; (арх.) см. modillón; * can de busca, охотничья собака; * can Luciente, (астр.) Тириус; * Can mayor (menor), (астр.) созвездие большого (Малого) Пса.

can. [м.] (Амер.) компания, кружок; см. batahola.

cana. [ж.] седой волос (чаще множ.): * echar una cana al aire, веселиться, забавляться; * peinar canas, быть старым; * quitar mil canas, доставить удовольствие.

cana. [ж.] мера длины, в Каталонии, равная 1,5 м.
cana. [ж.] (Амер.) тюрьма.
canabíneo, a. [прил.] (бот.) конопляный.
canaca. [м. и ж.] (Амер.) человек желтой расы; владелец публичного дома; публичный дом, бордель.
canaco, ca. [прил.] (Амер.) бледный, желтоватый.
canacuate. [м.] (Амер.) большая водяная змея.
canadiense. [прил.] канадский; [сущ.] канадец (-ка), житель, (-ница) Канады.
canal. [м. или ж.] канал; канава, жёлоб; кровельный жёлоб; русло реки; узкий вход в гавань, проход между гор, трубопровод; см. camellón; водосточный жёлоб; (арх.) каннелюра; (анат.) проход; туша (мясная); (анат.) пищевод; [м.] фарватер; пролив; * canal navegable, судоходный канал; * canal de humos, дымоход; * canal para riego, оросительный канал; * en canal, сверху донизу; * abrir en canal, разделить на две половины.
canalado, da. [прил.] имеющий форму канала.
canaladura. [ж.] (арх.) каннелюра.
canaleja. [ж. умен.] к canal; деревянная часть присоединённая к мельничному насыпу, через которую проходят зёрна.
canaleta. [ж.] (обл.) деревянная часть присоединённая к мельничному насыпу, через которую проходят зёрна; (Амер.) умен. к canal.
canalete. [м.] широкое рулевое весло.
canaletear. [неперех.] (Амер.) грести с помощью canalete.
canaleto. [м.] (арх.) см. mediacaña.
canalí. [м.] (Амер.) род весла.
canaliculado, da. [прил.] см. canalado.
canalífero, ra. [прил.] (бот.) сосудистый.
canaliforme. [прил.] см. canalado.
canalizable. [прил.] могущий быть канализированным.
canalización. [ж.] канализирование, канализация.
canalizar. [перех.] проводить каналы; регулировать течение реки; сделать судоходным.
canalizo. [м.] (мор.) узкий проход между островами или мелями.
canalón. [м. увел.] к canal; водосточный жёлоб; сток, лоток; головной убор священника.
canalla. [ж.] сброд, жульё, сволочь; [м.] презренный человек, каналья, негодяй, мерзавец, (прост.) ракалия, мразь, гуляший.
canallada. [ж.] подлость, низость.
canallesco, ca. [прил.] свойственный сброду и т. д., наглый.
canana. [ж.] патронташ, патронная лента; (Амер.) смирительная рубашка.
cananero, ra. [прил.] шутливый; насмешливый; докучливый, надоедливый.
canapé. [м.] диван, канапе.
canapear. [неперех.] (Амер.) посещать публичные дома.
canard. [м.] (гал.) утка, ложный слух.
canarí. [м.] (Амер.) глиняный сосуд.
canaria. [ж.] канарейка (самка).
canaricultor, ra. [м. и ж.] тот, кто занимается промысловым разведением канареек.
canaricultura. [ж.] промысловое разведение канареек.

canariense. [прил.] канарский, относящийся к Канарским ос-вам; [сущ.] житель, (-ница) Канарских ос-вов.
canariera. [ж.] клетка или место для разведения канареек; (шутл.) см. chistera.
canario, a. [прил.] канарский; [сущ.] житель, (-ница) Канарских ос-вов; [м.] канарейка; название старинного танца и напева; (мор.) шлюп; (Амер.) человек щедро дающий на чай; (бот.) канариум; свисток в виде канарейки.
canarreo. [м.] (Амер.) пересечённая местность (тже. множ.); см. canalizo; (соб.) каналы.
canasta. [ж.] плетёная корзинка; (обл.) мера для оливок; (мор.) марс.
canastada. [ж.] содержимое плетёной корзинки, лукошка (canasta или canasto).
canastero, ra. [м. и ж.] корзинщик, (-щица); [м.] (Амер.) разносчик фруктов и овощей; пекарный работник.
canastilla. [ж.] корзинка, корзиночка; пелёнки, приданое для новорождённого.
canastillero, ra. [м. и ж.] корзинщик, (-щица).
canastillo. [м.] корзинка, корзиночка (плетёная).
canastita. [ж.] (орни.) аргентинская водяная птичка.
canasto. [м.] лукошко: * ¡canastos!, чёрт возьми! (для выражения удивления).
canastro. [м.] (обл.) см. canasto.
canato. [м.] (Амер.) колумбийская пчела; рой; улей.
canaula. [ж.] (обл.) деревянный ошейник для бубенчика.
canavá. [ж. м.] (Амер.) канва.
cancagua. [ж.] (Амер.) сорт гравия.
cáncamo. [м.] древесная смола (из восточного дерева).
cáncamo. [м.] (мор.) болт: * cáncamo de mar, большая волна.
cáncamo. [м.] (Амер.) бездарный мужчина; безобразная женщина.
cancamurria. [ж.] (разг.) меланхолия, хандра и тяжесть в голове.
cancamusa. [ж.] (разг.) хитрость; уловка.
cancamuso, sa. [прил.] (Амер.) влюбчивый (о пожилом человеке) (тже. сущ.).
cancan. [м.] канкан (танец).
cancán. [м.] (обл.) докучливость, надоедливость.
cáncana. [ж.] род немого попугая.
cáncana. [ж.] особая скамейка в школах для наказания провинившихся.
cáncano. [м.] большой паук.
cancaneado, da. [прил.] рябой, изрытый оспой.
cancanear. [неперех.] (разг.) блуждать, скитаться, бродить; (Амер.) см. tartajear и tartamudear.
cancanear. [неперех.] (Амер.) танцевать канкан.
cancaneo. [м.] см. tartamudeo.
cáncano. [м.] (разг.) вошь.
cancano, na. [прил.] (обл.) глупый, простодушный.
cancanoso, sa. [прил.] (обл.) докучливый, надоедливый.
cancel. [м.] (арх.) тамбур; королевская ложа в дворцовой капелле; (Амер.) см. biombo и mampara.
cancela. [ж.] решётка перед входной дверью; (обл.) решётчатая калитка.
cancelación. [ж.] см. anulación; вычёркивание; исключение (из списков); расплата с долгами.
canceladura. [ж.] см. cancelación.
cancelar. [перех.] см. anular; вычёркивать, вымарывать; расплачиваться с долгами; предавать забвению.
cancelaría. [ж.] папская канцелярия.
cancelariato. [м.] чин и должность папского канцлера.

cancelario. [м.] папский канцлер; (Амер.) ректор университета.
cancelería. [ж.] см. cancelaría.
canceloso, sa. [прил.] сетчатый, губчатый.
cáncer. [м.] (пат.) рак, канцер; (астр.) созвездие Рака: * trópico de Cáncer, тропик Рака.
canceración. [м.] страдание раком; дейст. к делаться злокачественной (о язве и т. д.).
cancerado, da. [прил.] раковый, канцерозный; страдающий раком; (перен.) порочный.
cancerar. [перех.] см. cancerarse; изнурять, портить, губить, разрушать, уничтожать; уязвлять, унижать, обижать, высмеивать.
cancerarse. [возв. гл.] страдать или заболевать раком; делаться злокачественной (о язве и т. д.).
cancerbero. [м.] (миф.) цербер; (перен.) неумолимый страж.
canceriforme. [прил.] (пат.) имеющий форму или вид рака, ракообразный.
cancerigenia. [ж.] (пат.) причина и зарождение ракового заболевания.
cancerigénico, a. [прил.] (пат.) вызывающий раковое заболевание, канцерогенный.
cancerismo. [м.] (пат.) раковое состояние.
canceroso, sa. [прил.] (мед.) затронутый раком; раковый, канцерозный.
cancilla. [ж.] садовая и т. д. дверка в виде решётки.
canciller. [м.] канцлер; премьер министр; советник посольства или миссии.
cancillera. [ж.] (обл.) (с.х.) канал для осушения почвы.
cancillerato. [м.] чин канцлера.
cancilleresco, ca. [прил.] к cancillería; канцелярский.
cancillería. [ж.] должность канцлера; государственная, министерская канцелярия; (Амер.) министерство иностранных дел.
cancín. [м.] (обл.) годовалый ягнёнок.
canción. [м.] песня, (уст.) песнь; песенка; стихотворение: * canción de cuna, колыбельная песня; * canción popular, народная песня; * volver uno a la misma canción, твердить одно и то же.
cancionero. [м.] сборник песен или стихов, песенник.
cancionero, ra. [прил.] (Амер.) повторяющий одно и то же.
cancioneta. [ж. умен.] к canción, песенка; шансонетка.
cancionista. [сущ.] песенник, исполнитель, (-ница) или автор песен, куплетист, (-ка).
canclillas. [прил.] (Амер.) болезненный, хилый.
canco. [м.] (Амер.) род большого глиняного кувшина (с ручкой и носиком) или горшка; ночной горшок; цветочный горшок; см. nalga; [множ.] женские широкие бёдра.
cancón. [м. bu: * hacer un cancón a uno, (Амер.) запугивать чем-л сверхъестественным.
cancona. [прил.] (Амер.) с широкими бёдрами (о женщине) (тже. сущ.).
cancriforme. [прил.] ракообразный.
cancro. [м.] (пат.) рак; (бот.) рак дерева.
cancrófago, ga. [прил.] питающийся раками.
cancroide. [м.] злокачественная опухоль.
cancroideo, a. [прил.] ракообразный.
cancrología. [ж.] онкология.
cancu. [м.] (в старину) (рел.) перуанский кукурузный хлеб.
cancura. [ж.] (разг.) (Амер.) деревня, посёлок, см. ranchería.

cancha. [ж.] арена для игры в мяч или петушиных боёв; (Амер.) расчищенная площадка; двор, огороженное место; ипподром; дорога, тропа; самое широкое место у русла реки; выручка владельца игорного дома: * ¡cancha!, дорогу!; * abrir, или dar, cancha, давать преимущество; * estar uno en su cancha, быть в своей стихии.
cancha. [ж.] (Амер.) поджаренные бобы или кукуруза; * cancha blanca, см. rosetas.
cancha. [ж.] (Амер.) чесотка; лишай, экзема.
canchas. [ж. мн.] (Амер.) плутоватые приёмы.
canchador. [м.] (Амер.) носильщик.
canchal. [м.] скалистая местность; (обл.) изобилие денег.
canchalagua. [ж.] (Амер.) род американской горечавки: * canchalagua de Aragón, слабительный лён.
canchamina. [ж.] (Амер.) (горн.) площадка вокруг шахты для сортировки руды.
canchaminero. [м.] (Амер.) сортировщик руды.
cancharas. [ж. мн.] скалистая местность, заросшая кустарником; далёкие места.
cancharrazo. [м.] удар камнем.
cancharrazo. [м.] (Амер.) глоток вина или ликёра.
canche. [прил.] (Амер.) белокурый; невкусно приготовленный.
cancheador, ra. [прил.] (Амер.) склонный лентяйничать, лодырничать.
canchear. [неперех.] взбираться по скалам.
canchear. [неперех.] (Амер.) бездельничать.
canchelagua. [ж.] (бот.) см. canchalagua.
cancheo. [м.] (Амер.) дейст. к canchear.
canchera. [ж.] (обл.) большая язва, рана.
canchero, ra. [прил.] (Амер.) ленивый, склонный лентяйничать, лодырничать; занимающийся переноской багажа на вокзалах и т. д. (о мальчике); [м.] владелец арены для игры в мяч (см. cancha); заведующий ареной для игры в мяч и т. д.; лицо, ведущее счёт при игре.
canchibola. [ж.] (Амер.) арена для кегельной игры.
canchila. [ж.] (вул.) грыжа.
canchilagua. [ж.] (обл.) (бот.) слабительный лён.
cachinflín. [м.] шутиха (фейерверк).
cancho. [м.] большой утёс, скала на высоте; см. canchal (чаще мн.); (обл.) край; кусок лука или перца.
cancho. [м.] (Амер.) (разг.) лёгкий заработок.
cancho, cha. [прил.] (Амер.) незрелый (о банане).
canchón. [м. увел.] к cancha; заповедник, отгороженный, отмежёванный участок; пастбище.
candado. [м.] висячий замок; (обл.) серьга; остроконечная бородка.
cándalo. [м.] (обл.) ветвь без листьев; початок кукурузы без зёрен.
candalo. [м.] (обл.) (бот.) сосна (одна из разновидностей).
candamo. [м.] старинная простая пляска.
candanal. [м.] (обл.) беловатая почва.
candanga. [ж.] (Амер.) чёрт, дьявол; [прил.] глупый, дурацкий; слабый, хилый.
candar. [перех.] запирать на ключ; запирать.
candara. [ж.] (обл.) решето.
cande. [прил.] белый.
cande. [прил.] кристаллизованный (о сахаре).
candeal. [прил.] белый, чистый, высокого качества (о пшенице); (обл.) верный, честный, благородный: * pan candeal, очень белый пшеничный хлеб.
candeda. [ж.] цветок каштана.
candela. [ж.] свеча; см. candeda; подсвечник; (разг.) пламя, огонь; (обл.) светляк; льдинка, сосулька; цветок дуба: * arrimar candela, избивать; * pedir candela, просить прикурить; * estar con la candela en la mano, acabarse la candela, быть при смерти; * como unas candelas, очень красивый; * en candela, (мор.) вертикально.
candelabro. [м.] канделябр.
candelada. [ж.] костёр.
candelaria. [ж.] (рел.) сретение; (бот.) см. gordolobo.
candelario, ria. [прил.] (разг.) (Амер.) глупый, дурацкий; [сущ.] глупец, дурак, дура.
candelecho. [м.] сторожевая вышка на винограднике.
candeleja. [ж.] (Амер.) розетка подсвечника.
candelejón. [м.] дурак, простофиля, глупец.
candeleo. [м.] (Амер.) период полового возбуждения у рыб.
candelera. [ж.] (Амер.) ветреная женщина.
candelerazo. [м.] удар канделябром.
candelero. [м.] подсвечник; см. velón; приманный огонь при ночной рыбной ловле; свечной мастер; (мор.) пиллерс; леерная стойка: * en candelero (с глагол. poner, estar), в моде.
candelilla. [ж. умен.] к candela; (мед.) катетер; цветок дуба, или пробкового дуба; название молочайного растения; (Амер.) candela, избивать; блуждающий огонёк; (бот.) см. aumento: * hacerle a uno candelillas los ojos, быть навеселе, быть под хмельком.
candelillar. [перех.] (Амер.) подрубать материю.
candelita. [ж.] (Амер.) детская игра, похожая на прятки.
candelizo. [м.] (разг.) льдинка, сосулька.
candelorio. [м.] (обл.) большое количество угля, загружаемого в печь (сразу).
candencia. [ж.] раскалённость.
candente. [прил.] раскалённый; (перен.) пламенный, жгучий, наболевший.
candi. [прил.] см. cande.
candial. [прил.] см. candeal.
candidación. [м.] кристаллизация сахара.
cándidamente. [нареч.] чистосердечно, простодушно, наивно, искренне.
candidata. [ж.] кандидатка.
candidato. [м.] кандидат: * presentarse como candidato, баллотироваться.
candidatura. [ж.] кандидатура; список кандидатов.
candidez. [ж.] чистосердечие, искренность; душевная чистота, простодушие; неопытность.
cándido, da. [прил.] белый, белоснежный; чистосердечный, правдивый, искренний, наивный; честный, неискушённый в чем-л.: * alma cándida, чистая душа.
candiel. [м.] кушанье из белого вина, желтков и т. д.
candil. [м.] светильник; масляная лампочка; острый конец оленьих рогов; длинная, неровная складка (юбочная); (Амер.) люстра; [мн.] андалузское растение: * arder en un candil, быть очень крепким (о вине); быть очень проницательным; * adóbame esos candiles, выражение употр. при бессмыслице; * ni buscado con un candil, очень способный.
candila. [ж.] (горн.) ручной фонарь.
candilada. [ж.] (разг.) масло, капающее из candil.
candilazo. [м.] удар светильником.
candilejo. [ж.] светильник; лампион, фонарик; резервуар лампы; см. lucérnula. [мн.] (театр.) рампа.
candilejo. [м. умен.] к candil, маленький светильник; см. lucérnula.
candilera. [ж.] (бот.) зопник.
candilero. [м.] (обл.) поперечная палка с крючками для вешания candiles.
candiletear. [неперех.] (обл.) шататься без дела и любопытствовать.
candiletero, ra. [м. и ж.] (обл.) праздный человек, сующий свой нос в чужие дела.
candilón. [м. увел.] к candil: * estar con el candilón, быть при смерти.
candín. [прил.] (обл.) хромой.
candinga. [ж.] (Амер.) навязчивость, надоедливость; путаница; дьявол.
candiota. [ж.] винная бочка; большой глиняный сосуд.
candiotera. [ж.] погреб для хранения candiotas, винный погреб; (соб.) бочки или глиняные сосуды для вина.
candiotero. [м.] мастер по изготовлению candiotas; тот, кто продаёт их.
candirse. [возв. гл.] (обл.) чахнуть, хиреть, ослабевать.
candle. [м.] (физ.) свеча (единица силы света).
candombe. [м.] старинный непристойный танец южноамериканских негров; место или барабан для исполнения этого танца.
candombear. [неперех.] (Амер.) танцевать candombe; безнравственно поступать (в политике).
candombero, ra. [прил.] безнравственно поступающий (в политике).
candonga. [ж.] (разг.) угодливость, лесть, подхалимство; хитрость, коварство; высмеивание, насмешка; болтовня; (разг.) упряжной мул; (мор.) треугольный парус; [мн.] (Амер.) серьги.
candongo, ga. [прил.] слащавый, льстивый (тж. сущ.); ленивый, праздный, имеющий жить не работая (тж. сущ.).
candonguear. [перех.] (разг.) насмехаться, шутливо говорить; [неперех.] (разг.) лентяйничать, отлынивать от работы.
candonguero, ra. [прил.] льстивый, слащавый; задорный, любящий дразнить, насмешливый.
candor. [м.] белизна; искренность, чистосердечие; душевная чистота, наивность.
candorosamente. [нареч.] искренно; наивно.
candoroso, sa. [прил.] чистосердечный, правдивый, искренний, чистый, честный.
candray. [м.] (мор.) лодка с двумя носами.
canducho, cha. [прил.] (обл.) коренастый, приземистый, могучий, сильный.
candujo. [м.] (арг.) висячий замок.
candungo, ga. [прил.] (Амер.) шутливый, шуточный; дурацкий, глупый, простодушный; [м.] см. cubilete.
cané. [м.] (карт.) азартная игра.
canear. [неперех.] (обл.) седеть; [перех.] (обл.) греть на солнце.
caneca. [ж.] глиняная бутылка, покрытая глазурью, для разных ликёров и т. д.; деревянная бадья; бутылка с горячей водой для согревания ног; см. alcarraza; мера жидкостей, равная 19 л.
canecente. [прил.] существующий уже давно.

canecillo. [м.] (арх.) кронштейн; см. can.
caneco, ca. [прил.] (Амер.) см. chispo.
caneco. [м.] бутылка для ликёров (см. caneca).
canéfora. [ж.] фигура женщины, несущей корзину на голове.
caneforías. [ж. множ.] (в античном мире) празднество в честь Дианы.
caneicito. [м.] (Амер.) народный праздник.
¡canejo! [межд.] чёрт возьми!
canela. [ж.] корица; (перен.) очень изящная вещь.
canelada. [ж.] часть дичи, добычи, отдаваемая на охоте соколу.
canelado, da. [прил.] цвета корицы, коричневый; имеющий вкус корицы.
canelar. [м.] коричная плантация.
canelazo. [м.] (Амер.) коричная настойка.
canelero. [м.] (бот.) коричное дерево.
canellla. [ж.] кубинское дерево.
canelillo. [м.] (Амер.) коричное дерево, дерево из сем. лавровых.
canelina. [ж.] (хим.) вещество, добываемое из корицы.
canelita. [ж.] (геол.) род метеорического камня.
canelo, la. [прил.] коричневый, красновато-коричневый; гнедой; [м.] коричное дерево, растение из сем. лавровых.
canelón. [м.] кровельный жёлоб; сосулька; леденец (с корицей); позументная работа; (Амер.) см. capororoca; удар волчком; [множ.] завитые локоны; макароны (один из сортов); (разг.) концы плети.
canequí. [м.] см. caniquí.
canequita. [ж.] (Амер.) мера жидкостей, равная л. 2.
canero. [м.] (обл.) крупные отруби.
canesú. [м.] безрукавка; кокетка (платья).
canevá. [м.] (гал.) канва. см. cañamazo.
caney. (Амер.) извилина, излучина, изгиб (реки); род хижины (конической).
canfín. [м.] (Амер.) нефть.
canfinflero. [м.] негодяй; сутенёр, см. rufián.
canfinfora. [ж.] ссора, драка, свалка.
canforado, da. [прил.] камфарный.
canforero. [м.] (бот.) камфарное дерево.
canforicina. [ж.] искусственная камфора.
canforoide. [прил.] похожий на камфору.
canga. [ж.] (обл.) пара животных (кроме волов); плуг для одного животного; шейная колодка (с корицей); для преступников в старом Китае); пытка шейной колодкой.
canga. [ж.] (Амер.) железная руда, содержащаяся глину.
cangagua. [ж.] земля, идущая на изготовление необожжённых кирпичей.
cangalla. [ж.] (обл.) лоскут, тряпка; (Амер.) тощий, худой человек (или животное); трус; отбросы руды; род вьючного седла; (арг.) тележка.
cangallar. [перех.] (Амер.) воровать (в руднике); уклоняться от налогов.
cangallero. [м.] (Амер.) вор (в руднике); скупщик краденой руды; продавец вещей по низкой цене; (арг.) ломовой извозчик, ломовик.
cangallo. [м.] (обл.) верзила, дылда; пяточная кость; испорченная вещь; (арг.) см. carro.
cangarejera. [ж.] (Амер.) см. tirria.
cangilón. [м.] большой, глиняный или металлический кувшин; колодезная бадья; черпак (на землечерпалке); ковш экскаватора.

cangle. [м.] (Амер.) стебель юкки.
cangre. [м.] (Амер.) см. cangle; сила, крепость, мощь.
cangreja. [ж.] (мор.) косой парус; бизань. (парус).
cangrejada. [ж.] (Амер.) см. bobería; вероломство, предательство.
cangrejear. [перех.] (Амер.) щупать, ощупывать женщину.
cangrejera. [ж.] место, служащее жилищем ракам, крабам.
cangrejero, ra. [м. и ж.] ловец или продавец, (-щица) раков, крабов; [м.] (Амер.) см. cangrejera; род собаки, питающегося раками; род серой цапли.
cangrejo. [м.] * cangrejo de río, рак (речной); * cangrejo de mar, краб; (мор.) подвижная рея.
cangrejo, ja. [прил.] глупый, дурацкий (тже. сущ.); хилый, слабый; см. pícaro и felón.
cangrejuelo. [м. умен.] к cangrejo, рачок.
cangrena, cangrenarse. см. gangrena, gangrenarse.
cangrina. [ж.] (Амер.) см. gangrena; (вет.) заразная болезнь; неудобство.
cangro. [м.] (Амер.) рак, опухоль, язва.
canguelar. [неперех.] (арг.) дрожать от страха.
canguelo. [м.] (арг.) страх, боязнь.
cangüeso. [м.] название морской рыбы.
canguil. [м.] сорт кукурузы.
cangura. [ж.] ядовитое растение.
canguro. [м.] (зоол.) кенгуру.
cania. [ж.] (бот.) разновидность крапивы.
caníbal. [м.] каннибал (тже. перен.), людоед.
canibalismo. [м.] людоедство, каннибализм; (перен.) зверство, варварство, лютость.
canica. [ж.] кубинское дикорастущее коричное дерево; детская игра с шариками; шарик (для этой игры).
canicie. [ж.] седина.
canícula. [ж.] время сильной летней жары; (астр.) Сириус.
canicular. [прил.] к canícula. [м. множ.] дни сильной летней жары: * calor canicular, летний зной.
caniculario. [м.] церковный сторож, выгоняющий вон из церквей собак.
canículo, la. [прил.] (Амер.) глупый, невежественный (тже. сущ.).
caniculoso, sa. [прил.] к canícula.
canido. [м.] антильский попугай.
cánidos. [м. множ.] собачьи.
canijo, ja. [прил.] хилый, чахлый, слабый; болезненный, тщедушный (тже. сущ.).
canil. [м.] хлеб для собак; (обл.) клык.
canilla. [ж.] (анат.) большая берцовая кость; лучевая кость; кость у птичьих крыльев; бочечный кран; катушка, шпулька, бобина; (Амер.) икра (ноги); кран; игра в кости; физическая сила: * irse de canilla, irse como una canilla, страдать поносом; необдуманно говорить.
canilla. [прил.] о разновидности винограда.
canilla. [ж.] (Амер.) газетчик, уличный продавец газет (мальчик).
canillado, da. [прил.] см. acanillado.
canillera. [ж.] см. espinillera, (уст.) часть доспехов, покрывающая ноги; (текст.) уточная мотальная машина.
canillero, ra. [м. и ж.] мастер по изготовлению шпульки; отверстие для бочечного крана; (обл.) см. sauquillo.
canillita. [ж.] газетчик, уличный продавец газет (преимущ. о мальчике).
canillón, na. [прил.] преждевременно развивающийся (о ребёнке); длинноногий.
canina. [ж.] собачий помёт.

caninamente. [нареч.] злобно и т. д.
caninero. [м.] собиратель собачьих помётов (для кожевенных заводов).
caninez. [ж.] волчий голод.
caniniforme. [прил.] похожий на клык.
canino, na. [прил.] собачий: * hambre canina, волчий голод; * diente canino, клык; [м.] (анат.) клык.
caniquí. [м.] старинная очень тонкая хлопчатобумажная ткань.
caniquín. [м.] (Амер.) постоянная раздражительная шутка.
canistro. [м.] (археол.) старинная камышовая корзина.
canivete. [м.] (обл.) (с.-х.) маленький садовый нож.
canje. [м.] обмен (военнопленными, нотами и т. д.); размен (денег).
canjeable. [прил.] меновой, выменяемый.
canjear. [перех.] обменивать, делать обмен (военнопленными, нотами).
canjilón, na. [прил.] относящийся к Canjáyar (Almería) (тже. сущ.).
canjura. [ж.] очень сильный яд.
cano, na. [прил.] седой, с проседью; (перен.) давний, старинный, древний; (поэт.) белый.
canoa. [ж.] каноэ, челнок; шлюпка; бот, ботик; лодка; (Амер.) оросительная канава; жёлоб; водопойная колода: * canoa automóvil, моторный катер.
canoaje. [м.] гребля, гребной спорт.
canódromo. [м.] специально оборудованный участок, для бегов борзых собак.
canoero, ra. [м. и ж.] лодочник.
canofilia. [ж.] любовь, пристрастие к собакам.
canófilo, la. [прил.] любящий собак; [сущ.] (разг.) собачник, (-ица).
canon. [м.] канон, устав, правило; канон, церковный устав; каталог церковных книг; каталог; налог; пошлина; (полигр.) шрифт; [множ.] каноническое право.
canonesa. [ж.] род монахини (в Германии).
canónica. [ж.] монастырская жизнь каноников.
canonical. [прил.] к каноник; (перен.) удобный (о жизни).
canónicamente. [нареч.] по каноническому праву, канонично.
canonicato. [м.] см. canonjía.
canonicidad. [ж.] каноничность.
canónico, ca. [прил.] каноничный, канонический; твёрдо установленный: * derecho canónico, каноническое право.
canóniga. [ж.] (разг.) предобеденный сон.
canónigo. [м.] каноник (католический священник).
canónigo, ga. [прил.] (Амер.) раздражительный.
canonista. [м.] специалист по каноническому праву.
canonizable. [прил.] достойный, заслуживающий канонизации.
canonización. [м.] (церк.) канонизация.
canonizar. [перех.] канонизировать, канонизовать, причислять к лику святых, признавать церковно узаконенным; (перен.) одобрять; превозносить.
canonjía. [ж.] должность каноника, доход каноника; (перен.) синекура, тёплое местечко.
canope. [м.] (археол.) египетский сосуд.
canorca. [ж.] (обл.) грот, пещера.
canoro, ra. [прил.] мелодичный, мелодический, благозвучный; (о пении птиц); (перен.) созвучный.
canoso, sa. [прил.] серой, седовласый, с проседью.
canotié. [м.] (гал.) канотье (соломенная шляпа).
canquén. [м.] (Амер.) гусь (дикий).

cansable. [прил.] утомляющийся, легко устающий.
cansadamente. [нареч.] утомительно или скучно; обнаруживающий усталость.
cansado, da. [прил.] усталый, утомлённый, истощённый, разбитый (от усталости); утомительный, трудный, скучный, наводящий скуку.
cansancio. [м.] усталость, утомление, ломота: * estoy rendido de cansancio, я зверски устал.
cansar. [перех.] утомлять, натруживать; мытарить (прост.); изнурять; истощать (почву); докучать, надоедать; cansarse. [возв. гл.] уставать, утомляться; испытывать скуку.
cansera. [ж.] навязчивость; (обл.) утомление, лень, леность; (Амер.) потерянное время.
cansí. [м.] (Амер.) хижина кацика.
cansino, na. [прил.] усталый, утомлённый, изнурённый (о волах); (обл.) (Амер.) см. cansado.
cansío, a. [прил.] (обл.) усталый, утомлённый.
canso, sa. [прил.] см. cansado.
cansón, na. [прил.] (Амер.) выстро устающий.
canta. [ж.] (обл.) см. cantar.
cantabile. [прил.] (итал.) кантабиле.
cantable. [прил.] удобный для пения, певучий, напевный.
cantábrico, ca. [прил.] кантабрийский.
cántabro, a. [прил.] родом Кантабрии; [сущ.] уроженец (-нка) Кантабрии.
cantada. [ж.] (муз.) кантата, см. cantata.
cantador, ra. [м. и ж.] певец, (-ица) народных песен.
cantal. [м.] большое камень; см. cantizal.
cantalazo. [м. увел.] к cantal; удар камнем.
cantalear. [неперех.] ворковать (о голубях).
cantaleta. [ж.] кошачий концерт; шутовская песня; шутка, насмешка.
cantaletear. [перех.] (Амер.) повторять одно и то же, наводить скуку; высмеивать, поднимать на смех, вышучивать.
cantaletero, ra. [прил.] (Амер.) насмешливый.
cantalinoso, sa. [прил.] скалистый, каменистый (о почве).
cantamañanas. [сущ.] (обл.) глупец, невежественный человек.
cantante. [действ. прич. и сущ.] певец, певица (профессиональные).
cantar. [м.] песня, (уст.) песнь; куплет; песенка: * cantar de gesta, (лит.) эпос, героическая поэма; * Cantar de los Cantares, Песнь песней; * ese es otro cantar, это другое дело.
cantar. [неперех.] петь; быть певцом; петь, свистеть, стрекотать, кудахтать, кричать (о птицах, кузнечиках и т. д.); слагать, сочинять; декламировать, читать; объявлять карты в игре; скрипеть (о колёсах и т. д.); свистеть, насвистывать; открывать, раскрывать, разоблачать; (мор.) подавать команду сигналом; извещать; (Амер.) издавать плохой запах; [перех.] петь; воспевать, восхвалять: * cantar de plano, признаваться в чём-л; * cantar las cuarenta, говорить правду в глаза; * cantar victoria, гордиться победой; * ponerse a cantar, затягивать; * cantar muchos cantares, melodías и т. д., напеть; * cantarlas claras, высказать правду в глаза кому-л; cantar misa, стать священником.
cántara. [ж.] мера жидкостей, равная 16,13 л.; см. cántaro.
cantarada. [ж.] содержимое cántaro.
cantaral. [м.] (обл.) полка или стойка для кувшинов.
cantarcico, cantarcillo. [м. умен.[к cantar, песенка.

cantarela. [ж.] квинта (одна из струн скрипки).
cantarera. [ж.] полка или стойка для кувшинов.
cantarería. [ж.] магазин или лавка где продают кувшины.
cantarero. [м.] гончар.
cantárida. [ж.] (мед.) шпанская муха.
cantarilla. [ж.] кувшинчик.
cantarilla. [ж.] (Амер.) cantinela.
cantarillo. [м. умен.] к cántaro, кувшинчик.
cantarín, na. [прил.] певучий, любящий напевать кстати и некстати; [м. и ж.] профессиональный певец или певица.
cántaro. [м.] большой кувшин; содержимое этого кувшина; кувшин (как мера жидкостей); (археол.) греческий сосуд: * llover a cántaros, лить как из ведра (о дожде); * a cántaros, в изобилии; * tanto va el cántaro a la fuente que al fin se rompe, повадился кувшин по воду ходить, там ему и голову сломить; * alma de cántaro, дурак, олух; * entrar en cántaro, бросать жребий.
cantarrana. [ж.] детская игра, подражающая кваканью.
cantata. [ж.] (муз.) кантата; (разг.) скучная история, старая песня, перепев старого (чаще мн.).
cantatriz. [ж.] певица.
cantazo. [м.] удар камнем.
cante. [м.] (обл.) пение; народная песня; (обл.) песня: * cante flamenco или jondo, андалузские народные песни.
canteado, da. [прил.] поставленный ребром (о камнях и т. д.).
cantear. [перех.] обтёсывать, обделывать края (камня); укладывать кирпичи ребром; (обл.) бросать в кого-л камни; (Амер.) обтёсывать камень.
cantera. [ж.] каменоломня, каменный карьер; (перен.) талант, дарование, способность.
cantería. [ж.] искусство обтёсывать камни; произведение из камня.
canterios. [м. мн.] горизонтальные балки (у крыши).
canterito. [м.] горбушка (маленькая).
cantercla. [ж.] (обл.) металлическое кольцо для деревянных башмаков с трещинкой.
cantero. [м.] каменотёс; рабочий каменоломни; горбушка (хлеба); конец, конечная часть чего-л; участок земли; (Амер.) клумба, газон.
cantesa. [ж.] (обл.) см. canterla.
cantiao. [м.] см. cabio.
canticio. [м.] скучная песня.
cántico. [м.] (рел.) гимн.
cantidad. [ж.] количество, величина; множество, масса, большое количество, (лингв.) количество (долгота или краткость звука): * dar una gran cantidad de, (разг.) надавать.
cantiga. [ж.] старинное стихотворное произведение для пения.
cantil. [ж.] уступ берега или дна моря; (Амер.) край пропасти; большая змея.
cantilena. [ж.] (муз.) кантилена; (перен.) старая песня, перепев старого.
cantillo. [м.] сорт шарика (для детской игры); угол улицы; (обл.) угол дома; [мн.] детская игра.
cantimarón. [м.] (мор.) рыболовная лодка (у негров).
cantimpla. [прил.] (Амер.) придурковатый, застенчивый.
cantimplora. [ж.] сифон; фляга, фляжка, баклага; (обл.) бурдюк или большой сосуд (для вина); большой горшок; (Амер.) пороховница; зоб: * cantimplora de campaña, походная фляжка, (уст.) манерка.
cantina. [ж.] винный погреб; погребок;

стойка, буфет, закусочная, погребец; ящик; [мн.] (Амер.) перемётные сумы: * mozo de cantina, буфетчик.
cantinear. [перех.] (Амер.) говорить любезности, ухаживать.
cantinela. [ж.] см. cantilena.
cantinera. [ж.] маркитантка.
cantinero. [м.] хозяин, содержатель погребка; маркитант.
cantiña. [ж.] (разг.) песенка; куплет.
cantío. [м.] (Амер.) пение (птиц); см. cantiña.
cantista. [прил.] поющий; [м.] певец.
cantizal. [м.] каменистая местность.
canto. [м.] пение; поэма; сказание; песня; песнь (часть поэмы); мелодия; песнопение, гимн; пение, свист, крик (птиц); стрекотание (цикад и т. д.): * canto llano, церковное пение; * al canto del gallo, на рассвете, с петухами; * canto de las ranas, кваканье; * canto del cisne, лебединая песнь; * en canto llano, просто, ясно; общепринято.
canto. [м.] (тех.) ребро, угол, край, бок, сторона; тупая сторона холодного оружия; обрез книги; толщина; кусок камня; угол, оконечность; (обл.) род бисквита: * a canto, около, рядом; * de canto, ребром, боком; * darse con un canto en los pechos, плясать от радости; * canto de pan, горбушка; * canto pelado (rodado), отшлифованный водой камень; * de canto dorado, с золотым обрезом; * echar cantos, бросать камни.
cantollanista. [сущ.] знаток церковного пения.
cantomanía. [ж.] мания петь.
cantomaníaco, ca. [прил.] страдающий манией петь (тже. сущ.).
cantón. [м.] угол (здания, улицы); страна, область; кантон; место расположения войск; (Амер.) холм.
cantón. [м.] (Амер.) хлопчатобумажная ткань (род кашемира).
cantonada. [ж.] угол улицы; кантон; * dar cantonada, исчезать за углом; оставлять кого-л в дураках.
cantonal. [прил.] кантональный, окружной.
cantonar. [перех.] см. acantonar.
cantonear. [неперех.] слоняться, шататься без дела.
cantonearse. [возв. гл.] (разг.) см. contonearse.
cantoneo. [м.] (разг.) см. contoneo.
cantonera. [ж.] металлический наугольник; угловой стол или этажерка; публичная женщина.
cantonero, ra. [прил.] праздношатающийся (же. сущ.).
cantor, ra. [прил.] поющий; певчий; [сущ.] певец, (-ица); (Амер.) ночной горшок.
cantoral. [м.] книга антифонов.
cantorral. [м.] каменистая местность.
cantoso, sa. [прил.] каменистый (о почве).
cantú. [м.] (бот.) перуанское растение.
cantúa. [ж.] (Амер.) сладости из батата, кокосового ореха и т. д.
cantuda. [ж.] чёрный хлеб.
cantueso. [м.] (бот.) лаванда (одна из разновидностей).
canturia. [ж.] вокальное упражнение; монотонное пение; (муз.) манера пения.
canturrear. [неперех.] (разг.) напевать, петь вполголоса, мурлыкать.
canturreo. [м.] напевание вполголоса.
canturria. [ж.] (Амер.) монотонное пение.

canturriar. [неперех.] (разг.) напевать, см. canturrear.
cantusar. [неперех.] (обл.) см. canturrear.
cantuta. [ж.] гвоздика (одна из разновидностей).
canuco, ca. [прил.] (Амер.) (вул.) седой, с проседью.
cánula. [ж.] (мед.) наконечник, трубка (полая), канюля, полая игла.
canular. [прил.] трубкообразный.
canute. [м.] (обл.) духовая трубка (оружие); болезненный шелковичный червь.
canutera. [ж.] (Амер.) см. cañutero; ручка для письма.
canutillo. [м.] см. cañutillo.
canuto. [м.] см. cañuto; (воен.) бессрочный отпуск; (Амер.) ручка для письма; сорт мороженого.
canuto. [м.] (Амер.) пастор, протестантский священник.
caña. [ж.] тростник; стебель; берцовая кость; костный мозг, см. tuétano; голенище; узкий высокий стакан для вина; (арх.) ствол; стержень; трубка; старинная мера земли; мера жидкостей (вина); (горн.) галерея; дульная часть ствола; андалузская народная песня; * caña dulce или de azúcar, сахарный тростник; * caña de Indias, тростник; * caña del timón, (мор.) рукоятка руля; * caña brava, бамбук; * caña de pescar, удочка; * caña del pulmón, трахея; * caña melar, сахарный тростник; * toros y cañas, ожесточённый спор.
cañacoro. [м.] (бот.) индийская канна.
cañada. [ж.] узкий проход, ущелье, расщелина; дорога, по которой перегоняют скот; костный мозг.
cañada. [ж.] (обл.) мера жидкостей.
cañadilla. [ж.] съедобная раковина.
cañado. [м.] мера жидкостей, равная 37 л.
cañaduz. [ж.] (обл.) сахарный тростник.
cañaduzal. [м.] плантация сахарного тростника.
cañafístola, cañafístula. [ж.] (бот.) кассия; плод этого дерева.
cañaheja, cañaherla. [ж.] (бот.) зонтичное растение.
cañahua. [ж.] (Амер.) перуанское просо.
cañahuatal. [м.] место, засаженное cañahuates.
cañahuate. [м.] (бот.) колумбийское дерево.
cañahueca. [м. и ж.] болтун, (-ья).
cañajelga. [ж.] см. cañaheja.
cañal. [м.] см. cañaveral; отводный канал; (уст.) см. cañería.
cañama. [ж.] распределение некоторого налога.
cañamacero, ra. [м. и ж.] тот, кто ткёт или продаёт cañamazo.
cañamar. [м.] конопляное поле, конопляник.
cañamazo. [м.] пакля; грубый холст; канва; (Амер.) злаковое растение.
cañamelar. [м.] плантация сахарного тростника.
cañameño, ña. [прил.] конопляный; пеньковый.
cañamero. [м.] (обл.) (орни.) зеленушка.
cañamero, ra. [прил.] конопляный, пеньковый.
cañamiel. [м.] сахарный тростник.
cañamiza. [ж.] см. agramiza.
cañamo. [м.] конопля; пенька; пеньковый холст; * cáñamo de Manila, манильская пенька.

cañamón. [м.] конопляное семя.
cañamonado, da. [прил.] зеленоватого оперения (о некоторых птицах).
cañamoncillo. [м.] очень мелкий песок.
cañamonero, ra. [м. и ж.] продавец, (-щица) конопляного семени.
cañandonga. [ж.] (Амер.) длинная тонкая вещь; низкокачественная водка (тростниковая).
cañar. [м.] тростниковая заросль.
cañar. [неперех.] (Амер.) пить ликёр; вести себя вызывающе.
cañareja. [ж.] см. cañaheja.
cañarí. [прил.] полый как тростник.
cañarico. [м.] народная пляска.
cañariega. [ж.] (обл.) мельничный канал.
cañarroya. [ж.] (бот.) травянистое растение (однолетнее).
cañavera. [ж.] (бот.) см. carrizo.
cañaveral. [м.] камышёвая заросль, тростниковая заросль, плантация.
cañaverear. [перех.] ранить остроконечными тростниками.
cañaverería. [ж.] место, где продавали тростники.
cañaverero, ra. [м. и ж.] тот, кто продавал тростники.
cañazo. [м.] удар тростинкой; (Амер.) тростниковая водка; * darse cañazo, обманываться; * dar cañazo, печалить, заставлять задуматься.
cañedo. [м.] см. cañaveral.
cañengo, ga. cañengue. (Амер.) худой (о человеке).
cañería. [ж.] система трубопроводов: * cañería de agua, водопровод; * cañería de gas, газопровод.
cañerla. [ж.] см. cañaheja.
cañero. [м.] водопроводчик, смотритель за водопроводом; (обл.) рыболов, тот, кто ловит рыбу на удочку; (Амер.) продавец сахарного тростника; склад тростника (на сахарном заводе); владелец тростниковой плантации.
cañero, ra. [прил.] (Амер.) храбрый на словах; лживый, ложный; [сущ.] лгун, (-ья).
cañeta. [ж.] см. carrizo.
cañete. [м. умен.] к caño; (Амер.) ром.
cañí. [прил. и сущ.] (арг.) цыганский, цыган.
cañiceras. [ж. множ.] (обл.) род гетр.
cañifla. [ж.] (Амер.) худая нога или рука.
cañilavado, da. [прил.] тонконогий (о лошадях и т. д.).
cañilero. [м.] (обл.) (бот.) бузина.
cañina. [ж.] (обл.) распределение налога.
cañinque. [прил.] (Амер.) болезненный, слабый, хилый.
cañirla. [ж.] см. caña.
cañista. [м. и ж.] тот, кто изготовляет плетёнки из камыша, тростника; тот, кто по ремеслу кроет ими кто-л.
cañita. [ж.] (Амер.) низкосортный ром; любитель выпить водку.
cañivano. [прил.] о сорте пшеницы.
cañiza. [прил.] с продолговатой прожилкой (о дереве); [ж.] грубый холст.
cañizal, cañizar. [м.] см. cañaveral.
cañizo. [м.] плетёнка из камыша, тростника; (обл.) см. cancilla; дышло молотилки.
caño. [м.] труба; см. albañal; органная труба; струя; винный подвал; (горн.) галерея; подвал для охлаждения воды; (обл.) садок для животных; (мор.) узкий судоходный канал; см. canalizo.
cañocal. [прил.] легко раскалывающийся (о дереве).
cañón. [м.] труба; ствол; дуло; складка (одежды); остов птичьего пера; перо (когда начинает расти); перо (писчее);

пушка, орудие; стержень (удил); часть нарукавника (у доспехов); (тех.) сопло; (Амер.) дорога, узкое ущелье, каньон, см. cañada; ствол дерева: * cañón de chimenea, дымовая труба; * cañón antiaéreo зенитная пушка; * cañón obús, гаубица; * cañón antitanque, противотанковая пушка; * cañón automóvil, самоходное орудие; * cañón de largo alcance, дальнобойная пушка; * morir al pie del cañón, пасть смертью храбрых (тж. перен.); carne de cañón, пушечное мясо.
cañonazo. [м.] орудийный выстрел.
cañonear. [перех.] обстреливать из орудий, из пушек.
cañoneo. [м.] орудийная пальба, канонада.
cañonera. [ж.] бойница, амбразура; (воен.) палатка (для солдат); (мор.) орудийный порт; (Амер.) кобура (чаще множ.).
cañonería. [ж.] (соб.) органные трубы; пушки, орудия.
cañonero, ra. [прил.] (мор.) вооружённый пушками, орудиями; [м.] канонерка.
cañota. [ж.] название злакового растения.
cañucela. [ж.] тростинка.
cañudo, da. [прил.] (Амер.) смелый, отважный.
cañuela. [ж. умен.] к caña; название злакового растения.
cañutazo. [м.] (перен.) (разг.) секретное извещение, донос.
cañutería. [ж.] (соб.) органные трубы; некоторая вышивка (канителью).
cañutero. [м.] игольник.
cañutillo. [м.] стеклярус; канитель (кручёная золотая или серебряная нить).
cañuto. [м.] (бот.) колено, часть стебля между узлами; трубка; (обл.) игольник; (разг.) доносчик, ябедник.
cao. [м.] (Амер.) кубинская плотоядная птица (сорт ворона).
caoba, caobana. [ж.] (бот.) красное дерево, акажу.
caobilla. [ж.] антильское дикорастущее дерево.
caobista. [м.] (Амер.) столяр, занимающийся обработкой красного дерева.
caobo. [м.] бот.) красное дерево.
caolín. [м.] (мин.) каолин, фарфоровая глина (белая).
caolínico, ca. [прил.] каолиновый, содержащий каолин.
caolinita. [ж.] (мин.) каолинит.
caolinizar. [перех.] обращать в каолин.
caos. [м.] хаос; (перен.) беспорядок, путаница.
caótico, ca. [прил.] хаотический.
cap. [м.] (обл.) главная голова.
capa. [ж.] плащ; накидка; обмазка; слой; обёртка, покрышка, оболочка; верхний лист сигары; масть (некоторых животных); (зоол.) бразильская свинка; денежная награда, получаемая капитаном торгового флота; (перен.) предлог, повод; укрыватель; богатство, имущество, состояние; (геол.) слой, пласт; (арг.) ночь; * capa del cielo, небесный свод, небосвод; * capa anual de la madera, годичное кольцо (в древесине дерева); * capa rota, тайный агент; * capa pluvial, церковное облачение; * capa impermeable, непромокаемый плащ; * so capa, под предлогом, под видом; * andar de capa caída, разоряться, терять здоровье; * de so gorra, просто одетый; * defender a capa y espada, защищать до крайности; * de so capa, тайно; * echar la capa a, защищать, покровительствовать; * esperar, estar, или ponerse a la capa, (мор.) ложиться в дрейф, нести минимальную парусность; * hacer uno de su capa un sayo, управлять делом по своему; * tirar de la capa, уведомлять; * no tener uno más

que la **capa** en el hombro, быть очень бедным; * salir uno de **capa** de raja, выйти из бедного положения; * echar la **capa** al toro, взять быка за рога.

capa. [ж.] (Амер.) кастрация.

capá. [м.] (бот.) антильское дерево.

capaceta. [ж.] (обл.) листья, покрывающие корзин(к)у с фруктами.

capacete. [м.] шлем, шишак.

capacidad. [ж.] вместимость, ёмкость; способность, пригодность; умение, способность, одарённость; (тех.) производительность; мощность; (юр.) правоспособность; (эл.) ёмкостное сопротивление: * **capacidad** de trabajo, трудоспособность; * **capacidad** eléctrica, электроёмкость * **capacidad** térmica, теплоёмкость.

capación. [ж.] (Амер.) кастрация.

capacitancia. [ж.] (эл.) электроёмкость; ёмкостное сопротивление.

capacitar. [перех.] делать способным, пригодным к чему-л; способствовать; (Амер.) давать поручение, поручать что-л.

capacitivo, va. [прил.] (эл.) ёмкостный.

capacitómetro. [м.] (эл.) фарадметр, измеритель ёмкости.

capacitor. [м.] (эл.) конденсатор.

capacha. [ж.] ручная корзинка для фруктов.

capachada. [ж.] содержимое capacho, или capacha.

capachazo. [м.] удар capacho.

capachero, ra. [м. и ж.] человек, переносящий что-л в capacho.

capachero, ra. [прил.] (Амер.) драчливый, сварливый.

capacho. [м.] плетёная корзинка; род плетёной корзинки с двумя ручками для переноски строительного раствора; продолговатая корзинка для оливок (при помоле); (орни.) см. zumaya; название лекарственного и съедобного растения.

capada. [ж.] содержимое полы плаща; (уст.) см. alondra.

capadero. [м.] (Амер.) праздник при кастрации скота.

capador. [м.] холостильщик; свисток холостильщика.

capadura. [ж.] холощение, кастрация, кастрирование; шрам (после холощения); нижний лист сигары.

capagato. [м.] (Амер.) детская трещотка.

capango. [м.] (Амер.) кристальный шарик.

capar. [перех.] кастрировать, оскоплять, холостить; (перен.) (разг.) выхолащивать, убавлять.

caparachón. [м.] см. caparazón.

caparroch. [м.] (Амер.) ночная хищная птица.

caparazón. [м.] попона; покрышка; продолговатая корзина, где хорнят скот; скелет птиц; панцирь (у насекомых и ракообразных); (тех.) каркас, остов.

caparina. [ж.] (обл.) бабочка.

caparra. [ж.] (обл.) клещ (насекомое).

caparra. [ж.] (бот.) (обл.) см. alcaparra.

caparra. [ж.] задаток.

caparro. [м.] (Амер.) обезьяна белой масти.

caparrón. [м.] (с.х.) почка; (обл.) фасоль (одна из разновидностей).

caparrós. [м.] (обл.) см. caparrosa.

caparrosa. [ж.] купорос: * **caparrosa** azul, медный купорос.

capasurí. [м.] (Амер.) олень с рогами покрытыми кожей.

capataz. [м.] (старший) мастер; приказчик; управляющий (в имении); надсмотрщик.

capaz. [прил.] могущий содержать что-л; просторный, обширный; ёмкий, вместительный; (перен.) пригодный; образованный; талантливый; (юр.) правоспособный: * ya verá de lo que soy **capaz**, знай наших; я им покажу, где раки зимуют.

capaza. [ж.] (обл.) см. capacho.

capazmente. [нареч.] с достаточным пространством.

capazo. [м.] плетёная из дрока корзина.

capazo. [м.] удар или взмах плащом.

capazo. [м.] (перен.) (разг.) (обл.) длинный разговор.

capazón. [м. увел.] к capazo; (Амер.) кастрация.

capción. [ж.] см. captación.

capciosamente. [нареч.] хитро, путём обмана.

capciosidad. [ж.] обманчивость.

capcioso, sa. [прил.] обманчивый; коварный.

capea. [ж.] дейст. к гл. capear; бой молодых быков.

capeador. [м.] тот, кто похищает плащ; (тавр.) тот, кто отвлекает быка плащом.

capear. [перех.] отнимать, похищать плащ; отвлекать быка плащом; (перен.) отвлекать, отговаривать; (мор.) ложиться в дрейф.

capeja. [ж.] (презр.) см. capa.

capel. [м.] (обл.) шелковичный кокон.

capelina. [ж.] (хир.) перевязка в виде шапки.

capelo. [м.] кардинальская шапка; (перен.) сан кардинала; (Амер.) стеклянный колпак: * **capelo** de doctor, докторская шапочка.

capellada. [ж.] союзка, пришивной носок обуви; заплата на конце союзки (обуви); (Амер.) носок башмака.

capellán. [м.] капеллан; духовник; (разг.) брызги слюны.

capellanía. [ж.] капелланство; доход капеллана.

capellar. [м.] род старинной мавританской накидки.

capellina. [ж.] шлем; капюшон; (хир.) перевязка в виде шапки.

capense. [прил.] (Амер.) приходящий (о ученике); [сущ.] приходящий ученик.

capeo. [м.] см. capea.

capero. [м.] священник в capa fluvial; вешалка.

caperol. [м.] (мор.) верхний конец форштевня; планшир(ь).

caperucear. [перех.] снимать шляпу для приветствия.

caperuceta. [ж. умен.] к caperuza; шапочка.

caperucita. * **Caperucita** Roja, Красная Шапочка (из сказки).

caperuza. [ж.] шапочка; (тех.) колпак.

caperuzón. [м. увел.] к caperuza.

capeta. [ж.] короткий плащ (до коленей).

capeto. [м.] (арг.) полицейский, жандарм.

capí. [м.] (Амер.) кукуруза; стручок.

capia. [ж.] (Амер.) сладкое из кукурузы и сахара; мягкая кукуруза.

capialzado. [м.] (арх.) сводчатая амбразура (окна, двери).

capialzo. [м.] (арх.) наклон внутренней поверхности свода.

capiati. [м.] (Амер.) лекарственное растение

capibara. [ж.] (Амер.) (зоол.) южноамериканский земноводный грызун.

capicatí. [м.] (бот.) растение, идущее на изготовление сорта ликёра.

capichola. [ж.] материя из кручёных шёлковых ниток.

capicholado, da. [прил.] похожий на **capichola.**

capidengue. [м.] род старинной женской накидки.

capigorra, capigorrista, capigorrón. [м.] праздношатающийся, бездельник (тже. прил.).

capiguara. [м.] (Амер.) (зоол.) южноамериканский земноводный грызун.

capiláceo, a. [прил.] (бот.) волосообразный.

capilar. [прил.] волосной, капиллярный: * vasos **capilares**, (анат.) капиллярные сосуды, капилляры.

capilarectasia. [ж.] (мед.) растяжение капиллярных сосудов.

capilaridad. [ж.] (физ.) капиллярность, волосность.

capilariscopia. [ж.] (мед.) капилляроскопия.

capilaritis. [ж.] (мед.) воспаление капиллярных сосудов.

capilarología. [ж.] часть физики, изучающая капиллярность.

capiliforme. [прил.] волосообразный.

capilucio. [м.] обмывание головы.

capilla. [ж.] капюшон; часовня; капелла; капелланы; монах; (церк.) певчие, капелла (хор); молельный; молельня; (полигр.) оттиск: * **capilla** ardiente, катафалк, освещённый свечами; заупокойная служба; * estar en **capilla**, ожидать исполнения смертного приговора; (перен.) с нетерпением ожидать исхода дела.

capillada. [ж.] содержимое капюшона; удар капюшоном.

capilleja. [ж. умен.] к capilla; часовенка.

capillejo. [м.] род старинного чепчика; шелковый моток.

capiller. [м.] церковный сторож.

capiller, capillero. [м.] часовенный сторож, ризничий.

capilleta. [ж. умен.] к capilla, часовенка; ниша с фигурой святого.

capillo. [м.] детский чепчик; капюшон; колпак; колпачок для охотничьих птиц; шелковичный кокон; (бот.) бутон; крайняя плоть; сетка для ловли зайцев; фильтровальный мешок (для воска); верхняя часть прялки; нижний лист сигары; носок обуви; (обл.) обман, плутовство.

capilludo, da. [прил.] к капюшон; с капюшоном.

capín. [м.] (Амер.) род кормовой травы.

capincho. [м.] (Амер.) см. carpincho.

capingo. [м.] (Амер.) старинный короткий плащ.

capipardo. [м.] ремесленник.

capirotada. [ж.] род соуса (с которым обваливают); (Амер.) кушанье из мяса, сыра и т. д.; (вул.) братская могила.

capirotazo. [м.] щелчок по носу.

capirote. [прил.] с головой различной масти (о воле).

capirote. [м.] (уст.) высокая остроконечная шапка; докторская шапочка; капюшон с отверстиями для глаз; колпачок для охотничьих птиц; щелчок по носу; верх экипажа: * tonto del **capirote**, набитый дурак, глуп как пробка.

capirotear. [перех.] щелкать по носу.

capirotero. [прил.] привык к колпачке (об охотничьих птицах).

capirucho. [м.] (разг.) см. capirote.

capisayo. [м.] плащ с капюшоном; епископское облачение; (Амер.) см. camiseta.

capiscol. [м.] певчий церковного хора; регент (хора); (арг.) петух.

capiscolía. [ж.] сан и должность регента, певчего.

capischa. [ж.] (Амер.) очень оживлённая музыка.

capistrato. [м.] (зоол.) род белки; род голубя.
capitá. [м.] (Амер.) птичка с красной головой.
capitación. [м.] (ист.) подушная подать.
capital. [прил.] головной; главный, основной; важнейший; смертный; столичный (о городе); заглавный (о букве); [м.] капитал; имущество, богатство; [ж.] столица, главный город; прописная буква: * pena capital, смертная казнь; * capital constante, постоянный капитал; * capital variable, переменный капитал; * capital circulante, capital de rotación, оборотный капитал; * capital financiero, финансовый капитал; * capital social, капитал акционерного общества; * acumulación del capital, накопление капитала.
capitalidad. [ж.] свойст. к столичный.
capitalino, na. [прил.] (Амер.) столичный.
capitalismo. [м.] капитализм.
capitalista. [прил.] капиталистический; [м. и ж.] капиталист (-ка).
capitalizable. [прил.] способный капитализироваться.
capitalización. [ж.] капитализация.
capitalizador, ra. [прил.] капитализирующий (тже. сущ.).
capitalizar. [перех.] капитализировать.
capitalmente. [нареч.] смертельно, опасно.
capitán. [м.] полководец; вождь, главарь; капитан; командир роты, эскадрона, батарей; (мор.) капитан; (спорт.) капитан команды: * capitán de navío, капитан первого ранга; * capitán de fragata, капитан второго ранга; * capitán de corbeta, капитан третьего ранга; * capitán de alto bordo, капитан дальнего плавания; * capitán general, наместник; военый губернатор; генерал-капитан, командующий военным округом; * de capitán, капитанский.
capitana. [ж.] флагманский корабль; (разг.) жена капитана; (разг.) предводительница.
capitanazgo. [м.] (Амер.) обязанность управляющего празднеством.
capitanear. [перех.] командовать; предводительствовать, руководить.
capitaneja. [ж.] (Амер.) лекарственное растение.
capitanejo. [м.] главарь недисциплинированного отряда; (Амер.) главарь индейского отряда.
capitanía. [ж.] чин, должность капитана; деньги получаемые начальником порта; * capitanía general, наместничество; военное губернаторство и здание; командование военным округом; * capitanía de puerto, управление начальника порта.
capitel. [м.] (арх.) см. chapitel.
capitelado, da. [прил.] (арх.) украшенный капителями.
capitolino, na. [прил.] (ист.) капитолийский.
capitolio. [м.] высокое величественное здание; акрополь.
Capitolio. [м.] (ист.) Капитолий.
capitón. [м.] кефаль (рыба); (обл.) см. cabezada и voltereta.
capitoné. [прил.] (гал.) обитый; набитый (шерстью и т. д.); [м.] вагон для переезда в новый дом (в другом городе и т. д.).
capitonear. [перех.] (Амер.) см. acolchar.
capitoso, sa. [прил.] (гал.) хмельной, опьяняющий.

capítula. [ж.] короткая молитва.
capitulación. [ж.] капитуляция; [множ.] брачный договор.
capitulado, da. [страд. прич. и прил.] разделённый на главы (о книге); кратко изложенный; [м.] разделение на главы.
capitulador, ra. [прил.] капитулирующий (тже сущ.).
capitulante. [действ. прич.] к capitular; капитулирующий.
capitular. [прил.] (церк.) капитулярный; [м.] член церковного общества, имеющего право голосовать.
capitular. [неперех.] капитулировать, сдаваться; договариваться, уславливаться; решать, распоряжаться, приказывать; [перех.] считать ответственным за что-л.
capitulares. [ж. множ.] (ист.) капитулярии (королевские указы).
capitulear. [неперех.] (Амер.) см. cabildear.
capituleo. [м.] (Амер.) см. cabildeo.
capitulero. [м.] (Амер.) избирательный агент; влиятельный человек; см. cabildero.
capituliforme. [прил.] (бот.) со цветами в виде головки.
capítulo. [м.] капитул; собрание капитула; глава (в книге); (перен.) решение, разрешение; (обл.) см. cabildo; выговор: * llamar, или traer a capítulo, требовать отчёта, привлекать к ответственности; * capítulos matrimoniales, брачный договор.
capivara. [м.] (зоол.) южноамериканский земноводный грызун.
capnias. [м.] (мин.) яшма дымового цвета.
cápnico, ca. [прил.] дымообразующий.
capnomancia. [ж.] гадание по дыму.
capnomántico, ca. [прил.] к capnomancia; [сущ.] человек, занимающийся гаданием по дыму.
capolado, da. [страд. прич.] к capolar; [м.] рубленое мясо.
capolar. [перех.] дробить, делить на части; (обл.) разрубать, рубить; обезглавливать.
capó. [м.] (гал.) капот.
capón. [м.] щелчок по голове; (мор.) якорный канат.
capón. [прил.] кастрированный; [м.] кастрат, скопец, мерин (лошадь); каплун; вязанка виноградных лоз.
capona. [ж.] (воен.) эполет; меховая душегрейка.
caponada. [ж.] (обл.) см. fogata.
caponera. [ж.] клетка для откармливания каплунов; (разг.) даровое содержание; тюрьма; (воен.) траншея: * estar metido en la caponera, сидеть в тюрьме.
caporal, caporalista. [м.] начальник, вожак; тот, кто ухаживает за пахотным скотом; (арг.) петух.
caporal. [прил.] (Амер.) (о табаке) высокого сорта; низкого сорта.
capororoca. [ж.] дерево из сем. миртов.
capota. [ж.] головка репейника; капор (женский); откидной верх экипажа.
capota. [ж.] короткий плащ.
capotaje. [м.] (ав.) капотирование (самолёта).
capotar. [неперех.] опрокидываться, перевёртываться (о повозке); капотировать (о самолёте).
capote. [м.] шинель; (тавр.) плащ тореро; (перен.) нахмуривание (при досаде): * dar capote, (карт.) взять все взятки; * a mi capote, по моему; * de capote, (Амер.) украдкой.
capotear. [перех.] (тавр.) см. capear; (перен.) втирать очки; обходить затруднение и т. д.
capoteo. [м. действ.] по знач. гл. capotear.

capotera. [ж.] (Амер.) вешалка; портплед.
capotero, ra. [сущ.] тот, кто шил шинели.
capotillo. [м.] короткая женская накидка.
capotudo, da. [прил.] см. ceñudo.
capparis. [м.] (бот.) см. alcaparra.
caprario, ria. [прил.] козий.
cáprico, ca. [прил.] каприновый.
Capricornio. [м.] (астр.) Козерог: * trópico de Capricornio, тропик Козерога.
capricho. [м.] каприз, причуда, прихоть, фантазия; блажь (прост.); каприз; страстное желание; (муз.) каприччи(и)о; (иск.) произведение в свободной форме; [множ.] непостоянство: * los caprichos de la moda, непостоянство, изменчивость моды; * capricho amoroso, мимолётное увлечение, страстишка.
caprichosamente. [нареч.] своенравно, капризно.
caprichoso, sa. [прил.] своенравный, капризный; прихотливый, причудливый; взбалмошный (разг.).
caprichudo, da. [прил.] упрямый, своенравный.
cápridos. [м. множ.] козы (семейство).
capriforme. [прил.] похожий на козий кал (о человеческих испражнениях).
caprino, na. [прил.] (поэт.) козлиный.
caprípede. [прил.] (поэт.) козлоногий.
caprípedo, da. [прил.] козлоногий.
caproico, ca. [прил.] (хим.) капроновый.
caprónico, ca. [прил.] см. caproico.
cápsula. [ж.] капсюль; пистон; (бот.) семенная коробочка; (фарм.) капсула; облатка; (хим.) чашка для выпаривания; (анат.) капсула, сумка.
capsulación. [ж.] (фарм.) изготовление капсул.
capsulador, ra. [прил.] (фарм.) изготовляющий капсулы; [м.] прибор для изготовления капсул.
capsular. [прил.] (бот.) коробкообразный; (анат.) капсулярный, сумкообразный.
captación. [ж.] достижение; присвоение путём хитрости; домогательство; каптаж, отвод воды, источника.
captar. [перех.] снискивать, добиться, заполучить; каптировать, отводить, или заключать воду, источник (в трубу); перехватывать, ловить, подслушивать; * captarse. [возв. гл.] покорять, внушать (доверие, любовь и т. д.).
captor. [м.] (Амер.) захватчик.
captura. [ж.] арест, задержание; захват в плен.
capturar. [перех.] арестовать; брать в плен.
capú. [м.] (Амер.) детская игра.
capuana. [ж.] (разг.) побои, наказание кнутом, хлестание.
capucear. [перех.] (обл.) см. chapuzar.
capuceta. [ж.] (обл.) умен. к capuz или capuceta.
capucha. [ж.] капюшон; конусообразная крышка; (полигр.) диакритический знак (ˆ).
capuchina. [ж.] (бот.) настурция; ручная лампа с гасильником; бисквитное печенье; бумажный змей в виде капюшона.
capuchino, na. [прил.] к капуцин; (Амер.) мелкий (о фруктах); [сущ.] капуцин (монах); (Амер.) (зоол.) капуцин.
capucho. [м.] капюшон.
capuchón. [м.] увел. к capucha; дамская накидка; короткое домино: * ponerse el capuchón, (разг.) сидеть в тюрьме.
capuja. [ж.] (прил.) см. rebatiña.
capujar. [перех.] схватить, поймать на лету; говорить что-л прежде другого; см. arrebatar.
capul. [м.] (Амер.) чолка, прядь волос над лбом.

capula. [ж.] (археол.) небольшой сосуд.
capulí. [м.] (бот.) (Амер.) род вишни а также плод этого дерева; перуанское дерево, с красными ягодами.
capulina. [ж.] ягода capulí; кубинское дикорастущее дерево; название ядовитого паука; проститутка; [прил.] удобный (о жизни).
capultamal. [м.] пирог из capulí.
capulo. [м.] род брюхоногих.
capullina. [ж.] (обл.) крона дерева.
capullo. [м.] кокон; шелковичный кокон; бутон (преимущ. розы); чашечка жёлудя; ткань из шёлка-сырца; (анат.) крайняя плоть.
capuz. [м.] капюшон, колпак; плащ с капюшоном; ныряние, (разг.) нырок.
capuza. [ж.] (Амер.) стрела.
capuzar. [перех.] см. chapuzar, (мор.) грузить носовую часть корабля.
capuzón. [м.] (обл.) ныряние, см. chapuzón.
caquéctico, ca. [прил.] худосочный.
caquexia. [ж.] (мед.) худосочие.
caqui. [м.] хаки (ткань), хаки, защитный цвет; (бот.) хурма; плод этого дерева.
caquinación. [ж.] (мед.) истерический смех.
caquino. [м.] (Амер.) громкий смех, хохот.
cara. [ж.] лицо; физиономия; выражение лица, мина; фасад; лицевая сторона; поверхность; грань; внешность; присутствие (непр.) наглость, бесстыдство; [нареч.] напротив; [предл.] к, по направлению к: * cara apedreada, empedrada или de rallo, лицо в оспинах; * cara con dos haces, двуличный человек; * cara de acelga, болезненное, бледное лицо; * cara de aleluya, cara de pascua, cara de risa, добродушное, приветливое лицо; * cara de gualda, человек с очень бледным лицом; * cara de hereje, безобразный человек; * cara de juez, de justo juez, de pocos amigos или de vinagre, хмурое, неприветливое лицо; * cara de perro, человек с враждебным лицом; * cara de vaqueta, человек с невыразительным или враждебным лицом; бесстыдный человек; * cara de viernes, бледное, печальное лицо; * cara dura, бесстыдный; * cara a cara, лицом к лицу; друг против друга; с глазу на глаз; * a la cara, перед лицом, в присутствии...; * persona de doble cara, двуличный человек; * dar la cara, встретить лицом к лицу; отвечать за свои поступки; * dar la cara por, вступиться за; * tener cara, иметь наглость; * a cara descubierta, открыто, прямо; * poner buena cara al mal tiempo, делать хорошую мину при плохой игре; * echar a cara y cruz, играть в орлянку, разыграть в орлянку; * cruzar la cara a uno, дать пощёчину и т. д. кому-л; * huir la cara, избегать его взгляда; не сметь смотреть в глаза; * no conocer la cara al miedo, не знать страха; * hacer a dos caras, притворно поступать; * lavar la cara a alguien, льстить кому-л; * tener buena, mala cara, иметь здоровый, нездоровый вид, хорошо, плохо выглядеть; * poner buena cara a alguien, быть приветливым с кем-л; * poner mala cara, оказать кому-л дурной приём; * tener cara de, казаться; * la cara es el espejo del alma, глаза зеркало души; * guardar uno la cara, таиться, скрываться; * salir algo a la cara, выясняться, всплывать; * caérsele a uno la cara de vergüenza, испытать чувство стыда, стыдиться; * no volver la cara atrás, не отступить; * por su bella или linda cara, ради прекрасных глаз; * verse las caras, встречаться для перебранки и т. д.; * tener uno cara de corcho, быть бесстыдным; * dar en cara, см. reconvenir; * de cara, напротив; * hacer cara, противиться; снисходить, прислушиваться к просьбам и т. д.

cáraba. [ж.] филиппинская пирога.
caraba. [ж.] (обл.) шумное веселье; развлечение.
caraba. [ж.] (разг.) (перен.) верх, предел: * es la caraba, мера переполнена.
carabao. [м.] (зоол.) филиппинский буйвол.
cárabe. [м.] янтарь.
carabear. [неперех.] (обл.) развлекаться, быть праздным, терять время.
carabela. [ж.] (мор.) каравелла, четырёхмачтовое парусное судно.
carabelón. [м.] (мор.) небольшая каравелла.
carabero, ra. [прил.] (обл.) ленивый, склонный к веселью.
carabina. [ж.] карабин; (разг.) спутница (обычно сопровождающая девушку): * la carabina de Ambrosio, бесполезная вещь.
carabinazo. [м.] выстрел из карабина.
carabinera. [ж.] (обл.) хохлатый жаворонок.
carabinero. [м.] (ист.) карабинер; солдат пограничной стражи, таможенник; (зоол.) сорт рака.
carablanca. [ж.] (зоол.) обезьяна (одна из разновидностей).
cárabo. [м.] небольшое парусное и гребное судно (мавританское); (зоол.) жужелица.
carabo. [м.] хищная ночная птица, см. autillo.
carabritear. [неперех.] преследовать козу (о козле, при течке).
caraca. [ж.] (Амер.) род кукурузной булки.
caracaballa. [ж.] (Амер.) длинная узкая лодка.
caracal. [м.] (зоол.) каракал, североафриканское хищное животное.
caracalla. [ж.] галльская одежда; старинная причёска (в XVI в).
caracará. [ж.] (Амер.) хищная птица.
caracaral. [м.] (мед.) американский лишай.
caracas. [м.] какао из Каракаса; (Амер.) шоколад.
caracatey. [м.] (Амер.) (орни.) сумеречная птичка.
caracense. [прил.] относящийся к Guadalajara; [сущ.] уроженец этого города.
caracoa. [ж.] филиппинская гребная лодка.
caracol. [м.] улитка, (прост.) улита; винтовая лестница; (анат.) улитка, ушная раковина; локон на виске; коническая часть часов; (Амер.) ночная кофточка; полотняная блуза (женская); см. bata; локон; вольт (лошади): * ¡caracoles!, чёрт возьми!
caracola. [ж.] большая морская раковина; (обл.) белая улитка; гайка; (бот.) вьющееся растение.
caracolada. [ж.] кушанье из улиток.
caracolear. [неперех.] делать вольты (о лошади); (разг.) вертеться.
caracoleo. [м. умен.] к caracol, небольшая улитка.
caracoleo. [м.] дейст. к делать вольты (о лошади).
caracolero, ra. [м. и ж.] собиратель или продавец улиток.
¡caracoles! [межд.] чёрт возьми!
caracolillo. [ж.] (обл.) маленькая улитка; маленькая живая девочка.
caracolí. [м.] (Амер.) (бот.) см. anacardo.
caracolillo. [м.] испанская фасоль; кофе высокого сорта; сорт красного дерева; [множ.] украшение.

caracote. [м.] (Амер.) чрезмерное женское украшение.
carácter. [м.] отличительный знак, особенность, признак; свойство, характерная черта; характер; нрав; буква; литера; клеймо (на скоте); положение, сан, звание; энергия; манера, жанр, стиль; [множ.] (полигр.) шрифт.
caracterismo. [м.] отличительный знак, признак.
característica. [ж.] (мат.) характеристика логарифма; признак; характерная черта.
característicamente. [нареч.] отличительно и т. д.
característico, ca. [прил.] отличительный, характерный; [ж.] характеристика; свойство, особенность, признак, черта; [сущ.] характерный актёр, характерная актриса.
caracterizable. [прил.] могущий быть характеризованным.
caracterización. [ж.] дейст. к характеризовать(ся); изображение характера.
caracterizado, da. [страд прич.] к caracterizar; [прил.] особенный, выдающийся; типичный.
caracterizar. [перех.] характеризовать; см. autorizar; * caracterizarse. [возв. гл.] характеризоваться; (театр.) гримироваться.
caracterología. [ж.] характерология.
caracterológico, ca. [прил.] характерологический.
caracterólogo, ga. [м. и ж.] специалист по характерологии.
caracú. [м.] (Амер.) костный мозг; порода рогатого скота (для убоя).
caracul. [м.] каракуль (тже. прил.).
caracumbé. [м.] (Амер.) негритянская пляска.
caracha, carache. [ж.] (Амер.) чесотка (преимущ. у животных).
carachento, ta. [прил.] (Амер.) чесоточный.
¡caraches! [межд.] чёрт возьми!
caracho, cha. [прил.] см. violáceo.
¡caracho! [межд.] (Амер.) чёрт возьми!
carachoso, sa. [прил.] чесоточный.
carachupa. [ж.] (Амер.) двутробка (сумчатое животное).
carado, da. [прил.] * bien carado, красивый; * mal carado, безобразный.
caradura. [прил.] (Амер.) бесстыдный (тже. сущ.).
¡carafita! [межд.] (Амер.) см. ¡caramba!
caragilate. [прил.] (бот.) о разновидности фасоли.
carago. [м.] (Амер.) см. carao.
caraguatá. [ж.] (Амер.) разновидность алое.
caraguatal. [ж.] место, изобилующее caraguataes.
caraguay. [м.] (Амер.) большая ящерица.
caraipo. [м.] южноамериканское растение.
caraira. [ж.] (Амер.) кубинская хищная птица.
caraja. [ж.] (Амер.) (мор.) четырёхугольный парус.
caralla. [ж.] (обл.) винная ягода (одна из разновидностей).
carama. [ж.] иней.
caramallera. [ж.] (тех.) кремальера.
caramanchel. [м.] (мор.) иллюминатор; (Амер.) харчевня; стойка, буфет; каморка, чердак; навес крыши.
caramanchelero, ra. [м. и ж.] содержатель, (-ница) и т. д. caramanchel.
caramanchón. [м.] см. camaranchón.

caramanduca. [ж.] (Амер.) сорт бисквита.
caramañola. [ж.] (обл.) сосуд с трубкой для питья; (Филип.) см. caramayola.
caramarama. [ж.] (Амер.) кормовое растение.
caramayola. [ж.] (Амер.) фляга.
caraña. [ж.] украшение из лент (на женском чепце в XVIII в.).
caramba. [ж.] (Амер.) индейский музыкальный инструмент (двухструнный); старинное народное пение.
¡caramba! [межд.] чёрт возьми!, тьфу ты!, (восклицание удивления, неожиданности).
carambanado, da. [прил.] обледенелый, ледяной.
carámbano. [м.] льдинка, сосулька; (Амер.) см. carao.
carámbano. [м.] (Амер.) большая вошь.
carambillo. [м.] (бот.) дикорастущая трава.
carambola. [ж.] карамболь (в бильярде); двойной результат; обман, хитрость, уловка; * por carambola, косвенно, случайно.
carambolaje. [м.] игра карамболем (в бильярде).
caramboleado, da. [страд. прич.] к carambolear; [прил.] пьяный.
carambolear. [неперех.] сыграть карамболем (в бильярде); (разг.) (Амер.) выделывать кренделя (о пьяном); напиваться.
carambolero, ra. [прил.] часто делающий карамболь (в бильярде).
carambolista. [м. и ж.] тот, кто часто делает карамболь (в бильярде).
caramel. [м.] средиземноморская сардина; (уст.) см. caramelo.
caramelear. [перех.] (Амер.) затягивать, откладывать что-л; см. engatusar.
caramelización. [ж.] засахаривание, дейст. к засахаривать.
caramelizar. [перех.] засахаривать (тже. возв. гл.).
caramelo. [м.] жжёный сахар; карамель; леденец (Филип.) см. azucarillo.
caramente. [нареч.] дорого; дорогой ценой; настоятельно; см. rigurosamente.
caramesa. [ж.] обильный стол.
caramida. [ж.] магнитный железняк.
caramiello. [м.] (обл.) род женской шляпы.
caramilla. [ж.] каламин.
caramilla. [ж.] (муз.) род флейты.
caramillar. [м.] место, заросшее caramillos.
caramilleras. [ж. множ.] (обл.) цепь с крюком для подвешивания котля над огнём.
caramillo. [м.] свирель, дудка; род флейты; дикорастущее растение; беспорядочная куча; сплетня, клевета, обман: * armar un caramillo, искать ссоры с кем-л; (разг.) делать из мухи слона.
caramilloso, sa. [прил.] (разг.) обидчивый, щепетильный.
caramiña. [ж.] (бот.) плод caramillo.
cáramo. [м.] (арг.) вино.
caramujo. [м.] маленькая улитка.
caramullo. [м.] (обл.) см. colmo.
caramuzal. [м.] (мор.) турецкое трёхмачтовое судно.
carancho. [м.] (Амер.) см. caracará; сова.
carandaí или caranday. [м.] (Амер.) род пальмы.
carandero. [м.] (бот.) маленькая пальма.
caranegra. [прил.] (Амер.) порода овцы; [м.] чёрная обезьяна.
caranga. [ж.] carángano. [м.] вошь; негритянский музыкальный инструмент.

carantamaula. [ж.] безобразная маска; безобразный человек.
carantón, na. [прил.] (Амер.) широколицый.
carantoña. [ж.] (разг.) см. carantamaula; молодящаяся некрасивая женщина; [множ.] льстивые ласки, заискивание.
carantoñero, ra. [м. и ж.] (разг.) льстец, льстивая женщина, подхалим.
caraña. [ж.] (бот.) род сероватой древесной смолы.
carañuela. [ж.] (Амер.) шулерский приём, жульничество в игре.
carañuelista. [м. и ж.] (Амер.) шулер, жульничающий в игре.
carao. [м.] (Амер.) высокое бобовое дерево (в Центральной Америке).
caraota. [ж.] (Амер.) боб, фасоль.
carapa. [ж.] (бот.) антильское растение.
carapacha. [ж.] (Амер.) древесная кора.
carapachay. [м.] островной горец; дровосек, лесоруб.
carapacho. [м.] (зоол.) щит, панцирь (у черепах и т. д.); (Амер.) кушанье из морских ракушек; [множ.] название туземного перуанского народа.
carapato. [м.] касторовое масло, касторка.
¡carape! [межд.] чёрт возьми!, см. ¡caramba!
carapico. [м.] (бот.) название маренового растения.
carapopela. [ж.] род бразильской ядовитой ящерицы.
carapucho. [м.] (обл.) капюшон; смехотворная шляпа; злаковое растение.
carapulca. [ж.] (Амер.) кушанье из мяса и т. д.
caraqueño, ña. [прил.] каракасский; [сущ.] уроженец, (-нка) Каракаса.
caraquilla. [ж.] (обл.) род маленькой улитки.
carare. [м.] (Амер.) лишай, сыпь (негров).
carasilón, na. [прил.] (Амер.) с большим лицом.
carasol. [м.] см. solana.
¡caráspita! [межд.] чёрт возьми (для выражения недоумения, восхищения).
carate. [м.] (Амер.) сыпь (у негров).
caratea. [ж.] (Амер.) вид золотухи.
caratejo, ja. [прил.] страдающий carate.
caratillo. [м.] (Амер.) прохладительный напиток.
carato. [м.] (Амер.) (бот.) мареновое дерево.
carato. [м.] (Амер.) прохладительный напиток из риса и т. д.
carátula. [ж.] маска; сетка от пчёл; актёрская профессия; шутовство; (Амер.) обложка книги.
caratulado, da. [прил.] замаскированный.
caratulero, ra. [м. и ж.] мастер или продавец масок.
caraú. [м.] (Амер.) голенастая птица.
caráuta. [ж.] (Амер.) боб, фасоль.
carava. [ж.] (уст.) сельская вечеринка, посиделки.
caravana. [ж.] караван; (Амер.) ловушка для птиц; внимание, вежливость; [множ.]: * hacer la caravana, (Амер.) см. cortejar.
caravana. [ж.] (Амер.) выпь.
caravanera. [ж.] постоялый двор для караванов, караван-сарай.
caravanero. [м.] вожатый каравана.
caravanista. [м.] член каравана.
caravanseray, caravanserrallo. [м.] караван-сарай, постоялый двор (на востоке).
caravasar. [м.] восточный постоялый двор для караванов.
caravelita. [ж.] (Амер.) ром низкого сорта.
caravero, ra. [прил.] (Амер.) общительный.
caray. [ж.] (зоол.) см. carey.
¡caray! [межд.] см. ¡caramba!

caraya, carayaca. [м.] (Амер.) род ревуна (обезьяны).
caraza. [ж. увел.] к cara, большое лицо.
carba. [ж.] (обл.) густая дубовая роща; место, где скот отдыхает в полдень.
carballo. [м.] (бот.) (обл.) дуб (одна из разновидностей).
carbámida. [ж.] (хим.) мочевина, карбамид.
cárbaso. [м.] род льна; ткань или платье из этого льна; (поэт.) парус.
carbinol. [м.] (хум.) метанол, метиловый спирт.
carbizal. [м.] (обл.) густая дубовая роща.
carbizo. [м.] (обл.) дуб (одна из разновидностей).
carbo. [м.] морской ворон.
carbodinamita. [ж.] взрывчатое вещество.
carboferrita. [ж.] (мин.) железный каменный уголь.
carbógeno. [м.] порошок, пригодный для приготовления сельтерской (воды).
carbohemia. [ж.] (мед.) несовершенное окисление крови.
carbohidrato. [м.] (хим.) углевод.
carbohidraturia. [ж.] (мед.) выделение мочи, содержащей углеводы.
carbohilo. [м.] (хим.) сухой лёд.
carbol. [м.] (хим.) фенол, карболовая кислота.
carbólico, ca. [прил.] (хим.) карболовый.
carbómetro. [м.] аппарат для определения углекислого газа.
carbón. [м.] уголь; уголь для рисования; (бот.) головня: * carbón vegetal, древесный уголь, * carbón de piedra, или mineral, каменный уголь; * carbón fino, или en polvo, угольная пыль; * carbón de coque, кокс.
carbonada. [ж.] количество угля, загружаемого в печь; мясо, поджаренное на углях; сладости из молока, сахара и т. д.; (Амер.) кушанье из мяса, риса, кукурузы и т. д.
carbonado. [м.] чёрный бриллиант.
carbonalla. [ж.] смесь песка, глины и угля.
carbonar. [перех.] превращать в уголь (тже. возв. гл.).
carbonario. [м.] (ист.) карбонарий; карбонар.
carbonarismo. [м.] секта и доктрина карбонариев.
carbonatado, da. [прил.] углекислый.
carbonatar. [перех.] (хим.) превращать в карбонат (тже. возв. гл.). *
carbonato. [м.] карбонат, углекислая соль: * carbonato sódico, углекислый натрий, углекислая соль, сода кальцинированная.
carboncillo. [м.] угольный карандаш; сок (разновидность); см. carbonilla; (Амер.) дикорастущее дерево.
carbonear. [перех.] выжигать древесный уголь.
carbonear. [перех.] (Амер.) побуждать, подстрекать.
carboneo. [м.] уголь, выжигание древесного угля.
carbonera. [ж.] дрова для обжига угля; угольный сарай; продавщица угля; (Амер.) угольный ящик на паровозе; угольный копь; растение для украшения.
carbonería. [ж.] угольная лавка; склад угля.
carbonerica. [ж.] (орни.) (обл.) синица.
carbonero. [м.] (Амер.) кубинское дерево.
carbonero. [м.] (Амер.) относящийся к угольной промышленности, к торговле углем; [м. и ж.] угольщик (-ица).
carbónico, ca. [прил.] (хим.) углекислый: * ácido carbónico, угольная кислота, угле-

кислота; * gas carbónico, углекислый газ; * óxido carbónico, окись углерода, угарный газ.

carbonífero, ra. [прил.] угленосный, каменноугольный: * período carbonífero, карбон, каменноугольный период.

carbonil. [прил.] угольный.

carbonilla. [ж.] мелкий каменный уголь; мелкий непрогоревший каменный уголь; каменноугольный шлак: * se me ha metido una carbonilla en el ojo, мне уголёк в глаз попал.

carbonita. [ж.] (Амер.) карбонит; взрывчатое вещество.

carbonización. [ж.] превращение в уголь; коксование.

carbonizar. [перех.] превращать в уголь; коксовать.

carbono. [м.] (хим.) углерод: * carbono de recocido, графит; * óxido de carbono, окись углерода.

carbonoso, sa. [прил.] содержащий уголь, угленосный; похожий на уголь.

carbonosulfuro. [м.] (хим.) сероуглерод.

carbonóxido. [м.] (хим.) естественная окись углерода.

carborundo. [м.] (хим.) карборунд.

carboxílico, ca. [прил.] карбоксильный.

carboxilo. [м.] (хим.) карбоксил.

carbuncal. [прил.] относящийся к сибирской язве.

carbunclo. [м.] (мин.) карбункул, темнокрасный рубин; см. carbunco.

carbunco. [м.] (пат.) карбункул; см. ántrax; (Амер.) см. cocuyo.

carbuncosis. [ж.] (мед.) карбункулёзная инфекция.

carbuncoso, sa. [прил.] см. carbuncal.

carbúnculo. [м.] (мин.) карбункул.

carburación. [ж.] карбурация (образование рабочей смеси в двигателях внутреннего сгорания); цементирование железа.

carburado, da. [прил.] содержащий уголь, угленосный.

carburador. [м.] (тех.) карбюратор.

carburante. [прил.] содержащий углеводород; [м.] горючее.

carburar. [перех.] (тех.) карбюрировать.

carburo. [м.] (хим.) карбид: * carburo de silicio, карборунд.

carca. [прил. и сущ.] (ист.) (презр.) карлист.

carga. [ж.] (Амер.) горшок для варки chicha.

carca. [ж.] (Амер.) грязность, липкая грязь.

carcabonera. [ж.] (обл.) скалистая местность.

carcacha. [ж.] (Амер.) старый безобразный экипаж.

carcahuesal. [м.] (Амер.) болотистая местность.

carcaj. [м.] колчан; (Амер.) кожаный чехол для ружья.

carcajada. [ж.] взрыв смеха, хохот, громкий смех: reír a carcajadas, хохотать, во всё горло смеяться; * soltar una carcajada, разразиться громким смехом.

carcajal. [прил.] громкий, шумный, чрезмерный (о смехе).

carcajear. [неперех.] (Амер.) (вул.) хохотать, во всё горло смеяться.

carcamal. [прил.] старый и постоянно недомогающий; надоедливый; [м.] дряхлый старик.

carcamán. [м.] (Амер.) большое неповоротливое безобразное судно.

carcamán. [м.] (Амер.) азартная игра.

carcamán. [прил.] (Амер.) презренный (о иностранце); [м. и ж.] человек с большими претензиями; итальянец (преимущ. генуэзец).

cárcamo. [м.] см. cárcavo.

carcañal. [м.] пятка.

carcasa. [ж.] род зажигательной бомбы.

cárcava. [ж.] вымоина в земле; защитный ров; могила.

carcavina. [ж.] см. cárcava.

carcavinar. [неперех.] (обл.) вонять (о могилах).

cárcavo. [м.] углубление для мельничного колеса.

carcavón. [м. увел.] к cárcava; овраг.

carcavuezo. [м.] глубокое углубление в земле.

carcax. [м.] carcaza. [ж.] колчан; см. carcaj.

cárcel. [ж.] тюрьма; карцер; арестный дом; (полигр.) рама: * llevar a la cárcel, заключать в тюрьму; * meter en la cárcel, посадить в тюрьму.

carcelaje. [м.] (уст.) налог, уплачивавшийся при выходе из тюрьмы; арест.

carcelario, ria. [прил.] тюремный.

carcelazo. [м.] (Амер.) заключение в тюрьму.

carcelera. [ж.] андалузская песня о тюремных страданиях.

carcelería. [ж.] арест; тюремное заключение; залог для освобождения из-под ареста.

carcelero, ra. [прил.] тюремный; [м.] тюремный смотритель, тюремщик.

carcinemia. [ж.] (мед.) раковое худосочие.

carcinología. [ж.] карцинология.

carcinológico, ca. [прил.] к карцинология.

carcinólogo. [м.] специалист по карцинологии.

carcinoma. [м.] (пат.) карцинома.

carcinomatoide. [прил.] (мед.) похожий на карциному.

carcinomatoso, sa. [прил.] к карцинома.

carcinoso, sa. [прил.] (мед.) раковый, канцерозный.

carcocha. [ж.] (Амер.) большой безобразный экипаж.

cárcola. [ж.] (текст.) род педали.

carcoma. [ж.] червь-древоточец; червоточина; (перен.) печаль, огорчение; расточитель; (перен.) дорога: * carcoma del sauce, долгоносик (жук).

carcomer. [перех.] истачивать дерево (о червях); (перен.) истощать, разрушать; * carcomerse. [возв. гл.] быть тронутым червоточиной (о дереве и т. д.).

carcomilla. [ж.] (Амер.) зависть.

carcunda. [прил. и сущ.] (презр.) (ист.) карлист.

carchada. [ж.] (Амер.) спор, ссора; драка.

carchar. [перех.] красть, воровать; уводить силой.

carcheo. [м.] (Амер.) кража.

carchi. [м.] (Амер.) солёное мясо.

carda. [ж.] (тех.) кардование, чесание; ворсовальная шишка; карда, чесальная машина, шерсточесалка, кардная; (перен.) выговор, внушение.

cardado. [м.] количество шерсти, положенной на чесальную машину.

cardador. [м.] чесальщик (шерсти).

cardadura. [ж.] кардование, чесание (шерсти); ворсование сукна.

cardal. [м.] (бот.) место, поросшее чертополохом (преимущ. в Америке).

cardamina. [ж.] (бот.) кардамин.

cardamono. [м.] (бот.) кардамон.

cardán. [м.] (тех.) кардан, карданный вал.

cardancho. [м.] (обл.) род несъедобного чертополоха.

cardar. [перех.] кардовать, чесать шерсть (на чесальной машине); ворсовать сукно.

cardaviejas. [ж.] (бот.) (вул.) см. aulaga.

cardelina. [ж.] (орни.) см. jilguero.

cardenal. [м.] ушиб, синяк, кровоподтёк.

cardenal. [м.] (церк.) кардинал; (орни.) кардинал (певчая птица, багряно-красного цвета); (Амер.) (бот.) герань.

cardenal. [м.] (Амер.) смесь из вина с ананасным соком и т. д.

cardenalato. [м.] (церк.) сан кардинала.

cardenalicio, cia. [прил.] кардинальский, присущий кардинальскому сану.

cardenalizar. [перех.] давать сан кардинала.

cardenalizar. [перех.] (перен.) (разг.) покрывать тело синяками.

cardencha. [ж.] (бот.) волчец, ворсянка; (текст.) карда, чесальная машина, шерсточесалка.

cardenchal. [м.] (бот.) место, заросшее ворсянкой.

cardenchoso, sa. [прил.] похожий на ворсянку.

cardenilla. [ж.] виноград (одна из разновидностей).

cardenillo. [м.] ярь-медянка, окись меди; очень ядовитая смесь; ярко-зелёная краска.

cárdeno, na. [прил.] фиолетовый, синеватый, мертвенно-бледный; серый в яблоках (о быке); опаловый (о воде).

cardería. [ж.] (тех.) чесальная мастерская, чесальное отделение; кардная фабрика.

cardero. [м.] мастер по изготовлению чесальных машин, кард.

cardíaca. [ж.] (бот.) пустырник.

cardiáceo, a. [прил.] сердцевидный.

cardíaco, ca. [прил.] (анат.) сердечный, относящийся к сердцу; с больным сердцем; [м. и ж.] сердечный больной (-ая).

cardialgia. [ж.] (мел.) боль в области сердца.

cardiálgico, ca. [прил.] относящийся к боли в области сердца.

cardiamorfia. [ж.] (мед.) сердечная деформация.

cardianestesia. [ж.] (мед.) отсутствие сердечного ощущения.

cardianeuria. [ж.] (мед.) отсутствие тонуса в сердце.

cardiario, ria. [прил.] относящийся к сердцу.

cardias. [м.] (анат.) пищеводное отверстие в желудке.

cardiectasia. [ж.] (мед.) расширение сердца.

cardiectomía. [ж.] (хир.) раскол сердца.

cardielcosis. [ж.] (пат.) изъязвление сердца.

cardiesclerosis. [ж.] (пат.) кардиосклероз.

cardieurisma. [ж.] (мед.) расширение сердца.

cardillar. [м.] место, засаженное cardillos.

cardillo. [м.] (бот.) испанский артишок, мелкий съедобный чертополох.

cardillo. [м.] (Амер.) солнечный блик, зайчик.

cardimuelle. [м.] (обл.) замок.

cardinal. [прил.] основной, главнейший, важнейший, кардинальный; (грам.) количественный (о числительном): * puntos cardinales, четыре страны света.

cardinas. [ж. множ.] (арх.) листья чертополоха.

cardinche. [м.] (обл.) заячья капуста, молочай; см. cerraja.

cardioacelerador, ra. [прил.] ускоряющий действие сердца.

cardiodinia. [ж.] (мед.) сердечная боль.

cardioesclerosis. [ж.] (мед.) кардиосклероз.

cardioestenosis. [ж.] (мед.) сердечный стеноз.

cardioespasmo. [м.] (мед.) кардиоспазм.

cardiófilo, la. [прил.] (бот.) сердцелистный.

cardiografía. [ж.] (мед.) кардиография.
cardiográfico, ca. [прил.] (мед.) кардиографический.
cardiógrafo, fa. [м. и ж.] (мед.) кардиограф.
cardiograma. [м.] (мед.) кардиограмма.
cardioide. [прил.] сердцевидный; [ж.] (геом.) кардиоида.
cardiolito. [м.] (мед.) камень, сгусток в сердце.
cardiología. [ж.] (анат.) кардиология.
cardiológico, ca. [прил.] (анат.) кардиологический.
cardiólogo, ga. [м. и ж.] кардиолог, специалист по кардиологии, (разг.) сердечник.
cardiomalacia. [ж.] (пат.) размягчение сердца.
cardiomegalia. [ж.] (пат.) гипертрофия сердца.
cardiopalmo. [м.] (пат.) учащённое сердцебиение.
cardiopatía. [ж.] (пат.) болезнь сердца.
cardiosclerosis. [ж.] см. cardioesclerosis.
cardiotrofia. [ж.] (мед.) питание сердца.
cardiotroto. [прил.] (мед.) раненый в сердце.
cardiovascular. [прил.] сердечно-сосудистый.
cardítico, ca. [прил.] относящийся к сердцу.
carditis. [ж.] (пат.) кардит, воспаление сердца.
cardizal. [м.] место, заросшее чертополохом.
cardo. [м.] (бот.) чертополох, репейник; съедобный чертополох; (перен.) суровый, неприветливый человек: * cardo corredor, или estelado, перекати-поле; * cardo borriquero, чертополох; * cardo mariano, см. cardoncillo.
cardón. [м.] (бот.) волчец, ворсянка; чесание шерсти; (Амер.) см. cardo.
cardona. [ж.] (Амер.) род кактуса.
cardona. * ser más listo que cardona, быть очень умным, сообразительным.
cardonal. [м.] (Амер.) место, заросшее чертополохом.
cardoncillo. [м.] (бот.) расторопша, остропёстро.
carducha. [ж.] большая железная чесалка для шерсти.
cardume(n). [м.] косяк рыбы; (Амер.) избыток, изобилие чего-л.
carduón. [м.] (зоол.) род большой ящерицы.
carduzador, ra. [м. и ж.] (текст.) чесальщик (-ица); (арг.) скупщик (-ица) краденых вещей.
carduzal. [м.] см. cardizal.
carduzar. [перех.] см. cardar.
careada. [ж.] (Амер.) очная ставка.
careado, da. [прил.] (обл.) отправляющийся на пастбище (о скоте); находящийся на пастбище (о скоте).
careador. [м.] (Амер.) тот, кто ухаживает за петухом (во время боя).
carear. [перех.] делать очную ставку; сличать, сравнивать, сопоставлять; перегонять скот (обл.) см. oxear; [неперех.] поворачиваться лицом; * racer; * carearse. [возв. гл.] сходиться для переговоров; встречаться для выяснения чего-л.
carebaría. [ж.] (мед.) тяжесть в голове.
carebe. [м.] (Амер.) род ложки.
carecer. [неперех.] недоставать, не хватать; быть лишённым чего-л, испытывать недостаток в чём-л: * carecer de dinero, испытывать недостаток в деньгах; * ca-

recer de fundamento, быть необоснованным; [непр. гл.] спрягается как crecer.
careciente. [действ. прич.] к carecer.
carecimiento. [м.] см. carencia.
careicillo. [м.] (Амер.) кубинское дикорастущее деревце.
carel. [м.] (мор.) верхний край.
carelios. [м. множ.] карелы (народ).
carena. [ж.] (мор.) ремонт подводной части судна; (перен.) (разг.) оскорбительная шутка, насмешка (с гл. dar, sufrir, llorar, aguantar); (поэт.) неф (внутренняя часть храма).
carenadura. [ж.] (мор.) ремонт подводной части судна.
carenaje. [м.] (мор.) см. carenadura; (гал.) судоремонтная платформа.
carenar. [перех.] (мор.) ремонтировать подводную часть судна: * carenar de firme, вполне ремонтировать (судно).
carencia. [ж.] отсутствие, лишение, острый недостаток, нехватка.
carenero. [м.] (мор.) судоремонтная платформа, место, где ремонтируют подводную часть судна.
careniforme. [прил.] в виде киля.
carenóstilo. [м.] род жужелицы.
carenote. [м.] (мор.) стойка, удерживающая от падения лодку (когда находится вне воды).
carente. [непр. действ. прич.] к carecer, лишённый.
careo. [м.] очная ставка; (обл.) пастбище; разговор, беседа, болтовня; развлечение, шумное веселье.
carero, ra. [прил.] (разг.) продающий дорого.
carestía. [ж.] дороговизна; недостаток, нужда в чём-л; лишение: * carestía de víveres, голод.
careta. [ж.] маска; проволочная сетка от москитов, пчёл; (перен.) маска, притворство, личина: * careta antigás, противогаз; * quitarle a uno la careta, (перен.) сорвать маску с кого-л.
careto, ta. [прил.] с белой отметиной на лбу (о лошади, воле).
caretoide, da. [прил.] похожий на щит черепахи.
caretudo, da. [прил.] (Амер.) бесстыдный, наглый.
carey. [м.] (зоол.) морская черепаха; щит черепахи; (Амер.) (бот.) лиана; * de carey, черепаховый.
carga. [ж.] погрузка; груз, тяжесть; нагрузка; кладь, бремя, ноша; сервитут; налог; пошлина; повинность; заряд; загрузка; заряжание; атака; подрывной патрон; (разг.) суровый выговор: * bestia de carga, вьючное животное; * barco de carga, грузовое судно; * a carga cerrada, необдуманно, разом; * carga pesada, бремя; * carga de leña, повозка дров; * carga de agua, два ведра воды; * carga mayor, груз, который может нести лошадь; * carga menor, груз, который может нести осёл; * carga nuclear, (физ.) заряд ядра; * a cargas, (разг.) обильно; * carga útil, полезная нагрузка; * de carga múltiple, многозарядный; * carga a la bayoneta, штыковая атака; * ser en carga, сердить, надоедать; * echarse con la carga, забрасывать дела (от усталости); * volver a la carga, возобновить попытку; * terciar la carga, делить с кем-л груз.
cargaburro. [м.] (Амер.) карточная игра.
cargadal. [м.] (обл.) накопление земли на дне реки и т. д.
cargadamente. [нареч.] тяжело и т. д.
cargadas. [ж. множ.] карточная игра.
cargadero. [м.] место для погрузки и разгрузки товаров; (арх.) притолока.

cargadizo, za. [прил.] пригодный для погрузки.
cargado, da. [страд. прич. и прил.] (на)гружённый, гружёный, обременённый; знойный, душный (о погоде и т. д.); собирающаяся метать (об овце); крепкий (о напитке); (физ.) заряженный; шулерский (о игральных костях); пьяный: * cargado de prejuicios, закоснелый в предрассудках; * cargado de años, старый; * cargado de espaldas, сутулый; * estar cargado, быть пьяным; [м.] па; (в азартных играх) карта, на которой ставят много денег.
cargador. [м.] тот, кто размещает груз; грузчик; засыпщик, загрузчик; возчик; ломовик; носильщик; отправитель груза; судовой маклер; большие вилы для соломы; (воен.) патронная обойма; зарядное устройство; (Амер.) носильщик; шумная ракета.
cargadora. [ж.] (Амер.) няня.
cargadura. [ж.] (обл.) зарядка, введение патрона в патронник.
cargalaburra. [ж.] (Амер.) карточная игра.
cargamento. [м.] груз (судна); (мор.) фрахт.
cargancia. [ж.] (обл.) назойливость, надоедливость.
cargante. [действ. прич.] к cargar; [прил.] убийственный, убийственно скучный, надоедливый, несносный, обременительный, тягостный, раздражающий.
cargar. [перех.] грузить, нагружать, загружать, навьючивать; погружать; заряжать; собирать, накапливать; скупать; увеличивать, прибавлять груз чего-л; обременять, отягощать; возлагать; (перен.) нагружать, взваливать; вменять в вину, приписывать; налагать обязанности; нападать, налетать, обрушиваться на, атаковать; (разг.) надоедать, утомлять; (мор.) брать на гитовы; подтягивать на гитовы (паруса); (Амер.) носить, иметь при себе; переедать, перепивать; прибавлять ставку (в игре): * cargar en cuenta, записывать в дебет; [неперех.] склоняться; (тже. возв. гл.) брать на себя груз; стекаться; опираться, упираться; настойчиво просить, упрашивать; надоедать, не давать покоя; приносить много плодов (о деревьях); брать на себя; (воен.) атаковать; * cargarse. [возв. гл.] затягиваться тучами (о небе); портиться (о погоде); наклонить тело; сердиться, раздражаться; * cargar delantero, перепивать; * cargar con todo, брать всё с собой; * cargar sobre alguno, приписывать; * cargar la mano, слишком употреблять (чего-л); * cargar el estómago, перегружать желудок; * cargarse de razón, быть целиком и полностью правым.
cargareme. [м.] квитанция, расписка.
cargatasajo. [м.] (Амер.) карточная игра.
cargazón. [м.] см. cargamento; тяжесть (в голове и т. д.); скопление облаков; (Амер.) изобилие плодов (на деревьях и т. д.); грубый механизм.
cargo. [м.] погрузка, нагрузка; груз, вес; тяжесть; пост, должность; функция, обязанность; руководство, наблюдение, управление; (должностное) обвинение; название разных мер; (обл.) см. dintel: * testigo de cargo, свидетель обвинения; * ser en cargo, быть должником; * a cargo de, под наблюдением, под руководством, на попечении; за счёт кого-л; * hacerse cargo de, брать на себя; понимать, принять во внимание, в соображение; * con cargo a, за счёт кого-л; * cargo de conciencia, дело совести, угрызения совести.

cargosear. [неперех.] (Амер.) упрашивать, назойливо просить или делать что-л.
cargosidad. [ж.] (Амер.) назойливость, надоедливость.
cargoso, sa. [прил.] (Амер.) обременительный, тягостный; убийственный, надоедливый.
carguera. [ж.] (Амер.) няня; [множ.] вьюки.
carguero, ra. [прил.] носящий груз; [м.] (Амер.) вьючное животное.
carguío. [м.] груз, количество груза.
cari. [прил.] (Амер.) ярко-коричневый; [м.] индийский перец.
cari. [м.] (Амер.) ежевика (ягода).
caria. [ж.] (арх.) ствол колонны.
cariaco, da. [прил.] сварливый, сердитый.
cariaco. [м.] некоторый напиток; (зоол.) род оленя; (Амер.) кубинский народный танец.
cariacontecido, da. [прил.] (разг.) печальный, озабоченный.
cariacos. [м. множ.] антильские индейцы (до открытия Америки).
cariacu. [м.] (зоол.) род оленя.
cariacuchillado, da. [прил.] изуродованный шрамом.
cariado, da. [прил.] кариозный, испорченный (о зубе и т. д.).
cariadura. [ж.] (мед.) кариес.
cariaguileño, ña. [прил.] (разг.) с худощавым длинным лицом и орлиным носом.
carialegre. [прил.] улыбающийся.
carialzado, da. [прил.] с поднятым лицом.
cariampollado, da, cariampollar. [прил.] толстощёкий.
cariancho, cha. [прил.] (разг.) широколицый.
cariaquito. [м.] (бот.) название одного многолетнего растения.
cariar. [перех.] разъедать, вызывать кариес: * **cariarse**, гнить, портиться, страдать костоедой.
cariarú. [м.] (бот.) антильская красящая лиана.
cariátide. [ж.] (арх.) кариатида.
carίbal. см. **caníbal.**
caribe. [прил.] карибский; [сущ.] карайб, (-ка); [м.] карайбский язык; (перен.) жестокий, дикий, лютый человек.
caribello. [прил.] с белыми пятнами на лбу (о быке).
caribermejo, ja. [прил.] яркокрасного цвета (о лице).
caribito. [м.] (Амер.) род морской рыбы.
cariblanca. [м.] (Амер.) см. **carablanca.**
cariblanco. [м.] (Амер.) (зоол.) род кабана.
caribobo, ba. [прил.] (разг.) с глупым лицом.
caribú. [м.] (зоол.) канадский олень.
carica. [ж.] (Амер.) лишённая перьев (о куриной шее) (тже. сущ.).
caricari. [м.] (орни.) бразильский сокол.
caricato. [м.] (театр.) комический бас; (Амер.) карикатура.
caricatura. [ж.] карикатура; шарж: * presentar en **caricatura**, шаржировать.
caricatural. [прил.] карикатурный.
caricaturar. [перех.] представить в карикатурном виде.
caricaturesco, ca. [прил.] карикатурный.
caricaturista. [м. и ж.] карикатурист.
caricaturizar. [перех.] представить в карикатурном виде.
caricia. [ж.] ласка; нежность; задабривание; (арг.) дорогая вещь.
cariciosamente. [нареч.] см. **cariñosamente.**
caricioso, sa. [прил.] см. **cariñoso.**
caricompuesto, ta. [прил.] серьёзный (о лице).
caricorto, ta. [прил.] с маленькими чертами (о лице).

caricoso, sa. [прил.] похожий на винную ягоду.
caricuerdo, da. [прил.] с осторожным выражением на лице.
carichato, ta. [прил.] со сплюснутым лицом.
carichina. [ж.] (Амер.) мужеподобная женщина.
caridad. [ж.] милосердие, человеколюбие; благотворительность; подаяние, милостыня; лёгкая закуска (при празднике у нек-рых братств); (мор.) запасной якорь; (Амер.) пища заключённых: * hermanas de la **caridad**, сёстры милосердия; * la **caridad** bien entendida empieza por uno mismo, своя рубашка ближе к телу.
caridelantero, ra. [прил.] (разг.) бесстыдный и назойливый.
caridelgado, da. [прил.] с худым лицом.
caridoliente. [прил.] (разг.) печальный, грустный (о лице).
cariduro, ra. [прил.] (Амер.) бесстыдный, наглый (тже. сущ.).
carie. [ж.] кариес.
cariedón. [м.] (энто.) насекомое, грызущее орехи.
caries. [ж.] (пат.) кариес; (с.-х.) твёрдая или вонючая головня.
cariexento, ta. [прил.] (разг.) с наглым выражением (о лице).
carifresco, ca. [прил.] (Амер.) бесстыдный, наглый, дерзкий.
carifruncido, da. [прил.] с нахмуренным лицом.
carigordo, da. [прил.] (разг.) с толстым лицом.
cariharto, ta. [прил.] см. **carirredondo.**
carihermoso, sa. [прил.] с красивым лицом.
carijusto, ta. [прил.] лицемерный.
carilampiño, ña. [прил.] (Амер.) см. **barbilampiño.**
carilargo, ga. [прил.] (разг.) с продолговатым лицом.
carilavado, da. [прил.] см. **carilucio.**
carilimpieza. [ж.] (Амер.) наглость, нахальство, бесстыдство.
carilimpio, pia. [прил.] (Амер.) наглый, нахальный, бесстыдный.
carilindo, da. [прил.] с миловидным нежным лицом.
cariliso, sa. [прил.] (Амер.) бесстыдный, наглый.
carilucio, cia. [прил.] (разг.) с блестящим лицом.
carilla. [ж.] проволочная сетка от пчёл; валенсийская монета; страница.
carilleno, na. [прил.] с отёкшим лицом.
carillo, lla. [прил.] дорогой, любимый; [м. и ж.] любовник, (-ица), жених, невеста.
carillón. [м.] башенные часы с музыкой, куранты; (муз.) металлофон.
carimaciento, ta. [прил.] с обесцвеченным лицом.
carimañola. [ж.] (Амер.) кулебяка, пирог с мясом.
carimba. [ж.] (Амер.) клеймо на рабе; см. **calimba.**
carimbar. [перех.] (Амер.) клеймить скот.
carimbo. [м.] (Амер.) железный штамп для клеймения скота.
carimujer. [прил.] с женоподобным лицом (о мужчине).
carimujeril. [прил.] см. **carimujer.**
carina. [ж.] наёмная плакальщица.
carincho. [м.] американское кушанье.
carinegro, gra. [прил.] со смуглым лицом.
carininfo, fa. [прил.] с женоподобным лицом.
cariñana. [ж.] старинный женский головной убор.

cariñar. [неперех.] (обл.) тосковать по родине и т. д.
cariñena. [м.] сорт красного очень сладкого вина.
cariño. [м.] привязанность; любовь; нежность; расположение; увлечение; ласка; (Амер.) подарок; * con **cariño**, с любовью; старательно.
cariñosa. [ж.] (Амер.) чесотка.
cariñosamente. [нареч.] нежно, любовно, с любовью; старательно.
cariñoso, sa. [прил.] любящий, сердечный, ласковый, нежный; любовный.
cariocar. [ж.] южноамериканское, очень высокое дерево.
cariocarpo, pa. [прил.] орехоплодный.
cariocinesis. [ж.] кариокинез.
cariocinético, ca. [прил.] к кариокинез.
cariogamia. [ж.] (мед.) кариогамия.
cariogámico, ca. [прил.] к кариогамия.
cariología. [ж.] кариология.
carioplasma. [ж.] кариоплазма.
caripálido, da. [прил.] с бледным лицом.
caripando, da. [прил.] с глупым лицом.
cariparejo, ja. [прил.] (разг.) с невозмутимым лицом.
caripecoso, sa. [прил.] с веснушчатым лицом.
caripelado. [м.] (Амер.) обезьяна (одна из разновидностей).
carirraído, da. [прил.] (Амер.) бесстыдный, наглый, дерзкий, бессовестный.
carirredondo, da. [прил.] (разг.) круглолицый.
caris. [м.] (Амер.) индейское кушанье.
carisea. [ж.] старинная ткань.
cariseto. [ж.] грубая шерстяная ткань.
carisias. [ж. множ.] (в античном мире) празднество в честь Граций.
carisma. [м.] (теол.) божественный дар.
carismático, ca. [прил.] дарованный свыше.
carisquis. [м.] (бот.) род филиппинской акации.
caristias. [ж. множ.] (ист.) семейное пиршество (у Римлян).
carita. [ж.] миловидное личико, рожица.
caritán. [м.] собиратель tuba (в филиппинских о-вах).
caritativamente. [нареч.] милосердно.
caritativo, va. [прил.] милосердный, милостивый, сострадательный, человеколюбивый.
carite. [м.] (Амер.) род пилы-рыбы.
caritieso, sa. [прил.] с суровым лицом.
caritrigueño, ña. [прил.] со смуглым лицом.
cariucho. [м.] (Амер.) кушанье из мяса и т. д.
cariz. [м.] вид атмосферы или (перен.) дела.
carla. [ж.] индийская ткань.
carlanca. [ж.] собачий ошейник с шипами; (разг.) хитрость, обман (чаще множ.); (арг.) рубашечный воротник; (Амер.) кандалы; назойливый человек; * tener muchas **carlancas**, (разг.) быть себе на уме.
carlanco. [м.] (орни.) голенастая птичка синеватого цвета; см. **carlancón.**
carlancón, na. [м. и ж.] (разг.) лукавый, хитрый человек, пройдоха.
carlanga. [ж.] (Амер.) лоскут, тряпка; лохмотья.
carlear. [неперех.] см. **jadear.**
carleta. [ж.] (мин.) род шифера (из Анже); род напильника.
carlín. [м.] старинная испанская монета.

carlina. [ж.] (бот.) колючелистник, колючник.
carlincho. [м.] (обл.) перекати-поле.
carlinga. [ж.] (мор.) карлингс; степс, гнездо мачты; (ав.) (непр.) кабина пилота, наблюдателя и т. д.
carlismo. [м.] (ист.) карлистское движение, карлистская партия.
carlista. [прил.] (ист.) карлистский; [м.] карлист.
carló, carlón. [м.] сорт красного вина.
carlota. [ж.] * carlota rusa, (кул.) шарлотка.
carlovingio, gia. [прил.] каролингский; [м. множ.] Каролинги.
carmañola. [ж.] куртка с узкими фалдами (одежда якобинцев); карманьола (песня времён Французской революции).
carme. [м.] (обл.) загородный дом.
carmel. [м.] (бот.) род подорожника.
carmelina. [ж.] вигоневая шерсть.
carmelita. [прил.] кармелитский; [м. и ж.] кармелит, (-ка); [ж.] (бот.) цветок настурции.
carmelita. [прил.] (Амер.) светло-коричневый.
carmelitano, na. [прил.] кармелитский, принадлежащий к ордену кармелитов.
Carmen. [м.] кармелитский монашеский орден.
carmen. [м.] (обл.) загородный дом.
carmen. [м.] стихотворение.
carmenador. [м.] чесальщик; чесалка; см. peine.
carmenadura. [ж.] чесание шерсти, расчёсывание (шерсти, волоса и т. д.).
carmenar. [перех.] чесать, расчёсывать, трепать, чистить (шерсть, волос, шёлк) (перех.); (разг.) вырывать волосы, дёргать, таскать за волосы; (разг.) отнимать деньги, ценности.
carmentina. [ж.] (бот.) лекарственное растение.
carmes. [м.] червец (насекомое); кермес (пурпурная краска).
carmesí. [прил.] тёмно-красный; [м.] красный цвет; кошениль (порошок); ткань из красного шёлка.
carmín. [м.] кармин (краска); дикая роза и цветок (красный).
carminativo. [м.] (мед.) ветрогонное средство.
carmíneo, a. [прил.] карминный.
carmosina. [ж.] род попугая.
carnación. [ж.] телесный цвет.
carnada. [ж.] прикорм на удочку, приманка, наживка; (перен.) обман, западня, приманка.
carnadura. [ж.] мясистость, изобилие мяса, плоти или мышц; см. encarnadura.
carnaje. [м.] (мор.) запас солонины.
carnal. [прил.] плотский; чувственный; земной; родной; [м.] (церк.) мясоед.
carnalidad. [ж.] чувственность.
carnalita. [ж.] (мин.) карналлит.
carnalmente. [нареч.] плотски, чувственно.
carnario. [м.] см. osario.
carnauba. [ж.] (Амер.) см. carandaí.
carnaval. [м.] масленица, карнавал.
carnavalada. [ж.] карнавальная шутка.
carnavalesco, ca. [прил.] масленичный, карнавальный.
carnaza. [ж.] мездра; см. carnada; (разг.) мясистость.
carnazón. [м.] воспаление раны.
carne. [ж.] тело, плоть; мясо; мясная пища; мякоть (плодов); чувственность; (Амер.) см. cerne: * carne de vaca, или de toro, говядина; * carne de ternera, телятина; * carne de cerdo, свинина; * carne de carnero, или de oveja, баранина; * carnes blancas, белое мясо; * carne ahogadiza, мясо утонувших животных; * carne del cocido, варёное мясо; * carne de membrillo, пластовой мармелад из айвы; * carne de pelo, крольчатина и т. д.; * carne de pluma, курятина и т. д.; * carne mollar, мясо без жира и костей; * carne salvajina, мясо из диких животных; * carne de gallina, (разг.) мурашки по телу, гусиная кожа; * carne de cañón, пушечное мясо; * cobrar, criar, echar carnes, толстеть, нагулять тело (разг.); * en carnes, нагишом; * perder carnes, худеть; * en carne y hueso, самолично; * temblar las carnes, дрожать от страха; * hacer carne, кусать, ранить, убить, изрезать; * ni carne ni pescado, ни рыба ни мясо; * poner toda la carne en el asador, поставить всё на карту; * tener carne de perro, быть крепким; * metido en carnes, толстоватый.
carne. [ж.] вогнутая часть астрагала.
carneada. [ж.] (Амер.) дейст. к carnear; место, где убивают скот на мясо.
carnear. [перех.] (Амер.) убивать скот на мясо; разделывать туши; ранить или убивать холодным оружием; надувать выманивать воровским, мошенническим способом.
cárneas. [ж. множ.] (в античном мире) празднество в честь Аполлона.
carnecería. [ж.] см. carnicería.
carnerada. [ж.] стадо баранов.
carneraje. [м.] налог на баранов.
carnerario. [м.] (обл.) см. osario.
carnereamiento. [м.] штраф за потраву, произведённую стадом баранов.
carnerear. [перех.] штрафовать за потраву, произведённую стадом баранов.
carnerero. [м.] тот, кто пасёт стадо баранов.
carneril. [прил.] бараний; о пастбище для баранов.
carnero. [м.] баран; (обл.) выделанная баранья, или овечья шкура; (Амер.) лама; человек слепо подражающий, безвольный человек; (вульг.) штрейкбрехер: * carnero marino, тюлень; * carnero manso, вожак в стаде (с колокольчиком на шее); * no hay tales carneros, это не верно; * carnero verde, (кул) кушанье из баранины.
carnero. [м.] см. osario; фамильный склеп.
carneruno, na. [прил.] бараний.
carnestolendas. [ж. множ.] см. carnaval.
carnet. [м.] (гал.) записная книжка; удостоверение личности.
carnicera. [ж.] продавщица мяса; (Амер.) камера для хранения мяса.
carnicería. [ж.] мясная лавка, (разг.) мясная; (перен.) бойня, резня, побоище; (Амер.) скотобойня.
carnicero, ra. [прил.] хищный, плотоядный; о пастбище для мясного скота; (перен.) жестокий, кровожадный; [м.] мясник; [множ.] хищные животные.
cárnico, ca. [приг.] относящийся к мясу; мясной.
carnicol. [м.] копыто (у парнокопытных); бабка (для игры); [множ.] игра в бабки.
carnícoles. [м. множ.] (обл.): * estar en carnícoles, быть без перьев (о птице).
carnificación. [ж.] (мед.) карнификация, уплотнение тканей.
carnificarse. [возв. гл.] уплотняться (о тканях).
carnifice. [м.] название огня (у алхимиков).
carnificina. [ж.] эшафот; см. suplicio.
carniforme. [прил.] похожий на мясо.
carniola. [ж.] разновидность халцедона.
carniseco, ca. [прил.] худощавый, худой.
carnívoro, ra. [прил.] плотоядный; питающийся падалью.
carniza. [ж.] (разг.) отбросы мяса; (разг.) мертвечина.
carnización. [ж.] (мед.) см. carnificación.
carnosidad. [ж.] мясистый нарост, дикое мясо; чрезмерная тучность, полнота, ожирение.
carnoso, sa. [прил.] мясистый; тучный, толстый.
carnudo, da. [прил.] мясистый.
carnuz. [ж.] (обл.) падаль.
carnuza. [ж.] (презр.) изобилие мяса.
caro, ra. [прил.] дорогой, дорогостоящий; дорогой, милый, любимый; [нареч.] дорого: * vender caro, продавать дорого; * vida cara, дороговизна; * vender cara la vida, защищаться до конца; * salir caro, или cara, дорого обходиться.
caro. [м.] (Амер.) кушанье из икры краба и т. д.
caroca. [ж.] декорация для уличных празднеств; комическая пьеса; (перен.) (разг.) льстивая ласка, лесть.
carocha. [ж.] см. carrocha.
carochar. [перех.] см. carrochar.
carola. [ж.] старинный танец.
carola. [ж.] (Амер.) потник.
caroleno. [м.] (Амер.) жениховское арго.
carolina. [ж.] (Амер.) см. cuyá.
carolingio, gia. [прил.] каролингский; [м. множ.] Каролинги.
carolino, na. [прил.] каролинский; [сущ.] уроженец (-ка) К-ких о-вов.
carolo. [м.] (обл.) кусок хлеба (полдник подёнщиков).
caromomia. [ж.] мясо мумии (употр. в медицине).
cárolus. [м.] старинная фламандская монета.
carón, na. [прил.] (Амер.) с большим лицом; бесстыдный, наглый, дерзкий.
carona. [ж.] потник, чепрак; нижняя часть вьючного седла; (арг.) рубашка: * blando de carona, нежного кожи; влюбчивый; вялый, апатичный.
caronchado, da. [прил.] (обл.) источенный червями (о дереве).
caroncharse. [возв. гл.] быть тронутым червоточиной (о дереве).
caroncho. [м.] (обл.) см. carcoma.
caronchoso, sa. [прил.] источенный червями (о дереве).
caronería. [ж.] (Амер.) наглость, бесстыдство, нахальство.
caronjo. [м.] (обл.) см. carcoma.
caroñoso, sa. [прил.] с потёртостями (о лошади).
caroquero, ra. [прил.] льстивый (тже. сущ.).
carosiera. [ж.] плод carosiero.
carosiero. [м.] (бот.) род бразильской пальмы.
carosis. [ж.] (мед.) тяжёлая дремота, сонная болезнь.
carótico, ca. [прил.] к carosis; предназначенный для лечения carosis (тже. сущ.).
carótida. [ж.] (анат.) сонная артерия.
carótido, da. [прил.] относящийся к сонной болезни.
carotina. [ж.] каротин.
caroto. [м.] (Амер.) эквадорское дерево.
carozo. [м.] (обл.) початок кукурузы (без семян); (Амер.) плодовая косточка; (Амер.) виноградная кисточка.
carpa. [ж.] (Амер.) палатка; парусиновый навес.
carpa. [ж.] карп (рыбы).
carpancho. [м.] (обл.) круглая корзина (носимая на голове).

carpanta. [ж.] (разг.) волчий аппетит; (обл.) леность; (Амер.) подвыпившая компания.
carpe. [м.] (бот.) граб; (Амер.) кубинское дикое дерево.
carpedal. [м.] грабовая рощица.
carpelar. [прил.] (бот.) к плодолистик.
carpelo. [м.] (бот.) плодолистик.
carpera. [ж.] карповый садок.
carpeta. [ж.] ковровая скатерть; бювар; папка для бумаг; занавес у трактирной двери; перечень движимого имущества; (обл.) конверт.
carpetazo. [м.] * dar carpetazo, класть под сукно, не давать ходу.
carpetear. [перех.] (Амер.) прятать, скрывать; обманывать, мошенничать; прерывать.
carpiano, na. [прил.] (анат.) запястный.
carpidor. [м.] полольщик.
carpincho. [м.] (зоол.) южноамериканский земноводный грызун.
carpintear. [неперех.] плотничать, тесать; столярничать.
carpintería. [ж.] плотничная или столярная работа, плотничество, столярничество; плотничная или столярная мастерская, столярная.
carpinteril. [прил.] плотничий, плотницкий (разг.), плотнический, плотничный; столярный.
carpintero. [м.] плотник; столяр: * carpintero de armar, плотник; * carpintero de obras de afuera, плотник; * carpintero de ribera, корабельный плотник; * carpintero de banco, столяр; pájaro carpintero, дятел.
carpir. [перех.] (м. употр.) оцарапать; приводить в оцепенение; (Амер.) полоть, выпалывать.
carpitis. [ж.] (мед.) воспаление запястья.
carpo. [м.] (анат.) запястье.
carpófago, ga. [прил.] питающийся плодом.
carpología. [ж.] карпология, плодоведение.
carpológico, ca. [прил.] к карпология, плодоведение.
carpolotia. [ж.] (бот.) американское растение.
carpoptosis. [ж.] (бот.) преждевременное падение плода.
carqueja. [ж.] (бот.) см. carquexia.
carquesa. [ж.] (тех.) стеклоплавильная печь.
carquexia. [ж.] (бот.) дрок, шильная трава (разновидность).
carquiento, ta. [прил.] (Амер.) нечистоплотный, грязный.
carquiñol. [м.] (обл.) род миндального печенья.
carquis. [м.] (Амер.) щёголь.
carraca. [ж.] старое, негодное судно; (уст.) верфь.
carraca. [ж.] трещотка; (тех.) сверлильная трещотка, рачка; разбитая, сломанная вещь; (Амер.) челюсть (у некоторых животных).
carraco, ca. [прил.] (разг.) старый, постоянно недомогающий, болезненный; [м.] (орни) см. aura; род перелётной утки.
carracuca. ° estar más perdido que carracuca, быть в очень трудном положении.
carracho. [м.] (обл.) старый, негодный экипаж.
carrada. [ж.] полный воз, полная повозка, содержимое повозки, телеги.
carrafa. [ж.] (обл.) сладкий рожок.
carral. [м.] бочонок для перевозки вина; (обл.) дряхлый старик.
carraleja. [ж.] род шпанской мухи.
carralero. [м.] бочар, бондарь.
carramanchones (a). [нареч.] (обл.) верхом.
carramarro. [м.] (обл.) съедобная ракушка.
carrampla. [ж.] (Амер.) бедность.

carramplón. [м.] (Амер.) музыкальный инструмент (у негров).
carranca. [ж.] см. carlanca; (обл.) слой льда (на реке и т. д.).
carrancear. [перех.] (Амер.) красть, воровать.
carrancla. [ж.] (Амер.) плохо работающий прибор; неповоротливый человек.
carranclo. [м.] (Амер.) малоценная вещь.
carranclón, na. [прил.] (Амер.) дряхлый, постоянно недомогающий (о старике); [м.] (Амер.) кремнёвое ружьё.
carrancho. [м.] (Амер.) см. zopilote.
carranchoso, sa. [прил.] неровный, шероховатый, чешуйчатый.
carrandanga. [ж.] (Амер.) куча, накопление.
carrandilla. [ж.] (Амер.) ряд, вереница.
carranganada. [ж.] (Амер.) множество вещей.
carranza. [ж.] шип carlanca.
carranzudo, da. [прил.] вооружённый (о шее собаки); (перен.) напыщенный, чванливый.
carraña. [ж.] (обл.) гнев; вспыльчивый, склонный к гневу человек.
carrañón, na. [прил.] (обл.) ворчливый, заносчивый (тж. сущ.).
carrañoso, sa. [прил.] (обл.) сердитый, гневный, вспыльчивый.
carrao. [м.] (Амер.) венесуэльская голенастая птица; [множ.] грубые башмаки.
carraón. [м.] сорт пшеницы.
carrapeana. [ж.] (Амер.) дурачество, глупость.
carraplanear. [перех.] (Амер.) надоедать.
carrasca. [ж.] каменный дуб, вечнозелёный дуб; (обл.) костра пеньки; (Амер.) негритянский музыкальный инструмент.
carrascal. [м.] роща, лес из каменных дубов; (Амер.) см. pedregal.
carrascalejo. [м. умен.] к carrascal.
carrasco. [м.] (бот.) см. carrasca; (Амер.) большой лес.
carrascón. [м. увел.] к carrasca.
carrascoso, sa. [прил.] изобилующий carrascas.
carraspada. [ж.] напиток из вина, воды, мёда и пряностей.
carraspante. [прил.] терпкий.
carraspear. [неперех.] перхать, хрипло говорить.
carraspera. [ж.] (разг.) перхота, хрипота.
carraspina. [ж.] (обл.) род гриба.
carraspique. [м.] (бот.) разнолепестник, разнолистник.
carrasposa. [ж.] (Амер.) (бот.) название растения, с терпкими листьями.
carrasposo, sa. [прил.] охрипший; (Амер.) шероховатый; шершавый.
carrasquear. [неперех.] (обл.) хрустеть на зубах.
carrasqueño, ña. [прил.] относящийся к каменному дубу; (разг.) (перен.) суровый, грубый, твёрдый.
carrasquera. [ж.] см. carrascal.
carrasquilla. [ж.] (обл.) см. camedrio.
carrasquizo. [м.] (обл.) куст, похожий на каменный дуб.
carraza. [ж.] (обл.) связка чеснока или лука.
carrazo. [м.] (обл.) виноградная кисточка.
carrazón. [м.] (обл.) большой безмен.
carrejo. [м.] коридор, проход, переход.
carrendera. [ж.] (обл.) путь, большая шоссейная дорога.
carrendilla. [ж.] (Амер.) вереница, ряд: * de carendilla, см. de carretilla.
carreña. [ж.] (обл.) лоза, обильная кистями.
carrera. [ж.] бег, ход; (спорт.) гонка, состязание на скорость; место для беганья;

скаковой круг; площадка, трек, большая дорога, шоссе; улица; (астр.) путь, движение (звёзд); проезд, переезд, путь; пробег, конец; протяжение пути; ряд, вереница; пробор (в волосах); путь (следования чего-л); поприще, род занятий; спустившиеся петли на чулке; образ действия; жизнь, жизненное поприще; профессия, специальность; способ, манера; (арх.) опорная балка; [множ.] бега; скачки; гонки: * carrera de baquetas, наказание шпицрутенами; (перен.) тяжёлая работа; * carrera de relevos, эстафета; * carrera ciclista, велогонка; * carrera de caballos, скачки; * carrera de velocidad, бег на скорость, * carrera de fondo, de medio fondo, бег на дальние (средние) дистанции; * caballo de carreras, скаковая лошадь; * de carrera, легко, необдуманно; * carrera del émbolo, ход поршня; * a carrera abierta, tendida, во все опоры, опрометью, во всю прыть; * a la carrera, бегом; * tener una carrera, иметь учёное звание; * hacer carrera, сделать карьеру.
carrerear. [перех.] (Амер.) торопить; [неперех.] бегать.
carrerero. [м.] (Амер.) любитель скачек.
carrerilla. [ж.] па испанского танца; разбег перед прыжком: * tomar carrerilla, (прям.) (перен.) разбежаться, взять разгон.
carrerista. [м. и ж.] любитель скачек; игрок в тотализатор; участник бегов.
carrerístico, ca. [прил.] к carrerista.
carrero. [м.] ломовой извозчик; возчик; (обл.) следы на дороге; см. estela.
carreta. [ж.] повозка, двухколёсная телега.
carretada. [ж.] полная телега, кладь телеги, повозки; * a carretadas, в изобилии, возами.
carretaje. [м.] извоз, возка, перевозка.
carretal. [ж.] грубо обтёсанная каменная плита.
carrete. [м.] катушка; см. carretel; (тех.) катушка, бобина; * carrete de Ruhmkorff, (ел.) катушка Румкорфа; * carrete de inducción, индукционная катушка; * carrete de reactancia, дроссельная катушка; * dar carrete, постепенно выпускать лесу; (перен.) затягивать.
carreteador. [м.] ломовой извозчик.
carretear. [перех.] возить, перевозить кладь (на повозке и т. д.); управлять телегой; (Амер.) кричать (о попугаях).
carretel. [м.] катушка для намотки лесы; (мор.) вьюшка.
carretela. [ж.] коляска, ландо (четырёхместная карета с раскрывающимся верхом); (Амер.) омнибус, дилижанс.
carretelero. [м.] (Амер.) человек, управляющий ландо.
carreteo. [м.] гужевой транспорт; возка, перевозка на телеге.
carreteo. [м.] гужевой транспорт; возка, (обл.) навес для телег и сельскохозяйственного инвентаря: * transporte por carretera, автотранспорт.
carretería. [ж.] склад телег; ремесло каретника; обоз; извозный промысел; тележная мастерская; место стоянки телег; танец (в XVII в.).
carreteril. [прил.] относящийся к каретникам, возчикам.
carretero, ra. [прил.] проезжий [м.] тележник; ломовой извозчик; возница; (арг.) см. fullero: * jurar como un carretero, ругаться как ломовой извозчик.

carretil. [прил.] торный, проезжий; относящийся к carreta.

carretilla. [ж.] тачка, ручная тележка; детская ходулька; шутиха (фейерверк); см. pintadera; (Амер.) см. carreta; челюсть; * de carretilla, наизусть, машинально, не колеблясь.

carretillada. [ж.] содержимое тачки.

carretillero. [м.] человек, занимающийся перевозкой на тачке; (Амер.) см. carretero.

carretón. [м.] двухколёсная тележка; тележка (вагона); станок точильщика; детская ходулька; (тех.) салазки.

carretón, na. [прил.] (Амер.) страдающий хрипотой; см. tacaño.

carretonada. [ж.] содержимое carretón.

carretonaje. [м.] (Амер.) перевозка на двухколёсной тележке (carretón); плата за перевозку на двухколёсной тележке.

carretoncillo. [м.] маленькая тележка; санки для катания с гор.

carretonero. [м.] тот, кто управляет carretón; (Амер.) (бот.) клевер.

carric. [м.] (уст.) каррик (мужское пальто с несколькими пелеринками).

carricera. [ж.] бот.) злаковое растение (эриантус).

carricillo. [м. умен.] к carrizo; (Амер.) название разных растений.

carricoche. [м.] крытая двухколёсная повозка; (презр.) дрянная повозка, колымага; (обл.) см. chirrión.

carricuba. [ж.] поливочная телега.

carriego. [м.] верша (из прутьев).

carriel. [м.] (Амер.) см. guarniel; дорожная сумка; дамская сумочка.

carril. [м.] колея, рытвина; борозда; узкая дорога (грунтовая); рельс: * carril-guía, контррельс; * de un sólo carril, однорельсовый.

carrilada. [ж.] колея.

carrilano. [м.] (Амер.) железнодорожный рабочий, железнодорожник; злодей, бандит.

carrilera. [ж.] колея; (Амер.) (ж.-д.) запасной путь; см. emparrillado.

carrilero. [м.] (Амер.) железнодорожник.

carrilete. [м.] старинный хирургический инструмент.

carrillada. [ж.] жир свиных щёк; движение челюстей от холода; [множ.] воловьи или баранья голова.

carrillera. [ж.] челюсть; подбородочный ремень, лента шляпы и т. д., завязывающаяся под подбородком.

carrillo. [м.] щека; (тех.) блок, шкив: * comer, или mascar a dos carrillos, уписывать за обе щеки; занимать одновременно несколько прибыльных должностей; извлекать двойную выгоду из чего-л.

carrilludo, da. [прил.] толстощёкий, толстомордый.

carrindanga. [ж.] (Амер.) (презр.) дрянная повозка.

carriño. [м.] (уст.) воен.) см. avantrén.

carriola. [ж.] низкая кровать на колёсиках; трёхколёсная коляска.

carriona. [прил.] о сорте ореха (тже. сущ.).

carriquí. [м.] американская птичка.

carrito. [м. умен.] к carro; (Амер.) трамвай; * carrito urbano, трамвай.

carrizada. [ж.] (Амер.) скреплённые в ряду бочонки (на буксире).

carrizal. [м.] осоковая заросль.

carrizo. [м.] (бот.) осока; (обл.) птичка коричневого цвета.

carro. [м.] двухколёсная повозка, телега; воз; кладь, содержимое (повозки); боевая колесница (в древнем Риме); (астр.) Большая Медведица; ход (повозки); (полигр.) каретка; (тех.) тележка; (Амер.) (ж.-д.) вагон; (воен.) танк; (арг.) игра; * carro de asalto, танк; * carro blindado, броневик, бронемашина; * carro fúnebre, похоронные дроги; * untar el carro, (перен.) подмазать, дать взятку; * carro Menor, (астр.) Малая Медведица; * carro Mayor, Большая Медведица; * pare el carro, amigo, (перен.) остановись!

carro. [м.] (Амер.) дерево с съедобным плодом.

carro, rra. [прил.] (Амер.) перезрелый.

carrocería. [ж.] экипажная фабрика; кузов (автомобиля).

carrocero. [м.] каретник (мастер); экипажный мастер; [прил.] к carrocería.

carrocha. [ж.] яички откладываемые насекомыми.

carrochar. [неперех.] откладывать яички (о насекомых).

carrol. [м.] (Амер.) мера земли.

carromata. [ж.] крытый двухколёсный экипаж.

carromatero. [м.] ломовой извозчик.

carromato. [м.] ломовые дроги, двухколёсная повозка.

carroña. [ж.] падаль, стервятина (прост.).

carroñar. [перех.] заражать чесоткой, паршой (овечье стадо).

carroño, ña. [прил.] гнилой, испорченный, тухлый.

carroñoso, sa. [прил.] пахнущий падалью.

carroso, sa. [прил.] (Амер.) подозрительный, не внушающий доверия.

carroza. [ж.] парадная карета; (мор.) конечная часть верхней палубы (ют).

carruaje. [м.] экипаж, повозка; выезд (лошади с экипажем); группа экипажей перевозящих людей.

carruajería. [ж.] (Амер.) экипажная мастерская.

carruajero. [м.] кучер, возница; (Амер.) каретник (мастер).

carruata. [ж.] (Амер.) (бот.) род агавы.

carruca. [ж.] (археол.) парадная карета.

carrucar. [неперех.] (обл.) вертеться (о волчке).

carrucha. [ж.] см. garrucha.

carruchera. [ж.] (обл.) направление.

carrucho. [м.] дрянная тележка; см. garrucho.

carrujado, da. [прил. и м.] см. encarrujado.

carrujo. [м.] крона дерева.

carrumba. [ж.] (Амер.) очень оживлённая пляска.

carrumia. [ж.] (Амер.) грязь (на ногах).

carruña. [ж.] (обл.) проезжая дорога.

carrusel. [м.] (гал.) карусель; см. cabalgata.

carrusiana. [ж.] (Амер.) проститутка, публичная женщина.

carta. [ж.] письмо; грамота, хартия, свидетельство; устав, основной закон; конституция; акт, документ; (навигационная и т. д.) карта; игральная карта: * carta abierta, открытое письмо (в редакцию); * carta amorosa, любовная записка; * carta blanca, незаполненный, не подписанный бланк; (перен.) неограниченные полномочия; * cartas credenciales, верительные грамоты; * carta de naturaleza, натурализационное свидетельство; * carta certificada, заказное письмо; * carta de pago, расписка, квитанция; * carta de cambio, вексель; * carta de espera, мораторий; * carta de gracia, (юр.) право выкупа; * carta de pésame, письмо с выражением соболезнования; * carta de valores declarados, ценное письмо; * carta de encomienda, паспорт; * carta de seguro, охранная грамота; * a carta cabal, безупречно; совершенно; * echar las cartas, гадать на картах; * barajar las cartas, тасовать карты; poner las cartas sobre la mesa, или el tapete, играть в открытую; * jugar la última carta, сделать последнюю отчаянную попытку; * carta pécora, пергамент; * carta de la O. N. U., Устав ООН; * tomar cartas, вмешиваться.

cartabón. [м.] угольник (чертёжный); (арх.) угол конька двускатной крыши; * echar el cartabón, (разг.) приглядываться к чему-л.

cartabonear. [неперех.] (Амер.) мерить угольником (чертёжным).

cartafolio. [м.] лист бумаги.

cartagenero, ra. [прил.] относящийся к Cartagena; [сущ.] уроженец (-ка) этого города.

cartagin(i)ense, cartaginés, sa. [прил.] (ист.) карфагенский; [м.] карфагенец.

cártama, cártamo. [м.] (бот.) сафлор (вид чертополоха): * cartamus tinctorius, красильный сафлор.

cartapacio. [м.] тетрадь; ранец, ученическая сумка.

cartapel. [м.] бумажки, писанина; (обл.) см. rocadero.

cartazo. [м.] (разг.) письмо, содержащее в себе порицание.

carteadera. [ж.] (Амер.) переписка.

cartear. [перех.] играть краплёными картами: * cartearse, [возв. гл.] переписываться, быть в переписке с кем-л.

cartel. [м.] афиша, плакат, объявление; воззвание; (уст.) вызов на дуэль; сеть для ловли сардин; см. pasquín: * cartel de publicidad, реклама; * tener buen cartel, пользоваться успехом, быть популярным.

cartel. [м.] (полит.) картель; блок, объединение.

cartela. [ж.] карточка, табличка для записи; (арх.) консоль; (гер.) брусочек.

cartelera. [ж.] доска для расклейки афиш.

cartelero. [м.] человек, расклеивающий объявления.

carteleta. [ж.] сорт шерстяной ткани.

cartelista. [м. и ж.] автор афиши.

cartelista. [м. и ж.] член картеля.

cartelón. [м.] увел. к cartel; большая афиша.

carteo. [м.] переписка.

cárter. [м.] (англ.) картер, предохранительный кожух, см. cubrecadena.

cartera. [ж.] бумажник, папка; портфель; министерский портфель; пост министра; клапан, язычок (у платья); ценные бумаги: * ministro sin cartera, министр без портфеля.

cartergo. [м.] (Амер.) род осы.

cartería. [ж.] должность почтальона; почтовое отделение.

carterista. [м.] карманник, карманный вор.

cartero. [м.] почтальон.

cartesianismo. [м.] (фил.) картезианство.

cartesiano, na. [прил.] (фил.) картезианский; [м.] картезианец, последователь Декарта.

carteta. [ж.] карточная игра.

cartíbulo. [м.] (арх.) римский каменный стол.

cartilágine. [м.] (анат.) хрящ.

cartilaginiforme. [прил.] похожий на хрящ.

cartilaginoso, sa. [прил.] хрящеватый, хрящевой.

cartílago. [м.] (анат.) хрящ.

cartilla. [ж.] азбука, букварь; начальный учебник; записная книжка; руководство, учебное пособие по какому-л предмету; карточка, документ; см. añalejo;

билет проститутки: * cartilla de ahorros, сберегательная книжка; * cartilla militar, военный билет; солдатская книжка; * cantarle, или leerle a uno la cartilla, делать строгое наставление; * no saber la cartilla, быть полным невеждой.
cartillero, ra. [прил.] (разг.) о пьесе, которой часто играют; вульгарный, пошлый, манерный (о актёрах).
cartismo. [м.] (полит.) чартизм.
cartista. [м. и ж.] (полит.) чартист (-ка); [прил.] чартистский.
cartografía. [ж.] картография.
cartográfico, ca. [прил.] картографический.
cartógrafo. [м.] картограф.
cartograma. [м.] картограмма.
cartolas. [ж. множ.] носилки для сидячих раненых; (обл.) см. adrales.
cartomancia. [ж.] гадание на картах.
cartomántico, ca. [прил.] к cartomancia; [сущ.] гадальщик, гадалка на картах.
cartometría. [ж.] картометрия.
cartométrico, ca. [прил.] к картометрия.
cartómetro. [м.] курвиметр, планиметр и т. д.
cartón. [м.] картон (материал); папка; (жив.) картон, карандашный набросок, эскиз; (арх.) см. ménsula; орнамент в виде листьев: * cartón piedra, рубероид; * cartón de trapos, папье-маше; * casa de cartón, (перен.) картонный домик.
cartonaje. [м.] картонажное искусство.
cartoné. [прил.] (гал.) переплетённый в папку.
cartonera. [ж.] (Амер.) род осы.
cartonería. [ж.] картонажная фабрика; магазин картонажных изделий.
cartonero, ra. [прил.] картонный; [м. и ж.] человек, делающий, или продающий картонажи.
cartucha. [ж.] (Амер.) девственница.
cartuchera. [ж.] патронная сумка, патронташ; подсумок, см. canana.
cartuchería. [ж.] (соб.) патроны.
cartucho. [м.] патрон; свёрток разменной монеты; фунтик, пакетик; * cartucho sin bala, холостой патрон; * quemar el último cartucho, сделать последнюю отчаянную попытку.
cartuchón, na. [прил.] (Амер.) притворяющийся несведущим.
cartuja. [ж.] картезианский монашеский орден; картезианский монастырь.
cartujano, na. [прил.] картезианский; см. cartujo.
cartujo. [прил. и ж.] монах-картезианец; [м.] нелюдимый, замкнутый человек.
cartulario. [м.] картулярий; нотариус.
cartulina. [ж.] тонкий белый картон.
caruata. [ж.] (Амер.) род агавы.
caruja. [ж.] (обл.) зимняя груша.
carúncula. [ж.] мясистое утолщение.
carunculado, da. [прил.] с мясистыми утолщениями.
caruncular. [прил.] к carúncula.
carunculeiforme. [прил.] в виде мясистого утолщения (carúncula).
carunculoso, sa. [прил.] покрытый мясистыми утолщениями; похожий на carúncula.
caruto. [м.] (Амер.) название дерева и растения.
carvajal, carvallar, carvalledo. [м.] (обл.) роща из низкорослых дубов.
carvallo. [м.] (обл.) (бот.) низкорослый дуб.
carvi. [м.] тминное семя.
cas. [ж.] усечение casa.
cas. [м.] (бот.) миртовое дерево.
casa. [ж.] дом (здание); дом, помещение, квартира, жилище; семья, дом; прислуга; хозяйство; торговый дом, фирма; учреждение; дом, династия; клет-

ка (на шахматной доске): * casa amueblada, дом с меблированными комнатами; * casa de vecindad, жилой дом; * casa de placer, de campo, дача, загородный дом; * casa de Dios, храм, церковь; * casa de labor, или labranza, усадьба; * casa de tía, тюрьма; * casa de juego, игорный дом; * casa de salud, психиатрическая больница; * casa de citas, дом свиданий; * casa de camas, или lenocinio, или mancebía, или de trato, или llana, или pública, дом терпимости, публичный дом; * casa de huéspedes, или pupilos, пансион; * casa de maternidad, родильный дом; * casa del ayuntamiento, ратуша; * casa de reposo, дом отдыха; * casa de locos, сумасшедший дом; * casa de correos, почтамт; * casa de beneficiencia, приют (для престарелых и т. д.); * casa cuna, детские ясли; * casa de banca, банк; * casa de cambio, меняльная контора; * casa consistorial, городская дума, ратуша; * casa de empeños, de préstamos, ломбард; * casa de comidas, харчевня; * casa de dormir, ночлежный дом; * casa de socorro, пункт первой медицинской помощи; * casa de vacas, коровник; * casa fuerte, за´мок; * casa de tócame Roque, шумный, густо населённый дом; помещение, где дым стоит коромыслом; * casa de baños, общественные бани; * casa de la moneda, монетный двор; casa de Fieras, зоологический сад; * de casa en casa, из дома в дом; * a casa, домой; * en casa, у себя дома; * no tener casa ni hogar, не иметь ни кола ни двора; * levantar la casa, перевозить вещи на другую квартиру; * echar la casa por la ventana, сорить деньгами; * estar en casa, быть одетым по-домашнему; * en casa del herrero cuchillo de palo, сапожник (ходит) без сапог; * pasar la noche fuera de casa, не ночевать дома; * poner casa, обзавестись семьёй; * tener casa propia, иметь свой угол, свой дом; * guardar la casa, сидеть дома; * ser de la casa, быть своим человеком в доме; * casa solariega, или solar, старинный род.
casaba. [ж.] (гал.) крепость, см. alcazaba.
casabe. [м.] (Амер.) антильская рыба: * casabe de brujas, (Амер.) сорт гриба.
casabillo. [м.] (Амер.) белое пятнышко на лице.
casaca. [ж.] плащ с широкими рукавами; полукафтан, камзол; (воен.) мундир; (разг.) женитьба; брак: querer casaca, желать вступать в брак; * volver (la) casaca, переметнуться, изменить своим убеждениям, идти на попятный.
casación. [ж.] (юр.) кассация.
casacón. [м. увел.] к casaca; длинная холщовая блуза.
casada. [ж.] (обл.) старинный знатный род.
casadero, ra. [прил.] достигший возраста для вступления в брак.
casadilla. [ж.] (обл.) (разг.) молодая жена.
casadilla. [ж.] (Амер.) сорт лакомства.
casado, da. [страд. прич.] к casar; женатый, замужняя (тже. сущ.): * estar casada, быть замужем.
casaisaco. [м.] (Амер.) паразитное растение.
casal. [м.] (уст.) старинный знатный род; хутор, ферма; (обл.) см. solar (участок земли); (Амер.) пара (самец и самка).
casalicio. [м.] дом, здание.
casamata. [ж.] (воен.) каземат.
casamentero, ra. [прил. и сущ.] сват, сваха.
casamiento. [м.] брак, женитьба, замужество; супружество; свадьба: * casamiento desigual, мезальянс, неравный брак.

casampulga. [ж.] (Амер.) ядовитый паук.
casamuro. [м.] старинная городская стена.
casanga. [ж.] (Амер.) см. casorio; сорт сладкого.
casapuerta. [ж.] сени; вестибюль.
casaquilla. [ж.] казакин.
casaquinta. [ж.] дача, вилла.
casar. [м.] деревушка.
casar. [перех.] (юр.) кассировать.
casar. [неперех.] вступать в брак; (Амер.) подходить [перех.] женить; венчать; выдавать замуж; (перен.) сочетать, соединять; * casarse. [воев. гл.] жениться; выходить замуж; * casarse con su opinión, упорствовать, упрямиться; * no casarse con nadie, действовать по-своему, по своему усмотрению.
casarca. [ж.] перепончатолапая птица.
casariego, ca. [прил.] (обл.) любящий проводить свободное время у себя дома.
casarón. [м.] домина, домище.
casatienda. [ж.] лавка с жильём.
casca. [ж.] отжимки винограда; дубовая кора; крендель (марципанный); см. cáscara; (обл.) плохое вино из виноградных выжимок.
cascabancos. [м.] см. zascandil.
cascabel. [м.] бубенчик; погремушка: * serpiente de cascabel, гремучая змея; * de cascabel gordo, трескучий (о литературном произведении); * tener cascabel, быть беспокойным; * ser un cascabel, быть легкомысленным; * poner el cascabel al gato, взяться за трудное дело.
cascabela. [ж.] (Амер.) гремучая змея.
cascabelada. [ж.] старинный шумный праздник; легкомысленный, необдуманный поступок, безрассудство.
cascabelear. [перех.] обнадёживать понапрасну; [неперех.] ветрено, безрассудно поступать.
cascabeleo. [м.] шум бубенчиков, голосов и т. д.
cascabelero, ra. [прил.] ветреный, легкомысленный, безрассудный (тже. сущ.); [м.] ветреник, (-ница); см. sonajero.
cascabelillo. [м. умен.] к cascabel; сушёная слива.
cascabillo. [м.] бубенчик; шелуха (после веяния зерна); чашечка жёлудя.
cascabullo. [м.] (обл.) чашечка жёлудя.
cascaciruelas. [м. и ж.] (разг.) негодяй (-ка).
cascada. [ж.] водопад, каскад.
cascadera. [ж.] щипцы для сосновых семян.
cascado, da. [страд. прич. и прил.] надтреснутый; потрескавшийся; дряхлый; изношенный: * voz cascada, надтреснутый голос.
cascadura. [ж.] разбивание, раскалывание; разлом, трещина; (разг.) град ударов, побои.
cascajal, cascajar. [м.] место, изобилующее гравием; место, куда сваливают виноградные выжимки.
cascaje. [м.] (Амер.) совокупность бочонков.
cascajento, ta. [прил.] (Амер.) изобилующий гравием (о почве и т. д.).
cascajera. [ж.] место, изобилующее гравием.
cascajero, ra. [прил.] (Амер.) см. cascajal; россыпь (золота).
cascajo. [м.] гравий; щевень; балласт; битое стекло, битая посуда, бой, черепки; рождественские орехи; (разг.) разменная неполноценная монета; разбитая, сломанная вещь: * estar hecho un cascajo, быть дряхлым.

cascajoso, sa. [прил.] покрытый, изобилующий гравием (о почве и т. д.).
cascalbo. [прил.] о разновидности сосны и пшеницы.
cacalote. [м.] (Амер.) дерево, изобилующее танином.
cascalleja. [ж.] (обл.) дикая смородина.
cascamajar. [перех.] толочь, дробить.
cascambruca. [ж.] (Амер.) драка.
cascamiento. [м.] см. cascadura.
cascanoquil. [м.] лекарственная кора.
cascante. [дейст. прич.] к cascar.
cascanueces. [м.] щипцы для орехов; (орн.) ореховка, кедровка.
cascañetazo. [м.] (обл.) удар рукой.
cascapiñones. [м.] щипцы для сосновых семян; тот, кто извлекает и т. д. сосновые семена из сосновых шишек.
cascar. [перех.] ломать, разбивать; дробить; делать трещину; бить, колотить; разгрызать; * salir del cascarón, вылупливаться из яйца; * (él) acaba de salir del cascarón, у него молоко на губах не обсохло.
cascarrabias. [м. и ж.] (разг.) вспыльчивый, заносчивый человек.
cascarrañado, da. cascarrañoso, sa. [прил.] (Амер.) в оспинах (о лице).
cascarrea. [ж.] (Амер.) коровий помёт.
cascarria. [ж.] см. cazcarria.
cascarriento, ta. [прил.] грязный (о подоле); см. cazcarriento.
cascarrina. [ж.] (обл.) см. granizo.
cascarrinada. [ж.] (обл.) град, сильный град.
cascarrinar. [неперех.] (обл.) сыпаться, идти (о граде).
cascarrón, na. [прил.] (разг.) грубый, жёсткий, резкий; [м.] (мор.) сильный ветер, при котором подбирают рифы.
cascarudo, da. [прил.] с толстой скорлупой, корой.

[перен.] разрушать (здоровье); [неперех.] болтать: * cascarse. [возв. гл.] треснуть; разбиваться.
cáscara. [ж.] скорлупа (ореховая, яичная), шелуха; кожа, кожура и т. д.; (плодов) стручок; кора: * ser de la cáscara amarga, быть шумным; быть нерелигиозным, левым; [множ. межд.] * ¡cáscaras!, чёрт возьми! (удивление, неожиданность).
cascarada. [ж.] (арг.) драка; бурная ссора.
cascaraña. [ж.] (Амер.) оспина.
cascarañado, da. [прил.] (Амер.) в оспинах (о лице); поражённый чумой.
cascarazo. [м.] (Амер.) удар бичом; удар кулаком; большой глоток ликёра.
cascarear. [перех.] (Амер.) бить, колотить; жить в нужде, нуждаться.
cascarela. [ж.] см. cuatrillo.
cascarero, ra. [прил.] собирающий кожи плодов; [м.] место, где собирают эти кожи.
cascarete. [м.] (Амер.) старая бесценная вещь; дряхлый старик.
cascarilla. [ж.] кора cascarillo; хина; очень тонкая металлическая пластинка; жареная какаовая скорлупа.
cascarillar. [м.] (Амер.) место, изобилующее cascarillos.
cascarillero, ra. [м. и ж.] тот, кто собирает или продаёт cascarilla; [м.] см. cascarillo.
cascarillo. [м.] (Амер.) (бот.) каскариль.
cascarilo. [м. и ж.] (Амер.) человек без характера.
cascarón. [м.] яичная скорлупа; (бот.) бобовое дерево: * cascarón de nuez, (разг.) шлюпка;

cascaruleta. [ж.] сорт андалузской пшеницы; (разг.) шум зубов при ударе рукой по подбородку.
cascarullo. [м.] (обл.) см. cáscara.
cascás. [м.] название одного чилийского жесткокрылого насекомого.
casco. [м.] череп; черепок; шелуха (лука); тулья (шляпы); шлем, каска; бочка, бочонок, бутылка; корпус (судна); род филиппинского судна; каркас (здания); ленчик (седла); осколок; копыто; стенка (трубы); головная повязка (род пластыря против лишая); [множ.] воловья или баранья голова (без языка и без мозги); (разг.) голова; рассудок, разум: * casco de mula, (Амер.) род черепахи; * casco de población, центр города; * alegre, или ligero de cascos, ветреник, легкомысленный человек; * levantar de cascos, обнадёживать попонапрасну; * casco lucios, см. ligero de cascos; * romperse los cascos, ломать голову над чем-л * tener cascos de calabaza, или los cascos a la jineta, или malos cascos, (разг.) быть легкомысленным; * quitarle, или raerle, a uno los cascos, разубеждать кого-что в чём-л.
cascol. [м.] сорт древесной смолы; (бот.) бобовое растение.
cascolito. [м.] (бот.) южноамериканское злаковое растение.
cascotazo. [м.] метание куска разваленного здания; удар этим самым куском и след.
cascote. [м.] кусок разваленного здания; развалина, строительный мусор, щебень.
cascudo, da. [прил.] с большими копытами (о животных).
cascué. [м.] род осетра (в Ниле).
cascundear. [перех.] (Амер.) бить, пороть.
casea. [ж.] (хим.) казеин.
caseación. [ж.] створаживание, свёртывание.
caseificación. [ж.] превращение в казеин.
caseificar. [перех.] превращать в казеин.
caseificio. [м.] производство молочных продуктов; сыроварня.
caseiforme. [прил.] творожистый.
caseína. [ж.] (хим.) казеин.
caseo, a. [прил.] творожистый, казеозный; [м.] творог; см. cuajada.
casera. [ж.] (обл.) домоправительница (у одинокого мужчины).
caseramente. [нареч.] без церемоний, по-домашнему.
casería. [ж.] хутор, мыза, ферма; домоводство.
caserillo. [м.] род домашнего полотна.
caserío. [м.] деревушка, группа домов; хутор, одинокий дом.
caserita. [ж.] (Амер.) хозяйка дома.
caserna. [ж.] (воен.) каземат; (обл.) постоялый двор, трактир (у дороги).
casero, ra. [прил.] домашний; домовитый; простой, непринуждённый; [сущ.] владелец (-ица) дома; управляющий домом; квартиронаниматель (-ница), арендатор дома; фермер (-ша).
caserón. [м. увел.] к casa; домина, домище; большой нескладный дом.
caseta. [ж. умен.] к casa; домик, домишко; кабина (на пляже): * caseta de derrota, (мор.) штурманская рубка; * caseta de perro, собачья конура.
caseto. [м.] (обл.) домик, домишко.
castetón. [м.] (арг.) см. artesón.
casi. [нареч.] почти, чуть ли не..., едва ли не..., еле; почти, приблизительно: * casi no me acuerdo, я едва помню это, я почти не помню этого; * casi casi или casi que, чуть-чуть.
casia. [ж.] (бот.) кассия.

casica. [ж. умен.] к casa; домик, домишко.
casicontrato. [м.] (юр.) обязательство, возникающее без предварительного соглашения сторон.
casida. [ж.] арабское или персидское стихотворение.
casidulina. [ж.] средиземноморская микроскопическая раковина.
casilicio. [м.] (обл.) большой дом или дворец.
casilla. [ж.] домик, домишко; сторожевая будка; сторожка; (обл.) касса предварительной продажи билетов; клетка (шахматной доски и т. д.); отделение (стола, шкафа); (Амер.) ловушка для птиц; уборная: * sacar a uno de sus casillas, изводить, мучить кого-л; нарушать свой образ жизни; * salir uno de sus casillas, выходить из себя, вспылить.
casillero. [м.] шкафчик, этажерка с отделениями для папок, бумаг.
casillo. [м.] (ирон.) разг. затруднительный вопрос.
casimba. [ж.] (Амер.) водоём на русле мелкой реки.
casimir. [м.] кашемир (ткань).
casimira, casimiro; см. casimir.
casimiro, ra. [прил.] (Амер.) косой, косоглазый; одноглазый.
casimpulga. [ж.] (Амер.) см. casampulga.
casina. [ж.] род чая.
casineta. [ж.] старинная шерстяная ткань; см. casinete.
casinete. [м.] (Амер.) род кашемира (низкосортного); дешёвое грубое сукно.
casino. [м.] загородный дом; казино; клуб.
Casiopea. [ж.] (астр.) (миф.) Кассиопея.
casiopeiri. [м.] индийский сокол.
casiragua. [ж.] (Амер.) род крысы.
casiri. [м.] (Амер.) маисовая водка.
casis. [м.] (бот.) смородина с чёрными ягодами; черносмородинная наливка; род моллюска.
casita. [ж. умен.] к casa; (Амер.) ватерклозет.
casita. [ж.] (бот.) вид лаврового растения.
casiterita. [ж.] (мин.) касситерит.
casmodia. [ж.] (мед.) зевательное состояние (при нек-рых болезнях).
caso. [м.] происшествие, событие, случай; случай(ность); обстоятельство; эпизод, вопрос, дело; казус, спорный случай; (грам.) падеж: * caso de conciencia, вопрос, или дело, совести; * caso fortuito, непредвиденный случай; случайное обстоятельство; * caso apretado, трудный вопрос; * caso de honra, дело чести; * a caso hecho, нарочно; * en caso contrario, в противном случае; * en este caso, в этом случае; * en caso de, в случае; * hacer (venir) al caso, ser del caso, быть к месту, быть уместным; * en caso de necesidad, в случае крайней необходимости; * si llega el caso, в случае надобности; * estar en el caso, быть в курсе дела; * hacer caso, придавать значение; дорожить; беспокоиться, заботиться о...; интересоваться кем-л, чем-л; * el caso está claro, дело ясное; * hacer caso omiso, не принимать во внимание; игнорировать; * el caso es que, дело в том что; * vamos al caso, к делу; * este es un caso aparte, это особое дело; * que no viene al caso, некстати, неуместно; * de caso pensado, a caso hecho, намеренно.
casoar. [м.] (зоол.) казуар.
casolero, ra. [прил.] (разг.) любящий проводить свободное время у себя дома.
casón. [м. увел.] к casa, домина, домище.
casona. [ж.] см. casón.
casorio. [м.] неудачный брак, неравный брак.

caspa. [ж.] перхоть; струп (на ране); (обл.) мох (на нек-рых деревьях); (мин.) окись меди (при плавлении).
carpaletear. [неперех.] (Амер.) терять терпение.
caspera. [ж.] частый гребешок.
caspete. [м.] (Амер.) похлёбка с мясом и овощами.
caspia. [ж.] (обл.) выжимки яблок.
caspicias. [ж. мног.] отбросы, остатки, крошки, мусор.
caspiento, ta. [прил.] (Амер.) покрытый перхотью, см. casposo.
caspio, pia. [прил.] каспийский; [сущ.] каспиец.
caspiroleta. [ж.] (Амер.) сорт пунша.
¡cáspita! [межд.] тьфу!, пропасть!, чёрт возьми! (для выражения восхищения, недоумения).
casposo, sa. [прил.] изобилующий перхотью, полный перхоти.
casquería. [ж.] лавка, торгующая требухой.
casquero. [м.] торговец требухой; место, для колки семян сосны.
casquetazo. [м.] удар головой.
casquete. [м.] шлем; фуражка, картуз, каскетка; шапочка; накладка (из волос); (тех.) колпак; (мед.) род головного пластыря против лишая: * casquete esférico, (мат.) шаровой сегмент.
casquiacopado, da. [прил.] с бокаловидным копытом.
casquiblando, la. [прил.] с мягкими копытами (о лошади).
casquiderramado, da. [прил.] с широкими копытами (о лошади).
casquijo. [м.] крупный песок, гравий.
casquilucio, cia. [прил.] легкомысленный, см. casquivano.
casquilla. [ж.] ячейка пчелиных маток.
casquillo. [м.] кольцо (на рукоятке инструмента, ножа, на ручке зонтика и т. д.), втулка (колеса); металлический наконечник стрелы; гильза патрона; (тех.) хомут, втулка, букса; (Амер.) подкова; сафьяновая подкладка для шляп.
casquimuleño, ña. [прил.] с небольшими твёрдыми копытами.
casquín. [м.] (Амер.) ушиб головы.
casquina. [ж.] (Амер.) побои, палочные удары.
casquinear. [прех.] (Амер.) ударять по голове.
casquite. adj. (Амер.) кислый (о напитке); суровый, резкий (о человеке), см. quisquilloso.
casquivano, na. [прил.] (разг.) ветреный, легкомысленный, безрассудный.
casta. [ж.] раса; род; племя; поколение; порода, каста, самчатое достоинство; качество, свойство: * venir de casta, быть прирождённым; * cruzar las castas, скрещивать животных; * de casta, кастовый.
castado, da. [прил.] (Амер.) смелый, бесстрашный.
castamente. [нареч.] целомудренно.
castaneáceas. [ж. мног.] (бот.) каштановые.
castaña. [ж.] (плод) каштан; сосуд в виде каштана, большая оплетённая бутыль; пучок, узел (волос); (Амер.) бочонок; * castaña pilonga, apilada, или maya, сушёный каштан; * castaña regoldana, дикий каштан; * castañas asadas, жареные каштаны; * dar la castaña, обманывать; * sacar las castañas del fuego con manos ajenas, чужими руками жар загребать.
castañal, castañar. [м.] каштановая роща.
castañazo. [м.] (разг.) удар, пощёчина; * dar кулаком и т. д.
castañeda. [ж.] (обл.) каштановая роща.

castañera. [ж.] продавщица каштанов; (обл.) место, изобилующее каштановыми деревьями.
castañero. [м.] торговец каштанами, продавец каштанов; перепончатолапая птица.
castañeta. [ж.] кастаньета; щелканье пальцами; название чилийской рыбы; (обл.) королёк (птица).
castañetada. [ж.] см. castañetazo.
castañetazo. [м.] сильный удар кастаньетами или пальцами; хруст суставов; треск каштана при жаренье.
castañete. [м. умен.] к castaño.
castañeteado. [м.] звук кастаньет.
castañetear. [неперех.] щелкать кастаньетами; стучать зубами; клохтать (о куропатке).
castañeteo. [м.] щёлканье кастаньетами; стучание зубами.
castañetero, ra. [м. и ж.] тот, кто щелкает кастаньетами; мастер, изготовляющий кастаньеты, продавец кастаньет.
castaño, ña. [прил.] каштановый (о цвете), светло-коричневый; [м.] каштановое дерево, каштан: * castaño de Indias, дикий или конский каштан; * pasar de castaño obscuro, быть уже не шутка; быть слишком надоедливым (о деле).
castañola. [ж.] средиземноморская рыба.
castañuela. [ж.] кастаньета; болотистое растение; (бот.) castañeña; * estar como unas castañuelas, быть очень весёлым.
castañuelo, la. [прил.] тёмно-русый (о цвете волос).
castellán. [м.] начальник замка.
castellana. [ж.] владелица замка; жена владельца замка: * castellana de oro, старинная золотая монета.
castellana. [ж.] кастильянка; (лит.) строфа из четырёх восьмистопных стихов.
castellanamente. [нареч.] по кастильски, по кастильскому обычаю.
castellanía. [ж.] округ, подчинённый сеньору.
castellanismo. [м.] (линг.) слово или выражение, употребляемое в Кастилии.
castellanizar. [перех.] придавать иностранному слову и т. д. кастильскую форму.
castellano, na. [прил.] кастильский; [м.] кастилец; кастильский, испанский язык; старинная золотая монета; копейщик; владелец, начальник, алькаид или комендант замка; южный ветер: * a la castellana, см. castellanamente; mulo castellano, мул.
castellar. [м.] (бот.) полевой шалфей.
castellonense. [прил.] относящийся к Castellón de la Plana; [сущ.] уроженец, (-ка) этого города.
casticidad. [ж.] чистота, правильность языка.
casticismo. [м.] приверженность к своим обычаям, традициям; стремление к чистоте родного языка.
casticista. [м. и ж.] пурист, (-ка).
castidad. [ж.] целомудрие, нравственная чистота: voto de castidad, обет безбрачия.
castigación. [м.] наказание, см. castigo.
castigador, ra. [прил.] наказующий; карающий (тже. сущ.); [м. и ж.] (перен.) (разг.) сердцеед, (-ка).
castigar. [перех.] карать, наказывать; бить, избить, огорчать, удручать, печалить; исправлять, отделывать (рукопись); сокращать (расходы); строго наказать, проучить.
castigo. [м.] кара, наказание; взыскание; исправление; корректура: * castigo ejemplar, наказание для острастки; * sufrir un castigo, подвергнуться наказанию; * ser de castigo, быть тягостным.
castilla. [ж.] (Амер.) шерстяная ткань.
castillado, da. [прил.] (гер.) с замками.

castillaje. [м.] см. castillería.
castillejo. [м.] небольшой замок; тележка, в которой ребёнок учится ходить; леса, подмостки для поднятия тяжестей; детская игра; часть ткацкого станка.
castillejoa. [ж.] (бот.) см. castilleja.
castillería. [ж.] старинная дорожная пошлина.
castillete. [м. умен.] к castillo, маленький замок.
castillo. [м.] укреплённый феодальный замок; крепость; (мор.) бак, носовая часть палубы; (шахм.) тура, ладья; см. casquilla; (воен.) древнее орудие в виде башни на слоне; вместимость телеги: * castillo de popa, (мор.) полуют; * hacer castillos en el aire, или de naipes, строить воздушные замки.
castilluelo. [м. умен.] к castillo.
castizamente. [нареч.] чисто, правильно (о языке).
castizar. [перех.] склонять к целомудрию; очищать, чистить; (Амер.) скрещивать (животных).
castizo, za. [прил.] породистый; чистый, правильный (о языке); очень плодовитый; (Амер.) происходящий от метиса и испанки (или наоборот); [м.] квартерон.
casto, ta. [прил.] целомудренный, чистый.
castor. [м.] (зоол.) бобр; бобёр, бобровый мех; род сукна; шерстяная ткань.
castora. [ж.] (обл.) (разг.) широкополая шляпа.
castorcillo. [м.] род шерстяной ткани.
castoreño, ña. [прил.] касторовый (о шляпе); [м.] касторовая шляпа.
castóreo. [м.] (мед.) бобровая струя.
castorina. [ж.] (текст.) кастор.
castra. [ж.] подрезка сучьев, виноградных лоз и т. д. и сезон подрезки.
castración. [ж.] кастрация, холощение.
castradera. [ж.] инструмент для вырезывания сот.
castrado, da. [прил.] кастрированный; [м.] кастрат, скопец.
castrador. [м.] холостильщик; пасечник; см. castrapuercas.
castradura. [ж.] кастрация, кастрирование, холощение; шрам, след от кастрации.
castrametación. [ж.] искусство располагать станом войска.
castrapuercas, castrapuercos. [м.] свисток холостильщика.
castrar. [перех.] кастрировать, оскоплять, холостить; вырезывать (соты); подрезывать (сучья и т. д.); очищать (рану); (перен.) ослаблять, лишать силы.
castrazón. [ж.] вырезывание сот и сезон.
castrense. [прил.] военный, войсковой; лагерный.
castreño, ña. [прил.] относящийся к Castrojeriz, Castro Urdiales или Castro del Río; [сущ.] уроженец (-ка) этих городов.
castro. [м.] см. castrazón.
castro. [м.] детская игра с камешками; (обл.) возвышенность с развалинами старинных фортификаций; скала, выдающаяся в море.
castrón. [м.] кастрированный баран; (Амер.) кастрированный боров.
castruera. [ж.] (Амер.) свирель.
castuga. [ж.] чешуекрылое насекомое.
cástula. [ж.] старинная римская туника (у женщин).
castuzo, za. [прил.] (Амер.) смелый, отважный.

casual. [прил.] случайный, неожиданный, непредвиденный, нечаянный.
casualidad. [ж.] случайность; непредвиденный случай: * por casualidad, случайно; * si por casualidad, если случайно.
casualismo. [м.] казуализм.
casualizar. [неперех.] (Амер.) случайно случаться.
casualmente. [нареч.] случайно.
casuar. [м.] (орни.) казуар.
casuarina. [ж.] (бот.) казуарина.
casuario. [м.] (орни.) казуар.
casuca, casucha. [ж.] домишко, хижина, халупа.
casuismo. [м.] казуистическая доктрина.
casuista. [м.] казуист.
casuística. [ж.] казуистика.
casuístico, ca. [прил.] казуистический, казуистичный.
casulla. [ж.] (церк.) риза, облачение священника; (Амер.) рисовое зерно с оболочкой.
casullero. [м.] мастер, специалист по шитью риз и т. д.
casumba. [ж.] (Амер.) домишко, хижина.
casunguear. [перех.] (Амер.) стегать, хлестать кнутом или плетью, бить, пороть.
casus belli. [лат. выраж.] повод к войне, казус белли.
casusa. [ж.] (Амер.) ром.
cata. [ж.] проба, испытание; дегустация; (Амер.) см. calicata: * dar cata, смотреть, наблюдать, замечать; изыскивать, добывать; * darse cata de una cosa, изыскать (книж.); * a cata, с условием пробовать (при продаже).
cata. (Амер.) розыски, исследование; попугай; см. catita, catey и catarinita.
catabólico, ca. [прил.] к катаболизм.
catabolismo. [м.] катаболизм, вырождение.
catabre или **catabro.** [м.] (Амер.) сосуд из тыквы, в котором носят зёрна при сеянии.
catabrón. [м.] (Амер.) большое лукошко (для белья и т. д.).
catábulo. [м.] хлев.
catacaldos. [м. и ж.] (разг.) разбрасывающийся человек.
cataclismo. [м.] потоп; (перен.) катаклизм.
catacresis. [ж.] катахреза (риторическая фигура).
catacumbas. [ж. множ.] катакомбы.
catachín. [м.] (обл.) (орни.) зяблик.
catador. [м.] дегустатор.
catadromo. [м.] натянутый канат, на котором канатоходец выполняет цирковые номера.
catadura. [ж.] проба, дегустация; (разг.) выражение лица, мина, вид.
catafalco. [м.] катафалк.
cataforesis. [ж.] катафорез.
cataforético, ca. [прил.] к катафорез.
catafracta. [ж.] (ист.) защитное тканое или кожаное снаряжение; (уст.) род длинного корабля.
catafusa. [ж.] (Амер.) род котомки.
catagma. [ж.] (хир.) перелом.
catajarria. [ж.] (Амер.) вереница, ряд.
catalán, na. [прил.] каталонский; [сущ.] каталонец, (-ка); [м.] каталонский язык.
catalanidad. [ж.] свойст. к каталонский.
catalanismo. [м.] (полит.) движение в пользу автономии Каталонии; слово или оборот, заимствованное из каталонского языка.
catalanista. [прил.] к catalanismo; [сущ.] сторонник автономии Каталонии.

cataldo. [м.] (мор.) род треугольного паруса.
cataléctico, ca. [прил.] каталектический, кончающийся неполной стопой.
catalecto, ta. [прил. и сущ.] см. cataléctico.
catalejo. [м.] подзорная труба.
catalepsia. [ж.] (мед.) каталепсия.
cataléptico, ca. [прил.] (мед.) каталептический.
cataleptiforme. [прил.] похожий на каталепсию.
catalicores. [м.] (обл.) ливер, или сифон для взятия пробы вина.
catalina. [ж.] (теж.) зубчатое колесо.
catalineta. [ж.] (Амер.) кубинская рыба.
catalíquidos. [м.] (физ.) пипетка.
catálisis. [ж.] (хим.) катализ.
catalítico, ca. [прил.] (хим.) каталитический.
catalizador. [м.] (хим.) катализатор.
catalnica. [ж.] (разг.) попугай (маленький).
catalogación. [ж.] каталогизация.
catalogador, ra. [м. и ж.] составитель, (-ница) каталога чего-л.
catalogar. [перех.] вносить в каталог, каталогизировать.
catálogo. [м.] каталог; список.
catalufa. [ж.] шерстяной плюш; (Амер.) см. catalineta.
cataluja. [ж.] (Амер.) см. catalineta.
catamarqueño, ña. [прил.] относящийся к Catamarca; [сущ.] уроженец, (-ка) этого города или провинции.
catamenia. [ж.] (физиол.) менструация.
catamenial. [прил.] (физиол.) менструальный.
catamita. [ж.] (Амер.) лесть, слащавое показное выражение любви.
catán. [м.] род старинной кривой турецкой сабли.
catana. [ж.] см. catán; (Амер.) сабля; род попугая; загромождающая, грубая, тяжёлая вещь.
catanear. [ж.] (Амер.) ударять catana.
catanga. [ж.] (Амер.) жук; верша; старая, развалившаяся повозка.
catango. [м.] (Амер.) старая, развалившаяся повозка.
catante. [дейст. прич.] к catar.
cataplasma. [ж.] припарка.
cataplexia. [ж.] (пат.) оцепенение, остолбенение; внезапная потеря чувствительности; (вет.) каталепсия.
¡cataplum! [межд.] бум!
catapulta. [ж.] (воен.) катапульта.
catar. [перех.] пробовать, дегустировать; смотреть, наблюдать; обдумывать; вырезывать (соты); исследовать, добиваться: * cata ahí, cátate, вот, вон.
cataraña. [ж.] род цапли; антильская ящерица.
catarata. [ж.] водопад; (мед.) катаракта, помутнение хрусталика: * tener cataratas, быть невежественным; быть ослеплённым страстью.
catarinas. [ж. множ.] шпоры.
catarinita. [ж.] род маленького попугая; маленькое, красное жесткокрылое насекомое.
catarral. [прил.] (мед.) катаральный.
catarrear. [неперех.] (Амер.) надоедать, наскучивать.
catarriento, ta. [прил.] см. catarroso.
catarro. [м.] (мед.) катар.
catarroso, sa. [прил.] (мед.) страдающий катаром (очень часто), подверженный катарам; простуженный (тже. сущ.).
catarsis. [ж.] катарсис; (мед.) очищение.
catártico, ca. [прил.] (мед.) слабительный.
catasalsas. [м. и ж.] см. catacaldos.

catascopio. [м.] старинное, очень лёгкое судно.
catástasis. [ж.] (лит.) кульминационный момент драмы и т. д.
catastral. [прил.] кадастровый.
catastro. [м.] кадастр, поземельная опись.
catástrofe. [ж.] катастрофа, стихийное бедствие; гибель; развязка (драмы).
catastrófico, ca. [прил.] катастрофический.
catata. [ж.] (Амер.) разновидность жёлтого mate.
catatán. [м.] (разг.) (Амер.) наказание.
catatar. [перех.] (Амер.) прельщать, очаровывать.
cataté. [прил.] (Амер.) нахальный, самодовольный, достойный презрения, ничтожный.
cataure. [м.] (Амер.) см. catauro.
catauro. [м.] (Амер.) род корзины.
cataviento. [м.] (мор.) колдунчик (флюгарка).
catavino. [м.] сосуд для дегустирования вина; (обл.) ливер, или сифон для взятия пробы вина; отверстие у бочки для дегустирования вина.
catavinos. [м.] дегустатор вин; (перен.) (разг.) пьяница.
cate. [м.] филиппинская мера веса, равная 632,6 г.
cate. [м.] (обл.) удар, пощёчина: * dar cate, (перен.) (разг.) провалить на экзамене.
cateada. [ж.] (Амер.) изыскания.
cateador. [м.] (горн.) (Амер.) изыскатель; молоток для поисковых работ.
catear. [перех.] изыскивать, добывать; (перен.) (разг.) провалить на экзамене; (Амер.) делать изыскания, производить разведку месторождений; врываться в чужой дом.
catecismo. [м.] катехизис.
catecú. [м.] (бот.) см. cato.
cátedra. [ж.] кафедра; классная комната; аудитория; право преподавания в высшем учебном заведении; должность преподавателя высшего учебного заведения; предмет преподавания; сан епископа; место жительства епископа: * cátedra de San Pedro, папский престол; * poner cátedra, говорить напыщенно, ораторствовать.
catedral. [прил.] кафедральный; соборный; [ж.] кафедральный собор.
catedralicio, cia. [прил.] принадлежащий или относящийся к кафедральному собору.
catedralidad. [ж.] кафедральный сан (о церкви).
catedrática. [ж.] (разг.) жена преподавателя вуза; преподавательница вуза.
catedrático. [м.] преподаватель вуза: * catedrático auxiliar, агреже.
categoría. [ж.] (фил.) категория; категория, разряд; общественное положение: * de categoría, высокопоставленный.
categóricamente. [нареч.] категорически, решительно.
categórico, ca. [прил.] категорический, решительный; определённый.
categorismo. [м.] система категорий.
categorista. [м.] автор системы категорий.
catela. [ж.] (археол.) золотая или серебряная цепочка (у Римлян).
catenoide. [прил.] похожий на цепь.
catenular. [прил.] в форме цепи.
cateo. [м.] (Амер.) приход на дом шерифа, полиции.
catequética. [ж.] умение наставлять в вере.
catequismo. [м.] наставление в вере; преподавание в форме вопросов и ответов; (уст.) см. catecismo.
catequista. [м. и ж.] человек, наставляющий в вере.

catequístico, ca. [прил.] к catequismo; написанный в форме вопросов и ответов.
catequización. [ж.] наставление в вере; (перен.) убеждение.
catequizador, ra. [м. и ж.] тот, кто убеждает кого-л.
catequizante. [действ. прич.] к catequizar; наставляющий в вере.
catequizar. [перех.] наставлять в вере; (перен.) убеждать.
caterva. [ж.] беспорядочное множество людей или вещей; толпа.
catervarios. [м. множ.] (в древнем Риме) гладиаторы, состязавшиеся на арене группами.
catete. [м.] (Амер.) дьявол, демон; род каши.
catéter. [м.] (хир.) катетер, зонд.
cateterización. [ж.] (хир.) введение катетера, катетеризация.
catetizar. [перех.] вводить катетер, катетеризировать.
cateto. [м.] (геом.) катет.
cateto. [м.] деревенщина (о крестьянине, попавшем в город).
catetómetro. [м.] (физ.) катетометр.
catey. [м.] (Амер.) (орни.) очень красивый попугай; (бот.) вид пальмы.
cateya. [ж.] старинное метательное оружие.
catgut. [м.] (мед.) (англ.) кетгут, кишечная струна (для зашивания ран).
catibía. [ж.] (Амер.) корень уиса.
catibo. [м.] (Амер.) род кубинского угря.
catilinaria. [ж.] (перен.) жестокая сатира, инвектива.
catimbao. [м.] (Амер.) маска в процессии; смешно одетый человек; толстяк; паяц, балаганный шут.
catín. [м.] тигель для меди.
catinga. [ж.] (Амер.) вонь; презрительная кличка, которую дают моряки солдатам; лес из деревьев с рано опадающими листьями; см. sobaquina.
catingo, ga. [прил.] (Амер.) франтовский, нарядный, тщательный.
catingoso, sa. [прил.] (Амер.) вонючий.
catingudo, da. [прил.] (Амер.) (разг.) (презр.) см. catingoso.
catino. [м.] род старинной переносной печи.
catión. [м.] (хим.) катион.
catire. [м.] (Амер.) о человеке с рыжими волосами и зеленоватыми глазами.
catirrinos. [м. множ.] вид африканских и азиатских обезьян.
catita. [ж.] (Амер.) род попугая.
catite. [м.] сахарная голова; род конической шляпы; лёгкий удар или пощёчина; сорт шёлковой ткани: * dar catite, поколотить, бить, пороть.
catitear. [неперех.] качаться (о голове стариков); быть стеснённым в деньгах.
cativí. [м.] род лишая.
cativo. [м.] (Амер.) очень высокое дерево атлантического берега.
catizumba. [ж.] (Амер.) см. multitud.
cato. [м.] (фарм.) кашу (сок акации, пальмы, применяемый в медицине).
catocatártico, ca. [прил.] слабительный; [м.] слабительное.
catocelia. [ж.] (анат.) подбрюшье, нижняя часть живота.
catoche. [м.] (разг.) (Амер.) плохое настроение; угрюмость.
catódico, ca. [прил.] (физ.) катодный.
cátodo. [м.] (физ.) катод.
catodonte. [м.] (зоол.) род китообразного животного.
católicamente. [нареч.] согласно католической религии.
catolicidad. [ж.] католичество.

catolicísimo, ma. [прил. прев. степ.] к católico; самый католический.
catolicismo. [м.] католицизм.
católico, ca. [прил.] католический; истинный, подлинный, верный, безошибочный: * no estar muy católico, чувствовать себя не очень хорошо; [сущ.] католик (-ичка).
catolicómetro. [в.] (геом.) прибор для измерения углов и расстояний.
catolización. [ж.] обращение в католическую веру.
catolizante. [действ. прич. и прил.] обращающий в католическую веру (тж. сущ.); [прил.] склонный к католицизму (тж. сущ.).
catolizar. [перех.] обращать в католическую веру.
catón. [м.] (перен.) строгий цензор.
catón. [м.] начальная книжка для чтения.
catonizar. [неперех.] (перен.) строго критиковать.
catópter. [м.] хирургическое зеркало.
catóptrica. [ж.] (физ.) катоптрика.
catóptrico, ca. [прил.] (физ.) катоптрический.
catoptromancia. [ж.] гадание в зеркале.
catoptroscopia. [ж.] медицинский осмотр катоптрическими приборами.
catoquita. [ж.] (мин.) корсиканский битуминозный камень.
catorce. [прил.] четырнадцать; четырнадцатый; [м.] (цифра) четырнадцать; четырнадцатое число.
catorcén. [м.] (обл.) название некоторого бруса.
catorcena. [ж.] четырнадцать штук (в счёте однородных предметов).
catorceno, na. [прил.] четырнадцатый; о сорте грубого сукна (тже. сущ.); возрастом в четырнадцать лет (тже. сущ.).
catorga. [ж.] каторга.
catorrazo. [м.] (Амер.) сильный удар.
catorro. [м.] (Амер.) сильный толчок, внезапное столкновение.
catorro. [м.] (Амер.) жилище, квартира.
catortosis. [ж.] склонность к добре.
catorzavo, va. [прил.] четырнадцатый (о части, доле).
catota. [ж.] (Амер.) шарик.
catotal. [м.] (орни.) род зеленушки.
catotérico, ca. [прил.] слабительный.
catraca. [ж.] (Амер.) род фазана.
catre. [м.] походная, складная кровать; (мор.) койка с твёрдой рамой; (разг.) кровать; (Амер.) плот.
catrecillo. [м.] складной стул.
catrera. [ж.] (вул.) (Амер.) кровать; см.
catrín, na. [м. и ж.] щёголь (-лиха), франт (-иха) (тже. прил.).
catrina. [ж.] (Амер.) мера жидкостей, равная литру.
catrinear. [неперех.] (Амер.) щеголять, щегольски одеваться (о женщине).
catrintre. [м.] (Амер.) сорт сыра; бедняк, плохо одетый.
catrivoliado, da. [прил.] (Амер.) опытный, умелый, знающий.
catuán. [прил.] [сущ.] см. holgazán.
catufo. [м.] (Амер.) трубка.
catulótico, ca. [прил.] заживляющий.
caturra. [ж.] (Амер.) род попугая.
catuto. [м.] (Амер.) пшеничный хлеб, цилиндрической формы.
catzo. [м.] род майского жука.
cauba. [ж.] (бот.) аргентинское колючее дерево.
caúca. [ж.] (Амер.) сухарь из пшеничной муки.
caucamo. [м.] см. laca.

caucáseo, a, caucasiano, na, caucásico, ca. [прил.] кавказский; [сущ.] кавказец (-ка).
cauce. [м.] русло реки; канава, проток, канал; арык.
caucel. [м.] (Амер.) род безопасного дикого кота.
caución. [ж.] ручательство, порука, обеспечение; поручительство; залог; гарантия; см. precaución.
caucionar. [перех.] поручиться за; ручаться; гарантировать.
Caucos. [м. множ.] группа древних народностей, обитавших в северо-восточной Германии.
caucha. [ж.] (Амер.) род чертополоха.
cauchal. [м.] каучуковая роща.
cauchau. [м.] (Амер.) (бот.) съедобный плод luma.
cauchera. [ж.] каучуконос, растение из к-рого добывается каучук.
cauchero, ra. [прил.] каучуконосный; [м.] человек, добывающий каучук.
cauchil. [м.] (обл.) водоём (подземный).
caucho. [м.] (хим.) каучук, резина.
caucho. [м.] (Амер.) канапе, диван.
cauchotina. [ж.] каучуковое соединение.
cauchutar. [перех.] (гал.) покрывать, пропитывать каучуком.
cauda. [ж.] волочащийся сзади подол облачения прелата.
caudal. [прил.] хвостовой.
caudal. [прил.] многоводный (о реке); королевский (орёл); [м.] имущество, состояние, достояние; дебит воды; обилие, изобилие.
caudalejo. [м. умен.] к caudal.
caudalosamente. [нареч.] обильно.
caudaloso, sa. [прил.] многоводный; богатый, зажиточный.
caudatario. [м.] (церк.) паж-шлейфоносец.
caudatrémula. [ж.] (орни.) трясогузка.
caudífero, ra. [прил.] (бот.) с хвостообразными листьями; (зоол.) хвостатый, с хвостом.
caudillaje. [м.] власть предводителя, главаря; (Амер.) власть касика; тирания.
caudillismo. [м.] (Амер.) власт предводителя.
caudillo. [м.] главарь, военачальник, предводитель; вожак, руководитель; каудильо (в Испании).
caudímano, na. [прил.] цепкохвостый.
caudón. [м.] см. alcaudón.
caudotomía. [ж.] (хир.) ампутация хвоста.
caula. [ж.] (Амер.) обман, хитрость, уловка.
cauliforme. [прил.] (бот.) стеблевидный, стебельчатый.
caulinar. [прил.] (бот.) стебельный.
caulote. [м.] (Амер.) (бот.) дерево мальвовых.
cauno. [м.] южноамериканская голенастая птица.
cauque. [м.] (Амер.) см. pejerrey; проворный человек; (ирон.) тупой человек.
cauquén. [м.] (Амер.) см. canquén.
cauri. [м.] маленькая раковина, употр. монетой.
cauro. [м.] северо-западный ветер.
causa. [ж.] причина, повод, основание, побудительная причина; дело, интересы; (юр.) дело, процесс: * a (por) causa de, из-за, по причине, вследствие; * formar, или hacer causa común con, действовать с кем-л заодно; * seguir la causa contra uno, преследовать кого-л по суду; * con conocimiento de causa, со знанием дела; * vista de la causa, судебный процесс; * causa final, конечная цель; * verse la causa, слушаться (о деле).

causa. [ж.] (Амер.) (разг.) лёгкая еда; закуска; род картофельного пюре.
causador, ra. [прил.] причиняющий; [сущ.] зачинщик.
causafinalista. [м.] (фил.) сторонник конечных целей.
causahabiente. [м.] (юр.) имеющий право, или притязание на что-л.
causal. [прил.] причинный; [м.] побуждение, причина.
causalidad. [ж.] причинность, причина, первопричина.
causante. [м.] см. causador.
causar. [перех.] причинять; быть причиной, вызывать, производить (последствия, впечатление и т. д.).
causativo, va. [прил.] причинный.
causear. [неперех.] (Амер.) закусывать; лакомиться, есть не во-время; [перех.] (Амер.) легко побеждать; есть (вообще).
causeo. [м.] (Амер.) холодная закуска; лёгкая еда.
causía. [ж.] широкополая шляпа (в древнем Риме и Греции).
causídica. [ж.] (арх.) трансепт, поперечный неф.
causídico, ca. [прил.] (юр.) процессуальный; [м.] (юр.) адвокат.
causina. [ж.] (зоол.) род бразильской шпанской мухи.
causón. [м.] сильный жар (кратковременный).
cáustica. [ж.] (физ.) каустика.
causticación. [ж.] дейст. и сост. к caustizar; см. cauterización.
cáusticamente. [нареч.] язвительно и т. д.
causticar. [перех.] делать едким.
causticidad. [ж.] едкость; (перен.) язвительность, едкость, колкость, насмешливость.
cáustico, ca. [прил.] каустический, едкий, разъедающий; (перен.) колкий, язвительный, едкий; * sosa cáustica, едкий натр; [м.] (хим.) каустик; см. vejigatorio.
causuelo. [м.] (Амер.) см. caucel.
cautamente. [нареч.] осторожно, осмотрительно.
cautela. [ж.] предосторожность, осторожность; хитрость, лукавство: * caminar con cautela, красться.
cautelación. [ж.] предостережение, предупреждение.
cautelador, ra. [прил.] предостерегающий, предупреждающий.
cautelar. [перех.] предостерегать, предупреждать; * cautelarse, [возв. гл.] принимать меры предосторожности, остерегаться.
cautelosamente. [нареч.] коварно, тайком, исподтишка, украдкой; осторожно.
cauteloso, sa. [прил.] хитрый, лукавый; осторожный, осмотрительный.
cauterio. [м.] см. cauterización; прижигающее средство; каутер, прижигатель.
cauterización. [ж.] каутеризация, прижигание.
cauterizador, ra. [прил.] каутеризирующий, прижигающий (тж. сущ.).
cauterizante. [действ. прич.] к cauterizar; каутеризирующий.
cauterizar. [перех.] каутеризировать, прижигать.
cautil. (Амер.) и **cautín.** [м.] род паяльника.
cautivador, ra. [прил.] пленяющий, увлекательный (тж. сущ.).

cautivante. [действ. прич.] к cautivar; пленяющий.
cautivar. [перех.] брать в плен, захватить в плен; пленять, очаровывать; [неперех.] попадать в плен.
cautiverio. [м.] плен, пленение (книж.).
cautividad. [ж.] см. cautiverio.
cautivo, va. [прил.] пленный; [сущ.] пленник (-ица); (уст.) см. infortunado: * globo cautivo, привязной аэростат.
cauto, ta. [прил.] осторожный, осмотрительный.
cava. [ж.] копание, рытьё, разрыхление почвы; работа киркой, мотыгой; землекопная работа; первая вспашка пара, нови; (уст.) помещение для хранения вина и воды (у королевского дворца).
cava. [ж.] (анат.) полая вена.
cavacote. [м.] кучка земли, служащая межевым знаком.
cavada. [ж.] см. hoyo.
cavadera. [ж.] (обл.) кирка, мотыга, заступ.
cavadiza. [прил.] о отделённом земле или песке (при копании).
cavadizo, za. [прил.] рыхлый (о земле).
cavador. [м.] (уст.) см. sepulturero.
cavadura. [ж.] рытьё, копание; перекапывание.
caval. [м.] (муз.) маленькая флейта, цилиндрической формы.
cavalillo. [м.] (с.-х.) оросительный канал между двумя владениями.
caván. [м.] филиппинская мера ёмкости, равная 75 л.
cavanillero, ra. [м. и ж.] (обл.) человек с длинными и худыми ногами.
cavar. [перех.] рыть, копать, мотыжить; перекапывать; [неперех.] проникать, углубляться; (перен.) углубляться, вникать, размышлять над чем-л.
cavaria. [ж.] американская птица, защищающая других от хищных птиц.
cavaril. [ж.] (обл.) землекоп.
cavatina. [ж.] (муз.) каватина.
cavazón. [ж.] рытьё, копание; перекапывание.
cávea. [ж.] (в древнем Риме) клетка; часть римского театра или цирка.
cavedio. [м.] (в древнем Риме) двор дома.
caverna. [ж.] пещера; (пат.) каверна; (арг.) дом: * el hombre de las cavernas, пещерный человек.
cavernario, ria. [прил.] пещерный.
cavernícola. [прил.] пещерный, живущий в пещерах; [м.] пещерный человек, троглодит.
cavernoma. [м.] (пат.) опухоль из пещеристой ткани.
cavernosidad. [ж.] углубление (чаще мн.).
cavernoso, sa. [прил.] пещерный; замогильный, глухой (о голосе); ноздреватый, пористый; (мед.) кавернозный, полостной, пещеристый.
cavérnula. [ж.] (мед.) маленькая каверна.
cavernuloso, sa. [прил.] принадлежащий или относящийся к cavérnula.
cavero. [м.] (обл.) рабочий, копающий канавы и т. д.
caví. [м.] корень перуанской оса.
cavia. [ж.] морская свинка.
cavia. [ж.] углубление вокруг дерева для задержания воды.
cavial, caviar. [м.] икра: * caviar prensado, паюсная икра.
cavicornios. [м. множ.] (зоол.) полорогие животные.
cavidad. [ж.] впадина, углубление, выемка.
cavilación. [ж.] мудрствование; см. cavilosidad.
cavilar. [неперех.] мудрствовать; ломать себе голову над чем-л.
cavilosamente. [нареч.] озабоченно.

cavilosear. [неперех.] (Амер.) создавать себе иллюзии; см. chismear.
cavilosería. [ж.] (Амер.) см. cavilosidad.
cavilosidad. [ж.] предвзятость; необоснованная боязнь.
caviloso, sa. [прил.] (без причин) задумчивый, озабоченный; подозрительный.
cavío. [м.] (обл.) рытьё.
cavirrostro, tra. [прил.] с полым клювом (о птицах).
cavitación. [ж.] пустотность, кавитация; (мед.) образование каверн; каверна.
cavitario, ria. [прил.] кавернозный, полостной.
cavitis. [ж.] (мед.) воспаление полой вены.
cavón. [м.] (бот.) пальма (одна из разновидностей).
cay. [м.] вид обезьяны.
cayada. [ж.] пастушеский посох.
cayado. [м.] см. cayada; епископский посох.
cayajabo. [м.] (Амер.) название некоторого твёрдого семени; жёлтое мате.
cayama. [ж.] (Амер.) кубинская голенастая птица.
cayán. [м.] см. tapanco.
cayanco. [м.] (Амер.) припарка (из трав).
cayapear. [неперех.] (Амер.) сговариваться для нападения на кого-л.
cayapona. [ж.] (бот.) название одного тыквенного растения.
cayarí. [м.] (Амер.) (зоол.) род рака.
cayaschar. [неперех.] (Амер.) подбирать виноград, оставшийся в винограднике после сбора урожая.
cayaschi, cayaschir. (Амер.) см. cayascho и cayaschar.
cayascho. [м.] (Амер.) виноград, оставшийся в винограднике после сбора урожая.
cayaya. [ж.] (бот.) кубинский дикорастущий куст.
cayente. [действ. прич.] к caer, падающий.
cayeputi. [м.] (бот.) миртовое дерево.
cayerío. [м.] (Амер.) совокупность островков.
cayetana. [ж.] (вул.) (Амер.) клизма.
cayo. [м.] островок.
cayopolín. [м.] (зоол.) сумчатое животное.
cayota. [ж.] или **cayote.** [м.] (обл.) (Амер.) см. chayote.
cayubra. [ж.] (Амер.) род муравья.
cayubro, bra. [прил.] (Амер.) белокурый, красноватый, красный; щепетильный.
cayuca. [ж.] (разг.) (Амер.) голова, башка.
cayuco. [м.] индейский челнок.
cayuco, ca. [прил.] с черепом неправильной формы, с шишкой на черепе (о человеке; тже. сущ.).
cayuela. [ж.] (обл.) известковый камень.
cayumbo. [м.] (Амер.) род кубинского камыша.
cayutana. [ж.] (бот.) род руты.
caz. [м.] отводный или оросительный канал; бьеф.
caza. [ж.] род старинного газа (ткани).
caza. [ж.] охота; дичь; истребитель эсминцев; истребитель; преследование, погоня, травля: * caza mayor, охота на крупного зверя; * caza menor, охота на мелкого зверя; * caza de altanería, соколиная охота; * caza de vedado, браконьерство; * licencia de caza, охотничий билет; * dar caza, гнаться за кем-л; (мор.) преследовать; * andar a la caza de, усиленно добиваться, домогаться чего-л; * espantar la caza, потерпеть неудачу из-за поспешности; * perro de caza, охотничья собака.
cazabe. [м.] лепёшка из маниоки.
cazaclavos. [м.] гвоздодёр.
cazadero. [м.] место, отведённое для охоты.

cazador, ra. [прил.] занимающийся охотой; [м.] охотник; (воен.) егерь, стрелок (солдат мотопехотной части): * cazador de alforja, охотник, не употребляющий огнестрельного оружия; * cazador mayor, обер-егермейстер; * cazador furtivo, браконьер.

cazadora. [ж.] куртка.

cazadora. [ж.] (Амер.) птичка Коста-Рики.

cazadora. [ж.] (Амер.) лёгкий грузовой автомобиль.

cazaguate. [м.] (Амер.) род страстоцвета.

cazallero, ra. [прил.] относящийся к Cazalla; [сущ.] уроженец (-ка) этого города.

cazamoscas. [м.] мухолов(ка) (птица); мухоловка.

cazar. [перех.] охотиться за..., на...; гнаться за...; (разг.) добиться ловкостью чего-л; привлекать; застать врасплох; (мор.) подтягивать шкоты (у паруса); травить (канат); * cazar con reclamo, приманивать птиц (на манок); * cazar (muy) largo, быть очень хитрым; * cazar en vedado, браконьерствовать.

cazarete. [м.] часть тройной рыболовной сети.

cazarra. [ж.] (обл.) кормушка, из выдолбленного бревна.

cazarrica. [ж.] (обл.) корытце для кормления домашних птиц.

cazarro. [м.] (обл.) выдолбленное бревно в форме канала.

cazata. [ж.] (обл.) выезд на охоту.

cazatorpedero. [м.] (мор.) истребитель эсминцев.

cazcalear. [неперех.] бестолку суетиться.

cazcarria. [ж.] (разг.) грязь на подоле платья (чаще множ.).

cazcarriento, ta. [прил.] (разг.) испачканный или забрызганный грязью (о подоле).

cazcorvo, va. [прил.] косолапый (о лошади).

cazo. [м.] кастрюля с ручкой; ковш, черпак; разливательная ложка; тупая сторона ножа.

cazoeira. [ж.] (мор.) сеть для ловли небольших акул (cazones).

cazolada. [ж.] содержимое большой кастрюли.

cazolejo. [ж. умен.] к cazuela, кастрюлька.

cazolero, ra. [прил. и сущ.] см. cominero.

cazoleta. [ж. умен.] к cazuela, кастрюлька; чашка эфеса (шпаги и т. д.); гарда (рапиры); род благовонного вещества.

cazoletear. [неперех.] вмешиваться в чужие дела.

cazoletero, ra. [прил. и сущ.] см. cominero.

cazolón. [м. увел.] к cazuela, большая кастрюля.

cazón. [м.] небольшая акула (одна из разновидностей).

cazonal. [м.] (мор.) сеть для ловли cazones (небольших акул); (разг.) очень сложное дело.

cazonera. [ж.] (мор.) см. cazonal.

cazonete. [м.] кофель-нагель.

cazú. [м.] (бот.) африканский фрукт.

cazudo, da. [прил.] широкий, тяжёлый (о тупой стороне ножа).

cazuela. [ж.] кастрюля, глиняная кастрюля; (кул.) рагу (мяса), тушёное мясо; (уст.) место для женщин (в театре); галёрка, раёк (в театре); см. cazuela; [м.] кушанье из мяса, овощей и т. д.; (полигр.) широкая верстатка; * cazuela carnicera, большая кастрюля.

cazueleja. [ж.] (Амер.) род подноса для выпекания хлеба; сорт светильника.

cazumbrar. [перех.] конопатить, затыкать щели бочек паклею.

cazumbre. [м.] пакля; (обл.) сок (растений, плодов и т. д.).

cazumbrón. [м.] бочар, бондарь.

cazurría. [ж.] скрытность, замкнутость.

cazurro, rra. [прил.] скрытный, замкнутый, молчаливый.

cazuz. [м.] (бот.) плющ.

cazuñar. [перех.] (Амер.) красть, воровать.

ce. название буквы c: * ce por be, * por ce, тщательно, подробно; * por ce o por be, так или этак.

ce. [межд.] эй! (для привлечения к себе внимания).

cea. [ж.] (анат.) бедренная кость.

ceaja. [ж.] (обл.) коза в возрасте моложе одного года.

cearina. [ж.] род помады.

ceática. [ж.] см. ciática.

ceba. [ж.] откармливание (скота, птицы), см. cebo.

cebada. [ж.] ячмень (растение и зерно): * cebada perlada, mondada, перловая, ячневая крупа.

cebadal. [м.] ячменное поле.

cabadar. [перех.] давать ячмень животным.

cebadazo, za. [прил.] ячменный.

cebadera. [ж.] торба (для лошади); большой ящик для хранения ячменя.

cebadera. [ж.] (мор.) четырёхугольный парус (у бу(г)шприта).

cebadero. [м.] тот, кто кормил и дрессировал соколов; место корма скота; живопись изображающая домашних птиц во время еды; (горн.) отверстие печи; (вожак) мул и т. д.

cebadero. [м.] продавец ячменя; тот, кто даёт ячмень лошадям и т. д. (в постоялых дворах и т. д.).

cebadilla. [ж.] (бот.) род дикорастущего ячменя, сабадилла.

cebador. [м.] пороховница; человек, занимающийся откармливанием скота, птиц.

cebadura. [ж.] откармливание скота, птиц; дейст. к cebar.

cebar. [перех.] кормить (скот); откармливать; насыпать порох; заправлять; заливать; привлекать, заманивать, засыпать, загружать; поддерживать (огонь); наживлять, надевать наживку, (перен.) питать страсть; (Амер.) заваривать (мате); [неперех.] впиваться (о гвозде и т. д.); **cebarse** [возв. гл.] предаваться чему-л; ожесточаться, озлобляться (против кого-л); с жадностью есть; (тех.) засасывать (о насосе).

cebedeo. [м.] (вул.) (Амер.) мимолётная любовь, см. amorío.

cebellina. [ж.] соболь; соболий мех; [прил.] соболий, соболиный.

cebero. [м.] (обл.) корзина для корма.

cebiche. [м.] (Амер.) сорт рагу, кушанье из рыбы с ají.

cebo. [м.] корм; наживка, приманка (для рыб); взрывчатое, капсюль, запал; (перен.) содействие развитию (страсти и т. д.).

cebo. [м.] см. cefo.

cebolla. [ж.] лук; луковица; сетка, сито садовой лейки; выпуклость (лампы): * cebolla escalonia, лук-шарлот; * cebolla moscada, мускатный лук; * papel cebolla, бумага для прокладки гравюр (в книге).

cebollada. [ж.] кушанье из луков.

cebollar. [м.] поле, засеянное луком.

cebollero, ra. [прил.] луковый; [м. и ж.] продавец (-щица) луков.

cebolleta. [ж.] (бот.) лук-батун, лук дудчатый, татарка, лук-сеянец; лучок.

cebollín. [м.] (Амер.) см. cebolleta.

cebollino. [м.] семя лука; лук-сеянец; * enviar a escardar cebollinos, прогнать, отказать; * ¡vete a escardar cebollinos!, иди к чёрту! * escardar cebollinos, заниматься пустяками.

cebollita. [ж. умен.] к cebolla, лучок; детская игра: * estar dura la cebollita, (Амер.) не отступаться.

cebollón. [м. увел.] к cebolla; (бот.) лук (одна из разновидностей).

cebollón, na. [м. и ж.] (Амер.) старый холостяк, старая дева.

cebolludo, da. [прил.] (бот.) луковичный.

cebón, na. [прил.] откормленный (о животном) (тже. сущ.); (зоол.) боров.

ceborrincha. [ж.] дикий, едкий лук.

ceboso, sa. [прил.] (Амер.) влюбчивый.

cebra. [ж.] (зоол.) зебра.

cebrado, da. [прил.] полосатый как зебра.

cebratana. [ж.] см. cerbatana.

cebrión. [м.] жесткокрылое насекомое.

cebruno, na. [прил.] буланый (о масти).

cebú. [м.] (зоол.) зебу.

ceburro. [прил.] белый, чистый (о пшенице).

ceca. [ж.] монетный двор.

Ceca. [ж.] andar de Ceca en Meca, de la Ceca a la Meca, (разг.) переходить от одной крайности к другой.

cecal. [прил.] к слепая кишка.

cecceamiento. [м.] произношение s как c.

cecceante. [дейст. прич.] к cecear, произносящий s как c.

cecear. [неперех.] произносить s как c; окликать кого-л произнося ¡ce! ¡ce!

ceceo. [м.] произношение s как c.

ceceoso, sa. [прил.] произносящий s как c.

cecepacle. [м.] (Амер.) растение употр. против дизентерии.

cecesmil. [м.] (Амер.) поле, засеянное ранней кукурузой.

cecí. [м.] кубинская рыба.

cecial. [м.] сушёная треска и т. д.

cecina. [ж.] солёное, копчёное мясо; (Амер.) длинный кусок сушёного мяса.

cecinar. [перех.] см. accinar.

cecitis. [м.] (пат.) воспаление слепой кишки.

cecografía. [ж.] способ записи, употр. слепыми.

cecógrafo. [м.] прибор для писания, употр. слепыми.

cecubo. [м.] (в древнем Риме) знаменитое вино.

cechero. [м.] см. acechador.

ceda. [ж.] конский волос, см. cerda.

ceda. [ж.] см. zeda.

cedacear. [неперех.] слабеть (о зрении).

cedacería. [ж.] мастерская, где изготовляют решета, сита; лавка, где продают эти изделия.

cedacero, ra. [м. и ж.] мастер, изготовляющий решёта, сита; продавец, (-щица) решёт, сит.

cedacillo. [м.] (бот.) злаковое растение.

cedacito. [м. умен.] к cedado, небольшое решето, ситечко.

cedazo. [м.] решето, сито; черпак; рыболовная сеть.

cedazuelo. [м. умен.] к cedazo, ситечко.

cedente. [дейст. прич.] к ceder.

ceder. [перех.] отдавать, передавать; [неперех.] уступать; подчиняться, поддаваться; сдаваться; слабеть, ослабевать, спадать, стихать (о ветре и т. д.); отступать перед чем-л; отступаться от чего-л; оседать; (мор.) отходить (о ветре); * ceder el asiento, уступить место кому-л.

cedilla. [ж.] графический знак под буквой c (ç).

cedizo, za. [прил.] тронутый, протухший, с душком (о дичи и т. д.).

cedo. [нареч.] (обл.) тотчас.
cedoaria. [ж.] цитварный корень.
cedónulo. [м.] (зоол.) (Амер.) одностворчатый моллюск.
cedral. [м.] кедровый лес.
cedras. [ж. множ.] пастушеская сума, котомка.
cedreleón. [м.] кедровое масло.
cedria. [ж.] кедровая смола.
cédride. [м.] (бот.) плод кедра, кедровая шишка.
cedrilla. [ж.] кедровая смола.
cedrino, na. [прил.] (уст.) кедровый.
cedrito. [м.] напиток из вина и кедровой смолы.
cedro. [м.] (бот.) кедр.
cedróleo. [м.] (хим.) кедровое эфирное масло.
cédula. [ж.] записка; письмецо; удостоверение; этикетка; (уст.) патент, привилегия: * cédula real, (ист.) королевская грамота, привилегия; * cédula de vecindad, cédula personal, удостоверение личности.
cedulón. [м. увел.] к cédula; объявление; см. pasquín.
cefalalgia. [ж.] головная боль.
cefalálgico, ca. [прил.] относящийся к головной боли.
cefalea. [ж.] сильная головная боль.
cefaledema. [ж.] (мед.) головной отёк.
cefalemia. [ж.] (мед.) кровоизлияние в мозг.
cefálico, ca. [прил.] (анат.) головной, мозговой; черепной.
cefalitis. [ж.] (мед.) энцефалит, воспаление мозга.
céfalo. [м.] (ихтиол.) см. róbalo.
cefalodinia. [ж.] головная боль.
cefalofimo. [м.] (пат.) опухоль головы.
cefalóforo, ra. [прил.] с головой.
cefalografía. [ж.] анатомическое описание головы.
cefalográfico, ca. [прил.] относящийся к анатомическому описанию головы.
cefaloideo, a. [прил.] близкий по форме к голове.
cefalología. [ж.] анатомическое изучение или доклад о голове.
cefalológico, ca. [прил.] относящийся к анатомическому изучению головы.
cefaloma. [м.] (пат.) рак мозга.
cefalópodos. [м. множ.] (зоол.) головоногие.
cefalorraquídeo, a. [прил.] спинномозговой.
cefalotomía. [ж.] прободение черепа плода при патологических родах.
cefaloscopia. [ж.] осмотр головного мозга и т. д.
cefear. [ж.] (обл.) рыть землю рыло, ища корма (о свиньях).
céfiro. [м.] западный ветер; (поэт.) зефир, лёгкий, тёплый ветерок; зефир (ткань).
cefo. [м.] (зоол.) род обезьяны.
cegador, ra. [прил.] ослепительный.
cegajo. [м.] двухгодовалый козёл.
cegajoso, sa. [прил.] со слезящимися глазами (тже. сущ.).
cegama. [м. и ж.] (разг.) близорукий человек.
cegar. [неперех.] слепнуть, лишиться зрения; ослеплять; затыкать, заделывать, закупоривать.
cegarra. [прил.] (разг.) см. cegato (тже. сущ.).
cegarrita. [прил.] со слабым зрением (тже. сущ.): * a cegarritas, с закрытыми глазами.

cegato, ta. [прил.] (разг.) близорукий; [сущ.] близорукий человек.
cegatón, na. [прил.] (вул.) (Амер.) см. cegato.
cegatoso, sa. [прил.] см. cegajoso (тже. сущ.).
cegesimal. [прил.] о метрической системе.
cegua. [ж.] (Амер.) см. cigua.
ceguecillo, lla. [прил. умен.] слепой; [м. и ж.] слепой, слепая, слепец.
ceguedad. [ж.] слепота; (перен.) ослепление.
ceguera. [ж.] слепота; офтальмия.
ceguezuelo, la. [прил.] плохо видящий.
ceiba. [ж.] сейба (дерево); морская водоросль.
ceibadar. [м.] место, изобилующее ceibas (на дне моря).
ceibo. [м.] (бот.) американское дерево.
ceibón. [м.] (Амер.) род ceiba.
ceína. [ж.] (хим.) вещество, добываемое из кукурузы.
ceisatita. [ж.] (мин.) разновидность опала.
ceja. [ж.] бровь; выступающий край; облака на горах; вершина горы; (муз.) порожек (у скрипки, гитары); (Амер.) тропа вдоль лесной опушки: * arquear las cejas, нахмурить брови; * hasta las cejas, до крайности; * tener entre ceja y ceja, упорствовать в чём-л.; * tener a uno entre ceja y ceja или entre cejas, недолюбливать кого-л.; * dar a uno entre ceja y ceja, сказать кому-л неприятность в глаза.
cejadero, cejador. [м.] шлея.
cejar. [неперех.] отступать, подаваться назад, пятиться (о лошади); (перен.) отступать.
ceje. [м.] (обл.) кустарник, употр. против сыпи.
cejijunto, ta. [прил.] со сросшимися бровями; (перен.) см. ceñudo.
cejilla. [ж.] (муз.) порожек гитары.
cejinegro, gra. [прил.] с чёрными бровями, чернобровый.
cejo. [м.] утренний туман над рекой.
cejudo, da. [прил.] с густыми бровями.
cejuela. [ж. умен.] к ceja, бровка (разг.) (муз.) порожек.
celación. [ж.] скрывание беременности и т. д.
celada. [ж.] салад (средневековый шлем).
celada. [ж.] засада; козни: * caer uno en la celada, попасть в засаду.
celadamente. [нареч.] (уст.) тайно, тайком.
celadón. [м.] см. verdeceledón.
celador, ra. [прил.] надзирающий, наблюдающий за; бдительный; [м. и ж.] надзиратель, (-ница), смотритель, (-ница); надсмотрщик, (-ица).
celaduría. [ж.] кабинет надзирателя.
celaje. [м.] отблеск солнца на краях облаков; окошко; хорошая примета; [множ.] (мор.) облака, гонимые ветром.
celajería. [ж.] (мор.) облака.
celambre. [ж.] ревность.
celan. [м.] род селёдки.
celandés, sa. [прил. и сущ.] см. zelandés.
celar. [перех.] таить, скрывать, прятать.
celar. [перех.] работать резцом, вырезать, гравировать, высекать.
celar. [перех.] надзирать, присматривать; наблюдать, следить; соблюдать; сторожить.
celastro. [м.] (бот.) название американского куста.
celda. [ж.] келья; одиночная камера; ячейка (в сотах).
celdilla. [ж.] ячейка (в сотах); см. célula; ниша; (бот.) отделение в семенной коробочке.
celdrana. [ж.] (обл.) разновидность большой оливы.
cele. [м.] (Амер.) мягкий (о фруктах).

celebérrimo, ma. [прил.] знаменитейший, славнейший.
celebración. [ж.] прославление, восхваление; празднование; проведение (собрания); ознаменование; торжественное богослужение; совершение (церемонии).
celebrador, ra. [прил.] восхваляющий, прославляющий (тже. сущ.).
celebrante. [м.] священник, служащий обедню.
celebrar. [перех.] прославлять, восхвалять; отмечать; заключать (сделку); проводить (собрание); совершать (церемонию); совершить богослужение; служить обедню (тже. неперех.). celebrar la fiesta, соблюдать праздник.
célebre. [прил.] знаменитый, прославленный; известный; (перен.) (разг.) забавный, остроумный, весёлый: * tristemente célebre, печальной славы.
célebremente. [нареч.] торжественно.
celebridad. [ж.] слава, знаменитость, известность; (неол.) знаменитость (о человеке); торжественность.
celebro. [м.] см. cerebro.
celedón. [м.] см. verdeceledón.
celemín. [м.] мера сыпучих тел, равная 4,625 л.
celeminada. [ж.] содержимое celemín.
celeminero, ra. [м.] скотник, конюх (тже. ж.).
celenterios. [м. множ.] (зоол.) кишечнополостные.
celeque. [прил.] (Амер.) мягкий (о фруктах).
celera. [ж.] ревность (чаще множ.).
célere. [прил.] быстрый, скорый, проворный, живой; [множ.] (миф.) часы.
celeridad. [ж.] скорость, быстрота, проворство, живость.
celerígrado, da. [прил.] двигающийся быстрым шагом (о животных).
celerímetro. [м.] (тех.) тахометр.
celerípedo, da. [прил.] (поэт.) быстроногий.
celeste. [прил.] небесный; лазурный, небесный, голубой: * la bóveda celeste, небесный купол.
celestial. [прил.] небесный; божественный, райский; (перен.) совершенный, прекрасный, восхитительный, божественный; (ирон.) глупый, простоватый.
celestialidad. [ж.] свойст. к celestial; блаженство, счастье.
celestialmente. [нареч.] божественно; дивно, чудесно, превосходно, замечательно.
celestina. [ж.] мексиканская певчая птица.
celestina. [ж.] (перен.), сводница, сводня.
celestinesco, ca. [прил.] сводничий, свойственный своднице.
clestino, na. [м. и ж.] целестин (-ка) (монах, монахиня) (тже. прил.).
celfo. [м.] см. cefo.
celia. [ж.] род пива (у древних испанцев).
celíaca. [ж.] (пат.) род беловатого поноса.
celíaco, ca. [прил.] (анат.) брюшной, кишечный: arteria celíaca, чревная артерия.
celialgia. [ж.] (мед.) брюшная боль.
celibatario. [м.] (гал.) см. célibe.
celibato. [м.] безбрачие, целибат; (разг.) холостяк.
celibatón, na. [м. и ж.] (разг.) старый холостяк, старая дева (тже. прил.).
célibe. [прил.] не состоящий в браке, холостой, незамужний; [сущ.] холостяк, девица, незамужняя.
célico, ca. [прил.] (поэт.) небесный; божественный, прекрасный, восхитительный.
celícola. [м.] житель неба.
celidonia. [ж.] (бот.) чистотел.

celiectasia. [ж.] (мед.) растяжение брюшной полости.
celinda. [ж.] (бот.) садовый жасмин, чубушник.
celindrate. [м.] рагу с кориандром.
celiocentesis. [ж.] (хир.) прокол брюшной полости.
celioscopia. [ж.] (мед.) осмотр брюшной полости.
celiotomía. [ж.] (хир.) чревосечение.
celita. [ж.] (ихтиол.) рыба Гибралтарского пролива.
celo. [м.] рвение, усердие, старание; течка (у животных); боязнь, подозрение: * celo ardiente, усердие; [множ.] ревность; * dar celos, вызывать ревность; * tener celos de alguien, ревновать к кому-л.
celofán. [м.] целлофан.
celoflebitis. [ж.] (пат.) воспаление полой вены.
celogenio. [м.] бразильская свинка.
celón. [м.] (мор.) легкая гребная лодка.
celopéltide. [ж.] (зоол.) змея (одна из разновидностей).
celosa. [ж.] кубинский колючий куст.
celosamente. [нареч.] усердно; ревниво.
celosía. [ж.] жалюзи (решетчатые ставни).
celoso, sa. [прил.] ревнивый; завистливый; подозрительный, недоверчивый; см. receloso; усердный, старательный, ревностный: * embarcación celosa, (мор.) судно легко дающее крен.
celotipia. [ж.] ревность (страсть).
celsitud. [ж.] благородство; величие.
celta. [прил.] кельтский; [сущ.] кельт; [м.] кельтский язык.
celtibérico, ca, celtiberio, ria. [прил.] см. celtíbero.
celtíbero, ra, celtibero, ra. [прил.] кельтиберский; [сущ.] кельтибер.
céltico, ca. [прил.] кельтский.
celtista. [м. и ж.] специалист по кельтскому языку, кельтской культуре.
celtófilo, la. [прил.] склонный к кельтской культуре и т. д. (тж. сущ.).
celtohispánico; ca; celtohispano, na. [прил.] о кельтских памятниках в Испании.
célula. [ж.] (анат.) (бот.) ячейка, клетка; ячейка (организации): * célula fotoeléctrica, фотоэлемент.
celulado, da. [прил.] (зоол.) состоящий из клеток, клеточный.
celular. [прил.] (биол.) клеточный; состоящий одиночных камер: * tejido celular, (анат.) клетчатка; * coche celular, арестантская карета; тюремная машина.
celulario, ria. [прил.] состоящий из клеток, ячеек, ячеистый.
celulicida. [прил.] уничтожающий клетки (тж. сущ.).
celuliforme. [прил.] в форме клетки, ячейки.
celulitis. [ж.] (пат.) воспаление клетчатки.
celuloide. [м.] целлулоид; * de celuloide, целлулоидный.
celulosis. [ж.] (биол.) уничтожение целлюлозы.
celulolítico, ca. [прил.] (биол.) относящийся к уничтожению целлюлозы; уничтожающий целлюлозу.
celulolizante. [прил.] (биол.) уничтожающий целлюлозу.
celulosa. [ж.] (хим.) целлюлоза, растительная клетчатка: * celulosa nítrica, нитроцеллюлоза, нитроклетчатка.
celulósico, ca. [прил.] целлюлозный.
celuloso, sa. [прил.] клеточный.
cellar. [прил.] брусковый, полосовой (о железе).
cellenca. [ж.] публичная женщина, проститутка.
cellenco, ca. [прил.] (разг.) дряхлый, с трудом передвигающийся (о человеке).

cellisca. [ж.] снежный буран.
cellisquear. [неперех.] сильно идти (о мелком снеге).
cello. [м.] обруч, кольцо.
cembro. [м.] (бот.) сосна (одна из разновидностей).
cementación. [ж.] цементация (металла).
cementar. [перех.] цементировать (металл).
cementatorio, ria. [прил.] относящийся к цементации.
cementerial. [прил.] кладбищенский.
cementista. [м. и ж.] работник цементного строительства.
cemento. [м.] цемент: * cemento armado, железобетон.
cementoso, sa. [прил.] имеющий свойства цемента.
cena. [ж.] ужин; (церк.) тайная вечеря.
cenaaoscuras. [м. и ж.] (перен.) (разг.) мизантроп (-ка), человеконенавистник (-ица) нелюдим (-ка); скупец, скряга.
cenáculo. [м.] сообщество, общество, кружок (литературных деятелей и т. д.).
cenacho. [м.] корзина для провизии.
cenada. [ж.] (Амер.) дейст. к ужинать.
cenadero. [м.] место, где ужинают; см. cenador.
cenado, da. [прил.] о том, кто уже поужинал.
cenador, ra. [прил.] ужинающий или в большом количестве ужинающий; [сущ.] ужинающий (-ая); [м.] беседка.
cenaduría. [ж.] (Амер.) ночная харчевня.
cenagal. [м.] топь, трясина; скверное положение; грязное дело.
cenagar. [м.] см. cenagal.
cenagoso, sa. [прил.] топкий, илистый, трясинный; грязный, вязкий.
cenal. [м.] (мор.) название некоторой оснастки.
cenamerienda. [ж.] род ужина; см. ambigú.
cenancle. [м.] (Амер.) кукурузный початок.
cenar. [неперех.] ужинать; [перех.] есть что-л на ужин.
cenata. [ж.] (Амер.) обильный весёлый ужин.
cenca. [ж.] (Амер.) гребень, гребешок (у птиц).
cencellada. [ж.] (обл.) роса, иней.
cenceño, ña. [прил.] тонкий, худощавый, сухопарый (о человеке и животном) пресный (о хлебе).
cencerra. [ж.] см. cencerro.
cencerrada. [ж.] кошачий концерт "в честь вдовых, только что вступивших в брак".
cencerrador, ra. [прил.] дейст. к гл. cencerrear (тж. сущ.).
cencerrear. [неперех.] звенеть колокольчиками (о скоте); (перен.) (разг.) бренчать; неумело играть на музыкальном инструменте; дребезжать; визжать; скрипеть (о дверных петлях и т. д.).
cencerreo. [м.] звон колокольчиков, бубенчиков; дребезжание; бренчание; скрипение (дверных петель и т. д.).
cencerrería. [ж.] звон колокольчика, бубенчика; (перен.) гам.
cencerril. [прил.] к колокольчик, бубенчик.
cencerrillas. [ж. мн.] хомуты с колокольчиками или бубенчиками.
cencerro. [м.] колокольчик, бубенчик (на шее скота): * cencerro zumbón, большой колокольчик (на шее вожака); * a cencerros tapados, под сурдинку, втихомолку втайне, исподтишка.
cencerrón. [м.] см. redrojo; [прил.] шатающийся (о зубах).
cencido, da. [прил.] не потоптанный (о траве и т. д.).

cencivera. [ж.] (обл.) род скороспелого винограда.
cenco. [м.] американское пресмыкающееся.
cencuate. [м.] (зоол.) мексиканская ядовитая змея.
cencha. [ж.] перекладина (у кресел, кроватей и т. д.).
cendal. [м.] сендаль (тонкая ткань из шёлка или льна); см. humeral; бородка (у пера); мавританское судно.
cendalí. [прил.] принадлежащий или относящийся к cendal.
céndea. [ж.] (обл.) территория из нескольких деревень.
cendolilla. [ж.] легкомысленная, безрассудная девушка.
cendradilla. [ж.] печь для очистка благородных металлов.
cendrado, da. [прил.] см. acendrado.
cendrar. [перех.] см. acendrar.
cenefa. [ж.] кайма (вышитая); бордюр.
cenegal. [м.] (Амер.) см. cenagal.
cenegoso, sa. [прил.] (Амер.) см. cenagoso.
ceneja. [ж.] (обл.) род ткани из дрока (испанского); сорт дрока.
ceneque. [м.] (арг.) свежая булка.
cenestillo. [м.] (Амер.) корзинка.
cení. [м.] сорт очень тонкой латуни.
cenia. [ж.] см. azuda.
cenicero. [м.] зольник, зольный ящик; пепельница.
cenicero. [м.] (Амер.) см. cenízaro.
cenicienta. [ж.] золушка.
ceniciento, ta. [прил.] пепельный (о цвете).
cenicilla. [ж.] оидиум.
ceniplán. [м.] (хир.) хирургический инструмент для вскрытия черепа.
cenismo. [м.] смесь диалектов.
cenit. [м.] (астр.) зенит.
cenital. [прил.] зенитный.
ceniza. [ж.] пепел, зола; (бот.) см. cenicilla; (жнв.) смесь клея с золой; [множ.] прах: * miércoles de ceniza, предпоследний день масленицы; * convertir en cenizas, reducir, или hacer cenizas, испепелить, обратить в пепел.
cenizal. [м.] зольник; пепельница.
cenízaro. [м.] (Амер.) дерево, плод которого идёт в корм для скота.
cenizo, za. [прил.] пепельный (о цвете): [м.] (бот.) марь (разновидность); см. aguafiestas; неудачник.
cenizoso, sa. [прил.] полный пепла, золы; покрытый пеплом; пепельный (о цвете).
cenobial. [прил.] монастырский.
cenobiarca. [м.] аббат.
cenobio. [м.] монастырь, обитель (книж.).
cenobita. [м. и ж.] (прям.) (перен.) монах, живущий в общине.
cenobítico, ca. [прил.] монашеский, обительский (книж.)
cenobitismo. [м.] монашеский образ жизни.
cenobitófilo. [м.] защитник cenobitas.
cenofobia. [ж.] боязнь пространства.
cenófobo, ba. [прил.] страдающий боязнью пространства (тж. сущ.).
cenojil. [м.] подвязка (круглая для чулок).
cenonismo. [м.] (фил.) стоицизм.
cenotafio. [м.] кенотаф.
cenozoico, ca. [прил.] (геол.) кайнозойский, третичный.
censal. [прил.] (обл.) см. censual; [м.] (обл.) см. censo.
censalero. [м.] (обл.) см. censatorio.
censalista. [сущ.] (обл.) см. censualista.
censatario. [м. и ж.] арендатор (-ша); выплачивающий ренту.

censido, da. [прил.] (юр.) подлежащий арендной плате.
censo. [м.] перепись населеня; ценз; рента, чинш; арендная плата; старинный налог (в древнем Риме): * **censo** electoral, избирательный ценз; * **censo** de por vida, vitalicio, пожизненная рента; * **censo** (perpetuo), бездонная бочка, о чём-л, требующем многих и неокупающихся затрат.
censor. [м.] цензор; критик; рецензент; заведующий учебной частью; злой язык.
censoría. [ж.] должность и отдел литературного цензора.
censorino, na; censorio, ria. [прил.] относящийся к цензору или к цензуре, цензорский.
censual. [прил.] принадлежащий censo.
censualista. [м.] человек, получающее ренту.
censuario. [м.] см. censatorio.
censura. [ж.] цензорство; цензура; критика; рецензия; осуждение, неодобрение, порицание, укор; язвительный разговор, злословие; церковное наказание: * exponerse a censuras, отдать себя на суд общественности.
censurable. [прил.] подлежащий цензуре; достойный порицания, критики.
censurador, ra. [прил.] подвергающий цензуре, цензурующий; критикующий; злословящий (тже. сущ.).
censurante. [дейст. прич.] к censurar.
censurar. [перех.] цензуровать, подвергать цензуре; рецензировать; критиковать; порицать; злословить.
centalla. [ж.] искра древесного угля.
centaura, centaurea. [ж.] (бот.) золототысячник, горечавка.
centaureo. [прил.] (бот.) горечавковый; [ж. множ.] горечавковые.
centauro. [м.] (миф.) кентавр.
centavería. [ж.] (Амер.) скотный двор.
centavo, va. [прил.] сотый; [м.] сотая доля, часть; (Амер.) мелкая монета, сотая часть песо.
centella. [ж.] молния; искра; (перен.) остаток страсти; (обл.) болезнь пшеницы; ядовитая трава; (Амер.) лютик; (арг.) см. espada.
centellador, ra. [прил.] сверкающий, искрящийся, блестящий; искромётный (уст.).
centellante. [дейст. прич.] к centellar; сверкающий, искрящийся.
centellar. [неперех.] см. centellear.
centellazo. [м.] (Амер.) удар, причиняющий ушиб.
centelleante. [дейст прич.] к centellear; мечущий молнии (о глазах).
centellear. [неперех.] сверкать, искриться.
centelleo. [м.] сверкание, блистание; искрение, искрообразование.
centellero. [м.] (Амер.) см. centillero.
centellón. [м. увел.] к centella
centelluela. [ж. умен.] к centello; искорка.
centén. [м.] старинная испанская золотая монета.
centena. [ж.] сотня.
centenada. [ж.] см. centena: * a centenas, сотнями; во множестве.
centenal. [м.] сотня.
centenal. [м.] ржаное поле.
centenar. [м.] сотня; см. centenario: * a centenares, сотнями; во множестве.
centenar. [м.] ржаное поле.
centenario, ria. [прил.] столетний, вековой; [м.] столетний старец; годовщина, столетие, столетний юбилей; (уст.) см. centena.
centenaza. [прил.]: * paja centenaza, ржаная солома.
centenero, ra. [прил.] годный для культуры ржи (о земле).
centenilla. [ж.] (бот.) название американского первоцветного растения.
centeno, na. [прил.] сотый.
centeno. [м.] (бот.) рожь: * pan de centeno, ржаной хлеб.
centenoso, sa. [прил.] изобилующий ржью (о смеси).
centesimación. [ж.] казнь или наказание каждого сотого.
centesimal. [прил.] сотый (о доле, части).
centesimar. [перех.] выбирать или казнить каждого сотого.
centésimo, ma. [прил.] сотый; [м.] сотая доля, часть.
centesis. [ж.] (хир.) прокол, пункция хирургическим инструментом.
centi. приставка, означающая сто каких-л единиц или сотую часть чего-л.
centiárea. [ж.] сотая часть ара.
centibar. [м.] (физ.) сотая часть бара.
centígrado, da. [прил.] разделённый на сто долей; стоградусный.
centigramo. [м.] сантиграмм.
centilitro. [м.] сантилитр.
centiloquio. [м.] произведение состоящее из ста частей; сборник из ста произведений.
centillero. [м.] (Амер.) (церк.) канделябр для семя свечей.
centímano. [прил.] сторукий.
centímetro. [м.] сантиметр.
céntimo, ma. [прил.] сотый; [м.] сантим, сотая часть песеты.
centinela. [м. или ж.] часовой, караульный; (перен.) наблюдатель; сторож: * centinela perdida, часовой на изолированном посту; * estar de centinela, стоять на посту; * poner centinelas, разводить часовых; * relevar los centinelas, сменять часовых; * centinela doble, парный пост; * ¡centinela a las armas!, в ружьё, к караул, в ружьё!; * hacer centinela, быть на посту, стоять на посту.
centinodia. [ж.] спорыш, птичий горец, почечуйная гречиха.
centípedo, da. [прил.] стоногий.
centiplicado, da. [прил.] увеличенный в сто раз.
centipondio. [м.] см. quintal.
centola, centollo. [ж.] рак-отшельник.
centón. [м.] лоскутное одеяло; компиляция.
centonar. [перех.] нагромождать; компилировать.
centración. [ж.] (тех.) центровка, центрование.
centrado, da. [прил.] центрированный.
central. [прил.] центральный; (перен.) главный; [ж.] центральное учреждение, организация; централь; центральная электростанция: * calefacción central, центральное отопление; * central eléctrica, центральная электростанция, электроцентраль; * central hidroeléctrica, гидроэлектростанция, гидростанция; * central electrotérmica, теплоэлектроцентраль; * central térmica, теплоцентраль; * central eléctrico-atómica, central eléctrica a base de energía atómica, атомная электростанция; * central telefónica, телефонная станция.
centralidad. [ж.] центральность.
centralilla. [ж.] (телефонный) коммутатор.
centralismo. [м.] (полит.) централизм.
centralista. [сущ.] сторонник (-ница) централизации (тже. прил.).
centralita. [ж.] см. centralilla.
centralizable. [прил.] могущий быть централизованным.
centralización. [ж.] централизация.
centralizador, ra. [прил.] централизующий (тже. сущ.).
centralizar. [перех.] централизовать, сосредоточивать.
centrar. [перех.] центрировать, центровать; сосредоточивать.
céntrico, ca. [прил.] центральный, находящийся в центре или около центра чего-л.
centrífuga. [ж.] (Амер.) центрифуга (в сахарном производстве).
centrifugación. [ж.] центрифугирование.
centrifugador, ra. [прил.] центрифугальный; [ж.] центрифуга.
centrifugar. [перех.] центрифугировать.
centrífugo, ga. [прил.] центробежный: * fuerza centrífuga, центробежная сила.
centrina. [ж.] род краба; см. centrino.
centrino. [м.] сорт хрящевой рыбы.
centrípeto, ta. [прил.] центростремительный: * fuerza centrípeta, центростремительная сила.
centris. [м.] южноамериканское перепончатокрылое насекомое.
centrista. [м.] (полит.) центрист, сторонник центризма; [прил.] центристский.
centro. [м.] центр, центральная точка; центр города; центр, средоточие; узел; учреждение, клуб (какой-л организации и т. д.); район; (Амер.) юбка под прозрачным платьем; тройка (о платье); жилет: * estar en su centro, чувствовать себя в своей стихии.
centroamericano, na. [прил.] относящийся к Центральной Америке; [сущ.] уроженец (-ка) Центральной Америки.
centrobárico, ca. [прил.] принадлежащий центру тяжести.
centrodonte. [прил.] (зоол.) острозубый, с острыми зубами.
centroesfera. [ж.] центросфера.
centroeuropeo, a. [прил.] относящийся к Центральной Европе; [сущ.] уроженец (-ка) Центральной Европы.
centuplicación. [ж.] увеличение в сто раз.
centuplicadamente. [нареч.] в сто раз больше (тже. перен.).
centuplicado, da. [прил.] увеличенный в сто раз.
centuplicador, ra. [прил.] увеличивающий в сто раз (тже. сущ.).
centuplicar. [перех.] увеличивать в сто раз; (ариф.) умножать на сто.
céntuplo, pla. [прил.] стократный (тже. сущ.).
centuria. [ж.] столетие; (ист.) центурия.
centurión. [м.] (ист.) центурион.
centurionazgo. [м.] чин, должность центуриона.
cenzalino, na. [прил.] принадлежащий cénzalo.
cénzalo. [м.] длинноногий москит.
cenzay, cenzaya. [ж.] (обл.) няня.
cenzayo. [м.] (обл.) муж бывшей няни.
ceñar. [неперех.] нахмурить брови.
ceñar. [перех.] (обл.) мигать, подмигивать.
ceñido, da. [прил.] скромный; воздержанный, бережливый, экономный; (зоол.) о теле некоторых насекомых (мухи, пчелы).
ceñidor. [м.] пояс.
ceñidura. [ж.] дейст. к cenir.
ceñiglo. [м.] (бот.) см. cenizo.
ceñir. [перех.] опоясывать подпоясывать; окружать; сокращать, сводить к немногу; (мор.) идти по ветру: * ceñirse, возв. гл.] ограничивать себя в чём-л; быть бережливым; [непр. гл.] pres. ind. ciño, ciñes, ñe; indef. ceñí, -ñiste, ciñó, ciñeron;

pres. subj. ciña, ciñas; imperf. ciñera или ciñese; ger. ciñendo.

ceño. [м.] кольцо, обод; (вет.) выступ вокруг лошадиного копыта.

ceño. [м.] нахмуривание.

ceñoso, sa, ceñudo, da. [прил.] нахмуренный, хмурый; грозный.

ceo. [м.] (ихтиол.) морская рыба.

ceoán. [м.] (Амер.) (орни.) род дрозда.

ceófago, ga. [прил.] питающийся кукурузой.

ceolita. [ж.] (мин.) цеолит.

ceoscopio. [м.] (физ.) эбуллиоскоп.

cepa. [ж.] корневище, пень; виноградная лоза; (перен.) корень, начало, источник, основа чего-л; родоначальник; корень, (Амер.) ров; * cepa virgen, дикий виноград; * de buena cepa, коренной.

cepandilla. [ж.] (обл.) умен. к cepa.

cepavirgen. [ж.] дикий виноград.

cepeda. [ж.] место, изобилующее вереском.

cepejón. [м.] большой корень, выходящий из ствола дерева.

cepellón. [м.] (с.-х.) ком земли плотно присоединенный к корню растения (при пересадке).

cepera. [ж.] (обл.) воспаление копыт.

cepilladura. [ж.] см. acepilladura.

cepillar. [перех.] см. acepillar; (Амер.) (непр.) льстить, угодничать.

cepillazo. [м.] (Амер.) лесть.

cepillo. [м.] рубанок, скобель, струг; щётка; кружка для пожертвований; * cepillo para el calzado, щётка для обуви; * cepillo para los dientes, зубная щётка; cepillo de media madera, фальцхебель.

cepita. [ж.] разновидность агата.

cepo. [м.] ветвь, сук; чурбан, обрубок; колодка; капкан, западня; кружка для пожертвований, (тех.) упорный болт; (арт.) передок, (перен.) страдание, печаль, скорбь; * cepo del ancla, (мор.) шток якоря; * cepos quedos, сидите смирно; * cepo colombiano, или de campaña, (Амер.) наказание, применявшееся к солдатам.

cepo. [м.] см. cefo.

cepola. [ж.] (ихтиол.) колючепёрая рыба.

cepón. [м. увел.] к cepa; виноградная лоза.

ceporro. [м.] засохшая виноградная лоза; (разг.) увалень, грубиян, дурак, чурбан.

cepote. [м.] (воен.) название одной части старинного ружья.

ceprén. [м.] (обл.) рычаг.

ceprenar. [неперех.] (обл.) поднимать рычагом.

ceptí. [прил.] относящийся к Ceuta; [сущ.] уроженец (-ка) этого города.

cequeta. [ж.] (обл.) узкая оросительная канава.

cequí. [м.] старинная золотая монета.

cequia. [ж.] см. acequia.

cequín. [м.] (вар.) см. cequí.

cequión. [м.] (обл.) мельничный и т. д. канал; (Амер.) большой канал.

cera. [ж.] воск; (соб.) восковые свечи; [множ.] ячейки улья: * cera de los oídos, ушная сера; * cera aleda, прополис, пчелиный клей; * cera de palma, пальмовая смола, камедь; * cera toral, жёлтый воск; * ser uno una cera, или hecho de cera, или una cera, быть покорным, смирным и т. д.

ceracate. [ж.] (мин.) разновидность агата, воскового цвета.

ceráceo, a. [прил.] похожий на воск, мягкий как воск, восковидный, восковобразный.

ceración. [ж.] плавка.

cerafolio. [м.] (бот.) кервель.

ceragallo. [ж.] (Амер.) название некоторого растения с красными и жёлтыми цветами.

cerámica. [ж.] керамика; фарфоровое производство, производство керамики.

cerámico, ca. [прил.] керамиковый, керамический, гончарный.

ceramista. [сущ.] рабочий (или мастер) по керамике.

ceramita. [ж.] сорт драгоценного камня; кирпич твёрже гранита.

ceramografía. [ж.] трактат о истории керамики.

ceramográfico, ca. [прил.] принадлежащий или относящийся к ceramografía.

ceramógrafo. [м.] специалист по ceramografía.

cerapez. [м.] сапожный вар; сапожная вакса.

cerargirita. [ж.] кераргирит, роговое серебро.

cerasiote. [м.] слабительное, содержащее черешневый сок.

cerasta(s), ceraste(s). [м.] (зоол.) рогатая змея.

cerástide. [м.] (зоол.) ночное чешуекрылое насекомое.

ceratias. [м.] (астр.) комета с двумя хвостами.

cerato. [м.] спуск (мазь из воска и масла).

ceratocéfalo. [м.] (бот.) род лютика.

ceratodo. [м.] (палеонт.) цератод.

ceratoideo, a. [прил.] роговидный.

ceratolita. [м.] (геол.) окаменелый рог.

ceratospermo, ma. [прил.] (бот.) роговплодный.

ceraunia. [ж.] метеорит.

ceraunografía. [ж.] изучение действия молнии.

ceraunología. [ж.] наука, изучающая молнию и т. д.

ceraunológico, ca. [прил.] принадлежащий или относящийся к ceraunología.

ceraunólogo, ga. [м. и ж.] специалист по ceraunología.

ceraunomancia. [ж.] гадание громовыми явлениями.

ceraunómetro. [м.] прибор для измерения силы молнии.

cerbas. [м.] (бот.) индийское гигантское дерево.

cerbatana. [ж.] духовая трубка (оружие); слуховая трубка; род старинной кулеврины.

cerbero. [м.] см. cancerbero; (бот.) вид барвинковых растений.

cerca. [ж.] ограда, забор, изгородь; (воен.) каре.

cerca. [м.] близко, при: cerca de, возле, вблизи, поблизости, близ, около; приблизительно; de cerca, пристально; по пятам; (жив.) (множ.) передний план картины.

cercado, da. [страд. прич.] к cercar; [м.] обнесённое оградой место, огороженный земельный участок; забор, изгородь; (Амер.) единица административного деления в которую входят главный город штата или провинции и зависимые от него населённые пункты.

cercador, ra. [прил.] (воен.) осаждающий; окружающий, огораживающий; [м.] инструмент резчика для рисования на листовом железе.

cercanamente. [нареч.] близко, около, рядом.

cercanía. [ж.] близость, смежность; [множ.] окрестности.

cercano, na. [прил.] близкий, ближний, ближайший; * Cercano Oriente, Ближний Восток.

cercar. [перех.] окружать, обносить чем-л; (воен.) осаждать, обложить, окружить, блокировать (крепость и т. д.); окружать.

cercear. [неперех.] (обл.) дуть (о северном ветре).

cercén, или cercén (a). [нареч.] начисто, под корень: * a cercén, решительно, категорически.

cercenador, ra. [прил.] обрезывающий; сокращающий (тж. сущ.).

cercenadura. [ж.] обрезание, обрезка; отрезание, урезывание; сокращение, уменьшение; обрезок, обрезки.

cercenamiento. [м.] см. cercenadura.

cercenar. [перех.] обрезывать, подрезывать, укорачивать; отрезать, отсекать; убавлять, сокращать, урезывать, срезать.

cércene. [нареч.] (обл.) см. cercén.

cérceno, na. [прил.] (обл.) отрезанный под корень.

cercera. [ж.] (обл.) непрерывный сильный северный ветер.

cerceta. [ж.] чирок (птица).

cercillo. [м.] (уст.) серьга: * cercillo de vid, виноградный усик.

cerciorar. [перех.] уверять в чём-л: * cerciorarse. [возв. гл.] удостоверяться в чём-л.

cerco. [м.] круг; кольцо, обод, обруч; окружение; блокада; осада; небольшой круг, кружок; сияние (небесных светил); (Амер.) живая изгородь; (разг.) дом терпимости: * alzar или levantar el cerco, снимать осаду; * romper el cerco, вырваться из окружения.

cercopiteco. [м.] обезьяна (одна из разновидностей).

cércopo. [м.] полужесткокрылое насекомое.

cercote. [м.] сорт рыболовной сети.

cercha. [ж.] (тех.) стропильная ферма; кружало; (Амер.) металлический прут для кисейной занавески.

cerchar. [перех.] (с.-х.) разводить виноградными отводками.

cerchearse. [возв. гл.] (обл.) гнуться, сгибаться (о балках и т. д.).

cerchón. [м.] (арх.) кружало.

cerda. [ж.] конский волос; щетина (свиная); свинья (самка); сжатый хлеб; силок для ловли куропаток; пучок льна; (вет.) болезненная опухоль; (арх.) нож.

cerdada. [ж.] стадо свиней.

cerdamen. [м.] пучок конских волос, щетин.

cerdear. [неперех.] хромать на переднюю ногу (о животных); дребезжать (о струнах); (разг.) противиться, отказываться, отговариваться.

cerdear. [перех.] (Амер.) обманывать, надувать, вымогать (деньги); [неперех.] участвовать в деле.

cerdo. [м.] боров, свинья; [м.] свинья: * cerdo de muerte, боров в возрасте больше одного года; * cerdo de vida, боров в возрасте до одного года; * cerdo marino, см. marsopa.

cerdoso, sa. [прил.] щетинистый; похожий на щетину, щетинообразный, жесткий.

cerdudo, da. [прил.] щетиноносный, щетинистый; волосатый (о человеке волосатой грудью).

cereal. [прил.] хлебный, зерновой, злаковый; [м. множ.] зерновые хлеба, злаки; (миф.) празднество в честь Цереры.

cerealicultura. [ж.] культура хлебных злаков.
cerealista. [прил.] хлебный, относящийся к хлебу, хлеботорговый.
cerebelitis. [ж.] воспаление мозжечка.
cerebelo. [м.] (анат.) мозжечок.
cerebeloso, sa. [прил.] к мозжечок.
cerebral. [прил.] (анат.) мозговой, церебральный: *hemorragia cerebral, кровоизлияние в мозг, инсульт.
cerebralidad. [ж.] (перен.) умственная сила.
cerebrar. [неперех.] заниматься умственной трудой; думать, обдумывать.
cerebria. [ж.] (пат.) мания.
cerebriforme. [прил.] (анат.) имеющий вид мозга.
cerebrina. [ж.] противоневралгическое лекарство.
cerebritis. [ж.] (мед.) воспаление мозга, энцефалит.
cerebro. [м.] мозг; голова, рассудок, ум.
cerebroespinal. [прил.] спинномозговой, цереброспинальный.
cerebrología. [ж.] трактат о мозге.
cerebromalacia. [ж.] (мед.) размягчение мозга.
cerebromeningitis. [ж.] (мед.) воспаление мозга и мозговой оболочки.
cerebrosis. [ж.] (мед.) мозговая болезнь.
cereceda. [ж.] см. cerezal; (арг.) цепь (у каторжников и т. д.).
cerecera. [ж.] (обл.) см. cerezo.
cerecero. [м.] (Амер.) см. cerezo.
cerecilla. [ж.] мелкий, очень горький перец.
cerecillo. [м.] (Амер.) см. cerezo.
cereiforme. [прил.] (бот.) восковидный, в виде большой восковой свечи.
ceremonia. [ж.] церемония, обряд; церемонность, церемонии: *de ceremonia, парадно, с помпой; *por ceremonia, для виду, из вежливости; *guardar ceremonia, церемониться; *no haga V. tantas ceremonias, бросьте эти церемонии!, давайте попросту, без церемоний; *sin ceremonias, без церемоний.
ceremonial. [прил.] церемониальный; [м.] церемониал.
ceremonialmente. [нареч.] церемонно, чопорно.
ceremoniático, ca. [прил.] см. ceremonioso.
ceremoniero, ra. [прил.] церемонный; любящий говорить комплименты (тже. сущ.).
ceremoniosamente. [нареч.] церемонно, чопорно.
ceremonioso sa. [прил.] церемонный; чопорный, церемонный, манерный, жеманный.
cereño, ña. [прил.] восковой, воскового цвета (о собаках).
cereño, ña. [прил.] (обл.) крепкий, сильный, могучий, здоровый.
céreo, a. [прил.] восковой.
cerería. [ж.] фабрика или магазин восковых свечей; помещение дворца, где хранили и раздавали воск.
cerero. [м.] торговец восковыми свечами; (перен.) (разг.) празднношатающийся.
Ceres. [м.] (миф.) (астр.) Церера.
ceresina. [прил.] камедь из коры черешни, миндального дерева и т. д.
cereta. [ж.] (обл.) страх, боязнь.
cerevisina. [ж.] пивные дрожжи.
cereza. [ж.] черешня: *cereza póntica, вишня; *rojo cereza, ярко-вишнёвый цвет.

cerezal. [м.] черешневый сад; (обл.) см. cerezo; (Амер.) дубовая поросль.
cerezo. [м.] черешня (дерево); (Амер.) дубовая роща; *cerezo silvestre, кизил.
ceriballo. [м.] (обл.) отпечаток, след.
cérico, ca. [прил.] (хим.): *ácido cérico, цериновая кислота.
cerífero, ra. [прил.] производящий воск.
cerífica. [прил.] о сорте краски из воска нескольких цветов.
cerificación. [ж.] очищение воска.
cerificador. [м.] аппарат для очищения воска.
cerificar. [перех.] очищать воск.
cerilla. [ж.] спичка; тонкая витая восковая свечка; ушная сера; старинное косметическое средство.
cerillera. [ж.] спичечная коробка.
cerillero. [м.] см. cerillera; продавец спичек.
cerillo. [м.] витая восковая свечка; (обл.) (Амер.) спичка; кубинское дикое дерево; растение Центральной Америки.
cerina. [ж.] воск, добываемый из пробкового дуба; вещество, добываемое из воска; (хим.) силикат церия.
cerio. [м.] (хим.) церий.
ceriolario. [м.] (в древном Риме) канделябр.
ceriondo, da. [прил.] (обл.) начинающий зреть (о злаках).
cerito. [м.] (Амер.) куст с восковидными цветами.
cermeña. [ж.] мускатная груша (плод).
cermeñal, cermeño. [м.] мускатная груша (дерево); грубый, грязный, невежественный человек (тже. прил.).
cerna. [ж.] (бот.) внутренняя и самая твёрдая часть ствола дерева.
cernada. [ж.] выщелоченная зола, щёлок для стирки; (обл.) зола; (жив.) смесь золы и клея; (вет.) припарка из золы и других веществ.
cernadero. [м.] мешочек со щёлоком для стирки.
cerne. [прил.] крепкий, твёрдый (о дереве); [м.] самая твёрдая и хорошая часть ствола дерева.
cernedero. [м.] фартук, употр. при просеивании муки; место, служащее для просеивания муки.
cernedor, ra. [м. и ж.] тот, кто просеивает через сито и т. д.
cernejas. [ж. множ.] щётки (у лошади).
cernejudo, da. [прил.] имеющий много щёток (о лошади).
cerner. [перех.] просеивать через сито и т. д.; (перен.) очищать; [неперех.] цвести (о злаках и т. д.); моросить (о дожде): *cernerse [возв. гл.] ходить вразвалку, парить (о птице); грозить (об опасности и т. д.); [непр. гл.] спрягается как entender.
cernera. [ж.] род подставки, на которой двигают сито (при просеивании муки).
cernícalo. [м.] пустельга (птица); (перен.) грубый дурак; (арг.) женская накидка.
cernidero. [м.] (обл.) (Амер.) см. cernedero.
cernidillo. [м.] моросящий дождь; медленная походка: *ir a cernidillo, идти медленно, вразвалку.
cernido, da. [страд. прич.] к cerner; [м.] просеивание (через сито и т. д.); просеянная мука.
cernidor. [м.] (Амер.) решето, сито; фартук, употр. при просеивании муки.
cernidor. [прил.] (Амер.) лживый, ложный (тже. сущ.).
cernidura. [ж.] просеивание через сито и т. д.; [множ.] отходы после просеивания муки.
cernir. [перех.] см. cerner.
cernir. [неперех.] (Амер.) лгать.

cerno. [м.] (обл.) см. cerne; середина некоторых твёрдых деревьев.
cero. [м.] нуль, ноль; (перен.) ноль, ничтожество: *cero absoluto, температура абсолютного нуля (-273.°); *sobre cero, выше нуля; *bajo cero, ниже нуля; *es un cero a la izquierda, это ничтожнейший человек.
ceroferario. [м.] (церк.) служка, носящий большой подсвечник.
cerofollo. [м.] (бот.) см. perifollo.
ceroideo, a. [прил.] восковидный, воскообразный; (мин.) см. escamoso.
ceroleína. [ж.] вещество, добываемое из воска.
cerollo, lla. [прил.] преждевременно собираемые (о злаках).
ceroma. [ж.] старинная восковая мазь.
ceromancia. [ж.] гадание по воску.
ceromático, ca. [прил.] состоящий из воска и масла (о лекарстве).
ceromiel. [м.] (мед.) смесь из одной части воска и двух мёда (для лечения ран).
cerón. [м.] отбросы сотов.
ceroplasta. [м.] мастер по цероплаcтике.
ceroplástica. [ж.] цероплаcтика, лепка из воска.
cerorrinco. [м.] род американского сокола.
ceroso, sa. [прил.] (пат.) восковидный.
cerote. [м.] сапожный вар; сапожная вакса; (перен.) страх, боязнь, тревога.
cerotear. [перех.] делать дратву; [неперех.] (Амер.) капать (о свечи).
cerpa. [ж.] (обл.) горсть шерсти.
cerquillo. [м.] тонзура; кант (обуви).
cerquininga. [нареч.] см. cerquita.
cerquita. [нареч.] (разг.) близёхонько, совсем близко.
cerra. [ж.] (арг.) см. mano.
cerracatin, na. [м. и ж.] скупец, скряга, скупая женщина.
cerrada. [ж.] кожа на загривке (животного).
cerradera. [ж.] см. cerradero: *echar la cerradera, безусловно отказываться.
cerradero. [прил.] замыкающийся, запирающийся; запорный; [множ.] шнурки кошелка.
cerradizo, za. [прил.] могущий быть закрытым.
cerrado, da. [страд. прич.] к cerrar; закрытый, замкнутый, запертый; (перен.) густой, плотный; скрытый, непостижимый, непонятный; недоступный; молчаливый, замкнутый; облачный; упрямый; тупой; *cerrado de barba, с густой бородой; *cerrado de mollera, непонятливый; *oler a cerrado, пахнуть затхлым; *olor a cerrado, затхлость; [м.] см. cercado.
cerrador, ra. [прил.] закрывающий и т. д. (тже. сущ.); [м.] приспособление для запирания чего-л, запор.
cerradura. [ж.] закрытие, запирание; замок, запор: *cerradura de doble picaporte, пружинная защёлка.
cerraja. [ж.] замок, запор.
cerraja. [ж.] (бот.) заячья капуста, молочай: *volverse agua de cerrajas, не иметь успеха, потерпеть крах.
cerrajear. [неперех.] выполнять слесарную работу, слесарничать (разг.) слесарить (прост.).
cerrajería. [ж.] слесарство; слесарная мастерская, слесарная, слесарня (разг.); слесарный магазин.
cerrajerillo. [м.] (обл.) королёк (птица).
cerrajero. [м.] слесарь; (обл.) жаворонок: *cerrajero mecánico, слесарь-монтажник.
cerrajón. [м.] высокий крутой холм.
cerramiento. [м.] закрытие, запирание; см. cercado, coto; кровля (здания).

cerrar. [перех.] закрывать; запирать, замыкать; обносить, огораживать; заключать, заканчивать; заграждать; загораживать, преграждать; задвигать (занавески); запечатывать; подписывать (контракт); складывать; затыкать (брешь и т. д.); (эл.) замыкать (цепь); закупоривать, оставить, покинуть профессию и т. д.; замыкать шествие; [неперех.] запираться, закрываться: * cerrar con llave, запереть на ключ; * cerrar una carta, запечатать письмо; * cerrar los ojos, умирать; * en un abrir y cerrar de ojos, в одно мгновение; * cerrar la marcha, замыкать шествие; * cerrar una herida, затянуть рану; * cerrar (con), см. embestir; * esta puerta cierra mal, дверь плохо закрывается; * cerrarse. [возв. гл.] затворяться, запираться, захлопываться; закрываться (о ране); сжиматься; упрямиться, не отступать; * cerrar la noche, вечереть; * cerrar un trato, заключить сделку; * cerrarse en falso, заживать, зарубцовываться по внешности (о ране).

cerras. [ж.] (обл.) бахрома (у нек-рых одежд).

cerrazón. [ж.] темнота (перед бурей); (перен.) тупость; (Амер.) отрог горного хребта.

cerrebojar. [перех.] (обл.) собирать колосья после жатвы, собирать виноград оставшийся после сбора и т. д.

cerrejón. [м.] холмик, пригорок.

cerrería. [ж.] разврат, разгул, распутство.

cerrero, ra. [прил.] бродящий по холмам; см. cerril; (Амер.) грубый, неотёсанный; горький.

cerrevedijón. [м.] большой запутанный клок шерсти.

cerrica. [ж.] (обл.) название одной птички.

cerricabra. [ж.] (зоол.) серна.

cerril. [прил.] неровный, шероховатый; неприручённый (о скоте); (перен.) (разг.) грубый.

cerrilero. [м.] пастух при стаде жеребят.

cerrilidad. [ж.] свойст. к cerril; грубость, неотёсанность.

cerrilmente. [нареч.] грубо; сухо, нелюбезно.

cerrillada. [ж.] (Амер.) цепь невысоких холмов.

cerrión. [м.] ледяная сосулька.

cerro. [м.] шея животного; позвоночник; спина; холм, пригорок; пучок льна или конопли: * en cerro, см. en pelo; * irse por los cerros de Ubeda, болтать чепуху, нести околесицу, отклоняться от темы.

cerrojazo. [м.] задвигание засова; неожиданное закрытие (собрания и т. д.).

cerrojillo. [м.] (орни.) см. herreruelo.

cerrojo. [м.] задвижка, засов, запор; винтовочный затвор, стебель затвора; (обл.) клеймо (на скоте): * echar el cerrojo, задвинуть задвижку; * como un cerrojo, тупица.

cerrón. [м.] (обл.) род мешковины.

cerrón. [м.] (арг.) ключ, задвижка, засов, запор.

cerruma. [ж.] (вет.) см. cuartilla.

certa. [ж.] (арг.) рубашка, сорочка.

certamen. [м.] (уст.) см. duelo, desafío; конкурс, состязание; литературный диспут.

certeneja. [ж.] (Амер.) род ограды; яма у русла реки; маленькое, но глубокое болото.

certeramente. [нареч.] наверно, ловко и т. д.

certería. [ж.] (уст.) меткость (при стрельбе).

certero, ra. [прил.] меткий (о стрельбе); удачный, ловкий; верный, точный; знающий, осведомлённый.

certeza, certidumbre. [ж.] уверенность; достоверность, подлинность; убеждение.

certificable. [прил.] подлежащий свидетельствованию.

certificación. [ж.] свидетельствование; свидетельство; аттестат.

certificado, da. [страд. прич.] к certificar; [прил.] заказной (о письме); [м.] свидетельство, удостоверение; аттестат; сертификат: * certificado médico, медицинское свидетельство.

certificador, ra. [прил.] свидетельствующий, удостоверяющий (тж. сущ.).

certificar. [перех.] свидетельствовать, удостоверять: * certificar una carta, отправлять письмо заказным; * certificar por escrito, протоколировать.

certificativo, va. [прил.] см. certificatorio.

certificatorio, ria. [прил.] удостоверяющий.

certinidad. [ж.] см. certeza.

certísimo, ma. [прил.] очень верный.

certitud. [ж.] см. certeza.

cerúleo, a. [прил.] небесноголубой, лазурный.

cerulina. [ж.] (хим.) растворимое индиго.

cerulípedo, da. [прил.] (зоол.) имеющий синие ноги.

cerulipene. [прил.] (зоол.) имеющий синие крылья.

cerumen. [м.] ушная сера.

ceruminoso, sa. [прил.] относящийся к ушной сере.

cerusa, cerusita. [ж.] свинцовые белила.

cerval. [прил.] олений: * lobo cerval, рысь; * miedo cerval, животный страх.

cervantescamente. [нареч.] по Сервантесу.

cervantesco, ca; cervántico, ca; cervantino, na. [прил.] сервантесовский.

cervantismo. [м.] влияние Сервантеса в литературе; выражение, свойственное Сервантесу.

cervantista. [прил.] сервантистский; [м. и ж.] специалист по Сервантесу.

cervantófilo, la. [м. и ж.] поклонник (-ница) Сервантеса (тже. прил.).

cervariense. [прил.] относящийся к Cervera; [сущ.] уроженец (-ка) этого города.

cervario, ria. [прил.] олений; см. cerval.

cervático. [м.] (зоол.) см. langostón.

cervatillo. [м.] (зоол.) см. almizclero.

cervato. [м.] (зоол.) оленёнок, молодой олень.

cerveceo. [м.] брожение пива.

cervecería. [ж.] пивоваренный завод; пивная (разг.).

cervecero, ra. [прил.] пивной; [м. и ж.] пивовар, (-ка); хозяин пивной.

cerveco. [м.] чилийский олень, высокого роста.

cerverano, na. [прил.] относящийся к Cervera; [сущ.] уроженец (-ка) этого города.

cerveza. [ж.] пиво: * cerveza negra, тёмное пиво; * cerveza inglesa, эль; * cerveza doble, крепкое пиво.

cervicabra. [ж.] антилопа (разновидность).

cervical. [прил.] шейный (о позвонках); затылочный.

cervicodinia. [ж.] затылочная боль.

cervicular. [прил.] см. cervical.

cérvidos. [м. множ.] оленевые.

cervigón. [м.] см. cerviguillo.

cervigudo, da. [прил.] с жирным затылком; (перен.) упрямый, упорный.

cerviguillo. [м.] жирный затылок.

cervino, na. [прил.] олений.

cerviz. [м.] затылок: * bajar, или doblar la cerviz, гнуть спину, унижаться; * levantar la cerviz, задирать нос; * ser de dura cerviz, быть неукротимым, непокорным.

cervuno, na. [прил.] олений; буланый (о лошади).

cesación, cesamiento. [м.] прекращение, остановка, приостановка.

cesante. [дейст. прич.] к cesar; [прил.] отстранённый от должности.

cesantía. [ж.] отстранение от должности; состояние служащего, временно оставленного за штатом или уволенного со службы.

cesar. [неперех.] прекращаться, переставать: * sin cesar, без перерыва.

cesaraugustano, na. [прил. и сущ.] к Cesaraugusta (Римское название Сарагосы).

cesáreo, a. [прил.] (ист.) кесарский; кесарев: * operación cesárea, кесарево сечение.

cesariano, na. [прил.] (ист.) цезарианский; приверженный к кесарю; [м.] цезарианец, приверженец кесаря.

cesarismo. [м.] цезаризм.

cesarista. [сущ.] (ист.) цезарианец, сторонник цезаризма.

cese. [м.] пометка в платёжной ведомости о прекращении выдачи жалованья.

cesible. [прил.] (юр.) могущий быть уступленным и т. д.

cesibilidad. [ж.] свойст. к cesible.

cesio. [м.] (мин.) цезий.

cesión. [ж.] уступка, передача: * cesión de bienes, (юр.) передача имущества.

cesionario, ria. [м. и ж.] (юр.) лицо, в пользу которого делается уступка или передача прав, имущества.

cesionista. [м. и ж.] (юр.) уступающий, передающий имущество.

cesonario, ria. [м. и ж.] см. cesionario.

césped, cespede. [м.] дёрн; газон; кусок дёрна, дернина: * césped inglés, райграс.

cespedera. [ж.] место, откуда добывают пласты из дёрна.

cespitar. [неперех.] колебаться, быть в нерешимости.

cespitoso, sa. [прил.] растущий густой травой.

cesta. [ж.] корзина, корзинка, плетёнка (тех.) коробка, сетка: * llevar la cesta, (перен.) см. alcahuetar.

cesta. [ж.] род биты для игры в баскский мяч.

cestada. [ж.] содержимое корзины.

cestería. [ж.] ремесло корзинщика; корзиночная мастерская или лавка; [множ.] плетёные изделия, корзинки.

cestero, ra. [м. и ж.] корзинщик (-ица); продавец (-щица) корзин.

cestiario. [м.] атлет вооружённый железной перчаткой.

céstidos. [м. множ.] (зоол.) ленточные черви.

cestífero. [м.] см. cestiario.

cestillo. [м. умен.] к cesto; корзиночка; (Амер.) см. sereta.

cestista. [сущ.] игрок в мяч, употребляющий cesta.

cesto. [м.] большая корзина; корзина для сбора винограда: * estar hecho un cesto, спать как сурок, быть пьяным; * ser un cesto, быть невеждой и т. д.

cesto. [м.] железная перчатка (у древних атлетов).

cestodes. [м. множ.] (зоол.) ленточные черви.

cestoide. [прил.] (зоол.) лентообразный.

cestón. [м.] сорт корзины, больших размеров; (воен.) тур.

cestonada. [ж.] (воен.) прикрытие из туров.

cestonar. [перех.] (воен.) прикрывать турами.

cestriforme. [прил.] стреловидный.

cestro. [м.] (бот.) цеструм.

cestrofendona. [ж.] род старинного копья.

cesura. [ж.] (лит.) цезура.
ceta. [ж.] см. zeta.
cetáceo, a. [прил.] (зоол.) китообразный; [м.] китообразное животное.
cetaria. [ж.] живорыбный садок.
cetarina. [ж.] (хим.) лекарственное вещество, добываемое из исландского моха.
cético, ca. [прил.] добываемой из цетина (о кислоте).
cetil. [м.] старинная португальская монета.
cetina. [ж.] (хим.) цетин, спермацет.
cetis. [ж.] старинная монета.
cetografía. [ж.] описание кита и других китообразных животных.
cetoina. [ж.] жук-бронзовка.
cetología. [ж.] трактат о китообразных животных.
cetona. [ж.] (хим.) кетон; ацетон.
cetonia. [ж.] жук-бронзовка.
cetónico, ca. [прил.] (хим.) кетоновый.
cetra. [ж.] старинный испанский кожаный щит.
cetrarina. [ж.] (хим.) горькое вещество, добываемое из исландского моха.
cetre. [м.] (обл.) церковный служка, несущий портативную кропильницу.
cetrería. [ж.] дрессировка соколов для охоты; соколиная охота.
cetrero. [м.] соколиный охотник, сокольничий, сокольник.
cetrero. [м.] (церк.) каноник с облачением и cetro (во время богослужения).
cetrífero, ra. [прил.] (поэт.) несущий cetro.
cetrino, na. [прил.] зелёно-жёлтый; (перен.) меланхолический, грустный, задумчивый, унылый, печальный.
cetro. [м.] скипетр, жезл; посох (у духовенства); королевская, императорская власть; (перен.) верховная власть: * empuñar el cetro, начать царствовать.
ceugma. [ж.] (грам.) см. zeuma.
ceutí. [прил.] относящийся к Сеуте; [сущ.] уроженец (-ка) этого города.
ch. [ж.] 4-ая буква испанского алфавита.
cha. [м.] название чая.
chabacanada. [ж.] см. chabacanería.
chabacanamente. [нареч.] грубо, пошло, плоско.
chabacanear. [неперех.] (Амер.) грубо вести себя.
chabacanería. [ж.] отсутствие вкуса и т. д.; плоскость, пошлость, безвкусица; грубость, неотёсанность, невоспитанность; неуклюжесть; грубое выражение.
chabacanismo. [м.] см. chabacanería.
chabacano, na. [прил.] грубый, невоспитанный, неотёсанный, дурного вкуса, безвкусный, пошлый, плоский; (Амер.) род абрикосового дерева.
chabarco. [м.] (обл.) лужа.
chabasca. [ж.] (соб.) веточки.
chabela. [ж.] (Амер.) напиток из вина и кукурузной водки (chicha).
chabelón. [м.] (разг.) (Амер.) малодушный человек, (тже. прил.).
chabisque. [м.] (обл.) лужа, лужица.
chabisco. [м.] (обл.) харчевня.
chablis. [м.] шабли (сорт вина).
chabola. [ж.] (обл.) шалаш.
chabuc. [м.] индийский бич (для наложения наказания).
chaca. [ж.] (Амер.) съедобная морская ракушка; (Амер.) мост, свод, арка.
chacal. [м.] (зоол.) шакал.
chacaleje. [м.] (Амер.) безделушка, украшение.

chacalín. [м.] (Амер.) см. camarón; [м. и ж.] малютка, малюточка.
chacamel. [м.] род мексиканского дикого гуся.
chacana. [ж.] (Амер.) носилки.
chacanear. [перех.] (Амер.) сильно пришпоривать коня.
chacanear. [неперех.] (Амер.) ежедневно употреблять; говорить или делать глупости.
chacaneo. [м.] (Амер.) дейст. к chacanear; ежедневная работа; ежедневное употребление.
chacantana. [ж.] (Амер.) спор, ссора, скандал, драка.
chácara. [ж.] (Амер.) см. chacra.
chacarera. [ж.] аргентинский народный танец или песня.
chacarero, ra. [прил.] земледельческий; [м.] земледелец, хлебороб.
chacarrachaca. [ж.] (разг.) гам, оглушительный шум.
chacarrear. [неперех.] (разг.) брюзжать, ворчать.
chacchapeo. [м.] (Амер.) жевание коки.
chacchar. [перех.] (Амер.) жевать коку.
chacera. [ж.] (Амер.) уличная продавщица сластей.
chacina. [ж.] солонина; свинина, идущая на изготовление колбасные изделия.
chacinería. [ж.] лавка, где продают chacina.
chacinero, ra. [м. и ж.] тот, кто изготовляет или продаёт chacina.
chacó. [м.] (воен.) кивер.
chaco. [м.] (Амер.) облавная охота (у древних южноамериканских индейцев); см. chacra.
chacolí. [м.] лёгкое баскское вино.
chacolotear. [неперех.] хлябать (о подкове).
chacoloteo. [м.] дейст. к хлябать (о подкове).
chacón. [м.] (зоол.) род филиппинской ящерицы.
chacona. [ж.] чакона, старинный испанский танец.
chaconada. [ж.] сорт хлопчатобумажной ткани.
chaconero, ra. [прил.] сочиняющий или исполняющий чаконы (тже. сущ.).
chaconista. [м. и ж.] тот, кто танцевал чаконы.
chacota. [ж.] шутки, балагурство; шумное веселье: * hacer chacota de alguien o de algo, делать из кого-чего посмешище; tomar a chacota, принимать в шутку; echar a chacota, не принимать во внимание.
chacote. [м.] (Амер.) длинный кинжал.
chacotear. [неперех.] шутить; шумно веселиться.
chacoteo. [м.] балагурство, шутки.
chacotería. [ж.] (Амер.) см. chacota.
chacotero, ra. [прил.] шутливый, весёлый; игривый; насмешливый; [м. и ж.] шутник, (-ица), балагур, весельчак, насмешник, (-ица).
chacotón, na. [прил.] насмешливый; шуточный.
chacra. [ж.] (Амер.) ферма, небольшое поместье; (вет.) рана.
chacracama. [ж.] индеец, ухаживающий за посевами.
chacta. [ж.] (Амер.) дом; деревня; тростниковая водка.
chacuaco. [м.] (Амер.) плавильная печь (для серебряной руды).
chacuaco, ca. [прил.] (Амер.) грубо, халтурно сделано.
chacualear. [неперех.] (Амер.) см. chacolotear.
chacualole. [м.] (Амер.) см. cabello de ángel.
chacuaquería. [ж.] (Амер.) см. chapucería.

chacurruscar. [перех.] (Амер.) смешивать (металлы).
chacurú. [м.] род зимородка (итица).
chacha. [ж.] (разг.) няня; (Амер.) см. chachalaca.
chacha. [ж.] (Амер.) музыкальный инструмент, см. maraca; зоб (у птиц).
chachacaste. [м.] (Амер.) водка.
chachaco, ca. [прил.] (Амер.) изрытый оспой.
chachacuate. [прил.] (Амер.) см. chachaco.
chachacuate. [м.] (Амер.) подпруга (для быка).
chachagua. [прил. и сущ.] gemelo, mellizo.
chachaguate. [м.] (Амер.) ремень, верёвка.
chachaguato, ta. (Амер.) см. chachagua.
chachal. [м.] (Амер.) графит.
chachal. [м.] (Амер.) род индейского ожерелья.
chachalaca. [ж.] (зоол.) мексиканская куриная птица; (перен.) болтун, (-ья) (тже. прил.).
chachalaquear. [неперех.] (Амер.) болтать, пустословить.
chachalaquero, ra. [прил.] (разг.) (Амер.) болтливый, словоохотливый; [м. и ж.] болтун, (-ья).
chachamol. [прил.] (Амер.) изрытый оспой.
chachapoyo, ya. [прил.] (разг.) (Амер.) ленивый; вялый.
chachar. [перех.] (Амер.) жевать коку.
cháchara. [ж.] (разг.) болтовня; пустословие.
chacharacha. [ж.] (Амер.) смешное украшение; безделица.
chacharear. [неперех.] (разг.) болтать, точить лясы.
chacharería. [ж.] (разг.) см. cháchara; мелочь, безделица.
chacharero, ra. [прил.] (разг.) болтливый; [м. и ж.] болтун, (-ья).
chacharita. [ж.] (зоол.) дикий кабан.
chacharón, na. [прил.] (Амер.) см. chacharero.
chachay. [прил.] (Амер.) хорошо одетый.
chacho, cha. [м.] (ласк.) касатик, (-ка) см. muchacho; [м.] ставка (в карточной игре).
chachupico, ca. [прил.] (Амер.) смехотворно одетый.
chafadura. [ж.] раздавливание.
chafaldete. [м.] (мор.) гитов.
chafaldita. [ж.] (разг.) язвительная острота.
chafalditero, ra. [прил.] (разг.) насмешливый; колкий; [м. и ж.] насмешник (-ица).
chafalmejas. [м. и ж.] (разг.) см. pintamonas.
chafalonía. [ж.] золотой или серебряный лом.
chafarote. [м.] (Амер.) см. chafarote; неуклюжая, медлительная в движениях лошадь.
chafalote, ta. [прил.] (Амер.) грубый, неотёсанный.
chafallada. [ж.] (разг.) (обл.) начальная школа.
chafallar. [перех.] (разг.) делать кое-как, халтурить.
chafallo. [м.] (разг.) сделанная кое-как заплата; неряшливая работа.
chafallón. [прил.] (разг.) халтурный, кое-как работающий; [м. и ж.] плохой работник, плохая работница, халтурщик (-ица).
chafamiento [м.] см. chafadura.
chafandín. [м.] (разг.) тщеславный, пустой человек, франт.
chafar. [перех.] раздавить, раздавливать; комкать, (из)мять (материю); (перен.) оборвать, срезать (в разговоре).
chafara. [ж.] (Амер.) наглая женщина.
chafardear. [неперех.] (обл.) вмешиваться в чужие дела.
chafardería. [ж.] см. chismorreo.

chafardero, ra. [прил.] см. entremetido (тже. сущ.).
chafariz. [м.] верхняя часть монументальных фонтанов, где находятся трубы.
chafarota. [м.] (Амер.) неряха, неопрятная девушка.
chafarotazo. [м.] удар chafarote, и рана.
chafarote. [м.] короткий и широкий кривой меч.
chafarraño. [м.] (обл.) кукурузное печенье.
chafarrear. [неперех.] (обл.) (тже. в Амер.) болтать.
chafarrín. [м.] **chafarrinada.** [ж.] клякса; пятно.
chafarrinar. [перех.] пачкать, марать.
chafarrinón. [м.] см. chafarrinada: * echar un chafarrinón, (перен.) делать нечто позорящее и т. д.
chafe. [м.] (вул.) (Амер.) полицейский.
chafirete. [м.] (Амер.) водитель грузовика.
chafir(r)o. [м.] (Амер.) большой тяжёлый нож.
chaflán. [м.] стёсанный, скошенный край, фаска, кромка.
chaflanada. [ж.] см. **chaflán.**
chaflanar. [перех.] скашивать, стёсывать (края) см. achaflanar.
chafo. [м.] (Амер.) полицейский.
chagareta. [ж.] (Амер.) дикий тростник или пальма.
chagolla. [ж.] (Амер.) фальшивая монета (или изношенная).
chagorra. [ж.] (Амер.) простолюдинка.
chagra. [м. и ж.] (Амер.) крестьянин, (-ка); провинциал, (-ка).
chagrén. [м.] шагреневая кожа.
chagrero, ra. [м.] (Амер.) фермер.
chagrín. [м.] см. chagrén.
chagua. [ж.] (Амер.) шайка, банда.
chaguala. [ж.] кольцо (у носа индейцев); (Амер.) старый башмак; шрам, рубец (на щеке); шлёпанец.
chagualo. [м.] (Амер.) старый башмак.
chaguapán. [м.] (Амер.) дерево, из коры которого добывают ладан.
cháguar. [м.] (Амер.) алоэ (одна из разновидностей).
chaguar. [перех.] (Амер.) выжимать.
chaguara. [ж.] (Амер.) верёвка из chaguar.
chaguarazo. [м.] (Амер.) удар бичом; оскорбление, обида (содержащая вызов).
chaguarzo. [м.] (обл.) род тимьяна.
chagueto, ta. [прил.] (Амер.) косой.
chagüite, chahuite. [м.] (Амер.) топь, трясина, болото; посев кукурузы.
cháhuar. [прил.] (Амер.) вороной (тже. сущ.); [м.] см. cháguar.
chahuistle. [м.] (Амер.) см. roya.
chai. [ж.] (арг.) девочка; проститутка.
chaina. [ж.] (муз.) род мексиканской флейты; (Амер.) см. jilguero.
chaira. [ж.] сапожный нож; точильный брусок.
chairar. [перех.] (Амер.) точить нож на точильном бруске.
chaise longue. [ж.] (гал.) см. meridiana.
chajá. [м.] вид голенастой птицы.
chajal. [м.] (Амер.) слуга; (уст.) индеец-слуга при приходском священнике.
chajuá, chajuán. [м.] (Амер.) зной, жара.
chajuanarse. [возв. гл.] (Амер.) задыхаться от жары (о скоте); изнемогать от усталости.
chal. [м.] шаль.
chala. [ж.] (Амер.) зелёные листья кукурузного початка.
chalación. [ж.] (пат.) ячмень (на глазу).
chalaco, ca. [прил.] относящийся к Callao; [сущ.] уроженец, (-ка) этого перуанского города.
chalada. [ж.] (Амер.) грубая индейская сандалия.

chalado, da. [страд. прич.] к chalarse; [прил.] (разг.) очень влюблённый; неуравновешенный; помешанный; * estar **chalado** por, быть влюблённым в кого-л; * estar **chalado,** быть помешанным.
chalaila, chalala. [ж.] (Амер.) грубая индейская сандалия.
chalán, na. [прил.] продувной (о торговце); [м.] торговец лошадьми, барышник; (Амер.) объездчик лошадей.
chalana. [ж.] (мор.) шаланда.
chalanear. [перех.] коварно, ловко торговать; барышничать (лошадьми); (Амер.) объезжать лошадей.
chalaneo. [м.] продувная торговля; барышничество (лошадьми).
chalanería. [ж.] оборотистость (о торговце); торгашество; барышничество (лошадьми).
chalanesco, ca. [прил.] к chalán; торгашеский.
chalar. [перех.] сводить с ума; влюбить; **chalarse,** [возв. гл.] сходить с ума; влюбиться.
chalate. [м.] (Амер.) кляча, одёр.
chalación. [ж.] (пат.) ячмень (на глазу).
chalcofanita. [ж.] (мин.) халькофанит.
chalcolita. [ж.] (мин.) халькозин, медный блеск.
chalcosina. [ж.] (мин.) халькозин, медный блеск.
chalcha. [ж.] (Амер.) см. papada.
chalchal. [м.] (Амер.) род сосны.
chalchalar. [м.] (Амер.) место, изобилующее chalchales.
chalchihuite. [м.] сорт изумруда; (Амер.) (разг.) мелочь, безделица; см. cachivache.
chalchudo, da. [прил.] (Амер.) зобастый.
chale. [м.] (Амер.) шаль.
chalé. [м.] (Амер.) китаец по национальности.
chaleco. [м.] жилет: a **chaleco,** (Амер.) насильно.
chalecón, na. [прил.] (Амер.) см. tramposo.
chalequear. [перех.] (Амер.) достигать обманным путём; прерывать; красть, воровать.
chalequero, ra. [м. и ж.] человек, шьющий жилеты.
chalet. [м.] шале, деревянный швейцарский дом; дача в швейцарском стиле.
chalilones. [м. множ.] см. carnestolendas.
chalina. [ж.] сорт длинного галстука.
chalón. [м.] чёрная шаль.
chalona. [ж.] (Амер.) засоленная впрок баранина.
chaloso, sa. [прил.] (Амер.) высохший, похожий на пергамент.
chalote. [м.] (бот.) шарлот(ка) (род лука).
chaludo, da. [прил.] (перен.) (разг.) (Амер.) богатый, имеющий много денег.
chalungo, ga. [прил.] (Амер.) см. chapucero.
chalupa. [ж.] (мор.) баркас, шлюпка; (Амер.) лодка, мексиканское каноэ; кукурузный пирог.
chalupero. [м.] (мор.) владелец баркаса, шлюпки.
challa. [ж.] (Амер.) см. chaya; сухой кукурузный лист; деревянный сосуд для мытья золотоносного песка, серга, браслет и т. д.
challar. [неперех.] (Амер.) шлёпать по воде.
challo. [м.] (Амер.) сорт рыболовной сети.
challón, na. [прил.] широколицый.
challudo, da. [прил.] (Амер.) редкий, плохо сотканный (о ткани).
challulla. [ж.] (Амер.) род речной рыбы.
chama. [ж.] мена, выменивание, обмен.
chamaco, ca. [м. и ж.] (Амер.) мальчик, юноша; девочка, девушка.

chamacuises. [м. множ.] (Амер.) грубые кожаные сапоги.
chamada. [ж.] хворост (для растопки); (обл.) ряд несчастных случаев.
chamagoso, sa. [прил.] (Амер.) грязный, засаленный; нескладно сделанный; вульгарный, тусклый (о предметах).
chamagua. [ж.] зреющее кукурузное поле.
chamal. [м.] индейский плащ.
chamaluco, ca. [прил.] (Амер.) см. chapucero.
chamán. [м.] шаман, колдун, знахарь.
chamanismo. [м.] шаманство.
chamanta. [ж.] (Амер.) см. chamanto.
chamantera. [ж.] (Амер.) женщина, изготовляющая chamantos.
chamanto. [м.] (Амер.) крестьянский шерстяной плащ.
chamar. [перех.] (вул.) менять, выменивать.
chámara, chamarasca. [ж.] хворост; яркое пламя.
chamarilear. [перех.] менять, выменивать.
chamarilero, ra. [м.] старьёвщик, (-ица).
chamarillero, ra. [м. и ж.] см. chamarilero; шулер; плут, (-овка).
chamarillón, na. [прил.] неумелый, но удачливый (о игроке).
chamarín. [м.] (Амер.) см. chamariz.
chamariz. [м.] (орни.) чиж.
chamarón. [м.] (орни.) род малиновки.
chamarra. [ж.] куртка из грубой материи.
chamarrero. [м.] (Амер.) деревенский знахарь.
chamarro. [м.] (Амер.) см. zamarro.
chamba. [ж.] (разг.) счастливый случай.
chambado. [м.] (Амер.) сосуд из рога.
chambaril. [м.] (обл.) см. zancajo, talón.
chambelán. [м.] камергер.
chambelanía. [ж.] должность камергера.
chamberga. [ж.] (обл.) шёлковая ленточка.
chambergo. [прил.] sombrero **chambergo,** круглая шляпа; [м.] старинная каталонская серебряная монета; кубинская птица.
chamberguilla. [ж.] (обл.) см. chamberga.
chamberí. [прил.] (разг.) (Амер.) см. ostentoso (о человеке), (тже. сущ.).
chambo. [м.] (Амер.) обмен зерна на товары.
chambón. [м.] (Амер.) большая лужа.
chambón, na. [прил.] неумелый (о игроке), (тже. сущ.); см. chapucero; (разг.) случайно добывающий чего-л.
chambonada. [ж.] (разг.) неумелость, неумелый приём; неумелый, но удачный ход (в игре).
chambonear. [неперех.] (разг.) неумело поступать или говорить.
chamborote. [прил.] (Амер.) большеносый, носатый (тже. сущ.); * pimiento **chamborote,** сорт белого перца.
chambra. [ж.] пеньюар.
chambra. [ж.] (Амер.) см. jarana; большой тяжёлый нож; длинное ружьё.
chambrana. [ж.] (арх.) наличник (у окон и дверей).
chambrana. [ж.] (Амер.) шумное веселье; шум, суета; скандал; свалка; ссора, драка.
chambre. [м.] (обл.) мошенник, плут.
chambre. [м.] народный танец.
chamburgo. [м.] (Амер.) лужа.
chamburo. [м.] (Амер.) дерево с большими листьями и съедобным плодом.
chamela. [ж.] (Амер.) сосуд, большой кувшин.

chamelico. [м.] (разг.) (Амер.) старая вещь (чаще множ.); [множ.] безвкусные украшения: * liar los chamelicos (перен.) (разг.) (Амер.) собрать, уложить свои пожитки.
chamelote. [м.] камлот (сорт ткани).
chamelotón. [м.] грубый камлот (ткань).
chamerluco. [м.] старинная женская одежда.
chamicado, da. [прил.] молчаливый; подвыпивший.
chamical. [м.] (Амер.) место, изобилующее chamico.
chamicera. [ж.] участок выгоревшего леса.
chamicero, ra. [прил.] к chamizo; похожий или чёрный как головешку.
chamico. [м.] (Амер.) (бот.) дурман, см. estramonio.
chamilca. [ж.] (Амер.) горшок, чугунок.
chamiza. [ж.] (бот.) род болотного тростника; хворост.
chamizar. [перех.] (Амер.) крыть chamizas (тростниками).
chamizo. [м.] головня; (разг.) хижина; неприличное место.
chamorra. [ж.] (разг.) подстриженная голова.
chamorro, rra. [прил.] подстриженный, с подстриженной головой; [м.] (Амер.) икра (ноги).
chamoscar. [перех.] (Амер.) см. chamuscar.
champa. [ж.] (Амер.) см. raigambre; дёрн.
champagne. [ж.] см. champaña.
champán. [м.] длинная лодка китайского типа.
champán. [м.] (разг.) см. champaña; (Амер.) топь, трясина.
champaña. [ж.] шампанское.
champar. [перех.] попрекать кого-л чем-л.
champi. [м.] (Амер.) медь; дубина, палица, оружие.
champiñón. [м.] (гал.) шампиньон см. seta.
champola. [ж.] освежающий напиток.
champú. [м.] (англ.) шампунь.
champucería. [ж.] лавка, где продают champuz.
champudo, da. [прил.] с большими корнями; волосатый, с густыми волосами.
champurrar. [перех.] смешивать жидкости.
champús, champuz. [м.] (Амер.) каша из кукурузной муки.
chamuco, ca. [м.] (Амер.) хлеб из яиц; дьявол, чёрт, бес.
chamuchina. [ж.] вещь малой цены; (Амер.) чернь.
chamuquiña. [ж.] (Амер.) малоценная вещь; ничтожный человек.
chamusca. [ж.] (Амер.) ссора, брань; драка; неважное боевое действие.
chamuscación. [ж.] опаливание, паление.
chamuscado, da. [страд. прич.] к chamuscar; [прил.] порочный: * oler a chamuscado, предвещать что-л неприятное.
chamuscadero. [м.] место, где (о)палят свиней.
chamuscadura. [ж.] см. chamuscación.
chamuscar. [перех.] подпалить, (о)палить, опалять, обжигать (тоже. возв. гл.).
chamusco. [м.] см. chamusquina.
chamusquina. [ж.] подпаливание, опаливание, обжигание; драка; бурная ссора: * oler a chamusquina, предвещать что-л неприятное и т. д.
chamusquino, na. [прил.] (Амер.) безвкусный.

chan. [м.] род семени мексиканского растения.
chana, chana. [нареч.] (разг.) медленно.
chanada. [ж.] (разг.) обман, надувательство; проделка.
chanca. [ж.] см. chancla; (обл.) деревянный башмак.
chancazo. [м.] (Амер.) удар.
chancador, ra. [прил.] дробящий(тоже. сущ.).
chancadora. [ж.] (Амер.) дробилка (для металлов) (тоже. прил.).
chancadura. [ж.] (м. употр.) (Амер.) дробление, размельчение (руды и т. д.).
chancaquear. [перех.] (Амер.) ударять, см. maltratar.
chancar. [перех.] (Амер.) толочь, дробить, раздроблять.
chancarrazo. [м.] (шутл.) (Амер.) глоток ликёра.
chancear. [неперех.] шутить, смеяться; **chancearse;** [возв. гл.] разыгрывать шута, гаерничать.
chancelación. [ж.] (Амер.) см. cancelación.
chancero, ra. [прил.] (Амер.) любящий шутить, шутливый; весёлый.
chanciller. [м.] см. canciller.
chancillería. [ж.] (уст.) апелляционный суд.
chancla. [ж.] стоптанный башмак; см. chancleta.
chancle. [м.] (Амер.) щегольской, франтовский.
chancleta. [ж.] шлёпанец, (разг.) никудышный человек.
chancletazo. [м.] удар шлёпанцем.
chancleteo. [м.] шарканье (туфлями).
chancletear. [неперех.] носить шлёпанцы; шаркать, шлёпать (туфлями).
chancleteo. [м.] шарканье (туфлями).
chancletero, ra. [м. и ж.] человек, низкого социального положения.
chancletudo, da. [прил.] (презр.) носящий шлёпанцы; (Амер.) (презр.) носящий башмаки (тоже. сущ.); см. chancletero; [м.] (Амер.) щёголь, франт.
chanclo. [м.] башмак на деревянной подошве, деревянный башмак; галоша.
chancriforme. [прил.] шанкроподобный, шанкрозный.
chancro. [м.] (мед.) шанкр.
chancroso, sa. [прил.] (мед.) шанкрозный.
chancuar. [перех.] (Амер.) дробить, размельчать.
chancuco. [м.] контрабандный табак.
chancuquear. [неперех.] (Амер.) заниматься контрабандой.
chancuquero, ra. [м. и ж.] (Амер.) контрабандист, (-ка).
chancha. [ж.] (Амер.) свинья (самка), грязнуха, неряха.
chancha. [ж.] (Амер.) деревянная маленькая тележка, тачка; велосипед; (презр.) рот.
chanchaco. [м.] (Амер.) грубые шерстяные чулки.
chanchada. [ж.] (Амер.) грубость; свинство.
chanchamente. [нареч.] грязно; сально.
chanchárras máncharras. [ж. множ.] (разг.) предлоги, отговорки.
chancharreta. [ж.] (Амер.) старая стоптанная обувь.
chancharriento, ta. [прил.] (Амер.) оборванный, покрытый лохмотьями.
chancharrita. [м. и ж.] (Амер.) человек, покрытый лохмотьями; глупец, глупый человек.
chanchería. [ж.] (Амер.) колбасная.
chanchero, ra. [прил.] (Амер.) торгующий колбасными изделиями; [м.] (Амер.) колбасник; свинопас; свиноторговец.
chanchira. [ж.] (Амер.) тряпка, лохмотья.

chanchiriento, ta. [прил.] (Амер.) оборванный, покрытый лохмотьями; [м. и ж.] оборванный, покрытый лохмотьями; оборванец, (-ка).
chancho, cha. [прил.] (Амер.) грязный, нечистый (тоже. сущ.); [м.] (Амер.) свинья, боров.
chanchullar. [неперех.] (Амер.) мошенничать; интриговать.
chanchullero, ra. [прил.] любящий мошенничать; [м. и ж.] делец, мошенник, (-ца); интригант, (-ка).
chanchullo. [м.] мошенничество; тёмное дело, нечистое дело.
chanda. [ж.] (Амер.) чесотка.
chande. [ж.] (Амер.) чесотка.
chandoso, sa. [прил.] (Амер.) чесоточный.
chandro, dra. [прил.] (Амер.) ленивый, неряшливый.
chane. [прил.] (Амер.) см. baqueano (тоже. сущ.).
chaneca, chanega. [ж.] (Амер.) коса из волос.
chanelar. [перех.] (арг.) понимать.
chaneque. [м.] (Амер.) весёлый человек (тоже. прил.); см. baqueano, проводник.
chanfaina. [ж.] кушанье из рубленых лёгких; (арг.) см. rufianesca.
chanfla. [ж.] (мор.) неумелый моряк.
chanflar. [перех.] (Амер.) см. chiflar.
chanfle. [м.] (Амер.) см. chaflán; неумелый игрок; полицейский.
chanflear. [перех.] (Амер.) см. achaflanar.
chanflón, na. [прил.] (Амер.) грубый, неотёсанный, невоспитанный; неуклюжий, нескладный, грубо сделанный; [м.] старинная монета.
changa. [ж.] (Амер.) ремесло носильщика; мелкая сделка; см. burla.
changa. [сущ.] перуанский индеец (тоже. прил.).
changador. [м.] (Амер.) носильщик, грузчик.
changadora. [ж.] (разг.) (Амер.) шлюха.
changame. [м.] род панамского дрозда.
changar. [неперех.] (Амер.) работать носильщиком; [перех.] (Амер.) совершать мелкие сделки.
changarra. [ж.] (обл.) колокольчик (у скота).
changarro. [м.] (Амер.) лавчонка.
changle. [м.] сорт гриба.
chango, ga. [прил.] (Амер.) докучливый, надоедливый (тоже. сущ.); хитрый; умный, сметливый; шутливый; весёлый; [м. и ж.] (Амер.) легкомысленный неестественный человек; см. machango; мальчик, подросток; юноша; слуга.
chango. [м.] (Амер.) эпилептический припадок.
changolotear. [перех.] (Амер.) см. zangolotear.
changoneta. [ж.] шутка.
changonga. [ж.] (Амер.) насмешка, издевательство.
changote. [м.] железный брус.
changueador, ra. [прил.] (Амер.) шутливый; весёлый; [м. и ж.] шутник, (-ица), весельчак.
changuear. [неперех.] (Амер.) шутить, смеяться.
changuenga. [ж.] (Амер.) ссора, драка, спор.
changueo. [м.] (Амер.) дейст. к changuear; шутка, шутовская выходка.
changuería. [ж.] (Амер.) шутка, шутовская выходка.
changuero, ra. [м. и ж.] см. chancero.
changüí. [м.] (разг.) грубая шутка, проделка, насмешка, обман; (Амер.) сорт гру-

бого танца: * dar changüí, подшутить над кем-л.

changüí. [м.] (Амер.) лёгкая добыча, находка; дешевизна.

changüira. [прил.] (Амер.) трусливый, малодушный.

changüisazo. [м.] (Амер. арг.) обман, надувательство.

chano, chano. [нареч.] (разг.) медленно.

chanta. [ж.] (Амер.) дейст. к chantar.

chantado, da. [страд. прич.] к chantar; [м.] (обл.) ограда из гладких камней.

chantaje. [м.] шантаж, вымогательство.

chantajear. [неперех.] шантажировать, вымогать.

chantajista. [м. и ж.] шантажист, (-ка).

chantar. [перех.] одевать, надевать; втыкать, вбивать; вколачивать (гвозди); (разг.) говорить, высказывать в глаза; (обл.) покрывать или огораживать гладкими камнями.

chantillón. [м.] линейка.

chanto. [м.] (обл.) гладкий камень; кол; свая.

chantre. [м.] (церк.) регент, кантор.

chantría. [ж.] (церк.) должность регента, кантора.

chanza. [ж.] грубоватая шутка, проделка, шутка, шутовская выходка; острое словцо; (арг.) хитрость, изворотливость: * por chanza, в шутку, для потехи; * chanzas a un lado, шутки в сторону; * gastar chanzas, говорить в шутку.

chanza. [ж.] (в игре) случайность.

chanzaina. [ж.] (арг.) хитрость, изворотливость.

chanzoneta. [ж.] песенка, шансонетка.

chanzoneta. [ж.] (разг.) см. chanza.

chanzonetero, ra. [м. и ж.] составитель, (-ница) chanzonetas.

chaña. [ж.] (разг.) (Амер.) свалка, см. rebatiña.

chañaca. [ж.] (Амер.) (мед.) чесотка.

chañaquiento, ta. [прил.] (Амер.) чесоточный.

chañar. [перех.] (Амер.) похищать, красть, воровать; разбить вдребезги.

chañar. [м.] (Амер.) род бобового растения; плод этого дерева.

chañaral. [м.] (Амер.) участок, изобилующий chañares.

chapa. [ж.] тонкая металлическая или деревянная пластинка (или лист, полоса); красное пятно на щеке; вид большой улитки; (перен.) здравый смысл; [мн.] сорт орлянки.

chapadanza. [ж.] см. chanza; (Амер.) беспорядок; путаница.

chapado, da. [страд. прич.] к chapar; [прил.] см. chapeado; (перен.) красивый, изящный, миловидный: * chapado a la antigua, старомодный; старого закала.

chapalanza. [ж.] (Амер.) см. chapadanza.

chapalatear. [неперех.] (обл.) шлёпать по грязи, по воде.

chapalear. [неперех.] шлёпать по грязи, по воде; хлябать (о подкове).

chapaleo. [м.] шлёпанье по грязи, по воде.

chapaleta. [ж.] клапан (насоса).

chapaleteo. [м.] плеск (реки и т. д.); шум (дождя).

chapandonga. [ж.] (Амер.) шумное веселье.

chapandongo. [м.] (Амер.) безпорядок, путаница, неразбериха.

chapandongo. [м.] (Амер.) см. revoltillo.

chapaneco, ca. [прил.] (Амер.) коренастый, приземистый.

chapapote. [м.] асфальт.

chapar. [перех.] плакировать, накладывать тонкий слой металла; фанеровать (перен.) см. asentar.

chaparra. [ж.] каменный дуб, зимний дуб.

chaparrada. [ж.] см. chaparrón.

chaparral. [м.] лес из chaparros.

chaparraluna. [м.] плот.

chaparrastroso, sa. [прил.] (Амер.) грязный, неряшливый (тоже. сущ.).

chaparrazo [м.] (Амер.) см. chaparrón.

chaparrear. [неперех.] лить как из ведра, ливмя лить (о дожде).

chaparreras. [ж. множ.] кожаные штаны (мексиканские).

chaparro, rra. [прил.] (Амер.) дубовая поросль; (перен.) коренастый человек.

chaparro, rra. [прил.] юный; ребячливый; [м. и ж.] ребёнок, дитя, девочка.

chaparrón. [м.] ливень, проливной дождь.

chapatal. [м.] топь, трясина, непролазная грязь, болото.

chapatalear. [неперех.] шлёпать по грязи, по воде.

chapatear. [неперех.] (Амер.) см. chapotear.

chape. [м.] (Амер.) женская коса (из волос); слизняк; морское блюдце (моллюск).

chapeado, da. [страд. прич.] к chapear; [прил.] плакировка, обитый металлическими полосами; плакированный.

chapeador, ra. [м. и ж.] тот, кто занимается плакировкой, плакировщик; фанеровщик.

chapear. [перех.] плакировать, накладывать тонкий слой металла; фанеровать; (Амер.) расчищать почву от бурьяна (большим ножом); [неперех.] хлябать (о подкове).

chapeca, chapecán. [ж.] (Амер.) коса из волос; см. ristra.

chapecar. [перех.] (Амер.) заплетать косы; (Амер.) связывать в пучки (головки лука, чеснока).

chapecudo, da. [прил.] с косой (из волос).

chapeleta. [ж.] (тех.) клапан (насоса).

chapeo. [м.] шляпа, шапка.

chapeo. [м.] (Амер.) расчистка почвы от бурьяна (большим ножом).

chapera. [ж.] наклонная плоскость, служащая лестницей.

chapería. [ж.] плакировка; фанеровка.

chaperón. [м.] (арх.) свес кровли (деревянный).

chapeta. [ж. умен.] к chapa; красное пятно на щеке.

chapetón, na. [прил.] (Амер.) недавно прибывший в Латинскую Америку (тже. сущ.); см. chapetonada.

chapetonada. [ж.] (в Перу) лихорадка, которой болеют недавно прибывшие европейцы.

chapetonar, chapetonear. [неперех.] (Амер.) терпеть ущерб из-за неопытности; совершать ошибки по неопытности.

chapia. [ж.] (Амер.) см. escarda, chapeo.

chapico. [м.] (бот.) паслёновый куст.

chapín. [м.] (уст.) женская туфля на пробковой подошве; сорт рыбы.

chapinazo. [м.] (уст.) удар chapín.

chapinería. [ж.] (уст.) ремесло сапожника, шьющего chapines; мастерская, лавка chapinero.

chapinero, ra. [м. и ж.] тот, кто шил или продавал chapines.

chapiri. [м.] (арг.) шляпа, шапка.

chápiro. [м.] (разг.) ¡por vida del chápiro!, ¡voto a chápiro! чёрт побери! чёрт возьми!

chapisca. [ж.] (Амер.) сбор урожая маиса.

chapiscar. [перех.] (Амер.) собирать урожай маиса.

chapita. [ж.] (презр.) (Амер.) полицейский.

chapitel. [м.] шпиль, шпиц (колокольни); (арх.) капитель; (арг.) готика.

chapla. [ж.] (Амер.) род сандалии.

chaplear. [неперех.] (обл.) нырнуть.

chapo. [м.] (Амер.) болтушка из ячневой муки, смешанной с водой.

chapo, pa. [прил.] (Амер.) коренастый, толстенький (о человеке).

chapó. [м.] вид игры на бильярде.

chapodar. [перех.] (Амер.) обрезывать лишние ветви, сучья; (перен.) см. cercenar.

chapodo. [м.] кусок обрезанной ветви.

chapola. [ж.] (Амер.) бабочка.

chapolear. [неперех.] (Амер.) порхать.

chapolera. [ж.] (Амер.) сборщица кофе.

chapolero, ra. [прил.] ухаживающий за (женщиной и т. д.); непостоянный.

chapololo. [м.] (Амер.) суконка, см. aljofifa.

chapón. [м.] большое чернильное пятно, клякса.

chapona. [ж.] см. chambra; богато расшитая куртка.

chapopote. [м.] (Амер.) см. chapapote.

chapote. [м.] (Амер.) жевательное вещество (для очистки зубов).

chapotear. [перех.] увлажнять; [неперех.] шлёпать по воде.

chapoteo. [м.] шлёпанье по воде.

chapú. [м.] (орни.) жаворонок.

chapucear. [перех.] делать что-л кое-как, на скорую руку, халтурить; (разг.) см. chafallar.

chapuceramente. [нареч.] кое-как, небрежно, как попало, халтурно.

chapucería. [ж.] небрежность в работе; небрежная работа, халтура; ложь, выдумка.

chapucero, ra. [прил.] халтурный, сделанный топорно, кое-как, на скорую руку, спустя рукава; [м. и ж.] халтурщик, (-ица); жестяник; торговец старым железом; неумелый кузнец; (разг.) лжец, лгун, (-ья), враль.

chapul. [м.] (Амер.) стрекоза.

chapula. [ж.] (Амер.) солдатка, жена солдата.

chapulete. [м.] (Амер.) непоседливый человек.

chapulín. [м.] (Амер.) саранча.

chapulinada. [ж.] мальчишеская выходка, проделка.

chapurrado, da. [страд. прич.] к chapurrar; [м.] (Амер.) сливянка.

chapurrar. [перех.] см. chapurrear; (разг.) смешивать разные ликёры.

chapurrear. [перех.] говорить на ломаном языке.

chapuz. [м.] ныряние: * dar chapuz, см. chapuzar.

chapuz. [м.] халтура; пустячная работа.

chapuza. [ж.] (Амер.) см. chapuz.

chapuzamiento. [м.] сделанная кое-как заплата.

chapuzar. [перех.] погружать в воду с головой; [неперех.] нырять, окунаться.

chapuzón. [м.] (разг.) ныряние.

chaqué. [м.] род визитки.

chaqueño, ña. [прил.] относящийся к области Chaco; [м. и ж.] уроженец, (-ка) этой области.

chaqueta. [ж.] пиджак, жакет, куртка.

chaquete. [м.] игра в шашки.

chaquetear. [неперех.] (Амер.) бежать, убегать, удирать; перемётываться из одной политической группировки в другую, перейти в другую партию.

chaquetera. [ж.] женщина, занимающаяся шитьём пиджаков.

chaquetero, ra. [м. и ж.] см. chaquetera; (Амер.) сума перемётная.

chaquetilla. [ж.] курточка (преимущ. с украшениями): * **chaquetilla** torera, курточка тореро.
chaquetón. [м. увел.] к **chaqueta**, широкая длинная куртка.
chaqui. [м.] (Амер.) см. **pie**.
chaquiñán. [м.] (Амер.) тропинка; тропинка, сокращающая путь.
chaquira. [ж.] бисерина, зерно бисера.
chaquiste. [м.] (Амер.) род мексиканского комара.
chara. [ж.] (Амер.) молодой страус; дача.
charabán. [м.] шарабан.
charabuco. [м.] (Амер.) густые заросли.
charada. [ж.] шарада.
charada. [ж.] (обл.) вспышка пламени.
charadrio. [м.] выпь (птица).
charagüilla. [ж.] (Амер.) штаны (до колен); трещотка (о человеке).
charal. [м.] мексиканская рыбка: * estar hecho un **charal**, быть худым как щепка.
charaludo, da. [прил.] (Амер.) худой, тощий.
charamusca. [ж.] (обл.) искра; [множ.] (Амер.) хворост.
charamusca. [ж.] (Амер.) карамель в форме витка.
charamuscar. [перех.] (Амер.) см. **chamuscar**.
charanda. [ж.] (Амер.) тростниковая водка.
charanga. [ж.] военный духовой оркестр; (Амер.) оркестришка; см. **charango**.
charango. [м.] (Амер.) сорт индейской гитары.
charanguero, ra. [прил.] см. **chapucero**; [м.] халтурщик; (обл.) бродячий торговец; маленькое каботажное судно.
charapa. [ж.] (зоол.) маленькая черепаха (съедобная).
charape. [м.] (Амер.) напиток из **pulque** и т. д.
charata. [ж.] род дикого индюка.
charca. [ж.] большая лужа, топкое место, лягушечье болото.
charcal. [м.] место, покрытое лужами.
charcarón. [м.] (Амер.) большая лужа.
charco. [м.] лужа, пруд: * pasar el **charco**, (перен.) (разг.) переплыть через океан.
charcón. [м.] (Амер.) постоянно худой.
charcha. [ж.] (Амер.) гребень, гребешок (у птиц).
charchada. [ж.] (Амер.) жеманство.
charchina. [ж.] кляча.
charchón, na. [прил.] (Амер.) с большим гребнем.
charchuela. [ж.] (Амер.) ничтожный человек.
charchuelear. [неперех.] (Амер.) беседовать, разговаривать, шептать.
chareto, ta. [прил.] (Амер.) одноглазый; скрюченный, горбатый.
charla. [ж.] болтовня; беседа; лирическая беседа; (орни.) птица, похожая на дрозда.
charlador, ra. [прил.] болтливый; [м. и ж.] болтун, (-ья).
charladuría. [ж.] болтливость.
charlante. [действ. прич.] к **charlar** болтающий.
charlar. [неперех.] болтать, пустословить, трещать, тараторить; (разг.) беседовать, разговаривать.
charlatán, na. [прил.] болтливый, словоохотливый; [м. и ж.] болтун, (-ья); шарлатан.

charlatanear. [неперех.] болтать, тараторить, см. **charlar**.
charlatanería. [ж.] болтливость; шарлатанство.
charlatanesco, ca. [прил.] шарлатанский.
charlatanismo. [м.] шарлатанство.
charlear. [неперех.] см. **croar**.
charlista. [м. и ж.] беседчик.
charlón, na. [прил.] (Амер.) болтливый, словоохотливый; [м. и ж.] болтун, (-ья).
charlotear. [перех.] см. **charlar**.
charloteo. [м.] см. **charla**.
charneca. [ж.] см. **lentisco**.
charnecal. [м.] роща из мастиковых деревьев, см. **lentiscal**.
charnel. [м.] (арг.) грош.
charnela, charneta. [ж.] шарнир; см. **gozne**.
charniegos. [м. множ.] (арг.) ножные кандалы.
charo. [м.] (арг.) небо.
charol. [м.] лак; лакированная кожа: * darse **charol**, важничать, восхвалять себя.
charola. [ж.] (Амер.) поднос; [множ.] большие некрасивые глаза.
charolado, da. [страд. прич.] к **charolar**; [прил.] блестящий, глянцевый; [м.] лакировка.
charolar, ra. [прил.] лакирующий; [м. и ж.] см. **charolista**.
charolamiento. [м.] лакировка.
charolar. [перех.] лакировать, покрывать лаком.
charolero, ra, charolista. [м. и ж.] лакировщик, (-ица).
charpa. [ж.] (возн.) род портупеи; (мед.) перевязь для руки.
charque. [м.] (Амер.) см. **charqui**.
charqueada. [ж.] (Амер.) приготовление **charqui** (вяленого мяса).
charqueador. [м.] (Амер.) тот, кто, приготовляет **charqui** (вяленое мясо).
charquear. [перех.] (Амер.) приготовлять **charqui** (вяленое мясо).
charquecillo. [м.] (Амер.) солёный морской угорь.
charquera. [ж.] (Амер.) рыболовная сеть.
charquetal. [м.] см. **charcal**.
charqui. [м.] (Амер.) вяленое мясо, см. **tasajo**; см. **morro**.
charquicán. [м.] (Амер.) кушанье из **charqui**.
charquillo. [м. умен.] к **charco**, лужица, лужок.
charra. [ж.] (Амер.) род шляпы.
charra. [ж.] (Амер.) чесотка; прыщ.
charrada. [ж.] грубость; саламанский народный танец; (перен.) безвкусное украшение.
charral. [м.] (Амер.) заросли кустарника.
charramente. [нареч.] грубо, неискусно, аляповато.
charrán. [прил.] плутовской, мошеннический; [сущ.] плут, мошенник; бродяга.
charranada. [ж.] плутовской поступок, приём.
charranear. [неперех.] плутовать, обманывать; бродяжничать.
charranería. [ж.] плутовство, мошенничество; бродяжничество.
charranga. [ж.] (Амер.) семейный танец; гитара.
charrango. [м.] (Амер.) крик, шум.
charranguear. [перех.] (Амер.) перебирать струны гитары.
charrar. [неперех.] (обл.) болтать, см. **charlar**.
charrasca. [ж.] (разг.) сорт испанского складного ножа; (разг.) (шутл.) сабля.
charrascal. [м.] (Амер.) см. **carrascal**.
charrascarse. [возв. гл.] (Амер.) подгорать, пригорать; обжигаться.

charrasco. [м.] (разг.) (шутл.) сабля.
charrasquear. [перех.] (Амер.) ранить **charrasca**; скрежетать зубами; (муз.) перебирать струны.
charrería. [ж.] безвкусное украшение, изделие и т. д.
charretela. [ж.] (Амер.) см. **charretera**.
charretera. [ж.] подвязка (круглая для чулок); пряжка у этой подвязки; эполет; кожаная подушка на плече у водоносов: * orden de la **charretera**, Орден Подвязки (в Англии).
charro, rra. [прил.] о крестьянине из провинции **Salamanca** (тже. сущ.); (перен.) грубый, неотёсанный; безвкусный, аляповатый; [сущ.] грубиян, невежа: * traje **charro**, (Амер.) мексиканский костюм наездника.
charrúa. [ж.] (мор.) большое транспортное судно.
charrúa. [ж.] (обл.) составной плуг.
chartreuse. [м.] (гал.) шартрез (сорт ликёра).
charuto. [м.] (Амер.) сигар из кукурузных листьев.
chasca. [ж.] хворост; (Амер.) всклокоченные волосы.
chascada. [ж.] см. **adehala**.
chascar. [неперех.] щёлкать языком; трещать (о дровах); хрустеть; (перен.) глотать не прожёвывая.
chascarrillo. [м.] остроумный или пикантный анекдот.
chascás. [м.] (воен.) кивер.
chasco. [м.] проделка, шутка, проказы, обман, ловушка; подтрунивание, поддразнивание; разочарование, неудача, провал, фиаско; крушение надежд: * llevarse **chasco**, обмануться, разочароваться.
chascón, na. [прил.] (Амер.) косматый (преимущ. о животных).
chasconear. [перех.] (разг.) (Амер.) таскать за волосы, выщипывать волосы у кого-л.
chascoso, sa. [прил.] (Амер.) см. **chascón**.
chascha. [ж.] (Амер.) собачка.
chasgarro. [м.] остроумный анекдот, остроумная шутка, острота.
chasis. [м.] (гал.) (фот.) кассета; (авт.) шасси, рама.
chasma. [ж.] (Амер.) сноп; связка, вязанка.
chasmeado. [нареч.] (Амер.) с перерывами, перерывчатый.
chasparrear. [перех.] (Амер.) см. **chamuscar**.
chasponazo. [м.] царапина от пули на твёрдом предмете.
chasque. [м.] (Амер.) см. **chasquí**.
chasquear. [перех.] разыгрывать, обманывать надежды, подвести кого-л, подложить свинью кому-л, сыграть шутку с кем-л; не сдержать слова и т. д.; щёлкать, хлопать (кнутом); [неперех.] трещать; **chasquearse.** [возв. гл.] обмануваться в ожиданиях.
chasquí. [м.] (Амер.) гонец (перуанский).
chasquibay. [м.] (Амер.) причитание (при покойнике).
chasquido. [м.] треск; хруст; щёлканье.
chasquido, da. [прил.] обманутый, разорённый.
chata. [ж.] сорт ночного горшка для больных; (Амер.) маленькое плоскодонное судно.
chatarra. [ж.] железный лом, железные обрезки, старое железо.
chatarrero, ra. [м. и ж.] торговец старым железом, ломом.
chatasca. [ж.] (Амер.) см. **charquicán**.
chatedad. [ж.] приплюснутость.
chatio, a. [м. и ж.] (Амер.) мальчик, подросток, девочка.
chato, ta. [прил.] приплюснутый; плоский; курносый; [м.] (вул.) винный стаканчик.

chatón. [м.] большой драгоценный камень.
chatonado. [м.] (арг.) пояс.
chatre. [прил.] (Амер.) богато одетый и т. д.
chatura. [ж.] (Амер.) приплюснутость, см. chatedad.
¡chau! [межд.] (разг.) (Амер.) прощай! будь здоров! до свидания!
chaucha. [ж.] (Амер.) скороспелый картофель; мелкая серебряная монета; никелевая монета; зелёная фасоль.
chauche. [м.] красная краска (для пола).
chauchera. [ж.] кошелёк.
chaufa. [ж.] (Амер.) рисовый суп.
chaul. [м.] сорт китайского шёлка (ткани).
chaupi. [м.] (Амер.) половина; название некоторой меры.
chauvinismo. [м.] (гал.) шовинизм.
chauvinista. [прил.] (гал.) шовинистический.
chauz. [м.] судебный исполнитель (у арабов).
chaval. [м.] (Амер.) крупная сумма денег.
chaval, la. [м. и ж.] (прост.) парень, паренёк, девушка.
chavalo, la. [м. и ж.] (Амер.) уличный парень, уличная девушка.
chavalongo. [м.] (Амер.) (прост.) брюшной тиф; солнечный удар.
chavar. [перех.] (Амер.) беспокоить, докучать; chavarse, [возв. гл.] скучать.
chavea. [м.] мальчик, подросток.
chaveta. [ж.] чека; клин; шпонка; скрепка; кнопка; болт; (перен.) способность суждения: * perder la chaveta, терять рассудок.
chavetear. [перех.] (Амер.) закреплять (чекой и т. д.); (перен.) порицать при всех.
chavo. [м.] (вул.) грош.
chavó. [м.] (арг.) см. chaval.
chaya. [ж.] (Амер.) карнавальные шутки.
chaya. [ж.] (бот.) кубинский куст.
chaye. [м.] (Амер.) кусок режущего стекла.
chayota. [ж.] плод chayotera; (Амер.) глупая женщина, дура.
chayotada. [ж.] (разг.) (Амер.) глупость.
chayote. [м.] род тыквы; плод этого растения.
chayotera. [ж.] (бот.) род тыквы.
chaza. [ж.] приём в игре в мяч; [множ.] (мор.) пространство между пушками.
chazo. [м.] (обл.) кусок, заплата.
chazo, za. [м. и ж.] (Амер.) крестьянин, (-ка).
che. [м.] название буквы ch (че).
¡che! [межд.] (разг.) (обл.) (Амер.) слушай!
chebo, ba. [прил.] (Амер.) пьяный, хмельной.
checa. [ж.] (Амер.) чёрный хлеб.
checa. [ж.] чека, чрезвычайная комиссия.
checo, ca. [прил.] чешский; [м. и ж.] чех, чешка; [м.] чешский язык.
checoeslovaco, a. [прич.] чехословацкий; [м. и ж.] чехословак.
cheche. [м.] (разг.) (Амер.) хвастун, фанфарон; щёголь.
chechear. [неперех.] произносить звук ch с запинкой.
checheo. [м.] произношение звука ch с запинкой.
checheres. [м. множ.] (Амер.) см. cachivaches.
chechón, na. [прил.] избалованный (о ребёнке) (тж. сущ.).
chechonar. [неперех.] (Амер.) плакать.
chegre. [м.] (Амер.) бедняк; [прил.] (Амер.) см. ridículo.
cheik. [м.] (гал.) шейх.
chele. [прил.] (Амер.) белокурый; иностранный (кроме испанского); [м.] (Амер.) глазной гной.

chelear. [перех.] (Амер.) белить.
chelín. [м.] шиллинг (английская монета).
chelo, la. [прил.] (Амер.) белокурый.
chelón, na. [прил.] (Амер.) очень развитый (о телёнке).
chemba. [ж.] рыло, морда.
chemecar. [неперех.] (обл.) стонать, рыдать, плакать навзрыд.
chemeco. [м.] (обл.) стон, рыдание.
chenca. [ж.] (Амер.) окурок сигары.
chenco, ca. [прил.] (Амер.) см. patojo.
chencha. [прил.] (Амер.) ленивый; [м. и ж.] (Амер.) лентяй, (-ка).
chenchena. [ж.] (Амер.) лягушка; род куриной птицы.
chenque. [м.] (Амер.) (зоол.) фламинго.
chenquear. [неперех.] (Амер.) хромать.
chenquera. [ж.] (Амер.) хромота.
cheo, a. [прил.] (вул.) (Амер.) пьяный, хмельной.
chepa. [ж.] (разг.) горб.
chepazo. [м.] (Амер.) счастливый случай.
chepica. [ж.] (Амер.) пырей.
chepical. [м.] (Амер.) место, покрытое пыреем.
chepo. [м.] (арг.) грудь, грудная клетка.
chepón. [прил.] (Амер.) неженка, изнеженный человек (тж. прил.).
chepudo, da. [прил.] горбатый.
cheque. [м.] (ком.) чек: * talonario de cheques, чековая книжка.
chequén. [м.] (бот.) род мирта.
chequendengue. [м.] (презр.) (Амер.) чек.
chercán. [м.] (Амер.) кукурузная каша.
chercán. [м.] (орни.) род соловья.
chercha. [ж.] (Амер.) шутка, насмешка; см. charla.
cherchar. [неперех.] (Амер.) говорить в шутку, шутить, насмехаться.
chérchere. [прил.] (Амер.) безобразный, нелепый; [м. множ.] см. trebejos.
cherchero, ra. [прил.] (Амер.) шутливый, шуточный; насмешливый.
chercheroso, sa. [прил.] (Амер.) бедной и некрасивой наружности.
cherebeque. [м.] (Амер.) смышлёный человек.
cherinol. [м.] (арг.) главарь шайка воров и т. д.
cherinola. [ж.] (арг.) шайка воров и т. д.
cherna. [ж.] (ихтиол.) род губана.
chernaje. [м.] (Амер.) чернь.
chero. [м.] (обл.) см. hedor, гной.
chero. [м.] (Амер.) тюрьма.
cherpe. [м.] (Амер.) бахвал, фанфарон.
cherumen. [м.] (обл.) зловоние; гной.
cherva. [ж.] (бот.) клещевина.
chéster. [м.] сорт английского сыра.
chestera. [ж.] (Амер.) род биты для игры в баскском мяч.
chete. [прил.] (Амер.) глупый, незначительный.
cheuque. [м.] (Амер.) (зоол.) фламинго; род американского страуса, страус.
cheuto, ta. [прил.] см. boquineto.
cheviot. [м.] шевиот (ткань).
chey. [м.] (Амер.) любовница, наложница.
chía. [ж.] старинный траурный плащ; (бот.) мексиканское растение и семя этого растения.
chianti. [м.] сорт итальянского вина.
chiapo. [м.] (вул.) (бот.) род пальмы.
chiba. [ж.] (Амер.) см. mochila.
chibalete. [м.] (полигр.) реал.
chibanco, ca. [прил.] (Амер.) маленький, короткий.
chibar. [перех.] (вул.) (Амер.) докучать, досаждать, вредить; chibarse, [возв. гл.] (Амер.) погибать, терпеть ущерб.

chibarras. [ж. множ.] (Амер.) кожаные штаны.
chibera. [ж.] (Амер.) кнут.
chibirico. [м.] (Амер.) пирожок.
chibobo, ba. [прил.] (Амер.) глупый, дурацкий.
chibola. [ж.] (Амер.) шишка (на голове).
chibolo. [м.] (Амер.) маленький круглый предмет; см. chibola.
chibolón, na. [прил.] (Амер.) коренастый, толстый.
chibuquí. [м.] (Амер.) чубук.
chic. [м.] (гал.) шик; [прил.] (гал.) шикарный.
chica. [ж.] маленькая бутылка; (Амер.) серебряная монета; негритянский танец.
chicaco. [м.] (Амер.) отхожее место.
chicada. [ж.] стадо болезненных ягнят; ребячество.
chicalé. [м.] (Амер.) птица с красивыми цветами.
chicalote. [м.] (бот.) род мака.
chicana. [ж.] (гал.) обман, кляуза.
chicao. [м.] (Амер.) род дрозда.
chicar. [перех.] (Амер.) жевать табак.
chicarrón, na. [прил.] (разг.) высокого роста, крепкого сложения (о молодом человеке) (тж. сущ.).
chicle. [м.] жевательная резина.
chiclear. [неперех.] (Амер.) жевать жевательную резину (chicle).
chiclero. [м.] работник, добывающий chicle.
chico, ca. [прил.] маленький; ребячливый, юный; [м. и ж.] ребёнок, дитя, мальчик, малыш, девочка, девушка; [м.] (вул.) мера вина; chicos y grandes, все.
chicoco, ca. [прил.] (разг.) крепкий, хорошо сложённый юноша, крепкая здоровая девушка; (Амер.) карлик.
chicolear. [неперех.] (разг.) говорить любезности, любезничать, ухаживать (за женщиной).
chicoleo. [м.] (разг.) лестные слова, шуточки, ухаживание (за женщиной).
chicolongo. [м.] (Амер.) детская игра.
chicora. [ж.] (Амер.) сорт кирки-мотыги.
chicorear. [перех.] (Амер.) рыть ямы, канавы или ударять, ранить (с) chicora.
chicoria. [ж.] см. achicoria.
chicoriáceo, a. [прил.] (бот.) цикорный.
chicorro. [м.] (разг.) крепкий, здоровый юноша.
chicorrotico, ca, llo, lla, to, ta. [прил.] (разг.) умен. к chico.
chicorrotín, na. [прил.] (разг.) умен. к chico; [м.] (разг.) крошка, малютка.
chicotazo. [м.] (Амер.) удар хлыстом.
chicote, ta. [м. и ж.] (разг.) см. chicorro, крепкая, здоровая девушка; [м.] (Амер.) хлыст; (мор.) конец (верёвки, троса); (перен.) (разг.) высокосортная сигара.
chicoteado, da. [страд. прич.] к chicotear; [прил.] (Амер.) оживлённый, весёлый (о музыке).
chicotear. [перех.] (Амер.) бить хлыстом.
chicozapote. [м.] (бот.) см. zapote.
chicuaco, ca. [прил.] (Амер.) глупый, дурацкий.
chicuelo, la. [прил. умен.] к chico; [сущ.] малыш, ребёнок; девчонка, девушка.
chicha. [ж.] мясо (на языке детей): * tener pocas chichas, (перен.) (разг.) быть слабосильным и худым.
chicha. [ж.] кукурузная водка: * de chicha y nabo, ничего не стоящий, ничтожный; * ni chicha ni limonada, ни то, ни сё.

chicha. [прил.] * calma chicha, (мор.) штиль.
chichagúy. [ж.] (Амер.) фурункул, чирей.
chichar. [неперех.] (Амер.) раздражаться, сердиться.
chícharo. [м.] горох.
chicharra. [ж.] (зоол.) цикада; детская трещотка; (тех.) трещотка; (перен.) (разг.) (Амер.) болтун: * hablar como una chicharra, трещать как сорока; * cantar la chicharra, (перен.) начинать припекать.
chicharrar. [перех.] см. achicharrar, abrasar.
chicharrear. [неперех.] трещать, петь (о цикаде); (Амер.) неприятно звучать.
chicharrero, ra. [м. и ж.] продавец, (-щица) трещоток; [м.] (перен.) (разг.) место на припёке.
chicharriento, ta. [прил.] (Амер.) болтливый, трещащий, надоедливый; (муз.) неприятно звучащий.
chicharrina. [ж.] (обл.) см. achicharramiento; (перен.) (обл.) зной, сильная жара.
chicharro. [м.] (кул.) см. jurel.
chicharrón. [м.] кубинское дикорастущее дерево.
chicharrón. [м.] (кул.) см. jurel; шкварка; подгорелое мясо; (разг.) сильно загорелый человек; [мн.ж.] зельц.
chicharrón, na. [прил.] (Амер.) см. chismoso; льстивый.
chichas. [ж. мн.ж.] (Амер.) женская грудь.
chiche. [м.] (разг.) (Амер.) игрушка; ювелирное изделие; безделушка; см. joyel; ласковое выражение; ловкий человек; [прил.] хорошо одетый, изящный, элегантный; лёгкий, удобный.
chiche. [м.] (Амер.) грудь кормилицы; кормилица.
chichear. [неперех. и перех.] см. sisear.
chicheme. [м.] (Амер.) прохладительный напиток из кукурузы, молока и т. д.
chicheño, ña. [прил.] (Амер.) дурацкий, глупый.
chicheo. [м.] шиканье.
chichera. [ж.] (Амер.) тюрьма.
chichería. [ж.] место, где продают chicha.
chichero, ra. [прил.] (Амер.) место предназначенное для приготовления или хранения chicha; [м.] тот, кто приготовляет или продаёт chicha; см. chichería.
chichi [ж.] (Амер.) (разг.) кормилица; женская грудь.
chichicaste. [м.] дикорастущее растение Центральной Америки.
chichicastre. [м.] (Амер.) (бот.) род крапивы.
chichicuilote. [м.] мексиканская съедобная птица.
chichigua. [ж.] (Амер.) кормилица; тенистое дерево; маленькая незначительная вещь.
chichiguar. [неперех.] (Амер.) торговать в розницу.
chichigüero, ra. [прил.] (Амер.) торгующий в розницу.
chichilasa. [ж.] (Амер.) красный муравей; неприступная красавица.
chichilo. [м.] (Амер.) (зоол.) род желтотой обезьяны.
chichinar. [перех.] (Амер.) жечь, сжигать.
chichirimico. [м.] (Амер.) детская игра: * hacer chichirimico, (перен.) (разг.) (Амер.) насмехаться над кем-л; расточать, проматывать имущество.

chichirimoche. [м.] (разг.) много.
chichirinada. [ж.] ничего.
chichisbeo. [м.] (Амер.) постоянное ухаживание за женщиной; тот, кто постоянно ухаживает за женщиной.
chichismo. [м.] (Амер.) злоупотребление chicha.
chicholo. [м.] (Амер.) сорт сладостей.
chichón. [м.] шишка (на голове).
chichón. [прил.] (Амер.) красивый, миловидный; лёгкий; шутливый; с большой грудью (о женщине).
chichoncillo. [м. умен.] к chichón.
chichonear. [неперех.] (Амер.) шутить, насмехаться, издеваться над кем-л.
chichoneo. [м.] (Амер.) издевательство.
chichonera. [ж.] детская шапочка (защищающая от ударов).
chichorreo. [м.] см. chismería.
chichota. [ж.] горох (одна из разновидностей): * sin faltar chichota, полностью, целиком.
chichota. [ж.] (Амер.) шишка (на голове, на лбу); большая женская грудь.
chichote. [м.] (Амер.) шишка (на голове, на лбу).
chifa. [ж.] (Амер.) китайский кабачок.
chifana. [ж.] (Амер.) китайский суп.
chifla. [ж.] свист; свисток; свистулька; освистание.
chifla. [ж.] нож для переплётных работ.
chifladera. [ж.] свисток (приспособление).
chiflado, da. [страд. прич.] к chiflar; [прил.] (разг.) помешанный, свихнувшийся: * estar chiflado por, быть помешанным на ком-л; быть влюблённым в кого-л.
chifladura. [ж.] свист; прихоть, мимолётное увлечение, страстишка; мания.
chiflar. [неперех.] свистеть, свистать; [перех.] осмеивать, издеваться, высмеивать; освистать; (разг.) много и жадно пить; **chiflarse.** [возв. гл.] становиться помешанным на ком-л, влюблённым в кого-л; терять рассудок.
chiflar. [перех.] скоблить (кожу для переплёта).
chiflato. [м.] свисток.
chifle. [м.] свисток; приманная дудка (для ловли птиц); сосуд из рога для хранения пороха.
chiflero, ra. [м. и ж.] (Амер.) бродячий торговец, (-ка).
chifleta. [ж.] (Амер.) сатирическая шутка, колкость, насмешка.
chiflete. [м.] свисток.
chiflido. [м.] свист (звук).
chiflo. [м.] свисток.
chiflón. [м.] (Амер.) лёгкий ветерок, лёгкий сквозняк; канал, из которого хлещет вода; обвал породы в штольне.
chifurnia. [ж.] (Амер.) овражистая местность; дальняя местность.
chigre. [м.] (мор.) лебёдка.
chigre. [м.] (обл.) лавка, где продают сидр (яблочный напиток).
chigrero. [м.] (Амер.) торговец, сбывающий товары горных районов на побережье.
chigua. [ж.] (Амер.) верёвочная корзина.
chiguacán. [м.] (Амер.) попугай (один из видов).
chiguato, ta. [прил.] (Амер.) трусливый, малодушный.
chigüe. [м.] (Амер.) волчий аппетит.
chigüil. [м.] (Амер.) тесто из кукурузы, масла, яиц и сыра.
chigüín. [м.] (Амер.) слабый, болезненный мальчик.
chigüiro. [м.] (Амер.) см. carpincho.
chihua. [ж.] (Амер.) сорт корзины.
chihuahua. [м.] (Амер.) человекообразный фейерверк; мексиканская собачка.

chilaba. [ж.] бурнус, арабский плащ с капюшоном.
chilacate. [м.] (Амер.) свисток из осоки.
chilacayote. [м.] род дыни, идущей на изготовление варенья.
chilacoa. [ж.] (Амер.) (орни.) род бекаса.
chilanco. [м.] см. cilanco.
chilaquil. [м.] (Амер.) омлет с перцовым супом.
chilaquila. [ж.] (Амер.) кукурузный омлет с перцами и сыром.
chilar. [м.] поле, засеянное перцем.
chilate. [м.] (Амер.) напиток из перца, жареной кукурузы и какао.
chilatole. [м.] (Амер.) кушанье из перца свинины и кукурузы.
chilca. [ж.] (Амер.) деревце, из которого добывают сорт камеди.
chilcal. [м.] (Амер.) лес из chilcas.
chilcano. [м.] (Амер.) суп из рыбы, лука, апельсина и индейского перца (ají).
chilco. [м.] (Амер.) дикая фуксия.
chilchomole. [м.] (Амер.) кушанье из индейского перца.
chilchote. [м.] (Амер.) очень жгучий индейский перец.
chile. [м.] индейский перец, см. ají.
chilenismo. [м.] слово или выражение, свойственные чилийцам.
chileno, na, chileño, ña. [прил.] чилийский; [сущ.] чилиец, чилийка.
chilero, ra. [м. и ж.] (презр.) бакалейщик, (-ица).
chilico. [м.] (Амер.) род утки.
chilicote. [м.] (Амер.) сверчок.
chilicotear. [неперех.] (Амер.) нести вздор, пустяки.
chilihueque. [м.] (зоол.) лама.
chilillo. [м.] (Амер.) плеть, кнут, хлыст; рукавица.
chilindra. [ж.] (Амер.) чилийская монета.
chilindrina. [ж.] (разг.) пустяк; анекдот, шутка.
chilindrinero, ra. [прил.] болтающий вздор, пустяки; [м. и ж.] пустомеля, пустослов; см. chafalditero.
chilindrón. [м.] сорт карточной игры; (Амер.) см. chirca.
chilinguear. [перех.] (Амер.) качать.
chilizate. [прил.] (Амер.) сердитый, яростный.
chilma. [ж.] (Амер.) верёвочная корзина.
chilmote. [м.] (Амер.) соус или кушанье из помидора и т. д.
chilostra. [ж.] (обл.) голова, мозг.
chilote. [м.] (Амер.) напиток из pulque и chile.
chilotear. [неперех.] (Амер.) начинать зреть, наливаться (о кукурузе).
chilpe. [м.] (Амер.) сухой лист кукурузы; тряпка.
chiltepe, chiltepín, chiltipiquín. [м.] см. ají.
chiltote. [м.] (Амер.) (орни.) род иволги.
chiltuca. [ж.] (Амер.) см. casampulga.
chilú. [м.] (зоол.) род белки.
chilla. [ж.] (Амер.) род лисицы.
chilla. [ж.] приманная дудочка (у охотника).
chilla. [ж.] тонкая доска, гонт: * clavo de chilla, маленький гвоздик; * tabla de chilla, дранка.
chilladera. [ж.] приспособление, подражающее крикам кроликов.
chillado. [м.] гонтовая крыша.
chillador, ra. [прил.] кричащий; визжащий; скрипящий; [сущ.] крикун, (-ья).
chillar. [неперех.] кричать; визжать; подражать крикам животных; скрипеть, трещать; (жив.) быть кричащим.
chille. [м.] (Амер.) чайка.
chillería. [ж.] визг; гам; покрикивание, крики; перебранка; скрип (колеса и т. д.).

chillido. [м.] пронзительный крик; визг.
chilligua. [ж.] (Амер.) солома, идущая на изготовление метел.
chillo. [м.] (Амер.) приманная дудочка (у охотника).
chillo, lla. [прил.] чёрный, чёрного цвета.
chillón. [м.] кровельный гвоздь.
chillón, na. [прил.] (разг.) крикливый; пронзительный, неприятно-резкий; (перен.) кричащий, вычурный; [м. и ж.] крикун, (-ья).
chillonazo. [м.] (Амер.) сильное волнение, краска стыда, стыд.
chimachima. [ж.] (Амер.) см. chimango.
chimango. [м.] (Амер.) название хищной птицы.
chimar. [перех.] (Амер.) см. desollar; досаждать, докучать; **chimarse**, [возв. гл.] пораниться; ушибаться.
chimarra. [ж.] (Амер.) некоторая детская игра.
chimbador. [м.] (Амер.) индеец, знающий броды.
chimbanquele. [м.] народный танец.
chimbar. [неперех.] (Амер.) переходить вброд; см. mohatrar.
chimbilá. [м.] (Амер.) летучая мышь.
chimbilaco. [м.] (Амер.) жмурки (игра).
chimbilín. [м.] (Амер.) ребёнок.
chimbo. [м.] (Амер.) очень сладкое блюдо из взбитых яиц.
chimbombera. [ж.] (Амер.) злокачественное малокровие.
chimbombo, ba. [прил.] (Амер.) малокровный, анемичный; отёчный.
chimborrio. [м.] (Амер.) сорт барабана.
chimeco, ca. [прил.] (Амер.) белокурый (о ребёнке).
chimenea. [ж.] труба (дымовая), дымоход, вытяжная труба; камин: * caerle a uno una cosa por la chimenea, неожиданно получить что-л.
chimenear. [перех.] покрывать сажей.
chimicolito. [м.] (Амер.) револьвер.
chimichaca. [ж.] (Амер.) водка.
chiminango. [м.] (Амер.) название одного гигантского дерева.
chimiscol. [м.] (Амер.) тростниковая водка.
chimiscolear. [неперех.] (Амер.) слоняться, бродить, фланировать; сплетничать; пить.
chimiscolero, ra. [прил.] (Амер.) любящий бегать повсюду и болтать.
chimisturria. [ж.] (Амер.) смесь ликёров.
chimó. [м.] (Амер.) род жевательного табака.
chimojo. [м.] (Амер.) антиспастическое средство.
chimole. [м.] (Амер.) кушанье из перца.
chimolero, ra. [м. и ж.] (перен.) владелец, -(ица) гостиницы.
chimpa. [ж.] (Амер.) мексиканский прохладительный напиток.
chimpancé. [м.] (зоол.) шимпанзе.
chimpilo. [м.] (Амер.) кисточка винограда, оставленная на кусте.
chimpim. [м.] (Амер.) водка.
chimpinilla. [ж.] (Амер.) (анат.) голень.
chin. [м.] (Амер.) см. pizca.
china. [ж.] камешек, галька; считалка (в детских играх); (перен.) (разг.) деньги; * poner chinas a uno, чинить препятствия; * tocarle a uno la china, выпасть на долю.
china. [ж.] лекарственный корень; фарфор; китайский шёлк.
china. [ж.] (Амер.) (презр.) служанка; метиска-служанка; няня; проститутка; любовница.
chinaca. [ж.] (Амер.) (соб.) нищие, оборванцы, нищие люди.
chinacate. [м.] (Амер.) петух или цыплёнок, лишённые перьев; невоспитанный человек.

chinachina. [ж.] (Амер.) лекарственный корень, см. china.
chinaje. [м.] (Амер.) собрание грубых служанок или публичных женщин.
chinama. [ж.] (Амер.) шалаш, навес из ветвей или тростника.
chinamento. [м.] (Амер.) см. chinaje.
chinamitla. [ж.] (Амер.) (соломенная) хижина.
chinamo. [м.] (Амер.) палатка, где продают ликёры и т. д.; см. chinama.
chinampa. [ж.] (Амер.) огород.
chinampear. [перех.] (Амер.) уклоняться от боя (о петухе); прятаться, скрываться; (перен.) увиливать от затруднительного положения.
chinampero, ra. [прил.] (Амер.) обрабатывающий chinampa, растущий на chinampa (тж. сущ.).
chinana. [ж.] (мед.) суппозиторий, свеча; (перен.) беспокойство.
chinancal. [м.] (Амер.) домик на chinampa.
chinanta. [ж.] филиппинская мера веса, равная 6,326 кг.
chinapo. [м.] (Амер.) обсидиан.
chinarral. [м.] (обл.) место, изобилующее крупной галькой.
chinarro. [м.] (Амер.) крупная галька.
chinaste. [м.] (Амер.) род, раса, племя.
chinata. [ж.] (Амер.) см. cantillo.
chinateado. [м.] слой камешков на ртутной руде (в Almadén).
chinazo. [м.] удар камешком.
chincol. [м.] (Амер.) род певчего воробья.
chincola. [ж.] (Амер.) самка chincol; девушка лёгкого поведения.
chincolito. [м.] (Амер.) водка с водой.
chincotel. [м.] (Амер.) напиток из можжевеловой настойки, лимона, яиц, воды и сахара.
chincuajo, ja. [прил.] (Амер.) бесстыдный, наглый, бессовестный (тж. сущ.).
chincual. [м.] (Амер.) корь, сыпь (у детей).
chincualear. [неперех.] (Амер.) шумно веселиться, кутить, гулять.
chincualero, ra. [прил.] (Амер.) любящий шумное веселье, кутить (тж. сущ.).
chincuete. [м.] (Амер.) нижняя юбка.
chinchel. [м.] (Амер.) мелочная лавка, лавочка.
chinchar. [перех.] (разг.) надоедать, докучать; убить.
chincharo. [м.] (Амер.) игральная кость.
chincharrazo. [м.] (разг.) удар саблей плашмя.
chincharrero. [м.] клопиное гнездо, клоповник; (Амер.) небольшое рыболовное судно.
chinche. [ж.] клоп; кнопка (для бумаги); навязчивый, назойливый человек (тж. прил.); (Амер.) небольшие воздуходувные мехи; * caer или morir como chinches, умирать большое число людей; * tener uno de chinches la sangre, (перен.) (разг.) быть очень навязчивым.
chinchel. [м.] (Амер.) харчевня, кабачок.
chinchelero. [м.] (Амер.) кабатчик, содержатель харчевни.
chinchemolle. [м.] (Амер.) (зоол.) вонючее насекомое, живущее под камнями.
chinchibirra. [ж.] (Амер.) газированный напиток.
chinchilla. [ж.] (зоол.) шиншилла (животное и мех).
chinchimén. [м.] (зоол.) род выдры.
chinchín. [м.] (бот.) чилийский куст; (Амер.) см. calabobos.
chinchinear. [перех.] (Амер.) ласкать, лелеять.
chinchintor. [м.] (Амер.) очень ядовитая змея.

chinchona. [ж.] (хим.) хинин.
chinchonear. [перех.] (Амер.) докучать, надоедать; раздражать.
chinchorrazo. [м.] (Амер.) см. cintarazo; глоток ликёра.
chinchorrear. [неперех.] (Амер.) сплетничать; надоедать, докучать.
chinchorrería. [ж.] (перен.) (разг.) дерзость, назойливость, навязчивость; сплетня, враньё.
chinchorrero, ra. [прил.] (перен.) (разг.) склонный сплетничать, дерзкий (тж. сущ.).
chinchorro. [м.] небольшая рыболовная сеть; шлюпка; (Амер.) индейский гамак.
chinchosear. [перех.] (Амер.) надоедать, докучать.
chinchoso, sa. [прил.] (перен.) (разг.) навязчивый, назойливый, убийственно скучный, раздражающий.
chinchudo, da. [прил.] (Амер.) см. chinchoso; страдающий венерической болезнью.
chinchurria. [ж.] (Амер.) проститутка.
chinda. [м. и ж.] тот, кто продаёт внутренности (скота).
chindar. [неперех.] (арг.) рождать, производить на свет.
chindo, da. [прил.] (Амер.) глупый, придурковатый, слабоумный.
chiné. [прил.] (гал.) пёстрый (о ткани).
chinear. [неперех.] (Амер.) носить на своей спине, на плечах, на руках.
chinela. [ж.] туфля без задка.
chinelazo. [м.] удар туфлей (chinela).
chinelón. [м. увел.] к chinela; сорт венесуэльского башмака.
chinerío. [м.] (Амер.) см. chinaje; (соб.) сброд.
chinero. [м.] шкаф для фарфора, горка.
chinesco, ca. [прил.] китайский; [м.] (чаще множ.) (муз.) китайский музыкальный инструмент: * a la chinesca, на китайский манер; * sombras chinescas, китайские тени.
chinga. [ж.] (Амер.) (зоол.) вонючка.
chinga. [ж.] (Амер.) см. chunga; окурок сигары; см. barato.
chingabi. [м.] (арг.) булавка.
chingadera. [ж.] (Амер.) ночной горшок из тыквы (у очень бедных людей); мелочь, пустяк.
chingado, da. [прил.] (Амер.) см. chiflado.
chingadura. [ж.] (Амер.) неудача, провал.
chingalito. [м.] (Амер.) смесь ликёров.
chingana. [ж.] (Амер.) кабачок, где поют и танцуют.
chinganear. [неперех.] (Амер.) ходить по кабачкам; кутить, гулять.
chingar. [перех.] (разг.) попивать, пьянствовать; (Амер.) надоедать, докучать, досаждать; отрубать хвост; [неперех.] весело шутить, подтрунивать друг на другу; **chingarse,** [возв. гл.] напиваться допьяна; (Амер.) терпеть крушение; проваливаться; (разг.) обмануться, разочароваться.
chingarar. [перех.] (арг.) см. reñir.
chingaste. [м.] (Амер.) осадок, отстой.
chingo, ga. [прил.] (Амер.) (прост.) маленький, мелкий; куцый (о животных); курносый.
chingoleto, ta. [прил.] (Амер.) мелкий, маленький, короткий.

chingolingo. [м.] (Амер.) вещевая лотерея.
chingolo. [м.] (Амер.) см. chincol.
chingüe. [м.] (Амер.) (зоол.) вонючка, см. mofeta.
chinguear. [неперех.] (Амер.) весело шутить, веселиться.
chinguere. [м.] (Амер.) спиртный напиток низкого качества.
chinguero. [м.] (Амер.) см. garitero.
chinguiña. [ж.] (Амер.) глазной гной.
chinguiñoso, sa. [прил.] (Амер.) гноящийся (о глазах).
chinguirito. [м.] (Амер.) тростниковая водка.
chinguita. [ж.] (Амер.) крошка; капля, немножко чего-л.
chini. [ж.] (арг.) отечество, родина.
chinilla. [ж. умен.] к china, камешек.
chininingo, ga. [прил.] (Амер.) очень маленький.
chinitiar. [неперех.] (Амер.) постоянно ухаживать за девушками.
chino, na. [прил.] китайский; [м. и ж.] китаец, (-янка); [м.] китайский язык.
chino. [м.] (Амер.) (чаще презр.) слуга; (ласк.) крошка; грубый и некрасивый мужчина; индеец.
chino, na. [прил. и сущ.] (Амер.) метис, сын негра и индианки или индейца и негритянки; сын негра и мулатки или мулата и негритянки.
chinonga. [ж.] (Амер.) китаянка; девушка.
chinoso, sa. [прил.] (Амер.) изобилующий галькой, камешками.
chinta. [ж.] (Амер.) грубая кукла.
chintete. [м.] (Амер.) род мексиканской мелкой ящерицы.
chiñihue. [м.] (Амер.) см. cedazo.
chipa. [ж.] (Амер.) корзина для фруктов.
chipá. [ж.] (Амер.) лепёшка из маниоки или кукурузы.
chipaneco. [м.] (Амер.) красная нижняя юбка.
chipar. [перех.] (Амер.) надуть, облапошить, мошенничать.
chipé. [ж.] (арг.) правда, истинность; доброкачественность: * de chipé, (разг.) превосходный, перворазрядный.
chipén. [ж.] (арг.) жизнь; шум, крик: * de chipén, см. de chipé.
chipeya. [ж.] (Амер.) восковой шарик.
chipi. [м.] (Амер.) плакса (о ребёнке).
chipiar. [перех.] (Амер.) надоедать, докучать, утомлять, наскучивать.
chipichape. [м.] см. zipizape; удар (встречный).
chipichipe. [ж.] (Амер.) моросящий дождь.
chipil. [м.] (Амер.) плакса (о ребёнке).
chipile. [м.] (Амер.) (бот.) сорт овощи.
chipileza. [ж.] (Амер.) болезненное состояние ребёнка.
chipili. [м.] (Амер) предпоследний сын семьи.
chipilín. [м.] (Амер.) см. chipile; см. tamal.
chipilinear. [перех.] (Амер.) надоедать, утомлять, докучать.
chipilingo, ga. [прил.] (Амер.) слабый, хилый; [м.] ребёнок; фишка низкой ценности.
chipilo. [м.] (Амер.) жареные круглые ломтики банана.
chipión. [м.] (Амер.) упрёк, порицание, выговор.
chipioso, sa. [прил.] (Амер.) часто плачущий, плаксивый.
chipirón. [м.] (обл.) каракатица (одна из разновидностей).

chipirre. [прил.] (Амер.) скупой, скаредный.
chipojear. [перех.] (Амер.) презирать; пренебрегать.
chipojo. [м.] (Амер.) (зоол.) хамелеон.
chipolo. [м.] (Амер.) карточная игра.
chiporra. [ж.] (Амер.) гноящаяся опухоль на голове.
chipotazo, chipote. [м.] (Амер.) удар рукой, см. manotada.
chipotear. [перех.] (Амер.) см. manotear.
chipriota, chipriote. [прил.] кипрский; [сущ.] киприот (-ка).
chipuste. [м.] (Амер.) припухлость на теле; (разг.) коренастый человек; кусок чёрствого хлеба; маленький прыщ на лице; шишка на голове; несолидный человек.
chique. [м.] (мор.) укрепляющее бревно.
chiqueadores. [м. множ.] (Амер.) компресс, пропитанный салом, для утоления головной боли.
chiquear. [перех.] (Амер.) сличать, сопоставлять.
chiquear. [перех.] (Амер.) см. mimar.
chiqueo. [м.] (Амер.) ласка.
chiquerear. [перех.] (Амер.) загонять в chiquero.
chiquero. [м.] свинарник, свинарня; помещение, загон для быков; (обл.) хижина для козлёнков.
chiquetear. [перех.] (Амер.) ласкать, голубить (детей).
chiqueteo. [м.] (Амер.) см. chiqueo, mimo.
chiqui. [м.] (Амер.) небольшой попугай; разновидность пальмы.
chiquichaque. [м.] пильщик; чавканье.
chiquiguite. [м.] (Амер.) корзина без ручки, плетённая из прутьев или лиан.
chiquigüite. [прил.] (Амер.) глуповатый, неловкий, неумелый.
chiquihuite. [м.] (Амер.) см. chiquiguite.
chiquilicuatro. [м.] (разг.) см. chisgarabís.
chiquilín, na. [прил.] (Амер.) см. chiquillo.
chiquilinada. [ж.] (Амер.) ребяческий поступок.
chiquillada. [ж.] ребячество, ребяческий поступок.
chiquillería. [ж.] (разг.) детвора, куча ребятишек.
chiquillo, lla. [прил.] ребяческий; [м. и ж.] ребёнок, мальчишка, девчонка.
chiquimole. [м.] (перен.) (Амер.) остроумный склочник.
chiquirín. [м.] (Амер.) род цикады.
chiquirritico, ca, chiquirritillo, lla, chiquirritín, na, chiquirritito, ta, chiquitín, na. [прил.] очень маленький (о ребёнке); [сущ.] малютка, малюточка.
chiquitito, ta. [прил.] маленький, очень маленький, малюсенький.
chiquitura. [ж.] (Амер.) см. pequeñez; ребяческий поступок.
chiquizuela. [ж.] (Амер.) коленная чашечка.
chira. [ж.] (Амер.) рана; язва; кожура банана; [множ.] лоскутья.
chirajear. [перех.] (Амер.) изорвать на куски (о ткани).
chirajera. [ж.] (Амер.) скопление лоскутьев.
chirajo. [м.] (Амер.) старая вещь, лоскут (чаще множ.).
chirajoso, sa. [прил.] (Амер.) оборванный, одетый в лохмотья.
chirapa. [ж.] (Амер.) дождь с солнцем; тряпка; старое платье.
chiraposo, sa. [прил.] (Амер.) оборванный, одетый в лохмотья.
chirca. [ж.] (Амер.) растение из молочайных.
chirca. [ж.] (Амер.) окурок сигары; кляча.

chircada. [ж.] (Амер.) глупость, глупая выходка.
chircagre. [м.] (Амер.) высококачественный табак.
chircaleño. [м.] (Амер.) см. tejero.
chircalero. [м.] (Амер.) см. chircaleño, гончар.
chircal. [м.] лес из chircas; (Амер.) см. tejar.
chircate. [м.] (Амер.) юбка из грубого холста.
chirga. [ж.] (Амер.) шутка, шутовская выходка.
chirgo, ga. [прил.] (Амер.) рахитичный, рахитический; чахлый.
chirgua. [ж.] (Амер.) сосуд для переноски воды.
chirhuar. [перех.] (Амер.) жать, выжимать.
chiribico. [м.] (Амер.) кубинская рыбка.
chiribita. [ж.] (обл.) полевая маргаритка; (Амер.) см. chiribico.
chiribita. [ж.] искра; [множ.] (разг.) мелькающие перед глазами точки; * echar chiribitas, метать громы и молнии.
chiribital. [м.] (Амер.) пустошь, пустырь.
chiribitil. [м.] чердак; (разг.) лачуга, чулан, каморка, маленькая низкая комната.
chiricatana. [ж.] (Амер.) плащ из грубой материи.
chiricaya. [ж.] (Амер.) сладкое из молока и яиц.
chiricles. [м.] (орни.) очень маленький попугай.
chirichi. [м.] (Амер.) дрожь, озноб.
chiriga. [ж.] (Амер.) насмешка, издёвка; издевательство; шутка.
chirigaita. [ж.] (обл.) см. chilacayote.
chirigota. [ж.] шутка; острота, колкость, насмешка: * tomar a chirigota, не придавать чему-л значения.
chirigotear. [неперех.] шутить, смеяться, (тже. возв. гл.).
chirigotero, ra. [прил.] (разг.) любящий шутить, насмешливый.
chirigua. [ж.] (Амер.) (орни.) самка chirigüe; см. chirgua.
chiriguare. [м.] (Амер.) (орни.) хищная очень прожорливая птица.
chirigüe. [м.] (орни.) (Амер.) чилийская птица.
chirija. [ж.] (арг.) учение, наставление.
chirijar. [перех.] (арг.) поучать, наставлять.
chirije. [м.] (арг.) абрикос.
chirijimar. [перех.] (арг.) см. adelantar.
chirimbolo. [м.] (разг.) (чаще множ.) домашняя утварь, посуда, горшки; хлам.
chirimía. [ж.] (муз.) свирель, дудка.
chirimiri. [м.] (обл.) моросящий дождь, изморось.
chirimoya. [ж.] плод сулейника-колючкового.
chirimoyo. [м.] (бот.) сулейник-колючковый.
chirinada. [ж.] (Амер.) неудача, провал, крах; незначительный мятеж.
chirinco. [м.] (Амер.) отбросы.
chirinche. [м.] (Амер.) дрожь, озноб.
chiringa. [ж.] (арг.) апельсин.
chiringo. [м.] (Амер.) черепок, обломок, осколок.
chiringo. [м.] (Амер.) маленькая лошадь.
chiringuito. [м.] (Амер.) виноградный сок с водкой.
chirinola. [ж.] детская игра в кегли; (перен.) пустяк, мелочь: * estar de chirinola, быть в хорошем настроении.
chiripa. [ж.] счастливый случай, удачный удар (при игре); (перен.) счастливый случай.
chiripá. [ж.] (Амер.) см. chamal.

chiripear. [перех.] случайно выиграть или достигать.
chiripero, ra. [м. и ж.] удачливый игрок (в бильярд); удачливый человек.
chiripio. [м.] (Амер.) деньги.
chiriría. [ж.] (Амер.) дикая утка.
chirivía. [ж.] (бот.) пастернак; (орни.) трясогузка.
chirivin. [м.] (обл.) птичка.
chirivisco. [м.] (Амер.) сухой кустарник (служащий топливом).
chirla. [ж.] съедобная ракушка.
chirlada. [ж.] (арг.) удар палкой.
chirlador, ra. [прил.] (разг.) крикливый.
chirlar. [неперех.] (разг.) кричать, горланить; (арг.) говорить.
chirlata. [ж.] (разг.) игорный дом, притон; (мор.) кусок доски, надставка.
chirlazo. [м.] (Амер.) см. chirlo.
chirle. [прил.] (разг.) безвкусный, бессодержательный; [м.] см. sirle.
chirlear. [неперех.] (Амер.) петь на рассвете (о птицах).
chirlería. [ж.] болтовня.
chirlerín. [м.] (арг.) воришка.
chirlero, ra. [прил.] (разг.) см. chismoso.
chirlerona. [ж.] горный жаворонок.
chirlido. [м.] (обл.) пронзительный крик.
chirlo. [м.] рубец, шрам, порез (на лице); (арг.) встречный удар.
chirlo, la. [прил.] (Амер.) водянистый; [м.] (Амер.) горный дрозд.
chirlomirlo. [м.] мало питательная вещь; припев некоторой детской игры; (обл.) дрозд.
chirlón. [м.] (арг.) болтун.
chirola. [ж.] (Амер.) мелкая монета; см. chirona.
chirolazo. [м.] (Амер.) глоток ликёра.
chirona. [ж.] (разг.) тюрьма, кутузка.
chiros. [м. множ.] (Амер.) лохмотья, тряпьё.
chiroso, sa. [прил.] (Амер.) оборванный, одетый в лохмотья.
chirota. [прил.] (Амер.) шаловливый, резвый, безрассудный (тже. сущ.); [ж.] мужеподобная женщина.
chirotada. [ж.] глупость; см. inconveniencia.
chirote. [м.] (Амер.) американский чиж; (перен.) грубиян, мужлан; [прил.] (Амер.) великий, прекрасный.
chirotear. [неперех.] (Амер.) бродить по улицам, слоняться, фланировать.
chirrear. [перех.] (обл.) см. chirriar.
chirrel. [м.] (арг.) жандарм, полицейский.
chirria. [ж.] (Амер.) шумное веселье; отвращение, ненависть.
chirriadera. [прил.] (Амер.) шумное веселье.
chirriadero, ra. [прил.] см. chirriador.
chirriador, ra. [прил.] скрипучий; потрескивающий; кричащий (о птицах).
chirriar. [неперех.] скрипеть; трещать, потрескивать; кричать (о птицах); (перен.) (разг.) распевать во всё горло, горланить.
chirriar. [неперех.] (Амер.) дрожать, трястись (от холода и т. д.).
chirrichote. [прил.] (обл.) нахальный, самодовольный, чванный (тже. сущ.).
chirrido. [м.] скрип; скрипение; трещание; резкий, пронзительный звук; крик (некоторых животных).
chirringo. [м.] малютка, крошка.
chirrío. [м.] скрип (повозки).
chirrión. [м.] тележка со скрипучими колёсами; (Амер.) крепкий кожаный кнут.
chirrionada. [ж.] мужеподобная женщина; кокетка, легкомысленная женщина.
chirrionada. [ж.] содержимое chirrión.
chirrionear. [перех.] (Амер.) стегать, хлестать крепким кожаным кнутом (chirrión).
chirrionero. [м.] тот, кто правит chirrión.
chirriquitín, na. [прил.] (Амер.) маленький, очень маленький; [сущ.] ребёночек.
chirrisco, ca. [прил.] (разг.) маленький, крошечный.
chirrisco, ca. [прил.] (Амер.) легкомысленный, ветреный; влюбчивый, любящий ухаживать за женщинами.
chirrisquear. [неперех.] (обл.) см. carrasquear.
chirula. [ж.] (обл.) небольшая флейта (в стране басков).
chirumba. [ж.] (обл.) чижик (детская игра).
chirumbela. [ж.] см. churumbela.
chirumen. [м.] (разг.) смекалка, проницательность, способность суждения.
chirusa, chiruza. [ж.] (Амер.) деревенская женщина.
¡chis! [межд.] тсс!, тише!; см. ¡chis! ¡chis! ¡chis! ¡chis! [межд.] эй! (восклицание, которым привлекают к себе внимание).
chisa. [ж.] (Амер.) личинка некоторого жука.
chisaca. [ж.] (Амер.) (бот.) род хризантемы.
chiscarra. [ж.] (мин.) брекчия.
chisco. [м.] (Амер.) (гал.) см. chiste, donaire.
chiscón. [м.] лачуга, чулан, маленькая низкая каморка.
chischís. [м.] (Амер.) мелкий дождик, изморось; малость, крошка, капля.
chischisco. [м.] (Амер.) свалка.
chisgarabís. [м.] тщедушный человек, щёголь, франт; ветреник, ветрогон; балбес.
chisgo. [м.] (разг.) (Амер.) изящество, привлекательность, прелесть.
chisgua. [ж.] (Амер.) см. mochila; некоторое растение.
chisguete. [м.] (разг.) глоток вина; струйка.
chisguetear. [неперех.] выпить глоток, глотнуть; (Амер.) непринуждённо поступать (о самке); см. salpicar.
chislama. [ж.] (арг.) девушка.
chisma. [ж.] (уст.) см. chisme.
chismar. [перех.] (уст.) см. chismear.
chismarajo. [м.] (разг.) см. chisme.
chisme. [м.] сплетня; злословие; (разг.) штука, предмет; безделушка, маленький предмет; [множ.] мелкие (рабочие) инструменты; пустяки; пересуды, слухи и толки; мелкие интриги: * chismes de vecindad, мелкие пересуды; * traer y llevar chismes, сплетничать, интриговать.
chismear. [перех.] сплетничать о чём-л., злословить, судачить.
chismería. [ж.] сплетни, пересуды, злословие.
chismero, ra. [прил.] см. chismoso.
chismografía. [ж.] (разг.) занятие сплетника; отношение сплетен и т. д.
chismorrear. [неперех.] см. chismear.
chismorreo. [м.] дейст. к chismorrear; пересуды, злословие.
chismoso, sa. [прил.] сплетничающий; [сущ.] сплетник, (-ица).
chismoteo. [м.] сплетни, пересуды; привычка (склонность) злословить, сплетничать, судачить.
chispa. [ж.] искра; осколок алмаза; мелкий бриллиант; капелька (дождевая); частица, малость, капля; остроумие, соль; живость, огонёк; блестящая фантазия; энергичность; лёгкое опьянение; [множ.] (арг.) сплетни, слухи и молнии; * echar chispas, метать громы и молнии, рвать и метать; * ser uno una chispa, быть остроумным, живым, проницательным; * ¡chispas!, чёрт возьми!; * piedra de chispa, (мин.) кремень.
chispar. [перех.] (арг.) сплетничать.
chisparoso, sa. [прил.] (Амер.) робкий, пугливый.
chispazo. [м.] искрение; ожог от искры; (перен.) сплетня, слух; (чаще множ.) событие, являющееся отголоском или предвестником других, более важных событий: * chispazos de ingenio, блёстки остроумия.
chispeado, da. [страд. прич.] к chispear; [прил.] пьяный, навеселе.
chispeador, ra. [прил.] сверкающий, искрящийся, блестящий; накрапывающий (о дожде).
chispeante. [дейст. прич.] к chispear; [прил.] (перех.) умный, остроумный, искрящийся остроумием, острый, живой.
chispear. [неперех.] сверкать, искрить(ся); (эл.) выбрасывать искры; накрапывать (о дожде); блестеть.
chispeo. [м.] сверкание; искрение; блистание; дейст. к накрапывать.
chispero, ra. [прил.] искрящийся (о ракете); [м.] кузнец; (перен.) (разг.) гуляка, весельчак (в Мадриде).
chispite. [м.] (Амер.) см. chiste: *dar en el chispite, разгадать.
chispo, ra. [прил.] (разг.) навеселе, пьяненький, под мухой; [м.] (разг.) глоток вина.
chispogear. [перех.] (Амер.) осмеивать, поднимать на смех; chispogearse, [возв. гл.] (Амер.) дискредитировать себя, ронять своё достоинство, лишаться престижа.
chispogeo. [м.] (Амер.) осмеяние; умаление или потеря престижа и т. д.
chispola. [ж.] (Амер.) венесуэльский народный танец.
chispoleta. [ж.] (Амер.) живая, весёлая женщина; кокетка; ветреница.
chispoleto, ta. [прил.] живой, бойкий, шустрый.
chisporretear. [неперех.] (Амер.) см. chisporrotear.
chisporrotear. [неперех.] (разг.) искриться с шумом (о дровах в печи).
chisporroteo. [м.] (разг.) (с шумом) искрение.
chisposo, sa. [прил.] искромётный.
chisquero. [м.] см. esquero; карманная зажигалка.
¡chist! [межд.] тсс!, тише!
chistar. [неперех.] бормотать; шептать, пикнуть: * no hay quien se atreva a chistar, никто не пикнет; * sin chistar ni mistar, (разг.) ничего не говоря, не проронив ни слова.
chiste. [м.] острота, каламбур, игра слов; забавный случай; шутка, насмешка: * hacer chiste de, смеяться над...; * caer en или dar en el chiste, разгадать; попасть в самую точку; * tener chiste, быть с изюминкой.
chistera. [ж.] корзина для рыбы; (перен.) (разг.) цилиндр (шляпа); род биты для игры в баскский мяч.
chistosada. [ж.] (Амер.) неуместная острота.
chistosamente. [нареч.] остроумно; забавно; в шутку, шутливо.
chistoso, sa. [прил.] любящий каламбурить, шутить; остроумный; шутливый, забавный, весёлый.

¡chit! [межд.] тсс!, тише!

chita. [ж.] (анат.) таранная кость; игра в бабки: * a la chita callando, втихомолку, исподтишка, тайком, украдкой, тихо, осторожно; * dar en la chita, попасть в точку; * no importar или no valer una chita, не стоить ломаного гроша.

chitar. [неперех.] см. chistar; заставить замолчать (говоря ¡chit!); (Амер.) говорить ¡chit!.

chitate. [ж.] (Амер.) корзина без ручки, плетённая из прутьев или лиан.

chite. [м.] (Амер.) куст, дающий сорт угля для рисования.

chitearse. [возв. гл.] (Амер.) лопаться от жара (о посуде).

chiticalla. [м. и ж.] (разг.) скромный, сдержанный человек; [ж.] дело, которое держится в тайне и т. д.

chiticallando (a la). [нареч.] (разг.) втихомолку, тихо, осторожно.

chito. [м.] игра, состоящая в сбивании с пробки и т. д. монет; пробка и т. д. для этой игры.

¡chito! [межд.] (разг.) тсс!, тише!.

¡chitón! [межд.] см. ¡chito!.

chitón. [м.] сорт моллюска.

chitra. [археол.] старинный горшок.

chiuchi. [м.] (Амер.) юноша.

chiva. [ж.] (Амер.) одеяло; сетка для переноски овощей; эспаньолка.

chiva. [ж.] (арг.) женщина.

chivada. [ж.] (Амер.) разочарование.

chivado, da. [прил.] (Амер.) бедный; увечный; трудный, неудобный, затруднительный.

chivar. [перех.] (обл.) надоедать, докучать; обманывать (употр. тже. в Америке); (неправ.) см. delatar.

chivarras. [ж. множ.] штаны из кожи молодого козла.

chivarse. [возв. гл.] (обл.) секретно извещать; доносить.

chivata. [ж.] (обл.) пастушеская толстая палка.

chivata. [ж.] (арг.) электрический карманный фонарик.

chivatazo. [м.] секретное извещение; донос: * dar el chivatazo, см. delatar.

chivatería. [ж.] (Амер.) см. vocinglería; обман, мошеннический поступок.

chivato. [м.] полуговалый козлёнок; (прост.) шпик; доносчик, «наседка», «стукач».

chivatón, na. [прил.] (Амер.) см. retozón (тже. сущ.).

chivera. [ж.] (Амер.) эспаньолка (бородка); козий загон; лавка старьёвщика.

chivería. [ж.] (Амер.) игра, шаловливость, резвость.

chiverrada. [ж.] (Амер.) сильный удар при падении.

chiverrazo. [м.] (Амер.) см. chiverrada.

chiverre. [м.] (Амер.) тыква.

chiveta. [ж.] (Амер.) досада, скука; надоедливость.

chivetero. [м.] козий загон.

chivichana. [ж.] (Амер.) вещевая лотерея, запрещённая законом.

chivillo. [м.] (Амер.) (орни.) род скворца.

chivital. [м.] козий загон.

chivito. [м.] (Амер.) презренная личность; колумбийская монета.

chivo. [м.] вместилище для осадка оливкового масла.

chivo, va. [м. и ж.] козлёнок, козочка.

chivón, na. [прил.] (Амер.) докучливый, надоедливый, утомительный.

chivoso, sa. [прил.] (Амер.) сердитый, рассерженный.

chiza. [ж.] (Амер.) некоторый червяк, являющийся вредителем картофеля.

cho. [м.] (разг.) баскский матрос.

¡cho! [межд.] см. ¡so!

choba. [м.] (обл.) ложь, выдумка.

chocador, ra. [прил.] сталкивающийся; наталкивающийся; оскорбляющий и т. д. (тже. сущ.).

chocallero, ra. [прил.] (обл.) болтливый, любящий сплетни.

chocancia. [ж.] (Амер.) грубая шутка.

chocante. [дейст. прич.] к chocar; [прил.] остроумный, любящий говорить непристойности; (Амер.) докучливый, надоедливый, антипатичный, противный.

chocantería. [ж.] (Амер.) грубость, дерзость; чудачество.

chocar. [неперех.] сталкиваться; наталкиваться, натыкаться; встречаться, сталкиваться; подскакивать, подпрыгивать; бороться, биться, драться; неприятно поражать, шокировать, коробить, казаться невероятным; обычно сердить, раздражать кого-л.

chocarrear. [неперех.] говорить непристойности, отпускать плоские остроты.

chocarrería. [ж.] грубая шутка, острота, плоская острота.

chocarrero, ra. [прил.] непристойный; любящий грубо шутить или говорить непристойности; [сущ.] пошляк, (-ячка).

chocel. [м.] посёлок из хижин.

choceño, na. [прил.] к хижина.

chocil. [м.] род хижины из ветвей и земли.

chocla. [ж.] (Амер.) детская игра; мягкий кукурузный початок.

choclar. [неперех.] катать крокетный шар.

choclear. [неперех.] см. chapalear; (Амер.) наливаться (о кукурузе); выпускать початок (о кукурузе); прорастать (о клубне).

choclo. [м.] деревянный башмак.

choclo. [м.] (Амер.) зелёный початок кукурузы; кушанье из этой кукурузы.

choco. [м.] (Амер.) водолаз (собака); см. caparro; тёмно-красный цвет.

choco, ca. [прил.] (Амер.) темнокрасный; смуглый; одноглазый, одноухий; одноногий; короткохвостый, см. rabón; [м.] (Амер.) пень; (разг.) цилиндр.

choco. [м.] (зоол.) маленькая каракатица.

chócola. [ж.] (Амер.) детская игра.

chocolata. [ж.] (Амер.) кровь.

chocolate. [м.] шоколад: * el chocolate del loro, скаредная бережливость; * las cosas claras y el chocolate espeso, будем говорить на чистоту.

chocolatera. [ж.] кувшин для шоколада.

chocolatería. [ж.] шоколадная фабрика; магазин, торгующий шоколадом; место, где подают шоколад.

chocolatero, ra. [прил.] любящий шоколад (тже. сущ.); [м. и ж.] работник, (-ица) шоколадной фабрики; продавец, (-щица) шоколада; [м.] (обл.) см. chocolatera.

chocolatillo. [м.] (Амер.) плод дикого какао.

chocolatín. [м.] маленькая плитка шоколада, шоколадка.

chocolear. [перех.] (Амер.) обрезать хвост; [неперех.] (Амер.) печалиться, грустить.

chócolo. [м.] (Амер.) детская игра; зелёный кукурузный початок.

chocón, na. [прил.] (Амер.) антипатичный.

chocorazo. [м.] (Амер.) махинация при выборах.

chocorí. [м.] (Амер.) зелёная кукуруза.

chocoyo. [м.] (Амер.) американская лазящая птица; детская игра.

chocha (perdiz). [ж.] (зоол.) бекас: * chocha de mar, сорт рыбы.

chochar. [неперех.] см. chochear.

chochear. [неперех.] страдать старческим слабоумием; впадать в детство; вечно повторяться; (перен.) (разг.) безумно любить.

chochera. [ж.] см. chochez.

chochero, ra. [м. и ж.] продавец, (-щица) волчьих бобов.

chochez. [ж.] старческое слабоумие; (перен.) (разг.) крайняя любовь; вздор (старческий).

chochín. [м.] птенец куропатки.

chochito. [м.] (бот.) повилика, вьюнок; (орни.) род канарейки.

chocho. [м.] зерно люпина, волчий боб; драже с корицей; [множ.] конфеты.

chocho, cha. [прил.] слабоумный, впавший в детство; (перен.) (разг.) глупый от любви: * viejo chocho, старикашка.

chochocol. [м.] (Амер.) большой глиняный кувшин.

chocholear. [перех.] (Амер.) ласкать; лелеять.

chochueca. [ж.] (Амер.) жареное блюдо из юкки.

chodejo, ja. [прил.] (Амер.) грязный.

chofe. [м.] (чаще множ.) см. bofe.

chófer. [м.] (гал.) шофёр, водитель.

chofeta. [ж.] (уст.) грелка для тарелок и т. д.

chofista. [ж.] (уст.) бедный студент.

choique. [м.] (Амер.) американский страус.

chola. [ж.] (разг.) см. cholla; (обл.) удар по голове, по лицу.

cholco, ca. [прил.] (Амер.) см. mellado.

cholenco, ca. [прил.] (Амер.) болезненный, слабый, хилый; [м.] (Амер.) кляча.

cholgua. [ж.] (Амер.) съедобная ракушка, см. mejillón.

cholo, la. [прил. и сущ.] цивилизованный (индеец); сын европейца и индианки.

choloj. [м.] (Амер.) внутренности (животных).

cholojería. [ж.] (Амер.) лавка, где продают внутренности (свиньи и т. д.)

cholojero, ra. [м. и ж.] (Амер.) продавец, (-щица) внутренностей свиньи и т. д.

choloque. [м.] (бот.) мыльное дерево; плоды этого дерева.

cholla. [ж.] (разг.) голова, череп; разум.

chollar. [перех.] (Амер.) сдирать шкуру; ранить; (перен.) упрекать, порицать; унижать.

chollón. [м.] (Амер.) см. desolladura.

cholloncarse. [возв. гл.] (Амер.) приседать, сесть на корточки.

cholludo, da. [прил.] (Амер.) ленивый.

chomba. [ж.] (Амер.) большой глиняный сосуд; женский свитер.

chombola. [ж.] (Амер.) пузатый человек, пузан (прост.).

chompa. [ж.] (Амер.) свитер; железный брус.

chon. [м.] (обл.) свинья, боров.

chona. [ж.] (обл.) свинья (самка).

choncaco. [м.] (Амер.) пиявка; (перен.) надоедливый человек.

choncar. [м.] хищная птица.

chonclarse. [возв. гл.] уставать, утомляться.

chonco, ca. [прил.] (Амер.) увечный; [м.] (Амер.) культя, культяпка.

chonete. [м.] (Амер.) старая шляпа.

chonetera. [ж.] (Амер.) бедность, нужда, нищета.

chongo, ga. [прил.] (Амер.) однорукий; лишённый одного пальца; большой (о петухе, курице); [м.] (Амер.) культя, культяпка; стакан (низкого качества); ста-

рый или зазубренный нож, нож низкого качества; кляча.
chongo. [м.] (Амер.) локон; шиньон; (разг.) шутка.
chonguearse. [возв. гл.] (Амер.) весело шутить, подтрунивать друг над другом.
chonguenga. [ж.] (Амер.) опьянение, хмель.
chongueo. [м.] (Амер.) см. **chunga**; злая шутка, насмешка.
chonguita. [ж.] (Амер.) поросёнок.
chonono. [м.] (Амер.) локон.
chonta. [ж.] (Амер.) (бот.) вид пальмы.
chontaduro. [м.] (Амер.) вид пальмы с съедобными плодами.
chop. [м.] (неол.) кружка пива; пивная кружка.
chopa. [ж.] (Амер.) служанка.
chopal, chopalera. [ж.] роща из чёрного тополя.
chope. [м.] палка-мотыга; железный крюк.
chopear. [неперех.] (Амер.) обрабатывать землю с помощью **chope**; разрыхлять землю, выкапывать корни и т. д.
chopear. [перех.] (Амер.) ухаживать за служанками.
chopeco, ca. [прил.] (Амер.) недалёкий, ограниченный; тусклый.
chopera. [ж.] роща из чёрного тополя.
chopero. [м.] (Амер.) тот, кто ухаживает за служанками.
chopí. [м.] род дрозда.
chopo. [м.] (бот.) чёрный тополь.
chopo. [м.] (разг.) ружьё.
chopo, pa. [прил.] (Амер.) тупой, непонятливый.
choque. [м.] толчок, удар; столкновение; скачок; стычка; драка; спор, столкновение; перебранка; (мед.) шок; (воен.) стычка: * tropa de **choque**, ударная часть, ударный отряд, «кулак».
choquezuela. [ж.] (анат.) коленная чашечка.
chorato. [м.] (обл.) молочный телёнок (коровы).
chorcha. [ж.] см. **chocha**; (Амер.) род иволги.
chorchero, ra. [прил.] (Амер.) любящий гулять.
chórchola. [ж.] (Амер.) (чаще множ.) см. **sol** (монета).
chordón. [м.] см. **churdón**.
chorear. [перех.] (Амер.) (прост.) ворчать, брюзжать.
choreo. [м.] (Амер.) ворчание, брюзжание; проявление недовольства.
choreque. [м.] (Амер.) складка или ширина фальды (юбки).
choreto, ta. [прил.] (Амер.) обильный; косой; скрюченный.
choriceo. [м.] (арг.) занятия вора.
choricera. [ж.] прибор для изготовления **chorizo**.
choricería. [ж.] лавка, где продают **chorizos**.
choricero. [м. и ж.] тот, кто изготовляет **chorizos** или торгует ими, колбасник; (перен.) (разг.) см. **extremeño**.
chorizo. [м.] испанская колбаса; балансир (акробата); (разг.) губная помада.
chorizo, za. [м. и ж.] (арг.) карманник, карманный вор, карманная воровка.
chorla. [ж.] род большого рябчика.
chorlito. [м.] (орни.) кулик: * **chorlito real**, ржанка, зуёк; * cabeza de **chorlito**, безголовый человек, шляпа, ветреник.
chorlo. [м.] (мин.) турмалин, шерл (драгоценный камень).
choro. [м.] (Амер.) съедобная ракушка, см. **mejillón**.
choro. [м.] (обл.) воришка (тже. в Америке).
choro. [м.] (Амер.) локон.

choroco, ca. [прил.] (Амер.) см. **desnarigado**; старый, дряхлый; [м. множ.] см. **bártulos**.
choronazo. [м.] (Амер.) щелчок по носу.
chororó. [м.] (Амер.) вид куропатки.
chorote. [м.] (Амер.) густой напиток; сорт сосуда для варки шоколада.
choroy. [м.] (Амер.) разновидность попугая.
chorquito, ta. [прил.] (Амер.) плохо шитый.
chorra. [ж.] (обл.) часть непаханной земли (из-за утёса или другого препятствия) и самое препятствие.
chorreada. [ж.] (Амер.) проститутка.
chorreado, da. [прил.] полосатый (о быке).
chorreadura. [ж.] пятно от капли жидкости.
chorrear. [неперех.] струиться, течь струёй; капать, стекать, сочиться по каплям, просачиваться; появляться (постепенно); быть промокшим до костей.
chorrel. [м.] (арг.) сын, мальчуган.
chorreo. [м.] течение струёй; просачивание; дебит, расход (постоянный).
chorrera. [ж.] кровельный жёлоб; сток; след, оставшийся от стока жидкости; стремнина; жабо.
chorrero. [м.] (Амер.) ряд, совокупность.
chorretada. [ж.] внезапная струя; см. **chorrada**: * a **chorretadas**, стремительно.
chorrete. [м.] (Амер.) жабо; субъект, тип.
chorrillo. [м.] струйка; дебит, расход (маленький и постоянный): * irse uno por el **chorrillo**, действовать по привычке; * tomar el **chorrillo**, привыкать к.
chorro. [м.] струя; фонтан; течение; вытекание; * a **chorros**, в изобилии; * beber a **chorros**, пить без передышки (из **botija**); * soltar el **chorro**, безудержно хохотать.
chorroborro. [м.] (перен.) (презр.) потоп.
chorrón. [м.] (Амер.) очищенная коноплия.
chortal. [м.] ключ, лужа (при роднике).
chotacabras. [ж.] козодой (птица).
chote. [м.] (Амер.) см. **chayote** (плод).
chotear. [неперех.] см. **retozar**; * **chotearse** [возв. гл.] насмехаться, издеваться, подтрунивать над кем-л; легкомысленно относиться к чему-л.; см. **chispogearse**.
chotear. [неперех.] (Амер.) (спорт.) бить по мячу (в футболе).
choteo. [м.] насмешка, издёвка.
chotero, ra. [прил.] см. **burlón**.
chotis. [м.] бальный танец в Мадриде.
choto, ta. [м. и ж.] козлёнок (молочный); телёнок, молочная тёлка.
chotuno, na. [прил.] молочный (о телёнке); худой, болезненный (о телёнке, барашке): * oler a **chotuno**, издавать козлиную вонь.
chova. [ж.] (орни.) галка; ворона.
chovinismo. [м.] шовинизм.
chovinista. [м.] шовинист.
choya. [ж.] ворона; (Амер.) см. **pachorra**.
choz. [м.] стук от столкновения двух тел; поразительная новость: * dar или hacer **choz**, поразить; * de **choz**, (уст.) внезапно.
choza. [ж.] хижина; шалаш; лачуга.
chozar. [неперех.] (Амер.) спотыкаться, падать навзничь.
chozno, na. [м. и ж.] праправнук, (-чка).
chozo. [м.] маленькая хижина.
chozón. [м. увел.] к **choza**, большая хижина; см. **choza**.
chozpar. [неперех.] прыгать, скакать (о некоторых животных).
chozpo. [м.] прыжок, скаканье, см. **chozpar**.
chozpón, na. [прил.] (часто) прыгающий, скачущий.
chozuela. [ж. умен.] к **choza**.
chuan. [м.] (ист.) шуан.
chuanche. [прил.] (Амер.) см. **crudo**.

chuascle. [м.] (Амер.) капкан, западня; (перен.) обман.
chubasca. [ж.] (вул.) притон; проститутка.
chubasco. [м.] (внезапный) ливень; шквал; временная помеха; (мор.) чёрная туча на горизонте.
chubascoso, sa. [прил.] бурный, порывистый (о ветре); шквалистый (о погоде).
chubasquería. [ж.] скопление туч на горизонте.
chubasquero. [м.] (мор.) непромокаемая одежда.
chubico, ca. [прил.] (Амер.) гноящийся (о глазах).
chuca. [ж.] вогнутая часть бабки.
chucán, na. [прил.] (разг.) (Амер.) шутовской, забавный, потешный.
chucanear. [неперех.] (Амер.) шутить, разыгрывать шута, паясничать.
chucanta. [прил.] (Амер.) забавный, шутовской, весёлый; непристойный.
chucao. [м.] название некоторой птицы.
chúcaro, ra. [прил.] (Амер.) дикий, неприручённый (переимущ. о животных).
chuce. [м.] (Амер.) индейское покрывало для кровати или ковёр для пола.
chucear. [перех.] (Амер.) см. **aguijar**; выманить деньги, обманывать; [неперех.] (Амер.) лить как из ведра (о дожде).
chucero. [м.] солдат вооружённый **chuzo**; (арг.) вор.
chuclla. [ж.] (Амер.) соломенная хижина.
chucllería. [ж.] собрание **chucllas** (соломенных хижин).
chucua. [ж.] (Амер.) топь, болото, трясина.
chucun. [м.] (Амер.) см. **pelada**; [прил.] (Амер.) пергаментный.
chucupa. [ж.] (Амер.) см. **mantilla**.
chucura. [ж.] (Амер.) см. **mochila**.
chucuru. [м.] (Амер.) (зоол.) род ласки.
chucuto, ta. [прил.] (Амер.) см. **rabón**.
chucha. [ж.] сука; (разг.) попойка, пьянка; лень, леность; (Амер.) двутробка (сумчатое животное); [межд.] прочь! (собаке).
chuchada. [ж.] (Амер.) скупость, скряжничество; безделушка; обман.
chuchango. [м.] (обл.) улитка.
chuchasma. [ж.] (Амер.) насмешка, издевательство; (соб.) сброд.
chuchazo. [м.] удар хлыстом.
chuche. [прил.] (Амер.) тупой, см. **romo**.
chuchear. [неперех.] шептаться; ловить сетью, капканом.
chuchería. [ж.] изящная вещица, безделушка, безделица; вкусная лёгкая закуска, сласти.
chuchería. [ж.] охота с помощью сети, капкана и т. д.
chuchero, ra. [прил.] занимающийся охотой с помощью сети, капкана и т. д.; (Амер.) см. **buhonero**.
chuchi. [м.] (Амер.) собиратель колосьев.
chuchinga. [м.] (Амер.) неженка, изнеженный человек.
chuchiquear. [перех.] (Амер.) просить, молить, умолять; ласкать.
chuchir. [перех.] (Амер.) собирать колосья (после жатвы).
chucho. [м.] (разг.) собака, пёс; (Амер.) хлыст, плеть, кнут; озноб; перемежающаяся лихорадка; [межд.] прочь! (собаке).
chucho. [м.] (Амер.) род совы.
chucho. [м.] (Амер.) игла; шип; род рыбки.

chucho, cha. [прил.] (Амер.) скаредный, скупой (тж. сущ.); водянистый (о плодах); пергаментный (о лице и т. д.).
chuchoco, ca. [прил.] (Амер.) старый, дряхлый.
chuchu. [м.] (Амер.) женская грудь.
chuchuluco. [м.] (Амер.) грубый или безобразный человек; см. frijol.
chuchumeca. [ж.] (Амер.) проститутка, публичная женщина; смешная маска с изображением старухи.
chuchumeco. [м.] (презр.) малорослый мужчина; (Амер.) шут.
chuchuquear. [неперех.] (Амер.) дрожать от холода.
chueca. [ж.] пень; апофиз; индейская игра (сорт крокета); насмешка.
chueco, ca. [прил.] (Амер.) кривоногий.
chuela. [ж.] (Амер.) топорик.
chuequear. [неперех.] (Амер.) ходить вперевалку.
chufa. [ж.] (бот.) земляной миндаль; (уст.) насмешка: *echar chufas, хвастаться, бравировать.
chufar. [неперех.] высмеивать, поднимать на смех, вышучивать, насмехаться.
chufería. [ж.] место продажи напитка из земляного миндаля.
chufero, ra. [м. и ж.] продавец, (-щица) земляного миндаля.
chufeta. [ж.] насмешка; язвительная шутка.
chufeta. [ж.] переносная печка, см. chofeta.
chuflaina. [ж.] (обл.) свисток.
chuflar. [неперех.] свистеть.
chufleta. [ж.] насмешка; язвительная шутка.
chuflete. [м.] (обл.) свисток.
chufletear. [неперех.] (разг.) язвительно шутить, осыпать насмешками.
chufletero, ra. [прил.] склонный к язвительным шуткам, любящий говорить остроты. (тж. сущ.).
chuflido. [м.] (обл.) см. silbido.
chugo, ga. [прил.] серый в яблоках (о лошади); буланый.
chugua. [ж.] (Амер.) вор (у индейцев).
chuguar. [ж.] (Амер.) воровать (у индейцев).
chuica. [ж.] (Амер.) тряпка; [множ.] вещи; пожитки.
chuico. [м.] (Амер.) глиняный кувшин.
chula. [ж.] (Амер.) плод одного дерева называемого candelabro.
chulada. [ж.] неприличное подлое действие, проделка, проказа; (разг.) непристойность; весёлое и беззаботное выражение или действие.
chulamo, ma. [м. и ж.] (арг.) мальчик, подросток; юноша, девочка, девушка.
chulanchar. [перех.] (Амер.) ходить враскачку, вразвалку.
chulapería. [ж.] см. chulería.
chulapo, pa. [м. и ж.] народный тип Мадрида.
chulco, ca. [прил.] (Амер.) младший сын, дочь.
chulé. [м.] (арг.) монета пяти песеты.
chulear(se). [перех. и возв. гл.] поддразнивать; подшучивать, смеяться над кем-л, выставлять кого-л в смешном виде, поднять кого-л на смех.
chulería. [ж.] непринуждённость; озорство, дерзость; проказа; собрание chulos.
chulesco, ca. [прил.] относящийся к chulo, наглый, дерзкий.

chuleta. [ж.] отбивная котлета; вставка, клин в столярной работе и т. д.; (разг.) пощёчина; [множ.] (перен.) бакенбарды.
chulillo. [м.] подмастерье, подручный.
chulo, la. [прил.] забавный, проказливый (тж. сущ.); [м.] заносчивый франт (мадридский); помощник тореро; помощник скотобойца; сутенёр; (арг.) мальчик, подросток, юноша.
chulón, na. [прил.] (Амер.) совсем голый.
chulpa. [ж.] (Амер.) каменная гробница.
chulpajear. [перех.] (вул.) (Амер.) глубоко оскорблять; позорить, чернить; относиться с пренебрежением.
chulpi. [м.] (Амер.) морщинистый; сорт кукурузы.
chulquero, ra. [прил.] (Амер.) ростовщический; [м. и ж.] (Амер.) ростовщик, (-ица).
chulquinear. [неперех.] (Амер.) давать побеги, ростки, см. retoñar.
chulunco, ca. [прил.] (Амер.) короткий, см. corto.
chulla. [ж.] (обл.) тонкая широкая полоса мяса.
chullo. [м.] (Амер.) шапка; колпак.
chuma. [ж.] (Амер.) попойка.
chumacera. [ж.] подшипник; (мор.) уключина (весла).
chumado, da. [страд. прич.] к chumarse; [прил.] (Амер.) пьяный.
chumandiar. [перех.] (арг.) целовать.
chumango. [м.] (Амер.) хищная птица.
chumar. [перех.] (разг.) см. beber; подпаивать, спаивать; *chumarse. [возв. гл.] (Амер.) напиваться; пьянеть.
chumazón. [м.] (Амер.) постоянное развлечение.
chumbe. [м.] (Амер.) род пояса.
chumbeado, da. [прил.] (Амер.) пустячный.
chumbera. [ж.] (бот.) кактус (одна из разновидностей).
chumbo. [м.] (разг.) (Амер.) пуля, пулька.
chumbo, ba. [прил.]: *higo chumbo, плод chumbera.
chumbearse. [возв. гл.] (Амер.) напиваться; пьянеть.
chumendo. [м.] (арг.) поцелуй.
chumero, ra. [м. и ж.] (Амер.) ученик, подмастерье.
chumo, ma. [прил.] (Амер.) пресный, несолёный, невкусный; пьяный.
chumpar. [перех.] (обл.) см. chupar.
chumpi. [прил.] (Амер.) бурый; [м.] сорт пояса; шерстяной шнур разных цветов.
chumpipada. [ж.] (Амер.) стадо индеек.
chumpipe. [м.] (Амер.) индюк.
chumpipear. [неперех.] (Амер.) быть ничем не занятым, слоняться без дела.
chumuco. [м.] (Амер.) см. becada.
chunca. [ж.] (Амер.) игральная кость.
chuncar. [неперех.] (Амер.) играть в кости.
chunco, ca. [прил.] в обращении) милый; искалеченный; см. corto.
chuncucuyo. [м.] (Амер.) гузка (у птиц).
chunche. [м.] (Амер.) чесотка; презренная личность; [множ.] см. trastos.
chuncho, cha. [прил.] нелюдимый, мрачный, замкнутый; грубый, невоспитанный; (бот.) (Амер.) см. caléndula; чунчо (индеец).
chunchoso, sa. [прил.] (Амер.) чесоточный.
chunchullo. [м.] (Амер.) см. tripa.
chunero. [м.] (Амер.) подмастерье, ученик.
chunga. [ж.] (разг.) насмешка, издевательство, подтрунивание; *estar de chunga, веселиться; быть в хорошем настроении.
chungar. [неперех.] см. chunguear; *chungarse. [возв. гл.] см. chunguearse.
chungo, ga. [прил.] (Амер.) пьяный.

chungón, na. [прил.] шутливый, шуточный; насмешливый.
chunguear. [неперех.] chunguearse. [возв. гл.] весело шутить, издеваться, подтрунивать друг над другом.
chungueo. [м.] см. chunga.
chunguero, ra. [прил.] весёлый, остроумный, забавный (тж. сущ.).
chuno, na. [прил.] (Амер.) морщинистый; [м.] (Амер.) сорт картофельного хлеба; картофельный крахмал.
chuña. [ж.] (Амер.) домашняя голенастая птица.
chuñar. [перех.] (Амер.) см. arrebatar.
chuñista. [м.] (Амер.) любящий прогуливать занятия (в школе) (тж. сущ.); см. embrollón.
chuño. [м.] (Амер.) картофельный крахмал.
chuñusco, ca. [прил.] (Амер.) смятый; с морщинистым лицом.
chupa. [ж.] полукафтан, камзол: *poner como chupa de dómine, задать, дать или сделать взбучку кому (прост.).
chupa. [ж.] филиппинская мера ёмкости.
chupada. [ж.] облизывание, сосание, высасывание; затяжка (при курении).
chupadero. [м.] сосущий; [м.] см. chupador.
chupado, da. [страд. прич.] к chupar; [прил.] худой, тощий.
chupador, ra. [прил.] сосущий, высасывающий; [м. и ж.] сосун, (-ья); [м.] соска, рожок; погремушка, кольцо (даваемое детям при прорезывании зубов).
chupadura. [ж.] сосание; высасывание.
chupaflor. [м.] (Амер.) колибри; птица-муха.
chupalámparas. [м.] (презр.) пономарь, ризничий.
chupalandero. [м.] (обл.) род улитки.
chupalla. [ж.] (Амер.) (бот.) некоторое растение; шляпа из листьев этого растения.
chupamedias. [м. и ж.] (разг.) низкопоклонник.
chupamirto. [м.] (Амер.) колибри; птица-муха.
chupampa. [ж.] (Амер.) тайный ликёрный завод.
chupar. [перех.] сосать, обсасывать; высасывать (тж. перен.); посасывать (сигару, трубку); всасывать, впитывать, поглощать; (перен.) выманивать деньги, обирать; захватывать, поглощать; (Амер.) курить; *chuparse. [возв. гл.] худеть.
chuparrosa. [ж.] (Амер.) колибри; птица-муха.
chupasangre. [м.] (Амер.) род клопа (насекомого).
chupatintas. [м.] (разг.) канцелярская крыса, чинуша, бумажная душа.
chupativo, va. [прил.] поглощающий, всасывающий.
chupatomates. [м. и м.] (разг.) (Амер.) грубый льстец.
chupatoto. [м.] (Амер.) (бот.) род американского нарцисса.
chupe. [м.] (обл.) слюна; (Амер.) некоторое кушанье.
chupeta. [ж. умен.] к chupa, старинная одежда.
chupeta. [ж.] (мор.) полуют; (Амер.) стакан, бокал, кубок; соска; напиток, ликёр; хмель.
chupetada. [ж.] см. chupada.
chupete. [м.] соска: *ser de chupete, быть очень вкусным.
chupetear. [перех.] (разг.) посасывать.
chupeteo. [м.] дейст. к посасывать.
chupetín. [м.] лиф, безрукавка, маленький полукафтан.

chupetón. [м.] сильное сосание, высасывание.
chupín. [м.] маленький кафтан, камзол.
chupín. [м.] (Амер.) кушанье из морского угря или из морской ракушки.
chupingo, ga. [прил.] (разг.) навеселе, пьяненький, под мухой.
chupino, na. [прил.] (Амер.) см. rabón.
chupo. [м.] (Амер.) фурункул; детский рожок (для молока).
chupón. [м.] (Амер.) фурункул.
chupón, na. [прил.] (разг.) сосущий, высасывающий; выманивающий, вытягивающий (деньги и т. д.); паразитарный; [м.] паразит (о растении); (перен.) паразит; (тех.) плунжер, поршень насоса; молодое перо (у птиц); (Амер.) соска, рожок.
chupóptero, ra. [прил.] (разг.) живущий за счёт государства (тже. сущ.).
chupulún. [м.] (Амер.) детский комбинезон; [межд.] бум!
chuquearse. [возв. гл.] (Амер.) пачкаться.
chuquia. [ж.] (Амер.) см. hediondez.
chuquiragua. [ж.] (Амер.) (бот.) южноамериканское лечебное растение.
chuquisa. [ж.] (Амер.) проститутка, публичная женщина.
chura. [ж.] (Амер.) наложница, любовница.
churana. [ж.] (Амер.) индейский колчан.
churcar. [перех.] (Амер.) сильно грести.
churco. [м.] чилийский гигантский щавель.
churdón. [м.] малиновый куст; малина; сироп или пастила из малины.
churear. [перех.] (Амер.) завивать.
churla. [ж.] churlo. [м.] прикрытый кожей мешок.
churo. [м.] локон; улитка.
churra. [ж.] см. ortega; (вул.) (Амер.) см. diarrea.
churrasca. [ж.] (обл.) проститутка, публичная женщина.
churrasco. [м.] (Амер.) мясо, поджаренное на углях.
churrasquear. [неперех.] (Амер.) поджаривать на углях (мясо), есть мясо, поджаренное на углях; завтракать.
churrasquería. [ж.] (Амер.) закусочная, где подают churrasco.
churre. [м.] (разг.) пот, жировой выпот; грязь.
churrear. [неперех.] (Амер.) страдать поносом (тже. возв. гл.); * churrearse. [возв. гл.] (Амер.) грязниться, пачкаться (о одеждах).
churrería. [ж.] место, где изготовляют или продают churros.
churrero, ra. [м. и ж.] тот, кто изготовляет или продаёт churros.
churreta. [ж.] см. churrete; (Амер.) понос, род плетёного бича.
churretada. [ж.] большое количество грязных пятен (на лице, на руках) или грязи.
churretazo. [м.] большое грязное пятно (на лице, на руках).
churretear. [перех.] (Амер.) грязнить, пачкать; churretearse. [возв. гл.] (Амер.) страдать поносом.
churretoso, sa. [прил.] покрытый грязными пятнами (о лице, теле).
churriana. [ж.] (вул.) проститутка, шлюха (груб.).
churrías. [ж. множ.] (вул.) понос.
churriburri. [м.] (разг.) см. zurriburri.
churriento, ta. [прил.] потный; грязный, засаленный.
churrigueresco, ca. [прил.] (арх.) в стиле churriguera, (см. churriguerismo); см. charro.

churrigerismo. [м.] (арх.) чурригеризм, стиль Чурригера (испанское барокко начала XVIII в.).
churrinés. [м. множ.] (разг.) (Амер.) тряпки.
churrión. [м.] (обл.) грязное пятно (на лице, на теле).
churrioso, sa. [прил.] (Амер.) см. churroso.
churriquearse. [возв. гл.] (Амер.) пачкаться.
churro. [м.] крендель жареный в масле; (разг.) халтура: * ser un churro, быть сделанным кое-как.
churro, rra. [прил.] низкосортный (о шерсти); [сущ.] (обл.) см. añojo; [ж.] (обл.) тюрьма.
churroso, sa. [прил.] (Амер.) страдающий поносом.
churruchada. [ж.] (шутл.) содержимое ложки; ложка чего-л.
churrullero, ra. [прил.] болтливый, словохотливый; [м. и ж.] болтун, (-ья).
churrumar. [перех.] (обл.) поджигать.
churruscarse. [возв. гл.] подгорать.
churrusco. [м.] кусок подгорелого хлеба.
churrusco, ca. [прил.] (Амер.) кудрявый; [м.] прибор для мытья бутылок.
churrusquearse. [возв. гл.] (Амер.) пачкаться.
churumbel. [м.] (арг.) ребёнок, дитя.
churumbela. [ж.] (Амер.) свирель; забота, озабоченность.
churumen. [м.] (разг.) голова, смекалка.
churumo. [м.] (разг.) сок; ум; деньги.
churuno. [м.] (Амер.) тыквенная бутылка; комок сырого каучука.
¡chus! [межд.] [м.] ¡tus!.
chusca. [ж.] (Амер.) проститутка, публичная женщина.
chuscada. [ж.] весёлая проказа, плутня, шалость, уморительная шутка.
chuscal. [м.] (Амер.) место, покрытое chusque.
chuscamente. [нареч.] забавно и т. д.
chusco, ca. [прил. и сущ.] весёлый, забавный, проказливый; озорной; [м.] (обл.) кусок хлеба; (воен.) хлебец.
chuscujeta. [ж.] (Амер.) толстая губа.
chuschar. [перех.] (Амер.) дёргать, таскать за волосы.
chuse. [м.] (Амер.) сорт грубой шерстяной ткани.
chusma. [ж.] (соб.) (уст.) каторжники, приговорённые к галерам; сброд; (Амер.) женщины, дети и старики в индейской деревне; (арг.) толпа.
chusmaje. [м.] (Амер.) (соб.) сброд.
chusmear. [перех.] (Амер.) см. chasquear; [неперех. и возв. гл.] (Амер.) насмехаться, издеваться, глумиться.
chusmero, ra. [прил.] (Амер.) насмешливый; [сущ.] насмешник, шутник.
chusno. [м.] (Амер.) см. mistol.
chuso, sa. [прил.] (Амер.) с маленькими глазами; пергаментный, морщинистый; непригодный, бесполезный; (Амер.) кляча; башмак; [сущ.] младший сын, дочь.
chuspa. [ж.] (Амер.) кожаный мешок.
chuspi. [прил.] (Амер.) с маленькими глазами; [м.] (Амер.) индейский танец (при погребении ребёнка).
chusque. [м.] (Амер.) некоторое злаковое растение, род бамбука.
chusquel. [м.] (арг.) собака.
chusquisa. [ж.] (Амер.) женщина лёгкого поведения.
chusta. [ж.] (обл.) искра.
chuste. [м.] (Амер.) жёлтый воск.
chut. [м.] (спорт.) удар по мячу (в футболе).
chutar. [неперех.] (спорт.) бить по мячу (в футболе); играть в футбол; (Амер.) см. halar.

chute. [м.] (Амер.) остриё; жало; шип; назойливый человек; модник, щёголь.
chute. [м.] chuteada, [ж.] (Амер.) удар по мячу (в футболе).
chutear. [неперех.] (Амер.) см. chutar.
chuva. [ж.] (Амер.) род обезьяны.
chuvaches. [м. множ.] чуваши.
chuyo, ya. [прил.] (Амер.) единственный: hijo chuyo, единственный сын; [м.] (Амер.) (прост.) см. centavo.
chuza. [ж.] (Амер.) бильярдный ход.
chuzar. [перех.] (Амер.) прокалывать, ранить.
chuzazo. [м.] удар chuzo.
chuznieto. [м.] праправнук.
chuzo. [м.] пика, копьё; (Амер.) хлыст: * caer или llover chuzos, лить как из ведра (о дожде).
chuzo, za. [прил.] (Амер.) мятый; жёсткий (о волосах); [м. и ж.] (Амер.) ребёнок, дитя, мальчик, девочка; [м.] (Амер.) кляча; башмак.
chuzón, na. [прил. и сущ.] хитрый, лукавый; насмешливый.
chuzonada. [ж.] см. bufonada.
chuzonería. [ж.] см. burleta.
cía. [ж.] (ант.) бедренная кость; (обл.) силос; (мор.) дейст. к ciar.
ciaboga. [ж.] (мор.) поворот судна.
ciamoideo, a. [прил.] бобовидный.
cianamida. [ж.] (хим.) цианамид.
cianato. [м.] (хим.) цианат, соль циановой кислоты.
cianea. [ж.] (мин.) см. lazulita.
cianhídrico, ca. [прил.] (хим.) цианистоводородный: * ácido cianhídrico, синильная кислота.
cianhidrosis. [ж.] (пат.) пот синеватой цвета.
cianí. [м.] старинная мавританская золотая монета.
ciánico, ca. [прил.] (хим.) циановый: * ácido ciánico, циановая кислота.
cianina. [ж.] (хим.) цианин.
cianógeno. [м.] (хим.) синерод, циан.
cianón. [м.] взрывчатое вещество.
cianopatía. [ж.] см. cianosis.
cianosado, da. [прил.] страдающий цианозом.
cianosis. [ж.] (мед.) цианоз, синюха.
cianótico, ca. [прил.] (мед.) цианистый; страдающий синюхой (тже. сущ.).
cianurato. [м.] (хим.) соль циануровой кислоты.
cianuro. [м.] (хим.) цианид.
ciar. [неперех.] отступать, подаваться назад, пятиться; (мор.) грести назад, идти задним ходом; (перен.) бросать дело.
ciática. [ж.] (мед.) ишиас, воспаление седалищного нерва.
ciática. [ж.] перуанский ядовитый куст.
ciático, ca. [прил.] бедренный, седалищный; (анат.) седалищный нерв.
ciátide. [м.] маленький ciato; чашка.
ciatiforme. [прил.] (бот.) бокаловидный.
ciato. [м.] старинный римский сосуд.
cibaje. [м.] (Амер.) разновидность сосны.
cibal. [прил.] относящийся к питанию.
cibeles. [ж.] (астр.) Цибела.
cibera. [прил.] годный для питания (о зёрнах); [ж.] зерно, засыпаемое для размола; жмыхи; (обл.) насып (мельничный).
cibernética. [ж.] кибернетика.
cibernético, ca. [прил.] кибернетический.

ciberuela. [ж. умен.] к cibera.
cibi. [м.] (Амер.) род морской рыбы.
cibiaca. [ж.] носилки.
cíbola. [ж.] (зоол.) бизонья самка.
cibolero. [м.] охотник на бизона.
cíbolo. [м.] (зоол.) бизон.
ciborio. [м.] старинный сосуд для питья.
cibucán. [м.] (Амер.) род старинной ручной корзинки.
cibui. [м.] (Амер.) кедр.
cica. [ж.] (арг.) кошелёк.
cicaba. [ж.] ночная хищная птица.
cicadario, ria; cicádeo, a. [прил.] сходный с цикадой.
cicahuite. [м.] (Амер.) см. quebracho.
cicarazate. [м.] карманник, воришка.
cicatear. [неперех.] скряжничать.
cicaterear. [неперех.] (Амер.) скряжничать.
cicatería. [ж.] скряжничество, скаредность.
cicatero, ra. [прил.] скаредный, скупой; [м. и ж.] скряга, скупая женщина; (арг.) карманник.
cicateruelo, la. [прил. и сущ. умен.] к cicatero.
cicatricilla. [ж.] рубчик.
cicatriz. [ж.] рубец, шрам; (перен.) след; тяжёлое воспоминание.
cicatrizable. [прил.] поддающийся зарубцовыванию, заживлению.
cicatrización. [ж.] зарубцовывание, заживление.
cicatrizado, da. [страд. прич.] к cicatrizar; [прил.] (перен.) забытый и т. д.
cicatrizal. [прил.] принадлежащий или относящийся к рубцу, к шраму.
cicatrizante. [дейст. прич.] к cicatrizar; зарубцовывающий, заживляющий.
cicatrizar. [перех.] (прям.) (перен.) зарубцовывать, заживлять; * cicatrizarse. [возв. гл.] зарубцовываться, заживать.
cicatrizativo, va. [прил.] зарубцовывающий, заживляющий.
cícera. [ж.] (с.-х.) сорт мелкого турецкого гороха.
cicércula, cicercha. [ж.] см. almorta.
cícero. [м.] (полигр.) цицеро.
cicerón. [м.] очень красноречивый человек.
cicerone. [м.] чичероне, проводник, гид, сопровождающий.
cicimate. [м.] (Амер.) (бот.) род крестовника.
cicindela. [ж.] вид жесткокрылого насекомого.
cición. [ж.] (обл.) перемежающаяся лихорадка.
ciclabe. [прил.] удобный для велосипедной езды.
ciclada. [ж.] старинная женская одежда.
ciclamino. [м.] (бот.) цикламен, альпийская фиалка.
ciclamor. [м.] (бот.) багряник, иудино дерево.
ciclar. [перех.] шлифовать, гранить драгоценные камни.
ciclatón. [м.] средневековая одежда.
cíclico, ca. [прил.] циклический, круговой.
ciclismo. [м.] велосипедный спорт, велоспорт.
ciclista. [м. и ж.] велосипедист (-ка).
ciclístico, ca. [прил.] велосипедный.
ciclo. [м.] цикл, период (времени); законченный круг; процесс.
ciclografía. [ж.] циклография: * relativo a la ciclografía, циклографический.

ciclógrafo. [м.] инструмент для вычерчивания больших окружностей.
cicloidal. [прил.] (геом.) циклоидальный.
cicloide. [ж.] (геом.) циклоида.
cicloideo, a. [прил.] см. cicloidal.
ciclón. [м.] циклон, ураган.
ciclonal, ciclónico, ca. [прил.] к циклон; циклонический.
ciclonómetro. [м.] (физ.) прибор для измерения циклонов.
ciclonomía. [ж.] (физ.) изучение циклонов.
cíclope, или cíclope. [м.] (миф.) циклоп, одноглазый великан; (зоол.) одноглазка.
ciclopedestre. [прил.] относящийся к велокроссу.
ciclopedestrismo. [м.] велокросс: * el que practica el ciclopedestrismo, велокроссист (-ка).
ciclópeo, a, ciclópico, ca. [прил.] циклопический, гигантский.
ciclorama. [м.] циклорама.
ciclostilo. [м.] гектограф.
ciclóstomos. [м. множ.] (зоол.) круглоротые.
ciclotimia. [ж.] циклотимия.
ciclotímico, ca. [прил.] принадлежащий или относящийся к циклотомии.
ciclotrón. [м.] (физ.) циклотрон.
cicoleta. [ж.] (обл.) очень маленький оросительный ров.
cicote. [м.] (Амер.) грязь (на ногах).
cicotudo, da. [прил.] (Амер.) с грязными ногами (о человеке).
cicuración. [ж.] приручение.
cicurar. [перех.] приручать.
cicuta. [ж.] (бот.) цикута.
cicutado, da. [прил.] пропитанный соком цикуты.
cicutal. [м.] место, изобилующее цикутой.
cid. [м.] герой, храбрый вождь, военачальник.
Cid. [м.] кастильский герой.
cidaria. [ж.] персидская тиара.
cidariforme. [прил.] похожий на персидскую тиару.
cidiano, na. [прил.] к Cid.
cidra. [ж.] цедрат (разновидность лимона); (бот.) американское тыквенное растение: * cidra cayote, род дыни.
cidrada. [ж.] консервы из цедрата.
cidral. [м.] роща из цедратов; (бот.) см. cidro.
cidrato. [м.] (бот.) разновидность цедрата, см. azamboa.
cidrera. [ж.] cidrero, [м.] см. cidro.
cidro. [м.] цедрат (дерево).
cidronela. [ж.] см. toronjil.
ciegamente. [нареч.] слепо, безрассудно и т. д.
ciego, ga. [прил.] (прям.) (перен.) слепой; (перен.) ослеплённый; недозревалый (о хлебе, сыре); засорённый (о трубопроводе); трудно развязывающийся (о узле); [сущ.] слепой-ая, слепец; (анат.) слепая кишка: * a ciegas, ощупью, слепо; на авось, наудачу, вслепую; * ciego de nacimiento, слепорождённый (-ая); * ciego de un ojo, кривой, одноглазый; * no tener para hacer cantar a un ciego, быть очень бедным; * en tierra de ciegos el tuerto es rey, меж слепых и кривой зрячий; * dar palos de ciego, бить нещадно.
cieguecico, ca, cillo, lla, cito, ta, zuelo, la. [прил. и сущ. умен.] к ciego.
cielito. [м.] (Амер.) напев и танец гаучо.
cielo. [м.] небо, небосвод, небесный свод; воздух, атмосфера; климат; рай; провидение, бог; (перен.) покрытие, крыша, свод: * cielo de la boca, нёбо; * cielo raso, потолок; * cielo borreguero, высококучевые облака; * a cielo descubierto, под открытым небом; * a cielo abierto (o

горной разработке); * descargar el cielo, идти как из ведра (о дожде); * estar en el quinto cielo, быть на седьмом небе (от радости); * mover (el) cielo y (la) tierra, пустить в ход все средства; * venirse el cielo abajo, см. descargar el cielo; поднимать шум, скандал; * nublársele el cielo, огорчаться; * venírsele a uno el cielo abajo, быть удручённым чем-л; * coger el cielo con las manos, метать громы и молнии; * llover del cielo, с неба свалиться; прийтись кстати; * mudar el cielo, переменить местожительство; * poner el grito en el cielo, вопить.
ciempiés. [м.] (зоол.) сороконожка; (перен.) бессмысленное произведение и т. д.
cien. [прил.] (усечённая форма от ciento, употребляемая перед существительным) сто.
ciénaga. [ж.] трясина.
ciencia. [ж.] знание; наука; доктрина, учение; (перен.) учёность, эрудиция; знание дела; мастерство: gaya ciencia, искусство поэзии; * a ciencia y paciencia, с ведома, с разрешения; * a ciencia или de ciencia cierta, с достоверностью; * pozo de ciencia, (шутл.) кладезь премудрости, * ciencias exactas, точные науки.
ciendoblar. [перех.] увеличивать в сто раз.
cienegal. [м.] (Амер.) см. cenegal.
ciénego. [м.] (Амер.) трясина.
cienmilésimo, ma. [прил.] стотысячный; [сущ.] стотысячная доля, часть.
cienmilímetro. [м.] сотая часть миллиметра.
cienmillonésimo, ma. [прил.] стомиллионный; [сущ.] стомиллионная доля, часть.
cieno. [м.] грязь; тина, ил, топь; (тех.) шлам.
cienoso, sa. [прил.] см. cenagoso.
ciensayos. [м.] птица красивого оперения.
científicamente. [нареч.] научно, научным образом.
científico, ca. [прил.] научный.
cientista. [м. и ж.] учёный, деятель науки.
ciento. [м.] сотый; [м.] (цифра) сто; сотня: * tanto por ciento, количество в процентах; * cuatro por ciento, четыре процента; * ocho por ciento, восемь процентов; * un tanto por ciento sobre la venta, такой-то процент от продажи; * ciento y la madre, большое количество; * juego de los ciento, (карт.) пикет.
cientoenrama. [ж.] (бот.) зверобой.
cientopiés. [м.] (зоол.) сороконожка.
cierna. [ж.] (бот.) мужской цветок, пыльник.
cierne (en). [адверб. выраж.] в цвету: * estar en cierne, только начинаться.
cierra-ciérrate. [ж.] (Амер.) (бот.) (вул.) мимоза.
cierre. [м.] закрытие; запирание; (эл.) замыкание; временное закрытие лавки и т. д.: * cierre metálico, металлическая штора, гофрированная железная дверь; * cierre de cremallera, молния (застёжка).
cierro. [м.] закрытие, запирание; (Амер.) ограда; конверт, пакет: * cierro de cristales, (обл.) застеклённый балкон.
cierta. [ж.] (арг.) смерть.
ciertamente. [нареч.] конечно, несомненно, наверняка, наверно.
cierto, ta. [прил.] достоверный; уверенный; верный, несомненный, точный, неоспоримый; известный, определённый; некий, некоторой; (арг.) жульничающий в игре; [нареч.] см. ciertamente: * es cierto, это достоверно, да; * estar cierto, быть уверенным в чём-л; * en ciertos casos, в некоторых случаях; * mujer de cierta edad, немолодая женщина; * sí, por cierto, конечно, да; * en cierta ocasión, * cierta vez, как-то раз, однажды; de cierto, al

cierto, см. ciertamente; por cierto, кстати, кстати сказать, по правде говоря.

cierva. [ж.] самка оленя, лань.

ciervo. [м.] (зоол.) олень: * ciervo volante, жук-олень, рогач.

cierzas. [ж. множ.] побеги виноградной лозы.

cierzo. [м.] северный ветер.

ciesis. [ж.] беременность.

cifela. [ж.] разновидность гриба.

cifosis. [ж.] (пат.) ненормальное искривление позвоночного столба.

cifótico, ca. [прил.] к cifosis; горбатый (тж. сущ.).

cifra. [ж.] цифра, число; сумма; шифр, вензель, монограмма; шифр, условное письмо; сокращённое обозначение; знак, помета; эмблема; (арг.) лукавство; хитрость; * en cifra, шифрованный; загадочно, таинственно; кратко, вкратце.

cifradamente. [нареч.] кратко, сокращённо, вкратце.

cifrado, da. [прил. и страд. прич.] шифрованный.

cifrador, ra. [прил.] шифрующий, пишущий шифром.

cifrar. [перех.] шифровать, писать шифром; (перен.) сокращать, излагать вкратце; основывать: * cifrar la esperanza en, уповать на что-л; * cifrarse. [возв. гл.] ограничиваться.

cigala. [ж.] род маленького лангуста.

cigarra. [ж.] (зоол.) цикада.

cigarral. [м.] (обл.) усадьба.

cigarralero, ra. [м. и ж.] человек, обрабатывающий или заведующий cigarral.

cigarrera. [ж.] работница табачной фабрики; портсигар, папиросница; продавщица сигар и т. д.

cigarrería. [ж.] (Амер.) табачный магазин.

cigarrero. [м.] работник табачной фабрики; продавец сигар и т. д.

cigarrillo. [м.] сигарета, папироса.

cigarrista. [м.] крайне курящий человек.

cigarro. [м.] сигара: * cigarro de papel, сигарета; * cigarro puro, сигара.

cigarrón. [м. увел.] к cigarro; (зоол.) большой кузнечик; (арг.) большой кошелёк.

cigarrotipo. [м.] сигарная машина.

cigoma. [м.] (анат.) скуловая кость.

cigomático, ca. [прил.] скуловой (о кости, мышце).

cigoñal. [м.] журавль (колодезный).

cigoñillo, cigoñino. [м.] аистёнок.

cigoñuela. [ж.] род большого аиста.

cigosis. [ж.] (биол.) соединение.

cigua. [ж.] (Амер.) антильское дерево; морская улитка.

ciguapa. [ж.] (Амер.) ночная хищная птица; дерево Коста-Рики.

ciguapate. [м.] (Амер.) (бет.) лекарственное растение.

ciguaraya. [ж.] (Амер.) лилейное растение.

ciguatarse. [возв. гл.] заболеть ciguatera.

ciguatera. [ж.] болезнь нек-рых рыб и ракообразных животных Мексиканского залива; род желтухи.

ciguato, ta. [прил.] поражённый ciguatera.

cigüeña. [ж.] аист; рукоятка; (тех.) колено: * pintar la cigüeña, важничать, поднять нос.

cigüeñal. [м.] журавль (колодезный); (тех.) коленчатый вал.

cigüeñear. [неперех.] щёлкать клювом (об аисте).

cigüeño. [м.] самец аиста.

cigüeñuela. [ж.] см. manubrio; род маленького аиста.

cigüete. [прил.] о разновидности белого винограда (тж.).

cija. [ж.] загон для скота; (обл.) тесная тюремная камера; хлебный амбар.

cijo. [м.] (Амер.) угольная пыль.

cijuta. [м.] (Амер.) (бот.) см. cicuta.

cilampa. [ж.] (Амер.) моросящий дождь, изморось, мелкий дождик.

cilanco. [м.] лужа (при падении реки).

cilantro. [м.] (бот.) кориандр.

ciliado, da. [прил.] снабжённый ресничками, ресни(т)чатый, ресничный.

ciliar. [прил.] (анат.) ресничный.

ciliatifoliado, da. [прил.] (бот.) ресничатолистный.

ciliatopétalo, la. [прил.] (бот.) с ресничатыми лепестками.

cilicio. [м.] (церк.) власяница.

cilífero, ra. [прил.] ресни(т)чатый.

ciliforme. [прил.] ресницеподобный.

cilindrada. [ж.] объём цилиндра, ёмкость цилиндра; литраж.

cilindrado, da. [страд. прич.] к cilindrar; [м.] (тех.) вальцевание, вальцовка, прокатка.

cilindrar. [перех.] (тех.) прокатывать, вальцевать.

cilíndricamente. [нареч.] цилиндрическим образом.

cilindricidad. [ж.] цилиндричность.

cilíndrico, ca. [прил.] цилиндрический, цилиндровый.

cilindriforme. [прил.] цилиндрический.

cilindro. [м.] (геом.) цилиндр; (тех.) цилиндр, вал, каток; валик; барабан; (Амер.) цилиндр (шляпа).

cilla. [ж.] старинный хлебный амбар.

cillerero. [м.] келарь (в монастыре).

cillería. [ж.] должность келаря.

cilleriza. [ж.] экономка (в нек-рых монастырях).

cillerizo. [м.] келарь.

cillero. [м.] заведующий cilla; см. cilla; кладовая, погреб.

cima. [ж.] (прям.) (перен.) вершина, верхушка, макушка; конёк крыши; стебель чертополоха, артишока и т. д.; (перен.) окончание, завершение: * dar, или poner cima, довести до благополучного конца; успешно завершить; * por cima de, сверх; поверхностно; * por cima de, сверх; * mirar una cosa por cima, поверхностно рассматривать.

cimacio. [м.] (арх.) карниз в форме S.

cimadusa. [ж.] (бот.) разновидность водоросли.

cimarra. [ж.] (Амер.): * hacer cimarra, прогуливать занятия (в школе).

cimarrear. [неперех.] (Амер.) (м. употр.) см. hacer cimarra.

cimarrero, ra. [прил.] (Амер.) прогуливающий занятия; [сущ.] прогульщик (-ица) (о школьнике).

cimarrón, na. [прил.] (Амер.) беглый (о невольнике); одичавший (о животном); дикорастущий; без сахара (о чёрном мате); (мор.) ленивый.

cimarronada. [ж.] (Амер.) (зоол.) стадо одичавшего скота.

cimarronear. [перех.] (Амер.) бежать, убегать (о невольнике) (тж. возв. гл.); [неперех.] (Амер.) пить чёрный мате.

cimarronera. [ж.] (Амер.) см. cimarronada.

cimate. [м.] мексиканское растение.

cimba. [ж.] (в древнем Риме) речная лодка; (Амер.) коса из волос (у некоторых негров).

cimbado. [м.] (Амер.) плетёный хлыст, кнут.

cimbalero. [м.] цимбалист.

cimbalillo. [м.] колокольчик.

cimbalista. [м.] см. cimbalero.

címbalo. [м.] маленький колокол; [множ.] цимбалы; металлические тарелки.

cimbanillo. [м.] колокольчик.

címbara. [ж.] кривой нож (заменяющий косу или серп).

cimbel. [м.] приманная птица; шнур, которым привязывают приманную птицу.

cimbio. [м.] род старинной солонки.

cimboga. [ж.] (бот.) см. azamboa.

cimborio. [м.] см. cimborrio.

cimbornio, nia. [прил.] глупый, дурацкий.

cimborrio. [м.] (арх.) башенка на куполе; купол.

cimborro, rra. [прил.] дурацкий, глупый.

cimbra. [ж.] (арх.) кружало; внутренняя поверхность свода; (мор.) кривизна; (Амер.) силок, капкан.

cimbrable. [прил.] поддающийся сгибанию.

cimbrado, da. [страд. прич.] к cimbrar; [м.] некоторое движение танца.

cimbrador, ra. [прил.] размахивающий гибким длинным предметом; сгибающий; подпирающий сводом.

cimbrar. [перех.] размахивать гибким длинным предметом; сгибать; (арх.) подпирать сводом.

cimbre. [м.] подземная галерея.

cimbreado, da. [страд. прич.] к cimbrear; [м.] см. cimbreo.

cimbreante. [прил.] гибкий, легко сгибающийся.

cimbrear. см. cimbrar.

cimbreño, ña. [прил.] гибкий; гнущийся, сгибающийся.

cimbreo. [м.] сгибание; изгиб; изящная походка.

cimbria. [ж.] лепной орнамент; см. filete.

cimbro. [м.] (обл.) см. cumbre; (бот.) разновидность сосны.

cimbrón. [м.] (Амер.) острая боль.

cimbronazo. [м.] см. cintarazo; (Амер.) см. estremecimiento.

cimbroso, sa. [прил.] гибкий; см. cimbreño.

cimentación. [ж.] кладка фундамента; (перен.) фундамент.

cimentado, da. [страд. прич.] к cimentar; [м.] очищение (золота).

cimentador, ra. [прил.] закладывающий фундамент; устанавливающий принципы чего-л (тж. сущ.).

cimentar. [перех.] закладывать фундамент; очищать (золото); (перен.) класть основание, основывать, устанавливать принципы чего-л; [непр. гл.] спрягается как acertar.

cimenterio. [м.] (уст.) кладбище, см. cementerio.

cimento. [м.] цемент.

cimera. [ж.] гребень шлема, каски.

cimerio, ria. [прил. и сущ.] древний обитатель (-ница) Крыма.

cimero, ra. [прил.] верхний, находящийся наверху, выше прочих, завершающий.

cimicaria. [ж.] (бот.) см. yezgo.

címice. [м.] клоп.

cimicida. [прил.] служащий для истребления клопов (тж. сущ.).

cimicífugo, ga. [прил.] изгоняющий клопов.

cimiento. [м.] фундамент, основание; (перен.) основа, база; основание, причина: * abrir los cimientos, рыть котлованы для фундамента.

cimitarra. [ж.] кривая турецкая сабля.

cimófana. [ж.] (мин.) хризолит (разновидность).

cimógrafo. [м.] кимограф.

cimología. [ж.] химия брожения.

cimómetро. [м.] волномер, частотомер.

cimorra. [ж.] (вет.) сап.

cimorro. [м.] (м. употр.) колокольня.

cimpa. [ж.] (Амер.) см. crizneja.

cina. [ж.] (Амер.) название одного злакового растения.
cinabarita. [ж.] см. cinabrio.
cinabrino, na. [прил.] похожий на киноварь.
cinabrio. [м.] киноварь.
cinámico, ca. [прил.] к корица.
cinamo. [м.] (поэт.) корица.
cinamomo. [м.] (бот.) цейлонская корица.
cinamón. [м.] (орни.) лазящая птица.
cinarocéfalo, la. [прил.] с головой в виде артишока.
cinaroideo, a. [прил.] в виде артишока.
cinarra. [ж.] (обл.) мелкий снег.
cinatria. [ж.] (вет.) отдел ветеринарии о болезнях собак и их лечении.
cinc. [м.] цинк.
cinca. [ж.] нарушение правил (при игре в кегли).
cincel. [м.] резец; долото; зубило; чекан.
cincelado, da. [страд. прич.] к cincelar; [м.] чеканная работа; резьба (по металлу); гравирование; искусно выполненная работа.
cincelador. [м.] резчик, гравёр.
cinceladura. [ж.] чеканка; резьба (по металлу); гравирование.
cincelar. [перех.] резать (по металлу); гравировать; чеканить; долбить (долотом).
cincelería. [ж.] мастерская резчика, скульптора.
cincífero, ra. [прил.] цинковый, содержащий цинк.
cinco. [прил.] пять; пятый; [м.] цифра пять; пятёрка (тже. отметка; игральная карта); пятое число; (Амер.) пятиструнная гитара; монета в 5 сентаво; зад: * decir a uno cuantas son cinco, сказать кому-л всю правду-матку; * saber cuantas son cinco, знать своё дело; * esos cinco, (разг.) кисть руки.
cincoenrama. [ж.] (бот.) жабник, пятилистник.
cincograbado. [м.] гравюра на цинке.
cincografía. [ж.] цинкография.
cincollagas. [м.] (Амер.) кубинское дикорастущее растение.
cincomesino, na. [прил.] пятимесячный.
cinconáceo, a. [прил.] относящийся к хине, похожий на хину.
cinconegritos. [м.] (бот.) маленький куст Центральной Америки.
cincotipia. [ж.] цинкография.
cincuenta. [прил.] пятьдесят; пятидесятый; [м.] цифра пятьдесят.
cincuentavo, va. [прил.] пятидесятый; пятидесятая доля, часть.
cincuentena. [ж.] полсотни.
cincuentenario, ria. [м.] пятидесятилетие.
cincuenteno, na. [прил.] пятидесятый.
cincuentón, na. [прил.] пятидесятилетний, достигший пятидесятилетнего возраста (тже. сущ.).
cincha. [ж.] подпруга: * ir, или venir rompiendo cinchas, скакать во весь опор; * a revienta cinchas, галопом, вскачь.
cinchado, da. [прил.] (Амер.) мулатский.
cinchadura. [ж.] подтягивание подпруги.
cinchar. [перех.] подтягивать подпругу.
cinchar. [перех.] стягивать обручем (бочку и т. д.).
cinchazo. [м.] (Амер.) удар саблей плашмя.
cincho. [м.] кушак, пояс; железный обруч, кольцо; плетёная из дрока форма для изготовления сыра; (Амер.) подпруга.

cinchón. [м.] (Амер.) широкая полоска из кожи, ремень; железный обруч, кольцо; перегрузка (вьючного животного).
cinchuela. [ж. умен.] к cincha; узкая полоска из кожи и т. д.
cine. [ж.] (разг.) кино: * cine sonoro, звуковое кино; * cine mudo, немое кино.
cineasta. [м.] кинорежиссёр; кинодеятель; киноактёр.
cine-club. [м.] клуб любителей кино.
cinecomedia. [ж.] кинокомедия.
cinedo. [м.] танцор.
cinedológico, ca. [прил.] непристойный, неприличный (при разговоре).
cinedólogo. [м.] мим.
cinedrama. [ж.] кинодрама.
cinedromo. [м.] собачья беговая дорожка.
cinefacción. [ж.] превращение в золу, в пепел.
cinefacto, ta. [прил.] превращённый в золу, в пепел.
cineficar. [перех.] сжигать, обращать в золу, в пепел: * cineficarse. [возв. гл.] см. pulverizarse.
cinefilo, la. [прил.] любящий кино; [сущ.] любитель (-ница) кино.
cinefórum. [м.] см. cineclub.
cinegética. [ж.] охота.
cinegético, ca. [прил.] касающийся охоты.
cineísta. [м. и ж.] см. cineasta; любитель (-ница) кино.
cinema. [м.] см. cine.
cinemacomedia. [ж.] кинокомедия.
cinemadrama. [м.] кинодрама.
cinemafónico, ca. [прил.] к звуковое кино.
cinemáfono. [м.] звуковое кино.
cinemanía. [ж.] сильное влечение к кино.
cinemascope. [м.] (неол.) широкоэкранное кино.
cinemateca. [ж.] кинотека, фильмотека.
cinemática. [ж.] кинематика.
cinemático, ca. [прил.] кинематический.
cinematografía. [ж.] кинематография.
cinematografiar. [перех.] снимать кинофильм.
cinematográficamente. [нареч.] кинематографическим образом.
cinematografista. [сущ.] кинематографист.
cinematógrafo. [м.] кинематограф.
cinematología. [ж.] киноведение.
cinematológico, ca. [прил.] киноведческий.
cinematólogo, ga. [сущ.] специалист по киноведению.
cinematurgo. [м.] сценарист.
cinemómetro. [м.] счётчик оборотов.
cineración. [ж.] кремация, сжигание.
cineraria. [ж.] (бот.) цинерарий, пепельник.
cinerario, ria. [прил.] см. cinéreo; предназначенный для пепла: * urna cineraria, урна с прахом умершего.
cinéreo, a. [прил.] пепельный (о цвете).
cinericio. [прил.] пепельный; см. cinéreo.
cineriforme. [прил.] похожий на пепел, золу.
cinescopio. [м.] кинескоп.
cinestesia. [ж.] кинестезия.
cinestésico, ca. [прил.] к кинестезия, кинестетический.
cinética. [ж.] (физ.) кинетика.
cinético, ca. [прил.] кинетический: * energía cinética, кинетическая энергия.
cinetoscopio. [м.] кинетоскоп.
cingalés, sa. [прил.] цейлонский; [сущ.] цейлонец (-ка).
cíngaro, ra. [прил.] цыганский; [сущ.] цыган (-ка).
cingiberáceo, a. [прил.] к имбирные растения.
cinglado, da. [прил. страд. прич.] к cinglar; [м.] обжим, очищение железа (огнём).

cinglador, ra. [м. и ж.] обжимная машина, обжимной стан.
cinglar. [перех.] (тех.) обжимать, очищать огнём (железо).
cinglar. [перех.] (мор.) грести кормовым веслом, галанить.
cingue. [м.] (Амер.) цинк.
cíngulo. [м.] шнур для завязывания (по талии) белого стихаря; (воен.) старинный пояс; пояс.
cínicamente. [нареч.] цинично.
cínico, ca. [прил.] циничный, цинический, бесстыдный; [м.] циник.
cínife. [ж.] комар.
cinismo. [м.] цинизм, бесстыдство, циничность.
cinocéfalo. [м.] павиан.
cinofagia. [ж.] употребление в пищу собачины.
cinofilia. [ж.] влечение к собакам.
cinófilo, la. [прил.] любящий собак.
cinografía. [ж.] история и описание собаки.
cinomorfo, fa. [прил.] имеющий сходство с собакой.
Cinosura. [ж.] (астр.) Малая Медведица.
cinquén. [м.] старинная испанская монета.
cinqueño. [м.] карточная игра.
cinquero. [м.] оцинковщик.
cinquillo. [м.] см. cinqueño.
cinquina. [ж.] см. quinterna.
cinquino. [м.] старинная португальская монета.
cinta. [ж.] лента, тесьма; кушак; (тех.) лента; плёнка, лента; (арх.) лентообразный орнамент; большой сеть для ловли тунцов; фильм; панель: * en cinta, беременная; * cinta métrica, рулетка (измерительная); * cinta cinematográfica, кинокартина; * cinta magnetofónica, плёнка магнитофона; * cinta aglutinante, чаттертон.
cintagorda. [ж.] (рыб.) большая сеть для ловли тунцов.
cintajo. [м.] лента низкого качества; наглость.
cintar. [перех.] (арх.) украшать лентами (имитированными).
cintarazo. [м.] удар саблей плашмя.
cintarear. [перех.] (разг.) наносить удары саблей плашмя.
cintarrón. [м.] (Амер.) очень большая лента.
cinteado, da. [прил.] отделанный, украшенный лентами.
cintel. [м.] (арх.) см. cintra; линейка архитектора.
cintería. [ж.] ленты; торговля лентами; лавка, где торгуют лентами.
cintero, ra. [м. и ж.] ленточный мастер и т. д.; [м.] пёстрый женский пояс; канат и т. д. (опоясывающий что-л); (обл.) см. braguero.
cinteta. [ж.] рыболовная сеть.
cintilar. [перех.] искриться, сверкать.
cintilla. [ж. умен.] к cinta; ленточка.
cintillo. [м.] лента, шнурок (на шляпе); кольцо с драгоценными камнями.
cinto, ta. [непр. страд. прич.] к ceñir; [м.] пояс.
cintra. [ж.] (арх.) внутренняя поверхность свода.
cintrado, da. [прил.] (арх.) сводчатый, в виде cintra.
cintrel. [м.] линейка архитектора.
cintura. [ж.] талия; пояс: * meter en cintura, заставлять покоряться; * hasta la cintura, до пояса; по пояс (в воде и т. д.); * por la cintura, поперёк тела, в охапку.
cinturica, lla, ta. [ж. умен.] к cintura; старинная женская лента для талии.
cinturón. [м.] поясной ремень; портупея; * cinturón salvavidas, спасательный пояс.
cinzaya. [ж.] (обл.) няня.

cinzolín. [прил.] красновато-лиловый (тже. сущ).
ciñobe. [м.] (Амер.) род тыквы.
ciñuela. [ж.] (обл.) разновидность граната.
cionitis. [ж.] (мед.) воспаление язычка.
cipa. [ж.] (Амер.) грязь, тина.
cipariso. [м.] (поэт.) кипарис.
cipayo. [м.] сипай (солдат колониальных войск в Индии).
cipe. [прил.] тщедушный, щуплый, хилый, чахлый; [м.] см. **resina**.
cipo. [м.] (арх.) надгробный памятник (в виде полуколонны); указатель (в виде полуколонны); верстовой камень; пограничный или дорожный столб; межевой знак.
cipolino, na. [прил.]: *mármol **cipolino**, чиполино, глазковый мрамор.
ciporema. [ж.] (бот.) бразильское дерево.
ciyotazo. [м.] (Амер.) сильный удар.
cipote. [прил.] (Амер.) глупый (тже. сущ.); см. **rechoncho**; [м.] (Амер.) уличный мальчишка.
ciprés. [м.] (бот.) кипарис.
cipresal. [м.] кипарисовый лес.
cipresino, na. [прил.] кипарисовый.
ciprínidos. [м. множ.] карповые.
ciprino, na. [м.] карп, сазан (рыба).
ciprino, na, ciprio, pria, cipriota. [прил.] кипрский; [сущ.] киприот.
cique. [м.] (Амер.) см. **lavadura**.
ciquiribaile. [м.] (арг.) вор.
ciquiricata. [ж.] (разг.) лесть.
ciquitroque. [м.] блюдо из тушёных овощей.
circaeto. [м.] хищная птица.
circasiano, na. [прил.] черкесский; [сущ.] черкес, черкешенка, черкеска.
Circe. [ж.] (миф.) Цирцея; (перен.) фальшивая, хитрая женщина.
circense. [прил.] цирковой.
circinado, da. [прил.] винтообразный, завитой.
circo. [м.] цирк.
circón. [м.] (мин.) циркон, силикат циркония.
circona. [ж.] окись циркония.
circonio. [м.] (хим.) цирконий.
circonita. [ж.] циркон (одна из разновидностей).
circuición. [ж.] дейст. к **circuir**.
circuir. [м.] см. **rodear, cercar**.
circuito. [м.] окружность; округ; движение по кругу; (эл.) гальваническая цепь, цепь тока, контур; *corto **circuito**, короткое замыкание; *poner en corto **circuito**, замкнуть на короткое.
circulable. [прил.] могущий циркулировать.
circulación. [ж.] обращение, циркуляция, круговое движение; оборот, обращение; (уличное) движение; *circulación de la sangre, кровообращение.
circulante. [дейст. прич.] к **circular**.
circular. [прил.] круглый; круговой, круглообразный; циркулярный; [ж.] циркуляр.
circular. [неперех.] циркулировать, совершать круговое движение, обращаться (о крови и т. д.); двигаться, передвигаться, ходить взад и вперёд, циркулировать (разг.); находиться в обращении, оборачиваться; [перех.] рассылать циркуляр (тже. неперех.).
circularidad. [ж.] свойств. к **circular**; круглая форма.
circularmente. [нареч.] круглым образом, кругообразно.
circulatorio, ria. [прил.] циркуляционный; относящийся к кровообращению; *aparato, или sistema **circulatorio**, кровеносная система.

círculo. [м.] круг, окружность; округ; клуб; общество, кружок (учебный и т. д.); круговое движение: *círculo vicioso, порочный круг.
circumambiente. [прил.] (физ.) окружающий, вращающийся вокруг чего-л.
circumcirca. [нареч.] приблизительно.
circumpolar. [прил.] расположенный вокруг полюса, прилегающий к полюсу.
circum. приставка, обозначающая круговое движение.
circencenital. [прил.] (астр.) расположенный вокруг зенита.
circunceñir. [перех.] окружать чем-л.
circuncidante. [дейст. прич.] к **circuncidar**.
circuncidar. [перех.] обрезать, совершать обряд обрезания; (перех.) умерять.
circuncisión. [ж.] (рел.) обрезание (обряд).
circunciso, sa. [непр. страд. прич.] к **circuncidar**; (тже. сущ.); [прил.] еврейский, мавританский.
circuncisor, ra. [прил.] обрезающий (тже. сущ.).
circundante. [дейст. прич.] к **circundar**; [прил.] (физ.) окружающий.
circundar. [перех.] окружать, обносить чем-л.; окаймлять.
circunducción. [ж.] вращательное, круговое движение.
circunferencia. [ж.] (геом.) окружность; обхват.
circunferencial. [прил.] к окружность (геом.).
circunferencialmente. [нареч.] круглым образом.
circunferente. [прил.] (геом.) описывающий.
circunferir. [перех.] ограничивать; [непр. гл.] спрягается как **referir**.
circunflejo, ja. [прил.]: *acento **circunflejo**, диакритический знак (^).
circunfuso, sa. [прил.] (рел.) распространённый, разлитый вокруг.
circunlocución. [ж.] описательное выражение; околичности.
circunloquear. [неперех.] говорить обиняком или обиняками.
circunloquio. [м.] многословие, разглагольствование; [множ.] обиняки.
circunnavegación. [ж.] кругосветное путешествие, плавание.
circunnavegador. [прил.] совершающий кругосветное путешествие (тже. сущ.).
circunnavegar. [неперех.] совершать кругосветное плавание; [перех.] плавать (на корабле) вокруг.
circunocular. [прил.] находящийся и т. д. вокруг глаза.
circunrenal. [прил.] находящийся и т. д. вокруг почки.
circunscribir. [перех.] ограничивать; обводить, очертить; (геом.) описывать.
circunscripción. [ж.] ограничение; округ (военный и т. д.); описывание (геометрической фигуры).
circunscri(p)to, ta. [непр. страд. прич.] к **circunscribir**, ограниченный; (геом.) описанный.
circunsolar. [прил.] околосолнечный.
circunspección. [ж.] осмотрительность, осторожность, бережное обращение; серьёзность.
circunspectamente. [нареч.] осмотрительно, осторожно; серьёзно.
circunspecto, ta. [прил.] осмотрительный, осторожный; серьёзный; сдержанный.
circunstancia. [ж.] обстоятельство; качество; [множ.] условия: *circunstancia atenuante, смягчающее обстоятельство; *circunstancia agravante, отягчающее обстоятельство; *en las **circunstancias** presentes, в нынешних условиях; según las **circunstancias**, сообразно обстановке.
circunstanciadamente. [нареч.] в подробном изложении.
circunstanciado, da. [прил.] обстоятельный, подробный.
circunstancial. [прил.] зависящий от обстоятельств.
circunstanciar. [перех.] подробно излагать.
circunstante. [прил.] находящийся вокруг, окружающий; прилегающий; присутствующий (тже. сущ.).
circunterrestre. [прил.] находящийся вокруг земли.
circunvalación. [ж.] (возн.) циркумвалационная линия, линия обложения; осаждение.
circunvalar. [перех.] (воен.) осаждать город.
circunvecino, na. [прил.] окрестный; соседний, близкий, близлежащий.
circunvolar. [перех.] (уст.) облетать (вокруг).
circonvolución. [ж.] вращение вокруг чего-л.: *circunvolución cerebral, извилина мозга.
circunyacente. [прил.] см. **circunstante**.
cirenaico, ca; cireneo, a. [прил.] относящийся к Киренаике (тже. сущ.).
cirial. [м.] (церк.) большой подсвечник (при крестном ходе и т. д.).
cirigallo, lla. [м. и ж.] фланёр, праздношатающийся (-ая), гуляка.
cirigaña. [ж.] (обл.) лесть; крушение надежд; мелочь, пустяк.
cirílico, ca. [прил.]: *alfabeto **cirílico**, (лингв.) кириллица.
cirimba. [ж.] (Амер.) брюхо, пузо.
cirineo. [м.] помощник; см. **cireneo**.
cirio. [м.] восковая свеча (большая).
cirirí. [м.] (Амер.) род очень смелого ястреба.
cirolar. [м.] сливовый сад и тч д.
cirolero. [м.] (бот.) слива (дерево).
cirolica, lla, ta. [ж. умен.] к **ciruela**.
ciroso, sa. [прил.] восковидный.
cirquero, ra. [м. и ж.] канатный плясун, эквилибрист, акробат.
cirrípedo. [прил.] в форме усика вьющегося растения.
cirro. [м.] (мед.) затвердение; злокачественная опухоль.
cirro. [м.] (бот.) усик (у растений); перистое облако; щупальце (у некоторых ракообразных животных).
cirrópodos. [м. множ.] (зоол.) вид ракообразных животных.
cirrosis. [ж.] (мед.) цирроз.
cirroso, sa. [прил.] с усиками (о растений).
cirrótico, ca. [прил.] принадлежащий или относящийся к циррозу.
cirrus. [м.] циррус, перистое облако.
cirsocele. [м.] (мед.) род опухоли.
cirtosis. [м.] (пат.) рахит.
ciruela. [ж.] слива (плод): *ciruela claudia, ренклод; *ciruela pasa, чернослив.
ciruelar. [м.] см. **cirolar**.
ciruelillo. [м.] (Амер.) дерево с красными цветами.
ciruelo. [м.] слива (дерево); (разг.) круглый дурак (тже. прил.).
cirugía. [ж.] хирургия.
cirujano. [м.] хирург.
cis. приставка, обозначающая по эту сторону.

cisalpino, na. [прил.] цизальпинский.
cisandino, na. [прил.] лежащий по эту сторону Анд.
cisca. [ж.] см. carrizo.
ciscar. [перех.] (разг.) пачкать, грязнить, марать: * circarse. [возв. гл.] испражняться.
cisco. [м.] угольная пыль; (перен.) шум, ссора, драка: * hacer cisco. см. destrozar.
ciscón. [м.] мелкий непрогоревший каменный уголь.
ciscón, na. [прил.] (Амер.) очень стыдливый; склонный или любящий дразнить.
cisio. [м.] (археол.) лёгкий, двухколёсный экипаж.
cisión. [ж.] трещина, щель; раскол.
cisionar. [перех.] (Амер.) раскалывать.
cisípedo. [прил.] с пальцами (о ноге).
cisma. [м.] или [ж.] схизма, раскол; раздор, распря, междоусобие, расхождение во мнениях.
cismar. [перех.] (обл.) сеять раздор.
cismar. [неперех.] (Амер.) ломать себе голову над чем-л.
cismáticamente. [нареч.] схизматическим образом.
cismático, ca. [прил.] схизматический, раскольничий (тже. сущ.); сеющий раздор; [м.] схизматик, раскольник.
cismontano, na. [прил.] живущий, лежащий по эту сторону гор.
cismoso, sa. [прил.] сеющий раздор (тже. сущ.).
cisne. [м.] лебедь; (перен.) хороший композитор или поэт; (арг.) проститутка, шлюха; (Амер.) пуховка для пудры.
cisneo, a. [прил.] похожий на лебедя.
cisno, na. [прил.] (Амер.) коричневатый (о масти лошадей).
cisoide. [ж.] (геом.) циссоида, кривая линия.
cisoria. [прил.] о искусстве разрезать на куски.
cisplatino, na. [прил.] находящийся по эту сторону Платы (реки).
cisquera. [ж.] место для хранения угольной пыли.
cisquera. [ж.] (Амер.) сильное волнение, краска на лице (от стыда и т. д.).
cisquero. [м.] продавец угольной пыли; подушечка с угольной пылью (для калькирования).
cista. [ж.] старинный ящик, сундук.
Císter. [м.] цистер, монашеский орден.
cisterciense. [прил.] относящийся к цистеру (монашескому ордену).
cisterna. [ж.] цистерна, подземный водоём; цистерны.
cistiforme. [прил.] в форме кисты.
cistitis. [ж.] (мед.) цистит, воспаление мочевого пузыря.
cistografía. [ж.] рентгенограмма мочевого пузыря.
cistoide. [прил.] похожий на кисту.
cistotomía. [ж.] (хир.) камнесечение.
cistoma. [м.] (пат.) циста.
cistomatoso, sa. [прил.] принадлежащий или относящийся к кисте.
cistoplejía. [ж.] (пат.) паралич мочевого пузыря.
cistoscopia. [ж.] (мед.) цистоскопия.
cistoscópico, ca. [прил.] к цистоскопия или цистоскопу.
cistoscopio. [м.] (мед.) цистоскоп.
cistotisis. [ж.] (мед.) туберкулёз мочевого пузыря.

cistótomo. [ж.] (хир.) инструмент для камнесечения.
cisura. [ж.] трещина; разрез.
cita. [ж.] свидание; цитата, ссылка на...
citación. [ж.] (юр.) вызов в суд; цитирование; (воен.) отдача в приказ; (тавром.) дейст. к дразнить быка.
citador, ra. [прил. и сущ.] вызывающий в суд; цитирующий; назначающий свидание; отдающий в приказ.
citano, na. [м. и ж.] (разг.) некто, кто-то, кто-л, кто-н, см. zutano.
citar. [перех.] назначать кому-л свидание; цитировать, приводить цитаты, ссылаться на...; (юр.) вызывать в суд; (тавром.) дразнить быка; (воен.) отдавать в приказ.
cítara. [ж.] (муз.) цитра (муз. инструмент).
cítara. [ж.] тонкая кирпичная стена; (воен.) боковая походная застава.
citarica, lla, ta. [ж. умен.] к cítara; маленькая цитра.
citarilla. [ж. умен.] к cítara; маленькая перегородка.
citarista. [м. и ж.] человек играющий на цитре, игрок на цитре.
citatorio, ria. [прил.] судебный (о повестке); [сущ.] повестка, вызов в суд.
citereo, a. [прил.] (поэт.) принадлежащий или относящийся к Венере.
citerior. [прил.] расположенный по эту сторону.
cítiso. [м.] (бот.) ракитник.
citoide. [м.] см. leucocito.
cítola. [ж.] мельничный толкач.
citolísico, ca. [прил.] к цитолиз.
citolisina. [ж.] (мед.) цитолизин.
citolisis. [ж.] (мед.) цитолизин.
citología. [ж.] (биол.) цитология, учение о клетке.
citológico, ca. [прил.] (биол.) цитологический.
citólogo, ga. [м. и ж.] специалист по цитологии.
citoma. [м.] (пат.) род злокачественной опухоли.
citomorfología. [ж.] учение о клеточной морфологии.
citomorfólico, ca. [прил.] принадлежащий или относящийся к учению о клеточной морфологии.
citoplasma. [м.] (биол.) цитоплазма, протоплазма клеточного тела.
citoplasmático, ca. [прил.] к цитоплазма.
citoquímica. [ж.] клеточная химия.
cítora. [ж.] (обл.) род гарпуна.
citotáxico, ca. [прил.] к цитотаксис.
citotaxis. [ж.] (биол.) цитотаксис.
citote. [м.] (разг.) извещение для выполнения чего-л.
citragón. [м.] (бот.) мелисса.
citra. приставка обозначающая по эту сторону, см. cis.
citramontano, na. [прил.] лежащий или живущий по эту сторону Платы.
citratado, da. [прил.] содержащий цитрат.
citrato. [м.] (хим.) цитрат, лимоннокислая соль.
cítrico, ca. [прил.] лимонный.
citricultura. [ж.] разведение апельсиновых деревьев и т. д.
citrina. [ж.] (мин.) цитрин, жёлтый топаз.
citrina. [ж.] (хим.) лимонное масло.
citrino, na. [прил.] лимонного цвета, лимонный.
citrón. [м.] лимон, см. limón.
citronela. [ж.] (бот.) см. toronjil.
ciudad. [ж.] город; городской совет: * ciudad obrera, рабочий городок; * ciudad universitaria, университетский городок; * ciudad jardín, город-сад; ciudad abierta, открытый город.
ciudadanía. [ж.] гражданство; право гражданства.
ciudadano, na. [прил.] гражданский; городской; [сущ.] горожанин (-ка); гражданин (-анка).
ciudadaza. [ж.] большой, некрасивый город (необитаемый).
ciudadela. [ж.] цитадель; (Амер.) большой дом с маленькими квартирами.
ciudad-realeño. [прил.] относящийся к Ciudad Real; [сущ.] уроженец (-ка) этого города.
ciútico, ca. [прил.] (Амер.) с претензией на элегантность, см. cursi.
civeta. [ж.] (зоол.) циветта.
civeto. [м.] см. algalia.
civica. [ж.] (мор.) скоба.
cívico, ca. [прил.] городской, гражданский; домашний; патриотический.
civicón. [м.] (мор.) большая скоба.
civil. [прил.] гражданский; штатский; вежливый, учтивый; * guerra civil, гражданская война; * matrimonio civil, гражданский брак; * guardia civil, жандарм; жандармерия; [м.] жандарм.
civilidad. [ж.] вежливость, культурность; (м. употр.) мелочность, грубость.
civilista. [м.] (юр.) цивилист.
civilizable. [прил.] поддающийся цивилизации, культуре.
civilización. [ж.] цивилизация.
civilizado, da. [страд. прич.] к civilizar; [прил.] цивилизованный, культурный.
civilizador, ra. [прил.] цивилизаторский, просветительный; [сущ.] цивилизатор, просветитель.
civilizar. [перех.] просвещать; цивилизовать, приобщать к цивилизации.
civilmente. [нареч.] вежливо, учтиво; (юр.) по гражданскому праву; (м. употр.) подло, низко.
civismo. [м.] гражданская доблесть; сознание гражданского долга, лояльность.
cizalla. [ж.] (чаще множ.) большие ножницы для резки металла; обрезки металла; обрезки серебра (получаемые при чеканке монеты).
cizallador, ra. [прил.] режущий металл и т. д. (тже. сущ.).
cizallar. [перех.] резать металл, проволоку и т. д.
cizallas. [ж. множ.] см. cizalla.
cizaña. [ж.] (бот.) куколь; плевел, сорная полевая трава; сорняк; (перен.) раздоры, склока: * meter (sembrar) cizaña, сеять раздоры.
cizañador, ra. [прил.] сеющий раздоры (тже. сущ.).
cizañar. [перех.] сеять раздоры.
cizañear. [перех.] см. cizañar.
cizañero, ra. [прил.] сеющий раздоры; [сущ.] поджигатель (-ница), склочник (-ница).
clac. [м.] складная шляпа-цилиндр на пружинах, шапокляк.
claco. [м.] старинная мексиканская монета.
clacota. [ж.] (Амер.) фурункул, чирей.
clacuache, clacuachi. [м.] (Амер.) саригуэя (сумчатое животное).
cladonia. [ж.] (бот.) олений мох.
cladorrizo, za. [прил.] (бот.) с ветвистыми корнями.
clalisa. [ж.] (Амер.) сволочь, подлые люди.
clamador, ra. [прил.] кричащий; взывающий о помощи.
clamamiento. [м.] дейст. к clamar.
clamar. [перех.] взывать о помощи; кричать о...; жаловаться на; [неперех.] кричать, вопить, взывать; торжественно говорить: * clamar al cielo, (перен.) громко

жаловаться; * clamar venganza, взывать о мщении.
clámide. [ж.] (ист.) хламида.
clamidula. [ж.] (ист.) маленькая хламида.
clamo. [м.] (арг.) зуб; болезнь, нездоровье.
clamor. [м.] вопль, крик; возглас; погребальный звон; (обл.) ручей, поток (образовавшийся от сильного дождя): * clamor popular, глас народа.
clamoreada. [ж.] вопль, крик, возглас, жалобное восклицание.
clamorear. [перех.] умолять, просить настоятельно; [неперех.] звонить в погребальный колокол.
clamoreo. [м.] продолжительный вопль, возглас; (разг.) надоедливые жалобы, просьбы.
clamoroso, sa. [прил.] жалобный (о шуме голосов); шумный; * éxito clamoroso, бурный успех.
clan. [м.] клан, племя.
clancuino. [м.] (Амер.) беззубый человек.
clanchichol. [м.] (Амер.) малоценная вещь.
clandestinamente. [нареч.] тайно, скрытно.
clandestinidad. [ж.] скрытность, секретность; (полит.) подполье.
clandestinista. [м. и ж.] (Амер.) контрабандист, (-ка) водки.
clandestino, na. [прил.] тайный, скрытый, потайной; (полит.) подпольный.
clanga. [ж.] род орла.
clangor. [м.] (поэт.) звук трубы или рожка.
clángula. [ж.] перепончатолапая птица (северного полюса).
clapa. [ж.] (обл.) (с.-х.) свободное от растений место в засеянном поле.
clapo. [м.] (Амер.) ореховая скорлупа.
claque. [ж.] (соб.) клакёры (в театре).
claquear. [перех.] щелкать языком.
claqueo. [м.] щёлк или щелканье языком.
clara. [ж.] белок (яйца); редина (в ткани); (разг.) прояснение (погоды).
claraboya. [ж.] слуховое окно.
claramente. [нареч.] ясно, понятно.
clarar. [перех.] см. aclarar.
clarea. [ж.] напиток из белого вина, мёда и т. д.; (разг.) день.
clarear. [перех.] освещать; (арг.) см. alumbrar; [неперех.] проясняться (о погоде); светать; * clarearse. [возв. гл.] быть или становиться прозрачным; невольно выдавать свои намерения, разоблачать себя.
clarecer. [неперех.] рассветать.
clarens. [м.] четырёхместный экипаж.
clareo. [м.] прореживание (о лесе).
clarete. [м.] кларет (сорт вина) (тже. прил.).
clareza. claridad. [ж.] ясность, яркость; свет; сияние, ясность, чёткость, точность, определённость; [множ.] грубая правда: * con claridad, ясно, понятно; * dar claridad, освещать, прояснять; * falta de claridad, путаница; * decir claridades, не стесняться в выражениях.
claridoso, sa. [прил.] (Амер.) не стесняющийся в выражениях.
clarificable. [прил.] поддающийся очищению, осветлению; поддающийся выяснению; поддающийся освещению.
clarificación. [ж.] очищение; очищение; (хим.) осветление.
clarificadora. [ж.] (Амер.) сосуд для рафинирования сахара.
clarificar. [перех.] см. alumbrar; выяснять, внести ясность; очищать, осветлять; рафинировать.
clarificativa, va. [прил.] проясняющий; очищающий, осветляющий.
clarilla. [ж.] (обл.) щёлок.
clarimente. [м.] старинная туалетная вода.

clarimento. [м.] (жив.) яркая краска.
clarín. [м.] (муз.) рожок, труба, горн; горнист; очень тонкая светлая ткань; (Амер.) душистый горошек: * clarín de la selva, американская птица.
clarinada. [ж.] (разг.) звон рожка, горна; неуместное выражение.
clarinero. [м.] горнист.
clarinete. [м.] кларнет; кларнетист.
clarinetista. [м.] (муз.) кларнетист.
clarión. [м.] (жив.) мел, мелок.
clarioncillo. [м.] (жив.) мелок, пастельный карандаш.
clariosa. [ж.] (арг.) вода.
clarioso, sa. [прил.] (Амер.) не стесняющийся в выражениях.
clarísimo, ma. [прил.] благороднейший.
clarividencia. [ж.] прозорливость, пронизательность; ясновидение.
clarividente. [прил.] прозорливый, проницательный (тже. сущ.).
claro, ra. [прил.] светлый, полный света; прозрачный, чистый; безоблачный, ясный (о погоде); ясный, понятный, редкорастущий; редкий; различный, очевидный, знаменитый, славный; проницательный; звонкий, чистый (о голосе); светлый, бледный; прямой; разоблачающийся себя; [м.] отверстие, через которое проникает свет; люк; просвет; окно; промежуток; пробел, пропуск, прогалина, поляна; (жив.) освещение; [нареч.] ясно, понятно: * de claro en claro, очевидно, от начала до конца; * claro de luna, лунный свет; * pasar la noche en claro, всю ночь не сомкнуть глаз; * a la(s) clara(s), открыто, явно; публично; ¡claro! ¡claro está! ¡pues claro!, конечно!, разумеется!, очень просто; * poner en claro, делать ясным, выяснять; * por lo claro, откровенно; * hablar claro, говорить без увёрток.
claror. [м.] блеск, яркий свет, сияние.
claroscuro. [м.] (жив.) светотень.
clarovidencia. [ж.] (Амер.) см. clarividencia.
clarovidente. [прил.] (Амер.) см. clarividente.
clarucho, cha. [прил.] слишком жидкий, водянистый (о супе и т. д.).
clascal. [м.] (Амер.) кукурузная лепёшка.
clase. [ж.] класс (общественный); класс (учебная комната, учащиеся; тже. на железной дороге); класс, разряд, тип; урок, занятия; (биол. зоол. бот.) класс; (воен.) сержантский состав; * lucha de clases, классовая борьба; * ir a clase, идти в школу; * tener clase, обладать природным изяществом.
clásicamente. [нареч.] классически.
clasicidad. [ж.] классический характер, классичность.
clasicismo. [м.] классицизм.
clasicista. [прил.] приверженный к классицизму; [сущ.] сторонник классицизма.
clásico, ca. [прил.] классический; см. principal, notable; классический, античный; следующий классицизму; [сущ.] классик.
clasificable. [прил.] классифицируемый, поддающийся классификации.
clasificación. [ж.] классификация, классифицирование.
clasificador, ra. [прил.] классифицирующий; [м.] классификатор.
clasificar. [перех.] классифицировать.
clástico, ca. [прил.] ломкий, хрупкий, обломочный, кластический.
clatole. [м.] (Амер.) разговор по секрету.
clatolear. [неперех.] (Амер.) разговаривать по секрету.
clauca. [ж.] (арг.) отмычка.
claudicación. [ж.] хромота, прихрамывание; нечестный поступок.

claudicante. [дейст. прич.] к claudicar, прихрамывающий; покосившийся.
claudicar. [неперех.] хромать; (перен.) нечестно поступать; проводить соглашательскую политику.
claustra. [ж.] (арх.) сорт каменного жалюзи; (уст.) см. claustro.
claustral. [прил.] монастырский.
claustralitela. [ж.] род паука.
claustrillo. [м.] род аудитории у нек-ых университетов.
claustro. [м.] крытая галерея (в монастыре или университете); монашеская жизнь; учёный совет; заседание кафедры: * claustro de profesores, (соб.) преподаватели учебного заведения; * claustro materno, чрево матери.
cláusula. [ж.] (юр.) условие, статья договора, пункт, клаузула, оговорка, ограничительное условие; (грам.) предложение, период.
clausulado, da. [страд. прич.] к clausular; [прил.] отрывистый (о стиле); [м.] совокупность условий договора.
clausular. [перех.] заканчивать (речь).
clausura. [ж.] монастырская жизнь; часть монастыря (для одних монахов); обет затворничества; закрытие (заседания и т. д.).
clausurar. [перех.] (Амер.) закрывать (заседание и т. д.).
clava. [ж.] дубина, палица; (мор.) шпигат.
clavadizo, za. [прил.] украшенный гвоздями.
clavado, da. [страд. прич.] к clavar; [прил.] утыканный гвоздями; пунктуальный; см. pintiparado.
clavadura. [ж.] (вет.) рана нанесённая гвоздью.
claval. [прил.] (анат.) кинжаловидный.
clavamiento. [м.] заколачивание.
clavar. [перех.] прибивать гвоздями; заколачивать, забивать гвоздями; протыкать (остриём); (воен.) заклёпывать (орудие); вставлять, оправлять (камни); ранить (гвоздю); обманывать, надувать; укреплять, прикреплять; * clavarse. [возв. гл.] внедряться.
clavaria. [ж.] инструмент для изготовления шляпки гвоздя.
clavario, ria. [м. и ж.] лицо, хранящее ключи от чего-л; (уст.) ключарь; [м.] рыцарь-сторож.
clavazón. [ж.] совокупность гвоздей.
clave. [м.] см. clavicordio; [ж.] (муз.) ключ; ключ, код; (арх.) замок свода: * echar la clave, заканчивать (речь).
clavecín. [м.] (муз.) клавесин.
clavecinista. [м. и ж.] игрок на клавесине.
clavel. [м.] (бот.) гвоздика: * clavel de Indias, бархатцы.
clavelito. [м.] (бот.) род гвоздики.
clavelón. [м.] мексиканское травянистое растение.
clavellina. [ж.] (бот.) полевая гвоздика.
claveque. [м.] страз (поддельный бриллиант, алмаз и т. д.).
clavera. [ж.] см. clavaria; отверстие для гвоздя; см. mojonera.
clavería. [ж.] сан clavero.
clavero. [м.] (бот.) гвоздичное дерево.
clavero, ra. [м. и ж.] см. clavario.
claveta. [ж.] (Амер.) деревянный гвоздь.
clavete. [м. умен.] к clavo, гвоздик; (муз.) медиатор.
clavetear. [перех.] обивать гвоздями; см. herretear; заканчивать (какое-л дело).

clavicembalista. [м. и ж.] тот, кто изготовляет или продаёт клавицимбалы; человек, играющий на клавицимбале.
clavicémbalo. [м.] (уст.) (муз.) клавицимбал.
clavicímbano. [м.] (муз.) клавицимбал.
clavicordio. [м.] (муз.) клавикорды (старинный музыкальный инструмент).
clavícula. [ж.] (анат.) ключица.
claviculado, da. [прил.] (анат.) с ключицей.
clavicular. [прил.] (анат.) ключичный.
clavicular. [перех.] заколдовывать.
claviforme. [прил.] булавовидный.
clavija. [ж.] (тех.) штифт, шпилька; чека; болт; шкворень; (муз.) колок: * apretar las **clavijas**, держать кого-л. в ежовых рукавицах, приструнить кого-л.
clavijera. [ж.] (обл.) отверстие в стене (для стока воды).
clavijero. [м.] (муз.) место, где находятся колки; вешалка: * **clavijero** de piano, фортепианная дека.
clavillo, ito. [м.] заклёпка; гвоздика (пряность); фортепианный колок.
clavimano, na. [прил.] с короткой, толстой рукой.
clavioboe. [м.] музыкальный инструмент.
clavo. [м.] гвоздь; мозоль (на ноге); пучок корпий; тампон; гвоздика (пряность); мигрень; вред, ущерб; мёртвая ткань, стержень (фурункула); (вет.) опухоль; (Амер.) неходкий товар: * como un **clavo**, точно, пунктуально; * dar en el **clavo**, попадать в самую точку; * de **clavo** pasado, явный, доступный пониманию; * agarrarse a un **clavo** ardiendo, хвататься за соломинку; * dar una en el **clavo** y ciento en la herradura, часто ошибаться; * remachar el **clavo**, бить в одну точку; * un **clavo** saca a otro **clavo**, клин клином вышибают.
claymoro. [м.] шотландская шпага.
claxon. [м.] (англ.) (авт.) клаксон.
clearing. [м.] (англ.) (фин.) клиринг, расчёты на основе взаимности.
clematide. [ж.] (бот.) ломонос.
clemencia. [ж.] милосердие, великодушие.
clemente. [прил.] милостивый, милосердный.
clementemente. [нареч.] с милосердием.
clepsidra. [ж.] клепсидра.
cleptomanía. [ж.] клептомания, болезненная страсть к воровству.
cleptomaníaco, ca. [прил.] см. **cleptómano**.
cleptómano, na. [прил.] страдающий клептоманией; [сущ.] клептоман, (-ка).
clerecía. [ж.] духовенство, клир; должность духовного лица, духовное звание.
clerical. [прил.] духовный; клерикальный.
clericalismo. [м.] клерикализм.
clericalmente. [нареч.] клерикальным образом.
clericato. [м.] **clericatura.** [ж.] духовное звание.
clerigalla. [ж.] (презр.) см. **clero**.
clérigo. [м.] клирик, священник, духовное лицо, служитель культа, церковнослужитель; (уст.) просвещённый человек, учёный: **clérigo** de misa y olla, невежественный священник.
clericuicia. [ж.] (оскорб.) свита попов.
cleriguillo. [м. умен.] к **clérigo** (презр.) поп.
clerizángano. [м.] (Амер.) небрежный священник.

clerizón. [м.] служка, певчий (у некрых соборов).
clerizonte. [м.] (церк.) служка; грубый или плохо одетый священник.
clero. [м.] духовенство, клир: * **clero** regular, чёрное духовенство; * **clero** secular, белое духовенство.
clerofobia. [ж.] ненависть к духовенству.
clerófobo, ba. [прил.] питающий ненависть к духовенству (тж. сущ.).
clibanion. [м.] род кольчуги.
clica. [ж.] съедобный морской моллюск.
cliché. [м.] (гал.) клише.
cliente. [м. и ж.] покровительствуемый; клиент, (-ка); постоянный покупатель; заказчик, (-ица).
clientela. [ж.] покровительство; клиентура, клиенты; практика.
cliéntulo, la. [м. и ж. умен.] к **cliente**.
clima. [м.] климат; страна, край; атмосфера, обстановка; характер.
climatérico, ca. [прил.] климактерический; (перен.) критический, опасный, трудный: * estar uno **climatérico**, быть в плохом настроении.
climático, ca. [прил.] климатический.
climatografía. [ж.] климатография.
climatográfico, ca. [прил.] климатографический.
climatología. [ж.] климатология.
climatológico, ca. [прил.] климатологический.
climatólogo. [м. и ж.] климатолог.
climatoterapia. [ж.] климатотерапия.
climatura. [ж.] влияние климата.
climax. [м.] (ритор.) см. **gradación**.
clin. [ж.] см. **crin**.
clincha. [м.] (англ.) клинч, держание, обоюдное держание (в боксе).
clineja. [ж.] (Амер.) коса из волос; плетёная верёвка.
clínica. [ж.] клиника; больница; практическое обучение медицине.
clínico, ca. [прил.] клинический; [м.] клиницист.
clinométrico, ca. [прил.] к **clinómetro**.
clinómetro. [м.] клинометр; креномер.
clinopodio. [м.] (бот.) род тимьяна.
clipeiforme. [прил.] щитовидный.
clípeo. [м.] (арх.) старинный круглый щит.
clíper. [м.] (мор.) клиппер (судно).
clisado. [м.] (полигр.) отливка стереотипа, изготовление клише.
clisador. [м.] (полигр.) стереотипёр.
clisar. [перех.] (полигр.) клишировать, снимать клише.
clisarse. [возв. гл.] (Амер.) покрываться трещинами; ранить себя (на лице).
clisé. [м.] (полигр.) клише.
clisería. [ж.] мастерская, где снимают клише.
clisos. [м. множ.] глаза.
clistel, clister. [м.] клизма, клистир.
clisterizar. [перех.] ставить кому-л клизму.
clitómetro. [м.] прибор для измерения скатов почвы.
clitorídeo, a. [прил.] к клитор.
clítoris. [м.] (анат.) клитор.
clitoritis. [ж.] воспаление клитора.
clitoritomía. [ж.] оперативное удаление клитора.
clivoso, sa. [прил.] (поэт.) отлогий.
cloaca. [ж.] клоака, сток для нечистот; (перен.) (зоол.) клоака.
cloacal. [прил.] клоачный.
clónico, ca. [прил.] (пат.) непостоянный, беспорядочный.
clocar. [неперех.] см. **cloquear**.
cloque. [м.] гарпун для ловли тунцов; багор.
cloquear. [неперех.] кудахтать, клохтать.
cloquear. [перех.] зацеплять гарпуном.

cloqueo. [м.] кудахтанье, клохтанье.
cloquera. [ж.] желание сидеть на яйцах и т. д.
cloquero. [м.] гарпунёр, гарпунщик.
cloración. [ж.] хлорирование.
clorado, da. [прил.] (хим.) содержащий хлор, хлористый.
cloral. [м.] (хим.) хлорал.
cloramina. [ж.] (хим.) хлорамин.
cloranemia. [ж.] хлороз.
cloranémico, ca. [прил.] к хлороз; страдающий хлорозом (тж. сущ.).
clorato. [м.] (хим.) хлорат, хлорнокислая соль.
clorhidrato. [м.] (хим.) хлоргидрат, солянокислая соль.
clorhídrico, ca. [прил.] (хим.) солянокислый: * ácido **clorhídrico**, соляная кислота, хлористоводородная кислота.
clorhidrina. [ж.] (хим.) хлоргидрин.
clórico, ca. [прил.] (хим.) хлорный, хлористый, хлорноватый.
clorífero, ra. [прил.] содержащий хлор, хлористый.
clorita. [ж.] (мин.) хлорит.
clorito. [м.] (хим.) хлорит, хлорнокислая соль.
cloro. [м.] (хим.) хлор.
clorofila. [ж.] (бот.) хлорофилл.
clorofílico, ca. [прил.] к хлорофилл.
clorofilo, la. [прил.] с зелёными или жёлтыми листьями.
clorofórmico, ca. [прил.] хлороформный.
cloroformización. [ж.] хлороформирование.
cloroformizador, ra. [прил.] хлороформирующий (тж. сущ.).
cloroformizar. [перех.] хлороформировать, усыплять при помощи хлороформа.
cloroformo. [м.] хлороформ.
cloroma. [м.] (пат.) зеленоватая опухоль.
cloropicrina. [ж.] (хим.) хлорпикрин.
cloroplasto. [м.] (биол.) хлоропласт.
clorosis. [ж.] (мед.) хлороз.
cloroso, sa. [прил.] (хиж.) хлористый.
clorostilo. [прил.] (бот.) с жёлтым столбиком.
clorótico, ca. [прил.] относящийся к хлорозу; страдающий хлорозом (тж. сущ.).
clorurado, da. [прил.] содержащий хлор, хлористый.
clorurar. [перех.] (хим.) хлорировать.
cloruro. [м.] (хим.) хлористое соединение, хлорид: * **cloruro** de sodio, хлористый натрий, поваренная соль; * **cloruro** de potasio, хлористый калий.
clota. [ж.] (обл.) яма для посадки.
clown. [м.] (англ.) клоун.
clownismo. [м.] (мед.) клоунизм, клоунские движения, жесты и позы истеричных.
club. [м.] клуб: * **club** de aviación, аэроклуб.
clubista. [м.] член клуба.
clubman. [м.] (англ.) член клуба.
clueco, ca. [прил.] дряхлый, беспомощный; * gallina **clueca**, наседка; [ж.] наседка.
cluequera. [ж.] (вул.) см. **cloquera**; (Амер.) трусость, малодушие.
clunáculo. [м.] (археол.) род римского кинжала.
clunesia. [ж.] (пат.) нарыв на ягодице.
cluniacense. [прил.] принадлежащий или относящийся к монастырю Клюни (тж. сущ.).
co- приставка, обозначающая совместность.
coa. [ж.] род американской мотыги; (Амер.) тюремный, воровской жаргон.
coacción. [ж.] принуждение; насилие.
coaccionar. [перех.] (вар.) см. **violentar**; принуждать, заставлять.
coacervación. [ж.] накопление, скопление.
coacervar. [перех.] собирать, нагромождать, накоплять, умножать.

coacreedor, ra. [м. и ж.] сокредитор (тж. прил.).
coactar. [перех.] принуждать.
coactividad. [ж.] принудительность.
coactivo, va. [прил.] принудительный.
coacusado, da. [прил. и сущ.] сообвиняемый, (-ая), соответчик, (-чица).
coadjutor, ra. [м. и ж.] помощник, (-ница); [м.] (церк.) коадъютор.
coadjutoría. [ж.] (церк.) должность коадъютора.
coadministrador. [м.] тот, кто помогает епископу в управлении епархии.
coadquiridor, ra. [прил.] совместно приобретающий.
coadquirir. [перех.] (юр.) совместно приобретать.
coadquisición. [ж.] (юр.) совместное приобретение.
coadunación, coadunamiento. [ж.] смешение, соединение.
coadunar. [перех.] соединять, смешивать.
coadyutor. [см.] coadjutor.
coadyutorio, ria. [прил.] помогающий.
coadyuvador, a. [м. и ж.] сотрудник, (-ница).
coagente. [м.] помощник.
coaglutinación. [ж.] (мед.) склеивание.
coagulabilidad. [ж.] свойст. к свёртывающийся.
coagulable. [прил.] свёртывающийся, коагулирующийся, створаживающийся.
coagulación. [ж.] свёртывание, коагуляция, створаживание.
coagulador, ra. [прил.] свёртывающий.
coagulamiento. [м.] см. coagulación.
coagulante. [дейст. прич.] к coagular, створаживающий.
coagular. [перех.] коагулировать; свёртывать, створаживать: * coagulado, свернувшийся; * coagularse. [возв. гл.] коагулироваться; свёртываться, створаживаться; сгущаться.
coágulo. [м.] (крови), сгусток; свернувшаяся масса.
coaguloso, sa. [прил.] свернувшийся; запёкшийся.
coairón. [м.] (обл.) бревно.
coaita. [ж.] (зоол.) род обезьяны.
coalescencia. [ж.] сращение, срастание.
coalescente. [прил.] (мед.) сросшийся.
coalición. [ж.] коалиция, союз.
coalicionamiento. [м.] вступление в коалицию.
coalicionarse. [возв. гл.] вступать в коалицию, вступать в союз.
coalicionista. [м. и ж.] коалиционист, сторонник коалиции.
coaligar. [перех.] (гал.) см. coligar.
coaltar. [м.] (хим.) каменноугольная смола.
coalla. [ж.] бекас.
coapóstol. [м.] совместный апостол.
coaptación. [ж.] (мед.) прилаживание частей сломанной кости.
coarcho. [м.] верёвка рыболовной сети.
coarrendador. [м. и ж.] соарендатор.
coarrendamiento. [м.] соаренда.
coarrendar. [перех.] совместно арендовать.
coartación. [ж.] ограничение.
coartada. [ж.] (юр.) алиби: * alegar la coartada, доказать своё алиби.
coartador, ra. [прил.] ограничивающий (тж. сущ.).
coartar. [перех.] ограничивать.
coartotomía. [ж.] (хир.) внутреннее рассечение мочевого канала.
coartotómico, ca. [прил.] (хир.) к coartotomía.
coasociado, da. [м. и ж.] соучастник, (-ица).
coate, ta. [прил.] (Амер.) см. cuate.
coatí. [м.] (зоол.) носуха.

coatil. [м.] (бот.) мексиканское деревце.
coautor, ra. [м. и ж.] соавтор; соучастник, (-ица).
coaxial. [прил.] соосный, коаксиальный.
coba. [ж.] (арг.) курица; реал, испанская монета.
coba. [ж.] (разг.) хитроумная выдумка; лесть; (неол.) (разг.) губная помада: * dar coba, постоянно льстить.
cobáltico, ca. [прил.] кобальтовый.
cobaltífero, ra. [прил.] содержащий кобальт, кобальтовый.
cobaltina. [ж.] кобальтин.
cobalto. [м.] (хим.) кобальт.
cobaltoso, sa. [прил.] содержащий кобальт, кобальтовый.
cobarba. [ж.] (арг.) арбалет.
cobarcho. [м.] (рыбол.) одна из частей almadraba.
cobarde. [прил.] трусливый, малодушный; (перен.) слабый (о зрении).
cobardear. [неперех.] трусить, быть трусом.
cobardemente. [нареч.] трусливо.
cobardía. [ж.] трусость, малодушие.
cobaya. [ж.] (зоол.) морская свинка.
cobea. [ж.] (Амер.) ползучее растение Центральной Америки.
cobechar. [перех.] (с-х.) пахать, распахивать землю.
cobertera. [ж.] крышка; (перен.) сводня; (обл.) водяная лилия.
cobertizo. [м.] навес: * cobertizo para aeronaves, ангар.
cobertor. [м.] стёганое одеяло.
cobertura. [ж.] покрывало; крышка; (воен.) прикрытие; (уст.) утайка, утаивание.
cobez. [м.] хищная птица.
cobija. [ж.] коньковая черепица; покрывало; крышка; (обл.) род мантильи; (Амер.); см. manta; [множ.] постельное бельё.
cobija. [прил.] (Амер.) трусливый, малодушный.
cobijador, ra. [прил.] покрывающий; дающий убежище (тж. сущ.).
cobijamiento. [м.] покрытие; предоставление кому-л приюта или помещения у себя.
cobijar. [перех.] покрывать; накрывать; давать приют, убежище, приютить или поместить у себя; укрывать от: * cobijarse. [возв. гл.] получать приют.
cobijeo. [м.] см. cobijamiento.
cobijón. [м.] большая кожа для покрытия вьюков.
cobio, bia. [м. и ж.] (Амер.) друг, подруга, доверенное лицо.
cobista. [м. и ж.] (разг.) льстец, льстивая женщина, подхалим, (-ка).
cobla. [ж.] см. copla; (обл.) музыкальная группа, исполняющая sardanas.
cobo. [м.] большая антильская улитка; см. frazada.
cobra. [ж.] ремень для запряжки волов; упряжка.
cobra. [ж.] кобра, очковая змея.
cobra. [ж.] (охот.) дейст. к cobrar.
cobrable. [прил.] возвратимый, возместимый; подлежащий взысканию.
cobrapelo. [м.] кобра (змея).
cobradero, ra. [прил.] см. cobrable.
cobrador. [м.] сборщик налогов; сборщик (денег); трамвайный, автобусный кондуктор; (фин.) инкассатор.
cobraico, ca. [прил.] к кобра (змея).
cobranza. [ж.] дейст. к cobrar; взимание, получение (податей, налогов); (фин.) инкассация.
cobrar. [перех.] получать, брать деньги; взыскивать; взимать, собирать (налоги); получать обратно; (фин.) инкассировать; приобретать; тащить, тянуть, быть охваченным каким-л чувством; полюбить; пристраститься; (охот.) приносить убитую дичь на охоте (поноску); * cobrarse. [возв. гл.] прийти в себя; * cobrar aliento, передохнуть; * cobrar miedo, испугаться; * cobrar valor, набираться храбрости; * cobrar el sueldo, получать жалованье; * cobrar cariño, полюбить.
cobratorio, ria. [прил.] относящийся к взиманию налогов и т. д.
cobre. [м.] (хим.) медь; медная кухонная посуда; медные инструменты, трубы: * cobre quemado, сернокислая медь; * cobre verde, малахит; * cobre amarillo, латунь; * batirse el cobre, биться не на щадя сил, спорить горячо; сильно работать за что-л (прибыльно).
cobreño, ña. [прил.] медный, медного цвета.
cobrizo, za. [прил.] медный, содержащий медь; медного цвета.
cobro. [м.] см. cobranza; * poner en cobro, класть, спрятать в надёжное место; * ponerse en cobro, укрываться в надёжное место; * día de cobro, день получения жалованья.
coburgo, ga. [прил.] (Амер.) вступающий в брак по расчёту.
coca. [ж.] (бот.) кока; листья и плод этого кустарника: * coca de Levante, плод коки.
coca. [ж.] средневековая лодка; половина волос, разделённых пробором (у женщин); (разг.) голова; подзатыльник; (обл.) см. tarasca.
coca. [ж.] (обл.) см. torta.
cocacho. [м.] (Амер.) контузия, ушиб головы.
cocada. [ж.] сладости из кокосового ореха; (Амер.) род халвы.
cocador, ra. [прил.] кривляющийся; жеманный, насмешливый; [сущ.] кривляка, гримасник, (-ица).
cocaína. [ж.] кокаин.
cocainismo. [м.] кокаинизм.
cocainización. [ж.] кокаинизация.
cocainizar. [перех.] обезболивать кокаином.
cocainomanía. [ж.] кокаинизм, болезненное пристрастие к кокаину.
cocainómano, na. [прил.] страдающий кокаинизмом; [сущ.] кокаинист, (-ка).
cocaísmo. [м.] (Амер.) пристрастие к жеванью коки.
cocal. [м.] (Амер.) кокосовая роща.
cocán. [м.] (Амер.) белое мясо (куриное и т. д.).
cocar. [перех.] строить кому-л гримасы, гримасничать, шутить.
cocarar. [перех.] снабжать листьями коки.
cocarda. [ж.] кокарда.
cocaví. [м.] (Амер.) запас коки, запасы (при поездке).
cocazo. [м.] (Амер.) см. coscorrón; удар по голове.
coccídeo, a. [прил.] кошенильный.
coccidiosis. [ж.] (пат.) болезнь, вызванная кокцидиями.
coccidio. [м.] (зоол.) род споровика.
coccígeo, a. [прил.] (анат.) копчиковый.
coccigodinia. [ж.] (мед.) боль в области копчика.
coccíneo, a. [прил.] пурпурный.
cocción. [ж.] варка; печение; (отвар)ивание, отварка.
cóccix. [м.] (анат.) копчик.

256 coceador

coceador, ra. [прил.] лягающийся, брыкающийся.
coceadura. [ж.] coceamiento. [м.] брыкание, лягание; (перен.) сопротивление.
cocear. [неперех.] брыкаться, лягаться; (перен. разг.) сопротивляться.
cocedero, ra. [прил.] легко варящийся, поддающийся варке, варкий (прост.); [м.] место, где бродит виноградный сок и т. д.
cocedizo, za. [прил.] легко варящийся, варкий (прост.).
cocedor. [м.] человек, занимающийся варкой; см. cocedero.
cocedura. [ж.] варка; отвар.
cocer. [перех.] варить; печь (хлеб); вываривать, отваривать; обжигать (керамические изделия); кипятить; переваривать; [неперех.] кипеть, вариться; бродить, быть в состоянии брожения (о вине); см. enriar; страдать.
cocido, da. [страд. прич.] к cocer; [м.] испанское блюдо из мяса, овощей и турецкого гороха: * estar cocido en una cosa, быть опытным в чём-л.
cocidura. [ж.] (Амер.) см. cocedura.
cociembre. [м.] (обл.) брожение (вина).
cociente. [м.] (мат.) частное.
cocimiento. [м.] варка; отваривание, отвар, изготовление отвара; отвар; (уст.) см. escozor.
cocina. [ж.] кухня; плита; поваренное искусство; стряпня; бульон, отвар: * cocina de campaña, походная кухня; * cocina eléctrica, электроплитка.
cocinar. [перех. и неперех.] стряпать, готовить, заниматься стряпнёй; [неперех.] (разг.) соваться не в своё дело.
cocinear. [неперех.] (разг.) стряпать, заниматься стряпнёй.
cocinero, ra. [м. и ж.] повар, (-иха), кухарка, стряпуха.
cocinilla. [м.] (разг.) человек, во всё вмешивающийся.
cocinilla. [ж. умен.] к cocina; переносная печка, плитка; керосинка; спиртовка; (обл.) камин.
cocker. [м.] (англ.) кокер-спаньель (охотничья собака).
cóclea. [ж.] (тех.) архимедов винт.
cocleado, da. [прил.] улиткообразный.
coclear. [м.] мера веса, равная 1/2 драхме.
coclear. [прил.] спиральный.
coclearia. [ж.] (бот.) ложечная трава.
cocleiforme. [прил.] ложковидный.
cocleitis. [ж.] (мед.) воспаление ушной улитки.
coclillo. [м.] (с.-х.) см. carcoma.
coclicarpo, pa. [прил.] спиральноплодный.
coco. [м.] (Амер.) (орни.) род ибиса.
coco. [м.] кокос, кокосовая пальма; кокос, кокосовый орех, внутренняя скорлупа кокосового ореха.
coco. [м.] кокк, шарообразный микроорганизм; плодовый червь.
coco. [м.] бусина.
coco. [м.] сорт перкали.
coco. [м.] бука, пугало, страшилище, оборотень; гримаса, кривлянье: * coco prieto, (Амер.) род ибиса; * hacer cocos, льстить; ласкать; любезничать; * ser или parecer un coco, быть очень некрасивым; * llamar al coco, пугать кого-л.
cocobálsamo. [м.] плод мирры (дерева).
cocó. [м.] (арг.) кокаин. (Амер.) беловатая земля.

cocobolear. [перех.] (Амер.) вешать, казнить.
cocobolo. [м.] большое американское дерево.
cocodrilo. [м.] крокодил: * lágrimas de cocodrilo, крокодиловы слёзы.
cocodriluro. [м.] (зоол.) южноамериканская ящерица.
cocoideo, a. [прил.] похож на кокк, шарообразный.
cocol. [м.] (Амер.) ромбовидная булка.
cocolera. [ж.] (Амер.) род горлицы.
cocolía. [ж.] (Амер.) неприязнь.
cocolero. [м.] (Амер.) тот, кто печёт или продаёт cocoles, булочник.
cocoliche. [м.] (Амер.) жаргон итальянцев; итальянец, говорящий по этому жаргону.
cocoliste. [м.] (Амер.) эпидемия; тиф.
cocolita. [ж.] (мин.) кокколит.
cocoloro. [м.] (Амер.) косточка (в плодах).
cocomacaco. [м.] (шутл.) (Амер.) толстая палка.
cocombro. [м.] (Амер.) огурец (одна из разновидностей).
cocón, na. [прил.] (Амер.) пустой, гнилой (о плодах).
cocona. [ж.] (Амер.) индюшонок.
coconete. [прил.] (разг.) (Амер.) маленький, малюсенький; [м.] см. bienmesabe.
cocono. [м.] (Амер.) индюшонок.
coconota. [ж.] (Амер.) самодовольная, чванная женщина.
coconucita. [ж.] (мин.) арагонит (разновидность).
cócora. [м. и ж.] надоедливый человек (тже. прил.).
cocorear. [перех.] (Амер.) надоедать, докучать.
cocoriaco. [м.] (Амер.) кудахтанье.
cocoricamo. [м.] (Амер.) колдовство; (перен.) (разг.) затруднение (с глаг. tener).
cocorino, na. [прил.] (Амер.) надоедливый, докучливый, навязчивый.
cocorioco. [м.] (Амер.) безобразие, уродство.
cocorismo. [м.] (Амер.) неприличие, неуместность.
cocoroco, ca. [прил.] (Амер.) высокомерный, спесивый; [м.] сдобная булка.
cocorote. [ж.] (Амер.) сорт гребня.
cocorote. [м.] (Амер.) крона (дерева); пугало, бука.
cocorotina. [ж.] (Амер.) темя.
cocorrón. [м.] (Амер.) некоторое сладкое; см. coscorrón; маленький кукурузный початок.
cocoso, sa. [прил.] червивый.
cocota. [ж.] (гал.) см. ramera.
cocotal. [м.] кокосовая роща.
cocotazo. [м.] (обл.) (Амер.) удар по голове; (Амер.) глоток (ликёра).
cocote. [м.] затылок.
cocote. [ж.] см. cocota.
cocotero. [м.] (бот.) кокосовая пальма.
cocotera. [ж.] (Амер.) см. cocorota.
cocotudo, da. [прил.] (Амер.) упрямый.
cóctel. [м.] (англ.) коктейль.
cocual. [м.] (зоол.) большая американская белка.
cocuche. [прил.] (Амер.) ощипанный.
cocui. [м.] (Амер.) пита, американская агава.
cocuisa, cocuiza. [ж.] (Амер.) верёвка из питы.
cocuma. [ж.] (Амер.) жареный кукурузный початок.
cocuy. [м.] (Амер.) см. cocuyo; пита, американская агава.
cocuyo. [м.] (Амер.) светляк; кубинское дикое дерево.
cocha. [ж.] пруд (при обогатительных установках); см. cochiquera; (Амер.) пампа, степь; болото, лагуна.
cochama. [ж.] (ихтиол.) большая американская речная рыба.
cochada. [ж.] (Амер.) содержимое экипажа и т. д.
cochambre. [м.] грязная, зловонная вещь.
cochambrería. [ж.] (разг.) совокупность грязных, зловонных вещей.
cochambrero, ra, cochambroso, sa. [прил.] (разг.) вонючий, зловонный, смрадный; грязный.
cochano. [м.] (Амер.) крупинка самородного золота.
cocharro. [м.] деревянный или каменный сосуд.
cochastro. [м.] (зоол.) см. jabato.
coche. [м.] экипаж, коляска; карета; повозка; автомобиль; (ж.-д.) вагон: * coche de plaza, de punto, simón, извозчик; * coche celular, полицейский фургон; * coche fúnebre, coche estufa, похоронные дроги; * coche de ballestas, рессорный экипаж; * coche-cama, спальный вагон; * coche-correo, почтовый вагон; * coche de turismo, легковая машина; * coche cerrado, карета; * coche-comedor, вагон-ресторан; * caminar или ir en el coche de san Francisco, идти пешком; * coche parado, балкон или, окно (у очень людной улицы).
coche. [м.] неряха; см. cochi.
cochear. [неперех.] водить, управлять (экипажем и т. д.); часто ехать на экипаже и т. д.
cocheche. [м.] (Амер.) женоподобный мужчина.
cochera. [ж.] каретный сарай; жена кучера: * puerta cochera, ворота.
cocherada. [ж.] (Амер.) грубость, дерзость.
cochería. [ж.] (Амер.) каретный сарай; место, где нанимают экипажи и т. д.
cocheril. [прил.] кучерской; экипажный и т. д.
cochero. [м.] кучер; (астр.) Возничий: * cochero de punto или Simón, извозчик.
cochero, ra. [прил.] легко варящийся, варкий (прост.)
cocherón. [м. увел.] большой каретный сарай.
cocherón, na. [прил.] (Амер.): * caballo cocherón, першерон.
cochevira. [ж.] топлёное свиное сало.
cochevis. [ж.] (орни.) род жаворонка.
cochifrito. [м.] кушанье из мяса козлёнка или ягнёнка.
cochigato. [м.] (орни.) мексиканская голенастая птица.
cochina. [ж.] свинья (самка).
cochinada. [ж.] (перен.) (разг.) свинство; гадость.
cochinamente. [нареч.] нечистоплотно; (перен.) (разг.) подло, по-свински.
cochinería. [ж.] (перен.) свинство; сальность, грубый поступок.
cochinero, ra. [прил.] предназначенный для свиней: * a trote cochinero, рысцой.
cochinilla. [ж.] червец, кошениль (насекомое); кошениль (краска): * cochinilla de humedad, мокрица.
cochinillo. [м.] поросёнок.
cochinito de san Antón. [м.] (обл.) божья коровка.
cochino, na. [прил.] грязный, нечистый; презренный, подлый; [сущ.] боров, свинья; неряха, замарашка, грязнуля; (бран.) подлец, мерзавец, (-ка), сволочь.
cochiquera. [ж.] (разг.) см. cochitril.
cochistrón. [м. и ж.] (разг.) неряха, замарашка, грязнуля.
cochite hervite. [выраж.] (разг.) поспешно, на скорую руку; впопыхах; [м.] ветреник.

cochitril. [м.] свинарник, свинарня; маленькая грязная комнатёнка.
cocho, cha. [прил.] варёный.
cocho, cha. [м. и ж.] (обл.) боров; неряха, грязнуля.
cochón. [м.] (Амер.) женоподобный мужчина.
cochoso, sa. [прил.] (Амер.) грязный, нечистый.
cochura. [ж.] см. cocción; полная печь хлеба.
coda. [ж.] (муз.) кода; деревянный клин.
codadura. [ж.] отводок (виноградный).
codal. [прил.] локтевидный; имеющий локоть размера; [м.] налокотник; восковая свеча; побег (лозы); подпорка (в шахтах, в траншеях); кирпичный свод (в шахтах).
codama. [ж.] японская монета.
codaste. [м.] (мор.) ахтерштевень.
codeador, ra. [прил.] (Амер.) назойливо выпрашивающий.
codazo. [м.] удар локтем; толкание локтем.
codear. [неперех.] толкать локтем; * codearse. [возв. гл.] обращаться как с равным.
codeína. [ж.] (фарм.) кодеин.
codelincuencia. [ж.] (юр.) соучастие в преступлении.
codelicuente. [прил.] соучаствующий в преступлении (тж. сущ.).
codemandante. [сущ.] (юр.) соистец (тж. прил.).
codeo. [м.] толкание локтем; обращение как с равным; (Амер.) попрошайничество.
codera. [ж.] шероховатая кожа на локте; заплата на локте; (мор.) кормовой швартов; (обл.) последняя часть канавки.
codesera. [ж.] ракитовая заросль.
codeso. [м.] (бот.) ракитник.
codeudor, ra. [сущ.] (юр.) содолжник (-ица) (тж. прил.).
códice. [м.] старинная рукопись, кодекс.
codicia. [ж.] жадность, алчность, корыстолюбие; вожделение, чувственность.
codiciable. [прил.] желаемый, желательный, см. apetecible.
codicioso, ra. [прил.] страстно желающий; страстно стремящийся к чему-л.
codiciar. [перех.] страстно желать; страстно стремиться к чему-л.
codicilar. [прил.] относящийся к приписке к духовному завещанию.
codicilo. [м.] приписка к духовному завещанию.
codiciosamente. [нареч.] жадно, алчно.
codicioso, sa. [прил.] жадный, алчный; корыстный; завистливый; (перен.) (разг.) трудолюбивый, работящий, усердный; (тавром.) свирепый (о быке).
codificación. [ж.] кодификация.
codificador, ra. [прил.] кодифицирующий.
codificar. [перех.] кодифицировать.
código. [м.] свод законов, кодекс; код, шифр; свод правил; * código de señales, сигнальный код; * código penal, уголовный кодекс; * código militar, военный устав.
codillera. [ж.] (вет.) опухоль.
codillo. [м.] локоть, лопатка (у четвероногих); разветвление (дерева); колено, коленчатый изгиб; стремя.
codín. [м.] (обл.) узкий рукав камзола.
codiófilo, la. [прил.] (бот.) пушистолистный.
codirector, ra. [м. и ж.] помощник директора.
codito, ta. [прил.] (Амер.) скаредный, скупой.
codo. [м.] локоть; см. codillo (у четвероногих); изгиб, колено; локоть (старинная мера длины); * alzar или empinar el codo,

(разг.) сильно пить; * meterse hasta los codos, проявлять большой интерес к...; * comerse uno los codos de hambre, жить впроголодь; * hablar por los codos, трещать как сорока.
codo. [м. и ж.] (Амер.) скупец.
codón. [м.] кожаный мешок, защищающий хвост лошади от грязи.
codón. [м.] (обл.) отшлифованный водой камень.
codoñate. [м.] пластовой мармелад из айвы.
codorniz. [ж.] (орни.) перепел, перепёлка.
codorro. [м.] (обл.) горбушка хлеба.
codorro, rra. [прил.] (обл.) упрямый.
codujo. [м.] (обл.) парень, подросток, малый; низкий человек.
codujón. [м.] (обл.) см. cogujón.
coeducación. [ж.] совместное обучение.
coeficiencia. [ж.] взаимодействие.
coeficiente. [м.] коэффициент.
coendú. [м.] (зоол.) длиннохвостый дикобраз.
coercer. [перех.] принуждать; подчинять.
coercibilidad. [ж.] (физ.) сжимаемость.
coercible. [прил.] могущий быть подавленным, принуждённым; (физ.) сжимаемый.
coerción. [ж.] принуждение.
coercitivo, va. [прил.] принудительный.
coetáneamente. [нареч.] одновременно.
coetáneo, a. [прил.] современный; одной эпохи.
coeternidad. [ж.] (бог.) совечность.
coeterno, na. [прил.] совечный, вечно существующий с кем-л.
coevo, a. [прил.] современный.
coexistencia. [ж.] сосуществование.
coexistente. [дейст. прич.] к coexistir, сосуществующий.
coexistir. [неперех.] сосуществовать.
cofa. [ж.] (мор.) марс.
coferdam. [м.] кофердам.
cofia. [ж.] головной убор, чепчик; сетка для волос; (воен.) подшлемник.
cofiador, ra. [м. и ж.] совместный поручитель.
cofín. [м.] корзина.
cófosis. [ж.] полная глухота.
cofrade. [м.] член братства, общества: * cofrade de pala, (арг.) помощник воров.
cofradía. [ж.] (церк.) братство; корпорация, общество; (арг.) толпа; кольчуга; собрание воров.
cofre. [м.] сундук, кофр.
cofrero. [м.] сундучник.
cofto, ta. [прил. и сущ.] см. copto.
cofundación. [ж.] совместное основание.
cofundador, ra. [м. и ж.] сооснователь, (-ница) (тж. прил.).
cofundar. [перех.] основать совместно с кем-л.
cogedera. [ж.] приспособление для снимания плодов; палочка (железная или деревянная) для сбора испанского дрока; ящик пчеловода.
cogedero, ra. [прил.] зрелый, спелый, готовый; [м.] рукоятка, ручка.
cogedizo, za. [прил.] легко поддающийся сбору и т. д.
cogedor, a. [прил.] собирающий; [сущ.] сборщик, (-ица) плодов; собиратель, (-ница); [м.] совок; приспособление для снимания плодов.
cogedura. [ж.] дейст. к coger, сбор (плодов).
coger. [перех.] брать, взять (в руку), хватать, схватывать; схватить, поймать; застигнуть, захватить, застать; усваивать, перенимать; прибавлять (в весе); брать, нанимать, принимать на службу; собирать; рвать, срывать; снимать (урожай); занимать (место); застать, находить; встречать; вмещать; догонять,

вбирать; разоблачать; (тавром.) подхватывать на рога (тореро быком); (неперех.] см. caber; * coger con las manos en la masa, застать на месте преступления; схватить с поличным; * coger de improviso, заставать врасплох; поражать; * coger el autobús, сесть в автобус; * coger el tren, сесть в поезд, поехать по железной дороге; * coger un catarro, схватить насморк; * coger frío, простудиться; * coger al vuelo, схватить, поймать на лету.
cogetrapos. [м.] тряпичник.
cogida. [ж.] сбор плодов; урожай (плодов и овощей); (тавром.) подхватывание на рога (тореро быком).
cogido, da. [страд. прич.] к coger; [м.] складка.
cogienda. [ж.] (Амер.) сбор урожая.
cogitabilidad. [ж.] способность мыслить.
cogitabundo, da. [прил.] задумчивый, погружённый в размышления.
cogitativo, va. [прил.] мыслительный, способный мыслить.
cognación. [ж.] родня, родство (по женской линии); родня.
cognado, da. [м. и ж.] родственник (по женской линии); [прил.] подобный, сходный.
cognaticio, cia. [прил.] прин. или относящ. к родне (по женской линии).
cognición. [ж.] познавательная способность.
cognitivo, va. [прил.] см. cognoscitivo.
cognomento. [м.] прозвище.
cognoscibilidad. [ж.] познаваемость.
cognoscible. [прил.] познаваемый.
cognoscitivo, va. [прил.] познавательный, познающий.
cogollar. [неперех.] (Амер.) кочаниться (о капусте и т. д.).
cogollero. [м.] (Амер.) червь очень вредный для табака.
cogollo. [м.] (бот.) сердцевина; кочан; росток, побег; (Амер.) большая цикада.
cogolludo, da. [прил.] с большим кочаном.
cogombrillo. [м.] огурчик (одна из разновидностей).
cogombro. [м.] огурец (одна из разновидностей).
cogón. [м.] (бот.) название филиппинского злакового растения.
cogonal. [м.] место, изобилующее cogones.
cogorza. [ж.] (разг.) опьянение.
cogotazo. [м.] подзатыльник.
cogote. [м.] затылок: султан (на шлеме): * ser tieso de cogote, быть высокомерным.
cogotera. [ж.] назатыльник (пристёгивающийся к головному убору).
cogotudo, da. [прил.] с толстым затылком; высокомерный, надменный; [м.] (Амер.) разбогатевший человек, выскочка.
cogucho. [м.] нерафинированный сахар, сахар-сырец.
coguil. [м.] (Амер.) съедобный плод boqui.
coguilera. [ж.] (Амер.) чилийское вьющееся растение.
cogujada. [ж.] (орни.) хохлатый жаворонок.
cogujón. [м.] угол матраца, подушки и т. д.
cogujonero, ra. [прил.] в форме жала.
cogulla. [ж.] монашеская ряса с капюшоном.
cogullada. [ж.] копчёный свиной язык.

cohabitación. [ж.] сожительство.
cohabitador, ra. [прил.] сожительствующий (тже. сущ.).
cohabitar. [неперех.] сожительствовать; состоять в брачном сожительстве.
cohecha. [ж.] (с.-х.) последняя пахота перед посевом.
cohechador, ra. [прил.] дающий взятку, подкупающий (тже. сущ.).
cohechar. [перех.] подкупать, давать взятку.
cohechar. [перех.] (с.-х.) пахать, распахивать перед посевом.
cohecho. [м.] подкуп.
cohecho. [м.] (с.-х.) время пахоты (перед посевом).
cohén. [м. и ж.] колдун, (-ья); сводник, сводница, сводня (разг.).
coheredar. [неперех.] (юр.) сонаследовать.
coheredero, ra. [м. и ж.] (юр.) сонаследник, (-ица).
coherencia. [ж.] связность; связь; (физ.) сила сцепления; когерентность.
coherente. [прил.] связный; связанный; последовательный; (физ.) когерентный; сплочённый.
coherentemente. [нареч.] связно, последовательно.
cohesión. [ж.] связь; сцепление, сила сцепления, спаянность, сплочённость.
cohesionar. [перех.] соединять, связывать, сцеплять.
cohesivo, va. [прил.] связующий.
cohesor. [м.] (радио.) когерер.
cohete. [м.] ракета; ракета, реактивный снаряд; (Амер.) (горн.) подрывной снаряд; * cohete de señales, сигнальная ракета; * salir como un cohete, (разг.) бежать что есть духу.
cohete. [прил.] (Амер.) пьяный, опьяневший.
cohetear. [перех.] (Амер.) см. barrenar.
cohetera. [ж.] жена пиротехника.
cohetería. [ж.] (соб.) ракеты; место, где производят или продают ракеты.
cohetero. [м.] пиротехник; фейерверкер (уст.).
cohetito. [м. умен.] к cohete, (Амер.) рюмка ликёра.
cohibición. [ж.] сдерживание, обуздывание; стеснение.
cohibir. [перех.] сдерживать, обуздывать; стеснять; * cohibido, стеснённый, чувствующий себя неловко.
cohobación. [ж.] многократная перегонка.
cohobar. [перех.] (хим.) многократно дистиллировать, перегонять.
cohobo. [м.] олений мех; (Амер.) олень.
cohollo. см. cogollo.
cohombral. [м.] место, засеянное cohombros.
cohombrillo. [м.] огурчик (разновидность).
cohombro. [м.] (бот.) огурец (разновидность); блинчатый пирог.
cohonestar. [перех.] скрывать недостатки; оправдывать, представлять в благоприятном свете.
cohorte. [ж.] (ист.) (перен.) когорта; множество.
cohórtico, ca. [прил.] к когорта.
coi. [м.] (м. соу.) (Амер.) подвесная корзина; подвесная колыбель.
coico, ca. [прил.] (Амер.) горбатый.
coicoy. [м.] (Амер.) (зоол.) маленькая жаба.

coihué. [м.] (Амер.) очень высокое дерево.
coila. [ж.] (Амер.) ложь, обман, выдумка.
coilero, ra. [прил.] (Амер.) см. embustero.
coima. [ж.] любовница, возлюбленная, наложница.
coima. [ж.] деньги получаемые содержателем игорного дома.
coime, coimero. [м.] содержатель игорного дома.
coincidencia. [ж.] совпадение, одновременность.
coincidente. [дейст. прич.] к coincidir; совпадающий, одновременный.
coincidir. [неперех.] совпадать; одновременно происходить, случаться; приурочиваться.
coinquilino, na. [м. и ж.] сонаниматель, (-ница).
coinquinado, da. [прил.] грязный.
coinquinar. [перех.] грязнить, пачкать; марать; * coinquinarse, [возв. гл.] пачкаться; позорить своё имя.
coinstrucción. [ж.] совместное обучение и т. д.
cointeresado, da. [прил.] обоюдно заинтересованный (тже. сущ.).
coipo. [м.] (Амер.) (зоол.) род бобра.
coirón. [м.] (Амер.) злаковое растение.
coironal. [м.] (Амер.) место, изобилующее coirones.
coital. [прил.] к совокупление.
coito. [м.] совокупление.
coitofobia. [ж.] боязнь совокупления (болезнь).
coja. [ж.] (перен.) (разг.) проститутка.
cojal. [м.] кожа на коленях у чесальщика (при чесании шерсти).
cojanco, ca. [прил.] (Амер.) легко хромающий.
cojatal. [м.] (Амер.) место, изобилующее cojate.
cojate. [м.] (Амер.) (бот.) дикорастущее лилейное растение.
cojatillo. [м.] (Амер.) род кубинского имбиря.
cojear. [неперех.] хромать, прихрамывать, ковылять (разг.); качаться (о столе и т. д.); (перен.) хромать; иногда поступать неискренне, вилять; * saber del pie que uno cojea, знать слабые места кого-л.
cojera. [ж.] хромота, прихрамывание.
cojijoso, sa. [прил.] раздражительный, раздражающийся из-за пустяков.
cojín. [м.] диванная подушка.
cojinete. [м. умен.] к cojín подушечка; (тех.) подшипник, рельсовая подушка.
cojinillo. [м.] (Амер.) маленький плед; [множ.] см. alforjas.
cojinúa, cojinuda. [прил.] (Амер.) кубинская рыба.
cojito. [м.] насекомое, букашка, козявка; неприятность, досада (из-за пустяков).
cojitranco, ca. [прил.] (презр.) (шумливый, непоседливый) хромой (тже. сущ.).
cojo, ja. [прил.] хромой, хромающий; качающийся (о столе и т. д.); [сущ.] хромой, (-ая); * dejar cojo, сделать хромым; * no ser ni cojo ni manco, быть ловким.
cojobo. [м.] (Амер.) (бот.) американское дерево, см. jabí.
cojolite. [м.] род мексиканского фазана.
cojudo, do. [прил.] не кастрированный (о животных).
cojuelo, la. [прил. умен.] к cojo, хромой.
cok. [м.] кокс.
col. [ж.] (бот.) капуста: * col de Bruselas, брюссельская капуста; * col de pella, кочанная капуста; * col fermentada, кислая капуста; * entre col y col lechuga, (разг.) пользоваться случаем.
cola. [ж.] хвост; шлейф; хвост, очередь; конец; см. gola; (ав.) хвост; (муз.) кода: * traer cola, (разг.) иметь важные последствия; * ser uno arrimado a la cola, быть грубым и глупым; * ponerse a la cola, становиться в очередь; * hacer (guardar) cola, стоять в очереди; * a la cola, в хвосте, позади; в конце, сзади; * cola de milano, шип, лапа; * cola de zorra, (бот.) лисохвост; * cola de caballo, (бот.) хвощ полевой; * apearse por la cola, (разг.) говорить некстати или глупость; piano de cola, рояль.
cola. [ж.] клей: * cola de pescado, рыбий клей.
colaboración. [ж.] сотрудничество; совместные, согласованные действия: * colaboración estrecha, тесное сотрудничество.
colaboracionismo. [м.] (полит.) коллаборационизм.
colaboracionista. [м. и ж.] (полит.) коллаборационист.
colaborador, ra. [м. и ж.] сотрудник, (-ица).
colaborar. [неперех.] сотрудничать.
colación. [ж.] присуждение научной степени; сличение копии с подлинником, сверка, считка; приходская территория; лёгкий ужин, закуска; угощение: * traer a colación, ставить что-л на обсуждение; * sacar a colación, упомянуть о...
colacionar. [перех.] сличать, сверять, считывать (копию с оригиналом); присуждать научную степень.
colactáneo. [м. и ж.] молочный брат или сестра.
colachón. [м.] род гитары.
colada. [ж.] процеживание; стирка белья со щёлоком; бельё, прокипячённое в щёлоке; щёлок для белья; дорога для стад; узкий проход, ущелье; (тех.) выпуск металла из доменной печи; литьё, отливка; (Амер.) рисовая каша; каша из кукурузной муки; жидкая каша.
colada. [ж.] (разг.) хорошая шпага.
coladera. [ж.] цедилка.
coladero. [м.] цедилка; узкий проход.
coladizo, za. [прил.] легко проходящий насквозь.
colado, da. [страд. прич.] к colar; [прил.] отлитый, литой: * hierro colado, чугун.
colador. [м.] раздатчик духовных мест; тот, кто присуждает научную степень.
colador. [м.] цедилка; дуршлаг, сито; цедильный бак, чан; бак для кипячения белья.
coladora. [ж.] прачка.
coladura. [ж.] процеживание, фильтрация; процеженная жидкость; осветление (вина); (разг.) неловкий, неуместный поступок, бестактность; обман, ложь.
colagón. [м.] (Амер.) канал.
colaina. [ж.] растрескивание (дерева).
colaire. [м.] (обл.) ветер, дующий сквозь щели.
colambre. [ж.] см. corambre.
colana. [ж.] (разг.) глоток.
colandero, ra. [м. и ж.] (обл.) человек, занимающийся стиркой белья, прачка.
colanilla. [ж.] шпингалет; задвижка, засов.
colaña. [ж.] перегородка (в амбаре); (обл.) бревно некоторой длины.
colapez, colapiscis. [ж.] рыбий клей.
colapiz. [ж.] (Амер.) см. colapez.
colapso. [м.] (мед.) коллапс.
colar. [перех.] присуждать научную степень, духовное место.
colar. [перех.] цедить, процеживать, фильтровать; кипятить бельё в щёлоке, заливать бельё щелочным раствором, отливать; [неперех.] проходить через узкий проход; (разг.) пить вино; * colarse, [возв. гл.] проскальзывать; совершить бестактность, лгать.
colargol. [м.] (хим.) коллоргол.
colateral. [прил.] боковой; [сущ.] родственник по боковой линии.

colativo, va. [прил.] очищающий, процеживающий; жалуемый.
colayo. [м.] см. pimpido.
colazo. [м.] (Амер.) удар хвостом.
colbac. [м.] гусарская меховая шапка.
colcrén. [м.] (вар.) кольдкрем.
colcha. [ж.] одеяло, покрывало.
colchado, da. [страд. прич.] к colchar; [прил.] набитый (шерстью и т. д.).
colchadura. [ж.] подбивка ватой, стегание.
colchar. [перех.] см. acolchar; (мор.) сучить, свивать (тросы).
colchero, ra. [м. и ж.] тот, кто изготовляет или продает одеяла.
colcho, cha. [прил.] (Амер.) мягкий (о дереве и т. д.).
colchón. [м.] матрац, матрас, тюфяк: * colchón de muelles, пружинный матрац; * colchón de tela metálica, металлическая сетка кровати; * colchón sin bastas, (перен.) (разг.) (обл.) толстый, не опоясанный человек (преимущ. о женщине); * de colchón, матрасный.
colchoncillo. [м. умен.] к colchón, (разг.) матрасик.
colchonera. [прил.]: * aguja colchonera, игла для шитья матрасов.
colchonería. [ж.] см. lanería; магазин, где продают матрацы, подушки и т. д.
colchonero, ra. [м. и ж.] обойщик (специалист по матрасам); тот, кто продаёт матрасы.
colchoneta. [ж.] подушка; (мор.) узкий матрац, матрасик.
cole. [м.] (разг.) (обл.) ныряние.
coleada. [ж.] удар хвостом.
coleador, ra. [прил.] виляющий хвостом.
coleadura. [ж.] виляние хвостом.
colear. [неперех.] вилять хвостом, махать хвостом; [перех.] (тавром.) тащить быка за хвост: (разг.) * todavía colea, дело всё ещё тянется.
colección. [ж.] коллекция, собрание.
coleccionador, ra. [м. и ж.] коллекционер.
coleccionar. [перех.] коллекционировать, собирать.
coleccionismo. [м.] коллекционерство.
coleccionista. [м.] коллекционер.
colecístico, ca. [прил.] к жёлчный пузырь.
colecistitis. [ж.] (пат.) воспаление жёлчного пузыря, холецистит.
colecisto. [м.] (анат.) жёлчный пузырь.
colecta. [ж.] сбор (пожертвований и т. д.); складчина; (церк.) сборная молитва (при обедне).
colectación. [ж.] собирание (податей и т. д.).
colectador, ra. [м. и ж.] (Амер.) сборщик, (-ица), собиратель.
colectar. [перех.] производить сбор, собирать (пожертвования, подати).
colectasía. [ж.] (мед.) растяжение ободочной кишки.
colecticio, cia. [прил.] разношёрстный (о войске).
colectivamente. [нареч.] коллективно.
colectividad. [ж.] коллектив; коллективность; общность.
colectivismo. [м.] коллективизм.
colectivista. [прил.] коллективистический; [сущ.] коллективист, (-ка).
colectivización. [ж.] обобществление, коллективизация.
colectivizar. [перех.] коллективизировать.
colectivo, va. [прил.] коллективный, совместный; (грам.) собирательный.
colector, ra. [прил.] собирающий, собирательный; [м. и ж.] собиратель, (-ница) сборщик (-ица); коллекционер; собиратель податей; см. recaudador; коллектор, приёмник; подземная труба для стока нечистот.

colecturía. [ж.] отдел, должность сборщика податей и т. д.
colega. [м.] коллега.
colegatario, ria. [м. и ж.] сонаследник, (-ица).
colegiadamente. [нареч.] в полном составе.
colegiado, da. [страд. прич.] к colegiarse; [прил.] принадлежащий к коллегии (врачей и т. д.).
colegial. [прил.] коллегиальный; относящийся к пансиону, колледжу; [м.] ученик колледжа; школьник; стипендиат; (Амер.) некоторая птица: * iglesia colegial, соборная церковь.
colegiala. [ж.] ученица колледжа; стипендиатка.
colegialmente. [нареч.] в полном составе.
colegiarse. [возв. гл.] объединяться в коллегию, цеховую организацию.
colegiata. [ж.] соборная церковь.
colegiatura. [ж.] стипендия.
colegio. [м.] коллегия; цеховая организация, объединение, корпорация; колледж, пансион закрытое учебное заведение; школа: * colegio electoral, совокупность избирателей; избирательный округ: * colegio militar, военное училище.
colegir. [перех.] соединять, объединять; делать вывод, заключать, выводить заключение; [непр. гл.] спрягается как pedir.
colelito. [м.] (пат.) жёлчный камень.
colendo. [прил.]: * día colendo, праздник.
coleo. [м.] виляние, махание хвостом.
coleópteros. [м. множ.] (зоол.) жесткокрылые насекомые.
coleopterología. [ж.] наука о жесткокрылых насекомых.
colera. [ж.] украшение (у лошадиного хвоста).
cólera. [ж.] жёлчь; гнев, ярость; раздражение; [м.] холера: * cólera esporádico, холерина; * cólera-morbo, холера; * montar en cólera, разъяриться.
cólera morbo. [м.] (мед.) холера.
coléricamente. [нареч.] раздражительно.
colérico, ca. [прил.] раздражительный, вспыльчивый; холерный [сущ.] больной, (-ая) холерой, (разг.) холерик.
colerín(a). [ж.] (мед.) холерина.
colero. [м.] (Амер.) (горн.) помощник надсмотрщика.
colerofobia. [ж.] болезненная боязнь холеры.
coleroide. [прил.] похожий на холеру.
colesterina. [ж.] (хим.) холестерин.
coleta. [ж.] коса из волос; косичка (у торево); сорт кретона; (разг.) вставка, дополнение, послесловие; [ж.] см. mahón: * cortarse la coleta, переставать заниматься какой-л профессией (преимущ. о тореро); * tener или traer coleta, иметь важные последствия.
coletazo. [м.] удар хвостом.
coletear. [перех.] (Амер.) ударять хвостом.
coletero. [м.] тот, кто шьёт или продаёт кожаные куртки.
coletilla. [ж.] косичка; вставка, дополнение, послесловие; сорт кретона.
coletillo. [м.] род кофты.
coleto. [м.] кожаная куртка; тело (человека): * decir para su coleto, сказать себе; * echarse al coleto, выпить, съесть; дочитать до конца.
coletón. [м.] (Амер.) см. arpillera.
coletón, na. [прил.] (Амер.) низкий, подлый.
coletudo, da. [прил.] (Амер.) бесстыдный, наглый.
coletuy. [м.] название разных бобовых растений.
colgable. [прил.] подвешиваемый.

colgadero, ra. [прил.] подвешиваемый; [м.] стенной крюк для подвешивания чего-л.
colgadizo, za. [прил.] подвесной; [м.] навес.
colgado, da. [страд. прич.] к colgar; [прил.] разочарованный; сомнительный: * dejar colgado, оставлять в дураках.
colgador. [м.] (полигр.) козлы для просушивания влажных оттисков.
colgadura. [ж.] стенные ковры, драпы: colgadura de cama, полог.
colgajo. [м.] лоскут; висящий предмет; подвешенный для сушки плод.
colgamiento. [м.] подвешивание, вешание.
colgandejear. [перех.] (Амер.) подвешивать, вешать.
colgandero, ra. [прил.] висящий; висячий.
colgante. [дейст. прич.] к colgar; висячий (о мосте); [м.] pinjante; (арх.) фестон; подвеска, подвешенное украшение.
colgar. [перех.] вешать, подвешивать; обвешивать, увешивать; обвешивать коврами; (разг.) вешать, казнить; вменять в вину, обвинять; дарить ко дню рождения; * colgar un san Benito, обвинять; * colgar los hábitos, отречься от монашеского сана; [неперех.] висеть; свешиваться, низко опускаться.
coliblanco, ca. [прил.] белохвостый.
colibrí. [м.] (орни.) колибри.
cólica. [ж.] колика (лёгкая).
colicano, na. [прил.] имеющий хвост с белыми щетинами.
cólico. [м.] колика, резь; * cólico miserere, заворот кишок; * cólico nefrítico, почечная колика.
colicoli. [м.] (Амер.) (зоол.) слепень.
colicorto, ta. [прил.] (зоол.) короткохвостый.
colicuación. [ж.] растопление, расплавление, распускание (твердых тел); (мед.) быстрое похудание.
colicuante. [дейст. прич.] к colicuar, расплавляющий.
colicuar. [перех.] расплавлять, распускать (твёрдые тела).
colicuecer. [перех.] см. colicuar.
colículo. [м.] (мед.) бугорок.
coliche. [м.] (Амер.) вечеринка.
coliflor. [ж.] (бот.) цветная капуста.
coligación. [ж.] coligadura. [ж.] coligamiento. [м.] лига, союз; соединение, сцепление, связь.
coligarse. [возв. гл.] объединяться, вступать в союз, заключать союз.
coligrueso, sa. [прил.] (зоол.) толстошеий; с толстым хвостом; [м.] (Амер.) некоторое сумчатое животное.
coliguacho. [м.] (Амер.) род слепня.
coliguacho, cha. [прил.] (шутл.) (Амер.) очень большой.
coligüe. [м.] злаковое растение.
colihuacho, cha. [прил.] (Амер.) тёмно-бурый; (разг.) очень большой.
colihuar. [м.] (Амер.) место, изобилующее colihues.
colihue. [м.] (Амер.) (бот.) см. coligüe.
colilargo, ga. [прил.] (зоол.) длиннохвостый; [м.] название американского грызуна.
colilla. [ж.] окурок сигары.
colillero, ra. [м. и ж.] человек, подбирающий окурки.
colimación. [ж.] (астр.) коллимация.
colimador. [м.] (астр.) коллиматор.

colín, na. [прил.] короткохвостый (о лошади); [м.] (Амер.) род перепела.
colín. [м.] (Амер.) палаш, тесак.
colina. [ж.] холм, пригорок.
colina. [ж.] капустная рассада; капустное семя.
colinabo. [м.] (бот.) кольраби, брюква.
colinario, ria. [прил.] (бот.) растущий на холмах.
colincho, cha. [прил.] (Амер.) короткохвостый, куцый.
colindante. [прил.] смежный, соприкасающийся, прилегающий, пограничный.
colindar. [неперех.] граничить, иметь общую границу.
colino. [м.] (бот.) капустная рассада; капустное семя.
colipavo, va. [прил.] с широким хвостом (о нек-рых голубях).
colirio. [м.] наружное глазное средство; глазные капли.
colirrojo. [м.] (орни.) горихвостка.
colisa. [ж.] (мор.) вращающаяся орудийная платформа; орудие на этой платформе.
coliseo. [м.] большой театр.
colisión. [ж.] столкновение; царапина, ссадина; (перен.) столкновение, коллизия.
colisionar. [неперех.] см. chocar.
colita. [ж. умен.] к cola, хвостик.
colitear. [перех.] (Амер.) неотступно преследовать кого-л.
colitigante. [м. и ж.] (юр.) соистец.
colitis. [ж.] (мед.) колит.
coliza. [ж.] (мор.) см. colisa.
coljós. [м.] колхоз.
coljosiano, na. [прил.] колхозный; [сущ.] колхозник, (-ица).
colmadamente. [нареч.] обильно.
colmado, da. [страд. прич.] к colmar; [прил.] обильный; [м.] трактир, харчевня.
colmar. [перех.] наполнять до краёв; засыпать доверху; щедро одарить, осыпать; преисполнять: * colmar de reproches, осыпать упрёками.
colmena. [ж.] улей.
colmenar. [м.] пчельник, пасека.
colmenero, ra. [м. и ж.] пчеловод, пасечник.
colmenilla. [ж.] сорт гриба.
colmillada. [ж.] см. colmillazo.
colmillar. [прил.] к клыки.
colmillazo. [м.] удар клыком; покусывание.
colmillejo. [м. умен.] к colmillo, маленький клык.
colmillo. [м.] клык, глазной зуб; бивень: * enseñar los colmillos, показать зубы, огрызаться; * tener el colmillo retorcido, не давать себя обмануть; * escupir por el colmillo, вести себя вызывающе; без уважения относиться к кому-л.
colmilludo, da. [прил.] клыкастый, зубастый; (перен.) хитрый, коварный.
colmo, ma. [м.] прибавка; избыток; (перен.) верх, предел: * a colmo, обильно; * llegar a colmo, достигать предела в чём-л; * ¡es el colmo!, это уже слишком!, это предел!
colmo. [м.] соломенная крыша.
colobo. [м.] (Амер.) (зоол.) обезьяна (разновидность).
colocación. [ж.] помещение, размещение; установка, укладка; расстановка; помещение капитала; предоставление места; устройство на работу, на службу; место, должность; положение, местоположение, местонахождение, расположение; (тех.) закрепление (болтами).
colocar. [перех.] помещать, размещать, ставить; класть, укладывать; устанавливать, располагать; пристраивать, определять (на работу, службу); помещать (капитал); (тех.) закреплять (болтами); продавать; * colocarse, [возв. гл.] помещаться, занимать определённое положение; пристраиваться, определяться на работу, на службу.
coloclister. [м.] (мед.) клизма.
colocolo. [м.] (Амер.) (зоол.) род дикого кота.
colocutor, ra. [м. и ж.] собеседник, (-ица).
colocho. [м.] стружка; локон.
colocho, cha. [прил.] (Амер.) кудрявый.
colodión. [м.] коллодий, коллодиум.
colodra. [ж.] деревянная чашка; подойник; деревянный жбан для вина; сосуд из рога: * ser una colodra, пить мёртвую.
colodrazgo. [м.] (старинный) налог на продажу вина.
colodrillo. [м.] (анат.) затылок.
colofón. [м.] (полигр.) выходные данные (в конце книги).
colofonia. [ж.] канифоль.
colofonita. [ж.] (мин.) зелёный или желтоватый гранат.
cologüina. [ж.] (Амер.) курица (разновидность).
coloidal. [прил.] коллоидальный, коллоидный.
coloide. [м.] (хим.) коллоид.
coloideo, a. [прил.] коллоидальный.
colombianismo. [м.] слово или выражение, свойственное испанскому языку в Колумбии.
colombiano, na. [прил.] колумбийский; [сущ.] колумбиец, (-анка).
colombicultor, ra. [м. и ж.] голубевод.
colombicultura. [ж.] голубеводство.
colombino, na. [прил.] колумбовский, относящийся к Колумбу.
colombófilo. [прил.] любящий голубей или разводящий их; [сущ.] голубевод, голубятник.
colombroño. [м.] (обл.) тёзка.
colon. [м.] (анат.) ободочная кишка.
colon. [м.] (грам.) главная часть периода; точка с запятой или двоеточие.
colón. [м.] серебряная монета Коста-Рики.
colonato. [м.] аренда земли с уплатой землевладельцу части доходов или урожая.
colonche. [м.] (Амер.) водка из nopal.
colonia. [ж.] колония, поселение; колония; узкая лента; [множ.] колонии.
colonia. [ж.] одеколон; (Амер.) растение, служащее украшением.
coloniaje. [м.] (Амер.) колониальный период.
colonial. [прил.] колониальный; (ком.) колониальный (о товарах).
colonialismo. [м.] свойст. к колониальный; колониализм, колонизаторская политика; колониальная система.
colonialista. [прил.] колониальный; [сущ.] сторонник колониализма, колониалист (тже. прил.).
colonista. [сущ.] колониалист (тже. прил.); колонист, (-ка).
colonitis. [ж.] (мед.) колит.
colonizable. [прил.] поддающийся колонизации.
colonización. [ж.] колонизация.
colonizador, ra. [прил.] колонизаторский; [сущ.] колонизатор.
colonizar. [перех.] колонизировать; обращать в колонии; заселять.
colono. [м.] колонист, поселенец; арендатор, фермер.
coloño. [м.] (обл.) вязанка, охапка хвороста.
coloptosis. [ж.] (мед.) опущение толстой кишки.
coloquíntida. [ж.] (бот.) горькая тыква.
coloquio. [м.] собеседование, разговор, коллоквиум.
color. [м.] цвет, окраска; тон; (жив.) краска; цвет лица; оттенок, характер, колорит; румяна; предлог, вид, видимость: * colores primarios, основные цвета; * colores complementarios, дополнительные цвета; * so color, под предлогом; * sin color, бесцветный; * mudar de color, измениться в лице, растеряться; * de color, цветной; * colores nacionales, цвета национального флага; * robar el color, обесцвечивать; * dar color, красить; * sacarle a uno los colores al rostro или a la cara, заставить покраснеть, пристыдить; * salirle a uno los colores, краснеть за...; стыдиться чего-л; * tomar color, начинать созревать; * dar color, казаться, представляться вероятным; * un color se le iba y otro se le venía, он был смущённым; * distinguir de colores, скромно, сдержанно судить о...
colorable. [прил.] поддающийся крашению.
coloración. [ж.] окраска, крашение, окрашивание, покраска (разг.); окраска, цвет.
coloradilla. [ж.] (Амер.) род клеща.
coloradito. [м.] (Амер.) (церк.) мальчик, служка.
colorado, da. [прил.] крашеный; яркокрасный, алый; (перен.) допускающий вольности (в разговоре), непристойный, похабный (прост.); кажущийся вероятным: * ponerse colorado, покраснеть.
coloradote, ta. [прил.] (разг.) краснолицый.
colorante. [прил.] красящий; [м.] краситель, красящее вещество.
colorar. [перех.] окрашивать; * colorarse, [возв. гл.] (уст.) см. ruborizarse.
colorativo, va. [прил.] красящий.
colorear. [перех.] красить, окрашивать, раскрашивать; писать красками; (перен.) подыскивать предлог; см. cohonestar; [неперех.] краснеть, алеть; отливать красным; краснеть (о плодах).
colorete. [м.] румяна.
colorido. [м.] колорит, окраска; (перен.) предлог.
colorimetría. [ж.] колориметрия.
colorímetro. [м.] колориметр.
colorín. [м.] щегол (птица); яркая краска.
colorista. [прил.] колористический; [сущ.] колорист; писатель, пишущий цветистым слогом.
colosal. [прил.] колоссальный, гигантский, огромный; необъятный, чрезвычайный.
colosalmente. [нареч.] колоссально, чрезвычайно.
coloso. [м.] (прям.) (перен.) колосс.
colostomía. [ж.] наложение свища на толстую кишку.
colostro. [м.] молозиво.
colote. [м.] (Амер.) лукошко.
colotifus. [м.] (мед.) брюшной тиф с поражением толстой кишки.
colotomía. [ж.] оперативное вскрытие.
colpalgia. [ж.] (пат.) боль во влагалище.
colpectasia. [ж.] (мед.) расширение влагалища.
colpectomía. [ж.] (хир.) удаление влагалища.
colpeurinter. [м.] расширитель влагалища.
colpeurisis. [ж.] (хир.) расширение влагалища.
colpitis. [ж.] (пат.) воспаление влагалища.
colpocele. [м.] (мед.) влагалищная грыжа.
colpocistotomía. [ж.] (хир.) рассечение мочевого пузыря со стороны влагалища.

colpocleisis. [ж.] (хир.) заращение влагалища.
colpohiperplasia. [ж.] (мед.) утолщение стенок влагалища.
colpohisteropexia. [ж.] (хир.) пришивание матки к влагалищу.
colpohisterotomía. [ж.] (хир.) влагалищное кесарево сечение.
colpoperineorrafia. [ж.] (хир.) пластическая операция на промежности для устранения выпадения матки.
colpopexia. [ж.] (хир.) образование искусственного влагалища.
colpoptosis. [ж.] (пат.) опущение влагалища.
colporrafia. [ж.] (жир.) оперативное сужение влагалища.
colporragia. [ж.] (пат.) кровотечение из влагалища.
colporrexis. [ж.] (мед.) разрыв влагалища.
colposcopia. [ж.] осмотр влагалища.
colposcopio. [м.] прибор для осмотра влагалища.
colpospasmo. [м.] судороги влагалища.
colpostenosis. [ж.] (мед.) врождённое заращение или приобретенное сужение влагалища.
colpotomía. [ж.] (хир.) разрез влагалищного свода.
colquicáceo, a. [прил.] к безвременник.
cólquico. [м.] (бот.) безвременник.
coltrao. [м.] (Амер.) головастик.
colubriforme. [прил.] змеевидный.
coludir. [неперех.] соглашаться в ущерб третьему лицу.
coludo, da. [прил.] (Амер.) длиннохвостый; (перен.) несвоевременный.
columbario. [м.] колумбарий.
columbear. [перех.] (Амер.) качать (на качелях) (тж. возв. гл.).
columbeta. [ж.] кувырканье.
columbial. [прил.] голубиный.
columbino, na. [прил.] голубиный; чистосердечный, невинный; фиолетовый (о цвете нескольких гранатов).
columbita. [ж.] (мин.) колумбит.
columbón. [м.] (обл.) качели.
columbrar. [перех.] смутно видеть, различать; (перен.) догадываться, предполагать, строить догадки о чём-л.
columbres. [м. множ.] (арг.) глаза.
columbrón. [м.] (арг.) взгляд, взор.
columelar. [прил. и сущ.] клык.
columna. [ж.] (арх.) колонна; столб; колонна (войск и т. д.); столбец, колонка; полоса (в газете); (перен.) столп, опора, поддержка: *columna dórica, дорическая колонна; *columna jónica, ионическая колонна; *columna de agua, водяной столб; *columna automóvil, автоколонна; *columna vertebral, (анат.) позвоночный столб, позвоночник; *a tres columnas, в три столбца; *quinta columna, пятая колонна; *columna sonora, (кино) звуковая дорожка.
columnata. [ж.] (арх.) колоннада.
columnita. [ж.] (арх.) столбик, колонка.
columpiar. [перех.] качать (на качелях); *columpiarse, [возв. гл.] качаться (на качелях); ходить враскачку, вразвалку.
columpio. [м.] качели.
colunia. [ж.] (Амер.) преступная клика.
coluro. [м.] (астр.) колюр.
colusión. [ж.] (юр.) соглашение в ущерб третьему лицу; тайная связь, сделка, сговор.
colusorio, ria. [прил.] (юр.) содержащий в себе соглашение в ущерб третьему лицу.
colusor. [м.] (юр.) соучастник, соумышленник.

colutorio. [м.] (мед.) лекарство для полоскания горла и рта.
coluvie. [ж.] преступная клика; (перен.) трясина.
colza. [м.] (бот.) рапс, сурепица: *aceite de colza, сурепное масло.
colla. [ж.] латный нашейник; вереница верш; верша (пара охотничьих собак).
colla. [ж.] буря (в Филиппинских ост-вах).
colla. [прил. и сущ.] (Амер.) индеец-метис; горец.
collación. [ж.] (церк.) лёгкий завтрак, или ужин.
collada. [ж.] узкий проход, ущелье; (мор.) ветер долго продолжающийся.
colladía. [ж.] ряд холмов.
collado. [м.] узкий проход, ущелье; холм, пригорок.
collalba. [ж.] деревянный молоток.
collar. [м.] ожерелье, колье; шейная или орденская цепь; железный ошейник (надеваемый на шею преступников); ошейник; (тех.) скоба, хомут.
collarada. [ж.] воротник (рубашки); лесной голубь.
collareja. [ж.] (Амер.) дикий голубь; ласка (животное).
collarejo. [м. умен.] к collar.
collareta. [ж.] см. alzacuello (у духовных лиц).
collarín. [м. умен.] к collar; см. collareta; воротничок; обруч, кольцо; см. collarino.
collarino. [м.] (арх.) поясок (на капителях).
collazo. [м.] батрак.
colleja. [ж.] дикий салат.
collejas. [ж. множ.] узкие шейные сухожилия (у баранов).
collera. [ж.] хомут; цепь, кандалы; (обл.) пара животных (куриц и т. д.).
collerazo. [м.] (Амер.) удар хомутом.
collerón. [м. увел.] к collera; роскошный хомут.
colleta. [ж.] (обл.) маленькая капуста.
collete. [м.] (тех.) цапфа.
colliguay. [м.] чилийский куст (с ядовитым соком).
collisara. [ж.] тёмно-красная кукуруза.
collo, lla. [прил.] (Амер.) побеждённый, пленный.
collón, na. [прил.] трусливый; [сущ.] трус, (-иха).
collonada. [ж.] (разг.) трусость.
collonco, ca. [прил.] (Амер.) куцый.
collonería. [ж.] см. collonada.
collota. [ж.] (Амер.) пест.
com-. приставка, обозначающая общность, совместность.
coma. [ж.] (грам.) запятая; (муз.) комма: *sin faltar una coma, кропотливо, на зубок.
coma. [ж.] (мед.) кома, коматозное состояние: *estar en coma, быть в бессознательном состоянии.
comadrada. [ж.] (Амер.) сплетни, пересуды.
comadrazgo. [м.] духовное родство между крёстной матерью и матерью крестника.
comadre. [ж.] акушерка; повивальная бабка; кума; кумушка, сплетница; см. alcahueta.
comadrear. [неперех.] сплетничать; болтать.
comadreja. [ж.] (зоол.) ласка.
comadrería. [ж.] сплетни, пересуды.
comadrero, ra. [прил.] склонный к сплетням, пересудам, лености (тж. сущ.).
comadrón. [м.] акушер.
comal. [м.] (Амер.) глиняный диск для печения кукурузных лепешек.
comalia. [ж.] (вет.) род водянки.

comalido, da. [прил.] болезненный, постоянно недомогающий.
comanche. [сущ.] североамериканский индеец (тж. прил.).
comandancia. [ж.] комендатура; территория, подчинённая коменданту: *comandancia de marina, военно-морской округ.
comandanta. [ж.] командирша, жена коменданта; (мор.) флагманский корабль.
comandante. [м.] командующий; командир; начальник гарнизона; майор; комендант: *comandante de armas de un fuerte, командующий группой войск; *comandante en jefe, главнокомандующий.
comandar. [перех.] командовать.
comandita. [ж.] (ком.) коммандитное общество, товарищество.
comanditar. [перех.] кредитовать; давать деньги на известное предприятие.
comanditario. [сущ.] вкладчик коммандитного товарищества, коммандитист (тж. прил.).
comando. [м.] (воен.) командование, боевое управление.
comarca. [ж.] единица административного деления в Испании; край; район; окрестный район.
comarcal. [прил.] к comarca, районный.
comarcano, na. [прил.] соседний, пограничный, смежный, близлежащий.
comarcar. [неперех.] граничить, соприкасаться с..., прилегать к...; [неперех.] сажать растения в шахматном порядке.
comatorio, ria. [прил.] к cabello.
comatoso, sa. [прил.] (мед.) коматозный.
comba. [ж.] кривизна, изгиб, выпуклость, искривление; скакалка, прыгалка (детская игрушка); (арг.) могила; *hacer combas, (разг.) ходить вразвалку.
combada. [ж.] (арг.) черепица.
combadura. [ж.] искривление.
combalacharse. [возв. гл.] (Амер.) сговариваться.
combalache. [м.] (разг.) (Амер.) сговор.
combar. [перех.] гнуть, сгибать; искривлять; *combarse, [возв. гл.] гнуться, сгибаться; искривляться; прогибаться.
combate. [м.] бой, битва, сражение; (перен.) борьба, битва; внутренняя борьба: *dejar fuera de combate, (спорт.) нокаутировать; вывести из строя; *de combate, боевой; *singular combate, поединок.
combatible. [прил.] подлежащий бою.
combatidor. [м.] воин, боец; борец; фронтовик.
combatiente. [страд. прич.] сражающийся, ведущий бой, воюющий; [м.] см. combatidor.
combatir. [неперех.] сражаться, биться, драться; воевать, вести бой; бороться с...; [перех.] нападать, бить, атаковать; оспаривать, опровергать; бороться.
combatividad. [ж.] воинственность, боевой дух; боеспособность, боевая готовность.
combativo, va. [прил.] боевой, воинственный; боеспособный.
combés. [м.] открытое пространство; (мор.) шкафут.
combinable. [прил.] могущий быть комбинированным и т. д.; сочетаемый; соединимый.
combinación. [ж.] комбинирование, соединение, сочетание, комбинация; комбинация, комбине (женское бельё); (спорт.) комбинация, *combinación química, химическое соединение.

combinador, ra. [прил.] комбинирующий, сочетающий (тж. сущ.); [м.] (тех.) контроллер; см. conmutador.
combinar. [перех.] комбинировать, составлять, сочетать, соединять; устраивать, согласовывать; (хим.) соединять; * combinarse, [возв. гл.] комбинироваться; соглашаться, договориться; соглашаться, строить какую-л комбинацию.
combleza. [ж.] любовница женатого человека.
comblezo. [м.] любовник замужней женщины.
combo, ba. [прил.] согнутый; [м.] подставка для бочки (в винном подвале); (Амер.) удар кулаком; молот; молоток каменотёса.
comboso, sa. [прил.] согнутый, изогнутый.
comburente. [прил.] поддерживающий горение; [м.] воспламеняющий состав.
combustibilidad. [ж.] воспламеняемость, горючесть; сгораемость.
combustible. [прил.] горючий, воспламеняющийся; [м.] топливо, горючее.
combustión. [ж.] горение; сгорание: * combustión espontánea, самовозгорание; * motor de combustión interna, двигатель внутреннего сгорания.
combusto, ta. [прил.] сгоревший.
comebolas. [м.] (перех.) (Амер.) праздношатающийся, бездельник; см. bobalicón.
comedera. [ж.] (Амер.) кормушка.
comedero, ra. [прил.] съедобный; [м.] столовая (в квартире); кормушка.
comedia. [ж.] комедия; театр; комический жанр (перен.) комедия, притворство: * comedia de capa y espada, комедия плаща и шпаги; * comedia bucólica, комедия из крестьянской жизни; * comedia de costumbres, комедия нравов, бытовая комедия; * comedia lírica, музыкальная комедия; * alta comedia, высокая комедия; * comedia de enredo, любовная комедия; * la comedia, комический жанр; * hacer la comedia, играть или ломать комедию; * representar comedias, играть на сцене.
comediador, ra. [м. и ж.] совместный посредник.
comediante, ta. [м. и ж.] актёр, актриса; (перен.) (разг.) комедиант, (-ка).
comediar. [перех.] см. promediar.
comedidamente. [нареч.] умеренно, воздерж(ан)но; учтиво.
comedido, da. [прил.] осторожный, осмотрительный; умеренный, воздержанный, скромный; учтивый, вежливый, выслуживающийся.
comedimiento. [м.] сдержанность, скромность, корректность, умеренность; учтивость, вежливость, любезность.
comedio. [м.] центр (страны); промежуток времени (между двумя эпохами).
comediógrafo, fa. [м. и ж.] комедиограф.
comedión. [м.] плохая комедия.
comedir. [перех.] (уст.) обдумывать; * comedirse, [возв. гл.] сдерживаться; собираться, готовиться к чему-л.
comedón. [м.] (мед.) угорь, прыщ, закупорка сальной железы.
comedor, ra. [прил.] прожорливый; [м.] столовая.
comedura. [ж.] (Амер.) корм.
comefrío. [м.] (Амер.) сутенёр.
comegente. [м. и ж.] (Амер.) обжора.
comején. [м.] (зоол.) термит.

comejenera. [ж.] гнездо термитов; (Амер.) притон бродяг.
comelata. [ж.] (Амер.) обильный обед.
comelón, na. [прил.] прожорливый.
comelona. [ж.] (Амер.) обильный, сытный обед.
comendador. [м.] (церк.) командор (ордена); командор рыцарского ордена: * comendador de bola, (арг.) ярмарочный вор; * Comendador de los Creyentes, титул турецкого султана.
comendadora. [ж.] настоятельница монастыря или монашеского ордена.
comendatorio, ria. [прил.] рекомендательный.
comensal. [м. и ж.] сотрапезник, (-ница), нахлебник, (-ица).
comentador, ra. [м. и ж.] толкователь, (-ница); комментатор; обозреватель.
comentar. [перех.] истолковывать, комментировать; обсуждать.
comentariar. [перех.] (варв.) см. comentar.
comentario. [м.] толкование, комментарий; [множ.] (перен.) толки, пересуды, сплетни.
comentarista. [сущ.] автор комментария.
comenticio, cia. [прил.] сказочный, мнимый.
comento. [м.] толкование, комментарий; ложь, выдумка.
comenzante. [дейст. прич.] к comenzar, начинающий(ся).
comenzar. [перех.] начинать; [неперех.] начинаться.
comer. [м.] еда.
comer. [неперех. и перех.] есть, кушать, питаться, съедать; обедать, столоваться; проедать, проматывать; изъедать, проедать; разъедать, протачивать; объедать (листья и т. д.); уничтожать; зудеть, чесаться; брать, съедать (фигуру при игре); выветать; (перен.) проглатывать, не выговаривать (слова): * comer en la fuente, есть с блюда; * ser de buen comer, иметь хороший аппетит; * comer a dos carrillos, уплетать за обе щёки; занимать одновременно несколько прибыльных должностей; * comer bien, хорошо поесть; * comerse el caudal antes de tiempo, проживать заранее свои доходы; * comer con los ojos, пожирать глазами; * comer como un descosido, есть до отвала; * comer como un buitre, есть за четверых; * comerse unos a otros, (перен.) поедать друг друга; * comer como un lobo, чавкать; * el comer y el rascar todo es empezar, аппетит приходит во время еды; * comerse la fortuna, проматывать (своё) состояние; * quitárselo uno de su comer, (разг.) урезывать себя (чтобый дать другому).
comerciable. [прил.] ходкий (о товаре); обходительный; товарный, продажный.
comercial. [прил.] коммерческий, торговый.
comercializar. [перех.] придавать коммерческий характер.
comercialmente. [нареч.] коммерческим образом.
comerciante. [дейст. прич.] к comerciar; торгующий; [сущ.] торговец, (-ка), коммерсант, (-ка).
comerciar. [неперех.] торговать, вести торговлю; иметь сношения.
comercio. [м.] торговля; коммерция; обхождение; знакомство, общение; сношения; торговля; магазин; торговый дом; карточная игра: * comercio por mayor, оптовая торговля; * comercio por menor, розничная торговля; * viajante de comercio, коммивояжёр.
comestible. [прил.] съедобный, съестной; [м. множ.] съестные припасы, продукты питания.
cometa. [ж.] (астр.) комета; бумажный змей; карточная игра; (арг.) стрела.

cometario, ria. [прил.] (астр.) кометный.
cometedor. [прил. и сущ.] совершающий (преимущ. преступление).
cometer. [перех.] совершать (преступление и т. д.); доверять, поручать что-л.
cometido. [м.] поручение, задание, миссия; обязанность.
cometografía. [ж.] наука, изучающая кометы.
cometográfico, ca. [прил.] к cometografía.
cometógrafo. [м.] специалист по изучению комет.
cometón. [м.] (Амер.) бумажный змей.
comevivos. [м.] (разг.) людоед.
comezón. [ж.] зуд; (перен.) непреодолимое желание, зуд: * sentir comezón, зудеть.
comible. [прил.] съедобный.
cómicamente. [нареч.] комично.
comicastro. [м.] (презр.) плохой комик.
comicial. [прил.] комический (к комик).
comicidad. [ж.] комичность.
comicios. [м. множ.] (ист.) комиции.
cómico, ca. [прил.] комедийный; комический, комический, комичный, шутливый; [м.] (уст.) автор комедий; комик: * género cómico, комический жанр; * cómico de la legua, странствующий актёр.
comichear. [перех.] (обл.) см. comiscar.
comida. [ж.] еда; пища, корм; обед; еда (дейст.); * comida de carne, скоромная пища; * comida de pescado, постная пища; * buena comida, хороший стол; * cambiar de comida, рвать, вырвать.
comidero, ra. [м. и ж.] трактирщик, (-ца).
comidilla. [ж.] предмет увлечения, любимое занятие; любимая тема, конёк; лёгкий обед.
comido, da. [страд. прич. и прил.] наевшийся, сытый: * comido por servido, плохо оплачиваемый (о должности); * comido y bebido, кормленный.
comienzo. [м.] начало: * desde el comienzo, с самого начала; * al comienzo, вначале; * dar comienzo a, начинать что-л.
comilitón. см. conmilitón.
comilitona. [ж.] (разг.) см. comilona.
comilón, na. [прил.] прожорливый; [сущ.] обжора.
comilona. [ж.] (разг.) пир; обильный обед.
comilla. [ж. умен.] к coma; [множ.] кавычки.
cominear. [неперех.] вдаваться в мелочи.
cominería. [ж.] мелочность.
cominero, ra. [прил.] (разг.) мелочный.
cominillo. [м.] (бот.) куколь.
comino. [м.] (бот.) тмин: * no montar, no valer un comino, не стоить ни гроша.
comiquear. [неперех.] играть на сцене (о актёре-любителе).
comiquería. [ж.] (соб.) комики.
comir. [м.] (Амер.) зелёный цвет.
comisar. [перех.] конфисковать.
comisaria. [ж.] (разг.) жена комиссара.
comisaría. [ж.] комиссариат: * comisaría de policia, полицейский участок.
comisariato. [м.] комиссариат.
comisario. [м.] комиссар; (Амер.) полицейский инспектор: * comisario de policia, полицейский комиссар, (уст.) пристав.
comiscar. [перех.] есть часто, небольшими приёмами, есть без аппетита.
comisión. [ж.] дейст. к поручать; поручение, задание, совершение; комиссия; комитет; комиссионное вознаграждение, комиссионные: * en comisión de servicio, выполняющий официальное задание.
comisionado, da. [страд. прич.] к comisionar; [прил. и сущ.] уполномоченный.
comisionar. [перех.] давать поручение, уполномочивать.

comisionista. [сущ.] (ком.) комиссионер, посредник в торговой сделке.
comiso. [м.] (юр.) наложение ареста на имущество, конфискация; имущество на которое наложен арест.
comisquear. [перех.] см. comiscar.
comistrajo. [м.] варево, похлёбка, бурда, мешанина.
comisura. [ж.] (анат.) соединение, комиссура; шов черепной коровки: * comisura de los labios, углы губ.
comisural. [прил.] (анат.) комиссуральный.
comital. [прил.] графский.
comité. [м.] комитет.
comiteco. [м.] (Амер.) некоторый напиток.
comitente. [сущ.] доверитель, комитент.
comitiva. [ж.] свита, кортеж.
comitre. [м.] (уст.) охранник, надсмотрщик (на галерных работах); старинный командир корабля.
comiza. [ж.] (ихтиол.) род усача.
como. [нареч.] как, каким образом; как будто; около; в качестве; потому что, так как; так что; подобно; [межд.] как?, что?; [союз] едва; так как; * способ, манера: * como quiera que (sea), как бы то ни было, как бы там ни было; * he aquí como, вот как; * blanco como la nieve, белый как снег; * como sí, как будто, словно; * como usted quiera, как вам угодно; * así como, подобно тому, как; как только (едва); * como recuerdo, на память; * como se debe, прилично; * ¿como no? (Амер.) да, конечно!
cómoda. [ж.] комод.
comodable. [прил.] (юр.) ссужаемый.
cómodamente. [нареч.] удобно; легко без усилий.
comodante. [м. и ж.] (юр.) человек, дающий даровую ссуду каких-л предметов.
comodatario. [м. и ж.] (юр.) человек, получивший даровую ссуду каких-л предметов.
comodato. [м.] (юр.) даровая ссуда вещи, которую должно возвратить в натуре.
comodatorio, ria. [прил.] (юр.) относящийся к comodato.
comodidad. [ж.] удобство, комфорт; выгода.
comodidoso, sa. [прил.] (Амер.) любящий комфорт, избалованный.
comodista. [прил.] см. comodón.
cómodo, da. [прил.] удобный, комфортабельный; зажиточный; выгодный; * vida cómoda, зажиточная жизнь.
comodón, na. [прил.] любящий комфорт.
comodoro. [м.] (мор.) коммодор.
comóforo, ra. [прил.] волосатый.
comoquiera. [нареч.] кое-как.
comorar. [неперех.] жить вместе с кем-л.
compa. [м.] (Амер.) товарищ, друг, приятель.
compacidad. [ж.] плотность, компактность.
compactar. [перех.] (Амер.) делать плотным, компактным, уплотнять.
compactibilidad. [ж.] плотность.
compacto, ta. [прсл.] плотный, компактный, сжатый.
compadecer. [перех.] сочувствовать, соболезновать, сжалиться над, пожалеть; * compadecerse, [возв. гл.] соответствовать; сжалиться над.
compadrada. [ж.] (Амер.) выражение или действие, свойственное куму.
compadraje. [м.] тесная дружба, согласие о взаимопомощи.
compadrar. [неперех.] кумиться, становиться кумовьями, друзьями.
compadrazgo. [м.] кумовство; см. compadraje.
compadre. [м.] кум, товарищ, друг.

compadrear. [неперех.] быть в приятельских отношениях.
compadrería. [ж.] отношения между кумовьями, товарищами и т. д.
compaginación. [ж.] приведение в порядок; (полигр.) подборка листов, вёрстка.
compaginador. [м.] (полигр.) тот, кто верстает, метранпаж; тот, кто приводит в порядок.
compaginar. [перех.] приводить в порядок; (полигр.) верстать; * compaginarse, [возв. гл.] подходить друг другу (по характеру и т. д.).
companage. [м.] закуска из хлеба с сыром или луком, холодная закуска.
compango. [м.] см. companage.
compaña. [ж.] см. compañía.
compañerismo. [м.] товарищество, дружба.
compañero, ra. [м. и ж.] товарищ; коллега; партнёр, (-ша); член (общества); один из парных предметов: * compañero de viaje, спутник.
compañía. [ж.] общество, компания; торговое предприятие, компания, товарищество; (воен.) рота; (театр.) труппа: * compañía de la legua, бродячая труппа; * compañía de Jesús, орден иезуитов; * hacer compañía, составить компанию, посидеть с кем-л, у кого-л; * señorita de compañía, спутница (обычно сопровождающая девушку), компаньонка; * compañía anónima, акционерное общество; * en amor y compañía, в любви и согласии.
compañón. [м.] тестикул, мужское яичко.
comparabilidad. [ж.] сравнимость, возможность сравнения.
comparable. [прил.] сравнимый.
comparablemente. [нареч.] сравнительно.
comparación. [ж.] сравнение: en comparación con, по сравнению; sin comparación, несравненно.
comparado, da. [страд. прич.] к comparar; [прил.] сравнительный: * gramática comparada, сравнительная грамматика.
comparador. [м.] (физ.) компаратор.
comparanza. [ж.] сравнение.
comparar. [перех.] сравнивать; сличать.
comparativamente. [нареч.] сравнительно.
comparativo, va. [прил.] сравнительный; сопоставимый.
comparecencia. [ж.] (юр.) явка в суд.
comparecer. [неперех.] (юр.) предстать перед судом, являться по вызову (в суд и т. д.): * orden de comparecer, постановление о приводе (обвиняемого).
compareciente. [м. и ж.] (юр.) предстающий перед судом, явившийся по вызову (в суд и т. д.).
comparecimiento. [м.] comparecencia. [ж.] (юр.) явка в суд.
comparendo. [м.] (юр.) вызов в суд, повестка.
comparición. [ж.] (юр.) явка в суд; вызов в суд, повестка.
comparsa. [ж.] (театр. и т. д.) фигуранты, статисты; маскарадная группа; [м. и ж.] статист, (-ка), фигурант, (ка).
comparsería. [ж.] (театр.) статисты.
comparte. [м. и ж.] (юр.) соучастник в процессе.
compartible. [прил.] поддающийся разделению.
compartimento. [м.] (Амер.) см. compartimiento.
compartimiento. [м.] разделение; отделение; клетка; камера; купе; ячейка; (мор.) отсек: * compartimiento estanco, водонепроницаемый отсек.
compartir. [перех.] разделять, делить; совместно участвовать.

compás. [м.] циркуль; (мор.) морской компас; (муз.) такт; мера, размер; место перед входом (в монастыре и т. д.); монастырская территория; (перен.) норма, правило, пример; * compás recto, compás curvo, (фехт.) вольты; * compás de puntas movibles, удлинительный циркуль; * compás de espesores, толщиномер; * estuche de compases, готовальня; * a compás, в такт, размеренно; * al compás, в такт, соразмерно; * llevar el compás, отбивать такт; * salir del compás, нарушать что-л; перейти границы; * medio compás, (муз.) полтакта; * compás de espера, передышка.
compasadamente. [нареч.] размеренно.
compasado, da. [прил.] размеренный, точный; сдержанный, умеренный, рассудительный, здравомыслящий.
compasar. [перех.] вымерять, измерять циркулем; симметрично расставлять; соразмерять.
compasible. [прил.] достойный жалости; см. compasivo.
compasión. [ж.] сострадание, сожаление, сочувствие: * ¡por compasión! сжалься!; * sentir compasión, жалеть.
compasivamente. [нареч.] с состраданием.
compasivo, va. [прил.] сострадательный, сочувствующий.
compaternidad. [ж.] кумовство.
compatibilidad. [ж.] совместимость, соответствие.
compatible. [прил.] совместимый.
compatricio, cia; compatriota. [м. и ж.] соотечественник, (-ица).
compatrón. [м.] см. compatrono.
compatrono, a. [м. и ж.] совладелец, (-ица).
compeler. [перех.] вынуждать, принуждать, заставлять.
complemiento. [м.] принуждение.
compendiadamente. [нареч.] вкратце, сокращённо.
compendiador, ra. [прил.] сокращающий, вкратце излагающий (тже. сущ.).
compendiar. [перех.] сокращать, резюмировать; вкратце излагать, конспектировать.
compendiariamente. [нареч.] см. compendiosamente.
compendio. [м.] краткое руководство, компендий; сокращённое изложение, конспект; краткий учебник, курс: * en compendio, вкратце.
compendiosamente. [нареч.] вкратце.
compendioso, sa. [прил.] сокращённый, сжатый (о тексте и т. д.); резюмированный, вкратце изложенный.
compendista. [м. и ж.] автор краткого руководства и т. д.
compendizar. [перех.] см. compendiar.
compenetración. [ж.] взаимное проникновение.
compenetrar. [перех.] (Амер.) постигать, хорошо понимать, (тже. неперех. и возв. гл.).
compenetrarse. [возв. гл.] взаимно проникать; отож(д)ествляться, делаться тож(д)ественным.
compensable. [прил.] возместимый, заменимый, компенсируемый.
compensación. [ж.] возмещение, компенсация; (тех.) уравнивание, компенсация; регулирование; * de compensación, компенсационный, уравнительный.

compensador, ra. [прил.] компенсирующий, возмещающий; (тех.) компенсирующий, компенсационный, уравнительный; [м.] компенсатор, уравнитель; регулятор.

compensar. [перех.] возмещать, компенсировать; (тех.) уравнивать, выравнивать, компенсировать, уравновешивать.

compensativo, va. [прил.] компенсирующий; [м.] (Амер.) см. compensación.

compensonario, ria. [м. и ж.] сожитель, (-ница).

compensatorio, ria. [прил.] компенсирующий.

competencia. [ж.] способность, соответствие; пригодность; ведение, компетенция; (юр.) компетенция, правомочность; компетентность, осведомлённость; конкуренция, соперничество: * a competencia, наперебой.

competente. [прил.] сведущий, компетентный; пригодный, соответствующий, надлежащий.

competentemente. [нареч.] надлежащим образом и т. д.

competer. [неперех.] принадлежать по праву; подлежать; быть в ведении кого-л; лежать на чьей-л обязанность; причитаться.

competición. [ж.] см. competencia.

competidor, ra. [м. и ж.] конкурент, (-ка), соискатель, (-ница), соперник, (-ница), соревнующийся, (-аяся), участник, (-ица) соревнования (тж. прил.).

competir. [неперех.] соперничать, состязаться, соревноваться, конкурировать; [непр. гл.] спрягается как pedir.

compilación. [ж.] компиляция.

compilador, ra. [прил.] компилирующий; [сущ.] компилятор.

compilar. [перех.] компилировать.

compilatorio, ria. [прик.] прин. или относя. к компиляции.

compinche. [сущ.] (разг.) товарищ, друг-приятель; соучастник.

compitales. [ж. множ.] компиталии (праздники у Римлян в честь домашних богов).

cómpite. [прил.] (Амер.) см. cómplice y competente.

compitura. [ж.] (Амер.) см. complicidad.

complacedero, ra. [прил.] любезный, услужливый, предупредительный.

complacedor, ra. [прил.] см. complacedero, (тж. сущ.).

complacencia. [ж.] удовольствие; удовлетворение; снисходительность, попустительство, потворство.

complacer. [перех.] доставлять удовольствие, удовлетворять, угождать, потворствовать: * por complacer a, в угоду; * complacerse, [возв. гл.] находить удовольствие в чём-л.

complacido, da. [страд. прич.] к complacer; [прил.] довольный, удовлетворённый.

complaciente. [прил. дейст. прич.] к complacer; [прил.] склонный удовлетворять; (гал.) любезный, услужливый, предупредительный; снисходительный, терпимый.

complacimiento. [м.] см. complacencia.

complanar. [перех.] объяснять, вносить ясность, разъяснять.

complejidad. [ж.] сложность.

complejo, ja. [прил.] сложный, составной; комплексный; (мат.) именованный (о числе); [м.] комплекс, совокупность; комбинат: complejo de inferioridad, (психол.) комплекс неполноценности.

complementar. [перех.] дополнять; совершенствовать.

complementario, ria. [прил.] дополнительный, дополняющий; * ángulos complementarios, (геом.) дополнительные углы.

complemento. [м.] дополнение, добавление, пополнение; совершенство; усовершенствование; (грам.) дополнение: * complemento directo, прямое дополнение; * complemento indirecto, косвенное дополнение; * oficial de complemento, офицер запаса.

completamente. [нареч.] вполне, полностью, совершенно.

completar. [перех.] дополнять, пополнять; комплектовать; завершать, заканчивать.

completas. [ж. множ.] (церк.) повечерие, павечерня (в католич. богослужении).

completivamente. [нареч.] дополнительно.

completivo, va. [прил.] дополнительный, дополняющий завершающий.

completo, ta. [прил.] полный, целый; совершенный, полный.

complexidad. [ж.] сложность.

complexión. [ж.] телосложение, комплекция: * de complexión sólida, крепкого (тело)сложения.

complexionado, da. [прил.]: * bien complexionado, крепкого (тело)сложения, крепко сложённый; * mal complexionado, хилый.

complexional. [прил.] к телосложение, комплекция.

complexo, xa. [прил.] сложный, составной; комплексный; [м.] комплекс, совокупность.

complicable. [прил.] поддающийся осложнению.

complicación. [ж.] осложнение; запутанность; (мед.) осложнение.

complicadamente. [нареч.] сложно.

complicado, da. [прил.] сложный; трудный, запутанный, непонятный; осложнённый.

complicar. [перех.] усложнять, осложнять; затруднять; запутывать; (перен.) впутывать; * complicarse, [возв. гл.] усложняться, осложняться.

cómplice. [м. и ж.] сообщник, (-ица), соучастник, (-ица); пособник, (-ица).

complicidad. [ж.] сообщничество, соучастие; пособничество.

complot. [м.] заговор, конспирация.

complotar. [перех.] составлять заговор (тж. возв. гл.); [неперех.] (гал.) см. conspirar.

complotista. [м. и ж.] заговорщик, (-ица).

complutense. [прил.] относя. к Alcalá de Henares, (бывш. комлуто); [сущ.] уроженец, (-ка) этого города.

compluvio. [м.] (арх.) комплювий.

componedor, ra. [м. и ж.] составитель, (-ица); сочинитель, (-ица); (юр.) арбитр; (полигр.) верстатка; наборщик; (Амер.) костоправ.

componenda. [ж.] условие о пошлине, платимой римской курии за разрешение чего-л; соглашение, сделка, примирение; сделка заслуживающий порицания; * entrar en compendas, сговориться, поладить.

componente. [дейст. прич.] к componer; [прил.] образующий; [м.] составная часть, компонент; [ж.] (мат.) составляющая.

componer. [перех.] составлять, компоновать; приводить в порядок; устраивать; чинить, ремонтировать; улаживать, согласовывать, примирять, улаживать; готовить напиток; (разг.) поправлять, восстанавливать; (полигр.) набирать, украшать; [неперех.] слагать, составлять, сочинять; (муз.) компонировать: * componerse, [возв. гл.] состоять из; составляться; устраиваться; украшаться;
* componérselas, находить выход из затруднительного положения, выкручиваться.

componible. [прил.] примиримый; приспособляемый.

componte. [м.] (Амер.) (произвольное) телесное наказание.

compontear. [перех.] (Амер.) наказывать, мучить (произвольно).

comporta. [ж.] плетёная, суженная книзу; корзина для винограда.

comportable. [прил.] терпимый, сносный.

comportamiento. [м.] поведение, поступки; образ действий.

comportar. [перех.] носить вместе с кем-л; сносить, выносить, терпеть, переносить: * comportarse, [возв. гл.] поступать, вести себя, держаться.

comporte. [м.] поведение, манера держать себя; походка; (арг.) хозяин постоялого двора.

comportería. [ж.] ремесло и мастерская comportero.

comportero. [м.] тот, кто изготавливает или продаёт comportas.

composición. [ж.] составление; компоновании, компоновка; сложение; состав; структура, строение; (муз.) (жив) композиция; произведение, сочинение; тема, ученическая задача; скромность, сдержанность, сносность, вежливость, учтивость; соглашение, сделка; украшение; (полигр.) набор; (грам.) словообразование: * hacer composición de lugar, воображать.

compositivo, va. [прил.] (грам.) словообразующий.

compositor, ra. [прил.] (муз.) компонирующий; [сущ.] композитор, (-ша).

compostelano, na. [прил.] относя. к Santiago de Compostela; [сущ.] уроженец, (-ка) этого города.

compostura. [ж.] составление; исправление; ремонт, починка, поправка; украшение; примесь (в продуктах); соглашение, сделка; сдержанность, скромность, осторожность, осмотрительность; безупречность.

compota. [ж.] компот.

compotera. [ж.] блюдо, на котором подают компот.

compra. [ж.] покупка, купля; покупка, купленная вещь; провизия, закупленная на день: * compra y venta, купля и продажа; * de compra, покупательный; * ir de compras, пойти за покупками.

comprable. [прил.] покупаемый; имеющийся в продаже.

comprachilla. [ж.] (Амер.) (орни.) род дрозда.

compradero, ra. [прил.] см. comprable.

compradillo. [м.] см. comprado.

compradizo, za. [прил.] см. comprable.

comprado. [м.] карточная игра.

comprador, ra. [прил.] покупающий; [сущ.] покупатель, (-ница), клиент, (-ка).

comprante. [дейст. прич.] к comprar. покупающий.

comprar. [перех.] покупать; подкупать кого-л.

compraventa. [ж.] (юр.) купля-продажа.

comprendedor, ra. [прил.] понимающий, понятливый; заключающий.

comprender. [перех.] содержать, заключать в себе; включать, состоять из...; иметь в своём составе; охватывать (разг.); понимать, постигать; схватывать; comprenderse. [возв. гл.] содержаться в чём-л.

comprendiente. [дейст. прич.] понимающий; охватывающий, заключающий в себе.

comprensibilidad. [ж.] понятность, вразумительность.
comprensible. [прил.] понятный, вразумительный.
comprensiblemente. [нареч.] понятно.
comprensión. [ж.] понимание; понятливость.
comprensivo, va. [прил.] понятливый, понимающий; охватывающий, заключающий в себе.
compreso, sa. [непр. страд. прич.] к comprender.
compresor, ra. [прил.] охватывающий, заключающий, постигающий; (рел.) блаженный (тже. сущ.).
comprero, ra. [прил.] (обл.) покупающий; [сущ.] покупатель, (-ница).
compresa. [ж.] (мед.) компресс: *aplicar una compresa, (по)ставить компресс.
compresbítero. [м.] (церк.) лицо, одновременно получающее священство с другим.
compresibilidad. [ж.] сжимаемость.
compresible. [прил.] сжимаемый.
compresión. [ж.] сжимание, сдавливание; сжатие.
compresivo, va. [прил.] сжимающий; прессующий.
compreso, sa. [непр. страд. прич.] к comprimir.
compresor, ra. [прил.] сжимающий; давящий (тже. сущ.); [м.] (тех.) компрессор.
comprimario. [м.] (театр.) певец на вторых ролях (тже. прил.).
comprimente. [дейст. прич.] к comprimir.
comprimible. [прил.] сжимаемый, см. compresible.
comprimido, da. [страд. прич.] к comprimir; [прил.] сжатый; прессованный: *aire comprimido, сжатый воздух; [м.] (фарм.) таблетка (лекарства).
comprimir. [перех.] сжимать, сдавливать; прессовать, сплющивать; (перен.) угнетать, подавлять, обуздывать; сдерживать что-л в себе.
comprobable. [прил.] доказуемый.
comprobación. [ж.] подтверждение, удостоверение; доказательство; констатация; проверка; проверка наличия (по описи).
comprobador, ra. [прил. и м.] см. comprobatorio.
comprobante. [дейст. прич.] к comprobar, доказательный; [м.] оправдательный документ.
comprobar. [перех.] подтверждать доказательствами, удостоверять; проверять, сверять, сличать, доказывать; выверять весы, меры; (полигр.) сличать, сопоставлять (тексты).
comprobatorio, ria. [прил.] проверяющий, контролирующий; подтверждающий, удостоверяющий; доказывающий.
comprofesor, ra. [м. и ж.] коллега по преподаванию.
comprometedor, ra. [прил.] компрометирующий.
comprometer. [перех.] компрометировать, подвергать опасности, неприятностям; передавать третейскому суду, передавать дело на арбитраж; обязывать; подвергнуть обсуждению, сомнению (женщину); *comprometerse. [возв. гл.] компрометировать себя; рисковать, подвергаться риску; обязаться что-л сделать и т. д.); брать на себя обязательство.
comprometido, da. [страд. прич.] к comprometer(se); [прил.] неудобный, затруднительный.
comprometimiento. [м.] компрометирование, компрометация, дейст. к comprometer(se).

compromisario. [сущ.] третейский судья, арбитр, посредник (тже. прил.); [м.] избирательный представитель.
compromiso. [м.] компромисс, уступка; соглашение о передаче дела арбитру или третейскому суду; обязательство (взятое на себя); затруднительное положение: *estar en un compromiso, быть в стеснённых обстоятельствах; *salir de un compromiso, вывернуться, выпутаться; *hacer honor a sus compromisos, честно или с честью выполнить свои обязательства.
compromisorio, ria. [прил.] к compromiso, компромиссный.
compromitente. [прил.] компрометирующий; подвергающий опасности.
comprotector, ra. [м. и ж.] совместный покровитель, (-ница).
comprovinciano, na. [сущ.] уроженец той же провинции (тже. прил.).
compuerta. [ж.] калитка (в воротах); дверца у прилавка; затвор, заградительный щит, подъёмный затвор (шлюза), шлюзный щит; батопорт, ворота (дока).
compuestamente. [нареч.] прилично, надлежащим образом.
copuesto, ta. [непр. страд. прич.] к componer; [прил.] осторожный, осмотрительный; (бот.) сложноцветный; (грам.) сложный, составной: *compuesto y sin novia, попавший впросак; [м.] (хим.) состав, соединение, смесь; [ж. множ.] (бот.) сложноцветные.
compulsa. [ж.] сличение копии с подлинником, сверка, считка; (юр.) засвидетельствованная копия.
compulsación. [ж.] сличение копии с подлинником, сверка.
compulsar. [перех.] сличать, сверять (документы); засвидетельствовать копию.
compulsión. [ж.] (юр.) принуждение.
compulsivo, va. [прил.] принудительный.
compulso, sa. [непр. страд. прич.] к compulsar, принуждённый.
compulsor, ra. [прил.] принуждающий, заставляющий (тже. сущ.).
compulsorio, ria. [прил.] *orden compulsoria, (юр.) судебный приказ (о выдаче справки и т. д.).
compunción. [ж.] сокрушение; раскаяние.
compungido, da. [страд. прич.] к compungir; [прил.] сокрушённый; раскаявшийся: *con aire compungido, с сокрушённым видом.
compungir. [перех.] сокрушать, огорчать, удручать: *compungirse, [возв. гл.] сокрушаться, печалиться, раскаиваться.
compungivo, va. [прил.] колючий.
compurgación. [ж.] (юр.) оправдание.
compurgar. [перех.] оправдываться в преступлении.
computable. [прил.] исчислимый.
computación. [ж.] см. cómputo.
computador. [м.] вычислительное устройство.
computar. [перех.] исчислять; считать, вычислять, высчитывать, подсчитывать.
computista. [м. и ж.] тот, кто исчисляет.
cómputo. [м.] исчисление, вычисление, расчёт; подсчёт.
consomol. [м.] комсомол.
comto, ta. [прил.] высокопарный (о стиле).
comucho. [м.] (Амер.) толпа.
comulación. [ж.] см. acumulación.
comulgante. [дейст. прич.] к comulgar; [м. и ж.] причастник, (-ица).
comulgar. [перех.] (рле.) причащать; [неперех.] причащаться: *comulgar con ruedas de molino, верить глупым вымыслам; *hacer comulgar con ruedas de molino, делать из кого-л дурака; *comulgar en

las ideas de uno, разделять чьи-л взгляды.
comulgatorio. [м.] место у престола, где принимают причастие.
común. [прил.] общий, совместный; публичный; общественный; заурядный, обыкновенный, обыденный; грубый, пошлый; [м.] общество, большая часть; заурядные люди; отхожее место: *por lo común, обычно; вообще; *en común, сообща, совместно; *hacer causa común, действовать заодно; *poco común, незаурядный; *delito común, уголовное преступление; *sentido común, здравый смысл; *nombre común, (грам.) имя нарицательное; *el común de las gentes, большинство.
comuna. [ж.] (обл.) главный оросительный ров.
comuna. [ж.] (гал.) (Амер.) муниципалитет, городское самоуправление.
comunal. [прил.] общий; общинный; [м.] община.
comunalmente. [нареч.] сообща, совместно.
comunería. [ж.] община.
comunero, ra. [прил.] популярный, простой, доступный, общительный; [м.] совладелец; сторонник антиправительственного движения и восстания в начале XVI в. в Кастилии; [множ.] деревни, имеющие общий выгон.
comunicabilidad. [ж.] сообщаемость; соединимость; общительность.
comunicable. [прил.] соединяемый; сообщаемый; общительный, доступный.
comunicación. [ж.] сообщение, передача; сообщение, известие, уведомление; сообщение, связь; сношение, связь (между людьми): *vías de comunicación, пути сообщения; *comunicación oficial, депеша; *establecer la comunicación, связывать, устанавливать связь, соединять.
comunicado. [м.] коммюнике, официальное сообщение, бюллетень. [сущ.].
comunicador, ra. [прил.] сообщающий (тже.
comunicante. [дейст. прич.] к comunicar; *vasos comunicantes, сообщающиеся сосуды.
comunicar. [перех.] сообщать, передавать, извещать; советоваться; [неперех.] сообщаться (с кем-чем); находиться в связи; *comunicarse, [возв. гл.] сообщаться; сообщать друг другу.
comunicativamente. [нареч.] откровенно, сообщительно.
comunicativo, va. [прил.] общительный; доступный (о человеке); соединительный.
comunidad. [ж.] общность; общество, коллектив, корпорация; жители округа и т. д.; общество; община: *comunidades de Castilla, (ист.) антиправительственное движение и восстание в начале XVI в. в Кастилии; *en comunidad, в полном составе.
comunión. [ж.] общность; участие в общем деле; партия; (рел.) причастие; (церк.) община.
comunismo. [м.] коммунизм.
comunista. [прил.] коммунистический; [сущ.] коммунист, (-ка); *juventud comunista, комсомол; *miembro de la(s) juventud(es) comunista(s), комсомолец.
comúnmente. [нареч.] обычно, обыкновенно.

comuña. [ж.] смесь пшеницы и ржи.
con. [предл.] а) глагольные конструкции с предлогом con 1) дейст. и предмет, совместно с которым оно совершается или переживается: * me voy con él, я уезжаю с ним; дейст. и способ его совершения; * contestar con rabia, ответить злобно; дейст. и орудие; * escribir con un lápiz, писать карандашом; дейст. и время его совершения; * partir con el alba уехать на рассвете; b) именные конструкции с предлогом con: выражают явление и предмет, совместно с которым оно происходит; * una conversación con los camaradas, разговор с товарищами. с) обозначает совместное дейст., сливаясь с личн. мест. 1-го и 2-го л. ед. ч. образует формы; * conmigo y contigo, с возв. мест. si образует форму, consigo, d) с последующим глаголом в инфинитиве: 1) может заменять деепричастие; * con sólo defenderse no se obtiene la victoria, защищаясь, нельзя победить: 2) соответствует уступительному союзу хотя; * con ser muy sagaz no evitó el engaño, хотя он и очень проницателен, он не избежал обмана; е) имеет уступительное значение несмотря на; * con todas las terribles amenazas, несмотря на все ужасные угрозы; употр. в различных конструкциях; * con motivo de, по случаю; * con tal, que, con sólo que, в том случае, если, с условием; * junto con, вместе с; при обознач. причины (из-за чего?, почему?): * con esta oscuridad no se ve nada, ничего не видно из-за темноты; при обознач. противодействия; * luchar con el viento, бороться с ветром; при сравнении: * comparar la primera edición con la segunda, сравнить первое издание со вторым.
con. приставка, обозначающая совместность, объединение, взаимную связь.
conacho. [м.] (горн.) каменная ступа.
conambaya. [ж.] (бот.) род бразильского папоротника.
conato. [м.] стремление, старание, усилие; склонность, расположение, наклонность; (юр.) намерение, попытка.
conaza. [ж.] (бот.) панамский бамбук.
conca. [ж.] см. concha; (арг.) миска.
concadenamiento. [м.] соединение тесными узами.
concadenar. [перех.] сцеплять, связывать, соединять тесными узами.
concambio. [м.] обмен.
concánonigo. [м.] каноник той же церкви.
concatenación. [ж.] сцепление, соединение, связывание.
concausa. [ж.] побочная причина.
concautivo, va. [м. и ж.] товарищ по плену.
cóncava. [ж.] вогнутость.
concavación. [ж.] (мед.) горб (на груди).
concavar. [перех.] совместно рыть, копать.
concavidad. [ж.] вогнутость; вогнутая часть чего-л.
cóncavo, va. [прил.] вогнутый, углублённый.
concavoconvexo. [прил.] вогнуто-выпуклый.
concebible. [прил.] мыслимый, постижимый.
concebimiento. [м.] см. concepción.
concebir. [неперех. и перех.] понимать, представлять себе; зачать, забеременеть; [перех.] быть охваченным каким-л чувством; (гал.) задумывать; из- [непр. гл.] спрягается как pedir.

concedente. [дейст. прич.] к conceder.
conceder. [перех.] давать, предоставлять; присуждать, даровать, жаловать; признавать.
concedible. [прил.] допустимый, согласуемый и т. д.
concejal. [м.] городской советник.
concejala. [ж.] жена городского советника; (женщина) городской советник.
concejalía. [ж.] должность или звание городского советника.
concejeramente. [нареч.] публично, всенародно, гласно.
concejero, ra. [прил.] публичный, общественный.
concejil. [прил.] муниципальный, городской; [м.] (обл.) подкидыш (тже. прил.).
concejo. [м.] муниципальный совет, городской совет; ратуша, городская дума; коммуна (территория); (обл.) подкидыш.
conceller. [м.] (ист.) каталонский городской советник.
concenar. [неперех.] ужинать вместе с кем-л.
concento. [м.] многоголосная хоровая песня.
concentrabilidad. [ж.] свойст. к сосредоточимый.
concentrable. [прил.] сосредоточимый.
concentración. [ж.] сосредоточение, концентрация; сплочение; (хим.) концентрация, сгущение: * campo de concentración, концентрационный лагерь.
concentrado, da. [страд. прич.] к concentrar; [прил.] находящийся в центре.
concentrador, ra. [прил.] концентрирующий, сосредоточивающий, (тже. сущ.).
concentralización. [ж.] см. centralización.
concentramiento. [м.] сосредоточение, концентрация.
concentrar. [перех.] сосредоточивать, концентрировать; (хим.) концентрировать, сгущать: * concentrarse. [возв. гл.] сосредоточиваться.
concentratividad. [ж.] внимание (при мышлении), сосредоточение.
concentricidad. [ж.] концентричность.
concéntrico, ca. [прил.] концентрический.
concentuoso, sa. [прил.] см. armonioso.
concepción. [ж.] понимание, познавание; соображение, замысел, концепция, представление; зачатие (преимущ. Богородицы).
concepcional. [прил.] (фил.) к концепция.
conceptear. [неперех.] остроумничать, говорить вычурным стилем.
conceptismo. [м.] (лит.) поиски необычайного.
conceptivo, va. [прил.] воспринимающий, способный воспринимать.
concepto. [м.] понятие, концепция; мнение; суждение; идея; замысел; репутация; острота; (уст.) см. feto: * formar concepto de, составить мнение о...; * en concepto de, в качестве; * perder el concepto, дискредитироваться.
conceptualismo. [м.] (фил.) концептуализм.
conceptualista. [прил.] концептуалистический; [м.] концептуалист.
conceptuar. [перех.] составлять мнение о чём-л.
conceptuosamente. [нареч.] остроумно, сентенциозно, вычурно.
conceptuosidad. [ж.] остроумность; манерность.
conceptuoso, sa. [прил.] сентенциозный; остроумный; изобретательный; манерный, мудрый (о стиле).
concercano, na. [прил.] окрестный; близкий, смежный.
concernencia. [ж.] касательство, отношение к кому-л.

concerniente. [дейст. прич.] к concernir, касающийся; имеющий отношение к...
concernir. [неперех.] касаться; относиться, иметь отношение к...: * eso me concierne, это касается меня.
concertadamente. [нареч.] по порядку.
concertador, ra. [прил.] приводящий в порядок; согласовывающий (тже. сущ.).
concertaje. [м.] (Амер.) договор о работе.
concertante. [прил.] (муз.) для нескольких голосов (тже. сущ.).
concertar. [перех.] согласовывать, координировать; улаживать; договариваться о чём-л; сличать; приводить в порядок; (охот.) разведывать; (муз.) настраивать; [неперех.] (грам.) согласоваться: * concertarse. [возв. гл.] сговариваться.
concertina. [ж.] (муз.) концертино (инструмент).
concertino. [м.] (муз.) первый скрипач.
concertista. [м. и ж.] концертант, (-ка).
concesibilidad. [ж.] свойст. к concesible.
concesible. [прил.] могущий быть предоставленным, ассигнованным.
concesión. [ж.] концессия; уступка; пожалование, предоставление.
concesionario, ria. [м. и ж.] (юр.) получивший концессию; концессионер.
concesivo, va. [прил.] предоставляющий, ассигнующий, см. concesible; (грам.) уступительный.
concia. [ж.] заповедник.
conciencia. [ж.] совесть; добросовестность; сознание, самосознание, сознательность; познание: * a conciencia, добросовестно; * tener la conciencia limpia, не иметь ничего на совести; * con la mano sobre la conciencia, положа руку на сердце; * ser ancho de conciencia, кривить душой; * para descargar la conciencia, для очистки совести; * hombre de conciencia, добросовестный человек; * acusar, argüir la conciencia a uno, испытывать угрызения совести; * le remuerde la conciencia (a él), его грызёт (терзает, мучит) совесть.
concienzudamente. [нареч.] добросовестно; тщательно.
concienzudo, da. [прил.] добросовестный; тщательный.
concierto. [м.] согласие; соглашение; сделка; созвучие; порядок; (муз.) концерт; (охот.) разведка: * de concierto, сообща, согласно.
concierto. [м.] (Амер.) место, должность.
conciliabilidad. [ж.] возможность согласования, примирения.
conciliable. [прил.] примиримый, согласимый; совместимый.
conciliábulo. [м.] тайное сборище.
conciliación. [ж.] примирение, соглашение; улаживание; примиренчество, соглашательство.
conciliador, ra. [прил.] примирительный; примиренческий, соглашательский; [сущ.] посредник, (-ица); соглашатель, примиренец.
conciliante. [дейст. прич.] к conciliar; [прил.] примирительный.
conciliar. [прил.] соборный, относящийся к церковному собору; (церк.) относящийся к духовной семинарии; [м.] член церковного собора; член съезда.
conciliar. [перех.] примирять; согласовывать; приобретать, снискивать; [неперех.] снискивать себе; примирять.
conciliativo, va, conciliador, ra. [прил.] примирительный, примиряющий; согласительный.
concilio. [м.] церковный собор; съезд: * concilio ecuménico, вселенский собор.
concilista. [м.] член церковного собора; член съезда.

concinidad. [ж.] (м. употр.) стройность (о стиле речи).
concino, na. [прил.] (м. употр.) стройный (о стиле речи).
conción. [ж.] (уст.) см. sermón.
concionador, ra. [м. и ж.] оратор.
concionante. [м.] (уст.) проповедник.
concionar. [неперех.] произносить речь.
concisamente. [нареч.] сжато, лаконично, немногословно, вкратце, кратко.
concisión. [ж.] сжатость, краткость, лаконичность: *con concisión, см. concisamente.
conciso, sa. [прил.] сжатый, краткий, лаконичный.
concitación. [ж.] подстрекательство, возбуждение.
concitador, ra. [прил.] возбуждающий, подстрекающий; [сущ.] подстрекатель, (-ница).
concitar. [перех.] возбуждать, подстрекать, толкать на...; бунтовать.
concitativo, va. [прил.] возбуждающий, подстрекающий.
conciudadanía. [ж.] согражданство.
conciudadano, na. [м. и ж.] согражданин, (-анка).
concive. [прил.] см. conciudadano.
conclamación. [ж.] см. aclamación.
conclamitación. [ж.] (соб.) крики, вопли, возгласы.
conclapache. [м. и ж.] (Амер.) друг, приятель, подруга.
cónclave. или conclave. [м.] (церк.) конклав; (перен.) собрание, съезд, конгресс, сборище.
conclavista. [м.] слуга кардинала (во время конклава).
concluda. [ж.] (уст.) корм для соколов.
concluir. [перех.] завершать, заканчивать, заключать (договор); осуществлять; выводить заключение, заключать, делать вывод; убеждать; доказывать; concluirse. [возв. гл.] заканчиваться.
conclusión. [ж.] заключение (договора и т. д.); окончание; заключение, вывод: *en conclusión, в итоге; [множ.] (юр.) требования сторон (в процессе).
conclusivo, va. [прил.] заключительный.
concluso, sa. [непр. страд. прич.] к concluir; (юр.) законченный (о деле).
concluyente. [действ. прич.] к concluir, убедительный, доказательный.
concluyentemente. [нареч.] убедительно, убедительным образом.
concofrade. [м.] собрат.
concoide. [прил.] см. concoideo; [ж.] (геом.) спиральная линия, конхоида.
concoide(o). [прил.] (петр.) раковистый, улиткообразный.
concolega. [м.] товарищ по школе, соученик; коллега.
concomerse. [возв. гл.] пожимать плечами; (перен.) сгорать от нетерпения.
concomezón. [ж.] concomimiento. [м.] (разг.) пожимание плечами.
concomitancia. [ж.] сопровождение; совпадение; (фил.) сосуществование.
concomitante. [прил.] сопровождающий, сопутствующий, совпадающий.
concomitar. [перех.] сопровождать.
concón. [м.] (Амер.) (орни.) сова (разновидность); (Амер.) береговой ветер.
conconete. [прил.] (Амер.) приземистый, невысокий, низкий.
conconi. [м.] (Амер.) род маленького сверчка.
concordable. [прич.] согласуемый, поддающийся соответствию и т. д.
concordación. [ж.] соответствие, согласованность.

concordador, ra. [прил.] согласовывающий, посредничающий (тже. сущ.).
concordancia. [ж.] соответствие, согласованность; (грам.) согласование; (муз.) настройка.
concordante. [действ. прич.] к concordar, соответствующий.
concordar. [перех.] согласовывать; (муз.) настраивать; (грам.) согласовать; [неперех.] согласоваться, соответствовать.
concordata. [ж.] см. concordato.
concordatorio, ria. [прил.] к конкордат.
concordativo, va. [прил.] согласительный.
concordato. [м.] конкордат, договор между каким-л правительством и римским папой.
concorde. [прил.] согласный; единодушный.
concordemente. [нареч.] согласно, единодушно; с общего, с обоюдного согласия.
concordia. [ж.] согласие, единодушие, мир; взаимопонимание; соглашение (письменное): *de concordia, см. concordemente.
concreción. [ж.] сращение; (мин.) конкреция; (геол.) отложение.
concrecionado, la. [страд. прич.] к concrecionar.
concrecionar. [перех.] образовывать конкреции; concrecionarse. [возв. гл.] сращиваться.
concretamente. [нареч.] конкретно.
concretar. [перех.] конкретизировать, определять, уточнять, точно указывать; ясно выражать, высказывать: *concretarse, [возв. гл.] ограничиваться.
concreto, ta. [прил.] конкретный, вполне точный; (хим.) твёрдый; [м.] см. concreción: *en concreto, говоря конкретно, в итоге, в общей сложности, резюмируя всё, одним словом; *número concreto, (мат.) именованное число.
concuasar. [перех.] разбивать, разбить вдребезги.
concubina. [ж.] наложница; сожительница.
concubinario. [м.] мужчина, имеющий наложницу.
concubinato. [м.] конкубинат; внебрачная связь, сожительство.
concubinismo. [м. см.] concubinato.
concubino. [м.] (Амер.) см. concubinario.
concúbito. [м.] см. coito.
concuerda (por). [нареч.] с подлинным верно.
conculcación. [ж.] попрание, нарушение.
conculcador, ra. [прил.] попирающий (тже. сущ.).
conculcar. [перех.] попирать, топтать, грубо нарушать; (м. употр.) см. oprimir.
concuna. [ж.] (Амер.) род дикого голубя.
concuñada. [ж.] невестка.
concuñado. [м.] зять.
concuña. (Амер.) см. concuñada.
concuño. [м.] (Амер.) см. concuñado.
concupiscencia. [ж.] похоть, вожделение; жадность.
concupiscente. [прил.] похотливый, чувственный; жадный.
concupiscible. [прил.] желаемый, желательный.
concurrencia. [ж.] стечение народа, толпа; стечение обстоятельств; содействие, помощь, поддержка; (гал.) конкуренция, соперничество, см. competencia.
concurrente. [действ. прич.] de concurrir; оказывающий содействие (тже. сущ.); [сущ.] (гал.) конкурент, (-ка).
concurrentemente. [нареч.] см. juntamente.
concurrido, da. [страд. прич.] к concurrir; [прил.] посещаемый, людный.
concurrir. [неперех.] собираться, стекаться, присутствовать; совпадать; способствовать, содействовать чему-л; участво-

вать в расходах; иметь одинаковое мнение и т. д.; участвовать в состязании, в конкурсе.
concursado, da. [страд. прич.] к concursar; [м.] несостоятельный должник.
concursar. [перех.] (юр.) объявлять о несостоятельности; принимать участие в конкурсе.
concurso. [м.] стечение народа, толпа; стечение обстоятельств; содействие, помощь, поддержка; соискание, конкурс: *con el concurso de, при участии; *concurso hípico, конные состязания, конкур-иппик; *fuera de concurso, вне конкурса; *concurso de acreedores, (юр.) публичные торги.
concusión. [ж.] потрясение; взятка, взяточничество; вымогательство.
concusionario, ria. [прил.] берущий взятки; [сущ.] взяточник; вымогатель.
concha. [ж.] раковина; панцирь, щит (у черепах и т. д.); устрица; см. carey; предмет, имеющий форму раковины; (театр.) суфлёрская будка; полукруглая бухта; нижний мельничный жёрнов: *meterse en su concha, уйти в свою скорлупу; *tener muchas conchas, tener más conchas que un galápago, быть хитрым, быть себе на уме; *concha de perla, жемчужница (раковина).
conchabado, da. [страд. прич.] к conchabar(se); [м. и ж.] (Амер.) слуга, служанка.
conchabanza. [ж.] (разг.) действ. к conchabarse.
conchabar. [перех.] соединять, объединять, сочетать; смешивать разные сорта шерсти; (Амер.) нанимать (слугу): conchabarse, [возв. гл.] сговариваться; объединяться.
conchabear. [перех.] (Амер.) покупать, продавать; заменять.
conchabero. [м.] (Амер.) сделщик.
conchabo. [м.] (Амер.) наём.
conchaceo, cea. [прил.] имеющий двустворчатую раковину; [м. множ.] (зоо.) раковообразные.
conchado, da. [прил.] покрытый раковинами.
conchal. [прил.]: *seda conchal, высокосортный шёлк.
conchería. [ж.] (Амер.) некультурность, простота свойственна крестьянину.
conchífero, ra. [прил.] (геол.) содержащий раковины; ракушечный.
conchiforme. [прил.] раковинообразный.
conchiotomía. [ж.] (хир.) резекция нижней носовой раковины.
conchita. [ж.] (мин.) конхит.
concho. [м.] (обл.) зелёная шелуха, кожура (ореха); (Амер.) осадок; грубый человек; конец.
chonchoidal. [прил.] (зоол.) раковистый.
conchucharse. [возв. гл.] (разг.) (Амер.) сговариваться.
conchudo, da. [прил.] см. conchado; хитрый, лукавый, смышлёный.
conchuela. [ж. умен.] к concha; покрытое раковинами морское дно.
condado. [м.] графство.
condal. [прил.] графский: *la ciudad Condal, Барселона.
conde. [м.] граф; (обл.) см. capataz; цыганский вожак.
condecente. [прил.] надлежащий.

condecir. [перех.] (обл.) согласовываться.
condecoración. [ж.] награда; орден, знак отличия.
condecorador, ra. [прил.] награждающий орденом, знаком отличия (тж. сущ.).
condecorar. [перех.] награждать орденом, знаком отличия.
condena. [ж.] (юр.) приговор; наказание, к которому приговорён преступник.
condenable. [прил.] достойный осуждения (или порицания); заслуживающий наказания.
condenación. [ж.] (юр.) осуждение; приговор; (рел.) проклятие; наказание.
condenado, da. [стрд. прич.] к condenar, осуждённый [прил.] (церк.) окаянный, проклятый; (тж. сущ.); [сущ.] грешник: * trabajar como un condenado, работать как проклятый, как каторжный.
condenador, ra. [прил.] приговорящий к...; осуждающий (тж. сущ.).
condenar. [перех.] приговаривать, присуждать; проклинать; осуждать, порицать; заколачивать (двери и т. д.): * condenar a muerte, приговорить к смертной казни; * condenar a un enfermo, признать больного безнадёжным; * condenar una puerta, заколотить дверь; * condenarse, [возв. гл.] признавать себя виновным; губить свою душу.
condenatorio, ria. [прил.] (юр.) обвинительный.
condensabilidad. [ж.] (физ.) сжимаемость, конденсируемость.
condensable. [прил.] (физ.) сжимаемый, конденсируемый, поддающийся сжатию, конденсации.
condensación. [ж.] конденсирование, конденсация, сгущение; уплотнение; сжатие; (воен.) смыкание.
condensador, ra. [прил.] конденсирующий, сжимающий; [м.] конденсатор; холодильник, сгуститель.
condensar. [перех.] (физ.) конденсировать, сгущать; уплотнять, сжимать, охлаждать;резюмировать, вкратце излагать.
condensativo, va. [прил.] (физ.) вызывающий сгущение.
condenso, sa. [непр. стрд. прич.] к condensar.
condesa. [ж.] графиня.
condesar. [перех.] сберегать, экономить.
condescendencia. [ж.] снисхождение, благосклонность; снисходительность.
condescender. [неперех.] снисходить, склоняться к....
condescendiente. [прил.] снисходительный, благосклонный; уступчивый.
condesil. [прил.] (шутл.) графский.
condestable. [прил.] (ист.) коннетабль; (мор.) унтер-офицер (артиллерии).
condestablesa. [ж.] жена коннетабля.
condestablía. [ж.] звание и должность коннетабля.
condición. [ж.] состояние, звание; положение; характер, натура; качество; состояние (кого-л, чего-л); условие, основание: * condición social, социальное положение; * condiciones atmosféricas, непременное условие; * a condición de, с условием, чтобы; * con la condición de, при условии; * quebrarla a uno la condición, сбить с кого-л спесь; * de condición que, так что; * en las mismas condiciones, на равной ноге; * en malas condiciones, недоброкачественный; в плохих условиях; * tener condición, иметь дурной характер; * pliego de condiciones, технические требования, спецификация, условия поставки; * bajo condiciones de que, при условии, с тем, чтобы; * estar en condiciones, быть в состоянии.
condicionado, da. [стрд. прич.] к condicionar; [прил.] см. acondicionado; условный.
condicional. [прил.] условный: * preposición condicional, (грам.) условное предложение.
condicionalidad. [ж.] обусловленность, условность; см. condición.
condicionalmente. [нареч.] условно.
condicionamiento. [м.] (тех.) кондиционирование.
condicionar. [перех.] обусловливать; определять; (тех.) кондиционировать; [неперех.] соответствовать.
condignidad. [ж.] сообразность, соразмерность.
condigno, na. [прил.] сообразный; соразмерный.
condileo. [прил.] принадлежащий мыщелку.
cóndilo. [м.] (анат.) мыщелок.
condilóforo, ra. [прил.] с наростом в форме узла.
condiloideo, a. [прил.] (анат.) мыщелковидный.
condiloma. [м.] (пат.) кондилома.
condimentación. [ж.] дейст. к приправлять.
condimentador, ra. [м. и ж.] тот, кто приправляет.
condimentar. [перех.] приправлять; придавать вкус.
condimenticio, cia. [прил.] пряный.
condimento. [м.] приправа.
condinga. [ж.] (разг.) (обл.) бешеный характер.
condiscípulo, la. [м. и ж.] товарищ по школе, соученик, однокашник, одноклассник.
conditorio. [м.] (археол.) римский саркофаг.
condolecerse. [возв. гл.] см. condolerse.
condolencia. [ж.] соболезнование.
condolerse. [возв. гл.] сочувствовать, соболезновать.
condominio. [м.] (юр.) совладение; кондоминиум, совместное владение.
condómino. [м. и ж.] (юр.) совладелец, (-ица).
condón. [м.] сорт презерватива.
condonación. [ж.] (юр.) снижение срока наказания; прощение; снятие долга.
condonante. [дейст. прич.] к condonar, снижающий срок наказания.
condonar. [перех.] (юр.) снижать срок наказания; прощать (проступок, долг).
condonguearse. [возв. гл.] (Амер.) ходить вразвалку; ходить с важным видом.
cóndor. [м.] (орни.) кондор, гриф, грифон.
codoreño, ña. [прил.] (Амер.) к кондор.
condotiero. [м.] (итал.) кондотьер.
condral. [прил.] принадлежащий хрящам.
cóndrico, ca. [прил.] принадлежащий хрящу.
condrificación. [ж.] образование хряща.
condritis. [ж.] (пат.) воспаление хряща.
condroblasto. [м.] (мед.) хрящевая клетка.
condrodistrofia. [ж.] (мед.) недостаточность питания и роста хрящей.
condrografía. [ж.] (анат.) описание хрящей.
condrográfico, ca. [прил.] к condrografía.
condroide. [прил.] хрящеподобный.
condroito. [м.] (пат.) слизистый камень.
condrología. [ж.] (анат.) хондрология.
condrológico, ca. [прил.] к condrología.
condroma. [м.] (мат.) хрящевая опухоль.
condromatoso, sa. [прил.] прин. или относ. к хрящевой опухоли.
condrorrinco. [м.] (зоол.) род медведя.
conducción. [ж.] ведение, управление; руководство; перевозка, транспорт; условия (найма); трубопроводка, совокупность труб: * conducción de aguas, водопроводная труба, водопровод; * conducción térmica, (физ.) теплопроводность.
conducente. [дейст. прич.] к conducir.
conducir. [перех.] перевозить; водить, отводить; отвозить; проводить; управлять, править, вести (машиной и т. д.); вести, сопровождать; руководить, управлять, заведовать; уславливаться; [неперех.] вести (о дороге и т. д.); водить, управлять; подходить: * permiso de conducir, водительские, шофёрские права; * conducirse, [возв. гл.] вести себя.
conducta. [ж.] см. conducción; караван вьючных животных или повозки транспортирующие монеты; самые транспортированные монеты; поведение; соглашение (о брачевных услугах); набор рекрутов.
conductibilidad. [ж.] (физ.) проводимость.
conductible. [прил.] проводящий.
conducticio. [прил.] (юр.) прин. или относ. к арендной плате.
conductividad. [ж.] (физ.) удельное сопротивление.
conductivo, va. [прил.] проводящий.
conducto. [м.] канал, труба; трубопровод; проток; (перен.) посредник.
conductor. [прил.] проводящий; (физ.) являющийся проводником; [сущ.] проводник, (-ица); водитель, шофёр; погонщик (мулов и т. д.); директор-распорядитель; вожак; (тех.) проводник: провод: * conductor de tractores, тракторист.
conducho. [м.] провизия, запас, пищевые продукты.
condueño, ña. [м. и ж.] совладелец, (-ица).
conduerma. [ж.] (Амер.) см. modorra.
condumio. [м.] (разг.) еда, съестное.
condurar. [перех.] (обл.) сберегать.
condutal. [м.] водосточная труба.
conectador. [м.] (тех.) коннектор, соединительная часть; соединитель.
conectar. [перех.] (тех.) сцеплять, соединять, включать.
coneja. [ж.] (зоол.) крольчиха: * ser una coneja, (разг.) часто рождать; * parir la coneja, окотиться (о крольчихе).
conejal. conejar. [м.] крольчатник.
conejear. [неперех.] (перен.) прятаться; падать духом; избегать; (Амер.) охотиться на кроликов; см. espiar.
conejera. [ж.] крольчья нора; кроличий садок, см. conejar; тесное, перенаселённое помещение; притон.
conejero, a. [прил.] perro conejero, собака, занимающаяся охотой на кроликов; [сущ.] крольковод; продавец, (-щица) кроликов.
conejillo. [м.] (зоол.) conejillo de Indias, морская свинка: * ser conejillo de Indias, быть в роли подопытного животного.
conejo. [м.] (зоол.) кролик: * conejo albar, белый кролик; * carne de conejo, крольчатина; * conejo de monte, дикий кролик; * conejo de Indias, морская свинка; * conejo casero, домашний кролик; * risa de conejo, принуждённый смех.
conejo, ja. [прил.] (Амер.) горький, с недостаточным количеством сахара.
conejuelo. [м. умен.] к conejo, крольчонок.
conejuno, na. [прил.] кроличий; похожий на кролика; [ж.] кроличья шерсть.
cóneo, a. [прил.] конусообразный.
conexidad. [ж.] принадлежность, аксессуар.
conexión. [ж.] связь, отношение; (тех.) сцепление, соединение, включение;

[множ.] общность (интиресов), отношения, связи.
conexionar. [перех.] (вар.) см. conectar; conectarse, [возв. гл.] завязывать отношения.
conexivo, va. [прил.] способный соединять; (бот.) связующий, соединительный.
conexo, xa. [прил.] соединённый, связанный; находящийся в связи.
confabulación. [ж.] беседа, пероговоры; заговор, сговор.
confabulador, ra. [м. и ж.] заговорщик, (-ица).
confabular. [неперех.] совещаться с кем-л, беседовать: *confabularse, [возв. гл.] тайно договориться, сговариваться.
confalón. [м.] хоругвь; знамя.
confalonier, confaloniero. [м.] знаменосец; тот, кто носит хоругвь.
confarreación. [ж.] (ист.) наиболее торжественная форма брака (у Римлян).
confección. [ж.] изготовление, производство, выработка; лекарство из сиропа и т. д.: *confecciones, [множ.] (гал.) готовое платье, конфекция.
confeccionador, ra. [прил.] изготовляющий, вырабатывающий (тже. сущ.).
confeccionar. [перех.] делать, изготовлять, производить, вырабатывать; шить (на фабрике и т. д.); (фарм.) приготовлять лекарства из сиропа и т. д.
confector. [м.] гладиатор.
confederación. [ж.] союз, конфедерация; федеративное государство, федерация, конфедерация.
confederado, da. [страд. прич.] к confederar(se); [прил.] союзный; [м.] член союза, конфедерация.
confederar. [перех.] объединять в союз, в конфедерацию, образовывать союз, конфедерацию: *confederarse, [возв. гл.] объединяться в союз, в конфедерацию.
confederativo, va. [прил.] союзный, федеративный.
conferencia. [ж.] совещание, конференция; съезд; публичная лекция; доклад; беседа; (уст.) сличение, сопоставление (текстов и т. д.): *conferencia telefónica, разговор по телефону (междугородный); *celebrar conferencias, разглагольствовать.
conferenciante. [м. и ж.] докладчик, (-ица), лектор.
conferenciar. [неперех.] участвовать в совещании, беседовать, совещаться с кем-л.
conferir. [перех.] сличать, сопоставлять, обсуждать что-л, беседовать; присваивать, жаловать (звание и т. д.); [неперех.] совещаться с кем-л, участвовать в совещании.
conferva. [ж.] (бот.) зелёная водоросль.
confesa. [ж.] вдова, вступающая в монастырь.
confesado, da. [страд. прич.] к confesar. [м. и ж.] (разг.) кающийся грешник, кающаяся грешница.
confesante. [дейст. прич.] к confesar; [прил.] (ор.) признающийся (тже. сущ.).
confesar. [перех.] признавать; признаваться в чём-л; сознаваться в; (церк.) исповедоваться; исповедовать (о духовнике); исповедовать (религию и т. д.): *confesar una falta, признать свою вину; *confesar públicamente, открыто, публично признавать, исповедовать; *confesar de plano, открыто признавать себя виновным, винить себя; [непр. гл.] спрягается как acertar.
confesión. [ж.] (юр.) признание; (церк.) исповедь; вероисповедание: *volver de la confesión, возвращаться с исповеди; *confesión pública de una falta, etc, публичное покаяние.
confesional. [прил.] (церк.) конфессиональный.
confesionario. [м.] (церк.) исповедальня; книжка с правилами для исповеди.
confeso, sa. [прил.] (юр.) сознавшийся; (рел.) обращённый; [м.] см. lego.
confesonario. [м.] (церк.) исповедальня.
confesor. [м.] (церк.) духовник, исповедник.
confesorio. [м.] (церк.) исповедальня.
confesuría. [ж.] должность исповедника.
confeti. [м. множ.] (итал.) конфетти.
confiable. [прил.] заслуживающий доверия.
confiadamente. [нареч.] с доверием, доверчиво.
confiado, da. [страд. прич.] к confiar; [прил.] доверчивый; легковерный; самонадеянный.
confiador. [м.] (юр.) см. cofiador.
confianza. [ж.] полное доверие; вера; смелость, бодрость; самонадеянность; уверенность; фамильярность, непринуждённость в обращении; тайный договор: *abuso de confianza, злоупотребление доверием; *tener confianza en, верить в...; *hombre de confianza, доверенное лицо; *en confianza; доверительно; *confianza en si mismo, уверенность в себе; *poner la confianza en uno, оказать доверие кому-л; *voto de confianza, вотум доверия; *con toda confianza, уверенно, смело.
confianzudo, da. [прил.] слишком непринуждённый в обращении.
confiar. [перех.] доверять, поручать; [неперех.] верить, рассчитывать на, уповать, надеяться: *confiarse, [возв. гл.] доверяться, полагаться на кого-л.
confidencia. [ж.] доверие; секретное сообщение, признание; тайна.
confidencial. [прил.] конфиденциальный, секретный; доверительный.
confidencialmente. [нареч.] конфиденциально, доверительно; по секрету.
confidenciar. [неперех.] (Амер.) конфиденциально беседовать.
confidente, ta. [прил.] заслуживающий доверия; [м.] диванчик в форме двух кресел, сорт козетки; [м. и ж.] доверенное лицо; наперсник, (-ица); осведомитель, (-ница).
confidentemente. [нареч.] конфиденциально, доверительно; преданно.
configuración. [ж.] конфигурация, очертание; строение, взаимное расположение частей; рельеф (местности).
configurado, da. [страд. прич.] к configurar; [прил.]: *bien configurado, стройный.
configurar. [перех.] придавать форму.
configurativo, va. [прил.] придающий форму.
confín. [прил.] пограничный, смежный, лимитрофный; [м.] граница, предел: *en los confines de la tierra, на краю света.
confinación. [ж.] см. confinamiento.
confinado, da. [страд. прич.] к confinar; [прил.] сосланный, высланный, изгнанный; [м.] (юр.) ссыльный.
confinamiento. [м.] ссылка, высылка, изгнание.
confinante. [дейст. прич.] к confinar, пограничный, смежный, лимитрофный.
confinar. [перех.] граничить, соприкасаться с...; прилегать к...; [перех.] высылать, ссылать: *confinarse, [возв. гл.] (гал.) уединяться.
confingir. [перех.] (фарм.) смешивая, приготовлять массу.
confinidad. [ж.] сопредельность, смежность.

confirmación. [ж.] подтверждение; утверждение, конфирмация.
confirmadamente. [нареч.] наверно, твёрдо.
confirmado, da. [страд. прич.] к confirmar; [м. и ж.] тот, кто принял конфирмацию.
confirmador, ra. [прил. и сущ.] подтверждающий; утверждающий; конфирмующий.
confirmando, da. [м. и ж.] тот, кто собирается конфирмоваться.
confirmante. [дейст. прич.] к confirmar.
confirmar. [перех.] подтверждать; утверждать; (церк.) конфирмовать; укреплять.
confirmativo, ca, confirmatorio, ria. [прил.] подтверждающий, утвердительный, одобрительный.
confiscable. [прил.] подлежащий конфискации.
confiscación. [ж.] конфискация.
confiscado. [прил.] (разг.) (обл.) и (Амер.) см. travieso.
confiscador, ra. [прил.] конфискующий (тже. сущ.).
confiscar. [перех.] конфисковать.
confisco. [м.] конфискация.
confitable. [прил.] могущий быть засахаренным.
confitado, da. [страд. прич.] к confitar; [прил.] доверчивый, питающий надежды.
confitar. [перех.] варить в сахаре, засахаривать; (перен.) подслащивать, смягчать, уменьшать.
confite. [м.] конфета, драже.
confitente. [прил.] (юр.) сознавшийся.
confiteor. [м.] (церк.) покаянная молитва, молитва перед исповедью; признание.
confitera. [ж.] коробка для конфет, бонбоньерка.
confitería. [ж.] кондитерская.
confitero, ra. [м. и ж.] кондитер.
confitico, llo, to. [м.] вышивка в форме конфет.
confitura. [ж.] варенье.
confituria. [ж.] (Амер.) кондитерская.
conflación. [ж.] см. fundición.
conflagración. [ж.] пожар (больших размеров); (перен.) мировой пожар; война: *conflagración mundial, мировой пожар.
conflagrar. [перех.] зажигать, поджигать (тже. возв. гл.).
conflátil. [перех.] плавкий, легкоплавкий.
conflicto. [м.] конфликт, столкновение; борьба; разногласие, расхождение во взглядах; отчаянное, бедственное положение.
confluencia. [ж.] слияние (рек, дорог); место слияния (рек, дорог); стечение (народа).
confluente. [дейст. прич.] к confluir, сливающийся; (мед.) сливной (о сыпи); [м.] место слияния рек и т. д.
confluir. [неперех.] сливаться (о реках); (перен.) соединяться, сливаться (о дорогах и т. д.); стекаться (о народе).
conformación. [ж.] структура, строение, сложение, расположение.
conformador. [м.] раздвижная мерка для головных уборов.
conformar. [перех.] сообразовывать, согласовывать; приводить в соответствие (тже. неперех. и возв. гл.); [неперех.] разделять чьё-л мнение, соглашаться: *conformarse, [возв. гл.] покоряться, смиряться.

conforme. [прил.] сходный по форме или по строению; соответствующий, сообразный с...; согласный; покорный судьбе, смирившийся, покорившийся; [нареч.] сообразно с, в соответствии с.
conformemente. [нареч.] сообразно, в соответствии с.
conformidad. [ж.] аналогия, сходство, соответствие, согласие, взаимопонимание; симметрия, соразмерность; покорность, смирение, безропотность: * de conformidad, см. conformemente; en esta, или en tal, conformidad, при этом условии.
conformismo. [м.] см. conformidad; приспособленчество; следование уставам англиканской церкви.
conformista. [прил.] следующий уставам англиканской церкви; [сущ.] конформист.
confort. [м.] (англ.) комфорт, удобство, уют.
confortable. [прил.] (неол.) удобный, уютный, комфортабельный.
confortablemente. [нареч.] удобно, уютно.
confortación. [ж.] утешение; поддержка, помощь.
confortador, ra. [прил.] ободряющий, утешительный, подкрепляющий; [м.] укрепляющее средство; утешитель.
confortamiento. [м.] см. confortación.
confortante. [дейст. прич.] к confortar, (тж. сущ.); [м.] митенка.
confortar. [перех.] ободрять, утешать; подкреплять: * confortarse, [возв. гл.] ободряться, утешаться; подкрепляться.
confortativo, va. [прил.] ободряющий, утешающий (тже. сущ.); подкрепляющий (тже. сущ.).
conforte. [м.] см. confortación и confortativo.
confracción. [ж.] ломание, взлом.
confraguación. [ж.] смешение металлов.
confraguar. [перех.] см. fraguar.
confraternal. [прил.] братский, товарищеский.
confraternar. [неперех.] брататься.
confraternidad. [ж.] братство, содружество.
confraternizar. [неперех.] (Амер.) см. fraternizar.
confricación. [ж.] трение, растирание, обтирание.
confricar. [перех.] тереть, растирать.
confrontación. [ж.] очная ставка; сличение, сравнение, сопоставление; соответствие; духовное родство; дейст. к alindar, confinar.
confrontante. [дейст. прич.] к confrontar.
confrontar. [перех.] делать очную ставку; сличать, сравнивать, сопоставлять; [неперех.] граничить; прилегать к...; противостоять друг другу (тже. возв. гл.); симпатизировать, сочувствовать.
confucianismo. [м.] конфуцианство.
confuciano. [прил.] принадлежащий учению Конфуция.
confucionismo. [м.] см. confucianismo.
confucionista. [прил.] см. confuciano.
confulgencia. [ж.] одновременный блеск.
confundible. [прил.] поддающийся путанице и т. д.
confundimiento. [м.] смущение.
confundir. [перех.] смешивать; спутывать, перепутывать, приводить в замешательство, недоумение; смущать; внушать робость; (при)стыдить; * confundirse, [возв. гл.] смешиваться; совмещаться; совпадать; смущаться; стыдиться.

confusamente. [нареч.] неясно, смутно; беспорядочно.
confusión. [ж.] неясность; путаница, беспорядок; растерянность; смута, смятение; смущение; замешательство; (арг.) тюрьма; постоянный двор: * sembrar la confusión, запутать что-л.
confusionismo. [м.] (ненуж. неол.) см. confusión.
confuso, sa. [непр. страд. прил.] к confundir; [прил.] неясный, смутный, туманный; запутанный, сбивчивый; сконфуженный, смущённый; * en confuso, см. confusamente.
confutación. [ж.] опровержение.
confutador, ra. [прил.] см. confutatorio.
confutar. [перех.] опровергать.
confutatorio, ria. [прил.] опровергающий.
conga. [ж.] (Амер.) кубинский грызун; большой ядовитый муравей.
congal. [м.] (Амер.) публичный дом, бордель.
congelable. [прил.] способный замерзать, замораживаемый.
congelación. [ж.] замерзание; замораживание.
congelado, da. [страд. прич.] к congelar; [прил.] (кредиты и т. д.) замороженный.
congelador. [м.] мороженица.
congelamiento. [м.] см. congelación.
congelante. [дейст. прич.] к congelar.
congelar. [перех.] замораживать: * congelarse, [возв. гл.] замораживаться.
congelativa, va. [прил.] замораживающий.
congénere. [прил.] однородный.
congenial. [прил.] родственный, близкий по духу, конгениальный.
congenialidad. [ж.] конгениальность.
congeniar. [неперех.] иметь одинаковый характер, склонности, симпатизировать.
congénito, ta. [прил.] природный, прирождённый, врождённый; наследственный.
congeria. [ж.] куча, груда, скопление.
congestión. [ж.] (мед.) гиперемия, прилив крови; артериальное кровоизлияние; (перен.) затор, скопление: * congestión cerebral, кровоизлияние в мозг.
congestionable. [прил.] (пат.) способный вызывать прилив крови.
congestionar. [перех.] вызывать прилив крови; образовывать пробку (в уличном движении).
congestivo, va. [прил.] (пат.) относящ. к гиперемии.
congio. [м.] старинная мера ёмкости, равная литрам 3.
conglobación. [ж.] сжатие в комок; нагромождение, скопление; куча.
conglobado, da. [страд. прич.] к conglobar; [прил.] шаровидный.
conglobar. [перех.] собирать, сжимать в комок; нагромождать.
conglomeración. [ж.] скопление.
conglomerado, da. [страд. прич.] к conglomerar; [м.] (мин.) конгломерат; конгломерация.
conglomerar. [перех.] скоплять, накоплять.
conglutinación. [ж.] склеивание; слипание.
conglutinante. [дейст. прич.] к conglutinar, склеивающий; липкий, клейкий (тже. сущ.).
conglutinar. [перех.] соединять, склеивать, слеплять.
conglutinativo, va. [прил.] склеивающий, клейкий (тже. сущ.).
conglutinoso, sa. [прил.] клейкий, липкий.
congo. [м.] кость у низкой части свиных ног (употр. для игры); народная пляска; название одной рыбы; ревун (обезьяна).
congo, ga. [прил.] см. congoleño.
congo, ga. [прил.] (Амер.) приземистый, малорослый.

congó. [м.] (Амер.) неопытный батрак.
congoja. [ж.] тоска, тревога; грусть, печаль, скорбь.
congojar. [перех.] см. acongojar.
congojosamente. [нареч.] тревожно, грустно.
congojoso, sa. [прил.] грустный, печальный; огорчённый, удручённый.
congola. [ж.] (Амер.) курительная трубка.
congolear. [перех.] (Амер.) ловить рыбу congolo (сортом рыболовной сети).
congoleño, ña. [прил.] конголезский; [сущ.] конголезец, (-зка).
cóngolo. [м.] (Амер.) рыболовная сеть.
congolona. [ж.] (Амер.) род дикой курицы.
congorocho. [м.] (Амер.) сороконожка.
congosto. [м.] ущелье, теснина, дефиле.
congraciador, ra. [прил.] снискивающий чьё-л расположение, подлаживающийся к кому-л, льстивый.
congraciamiento. [м.] дейст. к congraciar.
congraciar. [перех. и возв. гл.] добиться чьей-л милости, чьё-л расположение.
congratulación. [ж.] поздравление.
congratulador, ra. [прил.] поздравляющий [м. и ж.] поздравитель, (-ница).
congratular. [перех.] поздравлять: * congratularse, [возв. гл.] считать себя счастливым, радоваться; поздравлять друг друга.
congratulatorio, ria. [прил.] поздравительный.
congregación. [ж.] собрание; конгрегация; * congregación de los fieles, католическая церковь; *congregación religiosa, религиозная община.
congregacionista, congreganista. [сущ.] (варв.) см. congregante.
congregante. [м. и ж.] член конгрегации.
congregar. [перех.] собирать, соединять; созывать на...; * congregarse, [возв. гл.] собираться.
congresal, la. [м. и ж.] (Амер.) см. congresista.
congresante, ta. [м. и ж.] см. congresista.
congresista. [м. и ж.] член или участник конгресса, съезда; конгрессмен (в С. Ш. А.).
congreso. [м.] конгресс, съезд; национальное собрание; конгресс (законодательный орган); совокупление: * congreso de los Diputados, палата депутатов.
congrí. [м.] (Амер.) кушанье из риса и фасоли.
congrio. [м.] морской угорь (рыба).
congruamente. [нареч.] подходяще, надлежаще; правильно.
congruencia. [ж.] совпадение, соответствие; сходство; (мат.) конгруэнция, совпадаемость.
congruente. [прил.] подходящий, соответствующий, надлежащий; (мат.) конгруэнтный, совмещающийся, подобный, совпадающий.
congruentemente. [нареч.] подходяще, надлежаще; правильно.
congruo, grua. [прил.] определённый, надлежащий, подходящий.
conguito. [м.] (Амер.) см. ají.
conhortar. [перех.] утешать.
conhorte. [м.] утешение.
conhortoso, sa. [прил.] утешающий, ободряющий.
conicidad. [ж.] конусообразность.
cónico, ca. [прил.] конический; конусный, конусообразный.
conidia. [ж.] (бот.) конидия.
conidífero, ra. [прил.] (бот.) содержащий конидии.
conidio. [м.] (бот.) см. conidia.
conífero, ra. [прил.] хвойный; [м. множ.] хвойные деревья.

conificar. [перех.] придавать коническую форму.
coniforme. [прил.] (геом.) конусообразный, конический.
conimbricense. [прил.] относящ. к Coimbra; [сущ.] уроженец, (-ка) этого португальского города.
conirrostro, tra. [прил.] (зоол.) с конусообразным клювом.
conita. [ж.] (мин.) доломит (разновидность).
conivalvo, va. [прил.] с конусообразной раковиной.
coniza. [ж.] (бот.) сложноцветная трава; см. zaragatona.
conjetura. [ж.] догадка, предположение, презумпция: *hacer conjeturas, строить предположения.
conjeturable. [прил.] предполагаемый.
conjeturador, ra. [прил.] предполагающий.
conjetural. [прил.] гадательный, предположительный.
conjeturalmente. [нареч.] предположительно.
conjeturar. [перех.] догадываться, предполагать, строить предположения, догадки.
conjúdice. [м.] см. conjuez.
conjuez. [м.] совместный судья.
conjugable. [прил.] (грам.) спрягаемый.
conjugación. [ж.] (грам.) спряжение.
conjugado, da. [страд. прич.] к conjugar.
conjunción. [ж.] соединение; (грам.) союз; (астр.) совпадение.
conjuntamente. [нареч.] вместе, сообща, совместно.
conjuntiva. [ж.] (анат.) конъюнктива, соединительная оболочка глаза.
conjuntival. [прил.] к конъюнктива.
conjuntivitis. [ж.] (мед.) конъюнктивит.
conjuntivo, va. [прил.] соединительный; (грам.) союзный.
conjunto, ta. [прил.] объединённый, соединённый, совместный, слитый; (перен.) союзный; [м.] (стройное) целое, совокупность; собрание; ансамбль; набор; комплект; агрегат: *en conjunto, в совокупности.
conjura. [ж.] см. conjuración.
conjurable. [прил.] могущий быть предотвращённым, поправимый.
conjuración. [ж.] заговор против государства и т. д.
conjurado, da. [страд. прич.] к conjurar; [сущ. и прил.] заговорщик, (-ица).
conjurador. [м.] заговорщик.
conjuramentar. [перех.] приводить к присяге: *conjuramentarse. [возв. гл.] присягать.
conjurar. [неперех.] составлять заговор; сговариваться, затевать что-л против кого-л; [перех.] приводить к присяге; заклинать, произносить заклинание; заклинать, умолять; предотвращать: *conjurar el peligro, предотвратить опасность.
conjuro. [м.] заклинание; неотступная, настоятельная просьба, мольба.
conllevador, ra. [прил. и сущ.] помогающий в чём-л; выносливый.
conllevar. [перех.] помогать в чём-л; выносить, сносить, терпеть, претерпевать, подвергаться.
conllorar. [неперех.] плакать вместе с кем-л.
conmemorable. [прил.] достопамятный.
conmemoración. [ж.] ознаменование памяти; торжество в память; чествование.
conmemorar. [перех.] ознаменовать, отмечать память кого-л.., чего-л; вспоминать, чествовать.
conmemorativo, va, comemoratorio, ria. [прил.] памятный, мемориальный; поминальный, совершаемый в память кого-л, чего-л.
conmensal. [м. и ж.] (м. употр.) сотрапезник, (-ица).
conmensurabilidad. [ж.] соизмеримость.
conmensurable. [прил.] соизмеримый.
conmensuración. [ж.] соразмерность.
conmensurar. [перех.] соизмерять.
conmensurativo, va. [прил.] пригодный для мерения.
conmigo. [мест.] со мной.
conmilite, conmilitón. [м.] боевой товарищ, товарищ по оружию, соратник.
conminación. [ж.] предупреждение содержащий угрозу; угрожение представлением дурных последствий.
conminar. [перех.] угрожать; запугивать.
conminativo, va. [прил.] угрожающий.
conminatoria. [ж.] приказ содержащий угрозу.
conminatorio, ria. [прил.] угрожающий, содержащий угрозу.
conminuta. [прил.] (хир.) fractura conminuta, перелом с раздроблением кости.
conmiseración. [ж.] сочувствие, сострадание, соболезнование.
conmiserar. [перех.] сочувствовать, выражать соболезнование, соболезновать.
conmisionero. [м.] товарищ по поручению и т. д.
conmistión. [м.] см. mezcla.
conmisto, ta. [прил.] смешанный.
conmistura, conmixtión. [ж.] см. conmistión.
conmixto, ta. [прил.] см. conmisto.
conmoción. [ж.] сотрясение, шок; смятение; (перен.) потрясение, волнение: *conmoción cerebral, сотрясение мозга.
conmonitorio. [м.] докладная записка.
conmótico, ca. [прил.] пригодный для придания свежести и красоты лицу и телу; [м.] косметическое средство.
conmovedor, ra. [прил.] трогательный; потрясающий, волнующий; возбуждающий.
conmover. [перех.] сотрясать; волновать, вызывать волнение, потрясать; смущать; возбуждать; трогать; растрогать; **conmoverse.** [возв. гл.] (вз)волноваться; растрогаться.
conmuta. [ж.] (Амер.) см. conmutación.
conmutabilidad. [ж.] изменяемость, заменимость.
conmutable. [прил.] превратимый, изменимый, изменяемый; заменяемый.
conmutación. [ж.] изменение; замена; (эл.) переключение, коммутация, коммутирование; перемена направления тока; (юр.) retruécano: *conmutación de pena, (юр.) смягчение наказания.
conmutador. [м.] (эл.) коммутатор, переключатель.
conmutar. [перех.] изменять; заменять; (юр.) смягчать наказание.
conmutativo, va. [прил.] коммутативный.
conmutatriz. [ж.] (эл.) одноякорный преобразователь (тока).
connacional. [прил.] принадлежащий к той же нации.
connato, ta. [прил.] рождённый одновременно.
connatural. [прил.] врождённый, природный.
connaturalización. [ж.] акклиматизация: привычка.
connaturalizarse. [возв. гл.] приучаться, привыкать, свыкаться; акклиматизироваться.
connaturalmente. [нареч.] естественно, натурально.
connifla. [ж.] большая раковина.
connivencia. [ж.] попустительство, потворство; молчаливое допущение, смотрение сквозь пальцы; сговор.
connivente. [прил.] (бот.) сближенный; потворствующий.
connivir. [неперех.] потворствовать, смотреть сквозь пальцы; быть заодно с кем-л, стакнуться с кем-л (прост.).
connotación. [ж.] сообщение; сопутствующее значение; дальнее родство.
connotado, da. [страд. прил.] к connotar; [м.] дальнее родство.
connotar. [перех.] делать сообщение; (грам.) иметь сопутствующее значение.
connotativo, va. [прил.] имеющий сопутствующее значение.
connovicio, cia. [м. и ж.] (церк.) товарищ по испытательному сроку.
connubial. [прил.] (м. употр.) брачный.
connubio. [м.] (поэт.) см. matrimonio.
connumerar. [перех.] перечислять.
cono. [м.] шишка хвойного дерева; (геом.) конус: *cono recto, прямой конус; *cono oblícuo, наклонный или косой конус; *cono truncado, усечённый конус.
conocedor, ra. [прил.] обладающий большими знаниями в чём-л; [сущ.] знаток; (обл.) старший пастух.
conocencia. [ж.] (обл.) см. conocimiento; (юр.) признание.
conocer. [перех.] знать; быть знакомым с кем-л, с чем-л; познавать; узнать; познакомиться; понимать; предполагать; отличать; обходиться, обращаться с кем-л; признавать; изведать, познать (нужду и т. д.); быть компетентным; совершать половой акт (с женщиной); **cenocerse.** [возв. гл.] знать самого себя; *darse a conocer, показать себя; назвать себя; *conocer de vista, знать в виду; [непр. гл.] pres. ind.: conozco, conoces и т. д.; pres. subj.: conozca, conozcas и т. д.
conocible. [прил.] познаваемый.
conocidamente. [нареч.] явно, очевидно.
conocido, da. [прил.] известный; [сущ.] знакомый.
conociencia. [ж.] (Амер.) см. conocimiento.
conociente. [дейст. прич.] к conocer, знающий и т. д.
conocimiento. [м.] познание; знание; извещение; сознание, память; знакомство; знакомый; (ком.) коносамент, накладная груза; [множ.] познания: *teoría del conocimiento, (фил.) теория познания; *con conocimiento de causa, со знанием дела; *poner en conocimiento, доводить до сведения; *perder el conocimiento, потерять сознание, лишиться чувств; *recobrar el conocimiento, прийти в сознание; dar conocimiento de, сообщить о; tener conocimiento de, знать о.
conoidal. [прил.] (геом.) конусообразный.
conoide. [м.] (геом.) коноид.
conoideo, a. [прил.] (анат.) конусовидный; (зоол.) о нек-рых раковинах.
conopeo. [м.] полог (от комаров и т. д.); (церк.) воздух, покров.
conopodio. [м.] (бот.) земляной каштан.
conopófogo, ga. [прил.] питающийся комарами, москитами (о итицах); [м.] род мухолова.
conorhanfo, fa. [прил.] (зоол.) с конусообразным клювом.
conoto. [м.] (Амер.) род большого воробья.
conozqui. [м.] (орни.) мексиканская птица.
conque. [союз] в конце концов; в заключение; словом; [м.] (разг.) условие.
conqué. [м.] (шутл.) (Амер.) деньги.

conquense. [прил.] прина. или относя. к **Cuenca**; [сущ.] уроженец, (-ка) этого города.
conquián. [м.] (Амер.) карточная игра.
conquibus. [м.] (разг.) деньги.
conquiforme. [прил.] имеющий форму раковины, раковистый.
conquiliófago, ga. [прил.] питающийся моллюсками (тже. сущ.).
conquiliología. [ж.] конхилиология.
conquiliólogo, ga. [сущ.] специалист по конхилиологии.
conquista. [ж.] завоевание; захват: привлечение на свою сторону; победа; завоёванная вещь.
conquistable. [прил.] поддающийся завоеванию и т. д. (тже. перен.).
conquistador, ra. [прил.] завоёвывающий; [м. и ж.] завоеватель, (-ница), конквистадор, конкистадор; (перен.) покоритель женских сердец: * aires de **conquistador**, победный, победоносный вид.
conquistamiento. [м.] см. **conquista**.
conquistar. [перех.] завоёвывать; покорять; (перех.) покорять сердце.
conrear. [перех.] приготовлять; (с-х) перепахивать; двоить (пар); обрызгивать маслом (о шерсти).
conregnante. [прил.] совместно царствующий и т. д.
conreinado. [м.] совместое царствование и т. д.
conreinar. [неперех.] совместно царствовать и т. д.
conreo. [м.] приготовление; обрызгивание маслом (шерсти); (с-х) перепашка.
consabido, da. [прил.] вышеназванный, упомянутый.
consabidor, ra. [прил.] знающий что-л. вместе с кем-л (тже. сущ.).
consagrable. [прил.] достойный освящения и т. д.
consagración. [ж.] посвящение; признание (чего-л); (церк.) освящение; принесение в жертву.
consagrante. [действ. прич.] к **consagrar**, посвящающий; освящающий.
consagrar. [перех.] посвящать; воздвигать памятник; (церк.) освящать: * **consagrarse**, [возв. гл.] посвящать себя чему-л.
consanguíneo, a. [прил.] единокровный.
consanguinidad. [ж.] кровное родство.
consciente. [прил.] сознательный; сознающий что-л.
conscientemente. [нареч.] сознательно.
conscripción. [м.] (гал.) (воен.) рекрутский набор.
conscripto. [прил.] padre **conscripto**, (ист.) римский сенатор; [м.] (гал.) (Амер.) новобранец, рекрут, призывник, призывной.
consectario, ria. [прил.] вытекающий, следующий из чего-л; [м.] см. **corolario**; единоверец.
consecución. [ж.] достижение; приобретение.
consecuencia. [ж.] следствие, вывод; последствие, результат, эффект, действие; соответствие, последовательность: * a **consecuencia** de, вследствие того, что; * en (por) **consecuencia**, следовательно, соответственно; * guardar **consecuencia**, действовать последовательным образом; * sin **consecuencias**, без последствий; неважный; * ser de **consecuencia**, быть важным; * tener, traer **consecuencia**, иметь последствия; * como **consecuencia**, сообразно с.

consecuencial. [прил.] выражающий или содержащий в себе следствие и т. д.
consecuente. [прил.] последовательный; соответственный: [м.] последующий член.
consecuentemente. [нареч.] следовательно, соответственно.
consecutivamente. [нареч.] подряд, без перерыва; (разг.) сряду.
consecutivo, va. [прил.] (по)следующий один за другим.
conseguimiento. [м.] достижение.
conseguir. [перех.] добиться, достать, достигнуть; получать.
conseja. [ж.] сказка, небылица, басня; тайное сборище.
consejera. [ж.] жена советника.
consejero, ra. [м. и ж.] советчик, (-ица); [м.] советник, член совета.
consejil. [ж.] (арг.) публичная женщина, проститутка.
consejo. [м.] совет; указание; совет (учреждение); совещане; суд: * tomar **consejo**, посоветоваться с кем-л; * seguir un **consejo**, последовать совету, указанию; * **consejo** de guerra, военный суд; * **consejo** de administración, хозяйственный совет.
consenso. [м.] согласие (общее).
consensual. [прил.] (юр.) сделанный по взаимному согласию.
consentáneamente. [нареч.] согласно с., сообща с...
consentaneidad. [ж.] см. **conformidad**.
consentáneo, a. [прил.] согласный.
consentido, da. [страд. прич.] к **consentir**, [прил.] снисходительный (о муже); избалованный (о ребёнке).
consentidor, ra. [прил.] соглашающийся; [сущ.] человек, отличающийся терпимостью; снисходительный муж.
consentimiento. [м.] согласие; одобрение.
consentir. [перех.] соглашаться на...; допускать, терпеть; разрешать, дозволять; верить; баловать (детей); трескаться; (юр.) см. **otorgar**; **consentirse**, [возв. гл.] трескаться, расщепляться.
conserje. [м.] привратник, швейцар, консьерж.
conserjería. [ж.] будка привратника, швейцара; обязанности привратника, швейцара.
conserva. [ж.] варенье; маринованный и т. д. продукт; [множ.] консервы; маринады; (мор.) охранное судно: * **conservas** alimenticias, консервы; * dar **conserva**, конвоировать; * navegar de **conserva** un buque, не терять из вида корабль.
conservable. [прил.] сохраняющийся; консервируемый.
conservación. [ж.] хранение; сбережение; предохранение; сохранение, консервирование; консервация (предприятия и т. д.): * instinto de **conservación**, инстинкт самосохранения.
conservador, ra. [прил.] консервативный, консервирующий; хранящий, сохраняющий; [м. и ж.] хранитель, (-ница); блюститель, (-ница); консерватор.
conservaduría. [ж.] должность хранителя.
conservadurismo. [м.] консерватизм.
conservante. [действ. прич.] к **conservar**, хранящий и т. д.
conservar. [перех.] хранить, беречь, сохранять; блюсти; консервировать; поддерживать: * **conservarse**, [возв. гл.] сохраняться; держаться в том же положении.
conservatismo. [м.] консерватизм.
conservativo, va. [прил.] хранящий, сохраняющий.
conservatorio, ria. [прил.] охранительный; предохранительный; [м.] консерватория; * estudiante del **conservatorio**, консерваторец, консерваторка.
conservería. [ж.] производство консервов.

conservero, ra. [оприл.] производящий консервы: * industria **conservera**, консервная промышленность; [м. и ж.] тот, кто приготовляет или продаёт консервы.
considencia. [ж.] (мед.) сужение.
considerable. [прил.] значительный, важный, заслуживающий внимания; видный, известный; огромный.
considerablemente. [нареч.] значительно, обильно и т. д.
consideración. [ж.] обсуждение, рассмотрение; соображение; значение, важность; уважение, почтение, почтительность: * en **consideración**, принимая во внимание, ввиду, в силу; * ser de **consideración**, быть важным; * tomar en **consideración**, принимать во внимание, в соображение; * de **consideración**, важный; * falta de **consideración**, бесцеремонность.
consideradamente. [нареч.] осмотрительно.
considerado, da. [страд. прич.] к **considerar**; [прил.] рассудительный; уважаемый.
considerador, ra. [прил.] (внимательно) рассматривающий и т. д. (тже. сущ.).
considerando. [м.] (юр.) мотивировка (закона, решения).
considerante. [действ. прич.] к **considerar**.
considerar. [перех.] (внимательно) рассматривать, взвешивать, обсуждать, обдумывать, учитывать; принимать во внимание; уважать, ценить; относиться с уважением.
considerativo, va. [прил.] (внимательно) обсуждающий и т. д.
consiervo. [м.] товарищ по рабстве.
consigna. [ж.] (воен.) инструкция, приказ; пароль; лозунг.
consignación. [ж.] сдача на хранение; сдача в депозит суда; (ком.) консигнация, консигнационная отправка.
consignador. [м.] (ком.) консигнирующий.
consignar. [перех.] сдавать, передавать на хранение; переводить (деньги, имущество); (юр.) сдавать в депозит суда; (ком.) консигнировать, отправлять, посылать (груз, товар) на консигнацию.
consignatario. [м.] (юр.) хранитель имущества; (ком.) грузополучатель.
consigo. [лич. мест.] с собой; у себя: * no tenerlas todas **consigo**, быть тревожным.
consiguiente. [прил.] вытекающий, следующий из чего-л; (фил.) последующий член: * por **consiguiente**, por el **consiguiente**, следовательно, стало быть.
consiguientemente. [нареч.] следовательно, стало быть.
consiliario, ria. [м. и ж.] советник; заместитель ректора; асессор; (ком.) член правления.
consintiente. [действ. прич.] к **consentir**; соглашающийся.
consistencia. [ж.] консистенция, густота, плотность; (перен.) прочность; твёрдость: * sin **consistencia**, непрочный, шаткий.
consistente. [действ. прич.] к **consistir**; [прил.] плотный, густой, прочный.
consistir. [неперех.] состоять из; состоять заключаться в...; основываться на чём-л; исходить из чего-л.
consistorial. [прил.] консисторский: * casa **consistorial**, см. **ayuntamiento** (здание).
consistorio. [м.] папская консистория; городской совет (и здание).
consocio, cia. [м. и ж.] сочлен, компаньон (-ка) (в деле).
consola. [ж.] столик с выгнутыми ножками.
consolable. [прил.] утешаемый.
consolablemente. [нареч.] утешительно.
consolación. [ж.] утешение; (уст.) см. **limosna**.
consolador, ra. [прил.] утешительный; [м. и ж.] утешитель, (-ница).

consolante. [действ. прич.] к consolar, утешающий, утешительный.
consolar. [перех.] утешать; consolarse, [возв. гл.] утешаться; утешать друг друга.
consolativo, va, consolatorio, ria. [прил.] утешительный.
consólida. [ж.] (бот.) см. consuelda: * consólida real, полевая живокость, сокирки.
consolidable. [прил.] упрочиваемый.
consolidación. [ж.] упрочение, укрепление; (ком.) обеспечение долга, консолидация; (тех.) жёсткое крепление.
consolidado, da. [страд. прич.] к consolidar. [прил.] консолидированный; [м. множ.] консолидированные ценные бумаги.
consolidante. [действ. прич.] к consolidar, укрепляющий.
consolidar. [перех.] укреплять, делать устойчивым; (перен.) упрочивать, укреплять, закреплять; обеспечивать; (ком.) консолидировать; consolidarse, [возв. гл.] укрепляться.
consolidativo, va. [прил.] укрепляющий.
consomé. [м.] (гал.) (вар.) консоме, крепкий бульон.
consonancia. [ж.] созвучие, благозвучие; согласие, согласованность; соответствие; (муз.) консонанс.
consonantal. [прил.] (грам.) согласный.
consonante. [прил.] согласный чему-л; совместимый; созвучный; рифмующийся; [ж.] (филол.) согласный звук; согласная; буква, обозначающая согласный звук; [м.] созвучие; рифма.
consonantemente. [нареч.] созвучно, гармонично.
consonántico, ca. [прил.] (грам.) согласный.
consonantismo. [м.] (лингв.) консонантизм.
consonar. [неперех.] (муз.) образовать созвучие; см. aconsonantar; быть в согласии, соответствовать: [непр. гл.] спрягается как contar.
cónsone. [прил.] согласный, соответствующий; [м.] аккорд.
cónsono, na. [прил.] см. consonante.
consorcio. [м.] товарищество; сообщество; (ком.) консорциум; концерн; супружество.
consorte. [сущ.] супруг (-а); товарищ; [множ.] товарищи, соучастники в деле.
conspicuo, cua. [прил.] выдающийся, знаменитый, известный; видный, заметный, бросающийся в глаза.
conspiración. [ж.] заговор; конспирация.
conspirado. [м.] заговорщик.
conspirador, ra. [м. и ж.] заговорщик, (-ица).
conspirar. [неперех.] сговариваться; составлять заговор; конспирировать; содействовать.
conspuir. [перех.] (гал.) оплевать; ошикать, поднять на смех.
constancia. [ж.] постоянство; настойчивость, верность, неизменность; твёрдость; достоверность; свидетельство, удостоверение (действ. и документ.).
constantán. [м.] (хим.) константан.
constante. [действ. прич.] к constar; [прил.] постоянный; непрерывный; неизменный; [ж.] (мат.) константа, постоянная (величина); постоянно действующий фактор.
constantemente. [нареч.] постоянно, непрерывно; несомненно, верно.
constar. [неперех.] быть очевидным, явствовать; состоять из чего-л: * hacer constar, устанавливать, констатировать и документ.
constatación. [ж.] (гал.) констатирование, констатация, установление, см. comprobación.
constatar. [перех.] (гал.) констатировать, устанавливать.

constelación. [ж.] (аст.) созвездие; климат.
constelado, da. [страд. прич.] к constelar, звёздный; усыпанный.
constelar. [перех.] усыпать свёздами; усыпать (драгоценностями и т. д.).
consternación. [ж.] подавленное состояние, уныние, горестное изумление; растерянность; смущение.
consternar. [перех.] приводить в смущение, в замешательство; приводить в уныние; поражать.
constipación. [ж.] см. constipado; constipación de vientre, (мед.) запор.
constipado, da. [страд. прич.] к constiparse; [м.] насморк; катар (верхних дыхательных путей); простуда.
constipar. [перех.] вызывать насморк; вызывать запор; constiparse. [возв. гл.] простужаться; получить насморк; страдать запором.
constitución. [ж.] конституция, основной закон; учреждение, основание; конституция, телосложение; строение, структура, организация; состав.
constitucional. [прил.] конституционный, предусмотренный конституцией; (мед.) конституциональный: * monarquía constitucional, конституционная монархия.
constitucionalidad. [ж.] конституционность.
constitucionalismo. [м.] конституционализм.
consticucionalmente. [нареч.] конституционно, с точки зрения конституции.
constituidor, ra. [прил.] составляющий, образующий; [м.] составная часть, компонент.
constituir. [перех.] учреждать, основывать; устраивать; создавать, организовывать; составлять, представлять собою; определять; constituirse. [возв. гл.] стать, сделаться; взять на себя функции; образовываться.
constitutivo, va. [прил.] определяющий, конститутивный; основной; составной (тже. сущ.).
constituyente. [действ. прич.] к constituir; [прил.] учредительный; [сущ. множ.] учредительное собрание.
constreñidamente. [нареч.] насильно, по принуждению; стеснённо.
constreñimiento. [м.] принуждение; (хир.) сжатие, сужение.
constreñir. [перех.] принуждать, заставлять; (хир.) сжимать, стягивать.
constricción. [ж.] сжимание, сжатие, сужение, стягивание.
constrictivo, va. [прил.] сжимающий.
constrictor, ra. [прил. и м.] сжимающий.
constringente. [действ. прич.] к constringir; [прил.] стягивающий.
constringir. [перех.] (уст.) см. constreñir.
construcción. [ж.] строение, сооружение, строительство, стройка; строение, здание, постройка; (грам.) конструкция (предложения); (тех.) конструкция; (перен.) построение, созидание: * construcciones navales, судостроение; * construcción de máquinas, машиностроение; * construcción de viviendas, жилищное строительство; * en construcción, строящийся; * construcción en serie, серийное производство.
constructivismo. [м.] (иск.) конструктивизм.
constructivista. [сущ.] конструктивист, сторонник конструктивизма (тже. прил.).
constructivo, va. [прил.] конструктивный; строительный; творческий, созидательный, плодотворный.
constructor, ra. [прил.] строительный; [м.] строитель; конструктор.
construir. [перех.] строить, воздвигать, сооружать; конструировать; (грам.) строить; переводить с классических

языков на (кастильский) испанский язык.
constupración. [ж.] насилие.
constuprador. [м.] насильник (тже. прил.).
constuprar. [перех.] насиловать, см. estuprar.
consubstancial. [прил.] единосущный.
consubstancialidad. [ж.] единосущность.
consuelda. [ж.] (бот.) живокость, шпорник: * consuelda menor, ладанка.
consuelo. [м.] утешение; утеха; радость, веселье: * sin consuelo, безутешно; чрезмерно, крайне.
consueta. [м.] суфлёр; (обл.) требник.
consuetudinal. [прил.] см. consuetudinario.
consuetudinariamente. [нареч.] по привычке, обычно.
consuetudinario, ria. [прил.] обычный, привычный: * derecho consuetudinario, обычное право.
cónsul. [м.] (ист.) консул: * cónsul general, генеральный консул.
cónsula. [ж.] жена консула.
consulado. [м.] (ист.) консулат; консульство.
consular. [прил.] консульский.
consulesa. [ж.] (разг.) жена консула.
consulta. [ж.] консультация, совет; совещание; консилиум; опрос.
consultable. [прил.] заслуживающий консультации.
consultación. [ж.] совещание, консультация.
consultante. [действ. прич.] к consultar, консультирующий; обращающийся за консультацией, за советом.
consultar. [перех.] советоваться, консультировать, обращаться за советом, справкой, указанием о чём-л; справляться; совещаться: * consultar el diccionario, справляться в словаре, искать нужное слово в словаре; * consultar con la almohada, утро вечера мудренее.
consultivo, va. [прил.] совещательный, консультативный.
consultor. [м.] консультант; советник; см. consultante.
consultorio. [м.] консультация (учреждение): * consultorio infantil, детская консультация.
consumación. [ж.] окончание, завершение; выполнение, осуществление; конец, смерть; (юр.) исполнение: * consumación de los siglos, конец мира.
consumadamente. [нареч.] совершенно; вполне.
consumado, da. [страд. прич.] к consumar; [прил.] завершенный, законченный; сведущий в чём-л; [м.] консоме, крепкий бульон: * hecho consumado, совершившийся факт; * maestro consumado, непревзойдённый мастер своего дела.
consumador, ra. [прил. и сущ.] совершающий; завершающий.
consumar. [перех.] совершать; доводить до конца, завершать, заканчивать; (юр.) исполнять.
consumativo, va. [прил.] завершающий, совершенствующий.
consumero. [м.] (разг.) таможенник, таможенный досмотрщик.
consumible. [прил.] потребляемый.
consumición. [ж.] потребление, расход; истощение, изнурение.
consumido, da. [страд. прич.] к consumir; [прил.] (перен.) (разг.) истощённый, худой; легко поддающийся унынию.

consumidor, ra. [прил.] потребляющий; [м. и ж.] потребитель, (-ница); посетитель, (-ница).

consumimiento. [м.] см. consumición.

consumir. [перех.] пожирать, истреблять (об огне); потреблять, тратить, расходовать; истощать, изнурять; причащаться (о священнике); огорчать, удручать; **consumirse,** [возв. гл.] слабеть, чахнуть, изнуряться; расходоваться; испаряться, выкипать; догорать (о свече); мучиться, терзаться (страстью и т. д.).

consumo. [м.] потребление; расход; [множ.] городская ввозная пошлина (на продукты и некоторые товары).

consunción. [ж.] исхудание, истощение, изнурение.

consuno (de). [нареч.] совместно, вместе, сообща; с общего, с обоюдного согласия.

consuntivo, va. [прил.] разрушающий; истощающий, изнуряющий.

consunto, ta. [непр. страд. прич.] к consumir.

consustancial. [прил.] (теол.) см. consubstancial.

consustancialidad. [ж.] (теол.) см. consubstancialidad.

contabilidad. [ж.] исчисляемость; счетоводство; бухгалтерия; * llevar la contabilidad, вести учёт; * contabilidad de partida doble, двойная бухгалтерия.

contabilizar. [перех.] (бух.) записывать.

contable. [прил.] исчислимый; [м.] (гал.) счетовод; бухгалтер. см. contador.

contactar. [неперех.] быть в соприкосновении, приводить в соприкосновение.

contacto. [м.] соприкосновение, общение, контакт; касание; (тех.) контакт: * poner en contacto, привести в соприкосновение; * en contacto, во взаимодействии; * punto de contacto, точка касания.

contadero, ra. [прил.] исчислимый; [м.] узкий проход для подсчёта скота.

contado, da. [страд. прич.] к contar; [прил.] редкий, редко появляющийся, редко встречающийся, необычный; определённый, указанный: * al contado, за наличные; * de contado, немедленно; * por contado, несомненно.

contador, ra. [прил.] счётный; [м.] счётовод; бухгалтер; кассир; счётчик; (тех.) счётчик, счётный прибор, конторка, бюро; (мор.) офицер интендантской службы: * contador de la luz, электрический счётчик; * contador del agua, водомер; * contador del gas, газомер.

contaduría. [ж.] должность счетовода; счётная часть, бухгалтерия; контора; (театр.) касса предварительной продажи билетов.

contagiar. [перех.] заражать (тж. перен.) (перен.) развращать.

contagio. [м.] заражение, зараза, инфекция; (перен.) вредное влияние, развращённость.

contagión. [м.] см. contagio.

contagiosamente. [нареч.] заразительно.

contagiosidad. [ж.] заразительность.

contagioso, sa. [прил.] заразный, инфекционный; (перен.) заразительный.

contal. [м.] пруток с нанизанными на нем круглыми косточками (для счисления).

contaminable. [прил.] поддающийся заражению.

contaminación. [ж.] заражение; загрязнение; порча.

contaminador, ra. [прил.] заражающий, заразный, инфекционный.

contaminar. [перех.] заражать; загрязнять; (перен.) искажать; совращать; нарушать (божий закон).

contante. [действ. прич.] к contar; [прил.] dinero contante, dinero contante y sonante, (разг.) наличные деньги, звонкая монета.

contantejo. [м.] (разг.) маленькое количество наличных денег.

contar. [перех.] считать; подсчитывать; ставить в счёт; рассказывать; [неперех.] считать, считаться, идти в счёт; полагаться, рассчитывать (на кого-л, на что-л); располагать; иметь в виду что; состоять при...: * contar por los dedos, считать по пальцам; * cuento con Vd., я на вас рассчитываю; * puede Vd. contar con ello, можете на это рассчитывать; * contar con, помнить о ком-л; [непр. гл.] pres. ind.: cuento, -as, -a, contamos, -áis, cuentan; pres. subj.: cuente, -es, -e, contemos, -éis, cuenten.

contario. [м.] (арх.) см. contero.

contemperante. [действ. прич.] к contemperar.

contemperar. [перех.] см. atemperar.

contemplación. [ж.] созерцание; любезность; [множ.] церемонии: * sin contemplaciones, без церемоний.

contemplador, ra. [прил.] созерцательный; любезный, услужливый; [сущ.] созерцатель, (-ница).

contemplar. [перех.] созерцать; рассматривать; оказывать внимание, любезность, см. complacer.

contemplativamente. [нареч.] созерцательным образом; любезно.

contemplativo, va. [прил.] созерцательный, задумчивый; любезный, услужливый, обходительный.

contemporáneamente. [нареч.] происходящий в одной эпохе с кем-чем; одновременно.

contemporaneidad. [ж.] современность.

contemporáneo, a. [прил.] современный; [м.] современник.

contemporización. [ж.] приноравливание, приспосабливание; уступчивость.

contemporizamiento. [м.] см. contemporización.

contemporizar. [неперех.] приноравливаться, приспосабливаться; уступать; служить и нашим и вашим.

contención. [ж.] сдерживание; спор, пререкание, ссора; (юр.) тяжба: * muro de contención, подпорная стенка.

contenciosamente. [нареч.] со спором; тяжебным образом.

contencioso, sa. [прил.] любящий спорить; спорный, тяжебный.

contendedor. [м.] воин, боец; противник в споре; конкурент.

contender. [неперех.] бороться; соперничать, состязаться; спорить; противоречить; судиться, вести тяжбу, вести процесс.

contendiente. [действ. прич.] к contender; [м.] воин, боец; соперник; соискатель; противник в споре; (юр.) тяжущаяся сторона.

contendor. [м.] см. contendedor.

contenedor, ra. [прил.] содержащий, вмещающий; сдерживающий, удерживающий.

contenencia. [ж.] парение; (в танце) некоторое па.

contener. [перех.] вмещать, содержать в себе; сдерживать, удерживать; **contenerse,** [возв. гл.] сдерживаться; ограничиваться; [непр. гл.] спрягается как tener.

contenido, da. [страд. прич.] к contener; [прил.] умеренный, воздерж(ан)ный, спокойный, сдержанный; [м.] содержимое; содержание (письма, книги).

conteniente. [действ. прич.] к contener.

contenta. [ж.] приятный подарок; (ком.) см. endoso; (мор.) свидетельство о платёжеспособности.

contentadizo, za. [прил.] довольствующийся малым: * bien contentadizo, непритязательный; * mal contentadizo, притязательный.

contentamiento. [м.] радость; довольство; удовлетворение; (гал.) см. conformidad.

contentar. [перех.] удовлетворять; исполнять желания; (ком.) индоссировать, делать передаточную надпись (на векселе); **contentarse,** [возв. гл.] довольствоваться; * contentarse con poco, ser de buen contentar, довольствоваться малым.

contentible. [прил.] презренный.

contentivo, va. [прил.] содержащий; (хир.) поддерживающий (о повязке).

contento, ta. [прил.] довольный, удовлетворённый; весёлый, живой, игривый; [м.] довольство; удовлетворение, удовлетворённость; радость; (арг.) наличные деньги: * a contento, вдоволь; * no caber uno de contento, estar más contento que unas Pascuas, быть вне себя от радости; * ser de buen contento, довольствоваться малым; * poner contento, удовлетворить; * ponerse contento, удовлетвориться; * estar contento con, быть довольным кем-чем.

contentona. [ж.] (Амер.) кокетка, ветреная женщина, ветреница.

contentura. [ж.] (разг.) (шутл.) (Амер.) радость, удовлетворение.

contera. [ж.] наконечник; рефрен, припев; конец; окончание: * por contera, в заключение, в конце концов; * temblarle a uno la contera, дрожать от страха.

contérmino, na. [прил.] пограничный, смежный, лимитрофный.

contero. [м.] (арх.) украшение в форме чёток.

conterráneo, a. [прил.] той же страны; [сущ.] соотечественник, земляк.

contertuliano, na, contertulio, lia. [прил.] того же кружка (tertulia).

contesta. [ж.] (разг.) (Амер.) ответ; (разг.) беседа, разговор.

contestabilidad. [ж.] спорность.

contestable. [прил.] оспариваемый; спорный, сомнительный.

contestación. [ж.] ответ; возражение; спор, оспаривание; пререкание.

contestar. [перех.] отвечать; подтверждать, утверждать; (гал.) оспаривать; [неперех.] соответствовать, отвечать.

conteste. [прил.] (юр.) дающий утвердительное показание.

contesto. [м.] (Амер.) ответ.

contestón. [м.] (Амер.) любящий противоречить.

contexto. [м.] сплетение, сцепление; контекст.

contextuar. [перех.] доказывать текстами.

contextura. [ж.] соединение, связь (частей); структура, строение (ткани, вещества); построение, расположение частей (в литературном произведении); контекст; телосложение, конституция; внешний облик (человека).

contezuelo. [м. умен.] к cuento, сказочка.

conticinio. [м.] ночная тишина (время).

contienda. [ж.] спор, оспаривание, пререкание, перебранка; раздор, борьба; схватка; война.

contigioso, sa. [прил.] (Амер.) (вул.) разборчивый; всегда недовольный.

contignación. [ж.] (арх.) перевязка (балок и т. д.).
contigo. [лич. мест.] с тобой; у тебя.
contiguamente. [нареч.] рядом с...
contigüidad. [ж.] смежность, соприкосновение, соприкасаемость.
contiguo, gua. [прил.] смежный, соприкасающийся, прилегающий, примыкающий.
contimás. [нареч.] (прост.) (Амер.) см. cuanto más.
continencia. [ж.] воздержание, воздерж(ан)ность; целомудрие; сдержанность.
continental. [прил.] континентальный, материковый.
continente. [дейст. прич.] к contener; содержащий, вмещающий; [прил.] воздержанный, умеренный; целомудренный; [м.] вместилище; осанка, манера держать себя; (геог.) материк, континент.
continentemente. [нареч.] воздерж(ан)но.
contingencia. [ж.] возможность; случай, непредвиденное обстоятельство; риск, опасность.
contingentar. [перех.] (ком.) контингентировать.
contingente. [прил.] случайный; возможный, условный, зависящий от обстоятельств; [м.] контингент, состав; случайность; доля.
contingentemente. [нареч.] случайно.
contingible. [прил.] возможный.
continuación. [ж.] продолжение; продолжительность: * a continuación, далее, затем, в дальнейшем; вслед.
continuadamente. [нареч.] постоянно, непрерывно, см. continuamente.
continuado, da. [страд. прич.] к continuar.
continuador, ra. [прил.] продолжающий; [м. и ж.] продолжатель, (-ница).
continuamente. [нареч.] непрерывно, постоянно, безостановочно.
continuante. [дейст. прич.] к continuar, продолжающий.
continuar. [перех.] продолжать; [неперех.] продолжаться; оставаться, всё ещё находиться; продолжать путь; continuarse, [возв. гл.] тянуться: * continuará, продолжение следует.
continuativo, va. [прил.] продолжающийся, содержащий в себе продолжение.
continuidad. [ж.] непрерывность; непрерывность, безостановочность; связь, преемственность; (уст.) продолжение.
continuo, nua. [прил.] постоянный, непрерывный, безостановочный; постоянного действия; сплошной; длящийся: * de continuo, постоянно; * a la continua, см. continuamente; [м.] состав.
contonearse. [возв. гл.] ходить враскачку, вразвалку, переваливаясь, ходить с важным видом.
contoneo. [м.] походка вразвалку, покачивание бёдрами.
contonguearse. [возв. гл.] (Амер.) см. contonearse.
contorcerse. [возв. гл.] биться в судорогах; кривляться.
contorción. [ж.] судорога; см. retorcimiento.
contornar. [перех.] см. contornear; (уст.) возвращаться.
contornear. [перех.] огибать, обходить кругом; (жив.) обводить контур; округлять; очертить; искривлять.
contorno. [м.] обход, объезд, дейст. к contornear.
contorno. [м.] очертание, контур, абрис; окрестность; край (монеты): * en contorno, вокруг.
contorsión. [ж.] судорога; гримаса; кривляние.

contorsionarse. [возв. гл.] извиваться, корчиться.
contorsionista. [м.] сорт акробата.
contra. приставка, обозначающая противоположность, противодействие, противопоставление.
contra. [предлог.] против; лицом к; от; к; о, об; у, возле, около, подле; вопреки, наперекор; [ж.] затруднение, препятствие; [м.] противное, обратное; (муз.) органная педаль: * en contra, вопреки, * contra la pared, у, возле, около, подле стены; * poner contra la pared, поставить к стене; * estrellarse contra la pared, разбиться о стену; * asegurarse contra incendios, застраховаться от пожара; * ir contra viento y marea, действовать наперекор всему, наперекор всем препятствиям; * el pro y el contra, за и против; * hacer la contra, противоречить, возражать; противиться.
contraabertura. [ж.] (хир.) противоотверстие.
contraabrir. [перех.] (хир.) (про)делать противоотверстие.
contraacusación. [ж.] противное обвинение.
contraalmirantazgo. [м.] звание контр-адмирала.
contraalmirante. [м.] контр-адмирал.
contraasiento. [м.] дубликат, копия.
contraataguía. [ж.] вторая запруда.
contraataque. [м.] контратака.
contraaviso. [м.] отмена предупреждения, сообщения.
contrabajista. [м. и ж.] контрабасист.
contrabajo. [м.] (муз.) контрабас; [м. и ж.] см. contrabajista.
contrabalancear. [перех.] уравновешивать.
contrabalanceo. [м.] уравновешивание.
contrabalanza. [ж.] противовес; см. contraposición.
contrabandear. [прил.] заниматься контрабандой.
contrabandista. [прил.] контрабандистский; [м. и ж.] контрабандист, (-ка).
contrabando. [м.] контрабанда; контрабандная торговля: * de contrabando, контрабандой; тайком.
contrabarrera. [ж.] (тавро.) второй барьер.
contrabasa. [ж.] (арх.) пьедестал, подножие.
contrabatería. [ж.] (воен.) ответная батарея.
contrabatir. [перех.] (воен.) подавлять огневые средства.
contrabolina. [ж.] (мор.) вторая булинь.
contraboza. [ж.] (мор.) второй стопор.
contrabraguero. [м.] (мор.) второй пушечный брюк.
contracalle. [ж.] улица, параллельная главной.
contracambio. [м.] мена, обмен; обратный вексель.
contracanal. [м.] отводный канал.
contracarril. [м.] (ж. д.) контррельс.
contracarta. [ж.] см. contraescritura.
contracción. [ж.] сжимание (физ.) сжатие, контракция; (физиол.) сокращение; искажение; (грам.) стяжение; приобретение (привычки; обык. дурной); заболевание, (Амер.) усердие, старание.
contracédula. [ж.] записка, отменяющая прежнюю.
contracifra. [ж.] ключ к шифру.
contracita. [ж.] (полигр.) вторая ссылка, цитата.
contracorriente. [ж.] встречный ток, противоток; встречное течение.
contracosta. [ж.] противоположный берег.
contractibilidad. [ж.] сокращаемость.
contráctil. [прил.] способный сокращаться; сжимающийся.

contractilidad. [ж.] способность сокращаться, сжимаемость, сокращаемость.
contractivo, va. [прил.] сжимающий, сокращающий.
contracto, ta. [непр. стр. прич.] к contraer, сокращённый.
contractual. [прил.] договорный.
contractura. [ж.] (рат.) сведение мускулов, контрактура.
contraculebra. [ж.] (бот.) вербена (одна из разновидностей).
contradancista. [м. и ж.] любитель, (-ница) контрданса.
contradanza. [ж.] контрданс.
contradecir. [перех.] противоречить кому-л; опровергать; contradecirse, [возв. гл.] противоречить себе.
contradeclaración. [ж.] встречное объявление, показание.
contradenuncia. [ж.] (юр.) встречный иск.
contradicción. [ж.] противоречие: * en contradicción con, в противоположность чему-л, в отличие от чего-л; * espíritu de contradicción, дух противоречия.
contradictor. [прил.] противоречащий; [м.] противник (в споре); оппонент.
contradictoria. [ж.] (лог.) противоречивое предложение.
contradictoriamente. [нареч.] противоречиво.
contradictoriedad. [ж.] противоречивость.
contradictorio, ria. [прил.] противоречивый.
contradicho, cha. [напр. страд. прич.] к contradecir; [м.] (уст.) противоречие.
contradique. [м.] (мор.) второй, дополнительный волнолом.
contradriza. [ж.] (мор.) второй фал.
contraedicto. [м.] отмена указа, постановления.
contraemboscada. [ж.] ответная засада.
contraenvite. [м.] (карт.) ложное удвоение ставки.
contraer. [перех.] сжимать; сокращать; заключать договор, договариваться, заключать (сделку, контракт); вступать (в брак и т. д.), завязывать (дружбу); принимать на себя обязательство; заводить (знакомство); наделать (долгов); схватить (болезнь); перенимать (обычай); приобретать, усваивать (привычку); contraerse, [возв. гл.] сокращаться; ограничиваться; сжиматься; перекоситься (о лице); (Амер.) (гал.) предаваться, посвящать себя чему-л.
contraescarpa. [ж.] (воен.) контрэскарп.
contraescarpar. [перех.] оборудовать контрэскарпами.
contraescota. [ж.] (мор.) второй шкот.
contraescotín. [м.] (мор.) второй escotín.
contraescrito. [м.] встречная рукопись и т. д.
contraescritura. [ж.] второй нотариальный акт, отменяющий первый.
contraespionaje. [м.] контрразведка.
contraestay. [м.] (мор.) второй штаг (для подкрепления).
contraextensión. [ж.] (хир.) противовытяжение.
contrafacción. [ж.] (гал.) подделка.
contrafactor, ra. [м.] (гал.) подделыватель; см. contrahacedor.
contrafaz. [ж.] обратная сторона (монеты и т. д.).
contrafluxión. [ж.] (мед.) отвлечение.
contrafoque. [м.] (мор.) маленький кливер.
contrafoso. [м.] (воен.) внешний ров.

contrafuerte. [м.] (арх.) контрфорс; противный форт; ребро; задник (башмака).
contrafuga. [ж.] (муз.) контрафуга.
contrahacedor, ra. [прил.] подделывающий (тже. сущ.).
contrahacer. [перех.] подделывать; имитировать; передразнивать; contrahacerse, [возв. гл.] см. fingirse.
contrahaz. [ж.] обратная сторона; изнанка.
contrahecho, cha. [непр. страд. прич.] к contrahacer; [прил.] поддельный; безобразный, уродливый, горбатый, скрюченный.
contrahechura. [ж.] подделка.
contrahierba. [ж.] (бот.) (Амер.) лекарственное растение; (перен.) противоядие.
contrahuella. [ж.] (арх.) вертикальная доска ступени, высота ступени.
contraindicación. [ж.] (мед.) противопоказание.
contraindicado, da. [страд. прич.] к contraindicar; [прил.] противопоказанный.
contraindicante. [прил.] (мед.) симптом, указывающий на вредность применения какого-л лекарства, лечения.
contraindicar. [перех.] (мед.) указывать на вредность применения какого-л лекарства, лечения.
contrainteligencia. [ж.] контрразведка.
contralecho (a). [нареч.] (арх.) тычком.
contraliga. [ж.] встречный союз.
contralmirantazgo. [м.] см. contraalmirantazgo.
contralmirante. [м.] см. contraalmirante.
contralor. [м.] контролёр.
contralto. [м.] (муз.) контральто.
contraluz. [ж.] свет, падающий с противоположной стороны: * a contraluz, против света, спиной к свету.
contrallado, da. [прил.] (Амер.) дурной, злой.
contramaestre. [м.] старший мастер (на заводе); (мор.) боцман.
contramalla, contramalladura. [ж.] сорт рыболовной сети.
contramallar. [перех.] плести contramallas.
contramandante. [дейст. прич.] к contramandar, отменяющий приказание (тже. сущ.).
contramandar. [перех.] отменять приказание.
contramandato. [м.] отменяющее приказание; см. contraorden.
contramangas. [ж. множ.] старинное украшение на рубашечных рукавах.
contramaniobra. [ж.] контрманёвр.
contramano (a). [нареч.] противно течению, распоряжению.
contramarca. [ж.] второе клеймо.
contramarcar. [перех.] ставить второе клеймо.
contramarcha. [ж.] (воен.) контрмарш, движение в обратном направлении; (мор.) поворот.
contramarchar. [неперех.] идти в обратном направлении.
contramarea. [ж.] встречный прилив и отлив (моря).
contramatar. [перех.] (Амер.) нанести удар; contramatarse [возв. гл.] раскаиваться, каяться.
contramina. [ж.] (воен.) контрмина; (горн.) минная галерея.
contraminador, ra. [прил.] (воен.) контрминирующий (тже. сущ.).

contraminar. [перех.] (воен.) контрминировать; (перен.) расстраивать чьи-л происки.
contramisión. [ж.] встречная, ответная миссия.
contramuelle. [м.] пристань напротив главной.
contramuestra. [ж.] второй образец, образчик.
contramuralla. [ж.] (воен.) нижний вал (перед главным валом).
contramurar. [перех.] (воен.) обносить нижним валом (город и т. д.).
contramuro. [м.] (воен.) см. contramuralla.
contranatural. [прил.] противоестественный.
contraofensiva. [ж.] (воен.) контрнаступление, контрудар.
contraorden. [ж.] контрприказ, отмена приказа.
contraordenar. [перех.] отменять приказ.
contrapalanca. [ж.] двойной рычаг.
contrapar. [м.] (арх.) стропило.
contraparte. [ж.] (перен.) противная сторона; (муз.) см. contrapunto.
contrapartida. [ж.] дубликат, копия.
contrapas. [м.] некоторое па (в контрдансе).
contrapasamiento. [м.] переход в противную партию и т. д.
contrapasar. [неперех.] переходить в противную партию и т. д.
contrapaso. [м.] переменный шаг.
contrapelo (a). [нареч.] против шерсти; наперекор.
contrapendiente. [ж.] обратный скат.
contrapesar. [перех.] служить противовесом; (перен.) выравнивать.
contrapeso. [м.] противовес (тже. перен.): * servir de contrapeso, служить противовесом.
contrapeste. [м.] лекарство против чумы.
contrapilastra. [ж.] (арх.) выступ по бокам пилястры.
contrapisón. [м. прил. и сущ.] (Амер.) сводник.
contraponedor, ra. [прил.] противопоставляющий (тже. сущ.).
contraponer. [перех.] сравнивать; противополагать, противопоставлять.
contraposición. [ж.] сравнение; противодействие, противопоставление: * en contraposición con, в отличие от...
contrapozo. [м.] (воен.) контрминная галерея.
contrapresión. [ж.] противодавление.
contraprincipio. [м.] утверждение, противоречащее принципу.
contraproducente. [прил.] дающий обратный эффект, противоположный результат.
contraproposición. [ж.] контрпредложение, встречное предложение.
contrapropósito. [м.] встречное намерение.
contraprotesta. [ж.] встречный протест.
contraproyecto. [м.] контрпроект.
contraprueba. [ж.] (полигр.) второй корректурный оттиск.
contrapuerta. [ж.] вторая дверь.
contrapuesto, ta. [непр. страд. прич.] к contraponer.
contrapuntante. [м.] (муз.) тот, кто поёт по контрапункту.
contrapuntarse. [возв. гл.] пикироваться, говорить колкости друг другу.
contrapunte. [м.] (Амер.) поэтический поединок.
contrapuntear. [перех.] (муз.) петь по контрапункту; говорить колкости кому-л; contrapuntearse, [возв. гл.] см. contrapuntarse.

contrapuntista. [м. и ж.] (муз.) контрапунктист (тже. прил.).
contrapunto. [м.] (муз.) контрапункт (Амер.) см. contrapunte: * de contrapunto, контрапунктный.
contrapunzar. [перех.] клепать выколоткой.
contrapunzón. [м.] выколотка.
contraquerella. [ж.] (юр.) встречная жалоба.
contrariamente. [нареч.] вопреки; в противоположность.
contrariar. [перех.] противоречить, противиться, противодействовать; мешать, препятствовать; (гал.) досаждать; причинять неприятности.
contrariedad. [ж.] противоречие, расхождение; препятствие, помеха; досадное, неприятное обстоятельство; (гал.) досада, недовольство.
contrario, ria. [прил.] противоположный; противный, обратный; вражеский; вредный, вредоносный; антагонистический; [м. и ж.] противоположность, обратное; противник; враг; соперник; [м.] помеха, препятствие; противоречие: * viento contrario, встречный ветер; (мор.) бейдевинд; * llevar la contraria, противоречить; * al contrario, por el contrario, напротив, наоборот, в отличие; * de lo contrario, в противном случае; * yo oí (decir) contrario, я слышал противоположное, обратное.
contrarreforma. [ж.] (ист.) контрреформация.
contrarreformista. [прил.] к контрреформации; [м. и ж.] сторонник, (-ица) контрреформации.
contrarregistro. [м.] второй таможенный (д)осмотр.
contrarreguera. [ж.] поперечная оросительная канава.
contrarréplica. [ж.] ответ на возражение.
contrarrestar. [перех.] препятствовать, оказывать сопротивление, противиться, противодействовать; отбивать мяч.
contrarresto. [м.] отбивание мяча; игрок, отбивающий мяч; (перен.) см. oposición.
contrarretablo. [м.] центр алтаря.
contrarrevolución. [ж.] контрреволюция.
contrarrevolucionar. [перех.] организовывать контрреволюционный заговор.
contrarrevolucionario, ria. [прил.] контрреволюционный; [м. и ж.] контрреволюционер, (-ка).
contrarriel. [м.] см. contracarril.
contrarroda. [ж.] (мор.) внутренняя часть форштевня.
contrarronda. [ж.] (воен.) второй обход постов.
contrarrotura. [ж.] (вет.) пластырь против переломов, вывихов и т. д.
contrasalva. [ж.] ответный салют.
contrasazón. [ж.] свойст. к недозрелым; несвоевременность, неумелость.
contraseguro. [м.] перестраховка.
contrasellar. [перех.] прикладывать вторую печать.
contrasello. [м.] вторая печать.
contrasentido. [м.] противоположный смысл; (гал.) нелепость, вздор, бессмыслица.
contraseña. [ж.] условный знак; второе клеймо; (воен.) пароль: * contraseña de salida, (теа.) контрамарка.
contrasignar. [перех.] см. contrasellar.
contrasignatario. [м.] скрепляющий своей подписью.
contrastable. [прил.] поддающийся проверке.
contrastador, ra. [прил.] проверяющий, контролирующий; противостоящий кому-

contrastante. [дейст. прич.] к contrastar, противостоящий.

contrastar. [перех.] противостоять, противиться; проверять, контролировать (меры и т. д.); пробировать (золото и т. д.); [неперех.] составлять контраст, сильно отличаться, контрастировать.

contraste. [м.] контраст, резкая противоположность; проверка (весов, мер и т. д.); инспектор мер и весов; палата мер и весов; пробирный мастер; пробирная палата; (перен.) борьба, схватка; (мор.) внезапная перемена ветра; (арг.) преследователь; (гал.) неудача, несчастье: * oficina de contraste (de monedas), пробирная палата.

contrasugestión. [ж.] встречное внушение.

contrata. [ж.] контракт, договор; договор (документ); подряд.

contratación. [ж.] заключение договора; контрактация; торговля.

contratante. [дейст. прич.] к contratar, торгующий; договаривающийся.

contratar. [перех.] торговать; заключать договор, договариваться; контрактовать; брать подряд.

contratecho. [м.] подпорка крыши.

contratiempo. [м.] помеха, препятствие, задержка; несчастный случай; [множ.] беспорядочные движения лошади.

contratista. [м. и ж.] подрядчик; поставщик; предприниматель.

contrato. [м.] договор, контракт, соглашение: * contrato privado, договор, не засвидетельствованный у нотариуса.

contratorpedero. [м.] (мор.) контрминоносец.

contratreta. [ж.] встречная уловка.

contratuerca. [ж.] (тех.) контргайка.

contravalación. [ж.] (воен.) дейст. к contravalar.

contravalar. [перех.] (воен.) делать контрвалляцию.

contravapor. [м.] (тех.) контрпар.

contravención. [ж.] нарушение (закона и т. д.).

contraveneno. [м.] противоядие (тж. перен).

contravenir. [перех.] нарушать (закон, постановление и т. д.).

contraventana. [ж.] ставень (наружный).

contraventor, ra. [прил.] нарушающий (закон и т. д.); [м. и ж.] нарушитель, (-ница).

contraventura. [ж.] несчастье, беда.

contraviesa. [ж.] отрог горного хребта.

contravidriera. [ж.] (зимняя) вторая рама.

contravoluta. [ж.] (арх.) дополнительная волюта.

contrayente. [дейст. прич.] к contraer; договаривающийся.

contrecho, cha. [прил.] разбитый параличом, потерявший способность двигаться (от болезни и т. д.).

contrete. [м.] (мор.) поперечина.

contribución. [ж.] налог, обложение; взнос, вклад; (воен.) контрибуция: * contribución de sangre, военная служба.

contribuidor, ra. [прил.] содействующий, способствующий чему-л. (тж. сущ.); [м. и ж.] (арг.) тот, кто даёт что-л.

contribuir. [перех.] уплачивать налоги; платить взносы; участвовать в расходах; вносить свой вклад; способствовать, содействовать чему-л.

contribulado, da. [прил.] огорчённый, удручённый; скорбящий.

contributario, ria. [м. и ж.] совместный налогоплательщик, (-ица).

contributivo, va. [прил.] налоговый.

contribuyente. [дейст. прич.] к contribuir; [м. и ж.] налогоплательщик, (-ица); тот, кто содействует чему-л.

contrición. [ж.] сокрушение, раскаяние: * hacer acto de contrición, покаяться.

contrincante. [м.] соискатель (на конкурсе); противник, оппонент, соперник, соревнующийся.

contristar. [перех.] огорчать, опечаливать.

contrito, ta. [прил.] раскаявшийся.

control. [м.] контроль, проверка; управление, руководство; власть; регулировка.

controlar. [перех.] проверять, контролировать, регулировать; управлять.

controversia. [ж.] учёный спор, контроверза; борьба мнений; полемика, пререкание.

controversista. [м.] полемист, спорщик.

controvertible. [прил.] спорный, оспариваемый, дискуссионный.

controvertir. [неперех. и перех.] оспаривать, полемизировать.

contual. [м.] (мор.) см. durmiente.

contubernio. [м.] совместное, общее жилище; незаконное сожительство; (перен.) предосудительный союз.

contumacia. [ж.] упрямство; (юр.) неявка в суд: * por contumacia, заочно.

contumacial. [прил.] заочный.

contumaz. [прил.] упрямый; непокорный; (юр.) неявившийся в суд.

contumazmente. [нареч.] упрямо; (юр.) заочно.

contumelia. [ж.] оскорбление, поношение.

contumeliosamente. [нареч.] оскорбительно, обидно.

contumelioso, sa. [прил.] оскорбительный, обидный; поносящий.

contumeria. [ж.] (Амер.) отговорка, увёртки, обиняки.

contumerioso, sa. [прил.] (Амер.) жеманный, манерный.

contundencia. [ж.] свойст. к contundente; (перен.) см. rotundidad.

contundente. [прил.] причиняющий ушиб; тупой (об орудии, инструменте); (перен.) убедительный, доказательный.

contundir. [перех.] ушибать; контузить.

conturbación. [ж.] беспокойство, тревога, смущение, волнение.

conturbado, da. [страд. прич.] к conturbar; [прил.] смущённый; взволнованный.

conturbador, ra. [прил.] смущающий, волнующий, тревожащий.

conturbar. [перех.] волновать, смущать, тревожить.

contusión. [ж.] ушиб, контузия, удар.

contusionar. [перех.] (вар.) см. contundir.

contusivo, va. [прил.] ушибающий.

contuso, sa. [прил.] ушибленный, контуженный, раздавленный.

contutor. [м.] соопекун.

conuco. [м.] (Амер.) маленький участок пахотной земли (когда-то предоставленный рабам).

conusfusorio. [м.] (хим.) металлический тигель в форме конуса.

convalacharse. [возв. гл.] см. confabularse.

convalaria. [ж.] ландыш (ботаническое название).

convalariado, da. [прил.] похожий на ландыш.

convalárico, ca. [прил.] см. convalariado.

convalecencia. [ж.] выздоровление; период выздоравливания; дом или санаторий для выздоравливающих.

convalecer. [неперех.] выздоравливать, (тж. перен).

convaleciente. [дейст. прич.] к convalecer; выздоравливающий больной, (-ая).

convalidación. [ж.] подтверждение; утверждение.

convalidar. [перех.] подтверждать; утверждать.

convasallo. [м.] товарищ по вассальной зависимости.

convección. [ж.] (физ.) конвекция.

convecino, na. [прил.] соседний, ближайший, близкий; того же города; [сущ.] земляк, уроженец (-ка) того же города.

convectivo, va. [прил.] (физ.) конвекционный.

convelerse. [возв. гл.] (мед.) судорожно метаться.

convencedor, ra. [прил.] убедительный, убеждающий (тже. сущ.).

convencer. [перех.] убеждать; уличать, изобличать; convencerse, [возв. гл.] убеждаться; убеждать друг друга.

convencido, da. [страд. прич.] к convencer; [прил.] убеждённый.

convencimiento. [м.] убеждение.

convención. [ж.] соглашение, конвенция, договор; конвент; см. conformidad, conveniencia.

convencional. [прил.] условный, договорный, конвенционный; * signos convencionales, условные обозначения; [м.] член конвента.

convencionalidad. [ж.] условность.

convencionalismo. [м.] конвенционализм.

convencionalmente. [нареч.] условно, по условию.

convenible. [прил.] сговорчивый, любезный; сходный, подходящий, надлежащий (о цене); см. conveniente.

convenido, da. [страд. прич.] к convenir; [нареч.] согласно.

conveniencia. [ж.] соответствие, сообразность; польза, выгода; согласие, договор; уместность; приемлемость; удобство; [множ.] имущество, состояние, доход; наградные предоставленные слугам.

conveniente. [прил.] надлежащий, подходящий, соответствующий, сообразный, подобающий; пристойный, пригодный; уместный; выгодный, полезный.

convenientemente. [нареч.] надлежащим (соответствующим) образом.

convenio. [м.] соглашение, договор, согласие.

convenir. [неперех.] разделять (мнение и т. д.); соглашаться, договариваться; сходиться, собираться; быть выгодным; соответствовать; подходить, быть подходящим; convenirse, [возв. гл.] соглашаться; согласоваться; приспособляться: * convenir en el precio, условиться о цене; conviene, следует; надлежит, надо; * el empleo me convino, эта должность мне подошла; [непр. гл.] спрягается как venir.

conventículo. [м.] тайное собрание, сборище.

conventillo. [м.] (Амер.) жилой дом.

convento. [м.] монастырь, обитель.

conventual. [прил.] монастырский; [м.] монах; проповедник монастыря.

conventualidad. [ж.] монастырь (жилище); предоставление монаха монастырю.

conventualmente. [нареч.] в обществе.

convergencia. [ж.] стремление к одной цели; совпадение; (геом.) сходимость, конвергенция; (геол.) схождение; сходимость (ряда).

convergente. [прил.] (физ.) направленный в одну точку; сходящийся (о линиях);

стремящийся к одной цели; (геом.) конвергентный, сходящийся в одной точке: * lente convergente. собирательная линза.
converger, convergir. [неперех.] стекаться к одному месту, к единому центру, сходиться; (геом.) сходиться в одной точке; стремиться к одной цели.
conversa. [ж.] (разг.) беседа, разговор.
conversable. [прил.] разговорчивый, общительный, обходительный, мягкий в обращении.
conversación. [ж.] разговор; беседа; собрание; общество, компания; внебрачная связь: * dejar caer una cosa de la conversación, упомянуть о чём-л мимоходом, коснуться чего-л (в разговоре); * sacar la conversación, начать говорить о чём-л; * trabar conversación, завязать разговор с кем-л; * conversación a solas, разговор с глазу на глаз.
conversacional. [прил.] к conversación, разговорный.
conversada. [ж.] (Амер.) разговор, беседа.
conversadera [ж.] (Амер.) длительный разговор.
conversadero. [м.] (Амер.) бессмысленный разговор.
conversador, ra. [прил.] владеющий искусством разговора (тже. сущ.).
conversar. [неперех.] беседовать, разговаривать; сожительствовать; обращаться с кем-л; (воен.) переменить фронт.
conversata. [ж.] (Амер.) разговор, беседа.
conversible. [прил.] см. convertible.
conversión. [ж.] превращение; (рел.) обращение; (воен.) перемена фронта; (фин.) конверсия (займа); (мет.) передел в конвертере.
conversivo, va. [прил.] способный превращать, превращающий.
converso, sa. [непр. страд. прич.] к convertir; [прил.] обращённый в католическую веру; [м.] послушник.
conversón, na. [прил.] (Амер.) болтливый, говорливый; [сущ.] говорун, (-ья); беседа.
conversor. [м.] преобразователь, умформер.
convertibilidad. [ж.] свойст. к превратимый; (фин.) обратимость.
convertible. [прил.] превратимый; (фин.) обратимый; поддающийся убеждения.
convertidor. [м.] конвертер; * convertidor Bessemer, бессемеровский конвертер.
convertir. [перех.] превращать; обращать; конвертировать (заём) convertirse, [возв. гл.] превращаться, обращаться в...; переменить веру: * convertirse en, делаться, становиться.
convexidad. [ж.] выпуклость; выпуклая часть.
convexión. [ж.] (физ.) конвекция.
convexo, ха. [прил.] выпуклый.
convexocóncavo, va. [прил.] (физ.) выпукло-вогнутый.
convéxulo, la. [прил.] выпуклый.
convicción. [ж.] убеждение.
convincional. [прил.] убеждающий.
convicto, ta. [непр. страд. прич.] к convencer; [прил.] (юр.) уличённый.
convictor. [м.] человек, живущий в пансионе или в семинарии (не принадлежит общине).
convictorio. [м.] пансион (у иезуитов).
convictorista. [м.] пансионер (у иезуитов).
convidada. [ж.] (разг.) приглашение на выпивку.

convidado, da. [страд. прич.] к convidar; [м. и ж.] гость(-я), или приглашённый, (-ая).
convidador, ra. [прил.] приглашающий, зовущий, (тже. сущ.).
convidante. [дейст. прич.] к convidar.
convidar. [перех.] приглашать, звать (на обед и т. д.); манить, побуждать к; звать к...; convidarse, [возв. гл.] направляться, называться (в гости); предлагать себя.
convincente. [прил.] убедительный; аподиктический, неоспоримый; обличительный.
convincentemente. [нареч.] убедительно, убедительным образом.
convite. [м.] приглашение; банкет, званый обед.
convival. [прил.] к званый обед, к приглашению.
convivencia. [ж.] совместная жизнь, сожительство; сосуществование.
conviviente. [дейст. прич.] к convivir; [прил.] живущий с кем-л вместе.
convivir. [неперех.] жить вместе, сожительствовать; сосуществовать.
convocación. [ж.] созыв; приглашение (на собрание и т. д.).
convocador, ra. [прил.] созывающий (тже. сущ.).
convocar. [перех.] созывать на...; приглашать на..., вызывать; см. aclamar; convocar a junta, созвать собрание.
convocativo, va. [прил.] созывающий.
convocatoria. [ж.] повестка.
convocatorio, ria. [прил.] созывающий; приглашающий на.
convolución. [ж.] кружение, хождение вокруг.
convoluto, ta. [прил.] (бот.) (зоол.) свернутый, свитой.
convolvuláceo, a. [прил.] вьюнковый; [ж. множ.] вьюнковые.
convólvulo. [м.] (бот.) вьюнок; (зоол.) очень вредная для виноградников гусеница.
convoy. [м.] конвой; обоз, поезд, транспорт; транспортная колонна; (мор.) конвоируемый караван судов; прибор для уксуса и постного масла; эскорт, свита: * convoy de víveres, продовольственный обоз.
convoyante. [дейст. прич.] к convoyar, конвоирующий.
convoyar. [перех.] конвоировать, сопровождать.
convulsar. [неперех.] (вет.) сводить судорогой; convulsarse, [возв. гл.] судорожно сжиматься.
convulsibilidad. [ж.] органическое предрасположение к судорогам.
convulsible. [прил.] (пат.) предрасположенный к судорогам.
convulsión. [ж.] конвульсия, судорога; спазм(а); сотрясение; [множ.] волнения.
convulsionante. [дейст. прич.] к convulsionar, вызывающий судороги, конвульсии (тже. сущ.).
convulsionar. [перех.] (мед.) вызывать судороги, конвульсии; (вар.) см. trastornar.
convulsionario, ria. [прил.] страдающий судорогами, конвульсиями (тже. сущ.).
convulsivamente. [нареч.] судорожно.
convulsivo, va. [прил.] судорожный, конвульсивный.
convulso, sa. [прил.] сведённый судорогой; (перен.) очень возбуждённый.
conyúdice. [прил.] см. conjuez.
conyugable. [прил.] способный к браку.
conyugal. [прил.] брачный, супружеский.

conyugalmente. [нареч.] в брачном союзе.
conyugar. [неперех.] (Амер.) вступать в брак.
cónyuge. [м. и ж.] супруг, супруга; [множ.] супруги.
conyugicida. [м. и ж.] мужеубийца, женоубийца.
conyugicidio. [м.] мужеубийство, женоубийство.
conyugio. [м.] брак.
conyungo. [м.] (разг.) см. matrimonio; (в дипломатическом языке) письмо без пунктуации.
coñac. [м.] коньяк.
coñete. [прил.] (Амер.) скупой, скаредный (тже. сущ.).
coñetería. [ж.] (Амер.) см. mezquindad.
coñudo, da. [прил.] обязанный вместе с кем-л.
coobligación. [ж.] взаимное обязательство.
coobligado, da. [прил.] обязанный вместе с кем-л.
coona. [ж.] (бот.) ядовитое растение; название листьев этого растения.
cooperación. [ж.] сотрудничество, содействие; кооперирование; кооперация; (воен.) взаимодействие, совместные действия.
cooperador, ra. [прил.] сотрудничающий; действующий совместно; [сущ.] кооператор; соучастник, (-ица); сотрудник, (-ица).
cooperante. [дейст. прич.] к cooperar.
cooperar. [неперех.] содействовать, способствовать чему-л; сотрудничать; действовать совместно; (воен.) взаимодействовать.
cooperario. [м.] кооператор; сотрудник.
cooperati(vi)smo. [м.] кооперативное движение.
cooperativa. [ж.] кооператив; кооперативное товарищество; кооперативное сельское хозяйство.
cooperativo, va. [прил.] кооперативный: * sociedad cooperativa, кооперативное товарищество.
coopositor, ra. [м. и ж.] конкурент(-ка) на конкурсе.
cooptación. [ж.] кооптация.
cooptar. [перех.] совместно выбирать.
coordenadas. [ж.] (геом.) координата: * coordenadas polares, полярные координаты; * coordenadas cartesianas, декартовы или прямоугольные координаты.
coordinación. [ж.] координация, согласование.
coordinadas. [ж. множ.] (геом.) координаты.
coordinador, ra. [прил.] координирующий, согласовывающий (тже. сущ.).
coordinamiento. [м.] координация.
coordinante. [дейст. прич.] к coordinar; ординирующий.
coordinativo, va. [прил.] могущий координировать.
coordinógrafo. [м.] координатограф.
copa. [ж.] бокал; кубок; чаша; рюмка; верхушка, вершина; крона (дерева); тулья шляпы; мера ёмкости; часть удил; бокаловидная жаровня; [множ.] (карт.) черви: * irse uno de copas, (разг.) см. ventosear.
copada. [ж.] (орни.) хохлатый жаворонок.
copado, da. [прил.] развесистый (о дереве).
copado, da. [страд. прич.] к copar; [прил.] (Амер.) разорившийся, оставшийся без гроша.
copador. [м.] род молота для обработки латуни.
copaiba. [ж.] (бот.) копайва; (фарм.) копайский бальзам.
copal. [м.] копал; копаловая камедь; (бот.) см. curbaril.

palillo. [м.] (бот.) (Амер.) дикорастущее кубинское дерево; см. curbaril.
pano. [м.] (археол.) маленькое судно.
pante. [м.] (Амер.) пешеходные мостки.
paquira. [ж.] (Амер.) купорос.
par. [перех.] (карт.) идти вабанк; (воен.) окружать противника.
participación. [ж.] сотрудничество с кем-л; совместное участие в чём-л.
partícipe. [м. и ж.] (юр.) соучастник, -товарищ.
[м.] (бот.) южноамериканское бобовое дерево.
e. [м.] самая плотная часть рыболовной сети.
pé. [м.] (бот.) клюзия (разновидность).
pear. [неперех.] продавать распивочно (о вине и т. д.); распивать.
ec(k). [м.] копейка.
pela. [ж.] (тех.) пробирная чашечка (для золота и т. д.).
pelación. [ж.] (тех.) капеллирование.
pelar. [перех.] (тех.) очищать, капеллировать.
ceo. [м.] продажа распивочно (о вине и т. д.).
épodos. [м. мн.] (зоол.) веслоногие рачки.
era. [ж.] этажерка для стаканов, бокалов.
ero. [м.] виночерпий, стольник; постамент для стаканов, рюмок и т. д.
eta. [ж.] рюмка; (обл.) туз червей.
ete. [м. умен.] к copo; хохол на лбу, чуб над лбом; пучок волос; хохолок (у птиц); вершина (горы); украшительный выступ на верхней части мебели; верхняя часть шербета; спесь, надменность, заносчивость: * de alto copete, знатного происхождения (преимущ. о дамах).
etín. [м.] (Амер.) сорт аперитив, коктейля.
etón. [м.] (Амер.) хохлатый воробей.
etona. [ж.] (Амер.) изящная женщина.
etuda. [ж.] см. alondra; (Амер.) см. flor de la maravilla.
etudo, da. [прил.] хохлатый; (перен.) (разг.) спесивый, надменный, заносчивый, горделивый.
ey. [м.] (Амер.) большое дерево с ядовитым плодом.
ia. [ж.] изобилие, обилие, большое количество; копия (документа, картины и т. д.; тже. перен.); репродукция; подражание; имитация; портрет; (тех.) копировка.
iador, ra. [прил.] переписывающий; копировальный, копировочный; [м.] (тех.) копировщик, копировальщик; копировальная книга.
iante. [страд. прич.] к copiar; [м. и ж.] переписчик, (-ца).
iapita. [ж.] (мин.) копиапит.
iar. [перех.] переписывать, списывать; снимать копию; копировать; приводить дословно; подражать; имитировать; поет. описывать.
ihue. [м.] (Амер.) вьющееся растение.
ilador, ra. [прил. и сущ.] см. compilador.
ilar. [перех.] см. compilar.
illa. [ж.] см. chofeta.
ín. [м.] (обл.) мера ёмкости.
ina. [ж.] (Амер.) (целая) шкура.
inar. [пеяех.] (Амер.) драть шкуру (целую).
inol. [м.] (Амер.) см. curbaril.
iopía. [ж.] (мед.) слабость зрения, быстрая утомляемость мышц глаза.
iosamente. [нареч.] обильно, в изобилии: * comer copiosamente, плотно поесть.
iosidad. [ж.] (из)обилие.
ioso, sa. [прил.] обильный; многочи-

copismo. [м.] рабское подражание.
copista. [м. и ж.] переписчик (-ица); (жив.) копист, (-ка).
copistería. [ж.] должность переписчика; контора по переписке.
copla. [ж.] строфа, куплет; песенка; чета (о двух лицах); пара (предметов, людей и т. д.); [множ.] (разг.) стихи: * andar en coplas, стать притчей во языцех; * coplas de ciego, плохие стихи; * echar coplas a uno, (разг.) порицать кого-л; * venir con coplas, сочинять, привирать; * echar coplas de repente, импровизировать стихи; необдуманно говорить.
coplería. [ж.] совокупность песенок, стихов.
coplear. [неперех.] сочинять стихи, петь песенки.
coplero, ra. [м. и ж.] продавец, (-щица) песен, стихов; рифмоплёт, плохой сочинитель стихов.
coplista. [м. и ж.] рифмоплёт.
coplón. [м. увел.] к copla; [множ.] плохие стихи.
copo. [м.] пучок кудели, шёлка, шерсти, надетый на прялку; клок, клочок (волос); снежинка, пушинка снеги; сгусток.
copo. [м. дейст.] к copar; (воен.) окружение; достижение чего-л в целом; мешок у н-рых рыболовных сетей; рыба, пойманная рыболовными сетями.
copón. [м. увел.] к copa; (церк.) дароносица, дарохранительница.
copos. [м.] (мед.) усталость.
coposesión. [ж.] совладение.
coposesor, ra. [м. и ж.] совладелец, (-ица).
coposo, sa. [прил.] густолиственный.
copra. [ж.] копра, сушёное ядро кокосового ореха.
copre. [м.] копра.
coprecipitar. [перех.] (хим.) осаждать совместно.
coprívoro, ra. [прил.] питающийся овечьим калом.
coproemesis. [ж.] (пат.) рвота калом (при завороте кишок).
coprófogo, ga. [прил.] питающийся калом.
coprolito. [м.] каловый камень; [множ.] (мин.) копролиты.
coprología. [ж.] изучение человеческого испражнения.
coprológico, ca. [прил.] относя. к изучению человеческого испражнения.
copropiedad. [ж.] общая собственность (нескольких лиц).
copropietario, ria. [м. и ж.] совладелец, (-ица) (тже. прил.).
coprorrea. [ж.] (пат.) понос.
coprosa. [ж.] мак (полевой).
coprostasia. [ж.] (мат.) сильный запор, застой кала.
coprostasis. [ж.] см. coprostasia.
coptico, ca, copto, ta. [прил.] коптский; [сущ.] копт; [м.] коптский язык.
copucha. [ж.] (Амер.) пузырь, употр. для различных целей: * hacer copuchas, (Амер.) раздувать щёки.
copuchar. [неперех.] (Амер.) лгать.
copucheto, ta. [прил.] (Амер.) лгущий.
copudo, da. [прил.] густолиственный.
cópula. [ж.] соединение; (грам.) связка; см. copulación.
cópula. [ж.] (арх.) купол.
copulación. [ж.] (бот.) копуляция; спаривание; случка; половой акт, совокупление.
copulador, ra. [прил.] соединяющий.
copularse. [возв. гл.] совершать половой акт, совокупляться.
copulativamente. [нареч.] соединительным образом; совместно.

copulativo, va. [прил.] соединительный: * conjunción copulativa, (грам.) соединительный союз.
copyright. [м.] (англ.) авторское право.
coque. [м.] кокс: * transformación en coque, коксование; * transformar en coque, коксовать.
coquear. [неперех.] (Амер.) жевать коку.
coquear. [неперех.] (Амер.) осторожно наблюдать, подсматривать, выслеживать; см. cuquear.
coqueluche. [ж.] (пат.) (гад.) коклюш, см. tos ferina.
coqueluchoide. [прил.] похожий на коклюш.
coquera. [ж.] голова волчка.
coquera. [ж.] маленькая выемка в камне.
coquera. [ж.] ящик для кокса.
coquera. [ж.] (Амер.) место для коки.
coqueta. [прил.] кокетливый; [ж.] кокетка; [ж.] миловидная женщина; туалетный столик.
coqueta. [ж.] (обл.) см. palmetazo; сорт свежей булки.
coquete. [м.] маленькое судно.
coquetear. [неперех.] кокетничать.
coqueteo. [м.], **coquetería.** [ж.], **coquetismo.** [м.] кокетство: * con coquetería, кокетливо.
coqueto. [прил.] (разг.) см. coquetón (тже. сущ.).
coquetón, na. [прил.] (разг.) миловидный, привлекательный, прелестный; (о мужчине) кокетливый, старающийся понравиться [ж.] кокетливый мужчина.
coquetonamente. [нареч.] кокетливо.
coquí. [м.] (Амер.) насекомое болотистых мест.
coqui. [м.] (Амер.) повар (прозвище).
coquiduro, ra. [прил.] (Амер.) упрямый, твердолобый.
coquificación. [ж.] коксование.
coquificar. [перех.] коксовать.
coquimbo. [м.] (Амер.) либерал; мулат.
coquina. [ж.] безголовый моллюск.
coquinero, ra. [м. и ж.] (обл.) тот, кто собирает или продаёт coquinas.
coquipelado, da. [прил.] с коротко стриженной головой.
coquis. [м.] (Амер.) поварёнок.
coquiseco, ca. [прил.] (Амер.) безводный (о кокосе); [прил.] (перен.) (разг.) глупый, тупой парень.
coquito. [м.] слова или жестикуляция, забавляющие ребёнка.
coquito. [м.] (Амер.) горлица (одна из разновидностей).
coquito. [м.] (Амер.) разновидность пальмы; плод этой пальмы.
cora. [ж.] (Амер.) сорная трава.
coráceo, a. [прил.] см. coriáceo.
coracero. [м.] (воен.) (ист.) кирасир; дешёвая сигара: * de coracero, кирасирский.
coracina. [ж.] небольшая кираса.
córacobranquial. [прил.] (анат.) клювовидно-плечевой.
caracoideo, a. [прил.] (анат.) принадлежащий клювовидной кости.
coracoides. [прил.] клювовидный: * hueso coracoides, клювовидная кость.
coracha. [ж.] кожаный мешок.
corachín. [м.] кожаный мешочек.
corada. [ж.] внутренности (животного); (обл.) лёгкое и т. д. (животного).

coraje. [м.] храбрость, смелость, мужество, отвага; раздражение, гнев; * dar coraje, злить, разозлить.

corajina. [ж.] (разг.) взрыв гнева, раздражения.

corajosidad. [ж.] враждебность, неприязнь.

corajoso, sa. [прил.] раздражённый, гневный, сердитый.

corajudamente. [нареч.] раздражительно, гневно.

corajudo, da. [прил.] вспыльчивый, раздражительный.

coral. [м.] коралл; [множ.] коралловое ожерелье; * fino como un coral, más fino que un coral, очень хитрый.

coral. [прил.] хоровой; [м.] хорал; [ж.] хоровое общество.

coral. [м.] (Амер.) разновидность ядовитой змеи.

coral. [прил.] gota coral, эпилепсия.

coralarios. [м. множ.] (зоол.) кораллы.

coralero, ra. [м. и ж.] тот, кто делает или продаёт предметы из кораллов.

coralífero, ra. [прил.] коралловый: * islas coralíferas, коралловые острова.

coraliforme. [прил.] коралловидный.

coralígeno, na. [прил.] (геол.) коралловый.

coralillo. [м.] (зоол.) очень ядовитая южноамериканская змея.

coralina. [ж.] коралловый мох.

coralíneo, a. [прил.] (бот.) кораллого цвета, похожий на коралл, коралловидный.

coralino, na. [прил.] коралловый, похожий на коралл, коралловидный.

coralito. [м.] (бот.) (Амер.) растение с плодами кораллового цвета.

coralopetro. [м.] (зоол.) коралл, превращённый в камень.

corambre. [ж.] (соб.) шкуры; меха; кожи; бурдюк, кожаный мех (для вина или оливкового масла).

corambrero. [м.] кожевник.

coram populo. [лат. выраж.] публично, всенародно.

corán. [м.] см. Alcorán.

corana. [ж.] американский серп.

coránico, ca. [прил.] к Коран.

coranvobis. [м.] (разг.) напускная серьёзность (у толстого человека).

corar. [перех.] (Амер.) обрабатывать поле.

coras. [м.] (зоол.) род павиана.

corasí. [м.] (Амер.) кубинское название одного очень вредного москита.

coraza. [ж.] броня, латы, кираса; щит, панцирь (черепахи и т. д.).

coraznada. [ж.] сердцевина сосны; кушанье из сердец.

corazón. [м.] сердце; бодрость; мужество, отвага, неустрашимость, бесстрашие, храбрость; благородство; любовь, привязанность; благосклонность, благоволение; сострадание; середина, сердцевина, центр; сердцевидный предмет; (карт.) черви; * buen corazón, добрый человек; * mal corazón, злой человек; * hombre sin corazón, бессердечный человек; * anunciarle, darle a uno el corazón, предчувствовать; * abrir el corazón a uno, ободрять; * abrir uno su corazón, открывать душу, доверять свою тайну; * de corazón, охотно; искренно, сердечно; * de todo corazón, от всего сердца; * blando de corazón, сочувствующий, соболезнующий; * con el corazón en la mano, с открытой душой; * llevar en el corazón, любить, питать нежные чувства; * no caberle a uno el corazón en el pecho, тревожиться; быть великодушным, храбрым; * tener el corazón bien puesto, быть храбрым; * encogérsele a uno el corazón, пасть духом; * no tener corazón, быть бессердечным; * con la mano en el corazón, положа руку на сердце; * eso le llegó al corazón, это затронуло самые чувствительные струны; * herir el corazón sin romper el jubón, коварно оскорблять, обижать; * cubrírsele a uno el corazón, крайне печалиться, грустить; * darle a uno un vuelco el corazón, вздрогнуть.

corazonada. [ж.] порыв, вдохновение; смелое решение; предчувствие; (разг.) внутренности (животного): * dar, tener una corazonada, иметь предчувствие чего-л.

corazoncillo. [м.] (бот.) зверобой.

corazonista. [прил.] сердечный.

corbachada. [ж.] удар бичом, плетью.

corbacho. [м.] бич, плеть (из бычачьей жилы).

corbas. [ж. множ.] маховые перья.

corbata. [ж.] галстук; шейная орденская лента; * corbata de cáñamo, верёвка висельника; * ponerle la corbata a alguien, повесить кого-л.

corbatería. [ж.] лавка, где продают галстуки.

corbatero, ra. [м. и ж.] тот, кот шьёт или продаёт галстуки.

corbatín. [м.] маленький галстук: * irse, salirse por el corbatín, иметь худую длинную шею.

corbatinero, ra. [м. и ж.] к corbatín; [м. и ж.] тот, кто шьёт или продаёт маленькие галстуки.

corbato. [м.] (тех.) холодильник перегонного куба.

corbe. [м.] старинная мера.

corbeta. [ж.] корвет (судно).

corbícula. [ж.] род моллюска.

corbiculado, da. [прил.] имеющий форму корзинки.

corbona. [ж.] корзин(к)а.

corca. [ж.] (обл.) см. carcoma.

corcar. [перех.] (обл.) см. carcomer.

corcel. [м.] боевой конь; скаковая, беговая лошадь, скакун.

corcesca. [ж.] старинное оружие в виде гарпуна.

corcia. [ж.] (бот.) зрелая (южноамериканская) айва.

corcino. [м.] телёнок косули.

corcolén. [м.] (Амер.) род акации.

corconera. [ж.] (орни.) черноватая утка.

corcor. [м.] (Амер.) см. gorgor.

corcova. [ж.]`?` горб.

corcovado, da. [прил.] горбатый; [м. и ж.] горбун, (-ья).

corcovar. [перех.] гнуть, сгибать; делать выпуклости на чём-л; выгибать, искривлять.

corcovear. [неперех.] делать курбеты, скакать козлом; вставать на дыбы (о лошади).

corcoveo. [м.] дейст. к corcovear; курбет, козлиный прыжок.

corcoveta. [ж. умен.] к corcova; [м. и ж.] (разг.) горбун, (-ья).

corcovo. [м.] козлиный прыжок, курбет, прыжок на месте; (перен.) (разг.) кривизна, изгиб.

corcusido, da. [страд. прич.] к corcusir; [м.] неровная штопка, кривой шов.

corcusir. [перех.] (разг.) неловко заштопывать, штопать.

corcha. [ж.] снятая кора пробкового дуба; пробковый улей, пробковое ведро; (мор.) сплесень.

corchapín. [м.] см. escorchapín.

corchar. [перех.] (мор.) сплетать конц канатов, сплеснивать, приплеснивать (трос).

corche. [м.] сандалия с пробковой подошвой.

corchea. [ж.] (муз.) восьмая, восьмушка.

corchero, ra. [прил.] пробковый; пробковый; [м. и ж.] тот, кто по ремеслу снимает кору с пробкового дерева.

corcheta. [ж.] петля для крючка.

corchetada. [ж.] (арг.) (соб.) полицейские.

corchete. [м.] крючок (с петлей); (полиг) фигурная скобка; (перех.) полицейский.

corchetero, ra. [м. и ж.] тот, кто изготовляет или продаёт крючки (с петлей).

corchetesca. [ж.] (арг.) см. corchetada.

corcho. [м.] кора пробкового дуба; пробка; улей; пробковое ведро; пробковый предмет; см. corche; flotar, sobrenadar como el corcho sobre el agua, удачно справиться с чем-л; * andar como el corcho sobre el agua, быть безвольным.

corcho, cha. [прил.] (Амер.) губчатый, ноздристый.

corcholis! [межд.] (разг.) чёрт возьми!

corchoso, sa. [прил.] похожий на кору пробкового дуба.

corchotaponero, ra. [прил.] пробочный, пробкообрабатывающий.

corda (estar a la). [морс. выраж.] ложиться в дрейф; занимать выжидательную позицию, выжидать.

cordada. [ж.] (горн.) отмеривание верёвкой в один приём.

cordaje. [м.] (мор.) снасти, такелаж, снастка.

cordal. [м.] (муз.) сорт нижнего колка струнных инструментов; (обл.) небольшая горная цепь.

cordal. [прил.] muela cordal, зуб мудрости.

cordato, ta. [прил.] благоразумный, рассудительный, разумный.

cordel. [м.] тонкая верёвка, шнур(ок), чёвка; расстояние в пять шагов; дорога для скота, переходящая с зимних пастбищ на летние (или наоборот); (Амер.) земельная мера, равная 4'14 а.: * a del, прямо, как нитка.

cordelado, da. [прил.] похожий на верёвку, на шнур.

cordelar. [перех.] см. acordelar.

cordelazo. [м.] удар верёвкой.

cordelejo. [м.] верёвочка; насмешка, подтрунивание: * dar cordelejo, поднимать на смех.

cordelería. [ж.] ремесло верёвочника, канатчика; верёвочная, канатная мастерская; верёвочное, канатное производство; верёвочная торговля.

cordelero, ra. [м. и ж.] верёвочник, канатчик.

cordeleros. [м. множ.] (уст.) кордельеры (монахи францисканского ордена); члены клуба «друзей прав человека и гражданина» эпохи французской революции 1789.

cordellate. [м.] грубое сукно.

cordera. [ж.] молодая овца; (перен.) овечка, кроткая, тихая женщина.

corderaje. [м.] (Амер.) стадо ягнят, барашков.

corderetas (en). [нареч.] (обл.) на спине, плечах.

cordería. [ж.] (соб.) верёвки.

corderilla. [ж. умен.] к cordera.

corderillo. [м.] ягнёночек; выделанная дублёная баранья кожа (с шерстью).

corderina. [ж.] выделанная кожа ягнёнка

rderino, na. [прил.] к ягнёнок, ягнячий.
rderito. [м. умен.] к cordero, ягнёночек; (Амер.) детская игра.
rdero. [м.] ягнёнок, барашек; выделанная кожа ягнёнка; (перен.) овечка, кроткий, тихий человек: * dulce como un cordero, кроткий как ягнёнок; * cordero de socesto, молочный ягнёнок; * el Cordero (sin mancha или de Dios), Христос.
rdera. [ж. умен.] к cordera.
rderuela. [ж.] ягнёночек.
rderuna. [ж.] см. corderina.
rderuno, na. [прил.] ягнячий, барашковый.
rdeta. [ж.] (обл.) сорт верёвки из испанского дрока.
rdezuela. [ж.] шнурочек, верёвочка.
rdíaco, или cordíaco. [прил.] относящийся к сердцу, сердечный.
rdial. [прил.] сердечный (о лекарстве и т. д.); сердечный, душевный, радушный, искренний, отзывчивый; [м.] (мед.) подкрепляющее, стимулирующее (сердечное) лекарство.
rdialidad. [ж.] сердечность, радушие; прямота.
rdialmente. [нареч.] сердечно, радушно; искренне, чистосердечно.
rdierita. [ж.] (мин.) кордиерит.
rdifoliado, da. [прил.] (бот.) сердцелистный.
rdiforme. [прил.] сердцевидный.
rdila. [ж.] малёк тунца.
rdilo. [м.] (зоол.) африканская ящерица.
rdilla. [ж.] бараньи кишки (пища для кошек).
rdillera. [ж.] горная цепь, горный хребет.
rdillerana. [ж.] род маленькой несъедобной куропатки.
rdinema. [ж.] (пат.) тяжесть в голове.
rdita. [ж.] кордит (бездымный нитроглицериновый порох).
rditis. [ж.] (пат.) воспаление голосовых связок.
rdoba. [м.] денежная единица (никарагуанская).
rdobán. [м.] сафьян; (Амер.) кубинское дикорастущее дерево.
rdobana. [ж.] andar a la cordobana, (разг.) ходить голым.
rdobanero. [м.] работник производства cordobán.
rdobés. [прил.] кордовский; [сущ.] уроженец, (-ка) Córdoba.
rdómetro. [м.] хордометр.
rdón. [м.] шнур(ок); верёвочка; тесьма; шордон; верёвочный пояс (у монахов); цепь (солдат, полицейских); круглое шейное украшение; (тех.) жила (кабеля); [множ.] (воен.) аксельбанты; (мор.) линь; * cordón umbilical, пуповина; * cordón sanitario, санитарный кордон.
rdonazo. [м.] удар шнуром: * cordonazo de S. Francisco, (мор.) осенний шторм.
rdoncillo. [м.] шнурочек; кручёная шёлковая нитка; тесьма; кайма, каёмка; кромка; гурт, ребро (монеты).
rdonería. [ж.] позументная, басонная мастерская или лавка; ремесло басонщика; басонные изделия.
rdonero, ra. [м. и ж.] басонщик, (-ица), позументщик, (-ица); (мор.) канатчик.
rdula. [ж.] см. cordilo.
rdura. [ж.] разум, благоразумие, здравый смысл, осмотрительность.
rea. [ж.] танец под аккомпанемент песни; (мед.) хорея, виттова пляска.
reado, da. [страд. прич.] к corear; [прил.] (муз.) принимающий участие хор (о композиции).
reano, na. [прил.] корейский; [сущ.] кореец, корейка.

corear. [перех.] сочинять хоровую музыку; подхватывать хором (заключительное слово и т. д.); (перен.) поддакивать.
corecico, corecillo. [м.] см. corezuelo.
coreclisis. [м.] (пат.) закрытие зрачка ложной перепонкой при иридоциклите.
corecore. [м.] (Амер.) (бот.) разновидность герани.
corectasia. [ж.] (пат.) ненормальное растяжение зрачка.
corediástole. [ж.] (пат.) растяжение зрачка.
corelisis. [ж.] (хир.) оперативное отделение задних зращений между радужной оболочкой и капсулой хрусталика.
coreo. [м.] (лит.) хорей.
coreo. [м.] (муз.) сочетание хоров.
coreografía. [ж.] хореография; постановка балета.
coreográfico, ca. [прил.] хореографический.
coreógrafo. [м.] балетмейстер.
coreometría. [ж.] измерение поля зрения.
coreómetro. [м.] измеритель поля зрения.
corescopia. [ж.] исследование зрачка.
corescopio. [м.] инструмент для исследования зрачка.
corete. [м.] кожаная шайба.
corezuelo. [м. умен.] к cuero; поросёнок.
cori. [м.] (бот.) см. corazoncillo.
corí. [м.] (Амер.) кубинский грызун.
corí. [м.] (Амер.) золото.
coria. bobo de coria, круглый дурак.
coriáceo, a. [прил.] кожаный; кожистый, твёрдый как кожа.
coriámbico, ca. [прил.] к хориямб.
coriambo. [м.] (лит.) хориямб.
coriana. [ж.] (Амер.) одеяло; плед.
corifeo. [м.] корифей; (перен.) заправила; (Амер.) (вар.) сторонник, приверженец.
corimbíferas. [ж. множ.] (бот.) щиткоцветные.
corimbo. [м.] (бот.) щиток.
corindón. [м.] (мин.) корунд.
corino, na. [прил.] (Амер.) кривоногий.
corintico, ca, corintio, tia. [прил.] коринфский (тже. сущ.).
coriocapilar. [прил.] (анат.) * membrana coriocapilar, сосудистая оболочка глаза с капиллярным сосудом.
corión. [м.] (анат.) хорион.
corionepitelioma. [м.] (патол.) злокачественная опухоль, исходящая из ворсинок хориона.
coriónico, ca. [прил.] к хорион.
corionitis. [ж.] (мед.) воспаление хориона.
coriorretinitis. [ж.] (пат.) воспаление сосудистой и сетчатой оболочек.
corisanto. [м.] (бот.) разновидность орхидеи.
corisco, ca. [прил.] (Амер.) яростный, разъярённый, неистовый.
corista. [м.] монах-хорист; [м. и ж.] хорист, (-ка).
corito, ta. [прил.] нагой, голый; (перен.) малодушный, робкий, застенчивый.
coritón, na. [прил.] (обл.) нагой (о птицах).
coriza. [ж.] (обл.) кожаный лапоть из сыромятной кожи.
coriza. [ж.] (мед.) насморк.
corladura. [ж.] позолота.
corlar, corlear. [перех.] золотить.
corma. [ж.] колодка, путы; (перен.) преграда, помеха, препятствие.
cormiera. [ж.] дикорастущее деревце.
cormorán. [м.] (орни.) морской ворон, баклан.
cornac(a). [м.] вожак слона; погонщик слонов.
cornada. [ж.] удар рогом.
cornadillo. [м. умен.] к cornado; emplear или poner un cornadillo, содействовать, способствовать чему-л.

cornado. [м.] старинная кастильская монета: * no valer un cornado, никуда не годиться.
cornadura. [ж.] рога.
cornal. [м.] ремень ярма.
cornalina. [ж.] (мин.) сердолик, разновидность агата.
cornalón, na. [прил.] рогастый.
cornamenta. [ж.] рога.
cornamusa. [ж.] (муз.) волынка; (мор.) кнехт.
cornatillo. [м.] разновидность оливки, маслины.
córnea. [ж.] (анат.) роговая оболочка глаза, роговица.
corneador, ra. [прил.] бодающий.
corneal. [прил.] (анат.) роговой (об оболочке глаза).
cornear. [перех.] бодать.
cornecico, llo, to. [м. умен.] к cuerno, рожок.
corneitis. [ж.] (пат.) воспаление роговицы.
corneja. [ж.] (орни.) ворона; см. buharro.
cornejal. [м.] место, изобилующее кизилом.
cornejalejo. [м.] род кожуры стручка.
cornejo. [м.] (бот.) обыкновенный или мужской кизил.
cornejón. [м.] (орни.) род сойки.
cornelina. [ж.] (мин.) см. cornalina.
córneo, a. [прил.] роговой, роговидный.
corner. [м.] (англ.) (спорт.) угол; угловой удар: * tirar un corner, подавать угловой (удар).
cornerina. [ж.] (мин.) сердолик.
cornero. [м.]: * cornero de pan, (обл.) горбушка хлеба.
corneta. [ж.] (муз.) корнет; рожок (пастуший и т. д.); (мор.) брейд-вымпел; (ист.) штандарт кавалерийской роты; [м.] корнетист; (воен.) корнет: * corneta de llaves, корнет-а-пистон; * corneta de órdenes, сигнальщик; * corneta acústica, слуховая трубка.
cornete. [м. умен.] к cuerno, рожок; (анат.) носовая раковина.
cornetilla. [ж.]: * pimiento de cornetilla, сорт стручкового перца.
cornetín. [м. умен.] к corneta; род корнет-а-пистона; тот, кто играет на корнет-а-пистоне.
corneto, ta. [прил.] (Амер.) кривоногий; см. tronzo; с наклонёнными вниз рогами; лишённый одного рога.
cornezuelo. [м. умен.] к cuerno; см. cornatillo, спорынья (во ржи); см. cornicabra, (сорт оливки), ветеринарный инструмент.
corniabierto. [прил.] с широко расставленными рогами.
cornial. [прил.] в виде рога, роговидный.
cornialtar. [м.] (Амер.) (церк.) очистительное полотенце (при обедне).
corniapretado, da. [прил.] с очень близкими рогами.
cornicabra. [ж.] терпентиновое дерево; сорт маслины; дикорастущее фиговое дерево.
córnice. [м.] род трубы из рога.
corniculado, da. [прил.] (бот.) роговидный.
cornículo. [м.] рожок; маленькая воронка; род медицинской банки.
cornificación. [ж.] превращение в роговую ткань.
cornificar. [перех.] превращать в роговую ткань (тже. возв. гл.).
corniforme. [прил.] роговидный.

cornigacho, cha. [прил.] с наклонёнными вниз рогами.
cornígero, ra. [прил.] (поэт.) рогатый.
cornija. [ж.] (арх.) см. **cornisa**; верхняя часть антаблемента.
cornijal. [м.] угол; см. **cornialtar**.
cornijamento. [м.] (арх.) см. **cornisamento**.
cornijam(i)ento. [м.] (арх.) антаблемент.
cornijón. [м.] см. **cornisamento**; угол дома.
cornil. [м.] ремень ярма.
corniola. [ж.] (мин.) сердолик.
cornisa. [ж.] (арх.) карниз; верхняя часть антаблемента.
cornisamento. [м.] (арх.) антаблемент.
cornisamiento. [м.] см. **cornisamento**.
cornisón. [м.] см. **cornijón**.
corniveleto, ta. [прил.] круторогий.
cornizo. [м.] (бот.) см. **cornejo**.
cornizuela. [ж.] дикая черешня.
cornual. [прил.] роговой.
cornualtar. [м.] (Амер.) см. **cornialtar**.
cornucopia. [ж.] рог изобилия; стенное зеркало в раме с подсвечниками.
cornuda, cornudilla. [ж.] (ихтиол.) рыба-молот.
cornudo, da. [прил.] рогатый; [м.] рогоносец.
cornúpeta. [прил.] (поэт.) нападающий рогами (тж. сущ.).
cornúpeto. [прил.] (вул.) см. **cornúpeta**; [м.] (Амер.) род обезьяны.
cornuto. [прил.] (лог.): * argumento **cornuto** дилемма.
coro. [м.] хор; (муз.) хорал; (церк.) клир; хоры (в церкви): * a **coro**, хором; * hacer **coro**, подпевать кому-л; поддакивать; * hablar a **coros**, поочерёдно говорить.
coro. [м.] (поэт.) норд-вест (ветер).
coro. [м.] еврейская мера ёмкости.
coro (de). [адвер. выраж.] наизусть.
coroca. [ж.] (Амер.) сумасбродство, чудачество.
corocero, ra. [прил.] (Амер.) см. **cicatero**.
corocha. [ж.] род старинной длинной куртки.
corocha. [ж.] род виноградной гусеницы.
corografía. [ж.] хорография, краеведение.
corográfico, ca. [прил.] краеведческий.
corógrafo, fa. [м. и ж.] специалист по краеведению.
coroidal. [прил.] к сосудистая оболочка глаза.
coroides. [анат.] сосудистая оболочка глаза.
coroiditis. [ж.] (пат.) воспаление сосудистой оболочки глаза.
corojal. [м.] место, изобилующее **corojos**.
corojito. [м. умен.] к **corojo**; (Амер.) коренастый человек (тж. животное).
corojo. [м.] (бот.) род американской пальмы.
corola. [ж.] (бот.) венчик.
corolario. [м.] колларий, следствие; неизбежный вывод, естественное следствие, результат.
corolario, ria. [прил.] (бот.) относящийся к венчику, цветочновенчиковый.
corolífero, ra. [прил.] (бот.) венчиконосный.
corología. [ж.] хорология.
corometría. [ж.] измерение земель.
corona. [ж.] венок; венец; корона; королевское, царское достоинство; корона; крона; тонзура; нимб, ореол; солнечная корона (видимая при полном затмении); кольцо (вокруг луны или солнца); (арх.) венец; коронка (зуба);

чётки; вершина холма, высоты; (перен.) слава, знаменитость; увенчание, завершение, конец; (тех.) шайба; * **corona** de espinas, терновый венец; * **corona** de laurel, лавровый венок; * abrir la **corona**, посвящать в духовный сан.
coronación. [ж.] коронование, коронация; увенчание, завершение, конец.
coronado, da. [страд. прич.] к **coronar**; [м.] духовное лицо (имеющее тонзуру); кубинская рыба.
coronador. ra. [прил.] коронующий; награждающий; увенчивающий; достигающий вершины (тже. сущ.).
coronal. [прил.] (анат.) коронарный, венечный.
coronamiento. [м.] (уст.) коронование; (перен.) конец дела; (арх.) венчающий элемент здания.
coronar. [перех.] короновать; венчать; увенчивать, награждать; венчать, увенчивать, завершать; достигать вершины; провести в дамки (в шашках).
coronaria. [ж.] секундное колесо (в часах).
coronario, ria. [прил.] коронный; (анат.) венечный; венцеобразный; червонный (о золоте).
coronaritis. [ж.] (пат.) воспаление венечных артерий.
coronda. [м.] (Амер.) (бот.) аргентинское дерево.
corondel. [м.] (полигр.) средник.
coroneja. [ж.] (обл.) детская игра в «классы», см. **coxcojilla**.
coronel. [м.] полковник: * teniente **coronel**, подполковник; * **coronel** de regimiento, командир полка.
coronel. [м.] (арх.) венчающий элемент здания; (гер.) венок.
coronela. [прил.] полковничий; [ж.] (разг.) жена полковника.
coronelato. [м.] см. **coronelía**.
coronelía. [ж.] чин полковника; см. **regimiento**.
corónide. [ж.] окончание, завершение, конец.
coroniforme. [прил.] в форме венка.
coronilla. [ж.] темя, макушка; тонзура: * **coronilla** real, (бот.) донник; * andar, bailar de **coronilla**, быть готовым на всё; быть загружённым работой; сильно влюбиться; * dar de **coronilla**, упасть на темя; * estoy hasta la **coronilla**, мне это смертельно надоело.
coronógrafo. [м.] коронограф.
coronta. [ж.] **coroso.** [м.] (Амер.) см. **carozo**.
corota. [ж.] петуший гребешок.
corotos. [м. множ.] (Амер.) см. **trebejos**.
corotú. [м.] (Амер.) (бот.) бобовое дерево.
coroza. [ж.] (уст.) остроконечный колпак (надевавшийся на осуждённого в знак бесчестия); (обл.) крестьянский плащ из соломы (защищающий от дождя).
corpa. [ж.] (мин.) кусок руды.
corpanchón. [м.] (разг.) увел. к **cuerpo**; туловище птицы (без ног и крыльев).
corpazo. [м. увел.] к **cuerpo**, большое туловище.
corpecico, llo, to. [м. умен.] к **cuerpo**; см. **almilla**.
corpezuelo. [м. умен.] к **cuerpo**, тельце.
corpiñera. [ж.] женщина, шьющая камзолы.
corpiño. [м. умен.] к **cuerpo**; тельце; камзол без рукавов, лиф.
corporación. [ж.] корпорация, цех.
corporal. [прил.] телесный, физический; материальный; [м.] (церк.) антиминс.
corporalidad. [ж.] телесность.
corporalmente. [нареч.] с телом.
corporativamente. [нареч.] в полном составе.
corporativismo. [м.] корпоративизм.

corporativista. [прил.] корпоративный; приверженный к корпоративизму (тж. сущ.).
corporativo, va. [прил.] корпоративный.
corporeidad. [ж.] телесность.
corpóreo, a. [прил.] имеющий тело; телесный.
corps.: * guardia de **corps**, телохранитель.
corpudo, da. [прил.] см. **corpulento**.
corpulencia. [ж.] дородность; (уст.) (шут.) корпуленция.
corpulento, ta. [прил.] дородный, тучный, полный.
Corpus. [м.] (церк.) праздник тела Господня.
corpuscular. [прил.] корпускулярный; атомный.
corpúsculo. [м.] частица, тельце, корпускула, молекула.
corpusculoso, sa. [прил.] содержащий в себе корпускулы; корпускулярный.
corra. [ж.] (обл.) металлическое кольцо.
corral. [м.] двор, скотный двор, птичий двор; задний двор; огороженное место; загон для скота; загон; отгороженное место для ловли рыбы; (ист.) корраль: * **corral** de vacas, грязное, разломанное помещение и т. д.; * **corral** (de vecindad), (обл.) жилой дом; * hacer **corrales**, отлынивать от уроков, прогуливать уроки; * en **corral**, (арг.) окружённый; * oir cantar, sin saber en que **corral**, слышать звон да не знать, где он; * **corral** de madera, склад лесоматериалов.
corralada. [ж.] большой двор.
corraleja. [ж.] скотный двор; (Амер.) с valla.
corralera. [ж.] андалузская песня; (обл.) спутница.
corralero, ra. [прил.] относящийся к скотному двору; [м. и ж.] владелец (-ица) скотного двора.
corralón. [м. увел.] к **corral**, большой двор; (Амер.) склад лесоматериалов; огороженный участок земли (в городе).
correa. [ж.] ремень; гибкость, упругость; (арх.) горизонтальный брус на стропилах; терпеливость, выдержка; [множ.] кошки; * besar la **correa**, смиряться; * tener **correa**, понимать шутку; терпеливо сносить шутки; не бояться физического труда.
correaje. [м.] (воен.) кожаное снаряжение; сбруя.
correal. [м.] замша.
correar. [перех.] придавать гибкость (шерсти).
correazo. [м.] удар ремнём.
correcalles. [м. и ж.] (разг.) праздношатающийся, (-аяся), бездельник. (-ица)
corrección. [ж.] поправка, исправление; корректирование; выговор; наказание, трёпка; корректура; правильность; (воен.) корректировка; (гал.) деликатность, вежливость, корректность; * corrección del tiro, корректирование стрельбы, корректировка.
correccional. [прил.] исправительный: * penas correccionales, исправительные наказания; * casa correccional, исправительная тюрьма.
correccionalmente. [нареч.] исправительно.
correcorre. [м.] (Амер.) беспорядочное бегство.
correctamente. [нареч.] правильно; корректно.
correctivo, va. [прил.] исправительный, исправляющий; нейтрализующий (о лекарстве); [м.] корректив, поправка; взыскание; нейтрализующее лекарство.
correcto, ta. [непр. страд. прич.] к **corregir**; [прил.] правильный; корректный.
corrector, ra. [прил.] исправляющий, вносящий поправки; [м. и ж.] корректор

(воен.) корректировщик; настоятель (монастыря); * de corrector, корректорский.

correcho, cha. [прил.] (обл.) прямой.

corredentor, ra. [прил.] совместно искупительный, (тже. сущ.).

corredera. [ж.] место, на котором устраиваются бега (в деревнях и т. д.); длинная узкая улица; (тех.) кулиса, ползун; (тех.) задвижка; золотник; задвижная дверь; таракан; жёрнов (мельничный); (разг.) сводня; (мор.) лаг.

corredizo, za. [прил.] задвижной, раздвижной; * nudo corredizo, затяжная петля.

corredor, ra. [прил.] быстро и много бегающий; [м. и ж.] бегун, (-ья); гонщик (в велоспорте); [м.] маклер, посредник, комиссионер; (воен.) лазутчик, коридор; галерея; прикрытая дорога; (арг.) вор; полицейский; * corredor de comercio, торговый агент; биржевой маклер; * corredor de oreja, corredor de cambios, сплетник; сводник.

corredura. [ж.] жидкость, перелившаяся через край; (уст.) см. correduría.

correduría. [ж.] куртаж, комиссионный процент; маклерство; род штрафа; (уст.) см. correría.

correría. [ж.] ремесло шорника; шорная мастерская; шорная лавка.

correero, ra. [м. и ж.] шорник; тот, кто продаёт шорные изделия.

corregencia. [ж.] совместное регентство.

corregente. [м.] совместный регент, соправитель, (тже. прил.).

corregibilidad. [ж.] свойст. к исправимый.

corregible. [прил.] исправимый.

corregidor. [прил.] исправляющий; (уст.) коррехидор, губернатор.

corregidora. [ж.] жена коррехидора.

corregimiento. [м.] (уст.) должность или звание коррехидора; территория в ведении коррехидора, губернатора.

corregir. [перех.] исправлять, корректировать, поправлять; делать замечание, выговор; порицать; наказывать; нейтрализовать (вредное влияние); смягчать; облагораживать; регулировать; (полигр.) править корректуру; [непр. гл.] спрягается как regir.

correhuela. [ж.] (бот.) см. centinodia; берёзка, полевой вьюнок; детская игра.

correinado. [м.] совместное царствование.

correinante. [прил.] совместно царствующий.

correísta. [м.] (Амер.) (вар.) см. correo.

correizo, za. [прил.] (Амер.) (вул.) жёсткий; (о мясе); вязкий (о хлебе).

correjel. [м.] толстая кожа.

correlación. [ж.] соотношение, корреляция, связь.

correlacionar. [перех.] соотносить.

correlativamente. [нареч.] в соотношении с чем-л.

correlativo, va. [прил.] соотносительный.

correligionario, ria. [прил.] одной с кем-л религии, веры; [сущ.] единоверец.

correlón, na. [прил.] (Амер.) быстро бегающий; убегающий, трусливый.

correncia. [ж.] (разг.) понос; (перен.) стыд, смущение.

correndero, ra. [прил.] быстро и много бегающий.

correndilla. [ж.] короткий бег.

correntada. [ж.] (Амер.) быстрое течение.

correntera. [ж.] (Амер.) течение (воды).

correntía. [ж.] (разг.) понос; (обл.) вызванное затопление поля водой (после жатвы).

correntiar. [перех.] (обл.) вызывать затопление поля водой (после жатвы).

correntío, a. [прил.] быстротекущий; (перен.) (разг.) быстрый, живой, подвижный, лёгкий.

correntómetro. [м.] измеритель подводных течений.

correntón, na. [прил.] любящий бегать, резвиться; весёлый, радостный, забавный; шутливый.

correntoso, sa. [прил.] (Амер.) быстротекущий (о реке и т. д.).

correo. [м.] почтальон; курьер; (уст.) гонец; корреспонденция, почта; почта(мт); почтовое отделение; почтовый поезд; вестник; (арг.) вор, приносящий вести; * correo aéreo, воздушная почта; * echar al correo, отправить письмо по почте; * por correo, по почте; * a vuelta de correo, с обратной почтой; * coche correo, почтовый вагон; * correo de gabinete, diplomático, дипломатический курьер, дипкурьер; * correo de malas nuevas, вестник несчастья.

correo. [м.] (юр.) соучастник.

correón. [м. увел.] к correa; толстой ремень.

correosidad. [ж.] жёсткость; вязкость.

correoso, sa. [прил.] жёсткий; жилистый (о мясе); вязкий (о хлебе).

correr. [непрех.] бежать, бегать; быстро распространяться; бежать, течь, литься, протекать; веять, дуть (о ветре); бежать, проходить, протекать, миновать (о времени); быть в ходу, в спросе, в обращении; иметь хождение (о деньгах); подвигаться, идти (о делах); уплачивать (жалованье); покрывать (расходы); проходить, тянуться (о горной цепи и т. д.); быть в моде; торопиться, спешить; быть гладким (о слоге); [перех.] гнаться за...; пробегать, проезжать; ездить, разъезжать; участвовать в бое быков (о тореро); задвигать, раздвигать (занавеску и т. д.); подвергаться (опасности и т. д.); проходить через что-л; преследовать, травить (зверя); пускать лошадь, перемещать, передвигать (мебель и т. д.); заставлять скользить; развязывать; отдавать в аренду; продавать с аукциона, с торгов; (разг.) похищать; отнимать силой, стыдить, заставлять стыдиться; correrse. [возв. гл.] стыдиться; подвигаться; скользить; оплывать (о свече); расплываться (о чернилах и т. д.); выходить за пределы дозволенного; предлагать чересчур (о цене и т. д.); поститься, отходить в сторону; уклоняться: * a más correr, во всю прыть; * correr como un galgo, мчаться как вихрь, нестись как ветер; * correr con, носиться с чем-л; * correr con los gastos, расплачиваться за что-л; * correr prisa, быть срочным; * correrla, correr la tuna, кутить, гулять; * corriendo, скоро; (р.) corrió la misma suerte, его постигла та же участь; * correr el escalafón, передвигаться по списку, в списке; * con los tiempos que corren, в наши дни, по нашим временам; * correr tras, гнаться за кем-л; бросаться; * correr peligro, подвергаться опасности; * entrar corriendo, вбежать; * salir corriendo, выбежать.

correría. [ж.] (возв.) набег, рейд, вторжение, налёт; короткое путешествие, поездка, экскурсия.

correspectividad. [ж.] общество, компания.

correspondencia. [ж.] соответствие; сходство; сношение, связь; почта, корреспонденция; переписка; взаимность; сообщение; значение (в другом языке); письма.

corresponder. [непрех.] отвечать, соответствовать чему-л; прилегать к чему-л; лежать на обязанности кого-л, возлагаться на; отвечать взаимностью; относиться, касаться; corresponderse, [возв. гл.] переписываться; чувствовать взаимное расположение.

correspondiente. [прил.] соответствующий; касающийся; [сущ.] корреспондент, (-ка); * ángulo correspondiente, (геом.) соответствующий угол.

correspondientemente. [нареч.] соответственно, надлежащим образом и т. д.

corresponsabilidad. [ж.] совместная ответственность.

corresponsable. [прил.] совместно ответственный.

corresponsal. [м. и ж.] корреспондент, (-ка) (тже. прил.).

corresponsalía. [ж.] должность корреспондента газеты.

corretaje. [м.] см. correduría.

corretajear. [непрех.] маклерствовать, заниматься маклерством.

corretear. [перех.] (разг.) бродить по улицам; бегать, резвиться.

correteo. [м.] шатание по улицам; дейст. к резвиться, бегать.

corretería. [ж.] (Амер.) спешка; поспешность.

corretero, ra. [прил.] (разг.) любящий бродить, шататься; любящий резвиться.

corretora. [ж.] (церк.) монахиня, управляющая хором.

correve(i)dile. [м. и ж.] сплетник, доносчик, (-ица), ябедник, ябеда; см. alcahuete.

correverás. [м.] детская игрушка.

corrida. [ж.] бег; см. playeras; (Амер.) (горн.) выход на поверхность (о рудной жиле и т. д.); * corrida de toros, бой быков; * de corrida, быстро, бегло; * de una (en una) corrida, наспех; без передышки.

corridamente. [нареч.] см. corrientemente.

corrido, da. [страд. прич.] к correr; [прил.] полновесный; чрезмерный; лёгкий (о писании); стыдливый; застенчивый; прямой; (разг.) опытный, ловкий (тже. сущ.); [м.] навес над скотным двором; (Амер.) [множ.] недоимки: * de corrido, см. corridamente; corrido de la costa, народная песня.

corrientada. [ж.] (Амер.) быстрое течение (реки и т. д.).

corriente. [действ. прич.] к correr, бегущий; [прил.] текучий, текущий, проточный; текущий (о годе и т. д.); текущий, общепринятый, обычный; ходячий (о монетах); лёгкий (о стиле); [ж.] поток, течение, ток; (перен.) течение, ход, направление, тенденция; [нареч.] ладно, хорошо; * agua corriente, проточная вода; * tipo corriente, обычный образец; * corriente de aire, струя воздуха, воздушное течение; сквозной ветер, сквозняк; * corriente eléctrica, электрический ток; * corriente continua, постоянный ток; * corriente alterna, переменный ток; * corriente marina, морское течение; * poner al corriente de, ввести в курс чего-л; * ponerse al corriente de, войти в курс; * estar corriente, страдать поносом; * corriente y moliente, заурядный, обыкновенный; * remontar la corriente, ir contra la corriente, плыть против течения; * agua corriente no mata a la gente, от проточной воды не бывает беды.

corrientemente. [нареч.] бегло, свободно, легко; обычно.

corrientoso, sa. [прил.] быстрый (о реке и т. д.).

corrigendo, da. [прил. и сущ.] заключённый в исправительной тюрьме.
corrillero, ra. [прил.] бродячий; [сущ.] бродяга; праздношатающийся человек.
corrillo. [м.] небольшой круг говорящих людей; [множ.] сплетни, пересуды.
corrimiento. [м.] бег; сдвиг, перемещение; (мед.) воспалительный процесс; стыд, смущение; (с-х) замерзание винограда в цвету.
corrinche. [м.] (обл.) круг людей.
corrinchear. [неперех.] развиться.
corrincho. [м.] сброд; (арг.) задний двор.
corriverás. [м.] (обл.) см. correverás.
corro. [м.] круг людей, собрание; круг; хоровод: *escupir en corro, вмешиваться в разговор, * hacer, formar corro, окружать что-л, * hacer corro aparte, (перен.) (разг.) держаться особняком; * jugar al corro, водить хоровод.
corroborante. [прил.] поддающийся подтверждению.
corroboración. [ж.] подтверждение; подкрепление, укрепление (сил, здоровья).
corroborador, ra. [прил.] укрепляющий, подтверждающий (тж. сущ.).
corroborante. [дейст. прич.] к corroborar, подкрепляющий (о доказательстве); [прил.] (мед.) тонический, укрепляющий; [м.] укрепляющее средство.
corroborar. [перех.] подтверждать; подкреплять (теорию и т. д.); подкреплять, укреплять (силы, здоровья).
corroborativo, va. [прил.] укрепляющий, подтверждающий.
corrobra. [ж.] угощение по заключении торговой сделки.
corroer. [перен.] разъедать, корродировать; (перен.) разъедать, постепенно разрушать, подтачивать.
corrompedor, ra. [прил.] портящий, искажающий; развращающий, тлетворный; подкупающий, обольщающий; [сущ.] развратитель, (-ница).
corromper. [перех.] портить; развращать, портить; гноить, подкупать, коррумпировать; совращать, обольщать; (перен.) (разг.) надоедать, наскучить, [неперех.] вонять; corromperse, [возв. гл.] портиться; развращаться.
corrompidamente. [нареч.] развращённым, испорченным образом.
corroncha. [ж.] (Амер.) (вар.) см. concha.
corroncho. [м.] (Амер.) речная рыбка.
corroncho, cha. [прил.] (Амер.) жёсткий, суровый, грубый; медлительный.
corronchoso, sa. [прил.] (Амер.) жёсткий, суровый, грубый; чешуйчатый.
corrongo, ga. [прил.] (Амер.) красивый, миловидный.
corronguera. [ж.] (Амер.) привлекательность, прелесть.
corroñoso, sa. [прил.] (Амер.) чешуйчатый.
corrosca. [ж.] (Амер.) соломенная шляпа.
corrosible. [прил.] поддающийся разъеданию, и. т. д.
corrosión. [ж.] коррозия, разъедание; (по) травление; окисление; (геол.) размыв.
corrosivamente. [нареч.] разъедающим образом.
corrosividad. [ж.] едкость, коррозийность.
corrosivo, va. [прил.] едкий, разъедающий; корродирующий; коррозионный; разрушительный.
corroyente. [дейст. прич.] к corroer, разъедающий.

corrugación. [ж.] сжимание, сморщивание.
corrugador. [прил.] (анат.) сморщивающий (мускул).
corrulla. [ж.] (мор.) см. corulla.
corrumpente. [прил.] портящий; (перен.) (разг.) докучливый, надоедливый.
corrupción. [ж.] порча, гниение, разложение; извращение; испорченность, развращённость; подкуп, взяточничество, коррупция; совращение, обольщение.
corruptamente. [нареч.] развращённым образом.
corruptela. [ж.] см. corrupción; (юр.) злоупотребление.
corruptibilidad. [ж.] тленность; подверженность порче; продажность, подкупность (уст.).
corruptible. [прил.] тленный; гниющий, разлагающийся; подкупный, продажный.
corrupto, ta. [непр. страд. прич.] к corromper, развращённый, испорченный.
corruptor, ra. [прил.] портящий; развращающий, разлагающий, тлетворный; [м. и ж.] развратитель (-ница), соблазнитель, (-ница).
corrusco. [м.] (разг.) горбушка, кусок хлеба, краюшка.
corsa. [ж.] (обл.) см. narria.
corsariamente. [нареч.] по корсару.
corsario, ria. [прил.] корсарский, пиратский; [м.] корсар, пират, морской разбойник; * buque corsario, капер, каперское судно, корсар.
corsé. [м.] корсет.
corsear. [неперех.] (мор.) заниматься морским разбоем.
corsetería. [ж.] корсетная мастерская или лавка.
corsetero, ra. [м. и ж.] корсетник, (-ица), продавец -щица корсетов.
corso, sa. [прил.] корсиканский; [м. и ж.] корсиканец, (-ка).
corso. [м.] (мор.) корсарство.
corta. [ж.] рубка леса.
cortabolsas. [м. н н ж.] (разг.) вор-карманник.
cortacallos. [м.] нож для срезания мозолей.
cortacigarros. [м.] приспособление для обрезки сигар.
cortacircuitos. [м. множ.] (эл.) автоматический выключатель, предохранитель.
cortacorriente. [м.] (эл.) выключатель.
cortada. [ж.] (обл.) (Амер.) резаная рана.
cortadera. [ж.] зубило (кузнечное); нож для вырезывания сот.
cortadero, ra. [прил.] легко поддающийся резанию и т. д.
cortadillo, lla. [прил.] обрезанный по краям (о монетах); [м.] стаканчик (для вина и т. д.); стакан (как мера); (арг.) плутовской приём (в игре).
cortado, da. [страд. прич.] к cortar; [прил.] пропорциональный, соразмерный; лапидарный, отрывистый (о слоге); изумлённый, ошеломлённый; [м.] купе (балетное па).
cortador, ra. [прил.] режущий и т. д.; [м.] мясник; резец (передний зуб); закройщик.
cortadura. [ж.] разрезывание; резаная рана, порез; расселина; оборонительное сооружение полевого типа; (горн.) расширение; [множ.] обрезки.
cortafrío. [м.] (тех.) зубило.
cortafuego. [м.] противопожарная просека (в лесу); (арх.) брандмауэр.
cortahierro. [м.] (тех.) зубило.
cortalápices. [м.] машинка для чинки карандашей.
cortamente. [нареч.] кратко; скупо, скудно.
cortamiento. [м.] смущение, робость; (уст.) см. corte (действие).

cortante. [дейст. прич.] к cortar, режущий, острый; [м.] мясник.
cortao. [м.] древнее орудие для разрушения крепостных стен.
cortapapel(es). [м.] см. plegadera.
cortapicos. [м.] (зоол.) уховёртка.
cortapicos y callares. [выраж.] (разг.) молчать!
cortapiés. [м.] (разг.) удар шпагой по ногам.
cortapisa. [ж.] старинный бордюр (у нескольких одежд); ограничение, ограничивающее условие; остроумие; * poner cortapisas, чинить препятствия.
cortaplumas. [м.] перочинный ножик.
cortapuros. [м.] см. cortacigarros.
cortar. [перех.] резать, разрезать; обрезывать; перерезать; отрезать, срезать; подрезать; отсекать, отделять; отрубить; стричь; кроить, выкраивать; прерывать; преграждать, пересекать, прерывать; рубить; разрубать, гравировать; чинить гусиное перо; снимать карты; сокращать; укорачивать; пересекать, перерезать (дорогу); вырезывать (соты); (физ.) размыкать (цепь); (воен.) отрезать (части противника); препятствовать; говорить, сказать наизусть (плохо или хорошо); cortarse, [возв. гл.] порезаться, обрезаться, пораниться; смущаться, запутаться, не знать, что сказать; свёртываться (о молоке); * cortar de vestir, cortar un traje, разбирать по косточкам, дурно отзываться о ком-л; * cortar por lo vivo, резать по живому месту; (перен.) задеть за живое; действовать решительно; * cortar por lo sano, действовать решительно; * cortar las alas, подрезать кому-л крылья; * cortar la conversación, прервать кого-л; * cortar la retirada, отрезать путь к отступлению.
cortarraíces. [м.] (с.-х.) корнерезка.
cortaviento. [м.] ветролом.
corte. [м.] лезвие, остриё; разрезывание; разрез, порез, сечение; надрез(ание); обрезывание; стрижка; покрой, кройка (платьев); рубка (леса) разрубание; отрез (материи); чинка (гусиного пера); закройная мастерская; прекращение; срезание колоды карт (в игре); банкротство; (арх.) сечение, профиль; (геом.) сечение: * corte de cuentas, сведение счетов; * corte de madera, распилка (леса).
corte. [м.] королевский двор; двор (придворные, свита); скотный двор, стойло, загон для скота; (Амер.) суд; [множ.] кортесы (испанский парламент): * hacer la corte, ухаживать за кем-л.
cortedad. [ж.] малый размер, незначительность; небольшое количество; отсутствие таланта, образования и т. д., неспособность; малодушие, трусость, робость: * cortedad de medios, бедность.
cortejador, ra. [прил.] ухаживающий; [сущ.] ухаживатель, поклонник.
cortejante. [дейст. прич.] к cortejar, ухаживающий.
cortejar. [перех.] ухаживать.
cortejo. [м.] ухаживание; кортеж, свита; шествие; знак внимания; (разг.) любовник.
cortera. [ж.] (Амер.) куртизанка, проститутка.
cortés. [прил.] учтивый, любезный, галантный, вежливый: * no quita lo cortés a lo valiente, одно другому не мешает.
cortesanamente. [нареч.] вежливо, учтиво, галантно, любезно.
cortesanazo, za. [прил.] делано учтивый, галантный, любезный.
cortesanesco, ca. [прил.] свойственный царедворцам.

ortesanía. [ж.] учтивость, любезность, галантность, вежливость.
ortesano, na. [прил.] придворный; см. cortés; [м.] придворный, царедворец: * dama cortesana, см. cortesana.
ortesía. [ж.] учтивость, любезность, галантность, вежливость; милость; формула вежливости (в письме); подарок; титул, обращение; отсрочка (о платёже); (полигр.) белый лист.
ortésmente. [нареч.] учтиво, вежливо, любезно, галантно.
ortex. [м.] (анат.) кора, корка.
orteza. [м.] кора (древесная); корка; (перен.) внешность, видимость; наружная сторона; грубость, неотёсанность; (арг.) [множ.] перчатки: * corteza peruviana, или peruana, хина; * corteza terrestre, земная кора; * corteza cerebral, (анат.) кора головного мозга; * corteza de tocino, свиная кожа.
ortezа. [ж.] (орн.) рябчик.
ortezón. [м. увел.] к corteza.
ortezoso, sa. [прил.] см. cortezudo.
ortezudo, da. [прил.] толстокорый, толстокожий; (перен.) грубый, неотёсанный, невоспитанный.
ortezuela. [ж. умен.] к corteza, маленькая кора.
ortical. [прил.] корковый: * substancia cortical, (анат.) корковое вещество.
orticiforme. [прил.] корковидный.
ortijada. [ж.] постройки крестьянского хутора; совокупность крестьянских хуторов.
ortijero, ra. [м. и ж.] хуторянин, фермер; приказчик крестьянского хутора, фермы.
ortijo. [м.] крестьянский хутор, ферма; (арг.) публичный дом: * alborotar el cortijo, взволновать, возбудить население; оживлять.
ortil. [м.] задний двор.
ortillero. [м.] см. charlatán.
ortina. [ж.] занавес, полог; балдахин; гардина, портьера; штора; см. cortinal (воен.) (уст.) куртина; (разг.) остаток вина в стакане: * correr la cortina, отдёрнуть, задёрнуть занавес; (перен.) опустить завесу; приподнимать завесу над чем-л; умолчать; * a cortina corrida, тайком; * cortina de humo, дымовая завеса, дымка; * dormir a cortinas verdes, спать под открытым небом.
ortinado, da. [прил.] снабжённый занавесами.
ortinaje. [м.] (соб.) гардины, драпировки.
ortinal. [м.] огороженный участок.
ortinilla. [ж. умен.] к cortina, занавеска.
ortinón. [м. увел.] к cortina.
ortiña. [ж.] (обл.) огороженный земельный участок.
ortito, ta. [умен.] к corto; [нареч.] нежно, легко.
orto, ta. [прил.] короткий, краткий; краткосрочный, кратковременный; недостаточный; скудный; робкий, застенчивый; запинающийся; ограниченный, скудоумный, неспособный; необразованный: * a la corta o la larga, рано или поздно; * atar corto, держать в узде; * corto de vista, близорукий.
ortocircuitar. [перех.] (эл.) замкнуть на короткое; закоротить.
ortocircuito. [м.] (эл.) короткое замыкание.
ortón. [м.] (зоол.) медведка.
orúa. [ж.] (Амер.) (орн.) антильский бакалан.
oruja. [ж.] см. curuja: * primero ha de salir la coruja al soto, никогда.
orulla. [ж.] (мор.) трюм для оснастки.

corunco, ca. [прил.] белокурый.
corundo. [м.] (мин.) корунд.
coruña. [ж.] сорт ткани.
coruñés, sa. [прил.] относящийся к La Coruña; [сущ.] уроженец, (-ка) этого города.
corupán. [м.] боливийское бобовое дерево.
coruro. [м.] американский грызун.
coruscación. [ж.] блеск метеора; (хим.) сверкание.
coruscante. [дейст. прич.] к coruscar, блестящий, сверкающий.
coruscar. [неперех.] (поэт.) блистать, сверкать.
corusco, ca. [прил.] (поэт.) блестящий.
corusquez. [ж.] (поэт.) блеск.
corva. [ж.] (анат.) подколенок, подколенная впадина; маховое перо; (арг.) арбалет, самострел; (вет.) опухоль (подколенная).
corvado, da. [страд. прич.] к corvar; [прил.] (арг.) мёртвый, умерший.
corvadura. [ж.] изгиб, кривизна; (арх.) сгиб арки, свода.
corval. [прил.] aceituna corval, сорт продолговатой оливки.
corvamente. [нареч.] с кривизной.
corvato. [м.] (орни.) воронёнок.
corvaza. [ж.] (вет.) (подколенная) опухоль.
corvejón. [м.] подколенок (у животных).
corvejón. [м.] (орни.) баклан (птица).
corvejos. [м. множ.] подколенок (у четвероногих).
corveta. [ж.] курбет лошади.
corveta. [прил.] (Амер.) кривоногий.
corvetear. [неперех.] делать курбеты (о лошади).
córvidos. [м. множ.] (орни.) вороновые.
corvillo. [прил.] miércoles corvillo, первый постный день у католиков.
corvillo. [м.] (обл.) корзина.
corvina. [ж.] (ихтиол.) рыба из колючеперых.
corvinera. [ж.] рыболовная сеть для ловли corvina.
corvinero. [м.] (Амер.) убийца, наёмный убийца.
corvino, na. [прил.] вороний, цвета воронова крыла.
corvival. [м.] птица из семейства вороновых.
corvo, va. [прил.] кривой, согнутый, согбенный (книж.); изогнутый; [м.] крюк; см. corvina.
corvo. [м.] сорт итальянского вина.
corza. [ж.] (зоол.) косуля или козуля.
corzo. [ж.] (зоол.) самец косули.
corzuelo. пшеничные зёрна с корой (после молотьбы).
cosa. [ж.] вещь, предмет, нечто, что-то, дело, факт, случай, событие, обстоятельство; нечто самое нужное, важное, настоящее; [множ.] вещи (дорожные); событие; пожитки, имущество: * cosa en sí, (фил.) вещь в себе; * cosa de, приблизительно; * cosa del otro jueves, необычайное происшествие; дела давно минувших дней; * cosa de poca monta, нечто незначительное; * hablar de unas cosas y de otras, говорить о том и о сём; * entre otras cosas, между прочим; * fuerte cosa, трудное дело; * cosa de importancia, нечто важное; * cosa de comer, съестной продукт; * es la misma cosa, это одно и то же; * ir al fondo de las cosas, вникать в сущность вещей; * ante todas cosas, прежде всего; * no hay tal cosa, это не так; ничего подобного; * alguna cosa, что-л, что-то; * alguna cosa de nuevo, что-л новенькое; * hay bonitas cosas en este libro, в этой книге есть очень удачные места; * poca, poquita cosa, нич-

тожество; * las cosas quedaron así, дело на этом кончило; * cada cosa en su tiempo, всякому овощу своё время; * cosa de ver, нечто любопытное; * cosa de risa, нечто смешное; * eso es cosa de usted, это ваше дело; * no es или no vale cosa, никуда не годится; * como que no quiere la cosa, скрытно * ir a cosa hecha, приходить на готовенькое; * muchas cosas a los niños, передай(те) детям наилучшие пожелания; * como si cal cosa, как ни в чём не бывало; * es cosa de, стоит; * eso es otra cosa, это другое дело; * no hay tal cosa, неправда!, неверно!; * tener cosas, быть с причудами, чудить.
cosaca. [ж.] славянский танец.
cosaco, ca. [прил.] казацкий, казачий; [сущ.] казак, казачка.
cosaquería. [ж.] налёт.
cosario, ria. [прил.] к перевозчик, посыльный; посещаемый; [м.] перевозчик, посыльный; охотник (по ремеслу).
coscacho. [м.] (Амер.) ушиб, удар по голове.
coscarana. [ж.] (обл.) сорт тонкой сухой лепёшки.
coscarear. [перех.] (Амер.) добиться, достигнуть.
coscarse. [возв. гл.] см. concomerse.
coscoja. [ж.] каменный дуб, вечнозелёное дуб; сухой дубовый лист.
coscojal, coscojar. [м.] лес, роща из каменных дубов.
coscojita. [ж.] см. coxcojita.
coscojo. [м.] нарост на каменном дубе; [множ.] части узды в виде чёток.
coscolina. [ж.] (Амер.) женщина дурного поведения.
coscolino, na. [прил.] (Амер.) нелюдимый, суровый, ворчливый; беспокойный.
coscomate. [м.] (Амер.) род амбара для хранения кукурузы.
coscón. [прил.] (разг.) хитрый, лукавый (тже. сущ.).
coscorrón. [м.] контузия, ушиб головы; (Амер.) горбушка хлеба, см. cuscurro.
coscorronera. [ж.] детская шапочка; см. chichonera.
coscurro. [м.] см. cuscurro.
cosecante. [ж.] (мат.) косеканс.
cosecha. [ж.] сбор урожая, уборка урожая; жатва; урожай; время сбора урожая, плодов; множество, масса, изобилие, обилие: * eso es de su cosecha, это ваша выдумка.
cosechador, ra. [прил.] собирающий жатву, плоды (тже. сущ.).
cosechar. [перех.] собирать урожай, плоды, (перен.) пожинать; набрать: * cosechar triunfos, пожинать лавры.
cosechero, ra. [м. и ж.] земледелец; винодел.
coseche. [м.] (Амер.) см. cosecha.
cosedura. [ж.] см. costura.
coselete. [м.] (уст.) нагрудные латы; щиток (у насекомых).
coseno. [м.] (мат.) косинус.
coser. [перех.] шить; сшивать; пришивать; зашивать; брошировать (книги); (перен.) соединять: * cosa a..., пришить к; * máquina de coser, швейная машина; * es coser y cantar, это легче лёгкого; * coser a puñaladas, проколоть кинжалом; * coserse la boca, молчать, не промолвить ни слова, не пикнуть.

cosera. [ж.] (обл.) земельный участок, орошённый сразу.
coserí. [ж.] (гал.) см. charla.
cosetada. [ж.] бег, скорый шаг.
cosiaca. [ж.] (разг.) маленькая вещь, предмет и т. д.
cosiata. [ж.] (Амер.) см. cosiaca.
cosible. [прил.] поддающийся шитью.
cosicosa. [ж.] загадка.
cosido, da. [страд. прич.] к coser; [м.] шитьё.
cosidura. [ж.] (мор.) соединение двух канатов.
cosijo. [м.] (Амер.) насекомое; червь; пресмыкающееся, гад; (перен.) досада, неудовольствие (из-за пустяков).
cosijoso, sa. [прил.] (Амер.) обидчивый, раздражающийся из-за пустяков (тж. сущ.).
cosita. [ж. умен.] к cosa; (Амер.) лёгкий завтрак, полдник.
cositero, ra. [прил.] (Амер.) скрупулёзный, мелочный.
cosmética. [ж.] косметика.
cosmético, ca. [прил.] косметический; [м.] косметическое средство, косметика.
cosmetología. [ж.] часть гигиены, изучающая одежду и чистоплотность.
cósmico, ca. [прил.] космический.
cosmocracia. [ж.] (полит.) всемирная монархия.
cosmocrático, ca. [прил.] к всемирной монархии.
cosmogonía. [ж.] космогония.
cosmogónico, ca. [прил.] космогонический.
cosmografía. [ж.] космография.
cosmográfico, ca. [прил.] космографический.
cosmógrafo, a. [прил.] специалист по космографии.
cosmología. [ж.] космология.
cosmológico, ca. [прил.] космологический.
cosmólogo, ga. [м. и ж.] специалист по космологии.
cosmometría. [ж.] измерение вселенной.
cosmópolis. [ж.] всемирный город.
cosmopolita. [прил.] космополитический; [м. и ж.] космополит, (-ка).
cosmopolitismo. [м.] космополитизм.
cosmos. [м.] космос, мир, вселенная.
cosmosofía. [ж.] мистическое учение о вселенной.
cosmoteísmo. [м.] учение о Боге и вселенной как о связном, едином целом.
coso. [м.] арена для боя быков и других народных зрелищ; главная улица города.
coso. [м.] древесный червь.
cosorio. [м.] (Амер.) вор, карманник.
cospe. [м.] удар топором, нанесённый по брусу.
cospe. [м.] (Амер.) неожиданный подарок (или уплата); глоток ликёра.
cospearse. [возв. гл.] (Амер.) пить, маленькими глотками.
cospel. [м.] монетный кружок (готовый к чеканке).
cospillo. [м.] (обл.) выжимки маслин.
cosque. [м.] (разг.) контузия, ушиб головы.
cosquilladizo, za. [прил.] легко раздражающийся, щепетильный.
cosquillar. [перех.] см. cosquillear.
cosquillas. [ж. множ.] щекотание: *hacer cosquillas, щекотать; *hacer cosquillas una cosa, возбуждать любопытство, желание; *no sufrir cosquillas, tener malas cosquillas, легко рассердиться; *buscarle a uno las cosquillas, вызывать, раздражать.

cosquillear. [перех.] щекотать.
cosquillejas. [ж. множ.] лёгкое щекотание.
cosquilleo. [м.] щекотка.
cosquillones. [м. множ. увел.] к щекотание.
cosquilloso, sa. [прил.] боящийся щекотки; (перен.) обидчивый.
cosquilludo, da. [прил.] см. cosquilloso.
costa. [ж.] цена; стоимость; [множ.] (юр.) судебные издержки: *a costa de, ценой, за счёт; путём; на чей-л счёт; в ущерб кому-л; *a toda costa, во что бы то ни стало; *condenar en costas, (юр.) приговорить к уплате судебных издержек.
costa. [ж.] берег, побережье (моря); гладило (для кожи); (уст.) ребро; *costa brava, скалистое побережье; *costa firme, побережье континента; *andar, ir или navegar costa a costa, плавать вдоль берега; *barajar la costa, параллельно плыть вдоль берега; *dar a la costa, быть прибитым к берегу (о судне); *batería de costa, береговая батарея.
costado. [м.] бок (человека, животного); бок, сторона, боковая поверхность; (воен.) фланг; (мор.) борт; [множ.] предки: *dar el costado, повернуться бортом для залпа; *tengo dolor de costado, у меня колет в боку; *por los cuatro costados, со всех сторон, во все стороны.
costal. [прил.] (анат.) рёберный; [м.] большой мешок (для зерна); свая: *el costal de los pecados, тело (человека); *estar hecho un costal de huesos, быть очень худым; *vaciar el costal, выбалтывать.
costalada. [ж.] падение набок или навзничь.
costalazo. [м.] см. costalada.
costalejo. [м. умен.] к costal.
costalera. [ж.] (Амер.) (собир.) большие мешки (для зерна).
costalero. [м.] (обл.) носильщик.
costalgia. [ж.] (мед.) межрёберная невралгия.
costana. [ж.] (обл.) отлогая улица; борт (телеги и т. д.); (мор.) шпангоут.
costanera. [ж.] косогор, подъём дороги; [множ.] стропила.
costanero, ra. [прил.] отлогий; покатый; береговой.
costanilla. [ж.] отлогая улица.
costar. [неперех.] стоить; обойтись в...; вызывать заботу, причинять хлопот: *cueste lo que cueste, во что бы то ни стало; любой ценой; *todo le cuesta trabajo, всё ему кажется трудным; *costar caro, costar un ojo de la cara, стоить сумасшедших денег; дорого обходиться: [непр. гл.] спрягается как contar.
costarricense. [прил.] относящийся к Costa Rica.
costarriqueñismo. [м.] слово или выражение, свойственное испанскому языку в Коста-Рике.
costarriqueño, ña. [прил.] см. costarricense; [сущ.] уроженец, (-ка) Коста-Рики.
coste. [м.] цена; стоимость: *a coste y costas, по себестоимости; *coste de la vida, стоимость жизни.
costear. [перех.] избавлять от расходов, оплачивать, покрывать расходы; costearse, [возв. гл.] покрывать расходы (о производстве и т. д.).
costear. [перех.] плавать вдоль или подле берега.
costeño, ña. [прил.] прибрежный, береговой, каботажный, см. costanero.
costeo. [м.] цена; стоимость; насмешка; *al costeo, см. a costa de.
costera. [ж.] боковая сторона кипы и т. д.; верхняя и нижняя десть в стопе бумаги; склон горы; откос; косогор; (мор.) время лова лосося и других рыб.

costero. [м.] см. costeño; (уст.) см. costanero [м.] горбыль.
costezuela. [ж. рмн.] к cuesta.
costil. [прил.] (анат.) рёберный.
costilla. [ж.] ребро; отбивная котлета; предмет в виде ребра; имущество, состояние; жена; [множ.] (разг.) спина (мор.) остов судна; *medir las costillas calentar las costillas, пересчитать рёбра избить; *vivir a las costillas de alguno жить на чей-л счёт; *pasearle las costilla (a uno), попирать ногами; *costar una cos tilla, стоить больших денег.
costillaje. [м.] (разг.) см. costillar.
costillaje, costillar. [м.] рёбра (человеческого тела); грудная клетка.
costilleta. [ж.] (гал.) отбивная котлета.
costilludo, da. [прил.] широкоплечий.
costino, na. [прил.] (Амер.) прибрежный, береговой.
costo. [м.] цена; стоимость: *a costo y cos tas, по себестоимости.
costoclavicular. [прил.] (анат.) рёберно-ключичный.
costoespinal. [прил.] (анат.) рёберно-хребтовый.
costopleural. [прил.] (анат.) рёберно-плевральный.
costosamente. [нареч.] дорогой ценой.
costoso, sa. [прил.] дорогостоящий; (перен.) тяжёлый, трудный, утомительный
costotorácico, ca. [прил.] (анат.) рёберно-грудной.
costotransversal. [прил.] (анат.) рёберно-поперечный.
costovertebral. [прил.] (анат.) рёберно-позвоночный.
costra. [ж.] корка, кора; (мед.) струп (тех.) нагар; наплыв на свече: *costr láctea, см. usagre.
costrada. [ж.] пирог с хрустящей корочкой (обл.) стена, покрытая известковым мо локом.
costroso, sa. [прил.] покрытый коркой (мед.) покрытый струпьями.
costumbre. [ж.] обыкновение, привычка навык; повадка; обычай; менструация [множ.] нравы: *por costumbre, по привычке; *tener (la) costumbre de, имет привычку; *coger la costumbre (de), усво ить привычку; *tener por costumbr иметь обыкновение; *ser costumbr быть обычным; *como de costumbre, ка обычно, по обыкновению; *usos y co tumbres, нравы и обычаи; *de costumbr обычный.
costumbrista. [прил.] бытовой; описывающий быт; [сущ.] бытописатель.
costura. [ж.] шитьё, пошивка; шов; шра рубец; заклёпочный шов; шов, сты *saber de toda costura, быть хитры опытным; *sentar las costuras, разглади швы; (перен.) поколотить, вздут взгреть; *meter en costura, обуздыват заставлять покоряться.
costurajo. [м.] (Амер.) грубый шов.
costurar. [перех.] (Амер.) шить каким швом.
costurear. [перех.] (Амер.) см. costura шить.
costurera. [ж.] белошвейка, швея, порт ха.
costurería. [ж.] белошвейная мастерская.
costurero. [м.] швейный столик; швейн коробка; см. costurería; (уст.) портной.
costurón. [м.] к costura; (презр.) груб шов; (перен.) рубец, шрам.
costuronear. [перех.] покрывать грубы швами.
cosubia. [ж.] (Амер.) (вул.) питание.
cota. [ж.] кольчуга.
cota. [ж.] (топогр.) отметка высоты; cuota.

cota. [ж.] (Амер.) (орни.) маленький попугай.
cotama. [ж.] (Амер.) см. cutama.
cotana. [ж.] (тех.) гнездо, паз; зубило, долото, стамеска.
cotangente. [м.] (мат.) котангенс.
cotardía. [ж.] род средневекового камзола.
cotarra. [ж.] откос оврага (глубокого).
cotarrera. [ж.] (разг.) кумушка, сплетница.
cotarrero. [м.] (арг.) управляющий ночлежным домом.
cotarro. [м.] ночлежный дом; см. cotarra: * alborotar el cotarro, волновать общество; * andar de cotarro en cotarro, бегать по гостям; шляться.
cote. [м.] (мор.) удавка.
cotejable. [прил.] поддающийся сверке и т. д.
cotejar. [перех.] сличать, сверять, считывать, сравнивать, сопоставлять.
cotejear. [перех.] (Амер.) побуждать, подстрекать.
cotejo. [м.] сличение, сопоставление, сравнение, сверка, считка.
cotejo. [м.] (Амер.) род мелкой ящерицы.
cotelia. [ж.] сорт хлопчатобумажной ткани.
cotenas (a). [нареч.] (обл.) на спине, на плечах.
cotense. [м.] (Амер.) грубая пеньковая ткань.
cotensia. [ж.] cotensio, [м.] (Амер.) см. cotense.
cotera. [ж.] см. cotero.
coterna. [ж.] (Амер.) (прост.) шляпа.
cotero. [м.] холмик с крутым откосом.
coterráneo, a. [прил.] той же страны.
cotí. [м.] тик (ткань).
cotica. [ж.] (Амер.) маленький попугай.
cotidianamente. [нареч.] повседневно, ежедневно.
cotidiano, na. [прил.] ежедневный, повседневный, обыденный, будничный.
cotila. [ж.] (анат.) вертлужная впадина.
cotiledón. [м.] (бот.) семядоля.
cotiledóneo, a. [прил.] (бот.) семянодольный.
cotiloideo, a. [прил.] (анат.) относящийся к суставной впадине.
cotilosaurio. [м.] (Амер.) котилозавр.
cotilla. [ж.] корсаж; (перен.) сплетница, кумушка.
cotillear. [неперех.] (разг.) см. chismosear.
cotillero, ra. [м. и ж.] тот, кто изготовлял или продавал корсажи; (перен.) сплетник, (-ица).
cotillo. [м.] часть молота, которой бьют.
cotillón. [м.] котильон (танец).
cotín. [м.] удар слева в игре в мяч.
cotín. [м.] (Амер.) товарищ.
cotinga. [м.] род американской птицы.
cotiquear. [неперех.] много болтать.
cotiquera. [ж.] (Амер.) болтовня.
cotiza. [ж.] (Амер.) грубая сандалия; (герал.) узкий пояс: * ponerse las cotizas, бежать, убегать, удирать.
cotizable. [прил.] могущий быть котированным.
cotización. [ж.] котировка.
cotizado, da. [страд. прич.] к cotizar; [прил.] оценённый.
cotizar. [перех.] котировать.
cotizudo, da. [прил.] обутый в cotizas (тже. сущ.).
coto. [м.] отгороженный, отмежёванный участок; заповедник; межевой столб, знак; пограничная линия; предел, граница; собрание нескольких местечек; (арг.) больница; церковное кладбище: * poner coto, класть предел; обуздывать; * coto redondo, деревни, границы одному владельцу.

coto. [м.] (ком.) соглашение о ценах; предлагаемая цена, такса; мера длины.
coto. [м.] (ихтиол.) морской бычок.
coto. [м.] (Амер.) зоб.
cotomono. [м.] (Амер.) (зоол.) род обезьяны.
cotón. [м.] ситец.
cotón. [м.] (Амер.) короткий камзол; (арг.) камзол: * cotón colorado, (арг.) порка (наказание).
cotona. [ж.] (Амер.) кожаная куртка; блуза.
cotonada. [ж.] хлопчатобумажная ткань.
cotonear. [перех.] (Амер.) удовлетворять (с корыстной целью).
cotonía. [ж.] бумазея.
cotonificio. [м.] обработка хлопка; хлопчатобумажный комбинат или фабрика.
cotonilla. [ж.] (Амер.) бумазея.
cotorra. [ж.] попугайчик; сорока; (перен.) болтун, (-ья): * hablar como una cotorra, трещать как сорока.
cotorrear. [неперех.] (разг.) много болтать, трещать как сорока.
cotorreo. [м.] (разг.) болтовня.
cotorrera. [ж.] матка попугая; (перен.) (разг.) болтун, (-ья).
cotorrería. [ж.] непреодолимая страсть к болтовне.
cotorrerica. [ж.] (разг.) умен. к cotorrera, болтунья.
cotorrero. [м.] (перен.) (разг.) болтун.
cotorro. [м.] (Амер.) ночлежный дом; холостая квартира, гарсоньерка.
cotorrón, na. [прил.] молодящийся.
cotoso, sa. [прил.] (Амер.) страдающий зобом.
cototo. [м.] (Амер.) шишка (на голове).
cotovía. [ж.] (орни.) см. totovía.
cotral. [прил.] идущий на мясо (о скоте).
cotrotro. [м.] (Амер.) шишка (на голове).
cotúa. [ж.] (Амер.) (орни.) нырок.
cotudo, da. [прил.] пушистый, мохнатый.
cotudo, da. [прил.] (Амер.) с зобом.
cotufa. [ж.] топинамбур, земляная груша; см. chufa; лакомство: * pedir cotufas en el golfo, требовать невозможного.
coturnado, da. [прил.] носящий котурны.
coturno. [м.] котурн(а): * de alto coturno, высшего ранга; * calzar el coturno, выражаться высокопарно.
cotutela. [ж.] совместная опека.
cotutor, ra. [м. и ж.] соопекун.
cotuza. [ж.] (Амер.) агути.
coulomb. [м.] (эл.) кулон.
couque. [м.] (Амер.) кукурузный хлеб.
covacha. [ж.] небольшая пещера; зад кареты, место для багажа; каморка под лестницей.
covachuela. [ж. умен.] к covacha; (разг.) канцелярия министерства.
covachuelista. [м.] (разг.) сотрудник канцелярии министерства.
covachuelo. [м.] (разг.) см. covachuelista.
covadera. [ж.] (Амер.) залежи гуано.
covalonga. [ж.] венесуэльское дикорастущее растение.
covanilla. [ж.] covanillo, [м. умен.] к cuévano.
covelina, covelita. [ж.] (мин.) ковелин, медное железо.
covendedor, ra. [м. и ж.] совместный, (-ая) продавец (-щица).
covezuela. [ж. умен.] к cueva, пещерка.
covín. [м.] (Амер.) поджаренная кукуруза или пшеница.
coxagra. [ж.] (пат.) подагра тазобедренного сустава.
coxal. [прил.] (анат.) тазовый, тазобедренный.
coxalgia. [ж.] боли в бедре; коксалгия, седалищная боль в тазобедренном суставе при коксите.

coxálgico, ca. [прил.] к коксалгия.
coxartritis. [ж.] (мед.) воспаление тазобедренного сустава.
coxartrocace. [м.] (пат.) туберкулезное воспаление тазобедренного сустава.
coxastropatía. [ж.] (мед.) болезнь тазобедренного сустава.
coxcojilla, ta. [ж.] игра в классы.
coxialgia. [ж.] (мед.) боль в копчике.
coxis. [м.] (анат.) копчик.
coxitis. [ж.] (пат.) коксит, воспаление тазобедренного сустава.
coxodinia. [ж.] (пат.) боль в бедре.
coxofemoral. [прил.] (анат.) тазобедренный.
coxotuberculosis. [ж.] (мед.) туберкулёз тазобедренного сустава.
coy. [м.] (мор.) подвесная койка.
coya. [ж.] (ист.) перуанская императрица, княгиня.
coya. [ж.] (Амер.) проститутка; раздражительный человек.
coyán. [м.] (Амер.) (бот.) род бука.
coyocho. [м.] (Амер.) репа; корневище.
coyol(ar). [м.] (Амер.) род пальмы (тже. плод).
coyoleo. [м.] (орни.) род перепела.
coyote. [м.] (зоол.) койот, американский волк.
coyotera. [ж.] (Амер.) стая койотов; западня для ловли койотов; (перен.) пронзительные крики.
coyotero, ra. [прил.] охотящийся на койотов; [м. и ж.] западня для ловли койотов.
coyotomate. [м.] (Амер.) помидор цвета койота.
coyunda. [ж.] ремень ярма; (перен.) брачные узы; владычество, господство.
coyundarse. [возв. гл.] вступать в брак.
coyuntura. [ж.] (анат.) сочленение, сустав; конъюнктура, обстановка; стечение обстоятельств: * hablar por las coyunturas, болтать без умолку.
coyuyo. [м.] (Амер.) большая цикада.
coz. [ж.] лягание, брыкание; отдача (ружья); см. culata (оружия); (перен.) резкая, неожиданная выходка, грубость; * tirar coces, лягаться, брыкаться; не желать подчиниться; * soltar una coz, или tirar una coz, (перен.) грубо отвечать; * dar, или tirar coces contra el aguijón, быть упрямым; * mandar a coces, держать строго, в повиновении; * a coces, насильно.
crabrón. [м.] см. avispón.
crac. [м.] (вар.) крах, банкротство.
cracking. [м.] (англ.) крекинг-процесс.
cracoviano, na. [прил.] краковский (тже. сущ.); [ж.] краковский танец, краковяк.
cran. [м.] (полигр.) рубчик.
craneal. craneano, na. [прил.] черепной.
craneitis. [ж.] (мед.) воспаление черепных костей.
cráneo. [м.] (анат.) череп: * tener seco el cráneo, быть сумасшедшим; * secársele a uno el cráneo, сходить с ума.
craneocele. [м.] (пат.) грыжа головного мозга.
craneoclasia. [ж.] дробление детской головки.
craneoclasto. [м.] инструмент для извлечения проболенной головки плода при патологических родах.
craneografía. [ж.] краниография.
craneoide. [прил.] похожий на черепную коробку.
craneología. [ж.] краниология.
craneológico, ca. [прил.] краниологический.

craneólogo, ga. [м. и ж.] специалист по краниологии.
craneomalacia. [ж.] (пат.) размягчение затылка у детей, страдающих рахитом.
craneómetra. [м.] специалист по краниометрии.
craneometría. [ж.] краниометрия.
craneométrico, ca. [прил.] краниометрический.
craneómetro. [м.] краниометр.
craneopatía. [ж.] (пат.) черепная болезнь.
craneoscopia. [ж.] просвечивание черепа.
craneotabes. [ж.] (пат.) размягчение затылка у детей, страдающих рахитом.
craneotomía. [ж.] прободение головки плода при потологических родах; рассечение черепа.
craneótomo. [м.] (хир.) краниотом, инструмент для краниотомии.
craneotripesis. [ж.] (хир.) трепанация, оперативное вскрытие черепной полости.
craniano, na. [прил.] (анат.) черепной, см. craneal.
crápula. [ж.] пьянство, опьянение, похмелье; распутство, беспутство; жульё.
crapulosidad. [ж.] развратность.
crapuloso, sa. [прил.] развратный, беспутный, распутный.
crasamente. [нареч.] невежественно до предела.
crascitar. [неперех.] каркать.
crasicaudo, da. [прил.] (зоол.) с толстыми конечностями (преимущ. о хвосте).
crasicaulo, la. [прил.] (бот.) толстостебельчатый.
crasícolo, la. [прил.] толстошеий.
crasiento, ta. [прил.] см. grasiento; грязный, засаленный.
crasifoliado, da. [прил.] (бот.) толстолистный.
crasirrostro, ta. [прил.] (орни.) с толстым клювом.
crasis. [ж.] (грам.) стяжение.
crasitud. [м.] тучность, полнота.
craso, sa. [прил.] тучный, жирный; грубый (об ошибке); крайний (о невежестве и т. д.); [м.] см. crasitud: * ignorancia crasa, крайнее невежество.
cráter. [м.] кратер (вулкана).
crátera. [ж.] кубок (у древних).
cratérico, ca. [прил.] кратерный.
crateriforme. [прил.] в виде кратера.
cratícula. [ж.] (церк.) окошечко, через которое принимают причастие монахинии.
craurosis. [ж.] (пат.) атрофия наружных женских половых частей.
craza. [ж.] тигель (для плавки золота и серебра).
crea. [ж.] сорт полотна (для рубашек и. т. д.).
creable. [прил.] возможный, осуществимый.
creación. [ж.] творение, созидание, создавание; сотворение; мир, вселенная; изобретение; достижение (техники и. т. д.); (гал.) созданная актёром роль, литературное или художественное произведение: * últimas creaciones de la moda, последние модели.
creador, ra. [прил.] творческий; созидательный; [м. и ж.] творец, создатель (преимущ. о Боге).
crear. [перех.] творить, создавать; вызывать к жизни, порождать; основывать, учреждать; (гал.) изобретать.

creatinina. [ж.] (хим.) креатинин.
creatriz. [прил. ж.] творческая, созидательная: * fuerza creatriz, творческая или созидательная сила.
crébol. [м.] (обл.) (бот.) падуб, остролист.
crece. [ж.] (Амер.) половодье, разлив (реки).
crecedero, ra. [прил.] способный расти; с запасом на рост (о платье).
crecer. [неперех.] расти, произрастать, вырастать; расти, увеличиваться; развиваться; прибывать; [непр. гл.] pres. ind.: crezco, creces, etc.; pres. subj.: crezca, crezcas, etc.
creces. [ж. множ.] кажущееся увеличение пшеницы при перемещении; признаки роста; проценты уплачиваемые земледельцами; прибыль, увеличение; * con creces, [нареч.] сторицею.
crecida. [ж.] прибыль воды.
crecidamente. [нареч.] обильно, с увеличением, выгодно.
crecido, da. [страд. прич.] к crecer; [прил.] большой, многочисленный.
creciente. [действ. прич.] к crecer, растущий, возрастающий, увеличивающийся, поднимающийся; [ж.] см. crecida; (обл.) закваска: * creciente de la Luna, молодой месяц; * creciente del mar, прилив.
crecimiento. [м.] рост, возрастание; увеличение, прибавление.
credencia. [ж.] (церк.) жертвенник (в алтаре); креденца (род старинной мебели).
credencial. [прил.] верительный; [ж.] чаще, множ.) верительные грамоты; документ о назначении на должность.
credibilidad. [ж.] вероятность, правдоподобность.
crediticio, cia. [прил.] к кредит, кредитовый.
crédito. [м.] кредит; доверие, вера; вес, влияние; хорошая репутация, авторитет; * a crédito, в долг, в кредит; * abrir un crédito, открывать кредит; * dar crédito a alguien, верить кому-л.
credo. [м.] кредо, убеждение; (рел.) символ веры: * cada credo, очень часто; * en un credo, в один миг; * con el credo en la boca, в большой опасности; * que canta el credo, необыкновенный.
crédulamente. [нареч.] с легковерием.
credulidad. [ж.] легковерие, легковерность; * credulidad excesiva, добродушие, простодушие, простота; * credulidad necia, наивность.
crédulo, la. [прил.] легковерный.
creederas. [ж. множ.] (разг.) чрезмерное легковерие: * tener buenas creederas, быть очень легковерным.
creedero, ra. [прил.] вероятный, правдоподобный.
creedor, ra. [прил.] легковерный, см. crédulo.
creencia. [ж.] вера; вероисповедание, религия, верование.
creer. [перех.] считать, думать, полагать; верить; считать верным, истинным; верить, веровать; * creer a macha martillo, a pies juntillas, a ojos cerrados, слепо верить в...; ¡ya lo creo! я думаю!, конечно!, ещё бы!; * hacer creer, убеждать; * creerse, [возв. гл.] считать себя; воображать о себе; быть о себе высокого мнения; * creerse de uno, верить кому-л.
crehuela. [ж.] сорт полотна (для подкладки).
creíble. [прил.] вероятный, правдоподобный.
creíblemente. [нареч.] вероятно, правдоподобно.
creído, da. [страд. прич.] к creer; [прил.] (Амер.) чванный; легковерный.

crema. [ж.] сливки; крем: * crema agria, сметана; * la crema de la sociedad, (гал.) сливки общества.
crema. [ж.] (грам.) трема, двоеточие над буквой (орфографический знак).
cremación. [ж.] кремация, сжигание трупов.
cremallera. [ж.] молния; (тех.) гребёнка, зубчатая рейка, полоса, кремальера.
cremaster. [м.] (анат.) мышца, поддерживающая яичко.
cremastérico, ca. [прил.] к cremaster.
crematística. [ж.] политическая экономия.
crematístico, ca. [прил.] принадлежащий или относящийся к политической экономии.
crematología. [ж.] см. crematística.
crematológico, ca. [прил.] см. crematístico.
crematólogo, ga. [м. и ж.] специалист по политической экономии.
cremetopea, cremetopeya. [ж.] см. crematística.
crematorio, ria. [прил.] кремационный: * horno crematorio, кремационная печь.
cremento. [м.] см. incremento.
cremería. [ж.] (гал.) молочная.
cremnóbata. [м.] плясун древней Греции.
cremnofobia. [ж.] боязнь высоты (болезнь).
cremnófobo, ba. [прил.] (пат.) боящийся высоты (тж. тущ.).
cremometría. [ж.] определение сливок, содержащихся в молоке.
cremómetro. [м.] прибор, определяющий сливки, содержащиеся в молоке.
cremona. [ж.] сорт шпингалета; [м.] (муз.) кремонская скрипка.
cremonés, sa. [прил. и сущ.] кремонский.
crémor. [м.] * crémor tártaro, (хим.) винный камень.
cremoso, sa. [прил.] жирный (о молоке); (мед.) сливкообразный.
crena. [ж.] см. muesca.
crenado, da. [прил.] зазубренный.
crencha. [ж.] пробор.
creófago. [м.] плотоядный.
creogenia. [ж.] образование мышец.
creosol. [м.] (хим.) креозол.
creosota. [ж.] (хим.) креозот.
creosotado, da. [страд. прич.] к creosotar; [прил.] содержащий креозот.
creosotaje. [м.] (тех.) пропитка креозотом.
creosotar. [перех.] (тех.) пропитывать креозотом.
creosótico, ca. [прил.] креозотовый.
crepé. [м.] (гал.) накладка (из волос), см. añadido.
crepitación. [ж.] потрескивание, треск, хрустение; хрипы трескучие, скрипение, крепитация.
crepitante. [действ. прич.] к crepitar, потрескивающий; (мед.) крепитирующий.
crepitar. [неперех.] потрескивать, трещать (о дровах в печи, о пулемёте).
crepón. [м.] (обл.) гузка (у птиц).
crepuscular. [прил.] сумеречный.
crepusculino, na. [прил.] см. crepuscular.
crepúsculo. [м.] сумерки.
crequeté. [м.] (Амер.) сумеречная птица.
cresa. [ж.] личинка, яйцо пчелы-матки; мушиные яйца.
crescendo. [м.] (итал.) (муз.) нарастание силы звука; [нареч.] крещендо, крешенго.
creso. [м.] крез, богач.
crespilla. [ж.] сморчок (гриб).
crespillo. [м.] (Амер.) (бот.) см. clemátide.
crespín. [м.] старинное женское украшение.
crespina. [ж.] старинная сетка для волос.
crespo, pa. [прил.] кудрявый, курчавый, вьющийся; сердитый, разгневанный; искусственный, надуманный, неясный (о стиле); [м.] локон, завиток.
crespón. [м.] креп (ткань).

cresta. [ж.] гребень, гребешок (у птиц); хребет, гребень (горы, волны): * cresta de gallo, (бот.) амарант, петуший гребешок; * alzar или levantar la cresta, держаться высокомерно; * dar en la cresta, сбавить с кого-л спесь, унижать.
crestado, da. [прил.] гребенчатый; увенчанный гребнем.
crestería. [ж.] (арх.) конёк (крыши); (воен.) зубцы (стены).
crestibermejo, ja. [прил.] с алым гребнем.
crestomatía. [ж.] хрестоматия.
crestón. [м.] увел. к cresta; султан на каске, гребень шлема, каски; (горн.) часть рудной жилы, выходящая на поверхность.
crestón, na. [прил.] (Амер.) гордый, высокомерный, надменный; глупый, невежественный; (перен.) крайне влюбчивый.
crestudo, da. [прил.] с большим гребнем.
creta. [ж.] мел.
cretáceo, a. [прил.] меловой, известковый.
cretense. [прил.] критский; [сущ.] критянин.
crético, ca. [прил.] см. cretense.
cretinismo. [м.] кретинизм, слабоумие.
cretino, na. [прил.] слабоумный; [м. и ж.] кретин, (-ка), идиот, (-ка).
cretinoide. [прил.] похожий на кретинизм или на кретина.
cretinoso, sa. [прил.] страдающий неполным кретинизмом (тже. сущ.).
cretona. [ж.] кретон (ткань).
creyente. [действ. прич.] к creer, верующий; [м. и ж.] верующий, (-ая).
creyón. [м.] (гал.) уголь для рисования; (Амер.) карандаш для рисования.
cría. [ж.] разведение скота, скотоводство; воспитание (детей и т. й.); грудной ребёнок, сосунок; сосунок (о животном), птенец; помёт, выводок: * ama de cría, кормилица.
criada. [ж.] служанка, прислуга; валёк (у прачек).
criadero, ra. [прил.] плодовитый; [м.] питомник, рассадник (для растений); садок (в море); питомник (для животных); инкубатор; (мин.) рудная жила.
criadilla. [ж.] (анат.) тестикул, мужское яичко; булка в форме яичка; клубень картофеля: * criadilla de tierra, трюфель; * criadilla de mar, полип.
criado, da. [страд. прич.] к criar; [прил.] воспитанный; [м. и ж.] слуга, служанка, прислуга.
criador, ra. [прил.] воспитывающий; разводящий (домашних животных, птиц), плодоносящий; [м.] создатель (о Боге); воспитатель; животновод, скотовод; птицевод; растениевод, винодел; [ж.] кормилица.
criaduelo, a. [м. и ж. умен.] к criado, a.
criamiento. [м.] обновление и хранение чего-л.
criancero, ra. [м. и ж.] (Амер.) животновод; птицевод.
criandera. [ж.] (Амер.) кормилица.
criandero. [м.] (Амер.) животновод; птицевод.
crianza. [ж.] воспитание (разведение (скота и т. д.); вскармливание; кормление грудью (время); см. urbanidad, cortesía: * dar crianza, воспитывать.
criar. [перех.] творить, создавать; вызывать к жизни; плодить; производить, порождать; учреждать, основывать; растить, воспитывать; разводить (домашних животных, птиц); начинать, приступать к...; (арг.) см. asir: * criarse, [возв. гл.] вырастать; * criar al pecho, кормить грудью; * Dios los cria y ellos se juntan, два сапога - пара.

criatura. [ж.] создание, существо: новорождённый ребёнок, грудной ребёнок; (перен.) креатура, ставленник: * ser una criatura, быть ребёнком; (перен.) (разг.) иметь свойства ребёнка.
criba. [ж.] решето, сито; металлическая сетка: * pasar por la criba, просеивать; * estar como una criba, или hecho una criba, быть покрытым дырами.
cribador, ra. [прил.] просеивающий (тже. сущ.).
cribadura. [ж.] просеивание.
cribar. [перех.] просеивать.
cribas! [¡voto a) чёрт возьми!, ей-богу!, клянусь богом!, на кой чёрт!
cribero, ra. [м. и ж.] тот, кто изготовляет или продаёт решёта, сита.
cribete. [м.] род убогого ложа.
cribiforme. [прил.] (анат.) решетоподобный, решетчатый.
cribillo. [м.] (обл.) сито.
cribo. [м.] решето, грохот, сито.
criboso, sa. [прил.] (анат.) см. cribiforme.
cric. [м.] (тех.) домкрат.
crica. [ж.] половые органы (женщины).
cricofaringeo, a. [прил.] (анат.) перстнеглоточный.
cricoideo, a. [прил.] перстневидный.
cricóstomo, ma. [прил.] (зоол.) с круглообразным ртом (о животном).
cricotiroideo, a. [прил.] (анат.) перстне-щитовидный.
cricotomía. [ж.] рассечение перстневидного хряща (вид трахеотомии).
cricotraqueal. [прил.] (анат.) перстне-трахейный.
cricquet. [м.] (англ.) крикет (игра).
crimen. [м.] преступление, злодеяние: * cometer un crimen, совершить преступление.
criminación. [ж.] инкриминирование, вменение в вину, обвинение.
criminal. [прил.] преступный; криминальный, уголовный; [м. и ж.] преступник, (-ица): * proceso criminal, уголовный процесс; * asunto criminal, уголовное дело (право); * criminal de guerra, военный преступник.
criminalidad. [ж.] преступность; виновность.
criminalista. [м.] (юр.) криминалист.
criminalística. [ж.] криминалистика.
criminalmente. [нареч.] преступно; согласно уголовному праву.
criminaloide. [прил.] похожий на преступника.
criminar. [перех.] обвинять в преступлении; инкриминировать; (перен.) осуждать, порицать.
criminología. [ж.] криминология.
criminológico, ca. [прил.] криминологический.
criminólogo, ga. [м. и ж.] криминолог.
criminosidad. [ж.] преступность.
criminoso, sa. [прил.] см. criminal; [м. и ж.] правонарушитель, (-ница), преступник, (-ица).
crimno. [м.] крупная полбенная или пшеничная мука.
crimodinia. [ж.] (пат.) вид ревматизма.
crimoterapia. [ж.] лечение холодом.
crin. [ж.] конский волос; [множ.] грива: * crin vegetal, древесный волос.
crinado, da. [прил.] (поэт.) длинноволосый, долгогривый.
crinal. [прил.] к crin.
crinar. [перех.] расчёсывать волосы.
crineja. [ж.] (Амер.) коса из волос.
crinífero, ra. [прил.] (зоол.) гривистый.
crinito, ta. [прил.] (м. употр.) см. crinado.
crino. [м.] (бот.) кринум.
crinoideo, a. [прил.] (бот.) похожий на ирис; [множ.] (зоол.) криноидеи.

crinolina. [ж.] см. crudillo; (гал.) кринолин, см. miriñaque.
crinudo, da. [прил.] долгогривый; длинноволосый.
crío. [м.] (разг.) грудной ребёнок: * ser un crío, быть молокососом.
criohidrato. [м.] (хим.) криогидрат.
crioja. [ж.] (арг.) мясо.
criojero. [м.] (арг.) мясник.
criolita. [ж.] (мин.) криолит.
criolla. [ж.] серьга в виде кольца.
criollera. [ж.] (Амер.) трусость, малодушие.
criollismo. [м.] креольское выражение или оборот речи; склонность, пристрастие к всему креольскому.
criollo, lla. [прил.] креольский; [м. и ж.] креол, (-ка).
criometría. [ж.] измерение низких температур.
criómetro. [м.] прибор для измерения низких температур.
crioscopia. [ж.] криоскопия.
crioscópico, ca. [прил.] прин. или относящ. к криоскопии.
cripta. [ж.] склеп.
críptico, ca. [прил.] склепный; скрытый, без определённых симптомов.
criptitis. [ж.] (мед.) воспаление мешочка, сумочки.
criptogamia. [ж.] (бот.) тайнобрачие, криптогамия.
criptógamo, ma. [прил.] (бот.) тайнобрачный; [ж. множ.] тайнобрачные растения.
criptogamología. [ж.] (бот.) отдел ботаники, в к-ром изучаются тайнобрачные растения.
criptografía. [ж.] криптография, тайнопись.
criptográficamente. [нареч.] криптографическим образом, с помощью тайнописи.
criptográfico, ca. [прил.] криптографический, тайнописный.
criptograma. [ж.] криптограмма (запись, сделанная с помощью тайнописи).
criptolito. [м.] (мед.) скрытый камень.
criptón. [м.] (хим.) криптон.
criptópodo, da. [прил.] (зоол.) со скрытыми ногами.
crique. [м.] (тех.) домкрат.
cris. [м.] (филип.) крис, малайский кинжал.
crisálida. [ж.] хризалида, куколка бабочки.
crisantemo. [м.] (бот.) хризантема.
crisis. [ж.] кризис, перелом: * crisis ministerial, правительственный кризис.
crisma. [м. или ж.] (церк.) елей, миро: * romper la crisma, проломить голову; * romperse или partirse la crisma, сломать себе шею.
crismera. [м.] (церк.) серебряный сосуд для елея.
crismón. [м.] монограмма Христа.
crisneja. [ж.] см. crizneja.
crisoberilo. [м.] хризоберилл, александрит.
crisocarpo, pa. [прил.] (бот.) золотистоплодный.
crisoclavo. [м.] (археол.) сорт золотой ткани.
crisocola. [м.] хризоколла; медная зелень, кремнистый малахит.
crisol. [м.] тигель.
crisolada. [м.] содержимое тигля.
crisolar. [перех.] очищать металлы в тигле.
crisolita. [ж.] crisolito. [м.] (мин.) хризолит.
crisología. [ж.] см. crematística.
crisopacio. [м.] см. crisoprasa.

crisopeya. [ж.] способ превращать простые металлы в золото.
crisoprasa. [ж.] (мин.) хризопраз.
crisorrizo, za. [прил.] (бот.) с жёлтыми корнями.
crispadura. [ж.] **crispamiento.** [м.] корчи; судорога; подёргивание; сморщивание, стягивание.
crispante. [дейст. прич.] к crispar, стягивающий, вызывающий судороги.
crispatura. [ж.] см. crispadura.
crispín. [м.] роль комедийного слуги.
crispir. [перех.] штукатурить.
crista. [ж.] султан на шлеме.
cristadino. [м.] кристадин.
cristal. [м.] кристалл; хрусталь; стекло; сорт шерстяной ткани; (перен.) зеркало; (поэт.) вода: * cristal de roca, горный хрусталь; * cristal ahumado, дымчатое стекло; * cristal de reloj, часовое стекло.
cristalera. [ж.] зеркальный шкаф; см. aparador; стеклянная дверь.
cristalería. [ж.] хрустальный завод; магазин стеклянных, хрустальных изделий; производство хрусталя.
cristalero, ra. [м. и ж.] мастер или продавец стеклянных изделий; стекольщик; хрустальщик; продавец, (-щица) стёкол; (Амер.) см. aparador.
cristaliniano, na. [прил.] к хрусталик.
cristalinitis. [ж.] (мед.) воспаление хрусталика.
cristalino, na. [прил.] кристаллический; кристальный, прозрачный как кристалл; хрустальный; [м.] (анат.) хрусталик.
cristalita. [ж.] (геол.) кристаллит.
cristalítico, ca. [прил.] (геол.) к кристаллит.
cristalizable. [прил.] кристаллизующийся.
cristalización. [ж.] кристаллизация; кристаллизованное вещество.
cristalizador, ra. [прил.] кристаллизующий; [м.] (хим.) сосуд для кристаллизации.
cristalizante. [страд. прич.] к cristalizar, кристаллизующийся.
cristalizar. [перех.] кристаллизовать; [неперех.] кристаллизоваться, (тже. возв. гл.); выливаться в определённую форму, оформиться.
cristalofobia. [ж.] боязнь хрустальных изделий (болезнь).
cristalogenia. [ж.] кристаллогения, учение о происхождении кристаллических форм.
cristalografía. [ж.] кристаллография.
cristalográfico, ca. [прил.] кристаллографический.
cristalógrafo, a. [м. и ж.] кристаллограф.
cristaloide. [м.] кристаллоид.
cristalogía. [ж.] наука о кристаллах.
cristel. [м.] см. clister.
cristianamente. [нареч.] по-христиански, как христианин.
cristianar. [перех.] (разг.) крестить, обращать в христианство.
cristiandad. [ж.] христианство, христианские народы, христиане.
cristianillo, lla. [м. и ж.] (презр.) христианин, (-анка).
cristianísimo, ma. [прил.] христианнейший (титулование французских королей).
cristianismo. [м.] христианство; (собир.) христианство, христианская вера; см. bautizo.
cristianita. [ж.] (мин.) христианит.
cristianización. [ж.] обращение в христианство.

cristianizar. [перех.] обращать в христианство.
cristiano, na. [прил.] христианский; (перен. разг.) разбавленный (о вине); [м. и ж.] христианин; (-анка); человек, ближний; * hablar en cristiano, (разг.) говорить ясно.
cristífero, ra. [прил.] имеющий или носящий крестный знак.
cristiforme. [прил.] гребенчатый, похожий на гребень.
Cristo. [м.] Христ; изображение Христа, распятие: * dónde Cristo dió las tres voces, в очень отдалённых местах, у чёрта на куличках (на рогах); к чёрту на кулички; * sacar el Cristo, прибегать к крайнему средству; * ¡voto a Cristo!, проклятье!
cristofué. [м.] (орни.) род американской зеленушки.
cristus. [м.] крест предыдущий алфавит; алфавит, азбука; * estar en el cristus, быть в начале; * no saber el cristus, не знать азбучных истин.
criterio. [м.] критерий; суждение.
criteriología. [ж.] отдел логики, изучающий критерий.
crítica. [ж.] критика; критическая статья, порицание.
criticable. [прил.] достойный критики, порицания, подлежащий критике.
criticador, ra. [прил.] критикующий; порицающий; [сущ.] критикан, (-ка).
críticamente. [нареч.] критическим образом.
criticar. [перех.] критиковать, подвергать критике; порицать; критиканствовать.
criticastro. [м.] (презр.) невежественный критик, горе-критик.
criticismo. [м.] критицизм.
criticista. [прил.] приверженный к критицизму (тже. сущ.).
crítico, ca. [прил.] критический, критичный; надлежащий, своевременный; (мед.) относящийся к кризису; [м.] критик; пурист: * crítico de arte, критик, искусствовед.
criticón, na. [прил.] склонный к критиканству (тже. сущ.).
critiquizar. [перех.] (разг.) придирчиво критиковать, придираться, критиканствовать.
crizneja. [ж.] коса из волос; плетёная верёвка; плетёнка из камыша.
croar. [непрех.] квакать.
croata. [прил.] хорватский; [м. и ж.] хорват, (-ка).
crocante. [м.] миндальная нуга, см. guirlache.
crocino, na. [прил.] крокусовый, шафранный.
crocitar. [непрех.] каркать.
croco. [м.] (уст.) крокус, шафран.
crocodilo. [м.] крокодил, см. cocodrilo.
crocomagna. [ж.] род крокуса.
croché. [м.] (гал.) вязальный крючок; вязанье.
crochet. [м.] (гал.) вязанье.
cromado, da. [страд. прич.] к cromar; [прил.] содержащий хром; [м.] хромирование.
cromaje. [м.] (гал.) хромирование.
cromañonense. [прил.] кроманьонский.
cromar. [перех.] хромировать.
cromática. [ж.] наука о цветах, красках.
cromático, ca. [прил.] хроматический.
cromatina. [ж.] (биол.) хроматин.
cromatismo. [м.] (физ.) хроматизм.
cromato. [м.] (хим.) хромат, соль хромовой кислоты.
cromatodiopsia. [ж.] (пат.) цветовая слепота.
cromatofobia. [ж.] цветобоязнь, расстройство зрения при долгом рассматривании определённых цветов, особенно красного.

cromatolisis. [ж.] хроматолиз.
cromatología. [ж.] учение о цветах.
cromatómetro. [м.] (физ.) колориметр.
cromatopsia. [ж.] видение предметов окрашенными.
cromatoscopio. [м.] хроматоскоп.
cromatosis. [ж.] (мед.) чрезмерная пигментация кожи.
cromaturia. [ж.] выделение ненормально окрашенной мочи.
cromífero, ra. [прил.] случайно содержащий хром.
cromita. [ж.] (мин.) хромит, хромистый железняк.
cromo. [м.] (хим.) хром; лубочная картинка, олеография, хромолитография (отпечаток).
cromocistoscopia. [ж.] впрыскивание в ягодичную мышцу раствора краски.
cromófilo, la. [прил.] легко окрашивающийся.
cromófobo, ba. [прил.] трудно окрашивающийся.
cromofosia. [ж.] субъективное ощущение цвета.
cromografía. [ж.] цветовая виньетка.
cromolitografía. [ж.] хромолитография.
cromolitografiar. [перех.] заниматься хромолитографией.
cromolitográfico, ca. [прил.] хромолитографический.
cromolitógrafo, a. [м. и ж.] тот, кто занимается хромолитографией.
cromosfera. [ж.] (астр.) хромосфера.
cromosoma. [м.] (биол.) хромосома.
cromoterapia. [ж.] лечение (малярии) красками (метиленовой синью).
cromotipia. [ж.] (палигр.) хромотипия.
cromotipografía. [ж.] (политр.) см. cromotipia.
cromotipográfico, ca. [прил.] хромотипический.
cronaxia. [ж.] (мед.) хронаксия, минимальное время, в течение которого ток определённой силы вызывает возбуждение в тканях.
crónica. [ж.] летопись, хроника; хроника (в газете).
crónicamente. [нареч.] хроническим образом.
cronicidad. [ж.] хроническая форма болезни.
crónico, ca. [прил.] хронический.
cronicón. [м.] краткая летопись.
cronómetro. [м.] (физ.) измеритель дождя.
cronista. [м. и ж.] летописец, автор хроник, хроникёр; репортёр; должность летописца и т. д.
.cronístico, ca. [прил.] летописный; хроникёрский.
crónlech. [м.] (археол.) кромлех.
cronofotografía. [ж.] хронофотография.
cronoginia. [ж.] (мед.) менструация.
cronografía. [ж.] хронология.
cronógrafo. [м.] (физ.) хронограф.
cronograma. [ж.] хронограмма.
cronología. [ж.] хронология.
cronológicamente. [нареч.] хронологически, в хронологическом порядке.
cronológico, ca. [прил.] хронологический.
cronólogo, ga. [м. и ж.] хронолог.
cronometrador, ra. [м. и ж.] (спорт.) хронометр(аж)ист, (-ка).
cronometrar. [перех.] хронометрировать.
cronometría. [ж.] хронометрия.
cronométrico, ca. [прил.] хронометрический.
cronometrista. [м. и ж.] специалист по изготовлению хронометров; см. cronometrador.
cronómetro. [м.] хронометр.
cronorama. [м.] хронологическая историческая таблица.

cronos. (миф.) бог времени.
cronoscopio. [м.] хроноскоп.
croquet. [м.] (англ.) крокет (игра), см. argolla.
croqueta. [ж.] крокетка (пирожок).
croquis. [м.] кроки, эскиз, набросок; чертёж.
croscitar. [неперех.] каркать, см. crascitar.
crotáfico, ca. [прил.] (анат.) височный.
crótalo. [м.] кастаньеты (особый род); (зоол.) гремучая змея.
crotón. [м.] (бот.) кротон.
crotorar. [неперех.] щёлкать клювом (о аисте).
croupier. [м.] (гал.) крупье.
cruce. [м.] скрещивание, перекрещивание, пересечение; место пересечения; скрещивание; встреча (на ходу): * cruce de caminos, и т. д. перекрёсток.
crucera. [ж.] (вет.) загривок, холка (у лошади).
crucería. [ж.] украшение готической архитектуры.
crucero. [м.] (церк.) тот, кто несёт крест; перекрёсток; (арх.) трансепт, место пересечения продольного нефа с поперечным; (астр.) Южный крест; балка, служащая связью, перекладина; (мор.) крейсер; крейсерская эскадра; дейст. к крейсировать; плавание, крейсерство; район крейсерства; (полигр.) железная рейка.
cruceta. [ж.] крест(ик), крестовина (при пересечении двух рядов параллельных линий).
crucial. [прил.] крестовидный, крестообразный; решительный, решающий, критический: * puntos cruciales, узловые пункты.
cruciar. [перех.] (перен.) мучить, терзать, огорчать, печалить.
cruciata. [ж.] (бот.) сорт горечавки.
crucíbulo. [м.] род тигля.
cruciferario. [м.] тот, кто несёт крест.
crucífero, ra. [прил.] (поэт.) крестоносный; [м.] см. cruciferario: [множ.] (бот.) крестоцветные.
crucificado, da. [страд. прич.] к crucificar: * El Crucificado, Христ.
crucificador. [м.] тот, кто распинает кого-л; (перен.) мучитель.
crucificante. [дейст. прич.] к crucificar, распинающий (тже. прил.).
crucificar. [перех.] распинать; (перен.) утомлять, надоедать.
crucifijo. [м.] распятие.
crucifixión. [ж.] распятие (действие).
crucifixor, ra. [м. и ж.] (уст.) тот, кто распинает.
cruciforme. [прил.] крестовидный, крестообразный.
crucígero, ra. [прил.] (поэт.) крестоносный носящий или имеющий крестный знак.
crucigrama. [ж.] кроссворд.
crucigramista. [прил.] занимающийся кроссвордами (тже. сущ.).
crucillo. [м.] игра с булавками.
cruciverbo. [м.] кроссворд.
crucutear. [перех.] (Амер.) искать, отыскивать.
cruda. [ж.] (Амер.) см. borrachera, дремотное состояние (после опьянения).
crudamente. [нареч.] резко, грубо; напрямик.
crudelísimamente. [нареч.] очень жестоко.
crudelísimo, ma. [прил.] очень жестокий.
crudeza. [ж.] незрелость, недозрелость; неудобоваримость; недоваренность, сыроватость (пищи); жесткость (воды); необработанность; суровость (характера и т. д.); резкость, грубость, жестокость; (разг.) притворная, напускная храбрость; [множ.] не переваренная пища (в желудке).
crudillo. [м.] грубый холст, холстина.
crudismo. [м.] прибычка питаться сырой пищей.
crudívoro, ra. [прил.] питающийся сырой пищей.
crudo, da. [прил.] сырой, неварёный; недоваренный; недозрелый, незрелый (о плодах); жёсткий (о воде); неудобоваримый; сырой, неочищенный, необработанный; (перен.) резкий, грубый, жестокий; суровый (о характере, погоде); храбрый на словах): * seda cruda, шёлк-сырец: * en crudo, см. crudamente.
cruel. [прил.] жестокий, бесчеловечный, твёрдый, кровавый, жестокосердный, бессердечный.
crueldad. [ж.] жестокость, бесчеловечность; жестокий поступок, обращение.
cruelmente. [нареч.] жестоко.
cruentamente. [нареч.] с кровопролитием.
cruento, ta. [прил.] кровопролитный, кровавый.
crujía. [ж.] коридор, проход (с комнатами по бокам); общая палата (в больнице); (мор.) коридор; (арх.) пространство между двумя подпорными стенами; (перен.) длительная нужда; * pasar crujía, sufrir una crujía, терпеть нужду; * pasar crujía, (мор.) проходить сквозь строй.
crujidero, ra. [прил.] трещащий, скрипящий.
crujido. [м.] треск; круст; скрип.
crujiente. [дейст. прич.] к crujir, трещащий, скрипящий.
crujir. [неперех.] трещать; скрипеть; хрустеть.
crujisa. [ж.] (Амер.) (чаще множ.) см. crujida: * pasar crujisas, терпеть нужду, лишения.
cruomanía. [ж.] (пат.) склонность ранить или ударять себя.
cruor. [м.] кровяные шарики; сгусток крови; (поэт.) кровь.
cruórico, ca. [прил.] кровяной.
crup. [м.] (мед.) круп.
crupal. [прил.] (мед.) крупозный.
crupié. [м.] (гал.) крупье.
crural. [прил.] (анат.) бедренный.
crustáceo, a. [прил.] с коркой, ракообразный; [м. множ.] ракообразные животные.
crústula. [ж.] см. cortezuela.
cruz. [ж.] крест; распятие; крест (орден); обратная сторона монеты; загривок, холка; крестец; разветвление (дерева); знак, предмет в виде крести; подпорка под сотами (в улье); (перен.) испытания, страдания выпавшие на чью-л долю; (арг.) дорога: * cruz svástica, gammada, свастика; * cruz de Guerra, крест «за боевые заслуги»; * Cruz Roja, Красный Крест; * hacer el signo de la cruz, перекреститься; * poner en la cruz, распять на кресте; * en cruz, крест-накрест, крестообразно; * ¡cruz y raya!, довольно об этом!; * llevar una cruz a cuestas, страдать; * entre la cruz y el agua bendita, в опасном положении; * jugar a cara o cruz, играть в орлянку, разыграть в орлянку; * hacerse cruces, удивляться; * hacer la cruz, скрещивать (нити ткани); * quedarse uno en cruz y en cuadro, разориться; * de la cruz a la fecha, от начала до конца.
cruza. [ж.] (Амер.) (с-х.) см. bina.
cruzada. [ж.] (ист.) (перен.) крестовый поход; перекрёсток; (перен.) поход, кампания.
cruzado, da. [страд. прич.] к cruzar; [прил.] принимающий участие в крестовом походе; скрещённый; [м.] (ист.) крестоносец; название разных монет; фигура кадрили; положение при игре на гитаре; (арг.) дорога: * permanecer con los brazos cruzados, сидеть сложа руки; (перен.) ничего не делать; * rimas cruzadas, перекрестные рифмы.
cruzamiento. [м.] (дейст.) награждение крестом (орденом); скрещивание, см. cruce.
cruzar. [перех.] скрещивать, складывать крест-накрест; пересекать (дорогу); награждать крестом (орденом); (биол.) скрещивать; [неперех.] (мор.) крейсировать; * cruzarse, [возв. гл.] скрещиваться; встречаться (на ходу); (ист.) стать крестоносцем; снаряжаться в крестовый поход: * cruzar la cara, давать пощёчину; * cruzarse de brazos, скрестить руки; (перен.) ничего не делать, не принимать участия; * cruzarse de palabras, перекидываться словами.
cruzeiro. [м.] (порт.) денежная единица Бразилии.
cu. [м.] ку (название буквы q).
cu. [м.] древний мексиканский храм.
cuaba. [ж.] (Амер.) дикое дерево.
cuaca. [ж.] (Амер.) (прост.) (бот.) см. yuca.
cuacar. [перех.] (Амер.) (прост.) нравиться.
cuaco. [м.] мука из корня маниоки.
cuaco. [м.] (обл.) грубиян, невежда.
cuaco. [м.] (Амер.) (вульг.) кляча.
cuacorruin. [м.] (Амер.) род козодоя.
cuaderna. [ж.] (мор.) шпангоут; (обл.) четвёртая часть; старинная монета: * cuaderna maestra, (мор.) мидель-шпангоут.
cuadernal. [м.] (мор.) блок, полиспаст.
cuadernillo. [м.] пять листов бумаги; см. añalejo.
cuaderno. [м.] тетрадь; записная книжка; (разг.) (карт.) колода: * cuaderno de bitácora, (мор.) судовой журнал.
cuaderviz. [ж.] (Амер.) перепел.
cuadra. [ж.] большая комната (в казарме, больнице и т. д.); конюшня; четвёртая часть мили; см. grupa; (Амер.) квартал, группа домов.
cuadradamente. [нареч.] надлежащим образом.
cuadradillo. [м.] четырёхгранная линейка; железный брусок; пилёный сахар.
cuadradísimamente. [нареч.] совершенно.
cuadrado, da. [прил.] четырехугольный, квадратный; (мат.) квадратный; четырёхгранный; совершённый, прекрасный; [м.] четырёхгранная линейка; (разн. знач.) квадрат; см. troquel; (полигр.) марзан; (арг.) кинжал; кошелёк: * de cuadrado, совершенно; * elevar al cuadrado, (мат.) возводить в квадрат.
cuadragenario, ria. [прил. и сущ.] сорокалетний.
cuadragésima. [ж.] великий пост.
cuadragesimal. [прил.] великопостный.
cuadragésimo, ma. [прил.] сороковой; [сущ.] сороковая доля, часть.
cuadral. [м.] (тех.) поперечина.
cuadrangular. [прил.] (геом.) четырёхугольный.
cuadrángulo, la. [прил.] четырёхугольный; [м.] четырёхугольник.
cuadrantal. [м.] старинная римская мера ёмкости.

cuadrante. [действ. прич.] к cuadrar; [м.] (геом.) квадрант; квадрант, солнечные часы; (тех.) угломер; см. cuadral; (ист.) самая мелкая римская монета.
cuadranura. [ж.] звездообразная трещина (в дереве).
cuadrar. [перех.] придавать квадратную форму; делать четырёхугольным, квадратным; (мат.) возводить в квадрат; см. cuadricular; [неперех.] соответствовать, быть подходящим; совпадать с чем-л; нравиться; cuadrarse, [возв. гл.] (воен.) стать смирно; упираться передними ногами (о лошади и т. д.); противиться.
cuadrático, ca. [прил.] квадратный: *ecuación cuadrática, квадратное уравнение.
cuadratín. [м.] (полигр.) шпона.
cuadratura. [ж.] (геом.) квадратура: *la cuadratura del círculo, квадратура круга.
cuadrear. [перех.] делать четырёхугольным, квадратным.
cuadrejón. [м.] (мор.) железная четырёхугольная балка.
cuadrera. [ж.] (Амер.) конюшня.
cuadrero, ra. [прил.] резвый (о лошади).
cuadrete. [м. умен.] к cuadro.
cuadricenal. [прил.] повторяющийся каждые сорок лет.
cuadriciclo. [м.] четырёхколёсный велосипед.
cuadrícula. [ж.] сетка, разбивка на квадратики.
cuadriculación. [ж. действ.] к делать сетку (на бумаге).
cuadricular. [перех.] делать сетку (на бумаге и т. д.).
cuadrienal. [прил.] повторяющийся каждые четыре года.
cuadrienio. [м.] четырёхлетие.
cuadrifido, da. [прил.] (бот.) четырёхдольчатый.
cuadrifloro, ra. [прил.] четырёхцветковый.
cuadrifoliado, da. [прил.] (бот.) четырёхлистный.
cuadrifolio, lia. [прил.] четырёхлистный.
cuadriforme. [прил.] состоящий из четырёх форм или грани; квадратной формы.
cuadrifronte. [прил.] с четырьмя лицами или головами.
cuadriga. [ж.] (ист.) квадрига.
cuadrigato. [м.] старинная римская серебряная монета.
cuadrigémino, na. [прил.] четырехпарный.
cuadrigentésimo, ma. [прил.] четырёхсотый.
cuadrigrávida. [прил.] беременная в четвёртый раз.
cuadriguero, ra. [м. и ж.] человек, управляющий квадригой.
cuadril. [м.] кость крупа; круп; бедро.
cuadrilátero, ra. [прил.] (геом.) четырёхсторонний; [м.] четырёхугольник.
cuadriliteral. [прил.] состоящий из четырёх букв.
cuadrilobulado, da. [прил.] (бот.) четырёхлопастный.
cuadrilocular. [прил.] четырёхгнёздный.
cuadrilongo, ga. [прил.] прямоугольный; [м.] (геом.) прямоугольник; параллелограм.
cuadriloquio. [м.] группа из четырёх собеседников.
cuadrilla. [ж.] группа; бригада; шайка (воров); [ист.] квадрилья; (танец) кадриль: *en cuadrilla, (юр.) группой.
cuadrillar. [неперех.] (Амер.) танцевать кадриль.

cuadrillero. [м.] глава группы; главарь шайки (воров); человек принадлежащий к Santa Hermandad; род филиппинского жандарма.
cuadrillo. [м.] старинная стрела.
cuadrimestre. [прил.] см. cuatrimestre.
cuadrimotor, ra. [прил.] четырёхмоторный; [м.] четырёхмоторный самолёт.
cuadrinieto, ta. [м. и ж.] четвёртый внук, четвёртая внучка.
cuadrinomio. [м.] (мат.) четырёхчлен.
cuadripara. [ж.] женщина, рожавшая четыре раза.
cuadripartito, ta. [прил.] четырёхсторонний; четырёхчастный.
cuadripétalo. [прил.] (бот.) четырёхлепестный.
cuadriplicado. [страд. прич.] к cuadriplicar, вчетверо больший, учетверённый.
cuadriplicar. [перех.] учетверять.
cuadripolar. [прил.] с четырьмя полюсами.
cuadrisílabo, ba. [прил.] четырёхсложный.
cuadrivalente. [прил.] (хим.) четырёхвалентный.
cuadrivalvo, va. [прил.] (бот.) четырёхстворчатый.
cuadrivio. [м.] перекрёсток; (ист.) арифметика, геометрия, музыка и астрономия (в совокупности).
cuadrivista. [м. и ж.] человек, владеющий арифметикой, геометриею, музыкой и астрономиею.
cuadriyugo. [м.] повозка с упряжкой из четырёх лошадей.
cuadro, dra. [прил.] четырёхугольный; (мор.) четырёхугольный (о парусе); [м.] квадрат; прямоугольник; рама; (жив.) картина; садовая (четырёхугольная) грядка; (театр.) картина; (кин.) кадр; живое описание; зрелище (трогательное); таблица; (полигр.) металлическая доска (печатного станка); (воен.) каре, командный состав; (арг.) кинжал; (арг.) [множ.] игральные кости: *en cuadro, четырёхугольником; *estar en cuadro, быть одиноким.
cuadrúmano, na. [прил.] (зоол.) четверорукий; *четырёхрукое животное.
cuadrupedal. [прил.] четвероногий.
cuadrupedante. [прил.] (поэт.) четвероногий.
cuadrupedia. [ж.] ход на четвереньках.
cuadrúpedo, da. [прил.] (зоол.) четвероногий; [м.] четвероногое животное.
cuádruple. [прил.] четверной; учетверённый.
cuadruplicación. [ж.] учетверение.
cuadruplicar. [перех.] учетверять.
cuádruplo, pla. [прил.] см. cuádruple; вчетверо большее количество.
cuaga. [ж.] (зоол.) род зебры.
cuaima. [ж.] очень ядовитая венесуэльская змея; (перен.) (разг.) коварный, жестокий человек.
cuajada. [ж.] свернувшееся молоко, простокваша; творог.
cuajadera. [ж.] (уст.) уличная продавщица простокваши.
cuajaja. [ж.] (Амер.) леность.
cuajadillo. [м.] род вышивки.
cuajado, da. [страд. прич.] к cuajar; [прил.] застывший (от изумления и т. д.); (перен.) (разг.) спящий; [м.] блюдо из рубленого мяса с овощами, яйцами и сахаром: *nieve cuajada, наст; *poco cuajado, недожаренный (об яичнице).
cuajadura. [ж.] створаживание, свёртывание.
cuajaenredos. [м. и ж.] интриган, склочник, (-ица).
cuajamiento. [м.] коагулирование, свёртывание, створаживание; сгущение (при застывании).

cuajaní. [м.] род кубинского кедра.
cuajar. [анат.] сычуг (червёртый желудок жвачных).
cuajar. [перех.] створаживать, свёртывать; коагулировать; сгущать; перегружать украшениями и т. д. [неперех.] преуспевать; нравиться; совпадать, соответствовать; cuajarse, [возв. гл.] створаживаться, свёртываться (о молоке); наполняться людьми.
cuajará. [м.] дикое кубинское дерево.
cuajarero. [м. умен.] к cuajar.
cuajarón. [м.] сгусток.
cuajicote. [м.] (Амер.) род шершня.
cuajo. [м.] (физиол.) сычужина, сычужный фермент; створаживание; сычуг: *cuajo de leche cortado en pedazos, творог; *de cuajo, с корнем; *tener buen cuajo, tener (mucho) cuajo, быть очень хладнокровным, спокойным, медлительным.
cuakerismo. [м.] см. cuaquerismo.
cuakero, ra. [м. и ж.] см. cuáquero, ra.
cual. [относит. мест.] какой, каков; в сравнительных оборотах, такой, какой: *el cual, который; *cada cual, всякий, каждый; вопрос. мест. кто?; который?, какой; *veamos cual de los dos, посмотрим, который из двух; [нареч.] как; наподобие того, как; подобно тому, как; так же, как; *tal cual, так себе; *a cada cual lo suyo, каждому по заслугам.
cualesquier, cualesquiera. [неопред. мест. множ.] от cualquier и cualquiera.
cualidad. [ж.] качество, свойство.
cualitativo, va. [прил.] качественный: *análisis cualitativo, качественный анализ.
cualque. [неопред. мест.] (м. употр.) см. alguno.
cualquier. [неопред. мест.] усечение от cualquiera, (употр. перед именем сущ.): *de cualquier modo, во всяком случае.
cualquiera. [неопред. мест.] какой-н, какой бы ни был, всё равно какой, любой, всякий: *un cualquiera, некто, мелкая сошка; *un libro cualquiera, любая книга; *en cualquiera otra parte, во всяком другом месте.
cuamil. [м.] (Амер.) огород; плодовый сад.
cuan. [нареч.] усечение от cuanto, (употр. перед прил. и нареч. с усилительным значением): *¡cuan bueno es usted! как вы добры!
cuando. [нареч.] когда?, когда; тогда как; в то время, как; пока; в случае, если; даже: *desde cuándo? с каких пор?; *hasta cuándo?, до каких пор?; *para cuándo?, на какое время?; *de vez en cuando, de cuando en cuando, время от времени; иногда, изредка; *cuando quiera, во всякое время; *cuando menos, самое меньшее; *cuando más, cuando mucho, самое большее; *cuando no, в противном случае; *aún cuando, еслу даже; (иногда как союз) то..., то...; *cuando uno, cuando otro, то один, то другой.
cuanlote. [м.] (Амер.) см. caulote.
cuantía. [ж.] количество; итог, сумма; значение: *de mayor cuantía, очень важный; *de menor cuantía, неважный.
cuantiar. [перех.] оценивать.
cuantidad. [ж.] см. cantidad.
cuantimás. [нареч.] (разг.) тем более.
cuantiosamente. [нареч.] в значительном количестве.
cuantioso, sa. [прил.] обильный, многочисленный; значительный, важный.
cuantitativo, va. [прил.] количественный.
cuanto, ta. [соотносительный от tanto; сколько; какой; столько, сколько; [прил. и нареч.] сколько?; (восхищённо) до какой степени, как; всё что; [нареч.] см. mientras: cuanto a, или en cuanto

а, что касается до; * cuanto antes, как можно скорее; * cuanto más, тем более; * cuanto menos, тем менее; * cuanto más... más, чем..., тем...; * tanto..., cuanto..., столько..., сколько...; * cuanto (usted) quiera столько, сколько хотите; * por cuanto, в виду того, что..., так как, тем более, что; * en cuanto, между тем как; только; * ¿a cuánto?, почём?; * a cuántos estamos?, какое число сегодня?; * ¿cuánto lo siento как жаль!

cuanto. [м.] (физ.) квант.
cuapactol. [м.] (орни.) лазящая птица.
cuapastle. [прил.] (Амер.) рыжеватый.
cuaquerismo. [м.] квакерство.
cuáquero, ra. [м. и ж.] квакер, (-ша.)
cuarango. [м.] перуанское дерево, разновидность хинного дерева.
cuarcífero, ra. [прил.] содержащий кварц, кварцевый, кварценосный.
cuarciforme. [прил.] в виде кварца.
cuarcina. [ж.] (мин.) кварцин.
cuarcita. [ж.] (геол.) кварцит.
cuarenta. [прил.] сорок; сороковой; [м.] (цифра) сорок; * acusar las cuarenta, cantar las cuarenta, сказать кому-л всю правду-матку; отчитать кого-л.
cuarentavo, va. [прил.] сороковой; [м.] сороковая доля, часть.
cuarentayuno. [м.] (Амер.) неженка.
cuarentén. [прил.] в 8 м. длиной (о бревне), (тже. сущ.).
cuarentena. [ж.] штук сорок, около сорока; десятка четыре; карантин; (рел.) сорокадневный пост; * poner en cuarentena, держать поодаль от кого-л; объявить кому-л бойкот.
cuarentenal. [прил.] сороковой.
cuarentenario, ria. [прил.] к cuarentena.
cuarentigio, gia. [прил.] сорокалетний.
cuarentón, na. [прил. и сущ.] сорокалетний.
cuaresma. [ж.] (рел.) великий пост; см. cuaresmario.
cuaresmal. [прил.] к великий пост.
cuaresmario. [м.] совокупность проповедей (для великого поста).
cuarrear. [неперех.] (обл.) квакать.
cuarta. [ж.] четверть, четвёртая доля, часть; пядь (мера длины, равная 21 см.); (астр.) квадрант; (муз.) кварта (мор.) румб; (Амер.) короткий хлыст; (обл.) коренная лошадь.
cuartago. [м.] лошадка.
cuartal. [м.] домашний хлеб; мера сыпучих тел.
cuartán. [м.] (обл.) мера сыпучих тел, равная 18,08 л.; мера ёмкости, равная 4,15 л.
cuartana. [ж.] перемежающаяся четырёхдневная лихорадка.
cuartanal. [прил.] относящийся к cuartana.
cuartanario, ria. [прил.] страдающий четырёхдневной лихорадкой, см. cuartanal.
cuartar. [перех.] (с.-х.) в четвертый раз вспахивать.
cuartazo. [м.] (Амер.) удар хлыстом (cuarta).
cuartazos. [м. множ.] пузан, тучный, вялый человек.
cuarteador, ra. [прил.] разделяющий на четыре части и т. д. (тже. сущ.); (Амер.) [м.] пристяжная лошадь.
cuartear. [перех.] разделять на четыре части; разделять на части; четвертовать; быть четвёртым партнёром (в игре); зигзагообразно править повозкой; (Амер.) хлестать (бить плетью); [неперех.] (тавр.) уклоняться от удара (тже. возв. гл.), [возв. гл.] трескаться, раскалываться.
cuartel. [м.] четверть, четвёртая часть, квартал; садовая (четырёхугольная) грядка; четверостишие; отгороженный участок; (воен.) казарма; (мор.) люк, крышка люка; (разг.) жилище: * estar de cuartel, быть дежурным по казарме; * dar cuartel, щадить, миловать; * pedir cuartel, просить пощады; * cuartel general, штаб-квартира; главная квартира; * cuartel de invierno, (ист.) зимние квартиры.
cuartelada. [ж.] военный мятеж; собрание кадровых военных (во избежание военного мятежа).
cuartelar. [перех.] (гер.) делить (щит) на четыре поля.
cuartelero, ra. [прил.] казарменный; [м.] (воен.) дневальный; (мор.) вахтенный.
cuartelesco, ca. [прил.] казарменный; см. soldadesco.
cuartelillo. [м.] маленькая казарма.
cuarteo. [м.] движение тела с целью уклониться от удара; трещина в стене.
cuartera. [ж.] мера сыпучих тел.
cuarterada. [ж.] балеарская земельная мера, равная 7,103 квадр. м.
cuartería. [ж.] (Амер.) совокупность комнат дома; жилой дом.
cuarterio. [м.] (Амер.) жилой дом.
cuartero, ra. [м. и ж.] (обл.) сборщик, (-ица) зёрен (в качестве арендной платы).
cuarterola. [ж.] небольшая бочка (ёмкостью в 1/4 бочки); мера жидкостей, равная 1/4 bota; (Амер.) сорт маленького карабина.
cuarterón, na. [м. и ж.] квартерон, (-ка) (метис); [м.] четверть фунта; филёнка (дверная); фрамуга (оконная).
cuarteta. [ж.] четверостишие.
cuartete. [м.] сж. cuarteto.
cuarteto. [м.] четверостишие; (муз.) квартет.
cuartilla. [ж.] мера сыпучих тел (ёмкостью в 1/4 арробы или фанеги); четвертушка листа; старинная мексиканская серебряная монета; (вет.) бабка (у лошади).
cuartillera. [ж.] (Амер.) мера сыпучих тел, равная 2 л.
cuartillo. [м.] квартильо (мера сыпучих тел, равная 1/4 селемина или асумбре); мера жидкостей (ёмкостью в пол-литра или несколько более 25 л); монета (ценностью в 1/4 реала).
cuartilludo, da. [ж.] с длинными бабками (о лошади).
cuartito. [м.] комнатка, комнатушка.
cuartiza. [ж.] (Амер.) взбучка, побои.
cuartón. [м.] сорт бревна (один из сортов пилёного леса).
cuarto, ta. [прил.] четвёртый, [м.] четверть, четвёртая доля, часть; комната квартира; жилище; старинная медная монета, равная 1/4 maravedí; четверть часа и т. д.; поколение (дворянства); (воен.) ночное дежурство, дежурная часть; (мор.) вахта; часть туши; колено (в родословной); прислуга монарха; [множ.] члены тела животного; (перен.) (разг.) деньги; * cuarto delantero, trasero, перёд, зад животного; * cuarto de hora, четверть часа; * cuarto amueblado, меблированная комната; * cuarto principal, первый этаж; * cuarto (de) tocador, уборная; * no salir del cuarto, сидеть дома; * cuarto bajo, нижний этаж; * en cuarto, в четвёртую долю листа, no tener un cuarto, быть без гроша; * dar un cuarto al pregonero, разглашать что-л; * echar su cuarto a espadas, вмешиваться в разговор; * dar cuarto, давать приют; * poner cuarto, меблировать квартиру; * ser de tres al cuarto, ничего не стоить; * sin soltar un cuarto, не затратить ни гроша; * cuarto de luna, лунная четверть; * cuatro cuartos, (тех.) целый кирпич; * oficial de cuarto, (мор.) вахтенный офицер.
cuartogénito, ta. [прил.] четвёртый (о сыне).
cuartón. [м.] один из сортов пилёного леса; участок земли (преимущ. четырёхугольной формы); мера жидкости.
cuartuco, cuartucho. [м.] (презр.) комнатушка, каморка.
cuarzo. [м.] (мин.) кварц; * cuarzo hialino, горный хрусталь.
cuarzoso, sa. [прил.] кварцевый, содержащий кварц.
cuasi. [нареч.] почти, чуть ли не..., едва ли не, см. casi.
cuasia. [ж.] (бот.) квассия.
cuasicontrato. [м.] (юр.) обязательство, возникающее без предварительного соглашения сторон.
cuasidelito. [м.] (юр.) непредумышленное преступление.
cuasimodo. [м.] (рел.) Фомино воскресенье; квазимодо.
cuasquesa. [ж.] (Амер.) лепёшка из кукурузы с сыром.
cuate, ta. [прил.] (Амер.) одновременно рождённый одной матерью; одинаковый, сходный; [м. и ж.] близнец.
cuatepín. [м.] (Амер.) щелчок, см. pescozón.
cuatequil. [м.] (Амер.) семенная кукуруза.
cuaterna. [ж.] катерна, катверна.
cuaternario, ria. [прил.] состоящий из четырёх частей; четверной; (геол.) четвертичный; [м.] комплект из четырёх предметов; четвёрка; (геол.) четвертичный период.
cuaternidad. [ж.] комплект, состоящий из четырёх частей или элементов, четвёрка.
cuaterno, na. [прил.] состоящий из четырёх номеров.
cuatezón, na. [м. и ж.] (Амер.) товарищ, друг, подруга.
cuatezonar. [перех.] (Амер.) обламывать, срезать рога.
cuatí. [м.] (зоол.) носуха.
cuatralbo, ba. [прил.] белоногий (о лошади); [м.] (мор.) (уст.) командир четырёх галер.
cuatratuo, tua. [прил.] см. cuarterón, (метис).
cuatreño, ña. [прил.] четырёхлетний (о тёлке, бычке).
cuatrear. [перех.] (Амер.) заниматься скотокрадством.
cuatrero, ra. [прил.] занимающийся скотокрадством; [м.] скотокрад, конокрад.
cuatrero, ra. [прил.] (Амер.) говорящий глупости.
cuatriborleado, da. [прил.] (Амер.) (шутл.) много знающий; превосходный.
cuatriduano, na. [прил.] четырёхдневный.
cuatriduo. [м.] срок в четыре дня.
cuatrienio. [м.] четырёхлетие.
cuatrilingüe. [прил.] говорящий на четырёх языках; составленный на четырёх языках.
cuatrillo. [м.] карточная игра.
cuatrillón. [м.] (мат.) квадрильон.
cuatrimestre. [м.] треть года, четыре месяца.
cuatrimotor, ra. [прил.] четырёхмоторный.
cuatrín. [м.] старинная испанская монета.
cuatrinca. [ж.] см. cuaternidad.
cuatrisílabo, ba. [прил.] четырёхсложный.

cuatro. [прил.] четыре; четверо; четвёртый; [м.] (цифра) четыре; четвёрка (тж. отметка; игральная карта); четвёртое число; (муз.) квартет; венесуэльская гитара; (арг.) лошадь; (Амер.) глупость: * cuatro de menor, (арг.) осёл; * más de cuatro, много.
cuatroañejo, ja. [прил.] четырёхлетний.
cuatrocentista. [сущ.] (иск.) кватрочентист, художник кватроченто (чаще множ.).
cuatrocientos, tas. [прил.] четыреста.
cuatrodoblar. [перех.] учетверять.
cuatropea. [ж.] четвероногое животное; скотный базар.
cuatropeado. [м.] (в танце) некоторое па.
cuatropear. [неперех.] идти на четвереньках.
cuatropeo. [м.] (арг.) лошадка.
cuatrotanto. [м.] вчетверо большее количество.
cuba. [ж.] большая (деревянная) бочка; содержимое этой бочки; (перен.) (разг.) толстобрюхий человек, пузан (разг.); человек много пьющий; (тех.) шахта (доменной печи): * estar hecho una cuba, быть вдребезги пьяным; * vagón cuba, вагон-цистерна.
cubaita. [ж.] (мин.) кварц.
cubaje. [м.] кубическое измерение.
cubanicú. [м.] кубинское дикорастущее растение.
cubanismo. [м.] слово или выражение, свойственное испанскому языку в Кубе.
cubano, na. [прил.] кубинский; [м. и ж.] кубинец, (-ка).
cubar. [перех.] (мат.) возводить в 3-ю степень; определять кубатуру.
cubatura. [ж.] кубическое измерение; кубатура, ёмкость, вместимость.
cubeba. [ж.] (бот.) перечный куст и его плод.
cubera. [ж.] кубинская рыба.
cubería. [ж.] бондарство, бондарное ремесло; бондарная мастерская или лавка.
cubero. [м.] бондарь, бочар; продавец больших бочек: * a ojo de buen cubero, на глаз, приблизительно.
cubero, ra. [прил.] (Амер.) обманчивый.
cubeta. [ж. умен.] к cuba; бочонок; бадья; кадка; лоханка; корыто, колода; чашечка (барометра); (тех.) ковш; (фот.) кювета; (муз.) нижняя часть арфы.
cubetillo. [м. умен.] к cubeto; чашечка для игральных костей.
cubeto. [м. умен.] к cubo; лоханка.
cúbica. [ж.] тонкая шерстяная ткань.
cubicación. [ж.] (мат.) возведение в третью степень, кубическое измерение, определение кубатуры.
cubicar. [перех.] (мат.) возводить в третью степень; определять кубатуру.
cúbico, ca. [прил.] кубический: * raíz cúbica, (мат.) кубический корень.
cubicularío. [м.] слуга князя и т. д.
cubículo. [м.] комната, спальня.
cubiche. [прил.] (шутл.) (Амер.) кубинский (тж. сущ.).
cubierta. [ж.] покров, покрышка; обложка (книжная); переплёт; конверт; (авто) покрышка; (перен.) предлог, отговорка; (арг.) см. saya; (арх.) кровля, крыша; (мор.) палуба; (тех.) ковш; (арх.) покрытие; * cubierta de popa, (мор.) ют.
cubiertamente. [нареч.] тайком.
cubierto, ta. [непр. страд. прич.] к cubrir; [прил.] тёмного цвета (о вине); [м.] прибор (столовый); дежурный обед (в ресторане и т. д.); поданные блюда (в один раз); крыша, кров: * tiempo cubierto, пасмурная погода; * cubierto de vergüenza, посрамлённый, покрытый позором; * caballero cubierto, испанский гранд; * (él) está cubierto de oro, у него денег куры не клюют; * a cubierto, в укрытии; * ponerse a cubierto, укрыться от опасности; * cubierto de heridas, покрытый ранами, избитый.
cubijar. [перех.] см. cobijar.
cubijo. [м.] (обл.) утайка.
cubil. [м.] логовище, берлога, логово (зверей).
cubilar. [м.] см. cubil; загон; скотный двор.
cubilar. [неперех.] см. majadear.
cubileo. [м.] (Амер.) обман.
cubilete. [м.] кубок; чашечка (для игральных костей); стаканчик (для фокусов); форма для печенья; мясной паштет, запечённый в форме; (Амер.) цилиндр.
cubiletear. [неперех.] перемешивать игральные кости; (перен.) плутовать.
cubileteo. [м.] перемешивание игральных костей; плутовские приёмы.
cubiletero. [м.] фокусник; форма для печенья.
cubilote. [м.] (тех.) вагранка.
cubilla. [ж.] см. canaleja.
cubillo. [м.] см. cubilla; пористый сосуд для воды; ложа около сцены в старинных театрах Мадрида.
cubismo. [м.] (иск.) кубизм.
cubista. [прил.] (иск.) кубистский; [м. и ж.] кубист, (-ка).
cubital. [прил.] (анат.) локтевой; с локоть длиной.
cúbito. [м.] (анат.) локтевая кость.
cubo. [м.] ведро, бадья, (тех.) ступица, втулка, серьга, шейка; шлюз (мельничный); (воен.) (уст.) большая круглая башня: * cubo de carga, шлюз.
cubo. [м.] (геом.) куб.
cuboideo, a. [прил.] кубовидный.
cuboides. [прил. и м.] (анат.) кубовидная кость (плюсны).
cubomanía. [ж.] (пат.) болезненное пристрастие к игре.
cubrecabeza. [м.] (разг. неол.) шляпа.
cubrecadena. [м.] предохранительный кожух (велосипеда).
cubrecama. [м.] покрывало, одеяло.
cubrecorsé. [м.] лифчик.
cubrefuego. [м.] (гал.) сигнал к затемнению, к тушению огня, см. queda.
cubrejunta. [ж.] стыковая планка.
cubrenuca. [ж.] назатыльник (пристёгивающийся к головному убору).
cubrepiés. [м.] плед для ног.
cubresexo. [м.] набедренная повязка.
cubrición. [ж.] случка (животных).
cubriente. [дейст. прич.] к cubrir.
cubrimiento. [м.] см. cubrición.
cubrir. [перех.] покрывать; накрывать; прикрывать, закрывать; скрывать; окутывать, заволакивать; покрывать (расходы); надевать (шляпу); (арх.) крыть крышу; осыпать; (перен.) скрывать, утаивать; (воен.) оборонять, прикрывать; покрывать (матку); **cubrirse,** [возв. гл.] покрываться; надевать головной убор, одеваться во что-л.; покрыться, покрыть себя; становиться пасмурным; защищаться, прикрываться: * cubrir (los) gastos, покрывать издержки; оплачивать расходы; * cubrir el expediente, соблюсти приличия; * cubrirse de sudor, облиться потом; * cubrirse de gloria, покрыть себя славой; * cubrirse de oprobio, покрыть себя позором.
cuca. [ж.] земляной миндаль; род гусеницы; (разг.) женщина-игрок; (Амер.) род цапли: * cuca y matacán, карточная игра; * mala cuca, злой человек; [множ.] сушёные фрукты.
cucador, ra. [прил.] подмигивающий кому-л; насмехающийся над кем-л.
cucadura. [ж.] см. cucamiento.
cucamba. [прил.] (Амер.) трусливый, малодушный; [ж.] маленькая неотёсанная женщина.
cucambé. [м.] (Амер.) прятки (игра).
cucamonas. [ж. множ.] льстивые ласки, жеманство, заигрывание.
cucaña. [ж.] столб с призами на верхушке (на народных гуляньях); (перен.) доставшееся без труда или добытое чужими руками.
cucañero, ra. [прил.] сметливый, находчивый (тж. сущ.).
cucar. [перех.] подмигивать кому-л; высмеивать, поднимать на смех, вышучивать, насмехаться над кем-л.
cucaracha. [ж.] см. cochinilla.
cucarachear. [неперех.] (Амер.) ухаживать, домогаться любви; разыскивать; уклоняться от трудности.
cucarachera. [ж.] приспособление для уничтожения тараканов.
cucaracho, cha. [прил.] (Амер.) изрытый оспой.
cucarachón, na. [прил.] (Амер.) влюбчивый; склочный; [м.] вид жука.
cucarda. [ж.] кокарда; молот каменотёса.
cucarrear. [неперех.] (Амер.) плохо вертеться (о волчке).
cucarro, rra. [прил.] живущий по-светски (о монахе).
cucarrón. [м.] (Амер.) скарабей.
cucay. [м.] (Амер.) тюрьма.
cucayo. [м.] (Амер.) съестные припасы.
cucazo. [м.] (обл.) удар по голове.
cucita. [ж.] любимая собачка.
cucleto, ta. [прил.] (Амер.) хромой, кривоногий.
cuclillas (en). [нареч.] на корточках.
cuclillo. [м.] кукушка; (перен.) рогоносец, обманутый муж.
cuco. [м.] бука, страшилище.
cuco, ca. [прил.] милый, прелестный, хорошенький; хитрый, коварный; [м.] хитрец, пройдоха; род гусеницы; (разг.) шулер; кукушка.
cucú. [м.] пение кукушки.
cucubá. [м.] кубинская ночная хищная птица.
cucufate. [прил.] (Амер.) изрытый оспой.
cucufato, ta. [прил.] ханжеский; [м. и ж.] ханжа, святоша.
cucuiza. [ж.] нить из pita (американской агавы).
cucular. [прил.] похожий на капюшон.
cuculí. [м.] (орни.) род дикого голубя.
cuculífero, ra. [прил.] клобучковый.
cuculifoliado, da. [прил.] (бот.) с листьями в виде капюшона.
cuculiforme. [прил.] (бот.) клобуковидный; см. cucular.
cuculistearse. [возв. гл.] (Амер.) покрываться плесенью, плесневеть.
cuculla. [ж.] часть одежды в виде капюшона; капюшон.
cucuma. [ж.] (Амер.) хлеб из юкки.
cucumbé. [м.] (Амер.) детская игра.
cucumeráceo, a. [прил.] (бот.) огуречный.
cucúmero. [м.] (бот.) огурец (одна из разновидностей).
cucuracha. [ж.] таракан.
cucurbífero, ra. [прил.] (бот.) с плодом в виде тыквы.
cucúrbita. [ж.] реторта, перегонный куб; (бот.) тыква.
cucurbitáceo, a. [прил.] (бот.) тыквенный; [ж. множ.] тыквенные растения.
cucurbitula. [ж.] (мед.) см. ventosa.

cucuriaco, ca. [прил.] (Амер.) ловкий, искусный; (Амер.) адвокат-шарлатан.

cucurucú. [м.] (зоол.) очень ядовитое пресмыкающееся.

cucurucho. [м.] фунтик, пакетик (бумажный).

cucurutiar. [перех.] (вул.) (Амер.) разыскивать.

cucusque. [прил.] (разг.) (Амер.) грязный, одеты в лохмотьях.

cucuy, cucuyo. [м.] см. **cocuyo**.

cucha. [ж.] (Амер.) лагуна, болото; конура, будочка для собаки.

cucha. [ж.] (Амер.) годовалая лама.

cuchalela. [ж.] (разг.) (Амер.) притворная болезнь.

cuchar. [перех.] (обл.) навозить.

cuchar. [ж.] см. **cuchara**; старинная мера ёмкости; содержимое этой меры: * **cuchar herrera**, железная ложка.

cuchara. [ж.] ложка; черпак, ковш; (мор.) черпак; рыболовная сеть: * **meter uno su cuchara**, вмешиваться в разговор; * **de cuchara**, (воен. разг.) вышедший из рядовых.

cucharada. [ж.] содержимое ложки; ложка чего-л: * **meter uno su cucharada**, (разг.) вмешиваться в разговор; см. **cuchartear**.

cucharal. [м.] кожаный мешок для ложек (у пастухов).

cucharazo. [м.] удар ложкой.

cuchareаr. [перех.] черпать (ложкой); [неперех.] см. **cucharetear**.

cucharero, ra. [м. и ж.] тот, кто делает или продаёт ложки; планка, на которую вешают ложки.

cuchareta. [ж.] ложечка, чайная ложка; сорт андалузской пшеницы; (вет.) воспаление печени (у овец); (обл.) головастик; (Амер.) голенастая птица.

cucharetazo. [м.] удар ложкой.

cucharetear. [неперех.] (разг.) часто мешать ложкой; (перен.) (разг.) вмешиваться в чужие дела.

cucharetero, ra. [м. и ж.] ложечник, (устар.) ложкарь, тот, кто изготовляет деревянные ложки; планка, на которую вешают ложки; сорт бахромы.

cucharilla. [ж. умен.] к **cuchara**, ложечка; (вет.) болезнь печени: * **cucharilla de fundidor**, литейный ковш.

cucharón. [м. увел.] к **cuchara**, разливательная ложка; * **despacharse con el cucharón**, (перех.) (разг.) присваивать себе лучшую часть, долю; * **tener el cucharón por el mango**, заправлять делом.

cucharro. [м.] (мор.) кусок толстой доски.

cuche. [м.] (Амер.) боров, свинья.

cucheta. [ж.] (Амер.) каюта матроса.

cuchi. [м.] (Амер.) боров, свинья.

cuchibachero, ra. [прил.] (Амер.) влюбчивый; весёлый.

cuchichear. [неперех.] шептаться, шушукаться.

cuchicheo. [м.] шёпот; шушуканье.

cuchichero, ra. [прил.] по привычке говорящий шёпотом; [сущ.] шептун.

cuchichiar. [неперех.] петь (о куропатке).

cuchiflí. [м.] (вул.) (Амер.) тюрьма.

cuchilla. [ж.] большой нож, косарь, резак; нож гильотины; сечка; сапожный нож; топор (мясника); лезвие; клинок; гора с крутым склоном; (поэт.) меч; (Амер.) клин (у платья); перочинный нож; горный хребет.

cuchillada. [ж.] удар холодным оружием; удар, резаная рана; [множ.] разрезы (в одежде); драка, поножовщина.

cuchillar. [прил.] ножевой, ножовый, похожий на нож.

cuchillazo. [м. увел.] к **cuchillo**, ножище; (Амер.) см. **cuchillada**.

cuchillejo. [ж. умен.] к **cuchillo**, ножик, ножичек.

cuchillera. [ж.] ножны, футляр для вкладывания ножа.

cuchillería. [ж.] ремесло ножовщика; ножевая мастерская или лавка; квартал ножовщиков.

cuchillero. [м.] ножовщик; железная скоба; [прил.] полосовой (о железе).

cuchillo. [м.] нож(ик); резак; резец; клин, вставка (у платья); вещь, имеющая конец в форме прямого угла; (арх.) совокупность вертикальных балок; [множ.] маховые перья (у сокола): * **pasar a cuchillo**, убить, перерезать; * **en casa del herrero cuchillo de palo**, сапожник без сапог.

cuchillón. [м. увел.] к **cuchillo**, ножище; (Амер.) см. **doladera**.

cuchipanda. [ж.] (разг.) пирушка, кутёж, попойка.

cuchitril. [м.] маленькая грязная комнатёнка, лачуга, каморка, чулан, свинарник.

cuchivachín. [м.] (Амер.) адвокат-шарлатан.

cucho. [м.] (обл.) навоз.

cucho. [м.] (Амер.) шерстяная коническая шляпа.

cucho, cha. [прил.] (Амер.) с рваной ноздрёй; горбатый; [м.] (Амер.) см. **gato**; угол; чулан, каморка.

cucho, (a). [нареч.] (обл.) на плечах.

cuchubo. [м.] (Амер.) кожаная сумка.

cuchuco. [м.] (Амер.) суп из ячневой крупы со свининой.

cuchuchear. [неперех.] (перен.) разг. сплетничать; см. **cuchichear**.

cuchucheo. [м.] см. **cuchicheo**.

cuchucho. [м.] (Амер.) женолюб.

cuchufleta. [ж.] (разг.) шутка, острота, игра слов.

cuchufletear. [неперех.] (Амер.) отпускать остроты.

cuchufletero, ra. [прил.] склонный отпускать остроты; [м. и ж.] шутник, присяжный остряк.

cuchuflí. [м.] (Амер.) узкое место; тюрьма.

cuchuflín. [м.] (Амер.) см. **cuchuflí**; угол.

cuchungo. [м.] (Амер.) кожаная сумка.

cuchumbear. [неперех.] (Амер.) играть в кости.

cuchumbo. [м.] воронка; чашечка для игральных костей; игра в кости.

cuchuna. [ж.] (Амер.) сорт большого ножа.

cuchunchear. [неперех.] (Амер.) плести интригу.

cuchuña. [ж.] (Амер.) арбуз (один из сортов).

cuchuquí. [прил.] (Амер.) грязный, омерзительный.

cudicioso, sa. [прил.] см. **codicioso**.

cudihuelo. [м.] (бот.) (Амер.) боб, фасоль (один из сортов).

cudria. [ж.] верёвка из испанского дрока.

cueca. [ж.] (Амер.) см. **zamacueca**; народный танец.

cueco. [м.] (Амер.) неженка, изнеженный человек.

cuélebre. [м.] (обл.) дракон.

cuelga. [ж.] связка плодов (для сушки); подарок ко дню рождения.

cuelgacapas. [м.] вешалка.

cuelgaplatos. [м.] приспособление для подвешивания тарелок.

cuelmo. [м.] факел (смолистый).

cuelliangosto, ta. [прил.] с узкой шеей.

cuellicorto, ta. [прил.] короткошеий, с короткой шеей.

cuellierguido, da. [прил.] с длинной прямой шеей.

cuelligrueso, sa. [прил.] толстошеий.

cuellilargo, ga. [прил.] длинношеий.

cuello. [м.] шея; шейка, горлышко (бутылки); воротник; стоячий воротник; стебель (лука и т. д.); * **cuello postizo**, пристяжной воротничок; * **cuello de pajarita**, крахмальный отложной воротничок; * **cuello bajo** или **vuelto**, отложной воротник.

cuenca. [ж.] деревянная миска; глазная впадина; глубокая долина; (геогр.) бассейн; (вет.) надглазная впадина (у лошадей).

cuencano, na. [прил.] относящийся к Cuenca; [сущ.] уроженец, (-ка) этого эквадорского города.

cuenco. [м.] большая глиняная чашка; вогнутость; (обл.) лохань для полоскания белья.

cuenta. [ж.] счёт; расчёт, вычисление, счёт, исчисление, подсчёт; отчёт; счёт (в ресторане и т. д.); зерно чёток; забота, внимание; значение, важность; расписка: * **cuenta corriente**, (бухг.) текущий счёт, контокоррент; * **cuenta poco clara**, **cuenta oscura** или **dudosa**, неровный счёт, запутанный счёт; * **cuenta del Gran Capitán**, раздутый счёт; * **tener en cuenta**, принимать в расчёт, во внимание, иметь в виду, учитывать; * **la cuenta de la vieja**, счёт по пальцам; * **cuenta redonda**, круглый, ровный счёт; * **por cuenta y riesgo**, на свой страх и риск; * **tomar por su cuenta**, брать на свою ответственность; * **de poca cuenta**, малозначительный; * **hombre de cuenta**, высокопоставленное лицо; * **en resumidas cuentas**, приняв всё во внимание, в конечном счёте, в конце концов; * **hacer cuentas**, предполагать, полагать; * **echar cuentas**, обдумывать; * **en resumidas cuentas**, в итоге, резюмируя все; * **caer en la cuenta**, замечать; * **hacer mal las cuentas**, equivocarse en sus cuentas, ошибиться в расчётах, просчитаться; * **cerrar la cuenta**, закрыть счёт; * **dar cuenta de**, отчитываться; сообщать о чём-л; * **echar la cuenta**, считать; * **tener cuenta**, подходить, быть пригодным; * **hacerse la cuenta**, предполагать; * **correr por la cuenta**, жить на чём-л иждивением; **¡cuenta!**, осторожно!; * **eso es cuenta de usted**, это ваше дело; * **ajustar**, **saldar cuentas**, сводить счёты; * **dar la cuenta**, подавать счёт; увольнять, давать счёт; * **pedir cuentas**, требовать отчёта в чём-л; * **pagar la cuenta**, расплатиться (в ресторане и т. д.); * **darse cuenta de**, понять, дать себе отчёт; * **cuenta y razón sustentan amistad**, дружба дружбой, а денежки врозь.

cuentacacao. [ж.] (Амер.) ядовитый паук.

cuentacorrentista. [м. и ж.] человек, имеющий текущий счёт в банке.

cuentachiles. [м.] (разг.) (Амер.) мелочный человек.

cuentadante. [прил.] подающий счёт (тже. сущ.).

cuentagiros. [м.] (тех.) тахометр, счётчик оборотов.

cuentagotas. [м.] пипетка, капельница.

cuentakilómetros. [м.] спидометр.

cuentapasos. [м.] шагомер.

cuentarrevoluciones. [м.] (тех.) счётчик оборотов, тахометр.

cuentavueltas. [м.] см. **tacómetro**.

cuentear. [неперех.] (разг.) сплетничать о чём-л, болтать.

cuentecillo. [м. умен.] к cuento, сказочка.
cuentecita. [ж. умен.] к cuenta.
cuenterete. [м.] (Амер.) сплетня, ложь.
cuentero, ra. [прил.] сплетничающий; [м. и ж.] сплетник, (-ица).
cuentezuela. [ж. умен.] к cuenta.
cuentista. [прил.] (разг.) см. cuentero (тж. сущ.); [м. и ж.] рассказчик, (-ица); новеллист.
cuentistero, ra. [прил.] (Амер.) сплетничающий.
cuento. [м.] остриё копья; подпорка, опора, столб.
cuento. [м.] сказка; новелла, рассказ; басня; счёт, исчисление; сплетня; (арит.) миллион; (разг.) спор, ссора; [множ.] слухи и толки: * cuento de cuentos, (перен.) запутанное дело, сложный рассказ; * cuento de viejas, бабьи сказки, небылицы, вздор; * cuento de hadas, волшебная сказка; * a cuento, кстати; * sin cuento, неисчислимый, несметный, бесчисленный, несчётный; * el cuento de nunca acabar, длительное дело; * dejarse de cuentos, приступить прямо к делу; * estar en el cuento, быть хорошо осведомлённым о чём-л; * eso es un cuento, это неправда; * ¡es mucho cuento!, это уж слишком!; * venir con cuentos, рассказывать небылицы в своё оправдание; рассказывать сказки.
cuentón, na. [прил.] сплетничающий; [м. и ж.] сплетник, (-ица).
cuera. [ж.] кожаная жакетка.
cuerazo. [м.] (Амер.) удар бичом.
cuerda. [ж.] верёвка, бечёвка; канат; фитиль, огнепровод; корда; струна; тетива; мера длины; земельная мера; пружина; завод (в часах); (геом.) хорда; (муз.) диапазон; один из четырёх основных голосов; некоторая рыболовная сеть; группа каторжников, скованных цепью; [множ.] сухожилия: * andar, bailar en la cuerda floja, колебаться, быть в нерешительности; * dar cuerda a un reloj, заводить часы; * dar cuerda a una tema у для разговора; доставить кому-л удовольствие; польстить; * por debajo de cuerda, bajo cuerda, скрытно; * obrar bajo cuerda, действовать исподтишка; * estar, tener или traer la cuerda tirante, быть очень строгим; * apretar la cuerda, удвоить строгость по отношению к кому-л «прикрутить гайку»; * aflojar la cuerda, ослаблять дисциплину и т. д.; * tirar de la cuerda, сдержать; * mozo de cuerda, носильщик грузов (на голове и плечах); * cuerdas vocales, голосовые связки.
cuerdamente. [нареч.] разумно, рассудительно, толково.
cuerdero. [м.] (муз.) мастер по изготовлению струн.
cuerdezuela. [ж. умен.] к cuerda, верёвочка.
cuerdo, da. [прил.] благоразумный, умный, рассудительный, здравомыслящий, толковый (тж. сущ.).
cuereada. [ж.] (Амер.) время снятия шкур и т. д.
cuerear. [перех.] (Амер.) снимать, сдирать шкуры; бить, стегать плетью.
cuerera. [ж.] (Амер.) крайняя бедность, нужда.
cueriduro, ra. [прил.] (Амер.) толстокожий.
cueriza. [ж.] (разг.) порка (наказание), побои.
cuerna. [ж.] сосуд из рога; олений рог; рожок; см. cornamenta.
cuérnago. [м.] оросительный канал.

cuernezuelo. [м.] рожок, маленький рог; инструмент коновала.
cuerno. [м.] рог; рог, усик (у насекомых); (муз.) рожок; (воен.) крыло, фланг; (перен.) рог полумесяца; (перен.) [множ.] остроконечные края: * cuerno de la abundancia, рог изобилия; * poner cuernos, наставлять кому-л рога; * en los cuernos del toro, (разг.) в опасности; * oler a cuerno quemado, надоедать; * no vale un cuerno, никуда не годится; * poner en los cuernos de la luna, превозносить кого-л до небес; * ¡cuerno!, чёрт возьми!
cuero. [м.] кожа (выделанная); бурдюк; (неол.) кожаное пальто; кожан: * en cueros, нагишом; * entre cuero y carne, очень интимно; * dejar en cueros vivos, обчистить до нитки; * estar hecho un cuero, быть пьяным; * cuero interior, (анат.) дерма; * cuero exterior, (анат.) эпидермис.
cuerpear. [неперех.] (вул.) (Амер.) избегать; отклоняться от затруднительного положения.
cuerpecito. [м. умен.] к cuerpo.
cuerpo. [м.] тело, вещество; тело, туловище, стан, корпус; тело, плоть; корпус; часть одежды, покрывающая бюст, корсаж; том; содержание тома; корпус, свод законов; плотность; густота, консистенция; величина, толщина (ткани, бумаги и т. д.); труп, корпорация; личный состав; (воен.) корпус; отдельная часть; (полигр.) кегль: * cuerpo de un edificio, корпус здания; * cuerpo sólido, твёрдое тело; * cuerpo líquido, жидкое тело; * cuerpo gaseoso, газообразное тело; * cuerpo simple, простое тело; * cuerpo compuesto, сложное тело; * cuerpos radiactivos, радиоактивные тела; * cuerpo celeste, небесное тело; * tomar cuerpo, воплощаться; толстеть; увеличиваться; * cuerpo de(l) delito, улики; * cuerpo de guardia, караульное помещение; гауптвахта; * cuerpo de ejército, армейский корпус; * cuerpo calloso, (анат.) мозолистое тело; * cuerpo ciliar, ресничное тело; * en cuerpo, в полном составе; * cuerpo a cuerpo, грудь с грудью; врукопашную; * dar con el cuerpo en tierra, падать, упасть; * a cuerpo (gentil), легко одетый; * hacer del cuerpo, испражняться; * estar cuerpo presente, быть мёртвым; * descubrir el cuerpo, рисковать; * ganar con el cuerpo (una mujer), проституироваться; * de cuerpo entero, храбрый; * falsear el cuerpo, откочуть в сторону; * tratarse a cuerpo de rey, вкусно есть; хорошо питаться; * en cuerpo y alma, душой и телом; * a ulи de medio cuerpo, до пояса; * tener el diablo en el cuerpo, быть непоседой; * a cuerpo descubierto, опрометью.
cuérrago. [м.] оросительный ров, канава.
cuerudo, da. [прил.] (Амер.) толстокожий; надоедливый; бесстыдный; [м.] (Амер.) см. guardia civil.
cuerva. [ж.] (орни.) см. graja.
cuervo. [м.] (орни.) ворон; * cuervo marino, баклан (птица); * cuervo merendero, см. grajo.
cuesa. [ж.] (Амер.) башка, голова.
cuesco. [м.] плодовая косточка; круглый камень для размола маслин; (перен.) газы (кишечные); (арг.) удар; * cuesco de lobo, дождевик.
cuescomate. [м.] (Амер.) большой глиняный кувшин для хранения семян.
cuesquillo. [м. умен.] к cuesco.
cuesta. [ж.] склон горы; косогор, откос, спуск, подъём дороги; (уст.) ребро: * a cuestas, на своей спине, на плечах; * cuesta arriba, в гору; * cuesta abajo, под гору; * hacérsele a uno cuesta arriba una cosa,

неохотно, с трудом делать что-л; * camino en cuesta, поднимающаяся дорога; * ir cuesta abajo, приходить в упадок; * subir la cuesta, брать подъём.
cuesta, cuestación. [ж.] сбор пожертвований.
cuestecica, lla, ta, cuestezuela. [ж. умен.] к cuesta.
cuestión. [ж.] вопрос; проблема, (спорный) вопрос, дело, обсуждаемый вопрос; спор; ссора; допрос с пристрастием, пытка; (мат.) задача: * cuestión batallona, candente или palpitante, животрепещущий вопрос; ¡esa es la cuestión!, вот в чём вопрос!; * cuestión de confianza, вопрос о доверии; * cuestión de gabinete, важный вопрос.
cuestionabilidad. [ж.] сомнительность, спорность.
cuestionable. [прил.] сомнительный, спорный, проблематичный.
cuestionar. [перех.] обсуждать, дебатировать, спорить, дискутировать.
cuestionario. [м.] вопросник, вопросный лист; анкета.
cuesto. [м.] холм, пригорок.
cuestor. [м.] (ист.) квестор; сборщик пожертвования.
cuestuario, ria, cuestoso, sa. [прил.] прибыльный, доходный.
cuestura. [ж.] квестура.
cuétano. [м.] (Амер.) род гусеницы.
cuete. [м.] (Амер.) ломоть задней ножки (баранины и т. д.); (обл.) см. cohete; [прил.] (Амер.) пьяный.
cuetearse. [возв. гл.] лопнуть, треснуть; прорваться; издохнуть.
cueto. [м.] (воен.) укреплённая высота; одинокий холм конической формы.
cueva. [ж.] пещера; погребок, подвал; (горн.) штольня: * cueva de ladrones, притон.
cuévano. [м.] большая корзина для сбора винограда и т. д.; большая корзина (носимая на спине).
cuevear. [неперех.] входить в пещеру, в подвал.
cuevecita. [ж. умен.] к cueva, пещерка и т. д.
cuevero, ra. [м. и ж.] строитель подвалов и т. д.
cuexca. [ж.] (арг.) дом, помещение, жилище.
cueza. [ж.] см. cuezo.
cuezo. [м.] творило (для гашения извести); ящик для цемента: * meter el cuezo, вмешиваться некстати в разговор, в дело.
cufiar. [перех.] (Амер.) осторожно наблюдать, подсматривать, выслеживать.
cúfico, ca. [прил.] куфический.
cufifo, fa. [прил.] (Амер.) пьяный.
cuguar, cuguardo. [м.] (Амер.) пума.
cugujada. [ж.] см. cogujada.
cugula. [ж.] (бот.) куколь.
cugulla. [ж.] см. cogulla.
cuchutear. [перех.] (Амер.) вести перестрелку.
cuí. [м.] (Амер.) морская свинка; см. coendú.
cuica. [ж.] (Амер.) см. lombriz; (перен.) (разг.) очень худой человек.
cuicacoche. [м.] (орни.) мексиканская певчая птица.
cuico, ca. [прил.] (Амер.) (презр.) мексиканский; боливийский; метис.
cuichú. [м.] (миф.) (Амер.) радуга.
cuida. [ж.] ученица ухаживающая за другой моложе её.
cuidado, da. [страд. прич.] к cuidar; [м.] забота, внимание; попечение, уход, наблюдение; внимание, осторожность; предмет заботы, внимания; аккуратность, тщательность; опасение, беспокойство: * estar de cuidado, быть тяжело больным;

* de **cuidado**, опасно, серьёзно; * poner en **cuidado**, встревожить; * con **cuidado**, старательно, тщательно, аккуратно, осмотрительно; * me tiene sin **cuidado**, мне всё равно, меня нисколько не интересует; * no me da **cuidado**, мне наплевать; * no tenga usted **cuidado**, не беспокойтесь; * estar con **cuidado**, беспокоиться о...; * sin **cuidado**, беззаботный; * poco **cuidado**, беззаботность; * dejar a uno el **cuidado** de hacer algo, предоставить кому-л сделать что-л; * prodigar **cuidados**, угождать кому-л; * ser de **cuidado**, быть опасным; ¡**cuidado**! осторожно!, берегись!

cuidador, ra. [прил.] крайне старательный, тщательный; (неол.) (спорт.) секундант.

cuidadora. [ж.] (Амер.) няня.

cuidadosamente. [нареч.] тщательно; старательно.

cuidadoso, sa. [прил.] старательный; тщательный; заботливый, внимательный; бережливый.

cuidante. [дейст. прич.] к cuidar.

cuidar. [перех.] заботиться, смотреть, ухаживать за кем-л, иметь попечение; охранять, следить за; холить; тщательно отделывать; см. discurrir; **cuidarse**. [возв. гл.] заботиться о себе, холить себя, думать о своём здоровье, внешности: * **cuidarse de**, остерегаться.

cuido. [м.] уход за...: * el cuido del ganado, уход за скотом.

cuija. [ж.] (Амер.) маленькая ящерица; (Амер.) (перен.) худая некрасивая женщина.

cuijal. [м.] (Амер.) местность, покрытая растительностью.

cuije. [м.] (Амер.) см. cuiji; посредник, ходатай, заступник; мошенник, плут; любовник; шпион.

cuijen. [прил.] (Амер.) с серым оперением (о курице); [м.] (Амер.) дьявол, чёрт, бес.

cuiji. [м.] (Амер.) соколиная птица.

cuilmas. [прил.] (Амер.) вялый, изнеженный, слабый.

cuim. [м.] (Амер.) род дикобраза.

cuima. [ж.] (Амер.) нежная тыква.

cuín, na. [м. и ж.] (Амер.) морская свинка.

cuino. [м.] свинья, боров, см. cerdo.

cuircho. [м.] (Амер.) любовник.

cuisera. [ж.] (Амер.) нора морских свинок.

cuita. [ж.] огорчение, горе, печаль, страдание; мучение, забота; несчастье.

cuita. [ж.] (Амер.) кал.

cuitadamente. [нареч.] с огорчением и т. д.

cuitado, da. [прил.] огорчённый, опечаленный; (перен.) малодушный, робкий.

cuitamiento. [м.] малодушие, трусость, робость.

cuitear. [неперех.] (Амер.) испражняться.

cuja. [ж.] кожаный мешочек для острия копья (у седла); деревянная часть кровати.

cujazo. [м.] (Амер.) удар cuje.

cuje. [ж.] кубинский куст; горизонтальный шест, служащий для вешанья листьев табака.

cuji. [м.] (Амер.) см. aromo.

cujear. [перех.] (Амер.) наказывать; делать выговор; науськивать, натравливать.

cují. [прил.] (Амер.) скаредный, скупой; [м.] (Амер.) выманивание денег; см. aromo.

cujicero, ra [прил.] (Амер.) выманивающий деньги.

cujinillos. [м. множ.] (Амер.) род перемётной сумы.

cujisal. [м.] (Амер.) место, изобилующее cujíes.

cujito. [м.] (перен.) очень худой высокий человек.

cujo. [м.] (Амер.) тростник.

cujón. [м.] см. cogujón.

cula. [ж.] (бот.) куколь.

culada. [ж.] удар задом (при падении): * darse una culada, шлёпнуться задом.

culán. [м.] род азиатской лошади.

culantro. [м.] (бот.) кориандр.

culas. [ж. множ.] воротцы (в крокете).

culata. [ж.] круп, зад (животных;) (воен.) приклад; казённая часть (огнестрельного оружия); (перен.) задняя часть чего-л: * salir el tiro por la culata, выходить наоборот, давать обратный результат.

culatada. [ж.] отдача (ружья).

culatazo. [м.] удар прикладом; см. culatada.

culatear. [перех.] (Амер.) ударять прикладом; отдавать (об оружии).

culatín. [м. умен.] к culata; (воен.) укороченный приклад.

culazo. [м. увел.] к culo; удар задом (при падении).

culcusido. [м.] (разг.) см. corcusido.

culear. [перех.] (Амер.) см. fornicar; **culearse**. [возв. гл.] отступаться от своего слова.

culebra. [ж.] уж; (тех.) змеевик; (перен.) (разг.) проделка, шутка; шум, крик, беспорядок; (арг.) напильник, подпилок; пояс, где носят деньги; (астр.) змееносец; * Culebra y Nube, (астр.) змееносец; * culebra de vidrio, медяница; * hacer culebra, извиваться.

culebrazo. [м.] проделка, шутка.

culebrear. [неперех.] извиваться.

culebreo. [м. дейст.] к извиваться.

culebrera. [ж.] орлан (птица).

culebrero, ra. [прил.] (Амер.) хитрый, лукавый.

culebrilla. [ж.] (мед.) тропический лишай; (воен.) трещина в стволе огнестрельного оружия; см. dragontea; американское пресмыкающееся.

culebrina. [ж.] кулеврина, пищаль (старинная пушка).

culebrino, na. [прил.] ужовый.

culebrón. [м. увел.] к culebra; (перен.) (разг.) хитрец, пролаза, проныра; интриганка.

culeca. [ж.] (Амер.) сорт фейерверка.

culén. [м.] (бот.) чилийское бобовое растение.

culenar. [м.] место, изобилующее culenes.

culepe. [м.] (разг.) (Амер.) страх, боязнь; муки, страдания; стеснённое положение, нужда.

culequear. [неперех.] (Амер.) клохтать, кудахтать.

culequera. [ж.] (Амер.) наседка; восхищение, влюблённость; лень.

culequero, ra. [прил.] (шутл.) влюбчивый.

culera. [ж.] пятно на пелёнке; заплата на задней части брюк.

culero, ra. [прил.] ленивый, медлительный; [м.] подгузник.

culetazo. [м.] удар задом (при падении).

culí. [м.] кули.

culícidos. [м. множ.] различные виды комаров.

culiciforme. [прил.] комарообразный.

culicívoro, ra. [прил.] (зоол.) питающийся оводами.

culichiche. [м.] (Амер.) см. mequetrefe.

culillo. [м. умен.] к culo; (воен.) дно патрона; поспешность, торопливость, нетерпение.

culimiche. [прил.] (Амер.) незначительный.

culimpinarse. [возв. гл.] (Амер.) см. agacharse.

culinar, culinario, ria. [прил.] кулинарный, поваренный.

culinegro, gra. [прил.] (разг.) с чёрным задом.

culitillo, lla. [прил.] (Амер.) трусливый, малодушный.

culito. [м. умен.] к culo.

culmen. [м.] (поэт.) вершина, верхушка.

culminación. [ж.] достижение наивысшей (кульминационной) точки или развития; (астр.) кульминация, прохождение через меридиан; (перен.) кульминация, высшая точка, высшая степень.

culminancia. [ж.] (поэт.) вершина, верхушка.

culminante. [прил.] кульминационный; (перен.) высший.

culminar. [неперех.] достигать высшей точки или степени; (астр.) кульминировать, проходить через меридиан.

culo. [м.] (груб.) зад, круп задницы; задний проход; (перен.) задняя часть; задок; нижняя часть, низ, дно; * culo de pollo, неровный шов; * culo de la botella, дно бутылки; * culo de vaso, поддельный драгоценный камень; * a culo pajarero, с голыми ягодицами; * dar de culo, dar con el culo en las goteras, разориться (безрассудно тратя); * culo de mal asiento, неугомонный человек.

colombio. [м.] (физ.) кулон.

culón, na. [прил.] широкозадый; [м.] (разг.) инвалид.

culote. [м.] (воен.) донная часть (снаряда); [множ.] (неол.) короткие штаны (женские).

culpa. [ж.] вина, погрешность, проступок; грех: * tener uno la culpa, быть виновным; * ¿quién tiene la culpa? кто виноват?; * echar la culpa, обвинять кого-л; * es suya la culpa, es culpa suya, вы (он, она, они) виноваты, это ваша (его, её, их) вина.

culpabilísad. [ж.] виновность.

culpabilísimo, ma. [прил. прев. степ.] к culpable.

culpable. [прил.] виновный, виноватый; преступный; [м. и ж.] виновник, (-ица).

culpablemente. [нареч.] преступно.

culpación. [ж.] обвинение.

culpadamente. [нареч.] см. culpablemente.

culpado, da. [страд. прич.] к culpar, и [прил.] обвиняемый; [прил.] виновный, виноватый; преступный; [м. и ж.] виновник, (-ица).

culpar. [неперех.] обвинять (тже. возв. гл.).

culpeo. [м.] (Амер.) (зоол.) род чилийской лисицы.

cultalatiniparla. [ж.] (шутл.) напыщенная речь.

cultamente. [нареч.] с эрудицией; напыщенно.

cultedad. [ж.] (шутл.) пуризм; напыщенность.

cultelado, da, cultelar. [прил.] ножевидный, в виде ножа.

culteranismo. [м.] напыщенность (о речи).

culterano, na. [прил.] напыщенный, высокопарный (о речи, тже. сущ.).

cultería. [ж.] см. cultedad.

cultero, ra. [прил.] (шутл.) см. culterano, (тже. сущ.).

cutiello. [м.] (уст.) нож.

cultiparla. [ж.] неестественная, напыщенная речь.

cultiparlar. [неперех.] неестественно, напыщенно говорить.

cultiparlista. [прил.] неестественный, напыщенный; [м. и ж.] напыщенный оратор.
cultipicaño, ña. [прил.] (шутл.) напыщенный и плутовской (о речи).
cultivable. [прил.] поддающийся обработке; годный под пахоту, полезный (о земле); * tierra cultivable, пахотная земля.
cultivación. [ж.] культивирование, культивация, выращивание, возделывание, обработка (земли).
cultivador, ra. [прил.] земледельческий; [м.] земледелец, хлебороб; садовод; см. **cultivadora.**
cultivadora. [ж.] (с.-х.) культиватор.
cultivar. [перех.] культивировать, возделывать, обрабатывать (землю); разводить (растения); развивать (память); совершенствоваться (в науках и т. д.); просвещать; поддерживать знакомство.
cultivo. [м.] обработка, возделывание (земли); культивирование, культура, разведение (растений и т. д.) [множ.] (с.-х.) культуры: * cultivo intensivo, (с-х.) интенсивная обработка земли.
culto, ta. [прил.] возделанный, обработанный; культурный, просвещённый, образованный; (перен.) см. **culterano;** [м.] культ, поклонение, преклонение; [нареч.] культурным образом.
cultor, ra. [прил.] обожающий; [м. и ж.] обожатель, (-ница).
cultriforme. [прил.] в виде ножа, ножевидный.
cultirrostro, tra. [прил.] (орни.) с клювом в виде ножа.
cultro. [м.] (обл.) род плуга.
cultrún. [м.] (Амер.) индейский барабан.
cultual. [прил.] [м.] cultual.
cultura. [ж.] см. **cultivo;** просвещение, культура, развитие, обогащение и усовершенствование духовной жизни.
cultural. [прил.] культурный: * agregado cultural, атташе по вопросам культуры.
culturar. [перех.] культивировать, обрабатывать, возделывать землю.
culle. [м.] (Амер.) трава, идущая на изготовление прохладительного напитка.
cuma. [ж.] (зоол.) сорт ракообразного животного.
cuma. [ж.] (Амер.) короткий большой нож.
cuma. [ж.] (Амер.) крёстная мать; кума; соседка.
cumacera. [ж.] (Амер.) тяжёлое дерево (материал).
cumanagoto, ta. [прил.] относящийся к Cumaná; [сущ.] уроженец, (-ка) этого венесуэльского города.
cumarú. [м.] (Амер.) гигантское бобовое дерево.
cumba. [ж.] (Амер.) небольшой тыквенный сосуд с широким отверстием.
cumbamba. [ж.] (Амер.) подбородок.
cumbambas. [ж. множ.] (Амер.) отдалённые места.
cumbancha. [ж.] (Амер.) см. **juerga.**
cumbanchar. [неперех.] (Амер.) кутить.
cumbanchear. [неперех.] (Амер.) см. **cumbanchar.**
cumbanchero, ra. [прил.] (Амер.) любящий кутить; [сущ.] забулдыга, кутила, гуляка.
cumbarí. [м.] (Амер.) мелкий, очень горький перец.
cumbe. [м.] (Амер.) см. **tapicería.**
cumbé. [м.] негритянский танец.
cumbería. [ж.] (Амер.) глупость.
cumbiamba. [ж.] (Амер.) колумбийский народный танец.
cúmbila. [м.] (Амер.) товарищ, друг.
cumbo. [м.] (Амер.) тыквенная бутылка.

cumbre. [ж.] вершина горы; (перен.) вершина, верх.
cumbrera. [ж.] см. **parhilera;** длинный брус; конёк двускатной крыши; см. **dintel;** вершина, верх.
cumbumba. [ж.] род кубинского бейсбола.
cume. [м.] (Амер.) младший сын.
cúmel. [м.] кюммель, тминная водка.
cumiar. [перех.] (Амер.) украдкой присваивать чужую вещь.
cumiche. [м.] (Амер.) младший сын.
cumíneo, a. [прил.] похожий на тмин.
cumínico, ca. [прил.] тминный.
cuminoide. [прил.] см. **cumíneo.**
cuminol. [м.] (хим.) тминное эфирное масло.
cumís. [м.] кумыс.
cumpa. [м.] (Амер.) кум, друг, товарищ; см. **padrino.**
cúmplase. [м.] формула, содержащаяся в судебном документе и дающая право на принудительное исполнение.
cumpleaños. [м.] день рождения.
cumplidamente. [нареч.] вполне, полностью, целиком, совершенно.
cumplidero, ra. [прил.] соответствующий, подходящий; истекающий (о сроке).
cumplido, da. [страд. прич.] к **cumplir** и [прил.] совершившийся, законченный, совершенный, выполненный; просторный, широкий; обильный; истёкший, минувший, прошедший; вежливый, учтивый, воспитанный; [м.] комплимент; вежливость; [множ.] церемонии: * sin cumplidos, без церемоний; * decir cumplidos, andar con cumplidos, церемониться.
cumplidor, ra. [прил.] исполняющий; [сущ.] исполнитель, (-ница).
cumplimentador, ra. [прил.] приветствующий, поздравляющий, (тж. сущ.)
cumplimentar. [перех.] поздравлять с...; приветствовать с...; хвалить за...; (юр.) исполнять, приводить в исполнение.
cumplimentero, ra. [прил.] преувеличенно учтивый, вежливый (тж. сущ.).
cumplimiento. [м.] исполнение; выполнение, осуществление, совершение, окончание; комплимент; совершенство: * de или por cumplimiento, из вежливости;* sin cumplimientos, без церемоний.
cumplir. [перех.] исполнять, совершать; выполнять, осуществлять; приводить в исполнение; завершать, заканчивать; исполняться (о годах); снабжать, оказывать помощь; [неперех.] исполнять, выполнять (долг и т. д.); закончить (службу); отбыть (срок); соответствовать, годиться, подходить; (уст.) быть достаточным: **cumplirse,** [возв. гл.] осуществляться; оканчиваться, истекать (о сроке): * por cumplir, из вежливости, из приличия; * no cumplir con los amigos, плохо обойтись с друзьями; * no cumplir con su deber, не исполнить своего долга.
cumquibus. [м.] (разг.) деньги, богатство.
cumucho. [м.] (Амер.) куча; большое количество; домишко, хижина.
cumulador, cumular, cumulativamente, см. **acumulador, acumular, acumulativamente.**
cumulativo, va. [прил.] см. **acumulativo.**
cúmulo. [м.] куча, груда, скопление; большое количество; (прям.) и (перен.) нагромождение; кучевые облака.
cumulonimbo. [м.] кучево-дождевые облака.
cuna. [ж.] колыбель, люлька (тж. перен.); детский приют, воспитательный дом; мостик из двух канатов с положенными поперёк них досками; (перен.) родина, отечество; род, семья; начало, происхождение; пространство между рогами быка и т. д.: * casa cuna, детские ясли; * cuna colgante, висячая люлька.

cunaguara. [ж.] (Амер.) (зоол.) самка **cunaguaro.**
cunaguaro. [м.] (Амер.) (зоол.) название свирепого хищного животного.
cunar. [перех.] см. **cunear.**
cuncuna. [ж.] (Амер.) дикий голубь; род шелковичного червя.
cuncuno, na. [прил.] (Амер.) без хвоста, куцый.
cuncho. [м.] (Амер.) осадок, подонки.
cunda. [м.] (разг.) (Амер.) весёлый малый, весельчак.
cundango. [м.] (вул.) (Амер.) женоподобный мужчина.
cundeamor. [м.] какао низкого сорта; см. **cundiamor.**
cundiamor. [м.] (Амер.) вид квамоклита.
cundido, da. [страд. прич.] к **cundir;** [м.] приправа из соли, оливкового масла и уксуса; то, что дети едят вместе с хлебом.
cundidor, ra. [прил.] легко распространяющийся и т. д.
cundiente. [дейст. прич.] к **cundir.**
cundir. [перех.] (прям.) (перен.) распространяться, передаваться, разрастаться, размножаться.
cundir. [перех.] (обл.) приправлять.
cunear. [перех.] качать укачивать, убаюкивать; **cunearse,** [возв. гл.] (разг.) качаться.
cuneco, ca. [м. и ж.] (Амер.) младший сын, младшая дочь.
cuneifoliado, da. [прил.] (бот.) клинолистный.
cuneiforme. [прил.] клинообразный: * escritura cuneiforme, клинопись.
cuneo. [м.] укачивание, баюкание.
cúneo. [м.] (воен.) клинообразный порядок.
cunera. [ж.] женщина, укачивающая инфантов.
cunero, ra. [сущ. и прил.] найдёныш, воспитанник приюта, подкидыш; кандидат правительства, неизвестный в избирательном округе; [прил.] (тавр.) неизвестного происхождения.
cuneta. [ж.] придорожная канава, кювет; сточная канава.
cunícola. [ж.] кролиководческий.
cunicular. [прил.] (зоол.) похожий на кролика.
cunicultor, ra. [прил.] занимающийся кролиководством; [сущ.] кроликовод.
cunicultura. [ж.] кролиководство, разведение кроликов как отрасль животноводства.
cunita. [ж. умен.] к **cuna:** * cunita suspendida, висячая люлька.
cunyo. [м.] колумбийский барабан.
cuña. [ж.] клин; сорт брусчатки; (анат.) клин, клиновидная кость: * meterse de cuña, проникать, вкрадываться.
cuñada. [ж.] свояченица; невестка; золовка.
cuñadía. [ж.] свойство.
cuñado. [м.] шурин; зять; деверь; свояк.
cuñar. [перех.] см. **acuñar.**
cuñete. [м.] бочонок.
cuño. [м.] чекан, штемпель, штамп, печать; отпечаток чекана, штампа; (перен.) отпечаток, след; (воен.) см. **cúneo:** * de nuevo cuño, по новой моде, новейший, модный.
cuociente. [м.] (мат.) см. **cociente.**
cuodlibetal, cuodlibético, ca. [прил.] к **cuodlibeto.**
cuodlibeto. [м.] дискуссия по научному вопросу; диссертация; шутка; насмешка; прибаутка.
cuota. [ж.] доля, часть; членский или налоговый взнос; такса: * cuota de ingreso, вступительный взнос; * soldado de cuota,

солдат, заплативший деньги за сокращение срока своей службы.
cuotidianamente. [**нареч.**] повседневно, ежедневно, см. cotidianamente.
cuotidiano, na. [**прил.**] см. cotidiano.
cupay. [м.] (Амер.) демон, бес.
cupé. [м.] двухместная карета; (ж.-д.) купе.
cupido. [м.] волокита, женолюб, селадон; (бот.) кубинский куст.
cuplé. [м.] (гал.) куплет, песенка.
cupletista. [ж.] (гал.) исполнительница песен, куплетистка.
cupo. [м.] доля, пай, взнос.
cupón. [м.] купон (ценных бумаг).
cupresíneas. [ж. множ.] (бот.) кипарисовые (подсемейство).
cupresino, na. [**прил.**] (бот.) кипарисовый.
cúprico, ca. [**прил.**] медный.
cuprífero, ra. [**прил.**] медный, содержащий медь.
cuprificación. [ж.] (хим.) придание свойств меди.
cuprificar. [**перех.**] (хим.) придавать чему-л свойства меди.
cuprita. [ж.] (мин.) куприт.
cuproníquel. [м.] (разг.) монета из сплав меди и никеля.
cuproso, sa. [**прил.**] (хим.) медный, содержащий медь.
cupróxido. [м.] (хим.) окись меди.
cúpula. [ж.] купол; (воен.) (мор.) вращающаяся броневая башня, бронекупол; (бот.) плюска.
cupulado, da. [**прил.**] (бот.) плюсковидный, плюсконосный.
cupular. [**прил.**] (бот.) плюсковидный.
cupulífero, ra. [**прил.**] (бот.) буковый; [ж. **множ.**] (бот.) буковые.
cupulino. [м.] (арх.) башенка на куполе, фонарь.
cuque. [м.] (Амер.) солдат.
cuquear. [**перех.**] (Амер.) см. azuzar.
cuquera. [ж.] см. gusanera.
cuquería. [ж.] хитрость, лукавство; притворство.
cuquero, ra. [м. и ж.] хитрый, лукавый человек, плут.
cuquillo. [м.] кукушка (птица).
cura. [м.] приходский священник; (вообще) священник; (разг.) католический священник: * cura párroco, приходский священник; * cura económo, викарий; * este cura, (разг.) я.
cura. [ж.] выздоровление, исцеление; лечение; метод лечения; курс лечения; * tener cura, быть излечимым; * ponerse en cura, лечиться; * no tener cura, быть неисправимым.
curabilidad. [ж.] излечимость.
curable. [**прил.**] излечимый.
curaca. [м.] (Амер.) кацик; влиятельный, богатый человек, см. cacique.
curaca. [ж.] (Амер.) экономка священника.
curacazgo. [м.] (Амер.) сан, положение curaca; территория, подвластная curaca.
curación. [ж.] выздоровление, исцеление; лечение.
curacha. [ж.] филиппинский танец (сорт болеро).
curadero. [м.] белильня.
curadillo. [м.] см. bacalao.
curado, da. [**страд. прич. прил.**] (перен.) выздоровевший, закалённый; излечившийся (от недостатка); (Амер.) пьяный: * estar curado de espantos, ничего не бояться.
curador, ra. [**прил.**] заботящийся, ухаживающий за...; наблюдающий за больным; [м. и ж.] управляющий, лечащий врач; попечитель, (-ница); опекун, (-ша); отбельщик, (-ица), белильщик, (-ица) полотен; заготовщик, (-ица) рыбы, мяса.

curaduría. [ж.] опекунство, опека.
curagua. [ж.] (Амер.) сорт чилийской кукурузы.
curaguilla. [ж.] (Амер.) (бот.) сорго.
caramagüey. [м.] (Амер.) вид кендыря.
curandería. [ж.] знахарство.
curanderil. [**прил.**] (разг.) знахарский.
curanderismo. [м.] знахарство.
curandero, ra. [м. и ж.] знахарь, (-рка).
curanto. [м.] (Амер.) кушанье из ракушек, мяса и овощей.
curapotras. [м.] (разг.) ветеринар.
curar. [**неперех.**] выздоравливать, (тже. возв. гл.); заботиться о... (тже. возв. гл.); лечить; исцелять, излечивать, ухаживать за больным; коптить (окорок и т. д.); солить (рыбу); заготавливать впрок; дубить, выделывать кожи; выдерживать (лес); отбеливать (полотно); (перен.) исцелять (душу); устранять зло; **curarse** [**возв.**] лечиться; выздоравливать: * curar de, заботиться о...; * curarse en salud, быть предусмотрительным.
curare. [м.] кураре (растительный яд).
curasao. [м.] кюрасо (ликёр).
curatela. [ж.] попечительство, опекунство, опека.
curativa. [ж.] метод лечения.
curativo, va. [**прил.**] целебный, целительный.
curato. [м.] сан приходского священника; церковный приход.
curazao. [м.] см. curusao.
cúrbana. [ж.] кубинское дикое дерево.
curbaril. [м.] (бот.) бобовое растение.
curca. [ж.] (Амер.) горб.
curco, ca, curcucho, cha. [**прил.**] (Амер.) горбатый.
curculio. [м.] (зоол.) научное название долгоносика.
curculiónido, da. [**прил.**] (зоол.) похожий на долгоносика.
curculioniforme. [**прил.**] (зоол.) в форме долгоносика.
cúrcuma. [ж.] (бот.) куркума.
curcumáceo, a. [**прил.**] (бот.) похожий на куркуму.
curcuncha. [ж.] (Амер.) горб.
curcuncho, cha. [**прил.**] (Амер.) горбатый; глупый, неловкий; раздражённый.
curcur. [м.] (Амер.) бульканье.
curcusilla. [ж.] см. rabadilla.
curcutear. [**перех.**] (Амер.) отыскивать.
curda. [ж.] (разг.) см. borrachera: * coger una curda, напиться.
curdo, da. [**прил.**] курдский; [м. и ж.] курд, (-янка).
curel. [м.] (Амер.) см. jurel.
cureña. [ж.] (воен.) лафет, станок; цевьё ложи (ружейной): * a cureña rasa, (воен.) без прикрытия; (перен.) под открытым небом.
cureñaje. [м.] (воен.) совокупность лафетов.
curesca. [ж.] шерстяные очёски.
cureta. [ж.] (хир.) кюретка (ложка для выскабливания).
curetaje. [м.] (хир.) выскабливание.
curetuí. [м.] (Амер.) некоторая птичка.
curí. [м.] (Амер.) (бот.) вид хвойного дерева.
curí. [м.] (Амер.) морская свинка; [ж.] (Амер.) очень плодородная женщина.
curia. [ж.] (ист.) курия; папская курия; суд, судебная палата; судейское сословие; забота, старание; (уст.) см. corte: * curia romana, римская курия.
curí. [ж.] (Амер.) морская свинка (самка); морская свинка.
curí. [ж.] (Амер.) напиток из батата.
curial. [**прил.**] куриальный; [м.] судейский

чиновник; писец; [**множ.**] судейское сословие.
curialesco, ca. [**прил.**] (преза) судейский, адвокатский.
curiana. [ж.] (зоол.) таракан.
curiara. [ж.] гребная и парусная индейская пирога.
curibay. [м.] (Амер.) род сосны.
curiche. [**прил.**] (Амер.) темнокожий (тже. сущ.) [м.] (Амер.) болото, трясина; лужа.
curiel. [м.] (зоол.) морская свинка.
curiela. [ж.] (Амер.) морская свинка (самка); очень плодородная женщина.
curieterapia. [ж.] радиотерапия, рентгенотерапия.
curieterápico, ca. [**прил.**] радиотерапевтический.
curinga. [ж.] (Амер.) мелкая кража или подлог.
curiosamente. [**нареч.**] с любопытством; старательно; чисто.
curiosear. [**неперех.**] любопытствовать, всюду совать свой нос; вмешиваться не в свои дела.
curiosidad. [ж.] любопытство; любознательность; чистота, опрятность, аккуратность, тщательность, особое старание; редкость, достопримечательность.
curiosísimo, ma. [**прил. прев. степ.**] к curioso.
curioso, sa. [**прил.**] любопытный; любознательный, пытливый, интересный; забавный; чистый, опрятный, чистоплотный, аккуратный, старательный; тщательный; [м. и ж.] любопытный, (-ая).
curiquinga. [ж.] (Амер.) весёлый крестьянский танец.
curiquingue. [м.] (Амер.) хищная птица.
curista. [м. и ж.] курортник, (-ица) (на минеральных водах).
curiyú. [м.] (Амер.) боа, удав.
currar. [**перех.**] (арг.) обмануть, надуть, облапошить.
curricán. [м.] (мор.) леса с рыболовным крючком.
curriculum vitae. [м.] (лат.) жизнеописание, автобиография.
currinche. [м.] (арг.) начинающий репортёр.
curripé. [м.] (арг.) взбучка, побои.
curro, rra. [**прил.**] (разг.) нарядный, франтоватый, франтовато одетый; [м.] (обл.) утка.
curruca. [ж.] (орни.) славка.
curruca. [ж.] (обл.) см. jauría.
currucutear. [**неперех.**] (Амер.) ворковать (о голубях).
currucutú. [м.] (Амер.) воркование.
curruchada. [ж.] (Амер.) народный танец.
currucho, cha. [**прил.**] (Амер.) маленького роста (о лошади).
currundungo, ca. [**прил.**] (Амер.) коренастый, толстый, приземистый, малорослый.
currutaco, ta. [**прил.**] франтовато одетый, щегольски; [**сущ.**] щеголь, франт.
currutaquería. [ж.] (разг.) щегольство.
cursadamente. [**нареч.**] см. prácticamente.
cursado, da. [**страд. прич.**] ч cursar [**прил.**] искусный, сведущий в чём-л, осведомлённый в чём-л; опытный.
cursante. [**дейст. прич.**] к cursar.
cursar. [**перех.**] часто посещать, бывать у...; часто делать что-л; посещать лекции; изучать (какую-л науку); дать ход (прошению и т. д.).
cursería. [ж.] претензия на элегантность, поступок или вещь с претензией на элегантность или дурного тона; (разг.) собрание людей или вещей дурного тона с претензией на элегантность.

curseta. [ж.] (зоол.) вид ужа.
cursi. [прил.] (разг.) с претензией на элегантность, (разг.) безвкусный; дурного тона (тж. сущ.).
cursilería. [ж.] см. curserja.
cursilón, na. [прил.] (разг.) увел. к cursi, (тж. сущ.).
cursillista. [м. и ж.] тот, кто принимает участие в кратком подготовительном курсе (в университетах) или в серии лекций.
cursillo. [м.] краткий подготовительный курс (в университетах); серия лекций.
cursivo, va. [прил.] курсивный; [ж.] курсив.
curso. [м.] курс, направление, течение, ход (событий, времени); курс (наук); учебник, курс (лекций); понос: * curso de agua, водный путь; * dar curso a algo, дать ход чему-л; * estar en curso, быть в ходу; находиться в процессе осуществления; * seguir su curso, идти своим чередом.
cursómetro. [м.] измеритель скорости движения поездов.
cursor. [м.] (тех.) кнопка, ходящая в прорезе.
curtición. [ж.] выделывание, дубление кож.
curtidero. [м.] дубильная кора.
curtido, da. [страд. прич.] к curtir; estar curtido en, быть закалённым в чём-л.; [м.] (чаще мн.) выделанные кожи; выделывание, дубление кожи; см. curtidero.
curtidor, ra. [м. и ж.] кожевник, дубильщик.
curtiduría. [ж.] кожевенный завод, дубильня.
curtiembre. [ж.] (Амер.) кожевенный завод.
curtiente. [прил.] дубильный, служащий для дубления кожи (о веществе); [м.] дубитель.
curtimbre. [ж.] см. curtimiento; (соб.) выделанные кожи.
curtimiento. [м.] выделывание, дубление кож.
curtípedo, da. [прил.] (бот.) короткостебельчатый.
curtir. [перех.] выделывать кожи, дубить; (перен.) опалять кожу солнцем; закалять, делать выносливым; curtirse, [возв. гл.] загорать; (перен.) закаляться: * estar curtido en, быть закалённым в чём-л.
curto, ta. [прил.] (обл.) короткий; куцый (о хвосте).
curú. [м.] (Амер.) личинка моли.
curubo. [м.] (Амер.) род вьюнка.
curuca. [ж.] филин-пугач.
curucú. [м.] (Амер.) (орни.) см. quetzal.
curucutear. [неперех.] (Амер.) передвигать; отыскивать.
curucutero, ra. [прил.] (Амер.) пытливый, любопытный.
curuchito. [м.] (Амер.) каморка, лачуга, чулан.
curuchupa. [м. и ж.] (полит.) консерватор.
curuja. [ж.] филин-пугач.
curujey. [м.] (бот.) кубинское паразитическое растение.
curul. [прил.] (ист.) курульный: * silla curul, курульное кресло.
curuma. [ж.] (Амер.) каменная соль (для скота).
curumare. [м.] (Амер.) меланхолический напев индейцев.
curunco, ca. [прил.] (Амер.) белокурый.
curunda. [ж.] (Амер.) колючка колоса маиса.

curupaína. [ж.] (Амер.) индийский музыкальный инструмент.
curupay. [м.] (Амер.) (бот.) род рожкового дерева.
cururasca. [ж.] (Амер.) клубок (ниток).
cururo. [м.] (Амер.) полевая крыса.
curuza. [ж.] (Амер.) ночная птица (род совы).
curva. [ж.] (геом.) кривая (линия): * curva cerrada, крутой поворот.
curvado, da. [прил.] см. arqueado.
curvadura. [ж.] (мед.) ломота.
curvativo, va. [прил.] (бот.) легко изгибающийся.
curvatura. [ж.] кривизна, искривление, изгиб.
curvear. [неперех.] (Амер.) выделывать кренделя (о пьяном и т. д.).
curvicaudo, da. [прил.] (зоол.) с кривым хвостом.
curvicaulo, la. [прил.] (бот.) кривостебельчатый.
curvidad. [ж.] см. curvatura.
curvifoliado, da. [прил.] (бот.) с кривыми листьями.
curvilíneo, a. [прил.] криволинейный.
curvímetro. [м.] (тех.) курвиметр.
curvo, va. [прил.] кривой, согнутый; изогнутый, искривлённый.
cusca. [ж.] опьянение, хмель; (груб.) шлюха; горб.
cusco. [м.] (Амер.) шавка (собака).
cusco, ca. [прил.] (Амер.) горбатый.
cuscungo. [м.] (Амер.) род филина.
cuscurrear. [неперех.] откусывать краюшки хлеба.
cuscurro. [м.] краюшка хлеба.
cuscuta. [ж.] (бот.) повилика.
cuscha. [ж.] (Амер.) водка.
cusir. [перех.] (разг.) неумело шить.
cusma. [ж.] (Амер.) рубашка (индейцев, живущих в лесах).
cuso. [м.] (Амер.) личинка шмеля.
cuspa. [ж.] (Амер.) куст в виде пальмы.
cuspar. [неперех.] (Амер.) бегать за кем-л.
cúspide. [ж.] пик, остроконечная (горная) вершина; остроконечная верхушка, вершина; (мат.) вершина; (перен.) высокий пост.
cuspídeo, a. [прил.] (бот.) остроконечный (о листьях).
cuspidífero, ra. [прил.] (бот.) с кончиками.
custodia. [ж.] хранение; присмотр, попечение; охрана; стража, караул; (церк.) дарохранительница, дароносица.
custodiar. [перех.] хранить, охранять, сторожить, стеречь, караулить.
custodio. [м.] хранитель; сторож; надзиратель; настоятель некоторых монашеских орденов: angel custodio, ангел-хранитель.
cusubé. [м.] (Амер.) сладкое из маниоки.
cusuco. [м.] (Амер.) (зоол.) броненосец.
cusuco. [м.] (Амер.) см. zambomba.
cusumbe, cusumbo. [м.] (Амер.) носуха.
cusumbosolo. [м.] (Амер.) мизантроп, человеконенавистник.
cususa. [ж.] (Амер.) тростниковая водка.
cuta. [ж.] (Амер.) (чаще мн.) ложь, враки.
cutacha. [ж.] см. cutache; [мн.] башмаки.
cutache. [м.] (Амер.) длинный прямой нож.
cutama. [ж.] (Амер.) мешок с домашними вещами; неуклюжий человек.
cutamedo, a. [прил.] (анат.) (на)кожный.
cutara. [ж.] шлёпанец.
cutarazo. [м.] (Амер.) удар шлёпанцем.
cutarear. [неперех.] (Амер.) шлёпать (туфлями).
cutarera. [ж.] (Амер.) женщина низкой среды.

cutarra. [ж.] домашняя туфля.
cutarrear. [неперех.] (Амер.) красть.
cutarro. [м.] (Амер.) см. cutara; грубый сосуд.
cute. [м.] (Амер.) чесотка; лишай.
cute. [м.] (Амер.) глоток ликёра.
cúter. [м.] (мор.) тендер (одномачтовая парусная яхта).
cutero, ra. [прил.] (Амер.) лгущий.
cutete. [м.] (Амер.) название разных пресмыкающихся.
cutí. [м.] тик (ткань).
cutícola. [ж.] живущий под кожей.
cuticolor. [прил.] кожного цвета.
cutícula. [ж.] (анат.) кожица; эпидермис, кожный покров; кутикула.
cuticular. [прил.] кожный; плёночный.
cutidero. [м.] битьё, хлопанье.
cutio. [м.] физический труд, чёрная работа.
cutir. [перех.] бить, ударять, ушибать.
cutirreacción. [ж.] (мед.) кожная реакция.
cutis. [м. и ж.] кожа (преимущ. человеческого лица): * cutis anserina, гусиная кожа.
cutitis. [ж.] (пат.) воспаление кожи.
cuto, ta. [прил.] (Амер.) однорукий, безрукий, безногий.
cutoso, sa. [прил.] (Амер.) чесоточный.
cutral. [прил.] мясной, предназначенный для убоя (о старом скоте), (тж. сущ.).
cutrana. [ж.] (Амер.) хитрость (при игре); удача.
cutre. [ж.] (Амер.) грязь, нечистота; жирная, липкая грязь.
cutre. [прил.] скупой; [сущ.] скупец, скряга.
cutroso, sa. [прил.] (Амер.) грязный, нечистый.
cutuco. [м.] (Амер.) тыква (плод); кусок съедобной вещи.
cutucues. [ж. мн.] (Амер.) утварь (бедных людей).
cutucho, cha. [прил.] (Амер.) однорукий, безрукий.
cutupa. [ж.] (Амер.) кусок ствола дерева.
cutuqui. [м.] (Амер.) (бот.) вид лианы.
cutusa. [ж.] (Амер.) род горлицы.
cuy. [м.] (Амер.) морская свинка.
cuya. [ж.] (Амер.) сосуд из плода тыквы.
cuyá. [м.] кубинское дерево.
cuya. [ж.] (Амер.) самка морской свинки; (перен.) плодовитая женщина.
cuyabra. [ж.] (Амер.) см. cuya (сосуд).
cuyaya. [ж.] (Амер.) народный танец.
cuyo, ya. [относ. мест.] который, чей: * la persona, cuyo hijo conozco, человек, сына которого я знаю; [м.] (разг.) любовник.
cuyují. [ы.] (Амер.) твёрдый камень.
cuyví. [м.] мексиканская флейта высокого тона.
cuza. [ж.] (обл.) сучка.
cuzca. [ж.] (Амер.) проститутка, публичная женщина, (груб.) шлюха.
cuzco. [м.] (Амер.) шавка (собака).
cuzco, ca. [прил.] (Амер.) горбатый; лакомый, любящий лакомства; назойливый, (тж. сущ.).
cuzcuz. [м.] см. alcuzcuz.
cuzma. [ж.] (Амер.) одежда без рукавов (индейцев, живущих в горах).
cuzo. [м.] (обл.) шавка (собака).
cuzque. [прил.] (Амер.) чёрного цвета, чёрный.
cuzquear. [перех.] (Амер.) ухаживать (за женщиной); домогаться любви.
cuzquero, ra. [прил.] (Амер.) распутный; [м.] распутник.
Czar. [м.] царь, см. zar.
Czarevitz. [м.] царевич, сын царя, см. zarevich.
Czariano, na. [прил.] царский, см. zariano.
Czarina. [ж.] царица, см. zarina.

Dd

D, d. 5-я буква испанского алфавита.
dable. [прил.] возможный, исполнимый, осуществимый.
daca. [стяжение da и acá]. дай сюда: * andar al daca y toma, спорить.
daciano, na. [прил. и сущ.] вор, (-овка) детей.
dación. [ж.] (юр.) сдача, дейст. к dar.
dacriadenalgia. [ж.] (пат.) боль в слезной железе.
dacriadenitis. ж. (хир.) воспаление слезной железы.
dacragogo, ga. [прил.] (мед.) слезогонный.
dacriocistitis. [ж.] (хир.) воспаление слезного мешка.
dacrioideo, a. [прил.] (бот.) похожий на слезу (о семенах).
dacriolita. [ж.] (мед.) слезный камень.
dacriolito. [м.] (мед.) конкремент в слезных путях.
dacrioma. [м.] (пат.) слезотечение вследствие заращения слезной точки.
dacrionoma. [ж.] едкая язва в слезных путях.
dacriopo. [м.] (мед.) опухоль в слезных путях.
dacriorrea. [ж.] (мед.) хроническое слезотечение.
dacriorreico, ca. [прил.] относящийся к хроническому слезотечению.
dactilado, da. [прил.] пальцевидный, пальцеобразный.
dactilar. [перех.] пальцевой.
dactílico, ca. [прил.] (лит.) дактилический.
dactilífero, ra. [прил.] (зоол.) с пальцами.
dactiliforme. [прил.] (арх.) пальмовидный.
dactilino, na. [прил.] (зоол.) пальцевидный.
dactilitis. [ж.] (хир.) воспаление пальца.
dáctilo. [м.] (лит.) дактиль.
dactilografía. [ж.] дактилография, переписка на (пишущей) машинке.
dactilografiar. [перех.] переписывать на (пишущей) машинке.
dactilográfico, ca. [прил.] дактилографический.
dactilografista. [м. и ж.] тот, кто пишет на машинке, машинистка.
dactiloide. [прил.] пальцеобразный, пальчатый.
dactilolalia, dactilología. [ж.] дактилология, язык пальцев.
dactilológico, ca. [прил.] дактилологический.
dactilorrizo, za. [прил.] (бот.) с пальцеобразным корнем.
dactiloscopia. [ж.] дактилоскопия.
dactiloscópico, ca. [прил.] дактилоскопический.
dactilozoide. [м.] (зоол.) дактилозоид.
dadaísmo. [м.] (лит.) (иск.) дадаизм.

dádiva. [ж.] дар, подарок.
dadivar. [перех.] подарить.
dadivado, da. [прил.] (м. употр.) подкупленный.
dadivosamente. [нареч.] щедро и т. д.
dadivosidad. [ж.] щедрость.
dadivoso, sa. [прил.] щедрый.
dado, da. [страд. прич.] к dar; данный, склонный, пристрастившийся к: * dado que, так как, ввиду того, что; если; в случае, если.
dado. [м.] кость (игральная); (тех.) подшипник; (арх.) пьедестал (колонны): * cargar los dados, подделывать игральные кости; * conforme diere el dado, смотря по обстоятельствам, как выйдет; * dar или echar el dado, falso, обманывать; * correr el dado, иметь удачу.
dador, ra. [прил. и сущ.] дающий, (-ая); [м. и ж.] податель, (-ница); (ком) трассант, векселедатель.
dafnáceo, a. [прил.] похожий на лавр.
dafne. [м.] (бот.) лавр.
daga. [ж.] кинжал (с широким клинком).
daga. [ж.] ряд кирпича, помещающийся в печи.
dagal. [м.] (обл.) см. zagal.
dagamal. [м.] (Амер.) лес из dagames.
dagame. [м.] кубинское дикорастущее дерево.
dagazo. [м.] удар кинжалом (daga).
dagón. [м.] увел. к daga.
daguerrotipar. [перех.] делать снимок дагерротипией.
daguerrotipia. [ж.] дагерротипия.
daguerrotipo. [м.] дагерротип.
daguilla. [ж.] вязальная спица.
daguilla. [ж.] кубинское дикое дерево.
daifa. [ж.] наложница, любовница.
dajao. [м.] (Амер.) речная съедобная рыба.
dala. [ж.] (мор.) шпигат.
dalaga. [ж.] (Филип.) незамужняя девушка.
dalai-lama. [м.] далай-лама.
dale. [м.] (Амер.) детская игра.
dalia. [ж.] (бот.) георгин, далия.
dalia. [ж.] (в Марокко) виноградник.
dálmata. [прил.] далматский; [м. и ж.] далматинец, (-ка).
dalmática. [ж.] (ист.) далматика (мантия); (церк.) стихарь.
dalmático, ca. [прил.] см. dálmata; [м.] мёртвый далматинский язык.
daltoniano, na. [прил.] страдающий дальтонизмом; [м. и ж.] дальтоник.
dalla. [ж.] (обл.) (с-х) коса.
dallador, ra. [м. и ж.] косарь, тот, кто косит траву.
dallar. [перех.] (с-х.) косить траву.
dalle, dallo. [м.] (с-х.) коса.

dama. [ж.] дама; придворная дама; (театр.) героиня; наложница, любовница; старинный испанский танец; (шахм.) ферзь, королева; (в шашках) дамка; [множ.] игра в шашки: * dama cortesana, проститутка; * dama de honor, придворная дама, фрейлина; * dama joven, героиня; * juego de damas, игра в шашки.
dama. [ж.] порог (доменной печи).
dama. [ж.] (зоол.) лань, см. gamo.
damaceno, na. [прил.] см. damasceno.
damajuana. [ж.] оплетённая бутыль.
damasana. [ж.] (Амер.) см. damajuana.
damascado, da. [прил.] см. adamascado.
damasceno, na. [прил.] дамасский; [м. и ж.] уроженец, (-ка) Дамаска.
damasco. [м.] камка (шёлковая узорчатая ткань); сорт абрикоса.
damasina. [ж.] см. damasquillo.
damasquilla. [ж.] (Амер.) (бот.) бархатцы.
damasquillo. [м.] ткань, похожая на камку; (обл.) абрикос.
damasquina. [ж.] (бот.) бархатцы.
damasquinado. [м.] золотая или серебряная насечка (на оружии и т. д.).
damasquinador, ra. [прил.] вытравляющий золотые или серебряные узоры на стальных изделиях (тж. сущ.).
damasquinar. [перех.] вытравлять золотые или серебряные узоры на стальных изделиях.
damasquino, na. [прил.] см. damasceno; камчат(н)ый, из damasco (ткань).
damería. [ж.] жеманная нежность; (перен.) сомнение (в правильности поступка, поведения).
damero. [м.] шашечница, шашечная доска.
damesana, damezana. [ж.] (Амер.) большая оплетённая бутыль.
damisela. [ж.] барышня с претензиями; куртизанка.
damnación. [ж.] (уст.) см. condenación.
damnificación. [ж.] повреждение; ущерб.
damnificado, da. [страд. прич.] к damnificar; [прил.] повреждённый.
damnificador, ra. [прил.] вредный, повреждающий; причиняющий ущерб (тж. сущ.).
damnificar. [перех.] наносить, причинять ущерб; повреждать, портить.
dancing. [м.] (англ.) дансинг.
dandi. [м.] (неол.) денди, щёголь.
dandi. [м.] (Амер.) типун (болезнь птиц).
dandismo. [м.] (неол.) дендизм.
danés, sa. [прил.] датский; [м. и ж.] датчанин, (-ка); [м.] датский язык.
dango. [м.] (орни.) см. plango.
dánico, ca. [прил.] датский.

daniel. [м.] (Амер.) игра в игральные кости.

daniense. [м.] (геол.) датский ярус верхнего отдела меловой системы; [прил.] к этому датскому ярусу.

danta. [ж.] лось; тапир.

dante. [дейст. прич.] к dar, дающий.

dante. [м.] (зоол.) см. ante.

dantesco, ca. [прил.] дантовский.

dantista. [м. и ж.] знаток или истолкователь данте.

danto. [м.] (Амер.) птица, живущая в Центральной Америке; сорт кнута из лосиной кожи.

danubiano, na. [прил.] дунайский.

danza. [ж.] танец; балет; пляска, пляс; совокупность танцоров, танцующие; хабанера (танец); подозрительное дело: *danza de arcos, см. arcada; *danza hablada, танец со шпагами; (перен.) ссора; драка; бой; *meterse en danza de espadas, вмешиваться в драку; *meter en danza, вмешать кого-л в подозрительное дело; *¡siga la danza! бодро вперёд!

danzado, da. [страд. прич.] к danzar; [м.] танец, пляска, пляс; совокупность танцоров, танцующие.

danzador, ra. [прил.] танцующий; [м. и ж.] танцовщик (-щица); танцор, (-ка); плясун, (-ья).

danzante. [м. и ж.] танцор, (-ка), тот, кто принимает участие в народном танце; (перен.) (разг.) ловкий, хитрый человек, делец; см. botarate.

danzar. [неперех.] танцевать, плясать; быстро двигаться, прыгать, сновать; вмешиваться в дело.

danzarín, na. [м. и ж.] танцовщик, (-ица); см. chafandín.

danzomanía. [ж.] (мед.) хорея, виттова пляска.

danzón. [м.] сорт хабанеры.

danzonear. [неперех.] (Амер.) танцевать данзон.

dañable. [прил.] вредный, приносящий вред, ущерб, убыточный; достойный порицания; см. culpable.

dañado, da. [страд. прич.] к dañar, испорченный, повреждённый; [прил.] злодейский, злой, окаянный, проклятый; (обл.) прокажённый.

dañador, ra. [прил.] зловредный; вредный, приносящий вред (тже. сущ.).

dañar. [перех.] вредить, наносить вред, повреждать, портить; наносить ущерб; причинять убыток; развращать (тже. возв. гл.); приговаривать.

dañero, ra. [м. и ж.] (Амер.) тот, кто умеет сглазить и т. д.

dañino, na. [прил.] вредный, гибельный, опасный, зловредный.

daño. [м.] вред, ущерб, убыток, урон: *daños y perjuicios, (юр.) возмещение убытков; *en daño de, во вред, в ущерб; *hacer daño a alguien, обидеть; причинять боль.

dañosamente. [нареч.] вредно.

dañoso, sa. [прил.] вредный.

dapiferato. [м.] (уст.) см. стольника.

dapífero. [м.] (ист.) стольник.

daque. [прил.] (обл.) см. alguno, na.

dar. [перех.] давать; вручать; даровать; давать, предоставлять; доставлять, причинять, вызывать; передавать, давать, устраивать; вносить, приносить; выказывать, проявлять; обмазывать, покрывать (жиром и т. д.), пропитывать чем-л; выдавать; раздавать; объявлять, считать; отпускать; наносить (пощёчину и т. д.); бить (о часах); [неперех.] настаивать, упорствовать; попадать; попасться; выходить (об окнах); падать; заставлять, побуждать, ударить по; стукнуться о...; darse [возв. гл.] сдаваться; предаваться, пристраститься; приписывать себе; выдавать себя за...; считаться; приносить плоды; бывать; давать друг другу: *dar de palos, бить, колотить кого-л; *dar a luz, производить на свет, родить; *dar a la luz, опубликовывать, печатать, выпускать в свет (произведение); *este árbol da sombra, это дерево даёт тень; *dar un concierto, дать концерт; *dar permiso, разрешать; *dar apetito, возбуждать аппетит; *dar señales de fatiga, выказывать признаки усталости; *dar fiebre, вызвать лихорадку, повышение температуры; *dar sed, вызывать жажду; *dar lástima, внушать жалость; *dar gusto, доставлять удовольствие; *dar una bofetada, дать пощёчину; *dar un beso, поцеловать; *dar caza a..., преследовать; *dar lectura, зачитать, огласить; *dar el pecho, кормить грудью; *dar muerte, убить; *dar los buenos días, пожелать доброго утра; *dar las buenas tardes, пожелать доброго вечера; *dar la razón a, соглашаться с...; *dar miedo, пугать; *dar plenos poderes, облечь полномочиями; *dar un paseo, совершить прогулку; *dar las gracias, благодарить; *dar la enhorabuena, поздравлять; *dar un paso, шагнуть; *dar a conocer, сообщать, дать знать; *dar consigo en el suelo, упасть; *dar con, найти; *dar comienzo, начать, положить начало; *dar de bruces, падать навзничь; *dar en la trampa, попасть в западню (перен.) попасться; *dar con uno en tierra, повалить на землю; *dar en el blanco, попадать в цель; *dar en cara, упрекать; *dar contra la pared, удариться о стену; *dar al jardín, выходить в сад (об окнах); *dar cuenta de, дать отчёт в чём-л; *dar que pensar, заставить подумать, задуматься; *dar a entender, дать понять; *dar lugar a, дать повод; *darse cuenta, давать себе отчёт; *dársele a uno poco de, не считаться вовсе с чем-л; *dar un golpe, нанести удар; *darse por vencido, сдаваться; *dar de alta, вносить в список; выписывать на работу (после болезни); *dar de baja, вычеркнуть из списка, списать со счёта; давать больничный лист; *darse a los demonios, рассердиться; *dar de mano, прекращать; останавливать; *¡qué más da! не всё ли равно!; *dale! ещё!; *donde las dan las toman, нашла коса на камень; *darse por muerto, считаться погибшим; *darse prisa, спешить; *darse preso, сдаться в плен; [непр. гл.] ind. pres: doy, das, da, и т. д. pret. indef.: di, diste, dió, dimos, disteis, dieron; subj. pres: dé, des, dé, demos, deis, den; imperf.: diera o diese, и т. д.

dardabasí. [м.] лунь (хищная птица).

dardada. [ж.] удар дротиком и т. д.

dardanio, nia, dárdano, na. [прил.] см. troyano.

dardo. [м.] дротик, короткое копьё; плотва, плотица (рыба); жало (насекомых); (перен.) колкость.

dares y tomares. [м. множ.] (разг.) приход и расход; спор, пререкания.

darico. [м.] старинная персидская монета.

dársena. [ж.] внутренняя гавань.

darviniano, na. [прил.] дарвиновский.

darvinismo. [м.] дарвинизм.

darvinista. [прил.] см. darviniano; [м. и ж.] дарвинист, (-ка).

dasianto, ta. [прил.] (бот.) снабжённый пушком.

dasicarpo, pa. [прил.] (бот.) мохнатоплодный.

dasifilo, la. [прил.] (бот.) мохнатолистый.

dasímetro. [м.] см. baroscopio.

dasonomia. [ж.] лесоводство.

dasonómico, ca. [прил.] лесоводческий.

dasótica. [ж.] часть лесоводства, изучающая хранение лесов.

data. [ж.] название разновидности сливы.

data. [ж.] дата; (бух.) актив; отверстие и водохранилища: *de larga data, давно прошедший.

datar. [перех.] датировать, проставлять число; (бух.) заносить в актив; [неперех.] начинаться, считаться от...

dataría. [ж.] римская канцелярия.

datario. [м.] начальник папской канцелярии.

dátil. [м.] финик; [множ.] (разг.) пальцы: *dátil de mar, съедобный моллюск.

datilado, da. [прил.] похожий на финик.

datilera. [ж.] (бот.) финиковая пальма.

datismo. [м.] ненужное употребление синонимов.

dativo. [м.] (грам.) дательный падеж.

dato. [м.] (чаще множ.) данные, сведения; сведение, справка; документ; свидетельство.

dato. [м.] сановник (у некоторых восточных стран).

datura. [ж.] (бот.) дурман.

daturina. [ж.] (хим.) датурин.

daturismo. [м.] (мед.) отравление организма дурманом.

dauco. [м.] (бот.) зонтичное растение; дикая морковь.

daudá. [ж.] (Амер.) (бот.) см. contrahierba.

davalar. [неперех.] (мор.) отходить, уклоняться от румба.

davídico, ca. [прил.] (библ.) к Давид.

daza. [ж.] сорго.

de. [ж.] название буквы d.

de. [предлог.] (указывает) предмет и принадлежность его: *el libro de mi padre, книга моего отца; предмет или явление и его свойство: *grito de alegría, крик радости; место, происхождение: *llegó de Madrid, он приехал из Мадрида; меру, вес, количество чего-л: *un vaso de vino, стакан вина; материал из которого сделан предмет: *un clavo de hierro, железный гвоздь; предмет и его название: *navío de guerra, военный корабль; часть чего-л: *trozo de pan, кусок хлеба; качество, признак, назначение или его профессию: *caballo de batalla, боевой конь; *trabajar de secretario, работать секретарём; *máquina de escribir, пишущая машинка; действие и лицо или предмет его совершающий: *el canto de los pájaros, щебетание птиц; промежуток времени или расстояния: *de aquí a Madrid, отсюда до Мадрида; тема, дело, о котором идёт речь: *hablamos de mi casa, мы говорим о моём доме; предмет и место его нахождения: *casa de la calle mayor, дом на большой улице; время: *de día, днём; *de noche, ночью; образ действия: *beber de un trago, выпить залпом; *vestir de negro, быть одетым в чёрное; дополнение: *es hora de irse, пора уехать; на основе конструкции с de возник. ряд сложных имён: *campo de aviación, аэродром и т. д.; содержание мысли: *deseo de hablar, желание поговорить; возможность или необходимость: *necesidad de obrar, необходимость действовать: *posibilidad de trabajar, возможность работать; явление и его причину: *morir de hambre, умереть с голоду; предлог de входит в состав многих сложных предлогов и во многих адвербиальных выражениях: * alrededor de, вокруг; * de buena gana, охотно; * de intento, преднамеренно; * de repente, внезапно; * de nada, не за что; * de vacaciones, в отпуску; * de pie, стоя; * de un salto, одним прыжком; ¡pobre de mí!, бедный я!; *заменяет союз si*: * de saberlo yo antes, если бы я знал это раньше.

dea. [ж.] (поэт.) богиня.
deacuación. [ж.] обезвоживание.
deambular. [неперех.] разгуливать, прохаживать, прохаживаться, шагать.
deambulatorio. [м.] (арх.) часть готического храма.
dean. [м.] (церк.) декан.
deanato, deanazgo. [м.] (церк.) сан декана.
de audito. [лат. выраж.] по слухам.
debacle. [ж.] (гал.) разгром, крах.
debajero. [м.] (Амер.) нижняя юбка, см. refajo.
debajo. [нареч.] внизу: * debajo de, под.
debate. [м.] спор; обсуждение, прения; бой, борьба; [множ.] дебаты, прения.
debatir. [перех.] спорить, обсуждать, дебатировать, дискутировать, сражаться, бороться.
debe. [м.] (бух.) дебет.
debelación. [ж.] победа с помощью оружий.
debelador, ra. [прил.] побеждающий с помощью оружий (тже. сущ.).
debelar. [перех.] победить с помощью оружий.
deber. [перех.] быть должным, задолжать; быть обязанным чем-л; в конструкциях с инфинитивом глагол deber выражает: 1) необходимость того, что обозначено инфинитивом; 2) вероятность: * deber la vida a alguien, быть обязанным жизнью кому-л; * él no debe nada, он ничего не должен; * debe de, должно быть, вероятно; * debe de haber llegado, он, наверное, приехал; * debe de ser verdad, это, должно быть, правда; * debe usted esperarme, вы должны подождать меня; deberse. [возв. гл.] быть следствием, результатом; * como es debido, как следует, как надо; se debe a, является следствием.
deber. [м.] долг, обязанность; (Амер.) письменная работа, задание (школьное): * es mi deber, я обязан.
debidamente. [нареч.] надлежащим образом, надлежаще, должным образом, как следует.
debido, da. [страд. прич.] к deber: * como es debido, как надо, как следует; * debido a, вызванный, возникающий вследствие, ввиду того, что, вследствие того, что; * a su debido tiempo, в своё время.
debiente. [дейст. прич.]
débil. [прил.] слабый; хилый, немощный, слабосильный; бесхарактерный, слабый; незначительный, мелкий; неспособный.
debilidad. [ж.] слабость, бессилие; хилость; немощность: tener debilidad por, питать слабость к.
debilitación. [ж.] см. debilidad.
debilitadamente. [нареч.] см. débilmente.
debilitador, ra. [прил.] ослабляющий, расслабляющий.
debilitamiento. [м.] см. debilitación.
debilitante. [дейст. прич.] к debilitar, ослабляющий.
debitar. [неперех.] (гал.) (бух.) записывать (тже. возв. гл.).
débilmente. [нареч.] слабо; едва слышно.
debitar. [непех.] (гал.) (бух.) записывать в дебет.
débito. [м.] долг; (бух.) дебет.
debla. [ж.] андалузская народная песня.

debocar. [неперех.] (Амер.) рвать, вырвать.
debrocar. [перех.] (обл.) наклонять (стакан и т. д.).
debut. [м.] (гал.) (театр.) дебют, первое выступление.
debutante. [дейст. прич.] к debutar, начинающий, дебютирующий.
debutar. [перех.] (неол.) дебютировать, впервые выступать; начинать, делать первый шаг.
deca. [приставка, обозначающая] десять.
decabristas. [м. множ.] (ист.) декабристы.
decacanto, ta. [прил.] (бот.) имеющий десять шипов.
decacordo. [м.] старинная арфа.
decada. [ж.] десяток; декада; десятилетие.
decadario, ria. [прил.] декадный, десятидневный.
decadencia. [ж.] упадок, декаданс; падение; распад; упадочность.
decadentado, da. [прил.] имеющий десять зубов.
decadente. [дейст. прил.] к decaer и [прил.] приходящий в упадок; упадочный; см. decaido.
decadentismo. [м.] декадентство.
decadentista. [прил.] декадентский; [м. и ж.] декадент, (-ка).
decaedro. [м.] (геом.) десятигранник.
decaer. [неперех.] приходить в упадок; (мор.) отклоняться от румба, дрейфовать по ветру; [непр. гл.] спрягается как caer.
decagonal. [прил.] (геом.) десятиугольный.
decágono. [прил.] десятиугольный; [м.] десятиугольник.
decagramo. [м.] декаграмм.
decaido, da. [прил.] приходящий в упадок; утративший значение; павший духом.
decaimiento. [м.] см. decadencia.
decalaje. [м.] (тех.) сдвиг, смещение.
decalco. [м.] (де)калькирование, копирование (на кальку).
decalitro. [м.] декалитр.
decálogo. [м.] (рел.) десятословие, совокупность десяти заповедей.
decalvación. [ж.] бритьё (волос) головы.
decalvante. [дейст. прич.] к decalvar; [прил.] (мед.) причиняющий плешивость.
decalvar. [неперех.] брить волосы, голову.
decamérida. [ж.] деление на десять частей.
decámetro. [м.] декаметр.
decampar. [неперех.] (воен.) сниматься с лагеря.
decanato. [м.] деканат; деканство; старшинство.
decania. [ж.] владение или церковь, принадлежащие монастырю.
decano, na. [м. и ж.] декан.
decantación. [ж.] (хим.) декантация, сцеживание, осветление жидкости.
decantador. [м.] (хим.) прибор для декантации.
decantar. [перех.] (хим.) декантировать, осветлять жидкость; сливать (жидкость)
decantar. [перех.] прославлять, воспевать, расхваливать, восхвалять.
decapitación. [ж.] обезглавливание.
decapitador, ra. [прил.] обезглавливающий.
decapitar. [перех.] обезглавливать.
decápodo. пркл. (зоол.) десятиногий; [м. множ.] (зоол.) десятиногие, декаподы.
decapterigio, gia. [прил.] имеющий десять плавников.
decárea. [ж.] мера земли, равная 10 арам.
decasílabo, ba. [прил.] десятисложный (о стихе).
decastilo. [м.] (арх.) фасад (здания), имеющий десять колонн.
decatlón. [м.] (спорт.) десятиборье.
decdec. [м.] (бот.) филиппинское деревце.
decembrista. [м.] (ист.) декабрист.
decena. [ж.] десяток.

decenal. [прил.] десятилетний (о сроке).
decenar. [м.] группа из десяти лиц, десятеро.
decenario, ria. [прил.] десятичный; [м.] десятилетие.
decencia. [ж.] приличие, благопристойность; опрятность, чистоплотность; скромность.
decenio. [м.] десятилетие.
deceno, na. [прил.] десятый, см. décimo.
decentar. [перех.] начинать расходовать; начинать тратить, отрезать первый кусок, первый ломоть; decentarse. [возв. гл.] покрываться язвами (от долгого лежания); [непр. гл.] спрягается как acertar.
decente. [прил.] приличный, пристойный, благопристойный, достойный; подходящий; скромный.
decentemente. [нареч.] прилично, благопристойно; в приличном виде; надлежащим образом.
decenvir. [м.] см. decenviro.
decenviral. [прил.] к децемвир.
decenvirato. [м.] (ист.) децемвират.
decenviro. [м.] (ист.) децемвир.
decepción. [ж.] разочарование.
decepcionar. [перех.] разочаровывать.
deci-. [приставка, обозначающая] десятую часть.
deciárea. [ж.] десятая часть ара.
deciatina. [ж.] десятина, русская мера, равная 2.400 кв. саженям или 1,09 гектара.
decibel [м.] (физ.) децибел (акустическая единица).
decible. [прил.] объяснимый, выразимый.
decideras. [ж. множ.] (разг.) многословие.
decididamente. [нареч.] решительно, смело.
decidido, da. [страд. прич.] к decidir; [прил.] решительный, уверенный, смелый; решённый.
decidir. [перех.] решать, принимать решение; разрешать, покончить; побуждать к чему-л; decidirse [возв. гл.] решаться.
decidor. [прил.] остроумный, весёлый (при разговоре) (тже. сущ.); (уст.) см. trovador.
decigramo. [м.] дециграмм.
decilitro. [м.] децилитр.
décima. [ж.] десятая часть; десятистишие; старинная мелкая монета.
decimacuarta. [прил.] см. decimocuarta.
decimal. [прил.] десятичный; децимальный; к десятина (налог); [м.] десятичная дробь: * sistema (métrico) decimal, десятичная (метрическая) система, * fracciones decimales, десятичные дроби.
decimalidad. [ж.] свойст. к decimalidad.
decimaoctava. [прил.] см. decimoctava.
decimaquinta. [прил.] см. decimoquinta.
decimaséptima. [ж.] см. decimoséptima.
decimasexta. [прил.] см. decimosexta.
decimatercera. [прил.] см. decimotercera.
decimatercia. [прил.] см. decimotercia.
decímetro. [м.] дециметр.
décimo, ma. [прил.] десятый; [м.] десятая часть, доля; [м. и ж.] десятый, (-ая) (по порядку и т. д.).
decimoctavo, va. [прил.] восемнадцатый.
decimocuarto, ta. [прил.] четырнадцатый.
decimonono, na. [прил.] девятнадцатый.
decimonoveno, na. [прил.] девятнадцатый.
decimoquinto, ta. [прил.] пятнадцатый.
decimoséptimo, ma. [прил.] семнадцатый.
decimosexto, ta. [прил.] шестнадцатый.
decimotercero, ra, decimotercio, cia. [прил.] тринадцатый.

deciocheno, na. [прил.] см. dieciocheno.
decipimur specie recti. [лат. выраж.] наружность обманчива.
decir. [перех.] говорить; сказать; высказывать; говорить, произносить; сообщать; звать, называть; соответствовать, подходить; decirse. [возв. гл.] думать; называться: выдавать себя за кого-л; говориться; * decir a la cara, говорить, высказывать в глаза; * decir por decir, говорить зря, лишь бы сказать; * no hay más que decir, ничего не скажешь; * sin decir una palabra, не говоря ни слова; * decir y hacer, быстро делать что-л; * dicho y hecho, сказано-сделано; * se dice, говорят, идут толки; * eso se dice pronto, легко сказать; * propiamente dicho, в собственном смысле; * decir para sí, говорить про себя, тихо; * el que dirán, что скажут люди; * eso no me dice nada, это мне ничего не говорит; * eso quiere decir que, значит; * querer decir, значит; * es decir, то есть; ° decir de nones, decir nones, отрицать; * decir de sí, утверждать; * dar que decir, дать повод к сплетням; * decir cuanto viene a la boca, безудержно говорить; * no decir esta boca es mía, не промолвить (ни) слова, не пикнуть; * no hay que decirlo, само собой разумеется; * dime con quién andas y te diré quién eres, скажи мне, кто твои друзья, и я тебе скажу, кто ты; [неправ. гл.] pres. ind.: digo, dices, dice, etc.; pret. indef.: dije, dijiste, dijo, и т. д.; pres. sub.: diga, digas, и т. д.; imperf.: dijera, dijese, и т. д.; pot.: diría, и т. д.; part. pas.: dicho.
decir. [м.] слово, выражение; заявление: * es un decir, это только слова.
decisión. [ж.] решение, постановление; решимость, смелость: * tomar una decisión, принять решение.
decisivamente. [нареч.] решительно, решительным образом и т. д.
decisivo, va. [прил.] решительный, окончательный; решающий: * momento decisivo, решающий момент.
decisorio, ria. [прил.] (юр.) см. decisivo.
declamación. [ж.] декламация; напыщенная речь.
declamador, ra. [прил.] декламаторский; высокопарный, напыщенный; [сущ.] декламатор; (разг.) краснобай.
declamar. [неперех.] говорить с пафосом, напыщенно, высокопарно; [перех.] декламировать.
declamatoriamente. [нареч.] напыщенно, высокопарно.
declamatorio, ria. [прил.] высокопарный, напыщенный.
declarable. [прил.] подлежащий объявлению.
declaración. [ж.] объявление, заявление, декларация; (юр.) показание: * Declaración de los derechos del Hombre y del Ciudadano, (ист.) декларация прав человека и гражданина; * declaración amorosa, признание в любви; declaración de guerra, объявление войны.
declaradamente. [нареч.] явно, очевидно; с очевидной целью.
declarado, da. [страд. прич.] к declarar: * enemigo declarado, открытый враг.
declarador, ra. [прил.] объявляющий (тж. сущ.)
declarante. [дейст. прич.] к declarar; [м. и ж.] (юр.) подающий заявление, декларацию (об имуществе, доходах и т. д.)

declarar. [перех.] объявлять, заявлять; провозглашать; [неперех.] (юр.) давать показания, свидетельствовать; (юр.) см. resolver: * declarar en contra, (юр.) обвинять, показывать против обвиняемого; declararse. [возв. гл.] обнаруживаться, открываться; объявлять себя; возникать: * declararse а, признаться в любви; открываться.
declarativo, va. [прил.] объяснительный, пояснительный.
declinabilidad. [ж.] склоняемость.
declinable. [прил.] (грам.) склоняемый.
declinación. [ж.] склон, покатость; (перен.) падение, упадок; (астр.) (грам.) склонение; (физ.) отклонение; * declinación magnética, магнитное склонение: * no saber las declinaciones, быть невежественным.
declinador. [м.] (физ.) деклинатор; буссоль склонения.
declinante. [дейст. прич.] к declinar; [прил.] (физ.) отклоняющийся (о плоскости).
declinar. [неперех.] опускаться, склоняться; отклоняться; уменьшаться, ослабевать; (перен.) клониться к...; быть на ущербе; идти к упадку; [перех.] отклонять, отвергать что-л, отказываться от...; (грам.) склонять.
declinatoria. [ж.] (юр.) заявление о передаче дела в высшую инстанцию.
declinatorio. [м.] ориентир-буссоль.
declinómetro. [м.] (физ.) деклинометр.
declive. [м.] склон, скат; наклон, покатость; спуск, откос, наклонная плоскость: * en declive, наклонный.
declividad. [ж.] declivio. [м.] см. declive.
decocción. [ж.] отвар, декокт; отваривание, изготовление отвара; (мед.) ампутация.
decoctivo, va. [прил.] (мед.) см. digestivo.
decoloración. [ж.] обесцвечивание.
decolorante. [прил.] обесцвечивающий; [м.] обесцвечивающее средство.
decolorar. [перех.] обесцвечивать, делать бледным (тж. возв. гл.)
decomisar. [перех.] конфисковать, накладывать арест.
decomiso. [м.] конфискация.
decoración. [ж.] украшение; декорирование; украшение, убранство; (театр.) декорация, декорации.
decoración. [м.] дейст. к читать хором или наизусть.
decorado, da. [страд. прич.] к decorar; [м.] украшение, декорирование.
decorador. [м.] декоратор.
decorar. [перех.] украшать, декорировать; см. condecorar.
decorar. [перех.] читать хором; читать наизусть; см. silabear.
decorativo, va. [прил.] украшающий, декоративный.
decoro. [м.] декорум, внешнее приличие; благопристойность; почёт, честь, уважение; скромность; достоинство, чувство достоинства; (арх.) украшение по архитектурным правилам: * guardar el decoro, сохранить декорум, соблюсти приличия.
decorosamente. [нареч.] прилично, благопристойно и т. д.
decoroso, sa. [прил.] приличный, (благо)пристойный; честный; достойный; скромный; пользующийся почётом, уважением.
decrecencia. [ж.] уменьшение, падение, убывание.
decrecer. [неперех.] убывать, уменьшаться, идти на убыль; (с)падать; [непр. гл.] спрягается как crecer.
decreciente. [дейст. прич.] к decrecer, убывающий, снижающийся, нисходящий.

decrecimiento. [м.] уменьшение; убыль, падение.
decremento. [м.] падение, уменьшение, сокращение; убыль; снижение; уменьшение, ослабление.
decrepitación. [ж.] потрескивание.
decrepitante. [дейст. прич.] к decrepitar.
decrepitar. [неперех.] потрескивать трескаться (от огня, при нагреве).
decrépito, ta. [прил.] дряхлый.
decrepitud. [ж.] дряхлость, немощь, старческая слабость; (перен.) упадок.
decrescendo. [м.] (муз.) декрешендо, декрещендо.
decretal. [ж.] (ист.) декреталия (папская); сборник декреталий; [прил.] к декреталия.
decretalista. [м.] (юр.) тот, кто занимается изучением и т. д., декреталий.
decretar. [перех.] постановлять, декретировать, издавать указ, декрет; приказывать; наложить резолюцию.
decretero. [м.] (юр.) сборник декретов, постановлений; список преступников (у судьи).
decreto. [м.] декрет, постановление; указ; приказ: * decreto-ley, чрезвычайный закон.
decúbito. [м.] (мед.) лежачее положение тела.
decumbente. [прил.] лежащий в постели.
decupelación. [ж.] (хим.) декантация.
decuplar, decuplicar. [перех.] удесятерять.
décuplo, pla. [прил.] десятикратный, удесятерённый; взятый десять раз (тж. сущ.)
decuria. [ж.] (ист.) декурия.
decurión. [м.] (итс.) декурион.
decursas. [ж. множ.] (юр.) недоимки, не уплаченный в срок чинш.
decurso. [м.] течение (времени).
decusación. [ж.] крестообразное расположение разных тел.
decusado, da. [прил.] (бот.) расположенный крестообразно.
decusata. [прил.] расположенная в форме х (о крести).
decuso, sa. [прил.] см. decusado.
dechado. [м.] пример, образец, модель: * dechado de virtudes, образец добродетели.
dedacordum. [м.] (муз.) старинный струнный инструмент.
dedada. [ж.] щепоть, щепотка: * dedada de miel, (перен.) утешение.
dedal. [м.] напёрсток; чехол для пальца.
dedalear. [неперех.] (Амер.) заниматься делами.
dedalera. [ж.] (бот.) дигиталис, наперстянка.
dedálico, ca. [прил.] лабиринтовый; (перен.) запутанный.
dédalo. [м.] лабиринт; путаница, сумбур.
dedeo. [м.] (муз.) ловкость пальцев (при игре на муз. инструменте).
dedicación. [ж.] посвящение; предназначение; посвятительная надпись (на здании).
dedicador, ra. [прил.] посвящающий; [сущ.] тот, кто посвящает.
dedicante. [дейст. прич.] к dedicar, посвящающий.
dedicar. [перех.] посвящать; надписать книгу, снабдить книгу автографом; предназначать; * dedicarse. [возв. гл.] предаваться чему-л, отдаваться, заниматься чем-л.
dedicativo, va. [прил.] см. dedicatorio.
dedicatoria. [ж.] посвящение, надпись (на книге и т. д.).
dedicatorio, ria. [прил.] заключающий посвящение.
dedición. [ж.] сдача, капитуляция.
dedil. [м.] чехол для пальца; (арг.) кольцо, перстень; (уст.) напёрсток.

dedillo. [м. умен.] к dedo, пальчик: * al dedillo, в совершенстве; * saber al dedillo, знать на зубок.

dedo. [м.] палец; мера, равная 1,5 сантиметрам; нечто шириною в палец: * dedo pulgar (gordo), большой палец; * dedo índice, указательный палец; * dedo corazón, средний палец; * dedo anular, безымянный палец; * dedo meñique, мизинец; * chuparse los dedos, облизывать пальчики; * poner el dedo en la llaga, угадать, попасть в точку; * estar a dos dedos de..., быть на волоске от...; * señalar con el dedo, пальцем показывать на; * contar por los dedos, считать по пальцам; * antojarsele a uno los dedos huéspedes, быть недоверчивым; * morderse los dedos, кусать себе локти; * poner bien los dedos, хорошо играть на муз. инструменте; * poner los cinco dedos en la cara, давать пощёчину; * poderse contar con los dedos de la mano, очень мало.

dedolar. [перех.] (хир.) резать в косом направлении.

dedómetro. [м.] (Амер.) плохие часы.

deducción. [ж.] вывоз; вычет, скидка (в цене); (фил.) дедукция.

deducible. [прил.] поддающийся выводу; вычитываемый.

deduciente. [действ. прич.] к deducir.

deducir. [перех.] заключать, выводить, делать вывод, выводить заключение; (юр.) доказывать излагать свои выводы; вычитать, делать скидку (в цене).

deductivo, va. [прил.] дедуктивный.

defacto. [нареч.] фактически, де-факто.

defalcar. [перех.] см. desfalcar.

defatigación. [ж.] (мед.) переутомление.

defecación. [ж.] испражнение, дефекация; (хим.) дефекация, осветление жидкости.

defecar. [перех.] дать отстояться (о жидкости); испражняться.

defecatorio, ria. [прил.] к дефекация; [м.] cagadero.

defección. [ж.] измена, отступничество, предательство, переход к неприятелю.

defeccionar. [неперех.] (Амер.) (гал.) перейти на сторону неприятеля, изменить; отступить от своих убеждений.

defectibilidad. [ж.] несовершенство, неполнота.

defectible. [прил.] несовершенный, с недостатками.

defectivo, va. [прил.] см. defectuoso; (грам.) недостаточный.

defecto. [м.] недостаток, изъян, дефект; неправильность, несовершенство; [множ.] (полигр.) разрозненные листы: * en defecto, (гал.) за неимением.

defectuosamente. [нареч.] несовершенно, неправильно; ошибочно.

defectuosidad. [ж.] несовершенство, недостаточность; неправильность.

defectuoso, sa. [прнл.] имеющий недостаток, изъян, дефектный, недостаточный, неполный; плохо выполненный; неисправный, неправильный, порочный.

defeminación. [ж.] (мед.) утрата женщиной полового чувства.

defendedero, ra. [прил.] защитимый.

defendedor, ra. [прил. и сущ.] защищающий; [сущ.] защитник; (уст.) см. abogado.

defender. [перех.] защищать, оборонять; защищать (подсудимого); запрещать; sin embarazar; **defenderse** [возв. гл.] защищаться, обороняться; оправдываться; [непр. гл.] спрягается как **entender**.

defendible. [прил.] защитимый.

defenecer. [перех.] (обл.) давать квитанцию, расписку.

defenecimiento. [м.] (обл.) уплата по счёту.

defensa. [ж.] защита (тже. на суде): оборона, оборонительное положение; охрана; (воен.) укрепления, оборительные сооружения; (спорт.) защита, линия защиты; клык (кабана); бивень (слона); (мор.) кранец; (юя.) защитительная речь; защитник, адвокат: * defensa legítima, (юр.) самозащита; * en legítima defensa, обороняясь.

defensión. [ж.] защита, охрана; запрещение.

defensiva. [ж.] оборона, оборонительное положение: * estar a la defensiva, держаться оборонительного образа действий; быть настороже.

defensivo, va. [прил.] оборонительный; [м.] защита, охрана; защитное средство.

defensor, ra. [прил.] защищающий; [м. и ж.] защитник, (-ица), заступник, (-ица); (юр.) адвокат.

defensoría. [ж.] (юр.) должность защитника, адвоката, адвокатство.

defensorio. [м.] апология, защита.

deferencia. [ж.] учтивость, уступчивость (из уважения к кому-л); (перен.) почтительность.

deferente. [прил.] учтивый, уступающий (из уважения к кому-л) (перен.) почтительный, вежливый; (физиол.): * canal deferente, семенной проток.

deferentemente. [нареч.] услужливо, учтиво и т. д. (из уважения к кому-л) почтительно.

deferentitis. [ж.] (пат.) воспаление выносящего протока семенного придатка (яичка).

deferir. [неперех.] снисходить к чему-л, уступать чему-л, соглашаться (из уважения к кому-л); [перех.] передавать на чей-л суд; [непр. гл.] спрягается как adquirir.

defervescencia. [ж.] (пат.) падение температуры при лихорадке.

defibríneo, a. [прил.] (мед.) лишённый фибрина (о крови).

deficiencia. [ж.] недостаток, изъян, дефект, недочёт; незаконченность; несовершенство; дефективность.

deficiente. [прил.] недостаточный, недостающий, дефицитный.

déficit. [м.] (бух.) дефицит, недостаток.

deficitario, ria. [прил.] дефицитный, убыточный.

definible. [прил.] определимый, поддающийся определению.

definición. [ж.] определение; объяснение (формулировка); постановление суда, решение, определение; [множ.] статуты военных орденов.

definidor, ra. [прил.] определяющий, объясняющий; [м.] определитель.

definir. [перех.] определять, давать определение; точно описывать, указывать, объяснять; решать; (жив.) заканчивать, доводить до совершенства.

definitivamente. [нареч.] окончательно; решительно.

definitivo, va. [прил.] окончательный, бесповоротный; определённый; * en definitiva, окончательно; решительно.

deflación. [ж.] выпуск (газа, воздуха); (фин.) (геол.) дефляция.

deflagración. [ж.] быстрое сгорание, дефлаграция.

deflagrador, ra. [прил.] воспламеняющийся [м.] воспламенитель, дефлагратор.

deflagrante. [действ. прич.] к deflagrar, воспламеняющийся.

deflagrar. [неперех.] воспламеняться, быстро сгорать; вспыхивать.

deflector. [м.] дефлектор.

deflegmación. [ж.] дефлегмация; см. expectoración.

deflegmador, ra. [прил.] отделяющий водянистую часть от чего-л; [м.] дефлегматор.

deflegmar. [перех.] (хим.) отделять водянистую часть от чего-л.

deflexión. [ж.] отклонение от прямого направления; это самое отклонение.

defoliación. [ж.] (бот.) преждевременный листопад.

deformación. [ж.] деформация, изменение формы; искривление; уродство; искажение.

deformador, ra. [прил.] обезображивающий, деформирующий, уродующий (тже. сущ.).

deformar. [перех.] деформировать; обезображивать, уродовать, безобразить; искажать, извращать; **deformarse**, [возв. гл.] деформироваться, утрачивать обычную форму, обычный вид; покривиться, стоптаться (об обуви); искажаться, извращаться.

deformatorio, ria. [прил.] деформирующий, уродующий и т. д.

deforme. [прил.] безобразный, уродливый.

deformemente. [нареч.] безобразным, уродливым образом.

deformidad. [ж.] безобразие, уродство; уродливость; искажение.

defraudación. [ж.] мошенничество, обман, подлог; уклонение от налогов; контрабанда.

defraudador, ra. [прил. и сущ.] обманщик, (-ица), мошенник, (-ица); контрабандист, (-ка); тот, кто уклоняется от налогов и т. д.

defraudar. [перех.] обманывать, надувать кого-л; уклоняться от налогов и т. д.; совершать подлог; заниматься контрабандой; отнимать надежду; обманывать надежды; мешать, затруднять.

defuera. [нареч.] снаружи, наружно: * por defuera, извне.

defunción. [ж.] смерть, кончина; смертный случай.

degeneración. [ж.] дегенерация, вырождение; упадок; (мед.) перерождение.

degenerado, da. [страд. прич.] к degenerar(se); [прил.] вырождающийся; [м. и ж.] дегенерат, (-ка), выродок.

degenerante. [действ. прич.] к degenerar.

degenerar. [неперех.] вырождаться, дегенерировать; (перен.) меняться к худшему; (жив.) изменяться до неузнаваемости (тже возв. гл.).

degenerativo, va. [прил.] дегенеративный, вырождающийся; вызывающий вырождение или перерождение: * atrofia degenerativa, атрофия мышц с реакцией перерождения.

degenerescencia. [ж.] (гал.) вырождение, см. degeneración.

deglución. [ж.] глотание, проглатывание, акт глотания.

deglutible. [прил.] поддающийся глотанию.

deglutinador, ra. [прил.] глотающий, проглатывающий.

deglutir. [неперех. и перех.] глотать, проглатывать.

deglutivo, va. [прил.] к акт глотания, проглатывания.

degodeo. [м.] (Амер.) щупанье (при любовных отношениях).

degollación. [ж.] отсечение головы, обезглавливание; резня.

degolladero. [м.] глотка; горло; бойня; эшафот.

degollado, da. [страд. прич.] к degollar; [м.] декольте, вырез.

degollador, ra. [прил.] перерезывающий горло и т. д.; [сущ.] убийца.

degolladura. [ж.] рана на шее; вырез, декольте.

degollante. [действ. прич.] к degollar; [прил.] (разг.) надменный, высокомерный, чванный, надутый, фатоватый; раздражающий, несносный.

degollar. [перех.] перерезать горло; обезглавливать; зарезать, убить (скот); делать вырез (на платье); (перен.) плохо играть (об актёрах); разорить, погубить; (разг.) быть убийственно скучным; [непр. гл.] спрягается как contar.

degollina. [ж.] (разг.) избиение, бойня, резня.

degradación. [ж.] разжалование, лишение чинов, орденов, воинского звания; унижение; позор; (жив.) смягчение тонов; (перен.) деградация, упадок.

degradante. [прил.] унизительный, унижающий, позорящий; позорный.

degradar. [перех.] разжаловать, лишить чинов, орденов, воинского звания; унижать; позорить; (жив.) смягчать тона; **degradarse,** [возв. гл.] унижаться, деградировать.

degrero. [м.] (Амер.) больница вне города для заразных больных.

degresión. [ж.] постепенное уменьшение; см. regresión.

degresivo, va. [прил.] см. regresivo.

degú. [м.] (зоол.) маленький чилийский грызун.

degüello. [м.] отсечение головы, обезглавливание; избиение, резня; тончайшая часть дротика и т. д.: * entrar a degüello, переколоть, перерезать; * tirar a degüello, стараться причинить большой вред; * tocar a degüello, трубить в атаку (о коннице).

degustación. [ж.] (гал.) проба, дегустация.

degustar. [перех.] (гал.) пробовать, дегустировать.

dehesa. [ж.] пастбище, луг; заповедник: * dehesa boyal, окопанное пастбище для волов; * tener el pelo de la dehesa, быть грубым, неотёсанным.

dehesar. [перех.] отводить под пастбище (землю), см. adehesar.

dehesero. [м.] сторож пастбища.

dehiscencia. [ж.] (бот.) естественное растрескивание или раскрытие плодов.

dehiscente. [прил.] (бот.) растрескивающийся (о плодах).

dehol. [м.] кавказский барабан.

deicida. [ж.] убийца бога.

deicidio. [м.] убийство бога.

deidad. [ж.] божество.

deificación. [ж.] обожествление, обоготворение.

deificar. [перех.] обожествлять, обоготворять; боготворить, свято чтить; поклоняться.

deífico, ca. [прил.] божеский, божий.

deiforme. [прил.] (поэт.) похожий на бога, богоподобный.

deísmo. [м.] деизм.

deísta. [прил.] деистический; [м. и ж.] деист, (-ка).

deja. [ж.] выступ между двумя зарубками.

dejación. [ж.] оставление; (юр.) уступка, передача прав, имущества; отречение.

dejada. [ж.] оставление.

dejadez. [ж.] небрежность; вялость, леность, нерадение, опущение, неряшливость.

dejado, da. [страд. прич.] к dejar; [прил.] небрежный, неряшливый; вялый, бездеятельный, апатичный, безразличный; утомлённый, слабый.

dejamiento. [м.] см. dejación, dejadez; подавленность, упадок сил, духа; бескорыстие.

dejar. [перех.] оставлять; оставлять, покидать; завещать, оставлять по завещанию; назначать; поручать; предоставлять; позволять, допускать, опускать, пропускать, выпускать, переставать, бросать; прекращать; приносить пользу и т. д.; отучаться; давать; одалживать; **dejarse,** [возв. гл.] быть небрежным к себе; не следить за собой; опускаться; дать, позволить сделать с собой: * dejar recuerdos, оставлять память; * dejar en paz, оставлять в покое; * ¡deja!, прочь!; * dejar el campo libre a, предоставить свободу действий; * dejar confuso, оставить в замешательстве; * dejar solo, оставить в одиночестве, покинуть; * dejar pasar, дать пройти, пропустить, дать дорогу; оставить без внимания; * dejar caer, уронить, сбросить; * dejar escapar, упустить, выпустить; * dejar escapar la ocasión, упустить случай; * no dejar de chillar, продолжать кричать; * se toma o se deja, торговаться нечего, надо принять вещь такой, какая она есть, или отказаться от неё; * dejar por sucesor, назначать наследником; * dejar de fumar, бросить курить; * dejar el empleo, бросить службу; * déjelo, бросьте; * dejar a alguien fresco, или en blanco, или con un palmo de narices, оставить с носом; * dejar atrás, оставить позади; (перен.) превзойти; * dejar que desear, оставлять желать большего, лучшего; * dejarse caer, упасть; опуститься (в кресло); * dejarse matar, дать себе убить; * dejarse de rodeos, перестать говорить обиняками; * dejarse ver, показаться; * dejarse llevar, дать, позволить себя увести.

dejazón. [ж.] (Амер.) см. dejadez.

deje. [м.] (прост.) акцент (в произношении).

dejillo. [м.] акцент (в произношении); привкус.

dejo. [м.] оставление; конец, завершение; акцент (в произношении); привкус; слабость, утомление; (перен.) осадок, радостное чувство, остающееся после чего-л.

de jure. [лат. выраж.] де-юре, юридически.

del. стяжение предлога de и опред. артикля el.

delación. [ж.] донос; обвинение.

delacrimación. [ж.] (мед.) ненормальное слезотечение.

delantal. [м.] фартук, передник.

delante. [нареч.] впереди; напротив; при, в присутствии: * por delante, спереди.

delantera. [ж.] перёд, передняя часть чего-л.; (театр.) первый ряд; (спорт.) нападение; [множ.] см. zahones: * coger или tomar a uno la delantera, забегать вперёд, опередить; выиграть время.

delantero, ra. [прил.] передний, передовой; [м.] ямщик; (спорт.) нападающий, игрок нападения.

delatable. [прил.] достойный доноса.

delatante. [действ. прич.] к delatar, доносящий.

delatar. [перех.] доносить на кого-л.; выдавать кого-л.

delator, ra. [прил.] доносящий, выдающий кого-л.; [м. и ж.] доносчик(-ица).

deleatur. [м.] (полигр.) (корректорский) знак выброски.

deleble. [прил.] легко стирающийся.

delectable. [прил.] сладостный, приятный.

delectación. [ж.] наслаждение, удовольствие, услада (уст.).

delega. [ж.] (разг.) полицейский участок.

delegación. [ж.] делегация, представительство; поручение; полномочие; обязанности, кабинет делегата; совокупность или собрание делегатов; отделение, отдел (департамента и т. д.).

delegado, da. [прил.] делегатский; [м. и ж.] делегат, (-ка), представитель (-ница); уполномоченный, (-ая).

delegante. [действ. прич.] к delegar, делегирующий и т. д.

delegar. [перех.] поручать, уполномочиват, делегировать.

delegatorio, ria. [прил.] уполномочивающий [м.] (юр.) см. delegado.

deleitabilísimo, ma. [прил. прев. степ.] к deleitable, сладостнейший.

deleitable. [прил.] сладостный, приятный.

deleitablemente. [нареч.] сладостным образом.

deleitación. [ж.] см. delectación.

deleitamiento. [м.] см. deleite.

deleitante. [действ. прич.] к deleitar, услаждающий.

deleitar. [перех.] услаждать, восхищать, очаровывать, радовать; **deleitarse,** [возв. гл.] наслаждаться услаждаться, упиваться.

deleite. [м.] наслаждение, услада (уст.); чувственное наслаждение.

deleitosamente. [нареч.] с наслаждением, восхитительно.

deleitoso, sa. [прил.] доставляющий наслаждение и т. д.

delesita. [ж.] (мин.) делессит.

deletéreo, a. [прил.] смертоносный, ядовитый.

deletreador, ra. [прил.] читающий по складам (тж. сущ.).

deletrear. [перех.] читать по складам; расшифровывать, распутывать, разгадывать.

deletreo. [м.] чтение по складам.

deleznable. [прил.] ломкий, хрупкий; скользящий; (перен.) непрочный, ломкий, неустойчивый, преходящий.

délfico, ca. [прил.] дельфийский.

delfín. [м.] (ист.) дофин, наследник престола.

delfín. [м.] (зоол.) дельфин.

delfina. [ж.] (ист.) жена дофина.

delfinera. [ж.] (мор.) сорт гарпуна для ловли дельфина.

delfínidos. [м. множ.] (зоол.) дельфиновые.

delfinio. [м.] дельфинум.

delfinita. [ж.] (мин.) дельфинит, эпидот.

delga. [ж.] (эл.) металлическая пластинка (медная).

delgadamente. [нареч.] деликатно; (перен.) тонко, ловко.

delgadez. [ж.] худоба, худощавость, сухопарость; тонкость; изящество; неплодородие.

delgado, da. [прил.] худой, тощий; сухопарный; неплодородный, тощий; тонкий; изящный; хитроумный, остроумный; пресный (перен.); [м.] (мор.) носовая или кормовая часть (корабля); грудинка (часть мясной туши).

delgaducho, cha. [прил.] тощий, худенький, тщедушный.

deliberación. [ж.] обсуждение, совещание; размышление, рассуждение; обдумывание.

deliberadamente. [нареч.] сознательно, умышленно, обдуманно.

deliberante. [действ. прич.] к deliberar, обсуждающий и т. д., совещательный.

deliberar. [неперех.] совещаться; обдумывать; обсуждать; размышлять, рассуждать: * deliberado, умышленный.

deliberativo, va. [прил.] обсуждающий.

deliberatorio, ria. [прил.] см. deliberativo.

delibrar. [перех.] завершать, заканчивать.
delicadamente. [нареч.] нежно, деликатно, осторожно и т. д.
delicadez. [ж.] физическая слабость; слабоволие; щепетильность; недоверчивость; см. delicadeza.
delicadeza. [ж.] нежность, тонкость; изящество; изысканность, хрупкость; щекотливость, трудность; чуткость; вежливость, учтивость, деликатность.
delicado, da. [прил.] нежный, деликатный; тонкий (о запахе и т. д.); изящный; вкусный, лакомый; с л а б ы й , хрупкий, слабый здоровьем; утончённый; щепетильный; щекотливый; впечатлительный, чуткий; вежливый, учтивый, деликатный; разборчивый; острый, тонкий (об уме и т. д.).
delicaducho, cha. [прил.] слабый здоровьем.
delicia. [ж.] наслаждение, большое удовольствие; радость, отрада; наслаждение, нега; сладострастие.
deliciosamente. [нареч.] восхитительно, прелестно.
delicioso, sa. [прил.] восхитительный, дивный, прелестный; превосходный; манящий; лакомый, вкусный; сладострастный.
delictivo, va, delictuoso, sa. [прил.] преступный: * acto delictivo, проступок, преступление, наказуемый поступок.
delicuescencia. [ж.] (хим.) впитывание влаги.
delicuescente. [прил.] (хим.) впитывающий влагу, обращающийся в жидкость.
deligación. [ж.] (хир.) перевязка раны или перерезанного сосуда.
delimitación. [ж.] (гал.) разграничение; размежевание; установление границ, см. limitación.
delimitar. [перех.] (гал.) разграничивать, устанавливать границы, пределы; (перен.) очищать; см. limitar.
delincuencia. [ж.] преступность; нарушение закона; совокупность преступлений.
delincuente. [дейст. прич.] к delinquir; [м. и ж.] правонарушитель, (-ница), преступник, (-ица).
delineación. [ж.] черчение; очертание; чертёж.
delineador, a. [прил.] изготовляющий чертёж чего-л; [м. и ж.] чертёжник, (-ица).
delineamento, delineamiento. [м.] см. delineación.
delineante. [дейст. прич.] к delinear; [м. и ж.] чертёжник, (-ица).
delinear. [перех.] чертить; очерчивать; обводить, обрисовывать контур; изготовлять чертёж, набросок, эскиз; описывать.
delingarse. [возв. гл.] (обл.) ходить враскачку, вразвалку, сгибаться, гнуться (о деревьях).
delinquimiento. [м.] преступление, наказуемый поступок.
delinquir. [неперех.] нарушать закон, совершать преступление, наказуемый поступок.
delio, lia. [прил.] делийский; [сущ.] делиец.
deliquio. [м.] обморок.
delirante. [дейст. прич.] к delirar, находящийся в бреду; бредовой (о состоянии); исступлённый, безумный.
delirar. [неперех.] бредить; безумствовать; говорить вздор, нелепости.
delirifaciente. [прил.] (мед.) вызывающий бред (тже. м.).
delirio. [м.] бред; горячка; мания, психоз (вследствие болезни, из-за страсти); (перен.) вздор, нелепость, бредни: * con delirio, до крайности, чрезмерно; до безумия.

delirio tremens. [м.] запойный бред, белая горячка.
delitescencia. [ж.] исчезновение симптомов болезни (сыпи, опухоли и т. д.); разрушение кристалла удалением кристаллизационной воды.
delito. [м.] (юр.) правонарушение; преступление, проступок: * el cuerpo del delito, состав преступления; * delito común, уголовное преступление; * en flagrante delito, на месте преступления.
delta. [ж.] дельта.
deltaico, ca. [прил.] в форме дельты.
deltiomanía. [ж.] пристрастие к собиранию открыток.
deltoideo. [прил.] треугольный.
deltoides. [прил.] дельтовидный; [м.] (анат.) дельтовидная мышца.
deludir. [перех.] высмеивать, вводить в заблуждение.
delusión. [м.] обман, заблуждение.
delusivo, va, delusor, ra. [прил.] обманчивый, вводящий в заблуждение.
delusoriamente. [нареч.] обманчиво.
delusorio, ria. [прил.] обманчивый, лживый.
della. стяжение предлога de и опред. артикля la.
dello. стяжение предлога de и сред. артикля lo.
demaciado, da. [прил.] (бот.) похожий на demacio.
demacio. [м.] (бот.) вид гриба.
demacración. [ж.] исхудание, истощение.
demacrarse. [возв. гл.] исхудать, отощать: * demacrado, исхудавший, измождённый.
demagogia. [ж.] демагогия.
demagógico, ca. [прил.] демагогический.
demagogo. [м. и ж.] демагог.
demanda. [ж.] просьба, прошение, петиция; милостыня в пользу благотворительного дела; тот, кто просит эту милостыню; вопрос, запрос; отыскивание, поиски; требование; намерение; страстное желание; потребление, спрос; заказ; (юр.) иск: * demandas y respuestas, распри, споры; * la oferta y la demanda, спрос и предложение; * ir en demanda de, идти на поиски.
demandadero, ra. [м. и ж.] рассыльный, (-ая); исполняющий, (-ая) поручения.
demandado, da. [страд. прич.] к demandar; [м. и ж.] (юр.) ответчик, (-ица).
demandador, ra. [прил.] просящий (тже. сущ.); [м. и ж.] тот, кто просит пожертвовании в пользу благотворительного дела; см. demandante.
demandante. [дейст. прич.] к demandar; [м. и ж.] проситель, (-ница); (юр.) истец, истица.
demandar. [перех.] просить; испрашивать; требовать; желать, хотеть; спрашивать; (юр.) предъявлять иск.
demarcación. [ж.] разграничение, определение, установление границ, демаркация: * línea de demarcación, демаркационная линия; см. limitación.
demarcador, ra. [прил.] устанавливающий границы; демаркационный, пограничный (тже. сущ.).
demarcar. [перех.] разграничивать, устанавливать границы, пределы; (мор.) намечать румб по компасу.
demás. [прил.] остальной, другой; [множ.] прочие: * y demás, и так далее, и прочее; * lo demás, остальное, * los demás, другие, остальные. [нареч.] кроме того, сверх того; * por lo demás, впрочем, к тому же, по отношению к остальному, к прочему: por demás, чрезмерно, крайне; напрасно.
demasía. [ж.] излишек, избыток; чрезмерность; дерзость, наглость; преступле-

ние; невоздержанность: * en demasía, в избытке, с излишком; чрезмерно.
demasiadamente. [нареч.] слишком, излишне, чрезмерно.
demasiado, da. [страд. прич.] к demasiarse; [прил.] чрезмерный, непомерный, крайний, излишний; [нареч.] слишком, слишком много, чрезмерно, излишне.
demasiarse. [возв. гл.] переходить за предел, превышать, выходить за пределы дозволенного.
demediar. [перех.] делить пополам; дойти до половины; потреблять половину чего-л.
demencia. [ж.] безумие, сумасшествие, душевное расстройство, умопомешательство; слабоумие.
dementar. [перех.] сводить с ума; dementarse. [возв. гл.] сходить с ума.
demente. [прил.] сумасшедший, душевнобольной, умалишённый, безумный; [сущ.] сумасшедший, (-ая), душевнобольной, (-ая).
demérito. [м.] отсутствие заслуги; недостойный поступок.
demeritorio, ria. [прил.] подрывающий уважение и т. д., не заслуживающий доверия, уважения.
demersión. [ж.] погружение в воду.
demesuro, ra. [прил.] (обл.) грустный, печальный; покрытый тучами, облачный.
demias. [ж. множ.] (арг.) чулки, см. calzas.
demisión. [ж.] покорность, подчинение, повиновение.
demiurgo. [м.] демиург.
democracia. [ж.] демократия: * democracia popular, народная демократия; * democracia socialista, социалистическая демократия.
demócrata. [прил.] демократический; [сущ.] демократ.
democráticamente. [нареч.] демократично, демократически.
democrático, ca. [прил.] демократический.
democratización. [ж.] демократизация.
democratizar. [перех.] демократизировать; **democratizarse.** [возв. гл.] демократизироваться.
demodé. [прил.] (гал.) вышедший из моды, устарелый.
demodulación. [ж.] демодуляция.
demografía. [ж.] демография, статистика населения.
demográfico, ca. [прил.] демографический.
demógrafo. [м.] демограф.
demoledor, ra. [прил.] разрушающий, разрушительный; [сущ.] разрушитель, (-ница); ниспровергатель основ.
demoler. [перех.] разрушать; ломать, сносить (здание).
demolición. [ж.] разрушение, ломка, слом, снос (здания).
demonche. [м.] (разг.) демон, дьявол.
demoníaco, ca. [прил.] бесноватый, бесовский, демонический; [м. и ж.] бесноватый, (-ая), одержимый, (-ая).
demonio. [м.] демон, бес, дьявол, злой дух: * tener el demonio en el cuerpo, быть чрезвычайно живым, подвижным, непоседой; * ponerse como un demonio или hecho un demonio, бушевать, неистовствовать; * ¡demonio! черт возьми!
demonismo. [м.] демонизм.
demonista. [прил.] верующий в демонов (тже. сущ.).

demonofobia. [ж.] болезненная боязнь демона.
demografía. [ж.] наука о бесах.
demonólatra. [м. и ж.] тот, кто поклоняется бесам.
demonolatría. [ж.] религиозное поклонение бесам.
demonología. [ж.] демонология.
demontre. [м.] (разг.) демон, бес, дьявол; ¡demontre! [межд.] чёрт возьми!
demoñejo, demoñuelo. [м. умен.] к demonio, дьяволёнок, чертёнок.
demopsicología. [ж.] социальная психология.
demora. [ж.] промедление, опоздание, задержка, запаздывание; откладывание; остановка; (юр.) просрочка; (мор.) пеленг: * sin demora, незамедлительно, немедленно.
demorar. [перех.] медлить; откладывать, отсрочивать, задерживать; замедлять; [непрех.] останавливаться.
demorón, na. [прил.] (Амер.) медлительный; [сущ.] медлительный человек.
demoroso, sa. [прил.] (Амер.) медлительный; запоздалый (тж. сущ.).
demos. [м.] (греч.) демос, народ.
demóstenes. [м.] (перен.) красноречивый оратор.
demostino, na. [прил.] демосфеновский, красноречивый.
demostrabilidad. [ж.] доказуемость.
demostrable. [прил.] доказуемый.
demostrablemente. [нареч.] доказуемым образом.
demostración. [ж.] доказательство (тж. мат.), свидетельство; показание (наглядное); показ, демонстрация; (гал.) открытое проявление, демонстрация (какого-л чувства).
demostrador, ra. [прил.] доказывающий, свидетельствующий, наглядно показывающий, демонстрирующий (тж. сущ.).
demostrar. [перех.] доказывать, свидетельствовать; наглядно объяснять, показывать, демонстрировать; проявлять, выказывать; поучать.
demostrativamente. [нареч.] демонстративно.
demostrativo, va. [прил.] демонстративный, наглядный; доказательный; (грам.) указательный: * pronombre demostrativo, указательное местоимение.
demótico, ca. [прил.] демотический: * escritura demótica, (филол.) демотическое письмо.
demudación. [ж.] изменение, перемена.
demudar. [перех.] (из)менять; искажать, делать неузнаваемым; demudarse. [возв. гл.] бледнеть, меняться в лице, становиться синеватым; искажаться; смущаться.
demulcente. [прил.] (мед.) мягчительный (о средстве); [м.] мягчительное средство.
denantes. [нареч.] см. antes.
denario. [прил.] десятый, содержащий десять единиц; [м.] динар(ий) (древнеримская монета).
dendrícola. [прил.] живущий на деревьях.
dendriforme. [прил.] древовидный.
dendrita. [ж.] (мин.) дендрит.
dendrítico, ca. [прил.] дендритовый, в форме дендрита; ветвящийся.
dendroide(o). [прил.] древовидный, дендроидный.
dendrolita. [ж.] дерево или куст превращённый в камень.
dendrología. [ж.] дендрология, учение о древесных видах растений.

dendrológico, ca. [прил.] дендрологический.
dendrólogo, ga. [м. и ж.] специалист по дендрологии.
dendrómetro. [м.] дендрометр.
denegación. [ж.] отказ, отрицание.
denegar. [перех.] отказывать в чём-л, давать отрицательный ответ: * denegar una solicitud, отказать в просьбе; [непр. гл.] спрягается как calentar.
denegatorio, ria. [прил.] заключающий в себе отказ.
denegrecer. [перех.] красить в чёрный цвет (тж. возв. гл.).
denegrido, da. [страд. прич.] к denegrir; [прил.] черноватый.
denegrir. [перех.] чернить, вычернить; окрашивать в чёрный цвет (тж. возв. гл.).
dengoso, sa. [прил.] жеманный, манерный, см. melindroso.
dengue. [м.] жеманство, ужимки; шаль повязанный на груди; (мед.) инфлуэнца, грипп.
dengue. [м.] (бот.) чилийское травянистое растение и цвет.
denguero, ra. [прил.] см. melindroso.
denigración. [ж.] очернение, опозоривание, поношение, хула, шельмование; дискредитирование, умаление достоинств; оскорбление.
denigrador, ra. [прил.] позорящий, поносящий; дискредитирующий; оскорбительный (тж. сущ.).
denigrante. [действ. прич.] к denigrar (тж. сущ.).
denigrativamente. [нареч.] позорящим, оскорбительным образом.
denigrativo, va. [нареч.] см. denigrador.
denodadamente. [нареч.] мужественно, смело, отважно.
denodado, da. [прил.] мужественный смелый, отважный, неустрашимый.
denominación. [ж.] наименование, название; имя.
denominadamente. [нареч.] именно; по имени.
denominado, da. [страд. прич.] к denominar; [прил.] (мат.) именованный.
denominador, ra. [прил.] обозначающий (тж. сущ.); [м.] (мат.) знаменатель.
denominar. [перех.] именовать, называть, прозывать; обозначать.
denominativo, va. [прил.] нарицательный.
denostadamente. [нареч.] оскорбительно, обидно.
denostador, ra. [прил.] оскорбительный, обидный, оскорбляющий.
denostar. [перех.] оскорблять; бранить, поносить, ругать; [непр. гл.] спрягается как contar.
denotación. [ж.] указание, обозначение.
denotar. [непрех.] обозначать, указывать, выявлять, обнаруживать.
denotativo, va. [прил.] обозначающий, указывающий.
densamente. [нареч.] плотно, густо.
densidad. [ж.] плотность; удельный вес; густота, насыщенность, уплотнённость: * densidad de población, плотность населения.
densificar. [перех.] густить, сгущать; уплотнять.
densimetría. [ж.] (физ.) определение плотности или удельного веса.
densímetro. [м.] денсиметр, пикнометр, ареометр.
denso, sa. [прил.] плотный, густой, частый; сосредоточенный, компактный; насыщенный; неясный, тёмный.
dentada. [ж.] (Амер.) см. dentellada.
dentado, da. [страд. прич.] к dentar; [прил.] зубчатый; (бот.) зубчатый (о листьях).

dentadura. [ж.] зубы (в совокупности), ряд зубов: * dentadura postiza, искусственные зубы.
dental. [прил.] зубной, одонтологический; зубной (о звуке); [ж.] зубной звук.
dental. [м.] подошва плуга.
dentar. [перех.] нарезать зубья; [непрех.] прорезываться (о зубах), см. endentecer; [непр. гл.] спрягается как acertar.
dentario, ria. [прил.] зубной.
dentecillo. [м. умен.] к diente, зубок.
dentejón. [м.] сорт ярма.
dentellada. [ж.] след от укуса; хватка (собаки); лязг зубов: * dar una dentellada, хватить зубами; * a dentelladas, зубами.
dentellado, da. [страд. прич.] к dentellar; [прил.] зубчатый; зубастый; похожий на зубы; раненый зубами, укушенный.
dentellar. [непрех.] стучать, щёлкать зубами (от холода и т. д.).
dentellear. [перех.] покусывать, пощипывать (зубами); вонзать зубы.
dentellón. [м.] язык замка; (арх.) см. dentículo.
dentera. [ж.] оскомина; (перен.) зависть; страстное желание; * dar dentera, вызывать оскомину; (перен.) вызывать зависть.
dentezuelo. [м. умен.] к diente, зубок.
dentiatría. [ж.] дентиатрия, зубоврачевание.
denticina. [ж.] средство, способствующее прорезыванию зубов.
dentición. [ж.] прорезывание зубов.
denticórneo, a. [прил.] (зоол.) с зубчатыми рогами.
denticulado, da. [прил.] (арх.) снабжённый дентикулами.
denticular. [прил.] имеющий форму зубов, зубчатый; зазубренный. [кулы.]
dentículo. [м.] (арх.) зубец; [множ.] дентификация. [ж.] образование зубов.
dentiforme. [прил.] зубовидный.
dentífrico, ca. [прил.] служащий для чистки зубов (о порошке, пасте); [м.] зубная паста, зубной порошок.
dentigero, ra. [прил.] обнажённый зубами.
dentímetro. [м.] прибор для измерения зубов.
dentina. [ж.] дентин, зубное вещество.
dentinal. [прил.] к дентин.
dentinificación. [ж.] образование дентина.
dentinoide(o). [прил.] похожий на дентин.
dentista. [м. и ж.] зубной врач, дантист, (-ка).
dentistería. [ж.] профессия дантиста; см. odontoplasia.
dentística. [ж.] (Амер.) одонтология.
dentivano, na. [прил.] снабжённый длинными широкими зубами (о животных).
dentoide. [прил.] зубовидный.
dentoidina. [ж.] основное вещество зуба.
dentolabial. [прил.] (грам.) зубногубной.
dentolingual. [прил.] (грам.) зубноязычный.
dentología. [ж.] одонтология.
dentón, na. [прил.] (разг.) см. dentado (тж. сущ.); [м.] кривозуб,спар зубастый (рыба); [множ.] (арг.) клещи, щипцы.
dentrambos, bas. [прил.] стяжение предлога de и [прил.] entrambos, bas.
dentrera. [ж.] (Амер.) горничная.
dentro. [нареч.] внутри, внутри; в течение, через: * dentro de, внутри, в; * a (hacia) dentro, внутрь; * dentro de un mes, через месяц; * por dentro, внутри; * dentro de la habitación, в комнате; * dentro o fuera, то или другое, да или нет? [ная.
dentrodera. [ж.] (Амер.) служанка, горничная.
dentudo, da. [прил.] с большими непропорциональными зубами (тж. сущ.); [м.] род кубинской акулы.

enudación. [ж.] обнажение, оголение.
enudar. [перех.] отнимать, обнажать, оголять.
enuedo. [м.] отвага, смелость, бесстрашие, неустрашимость.
enuesto. [м.] оскорбление, поношение.
enuncia. [ж.] объявление, извещение; предсказание; провозглашение; донос; разоблачение; (дипл.) денонсирование.
enunciación. [ж.] см. denuncia.
enunciador, ra. [прил.] к denunciar; [м. и ж.] доносчик, (-ица); разоблачитель.
enunciante. [дейст. прич.] к denunciar; [сущ.] (юр.) доносчик, (-ица).
enunciar. [перех.] объявлять, заявлять, извещать; разоблачать; предсказывать; предвещать; провозглашать, обнародовать; официально объявлять; доносить на кого-л; (дипл.) денонсировать.
enunciatoria, ria. [прил.] к denuncia.
enuncio. [м.] заявка на место залежей руды.
enutrición. [ж.] (физиол.) диссимиляция.
eodara. [прил.] о разновидности кедра.
eontología. [ж.] наука об обязанностях и правах.
eontólogo. [м.] специалист по deontología.
eorsum. [лат. нареч.] книзу, вниз.
eparar. [перех.] доставлять, добывать; предоставлять, давать; предлагать; уступать: * ¡Dios te la depare buena!, желаю счастья, успеха!
epartamental. [прил.] департаментский; относящийся к департаменту; ведомственный; окружной, областной.
epartamento. [м.] департамент, управление, ведомство, отделение, отдел; морская префектура: * Departamento de Estado, Государственный департамент.
epartidor, ra. [прил.] беседующий [м. и ж.] собеседник, (-ица).
epartir [неперех.] разговаривать, беседовать.
epauperación. [ж.] обеднение, обнищание; ослабление организма, похудание, исхудание, истощение, изнурение.
epauperar. [перех.] обеднять, доводить до обнищания, разорять; (мед.) ослаблять, истощать; depauperarse, [возв. гл.] (мед.) истощаться, ослабевать.
ependencia. [ж.] зависимость, подчинённость; отделение, филиал, агентство; штат служащих; семейное или дружеское отношение; [множ.] принадлежности; службы, прилегающие постройки.
epender. [неперех.] зависеть от...; вытекать, происходить из; относиться, принадлежать к...; относиться к ведению, компетенции.
ependiente. [дейст. прич.] к depender; [м.] служащий.
ependientemente. [нареч.] в зависимости от.
epilación. [ж.] (мед.) удаление, вырывание или уничтожение волос.
epilar. [перех.] (мед.) удалять, выщипывать, выдёргивать волосы (тже. возв. гл.).
epilatorio, ria. [прил.] удаляющий волосы, волоски; депилиторий, средство для удаления волос.
epleción. [ж.] (мед.) уменьшение количества жидкости в теле.
eplorable. [прил.] плачевный, жалкий; достойный сожаления, прискорбный.
eplorablemente. [нареч.] плачевно, жалко.
eplorar. [перех.] оплакивать, сожалеть; сочувствовать состраданию к.
eplumación. [ж.] (мед.) потеря ресниц (вследствие болезни).
eponente. [дейст. прич.] к deponer; [прил.] (грам.) отложительный (о глаголе).

deponer. [перех.] откладывать в сторону; смещать, отрешать от должности, увольнять; утверждать; свидетельствовать, давать показания; складывать; [неперех.] испражняться: * deponer las armas, сложить оружие.
depopulador, ra. [прил.] уменьшающий или истребляющий население (тже. сущ.).
deportación. [ж.] высылка, ссылка, изгнание.
deportado. [прил.] сосланный, высланный.
deportante. [м. и ж.] см. deportista.
deportar. [перех.] высылать, ссылать.
deporte. [м.] спорт; развлечение: * practicar el deporte, заниматься спортом.
deportismo. [м.] любовь к спорту; спортивное упражнение.
deportista. [м. и ж.] спортсмен, (-ка), физкультурник, (-ица); [прил.] спортивный.
deportividad. [ж.] спортивность.
deportivo, va. [прил.] спортивный.
deposición. [ж.] объяснение, разъяснение, смещение, отрешение (от должности); стул, испражнение; (юр.) свидетельское показание.
depositante. [дейст. прич.] к depositar.
depositar. [перех.] сдавать на хранение; помещать, класть, положить, доверять; положить (деньги); давать осадок; depositarse, [возв. гл.] осаждаться, оседать.
depositaría. [ж.] склад, амбар; банк; казначейство; казначейская должность.
depositario, ria. [прил.] к depósito; (перен.) содержащий в себе что-л; [сущ.] хранитель, (-ница); казначей.
depósito. [м.] сдача на хранение; вещь, отданная на хранение; хранилище; склад, амбар; резервуар, бак; (воен.) сборный пункт; магазин, магазинная коробка; (фин.) вклад, депозит; осадок, отложение; (мед.) скопление жидкости; * depósito de gasolina, бензохранилище; * depósito de agua, водохранилище.
depravación. [ж.] развращение; испорченность, развращённость.
depravadamente. [нареч.] с развращением.
depravado, da. [страд. прич.] к depravar; [прил.] испорченный, порочный, развращённый, извращённый, развратный.
depravador, ra. [прил.] развращающий; [м. и ж.] развратитель, (-ница).
depravar. [перех.] развращать, портить.
deprecación. [ж.] мольба, просьба, заклинание.
deprecante. [дейст. прич.] к deprecar, умоляющий, просящий.
deprecar. [перех.] умолять, просить.
deprecativo, va. [прил.] просительный, умоляющий; (грам.) умоляющий (тже. сущ.).
deprecatorio, ria. [прил.] умоляющий.
depreciación. [ж.] обесценение; понижение цены, снижение стоимости.
depreciador, ra. [прил.] обесценивающий.
depreciar. [перех.] обесценивать; понижать цену, снижать стоимость.
depredación. [ж.] ограбление, грабёж; расхищение, растрата; взятка.
depredador, ra. [м. и ж.] грабитель; расхититель, (-ница); растратчик, (-ица).
depredar. [перех.] грабить; расхищать.
depresible. [прил.] легко подавляемый.
depresión. [ж.] вдавление; понижение местности, низина, углубление, впадина, котловина; упадок (нравственный), депрессия, подавленное, угнетенное состояние.
depresivo, va. [прил.] вдавливающий; (перен.) давящий, подавляющий, угнетающий; унизительный.
depresor, ra. [прил.] подавляющий, унизительный (тже. сущ.); (анат.) низводящий [м.] (анат.) низводящий мускул;

* depresor de la lengua, (мед.) языкодержатель, шпандель для придерживания языка.
deprimente. [дейст. прич.] к deprimir; [прил.] см. depresivo.
deprimido, da. [страд. прич.] к deprimir; [прил.] (мед.) ослабленный; низменный: * pulso deprimido, слабый пульс.
deprimir. [перех.] сжимать, давить, угнетать, вызывать депрессию, нравственный упадок; унижать, принижать; сломить (волю и т. д.).
depuesto, ta. [непр. страд. прич.] к deponer.
depulsado, da. [прил.] тяжёлый, утомительный, бурный.
depuración. [ж.] очищение (крови; химических составов), чистка.
depurado, da. [страд. прич.] к depurar; [прил.] очищенный, чистый.
depurador, ra. [прил.] очищающий, очистительный (тже. сущ.).
depuramiento. [м.] см. depuración.
depurante. [дейст. прич.] к depurar (тже. прил. и сущ.).
depurar. [перех.] очищать (кровь и т. д.).
depurativo, va. [прил.] (мед.) кровоочистительный [м.] кровоочистительное средство.
depuratorio, ria. [прил.] очистительный, годный для очищения.
deputar. [перех.] см. diputar.
deque. [нареч.] (разг.) как только, лишь только, чуть.
deradenitis. [ж.] (пат.) воспаление шейных желез.
derecha. [ж.] прямая дорога.
derecha. [ж.] правая рука; правая сторона; (полит.) правые партии, правая (в парламенте и т. д.): * a la derecha, направо; * a mi derecha, справа от меня; * tome la derecha, возьмите направо; * a derechas, правильно.
derechamente. [нареч.] прямо; справедливо; откровенно.
derechera. [ж.] прямая дорога.
derechista. [прил. и сущ.] (полит.) правый.
derecho, cha. [прил.] прямой, правый; правдивый, честный, прямолинейный, прямой; [нареч.] прямо; справедливо; откровенно; [м.] право; право (совокупность законов); право (наука); дорога, путь; лицевая сторона, лицо (ткани); освобождение (от налога и т. д.) [множ.] пошлина, налог, сбор; плата; оплата, гонорар: * a derechas, правильно; * a derecho, прямо; * derecho de voto, право голоса; * derecho electoral, избирательное право; * derecho de asilo, право убежища; * derecho de pernada, право первой ночи; * tener derecho a, иметь право (быть в праве) что-л делать; * igual en derechos, равноправный; * de hecho y de derecho, фактически и по праву; * ¿con qué derecho? на каком основании?, по какому праву?; * derecho público, публичное право; * derecho internacional, международное право; * derecho privado, частное право; * derecho canónico или eclesiástico, церковное право; * derecho consuetudinario, обычное право; * derecho criminal или penal, уголовное право; * derecho cesáreo, civil или común, общее право; * derecho de gentes, международное право; * facultad de derecho, юридический факультет; * estudiante de derecho, студент юридического факультета; * derechos legales, судебные издержки; * derechos de autor, авторское право; * ir derecho al bulto, идти прямо к цели.

derechoso, sa. [прил.] (Амер.) владеющий чем-л совместно с кем-л.
derechuelo. [м.] основы шитья.
derechura. [ж.] прямота, прямолинейность; правильность; точность: * en derechura, по прямому пути; не останавливаясь.
derelicción. [ж.] (церк.) беспомощность, беззащитность.
derencefalia. [ж.] отсутствие спинного мозга.
deriva. [ж.] (мор.) отклонение от пути; снос, дрейф: * ir a la deriva, быть отнесённым (течением).
derivación. [ж.] отведение, ответвление; отвод (воды и т. д.); выход; происхождение; (эл) утечка; шунт, ответвление; (грам.) словообразование; (воен.) деривация.
derivada. [ж.] (мат.) производная (функция).
derivado, da. [страд. прич.] к derivar; [прил.] (грам.) (хим.) производный; [м.] (грам.) производное слово; [множ.] продукты (замещения).
derivar. [перех.] изменять направление, отводить (воду); производить, образовывать (слова); ответвлять, делать ответвление; [неперех.] относиться течением, дрейфовать; проистекать, происходить, вытекать из; (грам.) происходить от...
derivativo, va. [прил.] отводящий (воду и т. д.); (грам.) производный; (мед.) отвлекающий; [м.] отвлекающее средство.
derivo. [м.] происхождение, источник, первопричина.
derivómetro. [м.] (ав.) дрейфометр, указатель сноса.
derla. [ж.] сорт глины.
derma. [ж.] (греч.) (анат.) дерма, кожа.
dermagra. [ж.] (мед.) пелагра.
dermalgia. [ж.] болезненность кожи, рефлекторные кожные боли, невралгия кожи.
dermatalgia. [ж.] (мед.) невралгия кожи, см. dermalgia.
dermatemia. [ж.] (мед.) кровоизлияние в коже.
dermático, ca. [прил.] кожный.
dermatitis. [ж.] (мед.) дерматит, воспаление кожи.
dermatoesqueleto. [м.] (зоол.) панцирь, щит (у черепах и т. д.).
dermatógeno. [м.] (бот.) дерматоген.
dermatografía. [ж.] описание кожи.
dermatográfico, ca. [прил.] относящийся к описанию кожи.
dermatografismo. [м.] дермографизм, см. dermatografía.
dermatoide(o). [прил.] (анат.) похожий на кожу (о тканях).
dermatoliria, dermatolisis. [ж.] (пат.) размягчение кожи.
dermatología. [ж.] дерматология, учение о кожных болезнях.
dermatológico, ca. [прил.] (пат.) дерматологический.
dermatólogo, ga. [м. и ж.] дерматолог.
dermatoma. [ж.] (пат.) кожная опухоль.
dermatomicosis. [ж.] (пат.) болезнь кожи, вызванная нитевидным грибком из семейства Mucedineae, рода Oidium, например парша, дерматомикоз.
dermatomioma. [ж.] (мед.) миома кожи, исходящая из гладкой мышцы волос, потовых желез и сосудов кожи.
dermatoneurosis. [ж.] (пат.) кожное заболевание на почве расстройства нервной системы.

dermatopatía. [ж.] (пат.) болезнь кожи.
dermatopático, ca. [прил.] относящийся к кожным болезням.
dermatoplastia. [ж.] совокупность операций с пересадкой кожи, пластическое восстановление дефектов кожи.
dermatopnonte. [прил.] (зоол.) дышащий через кожу.
dermatorragia. [ж.] (пат.) самопроизвольное кровотечение из кожи, иногда кровавый пот.
dermatorrea. [ж.] (пат.) пот.
dermatosclerosis. [ж.] затвердение кожи с ее утолщением.
dermatosis. [ж.] дерматоз, накожная болезнь.
dermatoterapia. [ж.] лечение кожи.
dermatotomía. [ж.] (хир.) разрез, рассечение кожи.
dermatrofia. [ж.] (пат.) атрофия кожи.
dermelcosia. [ж.] (пат.) изъязвление кожи.
dermesto. [м.] (зоол.) кожеед.
dérmico, ca. [прил.] (анат.) кожный.
dermis. [ж.] (анат.) дерма.
dermitis. [ж.] (пат.) воспалительное заболевание кожи.
dermoflebitis. [ж.] (пат.) воспаление кожных вен.
dermogenia. [ж.] (биол.) образование кожи.
dermoide(o). [прил.] похожий на дерму; относя. или принадл. к дерме: * quiste dermoideo, (пат.) дермоид, мешковидная опухоль с зародышевыми кожными образованиями (ногти и т. д.).
dermolisia, dermolisis. [ж.] (пат.) разрушение кожи; нечувствительность кожи.
dermosifilopatía. [ж.] (пат.) венерическая болезнь кожи.
derogable. [прил.] поддающийся отмене, нарушению (о договоре и т. д.).
derogación. [ж.] отмена, уничтожение; уменьшение.
derogar. [перех.] отменять, уничтожать, упразднять, аннулировать; уменьшать, снижать.
derogatoria. [ж.] (Амер.) см. derogación.
derogatorio, ria. [прил.] (юр.) отменяющий.
derrabadura. [ж.] рана при отсечение хвоста.
derrabar. [перех.] отсекать хвост.
derraizar. [перех.] (Амер.) см. desarraigar.
derrama. [ж.] распределение налогов, контрибуции; чрезвычайный налог.
derramadamente. [нареч.] в изобилии, обильно; беспорядочно.
derramadero. [м.] см. vertedero.
derramado, da. [страд. прич.] к derramar; [прил.] щедрый, расточительный.
derramador, ra. [прил.] проливающий, разливающий и т. д.
derramamiento. [м.] пролитие, проливание; разливание; разлив; разбрасывание; рассеивание; распространение (новостей и т. д.); щедрая раздача; распределение налогов и т. д.; водослив, сток.
derramaplaceres. [м. и ж.] см. derramasolaces.
derramar. [перех.] проливать; разливать; медленно лить; разбрасывать, рассыпать; распределять налоги и т. д.; расточать; распространять (новости и т. д.); derramarse [возв. гл.] разливаться (о реке); рассыпаться; впадать (о потоке); (мед.) изливаться, вытекать (о крови); изливаться.
derramasolaces. [м. и ж.] нарушитель, (-ница) веселья.
derrame. [м.] см. derramamiento; пролившаяся жидкость и т. д.; сток; потеря при трещине, дефекте или разбивании сосуда; (мед.) излияние; см. derramo: * derrame cerebral, кровоизлияние в мозг.

derramo. [м.] откос оконных или дверных проёмов; толщина стены в проёме (двери, окна).
derrapar. [неперех.] (гал.) (тже. в Амер.) скользить (о колесе); заносить (на повороте-об автомобиле).
derraspado, da. [прил.] см. desraspado.
derredor. [м.] окружность, круг, контур, место вокруг: * al derredor, en derredor, вокруг, кругом, около.
derrelicto, ta. [непр. страд. прич.] к derrelinquir; [м.] (мор.) оставленный корабль, обломки потонувшего судна.
derrelinquir. [перех.] покидать; оставлять.
derrenegar. [неперех.] (разг.) питать отвращение; ненавидеть.
derrengada. [ж.] (обл.) некоторое па.
derrengado, da. [страд. прич.] к derrengar; [прил.] кривой.
derrengadura. [ж.] вывих.
derrengar. [перех.] вывихнуть; изнурять, утомлять; не оставить живого места; наклонять; (обл.) сбивать плоды с деревьев (с помощью палки); [непр. гл.] спрягается как acertar.
derrengo. [м.] (обл.) палка, с помощью которой сбивают плоды с деревьев.
derreniego. [м.] (разг.) брань, богохульство, проклятие, бранное слово.
derretido, da. [страд. прич.] derretir; [прил.] (перен.) сильно влюблённый; [м.] бетон.
derretimiento. [м.] плавление; таяние; любовный пыл.
derretir. [перех.] плавить, растапливать, топить, расплавлять, распускать; проматывать, мотать, расточать, поглощать, сорить, (разг.) менять деньги; derretirse [возв. гл.] плавиться, таять; (перен.) млеть; воспаляться любовью; легко влюбляться.
derribador. [м.] тот, кто сбивает с ног скоте).
derribar. [перех.] разрушать; уничтожать, ломать, сносить (здание); опрокидывать, валить, сбивать с ног; свергать; ниспровергать; повалить на землю; сбить (самолёт); сваливать, сбрасывать (иго); унижать; см. postrar: * derribarse, [возв. гл.] (по)валиться, рухнуть, упасть; разрушаться; обрушиваться.
derribo. [м.] разрушение, ломка; слом, снос (здания); сваливание, сбрасывание на землю, опрокидывание; обломки; место, где разрушают.
derrisco. [м.] (Амер.) глубокий овраг.
derriza. [ж.] (обл.) разрушение, избиение; резня, бойня.
derrocadero. [м.] см. despeñadero.
derrocamiento. [м.] сбрасывание с высоты; ниспровержение; низвержение; разрушение; свержение.
derrocar. [перех.] сбрасывать с высоты; низвергать; свергать, ниспровергать; разрушать; [непр. гл.] спрягается как contar.
derrochador, ra. [прил.] расточительный; [м. и ж.] расточитель, (-ница), мот, (-овка).
derrochar. [перех.] растрачивать, проматывать, расточать.
derroche. [м.] расточение (уст.), расточительность, мотовство, разбазаривание средств; распродажа.
derrota. [ж.] путь, дорога, тропа; беспорядочное бегство, разгром, полнейшее поражение; (мор.) румб компаса, путь корабля: * en derrota, в беспорядке, поспешно.
derrotadamente. [нареч.] бедно, неряшливо.
derrotar. [перех.] разрушать, уничтожать

растрачивать; разбивать, рвать на куски; разорять; подрывать (здоровье); рассеивать; (воен.) разбить, разгромить, обратить в бегство; derrotarse, [возв. гл.] (мор.) сбиться с курса.

derrote. [м.] (тавр.) удар рогом вверх (при нападении).

derrotero. [м.] (мор.) лоция; курс, рейс; путь корабля, румб компаса; (перен.) дорога, путь к цели; средство для достижения цели.

derrotismo. [м.] (полит.) пораженчество, капитулянство.

derrotista. [прил.] (полит.) капитулянтский, пораженческий; [м. и ж.] пораженец, капитулянт.

derrubiar. [перех.] подмывать, подтачивать, размывать (берег).

derrubio. [м.] подмыв, размыв (берега).

derruir. [перех.] разрушать; ломать, сносить (здание).

derrumbadero. [м.] обрыв, пропасть, бездна; (перен.) опасность, риск.

derrumbamiento. [м.] падение; см. derrocamiento.

derrumbar. [перех.] сбрасывать с высоты, низвергать; см. derrocar.

derrumbe. [м.] см. derrumbadero.

derrumbo. [м.] обрыв, пропасть.

derviche. [м.] дервиш, мусульманский нищенствующий монах.

des-. приставка, обозначающая: а) отрицание или обратный смысл; б) лишение; в) чрезмерность; г) утверждение.

desabarrancamiento. [м.] вытаскивание (из грязи, ямы и т. д.); (перен.) вытаскивание (из затруднения).

desabarrancar. [перех.] вытаскивать (из грязи, из ямы и т. д.); (перен.) выручить вывести из затруднения.

desabastecer. [перех.] лишать припасов; прекращать снабжение продуктами.

desabastecimiento. [м.] лишение припасов; прекращение снабжения продуктами.

desabejar. [перех.] вынимать пчёл из улья.

desabillé. [м.] (гал.) утреннее, домашнее платье.

desabollador, ra. [прил.] разглаживающий вмятины; [м.] прибор для этой цели.

desabolladura. [ж.] дейст. к разглаживать вмятины.

desabollar. [перех.] разглаживать вмятины.

desabonarse. [возв. гл.] отказаться от подписки, обонемента.

desabono. [м.] отказ от подписки, абонемента; дискредитация, подрыв репутации.

desabor. [м.] безвкусность.

desabordarse. [возв. гл.] удалиться друг от друга, после столкновения (о судах).

desaborido. [а. прил.] безвкусный, пресный; (перен.) несущественный, лишённый прелести; безразличный.

desabotonar. [перех.] расстёгивать (пуговицы) (тже. возв. гл.); [неперех.] расцветать, распускаться (о цветах).

desabovedar. [перех.] разрушать свод.

desabridamente. [нареч.] сурово, резко.

desabrido, da. [страд. прич.] к desabrir; [прил.] безвкусный, пресный; (перен.) суровый, резкий, жёсткий (о характере); переменчивый (о погоде).

desabrigadamente. [нареч.] лишённый приюта и т. д.

desabrigado, da. [страд. прич.] к desabrigar [прил.] беспомощный, покинутый, лишённый приюта, бездомный.

desabrigar. [перех.] раздевать, снимать одежду, пальто с кого-л; (перен.) покидать, лишать поддержки, приюта; desabrigarse. [возв. гл.] раздеваться, одеваться легче.

desabrigo. [м.] дейст. к desabrigar; (перен.) бесприютность; беззащитность, беспомощность, беспомощное состояние; заброшенность.

desabrillantar. [перех.] делать тусклым, лишать блеска (тже возв. гл.).

desabrimiento. [м.] отсутствие вкуса, пресность, безвкусность; (перен.) резкость, суровость, жёсткость, неровность (характера); недовольство.

desabrir. [перех.] делать безвкусным, пресным; (перен.) огорчать, печалить, вызывать неудовольствие; *desabrirse, [возв. гл.] огорчаться, чувствовать неудовольствие.

desabrochamiento. [м.] дейст. к desabrochar.

desabrochar. [перех.] расстёгивать, отстёгивать; отцеплять; (перен.) развёртывать, раскрывать; desabrocharse. [возв. гл.] расстёгиваться; (перен.) разоткровенничаться, открыть душу.

desacaloramiento. [м.] освежение, охлаждение.

desacalorarse. [возв. гл.] охлаждаться, освежаться; успокаиваться.

desacantonar. [перех.] (воен.) снимать с квартир.

desacatadamente. [нареч.] дерзко, нагло, непочтительно.

desacatado, da. [страд. прич.] к desacatar; [прил.] непочтительный, дерзкий.

desacatador, ra. [прил.] дерзкий, наглый, непочтительный (тже. сущ.).

desacatamiento. [м.] см. desacato.

desacatar. [перех.] не оказывать должного почтения или уважения.

desacato. [м.] неуважение, отсутствие должного почтения, непочтительность; (юр.) оскорбление властей.

desacedar. [перех.] удалять из чего-л кисловатый вкус.

desaceitado, da. [страд. прич.] к desaceitar; [прил.] обезжиренный.

desaceitar. [перех.] удалять масляные пятна; обезжиривать.

desacentuar. [перех.] снимать знак ударения.

desacerar. [перех.] удалять из чего-л сталь.

desacerbar. [перех.] лишать горечи; (перен.) делать менее острым (боль, оскорбление и т. д.).

desacertadamente. [нареч.] необдуманно, ошибочно.

desacertado, da. [страд. прич.] к desacertar; [прил.] опрометчивый.

desacertar. [неперех.] ошибаться, необдуманно ики ошибочно действовать; [непр. гл.] спрягается как acertar.

desacidificación. [ж.] (хим.) раскисление.

desacidificar. [перех.] (хим.) раскислять.

desacidular. [перех.] удалять из питья кисловатый вкус.

desacierto. [м.] ошибка, промах, оплошность, ошибочный, необдуманный поступок, опрометчивость.

desacio. [м.] (обл.) лоскут; невнимательность.

desacobardar. [перех.] придавать смелость, отвагу.

desacollar. [перех.] (обл.) окапывать виноградные лозы.

desacollarar. [перех.] (перен.) разъединять.

desacomodadamente. [нареч.] неудобно.

desacomodado, da. [страд. прич.] к desacomodar; [прил.] нуждающийся; лишившийся службы и т. д.; необеспеченный; доставляющий или испытывающий неудобства.

desacomodamiento. [м.] неудобство; беспокойство.

desacomodar. [перех.] лишать удобств; беспокоить, стеснять; (перен.) лишать службы и т. д., увольнять; desacomodarse. [возв. гл.] оставлять службу.

desacomodo. [м.] неудобство; лишение службы и т. д.

desacompañamiento. [м.] уединение, одиночество.

desacompañar. [перех.] переставать водиться с кем-л.

desacompasado, da. [прил.] (Амер.) см. descompasado.

desaconsejadamente. [нареч.] неблагоразумно, неосторожно.

desaconsejado, da. [страд. прич.] к desaconsejar; [прил.] неблагоразумный, неосторожный, опрометчивый, своенравный.

desaconsejar. [перех.] отсоветовать, отговаривать.

desacoplamiento. [м. дейст.] к desacoplar; разъединение.

desacoplar. [перех.] разъединять, размыкать; разрознивать пары.

desacordadamente. [нареч.] неблагоразумно, необдуманно.

desacordado, da. [страд. прич.] к desacordar; [прил.] (жив.) несогласованный.

desacordante. [дейст. прич.] к desacordar.

desacordar. [перех.] расстраивать (муз. инструмент.) (тже. возв. гл.); разъединять; нарушать согласие; desacordarse. [возв. гл.] терять память; [непр. гл.] спрягается как acordar.

desacorde. [прил.] нестройный (о звуках); несогласный.

desacordonar. [перех.] расшнуровывать и т. д.

desacorrolar. [перех.] выводить стадо из двора; (тавр.) удалять быка от барьера.

desacostumbradamente. [нареч.] против привычки.

desacostumbrado, da. [страд. прич.] к desacostumbrar; [прил.] необычный, необычайный.

desacostumbrar. [перех.] отучать; desacostumbrarse. [возв. гл.] отвыкать, отучаться.

desacotar. [перех.] отнимать ограду.

desacotejar. [перех.] отрекаться, отказываться, отклонять, не принимать; (перен.) (Амер.) разлаживать, расстраивать, приводить в беспорядок.

desacoto. [м.] снятие ограды.

desacreditado, da. [страд. прич.] к desacreditar; [прил.] дискредитированный.

desacreditador, ra. [прил.] дискредитирующий, лишающий доверия (тже. сущ.).

desacreditar. [перех.] дискредитировать, подрывать доверие, лишать доверия; опорочивать; desacreditarse. [возв. гл.] дискредитировать себя.

desacuartelamiento. [м.] выведение войск из казарм.

desacuartelar. [перех.] выводить войска из казарм.

desacuerdo. [м.] несогласие, разногласие, разлад, раздор; промах, ошибка; забвение; забывчивость.

desachispar. [перех.] (разг.) отрезвлять.

desaderezar. [перех.] см. desaliñar.

desadeudar. [перех.] освобождать от долгов.

desadorar. [перех.] прекращать обожание.

desadormecer. [перех.] будить, прогонять сон; (перен.) выводить из состояния отупения и т. д.; [непр. гл.] спрягается как adormecer.

desadornado, da. [страд. прич.] к desadornar; [прил.] лишённый украшения; (перен.) голый, лишённый чего-л.

desadornar. [перех.] снимать украшения.

desadorno. [м.] отсутствие украшения.

desadvertidamente. [нареч.] см. inadvertidamente.
desadvertido, da. [страд. прич.] к desadvertir; [прил.] см. inadvertido.
desadvertimiento. [м.] см. inadvertencia.
desadvertir. [перех.] не замечать, не обращать внимания; проглядеть; [непр. гл.] спрягается как advertir.
desafamar. [перех.] дискредитировать, клеветать, позорить, чернить.
desafear. [перех.] украшать, уменьшать безобразие.
desafección. [ж.] нерасположение, нелюбовь.
desafectado, da. [прил.] лишённый аффектации, неестественности и т. д.
desafecto, ta. [прил.] нерасположенный, враждебный, недоброжелательный; противоположный; обратный; [м.] нелюбовь, нерасположение, см. malquerencia.
desafeitado, da. [прил.] естественный, без украшения.
desaferrar. [перех.] отцеплять, отвязывать, отделять; (мор.) поднимать якорь; (перен.) см. disuadir; [непр. гл.] спрягается как acertar.
desafiadero. [м.] место, где дрались на дуэли.
desafiador, ra. [прил.] вызывающий (на дуэль и т. д.); [м.] дуэлянт, дуэлист, участник дуэли, дуэлей.
desafiar. [перех.] вызывать, бросать вызов; не бояться; противостоять, не поддаваться; вести себя вызывающе, бравировать; выходить навстречу опасности и т. д.); соперничать, состязаться: desafiar el peligro, пренебрегать опасностью.
desafición. [ж.] нелюбовь, нерасположение.
desaficionadamente. [нареч.] с нерасположением.
desaficionar. [перех.] вызывать нерасположение, охлаждение, отбивать охоту; desaficionarse. [возв. гл.] разлюбить; отвыкать от...
desafilar. [перех.] затупить, притупить.
desafinación. [ж.] неблагозвучие, дисгармония, неверный строй, нестройная музыка; фальшивое пение.
desafinadamente. [нареч.] (муз.) фальшиво.
desafinado, da. [страд. прич.] к desafinar; [прил.] расстроенный (о муз. инструменте).
desafinar. [неперех.] петь или играть фальшиво, фальшивить, детонировать; (перен.) (разг.) говорить некстати, невпопад.
desafío. [м.] вызов; дуэль, поединок; соперничество, конкуренция.
desaforadamente. [нареч.] чрезмерно, беспорядочно; без уважения к закону, разуме и т. д.
desaforado, da. [страд. прич.] к desaforar; [прил.] действующий без уважения к закону, незаконный; (перен.) чрезмерный, огромный, несоразмерный.
desaforar. [перех.] действовать против прав или привилегий; лишать прав или привилегий; desaforarse. [возв. гл.] выходить из себя, позволять себе лишнее, дерзко поступать; [непр. гл.] спрягается как contar.
desaforrar. [перех.] снимать подкладку.
desafortunadamente. [нареч.] к несчастью.
desafortunado, da. [прил.] несчастный; неудачный; неудачливый.
desafuero. [м.] нарушение закона, правила;

поступок против здравого смысла; бесчестный, безнравственный поступок; (юр.) поступок, лишающий привилегий.
desagarrar. [перех.] отвязывать.
desagraciado, da. [страд. прич.] к desagraciar; [прил.] лишённый привлекательности, некрасивый.
desagraciar. [перех.] лишать привлекательности, делать некрасивым, непривлекательным.
desagradable. [прил.] неприятный; противный.
desagradablemente. [нареч.] неприятно.
desagradar. [неперех.] не нравиться, быть неприятным кому-л.
desagradecer. [перех.] быть неблагодарным; [непр. гл.] спрягается как crecer.
desagradecidamente. [нареч.] неблагодарным образом.
desagradecido, da. [страд. прич.] к desagradecer; [прил.] неблагодарный (тж. сущ.).
desagradecimiento. [м.] неблагодарность.
desagrado. [м.] недовольство, неудовольствие; досада; огорчение.
desagraviar. [перех.] давать удовлетворение; реабилитировать; заглаживать вину; возмещать убытки.
desagravio. [м.] удовлетворение, заглаживание вины; возмещение убытков.
desagregable. [прил.] поддающийся разъединению и т. д.
desagregación. [ж.] разъединение, отделение, разобщение; разложение, распад.
desagregar. [перех.] разъединять, разделять, разобщать; разлагать на составные части, вызывать распад.
desagregarse. [возв. гл.] разлагаться.
desagriar. [перех.] раскислять; (перен.) смягчать; успокаивать, смягчать гнев.
desaguadero. [м.] водоотводный жёлоб, водосток, труба для стока нечистот; (перен.) причина непрерывных расходов.
desaguado, da. [страд. прич.] к desaguar; [прил.] (Амер.) безвкусный, пресный.
desaguador. [м.] оросительный канал.
desaguamiento. [м.] см. desagüe.
desaguar. [перех.] опорожнять; осушать; высушивать; (перен.) расточать, проматывать; [неперех.] впадать (о реке); desaguarse. [возв. гл.] рвать, вырвать; испражняться.
desaguazar. [перех.] спустить воду, осушить.
desagüe. [м.] спуск воды, осушение, осушка; водослив, сток; см. desaguadero; впадение (реки и т. д.).
desaguisado, da. [прил.] несправедливый, беззаконный; безрассудный; [м.] беззаконие, несправедливость, бесчестный, безнравственный, неразумный поступок.
desaherrojar. [перех.] освобождать от цепей, снимать кандалы (тж. перен.).
desahijar. [перех.] отнимать от матки (о скоте); desahijarse. [возв. гл.] чрезмерно (от)роиться (о пчёлах).
desahitarse. [возв. гл.] излечиться от несварения желудка.
desahogadamente. [нареч.] широко; дерзко, нагло: * vivir desahogadamente, жить широко.
desahogado(da. [страд. прил.] к desahogar; [прил.] дерзкий, наглый; развязный; непринуждённый, свободный; просторный, широкий, свободный, незагромождённый; зажиточный.
desahogar. [перех.] облегчать; освобождать; утешать, помогать; ободрять кого-л.; desahogarse. [возв. гл.] отдыхать; изливать (чувства, душу), изливаться; освобождаться от чего-л; облегчать себя; платить выкуп.
desahogo. [м.] облегчение, утешение, освобождение от чего-л; удобства, зажиточ-

ность; отдых; бесстыдство, наглость, нахальство, дерзость; развязность: * vivir con desahogo, зажиточно жить.
desahuciadamente. [нареч.] безнадёжно.
desahuciar. [перех.] лишать надежды; признавать безнадёжным (больного); отказать от квартиры, отказать в аренде или съёме.
desahucio. [м.] отказ арендатору или съёмщику.
desahumado, da. [страд. прич.] к desahumar; [прил.] выдохшийся (о напитке).
desahumar. [перех.] выветрить дым из квартиры и т. д.).
desainar. [перех.] снимать жир, очищать от жира.
desairadamente. [нареч.] неловко, нескладно.
desairado, da. [страд. прич.] л desairar; [прил.] неуклюжий, неловкий; неудачный.
desairar. [перех.] пренебрегать, относиться с пренебрежением, относиться свысока; недооценивать, отказывать.
desaire. [м.] неуклюжесть; неизящность, пренебрежение, презрение; грубый, резкий отказ.
desaislarse. [возв. гл.] прекращать быть одиноким.
desajustar. [перех.] разлаживать, расстраивать, приводить в беспорядок; desajustarse. [возв. гл.] нарушать договор.
desajuste. [м.] разлаживание; расстройство (дел); нарушение договора.
desalabanza. [ж.] осуждение, порицание, неодобрение; резкий упрёк, критика, презрение.
desalabar. [перех.] порицать, осуждать, хулить, критиковать.
desalabear. [перех.] выправлять, выпрямлять, расправлять.
desalabeo. [м.] выпрямление, распрямление.
desaladamente. [нареч.] поспешно; страстным желанием.
desalado, da. [страд. прич.] к desalar, лишённый крыльев; [прил.] поспешный, торопливый, жаждущий.
desalar. [перех.] вымачивать солёное; разбавлять водой пересолённое; извлекать соль.
desalar. [перех.] лишать крыльев; desalarse. [возв. гл.] страстно желать; идти или бегать скорым шагом.
desalazón. [ж.] вымачивание солёного; опреснение (воды).
desalbardar. [перех.] развьючивать.
desalcoholización. [ж.] извлечение алкоголя.
desalcoholizar. [перех.] извлекать алкоголь.
desalentadamente. [нареч.] вяло.
desalentador, ra. [прил.] приводящий в уныние, обескураживающий.
desalentar. [перех.] вызвать одышку, затруднять дыхание; приводить в уныние, обескураживать, подрывать дух, лишать бодрости; desalentarse. [возв. гл.] падать духом, приходить в уныние; [непр. гл.] спрягается как acertar.
desalfombrar. [перех.] снимать ковры.
desalforjar. [перех.] вынимать из сумы; desalforjarse. [возв. гл.] (разг.) расстёгиваться (для удобства).
desalhajado, da. [страд. прич.] к desalhajar; [прил.] голый, лишённый чего-л необходимого.
desalhajar. [перех.] убирать мебель, лишать украшений.
desaliar. [перех.] нарушить союз.
desaliento. [м.] подавленность, упадок духа, уныние, отсутствие бодрости.
desalineación. [ж.] отклонение от прямой линии.

desalinear. [перех.] отклонять от прямой линии.

desaliñadamente. [нареч.] нечистоплотно, неряшливо.

desaliñado, da. [страд. прич.] к desaliñar; [прил.] неряшливый, нечистоплотный, небрежный.

desaliñar. [перех.] приводить в неряшливый вид; desaliñarse. [возв. гл.] приходить в неряшливый вид.

desaliño. [м.] небрежность в одежде, неряшливость, нечистоплотность; (перен.) небрежность; [множ.] старинные серьги.

desalivar. [неперех.] пускать обильную слюну.

desalmacenar. [перех.] вывозить из склада.

desalmadamente. [нареч.] бесчеловечно, жестоко.

desalmado, da. [страд. прич.] к desalmar; [прил.] бесчеловечный, нечеловеческий, бессердечный, жестокий.

desalmamiento. [м.] бесчеловечность, бессердечность, жестокость; злодейство.

desalmar. [перех.] лишать силы, свойства (тж. возв. гл.); беспокоить, тревожить; desalmarse. [возв. гл.] страстно желать; беспокоиться, тревожиться.

desalmenado, da. [страд. прич.] к desalmenar; [прил.] лишённый зубцов.

desalmenar. [перех.] снимать зубцы.

desalmidonar. [перех.] удалять крахмал (от белья).

desalojamiento. [м.] выселение; вытеснение; выбивание; увольнение; переезд на другую квартиру.

desalojar. [перех.] выселять, выживать (из дому); вытеснять, выбивать, прогонять; увольнять; перевозить вещи на другую квартиру; см. desplazar; [неперех.] выселяться, переселяться; (воен.) отходить от занятых позиций.

desalojo. [м.] см. desalojamiento.

desalquilar. [перех.] прекращать аренду; выселять из дому; перевозить вещи на другую квартиру.

desalterar. [перех.] успокаивать кого-л.

desalumbradamente. [нареч.] слепо, безрассудно, ошибочно.

desalumbrado, da. [прил.] ослеплённый (под воздействием сильного света); (перен.) ошибочный, дезориентированный.

desalumbramiento. [м.] (перен.) ослепление.

desamable. [прил.] недостойный любви.

desamador, ra. [прил.] разлюбящий; чувствующий ненависть к кому-л (тж. сущ.).

desamanerarse. [возв. гл.] освободиться от манерности, жеманства.

desamar. [перех.] разлюбить; чувствовать ненависть к кому-л, ненавидеть.

desamarrar. [перех.] (мор.) отдать швартовы, отшвартовать, отчаливать; сниматься, отваливать; отпускать, выпускать, освобождать, отвязывать.

desamarre. [м.] отдача швартовов; отчаливание.

desamartelar. [перех.] заставлять разлюбить; desamartelarse. [возв. гл.] разлюбить.

desamasado, da. [прил.] разъединённый, разобщённый, разлаженный.

desamigado, da. [прил.] раздружившийся; находящийся в ссоре.

desamistarse. [возв. гл.] ссориться, рассориться с другом.

desamoblar. [перех.] см. desamueblar; [непр. гл.] спрягается как contar.

desamoldar. [перех.] деформировать, изменять форму чего-л; (перен.) искажать.

desamontonar. [перех.] разваливать кучу.

desamor. [м.] отсутствие любви, нелюбовь; неприязнь, вражда, враждебность.

desamorado, da. [страд. прич.] к desamorar; [прил.] разлюбивший.

desamorar. [перех.] заставлять разлюбить, оттолкнуть от; desamorarse. [возв. гл.] разлюбить.

desamoroso, sa. [прил.] нечувствующий любовь; насупленный, нахмуренный; холодный

desamorrar. [перех.] (разг.) выводить из задумчивости, поднимать настроение, заставлять говорить; desamorrarse [возв. гл.] переставать сердиться.

desamortajar. [перех.] раздевать покойника, снимать саван с покойника.

desamortecer. [перех.] см. desentumecer; [непр. гл.] спрягается как favorecer.

desamortecimiento. [м.] см. desentumecimiento.

desamortizable. [прил.] могущий быть освобождённым от амортизации.

desamortización. [ж.] освобождение от амортизации.

desamortizador, ra. [прил.] освобождающий от амортизации (тж. сущ.).

desamortizar. [перех.] освобождать от амортизации.

desamotinarse. [возв. гл.] снова повиноваться (о мятежниках).

desamparadamente. [нареч.] без защиты и т. д.

desamparado, da. [страд. прич.] к desamparar, покинутый, оставленный, заброшенный, беспомощный, беззащитный, бесприютный.

desamparador, ra. [прил.] лишающий защиты, поддержки, оставляющ (на произвол судьбы и т. д.).

desamparar. [перех.] лишать защиты, поддержки; оставлять (на произвол судьбы и т. д.), отлучаться, покидать место; (юр.) отказываться (от права и т. д.).

desamparo. [м.] лишение защиты, поддержки; оставление; (юр.) отказ (от права и т. д.).

desamueblar. [перех.] убирать мебель; выносить мебель, опустошать (квартиру и т. д.).

desanalfabetizar. [перех.] выводить из неграмотности.

desanclar, desancorar. [перех.] (мор.) снима(ся) с якоря.

desandar. [перех.] возвратиться назад, идти назад той же дорогой: * desandar lo andado, вернуться назад, с дороги, вернуться к исходной точке; [непр. гл.] спрягается как andar.

desanderado, da. [прил.] (Амер.) бессмысленный, безрассудный.

desandrajado, da. [прил.] оборванный, в лохмотья.

desanejarse. [возв. гл.] превращаться, принимать иной вид.

desanestesiar. [перех.] восстанавливать чувствительность (о анестезированном человеке).

desangramiento. [м.] обескровливание; потеря крови; осушение (болота и т. д.).

desangrar. [перех.] (вы)пускать кровь; обескровливать; осушать; спустить воду; (разг.) разорять; desangrarse. [возв. гл.] обескровливаться; обливаться кровью, терять кровь.

desangre. [м.] (Амер.) см. desangramiento.

desanidar. [неперех.] покидать гнездо; [перех.] выгонять из гнезда, выгонять с насиженного места.

desanimación. [ж.] отсутствие одушевления ободрения, живости.

desanimadamente. [нареч.] вяло и т. д.

desanimado, da. [страд. прич.] к desanimar; [прил.] упавший духом, лишённый бодрости; скучный, малолюдный.

desanimar, ra. [прил.] лишающий духа, мужества и т. д.

desanimar. [перех.] приводить в уныние, обескураживать, лишать бодрости, подрывать дух; desanimarse. [возв. гл.] падать духом, приходить в уныние.

desánimo. [м.] упадок духа, уныние, отсутствие бодрости.

desanublar. [перех.] (перен.) прояснять; desanublarse. [возв. гл.] проясняться.

desanudamiento. [м.] развязывание, развязка узла, узлов.

desanudar. [перех.] развязывать узел; (перен.) приводить к развязке, распутывать.

desanzolar. [перех.] отделять, отрывать (тж. возв. гл.).

desañudamiento. [м.] развязывание.

desañudar. [перех.] см. desanudar.

desapacibilidad. [ж.] резкость, суровость, сварливость.

desapacible. [прил.] доставляющий неприятности, неудовольствие, беспокойство и т. д.; неприятный, резкий, суровый, сварливый.

desapaciblemente. [нареч.] неприятно и т. д.

desapadrinar. [перех.] осуждать, не одобрять, порицать.

desaparear. [перех.] разрознить пару.

desaparecer. [перех.] прятать, скрывать (тж. возв. гл.); [неперех.] исчезать, скрываться; пропасть без вести; исчезнуть.

desaparecimiento. [м.] см. desaparición.

desaparejar. [перех.] расседлывать, снимать седло, сбрую и т. д. с лошади, осла и т. д., распрягать; (мор.) расснащивать или разоружать судно.

desaparición. [ж.] исчезновение, исчезание, пропажа без вести.

desaparroquiar. [перех.] отделять от церковного прихода (тж. возв. гл.); лишать постоянных покупателей.

desapasionadamente. [нареч.] беспристрастно.

desapasionado, da. [прил. страд. прич.] к desapasionar; [прил.] беспристрастный.

desapasionar. [перех.] избавлять от страсти (тж. возв. гл.).

desapegar. [перех.] отклеивать; desapegarse, [возв. гл.] отклеиваться, отделяться; (перен.) отдаляться, отходить от кого-л.

desapego. [м.] отдаление от кого-л, нерасположение к кому-л, охлаждение чувства привязанности.

desapercibidamente. [нареч.] врасплох и т. д.

desapercibido, da. [прил.] лишённый чего-л нужного; не предупреждённый, не подготовленный; (гал.) незамеченный.

desapercibimiento. [м.] отсутствие чего-л нужного.

desapestar. [перех.] дезинфицировать (о поражённом чумой).

desapetito. [м.] противная склонность к чему-л.

desapiadadamente. [нареч.] безжалостно, немилосердно, беспощадно.

desapiadado, da. [прил.] безжалостный, беспощадный, немилосердный.

desapiadarse. [возв. гл.] становиться безжалостным, беспощадным.

desapiolar. [перех.] (охот.) освобождать от завязки лапы дичи.

desaplacer. [перех.] не нравиться; вызывать неудовольствие; [непр. гл.] спрягается как placer.

desaplacible. [прил.] неприятный, противный.

desaplicación. [ж.] отсутствие прилежания, нерадивость, праздность, безделье.
desaplicadamente. [нареч.] без прилежания, лениво, невнимательно.
desaplicado, da. [страд. прич.] к desaplicar; [прил.] ленивый, нерадивый, небрежный, невнимательный.
desaplicar. [перех.] лишать прилежания (тже. возв. гл.).
desaplomar. [перех.] см. desplomar.
desapoderadamente. [нареч.] стремительно, поспешно, несдержанно.
desapoderado, da. [страд. прич.] к desapoderar; [прил.] стремительный, поспешный, несдержанный; разъярённый.
desapoderamiento. [м.] несдержанность, вспыльчивость, горячность; лишение владения; лишение полномочий или власти.
desapoderar. [перех.] лишать владения; лишать полномочий или власти.
desapolillar. [перех.] уничтожать моль; desapolillarse. [возв. гл.] (разг.) проветриться, выходить на прогулку (после долгого сидения дома или при сильном ветре).
desaposentar. [перех.] выселять, выживать (из помещения); (перен.) отделять от себя, отталкивать.
desaporcar. [перех.] окапывать (растения).
desaposesionar. [перех.] лишать владения; экспроприировать (кого-л).
desapostemar. [перех.] (перен.) успокаивать, смягчать.
desapoyar. [перех.] лишать поддержки, опоры.
desapreciar. [перех.] недооценивать; пренебрегать, не уважать.
desaprender. [перех.] разучиться, забыть выученное.
desaprensar. [перех.] делать тусклым; (перен.) разжимать.
desaprensión. [ж.] отсутствие совести, бессовестность, бестактность, неделикатность, бесцеремонность.
desaprensivo, va. [прил.] лишённый совести, бессовестный; бестактный; неделикатный, бесстыдный, (тже. сущ.).
desapretar. [перех.] разжимать, ослаблять, уменьшать нажим и т. д.; [непр. гл.] спрягается как acertar.
desaprisionar. [перех.] выпускать на волю, освобождать из тюрьмы; снимать кандалы и т. д.
desaprobación. [ж.] неодобрение, осуждение, укор, упрёк, порицание; (дипк.) дезавуирование.
desaprobador, ra. [прил.] неодобрительный (тже. сущ.).
desaprobar. [перех.] осуждать, порицать, не одобрять; [непр. гл.] спрягается как contar.
desapropiación, desapropiamiento. [м.] отречение от собственности.
desapropiar. [перех.] лишать собственности.
desaprovechadamente. [нареч.] без пользы, бесполезно, напрасно.
desaprovechado, da. [страд. прич.] к desaprovechar; [прил.] бесполезный, напрасный, невыгодный; отстающий (об ученике) неиспользованный.
desaprovechamiento. [м.] бесполезность; неиспользование; отсутствие прилежания, нерадивость, отставание (об ученике).
desaprovechar. [перех.] не использовать, непроизводительно расходовать; упускать (случай и т. д.); [неперех.] терять достигнутое, не успевать (об ученике).

desapuntalar. [перех.] (арх.) снимать подпорки.
desapuntar. [перех.] распарывать шов; изменять точку наводки, прицеливания (при стрельбе).
desaquellarse. [возв. гл.] падать духом, приходить в уныние, терять бодрость и т. д.
desarbolar. [перех.] (мор.) снимать, сбить, срубить мачты.
desarbolo. [м.] (мор.) снятие мачт.
desarchivar. [перех.] извлекать из архивов.
desarenar. [перех.] очищать от песка.
desareno. [м.] очистка от песка.
desargentar. [перех.] стирать серебро с чего-л.
desarmador. [м.] спуск (у ружья).
desarmadura. [ж.] desarmamiento. [м.] см. desarme.
desarmar. [перех.] разоружать, обезоруживать; разбирать, демонтировать; развинчивать; (воен.) распускать, демобилизовать; (мор.) расснащивать или разоружать судно; (разг.) успокаивать.
desarme. [м.] разоружение; демобилизация; разборка, демонтаж; вынимание болтов, развинчивание, разъединение.
desarmonizar. [перех.] нарушать гармоничность; [неперех.] дисгармонировать.
desarraigable. [прил.] искоренимый.
desarraigar. [перех.] вырывать, выдёргивать с корнем; искоренять; (перен.) отговаривать, ссылать, изгонять.
desarraigo. [м.] вырывание, выдёргивание с корнем; искоренение.
desarrajar. [перех.] (Амер.) см. destrozar.
desarrancarse. [возв. гл.] см. desertar.
desarrapado, da. [прил.] см. desharrapado.
desarrebozadamente. [нареч.] ясно, открыто, откровенно.
desarrebozar. [перех.] снимать часть плаща, которой закрывают лицо; (перен.) раскрывать, обнажать, объяснять.
desarrebujar. [перех.] развёртывать, распутывать, разматывать; раздевать, см. desarropar; (перен.) распутывать, выяснять.
desarregladamente. [нареч.] беспорядочно.
desarreglado, da. [страд. прич.] к desarreglar; [прил.] беспорядочный, необузданный, безнравственный, разнузданный.
desarreglar. [перех.] приводить в беспорядок; разлаживать, расстраивать, портить (механизм и т. д.).
desarreglo. [м.] беспорядок; безнравственность, распутство, разнузданность.
desarrendamiento. [м.] отмена аренды, отказ от аренды.
desarrendar. [перех.] отказываться от аренды, отменять аренду; отказываться сдавать в аренду; [непр. гл.] спрягается как acertar.
desarrendar. [перех.] разнуздывать; [непр. гл.] спрягается как acertar.
desarrimar. [перех.] отодвигать; (перен.) отсоветовать, отклонять от решения.
desarrimo. [м.] отсутствие опоры, поддержки.
desarrinconar. [перех.] выпускать в свет, оглашать.
desarrollable. [прил.] поддающийся развёртыванию; (мат.) развёртываемый.
desarrollador, ra. [прил.] развёртывающий; [м.] часть ткацкого станка.
desarrollar. [перех.] развёртывать; (перен.) содействовать развитию, развивать; излагать, разъяснять; (мат.) разлагать на; **desarrollarse.** [возв. гл.] развиваться; развёртываться.
desarrollo. [м.] развитие, развёртывание, расширение; рост; (мат.) разложение, развёртка.
desarropar. [перех.] снимать одеяло и т. д.; снимать одежду с кого-л.

desarrugadura. [ж.] разглаживание складок, морщин.
desarrugar. [перех.] разглаживать складки, морщины.
desarrumar. [перех.] (мор.) перераспределять трюмный груз.
desarrumazón. [м.] (мор.) перераспределение трюмного груза.
desarticulación. [ж.] (хир.) вылущивание; (перен.) расчленение.
desarticular. [перех.] (хир.) вылущивать (кость); (перен.) расчленять.
desartillar. [перех.] разоружать (судно, крепость), снимать артиллерийские орудия.
desarzonar. [перех.] выбить из седла.
desasado, da. [страд. прич.] [прил.] лишённый ручек; (арг.) лишённый ушей.
desasar. [перех.] ломать или снимать ручки.
desaseadamente. [нареч.] нечистоплотно и т. д.
desaseado, da. [страд. прич.] нечистоплотный, грязный.
desasear. [перех.] делать нечистоплотным, грязным, загрязнять; снимать наряды и т. д.
desasegurar. [перех.] лишать уверенности; расторгать, аннулировать договор о страховании.
desasenderearse. [возв. гл.] перестать посещать или бывать у...
desasentar. [перех.] перемещать, передвигать; [неперех.] не нравиться; **desasentarse.** [возв. гл.] подниматься с места; [непр. гл.] спрягается как acertar.
desaseo. [м.] нечистоплотность, неопрятность.
desasimiento. [м.] отказ; уступка; (перен.) незаинтересованность, бескорыстие.
desasimilación. [ж.] (физиол.) диссимиляция.
desasimilar. [перех.] диссимилировать.
desasir. [перех.] отпускать, выпускать, освобождать; **desasirse.** [возв. гл.] освобождаться, отказываться, отрекаться; [непр. гл.] спрягается как asir.
desasistir. [перех.] см. desamparar.
desasnar. [перех.] учить уму-разуму, воспитать, обтёсывать кого-л.
desasociable. [прил.] необщительный, см. insociable.
desasociar. [перех.] разрушать товарищество, объединение, разъединять.
desasosegadamente. [нареч.] беспокойно, тревожно.
desasosegado, da. [страд. прич.] к desasosegar; [прил.] беспокойный, тревожный.
desasosegar. [перех.] беспокоить, тревожить, волновать, смущать; [непр. гл.] спрягается как acertar.
desasosiego. [м.] беспокойство, тревога, волнение.
desastar. [перех.] (Амер.) обламывать, срезать рога.
desastillar. [перех.] расщеплять.
desastradamente. [нареч.] гибельно, катастрофически; нечистоплотно, неряшливо.
desastrado, da. [прил.] злополучный, злосчастный, несчастный; оборванный, в лохмотья; нечистоплотный, грязный, неряшливо одетый.
desastre. [м.] бедствие, большое несчастье; разгром; крах, катастрофа.
desastrosamente. [нареч.] гибельно; катастрофически и т. д.
desastroso, sa. [прил.] бедственный; гибельный; губительный; несчастный, злополучный; * consecuencias desastrosas, гибельные последствия.
desatacador. [м.] шомпол.

esatacar. [перех.] отвязывать; расстёгивать; отстёгивать; прочищать канал ствола стрелкового оружия; desatacarse. [возв. гл.] расстёгивать брюки или кальсоны.

esatadamente. [нареч.] безудержно.

esatado, da. [страд. прич.] к desatar; [прил.] гладкий (о стиле).

esatador, ra. [прил.] развязывающий и т. д.

esatadura. [ж.] развязывание, отвязывание; (перен.) неистовство, разгул.

esatalentado, da. [прил.] смущённый, растерянный, приходящий в замешательство, неловкий.

esatancar. [перех.] прочищать (трубу, сток).

esatar. [перех.] развязывать; отвязывать; расшнуровывать; распутывать; развязать язык; (перен.) разводить, разбавлять, разжижать, растворять; разъяснять; desatarse. [возв. гл.] развязываться; отвязываться; расшнуровываться; (перен.) безудержно говорить или что-л делать; рассердиться; разражаться; бушеваться; развёртываться; терять робость.

esatascar. [перех.] вытаскивать из грязи (тж. перен.); помогать выбраться (из затруднения и т. д.); см. desatancar.

esataviar. [перех.] снимать с кого-л украшения и т. д.

esatavío. [м.] небрежность, неряшливость в одежде, нечистоплотность.

esate. [м.] неистовство, разгул; распущенность; развязность; *desate de vientre, понос.

esatención. [ж.] рассеянность, невнимание; невежливость, отсутствие учтивости, невежливый поступок.

esatender. [перех.] оставлять без внимания, не обращать внимания; отклонять; невежливо относиться к...; запускать (дело и т. д.); [непр. гл.] спрягается как extender.

esatentadamente. [нареч.] необдуманно, безрассудно.

esatentado, da. [страд. прич.] к desatentar; [прил.] необдуманный, легкомысленный; чрезмерный, крайний, беспорядочный, безудержный.

esatentamente. [нареч.] невежливо, нелюбезно.

esatentar. [перех.] заставить терять осторожность, чувство меры; [непр. гл.] спрягается как acertar.

esatento, ta. [прил.] невнимательный; невежливый, нелюбезный.

esaterrar. [перех.] (Амер.) очищать рудники от земли, щебня и т. д.

esatestar. [перех.] противоречить свидетельскому показанию; desatestarse. [возв. гл.] брать обратно свидетельское показание.

esatibar. [перех.] (горн.) расчищать, очищать (от мусора, щебня).

esatiento. [м.] отсутствие или недостаток чувства осязания; тревога, беспокойство.

esatierre. [м.] (Амер.) свалка, мусорная яма.

esatinadamente. [нареч.] необдуманно, безумно; чрезмерно, несоразмерно.

esatinado, da. [страд. прич.] к desatinar; [прил.] безумный, легкомысленный, безрассудный, бессмысленный.

esatinar. [перех.] лишать кого-л рассудка, чувства меры и т. д.; [неперех.] говорить вздор, глупо поступать, говорить или делать глупости.

esatino. [м.] отсутствие рассудка, чувства меры и т. д., глупость; ошибка.

desatolondrar. [перех.] заставить приходить в себя (тж. возв. гл.).

desatollar. [перех.] вытаскивать из грязи, из болота; (перен.) вытаскивать, помогать выпутаться, выручать из затруднения; desatollarse. [возв. гл.] выбраться из грязи и т. п.; (перен.) выбраться, выпутаться из затруднения.

desatontarse. [возв. гл.] выходить из состояния отупения, прийти в себя.

desatorar. [перех.] (мор.) перераспределять трюмный груз; (горн.) см. descombrar.

desatornillador. [м.] (Амер.) отвёртка, см. destornillador.

desatornillar. [перех.] отвинчивать.

desatoserar. [перех.] выкопать или тратить деньги (накопленные).

desatracar. [перех.] (мор.) отдать швартовы; [неперех.] отдаляться из берегов при опасности (о судне).

desatraer. [перех.] удалять, отдалять; отстранять; отодвигать.

desatraillar. [перех.] спускать собак со своры.

desatrampar. [перех.] прочищать трубу и т. д.

desatrancar. [перех.] снимать, отодвигать засов; см. desatancar.

desatufarse. [возв. гл.] отдышаться; отвести душу; (перен.) успокаиваться, переставать сердиться.

desaturdir. [перех.] см. desatontar.

desaunado, da. [прил.] несогласный.

desautoridad. [ж.] отсутствие власти, авторитета.

desautorización. [ж.] лишение власти; дискредитация; неодобрение.

desautorizadamente. [нареч.] без власти, без авторитета.

desautorizado, da. [страд. прич.] к desautorizar; [прил.] лишенный власти или авторитета.

desautorizar. [перех.] лишать власти; дискредитировать, подрывать авторитету; выражать несогласие.

desavahado, da. [страд. прич.] к desavahar; [прил.] лишённый тумана, пара и т. д.

desavahar. [перех.] освобождать от пара, охлаждать; проветривать; desavaharse. [возв. гл.] развлекаться, рассеиваться.

desavasallar. [перех.] освобождать от вассальной зависимости.

desavecindado, da. [страд. прич.] к desavecindarse; [прил.] пустынный, необитаемый, покинутый жителями.

desavecindarse. [возв. гл.] переселяться.

desavenencia. [ж.] разногласие; взаимное непонимание, разлад; размолвка, ссора.

desavenido, da. [страд. прич.] к desavenir; [прил.] несогласный с кем-л.

desavenir. [перех.] приводить в разногласие, ссорить; desavenirse. [возв. гл.] ссориться; [непр. гл.] спрягается как venir.

desaventajadamente. [нареч.] невыгодно, убыточным образом.

desaventajado, da. [прил.] невыгодный, убыточный.

desaviar. [перех.] сбивать, отклонять от правильного пути; лишать средств и т. д.; desaviarse. [возв. гл.] сбиться с пути.

desavío. [м.] отклонение от правильного пути; заблуждение; лишение средств для чего-л.

desavisado, da. [страд. прич.] к desavisar; [прил.] нерассудительный, неблагоразумный; непредупреждённый, неведущий.

desavisar. [перех.] отменять приказание.

desayudar. [перех.] мешать, препятствовать помощи, вредить.

desayunar. [перех.] (варв.) см. desayunarse.

desayunarse. [возв. гл.] завтракать; (перен.) получать первое известие о чём-л.

desayuno. [м.] утренний завтрак.

desazogado, da. [страд. прич.] к desazogar; [прил.] лишённый ртути.

desazogar. [перех.] стирать ртуть с чего-л.

desazón. [ж.] безвкусность, пресность; неподготовленность почвы (к посеву и т. д.); (перен.) печаль, огорчение, внутреннее беспокойство; тревога; досада.

desazonadamente. [нареч.] тревожно и т. д.

desazonado, da. [страд. прич.] к desazonar; [прил.] не подготовленный (о почве); нездоровый; раздосадованный.

desazonar. [перех.] делать пресным, безвкусным; сердить, вызывать досаду; огорчать; desazonarse. [возв. гл.] (перен.) чувствовать себя нездоровым.

desazuframiento. [м.] (хим.) извлечение серы.

desazufrar. [перех.] (хим.) извлекать серу.

desbabar. [неперех.] пускать слюну [перех.] заставить пускать слюну.

desbagar. [перех.] вымолачивать лён.

desbalagar. [перех.] опорожнять, разгружать; (Амер.) расточать, проматывать.

desbambarse. [возв. гл.] (Амер.) распускаться (о ткани).

desbancar. [перех.] (карт.) сорвать банк; снимать скамьи; (перен.) занимать место другого в чьём-л сердце.

desbandada. [м.] беспорядочное бегство: *a la desbandada, беспорядочно, врассыпную; в панике.

desbandarse. [возв. гл.] разбегаться во все стороны; разбрестись (о стаде); избегать общества людей; см. desertar.

desbande. [м.] (Амер.) беспорядочное бегство.

desbarahustar. [перех.] приводить в беспорядок, расстраивать, см. desbarajustar.

desbarahuste. [м.] беспорядок; расстройство, см. desorden.

desbarajustar. [перех.] приводить в беспорядок; расстраивать; см. desordenar.

desbarajuste. [м.] беспорядок; расстройство, см. desorden.

desbaratadamente. [нареч.] беспорядочно, в беспорядке.

desbaratado, da. [страд. прич.] к desbaratar; [прил.] беспорядочный, ветреный, развратный, плохого поведения.

desbaratador, ra. [прил.] разрушающий; проматывающий, растрачивающий; мешающий (тж. сущ.).

desbaratamiento. [м.] беспорядок, расстройство, разрушение; распадение; растрата; поражение; порча.

desbaratar. [перех.] разрушать сделанное, портить; растрачивать, проматывать; расстраивать планы, замыслы; мешать осуществлению намерений; обращать в бегство; наносить поражение; [неперех.] говорить вздор, глупости см. disparatar; desbaratarse. [возв. гл.] разрушаться, расстраиваться; портиться; говорить или делать глупости.

desbarate. [м.] беспорядок, расстройство, разлад; *desbarate de vientre, понос.

desbarato. [м.] см. desbarate.

desbarbado, da. [страд. прич.] к desbarbar; [прил.] безбородый.

desbarbar. [перех.] обрезать, удалять (лишнее); срезать (неровности); обрезать корни и т. д.; брить (бороду).

desbarbillar. [перех.] (с.-х.) обрезать побеги (у винограда).

desbardar. [перех.] снимать barda.
desbarnizar. [перех.] снимать лак; лишать блеска.
desbarrancadero. [м.] (Амер.) обрыв, овраг.
desbarranque. [м.] (Амер.) падение с высоты; прыжок в пропасть.
desbarrar. [неперех.] бросать штангу как можно дальше; скользить; размышлять, говорить или действовать безрассудно.
desbarretar. [перех.] снимать barretas.
desbarrigado, da. [страд. прич.] к desbarrigar; не имеющий большого живота.
desbarrigar. [перех.] (разг.) вспарывать живот.
desbarrumbarse. [возв. гл.] (Амер.) рушиться.
desbarrumbo. [м.] (Амер.) разрушение, см. derrumbo.
desbastador. [м.] обтёсывающий прибор, стека.
desbastadura. [ж.] обтёсывание; (перен.) обтёсывание кого-л.
desbastar. [перех.] о(б)тёсывать, обделывать; уменьшать; растрачивать; (перен.) обтёсывать кого-л.
desbaste. [м.] обтёсывание, обтёска, обделка; обработка, обделывание вчерне; (перен.) обтёсывание кого-л.
desbastecido, da. [прил.] плохо снабжённый.
desbautizarse. [возв. гл.] (перен.) (разг.) раздражаться, сердиться.
desbazadero. [м.] мокрое скользкое место.
desbeber. [неперех.] (разг.) мочиться, испускать мочу.
desbecerrar. [перех.] отлучать от груди (о молодых быках).
desbezar. [перех.] отнимать, отлучать от груди.
desbisagrarse. [возв. гл.] (перен.) рушиться.
desblanquecido, da. [прил.] беловатый.
desblanquiñado, da. [прил.] см. desblanquecido.
desbloquear. [перех.] (ком.) снимать блокаду.
desbloqueo. [м.] (ком.) снятие блокады.
desbocadamente. [нареч.] безудержно; бесстыдно.
desbocado, da. [страд. прич.] к desbocar; [прил.] (воен.) имеющий расширенное дуло; зазубренный, с разбитым горлышком и т. д.; дерзкий, наглый; обнаглевший; безудержный; любящий сквернословить.
desbocamiento. [м.] необузданность, пыл, горячность, увлечение; дерзость, наглость.
desbocar. [перех.] отбивать или снимать горлышко (сосуда); [неперех.] впадать (о реке); **desbocarse.** [возв. гл.] закусить удила, понести (о лошади); становиться наглым, говорить или поступать бесстыдно.
desbombero. [м.] (с.-х.) земельный участок, покрытый гравием.
desbonetarse. [возв. гл.] (разг.) снимать bonete.
desboquillar. [перех.] снимать или отбивать мундштук, язычок.
desbordamiento. [м.] разлив, половодье и т. д.
desbordante. [действ. прич.] к desbordar, выступающий из берегов; выходящий из границ; переливающийся, бьющий через край; трудно сдерживаемый.
desbordar. [неперех.] переливаться через край; выступать из берегов; выходить

за пределы; **desbordarse.** [возв. гл.] см. desbordar; воспламеняться, распускаться.
desborde. [м.] (Амер.) см. desbordamiento.
desbornizar. [перех.] сдирать наружную кору (о пробковом дубе).
desboronar. [перех.] см. desmoronar.
desbornar. [перех.] (обл.) вымолачивать кукурузу.
desborrar. [перех.] снимать грубую шерсть, очищать от грубой шерсти (сукно); (обл.) обрезать лишние почки и побеги.
desborregar. [перех.] (обл.) упасть на землю.
desboscar. [перех.] (Амер.) очищать, освобождать от кустарников, деревьев и т. д.
desbotar. [неперех.] (обл.) см. brotar.
desbotonar. [перех.] (Амер.) обрезать лишние почки и побеги (о табачных растениях).
desbragado, da. [прил.] ходящий без коротких штанов (bragas); (перен.) (презр.) оборванный, в лохмотьях.
desbraguetado, da. [прил.] с расстёгнутой ширинкой (у брюк).
desbravador, ra. [м.] объездчик диких лошадей.
desbravar. [перех.] объезжать диких лошадей; **desbravarse.** [возв. гл.] (тж. неперех.) выходить из дикого состояния; терять смелость; выдыхаться.
desbravecer. [неперех.] выходить из дикого состояния; терять храбрость (тж. возв. гл.).
desbrazarse. [возв. гл.] сильно махать руками.
desbridamiento. [м.] (хир.) устранение перемычек, рассечение сращений.
desbridar. [перех.] (хир.) разрезать; надрезать края раны (для выпуска гноя и т. д.).
desbriznar. [перех.] крошить; снимать тычинки (у шафрана); трепать (лён и т. д.); расщеплять на нитки (о шерсти и т. д.).
desbroce. [м.] см. desbrozo.
desbrochar. [перех.] см. desabrochar.
desbroche. [м.] дейст. к отстёгивать, расстёгивать.
desbrotar. [перех.] (варв.) обрезать побеги, подстригать деревья; (Амер.) обрезать лишние почки и побеги.
desbrote. [м.] (Амер.) обрезание лишних побегов.
desbrozar. [перех.] очищать от валежника, от кустарника, расчищать под пашню почву.
desbrozo. [м.] очистка от валежника, от кустарника; расчистка под пашню, почвы; ветви, сор и т. д. (после очистки).
desbruar. [перех.] очищать от жира (о ткани, при валянии).
desbruciarse. [возв. гл.] (обл.) упасть ничком.
desbrujar. [перех.] см. desmoronar.
desbuchar. [перех.] выбрасывать из зоба (о птицах); см. desembuchar.
desbulla. [ж.] устричная раковина.
desbullador. [м.] вилка для вскрывания устриц.
desbullar. [перех.] вскрывать устриц.
descabal. [прил.] неполный; неточный.
descabalamiento. [м.] нарушение единства; дейст. к рознить, разрознивать.
descabalar. [перех.] нарушать единство; рознить, разрознивать (тж. возв. гл.).
descabalgadura. [ж.] дейст. к спешиваться.
descabalgar. [неперех.] спешиваться, слезать с лошади; [перех.] (воен.) снимать с лафета.
descabelladamente. [нареч.] безумно; бессмысленно, безрассудно.

descabellado, da. [страд. прич.] к descabella [прил.] безумный; бессмысленный, бе рассудный, нелепый.
descabellamiento. [м.] см. despropósito.
descabellar. [перех.] растрепать (волос (тж. возв. гл.); (тавр.) оглушать ил убивать быка ударом ножа в затыло
descabello. [м.] (тавр.) лишение жизни ил ясности слуха быка ударом в затыло
descabestrar. [перех.] см. desencabestrar.
descabezadamente. [нареч.] беспорядочн безрассудно.
descabezado, da. [страд. прич.] к descabeza [прил.] (перен.) безрассудный, ветр ный.
descabezamiento. [м.] обезглавливание; о резывание верхушки; ломание головы.
descabezar. [перех.] обезглавливать; обр зать верхушку; начинать преодолева препятствия и т. д.; разрушать списо жителей; (воен.) преодолевать пр пятствие; [неперех.] примыкать к... земельном участке); осыпаться (о зё нах); (перен.) ломать себе голову.
descabritar. [перех.] отнимать, отлучать груди (о козлятах).
descabullarse. [возв. гл.] (Амер.) см. escab llirse.
descabullirse. [возв. гл.] см. escabullirse.
descacarañado, da. [прил.] лишённый скорл пы, кожи.
descacilar. [перех.] (обл.) см. descafilar.
descachalandrado, da. [прил.] (Амер.) рас троенный, увядший, поблёкший, гря ный.
descachalandramiento. [м.] (Амер.) небре ность, невнимательность.
descachar. [перех.] (Амер.) обламыват срезать рога.
descacharado, da. [прил.] (Амер.) оборва ный, в лохмотья, грязный, нечист плотный.
descacharrar. [перен.] (Амер.) см. escach rrar.
descaderar. [перех.] разбивать бедра (т возв. гл.).
descadillar. [перех.] выщипывать, удаля узелки с ткани.
descaecer. [неперех.] ослабевать, постепе но лишаться здоровья, власти и т. [непр. гл.] спрягается как favorecer.
descaecimiento. [м.] упадок, физическое нравственное ослабление.
descaer. [неперех.] см. decaer; [непр. гл спрягается как caer.
descafilar. [перех.] выравнивать края ки пича, каменных плиток.
descagazar. [перех.] (обл.) укреплять, де лать более крепким, здоровым, сил ным.
descaimiento. [м.] см. decaimiento.
descalabazarse. [возв. гл.] напрягать мозг
descalabrado, da. [страд. прич.] к descalabr [прил.] потерпевший неудачу; * sa descalabrado, потерпеть неудачу.
descalabradura. [ж.] ранение в голову шрам от этого ранения.
descalabrar. [перех.] ранить в голову; нить, дурно обращаться (вообще); чинять вред.
descalabro. [м.] неудача, поражение, п вал, несчастье, невзгода, невезен вред.
descalandrajar. [перех.] разрывать.
descalce. [м.] см. socava.
descalcez. [ж.] нагота ног.
descalificación. [ж.] (спорт.) дисквалиф кация.
descalificar. [перех.] лишать честного им ни, репутации и т. д.; (спорт.) дискв фицировать.
descalostrado, da. * niño descalostrado, гр

ной ребёнок (несколько дней после рождения).

descalzadero. [м.] дверка у голубятни.

descalzar. [перех.] разувать кого-л; снимать тормоз; снимать шину с колеса; см. socavar; **descalzarse.** [возв. гл.] разуваться; потерять подкову.

descalzo, za. [непр. страд. прич.] к descalzar; [прил.] босой, необутый, разутый, босоногий; (перен.) бедный, неимущий.

descamación. [ж.] (мед.) шелушение.

descamador. [м.] (Амер.) см. pelambrero.

descamar. [перех.] отделять чешуйки; **descamarse.** [возв. гл.] (мед.) шелушиться.

descambiar. [перех.] см. destrocar.

descaminadamente. [нареч.] нскстати.

descaminar. [перех.] сбивать с дороги, с пути; (перен.) вводить в заблуждение, дезориентировать; совращать с пути истинного; (м. употр.) конфисковать контрабанду; **descaminarse.** [возв. гл.] сбиться с (верного) пути.

descamino. [м.] отклонение от (верного) пути; (перен.) заблуждение, безумие; контрабандный товар.

descamisado, da. [прил.] без рубашки; нищий, неимущий, оборванный (тже. сущ.).

descampado, da. [страд. прич.] к descampar; [прил.] открытый (о местности), безлесный, пустынный, необитаемый; [м.] открытая местность: * en descampado, в чистом поле.

descampar. [перех.] освобождать (место, помещение); [неперех.] переставать (о дожде).

descansadamente. [нареч.] без напряжения (сил); медленно, не спеша.

descansadero. [м.] место отдыха.

descansado, da. [страд. прич.] к descansar; [прил.] приносящий покой, отдых; лёгкий, нетрудоёмкий.

descansar. [неперех.] отдыхать; спать; лежать; покоиться, быть похороненным; полагаться на кого-л; чувствовать или получать облегчение; быть под паром; опираться, упираться, прислоняться; [перех.] помогать, поддерживать; ставить, устанавливать, укладывать; опираться: * ¡descansen (armas)! (воен.) вольно!; * aquí descansa, здесь покоится...

descansillo. [м.] площадка на лестнице.

descanso. [м.] отдых, передышка; перерыв, остановка (в работе); сон; сиденье или опора; покой, спокойствие, успокоение, облегчение; площадка (на лестнице): * intervalo de descanso, (теа.) антракт; * sin descanso, беспрестанно.

descantar. [перех.] очищать от камней.

descantear. [перех.] срезать, сглаживать углы.

descanterar. [перех.] отрезать первый кусок, первый ломоть.

descantillar. [перех.] зазубрить, выщербить; срезывать углы, края; (перен.) вычитать в свою пользу.

descantillón. [м.] см. escantillón.

descantonar. [перех.] см. descantillar.

descañonar. [перех.] выщипывать перья; чисто выбривать; (перен.) обирать кого-л; обыгрывать; выманивать все деньги.

descaperuzar. [перех.] снимать шапочку, колпак.

descaperuzo. [м.] снятие шапочки, колпака.

descapillar. [перех.] снимать капюшон.

descapirotar. [перех.] снимать capirote.

descapuchonar. [перен.] снимать капюшон.

descaradamente. [нареч.] нагло, бесстыдно, дерзко.

descarado, da. [страд. прич.] к descararse; [прил.] наглый, бесстыдный, нахальный, дерзкий (тже. сущ.).

descaramiento. [м.] см. descaro.

descararse. [возв. гл.] говорить или поступать нагло, нахально и т. д.

descarbonatar. [перех.] (хим.) удалять углекислоту.

descarbonización. [ж.] удаление углерода или угля из чего-л, обезуглероживание.

descarbonizar. [перех.] удалять углерод или уголь из чего-л, обезуглероживать.

descarburación. [ж.] удаление углерода, обезуглероживание.

descarburante. [дейст. прич.] к descarburar; удаляющий углерод.

descarburar. [перех.] удалять углерод, обезуглероживать.

descarcañalar. [перех.] стаптывать; **descarcañalarse.** [возв. гл.] стаптываться.

descardar. [перех.] (Амер.) см. escardar.

descarga. [ж.] разгрузка; выгрузка; залп, выстрел; разряжение; (арх.) облегчение; (физ.) разряд, разрядка; (перен.) облегчение.

descargadero. [м.] место выгрузки.

descargador, ra. [прил.] разгружающий; выгружающий; [м. и ж.] грузчик, (-ица); шомпол.

descargadura. [ж.] кость или кусок кости, вынутый до взвешивания (в пользу покупателя).

descargar. [перех.] разгружать; выгружать; сваливать; наносить (сильные удары); вынимать кости из мяса (при продаже); стрелять; разряжать; (эл.) разряжать; освобождать (от обязанности и т. д.); [неперех.] впадать (о реках); разражаться (а грозе, буре); **descargarse.** [возв. гл.] отказываться (от должности); освобождаться, избавляться от; оправдываться (об обвиняемом); слагать с себя что-л.

descargo. [м.] разгрузка; выгрузка; выстрел; освобождение (от обязанности); сложение (повинностей); отлегчение; расписка: * en descargo de mi conciencia, для очистки совести.

descargue. [м.] разгрузка; выгрузка.

descariñarse. [возв. гл.] разлюбить, охладеть к кому-л.

descariño. [м.] охлаждение (чувства), отсутствие привязанности, любви.

descarmenar. [перех.] (Амер.) см. escarmenar.

descarnada. [ж.] смерть.

descarnadamente. [нареч.] без обиняков, сухо.

descarnado, da. [страд. прич.] к descarnar; [прил.] голый, нагой.

descarnador. [м.] (мед.) ножик для отделения дёсен от зубов.

descarnadura. [ж.] отделение мяса с костей.

descarnar. [перех.] срезать мясо с костей; (мед.) обнажать зубы; (перен.) разрушать, разваливать; отдалять от общества, от светской жизни; **descarnarse.** [возв. гл.] разоряться ради кого-л; обнажаться (о зубе).

descaro. [м.] бесстыдство, наглость, нахальство.

descarozar. [перех.] (Амер.) вынимать косточки.

descarretillar. [перех.] (Амер.) свернуть челюсть.

descarriadero, ra. [прил.] сбивающий с пути; (перен.) вводящий в заблуждение; [м.] тропа, сбивающая с пути; (перен.) дорога, вводящая в заблуждение.

descarriamiento. [м.] см. descarrío.

descarriar. [перех.] сбивать с пути, с дороги; (перен.) сбивать с (истинного) пути, совращать с пути; отделять часть скота от стада; **descarriarse.** [возв. гл.] сбиваться с пути; отбиваться (от остальных); заблудиться.

descarriladura. [ж.] см. descarrilamiento, сход с рельсов.

descarrilamiento. [м.] сход с рельсов, крушение поезда.

descarrilar. [неперех.] сходить с рельсов, терпеть крушение (о поезде).

descarrilladura. [ж.] вывих челюсти.

descarrillar. [перех.] вывихнуть челюсть.

descarrío. [м.] блуждание; заблуждение.

descartar. [перех.] отталкивать, отбрасывать, отвергать, удалять; полоть, выпалывать; **descartarse.** [возв. гл.] (карт.) сносить; (перен.) отказываться, уклоняться от чего-л, отговариваться.

descarte. [м.] (карт.) сноска; (перен.) отговорка, увёртка, уклонение.

descartuchar. [перех.] (Амер.) растлить, лишить девственности; **descartucharse.** [возв. гл.] (Амер.) совершить половой акт в первый раз (о мужчине).

descasamiento. [м.] развод; расторжение брака.

descasar. [перех.] расторгать брак судебным порядком; разрознивать, разрушать единство; **descasarse.** [возв. гл.] разводиться (о супругах).

descascar. [перех.] см. descascarar; **descascarse.** [возв. гл.] разбиться вдребезги, превратиться в осколки; (перен.) говорить без умолку.

descascarado, da. [страд. прич.] к descascarar; [прил.] лишённый скорлупы.

descascaramiento. [м.] образование трещин на покрытую глазурью поверхность.

descascarar. [перех.] снимать скорлупу, кожу, кору, оболочку; очищать; лущить (орехи); шелушить; **descascararse.** [возв. гл.] шелушиться.

descascarillado, da. [страд. прич.] к descascarillar; [м.] обдирание коры, очистка от коры.

descascarillar. [перех.] сдирать кору, кожуру, очищать от коры, кожуры.

descaspar. [перех.] очищать от перхоти.

descasque. [м.] сдирание коры (с дерева).

descastadamente. [нареч.] без любви к родным, друзьям и т. д.

descastado, da. [страд. прич.] к descastar; [прил.] не любящий родных и т. д.

descastar. [перех.] истреблять, уничтожать (животных, насекомых и т. д.).

descatolización. [ж.] отдаление от католицизма.

descatolizar. [перех.] отдалить от католицизма.

descaudalado, da. [прил.] обедневший, потерявший своё имущество.

descebar. [перех.] вывёртывать взрыватель из...

descendencia. [ж.] происхождение; потомство; род.

descendente. [дейст. прич.] к descender; [прил.] нисходящий, спускающийся.

descender. [неперех.] сходить вниз, спускаться; слезать; сходить; происходить от кого-чего, быть потомком кого-л; (мор.) плыть с севера на юг (о судне): * descender al sepulcro, сойти в могилу; умереть; [перех.] спускать, опускать.

descendida. [ж.] см. bajada.

descendiente. [дейст. прич.] к descender, нисходящий, спускающийся; [м.] потомок.

descendimiento. [м.] снятие с...: * descendimiento de la cruz, (рел.) снятие с креста.

descender. [неперех.] (м. употр.) см. descender.

descensión. [ж.] схождение, спуск; снятие с...

descenso. [м.] схождение, спуск; снятие с...; падение; снижение (цен); понижение (в должности); (перен.) закат; упадок; * descenso de la matriz, опущение матки.
descentración. [ж.] перемещение центра.
descentralización. [ж.] децентрализация, разукрупнение.
descentralizador, ra. [прил.] децентрализирующий.
descentralizar. [перех.] децентрализовать, разукрупнять.
descentrar. [перех.] перемещать центр.
desceñidura. [ж.] развязывание пояса.
desceñir. [перех.] распускать, развязывать пояс.
descepador, ra. [прил.] вырывающий с корнем, выкорчёвывающий; [м.] тот, кто занимается корчёвкой.
descepar. [перех.] уничтожать, вырывать с корнем, выкорчёвывать, корчевать; (перен.) искоренять, уничтожать.
descepar. [перех.] (мор.) удалять шток от якоря.
descerar. [перех.] вынимать из улья пустые соты.
descercado, da. [страд. прич.] к descercar; [прил.] открытый (о поле и т. д.).
descercador, ra. [прил.] снимающий ограду, осаду; [м.] (воен.) тот, кто заставляет снять осаду.
descercar. [перех.] разгородить, снять ограду, изгородь и т. д.; (воен.) снять или заставить снять осаду.
descerco. [м.] снятие осады.
descerezar. [перех.] снимать скорлупу (с кофе).
descerrajado, da. [страд. прич.] к descerrajar; [прил.] (перен.) (разг.) злой, злодейский.
descerrajadura. [ж.] взлом.
descerrajar. [перех.] взламывать (замок и т. д.); (разг.) стрелять.
descerrar. [перех.] открывать, раскрывать.
descerrumarse. [возв. гл.] (вет.) вывихнуть себе ногу.
descervigamiento. [м.] свёртывание шеи.
descervigar. [перех.] свернуть шею.
descifrable. [прил.] поддающийся расшифровке; разборчивый.
descifrador, ra. [м. и ж.] шифровальщик, расшифровщик.
desciframiento. [м.] дешифрирование, дешифровка; расшифровка.
descifrar. [перех.] дешифрировать, дешифровать; расшифровывать, разбирать (почерк, письмена); (перен.) распутывать, разгадывать.
descifre. [м.] дешифровка; расшифровка.
descimbramiento. [м.] (стр.) раскруживание, снятие опалубки.
descimbrar. [перех.] (стр.) раскруживать, снимать опалубку.
descimentar. [перех.] разрушать фундамент.
descinchar. [перех.] снимать, распускать, ослаблять подпругу.
descinto, ta. [непр. страд. прич.] к desceñir.
descintrar. [перех.] (стр.) снимать опалубку.
desclavador. [м.] гвоздедёр.
desclavar. [перех.] выдёргивать гвозди; (перен.) вынимать камни из оправы.
descloruración. [ж.] лишение хлористого натрия.
desclorurar. [перех.] лишать хлористого натрия.
descoagulación. [ж.] превращение в жидкость; прекращение свёртывания жидкости.

descoagulante. [действ. прич.] к descoagular, прекращающий свёртывание жидкости.
descoagular. [перех.] прекратить свёртывание жидкости; descoagularse. [возв. гл.] вернуться в жидкое состояние.
descobajar. [перех.] обрывать ягоды с гроздьев.
descobijar. [перех.] раскрывать; см. desabrigar.
descocadamente. [нареч.] бесстыдно, нагло, нахально.
descocado, da. [страд. прич.] к descocar(se); [прил.] бесстыдный, наглый, дерзкий (тже. сущ.).
descocado, da. [прил.] (Амер.) бескостный; [м.] (Амер.) сушёный ломтик персика.
descocador. [м.] прибор уничтожающий гусениц (с растений).
descocamiento. [м.] снимание гусениц (с растений).
descocar. [перех.] снимать, уничтожать гусениц (с растений).
descocarse. [возв. гл.] проявлять наглость бесстыдство, обнаглеть.
descocedura. [ж.] пищеварение.
descocer. [перех.] переваривать (пищу); descocerse. [возв. гл.] (уст.) скорбеть, печалиться; [непр. гл.] спрягается как hacer.
descoco. [м.] бесстыдство, наглость, нахальство, цинизм.
descocotar. [перех.] (обл.) см. descabezar.
descochollado, a. [прил.] (вул.) (Амер.) оборванный, в лохмотьях.
descodar. [перех.] (обл.) распарывать шов.
descogollar. [перех.] (с-х.) срезать побеги.
descogotado, da. [страд. прич.] к descogotar; [прил.] с бритым затылком.
descogotar. [перех.] см. descabezar.
descohesión. [ж.] разъединение; бессвязность.
descohesionar. [перех.] разъединять, разобщать.
descohesor, ra. [прил.] разъединяющий, разобщающий.
descolada. [ж.] (разг.) (Амер.) презрительное отношение к кому-л.
descolar. [перех.] отрезать хвост; отрезать конец.
descolchar. [перех.] (мор.) раскручивать верёвку и т. д.
descolgar. [перех.] снимать (с крюка, висящий предмет, повешенное); отцеплять; descolgarse. [возв. гл.] спускаться по канату и т. д.; спускаться с гор; выходить, делать или говорить неожиданно, некстати; неожиданно появляться.
descoligado, da. [прил.] отделённый от союза и т. д.
descolmar. [перех.] сгребать лишнее, сверх краёв меры (при взвешивании зерна и т. д.); (перен.) уменьшать, убавлять.
descolmillar. [перех.] выдёргивать или ломать клыки.
descolocado, da. [прил.] лишившийся должности, службы.
descolón. [м.] (Амер.) пренебрежение, презрение, оскорбление.
descoloramiento. [м.] обесцвечивание; бледность, бесцветность.
descolorante. [действ. прич.] descolorar, обесцвечивающий.
descolorar. [перех.] обесцвечивать, делать бледным; * descolorarse. [возв. гл.] обесцвечиваться, блёкнуть; выгорать (от солнца).
descolorido, da. [страд. прич.] к descolorar; [прил.] бесцветный, обесцвеченный, выцветший, бледный; полинявший.
descolorimiento. [м.] обесцвечивание; бесцветность, см. descoloramiento.
descolorir. [перех.] см. descolorar.

descolladamente. [нареч.] повелительно, властно.
descollamiento. [м.] см. descuello.
descollar. [неперех.] см. sobresalir; [непр. гл.] спрягается как contar.
descombrar. [перех.] очищать от мусора, хлама; расчищать; (перен.) устранять препятствие.
descombreo. [м.] (Амер.) см. descombro.
descombro. [м.] очищение от мусора, хлама.
descombustión. [ж.] (хим.) удаление кислорода, раскисление.
descomedidamente. [нареч.] чрезмерно, несоразмерно, непомерно; невежливо.
descomedido, da. [страд. прич.] к descomedirse; [прил.] чрезмерный, несоразмерный; невежливый, неучтивый.
descomedimiento. [м.] неучтивость, невежливость, грубость, неприличие.
descomedirse. [возв. гл.] позволять себе лишнее, невежливо относиться к кому-л, высказывать неуважение.
descomer. [неперех.] (разг.) см. defecar.
descomodidad. [ж.] неудобство; отсутствие комфорта.
descompadrar. [перех.] (разг.) ссорить, сеять раздор; descompadrarse. [возв. гл.] ссориться, прекращать дружбу.
descompaginación. [ж.] приведение в беспорядок.
descompaginar. [перех.] приводить в беспорядок; descompaginarse. [возв. гл.] терять порядок.
descompás. [м.] чрезмерность, отсутствие меры, несоразмерность, диспропорция.
descompasadamente. [нареч.] чрезмерно, несоразмерно, неравномерно; см. descomedidamente.
descompasado, da. [страд. прич.] к descompasarse; [прил.] чрезмерный, несоразмерный; невежливый, неучтивый, грубый.
descompasarse. [возв. гл.] без уважения относиться к кому-л, становиться наглым; см. descomedirse.
descomplacer. [перех.] вызывать неудовольствие; [непр. гл.] спрягается как placer.
descompletar. [перех.] см. descabalar.
descomponer. [перех.] разлагать на части, расчленять; приводить в беспорядок; расстраивать, разлаживать, портить; ссорить (друзей), сеять раздор; descomponerse. [возв. гл.] разлагаться на составные части, расчленяться; разлагаться, портиться; выходить из себя, растеряться.
descomponible. [прил.] поддающийся расчленению, разложимый.
descomposición. [ж.] разложение на составные части, распад; разложение, расчленение; беспорядок, разложение, порча, гниение; * en descomposición, разлагающийся.
descompostura. [ж.] см. descomposición; небрежность в одежде, неряжливость; (перен.) бесстыдство, наглость, невежливость, грубость, неуважение.
descomprimir. [перех.] разжимать, делать менее сжатым.
descompuestamente. [нареч.] небрежно; дерзко, нагло, грубо.
descompuesto, ta. [непр. страд. прич.] к descomponer; [прил.] невежливый, наглый, бесстыдный, грубый.
descomulgado, da. [страд. прич.] к descomulgar; [прил.] злодейский, порочный (тже. сущ.).
descomulgador. [м.] тот, кто отлучает от церкви.
descomulgar. [перех.] отлучать от церкви.
descomunal. [прил.] огромный, громадный, колоссальный; необыкновенный, чрезвычайный.

descomunalmente. [нареч.] чрезмерно, несоразмерно, необъятно.

descomunión. [ж.] отлучение от церкви.

desconcepto. [м.] см. descrédito.

desconceptuar. [перех.] дискредитировать, подрывать доверие; портить репутацию.

desconcertadamente. [нареч.] беспорядочно и т. д.

desconcertado, da. [страд. прич.] к desconcertar, озадаченный, смущённый, приходящий в замешательство; [прил.] беспорядочный.

desconcertador, ra. [прил.] сбивающий с толку, расстраивающий, озадачивающий, приводящий в замешательство (тж. сущ.).

desconcertadura. [ж.] приведение в беспорядок; смущение; вывих.

desconcertante. [дейст. прич.] к desconcertar, озадачивающий, приводящий в замешательство.

desconcertar. [перех.] приводить в беспорядок, расстраивать, разлаживать; вывихнуть; (перен.) смущать, сбивать с толку, приводить в замешательство, волновать, тревожить; **desconcertarse.** [возв. гл.] расстраиваться; (перен.) смущаться, приходить в замешательство, растеряться; ссориться; не согласоваться, не соответствовать; позволять себе лишнее, быть невежливым.

desconcierto. [м.] расстройство; порча (в механизме); вывих; беспорядок; ссора; раздор, разногласие, распря; невежливость, грубость, неуважение; понос.

desconcordia. [ж.] несогласие; несоответствие; распря.

desconchado, da. [страд. прич.] к desconchar; [м.] облупившаяся часть стены, глазури.

desconchadura. [ж.] соскабливание штукатурки.

desconchar. [перех.] отбивать, соскабливать штукатурку; **desconcharse.** [возв. гл.] обсыпаться (о стене и т. д.).

desconchinflado, da. [страд. прич.] к desconchinflar; [прил.] расстроенный, разлаженный, повреждённый.

desconchinflar. [перех.] (Амер.) разлаживать, расстраивать, портить.

desconchón. [м.] облупившаяся часть стены и т. д.

desconectación. [ж.] расцепление; разобщение; выключение (сцепления).

desconectar. [перех.] разъединять, разобщать; (эл.) выключать.

desconexión. [ж.] разъединение; разобщение; (эл.) выключение.

desconfiadamente. [нареч.] недоверчиво и т. д.

desconfiado, da. [страд. прич.] к desconfiar; [прил.] недоверчивый, подозрительный.

desconfianza. [ж.] недоверчивость, недоверие; подозрительность.

desconfiar. [неперех.] не доверять, подозревать, относиться недоверчиво, подозрительно, питать недоверие, остерегаться; терять надежду.

desconflautar. [перех.] (Амер.) см. desbaratar.

desconformar. [перех.] быть несогласным; **desconformarse.** [возв. гл.] не соглашаться, не соответствовать чему-л.

desconforme. [прил.] см. disconforme.

desconformidad. [ж.] см. disconformidad.

descongelación. [ж.] оттаивание чего-л.

descongelar. [перех.] оттаивать что-л.

descongestión. [ж.] уменьшение или прекращение гиперемии, кровоизлияния.

descongestionar. [перех.] отвлекать кровь, ослаблять прилив крови.

descongestivo, va. [прил.] (мед.) ослабляющий прилив крови.

descongojar. [перех.] утешать.

desconocedor, ra. [прил.] не узнающий; несведущий.

desconocer. [перех.] не знать; быть незнакомым; не помнить; не узнавать, не признавать; отрекаться; притворяться незнающим и т. д.

desconocidamente. [нареч.] без ведома; неблагодарно.

desconocido, da. [страд. прич.] к desconocer; [прил.] неизвестный, неведомый; незнакомый; неблагодарный; [сущ.] неблагодарный человек; незнакомец, (-ка).

desconocimiento. [м.] незнание; непризнание; неблагодарность.

desconsentir. [перех.] не предоставлять, не допускать, не соглашаться на...

desconsideración. [ж.] потеря уважения, неуважение; необдуманность.

desconsideradamente. [нареч.] невнимательно, необдуманно, опрометчиво; бесцеремонно.

desconsiderado, da. [страд. прич.] к desconsiderar; [прил.] необдуманный, опрометчивый; непочтительный (тж. сущ.).

desconsiderar. [перех.] лишать уважения, подрывать уважение, не оказывать должного почтения; необдуманно поступать.

desconsolablemente. [нареч.] см. desconsoladamente.

desconsolación. [ж.] см. desconsuelo.

desconsoladamente. [нареч.] безутешно, неутешно.

desconsolado, da. [страд. прич.] к desconsolar; [прил.] глубоко огорчённый, безутешный, неутешный, скорбный; слабый (о желудке).

desconsolador, ra. [прил.] приводящий в уныние, причиняющий горе, лишающий надежды.

desconsolante. [дейст. прич.] к desconsolar, причиняющий горе, лишающий надежды.

desconsolar. [перех.] приводить в отчаяние, в уныние, лишать надежды; [непр. гл.] спрягается как consolar.

desconsuelo. [м.] отчаяние, безнадёжность, безутешность, неутешность; слабость (о желудке).

descontable. [прил.] учитываемый и т. д.

descontagiar. [перех.] дезинфицировать, обеззараживать.

descontaminación. [ж.] обеззараживание.

descontaminar. [перех.] обеззараживать.

descontar. [перех.] убавлять, делать скидку, уступку, снижать качество; дискредитировать; быть уверенным в чём-л; учитывать вексель, дисконтировать; [непр. гл.] спрягается как contar.

descontentadizo, za. [прил.] не поддающийся удовлетворению, требовательный; притязательный, капризный; всегда не довольный.

descontentamiento. [м.] недовольство, неудовольствие; взаимное непонимание, разлад.

descontentar. [перех.] причинять неудовольствие; вызывать недовольство (тж. возв. гл.).

descontento, ta. [непр. страд. прич.] к descontentar; [м.] недовольство, неудовольствие, досада.

descontinuación. [ж.] перерыв, остановка.

descontinuar. [перех.] прерывать.

descontinuo, nua. [прил.] прерывистый, прерванный.

descontrapesar. [перех.] (Амер.) нарушать равновесие.

descontrolar. [перех.] прекращать контроль, проверку.

desconvenible. [прил.] несоответствующий.

desconveniencia. [ж.] неудобство; беспокойство; вред; неприличие; несоответствие.

desconveniente. [дейст. прич.] к desconvenir; [прил.] несоответствующий, неподходящий.

desconvenir. [неперех.] не соглашаться; не подходить, не соответствовать (тж. возв. гл.); [непр. гл.] спрягается как venir.

desconversable. [прил.] нелюдимый, ворчливый, неуживчивый.

desconvidar. [перех.] взять назад приглашение, обещание и т. д.

descopar. [перех.] срезать, снимать верхушку.

descorazón. [м.] уныние, упадок духа; отсутствие бодрости.

descorazonadamente. [нареч.] без бодрости, с унынием, уныло.

descorazonamiento. [м.] (перен.) уныние, отчаяние, упадок духа.

descorazonar. [перех.] вырывать или вынимать из груди сердце; (перен.) приводить в уныние, обескураживать, лишать бодрости; **descorazonarse.** [возв. гл.] приходить в уныние, падать духом.

descorchado, da. [страд. прич.] к descorchar; [м.] снятие коры с пробкового дерева; откупоривание, откупорка (о бутылке и т. д.).

descorchador, ra. [прил.] к descorchar; [м.] штопор, пробочник; тот, кто занимается снятием коры с пробкового дерева.

descorchar. [перех.] снимать кору с пробкового дерева; откупоривать, раскупоривать бутылку; взламывать.

descorche. [м.] обдирание, снятие коры с пробкового дерева.

descordar. [перех.] снимать струны; (тавр.) см. descabellar; [непр. гл.] спрягается как almorzar.

descorderar. [перех.] отнимать от груди (о ягнёнке).

descoritar. [перех.] раздевать, обнажать (тж. возв. гл.).

descornar. [перех.] обламывать рога; (арг.) раскрывать; **descornarse.** [возв. гл.] (перен.) (разг.) см. descalabazarse; [непр. гл.] спрягается как contar.

descoronamiento. [м.] лишение венца, короны; снятие верхушки дерева.

descoronar. [перех.] лишить венца, короны; срубать верхушку дерева.

descorrear. [неперех.] линять (тж. возв. гл.).

descorregido, da. [прил.] беспорядочный; невежливый, грубый.

descorrer. [перех.] бежать назад по пройденной дороге, в обратном направлении, пятиться; раздвигать, отдёргивать (занавеску и т. д.); расправлять (что-л. сложенное); [неперех.] стекать (о жидкости): * *descorrer el velo*, разоблачать, обнаруживать, раскрывать.

descorrimiento. [м.] сток, стекание; протекание.

descortés. [прил.] неучтивый, невежливый, невоспитанный, грубый (тж. сущ.).

descortesía. [м.] неучтивость, невежливость, невоспитанность, грубость.

descortésmente. [нареч.] неучтиво, невежливо.

descortezador, ra. [прил.] сдирающий кору, очищающий от коры (тж. сущ.).

descortezadura. [ж.] кусок коры, снятый с дерева; место, очищенное от коры.

descortezamiento. [м.] обдирание коры, очистка от коры; снятие корки; (перен.) (разг.) обтёсывание, воспитание.
descortezar. [перех.] снимать, сдирать кору, очищать от коры; снимать корку; (перен.) (разг.) обтёсывать, воспитать.
descortezo. [м.] обдирание, снятие коры (с дерева).
descortinar. [перех.] (воен.) прорвать или пробить брешь.
descosedura. [ж.] распоровшееся место, прореха, спорок.
descoser. [перех.] распарывать, расшивать; отпарывать; * **descoserse.** [возв. гл.] (перен.) разбалтывать; пороться, распарываться, расшиваться; пукать.
descosidamente. [нареч.] чрезмерно; беспорядочно, бессвязно.
descosido, da. [страд. прич.] к descoser; [прил.] болтливый, не умеющий хранить тайну; (перен.) беспорядочный, бессвязный; [м.] спорок, распоротое место: * comer como un **descosido**, есть до отвала; * hablar como un **descosido**, говорить без умолку.
descostarse. [возв. гл.] отходить в сторону, удаляться.
descostillar. [перех.] ломать рёбра (кому-л); **descostillarse.** [возв. гл.] больно удариться при падении на спину.
descostrado, da. [страд. прич.] к descostrar; [м.] снятие корки и т. д.
descostrar. [перех.] снимать или срезать корку с чего-л (тже. возв. гл.).
descotar. [перех.] см. escotar.
descote. [м.] см. escote.
descotorrar. [перех.] (Амер.) расстраивать, разрушать.
descoyuntamiento. [м.] вывих; чрезмерная усталость, разбитость, нездоровье.
descoyuntar. [перех.] вывихивать; (перен.) наводить скуку, надоедать, докучать; **descoyuntarse.** [возв. гл.] вывихиваться.
descoyunto. [м.] см. descoyuntamiento.
descozor. [м.] см. escozor.
descrecencia. [ж.] убыль, уменьшение.
descrecer. [неперех.] убывать, уменьшаться; [непр. гл.] спрягается как favorecer.
descrecimiento. [м.] снижение, уменьшение; (с)падение, убыль.
descrédito. [м.] потеря кредита, доверия; дискредитирование; подрыв доверия.
descreer. [перех.] перестать верить, доверять кому-л, потерять веру в; прекращать кредит.
descreídamente. [нареч.] недоверчиво и т. д.
descreído, da. [страд. прич.] к descreer; [прил.] недоверчивый; неверующий.
descreimiento. [м.] недоверчивость, недоверие; неверие.
descremadora. [ж.] (Амер.) сепаратор для сливок.
descremar. [перех.] (Амер.) снимать сливки.
descrestadera. [ж.] (Амер.) обман.
descrestar. [перех.] отрезать гребень.
descriarse. [возв. гл.] ухудшаться, портиться; терять здоровье.
describible. [прил.] поддающийся описанию, описываемый.
describir. [перех.] описывать; [непр. гл.] спрягается как escribir.
descripción. [ж.] описание; опись.
descriptible. [прил.] описываемый.
descriptivo, va. [прил.] описательный.
descripto, ta. [непр. страд. прич.] к describir; описанный.

descriptor, ra. [прил.] описывающий.
descrismar. [перех.] снимать елей; сильно ударять в голову (тже. возв. гл.); **descrismarse.** [возв. гл.] ломать себе голову над чем-л, см. descalabazarse.
descristianar. [перех.] снимать елей; сильно ударять в голову (тже. возв. гл.).
descristianizar. [перех.] отлучать от христианства.
descrito, ta. [непр. страд. прич.] к describir, описанный.
descruce. [м.] дейст. к descruzar.
descrudecer. [перех.] обваривать коконы.
descrudecimiento. [м.] обваривание коконов.
descruzar. [перех.] разрушать форму крести.
descuacharrangado, da. [страд. прич.] к descuacharrangarse; [прил.] (Амер.) неряшливый, нечистоплотный.
descuacharrangarse. [возв. гл.] (Амер.) см. descuajaringarse.
descuadernado, da. [страд. прич.] к descuadernar; [м.] (разг.) (шут.) (карт.) колода.
descuadernar. [перех.] см. desencuadernar; (перен.) расстраивать, разрушать, приводить в беспорядок.
descuadrar. [неперех.] см. desconvenir; (Амер.) не нравиться, быть неприятным.
descuadrillado, da. [страд. прич.] к descuadrillarse; [прил.] отдалённый от группы, шайки; [м.] (вет.) вывих бедра.
descuadrillarse. [возв. гл.] (вет.) вывихнуть себе бедро.
descuajar. [перех.] обращать в жидкость, разжижать, растоплять; лишать бодрости, обескураживать; (с.-х.) вырывать с корнем (растения); **descuajarse.** [возв. гл.] обращаться в жидкость, растопляться.
descuajaringarse. [возв. гл.] (разг.) чувствовать крайнюю усталость.
descuaje. [м.] (с.-х.) вырывание с корнем.
descuajeringado, da. [страд. прич.] к descuajeringarse; [прил.] (Амер.) неряшливый.
descuajeringarse. [возв. гл.] (Амер.) см. descuajaringarse; (Амер.) ломаться, портиться (мебель).
descuajilotado, da. [прил.] (Амер.) бледный, искажённый (о лице).
descuajo. [м.] (с.-х.) вырывание с корнем. расчистка под пашню.
descuartelar. [перех.] (воен.) выводить из казарм (войска).
descuartizamiento. [м.] четвертование; разрубание на части, деление.
descuartizar. [перех.] четвертовать; разрубать, разнимать, разделять на части; рвать на куски.
descubierta. [ж.] сорт пирога; (мор.) надзор; (мор.) (воен.) разведка, рекогносцировка.
descubiertamente. [нареч.] открыто, без прикрытия.
descubierto, ta. [непр. страд. прич.] к descubrir; [прил.] открытый, неприкрытый, непокрытый, незащищённый; простоволосый, с непокрытой головой; рискующий быть приговорённым к наказанию и т. д.; [м.] дефицит, недоимка, долг: * al **descubierto**, открыто, на открытом воздухе; * en **descubierto**, (ком.) без обеспечения.
descubretalles. [м.] маленький веер.
descubridero. [м.] господствующая над местностью высота.
descubridor, ra. [прил.] раскрывающий, открывающий; разведывающий; [м.] открыватель новых земель; изобретатель, (-ница); исследователь, (-ница); (воен.) разведчик.

descubrimiento. [м.] открытие; находка: * los grandes **descubrimientos**, великие открытия.
descubrir. [перех.] открывать, раскрывать, обнажать; оставлять незащищённым, без прикрытия; делать открытие; (перен.) обнаруживать, открывать, выдавать; **descubrirse.** [возв. гл.] раскрываться, обнажаться; обнажать голову, снимать шляпу; обнаруживаться.
descuellado, da. [прил.] (Амер.) вырезанный с вырезом, декольте.
descuello. [м.] превосходство (в росте, высоте и т. д.); (перен.) нравственное или интеллектуальное превосходство; чувство превосходства, см. altanería.
descuento. [м.] скидка, уступка в цене; вычет; уменьшение долга; (бух.) учёт векселя, дисконт.
descuerador, ra. [прил.] (Амер.) сдирающий шкуру (тже. сущ.).
descuerar. [перех.] (Амер.) сдирать шкуру; злословить.
descuerear. [перех.] см. descuerar.
descuernacabras. [м.] сильный, холодный северный ветер.
descuernapadrastros. [м.] (арг.) см. machete.
descuernar. [перех.] (Амер.) обламывать, срезать рога.
descuerno. [м.] (разг.) обида; оскорбление, пренебрежение, презрение; (арг.) находка.
descuidadamente. [нареч.] небрежно, беззаботно и т. д.
descuidado, da. [страд. прич.] к descuidar; [прил.] небрежный, неряшливый, неопрятный; небрежный, нерадивый, беспечный; беззаботный; см. desprevenido.
descuidar. [перех.] освобождать от обязанности и т. д.; отвлекать внимание; [неперех.] оставлять без внимания, быть небрежным, беззаботным; **descuidarse.** [возв. гл.] освобождаться от обязанности и т. д.; не следить за собой; пренебрегать своими обязанностями и т. д.; прозевать что-л.
descuidero, ra. [прил.] пользующий рассеянностью (о воре) (тже. сущ.).
descuido. [м.] небрежность, невнимание; недосмотр; ошибка, ложный шаг: * por **descuido**, по недосмотру, по небрежности; * al **descuido**, небрежно, с напускной небрежностью.
descuitado, da. [прил.] беззаботный.
descular. [перех.] вышибать дно.
desculatar. [перех.] отнимать приклад.
descumbrado, da. [прил.] плоский, ровный.
descumplir. [неперех.] не выполнять.
deschanzado, da. [прил.] (арг.) погибший.
deschapar. [перех.] (Амер.) взламывать замок.
deschavetado, da. [страд. прич.] к deschavetarse; [прил.] (Амер.) см. chiflado (тже. сущ.).
deschavetarse. [возв. гл.] (Амер.) терять рассудок, безрассудно говорить или поступать.
deschuponar. [перех.] (с.-х.) обрезать лишние ветви, сучья.
desdar. [перех.] вращать в обратном направлении (о рукоятке и т. д.).
desde. [предлог.] с, со, от, со времени, с момента; 1) **местные отношения**: * **desde** París, от Парижа; 2) **временные отношения**: * **desde** las cuatro, с четырёх часов; * estar enfermo **desde** hace dos días, быть больным в течении двух дней; * **desde** el jueves, с четверга; 3) **входит в состав сложных наречий**: * **desde** hace poco, недавно; по, недавно; * ¿desde cuando? с каких пор?; * **desde** aquí, отсюда; * **desde** luego, сейчас; конечно, ещё бы, разумеется; * **desde** que, с тех пор как, после

того как, за то время как; * desde ahora, отныне, впредь; уже сейчас; * desde entonces, с того времени; с того момента, как; * desde el instante en que, как только.

desdecir. [неперех.] (перен.) вырождаться, приходить в упадок, дегенерировать; не соответствовать, не подходить; **desdecirse.** [возв. гл.] брать обратно свои слова; отрекаться от сказанного; * **desdecir de su promesa**, не сдержать обещания; [непр. гл.] спрягается как decir.

desdén. [м.] пренебрежение, презрение: * al desdén, небрежно; с деланой небрежностью.

desdentado, da. [страд. прич.] к desdentar; [прил.] беззубый.

desdentar. [перех.] вырывать, удалять зубы: [непр. гл.] спрягается как acertar.

desdentición. [ж.] потеря зубов.

desdeñable. [прил.] достойный презрения, пренебрежения, презренный; незначительный.

desdeñadamente. [нареч.] см. desdeñosamente.

desdeñador, ra. [прил.] относящийся с пренебрежением, свысока, пренебрегающий (тже. сущ.).

desdeñar. [перех.] пренебрегать, презирать, относиться с пренебрежением, свысока; **desdeñarse.** [возв. гл.] не соизволить.

desdeñosamente. [нареч.] пренебрежительно, высокомерно.

desdeñoso, sa. [прил.] пренебрежительный, надменный, презрительный; (разг.) жестокий; [м. и ж.] гордец, гордячка.

desdevanar. [перех.] разматывать (клубок и т. д.); desdevanarse. [водв. га.] разматываться.

desdibujado, da. [прил.] неясный, смутный, туманный.

desdibujarse. [возв. гл.] делаться неясным (об очертаниях чего-л).

desdicha. [ж.] несчастье, невзгода; беда, нищета, крайняя бедность.

desdichadamente. [нареч.] несчастливо; нищенски.

desdichado, da. [прил.] несчастный, обездоленный; (разг.) малодушный, робкий.

desdicho, cha. [непр. страд. прич.] к desdecir.

desdentar. [перех.] (Амер.) вырывать или удалять зубы.

desdinerar. [перех.] разорять.

desdoblamiento. [м.] раздвоение; развёртывание; (хим.) разложение (на два элемента); (перен.) объяснение, толкование.

desdoblar. [перех.] развёртывать; раздваивать.

desdoncellar. [перех.] растлить, лишить девственности.

desdorar. [перех.] снимать или удалять позолоту; (перен.) (о)бесчестить, позорить, порочить, пачкать, марать, портить репутацию (тже. возв. гл.).

desdoro. [м.] снятие позолоты; (перен.) позорное пятно, позор.

desdorosamente. [нареч.] бесчестно, позорно.

desdoroso, sa. [прил.] позорящий; позорный, бесчестный.

deseable. [прил.] желательный; привлекательный.

deseablemente. [нареч.] желательно.

deseador, ra. [прил.] желающий; жаждущий.

desear. [перех.] желать, испытывать желание, стремиться к чему-л: * dejar que desear, оставлять желать лучшего.

desebar. [перех.] (Амер.) снимать животное сало, очищать от животного сала.

desecación. [ж.] высушивание, осушение, сушка.

desecador, ra. [прил.] высушивающий, осушающий.

desecamiento. [м.] см. desecación.

desecante. [дейст. прич.] к desecar, иссушающий и т. д.

desecar. [перех.] высушивать; осушать, сушить (тже. возв. гл.).

desecativo, va. [прил.] высушивающий.

deseco, ca. [прил.] сухой, высохший (о растениях).

desecha. [ж.] (Амер.) см. desecho.

desechadamente. [нареч.] подло, низко, гадко, презренным образом.

desechar. [перех.] отвергать, отклонять, отталкивать; исключать, устранять; отбрасывать; (за)браковать; не уважать, пренебрегать, презирать; поворачивать ключ; отказываться, отрекаться; не принимать.

desechito. [м.] (Амер.) второй сорт табака.

desecho. [м.] отбросы, негодный остаток чего-л; негодная вещь, брак, хлам; (перен.) пренебрежение, презрение, унижение.

desedificación. [ж.] (перен.) дурной пример.

desedificar. [перех.] давать дурной пример.

deseguida. [прил.] дурного поведения (о женщине).

desejarse. [возв. гл.] (перен.) см. desquiciarse.

deselectrización. [ж.] (эл.) разряд.

deselectrizar. [перех.] (эл.) разряжать, освобождать от электрического заряда.

deselladura. [ж.] снятие печати.

desellar. [перех.] снимать печати.

desembalaje. [м.] распаковка.

desembalar. [перех.] распаковывать.

desembaldosado, da. [страд. прич.] к desembaldosar; [м.] снятие плиток.

desembaldosar. [перех.] снимать плитки.

desembanastar. [перех.] вынимать из корзины и т. д.; болтать, говорить без умолку, без смысла; (перен.) (разг.) вынимать из ножен; desembanastarse. [возв. гл.] вырываться (о запертом животном); (разг.) выходить из экипажа.

desembarazadamente. [нареч.] легко, без стеснения, непринуждённо.

desembarazado, da. [страд. прич.] к desembarazar; [прил.] свободный, незаполненный, открытый; непринуждённый, свободный.

desembarazar. [перех.] освобождать, устранять препятствие; облегчать; оставлять, освобождать (место, помещение и т. д.); **desembarazarse.** [возв. гл.] избавляться, сбывать что-л из рук, отделываться от...

desembarazo. [м.] непринуждённость; развязность, беззастенчивость.

desembarcadero. [м.] дебаркадер, пристань.

desembarcar. [перех.] выгружать; высаживать (на берег, т. е. десанте); [неперех.] сходить на берег; высаживаться; оставлять службу на корабле; desembarcarse. [возв. гл.] выгружаться, высаживаться (с корабля).

desembarco. [м.] выгрузка; высадка; десант; высадка десанта; площадка (лестничная).

desembargador, ra. [прил.] к desembargar; [м.] старинный португальский служащий судебного ведомства.

desembargar. [перех.] устранять препятствие, освобождать; (юр.) снимать арест с имущества; снимать эмбарго.

desembargo. [м.] (юр.) снятие ареста с имущества; отмена запрещения; снятие эмбарго.

desembarque. [м.] выгрузка; высадка.

desembarrancar. [перех.] (мор.) снимать с мели.

desembarrar. [перех.] очищать от грязи (улицы, дороги и т. д.).

desembaular. [перех.] вынимать (из сундука и т. д.); (перен.) (разг.) облегчать, изливать душу, делиться своим горем.

desembebecerse. [возв. гл.] прийти в сознание, в чувство, прийти в себя.

desembelesarse. [возв. гл.] разочаровываться.

desembellecer. [перех.] делать некрасивым.

desemblantado, da. [прил.] бледный, с искажённым лицом.

desemblantarse. [возв. гл.] меняться в лице; искажаться, см. demudarse.

desembocadero. [м.] выход (об улице, дороге и т. д.); устье.

desembocadura. [ж.] устье; выход (об улице и т. д.).

desembocar. [неперех.] выходить из пролива, из канала; впадать (о реке); выходить на простор (из теснины); выходить (об улице и т. д.).

desembojadera. [ж.] женщина, занимающаяся сниманием коконов.

desembojar. [перех.] снимать коконы.

desembolsar. [перех.] вынимать из кошелька; (перен.) платить, отдавать деньги, тратить.

desembolso. [м.] оплата; платёж; расход, затрата.

desemboque. [м.] см. desembocadero.

desemborrachar. [перех.] протрезвлять, см. desembriagar.

desemborrar. [перех.] очищать от (шёлковых и т. д.) охлопков.

desemboscarse. [возв. гл.] выходить из леса и т. д.; нападать из засады.

desembotamiento. [м.] восстановление чувствительности, гибкости.

desembotar. [перех.] (перен.) выводить из состояния оцепенения, онемения; придать развязности и т. д.

desembozadamente. [нареч.] см. descocadate; открыто, откровенно.

desembozar. [перех.] снимать с кого-л часть одежды, покрывающую лицо (тже. возв. гл.).

desembozo. [м.] дейст. к desembozar.

desembragar. [перех.] выключать (мотор).

desembrague. [м.] выключение (мотора).

desembravecer. [пепех.] приручать (тже. возв. гл.).

desembravecimiento. [м.] приручение.

desembrazar. [перех.] снимать что-л с руки; кидать, бросать, метать с большой силой.

desembriagar. [перех.] протрезвлять, отрезвлять; desembriagarse. [возв. гл.] отрезвляться, протрезвляться.

desembridamiento. [м.] разнуздывание.

desembridar. [перех.] разнуздывать.

desembrollar. [порох.] (разг.) распутывать, разматывать выяснять, разбирать.

desembrollo. [м.] распутывание.

desembrozar. [перех.] см. desbrozar.

desembrutecer. [перех.] выводить из животного состояния; обтёсывать, воспитать.

desembuchar. [перех.] выбрасывать из зоба (о птицах); выложить всё, что есть на душе, выбалтывать тайну, высказать всё.

desembullar. [перех.] (Амер.) лишать бодрости, обескураживать.

desembullo. [м.] (Амер.) уныние, упадок духа, отсутствие бодрости.

desembuñigarse. [возв. гл.] (обл.) освобождаться от долгов.

desemejable. [прил.] см. desemejante; (уст.) огромный, ужасный, чрезвычайный.

desemejante. [прил.] несходный, непохожий, различный.

desemejantemente. [нареч.] различно, несходным образом.
desemejanza. [ж.] несходство, различие.
desemejar. [непрех.] не походить, различаться между собой, быть непохожим, различным; [перех.] обезображивать, придавать другую форму, образ; (уст.) см. **disfrazar**.
desempacar. [перех.] распаковывать, вынимать товар из тюков.
desempacarse. [возв. гл.] успокаиваться, переставать сердиться.
desempachar. [перех.] облегчать желудок (тже. возв. гл.); (уст.) см. **despachar**.
desempacharse. [возв. гл.] делаться смелее, осмелеть.
desempacho. [м.] развязность, непринуждённость, беззастенчивость; смелость, дерзость.
desempajar. [перех.] (Амер.) см. **despajar**; снимать соломенную крышу.
desempalagar. [перех.] снимать отвращение; спускать избыточную воду (у мельницы).
desempantanar. [перех.] выводить из болота.
desempañar. [перех.] снимать потускнение, протирать что-л потускневшее; распелёнывать.
desempapelar. [перех.] снимать обои; снимать бумагу (при распаковке).
desempaque. [м.] распаковка.
desempaquetar. [перех.] распаковывать.
desemparejar. [перех.] разрознивать пару, разъединять (что-л парное).
desemparentado, da. [прил.] одинокий, не имеющий родственников.
desemparvar. [перех.] (с.-х.) скоплять **parva** (хлеб на току).
desempastar. [перех.] снимать зубную пломбу; (Амер.) снимать переплёт.
desempatar. [перех.] прийти к определённому решению (при состязаниях и т. д.).
desempavonar. [перех.] снимать краску для предохранения от ржавчины.
desempedrador, ra. [м. и ж.] тот, кто занимается разборкой мостовой.
desempedrar. [перех.] разобрать мостовую, размостить улицу; (перен.) мчаться во весь опор; часто проходить по той же улице.
desempegar. [перех.] снимать смолу.
desempeñar. [перех.] выкупать (из ломбарда, залога); освобождать от долгов; погасить задолженность; исполнять (роль и т. д.), выполнять (должность); выручать из трудного положения; **desempeñarse.** [возв. гл.] освобождаться от долгов; выплатить выкуп.
desempeño. [м.] выкуп (из ломбарда, залога); освобождение (от долгов); уплата, погашение (долга); исполнение (обязанности); выручка, помощь в трудных обстоятельствах.
desempeorarse. [возв. гл.] укрепляться; выздоравливать, поправляться.
desemperezar. [перех.] стряхнуть лень. (тже возв. гл.).
desempernar. [перех.] вынимать болты.
desemplomar. [перех.] стирать свинец с чего-л.
desemplumar. [перех.] ощипывать перья, пух.
desempobrecer. [перех.] выводить из бедного состояния.
desempolvadura. [ж.] стирание пыли; стирание пудры.

desempolvar. [перех.] сметать, стирать пыль, пудру.
desempolvoradura. [ж.] см. **desempolvadura**.
desempolvorar. [перех.] см. **desempolvar**.
desempollar. [перех.] выводить цыплят.
desemponzoñar. [перех.] давать противоядие; уничтожать действие яда.
desempulgar. [перех.] снимать, ослаблять тетиву.
desenalbardar. [перех.] развьючивать.
desenamorar. [перех.] заставлять разлюбить; **desenamorarse.** [возв. гл.] разлюбить.
desenastar. [перех.] вынимать древко, рукоятку.
desencabalgar. [перех.] снимать с лафета (артиллерийское орудие).
desencabar. [перех.] (Амер.) см. **desenastar**.
desencabestrar. [перех.] высвобождать из недоуздка.
desencadenamiento. [м.] спускание с цепи, освобождение от оков и т. д, расковка.
desencadenar. [перех.] снимать цепь, спускать с цепи; расковывать (закованного в цепи); освобождать от оков, гнёта и т. д.; развязывать (войну и т. д.); **desencadenarse.** [возв. гл.] с цепи сорваться; разбушеваться, подняться, разразиться (о буре); неистовствовать, бушевать.
desencajamiento. [м.] выемка, сдвиг с места; вывих; сильное изменение (о выражении лица).
desencajar. [перех.] вынимать, сдвигать с места; вывихнуть; *desencadenarse. [возв. гл.] сдвигаться с места; вывихнуться; искажаться (о выражении лица).
desencaje. [м.] см. **desencajamiento**.
desencajonamiento. [м.] выемка из ящика.
desencajonar. [перех.] вынимать из ящика.
desencalabrinar. [перех.] выводить из состояния оглушения; образумливать.
desencalcar. [перех.] стирать, снимать известь со стены.
desencalcar. [перех.] разжимать, ослаблять.
desencalladura. [ж.] снятие с мели.
desencallar. [перех.] поднять севшее на мель судно, снимать с мели, камня (судно).
desencaminar. [перех.] см. **descaminar**.
desencanallar. [перех.] отдалять от недостойных людей.
desencandilar. [перех.] оживлять.
desencantador, ra. [прил.] разочаровывающий.
desencantamiento. [м.] см. **desencanto**.
desencantar. [перех.] разочаровывать, разрушать иллюзии; снимать колдовство, чары.
desencantaración. [ж.] дейст. к **desencantarar**, подсчёт голосов.
desencantarar. [перех.] вынимать из кувшина, урны (бюллетени, жребий и т. д.), подсчитывать голоса.
desencanto. [м.] разочарование; освобождение от колдовства, чар.
desencapillar. [перех.] (мор.) травить (канат и т. д.).
desencapotadura. [ж.] снятие плаща, пальто; прояснение погоды; обнаружение; успокоение.
desencapotar. [перех.] снимать плащ, пальто; (перен.) (разг.) обнаруживать, раскрывать; заставлять поднять голову (о лошади); **desencapotarse.** [возв. гл.] (разг.) проясняться (о небе); успокаиваться, переставать сердиться.
desencaprichar. [перех.] отговорить от каприза и т. д.
desencarcelar. [перех.] выпускать из тюрьмы.
desencarecer. [перех.] см. **abaratar**.

desencargar. [перех.] отменять заказ и т. д.; (уст.) см. **descargar**.
desencarnar. [перех.] (охот.) отучать есть дичь; (перен.) отвыкать (от чего-л).
desencartonar. [перех.] снимать картон.
desencastillar. [перех.] выбивать из за́мка, крепости; открыто проявлять, обнаруживать, раскрывать.
desencenagar. [перех.] см. **desatascar**; (перен.) вытаскивать из грязи.
desencerrar. [перех.] выпускать на свободу; открывать, раскрывать, растворять; (перен.) обнаруживать, раскрывать; [непр. гл.] спрягается как **encerrar**.
desencinchar. [перех.] (Амер.) ослаблять или снимать подпругу.
desencintar. [перех.] развязывать ленты и т. д.; отнимать край тротуара.
desenclavar. [перех.] см. **desclavar**; заставлять выйти насильственным путём.
desenclavijar. [перех.] вынимать деревянные гвозди, шипы, колки; (перен.) разъединять; расстраивать.
desencoger. [перех.] разворачивать вытягивать, растягивать; протягивать; расправлять; **desencogerse.** [возв. гл.] переставать робеть.
desencogimiento. [м.] растягивание, вытягивание; (перен.) развязность, беззастенчивость.
desencoladura. [ж.] отклеивание.
desencolar. [перех.] отклеивать, расклеивать; **desencolarse.** [возв. гл.] отклеиваться.
desencolerizar. [перех.] успокаивать, смягчать, унимать, ослаблять гнев; **desencolerizarse.** [возв. гл.] перестать сердиться.
desenconamiento. [м.] уменьшение воспаления (о ране); смягчение, успокоение.
desenconar. [перех.] уменьшать воспаление (раны); (перен.) успокаивать, смягчать (гнев и т. д.); **desenconarse.** [возв. гл.] смягчаться, освобождаться от неровности.
desencono. [м.] см. **desenconamiento**; смягчение, успокоение (гнева и т. д.).
desencordar. [перех.] снимать струны; [непр. гл.] спрягается как **contar**.
desencordelar. [перех.] развязывать.
desencorvar. [перех.] выпрямлять, расправлять, выправлять.
desencovar. [перех.] выгнать из пещеры и т. д.
desencrespar. [перех.] развивать волосы.
desencuadernar. [перех.] см. **descuadernar**.
desencuartar. [перех.] (Амер.) высвобождать из недоуздка.
desencubar. [перех.] выливать вино из бочки.
desencumbrar. [перех.] низвергать.
desenchuecar. [перех.] (Амер.) выпрямлять, расправлять.
desenchufar. [перех.] размыкать; выключать.
desendemoniar, desendiablar. [перех.] изгонять, заклинать злых духов.
desendiosar. [перех.] сбить с кого-л спесь.
desenejar. [перех.] смещать ось.
desenfadadamente. [нареч.] вольно, непринуждённо.
desenfadaderas. [ж. множ.] (разг.) умение выпутываться, выходить из затруднения и т. д.
desenfadado, da. [страд. прич.] к **desenfadar**; [прил.] непринуждённый, весёлый, свободный, беззаботный; обширный, просторный (о месте).
desenfadar. [перех.] успокаивать; разгонять скуку; **desenfadarse.** [возв. гл.] переставать сердиться; повеселеть.
desenfado. [м.] непринуждённость, развязность, лёгкость, независимость; разве-

чение: * con desenfado, легко, непринуждённо; развязно.

desenfaldar. [перех.] опускать подобранное платье.

desenfangar. [перех.] очищать от тины, от грязи.

desenfardar, desenfardelar. [перех.] распаковывать.

desenfilar. [перех.] (воен.) укрывать (рельефом местности): * desenfilado, укрытый рельефом местности, находящийся вне обстрела, непростреливаемый.

desenfrailar. [неперех.] оставить монашество, сложить с себя духовный сан; (перен.) сбросить иго; (разг.) временно оставить дела, быть незанятым.

desenfrascarse. [возв. гл.] освобождаться, избавляться.

desenfrenadamente. [нареч.] безудержно и т. д.

desenfrenamiento. [м.] см. desenfreno.

desenfrenar. [перех.] разнуздывать; desenfrenarse. [возв. гл.] предаваться страстям; разражаться разбушеваться, подняться (о буре и т. д.).

desenfreno. [м.] необузданность, несдержанность; неистовство, разгул страстей; распутство, распущенность: * desenfreno de vientre, понос.

desenfundar. [перех.] вынимать из чехла, снимать чехол.

desenfurecer. [перех.] успокаивать, смягчать гнев; desenfurecerse. [возв. гл.] перестать сердиться.

desengalgar. [перех.] снимать тормоз (в экипаже).

desenganchador. [м.] (ж.-д.) сцепщик.

desenganchar. [перех.] отпрягать, распрягать; отцеплять; снимать с крюка; desengancharse. [возв. гл.] отцепляться.

desenganche. [м.] распрягание; снимание с крюка.

desengañadamente. [нареч.] откровенно, открыто; (перен.) (разг.) скверно, плохо; с разочарованием.

desengañado, da. [страд. прич.] к desengañar; [прил.] разочарованный, без иллюзий; презренный, плохой, скверный.

desengañador, ra. [прил.] открывающий обман, выводящий из заблуждения (тж. сущ.).

desengañar. [перех.] выводить из заблуждения, открывать обман, открывать глаза за кому-л; разочаровывать; desengañarse. [возв. гл.] перестать заблуждаться, понимать или видеть ошибку, обман; разочаровываться.

desengaño. [м.] разочарование, обманутая надежда; сознание ошибки; [множ.] горький опыт.

desengarce. [м.] дейст. к разнизывать (бусы); см. desengaste.

desengargolar. [перех.] (Амер.) распутывать.

desengarrafar. [перех.] выпускать из рук.

desengarzar. [перех.] разнизывать, распускать (бусы); см. desengastar.

desengastar. [перех.] вынимать из оправы (драгоценный камень и т. д.).

desengaste. [м.] вынимание из оправы (о драгоценном камне).

desengomado. [м.] вываривание клея (из пряжи).

desengomar. [перех.] вываривать клей (из пряжи); см. desgomar.

desengoznar. [перех.] см. desgoznar.

desengranar. [перех.] расцеплять, разнимать зубчатые колёса.

desengrasado, da. [страд. прич.] к desengrasar. [м.] обезжиривание.

desengrasar. [перех.] обезжиривать; снимать, жир, очищать от жира; выводить жирные пятна; [неперех.] (разг.) худеть; см. desensebar; переменить службу.

desengrase. [м.] обезжиривание; промывка шерсти, удаление жира из необработанной шерсти.

desengraso. [м.] (Амер.) десерт.

desengrosar. [перех.] см. enflaquecer. [непр. гл.] спрягается как contar.

desengrudamiento. [м.] дейст. к снимать клейстер.

desengrudar. [перех.] снимать клейстер.

desenguantar. [перех.] снимать перчатки; desenguantarse. [возв. гл.] снимать перчатки.

desenhebrar. [перех.] вынимать нитку из иголки.

desenhetrar. [перех.] (уст.) расчёсывать волосы.

desenhornar. [перех.] вынимать из печи.

desenjaezar. [перех.] снимать украшения (упряжные).

desenjalmar. [перех.] развьючивать.

desenjaular. [перех.] вынимать из клетки.

desenlabonar. [перех.] разъединять звенья.

desenlace. [м.] развязывание; исход дела, развязка; (лит.) развязка.

desenladrillar. [перех.] разобрать, кирпичную мостовую, вынимать кирпичи.

desenlazar. [перех.] развязывать; (перен.) (лит.) приводить к развязке; desenlazarse. [возв. гл.] развязываться.

desenliar. [перех.] (Амер.) см. desliar.

desenlodar. [перех.] очищать от грязи.

desenlosar. [перех.] вынимать плиты (тж. возв. гл.).

desenlutar. [перех.] снимать траур (тж. возв. гл.).

desenmalezar. [перех.] очищать от сорной травы, от кустарника.

desenmallar. [перех.] вынимать из сети (о рыбе).

desenmarañar. [перех.] распутывать; (перен.) распутывать, выяснять, разматывать (вопрос).

desenmascaradamente. [нареч.] публично и бесстыдно.

desenmascarar. [перех.] снимать маску; (перен.) срывать маску, разоблачать, уличать кого-л; desenmascararse. [возв. гл.] сбросить маску.

desenmohecer. [перех.] сводить ржавчину.

desenmohecimiento. [м.] очистка от ржавчины.

desenmudecer. [неперех.] приобретать дар речи; переставать молчать.

desennegrecer. [перех.] удалять черноту.

desenojadizo, za. [прил.] легко успокаивающийся.

desenojador, ra. [прил.] успокаивающий, смягчающий гнев, ярость.

desenojar. [перех.] успокаивать, смягчать гнев, ярость; desenojarse. [возв. гл.] успокаиваться, переставать сердиться; разгонять скуку, веселиться, забавляться; повеселеть.

desenojo. [м.] примирение, прощение.

desenojoso, sa. [прил.] успокаивающий, смягчающий гнев, ярость.

desenraizar. [перех.] см. desarraigar.

desenredar. [перех.] распутывать; приводить в порядок; desenredarse. [возв. гл.] выпутываться, выходить из затруднения.

desenredo. [м.] распутывание; исход дела, развязка.

desenrizar. [перех.] (обл.) развивать волосы.

desenrollar. [перех.] разматывать, развёртывать.

desenronar. [перех.] (обл.) очищать от мусора и т. д.

desenroscar. [перех.] раскручивать.

desensabanar. [перех.] снимать простыни.

desensamblar. [перех.] разъединять, разобщать.

desensañar. [перех.] успокаивать, смягчать ожесточение.

desensartar. [перех.] разнизывать, распускать (бусы и т. д.).

desensatar. [перех.] (Амер.) см. desatar.

desensebar. [перех.] снимать животное сало, очищать от животного сала; отбивать вкус жира и т. д. (при еде мясного блюда); см. desengrasar.

desenseñar. [перех.] отучивать.

desensillar. [перех.] рассёдлывать.

desensoberbecer. [перех.] сбить с кого-л спесь; desensoberbecerse. [возв. гл.] перестать быть высокомерным.

desensortijado, da. [прил.] гладкий (о волосах); вывихнутый.

desentablar. [перех.] снимать доски; приводить в беспорядок, расстраивать; нарушить сделку.

desentarimar. [перех.] вынимать паркет.

desentechar. [перех.] (Амер.) снимать крышу.

desentejar. [перех.] (Амер.) см. destejar.

desentendencia. [ж.] (Амер.) нерасположение, нелюбовь.

desentenderse. [возв. гл.] притворяться непонимающим или незнающим; не принимать участие в чём-л, устраняться от участия в чём-л; не интересоваться.

desentendido, da. [страд. прич.] к desentenderse: * hacerse el desentendido, притворяться незнающим, несведущим.

desentería. [ж.] (Амер.) дизентерия.

desenterrador, ra. [прил.] откапывающий, выкапывающий, отрывающий (чаще сущ.).

desenterramiento. [м.] выкапывание, откапывание.

desenterrar. [перех.] откапывать, выкапывать, отрывать; вызывать в памяти; (перен.) откапывать.

desentierramuertos. [м. и ж.] (перен.) (рзг.) человек, порочащий память мёртвых.

desentierro. [м.] см. desenterramiento.

desentoldar. [перех.] снимать парусиновую покрышку, тент; (перен.) лишать украшений.

desentonación. [ж.] см. desentono.

desentonadamente. [нареч.] вне тона.

desentonamiento. [м.] см. desentono.

desentonar. [перех.] сбить с кого-л спесь; [неперех.] сбиваться с тона, фальшивить, не в тон петь или играть; не соответствовать (о цветах и т. д.); desentonarse. [возв. гл.] не уважать, говорить нагло.

desentono. [м.] (муз.) неверный тон; (перен.) повышенный тон.

desentornillar. [перех.] отвинчивать.

desentorpecer. [перех.] выводить из состояния оцепенения, онемения; разминать; (перен.) придать развязность, уверенность.

desentorpecimiento. [м.] восстановление чувствительности, гибкости (онемевшего члена); (перен.) придание развязности, уверенности.

desentrampar. [перех.] уплачивать чужие долги; desentramparse. [возв. гл.] уплачивать долги.

desentrañamiento. [м.] (перен.) жертва ради другого (своим имуществом и т. д.), уступка.

desentrañar. [перех.] вынимать внутренности; вникать в самую сущность; desentrañarse. [возв. гл.] (перен.) отказываться от имущества, жертвовать своей собственностью ради другого.
desentristecer. [перех.] разгонять печаль.
desentronizar. [перех.] свергнуть с престола; (перен.) лишать власти, смещать от должности.
desentumecer. [перех.] выводить из состояния оцепенения, онемения; разминать члены (тже. возв. гл.) [непр. гл.] спрягается как agradecer.
desentumecimiento. [м.] восстановление чувствительности, гибкости (онемевшего члена).
desentumir. [перех.] см. desentumecer.
desenvainar. [перех.] вынимать из ножен, обнажать (шпагу и т. д.); выпускать когти (о животном); (перен.) обнаруживать, открывать.
desenvelejar. [перех.] (мор.) отвязывать паруса.
desenvendar. [перех.] снимать повязку, разбинтовывать; (перен.) открывать глаза; см. desvendar.
desenvoltura. [ж.] непринуждённость, развязность, беззастенчивость; бесцеремонность; бесстыдство; дерзость; сноровка, ловкость.
desenvolver. [перех.] развёртывать (пакет и т. д.); развивать, и з л а г а т ь теорию; (перен.) распутывать, разгадывать, доискиваться, выяснять; desenvolverse, [возв. гл.] развёртываться (перен.) распутываться; делаться с м е л е е, бодрее; [непр. гл.] спрягается как contar.
desenvolvimiento. [м.] развёртывание, развитие.
desenvueltamente. [нареч.] непринуждённо, развязно; ясно.
desenvuelto, ta. [непр. страд. прич.] к desenvolver; [прил.] (перен.) непринуждённый; развязный; свободный; вольный; дерзкий, наглый, непристойный.
desenyugar. [перех.] распрягать (волов).
desenyuntar. [перех.] (Амер.) разъединять, разобщать.
desenzarzar. [перех.] освобождать от колючего кустарника; разнимать спорящих, дерущихся.
desenzolvar. [перех.] см. zarcear.
deseo. [м.] (по)желание, хотение, охота: * a medida de sus deseos, по желанию; как нельзя лучше, отлично; сколько угодно; * arder en deseos, гореть желанием.
deseoso, sa. [прил.] желающий, жаждущий чего-л.
desequido, da. [прил.] см. reseco.
desequilibrado, da. [страд. прич.] к desequilibrar; [прил.] сумасшедший, неуравновешенный, развинченный (о человеке); безрассудный.
desequilibrar. [перех.] выводить из равновесия, нарушать равновесие; (перен.) выбивать из колеи.
desequilibrio. [м.] отсутствие равновесия.
deserción. [ж.] дезертирство; (юр.) оставление.
deserizar. [перех.] (перен.) смягчать, облегчать.
deserrado, da. [прил.] свободный от заблуждения.
desertar. [неперех.] (воен.) дезертировать, бежать; покидать общество, кружок и т. д.; (юр.) оставлять (апелляцию).

desértico, ca. [прил.] пустынный; необитаемый.
desertícola: [прил.] живущий на пустынных областях.
desertificar. [перех.] превращать в пустыню.
desertor. [м.] дезертир; перебежчик; отступник.
deservicio. [м.] оказание плохой услуги.
deservidor, ra. [прил.] плохо обслуживающий; не выполняющий своих обязанностей (тже. сущ.).
deservir. [перех.] оказывать плохую услугу; плохо обслуживать; не выполнять своих обязанностей.
desescombrar. [перех.] очищать от щебня, мусора и т. д.; (перен.) расчищать.
deseslabonar. [перех.] разъединять звенья, см. deslabonar.
desespaldar. [перех.] ломать, ранить в спину (тже. возв. гл.).
desespañolizar. [перех.] лишать испанских свойств.
desesperación. [ж.] отчаяние, безнадежность; (перен.) открытое проявление гнева, ярости и т. д.: * ser una desesperación, быть несносным.
desesperadamente. [нареч.] отчаянно.
desesperado, da. [страд. прич.] к desesperar; [прил.] отчаянный, безнадёжный; отчаявшийся: * un caso desesperado, безнадёжный случай; * a la desesperada, не находя другого выхода, за неимением лучшего.
desesperante. [дейст. прич.] к desesperar, приводящий в отчаяние.
desesperanza. [ж.] безнадежность.
desesperanzar. [перех.] приводить в отчаяние, лишать надежды; desesperanzarse, [возв. гл.] терять надежду.
desesperar. [неперех.] отчаиваться, приходить в отчаяние [перех.] см. desesperanzar; сильно раздражать, выводить из себя; desesperarse. [возв. гл.] отчаиваться; покушаться на самоубийство.
desespero. [м.] (обл.) см. desesperación.
desespumar. [перех.] (Амер.) снимать пену, накипь.
desestancar. [перех.] снимать запрещение, разрешать продажу, отменять монополию.
desestanco. [м.] отмена монополии.
desestañar. [перех.] снимать олово.
desesterar. [перех.] снимать цыновки, рогожи.
desestero. [м.] снятие цыновок.
desestima, desestimación. [ж.] дурное мнение; потеря уважения, пренебрежение, презрение; (юр.) отказ в иске.
desestimador, ra. [прил.] не уважающий, пренебрегающий (тже. сущ.).
desestimar. [перех.] не уважать, пренебрегать, не ценить, недооценивать; (юр.) отказать в иске.
desexualizar. [перех.] лишать половых свойств; кастрировать.
desfacedor. [прил.]: desfacedor de entuertos, (ирон.) поборник справедливости.
desfachatadamente. [нареч.] бесстыдно, нагло.
desfachatado, da. [прил.] (разг.) бесстыдный, наглый, дерзкий.
desfachatez. [ж.] (разг.) бесстыдство, наглость, нахальство.
desfajar. [перех.] снимать пояс; распелёнывать.
desfalcador, ra. [прил.] растрачивающий, присваивающий (чужие деньги) (тже. возв. гл.).
desfalcar. [перех.] см. descabalar; сбавлять, скостить; расхищать, растрачивать, присваивать (чужие деньги); лишать покровительства, близости к влиятельному лицу и т. д.

desfalco. [м.] растрата, расхищение.
desfallecer. [перех.] ослаблять, лишать силы; [неперех.] слабеть, изнемогать, падать в обморок; чувствовать себя плохо; проявлять малодушие; desfallecido, слабеющий, угасающий; [непр. гл.] спрягается как agradecer.
desfalleciente. [дейст. прич.] к desfallecer, слабеющий, изнемогающий.
desfallecimiento. [м.] внезапный упадок сил, ослабление; обморок; слабость.
desfanatizar. [перех.] освобождать от фанатизма.
desfavorable. [прил.] неблагоприятный, противный.
desfavorablemente. [нареч.] неблагоприятно.
desfavorecedor, ra. [прил.] лишающий милости, отказывающий, противный (тже. сущ.).
desfavorecer. [перех.] лишать милости, подвергать немилости; неблагоприятствовать; вредить, наносить вред; [непр. гл.] спрягается как agradecer.
desfayadero. [м.] (обл.) см. despeñadero.
desfayar. [перех.] (обл.) см. despeñar.
desfibrado, da. [страд. прич.] к desfibrar; [м.] очистка от волокон.
desfibrador, ra. [прил.] очищающий от волокон (тже. сущ.).
desfibrar. [перех.] очищать от волокон.
desfibrinar. [перех.] отделять фибрин от крови.
desfiguración. [ж.] desfiguramiento. [м.] обезображивание, искажение.
desfigurar. [перех.] обезображивать, уродовать, искажать; изменять до неузнаваемости; desfigurarse. [возв. гл.] меняться (в лице); искажаться, становиться неузнаваемым.
desfiguro. [м.] (Амер.) см. desfiguración; экстравагантная вещь.
desfijar. [перех.] вырывать; отрывать.
desfilachar. [перех.] вытаскивать нитки.
desfiladero. [м.] ущелье, теснина, дефиле; узкий проход.
desfilar. [неперех.] выходить, проходить колонной; дефилировать, проходить (о процессии, демонстрации); (воен.) дефилировать, проходить торжественным маршем.
desfile. [м.] (воен.) дефилирование, прохождение войск (на параде, смотру).
desfiluchar. [перех.] (обл.) см. deshilachar.
desflecar. [перех.] делать бахрому, дёргать по нитке (ткань).
desflemador. [м.] (хим.) дефлегматор.
desflemar. [перех.] извергать мокроту; (хим.) очищать спирт-сырец.
desflecar. [перех.] см. desflecar; [непр. гл.] спрягается как contar.
desfloración. [ж.] лишение свежести и т. д.; лишение девственности.
desfloramiento. [м.] лишение девственности; растление; лишение свежести и т. д.
desflorar. [перех.] лишать свежести, делать блёклым, тусклым; срывать цветы; растлить, лишать девственности; (арг.) обнаруживать, открывать.
desflorecer. [перех. неперех.] отцветать.
desflorecimiento. [м.] отцветание.
desfogar. [перех.] давать выход огню; гасить (известь); (перен.) давать волю своему гневу и т. д.; desfogarse [возв. гл.] давать волю своему гневу и т. д.
desfogue. [м.] дейст. к давать выход огню; излияние чувств; исступление гнева.
desfollonar. [перех.] подчищать виноградные лозы, обрывать листья.
desfondar. [перех.] вышибать дно (у бочки и т. д.); (мор.) наносить пробоину; (с-х.) глубоко пахать.

desfonde. [м.] вышивание дна; (с.-х.) глубокая вспашка.
desfondo. [м.] (с.-х.) глубокая вспашка.
desforestación. [ж.] вырубка леса.
desforestar. [перех.] вырубать, уничтожать рубкой.
desformar. [перех.] см. deformar.
desforrar. [перех.] снимать, расшивать подкладку, обложку.
desfortalecer. [перех.] разрушать крепость; выводить гарнизон из крепости; [непр. гл.] спрягается как crecer.
desfosforación. [ж.] лишение фосфора.
desfosforar. [перех.] лишать фосфора.
desfrenamiento. [м.] см. desenfreno.
desfrenar. [перех.] см. desenfrenar.
desfrutar. [перех.] снимать плоды (до зрелости); (уст.) см. disfrutar.
desgaire. [м.] небрежность; небрежная поза; небрежное слово; пренебрежительный жест: *al desgaire, небрежно, как попало.
desgajadura. [ж.] неровный перелом ветви.
desgajar. [перех.] отрывать, отламывать с силой (от дерева сук); отрывать, разбивать на куски; **desgajarse.** [возв. гл.] отрываться; отламываться.
desgaje. [м.] отрыв с силой; отделение.
desgalgadero. [м.] крутой каменистый скат; пропасть.
desgalgar. [перех.] сбрасывать, швырять с высоты, сбрасывать вниз; см. despeñar.
desgalichado, da. [прил.] (разг.) небрежно, неряшливо одетый; неотёсанный, лишённый осанки (о человеке).
desgalillarse. [возв. гл.] (Амер.) кричать до хрипоты, драть горло.
desgalonar. [перех.] снимать или спарывать галуны, нашивки.
desgana. [ж.] потеря или отсутствие аппетита, вкуса, отвращение к пище; (перен.) отвращение, нежелание что-л. делать; отсутствие прилежания; (обл.) см. congoja, desfallecimiento.
desganado, da. [прил.] лишившийся аппетита.
desganar. [перех.] отбивать охоту, вкус к чему-л; **desganarse.** [возв. гл.] терять охоту, вкус к чему-л; терять аппетит.
desganchar. [перех.] подрезать деревья, обрезать лишние ветви, сучья.
desgangillar. [перех.] разъединять, разлаживать (части чего-л.), портить; ломать (тже. возв. гл.).
desgano. [м.] см. desgana.
desgañifarse. [возв. гл.] см. desgañitarse.
desgañitarse. [возв. гл.] драть горло, надсаживаться (от крика), кричать до хрипоты; хрипнуть.
desgañotar. [перех.] (Амер.) перерезать горло.
desgarbado, da. [прил.] лишённый осанки, неотёсанный (о человеке).
desgarbilado, da. [прил.] (обл.) см. desgarbado.
desgargantarse. [возв. гл.] (разг.) надсаживаться (от крика), кричать до хрипоты.
desgargolar. [перех.] вымолачивать лён.
desgaritar. [неперех.] (чаще возв. гл.) сбиться с пути, заблудиться; **desgaritarse.** [возв. гл.] отбиваться от стада (тже. перен.); передумать.
desgarradamente. [нареч.] бесстыдно, нагло.
desgarrado, da. [страд. прич.] к desgarrar; [прил.] бесстыдный, наглый; распущенный.
desgarrador, ra. [прил.] разрывающий; раздирающий, мучительный, душераздирающий.
desgarranchado, da. [прил.] (Амер.) нечистоплотный.
desgarrar. [перех.] разрывать, раздирать, рвать, прорывать; (прям.) (перен.) терзать, раздирать; (перен.) см. esgarrar; **desgarrarse.** [возв. гл.] разрываться, прорываться, (перен.) удаляться.

desgarretar. [перех.] (Амер.) подрезывать поджилки; обессиливать.
desgarriate. [м.] (Амер.) разрушение, большое несчастье; бедствие.
desgarro. [м.] разрывание; (перен.) бесстыдство, наглость, нахальство; бахвальство; хвастовство, самохвальство.
desgarrón. [м.] дыра, прореха; оторванный лоскут.
desgastador, ra. [прил.] изнашивающий и т. д.
desgastar. [перех.] изнашивать; истрёпывать; сглаживать трением; портить; развращать; **desgastarse.** [возв. гл.] изнашиваться, портиться; (перен.) слабеть, утомляться (в боях).
desgaste. [м.] износ, изнашивание, истрёпывание; трение; ослабление.
desgatar. [перех.] (с.-х.) полоть, выпалывать.
desgay. [м.] см. retal.
desgaznatarse. [возв. гл.] надсаживаться (от крика), кричать до хрипоты.
desgobernado, da. [страд. прич.] к desgobernar; [прил.] беспорядочный.
desgobernar. [перех.] нарушать, расстраивать порядок; вывихнуть; (мор.) не следить за рулём; **desgobernarse.** [возв. гл.] делать беспорядочные движения; [непр. гл.] спрягается как acertar.
desgobierno. [м.] беспорядок; плохое руководство, управление.
desgolletar. [перех.] ломать горлышко; обнажать шею.
desgomadura. [ж.] вываривание клея (из пряжи).
desgomar. [перех.] вываривать клей (из пряжи).
desgonzar. [перех.] снимать с петель (дверь и т. д.); (перен.) расстраивать, развалывать.
desgorrarse. [возв. гл.] снимать головной убор.
desgoznar. [перех.] снимать дверные петли; **desgoznarse.** [возв. гл.] делать беспорядочные движения.
desgracia. [ж.] несчастье, беда, бедствие; несчастный случай; немилость, опала; суровость, жёсткость (характера); неловкость, неуклюжесть; упадок сил; *caer en desgracia, впасть в немилость.
desgraciadamente. [нареч.] к несчастью и т. д.; неудачно.
desgraciado, da. [страд. прич.] к desgraciar; [прил. и сущ.] несчастный; приносящий несчастье; неудачный, злополучный; несчастный, обездоленный; некрасивый, неуклюжий, неловкий; неприятный, нелюбезный: *estoy desgraciado, мне не везёт; *ser un desgraciado, быть бедняком.
desgraciar. [перех.] сердить, раздражать, вызывать неудовольствие; приносить несчастье; губить, портить; калечить; **desgraciarse.** [возв. гл.] ссориться, портить чьё-л расположение; лишаться милости, впасть в немилость; потерпеть неудачу, чувствовать себя нездоровым.
desgramar. [перех.] очищать от пырея.
desgranado, da. [страд. прич.] к desgranar; [прил.] зазубренный (о зубчатом колесе).
desgranador, ra. [прил. и сущ.] вымолачивающий зёрна: *máquina desgranadora, молотилка.
desgranadora. [ж.] молотилка.
desgranar. [перех.] вымолачивать зёрна; лущить (бобы и т. д.); обрывать ягоды (с гроздьев); просеивать порох (для классификации); **desgranarse.** [возв. гл.] осыпаться (о зерне); рассыпаться, развязываться (о бусах).
desgrane. [м.] вымолачивание; обрывание ягод (с гроздьев и т. д.).
desgranzar. [перех.] (с.-х.) снимать высевки, отсевки; (жив.) толочь краски.
desgrasar. [перех.] обезжиривать.
desgrase. [м.] обезжиривание.
desgravación. [ж.] снижение или сложение налогов.
desgravar. [перех.] уменьшать налоги, сложить подати.
desgreñado, da. [страд. прич.] к desgreñar; [прил.] с растрёпанными волосами, нечёсаный.
desgreñar. [перех.] помять, растрепать причёску; **desgreñarse.** [возв. гл.] горячо спорить, вцепиться в волосы, подраться.
desguace. [м.] разборка на слом (о судне).
desguace. [м.] (Амер.) катастрофа, стихийное бедствие.
desgualetado, da. [прил.] опустившийся, неряшливо, небрежно одетый.
denguanzado, da. [страд. прич.] к desguanzar; [прил.] (Амер.) вялый, слабый.
desguanzar. [перех.] (Амер.) ослаблять; **desguanzarse.** [возв. гл.] уставать, утомляться; см. desfallecer.
desguanzo. [м.] (Амер.) отсутствие сил.
desguañangado, da. [прил.] (Амер.) оборванный, в лохмотьях.
desguañangar. [перех.] (Амер.) вредить, наносить ущерб; **desguañangarse.** [возв. гл.] (Амер.) терять мужество.
desguardo. [м.] ларец с реликвией, талисман.
desguarnecer. [перех.] лишать украшений; выводить гарнизон (из крепости и т. д.); разбирать (машину и т. д.); снимать сбрую; распрягать; (воен.) оставлять незащищённым.
desguarnir. [перех.] (мор.) расснащивать.
desguasar. [перех.] (Амер.) см. desguazar; (Амер.) расстраивать, разрушать; портить.
desguatar. [перех.] (Амер.) вынимать внутренности, потрошить.
desguazar. [перех.] обтёсывать бревно; (мор.) разбирать на слом (судно).
desguince. [м.] сорт ножа (для резания клочков бумаги); телодвижение с целью избежать удара.
desguindar. [перех.] (мор.) спускать (флаг и т. д.); см. descolgarse.
desguinzar. [перех.] резать клочки бумаги.
deshabitado, da. [страд. прич.] к deshabitar; [прил.] необитаемый, нежилой; безлюдный.
deshabitar. [прил.] покидать жилище; обезлюдить, сокращать население, опустошать местность.
deshabituación. [ж.] потеря привычки.
deshabituar. [перех.] отучать; **deshabituarse.** [возв. гл.] отвыкать, отучаться.
deshacedor, ra. [прил.] разрушающий сделанное и т. д.: *deshacedor de agravios, поборник справедливости.
deshacer. [перех.] уничтожать, разрушать сделанное; победить, разгромить, разбить наголову, обращать в бегство; разбивать, разрубать на куски; растворять; разводить, разбавлять, разжижать, расплавлять, обращать в жидкость; распарывать; расторгать, аннулировать (дело); исправлять (ошибку); **deshacerse.** [возв. гл.]

разрушаться сделанное; скорбеть, печалиться, сокрушаться; беспокоиться, терять терпение; растворяться; рассыпаться; отделываться от кого-л, чего-л; исчезать; худеть; надсаживаться, надрываться; с усердием работать; расстраиваться, равняться; ушибиться; * **deshacerse** en llanto, залиться слезами; * **deshacerse** como el humo, развеяться как дым; * **deshacerse** en cumplidos, рассыпаться в комплиментах; [непр. гл.] спрягается как hacer.

deshaldo. [м.] см. marceo.

deshambrido, da. [прил.] очень голодный, изголодавшийся.

desharrapado, da. [прил.] оборванный, в лохмотья; [сущ.] оборванец, (-ка).

desharrapamiento. [м.] нищета, крайняя нужда.

deshebillar. [перех.] расстёгивать пряжку.

deshebrar. [перех.] выдёргивать нитки (из ткани); разъединять на волокнистые части.

deshecha. [ж.] притворство, скрывание; вежливый отказ; припев; вынужденный отъезд, уход; отдельное движение (в танце): * hacer la **deshecha**, скрывать, утаивать, притворяться.

deshechizar. [перех.] расколдовать, снять колдовство, чары.

deshechizo. [м.] освобождение от колдовства, чар.

deshecho, cha. [непр. страд. прич.] к deshacer; [прил.] сильный, неистовый, бурный, неудержимый, внезапно разразившийся (о дожде, ветре и т. д.); [м.] (Амер.) вынужденный отъезд, уход.

deshelar. [перех.] оттаивать, вызывать таяние (тоже возв. гл.); [непр. гл.] спрягается как helar.

deshematizar. [перех.] лишать крови.

desherbador, ra. [прил.] (с.-х.) занимающийся полкой сорняков (тоже сущ.).

desherbar. [перех.] (с.-х.) полоть сорную траву.

desheredación. [ж.] лишение наследства.

desheredado, da. [страд. прич.] к desheredar; [прил.] обездоленный, обойдённый судьбой; нуждающийся (тоже сущ.).

desheredamiento. [м.] лишение наследства.

desheredar. [перех.] лишать наследства; des**heredarse.** [возв. гл.] порывать с семьёй; вырождаться.

deshermanado, da. [страд. прич.] к desherma**nar;** [прил.] лишённый братьев.

deshermanar. [перех.] разрознивать, разъединять; **deshermanarse.** [возв. гл.] нарушать братские отношения.

desherradura. [ж.] (вет.) наминка подошвы копыта.

desherrar. [перех.] снимать оковы; расковывать; [непр. гл.] спрягается как acer**tar.**

desherrumbramiento. [м.] очистка от ржавчины.

desherrumbrar. [перех.] сводить ржавчину.

deshetrar. [перех.] см. desenredar.

deshidratación. [ж.] (хим.) обезвоживание.

deshidratar. [перех.] (хим.) обезвоживать, отнимать воду.

deshidrogenación. [ж.] (хим.) дегидрогенизация, обезвоживание.

deshidrogenar. [перех.] (хим.) дегидрогенизировать, удалять водород.

deshielo. [м.] оттепель; таяние; оттаивание; ледоход (во время таяния).

deshierba. [ж.] **deshierbe.** [м.] прополка сорняков.

deshijar. [перех.] (Амер.) снимать отпрыски (о табачном растении).

deshilachado, da. [страд. прич.] к deshilachar; [м.] щипание, раздёргивание (тряпья); выдёргивание ниток.

deshilachar. [перех.] щипать, раздёргивать (тряпьё); выдёргивать нитки (из ткани); **deshilacharse.** [возв. гл.] мохнатиться (о ткани).

deshilado, da. [страд. прич.] к deshilar; [прил.] выстроенный в ряд, друг за другом; [м.] ажур, ажурная работа: * a la **deshilada,** друг за другом, по одному в затылок; притворно, скрытно.

deshiladura. [ж.] выдёргивание ниток, бахромы; щипание, раздёргивание (тряпья); расщипывание на нитки (ткани).

deshilar. [перех.] вытаскивать нитки; расщипывать (ткань); переставлять улей (при перемещении роя); [неперех.] худеть, тощать; [непр. гл.] спрягается как ahilar.

deshilo. [м.] перестановка улея (при перемещении роя).

deshilvanado, da. [страд. прич.] к deshilvanar; [прил.] (перен.) бессвязный.

deshilvanar. [перех.] выдёргивать намётку (тоже возв. гл.).

deshincadura. [ж.] выдёргивание (забитого).

deshincar. [перех.] выдёргивать (забитое).

deshinchadura. [ж.] опадение опухоли.

deshinchar. [перех.] уничтожать вздутость, опухоль; (перен.) умерять, смягчать (гнев); **deshincharse.** [возв. гл.] опадать, спадать (об опухоли); отклоняться (от высокомерия и т. д.).

deshipnotizar. [перех.] выводить кого-л из состояния гипноза.

deshipoteca. [ж.] выкуп из залога.

deshipotecar. [перех.] выкупать из залога.

deshoja. [ж.] (обл.) см. deshojadura.

deshojador, ra. [прил.] обрывающий листья (тоже сущ.).

deshojadura. [ж.] обрывание листьев.

deshojaldrado, da. [прил.] (разг.) расстроенный, повреждённый.

deshojar. [перех.] обрывать листья, лепестки; **deshojarse.** [возв. гл.] осыпаться (о листьях), терять листву.

deshoje. [м.] листопад.

deshollejar. [перех.] снимать кожицу (плодов).

deshollinadera. [ж.] щётка для прочистки дымоходов, обметания потолков или стен.

deshollinador, ra. [прил.] прочищающий дымоходы, трубы (сажу); пытливый, любопытный; [м. и ж.] трубочист; любопытный, (-ая); щётка, банник (для чистки труб); щётка для обметания потолков или стен.

deshollinar. [перех.] прочищать дымоходы; обметать потолки, стены; (перен.) (разг.) любопытствовать, допытываться.

deshondonado, da. [прил.] лишённый дна.

deshonestamente. [нареч.] бесчестно.

deshonestarse. [возв. гл.] терять честь, приличие.

deshonestidad. [ж.] бесчестность; непристойность, неприличие: непристойное слово, непристойный поступок.

deshonesto, ta. [прил.] нечестный, бесчестный, бесстыдный, неприличный, непристойный.

deshonor. [м.] потеря чести; бесчестие, позор.

deshonorar. [перех.] (о)бесчестить, позорить; лишать должности, звания; **deshonorarse.** [возв. гл.] бесчестить себя.

deshonra. [ж.] - бесчестие; позор; потеря кредита; бесчестный, позорный поступок.

deshonrabuenos. [м. и ж.] клеветник, (-ица); (разг.) выродок в семье.

deshonradamente. [нареч.] см. deshonrosamente.

deshonrador, ra. [прил.] позорящий; позорный, бесчестный (тоже сущ.).

deshonrar. [перех.] (о)бесчестить, позорить, порочить; оскорблять, поносить; растлить, лишить девственности, насиловать; **deshonrarse.** [возв. гл.] бесчестить себя.

deshonrible. [прил.] бесстыдный, наглый, достойный презрения, презренный.

deshonrosamente. [нареч.] постыдно, позорно.

deshonroso, sa. [прил.] бесчестный, постыдный, позорный; позорящий.

deshora. [ж.] неподходящее время: * a des**hora(s),** несвоевременно, не во-время, в неудобное время, неожиданно.

deshornar. [перех.] вынимать из печи.

deshospedamiento. [м.] отказ от дома, приюта.

deshuesador, ra. [прил.] вынимающий кости, косточки.

deshuesadora. [ж.] (с.-х.) машина, вынимающая косточки.

deshuesamiento. [м.] вынимание костей, косточек.

deshuesar. [перех.] вынимать кости (из мяса, дичи, рыбы), косточки.

deshumanización. [ж.] потеря приветливости, тщеславие.

deshumano, na. [прил.] см. inhumano.

deshumedecer. [перех.] лишать влаги; des**humedecerse.** [возв. гл.] терять влагу.

deshumillar. [перех.] выводить из унижающего состояния.

deshumorado, da. [прил.] (Амер.) в плохом настроении.

desiderable. [прил.] желательный.

desiderativo, va. [прил.] содержащий в себе желание.

desideratum. [м.] желаемое, искомое.

desidia. [ж.] нерадение, небрежность; беспечность; бездеятельность; медлительность; вялость.

desidiosamente. [нареч.] небрежно, лениво, вяло.

desidioso, sa. [прил.] небрежный, нерадивый, беспечный; вялый; медлительный.

desierto, ta. [прил.] пустынный; необитаемый; непосещаемый, безлюдный; [м.] пустыня; безлюдное место; глушь: * él predica en el **desierto,** это глас вопиющего в пустыне.

designación. [ж.] обозначение, название; назначение, представление к назначению.

designar. [перех.] обозначать, называть, назначать, определять; представлять к назначению, указывать, намечать; проектировать, задумывать, намереваться.

designativo, va. [прил.] служащий назначением, обозначением и т. д.

designio. [м.] назначение; намерение, замысел, проект, план, цель.

desigual. [прил.] неравный; неровный, негладкий; неравномерный; неодинаковый; несходный, непохожий; трудный, затруднительный; непостоянный, изменчивый; опасный.

desigualar. [перех.] делать что-л неровным, непохожим; **desigualarse.** [возв. гл.] превосходить, отличаться, выдвигаться.

desigualdad. [ж.] неравенство, неровность; негладкость; неравномерность; несходство, различие; несоответствие; непостоянство, трудность.

desigualmente. [нареч.] неравно, неодинаково; неровно.
desilusión. [ж.] разочарование; разочарованность; сознание ошибки.
desilusionar. [перех.] разочаровывать, разрушать иллюзии; **desilusionarse.** [возв. гл.] разочаровываться.
desimaginar. [перех.] изгладить из памяти, из воображения.
desimanación. [ж.] (физ.) размагничивание.
desimanar. [перех.] (физ.) размагничивать.
desimantación. [ж.] размагничивание.
desimantar. [перех.] размагничивать.
desimpresión. [ж.] выведение из заблуждения.
desimpresionar. [перех.] выводить из заблуждения, открывать глаза кому-л; **desimpresionarse.** [возв. гл.] перестать заблуждаться
desinclinar. [перех.] отвлекать от склонности к чему-л; **desinclinarse.** [возв. гл.] удаляться от склонности к чему-л.
desincorporar. [перех.] выводить, исключать из состава.
desincrustar. [перех.] очищать от налёта, осадка.
desinencia. [ж.] (грам.) окончание (слова).
desinencial. [прил.] (грам.) относящийся к окончанию (слова).
desinfartar. [перех.] (мед.) вызывать опадение опухоли (инфаркт), прочищать.
desinfección. [ж.] дезинфицирование, дезинфекция.
desinfectador, ra. [м. и ж.] дезинфектор.
desinfectante. [дейст. прич.] к desinfectar, дезинфицирующий; [м.] дезинфицирующее средство.
desinfectar. [перех.] дезинфицировать (тж. возв. гл.).
desinficionar. [перех.] см. desinfectar.
desinflamación. [ж.] прекращение воспаления.
desinflamar. [перех.] ликвидировать воспалительный процесс.
desinflar. [перех.] выпускать воздух, газ.
desinquietar. [перех.] (обл.; тже. в Амер.) беспокоить, тревожить; **desinquietarse.** [возв. гл.] беспокоиться тревожиться.
desinquieto, ta. [прил.] (обл.; тже. в Амер.) беспокойный, тревожный.
desinquietud. [ж.] (обл.) беспокойство, тревога.
desinsaculación. [ж.] вынимание из урны; подсчёт голосов.
desinsacular. [перех.] вынимать из урны (бюллетени и т. д.), подсчитывать голоса.
desinsectación. [ж.] истребление насекомых, дезинсекция.
desinsectar. [перех.] дезинсектировать, уничтожать насекомых, паразитов.
desintegración. [ж.] (физ.) распадение, расщепление, дезинтеграция: * desintegración atómica, расщепление атомного ядра; * desintegración en cadena, цепная ядерная реакция.
desintegrador, ra. [прил.] вызывающий распад; [м.] дезинтегратор, дробилка.
desintegrante. [деуст. прич.] к desintegrar и [прил.] вызывающий распад.
desintegrar. [перех.] вызывать распад.
desinteligencia. [ж.] разногласие; взаимное непонимание, разлад.
desinterés. [м.] незаинтересованность, бескорыстие, бескорыстность.
desinteresadamente. [нареч.] бескорыстно и т. д.
desinteresado, da. [прил.] незаинтересованный, бескорыстный.
desinteresarse. [возв. гл.] оставаться без внимания, не интересоваться, устраняться от участия.
desintería. [ж.] (Амер.) дизентерия.

desintestinar. [перех.] вынимать кишки.
desintoxicación. [ж.] борьба с отравлением; обезвреживание.
desintoxicar. [перех.] дать противоядие, бороться с отравлением; обезвреживать.
desinvernar. [перех.] (воен.) оставлять зимние квартиры. [непр. гл.] спрягается как acertar.
desistencia. [ж.] **desistimiento.** [м.] отречение; (юр.) отказ от права.
desistir. [неперех.] отрекаться, отказываться; (юр.) отказываться от права.
desjarciar. [перех.] (мор.) снимать такелаж, оснастку (судна).
desjarretadera. [ж.] инструмент для подрезки поджилок (животного).
desjarretar. [перех.] подрезать поджилки (животного); обессиливать, истощать.
desjarrete. [м.] подрезка поджилок (животного).
desjugar. [перех.] выжимать сок.
desjuiciado, da. [прил.] лишённый способности суждения; умалишённый.
desjuntamiento. [м.] разъединение, разобщение, разделение.
desjuntar. [перех.] разъединять, разобщать; разлучать.
deslabonar. [перех.] разъединять звенья; (перен.) разъединять, расстраивать; **deslabonarse.** [возв. гл.] оставлять кого-л.
desladrillar. [перех.] см. desenladrillar.
deslamar. [перех.] очищать от ила.
deslastrar. [перех.] (мор.) разгружать, выбрасывать балласт.
deslastre. [м.] (мор.) выбрасывание балласта.
deslatar. [перех.] снимать обрешётку со стропил.
deslavado, da. [страд. прич.] к deslavar; [прил.] бесстыдный, наглый, дерзкий.
deslavadura. [ж.] лёгкое мытьё.
deslavamiento. [м.] (уст.) бесстыдство, наглость.
deslavar. [перех.] легко мыть; делать полинялым, застиранным.
deslavazar. [перех.] см. deslavar.
deslave. [м.] (Амер.) размыв.
deslazamiento. [м.] развязывание; развязка.
deslazar. [перех.] см. desenlazar.
desleal. [прил.] вероломный, бесчестный, коварный, предательский.
деslealmente. [нареч.] вероломно, бесчестно, предательски.
deslealtad. [ж.] вероломство, бесчестность, измена.
deslechar. [перех.] (обл.) менять подстилку у шелковичных червей.
deslechar. [перех.] освобождать сливочное масло от молока; (Амер.) доить.
desleche. [м.] освобождение от молока (о сливочном масле).
deslecho. [м.] (обл.) мена подстилки у шелковичных червей.
deslechugador, ra. [прил.] подчищающий виноградные лозы (тже. сущ.).
deslechugar. [перех.] (с.-х.) подчищать виноградные лозы; полоть (о виноградниках).
deslechuguillar. [перех.] см. deslechugar.
desleíble. [прил.] растворимый.
desleidura. [ж.] **desleimiento.** [м.] разведение, растворение.
desleír. [перех.] разводить, растворять; (перен.) многословно излагать свою мысль; **desleírse.** [возв. гл.] распускаться в жидкости; [непр. гл.] спрягается как reír.
deslendrar. [перех.] очищать от гнид; [непр. гл.] спрягается как acertar.
deslenguado, da. [страд. прич.] к deslenguar(se); [прил.] невоздержный на язык, бесстыдный, наглый.

deslenguamiento. [м.] невоздержность на язык; наглость.
deslenguar. [перех.] вырывать язык; **deslenguarse.** [возв. гл.] становиться наглым, бесстыдным.
desliar. [перех.] развязывать, распаковывать.
desliar. [перех.] сливать вино (выделяя осадок).
desligadura. [ж.] развязывание.
desligar. [перех.] развязывать; распутывать; (перен.) оправдать; освобождать от обязанности; (муз.) взять ноту пиччикато.
deslindable. [прил.] поддающийся размежеванию.
deslindamiento. [м.] см. deslinde.
deslindador ra. [прил.] к deslindar; [м.] межевик, межевщик.
deslindar. [перех.] размежёвывать; разграничивать, устанавливать границы, пределы; определять, уточнять.
deslinde. [м.] размежевание; установление границ; (перен.) разграничение.
desliñar. [перех.] выщипывать узелки из шерстяной ткани.
deslío. [м.] сливание вина (выделяя осадок).
desliz. [м.] скольжение, соскальзывание; падение на скользком месте; (перен.) промах, ложный шаг, оплошность, ошибка, неловкость, провинность.
deslizable. [прил.] скользкий.
deslizadero, ra. [прил.] скользкий; [м.] скользкое место.
deslizadizo, za. [прил.] скользкий.
deslizamiento. [м.] скольжение, соскальзывание, сползание, сдвиг.
deslizante. [дейст. прич.] к deslizar, скользкий.
deslizar. [неперех.] скользить (вдоль чего-л; на поверхности), соскальзывать; поскользнуться; выскользнуть; совершить оплошность, сделать ложный шаг; **deslizarse.** [возв. гл.] скользить; ускользать, проскальзывать, пролезать, пробираться; (перен.) убегать, сбежать; сделать ложный шаг, совершить оплошность и т. д.; проявить слабость.
desloar. [перех.] порицать, хулить, бранить.
deslomada. [ж.] (Амер.) глупость, нелепость.
deslomadura. [ж.] перелом позвоночника, хребта.
deslomar. [перех.] переломить позвоночник, хребет.
deslucidamente. [нареч.] без блеска.
deslucido, da. [страд. прич.] к deslucir; [прил.] тусклый, блёклый, бесцветный, серый, ничем не замечательный, лишённый блеска, привлекательности.
deslucimiento. [м.] лишение блеска, привлекательности.
deslucir. [перех.] делать тусклым, обесцвечивать, лишать блеска, привлекательности, эффекта и т. д.; (перен.) очернить; **deslucirse.** [возв. гл.] терять блеск, привлекательность; [непр. гл.] спрягается как lucir.
deslumbrador, ra. [прил.] ослепительный, ослепляющий.
deslumbramiento. [м.] ослепление (от яркого света); заблуждение, затемнение рассудка (от страсти).
deslumbrante. [дейст. прич.] к deslumbrar; ослепляющий.

deslumbrar. [перех.] ослеплять (о ярком свете и т. д.); помрачать зрение; (перен.) обольщать, обманывать; затмевать (славой и т. д.); покорять, эпатировать, пускать пыль в глаза; deslumbrarse. [возв. гл.] обольщаться.

deslustrador, ra. [прил.] сводящий лоск, глянец, блеск (тже. сущ.).

deslustramiento. [м.] см. deslustre.

deslustrar. [перех.] делать тусклым; сводить лоск, глянец, блеск; делать матовым; (перен.) лишать блеска, позорить, чернить, клеветать.

deslustre. [м.] тусклость; лишение лоска, блеска, глянца; (перен.) лишение блеска; см. descrédito.

deslustroso, sa. [прил.] неприличный, непристойный; тусклый, неблаговидный.

deslutar. [перех.] снимать траур.

desmadejado, da. [страд. прич.] к desmadejar; [прил.] чувствующий слабость, усталость.

desmadejamiento. [м.] слабость, усталость, изнурение.

desmadejar. [перех.] вызывать слабость, усталость.

desmadrado, da. [страд. прич.] к desmadrar; [прил.] покинуты матерью (о животном).

desmadrar. [перех.] отрывать от матери (о животных).

desmadrinarse. [возв. гл.] (Амер.) разлюбить.

desmagnetización. [ж.] размагничивание.

desmagnetizar. [перех.] размагничивать.

desmajolar. [перех.] (с.-х.) вырывать молодые виноградные лозы; [непр. гл.] спрягается как contar.

desmajolar. [перех.] развязывать кожаные шнурки; [непр. гл.] спрягается как contar.

desmalazado, da. [прил.] слабый, утомлённый; неряшливый, небрежный.

desmalezar. [перех.] (Амер.) очищать от сорной травы, от кустарника.

desmalrar. [перех.] (Амер.) отрезать хвост.

desmallador, ra. [прил.] спускающий петли; [м.] (арг.) кинжал.

desmalladura. [ж.] дейст. к спускать петли.

desmallar. [перех.] спускать петли.

desmamar. [перех.] отнимать, отлучать от груди.

desmameyar. [перех.] (Амер.) расстраивать.

desmamonar. [перех.] (с.-х.) обрезывать лишние ветви.

desmamparar. [непрех.] см. desamparar.

desmán. [м.] беспорядок; бесчинство; беззаконный жестокий поступок; несчастье, несчастный случай.

desmán. [м.] (зоол.) выхухоль.

desmanarse. [возв. гл.] отделяться часть скота от стада.

desmandado, da. [страд. прич.] к desmandar; [прил.] непослушный, грубый.

desmandamiento. [м.] контрприказ, отмена приказа; отказ по завещанию; злоупотребление; неповиновение, непослушание; невежливость, грубость.

desmandar. [перех.] отменять приказ; desmandarse. [возв. гл.] распускаться, позволять себе лишнее; быть невежливым; отбиваться, отставать (от стада и т. д.); разбрестись (о стаде).

desmandigar. [перех.] (Амер.) расстраивать, портить.

desmando. [м.] см. descomedimiento.

desmanear. [перех.] освобождать от пут, снимать путы; desmanearse. [возв. гл.] освобождаться от пут.

desmanganillado, da. [прил.] (Амер.) неряшливый, нечистоплотный, неотёсанный (о человеке).

desmangar. [перех.] снимать рукоятку, ручку; desmangarse. [возв. гл.] сниматься с рукоятки, с ручки.

desmangó. [м.] снятие рукоятки.

desmanguillar. [непрех.] (Амер.) хромать на переднюю ногу, часто спотыкаться (о лошади).

desmanotado, da. [прил.] (разг.) неловкий, малодушный.

desmantecar. [перех.] отделять жир от молока.

desmantelado, da. [страд. прич.] к desmantelar; [прил.] опустошённый, неустроенный; немеблированный.

desmantelamiento. [м.] (воен.) разрушение, срытие укреплений, сноска, ломка; (перен.) оставление; вынесение мебели; (мор.) снятие мачт; потеря мачт.

desmantelar. [перех.] (воен.) срывать, разрушать укрепления; сносить, ломать; (перен.) покидать дом, вывозить мебель; (мор.) снимать, сбить, срубить мачты.

desmaña. [ж.] неловкость, отсутствие ловкости, сноровки, неумение, неуклюжесть.

desmañadamente. [нареч.] неловко, неумело, неуклюже.

desmañado, da. [страд. прич.] к desmañar; [прил.] неловкий, неумелый, неуклюжий.

desmañar. [перех.] (уст.) мешать, препятствовать.

desmaño. [м.] небрежность, см. desaliño.

desmarañar. [перех.] распутывать, см. desenmarañar.

desmarcar. [перех.] снимать метку, клеймо.

desmarojador, ra. [м. и ж.] тот, кто снимает омелу с деревьев.

desmarojar. [перех.] снимать омелу с деревьев.

desmarrido, da. [прил.] слабый, слабеющий, изнемогающий, бессильный; грустный, печальный, тоскливый.

desmatar. [перех.] вырывать или выдёргивать с корнем (о кустарниках).

desmayadamente. [нареч.] слабо, вяло и т. д.

desmayado, da. [страд. прич.] к desmayar; [прил.] слабый, бледный, вялый (о цвете).

desmayar. [перех.] вызывать обморочное состояние; лишать яркости (о цвете); обескураживать; терять мужество, дух, бодрость; проявлять малодушие; desmayarse. [возв. гл.] падать в обморок.

desmayo. [м.] обморок, беспамятство, потеря сознания; упадок духа, уныние; плакучая ива.

desmazalado, da. [прил.] слабеющий, павший духом, лишённый бодрости; неряшливый.

desmechado, da. [страд. прич.] к desmechar; [прил.] (Амер.) растрёпанный (о волосах).

desmechar. [перех.] рвать, вырывать волосы.

desmedidamente. [нареч.] чрезмерно, непомерно, сверх меры.

desmedido, da. [страд. прич.] к desmedir; [прил.] чрезмерный, несоразмерный, непомерный, крайний.

desmedirse. [возв. гл.] забываться, зарваться, перейти границы, позволять себе лишнее, много позволять себе, не знать чувства меры, быть невежливым.

desmedra. [ж.] см. desmedro.

desmedrar. [перех.] повреждать, портить, приводить в негодность (тже возв. гл.); [непрех.] портиться, приходить в упадок, уменьшаться; ухудшаться; рушиться.

desmedro. [м.] повреждение, порча; уменьшение; ухудшение; разрушение.

desmedular. [перех.] вынимать костный мозг.

desmejora. [ж.] повреждение, порча; ущерб; уменьшение.

desmejoramiento. [м.] ухудшение; порча, повреждение.

desmejorar. [перех.] ухудшать, повреждать, портить; лишать блеска, красоты, свежести, совершенства; [непрех.] постепенно терять здоровье; desmejorarse; [возв. гл.] ухудшаться, портиться, терять красоту, свежесть, совершенство.

desmelancolizar. [перех.] выводить из меланхолического состояния, веселить, увеселять.

desmelar. [перех.] отделять мёд от воска, очищать соты; [непр. гл.] спрягается как acertar.

desmelenar. [перех.] растрепать (волосы); desmelenado, растрёпанный.

desmembración. [ж.] расчленение, раздробление, распад; раздел, разделение.

desmembrador, ra. [прил.] расчленяющий, вызывающий распад, дробление (тже. сущ.).

desmembrar. [перех.] расчленять, дробить, раздроблять, вызывать распад; разделять, делить; [непр. гл.] спрягается как acertar.

desmemoria. [ж.] отсутствие памяти, забывчивость, беспамятность (уст.).

desmemoriado, da. [страд. прич.] к desmemoriarse; [прил.] забывчивый, беспамятный; лишённый памяти; (юр.) слабоумный.

desmemoriarse. [возв. гл.] забывать, терять память.

desmenguar. [перех.] уменьшать, см. amenguar; (перен.) умалять, сбавлять.

desmentida. [ж.] опровержение; уличение или изобличение во лжи.

desmentido, da. [страд. прич.] к desmentir; [м.] (гал.) см. desmentida.

desmentir. [перех.] уличать или изобличать во лжи; отрицать, опровергать; (перен.) противоречить; скрывать, утаивать, маскировать, искажать; [непрех.] (перен.) терять направление, отвес; [непр. гл.] спрягается как sentir.

desmenudear. [перех.] (Амер.) продавать в розницу.

desmenuzable. [прил.] поддающийся дроблению на мелкие куски.

desmenuzador, ra. [прил.] дробящий; придирчивый (тже. сущ.).

desmenuzamiento. [м.] дробление на мелкие куски; тщательное исследование.

desmenuzar. [перех.] дробить на мелкие куски, крошить, размельчать; тщательно исследовать, придирчиво критиковать.

desmeollamiento. [м.] извлечение, удаление (костного) мозга.

desmeollar. [перех.] извлекать, удалять (костный) мозг.

desmerecedor, ra. [прил.] не заслуживающий, недостойный чего-л.

desmerecer. [перех.] не заслуживать, быть недостойным чего-л.; [непрех.] терять расположение, уважение, важность, ценность, значение; быть ниже, уступать по значению и т. д.; [непр. гл.] спрягается как agradecer.

desmerecimiento. [м.] отсутствие или потеря достоинства, недостойный поступок.

desmesura. [ж.] неумеренность, чрезмерность, отсутствие чувства меры; невоздержанность; невежливость, см. **descomedimiento**.
desmesuradamente. [нареч.] чрезмерно, несоразмерно, непомерно.
desmesurado, da. [страд. прич.] к **desmesurar**; [прил.] чрезмерный, несоразмерный; невоздержанный; невежливый, грубый; неприличный, бесстыдный, наглый (тж. сущ.).
desmesurar. [перех.] приводить в беспорядок, расстраивать, разлаживать; **desmesurarse**; [возв. гл.] позволять себе лишнее, выходить из рамок приличия, становиться наглым.
desmicar. [перех.] (арг.) пялить глаза, смотреть напряжённо, не отрываясь.
desmigajar. [перех.] крошить.
desmigar. [перех.] см. **desmigajar**.
desmilitarizar. [перех.] демилитаризовать.
desmina. [ж.] (мин.) десмин, стильбит.
desmineralización. [ж.] (мед.) выведение из организма минеральных солей.
desmirlado, da. [прил.] (арг.) низкий, гнусный, подлый.
desmirriado, da. [прил.] (разг.) тщедушный, хилый, худой, тощий, истощённый.
desmitis. [ж.] (пат.) болезнь связок.
desmocha. [ж.] см. **desmoche**.
desmochador, ra. [прил.] снимающий верхушку; сокращающий (тж. сущ.).
desmochadura. [ж.] см. **desmoche**.
desmochar. [перех.] срезать, обрезать, снимать верхушку (деревьев); снимать верхнюю часть чего-л; (перен.) выбрасывать лишнее (из произведения), сокращать, уменьшать часть (произведения).
desmoche. [м.] срезание, обрезывание верхушек (деревьев); снятие верхней части чего-л; (перен.) уменьшение, сокращение; ряд отстранённых от должности и т. д.
desmocho. [м.] обрезанные верхушки; (перен.) остатки (после уменьшения, сокращения чего-л).
desmodinia. [ж.] (пат.) боль в связках.
desmodio. [м.] (бот.) десмодиум.
desmoflogosis. [ж.] (пат.) воспаление связок.
desmogar. [перех.] сбрасывать, менять, обновлять роги (о животных).
desmografía. [ж.] описание связок.
desmogue. [м.] сбрасывание рогов (оленем).
desmoide. [прил.] фиброзный; [м.] (пат.) твёрдая фиброма или миома.
desmolado, da. [прил.] лишённый коренных зубов, беззубый.
desmoldar. [перех.] вынимать из формы.
desmolde. [м.] вынимание из формы.
desmología. [ж.] учение о повязках.
desmondongar. [перех.] (Амер.) вынимать внутренности, потрошить.
desmonetización. [ж.] дейст. к **desmonetizar**. демонетизация.
desmonetizar. [перех.] отменять пользование металла (при чеканке монеты).
desmontable. [прил.] разборный, съёмный; [м.] сорт рычага.
desmontadura. [ж.] разборка, демонтаж; вырубка леса на горе; выравнивание почвы; слом, снос (здания).
desmontaje. [м.] разборка, демонтаж.
desmontar. [перех.] вырубать лес на горе; разбирать, демонтировать; снимать, срезать (землю); уравнивать (почву); делать выемку (в земле); ломать, сносить (здание); выбивать из седла (тж. непрех. и возв. гл.); (возн.) спускать курок.

desmonte. [м.] вырубка леса на горе; выравнивание почвы; выемка (в земле).
desmoñar. [перех.] снимать или портить шиньон.
desmopatía. [ж.] (пат.) связочная болезнь.
desmoralización. [ж.] деморализация, разложение, упадок нравов; (гал.) см. **desaliento**.
desmoralizador, ra. [прил.] развращающий; деморализующий; [сущ.] развратитель, (-ница).
desmoralizar. [перех.] деморализовать, развращать, разлагать; (гал.) лишать бодрости, подрывать дух; **desmoralizarse**; [возв. гл.] развращаться; (гал.) терять бодрость, опускаться, см. **indisciplinarse**.
desmorecerse. [возв. гл.] испытывать сильную страсть.
desmoronadizo, za. [прил.] обваливающийся, осыпающийся, шаткий.
desmoronamiento. [м.] обвал, осыпание, развал, разрушение.
desmoronar. [перех.] разрушать, разваливать, обрушивать; **desmoronarse**; [возв. гл.] обрушиваться, обваливаться, разрушаться, разваливаться, осыпаться, рухнуть, рассыпаться; (перен.) приходить в упадок.
desmorono. [м.] (Амер.) см. **desmoronamiento**.
desmosis. [ж.] (пат.) связочная болезнь.
desmoso, sa. [прил.] (анат.) связочный.
desmostarse. [возв. гл.] (с-х.) терять сусло.
desmostelar. [перех.] крошить, измельчать, см. **desmenuzar**.
desmostolar. [перех.] расстраивать, смущать, ошеломлять.
desmotadera. [ж.] работница или прибор, выщипывающий узелки из шерстяной ткани.
desmotar. [перех.] выщипывать узелки из шерстяной ткани; (арг.) силою раздевать кого-л.
desmotropía. [ж.] (хим.) десмотропия.
desmotrópico, ca. [прил.] (хим.) десмотропический.
desmovilización. [ж.] демобилизация.
desmovilizar. [перех.] демобилизовать.
desmuelado, da. [прил.] (Амер.) лишённый коренных зубов.
desmultiplicador. [м.] (эл.) редуктор скорости, замедляющий механизм, демультипликатор.
desmullir. [перех.] сжимать, уплотнять; [непр. гл.] спрягается как **mullir**.
desmurar. [перех.] (обл.) истреблять мышей.
desmurgia. [ж.] (хир.) учение о повязках.
desmurriar. [перех.] (разг.) прогнать хандру.
desnacionalización. [ж.] денационализация, утрата национальных черт.
desnacionalizar. [перех.] денационализировать, лишать национальных особенностей.
desnarigado, da. [страд. прич.] к **desnarigar**; [прил.] курносый, безносый.
desnarigar. [перех.] лишать носа, делать безносым.
desnatador, ra. [прил.] снимающий сливки (тж. сущ.).
desnatadora. [ж.] сепаратор для сливок.
desnatalidad. [ж.] уменьшение рождаемости.
desnatar. [перех.] снимать сливки (тж. перен.); снимать пенку (с молока); (перен.) брать самое лучшее.
desnate. [м.] снимание сливок.
desnaturalización. [ж.] лишение подданства; (перен.) изменение естественных свойств, искажение, извращение.

desnaturalizado, da. [страд. прич.] к **desnaturalizar**; [прил.] лишённый человеческих чувств; [м.] выродок.
desnaturalizar. [перех.] лишать подданства; (перен.) искажать, извращать.
desnazificación. [ж.] денацификация.
desnazificar. [перех.] денацифицировать.
desnegamiento. [м.] противоречие; отрицание своих слов.
desnegar. [перех.] (м. употр.) противоречить; **desnegarse**; [возв. гл.] отрекаться, отпираться от сказанного, отказываться от своих слов, показаний.
desnervar. [перех.] изнурять, ослаблять.
desnevado, da. [страд. прич.] к **desnevar**; [прил.] не покрытый снегом.
desnevar. [непрех.] таять (о снеге); [непр. гл.] спрягается как **acertar**.
desnieve. [м.] таяние снега.
desnitrificación. [ж.] (хим.) выделение азота.
desnitrificador, ra. [прил.] (хим.) выделяющий азот (тж. сущ.).
desnitrificar. [перех.] (хим.) выделять азот.
desnivel. [м.] разность уровней (высот); неровность (почвы).
desnivelación. [ж.] изменение уровня.
desnivelar. [перех.] изменять уровень; создавать неровность поверхности, делать неровным.
desnucar. [перех.] вывихнуть затылок, ломать шею; **desnucarse**. [возв. гл.] вывихнуть себе затылок.
desnucleado, da. [прил.] лишённый ядра.
desnudador, ra. [прил.] раздевающий, обнажающий (тж. сущ.).
desnudamente. [нареч.] откровенно, резко, напрямик.
desnudamiento. [м.] раздевание, обнажение, оголение.
desnudar. [перех.] раздевать, обнажать; вынимать из ножен, обнажать (шпагу и т. д.); **desnudarse**; [возв. гл.] раздеваться, обнажаться, снимать с себя (одежду и т. д.); (перен.) отказываться от чего-л.
desnudez. [ж.] нагота, обнажённость.
desnudismo. [м.] нудизм.
desnudo, da. [прил.] раздетый, нагой, голый, обнажённый, непокрытый; плохо одетый; бедный, нищий, лишённый; непокрытый (об истине и т. д.); открытый; лишённый (чего-л отвлечённого); [м.] (жив.) обнажённая натура.
desnuncar. [перех.] (Амер.) вывихнуть затылок.
desnutrición. [ж.] (мед.) истощение от плохого питания; расстройство питания.
desnutrirse. [возв. гл.] истощаться от плохого питания или расстройства питания.
desobedecer. [перех.] не повиноваться, ослушаться; обходить, нарушать (о законах и т. д.); [непр. гл.] спрягается как **agradecer**.
desobediencia. [ж.] неповиновение, непослушание.
desobediente. [дейст. прич.] к **desobedecer**; [прил.] непослушный.
desobligar. [перех.] освобождать от обязанности; (перен.) восхищать, приводить в восторг.
desobligo. [м.] (Амер.) разочарование.
desobstrucción. [ж.] устранение препятствия; расчистка.
desobstruir. [перех.] устранять препятствие; расчищать.
desobstruyente. [дейст. прич.] к **desobstruir**, расчищающий, устраняющий препятствия (тж. прил. и сущ.).

desocasionado, da. [прил.] сказанный и т. д. некстати.

desocupación. [ж.] праздность, безделье; безработица.

desocupadamente. [нареч.] свободно и т. д.

desocupado, da. [страд. прич.] к desocupar, свободный, незанятый (о квартире и т. д.); [прил.] праздный, ничем не занятый; [м. и ж.] бездельник (-ица), праздношатающийся, (-аяся).

desocupar. [перех.] вынимать содержимое, опоражнивать, очищать, освобождать (помещение и т. д.); делать безработным; desocuparse. [возв. гл.] освобождаться от занятия и т. д., избавляться.

desodorante. [действ. прич.] к desodorar, устраняющий запах (тже. прил.); [м.] дезодоратор.

desodorar. [перех.] устранять запах.

desodorizante, desodorizar, см. desodorante, desodorar.

desoír. [перех.] и ухом не вести, прикидываться глухим, не слушать, пропускать мимо ушей.

desojar. [перех.] ломать ушко (игольное и т. д.); desojarse. [возв. гл.] проглядеть все глаза.

desolación. [ж.] опустошение, разорение; горе, скорбь, безутешность, отчаяние, подавленное состояние.

desolador, ra. [прил.] (м. употр.) опустошительный; разрушительный.

desolar. [перех.] опустошать, разорять, разрушать, разгромить; (перен.) приводить в отчаяние, в уныние; desolarse. [возв. гл.] сокрушаться, отчаиваться, скорбеть; [непр. гл.] спрягается как contar.

desoldar. [перех.] распаять; desoldarse. [возв. гл.] распаяться, отпаяться.

desolladamente. [нареч.] бесстыдно, нагло, дерзко.

desolladero. [м.] живодёрня.

desollado, da. [страд. прич.] к desollar; [прил.] (разг.) бесстыдный, наглый, дерзкий; [м. и ж.] бесстыдник (-ица), нахал, наглец, наглая женщина, нахал, (-ка).

desollador, ra. [прил.] сдирающий шкуру с убитых животных (тже. сущ.); (перен.) заставляющий платить втридорога; [м.] (орни.) см. alcaudón.

desolladura. [ж.] сдирание кожи с убитых животных; см. desollón.

desollar. [перех.] обдирать, сдирать, драть шкуру; (перен.) причинять большой вред; (разг.) сплетничать, перемывать косточки кому-л; * desollar el lobo или la zorra, проспаться после пьянства; * desollarle a uno vivo, (гал.) брать слишком дорого, драть три шкуры, грабить, обдирать покупателя; [непр. гл.] спрягается как contar.

desollón. [м.] (разг.) ссадина, царапина.

desonzar. [перех.] (перех.) бранить; поносить, позорить.

desopilación. [ж.] (мед.) прочистка, устранение засорения.

desopilante. [действ. прич.] к desopilar; [прил.] смехотворный.

desopilar. [перех.] (мед.) прочищать, устранять засорение; (гал.) возбуждать смех; desopilarse. [возв. гл.] (гал.) во всё горло смеяться, хохотать.

desopilativo, va. [прил.] (мед.) устраняющий засорение.

desopinado, da. [страд. прич.] к desopinar; [прил.] дискредитированный, лишённый доверия.

desopinar. [перех.] лишать доверия, подрывать доверие, дискредитировать.

desopresión. [ж.] освобождение от угнетения.

desoprimir. [перех.] освобождать от угнетения и т. д.

desorbitado, da. [страд. прич.] к desorbitarse; [прил.] (перен.) (Амер.) безумный, безрассудный (тже. сущ.): * ojos desorbitados, вытаращенные глаза.

desorbitarse. [возв. гл.] вылезать из орбиты.

desorden. [м.] беспорядок; расстройство, замешательство; смятение; путаница; см. demasía: * en desorden, в беспорядке.

desordenadamente. [нареч.] беспорядочно, в беспорядке.

desordenado, da. [страд. прич.] к desordenar; [прил.] беспорядочный; необузданный, безнравственный: * vida desordenada, разгульная жизнь; * apetito desordenado, неумеренный аппетит.

desordenamiento. [ж.] беспорядок, путаница.

desordenar. [перех.] приводить в беспорядок, расстраивать; путать; desordenarse. [возв. гл.] расстраиваться, приходить в беспорядок.

desorejado, da. [страд. прич.] к desorejar; [прил.] (перен.) (разг.) подлый, гнусный, низкий, мерзкий, презренный.

desorejamiento. [м.] обрезывание ушей.

desorejar. [перех.] обрезать уши.

desorganización. [ж.] дезорганизация, расстройство.

desorganizadamente. [нареч.] без организации и т. д.

desorganizador, ra. [прил.] дезорганизующий, расстраивающий; [сущ.] дезорганизатор.

desorganizar. [перех.] дезорганизовывать, расстраивать.

desorientación. [ж.] дезориентация; приведение в замешательство; замешательство.

desorientador, ra. [прил.] дезориентирующий, приводящий в замешательство и т. д. (тже. сущ.).

desorientar. [перех.] направлять по ложному пути; дезориентировать, приводить, в замешательство, сбивать с толку, сбивать из колеи; desorientarse. [возв. гл.] потерять ориентировку; desorientado, сбившийся с пути; выбитый из колеи.

desorillar. [перех.] отделять кромку, край.

desornamentado, da. [прил.] лишённый украшения.

desortijado, da. [страд. прич.] к desortijar; [прил.]. (вет.) вывихнутый.

desortijar. [перех.] (с.-х.) вспахать землю вокруг молодых растений; desortijarse. [возв. гл.] (вет.) (Амер.) вывихнуть себе бабку (о лошади).

desosada. [ж.] (арг.) язык.

desosar. [перех.] см. deshusar; [непр. гл.] ind. pres. deshueso, -sas, -a, desosamos, -áis, deshuesan; subj. pres. desuese, -es, -e, desosemos, -éis, deshuesen.

desovar. [неперех.] метать икру (о рыбе); класть яйца.

desove. [м.] метание икры; кладка яиц; нерест (время метания икры).

desovillar. [перех.] разматывать (о клубке); (перен.) распутывать; ободрять.

desoxidable. [прил.] (хим.) поддающийся удалению кислорода или очищению от ржавчины.

desoxidación. [ж.] удаление кислорода, раскисление; очищение от ржавчины.

desoxidante. [действ. прич.] к desoxidar; [м.] (хим.) раскислитель.

desoxidar. [перех.] раскислять, удалять кислород; удалять ржавчину, очищать от ржавчины.

desoxigenación. [ж.] (хим.) удаление кислорода, раскисление.

desoxigenante. [действ. прич.] к desoxigenar.

desoxigenar. [перех.] (хим.) удалять кислород, раскислять.

despabiladeras. [ж. множ.] щипцы для снятия нагара (со свечей).

despabilado, da. [страд. прич.] к despabilar; [прил.] живой, бойкий, шустрый; умный; страдающий отсутствием сна (временно).

despabilador, ra. [прил.] снимающий нагар, придающий развязность и т. д.; [м.] (театр.) тот, кто занимался снятием нагара (со свечей); щипцы для снятия нагара (со свечей).

despabiladura. [ж.] нагар (фитиля).

despabilar. [перех.] снимать нагар (со свечей); (перен.) быстро исполнить работу; быстро покончить (с делом); красть, воровать (осторожно); придать развязность и т. д.; будить (мысль); (разг.) убить; despabilarse. [возв. гл.] не спать; (перен.) встряхнуться, проснуться.

despacio. [нареч.] медленно, потихоньку, тихо; постепенно, мало-помалу, понемногу; долго; [межд.] осторожно!

despacioso, sa. [прил.] медленный; медлительный, неторопливый.

despacito. [нареч.] потихоньку, очень медленно; [межд.] см. despacio.

despachaderas. [ж. множ.] резкий, отрывистый ответ; ловкость, лёгкость, быстрота (в исполнении чего-л).

despachado, da. [страд. прич.] к despachar; [прил.] (разг.) бесстыдный, наглый; ловкий, быстрый (в исполнении чего-л).

despachador, ra. [прил.] проворный, быстрый (тже. сущ.).

despachante. [действ. прич.] к despachar; [м.] (Амер.) продавец, служащий; * despachante de aduana. (Амер.) таможенный служащий, заведующий отправкой товаров.

despachar. [перех.] покончить с делом; отправлять, посылать; сбывать, продавать товары; сбыть с рук, спровадить; (разг.) продавать в розницу; отправлять на тот свет; [неперех.] торопиться, спешить; рождать; despacharse. [возв. гл.] освобождаться, избавляться; рождать.

despacho. [м.] исполнение (дела); отправка, отправление, сбыт (товаров); сбыт, розничная продажа; лавочка, ларёк; контора, кабинет; бюро; телеграмма, депеша; сообщение; (эл.) оборот; решение; исполнение дела; (Амер.) см. pulpería: * despacho de billetes, билетная касса; * tener buen despacho, быть ловким, проворным.

despachurramiento. [м.] раздавливание; расплющивание.

despachurrar. [перех.] раздавливать, сплющивать; (перен.) (разг.) бормотать, бессвязно, невнятно говорить; зажать рот.

despachurro. [м.] раздавливание; расплющивание.

despajadura. [ж.] (с.-х.) отделение соломы от зерна, веяние, провеивание (зерна).

despajar. [перех.] (с.-х.) отделять солому от зерна, веять (зерно).

despajo. [м.] см. despajadura.

despaldar. [перех.] см. desespaldar.

despaldilladura. [ж.] (вет.) вывих лопатки.

despaldillar. [перех.] (вет.) вывихнуть лопатку.

despaletillar. [перех.] см. despaldillar; (перен.) (разг.) ушибить спину.

despalillado, da. [страд. прич.] к despalillar; [м.] очищение от жилок.

despalillar. [перех.] очищать от жилок (о табаке); обрывать ягоды (с гроздьев); (Амер.) убить.
despalmador. [м.] (мор.) судоремонтная платформа; сорт кривого ножа.
despalomado, da. [прил.] (Амер.) одуревший, отупевший.
despampanador, ra. [м. и ж.] (с.-х.) тот, кто подчищает виноградные лозы.
despampanadura. [ж.] (с.-х.) подчистка виноградных лоз.
despampanante. [дейст. прич.] к despampanar; [прил.] сногсшибательный.
despampanar. [перех.] (с.-х.) подчищать виноградные лозы; обрезать лишние почки и побеги (винограда); (перен.) (разг.) поражать, приводить в величайшее изумление; [неперех.] (перен.) облегчать душу, изливать душу; **despampanarse.** [возв. гл.] (разг.) расшибаться, ушибаться.
despampanillar. [перех.] (с.-х.) обрезать лишние почки и побеги, подчищать виноградные лозы.
despámpano. [м.] см. despampanadura.
despamplonadura. [ж.] (с.-х.) разрежение побегов.
despamplonar. [перех.] разрежать побеги и т. д.; **desplamplonarse.** [возв. гл.] вывихнуть себе руку.
despanamiento. [м.] (обл.) (с.-х.) собирание, уборка хлебов.
despanar. [перех.] (обл.) (с.-х.) собирать хлеба.
despancijar. [перех.] (разг.) вспарывать живот.
despancreatización. [ж.] (хир.) извлечение поджелудочной железы.
despancreatizar. [перех.] (хир.) извлекать поджелудочную железу.
despanzurrar. [перех.] (разг.) вспарывать живот.
despanzurro. [м.] (перен.) (Амер.) глупость, нелепость.
despapar. [неперех.] ходить высокой головой (о лошади).
despapucho. [м.] (Амер.) глупость, нелепость.
desparecer. [неперех.] см. desaparecer; [перех.] (м. употр.) прятать, скрывать, укрывать; [непр. гл.] спрягается как agradecer.
desparedar. [перех.] ломать, сносить стены и т. д.
desparejar. [перех.] разрознивать (что-л парное).
desparejo, ja. [прил.] см. dispar.
desparejadura. [ж.] (Амер.) различие, несходство; неравенство.
desparpajado, da. [страд. прич.] к desparpajar; [прил.] непринуждённый; ловкий, быстрый, проворный.
desparpajar. [перех.] расстраивать, приводить в расстройство; [неперех.] (разг.) без умолку говорить, трещать, болтать, тараторить; **desparpajarse.** [возв. гл.] (обл.) небрежно обращаться, поступать с кем-л; (Амер.) проснуться.
desparpajo. [м.] (разг.) развязность, непринуждённость; ясный ум; болтливость; (разг.) (Амер.) беспорядок.
desparpucho. [м.] (с.) disparate.
desparramado, da. [страд. прич.] к desparramar; [прил.] широкий, обширный, просторный, открытый.
desparramador, ra. [прил.] разбрасывающий, рассыпающий; расточающий; [сущ.] тот, кто рассыпает; мот, (-овка) расточитель, (-ница).
desparramamiento. [м.] разбрасывание; рассыпание; мотовство, расточительность.
desparramar. [перех.] рассыпать; разбрасывать; (перен.) проматывать, растрачивать, расточать.

desparrame. [м.] (Амер.) беспорядочное бегство, рассыпание.
desparramo. [м.] разбрасывание; рассыпание; (Амер.) беспорядок, расстройство.
despartidero. [м.] (обл.) разветвление дороги, пути.
despartidor, ra. [прил.] делящий, отделяющий, разъединяющий; разнимающий (дерущихся).
despartimiento. [м.] деление; разделение, отделение, разъединение.
despartir. [перех.] делить, разделять; отделять, разъединять; разнимать дерущихся, спорящих.
desparvar. [перех.] (с.-х.) собирать хлеба (после молотьбы).
despasmarse. [возв. гл.] приходить в себя.
despatarrada. [ж.] расставка ног (при танце): *hacer la **despatarrada**, (перен.) (разг.) лежать на земле и симулировать болезнь и т. д.
despatarrar. [перех.] (разг.) расставить ноги; (разг.) (перен.) пугать, наводить изумление, страх и т. д. на кого-л; **despatarrarse.** [возв. гл.] упасть, широко расставив ноги.
despatillado, da. [страд. прич.] к despatillar.
despatillar. [перех.] вытачивать гнёзда, пазы; брить бакенбарды; (тех.) лишать ножек (о железных предметах).
despatriar. [перех.] (Амер.) высылать за пределы родины, экспатриировать.
despaturrar. [перех.] (перен.) (разг.) (Амер.) смущать, приводить в замешательство; **despaturrarse.** [возв. гл.] (Амер.) см. despatarrarse.
despavesaderas. [ж. множ.] щипцы для снятия нагара (со свечей).
despavesadura. [ж.] снятие нагара (со свечей).
despavesar. [перех.] снимать нагар; снимать пепельный слой с углей (с помощью воздушной струи).
despavonar. [перех.] снимать краску, предохраняющую от ржавчины.
despavoridamente. [нареч.] в ужасе.
despavorido, da. [страд. прич.] к despavorir; [прил.] объятый ужасом.
despavorir. [неперех.] **despavorirse.** [возв. гл.] ужасаться, пугаться.
despeado, da. [прил.] изнурённый, повреждённый от долгого хождения (о ногах); с повреждённой подошвой копыта.
despeadura. [ж.] повреждение от хождения.
despearse. [возв. гл.] повреждаться от долгого хождения.
despectivamente. [нареч.] презрительно и т. д.
despectivo, va. [прил.] презирающий, исполненный презрения, презрительный; (грам.) презрительный.
despechadamente. [нареч.] с досадой, отчаянно.
despechar. [перех.] досаждать, причинять негодование, возмущение, досаду, отчаяние, приводить в отчаяние; **despecharse.** [возв. гл.] досадовать, приходить в отчаяние.
despechar. [перех.] отнимать от груди (ребёнка).
despecho. [м.] досада, гнев, негодование; отчаяние; огорчение, горячее ощущение; (обл.) (Амер.) см. destete: *a despecho, наперекор, вопреки, несмотря на..., назло кому-л.
despechugadura. [ж.] отрез белого мяса (куриного и т. д.); обнажение груди.
despechugar. [перех.] отрезывать белое мясо (куриное и т. д.); **despechugarse.** [возв. гл.] (перен.) (разг.) обнажать свою грудь.

despedazador, ra. [прил.] разрывающий, разбивающий и т. д. на куски (тж. сущ.).
despedazamiento. [м.] разрубание и т. д. на куски.
despedazar. [перех.] разрывать, разбивать рвать на куски; разрубать, разнимать, разделять на части; (перен.) разбить, наносить вред, вредить; *despedazar la honra, обесчестить; *despedazado, оборванный, в лохмотьях.
despedida. [ж.] прощание; разлука; увольнение; (обл.) см. desaguadero.
despedir. [перех.] метать, бросать, кидать, отбрасывать; увольнять; провожать посетителя, гостя; прогнать; отсылать, отпускать, исключать, изгонять; удалять от себя; распространять (запах, свет); **despedirse.** [возв. гл.] откланяться, проститься с...: *despedirse a la francesa, уйти потихоньку, не прощаясь; [непр. гл.] спрягается как pedir.
despedrar. [перех.] очищать от камней; (прост.) см. desempedrar.
despedregar. [перех.] очищать от камней.
despegable. [прил.] поддающийся отклеиванию, отделимый.
despegadamente. [нареч.] без любви, холодно.
despegadizo, za. [прил.] легко поддающийся отклеиванию, легко отделимый.
despegado, da. [страд. прич.] к despegar; [прил.] равнодушный, суровый, грубый, необщительный.
despegador, ra. [прил.] отклеивающий и т. д.
despegadura. [ж.] отклеивание, отклейка.
despegamiento. [м.] см. despego.
despegar. [перех.] отклеивать; отделять; [неперех.] подняться в воздух, полететь, оторваться от земли, от воды (о самолёте и т. д.); **despegarse.** [возв. гл.] отклеиваться; отделяться; отвыкать от чего-л; (перен.) не соответствовать.
despego. [м.] см. desapego.
despegue. [м.] взлёт, отрыв от земли, от воды (о самолёте).
despeinar. [перех.] портить причёску, растрепать волосы, причёску; **despeinarse.** [возв. гл.] растрепаться (о волосах).
despejadamente. [нареч.] свободно, развязно.
despejado, da. [страд. прич.] к despejar; [прил.] открытый, обширный, просторный; непринуждённый, развязный; умный; понятливый, смышлёный; остроумный; ясный: *tiempo **despejado**, хорошая погода.
despejar. [перех.] освобождать, очистить (место); разъяснять; **despejarse.** [возв. гл.] делаться развязным; проясняться (о небе); (м. употр.) см. divertirse.
despejo. [м.] освобождение (места и т. д.); устранение препятствий; лёгкость, непринуждённость, развязность; ясный ум; остроумие; прояснение; (тавр.) освобождение арены от людей (для боя быков).
despelotar. [перех.] растрепать волосы; **despelotarse.** [возв. гл.] (разг.) развиваться, жиреть (о детях).
despelucar. [перех.] (обл.) (Амер.) ерошить волосы, растрепать волосы (тж. возв. гл.) см. despeluzar.
despeluchar. [перех.] (обл.) см. despeluzar.
despeluzamiento. [м.] дейст. к растрепать, ерошению (о волосах).

despeluzar. [перех.] растрепать, ерошить волосы, заставлять волосы становиться дыбом (от ужаса), приводить в ужас; **despeluzarse.** [возв. гл.] становиться дыбом от ужаса (о волосах), ужасаться.

despeluznante. [дейст. прич.] к despeluznar; [прил.] заставляющий волосы становиться дыбом, ужасный.

despeluznar. [перех.] см. despeluzar.

despellejadura. [ж.] см. desolladura.

despellejar. [перех.] сдирать шкуру, кожу; злословить.

despelletar. [перех.] (обл.) сдирать шкуру, кожу.

despenador, ra. [прил.] утешительный; [м. и ж.] утешитель, (-ница).

despenar. [перех.] утешать; устранять заботы и т. д.; (перен.) (разг.) лишать жизни.

despendedor, ra. [прил.] расточительный; [м. и ж.] расточитель, (-ница).

despender. [перех.] растрачивать, проматывать; (перен.) тратить, проводить (время и т. д.).

despendio. [м.] (Амер.) медлительность; флегматичность.

despenolar. [перех.] (мор.) ломать конец реи.

despensa. [ж.] кладовая, чулан, шкаф для провизии; запас провизии; должность эконома, дворецкого, кладовщика; провизия (на день); (мор.) продовольственная кладовая; провизионный погреб.

despensaría. [ж.] (Амер.) см. despensería.

despensería. [ж.] должность эконома, кладовщика.

despensero, ra. [м. и ж.] эконом, кладовщик; дворецкий; (мор.) баталёр.

despeñadamente. [нареч.] смело, отважно, стремительно.

despeñadero, ra. [прил.] крутой (о спуске); [м.] пропасть, бездна, обрыв; (перен.) риск, опасность.

despeñadizo, za. [прил.] крутой (о спуске).

despeñamiento. [м.] см. despeño.

despeñar. [перех.] сбрасывать вниз, с высоты; **despeñarse.** [возв. гл.] бросаться вниз, с высоты, падать с высоты; (перен.) целиком отдаваться своим страстям и т. д.

despeño. [м.] падение с высоты; прыжок в пропасть; понос; (перен.) падение, провал, гибель.

despeo. [м.] см. despeadura.

despepitar. [перех.] вынимать зернышки, семечка, косточки.

despepitarse. [возв. гл.] орать, драть горло, сильно кричать; (перен.) сильно желать чего-л; см. descomedirse.

despercatarse. [возв. гл.] (Амер.) становиться небрежным, неряшливым; не заботиться.

despercudido, da. [страд. прич.] к despercudir; [прил.] (перен.) (Амер.) развязный, понятливый, умный.

despercudir. [перех.] чистить, очищать, мыть, обмывать; (Амер.) см. despabilar.

desperdiciadamente. [нареч.] расточительным образом и т. д.

desperdiciado, da. [страд. прич.] к desperdiciar; [прил.] см. desperdiciador.

desperdiciador, ra. [прил.] расточительный, проматывающий; упускающий (случай и т. д.). (тже. сущ.).

desperdiciar. [перех.] проматывать, расточать, непроизводительно расходовать; упускать (случай и т. д.).

desperdicio. [м.] расточительность, непроизводительный расход, разбазаривание средств; отбросы: * no tener **desperdicio**, быть превосходным.

desperdigamiento. [м.] рассеивание, разбрасывание; крошение.

desperdigar. [перех.] отделять, разъединять; разбрасывать, рассеивать; **desperdigarse.** [возв. гл.] разбегаться; разбрестись.

desperecerse. [возв. гл.] из кожи лезть вон; сильно желать чего-л; [непр. гл.] спрягается как agradecer.

desperezarse. [возв. гл.] потягиваться, тянуться.

desperezo. [м.] потягивание.

desperfeccionar. [перех.] (Амер.) повреждать, портить, приводить в негодность.

desperfecto. [м.] небольшой изъян, недостаток, повреждение.

desperfilar. [перех.] (жив.) смягчать контур, очертание; (воен.) маскировать контур фортификации; **desperfilarse.** [возв. гл.] переменить положение (о стоящем в профиль человеке или предмете).

desperfollar. [перех.] (обл.) обрывать листья с початки (кукурузы).

despernada. [ж.] сорт па (в некотором старинном танце).

despernado, da. [страд. прич.] к despernar [прил.] усталый, разбитый, утомлённый (от ходьбы).

despernancarse. [возв. гл.] (обл.) (Амер.) см. esparrancarse.

despernar. [перех.] повреждать или отсекать ноги; [непр. гл.] спрягается как acertar.

despersonalización. [ж.] обезличение; обезличивание.

despertador, ra. [прил.] будящий и т. д.; [м. и ж.] человек, будящий в требуемое время; [м.] будильник; (перен.) побудительная причина, стимул.

despertamiento. [м.] пробуждение (тже. перен.).

despertante. [дейст. прич.] к despertar, будящий, пробуждающий и т. д.

despertar. [перех.] (прям.) (перен.) будить, пробуждать; (перен.) возбуждать (зависть, желание); напоминать; вывести из заблуждения; [неперех.] просыпаться; **despertarse.** [возв. гл.] просыпаться; пробуждаться; становиться развязным, терять грубость, оживляться.

despesar. [м.] печаль, огорчение.

despestañar. [перех.] вырывать ресницы; **despestañarse.** [возв. гл.] проглядеть все глаза; (перен.) (м. употр.) усердствовать, из кожи лезть вон; (Амер.) усердно учиться.

despetrificación. [ж.] выведение из удивления и т. д.

despetrificar. [перех.] выводить из удивления и т. д.

despetroncarse. [возв. гл.] (Амер.) поспешно убежать, удирать.

despezar. [перех.] утончать конец трубы и т. д. (при смыке); (арх.) делить стены, своды и т. д.; [непр. гл.] спрягается как acertar.

despezo. [м.] утончение конца трубы и т. д. (при смыке); (арх.) деление стен, сводов и т. д.; кусок дерева.

despezonamiento. [м.] вырывание черенка; (перен.) разъединение.

despezonar. [перех.] вырывать черенок; разъединять; **despezonarse.** [возв. гл.] ломаться (о чеке оси).

despezuñarse. [возв. гл.] повреждаться (о подошве копыта); (Амер.) быстро ходить и т. д.; сильно желать делать что-л.; см. desvivirse.

despiadamente. [нареч.] безжалостно, беспощадно, немилосердно.

despiadado, da. [прил.] безжалостный, беспощадный, немилосердный.

despicado, da. [страд. прич.] к despicar(se); [прил.] (Амер.) удручённый, подавленный.

despicar. [перех.] заглаживать (вину и т. д.), дать удовлетворение; **despicarse.** [возв. гл.] мстить.

despicarazar. [перех.] (обл.) клевать винные ягоды (о птицах).

despicarse. [возв. гл.] ломать себе клюв (о птицах).

despichar. [перех.] удалять влагу, соки; (обл.) обрывать ягоды (с гроздьев); раздавливать; [неперех.] умирать, кончаться.

despidida. [ж.] (обл.) водоотводный канал, см. desaguadero.

despido. [м.] увольнение, см. despedida.

despiertamente. [нареч.] остроумно, ловко.

despierte, ta. [непр. страд. прич.] к despertar; [прил.] живой, бойкий, остроумный, проворный, смышлёный, хитрый, ловкий.

despiezar. [перех.] (арх.) см. despezar.

despiezo. [м.] (арх.) см. despezo.

despilaramiento. [м.] (Амер.) (горн.) удаление крепления (в шахте).

despilar. [перех.] (Амер.) (горн.) убирать крепление (в шахте).

despilchado. [прил.] (вул.) (Амер.) оборванный, в лохмотья, плохо одетый.

despilfarradamente. [нареч.] расточительно и т. д.

despilfarrado, da. [страд. прич.] к despilfarrar; [прил.] оборванный, в лохмотья, расточительный: [м. и ж.] оборванец, (-ка); расточитель, (-ница).

despilfarrador, ra. [прил.] расточительный, проматывающий; [м. и ж.] расточитель, (-ница), мот, (-овка).

despilfarrar. [перех.] проматывать, растрачивать; **despilfarrarse.** [возв. гл.] растрачивать (при необыкновенном случае; о скряге).

despilfarro. [м.] расточительность, мотовство, разбазаривание средств; перерасход; неряшливость.

despilonar. [перех.] (Амер.) обрезать уши.

despimpolladura. [ж.] (с-х.) обрезание лишних почек и побегов.

despimpollar. [перех.] (с-х.) обрезать лишние почки и побеги.

despinces. [м. множ.] см. despinzas.

despinochar. [перех.] обрывать листья кукурузного початка.

despintar. [перех.] стирать (краску, рисунок); (перен.) искажать что-л, (видо)изменять; расстраивать какое-л дело; [неперех.] (перен.) вырождаться; **despintarse.** [возв. гл.] обесцвечиваться: * no despintarse una cosa, удерживать в памяти (образ чего-л).

despinzadera. [ж.] работница или прибор, выщипывающий узелки из шерстяной ткани.

despinzado, da. [страд. прич.] к despinzar; [м.] выщипывание узелков из шерстяной ткани.

despinzador, ra. [прил.] выщипывающий узелки из шерстяной ткани (тже. сущ.).

despinzadura. [ж.] выщипывание узелков из шерстяной ткани.

despinzar. [перех.] выщипывать узелки из шерстяной ткани.

despinzas. [ж. множ.] щипцы для выщипывания узелков из шерстяной ткани.

despiojador, ra. [прил.] избавляющий от вшей и т. д. (тже. сущ.).

despiojar. [перех.] вычёсывать вшей, искать вшей; (перен.) (разг.) избавлять от нищеты.
despioje. [м.] вычёсывание, удаление вшей.
despique. [м.] удовлетворение за обиду; мщение.
despistar. [перех.] сбивать со следа.
despistojarse. [возв. гл.] утомлять зрение; проглядеть все глаза.
despitorrado, da. [прил.] (тавр.) с ломанным рогом или с ломанными рогами.
despizcar. [перех.] крошить; **despizcarse.** [возв. гл.] (перен.) стараться изо всех сил, усердствовать, прилагать все усилия, из кожи лезть вон.
desplacer. [перех.] не нравиться, быть неприятным кому-л; [непр. гл.] спрягается как agradecer.
desplacer. [м.] неудовольствие; неприятность; досада; огорчение.
desplaciente. [дейст. прич.] к desplacer, неприятный и т. д.
desplanchar. [перех.] комкать, мять (бельё) (тже. возв. гл.).
desplantación. [ж.] вырывание с корнем.
desplantador, ra. [прил.] вырывающий с корнем; [м.] (с-х.) прибор, вырывающий с корнем.
desplantar. [перех.] вырывать с корнем; отклонять от вертикального положения; **desplantarse.** [возв. гл.] отклоняться от вертикального положения (о танце и т. д.).
desplante. [м.] неправильное положение (о танце и т. д.); (перен.) (разг.) наглость, дерзкая выходка.
desplatación. [ж.] см. desplate.
desplatado, da. [стрл. прич.] к desplatar; [прил.] (Амер.) не имеющий ни гроша.
desplatar. [перех.] выделять серебро из состава чего-л.
desplate. [перех.] выделение серебра из состава чего-л.
desplatear. [перех.] стирать серебро с чего-л; (перен.) (разг.) выманивать деньги.
desplayado, da. [страд. прич.] к desplayar; [прил.] просторный, обширный; [м.] (Амер.) пляж (при отливе); поляна, прогалина.
desplayar. [неперех.] (мор.) удаляться от пляжа (о воде).
desplaye. [м.] (мор.) удаление от пляжа (о воде).
desplazamiento. [м.] перемещение; устранение; (мор.) водоизмещение судна; * desplazamiento de fases, (эл.) сдвиг фаз.
desplazar. [перех.] иметь водоизмещение, перемещать, передвигать; устранять; **desplazarse.** [возв. гл.] (мед.) смещаться.
desplegadura. [ж.] развёртывание.
desplegar. [перех.] развёртывать; (перен.) проявлять, показывать; выказывать; делать ясным, объяснять, вносить ясность; (воен.) развёртывать; **desplegarse.** [возв. гл.] (воен.) развёртываться.
despleguetear. [перех.] (с-х.) обрезать усики (винограда).
despleguetéo. [м.] (с-х.) обрезание усиков (винограда).
despliegue. [м.] (воен.) развёртывание; разворот.
desplomar. [перех.] отклонять от отвесной линии; **desplomarse.** [возв. гл.] уклоняться от отвесной линии; рушиться (о стене); (перен.) упасть в обморок; упасть замертво; разоряться.
desplome. [м.] (арх.) уклонение от отвесной линии; часть чего-л, отклонённая от отвесной линии; обвал (стены).
desplomo. [м.] (арх.) уклонение от отвесной линии; (Амер.) см. regaño.

desplumador, ra. [прил.] ощипывающий перья; (перен.) обирающий кого-л; [сущ.] обирала (прост).
desplumadura. [ж. дейст.] к ощипывать перья; (перен.) дейст. к обирать, разорение.
desplumar. [перех.] ощипывать перья; (перен.) обирать, разорять.
desplume. [м.] см. desplumadura.
despoblación. [ж.] отсутствие людей; безлюдье.
despoblado, da. [страд. прич.] к despoblar; [м.] ненаселённое, обезлюдевшее место.
despoblador, ra. [прил.] уменьшающий или сокращающий население (тже. сущ.).
despoblar. [перех.] уменьшать или сокращать население, обезлюдить; опустошать; **despoblarse.** [возв. гл.] обезлюдеть; опустеть.
despoetizar. [перех.] лишать поэтичности.
despojador, ra. [прил.] грабительский, хищнический; [м. и ж.] грабитель, (-ница); хищник, (-ица).
despojar. [перех.] отнимать у кого-л, расхищать, похищать, грабить; (юр.) лишать собственности; **despojarse.** [возв. гл.] снимать с себя одежду и т. д. отказываться от собственности имущества.
despojo. [м.] расхищение, похищение, ограбление, грабёж, отнятие; лишение (чего-л); добыча (победителя); [множ.] остатки, отбросы; обломки (здания); птичьи потроха и т. д.; бренные останки.
despolarización. [ж.] (физ.) деполяризация.
despolarizador, ra. [прил.] деполяризующий; [м.] деполяризатор.
despolarizar. [перех.] (физ.) деполяризовать.
despolvar. [перех.] см. desempolvar.
despolvoreamiento. [м.] стирание пыли; (перен.) отдаление от себя.
despolvorear. [перех.] сметать, стирать пыль; (перен.) отгонять от себя; (Амер.) см. espolvorear.
despolvoreo. [м.] стирание пыли.
despopularización. [ж.] лишение популярности.
despopularizar. [перех.] лишать популярности.
desporrar. [перех.] (Амер.) распутывать прядь коротких волос.
desporrondingarse. [возв. гл.] (Амер.) сорить деньгами; см. arrellanarse.
desportilladura. [ж.] отбитый кусок (из посуды); щербина (у посуды).
desportillar. [перех.] отбивать кусок (у посуды) (тже. возв. гл.).
desposado, da. [страд. прич.] к desposar; [прил. и сущ.] новобрачный; с наручниками.
desposando, da. [м. и ж.] тот, кто вступает в брак.
desposar. [перех.] разрешать брак; **desposarse.** [возв. гл.] венчаться, вступать в брак.
desposeer. [перех.] лишать владения; экспроприировать (кого-л); **desposeerse.** [возв. гл.] отказываться от имущества и т. д.
desposeimiento. [м.] лишение владения, имущества; экспроприация.
desposorio. [м.] (чаще множ.) помолвка; брак.
despostador. [м.] (Амер.) мясник.
despostar. [перех.] (Амер.) разрубать, делить на части (о животных).
desposte. [м.] (Амер.) разрубание, деление на части (о животных).
depostillar. [перех.] (Амер.) отбивать кусок (у посуды).
déspota. [м.] деспот.
despóticamente. [нареч.] деспотично.

despótico, ca. [прил.] деспотичный.
despotismo. [м.] деспотизм.
despotizar. [перех.] (Амер.) править или обращаться деспотично.
despotricar. [неперех.] (разг.) говорить кстати и некстати, говорить всё, что взбредёт в голову, болтать, точить лясы.
despotrique. [м.] вздорная болтовня.
despreciable. [прил.] достойный презрения, презренный, гнусный, низкий, мерзкий, пакостный; ничтожный.
despreciador, ra. [прил.] презирающий, презрительный.
despreciar. [перех.] презирать, пренебрегать; не соблюдать (правил и т. д.); не учитывать; не бояться (опасности); **despreciarse.** [возв. гл.] не считаться с кем-л.
despreciativamente. [нареч.] презрительно и т. д.
despreciativo, va. [нареч.] исполненный презрения, презрительный.
desprecio. [м.] презрение; презрительное отношение; пренебрежение.
despredicar. [перех.] (Амер.) отрекаться от сказанного.
desprender. [перех.] отделять, отрывать; отвязывать; отцеплять; **desprenderse.** [возв. гл.] отделяться; отрываться; (перен.) проистекать, происходить, исходить, вытекать, явствовать (книж.); отказываться от имущества и т. д.).
desprendido, da. [страд. прич.] к desprender; [прил.] щедрый, бескорыстный.
desprendimiento. [м.] отделение; отклеивание; обвал, осыпание; освобождение (теплоты и т. д.); самоотречение; щедрость; бескорыстие.
despreocupación. [ж.] отсутствие предрассудков; беззаботность, беспечность, (гал.) небрежность, нерадивость.
despreocupadamente. [нареч.] беззаботно и т. д.
despreocupado, da. [страд. прич.] к despreocupar; [прил.] пренебрегающий общественным мнением; (гал.) небрежный, неряшливый и т. д.
despreocuparse. [возв. гл.] отбрасывать, отгонять заботы; не принимать во внимание.
despresar. [перех.] см. descuartizar.
desprestigiador, ra. [прил.] лишающий престижа, дискредитирующий.
desprestigiar. [перех.] лишать престижа, дискредитировать, подрывать доверие; **desprestigiarse.** [возв. гл.] терять престиж.
desprestigio. [м.] потеря или умаление престижа, авторитета, кредита; дискредитирование.
desprevención. [ж.] непредусмотрительность; неподготовленность; отсутствие необходимого или приготовления.
desprevenidamente. [нареч.] врасплох и т. д.
desprevenido, da. [прил.] лишённый необходимого; неподготовленный, не предупреждённый: * coger desprevenido, захватывать врасплох.
desprevenir. [перех.] не предупреждать; не подготавливать к чему-л.
desproporción. [ж.] диспропорция, несоразмерность, непропорциональность.
desproporcionadamente. [нареч.] непропорционально и т. д.
desproporcionado, da. [страд. прич.] к desproporcionar; [прил.] непропорциональный, несоразмерный.

desproporcional. [прил.] непропорциональный.

desproporcionar. [перех.] делать несоразмерным; искажать (факт и т. д.).

despropositado, da. [прил.] неуместный; несуразный, нелепый.

despropósito. [м.] нелепость, несуразность; неуместный поступок, сказанное или сделанное некстати.

desproveer. [перех.] лишать (нужного, средств и т. д.).

desproveidamente. [нареч.] см. desprevenidamente; (уст.) неожиданно.

desprovisto, ta. [непр. страд. прич.] к desproveer; [прил.] лишённый нужного.

despueble, despueblo. [м.] уменьшение или сокращение народонаселения.

despuente. [м.] чистка сот.

después. [нареч.] затем, после, потом: * después?, ну, а дальше что?; * un día después, на следующий день; * poco después, вскоре после; después de, после, по окончании; после того, как.

despulgar. [перех.] (Амер.) выводить блох; см. descerezar.

despulir. [перех.] сводить лоск.

despulmonarse. [возв. гл.] (перен.) утомляться.

despulpado, da. [страд. прич.] к despulpar; [м.] извлечение мякоти.

despulpador. [м.] прибор для извлечения мякоти (плодов и т. д.).

despulpar. [перех.] извлекать мякоть (о фруктах).

despulsamiento. [м.] лишение сил, пульса; сильное желание чего-л.

despulsar. [перех.] лишать сил, пульса, измотать, крайне утомить, изнурить, ослабить; доводить до бесчувствия: despulsarse. [возв. гл.] (перен.) сильно желать чего-л.

despullar. [перех.] (уст.) (обл.) раздевать, обнажать.

despumación. [ж.] снимание пены, накипи.

despumadera. [ж.] шумовка.

despumar. [перех.] снимать пену, накипь.

despuntador. [м.] (Амер.) прибор для отделения минералов; отбойный молоток.

despuntadura. [ж.] отламывание острия, кончика, притупление.

despuntar. [перех.] отломить, затупить остриё, кончик; вынимать из улья пустые соты; (мор.) огибать мыс; [неперех.] распускаться (о почках); (перен.) отличаться; проявлять проницательность; рассветать: * al despuntar el alba, на рассвете.

despunte. [м.] см. despuntadura; (Амер.) срезаемые верхушки, веточки.

desque. [нареч.] (прост.) (поэт.) с тех пор как, за то время как, после того как.

desquebrajar. [перех.] см. resquebrajar.

desquebrar. [перех.] раскалывать; образовать трещины (тж. возв. гл.).

desquejar. [перех.] (с.-х.) черенковать, размножать отводками, черенками.

desqueje. [м.] черенкование, размножение отводками, черенками.

desquemar. [перех.] (хим.) удалять кислород.

desquerer. [перех.] разлюбить.

desquiciado, da. [страд. прич.] к desquiciar(se); [прил.] (перен.) расстроенный.

desquiciador, ra. [прил.] снимающий с петель; расстраивающий (тж. сущ.).

desquiciamiento. [м.] снимание с петель (о двери); (перен.) приведение в расстройство; лишение помощи, поддержки, близости к влиятельному лицу.

desquiciar. [перех.] снимать с петель (дверь, окно и т. д.); разъединять; (перен.) расстраивать, приводить в расстройство; лишать помощи, поддержки; лишать близости к влиятельному лицу.

desquicio. [м.] (Амер.) беспорядок, расстройство.

desquijaramiento. [м.] вывих челюсти.

desquijarar. [перех.] вывихнуть, свернуть челюсть.

desquijarrar. [перех.] (вар.) см. desquijarar.

desquilatar. [перех.] снижать пробу золота; обесценивать.

desquilibrar. [перех.] (вул.) (Амер.) выводить из равновесия.

desquilibrio. [м.] (вул.) (Амер.) нарушение равновесия.

desquitar. [перех.] возмещать убытки, компенсировать; отыграть; (перен.) мстить; **desquitarse.** [возв. гл.] вознаграждать себя чем-л.; поквитаться; взять реванш; оплатить тем же; мстить; отыгрываться.

desquite. [м.] возмещение (убытка); отыгрыш; сведение счётов; реванш; месть.

desrabadillar. [перех.] (Амер.) см. derrengar.

desrabar. [перех.] см. desrabotar.

desrabotar. [перех.] обрезать хвост (преимущ. ягнятам).

desraizar. [перех.] (Амер.) вырывать с корнем; искоренять.

desramar. [перех.] подрезать деревья.

desramillar. [перех.] (с.-х.) подчищать виноградные лозы; полоть (о виноградниках).

desrancharse. [возв. гл.] покидать rancho (общую комнату).

desraspado, da. [страд. прич.] к desraspar; [прил.] безостый (о пшенице и т. д.).

desraspar. [перех.] (с.-х.) освобождать от кистей (виноградный сок).

desrastrojar. [перех.] (с.-х.) убирать остатки сжатых колосьев.

desrastrojo. [м.] (с.-х.) уборка остатков сжатых колосьев.

desratización. [ж.] истребление крыс, мышей, дератизация.

desratizar. [перех.] истреблять крыс, мышей.

desrayar. [перех.] (с.-х.) проводить межу на пашне; проводить выводные борозды.

desrazonable. [прил.] (разг.) безрассудный, неразумный.

desrazonablemente. [нареч.] безрассудно.

desrazonar. [неперех.] говорить вздор.

desregladamente. [нареч.] беспорядочно, см. **desarregladamente**.

desreglado, da. [страд. прич.] к desreglar; [прил.] беспорядочный.

desreglar. [перех.] приводить в беспорядок; расстраивать (тж. возв. гл.).

desrelingar. [перех.] (мор.) отпарывать ликтросы.

desreputación. [ж.] бесчестие, потеря кредита, порча репутации.

desrielamiento. [м.] (Амер.) сход с рельсов.

desrielar. [неперех.] (Амер.) сходить с рельсов; отнимать рельсы от шпал.

desriñonar. [перех.] надрывать, выматывать все силы.

desriscar. [перех.] (м. употр.) сбрасывать с высоты.

desrizar. [перех.] развивать волосы; (мор.) развязывать рифы.

desroblar. [перех.] расклёпывать.

desrodrigar. [перех.] (с.-х.) отнимать подпорки.

desroñar. [перех.] (обл.) обрезать ветви.

destacamento. [м.] (воен.) отряд (войска).

destacar. [перех.] (воен.) откомандировать; выделять отряд; выделять, отделять, подчёркивать; [неперех.] **destacarse.** [возв. гл.] выделяться.

destace. [м.] разрубание и т. д. на части.

destaconar. [перех.] стаптывать.

destajador. [м.] кузнечный молот.

destajar. [перех.] уточнять условия (работы и т. д.); (карт.) снимать колоду; (Амер.) см. destazar.

destajazar. [перех.] (Амер.) резать, разрубать на части.

destajero, ra, destajista. [м. и ж.] сдельщик, (-ица), тот, кто работает сдельно.

destajo. [м.] сдельная работа: * a destajo, сдельно; (перен.) усердно, с усердием, настойчиво; * trabajar a destajo, работать сдельно; * hablar a destajo, (перен.) (разг.) говорить без умолку.

destalonar. [перех.] отделять, повреждать задник (обуви); отрезать талоны; стричь купоны.

destallar. [перех.] (с.-х.) обрезать лишние побеги.

destantearse. [возв. гл.] (Амер.) дезориентироваться, потерять ориентировку.

destanteo. [м.] (Амер.) дезориентация; замешательство.

destapada. [ж.] сорт слоёного пирога.

destapador, ra. [прил.] открывающий, отнимающий крышку (тж. сущ.). [м.] прибор отнимающий крышку (металлическую) от бутылок.

destapadura. [ж.] открытие, снимание крышки, откупоривание.

destapar. [перех.] открывать, снимать крышку; вынимать затычку; откупоривать бутылку и т. д.

destapiado, da. [страд. прич.] к destapiar; [м.] место, после разрушения стен.

destapiar. [перех.] разрушать стены; снимать загородку.

destaponar. [перех.] откупоривать.

destarar. [перех.] определять вес тары.

destarrar. [перех.] ранить или убивать (при несчастном случае) (тж. возв. гл.).

destartalado, da. [страд. прич.] к destartalar; [прил.] беспорядочный, несоразмерный; разломанный, разваленный, полуразвалившийся.

destartalar. [перех.] приводить в расстройство.

destartalo. [м.] (разг.) беспорядок.

destazador. [м.] рабочий, специалист по резанию животных.

destazar. [перех.] разрезать, делить на куски.

destebrechador. [м.] (арг.) толкователь, переводчик.

destebrechar. [перех.] (арг.) объяснять, разъяснять, растолковывать, истолковывать.

destechadura. [ж.] снятие крыши, кровли.

destechar. [перех.] снимать крышу, кровлю.

destejamiento. [м.] снятие черепицы.

destejar. [перех.] снимать черепицу, крышу; (перен.) лишать защиты.

destejer. [перех.] распускать тканьё; (перен.) срывать, расстраивать планы.

destejido. [м. дейст.] к распускать тканьё.

destelarse. [возв. гл.] (Амер.) усердствовать, работать с усердием.

destelengar. [перех.] (Амер.) вредить, причинять вред.

destellar. [перех.] сиять, мерцать, искриться, сверкать.

destello. [м.] сверкание; сияние; мерцание; вспышка; отблеск.

destempladamente. [нареч.] невежливо; неумеренно.

destemplado, da. [страд. прич.] к destemplar; [прил.] непостоянный, изменчивый; расстроенный (о муз. инструменте); (жив.) несоответствующий (о тонах).

destemplador, ra. [прил.] отжигающий (сталь); [м.] рабочий, отжигающий сталь.

destemplanza. [ж.] переменчивость (о погоде); невоздерж(ан)ность, неумеренность; непостоянство; перебои (пульса); беспорядок; горячность, раздражение.

destemplar. [перех.] нарушать порядок, строй; расстраивать (муз. инструмент); **destemplarse.** [возв. гл.] расстраиваться (о муз. инструменте); биться неровно (о пульсе); терять закалку (о металле); легко заболевать; терять меру, забываться; вспылить; (Амер.) набить оскомину.

destemple. [м.] расстроенность (муз. инструмента); лёгкое нездоровье, недомогание; потеря закалки (о металле); (перен.) беспорядок; несогласованность; невоздерж(ан)ность, неумеренность.

destentar. [перех.] избавлять от искушения; [непр. гл.] спрягается как tentar.

desteñidura. [ж.] сведение краски; обесцвечение; потеря краски.

desteñimiento. [м.] сведение краски; обесцвечение.

desteñir. [перех.] сводить краску; обесцвечивать; **desteñirse.** [возв. гл.] линять, выцветать, терять краску; * desteñido, выцветший; полинявший; [непр. гл.] спрягается как teñir.

desternerar. [перех.] (Амер.) см. desbecerrar.

desternillarse. [возв. гл.] сломать, повредить себе хрящ; * desternillarse de risa, громко, во всё горло смеяться, хохотать.

desterradero. [м.] пустынное место, отдалённая местность.

desterrar. [перех.] ссылать, изгонять, отправлять в ссылку; (перен.) отгонять от себя; очищать от земли (корни и т. д.); [непр. гл.] спрягается как acertar.

desterronamiento. [м.] разбивание комьев земли.

desterronar. [перех.] разбивать комья земли.

destetadera. [ж.] прибор, снабжённый колющими концами для отлучения от груди (у животных).

destetar. [перех.] отлучать, отнимать от груди; (перен.) удалять от дома для учебных занятий и т. д. (о детях): * destetarse con una cosa, с детства знать что-л.

destete. [м.] отнятие, отлучение от груди.

desteto. [м.] совокупность животных, отлучённых от груди; загон для их.

destiempo (a). [нареч.] не во-время, некстати, не у места, неуместно, невпопад.

destiento. [м.] внезапный испуг, страх.

destierre. [м.] (горн.) освобождение от земли (о минералах).

destierro. [м.] высылка, ссылка, изгнание; место ссылки; (перен.) отдалённое место или дом.

destilable. [прил.] поддающийся дистилляции.

destilación. [ж.] дистилляция, перегонка; винокурение; (мед.) истечение (гноя); * destilación seca, сухая перегонка.

destiladera. [ж.] перегонный куб; (обл.) фильтр (для очищения воды, тже. в Амер.); (перен.) ловкий приём.

destilado, da. [страд. прич.] к destilar; [м.] продукт прегонки, дистиллят.

destilador, ra. [прил.] дистилляционный, перегонный; занимающийся перегонкой; [сущ.] дистиллятор, перегонщик, винокур; [м.] перегонный куб, дистиллятор, фильтр (для воды).

destilar. [перех.] дистиллировать перегонять; фильтровать; опреснять; [неперех.] капать, сочиться.

destilatorio, ria. [прил.] очищающий перегонкой, фильтрующий (о приборе); [м.] место для дистилляции; перегонный куб.

destilería. [ж.] помещение для дистилляции, винокуренный завод.

destinación. [ж.] назначение; предназначение; (уст.) место назначения.

destinar. [перех.] предназначать, назначать; указывать место (работы).

destinatario, ria. [м. и ж.] адресат, получатель, (-ница).

destino. [м.] судьба, участь, рок; стечение обстоятельств; назначение; предназначение; должность, пост, место; занятие.

destiñar. [перех.] вынимать из улья пустые соты.

destiño. [м.] черноватая пустая часть сотов.

destiranizado, da. [прил.] освобождённый от тирании.

destiranizar. [перех.] освобождать от тирании.

destitución. [ж.] смещение, увольнение, отстранение от должности.

destituible. [прил.] смещаемый, отрешаемый от должности.

destituidor, ra. [прил.] увольняющий, отрешающий от должности (тже. сущ.).

destituir. [перех.] отстранять, смещать, отрешать от должности, увольнять, снимать с работы.

destitulado, da. [прил.] лишённый титула.

destocar. [перех.] растрепать причёску; **destocarse.** [возв. гл.] растрепаться (о волосах); (уст.) снимать головной убор.

destoconar. [перех.] (с.-х.) корчевать пни; (Амер.) обрезать, затупить остриё бычьих рог.

destorcedura. [ж.] раскручивание; выпрямление.

destorcer. [перех.] раскручивать; выпрямлять; **destorcerse.** [возв. гл.] (мор.) сбиваться с курса.

destorgar. [перех.] (обл.) ломать, переламывать ветви дубов (когда влезают на дубы за плодом).

destorlongado, da. [прил.] (Амер.) расточительный; неразумный.

destorlongo. [м.] расточительность, мотовство.

destormar. [перех.] (обл.) разбивать комья земли.

destornillado, da. [страд. прич.] к destornillar; [прил.] ветреный, легкомысленный; опрометчивый, неосторожный; неразумный.

destornillador. [м.] отвёртка.

destornillamiento. [м.] отвинчивание.

destornillar. [перех.] отвинчивать; **destornillarse.** [возв. гл.] терять голову; безрассудно поступать или говорить.

destornillarse. [возв. гл.] (вар.) см. desternillarse.

destornudar. [неперех.] (Амер.) чихать.

destornudo. [м.] (Амер.) чиханье.

destorrentado, da. [страд. прич.] к destorrentarse; [прил.] расточительный.

destorrentar. [перех.] (Амер.) прогонять; **destorrentarse.** [возв. гл.] (Амер.) терять голову, растеряться.

destoserse. [возв. гл.] издавать симулированный кашель.

destostarse. [возв. гл.] терять загар.

destozolar. [перех.] (обл.) ранить в голову.

destrabalenguas. [м.] (Амер.) см. trabalenguas.

destrabar. [перех.] снимать путы (с лошади); отпускать, выпускать, освобождать от, отделять, отрывать; отвязывать (тже. возв. гл.).

destraillar. [перех.] освобождать от своры.

destral. [м.] топорик.

destraleja. [ж. умен.] к destral.

destralero, ra. [м. и ж.] тот, кто изготавливает или продаёт топорики.

destramar. [перех.] распускать основу (ткани); (уст.) расстраивать планы.

destrancar. [перех.] см. desatrancar; (Амер.) испражняться.

destrastar. [перех.] (Амер.) освобождать комнату от домашней утвари и т. д.

destre. [м.] (обл.) мера длины, равная 4'21 м.

destrejar. [перех.] ловко поступать.

destrenzar. [перех.] расплетать; **destrenzarse.** [возв. гл.] расплетаться.

destreza. [ж.] умение, ловкость, сноровка, искусство, проворство; (уст.) фехтование, искусство фехтования.

destrincar. [перех.] (мор.) отвязывать, отшвартовать.

destrinque. [м.] (мор.) отвязывание, отвязка.

destripacuentos. [м. и ж.] (разг.) тот, кто некстати прерывает рассказчика (подсказывая конец).

destripador, ra. [прил.] вынимающий внутренности, вспарывающий живот; [сущ.] потрошитель; тот, кто прерывает рассказ, подсказывая конец.

destripadura. [ж.] destripamiento. [м.] потрошение, дейст. к destripar.

destripar. [перех.] вынимать внутренности, потрошить; вспарывать живот; (перен.) вынимать содержимое; раздавливать, см. despachurrar; (разг.) прерывать рассказ, подсказывая конец; [неперех.] (перен.) (разг.) (Амер.) бросать учение.

destripaterrones. [м.] (перен.) (разг.) (презр.) землекоп, земледелец.

destripe. [м.] см. destripadura.

destripular. [перех.] (мор.) увольнять с работы экипаж судна.

destrísimo, ma. [прил. превос. степ.] к diestro, очень ловкий и т. д.

destriunfar. [перех.] (карт.) заставлять лишаться козырей.

destrizar. [перех.] разнести на куски; изодрать в клочья; **destrizarse.** [возв. гл.] чахнуть от огорчения.

destrocar. [перех.] отменять обмен; [непр. гл.] спрягается как contar.

destrompar. [перех.] (прост.) лишать носа, делать безносым.

destrón. [м.] поводырь.

destronamiento. [м.] свержение с престола.

destronar. [перех.] свергнуть с престола; (перен.) развенчать.

destroncamiento. [м.] рубка дерева; (перен.) чрезмерная усталость, разбитость; разорение; провал.

destroncar. [перех.] рубить дерево; (перен.) вызывать ломоту, чрезмерную усталость; лишать сил, расстраивать здоровье; разорять, расстраивая планы и т. д.; (перех.) вырывать с корнем (растения и т. д.).

destronque. [м.] (Амер.) вырывание с корнем.

destroyer. [м.] (англ.) (мор.) эскадренный миноносец.

destrozador, ra. [прил.] разрушающий, разбивающий на куски и т. д. (тже. сущ.).

destrozamiento. [м.] см. destrozo.

destrozar. [перех.] рвать, изорвать, разнести, разбивать на куски, ломать, изодрать в клочья; порвать; (перен.) портить, повреждать; разрушать; уничтожать, истреблять; разбить, разгромить (неприятеля); наносить большое потрясение; неразумно растрачивать, проматывать.

destrozo. [м.] разрывание на куски, разламывание; разрушение; повреждение, порча; уничтожение, истребление; большое потрясение; разгром; поражение, урон; разорение.

destrozón, na. [прил.] быстро изнашивающий, рвущий одежду, истрёпывающий обувь.

destrucción. [ж.] разрушение; истребление, уничтожение, опустошение, разорение.

destructibilidad. [ж.] разрушаемость; непрочность.

destructible. [прил.] поддающийся разрушению, разрушаемый.

destructivamente. [нареч.] разрушительно и т. д.

destructividad. [ж.] см. destructibilidad; наклонность к разрушению.

destructivo, va. [прил.] разрушительный; губительный.

destructor, ra. [прил.] разрушительный; истребительный (об огне и т. д.); [м. и ж.] разрушитель, (-ница); истребитель, (-ница); (мор.) эскадренный миноносец.

destructorio, ria. [прил.] см. destructivo.

destrueco, destrueque. [м.] аннулирование обмена, мены.

destruíble. [прил.] легко разрушаемый.

destruición. [ж.] (уст.) см. destrucción.

destruidor, ra. [прил.] см. destructor.

destruir. [перех.] разрушать; уничтожать, истреблять; разгромить, разбить наголову; (перен.) разорять; расстраивать планы и т. д.; проматывать, растрачивать, лишать средств; **destruirse.** [возв. гл.] (мат.) взаимно уничтожаться; [непр. гл.] спрягается как huir.

destruyente. [дейст. прич.] к destruir.

destungar. [перех.] (Амер.) убить ударом в затылок (тже. возв. гл.).

destusar. [перех.] (Амер.) очищать кукурузные початки.

destustuzar. [перех.] (Амер.) см. destungar.

destutanar. [перех.] (Амер.) вынимать костный мозг; **destutanarse.** [возв. гл.] (Амер.) сломать себе шею; страстно желать, из кожи лезть вон; см. consumirse.

desuardar. [перех.] очищать от жира (об овечьей шерсти).

desubstanciar. [перех.] см. desustanciar.

desucación. [ж.] выжимание сока.

desucar. [перех.] выжимать сок.

desudación. [ж.] вытирание пота.

desudar. [перех.] вытирать пот (тже. возв. гл.).

desuelar. [перех.] снимать подошву.

desuellacaras. [м.] (перен.) (разг.) плохой цирюльник; [м. и ж.] (перен.) (разг.) бесстыдник (-ица), наглец, наглая женщина.

desuello. [м.] сдирание шкуры; (перен.) бесстыдство, наглость, нахальство; чрезмерно высокая цена, вздутая цена.

desueradora. [ж.] аппарат для отжима сыворотки.

desuerar. [перех.] извлекать, отжимать сыворотку.

desuero. [м.] отжим сыворотки.

desugar. [перех.] (обл.) мыть посуду.

desulfuración. [ж.] (хим.) обессеривание, удаление серы.

desulfurar. [перех.] (хим.) обессеривать, удалять серу.

desuncir. [перех.] распрягать волов.

desunidamente. [нареч.] отдельно, раздельно.

desunificar. [перех.] (Амер.) разъединять, разобщать, отделять.

desunión. [ж.] разъединение, разобщение; разлучение; разрыв; (перен.) разрыв, разлад, несогласие, раздор.

desunir. [перех.] разъединять, разобщать; разлучать; разрывать; (перен.) вызывать разногласие, разлад, раскол.

desuntadora. [ж.] аппарат, очищающий шерсть от жира.

desuñar. [перех.] вырывать ногти; (с-х.) вырывать старые корни растений; **desuñarse.** [возв. гл.] усердствовать; предаваться какому-л. пороку.

desurcar. [перех.] (с-х.) разрушать борозды.

desurdir. [перех.] распускать основу (ткани); (перен.) расстраивать планы и т. д.

desusadamente. [нареч.] редко.

desusado, da. [страд. прич.] к desusar; [прил.] устарелый, вышедший из употребления.

desusar. [перех.] отучать; выводить из употребления; **desusarse.** [возв. гл.] отучаться; выйти из употребления.

desuso. [м.] неупотребительность; устарелость (закона, обычая): * caer en desuso, выйти из употребления, устареть.

desustanciación. [ж.] лишение сущности, субстанции; ослабление.

desustanciar. [перех.] лишать сущности, субстанции; ослаблять.

desvahar. [перех.] (с-х.) отрезать засохшие ветки.

desvaho. [м.] (с-х.) отрезание засохших веток.

desvaído, da. [прил.] нескладный, долговязый (о человеке); бледный, тусклый, расплывчатый (о красках).

desvainadura. [ж.] очищение от скорлупы, кожуры.

desvainar. [перех.] лущить (бобы, горох); (уст.) см. desenvainar.

desvaír. [перех.] (обл.) вынимать содержимое, опоражнивать; **desvaírse.** [возв. гл.] исчезать; тончать.

desvaler. [перех.] уменьшать власть, действенность; [непр. гл.] спрягается как valer.

desvalidamente. [нареч.] без защиты, покровительства и т. д.

desvalido, da. [прил.] покинутый, оставленный, заброшенный; лишённый защиты, беспомощный; (уст.) см. presuroso.

desvalijador, ra. [м. и ж.] грабитель, (-ница).

desvalijamiento. [м.] ограбление.

desvalijar. [перех.] ограбить, очистить, обобрать, обокрасть, обирать.

desvalijo. [м.] см. desvalijamiento.

desvalimiento. [м.] заброшенность, беззащитность, беспомощность.

desvalorar. [перех.] обесценивать, недооценивать; (Амер.) дискредитировать.

desvalorización. [ж.] обесценение.

desvalorizar. [перех.] девалоризировать, обесценивать, произвести девальвацию.

desván. [м.] чердак; чердачное помещение; * desván gatero или perdido, нежилой чердак.

desvanecedor, ra. [прил.] рассеивающий и т. д.

desvanecer. [перех.] рассеивать, разгонять; развеивать; внушать тщеславие, гордость; устранить, разрушать сделанное, аннулировать; рассеивать (сомнения и т. д.); **desvanecerse.** [возв. гл.] рассеиваться, исчезать, рассыпаться; выдыхаться; гордиться; падать в обморок.

desvanecidamente. [нареч.] гордо, горделиво, спесиво.

desvanecido, da. [страд. прич.] к desvanecer(se); [прил.] высокомерный, спесивый, тщеславный, надменный.

desvanecimiento. [м.] рассеяние; исчезновение; обморок, беспамятство, потеря сознания; самомнение, высокомерие, самодовольство, тщеславие, надменность.

desvaneo. [м.] (Амер.) см. devaneo.

devaporizadero. [м.] отверстие для выхода пара; см. respiradero.

devaporizar. [перех.] см. evaporar.

desvarar. [перех.] скользить, выскальзывать (тже. возв. гл.); (мор.) снимать с мели.

desvaretar. [перех.] (обл.) обрезать паразиты (преимущ. об оливковых деревьях).

desvariadamente. [нареч.] безрассудно, сумасбродным образом.

desvariado, da. [страд. прич.] к desvariar; [прил.] безрассудный; бредящий, находящийся в бреду.

desvariar. [неперех.] бредить; говорить несуразности, нелепости; сумасбродствовать.

desvarío. [м.] бред; бессмысленный, неуместный поступок или выражение; нелепость; сумасбродство; (перен.) чудовищность; непостоянство, изменчивость, прихотливость.

desvarizar. [перех.] (обл.) скользить, выскальзывать (тже. возв. гл.).

desvasar. [перех.] (Амер.) обрезывать копыто лошади.

desvastador. [м.] (Амер.) (воен.) сапёр.

desvastar. [перех.] (вар.) см. devastar.

desvastigar. [перех.] подчищать, подстригать (деревья).

desvedar. [перех.] снимать запрещение, вето.

desveladamente. [нареч.] тщательно, старательно, с большим усердием; в бессонном состоянии.

desvelamiento. [м.] см. desvelo.

desvelar. [перех.] лишать сна; **desvelarse.** [возв. гл.] не спать (ночью); (перен.) очень внимательно, с большим усердием делать что-л.

desvelo. [м.] бессонница; (перен.) бдительность, неусыпность; забота, внимательность, усердие.

desvenar. [перех.] отнимать вены от мяса и т. д.; удалять жилки (о листьях); (горн.) извлекать руду из жилы.

desvencijar. [перех.] разъединять, разлаживать; портить; расшатывать; **desvencijarse.** [возв. гл.] (м. употр.) см. relajarse.

desvendar. [перех.] снимать повязку, бинт, разбинтовывать; **desvendarse.** [возв. гл.] разбинтовываться.

desveno. [м.] часть удил (где помещается язык).

desventaja. [ж.] невыгода, ущерб; неблагоприятное обстоятельство; худшее качество.

desventajosamente. [нареч.] невыгодно и т. д.

desventajoso, sa. [прил.] невыгодный, убыточный, неблагоприятный.

desventar. [перех.] выпускать воздух, проветривать; [непр. гл.] спрягается как acertar.

desventura. [ж.] несчастье, беда, злоключение, неудача.

desventuradamente. [нареч.] неудачно и т. д.

desventurado, da. [прил.] несчастный, обездоленный; неудачный; малодушный, робкий, жалкий; скупой.

desvergonzadamente. [нареч.] бесстыдно, нагло, нахально.

desvergonzado, da. [страд. прич.] к desvergonzarse; [прил.] бесстыдный, наглый, дерзкий, бессовестный.

desvergonzarse. [возв. гл.] быть или становиться бесстыдным, наглым и т. д., наглеть, без уважения относиться к кому-л, быть непочтительным с кем-л; [непр. гл.] спрягается как contar.

desvergüenza. [ж.] бесстыдство, наглость, нахальство.

desvestir. [перех.] раздевать, снимать одежду.

desvezar. [перех.] отучать; desvezarse. [возв. гл.] отучаться, отвыкать.

desviación. [ж.] девиация, отклонение, расхождение; (мед.) искривление, смещение (каких-л органов).

desviador, ra. [прил.] отклоняющий и т. д.

desviar. [перех.] отклонять, отводить, отвлекать; (перен.) отсоветовать, отговаривать, отвлекать (от намерения и т. д.); парировать, отводить (удар и т. д.); **desviarse.** [возв. гл.] отклоняться в сторону; идти кружным путём.

desviejar. [перех.] отделять старых овец и т. д. от стада.

desvigorizar. [перех.] уменьшать, убавлять крепость, силы.

desvincular. [перех.] (Амер.) см. desamortizar.

desvío. [м.] отклонение; уклонение: обходной путь; (перен.) нерасположение, нелюбовь; (Амер.) (ж.-д.) запасной путь; (мор.) девиация (компаса).

desvirar. [перех.] обрезать по краям (о подошве; о книге, при переплетении).

desvirgación. [ж.] лишение девственности, растление.

desvirgar. [перех.] лишить девственности, растлить.

desvirilizar. [перех.] лишать мужественности; см. castrar.

desvirtuar. [перех.] лишать сущности, ценности, свойств и т. д., искажать.

desviceración. [ж.] удаление внутренних органов.

desviscerar. [перех.] удалять внутренние органы.

desvitalización. [ж.] лишение жизненности.

desvitalizar. [перех.] лишать жизненности, жизненной силы.

desvitaminazación. [ж.] лишение витаминов.

desvitaminizar. [перех.] лишать витаминов.

desvitrificación. [ж.] потеря стеклом прозрачности от долгого нагревания.

desvitrificar. [перех.] делать тусклым, непрозрачным (о стекле).

desvivirse. [возв. гл.] постоянно проявлять заботу и т. д.; из кожи лезть вон.

desvolcanarse. [возв. гл.] (Амер.) обрушиваться, обваливаться.

desvolvedor. [м.] французский ключ.

desvolver. [перех.] изменять, придавать другую форму; взрыхлять почву, обрабатывать землю; **desvolverse.** [возв. гл.] изменяться; [непр. гл.] спрягается как mover.

desvuelto, ta. [непр. страд. прич.] к desvolver.

desyemar. [перех.] обрезать лишние почки.

desyerba. [ж.] выпалывание; цапка, сапка (для прополки сорняков).

desyerbar. [перех.] см. desherbar.

desyugar. [перех.] (обл.) распрягать волов.

deszocar. [перех.] повреждать ногу; (арх.) лишать цоколя.

deszulacar. [перех.] снимать смолу.

deszumar. [перех.] выжимать сок из чего-л.

detal (en). [нареч.] в розницу.

detall. [м.] * al detall. (гал.) в розницу.

detalladamente. [нареч.] подробно, обстоятельно.

detallado, da. [страд. прич.] к detallar; подробный, детальный, развёрнутый; отборный (о сосновом дереве).

detallar. [перех.] подробно рассказывать, описывать, перечислять, детализировать.

detalle. [м.] деталь, подробность; обстоятельство, обстоятельное, подробное сообщение.

detallista. [м. и ж.] живописец, тщательно выписывающий детали; розничный, мелочной торговец (-ка).

detasa. [ж.] уменьшение, сложение обложения.

detección. [ж.] обнаружение; детектирование.

detectar. [перех.] обнаруживать, вскрывать; детектировать.

detective. [ж.] агент сыскной полиции, сыщик, детектив.

detector, ra. [прил.] детекторный; обнаруживающий; [м.] (радио) детектор.

detectora. [ж.] (радио) детекторная лампа.

detención. [ж.] задержание, прекращение, остановка; задержка, замедление, отсрочка, промедление, заминка; арест, предварительное заключение.

detener. [перех.] останавливать; задерживать, удерживать; арестовывать; содержать в тюрьме; **detenerse.** [возв. гл.] останавливаться; медлить; запаздывать; рассматривать, взвешивать.

detenidamente. [нареч.] подробно, со всей тщательностью; не спеша.

detenido, da. [страд. прич.] к detener, арестованный; [прил.] тщательный, кропотливый; малодушный; скупой, мелочный (тже. сущ.).

detenimiento. [м.] см. detención; осмотрительность, осторожность.

detentación. [ж.] незаконное удержание.

detentador, ra. [м. и ж.] тот, кто незаконно удерживает что-л.

detentar. [перех.] (юр.) незаконно удерживать, удерживать чужое.

detergente. [действ. прич.] к deterger; [прил.] (мед.) очищающий; [м.] очищающее средство.

deterger. [перех.] (мед.) очищать поверхность раны.

deterior. [прил.] (м. употр.) низкокачественный.

deterioración. [ж.] повреждение, порча, см. deterioro.

deteriorador, ra. [прил.] повреждающий и т. д.

deteriorar. [перех.] повреждать, портить, приводить в негодность; **deteriorarse.** [возв. гл.] понести ущерб, убыток: deteriorado, испорченный, пришедший в негодность.

deterioro. [м.] повреждение, порча; изнашивание, износ.

determinabilidad. [ж.] определимость.

determinable. [прил.] определимый, поддающийся определению.

determinación. [ж.] определение, установление; решение, решительность, отвага, храбрость, мужество: * tomar una determinación, принять решение.

determinadamente. [нареч.] решительно, смело и т. д.

determinado, da. [страд. прич.] к determinar; [прил.] решительный, смелый, отважный, неустрашимый; (грам.) определённый (тже. сущ.).

determinante. [действ. прич.] к determinar; [прил.] определяющий; (грам.) определительный.

determinar. [перех.] определять, устанавливать; назначать; постановлять; различать; решать; принимать решение; (юр.) см. sentenciar; [возв. гл.] принимать решение, решаться на что-л.

determinativo, va. [прил.] определяющий; (грам.) определительный.

determinismo. [м.] (фил.) детерминизм.

determinista. [прил.] (фил.) детерминистический; [м. и ж.] детерминист, (-ка).

detersión. [ж.] очищение.

detersivo, va. [прил.] очищающий (тже. сущ.).

detersivo, va, detersorio, ria. [прил.] очищающий (тже. сущ.).

detestable. [прил.] отвратительный, мерзкий, гнусный, ненавистный.

detestablemente. [нареч.] отвратительно и т. д.

detestación. [ж.] сильное отвращение; ненависть.

detestar. [перех.] проклинать, ненавидеть, питать отвращение.

detienebuey. [м.] (бот.) см. gatuña.

detonación. [ж.] выстрел, детонация, взрыв.

detonador. [м.] (Амер.) детонатор.

detonante. [действ. прич.] к detonar; [прил.] взрывчатый.

detonar. [неперех.] взрываться, детонировать, раздаваться (о взрыве и т. д.).

detorsión. [ж.] (мед.) растяжение; вывих.

detracción. [ж.] отклонение, отделение; вычитание; умаление достоинств; злословие, отрицание.

detractar. [перех.] хулить, принижать, позорить, пятнать чью-л честь.

detractor, ra. [прил.] хулящийся, позорящий; [м. и ж.] хулитель, (-ница), оскорбитель, (-ница), клеветник, (-ница).

detraer. [перех.] отклонять, отстранять; отделять; вычитать; см. detractar; [непр. гл.] спрягается как traer.

detrás. [нареч.] сзади, позади; назад: * hablar por detrás, говорить за глаза; * ir detrás de, идти сзади; * detrás de, за, позади; * detrás de la puerta, за дверью; * detrás de mí, за мной; * por detrás de, в отсутствие, за глаза.

detrición. [ж.] изнашивание зубов от трения.

detrimento. [м.] ущерб, вред; повреждение; потеря.

detrítico, ca. [прил.] (геол.) обломочный, детритовый, происшедший от разрушения.

detrito. [м.] детрит, продукты выветривания горных пород, обломки.

detritus. [м.] (латинизм) (геол.) см. detrito.

detroncación. [ж.] (хир.) отсечение головы (преимущ. о выкидыше и т. д.).

detumescencia. [ж.] (мед.) уменьшение припухлости.

detumescente. [прил.] годный для уменьшения припухлости (о средстве).

deuda. [ж.] долг (денежный); долг (обязанность); (перен.) оскорбление, обида, вина, грех: * **deuda pública**, государственный долг; * **deuda consolidada**, консолидированный, отверждённый долг; * **deuda flotante**, неотверждённый долг; * estar lleno de deudas, быть по уши в долгах.

deudo, da. [м. и ж.] родственник, (-ица); [м.] родство, узы родства.
deudor, ra. [прил.] берущий в долг и т. д.; [м. и ж.] должник, (-ица); (бух.) [м.] дебет.
deutergia. [ж.] вторичное действие лекарства.
deuterio. [м.] (хим.) дейтерий.
deuterógamo, ma. [прил.] второбрачный.
Deuteronomio. [м.] (рел.) Второкнижие.
deuteropatía. [ж.] (пат.) последовательная болезнь.
deuterosis. [ж.] название второго закона (евреев).
deutoplasma. [ж.] (биол.) дейтоплазма.
deutóxido. [м.] (хим.) вторая степень окисления (тела).
devalar. [неперех.] (мор.) отклоняться от курса, дрейфовать.
devaluación. [ж.] девальвация.
devaluar. [перех.] произвести девальвацию, девальвировать.
devanadera. [ж.] мотовило; (театр.) вращающаяся декорация.
devanado. [м.] (эл.) обмотка.
devanador, ra. [м. и ж.] мотальщик, (-ица); [м.] катушка.
devanagari. [м.] (филол.) деванагари.
devanar. [перех.] сматывать, разматывать, наматывать (на катушку и т. д.); devanarse. [возв. гл.] (Амер.) корчиться (от боли и т. д.); * devanarse los sesos, напрягать мозг.
devanear. [неперех.] бредить, говорить вздор, нелепости.
devaneo. [м.] бред; вздор, нелепость; бесполезная трата времени; мимолётное любовное увлечение.
devantal. [м.] (м. употр.) передник, фартук.
devastación. [ж.] опустошение, разорение, разрушение (тж. перен.).
devastador, ra. [прил.] опустошительный; [м. и ж.] опустошитель, (-ница).
devastar. [перех.] опустошать, разорять, разрушать.
develación. [ж.] (перен.) разоблачение.
develar. [перех.] (перен.) разоблачать, обнаруживать.
devengar. [перех.] заслуживать право на получение чего-л.
devengo. [м.] денежное содержание.
devenir. [м.] (фил.) становление.
devenir. [перех.] (фил.) делаться, становиться.
deverbal, deverbativo, va. [прил.] (грам.) отглагольный.
de verbo ad vérbum. [лат. выраж.] слово в слово.
deviación. [ж.] см. desviación.
devisar. [перех.] (Амер.) останавливать, загораживать; см. divisar.
devoción. [ж.] набожность, благочестие; (перен.) приверженность, преданность, склонность, благоговение; * estar a la devoción de, быть безгранично преданным кому-л; служить кому-л.
devocionario. [м.] молитвенник.
devolución. [ж.] отдача, возврат, возвращение, отсылка обратно.
devolutivo, va. [прил.] (юр.) отдающий обратно.
devolver. [перех.] отдавать, возвращать; (разг.) изрыгать, рвать, вырвать, выбрасывать из себя.
devoniano, na. [прил.] (геол.) девонский; [м.] девон.

devónico, ca. [прил. и сущ.] см. devoniano.
devorador, ra. [прил.] пожирающий, истребляющий (тж. сущ.).
devorante. [дейст. прич.] к devorar; [прил.] пожирающий.
devorar. [перех.] съедать, пожирать; истреблять, уничтожать, поглощать; (перен.) целиком посвящать; * devorar los libros, глотать книги.
devotamente. [нареч.] набожно, благочестиво; с благоговением.
devotería. [ж.] ханжество.
devotismo. [м.] чрезмерная набожность.
devoto, ta. [прил.] набожный, благочестивый; (перен.) преданный; [м. и ж.] набожный человек; преданный человек; [м.] предмет набожности.
devuelto. [непр. страд. прич.] к devolver.
dexiocardia. [ж.] (мед.) сердце, расположенное справа.
dexteridad. [ж.] проворство, ловкость рук.
dextrina. [ж.] (хим.) декстрин.
dextrinado, da. [прил.] содержащий декстрин.
destrínico, ca. [прил.] (хим.) прин. или относящ. к декстрин.
dextrinizar. [перех.] превращать в декстрин.
dextro. [м.] неприкосновенная местность вокруг церкви.
dextrocardia. [ж.] (мед.) см. dexiocardia.
dextrógiro, ra. [прил. и сущ.] (хим.) правовращающийся, вращающий плоскость поляризации вправо.
dextrómano, na. [прил.] владеющий правой рукой лучше, чем левой (тж. сущ.).
dextrorso, sa. [прил.] (физ.) двигающийся слева направо.
dextrorsum. [нареч.] слева направо, по движению часовой стрелки.
dextrosa. [ж.] декстроза, виноградный сахар.
dextrotorsión. [ж.] вращение слева направо.
deyección. [ж.] испражнение, дефекация; экскременты, кал; (геол.) вулканическая лава.
deyectar. [неперех.] испражняться.
dezmable. [прил.] (уст.) подчинённый десятине (налогу).
dezmar. [неперех.] см. diezmar.
dezmatorio. [м.] место, где взимали десятину.
dezmería. [ж.] (уст.) земля подлежавшая десятинному налогу.
dezmero, ra. [прил.] (уст.) относящийся к десятине; [м. и ж.] человек, облагаемый десятиной.
dezocar. [перех.] (Амер.) см. deszocar.
di-. приставка, обозначающая противопоставление, происхождение, распространение.
di-. приставка, обозначающая два.
dia-. приставка, обозначающая разделение, раздвоение (или через, вместе с).
día. [ж.] день, дневное время; сутки; именины; [множ.] жизнь, дни жизни; именины; день рождения; * día de trabajo, рабочий день; будни; * día de descanso, festivo, colendo, день отдыха, выходной день, нерабочий, праздничный день; * día de año nuevo, в первый день нового года; * día de vigilia, de viernes, de pescado, постный день; * día lectivo, учебный день; * día de carne, скоромный день; * día del Corpus, католический праздник «Тела Господня»; * día civil, гражданские сутки (исчисл. от 12 ч. ночи); * día astronómico, астрономические сутки (исчисл. от 12 ч. дня); * al otro día, на следующий день * un día, однажды; как-то; со временем; * día tras día, день за днём; * el otro día, uno de estos días, на днях; * días atrás, несколько дней тому назад; * de un día al otro, со дня на день; * de día en día, с каждым днём, изо дня в день; * el otro día, un día de estos, как то, на днях; * en nuestros días, в наше время; * día y noche, день и ночь; днём и ночью; * de día, днём; * por día, в день, ежедневно; * todos los días, ежедневно; * de cada día, каждодневный, ежедневный; * en su día, в своё время; * hoy día, hoy en día, в настоящее время; * algún día, el mejor día, когда-л; в другой раз; * en los días de la vida, никогда; * al despuntar el día, на рассвете; * en pleno día, среди бела дня; * buenos días, добрый день; * dar los buenos días, приветствовать; * dar los días, поздравить с праздником; * hasta otro día, до скорого свидания; * al día, день в день; точно; * vivir al día, жить сегодняшним днём; * todo el santo día, день-деньской; * un buen día, в один прекрасный день; * todo el día, целый день; * cada dos días, sí y otro no, через день; * a tantos días vista, (бух.) через столько-то дней по предъявлении чека; * dar el día, причинить большое огорчение; * hacer día puente, прогулять рабочий день между двумя праздниками; * al fin de sus días, на склоне дней своих; * muy de día, яркий дневной свет; * día de(l) juicio, день Страшного суда, конец света, светопреставление; * días ha, уже давно; * entrado en días, пожилой; cerrarse el día, затянуться тучами; al día, в курсе; estar al día, быть в курсе.
diabantita. [ж.] (мин.) диабантит.
diabasa. [ж.] (мин.) диабаз.
diabaso. [м.] (зоол.) род южноамериканского слепня.
diabasofira. [ж.] (мин.) диабазовый порфир.
diabetes. [ж.] (пат.) диабет, мочеизнурение: * diabetes insípida, несахарное мочеизнурение; * diabetes sacarina, diabetes mellitus, сахарное мочеизнурение.
diabético, ca [прил.] диабетический; [м. и ж.] диабетик (больной).
diabla. [ж.] (разг.) (шутл.) чертовка; карда, чесальная машина, шерсточесалка; (обл.) маленький экипаж (двухколёсный) : * a la diabla, (разг.) как попало, небрежно.
diablamente. [нареч.] дьявольски.
diablear. [неперех.] (разг.) шалить, проказить.
diablejo. [м.] чертёнок, бесёнок.
diablero. [м.] (уст.) заклинатель злых духов.
diablesa. [ж.] (разг.) чертовка.
diablesco, ca. [прил.] дьявольский.
diablillo. [м.] чертёнок, бесёнок; интриган; человек одетый в дьявольском костюме; (Амер.) детская игра; * diablillo casero, (фольк.) гном.
diablismo. [м.] дьявольская вещь; проделка; (перен.) отвратительная злобность.
diablista. [м. и ж.] приверженец дьявола.
diablo. [м.] дьявол, чёрт, бес; злой дух; (перен.) хитрец, пройдоха, лукавый, злой человек; безобразный человек; ловкач; смелый человек; шалун, проказник; чесальная машина, шерсточесалка; тачка, повозка (для перевозки тяжестей); (Амер.) гвоздодёр; (арг.) тюрьма: * diablo encarnado, злой человек; злюка; * pobre diablo, бедняк; * ¡diablo!, чёрт возьми; * ¡al diablo!, к чёрту; * dar al diablo, dar a todos los diablos, послать ко всем чертям; * estar dado al diablo, darse a todos los diablos, взбеситься, выходить из себя, злиться; отчаиваться; * donde el diablo perdió el poncho, (Амер.) у чёрта на куличках, очень далеко; * ser de la piel del diablo, быть непоседой; быть

очень лукавым, * el **diablo** harto de carne se metió fraile, когда старость придёт, то и чёрт в монастырь пойдёт; * dar que reír al **diablo**, сделать, совершить ошибку; * tener pacto con el **diablo**, быть смелым, ловким, лукавым и т. д.; * haber una de todos los **diablos**, неистово шуметь, производить адский шум; * **diablos** azules, (Амер.) белая горячка; * andar или estar como los **diablos**, жить или чувствовать себя плохо.

diablofuerte. [м.] (Амер.) вельвет.
diablotín. [м.] чертёнок, бесёнок.
diablura. [ж.] чертовщина, дьявольщина; злая выходка; шалость, проказы; смелый, безрассудный, опасный поступок.
diabólica. [ж.] сорт вязаной куртки.
diabólicamente. [нареч.] дьявольски и т. д.
diabólico, ca. [прил.] дьявольский, чертовский; (перен.) (разг.) очень злой, очень проказливый; очень трудный, запутанный.
diábolo. [м.] диаболо (игра).
diabrosis. [ж.] (мед.) разъедание (сосуда).
diacatón. [м.] (мед.) чрезмерный жар.
diacitrón. [м.] варенье из цедрата.
diaclasas. [ж.] (геол.) диаклазы, тектонические трещины.
diaclasia. [ж.] (хир.) разламывание, особенно искусственное, хирургическое.
diacodión. [м.] (фарм.) успокаивающий сироп.
diaconado. [м.] см. diaconato; [страд. прич.] к diaconar.
diaconal. [прил.] дьяконский.
diaconar. [неперех.] дьяконствовать.
diaconato. [м.] дьяконство.
diaconía. [ж.] территория и дом дьякона.
diaconisa. [ж.] (уст.) служанка при церкви.
diácono. [м.] дьякон: * mujer del **diácono**, (разг.) дьяконица.
diacorema. [ж.] diacoresis. [м.] выделение, испражнение.
diacraneano, na. [прил.] (анат.) нижняя (о челюсти).
diacrantera. [ж.] (зоол.) вид ужа.
diacrítica. [ж.] (мед.) диагноз.
diacrítico, ca. [прил.] (лингв.) диакритический; (мед.) характерный, отличительный (о симптоме болезни).
diacronía. [ж.] (лингв.) диахрония.
¡diache! [межд.] (Амер.) чёрт!
diada. [ж.] (фил.) дуализм.
diadema [ж.] царский венец; венец, диадема; корона, ореол.
diademado. [прил.] (разг.) носящий диадему и т. д. (см. diadema).
diado. [прил.] назначенный (о дне).
diafanidad. [ж.] прозрачность.
diafanipenne. [прил.] (зоол.) с прозрачными крыльями.
diafanizar. [перех.] делать прозрачным.
diáfano, na. [прил.] прозрачный.
diafanometría. [ж.] (физ.) искусство о измерении прозрачности.
diafanómetro. [м.] диафанометр.
diafanoscopia. [ж.] (мед.) исследование с помощью диафаноскопа.
diafanoscopio. [м.] диафаноскоп.
diafiláctico, ca. [прил.] (мед.) профилактический.
diafixia. [ж.] (мед.) проливание, увлажнение, смачивание.
diaforesis. [ж.] (мед.) потоотделение.
diaforético, ca. [прил.] (мед.) потогонный. [м.] потогонное средство.
diaforita. [ж.] (мин.) диафорит.
diafragma. [ж.] (анат.) диафрагма-перегородка, грудобрюшная преграда; (фот.) диафрагма.
diafragmar. [неперех.] диафрагмировать.
diafragmático, ca. [прил.] диафрагмальный, принадлежащий к диафрагме.
diafragmatitis. [ж.] (пат.) воспаление диафрагмы.
diafragmatocele. [м.] (пат.) прохождение внутренностей через дефекты диафрагмы в брюшную полость.
diafragmodinia. [ж.] (мед.) диафрагмальная боль.
diagnosis. [ж.] (мед.) диагностика; (бот.) краткое описание растения.
diagnosticar. [перех.] (мед.) диагностировать, ставить диагноз, определять болезнь.
diagnóstico, ca. [прил.] (мед.) диагностический, распознавательный; [м.] диагноз; признаки болезни.
diagonal. [прил.] диагональный (о линии); [ж.] диагональ; диагональ (ткань).
diagonalmente. [нареч.] по диагонали.
diagrama. [м.] диаграмма, график, схема.
diagramador. [м.] составитель диаграммы.
diagramar. [перех.] составлять диаграмму, изображать схематически.
diagramático, ca. [прил.] схематический.
¡diajule! [межд.] (обл.) чёрт! чёрт возьми!
dial. [перех.] дневной; [ж. множ.] запись событий, дневник.
diálaga. [ж.] (мин.) диаллаг.
dialectal. [прил.] относящийся к диалекту, диалектальный, диалектный.
dialectalismo. [м.] диалектизм; диалектальное свойство.
dialéctica. [ж.] диалектика.
dialécticamente. [нареч.] диалектически.
dialéctico, ca. [прил.] диалектический, диалектичный; [сущ.] диалектик.
dialecto. [м.] диалект, наречие.
dialectología. [ж.] (филол.) диалектология.
diálisis. [ж.] (хим.) диализ.
dializador. [м.] (хим.) диализатор.
dializar. [перех.] (хим.) очищать с помощью диализатора и т. д.
dialogadamente. [нареч.] в форме диалога.
dialogado, da. [страд. прич.] к dialogar.
dialogal. [прил.] см. dialogístico.
dialogar. [неперех.] разговаривать, вести диалог; [перех.] писать в форме диалога.
dialogístico, ca. [прил.] диалогический; написанный в форме диалога, беседы.
dialogizar. [неперех.] разговаривать, вести диалог.
diálogo. [м.] диалог (в романе и т. д.); разговор.
dialoguista. [м. и ж.] автор диалогов; писатель, использующий диалогическую форму.
dialtea. [ж.] (фарм.) мазь из алтеи.
diamagnético, ca. [прил.] диамагнитный.
diamagnetismo. [м.] диамагнетизм.
diamagnetómetro. [м.] измеритель диамагнетизма тел.
diamantado, da. [прил.] похожий на алмаз, брильянт.
diamantar. [перех.] передавать алмазный блеск.
diamante. [м.] алмаз, брильянт: * **diamante** (en) bruto, необработанный алмаз; (перен.) человек, обладающий внутренними достоинствами, но не имеющий внешнего лоска; * **diamante** de vidriero, алмаз для резки стекла.
diamantear. [перех.] сверкать как алмаз.
diamantífero, ra. [прил.] алмазоносный.
diamantino, na. [прил.] алмазный, обладающий свойствами алмаза; (перен.) (поэт.) твёрдый, непреклонный.
diamantista. [м. и ж.] ювелир; шлифовальщик алмазов.
diamasema. [ж.] см. masticación.
diamela. [ж.] (бот.) вид жасмина.
diametral. [прил.] диаметральный.
diametralmente. [нареч.] диаметрально; совершенно: ° diametralmente opuesto, диаметрально противоположный.
diámetro. [м.] (геом.) диаметр; поперечник.
diamorfismo. [м.] (мин.) диаморфизм.
diana. [ж.] (воен.) заря (утренний сигнал), сигнал подъёма; цель: * tocar **diana**, играть зорю.
diana. [ж.] (Амер.) обезьяна (один из видов).
Diana. [ж.] (миф.) Диана.
¡dianche! [межд.] (разг.) чёрт возьми!
diandria. [ж.] (бот.) свойст. к двутычиночный.
diandro, dra. [прил.] (бот.) двутычиночный.
dianoesis. [ж.] размышление; рассуждение; мысль, идея.
diantre. [м.] (разг.) чёрт, дьявол; [межд.] чёрт возьми!
diañe, diaño. [м.] (обл.) дьявол, чёрт, бес.
diapasón. [м.] (муз.) (физ.) диапазон; (муз.) камертон; основной регистр органа: * bajar el **diapasón**, (перен.) (разг.) сбавить тон; * subir el **diapasón**, повышать голос.
diapédesis. [ж.] (мед.) способность крови, ее плазмы и шариков проходить стенку сосудов без нарушения ее целости.
diapente. [м.] (муз.) квинта (интервал).
diapiema. [ж.] (мед.) нагноение, гноетечение.
diapiético, ca. [прил.] (мед.) вызывающий нагноение.
diaplasma. [м.] (мед.) припарка и т. д.
diaplejía. [ж.] двусторонний паралич, общий паралич.
diapnómetro. [м.] (мед.) прибор для измерения потоотделения.
diapositiva. [ж.] (фот.) диапозитив.
diaprea. [ж.] сорт маленькой сливы.
diapreado, da. [прил.] пёстрый.
diaquilón. [м.] (мед.) свинцовый пластырь.
diariamente. [нареч.] ежедневно.
diariero. [м.] (Амер.) газетчик.
diario, ria. [прил.] ежедневный; повседневный; [м.] газета; дневник; ежедневные расходы; (бух.) мемориал: diario de navegación, (мор.) вахтенный журнал; * diario hablado, последние известия (по радио); [нареч.] (Амер.) ежедневно: a diario, de diario, ежедневно.
diarismo. [м.] (Амер.) журналистика, газетное дело.
diarista. [м.] человек, ведущий дневник.
diaromaticón. [м.] (фарм.) сорт пластыря.
diarrea. [ж.] (мед.) понос.
diarreico, ca. [прил.] (мед.) поносный.
diartrodial. [прил.] относящийся к диартрозу.
diartrosis. [ж.] диартроз, подвижное сочленение.
diascopia. [ж.] диаскопия.
diascordio. [м.] (фарм.) вяжущая лекарственная каша.
diasen. [м.] (фарм.) слабительная лекарственная каша.
diasirmo. [м.] (рит.) ирония.
diasóstico, ca. [прил.] (мед.) гигиенический, предохранительный.
diáspero, diásporo. [м.] (мин.) диаспор.
diaspro. [м.] (мин.) разновидность яшмы.
diasque. [м.] (Амер.) сатана, дьявол; (перен.) дьяволёнок; [межд.] чёрт!, чёрт возьми!
diastalsis. [ж.] рефлекс.
diastaltica. [ж.] (физ.) дисперсия (света).

diastasa. [ж.] (хим.) диастаз, фермент, превращающий крахмал в сахар и декстрин.
diastásico, ca. [прил.] (хим.) принадлежащий или относящийся к диастазу.
diastasífero, ra. [прил.] содержащий диастаз.
diástasis. [ж.] (хир.) расхождение костей.
diastático, ca. [прил.] принадлежащий к расхождению костей; см. disyuntivo.
diástole. [ж.] диастола.
diastólico, ca. [прил.] (физиол.) принадлежащий или относящийся к диастоле.
diastrema. [м.] (мед.) вывих, выворот.
diastrofia. [ж.] (хир.) вывих кости, мышцы и т. д.
diatermancia. [ж.] (физ.) теплопрозрачность, диатермичность.
diatérmano, na. [прил.] (физ.) диатермический, теплопрозрачный.
diatermia. [ж.] (мед.) диатермия, прогревание тканей тела.
diatérmico, ca. [прил.] (физ.) диатермический.
diatesación. [ж.] (мед.) обобщение болезни.
diatesarón. [м.] (муз.) кварта (интервал).
diatésico, ca. [прил.] принадлежащий или относящийся к диатезу.
diátesis. [ж.] (мед.) диатез, предрасположение организма к нек-рым заболеваниям (например, геморрагические диатезы).
diatomáceas, diatomeas. [множ.] (бот.) диатомовые водоросли.
diatómico, ca. [прил.] двухатомный.
diatomita. [ж.] (мин.) диатомит, кизельгур, инфузорная земля.
diatomología. [ж.] часть ботаники, изучающая диатомовые водоросли.
diatomológico, ca. [прил.] к изучение диатомовых водорослей.
diatónico, ca. [прил.] (муз.) диатонический.
diatriba. [ж.] диатриба, резкая (или жёлчная) критика; обличительная речь, памфлет.
diatribar. [перех.] резко критиковать.
diatrita. [ж.] (мед.) трёхдневная диета.
diazoación. [ж.] (хим.) диазотирование.
diazoico, ca. [прил.] (хим.) диазотистый.
dibásico, ca. [прил.] двухосновный.
dibujante. [дейст. прич.] к dibujar; [м. и ж.] рисовальщик, (-ица); чертёжник, (-ица).
dibujar. [перех.] рисовать; чертить; (перен.) изображать, обрисовывать.
dibujo. [м.] рисунок; рисование; черчение; чертёж, план; мотив (в рукоделии); почерк: * dibujo del natural, рисунок с натуры; * dibujos animados, (кино) мультипликация; * dibujo lineal, industrial, технический чертёж, черчение; * dibujo a pulso, рисунок от натуры; * no meterse en dibujos, ограничиваться делать или говорить нужное.
dicacidad. [ж.] язвительность, едкость, насмешливость; остроумная насмешка.
dicalco. [м.] старинная монета.
dicaz. [прил.] язвительный, колкий, едкий, остроумный.
dicción. [ж.] дикция; произношение: * dicción viciosa, неправильное произношение.
diccionario. [м.] словарь.
diccionarista. [прил.] словарный; [м. и ж.] составитель словаря.
dicéfalo, la. [прил.] двухголовый.
dicente. [дейст. прич.] к decir, говорящий, скажущий (тж. сущ.).
díceres. [м. множ.] (Амер.) слухи.

diciembre. [м.] декабрь: * en (el mes de) diciembre, в декабре.
diciente. [дейст. прич.] к decir.
diclorado, da. [прил.] (хим.) двухлористый.
dicolor. [прил.] двухцветный.
diconco, ca. [прил.] двустворчатый.
dicotómico, ca. [прил.] дихотомический.
dicopétalo, la. [прил.] двулепестный.
dicotiledón, dicotiledóneo, a. [прил.] (бот.) двусемянодольный.
dicotomía. [ж.] дихотомия, вилообразное разветвление, раздвоение.
dicotómico, ca. [прил.] дихотомический.
dicótomo, ma. [прил.] вилообразно разделенный.
dicroe. [прил.] (физ.) двухцветный.
dicroico, ca. [прил.] см. dicroe.
dicroísmo. [м.] дихроизм.
dicroita. [ж.] (мин.) дихроит, кордиерит.
dicromasia. [ж.] (физ.) дальтонизм.
dicromático, ca. [прил.] дихроматический.
dicromatismo. [м.] дихроматизм.
dicrotismo. [м.] (мед.) двуударный пульс.
dicroto, ta. [прил.] (мед.) двуударный: * pulso dicroto, два раза ударяющий пульс.
dictado, da. [страд. прич.] к dictar; [м.] диктовка, диктант; прозвище; титул, звание; [множ.] (перен.) предписание, веление разума, совести: * escribir al dictado, писать под диктовку.
dictador. [м.] диктатор.
dictadura. [ж.] диктатура; диктаторство; срок диктаторских полномочий: * dictadura del proletariado, диктатура пролетариата.
dictafonista. [м. и ж.] тот, кто обращается с диктофоном.
dictáfono. [м.] диктофон.
dictamen. [м.] мнение, отзыв; суждение; совет: * dictamen pericial, экспертиза; * tomar dictamen, советоваться.
dictaminador, ra. [прил.] высказывающий мнение, дающий отзыв (тж. сущ.).
dictaminar. [неперех.] высказывать своё мнение, суждение, высказываться; давать отзыв.
dictamo. [м.] (бот.) ясенец, бадьян; (Амер.) (бот.) разновидность молочая.
dictar. [перех.] диктовать (текст); (перен.) диктовать, предписывать; внушать, подсказывать; объявлять, оглашать (приговор и т. д.).
dictatorial. [прил.] диктаторский; (перен.) произвольный, самоуправный.
dictatorialmente. [нареч.] диктаторским образом.
dictatorio, ria. [прил.] диктаторский.
dicterio. [м.] язвительная шутка, оскорбительное слово или выражение; оскорбление, обида.
dictiocarpo, pa. [прил.] (бот.) сетчатоплодный.
dictiopsia. [ж.] видение предметов в тумане, как бы через паутину.
dictitis. [ж.] (пат.) воспаление сетчатки.
dicha. [ж.] счастье, удача: * a или por dicha, к счастью, по счастью; случайно.
dicharachero, ra. [прил.] любящий употреблять вульгарные слова или выражения, остроумный, забавный; [м. и ж.] тот, кто употребляет вульгарные слова или выражения, балагур.
dicharacho. [м.] (разг.) вульгарное слово или выражение.
dichero, ra. [прил.] (разг.) (обл.) забавный, остроумный, весёлый (при разговоре) (тж. сущ.).
dicheya. [ж.] (Амер.) название лечебного растения.
dicho, cha. [непр. страд. прич.] к decir; [м.] выражение, слово, оборот речи; изречение, афоризм; поговорка, пословица; остроумное словцо; заявление, показание свидетеля; помолвка, согласие на брак (чаще множ.); (разг.) бранное слово; * dicho de las gentes, слухи, сплетни; * dicho y hecho, сказано-сделано; * dicho, dicho, что сказано, то верно; так и есть; * del dicho al hecho hay gran trecho, легко сказать, из посула шубы не сошьёшь; * tomarse los dichos, помолвить; * dicho sea de paso, говоря между прочим.
dichón, na. [прил.] (Амер.) едкий, колкий, язвительный.
dichosa. [ж.] (шутл.) плевательница; ночной горшок.
dichosamente. [нареч.] счастливо, удачно.
dichoso, sa. [прил.] счастливый, удачный; (разг.) неприятный, утомительный, наводящий скуку; (ирон.) проклятый; [множ.] (арг.) дамские ботинки.
didáctica. [ж.] дидактика.
didácticamente. [нареч.] дидактическим образом.
didáctico, ca. [прил.] дидактический, поучительный.
didactilismo. [м.] (зоол.) двупалость, двойные пальцы.
didáctilo, la. [прил.] (зоол.) двупалый (о животном).
didascalia. [ж.] (филол.) методическая совокупность дидактических правил.
didascálico, ca. [прил.] дидактический, поучительный.
didélfico, ca. [прил.] (зоол.) принадлежащий или относящийся к двойной матке.
didelfo, fa. [прил.] (зоол.) с двойной маткой, сумчатый; [м.] сумчатое животное; [м. и мнж.] сумчатые животные.
didimalgia. [ж.] (мед.) боль в яичке.
didimio. [м.] название очень редкого металла.
didimitis. [ж.] (пат.) воспаление яичка.
didimo. [прил.] (бот.) двойчатый; [м.] (анат.) яичко.
didimopso. [м.] род американской стрекозы.
didodecaedro. [м.] дидодекаэдр, 24-гранник в голоэдрии и 12-гранник в гемиэдрии.
didracma. [ж.] старинная еврейская монета.
diductor, ra. [прил.] отмыкающий (о мышце).
diecinueve. [прил.] девятнадцать.
diecinueveavo, va. [прил.] девятнадцатый; [м.] девятнадцатая доля, часть.
dieciochavo, va. [прил.] восемнадцатый; [м.] восемнадцатая доля, часть: * en dieciochavo, в восемнадцатую долю листа (о формате).
dieciocheno, na. [прил.] см. decimoctavo; [м.] старинная серебряная монета (валенсийская).
diechochista. [прил.] принадлежащий или относящийся к XVIII в.
dieciocho. [прил.] восемнадцать.
dieciséis. [прил.] шестнадцать.
dieciseisavo, va. [прил.] шестнадцатый; [м.] шестнадцатая доля, часть: * en dieciseisavo, в шестнадцатую долю листа (о формате).
dieciseiseno, na. [прил.] см. decimosexto.
diecisiete. [прил.] семнадцать.
diecisieteavo, va. [прил.] семнадцатый; [м.] семнадцатая доля, часть.
diedro. [прил.] (геом.) двугранный; [м.] двугранный угол.
diego. [м.] (бот.) чудоцвет.
dieléctrico, co. [прил.] (физ.) диэлектрический, непроводящий.
dienaedro, dra. [прил.] восемнадцатигранный; [м.] восемнадцатигранник (крист.).
diencefalo. [м.] (анат.) промежуточный мозг.
diente. [м.] зуб; зубец; зубчик; зазубрина; долька; зубчатый край кирпичной сте-

ны; * **diente** molar, коренной зуб; * **diente** incisivo, резец, передний зуб; * **diente** canino, клык, глазной зуб; * **dientes** postizos, вставные зубы; * **diente** de ajo, долька чеснока; * **diente** de león, одуванчик; * **diente** de lobo, защёлка; * **diente** de perro, долото (с двумя зубьями); * **diente** de caballo, (обл.) полевой шпат; * aguzar los **dientes**, проголодаться; * a regañadientes, неохотно, против воли, против желания; * enseñar los **dientes**, показать зубы, огрызаться; * hablar entre **dientes**, цедить сквозь зубы; * dar **diente** con **diente**, стучать, лязгать зубами; * alargársele a uno los **dientes**, чувствовать вяжущее ощущение во рту; (перен.) страстно желать; * de **dientes** afuera, неискренно; * estar a **diente**, проголодать; * crujirle или rechinarle a uno los **dientes**, скрежетать зубами, быть сердитым, гневаться; * meter el **diente**, предпринимать; * tener buen **diente**, не быть разборчивым в еде; * no llegar a un **diente**, no tener para un **diente**, no haber para untar un diente, не иметь достаточно (о еде); * quitar a uno los **dientes**, дать в рожу; * no entrarle a uno de los **dientes** adentro, испытывать отвращение к...

dientimellado, da. [прил.] с недостающими зубами (тже. сущ.).

dientudo, da. [прил.] зубастый.

dierésico, ca. [прил.] (грам.) к диерез; см. **dierético**.

diéresis. [ж.] (грам.) диерез, диакритический знак над ü; (хир.) разделение, рассечение.

dierético, ca. [прил.] (хир.) нарушающий целость ткани; [прил.] к разделение.

diesel. [прил.] (тех.) дизельный; [м.] дизель.

diesi. [м.] (муз.) диез.

diesófago. [м.] двойной пищевод.

diestra. [ж.] правая рука.

diestramente. [нареч.] ловко, проворно.

diestro, tra. [прил.] правый, находящийся справа; ловкий, проворный, умелый, искусный, опытный, хитрый; проницательный, сообразительный; [м.] искусный фехтовальщик; (тавр.) матадор; недоуздок, повод: * a **diestro** y siniestro, направо и налево; необдуманно; кстати и некстати; без разбора, вкривь и вкось.

dieta. [ж.] диета; воздержание в пище: * estar a **dieta**, соблюдать диету, сидеть на диете.

dieta. [ж.] сейм, собрание выборных представителей; гонорар (врача, адвоката); [множ.] командировочные.

dietar. [перех.] посадить на диету.

dietario. [м.] приходо-расходная книга; запись событий по числам и дням.

dietética. [ж.] диететика.

dietéticamente. [нареч.] по правилам диететики.

dietético, ca. [прил.] диетический; диетический.

dietina. [ж.] (ист.) поместный сейм.

dietista. [м.] диететик.

dietología. [ж.] (мед.) диететика.

dietológico, ca. [прил.] диетологический.

diez. [прил.] десять; десятый; [м.] (цифра) десять; десятка (игральная карта и т. д.); десятое число: * el **diez** de mayo, десятое мая.

diezma. [ж.] (обл.) десятина.

diezmador. [м.] тот, кто взимал десятину.

diezmal. [прил.] к десятина (налог).

diezmar. [перех.] наказывать каждого десятого; взимать, брать десятинный сбор; (перен.) истреблять, опустошать ряды; производить кровавую расправу.

diezmero, ra. [м. и ж.] тот кто взимал или платил десятину.

diezmesino, na. [прил.] десятимесячный.

diezmilésimo, ma. [прил.] десятитысячный; [ж.] десятитысячная доля, часть.

diezmilímetro. [м.] десятая часть миллиметра.

diezmillo. [м.] (Амер.) филей, филейная часть мяса.

diezmillonésimo, ma. [прил.] десятимиллионный; [ж.] десятимиллионная доля, часть.

diezmo. [м.] (ист.) десятина (налог); (уст.) см. **décimo**.

difamación. [ж.] диффамация, клевета, злословие.

difamador, ra. [прил.] позорящий, клеветнический, обесславливающий; [м. и ж.] клеветник, (-ица).

difamante. [действ. прич.] к **difamar**, позорящий, обесславливающий и т. д.

difamar. [перех.] позорить, чернить, клеветать, дискредитировать.

difamatorio, ria. [прил.] клеветнический.

difanita. [ж.] (мин.) дифанит.

difariar. [неперех.] (Амер.) (вул.) бредить, говорить несуразности.

difario. [м.] (Амер.) (вул.) бред; нелепость.

difarreación. [ж.] обряд при разводе (у древних римлян).

diferencia. [ж.] различие, разница, отличие; разногласие, разноречивость; распря, спор; спорный вопрос; (мат.) разность, остаток: * a **diferencia**, различно, в отличие; * con la sola **diferencia** de que, за исключением этого.

diferenciación. [ж.] дифференциация; (мат.) дифференцирование.

diferencial. [прил.] различный, отличающийся; дифференциальный; [ж.] дифференциал; [м.] (тех.) дифференциал, дифференциальная передача, дифференциальный механизм.

diferenciar. [перех.] отличать, различать, расчленять; изменять; дифференцировать (тже. мат.); [неперех.] отличаться от..., расходиться (во мнениях и т. д.); **diferenciarse.** [возв. гл.] различаться, отличаться от...; выдаваться.

diferente. [прил.] различный, несходный, другой, не такой; [нареч.] различно.

diferentemente. [нареч.] различно; иначе, не так.

diferir. [перех.] отсрочивать, медлить с..., откладывать, задерживать; [неперех.] различаться, отличаться; [непр. гл.] спрягается как **sentir**.

difícil. [прил.] трудный, затруднительный, тяжёлый; сложный; трудный, тяжкий; разборчивый, прихотливый; требовательный, придирчивый; несговорчивый, труднопроходимый: * tiempos **difíciles**, тяжёлые времена.

difícilmente. [нареч.] с трудом и т. д.

dificultad. [ж.] трудность, затруднение; препятствие, загвоздка; возражение: * salvar una **dificultad**, устранить затруднение; * sin **dificultad**, без затруднений, беспрепятственно; легко; * poner dificultades, создавать затруднения.

dificultador, ra. [прил.] создающий затруднения (тже. сущ.).

dificultar. [перех.] создавать, чинить препятствия, затруднять, мешать; считать трудным.

dificultosamente. [нареч.] с трудом и т. д.

dificultoso, sa. [прил.] трудный, тяжёлый, затруднительный; создающий затруднения; [перен.] (разг.) странный, неправильный, (о лице).

difidación. [ж.] объявление войны; манифест, оправдывающий объявление войны.

difidencia. [ж.] недоверие, недоверчивость.

difidente. [прил.] недоверчивый.

difilo, la. [прил.] (бот.) с двумя листьями, двулистный.

difinir. [перех.] (м. употр.) см. **definir**.

diflorígero, ra. [прил.] (бот.) с двумя цветками.

difluente. [прил.] растекающийся, расплывающийся.

difluir. [неперех.] расплываться, растекаться, распространяться.

diforme. [прил.] (вар.) безобразный, уродливый.

difracción. [ж.] (физ.) дифракция, преломление, лучепреломление.

difractar. [перех.] (физ.) преломлять (лучи).

difractivo, va. [прил.] (физ.) дифракционный, преломляющий (лучи).

difrangente. [прил.] (физ.) вызывающий лучепреломление.

difrige. [м.] медный шлак.

difteria. [ж.] (пат.) дифтерия.

diftérico, ca. [прил.] дифтерийный, дифтеритный.

difteritis. [ж.] (пат.) дифтеритное воспаление, дифтерит.

difteroide. [прил.] похожий на дифтерию.

difumar. [перех.] см. **esfumar** (тже. возв. гл.).

difuminar. [перех.] см. **esfuminar, disfumar**.

difumino. [м.] (жив.) эстомп.

difundir. [перех.] разливать, проливать; (перен.) разглашать, оглашать, распространять, распускать (слухи); **difundirse.** [возв. гл.] разливаться, проливаться; (перен.) распространяться.

difuntear. [перех.] убить (насильственно).

difunto, ta. [прил.] покойный, умерший, усопший; [м. и ж.] покойник, (-ица), мертвец, труп, усопший, (-ая) умерший, (-ая): * **difunto** de taberna, (перен.) (разг.) пьяный человек, лишённый сознания.

difusamente. [нареч.] пространно, многословно.

difusibilidad. [ж.] диффузионная способность.

difusible. [прил.] летучий.

difusión. [ж.] распространение; (физ.) диффузия, рассеяние; широковещание; многословие; излишние длинноты (в речи и т. д.).

difusivo, va. [прил.] расплывчатый; летучий.

difuso, sa. [непр. страд. прич.] к **difundir**; [прил.] пространный, растянутый; многословный.

difusor, ra. [прил.] рассеивающий, распространяющий; [м.] (тех.) диффузор.

digamia. [ж.] двоеженство, двоебрачие, бигамия.

digamma. [ж.] дигамма.

digástrico, ca. [прил.] двубрюшной (о мышцах); [м.] двубрюшная мышца (челюсти).

digerible. [прил.] удобоваримый.

digerir. [перех.] переваривать (пищу); (перен.) выносить, сносить, терпеть, претерпевать, переносить; тщательно обдумывать, обсуждать; (хим.) варить на медленном огне; [непр. гл.] спрягается как **sentir**.

digestibilidad. [ж.] удобоваримость.

digestible. [прил.] удобоваримый.

digestión. [ж.] пищеварение, переваривание.

digestivo, va. [прил.] пищеварительный; способствующий пищеварению; [м.] средство, способствующее пищеварению; (хир.) средство, ускоряющее нарывание.
Digesto. [м.] (юр.) дигесты.
digestor. [м.] автоклав.
digitación. [ж.] пальцеобразное расположение; (муз.) аппликатура.
digitado, da. [прил.] (бот.) дланевидный, пальчатый.
digital. [прил.] (анат.) пальцевой; [ж.] (бот.) наперстянка, дигиталис.
digitalina. [ж.] (фарм.) дигиталин.
digitalismo. [м.] отравление наперстянкой.
digitífero, ra. [прил.] снабженный пальцами.
digitifoliado, da. [прил.] (бот.) с пальцевидными листьями.
digitiforme. [прил.] пальцеобразный, пальцевидный.
digitígrado, da. [прил.] (зоол.) пальцеходящий.
dígito. [м.] (мат.) однозначное число.
dignación. [ж.] снисходительность, снисхождение, благосклонность.
dignamente. [нареч.] с достоинством, достойным образом, достойно; справедливо.
dignarse. [возв. гл.] удостаивать, снисходить; оказать любезность.
dignatario. [м.] сановник, высокопоставленное лицо (особ. церковный): * alto dignatario, высшее должностное лицо.
dignidad. [ж.] достоинство; чувство собственного достоинства; высокое звание, сан, титул.
dignificable. [прил.] могущий становиться достойным.
dignificación. [ж.] возведение в достоинство, в сан.
dignificante. [дейст. прич.] к dignificar; [прил.] удостаивающий и т. д.
dignificar. [перех.] возводить в достоинство, в сан; удостаивать; величать; делать достойным.
digno, no. [прил.] достойный; заслуживающий (уважения и т. д.); обладающий чувством собственного достоинства; соответствующий
digresar. [неперех.] см. digresionar.
digresión. [ж.] отступление, отклонение (от темы).
digresionar. [неперех.] (вар.) отступать, отвлекаться, отклоняться (от темы).
digresivo, va. [прил.] отклоняющийся, отступающий (от темы).
digresor, ra. [м. и ж.] человек, любящий отклоняться, отступать (от темы и т. д.).
diguana. [ж.] (в Марокко) таможня.
dihueñe, dihueñi. [м.] (Амер.) съедобный гриб.
dij, dije. [м.] брелок; медальон; (перен.) (разг.) мастер на все руки; ловкий человек; человек прекрасных достоинств.
dijes. [м. множ.] бравады.
dilaceración. [ж.] разрывание; оскорбление.
dilacerante. [дейст. прич.] к dilacerar, разрывающий, оскорбляющий.
dilacerar. [перех.] рвать, разрывать, раздирать; (перен.) оскорблять, притеснять, поносить, хулить.
dilación. [ж.] отсрочка, задержка, промедление, замедление; (уст.) см. dilatación.
dilapidación. [ж.] расточительность; растрата; казнокрадство.
dilapidador, ra. [прил.] расточительный; [м. и ж.] расточитель, (-ница).

dilapidar. [перех.] расточать, растрачивать; проматывать.
dilatabilidad. [ж.] растяжимость, способность к расширению, расширяемость.
dilatable. [прил.] растяжимый; расширяемый.
dilatación. [ж.] расширение; растяжение; растягивание, (физ.) (мед.) расширение; (перен.) облегчение, успокоение; см. dilación; распространение.
dilatadamente. [нареч.] пространно, обширно; тщательно, кропотливо.
dilatado, da. [страд. прич.] к dilatar; [прил.] растянутый; обширный, пространный; многочисленный; многословный.
dilatador, ra. [прил.] расширяющий, растягивающий и т. д.; [м.] расширитель.
dilatante. [дейст. прич.] к dilatar
dilatar. [перех.] расширять, растягивать, откладывать, отсрочивать, замедлять, медлить с...; (перен.) распространять; **dilatarse.** [возв. гл.] расширяться увеличиваться в объёме; растянуто, пространно излагать.
dilatativo, va. [прил.] вызывающий расширение, растягивающий.
dilatómetro. [м.] (физ.) дилатометр.
dilatoria. [ж.] (чаще множ.) отсрочка, оттяжка, задержка, промедление; опоздание.
dilatoriamente. [нареч.] с отсрочкой; с опозданием.
dilatorio, ria. [прил.] (юр.) отсрочивающий; вызывающий проволочку; требующий отсрочки; задерживающий.
dilección. [ж.] (м. употр.) чистая любовь; взаимная привязанность.
dilecto, ta. [прил.] любимый (чисто).
dilema. [м.] дилемма.
dilemático, ca. [прил.] (фил.) дилеммный.
diletante. [прил.] (итал.) дилетантский; [м. и ж.] дилетант, (-ка).
diletantismo. [м.] (итал.) дилетантизм, дилетантство.
diligencia. [ж.] старание, прилежание; проворство, быстрота; д е л о, хлопоты; (уст.) см. dilección; дилижанс, почтовая карета; (юр.) выполнение юридического акта: * evacuar una diligencia, закончить дело; * hacer uno sus diligencias, сделать всё возможное, приложить все усилия, чтобы...; * hacer una diligencia, испражняться.
diligenciar. [перех.] хлопотать о..., сделать всё возможное для...; (юр.) продвигать дело по инстанциям.
diligenciero. [м.] ходатай, агент.
diligente. [прил.] старательный, прилежный; заботливый; проворный, хлопотливый.
diligentemente. [нареч.] проворно; старательно; усердно.
dilogía. [ж.] двусмысленность; (театр.) дилогия.
diludación. [ж.] разъяснение, объяснение, толкование.
dilucidador, ra. [прил.] разъясняющий, истолковывающий (тже. сущ.).
dilucidar. [перех.] разъяснять, истолковывать, объяснять.
dilucidario. [м.] объяснительная записка, комментарии.
dilúcido, da. [прил.] ясный, понятный.
dilución. [ж.] разжижение, разбавление.
diluente. [дейст. прич.] к diluir, разжижающий, разводящий, разбавляющий.
diluíble. [прил.] поддающийся разбавлению, разжижению.
diluir. [перех.] разжижать, разводить, разбавлять; (хим.) добавлять жидкость к раствору.
diluviada. [ж.] обильный дождь.

diluvial. [прил.] к потоп; (геол.) наносный, дилювиальный.
diluviano, no. [прил.] к всемирный потоп.
diluviar. [неперех.] идти (о проливной дожде), лить как из ведра.
diluvio. [м.] наводнение; (всемирный) потоп; (перен.) (разг.) проливной дождь; изобилие.
diluyente. [дейст. прич.] к diluir, разжижающий, разбавляющий.
dille. [м.] (Амер.) цикада.
dimanación. [ж.] происхождение; источник, начало.
dimanante. [дейст. прич.] к dimanar, происходящий из... от...
dimanar. [неперех.] происходить, проистекать, исходить.
dimensión. [ж.] размер; протяжение; измерение; длина, протяжённость; [множ.] габариты, размеры, величина; объём.
dimensional. [прил.] пространственный.
dimes y diretes. [разг. выраж.] спор, прения, пререкания, ссора из-за пустяков: * andar en dimes y diretes, спорить о пустяках, пререкаться.
dimicado. [м.] (Амер.) сорт ажурной работы.
dimidiar. [перех.] (м. употр.) см. demediar.
dimidor, ra. [м. и ж.] (обл.) тот, кто сбивает плоды с деревьев (с помощью шеста).
diminución. [ж.] см. disminución.
diminuendo. [м.] (итал.) (муз.) диминуэндо.
diminuente. [дейст. прич.] к diminuir; [прил.] (юр.) смягчающий и т. д.: * circunstancias diminuentes, смягчающие обстоятельства.
diminuir. [перех.] см. disminuir.
diminutamente. [нареч.] скудно; мелко.
diminutivamente. [нареч.] в малом количестве; неполно.
diminutivo, va. [прил.] уменьшающий; (грам.) уменьшительный; [м.] (грам.) уменьшительное (слово).
diminuto, ta. [прил.] крошечный; недостаточный, неполный.
dimir. [перех.] (обл.) сбивать плоды с деревьев (с помощью шеста).
dimisión. [ж.] отставка; выход в отставку; отказ от чего-л.: * presentar la dimisión, выйти или подать в отставку.
dimisionario, ria. [прил. и сущ.] отставной, подавший, ушедший в отставку.
dimitente. [дейст. прич.] к dimitir; [сущ.] см. dimisionario.
dimitir. [перех.] выйти или подать в отставку.
dimorfismo. [м.] (мин.) диморфизм.
dimorfo, fa. [прил.] (мин.) диморфный.
din. [м.] (разг.) деньги: * el din y el don, богатство и знатность.
dina. [ж.] (физ.) дина (единица силы).
dinamarqués, sa. [прил.] датский; [м. и ж.] датчанин, (-ка); [м.] датский язык.
dinámica. [ж.] (физ.) динамика.
dinámico, ca. [прил.] динамический, динамичный.
dinamismo. [м.] (фил.) динамизм; динамичность.
dinamista. [прил. и сущ.] (фил.) приверженец динамизма.
dinamita. [ж.] динамит, взрывчатое вещество.
dinamitar. [перех.] взрывать динамитом.
dinamitazo. [м.] взрыв динамиты.
dinamitero. [м.] динамитчик.
dinamo. [м.] динамо, динамо-машина.
dinamoelétrico, ca. [прил.] динамоэлектрический.
dinamógrafo. [м.] (тех.) динамограф.
dinamometría. [ж.] динамометрия.

dinamométrico, ca. [прил.] (физ.) динамометрический.
dinamómetro. [м.] (физ.) динамометр, силомер.
dinamoscopio. [м.] (мед.) динамоскоп.
dinar. [м.] динар, денежная единица Ирака и Югославии; старинная золотая монета.
dinasta. [м.] маленький монарх, князь.
dinastía. [ж.] династия.
dinástico, ca. [прил.] династический.
dinastismo. [м.] верность, преданность какой-л династии.
dinatrón. [м.] (радио) динатрон.
dinde. [м.] (обл.) погребение ребёнка.
dinerada. [ж.] см. dineral; старинная серебряная монета.
dineral. [м.] крупная сумма денег; старинные весы для взвешивания монет; (обл.) маленькая мера ёмкости.
dineralada. [ж.] крупная сумма денег.
dinerillo. [м.] старинная медная монета; (разг.) маленькая сумма денег.
dinero. [м.] деньги; богатство, капитал; динеро (мелкая серебряная монета в Перу); см. penique: * dinero contante, dinero contante y sonante, dinero al contado, dinero en tabla, наличные деньги; * dinero suelto, мелкие деньги, мелочь; * andar corto de dinero, быть стеснённым в деньгах; * tener dinero, быть богатым, быть при деньгах; * por poco dinero poca música, по одёжке протягивай ножки; estrujar el dinero, скупиться; * poderoso caballero es don dinero, с деньгами многое можно сделать; * dinero llama dinero, деньги к деньгам; * estar uno mal con su dinero, безрассудно тратить или вкладывать деньги; * alzarse или levantarse con el dinero, выиграть (в игре); * hacer dinero, обогащаться.
dineroso, sa. [прил.] богатый, зажиточный.
dineruelo. [м. умен.] к dinero, денежки, деньжища, деньжонки, деньжата.
dingo. [м.] (зоол.) динго (дикая австралийская собака).
dingolondango. [м.] (разг.) ласкательное слово, льстивая ласка (чаще множ.).
dinitrobenceno. [м.] (хим.) динитробензол.
dinofobia. [ж.] (мед.) боязнь головокружения (болезнь).
dinomanía. [ж.] (мед.) хорея, виттова пляска.
dinosaur(i)os. [м. множ.] (палеонт.) динозавры.
dinoterio. [м.] динотерий.
dintel. [м.] (арх.) притолока, ригель, перемычка (над дверью, окном).
dintelar. [перех.] придавать и т. д. форму притолоки.
dinumerar. [перех.] перечислять, считать.
diñar. [перех.] (арг.) давать; * diñarla (арг.) умереть; * diñársela a uno, (арг.) обмануть кого-л; * diñársela uno, (арг.) удирать.
diocesano, na. [прил.] епархиальный.
diócesi(s). [м.] епархия.
diodo. [ж.] диод, двухэлектродная радиолампа.
dioico, ca. [прил.] (бот.) двудольный.
dionea. [ж.] (бот.) мухоловка.
dionina. [ж.] дионин.
dionisíaco, ca. [прил.] вакхический.
Dionisio. (миф.) Дионис.
dioptasa. [ж.] (мин.) диоптаз, аширит.
dioptra. [ж.] (геод.) диоптр (алидады); см. alidada.
dioptría. [ж.] (физ.) диоптрия.
dióptrica. [ж.] диоптрика.
dióptrico, ca. [прил.] диоптрический.
diorama. [ж.] (жив.) диорама.
diorámico, ca. [прил.] к диорама.

diorita. [ж.] (геол.) диорит.
diorítico, ca. [прил.] содержащий диорит.
diortosis. [ж.] (хир.) вправление.
Dios. [м.] Бог; идол, кумир: * como Dios manda, приличный; * una persona como Dios manda, порядочный человек; * llamar a Dios, печалиться, скорбеть; быть несправедливым; * ¡a Dios!, прощай(те)!; * de Dios, обильно; * a la buena de Dios, попросту; наудачу; на авось; кое-как; как придётся, наобум; * a la de Dios, ветрено, необдуманно; * sabe Dios, Бог знает, Бог весть; * Dios no lo quiera, не дай Бог (Боже); * por Dios, ради Бога; * a Dios gracias, слава Богу; * vaya usted con Dios, прощайте; * ¡por Dios!, ей-Богу!, клянусь Богом; * Dios mediante, с помощью Бога; * por el amor de Dios, ради Бога; * ¡con Dios!, прощай(те)!; с Богом!; * Dios delante, с помощью Бога; * ¡Dios mío!, Боже мой!, Боже правый!; * ¡vive Dios!, чёрт возьми!, ещё бы!, ей-ей!, ей-Богу!, на кой чёрт!; * a Dios rogando y con el mazo dando, на Бога надейся, а сам не плошай; * ponerse bien con Dios, исповедоваться; * la de Dios es Cristo, перебранка и т. д.; * estar de Dios, быть неминуемым; * recibir a Dios, причащаться; * que esquilan, я торопуюсь; * a Dios, y veámonos, до свидания; * dar a Dios, соборовать.
diosa. [ж.] богиня.
diostedé. [м.] (зоол.) (Амер.) лазящая птица.
dióxido. [м.] (хим.) двуокись.
dipétalo, la. [прил.] (бот.) двулепестный.
diplejía. [ж.] (пат.) двусторонний паралич.
diplex. (физ.) диплекс (одновременная передача по одной линии двух депеш в одном направлении).
diplococo. [м.] (бакт.) диплококк.
diplodoco. [м.] (палеонт.) диплодок.
diploe. [м.] (анат.) губчатое вещество плоских костей.
diploma. [м.] диплом, аттестат; удостоверение, свидетельство: * diploma de honor почётная грамота.
diplomacia. [ж.] дипломатия; (перен.) (разг.) дипломатичность.
diplomado. [страд. прич.] к diplomar; [прил.] (гал.) получивший диплом.
diplomar. [перех.] (неол.) выдавать диплом, удостаивать диплома.
diplomática. [ж.] дипломатика; дипломатия.
diplomáticamente. [нареч.] дипломатично.
diplomático, ca. [прил.] дипломный; дипломатический; (перен.) (разг.) дипломатический, ловкий: * cuerpo diplomático, дипломатический корпус; * representante diplomático, дипломатический представитель; * inmunidad diplomática, дипломатический иммунитет, дипломатическая неприкосновенность; * valija diplomática, дипломатическая почта; [м.] дипломат.
diplopia. [ж.] (мед.) диплопия, двойное зрение, видение предметов в двойном виде.
dipneo, a. [прил.] (зоол.) двоякодышащий (о рыбе).
dipodia. [ж.] (бот.) диподия.
dípodo, a. [прил.] (зоол.) двуногий.
dipsáceo, o. [прил.] (бот.) ворсянковый; [ж. множ.] ворсянковые.
dipsesis. [ж.] (мед.) болезненная жажда.
dipséptico, ca. [прил.] (мед.) вызывающий жажду.
dipsomanía. [ж.] (мед.) дипсомания, запой.
dipsomaníaco, ca, dipsómano, na. [прил.] страдающий запоем (тже. сущ.).
díptero, ra. [прил.] (зоол.) двукрылый; (арх.) с двумя флигелями; [м. множ.] (зоол.) двукрылые, диптеры.

díptica. [ж.] (ист.) диптих.
díptico. [м.] см. díptica; (церк.) двустворчатый складень.
diptongación. [ж.] (грам.) дифтонгизация, превращение в дифтонг.
diptongar. [перех.] (грам.) образовывать дифтонг; [неперех.] превращаться в дифтонг.
diptongo. [м.] (грам.) дифтонг.
diputación. [ж.] отправка представителей, депутатов; депутация; обязанность, звание депутата; полномочия депутата; срок полномочий депутата: diputación provincial, провинциальный совет.
diputado, da. [страд. прич.] к diputar; [м. и ж.] депутат, выборный, представитель.
diputador, ra. [прил.] избирающий депутата и т. д. (тже. сущ.).
diputar. [перех.] отправлять, назначать в качестве депутата, представителя, избирать депутата; командировать; см. conceptuar.
dique. [м.] плотина, запруда; мол; перемычка; дамба; док; (перен.) преграда; (геол.) дайка; (горн.) предохранительный целик: * dique flotante, плавучий док; * dique seco, сухой док.
diquelar. [перех.] (арг.) понимать, воспринимать.
dirceo, a. [прил.] см. tebano.
dirección. [ж.] направление; руководство, управление; управление, правление, дирекция; место, пост управляющего; адрес (на письме и т. д.); (горн.) простирание (пласта): * dirección general, главное управление; * bajo la dirección de, под руководством.
directamente. [нареч.] прямо, непосредственно.
directiva. [ж.] директивный орган (общества и т. д.).
directivo, va. [прил.] направляющий; директивный, руководящий.
directo, ta. [прил.] прямой; прямой, непосредственный: * comunicación directa, прямое сообщение; * tren directo, поезд прямого следования, прямого сообщения; * complemento directo, (грам.) прямое дополнение.
director, ra. [прил.] руководящий, направляющий; ведущий; [сущ.] директор, (-риса); заведующий, (-ая), управляющий; начальник главного управления; руководитель, (-ница): * director espiritual, духовник, * director de orquesta, (муз.) дирижёр, * director de escena, (теат.) режиссёр.
directoral. [прил.] директорский.
directoría. [ж.] место, должность директора, управляющего.
directorial. [прил.] (ист.) относящийся к директории.
directorio, ria. [прил.] служащий правилением; [м.] то, что служит нормой и т. д.; директивные нормы; директивный орган; (ист.) директория.
directriz. [прил.] (геом.) направляющий (о линии); [ж.] директриса, направляющая линия.
dirigente. [дейст. прич.] к dirigir, руководящий, направляющий и т. д.
dirigibilidad. [ж.] (удобо)управляемость
dirigible. [прил.] управляемый; [м.] дирижабль.
dirigir. [перех.] управлять, направлять, руководить, регулировать; посылать; дирижировать (оркестром); адресовать: * dirigir la palabra, заговорить с кем-л, обратиться к кому-л; dirigirse. [возв. гл.] направляться; обращаться к кому-л.

dirigismo. [м.] администрирование, управленчество.
dirimente. [дейст. прич.] к dirimir; [прил.] отменяющий, упраздняющий, аннулирующий.
dirimible. [прил.] могущий быть отменяющим, упраздняющим.
dirimir. [перех.] разъединять, расторгать; аннулировать, упразднять, отменять; решать (спор); рассеивать (сомнения и т. д.).
dis.- приставка, обозначающая отрицание, противоположность, отделение.
disanto. [м.] (церк.) праздник.
disartria. [ж.] (мед.) дизартрия.
discantar. [перех.] петь; сочинять музыку; сочинять или читать стихи; пространно рассуждать о чём-л.
discante. [м.] (муз.) дискант; небольшая гитара: струнный концерт; (Амер.) см. ridiculez.
discantera. [ж.] (бот.) мексиканское тыквенное растение.
discelia. [ж.] (пат.) запор.
disceptación. [ж.] (м. употр.) приведение доводов.
disceptar. [неперех.] (м. употр.) приводить доводы, аргументы, диспутировать.
discernible. [прил.] распознаваемый, различимый; видимый; заметный.
discernidor, ra. [прил.] различающий, распознающий (тже. сущ.).
discerniente. [дейст. прич.] к discernir, различающий и т. д.
discernimiento. [м.] умение различать, распознавать; распознавание; суждение; предоставление (прав).
discernir. [перьех.] различать, распознавать, разглядеть; отличать; (Амер.) предоставлять (право); [непр. гл.] ind. pres.: discierno, -es, e, discernimos, -ís, disciernen; subj. pres.: discierna, as, -a, discernamos, -áis, disciernan.
disciforme. [прил.] дискообразный, дисковидный.
disciplina. [ж.] дисциплина, отрасль знания; наука, искусство; дисциплина (соблюдение правил поведения), повиновение, правила поведения, распорядок, наказание (розгами); наставление; (церк.) епитимья; умерщвление плоти; (чаще множ.) розги, многохвостная плётка.
disciplinable. [прил.] поддающийся дисциплине, послушный.
disciplinadamente. [нареч.] дисциплинированно.
disciplinado, da. [страд. прич.] к disciplinar [прил.] дисциплинированный; (перен.) пёстрый (о цветах).
disciplinal. [прил.] относящийся к дисциплине, дисциплинарный.
disciplinante. [дейст. прич.] самобичующий; [множ.] самобичующиеся.
disciplinar. [перех.] дисциплинировать; упорядочивать, устанавливать порядок, правила поведения; наставлять; наказывать (розгами); **disciplinarse,** [возв. гл.] (церк.) бичевать себя.
disciplinariamente. [нареч.] по правилам дисциплины.
disciplinario, ria. [прил.] дисциплинарный, исправительный: * batallón disciplinario, штрафной батальон.
disciplinazo. [м.] удар розгами.
dicipulado. [м.] ученичество; ученики.
discipular. [прил.] ученический.
discípulo, la. [м. и ж.] ученик, ученица, последователь, (-ница); (церк.) апостол.

discisión. [ж.] (хир.) рассечение, дисцизия.
disco. [м.] диск; пластинка (патефонная и т. д.); избитая тема; (спорт.) метательный диск; (бот.) цветоложе; (мед.) круг, кружок, диск (внутрисуставной хрящ): * disco microsurco, долгоиграющая пластинка; * disco de señales, (ж. д.) сигнальный диск.
discóbolo. [м.] дискобол, метатель диска.
discófilo, la. [м. и ж.] любитель патефона.
discoidal. [прил.] дискообразный, тарельчатый.
discolia. [ж.] (мед.) дурное расположение духа.
díscolo, la. [прил.] непослушный, непокорный, упрямый, строптивый.
discolor. [прил.] (уст.) разноцветный.
disconforme. [прил.] несогласный с кем-л.
disconformidad. [ж.] несоответствие; разногласие.
discontar. [перех.] (обл.) повествовать, рассказывать.
discontinuación. [ж.] перерыв, остановка, прекращение.
discontinuar. [перех.] прерывать, прекращать; не продолжать.
discontinuidad. [ж.] прерывистость.
discontinuo, nua. [прил.] прерывающийся; прерывистый; прерванный.
disconveniencia. [ж.] несоответствие.
disconveniente. [дейст. прич.] к disconvenir; [прил.] несоответствующий.
disconvenir. [неперех.] не соглашаться, отрицать; не соответствовать. [непр. гл.] спрягается как venir.
discordancia. [ж.] несогласованность; несогласие; разногласие; несоответствие.
discordante. [дейст. прич.] к discordar; [прил.] несогласный; несогласованный; несоответствующий, неподходящий; (муз.) неозвучный, диссонирующий, нестройный (о звуках).
discordia. [ж.] разногласие, раздор, распри: * sembrar la discordia, сеять раздор; * la manzana de la discordia, яблоко раздора.
discoria. [ж.] неправильная форма зрачков.
discoteca. [ж.] дискотека, граммотека (коллекция граммофонных пластинок).
discrasia. [ж.] (мед.) худосочие.
discreción. [ж.] сдержанность, скромность, корректность; благоразумие, осмотрительность; разумное, правильное суждение; находчивость, остроумие; молчание, соблюдение тайны: * a discreción, сколько угодно, вволю; по усмотрению, по желанию; * darse, entregarse, rendirse a discreción, сдаться на милость победителя.
discrecional. [прил.] благоразумный; зависящий от личного усмотрения, произвольный, факультативный.
discrecionalmente. [напеч.] по усмотрению и т. д.
discrepancia. [ж.] расхождение (в чём-л.); несоответствие.
discrepante. [дейст. прич.] к discrepar; [прил.] расходящийся, несогласный в чём-л.
discrepar. [неперех.] расходиться (во мнениях и т. д.); различаться.
discretamente. [нареч.] осторожно; сдержанно, скромно; незаметно.
discretear. [неперех.] остроумничать.
discreteo. [м.] остроумничанье.
discreto, ta. [прил.] сдержанный, скромный, неболтливый; благоразумный; остроумный, находчивый; тактичный; (мат.) дискретный, прерывный: * a lo discreto, см. a discreción, discretamente.
discrimen. [м.] (м. употр.) риск, опасность; расхождение (в чём-л.).

discriminación. [ж.] (Амер.) дискриминация; разница.
discriminante. [дейст. прич.] к discriminar, различающий; [м.] (мат.) дискриминант.
discriminar. [перех.] отличать, различать, дифференцировать; дискриминировать, относиться по-разному.
discuciente. [прил.] (мед.) рассасывающий.
discuento. [м.] (обл.) весть, известие; отчёт.
disculpa. [ж.] извинение; оправдание.
disculpabilidad. [ж.] свойст. к извинительный.
disculpable. [прил.] извинительный, простительный.
disculpablemente. [нареч.] простительно.
disculpador, ra. [прил.] извиняющий; оправдывающий (тже. сущ.).
disculpar. [перех.] извинять, оправдывать; приводить доводы в оправдание.
discurridero. [м.] (обл.) русло (реки).
discurrir. [неперех.] проходить, пробегать (по какому-л. месту); течь (о жидкости); течь, протекать, проходить (о времени); (перен.) рассуждать, размышлять, обдумывать; [перех.] выдумывать; выводить, предполагать.
discursante. [дейст. прич.] к discursar.
discursar. [перех.] (м. употр.) рассуждать.
discursear. [неперех.] (разг.) произносить речь.
discursero, ra. [м. и ж.] (Амер.) говорун, (-ья).
discursista. [м. и ж.] говорун, (-ья).
discursivo, va. [прил.] вдумчивый.
discurso. [м.] речь (дар речи, выступление); рассуждение; небольшое научное сочинение; промежуток времени; (грам.) предложение.
discusión. [ж.] обсуждение, дискуссия; прения; спор.
discusivo, va. [прил.] (мед.) рассасывающий.
discutible. [прил.] спорный, дискуссионный.
discutidor, ra. [прил.] любящий спорить и т. д.; [сущ.] спорщик, (-ица).
discutir. [перех.] обсуждать, дискутировать; спорить; **discutirse,** [возв. гл.] обсуждаться.
disecable. [прил.] поддающийся вскрытию (о трупе) и т. д.
disecación. [ж.] см. disección.
disecador, ra. [м. и ж.] чучельник, (-ица); см. disector.
disecar. [перех.] рассекать; анатомировать, делать вскрытие, вскрывать (труп); (анат.) препарировать; изготовлять чучела; засушивать (растения).
disección. [ж.] вскрытие, анатомирование; (анат.) препарирование; рассечение; набивка чучел.
disector, ra. [м. и ж.] прозектор.
disemia. [ж.] (мед.) ненормальное изменение состава крови.
diseminación. [ж.] рассеивание семян; рассредоточение (войск); распространение.
diseminador, ra. [прил.] рассеивающий, рассыпающий и т. д. (тже. сущ.).
diseminar. [перех.] рассеивать; рассыпать; распространять.
disensión. [ж.] раздор, распря, междоусобие, раскол; несогласие, расхождение (во мнениях).
disenso. [м.] несогласие, расхождение во взглядах, разногласие.
disentería. [ж.] (мед.) дизентерия.
disentérico, ca. [прил.] дизентерийный.
disenteriforme. [прил.] похожий на дизентерию.

disentimiento. [м.] несогласие, расхождение во взглядах, разногласие.

disentir. [неперех.] расходиться во взглядах, мнениях; [непр. гл.] спрягается как sentir.

diseñador, ra. [м. и ж.] тот, кто делает наброски, рисовальщик, (-ица).

diseñar. [перех.] рисовать, делать набросок.

diseño. [м.] рисунок; набросок, план; (перен.) описание.

disépolo, la. [прил.] (бот.) с двумя чашелистиками.

disertación. [ж.] рассуждение; диссертация; доклад.

disertador, ra. [прил.] рассуждающий; делающий диссертацию, доклад (тже. сущ.).

disertante. [дейст. прич.] к disertar.

disertar. [перех.] рассуждать о чём-л; делать диссертацию, доклад.

diserto, ta. [прил.] речистый, красноречивый, говорящий убедительно.

disfagia. [ж.] (мед.) затруднённое глотание.

disfágico, ca. [прил.] страдающий затруднённым глотанием.

disfamación, disfamador, disfamar, disfamatorio. (м. употр.) см. difamación и т. д.

disfasia. [ж.] расстройство речи без нарушения хода мыслей.

disfavor. [м.] немилость, опала; невнимание, пренебрежение.

disfemia. [ж.] (мед.) заикание.

disfonía. [ж.] (мед.) трудное произношение, расстройство голоса.

disforia. [ж.] (мед.) плохое самочувствие, недомогание.

disformar. [перех.] см. deformar.

disforme. [прил.] бесформенный; безобразный, уродливый; огромный, громадный; чрезмерный.

disformidad. [ж.] см. deformidad; безобразность, уродливость; огромность, необъятность; чрезмерная величина.

disfrasia. [ж.] (мед.) нарушение речи вследствие расстройства интеллекта.

disfraz. [м.] переодевание; маскарадный костюм; (перен.) притворство, лицемерие: *sin dizfraz, открыто.

disfrazadamente. [нареч.] притворно и т. д.

disfrazar. [перех.] переодевать, переряжать; изменять внешность; (перен.) представлять в ином свете, скрывать, лицемерить; disfrazarse. [возв. гл.] переодеваться, рядиться, надевать маскарадный костюм; лицемерить.

disfrenia. [ж.] (мед.) психическое расстройство.

disfrutar. [перех.] пользоваться чем-л; наслаждаться чем-л; иметь, обладать; [неперех.] наслаждаться, радоваться.

disfrute. [м.] пользование; наслаждение чем-л, утеха.

disfuerzo. [м.] (Амер.) жеманство; наглость; см. bravata.

disfumar. [перех.] см. esfumar.

disfumino. [м.] см. esfumino.

disgeusia. [ж.] (мед.) расстройство вкусовых ощущений.

disgregación. [ж.] раздробление; распадение на составные части; разъединение, разобщение; расчленение.

disgregador, ra. [прил.] разъединяющий; расчленяющий.

disgregar. [перех.] раздроблять; разъединять, разобщать; разлагать на части, расчленять.

disgregativo, va. [прил.] раздробляющий; разлагающий.

disgustadamente. [нареч.] неохотно, с отвращением.

disgustado, da. [страд. прич.] к disgustar; [прил.] рассерженный, раздосадованный; опечаленный; недовольный.

disgustar. [перех.] вызывать отвращение (о пище и т. д.); быть неприятным, не по вкусу, сердить, раздражать, надоедать; вызывать неудовольствие, огорчать, печалить; disgustarse. [возв. гл.] сердиться; рассориться.

disgusto. [м.] отвращение; ссора, распря; неудовольствие; неприятность; недовольство, досада; огорчение; скука: *a disgusto, неохотно, против воли, против желания.

disgustoso, sa. [прил.] (перен.) неприятный, досадный, наводящий скуку.

dishemia. [ж.] (пат.) неправильный состав крови.

dishidrosis. [ж.] (мед.) расстройство потоотделения.

disidencia. [ж.] отказ от прежних взглядов; раскол; серьёзное разногласие.

disidente. [дейст. прич.] к disidir; [м.] диссидент.

disidio. [м.] (поэт.) разногласие; раздор.

disidir. [неперех.] отказываться от прежних взглядов; расходиться во взглядах.

disílabo, ba. [прил.] двусложный; [м.] двусложное слово.

disímbolo, la. [прил.] (Амер.) несходный, различный, непохожий.

disimetría. [ж.] асимметрия.

disimétrico, co. [прил.] асимметричный.

disímil. [прил.] несходный, непохожий.

disimilación. [ж.] (лингв.) диссимиляция, расподобление.

disimilar. [перех.] (лингв.) совершить диссимиляцию.

disimilitud. [ж.] несходство, различие.

disimulable. [прил.] могущий быть скрытным; извинительный.

disimulación. [ж.] скрытность; утаивание, сокрытие, скрывание (мыслей, чувств); маскировка, изменение внешности, см. disimulo.

disimulada. [ж.] (Амер.) плевательница; ночной горшок.

disimuladamente. [нареч.] скрытно; притворно.

disimulado, da. [страд. прич.] к disimular; [прил.] притворный; замаскированный, скрытый: *a lo disimulado, см. disimuladamente.

disimulador, ra. [прил.] скрытный; [м. и ж.] скрывающий, (-ая) свои мысли, чувства; притворщик, (-ица).

disimular. [перех.] скрывать, утаивать (мысли, чувства и т. д.); маскировать; притворяться; потворствовать, быть снисходительным; извинять, прощать.

disimulo. [м.] скрывание, утаивание, сокрытие (мыслей, чувств); притворство; снисходительность, поблажка, потворство; (арг.) привратник (тюрьмы).

disipable. [прил.] легко поддающийся рассеиванию.

disipación. [ж.] рассеивание; испарение; расточительность, мотовство; разнузданность.

disipadamente. [нареч.] распутно и т. д.

disipado, da. [страд. прич.] к disipar; [прил.] рассеянный, беспутный, разнузданный; расточительный; [м. и ж.] расточитель, (-ница); беспутник, (-ица).

disipador, ra. [прил.] расточительный; [м. и ж.] расточитель, (-ица).

disipante. [дейст. прич.] к disipar.

disipar. [перех.] рассеивать, разгонять, развеивать; растрачивать, проматывать; disiparse. [возв. гл.] рассеиваться, испаряться, развеиваться; улетучиваться.

dislalia. [ж.] (мед.) затруднение в произношении, двигательные расстройства артикуляции.

dislate. [м.] глупость; нелепость, вздор; бессмыслица, см. disparate.

dislexia. [ж.] (пат.) затруднения в чтении (при афазии).

dislocación, dislocadura. [ж.] смещение, дислокация; вывих.

dislocar. [перех.] смещать; (воен.) вывихнуть; dislocarse. [возв. гл.] (хир.) вывихнуть себе что-л.

dislogia. [ж.] (мед.) расстройство речи.

disloque. [м.] (разг.) вершина, верх, предел, высшая степень; превосходная вещь: *es el disloque, это предел, дальше идти некуда.

disloquia. [ж.] (мед.) нарушение послеродовых выделений.

dismembración. [ж.] расчленение, см. desmembración.

dismenia. [ж.] (мед.) трудная менструация.

dismenorrea. [ж.] (мед.) затруднённые, болезненные и неправильные менструации (менструальные колики).

disminución. [ж.] уменьшение, сокращение (объёма, количества); снижение, понижение; уменьшение, ослабление, убыль, потеря; литота (риторическая фигура умаления).

disminuir. [перех.] уменьшать, сокращать (объём, количество, расходы); уменьшать, понижать, ослаблять, убавлять; [неперех.] уменьшаться, падать (тже. возв. гл.).

dismnesia. [ж.] (мед.) ослабление памяти.

dismorfia. [ж.] утрата формы.

disnea. [ж.] (мед.) трудное дыхание, одышка.

disneico, ca. [прил.] страдающий одышкой (тже. сущ.); относящийся к одышке.

disociabilidad. [ж.] свойст. к разъединимый.

disociable. [прил.] разъединимый.

disociación. [ж.] разъединение; (хим.) диссоциация, разложение, распад.

disociar. [перех.] разъединять, разрознивать, раздроблять, разделять, отделять; (хим.) разлагать, диссоциировать.

disolubilidad. [ж.] растворимость.

disoluble. [прил.] растворимый.

disolución. [ж.] развязывание; растворение; разложение; расторжение; раствор; разъединение; прекращение деятельности; роспуск (парламента и т. д.); расторжение (брака); распутство, разврат; распад, уничтожение.

disolutamente. [нареч.] беспутно и т. д.

disolutivo, va. [прил.] растворяющий.

disoluto, ta. [прил.] распущенный, разнузданный; беспутный, распутный; [м. и ж.] развратник, распутник.

disolvente. [дейст. прич.] к disolver, растворяющий; разлагающий; (перен.) подрывной; [м.] растворитель.

disolver. [перех.] развязывать; разъединять; растворять; разлагать; расторгать (брак); распускать, расформировывать; разгонять (демонстрацию); разрушать, уничтожать, disolverse. [возв. гл.] развязываться; расторгаться (о браке и т. д.); растворяться.

disón. [м.] (муз.) несозвучность, диссонанс.

disonancia. [ж.] (муз.) диссонанс, несозвучность; (перен.) несоответствие, диссонанс; разногласие.

disonante. [действ. прич.] к disonar. [прил.] (перен.) несоответствующий, неподходящий; нестройный, диссонирующий.
disonar. [неперех.] диссонировать, звучать не в тон; (перен.) не соответствовать.
dísono, na. [прил.] диссонирующий.
disopia, disopsia. [ж.] (мед.) туманное зрение.
disorexia. [ж.] (мед.) плохой аппетит; ложный голод.
disosmia. [ж.] (мед.) расстройство обоняния.
dispar. [прил.] несходный, непохожий, неравный, неодинаковый.
disparada. [ж.] (Амер.) поспешное бегство: * de una disparada. быстро, в один миг; * tomar la disparada, пуститься бежать; * a la disparada, во всю прыть.
disparadamente. [нареч.] стремительно, поспешно, наспех; бессмысленно.
disparadero. [м.] спуск (у ружья): * poner en el disparadero, выводить из себя.
disparador, ra. [прил.] стреляющий; отбавляющий; [м.] стрелок; спуск (у ружья); часовая пружина: * poner en el disparador, выводить из себя.
disparar. [перех.] стрелять; выстрелить; разряжать; бросать, отбрасывать, метать, швырять. [неперех.] см. disparatar; **dispararse.** [возв. гл.] бросаться бежать, бросаться вперёд, устремляться; мчаться, нестись; броситься на; резко говорить или поступать.
disparatadamente. [нареч.] нелепо; вздорно, глупо, бестолково.
disparatado, da. [страд. прич.] к disparatar; [прил.] безрассудный; нелепый; бессмысленный; (разг.) чрезмерный, огромный, чудовищный.
disparatador, ra. [прил.] говорящий или делающий глупости (тж. сущ.).
disparatar. [перех.] говорить или делать глупости, бессмысленные вещи.
disparate. [м.] нелепость, абсурд, вздор, глупость, бессмыслица; безрассудство; (разг.) чрезмерность, излишек.
disparateador, ra. [прил.] (Амер.) говорящий или делающий глупости (тж. сущ.).
disparatear. [неперех.] (Амер.) говорить или делать глупости, см. disparatar.
disparatorio. [м.] речь, рукопись или разговор полный глупостей и т. д.
disparejo, ja. [прил.] неравный, несходный, неодинаковый, см. dispar.
disparidad. [ж.] различие, несходность, неодинаковость; несогласованность; неравенство.
disparo. [м.] выстрел, залп; спускание стрелы; бросание, швыряние; метание; (тех.) залп, зажигание; (перен.) см. disparate.
dispendio. [м.] крупная, чрезмерная, значительная трата, расход; (перен.) расточительность, трата времени и т. д.
dispendiosamente. [нареч.] разорительно.
dispendioso, sa. [прил.] дорогостоящий, разорительный.
dispensa. [ж.] изъятие из общего правила; освобождение, льгота; документ об освобождении (от налогов и т. д.): * obtener un dispensa de edad, получить освобождение по возрасту.
dispensable. [прил.] распределяемый; необязательный, без которого можно обойтись; извинительный, простительный.

dispensación. [ж.] раздача, распределение; предоставление; см. dispensa; извинение, прощение.
dispensador, ra. [прил.] дающий, предоставляющий; распределяющий; освобождающий от...; извиняющий; [м. и ж.] раздатчик, (-ица).
dispensar. [перех.] отпускать, раздавать, распределять; давать, предоставлять; оказывать; избавлять, освобождать от...; извинять, прощать: * dispense usted!, извините!; * dispensado, свободный, освободившийся, отделавшийся от...
dispensaría. [ж.] (Амер.) диспансер.
dispensario. [м.] диспансер.
dispepsia. [ж.] (мед.) диспепсия.
dispéptico, ca. [прил.] диспепсический; страдающий диспепсией (тж. сущ.).
dispermatismo. [м.] (мед.) затруднение и замедление выделения семени.
dispersar. [перех.] разбрасывать, рассыпать, рассеивать; распылять; разгонять; (воен.) обращать в бегство; **dispersarse.** [возв. гл.] рассыпаться, разбегаться; (воен.) развёртываться.
dispersión. [м.] рассыпание, разбрасывание; разгон: * dispersión de la luz, (физ.) рассеяние, дисперсия световых лучей.
dispersivo, va. [прил.] дисперсивный, рассеивающий.
disperso, sa. [прил.] рассеявшийся, рассеянный, разбросанный.
displacer. [см. desplacer; [непр. гл.] спрягается как agradecer.
displasia. [ж.] (мед.) расстройство развития костей; неправильное строение или развитие клетки, особенно в атипичных или гетероморфных опухолях.
displicencia. [ж.] угрюмость, неприветливость, небрежность; холодность; равнодушие; недовольство; отсутствие охоты и т. д. к чему-л.
displicente. [прил.] неприятный; неприветливый, угрюмый; холодный; недовольный.
dispnea. [ж.] (мед.) одышка, затруднённое дыхание.
disponedor, ra. [прил.] располагающий, размещающий; устраивающий и т. д.; [сущ.] распорядитель, (-ница); устроитель, (-ница).
disponente. [действ. прич.] к disponer.
disponer. [перех.] располагать, размещать, расставлять; устраивать; подготавливать, настраивать, располагать; предписывать, приказывать [неперех.] распоряжаться, иметь в своём распоряжении, располагать чем-л.; решать (сделать что-л.); **disponerse.** [возв. гл.] готовиться, собираться, намереваться; готовиться к смерти; [непр. гл.] спрягается как poner.
disponibilidad. [ж.] незанятость; возможность использования; наличие; (воен.) состояние в запасе; [множ.] наличные, свободные средства.
disponible. [прил.] находящийся (имеющийся) в распоряжении, наличный; свободный; незанятый: * dinero disponible, наличный капитал; * estar disponible, быть вакантным, незанятым.
disposición. [ж.] расположение, размещение; положение; настроение, расположение; предрасположение; способность; дарование; состояние здоровья; предписание, постановление; мероприятие, приготовление, намерение, представительность, стройность; (воен.) расположение войск: * última disposición, завещание; * hallarse en disposición de, готовым к чему-л.
dispositivamente. [нареч.] с располагающим, приказывающим и т. д. характером.

dispositivo, va. [прил.] располагающий; устраивающий; приказывающий и т. д.; [м.] автоматическое приспособление, устройство.
dispuesto, ta. [непр. страд. прич.] к disponer. [прил.] стройный, моложавый; ловкий, умелый: * bien, mal dispuesto, хорошо, плохо настроенный; здоровый, нездоровый; * estar dispuesto a, быть предрасположенным к чему-л.
disputa. [ж.] ведение диспута; препирательство, спор, пререкание, ссора; диспут: * sin disputa, несомненно, вне сомнения.
disputable. [прил.] спорный, сомнительный, находящийся под вопросом.
disputador, ra. [прил.] любящий спорить [м. и ж.] спорщик, (-ица).
disputante. [действ. прич.] к disputar, спорящий и т. д.
disputar. [перех.] (и неперех.) диспутировать, спорить, препираться; соперничать; оспаривать, отстаивать, бороться за...; диспутировать; **disputarse.** [возв. гл.] ссориться, браниться.
disputativamente. [нареч.] спорным путём.
disquero, ra. [м. и ж.] человек, занимающийся торговлей пластинок (патефонных).
disquesia. [ж.] (мед.) затруднённость испражнения.
disquisición. [ж.] исследование, изучение; испытание, изыскание; расследование.
disritmia. [ж.] нарушение ритма.
disrupción. [ж.] (хир.) разрыв; (эл.) пробой.
disruptivo, va. [прил.] прерывающий; (эл.) пробивающий.
distancia. [ж.] расстояние, дистанция; дальность; промежуток времени; несходство, разница, различие: * distancia angular, угловое расстояние; * a distancia, на расстоянии; * acortar las distancias, сглаживать расстояние; * mantener a distancia, держать на (почтительном) расстоянии.
distanciado, da. [страд. прич. и прил.] (гал.) отстающий, остающийся позади.
distanciar. [перех.] отделять; удалять; (гал.) оставлять позади, обгонять.
distante. [действ. прич.] к distar; [прил.] далёкий, отдалённый, удалённый; находящийся на расстоянии.
distaxia. [ж.] (мед.) нарушение координации.
distaxiado, da. [прил.] (бот.) двуколосный.
distelacia. [ж.] (мед.) отсутствие молока.
distena. [ж.] (мин.) дистен, кианит.
distender. [перех.] (мед.) тянуть, растягивать.
distensibilidad. [ж.] растяжимость.
distensible. [прил.] растяжимый, эластичный.
distensión. [ж.] растяжение, расширение.
dístico, co. [м.] (лит.) дистих, двустишие.
disticoso, sa. [прил.] (Амер.) лишившийся аппетита, желания.
distimia. [ж.] (мед.) состояние угнетения.
distinción. [ж.] различение; отличие; разница; отчётливость, определённость, ясность, точность; благовоспитанность, благородство; преимущество, изысканность; почесть: * hacer distinción, отличать; * sin distinción de, независимо от...; * persona de distinción, выдающийся человек.
distingo. [м.] различие; разграничение.
distinguible. [прил.] отличимый, различимый.
distinguidamente. [нареч.] отлично.
distinguido, da. [страд. прич.] к distinguir [прил.] видный, выдающийся; знаменитый; благородный; благовоспитанный.
distinguir. [перех.] различать, отличать,

деть или проводить различие; различать, узнавать, отличать, выделять; разглядеть; отмечать; **distinguirse**. [возв. гл.] отличаться; выдаваться, выделяться, превосходить; становиться различимым.

distintivamente. [нареч.] ясно, внятно, отчётливо; см. **diferentemente**.

distintivo, va. [прил.] отличительный, характерный; [м.] отличие; знак отличия, орден; отличительный знак, знак различия.

distinto, ta. [прил.] различный; отличный; понятный, внятный, отчётливый, ясный; определённый; особый.

distocia. [ж.] (мед.) трудные роды.

distócico, ca. [прил.] трудные (о родах).

distomatosis. [ж.] (пат.) болезнь печени.

dístomo, ma. [прил.] (зоол.) с двумя ртами; [м.] (зоол.) двуустка.

distonía. [ж.] (мед.) дистония.

distorsión. [ж.] (физ.) дисторсия; (мед.) (зоол.) сведение (членов); см. **esguince**.

distorsionar. [перех.] крутить, перекручивать.

distracción. [ж.] рассеянность, невнимательность, отвлечение внимания; развлечение, забава; распущенность; * **distracción de fondos**, см. **malversación**.

distraer. [перех.] отвлекать; рассеивать (внимание и т. д.); развлекать; (перен.) растрачивать; **distraerse**. [возв. гл.] быть рассеянным; развлекаться.

distraídamente. [нареч.] рассеянно и т. д.

distraído, da. [страд. прич.] к **distraer**; [прил.] распущенный (о человеке); рассеянный, невнимательный (тже. сущ.); (Амер.) оборванный, нечистоплотный.

distraimiento. [м.] см. **distracción**.

distribución. [ж.] раздача, распределение; размещение, расположение, расстановка, распределение; (полигр.) раскладка шрифта по кассам, разбор; состав исполнителей (фильма и т. д.).

distribuidor, ra. [прил.] распределяющий; [сущ.] раздатчик, (-ица); [м.] (тех.) распределитель; раздатчик.

distribuidora. [м.] (с.-х.) разбрасыватель удобрений.

distribuir. [перех.] раздавать, распределять; (полигр.) раскладывать шрифт по кассам, разбирать (набор); **distribuirse**. [возв. гл.] распределяться, раздаваться; [непр. гл.] спрягается как **huir**.

distributivamente. [нареч.] по заслугам, по справедливости.

distributivo, va. [прил.] раздающий; распределительный; соответствующий заслугам; (грам.) разделительный.

distributor, ra. [прил.] см. **distribuidor**.

distribuyente. [дейст. прич.] к **distribuir**, раздающий, распределяющий.

distrito. [м.] уезд, округ, городской район; местность; край (адм. единица).

distrofia. [ж.] (пат.) дистрофия.

distrófico, ca. [прил.] (пат.) дистрофический.

disturbar. [перех.] нарушать (покой, душевное равновесие и т. д.); волновать, смущать; расстраивать; приводить в беспорядок.

disturbio. [м.] нарушение (покоя, порядка и т. д.); тревога, беспокойство; беспорядок; смятение, волнение, беспорядки; * **mar de fondo**, см. **copra**.

disuadir. [перех.] отсоветовать, отговаривать, разубеждать.

disuasión. [ж.] отговаривание, отсоветование, разубеждение.

disuasivo, va. [прил.] отговаривающий, отсоветующий, разубеждающий.

disuelto, ta. [непр. страд. прич.] к **disolver**.

disuria. [ж.] (мед.) дизурия, затруднённое мочеиспускание, расстройство мочеотделения.

disúrico, ca. [прил.] (мед.) относящийся к дизурии.

disyunción. [ж.] разъединение, разделение, разобщение; (грам.) разрыв между предложениями.

disyuncir. [перех.] (эл.) размыкать.

disyunta. [ж.] (муз.) перемена тона.

disyuntiva. [ж.] альтернатива, выбор.

disyuntivamente. [нареч.] отдельно, раздельно, обособленно; попеременно.

disyuntivo, va. [прил.] разъединяющий, разделяющий; (грам.) разделительный; (лог.) альтернативный.

disyuntor. [м.] (физ.) выключатель; прерыватель, разъединитель.

dita. [ж.] порука, поручительство; (обл.) (Амер.) долг (денежный); (обл.) ростовщическая ссуда.

ditaína. [ж.] род противолихорадочного средства.

diteísmo. [м.] религиозный дуализм, двоебожие.

ditero, ro. [сущ.] (обл.) продавец-росщик.

dítico. [м.] плавунец (водяной жук).

ditirámbico, ca. [прил.] дифирамбический, хвалебный.

ditirambo. [м.] (прям.) (перен.) дифирамб, похвала.

dítono. [м.] (муз.) интервал в два тона, секунду.

diuca. [ж.] (Амер.) род воробья; излюбленный ученик.

diucazo. [м.] (Амер.) пение **diuca**: * **al primer diucazo**, (Амер.) на рассвете.

diuresis. [ж.] обильное мочеотделение.

diurético, ca. [прил.] (мед.) мочегонный; [м.] мочегонное средство.

diurno, na. [прил.] дневной; [м.] сорт молитвенника.

diuturnidad. [ж.] большой промежуток времени.

diva. [ж.] дива, знаменитая певица.

divagación. [ж.] блуждание, шатание; отступление от предмета речи, отклонение от темы; болтовня, разглагольствования, бредни.

divagador, ra. [прил. и сущ.] бредовой.

divagar. [неперех.] бродить, блуждать; шататься; говорить, блуждать; говорить или писать многословно, отклоняясь от темы; разглагольствовать, пустословить.

divalente. [прил.] (хим.) двухвалентный.

diván. [м.] диван (государственный совет в старой Турции); зал совета; диван, кушетка.

divergencia. [ж.] дивергенция, расхождение; (перен.) расхождение, различие, разногласие.

divergente. [прил.] расходящийся; (перен.) различный, отличающийся, отличный от..., несогласный (во мнениях).

divergifloro, ra. [прил.] с расходящимися цветами.

divergir. [неперех.] расходиться (о линиях, лучах); (перен.) различаться, расходиться (во мнениях); не соглашаться.

diversamente. [нареч.] различно, неодинаково.

diversidad. [ж.] разнообразие; несходство, различие; обилие, множество.

diversificar. [перех.] разнообразить; **diversificarse**. [возв. гл.] разнообразиться.

diversifoliado, da. [прил.] (бот.) разнолистный.

diversiforme. [прил.] разнообразный; имеющий различные формы.

diversión. [ж.] отвлечение; отклонение; развлечение, увеселение; (воен.) диверсия; [множ.] зрелища.

diversivo, va. [прил.] (мед.) отвлекающий; [м.] отвлекающее средство.

diverso, sa. [прил.] различный, разный, несходный, неодинаковый, разнообразный; [множ.] несколько; многие, разные.

diverticular. [прил.] (анат.) относящийся к **divertículo**.

diverticulitis. [ж.] (пат.) воспаление **divertículo**.

divertículo. [м.] (анат.) полый, слепой придаток; отросток со слепым концом; выпячивание; * **divertículo de Meckel**, выпячивание стенки подвздошной кишки.

divertidamente. [нареч.] развлекательно и т. д.

divertido, da. [страд. прич.] к **divertir**; [прил.] развлекательный, весёлый, забавный; занимательный, развлекающий.

divertimiento. [м.] развлечение, увеселение, забава, см. **diversión**.

divertir. [перех.] отводить; отвлекать, направлять в другую сторону; забавлять, развлекать, увеселять; (воен.) совершать диверсию; **divertirse**. [возв. гл.] отвлекаться; развлекаться, веселиться, забавляться, кутить; [непр. гл.] спрягается как **sentir**.

dividendo. [м.] (мат.) делимое; (фин.) дивиденд.

dividir. [перех.] разделять, делить; отделять; распределять; (перен.) вносить раздор, нарушать единство, раскалывать; **dividirse**. [возв. гл.] делиться; отдаляться, ссориться, терять дружбу, доверие.

dividivi. [м.] (бот.) бобовое дерево.

divíduo, dua. [прил.] (юр.) делимый.

divierta. [ж.] (Амер.) вульгарный танец.

divieso. [м.] (мед.) фурункул, чирей.

divinal. [прил.] (преимущ. поэт.) божественный.

divinamente. [нареч.] божественно; чудесно, дивно, восхитительно.

divinativo, va, divinatorio, ria. [прил.] относящийся к гаданию; к угадыванию.

divinidad. [ж.] божество; божественная природа, божественность; (перен.) очень красивый человек или предмет; * **hacer divinidades**, кстати и отлично говорить или делать что-л.

divinizable. [прил.] достойный обожествления.

divinización. [ж.] обоготворение, обожествление.

divinizador, ra. [прил.] обоготворящий.

divinizar. [перех.] обоготворять, обожествлять; боготворить; (перен.) восхвалять, превозносить.

divino, na. [прил.] божий, божеский (уст.); божественный; (перен.) дивный, чудесный, божественный.

divisa. [ж.] девиз, лозунг; знак различия, отличия; бумажные деньги; [множ.] валюта; (обл.) см. **mojonera**.

divisa. [ж.] (юр.) каждая часть отцовского наследства.

divisar. [перех.] видеть вдали, различать что-л неясное, замечать.

divisibilidad. [ж.] делимость.

divisible. [прил.] делимый; (мат.) кратный, делимый без остатка.

división. [ж.] деление, разделение, дробление; распределение, раздел; (мат.) деление; отдел(ение), часть; (спорт.) класс, разряд; разногласие, несогласие, раздор, раскол; (воен.) дивизия: * división de infantería, пехотная или стрелковая дивизия; * primera división (спорт.) класс А (в футболе и т. д.).
divisional. [прил.] относящийся к делению; (воен.) дивизионный.
divisionario, ria. [прил.] см. divisional.
divisionista. [прил.] раскольнический; [м.] раскольник.
divisivo, va. [прил.] делящий.
diviso, sa. [непр. страд. прич.] к dividir.
divisor. [м.] (мат.) делитель: * máximo común divisor, общий наибольший делитель; * común divisor, общий делитель.
divisorio, ria. [прил.] разделительный, разделяющий.
divo, va. [прил.] (поэт.) см. divino; [м.] первоклассный оперный певец; (поэт.) бог, божественная природа.
divorciar. [перех.] расторгать брак; (перен.) отделять, разъединять, разлучать, разделять; **divorciarse.** [возв. гл.] разводиться (о супругах); (перен.) разводиться с...
divorcio. [м.] развод, расторжение брака; (перен.) отделение, разрыв; разделение.
divulgable. [прил.] могущий быть разглашённым.
divulgación. [ж.] разглашение, оглашение, обнародование; распространение; популяризация.
divulgador, ra. [прил.] разглашающий и т. д.; [м. и ж.] разглашатель, (-ница); популяризатор.
divulgar. [перех.] разглашать, оглашать, обнародовать; распространять; популяризировать; разбалтывать (секрет и т. д.).
divulsión. [ж.] (мед.) насильственный разрыв.
dixi. [лат.] я кончил, я сказал всё, что считал нужным.
diyambo. [м.] (лит.) стопа, состоящая из двух ямбов.
diz. [стяж.] говорят.
dizque. [м.] слух, молва; сплетня.
do. [м.] (муз.) до (нота).
do. [нареч.] (поэт.) где, см. donde.
dobla. [ж.] старинная золотая монета; (разг.) удвоение (при игре).
doblada. [ж.] (обл.) род дорады; (Амер.) см. ánimas.
dobladamente. [нареч.] вдвойне; двояко; двулично, лицемерно.
dobladilla. [ж.] старинная карточная игра.
dobladillar. [перех.] подрубать (материю).
dobladillo. [м.] рубец (материи), подшивка; толстая шерстяная нитка, гарус.
doblado, da. [страд. прич.] к doblar; [прил.] коренастый, приземистый; неровный (о почве); (перен.) двуличный, лицемерный; [м.] мера материй; (обл.) см. desván.
doblador. [м.] (текст.) тростильщик и т. д.
dobladura. [ж.] сгиб; рубец; складка; (уст.) (воен.) запасная лошадь, гарус.
doblaje. [м.] дубляж (фильма).
doblamiento. [м.] сгибание, складывание; удвоение.
doblar. [перех.] удваивать; сдваивать; складывать; сгибать, перегибать; гнуть (спину); обходить, огибать; сворачивать (за угол и т. д.); (разг.) причинять ущерб; производить дубляж (фильма); [неперех.] звонить по покойнике; служить две обедни в один день; (театр.) исполнять в пьесе две роли; **doblarse.** [возв. гл.] сгибаться, подгибаться; отступаться от чего-л; становиться неровным (о почве): * doblar a palos, нещадно избить, отколотить; * doblar la cerviz, покоряться, подчиняться; * doblar la hoja, перевернуть страницу.
doble. [прил.] двойной, сдвоенный; двоякий; парный, спаренный; приземистый, коренастый; (бот.) махровый; (перен.) двойственный, двуличный, лицемерный; [м.] двойное количество; сгиб, складка; похоронный звон; (бухг.) репорт; депорт (биржевая сделка); [множ.] (обл.) (кул.) рубцы; [нареч.] вдвойне, вдвое, вдвоём: * doble juego, двойная игра; * doble sentido, двоякое значение; * estar a tres dobles y un repique, (разг.) (Амер.) быть стеснённым в деньгах; * ver doble, двоиться в глазах (у пьяного); * al doble, вдвойне.
doblegable. [прил.] гибкий, легко сгибаемый; податливый.
doblegadizo, za. [прил.] гибкий, гнущийся.
doblegar. [перех.] сгибать, складывать; (перен.) приучать; смирять; укрощать, покорять; см. blandear.
doblemente. [нареч.] вдвойне; лицемерно, двулично.
doblero. [м.] (обл.) сорт кренделя.
doblescudo. [м.] (бот.) крестоцветное растение.
doblete. [прил.] средний (между двойным и ординарным); [м.] (поддельный драгоценный камень) дублет; (на бильярде) дуплет.
doblez. [м.] сгиб, складка; [м. и ж.] (перен.) двойственность, двоедушие, двуличность, двуличие, лицемерие.
doblilla. [ж.] старинная золотая монета.
doblón. [ж.] дублон, старинная золотая монета: * doblón de vaca, рубцы (коровьи).
doblonada. [ж.] крупная сумма денег.
doblura. [ж.] (уст.) двуличие, двоедушие.
doca. [ж.] (бот.) чилийское ползучее растение.
doce. [прил.] двенадцать; двенадцатый; [м.] двенадцатое число; (цифра) двенадцать: * el doce de marzo, двенадцатое марта, двенадцатого марта.
doceañista. [прил. и сущ.] сторонник конституции 1812.
docena. [ж.] дюжина: * por docenas, дюжинами; обильно; * docena del fraile, (разг.) чёртова дюжина.
docenal. [прил.] продающийся дюжинами.
docenario, ria. [прил.] состоящий из двенадцати единиц и т. д.
docencia. [ж.] (Амер.) образование; (Амер.) педагогический персонал.
doceno, na. [прил.] двенадцатый.
docente. [прил.] преподающий, обучающий: * el cuerpo docente, преподавательский состав; * centro docente, учебное заведение.
doceta. [прил.] гностический.
docético, ca. [прил.] см. doceta.
docetismo. [м.] гностицизм.
docible. [прил.] (м. употр.) см. dócil.
dócil. [прил.] податливый; покорный, послушный; легко поддающийся обработке.
docilidad. [ж.] покорность, послушание; податливость.
docilitar. [перех.] делать послушным; делать гибким.
dócilmente. [нареч.] покорно, послушно.
docimasia. [ж.] искусство об испытании минералов.
docimasista. [м.] (хим.) пробирер, пробирщик.
dock. [м.] (англ.) (мор.) док.
doctamente. [нареч.] учёно, на учёный манер.
doctitud. [ж.] учёность, эрудиция.
docto, ta. [прил.] учёный, знающий.
doctor, ra. [м. и ж.] доктор (учёная степень); учёный; врач.
doctora. [ж.] женщина-врач; (разг.) жена врача; (разг.) синий чулок.
doctorado. [м.] докторская степень; звание доктора; (перен.) глубокое знание какой-л науки.
doctoral. [прил.] докторский; научный; (церк.) советующий (о канонике) (тже. сущ.).
doctoralmente. [нареч.] глубокомысленно.
doctoramiento. [м.] выдача докторской степени.
doctorando, da. [м. и ж.] тот, кто собирается получить докторскую степень.
doctorar. [перех.] давать, присуждать докторскую степень; **doctorarse.** [возв. гл.] получать докторскую степень.
doctrina. [ж.] доктрина, учение, теория; правило, наставление; катехизис; проповедь; (Амер.) (соб.) новообращённые в христианство индейцы: * mala doctrina, сорная трава.
doctrinable. [прил.] подлежащий обучению и т. д.
doctrinador, ra. [прил.] наставляющий в вере; наставляющий, поучающий (тже. сущ.).
doctrinal. [прил.] относящийся к доктрине, догматический; поучительный; [м.] книга правил и наставлений.
doctrinalmente. [нареч.] по доктрине.
doctrinante. [дейст. прич.] к doctrinar, наставляющий, поучающий.
doctrinar. [перех.] наставлять, поучать, обучать.
doctrinario, ria. [прил.] доктринёрский; [м.] доктринёр; теоретик.
doctrinero. [м.] тот, кто наставляет в христианской вере; (Амер.) приходский священник (у индейского племени).
doctrino. [м.] сирота, воспитанник детского дома; (перен.) робкий и недалёкий человек: * parecer un doctrino, иметь робкий вид.
documentación. [ж.] документация, подтверждение документальными данными, документами; изучение по первоисточникам; документы; собрание документов.
documentado, da. [страд. прич.] к documentar, документированный; [прил.] снабжённый нужными документами.
documental. [прил.] документальный, достоверный; [м.] документальный фильм.
documentalista. [м. и ж.] специалист по документальным фильмам.
documentalmente. [нареч.] с документами.
documentar. [перех.] документировать, подтверждать документальными данными, документами; осведомлять.
documentario, ria. [прил.] относящийся к документе.
documento. [м.] документ; свидетельство; (м. употр.) совет, предупреждение.
dodécada. [ж.] дюжина.
dodecadactilitis. [ж.] (пат.) воспаление двенадцатиперстной кишки.
dodecaédrico, ca. [прил.] относящийся к двенадцатиграннику.
dodecaedro. [м.] (геом.) двенадцатигранник, додекаэдр.
dodecágono. [м.] (геом.) двенадцатиугольник.
dodecasílabo, ba. [прил.] двенадцатисложный; [м.] двенадцатисложный стих.
doga. [ж.] (обл.) бочарная доска, клёпка

dogal. [м.] привязь (у лошади); верёвка с мёртвой петлёй; * estar con el dogal a la garganta, al cuello, быть в безвыходном положении.
dogaresa. [ж.] (ист.) догаресса (жена дожа).
dogcart. [м.] (англ.) догкар (экипаж).
dogma. [м.] догмат, догма.
dogmática. [ж.] догматика.
dogmáticamente. [нареч.] догматически; категорическим тоном.
dogmático, ca. [прил.] догматический.
dogmatismo. [м.] догматизм.
dogmatista. [м. и ж.] догматик.
dogmatizador. [м.] см. dogmatizante.
dogmatizante. [действ. прич.] к dogmatizar; [сущ.] тот, кто догматизирует.
dogmatizar. [перех.] догматизировать, устанавливать догматы; провозглашать новый догмат; говорить наставительным тоном, не допускать возражений.
dogo. [м.] дог (тж. прил.).
dogre. [м.] (мор.) сорт рыболовного судна.
dolabela. [ж.] (с.-х.) сельскохозяйственное орудие.
doladera. [ж.] скобель (бочарный); секира.
dolado, da. [страд. прич.] к dolar; [прил.] (м. употр.) совершенный, законченный.
dolador. [м.] рабочий, занимающийся обстругиванием.
doladura. [ж.] щепки (при обстругивании).
dolaje. [м.] вино, впитанное бочарными досками.
dolamas. [ж. множ.] см. dolames; (Амер.) частое недомогание.
dolames. [м. множ.] (вет.) скрытые болезни (у животных).
dólar. [м.] доллар (монета).
dolar. [перех.] строгать, скоблить, обтёсывать.
dolara. [ж.] сидр.
dolencia. [ж.] болезнь, недомогание, нездоровье, немочь, недуг; слабость; хроническое недомогание; уныние; (уст.) см. afrenta, infamia.
doler. [неперех.] болеть: * me duele la cabeza, у меня болит голова; dolerse. [возв. гл.] каяться, раскаиваться в чём-л, жалеть; жалеть, сожалеть о том, что; жаловаться.
dolerita. [ж.] (мин.) долерит.
dolerítico, ca. [прил.] к долерит.
dolicocefalia. [ж.] долихоцефалия, длинноголовость.
dolicocefálico, ca. [прил.] см. dolicocéfalo; принадлежащий или относящийся к долихоцефалии.
dolicocefalismo. [м.] см. dolicocefalia.
dolicocéfalo, la. [прил.] долихоцефальный, длинноголовый, длинночерепный.
dolicócero, ra. [прил.] (зоол.) с длинными усиками.
dolido, da. [непр. страд. прич.] к doler.
doliente. [действ. прич.] к doler; [прил.] страдающий, больной, болезненный (тж. сущ.); глубоко огорчённый, безутешный, скорбный.
dolina. [ж.] (геол.) долина, карстовая впадина.
dolmen. [м.] (археол.) дол(ь)мен.
dolménico, ca. [прил.] принадлежащий к дол(ь)менам.
dolo. [м.] обман, подвох, надувательство; симуляция, притворство; преднамеренность (в преступлении).
dolobre. [м.] кирка.
dolomía. [ж.] (геол.) доломитовая скала.
dolomita. [ж.] (мин.) доломит, горький шпат.
dolomítico, ca. [прил.] (мин.) доломитовый, содержащий доломит.

dolomización. [ж.] (геол.) доломитизация.
dolón. [м.] (археол.) сорт кинжала.
dolor. [м.] боль; скорбь, горе, печаль, огорчение; раскаяние, сожаление: * dolor agudo, острая боль; * dolor de cabeza, головная боль; * dolor de viudo, острая, но временная боль; * dolor sordo, latente, тупая, тихая непрерывная боль; * estar con dolores, мучиться родами; * ¡es un dolor!, какая жалость!
dolora. [ж.] (лит.) короткое драматическое сочинение.
doloridamente. [нареч.] см. dolorosamente.
dolorido, da. [прил.] больной, страдающий, скорбный; наболевший; огорчённый, удручённый.
dolorón. [м.] (Амер.) острая боль.
dolorosamente. [нареч.] болезненно; см. lastimosamente.
doloroso, sa. [прил.] болезненный, вызывающий боль; мучительный; печальный, прискорбный, горестный.
dolosamente. [нареч.] обманным путём и т. д.
doloso, sa. [прил.] умышленный; лживый, обманный, мошеннический.
dom. [м.] звание некоторых монахов.
doma. [ж.] укрощение, обуздание; (перен.) обуздание, усмирение.
domable. [прил.] укротимый.
domador, ra. [м. и ж.] укротитель, (-ница).
domadura. [ж.] укрощение, обуздание (тж. перен.) см. doma.
domar. [перех.] укрощать, покорять, обуздывать; (перен.) обуздывать, усмирять.
dombo. [м.] купол, см. domo.
domellar. [перех.] см. domeñar.
domeñable. [прил.] укротимый.
domeñar. [перех.] подчинять себе, смирять, укрощать, покорять; приручать.
domesticable. [прил.] укротимый.
domesticación. [ж.] приручение (животных).
domesticador, ra. [прил.] приручающий и т. д. (тж. сущ.).
domésticamente. [нареч.] попросту, без церемоний, запросто, дружески.
domesticar. [перех.] делать домашним, приручать (животных); (перен.) делать мягким в обращении.
domesticidad. [ж.] приручённость (животных).
doméstico, ca. [прил.] домашний; приручённый: * animales domésticos, домашние животные; [м.] слуга, прислуга.
domestiquez(a). [ж.] (п. употр.) приручённость.
domiciliado, da. [страд. прич.] к domiciliar; [прил.] имеющий постоянное жительство где-л, проживающий.
domiciliar. [перех.] поселять, давать постоянное жительство; domiciliarse. [возв. гл.] поселяться где-л.
domiciliario, ria. [прил.] домовый; домашний; [м. и ж.] житель (-ница) (определённого места); * visita domiciliaria, (юр.) домашний обыск, осмотр дома официальными органами.
domicilio. [м.] постоянное местожительство; жилище; (юр.) юридический адрес лица или фирмы: * a domicilio, на дом, на дому; * adquirir, contraer domicilio, поселяться где-л.
dómida. [ж.] (обл.) ряд, слой.
dominación. [ж.] преобладание, господство, владычество, власть; (воен.) господствующая высота.
dominador, ra. [прил.] господствующий [м. и ж.] властелин, властитель, (-ница).
dominancia. [ж.] властность; превосходство, преобладание, влияние.
dominante. [действ. прич.] к dominar, господствующий; преобладающий; доминирующий; [прил.] властолюбивый, властный, любящий властвовать; [ж.] (муз.) доминанта, пятая ступень диатонической гаммы.
dominar. [перех.] господствовать, властвовать, владычествовать (над кем-чем); сдерживать, подавлять; подчинять; владеть (языком); обладать (знаниями); [неперех.] доминировать, возвышаться над окружающей местностью; dominarse. [возв. гл.] властвовать над собой, владеть собой.
dominativo, va. [прил.] господствующий и т. д. см. dominante.
dominatriz. [прил.] господствующая; [ж.] властительница.
dómine. [м.] (разг.) преподаватель латинского языка; педант.
domingada. [ж.] забава в воскресенье.
domingo. [м.] воскресенье (день): * los domingos, по воскресеньям; * domingo de Ramos, (церк.) вербное воскресенье; * hacer domingo, не работать, отдыхать.
domingueja. [ж.] (Амер.) презрительная женщина.
dominguejada. [ж.] (Амер.) глупость, дурачество.
dominguejo. [м.] см. dominguillo; (Амер.) бедняга, ничтожество.
dominguero, ra. [прил.] (разг.) воскресный, праздничный; любящий наряжаться или забавляться только по воскресеньям или по праздникам.
dominguillo. [м.] ванька-встанька (игрушка); (перен.) марионетка: * traer или llevar como un dominguillo, помыкать.
domínica. [ж.] (церк.) воскресенье; воскресная служба.
dominical. [прил.] воскресный; (ист.) доманиальный.
dominicano, na. [прил.] доминиканский; [м. и ж.] уроженец (-ка) Доминиканской республики; см. dominico.
dominico, ca. [прил.] принадлежащий или относящийся к ордену доминиканцев; [м.] монах-доминиканец.
dominio. [м.] владычество господство, власть; владение; имущество; (о)владение; (перен.) область, сфера: * dominio de sí mismo, самообладание, выдержка.
dominión. [м.] (полит.) доминион.
dominó. [м.] см. dominó. (соб.) косточки домино.
dominó. [м.] домино (игра); домино (маскарадный костюм).
domita. [ж.] (геол.) домит, слюдистый трахит.
domo. [м.] (арх.) купол, см. cúpula.
dompedro. [м.] (бот.) см. dondiego; ночной горшок.
domra. [ж.] (муз.) домра, русский народный струнный инструмент.
don. [м.] дар, подношение, подарок; дар, дарование, способность, талант; * don de gentes, общительность; * el don de la palabra, дар речи.
don. [м.] дон, господин (титулование в странах испанского и португальского языков-ставится перед именем).
dona. [ж.] (м. употр.) женщина, дама.
dona. [ж.] (Амер.) дар, подарок, подношение; [множ.] свадебные подарки.
donación. [ж.] дар, подарок; даяние; (юр.) дарение; дарственная запись: * donación entre vivos или inter vivos, дарственная.

donado, da. [страд. прич.] к donar; [м. и ж.] (церк.) послушник, (-ца).
donador, ra. [прил.] совершающий дар, дарение; [м. и ж.] даритель, (-ница).
donaire. [м.] остроумие, находчивость; изящество, грация; статность, стройность; благородство; острота: * hacer donaire de, остроумно шутить над...
donairosamente. [нареч.] изящно, грациозно; остроумно.
donairoso, sa. [прил.] грациозный; привлекательный; изящный; благородный; остроумный, забавный.
donante. [действ. прич.] к donar; [м. и ж.] даритель, (-ница).
donar. [перех.] дарить.
donatario. [м.] лицо, получившее дар, подарок.
donativo. [м.] даяние, пожертвование, дар, подарок.
doncel. [м.] дворянский юноша; паж; (обл.) см. ajenjo; [прил.] нежный, мягкий (о некоторых фруктах).
doncella. [ж.] девственница, девица, барышня; горничная; прислужница (при королеве и т. д.); см. budión; (Амер.) панариций, ногтоеда; (Амер.) мимоза.
doncellazgo. [м.] притворная, показная девственность.
doncelleja. [ж. умен.] к doncella.
doncellería. [ж.] (разг.) см. doncellez.
doncellez. [ж.] девственность.
doncelliduena. [ж.] старая дева, выходящая замуж.
doncellil. [прил.] к doncella.
doncelliventera. [ж.] (шутл.) (разг.) молодая служанка (постоялого двора).
doncellueca. [ж.] (разг.) старая дева.
donde. [нареч.] там, где; куда; [относ. мест.] где, в котором; * ¿dónde?, где: * a donde, куда; * en donde, где; * hacia, para donde, в какую сторону; * por donde, каким путём, какой дорогой; по которому; * allí donde, там где; * la ciudad (en) donde hemos pasado el invierno, город, (в котором) мы провели зиму; * ¿a dónde vas?, куда ты идёшь?; * donde no, иначе, в противном случае; * ¿por dónde? по какой причине?; * de dónde?, откуда; * donde las dan las toman, нашла коса на камень.
dondequiera. [нареч.] где бы то ни было, повсюду, везде.
dondiego. [м.] (бот.): * dondiego de noche, чудоцвет; * dondiego de día, денная красавица, трёхцветный вьюнок.
dondio, dia. [прил.] (обл.) нежный, мягкий.
dongola. [ж.] сорт эфиопского пива.
donfrón. [м.] старинная ткань.
dongón. [м.] (бот.) филиппинское дерево (sterculia helicteres).
donguindo. [м.] (бот.) сорт груши (дерева).
donillero. [м.] мошенник; шулер.
donjuán. [м.] (бот.) чудоцвет.
donjuanesco, ca. [прил.] донжуанский.
donjuanismo. [м.] донжуанство.
donosamente. [нареч.] грациозно; учтиво; остроумно.
donosidad. [ж.] остроумие, игривость, шутливость; грация, изящество.
donosilla. [ж.] (обл.) (зоол.) ласка.
donoso, sa. [прил.] весёлый, приятный.
donostiarra. [прил.] сансебастьянский; [м. и ж.] уроженец, (-ка) San Sebastián.

donosura. [ж.] остроумие, изящество, грация; привлекательность; учтивость.
doña. [ж.] госпожа, сударыня (ставится перед именем).
doñaguil. [прил.] (обл.): * aceituna doñaguil, сорт маленькой маслины.
doñear. [неперех.] (разг.) бывать у женщин.
doñegal, doñigal. [прил.]: * higo doñegal, сорт очень красной фиги.
doquier(a). [нареч.] см. dondequiera.
dorada. [ж.] дорада (рыба).
doradilla. [ж.] см. dorada; (бот.) род лечебного скребницы.
doradillo. [м.] тонкая нить из латуни; (орни.) трясогузка; (Амер.) красновато-коричневый (о лошди).
dorado, da. [страд. прич.] к dorar; [прил.] золотой цвети; роскошный, блестящий; счастливый; [м.] золочение; дорада (рыба).
dorador. [м. и ж.] золотильщик, (-ица), позолотчик, (-ица).
doradura. [ж.] золочение.
doral. [м.] (зоол.) род мухоловки.
dorar. [перех.] золотить; (перен.) прикрашивать; (кул.) слегка поджаривать; * dorar la píldora, позолотить пилюлю; **dorarse.** [возв. гл.] золотиться; принимать золотую цвету.
dórico, ca. [прил.] дорический: * orden dórico, дорический орден; [м.] дорическое наречие.
dorio, doria. [прил.] дорический; [сущ.] дориец.
dormán. [м.] (воен.) доломан, ментик (у гусаров).
dormida. [ж.] оцепенение (у шелковичного червя и т. д.); место, где ночуют дикие животные; сон; (Амер.) ночлег, место для ночёвки.
dormidera. [ж.] (бот.) мак; (Амер.) (бот.) см. sensitiva; [множ.] способность легко засыпать.
dormidero, ra. [прил.] снотворный; [м.] ночной загон для скота.
dormido, da. [страд. прич.] к dormir; (Амер.) (горн.) не эксплуатированный.
dormidor, ra. [прил.] любящий поспать; [сущ.] соня.
dormilento, ta. [прил.] находящийся в дремоте.
dormilón, na. [прил.] любящий поспать; [м. и ж.] соня; [м.] (орни.) род американской птички.
dormilona. [ж.] серьга; кресло для отдыха, послеобеденного сна; (Амер.) (бот.) мимоза.
dormir. [неперех.] спать; покоиться; ночевать, проводить ночь; (перен.) проспать, прозевать; успокаиваться; обдумывать; [перех.] усыплять, наводить сон; **dormirse.** [возв. гл.] засыпать; утратить бдительность; затекать, неметь; * dormir al raso, en campo raso, a la serena, a cortinas verdes, спать под открытым небом; * dormir como un tronco, como un lirón, como un bendito, como un leño, спать как сурок, спать как убитый, крепко спать; * dormir a pierna suelta, спать безмятежно; * dormir la borrachera, la mona, la zorra, el vino, проспаться; * dormir la siesta, отдыхать, спать после обеда; * entre duerme y vela, a duerme y vela, durmiendo velando, в полусне; * no dormirse, заботиться о...; * dormirse sobre sus laureles, почить на лаврах; * quien mucho duerme, poco aprende, кто много спит, немного научиться; [непр. гл.] ind. pres. duermo, es, e, dormimos, dormís, duermen; indef. dormí, -iste, durmió, dormimos, dormisteis, durmieron; subj. pres. duerma, -as, -a, durmamos, durmáis, duerman;

imperf. durmiera, durmiere, и т. д.; ger. durmiendo.
dormirlas. [м.] прятки (игра).
dormitación. [ж.] дейст. к дремать.
dormitar. [неперех.] дремать.
dormitivo, va. [прил.] (мед.) снотворный [м.] снотворное средство.
dormitorio. [м.] спальня.
dormizorro, rra. [прил.] (обл.) сонливый дремлющий.
dorna. [ж.] (обл.) рыбачья лодка.
dornajo. [м.] лохань; корыто; таз; (обл.) ясли, кормушка.
dorniel. [м.] (обл.) выпь (птица).
**dornillero, m. ж.] тот, кто делает или продаёт dornillos.
dornillo. [м.] см. dornajo; деревянная миска лоханка, служащая плевательницей.
dorondón. [м.] (обл.) густой холодный туман.
dorsal. [прил.] спинной: * espina dorsal, позвоночный столб, позвоночник.
dorso. [м.] спина; тыльная или обратная сторона.
dorsodimia. [ж.] (пат.) боль в спине.
dos. [прил.] два, две, двое; второй; [м.] фра два; двойка (игральная карта и т. д.); второе число; * los dos, вдвоём, по два * las dos, обе; * de dos en dos, по двое, по два ряд; * en dos, надвое, пополам; * en dos tiempos, в два приёма; * en un dos por tres в один миг; в два счета; * a cada dos po tres, поминутно; * nunca hay dos sin tre бог троицу любит; * el dos de mayo, вто рое мая, второго мая; * dos puntos, двое точие; * dos por dos, дважды два; * dos tres, два-три; две-три.
dosalbo, ba. [прил.] с двумя белыми ногами.
dosañal. [прил.] двухлетний.
doscientos, tas. [прил. множ.] двести; двухсотый.
dosel. [м.] балдахин; занавес, портьера.
doselera. [ж.] кайма (у балдахина).
doselete. [м. умен.] к dosel.
dosificable. [прил.] дозируемый, определимый.
dosificación. [ж.] дозировка.
dosificar. [перех.] (мед.) дозировать, определять количество.
dosillo. [м.] карточная игра.
dosimetría. [ж.] дозиметрия.
dosimétrico, ca. [прил.] дозиметрический.
dosímetro. [м.] дозиметр.
dosis. [ж.] доза, прием лекарства; доз порция.
dosista. [м. и ж.] карманник, ворующи пальцами.
dotación. [ж.] дотация; приданое; вкла дар, пожертвование; (мор.) (воен оснащение; личный состав, штат, пе сонал.
dotado, da. [страд. прич.] к dotar, одарё ный; снабжённый, оснащённый.
dotador, ra. [прил.] дающий приданое; о ределяющий доходы; одаряющий и т. (тже. сущ.).
dotal. [прил.] относящийся к приданом данный в приданое.
dotante. [действ. прич.] к dotar.
dotar. [перех.] давать в приданое; опред лять доходы; давать дотацию; снабжа одарять; делать вклад; оснащать, с ряжать.
dote. [м. и ж.] приданое; [м.] (карт.) взя ка; [множ.] дар, талант.
dotor, ra. [прил.] (обл.) любопытный, з ойливый.
dotorear. [неперех.] (обл.) любопытс ват, вмешиваться, выслеживать.

dotoreo. [м.] (обл.) выслеживание, шпионаж.
dovela. [ж.] (арх.) камень свода.
dovelaje. [м.] (арх.) внешняя округлость свода, изгиб свода.
dovelar. [перех.] обтёсывать камни свода, придавать форму камня свода.
doxología. [ж.] (церк.) славословие.
dozavado, da. [прил.] имеющий двенадцать боков, граней или частей.
dozavo, va. [прил.] двенадцатый; [м.] (полигр.) двенадцатая доля листа.
dra. [м.] (арг.) страх, боязнь; испуг.
draba. [ж.] (бот.) крестоцветное растение.
dracma. [ж.] драхма (денежная единица; мера).
draconiano, na. [прил.] драконовский, суровый.
dracontocéfalo, la. [прил.] с головой дракона (тже. м.).
draga. [ж.] драга, землечерпательная.
dragado, da. [страд. прич.] к dragar; [м.] драгировка, чистка дна (реки и т. д.); драгирование, землечерпание.
dragaje. [м.] (гал.) см. dragado.
dragaminas. [м.] (мор.) тралер.
dragante. [м.] (гер.) голова дракона с открытой пастью.
dragar. [перех.] очищать дно реки и т. д., драгировать.
drago. [м.] (бот.) драцена.
dragomán. [м.] драгоман, переводчик, толмач.
dragón. [м.] дракон; (бот.) львиный зев; (обл.) бумажный змей; (зоол.) дракон, крылатая ящерица; (астр.) дракон (северное созвездие); (воен.) драгун.
dragona. [ж.] самка дракона; (воен.) сорт эполета; (Авер.) темляк; сорт плаща с пелериной (мужской).
dragoncillo. [м.] старинное огнестрельное оружие; (бот.) эстрагон, дракон-трава; [мн.] львиный зев.
dragonear. [перех.] (Амер.) случайно исполнять обязанность; незаконно исполнять обязанность; хвастать чем-л; влюбить
dragonete. [м.] см. dragante.
dragontea. [ж.] (бот.) драконов корень, змейка.
dragontino, na. [прил.] принадлежащий или относящийся к дракону.
drama. [м.] драма.
dramática. [ж.] драматургия.
dramáticamente. [нареч.] драматическим образом.
dramático, ca. [прил.] драматический; драматичный; [м.] драматург.
dramatis personae. [лат. выраж.] действующие лица (факта).
dramatismo. [м.] драматизм, драматичность.
dramatizable. [прил.] могущий быть драматизированным.
dramatización. [ж.] драматизация.
dramatizar. [перех.] драматизировать, придавать драматическую форму.
dramaturgia. [ж.] драматургия.
dramaturgo. [м.] драматург.
drao. [м.] (арг.) яд, отрава.
drapa. [ж.] (арх.) см. grapa.
draque. [м.] (Амер.) напиток из воды, водки и мускатного ореха.
drasticidad. [ж.] свойст. к сильнодействующему, резкий (о слабительном).
drástico, ca. [прил.] (мед.) сильнодействующий, резкий (о слабительном); [м.] сильнодействующее слабительное средство.
dravida, dravidiano, na. [прил.] дравидийский, дравидский; [сущ.] дравид; дравидский язык.

dravídico, ca. [прил.] дравидийский, дравидский.
drecera. [ж.] ряд домов, деревьев и т. д.
drenaje. [м.] (гал.) дренаж, дренирование, осушение почвы, см. avenamiento.
drenar. [перех.] (гал.) дренировать, осушать почву, см. avenar.
drepanóforo, ra. [прил.] см. falcado.
dría, dríada, dríade. [ж.] (миф.) дриада.
driblar. [перех.] (англ.) (спорт.) вести мяч (в футболе).
dril. [м.] грубая хлопчатобумажная ткань.
drill. [м.] (зоол.) дрилл (порода обезьян).
drimirríco, a. [прил.] (бот.) имбирный; [ж. множ.] имбирные растения.
drino. [м.] (зоол.) очень ядовитая змея.
driza. [ж.] (мор.) фал.
drizar. [перех.] (мор.) ставить, поднимать фалы.
drog. [м.] (Амер.) спиртной напиток.
droga. [ж.] москательный, аптекарский товар; наркотик; (перен.) обман, ложь, враки; плутовство; неприятность; (Амер.) неоплаченный долг.
drogmán. [м.] драгоман, переводчик (на Востоке).
drogón. [м.] (Амер.) залежавшийся товар; трудное дело.
droguería. [ж.] торговля москательными, аптекарскими товарами; аптекарский магазин; (обл.) см. abacería.
droguero, ra. [м. и ж.] торговец москательными, аптекарскими товарами; (обл.) лавочник, (-ица); (Амер.) тот, кто не платит следуемое с него.
droguete. [м.] дрогет (ткань).
droguista. [м.] (гал.) торговец москательными, аптекарскими товарами; (перен.) обманщик, (-ица), плут, (-овка). (тже. прил.).
drolático, ca. [прил.] забавный, потешный, смешной; озорной.
dromedal, dromedario. [м.] (зоол.) дромадер, одногорбый верблюд.
dromomanía. [ж.] склонность к странствованию.
dromón. [м.] (ист.) быстроходное военное или торговое судно, имевшее и паруса и вёсла.
dropacismo. [м.] (мед.) сорт средства для удаления волос.
drope. [м.] (разг.) презрительный мужчина.
drope. [м.] дроп (машина для нагрузки судов).
drosera. [ж.] (бот.) росянка.
drosometría. [ж.] измерение количества выпавшей росы.
drosómetro. [м.] (физ.) росомер.
druida. [м.] друид (жрец у кельтов).
druidesa. [ж.] жена или дочь друида; жрица у кельтов.
druídico, so. [прил.] друидический.
druidismo. [м.] друидизм, религия древних кельтов.
drupa. [ж.] (бот.) плод с косточкой, косточковый плод.
drupáceo, a. [прил.] (бот.) косточковый (плод).
drupéola. [ж.] (бот.) маленький косточковый плод.
drupeolado, da. [прил.] (бот.) похожий на drupéola.
drusa. [ж.] (мин.) друза.
drusiforme. [прил.] (мин.) в форме друзы.
druso, sa. [м. и ж.] житель, (-ница) Ливана (тже. прил.).
dúa. [ж.] старинный даровой труд крестьян на фортификационных работах; бригада горнорабочих; (обл.) см. dula.

dual. [прил.] (грам.) двойственный; [м.] двойственное число.
dualidad. [ж.] двойственность: * dualidad de poderes, двоевластие.
dualina. [ж.] (хим.) сорт взрывчатого вещества.
dualismo. [м.] (фил.) дуализм.
dualista. [сущ.] дуалист (тже. прил.).
dualístico, ca. [прил.] дуалистический.
duba. [ж.] глиняная стена, ограда.
dubio. [м.] (юр.) сомнительный вопрос.
dubitable. [прил.] сомнительный.
dubitación. [ж.] сомнение, колебание.
dubitativamente. [нареч.] сомнительно.
dubitativo, va. [прил.] выражающий сомнение, сомнительный.
dublé. [м.] накладное золото, накладное серебро.
ducado. [м.] герцогство; титул герцога; дукат, червонец.
ducal. [прил.] герцогский.
ducas. [м. множ.] (арг.) заботы, огорчение и т. д.
ducentésimo, ma. [прил.] двухсотый (тже. сущ.).
ducientos, tas. [прил. множ.] двести; двухсотый.
dúcil. [м.] (обл.) деревянный кран (бочки).
duco. [м.] (зоол.) порода обезьян.
dúctil. [прил.] тягучий, ковкий; растяжимый; (перен.) податливый, послушный, поддающийся влиянию, покладистый.
ductilidad. [ж.] ковкость, тягучесть, вязкость; растяжимость; (перен.) податливость, покладистость, уступчивость, сговорчивость.
ductilímetro. [м.] (физ.) измеритель ковкости металлов.
ductivo, vo. [прил.] проводящий и т. д.
ductor. [м.] проводник, вожатый, вожак, главарь; (хир.) хирургический инструмент.
ductriz. [ж.] (м. употр.) проводница и т. д.
dúctulo. [м.] (мед.) маленький проток, ходик, каналец.
ducha. [ж.] душ, обливание: * ducha de agua fría, (перен.) ушат холодной воды.
duchar. [перех.] делать кому-л обливания; ducharse. [возв. гл.] принимать душ.
ducho, cha. [прил.] знающий, сведующий, опытный, искусный, умелый.
duda. [ж.] сомнение, колебание, нерешительность; сомнительный вопрос: * sin duda, no hay duda, no cabe duda, без сомнения, несомненно; * poner en duda, подвергнуть сомнению, ставить под сомнение; * la cosa está en duda, это ещё вопрос.
dudable. [прил.] сомнительный.
dudar. [неперех.] сомневаться; быть в нерешительности, колебаться; [перех.] ставить под сомнение; (уст.) см. temer.
dudosamente. [нареч.] невероятно и т. д.
dudoso, sa. [прил.] сомнительный; сомневающийся, колеблющийся; нерешительный, неуверенный; неопределённый.
duela. [ж.] бочарная доска; клёпка.
duelaje. [м.] см. dolaje.
duelista. [м.] тот, кто хвастается знанием дуэльных правил; (непр.) дуэлянт; охотник до дуэлей и т. д.

duelo. [м.] дуэль, поединок: * batirse en duelo, драться на дуэли.
duelo. [м.] горе, боль, скорбь, печаль, страдание; соболезнование; соболезнование (при смерти кого-л); траурная процессия; (чаще множ.) му́ки, страдания: * sin duelo, без сожаления, обильно; * duelos y quebrantos, старинное кушанье из яиц.
duende. [м.] домовой; см. restaño (ткань); (арг.) ночная толпа.
duendo, da. [прил.] приручённый, домашний.
dueña. [ж.] владелица, хозяйка, госпожа; дуэнья, компаньонка, гувернантка (молодых девушек).
dueñesco, ca. [прил.] к дуэнья.
dueño. [м.] владелец, хозяин; господин, барин; (м. употр.) воспитатель, гувернёр; * hacerse dueño de, присваивать (себе), овладеть чем-л; * ser dueño de sí mismo, уметь владеть собой; * ser muy dueño, поступать по-своему.
duermevela. [разг.] чуткий сон; полусон, плохой, беспокойный сон.
duerna. [ж.] см. artesa.
duerno. [м.] (обл.) см. duerna.
duetista. [м. и ж.] дуэтный певец, (-ица).
dueto. [м. умен.] к dúo, дуэт.
dugo. [м.] (Амер.) помощь, поддержка; * de dugo, (Амер.) даром, бесплатно.
dugongo. [м.] (зоол.) морская корова.
dujo. [м.] (обл.) сорт улья.
dula. [ж.] часть общинной земли, орошаемая и отведённая для пастбищ; общинное стадо; земля, орошаемая по очереди: * ¡vete, idos a la dula!, (разг.) убирайся отсюда!
dular. [прил.] относящийся или принадлежащий к dula.
dulcamara. [ж.] (бот.) сладкогорький паслён.
dulce. [прил.] сладкий; пресный (о воде); мягкий, нежный; добрый; мягкий, ковкий, гибкий (о железе); кроткий, податливый, милый, приятный; (жив.) мягкий; [нареч.] см. dulcemente; [м.] сладкое, десерт; [множ.] сласти.
dulcedumbre. [ж.] сладость; кротость; ласковость, нежность; мягкость; приятность.
dulcémele. [м.] (муз.) гусли, цитра.
dulcemente. [нареч.] нежно, любовно; тихо; медленно.
dulcenta. [ж.] (с.-х.) сорт большого яблока, идущего на изготовление сидра.
dulcera. [ж.] сосуд для фруктов в сиропе.
dulcería. [ж.] кондитерская.
dulcero, ra. [прил.] любящий сласти; [м. и ж.] продавец, (-щица.) сладостей; кондитер.
dulcete. [прил.] (Амер.) слащавый.
dulcificación. [ж.] подслащивание; (перен.) смягчение; облегчение.
dulcificante. [дейст. прич.] к dulcificar, подслащивающий; (перен.) смягчающий.
dulcificar. [перех.] подслащивать; (перен.) смягчать, облегчать.
dulcina. [ж.] (хим.) дульцин.
dulcinea. [ж.] (перен.) (разг.) дульцинея, возлюбленная, любимая женщина; предмет поклонения.

dulcinia. [ж.] (бот.) земляной миндаль.
dulcísono, na. [прил.] (поэт.) сладкозвучный.
dulero. [м.] пастух общинного стада (см. dula.)
dulía. [ж.] культ ангелов и святых.
dulimán. [м.] турецкая длиннополая одежда.
dulzagüícola. [прил.] живущий в пресной воде (о рыбе).
dulzaina. [ж.] (муз.) свирель, флейта.
dulzaina. [ж.] (разг.) большое количество плохих сладостей.
dulzainero, ra. [м. и ж.] игрок на свирели.
dulzarrón, na, dulzón, na. [прил.] слащавый, сладковатый.
dulzor. [м.] см. dulzura.
dulzorar. [перех.] (м. употр.) подслащивать; смягчать.
dulzura. [ж.] сладость; (перен.) кротость; ласковость, нежность; прелесть; доброта; приятное и т. д. слово.
dulzurar. [перех.] (уст.) см. dulzorar; (хим.) извлекать соль.
duma. [ж.] (ист.) дума: * duma del Estado, государственная дума.
dumdum. [ж.] пуля дум-дум (с нарезанной оболочкой) (тже. прил.).
dumortierita. [ж.] (мин.) дюмортиерит.
dumping. [м.] (англ.) (эк.) демпинг, бросовый экспорт.
duna. [ж.] дюна, песчаный нанос.
dundeco, ca. [прил.] (Амер.) дурацкий, глупый.
dundera. [ж.] (Амер.) глупость, дурость.
dundo, da. [прил.] (Амер.) дурацкий, глупый; [сущ.] глупец, дурак, дура.
duneta. [ж.] (мор.) полуют.
dunita. [ж.] (геол.) дунит.
dúo. [м.] (муз.) дуэт.
duodecaedro. [м.] (геом.) см. dodecaedro.
duodecimal. [прил.] см. duodécimo.
duodécimo, ma. [прил.] двенадцатый; [м.] двенадцатая доля, часть.
duodenal. [прил.] (анат.) относящийся к двенадцатиперстной кишке, двенадцатиперстный.
duodenario, ria. [прил.] продолжающийся двенадцать дней.
duodenitis. [ж.] (пат.) воспаление двенадцатиперстной кишки или части ее.
duodeno, na. [прил.] двенадцатый; [м.] (анат.) двенадцатиперстная кишка.
duodenocistostomía. [ж.] (хир.) наложение соустья между двенадцатиперстной кишкой и мочевым пузырем.
duodenocolangitis. [ж.] (пат.) воспаление двенадцатиперстной кишки и общего желчного протока.
duodenoenterostomía. [ж.] (хир.) наложение соустья между двенадцатиперстной кишкой и тонкими кишками.
duodenostomía. [ж.] (хир.) свищ двенадцатиперстной кишки.
duomesino, na. [прил.] двухмесячный.
dupa. [м.] (арг.) обманутый человек, простофиля.
duplex. [прил.] двойной; [м.] дуплекс.
dúplica. [ж.] (юр.) ответ ответчика.
duplicación. [ж.] удвоение; удваивание.
duplicadamente. [нареч.] вдвойне; с удвоением.
duplicado, da. [страд. прич.] к duplicar; [м.] дубликат, копия.
duplicador, ra. [прил.] удваивающий; [м.] (физ.) удвоитель.
duplicadura. [ж.] см. duplicatura; (анат.) складка, возникшая от сложения вдвое (слизистой оболочки).

duplicar. [перех.] удваивать; (юр.) отвечать.
duplicata. [м.] дубликат.
duplicativo, va. [прил.] удваивающий.
duplicatura. [ж.] (м. употр.) см. dobladura.
dúplice. [прил.] двойной, см. doble.
duplicidad. [ж.] двойственность; двоедушие, двуличность, двуличие.
duplo, pla. [прил.] двойной; [м.] двойное количество.
duque. [м.] герцог: * gran duque, филин.
duquesa. [ж.] герцогиня.
dura. [ж.] (разг.) продолжительность.
durabilidad. [ж.] длительность; долговечность, прочность.
durable. [прил.] долговременный, длительный; прочный, долговечный.
duración. [ж.] продолжительность.
duraderamente. [нареч.] долговременным образом; прочно.
duradero, ra. [прил.] долговременный, длительный, продолжительный; прочный.
dural. [прил.] (анат.) относящийся к твёрдой мозговой оболочки.
dura lex, sed lex. [лат выраж.] закон суров, но таков закон.
duraluminio. [м.] дюралюмин(ий), дюраль.
duramadre. [ж.] (анат.) наружная «твёрдая» оболочка мозга.
duramen. [м.] (бот.) сердцевина дерева.
duramente. [нареч.] жёстко, жестоко, сурово.
durando. [м.] старинное кастильское сукно.
durante. [дейст. прич.] к durar; [нареч.] в течение, в продолжение, во время.
duranza. [ж.] (Амер.) оглобля.
durar. [неперех.] длиться, продолжаться; сохраняться, держаться; выдерживать.
duratón. [м.] (арг.) монета, равная 5 песетам.
duraznal. [м.] участок земли, засаженный duraznos.
duraznero. [м.] (бот.) разновидность персикового дерева.
duraznilla. [ж.] см. durazno.
durazno. [м.] см. duraznero; плод этого дерева (сорт персика).
dureto. [м.] (с.-х.) разновидность яблока.
dureza. [ж.] твёрдость; затверделость; суровость, жёсткость; жестокость; черствость; бессердечие; упрямство; скупость; мозоль.
durillo, lla. [прил. умень.] к duro; [м.] (бот.) вечнозелёная калина; кизил (дерево); старинная монета.
durina. [ж.] (вет.) заразная болезнь (у лошадях).
duriso. [м.] (зоол.) (Амер.) род гремучих змей.
duritis. [ж.] (пат.) воспаление твёрдой мозговой оболочки.
durmidera. [ж.] **durmidero** [м.] (Амер.) ночной загон для скота.
durmiente. [дейст. прич.] к dormir, спящий (тже. сущ.); [м.] поперечная балка; (ж.-д.) шпала; (мор.) неподвижная снасть: * los siete durmientes, сони; * la Bella Durmiente (del bosque), спящая красавица (в сказке).
duro, ra. [прил.] твёрдый, жёсткий; чёрствый; суровый, чёрствый, жёсткий; суровый, тяжёлый; грубый, резкий; прочный, крепкий; стойкий, выносливый; жестокий, свирепый; упрямый, упорный

глупый, тупой; скупой, скаредный; (Амер.) пьяный; [м.] монета, равная 5 пезетам; [множ.] (арг.) башмаки; розги; [нареч.] крепко, сильно: * duro de cascos, тупой; * a duras penas, с большим трудом; * pan duro, чёрствый хлеб; * cabeza dura, тупая голова; * huevo duro, крутое яйцо; * ser duro de oído, быть тугим на ухо, плохо слышать; * duro y parejo, (Амер.) с силой; упорно; * duro de pelar, очень трудный; * es duro de pelar, он тяжёл на подъём; * hay que estar a las duras y a las maduras, любишь кататься, люби и саночки возить.

duunvir. [м.] (ист.) дуумвир.
duunviral. [прил.] (ист.) относящийся к дуумвирам.
duunvirato. [м.] (ист.) дуумвират.
duunviro. [м.] (ист.) дуумвир.
duvet. [м.] (фр.) пух, пушок.
dux. [м.] (ист.) дож.
duz. [прил.] (вул.) см. dulce.

E e

e. 6-я буква испанского алфавита.
e. [союз.] и (употребляется вместо у перед словами, начинающимися на i или hi).
¡ea! [межд.] ну! ну же! вперёд! бей!.
easonense. [прил.] сансебастьянский; [м. и ж.] уроженец, (-ка) S. Sebastián.
ebanáceo, a. [прил.] подобный эбеновому, чёрному дереву.
ebanificar. [перех.] полировать и придавать цвет эбенового дерева.
ebanista. [м.] (столяр-)краснодеревец.
ebanistería. [ж.] ремесло краснодеревца; мастерская краснодеревца; художественная резная работа.
ebanizar. [перех.] придавать цвет эбенового дерева.
ébano. [м.] (бот.) эбеновое дерево, чёрное дерево.
ebanóxilo. [м.] (бот.) эбеновое дерево.
ebenáceo, a. [прил.] (бот.) эбеновый; [ж. множ.] эбеновые растения.
ebenuz. [м.] (бот.) американское дерево.
ebonita. [ж.] (тех.) эбонит.
eboraria. [ж.] искусство о вырезывании на слоновой кости.
eborario, ria. [прил.] относящийся к вырезыванию на слоновой кости.
ebracteado, da. [прил.] (бот.) бесприцветниковый.
ebrasteolado, da. [прил.] (бот.) бесприцветничковый.
ebrancado, da. [прил.] (гер.) лишённый ветвей (о дереве).
ebriedad. [ж.] опьянение.
ebrio, bria. [прил.] пьяный, хмельной (тж. сущ.); (перен.) опьянённый, ослеплённый.
ebriosidad. [ж.] привычка пьянствовать.
ebrioso, sa. [прил.] постоянно пьянствующий; легко опьяняющий; [сущ.] пьяница.
ebulición. [ж.] (м. употр.) см. ebullición.
ebullición. [ж.] кипение, вскипание; (перен.) возбуждение.
ebullómetro. [м.] (физ.) эбуллиоскоп.
ebulloscopia. [ж.] (физ.) эбуллиоскопия.
ebulloscopio. [м.] (физ.) эбуллиоскоп.
eburnación. [ж.] превращение в слоновую кость.
ebúrneo, a. [прил.] слоновый, из слоновой кости, похожий на слоновую кость.
eburnificación. [ж.] превращение в кость; см. eburnación.
eburnificar. [перех.] превращать в кость (тж. возв. гл.).
eburnitis. [ж.] (пат.) затвердение зубной эмали.

ecarté. [м.] (карт.) экарте.
ecbólico, ca. [прил.] (мед.) вызывающий выкидыш, вызывающий аборт; ускоряющий роды (о средстве).
ecdémico, ca. [прил.] (мед.) незаразный.
ecijano, na. [прил.] относящийся к Ecija; [м. и ж.] уроженец, (-ка) этого города.
ecfiaditis. [ж.] (пат.) аппендицит.
ecfima. [ж.] (мед.) бугор, вырост.
ecfonema. [ж.] восклицание, возглас.
eclampsia. [ж.] (мед.) эклампсия.
eclamptico, ca. [прил.] (мед.) эклампсический.
eclécticamente. [нареч.] эклектическим образом.
eclecticismo. [м.] (фил.) эклектизм.
ecléctico, ca. [прил.] (фил.) эклектический, эклектичный; [м.] эклектик
eclectido. [м.] (зоол.) порода попугая.
eclesiásticamente. [нареч.] через, посредство церкви и т. д.
eclesiástico, ca. [прил.] церковный, духовный; [м.] священник, духовное лицо, служитель культа.
eclesiastizar. [перех.] превращать в имущество духовенства.
eclímetro. [м.] (геод.) эклиметр, клинометр.
eclipsable. [прил.] поддающийся затмению.
eclipsar. [перех.] (астр.) (перен.) затмевать; eclipsarse [возв. гл.] (астр.) затмеваться; (перен.) скрыться, исчезнуть, смыться.
eclipse. [м.] (астр.) затмение; (перен.) исчезновение; * eclipse de sol, солнечное затмение; * eclipse total, полное затмение; * eclipse parcial, частное затмение.
eclipsis. [ж.] (гран.) см. elipsis.
eclíptica. [ж.] (астр.) эклиптика.
eclíptico, ca. [прил.] (астр.) эклиптический.
eclisis. [ж.] потеря сознания, затемнение.
eclógico, ca. [прил.] к эклогу.
eclogita. [ж.] (геол.) эклогит.
eclosión. [ж.] (гал.) см. nacimiento, brotadura, aparición.
ecmnesia. [ж.] потеря памяти, забывчивость.
eco. [м.] эхо; (перенч) отголосок, отзвук, отклик, (перен.) подражание; подражатель; (обл.) антипатия, недоброжелательство, ненависть; * tener eco, (перен.) распространяться.
ecofrasia. [ж.] (мед.) см. ecolalia.
ecoico, ca. [прил.] к эхо.
ecolalia. [ж.] (мед.) механическое повторение слов при транскортикальной, сенсорной афазии, при идиотии и при Dementia praecox.
ecología. [ж.] экология.
ecológico, ca. [прил.] экологический.

econdroma. [м.] (пат.) опухоль, состоящая из хрящевой ткани (chondros).
economado. [м.] (Амер.) должность эконома, заведующего хозяйством; контора эконома.
economato. [м.] должность эконома; кооперативный магазин; (Амер.) контора эконома.
economía. [ж.] экономика; хозяйство; экономия, экономика (наука); экономия, бережливость; скудость, нужда; [множ.] сбережения: * economía política, политэкономия; * economía rural, сельское хозяйство; * economía privada, частное хозяйство; частное землевладение.
económicamente. [нареч.] хозяйственно, бережливо, экономично, экономно.
económico, ca. [прил.] экономический; экономичный; экономный, бережливый; хозяйственный; скупой, скаредный.
economista. [м.] экономист (тже. прил.).
economizar. [перех.] сберегать, экономить, откладывать; хорошо вести хозяйство.
ecónomo. [м.] викарий, помощник, заместитель приходского священника; эконом, заведующий церковным имуществом; заместитель церковной должности; эконом.
ecopraxia, ecoquinesis. [ж.] (мед.) механическое повторение видимых движений при идиотии, тиковых болезнях.
ecpiema. [м.] (мед.) абсцесс, нарыв, гнойник.
ecpiético, ca. [прил.] (мед.) вызывающий нагноение.
ecptoma. [м.] (хир.) вывих.
ecrisis. [ж.] (мед.) см. secreción.
ecrítico, ca. [прил.] (мед.) вызывающий выделение.
ectal. [прил.] (мед.) поверхностный, наружный, внешний.
ectasia. [ж.] (мед.) растяжение кожи, расширение радужной оболочки (глаза).
ectásico, ca. [прил.] (мед.) растянутый, расширенный.
ectilótico, ca. [прил.] (мед.) вызывающий удаление волос или мозолей.
ectima. [ж.] (пат.) гнойничковая сыпь.
ectimatiforme. [прил.] (мед.) похожий на ectima.
ectipografía. [ж.] эктипография.
ectipográfico, ca. [прил.] эктипографический.
ectlimo. [м.] (пат.) поверхностное изъязвление кожи.
ectocardia. [ж.] выступание сердца через щель в грудобрюшной преграде, грудной клетке.
ectodérmico, ca. [прил.] к эктодерма.

ectodermo. [м.] (биол.) эктодерма; наружный (верхний) зародышевый листок; из него происходят кожа, нервная система, органы чувств.

ectófito. [м.] (мед.) растительный паразит, живущий на теле хозяина.

ectogénesis. [ж.] эктогенез.

ectoma. [ж.] (хир.) вырезывание, иссечение, удаление.

ectoparásito, ta. [прил.] живущий на теле хозяина (о паразите).

ectopia. [ж.] (хир.) смещение (органа), эктопия.

ectópico, ca. [прил.] эктопический; смещённый (об органе); внематочный (о беременности).

ectoplasma. [ж.] (биол.) эктоплазма.

ectoplasmático, ca. [прил.] принадлежащий или относящийся к эктоплазме.

ectopocistis. [ж.] (хир.) смещение мочевого пузыря.

ectorretina. [ж.] (анат.) оболочка сетчатки (глаза).

ectozoario. [м.] (мед.) паразит, живущий на теле человека или животного.

ectropión. [м.] (мед.) выворот века.

ectrosis. [ж.] (мед.) см. aborto.

ectrótico, ca. [прил.] (мед.) вызывающий аборт (о средстве).

ecuación. [ж.] (мат.) уравнение: * ecuación de primer, segundo grado, уравнение первой, второй степени; * ecuación con dos incógnitas, уравнение с двумя неизвестными; * resolver una ecuación, решить уравнение; * ecuación de tiempo, (астр.) уравнение времени.

ecuador. [м.] экватор: * ecuador terrestre, земной экватор.

ecuánime. [прик.] ровный (о характере); терпеливый.

ecuanimidad. [ж.] постоянство (характера); терпеливость; беспристрастность.

ecuatorial. [прил.] экваториальный; [м.] (астр.) экваториал.

ecuatorianismo. [м.] оборот речи и манера говорить, свойственные уроженцам Эквадора.

ecuatoriano, na. [прил.] эквадорский; [м. и ж.] уроженец, (-ка) Эквадора.

ecuestre. [прил.] конный (о статуе, всаднике); конский: * estatua ecuestre, конная статуя; * orden ecuestre, (ист.) римские всадники.

ecuménicamente. [нареч.] повсеместно и т. д.

ecumenicidad. [ж.] свойст. к всемирный, вселенский, универсальность.

ecuménico, ca. [прил.] всемирный, вселенский: * concilio ecuménico, вселенский собор.

ecuóreo, a. [прил.] (поэт.) морской.

ecuyere. [ж.] амазонка при цирке).

eczma. [ж.] (мед.) экзема, лишай.

eczematoideo, a. [прил.] похожий на экзему.

eczematosis. [ж.] (мед.) экзематозная болезнь.

eczematoso, sa. [прил.] экзематозный.

echacantos. [м.] (разг.) презрительный мужчина, ничтожество.

echacorvear. [неперех.] (разг.) сводничать, заниматься сводничеством.

echacorvería. [ж.] (разг.) сводничество.

echacuervos. [м.] (разг.) сводник; презрительный мужчина, мошенник.

echada. [ж.] бросание, метание, швыряние; место, занятое человеком (при лежании); (Амер.) хвастовство, бахвальство.

echadera. [ж.] (обл.) пекарная лопата.

echadero. [м.] место отдыха, сна.

echadillo, lla. [прил.] подкинутый матерью чужим людям; [сущ.] подкидыш.

echadizo, za. [прил.] занимающийся шпионской работой; распространяющийся (скрытно); непригодный; (разг.) см. echadillo; [сущ.] шпион; (разг.) подкидыш.

echado, da. [страд. прич.] к echar; [прил.] (Амер.) беззаботный, ленивый; [м.] (горн.) наклонность пласта.

echador, ra. [прил.] бросающий, метающий, кидающий и т. д.; (Амер.) хвастливый; [сущ.] метатель, (Амер.) хвастун, (-ья): * echadora de cartas, гадалка.

echadura. [ж.] высиживание (цыплят); см. ahechadura; [множ.] зерновые отбросы; дальность метания; * echadura de pollos, выводок.

echamiento. [м.] дейст. к echar, метание, бросание и т. д.

echapellas. [м. и ж.] (разг.) человек, занимающийся мойкой шерсти.

echaperros. [м.] сторож при соборе, выгоняющий собак.

echar. [перех.] бросать, кидать, метать, швырять; выбрасывать, выкидывать, вышвыривать; выливать, лить, наливать; сыпать, всыпать, насыпать; распространять, гнать, выгонять, увольнять; пускать (листья и т. д.); совокуплять, случать; пить; есть; класть, прикладывать; поворачивать (ключ); задвигать (засов); начинать, принимать за что-л; налагать, накладывать (штраф и т. д.); обвинять, приписывать; наклонять, нагибать; держать пари; соперничать; выступить (с речью); представлять (на сцене); раздавать; предполагать; подводить, сводить (счёты); (кин.) демонстрировать; echarse [возв. гл.] бросаться; укладываться, лечь, растягиваться; улечься (о ветре); предаваться, пристраститься: * echar los dientes, прорезываться (о зубах); * echar un trago, выпить; echar la llave, запереть на ключ; * echar el cerrojo, задвинуть задвижку; * echar maldiciones, клясть, проклинать; * echar a perder, портить, погубить; * echar a presidio, приговорить к каторжным работам; * echar de menos, недосчитаться, хватиться; тосковать (по ком-л); * echar a pique, топить, пускать ко дну; * echar a correr, побежать, пуститься бежать; * echar a andar, пойти; * echar abajo, свергать; * echar por tierra, валить на землю; разорить; * echar al mar, погружать (о трупе); * echar la bendición, благословлять; навсегда распрощаться; * echar de ver, замечать; * echar en cara, упрекать, высказывать кого-л чем-л; * no enchar en saco roto, не упускать удобного случая; ничего не упускать (из сказанного); * echar a chanza, превратить в шутку; * echar bravatas, храбриться, хвастаться; * echar(se) a la espалda, оставлять без внимания, не принимать в расчёт; * echar cuentas, подводить, сводить счёты; обдумывать; * echar barriga, толстеть; * echar las cartas, гадать на картах; * echar la capa al toro, пренебречь общественным мнением, правилами приличия; * echar el resto, поставить всё на карту; * echar la casa por la ventana, сорить деньгами; * echar sapos y culebras, изрыгать проклятия; * echar por, пойти по (улице и т. д.); * echar la culpa a uno сваливать вину на кого-л; * echar por la calle de en medio, принять энергичное решение; * echar tierra a algo, стремиться предать забвению; стараться замять что-л; * echar baladronadas, хорохориться; * echarla de, строить из себя, хвастать, изображать; * echar carnes, толстеть; * echar suertes, бросать жребий; * echarse atrás, см. desdecirse; * echar un cigarrillo, покурить сигарету; * echar una carta al correo, отправить письмо по почте; * echar un drama, поставить драму; * echar una mano, помочь, подсобить; * echarse a reir, засмеяться; * echarse sobre, обрушиться на; * echarse a la larga, лечь, растянуться; echarse a llorar, заплакать; echarse a perder, портиться.

echarpe. [ж.] (гал.) шарф.

echazón. [ж.] дейст. к echar; (мор.) выбрасывание за борт части груза.

echón, na. [прил.] (Амер.) хвастливый, тщеславный; [сущ.] хвастун, (-ья).

echona. [ж.] (Амер.) серп.

edad. [ж.] возраст, лета; век, эпоха: * edad temprana, младенчество, детство; * edad madura или provecta, зрелый возраст; * edad avanzada, престарелый возраст; * mayor de edad, совершеннолетний; * menor de edad, несовершеннолетний; * de cierta edad, de edad avanzada, madura, пожилой; * edad media, средние века.

edafología. [ж.] наука о почве.

edafólogo, ga. [м. и ж.] специалист по изучению почвы.

edea. [м.] (мед.) половые органы.

edecán. [м.] адъютант; (перен.) (ирон.) помощник, спутник.

edeitis. [ж.] (мед.) воспаление половых органов.

edelweis. [м.] (бот.) эдельвейс.

edema. [м.] (мед.) отёк.

edematoso, sa. [прил.] (мед.) отёчный.

edén. [м.] эдем, рай.

edeniano, na. edénico, ca. [прил.] к эдем, райский.

edentado, da. [прил.] беззубый; [м. множ.] беззубые животные.

edéntulo, la. [прил.] беззубый.

edeodina. [ж.] (мед.) боль в половых органах.

edeografía. [ж.] (анат.) описание половых органов.

edeográfico, ca. [прил.] (анат.) относящийся к описанию половых органов.

edetano, na. [прил. и сущ.] к Edetania (старинная испанская область).

edición. [ж.] издание, печатание; издание (изданное произведение); тираж: * edición príncipe, первое издание; * edición agotada, распроданное, разошедшееся издание; * ser la segunda edición de alguien, (разг.) быть очень похожим на кого-л.

edictal. [прил.] относящийся к эдикту, указу, постановлению.

edicto. [м.] указ, эдикт, постановление.

edículo. [м.] домик.

edificación. [ж.] строительство (дейст.); (непр.) стройка; (перен.) поучение, наставление.

edificador, ra. [прил.] занимающийся возведением зданий и т. д.; дающий хороший пример; [м.] строитель.

edificante. [дейст. прич.] к edificar, наставительный, назидательный, поучительный, дающий хороший пример.

edificar. [перех.] строить, созидать, воздвигать; (перен.) давать хороший пример.

edificativo, va. [прил.] см. edificante.

edificatorio, ria. [прил.] строительный.

edificio. [м.] здание, строение, сооружение.

edil. [м.] (ист.) эдил; (перен.) член городского управления, муниципалитета.

edila. [ж.] женщина член городского управления, муниципалитета.

edilicio, cia. [прил.] относящийся к эдилу, к члену городского управления, муниципалитета.

edilidad. [ж.] должность эдила, городского управления (тже время).

editar. [перех.] издавать, печатать.

editor, ra. [м. и ж.] издатель, (-ница); [прил.] издательский, издающий: * editor responsable, ответственный редактор.

editorial. [прил.] издательский; [м.] передовая статья (тже. прил.); [ж.] издательство.

editorialista. [м. и ж.] автор передовой статьи.

editorializar. [неперех.] (Амер.) сочинять передовые статьи.

edrar. [перех.] (с.-х.) двоить, вторично пропахивать (землю).

edredón. [м.] гагачий пух; перина, пуховик.

educabilidad. [ж.] восприимчивость к воспитательному воздействию.

educable. [прил.] восприимчивый к воспитательному воздействию.

educación. [ж.] воспитание, обучение; воспитанность, вежливость, учтивость: * educación física, физкультура.

educacionista. [м. и ж.] воспитатель (-ница).

educado, da. [страд. прич.] к educar; [прил.] благовоспитанный, хорошо воспитанный, вежливый, учтивый.

ecuador, ra. [прил.] воспитательный; [м. и ж.] воспитатель, (-ница).

educando, da. [м. и ж.] воспитанник, (-ица), учащийся, (-аяся), ученик, (-ица) (преимущ. коллежа).

educar. [перех.] воспитывать.

educativo, va. [прил.] воспитательный, просветительный.

educción. [ж.] извлечение; вывод.

educir. [перех.] извлекать, вынимать, вытаскивать; выводить.

edulcoración. [ж.] (фарм.) подслащивание.

edulcorar. [перех.] (фарм.) подслащивать.

edulo, la. [прил.] съедобный.

efa. [ж.] (зоол.) египетская ядовитая змея.

efe. [ж.] название буквы f.

efébico, ca. [прил.] взрослый, возмужалый.

efebo. [м.] (ист.) эфеб; (ирон.) юноша.

efebocracia. [ж.] власть юношей.

efebología. [ж.] изучение юношества.

efectismo. [м.] погоня за эффектами.

efectista. [прил.] стремящийся к внешним эффектам (тже. сущ.).

efectivamente. [нареч.] действительно, на деле, в самом деле.

efectividad. [ж.] действительность, эффективность.

efectivo, va. [прил.] действительный, настоящий; эффективный; фактический, наличный; штатный (о должности); [м.] металлические деньги: * hacer efectivo, совершать, выполнять.

efecto. [м.] действие, результат, следствие, последствие, эффект; впечатление, эффект; товар; вексель, чек; [множ.] мебель; домашние вещи, движимое имущество: * efecto retroactivo, (юр.) обратное действие; * surtir efecto, давать желаемый результат; подействовать; оказывать действие; * llevar a efecto, совершать, выполнять; * con efecto, en efecto, действительно, в самом деле; * efectos públicos, государственные ценные бумаги; * efecto útil, (тех.) производительность.

efectuación. [ж.] выполнение.

efectuado, da. [страд. прич.] к efectuar.

efectuar. [перех.] выполнять, совершать, исполнять, осуществлять, производить; efectuarse. [возв. гл.] совершаться, осуществляться.

efedra. [ж.] (бот.) эфедра.

efelcis. [м.] струп (при язве).

efeleoflo. [м.] (Амер.) интимное дело; [множ.] (Амер.) украшения (на женской одежде).

efélide. [ж.] (мед.) веснушка.

efémera. [прил.] (мед.) однодневный (о лихорадке); [ж.] однодневная лихорадка.

efemérides. [ж. множ.] дневник; запись событий; годовщина.

efémero. [м.] (бот.) зловонный ирис.

efemeropira. [ж.] (мед.) ежедневная лихорадка.

efendi. [м.] эфенди.

eferente. [прил.] (физиол.) выносящий (о кровеносных сосудах); центробежный: * nervio eferente, двигательный нерв; * vasos eferentes, выносящие сосуды.

efervescencia. [ж.] бурное выделение газа; вскипание; (перен.) в о з б у ж д е н и е, волнение.

efervescente. [прил.] вскипающий, бурлящий; (перен.) пылкий, возбуждённый.

efeta. [м.] (ист.) афинский судья.

efialtes. [м.] (мед.) кошмар.

eficacia. [ж.] сила действия, действенность, эффективность.

eficaz. [прил.] действенный, производящий известный эффект, эффективный, продуктивный: * remedio eficaz, действенное средство.

eficazmente. [нареч.] действенно, продуктивно, эффективно и т. д.

eficiencia. [ж.] способность что-л сделать; эффективность.

eficiente. [прил.] действенный, действующий: * causa eficiente, действующая причина.

eficientemente. [нареч.] действенно и т. д.

efigie. [ж.] изображение, образ.

efímera. [ж.] (зоол.) подёнка.

efímeramente. [нареч.] недолговечно и т. д.

efímero, ra. [прил.] однодневный; (перен.) эфемерный, мимолётный, недолговечный; (мед.) однодневный (о лихорадке).

eflorescerse. [возв. гл.] (хим.) выветриваться.

eflorescencia. [ж.] (мед.) (вы)сыпь, экзантема; (х и м.) выветривание, распадение солей.

eflorescente. [прил.] (хим.) выветривающийся, поддающийся выветриванию.

efluencia. [ж.] истечение; эманация.

efluente. [прил.] вытекающий, выделяющийся.

efluvio. [м.] выделение, истечение (мельчайших частиц); (перен.) веяние: * efluvio eléctrico, тлеющий разряд (электричества).

efod. [м.] туника еврейского священника.

éfodo. [м.] (анат.) задний проход.

éforo. [м.] (ист.) эфор.

efracción. [ж.] (гал.) взлом, см. fractura: * robo con efracción, кража со взломом.

efractor, ra. [м. и ж.] (юр.) тот, кто совершает кражу со взломом.

efugio. [м.] отговорка, уловка, увёртка; уход из затруднительного положения.

efulguración. [ж.] лучезарность, блеск.

efundir. [перех.] проливать, разливать.

efusión. [ж.] пролитие; (перен.) излияние: * efusión de sangre, кровопролитие; * sin efusión de sangre, бескровно, без пролития крови.

efusivamente. [нареч.] сердечно, радушно; приветливо.

efusivo, va. [прил.] (перен.) сердечный, откровенный, искренний.

efuso, sa. [непр. страд. прич.] к efundir.

egabrense. [прил.] относящийся к Cabra; [м. и ж.] уроженец, (-ка) этого кордовского города.

egeo, a. [прил.] эгейский.

egestivo, va. [прил.] (мед.) выделяющий, извергающий (об органах).

egialito, ta. [прил.] живущий на пляже (о птицах) (тже. сущ. м.).

egida. или égida. [ж.] (миф.) Эгида (щит Афины-Паллады); (перен.) защита, покровительство.

egílope. [м.] (бот.) сорт овса.

egipcíaco, ca, egipciano, na, egipcio, cia, egiptano, na. [прил.] египетский; [м. и ж.] египтянин, (-ка).

egiptología. [ж.] египтология.

egiptológico, ca. [прил.] к египтологии.

egiptólogo, ga. [м.] египтолог.

egirina. [ж.] (мин) эгирин.

égloga. [ж.] (лит.) эклога.

eglogista. [м. и ж.] тот, кто сочиняет эклоги.

egocéntrico, ca. [прил.] эгоцентрический.

egocentrismo. [м.] эгоцентризм.

egoísmo. [м.] эгоизм, себялюбие.

egoísta. [прил.] себялюбивый, эгоистический, эгоистичный; [м. и ж.] эгоист, (-ка), себялюбец.

egoístamente, egoísticamente. [нареч.] эгоистично.

egoístico, ca. [прил.] к эгоизм.

egolatría. [ж.] (неол.) самообожание, культ своего «я».

egolátrico, ca. [прил.] к самообожание.

egomanía. [ж.] болезненный эгоизм.

egotismo. [м.] эготизм, самовлюблённость.

egotista. [м. и ж.] эготист (тже. прил.).

egregiamente. [нареч.] отлично, в высшей степени, знаменитым образом.

egregio, gia. [прил.] знаменитый, выдающийся, прославленный, известный, из ряда вон выходящий; отличный.

egresar. [неперех.] (Амер.) окончить учебное заведение.

egresión. [ж.] (юр.) передача государственного имущества частному лицу.

egreso. [м.] исход, выход; (Амер.) расход, трата.

eguera. [ж.] (муз.) сорт мексиканского корнета.

eguila. [ж.] (бот.) род жабрицы.

¡eh! [межд.] эй!, эге!, гм!.

eibarrés. [прил.] относящийся к Eibar; [м. и ж.] уроженец, (-ка) этого города.

eider(o) [м.] (орни.) гага (птица).

ejarbe. [м.] (обл.) прибыль воды.

eje. [м.] ось; (тех.) ось, вал: * eje polar, полярная ось; * eje de una elipse, (геом.) большая ось эллипса; * eje de simetría, (геом.) ось симметрии; * partir a uno por el eje, причинить большой вред или неприятность.

ejecución. [ж.] исполнение, совершение, выполнение; казнь, экзекуция; (юр.) продажа имущества за долги; наложение запрещения: * poner en ejecución, исполнять, выполнять, совершать; приводить в исполнение; * trabar ejecución, налагать арест (на имущество).

ejecutable. [прил.] исполнимый, выполнимый; подлежащий исполнению; (юр.) могущий быть описанным и проданным за долги.

ejecutante. [действ. прич.] к ejecutar; (юр.) описывающий имущество; [сущ.] (муз.) исполнитель, (-ница).

ejecutar. [перех.] исполнять, выполнять; совершать; приводить в исполнение; казнить; (юр.) описывать имущество; налагать арест (на имущество).

ejecutivamente. [нареч.] быстро и т. д.

electrómetro 357

ejecutivo, va. [прил.] исполнительный; быстрый: * el poder ejecutivo, исполнительная власть.

ejecutor, ra. [прил.] исполняющий; [м.] (юр.) ejecutor de la justicia, судебный исполнитель; палач; экзекутор.

ejecutoria. [ж.] дворянская грамота; подвиг; исполнительный лист: * carta ejecutoria, carta ejecutoria de hidalguía, дворянская грамота.

ejecutoría. [ж.] должность судебного исполнителя, экзекутора.

ejecutorial. [прил.] (юр.) имеющий законную силу (об акте и т. д.).

ejecutoriar. [перех.] получать исполнительный лист, (перен.) проверять; удостоверять.

ejecutorio, ria. [прил.] дворянский (о грамоте); (юр.) дающий право на удовлетворение из имущества ответчика, накладывающий запрет (за долги); твёрдый, непреклонный, непоколебимый.

ejemplar. [прил.] примерный, образцовый; назидательный; [м.] образец, экземпляр; (полигр.) оттиск: * sin ejemplar, беспримерно.

ejemplar. [неперех.] (м. употр.) давать хороший пример.

ejemplaridad. [ж.] примерность; назидательность.

ejemplarizador, ra. [прил.] примерный; назидательный.

ejemplarizar. [перех.] (Амер.) давать хороший пример.

ejemplarmente. [нареч.] примерно; назидательно; для примера другим (о наказании).

ejemplificación. [ж.] приведение примеров, иллюстрация примерами.

ejemplificar. [перех.] иллюстрировать примерами.

ejemplo. [м.] пример, образец: * por ejemplo, например, к примеру: * sin ejemplo, беспримерный; неслыханный; * a ejemplo de, по примеру.

ejercer. [перех. и неперех.] заниматься (медициной и т. д.); практиковать (о враче и т. д.); оказывать (влияние и т. д.); занимать (должность); осуществлять, проводить.

ejercicio. [м.] упражнение; гимнастика; прогулка, моцион, ходьба; упражнение (учебное задание); исполнение, отправление должности и т. д.; (воен.) учение, строевые занятия; практика (дейст.); хозяйственный, бюджетный, отчётный год.

ejercitación. [ж.] упражнения, тренирование; занятие.

ejercitado, da. [страд. прич.] к ejercitar; [прил.] опытный, умелый.

ejercitante. [дейст. прич.] к ejercitar; практикующий; [сущ.] п р е т е н д е н т (на конкурсе).

ejercitar. [перех.] обучать упражнять, тренировать, развивать; заниматься, посвящать себя; ejercitarse [возв. гл.] упражняться, тренироваться.

ejército. [м.] армия; (арг.) тюрьма: * ejército de tierra, сухопутная армия; * ejército de ocupación, оккупационная армия.

ejido. [м.] общественное поле; пастбище, примыкающее к селу.

ejión. [м.] (арх.) деревянная подкладка.

ejote. [м.] (Амер.) кожура стручка.

el. опред арт. предшествует существительному, обозначает предмет или явление, как известные говорящему: * el vino, вино; * el que, тот, который.

él. [лич. мест.] (3 л. ед. ч. м. р.) он.

elaborable. [прил.] поддающийся обработке.

elaboración. [ж.] обработка, отделка; разработка, выработка (плана и т. д.).

elaborar. [перех.] подготавливать; разрабатывать; вырабатывать; обрабатывать, отделывать.

elación. [ж.] гордость, высокомерие, надменность; величие; напыщенность, высокопарность (в речи).

elafiano, na. [прил.] (зоол.) олений.

elafografía. [ж.] трактат об оленях.

elapso. [м.] (зоол.) вид ядовитой змеи.

elasmosa. [ж.] (мин.) нагиагит.

elasmoterio. [м.] (палеонт.) эласмотерий.

elástica. [ж.] фуфайка.

elásticamente. [нареч.] упругим образом и т. д.

electicidad. [ж.] эластичность, упругость; гибкость.

elástico, са. [прил.] эластичный, упругий; (перен.) приспосабливающийся, гибкий; [м.] эластическая ткань.

elastificar. [перех.] делать эластичным; elastificarse [возв. гл.] становиться эластичным.

elaterio. [м.] дикий огурец.

elaterometría. [ж.] измерение степени воздушной эластичности.

elaterómetro. [м.] (физ.) измеритель степени воздушной эластичности.

elayómetro. [м.] (хим.) инструмент для определения масла.

elayotecnia. [ж.] обработка масла.

elche. [м.] отступник.

ele. [ж.] название буквы l.

¡elé! [межд.] (Амер.) вот!, здесь!

eleboráceo, а. [прил.] (бот.) похожий на чемерицу.

eleborastro. [м.] (бот.) род чемерицы.

eleborizar. [перех.] (фарм.) мешать с чемерицей.

eléboro. [м.] (бот.) чемерица, морозник.

elección. [ж.] избрание, выбор, отбор; назначение на какую-л должность; свобода действия; [множ.] выборы.

eleccionario, ria. [прил.] (Амер.) избирательный.

electivamente. [нареч.] по выбору; по избранию; по предпочтению; в порядке выборов.

electividad. [ж.] выборность; избираемость.

electivo, va. [прил.] выборный, избирательный; выбранный, избранный.

electo, ta. [непр. страд. прич.] к elegir; [м.] человек, избранный на должность, но ещё не исполняющий её, избранник.

elector, ra. [прил.] избирающий; [м. и ж.] избиратель, (-ница).

electorado. [м.] (и ст.) курфюршество; избиратели.

electoral [прил.] избирательный: * campaña electoral, предвыборная кампания; * victoria electoral, победа на выборах.

electorero. [м.] интриган при выборах.

eléctricamente. [нареч.] посредством электричества, электрически.

electricidad. [ж.] электричество: * electricidad positiva, положительное электричество; * electricidad negativa, отрицательное электричество; * electricidad estática, статическое электричество.

electricista. [сущ.] электротехник, электромонтёр (тж. прил.).

eléctrico, са. [прил.] электрический: * instalación eléctrica, электрооборудование; energía eléctrica, электроэнергия.

electrificación. [ж.] электрификация.

electrificar. [перех.] электрифицировать.

electriz. [ж.] избирательница.

electrizable. [прил.] электризуемый.

electrización. [ж.] электризация.

electrizador, ra. [прил.] электризующий (тж. сущ.).

electrizante. [дейст. прич.] к electrizar, электризующий и т. д.

electrizar. [перех.] электризовать, наэлектризовать; (перен.) воодушевлять, возбуждать.

electro. [м.] янтарь; сплав золота и серебра янтарного цвета.

electro. [м.] (сокр.) электромагнит.

electroacústica. [ж.] электроакустика.

electroacústico, са. [прил.] электроакустический.

electroanálisis. [ж.] (хим.) электроанализ.

electrobomba. [ж.] электронасос.

electrobús. [м.] электробус, электрический автобус.

electrocapilar. [прил.] (физ.) электрокапиллярный.

electrocapilaridad. [ж.] (физ.) электрокапиллярность.

electrocardiografía. [ж.] (мед.) электрокардиография, запись электрических токов сердца на движущейся фотографической бумаге.

electrocardiógrafo. [м.] (мед.) электрокардиограф.

electrocardiograma. [м.] (мед.) электрокардиограмма.

electrocución. [ж.] смерть от электрического тока; смертная казнь на электрическом стуле.

electrocultura. [ж.] электропахота.

electrocutar. [перех.] убивать электрическим током; казнить на электрическом стуле.

electrocutor, ra. [прил.] поражающий или убивающий электрическим током.

electrodinámica. [ж.] электродинамика.

electrodinámico, са. [прил.] электродинамический.

electrodinamómetro. [м.] (физ.) электродинамометр.

electrodo. [м.] (эл.) электрод: * electrodo positivo, положительный электрод; * electrodo negativo, отрицательный электрод.

electrofisiología. [ж.] (физиол.) электрофизиология.

electrofisiológico, са. [прил.] (физиол.) электрофизиологический.

electrófono. [м.] (физ.) электрофон.

electroforesis. [ж.] механическое продвижение частиц жидкостей под влиянием электротока к катоду (cataphoresis) или к аноду (anaphoresis).

electróforo. [м.] (физ.) электрофор.

electrogenerador. [м.] (физ.) электрогенератор.

electrógeno, na. [прил.] электрогенераторный, электрогенерирующий: * grupo electrógeno, электрогенерирующий агрегат.

electroimán. [м.] (физ.) электромагнит.

electrólisis. [ж.] (хим.) электролиз.

electrolítico, са. [прил.] (хим.) электролитический.

electrólito. [м.] (хим.) электролит.

electrolizar. [перех.] (хим.) подвергнуть электролизу.

electrología. [ж.] наука о электричестве.

electromagnético, са. [прил.] (физ.) электромагнитный.

electromagnetismo. [м.] (физ.) электромагнетизм.

electromecánica. [ж.] электромеханика.

electromecánico, са. [прил.] электромеханический.

electrometalurgia. [ж.] электрометаллургия.

electrometría. [ж.] (физ.) электрометрия.

electrométrico, са. [прил.] (физ.) электрометрический.

electrómetro. [м.] (физ.) электрометр.

electromotor, ra. [прил.] (физ.) электродвижущий; [м.] электродвигатель, электромотор.
electromotriz. [прил.] (физ.) * fuerza electromotriz, электродвигательная сила.
electrón. [м.] (физ.) электрон.
electronarcosis. [ж.] (мед.) наркоз с помощью прерываемого 100-200 раз в секунду постоянного тока низкого напряжения, так называемого ундулирующего.
electronegativo, va. [прил.] (физ.) электроотрицательный.
electrónico, ca. [прил.] (физ.) электронный.
electrónica. [ж.] (физ.) электроника.
electronográfico, ca. [прил.] электронографический.
electronvoltio. [м.] (физ. и хим.) электронвольт.
electro-ósmosis. [ж.] (физ. хим.) электроосмоз.
electropositivo, va. [прил.] (физ.) электроположительный.
electróptica. [ж.] (физ.) электрооптика.
electropuntor. [м.] специалист по электропунктуре, гальванопунктуре.
electropuntura. [ж.] электропунктура, гальванопунктура, прокол иглой с пропусканием электрического тока в глубину тела.
electroquímica. [ж.] электрохимия.
electroquímico, ca. [прил.] электрохимический.
electroscopia. [ж.] (физ.) электроскопия.
electroscopio. [м.] (физ.) электроскоп.
electrosoldadura. [ж.] электросварка.
electrostática. [ж.] электростатика.
electrostático, ca. [прил.] электростатический.
electrotanasia. [ж.] смерть от электрического тока.
electrotecnia, electrotécnica. [ж.] (физ.) электротехника.
electretécnico, ca. [прил.] (физ.) электротехнический.
electroterapéutica, electroterapia. [ж.] (мед.) электротерапия.
electroterápico, ca. [прил.] (мед.) электротерапевтический.
electrotermia. [ж.] (физ.) электротермия.
electrotipia. [ж.] электротипия.
electrotípico, ca. [прил.] (физ.) к электротипии.
electrotono. [м.] (эл.) возбуждение всего нерва при пропускании постоянного тока через часть его.
electrotropismo. [м.] электротропизм.
electuario. [м.] (в рецептуре) кашка (folium Sennae).
elefancía. [ж.] (мед.) элефантиазис, слоновая болезнь.
elefancíaco, ca. [прил.] (мед.) к элефантиазис; страдающий элефантиазисом (тж. сущ.).
elefanta. [ж.] самка слона, слониха.
elefante. [м.] (зоол.) слон: * elefante blanco, (Амер.) обременительное или разорительное имущество; * elefante marino, (зоол.) морж.
elefantiasis. [ж.] (мед.) элефантиазис, слоновая болезнь, слоновость.
elefántido, da. [прил.] слоноподобный, слоновый.
elefantino, na. [прил.] (зоол.) слоновый, свойственный слону, слонообразный.
elefantófago, ga. [прил.] употребляющий в пищу мясо слона.

elefantoideo, a. [прил.] похожий на элефантиазис.
elefantón. [м.] элефантиазис, слоновость.
elegancia. [ж.] изящество, элегантность; тонкий вкус, изысканность; тонкое, элегантное выражение (чаще множ.).
elegante. [прил.] изящный, элегантный, изысканный; следующий моде; [сущ.] модник, (-ица), щёголь, щеголиха.
elegantemente. [нареч.] элегантно, изящно.
elegantizar. [перех.] делать элегантным; придавать изящество.
elegía. [ж.] (лит.) элегия.
elegíaco, ca. [прил.] элегический; мечтательно-грустный, жалобный, печальный.
elegibilidad. [ж.] избираемость, право быть избранным.
elegible. [прил.] избираемый, подлежащий избранию, имеющий право быть избранным.
elegido, da. [страд. прич.] к elegir; [м.] избранник.
elegir. [перех.] избирать, выбирать; [непр. гл.] спрягается как pedir.
élego, ga. [прил.] элегический, см. elegíaco.
elementado, da. [прил.] (Амер.) рассеянный, невнимательный.
elementalmente. [нареч.] элементарно.
elemental. [прил.] элементарный, простейший; начальный, основной, первичный; образующий составную часть; (физ.) основной, простой (о цвете спектра); ясный, очевидный; (перен.) основной.
elementar. [прил.] см. elemental.
elementarse. [возв. гл.] (Амер.) изумляться.
elemento. [м.] элемент, простое тело; элемент, составная часть; часть; (обл.) безрассудный, ветреный человек; (Амер.) чудак, экстравагантная личность; [множ.] основы, начатки; данные; стихия; (перен.) средства, способы; * estar en su elemento, быть в своей стихии.
elementología. [ж.] наука о анатомических элементах.
elemí. [м.] (хим.) сорт ароматической смолы.
elenco. [м.] каталог, указатель, перечень.
eleófago, ga. [прил.] употребляющий в пищу оливки.
eleolita. [ж.] (мин.) элеолит, нефелин, масляный камень.
eleolítico, ca. [прил.] (геол.) (мин.) содержащий элеолит.
eleómetro. [м.] олеометр, ареометр для масел.
eléquema. [м.] (Амер.) (бот.) бобовое растение.
eleusino, na. [прил.] элевзинский.
elevación. [ж.] возвышение, повышение, подъём, поднимание, поднятие; возвышенность, возвышение, высота; экзальтация; экстаз; гордость, высокомерие, надменность; (перен.) повышение: * elevación a potencias, (мат.) возведение в степень.
elevadamente. [нареч.] с возвышением и т. д.
elevado, da. [страд. прич.] к elevar; [прил.] (перен.) возвышенный, высокий, великий; великолепный.
elevador, ra. [прил.] подымающий; [м.] (Амер.) (вар.) элеватор (грузоподъёмная машина): elevador de granos, (Амер.) зерновой элеватор.
elevamiento. [м.] восхищение, восторг, экстаз.
elevar. [перех.] возвышать, повышать, поднимать на большую высоту; elevarse. [возв. гл.] подниматься, возвышаться; приходить в экстаз, восторг; чваниться, гордиться: * elevar al cuadrado, (мат.) возводить в квадрат.
elfina. [ж.] (миф.) жена эльфа; фея.

elfo. [м.] (миф.) эльф.
elícito, ta. [прил.] добровольный.
elidir. [перех.] уничтожать, исключать; (лингв.) опускать гласную, элидировать.
elijable. [прил.] (фарм.) поддающийся отвариванию.
elijación. [ж.] (фарм.) отваривание.
elijar. [перех.] (фарм.) отваривать.
elima. [ж.] сорт греческой флейты.
eliminación. [ж.] исключение, устранение, удаление, изъятие; отстранение; выбрасывание, элиминирование, элиминация; выделение; (мат.) исключение.
eliminador, ra. [прил.] устраняющий, удаляющий.
eliminar. [перех.] исключать, устранять, элиминировать, устранять; выбрасывать, вытеснять; удалять; (физиол.) выделять; (мат.) элиминировать, исключать (неизвестное из уравнения).
eliminatorio, ria. [прил.] устраняющий, исключающий: * prueba eliminatoria, предварительное конкурсное испытание; [ж.] (спорт.) предварительное, отборочное соревнование (непр. но очень употр.).
elipse. [ж.] (геом.) эллипс(ис).
elipsis. [ж.] (грам.) эллипс(ис).
elipsógrafo. [м.] эллипсограф.
elipsoidal. [прил.] (геом.) эллипсоидальный.
elipsoide. [м.] (веом.) эллипсоид.
elipsología. [ж.] трактат о эллипсисах.
elipsodermo, ma. [прил.] (бот.) имеющий эллипсоидальные семена.
elípticamente. [нареч.] (лингв.) содержащий в себе эллипсис.
elipticidad. [ж.] эллиптический характер (фразы); (геом.) эллиптичность.
elíptico, ca. [прил.] (геом.) (лингв.) эллиптический.
elíseo, a. [прил.] елисейский.
Elíseo. (миф.) Элизиум.
elisio, sia. [прил.] см. elíseo; Campos Elíseos, Елисейские поля (улица в Париже).
elisión. [ж.] (грам.) элизия, выпадение гласной.
élite. [ж.] (гал.) лучшее, избранное.
elitrol. [прил.] (зоол.) к надкрылье.
élitro. [м.] (зоол.) надкрылье, надкрыльник.
elitrocele. [м.] (мед.) выпадение влагалища.
elitroideo, a. [прил.] похожий на влагалище.
elitroitis. [ж.] (мед.) воспаление влагалища.
elixir или **elíxir.** [м.] (фарм.) эликсир; (переа.) чудесное средство.
elocución. [ж.] способ выражения, оборот; манера, стиль речи.
elocuencia. [ж.] красноречие; выразительность, красноречивость, убедительность.
elocuente. [прил.] красноречивый; выразительный.
elocuentemente. [нареч.] красноречиво.
elogiable. [прил.] достойный хвалы, похвалы.
elogiador, ra. [прил.] восхваляющий; [м. и ж.] восхваляющий (-ая).
elogiar. [перех.] хвалить; восхвалять, славословить.
elogio. [м.] хвала, похвала, восхваление.
elogioso, sa. [прил.] хвалебный.
elongación. [ж.] (астр.) элонгация; (мед.) удлинение.
elotada. [ж.] (Амер.) полдник из elotes.
elote. [м.] (Амер.) кукурузный початок (молодой): * pagar los elotes, (перен.) (разг.) (Амер.) быть козлом отпущения.
elucidación. [ж.] разъяснение, толкование, выяснение.

elucidar. [перех.] разъяснять, истолковывать, проливать свет; выяснять.

elucidario. [м.] руководство, толковый словарь.

elución. [ж.] (горн.) очищение, промывание руды.

eluctable. [прил.] победимый (при борьбе).

elucubración. [ж.] (гал.) см. lucubración.

eludible. [прил.] устранимый.

eludir. [перех.] обходить что-л, избегать чего-л, уклоняться от..., увиливать от...

elurofobia. [ж.] болезненная боязнь котов.

eluvial. [прил.] (геол.) остаточный, элювиальный.

elutriación. [ж.] элютриация (десорбция ионов с ионита).

eluvio. [м.] (геол.) элювий, элювиальные отложения.

elzevir. [м.] см. elzeviario.

elzeviriano, na. [прил.] к эльзевир.

elzeviario. [м.] эльзевир, книга голландского издания XVI-XVII вв.

ella. [лич. мест.] (3 л. ед. ч. ж. р.) она.

elle. [ж.] название буквы ll.

ello. [лич. мест.] (3 л. ед. ч. ср. р.) оно: * ello es, дело в том.

ellos, ellos. [лич. мест.] (3 л. множ. ч. м. и ж. р.) они.

emaciación. [ж.] (мед.) крайнее исхудание.

emanación. [ж.] эманация; испарение (летучих веществ); истечение; (перен.) происхождение.

emanante. [дейст. прич.] к emanar.

emanar. [неперех.] выделяться; испаряться; исходить, истекать; происходить, проистекать, исходить.

emancipación. [ж.] освобождение, раскрепощение; эмансипация.

emancipador, ra. [прил.] освобождающий; [м. и ж.] освободитель, (-ница).

emancipar. [перех.] освобождать, раскрепощать; эмансипировать; снимать о п е к у (с несовершеннолетних); emanciparse. [возв. гл.] освобождаться.

emasculación. [м.] (хир.) кастрация, оскопление.

emasculador, ra. [прил.] кастрирующий.

emascular. [перех.] (хир.) кастрировать, холостить.

embabiamiento. [м.] (разг.) изумление.

embabucar. [перех.] см. embaucar.

embadurnador, ra. [прил.] марающий, мажущий; [м. и ж.] мазила, пачкун, (-ья) и т. д.

embadurnamiento. [м.] мазанье, мазка, маранье.

embadurnar. [перех.] марать, пачкать, мазать; малевать (о художнике).

embaidor, ra. [прил.] обманывающий; выдающий кажущееся за действительное; [м. и ж.] обманщик, (-ница), лжец; обольститель, (-ница), с о б л а з н и т е л ь, (-ница).

embair. [перех.] обманывать; выдавать кажущееся за действительное; обольщать, кружить голову; embairse. [возв. гл.] (обл.) заниматься.

embajada. [ж.] посольство; послание; (разг.) поручение.

embajador. [м.] посол; (перен.) эмиссар, посланец, посланный, вестник.

embajadora. [ж.] жена посла; женщина-посол; посланница.

embalador, ra. [м. и ж.] упаковщик, (-ица), укладчик, (-ица).

embaladura. [ж.] (Амер.) упаковка, укладка.

embalaje. [м.] упаковка, укладка; тара, упаковочный материал; стоимость тары.

embalar. [перех.] упаковывать, укладывать; [неперех.] пугать рыбу ударами вёсел (при рыбной ловле); embalarse.

[возв. гл.] (неол.) работать полным ходом (о моторе).

embaldosado, da. [страд. прич.] к embaldosar; [м.] плиточный, каменный пол, настил из плит; мощение плит(к)ами; облицовка, выстилка плит(к)ами.

embaldosadura. [ж.] мощение плит(к)ами, облицовка, выстилка плитами.

embaldosar. [перех.] мостить, выстилать, облицовывать плит(к)ами.

embalsadero. [м.] место, где застаивается вода; лужа.

embalsamador, ra. [прил.] бальзамирующий; [м. и ж.] тот, кто занимается бальзамированием.

embalsamamiento. [м.] бальзамирование.

embalsamar. [перех.] бальзамировать; душить (духами); натирать душистым бальзамом.

embalsamiento. [м.] бальзамирование; застой воды.

embalsar. [перех.] грузить на плот; заболачивать, вызывать застой воды; (мор.) подвешивать.

embalse. [м.] заболачивание; водохранилище; количество воды, содержащейся в водохранилище.

embalumar. [перех.] нагружать, загромождать; embalumarse. [возв. гл.] перегружать себя (делами, хлопотами и т. д.).

emballenado, da. [страд. прич.] к emballenar; [м.] корсетные кости.

emballenador, ra. [м. и ж.] тот, кто снабжает корсетными костями.

emballenadura. [ж.] снабжение корсетными костями.

emballenar. [перех.] снабжать корсетными костями.

emballestado, do. [страд. прич.] к emballestarse; [м.] см. emballestadura.

emballestadura. [ж.] (вет.) (Амер.) некоторая болезнь (у лошадей).

emballestarse. [возв. гл.] заряжать арбалет.

embanastador, ra. [прил.] кладущий что-л в корзину (тже. сущ.).

embanastadura. [ж.] укладка чего-л в корзину; (перен.) набивка помещения (людьми).

embanastamiento. [м.] см. embanastadura.

embanastar. [перех.] класть что-л в корзину; (перен.) набивать помещение (людьми).

embancarse. [возв. гл.] (мор.) садиться на мель (о судне); (Амер.) высыхать, мелеть (о реке и т. д.).

embanderamiento. [м.] украшение флагами.

embanderar. [перех.] украшать флагами.

embanquetar. [перех.] (Амер.) строить тротуары.

embarazadamente. [нареч.] в большом затруднении.

embarazado, da. [страд. прич.] к embarazar, стеснённый, смущённый; поставленный в затруднительное положение; [прил.] беременный; [ж.] беременная.

embarazador, ra. [прил.] затруднительный, мешающий, затрудняющий.

embarazar. [перех.] стеснять, мешать, затруднять; заграждать (вход и т. д.); делать беременной; embarazarse. [возв. гл.] путаться; смущаться, быть стеснённым; беременеть.

embarazo. [м.] препятствие, помеха; беременность, стеснение, затруднение, затруднительное положение; замешательство, смущение: embarazo gástrico, засорение желудка.

embarazosamente. [нареч.] сложно и т. д.

embarazoso, sa. [прил.] затруднительный; стеснительный, неудобный, стесняющий.

embarbar. [перех.] (тавр.) взять быка за рога.

embarbascarse. [возв. гл.] запутываться в корнях (о плуге); (перен.) запутываться, оказываться в затруднительном положении.

embarbecer. [неперех.] обрастать бородой.

embarbillado, da. [страд. прич.] к embarbillar; [м.] врубка шипом или зубом и т. д.

embarbillar. [перех.] сажать на шипы, соединять деревянные части шипами, вставлять в пазы.

embarcación. [ж.] судно, корабль; погрузка (судна); продолжительность плавания судна: * embarcación menor, лодка, корабельная шлюпка и т. д.

embarcadero. [м.] пристань, причал; (Амер.) вокзальная платформа.

embarcador. [м. и ж.] грузчик, (-ица) (судна).

embarcar. [перех.] грузить судно; производить посадку на судно; брать пассажиров (на судно); (перен.) впутать кого-л во что-л; embarcarse, [возв. гл.] впутаться, ввязаться во что-л; садиться на судно.

embarco. [м.] посадка, помещение пассажиров (на судно); (воен.) посадка в поезд.

embardar. [перех.] покрывать колючими кустарниками и т. д. верхнюю часть стены.

embargabilidad. [ж.] юр.] свойст. к подлежащий аресту, запрещению, секвестрованию.

embargable. [прил.] (юр.) подлежащий аресту, запрещению, секвестрованию.

embargador. [м.] (юр.) лицо, по требованию которого налагается арест на чьё-л имущество.

embargante. [дейст. прич.] к embargar, мешающий, стесняющий и т. д.: * no embargante, несмотря на это, однако.

embargar. [перех.] препятствовать, мешать; (перен.) парализовать; (юр.) накладывать арест, запрещение, эмбарго; секвестровать, накладывать секвестр.

embargo. [м.] несварение желудка; (юр.) наложение ареста на имущество, запрещение, эмбарго; секвестр, секвестрование, секвестрация: * embargo preventivo, наложение ареста на имущество для обеспечения гражданского иска; * sin embargo, однако, несмотря на это.

embarnecer. [неперех.] толстеть, полнеть; [непр. гл.] спрягается как crecer.

embarnecimiento. [м. дейст.] к толстеть, пополнение.

embarnizadura. [ж.] лакировка.

embarnizar. [перех.] лакировать, покрывать лаком, см. barnizar.

embarque. [м.] погрузка (на судно).

embarrada. [ж.] (Амер.) заблуждение, промах.

embarrado, da. [страд. прич.] к embarrar; [м.] покрытие глинобитных стен и т. д. (грязью).

embarrador, ra. [прил.] покрывающий грязью (тже. сущ.); интригующий; [сущ.] интриган, (-ка), обманщик, (-ица).

embarradura. [ж.] покрытие глинобитных стен грязью.

embarrancar. [неперех.] (мор.) садиться на мель; быть выброшенным на берег; embarrancarse. [возв. гл.] увязнуть в болоте, в грязи; запутываться в чём-л (тже. неперех.).

embarrar. [перех.] покрывать грязью; загрязнять, пачкать, марать, измазать; (обл.) белить; (Амер.) втянуть в нечестное дело, скомпрометировать; **embarrarse.** [возв. гл.] покрываться грязью, мараться; укрываться, садиться на ветку (о куропатке).

embarrilador, ra. [м. и ж.] тот, кто упаковывает что-л в бочки; укладчик, (-ица) сельдей.

embarrilar. [перех.] упаковывать, укладывать в бочки.

embarrizarse. [возв. гл.] увязнуть в грязи.

embarrotar. [перех.] укреплять железными брусьями.

embarullador, ra. [прил.] запутывающий; делающий что-л наспех, наскоро, кое-как, небрежно, халтурный; [м. и ж.] халтурщик, (-ица).

embarullar. [перех.] (разг.) запутывать, смешивать (в беспорядке); делать небрежно, наспех, халтурить.

embasamiento. [м.] (арх.) цоколь, фундамент, база.

embastador, ra. [прил.] намётывающий, примётывающий и т. д.

embastar. [перех.] метать, намётывать, примётывать.

embastar. [перех.] надевать вьючное седло на.

embaste. [м.] намётка, смётывание, шитьё на живую нитку.

embastecer. [непрех.] толстеть, полнеть; **embastecerse.** [возв. гл.] грубеть; [непр. гл.] спрягается как crecer.

embasurar. [перех.] наполнять доверху мусором и т. д.; (с-х.) унавоживать, удобрять.

embate. [м.] сильный удар, напор (волн, моря); натиск, бурное нападение; (мор.) свежий ветерок (у моря).

embaucador, ra. [прил.] обманчивый, лживый, плутующий; [м. и ж.] обманщик, (-ица), плут, враль, обольститель, (-ница).

embaucamiento. [м.] обман, надувательство, мистификация, обольщение.

embaucar. [перех.] обманывать, обольщать, прельщать, кружить голову, завлекать.

embaulado, da. [страд. прич.] к embaular; (перен.) сжатый, плотный.

embaular. [перех.] укладывать в сундук; (перен.) (разг.) наедаться с жадностью, глотать до отвала.

embausamiento. [м.] изумление.

embayarse. [возв. гл.] (Амер.) приходить в гнев, раздражаться.

embayón, na. [прил.] (Амер.) раздражительный.

embazador, ra. [прил.] красящий в бежевый цвет (тже. сущ.).

embazadura. [ж.] бежевый цвет.

embazadura. [ж.] удивление, изумление, оцепенение.

embazar. [перех.] красить в бежевый цвет.

embazar. [перех.] задерживать, затруднять, мешать, тормозить; (перен.) удивлять, изумлять, поражать; [непрех.] цепенеть; **embazarse.** [возв. гл.] чувствовать отвращение к; пресыщаться; (карт.) брать взятку; сердиться.

embebecer. [перех.] развлекать; восхищать, очаровывать, увлекать; **embebecerse.** [возв. гл.] восхищаться; [непр. гл.] спрягается как crecer.

embebecidamente. [нареч.] с восхищением, восхищённо.

embebecimiento. [м.] восхищение, восторг; удивление, изумление.

embebedor, ra. [прил.] всасывающий, впитывающий, поглощающий; абсорбирующий и т. д. (тже. сущ.).

embeber. [перех.] всасывать, впитывать, поглощать в себе; делать более узким, тесным; вкладывать (один предмет в другой); соединять (части в одно целое); [непрех.] садиться (о тканях); **embeberse.** [возв. гл.] см. embebecerse, проникаться (идеями и т. д.).

embebido, da. [страд. прич.] к embeber.

embebimiento. [м.] пропитывание; впитывание, всасывание.

embecadura. [ж.] (арх.) пазуха свода.

embelecador, ra. [прил.] обманывающий, обманчивый; вкрадчивый, обольстительный; [м. и ж.] обманщик, (-ица), обольститель, (-ница).

embelecamiento. [м.] обман, надувательство.

embelecar. [перех.] обманывать, выдавать кажущееся за действительное плутовать.

embeleco. [м.] обман, плутовство; (перен.) (разг.) пустой, ничтожный человек (или вещь).

embeleñar. [перех.] наводить сон (беленой); см. embelesar.

embelequería. [ж.] (Амер.) обман.

embelequero, ra. [прил.] (Амер.) пустой, легкомысленный.

embelesador, ra. [прил.] очаровательный.

embelesamiento. [м.] см. embeleso.

embelesar. [перех.] восхищать, очаровывать, увлекать.

embeleso. [м.] восхищение, восторг, очарование; очаровательный человек или вещь.

embellaquecerse. [возв. гл.] связаться, якшаться со всяким сбродом; опускаться; [непр. гл.] спрягается как agradecer.

embellecedor, ra. [прил.] украшающий.

embellecer. [перех.] украшать, делать красивым; [непр. гл.] спрягается как agradecer.

embellecimiento. [м.] украшение.

embeodar. [перех.] (уст.) опьянять.

embericídeo, a. [прил.] похожий на жёлтую овсянку.

emberizo. [м.] (орни.) жёлтая овсянка.

embermejar. [перех.] красить в алый цвет; вгонять в краску, стыдить; [непрех.] стыдиться, краснеть.

embermejecer. см. embermejar; [непр. гл.] спрягается как agradecer.

embermellonar. [перех.] красить в киноварь.

emberrenchinarse, emberrincharse. [возв. гл.] (разг.) приходить в гнев; топать из гнева; упрямиться.

embestida. [ж.] нападение; бодание; (перен.) приставание.

embestidor, ra. [прил.] нападающий, атакующий; [м. и ж.] (перех.) (разг.) человек, любящий занимать деньги, попрошайничать.

embestidura. [ж.] см. embestida.

embestir. [перех.] нападать, атаковать, набрасываться; бодать; (перен.) (разг.) приставать; назойливо задерживать; занимать, выманивать деньги; [непрех.] (перен.) (разг.) неприятно поражать; [непр. гл.] спрягается как pedir.

embetunador. [м.] тот, кто мажет битумом, сапожной мазью.

embetunar. [перех.] смолить; покрывать битумом, мазать сапожной мазью.

embicar. [мор.] спускать флаг в знак траура; лавировать, идти против ветра; (обл.) заострять; [непрех.] (Амер.) врезаться в берег (о судне); всовывать или бросать что-л в отверстие; (Амер.) пьянствовать.

embigotar. [перех.] украшать усами; (мор.) причаливать, швартовать.

embijado, da. [страд. прич.] к embijar; [прил.] различный.

embijar. [перех.] красить или покрывать киноварью; (Амер.) загрязнять.

embije. [м.] крашение киноварью.

embizcar. [непрех.] становиться косоглазым.

emblandecer. [перех.] см. ablandar; [непр. гл.] спрягается как agradecer.

emblanquecer. [перех.] белить; **emblanquecerse.** [возв. гл.] белеть(ся); [непр. гл.] спрягается как agradecer.

emblanquecimiento. [м.] побелка.

emblema. [м. или ж.] эмблема, символ.

emblemáticamente. [нареч.] загадочно.

emblemático, ca. [прил.] эмблематический, символический.

emblematizar. [перех.] рисовать эмблемы; выражаться символически.

emblematología. [ж.] трактат об эмблемах.

emblemista. [м. и ж.] тот, кто рисует и т. д. эмблемы.

embobamiento. [м.] удивление, изумление; отупение.

embobar. [перех.] повергнуть в изумление, изумить, ошеломить; развлекать; **embobarse.** [возв. гл.] изумиться, быть поражённым, оторопеть.

embobecer. [перех.] делать глупым, тупым; **embobecerse.** [возв. гл.] глупеть; [непр. гл.] спрягается как agradecer.

embobecidamente. [нареч.] глупо и т. д.

embobecimiento. [м.] одурение, отупение.

embobinado, da. [страд. прич.] к embobinar; [м.] (эл.) наматывание на катушку.

embobinaje. [м.] (эл.) наматывание на катушку.

embobinar. [перех.] (эл.) наматывать на катушку.

embocadero. [м.] устье: * estar al embocadero, быть близко к цели.

embocado, da. [прил.] полусухой (о вине).

embocadura. [ж.] дейст. к embocar; мундштук (духовых инструментов); удила, мундштук (лошади); вкус, букет вина; устье (реки); вход в пролив, в канал; (теа.) авансцена: * tomar la embocadura, начинать тихо играть на духовом инструменте; (перен.) преодолевать первые трудности.

embocar. [перех.] приставлять ко рту; входить в узкое место; надувать, втирать очки, заставлять верить небылице; (разг.) быстро и жадно есть; (муз.) приставлять ко рту (духовой инструмент); (мор.) входить в пролив, в канал; взяться за дело.

embocinado, da. [прил.] см. abocinado.

embocinarse. [возв. гл.] сердиться, дуться.

emboco. [м.] (Амер.) см. emboque.

embochetar. [перех.] (обл.) сохранять.

embochinchar. [перех.] (Амер.) вызывать беспорядок, суматоху и т. д.

embodarse. [возв. гл.] жениться; выходить замуж.

embodegador. [м.] рабочий при погребе.

embodegamiento. [м.] помещение в погреб; хранение в погребе.

embodegar. [перех.] ставить в погреб; держать в погребе.

embojar. [перех.] окружать переплетёнными ветками (место, где разводят червей).

embojo. [м. дейст.] к embojar; переплетённые ветки вокруг шелковичных червей.

embojotar. [перех.] (Амер.) связывать верёвкой и т. д.

embolada. [ж.] (тех.) движение поршня.

embolado, da. [страд. прич.] к embolar; [м.] (перен.) (теа.) маленькая роль; (разг.) навязанное неприятное дело; (тавр.) бык с деревянными шарами на рогах.

embolar. [перех.] (тавр.) надевать деревянные шары на рога быка; (Амер.) опьянять.

embolar. [перех.] мазать сапожной мазью (обувь); покрывать жирной глиной (при позолоте).

embolatar. [перех.] (Амер.) обманывать; см. embolicar; embolicarse. [возв. гл.] углубляться (в дела и т. д.).

embolemia. [ж.] (мед.) присутствие пробок в токе крови.

embolia. [ж.] (мед.) эмболия, закупорка сосудов.

embolicar. [перех.] (обл.) запутывать, спутывать.

embólico, ca. [прил.] (мед.) к эмболия или к пробка, занесенная током крови.

emboliforme. [прил.] похожий на поршень.

embolinarse. [возв. гл.] (Амер.) запутываться.

embolismador, ra. [прил.] сплетничающий; [м. и ж.] сплетник, (-ица).

embolismal. [прил.] (астр.): * año embolismal, год, с 13 лунными месяцами.

embolismar. [перех.] (разг.) сплетничать, сеять раздор.

embolismático, ca. [прил.] непонятный, неясный (преимущ. о речи).

embolismo. [м.] прибавление для согласования календаря с солнечным годом; (перен.) путаница; сплетня, интрига.

émbolo. [м.] поршень; (пат.) сгусток крови, тромб.

embolsar. [перех.] класть в кошелёк, в карман; получать обратно долг и т. д.; получать деньги.

embolsicar. [перех.] (Амер.) класть в карман.

embolso. [м. дейст.] к embolsar; получение обратно долга; получение денег.

embollar. [перех.] (Амер.) скатывать, свёртывать; (перен.) обманывать, спутывать.

embonar. [перех.] улучшать; (Амер.) приспособлять, прилаживать; удобрять землю.

emboñigar. [перех.] обмазывать, покрывать коровьим навозом.

emboque. [м.] проход в узкое место; (перен.) (разг.) обман; (Амер.) боличе (игра.).

emboquillado, da. [страд. прич.] к emboquillar; [прил.] с мундштуком (о папиросах и т. д.); [м.] снабжение мундштуками (о папиросах).

emboquillar. [перех.] снабжать мундштуками (о папиросах); (горн.) делать буровую скважину и т. д.

emboriado, da. [прил.] (обл.) покрытый туманом, туманный.

embornal. [м.] (мор.) см. imbornal.

emborrachador, ra. [прил.] опьяняющий (тже. сущ.).

emborrachamiento. [м.] (разг.) опьянение, хмель.

emborrachar. [перех.] опьянять, напоить допьяна, напоить пьяным; одурманивать; emborracharse. [возв. гл.] напиться пьяным, охмелеть, опьянеть.

emborrar. [перех.] набивать шерстью (грубой); вторично чесать шерсть (на карде); (перен.) (разг.) быстро и жадно есть, наедаться.

emborrascar. [перех.] (перен.) (разг.) сердить, раздражать, озлоблять; emborrascarse. [возв. гл.] становиться бурным (о погоде); (перен.) проваливаться (о деле); (Амер.) истощаться (о руднике).

emborrazamiento. [м.] (кул.) обкладывание птицы ломтиками сала.

emborrazar. [перех.] (кул.) обкладывать птицу ломтиками сала.

emborricarse. [возв. гл.] остолбенеть, быть крайне поражённым; (разг.) без памяти влюбляться.

emborrizar. [перех.] впервые чесать шерсть (на карде); (обл.) обливать сахаром и т. д.

emborranador, ra. [прил.] марающий бумагу и т. д.; [м. и ж.] пачкун, (-ья); бумагомаратель, (-ница).

emborronar. [перех.] чёркать, марать бумагу; писать каракулями, написать, нарисовать на скорую руку, небрежно, наспех.

emborrullarse. [возв. гл.] (разг.) громко ссориться.

emborucar. [перех.] (Амер.) запутывать, перепутывать.

emboscada. [ж.] засада, ловушка: * caer en una emboscada, попасть в засаду.

emboscadura. [ж.] углубление в чащу леса; увиливание от (военной и т. д.) службы. место, где сидят в засаде.

emboscar. [перех.] устраивать засаду, помещать в засаду; emboscarse. [возв. гл.] засесть в засаду, сидеть в засаде; прятаться в чаще леса; (перен.) увиливать от службы.

embosquecer. [неперех.] покрываться лесом; [непр. гл.] спрягается как agradecer.

embostar. [перех.] (обл.) удобрять землю коровьим навозом.

embosugado, da. [прил.] (Амер.) желтоватый.

embotador, ra. [прил.] притупляющий (остриё) и т. д.

embotadura. [ж.] притупление, утолщение (острия).

embotamiento. [м.] см. embotadura, отупление; (перен.) ослабление.

embotar. [перех.] притуплять, тупить, делать тупым, утолщать (остриё); (перен.) притуплять, ослаблять.

embotar. [перех.] укладывать в консервную банку и т. д.

embotarse. [возв. гл.] (разг.) надевать сапоги; (перен.) богатеть.

embotellado, da. [страд. прич.] к embotellar; [прил.] узкий; подготовленный (о речи); [м.] разлив(ание) в бутылки.

embotellador, ra. [м. и ж.] тот, кто занимается разливанием по бутылкам; [ж.] аппарат для разливания по бутылкам.

embotellamiento. [м.] разливание по бутылкам, в бутылки.

embotellar. [перех.] разливать в бутылки, по бутылкам; (мор.) запереть (судно) в узком месте; (перен.) запирать отрезать, отрезать выход кому-л; сковывать.

emboticar. [перех.] (обл.) (Амер.) давать лекарства; (перен.) толкать.

embotijar. [перех.] разливать в кувшины; бетонировать (пол); embotijarse. [возв. гл.] (перен.) (разг.) набухать; пухнуть; возмущаться, негодовать, сердиться, раздражаться, приходить в гнев.

embotinar. [перех.] надевать ботинки.

embovedado, da. [страд. прич.] к embovedar; [прил.] сводообразный; [м.] (арх.) совокупность сводов.

embovedamiento. [м.] постройка сводов; совокупность сводов.

embovedar. [перех.] (арх.) сводить своды, строить своды, арки.

emboza. [ж.] (обл.) неровность дна бочки.

embozadamente. [нареч.] не подавая виду.

embozado, da. [страд. прич.] к embozar; [прил.] закутанный; неясно видный; скрытный, неискренний.

embozalar. [перех.] надевать намордник.

embozar. [перех.] закрывать нижнюю часть лица; надевать намордник; скрывать, утаивать (мысли, чувства и т. д.); (обл.) закупоривать; (уст.) (перен.) сдерживать и т. д.

embozo. [м.] часть плаща, которой закрывают нижнюю часть лица; отвёрнутая часть (простыни на одеяле); (перен.) скрытность: * quitarse el embozo, (перен.) (разг.) сбросить маску.

embracilado, da. [страд. прич.] к embracilar; [прил.] (разг.) постоянно носимый на руках (о ребёнке).

embracilar. [перех.] (обл.) носить на руках.

embragar. [перех.] (тех.) включать передачу, мотор.

embrague. [м.] (тех.) включение передачи, мотора; педаль сцепления.

embramar. [перех.] (Амер.) привязывать конец лассо к дереву, столбу.

embrasura. [ж.] (гал.) бойница, амбразура.

embravar. [перех.] приводить в ярость, сердить; [неперех.] укрепляться (о растениях); [непр. гл.] спрягается как agradecer.

embravecimiento. [м.] (тже. дейст.) раздражение, гнев, ярость.

embrazadura. [ж.] ручка (щита и т. д.); дейст. к продевать руку в щит.

embrazalar. [перех.] надевать нарукавную повязку.

embrazar. [перех.] продевать руку в щит; (уст.) см. abrazar.

embreadura. [ж.] просмаливание.

embrear. [перех.] смолить, просмаливать; делать непромокаемым.

embregarse. [возв. гл.] вступать в споры.

embreñarse. [возв. гл.] пробиваться сквозь скалистую местность, заросшую кустарником.

embriagador, ra. [прил.] опьяняющий, упоительный.

embriagante. [дейст. прич.] к embriagar.

embriagar. [перех.] опьянять, напоить пьяным; (перен.) опьянять, очаровывать; embriagarse. [возв. гл.] напиться пьяным, напиваться, охмелеть; (перен.) упиваться, опьяняться чем-л.

embriago, ga. [прил.] (м. употр.) пьяный, хмельной.

embriaguez. [ж.] опьянение, хмель; (перен.) упоение, восторг.

embribar. [перех.] (обл.) приглашать к обеду.

embridar. [перех.] взнуздывать.

embrioctonía. [ж.] (хир.) умерщвление плода.

embrioctónico, ca. [прил.] (мед.) уничтожающий зародыш.

embriogenario, ria. [прил.] (анат.) (физиол.) к эмбриогенез.

embriogenia. [ж.] (физиол.) эмбриогенез.

embriogénico, ca. [прил.] (физиол.) к эмбриогенезу.

embriogenista. [м.] специалист по эмбриогенезу.

embriografía. [ж.] (физиол.) описание эмбриона.

embriográfico, ca. [прил.] (физиол.) относящийся к описанию эмбриона.

embrioideo, a. [прил.] похожий на эмбрион.

embriología. [ж.] (физиол.) эмбриология. наука о развитии зародыша, плода.

embriológico, ca. [прил.] (физиол.) эмбриологический.

embriólogo. [м. и ж.] эмбриолог.

embrioma. [м.] (пат.) дермоидная киста яичника.
embrión. [м.] эмбрион, зародыш, плод в утробе; (перен.) зачаток.
embrionado, da. [прил.] (бот.) содержащий в себе эмбрионы.
embrional, embrionario, ria. [прил.] эмбриональный, зародышевый; (перен.) зачаточный.
embrioniforme. [прил.] имеющий форму эмбриона.
embriotomía. [ж.] (хир.) эмбриотомия, рассечение зародыша.
embriotómico, ca. [прил.] (хир.) относящийся к эмбриотомии.
embriótomo. [м.] (хир.) инструмент для раздробления плода при патологических родах (эмбриотомии).
embriotrofia. [ж.] питание эмбриона.
embrisar. [перен.] (обл.) класть выжимки винограда в вино (для вкуса).
embriscamiento. [м.] (Амер.) бегство, побег.
embriscar. [неперех.] (Амер.) убегать, спасаться бегством.
embrisque. [м.] (Амер.) см. embriscamiento.
embroca. [ж.] (фарм.) припарка.
embrocación. [ж.] (мед.) обливание; (фарм.) припарка.
embrocar. [перех.] переливать (из одного сосуда в другой); прикладывать подмётки; наматывать на шпульку нитки; (обл.) ронять; (таvr.) поднимать между рогов (о быке); (Амер.) надевать poncho и т. д.
embrochalar. [перен.] (арх.) переплетать балки.
embrolla. [ж.] (разг.) см. embrollo.
embrolladamente. [нареч.] запутанно и т. д.
embrollador, ra. [прил.] см. embrollón.
embrollar. [перех.] запутывать; смешивать, перемешивать; embrollarse. [возв. гл.] спутаться, запутаться; смешаться.
embrollo. [м.] путаница, запутанность; запутанная интрига, сплетня; обман, ложь, дыдымка; затруднительное положение.
embrollón, na. [прил.] любящий устраивать путаницу, заниматься мелкими интригами и т. д.; [м. и ж.] обманщик (-ица); интриган, (-ка).
embrolloso, sa. [прил.] (разг.) содержащий в себе нечто запутанное, неясное и т. д.
embromador, ra. [прил.] насмешливый, шутливый; [м. и ж.] насмешник, (-ица); обманщик, (-ица).
embromar. [перех.] шутить, вышучивать; дурачить; (Амер.) задерживать; сердить, досаждать; вредить.
embromista. [прил.] (Амер.) шутливый; [м. и ж.] шутник, (-ица).
embromón, na. [прил.] (Амер.) скучный, наводящий скуку; надоедливый.
embroquelarse. [возв. гл.] прикрываться щитом; защищаться чем-л.
embrosquillar. [перех.] (обл.) помещать скот в загон.
embruciar. [перех.] (обл.) наклонять и т. д.
embrujador, ra. [прил.] очаровывающий, чарующий (тж. сущ.).
embrujamiento. [м.] дейст. к околдовать; колдовство, чары; очарование.
embrujar. [перех.] околдовать, обворожить, очаровать.
embrujo. [м.] см. embrujamiento; колдовство, чары; очарование.
embrutecedor, ra. [прил.] доводящий до скотского состояния, притупляющий, утупляющий, удуряющий.
embrutecer. [перех.] доводить до скотского состояния; притуплять (умственно); сделать грубым, огрубить; embrutecerse. [возв. гл.] доходить до скотского состояния; отупеть, одичать.
embrutecimiento. [м.] отупение; огрубение; озверение.
embuciado. [ж.] (обл.) пригоршня.
embuciar. [перех.] (арг.) см. embuchar.
embuchacarse. [возв. гл.] (Амер.) присваивать.
embuchado, da. [страд. прич.] к embuchar; [м.] колбаса; свиная колбаса и т. д.; (перен.) (разг.) мошенничество (в игре); обман; скрытая боль, досада; избирательный обман; (вет.) болезнь зоба у птиц; (теа.) отсебятина, выдумка актёра.
embuchar. [перех.] делать колбасу; запихивать в зоб птицы (пищу); (разг.) быстро и жадно есть.
embudado, da. [страд. прич.] к embudar; [прил.] воронкообразный; снабжённый воронкой.
embudador, ra. [м. и ж.] тот, кто держит воронку (при разливании).
embudar. [перех.] вставлять воронку (в сосуд); (перен.) заниматься маленькими интригами; (охот.) загонять, окружать дичь.
embudista. [прил.] (перен.) любящий интриговать, занимающийся маленькими интригами, плутоватый; [м. и ж.] обманщик, (-ица), интриган, (-ка).
embudo. [м.] воронка (для разливки жидкостей); маленькая интрига, ловушка, плутовство, обман; [множ.] (арг.) шаровары: * ley del embudo, незаконные, несправедливые действия.
embullador, ra. [прил.] оживляющий, вызывающий шумное веселье; [сущ.] душа общества, весельчак.
embullamiento. [м.] (Амер.) см. embullo.
embullar. [перех.] (Амер.) оживлять, вызывать шумное веселье; [неперех.] (Амер.) шуметь, кричать.
embullo. [м.] (Амер.) шумное веселье, оживление; оглушительный шум.
embuñegar. [перех.] (обл.) см. enmarañar.
emburriar. [перех.] (обл.) толкать, см. empujar.
emburujar. [перех.] (разг.) беспорядочно сваливать; (Амер.) приводить в замешательство, сбивать; emburujarse. [возв. гл.] (Амер.) укутываться, тепло укрываться.
emburujo. [м.] (Амер.) обман, уловка, хитрость.
emburujón. [м.] (Амер.) см. envoltorio.
embuste. [м.] ложь, лганьё, обман, выдумка, враньё; [множ.] безделушки.
embustear. [неперех.] часто лгать.
embusterear. [неперех.] см. embustear.
embustería. [ж.] (разг.) ложь, обман, плутни, надувательство.
embustero, ra. [прил.] лгущий; [м. и ж.] лжец, лгун, (-ья), враль.
embustidor, ra. см. embustero.
embustir. [неперех.] (м. употр.) лгать, говорить ложь.
embutido, da. [страд. прич.] к embutir; [м.] колбаса, см. embuchado; инкрустирование; мозаика инкрустация; (Амер.) прошивка.
embutidor. [м.] * embutidor de remaches, клепальщик.
embutir. [перех.] делать колбасу; инкрустировать; всовывать один предмет в другой; набивать, пичкать; (перен.) см. incluir; (разг.) быстро и жадно есть.
eme. [м.] название буквы m.
emelga. [ж.] (с.-х.) борозда см. amelga.
emenagogo, ga. [прил.] (мед.) месячногонный; [м.] месячногонное средство.
emenagografía. [ж.] (мед.) трактат о месячногонных средствах.
emendadura. [ж.] (Амер.) см. enmienda.
emenología. [ж.] учение о менструации.
emensita. [ж.] (хим.) сорт американского взрывчатого вещества.
emergencia. [ж.] появление на поверхности воды; внезапное появление, непредвиденный случай, приключение, происшествие, событие.
emergente. [дейст. прич.] к emerger; [прил.] происходящий из.
emerger. [перех.] выступать из воды, всплывать, вынырнуть, показываться, появляться на поверхности воды.
emeritense. [прил.] относящийся к Mérida; [м. и ж.] уроженец, (-ка) этого города.
emérito, ta. [прил.] выслуживший пенсию, заслуженный.
emersión. [ж.] (физ.) всплывание, всплытие на поверхность; (астр.) появление планеты (после затмения).
emesia, émesis. [ж.] (мед.) рвота.
emeticidad. [ж.] свойст. к рвотный.
emético, ca. [прил.] (мед.) рвотный, тошнотворный; [м.] рвотное (средство).
emetina. [ж.] (хим.) алкалоид из ипекакуаны.
emetizante. [дейст. прич.] к emetizar; [прил.] (мед.) вызывающий рвоту (о кашле).
emetizar. [перех.] прибавлять, подмешивать рвотное в какой-л. напиток; (мед.) вызывать рвоту.
emetología. [ж.] (мед.) трактат о рвотах и рвотных средствах.
emétrope. [прил.] нормальный (о глазах).
emetropía. [ж.] нормальное зрение.
emigración. [ж.] эмиграция, переселение (в другую страну); перелёт птиц: * emigración golondrina, сезонное переселение (рабочих).
emigrado, da. [страд. прич.] к emigrar [м. и ж.] эмигрант, (-ка), политэмигрант, (-ка).
emigrante. [дейст. прич.] к emigrar; [м. и ж.] эмигрант, (-ка), переселенец, (-ка).
emigrar. [неперех.] эмигрировать, переселяться (в другую страну); перелететь на зиму (о птицах).
emigratorio, ria. [прил.] эмиграционный.
eminencia. [ж.] возвышение, возвышенность, высокое место, бугор, высота; (перен.) превосходство, высокопреосвященство (титул кардинала); * Vuestra Eminencia, ваше преосвященство; * con eminencia. (фил.) в потенции.
eminencial. [прил.] (фил.) могущий вызывать эффект посредством высшей силой.
eminente. [прил.] высокий, возвышающийся (о местности и т. д.); видный, крупный, выдающийся, знаменитый.
eminentemente. [нареч.] в высшей степени; (фил.) возможно, в потенции.
eminentísimo, ma. [прил.] преосвященный (титул кардинала).
emir. [м.] эмир.
emirato. [м.] эмират.
emisario, ria. [м. и ж.] эмиссар; посланец; [м. употр.] водоотводный канал (из пруда или озера).
emisión. [ж.] испускание, выделение (жидкости и т. д.); (физ.) испускание, излучение; эмиссия; передача (звука, голоса); эмиссия, выпуск (денежных знаков, ценных бумаг): * emisión radiofónica, радиопередача, радиовещание, трансляция по радио.

emisivo, va. [прил.] (физ.) способный испускать свет, излучать тепло.
emisor, ra. [прил.] выпускающий; испускающий, передающий и т. д. (тж. сущ.); [м.] (физ.) передатчик; [ж.] передающая радиостанция.
emitir. [перех.] испускать; (физ.) излучать, испускать: (фин.) выпускать, пускать в обращение, эмитировать; высказывать (мнение и т. д.); (радио) передавать.
emoción. [ж.] волнение, возбуждение; эмоция; * con emoción, взволнованно; растроганно.
emocionabilidad. [ж.] свойст. к легковозбудимый; возбуждаемость.
emocionable. [прил.] легковозбудимый.
emocional. [прил.] эмоциональный; волнующий.
emocionante. [дейст. прич.] к emocionar, волнующий, вызывающий волнение; трогательный.
emocionar. [перех.] приводить в волнение, волновать, трогать; **emocionarse.** [возв. гл.] приходить в волнение, волноваться.
emoliente. [прил.] (мед.) мягчительный, [м.] мягчительное средство.
emolir. [перех.] (мед.) см. ablandar; спрягается только в формах имеющие i.
emolumento. [м.] заработок, вознаграждение; жалованье, доход; прибыль, надбавка к жалованью; выгода; (чаще множ.) жалованье.
emotividad. [ж.] возбудимость; эмоциональность.
emotivo, va. [прил.] эмоциональный; легко возбудимый; легко возбуждающийся.
empacador, ra. [прил.] упаковывающий; машина для упаковки.
empacamiento. [м.] упаковка.
empacamiento. [м.] (Амер.) дейст. к останавливаясь стоять как вкопанный (о лошади и т. д.).
empacar. [перех.] упаковывать, укладывать см. empaquetar.
empacarse. [возв. гл.] сердиться, раздражаться; упрямиться, упорствовать; (перен.) смущаться, конфузиться; (Амер.) останавливаясь стоять как вкопанный (о лошади и т. д.).
empacón, na. [прил.] (Амер.) норовистый, с норовом (о лошади).
empachado, da. [страд. прич.] к empachar; [прил.] робкий и неуклюжий.
empachar. [перех.] мешать, затруднять, стеснять, обременять кого-л; засорять желудок, переполнять желудок; скрывать, прикрывать; **empacharse.** [возв. гл.] стыдиться, смущаться; объедаться, расстраивать себе желудок.
empachera. [ж.] (обл.) расстройство желудка, несварение.
empacho. [м.] смущение, робость, замешательство, стыд; затруднение, стеснение; несварение, расстройство желудка: * empacho de estómago, несварение.
empachoso, sa. [прил.] неудобоваримый; смущающий; затруднительный; см. vergonzoso.
empadrarse. [возв. гл.] крайне любить родителей.
empadre. [м.] (Амер.) спаривание, случка.
empadronador, ra. [м. и ж.] составитель, (-ница) списков жителей (по переписи).
empadronamiento. [м.] составление списков жителей (по переписи), перепись населения, список жителей.
empadronar. [перех.] вносить в списки жителей; производить перепись населения.
empajada. [ж.] корм (для скота) из соломы и травы.

empajado, da. [страд. прич.] к empajar; покрытие или набивка соломой).
empajar. [перех.] покрывать или набивать соломой; (Амер.) покрывать соломенной крышей; смешивать с соломой; **empajarse.** [возв. гл.] (Амер.) наесться невкусной пищи; идти в солому (о растениях).
empajolar. [перех.] окуривать серой (бочку).
empalagamiento. [м.] пресыщение, отвращение к пище, см. empalago.
empalagar. [перех.] внушать отвращение (о пище); (перен.) надоедать, наскучивать.
empalago. [м.] отвращение (вызываемое слишком сладкой пищей) см. empalagamiento.
empalagoso, sa. [прил.] вызывающий отвращение (о слишком сладкой пище); (перен.) надоедливый, наводящий скуку (о человеке).
empalamiento. [м.] сажание на кол (пытка).
empalar. [перех.] сажать на кол; **empalarse.** [возв. гл.] (Амер.) упрямиться; коченеть.
empaliada. [ж.] украшение улиц пёстрыми тканями (на праздниках).
empaliar. [перех.] (обл.) украшать улицы, дома пёстрыми тканями; (уст.) см. paliar.
empalicador, ra. [прил.] (Амер.) льстивый; [м. и ж.] льстец, льстивая женщина.
empalicar. [перех.] (Амер.) льстить, обманывать лестью, обольщать.
empalidecer. [неперех.] бледнеть; тускнеть; [непр. гл.] спрягается как agradecer.
empalizada. [ж.] изгородь, частокол; дощатый забор; (воен.) засека.
empalizar. [перех.] обносить забором, частоколом.
empalmadura. [ж.] см. empalme.
empalmar. [перех.] соединять концами; смыкать; сращивать, стыкать; (мор.) сплетать концы канатов, сплеснивать, сращивать, приплеснивать (линь, трос); сочетать, комбинировать; [неперех.] совпадать; сходиться (о дорогах и т. д.).
empalme. [м.] соединение, смыкание; сращивание, место сращения, (мор.) сплесень; (ж.-д.) узловая станция; сочетание, комбинация.
empalmillar. [перех.] наклеивать стельку.
empalomado. [м.] плотина, запруда (у реки).
empalomadura. [ж.] (мор.) перевязка, которой пришивают ликтросы к парусу.
empalomar. [перех.] (мор.) пришивать ликтросы к парусу.
empalletado. [м.] (мор.) сорт бортовых коечных сеток.
empampanarse, empamparse. [возв. гл.] (Амер.) заблудиться в пампе.
empampirolado, da. [прил.] чванный, тщеславный, надутый.
empanada. [ж.] кулебяка, пирог с мясом; (перен.) происки, ухищрения, жульничество, афера.
empanadilla. [ж. умен.] к empanada; слоёный пирог.
empanado, da. [страд. прич.] к empanar; [прил.] безоконный, не имеющий окон (о комнате); см. комната без окон.
empanar. [перех.] завёртывать в тесто; обваливать в сухарях; (с.-х.) засевать землю зерновыми; **empanarse.** [возв. гл.] (с.-х.) погибать (о посевах, посеянных слишком тесно), наливаться, созревать (о хлебах и т. д.).
empancinarse. [возв. гл.] (Амер.) объедаться.
empandar. [перех.] гнуть, делать выгиб в чём-л.

empandillar. [перех.] (разг.) соединять две карты (мошеннический приём).
empandorgar. [перех.] (Амер.) путать, запутывать.
empanerar. [перех.] складывать в хлебный амбар (о хлебах).
empanjarse. [возв. гл.] (Амер.) объедаться.
empantalonarse. [возв. гл.] (Амер.) ободриться, прикидываться храбрым.
empantanamiento. [м.] затопление, заболачивание; дейст. к заводить в болото; задерживание (хода дела).
empantanar. [перех.] затоплять, заливать, заболачивать; заводить в топь, в болото; задерживать (ход дела); **empantanarse.** [возв. гл.] затопляться; заболачиваться; увязнуть в топь; задерживаться (о ходе дела).
empanzarse. [возв. гл.] (Амер.) объедатся, страдать несварением.
empañado, da. [страд. прич.] к empañar; [прил.] нечистый (о голосе).
empañadura. [ж.] пелёнки (ребёнка).
empañar. [перех.] пеленать (ребёнка); (перен.) обесцвечивать, делать тусклым, мутным; марать (имя и т. д.); омрачать (славу).
empañetado, da. [страд. прич.] (Амер.) к empañetar; [м.] (Амер.) штукатурка.
empañetar. [перех.] (Амер.) штукатурить, белить стены.
empañete. [м.] (Амер.) штукатурка, побелка.
empañicar. [перех.] (мор.) убирать паруса.
empapagayarse. [возв. гл.] (разг.) сгибаться (как клюв попугая).
empapamiento. [м.] пропитывание.
empapar. [перех.] пропитывать, смачивать, впитывать; **empaparse.** [возв. гл.] пропитываться (тж. перен.); (разг.) объедаться.
empapelado, da. [страд. прич.] к empapelar; [м.] обои; завёртывание (в бумагу); оклейка обоями.
empapelador, ra. [м. и ж.] обойщик.
empapelar. [перех.] завёртывать в бумагу; оклеивать обоями; (разг.) подавать в суд.
empapirotar. [перех.] (разг.) наряжать, украшать (тж. возв. гл.).
empapuciar, empapujar. [перех.] (разг.) закармливать, накормить досыта; **empapuciarse.** [возв. гл.] наедаться до отвала.
empapuzar. [перех.] (обл.) см. empapujar.
empaque. [м.] (разг.) заворачивание; обёртка; упаковочный материал, упаковка.
empaque. [м.] (разг.) вид, внешность; напускная серьёзность; (Амер.) нахальство, наглость.
empaquetado, da. [страд. прич.] к empaquetar; [м.] (тех.) набивка.
empaquetador, ra. [м. и ж.] упаковщик, (-ица).
empaquetadura. [ж.] (тех.) сальник.
empaquetamiento. [м.] упаковка.
empaquetar. [перех.] упаковывать, паковать; (перен.) набивать битком; наряжать, украшать; **empaquetarse.** [возв. гл.] набиваться как сельди в бочке; наряжаться.
empara. [ж.] (обл.) (юр.) см. emparamento.
emparamarse. [возв. гл.] (Амер.) коченеть от холода.
emparamentar. [перех.] украшать.
emparamento, emparamiento. [м.] (юр.) (обл.) наложение ареста на имущество, секвестр.

emparar. [перех.] (юр.) (обл.) налагать арест на имущество, секвестровать.
emparchar. [перех.] накладывать пластырь; накладывать заплатку на автомобильную шину.
empardar. [перех.] (обл.) (спорт.) см. **empatar.**
emparedado, da. [страд. прич.] к **emparedar**; [прил. и сущ.] заключённый, запертый; [м.] бутерброд, сандвич.
emparedamiento. [м.] заключение в одиночную камеру; замуровывание.
emparedar. [перех.] заточать; замуровывать; заключать в одиночную камеру.
emparejado, da. [страд. прич.] к **emparejar.**
emparejador, ra. [м. и ж.] тот, кто соединяет в пары и т. д.
emperejadura. [ж.] спаривание; уравнение.
emparejamiento. [м.] спаривание; соединение попарно; уравнение; дейст. к **emparejar.**
emparejar. [перех.] соединять попарно, в пары; уравнивать; прилаживать, пригонять (окно или дверь); [неперех.] догнать, поравняться; равняться с кем-л.
emparejo. [м.] (уст.) упряжка волов.
emparentamiento. [м.] установление родственных отношений.
emparentar. [перех.] породниться с кем-л, устанавлять родственные отношения; [непр. гл.] спрягается как **acertar.**
emparrado, da. [страд. прич.] к **emparrar;** [м.] беседка из виноградных лоз, навес, обвитый виноградными лозами.
emparrandarse. [возв. гл.] (Амер.) шумно веселиться.
emparrar. [перех.] устраивать виноградную беседку.
emparrillado, da. [страд. прич.] к **emparrillar;** [м.] см. **zampeado.**
emparrillar. [перех.] жарить на решётке; (арх.) см. **zampear.**
emparvar. [перех.] расстилать снопы для молотьбы на току.
empastada. [ж.] (Амер.) пастбище.
empastador, ra. [прил.] покрывающий пастой и т. д.; переплетающий; пломбирующий (зубы); грунтующий; [м.] кисть для грунтования; (Амер.) переплётчик.
empastadura. [ж.] (Амер.) переплетание.
empastamiento. [м.] покрытие пастой, массой; переплетание; пломбировка; грунтовка.
empastar. [перех.] покрывать пастой, массой; переплетать книгу; пломбировать (зубы); (жив.) грунтовать; написывать сочными красками.
empastar. [перех.] (Амер.) превращать землю в луг; **empastarse.** [возв. гл.] (Амер.) зарастать сорной травой; (вет.) страдать метеоризмом.
empaste. [м.] покрытие пастой, массой; зубная пломба; (жив.) грунтовка; писание сочными красками; сочетание красок; (Амер.) (вет.) метеоризм.
empastelamiento. [м.] (полигр.) дейст. к перепутывать шрифт.
empastelar. [перех.] (перен.) (разг.) устраивать свои дела нечестным путём; (полигр.) перепутывать шрифт (тже. возв. гл.).
empatadera. [ж.] задержка, задержание, затруднение, помеха, препятствие.
empatado, da. [прил.] (Амер.) грязный, жирный.

empatar. [перех.] делать ничью; сыграть вничью; задерживать, мешать; (Амер.) соединять, прилаживать (два предмета); **empatarse.** [возв. гл.] получать равное количество голосов (при голосовании).
empate. [м.] счёт вничью; равный счёт (голосов избирателей или очков в игре); задержка, помеха, препятствие.
empatronizar. [перех.] делать владельцем чего-л; **empatronizarse.** [возв. гл.] становиться владельцем чего-л.
empaturrarse. [возв. гл.] (Амер.) наедаться до отвала.
empauto. [м.] (Амер.) договор с дьяволом.
empavar. [перех.] (Амер.) подтрунивать, насмехаться; сердить; [возв. гл.] сердиться; раздражаться; покраснеть от стыда, смущаться.
empavesada. [ж.] защита, прикрытие, устроенное из щитов; (мор.) фальшборт; флаги расцвечивания (на корабле).
empavesado, da. [страд. прич.] к **empavesar;** [прил.] вооружённый щитом; [м.] воин, вооружённый щитом; (мор.) расцвечивание, украшение флагами; флаги расцвечивания (на корабле).
empavesar. [перех.] расцвечивать или украшать флагами; поднять все флаги (на судне).
empavón, na. [прил.] (Амер.) стыдливый.
empavonar. [перех.] см. **pavonar;** (Амер.) обмазывать, покрывать (мазью и т. д.).
empecatado, da. [прил.] неисправимый, злонамеренный, злостный; неудачливый, незадачливый.
empecer. [перех.] вредить, наносить вред; [неперех.] мешать, препятствовать; [непр. гл.] спрягается как **agradecer.**
empeciente. [действ. прич.] к **empecer.**
empecimiento. [м.] ущерб, вред; помеха, препятствие.
empecinadamente. [нареч.] упрямо и т. д.
empecinado, da. [страд. прич.] к **empecinar;** [прил. и сущ.] прозвище жителей Castrillo de Duero (Valladolid); [м.] смолокур.
empecinado, da. [страд. прич.] к **empecinarse;** [прил.] (Амер.) упрямый.
empecinamiento. [м.] (Амер.) упрямство.
empecinar. [перех.] смолить.
empecinarse. [возв. гл.] (Амер.) упрямиться, упорствовать.
empedarse. [возв. гл.] (Амер.) напиваться.
empedernido, da. [страд. прич.] к **empedernir(se);** [прил.] чёрствый, ожесточённый, бесчувственный; завзятый; закоренелый, закоснелый: * borracho empedernido, неисправимый пьяница.
empedernir. [перех.] делать твёрдым как камень; **empedernirse.** [возв. гл.] черстветь, становиться бесчувственным, чёрствым.
empedrado, da. [страд. прич.] к **empedrar;** [прил.] пятнистый; (перен.) покрытый барашками (о небе); (разг) рябой (о лице); [м.] (камнем) мощение, настилка мостовой; мостовая.
empedrador, ra. [м. и ж.] мостильщик.
empedramiento. [м.] мощение, настилка мостовой (камнем).
empedrar. [перех.] мостить (камнем); (перен.) пересыпать, уснащать (цитатами и т. д.), переполнять (речь и т. д.); [непр. гл.] спрягается как **acertar.**
empega. [ж.] смола, вар; клеймо (смолой).
empegado, da. [страд. прич.] к **empegar;** [м.] просмолённое полотно и т. д.
empegadura. [ж.] просмаливание.
empegar. [перех.] просмаливать, смолить; клеймить (смолой).
empego. [м.] клеймение смолой (о скоте).
empeguntar. [перех.] клеймить смолой (о скоте).

empeine. [м.] (анат.) подбрюшье; подъём (ноги); (м. употр.) копыто.
empeine. [м.] (мед.) лишай, род экземы; (бот.) лекарственное растение, предназначенное для лечения этой болезни.
empeinoso, sa. [прил.] страдающий лишаями.
empelar. [неперех.] покрываться волосом; походить (о масти лошаде); [перех.] (обл.) расчищать под пашню.
empelazgarse. [возв. гл.] (разг.) вмешиваться в спор.
empelechador. [м.] тот, кто по ремеслу покрывает мраморными плитами или прилаживает мраморные плиты.
empelechar. [перех.] покрывать мраморными плитами, облицовывать мрамором; прилаживать мраморные плиты.
empelotarse. [возв. гл.] (разг.) запутываться, сбиваться; спорить, ссориться; (обл.) раздеваться, обнажаться (тже. в Амер.); (Амер.) влюбляться, увлекаться, иметь сильное желание, прихоть.
empelotillado, da. [прил.] запутанный.
empeltre. [м.] (с.-х.) прививка щитком.
empella. [ж.] союзка (обуви); (Амер.) свиной жир.
empellar. [перех.] толкать, см. **empujar.**
empellejar. [перех.] покрывать мехами.
empeller. [перех.] см. **empellar;** [непр. гл.] спрягается как **tañer.**
empellita. [ж.] (Амер.) шкварка.
empellón. [м.] сильный толчок: * a empellones, (перен.) (разг.) грубо, оскорбительно.
empelloso, sa. [прил.] (обл.) докучливый, надоедливый, утомительный.
empenachado, da. [страд. прич.] к **empenachar;** [прил.] украшенный перьями, плюмажем.
empenachar. [перех.] украшать перьями, плюмажем.
empenta. [ж.] подпорка, подставка.
empentar. [перех.] (обл.) толкать; (горн.) укреплять подпорками.
empentón. [м.] (обл.) толчок, сильное толчок.
empeñadamente. [нареч.] упорно, настойчиво; усердно, старательно.
empeñado, da. [страд. прич.] к **empeñar;** [прил.] жаркий (о споре и т.д.).
empeñar. [перех.] закладывать, отдавать в залог; давать под залог; вынуждать, принуждать, заставлять; вводить (в бой), втягивать; делать кого-л посредником; **empeñarse.** [возв. гл.] входить в долги; упорно настаивать на чём-л, упорствовать; посредничать; завязываться (о ссоре и т. д.).
empeñero, ra. [м. и ж.] (Амер.) ростовщик, (-ица).
empeño. [м.] закладывание, заклад, отдача в залог; залог; сильное желание; стремление; цель, стремления, желания; упорное решение; упорство, твёрдость, непоколебимость, настойчивость; долг, обязательство (денежное и т. д.); покровитель, заступник; (разг.) влияние, авторитет; (Амер.) ломбард: * en empeño, в залог; * con empeño, настойчиво, упорно; * tener empeño en, сильно хотеть, иметь охоту к.
empeñosamente. [нареч.] (Амер.) настойчиво, упорно.
empeñoso, sa. [прил.] (обл.) (Амер.) настойчивый, упорный, усердный.
empeoramiento. [м.] ухудшение.
empeorar. [перех.] ухудшать; [неперех.] ухудшаться.
empequeñecer. [перех.] уменьшать, убавлять, сокращать; **empequeñecerse.** [возв. гл.] уменьшаться; [непр. гл.] спрягается как **agradecer.**

empequeñecimiento. [м.] уменьшение.
emperador. [м.] император; (Амер.) меч-рыба.
emperatriz. [ж.] императрица.
empercudir. [перех.] (Амер.) см. percudir.
emperchado, da. [страд. прич.] к emperchar; [м.] сорт решётчатой загородки.
emperchar. [перех.] вешать на вешалку; empercharse. [возв. гл.] попадаться в силок (о птицах).
emperdigar. [перех.] слегка поджаривать (для предохранения от порчи); (перен.) приготовлять.
emperejilar. [перех.] (разг.) нарядить, разодеть; emperejilarse. [возв. гл.] разодеться, вырядиться.
emperezar. [неперех.] лениться; предаваться лени; [перех.] замедлять, задерживать.
empergaminado, da. [страд. прич.] к empergaminar; [прил.] покрытый пергаментом.
empergaminar. [перех.] завёртывать в пергамент, покрывать пергаментом.
empergar. [перех.] (обл.) выжимать, давить под прессом оливки, маслины.
empergue. [м.] (обл.) выжимание маслин; жом, пресс (для маслин).
empericarse. [возв. гл.] (разг.) (Амер.) напиться пьяным, охмелеть.
emperifollar. [перех.] чрезмерно разукрашивать; emperifollarse. [возв. гл.] вырядиться.
emperlar. [перех.] украшать жемчужинами.
empernar. [перех.] скреплять, схватывать болтами.
empero. [союз.] но, однако, тем не менее, при всём том, всё же.
emperrada. [ж.] карточная игра.
emperramiento. [м.] (разг.) упрямство, упорство; раздражение, ярость, гнев.
emperrarse. [возв. гл.] (разг.) упорствовать, упрямиться.
emperrechinarse. [возв. гл.] (Амер.) приходить в гнев, раздражаться.
empersonar. [перех.] вносить в списки жителей.
empertigar. [перех.] запрягать в плуг и т. д.
empesador. [м.] метёлочка (ткача).
empetacar. [перех.] (Амер.) вкладывать в сундук, короб.
empetatar. [перех.] (Амер.) покрывать цыновками.
empetrencarse. [возв. гл.] (Амер.) взбираться, влезать.
empetro. [м.] (бот.) вид укропа.
empezar. [перех.] начинать; [неперех.] начинаться; [непр. гл.] спрягается как acertar.
empicarse. [возв. гл.] пристраститься к.
empicotadura. [ж.] дейст. к выставить или пригвоздить к позорному столбу.
empicotar. [перех.] выставить или пригвоздить к позорному столбу.
empiece. [м.] (разг.) начало.
empiema. [м.] (мед.) эмпиема, гной в закрытой полости (плевры, сустава, в желчном пузыре).
empiemático, са. [прил.] принадлежащий к эмпиеме.
empiesis. [ж.] (мед.) нагноение.
empilchar. [перех.] (Амер.) седлать.
empilonar. [перех.] (Амер.) складывать в кучи листовой табак.
empiluchar. [перех.] (Амер.) раздевать, обнажать.
empina. [ж.] (обл.) круглая часть луга, где трава растёт выше; трава, мешающая действию плуга.
empinada (irse a la). становиться на дыбы.
empinado, da. [страд. прич.] к empinar; [прил.] очень высокий, крутой; (перен.) надменный, чванливый.

empinador, ra. [прил.] (разг.) пьющий.
empinadura. [ж.] empinamiento. [м.] поднимание; дейст. к становиться на дыбы.
empinante. [дейст. прич.] к empinar.
empinar. [перех.] поднимать; высоко поднимать; ставить; чрезмерно наклонять бутылку, стакан и т. д. (при питые); (перен.) (разг.) пьянствовать; empinarse. [возв. гл.] становиться на цыпочки; становиться на дыбы; высоко подниматься (о доме и т.д.); * empinar el jarro, el codo, (разг.) пьянствовать.
empingorotado, da. [страд. прич.] к empingorotar; [прил.] принадлежащий высокому социальному сословию; высокомерный, самонадеянный.
empingorotar. [перех.] (разг.) ставить, класть выше чего-л.
empino. [м.] (не употр.) возвышенность, высота, бугор; (арх.) высшая часть свода.
empiñonado. [м.] печенье из кедровых орехов.
empipada. [ж.] (разг.) (Амер.) см. hartazgo.
empiparse. [возв. гл.] (перен.) (Амер.) насыщаться, наедаться, объедаться.
empíreo, a. [прил.] небесный; [м.] эмпирей, небеса, высь.
empíricamente. [нареч.] эмпирически, опытным путём.
empírico, ca. [прил.] эмпирический, основанный на опыте, опытный; [м.] эмпирик.
empiriocriticismo. [м.] (фил.) эмпириокритицизм.
empirismo. [м.] (фил.) эмпиризм.
empitonar. [перех.] (тавр.) поднимать на рога.
empizarrado, da. [страд. прич.] к empizarrar; [м.] шиферная крыша.
empizarrar. [перех.] крыть шифером.
emplantillar. [перех.] (Амер.) плотно заполнять строительным мусором фундамент; (обл.) см. atrancar.
emplastadura. [ж.] emplastamiento, [м.] дейст. к класть пластырь; украшение; задержка.
emplastar. [перех.] класть пластырь; красить, подкрашивать, румянить лицо; украшать; задерживать ход дела; emplastarse. [возв. гл.] мазаться, пачкаться.
emplastecer. [перех.] (жив.) грунтовать; [непр. гл.] спрягается как agradecer.
emplástico, ca. [прил.] липкий, вязкий, клейкий; (мед.) вызывающий нагноение.
emplasto. [м.] пластырь; (перен.) (разг.) мало удовлетворяющее соглашение; слабый человек; (Амер.) см. parche; estar hecho un emplasto, иметь слабое здоровье.
emplástrico, ca. [прил.] липкий, клейкий, вязкий; (мед.) вызывающий нагноение.
emplastropoyesis. [ж.] искусство о приготовлении пластырей.
emplazador. [м.] (юр.) тот, кто вызывает в суд.
emplazamiento. [м.] (юр.) вызов в суд.
emplazamiento. [м.] место, местонахождение, расположение; установка; позиция.
emplazar. [перех.] вызывать (в суд); назначить свидание (охот.) разведывать.
emplazar. [перех.] (гал.) помещать, размещать; ставить; сажать; emplazarse. [возв. гл.] останавливаться в центре арены (о быке).
emplea. [ж.] (Амер.) плетёнка (из камыша, пальмового листа и т. д.).
empleado, da. [страд. прич.] к emplear; [м. и ж.] служащий, (-ая); чиновник.
empleador, ra. [прил.] к emplear; [м. и ж.] (Амер.) наниматель, (-ница), предприниматель, (-ница).

emplear. [перех.] употреблять, применять; использовать; тратить; давать работу, занимать (каким-л делом); emplearse. [возв. гл.] употребляться для...; стараться ради чего-л; поступить на работу, службу.
empleita. [ж.] плетёнка (из камыша, пальмового листа и т. д.).
empleitero, ra. [м. и ж.] тот, кто изготовляет или продаёт плетёнки.
emplenta. [ж.] часть стены, сделанная в один приём.
empleo. [м.] употребление, применение; использование; должность, место; занятие; (арг.) кража, воровство; * suspender del empleo, временно отстранять от должности.
empleomanía. [ж.] (разг.) погоня за чинами, высокими должностями.
emplomador. [м.] тот, кто покрывает что-л свинцом; паяльщик (свинцом); пломбировщик (товаров).
emplomadura. [ж.] паяние или покрытие свинцом; пломбирование, пломбировка; кусок свинца для этих целей.
emplomamiento. [м.] паяние или покрытие свинцом; пломбирование, пломбировка.
emplomar. [перех.] паять или покрывать свинцом; пломбировать (товар).
emplumadura. [ж.] (ав.) оперение.
emplumar. [перех.] оперять; надевать перья; (Амер.) высылать; обманывать кого-л, отводить глаза, вводить в заблуждение; [неперех.] оперяться; (Амер.) убегать, удирать: * emplumarlas, (Амер.) удирать, навострить лыжи.
emplumecer. [неперех.] оперяться; [непр. гл.] спрягается как agradecer.
empobrecedor, ra. [прил.] разоряющий, обедняющий.
empobrecer. [перех.] разорять; обеднять; истощать (почву); [неперех.] (о)беднеть, истощаться, оскудевать (тже. возв. гл.); [непр. гл.] спрягается как agradecer.
empobrecimiento. [м.] обеднение, обнищание; оскудение, истощение.
empochar. [перех.] (обл.) гноить; портить, см. pudrir.
empodiómetro. [м.] (физ.) реостат.
empodrecer. [неперех.] см. podrir; [непр. гл.] спрягается как agradecer.
empojarse. [возв. гл.] (Амер.) см. henchirse.
empolinar. [перех.] (Амер.) укреплять, делать более крепким.
empoltronecerse. [возв. гл.] см. apoltronarse; [непр. гл.] спрягается как agradecer.
empolvadura. [ж.] покрытие пылью или пудрой.
empolvar. [перех.] покрывать пылью; пудрить, покрывать пудрой; empolvarse. [возв. гл.] покрываться пылью; пудриться; empolvado, пыльный, запылённый.
empolvoramiento. [м.] покрытие пудрой или пылью.
empolvorar, empolvorizar. [перех.] см. empolvar.
empolla. [ж.] (Амер.) пузырь, волдырь (на коже).
empolladura. [ж.] высиживание птенцов; детёныши, выводок.
empollar. [неперех.] сидеть на яйцах; [неперех.] выводить детёнышей (о пчелах); (разг.) зубрить; * empollado, сведущий.
empolleta. [ж.] (Амер.) см. ampolleta; назойливая просьба.

empollón, na. [прил.] занимающийся зубрёжкой; [м. и ж.] зубрила.

emponchado, da. [прил.] (Амер.) закутанный в пончо; подозрительный, возбуждающий подозрение (тже. сущ.).

emponcharse. [возв. гл.] (Амер.) закутаться в пончо.

emponzoñado, da. [страд. прич.] к emponzoñar; [прил.] отравленный, испорченный.

emponzoñador, ra. [прил.] отравляющий, приготовляющий отраву (тже. сущ.); (перен.) причиняющий большой ущерб, вред; [м. и ж.] отравитель, (-ница).

emponzoñamiento. [м.] отравление.

emponzoñar. [перех.] отравлять; (перен.) отравлять, заражать, портить, вредить, повреждать. [ном ветре.

empopada. [ж.] (мор.) плавание при попутном [неперех.] (мор.) захлёстывать волной с кормы.

emporcar. [перех.] пачкать, грязнить, марать; **emporcarse** [возв. гл.] пачкаться; запачкаться; [непр. гл.] спрягается как contar

emporético, ca. [прил.] фильтровальный; * papel **emporético**, фильтровальная бумага.

emporio. [м.] торговый центр; рынок; товарная ваза; (перен.) центр.

emporrongarse. [возв. гл.] (Амер.) напиться пьяным.

emporroso, sa. [прил.] (Амер.) обременительный, докучливый, надоедливый.

empotramiento. [м.] вкладывание, вделывание в стену или в пол.

empotrar. [перех.] вмазывать, замуровывать, вделывать в стену или в пол.

empotrerar. [перех.] загонять лошадей в загон.

empozar. [перех.] бросать в колодец; мочить (лён или коноплю); **empozarse.** [возв. гл.] застаиваться (о воде) (тже. неперех., в Амер.); (перен.) (разг.) задерживаться (о деле).

empradizar. [перех.] превращать в луг; **empradizarse.** [возв. гл.] превращаться в луг.

emprendedor, ra. [прил.] предприимчивый, смелый.

emprender. [перех.] предпринимать, затевать; браться, приниматься за; начать проводить, осуществлять; (разг.) напасть на кого-л, сцепиться с кем-л: * **emprender** para un sitio, (разг.) отправиться в путь.

empreñar. [перех.] сделать беременной; **empreñarse.** [возв. гл.] забеременеть.

empresa. [ж.] предприятие; девиз; намерение, план, проект, замысел; антреприза.

empresarial. [прил.] относящийся к предприятию; (теа.) антрепренёрский.

empresario, ria. [м. и ж.] предприниматель подрядчик; (теа.) антрепренёр, импресарио.

empréstito. [м.] заём; ссуда.

empretecer. [неперех.] (Амер.) чернеть; [непр. гл.] спрягается как agradecer.

emprima. [ж.] первый, ранний плод.

emprimado, da. [страд. прич.] к **emprimar**; [м.] второе чесание шерсти

emprimar. [перех.] вторично чесать шерсть (на карде); (перен.) (разг.) дурачить (жив.) грунтовать.

empringar. [перех.] намазывать жиром; пятнать, марать; **empringarse.** [возв. гл.] извлекать незаконную прибыль (теряя репутацию).

emprostocifosis. [ж.] (пат.) сгибание столбняка или грудины.

emptisis. [ж.] (мед.) отхаркивание (преимущ. крови).

empuesta (de). (охот.) сзади.

empujador, ra. [прил.] толкающий (тже. сущ.).

empujar. [перех.] толкать, сдвигать с места; (перен.) выгонять (с места, со службы); побуждать, подгонять, стимулировать, подталкивать.

empuje. [м.] толчок, толкание; давление; сила давления; напор; натиск; стимул; решимость.

empujón. [м.] толчок, толкание, удар; продвижение (работы и т. д.): * a **empujones**, толчками, с силой, резко.

empulgadura. [ж.] заряжание самострела, арбалета.

empulgar. [перех.] натягивать тетиву самострела.

empulguera. [ж.] место прикрепления тетивы (у арбалета); [множ.] старинное орудие пытки.

empuntador. [м.] тот, кто заостряет иглы.

empuntadura. [ж.] заострение игл.

empuntar. [перех.] (обл.) (Амер.) направлять к, указывать путь; выгонять (надоедливого человека); [неперех.] отправляться куда-л, уезжать, уходить; * **empuntarlas** (Амер.) удирать, улепётывать.

empuñador, ra. [прил.] схватывающий, обхватывающий и т. д. (рукой).

empuñadura. [ж.] рукоятка, ручка; эфес (шпаги, шашки); (перен.) (разг.) начало (речи и т. д.).

empuñar. [перех.] хватать, схватить, сажать в кулак; схватить, держать (рукой); (перен.) достать должность.

empurpurado, da. [прил.] одетый в пурпур.

empurpurar. [перех.] одевать в пурпур; покрывать пурпуром.

empurrarse. [возв. гл.] (Амер.) злиться, беситься, приходить в ярость.

emú. [м.] (зоол.) эму.

emulación. [ж.] соревнование, конкурирование; состязание; соперничество.

emulador, ra. [прил.] соревнующийся; [м. и ж.] соревнующийся, (-аяся); соперник, (-ица).

emular. [перех.] соревноваться, стремиться превзойти, конкурировать; состязаться.

emulgente. [прил.] (мед.) почечный (о сосудах).

émulo, la. [прил.] соревнующийся, соперничающий, конкурирующий; [м. и ж.] соревнующийся, (-аяся); соперник, (-ица).

emulsina. [ж.] (хим.) эмульсин.

emulsión. [ж.] (фарм.) эмульсия.

emulsionar. [перех.] приготовлять эмульсию.

emulsivo, va. [прил.] (фарм.) эмульсионный.

emulsor. [м.] эмульсор.

emunción. [ж.] (мед.) выделение ненужных соков (тела).

emuntorio. [м.] (мед.) выделительный орган.

en. [предл.] 1) указывает на место: 2) отвечает на вопрос где?: в, на: * **en** (la) casa, в доме; * **en** la fábrica, на заводе; 3) отвечает на вопрос куда?: в, на: * meter las manos **en** los bolsillos, засунуть руки в карманы; 2) указывает на время: * **en** invierno, зимой; * **en** junio, в июне; * **en** dos meses, в два месяца; 3) **указывает на обстоятельства, на окружающую обстановку**: * **en** defensa propia, в состоянии самообороны; * **en** una tormenta, в бурю; 4) указывает на действие: * **en** broma, в шутку; * **en** acción, в действии; 5) указывает на сферу действия и т. д.: * estar en el poder, быть у власти; 6) **указывает характерный признак, отличие**: * **en** el modo de hablar, по говору; 7) **указывает на объект**: * creer **en**, верить в; 8) **указывает на средство изображения или выражения**: * **en** pocas palabras, в нескольких словах; * **en** secreto, по секрету; * una obra teatral **en** inglés, пьеса на английском языке: 9) **входит в состав многочисл. нареч. и предл. оборотов**: * **en** realidad, в действительности; * **en** cuestión, о котором и т.д.; * la persona **en** cuestión, человек, о котором идёт речь; * **en** absoluto абсолютно; * **en** cambio, зато, взамен; * **en** almacén, в запасе; * **en** vez de, вместо; * **en** resumidas cuentas, приняв все во внимание; * **en** mis tiempos, в моё время; * **en** llegando..., тотчас по приезде...

enaceitar. [перех.] смазывать маслом; **enaceitarse.** [возв. гл.] становиться маслянистым; прогоркнуть.

enacerar. [перех.] придавать свойства стали; (перен.) укреплять, закалять.

enagua. [ж.] (чаще множ.) нижняя юбка.

enaguachar, enaguar. [перех.] (чрезмерно) наполнять водой (тже. возв. гл.).

enaguar. [перех.] смачивать, пропитывать (водой) (тже. возв. гл.).

enaguazar. [перех.] заливать, затоплять, см. encharcar.

enagüetas. [ж. множ.] (обл.) род шаровар.

enagüillas. [ж. множ.] короткая нижняя юбка.

enajenable. [прил.] (юр.) отчуждаемый, могущий быть отчуждённым.

enajenación. [ж.] (юр.) отчуждение; уступка; (перен.) рассеянность; * **enajenación mental**, умопомешательство, душевное расстройство, сумасшествие.

enajenador, ra. [прил.] (юр.) отчуждающий; уступающий (тже. сущ.).

enajenamiento. [м.] см. **enajenación**.

enajenante. [дейст. прич.] к **enajenar**, отчуждающий и т. д.

enajenar. [перех.] (юр.) отчуждать; уступать; (перен.) выводить из себя; сводить с ума; приводить в восторг; **enajenarse.** [возв. гл.] отчуждаться, передаваться (о собственности); отталкивать от себя; восхищаться; сходить с ума.

enalbar. [перех.] накаливать добела.

enalbardado, da. [страд. прич.] к **enalbardar**; [прил.] (перен.) (шутл.) осёдланный; вьючный.

enalbardar. [перех.] надевать вьючное седло на...; (кул.) обмазывать (яйцом, мукой и т. д.); (кул.) обкладывать ломтиками сала.

enalfombrar. [перех.] (Амер.) покрывать, устилать коврами.

enalforjar. [перех.] (разг.) вкладывать в суму.

enalmagrado, da. [страд. прич.] к **enalmagrar**; [прил.] пользующийся дурной славой.

enalmagrar. [перех.] красить красной охрой.

enalmenar. [перех.] увенчивать зубцами (стену).

enaltar. [перех.] (Амер.) повышать.

enaltecedor, ra. [прил.] восхваляющий, возвеличивающий.

enaltecer. [перех.] см. **ensalzar**.

enaltecimiento. [м.] возвеличение, восхваление, (по)хвала.

enamarillecer. [неперех.] желтеть(ся); [непр. гл.] спрягается как **agradecer**.

enamorada. [ж.] (уст.) проститутка.

enamoradamente. [нареч.] влюблённо, любовно.

enamoradizo, za. [прил.] влюбчивый.

enamorado, da. [страд. прич.] к enamorar; [прил.] влюблённый; см. enamoradizo; [м. и ж.] возлюбленный, (-ая): * estar enamorado de, быть влюблённым в кого-л; страстно любить что-л.
enamorador, ra. [прил.] склонный влюблять в себя; [м. и ж.] ухажёр, волокита и т. д.
enamoramiento. [м.] дейст. к влюбиться, любовь; влюблённость.
enamorante. [действ. прич.] к enamorar; влюбляющий в себя.
enamorar. [перех.] влюблять в себя; ухаживать за женщиной; enamorarse. [возв. гл.] влюбиться.
enamoriscarse. (разг.), enamoriscarse, (обл.) (Амер.) [возв. гл.] чувствовать мимолётную любовь.
enancado, da. [страд. прич.] к enancarse; [прил.] (Амер.) сидящий на крупе (лошади).
enancarse. [перех.] (Амер.) сесть на круп (лошади).
enanchar. [перех.] (разг.) расширять; увеличивать.
enangostar. [перех.] делать узким, тесным, суживать; enangostarse. [возв. гл.] делаться узким и т. д.
enano, na. [прил.] низкорослый, карликовый, малорослый; [м. и ж.] карлик, (-ица); [м.] (арг.) кинжал.
enante. [ж.] (бот.) вид зонтичного ядовитого растения.
enantema. [ж.] (пат.) энантема, сыпь на слизистых оболочках, в полости.
enantematoso, sa. [прил.] имеющий свойства энантемы.
enanzar. [неперех.] (обл.) двигаться вперёд, продвигаться вперёд, идти вперёд.
enarbolado, da. [страд. прич.] к enarbolar; [м.] остов куполообразной башенки и т. д.
enarbolar. [перех.] водружать, поднимать (флаг и т. д.); enarbolarse. [возв. гл.] вставать на дыбы; (перен.) приходить в ярость, раздражаться.
enarcadura. [ж.] изгиб; арка; дуга.
enarcar. [перех.] сгибать в дугу; набивать обручи: * enarcar las cejas, нахмурить брови; enarcarse. [возв. гл.] уменьшаться, сжиматься; (перен.) (обл.) смущаться; (Амер.) вставать на дыбы.
enardecedor, ra. [прил.] возбуждающий, зажигающий, воспламеняющий.
enardecer. [перех.] возбуждать, воспламенять, зажигать, придавать смелость, отвагу; enardecerse. [возв. гл.] распаляться; [епр. гл.] спрягается как agradecer.
enardecimiento. [м.] одушевление, пыл, жар.
enarenación. [ж.] раствор для стен (перед крашением).
enarenamiento. [м.] песчаный нанос.
enarenar. [перех.] посыпать, засыпать песком; заносить песком; enarenarse. [возв. гл.] садиться на мель (о судне).
enarma. [м.] рукоятка небольшого щита (broquel).
enarmonar. [перех.] поднимать, поставлять на ноги; enarmonarse. [возв. гл.] вставать на дыбы.
enarmónico, ca. [прил.] (муз.) энгармонический.
enartar. [перех.] околдовывать; (уст.) см. engañar, encubrir.
enartritis. [ж.] (пат.) воспаление ореховидного сустава.
enartrosis. [ж.] (мед.) ореховидный сустав.
enastado, da. [страд. прич.] к enastar. [прил.] рогатый, снабжённый рогами.
enastar. [перех.] насаживать на рукоятку, на ручку, на черенок, на топорище; снабжать рукояткой.

enastilar. [перех.] снабжать рукояткой (об орудиях).
encabador. [м.] (Амер.) ручка (для пера).
encabalgamiento. [м.] лафет; установка (орудийная и т. д.); подпорные леса.
encabalgante. [страд. прич.] к encabalgar.
encabalgar. [неперех.] лежать или стоять на чём-л; [перех.] снабжать верховой лошадью.
encaballado, da. [страд. прич.] к encaballar; [м.] (полигр.) расстройство набора.
encaballar. [перех.] перекрывать в виде чешуи (черепицей, шифером и т. д.); класть или стоять на чём-л; encaballarse. [возв. гл.] (полигр.) расстраиваться (набор).
encabar. [перех.] (Амер.) насаживать на рукоятку.
encabellecerse. [возв. гл.] отпускать волосы; [непр. гл.] спрягается как agradecer.
encabestradura. [ж.] (вет.) потёртость (вызывающая недоуздком и т. д.).
encabestramiento. [м. дейст.] к encabestrar.
encabestrar. [перех.] надевать недоуздок; заставлять следовать за быка, идущего во главе стада; (перен.) привлекать, вовлекать.
encabezado, da. [страд. прич.] к encabezar; [м.] заголовок, (Амер.) см. capataz.
encabezamiento. [м.] составление списков жителей (при взимании налога); список налогоплательщиков; раскладка налога; заголовок, шапка
encabezar. [перех.] вносить в списки (при взимании налога); озаглавливать; добавлять спирт в вино; занимать первое место (на списке); (Амер.) возглавлять.
encabillar. [перех.] (мор.) приколачивать деревянными клиньями.
encabrahigar. [перех.] (с-х.) см. cabrahigar.
encabrestar. [перех.] см. encabestrar; привязывать конец лассо к дереву, столбу; encabrestarse. [возв. гл.] (Амер.) см. emperrarse.
encabriar. [перех.] (арх.) ставить стропила.
encabritarse. [возв. гл.] становиться на дыбы; вздыхать.
encabronar. [перех.] (Амер.) сердить, вызывать гнев; encabronarse. [возв. гл.] (Амер.) сердиться, приходить в гнев.
encabruñar. [перех.] (обл.) точить косу.
encabuyar. [перех.] (Амер.) привязывать, прикреплять питой (cabuya).
encachado, da. [страд. прич.] к encachar; [м.] облицовка русла между мостовыми быками; мостовая между трамвайными рельсами; (обл.) мостовая.
encachar. [перех.] мостить русло между мостовыми быками; снабжать складной нож рукояткой.
encacharrar. [перех.] (Амер.) заключать в тюрьму.
encacharse. [возв. гл.] (Амер.) наклонять голову при нападении (о скоте).
encachilarse. [возв. гл.] (Амер.) приходить в ярость.
encachorrarse. [возв. гл.] (Амер.) раздражаться.
encadarse. [возв. гл.] (обл.) прятаться в логовище; притаиться, забиться; (перен.) струсить.
encadenación. [ж.] см. encadenamiento.
encadenadura. [ж.] encadenamiento. [м.] сцепление; соединение; ряд, связь; наложение цепей.
encadenar. [перех.] сажать на цепь; (перен.) связывать, соединять, приводить в связь; порабощать, подчинять.
encajador, ra. [прил.] вставляющий в оправу; [м.] инструмент с помощью которого оправляют.
encajadura. [ж.] оправа; вставка (дейст.) отверстие (куда вставляют что-л.

encajar. [перех.] оправлять, вставлять в оправу, в паз, пригонять, прилаживать; вделывать; врубать; запирать что-л (в ящике и т. д.); класть в кассу; (перен.) (разг.) сбывать, всучивать; швырять, наносить удар; вставлять, ввернуть, вплетать (в речь); быть кстати; encajarse. [возв. гл.] помещаться в узкое место; соваться; (перен.) (разг.) вмешиваться не в своё дело; надевать.
encaje. [м.] вставление в пазы, вкладывание, вставка (одного в другое); паз, отверстие (куда вставляют что-л); (тех.) смычка; кружево; резьба по дереву, по металлу.
encajerarse. [возв. гл.] (мор.) останавливаться канат (в жёлобе блочного колеса).
encajero, ra. [м. и ж.] мастер, (-ица) изготовляющий (-ая) кружева, продавец, (-щица) кружев; [ж.] кружевница.
encajetar. [перех.] (Амер.) см. encajar.
encajetillar. [перех.] делать пачки или коробки папирос, сигарет.
encajonado, da. [страд. прич.] к encajonar; [м.] см. ataguía; (стр.) стена, которая строится при наполнении деревянной формы землёй.
encajonamiento. [м.] укладка или упаковка в ящик; посадка растений в кадки.
encajonar. [перех.] укладывать или упаковывать в ящик; сажать в кадки (растения); (стр.) ставить подпорки; encajonarse. [возв. гл.] втискиваться в узкое пространство; протекать по узкому месту (о реке и т. д.).
encalabernarse. [возв. гл.] (Амер.) упрямиться, упорствовать.
encalabozar. [перех.] (разг.) заключать или сажать в тюрьму.
encalabrinamiento. [м.] помрачение сознания от испарения и т. д.; раздражение; (разг.) упрямство.
encalabrinar. [перех.] одурманивать, затуманивать; раздражать; encalabrinarse. [возв. гл.] (разг.) упрямиться, вбивать себе в голову.
encalada. [ж.] металлическая часть (на упряжи).
encalado, da. [страд. прич.] к encalar; [м.] побелка известью; нанесение слоя извести; вымачивание в известковом растворе.
encalador, ra. [прил.] покрывающий, белящий известью; [м. и ж.] тот, кто белит известью.
encaladura. [ж.] см. encalado.
encalambrarse. [возв. гл.] (Амер.) коченеть, цепенеть.
encalamocar. [перех.] (Амер.) ошеломлять.
encalar. [перех.] покрывать, обмазывать известью, белить; наносить слой извести; смешивать с известью; вымачивать в известковом растворе.
encalatarse. [возв. гл.] (Амер.) раздеваться, обнажаться; (перен.) разоряться.
encalcar. [перех.] см. recalcar.
encallarse. [возв. гл.] (Амер.) запутываться в долгах.
encalmadura. [ж.] (обл.) болезнь лошадей от жары и усталости.
encalmarse. [возв. гл.] (вет.) задыхаться от жары и усталости и т. д.; утихать (о ветре).
encalo. [м.] (обл.) см. encaladura.
encalomado, da. [страд. прич.] к encalomar(se); [прил.] (вул.) запутанный в любовных похождениях.

encalomar. [перех.] (вул.) уговаривать, убеждать; (арг.) см. llevar; encalomarse. [возв. гл.] (вул.) быть в связи с кем-л.

encalostrarse. [возв. гл.] заболеть от молозива.

encalvecer. [неперех.] лысеть; [непр. гл.] спрягается как crecer.

encalladero. [м.] (мор.) мель.

encalladura. [ж.] (мор.) посадка на мель.

encallar. [неперех.] (мор.) сесть на мель; (перен.) попасть в трудное положение; encallarse. [возв. гл.] твердеть (при прерывании варки).

encalle. [м.] (мор.) посадка на мель.

encallecer. [неперех.] натирать мозоли, становиться мозолистым; encallecerse. [возв. гл.] становиться мозолистым; (перен.) очерстветь; закаляться; [непр. гл.] спрягается как agradecer.

encallecido, da. [страд. прич.] к encallecer; [прил.] привыкший к чему-л, втянувшийся.

encallejonar. [перех.] загонять в тупик.

encamación. [ж.] (горн.) крепление шахты.

encamar. [перех.] класть или бросать на землю; (горн.) покрывать или набивать ветвями; encamarse. [возв. гл.] (разг.) слечь в постель (о больном); залечь в логово (о дичи); полечь (о колосе, посеве).

encamararse. [перех.] прятать в амбар.

encambrar. [перех.] прятать в амбар.

encambronar. [перех.] огораживать изгородью из колючих растений; снабжать железом; encambronarse. [возв. гл.] становиться на дыбы.

encaminador, ra. [прил.] направляющий, указывающий путь (тже. сущ.).

encaminadura. [ж.] encaminamiento. [м.] указание пути; указание направления.

encaminar. [перех.] направлять, указывать путь, направление, давать направление, направлять к цели; encaminarse. [возв. гл.] пускаться в путь, направляться, идти куда-л.

encamisada. [ж.] внезапное ночное нападение; ночное шествие с факелами (для развлечения).

encamisar. [перех.] надевать рубашку; вкладывать, прятать в футляр и т. д.; (перен.) скрывать, укрывать.

encamorrarse. [возв. гл.] (разг.) вмешаться в драку.

encamotarse. [возв. гл.] (Амер.) влюбиться по уши.

encampanado, da. [страд. прич.] к encampanar; [прил.] колоколообразный; расширяющийся; * dejar encampanado, покинуть кого-л.

encampanar. [перех.] (Амер.) поднимать, возвышать; бросить, покинуть кого-л; encampanarse. [возв. гл.] бахвалиться, усложняться (о положении); (тавр.) поднимать голову (о быке).

encamparse. [возв. гл.] (обл.) удаляться.

encanalar. [перех.] пускать воду в каналы, проводить воду по каналам.

encanalizar. [перех.] см. encanalar.

encanallamiento. [м.] падение, потеря чувства достоинства.

encanallar. [перех.] свести кого-л с подозрительными людьми; encanallarse. [возв. гл.] терять чувство достоинства, связаться, якшаться со всяким сбродом.

encanar. [перех.] (Амер.) заключать в тюрьму.

encanarse. [возв. гл.] задыхаться (от гнева и т. д.); (обл.) заболтаться.

encanastar. [перех.] класть в корзину.

encancerarse. [возв. гл.] см. cancerarse.

encanchinarse. [возв. гл.] (Амер.) легко полюбить кого-л; раздражаться, сердиться.

encanchonar. [перех.] (Амер.) загонять в загон.

encandecer. [перех.] раскалять добела; [непр. гл.] спрягается как agradecer.

encandelar. [перех.] (Амер.) надоедать, наскучивать, раздражать; [неперех.] цвести (в виде кисти мелких цветов).

encandelillar. [перех.] (Амер.) к encandelillar; [м.] (Амер.) шов через край.

encandelillar. [перех.] (Амер.) шить через край.

encandellar. [перех.] (Амер.) раздувать огонь; см. encandelillar.

encandiladera. [ж.] (разг.) сводня, сводница.

encandilado, da. [страд. прич.] к encandilar; [прил.] (разг.) натянутый, тугой, прямой, стоящий торчком, негнущийся.

encandiladora. [ж.] (разг.) сводница, сводня.

encandilar. [перех.] ослеплять; (перен.) втирать очки, вводить в заблуждение; разг.) раздувать огонь; encandilarse. [возв. гл.] сверкать, загораться (о глазах).

encanecer. [неперех.] седеть; покрываться плесенью; (перен.) стареть.

encanecimiento. [м.] поседение; старение.

encanijado, da. [страд. прич.] к encanijar; [прил.] хилый, слабый, болезненный; (Амер.) окоченевший.

encanijamiento. [м.] истощение, упадок сил.

encanijar. [перех.] делать хилым, слабым, болезненным; encanijarse. [возв. гл.] худеть, хиреть, слабеть.

encanillado, da. [страд. прич.] к encanillar; [м.] намотка на шпульку.

encanilladora. [ж.] шпульная машина.

encanillar. [перех.] наматывать на шпульку.

encantación. [ж.] очарование, колдовство.

encantado, da. [страд. прич.] к encantar; [прил.] (перен.) (разг.) рассеянный; с приведениями (о доме); просторный, имеющий мало количества жителей (о доме): * encantado de verle, я очень рад вас видеть; * estar encantado, быть в восхищении, в восторге, очарованным.

encantador, ra. [прил.] чарующий, волшебный; пленительный, очаровательный, обольстительный, обаятельный, прелестный; [м. и ж.] чародей, (-ка), волшебник, (-ица).

encantamento, encantamiento. [м.] очарование, колдовство, чары, обаяние.

encantar. [перех.] заколдовывать, завораживать; очаровывать, приводить в восторг, восхищать; околдовывать, кружить голову, завлекать.

encantar. [перех.] (обл.) продавать с аукциона.

encantaramiento. [м.] опущение в избирательную урну.

encantarar. [перех.] опускать в избирательную урну.

encantarillado. [м.] (Амер.) система сточных труб, см. alcantarillado.

encantatriz. [ж.] чародейка, волшебница.

encante. [м.] продажа с торгов, с молотка, аукцион; аукционный зал.

encantis. [м.] (мед.) новообразование слезного мясца (в глазу).

encanto. [м.] очарование; обаяние; прелесть, привлекательность; чары, волшебство: * como por encanto, как по волшебству.

encantoma. [м.] (мед.) опухоль.

encantorio. [м.] (разг.) см. encantamiento.

encantusar. [перех.] (ралг.) обольщать, завлекать, кружить голову.

encanutar. [перех.] придавать форму трубки; помещать в трубку; снабжать мундштуками (о папиросах, сигаретах).

encañada. [ж.] ущелье, теснина.

encañado, da. [страд. прич.] к encañar; [м.] водопровод; решётка, загородка из тростника.

encañador, ra. [м. и ж.] тот, кто занимается намоткой на шпульку.

encañadura. [ж.] ржаная солома (для набивки тюфяков).

encañar. [перех.] проводить воду по трубам; осушать участок с помощью канав; ставить подпорки для растений; наматывать на шпульку; складывать дрова в кучу для обжига угля; [неперех.] колоситься.

encañizada. [ж.] перегородка из тростника для задержки рыбы; решётка, загородка из тростника.

encañizar. [перех.] помещать на плетёнки из прутьев (шелковичных червей); покрывать плетёнками из прутьев.

encañonado, da. [страд. прич.] к encañonar; [прил.] дующий сквозь щели (о ветре); проходящий через узкое продольное отверстие (о дыме).

encañonar. [перех.] направлять, помещать в трубу; вводить в русло; наматывать на шпульку; прицеливаться; плоить, гофрировать; [неперех.] оперяться (о птицах).

encapacetado, da. [прил.] в шлеме.

encapachar. [перех.] класть в плетёную корзину; (обл.) связывать побеги виноградной лозы, чтобы защищать кисти винограда от солнца.

encapado, da. [страд. прич.] к encapar; [прил.] без выхода на поверхность (о месторождении, пласте).

encapar. [перех.] надевать плащ.

encaparazonar. [перех.] надевать попону.

encapazar. [перех.] см. encapachar.

encaperuzado, da. [страд. прич.] к encaperuzar; [прил.] (разг.) в капюшоне.

encaperuzar. [перех.] надевать капюшон.

encapilladura. [ж. дейст.]

encapillar. [перех.] см. encapirotar; (мор.) прикреплять; оснащать, такелажить; (горн.) расширять минную галерею; encapillarse. [возв. гл.] надевать одежду; (мор.) затоплять палубу (о водяном вале).

encapirotado, da. [страд. прич.] к encapirotar; [прил.] (охот.) в кожаном колпачке (о соколе).

encapirotar. [перех.] (охот.) надевать кожаный колпачок на сокола.

encapotado, da. [страд. прич.] к encapotar (se); [прил.] (Амер.) печальный, унылый, с опущенными крыльями (о птицах).

encapotadura. [ж.] encapotamiento. [м.] складка, морщина на лбу.

encapotar. [перех.] накрывать плащом и т. д.; encapotarse. [возв. гл.] накрываться плащом и т. д.; (перен.) выглядывать мрачным, хмурым; покрываться тучами (о небе); чрезмерно опускать голову (о лошади); (Амер.) тосковать (о птицах).

encaprichamiento. [м.] дейст. к капризничать и т. д., капризничанье.

encapricharse. [возв. гл.] капризничать; упрямиться; (разг.) влюбляться; пристраститься, увлекаться.

encapsular. [перех.] заключать в капсулу и т. д.

encapuchar. [перех.] накрывать капюшоном.

encapullado, da. [прил.] (бот.) заключённый в чех-л.

encapuzar. [перех.] накрывать капюшоном.
encara. [нареч.] (обл.) ещё; однако, несмотря, тем не менее.
encaracolado, da. [страд. прич.] к encaracolar; [м.] (арх.) украшение в форме спирали.
encaracolar. [перех.] придавать улиткообразную форму.
encarado, da. [страд. прич.] к encarar; [прил.] * bien encarado, красивый, благообразный, приветливый; * mal encarado, антипатичный, не приветливый (о лице).
encaramar. [перех.] поднимать, высоко поместить; восхвалять, превозносить; (разг.) возвышать, предоставлять высокий пост; **encaramarse.** [возв. гл.] взбираться, влезать; восхвалять себя.
encaramiento. [м.] дейст. к становиться лицом к лицу.
encarapitarse. [возв. гл.] (Амер.) взбираться, влезать.
encarar. [неперех.] становиться лицом к лицу; [перех.] прицелиться (из ружья).
encaratularse. [возв. гл.] надевать на себя маску.
encarautado, da. [прил.] (Амер.) (вул.) упрямый.
encarbonado, da. [прил.] покрытый сажей, закопчённый.
encarcavinar. [перех.] погребать, хоронить; одурять зловонием, смрадом; (перен.) см. sofocar.
encarcelación. [ж.] заключение в тюрьму.
encarcelado, da. [страд. прич.] к encarcelar; [м. и ж.] человек, заключённый в тюрьму.
encarcelador, ra. [прил.] заключающий в тюрьму (тже. сущ.).
encarcelamiento. [м.] см. encarcelación.
encarcelar. [перех.] заключать в тюрьму; прикреплять гипсом и т. д., закреплять (после клейки).
encardarse. [возв. гл.] зарастать чертополохом.
encardía. [ж.] старинный драгоценный камень.
encarecedor, ra. [прил. и сущ.] набавляющий цену, восхваляющий; преувеличивающий.
encarecer. [перех.] надбавлять, повышать цену; (перен.) восхвалять, превозносить; преувеличивать, раздувать; усиленно просить; [неперех.] дорожать (тже. возв. гл.); [непр. гл.] спрягается как agradecer.
encarecidamente. [нареч.] усиленно, настойчиво, настоятельно, неотступно.
encarecimiento. [м.] повышение цены, вздорожание; возвеличение; настоятельная просьба; преувеличение: * con encarecimiento, см. encarecidamente.
encargado, da. [страд. прич.] к encargar; [прил.] имеющий или выполняющий поручение; [м. и ж.] заведующий, (-ая), исполнитель, (-ница) поручений; управляющий: * encargado de negocios, (дип.) поверенный в делах.
encargar. [перех.] поручать, доверять; советовать; возлагать обязанность; заказывать; **encargarse.** [возв. гл.] брать на себя поручение и т. д., заниматься чем-л.
encargo. [м.] поручение; заказ, пост, должность: * como de encargo, como hecho de encargo, совершенный и безукоризненный: * de encargo, на заказ.
encariñamiento. [м.] любовь; привязанность.
encariñar. [перех.] внушать привязанность, любовь; **encariñarse.** [возв. гл.] привязываться; пристраститься.
encarna. [ж.] (охот.) дейст. к отдавать часть дичи собакам (на охоте).

encarnación. [ж.] воплощение; олицетворение; (жив.) телесный цвет; (мед.) заживление раны.
encarnadino, na. [прил.] алый, цвета крови, розовый.
encarnado, da. [страд. прич.] к encarnar; красный (цвета мяса); яркокрасный; [м.] (жив.) телесный цвет.
encarnadura. [ж.] состояние раны; (охот.) откармливание собаки дичью: * buena encarnadura, хорошая заживляемость; * mala encarnadura, плохая заживляемость.
encarnamiento. [м.] (хир.) заживление (раны).
encarnar. [неперех.] воплощать(ся); заживать, покрываться тканью (о ране); вонзаться в тело (об оружии); (перен.) производить сильное впечатление; (охот.) откармливаться дичью (о собаке). [перех.] воплощать, олицетворять собой; нацеплять мясную приманку (на удочку); откармливать охотничью собаку дичью; придавать статуе телесный цвет; **encarnarse.** [возв. гл.] (перен.) соединяться, сливаться (в одно целое).
encarnativo, va. [прил.] (хир.) живительный, заживляющий.
encarne. [м.] часть дичи, добычи, отдаваемая на охоте собакам (в первое раз).
encarnecer. [неперех.] толстеть; [непр. гл.] спрягается как agradecer.
encarnizadamente. [нареч.] ожесточённо, лихорадочно.
encarnizado, da. [страд. прич.] к encarnizar [прил.] кроваво-красный; воспалённый; ожесточённый, озлобленный; жгучий (о ненависти): * combate encarnizado, ожесточённый бой.
encarnizamiento. [м.] ожесточение, ожесточённость; жестокость, кровожадность.
encarnizar. [перех.] откармливать дичью (охотничью собаку); (перен.) ожесточать, озлоблять, делать жестоким; **encarnizarse.** [возв. гл.] (охот.) откармливаться дичью (о собаках); ожесточаться, озлобляться (против кого-л.); вымещать злову (на ком-л.); ожесточённо нападать на кого-л.; (воен.) ожесточённо сражаться.
encaro. [м.] дейст. к пристально смотреть, разглядывать (кого-л.); прицеливание; прицел; род мушкета; часть ружья, на которую опирается щека.
encarpetar. [перех.] хранить в папках (бумаги и .т д.); (Амер.) красть под сукно.
encarrañarse. [возв. гл.] (обл.) раздражаться, приходить в гнев.
encarrilador, ra. [прил.] направляющий; ставящий на рельсы.
encarrilamiento. [м.] указание направления; дейст. к ставить на рельсы.
encarrilar. [перех.] направлять к...; (ж. д.) ставить на рельсы; (перен.) дать верное направление, навести на путь; см. encarrillarse.
encarrillar. [перех.] см. encarrilar; **encarrillarse.** [возв. гл.] путаться (о канате, при вращении колеса блока и т. д.).
encarroñar. [перех.] подвергать гниению, портить; **encarroñarse.** [возв. гл.] портиться, гнить, разлагаться.
encarrujado, da. [страд. прич.] к encarrujarse. [прил.] завитый, кудрявый; (Амер.) изрытый (о почве); (уст.) плиссе; (арг.) женский головной убор.
encarrujarse. [возв. гл.] завиваться; виться; закручиваться.
encartación. [ж.] запись о льготах или привилегиях; налог, собираемый с вассалов; место, где собирали такой налог; [множ.] район, принадлежащий Бискайской провинции.

encartamiento. [м. дейст.] к encartar; заочный приговор; см. encartación.
encartar. [перех.] вынести заочный приговор кому-л; вызывать в суд; вносить, включать в список.
encartonador, ra. [м. и ж.] переплетчик, (-ица) (в папку).
encartonar. [перех.] переплетать в папку; подкладывать картон; защищать картоном.
encartuchar. [перех.] (Амер.) завёртывать в кулёк; **encartucharse.** [возв. гл.] завёртываться в кулёк.
encartujado. [м.] (арг.) женский головной убор.
encasam(i)ento. [м.] (арх.) лепное украшение.
encasar. [перех.] (хир.) вправлять (кость).
encascabelado, da. [страд. прич.] к encascabelar; [прил.] покрытый бубенчиками.
encascabelar. [перех.] снабжать бубенчиками.
encascotar. [перех.] наполнять строительным мусором.
encasillable. [прил.] поддающийся раскладке по отделениям (шкафа и т. д.).
encasillado, da. [страд. прич.] к encasillar; [м.] отделения (шкафа и т. д.); список кандидатов (поддерживаемых правительством).
encasillar. [перех.] раскладывать по отделениям (шкафа и т. д.); распределять; классифицировать; составлять список кандидатов (поддерживаемых правительством).
encasimbar. [перех.] (Амер.) тайно убить кого-л.
encasquetar. [перех.] нахлобучивать (шляпу и т. д.); вбивать кому-л в голову; вставить (слово и т. д.); **encasquetarse.** [возв. гл.] вбивать себе в голову; внезапно, неожиданно входить.
encasquillador. [м.] (Амер.) кузнец.
encasquillar. [перех.] скреплять (железными кольцами и т. д.); (Амер.) подковывать (лошадей); **encasquillarse.** [возв. гл.] застревать (о гильзе); (перен.) (разг.) (Амея.) струсить, упасть духом.
encastar. [перех.] улучшать породу (скрещиванием); размножаться.
encastillado, da. [страд. прич.] к encastillar(se); [приг.] гордый, высокомерный, надменный.
encastillador, ra. [прил.] укрепляющий (замками и т. д.).
encastillamiento. [м.] дейст. к защищаться, запираться в замке и т. д.; упрямство.
encastillar. [перех.] укреплять замками; складывать в штабеля; строить или ставить леса, подмостки; строить сотовые ячейки для пчелиных маток; **encastillarse.** [возв. гл.] запираться, защищаться в замке; настаивать на своём, упорствовать.
encastrar. [перех.] (тех.) сцеплять зубцы.
encasullar. [перех.] (обл.) удобрять, унаваживать; **encasullarse.** [возв. гл.] (обл.) вступать в брак.
encatalejar. [перех.] (обл.) смутно различать, видеть.
encatarrado, da. [прил.] страдающий насморком, простуженный.
encatrado. [м.] (Амер.) брезентовая кровать; см. andamio.
encatrinarse. [возв. гл.] (Амер.) франтить.
encatusar. [перех.] завлекать, кружить голову, обольщать.

encauchado, da. [страд. прич.] к encauchar; [м.] (Амер.) прорезиненная ткань.
encauchar. [перех.] покрывать, пропитывать каучуком.
encauma. [ж.] (мед.) ожог; пузырь от ожога; шрам, рубец от ожога; глубокая язва роговицы.
encausar. [перех.] (юр.) привлечь к судебной ответственности.
encauste. [м.] см. encausto.
encausticar. [перех.] натирать воском.
encáustico, ca. [прил.] (жив.) содержащий воск для натирания полов и т. д.
encausto. [м.] красные чернила (употр. императорами); (жив.) выжигание; обжиг: * pintar al encausto, выжигать.
encauzamiento. [м.] введение в русло, в канал; (перен.) указание правильного направления.
encauzar. [перех.] вводить в русло, в канал; (перен.) направлять, указывать правильное направление.
encavarse. [возв. гл.] прятаться, уходить в нору.
encebadamiento. [м.] (вет.) ячменный метеоризм.
encebadar. [перех.] (вет.) вызывать метеоризм ячменем; **encebadarse.** [возв. гл.] страдать ячменным метеоризмом.
encebollado, da. [страд. прич.] к encebollar; [м.] кушанье из мяса с луком.
encebollar. [перех.] (кул.) прибавлять лука в большом количестве в кушанье.
encefalalgia. [ж.] (пат.) головная боль.
encefalálgico, ca. [прил.] (пат.) относящийся к головной боли.
encefalelcosis. [ж.] (пат.) изъязвление головного мозга.
encefalia. [ж.] (пат.) мозговая болезнь.
encefálico, ca. [прил.] (анат.) церебральный, мозговой.
encefalítico, ca. [прил.] к энцефалит.
encefalitis. [ж.] (пат.) воспаление головного мозга, энцефалит.
encéfalo. [м.] (анат.) головной мозг.
encefalocele. [м.] (пат.) мозговая грыжа.
encefalocélico, ca. [прил.] (пат.) относящийся к мозговой грыже.
encefalodiálisis. [ж.] (пат.) размягчение головного мозга.
encefalodialítico, ca. [прил.] относящийся к размягчению головного мозга.
encefalófimo. [м.] (пат.) мозговая опухоль.
encefalografía. [ж.] энцефалография.
encefalógrafo. [м.] аппарат, снимающий мозг.
encefalograma. [м.] (мед.) снимок мозга.
encefaloide. [прил.] мягкий как мозговой (мозговик).
encefalolito. [м.] (пат.) камень в головном мозгу.
encefalología. [ж.] наука о головном мозге.
encefalólogo, ga. [м. и ж.] специалист по изучению головного мозга.
encefaloma. [м.] (пат.) мозговая грыжа; мозговая саркома или рак.
encefalomalacia. [ж.] (пат.) размягчение головного мозга.
encefalomeningitis. [ж.] (пат.) воспаление головного мозга и т. д.
encefalomielitis. [ж.] (пат.) рассеянное воспаление головного и спинного мозга.
encefalopatía. [ж.] (пат.) заболевание мозга.
encefalopático, ca. [прил.] (пат.) относящийся к заболеванию мозга.
encefalorragia. [ж.] (пат.) кровотечение в мозгу.

encefalorraquídeo, a. [прил.] (анат.) спинно-мозговой, цереброспинальный.
encefalosis. [ж.] (мед.) органическое заболевание мозга.
encefalosismo. [м.] (пат.) сотрясение мозга.
encefalotomía. [ж.] (анат.) препарирование мозга.
enceguecer. [неперех.] (Амер.) терять зрение, слепнуть, становиться слепым; [перех.] (Амер.) слепить, делать слепым, ослеплять; слепить, помрачать зрение; [непр. гл.] спрягается как agradecer.
enceguecimiento. [м.] (Амер.) ослепление; дейст. к слепнуть.
encelado, da. [страд. прич.] к encelar(se); [прил.] влюблённый по уши.
encelajarse. [возв. гл.] покрываться облаками.
encelar. [перех.] возбуждать ревность; **encelarse.** [возв. гл.] начинать ревновать; находиться в периоде половой активности (течке).
enceldamiento. [м.] заключение в камеру.
enceldar. [перех.] заключать в камеру.
encelialgia. [ж.] (пат.) кишечная боль.
encelitis. [ж.] (пат.) воспаление кишек.
encella. [ж.] форма для сыра.
encellar. [перех.] придавать форму сыру с помощью encella.
encenagado, da. [страд. прич.] к encenagarse; [прил.] покрытый грязью.
encenagamiento. [м.] дейст. к увязнуть в грязи или предаваться порокам.
encenagarse. [возв. гл.] валяться в грязи, погружаться в грязь; пачкаться грязью; (перен.) предаваться порокам.
encencerrado, da. [прил.] носящий колокольчик (о скоте).
encencerrar. [перех.] надевать колокольчики (на скот).
encendaja. [ж.] растопка (материал).
encendedor, ra. [прил.] зажигающий и т. д.; [м.] зажигалка.
encender. [перех.] зажигать; жечь, заставлять гореть; растапливать (печь); поджигать; причинять жар; (перен.) разжигать, воспламенять, воодушевлять; **encenderse.** [возв. гл.] краснеть; зажигаться; воспламеняться, воодушевляться: encender la luz, зажечь свет; encender un cigarrillo, закурить сигарету; encender el fuego, развести огонь; encender la estufa, затопить печь; encenderse en ira, разгневаться; [непр. гл.] спрягается как entender.
encendida. [ж.] (разг.) (Амер.) побои, взбучка, палочные удары.
encendidamente. [нареч.] горячо, пылко, пламенно, живо.
encendido, da. [страд. прич.] к encender; [прил.] яркокрасный. [м.] (тех.) зажигание, запал.
encendiente. [дейст. прич.] к encender, зажигающий и т. д.
encendimiento. [м.] горение; (перен.) задор, пыл, жар, рвение.
encendrar. [перех.] (м. употр.) см. acendrar.
encenizar. [перех.] покрывать золой; **encenizarse.** [возв. гл.] покрываться золой.
encentador, ra. [прил.] начинающий расходовать, тратить; надрезывающий; отрезывающий первый кусок и т. д.
encentadura. [ж.] первый кусок, первый ломоть; см. encentamiento.
encentamiento. [м.] дейст. к начинать расходовать, тратить; надрез, отрез первого куска и т. д.
encentar. [перех.] начинать расходовать, тратить; надрезывать; отрезывать первый кусок, ломоть; нарушать целость; **encentarse.** [возв. гл.] (мед.) получать пролежень; [непр. гл.] спрягается как acertar.

encentrar. [перех.] центрировать, центровать.
encepador. [м.] оружейный мастер, снабжающий корпусом ружьё.
encepadura. [ж.] соединение различных частей (строительных).
encepar. [перех.] надевать колодки на ноги (арестантам); снабжать ружьё корпусом; соединять различные строительные части; (мор.) снабжать стоками; [неперех.] пускать корни; (мор.) запутываться (о якоре).
encepe. [м.] дейст. к пускать корни.
encerado, da. [страд. прич.] к encerar; цвета воска; некрутое (о варёном яйце); [м.] школьная доска; клеёнка; вощёная бумага, вощанка; пластырь из воска и т. д.; лёгкий слой воска на мебели; (мор.) брезент, смолёная парусина.
encerador, ra. [м. и ж.] полотёр (-ка); [ж.] электрополотёр.
enceramiento. [м.] натирание воском, вощение.
encerar. [перех.] натирать воском, вощить; закапать воском; сгущать известь; **encerarse.** [возв. гл.] желтеть (о хлебах).
encernadar. [перех.] покрывать щелоком.
encerotar. [перех.] просмаливать, вощить дратву.
encerrada. [ж.] (Амер.) см. encerramiento; (разг.) (Амер.) добровольное заточение; ловушка, обман.
encerradero. [м.] загон для скота; см. toril.
encerrador, ra. [прил.] запирающий и т. д. (тже. сущ.); [м.] работник, занимающийся запиранием скота в скотобойню.
encerradura. [ж.] encerramiento запирание; (уст.) ограда.
encerrar. [перех.] запирать; заточить; прятать; заключать; (перен.) заключать в, содержать в себе; таить в себе; (шахт.) делать мат; **encerrarse.** [возв. гл.] замкнуться, запереться; удаляться в заточение; [непр. гл.] спрягается как calentar.
encerrizar. [перех.] (обл.) науськивать, возбуждать смелость; **encerrizarse.** [возв. гл.] настаивать упорствовать.
encerrona. [ж.] (разг.) добровольное заточение; ловушка, засада; (тавр.) бой быков (закрытый).
encesa. [ж.] ловля рыбы при огнях.
encespedar. [перех.] обкладывать дёрном, покрывать дёрном.
encestar. [перех.] класть в корзину или в корзины.
encestadura. [ж.] начало чего-л.
encetar. [перех.] см. encentar; [непр. гл.] спрягается как calentar.
encía. [ж.] десна.
encíclica. [ж.] энциклика (послание римского папы).
encíclico, ca. [прил.] циркулярный.
enciclopedia. [ж.] энциклопедия; энциклопедический словарь; см. enciclopedismo.
enciclopédico, ca. [прил.] энциклопедический: * diccionario enciclopédico, энциклопедический словарь.
enciclopedismo. [м.] энциклопедизм.
enciclopedista. [м. и ж.] энциклопедист, (-ка) (тже. прил.).
encierra. [ж.] (Амер.) отправка скота на бойню; загон для скота.
encierro. [м.] запирание; место, где запирают; заточение; тюрьма; запирание, загон быков в помещение; помещение для быков.
encima. [нареч.] сверху, поверх; наверху; выше, на, над, сверх; сверх того, кроме того; несмотря на; позади на: encima de, на, поверх; * por encima, поверхностно; * por encima de una persona, вопреки, против воли кого-л.; * por encima de, выше, по течению от...; через, поверх;

encima de todo, превыше всего; * venirse encima, неожиданно случаться и т. д.; * de encima, с, со.

encimar. [перех.] возвышать, поднимать, ставить над; увеличивать ставку (при ломбере); (Амер.) надбавить, дать больше условленного; достигать вершины; encimarse. [возв. гл.] возвышаться.

encimero, ra. [прил.] находящийся наверху, верхний, высший; (обл.) см. mirón.

encina. [ж.] (бот.) дуб (разновидность).

encinal, encinar. [м.] дубовый лес.

encinta. [прил. и ж.] беременная: * dejar encinta, делать беременной; * estar encinta, быть беременной; * quedar encinta, беременеть.

encintado, da. [страд. прич.] к encintar; [м.] край тротуара.

encintar. [перех.] украшать лентами, бантами; снабжать краем (о тротуаре).

enciscar. [перех.] пачкать угольной пылью.

encismar. [перех.] сеять раздор, ссорить.

enciso. [м.] пастбище для овец (после ягнения).

encisto. [м.] (пат.) сорт опухоли.

encizañador, ra. [прил.] сеющий раздор, вражду.

encizañar. [перех.] сеять вражду, раздор.

enclancharse. [возв. гл.] (Амер.) надевать на себя одежду.

enclaustrado, da. [страд. прич.] к enclaustrar; [прил.] заточённый в монастырь.

enclaustramiento. [м.] заточение в монастырь.

enclaustrar. [перех.] заточать в монастырь.

enclavación. [ж.] заколачивание (гвоздями).

enclavado, da. [страд. прич.] к enclavar; [прил.] вклинившийся, вдающийся в участок земли в чужие владения; [м.] территория, окружённая чужими владениями.

enclavadura. [ж.] см. clavadura; гнездо, паз.

enclavamiento. [м.] прибивка гвоздями; расположение гвоздями, в пределах чужого владения; (ж. д.) блокировка, (мед.) ущемление (головки плода).

enclavar. [перех.] прибивать гвоздями; заколачивать, забивать гвоздями; пригвождать; пронзать (насквозь); окружать территорию чужими владениями; вбить гвоздь до мяса (при ковке); (перен.) (разг.) обмануть, провести.

enclavijar. [перех.] скреплять (шипами, болтами и т. д.); ставить колки на музыкальном инструменте; (арг.) см. cerrar, apretar.

enclenque. [прил.] тщедушный, щуплый, хилый, чахлый, слабый, болезненный (тже. сущ.).

enclítico, ca. [прил.] (грам.) энклитический.

enclocar. [неперех.] стремиться сесть на яйца (о птицах); [непр. гл.] спрягается как contar.

encloquecer. [неперех.] см. enclocar; [непр. гл.] спрягается как agradecer.

encobar. [неперех.] сидеть на яйцах.

encobertado, da. [прил.] (разг.) покрытый одеялом.

encobijar. [перех.] приютить, поместить у себя.

encobrado, da. [прил.] имеющий примесь меди; медный, медного цвета; [м.] омеднение, покрытие медью.

encobrar. [перех.] (м. употр.) спасать; (Амер.) привязывать конец лассо к дереву, столбу.

encobrar. [перех.] покрывать медью, слоем меди.

encoclar. [неперех.] см. enclocar; [непр. гл.] спрягается как contar.

encorar. [перех.] надоедать, докучать, крайне мешать, раздражать.

encochado, da. [прил.] находящийся в автомобиле, часто едущий в автомобиле.

encofinar. [перех.] (обл.) класть в корзины (о инжирах).

encofrado, da. [страд. прич.] к encofrar; [м.] (стр.) опалубка; (горн.) обшивка (деревом).

encofrar. [перех.] крепить шахту; (стр.) ставить опалубку.

encoger. [перех.] стягивать; сжимать; укорачивать (перех.), приводить в уныние, обескураживать, принижать; [неперех.] садиться (о ткани); сжиматься, суживаться; быть робким и т. д.; * encogerse de hombros, пожать плечами.

encogidamente. [нареч.] робко, застенчиво.

encogido, da. [страд. прич.] к encoger; [прил.] робкий, застенчивый, трусливый, малодушный (тже. сущ.).

encogimiento. [м.] суживание; (перен.) робость, застенчивость, смущение: * encogimiento de hombros, пожимание плечами.

encogollado, da. [страд. прич.] к encogollarse; [прил.] надменный, чванливый.

encogollarse. [возв. гл.] садиться на верхушке деревьев (о птицах).

encogullar. [перех.] надевать монашескую рясу с капюшоном (cogulla) на кого-л.

encohetar. [перех.] дразнить с помощью ракет (о быке); encohetarse. [возв. гл.] (Амер.) приходить в ярость, в гнев.

encojar. [перех.] делать хромым; encojarse. [возв. гл.] хромать; заболевать; симулировать болезнь.

encolado, da. [страд. прич.] к encolar; [прил.] (перен.) (Амея.) щеголеватый, франтовской; осветление вина.

encoladura. [ж.] наклеивание, приклеивание; (жив.) проклейка.

encolamiento. [м.] наклеивание, приклеивание.

encolar. [перех.] клеить, наклеивать, приклеивать; (жив.) проклеивать; осветлять вино.

encolcar. [перех.] (Амер.) складывать в амбар, складировать (о зернах и т. д.).

encolerizar. [перех.] сердить, привести в гнев, вывести из себя; encolerizarse. [возв. гл.] (рас)сердиться.

encolpitis. [ж.] (пат.) воспаление влагалища.

encomendado, da. [страд. прич.] к encomendar; [м.] служащий при командоре.

encomendamiento. [м.] поручение.

encomendar. [перех.] поручать; делать командором (ордена); (уст.) рекомендовать, восхвалять; (Амер.) давать право на пользование землёй с проживающими на ней индейцами; [неперех.] становиться командором (ордена); encomendarse. [возв. гл.] отдаваться под чьё-л покровительство; вверять себя кому-л; передавать поклоны и т. д.: * no saber a que santo encomendarse, не знать как быть, к кому обратиться; [непр. гл.] спрягается как acertar.

encomendería. [ж.] (Амер.) мелочная лавка.

encomendero. [м. и ж.] рассыльный; исполняющий поручения; (ист.) обладатель землёй с проживающими на ней индейцами; (Амер.) поставщик мяса, лавочник.

encomiador, ra. [прил.] восхваляющий, превозносящий; [м. и ж.] восхваляющий, (-ая).

encomiar. [перех.] хвалить, восхвалять, превозносить, славословить (книж.).

encomiasta. [м.] панегирист.

encomiásticamente. [нареч.] хвалебно.

encomiástico, ca. [прил.] панегирический, хвалебный.

encomienda. [ж.] поручение; командорство (чин и должность); доходы с земли, пожалованной командору; рыцарский орден; вышитый на одежде крест (значок ордена); хвала, восхваление; защита, покровительство; (Амер.) право на пользование землёй с проживающими на ней индейцами; почтовая посылка; [множ.] приветы, поклоны, почтение.

encomio. [м.] хвала, похвала, восхваление.

encomioso, sa. [прил.] (Амер.) панегирический, хвалебный.

encompadrar. [неперех.] становиться кумовьями; вступить в сильные дружеские отношения.

enconadamente. [нареч.] с ненавистью и т. д.

enconadura. [ж.] воспаление повреждённой части тела.

enconamiento. [м.] см. enconadura; (перен.) злопамятность, злоба, ненависть; (уст.) яд, отрава.

enconar. [перех.] воспалять (о повреждённой части тела), растравлять рану; раздражать, ожесточать, озлоблять; подливать масла в огонь; enconarse. [возв. гл.] воспаляться (о повреждённой части тела); извлекать незаконную прибыль.

enconcharse. [возв. гл.] (Амер.) уйти в свою раковину, уединяться.

encondroma. [м.] (пат.) хрящевая опухоль (внутри кости).

enconfitar. [перех.] варить в сахаре; засахаривать.

encongarse. [возв. гл.] (Амер.) (рас)сердиться.

encono. [м.] злопамятность, злоба, ненависть.

enconoso, sa. [прил.] (перен.) вредный; злопамятный; (Амер.) изъязвлённый.

enconrear. [перех.] см. conrear.

encontado. [м.] (арх.) украшение в форме чёток.

encontradamente. [нареч.] друг против друга.

encontradizo, za. [прил.] встречный, идущий навстречу: * hacerse (uno) encontradizo, делать вид, что встреча произошла случайно.

encontrado, da. [страд. прич.] к encontrar; [прил.] противоположный, противолежащий; противопоставленный.

encontrar. [перех.] найти, находить; отыскать; найти, застать; обнаруживать; встречать (неожиданно); случайно находить, случайно натыкаться на что-л; снова находить, находить или отыскать потерянное; [неперех.] встречаться, сталкиваться; encontrarse, [возв. гл.] встречаться; сходиться; съезжаться; находиться, быть; сталкиваться; противоречить, расходиться во мнениях; сходиться (характером); чувствовать себя: * encontrarse sin un cuarto, не иметь ни гроша, быть без гроша; [непр. гл.] спрягается как cantar.

encontronazo, encontronazo. [м.] толчок, удар, (при столкновении и т. д.).

encopado, da. [прил.] (Амер.) навеселе, под мухой, пьяненький.

encope. [м.] (мед.) рана от режущего орудия.

encopetado, da. [страд. прич.] к encopetar; [прил.] высокомерный, надменный, самонадеянный, кичливый; (перен.) знатного происхождения.

encopetar. [перех.] поднимать, возвышать; **encopetarse.** [возв. гл.] возгордиться, гордиться, хвастаться; возомнить о себе; подниматься, возвышаться.

encorachar. [перех.] класть в кожаный мешок.

encorajar. [перех.] ободрять, воодушевлять, придавать бодрость, смелость, отвагу; **encorajarse.** [возв. гл.] (рас)сердиться.

encorajinarse. [возв. гл.] (разг.) (рас)сердиться; (Амер.) не удаваться (о деле).

encorar. [перех.] покрывать кожей; помещать в бурдюк; заживлять рану; [неперех.] заживать (о ране); [непр. гл.] спрягается как contar.

encorazado, da. [прил.] покрытый бронёй или кожей.

encorcovar. [перех.] (Амер.) искривлять, сгибать.

encorchador, ra. [прил.] закупоривающий; собирающий в улей; [ж.] инструмент для закупорки.

encorchadura. [ж.] закупоривание, закупорка (бутылок); (рыб.) снабжение поплавками (невода).

encorchar. [перех.] закупоривать (бутылки); собирать в улей (пчёл).

encorchetar. [перех.] пришивать крючки; застёгивать на крючки; (арх.) скреплять скобами (камни).

encordado, da. [страд. прич.] к encordar; [м.] (Амер.) струны (инструмента).

encordadura. [ж.] (муз.) струны (инструмента).

encordar. [перех.] (муз.) снабжать струнами; вязать, перевязывать верёвкою; [непр. гл.] спрягается как contar.

encordelar. [перех.] связывать верёвками.

encordia. [ж.] (Амер.) (вул.) (мед.) бубон.

encordonado, da. [страд. прич.] к encordonar;

encordonar. [перех.] снабжать шнурами; шнуровать; украшать шнурами.

encorecer. [перех.] заживлять; [неперех.] заживать; [непр. гл.] спрягается как contar.

encoriación. [ж.] заживление, зарубцовывание.

encorial. [прил.] см. demótico.

encormar. [перех.] брать в плен и т. д., см. aprisionar.

encornado, da. [страд. прич.] к encornar; * bien encornado, имеющий хорошо развитые рога; * mal encornado, имеющий плохо развитые рога.

encornadura. [ж.] форма и расположение рогов; рога.

encornar. [перех.] бодать; инкрустировать рогом; [неперех.] (Амер.) пробиваться (о рогах).

encornudar. [перех.] (перен.) наставлять рога; [неперех.] пробиваться, появляться (о рогах).

encorozar. [перех.] надевать coroza на кого-л.

encorquetarse. [возв. гл.] (Амер.) влезать, карабкаться.

encorralar. [перех.] загонять в загон (скот).

encorrear. [перех.] надевать ремни; привязывать ремнями.

encorrer. [перех.] (обл.) преследовать, травить, гнаться по пятам.

encorselar, encorsetar. [перех.] надевать корсет: **encorselarse.** [возв. гл.] надевать на себя корсет.

encortinar. [перех.] вешать занавески, драпри.

encorvable. [прил.] поддающийся искривлению, сгибанию.

encorvada. [ж.] сгибание (тела); танец с судорожными движениями: * hacer la encorvada, симулировать болезнь.

encorvadura. [ж.] **encorvamiento.** [м.] сгибание, искривление; изгиб.

encorvar. [перех.] гнуть, сгибать, искривлять; **encorvarse.** [возв. гл.] гнуться, сгибаться, кривиться; склоняться к чему-л.; пристрастно относиться к чему-л.

encosadura. [ж.] некоторый шов (у женской рубашки).

encostalar. [перех.] ссыпать в мешки (зерно).

encostarse. [возв. гл.] (мор.) подплывать к берегу (о судне).

encostillado. [м.] (горн.) совокупность подпор.

encostradura. [ж.] (м. употр.) (кул.) корка; (арх.) обшивка стены.

encostrar. [перех.] покрывать коркой; покрывать пластырем (для предохранения); [неперех.] образовывать корку; **encostrarse.** [возв. гл.] покрываться коркой.

encovadura. [ж.] помещение в погреб, в яму, в пещеру; (перен.) прятанье, скрывание.

encovar. [перех.] ставить, прятать в погреб, в яму, в пещеру; (перен.) прятать, скрывать, запирать, хранить, оберегать; укрывать кого-л [непр. гл.] спрягается как contar.

encovilarse. [возв. гл.] (охот.) залечь в логово (о дичи).

encracia. [ж.] воздержание, умеренность, трезвость.

encrasamiento. [м.] сгущение (жидкости); (с.-х.) удобрение.

encrasar. [перех.] сгущать (жидкость); (с.-х.) удобрять (землю).

encrespado, da. [страд. прич.] к encrespar (se); [м.] завивание, завивка (волос).

encrespador, ra. [прил.] завивающий и т. д.; [м.] щипцы (для завивки).

encrespadura. [ж.] завивка, завивание (волос).

encrespamiento. [м.] курчавость.

encrespar. [перех.] завивать взбивать (волосы); ерошить; **encresparse.** [возв. гл.] виться; ерошиться; становиться неспокойным, бушевать (о море); (перен.) вольноваться, прийти в возбуждение; запутываться (о делах); злиться обостряться; раздражаться.

encrestado, da. [страд. прич.] к encrestarse; [прил.] высокомерный, надменный, чванливый.

encrestarse. [возв. гл.] поднимать гребень, хохол.

encrinidos. [м. множ.] (палеон.) криноиды, морские лилии.

encrucijada. [ж.] перекрёсток; (перен.) засада, западня.

encrudecer. [перех.] делать резким, жёстким; ожесточать, раздражать, сердить, выводить из себя, приводить в гнев; [непр. гл.] спрягается как agradecer.

encrudecimiento. [м.] отвердение, сильное раздражение, ожесточение.

encruelecer. [перех.] делать жестоким; **encruelecerse.** [возв. гл.] становиться жестоким, сильно сердиться, приходить в гнев; [непр. гл.] спрягается как agradecer.

encruquillarse. [возв. гл.] (Амер.) сесть на корточки, приседать.

encuadernable. [прил.] могущий быть переплетённым (о книге).

encuadernación. [ж.] переплетание; переплёт; переплётная мастерская: * encuadernación en cartón, картонный переплёт.

encuadernador, ra. [м. и ж.] переплётчик, (-ица).

encuadernar. [перех.] переплетать (книгу).

encuadrar. [перех.] вставлять в раму; (перен.) вставлять одно в другое; [неперех.] заключать, содержать в себе.

encuartar. [перех.] вычислять надбавку к цене досок; (обл.) спутывать (с козах); (Амер.) привязывать уздечкой; **encuartarse** [возв. гл.] (Амер.) путаться, запутываться (о деле).

encuarte. [м.] пристяжная лошадь; надбавка к цене (о досках).

encuartelar. [перех.] (Амер.) см. acuartelar.

encubador, ra. [прил.] наливающий в чаны (вино).

encubamiento. [м.] налив в чаны (о вине). (горн.) крепить кругом (о стволе).

encubertado, da. [страд. прич.] к encubertar; [м.] см. armadillo.

encubertar. [перех.] покрывать шёлковыми тканями и т. д.; покрывать попоной; **encubertarse.** [возв. гл.] вооружаться щитом и т. д.; [непр. гл.] спрягается как acertar.

encubierta. [ж.] укрывательство (преступления).

encubiertamente. [нареч.] тайно, тайком, секретно; обманным путём; см. recatadamente.

encubierto, ta. [непр. страд. прич.] к encubrir.

encubridizo, za. [прил.] легко поддающийся укрывательству.

encubridor, ra. [прил.] (юр.) укрывающий; [м. и ж.] укрыватель (-ница), ширма.

encubrimiento. [м.] укрывательство, утайка, скрытие (книж.).

encubrir. [перех.] прятать, скрывать, утаивать, укрывать.

encucar. [перех.] (обл.) собирать орехи и т. д.

encucurucharse. [возв. гл.] (Амер.) взбираться, влезать.

encuendar. [перех.] (Амер.) договариваться о чём-л.

encuentro. [м.] встреча; столкновение; толчок; противоречие; (воен.) стычка; (анат.) подмышечная впадина: (арх.) угол (образованный двумя балками); (спорт.) матч; встреча, давать ближе к телу * salir al encuentro, выходить навстречу; противиться; предупреждать.

encuerado, da. [страд. прич.] к encuerar; [прил.] (Амер.) раздетый, голый; нищий (тже. сущ.).

encuerar. [перех.] (обл.) (Амер.) раздевать, обнажать; **encuerarse.** [возв. гл.] раздеваться, обнажаться.

encuesta. [ж.] анкета; расследование; розыск, обыск; допрос.

encuevado, da. [страд. прич.] к encuevar; [прил.] (Амер.) осмотрительный, осторожный; скрытный.

encuevar. [перех.] см. encovar.

encuitarse. [возв. гл.] скорбеть, печалиться, сокрушаться, огорчаться.

encularse. [возв. гл.] (Амер.) влюбляться (в женщину).

enculatar. [перех.] покрывать улей (крышкой).

enculillarse. [возв. гл.] (Амер.) струсить.

encumbradamente. [нареч.] высокомерно и т. д.

encumbrado, da. [страд. прич.] к encumbrar; [прил.] занимающий высокое, выдающееся положение.

encumbramiento. [м.] подъём, поднимание (на вершину); возвышение, возвышенность; возвеличение, возвеличивание, прославление.

encumbrar. [перех.] поднимать (на вершину); провозносить, возвеличивать, восхвалять; [неперех.] подниматься; encumbrarse. [возв. гл.] высится, возвышаться; гордиться; быть очень высоким или очень высоко подниматься.

encunar. [перех.] класть в колыбель; (тавр.) поднимать на рога.

encurtido, da. [страд. прич.] к encurtir; [м. множ.] маринад, маринованный продукт, пикули.

encurtidura. [ж.] маринование.

encurtir. [перех.] мариновать.

enchalecar. [перех.] (Амер.) надевать смирительную рубашку на кого-л.

enchamarrar. [перех.] (Амер.) запутывать; путать.

enchambronar. [перех.] (Амер.) приводить в беспорядок.

enchancletar. [перех.] надевать шлёпанцы башмаки (не совсем) (тже. возв. гл.].

enchapado, da. [страд. прич.] к enchapar; [м.] см. chapería.

enchapar. [перех.] плакировать (накладывать тонкий слой металла) см. chapear.

enchaparrarse. [возв. гл.] (Амер.) зарастать, покрываться лесом.

enchapinado, da. [прил.] (арх.) строенный на своде.

enchapinarse. [возв. гл.] надевать себе женские туфли (chapines).

enchaquetarse. [возв. гл.] (Амер.) надевать куртку, жакет или пальто; наряжаться.

encharcada. [ж.] лужа, застоявшаяся вода.

encharcamiento. [м.] образование луж.

encharcar. [перех.] заливать, образовывать лужи; наполнять водой (желудок).

encharralarse. [возв. гл.] (Амер.) см. emboscarse.

enchancharse. [возв. гл.] (разг.) (Амер.) напиться пьяным.

enchicharse. [возв. гл.] напиться пьяным (от chicha); сильно раздражаться.

enchilada. [ж.] (Амер.) пирог, сдобренный перцем; ставка (при ломбере).

enchilado, da. [страд. прич.] к enchilar; [м.] кушанье из ракушек, сдобренное перцем.

enchilar. [перех.] (Амер.) приправлять перцем; раздражать, колоть; провести кого-л., сыграть шутку.

enchiloso, sa. [прил.] (Амер.) острый как перец.

enchilotarse. [возв. гл.] (Амер.) раздражаться, сердиться, дуться.

enchinar. [перех.] выстилать, мостить булыжником.

enchinar. [перех.] (Амер.) делать кудрявым (волосы).

enchinarrar. [перех.] см. enchinar.

enchinchar. [перех.] (Амер.) покрывать клопами; затягивать, откладывать что-л; терять время; заставлять терять время; enchincharse. [возв. гл.] сердиться.

enchipar. [перех.] покрывать соломой сахарные головы (при экспорте и т. д.).

enchiquerar. [перех.] запирать в загоне; (перех.) (разг.) заключать, сажать в тюрьму.

enchironar. [перех.] (разг.) сажать в тюрьму.

enchismar. [перех.] (Амер.) сплетничать о чём-л; enchismarse. [возв. гл.] (Амер.) сердиться, раздражаться.

enchispar. [перех.] (Амер.) делать пьяным, подпаивать; приводить в гнев; enchisparse. [возв. гл.] напиться пьяным; приходить в гнев.

enchocorarse. [возв. гл.] (Амер.) прятаться в погреб, в пещеру и т. д.

enchonclarse. [возв. гл.] (Амер.) постоянно сидеть дома.

enchivarse. [возв. гл.] приходить в гнев.

enchuecar. [перех.] гнуть, сгибать, искривлять.

enchufar. [перех.] (тех.) смыкать, соединять, связывать; (эл.) включать, ответвлять, присоединять; (перен.) комбинировать (о делах); enchufarse. [возв. гл.] (разг.) находить тёплое местечко.

enchufe. [м.] смыкание, соединение, установление связи; (эл.) включение, ответвление; включатель; вилка (штепселя); (перен.) тёплое местечко; * tener un chufe, сидеть в тёплом местечке.

enchufista. [м. и ж.] (разг.) лицо, совмещающее несколько должностей.

enchuletar. [перех.] наполнять щель и т. д. планками и т. д.

enchumbar. [перех.] (Амер.) пропитывать.

enchutar. [перех.] (Амер.) всасывать (один предмет в другой и т. д.).

enchute. [перех.] (Амер.) бильбоке (игра).

endamarse. [возв. гл.] (Амер.) сожительствовать вне брака.

endoaortitis. [ж.] (пат.) воспаление внутренней оболочки аорты.

endarteria. [ж.] (анат.) внутренняя оболочка артерии.

endarterial. [прил.] принадлежащий или относящийся к внутренней оболочке артерии.

endarteritis. [ж.] (пат.) воспаление внутренней оболочки артерии.

ende. [нареч.] (уст.) там, в том месте; * por ende, поэтому, следовательно, стало быть.

endeblar. [перех.] (Амер.) делать слабым.

endeble. [прил.] слабый, слабосильный, хилый, тщедушный, немощный.

endeblez. [ж.] слабость, бессилие; непрочность.

endeblucho, cha. [прил.] хилый, тщедушный, чахлый.

endécada. [ж.] срок в одиннадцать лет.

endecágono, na. [прил.] (геом.) одиннадцатиугольный; [м.] одиннадцатиугольник.

endecasílabo, ba. [прил.] одиннадцатисложный.

endecha. [ж.] (чаще множ.) печальная, надгробная песня; род надгробных стихов.

endechadera. [ж.] плакальщица.

endechar. [перех.] петь печальные, надгробные песни; endecharse. [возв. гл.] печалиться, огорчаться.

endehesar. [перех.] выпускать на пастбище.

endejas. [ж. множ.] зубчатый край кирпичной стены.

endemia. [ж.] (мед.) эндемия, местная болезнь.

endemicidad. [ж.] свойст. к эндемический; эндемическое состояние больного.

endémico, ca. [прил.] эндемический, местный (о болезни).

endemoniadamente. [нареч.] дьявольски и т. д.

endemoniado, da. [страд. прич.] к endemoniar; одержимый дьяволом, бесноватый, бешеный; (перен. разг.) извращённый, порочный, испорченный, злой; [м. и ж.] бесноватый, (-ая).

endemoniar. [перех.] вселять бесов, злых духов; (перен.) (разг.) сильно сердить, раздражать, озлоблять, бесить; злить; endemoniarse. [возв. гл.] сильно сердиться, злиться.

endenantes. [нареч.] (Амер.) недавно.

endentado, da. [страд. прич.] к endentar. [прил.] (гер.) зубчатый.

endentamiento. [м.] (тех.) нарезка зубьев; вставление зубьев; зубчатое соединение; соединение в зуб.

endentar. [перех.] нарезать зубцы, зубья; соединять в зуб, зубьями; зазубривать; [непр. гл.] спрягается как acertar.

endentecer. [неперех.] прорезываться (о зубах); [непр. гл.] спрягается как agradecer.

endenteritis. [ж.] (пат.) воспаление внутренней оболочки кишек.

enderezadamente. [нареч.] прямо и т. д.

enderezado, da. [страд. прич.] к enderezar; [прил.] годный к, предназначенный для...

enderezador, ra. [прил.] выправляющий, выпрямляющий (тже. сущ.).

enderezamiento. [м.] выпрямление, расправление; исправление; (ав.) выравнивание.

enderezar. [перех.] выпрямлять, расправлять, выправлять, исправлять; поправлять; приводить в исправность; наказывать; наставлять, вразумлять; выравнивать; [неперех.] прямо идти куда-л, направляться к...; enderezarse. [возв. гл.] выпрямляться, исправляться; направляться к...

enderezo. [м.] (обл.) см. enderezamiento.

endérmico, ca. [прил.] (пат.) действующий через кожу.

endeudarse. [возв. гл.] входить в долги; признавать обязательства, долги.

endevotado, da. [прил.] набожный, благочестивый; увлечённый, влюблённый, посвятивший себя.

endiablada. [ж.] род маскарада в дьявольских костюмах.

endiabladamente. [нареч.] безобразно, некрасиво, отвратительно, омерзительно.

endiablado, da. [страд. прич.] к endiablar; [прил.] уродливый безобразный; (перен.) (разг.) дьявольский, злой, отвратительный.

endiablar. [перех.] (перен.) (разг.) вредить, портить, развращать; (уст.) вселять бесов; endiablarse. [возв. гл.] сильно сердиться, выходить из себя, приходить в ярость, в гнев; развращаться, портиться.

endibia. [ж.] (бот.) эндивий (сорт цикория).

endicharse. [возв. гл.] (Амер.) свататься.

endientar. [перех.] (Амер.) см. endentecer; см. endentar.

endilgador, ra. [прил.] (разг.) направляющий, посылающий и т. д. (тже. сущ.).

endilgar. [перех.] направлять к..., посылать; рассказывать, обращать к кому-л (речь); взваливать.

endino, na. [прил.] (разг.) недостойный, злой.

endiosamiento. [м.] крайнее высокомерие, полное самомнение; самообожание; экстаз, исступлённый восторг.

endiosar. [перех.] обожествлять; * endiosarse. [возв. гл.] крайне возгордиться; уноситься мыслями куда-л, углубляться, прийти в экстаз.

enditarse. [возв. гл.] (Амер.) входить в долги, запутываться в долгах.

endoblado. [страд. прич.] к endoblar; [прил.] сосущий грудь двух овец.

endoblar. [перех.] заставлять сосать грудь двух овец.

endocardíaco, ca. [прил.] (мед.) внутрисердечный.

endocardio. [м.] (анат.) эндокард(ий), внутренняя оболочка сердца.

endocardítico, ca. [прил.] к эндокардит.

endocarditis. [ж.] (пат.) эндокардит, воспаление внутренней серозной оболочки сердца.

endocarpio. [м.] (бот.) внутриплодник, эндокарпий.

endocarpo. [м.] (бот.) эндокарпус.
endocelular. [прил.] находящийся или происходящий внутри клетки.
endocrino, na. [прил.] (физиол.) эндокринный: * glándulas endocrinas, эндокринные железы.
endocrinología. [ж.] эндокринология.
endoflebitis. [ж.] (пат.) воспаление внутренней оболочки вен.
endogamia. [ж.] эндогамия.
endogámico, ca. [прил.] эндогамный.
endogástrico, ca. [прил.] находящийся или происходящий внутри желудка.
endógeno, na. [прил.] эндогенный, внутриродовой.
endolinfa. [ж.] (анат.) жидкость в лабиринте уха.
endolinfático, ca. [прил.] относящийся к жидкости в лабиринте уха.
endometría. [ж.] эндометрий.
endometritis. [ж.] (пат.) эндометрит, воспаление внутренней слизистой оболочки матки (стенки матки).
endomingado, da. [страд. прич.] к endomingar; [прил.] см. dominguero.
endomingar. [перех.] наряжать по праздничному.
endomorfismo. [м.] эндоморфизм.
endomorfo, fa. [прил.] эндоморфный.
endonarse. [возв. гл.] приобретать титул don.
endonasal. [прил.] внутриносовой.
endonefritis. [ж.] (пат.) воспаление внутренней оболочки почек.
endoneuritis. [ж.] (пат.) воспаление соединительнотканной оболочки внутринервного ствола.
endoneuro. [м.] соединительнотканная оболочка внутринервного ствола.
endoparásito. [м.] эндопаразит (тж. прил.).
endoplasma. [м.] (биол.) эндоплазма.
endormir. [неперех.] (Амер.) спать, см. dormir.
endorreico, ca. [прил.] (геогр.) не имеющий стока в океан (о гидрогеологическом режиме областей).
endorsar, endorso. см. endosar, endoso.
endosable. [прил.] (ком.) индоссируемый.
endosamiento. [м.] см. endoso.
endosante. [дейст. прич.] к endosar; [прил.] индоссант.
endosar. [перех.] (ком.) делать передаточную надпись (на векселе); (перен.) взваливать на кого-л.
endosatario, ria. [м. и ж.] лицо, в пользу которого делают индоссамент.
endoscopia. [ж.] (мед.) эндоскопия, осмотр полостей тела.
endoscopio. [м.] (мед.) эндоскоп.
endoselar. [перех.] строить балдахин.
endosmómetro. [м.] (физ.) эндосмометр.
endósmosis. [ж.] (физ.) эндосмос.
endosmótico, ca. [прил.] эндосмотический.
endoso. [м.] индоссамент, передаточная надпись (на векселе).
endospermo. [м.] (бот.) эндосперма.
endosteítis. [ж.] (пат.) воспаление внутреннего покрова костномозговых полостей.
endostio. [м.] (анат.) внутренний покров костномозговых полостей.
endotelial. [прил.] к эндотелию.
endotelio. [м.] (анат.) эндотелий, плоские эпителиальные клетки, выстилающие изнутри сосуды, сердце, серозные оболочки, подоболочечные пространства мозга.

endotelioma. [м.] (пат.) эндотелиальная опухоль.
endotérmico, ca. [прил.] (хим.) эндотермический, поглощающий теплоту.
endragonarse. [возв. гл.] (разг.) приходить в ярость, сильно сердиться.
endriago. [м.] сказочное чудовище.
endrina. [ж.] тёрн (плод).
endrinal. [м.] заросли терновника.
endrino, na. [прил.] синевато-чёрный; [м.] (бот.) терновник.
endrogado, da. [страд. прич.] к endrogarse; [пркл.] (обл.) запутанный в долгах.
endrogarse. [возв. гл.] входить в долги, запутываться в долгах.
endulzadura. [ж.] сахарение, подслащивание; смягчение, облегчение.
endulzar. [перех.] подслащивать; (перен.) смягчать, облегчать; (жив.) смягчать краски.
endurador, ra. [прил.] бережливый, экономный; скупой; [м. и ж.] бережливый человек; скряга.
endurar. [перех.] см. endurecer; выносить, сносить, терпеть, претерпевать, подвергаться; откладывать, экономить, откладывать, сокращать расходы.
endurecer. [перех.] делать твёрдым; (перен.) укреплять, закалять, приучать; сильно раздражать, выводить из себя; [неперех.] становиться твёрдым; endurecerse. [возв. гл.] твердеть, отвердевать; становиться бесчувственным, чёрствым; ожесточаться; закаляться; [непр. гл.] спрягается как agradecer.
endurecible. [прил.] способный твердеть.
endurecidamente. [нареч.] жёстко, жестоко, сурово и т. д.
endurecimiento. [м.] см. dureza; затвердение; ожесточение; (перен.) упрямство, упорство, настойчивость; закаливание (тела).
ene. [ж.] название буквы n.: * ene de palo, (разг.) виселица; * ser de ene, быть обязательным, неизбежным; * es de ene, само собой разумеется.
enea. [ж.] (бот.) см. espadaña.
eneagonal. [прил.] (геом.) девятиугольный.
eneágono. [м.] (геом.) девятиугольник.
eneal. [м.] заросли камыша.
eneasílabo, ba. [прил.] девятисложный (о размере стиха).
enebral. [м.] место, поросшее можжевельником.
enebrina. [ж.] ягода можжевельника.
enebro. [м.] (бот.) можжевельник.
enechado, da. [прил.] подкинутый матерью (о ребёнке); [сущ.] подкидыш.
eneilema. [ж.] (бот.) внутренняя оболочка семени.
enejar. [перех.] вставлять ось; насаживать на ось.
eneldo. [м.] укроп.
enema. [м.] клизма.
enemicísimo. [прил. прев. степ.] к enemigo.
enemiga. [ж.] ненависть, вражда, неприязнь; враг (о женщине).
enemigamente. [нареч.] враждебно, неприязненно.
enemigo, ga. [прил.] вражеский, неприятельский; враждебный, неприязненный; [м. и ж.] враг, недруг, неприятель, противник; бес, чёрт, дьявол; * enemigo malo, бес, дьявол; * enemigo jurado, заклятый враг; * ganar enemigos, нажить себе врагов; * pasarse al enemigo, перейти на сторону врага; * ser enemigo de, не любить что-л.
enemistad. [ж.] неприязнь, вражда, враждебность, взаимная ненависть.
enemistar. [перех.] ссорить, сеять вражду; enemistarse. [возв. гл.] ссориться.

eneo, a. [прил.] (поэт.) медный, бронзовый.
energética. [ж.] энергетика.
energético, ca. [прил.] энергетический.
energetismo. [м.] энергетизм.
energía. [ж.] энергия; (перен.) энергия, сила: * energía atómica, атомная энергия.
enérgicamente. [нареч.] энергично, решительно.
enérgico, ca. [прил.] энергичный, деятельный, решительный; сильнодействующий.
energúmeno. [м. и ж.] одержимый, (-ая), бесноватый, (-ая); исступлённый, (-ая); взбешённый человек, молодчик.
enerizar. [перех.] (м. употр.) см. erizar.
enero. [м.] январь.
enervación. [ж.] истощение нервной системы, упадок сил; изнурение, ослабление; см. afeminación.
enervador, ra. [прил.] расслабляющий, обессиливающий.
enervamiento. [м.] истощение нервной системы, упадок сил; ослабление.
enervante. [дейст. прич.] к enervar; [прил.] расслабляющий, обессиливающий.
enervar. [перех.] изнурять, ослаблять; (перен.) ослаблять.
enésimo, ma. [прил.] (мат.) энный.
enético, ca. [прил.] смертельный; смертоносный.
enfadadizo, za. [прил.] обидчивый; раздражительный.
enfadar. [перех.] сердить, раздражать, вызывать досаду; enfadarse. [возв. гл.] сердиться, раздражаться, досадовать на что-л.
enfado. [м.] недовольство, неудовольствие, досада, раздражение, плохое настроение; скука; настойчивость, усердие.
enfadosamente. [нареч.] досадно; с раздражением.
enfadoso, sa. [прил.] досадный, неприятный, докучливый, надоедливый.
enfaenado, da. [прил.] напряжённо работающий.
enfajar. [перех.] (Амер.) завёртывать в длинный широкий пояс.
enfajinar. [перех.] (Амер.) вербовать сторонников; побуждать, подталкивать.
enfaldador. [м.] сорт большой булавки.
enfaldar. [перех.] подбирать подол (юбки); подрезать нижние ветки дерева.
enfaldo. [м.] юбка и т. д. с подобранным подолом; складка (при подбирании подола юбки и т. д.).
enfaltricarse. [возв. гл.] (Амер.) класть в карман (внутренний).
enfandangarse. [возв. гл.] приходить в ярость, в гнев.
enfangar. [перех.] заводить в грязь, в топь; enfangarse. [возв. гл.] увязнуть в грязи; (перен.) (разг.) впутываться в грязное дело; предаваться разврату.
enfardador, ra. [прил.] увязывающий в тюки; [м. и ж.] упаковщик, (-ица).
enfardadura. [ж.] увязка в тюки, упаковка.
enfardar. [перех.] увязывать в тюки, в кипы, упаковывать.
enfaruscarse. [возв. гл.] (Амер.) жить в заточении.
enfascar. [перех.] (обл.) вызывать отвращение.
énfasis. [м. и ж.] эмфаза, выразительность, сила, напыщенность, пафос; высокопарность: * con énfasis, с пафосом; подчёркнуто; с ударением.
enfastiar. [перех.] (обл.) вызывать отвращение, наводить скуку; надоедать.
enfáticamente. [нареч.] напыщенно, выспренно; с пафосом и т. д.
enfático, ca. [прил.] эмфатический; напыщенный, высокопарный, выспренный.

enfatuado, da. [страд. прич.] к enfatuar, (тж. сущ.).
enfatuar. [перех.] см. infatuar.
enfebrecer. [неперех.] трястись в лихорадке, страдать лихорадкой; [перех.] спрягается как agradecer.
enfebrecido, da. [страд. прич.] к enfebrecer; [прил.] лихорадочный.
enfermar. [неперех.] заболеть; [перех.] вызывать болезнь; (перен.) ослаблять, изнурять; **enfermarse.** [возв. гл.] (обл.) (Амер.) заболеть.
enfermedad. [ж.] болезнь, недуг, заболевание; (перен.) болезнь; страсть: *enfermedad infecciosa, инфекционное заболевание; *enfermedad mental, психическое заболевание; *enfermedades de la mujer, женские болезни.
enfermera. [ж.] санитарка, сиделка; медицинская сестра.
enfermería. [ж.] лазарет, медпункт; изолятор.
enfermero. [м.] санитар, больничный служитель.
enfermizo, za. [прил.] болезненный, хилый; способный вызывать болезнь, вредный для здоровья.
enfermo, ma. [прил. и сущ.] больной, (-ая), пациент, (-ка): *apelar el enfermo, (перен.) (разг.) выздороветь (о больном, бывшем при смерти).
enfermoso, sa. [прил.] (Амер.) болезненный, хилый.
enfermucho, cha. [прил.] болезненный, часто болеющий.
enfervorizador, ra. [прил.] вселяющий бодрость, воодушевляющий (тж. сущ.).
enfervorización. [ж.] воодушевление, наполнение энтузиазмом.
enfervorizar. [перех.] воодушевлять, наполнять энтузиазмом, усердием.
enfeudación. [ж.] (ист.) инфеодация; ленное владение; выдача грамоты на ленное владение.
enfeudar. [перех.] (ист.) жаловать землю, награждать леном.
enfielar. [перех.] уравновешивать (о весах).
enfierecerse. [возв. гл.] (м. употр.) приходить в ярость; [непр. гл.] спрягается как agradecer.
enfiestarse. [возв. гл.] (Амер.) веселиться, развлекаться.
enfilada. [ж.] (уст.) анфилада; (воен.) постановка в ряд.
enfilador, ra. [прил.] нанизывающий; [м. и ж.] тот, кто нанизывает что-л.
enfilamiento. [м.] расположение по прямой линии; см. enfilada.
enfilar. [перех.] ставить в ряд, располагать по прямой линии; нанизывать; визировать; (воен.) обстреливать с флангов; *enfilar el rumbo, (мор.) направлять курс.
enfingir. [перех.] чваниться, гордиться, проявлять гордость, надменность.
enfisema. [м.] (мед.) эмфизема: *enfisema pulmonar, эмфизема лёгких.
enfisematoso, sa. [прил.] (мед.) эмфизематозный.
enfistolarse. [возв. гл.] превращаться в фистулу.
enfiteusis. [ж.] (юр.) долгосрочный договор, предоставляющий ипотеку на имущество; передача чего-л через такой договор.
enfitéutico, ca. [прил.] *contrato enfitéutico, долгосрочный договор, предоставляющий ипотеку на имущество.
enflacar. [неперех.] худеть.
enflaquecer. [перех.] делать худым; изнурять; слабеть; (перен.) терять бодрость; [непр. гл.] спрягается как crecer.
enflaquecimiento. [м.] похудение, исхудание; истощение; ослабление.
enflatarse. [возв. гл.] (Амер.) огорчаться, печалиться; приходить в плохое настроение.
enflautado, da. [страд. прич.] к enflautar; [прил.] (разг.) звучный, громкий, напыщенный; [ж.] нелепость, глупость.
enflautador, ra. [прил.] надувающий, раздувающий (тж. сущ.); [м. и ж.] (разг.) сводник, (-ица).
enflautar. [перех.] надувать, раздувать; (разг.) сводничать, заниматься сводничеством; (разг.) см. embaucar; (разг.) (Амер.) всучить, сбагрить, взваливать.
enflechado, da. [страд. прич.] к enflechar; [прил.] со стрелой (о луке и т. д.).
enflechar. [перех.] натягивать лук (со стрелой).
enflorar. [перех.] украшать цветами.
enfocador, ra. [прил.] наводящий на фокус; [м.] (фот.) визир, видоискатель.
enfocar. [перех.] (фот.) наводить на фокус, визировать; (перен.) ставить, рассматривать (вопрос и т. д.).
enfogonar. [перех.] (Амер.) выводить из себя, приводить в ярость.
enfollinarse. [возв. гл.] (Амер.) разгорячиться, приходить в гнев.
enfollonar. [перех.] (Амер.) см. enfogonar.
enfogonarse. [возв. гл.] (Амер.) напиться пьяным.
enfoque. [м.] установление, наведение на фокус; (перен.) установление.
enfosado. [м.] (вет.) см. encebadamiento.
enfoscadero. [м.] (обл.) узкий скрытый проход.
enfoscado, da. [страд. прич.] к enfoscar; [м.] штукатурка, шпаклёвка.
enfoscar. [перех.] (уст.) омрачать; шпаклевать; замазывать дыры; штукатурить; **enfoscarse.** [возв. гл.] хмуриться; углубляться, погружаться (в дела и т. д.); покрываться тучами (о небе); (обл.) покрываться, закутываться, прятаться, скрываться.
enfotarse. [возв. гл.] (обл.) верить, надеяться (чрезмерно); сердиться, дуться.
enfrailar. [перех.] постригать в монахи; [неперех.] постригаться в монахи (тж. возв. гл.).
enfranjar. [перех.] украшать бахромами.
enfranje. [м.] (Амер.) см. enfranque.
enfranque. [м.] самая узкая часть подошвы, подмётки.
enfranquecer. [перех.] освобождать, отпускать на волю; освобождать от оплаты; [непр. гл.] спрягается как agradecer.
enfrascamiento. [м.] углубление (в дело и т. д.); углубление (в лес и т. д.).
enfrascar. [перех.] вливать в бутылку, в пузырёк.
enfrascarse. [возв. гл.] углубляться (в лес); залезать (в чащу и т. д.); углубляться (в дело).
enfraxia. [ж.] (пат.) закупорка.
enfrenador, ra. [прил.] [м. и ж.] тот, кто взнуздывает.
enfrenamiento. [м.] взнуздывание.
enfrenar. [перех.] взнуздывать; (перен.) сдерживать, обуздывать.
enfrentar. [перех.] ставить лицом к лицу, друг против друга; смело выступать против кого-чего, встречать лицом к лицу (врага и т. д.); **enfrentarse.** [возв. гл.] встретить лицом к лицу (врага и т. д.) противостоять (врагу).
enfrente de. [нареч.] напротив; против: *enfrente de, наряду с...

enfriadera. [ж.] ваза для охлаждения напитков.
enfriadero. [м.] место, где охлаждают что-л.
enfriador, ra. [прил.] охлаждающий (тж. сущ.); [м.] см. enfriadero.
enfriamiento. [м.] (прям.) (перен.) охлаждение, остывание; простуда: *coger un enfriamiento, простудиться.
enfriar. [перех.] охлаждать, остужать; (перен.) умерять (страсти); **enfriarse.** [возв. гл.] охлаждаться; (перен.) охладевать; простужаться.
enfrijolarse. [возв. гл.] (Амер.) запутываться (о делах и т. д.).
enfrontar. [перех. и неперех.] встречать лицом к лицу; см. afrontar.
enfrontilar. [перех.] (обл.) класть подушечку на голову волов (под ярмо); становиться лицом к кому-л (перед нападением, о быке).
enfroscarse. [возв. гл.] см. enfrascarse.
enfuertarse. [возв. гл.] (Амер.) укрепляться.
enfullar. [перех.] (разг.) мошенничать, плутовать (в игре).
enfullinarse. [возв. гл.] (Амер.) сердиться, раздражаться, разгневаться.
enfunado, da. [прил.] (Амер.) тщеславный, чванный.
enfunchar. [перех.] (Амер.) сердить, раздражать.
enfundadura. [ж.] вкладка в ножны, в футляр.
enfundar. [перех.] вкладывать в ножны, в футляр; наполнять, набивать.
enfuñarse. [возв. гл.] (Амер.) дуться, сердиться; заволакиваться тучами (о небе).
enfuñingarse. [возв. гл.] (Амер.) см. enfurruñarse.
enfurecer. [перех.] приводить в ярость, сердить, раздражать; делать гордым, высокомерным; **enfurecerse.** [возв. гл.] приходить в ярость, сердиться, раздражаться, злиться; бушевать (о ветре); [непр. гл.] спрягается как agradecer.
enfurecidamente. [нареч.] яростно, злобно и т. д.
enfurecimiento. [м.] раздражение, дейст. к приходить в ярость.
enfurruñamiento. [м.] недовольство, выражение своим внешним видом неудовольствия, обиды.
enfurruñarse. [возв. гл.] (разг.) сердиться, дуться; заволакиваться тучами (о небе).
enfurruscarse. [возв. гл.] (обл.) см. enfurruñarse.
enfurtido, da. [страд. прич.] к enfurtir; [м.] валяние (сукна).
enfurtir. [перех.] валять (о сукне).
enfusar. [перех.] (обл.) делать колбасу и т. д.; см. atollar, hundir.
engabanado, da. [страд. прич.] к engabanar; [прил.] накрытый пальто.
engabanar. [перех.] надевать пальто на кого-л, накрывать кого-л пальто.
engace. [м.] см. engarce; соединение, сцепление.
engafar. [перех.] натягивать арбалет (со стрелой); (мор.) зацеплять крюками и т. д.
engaitabobos. [м.] обманщик, плут.
engaitador, ra. [м. и ж.] (разг.) обманщик, (-ица), плут.
engaitar. [перех.] (разг.) обманывать, обольщать, кружить голову.
engajado, da. [прил.] (Амер.) кудрявый.

engalabernar. [перех.] (Амер.) см. embarbillar.
engalanadamente. [нареч.] с украшениями и т. д.
engalanador, ra. [прил.] украшающий (тж. сущ.).
engalanamiento. [м.] (дейст.) украшение; совокупность украшений.
engalanar. [перех.] украшать, наряжать; engalanarse. [возв. гл.] украшаться, наряжаться.
engalgar. [перех.] (охот.) преследовать (с помощью борзой); тормозить.
engalibar. [перех.] (Амер.) украшать, наряжать.
engallado, da. [страд. прич.] к engallarse; [прил.] прямой; (перен.) высокомерный, надменный.
engallador. [м.] ремень узды, принуждающий (лошадь) высоко держать голову.
engalladura. [ж.] зародыш в яйце.
engallarse. [возв. гл.] важничать, высоко держать голову; хорохориться; гордиться; вздёргивать голову (о лошади).
engallolar. [перех.] (Амер.) заключать, сажать в тюрьму.
enganchabobos. [м.] (Амер.) локон; завиток.
enganchador, ra. [прил.] зацепляющий, прицепляющий и т. д.
enganchamiento. [м.] зацепление, прицепка, сцепка, сцепление; (воен.) вербовка; привлечение.
enganchar. [перех.] прицеплять; вешать (на крюк); зацеплять (крючком); запрягать; (перен.) привлекать; (воен.) вербовать; (тавр.) поднимать на рога; engancharse. [возв. гл.] поступать в солдаты.
enganche. [м.] см. enganchamiento; сцепка, прицеп (приспособление): *enganche automático, автосцепка.
engandujar. [перех.] (Амер.) украшать, наряжать.
engangrenarse. [возв. гл.] (пат.) см. gangrenarse.
engañabobos. [м. и ж.] (разг.) обманщик, плут; (обл.) козодой (птица).
engañadamente. [нареч.] по ошибке.
engañadizo, za. [прил.] легко поддающийся обману.
engañador, ra. [прил.] обманчивый.
engañamundo(s). [м. и ж.] (разг.) обманщик (-ица).
engañanecios. [м.] обманщик, плут.
engañaniños. [м.] обман, плутовство.
engañante. [дейст. прич.] к engañar, обманывающий.
engañapastores. [м.] (орни.) козодой (птица).
engañapichanga. [ж.] (Амер.) обман; [м.] бродячий торговец с лотком, старьёвщик.
engañar. [перех.] обманывать, вводить в заблуждение, надувать; создавать иллюзию, видимость чего-л; отвлекать; обольщать, обманывать лестью; engañarse. [возв. гл.] ошибаться, обманываться: *engañar el hambre, заморить червячка; *engañar el tiempo, убивать время.
engañifa. [ж.] (разг.) обман, хитрость.
engañifla. [ж.] (обл.) см. engañifa.
engaño. [м.] обман, надувательство, неправда, ложь, плутня; заблуждение; рыболовная сеть и т. д.; (тавр.) мулета, плащ; *deshacer un engaño, выводить из заблуждения.
engañosamente. [нареч.] обманчиво и т. д.

engañoso, sa. [прил.] обманчивый, ложный; фальшивый; (обл.) говорящий неправду.
engañotar. [перех.] (Амер.) см. apercollar, acogotar.
engarabatar. [перех.] (разг.) зацеплять крючком; engarabatarse. [возв. гл.] скрючиваться.
engarabitar. [неперех.] взбираться, влезать; скрючиваться; цепенеть от холода (тж. возв. гл.).
engaratusar. [перех.] (Амер.) обманывать
engarbarse. [возв. гл.] высоко помещаться (на кроне дерева, о птицах).
engarberar. [перех.] (обл.) группировать (о снопах, на поле).
engarbullar. [перех.] (разг.) смешивать; запутывать.
engarce. [м.] нанизывание; связывание, сцепление; оправка; оправа драгоценного камня.
engarfar. [перех.] (Амер.) нанизывать.
engarfiar. [перех.] (Амер.) зацеплять крючком.
engargantadura. [ж.] см. engargante.
engargantar. [перех.] впихивать, всасывать что-л в глотку; [неперех.] сцеплять зубьями; плотно вставлять в стремя (ногу).
engargante. [м.] (тех.) сцепление (зубчатых колёс).
engargolado, da. [страд. прич.] к engargolar; [м.] выемка, паз, желобок (у раздвижной двери); (тех.) соединение в паз, в желобок и т. д.
engargoladura. [ж.] вставка в паз, выемку и т. д.
engargolar. [перех.] пригонять; вставлять в паз, выемку и т. д.
engaripolar. [перех.] (Амер.) см. enredar.
engaripolar. [перех.] (разг.) украшать безделушками; engaripolarse. [возв. гл.] украшаться безделушками; (Амер.) украшаться, наряжаться.
engaritar. [перех.] ставить сторожевые будки; (разг.) обманывать хитростью.
engarnio. [м.] (разг.) вещь или человек никуда не годный, ничтожество.
engarra. [ж.] разг. (Амер.) спор, ссора, драка.
engarrafador, ra. [прил.] сильно захватывающий и т. д.
engarrafar. [перех.] (разг.) сильно захватывать, схватывать и т. д.
engarrafar. [перех.] наливать в графины.
engarrar. [перех.] см. agarrar.
engarriar. [перех.] влезать, взбираться (тж. возв. гл.).
engarro. [м.] дейст. к хватать, схватить и т. д.
engarronar. [перех.] (обл.) связывать лапы убитого животного.
engarrotar. [перех.] см. agarrotar; (обл.) делать бесчувственным (о холоде).
engarrullar. [перех.] (Амер.) смешивать, запутывать.
engarruñarse. [возв. гл.] мрачнеть, грустить см. engurruñarse.
engarzador, ra. [прил.] нанизывающий; связывающий; вставляющий в оправу; [м. и ж.] оправщик (драгоценных камней); тот, кто по ремеслу нанизывает.
engarzadura. [ж.] нанизывание, связывание, сцепление; оправа (камней).
engarzar. [перех.] нанизывать, связывать, сцеплять; завивать (волосы); оправлять, вставлять в оправу (драгоценные камни); [сущ.] оправщик (драгоценных камней).

engastadura. [ж.] оправка; оправа; неровная жемчужина.
engastrílocuo, cua. [прил.] обладающий способностью чревовещания. [м. и ж.] чревовещатель, (-ница).
engastrílogo. [м.] чревовещатель.
engastrimismo. [м.] чревовещание.
engatado, da. [страд. прич.] к engatar; [прил.] склонный красть, воровать.
engatar. [перех.] (разг.) обманывать лестью.
engatillado, da. [страд. прич.] к engatillar; [прил.] с толстой прямой шеей; [м.] способ для соединения двух металлических плит; (арх.) сооружение, скреплённое скобами.
engatillar. [перех.] прикреплять, скреплять скобами.
engatusadamente. [нареч.] (разг.) с лестью, с помощью притворной ласки.
engatusador, ra. [прил.] обманывающий лестью; [м. и ж.] льстец, льстивая женщина.
engatusamiento. [м.] (разг.) льстивая ласка, лесть.
engatusar. [перех.] обольщать, завлекать, кружить голову, обманывать лестью.
engaviar. [неперех.] карабкаться, влезать, взбираться; (обл.) сажать в клетку.
engavillada. [ж.] (Амер.) куча снопов.
engavillamiento. [м.] связывание снопов.
engavillar. [перех.] (с.-х.) вязать в снопы.
engazador, ra. [прил.] см. engarzador.
engazamiento. [м.] см. engarce.
engazar. [перех.] см. engarzar; красить (сукно); (мор.) снабжать стропами.
engazarse. [возв. гл.] (обл.) ссориться.
engazuzar. [перех.] (Амер.) см. engatusar; нарушать тишину, заводить скандал, шум и т. д.
engendrable. [прил.] могущий быть порождённым.
engendrador, ra. [прил.] порождающий; производящий; дающий начало; [м.] (уст.) отец; производитель.
engendramiento. [м.] порождение.
engendrar. [перех.] плодить, порождать, рождать; (перен.) рождать, порождать, производить, вызывать, возбуждать; давать начало.
engendro. [м.] см. feto; выродок, ублюдок, урод; неудавшееся произведение и т. д.
engentarse. [возв. гл.] (Амер.) испытывать головокружение и т. д.
engerido, da. [страд. прич.] к engerir(se); [прил.] (Амер.) с опущенными крыльями; (перен.) (разг.) (Амер.) печальный, унылый.
engeridor, ra. [прил.] всасывающий и т. д.; [м.] прививальный ножик.
engerirse. [возв. гл.] (Амер.) нахохлиться (о птицах).
engero. [м.] (обл.) дышло (плуга).
engestado, da. [прил.] см. agestado.
engibacaire, engibador. [м. м.] (арг.) см. rufián.
engibar. [перех.] делать горбатым; (разг.) охранять, беречь; получать.
englífico, ca. [прил.] гравировальный.
englobar. [перех.] соединять в одно целое, включать, объединять.
engolado, da. [прил.] носящий старинный гофрированный воротник; (муз.) горловой (о голосе).
engolfa. [ж.] (обл.) чердак, хлебный амбар.
engolfar. [перех.] вводить в залив; [неперех.] выходить в открытое море (о судне); engolfarse. [возв. гл.] выходить в открытое море (о судне); (перен.) углубляться, погружаться (в дела и т. д.).

engolillado, da. [прил.] носящий брыжи; (перен.) (разг.) строго соблюдающий старинные обычаи.

engolillarse. [возв. гл.] (Амер.) входить в долги; приходить в гнев.

engolondrinar. [перех.] (разг.) см. engreír; engolondrinarse. [возв. гл.] гордиться; (раз.) влюбляться.

engolosinador, ra. [прил.] заманчивый, манящий, приманивающий.

engolosinar. [перех.] приманивать, прельщать; engolosinarse [возв. гл.] пристраститься, приохотиться.

engollamiento. [м.] самомнение, самодовольство, высокомерие, тщеславие, хвастовство.

engolletado, da. [страд. прич.] к engolletarse; [прил.] (разг.) напыщенный, надменный, самонадеянный, чванливый.

engolletarse. [возв. гл.] (разг.) гордиться, кичиться, чваниться.

engomado, da. [страд. прич.] к engomar; [прил.] (Амер.) франтоватый, любящий наряжаться.

engomadura. [ж.] гуммировка, покрывание камедью, клеем, проклейка (тканей).

engomar. [перех.] намазывать, покрывать, пропитывать клеем, камедью.

engorar. [перех.] см. enhuerar; [непр. гл.] спрягается как contar.

engorda. [ж.] (Амер.) см. engorde; (Амер.) скот, предназначенный на откорм.

engordadero. [м.] свинарник (для откорма); откормочное время; употребляемый корм (для откорма).

engordador, ra. [прил.] занимающийся откармливанием скота и т. д. (тж. сущ.).

engordar. [перех.] откармливать (скот); [непрех.] жиреть, прибавлять в весе, толстеть; (перен.) (разг.) обогащаться, богатеть.

engorde. [м.] откорм; откармливание (скота и т. д.).

engordero. [м.] (Амер.) человек, занимающийся откармливанием (скота).

engorgollotado, da. [прил.] (перен.) напыщенный, чванливый.

engorgonar. [перех.] (Амер.) проматывать, растрачивать; затягивать, откладывать что-л.

engorgonearse. [возв. гл.] (Амер.) см. alborotarse.

engorgoritar. [перех.] (обл.) ловко или лестью обманывать; ухаживать; домогаться любви.

engorrar. [перех.] (обл.) замедлять, задерживать; (Амер.) надоедать, докучать.

engorrarse. [возв. гл.] зацепиться за крючок; сильно занозить (руку и т. д.).

engorrinarse. [возв. гл.] (обл.) см. amancebarse.

engorro. [м.] помеха, препятствие, затруднение, неудобство.

engorronarse. [возв. гл.] (обл.) жить в уединении.

engorroso, sa. [прил.] неудобный, обременительный, затруднительный.

engotarse. [возв. гл.] (пат.) заболеть подагрой.

engoznar. [перех.] приделывать крючья (к двери и т. д.).

engramar. [перех.] (Амер.) покрывать пыреем.

engranaje. [м.] (тех.) зубчатая передача, зубчатое сцепление; система зубчатых колёс, шестерня; зубчатое зацепление; (перен.) стечение сложных обстоятельств.

engranar. [непрех.] сцепляться, зацепляться (о зубчатых колёсах); (перех.) соединять, объединять, сплачивать.

engranar. [перех.] красить кармином.

engrandecedor, ra. [прил.] увеличивающий и т. д.

engrandar. [перех.] см. agrandar.

engrandecer. [перех.] увеличивать, расширять; возносить, возвеличивать; преувеличивать; (перен.) повышать (в должности); [непр. гл.] спрягается как agradecer.

engrandecimiento. [м.] увеличение, расширение; преувеличение; восхваление; повышение (в должности).

engranerar. [перех.] (обл.) убирать, складывать в хлебный амбар, зернохранилища, закрома.

engranujarse. [возв. гл.] покрываться прыщами; прыщеветь (разг.); низко пасть; сойтись с недостойными людьми.

engrapar. [перех.] скреплять скобами.

engrasación. [ж.] смазывание, смазка.

engrasado, da. [страд. прич.] к engrasar; [м.] см. engrase.

engrasar. [перех.] смазывать, пропитывать, покрывать жиром; умягчать маслом (шерсть), аппретировать (ткань); (с--х) унавоживать (землю); engrasarse. [возв. гл.] (Амер.) отравляться свинцом.

engrase. [м.] см. engrasación; смазка, смазочный материал.

engravecer. [перех.] утяжелять; [непр. гл.] спрягается как agradecer.

engredar. [перех.] обмазывать глиной.

engreimiento. [м.] тщеславие, самомнение, самодовольство, высокомерие, хвастовство.

engreír. [перех.] делать тщеславным, гордым; (Амер.) ласкать; лелеять; engreírse. [возв. гл.] становиться тщеславным, гордиться; [непр. гл.] спрягается как reír.

engrenaje. [м.] (Амер.) см. engranaje.

engreñado, da. [прил.] растрёпанный, лохматый.

engrescar. [перех.] подстрекать к ссоре и т. д.; engrescarse. [возв. гл.] ссориться, браниться, переругиваться, грызться.

engrifar. [перех.] ерошить, поднимать торчком, топорщить; engrifarse. [возв. гл.] топорщиться, становиться дыбом; стать на дыбы.

engrillado, da. [страд. прич.] к engrillar; [прил.] в кандалах.

engrillar. [перех.] заковать в кандалы, надевать ножные кандалы; engrillarse. [возв. гл.] опускать голову (о лошади).

engrillarse. [возв. гл.] пускать ростки (о картофеле).

engrilletar. [перех.] (мор.) соединять, скреплять кольцом (цепи).

engrincharse. [возв. гл.] (Амер.) принимать очень суровый вид, сердиться.

engringarse. [возв. гл.] (Амер.) подражать иностранцам.

engriparse. [возв. гл.] заболеть гриппом.

engrosamiento. [м.] утолщение; увеличение.

engrosar. [перех.] утолщать, увеличивать; (перен.) прибавлять, умножать; [непрех.] толстеть, жиреть; [непр. гл.] спрягается как contar.

engrudador, ra. [м. и ж.] тот, кто покрывает что-л клейстером (тже. прибор).

engrudamiento. [м.] покрытие клейстером.

engrudar. [перех.] покрывать клейстером; engrudarse. [возв. гл.] становиться плотным как клейстер.

engrudo. [м.] клейстер.

engruesar. [непрех.] см. engrosar.

engrumecerse. [возв. гл.] свёртываться (о жидкости); [непр. гл.] спрягается как agradecer.

enguacharse. [возв. гл.] (Амер.) опуститься, делаться вульгарным.

enguachinar. [перех.] наполнять водой.

enguadar. [перех.] (Амер.) обманывать лестью, см. engatusar.

engualdrapar. [перех.] покрывать чепраком (лошадь); (перен.) покрывать, прятать.

engualichar. [перех.] (вул.) (Амер.) сглазить, околдовывать.

enguando. [м.] (Амер.) (чаще множ.) ненужная вещь.

enguandujarse. [возв. гл.] (Амер.) наряжаться, украшаться.

enguangarar. [перех.] (Амер.) вызывать скандал и т. д.

enguantar. [перех.] надевать перчатки кому-л; enguantarse. [возв. гл.] надевать перчатки.

enguapearse. [возв. гл.] (Амер.) напиться пьяным.

enguaracarse. [возв. гл.] (Амер.) прятаться, скрываться.

enguatar. [перех.] подбивать ватой.

enguayabarse. [возв. гл.] (Амер.) чувствовать себя плохо.

engubiar. [перех.] (Амер.) угнетать, подавлять, подчинять.

enguedejado, da. [прил.] кудрявый; (разг.) заботящийся о своих кудрях.

enguerar. [перех.] (обл.) откладывать, задерживать или прерывать (неудобную работу); скупиться; надевать впервые; вызывать затруднения.

enguerrillarse. [возв. гл.] (Амер.) располагаться партизанскими отрядами.

enguijarrado, da. [страд. прич.] к enguijarrar; [м.] настил из булыжника.

enguijarrar. [перех.] выстилать, мостить булыжником.

enguillotarse. [возв. гл.] (разг.) углубляться, погружаться (в дело).

enguirnaldar. [перех.] украшать гирляндами.

enguizgar. [перех.] подстрекать, побуждать.

engullidor, ra. [прил.] глотающий не прожёвывая; [м. и ж.] обжора.

engullir. [перех.] глотать не прожёвывая, с жадностью глотать.

engurrio. [м.] печаль, грусть, меланхолия.

engurrioso, sa. [прил.] (Амер.) завистливый.

engurruñar. [перех.] комкать, мять; engurruñarse. [возв. гл.] мяться; мрачнеть; печалиться, грустить; нахохлиться (о птицах).

engurruñir. [перех.] комкать, мять.

enhacinar. [перех.] нагромождать, сваливать в кучу.

enharinar. [перех.] засыпать, посыпать мукой.

enhastiar. [перех.] надоесть, опротиветь; наводить скуку.

enhastillar. [перех.] вмещать в колчан (о стрелах).

enhatijar. [перех.] покрывать ульи (при перемещении).

enhebillar. [перех.] застёгивать.

enhebrar. [перех.] вдевать нитку; нанизывать; (перен.) (разг.) болтать несвязно, рассказывать.

enhechizar. [перех.] (обл.) околдовывать, см. hechizar.

enhenar. [перех.] покрывать, завёртывать сеном.

enherbolar. [перех.] отравлять (стрелы и т. д.).

enhestador, ra. [м. и ж.] тот, кто выпрямляет что-л.

enhestadura. [ж.] enhestamiento. [м.] поднимание; выпрямление.

enhestar. [перех.] поднимать, воздвигать; выпрямлять; высоко держать; enhestarse. [возв. гл.] подниматься; выпрямляться.

enhielar. [перех.] смешивать с жёлчью.
enhiesto, ta. [непр. страд. прич.] к enhiestar; [прил.] поднятый; стоящий прямо.
enhilar. [перех.] см. enhebrar; (перен.) приводить в порядок (мысли), направлять, руководить; см. enfilar; [неперех.] направляться к какой-л цели.
enhipnalismo. [м.] животный магнетизм.
enhollinar. [перех.] покрывать сажей.
enhorabuena. [ж.] поздравление; [нареч.] счастливо, удачно, успешно; очень хорошо, прекрасно: * dar la enhorabuena, поздравлять кого-л. с чем-л.
enhoramala. [нареч.] к несчастью, в недобрый час: * vaya usted (muy) enhoramala, убирайся!, вон отсюда!.
enhorcar. [перех.] связывать в пучки (головки лука, чеснока); (обл.) собирать и т. д. с помощью вилами.
enhornar. [перех.] сажать в печь.
enhorquetar. [перех.] (Амер.) помещать верхом.
enhuecar. [перех.] см. ahuecar.
enhuerarse. [возв. гл.] становиться неоплодотворённым (о яйце).
enícola. [прил.] занимающийся торговлей вина.
enigma. [ж.] загадка.
enigmáticamente. [нареч.] загадочно.
enigmático, ca. [прил.] загадочный.
enigmatista. [м. и ж.] человек, говорящий загадочно.
enigmatizar. [перех.] загадочно говорить, говорить загадками.
enjabegarse. [возв. гл.] (мор.) запутываться; обвиваться; см. enroscarse.
enjabonado, da. [страд. прич.] к enjabonar; [прич.] (Амер.) серый в яблоках (о лошади); [м.] намыливание.
enjabonadura. [ж.] enjabonamiento. [м.] намыливание.
enjabonar. [перех.] стирать мылом; намыливать, мылить; (перех.) (разг.) льстить; намыливать голову, бранить, журить.
enjaezado, da. [страд. прич.] к enjaezar; (арг.) человек, любящий изящно одеваться.
enjaezamiento. [м.] надевание сбруи.
enjaezar. [перех.] надевать упряжь, сбрую.
enjaguadura, enjaguar. см. enjuagadura, enjuagar.
enjagüe. [м.] (мор.) присуждение судна кредиторам.
enjalbegado, da. [страд. прич.] к enjalbegar; [м.] см. enjalbegadura.
enjalbegador, ra. [прил.] белящий (известью) (тже. сущ.).
enjalbegadura. [ж.] enjalbegamiento. [м.] побелка известью.
enjalbegar. [перех.] белить, покрывать, обмазывать (известью); (перен.) белить, подкрашивать лицо; enjalbegarse. [возв. гл.] краситься, румяниться, употреблять косметику.
enjalbiego. [м.] (обл.) побелка известью.
enjalma. [ж.] лёгкое вьючное седло.
enjalmar. [перех.] надевать вьючное седло на..., навьючивать; делать вьючные сёдла.
enjalmero, ra. [м. и ж.] тот, кто делает или продаёт вьючные сёдла (enjalmas).
enjambradera. [ж.] крышка ячейки пчелыматки; пчела-матка.
enjambradero. [м.] место, где пчёлы роятся.
enjambrador, ra. [прил.] собирающий пчёл в улей; отделяющий рой (тже. сущ.).

enjambrar. [перех.] собирать пчёл в улей; отделять рой, вынимать рой из улья; [неперех.] (от)роиться (о пчёлах); (перен.) плодиться, множиться, производить что-л в изобилии.
enjambrazón. [ж.] роение пчёл, дейст. к enjambrar.
enjambre. [м.] рой; (перен.) множество, большое количество людей, толпа.
enjaminado, da. [страд. прич.] к enjaminar; [прил.] (Амер.): * mal enjaminado, неряшливый.
enjaminar. [перех.] (Амер.) см. enjalmar; enjaminarse. [возв. гл.] (Амер.) украшаться, наряжаться.
enjaquimar. [перех.] надевать недоуздок; (обл.) приводить в порядок и т. д.
enjaranado, da. [страд. прич.] к enjaranarse; [прил.] (Амер.) запутанный в долгах.
enjaranarse. [возв. гл.] (Амер.) входить в долги.
enjarciado, da. [страд. прич.] к enjarciar; [прил.] (мор.) снабжённый такелажем.
enjarciar. [перех.] (мор.) оснащать, вооружать (такелажем и т. д.).
enjardinar. [перех.] располагать по садовому порядку (о деревьях).
enjaretado, da. [страд. прич.] к enjaretar; [м.] (мор.) решётчатый настил.
enjaretar. [перех.] шнуровать; (перен.) (разг.) говорить или делать что-л поспешно; навязать что-л, взваливать; (Амер.) включать, вставлять.
enjarrarse. [возв. гл.] (Амер.) подбочениться.
enjaular. [перех.] сажать в клетку; (перен.) (разв.) сажать, заключать в тюрьму.
enjaule. [м.] сажание в клетку.
enjebar. [перех.] квасцевать (сукно) перед краской; см. enjabonar.
enjebe. [м.] квасцы; дейст. к квасцевать перед краской (о сукне).
enjergar. [перех.] (разг.) приступить к делу, руководить делом.
enjertación. [ж.] (с.-х.) прививка.
enjertal. [м.] фруктовый сад (из привитых деревьев).
enjertar. [перех.] (с.-х.) прививать, см. injertar.
enjerto, ta. [непр. страд. прич.] к enjertar; [м.] привитое растение; (перен.) смесь чего-л разнородного.
enjilladura. [ж.] (Амер.) см. raquitismo.
enjillirse. [возв. гл.] (Амер.) не достигать нормального развития или роста.
enjiquerar. [перех.] (Амер.) класть в вещевой мешок, в ранец.
enjordanar. [перех.] (м. употр.) чистить, освежать, придавать моложавый вид.
enjorguinarse. [возв. гл.] стать колдуном.
enjoyar. [перех.] украшать драгоценностями; обогащать; делать прекраснее, украшать; оправлять, вставлять в оправу драгоценные камни.
enjoyelado, da. [прил.] превращённый в драгоценность (о золоте и т. д.); украшенный драгоценностями.
enjoyelador. [м.] оправщик (драгоценных камней).
enjoyelar. [перех.] украшать маленькими драгоценностями.
enjuagadientes. [м.] количество жидкости для полоскания зубов.
enjuagadura. [ж.] полоскание; помои.
enjuagar. [неперех.] полоскать, прополаскивать, выполаскивать: * enjuagar la boca, полоскать рот.
enjuagatorio. [м.] см. enjuague.
enjuague. [м.] см. enjuagadura; полоскательница, сосуд для полоскания; (перен.) тёмные дела.
enjugadero. [м.] сушильня; [прил.] вытирающий, осушающий.

enjugamanos. [м.] (Амер.) полотенце.
enjugar. [перех.] вытирать, осушать; (перен.) расплачиваться (с долгами и т. д.); enjugarse. [возв. гл.] худеть.
enjugascarse. [перех.] (обл.) погружаться в игру и т. д.
enjuiciable. [прил.] (юр.) могущий быть судимым.
enjuiciamiento. [м.] (юр.) разбор дела; следствие, расследование; судебная процедура.
enjuiciar. [перех.] (юр.) возбуждать дело; производить дело; разбирать дело; судить.
enjulio, enjullo. [м.] (текст.) навой.
enjuncar. [перех.] покрывать камышом; (мор.) связывать камышом (о парусах).
enjunciar. [перех.] (обл.) покрывать осокой (улицы, при празднике).
enjundia. [ж.] жир (у птичьего яичника); жир в брюшной полости (у некоторых животных); (перен.) сущность; решимость, сила, мощь; природное свойство, характер.
enjundioso, sa. [прил.] жирный; (перен.) содержательный; существенный.
enjunque. [м.] (мор.) очень тяжёлый балласт; нагрузка балластом.
enjutez. [ж.] сухость, отсутствие влажности.
enjuto, ta. [непр. страд. прич.] к enjugar; [прил.] сухопарый, сухой, худой, худощавый; [м. множ.] хворост; щепки (для растопки); лёгкая закуска, возбуждающая жажду.
enlaberintarse. [возв. гв.] (Амер.) приходить в восторг.
enlabiador, ra. [прил.] соблазняющий (словами и т. д.); [м. и ж.] соблазнитель, (-ница) словами, обещаниями.
enlabiar. [перех.] обманывать, завлекать, соблазнять (словами, обещаниями).
enlabiar. [перех.] приставлять к губам.
enlabio. [м.] обман, соблазн, посулы.
enlace. [м.] (разн. знач.) связь, соединение; (перен.) брак (супружество), родство; (воен.) взаимодействие; связист; (ж. д.). см. empalme: * enlace matrimonial, супружество, брак.
enlaciar. [перех. и неперех.] сушить, иссушать; enlaciarse. [возв. гл.] увядать, сохнуть; блёкнуть.
enladrillado, da. [страд. прич.] к enladrillar; [м.] плиточный или кирпичный пол, настил из плит и т. д.
enladrillador. [м.] см. solador.
enladrilladura. [ж.] плиточный или кирпичный пол.
enladrillar. [перех.] мостить кирпичом.
enlagunar. [перех.] затоплять (поля).
enlamar. [перех.] покрывать поля илом (о наводнении и т. д.); удобрять землю илом.
enlaminarse. [возв. гл.] (обл.) приохотиться, пристраститься.
enlanado, da. [прил.] шерстистый, набитый или покрытый шерстью.
enlanchar. [перех.] (обл.) выстилать плит(к)ами.
enlanguidecer. [перех.] заставлять чахнуть, слабеть, томиться; [непр. гл.] спрягается как agradecer.
enlardar. [перех.] смазывать салом; шпиговать.
enlatar. [перех.] (Амер.) покрывать планками (о крыше).
enlatar. [перех.] класть в жестяные банки (консервы).
enlazable. [прил.] поддающийся сплетению и т. д.
enlazador, ra. [прил.] соединяющий; связывающий; сцепляющий и т. д. (тже. сущ.).

enlazadura. [ж.] enlazamiento. [м.] см. enlace.
enlazar. [перех.] соединять (бантами); связывать; сцеплять; ловить с помощью лассо; **enlazarse.** [возв. гл.] сочетаться браком; породниться (через брак); соединяться (бантами); связываться; сцепляться.
enlechar. [перех.] покрывать извёсткой.
enlegajar. [перех.] связывать пачками.
enlegamar. [перех.] удобрять илом; покрывать илом.
enlejiar. [перех.] класть в щёлок; растворять щелочь в воде.
enlenzar. [перех.] укреплять узкими полосками (полотна); [непр. гл.] спрягается как acertar.
enlerdar. [перех.] задерживать; замедлять; мешать, препятствовать.
enligamiento. [м.] смазывание клеем (для ловли птиц).
enligar. [перех.] смазывать клеем (для ловли птиц); **enligarse.** [возв. гл.] завязнуть в клее (о птицах).
enlistar. [перех.] (Амер.) заносить в список; **enlistar.** [возв. гл.] записываться, см. alistar(se).
enlistonado, da. [страд. прич.] к enlistonar; [м.] совокупность брусков; сооружение из брусков.
enlistonar. [перех.] (арх.) снабжать брусками (для опоры и т. д.).
enlizar. [перех.] прибавлять основы.
enlobreguecer. [перех.] затемнять, делать тёмным, мрачным; [непр. гл.] спрягается как agradecer.
enlodadura. [ж.] enlodamiento. [м.] забрызгивание грязью, загрязнение грязью.
enlodar, enlodazar. [перех.] пачкать, грязнить, марать (грязью); покрывать грязью (о стенах и т. д.); (перен.) пятнать, осквернять, принижать.
enlodocinarse. [возв. гл.] пачкаться, мараться (грязью); (перен.) бесчестить себя.
enloquecedor, ra. [прил.] доводящий до безумия.
enloquecer. [перех.] сводить с ума; [неперех.] сходить с ума; (с.-х.) переставать плодоносить (о фруктовых деревьях); [непр. гл.] спрягается как agradecer.
enloquecimiento. [м.] безумие, сумасшествие, помешательство.
enlosado, da. [страд. прич.] к enlosar; настил из плит; плиточный пол.
enlosador. [м.] мостильщик.
enlosar. [перех.] выстилать плит(к)ами, настилать плиты.
enlozanarse. [возв. гл.] чваниться, хвастаться силой, мужеством.
enlucido, da. [страд. прич.] к enlucir; [прил.] побелённый, штукатуренный; [м.] известковое молоко, гипсовый слой, штукатурка.
enlucimiento. [м.] штукатурка, побелка.
enlucir. [перех.] белить, штукатурить; начищать, чистить до блеска, шлифовать (металлы и т. д.); [непр. гл.] спрягается как lucir.
enlustrado. [м.] (Амер.) бисквит, покрытый сахаром.
enlustrecer. [перех.] лощить, начищать, наводить глянец, блеск; [непр. гл.] спрягается как agradecer.
enlutar. [перех.] одевать в траур; (перен.) омрачать; печалить, огорчать.
enllantar. [перех.] (авт.) натягивать, насаживать железную шину на обод колеса.
enllante. [м.] оковка, обтяжка колёс шинами.
enllentecer. [перех.] размягчать, смягчать; [непр. гл.] спрягается как agradecer.
enllocar. [неперех.] см. enclocar; [непр. гл.] спрягается как contar.

enmanchambrar. [перех.] вставлять в пазы, сколачивать (деревянные изделия).
enmadejar. [перех.] (Амер.) мотать, сматывать.
enmaderación. [ж.] см. enmaderamiento, entibación.
enmaderado, da. [страд. прич.] к enmaderar; [м.] см. maderaje; обшивка деревом.
enmaderamiento. [м.] обшивка деревом.
enmaderar. [перех.] покрывать деревом, обшивать деревом; строить деревянные остовы.
enmadrarse. [возв. гл.] чрезмерно любить мать.
enmagrecer. [перех.] иссушать; [неперех. и возв. гл.] худеть; тощать; [непр. гл.] спрягается как agradecer.
enmalecer. [перех.] портить, вредить; [неперех.] заболеть; **enmalecerse** [возв. гл.] (Амер.) зарастать сорной травой. [непр. гл.] спрягается как agradecer.
enmallarse. [возв. гл.] (рыб.) попасться (в сети).
enmangador. [м.] рабочий, занимающийся насаживанием, насадкой на рукоятку и т. д.
enmangadura. [ж.] насаживание, насадка на рукоятку, на ручку и т. д.
enmangar. [перех.] насаживать на рукоятку, на ручку, на черенок, на топорище; снабжать рукояткой.
enmaniguado, da. [страд. прич.] к enmaniguarse; [м.] (Амер.) кустарниковое место.
enmaniguarse. [возв. гл.] (Амер.) зарастать кустарником; привыкать к деревенской жизни.
enmantar. [перех.] покрывать одеялом, пледом; **enmantarse.** [возв. гл.] делаться печальным (о птицах).
enmarañador, ra. [прил.] запутывающий (тже. сущ.).
enmarañamiento. [м.] дейст. к enmarañar.
enmararse. [возв. гл.] (мор.) выйти в открытое море.
enmarañar. [перех.] запутывать, путать; (перен.) запутывать, сбивать с толку; **enmarañarse.** [возв. гл.] покрываться отблесками солнца (на краях облаков).
enmaridar. [неперех.] выйти, пойти замуж (тже. возв. гл.).
enmarillecerse. [возв. гл.] желтеть; [непр. гл.] спрягается как carecer.
enmaromar. [перех.] привязывать, прикреплять канатом.
enmascaradamente. [нареч.] тайком.
enmascarado, da. [страд. прич.] к enmascarar; [м.] маска (человек).
enmascaramiento. [м.] маскировка; маскировочный материал.
enmascarar. [перех.] надевать маску на кого-л; переодевать; (перен.) маскировать, скрывать; (воен.) маскировать; **enmascararse.** [возв. гл.] надевать на себя маску, маскироваться.
enmasillado, da. [страд. прич.] к enmasillar; [м.] замазывание (о стёклах).
enmasillador, ra. [м. и ж.] тот, кто замазывает (стёкла и т. д.).
enmasillar. [перех.] замазывать, заделывать замазкой; шпаклевать.
enmatarse. [возв. гл.] скрываться среди кустов, см. enzarzarse.
enmayenarse. [возв. гл.] (Амер.) впасть в немилость.
enmelar. [перех.] мазать мёдом; делать мёд (о пчёлах); (перен.) подслащивать, смягчать, облегчать; [непр. гл.] спрягается как acertar.
enmelenado, da. [прил.] длинноволосый.
enmelotar. [перех.] (Амер.) мазать мёдом.
enmendable. [прил.] поправимый.
enmendación. [ж.] исправление (ошибки);

заглаживание (вины); возмещение (убытка).
enmendadamente. [нареч.] правильно; точно.
enmendador, ra. [прил.] исправляющий, вносящий поправки.
enmendadura. [ж.] см. enmienda.
enmendar. [перех.] исправлять (ошибку); заглаживать (вину); вносить поправки; возмещать (убытки); (юр.) вносить изменение (в приговоре); **enmendarse.** [возв. гл.] исправляться; [непр. гл.] спрягается как acertar.
enmendatura. [ж.] (Амер.) см. enmienda.
enmenia. [ж.] (мед.) менструация.
enménico, ca. [прил.] (мед.) менструальный.
enmeniopatía. [ж.] (мед.) менструальное расстройство.
enmielar. [перех.] (Амер.) см. enmelar.
enmienda. [ж.] см. enmendación; поправка, изменение (в договоре, резолюции); улучшение, исправление (м. употр.) вознаграждение; [множ.] (с.-х.) удобрения.
enmohecer. [перех.] покрывать плесенью; **enmohecerse.** [возв. гл.] покрываться плесенью, плесневеть; (перен.) ветшать, выходить из употребления, устареть; [непр. гл.] спрягается как agradecer.
enmohecimiento. [м.] покрытие плесенью; дейст. к плесневеть; плесень, цвель.
enmollecer. [перех.] смягчать, размягчать; [непр. гл.] спрягается как agradecer.
enmonarse. [возв. гл.] (Амер.) напиться пьяным.
enmontañarse. [возв. гл.] (Амер.) прятаться в чаще леса.
enmontarse. [возв. гл.] (Амер.) зарастать кустарником, покрываться лесом.
enmordazar. [перех.] см. amordazar.
enmostachado. [прил.] усатый.
enmostar. [перех.] забрызгать суслом.
enmotar. [перех.] (воен.) укреплять, строить замки.
enmudecer. [перех.] заставлять молчать; [неперех.] неметь; умолкать; [непр. гл.] спрягается как agradecer.
enmudecimiento. [м.] дейст. к неметь.
enmugrar. [перех.] (Амер.) пачкать жирной грязью.
enmugrecer. [перех.] пачкать, покрывать жирной грязью; [непр. гл.] спрягается как agradecer.
enmurar. [перех.] обносить, окружать каменной стеной; [непр. гл.] спрягается как agradecer.
enmustiar. [перех.] (м. употр.) вызывать увядание; делать блёклым; **enmustiarse.** [возв. гл.] увядать; блёкнуть.
enneciarse. [возв. гл.] глупеть, становиться глупым.
ennegrecer. [перех.] окрашивать, красить в чёрный цвет; чернить, вычернить, пятнать; омрачать; обкурить; **ennegrecerse.** [возв. гл.] см. nublarse. [непр. гл.] спрягается как agradecer.
ennegrecimiento. [м.] почернение; окрашивание в чёрный цвет; закапчивание; обкуривание (трубки).
ennoblecedor, ra. [прил.] облагораживающий; придающий великолепие и т. д.
ennoblecer. [перех.] жаловать дворянством; облагораживать; (перен.) украшать, обогащать, улучшать; придавать блеск, великолепие.

ennoblecimiento. [м.] возведение в дворянство; облагораживание.
ennudecer. [неперех.] переставать расти, становиться рахитичным; [непр. гл.] спрягается как agradecer.
enodio. [м.] (зоол.) трёхлетний олень.
enodrina. [прил.] перестающая класть яйца (о старой курице).
enófilo, la. [прил.] любящий вино (тже. сущ.).
enofobia. [ж.] отвращение к вину.
enófobo, ba. [прил.] чувствующий отвращение к вину.
enóforo. [м.] (ист.) сосуд для вина; виночерпий.
enoftalmia. [ж.] (пат.) западение глазного яблока в глазницу.
enografía. [ж.] учение о винах.
enojada. [ж.] (Амер.) раздражение.
enojadamente. [нареч.] раздражительно.
enojadizo, za. [прил.] раздражительный, легко возбудимый.
enojado, da. [страд. прич.] к enojar; [прил.] сердитый, рассерженный.
enojar. [перех.] сердить, раздражать, вызывать досаду, гнев; причинять неприятности; огорчать; enojarse. [возв. гл.] сердиться, раздражаться; досадовать на что-л; (перен.) разбушеваться (о ветре и т. д.).
enojo. [м.] раздражение, досада, гнев; беспокойство, неудобство, мука: *crecido de enojo, очень раздраженный.
enojón, na. [прил.] (Амер.) раздражительный, см. enojadizo.
enojosamente. [нареч.] раздражительно, с раздражением, с гневом.
enojoso, sa. [прил.] досадный, неприятный, вызывающий досаду, раздражение, беспокойство.
enología. [ж.] наука о виноделии.
enológico, ca. [прил.] относящийся к науке о виноделии.
enólogo, ga. [м. и ж.] теоретик виноделия.
enomanía. [ж.] (пат.) белая горячка.
enomaníaco, ca. [прил.] страдающий белой горячкой (тже. сущ.).
enomel. [м.] напиток из вина и мёда.
enómetro. [м.] спиртомер.
enópota. [м.] тот, кто пьёт много вина.
enorgullecer. [перех.] делать гордым, наполнять гордостью; enorgullerse. [возв. гл.] гордиться, кичиться чем-л; [непр. гл.] спрягается как agradecer.
enorgullecimiento. [м.] действ. к enorgullecer(se), гордость, надменность, высокомерие.
enorme. [прил.] огромный, громадный; непомерный, чудовищный; серьёзный.
enormemente. [нареч.] чрезмерно, чрезвычайно.
enormidad. [ж.] огромность, необъятность, чрезмерность, непомерность, огромный размер; чудовищность, невероятная глупость, и т. д.; невероятная развращённость и т. д.; злодейство.
enostosis. [ж.] (мед.) опухоль внутри кости.
enoteca. [ж.] винный музей.
enotecnia. [ж.] технология виноделия.
enotermo. [м.] прибор для нагревания вин.
enquelloideo, a. [прил.] угревидный.
enquiciar. [перех.] навешивать (дверь, окно и т. д.).
enquijotarse. [возв. гл.] донкихотствовать.
enquillotrar. [перех.] делать тщеславным, гордым, внушать

тщеславие; enquillotrarse. [возв. гл.] гордиться, чваниться; (разг.) влюбляться.
enquimo. [м.] (мед.) настой.
enquiñar. [перех.] (Амер.) спутывать (лошадь и т. д.).
enquiridión. [м.] сжатый сборник.
enquistado, da. [страд. прич.] к enquistarse; [прил.] имеющий форму кисты; (перен.) вставленный в...
enquistamiento. [м.] (мед.) инкапсуляция, инцистирование, заключение в мешочек, в кисту.
enquistarse. [возв. гл.] инкапсулироваться, заключиться в мешочек, в кисту.
enrabiar. [перех.] сильно раздражать, приводить в ярость, бесить; enrabiarse. [возв. гл.] приходить в ярость.
enraizado, da. [страд. прич.] к enraizar; [прил.] (обл.) см. arraigado.
enraizar. [неперех.] пускать корни; укореняться.
enrajonar. [перех.] (Амер.) наполнять строительным мусором и т. д.
enralecer. [неперех.] становиться редким; [перех.] прорежать (лес и т. д.); подстригать (деревья).
enramada. [ж.] переплетённые ветки деревьев; украшение из ветвей; навес из ветвей.
enramado, da. [страд. прич.] к enramar; [м.] совокупность шпангоутов судна.
enramar. [перех.] украшать или затенять ветвями; [неперех.] давать побеги; enramarse. [возв. гл.] прятаться, скрываться в ветвях.
enrame. [м.] украшение ветвями.
enranciarse. [возв. гл.] прогоркнуть.
enrarecer. [перех.] разрежать, делать редким; делать недостаточным; enrarecerse. [возв. гл.] разрежаться, становиться редким, менее плотным; недоставать; [непр. гл.] спрягается как agradecer.
enrarecimiento. [м.] разрежение.
enrasamiento. [м.] см. enrase.
enrasar. [перех.] выравнивать по уровню (стену, фундамент); выравнивать, сглаживать; (физ.) приводить к одному уровню.
enrase. [м.] выравнивание (каменной кладки, стены); выравнивание; (физ.) приведение к одному уровню.
enrastrar. [перех.] (обл.) низывать шелковичные коконы.
enratonarse. [возв. гл.] см. ratonarse.
enrayadura. [ж.] enrayamiento. [м.] вставление спиц (в колёса).
enrayar. [перех.] вставлять спицы (в колёса); тормозить.
enrazado, da. [страд. прич.] к enrazar; [прил.] (Амер.) см. mestizo.
enrazar. [перех.] скрещивать породы.
enredadera. [прил.] (бот.) вьющийся; [ж.] вьюнок.
enredador, ra. [прил. и сущ.] ловящий сетью; расставляющий сети; шаловливый, резвый, подвижной; запутывающий, сплетничающий; лгущий; [м. и ж.] шалун, (-ья); сплетник, (-ица); интриган, (-ка), лжец, лгун, (-ья); склочник, (-ица).
enredar. [перех.] ловить сетью; расставлять сети; спутывать, запутывать; шалить; резвиться; (перен.) сеять раздор, ссорить; впутать, втянуть; enredarse. [возв. гл.] запутываться (о делах); (разг.) см. amancebarse.
enredijo. [м.] (разг.) путаница; любовная связь, сожительство.
enredista. [прил.] (Амер.) сплетничающий, лгущий; [м. и ж.] сплетник, (-ица); интриган, (-ка); лгун, (-ья).
enredo. [м.] путаница; перех.; запутанность, сложность, затруднение; осложнение;

(перен.) шалости, проказы; обман, интрига, сплетни; любовная связь, любовные похождения; сплетение (обстоятельств); завязка (драмы и т. д.); [множ.] (разг.) инструменты, принадлежности.
enredoso, sa. [прил.] сложный; запутанный; (Амер.) см. enredista.
enrejado, da. [страд. прич.] к enrejar; [м.] решётки (здания и т. д.); решётка; решётчатая загородка; род жалюзи; (арг.) сетка для волос; пленник; (обл.) см. aguijada.
enrejadura. [ж.] (вет.) рана, вызванная лемехом (в ногах животного).
enrejar. [перех.] приделывать лемех к плугу; (вет.) причинять рану в ноги животного (лемехом).
enrejar. [перех.] обносить решёткой; (Амер.) штопать, чинить; (арг.) сажать в тюрьму.
enreligar. [перех.] (обл.) путать, запутывать.
enrevesado, da. [прил.] см. revesado.
enriado, da. [страд. прич.] к enriar; [м.] мочка (льна, конопли).
enriador, ra. [м. и ж.] тот, кто по ремеслу мочит (лён, коноплю).
enriamiento. [м.] мочка (льна, конопли).
enriar. [перех.] мочить (лён, коноплю).
enrielar. [перех.] делать рельсы; лить в отливную форму; (Амер.) класть рельсы; ставить на рельсы; (перен.) направлять.
enriendar. [перех.] (Амер.) взнуздывать.
enripiar. [перех.] наполнять щебнем, мусором.
enrique. [м.] старинная золотая монета.
enriquecedor, ra. [прил.] обогащающий; украшающий, увеличивающий.
enriquecer. [перех.] обогащать; (перен.) украшать; увеличивать; [неперех. и возв. гл.] обогащаться, богатеть; процветать; [непр. гл.] спрягается как agradecer.
enriquecimiento. [м.] обогащение; украшение (действ.).
enriscado, da. [прил.] утёсистый, скалистый; крутой (о спуске).
enriscamiento. [м.] укрытие в скалах.
enriscar. [перех.] повышать поднимать, возвышать; enriscarse. [возв. гл.] скрываться, прятаться среди скал.
enristrar. [перех.] связывать в пучки (головки лука, чеснока); (перен.) прямо идти куда-л; угадать что-л.
enrobinarse. [возв. гл.] (обл.) покрываться ржавчиной.
enrocar. [перех.] (шахт.) рокировать, делать рокировку.
enrocar. [перех.] надевать (пряжу) на прялку; [непр. гл.] спрягается как contar.
enroco. [м.] (Амер.) (шахм.) рокировка.
enrodar. [перех.] (ист.) колесовать; [непр. гл.] спрягается как contar.
enrodelado, da. [прил.] вооружённый круглым щитом (rodela).
enrodelar. [перех.] покрывать, защищать круглым щитом (rodela).
enrodrigar, enrodrigonar. [перех.] (с.-х.) подвязывать, подпирать жердями, подпорками (растения).
enrojar. см. enrojecer.
enrojecer. [перех.] раскалять докрасна; делать красным, окрашивать в красный цвет; [неперех.] краснеть (от стыда); enrojecerse. [возв. гл.] краснеть (от стыда) стыдиться; [непр. гл.] спрягается как agradecer.
enrojecido, da. [страд. прич.] к enrojecer; [прил.] красный.
enrojecimiento. [м.] действ. к раскалять докрасна; окрашивание в красный цвет действ. к краснеть.

enrolado, da. [страд. прич.] к enrolar; [прил.] занесённый в список.
enrolamiento. [м.] (мор.) занесение в список личного состава судна; (Амер.) занесение в военный список.
enrolar. [перех.] заносить в список личного состава судна; (Амер.) призывать, заносить в военный список.
enrollado, da. [страд. прич.] к enrollar; [м.] волюта, завиток.
enrollamiento. [м.] свёртывание; мощение (улиц).
enrollar. [перех.] свёртывать, скатывать; см. arrollar; мостить (улицы).
enrollizar. [перех.] (горн.) крепить.
enromar. [перех.] делать тупым, притуплять.
enrona. [ж.] (обл.) щебень, строительный мусор.
enronar. [перех.] (обл.) наполнять щебнем, строительным мусором; грязнить, пачкать.
enronquecer. [перех.] делать охрипшим; enronquecerse. [возв. гл.] хрипнуть; [непр. гл.] спрягается как agradecer.
enronquecimiento. [м.] хрипота, охриплость.
enroñar. [перех.] заражать овечьей паршой; покрывать ржавчиной; enroñarse. [возв. гл.] покрываться ржавчиной.
enroque. [м.] (шахм.) рокировка.
enrosar. [перех.] окрашивать в розовый цвет.
enroscadamente. [напеч.] винтообразно, спирально, в форме спирали.
enroscadura. [ж.] свёртывание спиралью.
enroscar. [перех.] свёртывать спиралью; ввинчивать, завинчивать; enroscarse. [возв. гл.] свёртываться, виться винтообразно, спирально.
enrostrar. [перех.] (Амер.) бросить в лицо (упрёк и т. д.), упрекать, укорять, порицать.
enrubiador, ra. [прил.] окрашивающий в белокурый цвет.
enrubiar. [перех.] окрашивать в белокурый цвет; enrubiarse. [возв. гл.] становиться белокурым.
enrubio. [м.] окрашивание в белокурый цвет.
enrudecer. [перех.] огрубить, делать грубым; притуплять (умственно); enrudecerse. [возв. гл.] отупеть; [непр. гл.] спрягается как agradecer.
enrudecimiento. [м.] огрубение; отупение.
enruinecer. [неперех.] становиться низким, подлым и т. д.; [непр. гл.] спрягается как agradecer.
enrular. [перех.] (Амер.) (гал.) завивать.
enruna. [ж.] (обл.) см. enrona; тина, ил.
enrunar. [перех.] (обл.) см. enronar; засорять грязью; грязнить, пачкать грязью.
ensabanada. [ж.] см. encamisada.
ensabanada, da. [страд. прич.] к ensabanar; [прил.] (тавр.) белый с чёрной головой и чёрными ногами; (стр.) первый слой гипса.
ensabanar. [перех.] покрывать простынями; (стр.) покрывать слоем гипса.
ensacador, ra. [прил.] ссыпающий в мешок (тже. сущ.).
ensacamiento. [м.] ссыпание в мешок, в мешки.
ensacar. [перех.] ссыпать в мешок, в мешки.
ensaimada. [ж.] сорт сладкого пирога в форме спирали.
ensalada. [ж.] салат; (перен.) винегрет, мешанина, смесь; (Амер.) прохладительный напиток из лимонного сока, мяты, ананаса и т. д.: * ensalada de lechuga, салат-латук; * ensalada rusa, винегрет (тже. перен.).
ensaladera. [ж.] салатник, салатница.

ensalivar. [перех.] слюнить, слюнявить.
ensalmador, ra. [м. и ж.] (уст.) костоправ; знахарь.
ensalmar. [перех.] вправлять вывих (о костоправе); заговаривать (болезнь).
ensalmista. [м.] лекарь-шарлатан; знахарь.
ensalmo. [м.] молитвы и т. д. (при заговаривании болезни; знахарство: * por ensalmo, мгновенно, чудом.
ensalobrarse. [возв. гл.] становиться солоноватым (о воде).
ensalvajar. [перех.] (разг.) доводить до скотского состояния; ensalvajarse. [возв. гл.] звереть.
ensalzador, ra. [прил.] восхваляющий, прославляющий, превозносящий.
ensalzamiento. [м.] восхваление, прославление, возвеличивание.
ensalzar. [перех.] восхвалять, превозносить, прославлять, расхваливать.
ensambenitar. [перех.] надевать на кого-л sambenito.
ensamblado, da. [страд. прич.] к ensamblar; [м.] сборочная работа.
ensamblador, ra. [м.] сборщик; столяр.
ensambladura. [ж.] (тех.) сборка, связывание, соединение деревянных частей шипами и т. д.
ensamblaje. [м.] см. ensambladura.
ensamblar. [перех.] собирать, прилаживать, связывать, соединять деревянные части между собой (шипами и т. д.).
ensamble. [м.] см. ensamblamiento; запас (в шве); пригородный участок земли для застройки.
ensandecer. [неперех.] становиться глупым, глупеть; [непр. гл.] спрягается как agradecer.
ensandecimiento. [м.] дейст. к ensandecer; глупость.
ensangostar. [перех.] см. angostar, angustiar.
ensangrentamiento. [м.] окровавление.
ensangrentar. [перех.] окровавливать, обагрять, пачкать кровью; ensangrentarse. [возв. гл.] окровавливаться; приходить в ярость, раздражаться; * ensangrentarse con, contra, (перен.) ожесточаться: * ensangrentado, окровавленный.
ensangustiar. [перех.] наполнять тревогой, страхом; огорчать.
ensañamiento. [м.] ожесточение, злоба.
ensañar. [перех.] раздражать, приводить в ярость, в гнев, озлоблять, бесить; ensañarse. [возв. гл.] раздражаться, приходить в ярость, в гнев, ожесточаться; наслаждаться, причиняя страдания.
ensarmentar. [перех.] см. amugronar; [непр. гл.] спрягается как acertar.
ensarnecer. [неперех.] заболеть чесоткой; [непр. гл.] спрягается как agradecer.
ensartar. [перех.] нанизывать; прокалывать; несвязно и непрерывно болтать.
ensarte. [м.] дейст. к ensartar, нанизывание.
ensarto. [м.] (Амер.) см. sarta.
ensay. [м.] проба (металлов).

ensayador, ra. [м. и ж.] тот, кто испытывает, пробирует (металлы).
ensayar. [перех.] пробовать, делать пробу, испытывать; пробировать (драгоценные металлы); упражнять, тренировать, развивать, обучать, приучать; репетировать (пьесу); ensayarse. [возв. гл.] упражняться.
ensayarse. [возв. гл.] надевать на себя юбку.
ensaye. [м.] испытание, проба (преимущ. металлов).
ensayista. [м. и ж.] эссеист, очеркист.
ensayo. [м.] проба, испытание; попытка; (теат.) репетиция, репетирование; пробирование (драгоценных металлов) очерк, этюд, эссе: * ensayo general, (театр.) генеральная репетиция, просмотр.
ensebado, da. [страд. прич.] к ensebar; [прил.] жирный, сильный.
ensebadura. [ж.] ensebamiento. [м.] смазывание животным жиром, салом или маслом.
ensebar. [перех.] смазывать животным жиром, салом; смазывать маслом.
enseguida. [нареч.] немедленно, тотчас, следом.
enselvado, da. [страд. прич.] к enselvar; [прил.] покрытый густым лесом, лесистый.
enselvar. [перех.] см. emboscar.
ensenada. [ж.] бухточка, небольшая бухта, губа.
ensenado, da. [страд. прич.] к ensenar; [прил.] в форме груди (женской).
ensenar. [перех.] прятать на груди, за пазуху; (мор.) укрывать в бухточке; ensenarse. [возв. гл.] укрываться в бухточке.
ensento, ta. [прил.] (обл.) одинокий, уединённый; серьёзный, важный.
enseña. [ж.] знамя, флаг; (воен.) штандарт.
enseñable. [прил.] подлежащий обучению.
enseñado, da. [страд. прич.] к enseñar; [прил.] воспитанный: * bien, mal enseñado, благовоспитанный, хорошо воспитанный, плохо воспитанный.
enseñador, ra. [прил.] преподающий, обучающий (тже. сущ.).
enseñamiento. [м.] см. enseñanza.
enseñanza. [ж.] преподавание, обучение, учение; образование; метод преподавания; (перен.) урок, наставление, пример; * primera enseñanza, начальное обучение; * segunda enseñanza, enseñanza secundaria, среднее образование; средняя школа; * enseñanza superior, высшее образование; высшая школа.
enseñar. [перех.] обучать (кого-л чему-л); преподавать (что-л кому-л); учить (чему-л); показывать, указывать; enseñarse. [возв. гл.] приучаться, привыкать, свыкаться.
enseñoramiento. [м.] обладание чем-л; присваивание положения хозяина.
enseñorearse. [возв. гл.] (de) овладевать чем-л; присваивать себе власть, положение хозяина.
enserar. [перех.] покрывать плетёными корзинами (seras, см. sera).
enseres. [м. множ.] мебель, носильные вещи, домашние вещи, утварь.
enseriarse. [возв. гл.] (Амер.) становиться серьёзным, притворяться серьёзным.

enserpentado, da. [страд. прич.] к enserpentarse; [прил.] (разг.) яростный, раздражённый.

enserpentarse. [возв. гл.] (перех.) раздражаться, сердиться.

ensífero, ra. [прил.] (бот.) с мечевидными ветвями.

ensiforme. [прил.] мечевидный.

ensilador. [м.] (с.-х.) тот, кто занимается ссыпанием зерна и т. д. в силос.

ensilaje. [м.] (с.-х.) ссыпание, ссыпка зерна и т. д. в силос.

ensilar. [перех.] (с.-х.) ссыпать зерно и т. д. в силос, хранить зерно в ямах; (уст.) см. tragar.

ensilvecerse. [возв. гл.] зарастать, покрываться лесом.

ensillada. [ж.] небольшой холм или низина (у горы).

ensilladura. [ж.] седлание коня; часть хребета коня, на которую надевают седло; передняя поясничная выпуклость.

ensillamiento. [м.] седлание коня.

ensillar. [перех.] седлать, осёдлывать: *no dejarse ensillar*, не позволять командовать собой.

ensimismado, da. [страд. прич.] к ensimismarse; [прил.] задумчивый, мечтательный.

ensimismamiento. [м.] глубокая задумчивость.

ensimismarse. [возв. гл.] погружаться в свои мысли, отвлекаться, становиться задумчивым; (Амер.) чваниться, гордиться.

ensobacarse. [возв. гл.] (Амер.) сопротивляться, упрямиться.

ensobear. [перех.] (обл.) прикреплять ярмо к дышлу (ремнём).

ensoberbecer. [перех.] делать гордым; вызывать, возбуждать гордость; **ensoberbecerse.** [возв. гл.] гордиться, возгордиться, кичиться чем-л; вздыматься (о волнах).

ensoberbecimiento. [м.] дейст. к гордиться или возбуждать гордость; гордость.

ensobrar. [перех.] (Амер.) класть в конверт.

ensogar. [перех.] привязывать или обвязывать канатом, верёвкой.

ensoguillar. [перех.] (Амер.) см. ensogar; брать в плен.

ensolver. [перех.] включать, вставлять; сокращать, сжимать; (мед.) рассасывать; [непр. гл.] спрягается как mover.

ensombrecer. [перех.] затемнять, омрачать; **ensombrecerse.** [возв. гл.] омрачаться, темнеть, мрачнеть; [непр. гл.] спрягается как agradecer.

ensombrerado, da. [прил.] (разг.) в шляпе.

ensoñador, ra. [прил.] мечтательный; [м. и ж.] мечтатель, (-ница).

ensoñar. [неперех.] (обл.) мечтать; [непр. гл.] спрягается как contar.

ensopar. [перех.] делать похлёбку из мочёного хлеба; (Амер.) пропитывать до костей, до нитки; **ensoparse.** [возв. гл.] (Амер.) промокнуть до костей.

ensordar. [перех.] (обл.) оглушать.

ensordecedor, ra. [прил.] оглушительный, оглушающий.

ensordecer. [перех.] оглушать; делать глухим (о звуке); [неперех.] глохнуть, становиться глухим; молчать, представляться глухим; [непр. гл.] спрягается как agradecer.

ensordecimiento. [м.] оглушение.

ensortijado, da. [страд. прич.] к ensortijar; [прил.] вьющийся, кудрявый.

ensortijamiento. [м.] завивка (локонами).

ensortijar. [перех.] завивать в локоны, мелко завивать.

ensotanar. [перех.] надевать на кого-л сутану, рясу; **ensotanarse.** [возв. гл.] надевать на себя сотану.

ensotarse. [возв. гл.] скрываться в рощу.

ensuavecer. [перех.] (обл.) смягчать; [непр. гл.] спрягается как agradecer.

ensuciador, ra. [прил.] пачкающий, марающий и т. д.

ensuciamiento. [м.] загрязнение; пачканье, маранье.

ensuciar. [перех.] пачкать, грязнить, марать; (перен.) чернить кого-л, бесчестить, порочить, осквернять; [неперех.] (разг.) испражняться; **ensuciarse.** [возв. гл.] (за)пачкаться, загрязниться; (перен.) давать себя подкупить: *ensuciarla* (разг.) портить (дело).

ensueño. [м.] сон, сновидение; мечта, грёза, мечтание, обманчивое представление, иллюзия.

ensullo. [м.] (текст.) см. enjullo.

ensurucarse. [возв. гл.] (Амер.) напиваться пьяным.

ensutarse. [возв. гл.] (Амер.) худеть.

entabicar. [перех.] перегораживать, ставить перегородки.

entablación. [ж.] настилка пола, обшивка досками, облицовка.

entablado, da. [страд. прич.] к entablar; [м.] помост, дощатый настил, пол.

entablador. [м.] (Амер.) настильщик полов (досками).

entabladura. [ж.] настилка досками.

entablamento. [м.] (арх.) антаблемент.

entablar. [перех.] настилать, покрывать, обшивать (досками), настилать паркет; см. entablillar; (шахм.) расставлять фигуры; предпринимать, затевать; завязывать, начинать, предпринимать; (Амер.) (юр.) начинать, возбуждать дело, предъявлять иск; приучать лошадей ходить в табуне; **entablarse.** [возв. гл.] противиться (о лошади); установиться в определённое направление (о ветре): *entablar la lucha*, начинать борьбу; *entablar una acción judicial*, (Амер.) подать в суд на кого-л.

entable. [м.] см. entabladura; (шахм.) расположение фигур.

entablillladura. [ж.] **entablillamiento.** [м.] (хир.) накладывание лубков, шины.

entablillar. [перех.] (хир.) накладывать лубки, шину, фиксирующую повязку; фиксировать (лубком и т. д.).

entablón, na. [прил.] (Амер.) хвастливый, храбрый на словах; плутоватый; [м. и ж.] бахвал, хвастун, (-ья); плут.

entablonada. [ж.] (Амер.) см. fanfarronado.

entablonado. [м.] (Амер.) дощатый настил.

entalamadura. [ж.] брезентовая крыша на фургонах, двуколках и т. д.

entalamar. [перех.] покрывать брезентовой крышей (двуколку и т. д.).

entalegar. [перех.] класть в мешки; копить деньги.

entalingar. [перех.] (мор.) привязывать к якорю (канат).

entalonar. [неперех.] пускать побеги.

entalla. [ж.] см. entalladura.

entallable. [прил.] поддающийся ваянию и т. д.

entallador. [м.] скульптор; резчик, гравёр.

entalladura. [ж.] высечка, ваяние, гравирование; гнездо, паз; вырез, надрез.

entallamiento. [м.] см. entalladura.

entallar. [перех.] высекать, ваять, вырезать (из дерева, мрамора и т. д.); делать гнёзда, пазы; делать надрез.

entallar. [неперех.] быть в талию (о платье); (о платье) сидеть (хорошо, плохо); [перех.] придавать форму талии (о платье).

entallecer. [неперех.] (бот.) прорастать; идти в стебель; [непр. гл.] спрягается как agradecer.

entallo. [м.] резная работа, скульптура.

entamar. [перех.] покрывать волокнами (льна); (обл.) отрезать первый кусок, первый ломоть, см. encentar.

entangarse. [возв. гл.] (Амер.) свёртываться, скатываться.

entapar. [перех.] (Амер.) переплетать, обёртывать (книги).

entaparar. [перех.] (Амер.) прятать, скрывать, укрывать.

entapetado, da. [прил.] накрытый ковровой скатертью.

entapiar. [перех.] обносить (глинобитной) стеной или забором, замуровывать.

entapizada. [ж.] ковёр, см. alfombra.

entapizar. [перех.] обивать обоями; покрывать, обвешивать, украшать коврами; (перен.) покрывать.

entapujar. [перех.] (разг.) покрывать, накрывать; (перен.) скрывать правду, говорить обиняками.

entarascar. [перех.] разукрашивать, нарядить, разодеть (тж. возв. гл.).

entarimado. [м.] дощатый пол, паркет.

entarimador. [м.] паркетчик, паркетный мастер.

entarimar. [перех.] настилать паркет, покрывать паркетом.

entarquinado, da. [страд. прич.] к entarquinar; [м.] (с.-х.) удобрение земли илом.

entarquinamiento. [м.] удобрение земли илом.

entarquinar. [перех.] удобрять илом; пачкать илом; поднимать уровень земли при помощи наносных наслоений.

entarugado, da. [страд. прич.] к entarugar; [м.] мощение торцами.

entarugar. [перех.] мостить торцами.

éntasis. [ж.] (арх.) утолщение диаметра (у некоторых колонн).

ente. [м.] существо; всё существующее; (разг.) нелепый, смешной человек.

entecado, da. [страд. прич.] к entecarse; [прил.] слабый, болезненный, хилый, чахлый.

entecarse. [возв. гл.] (обл.) упорствовать, упрямиться.

enteclado. [м.] (Амер.) клавиатура.

enteco, ca. [прил.] слабый, хилый, болезненный, чахлый, щуплый.

entechar. [перех.] (Амер.) см. techar.

entejar. [перех.] (Амер.) см. tejar.

entelar. [перех.] покрывать материей; вуалировать; (разг.) затемнять взгляд; (обл.) пучить, вздувать живот; **entelarse.** [возв. гл.] (обл.) страдать метеоризмом.

entelequia. [ж.] (фил.) энтелехия.

entelerido, da. [прил.] застывший, объятый ужасом; (обл.) (Амер.) слабый, хилый

entena. [ж.] (мор.) длинный реёк.

entenado, da. [м. и ж.] пасынок, падчерица.

entenallas. [ж. множ.] (тех.) ручные тиски.

entendederas. [ж. множ.] (разг.) ум, разум *tener malas entendederas*, быть глупым.

entendedor, ra. [прил.] понимающий и т. д. *al buen entendedor pocas palabras*, умный смыслит с полслова.

entender. [перех.] понимать, разуметь, знать, уметь делать, быть знатоком, сведущим человеком в, знать толк в чём-л, разбираться в; думать, судить, иметь мнение; желать, хотеть; выводить, делать вывод; **entenderse.** [возв. гл.] знать, понимать себя; подразумевать; договариваться, уславливаться ладить друг с другом; быть в любовных сношениях (тайком): *a mi enter-*

der, по моему мнению, на мой взгляд, я думаю, что..., я нахожу, что...; * ¿cómo se entiende?, что это значит; * entender mal, не так понимать; * entender de, знать толк в чём-л, быть знатоком в чём-л; * entenderse con uno, договориться; * tener que entenderse con alguno, иметь дело с кем-л; [непр. гл.] ind. pres. entiendo, -es, -e, entendemos, -éis, entienden; pres. subj. entienda, -as и т. д.

entendidamente. [нареч.] знающим образом; ловко.

entendido, da. [страд. прич.] к entender; [прил.] знающий, сведущий, опытный, искусный, учёный: * muy entendido en, большой знаток в чём-л; * no darse por entendido, и ухом не вести, прикидываться глухим.

entendimiento. [м.] рассудок, способность суждения, мыслительная способность; понимание, разумение; сознание, ум; мнение: * entendimiento limitado, ограниченный ум; * de entendimiento, очень умный.

entenebrecer. [перех.] окружать мраком, затемнять; [непр. гл.] спрягается как agradecer.

entenebrecido, da. [страд. прич.] к entenebrecer; [прил.] покрытый, окружённый мраком.

entenebrecimiento. [м.] затемнение, потемнение.

entenga. [ж.] (обл.) длинный гвоздь.

entente. [м.] (гал.) взаимное понимание, согласие, соглашение, сговор.

enteo, a. [прил.] вдохновенный.

enteo. [м.] (обл.) желание, хотение, прихоть.

enteomanía. [ж.] сорт религиозного сумасшествия.

entequez. [ж.] хилость, болезненность.

entera. [ж.] (обл.) см. dintel.

enterado, da. [страд. прич.] к enterar; знающий, осведомлённый; [прил.] (Амер.) гордый, высокомерный, надменный; грубый, невежливый; назойливый.

enteralgia. [ж.] (пат.) кишечная колика, боль.

enterálgico, ca. [прил.] относящийся к кишечной колике, боли.

enteramente. [нареч.] вполне, совершенно, полностью, целиком.

enteranastomosis. [ж.] (хир.) соединение швом двух концов кишки после иссечения части ее.

enterar. [перех.] сообщать, информировать, извещать, осведомлять, уведомлять; (перен.) наставлять; (Амер.) платить, давать деньги; enterarse. [возв. гл.] осведомляться, справляться о ком-л, о чём-л, разузнавать, узнавать.

entercarse. [возв. гл.] упорствовать, упрямиться.

enterciar. [перех.] (Амер.) упаковывать (о табаке).

enterciopelar. [перех.] покрывать бархатом.

enterectasia. [ж.] (пат.) растяжение кишки.

enterectomía. [ж.] (пат.) удаление части кишки.

enterelcosis. [ж.] (пат.) кишечная язва.

enterepiplocele. [м.] (мед.) грыжа кишки и сальника.

entereza. [ж.] целостность; (перен.) целостность, прямота; сила, мужество, твёрдость, энергия; строгость, дисциплина.

enterhemorragia. [ж.] (пат.) кишечное кровотечение.

entérico, ca. [прил.] кишечный.

enterítico, ca. [прил.] (пат.) относящийся к энтериту.

enteritis. [ж.] (пат.) энтерит, воспаление тонких кишок.

enterizo, za. [прил.] цельный; из одного куска.

enternecedor, ra. [прил.] размягчающий, трогательный, умилительный.

enternecer. [перех.] смягчать, размягчать, (перен.) смягчать, трогать, растрогать, разнеживать, умилять; enternecerse. [возв. гл.] размягчаться; смягчаться; быть тронутым, растрогаться, расчувствоваться; умиляться; [непр. гл.] спрягается как agradecer.

enternecidamente. [нареч.] нежно и т. д.

enternecimiento. [м.] смягчение, размягчение; растроганность; умиление.

entero, ra. [прил.] целый, весь, полный; цельный; (перен.) крепкий, сильный, здоровый, могучий; твёрдый, непоколебимый; мужественный; справедливый; прямой; неиспорченный; незапятнанный, непорочный; некастрированный (о животном): * por entero, см. enteramente; [м.] целое число; (Амер.) выдача денег, уплата.

enteroanastomosis. [ж.] (мед.) соединение швом двух концов кишки после иссечения части ее.

enterocele. [ж.] (пат.) кишечная грыжа.

enterocentesis. [ж.] (хир.) прокол кишки (при сильном вздутии ее газами).

enterocistocele. [ж.] (пат.) грыжа, содержащая кишечные петли и часть мочевого пузыря.

enteroclisia. [ж.] вливание в кишечник.

enterococo. [м.] энтерококк.

enterocolitis. [ж.] (пат.) энтероколит, воспаление слизистой оболочки тонких и толстых кишок.

enterodinia. [ж.] кишечная колика, боль.

enteroflogia, enteroflogosis. [ж.] воспаление кишок.

enterógeno, na. [прил.] происходящий внутри кишок.

enterohemorragia. [ж.] кишечное кровотечение.

enterolito. [м.] (пат.) кишечный (каловый) камень.

enterología. [ж.] сочинение о кишках.

enteromalacia. [ж.] (пат.) размягчение кишки.

enteromegalia. [ж.] (пат.) увеличение объёма кишки.

enteromerocele. [м.] (хир.) бедренная кишечная грыжа.

enterón. [м.] кишка.

enteropatía. [ж.] (пат.) кишечное заболевание.

enteroptosis. [ж.] (пат.) опущение внутренностей (кишок).

enterorrafia. [ж.] (хир.) сшивание кишок.

enterorrea. [ж.] понос.

enteroso, sa. [прил.] (Амер.) см. enterizo.

enterospasmo. [м.] (мед.) кишечная судорога.

enterostomía. [ж.] (хир.) искусственный кишечный свищ.

enterotomía. [ж.] (хир.) вырезывание, вскрытие кишок.

enterótomo. [м.] (хир.) ножницы для разрезывания кишок.

enterotripsis. [ж.] (пат.) прободение кишок.

enterozoico, ca. [прил.] (зоол.) относящийся к кишечным паразитам.

enterozoo. [м.] (зоол.) кишечный паразит.

enterrador. [м.] могильщик; (зоол.) жук-могильщик.

enterramiento. [м.] см. entierro; могила; саркофаг.

enterrar. [перех.] закапывать, зарывать; врывать (в землю); погребать, хоронить; (перен.) пережить кого-л; предавать забвению; enterrarse. [возв. гл.] заживо похоронить себя, уединиться (в глуши); [непр. гл.] спрягается как acertar.

enterratorio. [м.] (Амер.) кладбище.

enterregar. [перех.] (Амер.) наполнять, покрывать пылью.

enterriar. [перех.] (обл.) ненавидеть.

enterronar. [перех.] покрывать комками земли.

entesamiento. [м.] усиление, натягивание.

entesar. [перех.] усиливать; натягивать, напрягать; [непр. гл.] спрягается как acertar.

entestado, da. [прил.] упрямый, упорный.

entético, ca. [прил.] включённый и т. д.; см. exógeno.

entibación. [ж.] (гор.) крепление шахты.

entibador. [м.] крепильщик (в шахте).

entibar. [перех.] (горн.) крепить шахту; (обл.) запруживать; [неперех.] см. estribar.

entibiadero. [м.] место, где охлаждают что-л.

entibiado, da. [страд. прич.] к entibiar; [прил.] тепловатый, см. tibio.

entibiamiento. [м.] охлаждение; ослабление (страстей и т. д.).

entibiar. [перех.] остужать, охлаждать; (перен.) умерять (страсти и т.д.).

entibo. [м.] опора, упор, подпорка; (горн.) подпорка; см. estribo.

entidad. [ж.] (фил.) сущность, существо, существенность; учреждение; предприятие; организация; важность; значение: * de entidad, существенный.

entierrado, da. [страд. прич.] к entierrar; [прил.] (Амер.) покрытый землёй или пылью; пыльный.

entierrar. [перех.] (Амер.) (м. употр.) наполнять, покрывать землёй или пылью; см. empolvar.

entierro. [м.] закапывание в землю; погребение, похороны; предание земле; погребальное шествие; могила; зарытый клад: * Santo Entierro, процессия при великой страстной пятнице.

entiesar. [перех.] см. atiesar.

entigrecerse. [возв. гл.] звереть, приходить в ярость; [непр. гл.] спрягается как agradecer.

entilar. [перех.] (Амер.) см. tiznar.

entimema. [ж.] (фил.) энтимема (род силлогизма).

entimemático, ca. [прил.] к энтимема.

entinar. [перех.] укладывать в чаны.

entintado, da. [страд. прич.] к entintar; [прил.] окрашенный.

entintar. [перех.] пачкать чернилами; (перен.) красить.

entiposis. [ж.] (анат.) суставная впадина лопатки.

entisar. [перех.] (Амер.) покрывать сосуд сеткой.

entitativo, va. [прил.] (фил.) исключительно принадлежащий к сущности.

entizar. [перех.] снабжать гипсовой пастой (бильярдный кий).

entiznar. [перех.] пачкать сажей.

entlasia. [ж.] (хир.) вдавление черепа.

entocito. [м.] (биол.) содержание клетки.

entodermo. [м.] (биол.) энтодерма.

entoftalmia. [ж.] (пат.) внутреннее воспаление глаз.

entoldado, da. [страд. прич.] к entoldar; [ж.] совокупность парусиновых навесов; см. entoldamiento.

entoldamiento. [м.] дейст. к покрывать парусиновым навесом и т. д. (см. entoldar).

entoldar. [перех.] покрывать парусиновым навесом; устраивать навес, палатку, тент; навешиват ковры; entoldarse. [возв. гл.] покрываться тучами (о небе); гордиться, чваниться.

entoldo. [м.] см. engreimiento.

entomatado. [м.] кушанье, приправленное помидором.

entómico, ca. [прил.] (зоол.) принадлежащий или относящийся к насекомым.

entomizar. [перех.] покрывать доски верёвкой из испанского дрока.

entomófago, ga. [прил.] насекомоядный.

entomófilo, la. [прил.] энтомофильный.

entomóforo, ra. [прил.] (фарм.) содержащий в себе насекомых.

entomófugo, ga. [прил.] глистогонный.

entomografía. [ж.] описание насекомых.

entomográfico, ca. [прил.] относящийся к описанию насекомых.

entomógrafo. [м.] описатель насекомых.

entomoideo, a. [прил.] насекомообразный.

entomolita. [ж.] (мин.) камень с отпечатками насекомых.

entomolito. [м.] ископаемое насекомое.

entomología. [ж.] энтомология, наука о насекомых.

entomológicamente. [нареч.] по правилам энтомологии.

entomológico, ca. [прил.] энтомологический.

entomólogo, ga. [м. и ж.] энтомолог.

entomóstomo, ma. [прил.] (зоол.) раздельноротый.

entomostráceos. [м. множ.] (зоол.) щитни (ракообразные животные).

entomótilo, la. [прил.] уничтожающий насекомых.

entomozoarios. [м. множ.] суставчатые животные.

entompeatada. [ж.] (разг.) обман, надувательство.

entompeatar. [перех.] (разг.) (Амер.) обманывать, надувать, обольщать.

entonación. [ж.] интонация; напев; наглость, дерзость.

entonadera. [ж.] рычаг органных мехов.

entonado, da. [страд. прич.] [прил.] к entonar; (Амер.) (муз.) звучный, гармоничный; чванный, см. presumido.

entonador, ra. [прил.] запевающий; дающий тон; укрепляющий организм и т. д.; [м. и ж.] помощник органиста.

entonamiento. [м.] см. entonación.

entonar. [перех.] запевать; напевать; (муз.) время; тогда, в таком случае; союз чаг (органа); (мед.) укреплять; (жив.) гармонически сочетать тона; entonarse. [возв. гл.] гордиться, чваниться.

entonces. [нареч.] тогда, в то время, в это время; тогда, в таком случае, [союз.] (Амер.) см. pues: * de entonces, того времени, той эпохи; * hasta entonces, до тех пор; * en aquel entonces, тогда, в то время.

entoneladura. [ж.] entonelamiento. [м.] разливка по бочкам, наливание в бочки.

entonelar. [перех.] наливать в бочки, разливать по бочкам.

entongar. [перех.] складывать в штабели.

entono. [м.] см. entonación; (перен.) высокомерие, спесь.

entontar. [перех.] (Амер.) см. entontecer.

entontecer. [перех.] делать глупым, тупым, дураком, одурять; [неперех.] глупеть, дуреть (тж. возв. гл.) [непр. гл.] спрягается как agradecer.

entontecido, da. [страд. прич.] к entontecer; [прил.] глупый, дурацкий.

entontecimiento. [м.] отупение, поглупение.

entoñar. [перех.] (обл.) (в землю) закапывать, хоронить.

entoparásito. [м.] паразит в теле хозяина.

entorcarse. [возв. гл.] падать в пропасть (о скоте); увязать (в болоте и т. д.).

entorchado. [м.] золотое или серебряное шитьё (на мундире).

entorchar. [перех.] делать факелы; обвивать золотой ниткой.

entorilar. [перех.] (тавр.) запирать в toril (о быке).

entornar. [перех.] прикрывать, неплотно закрывать (дверь, окно); прикрывать, щурить (глаза), наклонять, нагибать; (обл.) см. dobladillar.

entornillar. [перех.] придавать винтообразную форму.

entorno. [м.] (обл.) см. dobladillo.

entorpecedor, ra. [прил.] затрудняющий, затруднительный.

entorpecer. [перех.] делать неловким, тяжёлым и т. д.; притуплять; помрачать рассудок; затруднять, мешать, задерживать; [непр. гл.] спрягается как agradecer.

entorpecido, da. [страд. прич.] [прил.] к entorpecer; [прил.] см. torpe.

entorpecimiento. [м.] отупение; задержка; помрачение рассудка.

entortadura. [ж.] удаление глаза; искривление.

entortar. [перех.] удалять глаз; выколоть глаз, ослепить на один глаз; искривлять; [непр. гл.] спрягается как contar.

entosigar. [перех.] отравлять.

entozoario. [м.] (зоол.) паразит в теле хозяина в отличие от накожных насекомых, глист.

entozoología. [ж.] учение о глистах.

entozoólogo. [м.] специалист по учении о глистах.

entrabar. [перех.] (обл.) (Амер.) мешать, препятствовать.

entracomo. [м.] (обл.) лупин, см. altramuz.

entrada. [ж.] вход, въезд (место); вступление, вход, въезд (действ.); встреча, приём; (перен.) право, полномочие; (театр.) зрители; сбор; билет; начало, наступление; дружба, фамильярность; доход, поступление; (муз.) вступление; первое кушанье; начало, первые дни (месяца и т. д.); нашествие, вторжение (неприятеля); право свободного входа к...; (Амер.) см. zurra; (арх.) конец вставленного бревна; (горн.) рабочий день (смены рабочих); * entrada de general, билет на галёрку; * entrada de pavana, вздор; * entrada de palco; билет на место в ложе; * buena entrada, хороший театральный сбор; * negar la entrada, отказать кому-л от дому; * entrada de favor, вход бесплатный; * a la entrada, у входа, около входа.

entrador, ra. [прил.] (Амер.) смелый, отважный, мужественный, решительный; назойливый, вмешивающийся в чужие дела.

entradora. [прил.] (Амер.) кокетливая, ветреная; [ж.] кокетка, ветреная женщина.

entramado. [м.] деревянная решётка.

entramar. [перех.] искать ссоры, повздорить.

entrambos, bas. [прил. множ.] оба.

entramojar. [перех.] (Амер.) препятствовать, затруднять.

entrampar. [перех.] ловить западнёй, заманивать в западню; (перен.) обманывать, надувать; (разг.) запутывать (дело); запутывать в долгах, вводить в долги; entramparse. [возв. гл.] входить в долги, запутываться в долгах; увязнуть, сесть в грязи и т. д.

entrante. [дейст. прич.] к entrar, входящий, вдающийся во что-л: * ángulo entrante, (геом.) входящий угол: * entrantes y salientes, (разг.) постоянные посетители, слишком частые гости.

entraña. [ж.] внутренний орган; [множ.] внутренности, кишки; утроба, чрево; недра (земли и т. д.); нутро; воля; нежность, любовь; характер, нрав; * arrancar las entrañas, вырывать внутренности; * sacar las entrañas, убивать; разорять; * tener malas entrañas, быть бессердечным, не иметь сердца; * una persona sin entrañas, человек без всякого сострадательности.

entrañable. [прил.] родной, дорогой, близкий, задушевный; сердечный, искренний, нежный.

entrañablemente. [нареч.] задушевно, интимно и т. д.

entrañar. [перех.] глубоко вставлять; таить в себе; предполагать, заключать, содержать в себе; entrañarse. [возв. гл.] интимно подружиться с кем-л, сближаться и т. д.; полюбить друг друга.

entrañudo, da. [прил.] (Амер.) чёрствый, бессердечный.

entrapada. [ж.] сорт ткани малинового цвета.

entrapajar. [перех.] закутывать в тряпки; entrapajarse. [возв. гл.] покрываться пылью и грязью (о ткани).

entrapar. [перех.] пудрить голову; (с.-х.) закапывать в землю тряпки (чтобы удобрять виноградные кусти); entraparse. [возв. гл.] покрываться пылью или жирной грязью (о ткани); притупляться (об орудии).

entrapazar. [неперех.] см. trapacear.

entrar. [неперех.] входить, въезжать; вступать, поступать; вникать, проникать; впадать (о реке); энергично нападать, атаковать; (перен.) быть принятым, быть вхожим куда-л; вступать (в какую-л организацию); присоединяться; следовать (чему-л); иметь начало, начинать; (муз.) вступать (об инструментах); начинать чувствовать; занимать силой; дожить до; [перех.] вводить, ввозить; (воен.) вторгаться (в страну); трогать; вставлять (один предмет в другой); см. introducirse; no entrarle a uno no понимать; быть неприятным; * entrar en años, постареть; * entrado en años, пожилой; * no entrar ni salir, не вмешиваться; * entrar en, приступать к...; * ahora entro yo, теперь моя очередь; * entrar en sospechas, начинать подозревать; * entrar de novicio, постричься; * entrar bien, оказаться во-время, кстати.

entrazado, da. [прил.] (Амер.) * bien entrazado, хорошо сложённый; * mal entrazado, плохо сложённый.

entre. [предл.] между, среди; в числе; из; промежу, промеж (уст.): * entre dos fuegos, между двух огней; * estar entre dos aguas, колебаться, не знать на что решиться; * entre dos luces, в сумерках; * entre amigos, между друзьями; * entre tú y yo, ты и я; * entre que, между тем, пока.

entreabierto, ta. [непр. страд. прич.] приоткрытый.

entreabrir. [перех.] приоткрывать, приотворять (тж. возв. гл.); [непр. гл.] спрягается как abrir.

entreacto. [м.] антракт; маленькая сигара.

entreancho, cha. [прил.] средней ширины.

entreayudarse. [возв. гл.] помогать друг другу.

entrebarrera. [ж.] (тавр.) пространство между двумя барьерами.

entrebastidor. [м.] (театр.) пространство между двумя кулисами.
entrebolar. [перех.] (Амер.) засеять поле клевером.
entrebóvedas. [ж. множ.] пространство между двумя сводами.
entrecalle. [м.] (арх.) пространство между двумя карнизами.
entrecanal. [м.] (арх.) пространство между двумя канелюрами.
entrecano, na. [прил.] с сединой, с проседью.
entrecanoso, sa. [прил.] см. entrecano.
entrecapilla. [ж.] пространство между двумя часовнями.
entrecasco. [м.] см. entrecorteza.
entrecava. [ж.] неглубокая обработка (земли).
entrecavar. [перех.] (с.-х.) неглубоко копать, подкапывать.
entrecejo. [м.] межбровье, пространство между бровями; (перен.) хмурое выражение лица.
entrecerca. [ж.] пространство между двумя заборами.
entrecerrar. [перех.] (Амер.) приоткрывать, приотворять (дверь и т. д.).
entrecinta. [ж.] (арх.) перекладина.
entreclaro, ra. [прил.] полутёмный.
entrecoger. [перех.] схватывать, хватать, взять; крепко сжимать; (перен.) притеснять, принуждать, смущать, припирать к стенке.
entrecomar. [перех.] (грам.) ставить в запятых.
entrecordillera. [ж.] пространство между двумя горными хребтами.
entrecoro. [м.] пространство между хорами и главным престолом.
entrecortado, da. [страд. прич.] к entrecortar; [прил.] отрывистый, прерывистый, прерывающийся (о голосе и т. д.).
entrecortadura. [ж.] надрез.
entrecortar. [перех.] надрезывать.
entrecorteza. [ж.] недостаток дерева.
entrecote. [м.] (гал.) антрекот см. entrecuesto.
entrecriarse. [возв. гл.] (с.-х.) расти среди других растений.
entrecruzado, da. [страд. прич.] к entrecruzar; [прил.] пересечённый.
entrecruzamiento. [м.] перекрещивание, пересечение.
entrecruzar. [перех.] скрещивать, класть крест-накрест; **entrecruzarse.** [возв. гл.] перекрещиваться.
entrecubiertas. [ж. множ.] (мор.) междупалубное пространство (тже. единст.).
entrecuesto. [м.] позвоночник; филей, филейная часть мяса; (обл.) см. estorbo.
entrechocarse. [возв. гл.] сталкиваться, ударяться друг о друга.
entrechoque. [м.] столкновение.
entredecir. [перех.] запрещать; [непр. гл.] спрягается как decir.
entredicho, cha. [непр. страд. прич.] к entredecir; [м.] запрещение, запрет; интердикт, церковное запрещение; (уст.) затруднение, помеха; * poner en entredicho, не совсем верить, не положиться на.
entredoble. [прил.] полутройный.
entredormido, da. [прил.] полусонный.
entredós. [м.] прошивка; шкаф между двумя балконами (комнаты); (полигр.) боргес.
entrefilete. [м.] (гал.) газетная заметка.
entreforro. [м.] бортовка, подкладочный холст.
entrefuerte. [прил.] не совсем крепкий (о табаке).
entrefino, na. [прил.] среднесортный.
entrega. [ж.] передача, отдача, выдача; вручение, доставка; сдача (зерна и т. д.); отгрузка; выпуск (книги); (воен.) сдача; (юр.) выдача (преступника).
entregado, da. [страд. прич.] к entregar: * entregado a, преданный, склонный, пристрастившийся к...
entregador, ra. [прил.] передающий; сдающий и т. д. (тже. сущ.).
entregamiento. [м.] передача, отдача, выдача; вручение, доставка, сдача.
entregar. [перех.] передавать, вручать, доставлять, отдавать; сдавать (тже. воен.); поставлять, отпускать; (обл) изнурять; * entregar a, оставлять; **entregarse.** [возв. гл.] предаваться чему-л; отдаваться чему-л целиком; брать на себя; (воен.) сдаваться: * entregarse a la melancolía, предаваться мрачным мыслям; * entregarse a los vicios, погрязнуть в пороках; * entregarla, умирать.
entrehender. [перех.] раскалывать; [непр. гл.] спрягается как hender.
entrejuntar. [перех.] соединять в целое, сбирать.
entrelazado, da. [страд. прич.] к entrelazar; [м.] архитектурное украшение.
entrelazamiento. [м.] переплетение.
entrelazar. [перех.] переплетать, вплетать, складывать крест-накрест; заплетать.
entrelínea. [ж.] междустрочие; (полигр.) см. interlínea.
entrelinear. [перех.] вписывать между строками.
entreliño. [м.] (с.-х.) пространство между двумя рядами виноградных кустов или оливковых деревьев.
entrelistado, da. [страд. прич.] к entrelistar; [прил.] с полосками, полосатый; с рисунком между полосками (о ткани).
entrelubricán. [м.] (уст.) сумерки (вечерние).
entreluces. [м. множ.] сумерки (утренние или вечерние); полусвет; рассвет.
entrelucir. [неперех.] просвечивать; [непр. гл.] спрягается как lucir.
entremediar. [перех.] вкладывать, вставлять между чем-л.
entremedias. [нареч.] между, между тем как.
entremés. [м.] закуска; (театр.) интермедия; одноактная пьеса, фарс; [множ.] закуски.
entremesear. [перех.] исполнять роль (в одноактной пьесе); (перен.) делать увлекательным (о разговоре и т. д.).
entremesil. [перех.] относящийся к одноактной пьесе.
entremesista. [м. и ж.] тот, кто играет или составляет одноактные пьесы.
entremeter. [перех.] вкладывать, вставлять между чем-л; перемешивать; складывать пелены; **entremeterse.** [возв. гл.] вмешиваться, вступаться, ввязываться.
entremetido, da. [страд. прич.] к entremeter; [прил.] назойливый; [м. и ж.] назойливый человек, интриган, (-ка).
entremetimiento. [м.] вкладывание, вкладка.
entremezcladura. [ж.] смешение.
entremezclar. [перех.] смешивать, перемешивать.
entremorir. [неперех.] гаснуть, затухать; замирать; [непр. гл.] спрягается как dormir.
entrenador. [м.] (гал.) (спор.) тренер.
entrenamiento. [м.] (гал.) (спорт.) тренировка.
entrenar. [перех.] (гал.) (спорт.) тренировать, упражнять; **entrenarse.** [возв. гл.] тренироваться, упражняться.
entrencar. [перех.] ставить подпорки под соты.

entrenudo. [м.] (бот.) междоузлие, колено.
entrenzar. [перех.] заплетать, сплетать, см. trenzar.
entreoír. [перех.] неясно слышать; [непр. гл.] спрягается как oír.
entreordinario, ria. [прил.] не совсем обыкновенный.
entreoscuro, ra. [прил.] не совсем ясный.
entrepalmadura. [ж.] (вет.) наминка подошвы копыта (у лошади).
entrepalmado, da. [прил.] (вет.) с повреждённой подошвой копыта.
entrepanes. [м. множ.] поля под паром среди посевов.
entrepañado, da. [прил.] из простенков и т. п.
entrepaño. [м.] простенок; полка, доска (шкафа); филёнка.
entreparecerse. [возв. гл.] просвечивать; [непр. гл.] спрягается как agradecer.
entrepaso. [м.] сбивчивая побежка (у лошади).
entrepechado, da. [прил.] (обл.) слабый, болезненный, хилый; худой.
entrepeines. [м. множ.] очёски (шерсти).
entrepelado, da. [прил.] чёрный, белый и рыжий (о масти лошади).
entrepiernas. [ж. множ.] внутренняя часть ляжек; (Амер.) купальные трусы, плавки.
entrepilastra. [ж.] (арх.) пространство между пилястрами.
entrepiso. [м.] (горн.) пространство между горизонтальными штольнями.
entrépito, ta. [прил.] (Амер.) назойливый.
entrepitura. [ж.] (Амер.) назойливость; вмешательство в чужие дела.
entrepretado, da. [прил.] (вет.) с повреждённой грудью и лопатками.
entrepuentes. [м. множ.] (мор.) междупалубное пространство.
entrepuerta. [ж.] (обл.) щит, водоспуск (шлюза).
entrepunzadura. [ж.] стреляющая боль.
entrepunzar. [перех.] (мед.) колоть, рвать, дёргать (о боли).
entrera. [ж.] (Амер.) служанка.
entrerrenglonadura. [ж.] вписывание между строк.
entrerrenglonar. [перех.] вписывать между строк (ами).
entrerriel. [м.] дорожка между железнодорожными путями, междупутье.
entrerrisa. [ж.] сдержанный смех.
entresaca. [ж.] расчистка леса; просека; выбирание.
entresacadura. [ж.] см. entresaca.
entresacar. [перех.] расчищать (лес); выстригать (часть волосы); выбирать, отбирать.
entresijo. [м.] (анат.) брыжейка; (перен.) скрытая, тайная вещь: * tener muchos entresijos, быть очень сложным, запутанным (о деле); быть осторожным и т. д.
entresuelo. [м.] антресоль; цокольный этаж.
entresurco. [м.] (с.-х.) пространство между двумя бороздами.
entretalla, entretalladura. [ж.] барельеф.
entretallar. [перех.] делать барельефы; ваять, высекать, вырезывать; выкраивать (из материи); гравировать; суживать; (перен.) мешать, препятствовать, стеснять.
entretanto. [нареч.] между тем как, пока, тем временем; [м.] промежуток времени: * el entretanto, ожидание.

entretecho. [м.] (Амер.) чердак, см. desván.
entretejedor, ra. [прил.] связывающий, сплетающий, вплетающий и т. д.
entretejedura. [ж.] переплетение и т. д.
entretejer. [перех.] выткать различными нитками; переплетать, вплетать, связывать, сплетать; (перен.) пересыпать речь стихами, цитатами и т. д.
entretejimiento. [м.] сплетение, переплетение.
entretela. [ж.] бортовка, подкладочный холст; [множ.] (перен.) (разг.) сердце, внутренности; глубина души.
entretelar. [перех.] вшивать бортовку.
entretención. [ж.] (Амер.) развлечение, забава, увеселение.
entretenedor, ra. [прил.] забавный, занимательный; отвлекающий; задерживающий; [м.] забавник, шутник и т. д.
entretener. [перех.] развлекать, увеселять, забавлять, развеселять, отвлекать; облегчать, смягчать; откладывать, затягивать, задерживать, тормозить; сохранять, содержать в порядке; * entretenerse [возв. гл.] забавляться, веселиться, развлекаться, проводить время; задерживаться; медлить, мешкать; [непр. гл.] спрягается как tener.
entretenida. [ж.] содержанка, любовница: * dar con la entretenida, (разг.) водить за нос.
entretenido, da. [страд. прич.] к entretener; [прил.] занимательный, забавный, весёлый, увеселительный; [м.] кандидат на должность.
entretenimiento. [м.] приятное времяпрепровождение, забава, увеселение, развлечение; поддержание, сохранение.
entretiempo. [м.] переходное время (весна, осень): * abrigo de entretiempo, демисезонное пальто.
entreuntar. [перех.] поверхностно смазывать.
entrevar. [перех.] (арг.) знать, понимать.
entrevenarse. [возв. гл.] проникать в вены.
entreventana. [ж.] простенок.
entrever. [перех.] видеть неясно, мельком, смутно различать; смутно предвидеть, подозревать, догадываться; [непр. гл.] спрягается как ver.
entreverado, da. [страд. прич.] к entreverar; [прил.] смешанный; составной; [м.] (Амер.) жаркое из внутренностей ягнёнка.
entreverar. [перех.] перемешивать, смешивать; примешивать (к чему-л); вставлять; entreverarse [возв. гл.] (Амер.) смешаться; сталкиваться (о двух кавалерийских отрядах).
entrevero. [м.] смешение; (Амер) беспорядочное смешение, смесь.
entrevía. [ж.] (ж.-д.) междупутье.
entrevista. [ж.] свидание, встреча; интервью.
entrevistarse. [возв. гл.] видеться, иметь свидание.
entrevuelta. [ж.] (с.-х.) маленькая борозда.
entrillado, da. [страд. прич.] к entrillar; [прил.] (обл.) находящийся между двумя праздниками.
entrillar. [перех.] (обл.) хватать, схватывать.
entripada. [ж.] (Амер.) см. mojadura.
entripado, da. [страд. прич.] к entripar(se) [прил.] кишечный; находящийся во внутренностях; непотрошёный; [м.] коли-

ка; (перен.) (разг.) скрытая досада, неудовольствие; скрытая злоба.
entriparrar. [перех.] (обл.) засорять желудок, накормить досыта, до отвалу.
entripar. [перех.] (Амер.) см. ensopar, mojar; entriparse. [возв. гл.] сердиться, раздражаться.
entristecedor, ra. [прил.] опечаливающий, печальный.
entristecer. [перех.] (о)печалить, огорчать, опечаливать; придавать грустный вид; entristecerse. [возв. гл.] печалиться, грустить; [непр. гл.] спрягается как agradecer.
entristecimiento. [м.] огорчение, печаль, грусть.
entrojamiento. [м.] складывание в амбар (хлебов и т. д.).
entrojar. [перех.] складывать в амбар (хлеба и т. д.).
entrometer, entrometido. и т. д. см. entremeter, entremetido.
entromparse. [возв. гл.] (Амер.) сердиться раздражаться, досадовать.
entrompetar. [перех.] (Амер.) напоить пьяным.
entrón, na. [прил.] смелый, отважный, мужественный; назойливый.
entrona. [ж.] (Амер.) кокетка, ветреная женщина.
entronar. [перех.] см. entronizar.
entroncamiento. [м. дейст.] к entroncar. доказывание, установление родственных отношений; соединение в пары (о лошади одинаковой масти); скрещение (дорог).
entroncar. [перех.] устанавливать, доказывать родство; (Амер.) подбирать пару коней одинаковой масти; [непрех.] вступить в родство; (Амер.) сходиться (о дорогах).
entronerar. [перех.] сделать, положить в лузу (шар).
entronización. [ж.] восшествие, вступление на престол.
entronizar. [перех.] возводить на престол; (перен.) восхвалять, превозносить; entronizarse. [возв. гл.] гордиться, хвастаться.
entronque. [м.] родство, родственные отношения; (Амер.) скрещение (дорог).
entropía. [ж.] (физ.) энтропия.
entrópico, ca. [прил.] к энтропия.
entropillado. [м.] (Амер.) жеребец-производитель.
entropión. [м.] (хир.) заворот (века) внутрь.
entrotarse. [возв. гл.] (Амер.) страстно влюбляться.
entruchada. [ж.] (Амер.) дружеский разговор.
entruchada. [ж.] обман, мошенничество, махинация, интрига, происки.
entruchado, da. [страд. прич.] к entruchar; [м.] см. entruchada; раздражение, досада.
entruchar. [перех.] (разг.) манить, приманивать, обольщать, обманывать; (арг.) понимать, знать.
entruchón, na. [прил.] лукавый, мошеннический; [м. и ж.] обманщик, (-ица) плут (-овка), мошенник, (-ица).
entruejo. [м.] масленица, карнавал, см. antruejo.
entrujar. [перех.] класть оливки под пресс; см. entrojar; (перен.) (разг.) класть, спрятать в карман.
entualito. [нареч.] (Амер.) тотчас, сейчас, немедленно.
entubación. [ж.] entubamiento. [м.] укрепление трубами.
entubar. [перех.] укреплять трубами, вставлять деревянные и т. д. трубы в буровую скважину.

entuerto. [м.] обида, оскорбление; ущерб, убыток; [множ.] послеродовые боли.
entullada. [ж.] (обл.) сорт сети (употр. при малой воды).
entullecer. [перех.] (перен.) останавливать, прекращать, приостанавливать, задерживать; entullecerse. [возв. гл.] быть разбитым параличом (тже. непрех.). [непр. гл.] спрягается как agradecer.
entumecer. [перех.] вызывать онемение, делать онемелым, бесчувственным, неподвижным; entumecerse. [возв. гл.] цепенеть, коченеть, неметь; (перен.) вздыматься (о море и т. д.); [непр. гл.] спрягается как agradecer.
entumecimiento. [м.] онемение, оцепенение.
entumición. [ж.] (Амер.) см. entumecimiento.
entumirse. [возв. гл.] неметь, цепенет, коченеть.
entunicación. [ж.] (жив.) грунтование.
entunicar. [перех.] надевать или покрывать туникой; (жив.) грунтовать.
entuñarse. [возв. гл.] (обл.) покрываться плодами (о деревьев).
entupir. [перех.] загораживать (проход); давить, жать.
enturar. [перех.] (арг.) см. dar; глядеть, смотреть; рассматривать.
enturbiamiento. [м.] дейст. к мутить; смущение, волнение, нарушение порядка и т. д.; затемнение.
enturbiar. [перех.] мутить, делать мутным; (перен.) возмущать, нарушать, волновать, смущать, тревожить, приводить в замешательство, в смятение; затемнять; enturbiarse. [возв. гл.] мутиться; приходить в беспорядок; затемняться.
entusarse. [возв. гл.] (Амер.) печалиться, сгорчаться.
entusiasmadamente. [нареч.] с восторгом, с восхищением и т. д.
entusiasmador, ra. [прил.] восхищающий, приводящий в восторг.
entusiasmar. [перех.] восхищать, приводить в восторг; воодушевлять; entusiasmarse. [возв. гл.] приходить в восторг, восторгаться, восхищаться.
entusiasmo. [м.] энтузиазм, воодушевление восторг; восторженность; вдохновение.
entusiasta. [прил.] восторженный, воодушевлённый; [м. и ж.] энтузиаст, (-ка), восторженный человек; поклонник, (-ица).
entusiástico, ca. [прил.] восторженный, воодушевлённый, вдохновенный.
entutumarse. [возв. гл.] (Амер.) приходить в замешательство, см. confundirse.
enucleación. [ж.] (хир.) вылущение опухоли, глазного яблока и т. д.
enuclear. [перех.] (хир.) вылущивать; обнажать кость.
enulón. [м.] (анат.) внутренняя часть дёсен.
enumerable. [прил.] исчислимый, исчисляемый.
enumeración. [ж.] исчисление, пересчитывание, перечисление.
enumerador, ra. [прил.] исчисляющий, перечисляющий и т. д.
enumerar. [перех.] перечислять, исчислять, считать, сосчитывать, перечесть.
enumerativo, va. [прил.] содержащий перечисление.
enunciación. [ж.] высказывание, изложение.
enunciar. [перех.] выражать, высказывать, излагать.
enunciativo, va. [прил.] излагающий, выражающий.
enuresia. [ж.] (пат.) недержание мочи, непроизвольное истечение мочи.
envagonar. [перех.] (Амер.) грузить в вагоны.

envaina. [ж.] (горн.) сорт большого молотка.

envainador, ra. [прил.] вкладывающий в ножны.

envainar. [перех.] вкладывать в ножны; завёртывать.

envalentar. [перех.] (Амер.) см. envalentonar.

envalentonamiento. [м.] ободрение и т. д.

envalentonar. [перех.] ободрять, придавать смелость, отвагу или спесь; **envalentonarse.** [возв. гл.] делаться смелее, осмелеть, ободриться; прикидываться храбрым.

envalijar. [перех.] укладывать в чемодан.

envallicar. [перех.] (Амер.) давать зарасти сорной травой.

envanecedor, ra. [прил.] внушающий тщеславие, гордость.

envanecer. [перех.] внушать тщеславие, гордость; **envanecerse.** [возв. гл.] гордиться, возгордиться, быть тщеславным; (Амер.) портиться, сохнуть (о зерне ореха;) [непр. гл.] спрягается как agradecer.

envanecimiento. [м.] тщеславие, гордость, чванство.

envarado, da. [страд. прич.] к envarar; [прил.] связанный в движениях (о лошади).

envaramiento. [м.] оцепенение, онемение.

envarar. [перех.] вызывать онемение, делать бесчувственным, приводить в оцепенение.

envarbascar. [перех.] отравлять воду (при ловле рыбы).

envaronar. [неперех.] возмужать.

envasador, ra. [прил.] разливающий по бочкам и т. д.; упаковывающий, накладывающий, насыпающий в мешки и т. д. (тж. сущ.) [м.] большая воронка для переливания в бочки и т. д.

envasar. [перех.] разливать по бочкам и т. д.; пить (до отвалу); накладывать, насыпать в мешки; упаковывать в тару; (перен.) пронзать (кинжалом и т. д.).

envase. [м.] разлив в бутылки и т. д.; накладывание, насыпание в мешки; упаковка (дейст.) [м.] упаковка, тара, сосуд, бутылка, мешок, бурдюк и т. д.

envasijar. [перех.] (Амер.) разливать по бочкам и т. д.

envedijarse. [возв. гл.] запутываться, спутываться (о шерсти и т. д.); (перен.) (разг.) подраться.

envegarse. [возв. гл.] (Амер.) заболачиваться, становиться болотистым.

envejecer. [перех.] делать старым, старить; [неперех.] стареть, постареть, состариться, дряхлеть, устаревать; ветшать; [непр. гл.] спрягается как agradecer.

envejecido, da. [страд. прич.] к envejecer, постаревший и т. д.; [прил.] опытный, испытанный, умелый, привычный.

envejecimiento. [м.] приближение старости, постарение, одряхление.

envelar. [неперех.] (Амер.) отправляться, уходить, уезжать.

envenado. [м.] (Амер.) кинжал, нож.

envendar. [перех.] см. vendar.

envenenador, ra. [прил.] отравляющий; [м. и ж.] отравитель, (-ница).

envenenamiento. [м.] отравление, отрава.

envenenar. [перех.] отравлять; (перен.) извращать, толковать в дурную сторону; отравлять, вредить, портить, развращать.

enverar. [неперех.] начинать созревать (о плодах).

enverbascar. [перех.] см. envarbascar.

enverdecer. [неперех.] зеленеть, зазеленеть; [непр. гл.] спрягается как agradecer.

enverdinar. [перех.] (обл.) зеленеть.

enveredar. [перех.] показывать дорогу.

envergadura. [ж.] (мор.) ширина паруса; длина рея; (зоол.) размах, ширина размаха крыльев (у птицы); (гал.) ширина, размах, охват, масштаб; сила (ума); важность, значительность.

envergar. [перех.] (мор.) привязывать паруса к реям.

enverjado. [м.] совокупность решёток.

envero. [м.] цвет созревающего винограда; виноград, имеющий такой цвет.

envés. [м.] оборотная сторона, оборот; изнанка; (разг.) спина, задняя часть.

envesado, da. [страд. прич.] к envesar; [прил.] показывающий оборотную сторону.

envesar. [перех.] (арг.) наказывать (розгами).

envestidura, envestir. см. investidura, investir.

envetarse. [возв. гл.] (Амер.) задыхаться от рудничного газа.

enviada. [ж.] отправка, посылка (дейст.).

enviado, da. [страд. прич.] к enviar; [м.] посланник, посланный посланец; гонец; * enviado especial, специальный корреспондент; * enviado extraordinario, чрезвычайный посол.

enviajado, da. [прил.] (арх.) косой, кривой.

enviajarse. [возв. гл.] (Амер.) собираться уехать.

enviar. [перех.] посылать, отправлять: * enviar a escardar (cebollinos) или a paseo или noramala или a freír espárragos, велеть убраться, послать к чёрту; * enviar al otro barrio или al otro mundo, отправить на тот свет.

enviciamiento. [м.] порча, развращение.

enviciar. [перех.] портить, развращать; [неперех.] (с.-х.) пойти в листья; **enviciarse.** [возв. гл.] портиться, развращаться, предаваться порокам; чрезмерно пристраститься к чему-л.

envidada. [ж.] прибавка, примазка (в игре).

envidador, ra. [прил.] примазывающий (в игре).

envidar. [перех.] примазывать, понтировать (в игре); (перен.) лицемерно предлагать что-л.

envidia. [ж.] зависть; соревнование.

envidiable. [прил.] завидный.

envidiar. [перех.] завидовать кому-л, чему-л; (перен.) желать.

envidioso, sa. [прил.] завистливый; [м. и ж.] завистник, (-ица).

envidrar. [перех.] (поэт.) придавать вид стекла.

enviejar. [перех.] (обл.) старить, делать старым, см. envejecer.

envigado, da. [страд. прич.] к envigar; [м.] совокупность балок здания.

envigar. [перех.] укладывать балки здания.

envigorizar. [перех.] см. vigorizar.

envilecedor, ra. [прил.] унижающий и т. д.

envilecer. [перех.] унижать, принижать, опошлять; **envilecerse.** [возв. гл.] унижаться, унижать себя, делаться презренным; [непр. гл.] спрягается как agradecer.

envilecimiento. [м.] унижение, уничижение (уст.), потеря чувства достоинства.

envilortar. [перех.] (обл.) вязать снопы (с помощью vilortos).

envinado, da. [страд. прич.] к envinar; [прил.] винного цвета.

envinagrar. [перех.] приправлять уксусом.

envinar. [перех.] подкрасить воду вином.

envío. [м.] послание; отправка, посылка.

envión. [м.] сильный толчок.

enviscar. [перех.] скреплять (шипами) улейные чаши.

envirotado, da. [прил.] чрезмерно высокомерный, надменный.

enviscamiento. [м.] намазывание клеем.

enviscar. [перех.] намазывать клеем (при ловле птиц).

enviscar. [перех.] см. azuzar; (перен.) приводить в ярость, раздражать, возбуждать гнев.

envite. [м.] прибавка, примазка (в игре); (перен.) приглашение; сильный толчок: * al primer envite, с начала, с самого начала.

enviudar. [неперех.] овдоветь.

envolatado, da. [страд. прич.] к envolatarse; [прил.] (Амер.) перегруженный работой, занятой.

envolatarse. [возв. гл.] (Амер.) см. alborotarse.

envoltijo. [м.] обёртка.

envoltorio. [м.] связка, узел, пачка, пакет, свёрток; некоторой недостаток ткани.

envoltura. [ж.] обёртка; [множ.] пелёнки.

envolvedero. [м.] см. envolvedor.

envolvedor. [м.] обёртка; стол, на котором пеленают, окутывают ребёнка.

envolvente. [дейст. прич.] к envolver, завёртывающий, окутывающий, заволакивающий и т. д.: * movimiento envolvente, вращательное движение.

envolver. [перех.] завёртывать, заворачивать, обёртывать, окутывать; закутывать; пеленать; наматывать; (перен.) втягивать, запутывать (в спор); (воен.) обступать, охватывать, окружать, обходить; (перен.) впутывать, замешивать; **envolverse.** [возв. гл.] вступать в связь, сожительствовать вне брака; вмешиваться; запутываться; смешиваться; завёртываться, закутываться; [непр. гл.] спрягается как mover.

envolvimiento. [м.] завёртывание, обёртывание, окутывание; см. revolcadero; (воен.) охват, окружение.

envuelto, ta. [непр. страд. прич.] к envolver; [м.] (Амер.) кукурузный пирог с фаршем; [ж. множ.] (обл.) пелёнки.

enyerbarse. [возв. гл.] (Амер.) зарастать травой; отравляться.

enyerbo. [м.] (Амер.) колдовство.

enyesado, da. [страд. прич.] к enyesar; [м.] (с.-х.) гипсование, дейст. к гипсовать (вино).

enyesudura. [ж.] штукатурка; штукатурная работа; гипсование; (хир.) гипсование, накладка гипса.

enyesar. [перех.] гипсовать; покрывать гипсом; штукатурить, разбеливать; (хир.) гипсовать, накладывать гипс.

enyugar. [перех.] запрягать в ярмо.

enyuyarse. [возв. гл.] (Амер.) зарастать yuyo.

enza. [ж.] (обл.) приманка, приманная птица; (перен.) обман; склонность к чему-л.

enzacatarse. [возв. гл.] (Амер.) зарастать зелёным кормом (zacate); доходить до скотского состояния.

enzainarse. [возв. гл.] смотреть косо; (разг.) становиться предателем.

enzalamar. [перех.] (разг.) науськивать, сеять раздор.

enzamarrado, da. [страд. прич.] к enzamarrar; [прил.] покрытый овчиной.

enzamarrar. [перех.] надевать или покрывать овчиной.

enzanjonarse. [возв. гл.] (Амер.) лезть в дурное дело.

enzarzada. [ж.] (воен.) скрытое укрепление.

enzarzar. [перех.] покрывать колючим кустарником; (перен.) сеять раздор; **enzarzarse.** [возв. гл.] ссориться, драться; запутываться в колючих кустарниках; лезть в трудное положение, в трудные дела.
enzarzar. [перех.] раскладывать на плетёнках (шелковичных червей).
enzima. [ж.] энзима, бродило, закваска, дрожжи.
enzimático, ca. [прил.] к энзима, бродило, закваска, дрожжи.
enzimología. [ж.] учение о энзимах.
enzimuria. [ж.] присутствие энзим в крови.
enzocar. [перех.] (Амер.) вкладывать, вставлять.
enzolvar. [перех.] (Амер.) затыкать (трубу.)
enzootia. [ж.] (вет.) энзоотия, повальная местная болезнь домашних животных.
enzoótico, ca. [прил.] (вет.) энзоотический.
enzorrar. [перех.] (Амер.) надоедать, наскучивать; **enzorrarse.** [возв. гл.] см. *azorrarse*.
enzulucar. [перех.] (обл.) см. *embetunar*.
enzunchar. [перех.] скреплять железными обручами, кольцами.
enzurdecer. [перех.] становиться левым; [непр. гл.] спрягается как *agradecer*.
enzurizar. [перех.] ссорить, сеять раздор.
enzurronar. [перех.] класть в котомку; (перен.) (разг.) вставлять.
enzurronarse. [возв. гл.] (обл.) (с.-х.) не наливаться, созревать от чрезмерного жара (о хлебах).
eñe. [ж.] название буквы ñ.
eoceno, na. [прил.] (геол.) эоценовый; [м.] эоцен.
eocretáceo. [м.] часть мелового периода, охватывающая неоком и апт; нижний мел (тж. прил.).
eodevónico, ca. [прил.] (геол.) нижнедевонский.
eógeno. [м.] (геол.) эоген.
eólico, ca. [прил.] эолийский, из Эолии; [м.] эолийское наречие.
eolio, lia. [прил.] см. *eólico*.
eolipila. [ж.] (физ.) эолипил.
eolítico, ca. [прил.] (археол.) эолитический.
eolito. [м.] (археол.) эолит.
Eolo. [м.] (миф.) Эол, бог ветров.
eolodicón. [м.] (муз.) сорт инструмента.
eonística. [ж.] (ист.) искусство авгура.
eosina. [ж.] (хим.) эозин.
epa. [межд.] (Амер.) эй!, ну!, алло!.
epacigüil. [м.] (Амер.) (бот.) клещевина.
epacmo. [м.] (пат.) кризис, перелом болезни.
epacta. [ж.] эпакта (11 дней, коими солнечный год длиннее лунного); требник.
epagoge. [ж.] (фил.) см. *inducción*.
epagógico, ca. [прил.] (фил.) индуктивный.
epagómeno. [м.] пять дней, прибавлявшиеся Египтянами к году, состоявшему из 360 дней (тж. прил.).
epanadiplosis. [ж.] (ритор.) повторение начального слова одного периода, в конце другого периода.
epanáfora. [ж.] (ритор.) повторение слова в начале каждого из членов периода.
epanalepsis. [ж.] (ритор.) повторение слова или целой фразы.
epanastasia. [ж.] (пат.) сыпь.
epanástrofe. [ж.] (ритор.) повторение конечного слова одного стиха в начале другого стиха.
epanortosis. [ж.] (ритор.) поправление (сказанного).
epanto, ta. [прил.] (бот.) растущий на цветах.
eparquía. [ж.] (ист.) эпархия, епархия.
epatar. [перех.] (гал.) поражать, приводить в величайшее изумление, эпатировать.
epaté. [прил.] (фр.) удивленный, узумленный.
epazote. [м.] (Амер.) см. *pazote*.
epecha. [м.] (обл.) королёк (птица).
ependimitis. [ж.] (пат.) воспаление эпендимы.
ependimo. [м.] (анат.) эпендима, оболочка, покров, слой эпителия выстилающий желудочек и спинномозговой канал.
epéntesis. [ж.] (грам.) эпентеза, вставка буквы (в средину слова).
epentético, ca. [прил.] (грам.) эпентетический.
eperlano. [м.] (ихтиол.) корюшка (рыба).
epi. приставка, обозначающая, сверх, поверх, на-, над-, выше-, вне-, у-, при-.
epiarterial. [прил.] надартериальный.
epiblasto. [м.] (биол.) наросток (у зародыша злаков); эктодерма.
epiblefarón. [м.] свисание складки кожи на верхнем веке.
epíbulo. [м.] (ихтиол.) губан (рыба).
épica. [ж.] эпическая поэзия.
épicamente. [нареч.] эпическим образом, геройски.
epicanto. [м.] (пат.) кожная складка над внутренним углом глазной щели.
epicardio. [м.] (анат.) эпикардий, висцеральный листок сердечной сумки.
epicarpio. [м.] (бот.) наружноплодник, внеплодник, надплодник, экзокарпий, эпикарпий.
epicauma. [м.] (хир.) изъязвление.
epicedio. [м.] элегическое сочинение.
epiceno. [прил.] (грам.) общего рода.
epicéntrico, ca. [прил.] эпицентрический.
epicentro. [м.] (геол.) эпицентр.
epiciclico, ca. [прил.] к эпицикл.
epiciclo. [м.] (астр.) эпицикл.
epicicloidal. [прил.] (геом.) к эпициклоида.
epicicloide. [ж.] (геом.) эпициклоида.
epicistomía. [ж.] (хир.) высокое камнесечение.
épico, ca. [прил.] эпический, повествовательный; [м.] эпический поэт.
epicólico, ca. [прил.] (анат.) относящийся к ободочной кишке.
epicondilalgia. [ж.] (пат.) боль в латеральном надмыщелке плеча.
epicondilitis. [ж.] (пат.) воспаление в надмыщелковой области.
epicóndilo. [м.] (анат.) надмыщелок плечевой кости.
epicostal. [прил.] расположенный на спине.
epicráneo, a. [прил.] (анат.) надчерепной, расположенный на черепе; [м.] сухожильный покров головы.
epicrisis. [ж.] (мед.) состояние после кризиса; конечное суждение о болезни.
epicrosis. [ж.] пигментация (окрашивание) кожи.
epicureísmo. [м.] эпикуреизм, учение Эпикура.
epicúreo, a. [прил.] эпикурейский; (перен.) чувственный; [м. и ж.] эпикуреец, (-йка).
epidemia. [ж.] эпидемия, поветрие, повальная болезнь.
epidemiado, da. [прил.] (Амер.) эпидемический больной.
epidemial. [прил.] см. *epidémico*.
epidémicamente. [нареч.] повально, эпидемически.
epidemicidad. [ж.] эпидемичность.
epidémico, ca. [прил.] повальный, эпидемический.
epidemiología. [ж.] эпидемиология.
epidemiológico, ca. [прил.] эпидемиологический.
epidemiólogo, ga. [м. и ж.] эпидемиолог.
epidendro, dra. [прил.] (бот.) растущий на деревьях; [м.] (бот.) древокорник (чужеядное орхидейное растение).
epidérmico, ca. [прил.] (анат.) (бот.) эпидермический.
epidermis. [ж.] (анат.) эпидермис, кожный покров; (бот.) эпидермис (у растений): * tener la **epidermis** fina или sensible, (перен.) быть обидчивым.
epidermoideo, a. [прил.] похожий на эпидермис.
epidermólisis. [ж.] наследственная склонность к образованию пузырей на коже.
epidermona. [ж.] (пат.) кожный нарост.
epidiascopio. [м.] (физ.) эпидиаскоп.
epidimitis. [ж.] (пат.) воспаление придатка яичка.
epidídimo. [м.] (анат.) придаток яичка.
epidota. [ж.] (мин.) эпидот.
epiespinal. [прил.] расположенный на мозге или на позвоночнике.
epifanía. [ж.] богоявление.
epifenómeno. [м.] (пат.) эпифеномен, дополнительный симптом к основной картине болезни.
epifilo, la. [прил.] (бот.) надлистный, эпифильный.
epifisis. [ж.] (анат.) эпифиз.
epifisitis. [ж.] (пат.) воспаление эпифиза.
epífito, ta. [прил.] (бот.) эпифитный, растущий на других растениях, но не питающийся их соками.
epifonema. [м.] (ритор.) возглашение.
epífora. [ж.] (пат.) эпифора, непрерывное слезотечение.
epifragma. [м.] (бот.) перепоночка (покрывающая околоустье коробочки мхов).
epífrasis. [ж.] (ритор.) прибавление.
epigastralgia. [ж.] (пат.) боль в надчревной области.
epigástrico, ca. [прил.] (анат.) надчревный.
epigastrio. [м.] (анат.) надчревная область.
epigastrocele. [м.] (мед.) надчревная грыжа.
epigenésico, ca. [прил.] принадлежащий или относящийся к эпигенезу.
epigénesis. [ж.] (физиол.) эпигенез.
epigenia. [ж.] (геол.) эпигения.
epiginómeno. [м.] (мед.) случайный припадок в болезни от внешней причины.
epiglosis. [ж.] надглоточник (у насекомых).
epiglótico, ca. [прил.] (анат.) надгортанный.
epiglotis. [ж.] (анат.) эпиглоттис, надгортанный хрящ, надгортанник.
epiglotitis. [ж.] (пат.) воспаление надгортанника.
epígono. [м.] эпигон.
epígrafe. [ж.] эпиграф; надпись.
epigrafía. [ж.] наука, изучающая надписи, эпиграфика.
epigráficamente. [нареч.] по правилам эпиграфики.
epigráfico, ca. [прил.] эпиграфический.
epigrafista. [м. и ж.] эпиграфист.
epigrama. [м.] эпиграмма; насмешка, колкость.
epigramatorio, ria. [прил.] см. *epigramático*;

[м. и ж.] сочинитель, (-ница) эпиграмм.
epigramáticamente. [нареч.] эпиграмматически.
epigramático, ca. [прил.] эпиграмматический.
epigramatista. [м.] сочинитель эпиграмм.

epigramatizar. [неперех.] сочинять, отпускать эпиграммы.
epigramista. [м.] см. epigramatista.
epilación. [ж.] эпиляция, выщипывание волос.
epilatorio, ria. [прил.] выводящий волосы; [м.] средство для удаления волос.
epilepsia. [ж.] (пат.) эпилепсия, нервно-психическое страдание, падучая болезнь.
epiléptico, са. [прил.] (пат.) эпилептический; [сущ.] эпилептик, (-ичка).
epileptiforme. [прил.] (пат.) похожий на падучую болезнь, на эпилепсию.
epilogación. [ж.] см. epílogo.
epilogal. [прил.] вкратце изложенный.
epilogar. [перех.] вкратце излагать, резюмировать.
epílogo. [м.] эпилог, заключение.
epimone. [ж.] (ритор.) повторение слова или фразы.
epineur(i)o. [м.] (анат.) соединительнотканная оболочка нерва.
epinicio. [м.] триумфальный гимн.
epiótico, са. [прил.] расположенный на ухе.
epiplerosis. [ж.] (пат.) ожирение, чрезмерная полнота.
epipleural. [прил.] расположенный на плевре.
epiplocele. [м.] (пат.) грыжа сальника.
epiploitis. [ж.] (пат.) воспаление сальника.
epiplón. [м.] (анат.) сальник.
epiquerema. [м.] (фил.) эпихерема (силлогизм).
epiqueya. [ж.] осторожное толкование закона.
episcleritis. [ж.] (пат.) поверхностное воспаление склеры.
esclerótico, са. [прил.] лежащий у склеры.
episcopado. [м.] сан, должность епископа, епископы.
episcopal. [прил.] епископский.
episcopalismo. [м.] доктрина приверженцев епископства (в англиканской церкви).
episcopalistas. [м. множ.] приверженцы епископства (в англиканской церкви).
episcopio. [м.] (физ.) эпископ (прибор).
episcopologio. [м.] список епископов церкви.
episemasia. [ж.] (пат.) появление первого приступа, начало болезни.
episiocele. [ж.] (пат.) грыжа больших половых губ (выпадение влагалища).
episiorrafía. [ж.] (хир.) влагалищный шов (при выпадении матки).
episismo. [м.] (геол.) местное землетрясение.
episódicamente. [нареч.] эпизодически.
episódico, са. [прил.] эпизодический.
episodio. [м.] эпизод, вводный рассказ; случай; см. digresión.
espadias. [м.] (физиол.) дефект верхней стенки мочеиспускательного канала.
epispástico, са. [прил.] нарывной; [м.] нарывной пластырь.
epispermo. [м.] (бот.) покров семени.
epistaxis. [ж.] (пат.) кровотечение из носа.
episternal. [прил.] расположенный на грудине.
epistilo. [м.] (арх.) архитрав, эпистиль.
epístola. [ж.] эпистола, послание, письмо.
epistolar. [прил.] эпистолярный, письменный.
epistolario. [м.] сборник писем; молитвенник.
epistolero. [м.] (церк.) тот, кто поёт эпистолы.
epistolio. [м.] см. epistolario.
epistolografía. [ж.] сочинение писем (искусство).
epistológrafo, fa. [м. и ж.] сочинитель, (-ница) писем.

epístrofe. [ж.] (ритор.) эпистрофа, повторение, единоокончание.
epitafio. [м.] надгробная надпись, эпитафия.
epitalámico, са. [прил.] принадлежащий эпиталаме.
epitalamio. [м.] эпиталама, свадебная песня.
epitasis. [ж.] завязка драмы.
epitelial. [прил.] (анат.) эпителиальный.
epitelio. [м.] (анат.) эпителий.
epiteliode, epitelioideo, а. [прил.] похожий на эпителий.
epitelioma. [м.] (хир.) эпителиальный рак.
epitelizar. [перех.] превращать в эпителий; epitelizarse. [возв. гл.] превращаться в эпителий.
epitema. [ж.] (мед.) компресс, примочка, приложение, припарка.
epíteto. [м.] эпитет.
epitiflitis. [ж.] (пат.) аппендицит.
epitima. [ж.] (мед.) см. epítema; (перен.) облегчение.
epitimar. [перех.] (мед.) накладывать припарки и т. д.
epitimia. [ж.] прихоть, каприз; (пат.) сильное мозговое возбуждение.
epítimo. [м.] (бот.) паразитное растение, сорт повилики.
epitomadamente. [нареч.] вкратце и т. д.
epitomador, ra. [прил.] сочиняющий краткие изложения (тж. сущ.).
epitomar. [перех.] резюмировать, вкратце излагать, сочинять краткие изложения.
epítome. [м.] сокращённое изложение, извлечение, сокращение книги.
epitróclea. [ж.] (анат.) внутренний мыщелок плечевой кости.
epítrope. [ж.] (ритор.) уступление (фигура).
epíxilo, la. [прил.] (бот.) древесный, живущий или растущий на дереве.
epizoario, ria. [прил.] (зоол.) живущий чужеядно на коже или под кожею животных.
epizootia. [ж.] эпизоотия, падёж скота.
epizoótico, са. [прил.] эпизоотический, повальный.
época. [ж.] эпоха, время, эра, пора; период времени: * formar или hacer época, создавать эпоху; * иметь решающее значение.
epoda. [ж.] epodo. [м.] (лит.) эпод, третья часть оды.
epónimo, ma. [прил.] дающий название эпохе и т. д.
epopeya. [ж.] эпопея, эпос; эпическая поэма.
épsilon. [ж.] (грам.) эпсилон (5-я буква греческой азбуки).
epsomita. [ж.] горькая или английская соль.
epulis. [м.] (пат.) злокачественная опухоль десны.
epulón. [м.] жрец (в древнем Риме); избалованный человек, лакомка.
epulosis. [ж.] (мед.) заживление.
epulótico, са. [прил.] заживляющий.
equi-. приставка, обозначающая равенство.
equiángulo, la. [прил.] (геом.) равноугольный.
equiaxial. [прил.] равноосный.
equidad. [ж.] справедливость, правосудие, беспристрастие; умеренность.
equidiferencia. [ж.] (мат.) равенство двух отношений в арифметической пропорции.
equidilatado, da. [прил.] (неол.) равнорасширенный.
equidistancia. [ж.] равенство расстояний.
equidistante. [дейст. прич.] к equidistar, равноотстоящий.
equidistar. [перех.] (геом.) находиться на равном расстоянии.

equidna. [м.] (зоол.) эхидна, трубконос (млекопитающее животное из отряда птицезверей).
equidnita. [ж.] (мин.) пятнистый агат.
équidos. [м. множ.] (зоол.) семейство лошадиных.
equilátero, ra. [прил.] (геом.) равносторонний: * triángulo equilátero, равносторонний треугольник.
equilibrado, da. [страд. прич.] к equilibrar; [прил.] рассудительный, здравомыслящий, уравновешенный.
equilibrador, ra. [прил.] уравновешивающий.
equilibrar. [перех.] уравновешивать, приводить в равновесие; (перен.) равнять.
equilibre. [прил.] находящийся в равновесии.
equilibrio. [м.] равновесие; уравновешенность; беспристрастность, умеренность: * equilibrio estable, устойчивое равновесие; * equilibrio inestable, неустойчивое равновесие; * equilibrio indiferente, безразличное равновесие; perder el equilibrio, потерять равновесие.
equilibrioso, sa. [прил.] (Амер.) щепетильный, обидчивый.
equilibrismo. [м.] эквилибристика.
equilibrista. [м. и ж.] эквилибрист, (-ка).
equimolecular. [прил.] эквимолекулярный.
equimoma. [ж.] сосудистая опухоль.
equimosis. [ж.] (пат.) кровоподтек, подкожное кровоизлияние.
equimúltiplos. [прил. множ.] имеющие общий множитель.
equinia. [ж.] (вет.) сап.
equino. [м.] морской ёж; (арх.) греческий вал.
equino, na. [прил.] (поэт.) конский.
equinocacto. [м.] (бот.) эхинокактус.
equinoccial. [прил.] (астр.) равноденственный.
equinoccio. [м.] (астр.) равноденствие: * equinocio de primavera, весеннее равноденствие.
equinococo. [м.] (зоол.) эхинококк, пузырчатый глист.
equinodermo. [прил.] (зоол.) иглокожий; [м. множ.] тип иглокожих животных.
equinóforo, ra. [прил.] снабжённый шипами.
equinoftalmia. [пат.] воспаление век.
equinulado, da. [прил.] снабжённый маленькими шипами.
equipaje. [м.] багаж, кладь, поклажа, пожитки; (мор.) экипаж, команда.
equipal. [м.] (Амер.) сорт стула.
equipamiento. [м.] снаряжение, снабжение всем необходимым; экипировка; оснащение, оборудование.
equipar. [перех.] снаряжать, снабжать, экипировать; оборудовать, оснащать; equiparse. [возв. гл.] снаряжаться, экипироваться; оснащаться.
equiparable. [прил.] сравнимый.
equiparación. [ж.] сравнение, уравнивание, сопоставление.
equiparar. [перех.] сравнивать, уравнивать, сопоставлять.
equipo. [м.] см. equipamiento; оборудование, комплект; (набор) отряд; коллектив, команда; бригада; смена (рабочих); (спорт.) команда; вещи: * equipo de fútbol, футбольная команда; * equipo de novia, приданое.
equipolencia. [ж.] (лог.) см. equivalencia.
equipolente. [прил.] (лог.) см. equivalente.
equiponderancia. [ж.] (неол.) равновесие, равнотяготение.

equiponderante. [действ. прич.] к equiponderar, равного веса.
equiponderar. [неперех.] иметь равный вес.
equipotencial. [прил.] (физ.) эквипотенциальный.
equis. [ж.] название буквы х.
equisetáceas. [ж. множ.] (бот.) хвощи.
equisonancia. [ж.] (неол.) (муз.) созвучность.
equitación. [ж.] искусство верховой езды; конный спорт, верховая езда.
equitativamente. [нареч.] справедливо и т. д.
equitativo, va. [прил.] справедливый, беспристрастный.
equivalencia. [ж.] равноценность, эквивалентность; (геом.) равномерность.
equivalente. [прил.] равноценный, эквивалентный; равнозначный, равносильный; соответственный; (геом.) равномерный; [м.] (хим.) эквивалент.
equivaler. [неперех.] быть равноценным, эквивалентным, иметь одинаковую стоимость, значение, равняться; [непр. гл.] спрягается как valer.
equivalvo, va. [прил.] (зоол.) равностворчатый (в раковинах).
equivocación. [ж.] ошибка, промах; недоразумение; смешение (двух понятий, предметов): * por equivocación, по ошибке.
equivocadamente. [нареч.] по ошибке и т. д.
equivocamente. [нареч.] двусмысленно и т. д.
equivocar. [перех.] смешивать, принимать одно за другое. **equivocarse.** [возв. гл.] ошибаться, принимать одно за другое, делать ошибку в счёте; заблуждаться.
equívoco, ca. [прил.] двусмысленный; двоякий; сомнительный; [м.] двусмысленность, экивок; обиняк; (м. употр.) см. equivocación.
equivoquista. [м. и ж.] тот, кто часто двусмысленно говорить.
era. [ж.] эра, летоисчисление; время года, время; сезон; (с.-х.) гумно; грядка; клумба; (горн.) место, где размельчают руду.
eraje. [м.] (обл.) самый чистый мёд.
eral. [м.] (зоол.) молодой бычок (меньше двух лет).
erar. [перех.] копать грядки; разделывать клумбы.
erario. [м.] казначейство; казна.
erbedo. [м.] (обл.) см. madroño.
erbio. [м.] (хим.) эрбий.
erbúa. [м.] (тех.) плавень (камень).
ere. [ж.] название буквы r.
Erebo. [м.] (поэт.) Эреб, самая мрачная часть ада.
erección. [ж.] поднятие, выпрямление; основание, сооружение, воздвижение, возведение; (физиол.) эрекция, напряжение.
eréctil. [прил.] напрягающийся, способный напрягаться, эректильный.
erectilidad. [ж.] напрягаемость, способность напрягаться.
erecto, ta. [прил.] тугой, напряжённый, натянутый.
erector, ra. [прил.] (анат.) поднимающий.
eremita. [м.] отшельник, см. ermitaño.
eremítico, ca. [прил.] отшельнический, пустыннический.
eremitorio. [м.] пустынь, скит.
eremofobia. [ж.] боязнь одиночества.
erético, ca. [прил.] страдающий эретизмом, болезненно раздражительный.

eretismo. [м.] (мед.) эретизм, патологическая раздражительность, повышенная возбудимость.
eretístico, ca. [прил.] относящийся или принадлежащий эретизму; см. provocativo, excitante.
erg. [м.] (физ.) эрг.
ergasiofobia. [ж.] болезненное отвращение к работе.
ergasiomanía. [ж.] болезненное желание беспрерывно работать.
ergastulario. [м.] тюремщик (в древнем Риме).
ergástula. [ж.] см. ergástulo.
ergástulo. [м.] тюрьма для рабов (в древнем Риме).
ergio. [м.] (физ.) эрг.
ergo. [лат. союз] следовательно, стало быть.
ergofobia. [ж.] болезненная боязнь работы.
ergógrafo. [м.] (мед.) эргограф.
ergóstato. [м.] (мед.) аппарат, дозирующий мышечную работу.
ergotina. [ж.] (хим.) эрготин (экстракт из спорыньи).
ergotismo. [м.] (пат.) отравление спорыньёй.
ergotismo. [м.] (фил.) эрготизм, злоупотребление силлогизмами.
ergotista. [прил.] (фил.) злоупотребляющий силлогизмами (тж. сущ.).
ergotizar. [перех.] (фил.) злоупотреблять силлогизмами; спорить по пустякам.
ergotoxina. [ж.] (хим.) эрготоксин.
erguen. [м.] (бот.) андалузское колючее дерево.
erguimiento. [м.] поднятие, выпрямление и т. д.
erguir. [перех.] поднимать; ставить, приводить в стоячее положение; выпрямлять; **erguirse.** [возв. гл.] возвышаться, высититься; гордиться, хвастаться: [непр. гл.] ind. pres. irgo или yergo, irgues или yergues, irgue или yergue, erguimos, erguís, irguen или yerguen; pret. indef. erguí, erguiste, irguió, erguimos, erguisteis, irguieron; subj. pres. irga, irgas или yerga, -as и т. д.; imperf. irguiera или irguiese и т. д.; imperat., irgue или yergue, irga или yerga, irgamos или yergamos, erguid, irgan или yergan; ger. irguiendo.
ería. [ж.] (обл.) обширный участок земли.
erial. [прил.] невозделанный, заброшенный (о земле); [м.] пустошь, незасеянное поле; (обл.) телёнок.
eriazo. [прил. и м.] см. erial.
ericáceas, ca. [прил.] (бот.) вересковый; [ж. множ.] семейство вересковых растений.
Eridano. [м.] (астр.) Эридан река (южное созвездие).
erigir. [перех.] воздвигать, сооружать, возводить; учреждать, создавать, основывать; **erigirse.** [возв. гл.] выступать в качестве..., насыщать себя (чем-л), выдавать себя за..., присваивать себя (что), провозглашать себя (кем-л).
erina. [ж.] (хир.) крючок, подъём (орудие).
erinaceidos. [м. множ.] (зоол.) семейство ежей.
erináceo, a. [прил.] (зоол.) ежистый, ежеватый.
eringe. [ж.] (бот.) разновидность чертополоха, перекати-поле.
Erinias. [ж.] (миф.) Эриннии.
erinita. [ж.] (мин.) эринит.
erio, a. [прил. и м.] см. erial.
eriómetro. [м.] эриометр, орудие для измерения толщины самых тонких волокон и мельчайших частиц.
erisife. [м.] (бот.) слизняк (грибок, производящий на растениях болезнь мучную росу).

erísimo. [м.] (бот.) сурепица, желтушник (растение сем. крестоцветных).
erisipela. [ж.] (мед.) рожа, рожистое воспаление.
erisipelar. [перех.] (мед.) вызывать рожу; **erisipelarse.** [возв. гл.] страдать рожистым воспалением.
erisipelatoide. [прил.] похожий на рожу.
erisipelatoso, sa. [прил.] (мед.) рожистый.
cristia. [ж.] (бот.) разновидность тюльпана.
erístico, ca. [прил.] спорный, состязательный.
eritema. [м.] (пат.) эритема, воспалительная краснота кожи.
eritemático, ca. [прил.] (пат.) эритематозный.
eritemoide. [прил.] похожий на эритему.
eritreo, a. [прил.] эритрейский; [м. и ж.] эритреец.
eritrina. [ж.] (бот.) красноцветник (индейское бобовое растение); (мин.) эритрит, кобальтовые цветы.
eritroblasto. [м.] ядро, содержащее эритроциты.
eritrocéfalo, la. [прил.] (зоол.) с красной головой.
eritrocito. [м.] (физиол.) эритроцит, красное кровяное тельце.
eritrocitolisis. [ж.] (пат.) распадение эритроцитов.
eritrocitosis. [ж.] увеличение количества эритроцитов.
eritrodermia. [ж.] болезнь кожи с красным её окрашиванием.
eritroideo, a. [прил.] красноватый.
eritropoyesis. [ж.] (физиол.) образование эритроцитов.
eritropsia. [ж.] (пат.) видение предметов окрашенными в красный цвет.
erizado, da. [страд. прич.] к erizar; [прил.] покрытый колючками, шипами; шершавый, щетинистый; взъерошенный.
erizamiento. [м.] поднятие торчком и т. д.
erizar. [перех.] поднимать торчком, топорщить, ерошить, топырить; ставить препятствия; **erizarse.** [возв. гл.] становиться дыбом, топорщиться; (перен.) смущаться, беспокоиться.
erizo. [м.] ёж; колючая шелуха (у каштана); колючий кустарник; (воен.) ёж; (перен.) (разг.) сварливый человек: * erizo marino или de mar, морской ёж.
ermita. [ж.] скит, хижина отшельника; часовня; (прост.) см. taberna.
ermitaño. [м.] отшельник, пустынник, затворник; (зоол.) рак-отшельник: * ermitaño de camino, разбойник.
ermunio. [м.] (уст.) человек, освобождённый от податей и т. д.
erodio. [м.] грабельник, аистник.
erogación. [ж.] распределение, раздача; (Амер.) подаяние, милостыня.
erogar. [перех.] раздавать, распределять; (Амер.) давать, участвовать деньгами в каком-л деле; причинять.
Eros. (миф.) Эрос.
erosión. [ж.] (геол.) размывание, размыв, эрозия (тж. мед.).
erosivo, va. [прил.] эрозивный.
erotema. [ж.] (ритор.) наводящий вопрос.
erótica. [ж.] эротическая поэзия.
eróticamente. [нареч.] эротически, любовно.
eroticismo. [м.] болезненный сексуальный инстинкт или желание.
erótico, ca. [прил.] эротический, любовный.
erotismo. [м.] эротизм.
erotogénico, ca. [прил.] вызывающий эротическое желание.
erotomanía. [ж.] (пат.) эротомания.
erotomaníaco, ca. [прил.] страдающий эротоманией; [м. и ж.] эротоман, (-ка).
erotómano, na. см. erotomaníaco.

errabundo, da. [прил.] см. errante.
errada. [ж.] промах, неудачный удар (в бильярде).
erradamente. [нареч.] ошибочно и т. д.
erradicación. [ж.] искоренение.
erradicar. [перех.] искоренять, вырывать с корнем.
erradizo, za. [прил.] блуждающий, см. errabundo.
errado, da. [страд. прич.] к errar; [прил.] ошибочный, ложный.
erraj. [м.] угольная пыль из оливковой косточки.
errante. [действ. прич.] к errar; [прил.] бродячий, скитающийся, странствующий, блуждающий.
errar. [перех.] заблуждаться, ошибаться; не попадать, упускать; [неперех.] блуждать, бродить, скитаться, слоняться; errarse. [возв. гл.] ошибаться, заблуждаться: * errar el camino, сбиться с дороги; * errar el golpe, промахнуться; [непр. гл.] Ind. Pres., yerro, as, a, erramos, erráis, yerran; sub. pres. yerre, -es и т. д.
errare humanum est. [лат. выраж.] ошибаться свойственно человеку.
errata. [ж.] опечатка, ошибка (в письме).
errático, ca. [прил.] см. errabundo; бездомный; (пат.) блуждающий, перемежающийся, перемежающийся; (геол.) блуждающий, эрратический.
errátil. [прил.] см. errante; бездомный; неуверенный (о походке); неопределённый.
erre. [ж.] название буквы r в сильной позиции: * erre que erre, упрямо, упорно.
erreal. [м.] (обл.) сорт вереска.
errino, na. [прил.] чихательный; [м.] чихательное средство.
errona. [ж.] (Амер.) ошибочный удар и т. д. (в игре).
erróneamente. [нареч.] ошибочно и т. д.
erróneo, a. [прил.] ошибочный, ложный, неправильный.
erronia. [ж.] нерасположение, нелюбовь, недоброжелательство.
error. [м.] заблуждение; ошибка, погрешность; ошибка в счёте; недоразумение; нехороший поступок, проступок; ошибочное поступок: * por error по ошибке.
erubescencia. [ж.] (мед.) краснота, покраснение.
erubescente. [прил.] краснеющий (от стыда и т. д.).
eructación. [ж.] отрыжка.
eructar. [неперех.] (от)рыгать, отрыгивать; (перен.) (разг.) хвастаться, хвалиться.
eructo. [м.] отрыжка.
erudición. [ж.] учёность, эрудиция; начитанность.
eruditamente. [нареч.] с эрудицией.
erudito, ta. [прил.] учёный, обладающий знаниями, эрудированный; начитанный; [м. и ж.] учёный, (-ая), эрудит: * erudito a la violeta, знающий всё поверхностно.
eruginoso, sa. [прил.] напоминающий ржавчину; покрытый патиной.
erupción. [ж.] появление сыпи; сыпь; (геол.) извержение.
eruptivo, va. [прил.] (мед.) сыпной; вулканический.
erutación, erutar, eruto. см. eructación, eructar, eructo.
ervato. [м.] (бот.) см. servato.
ervilla. [ж.] (бот.) см. arveja.
es. приставка, обозначающая движение изнутри, лишение или сокращение значения слова.
esbarar. [неперех.] см. resbalar.
esbardo. [м.] (обл.) медвежёнок.
¡esbate! [межд.] не шевелитесь!
esbatimentante. [действ. прич.] к esbatimentar.
esbatimentar. [перех.] (жив.) оттенять.

esbatimento. [м.] (жив.) тень.
esbeltez, esbelteza. [ж.] стройность, гибкость, статность.
esbelto, ta. [прил.] стройный, изящный, гибкий, статный.
esbirro. [м.] сбир, полицейский агент, сыщик (в Италии и Испании).
esblencar. [перех.] (обл.) снимать тычинки у шафрана.
esbogar. [перех.] (обл.) см. desbrozar.
esborregar. [неперех.] (обл.) падать на землю (при скользкой почве).
esbozar. [перех.] обрисовывать, набрасывать, намечать.
esbozo. [м.] набросок, черновой проект, эскиз, намётка.
esbronce. [м.] (обл.) резкое движение.
escaba. [ж.] (обл.) льняные очёски.
escabechado, da. [страд. прич.] к escabechar; [прил.] крашеный (о волосах, лице).
escabechar. [перех.] заготовлять в прок (рыбу); мариновать, приправлять уксусом; (перен.) красить (волосы, лицо); (разг.) предательски убить; заколоть; провалить (на экзамене).
escabeche. [м.] маринад; маринованная рыба.
escabechina. [ж.] (перен.) разрушение, повреждение; истребление; резня.
escabel. [м.] скамейка для ног; банкетка, табурет.
escabido, da. [прил.] (мед.) чесоточный, похожий на чесотку.
escabies. [ж.] (мед.) чесотка.
escabiosa. [ж.] (бот.) скабиоза.
escabioso, sa. [прил.] (мед.) чесоточный.
escabrido, da. [прил.] шероховатый.
escabrifoliado, da. [прил.] (бот.) шероховатолистный.
escabro. [м.] овечья парша; (бот.) болезнь древесной коры, (у деревьев и виноградных лоз).
escabrosamente. [нареч.] неприлично и т. д.
escabrosearse. [возв. гл.] становиться неровным, бугристым и т. д.
escabrosidad. [ж.] шероховатость, неровность; грубость (в обращении и т. д.); скабрёзность.
escabroso, sa. [прил.] шероховатый, неровный, бугристый; скабрёзный, неприличный; грубый, жёсткий.
escabuchar. [перех.] (обл.) работать огородной мотыгой.
escabuche. [м.] мотыга (огородная).
escabullar. [перех.] (обл.) снимать чашки с желудей; encabullarse. [возв. гл.] (Амер.) см. escabullirse.
escabullimiento. [м.] бегство (тайком), исчезание.
escabullir. [неперех.] (м. употр.) убегать; escabullirse. [возв. гл.] выскальзывать; убегать (тайком), исчезнуть, ускользнуть; [непр. гл.] спрягается как mullir.
escacado, da. [прил.] шахматный.
escachalandrado, da. [прил.] (Амер.) грубый, неотёсанный (о человеке).
escachar. [перех.] сплющивать; раздавливать; (обл.) разбивать, разламывать.
escacharrar. [перех.] разбить вдребезги, превратить в осколки (о горшке и т. д.); портить.
escachifollar. [перех.] см. cachifollar.
escaecer. [неперех.] (обл.) ослабевать, терять силы, худеть; [непр. гл.] спрягается как agradecer.
escafandra. [ж.] escafandro. [м.] скафандр, водолазный костюм.
escafocefalia. [ж.] ладьевидная голова.
escafocéfalo, la. [прил.] (анат.) с ладьевидной головой.
escafoideo, a. [прил.] (анат.) ладьевидный.
escafoides. [прил.] (анат.) ладьеобразный. [м.] ладьеобразная кость.

escafópodos. [м. множ.] (зоол.) лопатченогие моллюски.
escagüite. [м.] (Амер.) (бот.) драцена.
escajo. [м.] необработанная земля; (обл.) (бот.) см. aliaga.
escajocote. [м.] (бот.) американское дерево.
escala. [ж.] лестница (приставная); трап; масштаб; (физ.) деление на градусы; шкала; заход в порт, порт снабжения; (воен.) категория, послужной список; (муз.) гамма: * hacer escala, зайти в гавань; * escala franca, порто-франко; * en gran escala, в большом масштабе; * escala de complemento, (воен.) запас первой очереди; * escala de reserva, (воен.) запас второй очереди; * escala doble, стремянка.
escalable. [прил.] поддающийся взлезанию и т. д.
escalabrar. [перех.] см. descalabrar.
escalada. [ж.] восхождение; лазание, залезание, воровское взлезание; приступ, эскалада, штурм крепостного вала.
escalador, ra. [прил.] лезущий, всходящий по лестнице и т. д.; [м.] скалолаз; (арг.) вор, перелезающий через стену, забор и т. д.
escalafón. [м.] послужной список; (воен.) контрольный список, контрольная ведомость.
escalafonal. [прил.] относящийся к послужному списку.
escalamera. [ж.] (мор.) верхняя часть борта (у шлюпки).
escalamiento. [м.] см. escalada.
escalamo. [м.] (мор.) уключина.
escalar. [м.] (обл.) ущелье между горами, перевал.
escalar. [перех.] разделить на две половины (преимущ. о рыбе).
escalar. [перех.] карабкаться, взбираться, влезать на; перелезать через; поднимать шлюз; (перен.) достигать высоких чинов; (обл.) делать бороздки: * escalar el poder, (перен.) карабкаться в власти.
escaldado, da. [страд. прич.] к escaldar; [прил.] (перен.) (разг.) наученный опытом; бесстыдный, бесчестная (о женщине); [ж.] (обл.) кушанье из картофеля и капусты: * el gato escaldado del agua fría huye, обжёгшийся на молоке дует на воду.
escaldadura. [ж.] вымачивание в кипятке, ожог (кипятком); накаливание (докрасна).
escaldar. [перех.] вымачивать в кипятке, обваривать кипятком; накаливать (докрасна); escaldarse. [возв. гл.] обвариваться кипятком; краснеть, воспаляться (о коже).
escaldo. [м.] скальд (древнескандинавский певец).
escalecer. [перех.] (обл.) см. calentar. [непр. гл.] спрягается как agradecer.
escaleno. [прил.] (геом.) неравносторонний, разносторонний: * triángulo escaleno, разносторонний треугольник.
escalentamiento. [м.] (вет.) опухоль на ноге лошади.
escalera. [ж.] лестница; колёсный ход; соотносительный ряд игральных карт: * escalera de caracol, de husillo, винтовая лестница; * escalera falsa, потайная лестница; * escalera de servicio, чёрная лестница, чёрный ход; * escalera de tijera или doble, стремянка; * escalera mecánica, rodante или móvil, эскалатор; * escalera excusada, по-

тайная лестница; * escalera principal, парадная лестница; * escalera de incendios, пожарная лестница; * subir la(s) escalera(s), подняться по лестнице; * poner la escalera, приставить лестницу.

escalerilla. [ж. умен.] к escalera; соотносительный ряд из трёх игральных карт; (вет.) ветеринарный инструмент: * en escalerilla, ступенчато, уступами.

escalerón. [м. гвел.] к escalera; стремянка; (обл.) см. escalón.

escaleta. [ж.] сорт домкрата.

escalfado, da. [страд. прич.] к escalfar; [прил.] шероховатый (о стене); варёный (о яйце).

escalfador. [м.] металлический кувшин с ручкою и носиком; настольная грелка.

escalfar. [перех.] варить яйца без скорлупы, выпустить яйца на сковороду; печь хлеб (при сильном огне); (м. употр.) (Амер.) см. mermar, descontar.

escalfarote. [м.] сорт тёплого сапога.

escalfecerse. [возв. гл.] (обл.) см. enmohecerse; [непр. гл.] спрягается как agradecer.

escalfeta. [ж.] см. chofeta.

escaliar. [перех.] (обл.) см. roturar.

escalibar. [перех.] (обл.) разжигать огонь; (перен.) подливать масло в огонь.

escalinata. [ж.] внешняя лестница одного пролёта.

escalio. [м.] земля в залежи.

escalmo. [м.] см. escálamo; большой клин.

escalo. [м.] взлезание, восхождение, лазание; подкоп, лазейка.

escalofriado, da. [прил.] дрожащий.

escalofrío. [м.] (чаще множ.) озноб, дрожь; содрогание.

escaloma. [ж.] (бот.) лук-шарлот.

escalón. [м.] ступень, ступенька; перекладина лестницы; уступ, ступень; (перен.) чин, звание; (воен.) эшелон; (арг.) постоялый двор, трактир: * en escalones, неровно.

escalona. [ж.] (бот.) см. escaloña.

escalonamiento. [м.] (воен.) эшелонирование; уступообразное расположение.

escalonar. [перех.] (воен.) эшелонировать, располагать, строить эшелонами; располагать в определённой постепенности, располагать уступами.

escaloña. [ж.] (бот.) лук-шарлот.

escalope. [м.] (фр.) (кул.) эскалоп.

escalpar. [перех.] скальпировать, сдирать черепную кожу с кого.

escalpelo. [м.] (хир.) скальпель, анатомический нож.

escalplo. [м.] кожевенный нож, нож для мездрения.

escalla. [ж.] сорт пшеницы.

escama. [ж.] чешуя; чешуйка, плёнка; вещь в форме чешуи; пластинка (на чешуйчатой броне); (перен.) досада, подозрение, недоверие, неприятный осадок: * en forma de escama, чешуевидный.

escamada. [ж.] чешуйчатая вышивка.

escamado, da. [страд. прич.] к escamar; чешуйчатая ткань (на доспехах и т. д.); совокупность чешуи: * andar escamado, подозревать.

escamadura. [ж.] соскабливание чешуи.

escamar. [перех.] счищать чешую (с рыбы), чистить рыбу; (разг.) делать подозрительным, тревожить; [неперех.] придавать чешуйчатую форму (работе); **escamarse.** [возв. гл.] (обл.) быть подозрительным.

escambroso, sa. [прил.] (Амер.) пугливый, робкий.

escamel. [м.] верстак для выделки холодного оружия.

escameta. [ж.] сорт хлопчатобумажной ткани.

escamiforme. [прил.] чешуйчатый, чешуевидный, чешуеобразный.

escamilla, mita. [ж. умен.] к escama, чешуйка.

escamochar. [перех.] (обл.) обрывать несъедобные листья; (перен.) расточать, проматывать.

escamoche. [м.] (обл.) см. desmoche.

escamocho. [м.] объедки; опивки; небольшой рой; (перен.) (обл.) худой, хилый человек; неоправданное извинение.

escamón, na. [прил.] недоверчивый, подозрительный.

escamonda. [ж.] см. escamondo.

escamondadura. [ж.] обрезанные ветки, сучья.

escamondar. [перех.] подчищать, подстригать (деревья); (перен.) уничтожать ненужное.

escamondo. [м.] обрезка лишних ветвей, сучьев.

escamonea. [ж.] скамоний (смола); (бот.) песья смерть (растение).

escamoneado, da. [прил.] имеющий свойства скамония и т. д.

escamonearse. [возв. гл.] (разг.) быть настороже, быть подозрительным, остерегаться кого, чего.

escamonita. [ж.] (хим.) вино с скамонием (слабительное).

escamoso, sa. [прил.] чешуйчатый.

escamotar. [перех.] см. escamotear.

escamoteador, ra. [прил.] ловко подменяющий и т. д.; [м. и ж.] фокусник, (-ица); (перен.) ловкий вор, мошенник, (-ица).

escamotear. [перех.] ловко, незаметно прятать что-л (при показывании фокусов); (перен.) ловко подменять; ловко стащить.

escamoteo. [м.] ловкое, незаметное сокрытие чего-л; неощутимая для глаза смена чего-л; фокус; похищение, ловкое воровство.

escampada. [ж.] (разг.) временное прояснение погоды.

escampado, da. [прил.] см. descampado.

escampar. [перех.] освобождать, разгружать (место и т. д.); [неперех.] переставать (о дожде); отказываться (от намерения и т. д.); (Амер.) укрываться от дождя.

escampavía. [ж.] разведывательное судно; авизо; таможенное судно.

escampilla. [ж.] (обл.) чижик (детская игра).

escampo. [м.] прояснение погоды; освобождение (места).

escamudo, da. [прил.] чешуйчатый.

escamujar. [перех.] (с.-х.) очищать и подрезать (оливковые деревья).

escamujo. [м.] обрезанная ветвь (оливкового дерева); время очистки и подрезывания оливковых деревьев.

escancana. [ж.] (мор.) (обл.) прибой.

escancia. [ж.] дейст. к налить, дать напиться.

escanciador, ra. [прил.] наливающий вина и т. д.; [м. и ж.] виночерпий, стольник.

escanciano. [м.] см. escanciador.

escanciar. [перех.] обносить, угощать вином; [неперех.] пить вино.

escanda. [ж.] злаковое растение, похожее на пшеницу.

escandalada. [ж.] (Амер.) большой скандал, шум.

escandalar. [м.] (мор.) нактоуз (у галеры).

escandalar. [перех.] (обл.) обрезывать сосновые ветви (после валки).

escandalera. [ж.] (разг.) большой скандал, шум.

escandalizador, ra. [прил.] вызывающий скандал, возмущающий; [м. и ж.] скандалист, (-ка).

escandilazar. [перех.] вызывать скандал; приводить в негодование, возмущать, смущать, скандалить, (книж.) скандализировать; **escandalizarse.** [возв. гл.] приходить в негодование, возмущать, быть возмущённым.

escandalizativo, va. [прил.] могущий вызывать скандал.

escándalo. [м.] скандал; огласка, неприличный поступок, срам, стыд; возмутительный поступок; изумление, шум, волнение: * armar un escándalo, устраивать скандал; * ¡qué escándalo!, какой позор!, какой срам!

escandalosa. [ж.] (мор.) топсель (парус): * echar la escandalosa, употреблять суровые фразы при споре.

escandalosamente. [нареч.] скандально; возмутительно; постыдно.

escandaloso, sa. [прил.] вызывающий скандал, скандальный; возмутительный, неприличный; шумный; [м. и ж.] скандалист, (-ка).

escandallada. [ж.] (мор.) измерение глубины с помощью лота.

escandallar. [перех.] (мор.) измерять глубину воды, разведывать с помощью лота; установлять себестоимость.

escandallo. [м.] (мор.) лот, грузило; (ком.) установление себестоимости; (перен.) проба, опыт.

escandecencia. [ж.] горячее раздражение.

escandecer. [перех.] (обл.) сильно раздражать, приводить в гнев; [непр. гл.] спрягается как agradecer.

escandelar. [м.] (мор.) см. escandalar.

escandia. [ж.] (бот.) сорт злакового растения.

escandinavo, va. [прил.] скандинавский; [м. и ж.] скандинавец, (-ка).

escandio. [м.] (хим.) скандий.

escandir. [перех.] скандировать.

escandola. [ж.] (Амер.) большой скандал, шум.

escanilla. [ж.] (обл.) см. cuna.

escansión. [ж.] скандирование.

escantillar. [перех.] отмерять; (обл.) см. descantillar.

escantillón. [м.] шаблон; см. escuadría.

escañarse. [возв. гл.] (обл.) см. atragantarse.

escañero. [м.] тот, кто имеет на попечении скамьи и т. д. (у муниципалитете).

escañeto. [м.] (обл.) медвежонок.

escañil. [м.] (обл.) маленькая скамья со спинкой.

escaño. [м.] скамья со спинкой.

escañuelo. [м.] скамеечка для ног.

escapada. [ж.] escapamiento. [м.] бегство (тайное и быстрое).

escapar. [перех.] пускать лошадь во весь опор; освобождать, избавлять (от опасности, работы и т. д.); [неперех.] освобождаться от чего-л, избегать, избавляться; выходить (тайно и быстро); удирать, убегать, ускользать: * escapar bien, дёшево отделаться, еле унести ноги; * dejar escapar, упускать; **escaparse.** [возв. гл.] убегать (тайно и быстро), освобождаться, скрываться, сбежать, освобождаться; упускать, не замечать чего-л; прорываться с силой, вытекать; * escapado, сбежавший; * se me escaparon estas palabras, у меня вырвались эти слова.

escaparate. [м.] витрина (магазина); стеклянный шкаф (для ценных вещей).

escapatoria. [ж.] бегство, побег; увёртка, уловка, отговорка; лазейка.
escape. [м.] поспешное бегство, побег; утечка; вытекание; потеря; спусковой механизм, спуск; (тех.) выход наружу, выхлоп, выпуск (газов и т. д.): * a escape, во весь опор, поспешно; * de escape, спускной; выпускной, выхлопной, отводной; * tubo de escape, спускная труба.
escapo. [м.] (арх.) стержень (у столба); (бот.) см. bohordo.
escapolita. [ж.] (мин.) вернерит.
escápula. [ж.] (анат.) лопатка.
escapular. [прил.] (анат.) лопаточный.
escapular. [перех.] (мор.) огибать мыс и т. д.
escapulario. [м.] монашеская одежда; ладанка; (жир.) наплечная повязка.
escapulodinia. [ж.] (пат.) ревматизм лопаточных мышц.
escaque. [м.] поле (на шахматной доске); [множ.] шахматы.
escaqueado, da. [прил.] шахматный.
escara. [ж.] (хир.) струп.
escarabajas. [ж. множ.] (обл.) хворост.
escarabajear. [неперех.] ходить вперевалку; (перен.) писать каракулями, марать; (разг.) грызть, беспокоить (о заботе и т. д.).
escarabajeo. [м.] (перен.) маранье; забота.
escarabajo. [м.] (энт.) скарабей (навозный жук), жук (общее название); недостаток ткани; недостаток пушки; (разг.) малорослый, невзрачный человек; (перен.) (разг.) каракули: * escarabajo de la patata, картофельный жук, колорадский жук.
escarabajuelo. [м. умен.] к escarabajo; карапузик (жук).
escaramucear. [неперех.] см. escaramuzar.
escaramujo. [м.] (бот.) шиповник (растение и плод); (зоол.) см. percebe.
escaramuza. [ж.] (воен.) схватка, стычка, сшибка, лёгкая перестрелка; (перен.) ссора, спор.
escaramuzador. [м.] наездник или солдат, участвующий в стычке; спорщик.
escaramuzar. [неперех.] (воен.) заводить стычку, сшибку; принимать участие в споре и т. д.
escarapela. [ж.] кокарда; ссора, переходящая в драку; три карты разных мастей.
escarapelar. [неперех.] ссориться, браниться, грызться (преимущ. о женщинах); [перех.] (Амер.) см. descascarar; привести в негодность, растрепать; **escarapelarse.** [возв. гл.] ссориться, браниться; приходить в ужас, в содрогание.
escarbadero. [м.] место, где обыкновенно дикие животные роют землю.
escarbadientes. [м.] зубочистка.
escarbador, ra. [прил.] роющий землю; [м.] инструмент для рытья земли.
escarbadura. [ж.] рытьё земли.
escarbaorejas. [м.] уховёртка.
escarbar. [перех.] рыть, разрывать землю; разжигать (огонь); чистить себе уши, зубы; ковырять себе в ушах, в зубах; (перен.) любопытствовать, докапываться.
escarbillos. [м. множ.] мелкий уголь с пеплом.
escarbo. [м.] см. escarbadura.
escarce. [м.] (чаще множ.) вольты, скачки, прыжки (при верховой езде).
escarceador, ra. [прил.] (Амер.) делающий вольты, скачки, прыжки (о лошади).
escarcear. [неперех.] (Амер.) делать скачки, вольты, прыжки (о лошади).
escarcela. [ж.] мошна, кошель; сумка (поясная); ягдташ; чепчик.

escarceo. [м.] (мор.) зыбь; (перен.) увёртка, предлог; [множ.] вольты, скачки, прыжки (при верховой езде).
escarcina. [ж.] сорт ятагана.
escarcinazo. [м.] удар с помощью escarcina.
escarcuñar. [перех.] (обл.) см. escudriñar.
escarcha. [ж.] иней; изморозь.
escarchadera. [ж.] сосуд, где покрывают глазурью (фрукты и т. д.).
escarchado, da. [страд. прич.] к escarchar; [прил.] покрытый инеем, заиндевелый; [м.] см. escarche.
escarchar. [перех.] покрывать глазурью (фрукты); дать сахару застыть (при приготовлении анисовой водки); посыпать тальком и т. д.; смешивать с водой (глину); [неперех.] заиндеветь.
escarche. [м.] ткань с золотыми или серебряными нитями; см. escarcha.
escarchilla. [ж.] мелкий снег, крупа.
escarcho. [м.] (ихтиол.) тригла (рыба).
escarda. [ж.] прополка, выпалывание; польник; время прополки сорняков.
escardadera. [ж.] полольщица; цапка, сапка (для прополки).
escardador, ra. [м. и ж.] полольщик, (-ица).
escardadura. [ж.] см. escarda.
escardar. [перех.] полоть, пропалывать; выпалывать сорняки; (перен.) разбирать.
escardilla. [ж.] полольник; (обл.) сорт полольника; деревянные грабли.
escardillar. [перех.] см. escardar.
escardillo. [м.] полольник; сверкание, (от)блеск; цветок чертополоха, репейника; (обл.) маленькая мотыга.
escarearse. [возв. гл.] (обл.) трескаться от холода (о коже).
escariador. [м.] сверло для расширения дыры.
escariar. [перех.] расширять дыру и т. д., развёрчивать.
escarificación. [ж.] нанесение насечек на кожу.
escarificado, da. [страд. прич.] к escarificar.
escarificador. [м.] (хир.) скарификатор; (с.-х.) скарификатор, пропашник, распашник.
escarificar. [перех.] (хир.) делать надрез, надрезать, скарифизировать; (с.-х.) обрабатывать скарификатором, пропашником, скарифизировать.
escarioso, sa. [прил.] (бот.) имеющий цвет или плотность сухого листа.
escarización. [ж.] (хир.) снятие струпьев.
escarizar. [перех.] (хир.) снимать струпья.
escarlador. [м.] сорт ножа для изготовления гребёнок.
escarlata. [ж.] яркокрасный, алый цвет; материя алого цвета, яркокрасная материя; (пат.) скарлатина.
escarlatina. [ж.] яркокрасная материя; (пат.) скарлатина.
escarlatinoide. [прил.] похожий на скарлатину.
escarlatinoso, sa. [прил.] принадлежащий скарлатине, вызывающий скарлатиной.
escarmenador. [м.] см. carmenador.
escarmenar. [перех.] см. carmenar; (перен.) наказывать; мало-помалу мошенничать; (горн.) сортировать, выбирать.
escarmentar. [перех.] строго наказать, проучить; [неперех.] узнать что-л на собственной шкуре, по горькому опыту, учитывать опыт: * escarmentar en cabeza ajena, учиться на чужом опыте; [непр. гл.] спрягается как acertar.
escarmiento. [м.] горький опыт, урок; наказание, штраф.
escarnecedor, ra. [прил.] насмехающийся над (тже. сущ.).
escarnecer. [перех.] поднимать на смех, высмеивать, осмеивать, насмехаться, издеваться; [непр. гл.] спрягается как agradecer.
escarnecidamente. [нареч.] оскорбительно, с насмешкой и т. д.
escarnecimiento. [м.] см. escarnio.
escarnio. [м.] издевательство, насмешка (оскорбительная).
escaro. [м.] (ихтиол.) клювыш, зеленобрюшка.
escaro, ra. [прил.] кривоногий.
escarola. [ж.] (бот.) белый цикорий (разновидность салата).
escarolada. [ж.] (бот.) (Амер.) чудоцвет.
escarolado, da. [страд. прик.] к escarolar; [прил.] вьющийся.
escarolar. [перех.] складывать в виде брыжей; (обл.) вычищать.
escarolero, ra. [м. и ж.] продавец, (-щица) белого цикория.
escarótico, ca. [прил.] (мед.) едкий, разъедающий.
escarpa. [ж.] крутой спуск, склон, крутизна; (воен.) эскарп.
escarpado, da. [страд. прич.] к escarpar; [прил.] крутой (о спуске).
escarpadura. [ж.] крутой спуск, откос, крутизна, скат.
escarpamiento. [м.] (Амер.) см. escarpadura.
escarpar. [перех.] стёсывать резцом, долотом.
escarpar. [перех.] обрезывать в утёс, круто спускать, срезать под углом; делать склон, уклон.
escarpe. [м.] см. escarpa; часть доспехов, покрывающая ногу.
escarpelo. [м.] см. escalpelo; резец, долото.
escarpia. [ж.] костыль (гвоздь); [множ.] (арг.) уши.
escarpiador. [м.] костыль (гвоздь) для прикрепления трубопровода к стене.
escarpidor. [м.] редкий гребень.
escarpín. [м.] лодочка (туфля), лёгкий башмак.
escarpión (en). [нареч.] в виде утиного клюва.
escarpiza. [ж.] (Амер.) палочные удары; наказание палками.
escarramán. [м.] танец XVII в.
escarramanchones (a). [нареч.] (разг.) (обл.) верхом (на стуле и т. д.).
escarramar. [перех.] (обл.) см. desparramar.
escarrancharse. [возв. гл.] (Амер.) широко расставлять ноги.
escarrio. [м.] (бот.) (обл.) род клёна.
escartivana. [ж.] фальц, загиб в переплётном деле).
escarza. [ж.] (вет.) повреждение части копыта лошади.
escarzadura. [ж.] escarzamiento. [м.] вырезывание сот.
escarzano. [прил.] (арх.) низкий, пониженный (о своде).
escarzar. [перех.] вырезывать соты; очищать; (обл.) воровать мёд или яйца (по ульям, по гнездам); очищать от коры.
escarzar. [перех.] придавать палке форму дуги (с помощью верёвками).
escarzo. [м.] загрязнённые соты; время вырезывания сот; вырезывание сот, очистка пчелиных ульев; трутовик; очистки, отбросы шёлка; (обл.) кусок сухого дерева.
escasamente. [нареч.] скудно; едва; едва ли.
escaseada, escaseadura. [ж.] (мор.) недостаток ветра.

escasear. [перех.] скряжничать; сберегать, экономить, скупиться, жалеть; [**непрех.**] недоставать, нехватать; разрезать наискось.

escasero, ra. [прил.] скряжничающий и т. д.; [м. и ж.] скряга.

escasez. [ж.] скаредность, скудость; мелочность; нехватка, недостаток, нужда в чём-л; бедность, нужда, нищета.

escasitud. [ж.] (Амер.) недостаток, нужда в чём-л; нужда, нищета.

escaso, sa. [прил.] недостаточный; скудный, бедный чем-л; слишком экономный, скупой, мелкий, мелочный, скаредный; едва-едва: * 5 metros escasos, едва-едва пять метров.

escatimar. [перех.] скряжничать, жадничать, скупиться; скупо давать (должное).

escatimosamente. [нареч.] лукаво, хитро и т. д.

escatimoso, sa. [прил.] (м. употр.) хитрый, лукавый; скупой.

escatol. [м.] (хим.) скатол.

escatología. [ж.] эсхатология.

escatológico, ca. [прил.] эсхатологический.

escaupil. [м.] старинная мексиканская куртка; (Амер.) см. **mochila.**

escavanar. [перех.] разрыхлять землю.

escavillo. [м.] (обл.) маленькая мотыга.

escayola. [ж.] гипс; штукатурка.

escayolar. [перех.] покрывать гипсом.

esceialgía. [ж.] боль в ляжке.

escena. [ж.] сцена; театр, подмостки; сцена, картина, явление (театральное); драматическое искусство; искусство декламации; происшествие: * poner en **escena,** поставить (на сцене).

escenario. [м.] сцена, подмостки; (перен.) место действия, происшествия.

escénico, ca. [прил.] сценический, театральный.

escenificación. [ж.] инсценировка; сценический вариант, сценарий.

escenificar. [перех.] инсценировать.

escenografía. [ж.] декорационная живопись; перспективное черчение.

escenográficamente. [нареч.] по правилам театральной живописи.

escenográfico, sa. [прил.] относящийся к театральной живописи.

escenógrafo. [м.] декоратор (театральный).

escenopegia. [ж.] скинопигия (праздника у Евреев).

escépticamente. [нареч.] скептически.

escepticismo. [м.] скептицизм, скепсис, неверие.

escéptico, ca. [прил.] скептический.

esciadófilo, la. [прил.] (бот.) зонтиколистный.

esciagrafía. [ж.] (арх.) разрез здания; искусство узнавать время посредством длины тени.

esciamancia. [ж.] см. **nigromancia.**

esciente. [прил.] знающий.

escifoideo, a. [прил.] бокаловидный.

escila. [ж.] (бот.) сквилла, морской лук (растение).

escilítico, ca. [прил.] к морской лук; приправленный морским луком.

escinco. [м.] (зоол.) сцинк (ящерица).

escindir. [перех.] разделять, раздроблять; раскалывать; расщеплять; раскалывать; вызывать раскол.

escintilar. [непрех.] искриться, сверкать; мерцать.

escirro. [м.] (хир.) твердый рак, скирр.

escirroideo, a. [прил.] похожий на скирр.

escirrosidad. [ж.] (пат.) отвердение, затверделость.

escirroso, sa. [прил.] (пат.) отверделый, затверделый.

escisión. [ж.] распадение, раскол, разногласия.

escisiparidad. [ж.] (биол.) размножение делением.

escisíparo, ra. [прил.] (биол.) размножающийся делением.

escita. [прил.] скифский; [м. и ж.] скиф.

escítala. [ж.] послание, тайное сообщение.

escítico, ca. [прил.] скифский.

esclafar. [перех.] (обл.) размельчать, раздроблять.

esclarea. [ж.] (бот.) луговой шалфей.

esclarecedor, ra. [прил.] выясняющий и т. д. (тже. сущ.)

esclarecer. [перех.] выяснять, разъяснять, освещать, объяснять; облагораживать; прославлять, делать знаменитым; [**непрех.**] рассветать, светать.

esclarecidamente. [нареч.] славно и т. д.

esclarecido, da. [страд. прич.] к **esclarecer**; [прил.] славный, знаменитый, прославленный; ясный, освещённый; просвещённый.

esclarecimiento. [м.] выяснение, объяснение, разъяснение, освещение; облагораживание.

esclavina. [ж.] пелеринка.

esclavista. [прил.] рабовладельческий; [м. и ж.] сторонник (защитник) рабства, рабовладельчества; рабовладелец.

esclavitud. [ж.] невольничество, рабство, неволя; иго, зависимость; порабощение; братство.

esclavizar. [перех.] порабощать.

esclavo, va. [прил.] рабский, невольнический; [м. и ж.] раб, рабыня невольник, (-ица); (перен.) раб (страстей и т. д.); влюблённый; [ж.] сорт браслета (без украшений): * mercader de **esclavos,** работорговец.

esclavón, na. [прил.] (Амер.) см. **servil.**

esclavonia. [ж.] (Амер.) братство.

esclera. [ж.] (анат.) склера.

escleradenitis. [ж.] (пат.) увеличение и уплотнение лимфатических узлов (особенно паховых).

escleral. [прил.] (анат.) склеротический.

esclerectasia. [ж.] (пат.) растяжение и выпячивание склеры.

esclerema. [м.] (пат.) склерема.

escleroclasa. [м.] (мин.) сарторит.

esclerocoroiditis. [ж.] (пат.) воспаление белочной и сосудистой оболочек глаза.

esclerodactilia. [ж.] (пат.) склеродермия пальцев ног и рук.

esclerodermia. [ж.] (пат.) склеродермия, расстройство кожи, выражающееся в ее диффузном уплотнении и потере эластичности.

esclerodermos. [м. множ.] (зоол.) твердокожие.

escleroma. [м.] (пат.) отвердение какой-л ткани; см. **esclerosis.**

esclerómetro. [м.] склерометр.

esclerosis. [ж.] (пат.) склероз (затвердение, патологическое уплотнение тканей).

escleroso, sa. [прил.] склеротический.

esclerótica. [ж.] (анат.) склера.

esclerótico, ca. [прил.] см. **escleroso;** принадлежащий или относящийся к склерозу.

esclerotomía. [ж.] (хир.) разрез в склере, операция при глаукоме.

esclerotitis. [ж.] (пат.) воспаление глазной оболочки.

esclerotomía. [ж.] (хир.) см. **escleroticotomía.**

esclisiado, da. [прил.] (арг.) раненый в лицо.

esclusa. [ж.] шлюз; шлюзный затвор.

esclusero. [м.] смотритель за шлюзами.

escoa. [ж.] (мор.) точка максимальной кривизны.

escoba. [ж.] метла; половая щётка; веник; (бот.) растение, из которого изготовляют веники.

escobada. [ж.] лёгкое подметание; движение метлы при подметании.

escobadera. [ж.] подметальщица, уборщица.

escobajar. [перех.] снимать виноградные кисти.

escobajo. [м.] стёртый веник; гребень, виноградная кисть без ягод.

escobar. [перех.] мести, подметать, выметать.

escobar. [м.] место, засаженное дроком.

escobazar. [перех.] брызгать веником.

escobazo. [м.] удар метлой, веником; см. **escobada.**

escobén. [м.] (мор.) клюз.

escobera. [ж.] (бот.) дрок; женщина, изготовляющая или продающая веники.

escobero. [м.] тот, кто изготовляет или продаёт веники.

escobeta. [ж.] см. **escobilla;** (Амер.) метёлка.

escobilla. [ж.] щёточка, метёлочка для пыли; щёточка (для чистки изделий у золот. дел мастеров); золотая и серебряная пыль (остающаяся при обработке); растение, из которого изготовляют веники; волчец, ворсянка; сухой чертополох; (эл.) щётка генератора: * **escobilla amarga,** (бот.) см. **mastuerzo;** * **escobilla de ámbar,** (бот.) мускусная трава.

escobillado, da. [страд. прич.] к **escobillar;** [м.] (Амер.) дейст. к танцевать (подражая движениям подметальщицы).

escobillar. [перех.] чистить щёткой; (Амер.) танцевать (подражая движениям подметальщицы).

escobillón. [м.] (воен.) банник; щётка на длинной ручке для подметания.

escobillonaje. [м.] (мед.) чистка матки с помощью специальной щётки.

escobina. [ж.] металлические опилки; древесные опилки.

escobino. [м.] (бот.) см. **brusco.**

escobio. [м.] (обл.) ущелье, теснина; трудная, опасная дорога.

escobo. [м.] густые заросли.

escobón. [м. увел.] к **escoba;** щётка, банник для прочистки дымоходов; короткая метла; (бот.) см. **escoba.**

escocar. [перех.] (обл.) разбивать комья земли.

escocedura. [ж.] жгучая боль.

escocer. [непрех.] вызывать чувство жжения; (перен.) вызывать огорчение, досаду; **escocerse.** [возв. гл.] сердиться; краснеть, воспаляться (о коже); [**непр. гл.**] спрягается как **mover.**

escocés, sa. [прил.] шотландский; [м. и ж.] шотландец, (-ка); шотландка (материя).

escocia. [ж.] шотландская треска.

escocia. [ж.] (арх.) скоция, обратная выкружка.

escocimiento. [м.] жгучая боль, чувство жжения.

escocherar. [перех.] (Амер.) ломать (мебель).

escoda. [ж.] молоток каменщика.

escodar. [перех.] обтёсывать камень.

escofia. [ж.] см. **cofia.**

escofiar. [перех.] надевать сетку; **escofiarse.** [возв. гл.] надевать на себя сетку.

escofieta. [ж.] (Амер.) детская шапка.

escofina. [ж.] напильник, рашпиль, терпуг, подпилок.

escofinar. [перех.] обделывать, подпиливать (напильником).

escofión. [м. увел.] к **escofina;** старинный женский головной убор.

escogedor, ra. [прил.] выбирающий, сортирующий и т. д. (тже. сущ.).
escoger. [перех.] делать выбор, выбирать из нескольких предметов.
escogida. [ж.] (Амер.) сортировка табака; место, где сортируют табак.
escogidamente. [нареч.] благоразумно; прекрасно.
escogido, da. [страд. прич.] к escoger; [прил.] отборный, избранный: * obras escogidas, избранные сочинения.
escogiente. [действ. прич.] к escoger.
escogimiento. [м.] выбор; разборка, сортировка.
escolanía. [ж.] совокупность или корпорация escolanos.
escolano. [м.] (уст.) певчий (в церкви); (обл.) школьник.
escolar. [прил.] школьный, учебный; ученический; [м. и ж.] школьник, (-ица); * año escolar, учебный год.
escolar. [неперех.] проходить через узкий проход; [непр. гл.] спрягается как contar.
escolaridad. [ж.] школьные годы, учебные курсы.
escolariego, ga. [прил.] школьный и т. д.
escolástica. [ж.] схоластика.
escolásticamente. [нареч.] схоластическим образом.
escolasticismo. [м.] схоластика; схоластичность.
escolástico, ca. [прил.] схоластический; [м.] схоластик.
escoleciforme. [прил.] червеобразный.
escolecitis. [ж.] (пат.) аппендицит.
escolecófago, ga. [прил.] питающийся червями.
escolero, ra. [м. и ж.] (Амер.) школьник, (-ица), ученик, (-ица).
escoleta. [ж.] (Амер.) любительский оркестр.
escólex. [м.] (зоол.) головка ленточного глиста; червеобразный отросток.
escoliador, ra. [м.] схолиаст, комментатор древних авторов.
escoliar. [перех.] толковать, комментировать, снабжать пояснениями к сочинению древнего автора.
escoliasta. [м.] схолиаст, см. escoliador.
escolimado, da. [прил.] (разг.) слабый, хилый, тщедушный.
escolimoso, sa. [прил.] всегда недовольный, раздражительный.
escolino, na. [прил.] (Амер.) школьный; [м и ж.] школьник, (-ица); [м.] см. escolano.
escolio. [м.] схолия, примечание, пояснение к сочинению древнего автора.
escoliosis. [ж.] (пат.) сколиоз, боковое искривление позвоночника.
escoliótico, ca. [прил.] к сколиоз.
escolopendra. [ж.] (зоол.) сколопендра, сороконожка, тысяченожка; (бот.) олений язык.
escolopomaquerio. [м.] (хир.) сорт маленького кривого ланцета.
escolta. [ж.] конвой, эскорт, охрана, свита; [м.] конвоир, конвойный.
escoltar. [перех.] конвоировать, эскортировать, сопровождать.
escollar. [м.] см. descollar.
escollar. [неперех.] (Амер.) наскочить на подводный камень; не удаваться (о плане и т. д.).
escollera. [ж.] (мор.) волнорез, волнолом, мол.
escollo. [м.] подводный камень, риф; (перен.) камень преткновения; скрытая опасность; препятствие.
escomar. [перех.] (обл.) вымолачивать зёрна.
escombra. [ж.] очистка, уборка (мусора и т. д.); (обл.) строительный мусор, щебень и т. д.
escombrar. [перех.] очищать от щебня, мусора; снимать мелкий изюм (низшего сорта); (перен.) очищать, расчищать, освобождать.
escombrera. [ж.] строительный мусор, щебень; свалка, мусорная яма.
escombro. [м.] щебень, мусор; развалины; отходы; мелкий изюм (низшего сорта).
escombro. [м.] (ихтиол.) макрель.
escomendrijo. [м.] тщедушный человек.
escomerse. [возв. гл.] (м. употр.) изнашиваться.
esconce. [м.] выступающий угол.
escondecucas. [м.] (обл.) прятки (игра).
escondedero. [м.] скрытое, потайное место, тайник, укромное местечко.
esconder. [м.] прятки (игра).
esconder. [перех.] прятать, скрывать; утаивать; умалчивать; таить; **esconderse.** [возв. гл.] прятаться, скрываться.
escondidamente, escondidas (a), escondidillas (a) [нареч.] тайком, украдкой, исподтишка, тайно, секретно.
escondido, da. [страд. прич.] к esconder, скрытый, тайный; [м. множ.] (Амер.) прятки (игра) : * en escondido, см. escondidamente.
escondijo. [м.] (Амер.) скрытое, потайное место, тайник.
escondimiento. [м.] прятанье, скрывание.
escondite. [м.] см. escondrijo; прятки (игра).
escondrijo. [м.] скрытое, тайное место, укромное местечко, тайник.
esconzado, da. [прил.] угловатый, с выступами.
esconzar. [перех.] строить с выступами (о комнате и т. д.).
escopero. [м.] (мор.) мазилка.
escopeta. [ж.] охотничье ружьё: * escopeta negra, профессиональный охотник.
escopetar. [перех.] вынимать землю (на золотых приисках).
escopetazo. [м.] ружейный выстрел; ружейная рана; (перен.) неожиданное, внезапное, неприятное известие или дело.
escopetear. [перех.] стрелять (много раз); **escopetearse.** [возв. гл.] (перен.) (разг.) перебраниваться; обмениваться похвалами или грубыми словами.
escopeteo. [м.] ружейная пальба, стрельба, перестрелка.
escopetería. [ж.] стрелковая часть, стрелки; см. escopeteo.
escopetero. [м.] солдат вооружённый ружьём; оружейный мастер; профессиональный охотник.
escopl(e)adura. [ж.] вырезывание и т. д. с помощью стамески, зубила.
escoplear. [перех.] вырезать, выдалбливать с помощью стамески, зубила.
escoplo. [м.] стамеска; зубило; долото; резец.
escora. [ж.] (мор.) подпора судна на стапеле; стойка, пиллерс; наклон судна, крен.
escoraje. [м.] (мор.) укрепление подпорками, подпирание судна на стапеле.
escorar. [перех.] (мор.) подпирать, поддерживать подставками, подпирать судно на стапеле; (неперех.) (мор.) крениться: достигать самого низкого уровня (об отливе); (Амер.) прятаться в угол.
escorbútico, ca. [прил.] цинготный, скорбутный.
escorbuto. [м.] цинга, скорбут.
escorchapín. [м.] (уст.) старинное парусное судно (небольшое).
escorchar. [перех.] сдирать шкуру.
escordio. [м.] (бот.) вид дубровника.
escoria. [ж.] шлак, окалина; лава; (перен.) презренная вещь и т. д.
escoriáceo, a. [прил.] похожий на шлак.
escoriación. [ж.] см. excoriación.
escorial. [м.] место свалки шлака; куча шлака.
escoriar. [перех.] см. excoriar.
escorificación. [ж.] шлакообразование, ошлакование; превращение в шлак.
escorificar. [перех.] образовать шлак; ошлаковывать.
escoriforme. [прил.] похожий на шлак.
escorodita. [ж.] (мин.) скородит.
escorpena, escorpina. [ж.] морской ёрш.
Escorpio. [м.] (астр.) созвездие Скорпиона.
escorpioide. [ж.] (бот.) скорпионник, скорпионная трава (растение).
escorpión. [м.] (зоол.) скорпион (ядовитое паукообразное животное); сорт рыбы; (ист.) бич из цепей; (воен.) старинная праща; (астр.) созвездие Скорпиона.
escorredero. [м.] осушительный канал.
escorredor. [м.] (обл.) см. escorredero; затвор, подъёмный затвор (шлюза).
escorrer. [перех.] (обл.) см. escurrir.
escorrocho. [м.] (Амер.) уродливый человек.
escorrogio. [м.] (Амер.) хилый презренный человек.
escorroso. [м.] (Амер.) крик, шум (радостный).
escorrozo. [м.] (Амер.) (разг.) см. regodeo; (обл.) жеманство.
escorzado, da. [страд. прич.] к escorzar; [м.] (жив.) см. escorzo.
escorzar. [перех.] (жив.) изображать в ракурсе.
escorzo. [перех.] (жив.) изображение в ракурсе; ракурс.
escorzón. [м.] см. escuerzo.
escorzonera. [ж.] (бот.) козелец, сладкий корень.
escosa. [прил.] (обл.) перестающий давать молоко.
escosar. [неперех.] (обл.) перестать давать молоко.
escoscar. [перех.] лущить (орехи); **escoscarse.** [возв. гл.] см. concomerse.
escota. [ж.] (мор.) шкот; (обл.) см. escoda.
escotado, da. [страд. прич.] к escotar; [м.] вырез, декольте.
escotadura. [ж.] обнажение шеи, плеч; вырез, декольте; (театр.) люк; полукруглый вырез, полукруглая выемка; обрезание; выемка.
escotar. [перех.] (полукругом) вырезывать, выкраивать; спускать воду (из реки и т. д.).
escotar. [перех.] платить свою долю (при складчине).
escote. [м.] декольте, глубокий вырез (платья); кружевное шитьё (шейное); обнажённая часть тела (при вырезе платья).
escote. [м.] доля складчины, издержек: * a escote, в складчину.
escotera. [ж.] (мор.) отверстие шкота.
escotero, ra. [прил.] ходящий без багажа (тже. сущ.); (мор.) один плывущий корабль).
escotilla. [ж.] (мор.) люк.
escotillón. [м.] люк; (театр.) люк.
escotín. [м.] (мор.) шкот (у мӑруса).
escotodinia. [ж.] (пат.) го̆ обмороком.
escotofobia. [ж.] боязнь
escotoma. [м.] темно̆

escotopsia. [ж.] (пат.) чёрные точки перед глазами.

escotorrar. [перех.] (обл.) очищать виноградную лозу от земли (которой она была укрыта).

escoyo. [м.] (обл.) гребень (виноградная кисть без ягод).

escozor. [м.] жгучая боль, чувство жжения; (перен.) в н у т р е н н е е беспокойство, скорбь.

escrachar. [перех.] (Амер.) ломать, разбивать, дробить.

escriba. [м.] толкователь иудейского закона; писарь, писец.

escribana. [ж.] жена секретаря суда; секретарша суда.

escribanía. [ж.] канцелярия; письменные принадлежности; письменный прибор.

escribanil. [прил.] относящийся к судебному секретарю и т. д.

escribano. [м.] судебный писец; письмоводитель у нотариуса; секретарь; регистратор; см. pendolista.

escribido, da. [прав. страд. прич.] к escribir: * leído y escríbido, (шутл.) культурный.

escribidor. [м.] (разг.) писака.

escribiente. [действ. прич.] к escribir [м.] переписчик, писарь; (уст.) см. escritor.

escribir. [перех.] писать; сочинять, писать; письменно сообщать; **escribirse.** [возв. гл.] переписываться; записываться, см. inscribirse.

escriño. [м.] плетёная корзина; ларчик для драгоценностей; (обл.) чашечка жолудя.

escrita. [ж.] (ихтиол.) разновидность ската.

escritas. [ж. множ.] см. escritillas.

escritillas. [ж. множ.] бараньи яичка.

escrito, ta. [непр страд. прич.] к escribir; [прил.] покрытый крапин(к)ами, с полосками; [м.] письмо, написанное, бумага, документ, рукопись, записка, сочинение; (юр.) см. alegato: * por escrito, письменно; * estaba escrito, так было предначертано.

escritor, ra. [м. и ж.] писатель, (-ница).

escritorio. [м.] бюро, письменный стол; деловая контора; ларец, шкатулка.

escritorzuelo, la. [м. и ж. умен.] к escritor, писак.

escritura. [ж.] писание; письмо; почерк, рука; письмо, д о к у м е н т; нотариальный акт; [множ.] священное писание: * escritura privada, документы, составленные домашним порядком.

escrituración. [ж.] (Амер.) (юр.) составление официальных актов и протоколов.

escritural. [прил.] письменный, имеющий форму писания; написанный.

escriturar. [перех.] (юр.) составлять официальные акты, письменно удостоверять, заверять.

escrituario, ria. [прил.] (юр.) нотариальный; засвидетельствованный в нотариальном порядке; [м.] специалист по священному писанию, толкователь священного писания.

escrófula. [ж.] (пат.) золотуха, опухоль шейных желез.

escrofularia. [ж.] (бот.) норичник.

escrofulariáceo, a. [прил.] (бот.) норичниковый; [ж. множ.] норичниковые растения.

escrofuloso, sa. [прил.] (пат.) золотушный; страдающий золотухой (тже. сущ.).

escrotal. [прил.] мошоночный.

escrotitis. [ж.] (пат.) воспаление мошонки.

escroto. [м.] (анат.) мошонка.

escrotocele. [м.] мошоночная грыжа.

escrupulillo. [м.] шарик внутри бубенчика.

escrupulizar. [перех.] терзаться сомнениями; совеститься.

escrúpulo. [м.] сомнение (в правильности поступка, поведения); (астр. escrupulosidad); камешек внутри башмака и т. д.; (астр.) минута: * escrúpulo de Marigargajo, или del padre Gargajo, необоснованные сомнения; * escrúpulo de monja, наивное сомнение (в правильности поступка и т. д.).

escrupulosamente. [нареч.] добросовестно; совестливо; скрупулёзно, старательно, тщательно.

escrupulosidad. [ж.] совестливость, добросовестность; точность, скрупулёзность, тщательность.

escrupuloso, sa. [прил.] совестливый, добросовестный; скрупулёзный, тщательный.

escrutador, ra. [прил.] испытующий, доискивающийся, пытливый, испытательный, проницательный (взгляд); [м.] счётчик голосов (при выборах).

escrutar. [перех.] испытывать, исследовать доискиваться, допытываться, выведывать; подсчитывать голоса (при выборах).

escrutinio. [м.] тщательное исследование; подсчёт голосов (при выборах).

escrutiñador, ra. [м. и ж.] исследователь, (-ница), расследователь, (-ница); цензор; статистик.

escuadra. [ж.] угломер, эккер; наугольник (для скрепления углов); см. **escuadría**; (воен.) небольшой отряд по команде капрала; группа, отряд; эскадра: * cabo de escuadra, капрал; * a escuadra, прямоугольно; * escuadra falsa, малка; * fuera de escuadra, косоугольно; * escuadra de fusileros granaderos, стрелковая группа.

escuadrar. [перех.] обтёсывать, обделывать по наугольнику; обтёсывать, придавая форму четырёхугольника.

escuadreo. [м.] вычисление поверхности в квадратных числах.

escuadría. [ж.] квадратная толщина бревна (обтёсанного под прямым углом).

escuadrilla. [ж.] (мор.) малая эскадра, флотилия, дивизион малых кораблей; (ав.) эскадрилья.

escuadro. [м.] см. escrita.

escuadrón. [м.] (воен.) эскадрон (кавалерийский).

escuadronar. [перех.] (воен.) делать эволюции эскадронами, формировать эскадроны.

escuadronista. [м.] (воен.) опытный офицер-кавалерист.

escuajeringarse. [возв. гл.] (разг.) (Амер.) см. descuajeringarse.

escualidez. [ж.] грязь, нечистоплотность; крайнее убожество, худоба.

escuálido, da. [прил.] исхудавший, изможденный, истощённый, тощий; грязный, нечистоплотный, отвратительный.

escualino, na. [прил.] похожий на акулу.

escualo. [м.] акула (разновидность).

escualor. [м.] см. escualidez.

escuatina. [ж.] (ихтиол.) морской ангел (рыба из семейства акул).

escuatinorraya. [ж.] (ихтиол.) сорт ската.

escubilla. [ж.] (Амер.) щёточка, метёлочка для пыли.

escucha. [ж.] слушание; прислушивание; подслушивание; (воен.) секрет (часовой); разведчик; монахиня сопровождающая другую в приёмную; окошечко для подслушивания; горничная, спящая около комнаты хозяйки.

escuchador, ra. [прил.] слушающий и т. д.

escuchante. [действ. прич.] к escuchar.

escuchar. [перех.] слышать, слушать; подслушивать; выслушивать; слушаться, прислушиваться; внимать: * **escucharse**. [возв. гл.] упиваться собственным красноречием.

escuchimizado, da. [прил.] тщедушный, щуплый, хилый, худой, слабый, истощённый.

escuchimizar. [перех.] (обл.) портить.

escucho. [м.] (обл.) дейст. к говорить на ухо: * a(l) escucho, на ухо.

escudaño. [м.] (обл.) место, защищённое от ветра, холода.

escudar. [перех.] защищать, прикрывать щитом; защищать, оборонять, предохранять; **escudarse**. [возв. гл.] защищаться, прикрываться щитом; (перен.) пользоваться чем-л. как щитом.

escudellómetro. [м.] переносная печь.

escuderaje. [м.] служба оруженосцем.

escuderear. [прил.] служить оруженосцем.

escudería. [ж.] должность, звание оруженосца.

escuderil. [прил.] к escudero.

escuderilmente. [нареч.] по правилам оруженосца.

escudero, ra. [прил.] см. escuderil; [м.] оруженосец; щитоносец; идальго, дворянин (в Испании); мастер, делающий щиты; слуга, сопровождающий хозяйку; слуга, сопровождающий знаменитого хозаина; молодой кабан, сопровождающий старшего.

escuderón. [ж.] (презр.) хвастун, тот, кто напускает важность на себя.

escudete. [м.] клин (в одежде); болезнь плодов оливкого дерева; предмет похожий на маленький щит; см. **nenúfar**: * injertar de escudete, прививать щитком или глазком.

escudilla. [ж.] миска, суповая чашка, плошка.

escudillador, ra. [прил.] разливающий суп по мискам и т. д.

escudillar. [перех.] разливать суп по мискам; заливать ломтики хлеба бульоном; (перен.) располагать по своему усмотрению; (обл.) всё сказать.

escudillero. [м.] (обл.) посудная полка.

escudillo. [м.] старинная золотая монета.

escudo. [м.] щит; старинная золотая монета, экю (старинная французская монета); эскудо (денежная единица в Португалии); старинная серебряная монета; наличник, щиток (у замка); гербовый щит, герб; компресс (при кровопускании); (перен.) защита, покровительство; (физ.) см. **bólido**; (мор.) спинка, лопатка кабана: * en forma de escudo, щитообразный.

escudriñable. [прил.] поддающийся исследованию и т. д.

escudriñador, ra. [прил.] испытующий, пытливый, любопытный, ищущий; [м. и ж.] исследователь, (-ница) расследователь, (-ница), испытатель, (-ница) любопытный, (-ая).

escudriñamiento. [м.] исследование.

escudriñar. [перех.] испытывать, выведывать, исследовать; доискиваться, допытываться; расследовать.

escuela. [ж.] школа (тже. здание); училище; учебное заведение; школа, учение, курс обучения; школа (течение в науке, искусстве и т. д.): * escuela primaria, начальная школа, * escuela secundaria, средняя школа, * escuela superior, высшая школа; * escuela normal, педагогическое учебное заведение; * escuela naval, военно-морское училище; * escuela de artes y oficios, техническое училище; * **escuela** Española, испанская школа живописи.

escuelante, ta. [м. и ж.] (Амер.) школьный учитель, (-ница); школьник, (-ица).

escuelero, ra. [м. и ж.] (Амер.) школьник

(-ица), учащийся, (-аяся), студент, (-ка); школьный учитель, (-ница).
escuelista. [м. и ж.] (Амер.) школьник, (-ица), учащийся, (-аяся), студент, (-ка).
escuerzo. [м.] жаба; (разг.) слабый человек.
escuetamente. [нареч.] без обиняков, прямо, открыто, точно.
escueto, ta. [прил.] открытый, свободный, обнажённый, простой, неприкрашенный, точный.
escueznar. [перех.] шелушить (орехи).
escuezno. [м.] ядро ореха.
escuintle. [м.] (Амер.) бродячая собака; мальчик.
esculapio. [м.] (м. употр.) эскулап, врач.
esculcar. [перех.] выслеживать, подстерегать, шпионить; (обл.) (Амер.) отыскивать; см. espulgar.
esculco. [м.] (Амер.) выслеживание, разведывание.
esculpidor. [м.] резчик по дереву и т. д.; см. escultor.
esculpir. [перех.] ваять, высекать, вырезать; резать по дереву и т. д.; гравировать.
escultor, ra. [м. и ж.] скульптор, ваятель.
escultórico, ca. [прил.] скульптурный; достойный резца скульптора.
escultura. [ж.] ваятельное искусство, ваяние, скульптура; резьба, изваяние, резная работа, скульптура.
escultural. [прил.] скульптурный; достойный резца скульптора, похожий на статую.
esculturar. [перех.] см. esculpir.
escullador. [м.] жестяной сосуд для черпания оливкового масла из пресса.
escullir. [перех.] (обл.) см. resbalar, caer; [возв. гл.] ускользнуть, исчезнуть, улизнуть; [непр. гл.] спрягается как mullir.
escullón. [м.] (обл.) скольжение.
escuna. [ж.] (мор.) шхуна.
escupetina. [ж.] см. escupitina.
escupida. [ж.] (Амер.) плевок.
escupidera. [ж.] плевательница; (обл.) (Амер.) ночной горшок.
escupidero. [м.] место для сплёвывания; (перен.) обидное положение.
escupido, da. [стpaд. прич.] к escupir; [прил.] вылитый: * es escupido al padre, он вылитый отец; [м.] см. esputo.
escupidor, ra. [сущ.] плевака (тже. прил.); [м.] (Амер.) (обл.) плевательница; (Амер.) круглая цыновка.
escupidura. [ж.] плевок; слюна, слизь, мокрота; трещинка на губах.
escupina. [ж.] (обл.) см. escupidura; плевок, мокрота, харканье кровью.
escupir. [неперех.] плевать; харкать; [перех.] выплёвывать; отбрасывать от себя; появляться на коже (прыщи и т. д.); (перен.) оплёвывать, оскорблять: * escupir por el colmillo, вести себя вызывающе.
escupitajo [м.] ecupitina [ж.] escupitinajo. [м.] (разг.) плевок; мокрота.
escupo. [м.] плевок, см. esputo.
escurana. [ж.] (Амер.) темнота, пасмурная погода.
escurar. [перех.] обезжиривать (сукно) перед валянием.
escurcar. [перех.] (Амер.) выслеживать, разведывать, шпионить.
escurcón, na. [прил.] (Амер.) выслеживающий, разведывающий и т. д. (тже. сущ.).
escureta. [ж.] (обл.) род гребня для очищения кардочесальной машины.
escurialense. [прил.] принадлежащий или относящийся к испанскому монастырю el Escorial.
escurificar. [неперех.] (обл.) темнеть.
escurra. [м.] шут, гаер.

escurrajas. [ж. множ.] подонки.
escurreplatos. [м.] решётка для сушки посуды.
escurribanda. [ж.] бегство; (разг.) понос, расстройство желудка, драка, потасовка; побои, взбучка.
escurridero. [м.] место, где производится сушка посуды и т. д.
escurridizo, za. [прил.] скользкий; скользящий; ускользающий: * hacerse uno escurridizo, см. escabullirse.
escurrido, da. [страд. прич.] к escurrir; [прил.] с узкими бёдрами; носящий узкую юбку; (Амер.) смущённый, пристыженный, сконфуженный.
escurridor. [м.] дуршлаг; решётка для сушки посуды.
escurriduras. [м. множ.] подонки: * llegar a las escurriduras, опаздывать.
escurrimbres. [ж. множ.] см. escurriduras.
escurrimiento. [м.] отжима, выжимка и т. д.
escurrir. [перех.] выливать всё до последней капли; выжимать, отжимать; [неперех.] капать; скользить; ускользать; escurrirse. [возв. гл.] см. escabullirse; проговориться; делать ложный шаг.
escurrir. [перех.] (обл.) провожать.
escusa, escusabaraja. [ж.] (Амер.) маленькая корзинка с крышкой.
escusalí. [м.] маленький передник, фартук.
escuta. [ж.] (мор.) люк.
escutiforme. [прил.] щитообразный.
eschangar. [перех.] (обл.) разрушать, разбить вдребезги.
esdrujulizar. [перех.] ставить ударение на третий слог от конца.
esdrújulo, la. [прил.] с ударением на третьем слоге от конца; (лит.) кончающийся словом, имеющим ударение на третьем слоге от конца; [м.] слово с ударением на третьем слоге от конца.
ese. [м.] название буквы s; звено цепи, имеющее форму буквы s; * andar haciendo eses, выписывать кренделя (о пьяном); * echar a uno una ese, или una ese y un clavo, (перен.) пленять.
ese, esa, eso, esos, esas. [указ. прил. или мест.] тот (та, то, те), этот (эта, это, эти); * eso mismo, вот именно, это (действительно) так, это совершенная правда; * por eso, поэтому, потому; * ¿no es eso?, не правда ли?; * ¿eso es todo? всего только?; ¿cómo es eso?, как это?; * ni por esas, ni por esas ni por esotras, никаким образом, дудки; * eso, место нахождения человека к которому пишут.
escecilla. [ж.] крючок в виде S, маленькое звено (у пуговицы и т. д.).
eseíble. [прил.] (фил.) возможный.
eseidad. [ж.] (фил.) сущность, существо.
esencia. [ж.] сущность, существо, эссенция; эфирное масло: * quinta esencia, квинтэссенция, самая суть; * ser de esencia, быть необходимым.
esencial. [прил.] существенный, основной, главнейший, важнейший; существенно важный; присущий.
esencialidad. [ж.] существенность, существенное значение.
esencialmente. [нареч.] существенно, по существу; по сути дела; главным образом, в основном.
esenciero. [м.] флакон для эссенции.
esenio, nia. [прил. и сущ.] ессей (еврейский сектант).
esera. [ж.] (пат.) род крапивной лихорадки.
esexita. [ж.] (геол.) эссексит.
esfacelación. [ж.] холодное омертвение.
esfacelado, da. [прил.] поражённый сухой гангреной, омертвелый.
esfacelarse. [возв. гл.] (пат.) становиться омертвелым.
esfacelo. [м.] (пат.) сухая гангрена.

esfaceloderma. [ж.] (пат.) гангрена кожи.
esfagitis. [ж.] воспаление горла.
esfagno. [м.] мох.
esfalerita. [ж.] (мин.) цинковая обманка.
esfarrapado, da. [страд. прич.] к esfarrapar; [прил.] (обл.) в лохмотья, оборванный.
esfarrapar. [перех.] (обл.) изорвать одежду.
esfeno. (мин.) сфен, титанит.
esfenocefalia. [ж.] (пат.) клиновидное обезображивание черепа.
esfenoetmoidal. [прил.] клиновидно-решётчатый.
esfenofrontal. [прил.] клиновидно-лобный.
esfenoidal. [прил.] клинообразной кости.
esfenoideo, a. [прил.] клинообразный; см. esfenoidal.
esfenoides. [прил.] (анат.) hueso esfenoides, клинообразная кость.
esfenoiditis. [ж.] (пат.) воспаление клиновидной пазухи.
esfenomaxilar. [прил.] клиновидно-челюстной.
esfenopalatino, na. [прил.] клиновидно-небный.
esfenoparietal. [прил.] клиновидно-пристеночный.
esfenorbitario. [прил.] клиновидно-глазничный.
esfenosira. [ж.] (бот.) мексиканская водоросль.
esfera. [ж.] сфера, шар; глобус; (поэт.) небеса; циферблат; (перен.) сфера, среда, обстановка; сфера влияния, действия: * esfera armilar, небесный глобус; * esfera terráquea (terrestre), земной шар; * esfera de actividad, поле, круг деятельности.
esferal. [прил.] (м. употр.) см. esférico.
esféricamente. [нареч.] шаровидно, сферически.
esfericidad. [ж.] сферичность, шаровидность.
esférico, ca. [прил.] (геом.) сферический, шаровидный.
esfericulado, da. [прил.] (бот.) шаровидный.
esferisterio. [м.] место для игры в мяч.
esferística. [ж.] искусство играть в мяч.
esferobacteria. [ж.] (мед.) микрококк.
esferocarpáceas. [ж. множ.] круглоплодные растения.
esferoédrico, ca. [прил.] (мин.) почти круглый.
esferoidal. [прил.] (геом.) сфероидальный.
esferoide. [м.] (геом.) сфероид.
esferoma. [ж.] (пат.) шаровидная опухоль.
esferómetro. [м.] (физ.) сферометр.
esferosiderita. [ж.] (мин.) сферосидерит.
esfígmico, ca. [прил.] (мед.) пульсовый.
esfigmófono. [м.] (мед.) прибор для выслушивания пульса.
esfigmografía. [ж.] (мед.) записывание пульса.
esfigmógrafo. [м.] (мед.) сфигмограф, прибор для графического изображения пульса.
esfigmograma. [ж.] сфигмограмма.
esfigmoideo, a. [прил.] (мед.) похожий на пульс.
esfigmomanómetro. [м.] (мед.) сфигмоманометр, прибор для измерения давления крови.
esfigmometría. [ж.] измерение пульса.
esfigmómetro. [м.] прибор для измерения пульса.
esfinge. [м. и ж.] сфинкс; сумеречная бабочка.
esfínter. [м.] (анат.) сфинктер, сжимательная мышца.

esfinteriano, na. [прил.] (мед.) принадлежащий или относящийся к сфинктеру.
esflecar. [перех.] (Амер.) дёргать по нитке (ткань).
esfogar. [перех.] см. desfogar.
esfolar. [перех.] сдирать шкуру.
esforrocinar. [перех.] (с.-х.) обрезать дички виноградной лозы.
esforrocino. [м.] (с.-х.) дичок виноградной лозы.
esforzadamente. [нареч.] мужественно, смело, с усилием.
esforzado, da. [страд. прич.] к esforzar; [прил.] мужественный, смелый, храбрый.
esforzar. [перех.] усилить, придавать силу, крепость; ободрять, воодушевлять; [неперех.] ободряться; **esforzarse.** [возв. гл.] делать усилия, стараться; [непр. гл.] спрягается как contar.
esfoyar. [перех.] (обл.) обрывать листья кукурузных початков.
esfoyaza. [ж.] (обл.) группа людей, занимающаяся обрыванием листьев кукурузных початков.
esfrayádico, ca. [прил.] (обл.) напуганный чем-л.
esfuerzo. [м.] усилие, напряжение (сил); храбрость, мужество, смелость, бодрость, сила: * sin escatimar **esfuerzos**, не жалея сил, усилий.
esfumación. [ж.] (жив.) затушёвка; смягчение теней.
esfumar. [перех.] (жив.) затушёвывать; смягчать тени; **esfumarse.** [возв. гл.] (перен.) рассеиваться, исчезать.
esfuminar. [перех.] (жив.) растушёвывать, заволакивать очертания.
esfumino. [м.] (жив.) эстомп, свиток для растушёвки.
esgarrapazo. [м.] (обл.) царапина.
esgarrar. [перех.] с трудом харкать.
esgarre, esgarro. [м.] (Амер.) плевок, мокрота.
esgolizarse. [возв. гл.] (вул.) (Амер.) см. escurrirse.
esgrafiado, da. [страд. прич.] к esgrafiar; [м.] дейст. к esgrafiar; выскобленный рисунок по чёрному фону.
esgrafiar. [перех.] выскабливать рисунок по чёрному фону.
esgrima. [ж.] фехтование; фехтовальное искусство: * maestro de **esgrima**, фехтмейстер.
esgrimidor, ra. [м. и ж.] фехтовальщик.
esgrimidura. [ж.] фехтование.
esgrimir. [перех.] фехтовать, драться на рапирах, шпагах и т. д.; пользоваться чем-л как оружием; вести учёный спор, ловко защищаться в споре и т. д.
esgrimista. [м. и ж.] (Амер.) фехтовальщик.
esguardamillar. [перех.] (разг.) портить, разрушать, расстраивать.
esguazable. [прил.] переходимый вброд.
esguazada. [ж.] (Амер.) стадо, переходящее вброд.
esguazadero. [м.] (Амер.) брод.
esguazar. [перех.] переходить вброд.
esguazo. [м.] переход вброд; брод, мелкое место реки, удобное для перехода.
esgucio. [м.] (арх.) полужелобок (лепное украшение).
esgueva. [ж.] (обл.) сток для нечистот.
esguila. [ж.] (обл.) креветка; белка.
esguilar. [неперех.] влезать на дерево.
esguilero. [м.] (обл.) род сети для ловли креветок.

esguín. [м.] (ихтиол.) маленький лосось, молодая сёмга.
esguince. [м.] телодвижение с целью избежать удара; жест досады, отвращения и т. д.; вывих; растяжение связок.
esguízaro, ra. [прил.] швейцарский; [м. и ж.] швейцарец, (-ка): * pobre **esguízaro**, (разг.) бедняга.
eslabón. [м.] кольцо, звено (цепи); огниво; сорт точильного бруска; (зоол.) чёрный скорпион; (вет.) опухоль, костяной нарост (на ноге лошади).
eslabonador, ra. [прил.] связывающий, соединяющий звенья (в цепь).
eslabonamiento. [м.] соединение звеньев и т. д.
eslabonar. [перех.] связывать, соединять звенья (в цепь); (перен.) связывать, соединять, приводить в связь, координировать.
eslávico, ca. [прил.] славянский.
eslavismo. [м.] панславизм.
eslavista. [м. и ж.] славист, славяновед.
eslavística. [ж.] славяноведение, славистика.
eslavístico, ca. [прил.] славистский.
eslavizar. [перех.] придавать славянский характер чему-л; **eslavizarse.** [возв. гл.] принимать славянские нравы.
eslavo, va. [прил.] славянский; [м. и ж.] славянин, (-ка); славянский язык.
eslavófilo, la. [прил.] славянофильский.
eslavón. [м.] старославянский язык.
eslilla. [ж.] (Амер.) ключица.
eslinga. [ж.] (мор.) строп.
eslingar. [перех.] (мор.) обвязывать стропом.
eslizón. [м.] (зоол.) разновидность ящерицы.
eslora. [ж.] (мор.) длина судна.
eslovaco, ca. [прил.] словацкий; [м. и ж.] словак, (-чка).
esloveno, na. [прил.] словенский; [м. и ж.] словенец, (-ка).
esllavas. [мн.] (обл.) помои.
esmaltado, da. [страд. прич.] к esmaltar; [м.] эмалирование, эмалировка и т. д.
esmaltador, ra. [м. и ж.] эмалировщик.
esmaltadura. [ж.] эмалировка.
esmaltar. [перех.] покрывать эмалью, глазурью, эмалировать; украшать красками; (перен.) украшать.
esmalte. [м.] эмаль; глазурь; изделие из эмали; (перен.) украшение, блеск; зубная эмаль.
esmaltín. [м.] синяя эмаль или глазурь.
esmaltina. [ж.] (мин.) мышьяковый кобальт.
esmaltista. [м.] эмалировщик.
esmaragdino, na. [прил.] изумрудный, смарагдовый.
esmaragdita. [ж.] (мин.) смарагдит (минерал изумрудного цвета).
esméctico, ca. [прил.] очищающий.
esmectita. [ж.] (мин.) сукновальная глина.
esmechudar. [перех.] (Амер.) портить причёску, растрёпывать.
esmeradamente. [нареч.] тщательно; старательно.
esmerado, da. [страд. прич.] к esmerar; [прил.] усердствующий, старающийся.
esmerador. [м.] полировщик, шлифовщик.
esmeralda. [ж.] изумруд: * **esmeralda** oriental, см. corindón.
esmeraldino, na. [прил.] изумрудный.
esmeraldita. [ж.] (мин.) смарагдит.
esmerar. [перех.] полировать, шлифовать; чистить, наводить блеск; (обл.) сгущать с помощью выпаривания: **esmerarse.** [возв. гл.] стараться, усердствовать.
esmerejón. [м.] (зоол.) ястреб; (воен.) мелкокалиберная пушка.
esmeril. [м.] наждак.
esmeril. [м.] однофунтовая пушка.

esmerilado, da. [страд. прич.] к esmerilar; [м.] шлифовка, полировка, чистка наждаком.
esmerilador, ra. [м. и ж.] тот, кто чистит наждаком.
esmeriladora. [ж.] полировальный станок.
esmerilar. [перех.] полировать, шлифовать, чистить наждаком.
esmerilazo. [м.] выстрел из **esmeril**.
esmero. [м.] аккуратность, тщательность, особое старание.
esmirnio. [м.] (бот.) сорт дикого сельдерея.
esmirriado, da. [прил.] худой, тощий.
esmola. [м.] (обл.) кусок хлеба (при полднике).
esmoladera. [ж.] точильный камень.
esmorecer. [неперех.] (обл.) (Амер.) падать в обморок и т. д.; [непр. гл.] спрягается как agradecer.
esmorecido, da. [страд. прич.] к esmorecer; [прил.] (обл.) оцепеневший от холода.
esmorecimiento. [м.] (Амер.) обморок.
esmuciarse. [возв. гл.] (обл.) выскользнуть (из рук и т. д.).
esmuir. [перех.] срывать оливки (руками); сбивать оливки с помощью шеста; [непр. гл.] спрягается как muir.
esnob. [м.] (англ.) сноб (тже. прил.).
esnobismo. [м.] (англ.) снобизм.
eso. см. ese.
esódico, ca. [прил.] (мед.) приносящий, центростремительный.
esofagectomía. [ж.] (хир.) резекция, оперативное удаление пищевода для устранения сужения входа в желудок.
esofágico, ca. [прил.] (анат.) относящийся к пищеводу.
esofagismo. [м.] (пат.) судорога мышц пищевода.
esofagitis. [ж.] (пат.) воспаление пищевода.
esófago. [м.] (анат.) пищевод.
esofagocele. [м.] (пат.) грыжа пищевода.
esofagodinia. [ж.] (пат.) боль в пищеводе.
esofagómetro. [м.] измеритель длины пищевода.
esofagorragia. [ж.] (пат.) кровотечение из слизистой оболочки пищевода.
esofagoscopia. [ж.] (пат.) осмотр пищевода с помощью зеркала.
esofagoscopio. [м.] (мед.) прибор для исследования пищевода.
esofagospasmo. [м.] (мед.) судорога пищевода.
esofagostenosis. [ж.] (мед.) сужение пищевода.
esofagostoma. [м.] (пат.) ненормальное отверстие пищевода.
esofagostomía. [ж.] (хир.) разрез пищевода.
esópico, ca. [прил.] (фил.) эзоповский (язык, стиль).
esotérico, ca. [прил.] (фил.) эзотерический, тайный, скрытый, сообщаемый лишь посвящённым.
esoterismo. [м.] эзотерическа доктрина.
esotro, tra. [указ. мест.] тот, другой.
esotropía. [ж.] (мед.) отклонение осей глаз внутрь, сходящееся косоглазие.
espabiladeras. [ж. множ.] см. despabiladeras.
espabilar. [перех.] см. despabilar.
espaciador. [м.] брусок для разбивки (у пишущей машинки).
espacial. [прил.] пространственный; космический.
espaciar. [перех.] размещать, расставлять с промежутками; разделять, оставлять промежуток; (полигр.) отбивать слова; разбрасывать; распространять (известие и т. д.); **espaciarse.** [возв. гл.] (перен.) растянуто, пространно излагать; рассеиваться, развлекаться.
espacio. [м.] пространство; промежуток (во времени или пространстве); интервал;

замедление, промедление; (обл.) открытая местность; (полигр.) шпация; (муз.) промежуток между нотными линейками: * **espacio** muerto, мёртвое пространство; * **espacios** imaginarios, мир фантазии.

espaciosamente. [нареч.] просторно, обширно; медленно.

espaciosidad. [ж.] обширность, широта, просторность, протяжённость, вместимость.

espacioso, sa. [прил.] просторный, обширный; медленный, спокойный.

espacle. [м.] (Амер.) змеиная кровь (смола).

espachurrar. [перех.] см. despachurrar.

espada. [ж.] шпага; меч; фехтовальщик шпагой; человек, хорошо владеющий шпагой; (карт.) туз пик; меч-рыба; тореро, вооружённый шпагой; [множ.] (кар.) пики; (геом.) высота сегмента: * **espada** de Damocles, Дамоклов меч; * **espada** de dos filos, палка о двух концах; * entre la **espada** y la pared, между молотом и наковальней, к стенке; * quedarse a **espadas**, остаться без гроша; не удаваться (о деле); * novela de capa y **espada**, роман плаща и шпаги; * sacar, desnudar la **espada**, обнажить шпагу; * echar mano a la **espada**, схватиться за шпагу; * primer **espada**, знаменитый тореро; мастер своего дела; * ceñir **espada**, быть вооружённым шпагой; быть военным человеком; * con la **espada** desnuda, (перен.) решительно; * la **espada** de Bernardo, бесполезная вещь или человек.

espadachín. [м.] хороший фехтовальщик; забияка, драчун; бретёр.

espadadero. [м.] дощечка для трепания (льна, конопли).

espadador, ra. [м. и ж.] трепальщик, (-ица).

espadaña. [ж.] (бот.) шпажник; колокольня, звонница (одной стеной).

espadañada. [ж.] внезапное кровотечение изо рта; стремительная струя, поток.

espadañal. [м.] место, изобилующее шпажником.

espadañar. [перех.] распускать хвост (о птицах).

espadar. [перех.] трепать, мять (лён, коноплю).

espadarte. [м.] меч-рыба.

espadería. [ж.] мастерская холодного оружия; оружейный магазин.

espadería. [ж.] мастерская, где изготовляют шпаги; магазин, где продают их.

espádice. [м.] (бот.) початок (соцветие в виде колоса, объединённое одним прилистником).

espadilla. [ж. умен.] к **espada**; отличительный знак ордена святого Иакова (в виде красной шпаги); трепалка, льномялка; большое весло, служащее рулём; (карт.) пиковый туз; большая головная шпилька; (мор.) запасной руль.

espadillado, da. [страд. прич.] к espadillar; [м.] трепание (льна, конопли).

espadillador. [м.] трепальщик.

espadillamiento. [м.] трепание (льна, конопли).

espadillar. [перех.] трепать, мять (лён, коноплю).

espadín. [м.] маленькая шпага (при церемонии).

espadinazo. [м.] рана или удар маленькой шпагой.

espadista. [м. и ж.] (арг.) взломщик, (-ица), громила.

espadón. [м. увел.] к **espada**; (перен.) (разг.) генерал; высший чиновник.

espadón. [м.] кастрированный мужчина (сохраняющий половой орган).

espadrapo. [м.] липкий пластырь.

espagiria. [ж.] старинное название химии и алхимии.

espagírica. [ж.] искусство очищения металлов.

espahí. [м.] спаги (мусульманский кавалерист).

espalar. [перех.] сгребать лопатой снег.

espalda. [ж.] спина, спинка, часть одежды, покрывающая спину; [множ.] обратная сторона; конвой, охрана, эскорт: * con **espaldas** de infantería, под охраной пехоты; * **espaldas** de molinero, или de panadero, (разг.) широкая спина; * a **espaldas**, a **espaldas** vueltas, предательски; * a **espaldas** de otro, без ведома, за спиной у кого-л; * cargado de **espaldas**, сутулый; * dar de **espaldas**, упасть навзничь; * echarse a las **espaldas**, (разг.) забыть, забросить; * dar las **espaldas**, показать тыл неприятелю; обратиться в бегство; * guardar las **espaldas**, защищаться; защищать, прикрывать кого-л; * medir las **espaldas**, (разг.) побить; * tener buenas **espaldas**, быть выносливым, выносить, сносить, терпеть, претерпевать; hacer **espaldas**, защищаться; защищать, прикрывать кого-л; * relucir la **espalda**, (разг.) быть богатым; * a las **espaldas**, на плечи; * echarse sobre las **espaldas**, взвалить на плечи; * echar una cosa sobre las **espaldas** de otro, свалить на кого-л всю вину; * tener guardadas las **espaldas**, быть в безопасности.

espaldar. [м.] часть брони, прикрывающая спину; спинка (стула и т. д.); шпалера (для вьющихся растений); (зоол.) верхняя часть панциря; [множ.] драпри.

espaldarazo. [м.] удар шпагой (плашмя); удар рукой по спине; церемония посвящения в рыцари.

espaldarón. [м.] часть брони, прикрывающая спину.

espaldear. [перех.] (мор.) ударять с силой по корме (о волнах).

espalder. [м.] гребец, сидящий спиною к корме (на галере).

espaldera. [ж.] шпалера; решётка для вьющихся растений; стена защищающая растения: * poner en **espaldera**, привязывать ветки деревьев к стене (для образования шпалер).

espaldería. [ж.] (Амер.) слепое согласие сторонника.

espaldero. [м.] (Амер.) тот, кто идёт по пятам; сторонник, приверженец.

espaldilla. [ж.] (анат.) лопатка; спинка (платья); лопатка, плечо (животного).

espaldtendido, da. [прил.] (разг.) лежащий на спине.

espaldón. [м.] (Амер.) см. espaldudo; [м.] подпорная стена; (воен.) бруствер.

espaldonarse. [возв. гл.] (воен.) укрываться.

espaldudante. [нареч.] (разг.) грубо и т. д.

espaldudo, da. [прил.] широкоплечий, плечистый.

espalera. [ж.] решётка для вьющихся растений.

espalmador. [м.] см. despalmador.

espalmadura. [ж.] (вет.) обрезки копыта (лошади).

espalmar. [перех.] (мор.) промазывать маслом подводную часть судна; (вет.) счищать копыто (у лошади).

espalmo. [м.] (мор.) состав смешиваемый со смолою (для промазки подводной части судов).

espalto. [м.] плавик (тёмный цвет).

espaluco. [м.] (зоол.) род обезьяны.

espanemia. [ж.] (пат.) малокровие, анемия.

espanémico, ca. [прил.] (мед.) малокровный, анемичный.

espaniolita. [ж.] (мин.) блёклая руда, тетраэдрит.

espanopnea. [ж.] (пат.) замедленное дыхание.

espantable. [прил.] см. espantoso.

espantablemente. [нареч.] ужасно и т. д.

espantabobos. [м.] тот, кто внушает страх глупцам и т. д.

espantada. [ж.] внезапное бегство животного; паническое бегство; внезапное отречение (вызванное страхом).

espantadizo, za. [прил.] робкий, пугливый.

espantado, da. [страд. прич.] к espantar(se); [прил.] (Амер.) недоверчивый, подозрительный.

espantador, ra. [прил.] ужасающий, пугающий, вызывающий страх.

espantagustos. [м. и ж.] угрюмый человек, любящий мешать веселью и т. д.

espantajo. [м.] огородное чучело, пугало; страшилище; (перен.) (разг.) надоедливый человек.

espantalobos. [м.] (бот.) жёлтая акация, мошник.

espantamoscas. [м.] метёлка для отмахивания мух.

espantanublados. [м.] (разг.) бродяга, шарлатан; навязчивый человек, расстраивающий планы.

espantapájaros. [м.] огородное пугало.

espantapastores. [м.] (бот.) безвременник.

espantar. [перех.] ужасать, приводить в ужас, вызывать ужас, страх, сильно испугать; спугивать; **espantarse.** [возв. гл.] ужасаться, сильно пугаться; изумляться, поражаться.

espantavillanos. [м.] (разг.) пустяк обманчивой внешности.

espanto. [м.] ужас, страх, испуг; угроза; запугивание; изумление; (Амер.) привидение: * estar curado de **espantos**, быть бывалым.

espantosamente. [нареч.] ужасно и т. д.

espantosidad. [ж.] (Амер.) ужас, страх.

espantoso, sa. [прил.] страшный, ужасный, жуткий; удивительный, изумительный, поразительный.

español, la. [прил.] испанский; [м. и ж.] испанец, (-ка); [м.] испанский язык.

españolado, da. [страд. прич.] к españolar; [прил.] похожий на испанца (о иностранце).

españolear. [неперех.] восхвалять испанское (в иностранных государствах).

españoleta. [ж.] старинный испанский танец; (гал.) шпингалет, оконная задвижка.

españolidad. [ж.] свойст. к испанский.

españolismo. [м.] любовь ко всему испанскому; истинный испанский характер.

españolista. [прил.] любящий и защищающий Испанию (тж. сущ.).

españolización. [ж.] придание испанской формы.

españolizar. [перех.] придавать испанскую форму; **españolizarse.** [возв. гл.] перенимать испанский язык, испанские обычаи.

esparadrapo. [м.] (фарм.) липкий пластырь.

esparajismo. [м.] (обл.) притворное или чрезмерное выражение какого-л чувства.

esparante. [прил.] (Амер.) одинокий.

esparaván. [м.] (зоол.) ястреб-перепелятник; (вет.) опухоль на пяточной кости скакательного сустава (у лошади).

esparavel. [м.] круглая рыболовная сеть; дощечка с рукояткой (у каменщика).

esparceta. [ж.] (бот.) эспарцет (трава).

esparciata. [прил.] спартанский; [м. и ж.] спартанец, (-ка).

esparcidamente. [нареч.] отдельно, раздельно.

esparcido, da. [страд. прич.] к esparcir; [прил.] весёлый, радостный, хорошего настроения, искренний.

esparcidor, ra. [прил.] распространяющий и т. д.

esparcilla. [ж.] (бот.) торица, размётка (растение).

esparcimiento. [м.] разбрасывание, распыление; рассеивание; распространение; откровенность, непринуждённость; веселье, развлечение, забава.

esparcir. [перех.] рассыпать, разбрасывать, рассеивать, посыпать, сыпать, выбрасывать; распространять; излучать, испускать, распространять (запах и т. д.); развлекать; **esparcirse.** [возв. гл.] рассыпаться, разбрасываться; разливаться, распространяться; развлекаться, забавляться, рассеиваться.

espardec. [м.] (мор.) спардек.

espargosis. [ж.] (пат.) чрезмерное напряжение грудей от излишества молока.

esparo. [м.] (ихтиол.) златобров.

esparragado, da. [страд. прич.] к esparragar; [м.] кушанье из спаржи.

esparragador, ra. [м. и ж.] тот, кто разводит спаржу; сборщик, (-ица) спаржи.

esparragal. [м.] спаржевая рассада, спаржевые гряды.

esparragamiento. [м.] разведение или сбор спаржи.

esparragar. [перех.] разводить или собирать спаржу: *anda, vete a esparragar!, (перен.) (разг.) убирайся!

esparragíneo, a. [прил.] похожий на спаржу.

espárrago. [м.] (бот.) спаржа; стремянка; шест, жердь; *espárrago perico, большая спаржа; *anda, vete a freír espárragos, (перен.) (разг.) убирайся; *echar, mandar a freír espárragos, (перен.) (разг.) послать к чёрту; *solo como el espárrago, solo como el espárrago en el yermo, (разг.) одинокий, не имеющий семьи, близких.

esparragón. [м.] сорт шёлковой ткани.

esparraguera. [ж.] (бот.) спаржевое растение; см. esparragal; тарелка для спаржи.

esparraguero, ra. [м. и ж.] см. esparragador; продавец, (-щица) спаржи.

esparraguina. [ж.] (мин.) разновидность апатита.

esparramar. [перех.] см. desparramar.

esparrancado, da. [страд. прич.] к esparrancarse; [прил.] с расставленными ногами; отдельный, удалённый.

esparrancarse. [возв. гл.] (разг.) широко расставлять ноги.

esparrillado, da. [прил.] жаренный на решётке.

esparsil. [прил.] (астр.) *estrellas esparsiles, звезды не вошедшие в созвездие.

espartal. [м.] см. espartizal.

espartano, na. [прил.] спартанский; [м. и ж.] спартанец, (-ка).

espartañero, ra. [м. и ж.] (обл.) см. espartero.

espartaquista. [прил.] (полит.) спартаковский; [м. и ж.] спартаковец.

espartar. [перех.] (обл.) покрывать стеклянные или глиняные кувшины и т. д. испанским дроком.

esparteña. [ж.] холщёвая туфля на верёвочной подошве.

espartería. [ж.] плетёные изделия из испанского дрока; мастерская по производству мягких плетёных изделий; магазин плетёных изделий.

espartero, ra. [м. и ж.] тот, кто делает или продаёт плетёные изделия из испанского дрока.

espartilla. [ж.] метёлочка из испанского дрока (для очистки животных).

espartillar. [м.] (Амер.) место, изобилующее испанским дроком.

espartillo. [м. умен.] к esparto; (обл.) волокна шафранной луковицы.

espartizal. [м.] поле, покрытое испанским дроком.

esparto. [м.] (бот.) испанский дрок.

esparvar. [перех.] (обл.) см. emparvar.

esparvel. [м.] (обл.) ястреб-перепелятник; круглая рыболовная сеть; (перен.) верзила.

esparver. [м.] ястреб-перепелятник.

espasmático, ca. [прил.] (пат.) спазматический.

espasmo. [м.] см. pasmo; (пат.) спазма, судорога, длительное сокращение мышц.

espasmódicamente. [нареч.] спазматически, судорожно.

espasmódico, ca. [прил.] спазматический, судорожный.

espasmodismo. [м.] спазматическое состояние.

espasmofilia. [ж.] (пат.) склонность к спазмам, спазмофилия.

espasmología. [ж.] (пат.) учение о судорогах, спазмах.

espasmotoxina. [ж.] столбнячный яд.

espata. [ж.] (бот.) обёртка соцветия.

espatarrada. [ж.] см. despatarrada.

espatarrarse. [возв. гл.] см. despatarrarse.

espatela. [ж.] (бот.) маленькое цветочное влагалище, крыло.

espático, ca. [прил.] (мин.) шпатовый.

espatiforme. [прил.] (мин.) шпатовидный.

espato. [м.] (мин.) шпат: *espato fluor, плавиковый шпат, флюорит; *espato pesado, тяжёлый шпат.

espatogenesia. [ж.] (геол.) образование шпатов.

espátula. [ж.] шпатель, лопаточка; (зоол.) колпик (болотная птица).

espatulado, da. [прил.] лопатчатый.

espatularia. [ж.] (бот.) род гриба.

espaviento. [м.] см. aspaviento.

espavorido, da. [прил.] испуганный.

espavorizarse. [возв. гл.] развлекаться, рассеиваться.

espay. [м.] спаги (мусульманский кавалерист).

especería. [ж.] см. especiería.

especia. [ж.] пряность, специя; [множ.] десерт к вину.

especial. [прил.] специальный; особенный; особого назначения; частный: *en especial, см. especialmente: *tren especial, специальный поезд.

especialidad. [ж.] специальность; особенность.

especialista. [м. и ж.] специалист, (-ка).

especialización. [ж.] специализация.

especializar. [неперех.] специализироваться; специализировать; предназначать для какой-л определённой цели; **especializarse.** [возв. гл.] специализироваться.

especialmente. [нареч.] специально; особо.

especiar. [перех.] приправлять (пряностями).

especie. [ж.] порода; род, вид; сорт; разновидность; (биол.) вид; дело, представление; понятие; дело, случай, происшествие; тема; известие, слух; предлог; (фехт.) ложный выпад: *de la misma especie, одной породы, одинаковый; *la especie humana, род человеческий; *de toda especie, всякого рода; *una especie de..., нечто вроде; *en especie, натурой, продуктами; *escapársele a uno una especie, проговориться; *variación de especie, изменение видов; *¡especie de imbécil!, дурак же ты!

especiería. [ж.] бакалея; бакалейный магазин; пряности; торг пряностями и бакалеею.

especiero, ra. [м. и ж.] бакалейщик, (-ица) [м.] шкафчик для пряностей.

especificable. [прил.] поддающийся спецификации, определяемый.

especificación. [ж.] спецификация, подробное обозначение, описание, уточнение, определение, детализация.

específicamente. [нареч.] специфически, особым образом.

especificador, ra. [прил.] точно определяющий и т. д. (тже. сущ.).

especificar. [перех.] точно определять, оговаривать, уточнять; (юр.) предусмотреть, определить частные случаи, подробности (в законе, контракте и т. д.).

especificativo, va. [прил.] подробно означающий, специфицирующий.

especificidad. [ж.] специфичность, специфическая особенность.

específico, ca. [прил.] специфический, специфичный, особенный, характерный, отличительный; видовой: *peso específico, (физ.) удельный вес; *calor específico, удельная теплота; [м.] (мед.) специфическое средство.

espécimen. [м.] экземпляр, образец, образчик.

especiosamente. [нареч.] с кажущейся правдоподобностью, демагогически.

especioso, sa. [прил.] прекрасный, совершенный; (перен.) кажущийся, правдоподобный, обманчивый.

especiota. [ж.] (разг.) несуразное предложение; ложное, преувеличенное известие.

espectacular. [прил.] показной, эффектный, сенсационный.

espectáculo. [м.] зрелище, спектакль, представление; скандал: *dar un espectáculo, устроить скандал, устроить сцену кому-л, привлекать к себе внимание публики.

espectador, ra. [прил.] смотрящий; [м. и ж.] зритель, (-ница).

espectar. [перех.] внимательно рассматривать; присутствовать.

espectral. [прил.] (физ.) спектральный: *análisis espectral, спектральный анализ.

espectro. [м.] призрак, привидение; (физ.) спектр: *espectro solar, солнечный спектр; *espectro de emisión, спектр испускания; *espectro de absorción, спектр поглощения.

espectrofotometría. [ж.] (физ.) спектрофотометрия.

espectrofotómetro. [м.] (физ.) спектрофотометр.

espectrofotografía. [ж.] (физ.) спектрофотография.

espectrógrafo. [м.] (физ.) спектрограф.

espectroheliógrafo. [м.] (физ.) спектрогелиограф.

espectrohelioscopio. [м.] (физ.) спектрогелиоскоп.

espectrometría. [ж.] (физ.) спектрометрия.

espectrométrico, ca. [прил.] (физ.) спектрометрический.

espectrómetro. [м.] (физ.) спектрометр.

espectroscopia. [ж.] (физ.) спектроскопия.

espectroscópicamente. [нареч.] (физ.) с помощью спектроскопа.

espectroscópico, ca. [прил.] (физ.) спектроскопический.

espectroscopio. [м.] (физ.) спектроскоп.

especulación. [ж.] (физ.) умозрительное построение, спекуляция, размышление; (ком.) спекуляция.

especulador, ra. [прил.] спекулирующий; [м. и ж.] (фил.) последователь умозрительной философии, спекулянт, (-ка).

especular. [прил.] (уст.) прозрачный.
especular. [перех.] внимательно рассматривать; (перен.) размышлять, предаваться отвлечённому мышлению; [неперех.] спекулировать.
especulativa. [ж.] умозрительная способность.
especulativamente. [нареч.] умозрительно и т. д.
especulativo, va. [прил.] умозрительный, спекулятивный; склонный к размышлению; (ком.) спекулятивный спекулянтский.
especulatoria. [ж.] объяснение явлений природа.
especulífero, ra. [прил.] (зоол.) с пятнами в форме зеркал.
espéculo. [м.] (хир.) зеркало для осмотра внутренних полостей.
espejado, da. [страд. прич.] к espejar; [прил.] ясный, гладкий как зеркало; отражающий свет.
espejar. [перех.] см. despejar; espejarse. [возв. гл.] (перех.) отражаться в зеркале.
espejear. [неперех.] блестеть, светиться, сверкать, отсвечивать, отражаться.
espejeo. [м.] см. espejismo.
espejería. [ж.] зеркальный магазин.
espejismo. [м.] (прям.) (перен.) мираж.
espejero, ra. [м. и ж.] зеркальных дел мастер, зеркальщик; продавец, (-щ и ц а) зеркал.
espejo. [м.] зеркало; зеркальная поверхность; образец, пример; (арх.) овальное украшение; (обл.) прозрачность золотых вин: * espejo de cuerpo entero, большое зеркало; * espejo ustorio, зажигательное стекло; * espejo de los Incas, см. obsidiana.
espejuela. [ж.] дуга удил.
espejuelo. [м.] (мин.) кристаллический гипс; (слуховое) окно закрытое прозрачными гипсовыми пластинами; тальковая пластинка, силок с зеркалом для ловли жаворонков; тыквенное или лимонное варенье; грязь образующаяся зимой в сотах; (вет.) конский; каштан; [множ.] стёкла для очков; очки.
espeleología. [ж.] изучение пещер, спелеология.
espeleológico, ca. [прил.] относящийся или принадлежащий к изучению пещер.
espeleólogo, ga. [м. и ж.] специалист, (-ка) по изучению пещер, спелеолог.
espelma. [ж.] (вар.) сперма.
espelta. [ж.] (бот.) полба.
espélteo, a. [прил.] полбенный.
espeluchar. [перех.] (Амер.) см. despeluzar.
espelunca. [ж.] тёмная пещера, грот.
espeluzar. [перех.] см. despeluzar.
espeluznamiento. [м.] см. despeluzamiento.
espeluznante. [дейст. прич.] см. despeluznar, заставляющий волосы встать дыбом, страшный, ужасный.
espeluznar. [перех.] см. despeluznar.
espeluzno. [м.] (разг.) см. escalofrío.
espenjador. [м.] (обл.) шест.
espeque. [м.] подпорка.
espera. [ж.] ожидание, выжидание; терпение; срок; проволочка, откладывание; (охот.) место засады; старинная пушка: * a la espera de que, пока; в ожидании; * sala de espera, зал ожидания * estar en espera, выжидать.
esperadamente. [нареч.] * no esperadamente, внезапно, неожиданно.
esperadero. [м.] (обл.) (охот.) место засады.
esperador, ra. [прил.] ждущий и т. д. (тже. сущ.).
esperantista. [м. и ж.] эсперантист, (-ка).
esperanto. [м.] эсперанто.

esperanza. [ж.] надежда, чаяние (книж.), упование; * dar esperanzas, подавать надежду; * vivir de esperanzas, питаться иллюзиями; * acariciar una esperanza, л е л е я т ь надежду; * ¡qué esperanza!, (Амер.) куда там!
esperanzado, da. [страд. прич.] к esperanzar; [прил.] питающий надежду или надежды.
esperanzar. [перех.] подавать надежду.
esperar. [перех.] надеяться на что-л, питать надежду или надежды; ожидать чего-л, ждать, ожидать; страшиться (смерти и т. д.): * esperar en uno, надеяться, уповать на кого-л; * no espere nada de él, не рассчитывайте на него; * espérame sentado, (разг.) после дождичка в четверг; * ir a esperar a alguien, выходить встречать кого-л.
esperece. [м.] см. desperezo.
esperezarse. [возв. гл.] см. desperezarse.
esperezo. [м.] см. desperezo.
espérgula. [ж.] (бот.) торица, размётка.
espergurar. [перех.] (обл.) обрезывать лишние виноградные ветви.
esperiego, ga. [прил.] см. asperiego.
esperma. [м. или ж.] (биол.) сперма, семя, мужская семенная жидкость: * esperma de ballena, (фарм.) спермацет.
espermaceti. [хим.] спермацет.
espermacrasia. [ж.] (пат.) непроизвольное частое истечение семени.
espermatia. [ж.] (бот.) спермация.
espermático, ca. [прил.] (биол.) семенной.
espermatides. [м. множ.] сперматиды, семенные зародыши.
espermatitis. [ж.] (пат.) воспаление семенного канатика.
espermatoblastos. [м. множ.] семенные зародышевые клетки.
espermatocele. [м.] (пат.) киста яичка или его придатка, наполненная содержащей семя жидкостью.
espermatocistitis. [ж.] (пат.) воспаление семенных пузырьков.
espermatocisto. [м.] (анат.) семенной пузырь.
espermatocito. [м.] семенная клетка.
espermatofobia. [ж.] боязнь спермотореи.
espermatogénesis. [ж.] (физиол.) спермотогенез, развитие мужских половых клеток.
espermatogonio. [м.] (биол.) спермотогоний, первичная семенная клетка.
espermatografía. [ж.] (бот.) спермотография, описание растительных семян.
espermatoideo, da. [прил.] похожий на сперму.
espermatolisis. [ж.] (мед.) уничтожение сперматозоидов.
espermatología. [ж.] наука о семени.
espermatopoyesis. [ж.] образование семени, спермы.
espermatorrea. [ж.] (пат.) спермоторея, непроизвольное частое истечение семени.
espermatorreico, ca. [прил.] к спермоторея; страдающий сперматореем (тже. сущ.).
espermatosis. [ж.] (биол.) выделение спермы, семени.
espermatozoide. [ж.] (физиол.) спермотозоид, семенная нить; живчик, мужская половая клетка.
espermatozoo. [м.] (зоол.) см. zoospermo.
espermaturia. [ж.] выделение семени с мочой.
espermiola. [ж.] лягушачья икра.
espermoderno. [м.] (бот.) спермодерма, семянной покров.
espermófilo. [м.] (зоол.) суслик или овражек (из отряда грызунов).
espermóforo. [м.] (бот.) семяносец, семянная ножка.

espernada. [ж.] последнее звено цепи.
espernancarse. [возв. гл.] (обл.) (Амер.) широко расставлять ноги.
espernible. [прил.] (обл.) достойный презрения, презренный.
esperón. [м.] (мор.) водорез, таран (корабля).
esperón. [м.] (Амер.) ожидание, выжидание.
esperonte. [м.] (воен.) контрфорс.
esperpento. [м.] (разг.) страшилище, уродливый человек или вещь; нелепость, вздор.
esperriaca. [ж.] (обл.) последний сок из отжимаемого винограда.
esperrugido, da. [прил.] (Амер.) несчастный; оборванный; неряшливо одетый.
espertar. [перех.] (обл.) будить, см. despertar.
espesado, da. [страд. прич.] к espesar; [м.] (Амер.) сорт мучной каши.
espesamiento. [м.] сгущение; уплотнение, утолщение.
espesar. [м.] чаща.
espesar. [перех.] сгущать, уплотнять; делать плотнее (ткань и т. д.); espesarse. [возв. гл.] густеть, сгущаться; тесно переплетаться (о деревьях и т. д.).
espesativo, va. [прил.] сгущающий; уплотняющий.
espeso, sa. [прил.] густой, частый (о лесе; о тумане; о сети и т. д.); плотный, сгущённый; толстый (о слое); (перен.) грязный, сальный; (обл.) (Амер.) надоедливый, докучливый, несносный.
espesor. [м.] толщина; густота.
espesura. [ж.] густота; чаща, густые заросли; (перен.) густые волосы; нечистоплотность, грязь, засаленность; (уст.) см. solidez.
espetado, da. [страд. прич.] к espetar; [прил.] притворяющийся серьёзным.
espetaperro (a). [нареч.] поспешно.
espetar. [перех.] насаживать на вертел; прокалывать, продырявить (насквозь, перен.) (разг.) письменно или устно сказать что-л обидное; espetarse. [возв. гл.] серьёзничать; (перен.) пристраиваться к кому-л.
espetera. [ж.] доска для вешания кухонной посуды; кухонные принадлежности, утварь; (разг.) женская грудь.
espetera. [ж.] (Амер.) предлог, отговорка.
espetón. [м.] вертел; кочерга; рапира; длинная булавка; удар вертелом; (ихтиол.) рыба - игла.
espía. [м. и ж.] шпион, (-ка); лазутчик; (разг.) доносчик, (-ца).
espía. [ж.] (мор.) буксирование; буксирный канат; длина буксирного каната.
espiantar. [неперех.] (Амер.) (вул.) убегать, спасаться бегством; красть, воровать.
espiante. [м.] (Амер.) бегство, побег.
espiar. [перех.] подстерегать, выслеживать, шпионить.
espiar. [неперех.] (мор.) буксировать.
espibia. [ж.] espibio, espibión. [м.] (вет.) вывих шеи.
espica. [ж.] (бот.) большая лаванда (растение); (хир.) колосовидный бинт.
espicanardi. [ж] espicanardo. [м.] (бот.) корень индийской валерьяны.
espicifloro, ra. [прил.] (бот.) колосоцветный.
espiciforme. [прил.] (бот.) колосовидный.
espicilegio. [м.] собрание (бумаг, договоров и т. д.).

espícula. [ж.] (зоол.) спикула, игла, иголочка.
espicular. [прил.] (мин.) игольчатый, копьевидный.
espich. [м.] (англ.) спич, краткая застольная речь.
espichar. [перех.] прокалывать, протыкать, пронзать, см. pinchar; [неперех.] (разг.) подыхать; (Амер.) см. espitar; espicharse. [возв. гл.] (Амер.) худеть.
espiche. [м.] колющий, острый инструмент или оружие; (мор.) затычка.
espiche. [м.] (разг.) (Амер.) спич.
espichear. [перех.] (мор.) затыкать отверстия кусками дерева.
espiga. [ж.] колос, стержень (ножа и т. д.); деревянный гвоздь; (тех.) шип; железный гвоздь без шляпки; язык колокола; взрыватель; прививок; (мор.) головка мачты; галерный парус.
espigadera. [ж.] сборщица колосьев.
espigadilla. [ж.] (бот.) дикий ячмень.
espigado, da. [страд. прич.] к espigar; [прил.] созревший (об однолетних растениях); вытянувшийся (о молодом дереве); колосовидный; (перен.) стройный, рослый (о юноше).
espigador, ra. [м. и ж.] собиратель, (-ница) колосьев.
espigajo. [м.] (обл.) пук колосьев.
espigar. [перех.] собирать колосья после жатвы; (перен.) подбирать цитаты и т. д.; делать шип; [неперех.] колоситься, идти в колос; espigarse. [возв. гл.] слишком расти и твердеть (о растениях); быстро расти (о человеке).
espigo. [м.] (обл.) стержень ножа и т. д., вставляемый в ручку; (обк.) остриё волчка.
espigón. [м.] жало; остриё; колючий колос; кукурузный початок; острый горный пик; мол, волнорез: * espigón de ajo, долька чеснока.
espigüela. [ж.] (обл.) намёк, колкость.
espigueo. [м.] собирание колосьев после жатвы (тже. время).
espiguilla. [ж.] нитяный галун; (бот.) колосок; название злакового растения.
espillador. [м.] (арг.) игрок.
espillantes. [м. множ.] игральные карты.
espillar. [перех.] (арг.) играть.
espillo. [м.] (арг.) ставка (в игре).
espín. [м.] (зоол.) дикобраз.
espina. [ж.] шип, колючка, ость, игла (у растений); заноза; рыбья косточка; (анат.) позвоночник, хребет; сомнение, подозрение; колебание; продолжительное раскаяние и т. д.: * espina dorsal, позвоночник; * espina blanca, чертополох; * darle a uno mala espina, возбуждать подозрение у кого-л.
espinablo. [м.] (обл.) куст терновника.
espinaca. [ж.] (бот.) шпинат.
espinadura. [ж.] укол шипом.
espinai. [м. и ж.] (бот.) шпинат.
espinal. [прил.] (анат.) хребтовый, спинной.
espinalgia. [ж.] чувствительность к давлению II-VII шейных позвонков при туберкулезе бронхиальных желез.
espinapez. [м.] настил (в ёлку); (перен.) затруднение, помеха.
espinar. [м.] заросли колючего кустарника; (перен.) затруднение, помеха.
espinar. [перех.] колоть, ранить шипами; защищать колючими кустарниками; (перен.) уколоть, уязвить.
espinazo. [м.] позвоночник, позвоночный столб, хребет; (арх.) замок, замочный камень свода: * doblar el espinazo, (перен.) (разг.) унижаться, быть покорным кому-л (рабски).
espinel. [м.] (рыболовный) ярус.
espinela. [ж.] (мин.) шпинель.
espinelero, ra. [м. и ж.] тот, кто, ловит рыбу с помощью яруса.
espíneo, a. [прил.] колючий, с шипами.
espinera. [ж.] (бот.) колючий кустарник.
espinescente. [прил.] (бот.) колючий, снабжённый шипами, колючками.
espineta. [ж.] (муз.) шпинет (старинный муз. инструмент).
espingarda. [ж.] фунтовая пушка; арабское ружьё (с очень длинным стволом).
espingardería. [ж.] совокупность espingardas; войска вооружённые espingardas.
espingardero. [м.] солдат, вооружённый espingarda.
espinicruro, ra. [прил.] (зоол.) колюченогий.
espinífero, ra. [прил.] (ест. ист.) колючий, с шипами.
espinifoliado, da. [прил.] (бот.) колючелистный.
espiniforme. [прил.] в виде шипа, колючки.
espinilla. [ж.] передняя часть голени, прыщ.
espinillazo. [м.] удар по передней части голени.
espinillento. [прил.] (Амер.) прыщавый.
espinillera. [ж.] часть латного вооружения, покрывающая переднюю часть голени; суконная накладка, надеваемая на переднюю часть голени, защищающая от ударов (при работе и т. д.).
espinillo. [м.] (бот.) (Амер.) мимоза (одна из разновидностей); род акации.
espinilludo, da. [прил.] (Амер.) прыщавый.
espinípedo, da. [прил.] (зоол.) колюченогий.
espinitis. [ж.] (пат.) миелит.
espino. [м.] (бот.) колючий кустарник: * espino albar, blanco или majuelo, боярышник; * espino negro или cerval, крушина; * espino artificial, колючая проволока; * puerco espino, дикобраз
espinocárpeo, a. [прил.] (бот.) колючеплодный.
espinochar. [перех.] очищать кукурузные початки.
espinosismo. [м.] (фил.) спинозизм.
espinosista. [прил.] к спинозизм.
espinoso, sa. [прил.] колючий, иглистый, с шипами; (перен.) тернистый, трудный; затруднительный, щекотливый.
espintera. [ж.] espintero. [м.] (мин.) титанит, сфен.
espinterómetro. [м.] искромер, инструмент для измерения силы электрических искр.
espinudo, da. [прил.] (Амер.) см. espinoso.
espínula. [ж.] маленький шип, колючка.
espinzar. [перех.] (обл.) снимать тычинки у шафрана.
espiocha. [ж.] кирка, мотыга.
espión. [м.] шпион.
espionaje. [м.] шпионаж.
espionar. [перех.] шпионить, выслеживать.
espira. [ж.] (геом.) спираль; оборот спирали; виток; (арх.) витая база (у колонны).
espiración. [ж.] выдыхание, испускание (запаха); дыхание.
espirador, ra. [прил.] выдыхательный (о мышцах).
espiral. [прил.] винтовой, спиральный; [ж.] спираль, спиральная линия; часовая пружина: * en espiral, винтообразно, спирально, в форме спирали; улиткой.
espiralmente. [нареч.] винтообразно, спирально, в форме спирали; улиткой.
espirante. [дейст. прич.] к espirar, выдыхающий и т. д.

espirar. [перех.] выдыхать; издавать, испускать запах; ободрять, поднять дух; [неперех.] дышать; (поэт.) веять (о ветерке).
espirativo, va. [прил.] относящийся к исхождению (о Святом духе).
espirea. [ж.] (бот.) спирея, таволга, таволжник.
espírico, ca. [прил.] (геом.) винтообразный.
espiricornio, nia. [прил.] (зоол.) с винтообразными щупальцами.
espiriforme. [прил.] винтообразный.
espirilar. [прил.] к спирилл.
espirilo. [м.] (бакт.) спирилл.
espirilosis. [ж.] (мед.) болезнь, вызванная спириллами.
espiritado, da. [страд. прич.] к espiritar; [прил.] (разг.) исхудалый.
espiritar. [перех.] см. endemoniar; (перен.) (разг.) сильно волновать.
espiritero, ra. [прил.] (презр.) (Амер.) спиритический; [м. и ж.] спирит, (-ка).
espiritismo. [м.] спиритизм.
espiritista. [прил.] спиритический; [м. и ж.] спирит, (-ка).
espiritosamente. [нареч.] смело, мужественно.
espiritoso, sa. [прил.] живой, оживлённый; спиртной; крепкий (о спиртных напитках).
espíritu. [м.] дух; душа; сверхъестественный дар; мистическая наука; крепость; бодрость, смелость, живость, изобретательность; остроумие; винные пары; смысл, значение; [множ.] бесы: * Espíritu Santo, Святой дух; * espíritu maligno, злой дух; * espíritu de las tinieblas, дух тьмы; * espíritu de la contradicción, дух противоречия; * espíritu de la golosina, очень тощий человек; * espíritu fuerte, (гал.) вольнодумец; * espíritu de cuerpo, корпоративный дух; * espíritu de sal, соляная кислота; * espíritu de vino, винный спирт; * espíritu mesítico, ацетон; *dar, despedir, rendir, или exhalar el espíritu, испустить дух, умереть; * levantar el espíritu, набираться мужества, храбрости и т. д.
espiritual. [прил.] духовный; (гал.) остроумный.
espiritualidad. [ж.] духовный характер; духовная вещь.
espiritualismo. [м.] (фил.) спиритуализм.
espiritualista. [прил.] спиритуалистический; [м. и ж.] спиритуалист, (-ка).
espiritualización. [ж.] одухотворение.
espiritualizar. [перех.] одухотворять; признавать церковным имуществом; (перен.) утончать.
espiritualmente. [нареч.] духовно.
espirituosidad. [ж.] спиртуозность.
espirituoso, sa. [прил.] см. espiritoso.
espiróforo. [м.] (мед.) прибор для искусственного дыхания при асфиксии.
espiroidal, espiroideo, a. [прил.] винтообразный, спиральный.
espirol. [м.] (хим.) фенол.
espirólico, ca. [прил.] (хим.) салициловый.
espirometría. [ж.] (мед.) спирометрия.
espirométrico, ca. [прил.] (мед.) спирометрический.
espirómetro. [м.] (мед.) спирометр.
espiroqueta. [ж.] (бакт.) спирохета.
espírula. [ж.] (зоол.) витушка моллюск (из класса головоногих).
espita. [ж.] пядь (мера длины, равная 21 сант.); бочечный кран; (перен.) (разг.) пьяница.
espitar. [перех.] снабжать краном.
espito. [м.] (полигр.) козлы для просушки влажных оттисков.
esplacnectopia. [ж.] (мед.) неправильное положение внутренностей.

esplacnenfraxis. [ж.] (мед.) закупорка кишок.

esplácnico, ca. [прил.] (анат.) чревный, висцеральный, внутренностный.

esplacnocele. [м.] (пат.) висцеральная грыжа.

esplacnodinia. [ж.] (пат.) колики, боль в животе.

esplacnografía. [ж.] описание внутренностей.

esplacnolito. [м.] (пат.) кишечный камень.

esplacnología. [ж.] наука о внутренностях.

esplacnomegalia. [ж.] гипертрофия внутренних органов.

esplacnopatía. [ж.] (пат.) висцеральная болезнь.

esplacnopleura. [ж.] (биол.) внутренний висцеральный листок мезодермы.

esplacnoptosis. [ж.] (пат.) опущение внутренностей в брюшной полости.

esplacnoscopia. [ж.] исследование внутренностей.

esplacnotomía. [ж.] рассечение внутренностей.

esplenalgia. [ж.] (иат.) боль в селезенке.

esplénculo. [м.] (мед.) добавочная селезенка.

esplendente. [дейст. прич.] к esplender; [прил.] (поэт.) блестящий, сверкающий, блещущий.

esplender. [неперех.] (поэт.) сиять, блистать, сверкать.

espléndidamente. [нареч.] блестяще, великолепно, пышно, роскошно.

esplendidez. [ж.] блеск, великолепие, пышность, роскошь; щедрость.

espléndido, da. [прил.] блестящий, великолепный, пышный, роскошный; щедрый; (поэт.) сияющий, блещущий.

esplendor. [м.] блеск, сверкание, сияние, (перен.) блеск, великолепие, слава, знаменитость.

esplendorar. [неперех.] (неол.) сиять, блистать.

esplendorosamente. [нареч.] блестяще и т. д.

esplendoroso, sa. [прил.] блестящий, сверкающий.

esplenectasia. [ж.] растяжение или увеличение селезенки.

esplenectomía. [ж.] (хир.) удаление селезенки.

esplenectopia. [ж.] (пат.) перемещение селезенки.

esplenemia. [ж.] кровоизлияние в селезенке.

espléncio, ca. [прил.] селезеночный.

espleniforme. [прил.] похожий на селезёнку.

esplenitis. [ж.] (пат.) воспаление селезенки.

esplenización. [ж.] (мед.) селезеночная грыжа.

esplenocele. [м.] (пат.) селезеночная грыжа.

esplenodinia. [ж.] боль в селезенке.

esplenoflebitis. [ж.] (пат.) воспаление селезеночной вены.

esplenografía. [ж.] описание селезенки.

esplenoideo, a. [прил.] имеющий форму селезенки.

esplenología. [ж.] учение о селезенке.

esplenomalacia. [ж.] размягчение селезенки.

esplenomegalia. [ж.] увеличение селезенки.

esplenopatía. [ж.] (пат.) селезеночная болезнь.

esplenopexia. [ж.] пришивание блуждающей селезенки.

esplenoptosis. [ж.] (пат.) опущение селезенки.

esplénulo. [м.] (мед.) добавочная селезенка.

esplicaderas. [ж. множ.] (разг.) манера выражаться.

espliego. [м.] (бот.) лаванда.

esplín. [м.] сплин, хандра, тоска.

esplique. [м.] западня, ловушка для ловли птиц.

espodio. [м.] чёрная краска из жжёной кости; (уст.) цинковые окиси.

espodúmeno. [м.] (мин.) трифан.

espolada. [ж.] espolazo. [м.] удар или укол шпорой: * espolada de vino, (перен.) (разг.) глоток вина.

espoleadura. [ж.] рана при уколе шпорой.

espolear. [перех.] пришпоривать, давать шпоры; вонзать шпоры; (перен.) подгонять, подстрекать.

espoleo. [м.] удары шпорой.

espolera. [ж.] футляр для шпор.

espoleta. [ж.] (воен.) взрыватель; ключица (у птиц).

espolín. [м. умен.] к espuela; шпулька, цевка, небольшой ткацкий челнок; п а р ч а; (бот.) злаковое растение.

espolinar. [перех.] ткать в виде парчи; ткать с помощью шпулькой.

espolio. [м.] имущество оставшееся после прелата.

espolique. [м.] слуга, (пешком) сопровождающий хозяина (едущего верхом); удар каблуком (при чехарде).

espolista. [м. и ж.] тот, кто арендует имущество оставшееся после прелата.

espolista. [м.] слуга, (пешком) сопровождающий (едущего верхом) хозяина.

espolón. [м.] шпора (птиц); (мор.) форштевень; таран (корабля); волнорез; мол; дамба; набережная; горный отрог (арх.) контрфорс; отмороженное место (на пятке): * tener más espolones que un gallo, (перен.) (разг.) быть старым.

espolonada. [ж.] стремительная атака конницы.

espolonado, da. [прил.] (зоол.) вооружённый шпорами.

espolonazo. [м.] удар, укол шпорой.

espolsador. [м.] (обл.) метёлочка или веник для обметания пыли.

espolvorear. [перех.] сметать пыль; посыпать (солью, мукой и т. д.).

espolvorizar. [перех.] посыпать (солью, мукой и т. д.).

espondaico, ca. [прил.] спондейский.

espondalario. [м.] (обл.) завещательный свидетель.

espondeo. [м.] (лит.) спондей.

espóndil. [м.] позвонок.

espondilalgia. [ж.] (пат.) боль в позвоночнике.

espondilartritis. [ж.] воспаление суставов позвонков.

espondilartrocace. [ж.] (пат.) воспаление сочленений позвонков.

espondileo, a. [прил.] позвоночный.

espondilitis. [ж.] (пат.) воспаление позвонков.

espóndilo. [м.] (анат.) позвонок; позвоночник (раковина).

espondilodinia. [ж.] (пат.) боль в позвоночнике.

espondilolistesis. [ж.] (пат.) соскальзывание позвонка с крестцовой кости (в таз).

espondilomielitis. [ж.] (пат.) воспаление позвонка и спинного мозга.

espondilopatía. [ж.] (пат.) позвоночная болезнь.

espondilosis. [ж.] (пат.) неподвижность суставов позвоночника.

espondilosquisis. [ж.] (пат.) первая степень спондилолистеза.

espongiarios. [м. множ.] (зоол.) губки.

espongiforme. [прил.] губкообразный.

espongilo. [м.] (зоол.) пресноводная губка.

espongioblasto. [м.] (анат.) клетка, дающая начало губчатому остову в нервной системе.

espongioideo, a. [прил.] губкообразный.

espongiola. [ж.] (бот.) губочка.

esponja. [ж.] губка; (перен.) обирало, кровосос; (хим.) губчатое вещество.

esponjado, da. [страд. прич.] к esponjar; [м.] см. azucarillo.

esponjadura. [ж.] дейст. к esponjar.

esponjar. [перех.] делать губчатым, пористым; esponjarse. [возв. гл.] гордиться, хвастаться; (разг.) расцветать (от избытка здоровья, благополучия).

esponjera. [ж.] сетка для губок.

esponjita. [ж.] спонгит, окаменелая морская губка.

esponjosidad. [ж.] губчатость, ноздреватость.

esponjoso, sa: [прил.] губчатый, ноздреватый.

esponsales. [м. множ.] помолвка.

esponsalicio, a. [прил.] к помолвке.

espontáneamente. [нареч.] самопроизвольно, спонтанно, непосредственно, стихийно.

espontanearse. [возв. гл.] изливать свои чувства, открываться кому-л.

espontaneidad. [ж.] самопроизвольность, спонтанность, непосредственность, стихийность; добровольность; искренность.

espontáneo, a. [прил.] произвольный, самопроизвольный, непосредственный, спонтанный (стихийный), (бот.) дикорастущий: generación espontánea, самозарождение.

espontón. [м.] короткое копьё.

espontón. [м.] самозарождение.

espontonada. [ж.] салют или удар espontón.

espora. [ж.] (ест. ист.) спора.

esporádicamente. [нареч.] спорадически.

esporadicidad. [ж.] спорадичность.

esporádico, ca. [прил.] спорадический, нерегулярный.

esporángico, ca. [прил.] к спорангий.

esporangio. [м.] (бот.) спорангий.

esporgar. [перех.] (обл.) терять часть плодов (о растениях).

esporidio. [м.] споридия.

esporífero, ra. [прил.] (бот.) содержащий споры.

esporo. [м.] (ест. ист.) см. espora.

esporocarpio. [м.] (бот.) спороплодник, спорокарпий.

esporocisto. [м.] (биол.) пузырёк содержащий споры.

esporófilo. [м.] (бот.) спорофилл.

esporofito. [м.] (бот.) спорофит.

esporogonia. [ж.] спорогоний.

esporozoarios. [м. множ.] (зоол.) споровики (микроскопические животные из типа простейших).

esportada. [ж.] содержимое корзины.

esportear. [перех.] нести, переносить в корзины.

esportilla. [ж.] небольшая плетёная корзинка; (обл.) см. aventador.

esportillero. [м.] носильщик.

esportillo. [м.] плетёная корзинка для провизии.

esportivo, va. [прил.] (Амер.) щедрый, любезный.

esporto. [м.] (обл.) увел. к espuerta; (обл.) плетёная корзинка для мяса.

esportonada. [ж.] содержимое esportón.

esporulación. [ж.] (биол.) споруляция, размножение посредством спор.

esporulado, da. [прил.] спороносный.

espórulo. [м.] (бот.) маленькая спора; спора.

esposado, da. [страд. прич.] к esposar; [прил.] см. desposado.

esposa. [ж.] супруга, жена; (Амер.) епископский перстень.

esposas. [ж. множ.] наручники.
esposar. [перех.] надевать наручники.
esposo. [м.] супруг, муж.
esprí. [м.] (фр.) остроумие.
espuela. [ж.] шпора; (перен.) возбуждающее средство, стимул, побуждение, возбудитель; поощрение; (обл.) шпора (у некоторых птиц); * espuela de caballero, (бот.) шпорцы; * calzar la(s) espuela(s), посвящать, производить в рыцари: * picar espuelas, пришпорить; * echar, tomar la espuela, (разг.) выпить последний глоток.
espueleado, da. [страд. прич.] к espuelar; [прил.] (Амер.) опытный, знающий, умелый.
espuelear. [перех.] (Амер.) вонзать шпоры; пришпоривать; делать опытным.
espuelero, ra. [м. и ж.] тот, кто делает или продаёт шпоры.
espuelicurvo, va. [прил.] (Амер.) с изогнутыми шпорами (о птице).
espuelón, na. [прил.] (Амер.) с большими шпорами (о птице); [м.] (Амер.) см. espolón.
espuenda. [ж.] (обл.) берег, край (канала, поля).
espuerta. [ж.] плетёная корзина с двумя ручками: * a espuertas, грудами, обильно; * estar para que lo saquen en una espuerta al sol, постоянно недомогать.
espulgadero. [м.] место, где ловят вшей или блох (о нищих).
espulgador, ra. [прил.] ловящий блох или вшей и т. д. (тже. сущ.).
espulgar. [перех.] ловить, выводить блох или вшей, вычёсывать вшей, искать блох или вшей; (перен.) тщательно исследовать, изучать.
espulgo. [м.] вычёсывание, удаление блох или вшей.
espuma. [ж.] пена; пенка; накипь; (обл.) редкое, неплотное полотно: * espuma de mar, (мин.) морская пенка, сепиолит; * crecer como la espuma, (перен.) (разг.) расти не по дням, а по часам.
espumadera. [ж.] шумовка.
espumador, ra. [м. и ж.] тот, кто снимает пену.
espumadura. [ж.] снимание пены, накипи.
espumaje. [м.] изобилие пены.
espumajear. [неперех.] пениться; брызгать слюной (от злобы); говорить с пеной у рта.
espumajo. [м.] см. espumarajo.
espumajoso, sa. [прил.] покрытый пеной, пенящийся, пенистый.
espumajante. [дейст. прич.] к espumar, пенящийся.
espumaollas. [м. и ж.] (перен.) (разг.) см. catacaldos; назойливый человек.
espumar. [перех.] снимать пену, накипь; [неперех.] пениться; (перен.) быстро увеличиваться.
espumaraja. [ж.] (Амер.) см. espumarajo.
espumarajear. [неперех.] выделять слюну с пеной.
espumarajo. [м.] обильная слюна с пеной: * echar espumarajos por la boca, (разг.) быть вне себя, в ярости, беситься.
espumazón. [м.] изобилие пены.
espúmeo, a. [прил.] пенистый, покрытый пеной.
espumero. [м.] место, где солёная вода кристаллизуется.
espumilla. [ж.] пенка; редкое, неплотное полотно; (Амер.) меренга, безе (сорт пирожного).
espumillón. [м.] толстый шёлковый трикотаж.
espumosidad. [ж.] пенистость.
espumoso, sa. [прил.] пенистый, пенящийся.
espumuy. [ж.] (Амер.) род голубя.
espundia. [ж.] (вет.) нарост в копытной стрелке (у лошадей).
espundio. [м.] (обл.) подземелье.
espurcicia. [ж.] грязь, нечистота.
espurcilocuo, cua. [прил.] похабный, непристойный (в разговоре).
espurio, ria. [прил.] незаконнорождённый, внебрачный; (перен.) ненастоящий, неподлинный.
espurrear, espurriar. [перех.] спрыскивать (ртом).
espurrir. [перех.] (обл.) протянуть ноги; см. espurrear; espurrirse. [возв. гл.] (обл.) потягиваться; встряхиваться.
espururo. [м.] (Амер.) отбросы, отходы.
esputación. [ж.] отхаркивание, выделение мокроты.
esputar. [перех.] отхаркивать, выделять мокроту.
esputo. [м.] плевок, мокрота.
esquebrajar. [перех.] см. resquegrajar.
esquejar. [перех.] черенковать, размножать черенками: * acción de esquejar, черенкование.
esqueje. [м.] черенок.
esquela. [ж.] короткое письмо; печатное извещение или приглашение.
esquelalgia. [ж.] боль в ноге.
esqueletado, da. [прил.] [анат.], ca. скелетоподобный, тощий.
esqueletizar. [перех.] превращать в скелет; esqueletizarse. [возв. гл.] крайне худеть.
esqueleto. [м.] скелет; остов, костяк; (перен.) (разг.) скелетоподобный человек; (Амер.) печатный бланк; план литературного произведения; (бот.) засушенное растение.
esqueletología. [ж.] остеология, наука о костях.
esqueletopea, esqueletopega. [ж.] (анат.) искусство приготовлять кости и составлять скелеты.
esquema. [м.] схема, эскиз, план.
esquemáticamente. [нареч.] схематично.
esquemático, ca. [прил.] схематический.
esquematismo. [м.] схематизм.
esquematizar. [перех.] схематизировать.
esquena. [ж.] позвоночник; центральная рыбья кость.
esquenanto. [м.] злаковое растение.
esquero. [м.] сорт мошны.
esquí. [м.] (множ. esquís) (спорт.) лыжа.
esquiador, ra. [м. и ж.] лыжник, (-ица).
esquiar. [неперех.] кататься на лыжах.
esquiascopia. [ж.] скиаскопия, теневой метод определения рефракции.
esquiascopio. [м.] прибор для скиаскопии.
esquiciar. [перех.] делать эскиз, набросок.
esquicio. [м.] эскиз, набросок.
esquienta. [ж.] (обл.) вершина горы.
esquifada. [ж.] груз корабельной шлюпки; (арг.) собрание воров или сутенёров.
esquifar. [перех.] (мор.) экипировать судно.
esquifazón. [м.] экипаж и вёсла корабля.
esquife. [м.] (мор.) корабельная шлюпка.
esquila. [ж.] колоколообразный бубенчик, колокольчик; небольшой колокол (в монастырях и т. д.).
esquila. [ж.] стрижка овец.
esquila. [ж.] (зоол.) креветка; жук-плавунец; сквилла, морской лук (растение).
esquilada. [ж.] (обл.) см. cencerrada.
esquiladero. [м.] место стрижки овец.
esquilador, ra. [м. и ж.] стригущий, (-ая); [ж.] машинка для стрижки овец и т. д.
esquilar. [перех.] стричь овец.
esquilar. [неперех.] (обл.) влезать на дерево.
esquileo. [м.] стрижка овец; место стрижки овец; время стрижки овец.
esquileta. [ж.] колокольчик (на шее скота).
esquilimoso, sa. [прил.] (разг.) крайне брезгливый, щепетильный.
esquilmar. [перех.] собирать урожай (плодов); получать приплод у скота; истощать землю (о растениях); (перен.) истощать.
esquilmeño. [м.] (обл.) приносящий много плодов (о растениях).
esquilmo. [м.] плоды, урожай, жатва; приплод; (обл.) подстилка для скота; (Амер.) гребень, виноградная кисть без ягод; побочные продукты животноводства.
esquilo. [м.] (обл.) белка.
esquilón. [м.] большой колокольчик.
esquimal. [м.] эскимосский; [м. и ж.] эскимос, (-ка).
esquina. [ж.] угол (улицы, и т. д.): * las cuatro esquinas, уголки (детская игра); * doblar la esquina, повернуть за угол; * estar de esquina, быть в холодных отношениях с...; * de esquina, угловой; * en la esquina de la calle, на углу улицы.
esquinado, da. [страд. прич.] к esquinar(se); [прил.] угрюмый, необщительный, неуступчивый, несговорчивый.
esquinadura. [ж.] угловатость.
esquinal. [м.] (обл.) угол дома.
esquinante, esquinanto. [м.] см. esquenanto.
esquinar. [перех.] придавать форму угла, обтёсывать предавая форму четырёхугольника; (перен.) сеять раздор.
esquinazo. [м.] (разг.) см. esquina; (Амер.) серенада: * dar esquinazo, (разг.) убегать, скрываться за углом; (перен.) (разг.) неожиданно оставлять.
esquinco. [м.] (зоол.) см. estinco.
esquinela. [ж.] см. espinillera.
esquinencia. [ж.] (пат.) ангина, жаба.
esquinera. [ж.] (Амер.) угловой стол или шкаф.
esquinudo, da. [прил.] угловатый.
esquinzador. [м.] место, где расщипывают тряпьё (для изготовления бумаги).
esquinzar. [перех.] расщипывать тряпьё (для изготовления бумаги).
esquinzo. [м.] (зоол.) род крокодила.
esquiparte. [м.] (обл.) маленькая лопата (для очищения оросительных каналов).
esquiraza. [ж.] старинный транспортный корабль.
esquirla. [ж.] осколок кости.
esquirol. [м.] (зоол.) белка; (презр.) штрейкбрехер.
esquiruelo. [м.] (обл.) (зоол.) белка.
esquisto. [м.] (мин.) сланец, шифер.
esquistoideo, a. [прил.] похожий на шифер.
esquistoso, sa. [прил.] (мин.) сланцевый, сланцеватый, шиферный.
esquite. [м.] (Амер.) жареная кукуруза.
esquitero. [м.] (Амер.) см. estallido.
esquivamente. [нареч.] пренебрежительно, сурово, нелюдимо.
esquivar. [перех.] ловко избежать; увиливать, ускользать; esquivarse. [возв. гл.] отказываться; отделываться от....
esquivez. [ж.] небрежность, пренебрежение; необщительность, нелюдимость, суровость.
esquivo, va. [прил.] пренебрежительный, нелюдимый, необщительный, суровый, замкнутый.
esquizado, da. [прил.] пёстрый, покрытый крапинками (о мраморе).
esquizofrenia. [ж.] (пат.) шизофрения, правильнее схизофрения.
esquizofrénico, ca. [прил.] шизофренический

кий; страдающий шизофрениею; [м. и ж.] шизофреник, (-ичка).
esquizolita. [ж.] (мин.) схизолит.
esquizomicetos. [м. множ.] вид грибков, бактерии.
esquizópodos. [м. множ.] (зоол.) расщепноногие раки.
esquizotriquia. [ж.] расщепление волос на концах.
essonita. [ж.] (мин.) вилуйская вениса.
esta. см. este.
estabil. [прил.] см. estable (о электрическом токе).
estabilidad. [ж.] стабильность, устойчивость, прочность; постоянство.
estabilismo. [м.] (полит.) стабилизм, политическая система оставлять всё на прежнем основании.
estabilita. [ж.] бездымный порох.
estabilización. [ж.] стабилизация, упрочение.
estabilizador, ra. [прил.] стабилизирующий; [м.] стабилизатор.
estabilizar. [перех.] стабилизировать, придавать устойчивость.
estable. [прил.] стабильный, устойчивый, прочный, постоянный, стойкий.
establear. [перех.] приучать животное к стойлу.
establecedor, ra. [прил.] учреждающий, устанавливающий (тже. сущ.).
establecer. [перех.] основывать, учреждать; устраивать, устанавливать, вводить, заводить; ставить, устанавливать; establecerse. [возв. гл.] поселяться, основываться в; открывать торговлю, предприятие; [непр. гл.] спрягается как agradecer.
estableciente. [дейст. прич.] к establecer.
establecimiento. [м.] основание, учреждение; установление; устройство; устав, статут, установленный порядок, регламент; предписание; учреждение, заведение, предприятие; торговое заведение, предприятие; местопребывание; устройство (личной жизни).
establemente. [нареч.] стабильно; прочно; постоянно и т. д.
establero. [м.] скотник.
establo. [м.] стойло, хлев; закут(а) (обл.).
establón. [м.] (обл.) бобовый куст без плодов.
estabulación. [ж.] стойловое содержание животных.
estabular. [перех.] разводить животных в стойле, постоянно держать скот в стойлах.
estaca. [ж.] кол, свая; столб; черенок; большой гвоздь; толстая, крепкая палка; (арг.) кинжал; (Амер.) владение залежами селитры: * plantar, clavar estacas, (мор.) испытывать килевую качку; * no dejar estaca en pared, всё разрушить.
estacada. [ж.] изгородь, частокол; ряд свай, кольев; штакетник; огороженное место; поле боя, место поединка; (обл.) молодая оливковая роща: * dejar en la estacada, покинуть в опасности; * quedar(se) en la estacada, погибнуть на поле боя; (перен.) потерпеть неудачу.
estacado, da. [страд. прич.] к estacar; [м.] поле боя; молодая оливковая роща.
estacadura. [ж.] боковая решётка телеги.
estacar. [перех.] забивать кол и привязывать к нему скот; ставить вехи; (Амер.) прибивать колышками; estacarse. [возв. гл.] остолбенеть, стоять столбом; (Амер.) уколоться.
estacazo. [м.] удар толстой палкой; (перен.) убыток, ущерб.
estación. [ж.] время года; время, пора, период времени; сезон; станция; пункт; (ж.-л.) станция, станция, вокзал; ос-
тановка, стоянка (в пути); телеграфное и т. д. отделение; (церк.) временный алтарь; (перен.) отряд сидящий в засаде: * andar las estaciones, хлопотать о чём-л.
estacional. [прил.] сезонный; (астр.) неподвижный.
estacionamiento. [м.] стояние.
estacionar. [перех.] располагать, помещать; estacionarse. [возв. гл.] располагаться, помещаться, останавливаться, стоять, не двигаться вперёд.
estacionario, ria. [прил.] стационарный, неподвижный; не изменяющийся.
estacionero, ra. [прил.] богомольный; [м. и ж.] богомол, (-ка).
estacte. [ж.] мирровое масло.
estacha. [ж.] канат гарпуна (при ловле китов); (мор.) канат, кабельтов, буксир.
estada. [ж.] пребывание, временное жительство.
estadal. [м.] мера длины, равная 3,334 м.; освящённая лента (на шее); витая восковая свеча.
estadero. [м.] кадастровый служащий.
estadía. [ж.] задержка, пребывание; (жив.) сеанс (натурщика); (мор.) остановка в порту (после срока); штраф за просрочку.
estadio. [м.] ристалище (у греков); стадия (путевая мера, 85 саж.); стадион; короткое время; (мед.) стадия, промежуток, период (развития болезни).
estadista. [м. и ж.] статистик; государственный деятель.
estadística. [ж.] статистика.
estadísticamente. [нареч.] по правилам статистики.
estadístico, ca. [прил.] статистический.
estadizo, za. [прил.] остановившийся; застоявшийся; затхлый.
estado. [м.] состояние, положение; (физ.) состояние; общественное положение; сословие; штат; государство; правление: * un estado de hombre, мера, равная высоте мужчины; * dar estado, женить; * tomar estado, жениться; * en estado de, в состоянии...; * en estado interesante, de buena esperanza, беременная; * hallarse, estar en estado de, быть в состоянии; * estado civil, гражданское состояние; * estado llano, третье сословие; * estado de guerra, военное положение; * estado mayor, штаб; * golpe de estado, государственный переворот; * Ministerio de estado, министерство иностранных дел.
estadounidense. [прил.] относящийся к Соединённым Штатам; принадлежащий Соединённым Штатам; американский; [м. и ж.] американец, (-ка).
estafa. [ж.] мошенничество, жульничество, обман.
estafador, ra. [м. и ж.] мошенник, (-ица).
estafar. [перех.] выманивать мошенническим способом, мошенничать.
estafermo. [м.] вращающийся манекен, в который бросали дротиками; (перен.) глупец, дурень.
estafeta. [ж.] конный посыльный; эстафета; почта, почтовая контора; дипломатическая почта.
estafetero. [м.] почтовый служащий, почтальон.
estafetil. [прил.] почтовый.
estafiate. [м.] (Амер.) род чернобыльника.
estafilino, na. [прил.] (анат.) язычковый; [м.] (зоол.) хвостовёртка (насекомое).
estafilitis. [ж.] (пат.) воспаление язычка.
estafilocecemia. [ж.] (пат.) присутствие стафилококков в крови.
estafilocócico, ca. [прил.] стафилококковый.
estafilococo. [м.] (бакт.) стафилококк.
estafiloma. [м.] (хир.) стафилома.

estafilomatoso, sa. [прил.] к стафилома.
estafilomicosis. [ж.] (пат.) стафилококковая инфекция.
estafiloptosis. [ж.] растяжение язычка.
estafilorrafia. [ж.] (хир.) небный шов, сшивание расщепленного мягкого неба.
estafilotomía. [ж.] разрезание язычка.
estafisagria. [ж.] (бот.) вшивая трава.
estagnación. [ж.] застой (в делах и т. д.); см. estancamiento.
estajadera. [ж.] estapador. [м.] сорт молотка.
estajanovismo. [м.] стахановский метод труда.
estajar. [перех.] утончать (о железе).
estaje, estajear. (Амер.) см. destajo, destajar.
estajero, estajista, estajo. см. destajero, destajista, destajo.
estala. [ж.] стойло, конюшня; (мор.) порт снабжения.
estalación. [ж.] категория, разряд.
estalactita. [ж.] (геол.) сталактит.
estalactítico, ca. [прил.] сталактитовый.
estalagmita. [ж.] (геол.) сталагмит.
estalagmítico, ca. [прил.] сталагмитовый.
estallante. [дейст. прич.] к estallar.
estallar. [неперех.] взрываться, разорваться, лопаться; разражаться; щёлкать (бичом); вспыхивать (о буре и т. д.): * estallar (la risa), расхохотаться, разразиться смехом.
estallido. [м.] взрыв, разрыв, вспышка; треск, гром; хлопанье: * dar un estallido, взорваться с треском.
estallo. [м.] см. estallido.
estambrado, da. [страд. прич.] к estambrar; [м.] (обл.) шерстяная материя.
estambrar. [перех.] прясть (шерсть).
estambre. [м. и ж.] длинная, гребенная шерсть; шерстяная нить; основа (ткацкая); (бот.) тычинка.
estamento. [м.] (ист.) штат; каждая из двух палат королевского статута 1834.
estameña. [ж.] грубая, шерстяная материя.
estameñete. [м.] сорт грубой, шерстяной материи.
estamina. [ж.] (мед.) крепость, сила.
estaminal. [прил.] (бот.) тычиночный.
estaminífero, ra. [прил.] (бот.) тычинконосный.
estaminodio. [м.] (бот.) стаминодий.
estampa. [ж.] гравюра, эстамп; изображение; картинка; образ, фигура, вид; (тех.) штамп; штамп, печать; (перен.) отпечаток, след, печать: * buena estampa, хороший вид.
estampable. [прил.] годный для печати.
estampación. [ж.] печатание; штампование, штамповка, тиснение.
estampado, da. [страд. прич.] к estampar; [прил.] штампованный; тиснёный; набивной (о ткани); [м.] набойка (ткань) см. estampación.
estampador, ra. [прил.] печатающий, отпечатывающий; штампующий; [сущ.] печатник; штамповщик; набойщик.
estampar. [перех.] печатать, отпечатывать, тискать, штамповать; (разг.) бросить, ударить (о стену и т. д.).
estampería. [ж.] мастерская или магазин гравюр.
estampero, ra. [м. и ж.] тот, кто рисует или продаёт картинки, гравюры.
estampía. [ж.] * de estampía, внезапно, вдруг, неожиданно, поспешно (с гл. salir, partir, embestir и т. д.).

estampida. [ж.] см. estampido; (обл.) подпор(к)а; (Амер.) поспешное бегство (преимущ. животного): * dar estampida, взорваться с треском.

estampido. [м.] выстрел, звук выстрела; треск: * dar un estampido, взорваться с треском.

estampidor. [м.] (обл.) подпор(ка).

estampilla. [ж.] штемпель, печать; клеймо, марка; (Амер.) почтовая марка.

estampillado, da. [страд. прич.] к estampillar. [м.] штемпелевание, клеймение.

estampillar. [перех.] ставить, прилагать печать; штемпелевать, клеймить, ставить клеймо.

estampista. [м. и ж.] автор картинок, гравюр.

estancación. [ж.] остановка утечку (жидкости); застой; прекращение, задержка; монополизация.

estancamiento. [м.] см. estancación.

estancar. [перех.] останавливать течь, утечку (жидкости); задерживать; монополизировать (торговлю); вызывать застой (в делах и т. д.); **estancarse.** [возв. гл.] застояться (о воде); estancado, застоявшийся (о воде).

estancia. [ж.] пребывание; жилище, комната, помещение; жилая площадь; суточная плата (в больнице); (лит.) станс, строфа стихотворения; (Амер.) имение, поместье; усадьба; дача.

estanciero, ra. [м. и ж.] (Амер.) владелец estancia; [м.] (Амер.) надсмотрщик (на полевых работах).

estanco, ca. [прил.] (мор.) непроницаемый, герметический; [м.] запрет на продажу некоторых продуктов; место, где продают монополизированные продукты: табачная лавочка и т. д.; (перен.) склад, архив; (м. употр.) см. detención; (Амер.) место продажи водки.

estandardización. [ж.] стандартизация.

estandardizar. [перех.] стандартизировать.

estandarización, estandarizar. см. **estandardización, estandardizar.**

estandarte. [м.] знамя, флаг, штандарт; (церк.) хоругвь; штандарт; значок: * alzar, levantar estandarte(s), (перен.) поднять знамя.

estandartización. [ж.] (ком.) стандартизация.

estandartizar. [перех.] (ком.) стандартизировать.

estangurria. [ж.] болезненное мочеиспускание «напор мочи».

estannato. [м.] (хим.) оловяннокислая соль.

estannífero, ra. [прил.] (хим.) оловянный, оловоносный, содержащий олово.

estannina. [ж.] (мин.) оловянный колчедан.

estannita. [ж.] (мин.) станнит.

estannoideo, a. [прил.] похожий на олово, оловянный.

estannolita. [ж.] (мин.) окись олова.

estanque. [м.] пруд; бассейн, водоём; (арг.) седло.

estanqueidad. [ж.] непроницаемость, герметичность; см. **estancación.**

estanquero, ra. [м. и ж.] тот, кто надзирает за прудом.

estanquero, ra. [м. и ж.] продавец, (-щица) монопольных товаров; продавец, (-щица) в табачной лавке.

estanquidad. [ж.] непроницаемость, герметичность: * estanquidad al agua, водонепроницаемость; * estanquidad a los gases, газонепроницаемость.

estanquillero, ra. [м. и ж.] продавец, (-щица) монопольных товаров.

estanquillo. [м.] место продажи монопольных товаров; (Амер.) лавочка; см. taberna.

estantal. [м.] подпорка, стойка.

estantalar. [перех.] подпирать стойками, ставить подпорки.

estante. [страд. прич.] к estar, пребывающий, находящийся где-л; [прил.] оседлый; [м.] этажерка, горка; книжная полка; ножки (у станка).

estantería. [ж.] этажерка; стеллаж, книжные полки.

estantigua. [ж.] ночное привидение, призрак, фантом; (перен.) дылда, верзила.

estantío, a. [прил.] неподвижный, стоячий, остановившийся; (перен.) медленный, вялый, апатичный.

estañado, da. [страд. прич.] к estañar; [м.] лужение.

estañador. [м.] лудильщик.

estañadura. [ж.] лужение.

estañar. [перех.] лудить, паять.

estañero, ra. [м. и ж.] тот, кто изготовляет или продаёт оловянные изделия.

estañífero, ra. [прил.] (Амер.) оловоносный, оловянный.

estaño. [м.] (хим.) олово.

estaqueada. [ж.] (Амер.) битьё, бичевание; натягивание кожи между столбами.

estaqueadero. [м.] (Амер.) место для натягивания кожи (между столбами).

estaquear. [перех.] (Амер.) натягивать кожу (между столбами); бичевать привязанного к столбам человека.

estaquero. [м.] (зоол.) годовалая лань.

estaquilla. [ж.] деревянный гвоздь; сапожный гвоздь; длинный гвоздь.

estaquillador. [м.] большое шило.

estaquillar. [перех.] скреплять (шипами, гвоздями).

estar. [перех.] быть, бывать, существовать, жить, проживать, находиться (где-л); быть, находиться (в определённом месте, положении или состоянии); поживать, чувствовать (себя); быть занятым чем-л (в сочетании с gerundio); заключаться в; **estarse.** [возв. гл.] оставаться; пребывать; * estoy enfermo, я (есмь) болен; * estoy en casa, я (есмь) дома; * ¿cómo está Vd.?, как вы поживаете?; * estoy escribiendo, я пишу; * su libro está aquí, ваша книга здесь; * estar de pie, стоять; * estar sentado, сидеть; * estar escribiendo, писать; * estar leyendo, читать; * estar de servicio, быть дежурным; * estar en el secreto, быть посвящённым в тайну; * estar de viaje, быть в путешествии; * estar de vacaciones, быть в отпуске; * estar en condiciones de, быть в состоянии; иметь возможность; estamos a 5 de agosto, сегодня 5 августа; * estar para, собираться, намереваться; * el vino está muy caro, вино стоит больших денег; * estar por las nubes, стоить больших денег; * estar por uno, быть за кого-л, сторонником кого-л; * estar en contra de, быть противником кого-л; * estar de prisa, спешить; * estar a punto, быть готовым; * estar de más, быть лишним, ненужным; * estar de luto, быть в трауре; * estar fuera de sí, быть вне себя; * estar en todo, вникать во всё; * estar de mudanza, переезжать на другую квартиру; * estar de acuerdo, быть согласным; * estar fuera de casa, не быть дома; * estar ausente, отсутствовать, быть в отсутствии; * estoy por irme a dormir, мне хочется спать; * este vestido te está bien, это платье тебе идёт (или тебе к лицу); * está mal obrar así, не годится так поступать; * (ellos) están a matar, они смертельные враги между собою; * estar a obscuras, не знать, не ведать; * estar bien, чувствовать себя хорошо; * estar mal con uno, находиться в неладах; * estar en condiciones favorables, быть в благоприятных условиях; * estar sobre sí, быть, держаться настороже; * estar viendo (una cosa), предвидеть; * ¿estamos?, (разг.) понятно?, поняли?; * el contrato está por firmar, контракт должен быть подписан; * estar a partir un piñón, быть в тесных отношениях; * estamos mejor que queremos, мы в неприятном положении; * ¡está (él) fresco!, она здорово досталось; * ¡estar de Dios! быть неизбежным; * los problemas están por resolver, задачи ещё не решены; * le está bien, поделом ему, так ему и надо; [непр. гл.] ind. prest.: estoy, estás, está, estamos, estáis, están; pret. indef.: estuve, estuviste, и т. д.; subj. prest.: éste, -és, -é, и т. д.; imperf. estuviera или estuviese, и т. д.

estarcido. [м.] калькированный рисунок.

estarcima. [ж.] (мор.) полоса берега, покрываемая водой только во время прилива.

estarcir. [перех.] набивать рисунок.

estaría. [ж.] (мор.) см. estadía.

estaribel. [м.] (арг.) тюрьма.

estarna. [ж.] серая куропатка.

estasis. [ж.] застой (крови и т. д.).

estatal. [прил.] государственный.

estática. [ж.] (физ.) статика, наука о равновесии твёрдых тел.

estático, ca. [прил.] статический, неподвижный; (перен.) поражённый.

estatificación. [ж.] обобществление, национализация.

estatificar. [перех.] обобществлять, национализировать.

estatismo. [м.] неподвижность.

estatismo. [м.] участие государства в управлении хозяйством.

estatmética. [ж.] система мер и весов.

estator. [м.] (физ.) статор.

estatórico, ca. [прил.] (физ. эл.) относящийся к статору.

estatoscopio. [м.] (физ.) статоскоп.

estatua. [ж.] статуя, изваяние: * estatua ecuestre, конная статуя.

estatuar. [перех.] украшать статуями.

estatuaria. [ж.] ваяние, скульптура.

estatuario, ria. [прил.] скульптурный; [м.] скульптор, ваятель.

estatúder. [м.] штатгальтер.

estatuderato. [м.] штатгальтерство.

estatuir. [перех.] постановлять, выносить постановление, устанавливать; доказывать; [непр. гл.] спрягается как huir.

estatura. [ж.] рост (человека).

estatutario, ria. [прил.] согласный с уставом, уставный.

estatuto. [м.] статут, устав, установление, правило, постановление, закон.

estaurolita. [ж.] (мин.) ставролит.

estaxis. [ж.] (пат.) кровотечение каплями.

estay. [м.] (мор.) штаг, леер.

este. [м.] восток; восточный ветер.

este, esta, esto, estos, estas. [указ. прил.] или [мест.] этот, эта, это, эти; esta, место, откуда посылают письмо; * este hombre, этот мужчина; * esta tarde, сегодня вечером; en esto, в это время; * ¿qué es esto? что это?

estearato. [м.] (хим.) стеарат (соль или эфир стеариновой кислоты).

esteárico, ca. [прил.] стеариновый.

estearina. [ж.] (хим.) стеарин (составная часть сала).

esteatita. [ж.] (мин.) стеатит.

esteatoma. [м.] (пат.) жировая опухоль, жировик.

esteatopigia. [ж.] отложение жира в области крестца и ягодиц.
esteatorrea. [ж.] (пат.) увеличенное отделение из сальных желез.
esteatosis. [ж.] (пат.) ожирение, жировая инфильтрация.
esteba. [ж.] (бот.) род злакового растения; (мор.) толстой шест.
estebar. [м.] место, изобилующее esteba.
estefanio. [м.] (анат.) место перекреста венечного шва.
estefanote. [м.] (Амер.) (бот.) растение с красивыми белыми цветами.
esteganografía. [ж.] стеганография.
esteganópodos. [м. множ.] веслоногие птицы.
estegnosis. [ж.] (пат.) сжимание пор.
estegnótico, ca. [прил.] к estegnosis; вяжущий.
estegocéfalo. [м.] (палеон.) стегоцефал.
estegosaurio. [м.] (палеон.) стегозавр.
esteirosis. [ж.] (мед.) стерильность.
estela. [ж.] (арх.) стела, надгробный памятник.
estela. [ж.] струя за кормой; кильватер.
estelado. [прил.] cardo estelado, перекати-поле.
estelaje. [м.] небо, небеса, атмосфера.
estelaria. [ж.] (бот.) звездчатка, львиная лапка.
estelárídos. [м. множ.] морские звезды (животные из типа иглокожих).
estelífero, ra. [прил.] (поэт.) звёздный.
esteliforme. [прил.] звездообразный.
estelión. [м.] (зоол.) разновидность ящерицы; жабий камень.
estelionato. [м.] (юр.) утайка или уменьшение ипотек.
estelón. [м.] жабий камень.
estelulado, da. [прил.] (бот.) звездчатый.
estellés, sa. [прил. и сущ.] к Estella (наваррский город).
estema. [м.] родословное дерево; см. estemato.
estemato. [м.] (зоол.) простой глаз на темени (у некоторых насекомых).
estemple. [м.] (горн.) подпор(к)а.
esténico, ca. [прил.] действующий, крепкий.
estenio. [м.] (физ.) стен (единица силы в системе м. т. с.).
esteno. [прил.] (обл.) ясный (о погоде).
estenocardia. [ж.] (пат.) стенокардия, грудная жаба.
estenocarpo. [м.] (бот.) узколодник.
estenocefalia. [ж.] (пат.) узость головы.
estenocoria. [ж.] (пат.) сужение органа.
estenocoriasis. [ж.] (пат.) сокращение зрачка.
estenofilo, la. [прил.] (бот.) узколистный.
estenografía. [ж.] стенография.
estenografiar. [перех.] стенографировать.
estenográficamente. [нареч.] стенографически, скорописно.
estenográfico, ca. [прил.] стенографический, скорописный.
estenógrafo, fa. [м. и ж.] стенограф, (-истка), скорописец.
estenometría. [ж.] измерение сил человеческого тела.
estenosado, da. [прил.] страдающий стенозом.
estenostérmico, ca, estenostermo, ma. [прил.] стенотермический, стенотермный.
estenostomía. [ж.] сужение рта.
estenotórax. [м.] (пат.) узость грудной клетки.
estentóreo, a. [прил.] оглушительный, громкий, громовой (о голосе).
estepa. [ж.] степь; (бот.) ковыль.
estepal. [м.] (Амер.) сорт ясмы.
estepar. [м.] место, изобилующее ковылем.
estepario, ria. [прил.] степной.
esteperol. [м.] (мор.) короткий гвоздь.
estepilla. [ж.] (бот.) разновидность розана.
estequiología. [ж.] стехиология, учение об элементах.
estequiológico, ca. [прил.] стехиологический.
estequiometría. [ж.] стехиометрия.
estequiométrico, ca. [прил.] стехиометрический.
estera. [ж.] циновка, мат, плетёнка, рогожа.
esterador, ra. [прил.] покрывающий циновками и т. д.; [м.] тот, кто покрывает комнаты циновками и т. д.
esteral. [м.] (Амер.) низкие, сырые земли.
esterar. [перех.] покрывать циновками и т. [неперех.] (перен. разг.) одеваться по-зимнему.
estercoladura. [ж.] estercolamiento. [м.] унаваживание.
estercolar. [перех.] унаваживать, уобрять; [неперех.] испражняться (о животных).
estercolar. [м.] навозная яма.
estercolero. [м.] человек занимающийся собиранием навоза; навозная яма.
estercolizo, za. [прил.] похожий на навоз.
estercoráceo, a. [прил.] каловый, фекальный.
estercoral. [прил.] см. estercoráceo.
estercorario, ria. [прил.] (бот.) живущий в навозе.
estercóreo, a. [прил.] каловый, фекальный.
estercuelo. [м.] унаваживание.
estereagnosia. [ж.] неспособность отличать предметы ощупыванием.
estéreo. [м.] стер, кубический метр, кубометр (дров).
estereóbato. [м.] (арх.) цоколь здания.
estereocromía. [ж.] стереохромия.
estereofonía. [ж.] стереофония.
estereofónico, ca. [прил.] стореофонический, стереофоничный.
estereofotografía. [ж.] стереофотография.
estereofotográfico, ca. [прил.] стереофотографический.
estereofotogrametría. [ж.] стереофотограмметрия.
estereografía. [ж.] стереография.
estereográfico, ca. [прил.] стереографический.
estereógrafo, fa. [м. и ж.] специалист по стереографии.
estereometría. [ж.] стереометрия.
estereométrico, ca. [прил.] стереометрический.
estereómetro. [м.] стереометр.
estereoquímica. [ж.] стереохимия.
estereorama. [ж.] стереорама.
estereoscopia. [ж.] стереоскопия.
estereoscópico, ca. [прил.] стереоскопический.
estereoscopio. [м.] стереоскоп.
estereotipado, da. [страд. прич.] к estereotipar; [прил.] (полигр.) постоянный, неизменный, стереотипный.
estereotipador, ra. [м. и ж.] (полигр.) стереотипёр.
estereotipar. [перех.] (полигр.) стереотипировать, отливать стереотипные доски, печатать стереотипами.
estereotipia. [ж.] (полигр.) стереотипия, стереотип; стереотипная типография.
estereotípico, ca. [прил.] стереотипный.
estereotipo. [м.] (полигр.) стереотип.
esterería. [ж.] мастерская или магазин циновок, матов, рогож.
esterero. [м.] тот, кто изготовляет или продаёт циновки и т. д.
estéril. [прил.] бесплодный, неплодный, неплодородный; стерильный; (перен.) неурожайный (год).
esterilidad. [ж.] бесплодность, бесплодие, неплодородность; неурожай; неурожайность; (мед.) бесплодие женское; стерильность.

esterilización. [ж.] стерилизация.
esterilizador, ra. [прил.] делающий бесплодным, лишающий плодородия; (мед.) стерилизующий; [м.] стерилизатор.
esterilizar. [перех.] сделать бесплодным, обесплодить; лишить плодородия; (мед.) стерилизовать.
estérilmente. [нареч.] бесплодно.
esterilla. [ж.] шнурок из золотых или серебряных ниток; золотая или серебряная канитель; соломенная ткань; маленькая циновка; (обл.) плетёная форма для сыра; (Амер.) канва, сеточка.
esterlín. [м.] см. bocací.
esterlina. [прил.] libra esterlina, фунт стерлингов.
esterlinguita. [ж.] (мин.) красная цинковая руда.
esterna. [прил.] (орни.) морская ласточка.
esternal. [прил.] (анат.) относящийся к грудной кости.
esternalgía. [ж.] (пат.) грудная жаба.
esternbergita. [ж.] (мин.) гибкий серебряный блеск.
esternoclavicular. [прил.] (анат.) грудино-ключичный.
esternoclidomastoideo, a. [прил.] (анат.) грудино-ключично-сосцевидный.
esternocostal. [прил.] (анат.) грудино-реберный.
esternodinia. [ж.] боль грудной кости.
esternoideo, a. [прил.] похожий на грудную кость.
esternón. [м.] (анат.) грудина, грудная кость.
estero. [м.] застил циновками (тже. время).
estero. [м.] полоса берега, покрываемая водой только во время прилива; (Амер.) заливной луг; болото, заросшее водяными растениями; лужа, болото; речка, речушка.
esteróscopo. [м.] стереоскоп.
esterquero, esterquilinio. [м.] навозная куча, яма.
estertor. [м.] хрип, хрипение (предсмертное); (мед.) храп, храпение.
estertoroso, sa. [прил.] хрипящий, хриплый.
estesia. [ж.] (физиол.) чувствительность.
estésico, a. [прил.] эстетический.
estesiometría. [ж.] определение степени впечатлительности чувства ощущения.
estesiómetro. [м.] (мед.) прибор для определения степени впечатлительности чувства ощущения.
esteta. [м. и ж.] эстет; (разг.) см. sodomita.
estetemia. [ж.] воспаление лёгких.
estética. [ж.] эстетика.
estéticamente. [нареч.] эстетично, красиво.
estético, ca. [прил.] эстетический, изящный.
estetofonómetro. [м.] (мед.) трубка для выслушивания грудной клетки.
estetografía. [ж.] стетография.
estetográfico, ca. [прил.] стетографический.
estetógrafo. [м.] (мед.) стетограф.
estetometría. [ж.] измерение груди.
estetómetro. [м.] (мед.) прибор для измерения груди.
estetoparálisis. [ж.] паралич грудных мышц.
estetoscopia. [ж.] стетоскопия, исследование груди.
estetoscópico, ca. [прил.] стетоскопический.
estetoscopio. [м.] (мед.) стетоскоп, трубка для выслушивания грудной клетки.
esteva. [ж.] рукоятка плуга.
estevado, da. [прил.] кривоногий; косолапый (тже. сущ.).

estevón. [м.] см. esteva.
estezado, da. [страд. прич.] к estezar; [м.] см. correal.
estezar. [перех.] обрабатывать кожи ударами; (обл.) бить, колотить кого-л.
estiaje. [м.] наиболее низкий уровень воды в реке (летом); летний период.
estiba. [ж.] (арг.) банник; помещение, где тяго сжимают шерсть (при упаковке); (мор.) груз в трюме.
estibador. [м. и ж.] тот, кто туго сжимает (при упаковке); грузчик, (-ца).
estibar. [перех.] туго стягивать, сжимать, всовывать; (мор.) размещать, распределять груз, нагрузку (на судне); (арг.) наказывать.
estibia. [ж.] (вет.) см. espibia.
estibialismo. [м.] отравление сурьмой.
estíbico, ca. [прил.] сурьмяный.
estibina. [ж.] (мин.) стибнит, антимонит. см. antimonio.
estibio. [м.] сурьма, антимоний.
estibioso, sa. [прил.] сурьмянистый.
esticomancia. [ж.] гадание стихами.
esticometría. [ж.] разделение на стихи.
estiércol. [м.] навоз; естественное удобрение.
estigio, gia. [прил.] (миф.) стиксовый; (перен.) (поэт.) адский.
estigma. [м.] стигмат, след на теле (от раны, ожога, оспы и т. д.); клеймо (выжженное раскалённым железом); (перен.) позорное пятно, клеймо; (бот.) рыльце (у пестика); дыхальце, стигма (у насекомых).
estigmatismo. [м.] стигматизм.
estigmatización. [ж.] клеймение (преступника); явление стигматы на коже.
estigmatizador, ra. [прил.] клеймящий (преступника); позорящий и т. д. (тже. сущ.).
estigmatizar. [перех.] клеймить (преступника); (перен.) хулить, позорить, заклеймить, наложить позорное клеймо; (церк.) отмечать знаками ран I. Христа.
estil. [прил.] (обл.) сухой, горячий; бесплодный, скудный, бедный.
estilación. [ж.] капание.
estilar. [неперех.] (чаще с мест. se) быть в употреблении; быть модным, прибычным, принятым; [перех.] редактировать в соответствующем стиле.
estilar. [перех.] (обл.) (Амер.) дистиллировать.
estilbón. [м.] (арг.) пьяница.
estilete. [м.] стилет; маленький острый кинжал; тонкий зонд; см. punzón.
estilicidio. [м.] истечение по каплям.
estiliforme. [прил.] похожий на стилет.
estilisco. [м.] (хир.) тонкий цилиндрический зонд.
estilista. [м. и ж.] стилист, (-ка).
estilística. [ж.] стилистика.
estilístico, ca. [прил.] стилистический.
estilita. [прил.] живущий на столпе; [м.] столпник.
estilización. [ж.] стилизация.
estilizar. [перех.] стилизовать, придавать чему-л определённый жанр, стиль.
estilo. [м.] стиль (инструмент, которым древние писали на навощённых пластинках); указатель (солнечных часов); стиль, жанр, манера; обычай; слог; (бот.) столбик (цветочного пестика); * estilo gótico, готический стиль; * estilo directo, прямая речь; * estilo enfático, надутый слог; * estilo imperio, ампир.

estilóbato. [м.] (арх.) стилобат (основание, подножие колоннады).
estilográfica. [ж.] вечное перо, авторучка.
estilográfico, ca. [прил.] * pluma estilográfica, вечное перо, авторучка; * escrito estilográfico, бумага, написанная авторучкой.
estilógrafo. [м.] см. estilográfica.
estiloideo, a. [прил.] (бот.) похожий на стилет.
estiloides. [прил.] (анат.) кинжаловидный.
estilometría. [ж.] (арх.) искусство о измерении колонн.
estilómetro. [м.] (арх.) прибор для измерения колонн.
estiloso, sa. [прил.] (Амер.) крайне тщеславный; [сущ.] очень тщеславный человек.
estilpnomelana. [ж.] (мин.) стильпномелан.
estilla. [ж.] (Амер.) см. astilla. умный, сметливый, хитрый человек.
estillar. [перех.] (Амер.) см. astillar.
estima. [ж.] уважение, почтение; внимание; (мор.) счисление (по лагу и компасу).
estimabilidad. [ж.] свойст. к уважаемый.
estimable. [прил.] уважаемый, достойный уважения, почтения, почтенный.
estimación. [ж.] оценка; уважение, почтение; внимание; любовь, привязанность: * estimación propia, самолюбие.
estimador, ra. [прил.] оценивающий, оценочный; уважающий.
estimar. [перех.] делать оценку; оценивать, считать, думать, судить, полагать; почитать, уважать, высоко ставить, ценить.
estimativa. [ж.] способность суждения; инстинкт (у животных).
estimatorio, ria. [прил.] оценочный.
estimulador, ra. [прил.] стимулирующий, побуждающий.
estimulante. [дейст. прич.] к estimular, стимулирующий, возбуждающий; [м.] возбуждающее средство.
estimular. [перех.] стимулировать, побуждать, поощрять, подталкивать; возбуждать.
estímulo. [м.] стимул, побуждение, поощрение, стимулирование.
estinco. [м.] африканская ящерица.
estío. [м.] лето.
estiomenar. [перех.] (мед.) разъедать.
estioménico, ca. [прил.] (мед.) едкий, разъедающий.
estiómeno. [м.] (мед.) разъедание.
estipa. [ж.] компресс.
estipa. [ж.] (бот.) ковыль.
estipendiar. [перех.] выплачивать жалованье или стипендию, держать на жалованье и т. д.
estipendiario, ria. [м. и ж.] тот, кто получает жалованье или стипендию.
estipendio. [м.] жалованье; стипендия.
estipitado, da. [прил.] стебельчатый.
estípite. [м.] (арх.) колонна в форме усечённой пирамиды; (бот.) стебель (пальм, папоротников).
estipsis. [ж.] (мед.) вяжущее свойство.
estipticar. [перех.] (мед.) см. astringir.
estipticidad. [ж.] (мед.) вяжущее свойство.
estipticina. [ж.] (хим.) стиптицин.
estíptico, ca. [прил.] вяжущего вкуса; (мед.) вяжущий; страдающий запором; (перен.) скупой, мелочный.
estiptiquez. [ж.] (Амер.) см. estipticidad.
estípula. [ж.] (бот.) прилистник.
estipulación. [ж.] условие, оговорка; (юр.) пункт, статья; договор, постановление.
estipulante. [дейст. прич.] к estipular, обусловливающий.
estipular. [перех.] оговаривать, обусловливать; предусматривать (в договоре).
estique. [м.] (иск.) штихель.
estiquirín. [м.] (Амер.) филин.
estira. [ж.] скобель.

estiraráceo, a. [прил.] (бот.) стираксовый; [ж. множ.] стираксовые растения.
estiradamente. [нареч.] едва, с натяжкой, с трудом; (перен.) с большой силой.
estirado, da. [страд. прич.] к estirar; [прил.] щегольски одетый; тщеславный, гордый, надменный; (перен.) скупой, мелочный.
estirajar, estirajón. (разг.) см. estirar, estirón.
estiramiento. [м.] растягивание, вытягивание; (Амер.) надменность, гордость, спесь.
estirar. [перех.] вытягивать, растягивать; протягивать; оттягивать (срок); (тех.) волочить; растягивать; слегка проглаживать (бельё); * estirarse. [возв. гл.] потягиваться; растягиваться, вытягиваться; * estirar las piernas, вытянуть ноги, протянуть ноги, размять ноги; * estirar la pata, (разг.) приказать долго жить.
estirazar. [перех.] (разг.) см. estirar.
estirazo. [м.] (обл.) сорт саней.
estirol. [м.] (хим.) стирол.
estirón. [м.] сильный, резкий рывок (при растягивании); необычно быстрый рост: * dar uno un estirón, (перен.) (разг.) вырастать быстро, сразу.
estironear. [перех.] (Амер.) тащить, тянуть. (за платье и т. д.).
estirpe. [ж.] начало, происхождение, род, племя.
estirpia. [ж.] (обл.) борт (телеги).
estítico, ca. [прил.] (мед.) вяжущий.
estitiquez. [ж.] (Амер.) см. estipticidad.
estivación. [ж.] (бот.) почкосложение (цветочной почки); (мор.) укладка (груза).
estivo. [ж.] (арг.) см. zapato.
estival. [прил.] летний.
estivar. [перех.] см. estibar.
estivo. [м.] (арг.) башмак, (полу)ботинок, туфля.
estivo, va. [прил.] летний.
esto. См. este: * esto es, то есть.
estocada. [ж.] укол (в фехтовании); удар шпагой; рана, нанесённая шпагой.
estocafis. [м.] см. pejepalo.
estofa. [ж.] штоф (ткань), сорт, качество: * de baja estofa, низкосортный.
estofado, da. [страд. прич.] к estofar; [м.] рагу (из мяса) на пару.
estofado, da. [страд. прич.] к estofar; [прил.] хорошо одетый, одетый по-праздничному, нарядный; [м.] роспись по золотому фону.
estofador, ra. [м. и ж.] тот, кто вышивает по золотой парче или пишит и т. д. по золотому фону.
estofar. [перех.] ткать, вышивать по золотой парче; писать, тискать по золотому фону.
estofar. [перех.] варить, тушить на пару.
estofo. [м.] писание, тиснение по золотому фону.
estoicamente. [нареч.] стоически, твёрдо.
estoicidad. [ж.] непоколебимость.
estoicismo. [м.] стоицизм, учение стоиков; (перен.) твёрдость, непреклонность.
estoico, ca. [прил.] стоический; (перен.) непоколебимый, твёрдый; [м. и ж.] стоик.
estojar. [неперех.] (обл.) расти, развиваться.
estola. [ж.] старинная женская одежда; (церк.) епитрахиль, орарь; длинная меховая полоса, надеваемая на шею, боа (у женщин).
estólidamente. [нареч.] тупо, глупо и т. д.
estolidez. [ж.] глупость, тупоумие, тупость.
estólido, da. [прил.] тупоумный, тупой, глупый; [м. и ж.] см. estúpido.
estolón. [м.] большая епитрахиль.
estolón. [м.] (бот.) столон, подземный побег.

estolonífero, ra. [прил.] (бот.) побегоносный.
estoma. [м.] (бот.) устьице (на листьях).
estomacacia. [ж.] (пат.) изъязвление слизистой оболочки рта.
estomacal. [прил.] желудочный; полезный для желудка.
estomacalgia. [ж.] боль в желудке.
estomacoscopia. [ж.] исследование желудка.
estomagante. [дейст. прич.] к estomagar.
estomagar. [перех.] вызывать несварение желудка; (разг.) надоедать до тошноты.
estómago. [м.] желудок: * *estómago aventurero*, блюдолиз, прихлебатель; * *asentarse en el estómago*, вызывать несварение желудка, не переваривать (о пище); * *tener buen estómago*, обладать здоровым желудком, переваривать всякую пищу; * *me revuelve el estómago*, меня тошнит; * *tener (sentado) en la boca del estómago*, не выносить кого-л; * *estómago hambriento no quiere argumentos*, голодное брюхо к учению глухо; соловья баснями не кормят.
estomaguero. [м.] набрюшник.
estomalgia. [ж.] боль в полости рта.
estomáquico, ca. [прил.] желудочный; полезный для желудка (о средствах).
estomatalgia. [ж.] (пат.) боль в полости рта.
estomatical. [прил.] см. estomacal.
estomático, ca. [прил.] ротовой.
estomatitis. [ж.] (пат.) воспаление слизистой оболочки рта.
estomatodinia. [ж.] (пат.) см. estomatalgia.
estomatodisodia. [ж.] дурной запах изо рта.
estomatología. [ж.] (мед.) стоматология, учение о болезнях полости рта.
estomatológico, ca. [прил.] (мед.) стоматологический.
estomatólogo, ga. [м. и ж.] стоматолог.
estomatomicosis. [ж.] (пат.) молочница, болезнь рта у новорождённых.
estomatopatía. [ж.] (пат.) болезнь ротовой полости.
estomatorragia. [ж.] (пат.) кровотечение изо рта.
estomatoscopia. [ж.] (мед.) исследование ротовой полости.
estomatoscópico, ca. [прил.] стоматоскопический.
estomatoscopio. [м.] (мед.) стоматоскоп (инструмент для того, чтобы держать рот раскрытым).
estoniano, na, estonio, nia. [прил.] эстонский; [м. и ж.] эстонец, (-ка); [м.] эстонский язык.
estopa. [ж.] льняные или конопляные оческа, пакля; кудель; рядно, толстая ткань (из кудели).
estopada. [ж.] пучок льняных или конопляных очёсок.
estopear. [перех.] (мор.) конопатить, затыкать.
estopeño, ña. [прил.] пакляный; из пакли.
estopero, ra. [м. и ж.] чесальщик, (-ица) пакли.
estoperol. [м.] (мор.) короткий гвоздь с большой шляпкой; (Амер.) см. bollón, (гвоздь).
estoperol. [м.] (мор.) пакляный фитиль.
estopilla. [ж.] тонкая кудель; ткань из тонкой кудели; редкая ткань; хлопчатобумажная ткань.
estopín. [м.] (арт.) запальный фитиль, стопин.
estopón. [м.] самая грубая часть пакли; рядно, грубый холст из очёсков.
estopor. [м.] (мор.) стопор.
estoposo, sa. [прил.] пакляный.
estoque. [м.] длинная шпага; рапира; (бот.) гладиолус, шпажник; (обл.) остриё.
estoqueador. [м.] (тавр.) матадор, тореро, убивающий или ранящий быка шпагой.

estoquear. [перех.] наносить удары шпагой; (тавр.) убивать или ранить шпагой.
estoqueo. [м.] дейст. к убивать или ранить шпагой; нанесение ударов шпагой.
estoquillo. [м.] (бот.) чилийское растение.
estor. [м.] (гал.) штора.
estora. [ж.] крыло (экипажа).
estoraca. [ж.] (Амер.) глупый человек, глупец.
estoraque. [м.] (бот.) стиракс: * *estoraque líquido*, душистая смола.
estorbador, ra. [прил.] мешающий, затруднительный.
estorbar. [перех.] мешать, затруднять, препятствовать; (перен.) беспокоить, мешать: * *estorbarle a uno lo negro*, (перен.) (разг.) не уметь или не любить читать.
estorbo. [м.] помеха, препятствие, преграда.
estorboso, sa. [прил.] мешающий, затруднительный; (обл.) мешающий полевым работам (о погоде).
estórdiga. [ж.] (обл.) полоска меха; длинная узкая полоса земли.
estornija. [ж.] железное кольцо; детская игра.
estornino. [м.] (орни.) скворец.
estornudador, ra. [прил.] чихающий.
estornudar. [неперех.] чихать.
estornudo. [м.] чиханье.
estonutatorio, ria. [прил.] чихательный; [м.] чихательное средство.
estotro, tra. [указ. мест.] тот, другой.
estovar. [перех.] (кул.) варить, тушить на пару.
estozar. [перех.] (обл.) сломать шею; *estozarse*. [возв. гл.] сломать себе шею.
estozolar. [перех.] см. estozar; [непр. гл.] спрягается как contar.
estrabico, ca. [прил.] косой, косоглазый.
estrabismo. [м.] (мед.) страбизм, косоглазие.
estrabómetro. [м.] (мед.) прибор для измерения степени косоглазия.
estrabotomía. [ж.] (хир.) операция косоглазия.
estracilla. [ж.] кусок грубой ткани; сорт бумаги.
estrada. [ж.] проезжая, просёлочная дорога; (обл.) сорт полки; дорога между двумя глинобитными или каменными стенами: * *batir la estrada*, (воен.) производить разведку.
estradiota. [ж.] род копья.
estradivario. [м.] страдивариус (скрипка).
estrado. [м.] помост, возвышение (для трона); доски, на которые кладут хлебы перед печением; (уст.) гостиная; салон; обстановка гостиной; [множ.] зал суда: * *citar para estrados*, вызывать в суд.
estrafalariamente. [нареч.] неряшливо; странно, нелепо.
estrafalario, ria. [прил.] (разг.) неряшливый, странный, чудаковатый, нелепый, смешной.
estragador, ra. [прил.] портящий, приводящий в негодность и т. д.
estragal. [м.] (обл.) вестибюль, передняя.
estragamiento. [м.] беспорядок, развращение.
estragar. [перех.] портить; развращать; наносить вред, ущерб, разрушение.
estrago. [м.] вред, ущерб, разрушение, истребление (причинённое войной).
estragón. [м.] (бот.) эстрагон, дракон-трава.
estrallón. [м.] (Амер.) сильный удар (при встрече), столкновение.
estramador. [м.] (Амер.) см. carmenador.
estrambote. [м.] (лит.) прибавление.
estrambóticamente. [нареч.] странно, экстравагантно и т. д.
estrambótico, ca. [прил.] (разг.) странный, необычный, нелепый, экстравагантный.

estramoniado, da. [прил.] содержащий дурман.
estramonio. [м.] (бот.) дурман.
estrangul. [м.] язычок (у некоторых духовых инструментов).
estrangulación. [ж.] задушение, удушение, удавление; (хир.) ущемление; странгуляция; удавление петлёй.
estrangulador, ra. [прил.] удушающий и т. д. (тж. сущ.).
estrangulamiento. [м.] см. estrangulación.
estrangular. [перех.] удавить, задушить, удушить; (хир.) ущемлять; накладывать жгут: * *hernia estrangulada*, ущемлённая грыжа.
estranguria. [ж.] (пат.) болезненное мочеиспускание "напор мочи".
estrapada. [ж.] (уст.) пытка дыбою.
estrapalucio. [м.] (разг.) см. estropicio; грохот, треск, большой шум.
estraperlear. [неперех.] заниматься спекуляцией, спекулировать.
estraperlista. [прил.] спекулянтский; [м. и ж.] (рыночный) спекулянт, (-ка).
estraperlo. [м.] чёрный рынок; спекуляция.
estrás. [м.] страз (поддельный бриллиант, алмаз и т. д.).
estrasijarse. [возв. гл.] (Амер.) худеть.
estratagema. [ж.] стратагема, военная хитрость, уловка.
estratega. [м.] стратег.
estrategia. [ж.] стратегия; (перен.) ловкость, умение управлять чем-л.
estratégicamente. [нареч.] стратегическим образом.
estratégico, ca. [прил.] стратегический.
estratificación. [ж.] (геол.) напластование; стратификация, наслоение, слоистость.
estratificar. [перех.] (геол.) располагать пластами, наслаивать.
estratiforme. [прил.] (геол.) пластообразный, слоистый, напластованный.
estratigrafía. [ж.] (геол.) стратиграфия.
estratigráfico, ca. [прил.] (геол.) стратиграфический.
estratigráficamente. [нареч.] по правилам стратиграфии.
estrato. [м.] (геол.) пласт, наслоение, слой; (метеор.) слоистое облако.
estratocracia. [ж.] военное правление.
estratografía. [ж.] описание войска.
estratoide. [прил.] (мин.) слоистый.
estratonauta. [м.] стратонавт.
estratosfera. [ж.] стратосфера.
estratosférico, ca. [прил.] стратосферный, стратосферический.
estraferonauta. [м. и ж.] стратонавт.
estratóstato. [м.] стратостат.
estrave. [м.] (мор.) форштевень, стем.
estraza. [ж.] тряпка, кусок грубой ткани.
estrechamente. [нареч.] тесно; близко, интимно; точно, пунктуально; строго.
estrechamiento. [м.] сужение; суживание; сжатие.
estrechar. [перех.] суживать, делать более узким, тесным; (перен.) сжимать, прижимать к груди; пожимать (руку); заставлять, принуждать; не давать прохода; запирать, отрезать выход кому-л: * *estrecharse*. [возв. гл.] жаться, тесниться; близко сходиться; урезывать, ограничивать (в расходах).
estrechez. [ж.] узость, теснота; недостаток времени; ограниченность, узость; нужда, стеснённые обстоятельства; близкие отношения; суровый образ жизни; (мед.) сужение.

estrecho, cha. [прил.] узкий, тесный; (перен.) тесный, интимный, близкий; строгий, суровый; скудный, ограниченный; скаредный, скупой; [м.] нужда, бедность; (геогр.) пролив.

estrechura. [ж.] узость; близость, интимность; нужда; суровый образ жизни.

estrefopodia. [ж.] искривление стопы.

estrefópodo, da. [прил.] страдающий искривлением стопы.

estregadera. [ж.] жёсткая щётка.

estregadero. [м.] место по которому животные трут себе тело; плотомойня, место для стирки белья.

estregadura. [ж.] **estregamiento.** [м.] трение.

estregar. [перех.] тереть, натирать; стирать (пятна и т. д.): **estregarse.** [возв. гл.] сильно тереть, потирать себе; [непр. гл.] спрягается как acertar.

estregón. [м.] сильное натирание, растирание.

estrella. [ж.] звезда; звездообразный предмет; сорт полотна; звезда, звёздочка, белое пятно (на лбу лошади); (перен.) звезда, участь, судьба; выдающийся человек, знаменитость, киноэвезда; (обл.) см. **lámpsana**; (арг.) см. **iglesia**; * **estrella polar**, Полярная звезда; * **estrella fija**, неподвижная звезда; * **estrella errante**, errática, блуждающаяся звезда; * **estrella fugaz**, падающая звезда; * **campar uno con su estrella**, быть счастливым; * **tener estrella**, иметь счастье, удачу; * **levantarse con estrellas**, вставать на рассвете; * **nacer con estrella**, родиться под счастливой звездой; * **poner sobre** или **por las estrellas**, превозносить до небес; * **ver las estrellas**, чувствовать сильную боль.

estrellada. [ж.] (бот.) см. **amelo**.

estrelladera. [ж.] дуршлаг.

estrelladero. [м.] сковорода с отделениями.

estrellado, da. [страд. прич.] к **estrellar**; [прил.] звездообразный, звездчатый; звёздный; со звездой на лбу (о лошади).

estrellamar. [ж.] (зоол.) морская звезда.

estrellar. [прил.] (мор.) тали.

estrellar. [перех.] усыпать звёздами; (разг.) бросать обо что-л, разбивать; жарить яйца; **estrellarse.** [возв. гл.] разбиваться обо фто-л; (перен.) терпеть неудачу: * **estrellarse con uno**, (перен.) грубо противоречить кому-л.

estrellera. [ж.] (мор.) тали.

estrellería. [ж.] астрология.

estrellero, ra. [прил.] поднимающий голову (о лошади); [м.] (уст.) звездочёт.

estrellón. [м. увел.] к **estrella**, крупная звезда; (Амер.) удар, толчок.

estrelluela. [ж. умен.] к **estrella**, звёздочка.

estrema. [ж.] вывих, смещение костных поверхностей сустава.

estremecedor, ra. [прил.] вызывающий дрожь, содрогание.

estremecer. [перех.] сотрясать, заставлять дрожать, вздрагивать; **estremecerse.** [возв. гл.] вздрагивать, содрогаться; [непр. гл.] спрягается как **agradecer**.

estremecimiento. [м.] дрожь трепет, вздрагивание, содрогание; потрясение.

estremezo. [м.] (обл.) см. **estremecimiento**.

estremezón. [м.] (обл.) дрожь, озноб; (Амер.) см. **estremecimiento**.

estrena. [ж.] (чаще множ.) подарок, награда; обновка.

estrenar. [перех.] делать почин; использовать впервые, надевать впервые; (театр.) ставить в первый раз, давать премьеру; **estrenarse.** [возв. гл.] сделать почин; впервые выступать, дебютировать, вступать в должность.

estreno. [м.] почин; приступ к; обновка; начало; (театр.) премьера.

estrenque. [м.] большой канат из дрока; (обл.) железная цепь.

estrenuidad. [ж.] сила, крепость, мощность, стойкость.

estrenuo, nua. [прил.] сильный, мощный, крепкий, стойкий.

estreñido, da. [страд. прич.] к **estreñir**; [прил.] (перен.) скупой, мелочный, скаредный; страдающий запором.

estreñimiento. [м.] (мед.) запор.

estreñir. [перех.] (мед.) вызывать запор, закреплять; [непр. гл.] спрягается как **ceñir**.

estrepada. [ж.] общее усилие, напряжение (при гробле и т. д.); (мор.) см. **arrancada**.

estrepitarse. [возв. гл.] (разг.) (Амер.) радоваться, веселиться.

estrépito. [м.] грохот, треск, гром, сильный шум; (перен.) показная пышность: * **sin estrépito ni figura de juicio**, (юр.) прямо, без околичностей.

estrepitosamente. [нареч.] с грохотом, с треском, раскатисто.

estrepitoso, sa. [прил.] шумный, оглушительный, раскатистый, громкий.

estrepsípteros. [м. множ.] (зоол.) веерокрылые насекомые.

estreptobacilo. [м.] (микроб.) стрептобацилла цепочечная.

estreptococia. [ж.] (мед.) стрептококковая ангина.

estreptocócico, ca. [прил.] стрептококковый.

estreptococo. [м.] (бакт.) стрептококк.

estreptomicina. [ж.] (фарм.) стрептомицин.

estría. [ж.] (арх.) каннелюра, желобок, дорожка (у колонны и т. д.).

estriación. [ж.] каннелюры, дорожки (у колонны).

estriado, da. [страд. прич.] к **estriar**; [прил.] изборождённый, покрытый бороздками, струйчатый; с каннелюрами.

estriar. [перех.] (арх.) делать выемки, желобки, каннелюры, вырезать продольные пазы.

estribación. [ж.] отрог (горной цепи).

estribadero. [м.] опора.

estribar. [неперех.] опираться, упираться, прислоняться, стоять, быть построенным на чём-л; (перен.) основываться на чём-л.

estribera. [ж.] стремя; (обл.) штрипка; чулок без нижней части (с тесьмой); (Амер.) путлище (ремень стремени).

estribería. [ж.] мастерская, где делают стремена; склад стремян.

estriberón. [м. увел.] к **estribera**; выступ для прохода (при скользкой почве); (воен.) настил, гать для прохода через болото.

estribillo. [м.] рефрен, припев; любимое словечко.

estribitos. [м. множ.] (Амер.) заискивание, жеманство; подёргивание губ (перед плачем).

estribo. [м.] стремя; подножка (экипажа); опора, упор; горный отрог; (арх.) контрфорс, опора; (арг.) (перен.) поддержка; (анат.) стремячко (в ухе); * **perder los estribos**, потерять стремена; (перен.) выбиться из седла, сильно сердиться, раздражаться, терять терпение, выходить из себя; * **estar con un pie en el estribo**, быть готовым к отъезду, сидеть на чемоданах.

estribor. [м.] (мор.) штирборт, правый борт (судна).

estricción. [ж.] см. **estrechez, constricción**.

estricnina. [ж.] (хим.) (фарм.) стрихнин.

estricnismo. [м.] (пат.) отравление стрихнином.

estricno. [м.] (бот.) чилибуха.

estricote. [м.] (Амер.) разврат, распутство: * **al estricote**, см. **al retortero**.

estrictamente. [нареч.] строго, точно, строжайшим образом.

estrictez. [ж.] строгость, точность.

estricto, ta. [прил.] строгий, точный.

estrictura. [ж.] сильное сужение канала.

estricturotomia. [ж.] (хир.) сечение сужения.

estridencia. [ж.] пронзительный, резкий звук.

estridente. [прил.] пронзительный, резкий; (поэт.) см. **estruendoso**.

estridor. [м.] пронзительный, резкий звук.

estridulación. [ж.] стрекотание (насекомых), звуки, издаваемые насекомыми семейства стрекоз.

estridulante. [прил.] стрекочущий.

estridular. [неперех.] стрекотать (о насекомых).

estriduloso, sa. [прил.] (мед.) свистящий: * **respiración estridulosa**, свистящее дыхание.

estriga. [ж.] пучок льна, надетый на прялку.

estrigar. [перех.] (обл.) см. **apretar**.

estrige. [ж.] см. **lechuza**.

estrigilación. [ж.] (мед.) трение жесткими щетками.

estrilar. [неперех.] (Амер.) взбеситься, беситься, выходить из себя, быть в ярости.

estrilo. [м.] (Амер.) боязнь, опасение; подозрение, недоверие; досада, раздражение; злость.

estrinque. [м.] (мор.) см. **estrenque**; (обл.) железное кольцо.

estro. [м.] поэтическое вдохновение; течка; (энто.) см. **moscardón**.

estro. [м.] (Амер.) верёвочное кольцо (для крепления весла).

estrobiliáceo, a. [прил.] шишковидный.

estrobilífago, ga. [прил.] (зоол.) питающийся шишками.

estróbilo. [м.] стробилус.

estrobo. [м.] (мор.) верёвочное кольцо (для крепления весла).

estroboscopia. [ж.] (физ.) стробоскопия.

estroboscópico, ca. [прил.] стробоскопический.

estroboscopio. [м.] (физ.) стробоскоп.

estrofa. [ж.] строфа.

estrofanto. [м.] (бот.) строфант.

estrófico, ca. [прил.] строфический; разделённый строфами.

estrofoide. [ж.] (геом.) строфоид.

estrófulo. [м.] (пат.) узелковые кожные сыпи у детей (лишай, почесуха, крапивница).

estroma. [ж.] (анат.) основа, остов ткани.

estromatecnia. [ж.] искусство ткать ковры.

estrombo. [м.] (зоол.) крылатка (морская улитка).

estronciana. [ж.] (мин.) окись стронция.

estroncianita. [ж.] (мин.) стронцианит.

estróncico, ca. [прил.] к стронций.

estroncio. [м.] (хим.) стронций.

estrongilo. [м.] палисадный червь.

estropajear. [перех.] обмывать стены.

estropajeo. [м.] обмывание стен.

estropajo. [м.] мочалка, тряпка, щёточка; [перен.] презренная вещь.

estropajosamente. [нареч.] (перен.) (разг.) нечётко (о произношении).

estropajoso, sa. [прил.] (разг.) (перен.) говорящий нечётко; грязный, нечистоплотный, растрёпанный; жёсткий, жилистый (о мясе).

estropeado, da. [страд. прич.] к **estropear**; [прил.] искалеченный, изувеченный; [м. и ж.] калека.

estropear. [перех.] калечить, увечить, изувечивать, уродовать; портить, повреждать, наносить ущерб, приводить в негодность; **estropearse.** [возв. гл.] портиться и т. д.

estropeo. [м.] калечение, увечье; повреждение.

estropicio. [м.] (разг.) шумное разрушение (неважное); грохот, треск.

estructura. [ж.] структура, строение, устройство.

estructural. [прил.] структурный; основной.

estruendo. [м.] громкий, оглушительный шум, стук; (перен.) шум, суматоха, крик, гам, содом, смятение; пышность, помпа.

estruendoso, sa. [прил.] (Амер.) грохочущий, шумный, громкий.

estruendosamente. [нареч.] шумно, с грохотом, с треском.

estruendoso, sa. [прил.] грохочущий, шумный, громкий.

estruja. [ж.] см. estrujadura.

estrujador, ra. [прил.] жмущий, выжимающ.) [ж.] пресс, машина для выжимания сока.

estrujadura. [ж.] сжимание; выжимание.

estrujamiento. [м.] см. estrujadura.

estrujar. [перех.] жать, давить, выжимать, прессовать; сжимать; [перех.] выжимать все соки.

estrujón. [м.] сжимание; выжимание; (обл.) первое выжимание масла.

estruma. [ж.] (пат.) золотуха; зоб: * estruma maligno, злокачественная опухоль (рак, саркома) щитовидной железы.

estrumectomía. [ж.] (хир.) оперативное удаление зоба, золотушного ганглия.

estrumiforme. [прил.] похожий на зоб, на золотуху.

estrumiprívico, ca, estrumíprivo, va. [прил.] (мед.) происходящий вследствие удаления щитовидной железы.

estrumitis. [ж.] (пат.) воспаление увеличенной в связи с зобом железы.

estrumosidad. [ж.] (пат.) группирование опухолей.

estrumoso, sa. [прил.] (пат.) золотушный.

estrumpido, da. [страд. прич.] к estrumpir; [м.] (обл.) см. estallido.

estrumpir. [неперех.] (обл.) см. estallar.

estrupar. [перех.] насиловать.

estrupo. [м.] насилие.

estuación. [ж.] морской прилив.

estuante. [прил.] крайне горячий.

estuario. [м.] эстуарий.

estucado. [м.] штукатурка.

estucador. [м.] штукатур, лепщик.

estucar. [перех.] штукатурить.

estuco. [м.] штукатурка; штукатурка под мрамор.

estucurú. [м.] (Амер.) большой филин.

estuche. [м.] футляр, ларец; чехол; шкатулка, коробка; несессер; гребешок; содержание футляра и т. д.: * ser un estuche, (перен.) (разг.) быть мастером на все руки; * estuche de viaje, несессер.

estuchista. [м. и ж.] футлярный мастер.

estudiado, da. [страд. прич.] к estudiar; [прил.] (гал.) притворный, деланный, неестественный.

estudiador, ra. [прил.] (разг.) усердный, усидчивый, прилежный (в учении).

estudiantado. [м.] (Амер.) школа, гимназия.

estudiante. [дейст. прич.] к estudiar; [м. и ж.] студент, (-ка); учащийся, (-аяся).

estudiantil. [прил.] (разг.) студенческий.

estudiantina. [ж.] студенческий музыкальный кружок; весёлая компания.

estudiantino, na. [прил.] (разг.) студенческий: * a la estudiantina, (разу.) по студенческим манерам.

estudiantón. [м.] (презр.) прилежный, но неспособный студент.

estudiar. [перех.] учить, учиться, разучивать, изучать; заучивать; проходить курс (в учебном заведении); исследовать; (жив.) рисовать натуры.

estudio. [м.] учение, изучение; изучение, исследование; очерк; обзор; класс (в школе); контора нотариуса; бюро; студия, мастерская; (жив.) (муз.) этюд; (перен.) прилежание, усердие: * tener estudios, обладать знаниями; * estudios. [множ.] научно-исследовательские работы.

estudiosamente. [нареч.] прилежно, усердно.

estudiosidad. [ж.] прилежание, усердие в учении; склонность к учению.

estudioso, sa. [прил.] прилежный, усердный, любящий учение, любознательный, усидчивый.

estufa. [ж.] печь, печка; оранжерея, теплица; сушилка; прибор для дезинфекции паром; натопленное помещение; парильня (в бане); карета; ножная грелка: * estufa de azulejos, кафельная печь.

estufador. [м.] котелок для тушения.

estufero. [м.] см. estufista.

estufido. [м.] (обл.) см. bufido.

estufilla. [ж.] маленькая муфта; грелка для ног, ножная грелка; жаровня.

estufista. [м.] печник; продавец печей и печных приборов.

estultamente. [нареч.] глупо, бестолково, тупо.

estulticia. [ж.] глупость, тупость.

estulto, ta. [прил.] глупый, бестолковый, дурацкий.

estuosidad. [ж.] чрезмерный пыл, жар.

estuoso, sa. [прил.] раскалённый; горящий, пылающий, пылкий, пламенный.

estupefacción. [ж.] оцепенение, сильное изумление.

estupefaciente. [прил.] дурманящий, одурманивающий, наркотический, снотворный; [м.] наркотик; дурманящее средство.

estupefactivo, va. [прил.] (мед.) вызывающий оцепенение.

estupefacto, ta. [прил.] изумлённый, поражённый, ошеломлённый: * quedar estupefacto, остолбенеть.

estupendamente. [нареч.] изумительно, поразительно, удивительно.

estupendo, da. [прил.] поразительный, удивительный, изумительный.

estúpidamente. [нареч.] глупо, тупо, бестолково, по дурацки.

estupidez. [ж.] глупость, тупость, бестолковость, бессмысленность.

estúpido, da. [прил.] глупый, тупой, бестолковый, дурацкий, тупоумный.

estupor. [м.] (мед.) оцепенение, отупение, неподвижность, нарушение сознания; (перен.) крайнее изумление.

estuprador. [м.] насильник.

estuprar. [перех.] насиловать.

estupro. [м.] насилие.

estuque. [м.] штукатурка.

estuquería. [ж.] штукатурная работа; штукатурное дело.

estuquista. [м.] штукатур, лепщик.

esturado, da. [страд. прик.] к esturar; [прил.] (обл.) раздражённый.

esturar. [перех.] дать подгореть кушанью.

esturdecer. [перех.] (обл.) см. aturdir; [непр. гл.] спрягается как agradecer.

esturgar. [перех.] лощить гончарные изделия.

esturión. [м.] (ихтиол.) осётр: * carne de esturión, осётрина; de esturión, осетровый; [множ.] см. esturiónidos.

esturiónidos. [множ.] (ихтиол.) осетровые.

esturniro. [м.] (зоол.) маленькая летучая мышь.

estusar. [перех.] (Амер.) см. pelar; см. azotar.

ésula. [ж.] (бот.) молочай.

esvarar. [неперех.] скользить.

esvarón. [м.] скольжение.

esviaje. [м.] (арх.) косое направление.

eta. 7-я буква греческого алфавита.

etalaje. [м.] часть доменной печи.

etalingar. [перех.] (мор.) привязывать к якорю (канат).

etamina. [ж.] (гал.) кисея.

etano. [м.] (хим.) этан.

etapa. [ж.] (воен.) солдатский походный паёк; этап, привал; этап, период.

etcétera (etc.). [адверб. выраж.] и так далее (и т. д.).

éter. [м.] (поэт.) эфир; (хим.) эфир.

etéreo, a. [прил.] эфирный; (поэт.) небесный.

eterificable. [прил.] могущий быть превращенным в эфир.

eterificación. [ж.] (хим.) превращение в эфир.

eterificar. [перех.] (хим.) превращать в эфир.

etérimo. [м.] (хим.) эфир (вообще).

eterismo. [м.] отравление эфиром.

eterización. [ж.] (мед.) анестезия эфиром.

eterizar. [перех.] соединять с эфиром; (мед.) усыплять эфиром.

eternal. [прил.] вечный, бесконечный, см. eterno.

eternalmente. [нареч.] вечно.

eternamente. [нареч.] вечно, вовек(и); (м. употр.) никогда; (перен.) постоянно.

eternidad. [ж.] вечность; бесконечность; (перен.) будущая жизнь.

eternizable. [прил.] достойный увековечения.

eternización. [ж.] увековечение.

eternizador, ra. [прил.] увековечивающий.

eternizar. [перех.] увековечивать, предавать вечности; затягивать до бесконечности, на долгое время, длить без конца; **eternizarse.** [возв. гл.] увековечиваться; длиться без конца.

eterno, na. [прил.] вечный, бесконечный: * sueño eterno, вечный сон, смерть.

eteroide. [прил.] похожий на эфир.

eterólico, ca. [прил.] (фарм.) содержащий эфир, эфирный.

eteromanía. [ж.] эфиромания.

eterómano, na. [м. и ж.] эфироман, (-ка) (тже. прил.).

etesio. [прил.] ежегодный: * vientos etesios, летние северозападные пассатные ветры.

ética. [ж.] этика, нравоучение.

eticarse. [возв. гл.] (Амер.) заболеть чахоткой.

ético, ca. [прил.] этический, нравственный, моральный; этичный; [м.] моралист, учёный, занимающийся этикой.

ético, ca. [прил.] чахоточный, чахлый, истощённый.

etilato. [м.] (хим.) этилат.

etileno. [м.] (хим.) этилен: * óxido de etileno, окись этилена.

etílico, ca. [прил.] этиловый.

etilo. [м.] (хим.) этил.

etimología. [ж.] этимология, словопроизводство, корнесловие.

etimológicamente. [нареч.] этимологически.

etimológico, ca. [прил.] этимологический, словопроизводный.

etimologista. [м.] этимолог.

etimologizar. [перех.] этимологизировать; заниматься этимологией, корнесловием.

etimólogo. [м.] см. etimologista.
etimón. [ж.] этимон.
etiolación. [ж.] бледность от недостатка света.
etiología. [ж.] этиология.
etiológico, ca. [прил.] этиологический.
etíope. [прил.] эфиопский; [м. и ж.] эфиоп, -ка).
etiópico, ca. [прил.] эфиопский.
etiopio. [прил. и сущ.] см. etíope.
etiqueta. [ж.] этикет, церемониал; ярлык, ярлычок, этикетка, надпись.
etiquetar. [перех.] наклеивать, прикреплять ярлык, ярлычок, этикетку.
etiquetero, ra. [прил.] любящий говорить комплименты, склонный к церемониям.
etiquez. [ж.] (мед.) истощение, см. hetiquez.
etisis. [ж.] (пат.) маразм, истощение.
etites. [ж.] (мин.) почковатый глинистый железняк, орлиный или гремучий камень, железная почка.
etmoidal. [прил.] (анат.) к решетчатая кость.
etmoideo, a. [прил.] решетчатый.
etmoides. [м.] (анат.) решетчатая кость.
etmoiditis. [ж.] (пат.) воспаление решетчатой кости.
etnarca. [м.] областеначальник, наместник.
etnarquía. [ж.] наместничество.
etneo, a. [прил.] к Etna (вулкан).
étnica. [ж.] этнология.
étnico, ca. [прил.] этнический.
etnodicea. [ж.] (неол.) народное право.
etnogenia. [ж.] этногенез.
etnografía. [ж.] этнография, народоведение.
etnográficamente. [нареч.] по правилам этнографии.
etnográfico, ca. [прил.] этнографический.
etnógrafo, fa. [м. и ж.] этнограф.
etnología. [ж.] этнология, нравоописание.
etnológico, ca. [прил.] этнологический.
etnologista, etnólogo, ga. [м. и ж.] этнолог.
etocracia. [ж.] образ правления основанный на началах нравственности.
etografía. [ж.] описание нравов и страстей.
etógrafo, a. [прил.] специалист по etografía.
etología. [ж.] сочинение о нравах, нравоописание.
etológico, ca. [прил.] нравоописательный, этологический.
etopeya. [ж.] (рит.) картина нравов и страстей.
etrioscopio. [м.] (физ.) инструмент для измерения интенсивности ночного охлаждения земли вследствие лучеиспускания.
etrusco, ca. [прил.] этрусский; [м. и ж.] этруск; [м.] этрусский язык.
etruscología. [ж.] этрускология.
etruscólogo, ga. [м. и ж.] специалист по этрусской культуре, этрускологии.
etusa. [ж.] (бот.) собачья петрушка.
eubages. [м. множ.] друиды, галльские жрецы.
eubeo, a. [прил.] эвбейский (тже сущ.).
euboico, a. [прил.] эвбейский.
eubolia. [ж.] осторожность при разговоре.
eucalipto. [м.] (бот.) эвкалипт.
eucaristía. [ж.] (церк.) евхаристия, святое причастие, святые тайны.
eucarístico, ca. [прил.] (церк.) евхаристический.
eucinesia. [ж.] (физиол.) нормальное функционирование организма.
eucologio. [м.] требник, праздничные святцы; молитвослов.
eucrasia. [ж.] хороший характер; здоровое сложение тела.

eucrático, ca. [прил.] хорошего характера.
eudemonía. [ж.] счастье, блаженство.
eudemonismo. [м.] (фил.) эвдемонизм.
eudemonístico, ca. [прил.] эвдемонистический.
eudemonología. [ж.] сочинение о счастье.
eudiometría. [ж.] (физ.) эвдиометрия, определение состава газов.
eudiométrico, ca. [прил.] эвдиометрический.
eudiómetro. [м.] (физ.) эвдиометр.
euemia. [ж.] (мед.) нормальное состояние крови.
eueretismo. [м.] нормальное возбуждение.
euestesia. [ж.] нормальное состояние чувств.
eufemismo. [м.] (лит.) эвфемизм, смягчение выражения.
eufemísticamente. [нареч.] смягчительно.
eufemístico, ca. [прил.] (лит.) эвфемистический, смягчительный.
eufonía. [ж.] благозвучие, эвфония.
eufónico, ca. [прил.] благозвучный, сладкозвучный.
eufonizar. [перех.] смягчать (о звуках).
euforbiáceo, a. [прил.] (бот.) молочайный; [м. множ.] семейство молочайных растений.
euforbio. [м.] (бот.) молочай.
euforbismo. [м.] отравление молочаем.
euforia. [ж.] эйфория, эвфория.
eufótida. [ж.] (мин.) габбро, соссюритовое габбро.
eufrasia. [ж.] (бот.) очанка.
eufuísmo. [м.] (лит.) эвфуизм.
eufuístico, ca. [прил.] (лит.) эвфуистический.
eugenesia. [ж.] (биол.) евгеника.
engenol. [м.] (хим.) эвгенол.
eulalia. [ж.] чистое произношение.
Euménides. [ж. множ.] (миф.) фурии, эвмениды.
eumolpo. [м.] (энто.) почкогрыз (жук).
eunuco. [м.] евнух, кастрат, скопец.
eupatorio. [м.] (бот.) посконник.
eupátrida. [м.] эвпатрид, член благородной семьи (у Греков).
eupepsia. [ж.] (мед.) хорошее пищеварение.
eupéptico, ca. [прил.] способствующий пищеварению.
eupiona. [ж.] (хим.) жирное масло из смолы каменного угля.
eupirexia. [ж.] лёгкая лихорадка.
eupnea. [ж.] (мед.) правильное дыхание.
euquiesia. [ж.] (мед.) нормальная беременность.
euquilia. [ж.] (мед.) хорошее состояние жидкостей тела.
eurasiático, ca. [прил.] евразийский; [м. к ж.] евразиец.
eurasio. [м.] метис от европейца и туземной женщины (в Индии).
¡eureka! [межд.] эврика!
euricéfalo, la. [прил.] с широкой головой.
eurignato, ta. [прил.] с широкой челюстью.
euritmia. [ж.] эвритмия, соразмерность.
eurítmico, ca. [прил.] соразмерный.
euro. [м.] (поэт.) эвр (юго-восточный ветер).
europeización. [ж.] европеизация.
europeizar. [перех.] европеизировать.
europeo, a. [прил.] европейский; [м. и ж.] европеец, (-ейка).
eurritmia. [ж.] (мед.) правильный, ритмический пульс.
eurrítmico, ca. [прил.] (мед.) мерный, правильным ритмом.
éuscaro, ra. [прил.] баскский; [м.] баскский язык.
eusemia. [ж.] (мед.) соединение благоприятных признаков в болезни.
eusitia. [ж.] нормальный аппетит.
eusplacnia. [ж.] нормальное состояние внутренних органов.

eusquero, ra. см. éuscaro.
eustilo. [м.] (арх.) междустолбие в 2 1/4 диаметра.
eutanasia. [ж.] (мед.) тихая, безболезненная смерть.
eutaxia. [ж.] (мед.) сильное сложение; здоровое состояние тела.
eutaxita. [ж.] (мин.) эвтаксит.
eutéctico, ca. [прил.] (физ.) эвтектический.
eutenia. [ж.] (физиол.) хорошее здоровье.
eutesia. [ж.] правильное расположение частей тела.
eutimia. [ж.] (мед.) спокойствие духа.
eutiquiano, na. [прил.] евтихейский; [м. и ж.] евтихианец, (-нка).
eutocia. [ж.] правильные роды.
eutrapelia. [ж.] сдержанность в развлечении; безобидная шутливость и т. д.
eutrofia. [ж.] хорошее питание.
eutropelia. [ж.] см. eutrapelia.
evacuación. [ж.] эвакуация, опорожнение, удаление; очищение, освобождение (помещения); очищение, выделение (испражнений и т. д.); испражнение.
evacuado, da. [страд. прич.] к evacuar; [м. и ж.] эвакуированный, (-ая).
evacuante. [действ. прич.] к evacuar.
evacuar. [перех.] эвакуировать, удалять, выбрасывать наружу; испражняться; (мед.) опорожнять, очищать (желудок, кишечник и т. д.); выводить из организма; выполнять поручение; сделать шаг.
evacuativo, va. [прил.] (мед.) опорожняющий; [м.] опорожняющее средство.
evacuatorio, ria. [прил.] (мед.) см. evacuativo; [м.] уборная (общественная).
evadir. [прил.] избегать, уклоняться; evadirse. [возв. гл.] убегать.
evagación. [ж.] развлечение, рассеянность.
evaloración, evaluación. [м.] оценка.
evaluador, ra. [прил.] оценивающий [м. и ж.] оценщик, (-ица).
evaluar. [перех.] оценять, оценивать; ценить, уважать.
evanescencia. [ж.] свойст. к рассеивающийся, мимолётность.
evanescente. [прил.] рассеивающийся, мимолётный.
evangeliario. [м.] книга Евангелия.
evangélicamente. [нареч.] евангельски.
evangélico, ca. [прил.] евангельский, евангелический.
evangelio. [м.] Евангелие.
evangelista. [м.] евангелист; (Амер.) писец.
evangelistero. [м.] священник, поющий Евангелие.
evangelización. [ж.] проповедывание Евангелия.
evangelizar. [перех.] проповедывать Евангелие.
evanta. [ж.] (миф.) вакханка.
evaporable. [прил.] легко испаряющийся.
evaporación. [ж.] испарение, выпаривание.
evaporar. [перех.] испарять, выпаривать; evaporarse. [возв. гл.] испаряться, выдыхаться; (перен.) исчезать, улетучиваться, испаряться.
evaporatorio, ria. [прил.] вызывающий выпаривание (тже. сущ.).
evaporizar. [неперех.] см. vaporizar.
evasión. [ж.] см. evasiva; побег, бегство.
evasiva. [ж.] отговорка, отписка, уклончивый ответ.
evasivo, va. [прил.] уклончивый.
evasor, a. [прил.] убегающий; [м. и ж.] беглец, -янка).
evección. [м.] (астр.) эвекция, отклонение (луны).
evectante. [м.] (мат.) эвектанта.
evento. [м.] событие, случай, происшествие, приключение: *en todo evento, во всяком случае, при любых обстоятельствах: *a todo evento, на всякий случай.

eventración. [ж.] (пат.) брюшная грыжа.
eventual. [прил.] возможный, вероятный; зависящий от случая, случайный, эвентуальный, могущий случиться или не случиться.
eventualidad. [ж.] возможность, возможный случай, вероятность; случайность.
eventualmente. [нареч.] случайно.
eversión. [ж.] разрушение, разорение, ниспровержение.
eversor, ra. [м. и ж.] разрушитель, (-ница); истребитель, (-ница).
evicción. [ж.] (юр.) лишение имущества по суду.
evidencia. [ж.] очевидность, явность; несомненность: * ponerse en evidencia, выставляться напоказ, на глаза всем; * poner en evidencia, делать очевидным; показать всю очевидность чего-л; ставить в неловкое положение.
evidenciar. [перех.] доказывать; делать явным, очевидным, несомненным.
evidente. [прил.] явный, очевидный, ясный, несомненный.
evidentemente. [нареч.] очевидно, явно, ясно.
eviración. [ж.] см. castración; преждевременное половое бессилие (о мужчине).
eviscerar. [перех.] (анат.) вынимать кишки, потрошить.
evitabilidad. [ж.] свойст. к устранимый, избежимый.
evitable. [прил.] устранимый, избежимый, минуемый.
evitación. [ж.] избежание, уклонение.
evitar. [перех.] избегать, сторониться, уклоняться: * evitar un peligro, (пред)отвратить опасность.
eviterno, na. [прил.] имеющий начало, но без конца, вечный.
evo. [м.] вечность; (поэт.) бесконечность.
evocable. [прил.] поддающийся вызыванию духов, восстановлению в памяти.
evocación. [ж.] заклинание, вызывание духов; восстановление в памяти, припоминание; воспоминание о...
evocador, ra. [прил.] вызывающий образы, напоминающий.
evocar. [перех.] вызывать или заклинать духов; вызывать, воскрешать в памяти, в представлении; мысленно призывать.
¡evohé! [межд.] эвое! (крик вакханок в честь Вакха).
evolución. [ж.] эволюция, развитие; (воен.) эволюция, перестроение, маневрирование, передвижение.
evolucionar. [неперех.] эволюционировать, совершать эволюцию; развиваться последовательно; совершать постепенное изменение, развитие; (воен.) перестраиваться.
evolucionario, ria. [прил.] эволюционный.
evolucionismo. [м.] эволюционизм.
evolucionista. [прил.] эволюционистский; [м. и ж.] эволюционист, (-ка).
evoluta. [ж.] (мат.) эволюта; (муз.) см. caracola.
evolutivo, va. [прил.] развивающийся, эволюционный.
evolvente. [ж.] (мат.) эвольвента.
evomición. [ж.] рвота.
evónimo. [м.] (бот.) бересклет.
evulsión. [ж.] (мед.) извлечение.
evulsivo, va. [прил.] (мед.) способствующий извлечению.
ex-. приставка обозначающая положение вне или движение откуда-л; отрицание, лишение; к званию, обезначающая экс..., бывший.
exabeva. [ж.] (муз.) мавританская флейта.
ex abrupto. [нареч.] резко, вдруг, внезапно; [м.] бестактность.

exacción. [ж.] взыскание денег, налогов; незаконные поборы, вымогательство.
exacerbación. [ж.] ожесточение, обострение, усиление (болезни); ожесточение, раздражение.
exacerbamiento. [м.] см. exacerbación.
exacerbante. [действ. прич.] к exacerbar; [прил.] раздражающий, вызывающий гнев и. т. д.
exacerbar. [перех.] обострять, усиливать (болезнь); раздражать, сердить; exacerbarse. [возв. гл.] раздражаться, сердиться.
exactamente. [нареч.] точно, в точности; аккуратно, тщательно.
exactitud. [ж.] точность, верность; пунктуальность, аккуратность.
exacto, ta. [прил.] точный, верный; пунктуальный, аккуратный.
exactor. [м.] сборщик налогов, податей.
ex æquo. [лат. выраж.] ничья.
exageración. [ж.] преувеличение.
exageradamente. [нареч.] преувеличительным образом и т. д.
exagerado, da. [страд. прич.] к exagerar; [прил.] чрезмерный, преувеличенный, раздутый, утрированный, преувеличительный.
exagerador, ra. [прил.] преувеличивающий; [м. и ж.] любитель, (-ница) преувеличивать.
exagerante. [действ. прич.] к exagerar, преувеличивающий.
exagerar. [перех.] преувеличивать; переходить границы.
exagerativamente. [нареч.] exageradamente.
exagerativo, va. [прил.] содержащий преувеличение.
exaltación. [ж.] экзальтация, восторженность; прославление, возвеличивание.
exaltado, da. [страд. прич.] к exaltar; [прил.] в о с п л а м е н я ю щ и й с я, восторгающийся; (перен.) см. exagerado.
exaltamiento. [м.] см. exaltación.
exaltar. [перех.] превозносить, прославлять, восхвалять: exaltarse. [возв. гл.] воспламеняться, воодушевляться.
examen. [м.] рассмотрение, изучение, обсуждение, рассмотрение, обследование; экзамен, испытание: * libre examen, свобода совести; * examen médico, медицинский осмотр; * examen de reválida, выпускные экзамены; * sufrir un examen, держать экзамен; * aprobar un examen, выдержать экзамен, * de examen, экзаменационный; * examen de perito, экспертиза; hacer examen de conciencia, спросить у своей совести.
examinador, ra. [м. и ж.] исследователь, (-ница) экзаменатор.
examinando, da. [м. и ж.] экзаменуемый, экзаменующийся.
examinante. [действ. прич.] к examinar, рассматривающий, осматривающий, экзаменующий.
examinar. [перех.] рассматривать, осматривать; изучать, исследовать; испытывать, экзаменовать; о б с у ж д а т ь; examinarse. [возв. гл.] держать экзамен.
exangüe. [прил.] бескровный, обескровленный; (перен.) бессильный, безжизненный, мёртвый.
exania. [ж.] выпадение прямой кишки.
exanimación. [ж.] глубокий обморок, безжизненность.
exánime. [прил.] безжизненный, бездыханный; очень слабый.
exantema. [м.] (пат.) экзантема, сыпь на коже (пятнистая, пузыри, пустулы, узелки).
exantemático, са. [прил.] сыпной, накожный: * tifus exantemático, сыпной тиф.

exantemógeno, na. [прил.] (мед.) вызывающий экзантем.
exantropía. [ж.] (пат.) последняя степень меланхолии; начало болезни вне тела.
exaracma. [ж.] (хир.) вид вывиха.
exarca. [м.] экзарх.
exacardo. [м.] экзархат.
exarco. [м.] см. exarca.
exarma. [ж.] выдающаяся опухоль.
exarticulación. [ж.] (хир.) вычленение.
exartrema, exartrosis. [ж.] (мед.) вывих в суставе.
exasperación. [ж.] обострение, усиление (боли); сильное раздражение, ожесточение.
exasperador, ra. [прил.] обостряющий; сильно раздражающий, выводящий из себя (тже. сущ.).
exasperante. [действ. прич.] к exasperar.
exasperar. [перех.] обострять, усиливать (боль); (перен.) сильно раздражать; exasperarse. [возв. гл.] сильно раздражаться, ожесточаться.
excandecencia. [ж.] горячее раздражение.
excandecer. [перех.] сильно раздражать, выводить из себя; excandecerse. [возв. гл.] сильно раздражаться; [непр. гл.] спрягается как agradecer.
excarcelable. [прил.] могущий быть освобождённым из тюрьмы.
excarcelación. [ж.] выпуск на свободу, освобождение (из тюрьмы).
excarcelar. [перех.] выпускать на свободу (из тюрьмы).
excarnación. [ж.] отделение мясистых частей от органа.
excava. [ж.] окапывание (растений).
excavación. [ж.] рытьё, копание, выкапывание; раскопки; яма; см. excava.
excavador, ra. [прил.] роющий, копающий и т. д. (тже. сущ.); см. excavadora.
excavadora. [ж.] экскаватор, землечерпальная, землекопная машина.
excavar. [перех.] рыть, копать, выкапывать; окапывать (растения).
excedencia. [ж.] свойст. к излишний, превышающий и т. д.; [м.] жалованье при состоянии в запасе.
excedente. [действ. прич.] к exceder; [прил.] излишний, превышающий, чрезмерный, о с т а т о ч н ы й; сверхштатный, находящийся или имеющийся в распоряжении; [м.] излишек, остаток.
exceder. [перех.] превосходить, превышать; [неперех.] выходить за пределы законного или дозволенного (чаще возв. гл.)
excelencia. [ж.] превосходство; превосходительство (титул): * por excelencia, по преимуществу, по превосходству; преимущественно.
excelente. [прил.] превосходный, отличный, отменный, прекрасный; высшего качества; [м.] старинная золотая монета.
excelentemente. [нареч.] отлично, превосходно.
excelentísimo, ma. [прил.] превосходительнейший, превосходнейший.
excelsamente. [нареч.] отлично, превосходно, в высшей степени.
excelso, sa. [прил.] высочайший, наивысший; великий; выдающийся, наилучший: * el Excelso, Всевышний.
excéntricamente. [нареч.] эксцентрично.
excentricidad. [ж.] эксцентричность, странность, чудаковатость; (геом.) эксцентриситет, отклонение от центра.

excéntrico, ca. [прил.] эксцентричный, странный, чудаковатый, чудной; (геом.) эксцентрический; [ж.] (тж. м.) (тех.) (театр.) эксцентрик.

excepción. [ж.] исключение; (юр.) возражение: * a excepción de, за исключением..., кроме...; * no hay regla sin excepción, нет правила без исключения; * la excepción confirma la regla, исключение подтверждает правило.

excepcional. [прил.] исключительный, особенный, чрезвычайный.

excepcionalmente. [нареч.] исключительно; в виде исключения.

excepcionar. [перех.] (м. употр.) исключать; делать исключение; (юр.) опираться, ссылаться на что-л.

exceptio probat regulam. [лат. выраж.] исключение подтверждает правило.

exceptivo, va. [прил.] исключающий.

excepto. [нареч.] кроме, исключая, за исключением.

exceptuación. [ж.] см. excepción.

exceptuar. [перех.] исключать; делать исключение; изымать; exceptuarse. [возв. гл.] исключаться.

excer(p)ta. [ж.] краткое изложение, резюме.

excesivamente. [нареч.] чрезмерно, крайне.

excesivo, va. [прил.] чрезмерный, непомерный.

exceso. [м.] излишек, избыток; чрезмерность; преступление, злоупотребление, эксцесс (чаще множ.): * con exceso, en exceso, с излишком, с лишком; * exceso de velocidad, превышение скорости; * exceso de poder, (юр.) превышение власти; * por exceso, (мат.) с приближением по избытку.

excipiente. [м.] (фарм.) эксципиент, индифферентное вещество (для приготовления лекарств).

excípulo. [м.] (бот.) плодовместилище (у лишаёв).

excitabilidad. [ж.] возбудимость, возбуждаемость.

excitable. [прил.] легко возбудимый, раздражимый.

excitación. [ж.] возбуждение; побуждение.

excitador, ra. [прил.] побудительный; [м.] (физ.) разрядник, возбудитель.

excitante. [действ. прич.] к excitar, возбуждающий, раздражающий; [м.] возбуждающее средство.

excitar. [перех.] возбуждать; подстрекать к...: * excitar la sed, возбуждать, вызывать жажду; * excitar los ánimos, подливать масло в огонь; * excitar a la rebelión, подстрекать к бунту; excitarse. [возв. гл.] возбуждаться.

excitativo, va. [прил.] возбуждающий; [м.] возбуждающее средство.

excitatriz. [ж.] (эл.) возбудитель.

excitomotor, ra. [прил.] вызывающий возбуждение или движение (тж. сущ.).

excitosecretorio, ria. [прил.] вызывающий секрецию.

exclamación. [ж.] восклицание, выкрик, возглас.

exclamar. [перех.] восклицать, воскликнуть.

exclamativo, va, exclamatorio, ria. [прил.] восклицательный.

exclaustración. [ж.] лишение монашеского звания, позволение покинуть монастырь.

exclaustrado, da. [страд. прич.] к exclaustrar; [м. и ж.] тот, кто покидает монастырь, расстрига.

exclaustrar. [перех.] лишать монашеского звания; позволять покинуть монастырь, расстригать.

excluible. [прил.] исключаемый.

excluidor, ra. [прил.] исключающий, устраняющий.

excluir. [перех.] исключать, устранять; изгонять; [непр. гл.] спрягается как. huir.

exclusión. [ж.] исключение, изъятие; устранение; удаление.

exclusiva. [ж.] отказ (в приёме и т. д.); исключительное или монопольное право, монополия.

exclusivamente. [нареч.] исключительно; только, единственно.

exclusive. [нареч.] исключительно; не включая.

exclusividad. [ж.] исключительность.

exclusivismo. [м.] односторонность, однобокость; нетерпимость к чужим мнениям, вкусам.

exclusivista. [прил.] к односторонность, односторонний, направленный в одну сторону.

exclusivo, va. [прил.] исключающий (что-л); исключительный.

excluso, sa. [непр. страд. прич.] к excluir.

excogitar. [перех.] придумать.

excogitable. [прил.] мыслимый, вообразимый.

excomulgado, da. [страд. прич.] к excomulgar; [м. и ж.] отлучённый, (-ая) от церкви.

excomulgador. [м.] тот, кто отлучает от церкви.

excomulgar. [перех.] отлучать от церкви; (перен.) (разг.) устранять.

excomunión. [ж.] отлучение от церкви.

excoriación. [ж.] ссадина, поверхностное изъязвление.

excoriar. [перех.] ссадить, содрать кожу.

excorporación. [ж.] отлучение от корпорации.

excorporar. [перех.] отлучать от корпорации.

excrecencia. [ж.] нарост; (бот.) наплыв.

excreción. [ж.] (физиол.) выделение.

excremental. [прил.] см. excrementicio.

excrementar. [неперех.] (физиол.) испражняться; выделять.

excrementicio, cia. [прил.] каловый.

excremento. [м.] кал, экскременты.

excrementoso, sa. [прил.] (мед.) испражняемый, см. excrementicio.

excrescencia. [ж.] см. excrecencia.

excretar. [неперех.] выделять, извергать; испражняться.

excretor, ra, excretorio, ria. [прил.] (физиол.) выделительный, экскреторный, выводной: * vaso excretorio, ночной горшок.

exculpación. [ж.] снятие обвинения, оправдание.

exculpar. [перех.] снять обвинение, оправдать.

excursión. [ж.] см. correría; экскурсия; (юр.) наложение ареста на имущество.

excursionismo. [м.] экскурсионная деятельность.

excursionista. [м. и ж.] экскурсант, (-ка).

excusa. [ж.] извинение; оправдание, отговорка, предлог; см. excusabaraja; (юр.) возражение: * a excusa(s), (юр.) лукаво, украдкой, скрытно.

excusabaraja. [ж.] маленькая корзинка с крышкой.

excusable. [прил.] извинительный, извиняемый.

excusación. [ж.] см. excusa.

excusadamente. [нареч.] без нужды, необходимости.

excusado, da. [страд. прич.] к excusar; [прил.] освобождённый, не подлежащий (налогу и т. д.); лишний, излишний, ненужный, отдельный, см. reservado; потайной (о двери и т. д.); [м.] отхожее место, уборная.

excusador, ra. [прил.] извиняющий; [м.] заместитель.

excusalí. [м.] маленький передник, фартук.

excusapecados. [м. и ж.] тот, кто извиняет.

excusar. [перех.] извинять, прощать; оправдывать; оказывать снисхождение; избавлять от...; избегать, предотвращать; excusarse. [возв. гл.] отказываться от чего-л; извиняться.

excusión. [ж.] (юр.) наложение ареста на имущество должника или поручителя.

excuso. [м.] извинение, оправдание; избавление от...; избежание; отклонение.

exea. [м.] (воен.) разведчик.

excción. [м.] см. escisión.

execrable. [прил.] отвратительный, мерзкий, ненавистный.

execrablemente. [нареч.] отвратительно, мерзко.

execración. [ж.] омерзение; отвращение, ненависть; ругательство; проклятие.

execrador, ra. [прил.] чувствующий омерзение, питающий отвращение, проклинающий и т. д. (тж. сущ.).

execrando, da. [прил.] мерзкий, гнусный; отвратительный, ненавистный.

execrar. [перех.] чувствовать омерзение, питать отвращение, ненавидеть; проклинать, гнушаться.

execrativo, va. [прил.] см. execrador.

execratorio, ria. [прил.] осквернительный, влекущий осквернение и т. д.

exedra. [ж.] (арх.) экседра, полукруглая, сквозная, крытая беседка со скамейками.

exégesis. [ж.] толкование, изъяснение, экзегеза.

exégeta. [м.] экзегет, толкователь.

exegético, ca. [прил.] истолковательный, экзегетический.

exención. [ж.] освобождение, избавление, увольнение.

exencionado, da. [страд. прич.] к exencionar; [прил.] свободный, освобождённый, избавленный от...

exencionar. [перех.] см. exentar.

exentamente. [нареч.] свободно, вольно, ясно.

exentar. [перех.] освобождать, избавлять, увольнять; exentarse. [возв. гл.] освобождаться, избавляться, уволить себя (от чего-л), см. eximir.

exenteración. [ж.] (пат.) извлечение внутренностей.

exento, ta. [непр. страд. прич.] и exentar [прил.] уволенный, свободный, освобождённый, избавленный от...; (арх.) отделённый (о колонне): * exento de culpa, ни в чём не виновный.

equátur. [м.] (юр.) (дипл.) экзекватура.

exequial. [прил.] (Амер.) похоронный, погребальный.

exequias. [ж. множ.] похороны, погребальная церемония.

exequible. [прил.] возможный, осуществимый, выполнимый.

exerción. [ж.] (мед.) возбуждение, напряжение, раздражение, упражнение, движение.

exéresis. [ж.] (хир.) удаление, отнятие вредного от тела.

exergo. [м.] место для надписи и даты на монете, медали.

exértil, exerto, ta. [прил.] (бот.) выступающий.

exesión. [ж.] разъедание.

exfetación. [ж.] (пат.) внематочная беременность.

exfoliación. [ж.] отслоение, отслаивание,

отрывание листочков, отпадение, отделение слоями.
exfoliador. [м.] (Амер.) блокнот.
exfoliar. [перех.] разрезать на пласты, отделять слоями.
exfoliativo, va. [прил.] отделяющий слоями.
exhalación. [ж.] выделение, испарение; падающая звезда; молния, искра; зарница; пар.
exhalador, ra. [прил.] выделяющий, испаряющий.
exhalante. [дейст. прич.] к exhalar.
exhalar. [перех.] выделять, испарять (газ, пар и т. д.); испускать (запах); (перен.) издавать (стоны, вздохи и т. д.): **exhalarse.** [возв. гл.] из кожи лезть вон, усердствовать.
exhalatorio, ria. [прил.] испарительный; [ж.] снаряд для выпаривания (на солеварнях).
exhaustivo, va. [прил.] истощающий.
exhausto, ta. [прил.] истощённый, истомлённый, обессиленный.
exheredación. [ж.] (юр.) лишение наследства.
exheredar. [перех.] (юр.) лишать наследства.
exhibición. [ж.] выставка; выставление напоказ; предъявление, подача, представление (документов и т. д.).
exhibicionismo. [м.] склонность к саморекламе, выставление себя напоказ.
exhibicionista. [м. и ж.] человек, склонный к саморекламе, человек, желающий привлечь к себе внимание.
exhibidor, ra. [прил.] выставляющий; предъявляющий и т. д. (тже. сущ.).
exhibir. [перех.] выставлять, экспонировать, показывать; (перен.) выставлять напоказ; (юр.) предъявлять (документы и т. д.).
exhibita. [ж.] (юр.) (обл.) предъявление, представление (документов и т. д.).
exhibitorio, ria. [прил.] выставляющий, показывающий; предъявляющий.
exhilarante. [прил.] веселящий, развеселяющий.
exhilarativo, va. [прил.] см. exhilarante.
exhortación. [ж.] увещание, призыв (к чему-л.); поучение, наставление.
exhortador, ra. [прил.] увещающий, увещательный.
exhortar. [перех.] увещать, увещевать, призывать, убеждать, уговаривать, поучать.
exhortativo, va, exhortatorio, ria. [прил.] увещательный, поучительный.
exhorto. [м.] (юр.) поручение одного судебного учреждения другому.
exhumación. [ж.] эксгумация, выкапывание трупа.
exhumador, ra. [прил.] эксгумирующий (тже. сущ.).
exhumar. [перех.] эксгумировать, выкапывать труп; (перен.) обнаружить, откопать, вытащить на свет.
exigencia. [ж.] требование; требовательность, взыскательность, потребность, надобность, нужда.
exigente. [дейст. прич.] к exigir; [прил.] требовательный, взыскательный (тже. сущ.).
exigibilidad. [ж.] возможность взыскания.
exigible. [прил.] требуемый, подлежащий взысканию, требуемый.
exigidero, ra. [прил.] см. exigible.
exigir. [перех.] требовать; взыскивать.
exigüidad. [ж.] малость, скуд(н)ость, недостаточность.
exiguo, a. [прил.] незначительный по размерам, малый, мелкий, скудный, ничтожный.
exiliado, da. [прил.] сосланный, высланный,

изгнанный; [м. и ж.] ссыльный, (-ая), изгнанник, (-ица).
exiliar. [перех.] ссылать, изгонять.
exilio. [м.] ссылка, высылка, изгнание, см. **destierro**.
eximente. [дейст. прич.] к eximir; [прил.] (юр.) освобождающий от ответственности.
eximiamente. [нареч.] старательно, тщательно, отлично.
eximio, mia. [прил.] отличный, превосходный; знаменитый, выдающийся, прославленный.
eximir. [перех.] освобождать, увольнять, избавлять (от должности и т. д.); **eximirse.** [возв. гл.] освобождаться.
exinanición. [ж.] крайнее истощение, изнурение.
exinanido, da. [прил.] крайне истощённый, изнурённый.
existencia. [ж.] существование, жизнь, бытие; [множ.] наличие, запас (продуктов и т. д.).
existencial. [прил.] к существование.
existencialismo. [м.] экзистенциализм.
existencialista. [прил.] экзистенциальный; [м. и ж.] экзистенциалист.
existente. [дейст. прич.] к existir, существующий.
estimación. [ж.] мнение, понятие.
estimar. [перех.] считать, думать, полагать, составлять себе понятие о...; считать за правду.
estimativo, va. [прил.] см. putativo.
existir. [перех.] существовать, быть, жить.
éxito. [м.] результат, исход, конец; достижение; успех, удача: * **buen éxito**, успех; * **mal éxito**, неуспех, неудача; * **tener buen éxito**, иметь успех.
ex libris. [м.] экслибрис, книжный знак.
exlibrismo. [м.] коллекция, собрание экслибрисов.
exlibrista. [м. и ж.] коллекционер экслибрисов.
exocardia. [ж.] (пат.) перемещение или неправильное положение сердца.
exocardiaco ca. [прил.] (мед.) внесердечный.
exocarditis. [ж.] (пат.) внешнее воспаление сердца.
exocarpo. [м.] (бот.) оболочка (плода).
exoceto. [м.] (ихтиол.) летучая сельдь.
exocisto. [м.] (хир.) выпадение мочевого пузыря.
exodermo. [м.] (биол.) эксодерма.
exódico, ca. [прил.] центробежный.
exodio. [м.] экзод, конец трагедии с развязкою пьесы (у Древних); шуточное представление (у Римлян).
éxodo. [м.] Исход (Моиссеева Книга); массовая эмиграция, переселение.
exoftalmía. [ж.] (пат.) экзофтальм, пучеглазие.
exoftálmico, ca. [прил.] к экзофтальм.
exoftalmómetro. [м.] прибор для измерения степени экзофтальма.
exoftalmos. [м.] (мед.) экзофтальм.
exogamia. [ж.] экзогамия.
exogastritis. [ж.] (пат.) воспаление внешнего слоя желудка.
exogenético, ca, exógeno, na. [прил.] экзогенный.
exómetra. [ж.] (пат.) выворот, выпадение матки.
exometritis. [ж.] (пат.) воспаление внешней поверхности матки.
exoneración. [ж.] освобождение, облегчение, избавление; увольнение; разгрузка (от работы и т. д.).
exonerar. [перех.] облегчать, освобождать, избавлять; увольнять, лишать места, работы; разгружать.
exónfalo. [м.] пупочная грыжа.
exonirosis. [ж.] ночное истечение семени.

exoplasma. [м.] наружный слой протоплазмы.
exoplásmico, ca. [прил.] относящийся к наружному слою протоплазмы.
exorable. [прил.] умолимый, уступающий просьбе.
exorar. [перех.] умолять, просить.
exorbitancia. [ж.] непомерность, чрезмерность.
exorbitante. [прил.] непомерный, чрезмерный: * **precio exorbitante**, чрезмерно высокая цена, вздутая цена.
exorbitantemente. [нареч.] непомерно, чрезмерно.
exorbitismo. [м.] экзофтальм, пучеглазие.
exorcismo. [м.] изгнание или заклинание бесов, злых духов.
exorcista. [м. и ж.] заклинатель бесов, злых духов.
exorcizante. [дейст. прич.] к exorcizar.
exorcizar. [перех.] изгонять, заклинать злых духов, бесов.
exordio. [м.] вступление, введение (в речи т. д.); (перен.) (уст.) начало.
exornación. [ж.] украшение, убранство.
exornar. [перех.] украшать, красить, убирать, наряжать, обряжать; расцвечивать (речь); **exornarse.** [возв. гл.] украшаться, наряжаться.
exósmosis. [ж.] (физ.) (биол.) экзосмос.
exosmótico, ca. [прил.] к экзосмос.
exosplenopexia. [ж.] (хир.) операция на селезенке по типу **exotireopexia**.
exóstosis. [ж.] (пат.) нарост (на кости); разращение кости.
exotérico, ca. [прил.] экзотерический, явный, всенародный.
exotérmico, ca. [прил.] экзотермический, теплоотдающий.
exoticidad. [ж.] свойст. к экзотический, экзотичный, экзотичность, см. **exotismo**.
exótico, ca. [прил.] экзотический, иностранный; экзотичный, причудливый.
exotiquez. [ж.] см. **exoticidad**.
exotireopexia. [ж.] (хир.) оперативное смещение щитовидной железы вниз и наружу.
exotismo. [м.] экзотичность; экзотика.
exotoxina. [ж.] (мед.) экзотоксин.
expandir. [перех.] (Амер.) расширять; распространять.
expansibilidad. [ж.] (физ.) расширяемость, растяжимость; упругость (о газах).
expansible. [прил.] (физ.) расширяемый.
expansión. [ж.] (физ.) расширение, растяжение, распространение; излияние чувств, откровенность; общительность; экспансия.
expansionarse. [возв. гл.] изливать (чувства, душу), изливаться.
expansionista. [прил.] экспансионистский; [м. и ж.] экспансионист.
expansivo, va. [прил.] способный к расширению, к увеличению в объёме; экспансивный; откровенный; общительный.
expansor, ra. [прил.] расширяющий.
expatriación. [ж.] экспатриация, удаление, выход или изгнание из отечества.
expatriarse. [возв. гл.] покидать родину, экспатриироваться.
expectación. [ж.] страстное ожидание, выжидание.
expectante. [прил.] ожидающий, выжидательный: * **medicina expectante**, выжидательный способ лечения.

expectativa. [ж.] надежда, ожидание; виды на будущее: * a la expectativa, в ожидании, в надежде, в чаянии.

expectativo, va. [прил.] подающий надежду, ожидаемый.

expectoración. [ж.] отхаркивание, удаление мокроты, откашливание, выкашливание; мокрота.

expectorante. [прил.] (мед.) отхаркивающий; **[м.]** отхаркивающее средство.

expectorar. [перех.] выхаркивать, отхаркивать, откашливать, выделять мокроту.

expedición. [ж.] отправление, экспедиция, отправка, посылка; экспедиция, поход; поспешность, быстрота, лёгкость (в работе и т. д.); экскурсия; см. bula.

expedicionario, ria. [прил.] экспедиционный; **[м.]** участник экспедиции.

expedicionero. [м.] тот, кто занимается ходатайством и отправлением папских грамот.

expedidor, ra. [м. и ж.] экспедитор, отправитель, (-ница).

expediente. [м.] дело, досье; (юр.) следствие; процесс; документы, акты; папка с документами; способ, приём, средство; причина, предлог, вид, повод; лёгкость, быстрота, развязность в выполнении чего-л): * expediente personal, личное дело; * cubrir el expediente, соблюдать видимость; * instruir un expediente, производить следствие.

expedienteo. [м.] чрезмерная склонность к следствиям и т. д.; затягивание дела, волокита.

expedir. [перех.] отправлять, посылать, отсылать; передавать что-л по назначению; составлять, оформлять (документы), выдавать (документы); исполнять; быстро решать; объявлять приговор; (непр. гл.) спрягается как pedir.

expeditamente. [нареч.] быстро, проворно.

expeditivo, va. [прил.] проворный, быстрый, скорый в отправлении дел, оперативный.

expedito, ta. [прил.] свободный, открытый; расторопный, ловкий (в работе); распорядительный.

expelente. [дейст. прич.] к expeler, извергающий и т. д.

expeler. [перех.] извергать, выбрасывать, изрыгать; изгонять, выгонять.

expendedor, ra. [прил.] расходующий (тж. сущ.); **[м. и ж.]** продавец, (-щица) в табачной лавке и т. д., розничный торговец, розничная торговка: * expendedor de moneda falsa, (юр.) сбытчик фальшивых денег.

expendeduría. [ж.] место, где продают в розницу некоторые товары как табак и т. д., лавка: * expendeduría de tabacos, табачная лавка.

expendencia. [ж.] см. expendición.

expender. [перех.] тратить, расходовать; производить издержки; продавать, сбывать (в розницу); (юр.) сбывать фальшивые деньги или краденые вещи.

expendición. [ж.] трата, сбыт, розничная продажа; (юр.) сбыт фальшивых денег или краденых вещей.

expendio. [м.] трата, расход; издержки; (Амер.) сбыт, продажа в розницу; лавочка, см. expendeduría.

expensar. [перех.] (Амер.) оплачивать, покрывать, оправдывать расходы.

expensas. [ж. мн.] затраты, издержки, расходы; (юр.) судебные издержки: * a expensas, за счёт.

experiencia. [ж.] опыт, опытность; опыт, эксперимент.

experimentación. [ж.] экспериментирование, производство опытов; опыт, эксперимент.

experimentado, da. [страд. прич.] к experimentar; **[прил.]** опытный, много испытавший, испытанный, сведущий, искусный.

experimentador, ra. [прил.] экспериментирующий, делающий эксперименты; **[м. и ж.]** экспериментатор.

experimental. [прил.] опытный, экспериментальный, испытательный.

experimentalmente. [нареч.] опытным путём, на опыте.

experimentar. [перех.] испытывать, экспериментировать; делать, производить опыты; испытывать, узнавать, изведывать на опыте; страдать.

experimento. [м.] опыт, эксперимент.

expertamente. [нареч.] ловко, искусно, со знанием дела, мастерски.

experto, ta. [прил.] опытный, сведущий, искусный, умелый; **[м.]** эксперт, знаток, специалист.

expiable. [прил.] искупаемый, искупимый.

expiación. [ж.] искупление, очищение греха.

expiar. [перех.] искупать, очищать, заглаживать (вину).

expiativo, va. [прил.] искупительный.

expiatorio, ria. [прил.] искупительный, очистительный.

expilación. [ж.] хищение, кража.

expilar. [перех.] красть, отнимать у кого-л, грабить, обирать, расхищать.

expillo. [м.] (бот.) ромашка, маточная трава.

expiración. [ж.] кончина, смерть; (перен.) окончание, истечение (срока и т. д.).

expirante. [дейст. прич.] к expirar, умирающий и т. д.

expirar. [неперех.] испустить дух, скончаться, умереть; (перен.) оканчиваться, истекать (о сроке и т. д.).

expiratorio, ria. [прил.] выдыхательный.

explanación. [ж.] выравнивание, планировка (строительного участка); (перен.) объяснение, толкование, разъяснение.

explanada. [ж.] эспланада, площадь, плац, открытое место; (воен.) гласис; склон (насыпи).

explanar. [перех.] выравнивать, сглаживать; производить планировку (строительного участка); объяснять, разъяснять, толковать.

explayar. [перех.] расширять; растягивать; **explayarse. [возв. гл.]** расширяться, растягиваться; растянуто, пространно излагать, говорить; совершать загородную прогулку; изливать душу, откровенничать.

expletivo, va. [прил.] (грам.) пополнительный, вставочный.

explicable. [прил.] объяснимый, изъяснимый.

explicación. [ж.] объяснение, разъяснение, толкование, изложение: * pedir explicaciones a uno, потребовать объяснении.

explicaderas. [ж. мн.] (разг.) манера выражаться.

explicador, ra. [прил.] объясняющий, объяснительный; **[м. и ж.]** толкователь, (-ница).

explicar. [перех.] объяснять, разъяснять, растолковывать; излагать; иметь кафедру, преподавать, оправдывать (слова или действия); **explicarse. [возв. гл.]** объясняться; высказывать; выражаться; давать себе отчёт.

explicativo, va. [прил.] объяснительный, изъяснительный (уст.).

explícitamente. [нареч.] ясно, определённо, явно, отчётливо, ясным образом, недвусмысленно.

explícito, ta. [прил.] ясный, точный, определённо выраженный, явный, недвусмысленный.

explicotear. [перех.] (Амер.) см. explicar.

explorable. [прил.] исследуемый, обследуемый.

exploración. [ж.] исследование; (воен.) разведка.

explorador, ra. [прил.] исследующий, зондирующий; **[м. и ж.]** исследователь, (-ница); путешественник, (-ица) с целью исследования; бой-скаут, скаут; (воен.) разведчик.

explorar. [перех.] обследовать; исследовать; разведывать.

exploratorio, ria. [прил.] относящийся к исследованию; (мед.) назначенный для осмотра, ощупывания (больного).

explosible. [прил.] взрывчатый, взрывной, способный взрываться; разрывной.

explosión. [ж.] взрыв; (перен.) вспышка.

explosivo, va. [прил.] взрывчатый; сопровождающий взрыв; производящий взрыв; (лингв.) взрывной, эксплозивный (о звуке); резкий, сильный; **[м.]** взрывчатое вещество.

explosor. [м.] подрывная машина.

explotable. [прил.] удобный или годный для эксплуатации, для разработки; могущий быть использованным.

explotación. [ж.] эксплуатация (кого-л чем-л); разработка, добывание, эксплуатация; использование, ведение хозяйства; хозяйство.

explotador, ra. [прил.] эксплуатирующий; эксплуататорский; **[м.]** эксплуататор.

explotar. [перех.] эксплуатировать кого-л, угнетать; разрабатывать, добывать, эксплуатировать; пользоваться, использовать, извлекать выгоды; взрываться.

expoliación. [ж.] ограбление, расхищение, похищение, грабёж.

expoliador, ra. [прил.] грабительский, хищнический; **[м. и ж.]** грабитель, (-ница).

expoliar. [перех.] расхищать, грабить, похищать, ограблять, обобрать.

expoliativo, va. [прил.] отнимающий и т. д.

expolición. [ж.] (рит.) повторение мысли в разных формах.

expolionato. [м.] (Амер.) см. expoliación.

exponencial. [прил.] (мат.) показательный, степенной, экспоненциальный.

exponente. [дейст. прич.] к exponer; **[м.]** (мат.) показатель; (перен.) признак, показательно.

exponer. [перех.] выставлять, экспонировать; показывать; выражать (мысли, чувства); излагать, высказывать; обрисовывать; подвергать (чему-л); выставлять, ставить, подставлять (под действие чего-л); толковать, истолковать; подкидывать (ребёнка); (фот.) экспонировать; **exponerse. [возв. гл.]** подвергаться чему-л; рисковать.

exportable. [прил.] экспортируемый, экспортный.

exportación. [ж.] экспорт, вывоз; экспортные товары.

exportador, ra. [прил.] экспортирующий; **[м.]** экспортёр.

exportar. [перех.] вывозить, экспортировать.

exposición. [ж.] выставление (для обозрения и т. д.); выставка; изложение, объяснение, истолкование; экспозиция, объяснительная записка; (фот.) экспозиция, выдержка.

expositivo, va. [прил.] объяснительный; толкующий, излагающий.

expósito, ta. [прил.] подкинутый матерью чужим людям (о ребёнке); [сущ.] подкидыш.

expositor, ra. [прил.] объяснительный; толкующий, излагающий; [м. и ж.] экспонент; [м.] толкователь; интерпретатор.

expremijo. [м.] стол кля стока сыворотки (при приготовлении сыра).

exprés. [прил.] скорый (о поезде); приготовляемый на особом аппарате (кофе); [м.] скорый поезд, экспресс, (Амер.) транспортная контора.

expresado, da. [страд. прич.] к expresar; [прил.] вышеуказанный, вышеупомянутый.

expresamente. [нареч.] точно, определённо, в ясных выражениях, недвусмысленно.

expresar. [перех.] выражать, открыто проявлять, высказывать; expresarse. [возв. гл.] выражаться, выражать свои мысли, объясняться.

expresión. [ж.] выражение; выражение (лица, чувств); выражение (оборот речи); выразительность, экспрессия; подношение, подарок; знак любви и т. д.; выжимание, выдавливание; вышатый сок; (мат.) выражение, формула; [множ.] мемуары, воспоминания.

expresionismo. [м.] (иск.) экспрессионизм.
expresionista. [прил.] экспрессионистический; [сущ.] экспрессионист.

expresivamente. [нареч.] выразительно.

expresividad. [ж.] выразительность, экспрессивность.

expresivo, va. [прил.] выразительный, экспрессивный; см. afectuoso.

expreso, sa. [непр. страд. прич.] к expresar; [прил.] точный, ясный, ясно выраженный, категорический; определённый; [м.] нарочный; скорый поезд, экспресс.

express. (англ.) см. exprés.

exprimelimones. [м.] машинка для выжимания лимонов.

exprimidera. [ж.] exprimidero. [м.] пресс, машинка для выжимания сока.

exprimidor, ra. [прил.] выжимающий и т. д. (тже. сущ.); [м.] см. exprimidero.

exprimir. [перех.] выжимать, выдавливать; (перен.) выражать; выжимать все соки.

ex-profeso. [лат. нареч.] нарочно, специально.

expropiable. [прил.] поддающийся экспроприации.

expropiación. [ж.] экспроприация; экспроприированная вещь (чаще множ.).

expropiador, ra. [прил.] экспроприаторский.
expropiar. [перех.] экспроприировать.

expuesto, ta. [непр. страд. прич.] к exponer; [прил.] рискованный, опасный.

expugnable. [прил.] одолимый, могущий быть взятым приступом.

expugnación. [ж.] взятие приступом, занятие, завоевание крепости и т. д.

expugnador, ra. [прил.] берущий приступом, (тже. сущ.).

expugnar. [перех.] взять, занять приступом, завоевать.

expuición. [ж.] выплевывание.

expulsador, ra. [прил.] изгоняющий, высылающий (тже. сущ.).

expulsar. [перех.] изгонять, высылать; исключать (из организации); удалять (из организма); выбрасывать.

expulsión. [ж.] изгнание; исключение (из организации); выбрасывание, удаление; выделение (из организма).

expulsivo, va. [прил.] изгоняющий (тже. м.).
expulso, sa. [непр. страд. прич.] к expeler или expulsar.

expulsor, ra. [прил.] выгоняющий; [м.] (воен.) отсечка отражателя.

expurgación. [ж.] очищение; вычёркивание, вымарывание, выброс.

expurgador, ra. [прил.] очищающий; вычёркивающий, вымарывающий (тже. сущ.).

expurgar. [перех.] очищать, вычёркивать, вымарывать (о цензуре).

expurgatorio, ria. [прил.] очищающий; [м.] список запрещённых книг (в Риме).

expurgo. [м.] см. expurgación.

exquisitamente. [нареч.] превосходно, изящно, вкусно, очаровательно.

exquisitez. [ж.] свойст. к вкусный, очаровательный, отборный, изысканный, изысканность, очаровательность.

exquisito, ta. [прил.] вкусный, чудесный, очаровательный, отборный, превосходный; изящный.

extasi. [м.] см. éxtasis.
extasiadamente. [нареч.] восторженно и т. д.
extasiador, ra. [прил.] восхищающий, восторгающий (тже. сущ.).

extasiarse. [возв. гл.] восхищаться, восторгаться, приходить в восторг.

éxtasis. [м.] экстаз, восторг, восхищение; исступление.

extáticamente. [нареч.] восхитительно и т. д.
extático, ca. [прил.] восхитительный, восторженный, экстатический, исступлённый.

extemporal. [прил.] несвоевременный, сделанный некстати.

extemporáneamente. [нареч.] несвоевременно, некстати.

extemporaneidad. [ж.] несвоевременность.
extemporáneo, a. [прил.] происходящий в необычное время; несвоевременный, сделанный некстати.

extender. [перех.] растягивать, вытягивать, расстилать, протягивать; расширять, распространять; разбрасывать; раскрывать (крылья); составлять, оформлять (документ); extenderse. [возв. гл.] вытягиваться, растягиваться; простираться; расстилаться; расширяться, тянуться; распространяться; говорить, излагать пространно; (перен.) доходить до...; [непр. гл.] спрягается как entender.

extendidamente, extensamente. [нареч.] обширно, широко.

extensibilidad. [ж.] тягучесть, растяжимость, расширяемость.

extensible. [прил.] тягучий, растяжимый, расширяющийся.

extensión. [ж.] расширение, развитие, распространение; протяжение, протяжённость; пространство; (геогр.) площадь.

extensivamente. [нареч.] широко и т. д.

extensivo, va. [прил.] могущий быть распространённым (на кого, что-л); (с.-ю.) экстенсивный.

extenso, sa. [непр. страд. прич.] к extender; [прил.] обширный, пространный; * por extenso, подробно, в подробном изложении.

extensor, ra. [прил.] разгибающая (мышца); [м.] экстензор, разгибатель.

extenuación. [ж.] истощение, изнурение, ослабление, изнеможение; смягчение (ритор. фигура).

extenuante. [дейст. прич.] к extenuar, изнуряющий, изнурительный.

extenuar. [перех.] изнурять, истощать, доводить до изнеможения; extenuarse. [возв. гл.] истощаться, изнемогать, изматываться.

extenuativo, va. [прил.] изнуряющий, изнурительный.

exterior. [прил.] внешний, наружный; иностранный; [м.] наружность, внешность; облик; внешняя сторона; (с.-х.) экстерьер; [множ.] (кин.) натурные съёмки; * comercio exterior, внешняя торговля.

exterioridad. [ж.] внешность, наружность; наружный вид, наружная часть; показная сторона; великолепие, помпа, внешний блеск.

exteriorización. [ж.] открытое проявление (какого-л чувства).

exteriorizar. [перех.] проявлять, выказывать, выражать, выявлять; заявлять.

exteriormente. [нареч.] внешне, снаружи, наружно, по наружности.

exterminable. [прил.] могущий быть истреблённым и т. д.

exterminación. [ж.] истребление, уничтожение, искоренение.

exterminador, ra. [прил.] истребительный, губительный; [м. и ж.] истребитель, (-ница).

exterminar. [перех.] истреблять, уничтожать; искоренять; (уст.) изгонять из страны, ссылать.

exterminio. [м.] истребление, уничтожение, опустошение.

externado. [м.] училище для приходящих учеников.

externamente. [нареч.] снаружи, на вид, наружно.

externar. [перех.] проявлять, обнаруживать, выказывать, выражать.

externo, na. [прил.] внешний, наружный, приходящий; [м. и ж.] приходящий ученик, экстерн.

exteroceptor. [м.] (физиол.) конечный орган чувств (рецептор) для стимулов, действующих на организм извне.

exterritorialidad. [ж.] экстерриториальность.

extinción. [ж.] тушение, гашение, угасание; (перен.) угасание, потухание, затухание, уничтожение.

extinguible. [прил.] угасимый.

extinguir. [перех.] гасить, тушить; прекращать, уничтожать; extinguirse. [возв. гл.] гаснуть; прекращаться, кончаться; умирать, вымирать; замирать (о звуке).

extintivo, va. [прил.] гасящий.

extinto, ta. [непр. страд. прич.] к extinguir; [прил.] потухший (о вулкане); [м. и ж.] (Амер.) покойник, мертвец.

extintor, ra. [прил.] гасящий; [м.] огнетушитель.

extirpable. [прил.] искоренимый.

extirpación. [ж.] удаление, вырывание с корнем; (перен.) искоренение; удаление (хирургическим путём), экстирпация.

extirpador, ra. [прил.] вырывающий с корнем; искореняющий; [сущ.] искоренитель; [м.] (с.-х.) культиватор-экстирпатор.

extirpar. [перех.] вырывать с корнем, выкорчёвывать, корчевать; (перен.) искоренять, уничтожать; (хир.) удалять.

extorcar. [перех.] вымогать, красть, воровать.

extorsión. [ж.] вымогательство; (перен.) вред, ущерб.

extorsionar. [перех.] отнимать силой, захватывать, присваивать; вымогать; причинять вред, ущерб.

extra. [прил.] чрезвычайный, отличного качества, наилучший, превосходный; [м.] прибавка, надбавка (жалованья и т. д.); [нареч.] (разг.) кроме.

extra- приставка, имеющая местное значение: вне.

extracapsular. [прил.] (пат.) внекапсулярный.

extracción. [ж.] добывание, добыча; (хир.) извлечение, выдёргивание, экстракция; вытаскивание; (мат.) извлечение (корня); происхождение.

extracelular. [перех.] (мед.) внеклеточный.

extracorto, ta. [прил.] ультракороткий: * ondas extracortas, ультракороткие волны.

extracraneal. [прил.] находящийся вне черепа.

extracta. [ж.] (обл.) копия юридического документа.

extractador, ra. [прил.] делающий экстракт и т. д. (тж. сущ.).

extractar. [перех.] извлекать, делать экстракт; делать выдержки (из книги).

extractivo, va. [прил.] извлекающий, добывающий, горнодобывающий.

extracto. [м.] экстракт, вытяжка; экстракт, краткое содержание, суть; резюме, краткое изложение; выдержка (из книги и т. д.).

extractor, ra. [м. и ж.] тот, кто извлекает что-л из чего-л; прибор для извлечения; экстрактор.

extradición. [ж.] (юр.) экстрадиция, выдача преступника иностранному государству.

extradós. [м.] внешняя поверхность свода.

extradural. [прил.] находящийся вне твёрдой оболочки головного или спинного мозга.

extraente. [дейст. прич.] к extraer.

extraer. [перех.] извлекать, вытаскивать, выдёргивать; (мат.) извлекать (корень); (горн.) добывать, (хим.) удалять, экстрагировать; (хим.) экстрагировать; (юр.) (обл.) снимать копию с юридического документа; [непр. гл.] спрягается как traer.

extrahepático, ca. [прил.] (мед.) находящийся вне печени.

extrajudicial. [прил.] внесудебный.

extrajudicialmente. [нареч.] внесудебным путём.

extralegal. [прил.] не предусмотренный законом; незаконный.

extralimitación. [ж.] преступление границ дозволенного.

extralimitarse. [возв. гл.] зарваться, перейти границы; превышать (права и т. д.).

extramedular. [прил.] (мед.) находящийся, совершающийся вне спинного мозга.

extramural. [прил.] находящийся или совершающийся вне стены.

extramuros. [нареч.] вне городской черты, вне города, за городскими стенами.

extranjería. [ж.] право на жительство иностранца; экстерриториальность.

extranjerismo. [м.] любовь ко всему иностранному, преклонение перед иностранщиной; иностранное слово, выражение или оборот речи.

extranjerizar. [перех.] вводить иностранные привычки и т. д.

extranjero, ra. [прил.] иностранный; заграничный; чужой, чужеземный; чужестранный, чужеземный (уст.); [м. и ж.] иностранец, (-ка); иноземец, чужеземец, (-емка); чужестранец, (-анка) (уст.); [м.] заграница; чужбина, чужая страна: * al extranjero, за границу; * en el extranjero, за границей, за рубежом.

extranjía. [ж.] (разг.) см. extranjería: * de extranjía, (разг.) иностранный; (перен.) (разг.) чужой, неожиданный.

extranjis (de). см. de extranjía; тайком, скрытно.

extranuclear. [прил.] находящийся или совершающийся вне ядра.

extraña. [ж.] сложноцветное растение.

extrañación. [ж.] см. extrañamiento.

extrañadamente. [нареч.] странно.

extrañamiento. [м.] изгнание, ссылка; удивление, изумление.

extrañar. [перех.] высылать, ссылать, изгонять; удивлять, изумлять, вызывать удивление; чуждаться; порицать, упрекать; лишать прав; (Амер.) тосковать (по ком-л, чём-л): extrañarse. [возв. гл.] покидать родину, экспатриироваться; отказываться (сделать что-л); удивляться.

extrañez. [м.] см. extrañeza.

extrañeza. [ж.] странность, необычность; разногласие; отчуждённость; удивление, изумление, новость.

extraño, ña. [прил.] чужой, чуждый, посторонний; странный; редкий; удивительный; небывалый, неслыханный; [м.] (обл.) неожиданный прыжок (лошади): * hacer un extraño, неожиданно пугаться (о лошади); [м. и ж.] чужой или посторонний человек; иностранец.

extraoficial. [прил.] официозный, неофициальный.

extraoficialmente. [нареч.] официозно, неофициально.

extraordinariamente. [нареч.] необыкновенно, чрезвычайно.

extraordinario, ria. [прил.] чрезвычайный, изумительный; экстраординарный; [м.] срочный курьер; добавочное блюдо.

extrapélvico, ca. [прил.] (мед.) находящийся или совершающийся вне таза.

extrapolación. [ж.] (мат.) экстраполяция.

extrapulmonar. [прил.] находящийся или совершающийся вне лёгких.

extrarradio. [м.] предместье города.

extrasecular. [прил.] слишком столетний.

extrasístole. [ж.] (мед.) преждевременные систолы сердца с более долгой компенсаторной паузой.

extrasocial. [прил.] находящийся вне социального порядка.

extrasomático, ca. [прил.] (мед.) находящийся или совершающийся вне тела.

extraterrestre. [прил.] внеземной.

extraterritorial. [прил.] экстерриториальный.

extraterritorialidad. [ж.] экстерриториальность.

extrauterino, na. [прил.] (мед.) внематочный: * embarazo extrauterino, внематочная беременность.

extravagancia. [ж.] сумасбродство; экстравагантность, странность; нелепость.

extravagante. [прил.] сумасбродный; экстравагантный; нелепый; [м. и ж.] сумасброд, (-ка).

extravagantemente. [нареч.] сумасбродно, экстравагантно.

extravaginal. [прил.] (мед.) находящийся или совершающийся вне влагалища.

extravasación. [ж.] выливание, излияние; (мед.) кровоизлияние.

extravasarse. [возв. гл.] изливаться, вытекать (о жидкости, крови).

extravascular. [прил.] (анат.) внесосудистый.

extravenar. [перех.] выливать кровь из вен; (перен.) отвлекать, отклонять.

extraventricular. [прил.] (мед.) находящийся или совершающийся вне желудочка (сердца).

extraviado, da. [страд. прич.] к extraviar; [прил.] распутный, удалённый.

extraviar. [перех.] сбивать с дороги, с пути; смещать, сдвигать (с привычного места); приводить, вводить в заблуждение; **extraviarse.** [возв. гл.] заблудиться; затеряться; потеряться; (перен.) уклоняться от правильного пути.

extravío. [м.] потеря дороги, отклонение от пути; заблуждение; ошибка, вина; беспорядок, распутство, распущенность; (разг.) беспокойство, вред, убыток.

extrema. [ж.] конец; (разг.) затруднительное положение; смертный час; соборование (умирающего).

extremadamente. [нареч.] крайне, чрезмерно, необычайно.

extremadas. [ж. множ.] время приготовления сыра.

extremado, da. [страд. прич.] к extremar; [прил.] крайний, чрезмерно плохой или хороший.

extremamente. [нареч.] крайне, чрезмерно, необычайно.

extremar. [перех.] доводить до крайности; преувеличивать; (обл.) убирать комнаты; [непр.] см. trashumar; **extremarse.** [возв. гл.] усердствовать.

extremaunción. [ж.] (рел.) соборование (умирающего).

extremeño, ña. [прил.] экстремадурский; [м. и ж.] экстремадурец, (-ка).

extremidad. [ж.] конец, край; предел; крайность; [множ.] конечности.

extremismo. [м.] политика крайних мер, экстремизм.

extremista. [прил.] экстремистский; [м. и ж.] сторонник крайних мер, экстремист.

extremo, ma. [прил.] крайний, предельный, чрезвычайный, чрезмерный; очень сильный или действенный; дальний, удалённый, далёкий; непохожий; [м.] конец, край, предел; начало или конец чего-л; крайность; особое старание, тщательность; тема, содержание; зимнее пастбище: * con extremo, en extremo, por extremo, чрезмерно, крайне, до крайности: * de extremo a extremo, от одного края (конца) до другого; * hacer extremos, чрезмерно выражать свои чувства; * los cuatro extremos del mundo, четыре страны света; * los extremos se tocan, крайности сходятся.

extremooriental. [прил.] дальневосточный; [сущ.] дальневосточник.

extremoso, sa. [прил.] непомерный, преувеличенный; слишком ласковый.

extrínsecamente. [нареч.] снаружи, с внешней стороны, наружно.

extrínseco, ca. [прил.] внешний, наружный, не присущий чему-л: * valor extrínseco, номинальная стоимость.

extrorso, sa. [прил.] (бот.) экстрорзный.

exuberancia. [ж.] изобилие, избыток, богатство.

exuberante. [прил.] обильный, роскошный; буйный, разросшийся (о растительности).

exuberantemente. [нареч.] в изобилии, богато, широко.

exúbero, ra. [прил.] отнятый от груди (о ребёнке).

exucción. [ж.] всасывание, высасывание.
exudación. [ж.] экссудация, выпотевание.
exudado, da. [страд. прич.] к exudar: [м.] (мед.) выпот, экссудат.
exudar. [неперех.] просачиваться наружу, выступать (о крови и т. д.), выделять (гной и т. д.); сочиться.
exudativo, va. [прил.] (мед.) экссудативный.
exulceración. [ж.] (пат.) изъязвление (поверхностное).
exulcerar. [перех.] (пат.) изъязвлять, разъедать, нагнаивать.
exulcerativo, va. [прил.] изъязвляющий и т. д.
exultación. [ж.] ликование.
exultar. [неперех.] ликовать, трепетать от радости.
exutorio. [м.] (мед.) заволока, фонтанель.
exvinculación. [ж.] см. desamortización.
exvincular. [перех.] см. desamortizar.
exvoto. [м.] приношение по обету.
eyaculación. [ж.] (физиол.) извержение семени.
eyaculador, ra. [прил.] (физиол.) выносящий, извергающий, извергательный.
eyacular. [перех.] (физиол.) извергать, изливать.
eyaculatorio, ria. [прил.] (физиол.) извергательный.
eyección. [ж.] извержение; испускание; выбрасывание.
eyector. [м.] эжектор; отражатель (в огнестрельном оружии).
ezquerdear. [неперех.] отклонятьсз влево.

Ff

f. 7-я буква испанского алфавита.

fa. [м.] (муз.) нота фа, 4-я в нотной азбуке.

fa. [м.] (Амер.) развлечение, танцевальный вечер; [ж.] (Амор.) см. borrachera.

faba. [ж.] (обл.) боб, фасоль.

fabada. [ж.] астурийское блюдо из фасоли или бобов с кровяной колбасой и т. д.

fabagela. [ж.] fabago. [м.] (бот.) растение семейства парнолистных.

fabla. [ж.] условное подражание старинному испанскому языку.

fabliella. [ж.] см. hablilla.

fabo. [м.] (обл.) (бот.) бук.

fabordón. [м.] (муз.) пение в один голос.

fábrica. [ж.] изготовление, производство, выделка; завод, фабрика; здание; каменная кладка; постройка, корпус; церковные доходы, капиталы; выдумка: * precio de fábrica, фабричная цена; de fábrica, каменный.

fabricación. [ж.] изготовление, производство, выделка.

fabricador, ra. [м. и ж.] фабрикант: * fabricador de enredos, сплетник.

fabricano. [м.] (Амер.) фабричный рабочий.

fabricante. [дейст. прич.] к fabricar; [м.] фабрикант, владелец фабрики.

fabricar. [перех.] производить, изготовлять, выделывать; строить; выдумывать, сочинять измышлять, фабриковать: * fabricar enredos, клеветать.

fábrico. [м.] (Амер.) перегонный куб.

fabril. [прил.] заводской, фабричный.

fabriquero. [м.] фабрикант; церковный староста; угольный рабочий.

fabuco. [м.] (бот.) плод букового дерева.

fábula. [ж.] басня; миф, сказка, небылица, басня, выдумка, сказка; мифология, баснословие; фабула, сюжет; предмет толков.

fabulador. [м.] баснописец.

fabulario. [м.] сборник басен.

fabulesco, ca. [прил.] басенный.

fabulista. [м.] баснописец; специалист по мифологии.

fabulosamente. [нареч.] баснословно.

fabulosidad. [ж.] баснословность.

fabuloso, sa. [прил.] баснословный, невероятный, неправдоподобный, неимоверный.

faca. [ж.] кривой нож; большой складной кинжал.

facción. [ж.] сброд, банда, кучка заговорщиков; фракция, группировка; мятеж, заговор; (воен.) поход; караульная служба; часовой; [множ.] черты лица: * estar de facción, быть в карауле, нести караул, стоять на посту, на часах.

faccionario, ria. [прил.] следующий какой-л группировке и т. д.

facciosamente. [нареч.] мятежно.

faccioso, sa. [прил.] см. faccionario; мятежный; [сущ.] мятежник, заговорщик; нарушитель порядка.

facélide. [ж.] (бот.) фацелия.

facendero, ra. [м. и ж.] землевладелец, (-ица), помещик, (-ца).

facera. [ж.] тротуар, см. acera.

facería. [ж.] (обл.) смежное пастбище общего пользования.

facero, ra. [прил.] (обл.) относящийся к facería.

faceta. [ж.] грань, фасет(ка); (перен.) сторона (вопроса и т. д.): * de faceta, фасеточный, фасетчатый.

facetada. [ж.] (Амер.) плоская шутка.

facetar. [перех.] гранить, делать грани на чём-л.

facetear. [перех.] см. facetar; (Амер.) говорить плоские шутки.

faceto, ta. [прил.] (Амер.) остроумный, весёлый.

facial. [прил.] личной, лицевой; интуитивный: * ángulo facial, лицевой угол; nervio facial, лицевой нерв.

facialmente. [нареч.] интуитивно.

facies. [ж.] (мед.) лицо, вид лица (у больного): * facies hipocrática, гиппократово лицо, лицо умирающего.

fácil. [прил.] лёгкий, нетрудный; возможный; уживчивый; сговорчивый, послушный; легкомысленный, ветреный, доступный (о женщине); [нареч.] легко.

facilidad. [ж.] лёгкость, нетрудность, доступность; слабость, снисходительность (чрезмерная); способность к...; готовность, предупредительность; подходящий, удобный случай; [множ.] льготы, льготные условия: * dar todas las facilidades, предоставить кому-л все льготы; facilidad de palabra, беглость, лёгкость (речи).

facilitación. [ж.] облегчение; содействие.

facilitador, ra. [прил.] облегчающий, способствующий.

facilitar. [перех.] облегчать, (что-л) способствовать, помогать (чему-л.); предоставлять.

fácilmente. [нареч.] легко, без труда.

facineroso, sa. [прил.] злодейский, закоренелый; [м.] злодей; закоренелый преступник.

facistol. [м.] (церк.) налой; пюпитр; (Амер.) тщеславный человек; [прил.] (Амер.) тщеславный.

facistolería. [ж.] (разг.) (Амер.) тщеславие.

facistor, ra. [прил.] (Амер.) тщеславный, чванный.

faco. [м.] (арг.) носовой платок.

faco. [м.] (обл.) большой нож.

facocele. [ж.] грыжа хрусталика, выпадение его при язвах роговицы.

facoide, facoideo, a. [прил.] чечевицеобразный.

facomalacia. [ж.] (пат.) размягчение хрусталика.

facómetro. [м.] прибор для определения фокуса и центра чечевицы.

facón. [м. увел.] к faca; (Амер.) длинный нож.

facosclerosis. [ж.] (пат.) затвердение и мутность хрусталика, старческая катаракта

facoscopia. [ж.] (мед.) исследование хрусталика.

facoscopio. [м.] инструмент для исследования хрусталика.

facoscotasmo. [м.] (пат.) затемнение хрусталика.

facosis. [ж.] (мед.) чёрное пятнышко (в глазу).

facsimilar. [прил.] факсимильный.

facsímile. [м.] факсимиле, точный снимок.

factaje. [м.] (гал.) см. facturación.

factible. [прил.] исполнимый, возможный, осуществимый.

factiblemente. [нареч.] возможно.

facticiamente. [нареч.] деланно, неестественно, искусственно.

facticio, cia. [прил.] искусственный, неестественный, деланный.

factivamente. [нареч.] действительно.

factivo, va. [прил.] исполнительный, действительный.

factor. [м.] комиссионер, агент; (ж.-д.) тот, кто занимается отправлением багажа и т. д.; фактор, движущая сила; (мат.) множитель; коэффициент.

factoraje. [м.] должность и контора factor.

factoría. [ж.] см. factoraje; фактория.

factorial. [прил.] (мат.) факториал.

factorizar. [перех.] основывать факторию.

factótum. [м.] (разг.) фактотум, всем заведывающий.

factum. [м.] текст обличительного или защитительного характера.

factura. [ж.] (бух.) фактура, накладная; (жив.) фактура, разработка, выполнение.

facturación. [ж.] (ж.-д.) сдача в багаж.

facturar. [перех.] выписывать счёт, фактуру, накладную; (ж.-д.) сдавать в багаж.

facturería. [ж.] (Амер.) магазин, торгующий сдобными булками.

fácula. [ж.] (астр.) протуберанец.
facultad. [ж.] способность, свойство, сила; право, власть, полномочие; позволение, разрешение; знание, наука; (мед.) сопротивляемость; факультет; [множ.] дарование.
facultador, ra. [прил.] дающий полномочия на что-л.
facultar. [перех.] уполномочивать, дать кому-л полномочия на что-л.
facultativamente. [нареч.] факультативно, произвольно.
facultativo, va. [прил.] предоставленный на усмотрение; факультативный, необязательный; научный; врачебный: * por prescripción facultativa, по предписанию врачей; [м.] врач.
faculto, ta. [прил.] (Амер.) сведущий, опытный, умелый.
facundia. [ж.] лёгкость речи; словоохотливость, говорливость, многословие.
facundo, da. [прил.] обладающий лёгкостью речи; говорливый.
facha. [ж.] (разг.) внешний вид, внешность, наружность; уродливое лицо, рожа: * facha a facha, лицом к лицу; * ponerse en facha, (мор.) лечь в дрейф; (разг.) готовиться к...; * ir hecho una facha, быть смешно одетым.
fachada. [ж.] фасад (здания); (перен.) (разг.) внешний вид, внешность, наружность; заглавный лист.
fachado, da. [прил.] * bien fachado, хорошо выглядящий; * mal fachado, плохо выглядящий.
fachear. [неперех.] (мор.) лечь в дрейф.
fachenda. [ж.] (разг.) бахвальство, тщеславие, самомнение; [м.] (разг.) см. fachendoso.
fachendear. [неперех.] напускать на себя важность, рисоваться.
fachendista, fachendón, na, fachendoso, sa. [прил.] (разг.) хвастливый; [м. и ж.] хвастун, (-ья), бахвал.
fachina. [ж.] (обл.) огород (на горном склоне).
fachinal. [м.] (Амер.) болотистая почва.
fachosear. [неперех.] (Амер.) см. fachendear.
fachoso, sa. [прил.] имеющий плохой или смешной вид, плохо или смешно одетый; (Амер.) хвастливый.
fachudo, da. [прил.] смешно одетый, имеющий плохой вид.
fada. [ж.] фея, волшебница; (обл.) сорт ранета.
fado. [м.] португальская народная песня.
faena. [ж.] физический труд; (перен.) умственный труд; [множ.] дела; (перен. разг.) злая шутка; (Амер.) сверхурочная работа; полевые работы, производимые утром.
faenero. [м.] (обл.) (Амер.) батрак.
faetón. [м.] фаэтон (лёгкая коляска).
fafa. [ж.] португальский танец.
fafarachar. [неперех.] (Амер.) см. fanfarronear.
fafarachero, ra. [прил.] (Амер.) храбрый на словах, хвастливый; [м. и ж.] бахвал, хвастун, (-ья), фанфарон.
fagáceo, a. [прил.] (бот.) см. cupulífero.
fagedenia. [ж.] (мед.) чрезмерный аппетит; злокачественная язва.
fagedénico, ca. [прил.] (мед.) едкий, разъедающий, гангренозный.
fagedeno. [м.] (мед.) едкая язва.
fagocitario, ria. [прил.] (физиол.) фагоцитарный.
fagocito. [м.] (физиол.) фагоцит.
fagocitolisis. [ж.] уничтожение фагоцитов.
fagocitosis. [ж.] (физиол.) фагоцитоз.
fagomanía. [ж.] (пат.) неутолимый голод.
fagomaníaco, ca. [прил.] (пат.) страдающий неутолимым голодом (тж. сущ.).

fagopirismo. [м.] (мед.) отравление гречихой.
fagot. [м.] (муз.) фагот; фаготист.
fagote. [м.] см. fagot; вязанка, охапка дров.
fagotista. [м.] (муз.) фаготист.
fagüeño. [м.] (обл.) зефир, тёплый ветерок.
faifa. [ж.] (Амер.) курительная трубка.
fainada. [ж.] (Амер.) непристойность.
faino, na. [прил.] (Амер.) грубый, непристойный, невоспитанный.
faique. [м.] (Амер.) вид мимозы.
faisán. [м.] (зоол.) фазан: * carne de faisán, фазанина.
faisana. [ж.] самка фазана, фазаниха (разг.).
faisanera. [ж.] фазаний питомник.
faisanería. [ж.] фазаний двор.
faisanero, ra. [м. и ж.] тот, кто занимается разведением фазанов.
faja. [ж.] пояс, кушак; длинный широкий пояс; бандероль, бумажная лента для упаковки; знак отличия военных или духовенства; (арх.) поясной карниз; полоса (земли и т. д.); [множ.] (арг.) см. azotes.
fajada. [ж.] (обл.) (Амер.) нападение, атака.
fajado, da. [страд. прич.] к fajar [прил.] понёсший телесное наказание; (герал.) располосованный; (гори.) круглое бревно для укрепления колодца; бревно или толстая доска для настила.
fajadura. [ж.] см. fajamiento; (мор.) брезентовая (просмолённая) полоска.
fajamiento. [ж.] дейст. к опоясывать, надевать пояс, кушак; пеленание.
fajar. [перех.] опоясывать, надевать пояс, кушак; завёртывать; пеленать, свивать; (обл.) нападать, атаковать, бить, избивать: * fajar con uno, (разг.) неистово напасть на кого-л.
fajardo. [м.] (кул.) сорт волована.
fajatina. [ж.] fajazo. [м.] (Амер.) нападение; (перен.) выманивание денег.
fajeado, da. [прил.] полосатый, с полосками.
fajero. [м.] свивальник.
fajilla. [ж. умен.] к faja; (Амер.) бандероль.
fajín. [м. к faja; шёлковый пояс (знак отличия высших военных чинов).
fajina. [ж.] связка хвороста; (с.-х.) куча снопов, фашина; (воен.) сигнал тревоги; (воен.) "разойдись"; (обл.) огород: * meter fajina, говорить попусту.
fajina. [ж.] дело, работа, труд.
fajinada. [ж.] фашинная работа; кладка фашин.
fajo. [м.] связка, узел, пачка, [множ.] пелёнка: * fajo de billetes, пачка бумажных денег.
fajo. [м.] (Амер.) удар плашмя; глоток ликёра.
fajol. [м.] (обл.) греча, гречиха.
fajón. [м. увел.] к faja; (арх.) гипсовое обрамление (окна и т. д.).
fala. [ж.] (обл.) речь, дар речи.
fala. [прил.] (обл.) чванный, тщеславный.
falacia. [ж.] обман, надувательство, мошенничество; лживость, лицемерие.
falaciano, na. [прил.] (Амер.) * papel falaciano, промокательная или обёрточная бумага.
falacrosis. [ж.] (пат.) падение волос.
falaguera. [ж.] (обл.) пыл, горячность.
falaje. [м.] (обл.) речь, язык.
falalgia. [ж.] боль в половом члене.
falaneurisma. [ж.] аневризма полового члена.
falange. [ж.] (ист.) (анат.) фаланга: * Falange Española, Испанская фаланга.
falangeta. [ж.] (анат.) ногтевая фаланга.
falangético, ca. [прил.] (анат.) относящийся к фалангам.
falangia. [ж.] (зоол.) сенокосец (паук).

falangiano, na. [прил.] (анат.) см. falangético.
falangiforme. [прил.] имеющий форму фаланги.
falangina. [ж.] (анат.) средняя фаланга.
falangines. [м. множ.] концы фаланг.
falangínico, ca. [прил.] относящийся к средним фалангам.
falangio. [м.] (зоол.) сенокосец (паук); (бот.) лилейное растение.
falangismo. [м.] (полит.) фалангизм.
falangista. [м. и ж.] (полит.) фалангист, (-ка); [прил.] фалангистский.
falangita. [м.] воин фаланги.
falangita. [ж.] (анат.) ногтевая фаланга.
falangitis. [ж.] (мед.) воспаление фаланг.
falansteriano, na. [прил. и сущ.] член фаланстера; сторонник социального учения Фурье.
falanstérico, ca. [прил.] принадлежащий или относящийся к социальному учению Фурье.
falansterio. [м.] фаланстер, образцовое социалистическое общество.
falar. [неперех.] (обл.) тщеславно говорить; говорить; болтать.
falárica. [ж.] огненная, зажигательная стрела (у Древних).
falaz. [прил.] обманчивый, ложный, лживый, коварный.
falazmente. [нареч.] обманчиво, лживо, коварно.
falbala. [ж.] см. faralá.
falca. [ж.] кривизна (доски); (мор.) доска планшира; (обл.) клин.
falcada. [ж.] приседание (род курбета).
falcadina. [ж.] (пат.) вид сифилиса.
falcado, da. [страд. прич.] к falcar; [прил.] серпообразный, серповидный; [ж.] (обл.) пучок колосьев.
falcar. [перех.] (обл.) вбивать клинья.
falcario. [м.] римский воин, вооружённый серпом.
falce. [ж.] коса или кривой нож.
falceño. [м.] (обл.) кривой нож.
falcicular. [прил.] принадлежащий или относящийся к косе; серпообразный.
falcidia. [ж.] (юр.) четвёртая часть наследства (у Римлян).
falcifoliado, da. [прил.] (бот.) серполистный.
falciforme. [прил.] серповидный, серпообразный.
falcinelo. [м.] (орни.) ибис зеленоногий или европейский.
falcino. [м.] (обл.) см. falceño; (орни.) стриж.
falcirrostro, tra. [прил.] (орни.) серпоклювый.
falcón. [м.] род старинной пушки; (уст.) сокол.
falconete. [м.] фальконет (род пушки).
falcónidas. [ж. множ.] (орни.) соколиные.
falcónideo, a. [прил.] похожий на сокола; [м. множ.] см. falcónidas.
falcónido, da. [прил.] (орни.) соколиный; [ж. множ.] соколиные.
falculado, da. [прил.] серповидный, серпообразный.
falcular. [прил.] см. falciforme.
falda. [ж.] юбка; подол; шлейф; поля (шляпы); склон горы; хребтовая часть говядины; [множ.] женщины: * gustarle a uno las faldas, ухаживать за женщинами.
faldamenta. [ж.] faldamento. [м.] нижняя часть длиннополой одежды; (разг.) широкая юбка.
faldar. [м.] набедренник (у лат); (обл.) женский передник.

faldear. [неперех.] идти по склону горы.
faldellín. [м.] короткая нижняя юбка; см. refajo.
faldeo. [м.] (Амер.) неровный склон горы.
faldero, ra. [прил.] юбочный; любящий дамское общество; [м.] любимая собачка;женолюб, юбочник, любитель дамского общества; [ж.] женщина, специалистка по шитью юбок.
faldeta. [ж. умен.] к falda, юбочку; маленький театральный занавес.
faldicorto, ta. [прил.] с короткой юбкой.
faldillas. [ж. множ.] фальды.
faldinegro, gra. [прил.] (Амер.) имеющий рыжую спину и черный живот (о скоте).
faldiquera. [ж.] (обл.) (Амер.) внутренний карман.
faldón. [увел.] к falda; широкая короткая юбка; пола; фалда; шлейф; скат крыши (треугольный); наличник (камина) верхний жёрнов.
faldriquera. [ж.] внутренний карман.
faldudo, da. [прил.] с широкой юбкой; [м.] (арг.) см. broquel.
faldulario. [м.] faldumenta. [ж.] (разг.) слишком длинная одежда.
falena. [ж.] (зоол.) ночная бабочка.
falencia. [ж.] ошибка; обман; (Амер.) банкротство.
falencioso, sa. [прил.] ошибочный, ложный.
falera. [ж.] (обл.) болезнь овец, выражающаяся тимпанитом.
falerno. [м.] фалернское вино (у Римлян).
falencio, falenco. [прил.] * verso falencio, пятистопный стих.
falibilidad. [ж.] возможность ошибки; погрешимость.
falible. [прил.] подверженный ошибкам, могущий ошибиться; рискованный.
fálico, ca. [прил.] фаллический.
faliforme. [прил.] в форме полового члена.
faligote. [м.] (обл.) сорт рыбы.
falilla. [прил.] (обл.) немного тщеславный.
falimiento. [м.] (м. употр.) обман, неправда, ложь.
falitis. [ж.] (пат.) воспаление полового члена.
falo. [м.] фаллос, мужской половой член.
falodinia. [ж.] (пат.) боль в половом члене.
faloideo, a. [прил.] похожий на фаллос.
falondres (de). [нареч.] внезапно и т. д.
falor(d)ia. [ж.] ложь, выдумка.
falorragia. [ж.] (пат.) гоноррея.
falorrea. [ж.] (пат.) бленоррея, триппер.
falota. [прил.] (обл.) очень тщеславный, чванный.
falsa. [ж.] (обл.) см. desván; (обл.) (Амер.) транспарант (для письма).
falsaarmadura. [ж.] второй скат крыши.
falsabraga. [ж.] подстенок.
falsada. [ж.] стремительный полёт хищной птицы.
falsamente. [нареч.] ложно, лживо; притворно, деланно; неверно.
falsaportada. [ж.] см. anteportada.
falsario, ria. [прил.] поддельный, лживый; [м. и ж.] подделыватель, (-ница), фальсификатор; искажающий, (-ая) истину; лжец.
falseador, ra. [прил.] фальсифицирующий, подделывающий.
falseamiento. [м.] подделка, искажение.
falsear. [перех.] подделывать, фальсифицировать; извращать, проникать; взламывать; [неперех.] слабеть, терять равновесие; фальшивить, расстраиваться (о музыкальном инструменте); звучать не в тон.
falsedad. [ж.] фальшивость, лживость, двоедушие; ложь, неправда.
falseo. [м.] (арх.) отклонение.
falseta. [ж.] (муз.) фиоритура (гитары).
falsete. [м.] деревянная затычка, втулка (в бочке); маленькая одностворчатая дверь; (муз.) фальцет.
falsía. [ж.] фальшь, двуличность, вероломство.
falsificación. [ж.]фальсификация, подделка.
falsificado, da. [страд. прич.] к falsificar; [прил.] поддельный, фальшивый.
falsificador, ra. [прил.] подделывающий; фальсифицирующий; [м. и ж.] фальсификатор, подделыватель, (-ница).
falsificar. [перех.] фальсифицировать, подделывать; искажать.
falsificatorio, ria. [прил.] относящийся к фальсификации, подделке.
falsiloquio. [м.] ложный рассказ; неправда, ложь.
falsilla. [ж.] транспарант (для письма).
falsío. [м.] (обл.) фарш.
falso, sa. [прил.] ложный, обманчивый; лживый; поддельный, фальшивый, подложный; притворный, двуличный, вероломный, лживый, двоедушный, лицемерный; неверный, ошибочный; (обл.) трусливый, робкий; слабый, вялый, неспелый; брыкливый; [м.] подкладка (пальто, костюма); опушка платья; (арг.) палач: * en falso, непрочно; ложно, лживо.
falta. [ж.] отсутствие чего-л, нужда, нехватка, недостаток (в чём-л); ошибка; промах, вина, погрешность, оплошность, упущение, нарушение; проступок: изъян, недостаток; отсутствие (на перекличке); отсутствие менструации: (юр.) лёгкое нарушение закона: * hacer falta, быть нужным; * por falta de, за неимением, за отсутствием чего-л; * hacer tanta falta como los perros en misa, не быть нужным; * sin falta, точно, наверняка; безусловно; * falta de disciplina, (воен.) нарушение дисциплины; * dar quince y falta превосходить.
faltante. [действ. прич.] к faltar.
faltar. [неперех.] отсутствовать; не прийти; кончаться, приходить к концу; не соответствовать; не удаваться, проваливаться (о планах и т. д.); не хватать, недоставать; оскорблять, обижать; ошибаться; промахнуться; манкировать; нарушать, не соблюдать, изменять: * faltar a su palabra, не сдержать слова; * me faltó poco para caer, я едва не упал; * faltar a una cita, не прийти на свидание; * ¡no faltaba más!, только этого не доставало!; * me faltó valor, у меня не хватило духу.
faltativo, va. [прил.] (Амер.) непочтительный.
falte. [м.] (Амер.) мелочной торговец.
faltedad. [ж.] (Амер.) тщеславие, самомнение.
falto, ta. [прил.] нуждающийся в чём-л; лишённый чего-л; недостаточный.
faltón, na. [прил.] не выполняющий обещания, обязательства; (Амер.) неуважительный.
faltoso, sa. [прил.] (разг.) сумасшедший.
faltrero, ra. [м. и ж.] (м. употр.) вор, карманник.
faltriquera. [ж.] карман; внутренний мешочек (под одеждой, у женщин); ложа около сцены в старинных театрах Мадрида.
falúa. [мор.] командирский катер.
falucho. [м.] фелука, фелюга.
falún. [м.] (геол.) ракушечник.
falla. [ж.] брак (в ткани и т. д.); (геол.) сброс, сдвиг (горных пород).

falla. [ж.] старинный женский головной убор; (Амер.) детский чепчик; (в Валенсии) артистический костёр.
fallada. [ж.] (при игре в карты) козыряние.
fallador, ra. [прил.] тот, кто козыряет (при игре в карты).
fallar. [перех.] (юр.) выносить приговор.
fallar. [перех.] козырять; [неперех.] не удаваться, не иметь успеха, проваливаться; давать осечку; неожиданно сломаться, отказаться действовать; * le falla la memoria, память ему изменяет; * fallar el tiro, не попасть в цель.
falleba. [ж.] шпингалет.
fallecer. [неперех.] скончаться, умереть; кончаться; [непр. гл.] спрягается как agradecer.
falleciente. [действ. прич.] к fallecer умирающий.
fallecimiento. [м.] смерть, кончина.
fallencia. [ж.] (обл.) конец, окончание.
fallenque. [прил.] (Амер.) нуждающийся в деньгах.
fallero, ra. [прил.] (Амер.) манкирующий своими обязанностями, часто отсутствующий (тже. сущ.).
fallible. [прил.] способный ошибаться.
fallido, da. [страд. прич.] к fallir; неудавшийся, неудачный; некредитоспособный; не могущий быть взысканным.
fallir. [неперех.] кончаться, не удаваться.
fallo. [м.] приговор; решение: * echar el fallo, выносить приговор; решать; признавать безнадёжным (больного).
fallo, lla. [прил.] лишённый одной масти (при игре).
fallón, na. [прил.] (Амер.) см. fallero; ненадёжный, не выполняющий обещания и т. д.
falluto, ta. [прил.] (обл.) пустой; (Амер.) (вул.) ложный; трусливый, малодушный.
fama. [ж.] слава, известность; репутация; общественное мнение; (перен.) слух, молва: buena fama, доброе имя * es fama, говорят, известно, ходят слухи; * correr fama, давать знать; * cobrar fama, завоевать славу; * de fama, знаменитый.
famélico, ca. [прил.] голодный, изголодавшийся.
fameniense. [прил.] (геол.) фаменский.
familia. [ж.] семья, семейство, родня, фамилия; род, дом; потомство; (монашеский) орден; прислуга, слуги; (разг.) многолюдная группа; (Амер.) рой; семейство (растений и т. д.): * en familia, между собой, между своими, в своей семье, шито-крыто.
familiar. [прил.] семейный, домашний; семейственный; близкий, родной; дружеский, интимный; близко знакомый, хорошо известный; непринуждённый, простой, безыскусственный; обиходный, разговорный (о языке и т. д.); [м.] близкий, свой, член семьи (кроме отца); гений-хранитель, домовой священник епископа; чиновник инквизиции; большой экипаж: * hacerse familiar, см. habituarse.
familiaridad. [ж.] простота, искренность; фамильярность, непринуждённость в обращении; близость, интимность, вольность; см. familiatura.
familiarizable. [прил.] очень общительный, разговорчивый.
familiarizar. [перех.] знакомить с чем-л, приучать к...; familiarizarse, [возв. гл.] усваивать; привыкать; сближаться с кем-л.
familiarmente. [нареч.] запросто, дружески; фамильярно.
familiatura. [ж.] должность чиновника (familiar) инквизиции; должность слуги у

некоторых учебных заведений; см. genealogía.

familión. [м. увел.] к familia, многодетная семья.

familismo. [м.] семейная любовь.

famosamente. [нареч.] славно, знаменито; замечательно, прекрасно, отлично.

famoso, sa. [прил.] славный, знаменитый, известный; (разг.) замечательный, отличный, превосходный; привлекающий внимание.

fámula. [ж.] (разг.) горничная, служанка, прислуга.

famular. [прил.] принадлежащий или относящийся к слугам и т. д.

famulato. [м.] занятия слуги; челядь, прислуга, слуги.

fámulo. [м.] слуга, лакей.

fanal. [м.] большой фонарь; маячный огонь; судовой фонарь; стеклянный колпак; (арг.) глаз.

fanáticamente. [нареч.] фанатично.

fanático, ca. [прил.] фанатичный, фанатический; изуверский; заядлый; [м. и ж.] фанатик, (-ичка).

fanatismo. [м.] фанатизм; нетерпимость; страстное увлечение.

fanatización. [ж.] превращение в фанатика.

fanatizador, ra. [прил.] возбуждающий фанатизм.

fanatizar. [перех.] превращать в фанатика, возбуждать фанатизм.

fandanga. [ж.] (Амер.) большой внутренний карман (под одеждой).

fandango. [м.] фанданго (испанский танец и музыка к нему); (разг.) шум, драка, свалка, беспорядок.

fandanguear. [неперех.] (разг.) шумно веселиться; шуметь, скандалить.

fandanguero, ra. [прил.] любящий фанданго, развлечение; [м. и ж.] любитель, (-ница) фанданго, развлечений.

fandanguillo. [м.] сорт фанданго.

fandulario. [м.] см. faldulario.

fané. [прил.] (гал.) увядший, поблёкший, выцветший.

faneca [ж.] род маленькой трески (кантабрийского моря).

fanega. [ж.] мера сыпучих тел, равная 55,5 л.: * fanega de tierra, мера земли, равная 64,5 а. (в Кастилии).

fanegada. [м.] см. fanega de tierra: * a fanegadas, (разг.) в изобилии.

fanerocarpo, pa. [прил.] (бот.) явноплодный.

fanerogamia. [ж.] (бот.) явнобрачие.

fanerógamo, ma. [прил.] (бот.) явнобрачный; [ж. множ.] явнобрачные.

fanerócristalino na. [прил.] (геол.) грубокристаллический.

faneroscopia. [ж.] исследование кожи.

fanfarrear. [неперех.] см. fanfarronear.

fanfarria. [ж.] (муз.) фанфара, хор трубачей; весёлая музыка.

fanfarria. [ж.] (разг.) см. fanfarronería; (обл.) хвастовство; фанфаронство.

fanfarrón, na. [прил.] храбрый на словах, хвастливый; [м. и ж.] бахвал, хвастун, (-ья), фанфарон.

fanfarronada. [ж.] хвастовство, самохвальство, бахвальство, похвальба.

fanfarronamente. [нареч.] хвастливо и т. д.

fanfarronear. [неперех.] хвастать(ся), хвалиться, врать, быть храбрым на словах.

fanfarronería. [ж.] хвастовство, фанфаронство.

fanfarronesca. [ж.] образ жизни, манера держать себя, поведение фанфаронов.

fanfurriña. [ж.] (разг.) временное раздражение, досада.

fangal, fangar. [м.] болотистое место, трясина, топь.

fango. [м.] тина, грязь, ил; (перен.) распутство.

fangosidad. [ж.] свойст. к грязный, тинистый, топкий.

fangoso, sa. [прил.] грязный; тинистый, топкий; болотистый.

fangoterapia. [ж.] лечение илом, грязью.

fanguero. [м.] (Амер.) грязь, тина, ил.

fanón. [м.] подгрудок (у быка).

fanotrón. [м.] газоразрядная выпрямительная лампа.

fantaseador, ra. [прил.] фантазирующий; [м. и ж.] фантазёр, (-ка).

fantasear. [неперех.] фантазировать, выдумывать что-л неправдоподобное и т. д., заноситься воображением; чваниться, кичиться.

fantasía. [ж.] фантазия, воображение; выдумка; вымысел (разг.) тщеславие, неестественность, самомнение; (муз.) фантазия; (гал.) затея, фантазия, мимолётное желание, прихоть; [множ.] жемчужное ожерелье: * de fantasía, фантази.

fantasioso, sa. [прил.] (разг.) пустой, самонадеянный, тщеславный, хвастливый.

fantasma. [м.] привидение, призрак, фантом; химера, несбыточная мечта; (перен.) надменный, тщеславный человек; пугало.

fantasmagoría. [ж.] фантасмагория; (перен.) видение, призрак.

fantasmagóricamente. [нареч.] фантасмагорически.

fantasmagórico, ca. [прил.] фантасмагорический.

fantasmal. [прил.] призрачный.

fantasmatoscopio. [м.] (физ.) оптический прибор, в котором через открывающуюся дверь является призрак вырастающий по мере приближения к зрителям.

fantasmatología. [ж.] сумма знаний о привидениях, призраках.

fantasmón, na. [прил.] (разг.) очень хвастливый, тщеславный, хлыщеватый (тж. сущ.) [м. увел.] к fantasma; пугало; переодетый человек.

fantásticamente. [нареч.] фантастически.

fantástico, ca. [прил.] фантастический, сказочный; невероятный; странный; несбыточный, химерический, мечтательный, воображаемый, фантастичный; (перен.) самонадеянный, тщеславный, хвастливый.

fantastrón. [м.] (физ.) фантастрон.

fantochada. [ж.] действие, свойственное марионетке.

fantoche. [м.] (прям.) (перен.) марионетка, кукла.

fantochín. [м.] марионетка, кукла.

fañado, da. [прил.] годовалый.

fañicar. [неперех.] (обл.) работать без пользы.

fañoso, sa. [прил.] (Амер.) гнусавый, гнусавящий.

fapo. [м.] (орни.) род голубья.

faquí. [м.] см. alfaquí.

faquín. [м.] носильщик, грузчик.

faquir. [м.] факир.

fara. [ж.] африканский уж.

farabusteador. [м.] (арг.) проворный вор.

farabustear. [перех.] (арг.) проворно, ловко воровать.

farabuti. [прил.] (Амер.) с претензией на элегантность.

faracha. [ж.] (обл.) трепалка, льномялка.

farachar. [перех.] трепать, мять, лён, коноплю.

faradímetro. [м.] (физ.) измеритель ёмкости.

farad(io). [м.] (физ.) фарад(а).

faradización. [ж.] фарадизация, лечение индуктивными токами.

faradizar. [перех.] применять фарадизацию.

faradoterapia. [ж.] лечение фарадическим током.

faradoterápico, ca. [прил.] относящийся к лечению фарадическим током.

faralá. [м.] оборка; (перен.) пышная, безвкусная отделка.

fartallo. [м.] (обл.) хлебная крошка.

farallón. [м.] небольшой утёс; (мин.) выход на поверхность, верхняя часть рудной жилы.

faramalla. [ж.] (разг.) пустословие, заговаривание зубов; вещь, имеющая великолепный вид; [м. и ж.] говорун, (-ья), обманщик, (-ица).

faramallear. [неперех.] (Амер.) см. farolear.

faramallero, ra. [прил.] болтливый, плутоватый, жуликоватый; [м. и ж.] говорун, (-ья), обманщик, (-ица), плутоватый человек; (Амер.) фанфарон, хвастун, (-ья).

faramallón, na. [прил.] (разг.) см. faramallero.

farandola. [ж.] (обл.) см. faraló.

farandola. [ж.] фарандола (танец).

farándula. [ж.] ремесло комедианта; труппа комедиантов; (перен.) (разг.) заговаривание зубов.

farandulear. [неперех.] (Амер.) быть тщеславным, пустым, бахвалиться.

farandulero, ra. [м. и ж.] комедиант, (-ка); [прил.] болтливый, плутоватый, жуликоватый, обманчивый; [м. и ж.] говорун, (-ья), обманщик, (-ица), комедиант, (-ка).

farandúlico, ca. [прил.] комедиантский.

faranguear. [перех.] (Амер.) избегать, уклоняться, отклоняться в сторону.

faraón. [м.] (ист.) фараон; фараон (азартная карточная игра).

faraónico, ca. [прил.] (ист.) фараонов, фараоновский.

faraute. [м.] гонец, герольд, вестник; (теат.) актёр, выступающий с прологом; (разг.) человек всюду сующий свой нос, берущийся за всё.

farbulo, la. [прил.] (обл.) пустой, легкомысленный, тщеславный, ложный.

farcino. [м.] (вет.) кожный сап (у лошадей).

farcinoma. [м.] сапная опухоль.

farda. [ж.] старинный налог; узел, свёрток; гнездо, паз.

fardacho. [м.] разновидность ящерицы.

fardar. [перех.] снабжать чем-л (преимущ. одеждой).

fardel. [м.] котомка, мешок, сума (у пастуха, нищих и т. к.); см. fardo; (перен.) (разг.) небрежно одевающийся человек.

fardela. [ж.] (обл.) мешок, котомка, сума; сумка для книг и тетрадей.

fardería. [ж.] совокупность тюков, кип.

fardero. [м.] (обл.) носильщик.

fardialedra. [ж.] (арг.) мелкие монеты, мелочь.

fardo. [м.] кипа, тюк (товаров).

fares. [ж. множ.] (обл.) вечерняя служба на Страстной неделе.

farfala. [ж.] оборка, волан.

farfalilla. [ж.] ничтожная, малоценная вещь.

farfallear. [неперех.] (обл.) см. tartamudear.

farfallo. [м.] (разг.) пища.

farfallón, na. [прил. и сущ.] см. chapucero.

farfalloso, sa. [прил.] заикающийся.

farfante. [м.] (разг.) фанфарон, бахвал; [прил.] храбрый в словах, хвастливый.

farfantón. [м.] (разг.) хвастун, болтун.

farfantonada, farfantonería. [ж.] (разг.) хвастовство, действие или выражение свойственное хвастуна и т. д.

fárfara. [ж.] (бот.) мать-и-мачеха.

fárfara. [ж.] яичная кожица; * en fárfara, без яичной скорлупы; (перен.) неоконченный.

farfaro. [м.] (арг.) духовное лицо, священник.

farfulla. [ж.] бормотание, невнятное произношение; косноязычие; [м. и ж.] (разг.) бормотун, (-ья), заика; [прил.] говорящий быстро и невнятно; [м. и ж.] (Амер.) беспорядочный человек.

farfulladamente. [нареч.] невнятно и поспешно, второпях и т. д.

farfullador, ra. [прил.] (разг.) быстро и невнятно говорящий; беспорядочный; [м. и ж.] бормотун, (-ья), заика; беспорядочный человек.

farfullar. [перех.] (разг.) бормотать, быстро и невнятно говорить; (перен.) (разг.) беспорядочно и поспешно делать что-л.

farfulleo, ra. [прил. и сущ.] см. farfullador.

fargallón, na. [прил.] беспорядочно и поспешно делающий что-л; небрежный в одежде; [м. и ж.] халтурщик, (-ица); неряшливый человек.

farináceo, a. [прил.] мучнистый.

farinato. [м.] (обл.) колбаса из хлеба и т. д.

farinetas. [ж. множ.] (обл.) мучная каша.

faringalgia. [ж.] боль в глотке.

faringe. [ж.] (анат.) глотка, зев.

faringectomía. [ж.] иссечение глотки.

faringenfraxis. [ж.] закупорка глотки.

farínges, a. [прил.] (анат.) глоточный, зевный.

faringismo. [м.] (пат.) глоточный спазм.

faringitis. [ж.] фарингит, воспаление слизистой оболочки зева, глотки.

faringocele. [м.] (пат.) глоточная опухоль.

faringodinia. [ж.] боль в глотке.

faringografía. [ж.] описание глотки.

faringográfico, ca. [прил.] относящийся к описанию глотки.

faringolaríngeo, a. [прил.] глоточно-гортанный.

faringología. [ж.] изучение глотки (часть анатомии).

faringomicosis. [ж.] (пат.) разрастание грибков в зеве, глотке.

faringonasal. [прил.] глоточно-ротовой.

faringopalatino, na. [прил.] глоточно-нёбный.

faringoplejía. [ж.] (пат.) паралич горла.

faringoqueratosis. [ж.] (пат.) ороговение глотки.

faringorragia. [ж.] (пат.) кровотечение из глотки.

faringoscopia. [ж.] фарингоскопия, осмотр глотки.

faringoscópico, ca. [прил.] фарингоскопический.

faringospasmo. [м.] (пат.) судорога глотки.

faringostenosis. [ж.] сужение глотки.

faringoterapia. [ж.] лечение глоточных болезней.

faringotomía. [ж.] оперативное вскрытие глотки.

faringoxerosis. [ж.] сухость глотки.

farinoso, sa. [прил.] мучнистый.

fariña. [ж.] (Амер.) маниока (мука); [множ.] (обл.) кукурузная каша.

fariñera. [ж.] (Амер.) большой нож.

fariño, ña. [прил.] (обл.) лёгкий, невесомый.

farisaicamente. [нареч.] лицемерно и т. д.

farisaico, ca. [прил.] фарисейский; (перен.) лицемерный, ханжеский.

farisaísmo. [м.] фарисейство, фарисейское учение.

fariseísmo. [м.] см. farisaísmo; (перен.) лицемерие, фарисейство, ханжество.

fariseo. [м.] (перен.) фарисей, лицемер, ханжа; высокий и худой мужчина (дурной внежности).

farmacéutico, ca. [прил.] фармацевтический, аптекарский; [м. и ж.] аптекарь, фармацевт.

farmacia. [ж.] фармация; профессия аптекаря, фармацевта; аптека.

fármaco. [м. употр.] лекарство, средство.

farmacodinamia. [ж.] учение о действии лекарств на организм.

farmacognosia. [ж.] фармакогнозия.

farmacografía. [ж.] описание лекарств.

farmacolita. [ж.] (мин.) мышьяковистая известь.

farmacología. [ж.] фармакология, учение о действии лекарств на живой организм.

farmacológico, ca. [прил.] фармакологический.

farmacólogo. [м. и ж.] фармаколог, специалист по фармакологии.

farmacopea. [ж.] фармакопея (книга).

farmacopedia. [ж.] описание свойств препаратов и руководство к приготовлению лекарственных форм.

farmacopola. [м.] аптекарь, фармацевт.

farmacopólico, ca. [прил.] фармацевтический, аптекарский.

farmacopoyesis. [ж.] (фарм.) приготовление лекарственных форм.

farmacoquímica. [ж.] фармакохимия.

farmacorictología. [ж.] фармацевтическая минералогия.

farmacosiderita. [ж.] (мин.) фармакосидерит, кубическая руда.

farmacoterapia. [ж.] лечение фармацевтическими препаратами.

farnaca. [ж.] (обл.) зайчонок.

faro. [м.] маяк; фонарь маяка; (авт.) фара; (перен.) светоч.

faro. [м.] брюссельское пиво.

farol. [м.] фонарь; уличный фонарь; (перен.) см. fachenda; (карт.) ложная ставка или ход (для дезориентации партнёра).

farola. [ж.] большой уличный фонарь; судовой фонарь, опознавательный огонь.

farolazo. [м.] удар фонарём; (перен.) (Амер.) большой глоток водки.

farolear. [неперех.] (разг.) быть тщеславным, пустым, хвастливым, важничать.

faroleo. [м.] тщеславие, важничанье.

farolería. [ж.] магазин по продаже фонарей; фонарная мастерская; (перен.) бахвальство.

farolero, ra. [прил.] тщеславный, хвастливый, пустой; [м. и ж.] хвастун, (-ья), бахвал; тот, кто делает или продаёт фонари; фонарщик: * meterse uno a farolero, (перен.) (разг.) вмешиваться в чужие дела.

farolillo. [м.] (бот.) повилика, вьюнок; колокольчик; фонарик.

farolito. [м.] (бот.) колокольчик.

farolón, na. [прил.] тщеславный, пустой, любящий важничать (тж. сущ.); [м. увел.] к farol.

farota. [ж.] (разг.) наглая женщина.

farotear. [неперех.] (Амер.) шалить, шуметь.

farote. [м.] (Амер.) индейский танец.

farotón, na. [прил.] (разг.) бесстыдный, наглый, дерзкий; [м. и ж.] бесстыдник, (-ица); наглец, наглая женщина.

farpa. [ж.] острый конец.

farpado, da. [прил.] зубчатый.

farra. [ж.] (Амер.) увеселение, шумное развлечение.

farraca. [ж.] (обл.) см. faltriquera.

fárrago. [м.] груда хлама.

farragoso, sa. [прил.] захламлённый, беспорядочный.

farraguas. [м. и ж.] (разг.) (обл.) шалун, (-ья), проказник, (-ица).

farraguista. [м. и ж.] сумбурный человек.

farranca. [ж.] (обл.) отшлифованный водой камень.

farrapas. [ж. множ.] (обл.) кукурузная каша.

farrear. [неперех.] (Амер.) шумно веселиться, шуметь.

farrero, ra. [прил.] (Амер.) любящий шумное веселье, пьеса; шумный.

farrio. [м.] (обл.) хлам (чаще множ.).

farrista. [прил.] (Амер.) любящий шумное веселье; шумный, шумливый, весёлый; относящийся к увеселению, шумному развлечению; [м. и ж.] любитель, (-ница) шумных увеселений.

farro. [м.] перловая крупа.

farruco, ca. [прил.] (разг.) храбрый, мужественный, дерзкий, неустрашимый.

farruto, ta. [прил.] (Амер.) хилый, слабый, болезненный.

farsa. [ж.] (театр.) фарс; труппа комедиантов; (презр.) пошлое драматическое произведение, пьеса; (перен.) фарс.

farsanta. [ж.] комедиантка, актриса.

farsante. [м.] комедиант, актёр; (перен.) фальшивый человек, шарлатан (тж. прил.).

farsear. [неперех.] (разг.) (Амер.) см. bromear.

farseto. [м.] старинный камзол (под доспехами).

farsido, da. [прил.] набитый, наполненный.

farsista. [м.] автор фарса.

fartalla. [ж.] (обл.) см. hartazgo.

faruca. [ж.] (Амер.) шумное веселье.

fas (por) o por nefas. [адвер. выраж.] всеми правдами и неправдами.

fascal. [м.] (обл.) куча 30 снопов; пеньковый канат, верёвка.

fasces. [м. множ.] пучок прутьев с секирой (у Римских ликторов).

fascia. [ж.] (анат.) фасция, повязка.

fasciculado, da. [прил.] (бот.) пучкообразный.

fascicular. [прил.] пучкообразный.

fascículo. [м.] отдельный выпуск (книги и т. д.), брошюра, выпуск, тетрадь (часть книги).

fascinación. [ж.] сглаз; обаяние, очарование.

fascinadamente. [нареч.] обаятельным образом и т. д.

fascinador, ra. [прил.] обаятельный, чарующий, волшебный, обворожительный.

fascinamiento. [м.] см. fascinación.

fascinante. [дейст. прич.] к fascinar, чарующий.

fascinar. [перех.] сглазить; очаровать; обворожить, прельщать.

fasciola. [ж.] (анат.) двуустка печёночная.

fasciolaria. [ж.] морщиноватик (разновидность моллюсков).

fascismo. [м.] фашизм.

fascista. [прил.] фашистский; [м. и ж.] фашист, (-ка).

fase. [ж. разн. знач.] фаза.

faseoláceo, a. [прил.] похожий на фасоль.

fasiánidas. [ж. множ.] (орни.) фазановые.

fasímetro. [м.] (физ.) фазометр.

fasionable. [прил.] (англ.) модный, элегантный; [м.] щёголь, франт.

fasistor. [м.] (Амер.) тщеславный человек.

fasistorería. [ж.] (Амер.) тщеславие.

fásmidos. [м. множ.] семейство прямокрылых насекомых.

fasoles. [м. множ.] (бот.) фасоль.
fastén. [прил.] (Амер.) хвастливый, чванный, надутый.
fastial. [м.] (арх.) самый высокий камень здания.
fastidiar. [перех.] внушать, вызывать отвращение, отбивать вкус, охоту; (перен.) наводить скуку, надоедать, наскучивать; утомлять; см. perjudicar.
fastidio. [м.] отвращение, омерзение; (перен.) скука; досада, раздражение; докучливость, надоедливость.
fastidiosamente. [нареч.] скучно и т. д.
fastidioso, sa. [прил.] противный; скучный, надоевший, надоедливый, докучливый, утомительный; сердитый, рассерженный.
fastigiado, da. [прил.] (бот.) равновысокий.
fastigio. [м.] остроконечная вершина; (перен.) вершина, верх; (арх.) фронтон.
fasto, ta. [прил.] счастливый, удачный, памятный; [м.] пышность, роскошь, блеск: * días fastos, присутственные дни (у Римлян).
fastos. [м. множ.] хроника, летопись.
fastosamente, fastoso, sa. см. fastuosamente, fastuoso.
fastrén. [прил.] (Амер.) см. fastén.
fastuosamente. [нареч.] пышно, роскошно.
fastuosidad. [ж.] выставление напоказ.
fastuoso, sa. [прил.] любящий пышность, тщеславный, чванный; пышный, роскошный.
fatagino. [м.] (зоол.) долгохвостый ящер.
fatal. [прил.] фатальный, роковой, неизбежный; гибельный, пагубный; злополучный, несчастный; (ком.) недопускающий отсрочки (о сроке).
fatalidad. [ж.] фатальность, судьба, рок, предопределение; неизбежность; роковое стечение обстоятельств; злополучие, несчастье, злая участь.
fatalismo. [м.] фатализм, вера в предопределение или в неизбежность судьбы.
fatalista. [прил.] верующий в неизбежность судьбы; [м. и ж.] фаталист, (-ка).
fatalmente. [нареч.] фатально, неизбежно, роковым образом; по роковому несчастию.
fatamorgana. [ж.] (физ.) фата-моргана.
fatídicamente. [нареч.] роковым образом, волею судеб, по воле судьбы.
fatídico, ca. [прил.] вещий, предсказывающий; предначертанный, предвещающий несчастье, зловещий.
fatiga. [ж.] усталость, утомление; тяжёлое дыхание; (чаще множ.) отвращение, страдание, мучение.
fatigación. [ж.] см. fatiga.
fatigadamente. [нареч.] утомительно, тяжело.
fatigador, ra. [прил.] утомительный, трудный.
fatigante. [дейст. прич.] к fatigar, утомляющий; [прил.] (гал.) см. fatigoso.
fatigar. [перех.] утомлять; обременять, докучать, беспокоить, надоедать, притеснять, досаждать; (арг.) см. hurtar.
fatigosamente. [нареч.] с трудом, с усилием, тяжело.
fatigoso, sa. [прил.] тяжёлый, трудный, утомительный; тягостный, мучительный; трудоёмкий.
fatnoma. [ж.] (анат.) зубная луночка.
fato. [м.] (обл.) обоняние; дурной запах, вонь.
fato, ta. [прил.] (обл.) см. fatuo.
fatuamente. [нареч.] с тщеславием, гордо.
fatuidad. [ж.] легкомыслие, пустота; глупость; дурачество, самодовольство, фатовство, самомнение.
fatuísmo. [м.] слабоумие.

fatula. [ж.] (Амер.) большой таракан.
fatulo, la. [прил.] (Амер.) трусливый (о петухе).
fatuo, a. [прил.] глупый, дурацкий; самодовольный, фатоватый, хлыщеватый; [м. и ж.] глупец, дурак, дура; фат, хлыщ.
fatuto, ta. [прил.] (Амер.) чистый.
faucal. [прил.] гортанный, относящийся к пасти.
fauces. [ж. множ.] глотка; гортань; пасть.
faucitis. [ж.] воспаление глотки, гортани.
faumento. [м.] (Амер.) (вул.) пища.
fauna. [ж.] фауна; фаунистика, описание животных какой-л. местности.
fáunico, ca. [прил.] относящийся к фауне; фаунистический.
fauno. [м.] (миф.) фавн, лесное божество.
faustamente. [нареч.] пышно; см. felizmente.
fausto. [м.] пышность, роскошь, помпа, блеск, великолепие.
fausto, ta. [прил.] счастливый, удачный, благоприятный.
faustoso, sa. [прил.] (м. употр.) пышный, роскошный, любящий пышность.
fautor, ra. [м. и ж.] пособник, (-ица); укрыватель, (-ница).
fautoría. [ж.] пособничество, помощь.
favéola. [ж.] (биол.) ячейка, клеточка.
faveolado, da. [прил.] сотообразный.
favila. [ж.] (поэт.) см. pavesa.
favo. [м.] соты; (пат.) паршивый лишай.
favonio. [м.] (поэт.) зефир, западный тёплый ветерок.
favor. [м.] милость, одолжение; благосклонность, благоволение, благорасположение, расположение; покровительство, протекция, помощь; (пат.) (privanza); узкая шёлковая ленточка; * a favor de, в пользу кого-л, за кого-л; под покровом; * por favor, из любезности; пожалуйста; * hacer un favor, сделать одолжение; * hágame el favor de, сделайте такую милость, такое одолжение; ¡favor! помогите!; * estar en favor, пользоваться расположением кого-л; * billete de favor, бесплатный билет.
favorable. [прил.] благоприятный, удобный; попутный (о ветре); благосклонный, расположенный, милостивый.
favorablemente. [нареч.] благосклонно, благоприятно, снисходительно; по желанию.
favorecedor, ra. [прил.] содействующий, помогающий, покровительствующий; [м. и ж.] покровитель, (-ница).
favorecer. [перех.] покровительствовать, благоприятствовать, содействовать, способствовать, защищать, помогать; идти, быть к лицу; удостаивать; favorecerse. [возв. гл.] помогать друг другу.
favorecido, da. [страд. прич.] к favorecer.
favoreciente. [страд. прич.] к favorecer.
favoritismo. [м.] фаворитизм.
favorito, ta. [прил.] любимый; [м. и ж.] любимец, (-мица), фаворит, (-ка).
favoso, sa. [прил.] (пат.) паршивый.
faya. [ж.] фай (шёлковая ткань).
faya. [ж.] (обл.) большой утёс; скала.
fayado. [м.] (обл.) нежилой чердак.
fayalita. [ж.] (мин.) фаялит.
fayal. [м.] (обл.) скалистая местность.
fayanca. [ж.] шатающееся положение тела: * de fayanca, небрежно.
fayuca. [ж.] (Амер.) пустословие.
faz. [ж.] лицо; вид; сторона (лицевая): * a prima faz, a primera faz, на первый взгляд; * faz a faz, лицом к лицу; * en faz y en paz, публично и мирно; * borrar de la faz de la tierra, стереть с лица земли.
fazo. [м.] (арг.) носовой платок.

fe. [ж.] вера, верование; вера, религия; доверие; обещание, слово, клятва; верность, преданность, честность; свидетельство: * fe católica, католическая вера; * buena fe, честность; * mala fe, бесчестие; неискренность; * fe de erratas, список опечаток; * a buena fe, несомненно; * de buena fe, чистосердечно, простодушно; * ¡a fe mía! честное слово; * a fe, по истине, на самом деле; * dar fe, заверять, подтверждать; * fe de vida, метрическая выписка; * digno de fe, достойный доверия; * profesión de fe, кредо, изложение своих взглядов, убеждений.
fealdad. [ж.] безобразие; (перен.) нечестность, бесчестность, бесчестие, низость, гнусность, подлость, постыдный поступок.
feamente. [нареч.] безобразно, некрасиво; недостойно, постыдно.
febeo, a. [прил.] (поэт.) фебов, относящийся и Фебу.
feblaje. [м.] допускаемая скидка на вес (монеты).
feble. [прил.] слабый, вялый, худой; неполновесный, низкопробный (о монетах): * plata feble, низкопробное серебро.
febrera. [ж.] небольшой оросительный канал, см. cacera.
febrero. [м.] февраль: * en febrero, en el mes de febrero, в феврале; * de febrero, февральский.
febricante. [прил.] вызывающий лихорадку.
febricida. [прил.] противолихорадочный.
febricidad. [ж.] (пат.) свойст. к лихорадочный.
febriciente. [прил.] (Амер.) см. febricitante.
febricitante. [прил.] (пат.) лихорадочный.
febrícula. [ж.] (пат.) лёгкая лихорадка.
febrido, da. [прил.] блестящий, сверкающий.
febrifaciente, febrífico, ca. [прил.] вызывающий лихорадку.
febrífugo, ga. [прил.] противолихорадочный, жаропонижающий; [м.] противолихорадочное средство.
febril. [прил.] (пат.) лихорадочный; (перен.) лихорадочный, нервный, чрезмерно спешный.
febrilidad. [ж.] лихорадочное состояние.
febrilmente. [нареч.] лихорадочно.
fecal. [прил.] (мед.) каловый, фекальный.
fecaluria. [ж.] присутствие кала в моче.
fecial. [м.] священный герольд (у Римлян).
fécula. [ж.] крахмал, крахмалистое вещество (растений).
feculencia. [ж.] крахмалистость.
feculento, ta. [прил.] крахмалистый; содержащий кал.
feculoide. [прил.] похожий на крахмал.
feculómetro. [м.] прибор, определяющий содержание крахмала.
feculoso, sa. [прил.] см. feculento.
fecundador, ra. [прил.] оплодотворяющий; плодотворный.
fecundamente. [нареч.] плодородным образом и т. д.
fecundante. [дейст. прич.] к fecundar, оплодотворяющий.
fecundar. [перех.] оплодотворять, делать плодородным.
fecundativo, va. [прил.] оплодотворяющий.
fecundidad. [ж.] плодородие; плодородность; плодовитость; изобилие.
fecundización. [ж.] оплодотворение.
fecundizador, ra. [прил.] оплодотворяющий.
fecundizante. [дейст. прич.] к fecundizar.

fecundizar. [перех.] оплодотворять, делать плодородным.
fecundo, da. [прил.] плодородный; плодоносный; плодовитый; обильный, изобильный.
fecha. [ж.] дата, число (месяца); просроченный день; данное время: * hasta la fecha, до сих пор, по сегодняшний день; * de la cruz a la fecha, от начала да конца.
fechador. [м.] (Амер.) штамп для погашения марок, почтовый штемпель.
fechar. [перех.] датировать, проставлять число.
fechillo. [м.] (обл.) задвижка.
fecho, cha. [непр. страд. прич.] к hacer (уст.); [прил.] (спец.) сделанный, выполненный; [м.] пометка об исполнении.
fechoría. [ж.] злой поступок, преступление.
fechuría. [ж.] см. fechoría.
fedegar. [перех.] см. amasar.
federación. [ж.] федерация, объединение государств; союзное государство; объединение, союз, федерация, организация.
federal. [прил.] федеральный, союзный; см. federalista.
federalismo. [м.] федерализм, федеральная система.
federalista. [прил.] федералистический; [м.] федеративно; см. federativo.
federalización. [ж.] федерализация.
federalizar. [перех.] объединять в федерацию; создавать, организовывать на федеративных началах, заводить федеральное правление.
federar. [перех.] образовывать союз, федерацию из...; объединять в союз; federarse. [возв. гл.] объединяться в союз.
federativo, va. [прил.] союзный, федеративный.
feeder. [м.] (англ.) (эл.) фидер, питательный провод, питательный кабель.
feérico, са. [прил.] (гал.) феерический, волшебный; сказочный.
féferes. [м. множ.] (Амер.) вещи, пожитки.
fegaritis. [ж.] (пат.) изъязвление слизистой оболочки рта.
fehaciente. [прил.] (юр.) веский, убедительный, достоверный.
fehacientemente. [нареч.] убедительно, достоверно.
fe(i)je. [м.] (обл.) связка, пук.
felá. [м.] феллах.
feladiz. [м.] (обл.) узкая плетёная лента.
felandrio. [м.] (бот.) зонтичное растение.
feldespático, са. [прил.] (мин.) полевошпатовый.
feldespátidos. [м. множ.] (мин.) фельдшпатиды.
feldespato. [м.] (мин.) полевой шпат.
feldespatoide. [прил.] похожий на полевой шпат.
feldmariscal. [м.] (мил.) фельдмаршал.
felequera. [ж.] (обл.) папоротник.
felfa. [ж.] (Амер.) см. zurra.
felibre. [м.] фелибр (провансальский поэт или писатель).
felice. [прил.] (поэт.) см. feliz.
felicidad. [ж.] блаженство, высшее счастье; довольство, удача, успех, счастье.
felicitación. [ж.] поздравление, пожелание счастья; благодарность по службе: * carta de felicitación, поздравительное письмо.
felicitador, ra. [прил.] поздравитель; [м. и ж.] поздравитель, (-ница).
felicitar. [перех.] поздравлять кого-л с

чем-л; желать счастья; felicitarse. [возв. гл.] поздравлять друг друга.
félidos. [м. множ.] (зоол.) кошки (семейство).
feligrés, sa. [прил.] (м. и ж.) прихожанин, (-ка); (перех.) (м. употр.) товарищ.
feligresía. [ж.] церковный приход; прихожане.
felinamente. [нареч.] притворно, обманчиво, лукаво.
felino, na. [прил.] (зоол.) кошачий; [м.] животное из семейства кошек; [м. множ.] см. félidos.
feliz. [прил.] счастливый, довольный; удачный, благополучный, успешный, счастливый; своевременный: * expresión feliz, удачное, меткое выражение.
felizmente. [нареч.] счастливо, удачно, успешно; благополучно.
felón. [прил.] вероломный, предательский; двурушнический; [м. и ж.] изменник, (-ица), предатель, (-ница); двурушник.
felonía. [ж.] вероломство, измена, предательство; двурушничество.
feloplástica. [ж.] искусство вырезывания из пробки.
feloplástico, са. [прил.] принадлежащий или относящийся к искусству вырезывания из пробки.
felpa. [ж.] плюш; (перен.) (разг.) побои; взбучка, таска, нагоняй.
felpado, da. [страд. прич.] к felpar; [прил.] мохнатый, пушистый (о ткани).
felpar. [перех.] покрывать плюшем; (перен.) (поэт.) покрывать пухом.
felpeada. [ж.] (разг.) (Амер.) побои; взбучка, нагоняй.
felpear. [перех.] (разг.) (Амер.) бить, пороть; дать, задать или сделать взбучку, нагоняй.
felpilla. [ж.] синель.
felpo. [м.] соломенный мат, циновка.
felposo, sa. [прил.] бархатистый, мохнатый, пушистый, мягкий.
felpudo, da. [прил.] см. felposo; [м.] соломенный мат, цыновка.
felsita. [ж.] (мин.) фельзит.
femar. [перех.] (обл.) навозить, удобрять землю навозом; [непр. гл] спрягается как acertar.
fematero, ra. [прил.] (обл.) занимающийся сбором и т. д. навоза (тже. сущ.).
femenil. [прил.] женственный.
femenilidad. [ж.] женственность.
femenilmente. [нареч.] женоподобным образом.
femenino, na. [прил.] женский; женственный, бабий; (перен.) слабый; (грам.) женского рода; [м.] (грам.) женский род.
fementidamente. [нареч.] притворно, вероломно и т. д.
fementido, da. [прил.] вероломный, коварный, предательский, не держащий слова; обманчивый, неверный (о вещах).
femera. [ж.] (обл.) навозная яма.
femia. [ж.] (обл.) самка.
femineidad. [ж.] женственность.
femíneo, а. [прил.] женский; женственный.
feminidad. [ж.] женственность.
feminilismo. [м.] женственность; изнеженность, наличие женских признаков у мужчин.
feminismo. [м.] феминизм.
feminista. [прил.] феминистический; [м. и ж.] феминист, (-ка).
feminizar. [перех.] придавать женственность.
femoral. [прил.] (анат.) бедренный.
femorocele. [м.] (пат.) бедренная грыжа,

проходящая через бедренный канал, ниже паховой связки.
femoropoplíteo, а. [прил.] бедренно-подколенный.
femorotibial. [прил.] * articulación femorotibial, (анат.) коленный сустав.
fémur. [м.] (анат.) бедро, бедренная кость.
fenacetina. [ж.] (хим.) (мед.) фенацетин.
fenal. [м.] (обл.) луг.
fenaquistiscop(i)o. [м.] (физ.) оптический инструмент, в котором различные фигуры кажутся движущимися.
fenazo. [м.] (обл.) (бот.) род злакового растения.
fenda. [ж.] щель, трещина (в дереве).
fendi. [м.] эфенди, законник (в Турции).
fendiente. [м.] см. hendiente.
fenecer. [перех.] кончать, оканчивать; [непрех.] скончаться, умереть; [непр .гл.] спрягается как agradecer.
fenecimiento. [м.] смерть, кончина; окончание, завершение.
fenestrado, da. [прил.] с отверстиями.
feniano. [м.] фений (участник ирландского национального движения).
fenicado, da. [прил.] (хим.) содержащий карболовую кислоту.
fenice. [прил. и сущ.] (поэт.) см. fenicio.
fenicio, cia. [прил.] (ист.) финикийский; [м. и ж.] финикиец, (-иянка), финикиянин, (-нка).
fénico, са. [прил.] (хим.) * ácido fénico, карболовая кислота.
fenicópiro, ra. [прил.] (бот.) с красными плодами.
fenicóptero. [м.] (орни.) краснокрыл, красный гусь, фламинго.
fenilado, da. [прил.] (хим.) содержащий фенил.
fenilamida. [ж.] (хим.) анилин.
fenílico, са. [прил.] (хим.) фениловый.
fenilo. [м.] (хим.) фенил.
fénix. [м.] феникс (сказочная птица); (перен.) единственный в своём роде человек; редкость, уникум.
fenol. [м.] (хим.) фенол.
fenolado, da. [прил.] содержащий фенол.
fenolamina. [ж.] анилин.
fenólico, са. [прил.] к фенол.
fenogreco. [м.] (бот.) сенной пажитник.
fenolftaleína. [ж.] (хим.) фенолфталеин.
fenólico, са. [прил.] феноловый.
fenología. [ж.] (физ.) фенология, отдел метеорологии, изучающий климатическое влияние на цветение.
fenológico, са. [прил.] фенологический.
fenomenal. [прил.] относящийся к явлению; феноменальный; исключительный, необычайный; (разг.) огромный.
fenomenalidad. [ж.] феноменальность.
fenomenalismo. [м.] (фил.) феноменализм.
fenomenalista. [прил.] (фил.) феноменалистский; [м. и ж.] феноменалист.
fenomenalmente. [нареч.] феноменально, исключительно.
fenoménico, са. [прил.] (филос.) относящийся к явлению.
fenómeno. [м.] (фил.) феномен, явление; чудо природы; редкое явление; редкий экземпляр; (разг.) уродливый человек или животное.
fenomenología. [ж.] феноменология.
fenomenológico, са. [прил.] феноменологический.
fenotipo. [м.] (биол.) фенотип.
feo, а. [прил.] некрасивый, безобразный, дурной (собою), невзрачный, гадкий, уродливый, постыдный; [м.] оскорбление, оскорбительный поступок: * dejar feo, hacer un feo, пренебречь, отказать.
feote, ta. [увел.] к feo.
feracidad. [ж.] плодородие, плодородность, плодоносность (о земле).

feral. [прил.] жестокий, лютый, кровожадный; опасный, смертный.
feraz. [прил.] плодородный, плодоносный (о земле).
féretro. [м.] гроб.
feria. [ж.] день недели (кроме субботы и воскресения); праздник, день отдыха; ярмарка; (перен.) соглашение, договор, торговая сделка; (Амер.) мелочь, мелкие деньги, чаевые, см. adehala; [множ.] праздничные подарки: * cada uno habla de la feria según le va en ella, у всякого свои понятия.
feriado, da. [страд. прич.] к feriar; [прил.] неприсутственный, нерабочий (о дне недели).
ferial. [прил.] будничный (о неделе); ярмарочный; [м.] ярмарка, ярмарочная площадь.
feriante. [прил.] ярмарочный (о купце); [м.] ярмарочный купец, торговец.
feriar. [перех.] покупать на ярмарке; покупать, продавать, торговать, менять; делать праздничные подарки; [неперех.] отдыхать; **feriarse.** [возв. гл.] купить себе.
ferino, na. [прил.] животный: * tos ferina, сухой и упорный кашель, коклюш.
ferma. [ж.] декорация задней части.
fermentable. [прил.] способный к брожению, подверженный брожению.
fermentación. [ж.] ферментация, брожение: * fermentación alcohólica, винное брожение.
fermentador, ra. [прил.] бродящий, находящийся в брожении.
fermentante. [дейст. прич.] к fermentar, вызывающий брожение, бродящий.
fermentar. [неперех.] бродить, быть в состоянии брожения, ферментировать, закисать; подниматься (о тесте); (перен.) волноваться, бродить (об умах и т. д.); [перех.] вызывать брожение, заквашивать; ферментировать.
fermentativo, va. [прил.] ферментирующий, вызывающий брожение.
fermentemia. [ж.] присутствие ферментов в крови.
fermentescibilidad. [ж.] способность к брожению.
fermentescible. [прил.] способный к брожению.
fermento. [м.] (хим.) фермент, закваска, бродило.
fermentoide. [м.] изменившийся фермент лишённый действующих свойств.
fermosura. [ж.] (уст.) красота; красавица.
fernandina. [ж.] старинная ткань.
feroce. [прил.] (поэт.) см. feroz.
ferocidad. [ж.] свирепость, лютость, жестокость, зверство; кровожадность.
feróstico, ca. [прил.] (разг.) раздражительный, лютый; очень некрасивый, уродливый.
feroz. [прил.] хищный, дикий (о зверях); кровожадный, свирепый, жестокий, лютый; хищный, зверский (о взгляде).
ferozmente. [нареч.] свирепо, жестоко.
ferrada. [ж.] железная палка; (обл.) бадья.
ferrado, da. [страд. прич.] к ferrar; [м.] (обл.) земельная мера; мера ёмкости.
ferrar. [перех.] оковывать железом; [непр. гл.] спрягается как acertar.
ferrato. [м.] (хим.) соли железной кислоты.
ferre. [м.] (обл.) см. azor.
ferreal. [м.] (обл.) сорт винограда.
férreamente. [нареч.] очень сильно, упорно.
ferreña. [прил.] очень твёрдый (об одном сорте ореха).
férreo, a. [прил.] железный; (перен.) относящийся к железному веку; твёрдый, стойкий, упорный, твёрдо стоящий на своём.

ferrería. [ж.] литейная мастерская; кузница.
ferreruelo. [м.] старинный небольшой плащ.
ferrete. [м.] медный купорос; инструмент, которым делают метку.
ferretear. [перех.] отмечать, обрабатывать, оковывать железом; клеймить.
ferretería. [ж.] см. ferrería; торговля скобяными изделиями.
ferretero, ra. [м. и ж.] продавец, (-щица) скобяных изделий.
ferretreque. [м.] (Амер.) шум, беспорядок, путаница.
ferretretes. [м. множ.] (Амер.) вещи, пожитки.
férrico, ca. [прил.] (хим.) железный: * ácido férrico, железная кислота; * óxido férrico, окись железа.
ferrífero, ra. [прил.] (мин.) содержащий железо, железистый.
ferrificarse. [возв. гл.] (мин.) превращаться в железо.
ferrilito. [м.] (мин.) род базальта.
ferrito. [м.] (хим.) феррит.
ferrizo, za. [прил.] железный, из железа.
ferro. [м.] железо; (мор.) якорь.
ferrocarril. [м.] железная дорога: * ferrocarril de circunvalación, окружная железная дорога; * ferrocarril funicular, фуникулёр; * ferrocarril de vía estrecha, узкоколейка; * ferrocarril de vía única, одноколейка; * ferrocarril de vía doble, двухколейная железная дорога; * por ferrocarril, по железной дороге.
ferrocarrilero, ra. [прил.] (Амер.) железнодорожный.
ferrocianuro. [м.] * ferrocianuro férrico, берлинская лазурь; * ferrocianuro potásico, цианистое железо.
ferrocromo. [м.] феррохром, сплав железа с хромом.
ferrolano, na. [прил.] относящийся к Ferrol; [м. и ж.] уроженец, (-ка) этого города.
ferromagnésico, ca. [прил.] железисто-магнезиальный.
ferromagnético, ca. [прил.] ферромагнитный.
ferromagnetismo. [м.] (физ.) ферромагнетизм.
ferromanganeso. [м.] ферромарганец.
ferromolibdeno. [м.] (хим.) ферромолибден.
ferrón. [м.] кузнец.
ferronas. [ж. множ.] (арг.) шпоры.
ferroníquel. [м.] ферроникель.
ferrosilicio. [м.] ферросилиций.
ferroso, sa. [прил.] (хим.) железистый.
ferroterapia. [ж.] лечение железом.
ferrotipia. [ж.] цианотипия.
ferrotungsteno. [м.] сплав железа с вольфрамом, ферровольфрам.
ferrovial. [прил.] см. ferroviario.
ferroviario, ria. [прил.] железнодорожный; [м.] железнодорожник.
ferruco, ca. [прил.] (Амер.) плохо одетый; [м. и ж.] (Амер.) мальчик, девочка; парень, девушка.
ferrugiento, ta. [прил.] железный, из железа.
ferrugíneo, a. [прил.] см. ferruginoso.
ferruginosidad. [ж.] железистость.
ferruginoso, sa. [прил.] железистый, содержащий железо.
fértil. [прил.] плодородный, плодоносный, урожайный; (перен.) плодовитый; богатый (о фантазии и т. д.).
fertilidad. [ж.] плодородие, плодоносность, плодородность; (перен.) плодовитость.
fertilizable. [прил.] поддающийся удобрению.
fertilización. [ж.] удобрение (почвы).
fertilizador, ra. [прил.] удобряющий, повышающий плодородие, удобрительный.
fertilizante. [дейст. прич.] к fertilizar; [м.] удобрение (вещество).

fertilizar. [перех.] удобрять, повышать урожайность.
férula. [ж.] (бот.) ферула, аза-фетида, вонючка (растение семейства зонтичных); ферула, линейка для наказания школьников по рукам; (хир.) шина; (перен.) подчинение: * estar bajo la férula de, быть в подчинении у кого-л.
feruláceo, a. [прил.] (бот.) похожий на ферулу.
fervellón. [м.] (Амер.) шум, беспорядок, волнение.
fervencia. [ж.] см. hervencia.
fervescencia. [ж.] повышение температуры тела.
férvido, da. [прил.] кипящий, горячий; пылкий, усердный, ревностный.
ferviente. [прил.] усердный, ревностный, пламенный.
fervientemente. [нареч.] ревностно, усердно, горячо, с рвением.
fervor. [м.] жар; (перен.) усердие, жар, рвение, ревность, горячность.
fervorar. [перех.] см. enfervorizar.
fervorín. [м.] короткая усердная молитва.
fervorizar. [перех.] см. enfervorizar.
fervorosamente. [нареч.] ревностно, усердно.
fervoroso, sa. [прил.] ревностный, пламенный, усердный, горячий.
fescenino, na. [прил.] * versos fesceninos, вольные, нескромные стихи.
feseta. [ж.] (обл.) маленький заступ.
fesoria. [ж.] заступ, кирка.
festear. [перех.] (обл.) см. festejar.
festejada. [ж.] (разг.) (Амер.) см. festejo; (разг.) побои, строгое наказание.
festejador, ra. [прил.] любезный, приветливый, ухаживающий и т. д. (тже. сущ.).
festejante. [дейст. прич.] к festejar. угощающий и т. д.
festejar. [перех.] радостно, торжественно принимать, встречать, оказывать радушный приём, угощать; ухаживать (за женщинами); угодничать; отмечать, праздновать; (разг.) (Амер.) бить, колотить.
festejarse. [возв. гл.] веселиться, забавляться.
festejo. [м.] празднество, торжество; ухаживание (за женщиной); [множ.] народные празднества.
festilogio. [м.] книга о праздниках.
festín. [м.] пир, пиршество.
festinación. [ж.] скорость, быстрота.
festinar. [перех.] (Амер.) ускорять, торопить, подгонять (неблагоразумно).
festival. [м.] фестиваль, музыкальный праздник.
festiva(l)mente. [нареч.] весело, радостно.
festividad. [ж.] торжественный праздник; празднество, праздник; острота, остроумная шутка.
festivo, va. [прил.] остроумный, весёлый; радостный; праздничный; торжественный.
festón. [м.] гирлянда; (арх.) фестон.
festoneado, da. [страд. прич.] к festonear; [прил.] с краем в форме фестона.
feston(e)ar. [перех.] украшать фестонами, гирляндами, вышивать фестонами.
fetación. [ж.] период беременности.
fetal. [прил.] (анат.) зародышевый, зародышный.
feticida. [прил. и сущ.] производящий вытравление утробного плода (о человеке).

feticidio. [м.] умерщвление утробного плода.
fetiche. [м.] фетиш, идол, кумир.
fetichismo. [м.] фетишизм, идолопоклонство; (перен.) слепая привязанность.
fetichista. [прил.] фетишистский; [м. и ж.] фетишист.
fetidez. [ж.] зловоние, смрад; вонь (разг.).
fétido, da. [прил.] зловонный, смрадный; вонючий (разг.).
feto. [м.] утробный плод, зародыш, младенец в утробе; выкидыш.
fetografía. [ж.] рентгенография утробного плода, зародыша.
fetometría. [ж.] измерение зародыша.
fetor. [м.] см. **hedor**.
feúco, ca. feúcho, cha. [прил.] некрасивый, плохенький.
feudal. [прил.] феодальный, удельный: * régimen feudal, феодальный строй.
feudalidad. [ж.] свойст. к феодальный.
feudalismo. [м.] феодализм; феодальная, удельная система, феодальный строй.
feudar. [перех.] платить феодальный налог.
feudatario, ria. [прил.] платящий феодальный налог; [м. и ж.] вассал.
feudista. [м.] (юр.) знаток в ленных законах, в феодальном праве.
feudo. [м.] (ист.) лен, ленное, феодальное владение, феод, фиеф, удел; феодальный налог; феодальный договор; зависимость (ленная).
feúra. [ж.] см. **fealdad**.
fez. [м.] феска.
fía. [ж.] (обл.) продажа в кредит; порука, поручительство.
fiable. [прил.] достойный доверия, надёжный.
fiacre. [м.] (гал.) фиакр, наёмный экипаж.
fiado, da. [страд. прич.] к **fiar**; (уст.) достойный доверия, надёжный: * al fiado, в долг, в кредит; * en fiado, под поручительство.
fiador, ra. [м. и ж.] поручитель, (-ница); привязь; шнурок (у пенсне); завязка, застёжка; засов, запор; (разг.) ягодицы; (Амер.) подбородный ремень (фуражки и т. д.).
fiadora. [ж.] продавщица в кредит.
fiala. [ж.] фиал, чаша с двумя руками (у Древних).
fiama. [ж.] фьяма, растительный яд в Южной Америке.
fiambrar. [перех.] приготовлять холодные закуски.
fiambre. [прил.] холодный; (перен.) старый; [м.] холодная закуска; (разг.) труп, мертвец; (Амер.) скучный вечер и т. д.
fiambre. [нареч.] (Амер.) в долг, в кредит.
fiambrera. [ж.] корзинка или ящик для холодных кушаний; судки; (Амер.) холодильник.
fiambrería. [ж.] (Амер.) лавка, где продают холодные закуски, консервы и т. д.
fiambrero, ra. [прил.] тот, кто приготовляет или продаёт холодные закуски.
fianza. [ж.] поручительство, порука, ручательство, обеспечение; залог; см. **fiador**.
fiar. [перех.] поручиться за; продавать в кредит; доверять кому-л.; (нперех.) верить, надеяться: fiarse [возв. гл.] полагаться на кого-л.: * ser de fiar, быть надёжным.
fiasco. [м.] фиаско, неудача, провал.
fiat. [м.] согласие, разрешение, позволение.

fibra. [ж.] (анат.) (бот.) фибра, волокно; (тех.) фибра; (перен.) крепость, сила.
fibráceo, a. [прил.] (анат.) волокнистый.
fibración. [ж.] (бот.) расположение волокон.
fibrana. [ж.] целлюлозное штапельное волокно.
fibrila. [ж.] (бот.) волоконце, фибрилла.
fibrilación. [ж.] фибрилляция, короткое частое подёргивание отдельных мышечных пучков.
fibrilar. [прил.] (анат.) к волоконце; тонковолокнистый.
fibriloso, sa. [прил.] состоящий из тонких волокон, тонковолокнистый.
fibrilla. [ж.] волоконце; (бот.) мочка.
fibrina. [ж.] (хим.) фибрин, волокнина.
fibrinemia. [ж.] (пат.) присутствие фибрина в крови.
fibrocelular. [прил.] состоящий из фибрина и клеток.
fibrogénico, ca. [прил.] фибринородный.
fibrógeno, na. [прил.] см. **fibrinogénico**; [м.] фибриноген.
fibrinoplástico, ca. [прил.] фибринообразовательный.
fibrinosis. [ж.] (пат.) излишек фибрина в крови.
fibrinoso, sa. [прил.] фибринозный, волокнистый.
fibrinuria. [ж.] обильное выделение фибрина с мочой.
fibroblastos. [м. множ.] фибробласти, клетки, из которых образуется соединительная, особенно рубцовая, ткань.
fibrocartilaginoso, sa. [прил.] волокнистохрящевой.
fibrocartílago. [м.] (анат.) волокнистый хрящ.
fibrocemento. [м.] (стр.) этернит, асбестоцемент.
fibroferrita. [ж.] (мин.) фиброферит.
fibroide. [м.] опухоль по типу соединительной ткани.
fibrolipoma. [м.] (пат.) фиброма с жировой тканью.
fibrolita. [ж.] (мин.) силлиманит, фибролит.
fibroma. [м.] (пат) фиброма, опухоль из чистой соединительной ткани.
fibromatoide. [прил.] похожий на фиброму.
fibromatosis. [ж.] образование фибром.
fibromioma. [м.] фибромиома, опухоль среднего типа между фибромой и миомой.
fibropapiloma. [м.] ворсинчатая опухоль дна мочевого пузыря с тонкой соединительной тканью и обильными, иногда кровоточащими сосудами.
fibropericarditis. [ж.] мозолистое утолщение сердечной сумки.
fibrosarcoma. [м.] твердая саркома.
fibrosis. [ж.] фиброз.
fibroso, sa. [прил.] волокнистый, фиброзный.
fibrospóngidos. [м. множ.] (зоол.) роговые губки.
fíbula. [ж.] фибула, аграф, застёжка (у Римлян); (анат.) малая берцовая кость.
fibulación. [ж.] запирание, замыкание половых органов посредством кольца.
fibular. [прил.] (анат.) малоберцовый.
ficante. [м.] (арг.) игрок.
ficar. [перех.] (арг.) играть.
ficaria. [ж.] (бот.) лютичный чистяк.
ficarieas. [ж. множ.] (бот.) лютиковые растения.
ficción. [ж.] фикция, вымысел, выдумка; притворство, ложь; поэтический вымысел: * ficción de derecho, legal, (юр.) юридическая фикция, предположение, допускаемое законом.
ficcioso, sa. [прил.] (Амер.) притворный, лицемерный.

fice. [м.] (ихтиол.) морская съедобная рыба.
ficeo, a. [прил.] похожий на водоросли.
ficiforme. [прил.] имеющий форму фиги.
ficoliquen. [м.] (бот.) лишай похожий на фигу.
ficología. [ж.] учение о водорослях.
ficologista. [м. и ж.] специалист по учению водорослей.
ficticiamente. [нареч.] фиктивно и т. п.
ficticio, cia. [прил.] фиктивный, мнимый, вымышленный, воображаемый.
ficto, ta. [непр. страд. прич.] к **fingir**.
ficus. [м.] (бот.) фикус.
ficha. [ж.] марка, фишка, жетон (в игре); костяная пластинка; косточка домино; карточка (регистрационная, учётная, каталожная); (Амер.) мошенник.
fichar. [перех.] класть костяную пластинку (при игре домино); заполнить антропометрическую карточку; относиться недоверчиво; иметь на примете.
fichar. [неперех.] (Амер.) умирать, кончаться.
fichero. [м.] каталожный ящик, картотека.
fichingo. [м.] (Амер.) небольшой нож.
fidalgo. [м.] (уст.) см. **hidalgo**.
fidecomiso. [м.] см. **fideicomiso**.
fidedigno, na. [прил.] достойный доверия, достоверный.
fideería. [ж.] (Амер.) макаронная фабрика.
fideero, ra. [м. и ж.] производитель, (-ница) или продавец, (-щица) вермишелей.
fideicomisario. [м.] (юр.) душеприказчик; тот, кому условно передано наследство на хранение.
fideicomiso. [м.] (юр.) фидеикомис.
fideísmo. [м.] фидеизм.
fideísta. [прил.] фндеистический; [м. и ж.] фидеист, (-ка).
fidelería. [ж.] (Амер.) макаронная фабрика.
fidelidad. [ж.] верность, преданность; верность, точность, правильность.
fidelísimo, ma. [прил. прев. степ.] к **fiel**.
fideo. [м.] (чаще множ.) вермишель: * ser un fideo, быть очень худым.
fiducial. [ж.] (топогр.) отправная точка измерения.
fiduciario, ria. [прил.] (юр.) доверенный, порученный; основанный на общественном доверии: * moneda fiduciaria, бумажные деньги.
fiebre. [ж.] лихорадка, жар; горячка; (перен.) лихорадочность, (нервное) возбуждение, волнение; * fiebre amarilla, жёлтая лихорадка; * fiebre palúdica, болотная лихорадка, малярия; * fiebre continua, продолжительная, без заметных послаблений лихорадка; * fiebre intermitente, перемежающаяся лихорадка; * fiebre hé(c)tica, изнурительная при туберкулёзе лихорадка; * fiebre efémera, однодневная лихорадка; * fiebre tifoidea, тиф, тифозная горячка; * fiebre puerperal, послеродовая, родильная горячка; * fiebre remitente, лихорадка с чередованием высоких и низких степеней ее: * tener fiebre, лихорадить.
fiel. [прил.] верный, преданный, надёжный; точный, достоверный, верный, правдивый; правоверный; [м.] правоверный католик; контролёр (весов и т. д.) стрелка весов; винт, скрепляющий ножницы; * fiel almotacén, инспектор мер и весов; * en fiel, точно взвешенный.
fielato. [м.] **fielatura.** [ж.] (Амер.) **fielazgo.** [м.] должность и пост контролёра некоторых общественных учреждений; городской таможенный пост.
fieldad. [ж.] должность и пост контролёра некоторых общественных учреждений; см. **seguridad**.

fielmente. [нареч.] преданно; верно, точно, правдиво.

fieltro. [м.] фетр, войлок; фетровая шляпа.

fiemo. [м.] (обл.) навоз.

fiera. [ж.] хищный, дикий зверь, хищник; (перен.) зверь, жестокий человек: * casa de fieras, зверинец; * ser una fiera para, о ен, (разг.) ревностно выполнять что-л.

fierabrás. [м.] негодяй, злой человек.

fieramente. [нареч.] свирепо, жестоко.

fiereza. [ж.] кровожадность; свирепость, жестокость, бесчеловечность, зверство, лютость; (перен.) неприятное безобразие.

fiero, ra. [прил.] хищный, дикий (о зверях); свирепый, жестокий, лютый; уродливый, безобразный; огромный, большой; (гал.) гордый, высокомерный; [м. множ.] бравада; угрозы: * echar, hacer fieros, угрожать.

fierro. [м.] железо; (Амер.) клеймо (у скота и т. д.).

fiesta. [ж.] веселье, гулянье; праздник, празднество; церковный праздник; задаривание, задабривание; подарок; [множ.] ласки; каникулы: * día de fiesta, праздничный день; * fiesta nacional, национальный праздник; * aguar la fiesta, помешать веселью, испортить праздник; * no estar para fiestas, быть не в духе; * cara de fiesta, весёлое лицо; * hacer fiesta, не работать по случаю праздника; * estar de fiesta, быть празднично настроенным; * todos los días no son fiesta, не всегда поповым ребятам Дмитриева суббота.

fiestero, ra. [прил.] любящий праздники, шумно веселиться и т. д.

fifiriche. [м.] (разг.) (Амер.) болезненный, слабый человек; см. petimetre.

fifirifao. [м.] (разг.) (Амер.) скудный и невкусный пир.

fígana. [ж.] (Амер.) род куриной птицы.

fígaro. [м.] цирюльник; болеро, женская кофточка.

figle. [м.] (муз.) контр-тромбон.

figón. [м.] харчевня; корчма; трактир.

figonal. [прил.] к харчевня.

figueral. [м.] фиговый сад.

figonero, ra. [м. и ж.] содержатель, (-ница) харчевни, трактира, трактирщик, (-ица).

figuerense. [прил. и сущ.] к Figueras (в провинции Хероны).

figurino, na. [прил.] терракотовый.

figura. [ж.] внешний вид, внешность; наружность; лицо, облик; изображение, образ; гримаса; музыкальная нота; персонаж, герой; (жив.) (скул.) (геом.) (рит.) (в танцах) (в картах) фигура: * caballero de la triste figura, рыцарь печального образа; * tomar figura, передвигать кого-л; [м.] позёр; [м. и ж.] смешной человек.

figurable. [прил.] изображаемый, изобразимый, воображаемый.

figuración. [ж.] наглядное изображение; воображение; фигурирование.

figuradamente. [нареч.] переносно, иносказательно, образно, в переносном смысле.

figurado, da. [страд. прич.] к figurar; [прил.] фигуральный, иносказательный, образный (смысл слова): * en sentido figurado, см. figuradamente.

figurante, ta. [м. и ж.] (театр. и т. д.) фигурант, (-ка), статист, (-ка).

figurar. [перех.] изображать, представлять, начертывать; воображать; притворяться, симулировать; [неперех.] занимать положение, играть роль; фигурировать; [возв. гл.] представлять себе; воображать себе.

figurativamente. [нареч.] образно.

figurativo, va. [прил.] образный, символический; изобразительный.

figurería. [ж.] гримаса; гримасничанье.

figurero, ra. [прил.] кривляющийся; жеманный; [м. и ж.] кривляка, гримасник, (-ица); продавец, (-щица) статуэток.

figurilla. [м. и ж.] (разг.) маленький или смешной человек.

figurín. [м.] модная картинка; (перен.) модник, щёголь.

figurina. [ж.] фигурка, статуэтка.

figurinista. [м. и ж.] модельер дамского платья.

figurismo. [м.] (бог.) фигуризм, мнение о прообразовательности Ветхого Завета.

figurista. [м. и ж.] человек, отливающий гипсовые фигуры; (бог.) сторонник figurismo.

figurita. [м. и ж.] маленький или смешной человек.

figurón. [м. увел.] к figura; (перен.) (разг.) позёр, хвастун; (театр.) актёр, играющий роль позёра, хвастуна.

fija. [ж.] дверная или оконная петля; сорт лопатки каменщика.

fijación. [ж.] закрепление, прикрепление, фиксация; фиксирование, сосредоточивание; установление, определение, назначение; (хим.) фиксация; (фот.) фиксирование.

fijado, da. [страд. прич.] к fijar; [м.] (фот.) фиксирование.

fijador, ra. [прил.] закрепляющий, прикрепляющий; [м.] (фот.) фиксаж, закрепитель, фиксатив; (жив.) фиксатив.

fijamente. [нареч.] точно, определённо; пристально, не сводя глаз.

fijante. [прил.] (арт.) направленный под прямым углом, прицельный (о стрельбе).

fijar. [перех.] вколачивать, вбивать; прикреплять, закреплять, укреплять; приклеивать; привинчивать; прибивать; приделывать; устанавливать; назначать, определять, фиксировать; фиксировать, сосредоточивать, направлять; (фот.) фиксировать: * fijar la vista, устремить глаза на...; * fijar carteles, расклеивать афиши; fijarse. [возв. гл.] решаться оставаться, останавливаться на чём-л; обращать внимание.

fijativo. [м.] фиксаж, фиксатив.

fijeza. [ж.] неподвижность; устойчивость; постоянство, неизменность.

fijo, ja. [непр. страд. прич.] к fijar; [прил.] неподвижный, твёрдый, устойчивый, постоянный, неизменный, определённый; твёрдо установленный; пристальный; уверенный: * de fijo, наверное; * a punto fijo, наверное; * precio fijo, определённая, назначенная, решительная, твёрдая цена; * vender a precio fijo, продавать по определённой цене, без запроса; * idea fija, навязчивая идея.

fil. [м.] контролёр весов при скотобойне: * fil derecho, чехарда.

fila. [ж.] ряд, вереница; (воен.) ряд, шеренга; гидравлическая мера; (перен.) (разг.) неприязнь, неприязненное чувство; (арг.) лицо: * cogerle o tomarle a uno la fila, невзлюбить кого-л; * en fila, (india), гуськом.

filáceo, a. [прил.] состоящий из волокон.

filactería. [ж.] (древ.) филактерия (небольшой кусок кожи или пергамента, который Еврей привязывали к руке или ко лбу).

filadelfo. [м.] (бот.) чубушник.

filadiz. [м.] шёлк-сырец.

filamento. [м.] волокно.

filamentoso, sa. [прил.] волокнистый.

filandón. [м.] (обл.) ночное собрание прядильщиц.

filandria. [ж.] червь (у птиц).

filantropía. [ж.] филантропия, человеколюбие.

filantrópico, ca. [прил.] филантропический.

filantropismo. [м.] система филантропов.

filántropo, pa. [м. и ж.] филантроп, (-ка), человеколюбец.

filantropomanía. [ж.] притворная любовь к человечеству.

filar. [перех.] (арг.) смотреть, глядеть; (мор.) травить, вытравлять канат.

filarca. [м.] (ист.) градоначальник (в Афинах).

filaria. [ж.] (зоол.) нитчатка.

filariosis. [ж.] (пат.) болезни, вызываемые нитчаткой.

filarmonía. [ж.] любовь к музыке.

filarmónica. [ж.] (обл.) см. acordeón.

filarmónico, ca. [прил.] любящий музыку; филармонический, музыкальный.

filástica. [ж.] (мор.) волокна из старых канатов.

filatelia. [ж.] филателия.

filatélico, ca. [прил.] филателистический.

filatelista. [м. и ж.] филателист, (-ка).

filatería. [ж.] жуликоватое разглагольствование, пустословие.

filatero, ra. [прил.] болтливый, словоохотливый; [м. и ж.] болтун, (-ья).

filático, ca. [прил.] (Амер.) плутоватый, жуликоватый (тже. сущ.); своенравный, капризный.

filatura. [ж.] (гал.) прядильная фабрика, см. hilandería.

filautero, ra. [прил.] эгоистичный; [м. и ж.] эгоист, (-ка), себялюбец, (-ица).

filazo. [м.] (Амер.) укол, рана.

fildérretor. [м.] старинная шерстяная ткань.

fileno, na. [прил.] (разг.) нежный, деликатный.

filera. [ж.] некоторая рыболовная сеть.

filero. [м.] (Амер.) нож.

filete. [м.] (арх.) поясок, полочка, планка; полоса, полоска; шнурок; дратва; рулей, филейная часть мяса; бифштекс, отбивная (полуфабрикат); (полигр.) линейка; нарезка, резьба (винта); (обл.) верёвка: * filete nervioso, нервный пучок.

fileteado, da. [страд. прич.] к filetear; [прил.] деликатный.

filetear. [перех.] подрубать, оторачивать; украсить нарезками.

filetón. [м.] сорт шитья.

filfa. [ж.] (разг.) враньё, ложь, выдумка.

filiación. [ж.] происхождение, род; родство, родственная связь; связь, сцепление; документы о происхождении; принадлежность, особая примета; (воен.) занесение в войсковой список.

filial. [прил.] сыновний, дочерний; филиальный (о самостоятельном отделении какого-л учреждения): * amor filial, сыновняя любовь.

filialmente. [нареч.] по-сыновнему, по-дочернему, как сын, как дочь.

filiar. [перех.] заносить, отмечать особые приметы; filiarse. [возв. гл.] призываться на военную службу; см. afiliarse.

filiatra. [прил.] занимающийся учением медицины.

filiatría. [ж.] любовь к учению медицины.

filibote. [м.] старинное маленькое судно.

filibusterismo. [м.] партия борцов за независимость Антильских островов.

filibustero. [м.] флибустьер, пират; (ист.) борец за независимость Антильских островов.

filicida. [прил.] убивающий своего сына; [сущ.] сыноубийца.
filicidio. [м.] сыноубийство.
filicíneas. [ж. множ.] (бот.) папоротниковые.
filiforme. [прил.] нитевидный, нитеобразный.
filigrana. [ж.] филигрань, плетёная серебряная или золотая работа; водяной знак (на бумаге); изящная, тонкая работа или вещь.
fililí. [м.] (разг.) изящество, тонкость.
filimisco, ca. [прил.] жеманный.
filiondo, da. [обл.] см. hediondo.
filipéndula. [ж.] (бот.) таволга, лабазник (растение семейства розоцветных).
filípica. [ж.] филиппика, обличительная речь.
filipichín. [м.] шерстяная ткань.
filipina. [ж.] (Амер.) сорт пиджака.
filipino, na. [прил.] филиппинский; [м. и ж.] филиппинец, (-ка).
filirrostro. [прил.] (зоол.) остроклювый.
filis. [ж.] изящество, деликатность, прелесть.
filisteo, a. [прил.] (перен.) (разг.) филистерский; [м.] филистимлянин; (перен.) высокий мужчина крепкого телосложения.
filistrín. [м.] (Амер.) см. pisaverde; хилый мужчина.
filita. [ж.] филлит.
film. [м.] (англ.) фильм.
filmación. [ж.] киносъёмка.
filmar. [перех.] производить киносъёмку, снимать фильм.
filmografía. [ж.] фильмография.
filmología. [ж.] исследование о кино, кинокритика, фильмология.
filmólogo, ga. [м. и ж.] специалист по исследованию о кино.
filo. [м.] лезвие, остриё; разделяющая линия: * filo del viento, (мор.) направление ветра; * dar (un) filo, точить, оттачивать, заострять; * darse un filo a la lengua, (разг.) злословить; * arma de dos filos, палка о двух концах; * herir por los mismos filos, пользоваться, бить тем же оружием; * por filo, точно, именно.
filobiosis. [ж.] привязанность к жизни.
filobús. [м.] троллейбус.
filocalia. [ж.] любовь к красоте, к искусствам.
filodendro. [м.] (бот.) филодендрон.
filodio. [м.] (бот.) филлодий.
filodramático, ca. [прил.] любящий драму (тже. сущ.).
filófago, ga. [прил.] (зоол.) питающийся листьями (тже. сущ.).
filogenético, ca. [прил.] филогенетический.
filogenia. [ж.] филогения.
filogenitura. [ж.] любовь к сыновьям, чадолюбие (уст.).
filología. [ж.] филология.
filológicamente. [нареч.] филологически.
filológico, ca. [прил.] филологический.
filólogo, ga. [м. и ж.] филолог.
filomanía. [ж.] (бот.) избыток листьев.
filomatía. [ж.] любовь к наукам.
filomático, ca. [прил.] любящий науки.
filomela, filomena. [ж.] (поэт.) соловей.
filón. [м.] (горн.) рудная жила; (перен.) выгодное дельце.
filopatridalgia. [ж.] тоска, ностальгия.
filoseda. [ж.] полушёлковая или полушерстяная ткань.
filoso, sa. [прил.] (Амер.) острый; [ж.] (арг.) шпага.

filosofador, ra. [прил.] философствующий (тже. сущ.).
filosofal. [прил.] piedra filosofal, философский камень (у алхимиков).
filosofante. [дейст. прич.] к filosofar; [прил.] философствующий.
filosofar. [неперех.] философствовать; (перен.) думать, размышлять.
filosofastro. [м.] (презр.) ложный философ.
filosofía. [ж.] философия; философский факультет; философия, твёрдость духа; ясность мысли.
filosóficamente. [нареч.] по-философски, философски, философически.
filosófico, ca. [прил.] философский, философичный; философический (уст.).
filosofismo. [м.] ложная философия, лжемудрствование, лжефилософия.
filósofo, fa. [прил.] см. filosófico; [м. и ж.] тот, кто занимается учением философии; [м.] философ.
filotecnia. [ж.] любовь к искусствам.
filóstomo. [м.] (зоол.) вампир (летучая мышь).
filosera. [ж.] (зоол.) филлоксера, виноградная тля (насекомое); (разг.) опьянение.
filoxérico, ca. [прил.] относящийся к филлоксере.
filtrable. [прил.] фильтрующийся.
filtración. [ж.] фильтрация, процеживание, фильтрование, просачивание; р а с х и щение; растрата.
filtrado, da. [страд. прич.] к filtrar; [м.] фильтрат, процеженная жидкость.
filtrador, ra. [прил.] фильтрующий; [м.] фильтр; тот, кто фильтрует что-л.
filtrante. [дейст. прич.] к filtrar; [прил.] фильтрующий.
filtrar. [перех.] фильтровать, цедить, процеживать; [неперех.] сочиться, просачиваться; проникать; filtrarse. [возв. гл.] незаметно исчезать (о деньгах и т. д.).
filtro. [м.] фильтр, цедилка; ключ, родник (около моря); любовный напиток, приворотное зелье.
filudo, da. [прил.] (Амер.) остро отточенный.
filustre. [м.] (разг.) изящество, элегантность.
filván. [м.] заусеница, шероховатый край (при оттачивании).
fillingo. [м.] (Амер.) небольшой нож.
filloga. [ж.] (обл.) сорт кровяной колбасы.
fillo(a)s. [ж. множ.] блины.
fimatosis. [ж.] (пат.) туберкулёз.
fimatoso, sa. [прил.] (пат.) туберкулёзный.
fimbria. [ж.] кайма, кромка, обшивка.
fimícola. [прил.] (зоол.) живущий на навозе.
fimo. [м.] навоз.
fimósico, ca. [прил.] (мед.) относящийся к фимозу.
fimosis. [ж.] (мед.) фимоз, незалупа, узость отверстия крайней плоти.
fimótico, ca. [прил.] см. fimósico; страдающий фимозом (тже сущ.).
fin. [м.] конец, окончание, завершение; финал; намерение, цель, замысел; развязка; граница, предел; кончина, смерть: *a fin de (que), чтобы, с целью чтобы, для того чтобы; * a fines de, в конце; * al fin, наконец, в конце концов; * al fin y a la postre, al fin y al cabo, al fin y al postre, наконец, в конце концов; словом; * dar fin, истощать, тратить, расходовать; умирать; * poner fin, положить конец чему-л; * llevar a buen fin, привести к желанному концу; * para este fin, с этой целью; * el fin justifica los medios, цель оправдывает средства; * sin fin, без конца, бесконечный, бесчисленный; * al fin del mundo, на краю света; * hasta el fin, до конца; * con buen fin, с хорошим намерением; por (en) fin, наконец, в конце концов; el fin del mundo, конец света, светопреставление.
finado, da. [страд. прич.] к finar; [м. и ж.] умерший, покойник, (-ица).
final. [прил.] окончательный, конечный; последний, заключительный, финальный; [м.] конец, окончание, финал; [ж.] (спорт.) финал, финальная встреча: * por final, см. finalmente.
finalidad. [ж.] цель, намерение; побудительная причина.
finalista. [прил.] (спорт.) вышедший в финал; [м. и ж.] участник, (-ица) финала.
finalización [ж.] окончание.
finalizar. [перех.] оканчивать, кончать, заканчивать; [неперех.] окончаться, прекращаться.
finalmente. [нареч.] в конце концов, в конечном счёте, наконец.
finamente. [нареч.] тонко, искусно, деликатно.
finamiento. [м.] смерть, кончина.
financiar. [перех.] финансировать, субсидировать, снабжать деньгами.
financiero, ra. [прил.] финансовый; [м.] финансист, сведущий в финансах.
finanzas. [ж. множ.] (гал.) финансы.
finar. [неперех.] скончаться, умереть; finarse. [возв. гл.] сильно желать чего-л.
finca. [ж.] недвижимая собственность, владение: * finca rústica, усадьба.
fincabilidad. [ж.] недвижимое имущество.
fincado, da. [страд. прич.] к fincar; [м.] (Амер.) усадьба.
fincar. [неперех.] fincarse, [возв. гл.] приобретать недвижимую собственность.
finchado, da. [страд. прич.] к finchar; [прил.] (разг.) самодовольный, тщеславный.
finchar. [перех.] (уст.) см. hinchar; fincharse. [возв. гл.] гордиться, хвастаться, чваниться.
finés, sa. [прил.] финский; [м. и ж.] финн, финка.
fineta. [ж.] лёгкая ворсистая бумажная материя.
fineza. [ж.] хорошее качество; тонкость; изящество; выражение любви, благосклонности, знак внимания; небольшой подарок; деликатность.
fingidamente. [нареч.] скрытно, притворно и т. д.
fingido, da. [страд. прич.] к fingir; [прил.] притворный, деланный, напускной, наигранный; ложный, фальшивый, мнимый.
fingidor, ra. [прил.] притворный и т. д. [м. и ж.] обманщик, (-ица), лицемер, (-ка), притворщик, (-ица).
fingimiento. [м.] притворство, симуляция, утаивание, сокрытие (мыслей, чувств); хитрость; измышление (уст.) см. ficción.
fingir. [перех.] прикидываться, притворяться, симулировать; выдумывать, измышлять; подражать; fingirse. [возв. гл.] делать вид, представляться.
finible. [прил.] могущий быть законченным.
finibusterre. [м.] (арг.) конец; виселица; (разг.) верх, предел.
fínico, ca. [прил.] финский.
finiquitar. [перех.] погашать (счёт, долг); (перен.) (разг.) кончать, заканчивать, завершать.
finiquito. [м.] очистка счёта, окончательный расчёт: * dar finiquito, положить конец.
finir. [неперех.] (Амер.) кончаться, заканчиваться, прекращаться, переставать.
finítimo, ma. [прил.] прилегающий; пограничный, соседний, смежный, лимитрофный, близкий.
finito, ta. [прил.] имеющий конец, пределы.
finlandés, sa. [прил.] финляндский; [м. и ж.]

финляндец, (-ка); [м.] финляндский язык.

fino, na. [прил.] хороший, хорошего качества, высококачественный, отборный; отличный, с о в е р ш е н н ы й, деликатный, искусно сделанный, чистый, настоящий; тонкий; изящный; мелкий; проницательный; чуткий; деликатный, вежливый; любящий, постоянный в любви; хитрый, ловкий, лукавый.

finojo. [м.] (уст.) колено.
finquero. [м.] сельский владелец.
finta. [ж.] старинный налог; обманное движение, финт (в фехтовании).
finura. [ж.] хорошее качество; совершенство; тонкость, изысканность, д е л и к а т ность; вежливость, учтивость.
finústico, ca. [прил.] (презр.) с претензией на вежливость, учтивость и т. д.
fiñana. [ж.] сорт пшеницы.
fiñe. [прил.] (Амер.) рахитичный, чахлый.
fío. [м.] (орни.) чилийская пичка.
fiord(o). [м.] фиорд.
fiorita. [ж.] (мин.) опал (разновидность).
fiorituras. [ж. множ.] украшения.
fique. [м.] (Амер.) волокно агавы.
firma. [ж.] подпись; подписывание, подписание, заключение; бумаги на подпись; фирма, торговый дом; знаменитый писатель * firma en blanco, незаполненный бланк с подписью; свобода действий; * buena firma, человек достойный доверия; * mala firma, человек не достойный доверия * echar una firma, мешать жары (в жаровне); * legalizar una firma, удостоверить подпись.
firmal. [м.] старинная драгоценность в форме брошки.
firmamento. [м.] небесный свод, небеса.
firmán. [м.] фирман (указ султана или шаха).
firmante. [дейст. прич.] к firmar; [м. и ж.] подписавший(ся), -ая (ся).
firmar. [перех.] подписывать; поставить свою подпись: * firmar en blanco, предоставлять свободу действий.
firme. [прил.] твёрдый, прочный, крепкий; устойчивый, (перен.) твёрдый, непреклонный, непоколебимый, цельный, постоянный; [м.] твёрдая почва (годная для фундамента); дорожное покрытие; [нареч.] крепко, твёрдо, энергично, непоколебимо; * de firme, настойчиво, твёрдо, крепко; * en firme, решительно; определённо; * estar (uno) en firme, или en lo firme, быть очень худым "кожа да кости"; * ¡firmes!, (воен.) смирно!
firmedumbre. [ж.] твёрдость, крепость, стойкость, см. firmeza.
firmemente. [нареч.] крепко, твёрдо, неколебимо, уверенно.
firmeza. [ж.] твёрдость крепость стойкость, жёсткость; (перен.) стойкость, твёрдость, решительность; постоянство, незыблемость.
firmón. [прил.] подписывающий работы сделанные другим (за деньги) (о адвокатах, архитекторах и т. д.) (тоже. сущ.).
firuletes. [м. множ.] (Амер.) наряды, украшения.
fisaliforme. [прил.] имеющий форму пузыря.
fisán. [м.] (обл.) фасоль.
fisberta. [ж.] (арг.) шпага.
fisca. [ж.] (обл.) малость, крошка, капля, (тже. в Америке).
fiscal. [прил.] фискальный, налоговый; казённый; [м.] налоговый инспектор; прокурор при суде первой инстанции; (перен.) фискал, доносчик.
fiscalía. [ж.] прокуратура; должность прокурора.

fiscalizable. [прил.] контролируемый.
fiscalización. [ж.] контроль, проверка; (юр.) обвинение.
fiscalizador, ra. [прил.] проверяющий, контролирующий; (юр.) обвиняющий.
fiscalizar. [перех.] (юр.) обвинять, исполнять должность прокурора, проверять, контролировать; следить, наблюдать.
fisco. [м.] государственная казна, фиск; мелкая венесуэльская монета.
fisga. [ж.] гарпун, острога, трезубец; (перен.) н а с м е ш к а, издевательство; (обл.) сорт хлеба.
fisgador, ra. [п р и л.] бьющий острогой (рыбу); разнюхивающий; выслеживающий; насмешливый (тже сущ.).
fisgar. [перех.] бить острогой (рыбу); разнюхивать, вынюхивать, выведывать, выслеживать, шпионить; [неперех.] насмехаться, издеваться, смеяться над кем-л (тже. возв. гл.).
fisgón, na. [прил.] насмешливый, любящий издеваться, смехаться над кем-л; выслеживающий, разнюхивающий; [м. и ж.] насмешник, (-ица); зубоскал; любопытный, -ая, шпион.
fisgonear. [перех.] выслеживать, совать свой нос в чужие дела, выведывать, вынюхивать, шпионить.
fisgoneo. [м.] дерзкое любопытство, выслеживание.
fisgonería. [ж.] дерзкое, наглое любопытство.
física. [ж.] физика: * física atómica, атомная физика; * física nuclear, ядерная физика; * física subnuclear, физика элементарных частиц.
físicamente. [нареч.] физически.
físico, ca. [прил.] физический, материальный; (Амер.) манерный, жеманный; [м.] физик; внешний вид, внешность; (обл.) врач.
fisicomatemático, ca. [прил.] физико-математический.
fisicoquímica. [ж.] физическая химия.
fisicoquímico, ca. [прил.] физико-химический.
fisidáctilo, la. [прил.] (зоол.) раздельнопалый.
fisiocracia. [ж.] учение физиократов.
fisiócrata. [м. и ж.] физиократ.
fisiognomonía. [ж.] (физиол.) физиогномика.
fisiognomónico, ca. [прил.] (физиол.) физиогномический.
fisiognosia. [ж.] физиогнозия, описание сил природы.
fisiografía. [ж.] физиография, описание произведений природы.
fisiográfico, ca. [прил.] физиографический.
fisiógrafo, fa. [м. и ж.] специалист по физиографии.
fisiología. [ж.] физиология.
fisiológicamente. [нареч.] физиологически.
fisiológico, ca. [прил.] физиологический.
fisiologista. [м. и ж.] см. fisiólogo.
fisiólogo, ga. [м. и ж.] физиолог.
fisión. [ж.] сегментация; (физ.) (хим.) расслоение, деление, расщепление: * fisión del átomo, расщепление атома; * fisión del núcleo, расщепление ядра.
fisionable. [прил.] способный к расщеплению, расщепляющийся.
fisionar. [перех.] (физ.) вызывать расщепление ядра.
fisionomía. [ж.] см. fisonomía.
fisioterapia. [ж.] физиотерапия.
fisioterápico, ca. [прил.] физиотерапевтический.
fisiparidad. [ж.] размножение делением.
fisípedo, da. [прил.] (зоол.) раздельнокопытный.

fisipennidos. [м. множ.] перистокрылые (семейство бабочек).
fisirrostro, tra. [прил.] (орни.) расщепноклювый; [м. множ.] ширококлювые или расщепноклювые птицы (козодой, касатки, ласточки).
fisobléfaron. [ж.] (пат.) вздутие век.
fisocéfalo. [м.] (пат.) опухоль лица.
fisocele. [ж.] (мед.) вздутие мошонки.
fisoideo, a. [прил.] имеющий форму пузыря.
fisómetra. [ж.] (пат.) ветреная опухоль матки.
fisonomía. [ж.] физиономия, черты лица; внешний вид, свойство, облик.
fisonómico, ca. [прил.] физиономический.
fisonomista. [прил. и сущ.] физиономист.
fisónomo, ma. [м. и ж.] физиономист.
fisospasmo. [м.] (пат.) спазмы причиняемые ветров в кишечном канале.
fisóstomos. [м. множ.] отверстопузырные рыбы.
fisotórax. [м.] (мед.) накопление газов в груди.
fistol. [м.] хитрец, ловкач, продувная бестия; (Амер.) булавка для галстука.
fistra. [ж.] (бот.) ажгон.
fístula. [ж.] (мед.) свищ, фистула; (муз.) свирель; органная труба; водопроводная труба, водопровод.
fistulación. [ж.] (мед.) образование фистул.
fistular. [прил.] трубчатый; (мед.) фистулозный.
fistular. [перех.] делать свищеватым.
fistularia. [ж.] (зоол.) трубкорот, дулоротка (рыба).
fistuloso, sa. [прил.] свищеватый, фистулёзный.
fisura. [ж.] (хир.) трещина (кости); трещина заднего прохода; расщелина в горной породе.
fisuración. [пат.] растрескивание, образование трещин.
fisural. [прил.] относящийся к трещине (кости и т. д.).
fitina. [ж.] (фарм.) фитин.
fitobiología. [ж.] фитобиология.
fitobiológico, ca. [прил.] принадлежащий к фитобиологии.
fitófago, ga. [прил.] (зоол.) растительноядный.
fitofisiología. [ж.] (бот.) фитофизиология.
fitogenético, ca, fitógeno, na. [прил.] фитогенный, растительного происхождения.
fitogeografía. [ж.] фитогеография.
fitogeográfico, ca. [прил.] принадлежащий или относящийся к фитогеографии.
fitografía. [ж.] фитография, описание растений.
fitoideo, a. [прил.] похожий на растение.
fitolita. [ж.] окаменелое растение.
fitología. [ж.] фитология, изучение и описание растений.
fitológico, ca. [прил.] фитологический.
fitólogo, ga. [м. и ж.] фитолог, ботаник.
fitonomía. [ж.] учение о наружном виде растений.
fitopatología. [ж.] фитопатология.
fitopatológico, ca. [прил.] принадлежащий или относящийся к фитопатологии.
fitoplancton. [м.] (бот.) растительный планктон.
fitoquímica. [ж.] фитохимия, растительная химия.
fítora. [ж.] сорт остроги, гарпуна.
fitotecnia. [ж.] часть ботаники, имеющая предметом классификацию и номенклатуру прозябаемых.

fitotomía. [ж.] анатомия растений.
fitotomista. [м. и ж.] специалист по анатомии растений.
fiturgia. [ж.] (с.-х.) искусство о разведению растений.
fiyuela. [ж.] (обл.) кровяная колбаса.
fizar. [перех.] (обл.) жалить, кусать.
fizón. [м.] (обл.) жало (насекомых).
flabelación. [ж.] (тех.) проветривание.
flabelado, da. [прил.] вееровидный, веерообразный, опахаловидный.
flabelicornio. [прил.] (зоол.) имеющий вееровидные щупальца.
flabelífero, ra. [прил.] носящий опахало и имеющий им.
flabelifoliado, da. [прил.] (бот.) вееролистный.
flabeliforme. [прил.] вееровидный, веерообразный, опахаловидный.
flabelo. [м.] опахало.
flacamente. [нареч.] слабо и т. д.
flaccidez. [ж.] (мед.) слабость, дряблость.
fláccido, da. [прил.] (обл.) слабый, дряблый.
flaco, ca. [прил.] худой, тощий, исхудавший; (перен.) слабый, вялый, слабосильный; слабохарактерный; [м.] слабая сторона, слабость.
flacuchento, ta. (през.) (Амер.) flacucho, cha, [умен.] (презр.) [прил.] худой, тощий.
flacura. [ж.] худоба, худощавость; слабость.
flacha. [ж.] (арг.) см. ceniza.
flachoso, sa. [прил.] (арг.) пепельный (о цвете).
flagelación. [ж.] бичевание, сечение (наказание).
flagelador, ra. [прил.] бичующий (тж. сущ.).
flagelados. [м. множ.] флагеллаты, жгутиковые, бичeносцы.
flagelante. [дейст. прич.] к flagelar. [м. множ.] (ист.) самобичующиеся, флагелланты.
flagelar. [перех.] (прям.) (перен.) бичевать, сечь.
flageliforme. [прил.] плетевидный, бичевидный.
flagelo. [м.] бич, хлыст; (перен.) бич, бедствие.
flagrancia. [ж.] (поэт.) пламенность, блеск; свойст. к flagrante.
flagrante. [дейст. прич.] (поэт.) к flagrar. [прил.] совершающийся: *en flagrante delito, на месте преступления, с поличным; * coger en flagrante delito, поймать, захватить на месте преступления.
flagrar. [неперех.] (поэт.) пылать, пламенеть.
flama. [ж.] пламя; отблески пламени.
flamante. [прил.] блестящий, сверкающий; свежеиспечённый, новый; (уст.) пылающий, пламенеющий.
flamear. [перех.] пылать, пламенеть, гореть; полоскаться, развеваться (о флагах); надуваться (о парусе); (мед.) прокаливать.
flamen. [м.] жрец (у Римлян).
flamenco, ca. [прил.] фламандский; цыганский; цыганско-андалузский; развязный, наглый; полнокровный; цветущий (о женщине); (разг.) худой, тощий; [м. и ж.] фламандец, (-ка); наглец, цыган, [м.] фламандский язык; (зоол.) фламинго, (обл.) фламандский нож.
flamenquería. [ж.] см. chulería; свойст. к народно-андалузским привычкам и т. д.

flamenquismo. [м.] склонность к народно-андалузским привычкам и т. д.
flámeo, a. [прил.] пламенный; [м.] венчальное покрывало римлянок.
flameo. [м.] дейст. к пламенеть, пылать; дейст. к развеваться.
flamero. [м.] канделябр; (церк.) паникадило.
flamígero, ra. [прил.] (поэт.) пылающий, пламенеющий, огнедышащий.
flámula. [ж.] вымпел.
flan. [м.] флан, сладкое блюдо из взбитых яиц и молока.
flanco. [м.] бок, сторона; (воен.) фланг, фланк (укрепления); (мор.) борт.
flanear. [неперех.] (гал.) слоняться, бродить, планировать, см. callejear.
flaneo. [м.] (гал.) планирование, шатание.
flanero. [м.] форма для flan.
flanqueado, da. [прил.] фланкированный; имеющий что-л по бокам.
flanqueador, ra. [прил.] фланкирующий.
flanqueante. [дейст. прич.] к flanquear, фланкирующий и т. д.
flanquear. [перех.] окаймлять (с одной стороны), находиться по бокам чего-л; (воен.) фланкировать, обеспечивать фланговым огнём.
flanqueo. [м.] фланкирование; расположение войск, атакующих по бокам.
flaquear. [неперех.] слабеть, терять силы; дрожать, трястись (о ногах) ; унывать.
flaquencia. [ж.] (Амер.) см. flaquera.
flaquenco, ca. [прил.] (Амер.) худой, тощий.
flaquera. [ж.] (разг.) слабость; (обл.) болезнь пчёл (из-за отсутствия еды).
flaqueza. [ж.] худоба, худощавость, сухопарость; (перен.) слабость; хрупкость.
flato. [м.] скопление газов в кишечнике; (уст.) ветер; (Амер.) меланхолия, уныние.
flatosidad. [ж.] (мед.) подверженность ветрам.
flatoso, sa. [прил.] (мед.) подверженный ветрам, страдающий ветрами.
flatulencia. [ж.] (мед.) состояние человека страдающего ветрами.
flatulento, ta. [прил.] см. flatoso; причиняющий ветры в кишечнике, вызывающий газы (или отрыжку).
flatuoso, sa. [прил.] см. flatoso.
flauta. [ж.] (муз.) флейта; [м. и ж.] флейтист.
flautado, da. [прил.] похожий на флейту; [м.] регистр органа, напоминающий звук флейты.
flauteado, da. [страд. прил.] к flautear; [прил.] нежный, мелодичный, мягкий (о звуке, преимущ. голоса).
flautear. [перех.] играть на флейте; (перен.) смягчать.
flautero, ra. [м. и ж.] мастер флейт.
flautillo. [м.] сорт дудки.
flautín. [м.] маленькая флейта резкого тона; музыкант, играющий на этом инструменте.
flautista. [м. и ж.] флейтист, (-ка).
flautos. [м. множ.] (разг.) * pitos flautos, (разг.) см. devaneos.
flavedo. [м.] желтизна.
flavescente. [прил.] (поэт.) желтоватый, желтеющий, рыжеватый.
flavo, va. [прил.] рыжий.
flebarteritis. [ж.] (пат.) воспаление лёгочной артерии.
flebectasia. [ж.] расширение вен.
flebectomia. [ж.] иссечение вены.
flebectopia. [ж.] перемещение вены.
flebeurisma. [ж.] (пат.) см. varice.
flébil. [прил.] достойный сожаления; плачевный, грустный.
flebitis. [ж.] (пат.) флебит.
flebografía. [ж.] (анат.) описание вен.

flebograma. [м.] (мед.) кривая венного пульса.
flebolito. [м.] (пат.) венный камень.
flebología. [ж.] учение о венах.
flebólogo, ga. [м. и ж.] специалист по учению вен.
flebomalacia. [ж.] размягчение вен.
flegorragia. [ж.] кровотечение из вены.
fleborrexia. [ж.] разрыв вены.
flebosclerosis. [ж.] (пат.) затвердение стенок вен.
flebotomar. [неперех.] (мед.) пускать кровь; прописывать кровопускания.
flebotomía. [ж.] венозное кровопускание.
flebotomiano. [м.] кровопускатель.
flebótomo. [м.] (хир.) инструмент для вскрытия вен; (Амер.) кровопускатель.
flebotrombosis. [ж.] (пат.) тромбоз вен.
fleco. [м.] бахрома; чолка; прядь волос.
flecha. [ж.] стрела, стрела, стрелка (для указания направления); (геом.) высота сегмента; с т р е л а прогиба, провеса; (форт.) флешь; (астр.) стрела (созвездие).
flechador. [м.] стрелок, лучник.
flechadura. [ж.] (мор.) выблeнки.
flechar. [перех.] натягивать лук; ранить или убивать стрелой; (перен.) (разг.) внушать внезапную любовь, пленять.
flechaste. [м.] (мор.) выблeнка.
flechazo. [м.] спуск стрелы; рана, удар стрелой; (перен.) (разг.) внезапная любовь.
flechería. [ж.] град стрел; стрелы.
flechero. [м.] стрелок из лука, лучник; тот, кто изготовляет стрелы.
flechilla. [ж. умен.] к flecha; (Амер.) сорт подножного корма.
flechillar. [м.] (Амер.) участок, покрытый flechilla.
flegimenitis. [ж.] (пат.) воспаление слизистой оболочки.
flegmasía. [ж.] (пат.) воспаление (внутреннее).
flegmatorragia. [ж.] (пат.) (обильное) слизетечение.
fleja(r). [м.] (обл.) (бот.) ясень.
fleje. [м.] обруч.
flema. [ж.] слизь, мокрота; (перен.) медлительность, хладнокровие, невозмутимость, флегма; (обл.) осадок в уксусе: * gastar flema, флегматично поступать.
flemagogo, ga. [прил.] (мед.) слизегонный; [м.] слизегонное средство.
flemáticamente. [нареч.] флегматически, флегматично, равнодушно, хладнокровно.
flemático, ca. [прил.] мокротный; (перен.) флегматичный, флегматический, равнодушный, хладнокровный, невозмутимый.
flematorragia. [ж.] (пат.) текучий насморк.
fleme. [м.] ланцет (ветеринара).
flemón. [м. увел.] к flema; (пат.) флегмона.
flemonoideo, a. [прил.] (пат.) похожий на флегмону.
flemoso, sa. [прил.] (пат.) флегмонозный.
flemoso, sa. [прил.] слизистый.
flemudo, da. [прил.] равнодушный, флегматичный.
fleo. [м.] (бот.) тимофеева трава.
fleociano, na. [прил.] (бот.) растущий на корне деревьев.
flequería. [ж.] (Амер.) см. trapacería.
flequetero, ra. [прил.] (Амер.) см. trapacero.
flequillo. [м. умен.] к fleco; чолка, прядь волос на лбу (у женщин).
flerecía. [ж.] подагра.
fleta. [ж.] (Амер.) растирание, втирание, массаж; см. azotaina.
fletada. [ж.] (разг.) (Амер.) строгий выговор.
fletador. [м.] (мор.) фрахтовщик.

fletamento. [м.] фрахтование, отдача в наём (судна); нагрузка; фрахтовый контракт.

fletante. [дейст. прич.] к fletar; [м.] (Амер.) см. fletador.

fletar. [перех.] (мор.) фрахтовать, отдавать в наём судно, отдавать под фрахт; принимать груз; **fletarse.** [возв. гл.] (Амер.) убегать, удирать; являться без приглашения.

flete. [м.] (мор.) фрахт; (Амер.) плата за провоз (на судне, на лошади и т. д.); перевозимый груз; лёгкая, хорошая лошадь.

fletera. [ж.] (Амер.) шлюха, проститутка.

fletero, ra. [прил.] (Амер.) фрахтуемый; нанимаемый; [м.] (Амер.) тот, кто получает плату за провоз: лодочник; владелец повозок: носильщик.

flexibilidad. [ж.] гибкость, сгибаемость; (перен.) податливость, гибкость.

flexible. [прил.] гибкий; гнущийся, сгибающийся; (перен.) податливый, гибкий: * sombrero flexible, мягкая шляпа.

flexión. [ж.] сгиб, сгибание; (грам.) флексия, изменяющееся окончание.

flexional. [прил.] (грам.) относящийся к флексии, флективный.

flexor, ra. [прил.] сгибающий (о мышце).

flexuosidad. [ж.] (бот.) изгибчивость; мягкость.

flexuoso, sa. [прил.] (бот.) изгибистый, мягкий.

flexura. [ж.] сгиб, складка, перегиб.

flictena. [ж.] (пат.) водянистый пузырь (на коже).

flictenógeno, na. [прил.] вызывающий водянистые пузыри.

flictenoidoe, a. [прил.] похожий на водянистый пузырь, пузырчатый.

flirt. [м.] (англ.) (неол.) флирт, любовная игра, кокетство.

flirteador, ra. [прил.] занимающийся флиртом, флиртующий (тже. сущ.).

flirtear. [неперех.] (англ.) (неол.) флиртовать, заниматься флиртом.

flirteo. [м.] (англ.) (неол.) см. flirt.

flisacio. [м.] (пат.) водянистый пузырь вызванный ожогом.

flisis. [ж.] (пат.) сыпь.

flocadura. [ж.] обшивка из бахромы.

floco. [м.] (обл.) бахрома.

flóculo. [м.] (анат.) малая долька на нижней поверхности мозжечка.

floculoso, sa. [прил.] (хим.) клочковатый.

flocho. [м.] (Амер.) кляча.

flochón, na. [прил.] (Амер.) назойливый, навязчивый.

flogístico, ca. [прил.] (хим.) флогистонный.

flogisto. [м.] (хим.) флогистон, горючее начало.

flogistología. [ж.] учение о горючих.

flogodio, a. [прил.] (ест. нау.) цвета огня.

flogógeno, na. [прил.] (мед.) вызывающий или могущий вызывать воспаление; [м.] см. hidrógeno.

flogopira. [ж.] (пат.) воспалительная горячка.

flogopita. [ж.] (мин.) флогопит.

flogoquímica. [ж.] часть химии, изучающая легко воспламеняющиеся тела.

flogosis. [ж.] (пат.) воспаление, поверхностное воспаление.

flogótico, ca. [прил.] воспалительный.

flojamente. [нареч.] небрежно, слабо и т. д.

flojear. [неперех.] лениво или небрежно заниматься чем-л, работать и т. д.; см. flaquear.

flojedad. [ж.] слабость; (перен.) лень, небрежность, вялость.

flojel. [м.] шерстинка; пушинка.

flojera. [ж.] (разг.) см. flojedad.

flojo, ja. [прил.] плохо натянутый, слабо держащийся, слабый (о узле и т. д.); слабый; (перен.) ленивый, небрежный.

flojonazo, za. [прил.] (обл.) ленивый (тже. в Америке).

flojuelo. [м.] (обл.) шерстинка.

floqueado, da. [прил.] бахромчатый.

flor. [ж.] цветок; цвет; цвет, отборная часть, лучшее; налёт, пушок (на плодах); плесень (на вине); расцвет; (карт.) крап, плутовство (в игре); иризация (металлическая); девственность; менструация; комплимент, любезность, лестное слово (чаще множ.); (разг.) (Амер.) белое пятнышко на ногте; * flor de amor, (бот.) амарант, бархатник; * flor de lis, геральдическая лилия; * pan de flor, хлеб из крупчатой муки; * la flor y la nata, la flor de la canela, лучший в своём роде; прекраснейший; * flor del viento, (мор.) первый порыв ветра; * flor de la Trinidad, (бот.) анютины глазки; * flor de la edad, молодость; * flor de macho, (обл.) (бот.) одуванчик; * flor de cantueso, вздор, пустяк; * a flor de, наравне с...; в уровень с...; * en flor, в цвету; * flor de harina, крупчатка (мука); * flores blancas, (мед.) бели; * echar flores, говорить любезности; * andarse a, или buscar la flor del berro, предаваться развлечениям; * andarse en flores, (разг.) избегать ответа; * caer uno en flor, умереть в цвете лет; * como mil flores, прекрасно, отлично; * dar en la flor, усвоить привычку; * de mi flor, (разг.) отлично; * pasársela uno en flor, жить на широкую ногу.

flora. [ж.] (бот.) флора.

floración. [ж.] (бот.) цветение, время цветения.

florada. [ж.] (обл.) (пчел.) время цветения.

floraina. [ж.] (арг.) обман.

floral. [прил.] цветочный.

florales. [прил. множ.] * juegos florales, игры в честь Флоры (у Римлян); поэтические состязания.

flordelisar. [перех.] украшать геральдическими лилиями.

floreado, da. [страд. прич.] к florear; из крупчатки (о хлебе).

floreal. [м.] (ист.) флореаль.

florear. [перех.] украшать цветами; выбирать лучшую муку; выбирать лучшее; [неперех.] вибрировать (о конце шпаги); брать аккорды арпеджио (на гитаре); (разг.) говорить любезности; (Амер.) цвести.

florecedor, ra. [прил.] цветущий.

florecer. [неперех.] цвести; (перех.) процветать; **florecerse.** [возв. гл.] плесневеть; [непр. гл.] спрягается как agradecer.

florecido, da. [страд. прич.] к florecer; [прил.] покрытый плесенью.

floreciente. [дейст. прич.] к florecer, цветущий; [прил.] (перен.) цветущий, процветающий.

florecimiento. [м.] цветение; процветание, расцвет.

florentin(o), na. [прил.] флорентийский; [м. и ж.] флорентинец, (-ка).

florentísimo, ma. [прил. прев. степ.] floreciente.

floreo. [м.] пустая болтовня; (перен.) ненужное остроумное словцо; вибрация конца шпаги; перебирание струн (на гитаре); антраша.

florería. [ж.] см. floristería.

florero, ra. [прил.] (перен.) говорящий любезности (тже. сущ.); [м. и ж.] продавец, (-щица) цветов; [м.] ваза для цветов; цветочный горшок; место для хранения цветов; (арг.) шулер; (жив.) картина с изображением цветов.

florescencia. [ж.] см. eflorescencia; (бот.) цветение; пора цветения.

floresta. [ж.] лес, роща; (перен.) собрание красивых, изящных вещей.

florestal. [прил.] (Амер.) лесной.

florestero. [м.] лесничий.

floretazo. [м.] удара рапирой.

florete. [прил.] высокого качества (о сахаре, о бумаге); [м.] фехтование на рапирах: учебная рапира; сорт бумажной ткани.

floretear. [перех.] украшать цветами.

floretero, ra. [прил.] (Амер.) льстивый.

floretista. [м.] фехтовальщик на рапирах.

floribundo, da. [прил.] цветистый, с большим количеством цветов.

florícola. [прил.] живущий на цветах.

floricultor, ra. [м. и ж.] цветовод.

floricultura. [ж.] цветоводство.

floricundio. [м.] (Амер.) большой цвет (на ткани и т. д.).

floridamente. [нареч.] изящно, элегантно, грациозно.

floridano, na. [прил. и сущ.] к Флорида.

floridez. [ж.] изобилие цветов; (перен.) изящество (стиля).

floridina. [ж.] (хим.) флоридин.

florido, da. [прил.] цветущий; (перен.) избранный, отборный; изящный (о стиле); (арг.) богатый.

florífero, ra. [прил.] цветоносный.

floriforme. [прил.] в виде цветка.

florígero, ra. [прил.] (поэт.) см. florífero.

florilegio. [м.] (перен.) сборник избранных произведений; антология, хрестоматия.

florín. [м.] флорин, гульден (монета); золотой.

florión, na. [прил.] (Амер.) хвастливый.

floríparo, ra. [прил.] (бот.) приносящий цветы (о почке).

floripondio. [м.] (бот.) дурман (ядовитое паслёновое растение); (перен.) (презр.) большой цвет (в ткани дурного вкуса).

floripundia. [ж.] (Амер.) см. floripondio.

florista. [м. и ж.] продавец (-ица) цветов; цветочница; тот, кто делает или продаёт искусственные цветы.

florón. [м. увел.] к flor; (арх.) розетка, украшение, плафон в виде цветка; (гер.) зубец (короны); (перен.) славный подвиг.

floronado, da. [прил.] украшенный розетками и т. д.

flórula. [ж.] (бот.) цветочек; цветок колоса.

floscularidos. [м. множ.] (зоол.) коловратки.

flósculo. [м.] (бот.) цветок, цветочек.

flosculoso, sa. [прил.] (бот.) сложноцветный.

flosferri. [м.] (мин.) ветвистый арагонит.

flota. [ж.] флот; (перен.) (м. употр.) множество, куча; (Амер.) бахвальство; обман, ложь.

flotabilidad. [ж.] плавучесть; способность держаться на поверхности воды.

flotable. [прил.] плавучий; сплавной (о реках).

flotación. [ж.] плавание; сплав: * línea de flotación, (мор.) ватерлиния.

flotador. [прил.] плавающий, плавучий; [м.] поплавок для указания скорости течения; поплавок, указатель уровня воды; поплавок, плавающее тело.

flotadura. [ж.] flotamiento. [м.] см. flotación.

flotante. [дейст. прич.] к flotar, плавающий, плавучий; [прил.] неотверждённый (о долге): * costilla flotante, (анат.) ложное ребро.

flotar

flotar. [неперех.] плыть, плавать, держаться на поверхности воды и т. д.; носиться; развеваться.
flote. [м.] см. flotadura; a flote, на воде; (перен.) невредимо, благополучно.
flotear. [перех.] (Амер.) растрачивать, проматывать.
flotilla. [ж.] (мор.) флотилия.
flox(ia). [ж.] флокс (растение).
fluaje. [м.] ползучесть (напр. бетона); течение (при пластической деформации).
fluatado, da. [прил.] (хим.) плавиковокислый.
flucticola. [прил.] водяной, живущий в воде.
fluctigena. [прил.] рождённый в воде.
fluctisono, na. [прил.] (поэт.) шумящий (о море, волнах).
fluctuación. [ж.] покачивание на волнах; (перен.) колебание, нерешительность, сомнение, колебания (цен и т. д.).
fluctuante. [дейст. прич.] к fluctuar, колеблющийся, флуктуирующий.
fluctuar. [неперех.] колебаться, качаться (на волнах); (перен.) быть в опасности; колебаться, быть в нерешительности; колебаться.
fluctuoso, sa. [прил.] качающийся на волнах; колеблющийся, приведённый в колебание, нерешительный.
fluencia. [ж.] течение; место, откуда вытекает жидкость.
fluente. [дейст. прич.] к fluir, текучий.
fluidal. [прил.] (геол.) флюидальный.
fluidamente. [нареч.] свободно (о стиле и т. д.).
fluidez. [ж.] жидкое состояние, текучесть, жидкотекучесть; газообразное состояние; расплывчатость: * hablar con fluidez, свободно говорить.
fluidificable. [прил.] могущий быть превращённым в жидкое или в газообразное состояние.
fluidificación. [ж.] превращение в жидкое или в газообразное состояние, ожижение.
fluidificador, ra. [прил.] превращающий в жидкое или газообразное состояние (тже сущ.).
fluidificante. [дейст. прич.] к fluidificar.
fluidificar. [перех.] превращать в жидкое или в газообразное состояние.
fluidímetro. [м.] прибор для измерения подвижности жидкости.
fluido, da. [прил.] текучий, жидкий; газообразный; плавный, свободный, связный, (о стиле); [м.] флюид, жидкое или газообразное тело; * fluido eléctrico, электрический ток.
fluir. [неперех.] течь, литься, струиться, стекать; вытекать; [непр. гл.] спрягается как muir.
flujo. [м.] движение жидких или газообразных тел, течение; поток; истечение; (мор.) прилив; (хим.) флюс, плавень; (перен.) излишнее проявление чего-л.: * flujo blanco, (мед.) бели; * flujo de sangre, кровавый понос; * flujo de vientre, понос; * flujo de palabras, многословие.
fluminense. [прил. и сущ.] к Рио-де-Жанейро.
flúor. [м.] (хим.) фтор.
fluoreno. [м.] (хим.) флуорен.
fluorescencia. [ж.] флуоресценция, свечение.
fluorescente. [прил.] (физ.) флуоресцирующий, светящийся: * lámpara fluorescente, лампа дневного света.

fluorhídrico, ca. [прил.] * ácido fluorhídrico, (хим.) фтористоводородная кислота.
fluórico, ca. [прил.] содержащий фтор.
flúorido. [м.] (хим.) флуорид.
fluorina, fluorita. [ж.] (мин.) плавиковый шпат, флюорит.
fluoruro. [м.] (хим.) соль фтористоводородной кислоты.
fluosilicato. [м.] (хим.) соль кремнефтористоводородной кислоты.
flus. [м.] (Амер.) тройка, мужской костюм.
flustra. [ж.] (зоол.) флюстра (мшанка).
fluvial. [прил.] речной: * navegación fluvial, речное судоходство; * puerto fluvial, речной порт.
fluviátil. [прил.] живущий или растущий в текучей воде.
fluviógrafo, fluviómetro. [м.] прибор для измерения высоты воды в канале и т. д.
flux. [м.] (Амер.) тройка (мужской костюм): * hacer flux, (перен.) (разг.) прожиться, залезть в долги.
fluxión. [ж.] (мед.) воспалительный процесс; флюс: * cálculo de fluxiones, (мат.) дифференциальное исчисление.
fluxómetro. [м.] (физ.) флюксметр.
¡fo! [межд.] фу!
fobia. [ж.] фобия, боязнь.
foca. [ж.] (зоол.) тюлень.
focáceo, a. [прил.] тюлений.
focal. [прил.] (физ.) (мат.) фокальный, фокусный: * distancia focal, фокусное расстояние.
focar. [перех.] (физ.) фокусировать.
focifiza. [ж.] сорт арабской мозаики.
fócidos. [м. множ.] (зоол.) тюленевые.
focino. [м.] длинная палка с железным кривым наконечником, которой погоняют слонов.
foco. [м.] (физ.) (геом.) фокус; (перен.) средоточие, центр, очаг: * foco luminoso, источник света.
focómetro. [м.] (физ.) фокометр.
fóculo. [м.] маленький очаг.
focha. [ж.] (орни.) см. foja; (Амер.) (прост.) ветры, газы.
fodolí. [прил.] назойливый, болтливый, вмешивающийся в чужие дела.
fodongo, ga. [прил.] (Амер.) грязный; [м.] (Амер.) ветры, газы.
fofadal. [м.] (Амер.) см. tremedal.
fofo, fa. [прил.] губчатый, пористый, мягкий.
fogaje. [м.] (ист.) подымная, тепловая подать; (обл.) очаг; (Амер.) сыпь на коже; летний зной; яркое пламя, вспышка; краска стыда.
fogarada. [ж.] яркое пламя, вспышка.
fogarata. [ж.] (разг.) см. fogata.
fogarear. [перех.] (обл.) палить, опаливать.
fogaril. [м.] помещение из железных прутьев для (сигнального и т. д.) огня; см. fogarín; (обл.) очаг.
fogarizar. [перех.] зажигать костры.
fogata, fogatada. [ж.] (Амер.) яркое пламя; фугас.
fogón. [м.] очаг, кухонная плита; топка; (воен.) запал, затравка; (Амер.) огонь; собрание людей, солдатов вокруг огня.
fogonadura. [ж.] (мор.) пяртнер; отверстие на полу (для прохода мачты и т. д.).
fogonazo. [м.] вспышка при выстреле.
fogonear. [перех.] (Амер.) стрелять.
fogonero, ra. [м.] кочегар, истопник: * cuarto de fogoneros, кочегарка.
fogosamente. [нареч.] горячо, страстно, стремительно.
fogosidad. [ж.] пылкость, жар, горячность, чрезмерная порывистость, бурность, стремительность.
fogoso, sa. [прил.] горячий, пылкий, бурный, стремительный, буйный.

fogueación. [ж.] перепись очагов.
foguear. [перех.] прочищать огнестрельное оружие пороховыми выстрелами; (воен.) приучать к стрельбе; (перен.) приучать к неприятностям и т. д.; (ветер.) см. cauterizar.
fogueo. [м.] прочистка огнестрельного оружия пороховыми выстрелами; (воен.) приучение к стрельбе.
foguear. [перех.] (Амер.) зажигать костры.
foguista. [м.] (Амер.) кочевар, истопник.
foja. [ж.] (юр.) лист судебного дела.
foja. [ж.] (орни.) лысуха (птица).
fojear. [перех.] (Амер.) см. ojear.
fojo, ja. [прил.] (Амер.) губчатый, пористый, мягкий.
fólade. [ж.] камнеточец (моллюск сем. двустворчатораковинных).
fole. [м.] (обл.) кожаный мешок (у волынки).
foleto, ta. [прил.] безрассудный, ветреный, легкомысленный.
folgo. [м.] меховой мешок для защиты ног от холода.
folía. [ж.] лёгкая музыка (народного вкуса); (обл.) пустяк; [множ.] португальский танец.
foliáceo, a. [прил.] (бот.) листовой; листовидный; слоистый.
foliación. [ж.] нумерация, нумеровка страниц; (бот.) появление листьев, облиствение; листорасположение.
foliado, da. [страд. прил.] к foliar; [прил.] с листьями, покрытый листвой; (хим.) слоистый.
foliador, ra. [м. и ж.] тот, кто нумерует страницы; [м.] нумератор.
foliar. [прил.] относящийся к листьям, листовой.
foliar. [перех.] нумеровать страницы.
foliatura. [ж.] нумерация страниц.
folicular. [прил.] имеющий форму фолликула, мешотчатый.
foliculario. [м.] (презр.) газетный писака.
foliculina. [ж.] (мед.) фолликулин.
foliculitis. [ж.] (пат.) фолликулит, воспаление мешотчатых желез слизистой оболочки.
folículo. [м.] (анат.) фолликул(а), мешочек; (бот.) мешочек.
foliculoso, sa. [прил.] (анат.) фолликулярный.
folífero, ra. [прил.] листоносный.
foliforme. [прил.] листовидный, листообразный.
folín. [м.] (мор.) воронка.
folio. [м.] лист (бумаги, книги); (полигр.) колонтитул; (бот.) молочайная трава: * folio recto, лицевая сторона листа; * folio vuelto, обратная сторона листа; * folio español, формат ин-кварто; * en folio, ин-фолио; * de a folio, огромный, крупный; * folio índico, лист коричневого дерева.
foliófago, ga. [прил.] питающийся листьями.
foliolado, da. [прил.] с листочками (foliolos).
foliolo. [м.] (бот.) листочек (сложного листа).
folión. [м.] португальский танец.
foliote. [м.] замочная пружина.
folíparo, ra. [прил.] (бот.) листовой (о почках).
folklore. [м.] фольклор, народное творчество.
folklórico, ca. [прил.] фольклорный.
folklorista. [м. и ж.] фольклорист, (-ка).
foluz. [ж.] старинная мелкая монета.
folla. [ж.] беспорядочный бой между двумя отрядами (при турнире); беспорядочная куча разных предметов; (театр.) пьеса с нарочито запутанной интригой.
follada. [ж.] слоёный пирог.

follado, a. [страд. прич.] к follar; [м.] (обл.) самая широкая часть рукавов или манишки; [множ.] старинные кальсоны.

follador. [м.] (разг.) тот, кто раздувает мехами.

follaje. [м.] листва; украшение из листьев; (перен.) сложное безвкусное украшение; многословие.

follar. [перех.] раздувать мехами; follarse. [возв. гл.] бздеть, бзднуть; [непр. гл.] спрягается как contar.

folleo. [м.] (Амер.) ссора; опьянение.

folleque. [м.] (Амер.) маленький автомобиль.

follero, ra. [м. и ж.] тот, кто изготовляет или продаёт воздуходувные мехи.

folletero, ra. [м. и ж.] см. follero.

folletín. [м. умен.] к folleto; подвал (газетный); фельетон.

folletinesco, ca. [прил.] подвальный; запутанный, интригующий (характерный для романов, печатающихся в подвале).

folletinista. [м. и ж.] автор газетных подвалов.

folletista. [м. и ж.] автор брошюр.

folleto. [м.] брошюра.

folletón. [м.] (гал.) фельетон, см. folletín.

follín. [м.] (перен.) (Амер.) раздражительный человек.

follisca. [ж.] (Амер.) бурная ссора.

follón, na. [прил.] ленивый, вялый, медлительный; трусливый, малодушный, хвастливый; [м. и ж.] лентяй, (-ка), трус, (-иха); хвастун, (-ья); [м.] бесшумная ракета; (бот.) побег (идущий от корня); бесшумные ветры; [множ.] (Амер.) нижняя юбка.

follosas. [ж.] (арг.) штаны, см. calzas.

fomentación. [ж.] (мед.) прикладывание припарок, компрессов.

fomentador, ra. [прил.] поддерживающий, разжигающий, оживляющий и т. д.; [м. и ж.] подстрекатель, (-ница).

fomentar. [перех.] (перен.) поддерживать, разжигать, возбуждать, подстрекать, поощрять; содействовать развитию; оживлять; класть припарки, примочки, компресс.

fomento. [м.] согревание; (перен.) возбуждение, поощрение, подстрекательство; содействие развитию; пища для чего-л; помощь; (мед.) примочка, припарка.

fomes. [м.] побудительная причина.

fon. [м.] (физ.) фон.

fonación. [ж.] фонация, образование голоса.

fonascia. [ж.] (муз.) наука об образовании голоса.

fonatorio, ria. [прил.] относящийся к образованию голоса.

fonda. [ж.] постоялый двор; гостиница; (ж.-д.) буфет; (Амер.) кабачок; киоск с прохладительными напитками.

fondable. [прил.] годный для якорной стоянки.

fondado, da. [прил.] с подкреплённым дном (о бочке).

fondazo. [м.] (Амер.) удар кулаком.

fondeadero. [м.] якорная стоянка, якорное место.

fondeado, da. [страд. прич.] к fondear; [прил.] (Амер.) богатый.

fondear. [перех.] (мор.) исследовать дно моря; производить таможенный осмотр (на корабле); (перен.) тщательно исследовать; (мор.) разгружать трюм; [неперех.] (мор.) становиться на якорь, стать на якорь; fondearse. [возв. гл.] (Амер.) разбогатеть; приобрести капитал.

fondeo. [м.] исследование дна моря; измерение глубины; таможенный осмотр (на корабле); бросание якоря.

fondero, ra. [м. и ж.] (Амер.) см. fondista.

fondillón. [м.] осадок вина; аликантское вино.

fondillos. [м. множ.] задняя часть штанов.

fondista. [м. и ж.] хозяин, (-ка) гостиницы или постоялого двора.

fondo. [м.] дно; дно, грунт, глубина; глубина; дно, днище; основание, основа, сущность; задняя часть, глубинная часть; заднее место (в экипаже); глушь (леса); капитал, фонд; (жив.) фон; поле; толщина алмаза; характер, нрав, натура; общая ставка (в азартных играх); редакционная статья; сорт нижней юбки; собрание книг библиотеки; [множ.] (фин.) фонды, деньги, ценности; подводная часть судна; (обл.) рыболовный прибор; (Амер.) котёл: * sin fondo, бездонный; * a fondo, глубоко, основательно, досконально; совсем, вполне; * irse al fondo, идти ко дну; * dar fondo, (мор.) бросать якорь; (перен.) заканчиваться; * echar a fondo, погружать, потоплять, топить; * de doble fondo, с двойным дном; * artículo de fondo, редакционная статья; * en el fondo, в глубине; в сущности; * fondo negro, тёмное поле; * los fondos públicos, государственные фонды (бумаги), казённые деньги.

fondón. [м.] см. fondillón; [прил.] (разг.) (презр.) толстый (о молодом человеке).

fondonga. [ж.] (Амер.) корова или кобыла с большим животом.

fondongo. [м.] (Амер.) зад.

fondongo, na. [прил.] (Амер.) толстый, тучный, дородный.

fondoque. [м.] (Амер.) объёмистый зад.

fondor. [м.] (обл.) глубина.

fonducho. [м.] трактир, харчевня.

fonema. [м.] (лингв.) фонема.

fonendoscopia. [ж.] (мед.) выслушивание с помощью фонэндоскопа.

fonendoscopio. [м.] (мед.) фонэндоскоп, прибор для выслушивания сердца и лёгких.

fonética. [ж.] (лингв.) фонетика.

fonéticamente. [нареч.] фонетически.

fonético, ca. [прил.] (лингв.) фонетический, звуковой, голосовой.

fonetista. [м. и ж.] (лингв.) фонетист.

fónico, ca. [прил.] фонический, звуковой.

fonil. [м.] сорт воронки.

fonismo. [м.] фонизм.

fonje. [прил.] мягкий, губчатый, пористый.

fonocamptica. [ж.] (физ.) учение об отражении звука.

fonocaptor. [м.] звукосниматель, адаптер.

fonogénico, ca. [прил.] фоногеничный.

fonografía. [ж.] фонография, звукозапись, изображение звуков письмом.

fonografiar. [перех.] изображать звуки письмом, записать на пластинку.

fonográfico, ca. [прил.] фонографический.

fonógrafo. [м.] (физ.) фонограф; патефон.

fonograma. [м.] фонограмма.

fonolita. [ж.] (геол.) фонолит.

fonolocalizador. [м.] звукоуловитель.

fonología. [ж.] фонология.

fonológico, ca. [прил.] фонологический.

fonólogo, ga. [м. и ж.] специалист по фонологии.

fonometría. [ж.] фонометрия, звукометрия, измерение силы звуков.

fonométricamente. [нареч.] по правилам фонометрии.

fonométrico, ca. [прил.] фонометрический.

fonómetro. [м.] фонометр, звукомер, шумомер.

fonoscopio. [м.] (физ.) фоноскоп.

fonosofía. [ж.] наука о звуках.

fonoteca. [ж.] фонотека.

fonsadera. [ж.] старинный военный налог; старинный даровой и принудительный труд при войне.

fonsado. [м.] см. fonsadera; рытьё рова.

fontal. [прил.] ключевой, родниковый; (перен.) первый и основной.

fontana. [ж.] (поэт.) (обл.) родник, источник, ключ.

fontanal. [прил.] ключевой, родниковый; [м.] родник, источник, ключ; местность, изобилующая родниками.

fontanar. [м.] родник, источник, ключ.

fontanela. [ж.] (анат.) родничок.

fontanería. [ж.] искусство водопроводчика; водопровод.

fontanero, ra. [прил.] фонтанный; [м.] водопроводчик.

fontegí. [м.] (с.-х.) разновидность пшеницы.

fontezuela. [ж. умен.] к fuente, родничок.

fontícola. [прил.] живущий в родниках и т. д.

fontículo. [м.] (хир.) фонтанель.

fonurgia. [ж.] (муз.) теория об отзвуках.

foñico. [м.] (обл.) сухой кукурузный лист.

foque. [м.] (мор.) кливер.

foración. [ж.] сверление.

forado. [м.] (Амер.) отверстие в стене.

forajido, da. [прил.] беглый, скрывающийся от правосудия; [м.] бандит, разбойник.

foral. [прил.] (юр.) владение отданное в аренду на долгий срок.

foralmente. [нареч.] по правилам fuero.

foramen. [м.] отверстие, дыра; отверстие в мельничном жёрнове (для насадки на вал).

foraminado, da. [прил.] (ест. ист.) дырчатый.

foraminíferos. [м. множ.] (зоол.) многоядерные корненожки.

foráneo, a [прил.] см. forastero; (обл.) наружный.

forango, ga. [прил.] (Амер.) (шутл.) см. forastero.

forastero, ra. [прил.] чужой, приезжий, иногородний; (перен.) чуждый, далёкий, [м. и ж.] приезжий, (-ая).

forcate. [м.] (обл.) плуг с двумя оглоблями (для одного животного).

forcatear. [перех.] (обл.) пахать с помощью forcate.

forcaz. [прил.] с двумя оглоблями.

forcejar, forcejear. [неперех.] напрягаться, делать усилия (чтобы преодолеть сопротивление); (перен.) сопротивляться, противиться, возражать (упрямо).

forcej(e)o. [м.] усилие; сопротивление.

forcejón. [м.] сильное усилие.

forcejudo, da. [прил.] сильный, крепкий.

fórceps. [м.] (хир.) акушерские щипцы.

forcipresión. [ж.] зажимание кровоточащего сосуда.

forcito. [м.] (Амер.) маленький автомобиль.

forchina. [ж.] оружие в форме вил.

forense. [прил.] судебный: * médico forense, судебный врач.

forense. [прил.] (м. употр.) см. forastero.

forero. [м.] относящийся к fuero; [м.] арендатор на долгий срок.

forestal. [прил.] лесной.

forfícula. [ж.] (зоол.) уховёртка (насекомое из отряда прямокрылых).

forigar. [перех.] (обл.) см. hurgonear.

forillo. [м.] (театр.) задняя декорация (за окном, дверью).

forja. [ж.] кузница мастера серебряных дел; см. ferrería; ковка; штукатурный раствор.

forjable. [прил.] ковкий.

forjación. [ж.] ковка; изготовление.
forjado, da. [страд. прич.] к forjar; [прил.] кованый; [м.] (арх.) деревянная решётка.
forjador, ra. [прил.] кующий и т. д.; [м.] кузнец; выдумщик.
forjadura. [ж.] ковка, кование.
forjar. [перех.] ковать, выковывать; крепить, укреплять; (перен.) измышлять, выдумывать, сплетать, вымышлять; вновь штукатурить, белить (грубо).
forlipón, na. [прил.] (Амер.) хвастливый.
forión. [м.] старинный четырёхместный экипаж.
forma. [ж.] форма, вид, образ, внешность; форма, строение, структура; установленный порядок и т. д.; фигура; формат (книги); формула; способность, свойство; форма, тип; см. **molde**; способ, приём, манера; просфора, облатка; (арх.) дуга; (полигр.) печатная форма; формальность; [множ.] формы, очертания частей тела; * dar **forma**, приводить в порядок; выполнять; * guardar las **formas**, (разг.) вести себя прилично; * de **forma**, que, так что; * en **forma**, в debida **forma**, как следует, должным образом; * de **forma**, благородный; en **forma**, (спорт.) в хорошем форме.
formable. [прил.] формируемый.
formación. [ж.] образование, формирование, соз(и)дание; составление; подготовка, формирование, воспитание, обучение; формация; (геол.) формация; (воен.) построение, строй, порядок; (эл.) формование, формовка (аккумулятора); * **formación** cerrada, сомкнутый строй; * **formación** en columna, построение в колонну.
formador, ra. [прил.] образующий, создающий (тж. сущ.).
formaje. [м.] форма для сыра; сыр.
formal. [прил.] формальный; внешний; точный, аккуратный, серьёзный, определённый, категорический.
formaleta. [ж.] (обл.) внутренняя поверхность свода.
formalete. [м.] (арх.) полукруглая арка.
formalidad. [ж.] формальность; точность, серьёзность, аккуратность, благоразумие.
formalismo. [м.] формализм.
formalista. [прил.] формалистический; [м. и ж.] формалист (-ка).
formalizar. [перех.] оформлять; конкретизировать, определять, устанавливать; **formalizarse.** [возв. гл.] принимать всерьёз.
formalmente. [нареч] определённо, категорически; серьёзно; формально.
formante. [действ. прич.] к **formar**.
formar. [перех.] придавать форму; образовывать, создавать, формировать; составлять, делать; формировать, организовывать, устраивать; формировать, развивать, вырабатывать, (воен.) построить; [неперех.] входить в состав; **formarse.** [возв. гл.] расти, развиваться, образовываться, формироваться.
formativo, va. [прил.] формативный, придающий форму, образовывающий, формирующий, образовательный, воспитательный.
formato. [м.] (итал.) формат, размер (книги).
formatriz. [прил.] созидающая, образующая (тж. ж.).
formeno. [м.] (хим.) метан, болотный газ.
formero. [м.] (арх.) арка свода; см. **cintra**.

formiato. [м.] (хим.) соль муравьиной кислоты.
formicación. [ж.] (мед.) мурашки (по телу).
formicante. [прил.] муравьиный; медлительный, неповоротливый: * pulso **formicante**, (мед.) слабый и частый пульс.
formicáridos. [м. множ.] (зоол.) муравьеядные.
formícidos. [м. множ.] (зоол.) муравьиные.
formicívoro, ra. [прил.] (зоол.) муравьеядный.
fórmico, ca. [прил.] (хим.) муравьиный: * ácido **fórmico**, муравьиная кислота.
formicular. [прил.] (зоол.) муравьиный.
formidable. [прил.] громадный, огромный, чудовищный; страшный, ужасный; (разг.) великолепный.
formidoloso, sa. [прил.] (м. употр.) очень робкий, боязливый; ужасающий, страшный.
formol. [м.] (хим.) формальдегид.
formón. [м.] стамеска; пробойник; (обл.) часть плуга.
fórmula. [ж. в разн. знач.] формула; рецепт: * pura **fórmula**, простая проформа; * por **fórmula**, для вида, ради или для проформы.
formulable. [прил.] формулируемый.
formulación. [ж.] формулировка, формулирование.
formulador, ra. [прил.] формулирующий и т. д. (тж. сущ.).
formular. [перех.] формулировать, излагать; точно выражать; (мед.) писать рецепт.
formular. [прил.] относящийся к формуле.
formulario, ria. [прил.] относящийся к формуле или к формализму; [м.] сборник установленных форм и образцов; формуляр; рецептурный сборник.
formulismo. [м.] формализм.
formulista. [прил.] формалистический; [м. и ж.] формалист (-ка).
fornáceo, a. [прил.] (поэт.) печной.
fornalla. [ж.] (Амер.) зольник.
fornecer. [перех.] (неупотр.) доставлять, поставлять, снабжать; [непр. гл.] спрягается как **agradecer**.
fornecino, na. [прил.] (чаще сущ.) (обл.) виноградная лоза без плода.
fornel. [м.] (обл.) жаровня; переносная печь.
fornelo. [м.] см. **chofeta**.
fornicación. [ж.] совокупление, совершение полового акта с кем-л (вне брака).
fornicado, da. [прил.] дугообразный.
fornicador, ra. [прил. сущ.] совершающий половой акт (вне брака); [м. и ж.] развратник, (-ица) блудница.
fornicar. [неперех.] совершать половой акт (вне брака).
fornicífero, ra. [прил.] (ест. ист.) сводчатый.
fornicio. [м.] см. **fornicación**.
fornido, da. [прил.] сильный, крепкий, коренастый, могучий.
fornitura. [ж.] (полигр.) комплект шрифта; (воен.) амуниция.
foro. [м.] (ист.) форум, вечевая площадь (в Риме); суд, судебная палата; судебное сословие; (юр.) отдача в аренду на долгий срок; (театр.) задний план.
foroblasto. [м.] соединительная ткань.
forondo, da. [прил.] (Амер.) тщеславный, самовлюблённый.
foronomía. [ж.] наука о правилах равновесия и о движении тел.
forraje. [м.] корм, фураж (зелёный); сбор корма для скота; (воен.) фуражировка; (Амер.) сено; (перен.) (разг.) множество пустых вещей.
forrajeador. [м.] (воен.) фуражир.
forrajear. [перех.] собирать корм для скота;

(воен.) фуражировать, добывать фураж.
forrajera. [ж.] (воен.) этикет (род аксельбанта); знак отличия за боевые подвиги; пояс (при парадном костюме); верёвка (у фуражира).
forrajero, ra. [прил.] кормовой: * plantas **forrajeras**, кормовые травы.
forrar. [перех.] класть на подкладку, подшивать; покрывать чехлом; снабжать обложкой; (мор.) обшивать; [возв. гл.] (разг.) объедаться, обжираться.
forrear. [неперех.] (Амер.) сильно фыркать (о животном); [перех.] (Амер.) обмануть.
forro. [м.] подкладка; чехол; обложка (книги); (мор.) обшивка (судна); (Амер.) ловушка, обман; способность: * ni por el **forro**, ни чуточки.
forsterita. [ж.] (мин.) форстерит.
fortacán. [м.] (обл.) отвод в канале для хищения воды.
fortacho, cha. (Амер.) **fortachón, na.** (разг.) [прил.] сильный, крепкий, могучий, коренастый.
fortalecedor, ra. [прил.] укрепляющий; ободряющий.
fortalecer. [перех.] укреплять, подкреплять; ободрять; [непр. гл.] спрягается как **agradecer**.
fortalecimiento. [м.] укрепление, подкрепление; ободрение.
fortaleza. [ж.] сила, мужество, крепость, мощь, энергия, бодрость; (воен.) крепость, укреплённый город и т. д.; естественное укрепление; (Амер.) зловоние; детская игра; [множ.] изъян у холодных оружий.
forte. [нареч.] (итал.) (муз.) форте.
¡forte! (мор.) стой!
fortepiano. [м.] (муз.) фортепьяно, рояль.
fortezuelo, la. [прил. умен.] к **fuerte**; [м. умен.] к **fuerte**, крепостца.
forticable. [прил.] поддающийся укреплению.
fortificación. [ж.] укрепление (действ.) (воен.) фортификация, укрепление; фортификация (наука), искусство о укреплении: * trabajos de **fortificación**, фортификационные работы; * **fortificación** de campaña, полевое укрепление; * **fortificación** permanente, долговременное укрепление.
fortificador, ra. [прил.] укрепляющий.
fortificante. [действ. прич.] к **fortificar**, укрепляющий, подкрепляющий; ободряющий.
fortificar. [перех.] придавать силу, энергию; крепить, укреплять, подкреплять; (воен.) укреплять, окружать укреплениями, оборудовать (местность); **fortificarse.** [возв. гл.] укрепляться.
fortín. [м.] малый форт; укреплённая точка.
fortísimo, ma. [прил. прев. степ.] к **fuerte**.
fortuitamente. [нареч.] случайно, неожиданно.
fortuito, ta. [прил.] случайный, неожиданный, непредвиденный, нечаянный.
fortuna. [ж.] судьба, участь, рок, случай, успех, счастливый случай; фортуна, счастье, удача; состояние, капитал, имущество; шторм: * por **fortuna**, к счастью; * probar **fortuna**, попытать счастья; * reveses de **fortuna**, превратности судьбы; * hacer **fortuna**, приобресть состояние, разбогатеть; * la rueda de la **fortuna**, колесо фортуны.
Fortuna. [ж.] (миф.) Фортуна, богиня счастья или несчастья.
fortunón. [м. увел.] к **fortuna**, большое богатство, состояние.
fortunoso, sa. [прил.] (Амер.) счастливый, благополучный.

forúnculo. [м.] (мед.) фурункул, см. furúnculo.
forzadamente. [нареч.] поневоле.
forzado, da. [страд. прич.] к forzar; [прил.] принудительный, насильственный; взятый с боя, силой; принуждённый, натянутый, неестественный; форсированный, усиленный, ускоренный; [м.] каторжник; каторжанин; * trabajos forzados, каторжные работы; * risa forzada, натянутая улыбка * marcha forzada, форсированный марш.
forzador, ra. [м. и ж.] тот, кто принуждает; [м.] насильник.
forzal. [м.] опора для зубцов у гребня.
forzamiento. [м.] принуждение; насилие, изнасилование.
forzar. [перех.] вынуждать, принуждать, заставлять; брать силой, проникнуть силой; преодолевать; взламывать, выламывать; изнасиловать, насиловать; усиливать, напрягать (голос); forzarse. [возв. гл.] заставлять себя; [непр. гл.] спрягается как contar.
forzosa. [ж.] ход (в игре в шахматы); необходимость, крайность.
forzosamente. [нареч.] в силу необходимости, по необходимости, обязательно, поневоле.
forzoso, sa. [прил.] неизбежный, вынужденный, нужный, необходимый: * paro forzoso, безработица.
forzudo, da. [прил.] очень сильный.
fosa. [ж.] место погребения, могила; (анат.) полость; (уст.) яма, ров; (обл.) фруктовый сад: * fosas nasales, (анат.) носовая полость; * fosa común, братская могила.
fosado. [м.] ров перед замком.
fosal. [м.] кладбище, погост.
fosar. [перех.] окружать рвом.
fosca. [ж.] см. calina; (обл.) густой лес.
foscarral. [м.] (обл.) чаща, густые заросли.
fosco, ca. [прил.] см. hosco; тёмный, мрачный.
fosear. [перех.] (обл.) окружать рвом.
fosero. [м.] (обл.) могильщик.
fosfatado, da. [прил.] содержащий фосфат, фосфатный, фосфатовый.
fosfatar. [перех.] (хим.) образовывать фосфат.
fosfático, ca. [прил.] (хим.) фосфатный.
fosfato. [м.] (хим.) фосфат.
fosfaturia. [ж.] (пат.) обильное выделение в моче нерастворимой фосфорнокислой извести.
fosfina. [ж.] (хим.) жёлтая анилиновая краска.
fosfito. [м.] (хим.) фосфит, соль фосфористой кислоты.
fosforado, da. [прил.] содержащий фосфор, фосфорный, фосфористый.
fosforar. [перех.] соединять с фосфором, насыщать фосфором.
fosforecer. [неперех.] фосфоресцировать.
fosforera. [ж.] коробка со спичками.
fosforero, ra. [м. и ж.] продавец, (-щица) спичек.
fosforescencia. [ж.] (физ.) фосфоресценция.
fosforescente. [действ. прич.] к fosforecer, фосфоресцирующий.
fosforescer. [неперех.] см. fosforecer; [непр. гл.] спрягается как agradecer.
fosfórico, ca. [прил.] (хим.) фосфорический, фосфорный.
fosfórido, da. [прил.] фосфористый, фосфорный.
fosforismo. [м.] отравление фосфором.
fosforita. [ж.] (мин.) фосфорит.
fosforización. [ж.] фосфоризация.
fosforocalcita. [ж.] (мин.) псевдомалахит, фосфористая медь.

fosforogénico, ca. [прил.] производящий фосфоресценцию.
fosforoscopio. [м.] (физ.) фосфороскоп.
fosforoso, sa. [прил.] (хим.) фосфористый.
fosforuria. [ж.] присутствие фосфора в моче.
fosfurado, da. [прил.] (хим.) содержащий фосфористое соединение.
fosfuro. [м.] (хим.) фосфористое соединение.
fosgénico, ca. [прил.] производящий свет; см. fotógeno.
fosgenita. [ж.] (мин.) роговой свинец.
fosgeno. [м.] (хим.) фосген.
fosia. [ж.] фоз, субъективное ощущение света и цвета.
fósil. [прил.] (палеон.) ископаемый, окаменелый; (перен.) устарелый, отсталый, обветшалый; [м.] ископаемое, окаменелость.
fosilífero, ra. [прил.] (геол.) содержащий ископаемые органические остатки.
fosilización. [ж.] (геол.) процесс окаменения.
fosilizarse. [возв. гл.] каменеть.
foso. [м.] см. hoyo; помещение под сценой; углубление в полу гаража (для удобного ремонта автомобилей); ров окружающий крепость.
fosquera. [ж.] (обл.) см. broza.
fostró. [м.] (шутл.) (Амер.) шум, гам, гул (голосов).
fósula. [ж.] (анат.) ямка.
fótico, ca. [прил.] световой.
fotismo. [м.] фотизм, вторичные зрительные ощущения при раздражении других органов чувств.
foto. [м.] фото, фотокарточка.
fotobacteria. [ж.] (зоол.) фотобактерия.
fotocélula. [ж.] фотоэлемент.
fotocincografía. [ж.] фотоцинкография.
fotocopia. [ж.] фотокопия.
fotocromía. [ж.] фотохромия.
fotoelectricidad. [ж.] фотоэлектричество.
fotoeléctrico, ca. [прил.] фотоэлектрический: * célula fotoeléctrica, фотоэлемент.
fotoescultura. [ж.] фотоскульптура.
fotófilo, la. [прил.] любящий свет.
fotofobia. [ж.] фотофобия, светобоязнь.
fotófono. [м.] (физ.) фотофон.
fotóforo. [м.] лампа с рефлектором.
fotogénesis. [ж.] образование света или фосфоресценции.
fotogenia. [ж.] фотогения; образование света; фотогеничность.
fotogénico, ca. [прил.] способствующий химическому действию света; фотогеничный.
fotógeno, na. [прил.] производящий свет; [м.] фотоген.
fotograbado. [м.] фотогравюра.
fotograbar. [перех.] изготовлять фотогравюры.
fotografía. [ж.] фотография; фотографический снимок, фотоснимок, фото, фотокарточка; * aficionado a la fotografía, фотолюбитель; * fotografía aérea, аэрофотосъёмка; * exposición de fotografías, фотовыставка; * hacer una fotografía, сделать снимок.
fotografiar. [перех.] фотографировать; (перен.) точно описывать.
fotográficamente. [нареч.] фотографически.
fotográfico, ca. [прил.] фотографический: * fidelidad fotográfica, фотографичность; * ilustración fotográfica, фотоиллюстрация; * cámara fotográfica, фотокамера; * taller fotográfico, фотография, фотомастерская; * reportaje fotográfico, фоторепортаж.
fotógrafo. [м.] фотограф.
fotograma. [м.] фотограмма; (кино) изображение.

fotogrametría. [ж.] фотограмметрия.
fotogramétrico, ca. [прил.] фотограмметрический.
fotoheliógrafo. [м.] фотогелиограф.
fotolitografía. [ж.] фотолитография.
fotolitografiar. [перех.] фотолитографировать.
fotolitográficamente. [нареч.] фотолитографическим путём.
fotolitográfico, ca. [прил.] фотолитографический.
fotolitógrafo. [м.] специалист по фотолитографии.
fotología. [ж.] наука о свете.
fotomatón. [м.] автоматический фотоаппарат.
fotomecánico, ca. [прил.] фотомеханический.
fotometría. [ж.] (физ.) фотометрия.
fotométrico, ca. [прил.] (физ.) фотометрический.
fotómetro. [м.] (физ.) фотометр.
fotón. [м.] (физ.) фотон.
fotoquímica. [ж.] (хим.) фотохимия.
fotoquímico, ca. [прил.] (хим.) фотохимический.
fotosensible. [прил.] (физ.) светочувствительный.
fotosfera. [ж.] (астр.) фотосфера.
fotosíntesis. [ж.] фотосинтез.
fototaxia, fototaxis. [ж.] фототаксис.
fototeca. [ж.] фототека.
fototelegrafía. [ж.] фототелеграфия.
fototelegráfico, ca. [прил.] фототелеграфный.
fototerapia. [ж.] фототерапия, лечение светом.
fototerápico, ca. [прил.] фототерапический.
fototipia. [ж.] (физ.) фототипия.
fototípico, ca. [прил.] фототипический.
fototipografía. [ж.] фототипография, автотипия.
fototopografía. [ж.] фототопография.
fototropismo. [м.] фототропизм.
fotoxilografía. [ж.] фотоксилография.
fótula. [ж.] (энто.) таракан (одна из разновидностей).
foturia. [ж.] выделение светящейся мочи.
fotuto. [ж.] (Амер.) большая морская раковина, труба.
fotuto, ta. [прил.] (Амер.) разорённый; больной; зелёный, недозрелый (о плодах).
fovea. [ж.] (анат.) центральная ямка сетчатки.
foveolar. [прил.] (анат.) ямчатый, покрытый ямочками.
fovila. [ж.] (бот.) живучка, выделение рыльца (пестика и плодника растения).
fox-terrier. [м.] (англ.) фокстерьер.
fox-trot. [м.] (англ.) [м.] фокстрот: * bailar el fox-trot, фокстротировать.
foya. [ж.] (обл.) количество угля помещающееся в печи.
foyaita. [ж.] (геол.) фойяит.
foyer. [м.] (гал.) фойе.
frac. [м.] фрак (мужское платье); [множ.] fraques.
fracasado, da. [страд. прич.] к fracasar; [прил.] дискредитированный, потерпевший крах; [м.] неудачник.
fracasar. [перех.] (неупотр.) разбивать вдребезги; раздроблять; [неперех.] потерпеть неудачу, не иметь успеха, провалиться; разбиваться: * hacer fracasar, провалить.
fracaso. [м.] грохот, шум, треск; несчастный случай; неудача, провал, неуспех, крах.

fracatán. [м.] (Амер.) бесчисленное множество.

fracatúa. [ж.] (обл.) ссора, спор.

fracción. [ж.] доля, часть, частица; ломка; дробление, раздробление; (мат.) дробь; (в разн. знач.) фракция; * fracción decimal, десятичная дробь; * fracción mixta, смешанная дробь; * fracción continua, непрерывная дробь.

fraccionado, da. [страд. прич.] к fraccionar. [прил.] фракционный.

fraccionamiento. [м.] фракционирование, дробление, деление на мелкие части.

fraccionar. [перех.] дробить, раздроблять, делить на мелкие части.

fraccionario, ria. [прил.] (мат.) дробный: * número fraccionario, дробное число.

fractura. [ж.] излом, разлом; взлом (двери и т. д.); перелом (кости): * robo con fractura, кража со взломом.

fracturar. [перех.] ломать, взламывать; разламывать; переломить, проломить.

frada. [ж.] (обл.) обрезывание верхушек (деревьев).

fradar. [перех.] (обл.) обрезать верхушки (деревьев).

fraga. [ж.] малиновый куст; (обл.) земляника.

fraga. [ж.] скалистое место, поросшее кустарником.

frágala. [ж.] (обл.) осадок вина.

fragancia. [ж.] благоухание, аромат; добрая слава.

fragante. [прил.] благоуханный, ароматный, душистый; см. flagrante.

fragaria. [ж.] (бот.) земляника.

fragata. [ж.] (мор.) фрегат; (орни.) фрегат (водяная птица); * fragata ligera, см. corbeta; capitán de fragata, капитан второго ранга.

frágil. [прил.] ломкий, хрупкий; (перен.) непрочный, недолговечный; слабый, слабохарактерный; неустойчивый.

fragilidad. [ж.] хрупкость, ломкость; (перен.) непрочность, недолговечность; непостоянство; неустойчивость.

fragino. [м.] (бот.) (обл.) ясень.

fragmentación. [ж.] (раз.) дробление, деление, фрагментация.

fragmentado, da. [прил.] состоящий из фрагментов, из кусков.

fragmentar. [перех.] дробить, расчленять, разделять на части.

fragmentario, ria. [прил.] к фрагмент; фрагментарный, отрывочный.

fragmento. [м.] обломок, осколок, отрывок, фрагмент (романа и т. д.); фрагмент, обломок, остаток (древнего произведения искусства).

fragón. [м.] иглица понтийская.

fragor. [м.] грохот, гром, треск, шум.

fragoroso, sa. [прил.] грохочущий, шумный.

fragosidad. [ж.] лесная чаща, глушь; ухабистая дорога.

fragoso, sa. [прил.] ухабистый, покрытый рытвинами, поросший кустарником; см. fragoroso.

fragrancia, fragrante. см. fragancia, fragante.

fragua. [ж.] кузнечный горн; кузница.

fraguado. [м.] (тех.) схватывание, затвердевание.

fraguador, ra. [прил.] выдумывающий; [м. и ж.] выдумщик, (-ица).

fraguar. [перех.] ковать; (перен.) измышлять, выдумывать, затевать; [неперех.] (тех.) схватываться, затвердевать.

fragüín. [м.] (обл.) каменистый ручеёк.

fragura. [ж.] см. fragosidad.

fraile. [м.] монах; подобранный край одежды; бугорок в форме монаха; (полигр.) слепой оттиск; (обл.) куча молоченого хлеба или выжатого винограда: * meterse a fraile, постричься в монахи.

frailear. [перех.] (обл.) обрезывать верхушки (деревьев).

frailecillo. [м.] (орни.) чибис.

frailecito. [м.] маленькая детская игрушка (из фасоли).

frailejón. [м.] (Амер.) (бот.) камедистое растение.

frailengo, ga, fraileño, na. [прил.] (разг.) монашеский.

frailería. [ж.] (соб.) монашество, монашество, монашеская братия.

frailero, ra. [прил.] монашеский, свойственный монахам; (разг.) дружески расположенный к монахам.

frailesco, ca. [прил.] (разг.) монашеский, иноческий.

frailía. [ж.] монашество, иночество, монашеское состояние.

fraillillos. [м. множ.] (бот.) аронник пятнистый.

frailote. [м. увел.] к fraile.

frailuco. [м.] (презр.) монашишка, распутный монах.

frailuno, na. [прил.] (презр.) монашеский.

frajenco. [м.] (обл.) свинья ещё не годная для убоя.

frambesia. [ж.] (пат.) эндемическое заболевание в тропических странах (фрамбезия).

frambuesa. [ж.] малина (плод).

frambueso. [м.] (бот.) малиновый куст, малина.

frámea. [ж.] дротик, метательное копьё (у Франков и Германцев).

francachela. [ж.] (разг.) пирушка, кутёж, попойка: * andar de francachela, кутить, пьянствовать.

francalete. [м.] ремень с пряжкой.

francamente. [нареч.] чистосердечно, откровенно.

francés, sa. [прил.] французский; [м. и ж.] француз, француженка; [м.] французский язык: * marcharse или despedirse a la francesa, уходить не прощаясь.

francesada. [ж.] нашествие французов (в 1808 г.); что-л сделанное или сказанное на французский лад.

francesilla. [ж.] (бот.) лютик; сорт сливы; французская булка.

francesismo. [м.] (лингв.) галлицизм.

franciscano, na. [прил.] францисканский; [м.] францисканец.

francisco, ca. [прил. и сущ.] см. franciscano.

francmasón, na. [м. и ж.] франкмасон.

francmasonería. [ж.] франкмасонство.

francmasónico, ca. [прил.] франкмасонский.

franco, ca. [прил.] щедрый; вольный, свободный; свободный от обязательств; неоплачиваемый, франкированный, с оплаченной доставкой; открытый, чистосердечный, искренний, прямой; (ист.) франкский; французский; (в Африке) европейский; * franco de porte, франкированный, с оплаченной доставкой; * puerto franco, свободный порт, портофранко; [м. и ж.] (ист.) франк, женщина племени франков; француз, француженка; [м.] франк (монета).

francocuartel. [м.] (герал.) первая четверть щита.

francoespañol, la. [прил.] французско-испанский.

francófilo, la. [прил.] франкофильский; [м. и ж.] франкофил.

francófono, na. [прил.] говорящий по французски (тоже. сущ.).

francolín. [м.] (орни.) кавказский рябчик.

francolino, na. [прил.] (Амер.) бесхвостый (о птицах).

francote. [прил. увел.] к franco; (разг.) очень откровенный, искренний.

francotirador. [м.] франтирёр; партизан.

franchón, na. franchote, ta. franchute, ta. [прил.] (разг.) (презр.) французский, иностранный (тже. сущ.).

franchutería. [ж.] склонность (с претензией к элегантности) к французским вещам, модам и т. д.

franela. [ж.] фланель.

frangear. [перех.] (обл.) прессовать.

frangente. [действ. прич.] к frangir, ломающий; [м.] неожиданный и несчастный случай.

frangibilidad. [ж.] ломкость, хрупкость.

frangible. [прил.] хрупкий, ломкий.

frangir. [перех.] дробить, раздроблять.

frangle. [м.] (герал.) узкая полоса.

frangollar. [перех.] (разг.) делать что-л наскоро, кое-как, небрежно, спустя рукава; (уст.) молоть (зерно).

frangollero, ra. [прил.] (Амер.) см. frangollón.

frangollo. [м.] варёная пшеница; корм для скота (из овощей, зёрен); (обл.) варёная кукуруза с молоком; (Амер.) сладости из банана; плохо приготовленное кушанье; (перен.) (Амер.) см. mescolanza; небрежная работа; истолчённая пшеница, ячмень и т. д.

frangollón, na. [прил.] (обл.) (Амер.) делающий что-л наскоро, кое-как; [м. и ж.] халтурщик, (-ица).

frangote. [м.] кипа, тюк (товаров).

frángula. [ж.] (бот.) ломкая крушина.

frangulina. [ж.] (хим.) горькое начало из крушинной коры.

franhueso. [м.] (обл.) (зоол.) см. quebrantahuesos.

franja. [ж.] бахрома; полоса.

franj(e)ar. [перех.] украшать или обшивать бахромой.

franjolín, na. [прил.] (Амер.) бесхвостый.

franqueable. [прил.] преодолимый, проходимый.

franqueamiento. [м.] см. franqueo.

franquear. [перех.] освобождать, избавлять от (оплаты, пошлины, налога); щедро даровать; открывать (дорогу и т. д.); переступать; оплачивать почтовыми марками; отпускать на волю (раба); устранять препятствие; **franquearse.** [возв. гл.] открывать душу; см. prestarse.

franqueo. [м.] оплата почтовыми марками; освобождение (раба).

franqueza. [ж.] освобождение от налогов, от оплаты; щедрость, великодушие; откровенность, искренность, чистосердечие.

franquía. [ж.] (мор.) приготовления к отплытию: * en franquía, готовый к отплытию; (перен.) пользующийся свободой действия.

franquicia. [ж.] освобождение от пошлины.

franquincienso. [м.] лучший ладан.

frañer. [перех.] (обл.) см. quebrantar.

fraque. [м.] фрак, см. frac.

frasca. [ж.] веточки деревьев; (перен.) Амер.) шумное веселье.

frasco. [м.] флакон, пузырёк, бутылка; пороховница; содержание флакона; (Амер.) мера жидких тел, равная 2,44 л.; мера ёмкости, равная 21,37 л.

frase. [ж.] фраза, предложение; выражение; манера изложения, язык, слог: * frase hecha, шаблонное выражение; * frase musical, музыкальная фраза; * frase proverbial, провербиальная фраза.

frasear. [перех.] составлять фразы.

fraseo(logía). [м. ж.] фразеология; многословие.
fraseológico, ca. [прил.] фразеологический.
frasquera. [ж.] корзина для бутылок.
frasqueta. [ж.] (полигр.) рашкет.
frasquete. [м. умен.] к frasco, флакончик.
fratás. [м.] сорт лопатки (каменщика).
fratasar. [перех.] разглаживать с помощью fratás.
fraterna. [ж.] выговор, внушение.
fraternal. [прил.] братский.
fraternalmente. [нареч.] по-братски.
fraternar. [перех.] делать выговор, внушение.
fraternidad. [ж.] братство, братское дружество.
fraternización. [ж.] братание.
fraternizar. [неперех.] брататься.
fraterno, na. [прил.] братский.
fratría. [ж.] братство, общество.
fratricida. [прил.] братоубийственный; [сущ.] братоубийца.
fratricidio. [м.] братоубийство.
fraude. [м.] мошенничество, обман, надувательство, подлог.
fraudulencia. [ж.] см. fraude.
fraudulentamente. [нареч.] обманным, мошенническим путём, жульнически.
fraudulento, ta. [прил.] мошеннический, обманный, жульнический.
fraxinela. [ж.] (бот.) ясенец.
fraxíneos. [ж. множ.] (бот.) ясеневые растения.
fray. [м.] брат (о монахе); см. **frey**.
frazada. [ж.] плюшевое одеяло.
frazadero, ra. [м. и ж.] тот, кто изготовляет (ткёт) frazadas.
freático, ca. [прил.] колодезный.
frecuencia. [ж.] частое повторение, частота, частотность, многократность; (радио) частота: * alta frecuencia, высокая частота; * baja frecuencia, низкая частота; * frecuencia acústica, звуковая частота; * con frecuencia, часто.
frecuencímetro. [м.] (радио) частотомер.
frecuentación. [ж.] частое посещение.
frecuentador, ra. [прил.] часто посещающий; [м. и ж.] частый посетитель, (-ница), завсегдатай.
frecuentar. [перех.] часто посещать, бывать у...; часто повторять.
frecuentativo, va. [прил.] (грам.) многократный.
frecuente. [прил.] частый, часто повторяющийся.
frecuentemente. [нареч.] часто, частенько.
fregadero. [м.] раковина для мытья посуды.
fregado, da. [страд. прич.] к fregar; [прил.] (Амер.) утомительный, надоедливый; упрямый, упорный; [м.] чистка, мытьё (посуды и т. д.); (перен.) см. enredo.
fregador. [м.] см. fregadero; мочалка (для чистки, мытья).
fregadura. [ж.] чистка, мытьё.
fregajo. [м.] мочалка.
fregamiento. [м.] см. fricación.
fregar. [перех.] мыть, чистить, очищать (посуду и т. д.); вытирать, мыть (пол) (Амер.) надоедать, наводить скуку; [непр. гл.] спрягается как acertar.
fregatina. [ж.] (Амер.) помеха.
fregatriz. [ж.] судомойка.
fregón. [м.] (обл.) мочалка.
fregón, na. [прил.] (Амер.) надоедливый, докучливый, упрямый, наглый, бесстыдный; [ж.] см. fregatriz.
fregonil. [прил.] (разг.) свойственный судомойкам.
fregotear. [перех.] (разг.) мыть, чистить наспех, небрежно.
fregoteo. [м.] (разг.) небрежная чистка, мытьё.

fregués. [м.] (Амер.) издольник, издольщик.
freidera. [ж.] посуда для жаренья.
freidor, ra. [м. и ж.] тот, кто жарит рыбу и продаёт её.
freidura. [ж.] жаренье.
freiduría. [ж.] палатка, где продаётся жареная рыба.
freila. [ж.] монахиня военного ордена.
freile. [м.] монах или священник военного ордена.
freimiento. [м.] жаренье.
freír. [перех.] жарить (в масле); (перен.) мучить, изводить, дразнить, надоедать, досаждать; * freírsela a uno, мазать кого-л по губам; * al freír será el reír, смеётся тот, кто смеётся последним; [непр. гл.] спрягается как reír.
freira, freire, fro. см. **freila, freile**.
freiría. [ж.] (соб.) монахи или священники военного ордена.
fréjol. [м.] фасоль.
frémito. [м.] см. bramido.
fren. [м.] диафрагма; см. intelecto.
frenaje, frenamiento. [м.] торможение.
frenar. [перех.] тормозить; взнуздывать, сдерживать, задерживать; обуздывать.
frenastenia. [ж.] психическая слабость.
frenel. [м.] (мор.) сорт каната, кабельтова.
frenería. [ж.] мастерская, где изготовляют удилы и т. д.; лавка, где продают их.
frenero. [м.] мастер по изготовлению удил и т. д.; продавец удил и т. д.
frenesí. [м.] неистовство, исступление, бешенство, безумие.
frenéticamente. [нареч.] исступлённо, неистово.
frenético, ca. [прил.] безумный, исступлённый, неистовый, бешеный, буйный.
frénico, ca. [прил.] принадлежащий или относящийся к диафрагме или к уму.
frenillo. [м.] (анат.) уздечка (языка); уздечка крайней плоти; (мор.) см. **rebenque**; * no tener frenillo en la lengua, не лезть за словом в карман.
frenismo. [м.] см. **frenesí**.
frenítico, ca. [прил.] (пат.) относящийся к воспалению диафрагмы.
frenitis. [ж.] (пат.) воспаление диафрагмы, воспаление грудобрюшной преграды.
freno. [м.] тормоз; удила, узда (перен.) узда: * sin freno, безудержно, необузданно; * tascar el freno, грызть удила; * tirar del freno a uno, (перен.) удерживать кого-л от.
frenoblabia. [ж.] психический беспорядок.
frenocólico, ca. [прил.] диафрагмо-ободочнокишечный.
frenocomio. [м.] дом для умалишённых.
frenodinia. [ж.] (пат.) боль в диафрагме.
frenología. [ж.] френология.
frenológicamente. [нареч.] френологически.
frenológico, ca. [прил.] френологический.
frenologista, frenólogo, ga. [м. и ж.] френолог.
frenopatología. [ж.] наука о душевных болезнях.
frenopatólogo, ga. [м. и ж.] специалист по душевным болезням.
frenoptosis. [ж.] опущение диафрагмы.
frental. [прил.] (анат.) лобный.
frentazo. [м.] удар лбом; (перен.) (Амер.) неудача.
frente. [ж.] лоб; чело; лицо, лицевая, передняя сторона, перёд; фасад; пробел, не заполненное место в начале письма и т. д.; (перен.) лицо, выражение лица; [м.] (воен.) фронт: * frente despejada, чистый лоб; * frente, впереди; * al frente de, во главе; * frente a frente, лицом к лицу; * en frente, frente a, напротив; * frente por frente, как раз напротив; * hacer frente, противостоять, не сдаваться; оказывать сопротивление; * con la frente levantada, спокойно; с чистой совестью; * frente popular, народный фронт; * frente de ataque, фронт наступления; * estar en el frente, находиться на фронте; [нареч.] см. enfrente.
frentero. [м.] детская шапочка.
frentón, na. [прил.] лобастый.
frémulo. [м.] (анат.) см. frenillo.
freo. [м.] (мор.) узкий канал.
fres. [м.] (чаще множ.) см. franja.
fresa. [ж.] (бот.) земляника (растение и плод).
fresa. [ж.] (тех.) фреза, фрезер.
fresada. [ж.] кушанье из муки, молока и масла.
fresado, da. [страд. прич.] к fresar; [м.] (тех.) фрезеровка, фрезерование.
fresadora. [ж.] (тех.) фрезерный станок.
fresal. [м.] участок, заросшее земляникой.
fresar. [перех.] (тех.) фрезеровать; обшивать или украшать бахромой.
fresca. [ж.] прохлада, холодок; утренняя или вечерняя прохлада (в период сильной жары); (разг.) правда, высказанная в лицо: * decir cuatro frescas, говорить правду в лицо.
frescachón, na. [прил.] здоровый, дюжий; (мор.) сильный (о ветре).
frescal. [прил.] немного солёный (о рыбе).
frescales. [м. и ж.] (разг.) нагловатый человек.
frescamente. [нареч.] недавно; нагло, дерзко.
fresco, ca. [прил.] прохладный, свежий; свежий, недавно изготовленный; свежий, недавний; свежий, свежего цвета (о лице), здоровый; (перен.) непринуждённый; развязный, нахальный, наглый; лёгкий, тонкий (о ткани); [м.] прохлада, холодок; свежий воздух; (жив.) фреска; свежая рыба; свежее свиное сало; (Амер.) прохладительный напиток: * al fresco, под открытым небом; * tomar el fresco, выйти на свежий воздух, выйти подышать воздухом; (разг.) проветриться; * ser un fresco, быть нахальным, наглым.
frescor. [м.] свежесть, прохлада, холодок; (жив.) свежий цвет лица.
frescote. [прил. увел.] к fresco; (перен.) (разг.) крепкий, здоровый.
frescura. [ж.] прохладность, прохлада, холодок, свежесть; непринуждённость; грубая шутка, грубость; небрежность; спокойствие, бесстрашие, неустрашимость.
fresera. [ж.] (бот.) куст земляники, земляника (растение).
fresero, ra. [м. и ж.] продавец, (-щица) земляники.
fresnal. [прил.] (бот.) ясеневый.
fresneda. [ж.] ясеневая роща.
fresnillo. [м.] (бот.) ясенец.
fresno. [м.] (бот.) ясень.
fresón. [м.] клубника.
fresquear. [неперех.] (Амер.) нахально поступать; говорить правду в лицо.
fresquedal. [м.] влажная почва (зелёная при жаре).
fresquera. [ж.] холодильник, шкаф для провизии.
fresquería. [ж.] (Амер.) место продажи прохладительных напитков.
fresquero, ra. [м. и ж.] торговец, (-ка) морской рыбой свежего улова.

fresquilla. [ж.] сорт персика.
fresquista. [м. и ж.] художник, пишущий фрески.
freudiano, na. [прил.] фрейдовский; [м. и ж.] фрейдист, последователь Фрейда.
freudismo. [м.] (мед.) фрейдизм.
frey. [м.] брат (о монахе военного ордена).
frez(a). [ж.] помёт, навоз (мелких животных).
freza. [ж.] метание икры; икра (рыб); мальки; время метания икры; время, когда шелковичные черви объедают листья; рытьё земли (кабаном и т. д.).
fresada. [ж.] см. frazada.
frezar. [неперех.] испражняться (о мелких животных); выбрасывать грязь улья.
frezar. [неперех.] метать икру; объедать листья (о шелковичных червях); рыть землю (о кабане).
friabilidad. [ж.] рассыпчатость, способность крошиться; хрупкость.
friable. [прил.] легко крошащийся, рыхлый, хрупкий, рассыпчатый.
frialdad. [ж.] холод; холодность, сухость, сдержанность, равнодушие, чёрствость; половое бессилие, вялость; глупость, банальное выражение.
fríamente. [нареч.] холодно.
friático, ca. [прил.] зябкий; холодный, глуповатый, лишённый остроумия.
frica. [ж.] (перен.) (Амер.) избиение.
fricación. [ж.] втирание, растирание; трение.
fricar. [перех.] растирать, тереть.
fricasé. [ж.] (фр.) фрикасе.
fricasmo. [м.] лихорадочный озноб.
fricativo, va. [прил.] (лингв.) фрикативный.
fricción. [ж.] растирание; втирание, натирание; трение.
friccionar. [перех.] тереть, растирать; втирать, массировать.
friega. [ж.] растирание (больного места); (Амер.) утомление, досада; избиение: * dar friegas, массировать, растирать.
friegaplatos. [м. и ж.] мойщик, (-ица) посуды.
friera. [ж.] отмороженное место, см. sabañón.
frigánea. [ж.] веснянка (насекомое из отряда сетчатокрылых).
frigidez. [ж.] холод, см. frialdad.
frigidísimo, ma. [прил. прев. степ.] к frío, очень холодный.
frígido, da. [прил.] (поэт.) холодный.
frigio, a. [прил.] фригийский; [м. и ж.] фригиец (-йка): * gorro frigio, фригийский колпак.
frigoría. [ж.] фригория (единица холода).
frigorífero. [м.] камера холодильника.
frigorífico, ca. [прил.] охлаждающий, остужающий; [м.] холодильник, рефрижератор.
frigoriterapia. [ж.] лечение холодом.
frijol. [м.] (бот.) фасоль.
frijolar. [м.] участок, засаженный фасолью.
frijolear. [перех.] (Амер.) надоедать, докучать.
frijolillo. [м.] (бот.) кубинское бобовое дерево.
frijolizar. [перех.] (Амер.) см. embrujar.
frijón. [м.] (обл.) фасоль.
frimario. [м.] (ист.) фример.
fringa. [ж.] (Амер.) сорт пончо.
fringílago. [м.] (орни.) синица.
fringílinos. [м. множ.] (орни.) вьюрковые.
fringolear. [перех.] (Амер.) бить, пороть.
frío, a. [прил.] холодный; студёный; (перен.) импотентный; неспособный; сдержанный, равнодушный; недействительный; лишённый остроумия; бесцветный (о слоге); [м.] холод, стужа; очень холодный напиток: * coger frío, простуживаться; * no me da frío ni calor, мне всё равно; * Dios da el frío conforme a la ropa, Бог по силе крест налагает; * hace frío, холодно.
friolenco, ca. (разг.) **friolento, ta.** [прил.] зябкий.
friolera. [ж.] мелочь, пустяк: * por una friolera, попусту, из-за пустяков.
friolero, ra. [прил.] зябкий.
frión, na. [прил.] к frío, совсем лишённый остроумия, привлекательности.
friquitín. [м.] (разг.) (Амер.) трактир, харчевня.
frisa. [ж.] байка; (обл.) шерстяное одеяло; (Амер.) ворс; (воен.) рогатка.
frisado, da. [страд. прич.] к frisar; [м.] старинная шёлковая ткань.
frisador, ra. [м. и ж.] тот, кто ворсует.
frisadura. [ж.] ворсование (сукна).
frisar. [перех.] ворсовать, ворсить; см. refregar; сближать, соединять; (м. употр.) уменьшать; [неперех.] соглашаться; (перен.) быть близким к чему-л, граничить с чем-л.: * frisar en los cincuenta, приближаться к 50 годам; * frisar en el ridículo, граничить со смешным.
frisca. [ж.] (Амер.) избиение.
friso. [м.] (арх.) фриз.
frísol. [м.] фасоль.
frisolera. [ж.] (Амер.) (бот.) фасоль (растение).
frisudo, da. [прил.] (Амер.) ворсистый.
frisuelo. [м.] см. frisol; сорт пончика.
fritada. [ж.] жареное кушанье; (обл.) блюдо из тушёных овощей: * fritada de pescado, жареная рыба.
fritanga. [ж.] жареное кушанье (изобилующее маслом); (Амер.) усталость, досада.
fritar. [перех.] (обл.) (Амер.) жарить в масле.
fritera. [ж.] (Амер.) сковорода.
fritería. [ж.] (Амер.) палатка, где продаётся жареная рыба.
fritilaria. [ж.] (бот.) царские кудри.
fritilla. [ж.] поджаренное свиное сало.
fritillas. [ж. множ.] (обл.) жареные пирожки, пончики и т. д.
frito, ta. [страд. прич.] к freír; [м.] см. fritada; жареное, жаркое: * estar frito, (перен.) (разг.) сидеть как на угольях, на углях.
fritura. [ж.] см. fritada.
frívolamente. [нареч.] фривольно.
frivolidad. [ж.] пустота, легкомыслие, ветреность; фривольность; вздор, пустяки.
frívolo, la. [прил.] пустой, легкомысленный, ветреный; фривольный.
frixión. [ж.] сушка, высушивание, см. desecación.
friz. [м.] (бот.) буковый цветок.
froga. [ж.] кирпичная кладка, кирпичное сооружение.
froncia. [ж.] растение, из которого изготовляются веники.
fronda. [ж.] лист; папоротниковая листва; [множ.] листва; (ист.) фронда.
fronde. [м.] папоротниковая листва.
frondescente. [прил.] покрытый листьями, богатый листвой.
frondícola. [прил.] (бот.) растущий или живущий на листьях.
frondífero, la. [прил.] см. ramoso.
frondífero, ra. [прил.] (бот.) см. frondoso; листообразный, листовидный.
frondio, dia. [прил.] угрюмый; (Амер.) грязный, нечистый.

frondosidad. [ж.] густая листва, обилие листвы.
frondoso, sa. [прил.] густолиственный, ветвистый; густой (лес и т. д.).
fronemático, ca. [прил.] принадлежащий или относящийся к мысли.
frontal. [прил.] лобный; лобовой, фронтальный; [м.] украшение алтаря; (обл.) дно бочки; (Амер.) налобник (у лошади); (анат.) лобная кость; (арх.) см. carrera.
frontalera. [ж.] налобник (у лошади); украшения передней части алтаря; помещение для хранения frontales; подушечка под ярмом (при запряжке).
frontera. [ж.] государственная граница; фасад; сорт опалубки.
fronterizo, za. [прил.] пограничный; противолежащий.
frontero, ra. [прил.] противолежащий; [м.] см. frentero; [нареч.] напротив.
frontés. [прил.] (Амер.) бесстыдный, наглый.
frontil. [м.] сорт подушечки под ярмом (при запряжке); (Амер.) налобник (у лошади).
frontín. [м.] (Амер.) щелчок; налобник (у лошади).
frontino, na. [прил.] имеющий пятно и т. д. на лбу (о животном).
frontis. [м.] (арх.) фронтон.
frontispicio. [м.] (арх.) главный фасад; фронтон; (полигр.) фронтиспис; передняя, лицевая сторона.
frontomaxilar. [прил.] (анат.) лобно-челюстной.
frontón. [м.] стен для игры в мяч (в Стране Басков); здание или место, где играют в мяч; обрывистый берег; (арх.) фронтон.
frontooccipital. [прил.] (анат.) лобно-затылочный.
frontoparietal. [прил.] (анат.) лобно-париетальный.
frontotemporal. [прил.] (анат.) лобно-височный.
frontado, da. [прил.] лобастый (о животных).
frotación. [ж.] трение; натирание.
frotador, ra. [прил.] трущий; годный для трения, натирания.
frotadura. [ж.] см. frotación.
frotante. [дейст. прич.] к frotar, трущий и т. д.
frotar. [перех.] тереть, натирать; растирать; frotarse; [возв. гл.] тереться; натираться (чем-л); тереть, потирать себе: * frotarse las manos, потирать руки.
frote. [м.] трение.
fructidor. [м.] (ист.) фруктидор, 12-й месяц республиканского года (с 18 апр. по 18 сент.).
fructíferamente. [нареч.] с пользой, плодотворно, успешно.
fructífero, ra. [прил.] плодоносный; плодотворный, производительный.
fructificable. [прил.] могущий приносить плоды.
fructificación. [ж.] образование плода, оплодотворение.
fructificador, ra. [прил.] приносящий плоды.
fructificante. [дейст. прич.] к fructificar, приносящий плоды; [прил.] (перен.) производительный.
fructificar. [неперех.] приносить плоды, плодоносить; приносить пользу.
fructiforme. [прил.] (бот.) в форме плода.
fructívoro, ra. [прил.] плодоядный.
fructosa. [ж.] (хим.) фруктоза, плодовый сахар.
fructosuria. [ж.] присутствие фруктозы в моче.
fructuario, ria. [прил.] см. usufructuario; заплаченный плодами.

fructuosamente. [нареч.] с пользой, успешно.

fructuoso, sa. [прил.] плодоносный, плодовый; полезный, выгодный, прибыльный, доходный, успешный.

frufrú. [м.] шелест, шуршание (шёлкового платья и т. д.).

frugal. [прил.] умеренный, воздерж(ан)ный, нетребовательный (в пище); скромный, простой, скудный (о пище).

frugalidad. [ж.] умеренность, воздерж(ан)ность (в пище).

frugalmente. [нареч.] скромно, просто, умеренно, воздержно.

frugífero, ra. [прил.] (поэт.) несущий на себе плоды, плодоносный.

frugívoro, ra. [прил.] плодоядный.

fruición. [ж.] удовольствие; удовлетворение.

fruir. [неперех.] наслаждаться чем-л.

fruitivo, va. [прил.] приносящий наслаждение.

frumentáceo, a. [прил.] (бот.) подобный пшенице.

frumental, frumentario, ria. frumenticio. [прил.] пшеничный.

frumento. [м.] (поэт.) пшеница.

frunce. [м.] сборки, складки (на платье).

fruncido, da. [страд. прич.] к fruncir; [прил.] хмурый; (Амер.) грустный, печальный; [м.] см. frunce.

fruncidor, ra. [прил.] делающий сборки и т. д. (тж. сущ.).

fruncimiento. [м.] морщение, нахмуривание (бровей); сборка (шитьё); (перен.) притворство.

fruncir. [перех.] морщить, хмурить; делать складки, сборки; сжимать, комкать, искажать (факты и т. д.); fruncirse. [возв. гл.] притворяться робким.

fruñir. [перех.] (обл.) серьёзно вредить.

fruslera. [ж.] латунные опилки.

fruslería. [ж.] пустяк, мелочь, безделица; ничтожность.

fruslero, ra. [прил.] пустой, ничтожный.

frusto, ta. [прил.] (археол.) стёршийся (о медали, монете); выветрившийся (о камне).

frustración. [ж.] лишение надежды; дейст. к срывать попытку.

frustrado, da. [страд. прич.] к frustrar; [прил.] неудачный, неудавшийся, бесполезный, безрезультатный.

frustráneo, a. [прил.] не дающий желаемого результата, бесполезный.

frustrar. [перех.] расстраивать планы, мешать осуществлению намерений, отнимать, лишать надежды, обманывать надежды; срывать попытку; frustrarse. [возв. гл.] проваливаться, терпеть неудачу.

frustratorio, ria. [прил.] лишающий надежды, срывающий попытку.

frustro, tra. [прил.] (гал.) (археол.) см. frusto.

fruta. [ж.] фрукт; (перен.) (разг.) результат, следствие: * fruta seca, сушёные фрукты; * fruta de sartén, жареные пирожки, пончики; * fruta prohibida, запретный плод.

frutaje. [м.] (жив.) картина с изображением фруктов и цветов.

frutal. [прил.] фруктовый, плодовый (о дереве); [м.] плодовое, фруктовое дерево.

frutar. [неперех.] приносить плоды (о дереве).

frutariano, na. [прил.] питающийся фруктами.

frutear. [неперех.] (Амер.) см. frutar; снимать плоды с деревьев.

frutecer. [неперех.] (поэт.) начинать приносить плоды; [непр. гл.] спрягается как agradecer.

frutería. [ж.] фруктовая лавка.

frutero, ra. [прил.] фруктовый, предназначенный для фруктов; [м. и ж.] продавец, (-щица) фруктов; тарелка для фруктов; (жив.) картина с изображением фруктов; корзина с искусственными фруктами.

frutescente. [прил.] (бот.) кустарниковый.

frútice. [м.] (бот.) полукустарник.

frutícola. [прил.] относящийся к разведению плодовых деревьев.

fruticoso, sa. [прил.] (бот.) кустарниковый.

fruticuloso, sa. [прил.] (бот.) кустарниковый.

fruticultura. [ж.] разведение плодовых деревьев, плодоводство.

frutilla. [ж. умен.] к fruta; зерно чёток; (Амер.) клубника (один из сортов).

frutillar. [м.] (Амер.) клубничная грядка.

frutillero. [м.] (Амер.) бродячий продавец клубники.

fruto. [м.] плод, фрукт; выгода, прибыль, польза; плод, следствие, результат.

fu. [м.] фырканье кошки: * hacer fu (como el gato), удирать; * ni fu ni fa, безразлично.

fua. [м.] (разг.) (Амер.) страх, боязнь; испуг.

fuacata. [ж.] (Амер.) бедность, нужда; нищета.

fucáceo, a. [прил.] (бот.) похожий на фукус; [ж. множ.] (бот.) семейство фукусов.

fúcar. [м.] (перен.) богач.

fuciforme. [прил.] (бот.) в форме фукуса.

fucilar. [неперех.] сверкать, искриться.

fucilazo. [м.] зарница.

fuco. [м.] (бот.) морская водоросль, фукус.

fucoideo, a. [прил.] похожий на водоросль; [ж. множ.] (бот.) семейство фукусов.

fucsia. [ж.] (бот.) фуксия.

fucsina. [ж.] (хим.) фуксин.

fucú. [м.] (разг.) неудача, невезение.

¡fucha! ¡fucri! [межд.] (Амер.) фу!

fuchina. [ж.] (обл.) см. escapatoria.

fuego. [м.] огонь, огнь (уст.); пожар; сигнальный огонь; (воен.) огонь, стрельба; топка; очаг, печь, плита, огонь; двор (крестьянский) двор; воспаление, жар; пыл, пылкость, живость, воодушевление; (форт.) см. flanco; (вет.) см. cauterio; [множ.] фейерверк; [межд.] огонь!, пли!; * fuegos artificiales, фейерверк; * fuego fatuo, блуждающий, болотный огонёк; * fuego de Santelmo, огонь Св. Эльма; * fuego griego, греческий огонь; * a fuego lento, на медленном огне; * fuego!, пожар!; * pegar fuego a una casa, поджечь дом; * cortar el fuego, ограничить распространение пожара; * romper el fuego, открыть огонь или пальбу; * a sangre y fuego, огнём и мечом; * estar entre dos fuegos, быть между двух огней; * por el humo no sabe donde está el fuego, нет дыма без огня; * echar leña al fuego, подливать масла в огонь; * echar fuego por los ojos, метать гром и молнии; предаваться неистовому гневу; * poner las manos en el fuego, дать голову на отсечение в том, что...; * tocar a fuego, звать на помощь (при пожаре); * fuego! пожар! горим!; * de color de fuego, огнецветный; * puntos de fuego, (мед.) применение острых (гальванических) прижигателей; * huir del fuego y caer en las llamas, попадать из огня да в полымя.

fueguecillo, fueguezuelo. [м. умен.] к fuego, огонёк.

fueguino, na. [прил.] относящийся к Огненной Земли; [м. и ж.] уроженец (-ка) Огненной Земли.

fuelle. [м.] воздуходувные мехи; пузырь (у волынки); складки на платье; верх (у экипажа); (тех.) паропоршневая воздуходувка (в доменных печах); (перен.) облака в горах; (разг.) доносчик, сплетник; (обл.) каменное корыто, куда стекает из-под пресса оливковое масло.

fuentada. [ж.] (разг.) полное блюдо чего-л., содержимое блюда.

fuente. [ж.] источник, родник, ключ; фонтан; купель; раковина с краном; блюдо; миска, чаша; содержимое блюда; (перен.) начало, основа, источник; (хир.) фонтанель: * fuentes fidedignas, достоверный источник.

fuentezuela. [ж. умен.] к fuente, родничок.

fuer. [м.] (усечённая форма от fuero): * a fuer de, в соответствии, сообразно, на основании, в силу.

fuera. [нареч.] снаружи; наружу, на дворе, вне, за, из, вон; сверх того: * estar fuera, быть вне дома, в отъезде, в отлучке, отсутствовать; * fuera de las horas de trabajo, в неурочные часы; * fuera de eso, кроме того; * fuera de tiempo, не во-время; * por fuera, снаружи; * fuera de, вне; * fuera de quicio, fuera de sí, вне себя; * por fuera, снаружи, извне; * ¡fuera el sombrero! шапки долой!; * ¡fuera! вон!, долой!.

fuerano, na. [прил.] (Амер.) см. forastero.

fuereño, na. [прил.] (Амер.) провинциальный; глупый, простоватый; [м. и ж.] провинциал, (-ка); дурак, дура, глупец.

fuerista. [м.] законник.

fuero. [м.] муниципальный закон; власть, юрисдикция; право, привилегия, свод законов; (перен.) (разг.) (чаще множ.) самонадеянность, надменность: * fuero interno, interior или de la conciencia, совесть; * de fuero, законный; * a(l) fuero, по закону; * en su fuero interior, в глубине души.

fuerte. [прил.] сильный, крепкий, мощный, здоровый; дюжий (обл.); крепкий, прочный; твёрдый, мужественный, смелый, отважный; крупный, большой, значительный; искусный, сильный в чём-л; крепкий, насыщенный; сильный, эффективный, энергичный; толстый, грубый, обильный, стойкий, труднопреодолимый; крайний, упрямый; тёмный; (Амер.) вонючий; * fuerte suma, крупная сумма: * tabaco fuerte, крепкий табак; [м.] форт, крепость; (перен.) (разг.) конёк; [нареч.] сильно, крепко; обильно.

fuertemente. [нареч.] сильно, крепко, с силой; в высшей степени, горячо.

fuerza. [ж.] сила, крепость (физическая); сила, фактор; сила, насилие, принуждение; (физ.) (тех.) сила; усилие, мощность; энергия; сила, могущество, власть; сила, расцвет; вес, значение; сила, твёрдость, мужество; крепость (напитков и т. д.); (воен.) сила, численность; [множ.] силы, войска; укрепление, утоление (для прочности); * a la fuerza, por fuerza, a viva fuerza, силою, насильно; * fuerza mayor, непреодолимое препятствие, форс-мажор; * en fuerza de, вследствие; * no tener fuerza de ley, не иметь законной силы; * a fuerza de, благодаря, посредством, при помощи; * con fuerza, сильно, с (силой); с энергией; * es fuerza, необходимо; * camisa de fuerza, смирительная рубашка; * golpear con toda (la) fuerza, ударить из всей силы, мочи; * emplear la fuerza, употреблять насилие; * fuerza viva, живая сила; * fuerza ascensional, подъёмная сила; * fuerza de atracción, сила притяжения;

* **fuerza** electromotriz, электродвижущая сила; * **fuerza** centrífuga, центробежная сила; * **fuerza** centrípeta, центростремительная сила; * **fuerza** de inercia, сила инерции; * **fuerza** de penetración, пробивная сила; * **fuerza** resultante, равнодействующая сила; * **fuerza** aceleratriz, ускорительная сила; * **fuerza** pública, жандармерия; * **fuerzas** armadas, вооружённые силы; * **fuerzas** terrestres, сухопутные силы; * **fuerzas** aéreas, военно-воздушные силы; * **fuerzas** enemigas, силы противника; * **fuerzas** vivas, представители общественности; * **fuerza** activa (efectiva), наличный состав; * falta de **fuerzas**, бессилие.

fuetazo. [м.] (Амер.) (гал.) удар хлыстом.
fuete. [м.] (Амер.) (гал.) хлыст, кнут.
fuetear. [перех.] (Амер.) хлестать, стегать.
fuetera, fuetiza. [ж.] (Амер.) хлестание, побои.
fufa. [ж.] (Амер.) чернь.
fufar. [неперех.] фыркать (о кошке).
fufo. [м.] см. **fu**.
fufú. [м.] (Амер.) кушанье из банана и т. д.
fuga. [ж.] бегство, побег; течь, просачивание; утечка; (муз.) фуга: * **fuga** de gas, утечка газа; * **poner en fuga**, обратить в бегство; * **ley de fugas**, закон, разрешающий стрелять в арестованного при попытке к бегству; * **aplicar la ley de fugas**, убить при попытке к бегству.
fugacidaz. [ж.] скоротечность, быстротечность, мимолётность.
fugada. [ж.] порыв ветра.
fugado, da. [страд. прич.] к **fugar(se)**; [прил.] (муз.) в форме фуги.
fugar. [перех.] (уст.) обратить в бегство; **fugarse.** [возв. гл.] бежать, убегать, удирать, улетучиваться.
fugaz. [прил.] скоропреходящий, мимолётный, беглый, скоротечный.
fugazmente. [нареч.] быстро, мгновенно; мимолётным образом.
fugitivo, va. [прил.] убегающий, беглый, бегущий; скоротечный, преходящий, кратковременный, мимолетный; [м. и ж.] беглец, (-янка).
fuguillas. [м.] (разг.) живой, нетерпеливый мужчина.
fuina. [ж.] (зоол.) куница.
ful. [прил.] (арг.) ложный; неудачный, неудавшийся.
fulano, na. [м. и ж.] такой-то, некто, имярек, тот-то: * **fulano y zutano**, такой-то и такой-то.
fular. [м.] фуляр, шёлковая ткань.
fulastre. [прил.] (разг.) грубо, халтурно сделанный.
fulcro. [м.] точка опоры рычага.
fule. [м.] (Амер.) удар кулаком.
fulero, ra. [прил.] мало полезный, годный; ложный, лживый; болтливый.
fulgencia. [ж.] см. **fulgor**.
fulgente, fúlgido, da. [прил.] блестящий, блистающий, сияющий.
fulgir. [неперех.] сверкать, блестеть, сиять.
fulgor. [м.] блеск, сияние.
fulgora. [ж.] (зоол.) светоноска (насекомое из отряда полужёсткокрылых).
fulguración. [ж.] сверкание; действие, удар молнии.
fulgural. [прил.] (метеор.) молниевый.
fulgurante. [дейст. прич.] к **fulgurar**, сверкающий, мечущий молнии; (мед.) внезапно возникающий и быстро исчезающий (о боли).

fulgurecer. [неперех.] см. **fulgurar**; [непр. гл.] спрягается как **agradecer**.
fulgurita. [ж.] (мин.) фульгурит.
fulguroso, sa. [прил.] сверкающий, сияющий.
fúlica. [ж.] (орни.) лысуха (птица).
fuliginosidad. [ж.] свойст. к **потемневший**.
fuliginoso, sa. [прил.] похожий на сажу; тёмного цвета, потемневший.
fulmicotón. [м.] (хим.) пироксилин.
fulminación. [ж.] взрыв, вспышка; детонация гремучего состава.
fulminado, da. [страд. прич.] к **fulminar**; [прил.] поражённый молнией.
fulminador, ra. [прил.] мечущий громни и т. д. (тже. сущ.).
fulminante. [дейст. прич.] к **fulminar**; [прил.] мечущий молнии; скоропостижный, внезапный; взрывчатый, детонирующий: * **muerte fulminante**, скоропостижная смерть; [м.] капсюль.
fulminar. [перех.] метать молнии; метать бомбы и пули; сверкать; (перен.) метать громы и молнии; разразиться (проклятиями).
fulminato. [м.] (хим.) фульминат, соль гремучей кислоты.
fulminatriz. [прил.] см. **fulminador**.
fulmíneo, a. [прил.] похожий на молнию и т. д.
fulmínico, ca. [прил.] (хим.) гремучий.
fulminífero, ra. [прил.] молниеносный; (горн.) глубокий.
fulminoso, sa. [прил.] см. **fulmíneo**.
fulla. [ж.] обман, ложь, вымысел; [множ.] (обл.) вафельные трубочки.
fullear. [перех.] обманывать, плутовать (в игре).
fulleco, ca. [прил.] (обл.) пустой, полый.
fulleresco, ca. [прил.] свойственный шулерам, шулерский.
fullería. [ж.] плутовство, обман (в игре); хитрость, лукавство.
fullero, ra. [прил.] жульничающий в игре; [м. и ж.] шулер, плут, (-овка) в игре.
fullingue. [прил.] (Амер.) невысокого качества (о табаке); болезненный, рахитичный.
fullona. [ж.] (разг.) ссора, свалка, драка: * **armar fullona**, вызывать ссору.
fumable. [прил.] годный для курения.
fumada. [ж.] затяжка (табаком).
fumadero. [м.] курительная комната, курительная, (прост.) курилка.
fumador. [прил.] курящий; [м. и ж.] курильщик, (-ица).
fumante. [страд. прич.] к **fumar**, дымящийся, курящийся.
fumar. [неперех.] дымить, дымиться, куриться; курить (тже. перех.); **fumarse.** [возв. гл.] ненадлежащим образом расходовать, тратить; смыться с урока и т. д.
fumarada. [ж.] клубы дыма; порция табака в трубке.
fumaria. [ж.] (бот.) дымянка.
fumariáceo, a. [прил.] (бот.) похожий на дымянку.
fumarola. [ж.] (геол.) фумарола, дымовая трещина (вулкана).
fumazo. [м.] (Амер.) сигар. см. **fumada**.
fumífago, ga. [прил.] дымопоглощающий.
fumífero, ra. [прил.] (поэт.) дымящий(ся).
fumiforme. [прил.] дымный, подобный дыму.
fumífugo, ga. [прил.] дымоотводный.
fumigación. [ж.] окуривание.
fumigador, ra. [прил.] окуривающий; [м.] прибор для окуривания.
fumigante. [дейст. прич.] к **fumigar**, окуривающий.
fumigar. [перех.] окуривать.

fumigatorio, ria. [прил.] окуривающий; [м.] курильница.
fumin(o). [м.] (Амер.) см. **difumino**.
fumista. [м.] трубочист, печник.
fumistería. [ж.] лавка или мастерская трубочиста, печника.
fumívoro, ra. [прил.] дымопоглощающий.
fumógeno, na. [прил.] дымовой, дымообразующий.
fumosidad. [ж.] дымное вещество.
fumoso, sa. [прил.] дымный, обильно дымящийся.
funambulesco, ca. [прил.] акробатический.
funámbulo, la. [м. и ж.] канатоходец, канатный плясун, канатная плясунья; акробат.
función. [ж.] действие, ход, работа; (физиол.) отправление, функция, деятельность, должность, обязанность, функция; (мат.) функция; торжество, празднество; праздник; театральное представление; военное действие, бой: * **función derivada**, производная функция; * **entrar en funciones**, приступить к исполнению служебных обязанностей.
funcional. [прил.] функциональный.
funcionamiento. [м.] действие, деятельность, функционирование, ход, работа.
funcionar. [неперех.] действовать, функционировать, работать (о машине).
funcionario. [м.] должностное лицо, (государственный) служащий; чиновник.
funcionarismo. [м.] бюрократизм.
funche. [м.] (Амер.) кукурузная каша.
funda. [ж.] покрышка; чехол; наволочка; кобура.
fundación. [ж.] основание, учреждение, создание; закладка (фундамента).
fundacional. [прил.] принадлежащий или относящийся к основанию, учреждению.
fundadamente. [нареч.] с основанием, обоснованно.
fundador, ra. [прил.] основывающий и т. д.; [м. и ж.] основатель, (-ница), учредитель, (-ница).
fundamental. [прил.] служащий основанием, фундаментальный, основной.
fundamentalmente. [нареч.] в основном, основательно, фундаментально.
fundamentar. [перех.] закладывать фундамент; (перен.) обосновывать, подводить базу.
fundamento. [м.] фундамент, основание; основа, базис, начало; серьёзность (характера); (перен.) основание, причина, мотив, сюжет; (текст.) уток.
fundar. [перех.] созидать, строить; класть основание, основывать, создавать; учреждать; обосновывать, подтверждать; **fundarse.** [возв. гл.] опираться, основываться (на чём-л.).
fundente. [прил.] (хим.) способствующий плавке; [м.] флюс, плавень; (мед.) рассасывающее средство.
fundería. [ж.] литейный завод; плавильная литейная мастерская.
fundible. [прил.] плавкий, легкоплавкий.
fundibulario. [м.] (воен.) римский пращник.
fundíbulo. [м.] камнемётница (военная машина).
fundición. [ж.] плавка, плавление; выплавка; литьё, отливка; литейный завод; плавильня, литейная мастерская; (полигр.) комплект шрифта.
fundido, da. [страд. прич.] к **fundir**; [прил.] литой.
fundidor. [м.] литейщик: * **fundidor** de aceс, сталевар, сталелитейщик.
fundidora. [ж.] (полигр.) словолитная машина.
fundiforme. [прил.] в форме пращи.
fundillo. [м.] (Амер.) зад.

fundir. [перех.] плавить, расплавлять; растапливать, топить; лить, отливать, выплавлять; fundirse [возв. гл.] плавиться, таять; соединяться, сливаться; (эл.) перегорать; (Амер.) разоряться.

fundo. [м.] (юр.) наследственное имение, усадьба.

fundón. [м.] (Амер.) длинная покрышка и т. д.; длинная юбка; амазонка (платье).

fúnebre. [прил.] похоронный, погребальный, надгробный; унылый, мрачный, похоронный: * pompas fúnebres, похоронное бюро.

fúnebremente. [нареч.] мрачно, уныло, угрюмо, похоронно.

funeral. [прил.] похоронный, погребальный, надгробный; [м.] погребальная церемония, похороны; [множ.] торжественные похороны.

funerala (a la). [адверб. выраж.] в знак траура (нести ружья дулом вниз в торжественной процессии).

funeraria. [ж.] похоронное бюро.

funerario, ria. [прил.] похоронный, погребальный.

funéreo, a. [прил.] (поэт.) см. fúnebre.

funestamente. [нареч.] гибельно, пагубно.

funestar. [перех.] пятнать, марать (честь и т. д.).

funestidad. [ж.] (Амер.) прискорбный случай.

funesto, ta. [прил.] гибельный, пагубный, роковой; несчастный; мрачный.

fungar. [перех.] (обл.) см. gruñir.

fungia. [ж.] (зоол.) грибовидный коралл.

fungible. [прил.] изменяющийся от употребления.

fungicida. [прил.] уничтожающий грибы.

fungícola. [прил.] живущий в грибах.

fungiforme. [прил.] грибовидный, грибчатый.

fungina. [ж.] (хим.) грибковое вещество.

fungir. [перех.] (Амер.) замещать кого-л по работе; (разг.) хозяйничать (на предприятии); исправлять свою должность.

fungita. [ж.] ископаемый гриб.

fungívoro, ra. [прил.] питающийся грибами; см. fungícola.

fungo. [м.] (неол.) дикое мясо, нарост.

fungo, ga. [прил.] (обл.) гнусавый.

fungocelulosa. [ж.] (хим.) грибковое вещество.

fungoideo, a. [прил.] грибовидный, грибообразный.

fungón, na. [прил.] (разг.) см. fumador; (обл.) ворчащий.

fungosidad. [ж.] (хир.) мясистая грибовидная опухоль, пористость.

fungoso, sa. [прил.] губчатый, пористый, грибовидный.

funí. [м.] (Амер.) см. bragueta.

funiculado, da. [прил.] снабжённый семяножкой.

funicular. [прил.] канатный; [м.] фуникулёр.

funiculitis. [ж.] (пат.) фуникулит, воспаление семенного канатика.

funículo. [м.] (бот.) семяножка; канатик; (арх.) романское украшение.

funiforme. [прил.] имеющий форму шнурка.

funis. [м.] пуповина.

funador. [м.] (арг.) драчун, задира.

funar. [неперех.] (арг.) вызывать драку и т. д.

funenda. [ж.] (разг.) бедствие, несчастье, досада.

fuñez. [ж.] (Амер.) гнусавость.

funicar. [неперех.] (разг.) возиться с чем-л, ковыряться.

fuñido, da. [прил.] болезненный, хилый, слабый, рахитичный; сварливый, драчливый.

fuñique. [прил.] неловкий, неумелый; навязчивый, скрупулёзный.

fuño, na. [прил.] (обл.) см. huraño; (обл.) нахмуривание.

fuñón, na. [прил.] (Амер.) см. cargante.

furcia. [ж.] (разг.) шлюха, проститутка.

furcular. [прил.] (анат.) имеющий форму заколки.

furel. [м.] (Амер.) см. jurel.

furente. [прил.] (поэт.) ослеплённый гневом, взбешённый, яростный.

fúrfur. [м.] отруби.

furfuráceo, a. [прил.] отрубевидный.

furfurol. [м.] (хим.) фурфурол.

furgón. [м.] фургон; багажный вагон.

furgoneta. [ж.] лёгкий грузовой автомобиль.

furia. [ж.] (миф.) фурия; ярость, свирепость, бешенство неистовство; поспешность; (перен.) фурия: * a toda furia, поспешно, с большой поспешностью.

furibulle. [прил.] (обл.) шаловливый, резвый, непоседливый, очень живой.

furibundo, da. [прил.] яростный, разъярённый, неистовый (о человеке).

furiente. [прил.] см. furente.

furierismo. [м.] (фил.) учение Фурье, фурьеризм.

furierista. [м. и ж.] фурьерист, (-ка).

furioso, sa. [прил.] яростный, неистовый, бешеный, бурный; буйный (сумасшедший); жестокий, сильный; чрезвычайный, необычайный [м.] буйный сумасшедший.

furlón. [м.] см. forlón.

furnia. [ж.] (обл.) погреб; (Амер.) пропасть.

furo. [м.] * hacer furo, (обл.) ловко прятать.

furo, ra. [прил.] см. huraño; яростный, неистовый, бешеный; дикий (о животном).

furor. [м.] ярость, неистовство, бешенство, исступление; вдохновение; сильная страсть (к чему-л): * furor uterino, бешенство матки; hacer furor, производить фурор.

furor loquendi. [лат. выраж.] мания говорить.

furor scribendi. [лат. выраж.] мания писать.

furriel, furrier. [м.] (воен.) фуражир, каптернармус-счетовод.

furriela, furriera. [ж.] дворцовая комендатура.

furrina, furriña. [ж.] (Амер.) досада, гнев, раздражение.

furrio, rria. [прил.] (Амер.) презренный, достойный презрения.

furriona. [ж.] крик, шум, ссора, свалка.

furruco. [м.] (Амер.) род барабана.

furruma(1)la. [ж.] (Амер.) чернь; дрянная вещь.

furrusca. [ж.] драка, ссора, перебранка.

furtivamente. [нареч.] украдкой, скрытно.

furtivo, va. [прил.] сделанный украдкой, скрытый, тайный: cazador furtivo, браконьер.

furto. [м.] * a furto, тайком, украдкой.

furuminga. [ж.] (разг.) (Амер.) путаница, см. embrollo.

furuncular. [прил.] (неол.) (пат.) принадлежащий или относящийся к фурункулу.

furúnculo. [м.] (пат.) фурункул, чирей, веред (обл.).

furunculoide. [прил.] похожий на фурункул.

furunculosis. [ж.] фурункулез, чирьеватость.

furunculoso, sa. [прил.] (пат.) склонный к фурункулёзу.

furundanga. [ж.] (Амер.) груда ненужных вещей; см. porquería.

fusa. [ж.] (муз.) трехвязная нота.

fusca. [ж.] род чёрной утки; (обл.) сорная трава.

fusco, ca. [прил.] тёмный.

fuselado, da. [прил.] (герал.) украшенный ромбами.

fuselaje. [м.] (ав.) фюзеляж.

fusibilidad. [ж.] плавкость.

fusible. [прил.] плавкий, легкоплавкий; [м.] плавкий предохранитель.

fusiforme. [прил.] веретенообразный.

fúsil. [прил.] плавкий.

fusil. [м.] ружьё; винтовка: * fusil de chispa, кремнёвое ружьё; * fusil de repetición, магазинная винтовка; * fusil ametrallador, ручной пулемёт.

fusilador, ra. [прил. и сущ.] расстреливающий.

fusilamiento. [м.] расстрел.

fusilar. [перех.] расстреливать; (разг.) выдавать за своё, совершать плагиат.

fusilazo. [м.] ружейный выстрел.

fusilería. [ж.] комплект ружей; количество солдат («штыков»).

fusilero, ra. [прил.] ружейный; [м.] стрелок.

fusión. [ж.] плавление, плавка; (перен.) объединение, слияние, соединение.

fusionar. [перех.] сливать, объединять, соединять.

fusionista. [прил. и сущ.] фузионист (в политике).

fusípedo, da. [прил.] с веретеновидным стволом, веретеновидностебельчатый; (зоол.) с веретенообразными ногами.

fuslina. [ж.] помещение, где плавят руду.

fusocelular. [прил.] с веретенообразными клетками.

fusor. [м.] тигель, сосуд для плавки металлов.

fusta. [ж.] прут; шерстяная материя; хлыст; стек; сорт лёгкого гребного судна.

fustal. [м.] бумазея.

fustán. [м.] см. fustal; (Амер.) нижняя юбка.

fustanero, ra. [м. и ж.] тот, кто изготовляет бумазею.

fustanque. [м.] (Амер.) палка, крепкая палка.

fustansón. [м.] (Амер.) белая нижняя юбка.

fustaño. [м.] см. fustán.

fuste. [м.] древесина, палка; прут; древко; остов седла; (поэт.) седло; (перен.) основание, сущность; (арх.) фуст, ствол колонны.

fustero, ra. [прил.] принадлежащий или относящийся к стволу колонны и т. д.; [м.] токарь; (неупотр.) столяр.

fustete. [м.] (бот.) париковое дерево, скумпия.

fustíbalo. [м.] камнемётница.

fustigación. [ж.] сечение плетьми, порка; (перен.) бичевание.

fustigador, ra. [прил.] стегающий плетьми и т. д. (тж. сущ.).

fustigante. [действ. прич.] к fustigar, стегающий плетьми; (перен.) бичующий.

fustigar. [перех.] сечь, стегать плетьми, пороть; (перен.) бичевать.

fusto

fusto. [м.] (обл.) брус (в 5 или 3 м. длиною).
fusuco. [м.] (Амер.) ракета.
fútbol. [м.] футбол.
futbolista. [м.] футболист.
futbolístico, ca. [прил.] футбольный.
futearse. [возв. гл.] (Амер.) портиться (о картофеле).

futesa. [ж.] пустяк, безделица, безделушка.
fútil. [прил.] пустой, ничтожный.
futileza, futilidad. [ж.] ничтожество, пустота.
futraque. [м.] (разг.) сюртук; (презр.) щёголь.
futrarse. [возв. гл.] (Амер.) скучать; пачкаться.
futre. [прил.] (Амер.) одетый по моде; [м.] человек одетый по моде; щеголь, франт.
futrir. [перех.] (Амер.) надоедать, наскучивать.
futura. [ж.] кандидатура; право на преемство; (разг.) невеста.

futurario, ria. [прил.] принадлежащий к праву на преемство.
futurismo. [м.] футуризм.
futurista. [прил.] футуристический; [м. и ж.] футурист, (-ка).
futuro, ra. [прил.] будущий, грядущий; (грам.) будущий; [м.] будущее, грядущее; (грам.) будущее время; (разг.) жених: * futuro contingente, неизвестное будущее.
fuyenda. [ж.] (Амер.) бегство: * tomar la fuyenda, убегать.

Gg

g. [ж.] 8-я буква испанского алфавита и 6-я согласная.

gabacha. [ж.] сорт пелеринки.

gabachada. [ж.] (презр.) действие свойственное французу.

gabacho, cha. [прил.] живущий на склонах Пиреней; (презр.) французский; мохноногий (о голубе); [сущ.] житель, (-ница) селений на склонах Пиреней; (презр.) (разг.) француз, француженка; [м.] испанский язык, засорённый галлицизмами; крупный мохноногий голубь.

gabán. [м.] пальто.

gabanear. [перех.] (Амер.) красть, воровать, захватывать.

gabarda. [ж.] (бот.) шиповник.

gabardina. [ж.] крестьянская одежда; непромокаемое пальто; габардин (ткань).

gabarra. [ж.] габара (вид парусной и гребной лодки); баржа, грузовое судно.

gabarrero. [м.] тот, кто занимается перевозкой на габаре, на барже; дровосек.

gabarro. [м.] твёрдая сердцевина в камне; брак в ткани; типун (болезнь птиц); сорт цемента; (перен.) неприятная обязанность, бремя; ошибка в счёте; (обл.) шмель; (перен.) трутень.

gabarse. [возв. гл.] хвалиться, хвастаться.

gabasa. [ж.] проститутка, публичная женщина.

gabata. [ж.] солдатский и т. д. котелок.

gabazo. [м.] см. bagazo.

gabear. [неперех.] (Амер.) лазить (как кошка).

gabejo. [м.] небольшой сноп; охапка (дров и т. д.).

gabela. [ж.] пошлина; налог; повинность; (перен.) бремя; (Амер.) выгода.

gabelo. [м.] (анат.) межбровье.

gabia. [ж.] (обл.) рукоятка плуга.

gabijón. [м.] (обл.) сноп ржаной соломы.

gabina. [ж.] (обл.) (разг.) цилиндр.

gabinete. [м.] кабинет; туалетная комната; кабинет министров.

gabita. [ж.] (обл.) пристяжная пара волов и т. д.

gablete. [м.] (арх.) стрельчатый фронтон.

gabote. [м.] (обл.) волан (игра).

gabrieles. [м. множ.] (перен.) (разг.) турецкие бобы.

gabro. [м.] (геол.) габбро, зернистое смешение бронзита с лабрадором.

gabuzo. [м.] факел из вереска.

gacel. [м.] (зоол.) самец газели.

gacela. [ж.] (зоол.) газель.

gaceta. [ж.] газета (со специальным уклоном); правительственный вестник (в Испании, до 1939); (разг.) болтун; сплетник, (-ица): *mentir más que la gaceta, бесстыдно лгать.

gacetera. [ж.] газетчица, уличная продавщица газет.

gacetero. [м.] газетный работник; журналист; газетчик, продавец газеты.

gacetilla. [ж.] краткие известия (в газете); отдел хроники; (перен.) (разг.) распространитель слухов и т. д.

gacetillero. [м. и ж.] тот, кто редактирует хроники в газете.

gacetista. [м. и ж.] тот, кто любит читать газеты; любитель, (-ница) новостей.

gacha. [ж.] каша; (Амер.) фаянсовая посудина, плошка; [множ.] мучная каша с мёдом и молоком; (перен.) (разг.) жидкая грязь; (обл.) ласки, баловство.

gachapanda. (a la) [адвер. выраж.] бесшумно, тайком, втихомолку.

gachapero. [м.] (обл.) см. lodazal.

gachapo. [м.] коробка для точильного бруска (у косаря).

gaché. [м.] андалузец; (обл.) мужчина; любовник.

gacheta. [ж. умен.] к gacha; клейстер.

gacheta. [ж.] защёлка замка.

gachí. [ж.] (обл.) (вул.) женщина, девушка.

gacho, cha. [прил.] согнутый, наклонённый вниз; с загнутыми вниз рогами (о корове); с наклонённой вниз головой (о лошади); перекрученный вниз (о роге); с опущенными полями (о шляпе): *a gachas, на четвереньках.

gachó. [м.] (обл.) см. gaché.

gachón, na. [прил.] привлекательный; грациозный; (разг.) (обл.) очень избалованный.

gachonada. [ж.] см. gachonería; (разг.) (обл.) ласка.

gachondo, da. [прил.] очень избалованный.

gachonería. [ж.] (разг.) привлекательность, миловидность; грация; ласка, льстивая ласка.

gachuela. [ж. умен.] к gacha.

gachumbo. [м.] (Амер.) твёрдая кора некоторых плодов (из которой делают посуду).

gachupín. [м.] (Амер.) см. cachupín.

gadaño. [м.] см. raño.

gadejón. [м.] (обл.) вязанка, связка хвороста.

gádidos. [м. множ.] тресковые рыбы.

gaditano, na. [прил.] кадикский [м. и ж.] уроженец, (-ка) Cádiz.

gado. [м.] (ихтиол.) род трески.

gadolinita. [ж.] (мин.) гадолинит.

gaélico, ca. [прил.] гельский; [м.] гельский язык (в Шотландии).

gafa. [ж.] крюк (для поднятия тяжестей); скоба; крюк (у арбалета); [множ.] заушники (на очках); очки.

gafar. [перех.] зацеплять, захватывать (крючком, ногтями); склеивать (посуду).

gafar. [перех.] см. maleficiar.

gafarrón. [м.] (обл.) см. pardillo.

gafe. [м.] человек причиняющий вред.

gafearse. [возв. гл.] см. despearse.

gafedad. [ж.] хроническая судорога, скрюченность пальцев; род проказы, при которой скрючиваются пальцы.

gafete. [м.] крючок с петлёй см. corchete.

gafo, fa. [прил.] со скрюченными пальцами; больной проказой (при которой скрючиваются пальцы); (Амер.) см. despeado.

gago, ga. [прил.] (Амер.) заикающийся.

gaguear. [неперех.] (обл.) выходить наружу, обнаруживаться; шептать; (Амер.) заикаться.

gagueo. [м.] (Амер.) заикание.

gaguera. [ж.] (обл.) (Амер.) см. gagueo.

gaguillo. [м.] (Амер.) горло, глотка.

gaicano. [м.] (ихтиол.) крючок с петлёй (рыба).

gaina. [ж.] (обл.) отсутствие или потеря аппетита.

gaita. [ж.] (муз.) волынка; род флейты; (перен.) (разг.) см. pescuezo; трудная вещь, запутанное дело; неприятность: *templar gaitas, задабривать; *estar de gaita, быть в хорошем настроении.

gaitería. [ж.] пёстрое украшение, пёстрая одежда; пестрота в одежде и т. д.).

gaitero, ra. [прил.] (разг.) смешной, крайне весёлый, живой; пёстрый; кричащий (об одежде); [м. и ж.] волынщик, человек, играющий на волынке; весельчак, крайне весёлый человек.

gaja. [ж.] (обл.) ветка, сук.

gajar. [перех.] (обл.) отрывать с силой, отламывать.

gaje. [м.] (чаще множ.) жалованье; вознаграждение: *gajes del oficio (empleo), неприятности по службе.

gajo. [м.] ветка, сук (отломанный); гроздочек, виноградная кисточка; гроздь; долька (апельсина и т. д.); зуб, зубец (вил, грабель и т. д.); отрог (гор); (Амер.) прядь коротких волос; (бот.) см. lóbulo.

gajorro. [м.] (обл.) горло, глотка; род вафли.

gajoso, sa. [прил.] ветвистый; имеющий гроздья и т. д.

gala. [ж.] парадное, праздничное платье; прелесть, грация, изящество; лучшая часть чего-л; (Амер.) чаевые; [мно́ж.] праздничные платья, украшения; подарки жениху и невесте; (обл.) цветки травянистых растений; * cantar la gala, хвалить, восхвалять; * de gala, праздничный, парадный; в парадной форме, празднично одетый * hacer gala de, хвастаться чем-л, выставлять напоказ; * traje de gala, парадный костюм; * galas de Francia, (бот.) см. balsamina.
galabardera. [ж.] (бот.) см. escaramujo.
galactagogo, ga. [прил.] молокогонный (о средствах).
galacthidrosis. [ж.] (мед.) молочный пот.
galáctico, ca. [прил.] (астр.) галактический.
galactisquia. [ж.] задержка отделения молока.
galactita. [ж.] (мин.) галактит.
galactites. [ж.] см. galactita.
galactocele. [м.] (пат.) киста молочного хода вследствие задержания молока.
galactofagia. [ж.] привычка питаться молоком.
galactófago, ga. [прил.] питающийся молоком.
galactófigo, ga. [прил.] задержащий отделение молока.
galactoideo, a. [прил.] похожий на молоко, молочный.
galactología. [ж.] учение о молочных соках.
galactometría. [ж.] определение удельного веса молока.
galactómetro. [м.] галактометр, лактометр.
galactoposia. [ж.] лечение молоком, молочная диета.
galactopoyesis. [ж.] лактация.
galactorrea. [ж.] (пат.) усиленное отделение (истечение) молока.
galactosa. [ж.] (хим.) галактоза.
galactoscopio. [м.] лактоскоп.
galactosis. [ж.] молокообразование молочными железами.
galactosquesis. [ж.] задержка отделения молока.
galactosuria. [ж.] появление в моче и крови галактозы.
galactoterapia. [ж.] лечение молоком; инъекции молока или его препаратов.
galactoxismo. [м.] (пат.) самоотравление вследствие появления молочной кислоты в крови.
galactozima. [ж.] кумыс.
galacho. [м.] (обл.) овраг образованный водой.
galafate. [м.] ловкий вор.
gálago. [м.] (зоол.) галаго (полуобезьяна).
galaico, ca. [прил.] галисийский.
galalita. [ж.] (хим.) галалит (пластмасса).
galamero, ra. [прил.] (м. употр.) см. goloso.
galamperna. [ж.] (обл.) (бот.) сорт гриба.
galán. [прил.] (усечение см. galano; [м.] стройный мужчина; влюблённый, кавалер, поклонник; (театр.) первый любовник: * galán de noche, (Аер.) (бот.) цветущий кактус.
galana. [ж.] (бот.) черепашник (растение).
galanamente. [нареч.] галантно, любезно, учтиво; изящно, элегантно.
galancete. [м. умен.] к galán; (театр.) молодой герой.
galaneta. [ж.] (Амер.) изящество, изысканность (в одежде и т. д.).
galanga. [ж.] (бот.) калган (растение сем. пряных); ночной горшок (для больных):

* **galanga mayor,** (бот.) галанговый корень.
galano, na. [прил.] хорошо и со вкусом украшенный; хорошо одетый, нарядный, одетый со вкусом; галантный, любезный; пятнастый (о скоте); [ж.] (обл.) маргаритка.
galante. [прил.] любезный, милый, вежливый, учтивый, галантный, обходительный; любящий ухаживать за женщинами; кокетливый: mujer galante, женщина лёгкого поведения.
galanteador, ra. [прил.] любящий ухаживать; [м.] волокита, ухажёр; вздыхатель.
galantear. [перех.] домогаться любви; ухаживать (за женщиной).
galantemente. [нареч.] галантно, любезно, учтиво и т. д.
galanteo. [м.] ухаживание за женщиной.
galantería. [ж.] вежливость, учтивость, обходительность, галантность; изящество, грация; щедрость, великодушие.
galantina. [ж.] холодная фаршированная дичь; (Амер.) сухой желатин.
galanura. [ж.] изящество, изысканность, элегантность; грация, изящество.
galapagar. [м.] место, изобилующий черепахами (см galápago).
galápago. [м.] (зоол.) черепаха (американская разновидность); подошва плуга; сорт блока; форма для черепиц; слиток (свинца или олова); лёгкое седло; (мор.) канифас-блок; маленькое кружало; известковый раствор; (хир.) головная повязка; (вет.) засечка; (воен.) черепаха (прикрытие из щитов); старинная военная машина; (Амер.). лёгкое дамское седло; * tener más conchas que un galápago, быть очень хитрым.
galapaguera. [ж.] пруд для разведения galápagos.
galapatillo. [м.] полужесткокрылое насекомое, причиняющее вред незрелым пшеничным колосьям.
galapero. [м.] (обл.) дикая груша (дерево).
galardón. [м.] награда, вознаграждение.
galardonador, ra. [прил.] вознаграждающий и т. д.
galardonar. [перех.] награждать, вознаграждать.
galatea. [ж.] ракообразное животное.
galavardo. [м.] верзила, дылда.
galaxia. [ж.] см. galactita; (астр.) Млечный Путь, Галактика.
galayo. [м.] голый утёс.
galbana. [ж.] (разг.) леность, безделичанье.
galbanado, da. [прил.] желтовато-серый.
galbanero, ra. [прил.] (разг.) см. galbanoso.
gálbano. [м.] камедистая смола.
galbanoso, sa. [прил.] (разг.) ленивый, вялый, бездеятельный.
galbo. [м.] (арх.) контур, очертание; выгиб.
gálbula. [ж.] кипарисовая шишка.
gálbulo. [м.] см. gálbula; (орни.) сиворонка.
galce. [м.] (обл.) паз; рама.
galchugo. [м.] (обл.) мякина.
galdido, da. [прил.] голодный.
galdrufa. [ж.] (обл.) волчок (игрушка).
galea. [ж.] римский шлем; (анат.) шлем (кожаный).
galeana. [ж.] сорт винограда.
galeaza. [ж.] большая галера (венецианская).
galega. [ж.] (бот.) козлятник (растение из сем. мотыльковых): galega común, лекарственный козлятник.
galeiforme. [прил.] имеющий форму шлема.
galena. [ж.] (мин.) свинцовый блеск, сернистый свинец, галенит.

galénico, ca. [прил.] (мед.) относящийся к учению Галена; (фарм.) галеновый.
galenismo. [м.] (мед.) медицинская система Галена.
galenista. [м.] последователь системы Галена.
galeno. [м.] (разг.) врач.
galeno. [м.] (мор.) лёгкий (о ветерке).
gáleo. [м.] (ихтиол.) меч-рыба; см. cazón.
galeodo. [м.] (зоол.) сольпуга, фаланга (паукообразное животное).
galeón. [м.] (мор.) (ист.) галион (вид галеры).
galeopiteco. [м.] (зоол.) шерстокрыл (полуобезьяна).
galeota. [ж.] (мор.) (ист.) небольшая галера.
galeote. [м.] каторжник, приговорённый к галерам.
galera. [ж.] фургон, крытый повозка; тюрьма для женщин; (мор.) (ист.) галера; ряд кроватей на середине палаты (в больнице); (Амер.) крыша, навес; (разг.) цилиндр, котелок; большой фуганок; (полигр.) наборная доска; (зоол.) род креветки; [мно́ж.] галеры, каторжные работы; condenar a las galeras.
galerada. [ж.] груз фургона (galera); (полигр.) гранка.
galerero. [м.] ломовой извозчик.
galerero. [м.] восковая моль.
galería. [ж.] крытый проход, галерея; застеклённый коридор; подземная галерея; штрек, штольня; (театр.) галерея, галёрка; публика (галереи) (мор.) (капитанский) мостик галерея, ряд.
galerín. [м. умен.] к galera; (полигр.) наборная доска.
galerita. [ж.] (орни.) хохлатый жаворонок.
galerita. [ж.] (Амер.) котелок.
galerna. [ж.] сильный северозападный ветер (летом в Испании).
galernazo. [м.] (обл.) норд-вест.
galerno. [м.] (обл.) сорт круглой шляпы.
galero. [м.] (обл.) см. galera.
galerón. [м.] (Амер.) крыша, навес; народная песня, народный танец; речитатив тюрьмы.
galés, sa. [прил.] уэльский, валлийский; [м и ж.] житель, (-ница) Уэльса, Валлис; [м.] уэльский язык.
galfaro. [м.] (Амер.) кутила, лентяй.
galfarro. [м.] (обл.) ястреб; (перен.) см. gafaro.
galga. [ж.] большой камень (при горных обвалах); жёрнов; (Амер.) жёлтый муравей.
galga. [ж.] (мед.) сыпь.
galga. [ж.] лента (у женского башмака).
galga. [ж.] тормоз (в экипаже); похоронные носилки.
galgal. [м.] (археол.) насыпной могильный холм (приписываемый кельтам).
galgo, ga. [прил.] (зоол.) борзой; (обл.) (Амер.) см. goloso; [м.] борзая.
galguear. [перех.] (обл.) прочищать оросительные каналы.
galgueño, ña. [прил.] к борзая.
galguero, ra. [м. и ж.] человек, ухаживающий за борзыми.
galguesco, ca. [прил.] см. galgueño.
gálgulo. [м.] (орни.) длиннохвостка.
galiana. [ж.] дорога, по которой перегоняют скот.
galianos. [м. множ.] сорт супа (еда пастухов).
galibar. [м.] см. gabarrero.
galibar. [перех.] (мор.) проводить контур по шаблону, по лекалу.
galibí. [м.] (геол.) человеческий скелет находимый в известковом туфе.
gálibo. [м.] (ж.-д.) габарит; (перен.) элегантность; (мор.) шаблон, лекало.

galicado, da. [прил.] засорённый галлицизмами (о языке).
galicanismo. [м.] галликанство.
galicano, na. [прил.] галльский; галликанский; см. galicado.
galiciano. [прил.] галисийский.
galicismo. [м.] (линг.) галлицизм.
galicista. [м. и ж.] человек, часто употребляющий галлицизмы в разговоре и т. д.
gálico, ca. [прил.] галльский; (мед.) венерический; [м.] см. sífilis.
galicoso, sa. [прил.] страдающий сифилисом; [м. и ж.] сифилитик, сифилитичка.
galifardo, da. [прил.] (Амер.) голодный, ленивый, бездомный, праздношатающийся; [м.] (Амер.) ястреб.
galilea. [ж.] паперть; крытое кладбище (вне церкви).
galileo, a. [прил.] галилейский; [м. и ж.] галилеянин, (-янка); [м.] Иисус Христос.
galillo. [м.] (анат.) язычок; (разг.) см. gaznate.
galimatías. [м.] (разг.) галиматья, чепуха, ерунда, ахинея.
galináceo, a. [прил.] см. gallináceo.
galio. [м.] (бот.) подмаренник.
galio. [м.] (хим.) галлий (металл).
galiparla. [ж.] испанский язык с большой примесью галлицизмов.
galiparlista. [м. и ж.] см. galicista.
galipote. [м.] (мор.) галипот (смола морской сосны).
galizabra. [ж.] (мор.) старинное парусное судно.
galo, la. [прил.] (ист.) галльский; [сущ.] галл, житель, (-ница) Галлии.
galocha. [ж.] деревянный или железный башмак.
galochero, ra. [м. и ж.] тот, кто изготовляет или продаёт galochas.
galocho, cha. [прил.] развратный; (разг.) безвольный, малодушный.
galofobia. [ж.] галлофобия.
galófobo, ba. [прил.] склонный к галлофобии; [сущ.] галлофоб.
galomanía. [ж.] галломания, пристрастие ко всему французскому.
galón. [м.] галун; нашивка; шёлковая или шерстяная тесьма; (мор.) стрингер.
galón. [м.] галлон, английская мера жидкостей, равная 4,5 л.
galoneador, ra. [м. и ж.] тот, кто обшивает галуном.
galoneadura. [ж.] украшение галуном.
galonear. [перех.] обшивать галуном.
galonear. [перех.] (Амер.) измерять вместимость сосудов (при уплате таможенных сборов).
galonero, ra. [м. и ж.] тот, кто изготовляет или продаёт галуны.
galonista. [м.] (разг.) выдающийся ученик военной школы.
galop. [м.] galopa. [ж.] галоп (венгерский танец и музыка).
galopada. [ж.] езда галопом.
galopante. [дейст. прич.] к galopar, скачущий галопом, галопирующий: * tisis galopante, скоротечная чахотка.
galopar. [перех.] скакать, мчаться галопом, нестись вскачь, галопировать.
galope. [м.] галоп (аллюр лошади): * a galope, вскачь; поспешно, быстро.
galopeada. [ж.] (Амер.) см. galopada.
galopeado, da. [страд. прич.] к galopear; [прил.] сделанный топорно, кое-как, на скорую руку, небрежно; [м.] (разг.) взбучка, встрёпка.
galopear. [неперех.] скакать, галопировать; см. galopar.
galopillo. [м.] поварёнок.
galopín. [м.] грязный, оборванный мальчишка; плут, мошенник; (перен.) (разг.)

пройдоха, ловкач; (мор.) юнга: * galopín de cocina, поварёнок.
galopinada. [ж.] поступок galopín.
galopo. [м.] плут, мошенник; хитрец, ловкач, пройдоха.
galpito. [м.] худой и болезненный цыплёнок.
galpón. [м.] (Амер.) (ист.) барак для невольников; навес, барак.
galúa. [ж.] (обл.) (ихтиол.) род кефали; (Амер.) пощёчина.
galucha. [ж.] (Амер.) галоп.
galuchar. [неперех.] галопировать, нестись вскачь, скакать, мчаться галопом.
galumbo, ba. [прил.] (обл.) ленивый.
galusa. [ж.] (обл.) воровка, карманная воровка.
galvánicamente. [нареч.] гальванически.
galvánico, ca. [прил.] (физ.) гальванический.
galvanismo. [м.] гальванизм.
galvanización. [ж.] (физ.) гальванизация, гальванизирование.
galvanizador, ra. [прил.] гальванизирующий; [м.] гальванизатор.
galvanizar. [перех.] гальванизировать, оцинковывать; (перен.) оживлять, возбуждать.
galvano. [м.] (полигр.) гальвано, гальванопластическое клише.
galvanocaustia. [ж.] гальванокаустика.
galvanocauterio. [м.] (хир.) гальванокаутер.
galvanómetro. [м.] гальванометр.
galvanoplastia, galvanoplástica. [ж.] (физ.) гальванопластика.
galvanoplástico, ca. [прил.] гальванопластический.
galvanopuntura. [ж.] (хир.) укол углой, раскалённой гальваническим током.
galvanoscopia. [ж.] гальваноскопия.
galvanoscopio. [м.] (физ.) гальваноскоп.
galvanomagnetismo. [м.] (физ.) гальваномагнетизм.
galvanostegia. [ж.] гальваностегия.
galvanotecnia. [ж.] гальванотехника.
galvanotécnico, ca. [прил.] гальванотехнический.
galvanoterapia. [ж.] гальванотерапия, лечение постоянным током.
galvanotipia. [ж.] (физ.) гальванотипия.
galvanotropismo. [м.] (бот.) гальванотропизм.
galla. [ж.] завиток волос (у лошади).
galladura. [ж.] зародыш (в яйце).
gallar. [перех.] спариваться с самкой (о петухе); (обл.) спариваться с самкой (о птицах).
gallara. [ж.] нарост (на растении).
gallarda. [ж.] старинный испанский танец и музыка к нему; (полигр.) боргес.
gallardamente. [нареч.] лихо, молодцевато, отважно.
gallardear. [неперех.] казаться развязным, выглядеть или быть молодцеватым и т. д.
gallardete. [м.] (мор.) вымпел.
gallardetón. [м.] (мор.) брейд-вымпел.
gallardía. [ж.] мужество, смелость, отвага; стройность, статность, нарядность; молодцеватость; развязность, непринуждённость.
gallardo, da. [прил.] мужественный, смелый, отважный; изящный, грациозный, нарядный; развязный, непринуждённый; весёлый, живой, молодцеватый; выдающийся.
gallareta. [ж.] лысуха (птица).
gallarofa. [ж.] (обл.) см. perfolla.
gallarón. [м.] см. sisón.
gallaruza. [ж.] плащ с капюшоном (у горных жителей Испании).
gallaruza. [ж.] (Амер.) (презр.) мужеподобная женщина; (обл.) см. gallinaza.

gallear. [перех.] спариваться с самкой (о петухе); [неперех.] (перен.) (разг.) петушиться; (перен.) выделяться, выдаваться (среди других); образоваться наросты на металлах (при плавке).
gallegada. [ж.] компания галисийцев (вне своей страны); поступок или выражение, свойственные галисийцам; галисийский танец и музыка к нему.
gallego, ga. [прил.] галисийский; [сущ.] галисиец; галисийский язык; северо-западный ветер (дующий из Галиции); (Амер.) выходец из Испании; (зоол.) разновидность мелкой ящерицы; род чайки.
galleguismo. [м.] оборот речи и манера говорить, свойственные галисийцам.
galleo. [м.] нарост на металле (при плавке); (тавр.) приём тореро.
gallera. [ж.] (Амер.) см. gallería; клетка для перевозки бойцовых петухов.
gallería. [ж.] (Амер.) помещение, клетка для бойцовых петухов; помещение для петушиных боёв.
gallero. [м.] (Амер.) любитель петушиных боёв; человек, ухаживающий за бойцовыми петухами.
galleta. [ж.] галета, морской сухарь; лепёшка; печенье; пощёчина; (Амер.) тёмный хлеб; (мин.) крупные куски каменного угля.
galleta. [ж.] сосуд с носиком (род чайника); (Амер.) тыквенный сосуд для питья мате.
galletazo. [м.] (разг.) (Амер.) пощёчина.
galletear. [перех.] (Амер.) увольнять.
galletería. [ж.] лавка, где продают печенье.
galletero, ra. [м. и ж.] тот, кто изготовляет печенье; ваза или тарелка для печенья.
galligastro. [м.] водяная курочка, кулик.
galligato, ta. [прил.] хитрый, ловкий, проворный (тже. сущ.).
gallillo. [м.] см. galillo.
gallina. [ж.] курица; [м. и ж.] (перен.) (разг.) трусливый человек, трус, трусиха, мокрая курица: * gallina ciega, жмурки (игра); * gallina de Guinea, цесарка; * gallina de río, водяная курочка; * gallina de mar, средиземноморская рыба; * carne de gallina, гусиная кожа; * cuando meen las gallinas, когда рак свистнет; * acostarse con las gallinas, ложиться спать очень рано; * matar la gallina de los huevos de oro, пилить сук, на котором сидишь; * cantar la gallina, признаваться в чём-л; * gallina en corral ajeno, стеснённый человек (среди незнакомых).
gallináceo, a. [прил.] куриный; принадлежащий к семейству кур; [ж. множ.] (зоол.) куриные.
gallinaza. [ж.] (орни.) см. aura; куриный помёт.
gallinazo. [м.] (орни.) см. aura.
gallinejas. [ж. множ.] куриные потроха (жареные).
gallinería. [ж.] птичий рынок, место, где продают кур; (соб.) куры; (перен.) трусость, малодушие.
gallinero, ra. [сущ.] торговец курицей; [м.] курятник; корзина для кур; место, наполненное гомоном; (разг.) галёрка.
gallineta. [ж.] лысуха; бекас; кулик; (Амер.) цесарка.
gallinito, ta. [прил.] (Амер.) храбрый, отважный; крепкий, прочный (о вещах).
gallino. [м.] (обл.) петух лишённый хвостовых перьев.

gallinsectos. [м. множ.] (энт.) семейство орехотворок (насекомое из отряда перепончатокрылых).
gallínula. [ж.] водяная голенастая птица.
gallipato. [м.] (зоол.) тритон.
gollipava. [ж.] крупная курица.
gallipavo. [м.] индюк (одна из разновидностей); (перен.) (разг.) фальшивый звук (в пении).
gallipuente. [м.] (обл.) мостик через оросительный канал.
gallístico, ca. [прил.] принадлежащий к петушиным боям, к бойцовым петухам.
gallito. [м.] человек, выдающийся в чём-л.; первое лицо; первый парень на деревне; (Амер.) стрекоза; (игра) волан; * gallito del rey, см. budión.
gallo. [м.] петух; морская рыба; (арх.) см. parhilera; детская бумажная мельница (игрушка); пожилой мужчина; (разг.) фальшивый звук (в пении); первый парень на деревне, заправила, верховод; плевок; конёк крыши: * gallo silvestre, тетерев, глухарь; * gallo de monte, (обл.) см. grajo; alzar, levantar el gallo, (разг.) чваниться, заноситься; * en menos que canta un gallo, в один миг; * andar de gallo, кутить, гулять; * al primer gallo, в полночь; * escaparse un gallo, сфальшивить, пустить петуха: tener mucho gallo, быть высокомерным; * entre gallos y media noche, не во-время.
gallocresta. [ж.] (бот.) петуший гребешок.
gallofa. [ж.] пища, которая давали паломникам (в пути к Сант-Яго-де Компостеле); салат; сплетни, бабьи россказни; см. añalejo; (обл.) свежая булка; * andar a la gallofa, нищенствовать, просить милостыню, бродяжничать.
gallofear. [неперех.] нищенствовать, просить милостыню, бродяжничать.
gallofero, ra. [прил.] бродячий, нищий, живущий подаянием; [сущ.] бродяга, нищий; лентяй.
gallofo, fa. см. gallofero.
gallón. [м.] дёрн; (обл.) глинобитная стена.
gallón. [м.] (арх.) яйцеобразное украшение.
gallonada. [ж.] загородка из дёрна.
gallote, ta. [прил.] (обл.) решительный, развязный, напористый (тже. сущ.).
galludo. [м.] (Амер.) акула (одна из разновидностей).
gama. [ж.] самка лани; (обл.) рог.
gama. [ж.] (муз.) (жив.) гамма; диапазон.
gamarra. [ж.] мартингал (ремень).
gamarrón. [м.] лошадиная голова.
gamarza. [ж.] (бот.) см. alhárgama; (обл.) хитрость.
gamba. [ж.] большая розовая креветка.
gambado, da. [прил.] (Амер.) кривоногий.
gámbalo. [м.] старинное полотно.
gambalúa. [м.] (разг.) см. galavardo.
gámbaro. [м.] креветка, см. camarón.
gambarón. [м.] рыболовная сеть для ловли креветок; садок креветок.
gambax. [м.] фуфайка надеваемая под латы.
gamberra. [ж.] (обл.) публичная женщина, проститутка.
gamberrismo. [м.] склонность к хулиганству; хулиганство; хулиганский поступок; (собир.) хулиганьё.
gamberro, rra. [прил.] см. libertino. хулиганский; [м. и ж.] хулиган, (-ка): * hacer el gamberro, хулиганить, хулиганствовать.
gambesina. [ж.] gambesón. [м.] длинная фуфайка надеваемая под латы.

gambeta. [ж.] курбет (название па в танце); см. corveta; (Амер.) телодвижение с целью избежать удара.
gambeta. [прил.] (Амер.) кривоногий (тже. сущ.).
gambetear. [неперех.] делать курбеты (в верховой езде, в танце).
gambeto. [м.] старинное каталонское пальто; детский чепчик.
gambito. [м.] (шахт.) гамбит, гамбитный дебют.
gambo. [м.] детский чепчик.
gamboa. [ж.] айва (одна из разновидностей).
gambota. [ж.] (мор.) контртимберс.
gambrona. [ж.] грубая ткань.
gambuj(o). [м.] полумаска; детский чепчик.
gambusina. [ж.] груша (одна из разновидностей).
gambusina. [ж.] (Амер.) шумное веселье.
gambusino. [м.] старатель (на золотых приисках).
gamela. [ж.] корзина; (Амер.) чан, большой сосуд.
gamelias. [ж. множ.] (миф.) свадебный семейный пир (у Древних).
gamelión. [м.] свадебный месяц (у Афинян).
gamella. [ж.] корыто; бадья; деревянный чан; дуга у каждого конца ярма.
gamella. [ж.] камлот (шерстяная ткань) см. camellón.
gamellada. [ж.] содержание корыта, чана, полное корыто.
gamellón. [м. увел.] к gamella, большой сосуд в виде ведра; давильный чан.
gameto. [м.] (биол.) гамета; мужская и женская клетки, соединяющиеся конъюгацией и копуляцией.
gametocitos. [м. множ.] родительские, или незрелые, предварительные стадии гамет.
gametoide. [прил.] похожий на гамету.
gamezno. [м.] (зоол.) детёныш лани.
gamillón. [м.] давильный чан.
gamin. [м.] (Амер.) (гал.) уличный мальчишка.
gamitadera. [ж.] (охот.) сорт манка.
gamitar. [неперех.] блеять (о ланях).
gamitido. [м.] блеяние (лани).
gamma. [ж.] гамма (третья буква греческого алфавита).
gamo. [м.] (зоол.) лань: * correr como un gamo, нестись, мчаться.
gamófilo, la. [прил.] (бот.) сростнолистный.
gamogénesis. [ж.] размножение оплодотворением.
gamología. [ж.] рассуждение о браках.
gamón. [м.] (бот.) лилия-асфодель.
gamón, na. [прил.] (обл.) худощавый, сухопарый.
gamonal. [м.] место, изобилующий лилиею-асфоделой; (Амер.) влиятельный, богатый человек.
gamonalismo. [м.] власть влиятельного, богатого человека в деревне.
gamonear. [неперех.] (обл.) бежать, влезать.
gamonita. [ж.] (бот.) лилия-асфодель.
gamonito. [м.] (обл.) болтовня, шумное веселье.
gamonito. [м.] отросток.
gamonoso, sa. [прил.] имеющий лилии-асфодели в изобилии.
gamopétalo, la. [прил.] (бот.) спайнолепестный.
gamosépalo, la. [прил.] (бот.) спайночашелистиковый.
gamuno, na. [прил.] замшевый.
gamuto. [м.] пряжа из нитей гомутовой пальмы.
gamuza. [ж.] (зоол.) серна; замша.
gamuzado, da. [прил.] цвета замши.

gamuzón. [м. увел.] к gamuza.
gana. [ж.] желание, охота, позыв; аппетит; прихоть; * de buena gana, охотно; * de mala gana, неохотно; * de gana, усердно; * de buena o de mala gana, волей-неволей; * venir en gana, захотеть; * tengo mucha gana, me da gana, мне очень хочется; * abrir las ganas de comer, возбуждать аппетит; * no me da la (real) gana, не хочу; * donde hay gana hay maña, где хотенье, там и уменье; * hacer uno lo que le da la gana, поступать по своей прихоти; * tenerle ganas a uno, питать неприязнь к кому-л; сетовать на кого-л.
ganable. [прил.] могущий быть выигранным, добытым.
ganadear. [неперех.] торговать скотом.
ganada. [ж.] (Амер.) см. ganancia.
ganadería. [ж.] скот; скотоводство, животноводство; скот, стадо; торговля скотом.
ganaderil. [прил.] (Амер.) скотоводческий и т. д.
ganadero, ra. [прил.] охраняющий стадо (о собаке и т. д.); [м. и ж.] скотовод; торговец скотом; пастух, пастушка, скотник, (-ница).
ganadillo. [м. умен.] к ganado.
ganado, da. [страд. прич.] к ganar; [м.] скот; стадо; рой (пчёл); (перен.) (разг.) толпа, множество народа: * ganado mayor, крупный рогатый скот; * ganado menor, мелкий рогатый скот; * ganado de cerda, свиньи; * ganado caballar, лошади; * ganado mular, мулы; * ganado cabrío, козлы; * ganado lanar, овцы; * ganado vacuno, крупный рогатый скот; * ganado de pata, ganado de pezuña, волы, коровы, козлы, овцы, свиньи; * ganado bravo, неприручённый скот (преимущ. о быках); * ganado menudo, молодняк.
ganador, ra. [прил.] выигрывающий, выигравший, берущий приз (тже. сущ.).
ganancia. [ж.] выигрыш; барыш, прибыль, нажива, доход; заработок; (Амер.) добавка, подход (при покупке): * no le arriendo la ganancia, я ему не завидую; * ganancias y pérdidas, (бух.) приход и расход.
ganancial. [прил.] выгодный, прибыльный, принадлежащий к барышу, выигрышу и т. д.; [множ.]: * bienes gananciales, (юр.) имущество, составляющее общую собственность супругов.
ganancioso, sa. [прил.] прибыльный, доходный; получающий доход (тже. сущ.).
ganapán. [м.] носильщик; грузчик; (перен.) (разг.) грубый, неотёсанный человек.
ganapierde. [м.] игра в поддавки.
ganar. [перех.] зарабатывать, добывать, получать; (прям.) (перен.) выигрывать, брать; заслуживать; приобретать; привлекать на свою сторону; вовлекать; подкупать; овладевать; добираться, достигать; охватывать, распространяться; завоёвывать, захватывать (крепость и т. д.); обыгрывать; (мор.) направляться; (перен.) превосходить, брать верх; [неперех.] развиваться, преуспевать, процветать; * ganar de comer, зарабатывать на жизнь; ganar tiempo, выиграть время; * ganar terreno, продвигаться, распространяться; * ganar un puerto, достигнуть порта; * ganar el mar abierto, выходить на открытое море; * ganar la orilla, добраться до берега.
gancha. [ж.] (обл.) кисточка винограда.
ganchero. [м.] плотовщик, сплавщик леса.
ganchete. [м.] * a medio ganchete, (разг.) наполовину; * de medio ganchete, небрежно, неаккуратно.
ganchillo. [м.] вязальный крючок; вязанье крючком; (обл.) заколка для волос: * hacer ganchillo, вязать крючком.

gancho. [м.] крюк, крючок; сучок; пастушеский посох; см. sacadilla; (перен.) (разг.) мошенник; вербовщик; каракуля; (обл.) заколка для волос; мотыга, садовая кирка; (Амер.) дамское седло: * echar el gancho, a uno, обойти кого-л, опутать хитростью.

ganchoso, sa. [прил.] имеющий крюк; загнутый крючком, крючковатый.

ganchudo, da. [прил.] загнутый крючком, крючковатый.

ganchuelo. [м. умен.] к gancho.

gandalín. [м.] см. escudero.

gándara. [ж.] низкое место, заросшее сорняком.

gandaya. [ж.] праздная, беспорядочная жизнь, праздность, безделье: * andar a la gandaya, buscar или correr la gandaya, ir por la gandaya, изыскивать средства к существованию (о праздном человеке).

gandaya. [ж.] ткань из петель, сетка.

gandición. [ж.] (Амер.) излишество в еде.

gandido, da. [страд. прич.] к gandir; [прил.] (м употр.) голодный, нуждающийся; (Амер.) прожорливый, лакомый; (обл.) усталый.

gandinga. [ж.] шлих, шлиховая руда; (обл.) потроха; изюм низкого качества; см. chanfaina: * buscar la gandinga, изыскивать средства к существованию.

gandío, a. [прил.] (Амер.) (вул.) прожорливый.

gandir. [перех.] есть, съедать.

gandiroba. [ж.] (обл.) род тыквы.

gandujado, da. [страд. прич.] к gandujar; старинное плиссированное украшение.

gandujar. [перех.] делать сборки, плиссировать.

gandul, la. [прил.] (разг.) ленивый, блуждающий; [сущ.] лентяй, (-ка), лодырь, бездельник, (-ица); бродяга.

gandulear. [неперех.] лодырничать, бездельничать, бродяжничать.

gandulería. [ж.] праздность, безделье; бродяжничество; праздношатание.

gandumbas. [прил.] (разг.) ленивый, беспечный, беззаботный, апатичный; [сущ.] беззаботный, беспечный человек.

gandumbas. [ж. мн.] (Амер.) яичка.

gandurro, rra. [прил.] плутоватый, подлый; [сущ.] плут, пройдоха.

ganeta. [ж.] (зоол.) вивера генеттовая, генетта (хищное млекопитающее).

ganforro, rra. [прил.] (разг.) см. bribón; [м. и ж.] плут, (-овка), шельма; мошенник, (-ица), мазурик.

ganga. [ж.] (орни.) рябчик.

ganga. [ж.] (горн.) пустая порода; (перен.) удачная находка, лёгкая добыча; (обл.) плуг; (перен.) насмешка, издёвка; см. gangueo.

gangarilla. [ж.] бродячая труппа.

gangliado, da. [прил.] ганглиозный, изобилующий узлами, ганглиями.

gangliforme. [прил.] (анат.) узловатый, узловидный, узлоподобный.

ganglio. [м.] (анат.) ганглий, нервный узел; опухоль в сухожильном влагалище: * ganglio linfático, лимфатическая железа; * ganglio de Arnold, auricular, ótico, ушной узел Арнольда.

gangliocito. [м.] ганглиозная клетка.

ganglioma. [ж.] опухоль (рак) лимфатических ганглиев (узлов).

ganglionar. [прил.] узловой, относящийся к ганглиям.

ganglionitis. [ж.] воспаление узлов.

gangocho. [м.] см. harpillera.

gangolina. [ж.] (Амер.) путаница, беспорядок, крик, шум.

gangorra. [ж.] (Амер.) бечёвка.

gangosamente. [нареч.] гнусавым образом и т. д.

gangosear. [неперех.] (Амер.) гнусавить, говорить в нос, гундосить (прост.).

gangoseo. [м.] (Амер.) говорение в нос.

gangosidad. [ж.] гнусавость.

gangoso, sa. [прил.] гнусавый, гнусавящий, гундосый (прост.); [м. и ж.] гнусавый человек.

gangrena. [ж.] (пат.) гангрена, антонов огонь, омертвение, вид некроза; (бот.) гангрена.

gangrenarse. [возв. гл.] заражаться гангреной.

gangrenoso, sa. [прил.] гангренозный, омертвелый.

gangster. [м.] (англ.) гангстер.

ganguear. [неперех.] гнусавить, гундосить (прост.).

gangueo. [м.] говорение в нос.

ganguero, ra. [прил.] любящий лёгкий заработок, ищущий лёгкую добычу и т. д. (тже. сущ.).

gánguil. [м.] рыболовное судно; барка для удаления ила (извлечённого землечерпательной машиной); рыболовная сеть.

ganibera. [ж.] рыболовная сеть.

ganoideos. [м. мн.] твёрдочешуйные рыбы.

ganosamente. [нареч.] (м. употр.) с желанием.

ganoso, sa. [прил.] жаждущий чего-л.

gansada. [ж.] (разг.) глупость, нелепость, глупый поступок.

gansear. [неперех.] (разг.) поступать глупо; говорить глупости.

gansillo. [м.] (Амер.) дикий гусь.

ganso, sa. [м. и ж.] гусь, гусак; (перен.) ленивый, глупый, небрежный или грубый человек; [м.] (у древних) воспитатель: * ganso bravo, дикий гусь.

ganta. [ж.] филиппинская мера ёмкости, равная л. 3.

gante. [м.] сорт сурового полотна.

gantelea. [ж.] (бот.) сорт колокольчика.

gantés, sa. [прил. и сущ.] гентский.

ganzúa. [ж.] отмычка; (перен.) (разг.) ловкий вор; тот, кто ловко выпытывает секреты; (арг.) палач.

ganzuadura. [ж.] ganzuamiento. [м.] открытие замка отмычкой, дейст. к выпытывать секрет, тайну.

ganzuar. [перех.] открывать замок отмычкой; (перен.) выпытывать секрет, тайну.

ganzuero. [м.] (обл.) вор, открывающий замки отмычкой.

gañán. [м.] батрак; (перен.) грубиян, мужлан.

gañanía. [ж.] (соб.) батраки; помещение для батраков; (обл.) см. alquería.

gañido. [м.] вой; визг.

gañidor, ra. [прил.] визжущий (о животных).

gañiles. [м. мн.] горло (животного); жабры (тунца).

gañín. [м.] (обл.) лицемер.

gañir. [неперех.] тявкать; визжать; каркать; (перен.) (разг.) сопеть (о людях); [непр. гл.] спрягается как mullir.

gañiviz. [м.] (арг.) игральные кости.

gañola. [ж.] (обл.) горло, глотка; кадык, адамово яблоко.

gañón, gañote. [м.] (разг.) горло, гортка; (обл.) сорт пончика.

gañuelo. [м.] (обл.) горло, глотка.

gao. [м.] (арг.) вошь.

gaollo. [м.] (обл.) род вереска.

gara. [ж.] (обл.) почка.

gara. [ж.] (арг.) см. andén.

gáraba. [ж.] (обл.) (бот.) см. argoma.

garabasta. [ж.] (обл.) см. estopa.

garabatada. [ж.] закидка крюка.

garabatear. [неперех.] закидывать крюк (для ловли чего-л); писать каракулями; (перен.) (разг.) действовать окольными путями.

garabateo. [м.] см. garabatada; каракули, маранье; окольные пути.

garabatillo. [м.] (разг.) затруднение в отхаркивании.

garabato. [м.] крюк; см. almocafre; вид плуга; каракуля; (перен.) (разг.) женская прелесть, привлекательность; [м.] вилы; (перен.) [мн.] каракули; излишняя жестикуляция.

garabatoso, sa. [прил.] см. garrapatoso; привлекательный, прелестный, статный.

garabero. [м.] (арг.) вор, ворующий с помощью крюка.

garabito. [м.] лоток, прилавок (рыночных торговцев); крюк; (обл.) порода собаки.

garafatear. [перех.] (Амер.) давать пощёчину.

garagay. [м.] (Амер.) хищная птица, род коршуна.

garaje. [м.] (фр.) см. garaje.

garaje. [м.] гараж; автобаза.

garama. [ж.] (в Марокко) налог; семейные подарки.

garambaina. [ж.] безвкусное украшение; [мн.] (разг.) жеманство, кривлянье; каракули.

garambullo. [м.] (Амер.) род мексиканского кактуса.

garancina. [ж.] (хим.) гарансин (красящее вещество).

garandar. [неперех.] (арг.) жить в праздности, бродяжничать.

garandumba. [ж.] (Амер.) род большого парома.

garante. [сущ.] поручитель, (-ница).

garantía. [ж.] гарантия, обеспечение, ручательство, поручительство: * garantías constitucionales, постановления конституции, обеспечивающие политические права граждан.

garantir. [перех.] см. garantizar; (гал.) предохранять; [непр. гл.] спрягается как abolir.

garantizador, ra. [прил.] гарантирующий, обеспечивающий, ручающийся за; принимающий на себя поручительство; [м. и ж.] поручитель, (-ница).

garantizar. [перех.] гарантировать, обеспечивать, ручаться, быть порукой.

garañón. [м.] осёл-производитель; верблюд-самец; (перен.) козёл-производитель; (м. употр.) (чаще в Амер.) жеребец-производитель.

garapacho. [м.] щит (черепахи и т.д.); деревянная миска (в форме черепашьего щита).

garapada. [ж.] (обл.) пригоршня.

garapanda. [ж.] (обл.) род рыболовной сети.

garapiña. [ж.] замороженная жидкость; сорт галуна; (Амер.) напиток из ананаса.

garapiñar. [перех.] замораживать; обливать сиропом; поджаривать обсахаренный миндаль: * almendra garapiñada, обсахаренный и поджаренный миндаль.

garapiñera. [ж.] мороженица.

garapita. [ж.] небольшая густая сеть.

garapito. [м.] водяной клоп.

garapullo. [м.] оперённая стрела.

garar. [неперех.] (обл.) (бот.) расти.

garata. [ж.] (Амер.) спор, ссора, драка; шум, крик.
garatear. [неперех.] (Амер.) ссориться; шуметь, кричать, буянить.
garatero, ra. [прил.] драчливый, любящий драться и т. д.; [м.] драчун, задира.
garatura. [ж.] скребок.
garatusa. [ж.] (карт.) сноска; (разг.) лесть, ласка, похвала; удар шпагой (в фехтовании).
garba. [ж.] (обл.) сноп; трава для скота.
garbancera. [ж.] (бот.) сорт стальника.
garbancero, ra. [прил.] относящийся к турецкому гороху; [м. и ж.] тот, кто торгует турецким горохом.
garbancillo. [м.] венесуэльское бобовое растение; мелкий гравий.
garbanza. [ж.] (Амер.) большой турецкий горох.
garbanzal. [м.] поле, засеянное турецким горохом.
garbanzo. [м.] (бот.) турецкий горох, турецкие бобы: * garbanzo negro, паршивая овца; * garbanzos de a libra, редкая вещь; * tropezar en un garbanzo, теряться по пустякам.
garbanzón. [м.] (обл.) (бот.) см. agracejo.
garbanzuelo. [м. умен.] к garbanzo; (вет.) шпат (болезнь задних ног у лошади).
garbar. [перех.] (с.-х.) вязать в снопы; снимать снопы.
garbear. [неперех.] (обл.) см. garbar; (арг.) воровать; [неперех.] искать пропитания, см. trampear.
garbear. [неперех.] выставлять себя благородным, щедрым, бескорыстным.
garbear. [неперех.] (Амер.) моросить.
garbera. [ж.] копна; стог.
garbillador, ra. [прил.] просеивающий через грохот (тже. сущ.).
garbillar. [перех.] веять зерно; просеивать через грохот.
garbillo. [м.] веялка; грохот, большое сито; (обл.) длинный испанский дрок первого качества; руда, просеянная через грохот.
garbín. [м.] см. garvín.
garbino. [м.] юго-западный ветер.
garbo. [м.] стройность, статность; (перен.) грация, изящество; привлекательность; благородство, бескорыстие, щедрость.
gárboli. [м.] (Амер.) прятки (игра).
garbón. [м.] (обл.) небольшая вязанка (хвороста).
garbosamente. [нареч.] изящно; щедро.
garboso, sa. [прил.] статный, стройный; грациозный, изящный; привлекательный; (перен.) щедрый, благородный.
gárbula. [ж.] (обл.) сухая оболочка стручка турецкого гороха.
garbullo. [м.] шумная толпа, суматоха, свалка.
garcear. [неперех.] (Амер.) шататься, бродить без дела.
garcero. [прил.] * halcón garcero, сокол выдрессированный для охоты за цаплями.
garceta. [ж.] хохлатая цапля; локоны на висках; отросток рогов оленя.
garcete. [м.] локоны на висках.
garcía. [ж.] (разг.) (обл.) лиса, лисица.
garda. [ж.] (арг.) балка.
gardacho. [м.] (обл.) ящерица.
gardama. [ж.] (обл.) червь-древоточец.
gardenia. [ж.] (бот.) гардения.
gardillo. [м.] (арг.) мальчонок.
gardo. [м.] (арг.) молодой человек, юноша.

gardubera. [ж.] (обл.) заячья капуста, см. cerraja.
garduja. [ж.] (горн.) непригодный камень.
garduña. [ж.] (зоол.) куница.
garduño. [м.] ловкий вор.
garepa. [ж.] (обл.) стружка.
garete. [м.] * ir(se) al garete, плыть по воле волн, быть отнесённым течением, ветром.
garetear. [неперех.] (Амер.) плыть вниз по течению.
garfa. [ж.] коготь; старинный налог: * echar la garfa, (перен.) (разг.) запускать лапу куда-л.
garfada. [ж.] удар когтями; захватывание чего-л когтями.
garfear. [неперех.] зацеплять багром, крюком.
garfil. [м.] (прост.) (Амер.) полицейский агент, полицейский.
garfiña. [ж.] (арг.) кража, воровство.
garfiñar. [перех.] (арг.) красть, воровать.
garfio. [м.] крюк.
gargajeada. [ж.] см. gargajeo.
gargajear. [неперех.] харкать, плевать.
gargajeo. [м.] харканье, отплёвывание.
gargajo. [м.] густая мокрота, сгусток мокроты, плевок.
gargajoso, sa. [прил.] беспрестанно харкающий (тже. сущ.).
gargal. [м.] (Амер.) съедобный гриб, нарост на дубах.
gargallo. [м.] (обл.) см. ranura.
gargantón. [м.] (анат.) верхние дыхательные пути.
garganta. [ж.] горло; глотка, зев, гортань; голос (певца); подъём ноги; лодыжка, щиколотка; (перен.) узкий проход; ущелье, теснина; шейка (бутыли и т. д.); (арх.) полужелобок: * garganta de polea, полужёлоб, желобок (в блоке).
gargantada. [ж.] количество жидкости, изверженное через горло (в один приём).
gargantear. [неперех.] пускать рулады, трели (о певце); [перех.] (арг.) признаваться (при пытке).
garganteo. [м.] (дейст. к пускать) рулады, трели.
gargantil. [м.] полукруглая выемка (у бритвенного тазика).
gargantilla. [ж.] бусы, ожерелье (облегающее шею); бусина.
gargantón. [м. увел.] к garganta; (Амер.) род недоуздка.
gárgara. [ж.] полоскание горла; [множ.] (Амер.) полоскание для горла: * mandar a hacer gárgaras, (разг.) посылать к чёрту.
gargarear. [неперех.] (Амер.) полоскать горло.
gargarismo. [м.] полоскание (действие и жидкость).
gargarita. [ж. умен.] к gárgara: * hacer una gargarita. (Амер.) пить водку натощак.
gargarizar. [перех.] полоскать горло.
gárgaro. [м.] (Амер.) прятки (игра).
gargavero. [м.] см. garguero; двойная флейта.
gárgol. [прил.] неоплодотворённый (о яйце).
gárgola. [ж.] (бот.) коробочка льна; (обл.) кожура стручка.
gárgola. [ж.] фигурное оконкание водосточной трубы или трубы источника.
gargotero. [м.] (разг.) см. buhonero.
garguero. [м.] (анат.) верхние дыхательные пути.
garibaldino, na. [прил.] гарибальдийский; [м.] гарибальдиец.
garifo, fa. [прил.] см. jarifo.
garigola. [ж.] (обл.) (охот.) сорт клетки для хорька.

gario. [м.] (обл.) см. bielda; род грабель; тройной крюк.
gariofilea. [ж.] (бот.) дикая гвоздика.
garita. [ж.] будка часового, постовая будка, сторожевая будка; сторожка (стрелочника), будка стрелочника; каморка швейцара; отхожее место.
garitear. [неперех.] посещать игорные дома.
garitero, ra. [м. и ж.] содержатель, (-ница) игорного дома; завсегдатай игорных домов.
garito. [м.] игорный дом; доход получаемый содержателем игорного дома; притон; (арг.) дом.
garitón. [м.] (арг.) комната, помещение.
garla. [ж.] (разг.) беседа, разговор.
garlador, ra. [прил.] любящий беседовать; [м. и ж.] болтун, (-ья).
garlancha. [ж.] (Амер.) железная лопата, см. laya.
garlante. [дейст. прич.] к garlar, говорящий, беседующий.
garlar. [неперех.] (разг.) болтать, разговаривать (без умолку).
garlera. [ж.] (арг.) см. carreta.
garlero, ra. [прил.] (Амер.) болтливый; [м. и ж.] болтун, (-ья).
garlido. [м.] (м. употр.) см. chirrido.
garlito. [м.] верша; (перен.) (разг.) западня, ловушка: * caer en el garlito, (разг.) попасть в ловушку, попасться, попасть впросак.
garlo. [м.] (обл.) верша; (арг.) болтовня.
garlochí. [м.] (арг.) храбрость, мужество.
garlopa. [ж.] фуганок.
garlopín. [м.] маленький фуганок: * garlopín de cantero, скребок (каменщика).
garma. [ж.] (обл.) очень крутой склон.
garnacha. [ж.] одежда служащего судебного ведомства; старинная труппа комиков; (обл.) густая шевелюра; (разг.) подзатыльник; (Амер.) большой омлет.
garnacha. [ж.] сорт винограда; вино из этого винограда.
garnatada. [ж.] пощёчина.
garniel. [м.] сума, кошёл.
garnucho. [м.] (Амер.) дурень.
garo. [м.] приправа из рыбьих кишок (у Римлян).
garosina. [ж.] (Амер.) см. glotonería.
garoso, sa. [прил.] (Амер.) голодный, прожорливый.
garra. [ж.] кисть (винограда).
garra. [ж.] лапа с когтями; (перен.) рука (обл.) нога (животного); (мор.) крюк гарпуна; (Амер.) жёсткий кусок кожа [множ.] (Амер.) лохмотья, тряпки * echar la garra, хватать, захватывать * sacar de las garras, освобождать; * los cinco y la garra, воровским путём.
garrabuño. [м.] путаница.
garrafa. [ж.] графин: * garrafa pequeña, графинчик.
garrafal. [прил.] крупный (о некоторых вишнях и т. д.); огромный, необычайный: * error garrafal, грубейшая ошибка.
garrafiñar. [перех.] (разг.) захватывать что-л, отнимать.
garrafón. [м. увел.] к garrafa; большая оплетённая бутыль.
garrama. [ж.] мусульманский налог; (разг.) кража, воровство; грабёж; мошенничество, обман.
garramar. [перех.] (разг.) красть, воровать ловко, обманным образом присваивать
garrancha. [ж.] (разг.) шпага; крюк; (бот.) обёртка соцветия.
garranchada. [ж.] см. garranchazo.
garranchar. [перех.] (Амер.) см. rasguñar.
garranchazo. [м.] рана от обрубка сучка и т. д.

garrancho. [м.] обрубок сучка.
garranchuelo. [м.] (бот.) злаковое растение.
garrapata. [ж.] (зоол.) клещ (насекомое); (воен.) кляча.
garrapatear. [неперех.] писать каракулями.
garrapatero. [м.] (Амер.) птица, питающаяся клещами.
garrapaticida. [прил.] уничтожающий клещей.
garrapato. [м.] росчерк; [множ.] каракули.
garrapatoso, sa. [прил.] написанный каракулями.
garrapiñar. [перех.] см. garrafiñar.
garrapiñera. [ж.] см. garrapiñera.
garrapo. [м.] боров (до года).
garrapo, pa. [прил.] (обл.) см. tacaño.
garrar. [неперех.] (мор.) дрейфовать (на якоре).
garrasí. [м.] (Амер.) сорт штанов (до колен).
garraspar. [неперех.] (обл.) см. desgranar.
garraspera. [ж.] (прост.) см. carraspera.
garrear. [неперех.] (мор.) см. garrar.
garria. [ж.] (обл.) большой луг без деревьев; овца остающаяся позади.
garrideza. [ж.] элегантность, изящество, изысканность.
garrido, da. [прил.] см. galano.
garrir. [неперех.] кричать (о попугае).
garro. [м.] (арг.) рука.
garroba. [ж.] (бот.) см. algarroba.
garrobal. [м.] см. algarrobal.
garrobilla. [ж.] щепки из рожкового дерева (при дублении).
garrobo. [м.] (Амер.) (зоол.) большая ящерица.
garrocha. [ж.] (тавр.) гарроча (длинная заострённая палка).
garrochada. [ж.] см. garrochazo.
garrochador. [м.] тот, кто колотит быка с помощью гаррочи, см. picador.
garrochar. [перех.] вонзать, колотить, ранить быка с помощью гаррочи, см. agarrochar.
garrochazo. [м.] рана, удар гаррочей см. garrocha).
garrochear. [перех.] см. garrochar.
garrochista. [м.] см. garrochador.
garrochón. [м.] (тавр.) род пики.
garrofa. [ж.] см. algarroba.
garrofal. [прил.] см. algarrobal.
garrofero. [м.] (обл.) см. algarrobo.
garrón. [м.] шпора (у птиц); конец ноги (четвероногих); сучок; (обл.) см. calcañar; * tener garrones, (разг.) иметь большой опыт.
garronuda. [ж.] (Амер.) род пальмы.
garrota. [ж.] (разг.) см. garrote.
garrotal. [м.] молодая оливковая роща.
garrotazo. [м.] удар палкой и т. д.
garrote. [м.] толстая, крепкая палка; дубина; оливковое саженец; закручивание, затягивание (применение палки, рычага); казнь через удушение; прогиб; прерывистость (при проведении линии); (обл.) род корзины; (Амер.) тормоз (в экипаже); * dar garrote, казнить через удушение.
garrotear. [перех.] (Амер.) бить палками.
garrotillo. [м.] (мед.) круп.
garrotín. [м.] цыганский танец.
garrotiza. [ж.] (Амер.) палочные удары, побои.
garrubia. [ж.] (бот.) см. algarroba (семя).
garrucha. [ж.] (тех.) блок, ролик.
garruchear. [перех.] (Амер.) красть, воровать.
garrucho. [м.] (мор.) деревянное или железное кольцо.
garrudo, da. [прил.] когтистый.
garrufada. [ж.] (обл.) ливень, проливной дождь.

garrula. [ж.] болтовня.
garrulador, ra. [прил.] болтливый, словоохотливый.
garrulería. [ж.] болтовня.
garrulidad. [ж.] болтливость.
gárrulo, la. [прил.] много поющий (о птицах); (перен.) см. garrulador; шумящий (о ветре, реке и т. д.).
garsina. [ж.] (арг.) кража, воровство.
garsinador, ra. [м. и ж.] (арг.) вор, (-овка).
garsinar. [перех.] (арг.) красть, воровать.
garúa. [ж.] (мор.) (Амер.) мелкий дождь, изморось.
garuar, garubar. [неперех.] (Амер.) моросить.
garufa. [ж.] (разг.) (Амер.) ночное увеселение.
garufear. [неперех.] (Амер.) кутить, гулять.
garujo. [м.] бетон.
garulla. [ж.] ягоды винограда; (перен.) (разг.) толпа (шумная): * campar de garulla, хвастать, бахвалиться.
garullada. [перех.] (разг.) шумная толпа.
garumniense. [м.] (геол.) отложения датского яруса в долине реки Гаронны.
garuña. [ж.] (обл.) лапа с когтями, лапа (хищных животных).
garvín. [м.] старинный женский головной убор.
garza. [ж.] (орни.) серая цапля; (Амер.) длинношеий человек.
garzo, za. [прил.] синеватый, серо-синий (о глазах); [м.] см. agárico.
garzón. [м.] парень, молодец, статный парень; сын; (Амер.) род цапли.
garzonía. [ж.] ласки у животных (при течке).
garzul. [прил.] (обл.): * trigo garzul, сорт твёрдой пшеницы.
gas. [м.] газ; отравляющее вещество; (Амер.) см. petróleo; [множ.] (физиол.) газы: * gas de los pantanos, болотный газ, метан; * gas hilarante, веселящий газ; * gas de combate, боевые газы; * gas asfixiante, sofocante, удушливый газ.
gasa. [ж.] газ (ткань); марля; креп, креповая повязка (знак траура).
gascón, na. [прил.] гасконский; [м. и ж.] гасконец, (-ка).
gasconada. [ж.] (разг.) хвастовство, бахвальство.
gaseado, da. [страд. прич.] к gasear; [сущ.] поражённый отравляющими газами.
gaseamiento. [м.] газировка; отравление газом.
gasear. [перех.] газировать; отравлять газами.
gaseidad. [ж.] газообразное состояние, газообразность.
gaseiforme. [прил.] газообразный.
gaseometría. [ж.] (физ.) измерение газов, газометрия.
gaseométrico, ca. [прил.] газоизмерительный.
gaseosa. [ж.] газированный напиток, шипучий лимонад.
gaseoso, sa. [прил.] см. gaseiforme; газовый, содержащий газ.
gasero, ra. [м. и ж.] тот, кто изготовляет или продаёт газы.
gasífero, ra. [прил.] газородный, газоносный.
gasificable. [прил.] превращаемый в газ.
gasificación. [ж.] обращение в газ; образование газа; превращение в газообразное состояние, газификация.
gasificar. [перех.] превращать в газ, в газообразное состояние, газифицировать.
gasifista. [м.] (Амер.) см. lampista.
gasiforme. [м.] (хим.) см. gaseiforme.
gasino. [м.] (Амер.) работник, рабочий газовой сети; рабочий в газовом производстве, рабочий или служащий газовой компании; газовик (разг.).
gasista. [м.] (Амер.) газопроводник; см. gasino.
gasoducto. [м.] газпровод.
gasógeno. [м.] (тех.) газогенератор.
gas-oil. [м.] газойль, дизельное топливо.
gasoleno. [м.] gasolina. [ж.] газолин; бензин.
gasolinera. [ж.] моторная лодка.
gasometría. [ж.] измерение количества газа, газометрия.
gasométrico, ca. [прил.] газоизмерительный, газометрический.
gasómetro. [м.] газомер; газгольдер.
gasón. [м.] см. yesón; большой ком (земли); (обл.) дёрн.
gastable. [прил.] тратящийся; изнашивающийся, портящийся.
gastado, da. [страд. прич.] к gastar; [прил.] ослабленный, усталый, постаревший; изношенный, истрёпанный, подержанный, потрёпанный, истраченный; банальный.
gastador, ra. [прил.] расточительный; [м. и ж.] расточитель, (-ница), мот, (-овка); [м.] человек, присуждённый к тюремным принудительным работам; (воен.) сапёр.
gastadura. [ж.] потёртое место.
gastambera. [ж.] (обл.) простокваша.
gastamiento. [м.] изнашивание, истрёпывание; истощение.
gastar. [перех.] расходовать, тратить; проживать, проматывать, растрачивать, проедать; изнашивать; истрёпывать; носить, иметь; изматывать, употреблять; разрушать, сносить; переваривать (пищу); портить; * gastarlas, поступать, вести себя; * gastar bigote, носить усы; * gastar buen humor, быть всегда в хорошем настроении; * gastar la pólvora en salvas, стрелять из пушек по воробьям.
gasterópodo, da. [прил.] брюхоногий; [м. множ.] (зоол.) брюхоногие, гастроподы.
gasto. [м.] издержка, расход, трата, расходование; изнашивание, износ: * gastos de conservación, издержки на содержание недвижимого имущества; * gastos generales, накладные расходы; * pagar los gastos, расплачиваться за что-л.; * hacer el gasto, поддерживать разговор.
gastón, na. [прил.] (Амер.) расточительный; [м. и ж.] (Амер.) расточитель, (-ница), мот, (-овка).
gastoso, sa. [прил.] много тратящий и т. д.
gastralgia. [ж.] (пат.) желудочная боль, желудочная невралгия.
gastrálgico, ca. [прил.] (пат.) желудочный (о боли).
gastrastenia. [ж.] (пат.) функциональная (нервная) слабость желудка.
gastrectasia. [ж.] расширение желудка.
gastrectomía. [ж.] вырезывание части желудка.
gastricismo. [м.] (пат.) желудочная болезнь.
gástrico, ca. [прил.] (мед.) желудочный, гастрический: * jugo gástrico, желудочный сок.
gastrítico, ca. [прил.] относящийся к гастриту.
gastritis. [ж.] (пат.) гастрит, воспаление желудка.
gastroblenorrea. [ж.] (пат.) чрезмерное выделение слизи в желудке.
gastrobrosia. [ж.] (хир.) прободение желудка.

gastrocele. [м.] (пат.) желудочная грыжа, выступание желудка наружу через щель в белой линии живота.

gastrocólico, ca. [прил.] желудочноободочный.

gastrocolitis. [ж.] (пат.) желудочноободочное воспаление.

gastrodiafanía. [ж.] освещение полости живота.

gastrodiáfano. [м.] прибор для освещения полости живота.

gastrodinia. [ж.] (мед.) боль в желудке.

gastroduodenal. [прил.] желудочнодвенадцатиперстный.

gastroduodenitis. [ж.] (пат.) воспаление желудка и двенадцати-перстной кишки.

gastroelitrotomía. [ж.] вскрытие полости живота со стороны влагалища.

gastroenteritis. [ж.] (пат.) воспаление желудка и кишок, гастроэнтерит.

gastroenterostomía. [ж.] наложение свища между желудком и кишечником.

gastroepiploico, ca. [прил.] желудочно-сальниковый.

gastrohepático, ca. [прил.] (анат.) желудочно-печеночный.

gastrointestinal. [прил.] (анат.) желудочно-кишечный.

gastrolienal. [прил.] желудочно-селезеночный.

gastrología. [ж.] поварское искусство; (мед.) познания о желудке.

gastromalacia. [ж.] (пат.) размягчение желудка.

gastromanía. [ж.] чревоугодничество.

gastronomía. [ж.] гастрономия.

gastronómico, ca. [прил.] гастрономический.

gastrónomo, ma. [м. и ж.] гастроном.

gastropexia. [ж.] (хир.) пришивание желудка к брюшной стенке.

gastroplejía. [ж.] (пат.) паралич стенок желудка.

gastroplicación. [ж.] образование продольных складок на стенках желудка.

gastroptosis. [ж.] (пат.) опущение желудка.

gastrorrafia. [ж.] (хир.) желудочный шов, наложение шва на желудочный свищ.

gastrorragia. [ж.] (пат.) желудочное кровотечение.

gastrorrea. [ж.] (мед.) истечение желудочного сока.

gastrorrexis. [ж.] (пат.) разрыв желудка.

gastrospasmo. [м.] (пат.) судорожное сокращение желудка.

gastrotomía. [ж.] (хир.) вскрытие желудка.

gastrotomo. [м.] прибор для вскрытия желудка.

gastroxía, gastroxinsis. [ж.] (пат.) чрезмерная кислотность желудочного сока.

gata. [ж.] кошка; (бот.) стальник, белица (растение сем. бобовых); облачко, стелющееся по горам; (перен.) (разг.) женщина Мадрида: * gata parida, (разг.) драная кошка; * hacer la gata muerta, притворяться смиренницей.

gatada. [ж.] кошачья повадка; (перен.) (разг.) злая шутка, мошенническая проделка.

gatallón, na. [прил.] плутовской, хитрый, лукавый; [м. и ж.] хитрец, пройдоха, пронырa.

gatas (a). [адверб. выраж.] на четвереньках.

gatatumba. [ж.] (разг.) притворство, кошачьи нежности.

gatazo. [м. увел.] к gato; (разг.) вымогательство, обман: * dar gatazo, надуть, обмануть, облапошить (прост.).

gateado, da. [страд. прич.] к gatear; [прил.] похожий на кота; с прожилками, с жилками (о дереве); [м.] см. gateamiento.

gatear. [неперех.] лазить как кошка; (разг.) ходить на четвереньках; [перех.] царапать (о кошке); (разг.) красть, воровать.

gatera. [ж.] отверстие в двери или окне для кошек, лазейка для кошки; (мор.) клюз; [сущ.] воришка, мелкий жулик.

gatería. [ж.] (разг.) сборище кошек; (перен.) (разг.) сборище шалунов; притворство, лицемерие.

gatero, ra. [прил.] часто посещаемый кошками (о месте); [м. и ж.] продавец, (-щица) кошек; любитель, (-ница) кошек.

gatesco, ca. [прил.] (разг.) кошачий.

gatillazo. [м.] удар спусковым крючком: * dar gatillazo, (перен.) (разг.) не удаваться.

gatillo. [м.] зубоврачебные щипцы; (воен.) курок, спусковой крючок; гашетка; холка, загривок; (перен.) воришка, (разг.) мелкий жулик; (обл.) цветок акации.

gatita. [ж. умен.] к gata, кошечка: * gatita muerta, лицемерка, недотрога.

gatito. [м. умен.] к gato, котёнок.

gato. [м.] (зоол.) кот; кошель; клад, припрятанные деньги; (тех.) домкрат; мышеловка; (перен.) (разг.) ловкий вор, хитрец, ловкач; мадридец; (Амер.) народный танец и музыка к нему: * gato de algalia, цивета; * gato de angora, ангорская кошка; * gato cerval, сервал, дикая кошка; * gato montés, дикий кот; * buscar el gato en el garbanzal, искать невозможного; * buscar tres pies al gato, искать ссоры, лезть в драку; * ata el gato, скупец; * de noche todos los gatos son pardos, ночью все кошки серы; * ir, correr, pasar como gato por ascuas, бежать сломя голову; * aquí hay gato encerrado, здесь что-то кроется, тут что-то неладно; * dar gato por liebre, обманывать, выдавать одно за другое; * caer de pie como los gatos, выходить сухим из воды; * gato escaldado del agua fría huye, обжёгшись на молоке, будешь дуть и на воду; * el gato con botas, Кот в сапогах (из сказки); * vivir como perros y gatos, жить как кошка с собакой; * cuatro gatos, мало людей; * llevar el gato al agua, преодолеть трудность; * carne de gato, кошатина.

gato. [м.] (Амер.) базар, рынок.

gatofobia. [ж.] болезненная боязнь кошек.

gatuna. [ж.] (бот.) стальник, белица (растение семейства бобовых).

gatunero, ra. [м. и ж.] (обл.) тот, кто продаёт мясо тайком.

gatuno, na. [прил.] кошачий.

gatuña. [ж.] (бот.) стальник, белица (растение сем. бобовых).

gatuñar. [перех.] (обл.) царапать.

gatuperio. [м.] смесь, мешанина; неразбериха; (перен.) (разг.) путаница, запутанное дело; интрига.

gaucha. [ж.] (Амер.) мужеподобная женщина дурного поведения.

gauchada. [ж.] (Амер.) ловкий поступок, выходка, свойственные гаучо; (перен.) (Амер.) услуга, помощь.

gauchaje. [м.] (Амер.) (презр.) сборище гаучо; простой народ, чернь.

gauch(e)ar. [неперех.] жить как гаучо; подражать гаучо.

gauchesco, ca. [прил.] относящийся к гаучо, имеющий манеры и т. д. свойственные гаучо.

gaucho, cha. [прил.] живущий в пампе; см. gauchesco; (Амер.) хороший (о наезднике); ловкий, оборотливый; грубый; бродячий (о собаке); [м.] гаучо (аргентинский крестьянин, житель пампы).

gaudeamus. [м.] (разг.) празднество; см. festín, banquete.

gauga. [ж.] (в Марокко) мятеж, восстание.

gavanza. [ж.] цветок шиповника.

gavanzo. [м.] (бот.) шиповник.

gavera. [ж.] (обл.) (Амер.) форма для черепиц или кирпичей; (Амер.) см. tapial; аппарат для охлаждения патоки (из сахарного тростника).

gaveta. [ж.] ящик письменного стола.

gavia. [ж.] (орн.) чайка.

gavia. [ж.] межа, межевая канавка; (мор.) марсель; (м. употр.) клетка для сумасшедших.

gavia. [ж.] (горн.) бригада рабочих, переносящая руду в корзинах и т. д.

gavial. [м.] (зоол.) гавиал (индийский крокодил).

gaviar. [неперех.] (Амер.) покрываться колосьями, цветками (о кукурузе и т. д.).

gaviero. [м.] (мор.) марсовой.

gavieta. [ж.] (мор.) марс похожий на сторожевую будку.

gaviete. [м.] (мор.) род крамбола.

gavilán. [м.] ястреб (птица), конечная черта (у некоторых букв); кончик, остриё пера; поперечная часть шпажной рукояти; (мор.) абордажный крюк; цветок чертополоха, репейника; (обл.) (Амер.) ногтоеда, см. uñero.

gavilana. [ж.] (Амер.) травянистое растение.

gavilancillo. [м.] кривой кончик (у листьев артишока).

gavilucho. [м.] (Амер.) ястреб (хищная птица).

gavilla. [ж.] сноп; (перен.) сборище; банда, шайка.

gavillador. [м.] вор, руководящий шайкой.

gavillar. [м.] место, покрытое снопами.

gavillar. [перех.] (с.-х.) вязать снопы; собирать.

gavillero. [м.] место, где складывают снопы; (Амер.) робочий, укладывающий снопы на телегу.

gavina. [ж.] чайка.

gavión. [м.] тур; (перен.) (разг.) широкополая шляпа.

gaviota. [ж.] чайка.

gavota. [ж.] гавот, старинный танец и музыка к нему.

gaya. [ж.] цветная нашивка, полоса; сорока; (арг.) публичная женщина, проститутка.

gayadura. [ж.] украшение цветными нашивками, полосами.

gayal. [м.] (зоол.) индийский бык.

gayar. [перех.] украшать цветными нашивками, полосами.

gayata. [ж.] (обл.) пастушеский посох.

gayera. [ж.] (обл.) сорт большой вишни.

gayo, ya. [прил.] весёлый, живой, приятный; [м.] (обл.) см. grajo: * gaya ciencia, искусство поэзии.

gayola. [ж.] клетка; (перен.) (разг.) тюрьма; (обл.) см. candelecho.

gayomba. [ж.] (бот.) испанский дрок, бобровик.

gayón. [м.] (арг.) негодяй; сутенёр.

gayuba. [ж.] (бот.) медвежья ягода, толокнянка.

gaza. [ж.] (мор.) петля (каната).

gazafatón. [м.] (разг.) см. gazapatón.

gazapa. [ж.] грубая ложь, обман.

gazapatón. [м.] (разг.) большой промах, ошибка (при разговоре и т. д.).

gazapela. [ж.] (перен.) (разг.) ссора, драка.

gazapera. [ж.] кроличья нора; (перен.)

(разг.) притон, сборище бродяг и т. д.; (разг.) см. gazapela.
gazapina. [ж.] сборище, банда плутов и т. д.; ссора, драка.
gazapo. [м.] молодой кролик; (перен.) (разг.) лукавый мужчина; см. gazara; большой промах; ошибка.
gazapón. [м.] см. garito.
gazmiar. [перех.] см. gulusmear; gulusmearse; [возв. гл.] (разг.) жаловаться, сетовать.
gazmol. [м.] типун (у хищных птиц).
gazmoñada, gazmoñería. [ж.] показная добродетель, преувеличенная стыдливость, неприступность; ханжество.
gazmoñero, ra, gazmoño, na. [прил.] притворно добродетельный, преувеличенно стыдливый, ханжеский [м. и ж.] ханжа, лицемер, (-ка).
gaznapiro, ra. [прил.] глупый, тупой, неотёсанный; [м. и ж.] увалень, тупица; грубиян, (-ка).
gaznar. [неперех.] каркать.
gaznatada. [ж.] удар рукой по горлу; (Амер.) пощёчина.
gaznatazo. [м.] см. gaznatada; (обл.) пощёчина.
gaznate. [м.] см. garguero; сорт пончика; (Амер.) сладкое кушанье из кокосового ореха, яиц и ананаса.
gaznatear. [перех.] (Амер.) дать пощёчину.
gaznatón. [м.] удар рукой по горлу; сорт пончика.
gaznatón, na. [прил.] (Амер.) см. alborotador.
gazpacho. [м.] сорт окрошки; (Амер.) остатки, отбросы.
gazuza. [ж.] (разг.) сильный голод.
gazuzo, za. [прил.] (Амер.) голодный, изголодавшийся.
ge. название буквы g.
gea. [ж.] неорганическое царство страны; описательное произведение об этом царстве.
geantrace. [м.] ископаемый уголь.
geca. [ж.] (обл.) удар волчком.
geco, gecko. [м.] (зоол.) гекко (ящерица).
gecoto. [м.] (зоол.) ящерица похожая на гекко.
gedeonada. [ж.] (разг.) общеизвестная истина.
gedrita. [ж.] (мин.) жедрит.
gegionense, sa. [прил. и сущ.] см. gijonés.
gehena. [ж.] геенна, преисподняя, ад.
geiser. [м.] (геол.) гейзер.
geiserita. [ж.] (мин.) гейзерит.
geisha. [ж.] гейша.
gelasino, na. [прил.] * dientes gelasinos, передние зубы, зубы видимые при смехе.
gelatina. [ж.] студень; желатин.
gelatinado, da. [прил.] покрытый желатином, содержащий желатин.
gelatinificar. [перех.] превращать в студень, в желатин.
gelatiniforme. [прил.] студенистый, желатиноподобный, желатинообразный.
gelatinización. [ж.] желатинизация, обращение в студенистую массу.
gelatinizar. [перех.] см. gelatinificar.
gelatinobromuro. [м.] (хим.) броможелатиновая эмульсия.
gelatinoideo, a. [прил.] желатинообразный.
gelatinoso, sa. [прил.] студенистый, желатинозный.
gelatinado, da. [прил.] (Амер.) см. gelatinoso; (перен.) (разг.) ленивый; безразличный, апатичный.
eldre. [м.] (бот.) калина махровая, бульденеж.
élido, da. [прил.] (поэт.) ледяной.
eliz. [м.] см. posadero.
elosa. [ж.] агар-агар (растительный студень).

gema. [ж.] драгоценный камень; (бот.) почка; * sal gema, каменная соль.
gemación. [ж.] почкование размножение почкованием.
gemara. [ж.] вторая часть Талмуда.
gematría. [ж.] арифметическое и геометрическое толкование слов Библии (кабалистическое).
gemebundo, da. [прил.] стонущий, жалующийся.
gemela. [ж.] (бот.) род жазмина.
gemelifloro, ra. [прил.] (бот.) почкоцветный.
gemelo, la. [прил.] двойной; двойчатый, парный; * hermanos gemelos, братья близнецы; [сущ.] близнец; [м. множ.] бинокль; пара запонок; (астр.) Близнецы; * gemelos prismáticos, призматический бинокль.
gemido. [м.] стон, оханье, жалоба.
gemidor, ra. [прил.] стонущий; охающий; (перен.) (разг.) издающий звук похожий на стон.
gemífero, ra. [прил.] содержащий драгоценные камни.
gemificar. [неперех.] (бот.) покрываться почками.
gemifloro, ra. [прил.] (бот.) почкоцветный.
gemiforme. [прил.] (бот.) почковидный.
geminación. [ж.] (рет.) повторение.
geminado, da. [прил.] (бот.) двойной.
Geminis. [м.] (астр.) Близнецы, созвездие Близнецов (знак зодиака).
gemiparidad. [ж.] почкование.
gemíparo, ra. [прил.] размножающийся почкованием.
gemiquear. [неперех.] (обл.) хныкать.
gemiqueo. [м.] (обл.) хныканье.
gemir. [неперех.] стонать, охать, жаловаться; (перен.) выть, скулить (о животных) [непр. гл.] спрягается как pedir.
Gemonias. [ж. множ.] место казни (у Римлян).
gemoso, sa. [прил.] с ободранной корой (о стволе дерева).
gemula. [ж.] (бот.) геммула, почечка.
genal. [прил.] (анат.) щёчный.
genciana. [ж.] (бот.) горечавка.
gencianáceo, a. [прил.] (бот.) относящийся к сем. горечавковых растений; [ж. множ.] (бот.) семейство горечавковых растений.
gencianela. [ж.] (бот.) горечавка осенняя.
gencianeo. a. [прил.] см. gencianáceo.
gendarme. [м.] жандарм.
gendarmería [ж.] жандармский корпус; жандармерия; жандармская казарма.
genealogía. [ж.] генеалогия, родословная.
genealógicamente. [нареч.] генеалогически.
genealógico, ca. [прил.] генеалогический, родословный; *árbol genealógico, родословное дерево.
genealogista. [сущ.] генеалог.
geneógeno, na. [прил.] см. congénito.
genepi. [ж.] (бот.) альпийская белая полынь.
generación. [ж.] рождение, зарождение, образование; поколение, потомство; род, колено; * de generación en generación, из рода в род, из поколения в поколение.
generador, ra. [прил.] зарождающий, порождающий; образующий; производящий; [м.] генератор; производитель.
general. [прил.] общий, всеобщий, повсеместный, главный, генеральный, частый, общеупотребительный; высокообразованный, учёный; расплывчатый, неточный; [м.] (воен.) генерал; начальник, генерал (монашеского ордена); (уст.) классная комната; (обл.) таможня; * en general, вообще; обыкновенно, обычно; * hablar en términos generales, говорить общими фразами; * general de brigada, бригадный генерал; * general de división,

дивизионный генерал; * general en jefe, главнокомандующий; * secretario general, генеральный секретарь.
generala. [ж.] жена генерала, генеральша; (воен.) тревога.
generalato. [м.] генеральство, генеральский чин; начальство (ордена); (соб.) генералы, генералитет.
generalero. [м.] (обл.) см. aduanero.
generalidad. [ж.] большинство; общность; общие слова, расплывчатость (в речи и т. д.); старинный каталонский парламент; (обл.) община; таможенная пошлина.
generalísimo. [м.] генералиссимус; верховный главнокомандующий.
generalizable. [прил.] обобщимый.
generalización. [ж.] обобщение.
generalizador, ra. [прил.] обобщающий.
generalizar. [перех.] обобщать; делать всеобщим достоянием; придавать более широкое толкование; говорить в общем, не касаясь частностей, держаться общих мест, говорить общо; generalizarse, [возв. гл.] распространяться.
generalmente. [нареч.] вообще; обычно, по большей части.
generar. [перех.] производить на свет, рожать; порождать, вызывать; (эл.) генерировать.
generativo, va. [прил.] воспроизводящий; способный к деторождению.
generatriz. [ж.] (геом.) образующая.
genéricamente. [нареч.] родовым образом.
genérico, ca. [прил.] родовой; (грам.) нарицательный; неопределённый (об артикле): * nombre genérico, имя нарицательное.
género. [м.] род, вид; сорт, класс; образ, порядок, склад; жанр, стиль; (грам.) род; товар; ткань; * géneros de punto, трикотажные изделия; * género humano, человечество; * género de vida, образ жизни; * género chico, (театр.) малые формы.
generosamente. [нареч.] великодушно; щедро.
generosidad. [ж.] великодушие; благородство; щедрость.
generoso, sa. [прил.] великодушный; благородный; щедрый; крепкий, бодрящий; превосходный; * vino generoso, вкусное и крепкое вино (выдержанное).
genesíaco, ca. [прил.] толкующий о сотворении мира.
genésico, ca. [прил.] генетический.
génesis. [м.] Бытие (первая книга Ветх. Завета); генезис, происхождение, возникновение; процесс образования.
genética. [ж.] (биол.) генетика.
genéticamente. [нареч.] по генетике.
genético, ca. [прил.] генетический; врождённый, наследственный.
genetista. [м. и ж.] специалист по генетике.
genetliaca. [ж.] гадание по гороскопу.
genetlíaco, ca. [прил.] относящийся к гаданию по гороскопу; написанный на рождение, сочинённый по случаю рождения; [м. и ж.] тот, кто гадает по гороскопу.
genetliografía. [ж.] учение о гороскопе.
geni. [м.] подбородок.
genial. [прил.] свойственный природы, прирождённый, гениальный; радостный, веселящий.
genialidad. [ж.] природное свойство (характера); гениальность.

genialmente. [нареч.] по природному свойству; гениально.
geniano, na. [прил.] (анат.) подбородочный.
geniantritis. [ж.] (пат.) воспаление гайморовой полости.
geniantro. [м.] гайморова полость верхней челюсти.
geniazo. [м. увел.] к genio; (разг.) сильный темперамент.
genicidio. [м.] методическое уничтожение этнической группы, геноцид.
geniculado, da. [прил.] (бот.) (зоол.) коленчатый.
genio. [м.] гениальность, одарённость, дарование, талант; гений; дух, гений; характер, темперамент; склонность; пылкость, живость; * genio del mal, злой гений; * buen genio, хороший характер; * mal genio, плохой характер; * corto de genio, робкий; * genio y figura hasta la sepultura, горбатого могила исправляет; * tener (mal) genio, быть вспыльчивым.
geniogloso, sa. [прил.] подбородочно-язычный.
geniofaríngeo, a. [прил.] подбородочно-глоточный.
geniohioideo, a. [прил.] подбородочно-подъязычный.
genioso, sa. [прил.] вспыльчивый.
genipa. [ж.] (бот.) альпийская белая полынь.
genista. [ж.] (бот.) дрок.
genital. [прил.] детородный, половой; [м.] см. testículo.
genitalia. [ж.] (мед.) половые органы.
genitivo, va. [прил.] способный к зачатию, к размножению; [м.] (грам.) родительный падеж.
genitor. [м.] производитель; родитель.
genitourinario, ria. [прил.] (анат.) мочеполовой.
genitriz. [ж.] беременная женщина.
genízaro, ra. [прил.] см. jenízaro.
genocidio. [м.] геноцид.
genocito. [м.] половая клетка.
genojo. [м.] колено.
genol. [м.] (мор.) футокс.
genotípico, ca. [прил.] относящийся или принадлежащий к генотипу.
genotipo. [м.] (биол.) генотип.
genovés, sa. [прил.] генуэзский; [м. и ж.] генуэзец, (-ка); [м.] (в XVI-XVII в.в.) банкир.
gente. [ж.] люди; толпа; народ, нация; (воен.) отряд, команда; (мор.) экипаж; (разг.) семья, родня; (группа людей; прислуги; [множ.] язычники; (арг.) уши; (Амер.) честные люди; * gente de armas, военные; * gente de barrio, ленивые люди; * gente de pluma, писатели, пишущая братия (разг.); * gente de bien, порядочные люди; * gente de mar, моряки; * gente menuda, дети, ребята; * gente de capa negra, благовоспитанные люди, горожане; * gente de capa parda, de gallaruza, народ, крестьяне; * gente de la cuchilla, мясники; * gente de la garra, воры, мошенники; * gente de bronce, весёлые, смелые люди; * gente del Rey, de Su Majestad, forzada, каторжники, приговорённые к галерам; * gente de medio pelo, среднее сословие; * gente de pelo, de pelusa, богатые люди; * gente de toda broza, люди без определённых занятий; * gente de trato, торговцы; * gente perdida, бродяги; * gente bien, (гал.) солидные люди; * el Apóstol de las gentes, св. Павел; * gente de la misma caluña, люди из одного теста; * derecho de gentes, международное право; * ¡cuánta gente! сколько народу!

gentecilla. [ж.] (презр.) людишки, сброд.
gentil. [прил.] языческий; красивый, изящный; привлекательный; весёлый; любезный; милый; см. notable; [м. и ж.] язычник, (-ница).
gentileza. [ж.] см. garbo; вежливость, любезность, учтивость.
gentilhombre. [м.] дворянин; статный, красивый, представительный мужчина.
gentilicio, cia. [прил.] родовой; племенной; национальный; (грам.) обозначающий принадлежность к какой-л нации, народу (о прилагательном).
gentílico, ca. [прил.] принадлежащий к язычникам.
gentilidad. [ж.] язычество; язычники.
gentilizar. [неперех.] следовать язычеству.
gentilmente. [нареч.] мило, славно; ласково; по правилам язычества.
gentío. [м.] толпа, люд.
gentualla, gentuza. [ж.] (през.) чернь.
genual. [прил.] коленный.
genuflexión. [ж.] коленопреклонение.
genuflexo, xa. [прил.] коленопреклонённый.
genuflexorio. [м.] скамейка для молитвы на коленях.
genuinamente. [нареч.] истинно, подлинно и т. д.
genuino, na. [прил.] настоящий, неподдельный, естественный, истинный, подлинный; чистый (о языке и т. д.).
geobotánica. [ж.] геоботаника.
geobotánico, ca. [прил.] геоботанический.
geocéntrico, ca. [прил.] геоцентрический.
geocíclico, ca. [прил.] (астр.) показывающий обращение земли вокруг солнца.
geoda. [ж.] жеода (пустота в горной породе).
geodesia. [ж.] геодезия, землемерие, землемерная математика.
geodésicamente. [нареч.] по правилам геодезии.
geodésico, ca. [прил.] геодезический, землемерный.
geodesta. [м. и ж.] геодезист, специалист по геодезии.
geodinámica. [ж.] (геол.) геодинамика.
geodinámico, ca. [прил.] относящийся к геодинамике.
geofagia. [ж.] употребление в пищу земли.
geófago, ga. [прил.] землеядный; [сущ.] семлеядец.
geofísica. [ж.] геофизика.
geofísico, ca. [прил.] геофизический; [м. и ж.] геофизик, специалист по геофизике.
geogenia. [ж.] наука о происхождении Земли.
geogénico, ca. [прил.] геогенический.
geognosia. [ж.] геогнозия.
geognosta. [м. и ж.] специалист по геогнозии.
geognóstico, ca. [прил.] геогностический.
geogonía. [ж.] наука о происхождении Земли.
geografía. [ж.] география, землеописание, землеведение; * geografía física, физическая география.
geográficamente. [нареч.] по правилам географии, географически.
geográfico, ca. [прил.] географический; землеописательный.
geógrafo, fa. [м. и ж.] географ, землеописатель, специалист по географии.
geoide. [м.] геоид.
geoisoterma. [ж.] (метеор.) геоизотерма.
geología. [ж.] геология или история Земли.
geológicamente. [нареч.] по правилам геологии.
geológico, ca. [прил.] геологический.

geólogo, ga. [м. и ж.] геолог, специалист по геологии.
geómetra. [м. и ж.] геометр, специалист по геометрии.
geometral. [прил.] геометральный, геометрический, см. geométrico.
geometría. [ж.] геометрия; * geometría plana, планиметрия; * geometría del espacio, стереометрия; * geometría analítica, аналитическая геометрия; * geometría descriptiva, начертательная геометрия.
geométricamente. [нареч.] по правилам геометрии, геометрически.
geométrico, ca. [прил.] геометрический; (перен.) очень точный.
geomorfía. [ж.] геоморфия, наука о форме Земли.
geomorfogenia. [ж.] учение об образовании земной коры.
geomorfología. [ж.] геоморфология.
geomorfológico, ca. [прил.] геоморфологический.
geomorfólogo, ga. [м. и ж.] специалист по геоморфологии.
geonomía. [ж.] учение о чернозёме.
geopolítica. [ж.] геополитика.
geopolítico, ca. [прил.] относящийся или принадлежащий к геополитике.
geoponía. **geopónica.** [ж.] см. agricultura.
geopónico, ca. [прил.] земледельческий.
geoquímica. [ж.] геохимия.
geoquímico, ca. [прил.] геохимический.
georama. [ж.] георама (пустой глобус, внутри которого изображён вид земли).
georgiano, na. [прил.] грузинский; [м. и ж.] грузин, (-ка).
geórgico, ca. [прил.] земледельческий; **geórgicas.** [ж. множ.] (лит.) георгики, поэма о земледелии.
georgina. [ж.] (бот.) далия, георгин(а).
geosaurio, ria. [прил.] сухопутный (о ящерицах); [м. множ.] (зоол.) сухопутные, наземные ящерицы.
geosofía. [ж.] (физ.) знания о земном шаре.
geotermia. [ж.] (геол.) геотермия, глубинная температура.
geotérmico, ca. [прил.] (геол.) геотермический.
geotermómetro. [м.] (физ.) почвенный термометр.
geotrópico, ca. [прил.] (бот.) относящийся или принадлежащий к геотропизму.
geotropismo. [м.] (бот.) геотропизм.
geraniáceo, a. [прил.] (бот.) гераниевый; [ж. множ.] (бот.) гераниевые.
geranio. [м.] (бот.) герань, журавельник, герани.
gerbo. [м.] (зоол.) тушканчик.
gerencia. [ж.] заведование, управление, руководство, ведение дел; контора, должность управляющего.
gerenta. [ж.] (Амер.) управляющая домом терпимости.
gerente. [м.] управляющий, заведующий, администратор.
gereología. [ж.] наука о старости.
gerifalco, garifalte. [м.] (орни.) кречет; старинная пушка; (арг.) вор; * como un gerifalte, очень хорошо, превосходно.
germán. [прил. усеч.] к germano.
germana. [ж.] (арг.) проститутка, публичная женщина.
germandrea, germandria. [ж.] (бот.) дубровник, чавреля.
germanesco, ca. [прил.] арготический.
germanía. [ж.] арго, жаргон; внебрачное сожительство; (обл.) толпа ребятишек.
germánico, ca. [прил.] германский, немецкий.
germanio. [м.] (хим.) германий.
germanismo. [м.] германизм.
germanista. [прил.] занимающийся герм-

нистикой; [м. и ж.] германист, специалист по германистике.
germanización. [ж.] германизация, онемечение.
germanizar. [перех.] герман из (ир) овать, онемечивать; germanizarse. [возв. гл.] герман из (ир) оваться.
germano, na. [прил.] немецкий, германский; [м. и ж.] германец, (-ка).
germano. [м.] кровный брат; (арг.) см. rufián.
germanófilo, la. [прил.] германофильский; [м. и ж.] германофил.
germen. [м.] зародыш; завязь, зачаток, росток; (перен.) зарождение, начало; источник.
germicida. [прил.] убивающий бактерий, заразы.
germificación. [ж.] образование зародыша, завязи.
germificar. [неперех.] образоваться (о зародыше и т. д.).
germinación. [ж.] прорастание; возникновение, зарождение.
germinador, ra. [прил.] способный вызывать прорастание.
germinal. [прил.] зародышевый, герминативный; [м.] (ист.) жерминаль, 7-й месяц республиканского года (с 13 марта по 19 апр.).
germinante. [действ. прич.] к germinar.
germinar. [неперех.] зарождаться; прорастать, пускать ростки; (перен.) развиваться.
germinativo, va. [прил.] способный к прорастанию.
gerontocomio. [м.] приют для престарелых.
gerontocracia. [ж.] правление старейшин.
gerontología. [ж.] наука о старости.
gersdorfita. [ж.] (мин.) герсдорфит, никелевый блеск.
gerundense. [прил.] относящийся к Gerona; [м. и ж.] уроженец, (-ка) этого города.
gerundiada. [ж.] (разг.) вычурное, высокопарное выражение.
gerundiar. [неперех.] часто употреблять герундии.
gerundio. [м.] (грам.) деепричастие, герундий.
gerundio. [м.] (перен.) (разг.) тот, кто выражается высокопарно и т. п.
gerundo. [прил.] (шутл.) (Амер.) великодушный, благородный, щедрый.
gerupio. [м.] (обл.) мытьё, чистка.
gesta. [ж.] подвиг, героический поступок; [множ.] деяния: * cantar de gesta, romance de gesta, испанский героический эпос.
gesta. [ж.] (мед.) телодвижение.
gestación. [ж.] период беременности, вынашивания; телесное упражнение (у Римлян); (перен.) зарождение.
gestante. [действ. прич.] к gestar (тже. прил.).
gestapo. [м.] гестапо.
gestar. [неперех.] находиться в периоде беременности, носить, быть беременной. (перен.) развиваться.
gestatorio, ria. [прил.] * silla gestatoria, (церк.) паланкин в котором переносят римского папу во время торжественных церемоний.
gestear. [неперех.] делать гримасы, корчить рожи.
gestero, ra. [прил.] имеющий привычку делать гримасы и т. п.
géstico, ca. [прил.] относящийся или принадлежащий к жесту и т. д., выражающийся жестами.
gesticulación. [ж.] жестикуляция; выражение лица.
gesticulador, ra. [прил.] см. gestero; [м. и ж.] гримасник, (-ница).

gesticular. [прил.] относящийся или принадлежащий к жесту и т. д.
gesticular. [неперех.] гримасничать, жестикулировать.
gesticuloso, sa. [прил.] гримасничающий, жестикулирующий.
gestión. [ж.] (у)правление, заведование; администрация; деятельность; хлопоты: * hacer gestiones, хлопотать о чём-л.
gestionador, ra. [прил. и сущ.] управляющий делами.
gestionar. [неперех.] хлопотать о чём-л.
gesto. [м.] выражение лица; гримаса; движение; жест; лицо: * hacer gestos a, быть недовольным чем-л.; пренебрегать кем-л; * estar de buen (mal) gesto, быть в духе (не в духе); * ponerse a gesto, украшаться.
gestor, ra. [прил.] управляющий, заведующий; [м. и ж.] заведующий, (-ая), управляющий (-ая) делами; главный компаньон, руководящий делами.
gestudo, da. [прил.] (разг.) брюзгливый; [м. и ж.] брюзга, ворчун, (-ья).
getapú. [м.] (Амер.) клин.
giaur. [м.] гяур, неверный (у турок).
giba. [ж.] (разг.) неприятность, досада, беспокойство, неудобство.
gibado, da. [страд. прич.] к gibar; [прил.] горбатый.
gibar. [перех.] горбить, скрючивать; (перен.) (разг.) докучать, досаждать, лезть, надоедать, беспокоить.
gibelino. [м.] гибеллин (приверженец императорской партии в Италии).
gibón. [м.] (зоол.) гиббон.
gibosidad. [ж.] горб.
giboso, sa. [прил.] горбатый; [м. и ж.] горбун, (-ья), (прост.) горбач.
gibraltareño, ña. [прил.] относящийся к Gibraltar; [м. и ж.] уроженец, (-ка) этого города.
giennense. [прил.] см. jiennense.
giga. [ж.] старинный танец и музыка к нему.
giganta. [ж.] великанша; (бот.) подсолнечник.
gigante. [прил.] гигантский, исполинский; [м.] великан, гигант, исполин (тже. перен.); см. gigantón.
gigantea. [ж.] (бот.) подсолнечник, подсолнух.
gigantesco, ca. [прил.] гигантский, исполинский.
gigantez. [ж.] гигантский, исполинский размер.
gigantilla. [ж.] безобразная кукла; маленькая и толстая женщина.
gigantismo. [м.] гигантизм.
gigantología. [ж.] рассуждение о великанах.
gigantomaquía. [ж.] война исполинов против богов; война между исполинами.
gigantón, na. [м. и ж.] картонный исполин (при празднике); [м.] (бот.) род далии.
gigote. [м.] кушанье из рубленого мяса; кушанье из мелко нарубленного мяса, рыбы и т. п.
giguear. [неперех.] (Амер.) см. gimotear.
gijas. [м. множ.] сила, крепость, мощь.
gijonense, gijonés, sa. [прил.] относящийся к Gijón; [м. и ж.] уроженец, (-ка) этого города.
gil. [прил.] (разг.) (Амер.) глупый, дурацкий; [м. и ж.] дурак, дура, глупец.
gilí. [прил.] (разг.) глупый, дурацкий.
gilvo, ca. [прил.] рыжий.
gimnasia. [ж.] гимнастика.
gimnasiarca. [м.] учитель гимнастики; (ист.) гимнасиарх.
gimnasio. [м.] гимнастический зал; гимназия.
gimnasta. [м. и ж.] гимнаст, (-ка).
gimnástica. [ж.] гимнастика.

gimnástico, ca. [прил.] гимнастический: * paso gimnástico, мерный бег.
gímnico, ca. [прил.] гимнический.
gimnobranquios. [м. множ.] голожаберные слизняки (из брюхоногих).
gimnocarpo. [прил.] (бот.) голоплодный.
gimnodermo, ma. [прил.] голокожий.
gimnodonte. [прил.] (зоол.) голозубый; [м. множ.] (зоол.) скалозубы (семейство костистых рыб).
gimnofobia. [ж.] болезненная боязнь наготы.
gimnosofista. [м.] гимнософист, голомудрец.
gimnospérmeos. [ж. множ.] (бот.) голосемянные растения (класс семянных растений).
gimnoto. [м.] (ихтиол.) электрический угорь (костистая рыба).
gimoquear. [неперех.] (Амер.) стонать, хныкать, см. gimotear.
gimoteador, ra. [прил.] хнычущий; [м. и ж.] плакса, нытик.
gimoteadura. [ж.] см. gimoteo.
gimotear. [неперех.] (разг.) (презр.) стонать, хныкать, ныть.
gimoteo. [м.] хныканье, нытьё, стон.
gimplar. [неперех.] (обл.) см. gimotear; плакать.
gin. [м.] джин (водка).
ginandría. [ж.] (бот.) женомужство или тычинкопестичные.
ginántropo. [м.] женоподобный гермафродит.
ginatresia. [ж.] (пат.) узость влагалища.
gindama. [ж.] страх, боязнь; трусость, малодушие.
ginebra. [ж.] род ксилофона; смятение, суета; (перен.) шум (голосов); карточная игра.
ginebra. [ж.] можжевеловая настойка.
ginebrada. [ж.] пирог из слоёного теста.
ginebrés, sa; ginebrino, na. [прил.] женевский; [м. и ж.] женевец, житель (-ница) Женевы.
gineceo. [м.] гинекей, женский терем (у Греков); (бот.) см. verticilo.
ginécico, ca. [прил.] женский.
ginecocracia. [ж.] женодержавие, гинекократия.
ginecografía. [ж.] описание женщины; научное сочинение о гинекологии.
ginecología. [ж.] (мед.) гинекология.
ginecológico, ca. [прил.] гинекологический.
ginecologista. [м. и ж.] см. ginecólogo.
ginecólogo, ga. [м. и ж.] гинеколог.
ginecomorfo, fa. [прил.] женоподобный, женообразный.
ginecotomía. [ж.] (анат.) женская анатомия.
ginefobia. [ж.] боязнь женщины; женоненавистничество.
ginéfobo, ba. [прил.] женоненавистнический; [м. и ж.] женоненавистник.
ginesta. [ж.] (бот.) дрок.
gineta. [ж.] (зоол.) ласка, см. jineta.
ginebrina. [ж.] имбирный порошок.
gingidio. [м.] (бот.) см. biznaga.
gingiva. [ж.] десна.
gingival. [прил.] (анат.) дёсенный.
gingivitis. [ж.] (пат.) воспаление десен.
ginglimiforme. [прил.] см. ginglimoideo.
ginglimo. [м.] (анат.) одноосный, цилиндрический сустав.
gimglimoideo, a. [прил.] (анат.) к ginglimo.
giniatría. [ж.] лечение женских болезней.
gínico, ca. [прил.] женский.
ginsen. [м.] (бот.) женьшень.

giobertita. [ж.] (мин.) самородная углекислая магнезия.
giorno: * a giorno, [итал. выраж.] ярко освещённый.
gipaeto. [м.] ягнятник-бородач (хищная птица).
gipsífero, ra. [прил.] содержащий гипс.
gipso. [м.] гипс.
gipsómetro. [м.] гипсометр.
gira. [ж.] поездка; прогулка; объезд.
giración. [ж.] вращение.
girada. [ж.] пируэт.
girador, ra. [м. и ж.] (ком.) векселедатель.
giralda. [ж.] флюгер (в форме человека или животного).
giraldete. [м.] (церк.) стихарь (без рукавов).
giraldilla. [ж.] астурийский народный танец.
girándula. [ж.] сноп водяных струй; колесо (в фейерверке).
giranta. [ж.] (Амер.) проститутка, публичная женщина.
girante. [действ. прич.] к girar, вращающийся.
girar. [неперех.] вертеться, вращаться, поворачиваться, кружиться; (перен.) идти (о разговоре и т. д.); делать поворот (об улице и т. д.); [перех.] (ком.) выдавать (векселя и т. д.); рассылать (циркуляры и т. д.).
girasol. [м.] (бот.) подсолнечник, подсолнух; (мин.) кварц с опаловым оттенком; (перен.) подхалим.
giratorio, ria. [прил.] вращательный; вращающийся, кружащийся; * movimiento giratorio, вращательное движение, вихревое движение.
girino. [м.] вертячка-поплавок (жук); (м. употр.) головастик.
giro. [м.] кругообразное движение, вращение; ход, направление, оборот (речи, дела и т. д.); бравада, угроза; см. chirlo; перевод (денежный, почтовый и т. д.); вексельный оборот: * giro postal, почтовый перевод; * giro telegráfico, телеграфный перевод; * tomar otro giro, принимать другой оборот; * giro idiomático, идиоматический оборот, идиома.
giroflé. [м.] (бот.) гвоздичное дерево.
girola. [ж.] неф абсиды (часть готического или романского храма).
giromagnético, ca. [прил.] (физ.) гиромагнитный.
giromancia. [ж.] гиромантия.
girómetro. [м.] тахометр, счётчик оборотов.
giromo. [м.] (бот.) плодовместилище (у лишайников); плодовая кучечка (у папоротников).
girondino, na. [прил.] (ист.) жирондистский; [м. и ж.] жирондист, (-ка).
giroplano. [м.] автожир.
giroscópico, ca. [прил.] (физ.) гироскопический.
giroscop(i)o. [м.] гироскоп, жироскоп.
giróstato. [м.] (физ.) гиростат.
giróvago, ga. [прил.] бродячий, [м.] бродячий монах.
gis. [м.] мел, мелок, см. clarión.
giste. [м.] пивная пена.
gisumí. [м.] (Амер.) гнездо курицы.
gitanada. [ж.] поступок, свойственный цыганам; (перен.) лесть, лицемерная ласка.
gitanamente. [нареч.] цыганским образом, ловко, лукаво.
gitanear. [неперех.] (разг.) льстить, лицемерить.
gitanería. [ж.] см. gitanada; (соб.) цыгане.

gitanesco, ca. [прил.] цыганский.
gitanismo. [м.] цыганские нравы и обычаи, (соб.) цыгане.
gitano, na. [прил.] цыганский; (перен.) льстивый; [м. и ж.] цыган, (-ка), (перен.) хитрец; льстец, льстивая женщина.
glabela. [ж.] пространство между бровями.
glabro, bra. [прил.] (бот.) гладкий, безволосый, голый.
glaciación. [ж.] оледенение.
glacial. [прил.] ледяной, ледниковый; холодный, леденящий; ледовитый; (перен.) холодный, ледяной.
glacialmente. [нареч.] холодно и т. д.
glaciar. [м.] (геол.) (горный) ледник, глетчер.
glaciario, ria. [прил.] (геол.) ледниковый.
glacis. [м.] (воен.) гласис.
gladiado, da. [прил.] мечевидный.
gladiador. [м.] гладиатор.
gladiatorio, ria. [прил.] относящийся или принадлежащий к гладиаторам.
gladio, gladiolo. [м.] (бот.) гладиолус.
glagol. [м.] старинное название буквы г.
glagolítico, ca. [прил.]: * alfabeto glagolítico, глаголический алфавит.
glande. [ж.] (анат.) головка мужского полового члена; [м.] (обл.) жёлудь.
glandífero, ra. [прил.] (бот.) желуденосный.
glandiforme. [прил.] (бот.) имеющий форму желудя.
glandígero, ra. [прил.] см. glandífero.
glandívoro, ra. [прил.] питающийся желудями.
glándula. [ж.] (анат.) железа, гланда; (бот.) желёзка: * glándula pineal, шишковидная железа (в мозгу); * glándula pituitaria, придаток мозга; * glándulas endocrinas, эндокринные железы.
glandulación. [ж.] (мед.) развитие желез.
glandular. [прил.] (анат.) железистый, свойственный железам.
glandularia. [ж.] (бот.) вербена.
glandulífero, ra. [прил.] (анат.) с железами.
glanduliforme. [прил.] (анат.) имеющий форму железы.
glandulogenia. [ж.] (анат.) образование желез.
glanduloso, sa. [прил.] железистый.
glaréola. [ж.] (орни.) тиркушка (болотная птица).
glasé. [м.] (текст.) тафта.
glaseado, da. [страд. прич.] к glasear; [прил.] похожий на тафту.
glaseamiento. [м.] глазирование бумаги; лощение ткани и т. д.
glasear. [перех.] глазировать; лощить.
glaserita. [ж.] (мин.) глазерит.
glasto. [м.] (бот.) вайда, синильщик (растение).
glauberita. [ж.] (мин.) глауберит.
glaucio. [м.] (бот.) рогатый или лесной мак.
glauco, ca. [прил.] сине-зелёный, цвета морской воды; [м.] брюхоногий моллюск (одна из разновидностей).
glaucofana. [ж.] (мин.) глаукофан.
glaucoma. [м.] (пат.) глаукома.
glaucomatoso, sa. [прил.] относящийся к глаукоме.
glauconia, glauconita. [ж.] (геол.) глауконит.
glaucosuria. [ж.] (пат.) выделение зеленоватой (окрашенной индиканом) мочи.
glayo. [м.] (обл.) (орни.) см. arrendajo.
gleba. [ж.] глыба, ком земли; (обл.) участок земли, покрытый дёрном: * siervo de la gleba, прикреплённый к земле, крепостной.
glena. [ж.] (анат.) суставная впадина.
glenoidal, glenoideo, a. [прил.] (анат.) суставной, относящийся к суставной ямке.
glera. [ж.] см. cascajar.

gleroso, sa. [прил.] похожий на (яичный) белок.
glicemia. [ж.] (пат.) гликемия, наличие сахара в крови.
glicémico, ca. [прил.] принадлежащий или относящийся к гликемии.
glicerina. [ж.] глицерин.
glicerinado, da. [прил.] глицериновый, содержащий глицерин.
glicerineo, a. [прил.] похожий на глицерин.
glicerofosfato. [м.] (хим.) глицерофосфат.
glicerofosfórico, ca. [прил.] глицеринофосфорный.
glicina. [ж.] (бот.) глициния.
glicogénesis. [ж.] (пат.) образование сахара.
glicógeno, na. [прил.] см. glucógeno; [м.] (хим.) глюкоген.
glicolisis. [ж.] расщепление сахара, сгорание его в организме.
glicona. [ж.] глицериновый суппозиторий.
gliconio, nia. [прил.] * verso gliconio, гликонический стих (из спондея и двух дактилей).
glicoptialismo. [м.] (пат.) наличие глюкозы в слюне.
glicorrea. [ж.] (пат.) обильное выделение сахара.
glicosa. [ж.] (хим.) глюкоза, виноградный сахар.
glicosómetro. [м.] прибор для определения количества сахара в моче.
glífico, ca. [прил.] (арх.) украшенный выемками.
glifo. [м.] (арх.) выемка.
glíptica. [ж.] глиптика, искусство резьбы на драгоценных камнях.
glipticense. [ж.] (геол.) самые верхние отложения секванского яруса.
gliptografía. [ж.] глиптография, знание античных резных камней.
gliptología. [ж.] (археол.) часть археологии, изучающая античные резные камни.
gliptoteca. [ж.] (археол.) глиптотека.
global. [прил.] общий, глобальный, взятый в целом, валовой, итоговый, суммарный.
globalmente. [нареч.] в целом, в совокупности.
globiforme. [прил.] шаровидный шарообразный.
globina. [ж.] глобин.
globitos. [м. множ.] вьюнок.
globo. [м.] шар; шаровидное тело; земной шар; глобус; воздушный шар; стеклянный колпак (на лампу и т. д.): * globo terráqueo, terrestre, земной шар; * dar la vuelta al globo, объехать вокруг света; * globo celeste, небесный глобус; * globo dirigible, дирижабль; * globo aerostático, аэростат; * globo cautivo, привязной аэростат; * globo sonda, (метеор.) шар-пилот, зонд; * en globo, в целом, в совокупности; оптом.
globocelular. [прил.] (пат.) круглоклеточный.
globomieloma. [м.] (пат.) круглоклеточная саркома.
globosidad. [ж.] шаровидность, шарообразность.
globoso, sa. [прил.] шарообразный, шаровидный.
globular. [прил.] шарообразный, шаровидный, глобулярный, сфероидальный; состоящий из шариков.
globularia. [ж.] (бот.) глобулярия, шаровница.
globulicida. [прил.] разрушающий кровяные тельца.
globuliforme. [прил.] шарообразный, шаровидный.
globulina. [ж.] (хим.) глобулин; см. hematina.
globulinuria. [ж.] содержание в моче глобулинов.

glóbulo. [м. умен.] к globo; шарик; (физиол.) кровяное тельце, кровяной шарик: * glóbulos blancos, белые кровяные шарики; * blóbulos rojos, красные кровяные шарики.

globuloso, sa. [прил.] состоящий из шариков.

glomerular. [прил.] (бот.) относящийся или принадлежащий к клубочку.

glomeruliforme. [прил.] имеющий форму клубочка.

glomerulitis. [ж.] (пат.) воспаление почечных клубочков.

glomérulo. [м.] клубочек (почечный); (бот.) клубочек (цветорасположение).

glonoína. [ж.] (хим.) нитроглицерин.

glonoinismo. [м.] отравление нитроглицерином.

gloria. [ж.] блаженство (в раю); рай (тже. перен.); слава; честь; блеск, сияние; великолепие; величие; пирог из слоёного теста; старинная ткань; (театр.) поднятие занавеса (после каждого действия); [м.] одна из молитв, которая поётся за обедней у католиков: * estar en la gloria, estar en sus glorias, делать что-л с большим удовольствием; * saber a gloria, казаться очень вкусным; * morir sin pena ni gloria, не оставить памяти после себя.

gloria Patri. [м.] (церк.) см. gloria; de gloria Patri. (Амер.) ничтожный.

gloriado, da. [страд. прич.] к gloriar; [м.] (Амер.) напиток из горячей воды, водки и сахара.

gloriar. [перех.] прославлять, славословить, величать; gloriarse. [возв. гл.] хвалиться, гордиться, кичиться; радоваться.

glorieta. [ж.] беседка; площадка с садовой беседкой; площадь, на которую выходит несколько улиц.

glorificable. [прил.] достойный прославления.

glorificación. [ж.] прославление, восхваление.

glorificador, ra. [прил.] прославляющий, восхваляющий (тже. сущ.].

glorificante. [дейст. прич.] к glorificar, прославляющий и т. д.

glorificar. [перех.] прославлять, славословить, величать, славить, восхвалять; glorificarse. [возв. гл.] хвалиться, гордиться, кичиться.

gloriosamente. [нареч.] славно, со славой.

glorioso, sa. [прил.] славный, знаменитый, прославленный; блаженный; гордый чем-л, самодовольный, тщеславный.

glosa. [ж.] глосса, толкование, изъяснение; (муз.) вариация.

glosador, ra. [прил.] толкующий и т. д.; [м. и ж.] глоссатор, толкователь.

glosagra, glosalgia. [ж.] (пат.) боль в языке, невралгия языка.

glosántrax. [м.] (пат.) опухоль на языке.

glosar. [перех.] составлять глоссы; толковать, комментировать; (перен.) пересуживать, истолковывать в плохом смысле.

glosario. [м.] глоссарий, словник.

glosato, ta. [прил.] (зоол.) с большим языком.

glose. [м.] составление глосс.

glosectomía. [ж.] иссечение языка.

gloseina. [ж.] (хим.) нитроглицерин.

glosema. [ж.] слово или выражение, требующие объяснения.

glosiano, na. [прил.] (мед.) язычный.

glosilla. [ж.] (полигр.) маленький шрифт.

glositis. [ж.] (пат.) глоссит, воспаление языка.

glosocele. [м.] (пат.) выступание языка из полости рта при воспалительном, отёчном или врождённом увеличении его размера.

glosoepiglótico, ca. [прил.] (анат.) язычно-надгортанный.

glosofaríngeo, a. [прил.] языкоглоточный.

glosografía. [ж.] (анат.) описание языка; словотолкование.

glosoideo, a. [прил.] имеющий форму человеческого языка.

glosolisis. [ж.] паралич языка.

glosomanía. [ж.] болтливость.

glosopalatino, na. [прил.] язычно-небный.

glosopatía. [ж.] болезнь языка.

glosopeda. [ж.] (вет.) ящур.

glosoplejía. [ж.] паралич языка, подъязычного нерва.

glosorrafía. [ж.] шов на языке.

glosospasmo. [м.] судорога языка (при эпилепсии, истерии).

glosotomía. [ж.] удаление языка (или части его).

glosotriquia. [ж.] волосатость языка.

glotal, glótico, ca. [прил.] принадлежащий языку.

glótico, ca. [прил.] (анат.) относящийся к голосовой щели.

glótide. [ж.] (зоол.) с длинным языком.

glotis. [ж.] (анат.) гортанная, голосовая щель, гортанное отверстие.

glotología. [ж.] лингвистика, языкознание.

glotólogo. [м.] языковед, лингвист.

glotón, na. [прил.] прожорливый, жадный; [м. и ж.] обжора; [м.] (зоол.) росомаха.

glotonamente. [нареч.] прожорливо, жадно.

glotonear. [неперех.] объедаться, обжираться, жадно есть.

glotonería. [ж.] обжорство, прожорливость.

gloxinia. [ж.] (бот.) глоксиния (растение сем. колокольчатых).

glucemia. [ж.] (пат.) наличие сахара в крови, гликемия.

glucida. [ж.] (хим.) сахарин.

glucina. [ж.] глицина.

glucinio. [м.] (хим.) бериллий.

glucogenia. [ж.] (физиол.) образование сахара.

glucógeno, na. [прил.] (физиол.) образующий сахар; [м.] (хим.) гликоген.

glucometría. [ж.] определение количества сахара в сусле и т. д.

glucómetro. [м.] прибор для определения количества сахара в сусле и т. д.

glucosa. [ж.] (хим.) глюкоза, виноградный сахар.

glucósido. [м.] (хим.) глюкозид.

glucosuria. [ж.] (мер.) глюкозурия.

glucosúrico, ca. [прил.] диабетический, страдающий глюкозуриею.

gluma. [ж.] (бот.) оболочка зерна, кроющая чешуйка, створка.

glumela. [ж.] (бот.) цветочная чешуйка, плёнка.

gluten. [м.] (биол.) клейковина.

glutenoide. [прил.] похожий на клейковину.

glúteo, a. [прил.] (анат.) ягодичный, седалищный.

glutina. [ж.] (хим.) растительный белок.

glutinosidad. [ж.] клейкость, липкость, вязкость.

glutinoso, sa. [прил.] клейкий, липкий, вязкий.

glutitis. [ж.] воспаление ягодиц.

gmelinita. [ж.] (мин.) гмелинит.

gnafalio. [м.] (бот.) сушеница.

gnatalgia. [ж.] (пат.) боль в нижней челюсти.

gnático, ca. [прил.] челюстной.

gnatión. [м.] нижняя челюсть, самая нижняя ее точка.

gnatitis. [ж.] (пат.) воспаление нижней челюсти.

gnatodinia. [ж.] боль в нижней челюсти.

gnatoplastia. [ж.] пластическая хирургия челюсти.

gnatoplejía. [ж.] паралич челюстей.

gnatospasmo. [м.] (пат.) судорога, сжатие челюсти.

gnatosquisis. [ж.] расщепление челюсти, часто с расщеплением губы и неба.

gneis. [м.] (геол.) гнейс: * gneis granulítico, гранитогнейс.

gnéisico, ca. [прил.] (геол.) гнейсовый.

gneisita. [ж.] (геол.) гранитогнейс.

gneto. [м.] (бот.) хвойник (растение сем. хвойниковых).

gnómico, ca. [прил.] гномический, нравоучительный.

gnomo. [м.] гном, карлик.

gnomología. [ж.] гномология, собрание нравоучительных изречений.

gnomológico, ca. [прил.] относящийся к гномологии; нравоучительный.

gnomólogo, ga. [м. и ж.] тот, кто поучительно пишет или говорит.

gnomon. [м.] (астр.) гномон, указатель высоты солнца; указатель, стрелка (солнечных часов); угольник (каменщика).

gnomónica. [ж.] гномоника, искусство делать солнечные часы.

gnomónico, ca. [прил.] принадлежащий или относящийся к гномонике.

gnomonista. [ж.] тот, кто делает солнечные часы.

gnosis. [ж.] высшая богословская наука; см. gnosticismo.

gnosis. [ж.] высшая богословская наука; см. gnosticismo.

gnosticismo. [м.] (фил.) гностицизм.

gnóstico, ca. [прил.] гностический; [сущ.] гностик, (-а).

gnu. [м.] (зоол.) гну, конебык.

goa. [ж.] раскалённая масса железа.

gobelinos. [м. множ.] гобелены.

gobernable. [прил.] управляемый, поддающийся управлению.

gobernación. [ж.] управление, правление; губернаторство; Министерство внутренних дел: * Ministerio de la Gobernación, Министерство внутренних дел.

gabernador, ra. [прил.] правящий, управляющий; [м.] правитель, наместник; губернатор; комендант крепости.

gobernadora. [ж.] жена губернатора, губернаторша (разг.); женщина, управляющая нацией.

gobernadorcillo. [м.] старинный филиппинский мировой судья.

gobernalle. [м.] (мор.) руль.

gobernanta. [ж.] (Амер.) гувернантка, воспитательница, наставница.

gobernante. [дейст. прич.] к gobernar, управляющий, правящий; [м.] правитель; (разг.) тот, кто вмешивается в чужие дела.

gobernar. [перен.] (тже. неперех.) править, управлять; руководить; заведовать; губернаторствовать; распоряжаться; (мор.) править, управлять судном; [неперех.] (мор.) слушаться руля: * dejarse gobernar, позволять вертеть собой; [непр. гл.] спрягается как acertar.

gobernativo, va. [прил.] правительственный.

gobernoso, sa. [прил.] старательный, любящий порядок.

gobierna. [ж.] флюгер.

gobiernista. [прил.] (Амер.) правительственный.

458 gobierno

gobierno. [м.] правительство; правление, управление; образ правления; руководство; губернаторство; (мор.) руль; рулевое устройство; управление кораблём: * gobierno representativo, представительное правительство; * gobierno provisional, временное правительство; * gobierno absoluto, самодержавие; * gobierno republicano, республиканский образ правления; * gobierno militar, военное губернаторство; * servir de gobierno, (разг.) служить предостережением; * mirar contra el gobierno, (разг.) косить, быть косым.
gobio. [м.] (ихтиол.) пескарь.
goce. [м.] наслаждение, утеха, радость, удовольствие; пользование; владение.
gocete. [м.] старинный подмышник.
gochapeza. [ж.] (обл.) детская игра.
gocho, cha. [м. и ж.] боров, свинья.
godeño, ña. [прил.] (арг.) богатый, важный.
godesco, ca, godible. [прил.] весёлый, радостный.
godo, da. [прил.] (ист.) готский; (арг.) дворянский; (Амер.) (презр.) испанский; (арг.) правый; [сущ.] (ист.) гот; дворянин; (Амер.) (презр.) испанец; * ser godo, принадлежать к старинному дворянскому роду; * hacerse de los godos, хвастаться дворянством.
goecia. [ж.] чернокнижие, чародейство.
goético, ca. [прил.] чернокнижный, чародейский.
goetita. [ж.] (мин.) гётит, игольчатая железная руда.
gofio. [м.] (обл.) (Амер.) поджаренная кукурузная или пшеничная мука; (Амер.) сладкое тесто из кукурузной муки.
gofo, fa. [прил.] глупый, тупой; грубый, неотёсанный; невежественный; (жив.) малорослый.
gofrado, da. [страд. прил.] к gofrar; [м.] тиснение узоров.
gofrar. [перех.] тискать узоры и т. д.
gol. [м.] (спорт.) гол.
gola. [ж.] см. garganta; латный нашейник; старинный гофрированный воротник; (воен.) верхняя часть карниза, шейка; узкий вход в гавань; (форт.) горжа.
golde. [м.] (обл.) род плуга.
goldre. [м.] колчан.
goleta. [ж.] (мор.) шхуна.
golf. [м.] (спорт.) гольф.
golfán. [м.] водяная лилия.
golfear. [неперех.] (разг.) бродяжничать, жить как бродяга; быть беспризорным, беспризорничать.
golfería. [ж.] (соб.) бродяги; беспризорные; поступок, свойственный бродяге, беспризорнику.
golfín. [м.] дельфин.
golfín. [м.] вор (в шайке).
golfista. [м. и ж.] тот, кто играет в гольф.
golfo. [м.] залив; море; часть моря, лишённая островов.
golfo. [м.] (обл.) дверная или оконная петля.
golfo. [м.] бродяга; беспризорный, беспризорник.
goliardesco, ca. [прил.] (ист.) голиардический.
goliardo. [м.] средневековый бродячий распутный студент или монах.
goliat. [м.] (зоол.) голиаф-гигант (жук).
golilla. [ж.] брыжи (у духовных особ, у судей); короткая труба (для соединения); (Амер.) см. estornija; кашне гаучо; перья на шее петуха; [м.] (разг.) судебный писец, служащий судебного ведомства и т. д.: * apretar la golilla, (разг.) образумить; вешать, казнить гарротой кого-л.
golillero, ra. [м. и ж.] тот, кто изготовлял или продавал брыжи.
golimbro, bra. [прил.] (обл.) лакомый, любящий лакомства; [м. и ж.] лакомка.
golimbrón, na. [м.] (обл.) см. golimbro.
golmajear. [неперех.] (обл.) лакомиться.
golmajería. [ж.] (обл.) см. golosina.
golmajo, ja. [прил. и сущ.] см. goloso.
golondrera. [ж.] (арг.) (воен.) рота.
golondrina. [ж.] (орни.) ласточка; (ихтиол.) летучая рыба; прогулочный катер; (Амер.) фургон на рессорах: * golondrina de mar, морская ласточка; * voló la golondrina, (разг.) дело не удалось.
golondrinera. [ж.] (бот.) чистотел.
golondrino. [м.] (орни.) молодая ласточка; (ихтиол.) летучая рыба; (перен.) бродяга, непоседа; (воен.) дезертир; (арг.) солдат, рядовой; (пат.) подмышечная опухоль: * voló el golondrino, (разг.) дело не удалось.
golondro. [м.] (разг.) желание, прихоть: * campar de golondro, (разг.) дармоедничать; * andar en golondros, (разг.) витать в облаках.
goloria. [ж.] (арг.) см. estafa.
golorito. [м.] (обл.) (орни.) щегол.
golosear. [неперех.] лакомиться.
golosina. [ж.] лакомство; желание; (перен.) приятная, но бесполезная вещь.
golosinar, golosinear. [неперех.] лакомиться.
golosismo. [м.] пристрастие к лакомствам.
golosmear. [неперех.] наслаждаться запахом кушаний.
goloso, sa. [прил.] любящий вкусно покушать; лакомый до чего-л.; возбуждающий аппетит; [м. и ж.] лакомка.
golpazo. [м. увел.] к golpe; сильный или шумный удар.
golpe. [м.] удар, толчок, столкновение; множество, обилие, большое количество; внезапное несчастье, неожиданный удар; биение; пружинный замок; лунка для семян; украшение из позументов; удивление, изумление; клапан (в кармане); колкая шутка, остроумное слово, выражение, блеск таланта и т. д.; (Амер.) железный молот; * golpe mortal, смертельный удар; * golpe de gracia, последний удар; окончательная насмешка: * dar el golpe de gracia, прикончить, добить; * golpe de gente, толпа; * golpe de tos, припадок кашля; * golpe de Estado, государственный переворот; * golpe brusco, порывистое, резкое движение; * golpe de mar, водяной вал, шквал; * golpe de mano, (воен.) поиск; вылазка; * golpe en vago, удар впустую; (перен.) неудача, провал; * de un golpe, с одного раза, разом; одним махом; одним глотком; * del primer golpe, первого раза; * a golpe seguro, наверно, без риска; * de golpe y porrazo, поспешно, необдуманно; * de golpe, быстро; * errar el golpe, не попадать в цель, промахнуться; * golpe de pecho, признание своей вины; * dar el golpe, удивлять, изумлять; * parar el golpe, избегать опасности; * dar golpe en bota, достигнуть успеха в чём-л; * a golpes, рывками; * golpe teatral, неожиданная развязка.
golpeadero. [м.] место, по которому ударят; шум ударов; место, на которое падает вода (водопады и т. д.)
golpeador, ra. [прил.] ударяющий, стучащий (тже. сущ.).
golpeadura. [ж.] дейст. к ударять, стучать и т. д.

golpear. [перех.] ударять, наносить удары, бить, стучать, колотить; [неперех.] стучаться.
golpeo. [м.] см. golpeadura.
golpetear. [перех.] постукивать (тже. неперех.).
golpeteo. [м.] частый стук, сухие звуки (от ударов).
golpetillo. [м.] (обл.) пружина (у испанского складного ножа).
golpiza. [ж.] (Амер.) палочные удары, взбучка, побои.
goluba. [ж.] (обл.) перчатка, с помощью которой вырывают чертополохи.
gollería. [ж.] лакомства, лакомый кусок; (перен.) (разг.) деликатес; излишество.
golleroso, sa. [прил.] деликатный, жеманный.
gollete. [м.] горло, гортань (верхняя часть); горлышко, шейка (бутылки и т. д.); воротник: * estar hasta el gollete, быть сытым по горло; быть пресыщенным; быть запутанным в долгах.
gollizno, gollizo. [м.] узкий проход, ущелье (в горах).
gollorìa. [ж.] (м употр.) см. gollería.
goma. [ж.] камедь; смола; резинка; сифилитическая опухоль; [м.] щёголь, франт: * goma arábiga, гуммиарабик; * goma laca, шеллак, гуммилак; * goma elástica, резина, каучук; * goma de borrar, резинка (для стирания), ластик (разг.); * goma adragante, адрагант; * goma cerasina, ceresina, вишнёвый клей (на дереве).
gomal. [м.] (Амер.) плантация каучуконосных деревьев.
gomarra. [ж.] (арг.) курица.
gomecillo. [м.] (обл.) см. lazarillo.
gomeral. [м.] (Амер.) см. gomal.
gomero, ra. [прил.] к камедь, смола; [м.] (Амер.) тот, кто занимается эксплуатацией каучуконосных деревьев.
gomia. [ж.] см. tarasca; (перен.) (разг.) обжора; разорение.
gomia. [ж.] (обл.) толпа.
gomífero, ra. [прил.] см. gumífero.
gomioso, sa. [прил.] (обл.) прожорливый, ненасытный; жадный, властолюбивый.
gomista. [м.] торговец (-ка) резиновыми предметами.
gomistería. [ж.] лавка, где продают резиновые предметы.
gomorresina. [ж.] (хим.) смолистая камедь, камедесмола.
gomorresinoso, sa. [прил.] похожий на камедесмолу.
gomos. [м.] (пат.) сифилитическая опухоль.
gomosidad. [ж.] свойст. к камедистый; клейкость.
gomoso, sa. [прил.] камедистый; клейкий; страдающий сифилитическими опухолями; [м.] щёголь, франт.
gonacracia. [м.] (пат.) половое бессилие; непроизвольное частое истечение семени.
gonadotrópico, ca. [прил.] действующий на половые железы (гормоны).
gonagra. [ж.] (пат.) подагра колена.
gonalgia. [ж.] боль в коленном суставе.
gonangiectomia. [ж.] (хир.) иссечение выносящего протока.
gonartritis. [ж.] (пат.) воспаление коленного сустава.
gonartrocace. [м.] (пат.) хроническое туберкулезное поражение коленного сустава.
gonartromeningitis. [ж.] (пат.) воспаление синовиальной оболочки коленного сустава.
gonartrotomía. [ж.] оперативное вскрытие коленного сустава.
gonce. [м.] дверная петля, крюк.
góndola. [ж.] гондола, венецианская лодка; многоместный автомобиль.

gondolero. [м.] гондольер.
goneitis. [ж.] (пат.) воспаление коленного сустава.
gonela. [ж.] старинная туника.
gonepoyesis. [ж.] отхождение семени.
gonfalón. [м.] см. confalón.
gonfalonero. [м.] хоругвеносец; знаменосец.
gonfolita. [ж.] (мин.) известковый конгломерат миоценового возраста.
gong. [м.] гонг.
gongorino, na. [прил.] изысканный и натянутый (о сочинениях); [м.] писатель употребляющий изысканный и натянутый стиль в своих сочинениях.
gongorismo. [м.] изысканность и натянутость в сочинениях и т. д.
gongorizar. [неперех.] употреблять изысканный и натянутый стиль в сочинениях, разговорах.
gongrona. [ж.] (бот.) шишка (на дереве).
gonicele. [м.] (пат.) воспаление колена.
goniocraneometría. [ж.] измерение черепных углов.
goniógrafo. [м.] гониограф.
goniometría. [ж.] гониометрия, измерение углов, угломерие.
goniométrico, ca. [прил.] относящийся к гониометрии или к гониометру, угломерный.
goniómetro. [м.] гониометр, угломер.
gonión. [м.] угол нижней челюсти.
goniongo. [м.] (пат.) коленная опухоль.
gonitis. [ж.] (пат.) воспаление коленного сустава.
gonococcemia. [ж.] присутствие гонококков в крови.
gonococo. [м.] (бакт.) гонококк, возбудитель гонорреи.
gonorrea. [ж.] гоноррея, воспаление слизистой оболочки мочеполовых органов.
gonorreico, ca. [прил.] гонорейный.
gonotoxina. [ж.] гонококковый яд.
goñada. [ж.] (обл.) обман, симуляция, лицемерие.
goñear. [перех.] (обл.) обманывать, надувать.
goñero, ra. [прил.] (обл.) вкрадчивый, льстивый.
goral. [м.] (зоол.) горал.
gorbetear. [неперех.] (Амер.) мотать головой (о лошади); высокомерно говорить.
gorbión. [м.] см. gurbión.
gorbiza. [ж.] (обл.) вереск.
gorda. [ж.] (Амер.) большая кукурузная лепёшка.
gordal. [прил.] очень толстый.
gordana. [ж.] сало, жир.
gordiano. [прил.] * nudo gordiano, гордиев узел.
gordi(n)flón, na. [прил.] (разг.) жирный, полный; обрюзгший.
gordito, ta. [прил. умен.] к gordo, жирненький.
gordo, da. [прил.] толстый; жирный; толстый, плотный, дородный; насыщенный (о воде); большой (о пальце); главный (о выигрыше); [м.] сало, жир (у мяса); * algo gordo, важное событие; * armarse la gorda, неожиданно случаться скандал и т. д.
gordolobo. [м.] (бот.) медвежье ухо.
gordura. [ж.] жир; полнота, дородность; толщина.
gorfe. [м.] глубокая заводь в реке, образующая водоворот.
gorga. [ж.] (охот.) пища для соколов и т. д.; (обл.) водоворот (в реке).
gorgojarse. [возв. гл.] быть изъеденным долгоносиком.
gorgojo. [м.] долгоносик, слоник (жук); (перен.) низкорослый человек.

gorgojoso, sa. [прил.] изъеденный долгоносиком.
Gorgonas. [ж. множ.] (миф.) Горгоны.
gorgóneo, a. [прил.] (миф.) к Горгоны.
gorgor. [м.] бульканье.
gorgorán. [м.] шёлковая материя.
gorgorear. [неперех.] (Амер.) см. gorgoritear.
gorgoreta. [ж.] (филип.) пористый глиняный сосуд.
gorgorita. [ж.] маленький пузырь на воде (во время дождя); (разг.) трель (чаще множ.) трели.
gorgoritear. [неперех.] пускать трели; щебетать.
gorgorito. [м.] (разг.) трель (чаще множ.) трели; [ж.] маленький пузырь на воде (во время дождя).
górgoro. [м.] (обл.) глоток; (Амер.) пузырь на воде (во время дождя) (чаще множ.).
gorgorotada. [ж.] глоток (количество жидкости).
gorgotear. [неперех.] см. burbujear.
gorgoteo. [м.] бульканье.
gorgotero. [м.] бродячий торговец с лотком.
gorguera. [ж.] старинный гофрированный воротник; латный нашейник; (бот.) см. involucro.
gorguz. [м.] копьецо; сорт длинного шеста.
gorigori. [м.] похоронное пение.
gorila. [м.] (зоол.) горилла.
gorja. [ж.] горло, гортань; * estar de gorja, быть весёлым.
gorjal. [м.] латный нашейник; ворот (у одежда священника).
gorjeador, ra. [прил.] издающий трели.
gorjear. [неперех.] издавать трели; gorjearse. [возв. гл.] лепетать, начинать говорить (о ребёнке).
gorjeo. [м.] трель; детский лепет.
gormar. [перех.] см. vomitar.
gorobeto, ta. [прил.] (обл.) горбатый.
gorra. [ж.] шапка; фуражка, кепи; детская шапка; суконный берет; шапка гренадёра; [м.] (перен.) см. gorrón: * gorra de plato, форменная фуражка; * gorra de visera, кепка, кепи, фуражка; * de gorra, на чужой счёт; * vivir, comer de gorra, жить, питаться на чужой счёт; * hacer gorra, (обл.) отлынивать от уроков, прогуливать уроки.
gorrada. [ж.] поклон см. gorretada.
gorrear. [неперех.] говорить любезности, шутить с женщиной; бездельничать.
gorrería. [ж.] мастерская, где изготовляют шапки, фуражки, береты и т. д.; лавка, где продают их.
gorrero, ra. [м. и ж.] тот, кто изготовляет или продаёт шапки, фуражки, береты; [м.] приживальщик.
gorretada. [ж.] поклон.
gorretazo. [м.] удар шапкой и т. д.
gorrete. [м. умен.] к gorro, шапочка.
gorri. [м.] (обл.) лесная земляника.
gorriato. [м.] (обл.) воробей.
gorrilla. [м.] (обл.) род фетровой шляпы.
gorrín. [м.] см. gorrino.
gorrinada. [ж.] см. gorrinería.
gorrinera. [ж.] свиной хлев.
gorrinería. [ж.] свинство; гадость.
gorringo. [м.] (обл.) свинья.
gorrino, na. [м. и ж.] молочный поросёнок; свинья; (перен.) свинья.
gorrión. [м.] (обл.) воробей.
gorriona. [ж.] самка воробья.
gorrionera. [ж.] (перен.) (разг.) притон.
gorrista. [м.] живущий на чужой счёт; [сущ.] блюдолиз, прихлебатель, приживальщик.

gorro. [м.] шапка; колпак; чепчик; детский капор: * gorro cuartelero, de cuartel, пилотка; * gorro de dormir, ночной колпак; * poner el gorro, (Амер.) изменять, наставлять рога; * llenársele a uno el gorro, выходить из терпения.
gorrón. [м.] голыш (камень); шелковичный червь, не доделавший кокон; шкварка; (тех.) цапфа.
gorrón, na. [прил.] живущий, забавляющийся и т. д. на чужой счёт (тж. сущ.); [м. и ж.] паразит, блюдолиз, прихлебатель, нахлебник, приживальщик; [м.] мужчина, живущий среди проституток.
gorrona. [ж.] проститутка, публичная женщина.
gorronal. [м.] почва, покрытая гравием.
gorronear. [неперех.] жить на чужой счёт.
gorronería. [ж.] поведение человека живущего, забавляющегося на чужой счёт.
goruchonear. [перех.] (обл.) любопытствовать, совать свой нос в чужие дела.
gorullo. [м.] комок.
gorullón. [м.] (арг.) начальник тюрьмы.
gosipino, na. [прил.] хлопчатый, пушистый.
goslarita. [ж.] (мин.) гослярит, белый цинковый купорос.
gota. [ж.] капля; капелька; (пат.) подагра; [множ.] капли: * gota caduca, coral, эпилепсия; * gota serena, тёмная вода; * no ver gota, (разг.) не видеть ни зги; * gota a gota, капля по капле; * gota de sangre, (обл.) горицвет, стародубка, заячий мак; * como una gota a otra gota, как две капли воды; * sudar la gota gorda, трудиться до седьмого пота; * una y otra gota apagan la sed, капля по капле и камень долбит; * la gota de leche, молочная кухня (для грудных детей).
gotario. [м.] (Амер.) капельница.
goteadero. [ж.]
goteado, da. [страд. прич.] к gotear; [прил.] покрытый каплями.
gotear. [неперех.] капать, ронять капли; давать или получать понемногу.
goteo. [м.] капанье.
gotera. [ж.] капель (с крыши), место, на которое падают капли с крыши и следы от капель; кайма (на занавесе); болезнь деревьев; (разг.) болезнь, недомогание; [множ.] (перен.) (Амер.) окрестности, пригород; * es una gotera, (перен.) (разг.) беспрерывная цепь (неприятностей и т. д.).
goterear. [неперех.] (Амер.) падать крупные капли.
gotero. [м.] (Амер.) капельница.
goterón. [м.] крупная капля; (арх.) жёлоб на нижней части карниза.
goticidad. [ж.] готичность.
gótico, ca. [прил.] готский; готический; (перен.) благородный, знатный; [м.] готский язык: * estilo gótico, готический стиль.
gotícula. [ж. умен.] к gota, капелька.
gotillón. [м.] (обл.) крупная капля (дождя).
gotón, na. [прил.] готский; [сущ.] гот.
gotoso, sa. [прил.] подагрический; [м. и ж.] подагрик, (-чка).
gotuco. [м.] глоток.
gova. [ж.] (обл.) грот, пещера.
goyesco, ca. [прил.] относящийся к Goya (живописец).
gozador, ra. [прил.] пользующийся чем-л; радующийся и т. д.
gozante. [действ. прич.] к gozar.

gozar. [перех.] использовать; пользовать, обладать, иметь (тж. неперех.); наслаждаться, получать удовольствие; радоваться; пользоваться чем-л; совершать половой акт (о мужчине); **gozarse.** [возв. гл.] наслаждаться, радоваться.

gozne. [м.] петля (дверная, оконная); см. bisagra.

gozo. [м.] удовольствие, наслаждение; радость, веселье; пламя от хвороста: * no caber en sí de gozo, быть вне себя от радости; [множ.] сочинение в честь Богородицы и т. д.

gozosamente. [нареч.] радостно и т. д.

gozoso, sa. [прил.] весёлый, радостный.

gozque. [м.] шавка (собака).

grabación. [ж.] гравирование; записывание (о звуках).

grabado. [м.] гравирование; гравюра, эстамп; * grabado al agua fuerte, офорт; * grabado en fondo, en hueco, гравирование по дереву или металлу (для чеканки); * grabado a fuego, пирогравюра.

grabador. [м.] гравёр, резчик.

grabadura. [ж.] гравирование.

grabar. [перех.] гравировать, вырезать, высекать; наигрывать, записывать; (перен.) запечатлевать в памяти.

grabazón. [м.] совокупность гравированных вещей.

gracejada. [ж.] (Амер.) см. gracejo.

gracejar. [неперех.] шутить, острить; говорить остроумно.

gracejo. [м.] остроумие; (Амер.) паяц, шут.

gracia. [ж.] грация, изящество; приятность, прелесть, грация; привлекательность; любезность, приветливость; дружба, покровительство, расположение, благоволение; милость; помилование, пощада; прощение; остроумие; (разг.) имя; (рел.) благодать благоволение, [множ.] прелести; благодарность: * caer en gracia, попадать в милость, располагать к себе; * dar gracias, поблагодарить кого-л; * de gracia, бесплатно, даром; * estar en gracia, быть в состоянии благодати; * gracias a, благодаря; * ¿cuál es su gracia?, как ваше имя?; * hacer gracia, располагать к себе; * ¡gracias a Dios!, слава Богу!; * acción de gracias, благодарственный молебен; * dar en la gracia de, усвоить привычку; * Ministerio de Gracia y Justicia, Министерство юстиции; * ¡gracias!, спасибо!; * muchas gracias!, mil gracias, tantas gracias, большое спасибо!; * ¡vaya una gracia!, вот так штука.

graciable. [прил.] любезный, услужливый, согласуемый.

gracil. [прил.] хрупкий, тоненький, слабенький.

gracilidad. [ж.] хрупкость, тонкость.

gracilifoliado, a. [прил.] тонколистный.

graciola. [ж.] (бот.) авран аптечный или лихорадочная трава (растение сем. норичниковых).

graciosamente. [нареч.] грациозно, изящно; бесплатно, даром.

graciosidad. [ж.] красота, грациозность, миловидность; прелесть, изящество.

gracioso, sa. [прил.] грациозный; миловидный, привлекательный, прелестный; остроумный; безвозмездный; бесплатный, даровой; [м.] (театр.) комик, шут (в испанских комедиях).

grada. [ж.] ступенька, уступ; (театр.) амфитеатр; (мор.) эллинг; стапель; настил перед алтарём; (Амер.) площадка перед домом; [множ.] подъезд.

grada. [ж.] приёмная (в монастыре); (с.-х.) волокуша (род бороны).

gradación. [ж.] градация, распределение по степеням, постепенность, последовательность; переход; (рит.) приращение; (муз.) изменение темпа.

gradado, da. [прил.] состоящий из ступеней.

gradar. [перех.] (с.-х.) боронить.

gradeo. [м.] (с.-х.) боронование, боронъба.

gradería. [ж.] ступени; см. escalinata.

gradilla. [ж.] переносная лестница.

gradilla. [ж.] форма для выделки кирпичей.

gradiolo. [м.] (бот.) см. gladiolo.

grado. [м.] ступень, ступенька; степень; учёная степень; чин, звание; (воен.) право на чин по выслуге лет; класс (в школе); (мат.) (грам.) степень; (мат.) (физ.) градус; (перен.) показатель качества: * de grado en grado, por grados, ступень за ступенью, постепенно; * hasta tal grado, до такой степени: * estamos a cinco grados sobre cero, пять градусов тепла, пять градусов выше нуля; * cinco grados bajo cero, пять градусов ниже нуля или холода; * en sumo grado, en grado superlativo, в высшей степени.

grado. [м.] воля, желание, охота: * mal de su (de él) grado, вопреки его воле; * de buen grado, de grado, de su grado, охотно; * de grado o por fuerza, волей-неволей; * de mal grado, неохотно.

gradómetro. [м.] (хир.) измеритель толщины зондов.

graduable. [прил.] поддающийся градуированию и т. д.

graduación. [ж.] градация; градуирование, градуировка; распределение по чину, званию.

graduado, da. [страд. прич.] к graduar; [прил.] (воен.) занимающий пост выше своего чина.

graduador. [м.] прибор для деления на градусы.

gradual. [прил.] постепенный, последовательный; ступенчатый [м.] (церк.) обиход.

gradualmente. [нареч.] исподволь, постепенно, мало-помалу.

graduando. [м.] кандидат на получение учёной степени.

graduar. [перех.] градуировать; регулировать; измерять градусами; давать чин; присуждать учёную степень; **graduarse.** [возв. гл.] получать учёную степень.

grafía. [ж.] начертание, написание.

gráficamente. [нареч.] графически.

gráfico, ca. [прил.] графический, начертательный, чертёжный; (перен.) образный; (перен.) образный, живой (о языке и т. д.); [ж.] чертёж; график; диаграмма: * revista gráfica, иллюстрированный журнал.

gráfido. [м.] (бот.) серый лишай.

grafila. [ж.] гурт, ребро монеты.

grafioles. [м. множ.] печенье в форме s.

grafito. [м.] (мин.) графит.

grafitoso, sa. [прил.] похожий на графит, содержащий графит.

grafófono. [м.] графофон.

grafología. [ж.] графология, определение характера человека по его почерку.

grafológico, ca. [прил.] графологический.

grafólogo, ga. [м. и ж.] графолог.

grafomanía. [ж.] графомания.

grafómano, na. [прил.] страдающий графоманией; [сущ.] графоман, (-ка).

grafometría. [ж.] измерение углов с помощью угломера.

grafómetro. [м.] угломер.

grafospasmo. [м.] (пат.) писчая судорога.

gragea. [ж.] драже.

grahoma. [м.] сорго (одна из разновидностей).

graja. [ж.] сойка (самка).

grajear. [неперех.] каркать.

grajero, ra. [прил.] посещаемый сойками (о месте).

grajo. [м.] сойка (птица); (м. употр.) шарлатан; (Амер.) вонь (от пота).

grajuno, na. [прил.] относящийся к сойке; похожий на сойку.

grama. [ж.] (бот.) пырей.

gramal. [м.] почва, покрытая пыреем.

gramalote. [м.] (Амер.) кормовая трава (сем. злаковых).

gramalla. [ж.] старинная одежда; кольчуга.

gramallera. [ж.] (обл.) цепь с крюком для подвешивания котла над огнём.

gramar. [перех.] (обл.) вторично месить тесто.

gramática. [ж.] грамматика: * gramática histórica, историческая грамматика; * gramática comparada, сравнительная грамматика; * gramática parda, ловкость, изворотливость, умение устраивать свои дела.

gramatical. [прил.] грамматический.

gramaticalmente. [нареч.] грамматически, по правилам грамматики.

gramático, ca. [прил.] грамматический; [м. и ж.] грамматист.

gramatiquear. [неперех.] (разг.) (презр.) судить о грамматике.

gramatiquería. [ж.] (разг.) (презр.) грамматические вопросы.

gramatista. [м.] (у Древних) преподаватель элементарной грамматики.

gramatita. [ж.] (мин.) тремолит, грамматит.

gramatología. [ж.] философская наука о грамматике.

gramil. [м.] рейсмус, рейсмас.

gramilla. [ж.] вертикальная доска для трепания волокна (льна и т. д.).

gramíneo, a. [прил.] (бот.) злаковый; [ж. множ.] злаки, злаковые растения.

graminívoro, ra. [прил.] питающийся злаковой травой.

gramo. [м.] грамм.

gramófono. [м.] граммофон, патефон.

gramola. [ж.] род граммофона.

gramoso, sa. [прил.] (бот) принадлежащий или относящийся к пырею; дающий пырей.

gramuro, ra. [прил.] (зоол.) длиннохвостый.

gran. [прил.] усечённая форма от grande, великий, большой, крупный: * gran Mogol, великий Могол; * gran fiesta, праздник.

gran bestia. [ж.] (зоол.) лось; тапир.

gran-ducal. [прил.] великогерцогский.

grana. [ж.] период созревания зерна; см. granazón; зёрнышко, крупинка, семечко; (обл.) плоды горных деревьев (жолуд и т. д.); (перен.) (разг.) плут, мошенник.

grana. [ж.] (зоол.) червец, кошениль; кермес; кошениль, кармин (краска), красная краска: * grana del paraíso, (бот.) кардамон.

granación. [ж.] (обл.) см. granazón.

granada. [ж.] гранат (плод); (воен.) граната; снаряд: * granada de mano, ручная граната.

granadal. [м.] гранатовый сад.

granadera. [ж.] сумка для ручных гранат.

granadero. [м.] (воен.) (ист.) гренадер; (перен.) рослый человек.

granadilla. [ж.] страстоцвет.

granadillo. [м.] американское дерево.

granadina. [ж.] гранадин (сорт шёлка).

granadina. [ж.] гранатовый сироп.

granadino, na. [прил.] гранатовый; [м.] цветок граната (дерева).

granadino, na. [прил.] относящийся к Granada; [м. и ж.] уроженец, (-ка) этого города.

granado. [м.] (бот.) гранат (дерево).

granado, da. [страд. прич.] к granar; [прил.] (перен.) знатный, известный; созревший, опытный.

granador. [м.] решето или мастерская для зерноочистки пороха.

granalla. [ж.] металл в зёрнах, зернистый металл.

granar. [неперех.] наливаться, созревать (о хлебах); (арг.) обогащаться.

granate. [м.] (мин.) гранат (драгоценный камень); гранатовый цвет.

granatín. [м.] старинная ткань.

granatita. [ж.] (мин.) ставролит.

granatoedro. [м.] гранатоэдр, ромбододекаэдр.

granazón. [ж.] налив зерна.

grancé. [прил.] окрашенный мареной, маренового цвета.

grancero. [м.] место для мякины.

grancina. [ж.] (хим.) красящее вещество.

grancolombiano, na. [прил.] принадлежащий или относящийся к Gran Colombia (Венесуэла, Колумбия и Эквадор).

grande. [прил.] большой, крупный; большой, сильный великий; важный, знатный; громкий; сильный; [м.] человек знатного происхождения; гранд: * Pedro el Grande, Пётр Великий; * Grande de España, гранд (испанский дворянин); * en grande в натуральную величину; в большом масштабе; на широкую ногу, широко; * vivir en grande, жить на широкую ногу; * semana grande, Страстная неделя.

grandecer. [перех.] см. agrandar; [непр. гл.] спрягается как agradecer.

grandemente. [нареч.] очень сильно; весьма; в высокой степени, крайне; прекрасно, великолепно.

grandecito, ta. [прил. умен.] к grande, подросший и т. д.

grandevo, va. [прил.] (поэт.) престарелый.

grandeza. [ж.] величина, большие размеры; величие, благородство; в л а с т ь, могущество; титул гранда.

grandifloro, ra. [прил.] (бот.) крупноцветный.

grandifoliado, da. [прил.] (бот.) крупнолистный.

grandilocuencia. [ж.] напыщенность (речи); высокий стиль

grandilocuente. [прил.] напыщенный, высвренный.

grandílocuo, cua. [прил.] см. grandilocuente.

grandillón, na. [прил.] (разг.) увел. к grande, очень большой.

grandiosamente. [нареч.] величественно и т. д.

grandiosidad. [ж.] грандиозность, величественность.

grandioso, sa. [прил.] грандиозный, величественный.

grandisonar. [неперех.] сильно звучать; [непр. гл.] спрягается как contar.

grandísono, na. [прил.] (поэт.) см. altísono.

grandor. [м.] величина, размеры.

grandote, ta, grandullón, na. [прил. увел.] к grande.

graneado, da. [страд. прич.] к granear; [прил.] в зёрнах, зернистый; усеянный точками; (воен.) беглый: * fuego graneado, беглый огонь.

graneador. [м.] решето для вторичного просеивания пороха; место, где совершают эту работу; прибор для черчения пунктиром.

granear. [перех.] разбрасывать семена (при посеве); гранулировать, дробить, крошить; зернить (порох); чертить пунктиром.

granel (a). [нареч.] россыпью, кучей (о зерне); (перен.) кучей, обильно.

granero. [м.] хлебный амбар; (перен.) житница.

granévano. [м.] (бот.) см. tragacanto.

granguardia. [ж.] (воен.) главный караул.

granífero, ra. [прил.] (бот.) зерноносный.

graniforme. [прил.] зерновидный.

granilla. [ж.] шишечка, узелок (на ткани).

granillero, ra. [прил.] (обл.) питающийся желудями (о свинье).

granillo. [м. умен.] к grano, зёрнышко; маленькая опухоль в гузке; (перен.) частая маленькая польза.

granilloso, sa. [прил.] зернистый.

granitela. [ж.] (геол.) гранителло, полуграниг.

granítico, ca. [прил.] гранитный.

granito. [м. умен.] к grano; (геол.) гранит: * granito alcalino, щелочной гранит.

granitoideo, a. [прил.] гранитовидный, гранитоподобный.

granívoro, ra. [прил.] зерноядный.

granizada. [ж.] сильный град; (перен.) множество, большое количество; (обл.) (Амер.) напиток, охлаждённый льдом.

granizado. [м.] прохладительный напиток, вода со льдом и фруктовым соком.

granizal. [м.] (Амер.) сильный град.

granizar. [неперех. и перех.] сыпаться, идти (о граде); (перен.) сильно и обильно метать, выбрасывать.

granizo. [м.] град; (перен.) множество, большое количество, целый ряд; (мед.) бельмо, пятно в зрачке: * saltar como granizo en albarda, сердиться из-за пустяков.

granja. [ж.] ферма, хутор.

granjeable. [прил.] могущий быть добытым и т. д.

granjear. [перех.] получить доход (от торговли); приобрести, получить, достичь; (перен.) см. granjearse; (Амер.) воровать, мошенничать; granjearse. [возв. гл.] завоёвывать, приобретать (расположение и т. д.).

granjeo. [м.] доход, прибыль; приобретение.

granjería. [ж.] доход от сельского хозяйства; доход, прибыль.

granjero. [м.] фермер.

grano. [м.] зерно; семя; зёрнышко; крупинка, малая, маленькая частица; песчинка; (мед.) прыщ, ячмень; единица веса, равная 48 мг.: * granos del Paraíso, амом, род кардамона; * al grano, к делу; * ir al grano, приступить прямо к делу; * grano de arena, скромный вклад в общее дело, лепта; * no ser grano de anís, иметь значение (о деле и т. д.).

granófido, granófiro. [м.] (геол.) гранофир, гранулит.

granollerense, sa. [прил.] относящийся к Granollers; [м. и ж.] уроженец, (-ка) этого барселонского города.

granoso, sa. [прил.] зернистый (о поверхности).

granoto. [м.] (арг.) ячмень.

granudo, da. [прил.] см. granilloso.

granuja. [ж.] ягоды винограда; зёрнышко, семечко, косточка (в плодах); (разг.) см. granujería; [м.] (разг.) беспризорник, бездельник; бродяга, плут, мошенник.

granujado, da. [прил.] см. agranujado.

granujería. [ж.] сборище бродяг; см. granujada.

granujiento, ta. [прил.] прыщавый.

granujilla. [м.] (разг.) беспризорник.

granujo. [м.] (разг.) прыщ, фурункул, опухоль.

granujoso, sa. [прил.] прыщавый.

granula. [ж.] (бот.) зёрнышко, гранула.

granulación. [ж.] грануляция, зернение, дробление; гранулирование; грануляция.

granulado, da. [страд. прич.] к granular; [прил.] (бот.) зернистый.

granular. [прил.] (бот.) зернёный, зернистый: * erupción granular, сыпь.

granular. [перех.] обращать в зёрна, дробить, зернить, гранулировать; granularse. [возв. гл.] высыпать (о прыщах).

granulatorio. [м.] дробилка, прибор для дробления металлов.

granulia. [ж.] (пат.) милиарный туберкулёз.

granulita. [ж.] (геол.) гранулит.

granulítico, ca. [прил.] (геол.) гранулитовый.

gránulo. [м. умен.] к grano; шарик, маленькая пилюля, пилюлька.

granulocitos. [м. мн.] гранулоциты, лейкоциты с зернистой протоплазмой.

granuloma. [м.] (пат.) опухоль из разрастающихся грануляций.

granulosidad. [ж.] зернистость.

granuloso, sa. [прил.] см. granilloso.

granza. [ж.] (бот.) марена.

granzas. [ж. мн.] мякина; шлак.

granzón. [м.] кусок руды; [мн.] соломенные коленцы; (Амер.) крупный песок.

granzoso, sa. [прил.] содержащий много мякины.

grañón. [м.] варёная манная крупа; варёная пшеница (в зёрнах).

grao. [м.] берег, удобный для выгрузки.

grapa. [ж.] скоба; (вет.) язва (подколенная); (Амер.) виноградная водка.

grapso. [м.] (зоол.) гропс (короткохвостый рак из сем. крабов).

graptolítidos. [м. мн.] (палеонт.) граптолиты.

grasa. [ж.] жир, сало; смазка; сальное пятно; см. grasilla; [мн.] шлак.

grasar. [неперех.] (Амер.) распространяться (о вести и т. д.).

grasaria. [ж.] болезнь шелковичных червей.

grasera. [ж.] сосуд для жира; посуда под вертелом, в которую стекает жир или мясной сок.

grasería. [ж.] свечной завод.

grasero. [м.] место свалки шлака.

graseza. [ж.] жирность.

grasiento, ta. [прил.] жирный, сальный; салящий; смазанный жиром.

grasilla. [ж.] сандарачный порошок.

grasinar. [перех.] (обл.) сердить, раздражать, озлоблять.

graso, sa. [прил.] жирный, жировой, сальный, маслянистый; [м.] см. graseza.

grasones. [м. мн.] род каши.

grasoso, sa. [прил.] жирный, пропитанный жиром.

graspo. [м.] род вереска.

grasura. [ж.] (Амер.) см. grosura.

grata. [ж.] скребок.

gratamente. [нареч.] приятно.

gratar. [перех.] скрести, скоблить.

gratén. [м.] см. gratín.

gratificación. [ж.] денежная награда, вознаграждение; приплата.

gratificador, ra. [прил.] награждающий и т. д. (тж. сущ.).

gratificar. [перех.] награждать, вознаграждать; доставлять удовольствие.

gratil. [м.] (мор.) ликтрос; шкаторина паруса.

gratín. [м.] (кух.) кушанье, обжаренное в сухарях: * al gratín, в сухарях.

gratis. [нареч.] даром, бесплатно, безвозмездно, безденежно.
gratisdato, ta. [прил.] бесплатный, даровой, безвозмездный.
gratitud. [ж.] признательность, благодарность.
grato, ta. [прил.] приятный; даровой, бесплатный, безвозмездный: * grata nueva, радостная весть.
gratonada. [ж.] кушанье из цыплят.
gratuidad. [ж.] бесплатность; необоснованность.
gratuitamente. [нареч.] бесплатно, даром; необоснованно, без оснований, без причин.
gratuitidad. [ж.] (Амер.) см. gratuidad.
gratuito, ta. [прил.] даровой, бесплатный, безвозмездный; безосновательный, беспричинный, необоснованный.
gratulación. [ж.] поздравление; приветствие; ликование, радость.
gratular. [неперех.] поздравлять; gratularse. [возв. гл.] радоваться, ликовать, считать себя счастливым.
gratulatorio, ria. [прил.] поздравительный (о речи).
grauvaca. [ж.] (геол.) граувакка, серая вакка.
grava. [ж.] гравий, галька.
gravamen. [м.] бремя, тягость, тягота; долг; обязанность, ипотека; налог; пошлина; повинность.
gravar. [перех.] обременять, отягощать (налогами, обязанностями).
gravativo, va. [прил.] обременительный, тяжёлый.
grave. [прил.] тяжёлый; важный, степенный; серьёзный, важный, значительный; сильный, тяжёлый (недуг); низкий (о звуке, голосе, тоне); тяжкий; обременяющий, причиняющий беспокойство; скромный; суровый; осмотрительный, осторожный; смертный (о грехе); (грам.) имеющий ударение на предпоследнем слоге; * pecado grave, смертный грех; * enfermedad grave, тяжёлая опасная болезнь; [м.] тяжёлое тело.
gravear. [неперех.] лежать на чём-л.
gravedad. [ж.] (физ.) тяжесть, сила тяжести; осторожность, осмотрительность; важность, степенность; серьёзность, значительность, важность; суровость; сf. enormidad: * centro de gravedad, центр тяжести.
gravedo. [м.] насморк.
gravedoso, sa. [прил.] преувеличенно серьёзный, осмотрительный, осторожный.
gravela. [ж.] большой песок в моче.
gravemente. [нареч.] важно, степенно; серьёзно, опасно.
gravera. [ж.] гравийный карьер.
gravidez. [ж.] беременность.
grávido, da. [прил.] (поэт.) беременный.
gravimado, da. [прил.] тяжелоходящий; [м. множ.] (зоол.) тяжелоходящие животные.
gravígrafo. [м.] (физ.) прибор для измерения силы тяжести.
gravimetría. [ж.] (физ.) гравиметрия.
gravimétrico, ca. [прил.] (физ.) гравиметрический.
gravímetro. [м.] гравиметр.
gravisonante. [прил.] громкий.
gravitación. [ж.] гравитация, притяжение, тяготение, сила тяготения: * ley de la gravitación universal, закон всемирного тяготения.

gravitacional. [прил.] принадлежащий или относящийся к тяготению.
gravitar. [неперех.] (физ.) тяготеть, притягиваться к центру тяжести, обладать силой тяготения; лежать тяжестью, давить; (перен.) обременять, отягощать.
gravivolo, la. [прил.] (зоол.) тяжело летучий.
gravoso, sa. [прил.] тягостный, тяжёлый, утомительный; дорогостоящий.
graznador, ra. [прил.] каркающий.
graznar. [неперех.] каркать.
graznear. [неперех.] часто каркать.
graznido. [м.] карканье; фальшивое или визгливое пение.
greba. [ж.] набедренник, набедренная часть латного вооружения.
greca. [ж.] греческий орнамент.
grecánico, ca. [прил.] греческий; [м. и ж.] грек, гречанка.
greciano, na. [прил.] греческий.
grecismo. [м.] (лингв.) грецизм.
grecizar. [перех.] придавать (слову) греческое окончание, греческую форму; [неперех.] употреблять греческие обороты речи.
greco, ca. [прил.] см. griego.
grecolatino, na. [прил.] греко-латинский.
grecorromano, na. [прил.] греко-римский: * lucha grecorromana, классическая борьба.
greda. [ж.] голубая глина (один из сортов).
gredal. [прил.] богатый голубой глиной; [м.] почва, богатая голубой глиной.
gredoso, sa. [прил.] принадлежащий или относящийся к голубой глины, глинистый.
gregal. [м.] северо-восточный ветер.
gregal. [прил.] стадный.
gregarinas. [ж. множ.] (зоол.) грегарины (микроскопические животные из группы споровиков).
gregarinosis. [ж.] (пат.) болезнь, вызванная грегаринами.
gregario, ria. [прил.] обычный, простой, заурядный; рядовой; слепо подражающий.
gregarismo. [м.] стадность.
gregoriana. [ж.] см. espinillera.
gregoriano, na. [прил.] грегорианский (о пении, о календаре).
gregorito. [м.] (разг.) (Амер.) насмешка, подтрунивание.
greguería. [ж.] шум, гам, крик, см. algarabía.
greguescos. [м. множ.] (уст.) широкие штаны до колен.
greguisco, ca. [прил.] греческий.
greguizar. [перех.] см. grecizar.
grelo. [м.] (обл.) репные листья (съедобные).
gremial. [прил.] (ист.) цеховой; корпоративный; профессиональный; [м.] член корпорации, цеха; наколенный плат (у епископов).
gremialismo. [м.] корпоративная система.
gremio. [м.] корпорация, цех; преподавательский состав (при университете).
grenacha. [ж.] чёрный виноград и вино из него.
grenchudo, da. [прил.] волосатый, косматый, с растрёпанными волосами.
greña. [ж.] (чаще множ.) спутанные, нечёсаные, растрёпанные волосы; первая листва на винограде; молодой виноградник; количество снопов, предназначенное для молотьбы на току: * andar a la greña, таскать друг друга за волосы; ссориться; * en greña, (Амер.) неочищенный (о шерсти и т. д.).
greñudo, da. [прил.] с растрёпанными волосами; пробник (жеребец).
greñuela. [ж.] (обл.) годовалый виноградник.

gres. [м.] (геол.) песчаник, песчаный камень; * de la naturaleza del gres, песчаниковый.
gresca. [ж.] ссора, свалка, драка.
greta. [ж.] (Амер.) (чаще множ.) шлак.
gretear. [перех.] (Амер.) см. vidriar.
grevillo. [м.] (бот.) (Амер.) большое дерево с красными или жёлтыми цветами.
grey. [ж.] стадо; табун; (перк.) паства; (перен.) народ, племя, род.
grial. [м.] сосуд, служивший Христу во время Тайной Вечери.
gribar. [неперех.] (мор.) дрейфовать.
griego, ga. [прил.] греческий; [м. и ж.] грек, гречанка; [м.] греческий язык; (разг.) тарабарщина; игрок, жульничающий в игре.
grieta. [ж.] трещина, щель, расщелина, расселина; трещина на коже.
grietado, da. [прил.] с щелями.
griet(e)arse. [возв. гл.] (рас)трескаться.
grietoso, sa. [прил.] со многими щелями и т. д., щелистый, потрескавшийся.
grifado, da. [страд. прич.] к grifarse; [прил.] косая (о букве).
grifalto. [м.] старинная пушка.
grifarse. [возв. гл.] см. engrifarse.
grifería. [ж.] комплект кранов, набор кранов; лавка, где продают их.
grifería. [ж.] (Амер.) негры-рабы.
grifo, fa. [прил.] растрёпанный, кудрявый; курсивный; [м.] гриф (баснословное животное); кран, вентиль.
grifo, fa. [прил.] (Амер.) цветной (о людях).
grifón. [м.] кран, вентиль.
grifón. [м.] грифон (порода собак).
grigallo. [м.] (орни.) род куропатки.
grijo. [м.] (обл.) гравий.
grilla. [ж.] самка сверчка: * esa es grilla, (разг.) неправильно!, врань!
grillarse. [возв. гл.] прорастать, пускать ростки, см. entallecer; [Амер.] убегать.
grillera. [ж.] норка служащая сверчку жилищем; клеточка для сверчков; (перен.) (разг.) суматоха, шум.
grillero. [м.] тюремный кузнец.
grillete. [м.] кольцо цепи; (мор.) якорная скоба.
grillo. [м.] сверчок (насекомое из отряда прямокрылых); (бот.) росток, проросшее семя; * grillo cebollero (real), медведка (насекомое).
grillos. [м.] (чаще множ.) ножные кандалы; (перен.) помеха, преграда: * echar grillos, заковать в кандалы.
grillotalpa. [м.] медведка (насекомое).
grima. [ж.] неприятность, досада; ужас, страх; (Амер.) ничтожное количество: * dar grima, вызывать неприятное чувство, ужас и т. д.
grimillón. [м.] (Амер.) множество, куча.
grimorio. [м.] чёрная, волшебная книга.
grimosamente. [нареч.] ужасно, отвратительно.
grimoso, sa. [прил.] ужасный, отвратительный.
grímpola. [ж.] флажок.
grimpolón. [м.] (мор.) большой флажок.
grinalde. [м.] (воен.) старинный снаряд.
gringada. [ж.] (Амер.) поступок, свойственный gringo.
gringo, ga. [прил.] иностранный (преимущ. английский); (вообще) не говорящий по-испански; [сущ.] иностранец, (-ка); англичанин, (-ка); иностранец, не говорящий по-испански; [м.] (разг.) тарабарщина: * hablar en gringo, говорить на непонятном языке.
gringolado, da. [прил.] (герал.) с змеиной головой.
gringuele. [м.] (Амер.) кубинское лилейное растение.

griñolera. [ж.] (бот.) розоцветный куст.
griñón. [м.] апостольник; персик (один из сортов).
griota. [ж.] (геол.) крапчатый мрамор.
gripa. [ж.] (Амер.) грипп.
gripal. [прил.] (пат.) гриппозный.
gripe. [ж.] (пат.) грипп.
gripo. [м.] старинное торговое судно.
gris. [прил.] серый, седоватый, с проседью; (перен.) невесёлый, бесцветный; [м.] серый цвет; (зоол.) сибирская белка; (разг.) холод, холодный ветер.
grisáceo, a. [прил.] сероватый.
grisalla. [ж.] (жив.) живопись в серых тонах.
grisar. [перех.] шлифовать (драгоценные камни).
griseo, a. [прил.] сероватый.
griseta. [ж.] сорт лёгкой ткани; болезнь деревьев.
grisgrís. [м.] амулет, талисман.
grisiento, ta. [прил.] (Амер.) сероватый.
grisma. [ж.] (Амер.) крошка, капля, очень малое количество.
grisómetro. [м.] прибор для определения количества рудничного газа.
grisón, na. [прил.] относящийся к кантону Граубюнден; (сущ.) граубюнденец (-денка).
grisú. [м.] рудничный газ, метан.
grita. [ж.] крик, гам; крик, вопль негодования: * dar una grita, освистывать.
gritadera. [ж.] (Амер.) крик, гам.
gritador, ra. [прил.] кричащий; [м. и ж.] крикун, (-ья).
gritar. [неперех.] кричать, гикать; вопить; выражать неодобрение криками.
griteo. [м.] см. gritería.
gritería. [ж.] griterío, [м.] крик, шум; выкрики.
grito. [м.] крик; горячая демонстрация всеобщего чувства: * a grito herido, pelado громко, во весь голос, во всё горло; * poner el grito en el cielo, взывать, жаловаться; * alzar, levantar el grito, возвышать голос (нагло); * estar en un grito, беспрерывно жаловаться.
gritón, na. [прил.] (разг.) много кричащий, крикливый.
gritonear. [неперех.] (Амер.) много кричать.
gro. [м.] (разг.) атлас.
groar. [неперех.] квакать.
grot(n)landés, sa. [прил.] гренландский; [м. и ж.] житель, (-ница) Гренландии.
groera. [ж.] (мор.) дыра в доске.
grofa. [ж.] (арг.) проститутка, публичная женщина.
grog. [м.] грог, ром с водой.
groja. [ж.] (Амер.) насмешка, подтрунивание.
grojear. [неперех.] (Амер.) шутить, подтрунивать.
grojo. [м.] (обл.) разновидность можжевельника.
gromo. [м.] (бот.) почка, глазок.
gros. [м.] старинная монета; (Амер.) см. gro.
grosamente. [нареч.] грубо; топорно.
grosella. [ж.] смородина.
grosellero. [м.] (бот.) смородинник, смородиновый куст, смородина (куст).
grosello. [м.] (Амер.) см. grosellero.
groseramente. [нареч.] грубо; топорно; невежливо.
grosería. [ж.] грубость, дерзость; невежливость, неучтивость; некультурность, невежество; грубая обработка.
grosero, ra. [прил.] грубо сделанный, грубый, непристойный; невежливый, необразованный; [м. и ж.] грубиян, (-ка).

grosísimo, ma. [прил. прев. степ.] к grueso.
groso, sa. [прил.] в зёрнах (о табаке).
grosor. [м.] толщина.
grosso modo. [лат. выраж.] вкратце, в общих чертах.
grosularia. [ж.] (мин.) гроссуляр, вилуйская вениса.
grosularieo, a. [прил.] (бот.) крыжовниковый; [ж. множ.] (бот.) крыжовниковые растения (семейство).
grosura. [ж.] сало, жир; жирная мазь; внутренности, конечности.
grotescamente. [нареч.] смешно, странно, чудно.
grotesco, ca. [прил.] смешной, комичный, странный, гротескный, причудливый, нелепый, чудаковатый; (жив.) гротесковый; [м.] гротеск.
groto. [м.] пеликан.
grúa. [ж.] подъёмный кран; лебёдка: * grúa giratoria, поворотный кран.
gruero, ra. [прил.] занимающийся охотой на журавлей.
gruesa. [ж.] гросс (двенадцать дюжин).
gruesamente. [нареч.] грубо, приблизительно.
grueso, sa. [прил.] толстый; жирный; большой, крупный; (перен.) тупой, непонятливый; бурный (о море); [м.] толщина; самая толстая часть; толща; главная часть, главное; основная часть, основа; толстая чёрточка буквы: * el grueso del ejército, главные силы армии; * mar grueso (sa), бурное море; * en, por grueso, гуртом; оптом, вместе.
gruir. [неперех.] курлыкать (о журавлях); [непр. гл.] спрягается как muir.
grujidor. [м.] инструмент для обрезания стекла.
grujir. [перех.] обрезать (стекло).
grulla. [ж.] (орни.) журавль; (ист.) таран.
grullada. [ж.] см. gurullada, perogrullada; (перен.) (разг.) ночной дозор.
grullero, ra. [прил.] см. gruero.
grullo, lla. [прил.] (Амер.) пепельный (о цвете лошади); [м.] (Амер.) жеребец-производитель; песо (монета).
grumada. [ж.] (обл.) крутой скат; веточки на почве (после вырубки лесы).
grumete. [м.] (мор.) юнга.
grumo. [м.] густок; (бот.) почка; конец ощипанного крыла.
grumosidad. [ж.] свойст. к запёкшийся, свернувшийся.
grumoso, sa. [прил.] запёкшийся; свернувшийся.
grunerita. [ж.] (мин.) грюнерит.
gruñido. [м.] хрюканье: рычание, ворчание (животных); брюзжание, ворчание.
gruñidor, ra. [прил.] хрюкающий; брюзгливый.
gruñidor. [м.] см. gruñido.
gruñir. [неперех.] хрюкать; рычать, ворчать (о животных); брюзжать, ворчать.
gruño. [м.] дикая слива (дерево и плод).
gruñón, na. [прил.] (разг.) ворчливый, брюзгливый; [м. и ж.] брюзга, ворчун, (-ья).
grupa. [ж.] круп, зад (лошади): * volver grupas, la grupa, повернуть обратно (о всаднике).
grupada. [ж.] порыв ветра и проливной дождь.
grupera. [ж.] см. baticola; подушечка на крупе лошади.
grupeto. [м.] (муз.) группетто.
grupo. [м.] группа; (воен.) отделение, группа.
gruta. [ж.] грот, пещера.
grutesco, ca. [прил.] пещерный, относящийся к гроту; (жив.) гротесковый; [м.] (жив.) гротеск.
gruyere. [м.] швейцарский сыр.

¡gua! [межд.] (Амер.) тьфу!, фу!
guabá. [ж.] (Амер.) см. guama; ядовитый паук.
guabairo. [м.] (Амер.) ночная птица.
guabán. [м.] кубинское дикое дерево.
guabazo. [м.] (Амер.) пощёчина.
guabico. [м.] кубинское дерево.
guabina. [ж.] (Амер.) речная съедобная рыба; народная песня.
guabirá. [ж.] (Амер.) южноамериканское дерево.
guabiyú. [м.] (щмер.) дерево с съедобным плодом.
guabo. [м.] см. guamo.
guabucho. [м.] шишка (на голове).
guabul. [м.] (Амер.) напиток из варёного банана.
guaca. [ж.] индейская могила; (Амер.) зарытый клад; подземные овощехранилища; копилка.
guacacoa. [ж.] (бот.) кубинское дерево.
guacal. [м.] (обл.) (Амер.) короб, корзина для переноски фруктов, посуды, стекла и т. д.; дерево с круглыми плодами; сосуд из плода этого дерева.
guacalón, na. [прил.] крикливый.
guacalote. [м.] кубинское вьющееся растение.
guacamari. [м.] (бот.) кубинское дикое растение.
guacamaya. [ж.] (Амер.) см. guacamayo; (бот.) см. espantalobos.
guacamayo. [м.] (орни.) ара (длиннохвостый попугай).
guacamol(e). [м.] (Амер.) салат из агвиата.
guacamote. [м.] (Амер.) юкка; маниока.
guacan(c)o. [м.] (Амер.) толстая, крепкая палка, дубина.
guacarnaco. [м. и ж.] (Амер.) долговязый человек; дурень, дубина.
guaca. [ж.] (шутл.) (Амер.) пальто, сюртук.
guácaro, ra. [м. и ж.] (Амер.) крестьянин, (-ьянка); деревенский житель, деревенская жительница.
guacia. [ж.] (бот.) акация; сок акации.
guácima. [ж.] (обл.) guácimo. [м.] (Амер.) дикое дерево.
guaco. [м.] (бот.) гуако (растение); птица из отряда куриных, хохлач; (Амер.) кумир или предмет найденные в guaca (индейской могиле).
guachachear. [перех.] (разг.) (Амер.) толкать.
guachada. [ж.] (Амер.) вульгарность, пошлость.
guachaje. [м.] маленькое стадо отлучённых от вымени телят.
guachamaca. [ж.] (бот.) ядовитый куст.
guachamarón. [м.] хвастун; фанфарон.
guachapeado, da. [страд. прич.] к guachapear; [прил.] (Амер.) постоянно недомогающий, болезненный, старый.
guachapear. [перех.] (разг.) плескать (водой); болтать ногами (в воде); делать кое-как, на скорую руку, небрежно.
guachapelí. [м.] (Амер.) род акации.
guachapita. [ж.] (Амер.) крик, шум, путаница, беспорядок.
guachara. [ж.] (Амер.) ложь, обман; (обл.) жаба.
guacharaca. [ж.] (Амер.) род курицы.
guácharo, ra. [прил.] болезненный, хворый, плаксивый; неоперившийся птенец; (орни.) американская ночная птица; (обл.) жаба.

guacharro. [м.] детёныш; птенец.
guache. [м.] (жив.) гуашь.
guachicola. [ж.] (Амер.) водка из тростника.
guachiconga. [ж.] (Амер.) любовница, наложница.
guachinanga. [ж.] (Амер.) большой деревянный засов; старинная мексиканская песня.
guachinango, ga. [прил.] (Амер.) хитрый, льстивый; мексиканский; (Амер.) [м. и ж.] хитрец, льстец, хитрый, льстивый человек; мексиканец, (-ка); житель, (-ница) внутренних провинций страны; [м.] (Амер.) пагр (рыба).
guacho, cha. [прил.] (обл.) промокший до нитки; (Амер.) осиротевший; внебрачный, незаконнорождённый; дикий, дикорастущий; [м.] детёныш; птенец; (Амер.) подкидыш; борозда; (обл.) ребёнок.
guachucho. [м.] водка.
guada. [ж.] (Амер.) лужа.
guadafiones. [м. множ.] путы (лошади и т. д.).
guadal. [м.] (Амер.) болото, трясина.
guadalajareño, ña. [прил.] относящийся к Guadalajara; [м. и ж.] уроженец, (-ка) этого города.
guadamací, guadamacil. [м.] тиснёная кожа.
guadamacilería. [ж.] искусство о тиснении по коже; мастерская или лавка, где продавали тиснёные кожи.
guardamacilero. [м.] мастер, занимающийся тиснением кожи.
guadamecí, guadamecil. [м.] см. guadamací.
guadameco. [м.] старинное женское украшение.
guadaña. [ж.] (с.-х.) коса.
guadañador, ra. [прил.] косящий; [ж.] косилка.
guadañar. [перех.] косить, скашивать.
guadañero. [м.] косарь, косец.
guadañeta. [ж.] (обл.) прибор для ловли кальмара.
guadañil. [м.] косарь (косящий сено).
guadañino, na. [прил.] (обл.) косящий.
guadaño. [м.] лодка.
guadapero. [м.] (бот.) дикая груша (дерево).
guadapero. [м.] батрак, приносящий еду косцам.
guadarnés. [м.] место хранения упряжи; седельный чулан; тот, кто занимается хранением упряжи; музей оружия.
guadianés. [прил.] принадлежащий к реке Guadiana.
guadijeño, ña. [прил.] относящийся к Guadix; [м. и ж.] уроженец, (-ка) этого города; [м.] сорт ножа.
guadramaña. [ж.] обман, уловка, хитрость.
guadua. [ж.] (бот.) (Амер.) толстый бамбук.
guadual. [м.] (Амер.) место, изобилующее guaduas.
guaduba. [ж.] (Амер.) см. guadua.
guagua. [ж.] пустяк, мелочь; (Амер.) вредитель апельсиновых и лимонных деревьев: * de guagua, даром, бесплатно.
guagua. [сущ.] (Амер.) ребёнок, малыш.
guagua. [м.] бука, пугало.
guagual. [м.] (Амер.) рослый, сильный мужчина.
guagualón. [м.] (Амер.) см. niño zangolotino; набитый дурак.

guaguarear. [неперех.] (разг.) (Амер.) болтать.
guaguasí. [м.] (Амер.) кубинское дикое дерево.
guagüero, ra. [прил.] (Амер.) живущий на чужой счёт (тже. сущ.).
guaguón. [м.] (Амер.) большая кукла.
guaicán. [м.] (Амер.) прилипало, см. rémora.
guaicurú. [м.] (бот.) целебное растение.
guaima. [ж.] (Амер.) мелкая ящерица.
guáimara. [ж.] (Амер.) мужеподобная женщина.
guaina. [м.] (Амер.) подросток.
guaipe. [м.] (Амер.) см. filástica.
guaipil, guaipín. [м.] (Амер.) пончо, плащ.
guaira. [ж.] глиняная печь для плавки серебра (у индейцев Перу); (мор.) треугольный парус; (Амер.) род флейты (у индейцев).
guairabo. [м.] (Амер.) ночная птица.
guairachina. [ж.] (Амер.) глиняная печь для плавки серебра (у индейцев Перу).
guairana. [ж.] (Амер.) см. guairachina.
guairo. [м.] (Амер.) небольшая лодка с двумя треугольными парусами.
guairuro. [м.] (Амер.) полицейский агент, полицейский.
guaita. [м.] (воен.) ночной разведчик.
guaja. [сущ.] (разг.) плут, (-овка), мошенник, (-ица).
guajá. [ж.] (Амер.) серая цапля.
guajaca. [ж.] (Амер.) (бот.) антильская лиана.
guajacón. [м.] (Амер.) речная рыба.
guajada. [ж.] (Амер.) глупость, нелепость.
guájar. [м. или ж.] guájaras. [ж. множ.] самая густая, поросшая кустарником и т. д. часть цепи гор.
guaje. [м.] (Амер.) (бот.) акация (одна из разновидностей); род длинной тыквы; (перен.) глупый человек, дурак.
guajear. [неперех.] (Амер.) обманывать, надувать.
guajería. [ж.] (Амер.) глупость, нелепость.
guajino. [м.] (Амер.) поросёнок.
guajira. [ж.] (Амер.) кубинская народная песня.
guajiro, ra. [м. и ж.] (Амер.) кубинский (белый) крестьянин, (-ьянка).
guajolote. [м.] (Амер.) индюк.
guajolotón, na. [прил.] (Амер.) глупый, чванливый.
guala. [ж.] (Амер.) перепончатолапая птица; см. gallinazo.
¡gualá! [межд.] чёрт возьми!; ещё бы!, ей-богу!
gualambear. [перех.] (Амер.) обирать, разорять.
gualatina. [ж.] кушанье из яблок, миндального молока, рисовой муки и т. д.
gualato. [м.] (Амер.) деревянная кирка.
gualda. [ж.] (бот.) красильная резеда.
gualdado, da. [прил.] крашеный жёлтым цветом.
gualdo, da. [прил.] жёлтый.
gualdrapa. [ж.] попона, чепрак; (перен.) (разг.) тряпка, рвань.
gualdrapazo. [м.] (мор.) хлопанье по мачтам (парусами).
gualdrapear. [перех.] (мор.) хлопать по мачтам (о парусах).
gualdrapero. [м.] оборванец.
guale. [м.] (Амер.) см. aura (хищная птица); печаль, грусть, уныние.
gualeta. [ж.] (Амер.) плавник.
gualetazo. [м.] (Амер.) удар.
gualetudo, da. [прил.] (Амер.) большеногий, с большими ногами.
gualina. [ж.] (Амер.) средство против грусти.
gualiqueme. [м.] (Амер.) растение с наркотическими свойствами.

gualputa. [ж.] (Амер.) растение похожее на клевер.
gualle. [м.] (Амер.) (бот.) род чилийского каменного дуба.
guallipén. [м.] (Амер.) кривоногий.
guama. [ж.] (Амер.) плод guamo (см. guamo).
guama. [м.] (Амер.) дерево из сем. бобовых.
guamara. [ж.] (Амер.) (бот.) род орхидеи.
guamazo. [м.] (Амер.) пощёчина.
guambas. [ж.] (Амер.) глупец.
guambia. [ж.] (Амер.) сорт ранца.
guambiar. [перех.] наказывать, бить, пороть.
guambo. [м.] (Амер.) небольшой тесак; зелёный банан.
guambra. [м.] (Амер.) индейский юноша.
guamica. [ж.] (Амер.) род голубя.
guamil. [м.] (Амер.) дикорастущее растение.
guamo. [м.] (бот.) бобовое дерево защищающее кофейные плантации от солнца.
guampa. [ж.] (Амер.) рог (животного); сосуд из рога.
guampada. [ж.] (Амер.) содержимое сосуда из рога (guámparo).
guámparo. [м.] (Амер.) сосуд из рога.
guampo. [м.] (Амер.) сорт пироги из ствола дерева.
guampudo, da. [прил.] (Амер.) рогастый, с большими рогами.
guamúchil. [м.] (Амер.) род акации.
guan. [м.] (Амер.) куриная птица.
guanaba. [м.] (Амер.) голенастая птица.
guanabana. [ж.] (Амер.) гванабано (плод).
guanabanada. [ж.] (Амер.) освежающий напиток из вода, гванабано и сахара, см. champola.
guanabanismo. [м.] (Амер.) глупость, нелепость.
guanábano. [м.] (обт.) гванабано вид аноны.
guanabina. [ж.] (Амер.) плод corojo.
guanacaste. [м.] (бот.) гигантское дерево из сем. бобовых.
guanaco. [м.] (зоол.) вид ламы; (перен.) (Амер.) неотёсанный человек, деревенщина; глупец, дурак, простак.
guanajada. [ж.] (Амер.) глупость, дурачество.
guanajo. [м.] (Амер.) индюк; (обл.) лентяй.
guanal. [м.] (Амер.) пальмовая роща; морская птица.
guanana. [ж.] (Амер.) род гуся.
guanaquear. [неперех.] (Амер.) охотиться на guanacos.
guanaro. [м.] (Амер.) кубинский дикий голубь.
guanay. [м.] (Амер.) гребец, лодочник; портовый грузчик; (перен.) силач; перепончатолапая птица.
guanchaquear. [неперех.] (Амер.) вскользнуть, не уплатив.
guanche. [прил.] туземный Канарских островов; [м. и ж.] туземец (-ка) Канарских островов.
guandajo, ja. [прил.] (Амер.) плохо одетый.
guandal. [м.] (Амер.) болото, трясина.
guandero. [м.] (Амер.) санитар, см. camillero.
guando. [м.] (Амер.) носилки.
guandoca. [ж.] (Амер.) тюрьма.
guandú. [м.] (Амер.) каянус.
guanear. [перех.] (Амер.) удобрять землю гуано; грязнить, пачкать; [неперех.] испражняться (о животных).
guanera. [ж.] залежи гуано.
guanero, ra. [прил.] принадлежащий к гуано.
guangada. [ж.] (Амер.) собрание людей или животных.

guango. [м.] (Амер.) гроздь бананов; связка, сноп; (обл.) длинная и узкая хижина.
guangoche. [м.] (Амер.) дерюга, упаковочная ткань.
guangocho, cha. [прил.] широкий, просторный; [м.] см. guangoche.
guaní. [м.] (Амер.) колибри (одна из разновидностей).
guanina. [ж.] (бот.) бобовое растение, зёрна которого употребляют кофе.
guaninal. [м.] (Амер.) место, изобилующее guaninas.
guajuro. [м.] (Амер.) младший сын.
guaniquí. [м.] кубинская лиана.
guaniquinal. [м.] (Амер.) место, изобилующее лианой.
guano. [м.] (Амер.) пальма; сочный лист пальмы.
guano. [м.] гуано (птичий помёт); удобрение похожее на гуано.
guanoche. [м.] (Амер.) сорт грубой ткани.
guanquí. [м.] (Амер.) род иньяма.
guanta. [ж.] (зоол.) см. guatusa; (арг.) публичный дом.
guantada. [ж.] удар ладонью; пощёчина, оплеуха.
guante. [м.] перчатка; [множ.] придача, добавок; (Амер.) розги; * guante de boxeo, боксёрская перчатка; * calzarse, descalzarse los guantes, надевать, снимать перчатки; * echar el guante, поймать, схватить; ловить; см. arrojar el guante; echar un guante, собирать деньги по подписке; * arrojar el guante, (перен.) бросить перчатку кому-л, вызвать на поединок * poner como un guante, poner más suave (blando) que un guante, делать послушным, кротким; * recoger el guante, принять вызов поднять перчатку.
guantelete. [м.] (ист.) латная рукавица.
guantera. [ж.] (Амер.) коробка для перчаток.
guantería. [ж.] перчаточная мастерская или магазин; ремесло перчаточника.
guantero, ra. [м. и ж.] перчаточник, (-ица).
guantón. [м.] (Амер.) удар ладонью, пощёчина, см. guantada.
guañanga. [ж.] (Амер.) ностальгия, тоска по родине, уныние, хандра; см. harapo.
guañil. [м.] (Амер.) (бот.) деревце из сем. сложноцветных.
guañín. [прил.] (Амер.) низкопробный (о золоте).
guañir. [неперех.] (обл.) хрюкать (о поросёнке).
guapamente. [нареч.] (разг.) смело, отважно; прекрасно; очень хорошо.
guaparrandón. [м.] (Амер.) хвастун, смельчак на словах.
guapear. [неперех.] (разг.) быть заносчивым; бравировать; щеголять; (Амер.) хвастаться.
guapería. [ж.] бахвальство, хвастовство, фанфаронство.
guapeza. [ж.] (разг.) смелость, дерзость; заносчивость; щегольство, франтовство.
guapí. [м.] (Амер.) остров; островок.
guapo, ra. [прил.] смелый, храбрый, мужественный; (разг.) любящий щеголять и т. д.; красивый (о человеке); [м.] драчун, забияка; любовник, галантный кавалер; храбрый человек: * echarla de guapo, хвастаться, прикидываться храбрым; * ponerse guapo, наряжаться.
guapote, ta. [прил.] (разг.) добродушный, красивый (о человеке).
guapura. [ж.] (разг.) красота.
guaque. [м.] (Амер.) большой стручковый перец.
guara. [ж.] (Амер.) дерево похожее на каштан; (орни.) ара (попугай); безделушка.
guara. [м.] сорт водки.

guaraca. [ж.] (Амер.) праща.
guaracazo. [м.] (Амер.) неожиданный удар.
guaraco. [м.] (Амер.) род базальта.
guaracha. [ж.] сорт танца и песня к нему.
guarache. [м.] (Амер.) кожаная сандалия.
guarachear. [неперех.] (Амер.) кутить, гулять; шутить, смеяться.
guaracho. [м.] (Амер.) см. guarache; изношенная шляпа.
guaragua. [ж.] (Амер.) грациозные движения (в танцах и т. д.); ложь, обман; обиняки; [множ.] безвкусные украшения; комплименты, любезные слова, ухаживание (за женщиной).
guaraguao. [м.] (Амер.) ястреб (одна из разновидностей).
guaraiba. [ж.] (Амер.) козодой (птица).
guaramo. [м.] (Амер.) см. valor, denuedo.
guarán. [м.] (обл.) осёл-производитель.
guaraná. [ж.] (бот.) см. paulinia; лечебная паста.
guarandinga. [ж.] (Амор.) см. baratija.
guarango, ga. [прил.] (Амер.) неотёсанный, грубый, невоспитанный; (Амер.) род дикой акации; см. dividivi; грубиян, хам.
guaraní. [м.] гварани (название индейского племени); язык гварани.
guaraña. [ж.] (Амер.) венесуэльский народный танец; сорт рулетки.
guarapalo. [м.] (Амер.) см. varapalo; (перен.) (разг.) грубиян, хам.
guarapazo. [м.] (Амер.) глоток ликёра.
guarapeado, da. [прил.] (Амер.) пьяный.
guarapear. [неперех.] (Амер.) напиваться; **guarapearse.** [возв. гл.] (Амер.) пить ликёр.
guarapera. [ж.] (Амер.) лавчонка.
guarapería. [ж.] (Амер.) лавка, где продают guarapo.
guarapeta. [прил.] (Амер.) склонный пьянствовать; (Амер.) [м. и ж.] пьяница; [м.] опьянение, хмель.
guarapo. [м.] (Амер.) сок сахарного тростника; вино из сахарного тростника.
guarapón. [м.] (Амер.) широкополая крестьянская шляпа.
guaratazo. [м.] (Амер.) удар камнем.
guaraturo. [м.] (Амер.) кремень.
guarda. [м. и ж.] сторож, сторожиха; смотритель, (-ница), хранитель, (-ница); [ж.] хранение; присмотр, охрана; забота; соблюдение (закона, правила), опека; эфес; (полигр.) форзац: * ángel de la guarda, ангел хранитель; * guarda rural, сельский полицейский; * guarda forestal, лесник.
guardabanderas. [м.] (мор.) сигнальный старшина.
guardabarrera. [м. и ж.] (ж.-д.) барьерный сторож (-иха).
guardabarros. [м.] крыло автомобиля, мотоцикла, велосипеда.
guardable. [прил.] могущий быть сохранённым и т. д.
guardabosque. [м.] лесник.
guardabotas. [м.] (обл.) ботинок.
guardabrazo. [м.] (в латах) наручи (множ.).
guardabrisa. [м.] козырёк от ветра, ручной фонарь; ветровое стекло автомобиля.
guardacabo. [м.] наконечник для припаивания провода.
guardacabras. [м. и ж.] см. cabrero, ra.
guardacalada. [ж.] отверстие в крыше.
guardacamisa. [ж.] (Амер.) нижняя рубашка.
guardacantón. [м.] угловая тумба.
guardacapas. [м.] см. guardarropa; (перен.) соучастник, укрыватель (преступника).
guardacartuchos. [м.] (мор.) ящик для переноски снарядов.
guardacomidas. [м.] (Амер.) корзинка или ящик для холодных кушаний.

guardacostas. [м.] (мор.) корабль береговой обороны; таможенное судно.
guardacuños. [м.] контролёр чеканов (монет).
guardado, da. [страд. прич.] к guardar, [прил.] умеренный, осторожный.
guardador, ra. [прил.] бережливый, экономный; строго соблюдающий (законы и т. д.); мелочный, скупой, скаредный; [м.] опекун.
guardafango. [м.] (Амер.) крыло автомобиля, велосипеда и т. д.
guardafrenos. [м.] (ж.-д.) тормозной кондуктор.
guardagujas. [м.] (ж.-д.) стрелочник.
guardahumo. [м.] (мор.) парус, защищающий корму от дыма.
guardajoyas. [м.] контролёр королевских драгоценностей; место, где хранили их.
guardalado. [м.] перила.
guardalmacén. [м.] сторож или смотритель склада, магазина.
guardalobo. [м.] многолетнее растение.
guardalodos. [м.] крыло автомобиля и т. д.
guardamalleta. [ж.] ламбрекен.
guardamancebo. [м.] (мор.) фалреп.
guardamangel. [м.] кладовая для провизии (у дворце).
guardamano. [м.] эфес.
guardameta. [м.] (спор.) вратарь.
guardamonte. [м.] спусковая скоба (в оружии); пальто; [множ.] (Амер.) кожаные гетры (у всадника).
guardamuebles. [м.] кладовая для хранения мебели.
guardamujer. [ж.] служанка королевы.
guardaniños. [м.] детский дом.
guardapapo. [м.] латный нашейник.
guardapelo. [м.] большая медаль.
guardapesca. [м.] судно для охраны рыболовства.
guardapeso. [м.] (перен.) защита.
guardapiés. [м.] юбка.
guardapolvo. [м.] пыльник, чехол, навес (над балконом, крыльцом).
guardapuerta. [ж.] драпировка (на двери).
guardar. [перех.] хранить, беречь, оберегать, охранять, стеречь, караулить; следить, присматривать; хранить, соблюдать; оставлять, удерживать, предохранять от...: * guardar cama, оставаться в постели, быть на постельном режиме, лежать в постели (о больном); * guardar un secreto, хранить тайну; * guardar silencio, хранить молчание; * guardar rencor, таить злобу против кого-л; **guardarse.** [возв. гл.] остерегаться, быть начеку.
guardarraya. [ж.] (Амер.) межа; веха, межевой столб.
guardarrayar. [неперех.] (Амер.) граничить.
guardarrío. [м.] зимородок (птица).
guardarropa. [ж.] гардеробная, гардероб, раздевальня; [м. и ж.] гардеробщик, (-ица); (театр.) костюмер, (-ша); [м.] платяной шкаф, гардероб.
guardarropía. [ж.] (театр.) гардероб; реквизит; костюмерная.
guardarruedas. [ж.] см. guardacantón.
guardasellos. [м.] хранитель печати.
guardasol. [м.] зон(тик) (солнечный).
guardatimón. [м.] (мор.) кормовая пушка.
guardatrinchera. [м.] род путевого сторожа.
guardatúnel. [м.] туннельный сторож.
guardavalla. [м.] (спорт.) вратарь.
guardavía. [м.] (ж.-д.) путевой сторож.
guardavientos. [м.] (с.-х.) защита от ветра.

guardería. [ж.] сторожевая служба; должность сторожа: * guardería infantil, детский сад.
guardesa. [ж.] сторожиха; жена сторожа.
guardia. [ж.] охрана, присмотр; надзор; стража, караул, конвой; гвардия; (мор.) вахта; караульное помещение; гарда, положение "к бою" (в фехтовании); [м.] караульный; сторож; полицейский, конвойный; гвардеец: * guardia de honor, почётный караул; * guardia entrante, сменяющий, новый караул; * guardia saliente, сменяемый, старый караул; * guardia civil, гражданская гвардия; жандарм гражданской гвардии (в Испании); * guardia marina, гардемарин; * estar de guardia, нести караул, быть в карауле, стоять на карауле, на посту; быть в наряде, быть в дежурстве; (мор.) стоять на вахте, нести вахту; * montar la guardia, дежурить; *relevar la guardia, сменить караул; * de guardia, караульный, дежурный; * guardia municipal, блюститель порядка, милиционер; регулировщик уличного движения; * en guardia!, защищайся!; *mantenerse en guardia, быть настороже.
guardián, na. [м. и ж.] сторож, (-иха); хранитель, (-ница); [м.] настоятель, смотритель, сторож (в монастыре); (мор.) канат хорошего качества.
guardianato. [м.] см. guardianía.
guardianía. [ж.] место смотрителя или сторожа (в монастыре).
guardiero. [м.] (Амер.) сторож имения, хутора и т. д.
guardilla. [ж.] мансарда; чердачное помещение.
guardillón. [м.] чердак, мансарда непригодная для жилья.
guardín. [м.] (мор.) цепной штуртрос; пушечные тали.
guardón, na. [прил.] любящий экономить, экономный (тже. сущ.).
guardoso, sa. [прил.] бережливый, хозяйственный, экономный; скупой, мелочный.
guarear. [перех.] (обл.) см. pastar.
guarear. [перех.] (Амер.) выслеживать, наблюдать, караулить, сторожить.
guarearse. [возв. гл.] (Амер.) напиваться.
guarecer. [перех.] принимать (в своём доме и т. д.), давать приют кому-л; защищать; охранять; укрывать; предохранять; излечивать, лечить; guarecerse. [возв. гл.] укрываться, спасаться; [непр. гл.] спрягается как agradecer.
guarén. [м.] (Амер.) водяная крыса.
guarencia. [ж.] (обл.) см. crianza.
guares. [м.] (Амер.) сорт парома; [множ.] (Амер.) близнецы.
guareto, ta. [прил.] (Амер.) см. igual.
guaria. [ж.] (Амер.) разновидность орхидеи.
guariao. [м.] кубинская голенастая птица.
guaricandilla. [м. и ж.] (Амер.) см. quidam.
guaricha. [ж.] (презр.) (Амер.) женщина; (Амер.) любовница солдата, следующая за ним.
guariche. [м.] (презр.) (обл.) чердак, каморка; (Амер.) проститутка.
guarida. [ж.] логовище, берлога, логово, убежище; притон.
guarigua. [ж.] (Амер.) ложь, выдумка; обман.
guarimán. [м.] (бот.) американское магнолиевое дерево.
guarín. [м.] последний поросёнок одного помёта.

guarir. [неперех.] продолжать существовать, кормиться.
guarisapo. [м.] головастик.
guarismal. [прил.] относящийся к арабской цифре, к числу.
guarismo. [м.] арабская цифра; число: * no tener guarismo, быть неисчислимым.
guarisnaqui. [м.] (Амер.) водка; бедняга, ничтожный человек.
guaritoto. [м.] (бот.) венесуэльское дерево.
guarmi. [ж.] (Амер.) хозяйственная женщина.
guarmilla. [м.] (Амер.) женоподобный мужчина.
guarne. [м.] (мор.) бухта.
guarnecedor, ra. [прил.] снабжающий и т. д. (тже. сущ.).
guarnecer. [перех.] снабжать; вооружать, снаряжать; оснащать; убирать, украшать, отделывать; обшивать; ставить гарнизон; становиться гарнизоном; перекрашивать, вновь белить (стены); [непр. гл.] спрягается как agradecer.
guarnecido, da. [страд. прич.] к guarnecer; [м.] побелка, окраска.
guarnés. см. guadarnés.
guarnición. [ж.] украшение, отделка (одежды); оправка (драгоценных камней); эфес; (воен.) гарнизон; [множ.] сбруя, упряжь.
guarnicionar. [перех.] размещать гарнизон.
guarnicionería. [ж.] седельная, шорная мастерская или лавка.
guarnicionero. [м.] шорник, седельник.
guarniel. [м.] кожаная сумка.
guarnigón. [м.] молодая перепёлка.
guarnimiento. [м.] (мор.) совокупность тросов (парусных и т. д.).
guarnir. [перех.] см. guarnecer; (мор.) надлежащим образом помещать тали.
guaro. [м.] маленький попугай.
guaro. [м.] (Амер.) водка из сахарного тростника.
guarolo, la. [прил.] глупый, тупой.
guaroso, sa. [прил.] (Амер.) изящный, грациозный; роскошно одетый.
guarrasqueño, ña. [прил.] (Амер.) см. rumboso.
guarrazo. [м.] (обл.) шум при падении.
guarrear. [неперех.] см. berrear.
guarrería. [ж.] (разг.) свинство.
guarrero, ra. [м. и ж.] свинопас, пастух (-шка) свиного стада.
guarrilla. [ж.] (обл.) маленький орёл.
guarro, rra. [прил. и сущ.] см. cochino; (Амер.) маленький орёл, см. guarrilla.
guarrús. [м.] (Амер.) напиток из кукурузы, риса и сахара.
guarrusca. [ж.] (Амер.) шпага, палаш, тесак, большой нож.
¡guarte! [межд.] берегись!, сторонись!, осторожно!
guaruba. [ж.] род попугая с красной шеей.
guarumo. [м.] американское дерево.
guarura. [ж.] большая раковина служащая рожком.
guasa. [ж.] безвкусица, пошлость; глупость; (разг.) шутка, насмешка; (Амер.) кубинская рыба.
guasada. [ж.] (Амер.) см. gauchada; см. guasería.
guasamalleta. [ж.] (Амер.) тупой, ограниченный человек.
guasanga. [ж.] (Амер.) оглушительный шум, крик, гам.
guasángara. [ж.] (Амер.) шум, гам (голоса), свалка, ссора.
guasasa. [ж.] кубинский комар.
guasca. [ж.] (Амер.) полоска из кожи, ремень.
guascama. [ж.] (Амер.) род змеи.

guascazo. [м.] удар guasca.
guascoso, sa. [прил.] (Амер.) гибкий, ловкий.
guasearse. [возв. гл.] (разг.) насмехаться, смеяться над кем-л, издеваться.
guasería. [ж.] грубость, неотёсанность; тупость; неуклюжесть.
guaso, sa. [прил.] (Амер.) деревенский, простой; (перен.) грубый, неотёсанный, неучтивый.
guasón, na. [прил.] насмешливый, шутливый; [м. и ж.] насмешник, (-ница), шутник (-ица).
guasqueado, da. [страд. прич.] к guasquear; [прил.] (Амер.) опытный.
guasquear. [перех.] (Амер.) бить кнутом; guasquearse. [возв. гл.] (Амер.) отскакивать в сторону; без причины сердиться.
guasquero. [м.] (Амер.) (ж.-д.) путевой сторож.
guasusa. [ж.] (Амер.) голод.
guata. [ж.] хлопок-сырец, вата; (Амер.) брюхо, пузо; прогиб; верёвка; близкий друг: * echar guata, (разг.) отрастить брюшко; богатеть.
guataca. [ж.] (Амер.) кирка, мотыга.
guatacare. [м.] (Амер.) бурачниковое растение.
guatacazo. [м.] (Амер.) см. batacazo.
guataco, ca. [прил.] (Амер.) коренастый, толстый; неотёсанный, необразованный, непросвещённый.
guatacudo, da. [прил.] (разг.) (Амер.) длинноухий.
guatequería. [ж.] (Амер.) лесть; заискивание, угодничество.
guataraco, ca. [прил.] (Амер.) увядший, поблёкший, выцветший, истрёпанный, поношенный.
guate. [м.] (Амер.) кукурузное поле (густое).
guatearse. [возв. гл.] (Амер.) отрастить брюшко.
guatemalteco, ca. [прил.] гватемальский; [м. и ж.] уроженец (-ка) Гватемалы.
guatepín. [м.] (Амер.) удар кулаком по голове.
guateque. [м.] (Амер.) шумный танец.
guatiní. [м.] см. tocororo.
guatitas. [ж. множ.] (Амер.) сальник.
guato. [м.] пеньковый канат, верёвка.
guatoco, ca. [прил.] (Амер.) приземистый, малорослый (тже. сущ.).
guatusa. [ж.] (Амер.) род бразильской свинки.
guau. ономатопея звука, издаваемого собакой.
guaucho. [м.] (Амер.) (бот.) бахарис.
guaxima. [ж.] (Амер.) сорт волокна.
guaxocote. [м.] (Амер.) (бот.) мексиканский щавель.
¡guay! [межд.] (поэт.) ай!, ох!
guaya. [ж.] плач, жалоба, стоны: * hacer uno la guaya, стараться разжалобить.
guaya. [ж.] чолка (у лошади).
guayaba. [ж.] гуайява (плод); желе из гуайявы; (разг.) ложь, обман.
guayabal. [м.] участок, заросший гуайявой.
guayabate. [м.] желе из гуайявы.
guayabear. [неперех.] (разг.) (Амер.) лгать; [перех.] (Амер.) целовать.
guayabera. [ж.] (Амер.) куртка (крестьянская одежда).
guayabo. [м.] гуайява (растение сем. миртовых); (красивая) молоденькая девушка.
guayaca. [ж.] (Амер.) кошель; кисет; амулет.
guayacán, guayaco. [м.] (бот.) бакаут, гваяковое дерево.
guayacol. [м.] (хим.) гваякол.
guayaquil. [м.] сорт какао.

guayaquileño, ña. [прил.] относящийся к Guayaquil; [м. и ж.] уроженец, (-ка) Guayaquil.
guayare. [м.] (Амер.) сорт корзины.
guayate. [м.] (обл.) малютка, младенец.
guayete. [м.] (обл.) юнга.
guayín. [м.] четырёхколёсная повозка.
guayo. [м.] (Амер.) тёрка; дуро (монета); опьянение, хмель; скверная музыка; [множ.] обувь.
guayo. [м.] (Амер.) розоцветное растение.
guayoso, sa. [прил.] (Амер.) постоянно недомогающий, болезненный.
guayuco. [м.] (Амер.) набедренная повязка (у дикарей), см. taparrabo.
guazá. [м.] (Амер.) музыкальный инструмент.
guazapa. [ж.] (Амер.) маленький волчок, юла.
guazubirá. [м.] (зоол.) род южноамериканской косули.
guazueta. [м.] (Амер.) (зоол.) род оленя.
guazupucú. [м.] (Амер.) (зоол.) южноамериканский олень.
gubán. [м.] (фил.) большая лодка.
gubernamental. [прил.] правительственный.
gubernativamente. [нареч.] правительственным порядком.
gubernativo, va. [прил.] правительственный.
gubia. [ж.] полукруглое долото.
guedeja. [ж.] длинная шевелюра; львиная грива.
guedejado, da. [прил.] имеющий форму гривы.
guedejón, na, guedejoso, sa, guedejudo, da. [прил.] длинноволосый.
guedo, da. [прил.] (обл.) отнятый от груди (о молодом козле).
güegüecho. [м.] (Амер.) зоб.
gueldo. [м.] (рыб.) насадка, наживк(к)а (из креветов и кусков рыбы).
gueldrés, sa. [прил.] гельдрский; [м. и ж.] уроженец, (-ка) Гельдрии.
güelfo, fa. [прил. и сущ.] (ист.) гвельф (приверженец Папы, противник гибелина).
guelt(r)e. [м.] (м. употр.) деньги.
güello. [м.] (обл.) глаз, око.
güemul. [м.] (обл.) род оленя.
güengüe. [м.] (Амер.) большой кролик.
güeña. [ж.] (обл.) арагонская колбаса.
guepardo. [м.] (зоол.) гепард.
guercho, cha. [прил.] (обл.) косой, косоглазый.
guerequeque. [м.] американская длинноногая птица.
guerlinguete. [м.] (зоол.) род белки.
guérmeces. [м. множ.] типун (болезнь хищных птиц).
güero, ra. [прил.] (Амер.) белокурый; грациозный.
guerra. [ж.] война; спор, борьба; вражда, соперничество; Военное министерство; (перен.) несоответствие; бильярдная игра: * guerra civil, гражданская война; * guerra de guerrillas, партизанская война; * guerra fría, холодная война; * guerra mundial, мировая война; * declarar la guerra, объявить войну; * estar en guerra, быть в состоянии войны; * dar guerra, раздражать; надоедать; причинить беспокойство, наделать хлопот.
guerreador, ra. [прил.] воюющий и т. д.; [сущ.] вояка.
guerreante. [дейст. прич.] к guerrear, воюющий и т. д.
guerrear. [неперех.] воевать, вести войну, борьбу; сражаться, (перен.) возражать, противоречить.
guerrera. [ж.] гимнастёрка.
guerreramente. [нареч.] воинственно и т. д.
guerrero, ra. [прил.] воинственный; боевой; военный; озорной; [м.] воин; боец; воитель (уст.); солдат; ратник.

guerrilla. [ж.] стрелковая цепь; партизанский отряд; партизанская война; название одной карточной игры.
guerrillear. [неперех.] вести партизанскую войну.
guerrillera. [ж.] (Амер.) сорт куртки.
guerrillero. [м.] партизан.
güétago. [м.] (обл.) печень.
guezalé. [м.] (Амер.) (орни.) род тукана, перцеяда.
guía. [м. и ж.] гид, проводник, (-ца), вожатый, провожатый; руководитель, (-ница); наставник; (воен.) сержант; капрал; указательный столб, веха; справочник, руководство; гид, путеводитель; фитиль; товарный документ; передняя лошадь; рычаг нории и т. д.; толстый сук (оставленный при стрижке деревьев); некоторое плутовство (в игре); (тех.) направляющая; руль управления; [множ.] вожжи, поводья; (мор.) оттяжка; кончики закрученных кверху усов: * guía de circulación, таможенное пропускное свидетельство; * guía de teléfonos, телефонный справочник; * guía de la ciudad, путеводитель по городу; * guía de conversación, разговорник; * guía de ferrocarriles, железнодорожный справочник; * guía de montaña, проводник в горах.
guiadera. [ж.] рычаг нории; балка, брус для управления прямолинейного движения.
guiado, da. [страд. прич.] к guiar; [прил.] сопровождённый товарным документом (о товарах).
guiador, ra. [прил.] указывающий дорогу; управляющий; [м.] вожатый, проводник; руководитель.
guiar. [перех.] вести, указывать дорогу; водить, управлять, править (машиной и т. д.); (перен.) руководить, направлять; guiarse. [возв. гл.] руководствоваться.
guibelurdín. [м.] (бот.) (обл.) съедобный гриб.
guiber. [м.] льняная ткань.
güica. [ж.] (разг.) (Амер.) страх, боязнь, испуг.
gücoy. [м.] (Амер.) сорт тыквы.
güichichi(l). [м.] (Амер.) колибри.
güichol. [м.] (Амер.) пальмовая шляпа.
guido, da. [прил.] (арг.) хороший и т. д.
guifa. [ж.] (обл.) внутренности.
guiguí. [м.] (зоол.) род белки, филиппинская белка.
guija. [ж.] галька (камень); (бот.) см. almorta; (Амер.) кварц.
guijarral. [м.] почва покрытая гравием.
guijarrazo. [м.] удар булыжником.
guijarreño, ña. [прил.] булыжный; каменистый, покрытый гравием; (перен.) крепкий, сильный.
guijarro. [м.] булыжник.
guijarrón. [м. увел.] к guijarro; твёрдый камень; (перен.) нечувствительная вещь.
guijarroso, sa. [прил.] каменистый, покрытый гравием.
guijas. [ж.] (бот.) бобовое растение.
guijeño, ña. [прил.] к галька; (перен.) твёрдый, чёрствый.
guijo. [м.] щевень, гравий; (тех.) цапфа.
guijoso, sa. [прил.] см. guijeño.
güila. [ж.] тряпка; маленький волчонок; проститутка.
guilalo. [м.] филиппинское каботажное судно.
guilde. [ж.] (ист.) цех; корпорация.
guileña. [м.] (бот.) см. aguileña.
guilindujes. [м. множ.] (обл.) безделушки, украшения.
güilona. [ж.] (Амер.) проститутка, публичная женщина.
güilota. [ж.] (Амер.) род мексиканского голубя.

guilla. [ж.] обильный урожай: * de guilla, обильно; хорошего качества.
guillado, da. [страд. прич.] к guillarse; [прил.] свихнувшийся, помешанный.
guilladura. [ж.] лёгкое помешательство.
guillame. [м.] калёвка, рубанок, фальцгобель.
guillarse. [возв. гл.] убегать, уходить; терять голову, см. chiflarse.
guillegüille. [м.] (Амер.) головастик.
guillín. [м.] (зоол.) род выдры.
guillo. [м.] (Амер.) ложь, обман.
guillomo. [м.] род куста с съедобным плодом.
guillote. [м.] владелец урожая; арендатор; [прил.] ленивый, беспечный; неопытный (о шулере).
guillotina. [ж.] гильотина; (тех.) инструмент похожий на гильотину (для резания бумаги и т. д.); * ventana de guillotina, опускное окно; окно с фрамугой.
guillotinar. [перех.] гильотинировать, казнить на гильотине: * acción de guillotinar, гильотинирование.
güimba. [ж.] (Амер.) см. guabico.
guimbalete. [м.] ручка (насоса).
guimbarda. [ж.] маленький рубанок.
güimo. [м.] (Амер.) морская свинка.
güin. [м.] (Амер.) тростниковый цветоносный стержень.
güincha. [ж.] (Амер.) тесьма, лента.
güinchada. [ж.] (Амер.) мера длины, равная 10,20 или 25 м.
guinchar. [перех.] колоть (острым концом палки).
guinche. [м.] (Амер.) сорт крана, см. pescante.
guincho. [м.] острый конец (палки); (обл.) остроконечный крюк; (Амер.) хищная птица.
guinchón. [м.] см. desgarrón.
guinda. [ж.] (мор.) высота, подъём мачты.
guinda. [ж.] вишня (плод): * aguardiente de guindas, вишнёвый напиток.
guindada. [ж.] (Амер.) вишнёвка, вишнёвый напиток (средство против скорбута).
guindado, da. [страд. прич.] к guindar; [прил.] из вишни.
guindal. [м.] (Амер.) вишня (дерево).
guindaleda, guindalera. [м.] вишенник, вишняк (прост. обл.).
guindaleta. [ж.] верёвка в один палец толщиной; опора.
guindaleza. [ж.] (мор.) перлинь.
guindamaina. [ж.] (мор.) салют (выкидыванием флага).
guindar. [перех.] вешать высоко; (мор.) поднимать рей; (разг.) достигнуть, добиться цели (в соперничестве с другими); вешать, казнить; (арг.) см. maltratar; guindarse. [возв. гл.] свешиваться, спускаться; повеситься; (обл.) скользить.
guindareza. [ж.] (мор.) перлинь.
guindaste. [м.] (мор.) лежачий ворот, сорт лебёдки.
guindilla. [ж.] мелкий, очень горький перец; (разг.) (разг.) (разг.) полицейский; см. polizonte.
guindo. [м.] (бот.) вишня (дерево).
guindo. [м.] (Амер.) очень крутой откос.
guindola. [ж.] (мор.) спасательный круг; сектор лага.
guindón. [м.] (обл.) дикая земляника.
guinea. [ж.] (ист.) гинея (монета).

guineo, a. [прил.] гвинейский; [м. и ж.] уроженец, (-ка) Гвинеи; [м.] негритянский танец и музыка к нему; (Амер.) сорт маленького банана.

guinga. [ж.] гринсбон (ткань).

guinja. [ж.] грудная ягода (плод).

guinjo. [м.] (бот.) грудная ягода (растение).

guinjol. [м.] грудная ягода (плод).

guinjolero. [м.] (бот.) грудная ягода (растение).

guiña. [ж.] (Амер.) дикий кот; неудача, невезение.

guiñada. [ж.] мигание, моргание; подмигивание; (мор.) отклонение от курса.

guiñador, ra. [прил.] мигающий, подмигивающий (тж. сущ.).

guiñadura. [ж.] см. guiñada.

guiñapiento, ta. [прил.] см. guiñaposo.

guiñapo. [м.] тряпка, лохмотья, рвань; (перен.) оборванец; презренный человек.

guiñaposo, sa. [прил.] оборванный, одетый в лохмотья.

guiñar. [перех.] мигать, моргать, подмигивать; (мор.) отклоняться от курса; **guiñarse.** [возв. гл.] перемигиваться; (арг.) убегать, уходить.

guiño. [м.] (Амер.) мигание, моргание, подмигивание: * haces guiños, делать глазки.

guiñote. [м.] карточная игра.

güío. [м.] (Амер.) (зоол.) удав.

guión. [м.] вожак своры собак; штандарт; хоругвь (в процессиях); знамя, флаг; справочник, руководство; конспект; предварительный план (сочинения); сценарий; руководитель; вожак (стаи); (грам.) тире, дефис; (муз.) реприза (знак); тончайшая часть весла.

guionaje. [м.] ремесло проводника и т. д.

guionista. [м. и ж.] сценарист, (-ка).

guipur. [м.] гипюр, кружево из кручёного шёлка.

guipar. [перех.] (разг.) видеть, замечать, различать.

guipuzcoano, na. [прил.] относящийся к Guipúzcoa; [м. и ж.] уроженец, (-ка) этой испанской провинции.

guiquilite. [м.] (Амер.) индиго.

güira. [ж.] (бот.) вид калабассового дерева; плод этого дерева.

guirazo. [м.] (Амер.) удар головой.

guiri. [м.] (ист.) либерал (во время гражданских войн XIX в.); (арг.) см. guardia civil; (обл.) дрок.

güiriche. [м.] (Амер.) худой телёнок.

guirigay. [м.] (разг.) невнятное бормотание, ломаный язык; гам, гул голосов.

güirla. [ж.] (Амер.) лепёшка из новой кукурузы.

güiris. [м.] (Амер.) шахтёр.

guirlache. [м.] козинаки из миндаля.

guirlanda, guirnalda. [ж.] гирлянда; (бот.) бессмертник; старинная шерстяная ткань.

güiro. [м.] (Амер.) гуиро (разновидность лиан, дающих тыквообразные плоды); музыкальный инструмент из плода этого дерева; зелёный росток кукурузы.

güiro. [м. и ж.] (Амер.) беспризорный мальчик (девушка).

guiropa. [ж.] (обл.) кушанье из мяса и картофеля.

guirre. [м.] (обл.) см. buitre.

guirres (hacer). (обл.) отлынивать от уроков, прогуливать уроки.

guisa. [ж.] способ, образ действия, манера: * a (de, en tal) guisa, наподобие, таким образом.

guisado, da. [страд. прич.] к guisar; [м.] рагу; жаркое; тушёное мясо (с подливкой); (арг.) публичная дома: * estar uno mal guisado, (разг.) быть не в духе.

guisador, guisandero. [м.] повар.

guisantal. [м.] гороховое поле.

guisante. [м.] горох: * guisante de olor, душистый горошек.

guisar. [перех.] стряпать, готовить; тушить (кушанье); устраивать, приготовлять, распоряжаться.

guisaso. [м.] (Амер.) название разных колючих растений.

güiscano. [м.] (Амер.) удар кнутом, бичом, удар.

güisclacuachi. [м.] (Амер.) (зоол.) дикобраз.

guiso. [м.] кушанье; рагу.

guisote. [м.] неумело приготовленное, невкусное кушанье.

güisque. [м.] (Амер.) (вул.) водка.

güisquelite. [м.] (Амер.) род артишока.

guita. [ж.] бечёвка, верёвочка, шпагат; (арг.) деньги.

guitar. [перех.] шить бечёвкой.

guitarra. [ж.] (муз.) гитара; сорт трамбовки для дробления гипса: * estar bien (mal) templada la guitarra, быть в хорошем (плохом) настроении.

guitarrazo. [м.] удар гитарой.

guitarrear. [неперех.] играть на гитаре.

guitarreo. [м.] продолжительная, скучная игра на гитаре.

guitarrería. [ж.] мастерская или магазин гитар и других музыкальных инструментов.

guitarrero. [м.] тот, кто изготовляет или продаёт гитары; см. guitarrista.

guitarresco, ca. [прил.] (разг.) гитарный.

guitarrillo. [м.] маленькая четырёхструнная гитара.

guitarrista. [м. и ж.] гитарист, (-ка).

guitarro. [м.] очень маленькая гитара.

guitarrón. [м. увел.] к guitarra; (перен.) (разг.) хитрец, лицемер.

guitero, ra. [м.] тот, кто изготовляет или продаёт бечёвку, верёвочку.

guito, ta. [прил.] (обл.) норовистый, с норовом (о лошади и т. д.).

güito. [м.] (разг.) шляпа (преимущ. котелок); косточка (в плодах).

guitón. [м.] (в старину) сорт монеты.

guitón, na. [прил.] плутоватый, праздный; [сущ.] бродяга; нищий.

guitonear. [неперех.] бродяжничать; побираться.

guitonería. [ж.] бродяжничество; нищенство.

guiz. [м.] (обл.) см. aguijón.

guizacillo. [м.] (бот.) злаковое растение.

guizazo. [м.] (Амер.) (бот.) злаковое растение; см. capirotazo.

guizgar. [перех.] см. enguizgar.

guizque. [м.] палка с конечным крюком; (обл.) см. aguijón.

guja. [ж.] сорт алебарды.

gujo. [м.] речная рыба.

gula. [ж.] обжорство, чревоугодие, невоздержанность в еде и питье; (обл.) трактир, харчевня; таверна.

gulden. [м.] гульден (монета).

gules. [м. множ.] (герал.) красный цвет.

gulosidad. [ж.] обжорство, прожорливость.

guloso, sa. [прил.] прожорливый.

gulumba. [ж.] (Амер.) любовница солдата.

guluncha. [ж.] (Амер.) тестикул, мужское яичко.

gulunguear. [неперех.] (Амер.) висеть.

gulusmear. [неперех.] наслаждаться запахом кушаний.

gulusmero, ra. [прил.] наслаждающийся запахом кушаний.

gullería. [ж.] см. gollería.

gulloría. [ж.] горный жаворонок; см. gollería.

gúmena. [ж.] (мор.) толстый канат.

gumia. [ж.] арабский кривой кинжал.

gumífero, ra. [прил.] камедистый.

gummi. [м.] (мед.) (фарм.) камедь.

gura. [ж.] (арг.) правосудие.

gura. [ж.] синий голубь Филиппинских островов.

gurapas. [ж. множ.] (арг.) (ист.) каторжные работы.

gurar. [неперех.] см. encobar.

gurbia. [ж.] (Амер.) полукруглое долото.

gurbio, bia. [прил.] загнутый (о металлических рабочих инструментах).

gurbión. [м.] сорт шёлковой ткани; толстый шёлковый крученый шнур.

gurbiote. [м.] (обл.) см. madroño (fruto).

gurdo, da. [прил.] глупый, тупой, ограниченный.

gurguciar. [неперех.] (разг.) (Амер.) см. gulusmear; обследовать, расследовать; расспрашивать.

gurgunera. [ж.] см. madriguera.

gurí. [м.] (Амер.) мальчик индеец или метис.

gurisa. [ж.] (Амер.) девушка индианка или метиска.

guro. [м.] (арг.) см. alguacil.

gurón. [м.] (арг.) алькайд, начальник тюрьмы.

gurrea. [м.] палач.

gurrero. [м.] (Амер.) бесплодная земля.

gurri. [м.] (Амер.) дикий индюк.

gurriato. [м.] воробьёнок; (обл.) поросёнок.

gurripato. [м.] воробьёнок; (прост.) см. chiquillo.

gurrufada. [ж.] (обл.) см. ventisca.

gurrufero. [м.] (разг.) кляча.

gurrumina. [ж.] (разг.) слабость характера, безволие по отношению к своей жене; (обл.) (Амер.) пустяк, мелочь; (разг.) (Амер.) см. pejiguera.

gurrumino, na. [прил.] (разг.) тщедушный, малорослый; [м. и ж.] (Амер.) малодушный человек, трус, (-иха); (обл.) (Амер.) малютка; (Амер.) тщедушный, малорослый человек, (разг.) (Амер.) муж, находящийся под башмаком у жены.

gurrumio. [м.] (обл.) выпь.

gurullada. [ж.] (разг.) сборище подозрительных людей.

gurullo. [м.] сверток, узел; (обл.) сорт макаронного изделия.

gurullón. [м.] (Амер.) род журавля.

gurupa, gurupera. [ж.] см. grupa, grupera.

gusa. [ж.] (арг.) голод.

gusanear. [неперех.] кишеть.

gusanera. [ж.] яма для червей (предназначенных на корм птицам); червивое место; (перен.) (разг.) сильная страсть; (обл.) рана на голове.

gusanería. [ж.] большинство червей.

gusaniento, ta. [прил.] червивый.

gusanillo. [м.] червячок; канитель (крученая нить); (обл.) сорт оладьи: * matar el gusanillo, (перен.) (разг.) пить водку натощак.

gusano. [м.] червь, червяк, гусеница; (перен.) униженный, угнетенный человек: * gusano de seda, шелковичный червь; * gusano de luz, светляк; * gusano de la madera, древоточец; * gusano de sangre roja, см. anélido; * gusano de la conciencia, червь сомнения, угрызение совести.

gusanoso, sa. [прил.] червивый.

gusarapiento, ta. [прил.] с водяными червяч-

ками и т. д.; (перен.) отвратительный, гнусный; порочный.
gusarapo, pa. [м. и ж.] родовое название водяных червячков.
guslí. [м.] гусли (музыкальный инструмент).
gustable. [прил.] вкусовой; (обл.) (Амер.) вкусный.
gustación. [ж.] отведывание, проба, дегустация.
gustadura. [ж.] отведывание, прикушивание, дегустация, проба; вкусовое восприятие.
gustar. [перех.] пробовать на вкус, отведывать; чувствовать вкус; испытывать; подвергать испытанию; [неперех.] находить приятным, наслаждаться, находить удовольствие; нравиться, быть приятным; * (no) me gusta, мне (не) нравится, мне (не)приятно.
gustativo, va. [прил.] вкусовой.
gustazo. [м.] (разг.) большое удовольствие.
gustillo. [м.] привкус.

gusto. [м.] вкус, вкусовое ощущение; чувство изящного, вкус; удовольствие, наслаждение; охота, склонность; воля; стиль, манера: * a su gusto, по своему желанию, по своему усмотрению; * tomar el gusto a algo, приохотиться или пристраститься к чему-л; войти во вкус чего-л; * con mucho gusto, с большим удовольствием; * dar gusto ver, приятно видеть; * sobre gustos y colores no hay nada escrito, о вкусах не спорят, на вкус и цвет товарищей нет; * despacharse a su gusto, поступать по своему (желанию); * dar gusto, доставить удовольствие.
gustosamente. [нареч.] охотно, с удовольствием.
gustoso, sa. [прил.] вкусный, смачный; довольный, удовлетворенный; приятный: * lo haré gustoso, я с удовольствием это сделаю.
gutagamba. [ж.] (фарм.) гуммигут.
gutapercha. [ж.] гуттаперча.
gutiámbar. [ж.] сорт желтой камеди.
gutífero, ra. [прил.] (бот.) гуммигутовый; [ж. множ.] (бот.) гуммигутовые растения.

gutiforme. [прил.] каплеобразный.
gutural. [прил.] горловой, гортанный; (грам.) гуттуральный, гортанный.
guturalmente. [нареч.] гортанно.
guturotetania. [ж.] (пат.) гортанная судорога.
guzgo, ga. [прил.] (Амер.) см. goloso.
guzguear. [неперех.] (Амер.) нажираться, обжираться.
guzguera. [ж.] (Амер.) голод; ненасытность; прожорливость.
guzla. [ж.] гузля (муз. инструмент).
guzmán. [м.] (в старину) дворянский солдат.
guzmanada. [ж.] проделка, шутка, обман.
guzpatara. [ж.] (Амер.) проказа (распространенная на Антильских островах).
guzpatarra. [ж.] старинная детская игра.

H h

h. [ж.] 9-я буква испанского алфавита.
¡ha! [межд.] ах!, ай!
haba. [ж.] боб; кофейный бобок и т. д.; ядро (в камнях); см. **roncha**; головка мужского полового члена; (вет.) опухоль нёба (у лошади); фигурка (в пироге); (обл.) см. **habichuela**; (арг.) ноготь; (мин.) кусок руды; * son habas contadas, считанные, в ограниченном количестве.
habachiqui. [ж.] (обл.) сорт маленького боба.
habado, da. [прил.] страдающий опухолью нёба (о лошади); с пятнами на коже в форме бобов.
habanera. [ж.] хабанера (танец и музыка к нему).
habanero, ra. [прил.] гаванский; разбогатевший в Америке (о испанце); [м. и ж.] гаванец; (разг.) испанец, разбогатевший в Америке.
habano, na. [прил.] гаванский; табачного цвета; [м.] гаванна (сигара).
habar. [м.] бобовое поле.
habascón. [м.] (Амер.) съедобный корень.
habato, ta. [прил.] (Амер.) грубый, неотёсанный.
háber. [м.] доктор еврейского закона.
haber. [м.] имущество, достояние, состояние; дебет; заработная плата, жалованье; [множ.] авуары; заслуги, достоинства.
haber. [перех.] иметь; обладать, владеть; завладевать, захватывать; **вспомогательный глагол** (в соединении с страд. прич. спрягаемого глагола служит для образования сложных форм действ. залога); [безл.] иметься; иметь место, состояться; случаться, происходить; находиться; быть, существовать: * haber que, надлежать, долженствовать, следовать, быть нужным, требоваться; * hay que, должно, следует, надлежит, надо; * habrá qué, надо будет, понадобится; * hay, имеется; (выражает временные отношения): * he hecho, я сделал; * ha 2 años, два года тому назад; **haberse.** [возв. гл.] вести себя: * habérselas con, сцепиться с кем-л, спорить; [непр. гл.] **ind. pres.:** he, has ha, или hay, hemos или habemos, habéis han; **indef.:** hube, hubiste, hubo, hubimos, hubisteis, hubieron; **fut.:** habré, -á, и т. к.; **pot.:** habría и т. к.; **subj. pres.:** haya, -as, -a, и т. д.; **imperf.:** hubiera или hubiese и т. д. **imperat.:** he, haya, hayamos, habed, hayan.
habería. [ж.] (обл.) товар.
haberío. [м.] вьючное животное; скот.
habichuela. [ж.] фасоль.

habiente. [действ. прич.] к haber, имеющий: * habiente derecho, (юр.) имеющий право или притязание на что-л.
hábil. [прил.] искусный, ловкий, умелый, проворный; способный, (при)годный к; правомочный: * día hábil, рабочий день, будний день, будни.
habilidad. [ж.] ловкость, сноровка, проворство; умение; изобретательность, хитрость; способность, пригодность; ловушка, козни: * hacer sus habilidades, стараться.
habilidoso, sa. [прил.] искусный, ловкий, умелый; проворный, способный.
habilitación. [ж.] способность; правомочность, полномочие; признание правоспособности; должность и контора казначея.
habilitado, da. [страд. прич.] к habilitar; [м.] казначей.
habilitador, ra. [прил.] делающий правоспособным, правомочным (тже. сущ.).
habilitar. [перех.] уполномочивать, давать права; делать правоспособным, правомочным; снабжать средствами (для какого-л дела); приспосабливать.
hábilmente. [нареч.] ловко, искусно; проворно.
habiloso, sa. [прил.] (Амер.) ловкий, искусный умелый; проворный; хитрый, коварный.
habilla. [ж. умен.] к haba; (Амер.) (бот.) американское тропическое дерево.
habitabilidad. [ж.] пригодность для жилья.
habitable. [прил.] обитаемый, жилой, пригодный для жилья.
habitación. [ж.] жилище, квартира, помещение; комната; проживание.
habitáculo. [м.] убогое жилище; (шутл.) обиталище.
habitador, ra. [прил.] проживающий, обитающий; [сущ.] житель, (-ница), обитатель, (-ница).
habitante. [действ. прич.] к habitar; [м. и ж.] житель, (-ница), обитатель, (-ница).
habitar. [перех.] занимать; жить, проживать; водиться, обитать.
habitavidad. [ж.] (фил.) склонность к постоянному жительству, родине и т. д.
hábito. [м.] одежда, платье (преимущ. монашеское одеяние); привычка, навык; повадка; обычай; знак отличия военного ордена; (перен.) военный орден: * ahorcar или colgar los hábitos, снимать с себя духовный сан, монашество, уйти из монастыря; (перен.) менять профессию; * el hábito no hace al monje, по наружности не судят; не делает платье монаха; не всяк монах, на ком клобук;

* toma de hábito, пострижение в монахи, в монахини; * tomar los hábitos, постричься.
habituación. [ж.] дейст. к приучать(ся), приучение.
habituado, da. [страд. прич.] к habituar; [м.] (гал.) завсегдатай.
habitual. [прил.] обычный, привычный.
habitualmente. [нареч.] обыкновенно, по обыкновению, обычно.
habituar. [перех.] приучать (к чему-л); **habituarse.** [возв. гл.] приучаться, свыкаться, привыкать (к чему-л).
habitud. [ж.] отношение (между предметами); (уст.) привычка, обычай.
habla. [ж.] речь, дар речи; язык; речь, обращение; наречие, говор: * ponerse al habla, завязывать разговор, начинать говорить; * al habla, на расстоянии голоса; * perder el habla, терять дар речи.
hablado, da. [страд. прич.] к hablar и [прил.] сказанный, разговорный: * bien (mal) hablado, разумно (неразумно) сказано; * lengua hablada, разговорный язык.
hablador, ra. [прил.] разговорчивый, болтливый; [м. и ж.] болтун, (-ья), говорун, (-ья).
habladuría. [ж.] россказни; болтовня; сплетни; слухи и толки (чаще множ.).
hablanchín, na. [прил.] (разг.) см. hablador.
hablante. [действ. прич.] к hablar, говорящий и т. д.
hablantín, na. [прил.] (разг.) см. hablador.
hablantina. [ж.] (Амер.) болтовня; см. algarabía.
hablar. [неперех.] говорить; разговаривать, беседовать; обращаться к кому-л; произносить, сказать; **hablarse.** [возв. гл.] говориться; быть помолвленным, говорить друг с другом; быть в хороших отношениях; * hablar en voz alta (baja), говорить громко (тихо); * hablar a tontas y a locas, болтать всякий вздор; * hablar por los codos, без умолку говорить; * hablar con afluencia, говорить без подготовки; * está hablando, как живой (о картине, портрете); * hablar claro, откровенно говорить; * hablar por boca de ganso, говорить по слухам; * hablar familiarmente, беседовать; * hablar sin reparo, развязать язык; * quedarse sin poder hablar, запнуться; hablar fuerte, или gordo, крупно говорить; * hablar varias lenguas, говорить на разных языках; * hablar de música, разговаривать, толковать, рассуждать о музыке; * hablar mal de, дурно отзываться о ком-л; * hacer hablar, заставить говорить; выведать; * asi se habla, это благоразумные речи; * hablar sensa-

tamente, говорить дельно; * hablar en favor de, выступать в пользу кого-чего; * hablar como un libro, говорить как по-писаному; * hacer hablar al violín, заставить говорить скрипку; * hablar con, дружить с кем-л; ухаживать за, кем-л; * quien mucho habla, mucho yerra, меньше говорить, меньше согрешить; * no hablarse, не разговаривать; быть в ссоре.

hablilla. [ж.] слух, молва; пересуды; сплетня.

hablista. [м. и ж.] человек, отличающийся чистотой языка, речи.

hablistán. [прил.] (разг.) болтливый, разговорчивый; [м. и ж.] болтун, (-ья), говорун, (-ья).

habón. [м.] прыщ в форме боба.

haca. [ж.] лошадка.

hacamari. [м.] (Амер.) андский медведь.

hacán. [м.] еврейский учёный или доктор.

hacanea. [ж.] иноходец.

hacecillo. [м. умен.] к haz, пук, вязка, пучок; (бот.) метёлка.

hacedero, ra. [прил.] возможный, исполнимый, осуществимый.

hacedor. [прил.] творящий (о Боге); [м.] (рел.) творец, создатель; управляющий имением; * el Sumo Hacedor, Бог.

hacendado, da. [страд. прич.] к hacendar; [прил.] владеющий землями, имуществом; (Амер.) владеющий стадами; [сущ.] землевладелец, (-ица), помещик, (-ица); владелец, (-ица) имущества; богатый человек; (Амер.) скотовод; владелец, (-ица) сахарной плантации.

hacendar. [перех.] передавать владение землёй, имение; hacendarse. [возв. гл.] обзаводиться имением; [непр. гл.] спрягается как acertar.

hacendera. [ж.] общественная повинность.

hacendero, ra. [прил.] см. hacendoso; [м.] государственный рабочий, шахтёр (в шахтах Almadén).

hacendista. [м. и ж.] знаток в финансовых делах.

hacendoso, sa. [прил.] хозяйственный, трудолюбивый, деловой, заботливый, бережливый.

hacer. [перех.] делать, сделать, творить, создавать, образовывать, делать, совершать; совершать; выполнять, приводить в порядок; приучать; заставлять; готовить, приготовлять, изготовлять; делать вид, изображать, причинять, собирать; содержать, вмещать, улучшать; обучать, тренировать; делать ловким; искусно резать и т. д.; превращать в; назначать, выбирать; употреблять; извергать; полагать, считать; снабжать; составлять; (с сущ. без артикля образует ряд словосочетаний): * hacer fortuna, составить состояние; * hacer escarnio, насмехаться; [неперех.] подходить, соответствовать; притворяться; временно занимать (должность и т. д.); [безлич.] быть (о погоде, явлениях природы): * hace sol, светит солнце; * hace calor, frío, жарко; * hace viento, ветрено; (при обозначении времени); * hace cinco años, пять лет тому назад; * hace tiempo, уже давно; hacerse. [возв. гл.] становиться, делаться; привыкать к; no hay nada que hacer, ничего не поделаешь; * hacer penitencia, hacer acto de contrición, покаяться, раскаяться; * hacer deporte, заниматься спортом; * hacer el cuerpo a los ejercicios, приучать тело к упражнениям; * hacer la habitación, убирать комнату; * hacer la cama, оправлять постель; * hacer la barba, брить кого-л; * hacer ruido, шуметь; * hacer aguada, запасаться водой; * hacer carbón, запасаться углем; * hacer el payaso, гаерничать; * hacer causa común, con, быть заодно;

* hacer frente a, противостоять; * hacer uso de, применять; * hacer llorar, заставлять плакать; * hacer el artículo, расхваливать товар; * hacer la comida, готовить обед; * hacer el gracioso, остроумничать; * hacer caso, обращать внимание; * hacer tiempo, выжидать; * hacer reír, рассмешить; * hacer llorar, вызвать слёзы; * hacer sufrir, причинять боль; заставлять страдать; * hacer burla, насмехаться; * hacer añicos, разбить вдребезги; * hacer fuego, (воен.) вести огонь; * hacer por hacer, трудиться зря; * ¡qué hacer!, нечего делать!; * hacer alto, остановиться; * hacer carne, воплощать; * estar por hacer, ещё не быть выполненным; быть на очереди; * hacer del cuerpo, испражняться; * hacer bueno, доказывать; * hacer falta, недоставать; * hacer con, снабжать; * hacer justicia, отдать справедливость кому-л; * hacer boca, закусывать; * no tengo nada que hacer, мне нечего делать; * hacer al caso, быть кстати; * hacer mal (bien), поступать плохо (хорошо); * dar que hacer, причинять много хлопот; * hacerse viejo, стареть; * hacerse al frío, привыкать к холоду; * hacerse fuerte, (воен.) закрепляться; * hacer que hacemos, проводить время; * hacer estimación, оценивать; * hacerse a la mar, выходить в открытое море; * hacerse el tonto, притворяться дурачком; * hacerse a un lado, отойти в сторону; * hacerse atrás, отойти назад; * hacer ver, показывать; * dicho y hecho, как сказано так и сделано; * hacerse (de) rogar, заставлять себя просить; * hacerse cargo, понять, узнать; * hacerse daño, повредить себе; ушибиться; * hacerse un traje, сшить себе платье; * a lo hecho pecho, что сделано, то и свято; * hacer hora, выжидать, [непр. гл.] ind. pres.: hago, haces и т. д.; indef.: hice, hiciste, hizo, hicimos, hicisteis, hicieron; fut.: haré о haremos и т. д.; subj. pres.: haga, и т. д.; imperf.: hiciera или hiciese и т. д.; pot.: haría и т. д.; imper.: haz, haga и т. д.; part. pas.: hecho.

hacera. [ж.] тротуар, см. acera.

hacezuelo. [м. амен.] к haz пук, связка.

hacia. [предлог] к, по направлению к; около, приблизительно: * hacia abajo, книзу; * hacia arriba, кверху; * ¿hacia dónde?, куда?; * hacia atrás, назад; * hacia adelante, вперёд.

hacienda. [ж.] имение; поместье; имущество, богатство состояние; финансы; (обл.) (Амер.) скот; [множ.] домашние дела: * Hacienda Pública, национальное (государственное) имущество; * Ministerio de Hacienda, министерство финансов.

hacina. [ж.] скирда, стог; (перен.) куча, груда.

hacinador, ra. [м. и ж.] тот, кто сваливает в кучу и т. д.

hacinamiento. [м.] складывание в скирды, в стога; сваливание в кучу; нагромождение, скопление.

hacinar. [перех.] складывать в скирды, в стога; (перен.) сваливать в кучу; нагромождать; hacinarse. [возв. гл.] скопляться.

hacha. [ж.] толстая восковая свеча; смольной факел; (Амер.) детская игра.

hacha. [ж.] топор; (старинный) испанский танец: * ser un hacha, хорошо владеть (чем-л)

hachar. [перех.] см. hachear.

hachazo. [м.] удар топором; (Амер.) скачок, прыжок в сторону (о лошади).

hache. [ж.] название буквы h.

hachear. [перех.] обтёсывать топором; [неперех.] ударять топором.

hachero. [м.] подсвечник (для факела).

hachero. [м.] тот, кто работает с помощью топора, топорщик; (воен.) сапёр.

hacheta. [ж. умен.] к hacha, топорик.

hachita. [ж.] (Амер.) детская игра.

hacho. [м.] смолистый факел; высокое место на берегу; (арг.) вор.

hachón. [м.] факел; толстая свеча; костёр, жаровня для освещения.

hachote. [м. увел.] к hacha, топор; (мор.) факел.

hachudo. [м.] (Амер.) род сардины.

hachuela. [ж. умен.] к hacha, топорик.

hada. [ж.] фея, волшебница: * cuento de hadas, волшебная сказка.

hadado, da. [страд. прич.] к hadar; [прил.] к судьбе; волшебный, дивный.

hadar. [перех.] предвещать; предопределять судьбу; околдовывать.

hado. [м.] судьба, рок, участь, доля; провидение.

haedo. [м.] (обл.) буковая роща, см. hayal.

hafiz. [м.] сторож, хранитель.

hagada. [ж.] молитва накануне Пасхи (у Евреев).

hagiasma. [ж.] водосвятие.

hagiasma. [м.] hagiasma; святый хлеб.

hagiografía. [ж.] священноописание; жизнеописание святых, гагиография.

higiográfico, ca. [прил.] гагиографический.

hagiógrafo. [м.] гагиограф, жизнеописатель святых.

haitiano, na. [прил.] гаитский; [м. и ж.] житель, (-ница) Гаити.

¡hala! [межд.] ну,! не унывай(те)!, скорей!, смелей!; поди сюда!, эй!

halacabuyas. [м.] (мор.) грубый, невежественный моряк.

halagador, ra. [прил.] см. halagüeño.

halagüeñamente. [нареч.] лестно; льстиво.

halagar. [перех.] льстить, угождать, расхваливать; доставлять удовольствие.

halago. [м.] лесть; ласка, выражение привязанности.

halagüeño, ña. [прил.] льстивый; лестный; ласкающий; многообещающий; приятный, пленительный.

halar. [перех.] (мор.) тянуть; (Амер.) тянуть к себе.

halcón. [м.] сокол: * halcón coronado, лунь полевой; * halcón lanero, см. alfaneque; * halcón gentil, см. nebli.

halconado, da. [прил.] похожий на сокола.

halconear. [неперех.] бегать за мужчинами (о женщине).

halconera. [ж.] соколиный двор.

halconería. [ж.] соколиная охота.

halconero, ra. [прил.] бегающий за мужчинами (о женщине); [м.] сокольничий, сокольник.

halda. [ж.] юбка; мешочная ткань; см. haldada; (обл.) см. regazo: * de haldas o de mangas, так или иначе.

haldada. [ж.] содержимое складки подола.

haldear. [неперех.] быстро ходить (о человеке в юбке).

haldudo, da. [прил.] с длинной юбкой.

¡hale! [межд.] см. ¡hala!

haleche. [м.] анчоус (рыба).

halieto. [м.] орлан (птица).

haliéutico, ca. [прил.] рыболовный.

haligote. [м.] (обл.) род краснопёрого спара (рыбы).

haliotis. [м.] (зоол.) морское ушко, уховидка.

halíptero, ra. [прил.] (зоол.) летающий над морем.

haliterio. [м.] (палеон.) ископаемое млекопитающее третичного периода семейства сирен.

hálito. [м.] дыхание, дух; испарение; (поэт.) дуновение.

halitoso, sa. [прил.] насыщенный парами; в форме пара; (пат.) влажный (о коже).

halo. [м.] гало (световое кольцо вокруг солнца, луны).

halófilo, la. [прил.] (бот.) любящий солончаковую почву (о растениях).

halofita. [ж.] (бот.) солончаковое растение.

halógeno, na. [прил.] (хим.) солетворный, образующий галоидные соли.

halografía. [ж.] солеописание.

halográfico, ca. [прил.] относящийся к солеописанию.

haloideo, a. [прил.] (хим.) галоидный.

haloisita. [ж.] (мин.) галлуазит.

halología. [ж.] рассуждение о солях.

halomancia. [ж.] гадание солью, солегадание.

halómetro. [м.] галометр, солемер.

halón. [м.] см. halo.

haloque. [м.] старинный корабль.

haloquímica. [ж.] галохимия, химия солей.

halotecnia. [ж.] галотехния, приготовление солей.

halotriquita. [ж.] (мин.) галотрихит.

haloza. [ж.] деревянный или железный башмак.

halterio. [м.] гиря, шар для увеличения размаха руками при прыжке; [множ.] (спорт.) гири, гантели; (зоол.) жужжальцы или равнотяжи (недоразвитая пара крыльев мух и комаров).

halterofilia. [ж.] (спорт.) тяжелая атлетика.

halurgia. [ж.] наука добывания и обработки солей.

hallada. [ж.] нахождение (действие).

hallado, da. [страд. прич.] к hallar; [прил.] * bien hallado, в хороших отношениях, в добром согласии; * mal hallado, в плохом согласии.

hallador, ra. [прил.] находящий (тже. сущ.); (мор.) спасающий остатки кораблекрушения и т. д. (тже. сущ.).

hallante. [действ. прич.] к hallar, находящий и т. д.

hallar. [перех.] найти, находить; встречать; находить, открывать, изобретать; замечать; отыскать, обнаружить; hallarse [возв. гл.] находиться, присутствовать, быть (в каком-л состоянии).

hallazgo. [м.] нахождение; находка; открытие; наградная сумма за нахождение чего-л.

halleflinta. [ж.] (геол.) геллефлинта.

hallulla. [ж.] hallullo. [м.] хлеб испечённый под жаром; (Амер.) мучная лепёшка.

hamaca. [ж.] гамак; (мор.) подвесная койка.

hamacar. [перех.] (Амер.) качать (в гамаке, люльке и т. д.).

hamadríada, hamadríade. [ж.] (миф.) дриада; гамадрил, собачий павиан (обезьяна).

hámago. [м.] пчелиный клей; (перен.) досада; тошнота.

hamaquear. [перех.] (Амер.) см. hamacar; (перен.) надоедать, утомлять.

hamaquero. [м.] тот, кто изготовляет или продаёт гамаки; крюк для подвески гамака.

hamartritis. [ж.] (пат.) одновременное заболевание нескольких суставов.

hambre. [ж.] голод; недостаток, нужда в чём-л; (перен.) страстное желание, жажда: * hambre canina, волчий голод; * matar el hambre, заглушать голод; * morir(se) de hambre, умирать с голоду; находиться в крайности, в крайней нужде; * tengo hambre, мне хочется есть, я голоден; * matar de hambre, заставлять голодать, морить голодом; * a buen hambre no hay pan duro, голодному Федоту и репа в охоту, голодному всё вкусно; * juntarse el hambre con la gana de comer, (перен.) горе, да на беде женится.

hambreado, da. [страд. прич.] к hambrear; [прил.] (Амер.) голодный, изголодавшийся.

hambreador, ra. [прил.] заставляющий голодать; (Амер.) спекулянтский; [м. и ж.] (Амер.) крупный спекулянт.

hambrear. [перех.] морить голодом; [неперех.] голодать.

hambriento, ta. [прил.] голодный, изголодавшийся; (перен.) жаждущий чего-л; [м. и ж.] голодающий, (-ая).

hambrina. [ж.] (обл.) сильный голод.

hambrío, bría. [прил.] (обл.) голодный, изголодавшийся.

hambrón, na. [прил. и сущ.] (разг.) очень голодный; ненасытный.

hambruna. [ж.] (Амер.) сильный голод.

hamburgués, sa. [прил.] относящийся к Гамбургу; [м. и ж.] уроженец, (-ка) этого города.

hamiforme. [прил.] имеющий форму рыболовного крючка.

hamo. [м.] рыболовный крючок.

hampa. [ж.] образ жизни воров, бродяг и т. д.; образ жизни пройдохи и т. д.

hampesco, ca. [прил.] относящийся к образу жизни воров, бродяг и т. д., воровской.

hampo, pa. [прил.] см. hampesco; [м.] образ жизни воров, бродяг и т. д.

hampón. [м.] драчун, забияка, задира.

hampudo, da. [прил.] (обл.) сильный, крепкий.

hamster. [м.] (зоол.) хомяк.

hamular. [прил.] имеющий форму крюка; снабжённый крючками.

hámulo. [м.] крючок, рыболовный крючок (маленький).

handicap. [м.] (англ.) гандикап.

handicapar. [перех.] уравнивать шансы участников состязания на скачках; (перен.) поставить кого-л в невыгодное положение.

hanega, hanegada. [ж.] (м. употр.) см. fanega, fanegada.

hangar. [м.] (фран.) ангар для самолётов.

hannoveriano, na. [прил.] гановерский; [м. и ж.] гановерец, уроженец, (-ка) Ганновера.

hansa. [ж.] (ист.) ганза, ганзейский союз.

hanseático, ca. [прил.] ганзейский.

hapale. [зоол.] см. tití.

hapaloniquia. [ж.] (пат.) мягкость, неороговение ногтей.

haplopétalo, la. [прил.] (бот.) сростнолепестной.

háptico, ca. [прил.] осязаемый, осязательный.

haragán, na. [прил.] ленивый; [м. и ж.] лентяй, (-ка), бездельник, (-ица).

haraganamente. [нареч.] лениво и т. д.

haraganear. [неперех.] бездельничать, лодырничать, лениться.

haraganería. [ж.] праздность; леность, бездельничанье.

haraganoso, sa. [прил.] (м. употр.) см. haragán.

harambel. [м.] см. arambel.

harapiento, ta. [прил.] оборванный, рваный, покрытый рубищем; одетый в лохмотья.

harapo. [м.] тряпка; слабая разведенная водка; [множ.] старое платье, отрепья, лохмотья, рвань, рубище; * cubierto de harapos, в лохмотья.

haraposo, sa. [прил.] оборванный, одетый в лохмотья.

haras. [м.] (Амер.) конный завод.

harbullar. [перех.] бормотать, см. farfullar.

harbullista. [прил. и сущ.] (м. употр.) см. farfullador.

harca. [ж.] (воен.) (в Марокко) отряд; отряд мятежников.

harén или harem. [м.] (непр. см. serrallo), гарем.

harense. [прил.] относящийся к Харо; [м. и ж.] уроженец, (-ка) этого города.

harfango. [м.] сова-белянка.

hargánear. [неперех.] (обл.) бездельничать, лениться.

harija. [ж.] мучная пыль (при помоле).

harina. [ж.] мука: * harina fósil, (геол.) инфузорная земля, кизельгур; * harina lacteada, детская мука; * estar metido en harina, уйти с головой в работу; * hacer buena, или mala, harina, (разг.) поступать хорошо (дурно); * hacer harina, разбить вдребезги; * eso es harina de otro costal, это совсем другое дело; * donde no hay harina, todo es mohína, голодному на ум веселье не идёт.

harinado. [м.] мучной раствор.

harinear. [неперех.] (Амер.) моросить.

harineo. [м.] (Амер.) мелкий дождь.

harinero, ra. [прил.] мучной; [м. и ж.] торговец мукой, мучник; лабазник (уст.); лабаз, помещение для хранения муки.

harinilla. [ж. умен.] к harina; (Амер.) мука простого размола.

harinoso, sa. [прил.] мучнистый.

harma. [ж.] (бот.) рута (одна из разновидностей).

harmatan. [м.] жаркий и сухой африканский ветер.

harmófano, na. [прил.] (мин.) явносоставный.

harmonía, harmónico, и т. д., см. armonía, armónico и т. д.

harmosta. [м.] военный начальник (Спартанцев).

harmótomo. [м.] (мин.) гармотом, крестовый камень.

harneadura. [ж.] (Амер.) просеивание (через грохот, решето).

harnear. [перех.] (Амер.) просеивать (через грохот, решето).

harnerero, ra. [м. и ж.] см. criba.

harnerero, ra. [м. и ж.] тот, кто изготовляет или продаёт сита.

harnero. [м.] сито: * estar hecho un harnero, быть изрешечённым пулями.

harón, na. [прил.] ленивый: * sacar de harón, оживлять.

haronear. [неперех.] лениться, бездельничать.

haron(er)ía. [ж.] леность, бездельничанье, праздность.

harpa, harpado, и т. д., см. arpa, arpado и т. д.

harpagón, na. [прил.] (Амер.) очень худой.

harpía. [ж.] см. arpía; гарпия (хищная птица).

harpillera. [ж.] мешочная ткань, мешковина; упаковочная ткань.

harqueño, ña. [прил.] принадлежащий к harca.

harrado. [м.] (арх.) входящий угол.

¡harre! [межд.] ну! (понукание лошади)

harrear, harría, harriero. см. arrear, arría, arriero.

harruquero. [м.] (обл.) погонщик вьючных животных, см. arriero.

hartabellacos. [м.] винная ягода, фига (одна из разновидностей).

hartada. [ж.] насыщение; пресыщение.

hartar. [перех.] насыщать; (перен.) удовлетворять (аппетит, желание); пресыщать; осыпать; утомлять, надоедать; **hartarse.** [возв. гл.] насыщаться, наедаться; пресыщаться, удовлетворять (аппетит, желание): * hartar de palos, осыпать ударами.

hartazgo. [м.] насыщение; пресыщение: * darse un hartazgo, пичкаться чем-л, пресытиться.

hartazón. [м.] hartera, [ж.] (Амер.) см. hartazgo.

hartita. [ж.] (мин.) гартит.

harto, ta. [непр. страд. прич.] к hartar, сытый, насытившийся; [прил.] достаточный; [нареч.] достаточно: * estoy harto, хватит, надоело.

hartolana. [ж.] (обл.) мята.

hartón. [м.] (арг.) хлеб.

hartura. [ж.] см. hartazgo; изобилие; (перен.) удовлетворение.

hasaní. [прил.] марокканский (о монете).

hasiglipac. [м.] (Амер.) соус из тыквенных семечек.

hasta. [предлог] до; по; на; в; [нареч.] также, даже (употр. как союз): * hasta la ciudad, до города; * hasta ahora, до сих пор; * hasta el extremo, до предела; * hasta no poder más, до отказа; до потери сил; * con el agua hasta la rodilla, по колено в воде; * (él) llegó hasta Africa, он поехал в самую Африку; * hasta en el (mismo) infierno, и в самом аду; ¡hasta luego!, ¡hasta la vista!, ¡hasta otro día!; до скорого!, до скорого свидания!; * ¿hasta cuándo? доколе?; * hasta que, до тех пор, пока...; * (él) quiere hasta a sus enemigos, он любит даже врагов своих; * no te vayas hasta que (yo) vuelva, не уезжай отсюда, пока я не возвращусь.

hastial. [м.] (арх.) фронтон здания; грубый, неотёсанный человек, грубиян; (обл.) (чаще множ.) см. porche; (гор.) стена выработки.

hastiar. [перех.] вызывать отвращение, отбивать охоту; надоедать, наскучивать.

hastío. [м.] отвращение к еде (преимущ. от пресыщения); (перен.) досада, скука.

hastiosamente. [нареч.] с отвращением и т. д.

hastioso, sa. [прил.] противный, докучливый, утомительный, надоедливый.

hataca. [ж.] большая деревянная ложка; скалка (для теста).

hatada. [ж.] (обл.) см. hatería.

hatajador. [м.] (Амер.) погонщик вьючных животных.

hatajar. [перех.] делить скот на небольшие стада.

hatajo. [м.] маленькое стадо; совокупность; множество.

hatchetina. [ж.] (мин.) ископаемый сперматоцет, горное сало, гатчетит.

hatear. [неперех.] укладываться; давать бельё, запасы и т. д. пастухам, шахтёрам, поденщикам.

hatería. [ж.] бельё, пищевые продукты, запасы и т. д. для пастухов, шахтёров, поденщиков.

hatero, ra. [прил.] приносящий бельё, запасы и т. д. пастухам (о мулах и т. д.); [м.] тот, кто приносит запасы пастухам; (Амер.) владелец животноводческой фермы.

hatijo. [м.] покрышка улья.

hatillo. [м. умен.] к hato, маленькое стадо: * echar el hatillo al mar, сердиться, раздражаться; * coger или tomar el hatillo, уходить, уезжать; приготовляться в путь.

hato. [м.] пожитки, необходимые принадлежности; небольшое стадо; место ночлега пастухов; см. hatería; (перен.) множество, обилие, скопище; сборище; (разг.) кружок, собрание, банда; (разг.) (Амер.) животноводческая ферма: * liar el hato, приготовляться в путь; * andar con el hato a cuestas, часто менять местожительство; * menear el hato a uno, поколотить кого-л; * hato y garabato, всё добро; * revolver el hato, вызывать смуту.

hausmanita. [ж.] (мин.) гаусманнит.

haustorio. [м.] (зоол.) сосательный хоботок.

haustro. [м.] выпуклости толстой кишки.

haxix. [м.] гашиш (наркотическое вещество).

haxixismo. [м.] отравление гашишем.

hay. 3 л. ед. ч. наст. вр. от гл. haber (употр. безл.): есть, имеется.

haya. [м.] (бот.) бук.

hayaca. [ж.] сорт волована (слоёного пирога).

hayal, hayedo. [м.] буковая роща.

hayesina. [ж.] (мин.) гайезин, борокальцит.

hayo. [м.] (бот.) кока (дерево); (Амер.) жвачка из листьев коки.

hayornal. [м.] лес или роща hayornos.

hayorno. [м.] (бот.) бук больших размеров.

hayucal. [м.] (обл.) буковый лес, буковая роща.

hayuco. [м.] буковый орех.

haz. [м.] (воен.) (уст.) строй войск.

haz. [м.] лицо; лицевая сторона (ткани); вид, облик (уст.) фасад: * haz de la tierra, поверхность земли; * a dos haces, лицемерно; * a sobre haz, по виду; * ser de dos haces, быть двуличным.

haz. [м.] сноп; пук, пучок; вязанка, связка.

haza. [ж.] пашня, посевная площадь: * mondar la haza, (перен.) (разг.) расчищать что-л.; разъяснять.

hazaleja. [ж.] полотенце.

hazana. [ж.] (обл.) домашнее занятие.

hazanar. [неперех.] (обл.) старательно работать; выбиваться из сил, уставать.

hazaña. [ж.] подвиг, геройский поступок.

hazañería. [ж.] жеманство, лицемерное удивление, лицемерная боязнь и т. д.

hazañero, ra. [прил.] лицемерно боязливый, лицемерно удивляющийся и т. д.; деланный, напускной.

hazañosamente. [нареч.] мужественно, смело и т. д.

hazañoso, sa. [прил.] геройский, героический.

hazmerreír. [м. и ж.] посмешище: * ser el hazmerreír de todo el mundo, быть всеобщим посмешищем.

hazuela. [ж. умен.] к haza.

he. [нареч.] * he aquí, вот, здесь; * he allí, вот, вон, там; * heme aquí (allá) вот и я; * hete aquí (allá), вот и ты.

hebdómada. [ж.] неделя; семилетний период.

hebdomadariamente. [нареч.] еженедельно.

hebdomadario, ria. [прил.] еженедельный, недельный; [сущ.] очередной, недельный священник и т. д.

hebe. [ж.] лобковые волосы; см. pubertad.

hebetar. [перех.] (м. употр.) притуплять, ослаблять.

hebético, ca. [прил.] относящийся к половой зрелости.

hebetud. [ж.] (мед.) отупение, ослабление умственных способностей.

hebijón. [м.] шпенёк (у пряжки).

hebilla. [ж.] пряжка.

hebillaje. [м.] пряжки (одежды и т. д.).

hebillero, ra. [м. и ж.] тот, кто изготавливает или продаёт пряжки.

hebillón. [м. увел.] к hebilla, большая пряжка.

hebilluela. [ж. умен.] к hebilla, пряжечка.

hebotomia. [ж.] (хир.) боковое рассечение или распиливание тазового кольца при узком тазе.

hebra. [ж.] нитка; волокно; шафранное рыльце; нить речи; жила (о руде); [множ.] (поэт.) волосы: * pegar la hebra, (разг.) заводить разговор; * cortar la hebra de la vida, лишить жизни; * estar или ser de buena hebra, быть крепким; * de una hebra, одним духом.

hebraico, ca. [прил.] (древне)еврейский; древнееврейская религия.

hebraísmo. [м.] гебраизм, еврейский оборот речи.

hebraísta. [м. и ж.] гебраист, знаток древнееврейского языка.

hebraizante. [дейст. прич.] к hebraizar; [м. и ж.] см. hebraísta; иудействующий.

hebraizar. [неперех.] употреблять древнееврейские обороты речи.

hebreo, a. [прил.] еврейский, древнееврейский; [м. и ж.] еврей, (-ка); [м.] (древне-)еврейский язык; (перен.) (разг.) торговец.

hebrero. [м.] см. herbero.

hebroso, sa. [прил.] см. fibroso.

hebrudo, da. [прил.] (обл.) (Амер.) см. hebroso.

hecatombe. [ж.] (ист.) гекатомба; (перен.) массовое убийство, избиение, бойня.

hecatombeas. [ж. множ.] жертвоприношение ста быков (у Греков).

hecatombeón. [м.] (хрон.) 1-й месяц (олимпийского года).

hecatomfonias. [ж. множ.] принесение ста жертв (у Афинян).

hectárea. [ж.] гектар.

hecticidad. [ж.] (пат.) изнурение, истощение.

héctico, ca. [прил.] (пат.) изнурительный, истощающий: * fiebre héctica, изнурительная лихорадка.

hecticopira. [ж.] (пат.) изнурительная лихорадка.

hectiquez. [ж.] (пат.) см. hecticidad.

hecto. приставка, обозначающая сто-, гекто.

hectocotilo. [м.] (зоол.) оторвавшееся и свободно плавающее щупальце головоногого моллюска.

hectoédrico, ca. [прил.] (мин.) шестигранный.

hectoedro. [м.] (мин.) шестигранник.

hectógrafo. [м.] гектограф: * sacar copias con un hectógrafo, гектографировать; * relativo al hectógrafo, гектографический.

hectogramo. [м.] гектограмм.

hectolitro. [м.] гектолитр.

hectómetro. [м.] гектометр.

hectóreo, a. [прил.] к Гектор.

hecha. [ж.] (уст.) дело, поступок, действие; (обл.) старинный оросительный налог: * de esta hecha, впредь, отныне.

hechiceresco, ca. [прил.] колдовской.

hechicería. [ж.] колдовство, волшебство, чарование, обаяние.

hechicero, ra. [прил.] колдовской, волшебный, очаровывающий; (перен.) очаровательный, очаровывающий; [м. и ж.] чародей, (-ка), колдун, (-ья), волшебник, (-ица).

hechizador, ra. [м. и ж.] колдун, (-ья), волшебник, (-ица), чародей, (-ка).

hechizar. [перех.] околдовать; очаровать, обворожить, прельщать.

hechizo, za. [прил.] притворный, деланный; съёмный, переносный; сделанный по всем правилам искусства; [м.] волшебство, колдовство, чары; (перен.) очаровательный человек или вещь.

hecho, cha. [непр. страд. прич.] к hacer, сделанный, изготовленный, законченный; [прил.] зрелый; готовый; совершённый; сложившийся (о человеке); похожий: * bien hecho, складный, хорошо сложённый; * vino hecho, готовое, выдержанное вино; * hecho una fiera, разъярённый; * dicho y hecho, сказано-сделано; * del dicho al hecho va mucho trecho, от сказанного до сделанного далёкий путь; * ¡hecho! есть!, ладно!; * a lo hecho pecho, сделано, и ничего больше не поделаешь, от слов до дела далеко (сто перегонов); скоро сказка сказывается, да не скоро дело делается; взявшись за гуж, не говори, что не дюж; * a caso hecho, нарочно, умышленно; [м.] дело, деяние, поступок; происшествие, приключение, случай, событие; факт: * hecho de armas, военный подвиг; * hecho probado, достоверный факт; * a hecho, непрерывно; * de hecho, действительный, фактический.
hechor, ra. [м. и ж.] (обл.) (Амер.) см. malhechor; [м.] (Амер.) жеребец-производитель.
hechura. [ж.] изготовление, выделка; форма, структура; внешний вид; покрой; плата за работу, стоимость работы; творение, создание; креатура, ставленник, статуя: * no tener hechura, быть невозможным; * por la hechura, за работу (пошивку и т. д.).
hechusgo. [м.] (Амер.) внешний вид.
hedembergita. [ж.] (мин.) геденбергит.
hedentina. [ж.] зловоние; зловонное место.
heder. [неперех.] вонять; (перен.) надоедать, вызывать досаду, раздражение, докучать; [непр. гл.] спрягается как entender.
hederáceas. [ж. множ.] (бот.) плющевые растения.
hederáceo, a. [прил.] (бот.) плющевый.
hedero. [м.] (бот.) плющ.
hediente. [действ. прич.] к heder, вонючий.
hedífano. [м.] (мин.) разновидность мимéтита.
hediondamente. [нареч.] смрадно.
hediondez. [ж.] вонь, зловоние, смрад; вонючая вещь.
hediondo, da. [прил.] вонючий, зловонный, смрадный; (перен.) отвратительный, отталкивающий; омерзительный, противный; непристойный, похабный; невыносимый, досадный, надоедливый; [м.] (бот.) вонючка.
hedonismo. [м.] (фил.) гедонизм.
hedor. [м.] вонь, зловоние, смрад.
hedrocele. [ж.] (пат.) грыжа промежности, седалищная грыжа прямой кишки, выпадение прямой кишки.
hegelianismo. [м.] (фил.) гегельянство.
hegeliano, na. [прил.] (фил.) гегельянский; [м. и ж.] гегельянец, (-ка).
hegemonía. [ж.] гегемония, главенство.
hégira, héjira. [ж.] геджра, хиджра (бегство Магомета из Мекки в Медину), от которого мусульмане ведут своё летосчисление).
hegúmeno. [м.] игумен, настоятель монастыря.
heiduque. [м.] гайдук.
helable. [прил.] способный замерзать, замораживаемый.
helada. [ж.] мороз; замерзание: * helada blanca, иней; * caer heladas, морозить.

heladera. [ж.] мороженица; ледник, холодильник; (Амер.) сосуд для мороженого.
heladería. [ж.] (Амер.) место где приготовляют или продают мороженое.
heladero. [м.] (Амер.) продавец прохладительных напитков.
heladizo, za. [прил.] легко и быстро замерзающий.
helado, da. [страд. прич.] к helar; [прил.] очень холодный, ледяной, обледенелый, замороженный; (перен.) леденящий; холодный, враждебный; в недоумении; остолбеневший; испуганный; [м.] мороженое; напиток охлаждённый во льду.
helador, ra. [прил.] замораживающий и т. д.; [ж.] мороженица.
helamiento. [м.] замораживание; замерзание.
helar. [перех.] замораживать, студить; (перен.) холодить (душу, сердце); охлаждать (воодушевление и т. д.); леденить, приводить в оцепенение, в ужас. [неперех.] мёрзнуть, замерзать: * está helando, hiela, морозит; helarse: [возв. гл.] мёрзнуть, замерзать; [непр. гл.] спрягается как acertar.
helcoideo, a. [прил.] имеющий форму язвы.
helcología. [ж.] (мед.) учение о язвах и нарывах.
helcoma. [ж.] язва.
helcoplastia. [ж.] пластическое закрытие дефектов, образовавшихся вследствие язв.
helcosis. [ж.] (мед.) изъязвление.
helear. [перех.] делать очень горьким.
helechal. [м.] заросли папоротника, место, поросшее папоротником.
helecho. [м.] (бот.) папоротник.
helena. [ж.] огонь Св. Эльма (огоньки виднеющиеся иногда на верху мачт).
helénico, ca. [прил.] эллинский, древнегреческий.
helenina. [ж.] (хим.) инулин.
helenio. [м.] (бот.) ольха.
helenismo. [м.] эллинизм, греческий оборот речи; влияние древнегреческой культуры.
helenista. [м.] эллинист.
helenístico, ca. [прил.] эллинистический.
helenización. [ж.] распространение греческого влияния.
helenizar. [перех.] (м. употр.) распространять греческое влияние.
heleno, na. [прил.] (древне)греческий; [м. и ж.] эллин, (-ка), древний грек, грек.
helépolis. [м.] (воен.) стенобитная машина (у Древних).
helera. [ж.] маленькая опухоль в гузке (у птиц).
helero. [м.] горный ледник, глетчер; пространство, покрытое снегом и льдом.
helespóntico, ca. [прил.] относящийся к Неллеспонту.
helgado, da. [прил.] с неровными и редкими зубами.
helgadura. [ж.] промежуток между двумя зубами; неровность (о зубах).
heliaco, a. [прил.] (астр.): * orto, ocaso heliaco, восхождение, захождение звезды, близкое по времени к восходу или закату солнца.
heliantáceo, a. [прил.] похожий на подсолнечник.
heliantemo. [м.] (бот.) солнцецвет.
helianto. [м.] (бот.) подсолнечник.
heliastas. [м. множ.] гелиасты, члены гражданского суда (в Афинах).
hélice. [ж.] (геом.) спираль, спиральная, винтовая линия; (анат.) завиток уха; винт (корабельный или воздушный); [ж.] Большая Медведица.
helicino, na. [прил.] улитковый; спиральный, винтовой.

helicoidal. [прил.] винтообразный, спиральный, винтовой.
helicoide. [м.] (геом.) геликоид.
helicómetro. [м.] (мор.) прибор для измерения действительной мощности винта.
helicón. [м.] геликон (муз. инструмент).
helicóptero. [м.] (ав.) геликоптер, вертолёт.
helicosofía. [ж.] (геом.) искусство черчения спиральных линий.
helicotremo. [м.] (анат.) отверстие в улитке (во внутреннем ухе).
helio. [м.] (хим.) гелий.
heliocéntrico, ca. [прил.] (астр.) гелиоцентрический.
helicometa. [ж.] (астр.) огненный столп или хвост (при захождении солнца).
heliocromía. [ж.] гелиохромия.
heliofilia. [ж.] любовь к свету.
heliófilo, la. [прил.] гелиофильный.
heliofobia. [ж.] (мед.) гелиофобия, светобоязнь.
heliófobo, ba. [прил.] гелиофобный.
heliogábalo. [м.] обжора.
heliograbado. [м.] (полигр.) гелиогравюра.
heliografía. [ж.] гелиография, солнцеописание; см. heliograbado.
heliográfico, ca. [прил.] гелиографический.
heliógrafo. [м.] гелиограф.
heliograma. [м.] сообщение, переданное по гелиографу.
heliolatría. [ж.] религиозное поклонение солнцу.
heliómetro. [м.] (физ.) гелиометр (инструмент для измерения видимого диаметра светил).
helioscopio. [м.] (астр.) гелиоскоп (инструмент для солнечных наблюдений).
heliosis. [ж.] (пат.) солнечный удар.
heliostático, ca. [прил.] (физ.) принадлежащий к гелиостату.
helióstato. [м.] (физ.) гелиостат.
helioterapia. [ж.] гелиотерапия, лечение солнечными лучами.
heliotropina. [ж.] (хим.) гелиотропин.
heliotropio. [м.] (бот.) гелиотроп, солнцеворот.
heliotropismo. [м.] (бот.) гелиотропизм (свойство некоторых растений обращаться к солнцу).
heliotropo. [м.] (бот.) гелиотроп; (мин.) гелиотроп, темнозелёная яшма с красными брызгами; (физ.) сорт гелиостата.
heliozoarios. [м. множ.] (зоол.) солнечники.
helmintagogo, ga. [прил.] (мед.) глистогонный; [м.] глистогонное средство.
helmintiasis. [ж.] (мед.) глистная болезнь, скопление глистов в кишечнике.
helmíntico, ca. [прил.] глистный; противоглистный.
helminto. [м.] глист, гельминт.
helmintofobia. [ж.] (мед.) боязнь заражения глистами.
helmintoideo, a. [прил.] глистообразный.
helmintología. [ж.] гельминтология, наука о глистах.
helmintológico, ca. [прил.] гельминтологический.
heloda. [ж.] (пат.) потовая, болотная лихорадка.
helopitecos. [м. множ.] (зоол.) семейство цепкохвостых обезьян или обезьян Нового Света.
helor. [м.] (обл.) жестокая, лютая стужа.
helosis. [ж.] (пат.) заворот век.
helveciense. [прил.] (геол.) гельветский; [м.] гельветский ярус, средний миоцен.
helvecio, cia. [прил.] гельветический, швейцарский; [м. и ж.] житель, (-ница) Гельвеции, гельвет, швейцарец, (-ка).
helvela. [ж.] (бот.) строчок, бабура, съедобный гриб.
helvético, ca. [прил. и сущ.] см. helvecio.

helvina. [ж.] (мин.) гельвин.
hemabarómetro. [м.] измеритель удельного веса крови.
hemafobia. [ж.] кровобоязнь.
hemaglutinación. [ж.] (пат.) склеивание эритроцитов.
hemaglutinina. [ж.] (пат.) агглютинины, вызывающие склеивание кровяных телец.
hemangioendotelioma. [м.] (пат.) злокачественная опухоль, эндотелиома, исходящая из эндотелия кровеносных сосудов.
hemartrosis. [ж.] кровоизлияние в полость сустава.
hemastática. [ж.] (мед.) учение о равновесии крови.
hematemesis. [ж.] (пат.) кровавая рвота.
hematidrosis. [ж.] (пат.) кровавый пот.
hematie. [м.] (физиол.) красный кровяной шарик, эритроцит.
hematina. [ж.] (хим.) гематин.
hematinuria. [ж.] (пат.) жёлтая лихорадка.
hematita, hematites. [ж.] (мин.) гематит, красный железняк.
hematoblasto. [м.] (физиол.) зародышевый эритроцит.
hematocatarsis. [ж.] очищение крови.
hematocatártico, ca. [прил.] кровоочистительный.
hematocele. [ж.] кровавая опухоль яичка или мошонки.
hematocelia. [ж.] скопление крови в полости живота.
hematocisto. [м.] кровоизлияние в мочевой пузырь; кровяная киста.
hematocolpo. [м.] (пат.) скопление менструальной крови во влагалище.
hematógeno, na. [прил.] кроверодный.
hematografía. [ж.] описание крови.
hematoideo, a. [прил.] кровавый, похожий на кровь.
hematolinfangioma. [м.] (пат.) опухоль из кровеносных и лимфатических сосудов.
hematología. [ж.] гематология.
hematólogo, ga. [м. и ж.] гематолог.
hematoma. [м.] (пат.) гематома, кровяная опухоль, кровяная шишка.
hematometra. [ж.] скопление менструальной крови в матке.
hematomicosis. [ж.] (пат.) проникновение болезнетворных грибков, бактерий в кровь.
hematomielia. [ж.] (пат.) кровоизлияние в серое вещество спинного мозга.
hematopoyesis. [ж.] кроветворение, образование красных кровяных телец.
hematorraquis. [ж.] (пат.) кровоизлияние под мозговые оболочки.
hematoscopia. [ж.] исследование крови микроскопом, с помощью спектрального анализа.
hematosis. [ж.] (физиол.) кровообразование, гематоз.
hematoso, sa. [прил.] кровяной.
hematoxilina. [ж.] (хим.) красящее вещество кампешевого дерева.
hematoxilón. [м.] (бот.) кроводревник, кампешевое дерево.
hematozoario. [м.] паразит крови.
hematuria. [ж.] (пат.) гематурия, кровь в моче.
hembra. [ж.] самка; (перен.) петля для крючка и т. д.; (тех.) литейная форма, матрица; лошадиный хвост с редкими волосами; женщина; баба, бабёнка; * flor hembra, женский цветок; [прил.] тонкий, вялый.
hembraje. [м.] (Амер.) самки стада.
hembrear. [неперех.] проявлять склонность к самке (о самце); родить только (большей частью) самок.

hembrilla. [ж.] гайка, петля для крючка и т. д.; (обл.) см. **sobeo**; чистая, белая пшеница.
hembrimachar. [перех.] (Амер.) см. **machihembrar**.
hembrita. [ж.] (Амер.) сорт маленького банана.
hembruca. [ж.] (Амер.) самка щегола.
hemeralope. [прил.] одержимый куриной слепотой.
hemeralopia. [ж.] (пат.) ночная, куриная слепота.
hemerobio. [м.] (энт.) крепка, цветочница (сетчатокрылое насекомое).
hemerocala. [ж.] (бот.) красноцветник, властоцвет, морецвет.
hemerodromo. [м.] гонец, курьер (у Древних).
hemerología. [ж.] искусство составления календарей.
hemerólogo, ga. [м. и ж.] составитель, (-ница) календаря.
hemeroteca. [ж.] учреждение, собирающее и хранящее газеты и журналы для общественного пользования; зал периодики (в библиотеках).
hemi. приставка, обозначающая полу-, геми-.
hemiablepsia. [ж.] (пат.) полуслепота.
hemianacusia. [ж.] (пат.) односторонняя потеря слуха.
hemianalgesia. [ж.] (пат.) утрата болевой чувствительности на одной стороне тела.
hemianestesia. [ж.] (пат.) нечувствительность одной половины тела.
hemianopsia. [ж.] (пат.) половинное зрение.
hemiartrosis. [ж.] (анат.) полуподвижное сочленение полусуставов.
hemiatrofia. [ж.] (пат.) односторонняя атрофия.
hemicarpo. [м.] (бот.) полуплод.
hemiciclo. [м.] полукружие, полукруг; амфитеатр.
hémico, ca. [прил.] кровяной.
hemicorea. [ж.] (пат.) хорея половины тела.
hemicránea. [ж.] (пат.) сильная боль в половине головы (мигрень).
hemiedría. [ж.] (мин.) гемиэдрия, неполногранность.
hemiédrico, ca, hemiedro, dra. [прил.] (мин.) гемиэдрический.
hemimorfita. [ж.] (мин.) гемиморфит, каламин.
hemina. [ж.] гемина (мера вместимости у Римлян); (обл.) мера ёмкости, равная 18 л.; квадратная мера, равная 939 или 628 сотым частям ара.
hemiono. [м.] (зоол.) джигетай, дикий осёл.
hemiparaplejía. [ж.] (пат.) паралич одной (нижней) конечности.
hemiparesia. [ж.] (пат.) двигательная слабость половины тела.
hemiplejía. [ж.] (пат.) паралич половины тела.
hemíptero, ra. [прил.] (энто.) полужёсткокрылый; [м.] полужесткокрылое насекомое.
hemisférico, ca. [прил.] полусферический.
hemisferio. [м.] полушарие, гемисфера: * hemisferio austral, южное полушарие; * hemisferio boreal, северное полушарие.
hemispasmo. [м.] (пат.) односторонняя судорога.
hemistiquio. [м.] полустишие.
hemitremor. [м.] (мед.) одностороннее дрожание.
hemitriglifo. [м.] (арх.) полутроересник.
hemitropía. [ж.] (мин.) гемитропия.
hemitropo, pa. [прил.] (мин.) двойниковый; сдвоенный.

hemocultivo. [м.] гемокультура, посев крови.
hemodia. [ж.] (пат.) оскомина.
hemodinamómetro. [м.] (физиол.) гемодинамометр, измеритель кровяного давления.
hemofilia. [ж.] (пат.) гемофилия.
hemoftalmía. [ж.] (пат.) кровоизлияние в глазу.
hemoglobina. [ж.] (физиол.) гемоглобин.
hemoglobinado, da. [прил.] содержащий гемоглобин.
hemoglobinuria. [ж.] (пат.) присутствие гемоглобина в моче.
hemolisina. [ж.] (хим.) вещества, растворяющие гемоглобин эритроцитов.
hemoneumotorax. [м.] скопление крови и воздуха в плевре.
hemopatía. [ж.] (пат.) болезнь крови.
hemopatología. [ж.] учение о болезнях крови, патологическая физиология крови.
hemopericardio. [м.] (пат.) скопление крови в полости сердечной сумки.
hemoperitoneo. [м.] кровоизлияние в брюшную полость.
hemopexis. [ж.] свертывание крови.
hemopiésico, ca. [прил.] увеличивающий давление крови.
hemóptico, ca. [прил.] харкающий кровью; относящийся к кровохарканию.
hemoptísico, ca. [прил.] харкающий кровью (тже. сущ.).
hemoptisis. [ж.] (пат.) кровохаркание.
hemorragia. [ж.] (пат.) геморрагия, кровотечение: * hemorragia interna, внутреннее кровоизлияние; * hemorragia cerebral, кровоизлияние в мозг.
hemorrágico, ca. [прил.] относящийся к кровотечению.
hemorrea. [ж.] (пат.) самопроизвольное кровотечение.
hemorrinia. [ж.] (пат.) кровотечение из носу.
hemorroida. [ж.] см. **hemorroide**.
hemorroidal. [прил.] (пат.) геморройный, геморроидальный.
hemorroide. [ж.] (пат.) геморрой, почечуй (уст.).
hemorroisa. [ж.] кровоточивая жена (в Евангелии); кровоточивая женщина.
hemorroo. [м.] (зоол.) рогатая гадюка (ядовитая африканская змея).
hemorroscopia. [ж.] исследование выпущенной крови.
hemoscopia. [ж.] гемоскопия.
hemosporidios. [м. множ.] паразиты красных кровяных телец.
hemostasis. [ж.] (пат.) гемостаз, застой крови.
hemostático, ca. [прил.] гемостатический, останавливающий кровотечение; [м.] кровоостанавливающее средство.
hemotimia. [ж.] склонность к убийству (злодейскому).
hemotórax. [м.] кровоизлияние в грудную полость, скопление крови в плевральной полости.
henaje. [м.] сушка сена.
henal. [м.] сеновал.
henar. [м.] луг (для сена).
henasco. [м.] (обл.) высушенная трава, остающаяся на лугах (тже. сущ.).
henazo. [м.] (обл.) стог, скирда.
henchidor, ra. [прил.] наполняющий, набивающий и т. д. (тже. сущ.).
henchidura. [ж.] заполнение; наполнение; распухание.
henchimiento. [м.] см. **henchidura**.

henchir. [перех.] наполнять, набивать; достойно занимать место; (перен.) распространять; **henchirse.** [возв. гл.] объедаться, обжираться; напиваться.
hendedor, ra. [прил.] образовывающий трещины; рассекающий.
hendedura. [ж.] см. hendidura.
hender. [перех.] образовывать трещины; (перен.) рассекать (воздух и т. д.); расталкивать толпу; [непр. гл.] спрягается как entender.
hendible. [прил.] расщепляемый.
hendidura. [ж.] щель; трещина, расщелина.
hendiente. [м.] рубящий удар.
hendija. [ж.] (Амер.) см. rendija.
hendimiento. [м.] рассечение, раскалывание, см. hendidura.
hendir. [перех.] (м. употр.) см. hender; [непр. гл.] спрягается как discernir.
henear. [перех.] сушить траву (сено).
henequén. [м.] (Амер.) (бот.) агава, столетник.
henestrosa. [ж.] заросли дрока.
hénide. [ж.] нимфа лугов.
heneficar. [перех.] шевелить, сушить сено и т. д.
henil. [м.] сеновал.
henné. [м.] (гал.) см. alheña.
heno. [м.] сено.
henojil. [м.] см. cenojil.
henoso, sa. [прил.] обильный сеном.
henótico, ca. [прил.] связывающий, связующий.
heñir. [перех.] месить тесто; [непр. гл.] спрягается как ceñir.
hepar. [м.] печень.
hepatalgia. [ж.] печёночная колика, невралгическая боль печени.
hepatapostema. [ж.] (пат.) абсцесс печени.
hepatauxia. [ж.] (пат.) гипертрофия печени.
hepatectomía. [ж.] оперативное удаление части печени.
hepatenfrasis. [ж.] (пат.) завал печени.
hepática. [ж.] (бот.) печёночница, перелеска.
hepático, ca. [прил.] печёночный.
hepaticoduodenostomía. [ж.] (хир.) операция образования соустья между почечным протоком и двенадцатиперстной кишкой.
hepaticoenterostomía. [ж.] (хир.) операция образования соустья между печёночным протоком и кишечником.
hepaticogastrostomía. [ж.] (хир.) операция образования соустья между печёночным протоком и желудком.
hepaticolitotripsia. [ж.] (хир.) операция раздробления камней в печёночном протоке.
hepatita. [ж.] (мин.) гепатит, барит, тяжёлый шпат.
hepatitis. [ж.] (пат.) гепатит, воспаление печени.
hepatización. [ж.] (пат.) опеченение.
hepatocele. [м.] (хир.) грыжа, включающая печень или часть ее.
hepatocisto. [м.] жёлчный пузырь.
hepatocistostomía. [ж.] (хир.) вырезывание жёлчного пузыря.
hepatodinia. [ж.] боль в области печени.
hepatoesplenitis. [ж.] (пат.) воспаление печени и селезенки.
hepatofima. [ж.] (пат.) опухоль печени.
hepatoflebitis. [ж.] (пат.) воспаление и тромбоз печёночных вен.
hepatogástrico, ca. [прил.] (мед.) печёночно-желудочный.

hepatógeno, na. [прил.] происходящий в печени (желтуха).
hepatografía. [ж.] описание печени.
hepatolito. [м.] (пат.) печёночный, желчный камень.
hepatología. [ж.] учение о печени.
hepatomalacia. [ж.] (пат.) размягчение печени.
hepatomegalia. [ж.] (пат.) увеличение печени.
hepatoptosis. [ж.] (пат.) опущение печени.
hepatorrafia. [ж.] (хир.) зашивание раны печени.
hepatoscopia. [ж.] исследование печени.
hepatoterapia. [ж.] лечение болезней печени.
hepatotomía. [ж.] (хир.) разрез печени.
hepiolo. [м.] (энто.) тонкопряд.
hepsómetro. [м.] (физ.) измеритель точки концентрации сиропа.
hepta-. приставка, обозначающая семи-.
heptacordio. [м.] (муз.) семиструнная лира (древних Греков).
héptada. [ж.] группа, состоящая из семи вещей.
heptaédrico, ca. [прил.] (геом.) семигранный.
heptaedro. [м.] (геом.) семигранник.
heptaginia. [ж.] (бот.) семиженство.
heptagonal. [прил.] (геом.) семиугольный.
heptágono, na. [прил.] (геом.) семиугольный; [м.] семиугольник.
heptamerón. [м.] (лит.) гектамерон, семидневник.
heptámetro. [прил.] семистопный; [м.] гептаметр, семистопный стих.
heptandria. [ж.] (бот.) семимужие; 7-ой класс Линеевой системы.
heptapétalo, la. [прил.] (бот.) семилепестный.
heptarca. [м.] (ист.) гептарх, один из королей гептархии.
heptarquía. [ж.] (ист.) гептархия, семидержавие.
heptasílabo, ba. [прил.] семисложный; [м.] септенарий, семисложеный стих.
Heptateuco. [м.] семикнижие (первые 7 книг Библии).
her. [перех.] (обл.) см. hacer.
heráclida. [прил. и сущ.] потомок Геракла.
heraldía. [ж.] должность герольда.
heráldica. [ж.] геральдика.
heráldico, ca. [прил.] геральдический.
heraldo. [м.] герольд, глашатай.
herbáceo, a. [прил.] травянистый.
herbada. [ж.] (бот.) мыльнянка.
herbajar. [перех.] пасти, выгонять на подножный корм; [неперех.] пастись.
herbaje. [м.] выгон, пастбище; плата за выгон скота; (мор.) грубая непромокаемая ткань.
herbajear. [перех. и неперех.] см. herbajar.
herbajería. [ж.] (обл.) луг; общее пастбище.
herbajero, ra. [м. и ж.] тот, кто сдаёт или берёт луг в аренду.
herbal. [прил.] (обл.) хлебный, зерновой, злаковый.
herbar. [перех.] дубить, выделывать кожу с помощью трав; [непр. гл.] спрягается как acertar.
herbario, ria. [прил.] травяной, травянистый; [м.] ботаник; гербарий; (зоол.) рубец (первый желудок у жвачных).
herbaza. [ж. увел.] к hierba, высокая трава.
herbazal. [м.] место, заросшее травой.
herbecer. [неперех.] прорастать (о траве); покрываться травой; [непр. гл.] спрягается как agradecer.
herbecica. [ж. умен.] к hierba, травка.
herbero. [м.] (зоол.) рубец (первый желудок у жвачных).

herbicida. [прил. и м.] гербицид.
herbiforme. [прил.] травянистый, имеющий форму травы.
herbívoro, ra. [прил.] (зоол.) травоядный; [м.] травоядное животное.
herbolar. [перех.] отравлять (стрелы и т. см. enherbolar.
herbolario, ria. [м. и ж.] (перен.) (разг.) сумасброд, (-ка); человек, продающий или собирающий лечебные травы; [м.] травяная лавка.
herborista. [м.] (гал.) торговец лекарственными травами.
herboristería. [ж.] (гал.) травяная лавка.
herborización. [ж.] (бот.) собирание растений, трав, ботанизирование.
herborizador, ra. [прил.] (бот.) собирающий растения, травы; [м. и ж.] собиратель, (-ница) растений, трав.
herborizar. [неперех.] (бот.) собирать растения, травы, ботанизировать.
herboso, sa. [прил.] травянистый, покрытый густой травой.
hercúleo, a. [прил.] геркулесов, геркулесовский, исполинский, богатырский.
hércules. [м.] (перен.) силач, богатырь; (миф.) Геркулес, (астр.).
herderita. [ж.] (мин.) гердерит.
heredable. [прил.] поддающийся наследству.
heredad. [ж.] имение, поместье; участок земли; наследственное имение.
heredado, da. [страд. прич.] к heredar; [прил.] см. hacendado; получающий что-л в наследство.
heredamiento. [м.] имение, поместье; (юр.) назначение наследником.
heredar. [перех.] получать в наследство; унаследовать; наследовать; оставлять в наследство; назначать наследником.
heredero, ra. [прил.] наследный; наследственный; [м. и ж.] наследник, (-ица); владелец, (-ица) имения, поместья: * heredero universal, единственный наследник; instituir (por) heredero, (юр.) назначить наследником.
herédipeta. [м. и ж.] (юр.) искатель, (-ница) наследств.
hereditariamente. [нареч.] наследственно; по праву наследства.
hereditario, ria. [прил.] наследственный.
heredosífilis. [ж.] (мед.) наследственный сифилис.
heredotuberculosis. [ж.] (мед.) наследственный туберкулёз.
hereje. [прил.] еретический; (перен.) (разг.) бесстыдный; [м. и ж.] еретик, (-чка); (перен.) (разг.) распутник, (-ица), бесстыдник, (-ица).
herejía. [ж.] ересь, лжеучение, раскол; (перен.) лжеучение; очень оскорбительное слово.
herejote, ta. [м. и ж. увел.] к hereje.
herén. [ж.] дикая чечевица.
herencia. [ж.] право наследования; наследство, достояние; наследственное имение; (перен.) наследие: * adir la herencia, (юр.) принимать наследство; herencia yacente, (юр.) выморочное имущество.
heresiarca. [м.] ересиарх, ересеначальник.
heresiografía. [ж.] история о ересях.
heresiología. [ж.] сочинение о ересях.
heretical. [прил.] еретичеcкий.
hereticidad. [ж.] еретичность, еретичество
herético, ca. [прил.] обида, еретический.
heria. [ж.] (арг.) см. hampa; (уст.) см. feria.
herida. [ж.] рана, ранение; язва; (перен.) оскорбление, обида; душевная боль, страдание: * herida penetrante, глубокая рана; * herida contusa, контузия; herida punzante, колотая рана; * tocar en la herida, задеть за живое; * renovar la herida, (перен.) бередить старую рану.

herido, da. [страд. прич.] к herir; [прил.] раненый; [сущ.] раненый, (-ая): * mal herido, тяжело раненый; * herido grave, тяжелораненый; * herido leve, легкораненый; [м.] (Амер.) см. zanja.

heridor, ra. [прил.] наносящий рану; оскорбительный.

herimiento. [м.] ранение, нанесение раны; (лингв.) зияние.

herir. [перех.] ранить; повредить, ушибить; причинять боль, страдание; падать (о солнечных лучах); задевать, перебирать (струны); неприятно действовать, поражать, раздражать (слух, зрение); (перен.) оскорблять, обижать, задевать; попадать в цель; * herir de muerte, смертельно ранить; * herir en lo vivo, задеть за живое; [непр. гл.] спрягается как sentir.

herma. [м.] столбик с головой Меркурия.

hermafrodita. [прил.] двуполый; [м. и ж.] гермафродит.

hermafroditismo. [м.] гермафродитизм, двуполость.

hermafrodito. [м.] гермафродит.

hermana. [ж.] сестра; (арг.) рубашка; монахиня; [множ.] ножницы: hermana carnal, единокровная сестра; * hermana de la Caridad, сестра милосердия; * hermana política, свояченица; золовка; невестка.

hermanable. [прил.] братнин, братский; поддающийся подбору.

hermanablemente. [нареч.] по-братски.

hermanado, da. [страд. прич.] к hermanar; [прип.] совсем подобный, схожий.

hermanamiento. [м.] братание; соответствие; подбор.

hermanar. [перех.] соединять, объединять; прилагать (сходные предметы); тесно сблизить, сдружить, создать дружеские, братские отношения; подбирать; hermanarse, [возв.] соединяться; тесно сблизиться; брататься.

hermanastro, tra. [м. и ж.] сводный брат, сводная сестра.

hermanazgo. [м.] hermandaz. [ж.] родное отношение между братьями; братство; близкая дружба; соответствие; (уст.) община, союз, лига: * Santa Hermandad, (ист.) Святая Эрмандада.

hermanear. [непрех.] обращаться по-братски.

hermanecer. [непрех.] рождаться братом; [непр. гл.] спрягается как agradecer.

hermanito, ta. [м. и ж. умен.] к hermano, hermana, братик, братец, братишка, сестрица, сестричка.

hermano. [м.] (в разн. знач.) брат: * hermano carnal, родной брат; * hermano de leche, молочный брат; * hermano de padre, единокровный брат; * hermano de madre, единоутробный брат; * medio hermano, сводный брат; * hermano político, шурин; деверь; * hermano bastardo, побочный брат; hermanos gemelos, близнецы; hermanos siameses, сиамские близнецы * hermano del trabajo см. ganapán.

hermanuco. [м.] (презр.) монашек, служка, послушник.

hermeneuta. [м.] специалист по герменевтике.

hermenéutica. [ж.] герменевтика.

hermenéutico, ca. [прил.] герменевтический.

hermes. [м.] (разг.) голова или бюст Меркурия; см. herma.

herméticamente. [нареч.] герметически, наглухо.

hermeticidad. [ж.] герметичность, непроницаемость.

hermético, ca. [прил.] герметический, герметичный, непроницаемый; (перен.) заумный, непонятный, непроницаемый.

hermetismo. [м.] герметика; магия.

hermodáctil. [м.] (чаще множ.) безвременник.

hermografía. [ж.] описание планеты Меркурия.

hermosamente. [нареч.] прекрасно; превосходно; отлично.

hermoseador, ra. [прил.] украшающий и т. д. (тже. сущ.).

hermoseamiento. [м.] украшение.

hermosear. [перех.] украшать, делать красивым.

hermoseo. [м.] (м. употр.) украшение.

hermosilla. [ж.] (бот.) разновидность колокольчика.

hermoso, sa. [прил.] красивый, прекрасный; превосходный, отличный, хороший; ясный, тёплый, безоблачный; грандиозный, внушительный: * ¡qué tiempo tan hermoso! что за чудесная погода!

hermosura. [ж.] красота; красавица.

hernia. [ж.] (пат.) грыжа.

herniación. [ж.] (пат.) образование грыжи.

herniado, da. [прил. и сущ.] страдающий грыжей.

herniaria. [ж.] (бот.) грыжник.

herniario, ria. [прил.] (пат.) грыжевой, грыжный, грыжевый.

hernioenterotomía. [ж.] (хир.) грыжесечение со вскрытием кишки или удалением части ее.

hernioideo, a. [прил.] имеющий форму грыжи.

herniología. [ж.] учение о грыжах.

herniorrafía. [ж.] (хир.) зашивание грыжи.

hernioso, sa. [прил. и сущ.] страдающий грыжей.

herniotomía. [ж.] грыжесечение.

hernutas. [м. множ.] гернгутеры, моравские братья (секта).

héroe. [м.] герой: * como un héroe, геройски, доблестно.

heroicamente. [нареч.] геройски, доблестно.

heroico, ca. [прил.] героический, геройский, доблестный; крайний, энергичный: remedio heroico, (мед.) сильнодействующее средство.

heroicómico, ca. [прил.] героикомический, героико-комический.

heroida. [ж.] (лит.) героида, героическое послание.

heroificar. [перех.] придавать героическим характером.

heroína. [ж.] героиня.

heroína. [ж.] героин (наркотик).

heroinismo. [м.] отравление героином; болезненная привычка к героину.

heroísmo. [м.] геройство, доблесть, героизм.

herpe. [м. или ж.] (чаще множ.) пузырчатый лишай.

herpético, ca. [прил.] лишайный, страдающий лишаем (тже. сущ.).

herpetiforme. [прил.] сходный с лишаем.

herpetografía. [ж.] наука о пресмыкающихся.

herpetología. [ж.] учение о лишаях; см. herpetografía.

herpil. [м.] сетчатый мешок.

herrada. [ж.] бадья.

herradero. [м.] клеймение скота; место или время клеймения скота.

herrador. [м.] кузнец.

herradora. [ж.] (разг.) жена кузнеца.

herradura. [ж.] подкова; (зоол.) род летучей мыши: * mostrar las herraduras, брыкаться; быстро убегать.

herraj(e). [м.] уголь из оливковых косточек.

herraje. [м.] железные части (какого-л предмета); совокупность подков и гвоздей к ним.

herramental. [прил. и м.] рабочая сумка кузнеца, слесаря; орудие производства.

herramienta. [ж.] орудие, (рабочий) инструмент; набор инструментов; (перен.) (разг.) зубы; рога.

herranza. [ж.] (Амер.) ковка (лошадей); оковка.

herrar. [перех.] подковывать, оковывать; клеймить калёным железом; [непр. гл.] спрягается как acertar.

herrén. [м.] кормовые травы, зелёный корм (для скота); см. herrenal.

herrenal. [м.] поле, засеянное кормовыми травами.

herrenar. [перех.] (обл.) кормить кормовыми травами, давать кормовые травы животным.

herreñal. [м.] см. herrenal.

herrera. [прил.] железный; [ж.] (рарг.) жена кузнеца.

herrería. [ж.] кузница; кузнечное ремесло; лавка кузнеца, скобяная лавка; (перен.) шум, стук.

herrerillo. [м.] дятел (птица).

herrero. [м.] кузнец: * en casa del herrero cuchillo de palo, сапожник (ходит) без сапог.

herreruelo. [м. умен.] к herrero; род дятла; старинный солдат кавалерийского полка.

herrete. [м. умен.] к hierro; металлический наконечник (на шнурках и т. д.).

herretear. [перех.] обнажать металлическими наконечниками (о шнурках и т. д.).

herrezuelo. [м.] маленькая часть железа.

herrial. [прил.] чёрный

herrín. [м.] ржавчина.

herrón. [м.] железная шайба (для игры); шайба; железный брус (для посадки растений).

herronada. [ж.] удар herrón (брусом); клевок.

herrumbrar. [перех.] покрывать ржавчиной; вызывать ржавчину.

herrumbre. [ж.] ржавчина; железистый привкус; ржа (уст.), головня.

herrumbroso, sa. [прил.] ржавый, проржавленный.

hertziano, na. [прил.]: * ondas hertzianas, радиоволны.

hervencia. [ж.] старинная пытка.

herventar. [перех.] кипятить; [непр. гл.] спрягается как acertar.

herver. [непрех.] (обл.) (Амер.) кипеть.

hervidero. [м.] кипение, клокотание; (перен.) кипящий источник; хрипение (при дыхании); толпа, толкотня.

hervido, da. [страд. прич.] к hervir; [м.] (Амер.) горячее блюдо из мяса с овощами.

hervidor. [м.] кипятильник; чайник (для щами).

herviente. [дейст. прич.] к hervir, кипящий.

hervir. [непрех.] кипеть, бурлить, клокотать; (перен.) кишеть; волноваться (о море); кипеть, бушевать (о страстях); [непр. гл.] спрягается как sentir.

hervor. [м.] кипение; бурление, клокотание; (перен.) жар, пыл: * hervor de la sangre, лёгкая сыпь; * alzar или levantar el hervor, закипеть.

hervoroso, sa. [прил.] горячий, пылкий, бурный; кипящий.

hesita. [ж.] (мин.) гессит, теллуристое серебро.

hesitación. [ж.] колебание, нерешительность.

hesitar. [неперех.] (м. употр.) колебаться, быть в нерешимости.
hespéride. [прил.] к Гесперидам; [ж. множ.] см. Pléyades.
hesperidio. [м.] гесперидий (плод).
hespérido, da. [прил.] см. hespéride; (поэт.) западный; (энт.) головчатка, толстоголовка (бабочка).
hesperis. [м.] (бот.) вечерница, ночная красавица, ночная фиалка.
Héspero. [м.] (астр.) Венера (планета) в западе.
hespirse. [возв. гл.] (обл.) гордиться, кичиться чем-л; [непр. гл.] спрягается как pedir.
hetaira. [ж.] см. hetera.
hetar. [перех.] (арг.) см. llamar.
heteo, a. [прил.] хеттский; [сущ.] хетты.
hetera. [ж.] гетера, блудница (в Афинах); см. manceba.
heterandro, dra. [прил.] разнотычинковый; [м.] (бот.) американское водяное растение.
hetería. [ж.] (ист.) гетерия, общество основанное для борьбы за греческую независимость.
heterismo. [м.] гетеризм.
hetero-. приставка, обозначающая по-другому, иначе, второй, двойной.
heterocarp(e)o, p(e)a. [прил.] (бот.) разноплодный.
heterócero. [м.] (энт.) разнорожка (жук).
heterocíclico, ca. [прил.] гетероциклический.
heteróclito, ta. [прил.] (грам.) неправильно склоняемый, отступающий от правил; (перен.) странный, причудливый.
heterocrinia. [ж.] (пат.) анормальная секреция.
heterocromo, ma. [прил.] разноцветный.
heterocronia. [ж.] (пат.) несвоевременное возникновение (ткани).
heterocrono, na. [прил.] неровный.
heterodáctilo, la. [прил.] (зоол.) разнопалый; [м. множ.] семейство разнопалых лазунов (кукушка и т. д.).
heterodermo, ma. [прил.] разнокожий, разнопокровный.
heterodino, na. [прил.] (радио) гетеродинный; [м.] гетеродин.
heterodonte. [прил.] (зоол.) разнозубый; [м.] гетеродонт.
heterodoxia. [ж.] разномыслие.
heterodoxo, ха. [прил.] иноверный; инакомыслящий (тж. сущ.).
heterofonía. [ж.] (пат.) анормальное состояние голоса.
heterogeneidad. [ж.] гетерогенность, разнородность; многообразие.
heterogéneo, a. [прил.] гетерогенный, разнородный, неоднородный, смешанного состава.
heterogenia. [ж.] (биол.) разнородное размножение, гетерогения.
heterogenita. [ж.] (мин.) гетерогенит.
heterogonia. [ж.] (зоол.) гетерогония.
heterógono, na. [прил.] (зоол.) гибридный.
heterógono, na. [прил.] (геом.) с разными углами.
heterógrado, da. [прил.] имеющий разную степень.
heterolalia. [ж.] (пат.) употребление больным не тех слов, которые он хотел бы сказать.
heterolisis. [ж.] растворение тканей под влиянием веществ, возникающих в других органах или клетках.

heteromerita. [ж.] (мин.) гетеромерит.
heterómeros. [м. множ.] (энт.) разносуставчатые жуки.
heterometría. [ж.] (пат.) образование опухоли вследствие ненормального роста ткани.
heterometropia. [ж.] различная рефракция.
heteromorfismo. [м.] гетероморфизм.
heteromorfo, fa. [прил.] гетероморфный, неодинаковой формы.
heteromorfosis. [ж.] (биол.) гетероморфоз.
heteronimia. [ж.] свойст. к разноимённый.
heterónimo, ma. [прил.] (грам.) разноимённый.
heteronomia. [ж.] гетерономия.
heterónomo, ma. [прил.] гетерономный.
heteropétalo, la. [прил.] (бот.) разнолепёстный.
heteroplastia. [ж.] (хир.) пересадка ткани от животного другого рода и вида.
heterópodo, da. [прил.] (зоол.) разноногий.
heterópteros. [м. множ.] (энт.) полужёсткокрылые насекомые.
heteroscio, cia. [прил.] (геогр.) гетероский.
heteroscopia. [ж.] (пат.) ненормальное зрение.
heterotricos. [м. множ.] (зоол.) разноресничные инфузории.
heterótropo, pa. [прил.] (бот.) гетеротропный, несогласнолежащий.
heticarse. [возв. гл.] (Амер.) заболеть чахоткой.
hético, ca. [прил.] чахоточный; [м. и ж.] чахоточный больной, (-ая).
hetiquez. [ж.] (пат.) изнурение, истощение.
hevea. [ж.] (бот.) хевея, каучуковое дерево.
hexa. приставка, обозначающая шести.
hexacanto, ta. [прил.] шестиколючковый, шестикрючечный.
hexacordio. [м.] (муз.) шестиструнный инструмент.
hexacordo. [м.] (муз.) секста.
hexactinal. [прил.] шестиколючковый и т. д.
hexaédrico, ca. [прил.] шестигранный.
hexaedro. [м.] (геом.) шестигранник.
hexagonal. [прил.] шестиугольный.
hexágono, na. [прил.] (геом.) шестиугольный; [м.] шестиугольник.
hexámetro, tra. [прил.] гекзаметрический, шестистопный; [м.] гекзаметр.
hexandro, dra. [прил.] (бот.) шеститычинковый.
hexángulo, la. [прил.] шестиугольный.
hexapétalo, la. [прил.] (бот.) шестилепестный.
hexápodo, da. [прил.] (зоол.) шестиногий.
hexasílabo, ba. [прил.] шестисложный; [м.] шестисложное слово.
hexasperm(e)o, m(e)a. [прил.] (бот.) шестисемянный.
hexástilo. [м.] (арх.) шестиколонный портик.
hexástomo, ma. [прил.] (зоол.) шестиротый.
hexatómico, ca. [прил.] шестиатомный.
hexoctaedro. [м.] (геом.) (мин.) сорокавосьмигранник.
hexodo. [м.] (физ.) гексод.
hez. [ж.] осадок, отстой, гуща (в напитках, подверженных брожению); (п е р е н.) отбросы, подонки (общества); [множ.] испражнения; отбросы.
hi. [м.] или [ж.] см. hijo.
Híadas или Híades. [ж. множ.] (астр.) гиады (группа звезд в созвездии Тельца).
hialino, na. [прил.] гиалиновый, стекловидный, стекловатый, прозрачный.
hialinosis. [ж.] гиалиновое перерождение (ткани).
hialita. [ж.] (мин.) гиалит, опал, смоляной кварц.
hialitis. [ж.] (пат.) воспаление стекловидного тела (в глазном яблоке).

hialo. [м.] (зоол.) сквознянка, стеклушка (крылоногий моллюск).
hialofana. [ж.] (мин.) гиалофан.
hialografía. [ж.] гиалография, стеклография.
hialográfico, са. [прил.] стеклографический.
hialógrafo. [м.] стеклограф.
hialoideo, a. [прил.] стекловидный, стеклянистый, стекловатый, студенистый.
hialoides. [ж.] (анат.) оболочка стекловидного тела.
hialoiditis. [ж.] (пат.) воспаление оболочки стекловидного тела.
hialomelana. [ж.] (мин.) гиаломелан.
hialomicta. [м.] (геол.) грейзен.
hialosomo, ma. [прил.] (зоол.) прозрачного тела.
hialotecnia. [ж.] технология производства стекла.
hialoturmalita. [ж.] (геол.) турмалиновая порода.
hialurgia. [ж.] гиалургия, стеклоделие.
hialúrgico, ca. [прил.] стеклодельный, стекловарный.
hiante. [прил.] с гиатусами (о стихах).
hiato. [м.] (лингв.) гиатус, зияние.
hibernación. [ж.] зимняя спячка.
hibernal. [прил.] зимний.
hibernés, sa, hibérnico, ca. [прил.] гибернский.
hibernizo, za. [прил.] зимний.
hibierno. [м.] зима.
hibisco. [м.] (бот.) мальвовое растение.
hibridación. [ж.] гибридизация, скрещивание пород.
hibridez. [ж.] hibridismo. [м.] гибридность.
híbrido, da. [прил.] гибридный, помесный, ублюдочный (прост.).
hibuero. [м.] см. higüiro.
hicaco. [м.] (бот.) антильский куст, род сливы.
hicadura. [ж.] (Амер.) верёвки гамака.
hico. [м.] (Амер.) верёвка гамака.
hidalgamente. [нареч.] благородно, великодушно.
hidalgo. [м.] (г)идальго, дворянин (в Испании); [прил.] к (г)идальго, дворянский; (перен.) благородный, великодушный, рыцарский; * hidalgo de gotera, дворянчик (мелкопоместный).
hidalgote, ta. [м. и ж. увел.] к hidalgo.
hidalguejo, ja, hidalgüelo, la, hidalguete, ta. [м. и ж. умен.] к hidalgo.
hidalguez, hidalguía. [ж.] дворянство, звание (г)идальго; (перен.) благородство честность.
hidartrosis. [ж.] (пат.) водянка сустава, скопление серозной жидкости в суставе.
hidátide. [ж.] (мед.) эхинококк, пузырчатый глист; прозрачная, мешетчатая опухоль.
hidatismo. [м.] (пат.) плеск жидкости, содержащейся в полости.
hidatógeno, na. [прил.] гидатогенный, гидрогенный.
hidatoscopia. [ж.] гадание водой (у Древних).
hidra. [ж.] (зоол.) гидра; (астр.) Водяная Змея (созвездие).
hidrácido. [м.] (хим.) гидрат окиси, водная окись.
hidracna. [ж.] (зоол.) водяной паучок.
hidragogo, ga. [прил.] (пат.) водогонный (о средстве).
hidralcohol. [м.] водный спирт, водка.
hidramnios. [м.] (пат.) чрезмерное скопление околоплодной жидкости в водной оболочке зародыша (амниотическом мешке).
hidrangea. [ж.] (бот.) гидрантея, водожилочник (кустарник); hidrangea hortensia, гортензия.
hidrargilita. [ж.] (мин.) гидраргиллит.

hidrargiria. [ж.] (пат.) кожная сыпь после ртутных втираний.
hidrargírido, da. [прил.] похожий на ртуть.
hidrargirismo. [м.] (пат.) отравление ртутью.
hidrárgiro. [м.] (хим.) ртуть.
hidrargirosis. [ж.] (мед.) втирание ртути.
hidrargiruro. [м.] (хим.) амальгама, сортучка.
hidrartrosis. [ж.] (пат.) водянка сустава.
hidrastis. [м.] (бот.) гидрастис, жёлтокорень.
hidratable. [прил.] поддающийся гидратации.
hidratación. [ж.] (хим.) гидратация.
hidratado, da. [страд. прич.] к hidratar; [прил.] водный.
hidratar. [перех.] (хим.) гидратировать.
hidrato. [м.] (хим.) гидрат, водный раствор.
hidráulica. [ж.] (физ.) гидравлика.
hidráulico, ca. [прил.] гидравлический; водододействующий: *prensa hidráulica, гидравлический пресс; *energía hidráulica, гидроэнергия; [м. и ж.] инженер, специалист по гидравлике.
hidria. [ж.] старинный сосуд для воды.
hídrido, da. [прил.] (зоол.) водяной, живущий в воде.
hidro. приставка, обозначающая воду.
hidroaviación. [ж.] гидроавиация.
hidroavión. [м.] гидросамолёт; гидроаэроплан.
hidrobáscula. [ж.] снаряд, препятствующий потере воды (при проходе судов через шлюзы).
hidrobase. [ж.] база гидроавиации.
hidrobiología. [ж.] гидробиология.
hidroblefaron. [м.] водянка век.
hidroboracita. [ж.] гидроборацит.
hidrobrómico, ca. [прил.] (хим.) бромисто-водородный.
hidrocarbonado, da. [прил.] (хим.) водоуглеродный.
hidrocarbonato. [м.] (хим.) гидрокарбонат.
hidrocarbonismo. [м.] отравление углекислотой.
hidrocarburo. [м.] (хим.) углеводород.
hidrocefalia. [ж.] водянка головы.
hidrocefalitis. [ж.] (пат.) воспаление мозга.
hidrocéfalo, la. [прил.] страдающий водянкой головы.
hidrocefalocele. [м.] (пат.) мозговая грыжа.
hidrocele. [м.] (пат.) водянка яичка.
hidroceramio. [м.] (мин.) водоохладительный сосуд.
hidrocerusita. [ж.] (мин.) гидроцеруссит.
hidroconio. [м.] (мед.) душ, обливание или опрыскивание водой.
hidrocotile. [м.] (бот.) щитолистник, водяной пупок.
hidrodermia. [ж.] (пат.) отёк, водяная болезнь.
hidrodinámica. [ж.] (физ.) гидродинамика.
hidrodinámico, ca. [прил.] (физ.) гидродинамический.
hidroeléctrico, ca. [прил.] гидроэлектрический.
hidroextractor. [м.] (физ.) водоудалитель, аппарат для обезвоживания, обезвоживатель.
hidrófana. [ж.] (мин.) гидрофан, разновидность опала.
hidrofilácea. [ж.] (бот.) водопрятка, вороночатка.
hidrofilacio. [м.] подземная вогнутость с водой.
hidrofilita. [ж.] гидрофилит, хлоркальцит.
hidrófilo, la. [прил.] впитывающий воду, водолюбивый; [м.] (энт.) водолюб, водожил, водяник (жук): *algodón hidrófilo, гигроскопическая вата.

hidrófita. [ж.] (бот.) водяное растение; водоросль.
hidrofitografía. [ж.] (бот.) описание водяных растений.
hidrofobia. [ж.] (мед.) гидрофобия, водобоязнь, бешенство.
hidrofóbico, ca. [прил.] к водобоязнь, гидрофобный.
hidrófobo, ba. [прил.] страдающий водобоязнью (тже. сущ.).
hidrófono. [м.] (физ.) гидрофон.
hidróforo, ra. [прил.] (бот.) водоносный.
hidroftalmía. [ж.] (пат.) водянка глаза.
hidrófugo, ga. [прил.] водоупорный.
hidrogala. [ж.] молоко с водой.
hidrogenación. [ж.] (хим.) гидрогенизация, гидрирование, присоединение водорода.
hidrogenado, da. [страд. прич.] к hidrogenar; [прил.] содержащий водород, водородный, водородистый.
hidrogenar. [перех.] (хим.) соединять с водородом, гидрировать.
hidrógeno. [м.] (хим.) водород: *hidrógeno sulfurado, сероводород.
hidrogeología. [ж.] (геол.) гидрогеология: *relativo a la **hidrogeología**, гидрогеологический.
hidrognomonía. [ж.] искусство находить подземные ключи с помощью прутика.
hidrognosia. [ж.] история земных вод.
hidrografía. [ж.] гидрография.
hidrográfico, ca. [прил.] гидрографический.
hidrógrafo, fa. [м. и ж.] гидрограф.
hidrohemia. [ж.] (пат.) водянистость крови.
hidroide. [прил.] имеющий вид воды.
hidroides. [м. множ.] (зоол.) гидроидные полипы.
hidrolasa. [ж.] (хим.) гидролитический фермент, или энзим, вызывающий гидролиз.
hidrolato. [м.] дистиллированная вода.
hidrolaturo. [м.] (фарм.) настой или декокт (какого-л. вещества).
hidrolea. [ж.] (бот.) масловод, гидролия.
hidrólisis. [ж.] (хим.) гидролиз.
hidrolita. [ж.] (мин.) гмелинит, гидролит.
hidrolítico, ca. [прил.] (хим.) гидролитический.
hidrología. [ж.] гидрология, учение о воде.
hidrológico, ca. [прил.] гидрологический.
hidrólogo, ga. [м. и ж.] гидролог.
hidrolotivo. [м.] (фарм.) раствор для подкожного вспрыскивания.
hidroma. [м.] (пат.) опухоль слизистой сумки и сухожильных влагалищ.
hidromadre. [ж.] грелка для инкубаторных цыплят.
hidromagnesita. [ж.] (мин.) гидромагнезит.
hidromancia. [ж.] гадание водой.
hidromanía. [ж.] бред, при котором больной бросается в воду; неутолимая жажда.
hidromecánico, ca. [прил.] гидромеханический.
hidromedusa. [ж.] (зоол.) гидромедуза.
hidromel. [м.] мёд (напиток).
hidromelón. [м.] (фарм.) лекарство на меду и т. д.
hidromeningitis. [ж.] (пат.) водянка мозговой оболочки.
hidrometeoro. [м.] гидрометеор.
hidrómetra. [м.] (зоол.) водомерка; (пат.) скопление жидкости в матке; гидрометрист.
hidrometría. [ж.] (физ.) гидрометрия.
hidrométrico, ca. [прил.] гидрометрический.
hidrómetro. [м.] (физ.) гидрометр (инструмент).
hidromiel. [м.] см. hidromel.
hidromielocele. [м.] (пат.) спинномозговая грыжа.
hidronefelita. [ж.] (мин.) гидронефелин.

hidronefrosis. [ж.] (пат.) опухоль почки, возникающая вследствие скопления в полости почечной лоханки жидкости.
hidroneumático, ca. [прил.] воздушно-гидравлический.
hidroneumonía. [ж.] (пат.) водянка лёгких.
hidroneumotórax. [м.] (пат.) скопление газа и жидкости в грудной полости.
hidrópata. [м. и ж.] (мед.) гидропат.
hidropatía. [ж.] (мед.) гидропатия, водолечение.
hidropático, ca. [прил.] (мед.) гидропатический.
hidropedesis. [ж.] (пат.) изобилие пота.
hidropericardio. [м.] (пат.) водянка сердечной сорочки (перикардия).
hidropesía. [ж.] (пат.) водянка, водяная болезнь.
hidropicarse. [возв. гл.] (Амер.) заболеть водянкой.
hidrópico, ca. [прил.] страдающий водянкой (тже. сущ.); (перен.) неутолимый.
hidropígeno, na. [прил.] вызывающий водянку.
hidropípero. [м.] (бот.) водяной перец, горчак, брылена.
hidroplano. [м.] гидроплан.
hidropleuritis. [ж.] (пат.) скопление жидкости в плевре.
hidrópota. [прил. и сущ.] пьющий одну воду.
hidrorraquis. [м.] (пат.) скопление жидкости в спинном позву.
hidrorrea. [ж.] (пат.) водянистое отделение слизистой оболочки.
hidroscopia. [ж.] гидроскопия, искусство нахождения подземных вод.
hidroseleniato. [м.] (хим.) селенистоводородокислая соль.
hidroselénico. [прил.] (хим.): *ácido hidroselénico, селенистоводородная кислота.
hidrosfera. [ж.] гидросфера.
hidrosqueocele. [м.] (пат.) мошоночная грыжа, содержащая жидкость.
hidrostática. [ж.] (физ.) гидростатика, наука о равновесии жидких тел.
hidrostáticamente. [нареч.] по правилам гидростатики.
hidrostático, ca. [прил.] гидростатический.
hidrostato. [м.] (физ.) батисфера, гидростат.
hidrosulfato. [м.] (хим.) сернистоводородокислая соль, гидросульфат.
hidrosulfito. [м.] (хим.) гидросульфит.
hidrosulfuro. [м.] (хим.) сероводород.
hidrosulfuroso, sa. [прил.] гидросернистый.
hidrotaxis. [ж.] гидротаксис.
hidrotecnia. [ж.] гидротехника.
hidrotécnico, ca. [прил.] гидротехнический.
hidroterapéutica, hidroterapia. [ж.] гидротерапия, водолечение.
hidroterápico, ca. [прил.] гидротерапевтический, водолечебный.
hidrotermal. [прил.] (геол.) гидротермальный.
hidrotérmico, ca. [прил.] гидротермический.
hidrótico, ca. [прил.] (мед.) потогонный.
hidrotímpano. [м.] (пат.) водянка барабанной полости.
hidrotionemia. [ж.] (пат.) отравление сероводородом.
hidrotionuria. [ж.] выделение сероводорода в моче при тяжелых циститах.
hidrotitis. [ж.] (пат.) водянка среднего уха.
hidrotórax. [м.] (пат.) грудная водянка, скопление жидкости в грудной полости.
hidrotropismo. [м.] (бот.) гидротропизм.
hidróxido. [м.] (хим.) гидрат окиси.

480 hidruro

hidruro. [м.] (хим.) водородное соединение.
hiedra. [ж.] (бот.) плющ.
hiel. [ж.] (анат.) желчь; (перен.) желчь, горечь; [множ.] заботы, огорчения: * dar a beber hieles, причинять заботы; * hechar или sudar la hiel, надрываться, чрезмерно усердствовать; * hiel de la tierra, см. centaura menor.
hiemación. [ж.] (бот.) способность некоторых растений развиваться зимой.
hiemal. [прил.] зимний.
hiena. [ж.] (зоол.) гиена.
hienda. [ж.] см. estiércol.
hierático, ca. [прил.] священный, иератический.
hieratismo. [м.] иератический характер, система и т. д.
hierba. [ж.] трава; зелье, былье (уст.); кормовые травы; трещина, пятно, недостаток (о драгоценных камнях); (чаще множ.) растительный яд; салат; годы (о лошадях и т. д.): * en hierba, зелёный, незрелый; * hierba artética, см. pinillo; * hierba ballestera, чемерица; * hierba belida, лютик; * hierba buena, мята; * hierba mate, hierba del Paraguay, парагвайский чай, мате; * hierba cana, крестовник; * hierba de Santa María, пижма, дикая рябинка, танацет (растение); * hierba mora, паслён (растение); * hierba de canónigos, мауница (растение); * hierba de las golondrinas, чистотел; * hierba de la gota, росянка; * hierba de las asnos, ослинник, онагрик (растение); * hierba julia, тысячелистник бальзамический (растение); * hierba galera, кошачья мята; * hierba de mar, фукус, морская водоросль; * hierba lombriguera, пижма; * hierba de S. Juan, зверобой; * hierba de Santiago, большой крестовник, долгоусик, якобинец; * hierba hormiguera, см. pazote; * hierba melera, шпатель; * hierba meona, тысячелистник; * hierba de la Trinidad, василёк луговой; * hierba doncella, барвинок; * hierba giganta, акант, медвежья лапа; * hierba pajarera, курослепник; * hierba pastel, вайда, синильщик; * hierba pejiguera, почечуйная трава; * hierba piojenta, или piojera, мыший перец, вшивое семя; * hierba pulguera, комарник, блошник, богатинка; * hierba sagrada, железняк, вербен; * hierba tora, заразиха; * hierba santa, мята; * hierba del ala, эфедра, хвойник; * haber pisado mala hierba, быть не в духе; * sentir crecer или nacer la hierba, быть очень пронизательным; * y otras hierbas, и прочее.
hierbabuena. [ж.] (бот.) мята.
hierbajo. [м.] (презр.) к hierba.
hierbal. [м.] (Амер.) место, заросшее травой.
hierbatero. [м.] (Амер.) розничный торговец сеном, фуражом.
hierbear. [неперех.] (Амер.) пить мате.
hierbezuela. [ж. умен.] к hierba, травка.
hierodrama. [ж.] священная драма.
hierofanta, hierofante. [м.] жрица Цереры (в Афинах).
hierofántidas. [ж. множ.] жрицы Цереры (в Афинах).
hieróforo. [м.] жрец, носивший при священных церемониях статуи богов или священные предметы.
hieroglífico, ca. [прил.] иероглифический; [м.] иероглиф.

hierografía. [ж.] описание священных предметов; история религий.
hierología. [ж.] знание различных религий.
hieromanía. [ж.] религиозная мания.
hieros. [м. множ.] см. yeros.
hieroscopia. [ж.] священногадание.
hierra. [ж.] (Амор.) hierre. [м.] (бол.) клеймение скота.
hierrezuelo. [м. умен.] к hierro.
hierro. [м.] железо; клеймо (на скоте); железный наконечник (на оружии); (перен.) оружие; железное изделие; тюремное заключение; [множ.] цепи, кандалы: * hierro forjado, кованое железо; * hierro dulce, чистое железо; * hierro colado, (fundido), чугун, чугунное литьё, чугунные отливки; * hierro arquero, обручное железо; * hierro en hojas, листовое железо; * hierro viejo, лом, старое железо; * llevar hierro a Vizcaya, ехать в Тулу со своим самоваром; * quien a hierro mata, a hierro muere, взявший меч от меча и погибнет; * a hierro caliente batir de repente, куй железо пока горячо.
hietometría. [ж.] измерение количества атмосферных осадков в данной местности, см. pluviometría.
higa. [ж.] амулет, изображающий кулак; фига, кукиш; (перен.) насмешка, презрение; * dar higa, давать осечку; * dar higas, презирать.
higadar. [неперех.] (обл.) усердно работать.
higadilla. [ж.] higadillo. [м.] печень птиц и т. д.; (Амер.) кушанье из печени.
hígado. [м.] печень; (перен.) (чаме множ.) смелость, отвага, храбрость, мужество: * malos hígados, злость, злоба; * echar los hígados, чрезмерно усердствовать; * hasta los hígados, до глубины души; * moler los hígados, см. fastidiar.
higadoso, sa. [прил.] (Амер.) надоедливый, назойливый.
higate. [м.] старинное инжирное кушанье.
hígido, da. [прил.] здоровый.
higiene. [ж.] гигиена: * higiene pública, общественная гигиена; * higiene privada, личная гигиена.
higiénicamente. [нареч.] гигиенично, гигиенически.
higiénico, ca. [прил.] гигиенический.
higienista. [м. и ж.] гигиенист, (-ка).
higo. [м.] фига, винная ягода, смоква, инжир; венерический нарост вокруг заднего прохода: * higo chumbo, смоква (плод кактуса); * de higos a brevas, очень редко; * no vale un higo, выеденного яйца не стоит; * no dar un higo por una cosa, презирать что-л.
hígrico, ca. [прил.] относящийся к влажности, к сырости.
higro-. приставка, обозначающая, влажность.
higrodermia. [ж.] влажность кожи.
higrogeófilo, la. [прил.] земноводный (тж. сущ.).
higrógrafo. [м.] (физ.) гигрограф.
higrología. [ж.] (физ.) история воды; рассуждение о воде и влаге; (физиол.) учение о соках (организма).
higroma. [м.] (пат.) гигрома, водянка слизистой сумки.
higrometría. [ж.] (физ.) гигрометрия.
higrométrico, ca. [прил.] (физ.) гигрометрический. [мер.
higrómetro. [м.] (физ.) гигрометр, влагоhigroscopia. [ж.] (физ.) гигрометрия.
higroscopicidad. [ж.] (физ.) гигроскопичность.
higroscopio. [м.] (физ.) гигроскоп.
higrostomia. [ж.] слюнотечение.
higuana. [ж.] см. iguana.
higuera. [ж.] фиговое дерево, смоковница:

* higuera loca, moral или silvestre, дикая смоковница; * higuera chumba или de Indias, индейская смокв (растение сем. кактусовых); * higuera de Egipto, см. cabrahigo; * higuera del infierno или infernal, клещевина; * estar en la higuera, витать в облаках.
higueral. [м.] смокичный, фиговый сад.
higuereta. [ж.] (блот.) клещевина.
higuerilla. [ж. умен.] higuera; (бот.) клещевина.
higuerillo. [м.] (бот.) клещевина.
higüero. [м.] см. güira.
higuerón, higuerote. [м.] (Амер.) индейская смоква.
higueruela. [ж. умен.] к higuera; бобовое растение.
hidalgo. [ж.] см. hidalga.
hijado, da. [прил.] (Амер.) см. ahijado.
hijastro, tra. [м. и ж.] пасынок, падчерица.
hijato. [м.] см. retoño.
hijear. [неперех.] (Амер.) см. retoñar.
hijo, ja. [м. и ж.] сын, дочь; зять, невестка, сноха; монах, монахиня; (перен.) отрыск, побег; произведение (литературное и т. д.); (ласковое обращение) милый; внутреннее вещество рога; [множ.] дети (сыновья и дочери): * hijo político, пасынок; зять; * hijo adoptivo, приёмный сын; * hijo bastardo, mancillado, mancer или espurio, незаконный сын; * hijo habido en buena guerra, внебрачный ребёнок; * hijo legítimo или de bendición, законнорождённый сын; * hijo de confesión, покаянник, (-ница); * hijo de la piedra, найденыш; * hijo de la ganancia, внебрачный ребёнок; * hijo del hombre, Сын Божий Иисус Христос; * hijo de la calle, уличный мальчишка, беспризорник; * cada uno es hijo de sus obras, что посеешь, то и пожнёшь; всяк кузнец своего счастья; * como cada hijo de vecino, как все, как остальные; * ¡hijo mío!, мой мальчик!, мой сынок! (в обращении); * (él) es hijo de su padre, он весь по батюшке пошёл; * echar al hijo, оставить, подбросить сына.
hijodalgo. [м.] (г)идальго, испанский дворянин.
hijuela. [ж. умен.] к hija, дочка; дополнение, приложение к чему-л; отводный канал; полоса ткани (узкая); антиминс, тропа, ответвление от главной дороги; маленький матрац; пальмовое поссив, опись наследства; законная часть наследства; (обл.) небольшая вязанка хвороста; тафта для прикрепления рыболовного крючка; (Амер.) отделённая часть земельного владения.
hijuelación. [ж.] (Амер.) деление земли на участки (при наследстве).
hijuelar. [перех.] (Амер.) делить землю на участки (при наследстве).
hijuelero. [м.] сельский почтальон.
hijuelo. [м. умен.] к hijo, сынок; см. retoño.
hila. [ж.] ряд, линия; узкая кишка; нить (выдернутая из ткани); [множ.] корпия; * a la hila, один за другим, последовательно.
hila. [ж.] прядение у огня (зимой).
hilable. [прил.] годный для пряжи.
hilacata. [м.] (Амер.) приказчик (в имении).
hilacha. [ж.] волокно, выдернутое из ткани нитка; (Амер.) тряпьё.
hilachento, ta. [прил.] (Амер.) см. hilachoso.
hilacho. [м.] см. hilacha; (Амер.) см. guiñapo.
hilachoso, sa. [прил.] волокнистый.
hilada. [ж.] ряд, линия; ряд кирпичей или камней (при кладке).
hiladillo. [м.] сырцовая нитка; узкая лента; (обл.) кружево.

hiladizo, za. [прил.] поддающийся прядению.
hilado, da. [страд. прич.] к hilar; [м.] прядение; пряжа.
hilador, ra. [м. и ж.] прядильщик, (-ица).
hilandería. [ж.] прядильное искусство; прядильная фабрика.
hilandero, ra. [м. и ж.] см. hilador. [м.] прядильная мастерская.
hilanza. [ж.] прядение; пряжа.
hilar. [перех.] прясть, сучить; (тех.) волочить; (перех.) рассуждать, заключать, выводить заключение: * hilar delgado, поступать осторожно, крайней точностью; * hilar largo, делать что-л медленно.
hilaracha. [ж.] см. hilacha.
hilarante. [прил.] веселящий, вызывающий смех: * gas hilarante, веселящий газ, закись азота.
hilaridad. [ж.] весёлость, смех; взрыв смеха.
hilarza. [ж.] (обл.) см. hilacha, hilaza.
hilatura. [ж.] прядильное искусство.
hilaza. [ж.] пряжа; грубая нить; основа ткани: * descubrir la hilaza, раскрывать недостаток.
hilera. [ж.] ряд, линия; (тех.) волочильный станок; тонкая нить; (арх.) см. parhilera; (воен.) ряд (в строю).
hilete. [м. умен.] к hilo, ниточка.
hilero. [м.] след течения воды; отводное течение.
hilio. [м.] (бот.) входец (семени).
hilio. [м.] (анат.) место вхождения кровеносных сосудов.
hilo. [м.] нить, нитка; волокно; льняное или конопляное бельё; очень тонкая проволока; электрический провод, электропровод; тонкая струйка воды; (перен.) нить, связь: * hilo bramante, de (en)salmar, шпагат; * hilo crudo, суровая нить, * hilo lazo, некручёная нить; * hilo de perlas, нить жемчуга; * hilo a hilo, беспрерывно; * pender de un hilo, висеть на волоске; * perder el hilo, потерять нить (речи, мыслей); * por el hilo se saca el ovillo, по началу видно остальное; * cortar el hilo, прерывать, перебивать; * cortar el hilo de la vida, убить; * de hilo, прямо, безостановочно.
hilo. [м.] (бот.) входец (семени); (анат.) место вхождения кровеносных сосудов.
hilogenia. [ж.] (фил.) наука о материи.
hilognosia. [ж.] наука о материи.
hilografía. [ж.] (фил.) описание материи.
hilología. [ж.] (фил.) учение о материи.
hiloma. [м.] (пат.) опухоль из зародышевой мозговой ткани.
hilomorfo, fa. [прил.] см. corpóreo.
hilospérmeo, a. [прил.] (бот.) рубчикосемянный.
hilota. [м. и ж.] см. ilota.
hilótomo. [м.] (энт.) древогрыз, древоточец (перепончатокрылое насекомое).
hilván. [м.] намётка, шитьё на живую нитку; (Амер.) намётка (нитка).
hilvanador, ra. [м. и ж.] тот, кто намётывает.
hilvanar. [перех.] примётывать, намётывать, пришивать на живую нитку; (перен.) делать что-л наспех; проектировать, задумывать: * hilvanar mentiras, наговорить с три короба.
himalayense. [прил.] гималайский; [м. и ж.] уроженец, (-ка) гималайской области.
himantópodo, da. [прил.] длинноногий (о птицах).
himen. [м.] (анат.) кожица, девственная плева.
himenal. [прил.] относящийся к девственной плеве.
himeneo. [м.] брак, свадьба; эпиталама, свадебная песнь; (миф.) Гименей.

himenio. [м.] (бот.) грибница, мицелий (у грибов).
himenitis. [ж.] (пат.) воспаление девственной плевы.
himenofiláceas. [ж. множ.] (бот.) пеленолистниковые папоротники.
himenoideo, a. [прил.] плёночный.
himenomicetos. [м. множ.] (бот.) гименомицеты, пеленастые, шляпочные грибы.
himenóptero, ra. [прил.] (энт.) перепончатокрылый, плевистокрылый; [м. множ.] перепончатокрылые насекомые.
himenorrafia. [ж.] сшивание девственной плевы.
himnario. [м.] книга гимнов, книга песней.
himno. [м.] гимн.
himnoda. [м. и ж.] певец, певица гимнов, песнопевец.
himnología. [ж.] рассуждение о гимнах; сборник гимнов.
himplar. [неперех.] рыкать (о рыси, пантере).
hin. [м.] звукоподражательное слово о крике лошади.
hincada. [ж.] (Амер.) см. hincadura; коленопреклонение.
hincadura. [ж.] вколачивание, втыкание и т. д.
hincapié. [м.] упор ноги (при сопротивлении и т. д.): * hacer hincapié en, (разг.) настаивать, не уступать; делать упор на чём-л.
hincar. [перех.] вколачивать, вбивать, втыкать, вгонять (разг.); прислонять к; (обл.) сажать растения; hincarse, [возв. гл.] становиться на колени: * hincar el diente, кусать; * злословить; * hincar el pico, умереть; * hincar la rodilla, преклонять колено.
hinco. [м.] столб или кол, врытый в землю.
hincón. [м.] причал, причальный столб (речной); (обл.) см. hito, mojón.
hincha. [ж.] (разг.) ненависть, неприязнь, вражда, злоба; отвращение; болельщик, (-ица).
hinchadamente. [нареч.] напыщенно, выспренно.
hinchado, da. [страд. прич.] к hinchar; [прил.] надутый, чванный; напыщенный, высокопарный, выспренний, эмфатический.
hinchamiento. [м.] см. hinchazón.
hinchar. [перех.] надувать, раздувать, накачивать; наполнять (газом); увеличивать; (перен.) раздувать, увеличивать (слух и т. д.); hincharse; [возв. гл.] опухать; увеличиваться (в объёме); вздуваться (о реке и т. д.); (перен.) надуваться, чваниться, пыжиться, кичиться: hincharse las narices, (разг.) рассердиться.
hinchazón. [ж.] вздутие; опухоль, припухлость; (перен.) напыщенность, выспренность; чванливость, кичливость.
hinchir. [перех.] (обл.) см. henchir.
hindú. [прил.] индусский; [м. и ж.] индус, (-ка).
hiniesta. [ж.] (бот.) см. retama.
hinojal. [м.] место, засаженное укропом.
hinojo. [м.] (бот.) укроп.
hinojo. [м.] колено: * de hinojos, на коленях.
hinque. [м.] детская игра с помощью кольев.
hintero. [м.] стол, на котором месят тесто.
hiñir. [перех.] (обл.) см. heñir.
hioepiglótico, ca. [прил.] (анат.) принадлежащий подъязычной кости и надгортаннику.
hiofaríngeo, a. [прил.] (анат.) подъязычно-глоточный.
hiogloso, sa. [прил.] (анат.) принадлежащий подъязычной кости и языку.

hioidal, hioideo, a. [прил.] (анат.) подъязычный (о кости).
hiosciamo. [м.] (бот.) белена (растение).
hiotiroideo, a. [прил.] (анат.) подъязычно-щитовидный.
hipacidemia. [ж.] недостаточное содержание белковины в крови.
hipáctico, ca. [прил.] см. laxante.
hipalage. [ж.] (грам.) извращение порядка слов.
hipalbuminosis. [ж.] (мед.) недостаточное содержание белка в крови.
hipalgesia. [ж.] понижение болевой чувствительности.
hipanto. [м.] (бот.) нижняя часть чашечки; гипантий; соцветие смоковницы.
hipar. [неперех.] икать; прерывисто, тяжело дышать (о собаках, при охоте); хныкать; (перен.) страстно желать.
hipargirita. [ж.] (мин.) миаржирит.
hiparion. [м.] (палеонт.) гиппарион, ископаемая лошадь третичного периода.
hiparterial. [прил.] (анат.) находящийся под артерией.
hiper-. приставка, обозначающая: сверх, пере, слишком, гипер.
hiperacidez. [ж.] чрезмерная кислотность желудочного сока.
hiperacusia. [ж.] (пат.) чрезмерная (ненормальная) острота слуха.
hiperbático, ca. [прил.] содержащий извращение речи.
hiperbatón. [м.] (линг.) инверсия, извращение речи.
hipérbola. [ж.] (геом.) гипербола.
hipérbole. [ж.] (рит.) гипербола, преувеличение.
hiperbólicamente. [нареч.] гиперболически, преувеличенно.
hiperbólico, ca. [прил.] гиперболический; преувеличенный.
hiperbolizar. [неперех.] пользоваться гиперболами, преувеличивать.
hiperboloide. [прил.] (геом.) гиперболоид.
hiperbóreo, a. [прил.] северный, ледовитый, гиперборейский.
hiperbraquicefalia. [ж.] чрезмерная короткость черепа с длинно-широтным головным показателем выше 85%.
hipercatarsis. [ж.] (мед.) чрезмерный понос.
hipercitemia. [ж.] (мед.) повышенное число эритроцитов.
hiperclorhidria. [ж.] (мед.) увеличенное содержание соляной кислоты в желудочном соке.
hipercloruria. [ж.] (мед.) повышенное выделение хлоридов в моче.
hipercolia. [ж.] (мед.) повышенное выделение желчи.
hipercrinia. [ж.] (пат.) чрезмерное выделение (из желез).
hipercrítica. [ж.] строгая придирчивая критика.
hipercrítico. [м.] строгий, придирчивый критик.
hipercromatismo. [м.] (мед.) усиленная пигментация кожи.
hiperdinamia. [ж.] (физиол.) чрезмерная сила.
hiperdulia. [ж.] * culto de hiperdulia, поклонение Св. Богородице.
hiperefidrosis. [ж.] (мед.) обильный пот.
hiperemesis. [ж.] (пат.) неукротимая рвота.
hiperemia. [ж.] гиперемия, прилив, избыток крови.
hiperemiado, da. [прил.] (пат.) страдающий гиперемиею.

hiperepinefría. [ж.] (пат.) повышенная функция надпочечников.
hiperestesia. [ж.] (пат.) чрезмерная чувствительность, гиперестезия.
hiperexoforia. [ж.] отклонение осей глаз вверх и кнаружи.
hiperextensión. [ж.] чрезмерное растяжение или разгибание.
hiperflogosis. [ж.] (пат.) сильнейшее воспаление.
hiperfrenia. [ж.] мания.
hipergenitalismo. [м.] чрезмерное или слишком раннее развитие половых желез и вторичных половых признаков.
hiperglicemia. [ж.] (пат.) чрезмерное содержание захара в крови.
hiperglobulia. [ж.] (мед.) увеличение количества красных кровяных телец.
hiperhidrosis. [ж.] (пат.) повышенное потоотделение.
hipericeas. [ж. множ.] (бот.) семейство зверобойных растений.
hipericó(n). [м.] (бот.) зверобой.
hiperinosemia. [ж.] повышенная свертываемость крови.
hiperita. [ж.] (мин.) гиперит, норит.
hiperleucocitosis. [ж.] (мед.) увеличение числа белых кровяных телец.
hipermastia. [ж.] чрезмерное развитие груди.
hipermaturo, ra. [прил.] перезрелый, переспелый.
hipérmetro. [прил.] имеющий лишний слог (о стихе).
hiperodonte. [м.] (зоол.) многозуб (млекопитающее из отряда китообразных).
hiperonicosis. [ж.] чрезмерное развитие ногтей.
hiperorexia. [ж.] волчий голод, повышенное чувство голода.
hiperoréxico, са. [прил.] возбуждающий аппетит.
hiperóxido. [м.] (хим.) перекись.
hiperpituitarismo. [м.] (пат.) гипертрофия или повышенная функция придатка мозга.
hiperplasia. [ж.] гиперплазия, повышенное образование клеточных элементов.
hiperplerosis. [ж.] (пат.) переполнение.
hipersaturación. [ж.] перенасыщение.
hipersecreción. [ж.] чрезмерное отделение соков, особенно желудочного и слюнных желез.
hipersensibilidad. [ж.] (пат.) повышенная чувствительность.
hipersensitivo, va. [прил.] обладающий повышенной чувствительностью.
hipersteno. [м.] (мин.) гиперстен, лабрадорная роговая обманка (из группы авгитов).
hipertensión. [ж.] (пат.) гипертония, повышенное напряжение, давление: * hipertensión arterial, повышенное кровяное давление.
hipertermia. [ж.] (пат.) гипертермия, перегревание.
hipertimismo. [м.] (мед.) повышенная функция вилочковой железы.
hipertiroidismo. [м.] (мед.) гипертиреоз, повышенная функция щитовидной железы.
hipertonía. [ж.] гипертония, повышенный тонус или напряжение.
hipertónico, са. [прил.] относящийся к гипертонии; (хим.) обладающий большим осмотическим давлением.
hipertricosis. [ж.] чрезмерное развитие волосяного покрова.

hipertrofia. [ж.] (пат.) гипертрофия, чрезмерное увеличение объема органа.
hipertrofiado, da. [страд. прич.] к hipertrofiarse; [прил.] (пат.) гипертрофический.
hipertrofiarse. [возв. гл.] увеличиваться в объеме (об органе).
hipertrófico, са. [прил.] относящийся к гипертрофии.
hipertropia. [ж.] отклонение осей глаза вверх.
hipiatra. [м.] ветеринар (лечащий лошадей).
hipiatría. [ж.] ветеринарная наука, ветеринария.
hipiátrico, са. [прил.] ветеринарный.
hípico, са. [прил.] конский, лошадиный; конный: * concurso hípico, конкур-иппик, конное состязание.
hipido. [м.] икание; хныканье.
hipinosis. [ж.] (мед.) пониженная свертываемость крови.
hipnal. [м.] (зоол.) род аспида.
hipnalgia. [ж.] (пат.) боль во сне.
hipniatra. [м. и ж.] ясновидящий указывающий во сне лекарства.
hípnico, са. [прил.] относящийся к сну: снотворный.
hipno. [м.] (бот.) сучковый или ветвистый мох.
hipnóbata. [м.] см. somnámbulo.
hipnobatesis. [м.] см. somnambulismo.
hipnología. [ж.] учение о сне.
hipnosis. [ж.] (физиол.) гипноз, усыпление.
hipnótico, са. [прил.] гипнотический; [м.] снотворное средство.
hipnotismo. [м.] (мед.) гипнотиз.
hipnotizable. [прил.] поддающийся гипнозу.
hipnotización. [ж.] гипнотизирование, гипнотизация.
hipnotizador, ra. [прил.] гипнотизирующий; [сущ.] гипнотизёр.
hipnotizar. [перех.] гипнотизировать.
hipo. [м.] икота; (перен.) страстное желание, стремление; ненависть, злоба.
hipo. приставка, обозначающая под, уменьшение, ниже нормы или несовершенство.
hipoblasto. [м.] (бот.) гипобласт.
hipóbole. [ж.] (рит.) заятие, предупреждение.
hipobosco. [м.] кровососка (двукрылое насекомое).
hipocampo. [м.] морской конёк (рыба).
hipocapnia. [ж.] (мед.) недостаток углекислоты в крови.
hipocarpo. [м.] (бот.) плодовая ножка.
hipocastanáceo, а. [прил.] (бот.) конскокаштановый.
hipocastaño. [м.] (бот.) конский каштан.
hipocausto. [м.] обогреваемая комната (у Римлян).
hipocentauro. [м.] (миф.) кентавр, центавр.
hipocentro. [м.] гипоцентр.
hipocisto. [м.] (бот.) кубышник ладанный.
hipoclorhidria. [ж.] (пат.) уменьшение содержания соляной кислоты в желудочном соке.
hipoclorito. [м.] (хим.) гипохлорит.
hipocloroso, sa. [прил.] хлорноватистый.
hipocloruria. [ж.] (пат.) пониженное выделение хлоридов в моче.
hipocófosis. [ж.] (пат.) тупость слуха.
hipocondría. [ж.] (пат.) ипохондрия, угнетённое состояние духа.
hipocondríaco, са,. [прил.] ипохондрический; [сущ.] ипохондрик.
hipocóndrico, са. [прил.] относящийся к подреберью; ипохондрический.
hipocondrio. [м.] (чаще множ.) подреберье, область живота под реберной дугой.
hipocorístico, са. [прил.] ласковый (о уменьшительных словах и т. д.).

hipocraneano, nа. [прил.] (анат.) подчерепный.
hipocrás. [м.] пряный напиток.
hipocrateriforme. [прил.] * corola hipocrateriforme, (бот.) подносчатый венчик.
hipocrático, са. [прил.] относящийся к Ииократу.
hipocratismo. [м.] учение Ииократа.
Hipocrénides. [ж. множ.] музы.
hipocresía. [ж.] лицемерие, притворство.
hipocrinia. [ж.] (пат.) пониженная деятельность желез секреции.
hipocristalino, nа. [прил.] (мин.) полукристаллический, гипокристаллический.
hipócrita. [прил.] лицемерный, притворный; [м. и ж.] лицемер, (-ка); ханжа, святоша.
hipócritamente. [нареч.] лицемерно, притворно.
hipocromatosis. [ж.] (мед.) недостаток красящего вещества.
hipodáctilo. [м.] (зоол.) нижняя часть пальца (у птиц).
hipoderma. [м.] (энт.) бычачий овод.
hipodérmico, са. [прил.] подкожный.
hipodermis. [ж.] (анат.) подкожная ткань.
hipodermoclisis. [ж.] вливание большого количества физиологического раствора соли в подкожную клетчатку.
hipodinamia. [ж.] понижение силы, ослабление.
hipodípsico, са. [прил.] утоляющий жажду.
hipodromía. [ж.] искусство управления лошадьми.
hipódromo. [м.] ипподром.
hipofagia. [ж.] привычка есть лошадиное мясо.
hipófago, ga. [прил.] питающийся лошадиным мясом.
hipofaringe. [ж.] (физиол.) нижняя часть глотки, лежащая за гортанью.
hipofasia. [ж.] (пат.) прищуренность глаз.
hipofesto. [м.] (бот.) перекати-поле.
hipófilo, la. [прил.] (бот.) подлистный.
hipofisectomía. [ж.] (хир.) оперативное удаление придатка мозга.
hipófisis. [ж.] (анат.) гипофиз, мозговой (нижний) придаток.
hipofisitis. [ж.] (пат.) воспаление гипофиза.
hipoflegmasia. [ж.] лёгкое воспаление.
hipófora. [ж.] (хир.) глубокая фистулозная язва; (рит.) возражение.
hipoforia. [ж.] отклонение осей глаз вниз.
hipofosfito. [м.] (хим.) соль фосфорноватистой кислоты.
hipofosforoso. [прил.] (хим.): * ácido hipofosforoso, фосфорноватистая кислота.
hipofrenia. [ж.] (пат.) умная слабость.
hipogalactia. [ж.] (пат.) пониженное выделение молока.
hipogástrico, са. [прил.] (анат.) подчревный.
hipogastrio. [м.] (анат.) подчревная область, нижняя область живота.
hipogastrocele. [м.] (пат.) брюшная грыжа (в нижней части).
hipogénico, са. [прил.] (геол.) гипогенный.
hipogeo. [м.] подземелье, склеп.
hipogeusia. [ж.] пониженное восприятие вкусовых ощущений.
hipoginia. [ж.] (бот.) подпестичие, прикрепление частей цветка ниже завязи.
hipogino, na. [прил.] (бот.) подпестичный.
hipoglicemia. [ж.] (пат.) падение количества сахара в крови.
hipoglobulia. [ж.] (пат.) уменьшение количества красных кровяных телец.
hipoglosis. [ж.] (анат.) нижняя часть языка.
hipoglositis. [ж.] (пат.) воспаление нижней части языка.
hipogloso, sa. [прил.] (анат.) подъязычный.
hipogrifo. [м.] (миф.) крылатый конь.
hipohema. [ж.] (пат.) кровоизлияние в глазные камеры.

hipolais. [м.] пеночка, лесная малиновка (пташка).
hipoleucocitosis. [ж.] (пат.) уменьшение количества лейкоцитов.
hipólito. [м.] конский камень.
hipología. [ж.] иппология, наука о лошадях.
hipológico, ca. [прил.] к иппологии.
hipólogo. [м.] ветеринар по лошадям.
hipomancia. [ж.] гадание по ржанию и движениям лошадей (у Древних).
hipómanes. [м.] (вет.) влагалищные соки (у кобылы, при течке).
hipomanía. [ж.] страсть к лошадям; (вет.) бешенство (у лошадях); (мед.) легкая форма мании.
hipomelancolía. [ж.] (пат.) легкая форма меланхолии.
hipómetro. [м.] измеритель высоты лошадей.
hipometropía. [ж.] близорукость.
hipomnesia. [ж.] (мед.) ослабление памяти.
hipomoclio. [м.] (физ.) точка опоры рычага.
hipomóvil. [прил.] на конной тяге.
hiponiquial. [прил.] находящийся под ногтем.
hipopepsia. [ж.] ослабление пищеварения, недостаточное переваривание.
hipopión. [м.] (пат.) скопление гноя в передней камере глаза.
hipoplasia. [ж.] (мед.) уменьшение количества нормальных клеточных элементов.
hipopótamo. [м.] (зоол.) гиппопотам, бегемот.
hiposcenio. [м.] ограда вокруг сцены, кулисы (у Древних).
hiposecreción. [ж.] пониженное выделение (желудочного сока).
hiposfagma. [м.] (пат.) кровотечение в окружности глаза.
hiposo, sa. [прил.] икающий.
hipóstasis. [ж.] (бог.) ипостась; (мед.) осадок в моче.
hipostáticamente. [нареч.] (бог.) ипостасно.
hipostático, ca. [прил.] (бог.) ипостасный.
hipostenia. [ж.] (пат.) астения (незначительная), упадок сил.
hipostenizar. [перех.] вызывать упадок сил, незначительную астению.
hipostenuria. [ж.] астеническое состояние почки с отделением очень жидкой мочи.
hipóstilo, la. [прил.] (арх.) с колоннами.
hiposulfito. [м.] (хим.) гипосульфит, сернoватистокислый натрий.
hiposulfato. [м.] (хим.) соль дитионовой кислоты.
hiposulfúrico, ca. [прил.] (хим.) дитионовый.
hiposulfuroso, sa. [прил.] (хим.) *ácido hiposulfuroso, сернoватистая кислота.
hipotaxis. [ж.] (грам.) гипотаксис.
hipoteca. [ж.] ипотека, залог (недвижимого имущества); *¡buena hipoteca!, какой негодяй!.
hipotecable. [прил.] поддающийся ипотеке.
hipotecación. [ж.] отдача в залог (о недвижимом имуществе).
hipotecar. [перех.] отдавать в залог, закладывать (недвижимость).
hipotecariamente. [нареч.] (Амер.) ипотечно, по закладу.
hipotecario, ria. [прил.] ипотечный, залоговый.
hipotecnia. [ж.] коневодство.
hipotensión. [ж.] (мед.) пониженное кровяное давление.
hipotenusa. [ж.] (геом.) гипотенуза.
hipotermia. [ж.] охлаждение, понижение температуры.
hipótesi(s). [ж.] гипотеза, научное предположение.
hipotéticamente. [нареч.] гадательно, предположительно, гипотетически.

hipotético, ca. [прил.] гипотетический, гадательный, предположительный.
hipotimismo. [м.] (мед.) пониженная функция вилочковой железы.
hipotiposis. [ж.] (рит.) живое изображение.
hipotomía. [ж.] анатомия лошади.
hipotonía. [ж.] (мед.) пониженное кровяное давление, гипотония.
hipotónico, ca. [прил.] (мед.) гипотонический.
hipotricos. [м. множ.] нижнересничные инфузории.
hipotricosis. [ж.] слабый рост волос.
hipotrofia. [ж.] (мед.) гипотрофия.
hipovitaminosis. [ж.] (мед.) гиповитаминоз.
hipoxilón. [м.] (бот.) губа, грибастый нарост на деревьях.
hipozeugma. [ж.] (грам.) выпущение.
hipsio. [м.] (грам.) соединительная черта.
hipsistenocefalia. [ж.] голова с высоким теменем, выступающими скуловыми костями, челюстями и зубами.
hipsografía. [ж.] описание высот, возвышенностей.
hipsometría. [ж.] (физ.) гипсометрия.
hipsométrico, ca. [прил.] (физ.) гипсометрический.
hipsómetro. [м.] (физ.) гипсометр.
hipúrico, ca. [прил.] (хим.) *ácido hipúrico, гиппуровая кислота.
hipurita. [ж.] (мин.) конехвостик.
hircico, ca. [прил.] (хим.) *ácido hircico, гирсиковая кислота.
hircina. [ж.] жидкий, сильно пахучий жир, содержащийся в козлином и бараньем сале.
hircino, na. [прил.] козлиный.
hircismo. [м.] сильный запах подмышечного пота.
hirco. [м.] (зоол.) горная коса.
hircocervo. [м.] сказочное животное (коса и олень).
hiriente. [непр. дейст. прич.] к herir, ранящий.
hirma. [ж.] кромка.
hirmar. [перех.] укреплять.
hirsuto, ta. [прил.] косматый, щетинистый, мохнатый, взъерошенный.
hirtela. [ж.] (бот.) шершавик (бразильский куст).
hirudinaria. [ж.] (бот.) чистотел (растение сем. маковых).
hirudíneas. [ж. множ.] семейство пиявок (отряд присосковых).
hirvición. [ж.] (Амер.) обилие, изобилие.
hiviente. [дейст. прич.] к hervir, кипящий.
hisca. [ж.] клей, птичий клей.
hiscal. [м.] кручёная верёвка из испанского дрока.
hisopada, hisopadura. [ж.] опрыскивание (с помощью кропила).
hisopar. [перех.] см. hisopear.
hisopazo. [м.] см. hisopada; удар кропилом.
hisopear. [перех.] кропить, обрызгивать с помощью кропила.
hisopillo. [м.] пропитанный водой и т. д. кусок ткани для охлаждения губ больного; (бот.) чабер.
hisopo. [м.] (бот.) иссоп; кропило; (Амер.) кисточка для бритья.
hisópo húmedo. [м.] жирный пот (у овец).
hispalense. [прил. и сущ.] см. sevillano.
hispánico, ca. [прил.] испанский.
hispanidad. [ж.] испанский характер; совокупность и общество испанских народов.
hispanismo. [м.] (лингв.) испанизм, испанский оборот речи.
hispanista. [м. и ж.] испанист, (-ка), специалист по испанской литературе и т. д.
hispanizar. [перех.] испанизировать.
hispano, na. [прил. и сущ.] см. español; испаноамериканский; уроженец, (-ка) Латинской Америки.

hispanoamericano, na. [прил.] испаноамериканский; [м. и ж.] уроженец, (-ка) Латинской Америки.
hispanófilo, la. [прил.] любящий испанский язык, испанскую литературу (тж. сущ.).
hispanófono, na. [прил.] говорящий по-испански (тж. сущ.).
híspido, da. [прил.] жёсткий (о волосах).
hispir. [непрех.] (обл.) см. esponjar.
histeralgia. [ж.] (пат.) невралгия матки.
histerandria. [ж.] (бот.) яичномужество.
histerectomía. [ж.] (хир.) вырезывание матки.
histéresis. [ж.] (эл.) гистерезис, отставание фаз.
histeria. [ж.] см. histerismo.
histericismo. [м.] легкая степень истерии.
histérico, ca. [прил.] (анат.) маточный; истеричный, истерический; [м.] см. histerismo.
histéridos. [м. множ.] семейство карапузиковых жуков.
histeriforme. [прил.] (пат.) сходный с истериею.
histerismo. [м.] (пат.) истерия: *ataque de histerismo, истерика.
histeritis. [ж.] (пат.) воспаление матки.
histerocele. [ж.] (пат.) грыжа матки.
histeroepilepsia. [ж.] (пат.) истерия с эпилептоидной фазой, истероэпилепсия.
histerófono. [м.] инструмент для поддержания матки (при опущении её).
histerografía. [ж.] описание матки.
histerología. [ж.] (рит.) превращение порядка мыслей.
histeroloxia. [ж.] (пат.) косвенное положение матки.
histeroma. [ж.] (пат.) опухоль матки.
histeromanía. [ж.] психическое расстройство вследствие болезни матки или половой сферы у женщин, см. ninfomanía.
histeromaníaca. [прил.] (пат.) страдающая бешенством матки.
histerometría. [ж.] (мед.) измерение величины полости матки.
histerómetro. [м.] (хир.) зонд для измерения величины полости матки.
histeropatía. [ж.] (пат.) болезнь матки.
histeropexia. [ж.] пришивание матки к соседним органам.
histeroptosis. [ж.] опущение, выпадение матки.
histerorrafía. [ж.] сшивание разорванной матки.
histeroalpingostomía. [ж.] (хир.) операция наложения соустья между маткой и дистальной частью маточной трубы после иссечения суженной или непроходимой части трубы.
histeroscopio. [м.] (хир.) маточное зеркало.
histerotocotomía. [ж.] (хир.) кесарево сечение.
histerotomía. [ж.] вскрытие матки разрезом.
histerótomo. [м.] инструмент для расширения маточного зева.
histerotraquelotomía. [ж.] (хир.) разрез шейки матки при тяжелых родах.
hístico, ca. [прил.] тканевый.
histogenia. [ж.] (биол.) гистогенез, образование ткани.
histógeno, na. [прил.] (биол.) гистогенный.
histografía. [ж.] описание тканей тела.
histoideo, a. [прил.] тканеподобный.
histolisis. [ж.] (физиол.) растворение ткани.
histología. [ж.] гистология, учение о тканях.
histológico, ca. [прил.] гистологический.

484 **hist**ólogo

histólogo, ga. [м. и ж.] гистолог.
histopatología. [ж.] гистопатология.
histopatológico, ca. [прил.] гистопатологический.
historia. [ж.] история (наука); история, повесть, повествование, рассказ; случай, событие; сказка; басня, небылица, выдумка; (жив.) картина на исторический сюжет; [множ.] россказни, выдумки: * **historia** antigua, древняя история; * **historia** universal, всеобщая история; * **historia** natural, естественная история; * dejarse de **historias**, не прибегать к обинякам; * hacer **historia**, см. historiar; * examen de **historia**, экзамен по истории.
historiado, da. [страд. прич.] к historiar [прил.] украшенный виньетками, узорами; (перен.) разг.) пёстрый; (жив.) исторический (о картине и т. д.).
historiador, ra. [м. и ж.] историк, бытописатель, повествователь.
historial. [прил.] исторический; [м.] исторический очерк; (уст.) см. historia.
historialmente. [нареч.] исторически.
historiar. [перех.] писать или рассказывать истории; (жив.) писать (красками) исторические картины.
históricamente. [нареч.] исторически.
historicidad. [ж.] историчность.
histórico, ca. [прил.] исторический; достоверный, констатированный; достойный истории.
historieta. [ж. умен.] к historia, рассказец, сказочка, басня, анекдот.
historiografía. [ж.] историография.
historiográfico, ca. [прил.] историографический.
historiógrafo. [м.] историограф.
historiología. [ж.] философия истории.
histricinos. [м. множ.] (зоол.) семейство дикобразов.
histricita. [ж.] безоардовый камень, находимый во внутренностях дикобраза.
histrión. [м.] (ист.) гистрион, гаер, фигляр.
histriónico, ca. [прил.] гаерский, фиглярский.
histrionisa. [ж.] старинная актриса или танцовщица.
histrionismo. [м.] ремесло гистриона; (соб.) гистрионы, фигляры, гаеры.
hita. [ж.] гвоздик без шляпки; межевой столб.
hitación. [ж.] установка межевых знаков, размежевание.
hitamente. [нареч.] внимательно.
hitar. [перех.] означать границы столбами, ставить межевые столбы, размежёвывать.
hitlerismo. [м.] гитлеризм.
hito, ta. [прил.] смежный, прилегающий (об улице, доме); твёрдый, устойчивый, стойкий; [м.] межевой, пограничный или дорожный столб; цель, мишень; игра состоящая в том, что игроки стараются попасть кольцом в кол, врытый в землю: * a **hito**, прочно; беспрерывно; * dar en el **hito**, попасть в точку; понять суть; * jugar a dos **hitos**, вести двойную игру; * mirar de **hito**, mirar de **hito** en **hito**, смотреть пристально; * tener la suya sobre el **hito**, не уступать.
hito, ta. [прил.] чёрный (о лошади).
hitón. [м.] большой гвоздь без шляпки.
hoacín. [м.] род мексиканского фазана.
hobacho, cha, hobachón, na. [прил.] вялый и толстый.
hobachonería. [ж.] лень, вялость.
hoblón. [м.] (гал.) хмель (растение).
hocejo, hocete. [м.] (обл.) садовый нож.

hocicada. [ж.] удар рылом; рытьё земли рылом.
hocicar. [перех.] см. hozar; (перен.) разг.) целовать несколько раз подряд; [неперех.] ударяться мордой, рылом; (перен.) (разг.) наталкиваться на трудности, препятствия; (мор.) погружать нос в воду (о судне).
hocico. [м.] морда, рыло (у животных); (груб.) рот; (перен.) (разг.) морда, рожа; недовольная мина: * poner **hocico**, дуться; * meter el **hocico** en todo, совать всюду свой нос; * dar a uno con la puerta en los **hocicos**, захлопнуть дверь перед чьим-л носом; * dar или caer de **hocicos**, ударяться лицом о...; * salir a los **hocicos**, всплывать.
hocicón, na, hocicudo, da. [прил.] мордастый; губастый, толстогубый.
hocino. [м.] кривой садовый нож; сорт серпа для рубки.
hocino. [м.] почва из наносной земли около реки; ущелье (речное); [множ.] сады около реки.
hociquear. [перех.] см. hozar; (разг.) (Амер.) целовать.
hociquera. [ж.] (Амер.) намордник.
hockey. [м.] (спорт.) хоккей: * de **hockey**, хоккейный, * jugador de **hockey**, хоккеист, (-ка).
hoco. [м.] гокко, хохлач, куриная птица; (Амер.) род американской тыквы.
hocoe. [м.] (Амер.) мексиканское дерево.
hodógrafo, hodómetro. и т. д. см. odógrafo, odómetro.
hofmanita. [ж.] (мин.) гофманнит, гартит.
hogañazo. [нареч.] см. hogaño.
hogaño. [м.] в этом (текущем) году, в настоящее время.
hogar. [м.] очаг, топка; плита; костёр; (перен.) домашний очаг, дом; семья, семейная жизнь.
hogareño, ña. [прил.] любящий семейную жизнь.
hogaril. [м.] (обл.) очаг, кухонная плита, топка.
hogaza. [ж.] коврига, каравай; хлеб из грубой муки.
hoguera. [ж.] костёр: * encender una **hoguera**, зажечь костёр.
hoja. [ж.] лист, листок (растения); лепесток; лист (какого-л материала); бланк; документ; клинок, лезвие; слой (в слоёном тесте); створка (двери, окна); пластинка; шпага; (с.-х.) земля под паром; половина каждой части одежды: * **hoja** de Flandes, de Milán или de lata, жесть; * **hoja** de limón, (обл.) см. toronjil; * **hoja** de servicios, послужной список; * **hoja** de tocino, половина свиной туши; * **hoja** de ruta, путёвка; * **hoja** volante, листовка; * batir **hoja**, делать золотые фольги; * doblar la **hoja**, (перен.) уклоняться в сторону (в разговоре); * mudar la **hoja**, отказываться от намерения; * poner a uno como **hoja** de perejil, дать нагоняй; * volver la **hoja**, изменять мнение, отступаться от своих слов; * ser todo **hoja** y no tener fruto, пустословить; * no tener vuelta de **hoja**, не терпеть возражения (о вопросе и т. д.).
hojalata. [ж.] жесть: * de **hojalata**, жестяной: * caja, bote de **hojalata**, жестянка.
hojalatería. [ж.] лавка или мастерская жестяника.
hojalatero. [м.] жестяник, жестянщик.
hojalda. [ж.] (Амер.) см. hojaldre.
hojalde. [м.] см. hojaldre.
hojaldra. [ж.] (обл.) (Амер.) см. hojaldre.
hojaldrado, da. [страд. прич.] к hojaldrar; [прил.] слоёный.
hojaldrar. [перех.] слоить тесто.
hojaldre. [м. или ж.] слойка; слоёное тесто.
hojaldrero, ra, hojaldrista. [м. и ж.] пирожник, специалист по слойкам.

hojaranzo. [м.] см. ojaranzo и adelfa.
hojarasca. [ж.] опавшая листва; слишком густая листва; (перен.) пустая болтовня.
hojear. [перех.] перелистывать, бегло просматривать.
hojoso, sa, hojudo, da. [прил.] густолиственный, густолистый.
hojuela. [ж. умен.] к hoja, листок, листик, листочек; выжимки из оливок; сорт оладьи; тонкий и длинный лист металла; (бот.) простой лист; (Амер.) слоёное тесто.
¡hola! [междом.] (при встрече или для выражения удивления) эй!, гей!, ну!, алло!
holacanto. [м.] (бот.) род водоросли; (зоол.) гуара или ёж-рыба.
holán. [м.] голландское полотно; (Амер.) см. faralá.
holancina. [ж.] сорт лёгкой хлопчатобумажной ткани.
holanda. [ж.] голландское полотно; спирт низкого сорта.
holandés, sa. [прил.] голландский; [м. и ж.] голландец, (-ка); [м.] голландский язык.
holandeta, holandilla. [ж.] подкладочная материя; голландский табак.
holandizar. [перех.] придавать голландский характер.
holco. [м.] (бот.) просяник, бухарник, индейская рожь, индейское просо.
holgachón, na. [прил.] привык удобно жить и мало работать.
holgadamente. [нареч.] широко; щедро: * vivir **holgadamente**, жить широко.
holgado, da. [страд. прич.] к holgar [прил.] широкий, просторный; зажиточный, обеспеченный; см. desocupado.
holganza. [ж.] отдых; досуг; праздность; развлечение.
holgar. [неперех.] отдыхать; иметь досуг; быть праздным; радоваться чему-л; быть без употребления; **holgarse**: [возв. гл.] радоваться чему-л; развлекаться; [непр. гл.] спрягается как contar.
holgazán, na. [прил.] ленивый; праздный; [м. и ж.] лентяй, (-ка), лодырь, бездельник, (-ница), ленивец, (-вица), лежебок.
holgazanear. [неперех.] бездельничать, лодырничать, лениться.
hongazanería. [ж.] леность, лень, праздность.
holgón, na. [прил.] любящий развлекаться и т. д.; [м. и ж.] гуляка.
holgorio. [м.] (разг.) празднество, шумное веселье.
holgueta. [ж.] (разг.) общее развлечение, шумное веселье.
holgura. [ж.] см. holgueta; простор; (тех.) зазор: * vivir en la (или con) **holgura**, широко жить.
holmesita. [ж.] (мин.) хризофан, клинтонит, зейбертит.
holo-. приставка, обозначающая целость, всё, вся сумма.
holoáxico, ca. [прил.] (мин.) полноосный.
holobranquio, quia. [прил.] цельножаберный.
holocarpo, pa. [прил.] цельноплодный.
holocaustizar. [перех.] приносить в жертву.
holocausto. [м.] (ист.) всесожжение, жертва, искупительное жертвоприношение; (перен.) жертва.
holocentro. [м.] ромша (рыба).
holoédrico, ca. [прил.] (мин.) полногранный.
hológrafo, fa. [прил. и сущ.] см. ológrafo.
hololepídoto, ta. [прил.] (зоол.) чешуйчатый, покрытый чешуёй.
hololeuco, ca. [прил.] (бот.) совсем белый.
holómetro. [м.] измеритель высот.
holopatía. [ж.] общая болезнь.
holorraquisquisis. [ж.] врождённое расщепление всего позвоночника.

holosidera. [ж.] (мин.) метеорит, состоящий в основном из железа.
holoturia. [ж.] голотурия, морская кубышка (животное, относящееся к типу иглокожих).
holotúridos. [м. множ.] (зоол.) голотурии.
holladero, ra. [прил.] торный (о части дороги).
holladura. [ж.] дейст. к топтать, потрава; унижение (достоинства и т. д.); попирание (прав); старинная плата за переход скота через участок земли.
hollar. [перех.] топтать, давить, мять ногами; (перен.) попирать (достоинство); [непр. гл.] спрягается как contar.
holleca. [ж.] дятел (птица).
hollejo. [м.] шелуха; кожица (плодов, овощей).
hollejudo, da. [прил.] (Амер.) с толстой шелухой или кожицей.
hollejuelo. [м. умен.] к hollejo.
hollín. [м.] сажа, нагар, копоть.
hollinar. [перех.] (мер.) пачкать, покрывать сажей.
holliniento. [м.] полный сажи, покрытый сажей.
homalófilo, la. [прил.] (бот.) плосколистный.
homarrache. [м.] см. moharrache.
hombaco. [м.] (бот.) каперсовое деревцо (в Египте).
hombracho. [м.] здоровяк, крупный, сильный мужчина.
hombrada. [ж.] мужественный или благородный поступок.
hombradía. [ж.] мужественность; энергия, твёрдость, мужество, доблесть.
hombrado, da. [прил.] (Амер.) мужеподобный.
hombre. [м.] человек; мужчина; (разг.) муж; * hombre hecho, взрослый, сформировавшийся человек; * hombre de bien, порядочный человек, честный человек; * hombre llano, искренний, правдивый человек; * hombre de corazón, мужественный человек; * hombre de edad, пожилой человек; * hombre liso, искренний человек; * hombre de cabeza, талантливый человек; * hombre de pro(vecho), полезный человек; * hombre lleno, культурный человек; * hombre de armas tomar, hombre de pelo en pecho, отважный человек; * hombre de mundo, светский человек; бывалый человек; * hombre de negocios, деловой человек; делец; * hombre de palabra, тот, кто сдерживает слово, человек слова; * hombre de dos caras, лицемер; * hombre de pelea, солдат; * hombre de puños, de manos, крепкий и мужественный человек; * hombre de Estado, государственный деятель; * hombre de estofa, знатный человек; * hombre de mangas, церковный человек; * hombre de vida airada, гуляка; * hombre de lunas, лунатик; * hombre de peso, рассудительный человек; * hombre de veras, серьёзный человек; * hombre mayor пожилой человек; * hombre de campo, деревенский житель; * hombre público, общественный деятель; * hombre de mar, моряк, матрос; * hombre bueno, третейский судья; простолюдин; * hombre de letras, писатель, литератор; * hombre de ciencia, учёный; * hombre de nada, бедняк; человек неизвестного происхождения; * hacerse todo un hombre, становиться взрослым, настоящим мужчиной; * hombre espiritual, духовный человек; * es mi hombre, это именно такой человек, какого мне нужно; * como un solo hombre, единогласно; * ¡hombre al agua!, ¡hombre a la mar!, человек за бортом! * el hombre propone y Dios dispone, человек предполагает, а Бог располагает;

* ¡hombre! (межд. для выражения удивления) увы! неужели!
hombrear. [неперех.] подражать взрослому (о подростке); hombrearse. [возв. гл.] равняться с кем-л.
hombrear. [неперех.] поддерживать или толкать плечами.
hombrecillo. [м. умен.] к hombre; (бот.) хмель: * hombrecillo de agua y lana, человечек.
hombrera. [ж.] наплечник, оплечье (в латах, на одежде); эполет; бретелька.
hombretón. [м. увел.] к hombre, здоровяк.
hombrezuelo. [м. умен.] к hombre, человечек.
hombría de bien. честность, порядочность
hombrillo. [м.] наплечник (на рубахе); украшение в форме наплечника.
hombrío. [м.] (обл.) совокупность мужчин.
hombro. [м.] плечо; лопатка (у четвероногих): * a hombros, на плечах; * hombro con hombro, плечо к плечу, плечом к плечу; * arrimar el hombro, помочь кому-л; * encogerse de hombros, пожать плечами; * mirar por encima del hombro, презрительно посмотреть на кого-л; * encoger los hombros, смиряться, безропотно покоряться; * echar al hombro, взвалить на себя, взять под свою ответственность; * ¡armas al hombro!, ¡sobre el hombro!, (воен.) на плечо!
hombrón. [м. увел.] к hombre.
hombruno, na. [прил.] (разг.) мужеподобный (о женщине).
homenaje. [м.] (ист.) клятвенное обещание верности (сеньору); почтение, дань уважения; знаки почитания; выражение признательности; чествование; празднество в честь кого-л; (Амер.) (гал.) подношение, дар, подарок: * rendir homenaje, чествовать
homenajear. [перех.] чествовать; (Амер.) см. agasajar, obsequiar.
homoetnia. [ж.] расовая аналогия, сходство.
homeópata. [м.] гомеопат.
homeopatía. [ж.] (мед.) гомеопатия.
homeopáticamente. [нареч.] гомеопатически.
homeopático, ca. [прил.] (мед.) гомеопатический.
homeosis. [ж.] (физиол.) уподобление; (рит.) сравнение, уподобление (фигура).
homeotermia. [ж.] свойство теплокровных животных сохранять постоянную температуру тела.
homérico, ca. [прил.] гомеровский, гомерический.
homéridas. [м. множ.] рапсоды.
homero. [м.] (Амер.) см. aliso.
homicida. [прил.] убийственный, смертоносный; [м.] убийца, человекоубийца, душегуб(ец) (уст.).
homicidio. [м.] убийство, человекоубийство, душегубство (уст.) старинный налог, сорт штрафа: * homicidio voluntario, умышленное убийство.
homilética. [ж.] (бог.) гомилетика, теория духовного красноречия.
homilía. [ж.] проповедь; [множ.] поучении, проповеди.
homiliario. [м.] собрание поучений, проповедей.
homilista. [м.] проповедник; сочинитель поучений.
hominal. [прил.] человеческий.
hominicaco. [м.] (разг.) малодушный, ничтожный человек.
hominido, da. [прил.] человекообразный, человекоподобный, (тж. сущ.).
homo. приставка, обозначающая сходный, подобный, похожий.

homobranquios. [м. множ.] (зоол.) пирамидально-жаберные раки.
homocéntricamente. [нареч.] концентрически, не изменяя центра.
homocarpo, pa. [прил.] (бот.) одинаковоплодный.
homocéntrico, ca. [прил.] (геом.) концентрический.
homocentro. [м.] (геом.) средоточие нескольких концентрических кругов.
homócromo, ma. [прил.] равноцветный.
homódromo, ma. [прил.] (тех.) второго рода (о рычаге).
homófilo, la. [прил.] (бот.) подобнолистный.
homofonía. [ж.] свойст. к одинаково звучащий; (муз.) гомофония, единогласие (в пении).
homófono, na. [прил.] одинаково звучащий. гомофонный; омофонный.
homogamia. [ж.] (бот.) гомогамия, купнобрачие.
homógamo, ma. [прил.] (бот.) купнобрачный.
homogéneamente. [нареч.] однородно.
homogeneidad. [ж.] гомогенность, однородность; единство.
homogeneización. [ж.] гомогенизация.
homogeneizador. [м.] гомогенизатор.
homogeneizar. [перех.] сглаживать различия, делать однородным, гомогенизировать.
homogéneo, a. [прил.] гомогенный, однородный, подобный, сходный.
homógrado, da. [прил.] одинокой степени.
homografía. [ж.] гомография.
homógrafo, fa. [прил.] к гомография; пишущийся одинаково.
homologable. [прил.] поддающийся засвидетельствованию, утверждению в суде.
homologación. [ж.] (юр.) засвидетельствование, утверждение в суде; утверждение; (спорт.) признание, регистрация рекорда.
homologar. [перех.] (юр.) засвидетельствовать в суде; официально признать, подтвердить; (спорт.) признать рекорд.
homología. [ж.] (биол.) гомология.
homólogo, ga. [прил.] (геом.) (хим.) равнозначащий, подобный, соответственный.
homomorfo, fa. [прил.] гомеоморфный, одинокой формы.
homonimia. [ж.] (грам.) омонимия.
homónimo, ma. [прил.] (грам.) омонимический, одноимённый; [м.] омоним, одноименное слово; тёзка; однофамилец.
homopétalo, la. [прил.] (бот.) сходнолепестный.
homoplastia. [ж.] пересадка ткани с помощью материала из родственного организма (человека или животного того же вида).
homópodo, da. [прил.] (зоол.) равноногий.
homóptero, ra. [прил.] (энт.) равнокрылый; [м. множ.] равнокрылые насекомые.
homosexual. [прил.] гомосексуальный; [м. и ж.] гомосексуалист, (-ка).
homosexualidad. [ж.] гомосексуализм.
homotermal. [прил.] (физ.) одинокой температуры.
homótropo, pa. [прил.] (бот.) прямостоящий (о зародыше).
honcejo. [м.] кривой садовый нож; сорт серпа для рубки.
honda. [ж.] праща.
hondable. [прил.] см. fondable.
hondada. [ж.] выстрел из пращи.
hondamente. [нареч.] глубоко.

hondanada. [ж.] (Амер.) низина, котловина.
hondar. [перех.] (Амер.) см. ahondar.
hondarras. [ж. множ.] (обл.) подонки.
hondazo. [м.] выстрел из пращи.
hondear. [перех.] (мор.) зондировать, измерять глубину; облегчать груз судна; (перен.) (арг.) зондировать, внимательно рассматривать, обсуждать.
hondear. [неперех.] метать из пращи.
hondero. [м.] (ист.) пращник.
hondiar. [перех.] (обл.) см. ahondar.
hondiguada. [ж.] низина, котловина.
hondijo. [м.] праща.
hondillos. [м. множ.] задняя часть штанов.
hondo, da. [прил.] глубокий; (перен.) глубокий, скрытый; глубокий, сильный (о чувстве); [м.] дно.
hondón. [м.] дно; впадина, ущелье; игольное ушко; часть стремени на которую опирается стопа.
hondonada. [ж.] низина, котловина.
hondonal. [м.] (обл.) низкий и влажный луг; см. juncar.
hondonar. [перех.] рыть, копать; пахать, вспахивать плугом.
hondura. [ж.] глубина: * meterse en honduras, (перен.) копаться в чём-л.
hondureñismo. [м.] оборот речи свойственный уроженцам Гондураса.
hondureño, ña. [прил.] гондурасский; [м. и ж.] уроженец (-ка) Гондураса.
honestamente. [прил.] скромно, честно, благопристойно и т. д.
honestar. [перех.] см. honrar; см. cohonestar.
honestidad. [ж.] честность; благопристойность; вежливость, учтивость; приличие, целомудрие, скромность.
honesto, ta. [прил.] честный, благопристойный, пристойный; вежливый, учтивый, скромный, целомудренный; приличный, разумный, умеренный.
hongarina. [ж.] сорт пальто без рукавов из грубой ткани.
hongo. [м.] гриб; (мед.) нарост: * (sombrero) hongo, мужская фетровая шляпа с широкими полями; * hongo yesquero, трутовик.
hongoso, sa. [прил.] (обл.) губчатый, пористый.
honor. [м.] честь, порядочность; почёт; честь; слава; доброе имя; целомудрие, скромность, честь (женщины); [множ.] почести: * palabra de honor, честное слово; * en honor de, в честь кого-л.; * hacer honor a un plato, кушать исправно; * a tal señor, tal honor, всякому почёт по заслугам, по Сеньке и шапка; каждому своё; * hacer los honores de la casa, принимать гостей; * honores militares, воинские почести.
honorabilidad. [ж.] почтенность.
honorable. [прил.] почтенный, уважаемый.
honorablemente. [нареч.] почтёно, почтительно; с почётом.
honorario, ria. [прил.] почётный; [множ.] гонорар, вознаграждение, плата: * miembro honorario, почётный член (общества и т. д.).
honoríficamente. [нареч.] почётно, с честью; с почётным характером.
honorífico, ca. [прил.] почётный: * título honorífico, почётное звание.
honra. [ж.] честь; доброе имя; хорошая репутация; скромность, стыдливость; целомудрие, непорочность; [множ.] (церк.) панихида, последние почести, пышные похороны: * tener a mucha honra, вменять себе в честь что-л; гордиться чем-л; * quitar la honra, лишать чести.

honradamente. [нареч.] честно и т. д.
honradez. [ж.] честность.
honrado, da. [страд. прич.] к honrar; [прил.] честный, добросовестный: * persona honrada, честный человек.
honrador, ra. [прил.] уважающий, почитающий, оказывающий честь (тже. сущ.).
honramiento. [м.] уважение, почтение, почёт.
honrar. [перех.] почитать, чтить, уважать; делать, оказывать честь; удостаивать.
honrarse. [возв. гл.] считать для себя честью.
honrilla. [ж. умен.] к honra, гонор: * por la negra honrilla, из страха перед тем, что скажут люди.
honrosamente. [нареч.] с честью и т. д.
honrosidad. [ж.] почётность; приличность, порядочность.
honroso, sa. [прил.] почётный, почтенный, приличный, порядочный.
hontanar. [м.] местность, изобилующая источниками.
hontanarejo. [м. умен.] к hontanar.
hopalanda. [ж.] (чаще множ.) широкая юбка, сорт подрясника.
hopear. [неперех.] вертеть хвостом, заметать след хвостом (о лисице); (перен.) перебегать с места на место.
hopeo. [м.] верчение хвостом (о лисице).
hoplita. [м.] гоплит, тяжело вооружённый пехотинец, (у древних Греков).
hoplómaco. [м.] гладиатор во всеоружии (у Древних).
hoplomaquia. [ж.] гладиаторский бой; бой.
hoploteca. [ж.] см. oploteca.
hopo. [м.] чуб; пушистый хвост; кисточка на хвосте; (арг.) воротник: * seguir el hopo, идти по следу; * sudar el hopo, из кожи (вон) лезть; * ¡hopo!, [межд.] (выражает побуждение, понукание) вон отсюда! (придыхательная h).
hoque. [м.] см. alboroque.
hoquis (de). [адверб. выраж.] (Амер.) даром, бесплатно.
hora. [ж.] час; время, пора; смерть; (обл.) см. legua; (Амер.) нервная болезнь, вызывающая скоропостижную смерть; [нареч.] теперь, ныне; [множ.] (церк.) часы; часослов: * qué hora es?, который час?, сколько времени?; * hora suprema, последний, роковой, смертный час; * dar la hora, бить по часам, по часам (о часах); * una hora larga, больше часа; * una hora escasa, немного менее часа; * llegó la hora, пришло время, пора; * a horas excusadas, тайком; * a la hora señalada, в условленный час; * a la hora acostumbrada, в обычный час; * a la misma hora, в то же время; * hora de la comida, обеденное время; * horas de oficina, присутственные часы; * hora de punta, часы пик; * a horas intempestivas, в неположенное время; * a la hora, сейчас; немедленно; * a todas horas, постоянно; * las horas muertas, потерянное время; * ¡en hora buena!, в добрый час!, отлично!; * hora menguada, недобрый час; * a la hora de ahora, теперь; * cada hora, постоянно; * a la última hora, в последний час; * dar hora, условиться о времени (встречи и т. д.); * poner en hora, выверить часы; * a dos horas de, в двух часах езды от...; * es hora de, пора; * no ver la hora, гореть желанием сделать что-л; * sonó la hora, пробил час, настала пора; * llegar a última hora, прийти последним.
horada. [прил.]: * a la hora horada, в точный час.
horadable. [прил.] поддающийся просверливанию и т. д.
horadación. [ж.] сверление, бурение, просверливание; пробуравливание, прокалывание.

horadado, da. [страд. прич.] к horadar; [м.] шелковичный кокон, когда имеет два отверстия.
horadador, ra. [прил.] прокалывающий, просверливающий (тже. сущ.).
horadar. [перех.] сверлить, буравить, просверливать, пробуравливать; прокалывать.
horado. [м.] сквозная дыра; подземный ход.
horambre. [м.] дыры в брусе масляной мельницы.
horario, ria. [прил.] часовой; [м.] часовая стрелка; часы; расписание (часов).
horca. [ж.] виселица; вилы; подпорка (для ветвей плодовых деревьев); * horca pajera, (обл.) см. aviento; * horca de ajos, или de cebollas, связка (луку, чесноку); * señor de horca y cuchillo, феодальный владелец, пользовавшийся обширной судебной властью; * tener horca y cuchillo, (перен.) повелевать; * ser racimo de horca, пахнуть виселицей; * librarse de la horca, избавиться от виселицы; * pasar por las horcas caudinas, позорно капитулировать.
horcado, da. [прил.] вилообразный.
horcadura. [ж.] разветвление (дерева); угол образованный двумя ветвями.
horcajada. [ж.] (Амер.) см. horcajadura.
horcajadas. [обл.] (в выраж.) * a la horcajadas, или a horcajadillas, верхом; * montar a horcajadas, садиться верхом на.
horcajadura. [ж.] часть тела между бёдрами.
horcajo. [м.] ярмо (для мулов); место слияния (горных хребтов, рек).
horcar. [перех.] (Амер.) прост.] см. ahorcar; (Амер.) ценить, уважать.
horcate. [м.] клещи хомутового оголовка.
horco. [м.] связка (чеснока или луку).
horcón. [м. увел.] к horca; подпорка для ветвей плодовых деревьев.
horconada. [ж.] увел. horcón; количество сена и т. д., которое можно захватить за один раз вилами.
horconadura. [ж.] совокупность подпорок (см. horcón).
horchata. [ж.] оршад, миндальное молоко.
horchatería. [ж.] место, где приготовляют или продают оршад.
horchatero, ra. [м. и ж.] тот, кто приготовляет или продаёт оршад.
horda. [ж.] орда, полчище.
hordeáceo, a. [прил.] (бот.) ячменный; [м. множ.] ячменные растения.
hordeado, da. [прил.] содержащий ячмень (о средстве).
hordeiforme. [прил.] похожий на ячмень.
hordeína. [ж.] (хим.) начало находимое в ячмене.
hordéolo. [м.] (пат.) ячмень (на глазу).
hordiate. [м.] ячменная крупа; сорт отвара из ячменя.
horero. [м.] (Амер.) часовая стрелка.
horizocardia. [ж.] (пат.) горизонтальное положение сердца на диафрагме.
horizontal. [прил.] горизонтальный; [ж.] горизонтальная линия, горизонталь.
horizontalidad. [ж.] горизонтальность.
horizontalmente. [нареч.] горизонтально.
horizonte. горизонт, (перен.) кругозор: * horizonte sensible, видимый горизонт; * horizonte racional, истинный горизонт; * en el horizonte, на горизонте.
horma. [ж.] форма; колодка; болванка; каменная стена; (Амер.) форма для сахарных голов: * hallar la horma de su zapato, найти то, чего желал, что искал; найти подходящую вещь; найти на до- ку; * (él) ha hallado la horma de su zapato, не на того нарвался.

hormadoras. [ж. множ.] (Амер.) нижняя юбка.
hormaguera. [ж.] (обл.) каменная стена (из сухого камня).
hormar. [перех.] (Амер.) см. ahormar.
hormaza. [ж.] каменная стена (из сухого камня).
hormazo. [м.] удар формой, колодкой, болванкой.
hormería. [ж.] (Амер.) лавка, где продают колодки.
hormero, ra. [м. и ж.] тот, кто изготовляет или продаёт колодки (формы).
hormiga. [ж.] (энт.) муравей; (мед.) сыпь; (арг.) [множ.] игральные кости: * hormiga blanca, термит (насекомое); * hormiga león, муравьиный лев (насекомое); * ser una hormiga, быть бережливым.
hormigaleón. [м.] (энт.) муравьиный лев.
hormigante. [прил.] вызывающий мурашки (по телу).
hormigo. [м.] зола для разработки ртути; кукурузная каша; [множ.] сорт пирога из мёда, миндаля и т. д.; высевки из манной крупы.
hormigón. [м.] (вет.) болезнь вола; болезнь некоторых растений, вызываемая насекомым.
hormigón. [м.] бетон: * hormigón armado, железобетон; * mezclador de hormigón, бетономешалка, бетоньерка.
hormigonera. [ж.] бетономешалка, бетоньерка.
hormigoso, sa. [прил.] муравьиный; изъеденный муравьями.
hormigueamiento. [м.] кишение, дейст. к зудеть, зуд.
hormiguear. [неперех.] зудеть; кишеть; (гал.) быть в изобилии; (арг.) красть малоценные вещи.
hormigüela. [ж. умен.] к hormiga, мурашка (обл.).
hormigueo. [м.] кишение, дейст. к зудеть, зуд, мурашки (по телу).
hormiguera. [ж.] (Амер.) (вет.) болезнь копыт.
hormiguero, ra. [прил.] к сыпь (см. hormiga); [м.] муравейник (тж. перен.); см. torcecuello; (арг.) вор малоценных вещей; см. fullero; (с.-х.) ворох травы, который жгут для удобрения земли; (Амер.) см. hormigueo; oso hormiguero, (зоол.) муравьед.
hormiguesco, ca. [прил.] муравьиный.
hormiguicida. [ж.] (служащий) для истребления муравьёв; [м.] средство для истребления муравьёв.
hormiguilla. [ж. умен.] к hormiga; зуд, мурашки (по телу).
hormiguillo. [м.] (вет.) болезнь копыт; цепь людей для передачи чего-л по конвейеру, из рук в руки; зуд, мурашки (по телу): * parecer que tiene uno hormiguillo, не сидеться на месте, быть очень неспокойным.
hormiguita. [ж. умен.] к hormiga: * ser una hormiguita, быть бережливым.
hormilla. [ж.] кружок идущий на изготовление пуговицы.
hormillón. [м.] болван, болванка.
hormón(a). [м.] гормон.
hormonal. [прил.] гормонный, гормональный.
hormonoterapia. [ж.] гормонотерапия.
hornabeque. [м.] (форт.) равелин.
hornablenda. [ж.] (мин.) роговая обманка или амфибол.
hornacero. [м.] тот, кто следит за печью для обработки благородных металлов.
hornacina. [ж.] (арх.) ниша.
hornacho. [м.] яма, выемка (при добывании глины и т. д.).

hornachuela. [ж.] небольшая пещера; хижина, лачуга, шалаш.
hornada. [ж.] количество хлеба, помещающееся в печи, полная печь чего-л; (перен.) (разг.) ряд производств (в чины), или назначений (в должность).
hornaguear. [перех.] рыть, копать землю (при добывании каменного угля); (обл.) делать попытки, чтобы поместить что-л в узкое место; hornaguearse. [возв. гл.] (Амер.) (обл.) двигаться; шевелиться.
hornagueo. [м.] добывание каменного угля.
hornaguera. [ж.] (мин.) каменный уголь.
hornaguero, ra. [прил.] просторный, широкий; каменноугольный (о почве).
hornaje. [м.] (обл.) плата за печение хлеба.
hornalla. [ж.] кухонная печь.
hornaza. [ж.] маленькая печь для обработки благородных металлов; глазурь.
hornazo. [м.] пасхальный кулич или подарок.
hornear. [неперех.] печь хлеб (по ремеслу).
hornecino, na. [прил.] внебрачный, незаконнорождённый.
hornera. [ж.] плита печи; жена пекаря.
hornería. [ж.] ремесло пекаря.
hornero, ra. [м. и ж.] пекарь, содержатель, (-ница) публичной печи; (орни.) печник (американская птица из отряда воробьиных).
hornía. [ж.] (обл.) зольник рядом с очагом.
hornija. [ж.] щепки, ветки, растопка.
hornijero. [м.] поставщик щепок, растопки (для печи).
hornilla. [ж.] сорт простой очаги; голубиное гнездо (в стенах).
hornillo. [м.] переносная печь; (мил.) подземная мина; минная камера.
horno. [м.] печь; хлебная печь; пламенная или отражательная печь; место, где гнездятся пчёлы (вне улья); (арг.) тюрьма: * horno de carbón, дрова для обжига угля; * alto horno, доменная печь; * horno de calcinación, обжигательная, обжиговая печь; * horno de campaña, полевая хлебопекарня; * horno de cuba, de manga, вагранка; * no estar el horno para bollos, или tortas, не быть подходящим (о моменте и т. д.).
horografía. [ж.] см. gnomónica.
horologio. [м.] часослов (церковная книга).
horometría. [ж.] искусство измерять время.
horómetro. [м.] прибор для измерения времени.
horón. [м.] большая круглая корзина; (обл.) место, где хранят пшеницу; сорт большой трубы для хранения зёрен.
horondo, da. [прил.] см. orondo.
horoscopia. [ж.] искусство составлять гороскопы.
horoscópico, ca. [прил.] гороскопический.
horóscopo. [м.] гороскоп.
horqueta. [ж. умен.] к horca; маленькие вилы; см. horcón и horcadura.
horquetada. [ж.] количество сена и т. д. которое можно захватить за один раз маленькими вилами.
horquetero. [м.] (обл.) тот, кто изготовляет или продаёт вилы.
horquilla. [ж.] маленькие вилы; шпилька для волос; (уст.) см. clavícula.
horrar. [перех.] (Амер.) см. ahorrar.
horratiño, ña. [прил.] см. tacaño.
horrear. [перех.] собирать, образовать стадо бесплодных самок.
horrendamente. [нареч.] ужасно, страшно.
horrendo, da. [прил.] ужасный, страшный; безобразный.
hórreo. [м.] амбар; зернохранилище; (обл.) деревянная постройка на сваях (для хранения зерна и т. д.).

horrero. [м.] управляющий зернохранилищей.
horribilidad. [ж.] свойст. к ужасный, ужасающий, страшный.
horrible. [прил.] ужасный, страшный; безобразный; нестерпимый (о боли).
horriblemente. [нареч.] ужасно, страшно.
horridez. [ж.] свойст. к страшный, ужасный.
hórrido, da, horrífico, ca. [прил.] см. horrendo.
horripilación. [ж.] содрогание; внушение чувства страха; (мед.) озноб, выражающийся дрожью и гусиной кожей.
horripilante. [дейст. прич.] к horripilar.
horripilar. [перех.] внушать чувство страха; приводить в ужас, в содрогание.
horripilativo, va. [прил.] приводящий в ужас, в содрогание.
horrisonante, horrísono, na. [прил.] ужасный (о звуке).
horro, rra. [прил.] вольноотпущенный (о рабах); освобождённый, свободный, вольный; яловый, бесплодный (о скоте).
horro. [м.] (Амер.) см. ahorro.
horror. [м.] ужас, страх; отвращение; подлость, гнусность; нечто ужасное; * los horrores de la guerra, ужасы войны.
horrorizar. [перех.] ужасать; horrorizarse [возв. гл.] ужасаться.
horrorosamente. [нареч.] ужасно, безобразно, отвратительно.
horroroso, sa. [прил.] ужасный; отвратительный; (разг.) безобразный.
horrura. [ж.] отбросы, помои; нечто презрительное; (обл.) см. poso; грязь, ил, тина (при наводнении).
hortal. [м.] огород.
hortalicero. [м.] (Амер.) огородник.
hortaliza. [ж.] овощи, зелень.
hortatorio, ria. [прил.] см. exhortatorio.
hortecillo. [м. умен.] к huerto, маленький огород.
hortelana. [ж.] жена огородника.
hortelano, na. [прил.] огородный; [м. и ж.] огородник, (-ица); садовая овсянка: * el perro del hortelano, собака на сене.
hortense. [прил.] огородный.
hortensia. [ж.] (бот.) гортензия.
hortera. [ж.] деревянная миска; (разг.) продавец в мануфактурной лавке (в Мадриде).
hortícola. [прил.] овощеводческий, принадлежащий или относящийся к огородничеству.
horticultor, ra. [м. и ж.] огородник, (-ица), овощевод, тот, кто занимается разведением овощей и т. д.
horticultura. [ж.] огородничество; садоводство; искусство разведения овощей и т. д.
hosanna. [м.] осанна.
hosco, ca. [прил.] смуглый, темнокожий; угрюмый, сердитый, мрачный; надменный.
hoscoso, sa. [прил.] жёсткий, шероховатый; суровый.
¡hospa! [межд.] вон! см. hoste.
hospedador, ra. [прил.] дающий приют, помещение, принимающий гостей (тж. сущ.).
hospedaje, hospedamiento. [м.] предоставление кому-л приюта или помещения у себя; пансион; плата за пансион.
hospedante. [дейст. прич.] к hospedar, дающий приют, принимающий гостя и т. д.
hospedar. [перех.] приютить или поместить у себя; принимать гостей.
hospedería. [ж.] часть монастыря для гостей или приезжающих монахов; приют, пристанище; пансион; гостиница; меблированные комнаты.

488 hospedero

hospedero, ra. [м. и ж.] содержатель, (-ница) меблированных комнат, гостиницы; трактирщик, (-ица).

hospiciano, na. [м. и ж.] тот, кто живёт в приюте.

hospiciano. [м. и ж.] (Амер.) см. hospiciano.

hospicio. [м.] приют; богадельня, Божий дом; см. hospedaje; странноприимный дом (в монастыре).

hospital. [м.] больница, госпиталь: * hospital de sangre, военный госпиталь; * hospital de campaña, полевой госпиталь; * hospital de la sangre, (перен.) бедные родственники; * hospital robado, (разг.) без мебели дом.

hospitalariamente. [нареч.] гостеприимно.

hospitalario, ria. [прил.] гостеприимный, хлебосольный; странноприимный (о доме, приюте) (о монахах).

hospitalero. [м. и ж.] заведующий, (-ая) больницей; гостеприимный, милосердный человек.

hospitalicio, cia. [прил.] гостеприимный, хлебосольный.

hospitalidad. [ж.] гостеприимство, хлебосольство; предоставление приюта и т. д. кому-л; пребывание больного в больнице.

hospitalización. [ж.] госпитализация.

hospitalizar. [перех.] помещать в больницу, госпитализировать.

hospitalmente. [нареч.] гостеприимно.

hospodar. [м.] господарь.

hospodarato. [м.] господарство.

hosquedad. [ж.] смуглость; мрачность, угрюмость; надменное поведение.

hostal. [м.] см. hostería.

hostelería. [ж.] занятие содержателя гостиницы, трактира; корпорация содержателей гостиниц, трактиров и т. д.

hostelero, ra. [м. и ж.] содержатель, (-ница) постоялого двора, трактира.

hostería. [ж.] трактир, постоялый двор, харчевня.

hostia. [м.] (церк.) жертва; облатка (у католиков).

hostiario. [м.] (церк.) коробка для хранения облаток; форма для облаток.

hostiero, ra. [м. и ж.] (церк.) тот, кто готовит облатки; коробка для хранения облаток.

hostigador, ra. [прил.] бьющий плетью; (перен.) преследующий без передышки (тж. сущ.).

hostigamiento. [м.] битьё плетью; (перен.) мучительство, преследование.

hostigar. [перех.] бить плетью; (перен.) мучить, изводить, преследовать без передышки, не давать покоя.

hostigo. [м.] удар (судьбы и т. д.); стена незащищённая от ветра, от дождя; ветер или дождь ударяющие по стене.

hostigoso, sa. [прил.] (Амер.) назойливый, надоедливый.

hostil. [прил.] враждебный, неприязненный, неприятельский.

hostilidad. [ж.] вражда, враждебность, неприязненность; неприятельское действие, нападение; [множ.] военные действия; вооружённое нападение: * romper las hostilidades, начать войну.

hostilización. [ж.] (ненуж. неол.) см. hostilidad.

hostilizar. [перех.] (воен.) тревожить, беспокоить; обстреливать; наносить вред неприятелю.

hostilmente. [нареч.] враждебно, неприязненно.

hotel. [м.] гостиница, отель; особняк; (Амер.) см. hostería.

hotelero, ra. [прил.] гостиничный; [м. и ж.] хозяин, владелец, (-ица) гостиницы, отеля.

hotentote, ta. [прил.] готтентотский; [м. и ж.] готтентот, (-ка).

hoto. [м.] доверие.

hotonía. [ж.] (бот.) болотная турча, плавушник.

hove. [м.] (обл.) плод букового дерева.

hovero, ra. [прил.] см. overo.

hoy. [нареч.] сегодня; теперь, сегодня, современность; наше время: * de hoy en ocho días, с сегодняшнего дня через неделю; * hoy en día, в настоящее время; * hoy por hoy, пока что; * de hoy a mañana, с минуты на минуту; * antes hoy que mañana, чем скорее, тем лучше; * hoy mismo, сегодня же; * de hoy, теперешний, современный; сегодняшний.

hoya. [ж.] яма; углубление, впадина; котловина; рытвина; могила.

hoyada. [ж.] котловина (между гор).

hoyanca. [ж.] (разг.) общая могила, братская могила.

hoyar. [перех.] (Амер.) рыть ямы для посадки.

hoyita. [ж.] (Амер.) см. hoyuelo.

hoyito. [м. умен.] к hoyo: * los (tres) hoyitos, (Амер.) детская игра.

hoyo. [м.] яма; углубление; рытвина; могила; оспина.

hoyoso, sa. [прил.] изрытый, с рытвинами и т. д.; рябой, изрытый оспой.

hoyuela. [ж. умен.] к hoya; ямка внизу шеи.

hoyuelo. [м. умен.] к hoyo, ямка, лунка и т. д.; детская игра; ямочка (на щеке, на подбородке); см. hoyuela.

hoz. [ж.] серп: * de hoz y de coz, неосмотрительно; * meter la hoz en mies ajena, вмешиваться в чужие дела.

hoz. [ж.] теснина, ущелье (образуемое рекой).

hozada. [ж.] удар серпом; трава и т. д. скашиваемая одним взмахом серпа.

hozadero. [м.] место, куда приходят кабаны и т. д. рыть землю рылом.

hozadura. [ж.] место взрытое кабаном и т. д.

hozar. [перех.] рыть, рыться (о свинье и т. д.).

huaca. [ж.] см. guaca.

huacal. [м.] см. guacal.

huacalón, na. [прил.] (Амер.) тучный, толстый; кричащий.

huacamole. [м.] (Амер.) салат из агвиата.

huacatay. [м.] (Амер.) род мяты.

huaco. [м.] см. guaco.

huachache. [м.] (Амер.) род москита.

huachafería. [ж.] (Амер.) претензия на элегантность.

huachafo, fa. [прил.] (Амер.) с претензией на элегантность; безвкусный.

huahua. [м. и ж.] (Амер.) младенец, малыш.

huairona. [ж.] (Амер.) печь для обжига извести.

huairuro. [м.] (Амер.) фасоль (одна из разновидностей).

huangue. [м.] (Амер.) витютень.

huapango. [м.] (Амер.) см. fandango.

huaraca. [ж.] (Амер.) праща.

huaracho. [м.] кожаная сандалия.

huarahua. [ж.] (Амер.) ложь, выдумка; шутка.

huarapón. [м.] (Амер.) широкополая соломенная шляпа.

huaro. [м.] (Амер.) канат для переправы через реку и т. д.

huasca. [ж.] (Амер.) см. guasca.

hucha. [ж.] большой сундук; копилка; (перен.) сбережения.

huchear. [неперех.] кричать, громко звать; науськивать собак (на охоте).

huebra. [ж.] см. yugada; пара мулов и человек работающий (подённо) вместе с ней; см. barbecho; (арг.) колода.

huebrero. [м.] тот, кто работает вместе с парой мулов (подённо); владелец huebra.

hueco, ca. [прил.] полый, пустой, пустотелый; (перен.) пустой, тщеславный, надменный, высокомерный; напыщенный (о стиле); рыхлый, мягкий; гулкий (о звуке); [м.] промежуток, интервал; пространство; пустота; дыра; дверное или оконное отверстие; пропуск, пустое место; (перен.) (разг.) свободное, вакантное место.

huecograbado. [м.] (полигр.) глубокая печать.

huecú. [м.] (Амер.) болотистый луг в горах.

huechuete. [м.] (Амер.) модник, щёголь.

hueleflor. [м.] (Амер.) глупец, дурак.

huélfago. [м.] (вет.) запал.

huelga. [ж.] стачка, забастовка; (с.-х.) пар; отдых, покой; развлечение; зазор: * huelga de brazos caídos, итальянская забастовка; * huelga de hambre, голодовка (в тюрьме); * declarar la huelga, объявить забастовку; * estar en huelga, бастовать.

huelgo. [м.] дыхание; простор; зазор: * tomar huelgo, сделать передышку.

huelguear. [неперех.] (Амер.) отдыхать.

huelguista. [м. и ж.] забастовщик, (-ица), стачечник, (-ица), бастующий, (-ая).

huelguístico, ca. [прил.] стачечный, забастовочный.

huelveño, ña. [прил.] относящийся к Huelva; [м. и ж.] уроженец, (-ка) этого города.

huella. [ж.] (прям.) (перен.) след, отпечаток; ступень, проступь (лестницы); дейст. к hollar: * huella digital, отпечаток пальцев.

huélliga. [ж.] (обл.) след, отпечаток (ноги).

huello. [м.] утоптанная земля; топтанье (о лошадях и т. д.); нижняя часть копыта.

huemul. [м.] (Амер.) (зоол.) чилийский олень.

hueñi. [м.] (Амер.) мальчик-араукнец; мальчик, слуга; голубчик.

huequedad. [ж.] пустота; тщеславие.

huerca. [ж.] (арг.) правосудие.

huerco. [м.] плакса, нытик.

huérfago. [м.] (вет.) запал (см. huélfago).

huerfanato. [м.] сиротский дом, приют.

huérfano, na. [прил.] осиротевший, сиротский; (перен.) беззащитный, покинутый; одинокий; (поэт.) лишённый сыновей; [м. и ж.] сирота: * huérfano de padre y madre, круглый сирота.

huericarse. [возв. гл.] огорчаться; обижаться.

huero, ra. [прил.] неоплодотворённый (о яйце); (перен.) пустой, бессодержательный; (Амер.) гнилой, пустой: * salir huero, потерпеть неудачу, не осуществиться.

huerta. [ж.] большой огород; орошаемые районы Валенсии, Мурсии.

huertano, na. [прил.] (обл.) житель, (-ница) орошаемого района (тж. прил.).

huertero, ra. [м. и ж.] (обл.) огородник, (-ница) см. hortelano.

huerto. [м.] небольшой огород.

huesa. [ж.] могила.

huesarrón. [м. увел.] к hueso, большая кость.

huertezuela. [ж. умен.] к huerta.

huertezuelo. [м. умен.] к huerto.

huesear. [неперех.] (Амер.) см. pordiosear; работать.
huesecillo. [м. умен.] к hueso, косточка.
huesera. [ж.] (обл.) (Амер.) склад костей.
huesezuelo. [м. умен.] к hueso, косточка.
huesillo. [м.] косточка; к hueso, косточка; (Амер.) персик, сушёный на солнце.
huesista. [м. и ж.] (Амер.) государственный служащий, (-ая).
hueso. [м.] кость; косточка (плода); кропотливая, трудоёмкая работа; нечто трудное, скучное; нечто бесполезное, низкосортной работы; неприятная часть костной работы; (разг.) рука: * hueso de tuétano, мозговая кость; * hueso frontal, лобная кость; * hueso etmoides, решетчатая кость; * hueso cuneiforme, клиновидная кость; * hueso temporal, височная кость; * hueso sacro, крестец; * hueso hioides, подъязычная кость; * hueso navicular, escafoides, ладьевидная кость; * estar en los huesos, быть очень худым, «кожа да кости»; * la sin hueso, языка; * no dejar a uno hueso sano, переломать кости кому-л; избить кого-л до полусмерти; * no hacer los huesos duros, рано умереть, недолго протянуть; * soltar la sin hueso, говорить без умолку; * no poder con sus huesos, быть очень усталым; * roer los huesos, злословить.
huesoso, sa. [прил.] костный, костяной.
huésped, da. [м. и ж.] гость, (-я); хозяин, (-ка); трактирщик, (-ица); постоялец, (-ица): * casa de huéspedes, пансион (дом, где берут за плату на полное содержание); * ser huésped en su casa, быть редким гостем у себя дома; * hacérsele a uno los dedos huéspedes, преувеличивать опасность и т. д.
huéspede. [м.] (разг.) см. huésped.
hueste. [ж.] (чаще множ.) войско в походе; (перен.) войско, сторонники.
huesudo, da. [прил.] костлявый.
hueva. [ж.] икра (у рыб).
huevada. [ж.] (Амер.) совокупность яиц; глупость.
huevar. [неперех.] начинать нестись, класть яйца.
huevatero, ra. [м. и ж.] (обл.) торговец, (-ка) яйцами.
huevear. [перех.] (Амер.) красть, воровать.
huevecillo, huevecito. [м. умен.] к huevo, яичко.
huevera. [ж.] торговка яйцами; жена торговца яйцами; рюмка для яиц, подставка для яиц.
huevería. [ж.] лавка, где продают яйца, яичная лавка.
huevero, ra. [м. и ж.] торговец, (-ка), яйцами; [м.] рюмка для яиц, подставка для яиц.
huevezuelo. [м. умен.] к huevo, яичко.
huevo. [м.] яйцо: * clara de huevo, белок; * yema de huevo, желток; * huevo duro, крутое яйцо; * huevo pasado por agua или (Амер.) tibio, яйцо всмятку; * huevos revueltos, взбитая яичница, болтушка; * huevos al plato, яичница глазунья; * límpiate, que estás de huevos de no ser para tí; * huevos moles, гоголь-моголь; * cacarear y no poner huevos, наобещать с три короба; * dar con los huevos en la ceniza, портить что-л; * a huevo, очень дёшево; * parecer que uno está empollando huevos, сидеть всегда дома, быть домоседом; * pisando huevos, очень осторожно; * parecerse como un huevo a una castaña, не иметь никакого сходства.
¡huf! [межд.] уф! тьфу!
hufando. [ж.] (вар.) широкий тёплый шарф, кашне.
hugonote. [прил.] гугенотский; [м. и ж.] гугенот, (-ка).

huida. [ж.] бегство, побег; скачок, прыжок в сторону (о лошади).
huidero. [м.] место, где скрывается дичь при опасности.
huidizo, za. [прил.] бегущий, убегающий, склонный к бегству.
huido, da. [страд. прич.] к huir; [прил.] беглый; [м. и ж.] беглец, (-янка).
huidor, ra. [прил.] бегущий убегающий; [м. и ж.] беглец, (-янка).
huila. [прил.] (Амер.) параличный, увечный; нетрудоспособный; [м.] см. harapo.
huilcaldo. [м.] (Амер.) лёгкий шов; см. zurcido.
huilhuil. [м.] (Амер.) оборванец.
huiliento, ta. [прил.] (Амер.) см. andrajoso.
huilón, na. [прил.] (Амер.) беглый, убегающий.
huilota. [ж.] (Амер.) род горлицы.
huilla. [ж.] (Амер.) пробка из коры пробкового дуба.
huille. [м.] (бот.) название одного чилийского лилейного растения.
huillín. [м.] (зоол.) род чилийской выдры.
huina. [ж.] (Амер.) название некоторых диких котов; куница.
huincul. [м.] (Амер.) холм.
huincha. [ж.] (Амер.) лента, полоса (из материи); головная повязка (у девочек).
huinchada. [ж.] мера длины, равная 10-25 м.
huinche. [м.] (Амер.) см. grúa, pescante.
huingán. [м.] (бот.) чилийский куст.
huiña. [ж.] (Амер.) (зоол.) род дикой кота.
huipil. [м.] (Амер.) сорочка, рубашка (одежда индейцев).
huir. [неперех.] убегать, убежать, спасаться бегством; удирать; быстро проходить, нестись, лететь (о времени); избегать; исчезать, рассеиваться; скрываться; * бежать, убегать (от кого-л, от чего-л); уклоняться (от чего-л) [непр. гл.] ind. pres.: huyo, -es, -e, huimos, huís, huyen; subj. pres.: huya, -as и т. д. imperf.: huyera или huyese и т. д.
huira. [ж.] (Амер.) кора, употр. для завязывания и т. д.
huirica. [ж.] (Амер.) обида, досада.
huiro. [м.] (Амер.) (бот.) морская водоросль.
huisachar. [неперех.] (Амер.) судиться с кем-л, сутяжничать.
huisquelite. [м.] (Амер.) род артишока.
huistora. [ж.] (Амер.) черепаха.
huisu. [м.] (Амер.) сорт плуга или кирки.
huito. [прил.] (Амер.) см. rabón.
huitrín. [м.] (Амер.) связка кукурузных початков.
hujier. [м.] см. ujier.
hulado. [м.] (Амер.) клеёнка, прорезиненная материя, брезент.
hule. [м.] клеёнка; прорезиненная ткань; резина.
hulear. [перех.] (Амер.) добывать каучук.
hulero. [м.] (Амер.) рабочий, добывающий каучук.
hulla. [ж.] каменный уголь: * hulla blanca, белый уголь; * hulla azul, голубой уголь (движущая сила моря).
hullera. [ж.] каменноугольная копь.
hullero, ra. [прил.] каменноугольный, угольный.
hulloso, sa. [прил.] содержащий каменный уголь, угленосный; похожий на каменный уголь.
¡hum! [межд.] гм!
humacera. [ж.] см. humareda.
humada. [ж.] дымовой сигнал.
humanal. [прил.] человеческий, людской.
humanamente. [нареч.] гуманно, человеколюбиво; по человечески, человечно: * hacer todo lo humanamente posible, сделать всё, что в человеческих силах.

humanar. [перех.] смягчать, делать более гуманным, делать человечным, гуманным; humanarse. [возв. гл.] делаться гуманным, человечным, уступчивее; (рел.) принимать человеческий облик.
humanidad. [ж.] человечество, человеческий род; человеческая природа; человечность, гуманность, человеколюбие; человеческая слабость; см. bondad; (разг.) полнота, толщина; тучность; [множ.] гуманитарные науки; классическое образование.
humanismo. [м.] гуманизм.
humanista. [м. и ж.] занимающийся гуманитарными науками, словесностью и древностями.
humanístico, ca. [прил.] гуманистический, относящийся к гуманизму или к гуманитарным наукам, гуманитарный.
humanitario, ria. [прил.] гуманитарный, гуманный, человеколюбивый; милосердный.
humanitarismo. [м.] человечность, гуманность; филантропия.
humanización. [ж.] дейст к humanizar; очеловечивание.
humanizar. [перех.] см. humanar; очеловечивать; humanizarse. [возв. гл.] см. humanarse.
humano, na. [прил.] человеческий, людской, человечий (разг.) (перен.) человечный, человеколюбивый, гуманный, милосерд(н)ый, кроткий; [м.] человек.
humante. [дейст. прикч.] к humar, дымящий.
humar. [перех.] (м. употр.) см. fumar.
humarada. [ж.] см. humareda.
humarazo. [м.] см. humazo.
humareda. [ж.] облако, столб, струя дыма.
humaza. [ж.] см. humazo.
humazga. [ж.] (ист.) подымная подать.
humazo. [м.] густой дым; дым для истребления крыс: * dar humazo, (разг.) выжить.
humeante. [дейст. прич.] к humear, дымящий(ся) и т. д.
humear. [неперех.] дымить, дымиться; куриться; испускать (пар, дым и т. д.); тлеть; (перен.) быть ещё свежим (в сердце, в памяти); быть о себе высокого мнения; [перех.] (Амер.) окуривать.
humectación. [ж.] увлажнение, смачивание.
humectante. [дейст. прич.] к humectar, увлажняющий.
humectar. [перех.] увлажнять, смачивать.
humectativo, va. [прил.] увлажняющий, смачивающий.
humedad. [ж.] сырость, влажность, мокрота.
humedal. [м.] влажная почва.
humedecer. [перех.] увлажнять, смачивать; humedecerse. [возв. гл.] увлажняться, пропитаться влагой; [непр. гл.] спрягается как agradecer.
húmedo, da. [прил.] влажный, сырой; мокрый.
humeón. [м.] (бот.) разновидность цмина.
humera. [ж.] (придыхательная h.) (разг.) пьянство.
humeral. [прил.] (анат.) плечевой.
húmero. [м.] (анат.) плечевая кость, плечо.
humero. [м.] дымоход; (обл.) место для копчения (свинины).
humero. [м.] (бот.) см. aliso.
humerocubital. [прил.] (анат.) локотно-плечевой.
húmerorradial. [прил.] (анат.) плечелучевой.

húmido, da. [прил.] (поэт.) см. húmedo.
humildad. [ж.] смирение, покорность; простое происхождение; униженность; * humildad de garabato, лицемерие.
humilde. [прил.] скромный, смиренный, кроткий, покорный; (перен.) низкий, низкорослый; простого происхождения; бедный, обездоленный.
humildemente. [нареч.] смиренно, покорно, униженно.
humillación. [ж.] унижение, оскорбление; поругание.
humilladero. [м.] икона или распятие на околице.
humillador, ra. [прил.] унижающий; [м. и ж.] оскорбитель, тот, кто унижает кого-л.
humillante. [дейст. прич.] к humillar; [прил.] унизительный; оскорбительный.
humillar. [перех.] склонить голову и т. д. (в знак покорности); унижать; сбить с кого-л спесь; humillarse. [возв. гл.] унижаться; смиряться.
humillo. [м.] (чаще множ.) тщеславие, высокомерие; (вет.) болезнь поросят.
humo. [м.] дым; испарение, пар, копоть; [множ.] домашние очаги; тщеславие, высокомерие; * que engendra humo, дымообразующий; * cura al humo, копчение; * a humo de pajas, необдуманно, неосмотрительно; * bajarle a uno los humos, сбить с кого-л спесь; * dar humo a narices, огорчать; * subírsele a uno el humo a la chimenea, напиваться, пьянеть; * vender humos, выдавать себя за влиятельного человека (чтобы извлекать пользу); * pesar el humo, вдаваться в излишние тонкости; * todos los proyectos se han ido en humo, все проекты пошли прахом; * subírsele a uno el humo a las narices, выходить из себя; * tener (muchos) humos, пускать пыль в глаза, гордиться.
humor. [м.] жидкость, влага (в организме); нрав; характер; расположение духа, настроение; весёлость, жизнерадостность; юмор; остроумие; * humor negro, чёрная меланхолия; * no estar de humor para, не быть расположенным что-л сделать; * remover humores, беспокоить, расстраивать; * buen humor, хорошее настроение; * mal humor, плохое, дурное настроение; * estar de buen (mal) humor, быть в хорошем (дурном) настроении; * seguirle a uno el humor, не противоречить.
humoracho. [м.] презр. к humor.
humorada. [ж.] выходка; весёлая шутка; прихоть.
humorado, da. [прил.] настроенный; * bien (mal) humorado, в хорошем (дурном) настроении.
humoral. [прил.] относящийся к жидкостям тела (а не к клеткам) и происходящий из влаги.
humorismo. [м.] юмористический жанр, стиль; (мед.) Галенова медицинская система.

humorista. [м. и ж.] юморист, (-ка); [м.] доктор приверженец Галеновой системы.
humorísticamente. [нареч.] юмористическим образом и т. д.
humorístico, ca. [прил.] юмористический.
humorosidad. [ж.] изобилие жидкостей (в теле).
humoso, sa. [прил.] дымный.
humus. [м.] гумус, перегной.
humulina. [ж.] лупулин.
hunco. [м.] (Амер.) женский плащ с украшениями в индейском стиле.
hundible. [прил.] отдающийся погружению, разрушению.
hundimiento. [м.] погружение, потопление; разрушение; оседание (почвы); (перен.) удручённое состояние; упадок сил; ослабление; провал.
hundir. [перех.] погружать, топить, пускать ко дну; вонзать; (перен.) проваливать, разрушать, уничтожать; уничтожить (вескими доводами); удручать; hundirse. [возв. гл.] погружаться, идти ко дну, тонуть, утонуть; проваливаться, обваливаться; исчезать, теряться; hundido, впалый, запавший.
hungarino, na. [прил.] венгерский.
húngaro, ra. [прил.] венгерский; [м. и ж.] венгр, венгерец, (-ка); [м.] венгерский язык.
huno, na. [прил.] (ист.) гуннский; [м. и ж.] гунн.
hupe. [ж.] сорт трута.
hura. [ж.] дырка; логово, нора.
huracán. [м.] ураган, буря.
huracanado, da. [прил.] ураганный, грозовой.
huracanarse. [возв. гл.] разражаться (о ветре).
huraco. [м.] дыра, отверстие.
hurañamente. [нареч.] мрачно, сурово и т. д.
hurañería, hurañía. [ж.] мрачность, суровость, нелюдимость.
huraño, ña. [прил.] мрачный, суровый, нелюдимый, необщительный.
hure. [м.] (обл.) большой горшок (для хранения воды).
hureque. [м.] (Амер.) дыра, отверстие.
hurera. [ж.] дыра; см. huronera.
hurgador, ra. [прил.] к hurgar; [м.] кочерга.
hurgamandera. [ж.] (арг.) проститутка.
hurgamiento. [м.] шевеление; дейст. к теребить; возбуждение, подстрекательство.
hurgandero. [м.] (обл.) кочерга (большая).
hurgandilla. [ж.] (Амер.) тот, кто передвигает что-л.
hurgar. [перех.] шевелить, передвигать; теребить ;(перех.) возбуждать, подстрекать.
hurgón. [м.] кочерга; (разг.) см. estocada.
hurgonada. [ж.] смешение кочергой; (разг.) см. estocada.
hurgonazo. [м.] удар кочергой; (разг.) см. estocada.
hurgonear. [перех.] мешать кочергой; (разг.) ударять шпагой.
hurgonero. [м.] кочерга.
hurguete. [м.] (Амер.) соглядатай.
hurguetear. [перех.] (Амер.) выслеживать.
hurguillas. [м. и ж.] (разг.) надоедливый, придирчивый человек.

hurí. [ж.] гурия, райская дева (у мусульман).
hurlar. [неперех.] кричать (о сове).
hurón. [м.] (зоол.) хорёк; (перен.) (разг.) соглядатай; нелюдимый человек, нелюдим.
hurón. [м.] (Амер.) см. horón; ненасытный человек.
hurona. [ж.] самка хорька.
huronear. [перех.] охотиться с приручённым хорьком; (перен.) (разг.) выведывать, разнюхивать, выслеживать.
huronense. [прил.] (геол.) гуронский.
huronera. [ж.] норка хорька; (перен.) (разг.) тайник, скрытое место.
huronero, ra. [м. и ж.] тот, кто ухаживает за хорьками.
¡hurra! [межд.] ура!
hurraca. [ж.] сорока, см. urraca.
hurraco. [м.] старинное головное украшение.
hurtadillas (a). [нареч.] тайком, украдкой.
hurtadineros. [м.] (обл.) копилка.
hurtador, ra. [прил.] ворующий; [м. и ж.] вор, (-овка).
hurtagua. [ж.] сорт старинной лейки (сосуд).
hurtar. [перех.] красть, воровать; недовешивать, недомеривать; (перен.) размывать, уносить землю (о реках); присваивать; совершать плагиат; отводить (в сторону); hurtarse. [возв. гл.] скрываться, прятаться.
hurto. [м.] кража; краденое; * a hurto, тайком, украдкой; * coger con el hurto en las manos, поймать с поличным.
husada. [ж.] пряжа на веретене, початок.
húsar. [м.] гусар.
husera. [ж.] (бот.) бересклет.
husero. [м.] прямой рог годовалой лани.
husillo. [м.] винт пресса; ось винтовой лестницы; * escalera de husillo, винтовая лестница.
husillo. [м.] сток для нечистот.
husita. [прил. и сущ.] гуссит (последователь, -ница Иоанна Гусса).
husma. [ж.] см. husmeo: * andar a la husma, (разг.) выведывать, разнюхивать.
husmeador, ra. [прил.] разнюхивающий (тже. сущ.).
husmear. [перех.] выслеживать; идти по следу (по нюху); (перен.) (разг.) разнюхивать, выведывать, разузнавать. [неперех.] дурно пахнуть (о мясе).
husmeo. [м.] выслеживание; разнюхивание, разузнавание.
husmo. [м.] зловоние, запах гниения (мяса), вонь (груб.): * estar al husmo, (перен.) (разг.) ждать подходящего случая; * andarse al husmo, идти по следу (по нюху); разнюхивать, разузнавать.
huso. [м.] веретено; * huso horario, зона стандартного времени; часовой пояс; * ser más derecho que un huso, (разг.) быть стройным.
huta. [ж.] охотничий домик, шалаш; (Амер.) кожная болезнь.
hutia. [м.] млекопитающее из отряда грызунов.
¡huy! [межд.] ой!, ай!
huyente. [дейст. прич.] к huir, убегающий и т. д. (тже. прил.).

I i

i. [ж.] 10-я буква испанского алфавита: * poner los puntos sobre las íes, уточнить что-л., ставить точки на(д) «и».
ib. [м.] (Амер.) маленькая фасоль.
ibérico, ca, iberio, ria. [прил.] иберийский; [сущ.] иберец, иберийка.
ibéride. [м.] (бот.) разнолепестник, разнолистник.
ibero, ra. [прил.] иберийский; [сущ.] ибер.
iberoamericano, na. [прил.] ибероамериканский; [сущ.] ибероамериканец, (-ка).
íbice. [м.] (зоол.) горная коза, серна.
ibicenco, ca. [прил.] относящийся к Ibiza; [м. и ж.] уроженец этого острова.
ibídem. [нареч.] (лат.) там же, в том же месте.
ibis. [м.] (зоол.) ибис.
ibiyaú. [м.] (Амер.) ночная птица.
ibón. [м.] (обл.) озерцо.
icaban. [м.] (Амер.) китайские бобы.
icaco. [м.] (бот.) антильская слива.
icáreo, a, icario, ria. [прил.] икарийский.
icástico, ca. [прил.] естественный, без украшений.
iceberg. [м.] айсберг.
icio. [м.] (обл.) см. plaga; изобилие, избыток.
icneumón. [м.] (зоол.) ихневмон, фараонова мышь.
icnografía. [ж.] (арх.) чертёж, план здания в горизонтальной плоскости.
icnográfico, ca. [прил.] (арх.) в горизонтальном разрезе.
icnógrafo, fa. [м. и ж.] (арх.) чертёжник, (-ница).
ico. [м.] род американской соломы.
icol. [м.] (Амер.) небольшой кит.
iconismo. [м.] изображение чего-л.
icono. [м.] икона, образ: * pintura de iconos, иконопись, * pintor de iconos, иконописец.
iconoclasia. [ж.] иконоборчество.
iconoclasta. [прил.] иконоборческий; [м.] иконоборец.
iconografía. [ж.] иконография; собрание портретов, картин.
iconográfico, ca. [прил.] иконографический.
iconógrafo, fa. [м. и ж.] специалист по иконографии.
iconólatra. [м. и ж.] иконопоклонник, (-ница) (тже. прил.).
iconolatría. [ж.] иконопоклонение, иконопочитание.
iconología. [ж.] писание, изображение добродетелей, пороков и т. д. в человеческом виде.
iconómaco, ca. [прил.] иконоборческий; [сущ.] иконоборец.
iconomanía. [ж.] страсть к картинам.

iconomaníaco, са. [прил.] очень любящий картины.
iconómetro. [м.] (фото.) иконометр.
iconoscopio. [м.] (физ.) иконоскоп.
iconostasio. [м.] (церк.) иконостас.
icor. [м.] (хир.) сукровица.
icoremia. [ж.] (мед.) гноекровие, гнилокровие.
icoroso, sa. [прил.] (мед.) сукровичный, гнилостный.
icosaedro. [м.] (геом.) икосаэдр, двадцатигранник.
icoságono, na. [прил.] (геом.) двадцатиугольный; [м.] икосагон, двадцатиугольник.
icosandria. [ж.] (бот.) двадцатимужие.
icosandro, da. [прил.] (бот.) двадцатимужний, двадцатитычинковый.
ictericia. [ж.] (мед.) желтуха.
ictericiado, da. [прил.] (мед.) желтушный, страдающий желтухой; [сущ.] желтушный больной.
ictérico, са. [прил.] (мед.) желтушный, относящийся к желтухе; страдающий желтухой; [сущ.] желтушный больной.
icterodes. [прил.] * tifus icterodes, жёлтая лихорадка.
icterógeno, na. [прил.] вызывающий желтуху.
icteroideo, a. [прил.] похожий на желтуху.
icteroides. [прил.] * tifus icteroides, жёлтая лихорадка.
íctico, са. [прил.] рыбий, рыбный.
ictíneo. [м.] подводная лодка.
icticola. [ж.] (Амер.) ихтиокол, рыбий клей.
ictiófago, ga. [прил. и сущ.] рыбоядный.
ictiografía. [ж.] ихтиография, рыбоописание, описание рыб.
ictioideo, a. [прил.] рыбообразный.
ictiol. [м.] ихтиол.
ictiolita. [ж.] (палеонт.) отпечаток рыбы.
ictiolito. [м.] (палеонт.) окаменелая рыба.
ictiología. [ж.] (зоол.) ихтиология.
ictiológico, са. [прил.] (зоол.) ихтиологический.
ictiólogo. [м. и ж.] ихтиолог.
ictiomancia. [ж.] гадание по внутренностям рыб (у Древних).
ictiosauro. [м.] (палеонт.) ихтиозавр.
ictiosis. [ж.] (мед.) ихтиоз, рыбья кожа (болезнь).
ictiotípico. [м.] (палеонт.) камень с отпечатком рыбы.
ictiotoxina. [ж.] рыбий яд.
ictioxismo. [м.] отравление рыбьим ядом.
ichal. [м.] место, изобилующее ichos.
icho. [м.] (бот.) андское злаковое растение.
ida. [ж.] ходьба, езда; ход; (перен.) приступ, вспышка гнева и т. д.; выпад (при фехтовании); (охот.) след: * ida y vuelta, туда и обратно; * billete de ida y vuelta, обратный билет; * idas y venidas, ходьба, хождение взад и вперёд, суетливая беготня; en dos idas y venidas, вмиг, в один момент.

idea. [ж.] понятие, представление; идея, мысль; замысел (художественного произведения); намерение; мнение, убеждение; (разг.) мания (чаще множ.): * idea fija, навязчивая идея; * ideas políticas, политические взгляды; * se me ocurre una idea, мне приходит в голову мысль; * cambiar de idea, изменить свои намерения; * idea preconcebida, предвзятое мнение, предвзятая мысль; * ideas lúgubres, чёрные мысли; * no tener ni la menor idea de, не иметь ни малейшего представления о...; * hacerse una idea de, составить себе понятие, представление о...
ideación. [ж.] (фил.) образование идей, понятий, процесс мышления.
ideal. [прил.] идеальный, воображаемый; идеальный, совершенный; мечтательный; [м.] идеал.
idealidad. [ж.] идеальность, совершенство.
idealismo. [м.] идеализм.
idealista. [прил.] идеалистический; [м. и ж.] идеалист, (-ка).
idealización. [ж.] идеализирование, идеализация.
idealizar. [перех.] идеализировать.
idealmente. [нареч.] в мысли, в воображении.
idear. [перех.] выдумывать, изобретать, измышлять, создавать (в воображении); представлять себе.
ideario. [м.] совокупность идей, идейная направленность (автора и т. д.).
ideático, са. [прил.] (Амер.) капризный, причудливый, см. venático.
ídem. [нареч.] то же; такой же; также.
idemista. [прил. и сущ.] такальщик (разг.).
idénticamente. [нареч.] тож(д)ественно, идентично.
idéntico, са. [прил.] тож(д)ественный, одинаковый, идентичный, равнозначный.
identidad. [ж.] тож(д)ество, идентичность, совпадение; опознание, опознавание личности, подлинность; * tarjeta de identidad, удостоверение личности.
identificable. [прил.] поддающийся отождествлению, опознанию.
identificación. [ж.] отож(д)ествление, идентификация; установление личности, опознание, опознавание.

identificar. [перех.] отож(д)ествлять, идентифицировать; устанавливать личность; **identificarse.** [возв. гл.] отож(д)ествляться: * identificarse uno con otro, проникнуться чьими-л мыслями, чувствами.
ideo, a. [прил.] см. troyano.
ideogenia. [ж.] (фил.) наука о происхождении идей.
ideogénico, ca. [прил.] относящийся к науке о происхождении идей.
ideografía. [ж.] идеография, выражение идей письмом.
ideográfico, ca. [прил.] идеографический.
ideograma. [м.] идеограмма.
ideología. [ж.] идеология.
ideológico, ca. [прил.] идеологический.
ideólogo, ga. [м. и ж.] идеолог; фантазёр.
ideomotor, ra. [прил.] идеомоторный.
ideoso, sa. [прил.] (Амер.) см. ingenioso.
idílico, ca. [прил.] идиллический.
idilio. [м.] идиллия.
idiólatra. [прил.] себялюбивый; [м. и ж.] себялюбец.
idioma. [м.] язык; местное наречие, говор.
idiomático, ca. [прил.] свойственный данному языку.
idiomuscular. [прил.] свойственный мышце.
idioneurosis. [ж.] расстройство функций кожных нервов (воспалительных или сосудодвигательных без расстройства питания и роста).
idiopatía. [ж.] первичная, самостоятельная болезнь.
idiopático, ca. [прил.] коренной, первичный, самостоятельный (о болезнях).
idioplasma. [м.] (биол.) идиоплазма.
idiosincrasia. [ж.] характер, нрав и т. д. данному человеку; (мед.) идиосинкразия, особо повышенная чувствительность к определенному воздействию или лекарству.
idiosincrático, ca. [прил.] относящийся к характеру, темпераменту и т. д. данному человеку.
idioso, a. [прил.] (Амер.) капризный, причудливый.
idiota. [прил.] слабоумный; идиотский; [м. и ж.] идиот, (-ка).
idiotez. [ж.] слабоумие, идиотизм, идиотия.
idiótico, ca. [прил.] (грам.) изобилующий идиотизмами (о языке).
idiotismo. [м.] невежество; (грам.) идиом(а), идиоматизм, идиотизм; (мед.) см. idiotez.
idiotizar. [неперех.] употреблять идиотизмы; [перех.] делать идиотом, см. embrutecer.
ido. [м.] язь (рыба).
ido, ida. [страд. прич.] к ir; [прил.] очень рассеянный, невнимательный; см. chiflado.
idocrasa. [ж.] (мин.) идокраз, везувиан.
idólatra. [прил.] идолопоклоннический; (перен.) обожающий; влюблённый до безумия; [м. и ж.] идолопоклонник, (-ица); (перен.) обожатель, поклонник (-ица).
idolatrar. [перех.] поклоняться идолам; (перен.) страстно любить, обожать; [неперех.] idolatrar en, глубоко уважать.
idolatría. [ж.] идолопоклонство, идолопоклонничество; (перен.) обожание, страстная любовь.
idolátrico, ca. [прил.] идолопоклоннический; безумный, страстный (о любви).
idolatrismo. [м.] поведение идолопоклонников.

idolejo. [м. умен.] к ídolo, маленький идол, кумир.
ídolo. [м.] идол, кумир.
idolología. [ж.] наука о идолах, кумирах.
idolopeya. [ж.] (рит.) фигура, которою оратор вводит в свою речь умершее лицо и заставляет его говорить.
idoneidad. [ж.] способность, пригодность (к чему-л.).
idóneo, a. [прил.] способный, пригодный, годный, подходящий.
idus. [м. множ.] иды (15-е число марта, мая, июля, октября, 13-е января, февраля, августа и декабря и 10-е апреля, июня, сентября и ноября у Римлян).
ifierno. [м.] (Амер.) (прост.) ад, см. infierno.
iglesia. [ж.] церковь; духовенство; община верующих: * cumplir con la iglesia, причащаться на Страстной неделе.
iglú. [м.] иглу, ледяная хижина, снеговая изба.
ignaciano, na. [прил.] к Св. Игнатий.
ignaro, ra. [прил.] см. ignorante.
ignavia. [ж.] леность, нерадивость; небрежность.
ignavo, va. [прил.] ленивый; вялый; малодушный.
ígneo, a. [прил.] огненный; огненного цвета.
ignescencia. [ж.] (физ.) воспламенение, пылающее состояние.
ignescente. [прил.] пылающий и т. д.; воспламеняющийся.
ignición. [ж.] воспламенение; горение; накалённость, раскалённое состояние (металла).
ignícola. [прил.] огнепоклоннический.
ignífero, ra. [прил.] (поэт.) пылающий, огненный, содержащий огонь.
ignifugación. [ж.] придание огнестойкости.
ignifugar. [перех.] придавать огнестойкость; делать несгораемым.
ignífugo, ga. [прил.] огнеупорный, огнестойкий, несгораемый.
ignipedites. [м.] (мед.) бери-бери.
ignipotente. [прил.] (поэт.) имеющий власть огня.
ignipuntura. [ж.] применение острых (гальванических) прижигателей; уколы раскаленной иглой.
ignito, ta. [прил.] находящийся в горении или в раскалённом состоянии.
ignitrón. [м.] (радио.) игнитрон.
ignívomo, ma. [прил.] (поэт.) огнедышащий, изрыгающий пламя.
ignominia. [ж.] бесчестье, позор, посрамление; низость.
ignominiosamente. [нареч.] позорно, постыдно, с позором.
ignominioso, sa. [прил.] позорный, постыдный.
ignorable. [прил.] чего можно не знать, непостижимый, непознаваемый.
ignorancia. [ж.] незнание, неведение, неосведомлённость; невежество: * ignorancia crasa (supina), полное невежество; * ignorancia de derecho, (юр.) незнание закона.
ignorante. [прил.] невежественный, тёмный, неучёный, неумелый, безграмотный; [м. и ж.] невежда.
ignorantemente. [нареч.] по незнанию.
ignorantinos. [м. множ.] невежествующие монахи.
ignorantismo. [м.] система врагов просвещения, мракобесие.
ignorantista. [прил.] мракобесный; [м. и ж.] враг просвещения, мракобес.
ignorantón, na. [прил.] (разг.) в высшей степени невежественный (тже. сущ.).
ignorar. [перех.] не знать, не ведать.
ignoto, ta. [прил.] неизвестный, неведомый.

igorrote. [м.] филиппинский индеец (тже. прил.); язык igorrotes.
igual. [прил.] равный; такой же, одинаковый; безразличный; ровный, гладкий; равноправный; постоянный, неизменный; однообразный; (геом.) равновеликий; [м.] (мат.) знак равенства: * al igual, см. igualmente; * me es igual, мне всё равно; * en igual de, вместо; * por (un) igual, разно; * sin igual, бесподобный, несравненный.
iguala. [ж.] выравнивание; уравнивание; соглашение, договор; заработная плата (по договору); линейка каменщика.
igualación. [ж.] выравнивание; (перен.) соглашение, договор.
igualado, da. [страд. прич.] к igualar; [прил.] с одинаковыми перьями (о птице).
igualador. [прил.] выравнивающий; [м. и ж.] нивелировщик, (-ица).
igualamiento. [м.] см. igualación.
igualar. [перех.] уравнивать, равнять; выравнивать, сглаживать, делать ровным (дорогу и т. д.); (перен.) одинаково наделять, уравнивать, приравнивать; условливаться, приходить к соглашению; [неперех.] быть равным, одинаковым, равняться с кем (тже. возв. гл.).
igualatorio, ria. [прил.] (Амер.) уравнительный.
igualdad. [ж.] равенство; одинаковость; соответствие; согласованность; неизменность, постоянство; (мат.) подобие; уравнение; тождество: * igualdad de derechos, равноправие.
igualitario, ria. [прил.] равноправный.
igualitarismo. [м.] эгалитаризм.
igualmente. [нареч.] одинаково, равным образом, так же, таким же образом, равно.
iguana. [ж.] (зоол.) игуана (вид ящерицы).
iguánido. [м. множ.] (зоол.) семейство древолазных ящериц и игуан.
iguanodonte. [м.] (палеонт.) игуанодонт.
igüedo. [м.] (зоол.) козёл.
ijada. [ж.] (анат.) подвздошная впадина; боль в подвздошной впадине; нижняя часть тела рыб.
ijadear. [неперех.] пыхтеть; часто дышать.
ijar. [м.] подвздошная впадина, [множ.] поясница.
ilación. [ж.] следствие; заключение (гл. обр. от частного к частному); причинная связь, зависимость.
ilapso. [м.] сорт экстаза.
ilativo, va. [прил.] следующий, логически вытекающий (из чего-л).
ilécebra. [ж.] обманчивая ласка.
ilegal. [прил.] нелегальный; незаконный, противозаконный.
ilegalmente. [нареч.] нелегально; незаконно, противозаконно.
ilegalidad. [ж.] нелегальность; незаконность, противозаконность; беззаконие; проступок.
ilegibilidad. [ж.] нечёткость, неразборчивость.
ilegible. [прил.] нечёткий, неразборчивый, неудобочитаемый.
ilegítimamente. [нареч.] незаконно.
ilegitimar. [перех.] лишать законности, объявлять незаконным.
ilegitimidad. [ж.] незаконность, неправомерность; незаконнорождённость.
ilegítimo, ma. [прил.] незаконный, противозаконный: * hijo ilegítimo, внебрачный ребёнок.
ileíble. [прил.] (Амер.) нечёткий, неразборчивый, неудобочитаемый.
ileítis. [ж.] (пат.) воспаление подвздошной кишки.
íleo. [м.] (мед.) непроходимость кишок, заворот кишок.

ileocecal. [прил.] (анат.) относящийся к подвздошной и слепой кишкам.
ileocólico, ca. [прил.] (анат.) подвздошно--ободочный.
ileología. [ж.] учение о кишках.
íleon. [м.] (анат.) подвздошная (тонкая) кишка; см. ilión.
íleos. [м.] (анат.) подвздошная кость.
ilerdense. [прил.] относящийся к Lérida; [м. и ж.] уроженец (-ка) этого города.
ileso, sa. [прил.] невредимый, неповреждённый; нетронутый, целый: * salir ileso, уцелеть.
iletrado, da. [прил.] неграмотный, неучёный, непросвещённый, необразованный, некультурный.
ilex. [м.] (бот.) падуб.
ili. [нареч.] (обл.) там, тут, см. allí.
ilíaco, ca. [прил.] (анат.) подвздошный.
ilíaco, ca. [прил.] троянский.
ilibatamente. [нареч.] непорочно, чисто.
ilibato, ta. [прил.] незапятнанный, чистый (преимущ. о Богородице).
liberal. [прил.] нелиберальный и т. д.
iliber(r)itano, na. [прил.] (ист.) относящийся к Iliberis, (теперь, может быть, Granada); [м. и ж.] уроженец, (-ка) этого старинного города.
ilicíneo, a. [прил.] (бот.) падубовый; [ж. множ.] семейство падубовых растений.
ilícitamente. [нареч.] вопреки закону, незаконно.
ilicitano, na. [прил.] относящийся к Elche; [м. и ж.] уроженец, (-ка) этого города.
ilícito, ta. [прил.] недозволенный, непозволительный, запрещённый законом.
ilicitud. [ж.] свойств. к запрещённый законом.
iliense. [прил.] троянский; [м. и ж.] троянец.
ilimitable. [прил.] не поддающийся ограничению.
ilimitadamente. [нареч.] неограниченно.
ilimitado, da. [прил.] неограниченный, беспредельный, безграничный, необъятный.
ilinación. [ж.] (мед.) смазывание.
iliocostal. [прил.] (анат.) подвздошно-реберный.
iliofemoral. [прил.] (анат.) подвздошно-бедренный.
iliohipogástrico, ca. [прил.] (анат.) подвздошно-подчревный.
iliolumbar. [прил.] (анат.) подвздошно-поясничный.
ilión. [м.] (анат.) боковая часть подвздошной кости.
ilipulense. [прил.] (ист.) относящийся к Ilípula; [м. и ж.] уроженец, (-ка) этого старинного испанского города.
ilíquido, da. [прил.] не уплаченный.
ilírico, ca, ilirio, ria. [прил.] иллирийский; [м. и ж.] иллириец, (-ийка).
iliterario, ria. [прил.] не литературный.
iliterato, ta. [прил.] см. iletrado.
iliturgitano, na. [прил.] (ист.) относящийся к Iliturgi; [м. и ж.] уроженец, (-ка) этого старинного испанского города.
ilmenita. [ж.] (мин.) ильменит.
ilógicamente. [нареч.] нелогически, нелогично.
ilógico, ca. [прил.] нелогичный, иллогичный.
ilota. [м. и ж.] раб, невольник, илот (в Спарте); (перен.) бесправный, порабощённый человек.
ilotismo. [м.] (ист.) илотизм, рабство, неволя; (перен.) полная порабощённость.
iludir. [перех.] см. burlar.
iluminable. [прил.] освещаемый, освещаемый.
iluminación. [ж.] освещение; иллюминация; раскрашивание; удачная мысль.

iluminado, da. [страд. прич.] к iluminar; [м.] иллюминат (член тайного религиозно--политического общества в XVIII в.).
iluminador, ra. [прил.] освещающий; иллюминирующий; раскрашивающий (тж. сущ.); [м. и ж.] миниатюрист, иллюстратор.
iluminante. [дейст. прич.] к iluminar.
iluminar. [перех.] освещать; иллюминировать; раскрашивать; (перен.) озарять; просвещать; исследовать подземные ключи.
iluminaria. [ж.] (чаще множ.) неугасимая лампада.
iluminativo, va. [прил.] осветительный; освещающий.
iluminismo. [м.] учение иллюминатов.
iluminista. [прил. и сущ.] см. iluminado.
ilusión. [ж.] иллюзия, обманчивое представление; заблуждение; мечта; мираж; (рит.) злая ирония; [множ.] бредни, мечтания, химеры, фантазии: * hacerse ilusiones, обманываться, ошибаться, заблуждаться в ком-л, в чём-л; лелеять надежду; *vivir de ilusiones, питаться иллюзиями.
ilusionarse. [возв. гл.] заблуждаться, создавать себе иллюзии; лелеять надежду.
ilusionista. [м. и ж.] (гал.) иллюзионист, фокусник.
ilusivo, va. [прил.] обманчивый, ложный.
iluso, sa. [прил.] обманутый, обольщённый; [м. и ж.] пустой мечтатель.
ilusoriamente. [нареч.] иллюзорно, обманчиво, призрачно.
ilusorio, ria. [прил.] иллюзорный, обманчивый, призрачный, несбыточный, нереальный.
ilustración. [ж.] просвещение; просветительство; прославление, блеск, слава; (тип.) иллюстрация, рисунок, картина; иллюстрированный журнал.
ilustrado, da. [страд. прич.] к ilustrar; [прил.] образованный, культурный, умный.
ilustrador, ra. [прил. и сущ.] просвещающий; придающий блеск, славу; прославляющий; иллюстрирующий; [м. и ж.] иллюстратор.
ilustrar. [перех.] просвещать; разъяснять, вносить ясность, объяснять; (перен.) прославлять, делать известным; придавать блеск, славу; иллюстрировать; ilustrarse. [возв. гл.] прославиться.
ilustrativo, va. [прил.] просветительный; наглядный; придающий славу; иллюстративный, иллюстрирующий.
ilustre. [прил.] знаменитый, выдающийся, известный, прославленный, славный, именитый; * hombres ilustres, великие люди.
ilustremente. [нареч.] знаменито.
ilustrísimo, ma. [прил. прев. степ.] к ilustre, знаменитейший; светлейший; глубокоуважаемый (в обращении); титулование епископа.
ilutación. [ж.] (мед.) грязевая ванна, обмазывание минеральной грязью (части тела).
iluvial. [прил.] (геол.) иллювиальный.
imagen. [ж.] изображение; образ, картина; икона; (физ.) отображение, отражение (в зеркале, воде); (рит.) образное выражение, образ; (кино) кадр; (церк.) святая статуя: a imagen y semejanza, по образу и подобию, * quedarse para vestir imágenes, разг. остаться старой девой; засидеться в девках.
imaginable. [прил.] воображаемый; воображаемый.
imaginación. [ж.] воображение; фантазия; вымысел, фантазия.
imaginar. [неперех. и неперех.] воображать, представлять себе; думать, полагать; выдумывать, измышлять.
imaginaria. [ж.] (воен.) ночной дежурный; замещающий караула, дежурного офицера и т. д.
imaginariamente. [нареч.] путём воображения, в воображении.
imaginario, ria. [прил.] воображаемый, мнимый, призрачный; (мат.) мнимый.
imaginativa. [ж.] воображение, сила воображения; здравый смысл.
imaginativo, va. [прил.] имеющий богатое воображение, наделённый развитым воображением; выдумывающий.
imaginería. [ж.] сорт вышивки; писание икон или святых изображений; ваяние святых скульптур.
imaginero. [м.] живописец святых изображений, иконописец, скульптор святых скульптур.
imam или imán. [м.] имам, мусульманский священник.
imán. [м.] магнит; (перен.) привлекательность.
imanación. [ж.] намагничивание.
imanar. [перех.] (физ.) намагничивать.
imanato. [м.] имамат, должность, сан и т. д. имама.
imantación. [ж.] (физ.) намагничивание.
imantar. [перех.] (физ.) намагничивать.
imareto. [м.] турецкая богадельня, странноприимный дом.
imbabura. [ж.] (Амер.) большое каноэ.
imbebible. [прил.] (м. употр.) не годный для питья.
imbécil. [прил.] слабоумный, глупый, тупоумный, дурацкий; (м. употр.) слабый.
imbecilidad. [ж.] слабоумие, тупоумие, глупость; (м. уптр.) слабость.
imbécilmente. [нареч.] глупо, по дурацки.
imbele. [прил.] неспособный к войне; (поэт.) слабый.
imberbe. [прил.] безбородый.
imbibición. [ж.] пропитывание; впитывание, всасывание.
imbibito, ta. [прил.] включённый, заключающийся, входящий в состав.
imbombera. [ж.] (Амер.) малокровие, анемия.
imbombo, ba. [прил.] (Амер.) малокровный.
imbornal. [м.] водопроток; (мор.) шпигат.
imborrable. [прил.] неизгладимый.
imbricación. [ж.] черепицевидное наслоение; (хир.) накладка слоев апоневроза (в брюшной хирургии).
imbricado, da. [прил.] в виде чешуи, в виде черепиц; черепицеобразный.
imbrífero, ra. [прил.] (поэт.) дождливый.
imbuir. [перех.] убеждать, склонять; наставлять; [непр. гл.] спрягается как muir.
imbunchar. [перех.] (Амер.) см. embrujar. обманывать; выманивать воровским, мошенническим способом.
imbunche. [м.] (Амер.) колдун, чародей; безобразный ребёнок; колдовство, чародейство; запутанное дело.
imbursación. [ж.] (обл.) накладывание (лотерейных и т. д.) номеров в мешок.
imbursar. [перех.] (обл.) накладывать (лотерейные и т. д.) номеры в мешок.
imilla. [ж.] (Амер.) индейская служанка.
imitable. [прил.] поддающийся подражанию, подражаемый, достойный подражания.
imitación. [ж.] подражание; подделка, имитация.

imitado, da. [страд. прич.] к imitar; [прил.] подражающий, похожий на.
imitador, ra. [прил.] подражающий; имитирующий; [м. и ж.] подражатель, (-ница), имитатор.
imitante. [дейст. прич.] к imitar, подражающий.
imitar. [перех.] подражать; имитировать, подделывать; передразнивать.
imitativo, va. [прил.] подражательный.
imitatorio, ria. [прил.] см. imitativo.
imoscapo. [м.] (арх.) нижний пояс (колонны).
impacción. [ж.] попадание (в цель), см. impacto.
impaciencia. [ж.] нетерпение, несдержанность.
impacientar. [перех.] выводить из терпения; досаждать; impacientarse. [возв. гл.] терять терпение, выходить из терпения.
impaciente. [прил.] нетерпеливый.
impacientemente. [нареч.] нетерпеливо, с нетерпением.
impacto. [м.] попадание (в цель); след попадания (в цель); столкновение.
impagable. [прил.] бесценный, неоценимый.
impago, ga. [прил.] (Амер.) не получивший платы.
impalpable. [прил.] неосязаемый, неощутимый.
impanación. [ж.] сосуществование хлеба с телом Христа при таинстве Евхаристии (по учению лютеран).
impar. [прил.] нечётный, непарный.
imparcial. [прил.] беспристрастный, нелицеприятный.
imparcialidad. [ж.] беспристрастность, беспристрастие.
imparcialmente. [нареч.] беспристрастно.
imparidad. [ж.] нечётность; неравенство.
imparipéneo, a. [прил.] (бот.) непарноперистый (о листьях).
imparisilábico, ca. [прил.] (грам.) неравносложный.
impartible. [прил.] неделимый.
imparticipable. [прил.] (неол.) несообщаемый.
impartir. [перех.] распределять, раздавать; просить, умолять.
impasibilidad. [ж.] невозмутимость; безучастность; бесстрастие; бесчувствие, бесчувственность.
impasible. [прил.] бесчувственный, чуждый страданию; невозмутимый.
impastación. [ж.] обращение в тестообразную смесь; (фарм.) тестообразная смесь.
impastar. [перех.] обращать в тестообразную смесь.
impávidamente. [нареч.] бесстрашно и т. д.
impavidez. [ж.] бесстрашие, неустрашимость, невозмутимость; (Амер.) (непр.) см. descaro.
impávido, da. [прил.] бесстрашный, невозмутимый; (Амер.) наглый, дерзкий.
impecabilidad. [ж.] безгрешность, праведность, безгреховность; (перен.) безукоризненность; безупречность.
impecable. [прил.] безгрешный, неспособный к греху; (перен.) безукоризненный; безупречный.
impedido, da. [страд. прич.] к impedir; (прил.) разбитый параличом и т. д.; [м. и ж.] паралитик.
impedidor, ra. [прил.] мешающий, препятствующий и т. д. (тже. сущ.).
impediente. [дейст. прич.] к impedir.

impedimenta. [ж.] (воен.) обозы и возимое имущество.
impedimento. [м.] помеха, препятствие, противодействие: *poner impedimentos, чинить препятствия.
impedir. [перех.] мешать, препятствовать, противодействовать; затруднять; не допускать, предотвращать; (поэт.) запрещать; [непр. гл.] спрягается как pedir.
impeditivo, va. [прил.] мешающий, препятствующий и т. д.
impelente. [дейст. прич.] к impeler: *bomba impelente, нагнетательный насос.
impeler. [перех.] толкать; (перен.) побуждать; заставлять.
impelir. [перех.] (Амер.) см. impeler.
impender. [перех.] тратить, расходовать (деньги).
impenetrabilidad. [ж.] (физ.) непроницаемость.
impenetrable. [прил.] (физ.) непроницаемый; (перен.) непостижимый, непонятный; недоступный.
impenetrablemente. [нареч.] непроницаемо, непостижимо.
impenitencia. [ж.] нераскаянность; закоснелость.
impenitente. [прил.] нераскаянный, нераскаявшийся; закоренелый, неисправимый, закоснелый.
impennado, da, impenne. [прил.] (зоол.) имеющий рудиментарные крылья, с неразвитыми перьями.
impensa. [ж.] (юр.) издержки на содержание недвижимого имущества.
impensable. [прил.] невообразимый, немыслимый.
impensadamente. [нареч.] необдуманно; неожиданно, внезапно.
impensado, da. [прил.] необдуманный; неожиданный, внезапный, непредвиденный.
imperador, ra. [прил.] властвующий; повелевающий; [м. и ж.] (неупотр.) император, императрица.
imperante. [дейст. прич.] к imperar, господствующий, властвующий.
imperar. [неперех.] быть императором; властвовать, царствовать, господствовать; повелевать, иметь власть над...
imperativamente. [нареч.] повелительно.
imperativo, va. [прил.] повелительный, настоятельный, властный; (грам.) повелительный; [м.] повелительное наклонение, императив.
imperativo categórico. [м.] (фил.) категорический императив.
imperatoria. [ж.] (бот.) горичник настурциевый, царский корень.
imperatorio, ria. [прил.] императорский.
imperceptibilidad. [ж.] неощутимость, неуловимость.
imperceptible. [прил.] неощутимый, неуловимый, едва заметный.
imperceptiblemente. [нареч.] незаметно, неощутимо, неуловимо; едва слышно.
imperdonabilidad. [ж.] непростительность.
imperdonable. [прил.] непростительный.
imperdonablemente. [нареч.] непростительно.
imperecedero, ra. [прил.] нетленный (книж.) вечный, непреходящий; незабвенный.
imperfección. [ж.] незаконченность, несовершенство; недостаток, погрешность.
imperfectamente. [нареч.] несовершенно.
imperfectibilidad. [ж.] неспособность к совершенствованию.
imperfectible. [прил.] не поддающийся совершенствованию.
imperfectivo, va. [прил.] (грам.) несовершенный (о виде глагола).
imperfecto, ta. [прил.] несовершенный; незаконченный, незавершённый; *pretérito

imperfecto, (грам.) прошедшее время несовершенного вида.
imperforación. [ж.] (мед.) непробóдение.
imperforado, da. [прил.] непробóдённый, неперфорированный.
imperial. [прил.] императорский, царский; имперский; [ж.] империал (второй этаж в омнибусах и т. д. с сиденьями для пассажиров); верх коляски; [м.] сорт гаванской сигары.
imperialismo. [м.] империализм.
imperialista. [прил.] империалистический; [м.] империалист.
impericia. [ж.] неспособность, неумение, неопытность.
imperio. [м.] власть, господство, владычество; империя, царство; императорский сан; срок, время царствования императора; властность, повелительность; (перен.) высокомерие, горделивость: *esto vale un imperio, (разг.) этому цены нет.
imperiosamente. [нареч.] повелительно, властно.
imperiosidad. [ж.] властность, повелительность; настоятельность.
imperioso, sa. [прил.] повелительный, властный; настоятельный, крайний, срочный, неотложный, насущный.
imperitamente. [нареч.] неловко, неумело.
imperito, ta. [прил.] неопытный, неловкий, неумелый, несведущий.
impermanencia. [ж.] непостоянство.
impermanente. [прил.] непостоянный, неустойчивый.
impermeabilidad. [ж.] непромокаемость, водонепроницаемость, герметичность, непроницаемость.
impermeabilización. [ж.] придание непромокаемости, водонепроницаемости.
impermeabilizar. [перех.] делать непромокаемым, водонепроницаемым.
impermeable. [прил.] непроницаемый, водонепроницаемый, непромокаемый, прорезиненный; [м.] непромокаемый плащ или пальто, дождевик.
impermutabilidad. [ж.] незаменимость; несменяемость.
impermutable. [прил.] незаменимый, несменяемый, необмениваемый.
imperscrutable. [прил.] см. inescrutable.
impersonal. [прил.] (тже. грам.) безличный.
impersonalidad. [ж.] безличие, безличность.
impersonalismo. [м.] (Амер.) бескорыстие; незаинтересованность.
impersonalizar. [перех.] (грам.) делать безличным.
impersonalmente. [нареч.] безлично.
impersuadible. [прил.] не поддающийся убеждениям, упрямый, упорный.
impertérritamente. [нареч.] невозмутимо, неустрашимо.
impertérrito, ta. [прил.] невозмутимый, бесстрашный; неустрашимый.
impertinencia. [ж.] слово или поступок, совершённые некстати; дерзость, наглость; излишняя щепетильность: decir impertinencias, дерзить.
impertinente. [прил.] сказанный или сделанный некстати, неуместный, неподходящий; дерзкий, наглый; излишне щепетильный; [м. множ.] лорнет.
impertinentemente. [нареч.] дерзко, нагло.
impertir. [перех.] см. impartir.
impertransible. [прил.] непроходимый.
imperturbabilidad. [ж.] невозмутимость, спокойствие; непоколебимость, неустрашимость.
imperturbable. [прил.] невозмутимый, бесстрастный; непоколебимый, неустрашимый.
imperturbablemente. [нареч.] невозмутимо.

impétigo. [м.] (мед.) гнойничковая сыпь, гнойный лишай.

impetra. [ж.] разрешение, согласие (на просьбу).

impetración. [ж.] получение просимого; вымаливание, выпрашивание.

impetrante. [дейст. прич.] к impetrar, выпрашивающий; получающий просимое.

impetrar. [перех.] получать просимое; вымаливать, выпрашивать.

impetratorio, ria. [прил.] пригодный для вымаливания, выпрашивания, получения просимого.

ímpetu. [м.] порыв, неудержимый натиск; порывистость; импульс: * ímpetu del viento, сила ветра.

impetuosamente. [нареч.] бурно, стремительно; буйно, порывисто; неудержимо; горячо.

impetuoso, sa. [прил.] бурный, стремительный; буйный, порывистый; неудержимый; пылкий; запальчивый: * torrente impetuoso, бурный поток.

impíamente. [нареч.] нечестиво; безжалостно, немилосердно, жестоко.

impiedad. [ж.] безбожие, неверие.

impiedoso, sa. [прил.] см. impío.

impío, a. [прил.] неверующий, безбожный, нечестивый, неблагочестивый; жестокий, безжалостный, бесчеловечный; [м. и ж.] неверующий, (-ая), нечестивец, (-ица), безбожник, (-ица).

impla. [ж.] старинный головной убор (женский).

implacabilidad. [ж.] непреклонность, неумолимость; непримиримость; жестокость.

implacable. [прил.] непреклонный, неумолимый; непримиримый; жестокий.

implacablemente. [нареч.] неумолимо, непримиримо.

implacentario, ria. [прил.] (зоол.) беспоследный; [м. множ.] беспоследные животные.

implantación. [ж.] внедрение, насаждение, введение.

implantar. [перех.] внедрять, насаждать, вводить.

implantón. [м.] (обл.) доска.

implaticable. [прил.] нелюдимый.

implemento. [м.] (чаще множ.) инструмент, орудие.

implexo, xa. [прил.] сложный, смешанный.

implicación. [ж.] противоречие, противоречивость; (юр.) причастность.

implicancia. [ж.] см. implicación; (юр.) (Амер.) законная несовместимость.

implicar. [перех.] впутывать, замешивать, вмешивать, запутывать, вовлекать; заключать, содержать в себе; вызывать, влечь за собой; [неперех.] мешать, препятствовать.

implicatorio, ria. [прил.] противоречивый, заключающий противоречие.

implícitamente. [нареч.] в виде намёка, по смыслу.

implícito, ta. [прил.] вытекающий из общего смысла, подразумеваемый, невыраженный, неясно выраженный; скрытый.

imploración. [ж.] моление, прошение о помощи; мольба, горячая просьба.

implorador, ra. [прил.] молящий, умоляющий.

implorante. [дейст. прич.] к implorar; [прил.] молящий, умоляющий.

implorar. [перех.] молить, умолять, взывать, вымаливать.

implosión. [ж.] (фон.) имплозия.

implosivo, va. [прил.] (фон.) имплозивный.

implume. [прил.] бесперый, ощипанный.

impoético, ca. [прил.] непоэтичный, непоэтический.

impolítica. [ж.] невежливость, неучтивость.

impolíticamente. [нареч.] неполитически, неполитично; невежливо.

impolítico, ca. [прил.] неполитичный, неполитический; невежливый; нетактичный.

impoluto, ta. [прил.] чистый, незапятнанный.

imponderabilidad. [ж.] (физ.) невесомость.

imponderable. [прил.] (физ.) невесомый; (перен.) неоценимый, неизмеримый.

inponderablemente. [нареч.] неоценимо, неизмеримо.

imponedor, ra. [прил. и сущ.] см. imponente.

imponencia. [ж.] (Амер.) внушительность; величие, великолепие.

imponente. [дейст. прич.] к imponer, импонирующий и т. д.; [м. и ж.] вкладчик, (-ица).

imponer. [перех.] облагать (налогом); налагать; возлагать; предписывать, вменять в обязанность, обязывать; принуждать, заставить принять; внушать уважение или страх; импонировать; вменять в вину, обвинять; обучать, наставлять в чём-л.; вкладывать деньги; (полигр.) спускать (форму); imponerse. [возв. гл.] навязывать свою волю, налагать на себя; быть настоятельно необходимым; обучаться в чём-л.

imponible. [прил.] подлежащий обложению, облагаемый, податной.

impopular. [прил.] непопулярный, нелюбимый народом.

impopularidad. [ж.] непопулярность, народная нелюбовь.

impopularizar. [перех.] делать непопулярным.

imporosidad. [ж.] (физ.) нескважистость.

imporoso, sa. [прил.] (физ.) нескважистый, не имеющий пор.

importación. [ж.] импорт, ввоз; привозные товары.

importador, ra. [прил.] импортирующий; [м.] импортёр.

importancia. [ж.] важность, значительность, значимость; вес, значение: * darse importancia, важничать; * dar importancia a una cosa, считать важным что-л.; * esto no tiene importancia, это неважно; * de poca importancia, маловажный.

importante. [страд. прич.] к importar; [прил.] важный, значительный: * echarlas de importante, важничать; poco importante, незначительный.

importantemente. [нареч.] важно, важным образом.

importar. [неперех.] интересовать, иметь значение, быть важным, нужным, касаться, относиться; [перех.] стоить, иметь стоимость; содержать в себе, заключать; импортировать, ввозить: * importa poco, неважно; * eso no me importa, это меня не касается; мне нет дела, мне всё равно; * me importa un bledo, мне наплевать (груб.).

importe. [м.] общая стоимость; итог, сумма, стоимость.

importunación. [ж.] надоедливая, неотступная просьба, надоедание.

importunadamente, importunamente. [нареч.] докучливо, назойливо; несвоевременно.

importunar. [перех.] докучать, надоедать; досаждать; не давать покоя.

importunidad. [ж.] докучливость, надоедливость, назойливость, навязчивость; приставание, надоедание.

importuno, na. [прил.] докучливый, назойливый, навязчивый; несвоевременный.

imposibilidad. [ж.] невозможность: * imposible de toda imposibilidad, (разг.) совершенно невозможный.

imposibilitado, da. [страд. прич.] к imposibilitar; [прил.] потерявший способность двигаться (от болезни и т. д.), паралитичный; [м. и ж.] паралитик; калека.

imposibilitar. [перех.] лишать возможности, делать невозможным.

imposible. [прил.] невозможный; невыносимый: * es imposible, невозможно; * hacer los imposibles, (разг.) сделать всё возможное и невозможное; * pedir imposibles, требовать невозможного.

imposiblemente. [нареч.] невозможно.

imposición. [ж.] обложение (налогом); наложение (наказания, штрафа); возложение (обязанностей); обложение, налог; навязывание (воли, мнения); (полигр.) спуск (формы); см. impostura: * imposición de manos, (церк.) рукоположение.

impositiciamente. [нареч.] притворно и т. д.

impositivo, va. [прил.] (Амер.) налоговый.

imposta. [ж.] (арх.) пята арки, свода, подпятник, лопатка (под пятой свода).

impostergabilidad. [ж.] неотложность.

impostergable. [прил.] (Амер.) неотложный; незамедлительный.

impostor, ra. [прил. и сущ.] обманщик, (-ица); лицемер (-ка); клеветник, (-ица); самозванец, (-ица).

impostura. [ж.] клевета, лживое обвинение; обман, ложь; лицемерие.

impotable. [прил.] не годный для питья (о воде).

impotencia. [ж.] бессилие; (мед.) половое бессилие, половая неспособность, импотенция.

impotente. [прил.] бессильный, немощный; бессильный к совокуплению или к деторождению, импотентный; [м.] импотент.

impracticabilidad. [ж.] невыполнимость; непроходимость (местности).

impracticable. [прил.] невыполнимый, неосуществимый; неприменимый; непроезжий; непроходимый.

imprecación. [ж.] проклятие, проклинание.

imprecador, ra. [прил.] проклинающий и т. д.

imprecar. [перех.] проклинать.

imprecativo, va, imprecatorio, ria. [прил.] клянущий, проклинательный.

imprecaución. [ж.] непредусмотрительность, неосторожность.

imprecisión. [ж.] неточность, неясность, неопределённость.

impreciso, sa. [прил.] неточный, неясный, неопределённый.

impregnable. [прил.] (физ.) способный пропитываться.

impregnación. [ж.] (физ.) пропитывание, насыщение.

impregnar. [перех.] (физ.) пропитывать; impregnarse. [возв. гл.] пропитываться.

impremeditación. [ж.] непреднамеренность.

impremeditadamente. [нареч.] непреднамеренно.

impremeditado, da. [прил.] непредумышленный, непреднамеренный; см. irreflexivo.

imprenta. [ж.] книгопечатание; печать, печатание; типография, печатня (уст.); печатное дело, типографское искусство; форма типографских букв; (перен.) издание; (Амер.) утюжение штанов.

imprentar. [перех.] (Амер.) отпечатывать, оттискивать; печатать; отутюживать (воротники, отвороты и т. д.).

imprentario, ia. [м. и ж.] (Амер.) владелец, (-лица) типографии; печатник.

imprescindible. [прил.] крайне необходимый, нужный; насущный.

imprescriptibilidad. [ж.] неотъемлемость.

imprescriptible. [прил.] неотъемлемый.
impresentable. [прил.] не достойный представлять или быть представленным кому-л.
impresión. [ж.] печатание, печать; тиснение; сорт или форма типографских литер; печатное произведение; оттиск, отпечаток; впечатление: * impresión dactilar или digital, отпечаток пальцев.
impresionabilidad. [ж.] впечатлительность, восприимчивость.
impresionable. [прил.] впечатлительный, восприимчивый.
impresionante. [дейст. прич.] к impresionar, производящий впечатление, впечатляющий (тже. прил.).
impresionar. [перех.] производить впечатление; поражать, потрясать, волновать, трогать; наиграть, записывать (на грампластинку и т. д.); (фот.) печатать, снимать фильм; impresionarse. [возв. гл.] поддаваться впечатлениям.
impresionismo. [м.] (иск.) импрессионизм.
impresionista. [прил.] импрессионистский, [м.] импрессионист.
impreso, sa. [непр. страд. прич.] к imprimir; [м.] печатное произведение; бланк (печатный).
impresor. [м.] печатник, типограф; владелец или хозяин типографии.
impresora. [ж.] жена печатника, типографа; владелица типографии; печатная машина.
imprestable. [прил.] не могущий быть ссуженным.
imprevisible. [прил.] непредусмотренный, непредвиденный.
imprevisión. [ж.] непредусмотрительность.
imprevisor, ra. [прил.] непредусмотрительный.
imprevisto, ta. [прил.] непредвиденный, неожиданный; [м. множ.] непредвиденные расходы.
imprimación. [ж.] (жив.) грунтовка.
imprimador, ra. [м. и ж.] (жив.) тот, кто грунтует по ремеслу.
imprimar. [перех.] (жив.) грунтовать.
imprimatur. [м.] (лат.) (=в печать) разрешение на выпуск в свет.
imprimir. [перех.] печатать, отпечатывать, оттискивать, тискать; (перен.) производить впечатление; (гал.) сообщать, передавать (движение).
improbabilidad. [ж.] маловероятность, невероятность, неправдоподобие.
improbable. [прил.] маловероятный, невероятный, неправдоподобный.
improbablemente. [нареч.] невероятно и т. д.
improbación. [ж.] (ненуж. неол.) см. desaprobación.
improbar. [перех.] см. desaprobar.
improbidad. [ж.] нечестность, криводушие, см. iniquidad.
ímprobo, ba. [прил.] нечестный, бесчестный; трудоёмкий, непосильный, тяжёлый и длительный (о работе).
improcedencia. [ж.] отсутствие основы, известного происхождения и т. д.
improcedente. [прил.] недопустимый, противозаконный; беспрецедентный; несоответствующий, несвоевременный.
improducible. [прил.] непроизводимый.
improductivamente. [нареч] непроизводительно, непродуктивно.
improductividad. [ж.] непроизводительность, непродуктивность.

improductivo, va. [прил.] непроизводительный, непродуктивный.
improfanable. [прил.] не могущий быть осквернённым.
impromptu. [м.] (муз.) экспромт.
impronta. [ж.] оттиск, отпечаток, след.
impronto. [м.] (лит.) экспромт.
impronunciable. [прил.] непроизносимый, трудновыговариваемый.
improperador, ra. [прил.] бранящий, ругающий и т. д. (тже. сущ.).
improperar. [перех.] бранить, поносить, ругать; оскорблять.
improperio. [м.] брань, ругательство; оскорбление.
impropiamente. [нареч.] неправильно, неточно.
impropiedad. [ж.] неправильность, неточность.
impropio, pia. [прил.] несвойственный; неправильный; непригодный; неподходящий; ненадлежащий; неприличный.
improporción. [ж.] см. desproporción.
improporcionado, da. [прил.] непропорциональный, несоразмерный, неравномерный.
improrrogable. [прил.] неотложный, безотлагательный; не подлежащий отсрочке (о векселе и т. д.).
impróspero, ra. [прил.] непреуспевающий, неудачливый.
improsulto, ta. [прил.] (разг.) (Амер.) наглый, бесстыдный; бесполезный, ненужный, плохой.
impróvidamente. [нареч.] неблагоразумно, непредусмотрительно.
impróvido, da. [прил.] см. desprevenido.
improvisación. [ж.] импровизация.
improvisadamente. [нареч.] экспромтом, внезапно.
improvisador, ra. [прил.] импровизирующий; [м. и ж.] импровизатор, (-ша).
improvisamente. [нареч.] внезапно, экспромтом.
improvisar. [перех.] импровизировать.
improviso, sa. [прил.] неожиданный, непредвиденный, непредусмотренный; внезапный: * de improviso, неожиданно, внезапно, вдруг.
improvisto, ta. [прил.] см. improviso: * a la improvista, неожиданно, внезапно.
imprudencia. [ж.] неосторожность, неблагоразумие; неосторожный шаг: * cometer imprudencias, наделать глупостей.
imprudente. [прил.] неосторожный, неблагоразумный; [сущ.] неблагоразумный человек.
imprudentemente. [нареч.] неосторожно, неблагоразумно.
impúber, impúbero, ra. [прил.] не достигший половой зрелости, малолетний.
impublicable. [прил.] не подлежащий публикации.
impudencia. [ж.] бесстыдство, наглость, цинизм.
impudente. [прил.] бесстыдный, наглый, бесстыдный.
impudentemente. [нареч.] бесстыдно, нагло, цинично.
impúdicamente. [нареч.] нецеломудренно, бесстыдно, нагло, цинично.
impudicia, impudicicia. [ж.] распутство, нецеломудрие, разврат; бесстыдство.
impúdico, ca. [прил.] нецеломудренный, распутный; бесстыдный.
impudor. [м.] бесстыдство, наглость, цинизм; непристойность.
impuesto, ta. [непр. страд. прич.] к imponer; [м.] налог, подать.
impugnable. [прил.] оспоримый.
impugnación. [ж.] опровержение, оспаривание, возражение, отрицание.

impugnador, ra. [прил.] опровергающий; возражающий, оспаривающий; [м. и ж.] оппонент, (-ка).
impugnante. [дейст. прич.] к impugnar.
impugnar. [перех.] опровергать; противоречить, оспаривать, возражать.
impugnativo, va. [прил.] оспаривающий, противоречащий, отрицающий (законность чего-л.).
impulsar. [перех.] см. impeler.
impulsión. [ж.] см. impulso.
impulsivamente. [нареч.] импульсивным образом и т. д.
impulsividad. [ж.] импульсивность.
impulsivo, va. [прил.] толкающий, могущий толкать; импульсивный, непосредственный, действующий под первым впечатлением; порывистый.
impulso. [м.] толкание; толчок, удар; импульс; порыв; побуждение, внушение.
impulsor, ra. [прил.] толкающий и т. д. (также сущ.).
impune. [прил.] безнаказанный; ненаказанный.
impunemente. [нареч.] безнаказанно.
impunidad. [ж.] безнаказанность.
impuramente. [нареч.] нечисто, с примесью; порочно.
impureza. [ж.] нечистота; распутство: * impureza de sangre, смешанная кровь.
impuridad. [ж.] [(уст.) см. impureza.
impurificación. [ж.] загрязнение, лишение чистоты.
impurificar. [перех.] грязнить, делать нечистым; порочить, пятнать.
impuro, ra. [прил.] нечистый, с примесью; нечистый, порочный, непристойный, безнравственный.
imputabilidad. [ж.] вменяемость в вину.
imputable. [прил.] вменяемый в вину, приписываемый кому-л.
imputatión. [ж.] вменение в вину, обвинение.
imputador, ra. [прил.] вменяющий в вину, обвиняющий; [м. и ж.] обвинитель, (-ница).
imputar. [перех.] вменять в вину, приписывать кому-л, обвинять; (ком.) засчитывать, вносить на счёт кого-л.
imputativo, va. [прил.] вменяемый в вину, приписываемый кому-л.
imputrescibilidad. [ж.] неподверженность гниению.
imputrescible. [прил.] негниющий.
in. приставка. - образования с in- выражают отрицание того, что выражено основой.
in. [предлог (неотделимый)] см. en.
in albis. [лат. выраж.] с плохой успеваемостью, не понимая и т. д.: * dejar in albis, см. dejar in blanco.
in articulo mortis. [лат. выраж.] при смерти.
in fine. [лат. выраж.] наконец.
in fraganti. [нареч.] на месте преступления.
in globo. [лат. выраж.] в общем, в целом; оптом.
in naturálibus. [лат. выраж.] нагишом, в голом виде, без одежды.
in nómine. [лат. выраж.] во имя; от имени.
in pace. [лат. выраж.] мирно, в покое; тюрьма в монастырях для пожизненно-заключённых.
in partibus (infidélium). [лат. выраж.] obispo in partibus (infidélium), епископ в нехристианских странах.
in pectore. [лат. выраж.]: * cardenal in pectore, кардинал, имя которого ещё не объявлено.
in perpétuum. [лат. выраж.] вечно.
in petto. [лат. выраж.] втайне, на уме: * cardenal in petto, см. cardenal in pectore.
in primis. [лат. выраж.] прежде всего.
in promptu. [лат. выраж.] внезапно.

in puris naturálibus. [лат. выраж.] в голом виде, без одежды.
in situ. [лат. выраж.] на месте.
in statu quo. [лат. выраж.] в настоящем положении дел.
inabarcable. [прил.] необъятный.
inabordable. [прил.] неприступный (о человеке).
inabrogable. [прил.] который не может быть отменён.
inabrogado, da. [прил.] не отменённый, действующий.
inabstinencia. [ж.] невоздержание, неумеренность.
inacabable. [прил.] нескончаемый.
inacabado, da. [прил.] незаконченный, неоконченный.
inaccesibilidad. [ж.] неприступность; недоступность.
inaccesible. [прил.] неприступный; недоступный.
inacceso, sa. [прил.] недостигнутый, недоступный.
inacción. [ж.] бездействие; бездеятельность, пассивность.
inacentuado, da. [прил.] неударяемый, безударный.
inaceptable. [прил.] неприемлемый.
inaclimatable. [прил.] неспособный к акклиматизации.
inaco. [м.] (зоол.) ракообразное животное.
inactivamente. [нареч.] бездеятельно, праздно.
inactividad. [ж.] бездеятельность.
inactivo, va. [прил.] бездеятельный, недеятельный, праздный, неактивный.
inacusable. [прил.] не подлежащий обвинению.
inadaptabilidad. [ж.] неспособность применяться и т. д.
inadaptable. [прил.] неприменимый; не могущий быть приспособленным.
inadaptación. [ж.] неприспособленность.
inadaptado, da. [прил.] неприспособленный; [м. и ж.] неприспособленный человек.
inadecuado, da. [прил.] неадэкватный, неодинаковый; несоответствующий.
inadmisibilidad. [ж.] неприемлемость, недопустимость, недозволенность.
inadmisible. [прил.] неприемлемый, недопустимый.
inadmisión. [ж.] непринятие, недопущение.
inadoptable. [прил.] не достойный быть принятым.
inadvertencia. [ж.] невнимательность; недосмотр; оплошность: * por inadvertencia, по недосмотру; ненарочно.
inadvertidamente. [нареч.] по недосмотру; ненарочно.
inadvertido, da. [прил.] невнимательный, рассеянный; незамеченный: * pasar inadvertido, пройти незамеченным.
inafectado, da. [прил.] естественный, не деланный.
inagotable. [прил.] неисчерпаемый, неистощимый.
inagotablemente. [нареч.] непстощимо.
inagotado, da. [прил.] неисчерпанный.
inaguantable. [прил.] невыносимый, нестерпимый, несносный.
inaguantablemente. [н а р е ч.] невыносимо, нестерпимо.
inajenable. [прил.] неотчуждаемый.
inalado, da. [прил.] бескрылый.
inalámbrico, ca. [прил.] беспроволочный: * telegrafía inalámbrica, беспроволочный телеграф, радиотелеграф.
inalcanzable. [прил.] не могущий быть достигнутым и т. д.
inalienabilidad. [ж.] неотчуждаемость.
inalienable. [прил.] неотчуждаемый.
inalienado, da. [прил.] неотчуждённый.

inalterabilidad. [ж.] неизменяемость; постоянство.
inalterable. [прил.] неизменяемый, неизменный, ненарушимый.
inalterablemente. [нареч.] без изменения и т. д.
inalterado, da. [прил.] не поддающийся изменению и т. д.
inamalgamable. [прил.] не поддающийся амальгамации.
inambú. [м.] (Амер.) американская куропатка.
inameno, na. [прил.] лишённый увлекательности и т. д.
inamisibilidad. [ж.] неотъемлемость.
inamisible. [прил.] неотъемлемый.
inamistoso, sa. [прил.] враждебный.
inamovible. [прил.] несменяемый (о должности).
inamovilidad. [ж.] несменяемость (должностного лица).
inanalizable. [прил.] не поддающийся расчленению, анализу.
inane. [прил.] напрасный, тщетный, ничтожный, пустой, бессодержательный, бесполезный, негодный.
inania. [ж.] тщета, суетность; бессодержательность.
inanición. [ж.] (мед.) истощение.
inanimación. [ж.] безжизненность, неодушевлённость.
inanimado, da. [прил.] безжизненный; неодушевлённый.
inánime. [прил.] (м. употр.) см. exánime и inanimado.
inantereo, a. [прил.] (бот.) беспыльниковый.
inapagable. [прил.] неугасимый.
inapeable. [прил.] непреклонный; упрямый, упорный; непонятный.
inapelable. [прил.] безапелляционный, не подлежащий апелляции (о приговоре и т. д.); непоправимый.
inapendiculado, da. [прил.] (зоол.) не имеющий внешних придатков.
inapercibido, da. [прил.] (гал.) незамеченный, см. inadvertido.
inapetencia. [ж.] (мед.) потеря (или отсутствие) аппетита.
inapetente. [прил.] лишённый аппетита.
inapetitosamente. [нареч.] без аппетита.
inaplacable. [прил.] (прост.) см. implacable.
inaplazable. [прил.] неотложный, безотлагательный, срочный.
inaplicabilidad. [ж.] неприменимость, непригодность.
inaplicable. [прил.] неприменимый, непригодный.
inaplicación. [ж.] см. desaplicación.
inaplicado, da. [прил.] см. desaplicado.
inapreciable. [прил.] неоценимый, бесценный; неощутимый.
inaprensivo, va. [прил.] не боязливый и т. д.
inaprovechable. [прил.] не поддающийся пользованию.
inaptitud. [ж.] неспособность, непригодность, негодность; бездарность; неумелость.
inapto, ta. [прил.] (Амер.) см. inepto.
inarmónicamente. [нареч.] неблагозвучным, негармоничным образом.
inarmónico, ca. [прил.] лишённый гармонии, негармоничный, неблагозвучный, нестройный.
inarticulable. [прил.] не могущий быть сочленённым; непроизносимый.
inarticulado, da. [прил.] нечленораздельный; не выраженный словами, не произнесённый, несвязный, невнятный (о словах, звуках); [м. множ.] (зоол.) бессуставные.
inartificio. [м.] естественность.

inartificioso, sa. [прил.] естественный, не деланный.
inartístico, ca. [прил.] не художественный, не артистический.
inasequibilidad. [ж.] недоступность.
inasequible. [прил.] недоступный, недосягаемый.
inasimilable. [прил.] неусваиваемый; неассимилируемый.
inasistencia. [ж.] лишение помощи или содействия.
inasistente. [прил.] не помогающий и т. д.
inasistido, da. [прил.] лишённый помощи.
inatacable. [прил.] неприступный; безупречный; неоспоримый; (хим.) (непр.) не поддающийся действию.
inatendible. [прил.] не заслуживающий внимания.
inaudible. [прил.] неслышимый.
inaudito, ta. [прил.] неслыханный, невероятный; необычный; (перен.) отвратительный.
inauguración. [ж.] торжественное открытие (учреждения и т. д.).
inaugurador, ra. [прил.] торжественно открывающий (учреждение и т. д.); [сущ.] торжественно открывающий, (-ая); кладущий, (-ая) начало.
inaugural. [прил.] вступительный, относящийся к торжественному открытию: * discurso inaugural, вступительная речь; * ceremonia inaugural, церемония открытия.
inaugurar. [перех.] торжественно открывать (учреждение, выставку и т. д.); (перен.) открывать, класть начало.
inauración. [ж.] позолачивание, золочение (пилюл).
inauriculado, da. [прил.] (анат.) безушковый.
inaveriguable. [прил.] не поддающийся открытию, обнаружению и т. д.
inaveriguado, da. [прил.] не разузнанный; неизвестный, неведомый.
inávido, da. [прил.] не жадный, не алчный.
inca. [м.] инка, перуанский государь; старинная перуанская золотая монета.
incachable. [прил.] (Амер.) ненужный, непригодный.
incaico, ca. [прил.] к инка.
incalcinable. [прил.] непережигаемый, не поддающийся обжигу.
incalculable. [прил.] несметный, неисчислимый, несчётный.
incalculablemente. [нареч.] несметно, неисчислимо.
incalificable. [прил.] невообразимый, невероятный, беспримерный, невыразимый, неслыханный.
incalmable. [прил.] неукротимый.
incambiable. [прил.] неизменяемый.
incameración. [ж.] присоединение недвижимости, доходной статьи к имуществу папы.
incamerar. [перех.] присоединять недвижимость, доходную статью к имуществу папы.
incandescencia. [ж.] раскалённость, накалённость; (непр.) накаливание, накал; раскаление добела; белое каление, накалённое состояние; (перен.) жар, пыл.
incandescente. [прил.] раскалённый, накалённый добела.
incansable. [прил.] неутомимый.
incansablemente. [нареч.] неутомимо.
incantable. [прил.] не удобный для пения.

incapacidad. [ж.] неспособность к чему-л; неспособность, бездарность, тупость, непонятливость; (юр.) неправомочность, неправоспособность, недееспособность.

incapacitado, da. [страд. прич.] к incapacitar; **[прил.]** (юр.) неправоспособный.

incapacitar. [перех.] (юр.) объявлять неспособным, неправомочным.

incapaz. [прил.] неспособный к чему-л, на...; (перен.) неспособный, бездарный, непонятливый, тупой; (юр.) недееспособный, неправоспособный, неправомочный.

incapel. [м.] (обл.) детский чепчик.

incarceración. [ж.] (пат.) ущемление грыжи.

incardinación. (церк.) принятие в другую эпархию (о священниках).

incardinar. [перех.] принимать священника в другую эпархию.

incarnativo, va. [прил.] (хир.) живительный, заживляющий.

incasable. [прил.] (юр.) не могущий вступать в брак; противный браку; находящаяся в трудных обстоятельствах для вступления в брак (о женщине).

incásico, ca. [прил.] см. incaico.

incasto, ta. [прил.] см. deshonesto.

incausto. [м.] см. encausto.

incautación. [ж.] конфискация; взятие в залог; присваивание.

incautamente. [нареч.] непредусмотрительно, неосторожно; наивно.

incautarse. [возв. гл.] конфисковать; брать в залог; присваивать себе.

incauto, ta. [прил.] непредусмотрительный, неосторожный; наивный.

incendaja. [ж.] легко воспламеняющееся вещество.

incendiar. [перех.] поджигать; **incendiarse. [возв. гл.]** воспламениться.

incendiario, ria. [прил.] зажигательный; (перен.) зажигательный, подрывной, возбуждающий, раздражающий; **[м. и ж.]** поджигатель, (-ница); подстрекатель, (-ница).

incendio. [м.] пожар; (перен.) пламя, вспышка; * hablar incendios, (Амер.) ругать, неистовствовать.

incensación. [ж.] воскурение, каждение, курение фимиама (тже. перен.).

incensada. [ж.] движение кадила; каждение; (перен.) лесть, фимиам.

incensador, ra. [прил.] льстивый; **[м. и ж.]** льстец, льстивый человек.

incensar. [перех.] кадить, курить фимиам (тже. перен.).

incensario. [м.] (церк.) кадило, кадильница.

incensurable. [прил.] безупречный, безукоризненный.

incensurablemente. [нареч.] безупречно, безукоризненно.

incentivar. [перех.] подгонять, подстрекать, толкать (на что-л).

incentivo. [м.] стимул к чему-л, возбудитель.

incepción. [ж.] начало.

inceración. [ж.] (фарм.) смешение воска с другими веществами.

incerar. [перех.] (фарм.) смешивать с воском (что-л).

incertidumbre. [ж.] неуверенность, нерешительность; сомнение; недостоверность.

incertinidad. [ж.] см. incertidumbre.

incertísimo, ma. [прил. прев. степ.] к incierto.

incesable. [прил.] беспрерывный, непрерывный, постоянный, безостановочный.

incesante. [прил.] беспрерывный, непрерывный, безостановочный, бесконечный, непрестанный, нескончаемый.

incesantemente. [нареч.] беспрерывно, беспрестанно, непрерывно.

incesto. [м.] кровосмешение.

incestuosamente. [нареч.] кровосмесительно.

incestuoso, sa. [прил.] кровосмесительный, повинный в кровосмешении; **[м. и ж.]** кровосмеситель, (-ница).

incicatrizable. [прил.] (мед.) не поддающийся заживлению.

incidencia. [ж.] событие, происшествие, случайность; (геом.) пересечение линий; (физ.) падение (лучей): * ángulo de incidencia, угол падения; * por incidencia, случайно.

incidental. [прил.] см. incidente.

incidentalmente. [нареч.] см. incidentemente.

incidente. [прил.] случайный, побочный (физ.) падающий (о луче); **[м.]** инцидент, случай, происшествие; (юр.) побочный вопрос.

incidentemente. [нареч.] случайно, по случаю.

incidir. [неперех.] впадать (в ошибку и т. д.); (мед.) насекать, надрезать, делать надрез.

incienso. [м.] ладан; фимиам; (перен.) фимиам, лесть.

inciertamente. [нареч.] нерешительно, неуверенно, сомнительно, с сомнением.

incierto, ta. [прил.] неверный, неправильный; неуверенный; сомнительный, ненадёжный; непостоянный, переменчивый; неопределённый; неизвестный, неведомый, чужой.

incinerable. [прил.] предназначенный на сжигание; поддающийся сжиганию.

incineración. [ж.] сжигание, кремация; превращение в пепел; испепеление.

incinerador, ra. [прил.] сжигающий, кремирующий; **[м.]** мусоросжигательная печь.

incinerar. [перех.] сжигать, кремировать; испепелять, превращать в пепел.

incipiente. [прил.] начинающий; возникающий, начинающийся.

incircunciso, sa. [прил.] необрезанный.

incircunscripto, ta. [прил.] (геом.) не описанный.

incisión. [ж.] насечка, надрез; зарубка.

incisivo, va. [прил.] режущий, врезающийся; (перен.) резкий, колкий, язвительный; **[м.]** резец (зуб): * diente incisivo, резец (зуб).

inciso, sa. [прил.] отрывочный (о стиле и т. д.); **[м.]** (грам.) вводное предложение; запятая.

incisorio, ria. [прил.] (хир.) режущий.

incisura. [ж.] (мед.) надрез, разрез.

incitabilidad. [ж.] (мед.) возбудимость.

incitable. [прил.] возбуждаемый, возбуждаемый.

incitación. [ж.] возбуждение, подстрекательство.

incitador, ra. [прил.] возбуждающий; **[м. и ж.]** возбудитель, (-ница), подстрекатель, (-ница).

incitamento. [м.] побуждение, побудительная причина.

incitante. [действ. прич.] к incitar, возбуждающий.

incitar. [перех.] побуждать, подстрекать, толкать на..., поощрять.

incitativo, va. [прил.] побудительный, возбуждающий.

incivil. [прил.] неучтивый, невежливый.

incívico, ca. [прил.] негражданский.

incivilidad. [ж.] невежливость, невоспитанность.

incivilizado, da. [прил.] непросвещённый, дикий.

incivilmente. [нареч.] неучтиво, невежливо.

incivismo. [м.] недостаток гражданственности.

inclasificable. [прил.] не поддающийся классификации.

inclaustración. [ж.] заточение в монастырь, пострижение в монахи.

inclemencia. [ж.] безжалостность, немилосердие, жестокость; суровость (погоды): * a la inclemencia, под открытым небом, без крова.

inclemente. [прил.] немилосердный, безжалостный, суровый, жестокий.

inclín. [м.] (обл.) склонность; темперамент; характер, нрав, склад.

inclinable. [прил.] наклоняемый, нагибаемый; склонный к...

inclinación. [ж.] наклон, уклон; крен; наклонение (головы, тела); поклон; (перен.) склонность; привязанность, любовь, страсть: * inclinación de la aguja magnética, склонение магнитной стрелки; * ángulo de inclinación, угол склонения.

inclinado, da. [страд. прич.] к inclinar; **[прил.]** наклонный, покатый; с уклоном: * plano inclinado, наклонная плоскость.

inclinador, ra. [прил.] наклоняющий и т. д. (тже. сущ.).

inclinante. [действ. прич.] к inclinar.

inclinar. [перех.] клонить, наклонять, нагибать; склонять; (перен.) склонять к чему-л, подталкивать; **[неперех.]** походить, уподобляться; **inclinarse. [возв. гл.]** наклоняться; поклониться; кланяться; накрениться; склоняться; быть склонным к чему-л, иметь склонность к...

inclinativo, va. [прил.] клонящий, наклоняющий, способный клонить, наклонять и т. д.

inclinómetro. [м.] (тех.) инклинометр, уклономер; (геофиз.) инклинатор.

ínclito, ta. [прил.] знаменитый, выдающийся, прославленный, славный, доблестный.

incluimiento. [м.] включение, см. inclusión.

incluir. [перех.] включать, вставлять; заключать в себе, содержать; **[непр. гл.]** спрягается как huir.

inclusa. [ж.] детский приют.

inclusero, ra. [прил. и сущ.] найдёныш, воспитанник приюта.

inclusión. [ж.] включение; дружба, связь (между двумя людьми).

inclusivamente. [нареч.] включительно.

inclusive. [нареч.] включая, включительно.

inclusivo, va. [прил.] включающий в себя, заключающий, содержащий в себе.

incluso, sa. [непр. страд. прич.] к incluir; **[прил.]** приложенный, включённый; **[нареч.]** включая, включительно; **[предлог]** даже.

incluyente. [действ. прич.] к incluir.

incoación. [ж.] начинание, начало (дела).

incoagulable. [прил.] не коагулируемый, не свёртывающийся.

incoar. [перех.] начинать (процесс и т. д.).

incoativo, va. [прил.] (грам.) инхоативный, начинательный (название глаголов, выражающих начало или развитие действия: envejecer и т. д.).

incobrable. [прил.] невозвратимый, безвозвратный (о ссуде и т. д.); потерянный (о деньгах).

incoercibilidad. [ж.] неудержимость, несжимаемость.

incoercible. [прил.] неудержимый, неукротимый; (непр.) (физ.) несжимаемый.

incógnita. [ж.] (мат.) неизвестное, неизвестная величина; (перен.) тайная причина.

incógnito, ta. [прил.] неизвестный; **[м.]** инкогнито; * guardar el incógnito, сохранять инкогнито; * viajar de incógnito, пу-

тешествовать инкогнито; de incógnito, инкогнито.
incognoscible. [прил.] непознаваемый.
incoherencia. [ж.] отсутствие связи, бессвязность; непоследовательность.
incoherente. [прил.] несвязный, бессвязный; непоследовательный; нелепый.
incoherentemente. [нареч.] бессвязно; непоследовательно.
incohesión. [ж.] отсутствие сцепления.
íncola. [м.] туземец, житель.
incoloración. [ж.] бесцветность.
incoloro, ra. [прил.] бесцветный.
incólume. [прил.] невредимый, целый, здоровый; нетронутый.
incolumidad. [ж.] невредимость, здоровье, целость.
incombinable. [прил.] не поддающийся сочетанию, комбинации и т. д.
incombustibilidad. [ж.] несгораемость, огнестойкость.
incombustible. [прил.] несгораемый, огнестойкий.
incomerciable. [прил.] негодный для торговли.
incom(est)ible. [прил.] несъедобный.
incomodado, da. [страд. прич.] к incomodar [прил.] сердитый, рассерженный.
incomodador, ra. [прил.] докучливый, беспокоящий, надоедливый (тже. сущ.).
incómodamente. [нареч.] неудобно.
incomodar. [перех.] беспокоить, причинять неудобства, затруднять, стеснять; тревожить, докучать; incomodarse, [возв. гл.] беспокоиться; досадовать, сердиться.
incomodidad. [ж.] неудобство; беспокойство, стеснение; неприятность; огорчение, досада, раздражение.
incómodo, da. [прил.] неудобный, стесняющий; неуютный; [м.] см. incomodidad.
incomparable. [прил.] несравнимый; несравненный, бесподобный, превосходный.
incomparablemente. [нареч.] несравнимо, несравненно.
incomparado, da. [прил.] см. incomparable.
incompartible. [прил.] неделимый.
incompasible. [прил.] безжалостный, немилосердный, беспощадный.
incompasión. [ж.] жестокость.
incompasivamente. [нареч.] безжалостно, беспощадно, немилосердно.
incompasivo, va. [прил.] безжалостный, беспощадный, немилосердный.
incompatibilidad. [ж.] несовместимость; (юр.) запрещение совмещать две или несколько должностей.
incompatible. [прил.] несовместимый, противоречащий; (мат.) несовместный (об уравнениях).
incompensable. [прил.] неоплатный, не могущий быть компенсированным.
incompetencia. [ж.] некомпетентность, неполноправность; (непр.) неосведомлённость.
incompetente. [прил.] некомпетентный; (непр.) несведущий.
incomplejo, ja. [прил.] см. incomplexo; (мат.) несложный, простой.
incompletamente. [нареч.] неполно.
incompleto, ta. [прил.] неполный; неоконченный, незавершённый, недостаточный; (бот.) неполный.
incomplexo, xa. [прил.] разъединённый, несвязанный.
incomponible. [прил.] не могущий быть приведённым в порядок и т. д.
incomportable. [прил.] невыносимый, несносный.
incomposibilidad. [ж.] непримиримость; несовместимость.
incomposible. [прил.] непримиримый; несовместимый.

incomposición. [ж.] диспропорция, несоразмерность, непропорциональность.
incompr(eh)ensibilidad. [ж.] непонятность, непостижимость.
incompr(eh)ensible. [прил.] непонятный, непостижимый.
incomprensiblemente. [нареч.] непонятно, непостижимо.
incomprensión. [ж.] непонимание.
incompresibilidad. [ж.] (физ.) несжимаемость.
incompresible. [прил.] (физ.) несжимаемый.
incomunicabilidad. [ж.] несообщительность; несообщаемость.
incomunicable. [прил.] несообщаемый; не подлежащий соединению.
incomunicación. [ж.] лишение или отсутствие связи, возможности общаться; (юр.) изоляция, заключение в одиночную камеру.
incomunicadamente. [нареч.] отдельно, в отдельности.
incomunicado, da. [страд. прич.] к incomunicar; [прил.] изолированный, разобщённый; находящийся в одиночной камере.
incomunicar. [перех.] лишать связи, возможности общаться, изолировать, уединять; (юр.) лишать права переписки; изолировать, посадить (заключённого) в одиночку.
inconcebilidad. [ж.] непостижимость, непонятность.
inconcebible. [прил.] непостижимый, непонятный, необъяснимый, невообразимый.
inconcebiblemente. [нареч.] непонятно, непостижимо.
inconciliabilidad. [ж.] непримиримость.
inconciliable. [прил.] непримиримый.
inconciliablemente. [нареч.] непримиримо.
inconcino, na. [прил.] беспорядочный, расстроенный.
inconcluso, sa. [прил.] неоконченный, незаконченный, незавершённый.
inconcusamente. [нареч.] неоспоримо, несомненно.
incocuso, sa. [прил.] неоспоримый, несомненный; бесспорный.
incondicional. [прил.] абсолютный, необусловленный, безусловный; безоговорочный.
incondicionalmente. [нареч.] абсолютно, безусловно; безоговорочно.
inconducente. [прил.] недействительный.
inconducta. [ж.] (Амер.) дурное поведение, беспутство, безнравственное поведение.
inconexamente. [нареч.] бессвязно и т. д.
inconexión. [ж.] бессвязность.
inconexo, xa. [прил.] бессвязный.
inconfesable. [прил.] постыдный, позорный.
inconfeso, sa. [прил.] (юр.) не сознавшийся, не признающий себя виновным.
inconfidencia. [ж.] недоверчивость, недоверие; подозрительность.
inconfidente. [прил.] неверный, вероломный.
inconfundible. [прил.] не могущий быть впутанным и т. д.
incongruamente. [нареч.] неуместно, нелепо.
incongruencia. [ж.] неуместность; несообразность, нелепость, неприличие, несоответствие.
incongruente. [прил.] неуместный; несоответствующий; несообразный, нелепый неподходящий; неприличный.
incongruentemente. [нареч.] см. incongruamente.
incongruidad. [ж.] см. incongruencia.
incongruo, a. [прил.] см. incongruente.
inconjugable. [прил.] (грам.) не спрягаемый.

inconmensurabilidad. [ж.] безмерность неизмеримость; несоизмеримость.
inconmensurable. [прил.] неизмеримый, безмерный, огромный; несоизмеримый.
inconmovible. [прил.] непоколебимый, нерушимый.
inconmutabilidad. [ж.] неизменность; неизменяемость.
inconmutable. [прил.] неизменный; не подлежащий изменению, не поддающийся изменению, неизменяемый.
inconocible. [прил.] см. incognoscible (Амер.) неузнаваемый (о человеке).
inconquistable. [прил.] неприступный (о городе и т. д.); (перен.) неодолимый; неумолимый.
inconquistado, da. [прил.] незавоёванный; непокорённый.
inconsciencia. [ж.] бессознательность, бессознательное состояние.
inconsciente. [прил.] бессознательный; несознательный.
inconscientemente. [нареч.] бессознательно.
inconsecuencia. [ж.] непоследовательность.
inconsecuente. [прил.] непоследовательный; безрассудный.
inconsecuentemente. [нареч.] непоследовательно.
inconsideración. [ж.] легкомыслие, необдуманность, неосторожность; опрометчивость.
inconsideradamente. [нареч.] необдуманно, опрометчиво.
inconsiderado, da. [прил.] необдуманный, опрометчивый, неосторожный, неосмотрительный, легкомысленный.
inconsiguiente. [прил.] бессвязный; непоследовательный.
inconsistencia. [ж.] непрочность, ломкость; неосновательность, беспочвенность, несостоятельность; непостоянство; бессвязность.
inconsistente. [прил.] непрочный, ломкий; неосновательный, беспочвенный, несостоятельный; непостоянный; бессвязный.
inconsolable. [прил.] неутешный, безутешный.
inconsolablemente. [нареч.] неутешно.
inconstancia. [ж.] неустойчивость; непостоянство, изменчивость, ветреность.
inconstante. [прил.] неустойчивый; непостоянный, изменчивый, переменчивый, ветреный.
inconstantemente. [нареч.] непостоянно и т. д.
inconstitucional. [прил.] противоречащий конституции, антиконституционный.
inconstitucionalidad. [ж.] сопротивление конституции.
inconstitucionalmente. [нареч.] противно конституции.
inconstruible. [прил.] не могущий быть строенным.
inconsútil. [прил.] без швов (преимущ. о тунике Христа).
incontable. [прил.] бесчисленный, неисчислимый.
incontaminado, da. [прил.] незапятнанный, незаражённый, чистый.
incontenible. [прил.] неудержимый.
incontestabilidad. [ж.] неоспоримость, неопровержимость.
incontestable. [прил.] неоспоримый, неопровержимый, несомненный, бесспорный.
incontestablemente. [нареч.] неоспоримо, несомненно, бесспорно.

incontinencia. [ж.] невоздерж(ан)ность, невоздержание, неумеренность: * incontinencia de orina, (мед.) недержание мочи.
incontinente. [прил.] невоздерж(ан)ный; [нареч.] см. incontinenti.
incontinentemente. [нареч.] с невоздержанием.
incontinenti. [нареч.] тотчас же, немедленно, сейчас же, сию минуту.
incontinuo, nua. [прил.] постоянный, непрерывный.
incontrarrestable. [прил.] непреодолимый; неотразимый.
incontrastable. [прил.] непреодолимый, непобедимый; неопровержимый, неоспоримый.
incontratable. [прил.] см. intratable.
incontrito, ta. [прил.] не раскаявшийся.
incontrolable. [прил.] не поддающийся контролю, учёту.
incontrolado, da. [прил.] бесконтрольный, не контролируемый.
incontrovertible. [прил.] неоспоримый, неопровержимый, не допускающий возражения.
inconvenible. [прил.] неуместный, неподходящий.
inconveniencia. [ж.] неудобство; непристойность, неприличие; недопустимость.
inconveniente. [прил.] неудобный, неподходящий, неуместный; непристойный, неприличный; [м.] неудобство; препятствие; трудность; ущерб, невыгода: * no tener inconveniente, не иметь ничего против.
inconversable. [прил.] несговорчивый, неразговорчивый, необщительный.
inconvertibilidad. [ж.] необратимость (о монетах).
inconvertible. [прил.] необратимый (о монетах).
incoordinación. [ж.] (пат.) расстройство координации движений.
incordiar. [перех.] (разг.) надоедать, докучать.
incordio. [м.] (мед.) бубон; (перен.) (разг.) надоедливый человек.
incorporación. [ж.] включение (в состав); причисление, присоединение.
incorporal. [прил.] бестелесный, бесплотный; невещественный.
incorporalmente. [нареч.] невещественно.
incorporar. [перех.] включать (в состав); причислять, присоединять; зачислять; приподнимать, сажать (лежащего); incorporarse. [возв. гл.] (при)соединяться, входить в состав; вставать, приподниматься (о лежащем): * incorporarse a filas, вступать в ряды армии.
incorporeidad. [ж.] бестелесность, бесплотность, невещественность.
incorpóreo, a. [прил.] бестелесный, бесплотный, невещественный.
incorporo. [м.] см. incorporación.
incorrección. [ж.] неточность, неправильность; неправильность, ошибка, погрешность; некорректность; невежливость.
incorrectamente. [нареч.] неправильно, ошибочно; некорректно.
incorrecto, ta. [прил.] неточный, неправильный, ошибочный; некорректный; невежливый.
incorregibilidad. [ж.] неисправимость; закоренелость.
incorregible. [прил.] неисправимый; закоренелый.
incorregiblemente. [нареч.] неисправимо.

incorrupción. [ж.] нетленность; (перен.) моральная чистота; (непр.) неподкупность.
incorruptamente. [нареч.] неиспорченным и т. д. образом.
incorruptibilidad. [ж.] нетленность; неподверженность порче; (непр.) неподкупность.
incorruptible. [прил.] невредимый, непортящийся; нетленный; (перен.) не поддающийся разврату; (непр.) неподкупный.
incorrupto, ta. [прил.] неиспорченный; неповреждённый; нетленный; (перен.) девственный; (непр.) неподкупленный.
incrasante. [действ. прич.] к incrasar.
incrasar. [перех.] (мед.) см. engrasar.
increado, da. [прил.] несотворённый, несозданный.
incredibilidad. [ж.] невероятность, неправдоподобие.
incrédulamente. [нареч.] недоверчиво и т. д.
incredulidad. [ж.] недоверчивость, недоверие; неверие.
incrédulo, la. [прил.] недоверчивый, не верующий; [м. и ж.] неверующий, безбожник, атеист.
increíble. [прил.] невероятный, неимоверный, неправдоподобный, немыслимый; чрезвычайный.
increíblemente. [нареч.] невероятно, неимоверно; чрезвычайно.
incrementación. [ж.] (Амер.) (неол.) см. incremento.
incrementar. [перех.] увеличивать, способствоватв росту, расширять.
incremento. [ж.] увеличение, развитие, рост, расширение, усиление, прирост; (мат.) приращение; (грам.) наращение слога.
increpación. [ж.] строгий выговор, порицание.
increpador, ra. [прил.] делающий строгий выговор (тже. сущ.).
increpante. [действ. прич.] к increpar.
increpar. [перех.] делать строгий выговор; порицать, бранить.
incriminación. [ж.] обвинение.
incriminar. [перех.] обвинять; преувеличивать вину.
incristalizable. [прил.] (физ.) некристаллизирующийся.
incriticable. [прил.] не подвергающийся критике, (стоящий) выше всякой критики.
incruentamente. [нареч.] без кровопролития.
incruento, ta. [прил.] бескровный (без кровопролития).
incrustable. [прил.] поддающийся инкрустации.
incrustación. [ж.] инкрустация; накипь, налёт.
incrustador, ra. [прил.] инкрустирующий и т. д. (тже. сущ.).
incrustante. [действ. прич.] к incrustar, инкрустирующий, осаждающий накипь.
incrustar. [перех.] инкрустировать; покрывать накипью, налетом.
incubación. [ж.] инкубирование, инкубация (выведение цыплят), сидение на яйцах, насиживание; (мед.) инкубация, инкубационный, скрытый период болезни.
incubado, da. [страд. прич.] к incubar; [прил.] инкубаторный, насиженный (о яйце).
incubadora. [ж.] инкубатор.
incubar. [перех.] инкубировать, выводить (цыплят) в инкубаторе; [непрех.] см. encobar.
íncubo. [м.] кошмар, стеснение в груди во время сна.
incubiforme. [прил.] в форме наковальни.
incuestionable. [прил.] неоспоримый, неопровержимый, несомненный.

incuestionablemente. [нареч.] неоспоримо, несомненно, бесспорно.
inculcación. [ж.] (полигр.) дейст. к inculcar.
inculcador, ra. [прил.] внушающий, вдалбливающий в голову и т. д. (тже. сущ.).
inculcar. [перех.] сжимать; (перен.) внушать, вдалбливать в голову; твердить, повторять одно и то же; (полигр.) набирать густо; inculcarse. [возв. гл.] упрямиться, стоять на своём.
inculpabilidad. [ж.] невинность; невиновность.
inculpable. [прил.] невинный; невиновный.
inculpablemente. [нареч.] невинно.
inculpación. [ж.] обвинение.
inculpadamente. [нареч.] невинно.
inculpado, da. [страд. прич.] к inculpar; [прил. и сущ.] обвиняемый, (-ая).
inculpador, ra. [прил.] обвиняющий.
inculpar. [перех.] обвинять.
incultamente. [нареч.] необработанным образом; некультурно.
incultivable. [прил.] не поддающийся обработке, не годный для обработки.
inculto, ta. [прил.] невозделанный, необработанный; запущенный; (перен.) необразованный, непросвещённый, некультурный; грубый, неотёсанный.
incultura. [ж.] отсутствие обработки; некультурность.
incumbencia. [ж.] компетенция; обязанность: * esto no es asunto de mi incumbencia, это не по моей части.
incumbir. [непрех.] лежать на чьей-л обязанности, возлагаться на..., приходиться, выпадать на чью-л долю.
incumplido, da. [прил.] не выполненный и т. д.
incumplimiento. [м.] невыполнение, неисполнение.
incumplir. [перех.] не исполнять, не выполнять.
incunable. [прил.] первопечатный, относящийся к первым годам книгопечатания; [м.] инкунабула.
incurabilidad. [ж.] неизлечимость.
incurable. [прил.] неизлечимый, неисцелимый; (перен.) неисправимый.
incurablemente. [нареч.] неизлечимо, неисцелимо; (перен.) неисправимо.
incuria. [ж.] беспечность, небрежность, беззаботность, неряшливость.
incuriosamente. [нареч.] небрежно и т. д.
incurioso, sa. [прил.] небрежный.
incurrimiento. [м.] дейст. к впадать (в ошибку и т. д.); дейст. к навлекать на себя.
incurrir. [непрех.] впадать (в ошибку, заблуждение и т. д.); подвергаться, навлекать на себя.
incursión. [ж.] (воен.) налёт, набег, вторжение, нашествие.
incurso, sa. [непр. страд. прич.] к incurrir.
incurvación. [ж.] см. encorvadura.
incus. [м.] (анат.) наковальня.
incuso, sa. [прил.]: * medalla incusa, медаль односторонней чеканки.
indagación. [ж.] обследование, расследование, разыскание; расспросы.
indagador, ra. [прил.] обследующий, расследующий; расспрашивающий (тже. сущ.).
indagar. [перех.] обследовать, расследовать; расспрашивать.
indagatoria. [ж.] (юр.) показание обвиняемого.
indagatorio, ria. [прил.] (юр.) следственный.
indar. [м.] сорт мотыги.
indaye. [м.] (Амер.) род ястреба.
indebidamente. [нареч.] незаконно, несправедливо, незаслуженно.

indebido, da. [прил.] непозволенный, незаконный, запретный; неподходящий.
indecencia. [ж.] неприличие, непристойность.
indecente. [прил.] неприличный, непристойный.
indecentemente. [нареч.] неприлично, непристойно.
indecible. [прил.] невыразимый, несказанный; неописуемый.
indeciblemente. [нареч.] невыразимо, несказанно.
indecisivamente. [нареч.] нерешительно, неопределённо.
indecisión. [ж.] нерешительность, нерешимость, колебание, сомнение.
indeciso, sa. [прил.] нерешительный, сомневающийся, колеблющийся; неопределённый, нерешённый.
indeclinabilidad. [ж.] неотвратимость, неминуемость; (грам.) несклоняемость.
indeclinable. [прил.] неотвратимый, неизбежный; (грам.) несклоняемый.
indecoro. [м.] бесстыдство.
indecorosamente. [нареч.] непристойно, неприлично.
indecoroso, sa. [прил.] неприличный, непристойный, неподобающий.
indefectibilidad. [ж.] (церк.) непреходимость, нескончаемость.
indefectible. [прил.] непреходящий, не имеющий конца, нескончаемый; ненарушимый; неизбежный, неминуемый.
indefectiblemente. [нареч.] нерушимо и т. д.
indefendible. [прил.] незащитимый, труднозащищаемый; несостоятельный.
indefensable, indefensible. [прил.] см. indefendible.
indefensión. [ж.] беззащитное положение.
indefenso. sa. [прил.] беззащитный; незащищённый.
indeficiente. [прил.] неминуемый.
indefinibilidad. [ж.] неопределимость.
indefinible. [прил.] неопределимый; необъяснимый, невыразимый.
indefinidamente. [нареч.] неопределённо; на неопределённое время; безгранично, бесконечно.
indefinido, da. [прил.] неопределённый; безграничный, неограниченный, бесконечный.
indefinito, ta. [прил.] (мат.) неопределённый.
indeformable. [прил.] не теряющий своей формы.
indehiscencia. [ж.] (бот.) нераскрывание.
indehiscente. [прил.] (бот.) нерастрескивающийся, нераскрывающийся (об околоплоднике).
indeleble. [прил.] нестираемый, невыводимый; неизгладимый.
indeleblemente. [нареч.] неизгладимо.
indeliberación. [ж.] необдуманность.
indeliberadamente. [нареч.] необдуманно.
indeliberado, da. [прил.] необдуманный, безрассудный.
indelicadeza. [ж.] неделикатность, бестактность, нетактичность, нечуткость; грубость.
indelicado, da. [прил.] неделикатный, бестактный; грубый.
indemne. [прил.] невредимый; неповреждённый, непострадавший; неубыточный; (юр.) удовлетворённый: * salir indemne, уцелеть.
indemnidad. [ж.] невредимость, безубыточность; гарантия.
indemnización. [ж.] вознаграждение за убытки, за понесённый ущерб, возмещение убытков, возмещение за ущерб, компенсация.
indemnizar. [перех.] вознаграждать за убытки, за понесённый ущерб, возмещать за ущерб, компенсировать.
indemostrable. [прил.] недоказуемый.
indentación. [ж.] выемка, зазубрина.
independencia. [ж.] независимость, самостоятельность: * guerra de la Independencia, война за независимость.
independerse. [возв. гл.] (Амер.) см. emanciparse.
independiente. [прил.] независимый, самостоятельный; [нареч.] независимо от...
independientemente. [нареч.] независимо (от).
independizar. [перех.] освобождать от зависимости; **independizarse.** [возв. гл.] освобождаться от зависимости.
indescifrable. [прил.] не поддающийся расшифровке; неразборчивый, нечёткий; непроницаемый.
indescriptible. [прил.] неописуемый, невыразимый.
indeseable. [прил.] нежелательный; нежеланный.
indestituible. [прил.] неотрешаемый.
indestructibilidad. [ж.] неразрушимость.
indestructible. [прил.] неразрушимый; нерушимый.
indeterminable. [прил.] неопределимый.
indeterminación. [ж.] неопределённость; неопределимость; нерешительность, нерешимость.
indeterminadamente. [нареч.] неопределённо.
indeterminado, da. [прил.] неопределённый; нерешительный.
indeterminismo. [м.] (фил.) индетерминизм.
indeterminista. [прил.] (фил.) индетерминистический; [сущ.] индетерминист, сторонник индетерминизма.
indevoción. [ж.] ненабожность.
indevotamente. [нареч.] ненабожно.
indevoto, ta. [прил.] ненабожный, неблагочестивый.
indezuelo, la. [сущ. умен.] к indio.
indi. [м.] хинди (язык).
india. [ж.] (перен.) изобилие богатств.
indiada. [ж.] множество индейцев.
indiana. [ж.] ситец.
indianés, sa. [прил.] см. indio.
indianista. [м. и ж.] индолог, индианист.
indiano, na. [прил.] индийский; индийский; разбогатевший в Америке (об испанцах); [м. и ж.] индеец, индианка; индеец, индианка; человек разбогатевший в Америке: * indiano de hilo negro, скупец, скряга.
indicación. [ж.] указание, показание, означение; (мед.) показание; (Амер.) см. propuesta.
indicador, ra. [прил.] указательный, указывающий; [м.] указатель, индикатор; (непр.) указательный палец: * indicador de nivel, указатель уровня, водомерное стекло; * indicador de ferrocarril, указатель направления.
indicante. [действ. прич.] к indicar, указывающий.
indicar. [перех.] указывать; обозначать; показывать; обнаруживать; (непр.) наставлять, руководить; извещать: * tú eres el más indicado, для этого ты подходишь больше всего.
indicativo, va. [прил.] указательный; (грам.) изъявительный; [м.] изъявительное наклонение, индикатив.
indicción. [ж.] созвание собора; (ист.) индикт.
índice. [прил.] указательный (о пальце); [м.] указательный палец; знак, признак, симптом, примета; указатель, оглавление; индекс, показатель; каталог; стрелка (часов, измерительного прибора); (мат.) показатель (степени, корня);

(церк.) индекс (список запрещённых книг, в Риме): * índice de refracción, (физ.) показатель преломления.
indiciado, da. [страд. прич.] к indiciar; [прил.] подозреваемый в преступлении.
indiciador, ra. [прил.] подающий знаки и т. д. (тоже, сущ.).
indiciar. [перех.] указывать, подавать знаки; подозревать в преступлении; распознавать (по признакам).
indiciario, ria. [прил.] (юр.) относящийся к признакам и т. д.
indicio. [м.] признак, примета; указание.
indicioso, sa. [прил.] подозрительный.
índico, ca. [прил.] индийский; (м. употр.) см. índigo.
indículo. [м.] слабый признак.
indicum. [м.] (хим.) индиго (краска).
indiferencia. [ж.] безразличие, равнодушие, безучастность, индифферентность, холодность.
indiferente. [прил.] безразличный, равнодушный, холодный, безучастный, индифферентный: * me es indiferente, это мне безразлично; * hacerse el indiferente, прикидываться равнодушным.
indiferentemente. [нареч.] безразлично, равнодушно, безучастно, индифферентно.
indiferentismo. [м.] безразличие, индифферентизм.
indiferentista. [прил. и сущ.] сторонник индифферентизма.
indígena. [прил.] туземный, местный; [м. и ж.] туземец, (-ка), абориген.
indigencia. [ж.] бедность, нужда, нищета.
indigenismo. [м.] свойст. к туземный.
indígeno, na. [прил.] (Амер.) туземный; [м. и ж.] туземец, (-ка).
indigente. [прил.] бедный, неимущий, убогий; [м. и ж.] бедняк, нищий.
indigestamente. [нареч.] вспыльчиво; неясно, смутно.
indigestarse. [возв. гл.] не перевариваться (о пище); вызывать неприязнь.
indigestible. [прил.] неудобоваримый.
indigestión. [ж.] несварение желудка; расстройство пищеварения: * coger una indigestión, расстроить себе желудок.
indigesto, ta. [прил.] неудобоваримый; (перен.) несговорчивый, суровый, мрачный; сумбурный, неясный, беспорядочный.
indignación. [ж.] негодование, возмущение, досада.
indignadamente. [нареч.] с негодованием.
indignante. [действ. прич.] к indignar.
indignar. [перех.] возмущать, возбуждать негодование, раздражать; **indignarse.** [возв. гл.] возмущаться, негодовать, приходить в негодование.
indignidad. [ж.] недостойность; низость; гнусность; позорное поведение; возмутительный, гнусный поступок; (юр.) наличность законных причин, лишающих права на наследство.
indigno, na. [прил.] недостойный, не заслуживающий; гнусный, низкий, презренный, мерзкий.
índigo. [м.] индиго (краситель, краска).
indigófera. [ж.] (бот.) индигоносное растение.
indigófero, ra. [прил.] (бот.) индигоносный; см. indigotero.
indigotero. [м.] (бот.) индиго, индигоноска.
indigotina. [ж.] (хим.) индикан (вещество, дающее синюю краску).
indiguria. [ж.] присутствие индиго в моче.
indilgar. [перех.] (Амер.) см. endilgar.

indiligencia. [ж.] небрежность.
indino, na. [прил.] (разг.) см. indigno; шаловливый, резвый; упрямый; наглый, дерзкий.
indio, dia. [прил.] индийский; индейский; синий; [м. и ж.] индеец, индианка; [м.] (хим.) индий; (Амер.) бойцовый петух.
indiófilo, da. [прил.] любящий, оказывающий покровительство индейцам.
indirecta. [ж.] намёк: * indirecta del padre Cobos, речь без обиняков и намёков.
indirectamente. [нареч.] косвенно, посредственно, со стороны.
indirecto, ta. [прил.] непрямой, окольный, косвенный; (грам.) косвенный: * complemento indirecto, косвенное дополнение.
indiscernible. [прил.] неразличимый, неясный, нераспознаваемый, неразличаемый.
indisciplina. [ж.] неповиновение, отсутствие дисциплины, недисциплинированность.
indisciplinable. [прил.] не поддающийся дисциплине, непослушный, непокорный.
indisciplinadamente. [нареч.] без дисциплины.
indisciplinado, da. [страд. прич.] к indisciplinar; [прил.] недисциплинированный, распущенный, неприученный к дисциплине.
indisciplinarse. [возв. гл.] поступать против дисциплины.
indiscreción. [ж.] нескромность; неделикатность; болтливость; нескромный, неделикатный поступок.
indiscretamente. [нареч.] нескромно; неделикатно.
indiscreto, ta. [прил.] нескромный, несдержанный, неделикатный; бестактный; болтливый; [сущ.] нескромный человек; * ser indiscreto, выдавать секреты и т. д.
indiscriminado, da. [прил.] (Амер.) см. indistinto.
indisculpable. [прил.] непростительный.
indisculpablemente. [нареч.] непростительно.
indiscursivamente. [нареч.] необдуманно.
indiscursivo, va. [прил.] необдуманный.
indiscutibilidad. [ж.] неоспоримость.
indiscutible. [прил.] неоспоримый, бесспорный, не подлежащий спору.
indiscutiblemente. [нареч.] неоспоримо.
indisolubilidad. [ж.] нерастворимость; неразрывность, нерасторжимость, неразрушимость.
indisoluble. [прил.] нерастворимый; неразрывный, нерасторжимый, неразрушимый.
indisolublemente. [нареч.] неразрывно, нерасторжимо.
indispensabilidad. [ж.] необходимость, обязательность.
indispensable. [прил.] необходимый, насущный, неизбежный; обязательный.
indispensablemente. [нареч.] необходимо.
indisponer. [перех.] расстраивать; восстанавливать, настраивать против...; ссорить; портить, делать неприятным; вызывать недомогание, причинять нездоровье; indisponerse. [возв. гл.] заболевать; ссориться с кем-л.
indisponible. [прил.] не могущий быть использованным; не подлежащий пользованию.
indisposición. [ж.] нерасположение; неспособность; нездоровье, недомогание.
indispuesto, ta. [непр. страд. прич.] к indisponer; [прил.] нездоровый, хворый.
indisputabilidad. [ж.] неоспоримость.

indisputable. [прил.] неоспоримый, неопровержимый.
indisputablemente. [нареч.] неоспоримо, бесспорно.
indistinción. [ж.] неясность, неотчётливость.
indistinguible. [прил.] неявственный; неотличимый; неразличимый.
indistintamente. [нареч.] неясно, смутно, невнятно, неотчётливо, неявственно; без различия, безразлично.
indistinto, ta. [прил.] неясный, смутный, неявственный, неотчётливый, невнятный, неразличимый; ничем не отличающийся.
individuación. [ж.] обособление, индивидуализация; определение.
individual. [прил.] индивидуальный, личный, персональный, частный.
individualidad. [ж.] индивидуальность, характерность.
individualismo. [м.] обособленность; индивидуализм.
individualista. [прил.] индивидуалистический; [м. и ж.] индивидуалист, (-ка).
individualización. [ж.] индивидуализация, обособление.
individualizar. [перех.] обособлять, индивидуализировать.
individualmente. [нареч.] индивидуально, особо, отдельно, единолично.
individuamente. [нареч.] нераздельно.
individuar. [перех.] индивидуализировать, обособлять; точно определять.
individuo, dua. [прил.] см. individual; неделимый, нераздельный; [м.] индивид, индивидуум, особь, личность; член (организации и т. д.); [м. и ж.] некто.
indivisamente. [нареч.] нераздельно, неделимо.
indivisibilidad. [ж.] неделимость, нераздельность, нерасторжимость.
indivisible. [прил.] неделимый, нераздельный, неразделимый.
indivisiblemente. [нареч.] неразделимо.
indivisión. [ж.] нераздельность чего-л.
indiviso, sa. [прил.] неразделённый: * pro indiviso, нераздельно.
indizuelo, la. [прил. и сущ.] (Амер.) см. indezuelo.
indo, da. [прил.] индийский; [м. и ж.] индиец, индианка.
indocéltico, ca. [прил.] индоевропейский.
indócil. [прил.] непослушный, непокорный, неукротимый.
indocilidad. [ж.] непокорность, непослушание, неукротимость.
indócilmente. [нареч.] непокорно, неукротимо.
indoctamente. [нареч.] невежественно.
indocto, ta. [прил.] неучёный, необразованный.
indocumentado, da. [прил.] не имеющий удостоверения личности; беспаспортный; неблагонадёжный; [сущ.] неблагонадёжный человек.
indochino, na. [прил.] индокитайский; [м. и ж.] житель, (-ница) Индокитая.
indoeuropeo, a. [прил.] индоевропейский; [м. и ж.] индоевропеец, (-ейка).
indofenol. [м.] (хим.) индофенол.
indogermánico, ca. [прил.] (лингв.) индогерманский, индоевропейский.
indoiranio, mia. [прил.] (лингв.) индоиранский.
indol. [м.] (хим.) индол.
índole. [ж.] натура, природа, прирождённый характер, нрав; основная особенность, характер чего-л, свойство, род, вид: * mala índole, дурные наклонности.
indolencia. [ж.] вялость, апатия, безразличие; леность; безболезненность.
indolente. [прил.] ленивый, вялый, апатичный, безразличный; безболезненный.

indolentemente. [нареч.] лениво, вяло, апатично.
indoloro, ra. [прил.] безболезненный.
indomabilidad. [ж.] неукротимость, необузданность.
indomable. [прил.] неукротимый, необузданный.
indomado, da. [прил.] неукрощённый, необузданный.
indomalayo, ya. [прил.] индо-малайский (так же сущ.).
indomesticable. [прил.] не поддающийся приручению, неприручимый.
indoméstico, ca. [прил.] неукрощённый, дикий.
indomía. [ж.] (Амер.) см. indormía; модернизм.
indómito, ta. [прил.] неукротимый, непокоримый; неукрощённый, необузданный.
indonésico, ca, indonesio, sia. [прил.] индонезийский; [м. и ж.] индонезиец, (-йка).
indormía. [ж.] (Амер.) ловкость, сноровка.
indostanés, sa. [прил.] индостанский; [м. и ж.] житель, (-ница) Индостана.
indostaní. [м.] хиндустани (язык).
indostánico, ca. [прил.] индостанский.
indotación. [ж.] (юр.) отсутствие дотации.
indotado, da. [прил.] не одарённый; не обеспеченный приданым.
indri. [м.] (зоол.) индри (полуобезьяна).
indrómina. [ж.] (Амер.) см. maleficio.
indubitable. [прил.] не вызывающий сомнения, несомненный, неоспоримый.
indubitablemente. [нареч.] несомненно, неоспоримо, верно.
indubitado, da. [прил.] достоверный, несомненный.
inducción. [ж.] введение; подстрекательство; индукция.
inducidamente. [нареч.] индуктивно.
inducidor, ra. [прил.] подстрекающий; [м. и ж.] подстрекатель, (-ница).
inducimiento. [м.] см. inducción.
inducir. [перех.] подстрекать, побуждать, подбивать, подталкивать; вводить; (эл.) индуктировать; (фил.) делать вывод(ы).
inductancia. [ж.] (эл.) индуктивность.
indúctil. [прил.] (физ.) нетягучий.
inductividad. [ж.] коэффициент самоиндукции.
inductivo, va. [прил.] индуктивный.
inductómetro. [м.] индуктометр.
inductor, ra. [прил.] индуктивный; (эл.) индукционный; [м.] (эл.) индуктор.
indudable. [прил.] несомненный, неоспоримый, верный.
indudablemente. [нареч.] несомненно, наверно, неоспоримо.
indulgencia. [ж.] снисходительность, поблажка, снисхождение; (церк.) отпущение грехов: * indulgencia plenaria, полное отпущение грехов.
indulgenciar. [перех.] выдавать индульгенции.
indulgente. [прил.] снисходительный, терпимый.
indulgentemente. [нареч.] снисходительно.
indulgir. [перех.] прощать, извинять.
indultable. [прил.] могущий быть помилованным.
indultar. [перех.] (по)миловать, прощать; освобождать от чего-л.
indulto. [м.] помилование, облегчение наказания; прощение; освобождение от чего-л.
indulgencia. [ж.] (Амер.) см. indulgencia.
indumentaria. [ж.] история, изучение одежды; одежда, костюм.
indumentario, ria. [прил.] относящийся к одежде.
induplicado, da, induplicativo, va. [прил.] (бот.) вдоль-согнутый.

induración. [ж.] см. endurecimiento.
indurado, da. [страд. прич.] к indurar; [прил.] (мед.) затвердевший, отверделый, уплотненный.
indurar. [перех.] (мед.) делать твёрдым.
indusia. [ж.] (бот.) индузий, чехлик.
indusiado, da. [прил.] (бот.) снабжённый чехликом.
industria. [ж.] мастерство, искусство, умение; изобретательность; ловкость; промышленность, индустрия; отрасль промышленности; промысел; ремесло: * de industria, нарочно, намеренно; * caballero de industria, пройдоха, ловкий плут, мошенник; * hombre de industria, ловкий человек.
industrial. [прил.] промышленный, производственный, индустриальный; [м.] промышленник.
industrialismo. [м.] индустриализм.
industrialización. [ж.] индустриализация.
industrializar. [перех.] индустриализировать.
industrialmente. [нареч.] фабричным способом; в промышленном масштабе.
industriar. [перех.] наставлять, обучать: * industriarse. [возв. гл.] научиться; изощряться.
industriosamente. [нареч.] искусно, мастерски, ловко.
industrioso, sa. [прил.] искусный, ловкий, изобретательный, предприимчивый; трудолюбивый, работящий.
induvia. [ж.] (бот.) плодовая оболочка.
induviado, da. [прил.] (бот.) покрытый оболочкой.
inebriante. [дейст. прич.] к inebriar; [прил.] опьяняющий.
inebriar. [перех.] (уст.) опьянять.
inebriedad. [ж.] постоянное опьянение, пьянство.
ineclipsable. [прил.] немеркнущий.
inedia. [ж.] продолжительное голодание.
inédito, ta. [прил.] неизданный, ненапечатанный, неопубликованный.
ineducable. [прил.] трудновоспитуемый.
ineducación. [ж.] невоспитанность, невежливость, неучтивость.
ineducado, da. [прил.] невоспитанный, плохо воспитанный, невежливый, неучтивый.
inefabilidad. [ж.] невыразимость.
inefable. [прил.] невыразимый, неописуемый, несказанный, неизреченный.
inefablemente. [нареч.] неизреченно, невыразимо.
ineficacia. [ж.] недейственность, бесплодность, неэффективность.
ineficaz. [прил.] недейственный, неэффективный; не действующий.
ineficazmente. [нареч.] недействительно.
inejecución. [ж.] (Амер.) неисполнение, невыполнение.
inejecutable. [прил.] неисполнимый, невыполнимый.
inelegancia. [ж.] неизящность.
inelegante. [прил.] неизящный, неэлегантный.
inelegantemente. [нареч.] неизящно, неэлегантно.
inelegible. [прил.] неизбираемый, не подлежащий избранию, не имеющий прав на избрании.
ineluctable. [прил.] неотвратимый, неизбежный, неминуемый.
ineluctablemente. [нареч.] неизбежно, безвозвратно.
ineludible. [прил.] неизбежный, неминуемый.
ineludiblemente. [нареч.] неизбежно, неминуемо.
inembargable. [прил.] неприкосновенный.

inembrionado, da. [прил.] (бот.) беззародышевый.
inemia. [ж.] (пат.) присутствие фибрина в крови.
inenarrable. [прил.] невыразимый, непередаваемый; неописуемый.
inepcia. [ж.] глупость, нелепость.
ineptamente. [нареч.] неумело, неловко; глупо, дурацки.
ineptitud. [ж.] неспособность, бездарность; неловкость, неумелость.
inepto, ta. [прил.] бездарный, неспособный (к чему-л); неловкий, неумелый; глупый.
inequiangular. [прил.] (мат.) неравноугольный.
inequilátero, ra. [прил.] (мат.) разносторонний.
inequitativamente. [нареч.] несправедливо, нечестно.
inequitativo, va. [прил.] несправедливый, нечестный.
inequivalvo, va. [прил.] неравностворчатый.
inequívocamente. [нареч.] ясно, безошибочно, несомненно, недвусмысленно.
inequívoco, ca. [прил.] безошибочный, ясный, несомненный, недвусмысленный.
inercia. [ж.] инертность, бездеятельность, неподвижность, косность; (физ.) инерция.
inerme. [прил.] безоружный, невооружённый; лишённый колючек, игл, гладкий.
inerrable. [прил.] безошибочный, непогрешимый.
inerrancia. [ж.] безошибочность, непогрешимость.
inerrante. [прил.] (астр.) неподвижный.
inerte. [прил.] инертный, косный, недействительный, бездейственный, бесполезный; ленивый, небрежный.
inerudición. [ж.] отсутствие эрудиции.
inerudito, ta. [прил.] не имеющий эрудиции, необразованный.
inervación. [ж.] (физиол.) иннервация.
inervar. [перех.] снабжать (орган) нервами, нервными клетками и волокнами.
inescrutabilidad. [ж.] непостижимость, непонятность; неисповедимость (книж.).
inescrutable. [прил.] не поддающийся исследованию; непостижимый, непонятный; неисповедимый (книж.).
inescudriñable. [прил.] см. inescrutable.
inesperadamente. [нареч.] неожиданно, нечаянно.
inesperado, da. [прил.] неожиданный, нежданный, нечаянный, внезапный.
inestabilidad. [ж.] неустойчивость.
inestable. [прил.] неустойчивый, валкий, шаткий.
inestablemente. [нареч.] неустойчиво.
inestancable. [прил.] не поддающийся застою.
inestimabiliad. [ж.] бесценность.
inestimable. [прил.] бесценный, неоценимый.
inestimablemente. [нареч.] бесценным образом.
inestimado, da. [прил.] неоценённый.
inevidente. [прил.] не очевидный, не явный, неявственный.
inevitabilidad. [ж.] неизбежность.
inevitable. [прил.] неизбежный, неминуемый.
inevitablemente. [нареч.] неизбежно, неминуемо.
inexactamente. [нареч.] неточно, неверно.
inexactitud. [ж.] неточность, неисправность, неаккуратность.
inexacto, ta. [прил.] неточный, неверный.
inexcitable. [прил.] невозбудимый.
inexcogitable. [прил.] невообразимый.
inexcusabilidad. [ж.] непростительность.

inexcusable. [прил.] непростительный, неизвинительный.
inexcusablemente. [нареч.] непростительно.
inexhausto, ta. [прил.] неисчерпаемый, неистощимый.
inexigibilidad. [ж.] свойст. к inexigible.
inexigible. [прил.] не подлежащий взысканию.
inexistencia. [ж.] небытие.
inexistente. [прил.] несуществующий.
inexorabilidad. [ж.] неумолимость, непреклонность.
inexorable. [прил.] неумолимый, непреклонный, неупросимый.
inexorablemente. [нареч.] неумолимо, непреклонно.
inexperiencia. [ж.] неопытность; недостаточная практическая подготовка.
inexpertamente. [нареч.] неопытным образом.
inexperto, ta. [прил.] неопытный, неумелый.
inexpiable. [прил.] неискупимый.
inexplicabilidad. [ж.] необъяснимость.
inexplicable. [прил.] необъяснимый, неизъяснимый.
inexplicado, da. [прил.] необъяснённый.
inexplorable. [прил.] не поддающийся исследованию, недоступный исследованию.
inexplorado, da. [прил.] неисследованный.
inexplosible. [прил.] (физ.) невзрывающийся.
inexplotable. [прил.] непригодный для эксплуатация, для разработки.
inexportable. [прил.] не могущий быть экспортированным.
inexpresable. [прил.] невыразимый.
inexpresivo, va. [прил.] невыразительный.
inexpugnable. [прил.] непреборимый, неодолимый; неприступный; упорный, твёрдый.
inextensibilidad. [ж.] нерастяжимость.
inextensible. [прил.] нерастяжимый.
inextenso, sa. [прил.] непротяжённый.
inextinguibilidad. [ж.] неугасимость.
inextingible. [прил.] неугасимый; вечный, нескончаемый.
inextirpable. [прил.] неискоренимый, неистребимый.
inextricable. [прил.] запутанный; безвыходный, неисходный.
infacundo, da. [прил.] с трудом выражающий свои мысли, некрасноречивый.
infalibilidad. [ж.] непогрешимость; безошибочность; верность.
infalible. [прил.] непогрешимый; безошибочный; верный; достоверный.
infaliblemente. [нареч.] неминуемо, непременно, наверно.
infalsificable. [прил.] не поддающийся подделке.
infamación. [ж.] инфамация, предание позору; бесчестие.
infamadamente. [нареч.] бесчестящим образом.
infamador, ra. [прил.] позорящий, бесчестящий; [м. и ж.] оскорбитель, (-ница), клеветник, (-ица).
infamante. [дейст. прич.] к infamar, бесчестящий, позорящий.
infamar. [перех.] позорить, чернить, бесчестить, клеветать.
infamativa, va, infamatorio, ria. [прил.] позорный, позорящий, бесчестящий, клеветнический, поносительный.

infame. [прил.] бесчестный, опозоренный, ошельмованный; позорный, бесчестный, гнусный, подлый, отвратительный, низкий, постыдный.
infamia. [ж.] бесчестие, позор; бесчестность, позорность, гнусность, подлость.
infancia. [ж.] детство; детские годы; (перен.) дети; начало, младенческое состояние чего-л.
infando, da. [прил.] отвратительный, мерзкий.
infanta. [ж.] девочка моложе семи лет; инфанта.
infantado. [м.] удел инфанта или инфанты.
infante. [м.] мальчик моложе семи лет; инфант; (воен.) пехотинец; стрелок; певчий.
infantería. [ж.] (воен.) пехота.
infanticida. [м. и ж.] детоубийца (тже. прил.).
infanticidio. [м.] детоубийство.
infantil. [прил.] детский, младенческий; ребяческий; (перен.) ребяческий, детский, наивный и т. п.
infantilismo. [м.] ребячливость; (мед.) инфантилизм, инфантильность: * infantilismo universal, общее физическое недоразвитие.
infantilmente. [нареч.] по-детски, по ребячески.
infantillo. [м. умен.] к infante; (обл.) маленький певчий.
infantino, na. [прил.] детский, ребяческий.
infanzón. [м.] (ист.) испанский дворянин, идальго с ограниченными привилегиями.
infanzonado, da. [прил.] относящийся к infanzón.
infanzonazgo. [м.] территория infanzón.
infanzonía. [ж.] титул infanzón.
infartar. [перех.] (мед.) причинять инфаркт.
infarto. [м.] (мед.) инфаркт: * infarto de miocardio, инфаркт сердечной мышцы.
infatigable. [прил.] неутомимый, неустанный.
infatigablemente. [нареч.] неутомимо.
infatuación. [ж.] самодовольство, самонадеянность.
infatuar. [перех.] сделать тщеславным; infatuarse. [возв. гл.] возгордиться; сделаться тщеславным, возмечтать о себе.
infaustamente. [нареч.] несчастно.
infausto, ta. [прил.] несчастный, неудачный; несчастливый, неудачливый.
infebril. [прил.] не страдающий лихорадкой.
infección. [ж.] инфекция, зараза, заражение.
infeccionar. [перех.] заражать; (перен.) портить, развращать, совращать.
infecciosidad. [ж.] (пат.) свойст. к инфекционный, заразный.
infeccioso, sa. [прил.] инфекционный, заразный: * enfermedades infecciosas, инфекционные болезни.
infectado, da. [страд. прич.] к infectar; [прил.] (пат.) заражённый.
infectante. [дейст. прич.] к infectar, заражающий, заразный (тже. прил.).
infectar. [перех.] заражать, (перен.) портить, заражать, развращать, совращать.
infectivo, va. [прил.] заражающий, заразный.
infecto, ta. [непр. страд. прич.] к inferir; [прил.] заражённый; испортившийся; вонючий, смрадный, зловонный.
infecundamente. [нареч.] бесплодно.
infecundidad. [ж.] бесплодие.
infecundo, da. [прил.] бесплодный, неплодородный.
infelice. [прил.] (поэт.) см. infeliz.
infelicemente. [нареч.] см. infelizmente.
infelicidad. [ж.] несчастье, злосчастье.
infeliz. [прил.] несчастный, несчастливый; неудачный, плохой; бедный; (разг.) слишком добрый, покорный; [м. и ж.] несчастный человек, горемыка, бедняк; слишком добрый человек.
infelizote, ta. [прил. увел.] к infeliz; [м. и ж.] добряк, добрячка.
inferencia. [ж.] (лог.) см. ilación.
inferior. [прил.] нижний, нижний, лежащий, расположенный ниже (о местности); низший, худший, более низкого качества; слабейший; стоящий ниже, уступающий (в каком-л отношении); низший, младший, подчинённый; [м. и ж.] подначальный, (-ая), подчинённый, (-ая); служащий низшего разряда.
inferioridad. [ж.] более низкое положение, подчинённость, зависимость; низший уровень; худшее качество; меньшая степень качества; низшая ступень; неполноценность.
inferir. [перех.] заключать, выводить заключение, делать вывод; наносить (рану и т. д.); вызывать.
infernáculo. [м.] классы (детская игра).
infernal. [прил.] адский; (перен.) ужасный, страшный, дьявольский, зловредный: * ruido infernal, адский шум; * piedra infernal, адский камень, азотнокислое серебро.
infernalmente. [нареч.] адски, по-адски.
infernar. [перех.] осуждать на вечную муку; (перен.) мучить, терзать, раздражать, беспокоить.
infernillo. [м.] спиртовка.
inferno, na. [прил.] (поэт.) адский.
ínfero, ra. [прил.] (бот.) нижний.
infertilidad. [ж.] неплодородие, бесплодие.
infertilizable. [прил.] неспособный к плодородию.
infestación. [ж.] заражение; опустошение, разорение; порча.
infestar. [перех.] см. inficionar; опустошать, разорять (набегами); наводнять (о животных, насекомых); наносить вред.
infesto, ta. [прил.] (поэт.) вредный, опасный, пагубный.
infeudación. [ж.] (ист.) см. enfeudación.
infeudar. [перех.] (ист.) см. enfeudar.
infibulación. [ж.] (вет.) запирание, замыкание половых органов посредством кольца и т. д.
infibular. [перех.] (вет.) запирать, замыкать половые органы посредством кольца и т. д.
inficionado, da. [страд. прич.] к inficionar; [прил.] заражённый, испорченный.
inficionar. [перех.] заражать; портить; (перен.) портить, развращать, совращать; inficionarse. [возв. гл.] заражаться.
infidelidad. [ж.] неверность, вероломство; неверие; (соб.) неверующие: * infidelidad conyugal, супружеская неверность.
infidelísimo, ma. [прил. прев. степ.] к infiel.
infidencia. [ж.] злоупотребление доверием; нечестность.
infidente. [прил.] злоупотребляющий доверием, вероломный; нечестный.
infiel. [прил.] неверный, вероломный; неточный, непохожий, (рел.) неверный: * retrato infiel, непохожий портрет.
infielmente. [нареч.] неверно, вероломно.
infiernillo. [м.] спиртовка, см. infernillo.
infiernito. [м.] (Амер.) белый бенгальский огонь; название одной карточной игры.
infierno. [м.] ад, геенна, преисподняя, тьма кромешная; (миф.) тартар, царство теней; столовая (у некоторых монастырей); (перен.) (разг.) адский шум, грохот (тже. место, где производят такой шум); (Амер.) название одной карточной игры: * en los quintos infiernos, (разг.) у чёрта на куличках; * del infierno, адский.
infigurable. [прил.] не поддающийся изображению.
infiltración. [ж.] инфильтрация, пропитывание, просачивание, проникновение (тже. перен.); инфильтрат.
infiltrado, da. [прил.] пропитанный; [м.] инфильтрат.
infiltrar. [перех.] пропитывать; (перен.) внедрять (идеи и т. д.); внушать (мысль); infiltrarse. [возв. гл.] просачиваться, просасываться, проникать (тже. перен.).
ínfimo, ma. [прил.] самый низкий, самый нижний, самый незначительный, самый малый; последний, ничтожный.
infinidad. [ж.] бесконечность; бесчисленное множество.
infinitamente. [нареч.] бесконечно; крайне.
infinitar. [перех.] делать бесконечным.
infinitesimal. [прил.] (мат.) чрезвычайно малый, бесконечно малый: * cálculo infinitesimal, исчисление бесконечно малых.
infinitésimo, ma. [прил.] (мат.) бесконечно малый.
infinitivo. [прил.] (грам.) относящийся к инфинитиву; [м.] инфинитив, неопределённое наклонение.
infinito, ta. [прил.] бесконечный, беспредельный, бесчисленный, несметный, безграничный; [м.] знак бесконечности; [нареч.] бесконечно; крайне.
infinitud. [ж.] бесконечность.
infirmar. [перех.] (юр.) см. invalidar.
infirme. [прил.] слабый, болезненный, немощный, постоянно недомогающий, нетрудоспособный.
inflación. [ж.] надувание; вздутие; (перен.) см. engreimiento; (эк.) инфляция.
inflador, ra. [прил.] надувающий и т. д. (тже. сущ.); [м.] (разг.) см. insuflador.
inflamabilidad. [ж.] воспламеняемость.
inflamable. [прил.] легко воспламеняющийся, воспламенимый.
inflamación. [ж.] воспламенение; (мед.) воспаление.
inflamador, ra. [прил.] воспламеняющий; вызывающий воспаление.
inflamar. [перех.] воспламенять; (перен.) разжигать (страсти и т. д.); inflamarse. [возв. гл.] воспаляться; воспламеняться, загораться.
inflamativo, va. [прил.] способный к воспламенению; (мед.) воспалительный.
inflamatorio, ria. [прил.] (мед.) воспалительный.
inflamiento. [м.] см. inflación.
inflante. [перех.] тщеславный.
inflar. [перех.] надувать, накачивать, наполнять воздухом; (перен.) делать тщеславным, гордым, высокомерным; раздувать; inflarse. [возв. гл.] гордиться.
inflativo, va. [прил.] надувающий, годный для надувания.
inflexibilidad. [ж.] негибкость, несгибаемость; непреклонность; неуступчивость.
inflexible. [прил.] негибкий, несгибаемый; (перен.) непреклонный, неумолимый.
inflexiblemente. [нареч.] непреклонно, непоколебимо.
inflexión. [ж.] сгибание, перегибание; модуляция, перемена, каденция (тона, голоса); (грам.) флексия; (физ.) отклонение (световых лучей).
inflexionarse. [возв. гл.] гнуться, сгибаться.
inflicción. [ж.] наложение наказания и т. д.).

infligir. [перех.] налагать (наказание и т. д.).

inflorescencia. [ж.] (бот.) соцветие.

influencia. [ж.] влияние, воздействие; (перен.) влияние, вес: * tener influencias, пользоваться влиянием.

influenciar. [перех.] (Амер.) (гал.) см. influir.

influenza. [ж.] (патол.) инфлуэнца, грипп.

influenzado, da. [прил.] больной гриппом.

influir. [перех.] влиять, оказывать влияние; (воз)действовать.

influjo. [м.] см. influencia; (мор.) прилив.

influyente. [дейст. прич.] к influir, влиятельный, имеющий влияние.

infolio. [м.] книга (форматом в пол-листа, ин-фолио.

información. [ж.] сообщение, уведомление; информация, осведомление; (юр.) расследование, допрос; разузнавание; разведка; [множ.] данные, сведения, справки: * información de derecho, (юр.) защитительная речь; * de información, информационный.

informador, ra. [прил.] сообщающий, уведомляющий; информирующий и т. д.; [м. и ж.] информатор, осведомитель, (-ница).

informal. [прил.] неточный, неаккуратный; несерьёзный.

informalidad. [ж.] неточность, неаккуратность; несерьёзность.

informalmente. [нареч.] неаккуратно; несерьёзно.

informante. [дейст. прич.] к informar; [м.] информатор, осведомитель; докладчик.

informar. [перех.] сообщать, осведомлять, информировать, извещать, уведомлять; (юр.) расследовать, разбирать дело; [неперех.] (юр.) выступать на суде.

informativo, va. [прил.] осведомительный, информационный; (фил.) образующий, придающий форму чему-л.

informe. [м.] сообщение; доклад; сведения; справка; (юр.) речь на суде; [множ.] сведения, справки.

informe. [прил.] безобразный, бесформенный, расплывчатый; неопределённый.

informidad. [ж.] безобразие; неопределённость.

infortuna. [ж.] злополучное влияние небесных светил.

infortunadamente. [нареч.] несчастно, злополучно, несчастливо.

infortunado, da. [прил.] несчастный, злополучный; бедственный, обездоленный; несчастливый, неудачливый; [м. и ж.] несчастливец, (-вица).

infortunio. [м.] несчастье, невзгода, беда, злополучие; несчастный случай; неудача, незадача.

infosura. [ж.] (вет.) воспаление мягких частей, заключённых в копыте (у лошади).

infraaxilar. [прил.] подмышечный.

infracción. [ж.] нарушение (закона, соглашения и т. д.); правонарушение; (мед.) надлом кости.

infraclavicular. [прил.] подключичный.

infracortical. [прил.] подкорковый.

infracostal. [прил.] нижнереберный.

infracretáceo. [м.] (геол.) нижняя часть мела (тж. прил.).

infracto, ta. [прил.] прочный, постоянный, нерушимый.

infractor, ra. [прил.] нарушающий (закон и т. д.); [м. и ж.] нарушитель, (законов и т. д.).

infraescapular. [прил.] подлопаточный.

infraespinoso, sa. [прил.] подгребневой, подостный.

infraesternal. [прил.] подгрудинный.

infraestructura. [ж.] (арх.) нижние строения.

in fraganti. [адвер. выраж.] на месте преступления: * coger in fraganti, захватить (или застать) на месте преступления.

infraglenoideo, a. [прил.] подсуставной, расположенный под суставной впадиной.

infrahioideo, a. [прил.] находящийся ниже подъязычной кости.

infralias. [м.] (геол.) нижняя часть лейаса, рэтский + геттангский ярусы.

inframamario, ria. [прил.] подгрудный.

inframandibular. [прил.] расположенный под нижней челюстью.

inframaxilar. [прил.] расположенный под верхней челюстью.

infrangible. [прил.] небьющийся, неломкий, непереломляемый.

infranqueable. [прил.] непроходимый, непреступаемый.

infranuclear. [прил.] расположенный под ядром.

infraorbitario, ria. [прил.] подглазничный (артерия, нерв).

infrarrojo, ja. [прил.] (физ.) инфракрасный.

infrascripto, ta. [прил.] см. infrascrito.

infrascrito, ta. [прил.] подписавшийся (под документом и т. д.); приписанный, добавленный; [м.] приписка, дабавление.

infrasónico, ca. [прил.] относящийся к инфразвуку.

infrasonido. [м.] (физ.) инфразвук.

infratemporal. [прил.] подвисочный.

infratroclear. [прил.] подблоковый.

infraumbilical. [прил.] подпупочный.

infrecuencia. [ж.] редкость (редкое явление); редкость, свойст. к нечастый.

infrecuentado, da. [прил.] непосещаемый, безлюдный, пустынный.

infrecuente. [прил.] редкий, нечастый.

infrecuentemente. [нареч.] редко.

infringir. [перех.] нарушать, обходить, ломать, сокрушать: * infringir la ley, нарушать закон.

infructífero, ra. [прил.] бесплодный; (перен.) бесплодный, безрезультатный, безуспешный.

infructuosamente. [нареч.] бесплодно, безуспешно.

infructuosidad. [ж.] бесплодность, тщетность; безрезультатность.

infructuoso, sa. [прил.] бесплодный, безрезультатный, безуспешный, тщетный, бесполезный.

infrugífero, ra. [прил.] см. infructífero.

infrutescencia. [ж.] (бот.) образование плода.

ínfula. [ж.] одна из двух лент (у епископской митры и т. д.); [множ.] (перен.) тщеславие, суетность.

infumable. [прил.] скверный (о табаке, папиросе и т. д.).

infundadamente. [нареч.] необоснованным образом.

infundado, da. [прил.] необоснованный.

infundia. [ж.] (Амер.) (прост.) см. enjundia.

infundible. [прил.] неплавкий, тугоплавкий, огнеупорный.

infundibular. [прил.] похожий на воронку.

infundibuliforme. [прил.] (бот.) воронкообразный.

infundíbulo. [м.] (анат.) воронка (в мозгу и т. д.).

infundio. [м.] (прост.) враньё, сплетня.

infundir. [перех.] вселять, внушать (страх и т. д.); (уст.) настаивать, делать настой; (бог.) вдохновлять.

infurtir. [перех.] см. enfurtir.

infurto, ta. [непр. страд. прич.] к infurtir.

infusar. [перех.] (обл.) внушать.

infusibilidad. [ж.] неплавкость, тугоплавкость.

infusible. [прил.] неплавкий, тугоплавкий, огнеупорный.

infusión. [ж.] внушение; настой, настойка; крещение; (бог.) вдохновение; (мед.) вливание, переливание (крови и т. д.).

infuso, sa. [непр. страд. прич.] к infundir, (бог.) вдохновлённый.

infusorio, ria. [прил.] (зоол.) наливочный; [м.] инфузория, наливочное животное.

inga. [прил.] содержащий железную руду; [м.] см. inca.

inganable. [прил.] невыигрываемый.

inganera. [ж.] (обл.) ласточка.

ingenerable. [прил.] не могущий быть порождённым.

ingenerativo, va. [прил.] не порождающий, не дающий начало.

ingeniar. [перех.] выдумывать, измышлять; изобретать; ingeniarse, [возв. гл.] ухищряться, изощряться, умудряться.

ingeniatura. [ж.] (разг.) изобретательность, изворотливость, ловкость.

ingeniería. [ж.] инженерное дело; профессия инженера.

ingeniero. [м.] инженер: * ingeniero de minas, горный инженер; * ingeniero civil, гражданский инженер; * ingeniero de caminos, canales y puertos, инженер путей сообщения; * ingeniero geógrafo, инженер-картограф.

ingenio. [м.] дарование, талант, одарённость; ум, интеллект; умственные способности; гений; хитрость, изобретательность; умение, мастерство; машина, орудие; (обл.) фабрика восковых свечей: * ingenio (de azúcar), (Амер.) сахарный завод (с плантацией); * aguzar el ingenio, см. ingeniarse.

ingeniosamente. [нареч.] талантливо, с умом; находчиво, со смекалкой.

ingeniosidad. [ж.] изобретательность, находчивость; хитроумность, остроумие, одарённость, талантливость; замысловатость.

ingenioso, sa. [прил.] изобретательный, находчивый; искусный, умелый; одарённый, талантливый; остроумный; ловко придуманный, ловко сделанный, сделанный талантливо.

ingénito, ta. [прил.] не зачатый; прирождённый, врождённый.

ingente. [прил.] огромный.

ingenuamente. [нареч.] простодушно, с невинным видом; откровенно; наивно.

ingenuidad. [ж.] наивность; простодушие, чистосердие, искренность.

ingenuo, nua. [прил.] наивный; простодушный, простосердечный, простенький.

ingerencia. [ж.] вмешательство, см. injerencia.

ingeridura. [ж.] см. injeridura.

ingerir. [перех.] см. injerir.

ingesta. [ж.] часть гигиены, изучающая питание; (мед.) пищевые вещества.

ingestión. [ж.] (физиол.) (мед.) введение (пищи) в желудок.

ingle. [ж.] (анат.) пах.

inglés, sa. [прил.] английский; [м. и ж.] англичанин, (-ка); [м.] английский язык; (разг.) кредитор: * letra inglesa, почерк с наклоном вправо; * a la inglesa, на английский манер, лад.

inglesado, da. [прил.] подражающий всему английскому.

inglesar. [перех.] внушать английские манеры.

inglesismo. [м.] англицизм.

inglosable. [прил.] не поддающийся толкованию.

ingluvies. [м.] зоб (у птиц); первый желудок (у жвачных).
ingobernable. [прил.] трудноуправляемый; неуправимый; непокорный; непослушный.
ingratamente. [нареч.] неблагодарно.
ingratitud. [ж.] неблагодарность.
ingrato, ta. [прил.] неблагодарный; неприятный; (перен.) неблагодарный, невыгодный, не дающий должных результатов.
ingravidez. [ж.] лёгкость.
ingrávido, da. [прил.] лёгкий, невесомый.
ingrediente. [м.] ингредиент, составная часть.
ingresar. [неперех.] вступать (куда-л, в какую-л организацию); (фин.) поступать (о деньгах); ingresarse. [возв. гл.] (Амер.) (непр.) см. alistarse.
ingreso. [м.] вступление; поступление (в учебное заведение и т. д.), вход, доступ; доход, денежное поступление.
ingrimo, ma. [прил.] (Амер.) уединённый, одинокий.
inguandio. [м.] (Амер.) см. infundio.
inguinal, inguinario, ria. [прил.] (анат.) паховый.
inguinodinia. [ж.] (пат.) боль в пахе.
inguinoescrotal. [прил.] пахово-мошоночный.
ingurgitación. [ж.] (мед.) глотание, проглатывание.
ingurgitar. [перех.] (мед.) жадно глотать.
ingustable. [прил.] имеющий скверный вкус.
inhábil. [прил.] неловкий, неумелый, неискусный; неспособный, негодный к чему-л; (юр.) неправоспособный.
inhabilidad. [ж.] неумение, неловкость, неумелость; неспособность, негодность к чему-л.
inhabilitación. [ж.] законная неспособность к чему-л; лишение или потеря способности.
inhabilitar. [перех.] делать неправоспособным; делать неспособным, непригодным.
inhábilmente. [нареч.] неловко, неумело.
inhabitable. [прил.] не(при)годный для жилья, необитаемый.
inhabitado, da. [прил.] нежилой, необитаемый; безлюдный.
inhabitar. [перех.] см. habitar.
inhabituado, da. [прил.] непривычный; непривыкший.
inhabitual. [прил.] непривычный, необычный.
inhacedero, ra. [прил.] невыполнимый.
inhalación. [ж.] вдыхание; (мед.) ингаляция.
inhalador. [м.] (мед.) ингалятор, прибор для вдыхания.
inhalar. [перех.] (мед.) вдыхать (пары и т. д.).
inhallable. [прил.] ненаходимый.
inhartable. [прил.] ненасытный.
inhereditable. [прил.] не могущий быть наследованным.
inherencia. [ж.] неотъемлемость, присущность, свойственность.
inherente. [прил.] неотъемлемый, присущий, неотделимый, свойственный.
inhestar. [перех.] см. enhestar; [непр. гл.] спрягается как acertar.
inhibición. [ж.] (юр.) воспрещение, запрещение, запрет; (психол.) торможение.
inhibidor, ra. [прил.] (юр.) воспретительный, запретный; задерживающий.

inhibir. [перех.] (юр.) запрещать, воспрещать; приостанавливать (следствие и т. д.); inhibirse. [возв. гл.] воздерживаться от...
inhibitorio, ria. [прил.] (юр.) запретительный, воспретительный; [ж.] постановление, налагающее запрет.
inhiesto, ta. [прил.] см. enhiesto.
inhomogéneo, a. [прил.] разнородный, гетерогенный, смешанного состава.
inhonesto, ta. [прил.] (м. употр.) см. deshonesto.
inhonestamente. [нареч.] бесчестно.
inhonestidad. [ж.] бесчестность; непристойность, см. deshonestidad.
inhonesto, ta. [прил.] см. deshonesto.
inhonorabilidad. [ж.] позорность, постыдность.
inhonorable. [прил.] позорный, постыдный.
inhospedable, inhospitable, inhospital. [прил.] см. inhospitalario.
inhospitalariamente. [нареч.] негостеприимно.
inhospitalario, ria. [прил.] негостеприимный, неприветливый.
inhospitalidad. [ж.] негостеприимность, нерадушие.
inhóspito, ta. [прил.] см. inhospitalario.
inhostil. [прил.] дружественный, дружелюбный, невраждебный.
inhostilidad. [ж.] дружелюбие.
inhostilmente. [нареч.] дружелюбно.
inhumación. [ж.] погребение.
inhumanamente. [нареч.] бесчеловечно.
inhumanidad. [ж.] бесчеловечность, жестокость.
inhumanitario, ria. [прил.] негуманный.
inhumano, na. [прил.] бесчеловечный, нечеловеческий, жестокий.
inhumar. [перех.] погребать, хоронить.
iniciación. [ж.] посвящение в тайну; (перен.) посвящение во что-л; начинание, начало.
iniciador, ra. [прил.] посвящающий во что-л, начинающий; [м.] инициатор.
inicial. [прил.] начальный, первоначальный; [ж.] начальная буква (слова); инициал: * velocidad inicial, начальная скорость.
iniciar. [перех.] посвящать (в таинства); (перен.) посвящать во что-л; осведомлять; научать; начинать; iniciarse. [возв. гл.] приобщаться.
iniciativa. [ж.] инициатива, начинание, начало, почин, первый шаг; предложение.
iniciativo, va. [прил.] начальный, первоначальный; инициативный.
inicuamente. [нареч.] несправедливо.
inicuo, cua. [прил.] несправедливый; злой.
inimaginable. [прил.] невообразимый.
inimicísimo, ma. [прил. прев. степ.] к enemigo.
inimitable. [прил.] неподражаемый.
inimitablemente. [нареч.] неподражаемо.
ininflamable. [прил.] невоспламеняемый.
ininteligencia. [ж.] отсутствие ума, несообразительность, неразумность, несмысленность.
ininteligente. [прил.] неумный, неразумный.
ininteligentemente. [нареч.] неумно.
ininteligibilidad. [ж.] неразборчивость, непонятность, невразумительность.
ininteligible. [прил.] неразборчивый, непонятный; невразумительный; невнятный, неясный.
ininteligiblemente. [нареч.] неразборчиво, непонятно; невразумительно; невнятно.
ininterrumpidamente. [нареч.] непрерывно.
ininterrumpido, da. [прил.] непрерывный, безостановочный.
inio. [м.] (анат.) см. occipucio; затылочный бугор.
iniquidad. [ж.] несправедливость, неправедность, неправосудие, беззаконие; неправота; злость, злоба.
iniquísimo, ma. [прил. прев.] к inicuo.
injerencia. [ж.] вмешательство (во что-л).
injeridor. [м.] прививальный ножок.
injeridura. [ж.] след прививки.
injerimiento. [м.] вставка, включение; прививка.
injerir. [перех.] вкладывать, всовывать; вводить; (перен.) вводить, включать: * injerir alimentos, вводить пищу; injerirse. [возв. гл.] вмешиваться в чужие дела.
injerta. [ж.] прививка.
injertable. [прил.] поддающийся прививке.
injertación. [ж.] прививание, прививка.
injertador, ra. [м. и ж.] тот, кто прививает.
injertar. [перех.] прививать (деревья).
injerto, ta. [непр. страд. прич.] к injertar; [м.] (бот.) прививка, прививание; черенок, прививок, привой; привитое растение; (мед.) пересадка ткани (непр.): * injerto de escudete, прививка щитком.
injundia. [ж.] (разг.) см. enjundia.
injuria. [ж.] оскорбление, обида; ругательство, брань; (перен.) вред, ущерб; беспокойство; неприятность.
injuriado. [м.] (Амер.) листовой табак (низкокачественный).
injuriador, ra. [прил.] обижающий, оскорбляющий и т. д. сущ.).
injuriante. [дейст. прич.] к injuriar.
injuriar. [перех.] ругать, обижать, поносить, оскорблять словами; причинять вред.
injuriosamente. [нареч.] оскорбительно, обидно.
injurioso, sa. [прил.] оскорбительный, обидный, поносительный, бранный.
injustamente. [нареч.] несправедливо.
injusticia. [ж.] несправедливость.
injustificable. [прил.] неоправдываемый, непростительный, неизвинительный, не заслуживающий оправдания.
injustificadamente. [нареч.] неоправданным образом.
injustificado, da. [прил.] неоправданный, неоправдываемый, необоснованный.
injusto, ta. [прил.] несправедливый; [сущ.] * lo injusto, несправедливое.
inlegible. [прил.] см. ilegible.
inllevable. [прил.] невыносимый, несносный.
Inmaculada. [ж.] * la Inmaculada (Concepción), непорочное зачатие Богородицы (догмат католический).
inmaculadamente. [нареч.] безупречно.
inmaculado, da. [прил.] незапятнанный, чистый; непорочный.
inmadurez. [ж.] незрелость.
inmanejable. [прил.] не поддающийся управлению, трудноуправляемый; непокорный, своенравный.
inmanencia. [ж.] (фил.) имманентность.
inmanente. [прил.] (фил.) имманентный.
inmarcesible. [прил.] неувядаемый.
inmarchitable. [прил.] неувядаемый.
inmaterial. [прил.] невещественный, нематериальный; воздушный, неземной, духовный.
inmaterialidad. [ж.] невещественность, нематериальность; духовность.
inmaterialismo. [м.] (фил.) имматериализм.
inmaterializar. [перех.] предполагать невещественным.
inmaterialmente. [нареч.] невещественно, духовно.
inmaturo, ra. [прил.] незрелый.
inmediación. [ж.] непосредственность, соседство, близость; [множ.] окрестности.
inmediatamente. [нареч.] непосредственно; прямо; немедленно, сейчас же.

inmediato, ta. [прил.] непосредственный; соседний, близкий; немедленный.
inmedicable. [прил.] (перен.) неизлечимый, неисцелимый.
inmejorable. [прил.] очень хороший, лучшего качества.
inmemorablemente. [нареч.] издавна, с незапамятных времён.
inmemorial. [прил.] незапамятный, стародавний: * (des)de tiempos inmemoriales, издавна, с незапамятных времён.
inmensamente. [нареч.] необъятно, безгранично, безмерно, неизмеримо.
inmensidad. [ж.] необъятность, неизмеримость, безмерность, безграничность; несметность, огромное множество.
inmenso, sa. [прил.] необъятный, неизмеримый, бесконечный, безмерный, огромный.
inmensurabilidad. [ж.] неизмеримость, неисчислимость.
inmensurable. [прил.] неизмеримый, неисчислимый.
inmensurablemente. [нареч.] неизмеримо.
inmerecidamente. [нареч.] незаслуженно.
inmerecido, da. [прил.] незаслуженный, неправедливый.
inmergente. [прил.] погружающий (в жидкость).
inmergir. [перех.] погружать (в жидкость).
inméritamente. [нареч.] незаслуженно.
inmérito, ta. [прил.] незаслуженный, неправедливый.
inmeritorio, ria. [прил.] достойный порицания.
inmersión. [ж.] погружение (в жидкость); (астр.) вступление в тень (начало затмения).
inmerso, sa. [прил.] погружённый.
inmigración. [ж.] иммиграция, переселение, вселение: * de inmigración, иммиграционный.
inmigrado, da. [страд. прич.] к inmigrar; [прил.] иммигрирующий; иммигрировавший; [м. и ж.] иммигрант, (-ка), переселенец, (-ка).
inmigrante. [дейст. прич.] к inmigrar; [м. и ж.] иммигрант, (-ка), переселенец, (-ка).
inmigrar. [неперех.] иммигрировать, переселяться, вселяться.
inmigratorio, ria. [прил.] иммиграционный.
inminencia. [ж.] неминуемость, неизбежность.
inminente. [прил.] неминуемый, неизбежный; предстоящий; непосредственно угрожающий.
inminentemente. [нареч.] неминуемо, неизбежно.
inmiscibilidad. [ж.] несмешиваемость.
inmiscible. [прил.] несмешиваемый.
inmiscuir. [перех.] смешивать, вмешивать (одно вещество в другое); **inmiscuirse.** [возв. гл.] ввязываться, вмешиваться в чужие дела.
inmisericordia. [ж.] жестокость.
inmisión. [ж.] внушение.
inmixtión. [ж.] смешивание.
inmobiliario, ria. [прил.] касающийся недвижимого имущества, недвижимости.
inmoble. [прил.] неподвижный; постоянный; устойчивый.
inmoderación. [ж.] неумеренность, невоздерж(ан)ность.
inmoderadamente. [нареч.] неумеренно, невоздержанно.
inmoderado, da. [прил.] неумеренный, невоздерж(ан)ный.
inmoderancia. [ж.] чрезмерность, излишек.
inmodestamente. [нареч.] нескромно, непристойно, бесстыдно.
inmodestia. [ж.] нескромность, непристойность, бесстыдство.

inmodesto, ta. [прил.] нескромный; бесстыдный, непристойный.
inmódico, ca. [прил.] неумеренный, чрезмерный.
inmodificable. [прил.] неизменяемый, неизменный.
inmolación. [ж.] жертвоприношение; заклание (уст.); (перен.) жертва.
inmolador, ra. [прил.] приносящий в жертву; [сущ.] заклатель жертв и т. д.
inmolar. [перех.] приносить в жертву, закалывать (животное); (перен.) приносить в жертву, жертвовать; **inmolarse.** [возв. гл.] жертвовать собой.
inmoral. [прил.] безнравственный.
inmoralidad. [ж.] безнравственность; безнравственный поступок.
inmortal. [прил.] бессмертный; вечный; [м.] (разг.) бессмертный (член Французской академии).
inmortalidad. [ж.] бессмертие; вечность.
inmortalizar. [перех.] обессмертить, увековечить; **inmortalizarse.** [возв. гл.] обессмертить себя.
inmortalmente. [нареч.] бессмертно.
inmortificación. [ж.] чувственность; неумерщвлённость плоти (уст.).
inmortificado, da. [прил.] чувственный; неумерщвлённый (уст.).
inmotivado, da. [прил.] необоснованный, беспричинный.
inmoto, ta, inmovible. [прил.] см. inmóvil.
inmoviblemente. [нареч.] неподвижно; непоколебимо.
inmóvil. [прил.] неподвижный; (перен.) непоколебимый, твёрдый.
inmovilidad. [ж.] неподвижность, состояние покоя.
inmovilización. [ж.] приведение в неподвижное состояние; (мед.) иммобилизация.
inmovilizar. [перех.] делать неподвижным, останавливать, сковывать; (эк.) замораживать; (юр.) обращать в недвижимое имущество, в недвижимость; **inmovilizarse.** [возв. гл.] стать неподвижным.
inmudable. [прил.] неизменный, неизменяемый, постоянный.
inmueble. [прил.] недвижимый (об имуществе); [м.] здание; (чаще множ.) недвижимое имущество.
inmundicia. [ж.] грязь, нечистота; порок, разврат; [множ.] отбросы, нечистоты.
inmundo, da. [прил.] грязный, нечистый; поганый; нечистоплотный; отвратительный.
inmune. [прил.] освобождённый, свободный (от налогов и т. д.); иммунный.
inmunidad. [ж.] льгота, привилегия, преимущество; освобождение от налогов, повинностей; (мед.) (непр.) иммуните.
inmunización. [ж.] (неол.) иммунизация.
inmunizador, ra. [прил.] иммунизирующий.
inmunizante. [дейст. прич.] к inmunizar.
inmunizar. [перех.] иммунизировать, придать иммунитет.
inmunoterapia. [ж.] лечение прививками.
inmutabilidad. [ж.] неизменность, непреложность, незыблемость.
inmutable. [прил.] неизменный, непреложный, незыблемый.
inmutablemente. [нареч.] неизменно, непреложно.
inmutación. [ж.] изменение; тревога, беспокойство.
inmutar. [перех.] изменять; тревожить, расстраивать; **inmutarse.** [возв. гл.] меняться (в лице); тревожиться, расстраиваться.
inmutativo, va. [прил.] изменяющий, волнующий.
innarrable. [прил.] см. inenarrable.

innato, ta. [прил.] врождённый, природный.
innatural. [прил.] неестественный, ненатуральный.
innaturalidad. [ж.] неестественность.
innaturalmente. [нареч.] неестественно, ненатурально.
innavegabilidad. [ж.] непригодность к плаванию.
innavegable. [прил.] несудоходный.
innecesariamente. [нареч.] ненужным образом.
innecesario, ria. [прил.] ненужный.
innegable. [прил.] неопровержимый, неоспоримый, бесспорный.
innegablemente. [нареч.] неоспоримо и т. д.
inneidad. [ж.] врождённость.
innoble. [прил.] неблагородный, подлый, низкий, гнусный.
innoblemente. [нареч.] низко, подло, гнусно, неблагородно.
innocivo, va. [прил.] безвредный.
innocuidad. [ж.] безвредность.
innocuo, cua. [прил.] безвредный.
innombrable. [прил.] невыразимый.
innominado, da. [прил.] неназванный; (анат.) безымянный.
innovación. [ж.] нововведение, новшество.
innovador, ra. [прил.] новаторский; [м. и ж.] новатор.
innovamiento. [м.] см. innovación.
innovar. [перех.] вводить новшества, новое, вносить изменения в...
innoxio, xia. [прил.] (мед.) безвредный.
innumerabilidad. [ж.] бесчисленность, неисчислимость.
innumerable. [прил.] неисчислимый, несметный, бесчисленный, несчётный.
innumerablemente. [нареч.] несметно и т. д.
innúmero, ra. [прил.] см. innumerable.
innutrición. [ж.] недостаточное питание.
inobediencia. [ж.] непослушание, неповиновение.
inobediente. [прил.] непослушный, непокорный.
inobjetable. [прил.] неопровержимый, неоспоримый.
inobjetablemente. [нареч.] неоспоримо.
inobservable. [прил.] ненаблюдаемый; не поддающийся наблюдению.
inobservado, da. [прил.] ненаблюдавшийся.
inobservancia. [ж.] несоблюдение, нарушение (правил и т. д.); небрежность.
inobservante. [прил.] не соблюдающий (законов и т. д.).
inobservar. [перех.] не соблюдать (законов); не придерживаться (правил).
inocencia. [ж.] невинность, невинность, девственность, невинность; наивность, простодушие, простота.
inocentada. [ж.] (разг.) наивность, наивный поступок.
inocente. [прил.] невинный; невиновный, неповинный; безвредный, безобидный, невинный, незлобивый; простой, простодушный; [сущ.] юродивый; простачок, дурачок.
inocentón, na. [прил.] (разг.) простоватый, слишком наивный.
inocuidad. [ж.] безвредность.
inoculabilidad. [ж.] (пат.) восприимчивость к прививкам.
inoculable. [прил.] прививаемый, инокулируемый.
inoculación. [ж.] прививка, инокуляция.

inoculador, ra. [прил.] производящий прививки; [сущ.] лицо, производящее прививки.
inocular. [перех.] (мед.) прививать; (перен.) сообщать, заражать, портить; inocularse. [возв. гл.] прививать себе.
inocuo, cua. [прил.] см. innocuo.
inocupación. [ж.] незанятость, праздность.
inocupado, da. [прил.] незанятый, праздный.
inodoro, ra. [прил.] непахнущий, лишённый запаха, без запаха; [м.] дезодоратор.
inofensivamente. [нареч.] безвредно.
inofensivo, va. [прил.] безвредный, безобидный, безопасный.
inoficioso, sa. [прил.] (юр.) * testamento inoficioso, завещание, лишающее законного наследника наследства без указания причин; * donación inoficiosa, дар в счёт части наследства.
inogénesis. [ж.] образование волокнистой или мышечной ткани.
inolvidable. [прил.] незабываемый, незабвенный.
inoma. [м.] (пат.) фиброма, опухоль из чистой соединительной ткани.
inoneco, ca. [прил.] (Амер.) простоватый.
inope. [прил.] бедный, неимущий; [м. и ж.] бедняк, неимущий.
inoperable. [прил.] (мед.) не могущий быть оперированным.
inoperante. [прил.] (гал.) недействующий, см. ineficaz.
inopexia. [ж.] (физиол.) свертываемость крови.
inopia. [ж.] бедность, нужда, недостаток, скудость.
inopinable. [прил.] сомнительный.
inopinadamente. [нареч.] неожиданно, внезапно.
inopinado, da. [прил.] неожиданный, внезапный, непредвиденный.
inoportunamente. [нареч.] несвоевременно, некстати, неуместно.
inoportunidad. [ж.] несвоевременность, неуместность.
inoportuno, na. [прил.] несвоевременный, сделанный некстати.
inorar. [перех.] (обл.) (Амер.) см. ignorar.
inordenadamente. [нареч.] беспорядочно.
inordenado, da, inordinado, da. [прил.] беспорядочный.
inorgánico, ca. [прил.] неорганический.
inorganizable. [прил.] не поддающийся организации.
inorganizado, da. [прил.] неорганизованный, плохо организованный.
inosculación. [ж.] (анат.) анастомоз, соустье кровеносных сосудов.
inosita. [ж.] инозит, вид сахара, весьма распространенного в животном организме и растениях.
inoxidable. [прил.] неокисляющийся, нержавеющий: * acero inoxidable, нержавеющая сталь.
inquebrantable. [прил.] небьющийся; непреклонный.
inquietador, ra. [прил.] беспокоящий, тревожный; смущающий, (тж. сущ.).
inquietamente. [нареч.] беспокойно.
inquietante. [прил.] беспокоящий, тревожащий; смущающий.
inquietar. [перех.] беспокоить, тревожить; смущать; inquietarse. [возв. гл.] беспокоиться, тревожиться.
inquieto, ta. [прил.] беспокойный, тревожный, смутный; непоседливый; (Амер.) склонный, имеющий склонность к чему-л.
inquietud. [ж.] беспокойство, тревога, волнение; [множ.] запросы.
inquilinaje. [м.] (Амер.) совокупност съёмщиков; см. inquilinato.
inquilinato. [м.] наём квартиры; квартирная плата; права съёмщика; квартирный налог.
inquilino, na. [м. и ж.] съёмщик, (-ица); квартиронаниматель, (-ница); жилец, (-ица). (юр.) см. arrendetario.
inquina. [ж.] отвращение; неприязнь, антипатия.
inquinamento. [м.] см. infección.
inquinar. [перех.] грязнить, пятнать; заражать.
inquiridor, ra. [прил.] производящий расследование, исследующий, расследующий, разузнающий (тже. сущ.).
inquirir. [перех.] осведомляться о чём-л., производить расследование, расследовать, исследовать, разузнавать; [непр. гл.] спрягается как adquirir.
inquisición. [ж.] расследование, исследование; розыск, дознание, пристрастное следствие; (ист.) инквизиция.
inquisidor, ra. [прил. и сущ.] см. inquiridor; [м.] инквизитор.
inquisitivo, va. [прил.] следственный, относящийся к расследованию.
inquisitorial. [прил.] инквизиционный; инквизиторский.
inquisotorio, ria. [прил.] см. inquisitivo.
irracional. [прил.] (Амер.) (вар.) см. irracional.
irreligioso, sa. [прил.] (Амер.) (вар.) см. irreligioso.
inri. [м.] надпись на кресте над головой Христа; (перен.) издевательство, оскорбление.
insabible. [прил.] не поддающийся проверке и т. д.
insaciabilidad. [ж.] ненасытность.
insaciable. [прил.] ненасытный, неутолимый.
insaciablemente. [нареч.] ненасытно.
insaculación. [ж.] вмещение (бюллетеней) в урну и т. д.
insaculador. [м.] тот, кто вмещает в избирательную урну, мешок и т. д.
insacular. [перех.] вмещать в мешок, в избирательную урну.
insalificable. [прил.] (хим.) не могущий быть превращённым в соль.
insalivación. [ж.] смешение слюны с пищей (при жевании).
insalivar. [перех.] смешивать слюну с пищей (при жевании).
insalubre. [прил.] нездоровый, вредный для здоровья.
insalubremente. [нареч.] вредно для здоровья.
insalubridad. [ж.] вредность для здоровья, нездоровые (вредные для здоровья) условия.
insanable. [прил.] неизлечимый.
insania. [ж.] см. locura.
insanidad. [ж.] (неол.) см. insania.
insano, na. [прил.] помешанный, сумасшедший; (перен.) нездоровый.
insápido, da. [прил.] (вар.) см. insípido.
insatisfecho, cha. [прил.] неудовлетворённый.
insaturable. [прил.] (хим.) не могущий быть насыщенным, ненасыщаемый.
insciente. [прил.] см. incosciente.
inscientemente. [нареч.] бессознательно.
inscribible. [прил.] подлежащий внесению в список.
inscribir. [перех.] записывать, вписывать, вносить, включать в список; делать надпись на чём-л.; записывать, регистрировать; (геом.) вписывать (одну фигуру в другую); inscribirse. [возв. гл.] записываться.
inscripción. [ж.] запись, внесение в список; надпись; подпись на закладной.
inscripto, ta, inscrito, ta. [непр. страд. прич.] к inscribir, вписанный.
insculpir. [перех.] см. esculpir.
insecable. [прил.] не могущий быть сушеным; неделимый.
insección. [ж.] см. incisión.
insectario. [м.] инсектарий; ящик для насекомых.
insecticida. [прил.] (служащий) для истребления насекомых, дезинсекционный; [м.] инсектисид, инсектицид, дезинсекционное средство.
insectil. [прил.] относящийся к насекомым.
insectívoro, ra. [прил.] насекомоядный; [м.] насекомоядное животное.
insecto. [м.] насекомое.
insectología. [ж.] энтомология.
insectológico, ca. [прил.] энтомологический.
insectólogo, ga. [прил.] см. entomólogo.
inseguramente. [нареч.] сомнительно, ненадёжным образом.
inseguridad. [ж.] небезопасность; неуверенность, необеспеченность; ненадёжность.
inseguro, ra. [прил.] небезопасный; неуверенный, необеспеченный; ненадёжный.
insembrado, da. [прил.] незасеянный.
inseminación. [ж.] искусственное оплодотворение, искусственное осеменение.
inseminador. [м.] специалист по искусственному оплодотворению.
insenescencia. [ж.] способность не стареть.
insenescente. [прил.] способный не стареть.
insenescer. [неперех.] не стареть.
insensatamente. [нареч.] безумно, безрассудно.
insensatez. [ж.] неразумность, глупость, нелепость, бессмыслица.
insensato, ta. [прил.] безумный, бессмысленный, безрассудный, неразумный, нелепый.
insensibilidad. [ж.] нечувствительность; (перен.) бесчувственность, жестокосердие.
insensibilización. [ж.] обезболивание.
insensibilizador, ra. [прил.] обезболивающий; [м.] обезболивающее средство; обезболивающий, притупляющий чувствительность инструмент.
insensibilizar. [перех.] притуплять чувствительность, делать нечувствительным, обезболивать.
insensible. [прил.] нечувствительный; незаметный, неощутимый; (перен.) бесчувственный, жестокосердный.
insensiblemente. [нареч.] неприметно, незаметно, едва уловимо; мало-помалу.
insensitivo, va. [прил.] невосприимчивый, нечувствительный.
inseparabilidad. [ж.] неразлучность, неразделимость, неотделимость.
inseparable. [прил.] неразрывный, неразделимый; неотделимый; неразлучный; (грам.) слитный, неотдельный.
inseparablemente. [нареч.] неразлучно, нераздельно, неразрывно.
insepulto, ta. [прил.] непогребённый.
inserción. [ж.] включение, вставка; помещение (в газету); (анат. и т. д.) прикрепление.
inserir. [перех.] см. insertar; см. ingerir; прививать (деревья); [непр. гл.] спрягается как sentir.
insertar. [перех.] включать, вставлять, вмещать, вносить; опубликовывать; помещать (в газету); insertarse. [возв. гл.] (зоол.) (бот.) врастать.
inserto, ta. [непр. страд. прич.] к inserir,

inservible. [прил.] непригодный, бесполезный.
inseveridad. [ж.] отсутствие строгости и т. д.
insexual. [прил.] см. asexual.
insidia. [ж.] см. asechanza.
insidiador, ra. [прил.] коварный, злокозненный (уст.)
insidiar. [перех.] злоумышлять, строить козни.
insidiosamente. [нареч.] коварно, лукаво, злокозненно.
insidioso, sa. [прил.] коварный, лукавый, злокозненный (уст.) предательский; скрытый (о болезни).
insigne. [прил.] выдающийся, из ряда вон выходящий, неслыханный; отличный, превосходный; славный, прославленный, знаменитый.
insignemente. [нареч.] славно, отлично, из ряда вон выходящий.
insignia. [ж.] знак отличия, почёта; значок, метка; (воен.) знак различия; штандарт: * buque insignia, флагманский корабль.
insignificancia. [ж.] незначительность, маловажность, ничтожность.
insignificante. [прил.] незначительный, ничтожный, неважный, маловажный.
insinceridad. [ж.] неискренность.
insincero, ra. [прил.] неискренний.
insinuación. [ж.] намёк; лесть; вкрадчивость; (юр.) записывание, внесение в протокол.
insinuador, ra. [прил.] намекающий и т. д.
insinuante. [дейст. прич.] к insinuar, намекающий; вкрадчивый; наводящий на мысль.
insinuar. [перех.] намекать, внушать, (юр.) записывать в протокол; insinuarse. [возв. гл.] проникать, вкрадываться.
insinuativo, va. [прил.] намекающий; вкрадывающийся.
insípidamente. [нареч.] безвкусно и т. д.
insipidez. [ж.] безвкусность, отсутствие вкуса; пресность; пошлость, банальность, нескладность, безвкусица.
insípido, da. [прил.] безвкусный, лишённый вкуса; пресный; пошлый, безвкусный, банальный.
insipiencia. [ж.] невежественность; неразумность.
insipiente. [прил.] невежественный; неразумный; [м. и ж.] невежда, неразумный человек.
insistencia. [ж.] настойчивость; настоятельность; упорство.
insistente. [дейст. прич.] к insistir, настойчивый.
insistentemente. [нареч.] настойчиво, настоятельно.
insistir. [неперех.] настаивать на чём-л, упорствовать.
ínsito, ta. [прил.] врождённый, прирождённый; свойственный, присущий.
insobriedad. [ж.] отсутствие трезвости, воздерж(ан)ности и т. д.
insociabilidad. [ж.] необщительность, нелюдимость, неуживчивость.
insociable. [прил.] необщительный, нелюдимый; неуживчивый.
insociablemente. [нареч.] необщительно, необходительно.
insocial. [прил.] см. insociable.
insolación. [ж.] (мед.) солнечный удар.
insolar. [перех.] выставлять на солнце; insolarse. [возв. гл.] заболеть солнечным ударом.
insoldable. [прил.] (тех.) несвариваюшийся.
insolencia. [ж.] дерзость, наглость, нахальство; заносчивость.
insolentar. [перех.] делать дерзким, наглым и т. д.; insolentarse. [возв. гл.] делаться дерзким, наглым.

insolente. [прил.] дерзкий, наглый, нахальный; заносчивый, высокомерный.
insolentemente. [нареч.] дерзко, нагло, заносчиво.
insólido, da. [прил.] (обл.) одинокий, отдельный.
insólitamente. [нареч.] необычно; необыкновенно.
insólito, ta. [прил.] необычный; необыкновенный, небывалый.
insolubilidad. [ж.] нерастворимость; неразрешимость.
insoluble. [прил.] нерастворимый; неразрешимый.
insoluto, ta. [прил.] неоплаченный.
insolvencia. [ж.] несостоятельность, неплатёжеспособность.
insolvente. [прил.] несостоятельный, неплатёжеспособный.
insomne. [прил.] бессонный.
insomnio. [м.] бессонница.
insondable. [прил.] бездонный, неизмеримый (о глубине); непостижимый.
insonoridad. [ж.] беззвучность.
insonoro, ra. [прил.] беззвучный.
insoportable. [прил.] несносный, невыносимый, нестерпимый.
insoportablemente. [нареч.] невыносимо, нестерпимо.
insoria. [ж.] (Амер.) малость, капля, крошка.
insospechable. [прил.] не вызывающий (или не внушающий) подозрений, неожиданный.
insospechado, da. [прил.] неподозреваемый; неожиданный, внезапно обнаруженный.
insostenible. [прил.] несносный; недоказуемый; не выдерживающий критики.
inspección. [ж.] надзор; (о)смотр; инспекция; канцелярия инспектора.
inspeccionar. [перех.] осматривать, производить осмотр, инспектировать; надзирать; контролировать.
inspector, ra. [прил.] осматривающий, надзирающий; [м.] надзиратель; инспектор; ревизор.
inspectorado. [м.] должность инспектора, инспекторство (разг.).
inspectoría. [ж.] (Амер.) должность и канцелярия инспектора; полицейский отряд.
inspiración. [ж.] вдыхание, вдох; вдохновение; внушение.
inspiradamente. [нареч.] с вдохновением.
inspirador, ra. [прил.] вдохновляющий, вдыхательный; [м. и ж.] вдохновитель, (-ница).
inspirante. [дейст. прич.] к inspirar, вдохновляющий и т. д.
inspirar. [перех.] вдыхать (воздух); см. soplar; (перен.) внушать; воодушевлять; вдохновлять; inspirarse. [возв. гл.] вдохновляться.
inspirativo, va. [прил.] вдохновляющий, вдохновительный.
inspiratorio, ria. [прил.] (физиол.) вдыхательный.
instabilidad. [ж.] неустойчивость; непостоянство, см. inestabilidad.
instable. [прил.] неустойчивый, валкий, шаткий; непостоянный, см. inestable.
instablemente. [нареч.] неустойчиво, см. inestablemente.
instadamente. [нареч.] настоятельно, неотступно.
instalación. [ж.] водворение, обоснование; размещение; устройство (помещения); оборудование; установка, монтаж; аппаратура; введение в должность.
instalador, ra. [прил.] монтирующий, оборудующий и т. д. (тже сущ.).
instalar. [перех.] вводить в должность; водворять, помещать, размещать; устраи-

вать (помещение); оборудовать, монтировать; instalarse. [возв. гл.] водворяться, обосновываться, помещаться, размещаться, поселяться; устраиваться.
instancia. [ж.] настоятельная просьба, неотступная просьба; настойчивость (в просьбах); прошение, докладная записка; (юр.) (письменное) заявление; инстанция: * de primera instancia, (юр.) из (по) первой инстанции; при судебном разбирательстве дела; (разг.) вдруг, сразу; * a instancia de, по настоянию, по просьбе кого-л.
instantánea. [ж.] моментальный фотоснимок.
instantáneamente. [нареч.] мгновенно, немедленно, тотчас.
instantaneidad. [ж.] мгновенность.
instantáneo, a. [прил.] мгновенный; немедленного действия.
instante. [дейст. прич.] к instar; [м.] миг, мгновение, минута; момент: * en un instante, в один миг, в одно мгновение; * a cada instante, постоянно, на каждом шагу; * al instante, немедленно, тотчас же; * por instantes, постоянно, беспрерывно; с минуты на минуту.
instantemente. [нареч.] настоятельно, неотступно.
instar. [перех.] настойчиво просить, умолять; [неперех.] быть настойчивым; торопить, подталкивать (какое-л дело).
instauración. [ж.] восстановление; возобновление; (непр.) установление, учреждение (чего-л.).
instaurar. [перех.] восстанавливать; возобновлять; (непр.) устраивать, учреждать.
instigación. [ж.] подстрекательство; побуждение (к чему-л.); разжигание (страстей)
instigador, ra. [прил.] подстрекающий и т. д.; [м. и ж.] подстрекатель, (-ница).
instigar. [перех.] подстрекать, подговаривать, толкать на..., побуждать.
instilación. [ж.] вливание, литьё по капельке, инстилляция.
instilar. [перех.] впускать, вливать по капле; (перен.) исподволь влиять; незаметно внушать.
instintivamente. [нареч.] инстинктивно, бессознательно, безотчётно.
instintivo, va. [прил.] инстинктивный.
instinto. [м.] инстинкт: * por instinto, инстинктивно.
institor. [м.] комиссионер.
institución. [ж.] учреждение, установление, основание; учреждение; учебное заведение, институт, общественное учреждение; устройство; закон, правило; [множ.] основы (науки и т. д.): * institución de heredero, (юр.) назначение наследника.
institucional. [прил.] к учреждение и т. д.
instituyente. [дейст. прич.] к instituir.
instituidor, ra. [прил.] учреждающий, устанавливающий и т. д.; [м. и ж.] учредитель, (-ница), основатель, (-ница).
instituir. [перех.] учреждать, установлять, основывать, устраивать; (неупотр.) обучать; наставлять; [непр. гл.] спрягается как huir.
instituta. [ж.] (юр.) институты, начало римского права.
institutivo, va. [прил.] учреждающий, кладущий начало.

instituto. [м.] институт; учреждение; общество, объединение (научное и т. д.); * instituto de segunda enseñanza или de enseñanza media, лицей, школа второй ступени, средняя школа (в Испании).
institutor, ra. [прил.] см. institudor. [м.] (Амер.) учитель, преподаватель.
institutriz. [ж.] учительница; воспитательница, наставница; бонна.
instituyente. [дейст. прич.] к instituir.
instridente. [прил.] см. estridente.
instrucción. [ж.] преподавание, обучение, просвещение, образование; инструкция, предписание; указание; (юр.) следствие, расследование; (воен.) подготовка; * instrucción pública, народное образование; * instrucción premilitar, допризывная подготовка; * instrucción militar, военное обучение; * juez de instrucción, судебный следователь.
instructivamente. [нареч.] поучительно, наставительным образом.
instructivo, va. [прил.] поучительный, наставительный, назидательный.
instructor, ra. [прил.] обучающий и т. д.; [м.] инструктор; наставник.
instruido, da. [прил.] образованный, учёный, обученный.
instruir. [перех.] обучать; просвещать; наставлять; инструктировать, осведомлять, уведомлять, извещать; (юр.) производить следствие, расследовать; instruirse. [возв. гл.] обучаться; [непр. гл.] спрягается как huir.
instrumentación. [ж.] (муз.) оркестровка, инструментовка.
instrumental. [прил.] инструментальный, служащий орудием; [м.] набор медицинских инструментов; (муз.) инструменты; (грам.) творительный падеж.
instrumentalismo. [м.] (фил.) инструментализм.
instrumentalmente. [нареч.] служащий орудием.
instrumentante. [дейст. прич.] к instrumentar, (тже. прил.); [м.] тот, кто оркеструет.
instrumentar. [перех.] (муз.) инструментовать, оркестровать.
instrumentista. [м.] оркестрант, музыкант; мастер музыкальных или медицинских инструментов.
instrumento. [м.] инструмент, орудие; прибор, аппарат; музыкальный инструмент; документ, юридический акт; (перен.) орудие: * instrumento de viento, духовой инструмент; * instrumento de cuerda, струнный инструмент; * instrumento de percusión, ударный инструмент; * servir de instrumento, служить орудием.
insuave. [прил.] лишённый нежности; твёрдый, жёсткий.
insuavidad. [ж.] отсутствие нежности и т. д.
insubordinable. [прил.] неподчиняемый.
insubordinación. [ж.] неповиновение, непослушание; отказ от выполнения приказа.
insubordinado, da. [страд. прич.] к insubordinar; [прил.] неповинующийся, непослушный (тже. сущ.).
insubordinar. [перех.] вызывать неповиновение; insubordinarse. [возв. гл.] не подчиняться, восставать.
insubsanable. [прил.] неисправимый.
insubsistencia. [ж.] неосновательность; несущественность.

insubsistente. [прил.] неосновательный; несущественный.
insubsistentemente. [нареч.] неосновательно и т. д.
insubstancial. [прил.] несущественный, бессодержательный, малосодержательный.
insu(b)stancialidad. [ж.] бессодержательность.
insu(b)stancialmente. [нареч.] бессодержательным образом и т. д.
insubstituible. [прил.] см. insustituible.
insuculento, ta. [прил.] лишённый сока.
insudadamente. [нареч.] старательно, усердно и т. д.
insudar. [неперех.] старательно работать, работать до седьмого пота.
insuficiencia. [ж.] недостаточность; недостаток, нехватка; неспособность: * insuficiencia cardíaca, сердечная недостаточность.
insuficiente. [прил.] недостаточный.
insuficientemente. [нареч.] недостаточно.
insuflación. [ж.] (мед.) вдувание (в полость).
insuflador, ra. [прил.] вдувающий; [м.] (мед.) вдуватель.
insuflar. [перех.] (мед.) вдувать.
insufribilidad. [ж.] свойст. к невыносимый и т. д.
insufrible. [прил.] несносный, невыносимый, нестерпимый.
ínsula. [ж.] см. isla; (перен.) небольшое, неважное царство, провинция.
insulano, na, insular. [прил.] островной; [м. и ж.] островитянин, (-ка).
insularidad. [ж.] островное положение.
insulina. [ж.] (мед.) инсулин.
insulsamente. [нареч.] безвкусно.
insulsez. [ж.] отсутствие вкуса, безвкусица, (перен.) безвкусица, пошлость.
insulso, sa. [прил.] безвкусный; (перен.) безвкусный, пошлый, банальный.
insultación. [ж.] оскорбление.
insultada. [ж.] (Амер.) см. insulto.
insultador, ra. [прил.] оскорбляющий; [м. и ж.] оскорбитель, (-ница), ругатель.
insultante. [дейст. прич.] к insultar; [прил.] оскорбительный.
insultar. [перех.] оскорблять, наносить оскорбление; нападать на...; insultarse. [возв. гл.] см. accidentarse.
insulto. [м.] оскорбление, обида; нападение; припадок.
insumable. [прил.] не поддающийся сложению; непомерный.
insume. [прил.] дорогостоящий.
insumergibilidad. [ж.] непотопляемость.
insumergible. [прил.] непотопляемый.
insumisamente. [нареч.] непокорно.
insumisión. [ж.] непокорность, неподчинение, непослушание.
insumiso, sa. [прил.] непокорный, непокорённый, непокорившийся, непослушный.
insuperable. [прил.] несравненный, непревзойдённый; непобедимый.
insurgente. [прил.] восставший; [м. и ж.] инсургент, повстанец.
insurrección. [ж.]: * insurrección armada, вооружённое восстание.
insurreccionador, ra. [прил.] вызывающий восстание (тже. сущ.).
insurreccional. [прил.] относящийся к восстанию, повстанческий, мятежный.
insurreccionar. [перех.] поднимать, вызывать восстание; insurreccionarse. [возв. гл.] восставать, принимать участие в вооружённом восстании.
insurrecto, ta. [прил.] восставший; [м. и ж.] инсургент, повстанец.
insusceptibilidad. [ж.] см. inmunidad.
insustancial. [прил.] см. insubstancial.
insustituible. [прил.] незаменимый.

intactibilidad. [ж.] см. intangibilidad.
intáctil. [прил.] см. intangible.
intacto, ta. [прил.] целый, цельный, нетронутый, непочатый; неповреждённый, невредимый.
intachable. [прил.] назапятнанный, безупречный, безукоризненный.
intachablemente. [нареч.] безупречно, безукоризненно.
intangibilidad. [ж.] неосязаемость.
intangible. [прил.] неосязаемый.
integérrimo, ma. [прил. прев. степ.] к íntegro.
integrable. [прил.] (мат.) интегрируемый.
integración. [ж.] (мат.) интеграция, интегрирование.
intégrafo. [м.] (мат.) интеграф.
integral. [прил.] целостный, полный, интегральный, цельный, целый; (мат.) интегральный; [ж.] (мат.) интеграл.
integralmente. [нареч.] целиком, полностью; сполна.
íntegramente. [нареч.] см. enteramente; целиком.
integrante. [дейст. прич.] к integrar; [прил.] входящий в состав; неотъемлемый.
integrar. [перех.] составлять, образовывать; см. reintegrar; (мат.) интегрировать.
integridad. [ж.] целость, целостность, полнота; честность; девственность.
íntegro, gra. [прил.] целый, целостный, полный; (перен.) честный, неподкупный; прямой.
integumentario, ria. [прил.] кожный.
integumento. [м.] обёртка, оболочка; (перен.) маскировка, притворство.
intelección. [ж.] понимание.
intelectiva. [ж.] способность понимать.
intelectivo, va. [прил.] понимающий, умственный.
intelecto. [м.] разум, интеллект, мыслительная способность.
intelectual. [прил.] интеллектуальный, умственный, духовный; [сущ.] интеллигент, (-ка), человек умственного труда; [множ.] интеллигенция.
intelectualidad. [ж.] ум, разум; (перен.) интеллигенция.
intelectualismo. [м.] (фил.) интеллектуализм.
inteligencia. [ж.] ум, разум, способность мышления, рассудок; понимание; смысл; знание; умственное развитие; сговор, тайная связь; умение, опыт: * buena inteligencia, согласие, взаимопонимание; * mala inteligencia, непонимание; недоразумение; * en la inteligencia de que, полагая, что...
inteligenciado, da. [прил.] осведомлённый, знающий.
inteligente. [прил.] умный; понятливый, смышлёный: * inteligente en música, понимающий музыку.
inteligentemente. [нареч.] умно, разумно.
inteligibilidad. [ж.] внятность, понятность, вразумительность.
inteligible. [прил.] внятный, понятный, вразумительный; (фил.) сверхчувственный.
inteligiblemente. [нареч.] внятно; понятно.
intemerata. [ж.] (Амер.) (прост.) бесстрашие, смелость.
intemperancia. [ж.] невоздерж(ан)ность, несдержанность, неумеренность, невоздержание.
intemperante. [нареч.] невоздерж(ан)ный, неумеренный.
intemperantemente. [нареч.] невоздержно, неумеренно.
intemperie. [ж.] непогода, ненастье; изменчивость погоды: * a la intemperie, под открытым небом.

intempesta. [прил.] (поэт.): * noche intempesta, глубокая ночь.
intempestivamente. [нареч.] несвоевременно, не вовремя, не в пору.
intempestivo, va. [прил.] несвоевременный, неуместный: * a horas intempestivas, в неурочное время.
intemporal. [прил.] вне течения времени.
intención. [ж.] намерение, замысел, умысел; преднамеренность; цель; желание, воля; норов (у некоторых животных): * primera intención, искренность; * segunda intención, задняя мысль; лицемерие; * de primera intención, предварительно; на время; * curar de primera intención, оказывать первую помощь (раненому); * dar intención, подавать надежду; * sin intención, без намерения, ненамеренно.
intencionadamente. [нареч.] (пред)намеренно, умышленно.
intencionado, da. [страд. прич.] к intencionar; [прил.] * bien intencionado, расположенный (к кому-л.); благонамеренный; * mal intencionado, нерасположенный (к кому-л.); злонамеренный; неблагонамеренный.
intencional. [прил.] (пред)намеренный, (пред)умышленный; душевный, духовный.
intencionalmente. [нареч.] (пред)намеренно, умышленно.
intendencia. [ж.] управление, заведование; (воен.) интендантство; должность интенданта.
intendenta. [ж.] жена интенданта.
intendente. [м.] управляющий, заведующий, администратор; эконом; интендант.
intender. [перех.] см. entender.
intendible. [прил.] (Амер.) см. ininteligible.
intensamente. [нареч.] интенсивно, сильно.
intensar. [перех.] интенсифицировать, усиливать.
intensidad. [ж.] интенсивность, сила; напряжение, напряжённость; (перен.) горячность: * intensidad luminosa, сила света.
intensificación. [ж.] интенсификация, усиление; рост.
intensificar. [перех.] интенсифицировать, усиливать.
intensión. [ж.] см. intensidad.
intensivamente. [нареч.] интенсивно, сильно, см. intensamente.
intensivo, va. [прил.] см. intenso.
intenso, sa. [прил.] интенсивный, усиленный, напряжённый; (перен.) сильный, резкий.
intentar. [перех.] пробовать, пытаться; намереваться; предпринимать.
intento. [м.] попытка, намерение: * de intento, намеренно, умышленно, нарочно.
intentona. [ж.] (разг.) смелая, неосуществимая попытка: * intentona revolucionaria, путч.
inter. [нареч.] см. interin: * en el inter, между тем; тем временем.
ínter. приставка, обозначающая между-, меж-.
inter nos. [лат. выраж.] между нами.
interacción. [ж.] взаимодействие.
interaliado, da. [прил.] межсоюзный; межсоюзнический.
interalveolar. [прил.] межъячеечный.
interarticular. [прил.] (анат.) межсуставной.
interastral. [прил.] межзвёздный.
interauricural. [прил.] междуушковый.
interbranquial. [прил.] (анат.) междужаберный.
intercadencia. [ж.] переменчивость, непостоянность; прерывистость, неровность; (мед.) перебой сердца.
intercadente. [прил.] прерывистый, перемежающийся.

intercadentemente. [нареч.] прерывисто и т. д.
intercalación. [ж.] вставка, включение, прибавление.
intercalado, da. [страд. прич.] к intercalar; [прил.] вставной, включённый.
intercaladura. [ж.] см. intercalación.
intercalar. [прил.] включённый; вставленный; прибавляемый, добавочный (о дне 29-го февраля високосного года).
intercalar. [перех.] вставлять, включать.
intercambiable. [прил.] взаимозаменяемый.
intercambio. [м.] взаимный обмен: * intercambio de mercancías, товарообмен.
intercartilaginoso, sa. [прил.] (анат.) межхрящевой.
intercavernoso, sa. [прил.] расположенный между кавернозными синусами.
interceder. [неперех.] заступаться, вступаться за кого-л., ходатайствовать о ком-л., посредничать.
intercelular. [прил.] межклеточный.
intercepción. [ж.] см. interceptación; (физ.) пресечение, преломление.
interceptación. [ж.] перерыв, прекращение (связи и т. д.); перехват, перлюстрация (писем).
interceptar. [перех.] прерывать, пресекать, прекращать (связь и т. д.); преграждать (путь); перехватывать, задерживать: * interceptar una carta, перехватить письмо, перлюстрировать письмо.
interceptor. [м.] (Амер.) автоматический выключатель.
intercesión. [ж.] заступничество, ходатайство.
intercesor, ra. [прил.] вступающийся за кого-л.; [м. и ж.] заступник, (-ница), ходатай.
intercilio. [м.] межбровье.
interclavicular. [прил.] межключичный.
intercolumnario, ria. [прил.] (арх.) расположенный между двумя колоннами.
intercolumnio. [м.] (арх.) промежуток между двумя колоннами.
intercomunicación. [ж.] взаимное общение.
intercomunicarse. [возв. гл.] взаимно сообщаться.
intercondíleo, a. [прил.] (анат.) межмыщелковый.
interconexión. [ж.] взаимная связь.
intercontinental. [прил.] межконтинентальный.
intercostal. [прил.] (анат.) межреберный.
intercrural. [прил.] (анат.) межножковый.
intercurrente. [прил.] (мед.) наносный (о болезнях).
intercutáneo, a. [прил.] (анат.) находящийся между кожным покровом и мышцами.
interdecir. [перех.] запрещать; [непр. гл.] спрягается как decir.
interdental. [прил.] (лингв.) межзубный.
interdentario, ria. [прил.] (вет.) междузубной.
interdependencia. [ж.] взаимная зависимость, взаимозависимость.
interdicción. [ж.] запрещение, запрет: * interdicción civil, опека (над расточителем и т. д.).
interdicto. [м.] см. entredicho; (юр.) суд касающийся владения и т. д.; [прил.] (Амер.) (юр.) лишённый прав.
interdigital. [прил.] (анат.) расположенный между пальцами.
interés. [м.] интерес, занимательность, увлекательность, заинтересованность; польза, выгода; участие, сочувствие, внимание, забота; проценты; [множ.] имущество, состояние: * interés compuesto сложные проценты.
interesable. [прил.] корыстный, жадный, эгоистический.

interesadamente. [нареч.] корыстно, преследуя собственные интересы.
interesado, da. [страд. прич.] к interesar; [прил.] участвующий (в деле); заинтересованный; корыстный; [м. и ж.] участник, (-ица); заинтересованное лицо.
interesal. [прил.] см. interesable.
interesalidad. [ж.] забота о собственной выгоде.
interesante. [прил.] интересный, занимательный.
interesantísimo, ma. [прил. прев. степ.] к interesante, очень интересный, захватывающий.
interesar. [неперех.] быть заинтересованным в чём-л., принимать участие в чём-л.; [перех.] принимать участником; привлекать (к какому-л. делу); принимать в долю; интересовать, вызывать интерес, занимать, быть занимательным; вызывать участие, сочувствие и т. д.; затрагивать, касаться, иметь отношение; interesarse. [возв. гл.] интересоваться; быть заинтересованным; участливо относиться.
interescápula. [ж.] (анат.) промежуток между лопатками.
interescapular. [прил.] (анат.) межлопаточный.
interesencia. [ж.] присутствие.
interesente. [прил.] присутствующий.
interestelar. [прил.] (аст.) межзвёздный.
interfalangiano, na. [прил.] (анат.) межфаланговый.
interfecto, ta. [прил.] (юр.) убитый, погибший насильственной смертью.
interfemoral. [прил.] (анат.) расположенный между ляжками.
interferencia. [ж.] (физ.) интерференция.
interferencial. [прил.] (физ.) относящийся к интерференциям.
interferir. [перех.] вызывать интерференцию (тже. неперех.); [непр. гл.] спрягается как sentir.
interferómetro. [м.] (физ.) интерферометр.
interfoliáceo, a. [прил.] (бот.) межлистный.
interfoliar. [перех.] вшивать в книгу белых листов (для исправлений пометок).
intergluteo, a. [прил.] (анат.) межъягодичный.
ínterin. [м.] см. interinidad; [нареч.] пока, временно; * en el interin, между тем.
interinamente. [нареч.] между тем, временно, на время.
interinar. [перех.] временно занимать должность.
interinato. [м.] (Амер.) см. interinidad; временная должность.
interinidad. [ж.] временное занятие должности, заместительство; период выполнения временной должности.
interino, na. [прил.] временный, временно исполняющий обязанности, должность.
interior. [прил.] внутренний; [м.] внутренность, внутренняя часть; внутренние районы (страны); обстановка, внутренний вид (комнаты), душа, внутренний мир; [множ.] внутренности.
interiorano, na. [прил.] (Амер.) внутренний (о районах страны).
interiorarse. [возв. гл.] проникать, вкрадываться.
interioridad. [ж. свойст.] к interior; душевное состояние; [множ.] частные, семейные дела.
interiorizado, da. [прил.] (неол.) см. enterado.
interiorizar. [перех.] подробно уведомлять.

interiormente. [нареч.] внутри; внутренно, внутренне, в глубине души.
interjección. [ж.] (грам.) междометие.
interjectivamente. [нареч.] с помощью междометия.
interjectivo, va. [прил.] междометный.
interlabial. [прил.] межгубной.
interlínea. [ж.] интерлиньяж, расстояние между стро(ч)ками; см. **regleta**.
interlineación. [ж.] междустрочная приписка.
interlineal. [прил.] междустрочный, подстрочный.
interlinear. [перех.] писать между строк.
interlobular. [прил.] (анат.) междольчатый.
interlocución. [ж.] собеседование, разговор.
interlocutor, ra. [м. и ж.] собеседник, (-ица).
interlocutorio, ria. [прил.] (юр.) предварительный.
intérlope. [прил.] тайный, контрабандный (о торговле).
interludio. [м.] (муз.) интерлюдия.
interlunio. [м.] (аст.) новолуние.
intermaxilar. [прил.] (анат.) межчелюстной.
intermediación. [ж.] посредничество.
intermediar. [неперех.] посредничать.
intermediario, ria. [прил.] посредничающий; [м. и ж.] посредник, (-ица).
intermedio, dia. [прил.] промежуточный; [м.] пауза; промежуток времени; (теа.) интермедия; анракт.
interminable. [прил.] бесконечный, нескончаемый.
interminación. [ж.] (м. употр.) угроза.
interministerial. [прил.] меж(ду)ведомственный.
intermisión. [ж.] перерыв.
intermiso, sa. [непр. прич.] к **intermitir**; [прил.] отложенный, прерванный.
intermitencia. [ж.] прерывистость; (мед.) перемежка (в лихорадке), промежуток между приступами.
intermitente. [прил.] перемежающийся, прерывистый, интермиттирующий: * **fiebre intermitente**, перемежающаяся лихорадка.
intermitir. [перех.] прерывать, временно прекращать.
intermodulación. [ж.] см. **interferencia**.
intermuscular. [перех.] межмышечный.
internación. [ж.] интернирование.
internacional. [прил.] интернациональный, международный: * **derecho internacional**, международное право.
internacionalidad. [ж.] интернациональный характер.
internacionalismo. [м.] интернационализм.
internacionalista. [прил.] интернационалистский; [м. и ж.] интернационалист, (-ка).
internacionalizar. [перех.] интернационализировать.
internacionalmente. [нареч.] в международном масштабе.
internado, da. [страд. прич.] к **internar**; [м.] состояние ученика, живущего в интернате; ученики, живущие в интернате.
internamente. [нареч.] внутренно, внутренне; внутри.
internar. [перех.] интернировать; помещать в больницу и т. д.; [неперех.] проникать; **internarse.** [возв. гл.] проникать внутрь, вглубь, углубляться; (перен.) углубляться (в учение и т. д.).
internista. [м.] врач по внутренним болезням, терапевт.
interno, na. [прил.] внутренний; [м.] интерн (ученик, живущий в интернате): * **en su fuero interno**, в глубине души.

internodio. [м.] (бот.) междоузлие.
internuclear. [прил.] расположенный между ядрами.
internunciatura. [ж.] должность интернунция; дом или контора интернунция.
internuncio. [м.] см. **interlocutor**; тот, кто говорит от имени кого-л; интернунций (папский посланник).
interoceánico, ca. [прил.] межокеанский.
interocular. [прил.] межглазный.
interóseo, a. [прил.] (анат.) межкостный.
interpaginar. [перех.] вшивать в книгу белые листы.
interpapilar. [прил.] (анат.) межсосочковый, междусосковый.
interparietal. [прил.] (анат.) межтеменной.
interparlamentario, ria. [прил.] межпарламентский.
interpeduncular. [прил.] (анат.) междуножковый.
interpelación. [ж.] просьба о помощи; интерпелляция; требование ответа.
interpelar. [перех.] просить о помощи; требовать ответа; интерпеллировать, делать запрос в парламенте.
interpenetración. [ж.] взаимопроникновение.
interplanetario, ria. [прил.] межпланетный: * **proyectiles interplanetarios**, межпланетные ракеты.
interpolación. [ж.] интерполяция, вставка, (в текст); временное прекращение, перерыв; (хир.) пересадка ткани.
interpoladamente. [нареч.] прерывисто и т. д.
interpolador, ra. [прил.] интерполирующий, вставляющий (слова и т. д.) в текст (тже. сущ.).
interpolar. [перех.] ставить между; временно прекращать, прерывать; вставлять в текст, интерполировать.
interpolar. [прил.] (физ.) межполюсный.
interponer. [перех.] ставить между; вставлять, включать; (перен.) выдвигать посредником; (юр.) подавать апелляцию; **interponerse.** [возв. гл.] становиться между, вставать между; выступать посредником.
interposición. [ж.] (дейст.) вставка, включение; вставка, добавление; посредничество; (юр.) подача апелляции.
interprender. [перех.] (воен.) брать с налёта.
interpresa. [ж.] (воен.) взятие, захват с налёта.
interpretable. [прил.] поддающийся толкованию.
interpretación. [ж.] (ис)толкование, объяснение, интерпретация; перевод (на другой язык); исполнение; передача (роли и т. д.).
interpretador, ra. [прил.] пояснительный; [м. и ж.] интерпретатор, истолкователь, толкователь, -(ница).
interpretante. [дейст. прич.] к **interpretar**.
interpretar. [перех.] толковать, объяснять, истолковывать, интерпретировать (книж.); переводить (на другой язык); выражать; передавать (замысел художника); исполнять (роль и т. д.); перетолковывать, пересуживать (чьи слова и т. д.).
interpretativamente. [нареч.] толковательно.
interpretativo, va. [прил.] толкующий, пояснительный, объяснительный.
intérprete. [м. и ж.] переводчик, (-ица) (устный); (ис)толкователь, (-ница); выразитель чьего-л мнения; исполнитель, (-ница) (роли и т. д.).
interpuesto, ta. [непр. страд. прич.] к **interponer**.
interregno. [м.] междуцарствие.
interrenal. [прил.] (анат.) межпочечный.

interrogación. [ж.] вопрос; (грам.) вопросительный знак.
interrogador, ra. [прил.] спрашивающий, вопрошающий, вопросительный; [м. и ж.] экзаменатор.
interrogante. [дейст. прич.] к **interrogar**; [прил.] вопрошающий, вопросительный; (грам.) вопросительный (о знаке); [м.] вопросительный знак; экзаменатор.
interrogar. [перех.] спрашивать; задавать вопросы; вопрошать; допрашивать.
interrogativamente. [нареч.] вопросительным образом.
interrogativo, va. [прил.] (грам.) вопросительный.
interrogatorio. [м.] допрос, опрос, дознание; протокол допроса; опросный лист, вопросник.
interrumpidamente. [нареч.] прерывисто, рывками.
interrumpido, da. [страд. прич.] к **interrumpir**; [прил.] прерывистый.
interrumpir. [перех.] прерывать, временно прекращать, перебивать; пересекать; мешать, затруднять.
interrupción. [ж.] прерывание; перерыв, остановка.
interruptor, ra. [прил.] прерывающий (тже. сущ.); [м.] (эл.) выключатель, рубильник, прерыватель.
intersecarse. [возв. гл.] (геом.) пересекаться.
intersección. [ж.] (геом.) пересечение; точка пересечения.
intersideral. [прил.] межзвёздный.
intersticio. [м.] промежуток; скважина, щель; промежуток времени.
intertarsiano, na. [прил.] (анат.) находящийся между костями плюсны.
intertransverso, sa. [прил.] (анат.) находящийся между поперечными отростками позвонков.
intertrigo. [м.] (мед.) опрелость, воспаление кожи вследствие трения (в паху).
intertrocantéreo, a. [прил.] (анат.) межвертельный.
intertropical. [прил.] межтропический.
intertubercular. [перех.] межбугорковый.
interurbano, na. [прил.] междугородный.
intervalo. [м.] интервал, промежуток, расстояние; интервал, перерыв, промежуток времени; (муз.) интервал: * **a intervalos**, время от времени, с перерывами; **intervalo claro** или **lúcido**, светлые промежутки между приступами психического заболевания.
intervalvar. [прил.] (бот.) межтворчатый.
intervascular. [прил.] межсосудистый.
intervención. [ж.] вмешательство; посредничество; интервенция; вступление, участие; выступление; * **intervención armada**, вооружённое вмешательство; * **no intervención**, невмешательство.
intervencionista. [прил. и сущ.] (Амер.) см. **interventor**.
intervenir. [неперех.] вмешиваться; принимать участие, выступать (на собрании); посредничать; выступать посредником; случаться, состояться, происходить; [перех.] контролировать, проверять (счета и т. д.); конфисковать, накладывать запрет; (хир.) оперировать; [непр. гл.] спрягается как **venir**.
interventor, ra. [прил.] вмешивающийся; [м. и ж.] контролёр, инспектор; интервент; посредник, (-ица).
interversión. [ж.] перестановка, изменение порядка; (грам.) см. **metátesis**.
intervertebral. [прил.] (анат.) межпозвоночный.
intervertir. [неперех.] переставлять, изменять порядок; [непр. гл.] спрягается как **sentir**.

interviú. [ж.] (англ.) интервью.
interviuvar. [перех.] (неол.) интервьюировать.
intervistarse. [возв. гл.] см. entrevistarse.
intervocálico, ca. [прил.] находящийся между гласными буквами.
interyacente. [прил.] находящийся между двумя предметами.
intestado, da. [прил.] (юр.) не оставивший завещания, умерший без завещания; получивший наследство без завещания.
intestinal. [прил.] кишечный.
intestino. [ж.] кишка. [множ.] кишки, внутренности: * intestino delgado, тонкая кишка; * intestino grueso, толстая кишка; * intestino ciego, слепая кишка; * intestino duodeno, двенадцатиперстная кишка; * intestino recto, прямая кишка; * intestino ileon, подвздошная кишка.
intestino, na. [прил.] внутренний; (перен.) гражданский: * guerra intestina, междоусобная война.
intico, ca. [прил.] (Амер.) (вар.) см. idéntico.
intima. [ж.] см. intimación.
intimación. [ж.] (властное) извещение, объявление; предписание, приказание; требование.
íntimamente. [нареч.] интимно, задушевно, тесно.
intimar. [перех.] (властно) объявлять, извещать (что на основании закона); требовать; intimarse. [возв. гл.] проникать внутрь; (перен.) входить в доверие.
intimatorio, ria. [прил.] (юр.) официально извещающий, объявляющий и т. д.
intimidación. [ж.] запугивание, устрашение.
intimidad. [ж.] искренняя, задушевная дружба, тесная связь, интимность, близость; глубоко личная часть дел и т. д.
intimidar. [перех.] запугивать; вызывать робость; наводить страх; intimidarse. [возв. гл.] пугаться; робеть.
íntimo, ma. [прил.] интимный, близкий, задушевный; тесный; (глубоко) внутренний: * naturaleza íntima de un fenómeno, внутренняя природа явления.
intina. [ж.] (бот.) внутренняя оболочка цветкового зёрнышка.
intinción. [ж.] обмакивание хлеба в вино.
intitular. [перех.] озаглавить, озаглавливать.
intocable. [прил.] неприкосновенный; неприкасаемый.
intolerabilidad. [ж.] несносность, невыносимость.
intolerable. [прил.] нестерпимый, невыносимый, несносный.
intolerablemente. [нареч.] несносно, нестерпимо.
intolerancia. [ж.] нетерпимость, недопустимость.
intolerante. [прил.] нетерпимый (тже. сущ.).
intolerantismo. [м.] дух нетерпимости.
intomable. [прил.] (Амер.) не годный для питья.
intonso, sa. [прил.] нестриженный; (перен.) невежественный, неотёсанный; неразрезанный (о книге).
intorsión. [ж.] обвивание, обвитие.
intoxicación. [ж.] интоксикация, отравление.
intoxicar. [перех.] отравлять.
intra- приставка, обозначающая внутри-.
intraabdominal. [прил.] внутрибрюшной.
intraarterial. [прил.] внутриартериальный.
intraarticular. [прил.] внутрисуставной.
intraatómico, ca. [прил.] (физ.) (неол.) внутриатомный.
intracardiaco, ca. [прил.] внутрисердечный.
intracelular. [прил.] внутриклеточный.
intracraneal, intracraneano, na. [прил.] внутричерепной.

intradérmico, ca. [прил.] находящийся в толще кожи.
intradós. [м.] (арх.) внутренний выгиб, внутренняя лицевая поверхность свода.
intraducibilidad. [ж.] непереводимость.
intraducible. [прил.] непереводимый.
intraligamentoso, sa. [прил.] внутрисвязочный.
intramolecular. [прил.] внутримолекулярный.
intramuros. [нареч.] внутри городских стен, внутри города.
intramuscular. [прил.] (анат.) внутримышечный.
intranquilamente. [нареч.] беспокойно.
intranquilidad. [ж.] беспокойство, тревога.
intranquilizador, ra. [прил.] беспокоящий, тревожащий.
intranquilizar. [перех.] беспокоить, тревожить.
intranquilo, la. [прил.] беспокойный, тревожный.
intransferible. [прил.] не переносимый, непереводимый.
intransgredible. [прил.] см. inquebrantable.
intransigencia. [ж.] неуступчивость, непримиримость; непреклонность; прямолинейность.
intransigente. [прил.] неуступчивый, непримиримый; прямолинейный; непреклонный.
intransitable. [прил.] непроезжий, непроходимый (о дороге и т. д.).
intransitivo, va. [прил.] непереходный (о глаголе).
intransmisible. [прил.] непередаваемый.
intransmutabilidad. [ж.] неизменяемость.
intransmutable. [прил.] неизменяемый.
intransparencia. [ж.] непрозрачность.
intransparente. [прил.] непрозрачный.
intransportable. [прил.] неудобный для переноски, перевозки.
intranuclear. [прил.] внутриядерный.
intraocular. [прил.] внутриглазной.
intraperitoneal. [прил.] внутрибрюшинный.
intrasmisible. [прил.] см. intransmisible.
intratabilidad. [ж.] несговорчивый характер, несговорчивость.
intratable. [прил.] несговорчивый, неуступчивый; труднопроходимый; см. insociable.
intratar. [перех.] (Амер.) (неол.) оскорблять.
intratorácico, ca. [прил.] (анат.) внутригрудной.
intrauterino, na. [прил.] (мед.) внутриматочный.
intravaginal. [прил.] внутривлагалищный.
intravascular. [прил.] внутрисосудистый.
intravenoso, sa. [прил.] внутривенный.
intravital. [прил.] прижизненный.
intrépidamente. [нареч.] неустрашимо, отважно, бесстрашно.
intrepidez. [ж.] неустрашимость, отвага, бесстрашие.
intrépido, da. [прил.] неустрашимый, бесстрашный, отважный.
intriga. [ж.] интрига; (театр.) интрига, завязка.
intrigante. [дейст. прич.] к intrigar интригующий; [м. и ж.] интриган, (-ка).
intrigar. [неперех.] интриговать, строить козни; [перех.] интриговать, возбуждать любопытство.
intrincable. [прил.] поддающийся запутыванию и т. д.
intrincación. [ж.] запутывание, затемнение (смысла).
intrincadamente. [нареч.] запутанно.
intrincado, da. [страд. прич.] к intrincar [прил.] запутанный, неясный.
intrincamiento. [м.] см. intrincación.

intrincar. [перех.] запутывать, затемнять (смысл).
intríngulis. [м.] (разг.) тайный умысел; задняя мысль; скрытая причина; затруднение.
intrínsecamente. [нареч.] существенно.
intrínseco, ca. [прил.] присущий кому-л., свойственный чему-л., существенный: * valor intrínseco, действительная, истинная ценность.
intrinsiqueza. [ж.] сущность, интимность.
introducción. [ж.] введение, ввод; вступление, введение, предисловие, предуведомление; попадание, проникновение (внутрь); представление, рекомендация; (муз.) интродукция, вступление.
introducir. [перех.] вводить внутрь, вкладывать; всовывать, просовывать; вставлять; (перен.) вносить (разногласия и т. д.); вводить, внедрять; представлять, рекомендовать; introducirse. [возв. гл.] проникать, вкрадываться, попадать (внутрь); (перен.) вмешиваться (в чужие дела); [непр. гл.] спрягается как conducir.
introductivo, va. [прил.] вступительный, вводный, служащий введением.
introductor, ra. [прил.] вводящий; [м. и ж.] вводящий, (-ая), вводитель, (-ница): * introductor de embajadores, заведующий протокольным отделом.
introito. [м.] начало; вступление; (церк.) начало обедни; пролог (в старинных пьесах).
intromisión. [ж.] вмешательство.
intropión. [м.] (мед.) заворот век.
introrso, sa. [прил.] (бот.) внутрь обращенный, растрескивающийся внутрь.
introspección. [ж.] интроспекция, самонаблюдение, самоанализ.
introspectivo, va. [прил.] интроспективный.
introversión. [ж.] абстракция.
introverso, sa. [прил.] находящийся в экстазе (о душе).
introvisión. [ж.] см. introspección.
intrusamente. [нареч.] незаконно вторгшийся.
intrusarse. [возв. гл.] незаконно вступать, втираться.
intrusión, intrusismo. [м.] вторжение; незаконное, хитрое вступление (в должность).
intruso, sa. [прил.] вторгшийся, втёршийся, затесавшийся; хитростью, незаконно вступивший (-аяся), чужой, чужая; самозванец, (-ка); пролаза, пронырa.
intubación. [ж.] введение трубки (в гортань при ее сужении).
intubador. [м.] (мед.) инструмент для введения трубки (в гортань при ее сужении).
intubar. [перех.] (мед.) вводить трубку в гортань (при ее сужении).
intuición. [ж.] интуиция; созерцание.
intuir. [перех.] интуитивно чувствовать.
intuitivamente. [нареч.] интуитивно; (бог.) созерцательно.
intuitivo, va. [прил.] интуитивный; (бог.) созерцательный; наглядный (о педагогике).
intuito. [м.] быстрый взгляд, взгляд.
intumescencia. [ж.] опухание, припухание; опухоль.
intumescente. [прил.] припухающий, опухший, распухший.
intususcepción. [ж.] всасывание, вбирание (соков).

intutible. [прил.] (Амер.) отвратительный, вызывающий отвращение (от нечистоты); бесполезный, негодный.
ínula. [ж.] (бот.) девясил (растение).
inulina. [ж.] инулин (химическая составная часть тела растения).
inulto, ta. [прил.] (поэт.) безнаказанный.
inunción. [ж.] втирание.
inundable. [прил.] заливаемый, затопляемый.
inundación. [ж.] наводнение, затопление, разлив; (перен.) множество, изобилие.
inundante. [дейст. прич.] к inundar.
inundar. [перех.] наводнять, затоплять, заливать; орошать, заливать; (перен.) наводнять.
inurbanamente. [нареч.] невежливо.
inurbanidad. [ж.] невежливость.
inurbano, na. [прил.] невежливый.
inusitadamente. [прил.] необычно.
inusitado, da. [прил.] неупотребительный, необычный.
inusual. [прил.] см. inusitado.
inútil. [прил.] бесполезный, ненужный, непригодный; напрасный.
inutilidad. [ж.] бесполезность, бесплодность, непригодность.
inutilización. [ж.] приведение в негодность.
inutilizar. [перех.] приводить в негодность, делать бесполезным и т. д.; погашать (марки т. д.); inutilizarse. [возв. гл.] делаться бесполезным, непригодным.
inútilmente. [нареч.] бесполезно, напрасно.
invadeable. [прил.] глубокий, не переходимый вброд.
invadir. [перех.] вторгаться, делать набег; захватывать силой, оккупировать; (перен.) заполнять, наводнять, распространяться.
invaginación. [ж.] (хир.) инвагинация.
invalidación. [ж.] признание недействительным; см. inutilidad.
inválidamente. [нареч.] недействительно.
invalidar. [перех.] признать недействительным.
invalidez. [ж.] инвалидность, нетрудоспособность; недействительность.
inválido, da. [прил.] нетрудоспособный, увечный; (перен.) недействительный, не имеющий силы; [м. и ж.] инвалид.
invalorable. [прил.] неоценимый, бесценный.
invariabilidad. [ж.] неизменяемость, неизменность.
invariable. [прил.] неизменяемый, неизменяющийся, неизменный, постоянный.
invariablemente. [нареч.] неизменно, неуклонно.
invariación. [ж.] неизменность.
invariadamente. [нареч.] неизменно.
invariado, da. [прил.] неизменившийся, постоянный.
invariante. [м.] (мат.) инвариант, неизменная величина.
invasión. [ж.] вторжение, нашествие, набег; (перен.) наводнение; (мед.) начало болезни.
invasivo, va. [прил.] захватнический, завоевательный.
invasor, ra. [прил.] вторгающийся; [м.] завоеватель, захватчик, вторгшийся враг.
invección, invectiva. [ж.] выпад, инвектива.
invectivar. [перех.] (неол.) резко нападать, поносить, делать резкое выступление.
invencibilidad. [ж.] непобедимость.

invencible. [прил.] непобедимый, непреодолимый.
invenciblemente. [нареч.] непреодолимо и т. д.
invención. [ж.] изобретение; выдумка, вымысел, измышление; небылица; нахождение.
invencionero, ra. [прил. и сущ.] см. inventor; лгущий; лжец, лгун, (-ья), враль, обманщик.
invendible. [прил.] непродажный, непродающийся.
inventador, ra. [прил. и сущ.] см. inventor.
inventar. [перех.] изобретать; выдумывать, измышлять; замышлять, создавать (произведение и т. д.): * no ha inventado la pólvora, он пороху не выдумает.
inventariar. [перех.] инвентаризировать, вносить в опись, составлять инвентарь чего-л.
inventario. [м.] инвентарь (список), опись.
inventiva. [ж.] изобретательность.
inventivo, va. [прил.] изобретательный.
invento. [м.] изобретение, изобретённый предмет, вещь.
inventor, ra. [прил.] изобретающий; выдумывающий; [м. и ж.] изобретатель, (-ница); выдумщик, (-ица), лгун, (-ья).
inverecundamente. [нареч.] бесстыдно.
inverecundia. [ж.] бесстыдство.
inverecundo, da. [прил.] бесстыдный; [сущ.] бесстыдник.
inverisímil. [прил.] см. inverosímil.
inverisimilitud. [ж.] см. inverosimilitud.
inverna. [ж.] (Амер.) см. invernada.
invernáculo. [м.] оранжерея, теплица.
invernada. [ж.] вся зима, всё зимнее время; (Амер.) зимнее пастбище (в горах); зимний период откорма скота.
invernadero. [м.] место зимовки; зимний сад; (Амер.) зимнее пастбище (в горах); см. invernáculo.
invernal. [прил.] зимний; [м.] зимнее помещение для скота.
invernar. [неперех.] зимовать; быть в зиме; [непр. гл.] спрягается как acertar.
invernizo, za. [прил.] зимний.
inverosímil. [прил.] неправдоподобный, невероятный.
inverosimilitud. [ж.] неправдоподобие, невероятность.
inverosímilmente. [нареч.] неправдоподобно, невероятно.
inversamente. [нареч.] обратно, наоборот: * inversamente proporcional, обратно пропорциональный.
inversión. [ж.] смещение, перемещение, изменение порядка; инверсия; вложение (капитала).
inverso, sa. [непр. страд. прич.] к invertir; [прил.] обратный, противоположный; [ж.] (лог.) обратное предложение: * a (por) la inversa, в обратном порядке, наоборот.
inversor, ra. [прил.] перемещающий; [м.] (физ.) инвертор.
invertebrado, da. [прил.] беспозвоночный; [м. множ.] беспозвоночные животные.
invertido, da. [страд. прич.] к invertir; [прил.] гомосексуальный; [сущ.] гомосексуалист.
invertina. [ж.] (хим.) инвертин.
invertir. [перех.] перемещать, переставливать, расположить в обратном порядке; инвестировать, помещать, вкладывать капитал; тратить (время): * invertir la dirección de una corriente, менять направление электрического тока; [непр. гл.] спрягается как sentir.
investidura. [ж.] введение в должность; (церк.) возведение в сан; предоставление, пожалование (должности, сана), инвеститура.

investigable. [прил.] (м. употр.) поддающийся исследованию, изысканию.
investigación. [ж.] исследование, изыскание; расследование; (юр.) следствие.
investigador, ra. [прил.] исследующий, разузнающий и т. д.; [м. и ж.] исследователь, (-ница), испытатель, (-ница).
investigar. [перех.] исследовать, расследовать; заниматься розыском; разузнавать, разыскивать; (юр.) вести следствие.
investimiento. [м.] (церк.) приобретение, покупка недвижимого имущества.
investir. [перех.] предоставлять, жаловать (должность, сан), назначать на должность; [непр. гл.] спрягается как pedir.
inveteradamente. [нареч.] закоренелым образом.
inveterado, da. [прил.] закоренелый, укоренившийся, закоснелый, застарелый, неисправимый.
inveterarse. [возв. гл.] укореняться, застареть, см. envejecerse.
invictamente. [нареч.] победоносно.
invicto, ta. [прил.] непобеждённый; победоносный.
invidencia. [ж.] см. ceguedad; зависть.
invido, da. [прил.] завистливый.
invierno. [м.] зима; период дождей (в тропиках): * de invierno, зимний, * en, durante el invierno, зимой.
invigilar. [перех.] заботиться о...
inviolabilidad. [ж.] неприкосновенность, нерушимость: * inviolabilidad parlamentaria, парламентская неприкосновенность.
inviolable. [прил.] неприкосновенный; ненарушимый, нерушимый.
inviolado, da. [прил.] нетронутый, чистый, ненарушенный, непоруганный.
invisibilidad. [ж.] невидимость.
invisiblemente. [нареч.] невидимо.
invisible. [прил.] невидимый; незримый.
invitación. [ж.] приглашение, зов (разг.).
invitado, da. [страд. прич.] к invitar; [м. и ж.] приглашённый, (-ая), званый, (-ая).
invitador, ra. [прил.] приглашающий, пригласивший.
invitante. [дейст. прич.] к invitar, приглашающий.
invitar. [перех.] приглашать, звать, просить в гости; призывать к чему-л.
invitatorio. [м.] призывательный стих (в церкви).
invocación. [ж.] воззвание; призыв, обращение с мольбой; ссылка на что-л; воззвание (уст.), обращение (к музам).
invocador, ra. [прил.] умоляющий; призывающий, взывающий (тж. сущ.).
invocar. [перех.] умолять; взывать, призывать; ссылаться, указывать на что-л.
invocatorio, ria. [прил.] призывный, просительный.
involucela. [ж.] (бот.) обвёрточка.
involucración. [ж.] введение посторонних тем.
involucrado, da. [страд. прич.] к involucrar, [прил.] (бот.) снабжённый обвёрткой или поволокой, обвёрнутый.
involucral. [прил.] (бот.) вырастающий на обвёртке.
involucrar. [перех.] вводить посторонние темы (в речь и т. д.).
involucro. [м.] (бот.) обвёртка.
involuntariamente. [нареч.] невольно, непроизвольно.
involuntariedad. [ж.] непроизвольность.
involuntario, ria. [прил.] невольный, непроизвольный.
involutivo, va. [прил.] (бот.) скрученный внутрь.
invulnerabilidad. [ж.] неуязвимость.
invulnerable. [прил.] неуязвимый.
invulnerablemente. [нареч.] неуязвимо.

inyección. [ж.] инъекция, впрыскивание; вливание; впрыскиваемая жидкость.
inyectable. [прил.] годный для впрыскивания; [м.] впрыскиваемое вещество.
inyectación. [ж.] см. inyección.
inyectado, da. [страд. прич.] к inyectar; [прил.] (мед.) налитый кровью: * ojos inyectados en sangre, налившиеся, налитые кровью глаза.
inyectador, ra. [прил.] впрыскивающий (тже. сущ.); [м.] прибор для впрыскивания, для вливания.
inyectar. [перех.] впрыскивать (под кожу), вливать (в вену); делать вливание, инъекцию; вливать.
inyector. [м.] инжектор, питательный прибор (в паровых котлах).
iñiguista. [прил.] иезуитский; [м.] иезуит, член иезуитского ордена.
iñude. [м.] (обл.) кормилица.
iñudo. [м.] (обл.) муж кормилицы.
iodo. [м.] (непр.) йод.
iolita. [ж.] (мин.) иолит.
ion. [м.] (хим.) ион.
iónico, ca. [прил.] (физ. хим.) ионный.
ionio. [м.] (хим.) ионий.
ionización. [ж.] (физ. хим.) ионизация.
ionizador, ra. [прил.] (физ. хим.) ионизирующий.
ionizante. [действ. прич.] к ionizar.
ionizar. [перех.] (физ. хим.) ионизировать.
ionómetro. [м.] (физ.) ионометр.
ionosfera. [ж.] ионосфера (верхние слои атмосферы).
ionosférico, ca. [прил.] ионосферный.
ionoterapia. [ж.] ионотерапия.
ionoterápico, ca. [прил.] относящийся к ионотерапии.
iota. [ж.] йота (буква греческого алфавита).
iotacismo. [м.] частое употребление звука i.
iotacización. [ж.] (лингв.) йотирование.
ipecacuana. [ж.] (бот.) ипекакуана (растение и корень).
iperita. [ж.] (хим.) иприт.
ipil. [м.] филиппинское бобовое дерево.
ipil. [м.] (Амер.) см. huipil.
ipisqui. [м.] (обл.) метла для подметания печи.
ipomea. [ж.] (бот.) ипомея.
ipso facto. [лат. выраж.] тем самым, за то, через это.
ir. [непер.] ходить, двигаться, передвигаться (тем или иным способом); идти, ехать, ездить, летать, отправляться куда-л, путешествовать; прохаживаться, расхаживать, разъезжать; идти, быть к лицу; отличаться от чего-л; держать пари, биться об заклад; вести (о дороге); идти, протекать, развиваться; действовать, приступать; доставаться кому-л, попадать к..; отправляться за чем-л; носить, ходить; подходить, нравиться; (конструкция ir + герундий выражает становление, процесс): * va amaneciendo, рассветает; (конструкция ir + a + инфинитив другого глагола имеет значение; намереваться); * voy a pasear, я собираюсь гулять; (конструкция presente глагола + инфинитив другого глагола выражает в прямой речи — будущее время); * vamos a quedarnos aquí, мы останемся здесь; (или выражает целевое устремление); * ir a ver, пойти навестить; (конструкция imperativo глагола ir + инфинитив другого глагола имеет усилительное значение); * no vaya usted a creer, не подумайте!; **irse.** [возв. гл.] уходить, уезжать; исчезать, проходить, кончаться; умирать; протекать; портиться; течь, вытекать; (физиол.) испускать газы; скользить; терять равновесие; разрываться, проры-

ваться; ветшать; (карт.) сносить: * ir a pie, идти пешком; * ir en bicicleta, ехать на велосипеде; * ir en tren, ехать в поезде; * ir al trote, идти рысью; * ir y venir, ходить взад и вперёд; * ir a la deriva, дрейфовать; * ir al campo, ехать на дачу; ¿quién va? кто идёт?; * ir de mal en peor, ухудшаться; попасть из огня да в полымя; * ir a buscar, пойти за; * vamos a quedar aquí, мы останемся здесь; * (yo creí que (él) iba a pegarme, я думал - он побьёт меня); * yo iba a marchar, я собирался уехать; voy a comer, я собираюсь пообедать; * ir con miedo, бояться; * ir con cuidado, быть осторожным; * ir adelante, продолжаться; * ir derecho al bulto, идти прямо к цели; * ir viviendo, с трудом жить; * ir a los alcances, идти вслед за кем; * ¡vamos!, пойдём!, давайте!; * ¡vaya una situación! вот так положение!; * irse abajo, обрушиваться, обваливаться; * irse a pique, тонуть, идти ко дну; * me va en ello el honor, дело идёт о моей чести, тут затронута моя честь; * se va el agua, вода вытекает (из сосуда); * esta taza se va, эта чашка течёт; * irse de la memoria, забыть; * irse de la lengua, проговориться; * irse al otro barrio, (разг.) отправиться на тот свет; * ir a parar, деваться; * ¡allá va eso!, сторонись!, берегись!; * eso no va conmigo, это меня не касается; [непр. гл.] pres.: voy, vas, va, vamos, vais, van; indef.: fui, fuiste, fue, fuimos, fuisteis, fueron; subj. pres.: vaya, -as, -a и т. д.; imperf.: fuera o fuese и т. д.; imperat.: ve; id; ger.: yendo.
ira. [ж.] гнев, злоба, ярость; жажда мести: * con ira, гневно, раздражительно.
iracundamente. [нареч.] гневно, яростно, раздражительно.
iracundia. [ж.] раздражительность, вспыльчивость.
iracundo, da. [прил.] раздражительный, вспыльчивый, гневный; (поэт.) бушующий.
iranio, nia. [прил.] иранский; [м. и ж.] иранец, (-ка); [м.] иранский язык.
iraqués, sa. [прил.] иракский; [м. и ж.] житель, (-ница) Ирака.
irascibilidad. [ж.] раздражительность, вспыльчивость.
irascible. [прил.] раздражительный, вспыльчивый.
irasco. [м.] (обл.) козёл.
irbis. [м.] (зоол.) ирбис.
iribú. [м.] (Амер.) (зоол.) аура (разновидность ястреба).
iricromático, ca. [прил.] радужный, отливающий цветами радуги.
iridal. [прил.] относящийся к радужной оболочке.
iridalgia. [ж.] (пат.) боль в радужной оболочке.
iridauxesis. [ж.] (пат.) гипертрофия радужной оболочки.
íride. [ж.] (бот.) ирис.
irídeas. [ж. множ.] (бот.) касатиковые, ирисовые.
iridectomía. [ж.] (хир.) иссечение радужной оболочки.
iridectomo. [м.] инструмент для иссечения радужной оболочки.
iridemia. [ж.] (пат.) кровотечение из радужной оболочки.
iridenclisis. [ж.] утолщение складки радужной оболочки в длинном узком раневом канале склеры; см. irododesis.
irídeo, a. [прил.] ирисовый, касатиковый; [ж. множ.] семейство касатиковых растений.
iridiano, na, irídico, ca. [прил.] относящийся к радужной оболочке.
iridífero, ra. [прил.] содержащий иридий.

iridio. [м.] (хим.) иридий.
iridiscencia. [ж.] свойст. к переливчатый.
iridiscente. [прил.] переливчатый, с отливом, радужный; имеющий все цвета радуги.
iridocele. [м.] (пат.) выпадение радужной оболочки через рану в роговице.
iridociclectomía. [ж.] (хир.) иссечение радужной оболочки и ресничного тела.
iridociclocoroiditis. [ж.] (пат.) воспаление радужной оболочки ресничного тела и сосудистой оболочки.
iridocoroiditis. [ж.] (пат.) воспаление радужной и сосудистой оболочки.
iridodonesis. [ж.] (пат.) дрожание, шатание радужной оболочки во время движения глаза при потере естественной точки опоры.
iridoleptinsis. [ж.] (пат.) утончение радужной оболочки.
iridomalacia. [ж.] (пат.) размягчение радужной оболочки.
iridoperifacitis. [ж.] (пат.) воспаление радужной оболочки и оболочек хрусталика.
iridoplejía. [ж.] (пат.) паралич мышц радужной оболочки; неподвижность зрачка.
iridoptosis. [ж.] (пат.) выпадение радужной оболочки.
iridorrexia. [ж.] (хир.) разрыв радужной оболочки.
iridotasis. [ж.] (хир.) оперативное растяжение радужной оболочки при глаукоме.
iridotomía. [ж.] операция искусственного образования зрачка, разрез радужной оболочки.
irire. [м.] (Амер.) сорт бутылочной тыквы.
iris. [м.] радуга; (анат.) радужная оболочка глаза; (бот.) ирис; (мин.) опал: * iris de Paz, умиротворитель; миротворец.
irisación. [ж.] иризация, отливание радужными цветами.
irisado, da. [страд. прич.] к irisar; [прил.] радужный, отливающий цветами радуги.
irisar. [непер.] сиять всеми цветами радуги.
iritis. [ж.] (пат.) воспаление радужной оболочки.
irlanda. [ж.] сорт льняного полотна.
irlandés, sa. [прил.] ирландский; [м. и ж.] ирландец, (-ка); [м.] ирландский язык.
ironía. [ж.] ирония, насмешка.
irónicamente. [нареч.] иронически.
irónico, ca. [прил.] иронический, насмешливый.
ironismo. [м.] склонность иронизировать.
ironista. [м. и ж.] человек, склонный иронизировать.
ironizar. [непер.] иронизировать.
iroqués, sa. [прил.] ирокезский; [сущ.] ирокез.
irracional. [прил.] иррациональный, неразумный, нерациональный; (мат.) иррациональное число; [м.] неразумное существо.
irracionalidad. [ж.] иррациональность, неразумность.
irracionalmente. [нареч.] нерационально, неразумно.
irradiación. [ж.] излучение, лучеиспускание; лучистость, лучезарность; иррадиация.
irradiante. [действ. прич.] к irradiar, излучающий.
irradiar. [перех.] излучать.
irrazonable. [прил.] неразумный, безрассудный.

irreal. [прил.] ирреальный, нереальный.
irrealidad. [ж.] ирреальность, нереальность.
irrealizable. [прил.] неосуществимый, неисполнимый.
irrebatible. [прил.] неоспоримый, неопровержимый.
irreconciliabilidad. [ж.] непримиримость.
irreconciliable. [прил.] непримиримый.
irreconciliablemente. [нареч.] непримиримо.
irrecuperable. [прил.] невозвратимый.
irrecusabilidad. [ж.] неопровержимость.
irrecusable. [прил.] неопровержимый, неотвергаемый.
irrecusablemente. [нареч.] неопровержимо.
irredentismo. [м.] (неол.) ирредентизм.
irredentista. [прил.] ирредентистский; [сущ.] ирредентист.
irredimible. [прил.] не подлежащий выкупу.
irreducibilidad. [ж.] несокращаемость, неприводимость.
irreducible, irreductible. [прил.] не подлежащий сокращению, уменьшению, изменению; (мат.) несокращаемый, неприводимый; (хир.) невправляемый.
irreemplazable. [прил.] незаменимый.
irreflexión. [ж.] необдуманность, недомыслие.
irreflexivamente. [нареч.] необдуманно.
irreflexivo, va. [прил.] необдуманный; поступающий необдуманно.
irreformable. [прил.] неизменяемый.
irrefragable. [прил.] неопровержимый.
irrefragablemente. [нареч.] неопровержимо.
irrefrangible. [прил.] непреломляемый.
irrefrenable. [прил.] безудержный, неукротимый.
irrefutable. [прил.] неопровержимый, неоспоримый: * calidad de irrefutable, неопровержимость.
irregular. [прил.] неправильный; нерегулярный; беспорядочный; (грам.) неправильный: * verbo irregular, неправильный глагол.
irregularidad. [ж.] неправильность; нарушение принятых форм или процедур; беспорядочность; нерегулярность; см. desfalco.
irregularmente. [нареч.] неправильно; нерегулярно; беспорядочно.
irreivindicable. [прил.] не поддающийся притязанию на возврат чего-л.
irreligión. [ж.] неверие, безбожие; нечестивость.
irreligiosamente. [нареч.] нерелигиозным образом; нечестиво.
irreligioso, sa. [прил.] нерелигиозный, неверующий; безбожный, нечестивый.
irremediable. [прил.] непоправимый, неисправимый; неизлечимый.
irremediablemente. [нареч.] непоправимо, окончательно, безвозвратно.
irremisibilidad. [ж.] непростительность.
irremisible. [прил.] непростительный.
irremisiblemente. [нареч.] беспощадно.
irremunerado, da. [прил.] не вознаграждённый.
irrenunciable. [прил.] от которого нельзя отказываться.
irreparabilidad. [ж.] непоправимость; безвозвратность.
irreparable. [прил.] непоправимый; безвозвратный; незагладимый.
irreparablemente. [нареч.] непоправимо; безвозвратно.
irreprensible. [прил.] безукоризненный, безупречный.

irreprensiblemente. [нареч.] безупречно, безукоризненно.
irreprimible. [прил.] неудержимый, неукротимый.
irreprochabilidad. [нареч.] безупречность, безукоризненность.
irreprochable. [прил.] безупречный, безукоризненный.
irreprochablemente. [нареч.] безупречно, безукоризненно.
irresarcible. [прил.] см. irreparable.
irrescindible. [прил.] не поддающийся аннулированию, отмене.
irresistibilidad. [ж.] непреодолимость; неотразимость.
irresistible. [прил.] непреодолимый; неотразимый.
irresistiblemente. [нареч.] непреодолимо, неодолимо.
irresoluble. [прил.] неразрешимый; неразрывный; безвыходный.
irresolución. [ж.] нерешительность, нерешимость, раздумье.
irresolutamente. [нареч.] нерешительно.
irresoluto, ta. [прил.] нерешительный.
irrespetar. [перех.] (Амер.) не уважать, не оказать должного почтения.
irrespeto. [ж.] (Амер.) неуважение, непочтительность.
irrespetuosamente. [нареч.] непочтительно.
irrespetuoso, sa. [прил.] непочтительный.
irrespirable. [прил.] не годный для дыхания.
irresponsabilidad. [ж.] безответственность.
irresponsable. [прил.] безответственный, неответственный.
irrestañable. [прил.] не могущий быть остановленным (о крови).
irresuelto, ta. [прил.] см. irresoluto.
irreverencia. [ж.] непочтительность, неуважение, непочтение; дерзость, непочтительный поступок или выражение.
irreverenciar. [перех.] не уважать, не оказать должного почтения.
irreverente. [прил.] непочтительный, неуважительный, дерзкий.
irreverentemente. [нареч.] непочтительно, дерзко.
irreversible. [прил.] необратимый.
irrevocabilidad. [ж.] неотменяемость; несменяемость, непреложность.
irrevocable. [прил.] неотменяемый, непреложный; несменяемый; (юр.) окончательный (о приговоре); (фин.) безотзывный.
irrevocablemente. [нареч.] окончательно, непреложно.
irrigable. [прил.] легко оросимый.
irrigación. [ж.] (мед.) промывание, спринцевание; (непр.) ирригация, орошение, обводнение.
irrigador. [м.] (мед.) ирригатор, прибор для спринцевания.
irrigar. [перех.] (мед.) промывать, делать спринцевание; (непр.) орошать.
irrisible. [прил.] смешной, смехотворный.
irrisión. [ж.] осмеяние, насмешка; (разг.) посмешище.
irrisoriamente. [нареч.] смешно.
irrisorio, ria. [прил.] смешной, смехотворный; (непр.) ничтожный (о сумме и т. д.).
irritabilidad. [ж.] раздражительность, возбудимость.
irritable. [прил.] раздражительный, легко возбудимый.
irritable. [прил.] (юр.) могущий быть аннулированным.
irritación. [ж.] раздражение.
irritación. [ж.] (юр.) признание недействительным, объявление незаконным.
irritador, ra. [прил.] раздражающий (тж. сущ.).
irritamente. [нареч.] см. inválidamente.

irritamiento. [м.] раздражение, см. irritación.
irritante. [дейст. прич.] к irritar, раздражающий.
irritar. [перех.] сердить, раздражать, озлоблять; возбуждать; (мед.) раздражать, возбуждать; irritarse. [возв. гл.] раздражаться, сердиться.
irrito, ta. [прил.] (юр.) недействительный.
irrogación. [ж.] нанесение ущерба и т. д.
irrogar. [перех.] причинять убыток, ущерб и т. д.
irrompible. [прил.] небьющийся, прочный.
irruimiento. [м.] (поэт.) см. irrupción.
irruir. [перех.] (поэт.) вторгаться, врываться; [непр. гл.] спрягается как muir.
irrumpir. [перех.] вторгаться, врываться.
irrupción. [ж.] вторжение, нашествие, набег.
irruptor, ra. [прил.] делающий вторжение, нашествие.
irruyente. [дейст. прич.] к irruir.
irunés, sa. [прил.] относящийся к Irún; [м. и ж.] уроженец, (-ка) этого города.
isabelino, na. [прил.] относящийся к (королеве) Изабелле; относящийся к монетам с изображением Изабеллы II; [сущ.] сторонник Изабеллы II (тж. прил.); * caballo isabelino, буланый конь.
isadelfo, fa. [прил.] (бот.) равнобратственный или двубратственный.
isagoge. [ж.] вступление.
isagógico, ca. [прил.] вступительный.
isangas. [ж. множ.] (Амер.) сорт верши для ловли креветок.
isantéreo, a. [прил.] (бот.) равнопыльниковый.
isard. [м.] (зоол.) пиренейская серна.
isasa. [ж.] см. hiniesta.
isatídeas. [ж. множ.] (бот.) вайдовые растения.
isatis. [м.] (зоол.) песец.
isba. [ж.] изба.
iscnocia. [ж.] (пат.) чрезмерная худоба.
iscomenia. [ж.] (мед.) задержка месячных.
iscuria. [ж.] (мед.) задержка мочи.
isíaco, ca. [прил.] (миф.) относящийся к Изиде.
isidoriano, na. [прил.] принадлежащий или относящийся к св. Исидору.
isidro, dra. [м. и ж.] простоватый крестьянин (-ка).
isla. [ж.] остров; группа домов; (Амер.) группа деревьев; земля, затапливаемая во время разлива: * en isla, изолированно, отдельно.
islam. [м.] ислам.
islámico, ca. [прил.] исламический.
islamismo. [м.] исламизм.
islamita. [прил.] магометанский; [м. и ж.] магометанин, (-ка).
islán. [м.] старинная вуаль.
islandés, sa. [прил.] исландский; [м. и ж.] исландец, (-ка); [м.] исландский язык.
islándico, ca. [прил.] исландский.
islario. [м.] описание островов.
isleño, ña. [прил.] островной; [м. и ж.] островитянин, (-ка).
isleo. [м.] островок; местность, со всех сторон окружённая больших утёсов и т. д.
isleta. [ж.] островок.
islilla. [ж.] подмышка, подмышечная впадина; ключица.
islote. [м.] необитаемый островок; скала среди моря.
ismaelita. [прил.] (ист.) сарацинский; [м. и ж.] сарацин, (-ка).
iso- приставка, обозначающая одинаковый.
isobara. [ж.] (физ.) изобара.
isobárico, ca. [прил.] изобарический.
isóbato, ta. [прил.] равной глубины: * línea isóbata, изобата, линия равной глубины.
isoclinal. [прил.] (геол.) изоклинальный.

isocoria. [ж.] равномерность обоих зрачков.
isocromático, ca. [прил.] (физ.) изохроматический, одноцветный.
isocronismo. [м.] одновременность, изохронность, одинаковая длительность.
isocrono, na. [прил.] изохронный, одинаковой длительности, единовременный, равновременный.
isodáctilo, la. [прил.] (зоол.) равнопалый.
isódico, ca. [прил.] центростремительный.
isodinámico, ca. [прил.] равносильный, изодинамический.
isoédrico, ca. [прил.] (мин.) равногранный.
isoete. [м.] (бот.) полушник.
isófilo, la. [прил.] (бот.) равнолистный.
isoforia. [ж.] одинаковое напряжение вертикальных мышц обоих глаз; отсутствие гипо- и гиперфории.
isogamia. [ж.] (биол.) изогамия.
isógono, na. [прил.] изогональный, равноугольный.
isografía. [ж.] изография.
isográfico, ca. [прил.] изографический.
isomería. [ж.] изомерия.
isomérico, ca. [прил.] к изомерия; см. isómero.
isomerismo. [м.] (физ. хим.) равнозернистость, изомеризм.
isómero, na. [прил.] (хим.) изомерный.
isométrico, ca. [прил.] изометрический, одинаковых размеров.
isomorfismo. [м.] изоморфизм.
isomorfo, fa. [прил.] (мин.) изоморфный, сходный по форме.
isoperímetro, tra. [прил.] (геом.) изопериметрический.
isopétalo, la. [прил.] (бот.) равнолепестный.
isópodo, da. [прил.] (зоол.) равноногий; [м. множ.] (зоол.) равноногие раки.
isoquímeno, na. [прил.] * línea isoquímena, (метеор.) изохимена.
isósceles. [прил.] (геом.) равнобедренный.
isostasia. [ж.] (геол.) изостазия.
isostático, ca. [прил.] изостатический.
isostémono, na. [прил.] (бот.) с равным числом тычинок и лепестков.
isotermia. [ж.] постоянство температуры.
isotermo, ma. [прил.] (метеор.) (физ.) изотермический; имеющий одинаковую температуру; [ж.] изотерма.
isótero, ra. [прил.] (метеор.) изотерический.
isotonía. [ж.] изотония.
isotónico, ca. [прил.] изотонический.
isótopo. [м.] (хим.) изотоп (тж. прил.).

isotropia. [ж.] (физ.) изотропность; изотропия.
isótropo, pa. [прил.] (физ.) изотропный.
ispacle. [м.] мексиканское целебное растение.
isquemia. [ж.] (мед.) спастическая анемия вследствие сужения приводящих сосудов.
isquial. [прил.] (анат.) седалищный.
isquialgia. [ж.] (пат.) боль в седалищном нерве; см. ciática.
isquias. [ж.] (пат.) см. ciática.
isquiático, ca. [прил.] (анат.) седалищный.
isquiatitis. [ж.] (пат.) воспаление седалищного нерва.
isquiocavernoso, sa. [прил.] (анат.) седалищно-пещеристый.
isquiocele. [м.] (пат.) седалищная грыжа.
isquiocoxígeo, a. [прил.] (анат.) седалищно-копчиковый.
isquion. [м.] (анат.) седалище, седалищная кость.
israeliano, na. [прил.] израильский; [м. и ж.] житель, (-ница) Израиля.
israelita. [прил.] еврейский, израильский; [м. и ж.] еврей, (-ка), израильтянин, (-ка).
israelítico, ca. [прил.] еврейский.
istacayota. [ж.] (Амер.) (бот.) разновидность бутылочной тыквы.
istaguate. [м.] (Амер.) мексиканская ядовитая змея.
istapacle. [м.] (Амер.) мексиканское слабительное растение.
istmeño, ña. [прил. и сущ.] уроженец, (-ка), житель, (-ница) перешейка.
ístmico, ca. [прил.] перешеечный.
istmo. [м.] перешеек.
istriar. [перех.] см. estriar.
isuate. [м.] сорт мексиканской пальмы.
itabirita. [ж.] (геол.) итабирит.
itacolumita. [ж.] (геол.) итаколумит, гибкий бразильский песчаник.
itabo. [м.] (Амер.) естественный канал между реками; лагуна, болото.
itacate. [м.] (Амер.) дорожные съестные припасы.
italianismo. [м.] (лингв.) итальянизм.
italianizar. [перех.] придавать итальянский характер.
italiano, na. [прил.] итальянский; [м. и ж.] итальянец (-ка); [м.] итальянский язык.
itálico, ca. [прил.] италийский; (полигр.) курсивный.
italiota. [м.] (ист.) греческий колонист (в Италии).

ítalo, la. [прил.] (поэт.) итальянский; [м. и ж.] итальянец, (-ка).
itapa. [ж.] (Амер.) плот.
itea. [ж.] (бот.) камнеломкое растение.
ítem. [нареч.] кроме того, а также; сверх того, столько же, то же; [м.] статья счёта; см. aditamento.
iter. [м.] (мед.) путь.
iterable. [прил.] могущий быть повторённым.
iteración. [ж.] повторение.
iterar. [перех.] повторять.
iterativamente. [нареч.] повторно, повторяясь.
iterativo, va. [прил.] повторный, повторяющийся; (грам.) итеративный.
iterbio. [м.] (хим.) иттербий.
iterbita. [ж.] (мин.) иттербиалит.
itinerario, ria. [прил.] путевой, дорожный; [м.] маршрут; путеводитель, дорожник; (м. употр.) (мор.) см. derrotero.
-itis. окончание, указывающее на воспаление.
itria. [ж.] (хим.) окись иттрия.
itrico, ca. [прил.] (хим.) к иттрий; содержащий иттрий.
itrífero, ra. [прил.] содержащий иттрий.
itrio. [м.] (хим.) иттрий.
itrocalcita. [ж.] (мин.) иттрокальцит.
itrocerita. [ж.] (мин.) иттроцерит, разновидность иттрокальцита.
itrotantalita. [ж.] иттротанталит.
iulo. [м.] (зоол.) кивсяк (многоножка).
ivierno. [м.] зима, см. invierno.
ixodes. [м.] (зоол.) собачий клещ.
ixodiasis. [ж.] клещевая лихорадка.
iza. [ж.] (арг.) проститутка.
izado, da. [страд. прич.] к izar; [м.] (арг.) тот, кто сожительствует вне брака.
izaga. [ж.] заросли камышей.
izar. [перех.] (мор.) поднимать, втаскивать: * izar velas, ставить, поднимать паруса; * izar la bandera, поднять флаг.
izquierda. [ж.] левая рука; (полит.) левое крыло; левые партии.
izquierdear. [неперех.] (перех.) отклоняться от справедливости и т. д.
izquierdista. [м. и ж.] (полит.) левый; [прил.] (прост.) левый.
izquierdo, da. [прил.] левый; (перен.) кривой, непрямой.

J j

j. [ж.] 11-я буква испанского алфавита.

jaba. [ж.] (Амер.) плетёная корзина (из пальмы); решетчатый ящик для перевозки фаянсовой посуды; (непр.) сума (нищего); пустая тыква; нищета, скудость: * tomar la jaba, salir con la jaba, просить милостыню; * soltar, largar la jaba, просвещаться.

jabado, da. [прил.] (Амер.) нерешительный.

jaba(l)cón. [м.] (арх.) подпорка.

jabalconar. [перех.] ставить подпорки, подпирать (кровлю и т. д.).

jabalí. [м.] (зоол.) дикий кабан.

jabalín. [м.] (обл.) дикий кабан.

jabalina. [ж.] (зоол.) самка дикого кабана.

jabalina. [ж.] охотничье копьё, короткая пика; (спорт.) дротик, метательное копьё: * lanzamiento de la jabalina, метание копья.

jabalinero, ra. [прил.] (обл.) * perro jabalinero; собака, которая охотится на дикого кабана.

jabalón. [м.] (арх.) см. jabalcón.

jabalonar. [перех.] (арх.) см. jabalconar.

jabañón. [м.] (арг.) мышь.

jabarda. [ж.] (обл.) грубая шерстяная юбка.

jabardear. [неперех.] (от)роиться (о пчёлах).

jabardillo. [м.] пчелиный рой; (перен.) (разг.) шумная толпа.

jabardo. [м.] небольшой рой; (перен.) шумная толпа.

jabato. [м.] (зоол.) молодой кабан.

jabear. [перех.] (Амер.) ловко красть, воровать.

jábeca. [ж.] большая рыболовная сеть.

jabeca. [ж.] (мин.) старинная очищающая печь.

jábega. [ж.] большая рыболовная сеть, хабега; небольшая рыбачья лодка; сеть для перевозки соломы.

jabeguero, ra. [прил.] относящийся к хабеге (сети); [м.] рыбак, который ловит рыбу хабегой.

jabelar. [перех.] (арг.) понимать, схватить.

jabeque. [м.] (мор.) парусное судно в Средиземном море.

jabeque. [перен.] (разг.) колотая рана на лице. * pintar un jabeque, ранить ножом в лицо.

jabera. [ж.] народная андалузская песня.

jabetada. [ж.] jabetazo. [м.] ранение навахой.

jabí. [м.] дикое яблоко; сорт мелкого винограда.

jabí. [м.] (бот.) хаби (дерево).

jabichuelino, na. [м. у ж.] (разг.) малютка, младенец.

jabielgo. [м.] (обл.) побелка.

jabilla. [ж.] кубинское вьющееся растение.

jabín. [м.] (бот.) хаби, бобовое дерево.

jabino. [м.] (бот.) разновидность можжевельника.

jabirú. [м.] бразильский аист.

jabladera. [ж.] см. argallera.

jable. [м.] утор, уторы.

jabón. [м.] мыло: * jabón blando, зелёное мыло; * jabón duro, белое мыло; * jabón de olor, туалетное мыло, душистое мыло; * jabón de Palencia, валёк (стиральный); нагоняй, головомойка; * jabón de sastre, портновский мел; * dar un jabón, намылить голову, задать головомойку; * dar jabón, льстить.

jabonada. [ж.] (Амер.) см. jabonadura; выговор.

jabonado, da. [страд. прич.] к jabonar; [м.] намыливание; стирка с мылом; намыленное, приготовленное для стирки бельё; бельё, стиранное мылом.

jabonador, ra. [прил.] стирающий мылом; намыливающий, (тже. сущ.).

jabonadura. [ж.] намыливание; стирка мылом; [множ.] мыльная вода или пена: * dar una jabonadura, (разг.) намылить голову, задать головомойку.

jabonamiento. [м.] см. jabonadura.

jabonar. [перех.] стирать мылом; мылить, намыливать (лицо при бритье); (перен.) (разг.) намылить голову, задать головомойку.

jaboncillo. [м.] кусок душистого мыла; (бот.) сапиндус, мыльнянка, мыльник: * jaboncillo de sastre, портновский мел.

jabonear. [перех.] (Амер.) изготовлять мыло.

jabonera. [ж.] продавщица мыла, женщина изготовляющая мыло; мыльница; (бот.) мыльянка.

jabonería. [ж.] мыловаренный завод; мыловарня.

jabonero, ra. [прил.] относящийся к мыловарению, мыловаренный; грязно-белый (о масти быка); [м. и ж.] мыловар; продавец, (-щица) мыла.

jabonete. [м.] кусок душистого мыла.

jabonoso, sa. [прил.] мыльный.

jaboti. [м.] (зоол.) небольшая бразильская черепаха.

jabuco. [м.] (Амер.) круглая корзина.

jabudo, da. [прил.] (Амер.) большой.

jabutra. [ж.] род американской серой цапли.

jaca. [ж.] лошадка; шотландский пони; (Амер.) невысокая кобыла.

jacal. [м.] (Амер.) хижина, крытая пальмовыми листьями или соломой.

jacalón. [м.] (Амер.) см. cobertizo.

jacamar(a). [м.] (Амер.) жакамар (птица).

japaca. [м.] сорт американской птицы.

jacapani. [м.] род соловья.

jacapucisayo. [м.] (бот.) миртовое растение (тропической Америки).

jácara. [ж.] весёлая песня; (музыка) танец; шумная ночная толпа; (перен.) (разг.) досада, беспокойство (из-за назойливой шутки, шума); рассказ, речь.

jacaranda. [ж.] (бот.) палисандровое растение.

jacarandana. [ж.] (арг.) шайка воров или сутенёров; воровской язык, воровское арго.

jacarandina. [ж.] (арг.) см. jacarandana; музыка для танца или пения.

jacarandino, na. [прил.] относящийся к jacarandina.

jacarando, da. [прил.] относящийся к jácara; [м.] см. jácaro.

jacarandoso, sa. [прил.] (разг.) развязный, весёлый, непринуждённый.

jacaré. [м.] (Амер.) кайман.

jacarear. [неперех.] петь весёлые песни; (перен.) (разг.) петь и шуметь на улице; приставать к кому-л.

jacarero, ra, jacarista. [м. и ж.] уличный певец, (-ица), тот, кто поёт jácaras на улице; (перен.) (разг.) весельчак, гуляка.

jácaro, ra. [прил.] весёлый, развязный; хвастливый; [м.] хвастун, бахвал: * a lo jácaro, хвастливо и т. д.

jacerina. [ж.] кольчуга.

jacilla. [ж.] отпечаток, след (на земле).

jacintino, na. [прил.] (поэт.) фиолетовый.

jacinto. [м.] (бот.) гиацинт; (мин.) гиацинт: * jacinto occidental, топаз; * jacinto oriental, рубин.

jacio. [м.] (мор.) мёртвый штиль (после шторма).

jaco. [м.] лошадёнка; старинная кольчуга, старинный камзол.

jacobeo, a. [прил.] относящийся к св. Якову.

jacobinismo. [м.] (ист.) якобинство.

jacobino, na. [прил.] якобинский; [м. и ж.] якобинец, (-бинка).

jaconta. [ж.] (Амер.) сорт разваренного мяса с овощами и т.д.

jactabundamente. [нареч.] см. jactanciosamente.

jactabundo, da. [прил.] см. jactancioso.

jactancia. [ж.] самохвальство, хвастовство, бахвальство, похвальба (разг.).

jactanciosamente. [нареч.] хвастливо и т. д.

jactancioso, sa. [прил.] хвастливый, [м. и ж.] хвастун, (-ья), самохвал, бахвал.

jactante. [действ. прич.] к jactarse.

jactarse. [возв. гл.] хвастаться, хвалиться,

jacú. [м.] (Амер.) хлеб, банан, юкка.
jaculación. [ж.] старинное упражнение в метании, бросании.
jaculatoria. [ж.] короткая усердная молитва.
jaculatorio, ria. [прил.] короткий и усердный.
jaculífero, ra. [прил.] покрытый шипами.
jáculo. [м.] копьё, метательное оружие.
jachado, da. [страд. прич.] к jachar; [прил.] (Амер.) с шрамом от резаной раны (на лице).
jachar. [перех.] (арг.) зажигать, жечь.
jache, jachi. [м.] (Амер.) см. afrecho.
jachipén. [м.] (арг.) пища; пиршество.
jachudo, da. [прил.] мускулистый, очень сильный, здоровый; упрямый, упорный.
jada. [ж.] (обл.) см. azada.
jade. [м.] (мин.) нефрит, почечник, почечный камень.
jadeante. [действ. прич.] к jadear, запыхавшийся, задыхающийся; едва переводящий дух.
jadear. [неперех.] прерывисто, тяжело дышать; задыхаться, запыхаться.
jadeíta. [ж.] (мин.) жадеит.
jadeo. [м.] прерывистое дыхание, одышка.
jadiar. [перех.] (обл.) рыть, копать киркой, мотыгой.
jaecero, ra. [м. и ж.] тот, кто изготовляет или продаёт конские украшения.
jaenés, sa. [прил.] относящийся к Jaén; [м. и ж.] уроженец, (-ка) этого города.
jaez. [м.] (чаще множ.) конские украшения, украшения на упряжи; ленты в гриве; (перен.) свойство; качество; характер; (арг.) одежда.
jaezar. [м.] см. enjaezar.
jafético, ca. [прил.] яфетический.
jago. [ж.] (бот.) высокая американская пальма.
jagoaruga. [м.] (Амер.) (зоол.) сорт бразильской собаки.
jagoirana. [ж.] (бот.) бразильская акация.
jagra. [ж.] см. jacra.
jagua. [ж.] (бот.) (американское) межтропическое дерево; плод из этого дерева.
jagual. [м.] (Амер.) площадь земли, заросшая jaguas.
jaguar. [м.] (зоол.) ягуар.
jaguar. [перех.] (Амер.) enjaguar.
jaguarete. [м.] (Амер.) парагвайский ягуар.
jaguarondi. [м.] (зоол.) пума.
jaguay. [м.] кубинское дерево (Амер.) бассейн, водоём.
jagüecillo. [м.] (бот.) кубинское дерево.
jagüel. [м.] (Амер.) бассейн, водоём; колодец без закраины.
jagüey. [м.] (Амер.) бассейн, водоём; лиана (одна из разновидностей).
jagüilla. [ж.] кубинское дерево; (Амер.) род американского кабана.
jaharí. [прил. и сущ.] (обл.) сорт фиги.
jaharrar. [перех.] штукатурить.
jaharro. [м.] штукатурка.
jahivé. [м.] (арг.) рассвет.
jahuel. [м.] (Амер.) бассейн, водоём.
jai alai. [м.] игра в мячи.
jaiba. [ж.] (Амер.) морской рак; съедобная ракушка.
jaiberia. [ж.] (Амер.) хитрость, ловкость.
jaimiquí. [м.] кубинское дерево.
jaique. [м.] арабский плащ с капюшоном.
jaita. [ж.] (перен.) (Амер.) насмешка.
¡ja, ja, ja! [межд.] ха-ха-ха!
jajar. [перех.] (обл.) см. sachar.
jal. [м.] (арг.) см. dogal; (Амер.) кусок пемзы.
jala. [ж.] (Амер.) опьянение, хмель.
jalado, da. [прил.] (Амер.) пьяный.
jalamina. [ж.] (Амер.) (прост.) см. calamina.
jalandrino. [м.] (Амер.) palomo.
jalapa. [ж.] (бот.) ялапа (слабительный корень).

jalar. [перех.] (разг.) см. halar; (Амер.) флиртовать; (обл.) есть с аппетитом; jalarse. [возв. гл.] (Амер.) напиваться пьяным; убегать; уходить.
jalares. [м. множ.] (арг.) штаны (до колен).
jalbegador, ra. [прил.] белящий (известью и т. д.); [м. и ж.] тот, кто белит (известью и т. д.).
jalbegar. [перех.] см. enjalbegar; белить, красить (лицо).
jalbegue. [м.] побелка; известковый раствор для побелки; (перен.) белила (косметические).
jalca. [ж.] (Амер.) Андская высота.
jalda. [ж.] (Амер.) склон горы.
jaldado, da, jalde. [прил.] яркожёлтый.
jaldía. [ж.] (пат.) желтуха.
jaldo, da. [прил.] яркожёлтый.
jaldre. [м.] яркожёлтый цвет.
jale. [м.] (Амер.) кусок пемзы.
jalea. [ж.] желе (из фруктов): * hacerse una jalea, (разг.) таять, млеть.
jaleador, ra. [прил.] созывающий или натравливающий собак и т. д. (тже. сущ.).
jalear. [перех.] созывать или натравливать собак; (перен.) поощрять танцующих жестами, ударами в ладоши, возгласами; (обл.) см. ojear; (Амер.) докучать, надоедать.
jaleco. [м.] старинный камзол с короткими рукавами.
jalecho. [м.] (бот.) см. helecho.
jaleización. [ж.] превращение в желе (из фруктов) или желатин.
jaleizar. [перех.] превращать в желе (из фруктов).
jaleo. [м.] дейст. к созывать или натравливать собак; поощрение танцующих жестами, ударами в ладоши, возгласами; халео, андалузский танец; (разг.) шумное веселье, оживление; ссора, брань; драка; шум, крик, суматоха; беспорядок; (обл.) см. ojeo.
jalera. [ж.] (Амер.) опьянение, хмель.
jaletina. [ж.] см. gelatina.
jalifa. [м.] халиф; заместитель; наместник.
jalifato. [м.] халифат.
jalifiano, na. [прил.] халифский.
jalisciense. [прил.] относящийся к Jalisco; [м. и ж.] уроженец, (-ка) этого мексиканского штата.
jalisco, ca. [прил.] (Амер.) пьяный; [м.] сорт соломенной шляпы.
jalma. [ж.] вьючное седло, см. enjalma.
jalmería. [ж.] изготовление вьючных сёдел; вьючные сёдла.
jalmero. [м.] тот, кто изготовляет вьючные сёдла.
jalocote. [м.] (бот.) мексиканская сосна.
jalón. [м.] (топогр.) веха, вешка; (Амер.) см. tirón; глоток; промежуток, расстояние; этап.
jalonamiento. [м.] расстановка вех; обозначение вехами.
jalonar. [перех.] (топогр.) ставить вехи вдоль чего-л, вешить, отмечать вехами.
jalonear. [перех.] (топогр.) см. jalonar; (Амер.) тянуть, натягивать.
jaloque. [м.] сирокко (ветер).
jalpacar. [перех.] отмывать остаточную руду.
jaluza. [ж.] (обл.) голод.
jallar. [перех.] находить, найти.
jallares. [м. множ.] (арг.) деньги.
jallo, lla. [прил.] (Амер.) чванный, надменный, высокомерный, самонадеянный; мелочный, обидчивый.
jama. [ж.] (Амер.) (зоол.) маленькая игуана.
jamaca. [ж.] (Амер.) (прост.) гамак.
jamaica. [ж.] дорогая порода дерева с о-ва Ямайки; (Амер.) благотворительный базар.

jamaicano, na. [прил.] ямайский; [м. и ж.] уроженец, (-ка) Ямайки.
jamán. [м.] (Амер.) сорт белой шерстяной ткани.
jamancio, cia. [м. и ж.] изголодавшийся человек.
jamar. [перех.] (разг.) есть, лопать, жрать.
jamás. [нареч.] никогда: * nunca jamás, (jamás) por jamás, никогда в жизни, ввек, вовек.
jamba. [ж.] (арх.) косяк (двери, окна).
jamba. [ж.] (Амер.) сеть для ловли креветок.
jambado, da. [страд. прич.] к jambar; [прил.] (Амер.) прожорливый; см. ahíto.
jambaje. [м.] (арх.) дверная или оконная рама.
jambar. [перех.] (Амер.) см. jamar; беспокоить, докучать.
jambe. [м.] (Амер.) народный танец.
jámbico, ca. [прил.] ямбический, см. yambico.
jambo, ba. [прил.] (обл.) хитрый, лукавый; [м. и ж.] (арг.) глава дома.
jambón, na. [прил.] (Амер.) докучливый, надоедливый.
jambrar. [перех.] (обл.) см. enjambrar.
jamelgo. [м.] (разг.) кляча.
jamerdana. [ж.] место, куда выбрасывают внутренности и т. д.
jamerdar. [перех.] потрошить, вынимать внутренности; (разг.) наспех мыть.
jamesonita. [ж.] (мин.) джемсонит, серая сюрьмяная руда.
jamete. [м.] парча.
jametería. [ж.] (обл.) вкрадчивость, слащавое показное выражение любви.
jámila. [ж.] см. alpechín.
jamo. [м.] рыболовная сеть в виде воронки.
jamón. [м.] окорок; ветчина.
jamona. [ж.] хорошая и пухленькая женщина (не молода).
jamoncillo. [м.] (Амер.) сладкое из молока.
jampa. [ж.] (Амер.) (вар.) см. umbral.
jamparo. [м.] см. chalupa.
jampirunco. [м.] (Амер.) странствующий знахарь.
jampón, na. [прил.] (обл.) прожорливый; (Амер.) красивый; крепкий, плотный; любезный; см. orondo.
jampudo, da. [прил.] (Амер.) плотный, крепкий.
jamúas. [м. множ.] (обл.) см. jamugas.
jamuga(s). [ж. множ.] седло с двумя сиденьями.
jamurar. [перех.] (мор.) вычерпывать воду.
jan. [м.] (Амер.) колышек; см. kan.
jane. [прил.] (Амер.) лишённый одного зуба, нескольких зубов или части губы.
janazo. [м.] удар колышком.
jándalo, la. [прил.] (разг.) андалузский.
janeiro. [м.] (бот.) (Амер.) злаковое растение.
janga. [ж.] (Амер.) (вар.) толпа.
jangada. [ж.] нелепость; глупый поступок; (разг.) глупая выходка; (мор.) спасательный плот.
jangar. [м.] навес.
jangua. [ж.] (мор.) джонка.
janiche. [прил.] см. jane.
jansenismo. [м.] (ист.) янсенизм.
jansenista. [прил.] янсенистский; [м.] янсенист.
jansenístico, ca. [прил.] янсенистский.

japón, na, japonense, japonés, sa. [прил.] японский; [м. и ж.] японец, (-ка); [м.] японский язык.
japónica. [прил.] * tierra japónica, см. cato.
japuta. [ж.] средиземноморская рыба.
jaque. [м.] (шахм.) шах; (разг.) см. valentón: * jaque mate, шах мат: * tener en jaque, держать под угрозой.
jaqué. [м.] (Амер.) см. chaqué.
jaquear. [перех.] делать шах; (перен.) угрожать, тревожить врага, ставить препятствия.
jaqueca. [ж.] мигрень: * dar una jaqueca, надоедать, раздражать разговором.
jaquecoso, sa. [прил.] (перен.) надоедливый, скучный.
jaquel. [прил.] шахматное поле.
jaquelado, da. [прил.] (герал.) шахматный; разбитый на квадраты.
jaquemate. [м.] шах и мат.
jaqués, sa. [прил.] относящийся к Jaca; [м. и ж.] уроженец, (-ка) этого города.
jaqueta. [ж.] жакет.
jaquetilla. [ж.] короткий жакет, жакетка.
jaquetón. [м.] длинный жакет.
jaquetón. [м.] хвастун, фанфарон.
jáquima. [ж.] недоуздок; (Амер.) см. borrachera.
jaquimazo. [м.] удар недоуздком; (разг.) крупная неприятность, проделка, шутка.
jaquimero, ra. [м. и ж.] тот, кто изготовляет или продаёт недоуздки.
jaquimón. [м.] (Амер.) сорт недоуздка.
jar. [неперех.] (арг.) мочиться, испускать мочу.
jara. [ж.] (бот.) ладанник; заострённая палка; (Амер.) стрела.
jarabe. [м.] сироп: * jarabe de pico, болтовня; выдумки, пустые обещания.
jarabear. [перех.] давать пить сироп; прописывать сироп; **jarabearse.** [возв. гл.] пить сироп.
jaracatal. [м.] (Амер.) изобилие, избыток, множество, масса.
jaragua. [ж.] кубинский кустарник.
jaraíz. [м.] давильня.
jaral. [м.] заросли jaras; кустарник, чаща, (перен.) путаница; запутанное дело.
jaramago. [м.] (бот.) гулявник, водяная режуха (растение).
jaramugo. [м.] малёк, мелкая рыбёшка.
jarana. [ж.] (разг.) шумное веселье; шум, суета, возня; скандал; свалка; драка; бурная ссора; обман; (Амер.) (разг.) шутка, насмешка; долг; народный танец: * andar de jarana, кутить, гулять.
jaranear. [неперех.] шуметь, шумно веселиться; скандалить; кутить, гулять.
jaranero, ra. [м. и ж.] **jaranista.** [прил.] любящий шумное веселье, шуметь; шумный, шумливый; любящий кутить.
jarano. [м.] широкополая шляпа.
jarape. [м.] см. jaropeo.
jarapotear. [перех.] (обл.) см. jaropear.
jaratar. [перех.] (Амер.) окружать, огораживать, см. cercar.
jarazo. [м.] удар заострённой палкой.
jarca. [ж.] (Амер.) вид акации.
jarcería. [ж.] (мор.) такелаж, оснастка (судна); куча, груда (разных вещей).
jarcia. [ж.] куча, груда (разных вещей); [множ.] такелаж, оснастка (судна); рыболовные сети; (перен.) (разг.) беспорядочная куча чего-л; (обл.) см. cabuya.
jarciar. [перех.] (мор.) оснащать, вооружать (парусами, такелажем).

jarcio, cia. [прил.] (Амер.) пьяный, хмельной.
jardín. [м.] сад; (мор.) гальюн, уборная (на судах); уголёк, пятнышко в изумруде: * jardín botánico, ботанический сад; * jardín colgante, висячий сад; * jardín zoológico, зоопарк.
jardinaje. [м.] (гал.) (Амер.) садоводство.
jardinera. [ж.] садовница; жена садовника; жардиньерка, этажерка для цветов; плетёный экипаж; открытый вагон трамвая.
jardinería. [ж.] садоводство.
jardinero. [м.] садовник.
jardinillo. [м. умен.] к jardín, садик, палисадник.
jardinista. [м.] садовод.
járea. [ж.] (Амер.) голод.
jarear. [неперех.] (Амер.) делать остановку, привал.
jarearse. [возв. гл.] (Амер.) умирать с голоду; убегать; шататься, качаться.
jareta. [ж.] рубец для продёржки (ленты, или резинки); (мор.) швиц-сарвены.
jarete. [м.] (Амер.) широкое рулевое весло.
jaretera. [ж.] см. jarretera.
jaretón. [м.] очень широкий рубец для продёржки (ленты или резинки).
jargón. [м.] (мин.) разновидность циркона.
jarife. [м.] см. jerife.
jarifiano, na. [прил.] см. jerifiano.
jarifo, fa. [прил.] нарядный, франтовской.
jarilla. [ж.] название одного американского дерева.
jarillo. [м.] (бот.) аронник, аронова-борода (растение сем. аронниковых).
jaro. [м.] см. jarillo; чаща; (обл.) небольшой дуб.
jaro, ra. [прил.] рыжий (о животном); [м. и ж.] (неправ.) помесь свиньи с диким кабаном.
jarochar. [неперех.] шуметь, буянить, шалить.
jarocho, cha. [прил.] (обл.) неотёсанный, грубый; [м. и ж.] (обл.) грубиян, (-ка), (Амер.) крестьянин с побережья Веракрус.
jaropar. [перех.] пичкать лекарствами.
jarope. [м.] см. jarabe; (перен.) (разг.) горький или безвкусный напиток.
jaropear. [перех.] (разг.) см. jaropar.
jaropeo. [м.] излишнее или чрезмерное употребление сиропов.
jaropero, ra. [прил.] (обл.) любящий пить сиропы.
jaroso, sa. [прил.] изобилующий jaras, заросший кустарником.
jarra. [ж.] глиняный кувшин с двумя ручками: * en jarra(s), de jarras, подбоченясь.
jarramasco. [м.] (обл.) см. carantoña.
jarrar. [перех.] см. jaharrar.
jarrazo. [м. увел.] к jarro; удар глиняным кувшином.
jarreamiento. [м.] черпание жидкости кувшином.
jarrear. [неперех.] черпать жидкость кувшином; (перен.) (обл.) лить как из ведра (о дожде); (разг.) (м. употр.) ударять кувшином.
jarrear. [перех.] см. jaharrar.
jarrero. [м.] гончар; тот, кто изготовляет или продаёт кувшины; (обл.) место для кувшинов.
jarreta. [ж. умен.] к jarra.
jarretar. [перех.] ослаблять, обескураживать.
jarrete. [м.] (анат.) подколенок, подколенная впадина.
jarretera. [ж.] подвязка (круглая для чулок); Орден Подвязки (в Англии).
jarrino, na. [прил.] (обл.) отважный, мужественный.
jarro. [м.] кувшин с одной ручкой; содержимое кувшина; (обл.) кувшин (как ме-

ра вина); * a boca de jarro, в упор; * a jarros, обильно; * echarle a uno un jarro de agua (fría), (перех.) облить холодной водой.
jarrón. [м.] большая цветочная ваза, вазон (в садах, в балконах и т. д.).
jasa. [ж.] см. incisión.
jasador. [м.] см. sangrador.
jasadura. [ж.] см. sajadura.
jasar. [перех.] см. sajar.
jasco, ca. [прил.] (обл.) суровый.
jaspe. [м.] (мин.) яшма; мрамор с прожилками: jaspe sanguíneo, кровавый агат, гелиотроп; * jaspe negro, лидит, пробирный камень, фтанит.
jaspeado, da. [страд. прич.] к jaspear; [прил.] похожий на яшму, с прожилками, с жилками (о камне и т. д.); с крапинками; [м.] крашение под яшму, под мрамор.
jaspeadura. [ж.] крашение под яшму.
jaspear. [перех.] красить под яшму, под мрамор.
jaspón. [м.] сорт мрамора.
jata. [ж.] (Амер.) пальма (одна из разновидностей).
jatal. [м.] место, изобилующее jatas.
jatata. [ж.] (Амер.) название одного американского растения.
jatear. [перех.] пеленать, свивать; (Амер.) см. estibar; [перех.] (обл.) торопиться, спешить; (Амер.) упорно добиваться.
jateo, a. [прил.]; * perro jateo, собака с которой охотятся на лисицу.
játib. [м.] арабский проповедник.
jatibí. [прил. и сущ.] (обл.) разновидность винограда.
jático. [м.] (Амер.) приданое для новорождённых.
jato. [м.] (прост.) см. hato.
jato. [м.] (обл.) телёнок.
¡jau! [межд.] пошёл!, вперёд! (при езде на волах).
jauja. [ж.] сказочная страна, блаженный край, земля обетованная; молочные реки.
jaula. [ж.] клетка; камера для буйных; (горн.) подъёмная клеть (в шахте); * jaula de extracción, углеподъёмная, рудоподъёмная клеть; * aporrearse en la jaula, биться лбом об стенку, тщетно добиваться чего-л.
jaulilla. [ж.] старинное головное украшение в виде сеточки.
jaulón. [м. увел.] к jaula, большая клетка.
jauría. [ж.] свора собак.
jauto, ta. [прил.] безвкусный и лишённый соли.
java. [ж.] современный танец.
javanés, sa. [прил.] яванский; [м. и ж.] житель, (-ница) Явы; [м.] яванский язык.
javari. [ж.] (бот.) бразильская пальма; (зоол.) американский кабан.
javera. [ж.] см. jabera.
javo, va. [прил. и сущ.] см. javanés.
jayán. [м.] [м. и ж.] великан, исполин, сильный, крепкий человек; [м.] (арг.) отважный сутенёр.
áyaro, ra. [прил.] (Амер.) неотёсанный, грубый.
jayún. [м.] (Амер.) род камыша.
jazarán. [м.] см. jacerina.
jazmín. [м.] (бот.) жасмин.
jazmíneo, a. [прил.] жасминный, жасминовый; [ж. множ.] (бот.) жасминовые.
jazz. [м.] джаз.
jebe. [м.] (хим.) квасцы; (Амер.) каучук.
jebén. [м.] (обл.) горчица (растение).
jecoral. [прил.] печёночный.
jécur. [м.] печень.

jecuto, ta. [прил.] (обл.) проворный, хлопотливый; усидчивый, усердный, пунктуальный, точный.

jeda. [прил.] кормящая (о корове).

jedar. [перех.] (обл.) метать (у некоторых животных).

jeder. [неперех.] (Амер.) см. heder.

jedive. [м.] (ист.) хедив.

jedivial. [прил.] (ист.) относящийся к хедиву.

jedrea. [ж.] (бот.) чабёр, чабрец.

jefa. [ж.] начальница.

jefatura. [ж.] руководство; шефство; управление (полицейское).

jefe. [м.] вождь, глава; начальник, шеф, заведующий; старший; (воен.) командир; начальник; лидер (партии); хозяин: * jefe del gobierno, глава правительства; * jefe de personal, заведующий кадрами; * jefe de estación, начальник станции; * general en jefe, главнокомандующий; * jefe de batallón, майор (пехоты); командир батальона.

Jehová. [м.] Егова, Бог (на еврейском языке).

jehuite. [м.] (Амер.) густой кустарник.

jeito. [м.] сорт рыболовной сети.

jeja. [ж.] (обл.) пшеница (первого сорта).

¡je, je, je! [межд.] хе, хе, хе!

jején. [м.] американский москит.

jejo. [м.] (обл.) булыжник, камень.

jelenco, ca. [прил.] (Амер.) глупый, дурацкий.

jelengue. [м.] (Амер.) бурная ссора; драка.

jelfe. [м.] негритянский раб.

jema. [ж.] углубление, выемка в грани бруса.

jemal. [прил.] равный расстоянию между концами большого и указательного пальца.

jeme. [м.] расстояние между концами большого и указательного пальца; (перен.) (разг.) женское лицо; личико.

jemeque. [м.] см. gimoteo.

jemiquear. [неперех.] (Амер.) см. jeremiquear.

jemiqueo. [м.] (Амер.) см. jeremiqueo.

jenab(l)e. [м.] горчица.

jengibre. [м.] (бот.) имбирь.

jeniquén. [м.] (Амер.) агава (одна из разновидностей).

jenízaro, ra. [прил.] смешанный; (Амер.) см. mestizo; [м.] (ист.) янычар.

jeque. [м.] шейх.

jera. [ж.] удовольствие; удобство; изысканная еда, яства.

jerapellina. [ж.] старые лохмотья; старая, рваная одежда.

jerarca. [м.] иерарх; заправила; высший чиновник; сановник.

jerarquía. [ж.] иерархия; социальное положение; чин, ранг.

jerárquicamente. [нареч.] иерархически.

jerárquico, ca. [прил.] иерархический.

jerarquizar. [перех.] устанавливать иерархию.

jerbo. [м.] (зоол.) тушканчик.

jeremiada. [ж.] горькая жалоба, сетование, иеремиада.

jeremías. [м. и ж.] (перен.) тот, кто постоянно жалуется.

jeremiqueada. [ж.] (разг.) (Амер.) нытьё, оханье.

jeremiquear. [неперех.] (Амер.) жаловаться, ныть, хныкать, плакаться.

jerez. [м.] херес (вино).

jerezano, na. [прил.] относящийся к Jerez; [м. и ж.] уроженец, (-ка) этого города.

jerga. [ж.] толстая саржа; грубая ткань; соломенный тюфяк.

jerga. [ж.] жаргон; тарабарщина; болтовня.

jergal. [прил.] жаргонный.

jergón. [м.] тюфяк; балахон; (перен.) (разг.) плохо скроенное платье; увалень, толстяк: * llenar el jergón, набить брюхо.

jergón. [м.] зеленоватый циркон.

jergueta. [ж. умен.] к jerga (ткань).

jerguilla. [ж.] тонкая шерстяная или шёлковая ткань.

jeria. [ж.] (Амер.) (прост.) см. feria.

jeribeque. [м.] гримаса.

jericoplear. [перех.] (Амер.) досаждать, изводить, надоедать.

jerifazgo. [м.] (у арабов) сан шерифа.

jerife. [м.] (у арабов) шериф.

jerifiano, na. [прил.] (у арабов) относящийся к шерифу.

jerigoncés, sa. [прил.] жаргонный.

jerigonza. [ж.] жаргон; (перен.) (разг.) тарабарщина; странный, нелепый поступок: * andar en jerigonzas, (разг.) хитрить.

jerimiquear. [неперех.] (разг.) (Амер.) жаловаться, плакаться, ныть.

jeringa. [ж.] шприц; спринцовка; клизма.

jeringación. [ж.] впрыскивание; спринцевание; клизма.

jeringar. [перех.] впрыскивать, спринцевать; ставить клизму; (перен.) (разг.) см. molestar.

jaringatorio. [м.] (разг.) см. jeringación.

jeringazo. [м.] см. jeringación, струйка из шприца.

jeringón, na. [прил.] (Амер.) докучливый, надоедливый.

jeringuear. [перех.] (Амер.) надоедать, досаждать.

jeringuilla. [ж.] (бот.) садовый жасмин, чубушник; маленький шприц.

jerjel. [м.] (Амер.) американский москит.

jeroglificar. [перех.] писать иероглифами.

jeroglífico, ca. [прил.] иероглифический. [м.] иероглиф; (перен.) ребус, загадка.

jeronimiano, na. [прил.] относящийся к ордену св. Иеронима.

jerónimo, ma. [прил. и сущ.] член ордена св. Иеронима; см. jeronimiano.

jerosolimitano, na. [прил.] относящийся к Иерусалиму; [м. и ж.] уроженец, (-ка) этого города.

jerpa. [ж.] (бот.) бесплодная (виноградная) лоза.

jerricote. [м.] кушанье из миндаля, имбиря и т. д.

jerronia. [ж.] (обл.) отвращение, ненависть.

jersey. [м.] свитер, вязаная, трикотажная кофта.

jertas. [ж.] (множ.) уши.

jeruza. [ж.] (Амер.) тюрьма.

jervilla. [ж.] см. servilla.

Jesucristo. [м.] Иисус-Христос.

jesuíta. [прил.] иезуитский; [м.] иезуит, член иезуитского ордена.

jesuítico, ca. [прил.] иезуитский.

jesuitismo. [м.] иезуитство, иезуитский характер, учение ордена иезуитов.

jesuitiso, sa. [прил.] иезуитский.

Jesús. [м.] Иисус: * en un decir Jesús, в один миг; * ¡Jesús!, будьте здоровы! (при чихании); * sin decir Jesús, скоропостижно (о смерти).

jesusear. [неперех.] часто повторять имя Иисус.

jeta. [ж.] (разг.) толстая губа; рыло (свиньи); (разг.) морда, рожа, физиономия; кран (котла и т. д.); (обл.) деревянный кран (бочки): * estar con mucha или tanta jeta, быть надутым, недовольным.

jetar. [перех.] (Амер.) см. desleír.

jetón, na, jetudo, da. [прил.] см. hocicuolo.

ji. [ж.] 22-я буква греческого алфавита.

jia. [ж.] (бот.) кубинское мареновое растение.

jibarear. [неперех.] кокетничать.

jíbaro, ra. [прил.] (Амер.) деревенский, грубый, неотёсанный; дикий (о животных); [м. и ж.] деревенский житель, (-ница), крестьянин, (-ка).

jibe. [м.] (Амер.) сито; губка.

jibeonita. [ж.] (Амер.) (зоол.) бразильская свинка.

jibero. [м.] (Амер.) крючок для ловли каракатиц.

jibia. [ж.] (ихтиол.) каракатица; см. jibión.

jibión. [м.] кость каракатицы; (обл.) кальмар.

jibraltareño, ña. [прил.] относящийся к Gibraltar; [м. и ж.] уроженец, (-ка) этого города.

jicama. [ж.] название разных растений.

jicaque. [прил.] (Амер.) грубый, неотёсанный.

jícara. [ж.] чашка для шоколада; (Амер.) небольшой тыквенный сосуд.

jicarazo. [м.] удар чашкой (jícara); отравление (предательское); яд, отрава: * dar jicarazo, отравить.

jícaro. [м.] см. güira.

jicarón. [м. увел.] к jícara.

jicarón, na. [прил.] (Амер.) широколицый.

jico. [м.] (Амер.) см. hico.

jicote. [м.] (Амер.) разновидность осы; соты, которые делают эти осы.

jicotea. [ж.] (Амер.) см. hicotea.

jicotera. [ж.] (Амер.) гнездо или соты jicotes.

jicrito. [м.] (Амер.) пальмовая корзинка.

jichi. [м.] (Амер.) улитка.

jiennense. [прил.] относящийся к Jaén; [м. и ж.] уроженец, (-ка) этого города.

jierra. [ж.] клеймо (у скота).

jifa. [ж.] требуха, отбросы (на бойне).

jiferada. [ж.] удар ножом (мясника).

jifería. [ж.] работа мясника.

jifero, ra. [прил.] скотобойный; (перен.) (разг.) грязный, гадкий; [м.] нож мясника; боец (на бойне).

jifia. [ж.] меч-рыба.

jiga. [ж.] джига (танец и музыка к нему).

jigote. [м.] жаркое из рубленого мяса.

jigua. [ж.] кубинское дерево.

jigüe. [м.] вид акации; (Амер.) дух, якобы обитающий в реках.

jigüera. [ж.] сосуд из güira.

jiguilete. [м.] см. jiquilete.

jijallar. [м.] заросли ракитника.

jijallo. [м.] (бот.) ракитник.

jijas. [ж. множ.] (обл.) см. brío, valor.

jijear. [неперех.] издавать jijeos.

jijeo. [м.] длительный крик к концу песни (деревенский).

¡ji, ji, ji! [межд.] хи, хи, хи!

jijón. [м.] дерево, похожее на красное дерево (акажу).

jijona. [ж.] сорт пшеницы.

jijona. [ж.] марципан из миндаля.

jileco. [м.] сорт турецкого жилета.

jilguera. [ж.] самка щегла.

jilguero. [м.] щегол (птица).

jilibioso, sa. [прил.] плаксивый, хнычущий.

jilguerito. [м. умен.] к jilguero; (Амер.) см. lambrecilla.

jilo. [м.] (Амер.) нить: * de jilo, прямо и решительно.

jilote. [м.] (Амер.) начинающий созревать, наливаться початок кукурузы.

jilotear. [неперех.] (Амер.) начинать созревать, наливаться (о початке кукурузы).

jimagua. [м.] (Амер.) близнец.

jimba. [ж.] (Амер.) коса (из волос).
jimbrito. [м.] (Амер.) пчела (одна из разновидностей).
jimelga. [ж.] (мор.) шкало (у мачты и т. д.).
jimenzar. [перех.] (обл.) трепать, мять (коноплю); [непр. гл.] спрягается как acertar.
jimerito. [м.] (Амер.) род маленькой осы.
jimia. [ж.] мартышка.
jimilile. [м.] (Амер.) сорт плетёнки.
jimio. [м.] (зоол.) обезьяна.
jimiquear. [перех.] (Амер.) см. jeremiquear.
jind(am)a. [ж.] (арг.) страх, боязнь.
jinebro. [м.] см. enebro.
jinestada. [ж.] соус из молока, рисовой муки и т. д.
jineta. [ж.] (зоол.) ласка.
jineta. [ж.] способ верховой езды; галун, отличительная нашивка сержанта.
jinetazo, za. [прил.] (Амер.) искусный, ловкий (о наезднике); [м.] искусный наездник.
jinete. [м.] наездник, всадник; кавалерист; хорошая верховая лошадь.
jinetear. [неперех.] (напоказ) ездить верхом; гарцевать; [перех.] (Амер.) объезжать лошадей; временно пользоваться чужими деньгами; **jinetearse.** [возв. гл.] см. espetarse.
jineteario. [м.] (Амер.) неискусный наездник.
jinglar. [неперех.] качаться.
jingoísmo. [м.] джингоизм (английский шовинизм).
jingoísta. [прил. и сущ.] сторонник джингоизма.
jíngol. [м.] грудная ягода (плод).
jinjolero. [м.] см. azufaifo.
jiña. [ж.] пустяк, чуточка.
jiñicuite. [м.] (бот.) см. terebinto.
jiosco. [м.] (Амер.) см. quiosco.
jiote. [м.] (Амер.) лишай.
jipa. [ж.] (Амер.) шляпа из растительных волокон, панама.
jipar. [неперех.] (Амер.) см. hipar.
jipatera. [ж.] (Амер.) бледность.
jipato, ta. [прил.] бледный, болезненный; сытый, насытившийся; безвкусный; страдающий печенью.
jipe, jipi. [м.] (Амер.) см. jipa.
jipijapa. [ж.] растительное волокно; [м.] шляпа из растительных волокон.
jipucho, cha. [прил.] (Амер.) бледный, тусклый.
jiquilete. [м.] (бот.) индиго (растение).
jiquima. [ж.] (Амер.) см. jícama.
jiquipil. [м.] (Амер.) мера ёмкости.
jira. [ж.] лоскут (материи).
jira. [ж.] пикник; деревенская пирушка; гастрольная поездка; экскурсия.
jirafa. [ж.] (зоол.) жирафа.
jirapliega. [ж.] слабительная каша.
jirasal. [ж.] (бот.) плод уаса.
jirel. [м.] нарядная конская попона.
jíride. [ж.] название одного ирисового растения.
jirimico, ca. [прил.] (Амер.) хнычущий.
jirimiquear. [неперех.] (Амер.) плакаться, хныкать, ныть, жаловаться.
jirimiquiento, ta. [прил.] (Амер.) хнычущий.
jirofina. [ж.] сорт соуса из селезёнки барана.
jiroflé. [м.] (бот.) гвоздичное дерево.
jirón. [м.] волан, лоскут, тряпка; небольшая часть чего-л.; остроконечный штандарт; (герал.) треугольник.

jironado, da. [прил.] разорванный, разодранный; украшенный воланами и т. д.; (герал.) с восемью треугольниками.
jirpear. [перех.] (с.-х.) окапывать виноградные лозы.
jisca. [ж.] (бот.) осока.
jitomate. [м.] (Амер.) мексиканский очень красный томат, помидор.
jiu-jitsu. [м.] (спорт.) джиу-джицу.
jo. [м.] мексиканская монета, равная 15 сант.
¡jo! [межд.] тпру!
joajana. [ж.] (Амер.) страх, боязнь.
joaquino. [м.] (Амер.) сорт большой грушовки.
job. [м.] очень терпеливый человек.
joba. [ж.] плод jobo (похожий на сливу).
jobear. [перех.] (Амер.) прогулять занятия (в школе).
jobo. [м.] (Амер.) (бот.) сорт американской сливы; сорт водки.
jocar. [перех.] (Амер.) рыть землю рылом.
jockey. [м.] (англ.) жокей.
jocó. [м.] (зоол.) орангутанг.
joco, ca. [прил.] (Амер.) кислый (о перезрелых фруктах); [м.] (Амер.) см. calabaza.
jocolote. [м.] (Амер.) см. jacal.
jocoque. [м.] (Амер.) сметана.
jocosamente. [нареч.] шутливо, весело.
jocoserio, ria. [прил.] полушутливый.
jocosidad. [ж.] весёлость; шутливость; шутка, острота, остроумная шутка.
jocoso, sa. [прил.] весёлый; шутливый, забавный.
jocotal. [м.] (Амер.) сорт сливы.
jocote. [м.] плод jocotal.
jocoyol. [м.] (бот.) сорт щавеля.
jocoyote. [м.] (Амер.) младший сын.
jocú. [м.] (Амер.) антильская рыба.
jocundidad. [ж.] (уст.) весёлость, весёлое настроение.
jocundo, da. [прил.] (уст.) весёлый; приятный.
jochear. [перех.] (Амер.) дразнить, надоедать.
jofaina. [ж.] умывальный таз.
jofor. [м.] (у мавров) предсказание.
jogaldón, na. [прил.] (обл.) ленивый, празднолюбивый.
jojoto. [м.] (Амер.) незрелая кукуруза.
jola. [ж.] (Амер.) деньги.
joles. [м. множ.] (Амер.) см. jola.
jolgorio. [м.] см. holgorio.
jolino, na. [прил.] (Амер.) см. rabón.
jolito. [м.] спокойствие: * en jolito, обманутый.
jolote. [м.] (Амер.) индюк.
jollín. [м.] (разг.) шумное веселье.
joma. [ж.] (Амер.) горб.
jomado, da. [страд. прич.] к jomar; [прил.] (Амер.) горбатый; [м. и ж.] (Амер.) горбун, (-ья).
jomar. [перех.] (Амер.) гнуть, сгибать.
jonda. [ж.] (Амер.) (прост.) праща, см. honda.
jondear. [перех.] (Амер.) бросать, метать, кидать, швырять; **jondearse.** [возв. гл.] падать духом.
jónico, ca. [прил.] ионический, ионийский.
jonio, nia. [прил.] см. jónico.
jonja. [ж.] (Амер.) шутливое передразнивание; шутка, проделка.
jonjaba. [ж.] (разг.) лесть, притворная ласка.
jonjabar. [перех.] (разг.) обманывать лестью, льстить; (арг.) см. inquietar.
jonjabero, ra. [прил.] (Амер.) обманывающий лестью (тж. сущ.).
jonja(i)na. [ж.] (арг.) обман.
jonjear. [перех.] (Амер.) насмехаться, издеваться.
jonjera. [ж.] (Амер.) дурачество, глупость.

jonjero, ra. [прил.] (Амер.) насмешливый; глупый.
jonjolear. [перех.] (Амер.) лелеять, баловать.
jonuco. [м.] (Амер.) чердак; тёмная каморка.
joño, ña. [прил.] (Амер.) гнусавый.
jopar. [неперех.] (обл.) убегать, удирать.
jopo. [м.] (обл.) лисий хвост; (Амер.) чолка; косичка; головная шпилька.
¡jopo! [межд.] вон отсюда!
joquena. [ж.] (Амер.) небольшой вещевой мешок, рюкзак, ранец.
jora. [ж.] (Амер.) кукуруза для производства chicha.
jorcar. [перех.] (обл.) см. ahechar.
jorco. [м.] (обл.) народный непристойный танец.
Jordán. [м.] о том, что очищает или придаёт моложавый вид: * ir al Jordán, оживать.
jorfe. [м.] подпорная стена (каменная); отвесная скала.
jorga. [ж.] (Амер.) шайка людей дурного поведения.
jorgolín, jorgolino. [м.] (арг.) слуга или товарищ сутенёра.
jorguín, na. [м. и ж.] колдун, (-ья), чародей, (-ка).
jorguinería. [ж.] колдовство, чародейство.
joriza. [ж.] (обл.) см. novillada.
jorja. [ж.] (Амер.) соломенная шляпа.
jornada. [ж.] дневной переход; путешествие; рабочий день; (перен.) случай, событие; обстоятельство; человеческая жизнь; дневной выпуск (газеты); (неупотр.) см. jornal; * a grandes или largas jornadas, поспешно; * caminar uno por sus jornadas, благоразумно, осторожно поступать.
jornal. [м.] подённая работа; подённая плата, дневной заработок; земельная мера: * a jornal, подённо.
jornalar. [перех.] см. ajornalar.
jornalero, ra. [м. и ж.] подёнщик, (-ица).
jornalmente. [нареч.] точно.
jornia. [ж.] (обл.) зольник.
joro. [м.] (Амер.) корзинка.
joroba. [ж.] горб; (перен.) (разг.) назойливость, надоедливость, докучливость.
jorobado, da. [прил.] горбатый; [м. и ж.] горбун, (-ья).
jorabadura. [ж.] надоедливость, назойливость.
jorobar. [перех.] (перен.) (разг.) надоедать, докучать.
jorobeta. [м. и ж.] (прост.) горбун, (-ья).
jorondo, da. [прил.] (Амер.) (прост.) см. orondo.
jorongo. [м.] (Амер.) пончо, плащ; одеяло.
joropa. [ж.] (бот.) пальма (одна из разновидностей).
joropear. [перех.] (обл.) надоедать, докучать; (Амер.) танцевать joropo.
joropo. [м.] (Амер.) танец жителей равнины.
jorramache. [м.] (обл.) маска.
jorro. [м.] сорт рыболовной сети: * a jorro, (мор.) (уст.) на буксир.
jorro, rra. [прил.] вялый; низкого сорта (о табаке).
joruchear. [перех.] (обл.) любопытствовать.
jorungar. [перех.] (Амер.) надоедать, докучать; (Амер.) см. hurgonear.
jorungo, ga. [прил.] (Амер.) надоедливый; иностранный; [м. и ж.] иностранец, (-ка).
josa. [ж.] участок земли (без ограды), засаженный фруктовыми деревьями и виноградом.
josefino, na. [прил.] относящийся к св. Джозефу.
jota. [ж.] название буквы j; мельчайшая

jota. [ж.] хота, испанский танец и музыка к нему.
jota. [ж.] (Амер.) см. **ojota**.
jota. [ж.] сорт похлебки.
jote. [м.] чилийский ястреб.
jotero, ra. [м. и ж.] тот, кто танцует jota.
joto. [м.] (Амер.) чемодан, связка; [прил.] (Амер.) женоподобный, женственный.
joturo. [м.] (Амер.) речная рыба.
joule. [ж.] (эл.) см. **julio**.
jovada. [ж.] (обл.) работа производимая за один день парой мулов.
Jove. [м.] (миф.) Юпитер.
joven. [прил.] молодой, юный; свежий, моложавый; [м. и ж.] молодой человек, юноша; девушка.
jovenalla. [ж.] (обл.) молодёжь.
jovenete. [м.] смелый и тщеславный юноша.
jovenzano, na. [прил.] (обл.) молодой, юный; [м. и ж.] молодой человек, юноша; девушка.
jovenzuelo, la. [прил. умен.] к joven, молоденький; [м. и ж.] подросток, парёнёк, девушка.
jovial. [прил.] относящийся к Юпитеру; весёлый, забавный, шутливый, жизнерадостный.
jovialidad. [ж.] весёлый нрав, весёлость нрава, жизнерадостность.
jovialmente. [нареч.] весело, шутливо.
joviano, na. [прил.] относящийся к Юпитеру.
joya. [ж.] драгоценность; ювелирное изделие; награда, премия; драгоценная брошь; (перен.) жемчужина; [множ.] приданое.
joyel. [м.] небольшая драгоценность.
joyelero. [м.] хранитель драгоценностей (королевских).
joyera. [ж.] продавщица драгоценностей; (уст.) вышивальщица.
joyería. [ж.] ювелирный магазин; ювелирная мастерская.
joyero. [м.] ювелир; футляр, шкатулка, ларчик для драгоценностей; (Амер.) см. **orifice**.
joyo. [м.] (бот.) куколь.
joyolina. [ж.] (разг.) тюрьма.
joyón. [м. увел.] к joya.
joyosa. [ж.] (арг.) шпага.
joyuela. [ж. умен.] к joya.
juagar. [перех.] (обл.) см. **enjuagar**.
juagarzo. [м.] см. **jaguarzo**.
juagaza. [ж.] (Амер.) см. **meloja**.
Juan. [м.] имя собственное; (арг.) кружка для пожертвований (в церкви): * Juan de Garona, (арг.) вошь; * Juan Lanas, простак, простофиля; * Juan Díaz, (арг.) замок; * Juan Dorado, (арг.) золотая монета: * Juan Platero, (арг.) серебряная монета; * Juan Machir, (арг.) палаш, тесак; * Juan Tarafe, (арг.) игральная кость; * Buen Juan, Juan de buen alma, (разг.) простак; * Juan Palomo, (разг.) никчёмный человек.
juanas. [ж. множ.] растяжка для перчаток.
juancagado. [м.] (Амер.) вид филина.
juanchear. [перех.] (Амер.) ухаживать за женщинами.
juanchi. [м.] (зоол.) род дикого кота.
juanear. [перех.] (разг.) (Амер.) обманывать, разыгрывать.
juanero. [м.] (арг.) вор кружек для пожертвований (в церкви).
juanetazo. [м.] (Амер.) (прост.) глоток ликёра.
juanete. [м.] выдающаяся скула; подагрическая шишка (на ногах); (мор.) брам-стеньга, брамсель; [множ.] (Амер.) бёдра.

juanetero. [м.] (мор.) тот, кто занимается управлением брам-стеньг и брамселей.
juanetudo, da. [прил.] имеющий выдающиеся скулы или подагрические шишки (на ногах).
juanillo. [м.] (мор.) (Амер.) чаевые; подкуп, взятка; см. **alboroque**.
juaniquillo. [прил.] женоподобный, изнеженный; [м.] женоподобный мужчина.
juapao. [м.] (Амер.) удар палкой, бичом.
juarda. [ж.] грязь у плохо очищенной от жира шелковой ткани.
juardoso, sa. [прил.] плохо очищенный от жира (о тканях и т. д.).
juay. [м.] (Амер.) см. **joya**.
juba. [ж.] густая шевелюра, грива; см. **aljuba**.
jubete. [м.] сорт кольчуги.
jubetería. [ж.] магазин, где продавали jubetes и камзолы; ремесло jubetero.
jubetero, ra. [м. и ж.] тот, кто изготовлял или продавал jubetes и камзолы.
jubilación. [ж.] выход в отставку с пенсией; пенсия; (уст.) см. **júbilo**.
jubilado, da. [страд. прич.] к jubilar; [прил.] вышедший на пенсию.
jubilar. [прил.] юбилейный.
jubilar. [перех.] давать отставку с пенсией; (перен.) (разг.) отбрасывать за ненадобностью; [неперех.] веселиться, радоваться, ликовать; **jubilarse.** [возв. гл.] выходить в отставку с пенсией.
jubileo. [м.] (ист.) всеобщее отпущение грехов; юбилей; пятидесятилетний юбилей; пятидесятилетие; (перен.) приход и уход множества людей: * por jubileo, (разг.) раз в сто лет.
júbilo. [м.] ликование, веселье.
jubilosamente. [нареч.] с ликованием, весело.
jubiloso, sa. [прил.] ликующий, весёлый.
jubo. [м.] (зоол.) маленький кубинский уж.
jubo. [м.] (обл.) ярмо (для запряжки).
jubón. [м.] камзол; * jubón de azotes, побои.
jubonero, ra. [м. и ж.] специалист по шитью камзолов.
jubre. [м.] (Амер.) жировой выпот (у овец).
juco, ca. [прил.] прокисший, забродивший.
juchar. [перех.] (Амер.) см. **provocar**.
judaica. [ж.] игла морского ежа (ископаемого).
judaico, ca. [прил.] иудейский, еврейский.
judaísmo. [м.] иудейство.
judaizante. [действ. прич.] к judaizar.
judaizar. [неперех.] следовать иудейской вере.
judas. [м.] (перен.) предатель, иуда; шелковичный червь, который не прядёт; (обл.) соломенная фигура, которую сжигают в Страстной неделе.
judería. [ж.] еврейский квартал, гетто.
judía. [ж.] боб, фасоль; еврейка; (обл.) см. **avefría**.
judiada. [ж.] действие свойственное евреям; собрание евреев; (перен.) (разг.) жестокость; неумеренная прибыль.
judiar. [м.] участок земли, засеянный бобами.
judiar. [перех.] (Амер.) надоедать, докучать.
judicante. [м.] старинный арагонский судья.
judicatura. [ж.] судейское звание, должность судьи; срок полномочий судьи; судейская корпорация.
judicial. [прил.] судейский, судебный.
judicialmente. [нареч.] в судебном порядке, по суду.
judiciario, ria. [прил.] астрологический;

(уст.) судейский, судебный; [м.] астролог.
judiego, ga. [прил.] * aceituna judiega, сорт несъедобной оливки.
judihuela. [ж. умен.] к judía.
judihuelo, la. [м. и ж. умен.] к judío.
judío, a. [прил.] еврейский; жидовский, иудейский; (перен.) (разг.) скупой; [м. и ж.] еврей, (-ка); жид, (-овка); (перен.) (разг.) ростовщик, (-ица); скряга; см. **judión**; (Амер.) см. **garrapatero**.
judión. [м.] фасоль (один из сортов).
judo. [м.] джиу-джицу.
juego. [м.] (Амер.) (прост.) см. **fuego**.
juego. [м.] игра; шутка; развлечение, увеселение; игорный зал; комплект, набор; сервиз; гарнитур; экипажный ход, игра, блеск, переливы, световые эффекты; участие в чём-л; (перен.) ловкость: * juego de naipes, игра в карты, карточная игра; * juego de manos, juego de pasa pasa, фокус, трюк; * juego de pelota, игра в мяч; * juego de billar, игра в бильярде, бильярдная игра; * juego de prendas, игра в фанты; * juego de palabras, игра слов, каламбур; * juego de envite, de azar, азартная игра; * juego de Bolsa, биржевая игра, игра на бирже, ажиотаж; биржевые спекуляции; * juego de luces, игра света; * juego de colores, игра красок; * juego de la gallina ciega, игра в жмурки (детская игра); * juegos olímpicos, олимпийские игры; * juego delantero (de carruaje), передок, передний ход; * juego de ingenio, замысловатая игра; * juego de mesa, столовый сервиз; * juego de bolas, (тех.) шариковый ход; * hacer juego, ставить (в игре); делать игру; * hacer juego de, лить воду на чью-л мельницу; быть, играть на руку кому-л; действовать в чьих-л интересах; * poner en juego, приводить в движение, в действие, пускать в ход; * juego de manos, juego de villanos, рукам воли не давай; * no estar en juego, no entrar en el juego, не принимать участия в чём-л; * estar en juego, быть замешанным в чём-л; быть поставленным на карту; * dársele bien (mal) el juego, везти (не везти) кому-л в игре; * por juego, в шутку.
jueguezuelo. [м. умен.] к juego.
juella. [ж.] (Амер.) (прост.) см. **huella**.
juera. [ж.] (обл.) сорт сита.
juerano, na. [прил.] (Амер.) см. **forastero**.
juerga. [ж.] пирушка, пьянка, попойка: * andar de juerga, кутить.
juerguear. [неперех.] (прост.) кутить.
juerguista. [прил.] любящий кутить; [сущ.] кутила, гуляка, забулдыга, пьянчуга.
juerte. [прил.] (Амер.) см. **fuerte**.
jueves. [м.] четверг: * los jueves, по четвергам; * Jueves Santo, Великий четверг; * jueves gordo, lardero, четверг масленой недели; * cosa del otro jueves, редкостная, необычная вещь.
juey. [м.] (Амер.) жадный мужчина, скряга.
juez. [м.] судья: * juez de instrucción, судебный следователь; * juez de paz, мировой судья; * juez árbitro, arbitrador, третейский судья; * juez de palo, несведущий судья; * juez delegado, судья, на которого возложено судом особое поручение.
jugada. [ж.] ход (в какой-л игре); ставка (в игре); злая шутка: * hacer uno su jugada, сделать выгодное дело.

jugadera. [ж.] см. lanzadera.
jugado, da. [страд. прич.] к jugar [прил.] (Амер.) опытный.
jugador, ra. [прил.] играющий, имеющий страсть к игре; [м. и ж.] игрок; jugador (de cartas) картёжник, (-ица); * jugador de manos фокусник; * jugador de ventaja, шулер.
jugante. [дейст. прич.] к jugar, играющий и т. д.
jugar. [неперех.] играть; состязаться; шалить, резвиться; принимать участие в игре; развлекаться; шутить; насмехатся; ходить, делать ход (в игре); приводить в движение, в действие; рисковать; [перех.] играть; сыграть; делать ставку на..., рисковать; проигрывать; терять, лишаться; владеть (оружием); jugarse. [возв. гл.] ставить на карту, рисковать: * jugar a la pelota, играть в мяч; * jugar fuerte, grueso, вести крупную игру; * jugar limpio, играть честно; * jugar sucio, играть нечестно; * jugar con fuego, играть огнём; * jugar los años, jugar los santos, (разг.) играть для развлечения, без денег; * jugar a cartas vistas играть в открытую; * jugar(se) la vida, рисковать жизнью; * jugarse el todo por el todo, поставить всё в карту; * jugar a cara o cruz, играть в орлянку, разыграть в орлянку; * jugar una mala pasada, сыграть плохую шутку; [непр. гл.] ind. pres.: juego, -as, jugamos, -áis, juegan; subj. pres.: juegue, -es и т. д.
jugarreta. [ж.] (разг.) неверный ход; (перен.) (разг.) злая шутка.
juglandáceo, a, juglándeo, a. [прил.] (бот.) орешниковый; [ж. множ.] орешниковые.
juglar. [прил.] смешной, забавный; [м.] жонглёр; фигляр; (ист.) жонглёр, трубадур.
juglara, juglaresa. [ж.] к juglar.
juglaresco, ca. [прил.] к juglar.
juglaría, juglería. [ж.] жонглирование, жонглёрство; фокусничество; фиглярство; искусство жонглёра, трубадура.
jugo. [м.] сок; (перен.) сущность: * jugo gástrico, желудочный сок; * sacar el jugo, высасывать все соки.
jugosidad. [ж.] сочность.
jugoso, sa. [прил.] сочный; недожаренный, с кровью (о мясе); существенный.
jugue. [м.] сырая грязь.
juguete. [м.] игрушка; шутка; весёлая песенка или пьеска; (перен.) игрушка; * por juguete, в шутку, шутки ради, для потехи; * ser el juguete de alguien, быть посмешищем для кого-л.
juguetear. [неперех.] шутить; резвиться.
jugueteo. [м. дейст.] к juguetear.
juguetería. [ж.] игрушечный магазин.
juguetón, na. [прил.] игривый, резвый, шутливый, шаловливый.
juicio. [м.] суждение, способность суждения, здравый смысл; благоразумие; мнение, суждение, заключение; суд; приговор; * juicio de Dios, суд Божий; * juicio final, universal, Страшный суд; * juicio sumarísimo, военно-полевой суд; * falto de juicio, сумасшедший, безрассудный; * muela del juicio, зуб мудрости; * asentar el juicio, становиться благоразумным; * estar en su (sano) juicio, быть в здравом уме; * perder el juicio, потерять разум, лишиться рассудка; * privarse de juicio, сходить с ума; * quitar el juicio сводить с ума; * pedir en juicio, подавать на кого-л в суд; * comparecer en juicio, предстать перед судом, явиться в суд; * volver el juicio, сводить с ума; * a mi juicio, по моему мнению, на мой взгляд, я думаю, что..., я нахожу, что...; * volvérsele el juicio a uno, сходить с ума; * formar juicio, судить.
juiciosamente. [нареч.] разумно, здраво, рассудительно.
juicioso, sa. [прил.] рассудительный, здравомыслящий, (благо) разумный; основательный.
juico, ca. [прил.] (Амер.) глухой.
juil. [м.] (Амер.) род форели.
juila. [ж.] (Амер.) см. rueda.
juilín. [м.] (Амер.) речная рыбка.
juilipio. [м.] (Амер.) воробей.
juina. [ж.] (Амер.) (зоол.) куница.
jujure. [м.] (Амер.) см. algodón.
julepe. [м.] микстура; игра в карты; (перен.) (разг.) выговор; наказание; (Амер.) страх, боязнь, испуг; страдание; тяжёлый труд.
julepear. [перех.] (разг.) делать выговор; наказывать; (Амер.) мучить, надоедать; утомлять.
julepeo. [м.] (разг.) выговор; побои.
juliana. [ж.] (бот.) ночная фиалка.
juliano, na. [прил.] юлианский.
julio. [м.] июль.
julio. [м.] (эл.) джоуль (единица работы).
julo. [м.] вожак (животного).
juma. [ж.] (разг.) см. borrachera.
jumarse. [возв. гл.] (разг.) (Амер.) напиться пьяным, охмелеть.
jumatán. [м.] (Амер.) пьяница.
jumeado, da. [прил.] (Амер.) пьяный.
jumenta. [ж.] ослица.
jumental, jumentil. [прил.] ослиный.
jumentizar. [перех.] (Амер.) доводить до скотского состояния.
jumento. [м.] осёл.
jumera. [ж.] опьянение, хмель, см. humera.
jumetrear. [перех.] (Амер.) надоедать, докучать.
jumo, ma. [прил.] (Амер.) пьяный; [м.] (Амер.) опьянение, хмель.
junacate. [м.] (Амер.) род съедобного лука.
junar. [перех.] (арг.) делать открытые.
juncada. [ж.] сорт оладьи; см. juncar; (вет.) старинное средство против сапа.
juncal. [м.] тростниковая, камышовый, (перен.) (обл.) см. gallardo; [м.] тростниковая заросль, заросли тростника, камыша.
juncar. [м.] заросли тростника, камыша, тростниковая заросль.
júnceo, a. [прил.] (бот.) ситниковый; [м. множ.] ситниковые.
juncia. [ж.] (бот.) сыть: * vender juncia, хвастаться.
juncia. [ж.] (Амер.) пища.
junciana. [ж.] (разг.) хвастовство.
junciforme. [прил.] имеющий форму тростника, камыша.
juncino, na. [прил.] из тростника, из камыша, состоящий из тростников и т. д.
junco. [м.] (мор.) джонка (китайская лодка).
junco. [м.] (бот.) тростник, камыш; тросточка: * junco de Indias, индейский тростник; * junco florido, сусак.
juncoso, sa. [прил.] похожий на тростник, на камыш; заросший тростником, камышом.
jungermania. [ж.] (бот.) юнгермания (печёночный мох).
jungla. [ж.] джунгли.
junglada. [ж.] см. lebrada.
junio. [м.] июнь.
junior. [м.] послушник (в монастыре) [прил.] младший; (спорт.) участвующий в юношеских соревнованиях.
junípero. [м.] (бот.) можжевельник.
Juno. (миф.) (аст.) Юнона.
junquera. [ж.] (бот.) тростник, камыш.
junquera. [ж.] тростниковая заросль, заросли тростника, камыша.
junquilla. [ж.] (обл.) род тонкого тростника.
junquillar. [м.] (Амер.) см. juncar.
junquillo. [м.] (бот.) жонкиль (вид нарцисса); индейский тростник; (арх.) прутик.
junta. [ж.] собрание, комиссия; коллегия; объединение; заседание; испанский совет; стык, место соединения; шов: * junta de médicos, консилиум врачей; junta general, пленум; * junta de gobierno, временное правительство; * junta directiva, директивный орган.
juntamente. [нареч.] вместе, сообща, совместно; одновременно, вместе с тем.
juntar. [перех.] соединять, объединять, сочетать, складывать вместе; сращивать; склеивать; сшивать; связывать; собирать, накапливать, копить (деньги); захлопывать (дверь, окно); juntarse, [возв. гл.] соединяться, объединяться, присоединяться; (физиол.) совокупляться.
juntera. [ж.] сорт рубанка.
junterilla. [ж.] фальцхебель.
junto, ta. [непр. страд. прич.] к juntar [прил.] прилегающий, смежный, соседний, близкий; [нареч.] вместе, совместно; близко; оптом, в больших количествах: * junto a, вблизи, около, возле, рядом с, * junto a mí, около меня; * junto a la pared, у стены; * en junto, в целом; * por junto, примерно, приблизительно; оптом, в больших количествах; junto con, с, вместе с.
juntorio. [м.] старинный налог.
juntura. [ж.] стык, место соединения; перемычка; (соединительный) шов; шарнир, шарнирное соединение, паз, стык; (анат.) сочленение, сустав.
junza. [ж.] (Амер.) см. juncia.
juñir. [перех.] (обл.) смазывать, пачкать.
juñir. [перех.] (обл.) см. uncir.
jupa. [ж.] (Амер.) круглая тыква; голова.
Júpiter. (миф.) (аст.) Юпитер.
jura. [ж.] клятва верности, присяга.
jurado, da. [страд. прич.] к jurar; [прил.] присяжный, заклятый; [м.] суд присяжных; жюри (на конкурсе и т. д.); член жюри; присяжный, присяжный заседатель.
jurador, ra. [прил.] богохульствующий; [м. и ж.] богохульник, (-ица); присягающий.
juraduría. [ж.] должность присяжного заседателя.
juramentado, da. [страд. прич.] к juramentar; [м.] человек давший присягу.
juramentar. [перех.] приводить к присяге; juramentarse. [возв. гл.] присягать.
juramento. [м.] присяга, клятва; божба; проклятие; богохуление, богохульство: * juramento de fidelidad, присяга на верность; * prestar juramento, присягать; bajo juramento, под присягой.
jurante. [дейст. прич.] к jurar.
jurar. [перех.] клясться; присягать; божиться; [неперех.] проклинать, ругаться, богохульствовать: * jurar la bandera, (воен.) присягать знамени; * jurar en falso, давать ложную клятву; давать ложные показания под присягой; * jurársela(s) a uno, поклясться отомстить кому-л.
jurásico, ca. [прил.] (геол.) юрский.
juratoria. [прил.] (юр.) * caución juratoria, присяжное поручительство.
jurdano, na. [прил.] относящийся к (las) Jur-

des; [м. и ж.] уроженец, (-ка) этого испанского района.
jurdía. [ж.] сорт рыболовной сети.
jurel. [м.] сорт морской рыбы.
jurero, ra. [м. и ж.] (Амер.) лжесвидетель, (-ница).
jurgar. [перех.] (Амер.) см. hurgar.
jurgucear. [перех.] (прост.) см. espiar.
jurgina. [ж.] см. jorguina.
juriacán. [м.] (обл.) ураган.
juriacar. [перех.] (обл.) см. agujerear.
jurídicamente. [нареч.] юридически, судебным порядком.
jurídico, ca. [прил.] юридический, судебный, правовой; законный.
juriconsulto. [м.] юрисконсульт, законовед, правовед.
jurisdicción. [ж.] юрисдикция; ведомство; судебная власть; право судить; судебный округ.
jurisdiccional. [прил.] относящийся к юрисдикции и т. д.
jurispericia. [ж.] см. jurisprudencia.
jurisperito. [м.] юрист, законовед, правовед.
jurisprudencia. [ж.] юриспруденция, законоведение, правоведение.
jurisprudente. [м.] см. jurisperito.
jurista. [м.] юрист; правомочный.
juro. [м.] постоянное право собственности; государственная рента: * de juro, (досто) верно; de или por juro de heredad, по праву наследства.
jurón. [м.] (Амер.) (прост.) см. serón; курятник.
juruminga. [ж.] (Амер.) путаница.
jusbarba. [ж.] (бот.) см. brusco.
jusello. [м.] мясной отвар с яйцами, сыром, и т. д.
jusi. [м.] филиппинская шерстяная ткань.
jusmeso, sa. [непр. страд. прич.] к jusmeterse.
jusmeterse. [возв. гл.] (обл.) покоряться, подчиняться.
justa. [ж.] бой, состязание на копьях; турнир; состязание.
justa. [ж.] (арг.) см. justicia.
justador, ra. [м. и ж.] участник турнира, состязания.
justamente. [нареч.] справедливо, по справедливости; именно, как раз; точно, аккуратно.
justar. [неперех.] биться на копьях; состязаться.
justicia. [ж.] справедливость; правота; правосудие, юстиция; публичное наказание; суд; судья; судебная власть; (разг.) смертная казнь; (уст.) альгвасил: * administrar justicia, судить, отправлять правосудие; * de justicia, справедливо; * poner a uno por justicia, подавать на кого-л в суд; * tomarse la justicia por su mano, отомстить за себя; * hacer justicia, быть справедливым; совершать правосудие.
justiciable. [прил.] подсудный, подведомый.
justicial. [м.] (обл.) член городского совета; сельский судья; сельский староста.
justiciar. [перех.] (уст.) наказывать (преступника).
justiciazgo. [м.] должность арагонского судьи.
justicieramente. [нареч.] справедливо, по законам.
justiciero, ra. [прил.] справедливый, соблюдающий законы; суровый.
justificable. [прил.] заслуживающий оправдания, оправдываемый, происшедший, по уважительной причине.
justificación. [ж.] оправдание; защита, доказательство невиновности; (полигр.) приводка длины строк.
justificadamente. [нареч.] справедливо; точно.
justificado, da. [страд. прич.] к justificar; [прил.] оправданный; справедливый; обоснованный.
justificador, ra. [прил.] оправдывающий (тже. сущ.); [м.] освятитель.
justificante. [дейст. прич.] к justificar, оправдывающий и т. д. (тже. м.).
justificar. [перех.] оправдывать, доказывать чью-л правоту, доказывать невиновность; предъявлять доказательство; исправлять (несправедливость и т. д.); святить; освящать; (полигр.) юстировать, выключать (строку); justificarse. [возв. гл.] оправдываться.

justificativo, va. [прил.] оправдательный; доказательный.
justillo. [м.] лиф.
justipreciación. [ж.] оценка.
justipreciador, ra. [прил.] оценивающий; [сущ.] оценщик, (-ица).
justipreciar. [перех.] оценивать, давать справедливую оценку.
justiprecio. [м.] оценка.
justo, ta. [прил.] справедливый, правый; праведный; правильный, верный; точный; узкий; [м.] (арг.) камзол; [нареч.] справедливо; именно, верно, точно: * como es justo, как и следует; как и следовало ожидать; en justo y creyente, тотчас, немедленно.
juta. [ж.] американский гусь.
jute. [м.] маленькая улитка.
jutía. [ж.] (Амер.) см. hutía.
juvada. [ж.] (обл.) см. jovada.
juvenal. [прил.] юношеский, молодой.
juvenil. [прил.] юношеский, молодой.
juvenilmente. [нареч.] юношески.
juventud. [ж.] молодость, юность; молодёжь, юношество.
juvia. [ж.] венесуэльское дерево.
juyuyo, ya. [прил.] (Амер.) нелюдимый, мрачный.
juzgado. [м.] суд; место суда; судебная палата; должность судьи; судебный округ.
juzgador, ra [прил.] судящий; [м.] (уст.) судья.
juzgamundos. [м. и ж.] (перен.) (разг.) критикан, (-ка), злой язык.
juzgante. [дейст. прич.] к juzgar, судящий и т. д.
juzgar. [перех.] судить, рассматривать дело в судебном порядке; выносить приговор; составлять себе понятие, суждение о..., считать, полагать.

K k

k. [ж.] 12-я буква испанского алфавита.
ka. [ж.] название буквы k.
kaarsaak. [ж.] чернозобая гагара (птица).
kabak. [м.] кабак, питейный дом (в России).
kabin. [м.] брак на условленное время (в Турции).
kainita. [ж.] (мин.) каинит, пикромерит.
kaiser. [м.] кайзер, император.
kaki. [прил.] хаки (цвет).
kan. [м.] (ист.) хан.
kanato. [м.] (ист.) ханство.
kantiano, na. [прил.] (фил.) кантовский, кантианский.
kantismo. [м.] (фил.) кантианство.
kantista. [прил.] (фил.) кантианский; [сущ.] кантианец.
kaolín. [м.] каолин, фарфоровая глина.
kappa. [ж.] буква греческого алфавита.
karbas. [м.] (мор.) карбас.
karstenita. [ж.] (мин.) безводная сернокислая известь.
kárstico, ca. [прил.] (геол.) карстовый.
kefir. [м.] кефир.
kepis. [м.] кепи, см. quepis.

kermes. [м.] см. quermes.
kermesse. [ж.] см. quermese.
kerosén(a). [м. ж.] (хим.) очищенный керосин.
kiliárea. [ж.] десять гектаров (22.000 квадр. сажен).
kilo. [м.] кило.
kilográmetro. [м.] килограмметр.
kilogramo. [м.] килограмм.
kilojulio. [м.] килоджоуль.
kilolitro. [м.] килолитр.
kilometraje. [м.] километраж.
kilométricamente. [нареч.] километрически.
kilométrico, ca. [прил.] километрический.
kilómetro. [м.] километр.
kilovatio. [м.] (эл.) киловатт: *kilovatio hora, киловатт-час.
kilovoltio. [м.] (эл.) киловольт.
kimono. [м.] кимоно.
kindergarten. [м.] (герм.) детский сад.
king. [м.] священная книга (у Китайцев).
kinnin. [м.] (муз.) арабская лира.
kiosco. [м.] киоск, см. quiosco.
kirsch. [м.] киршвассер, вишнёвая водка.

kirie. [м.] Господи помилуй (молитва): *llorar los kiries, залиться слезами.
kirieleisón, na. [м.] см. kirie: *cantar el kirieleisón просить пощады.
kirieleison, na. [прил.] (разг.) глупый, дурацкий.
klistron. [м.] (эл.) клистрон.
knut. [м.] кнут.
kodak. [м.] кодак (фотоаппарат).
kof. [м.] (мор.) каботажное судно.
koljos. [м.] колхоз.
koljosiano, na. [прил.] колхозный.
komsomol. [м.] комсомол; [м. и ж.] комсомолец, (-ка).
kopek. [м.] копейка.
kremlin. [м.] кремль (внутренняя крепость); (перен.) советское государство, советская политика.
kryptón. [м.] (хим.) криптон.
kulak. [м.] кулак.
kumis. [м.] кумыс.
kurdo, da. [прил.] курдский; [м. и ж.] курд, (-янка).
kursaal. [м.] курзал.
kvas. [м.] квас.

L l

l. 13-я буква испанского алфавита.
la. **определённый артикль ед. ч. ж. р.; лич. мест. (вин. п. 3-го л. ед. ч. ж. р.)** её.
la. [**м.**] (муз.) ля.
lábaro. [**м.**] императорская хоругвь (в Риме).
labe. [**м.**] (м. употр.) пятно; язва; шрам.
labelo. [**м.**] (бот.) губа.
laberintero, ra. [**прил.**] (Амер.) см. enredador.
laberínticamente. [**нареч.**] запутанно.
laberíntico, ca. [**прил.**] относящийся к лабиринту; (перен.) запутанный.
laberintitis. [**ж.**] воспаление лабиринта (в ухе).
laberinto. [**м.**] (тже. перен.) лабиринт; лабиринт, внутренняя часть уха.
labia. [**ж.**] краснобайство, красноречие, дар речи, способность убедительно говорить.
labiado, da. [**прил.**] (бот.) губовидный; [**ж. множ.**] (бот.) губоцветные.
labial. [**прил.**] губной, лабиальный; [**ж.**] губной звук, губная буква.
labialización. [**ж.**] (лингв.) лабиализация.
labializar. [**перех.**] лабиализовать.
labiérnago. [**м.**] (бот.) филирея (разновидность).
labihendido, da. [**прил.**] с раздвоённой верхней губой, с заячьей губой.
lábil. [**прил.**] скользкий; лабильный, неустойчивый; хрупкий, слабый.
labilidad. [**ж.**] свойст. к скользкий; неустойчивость, лабильность; хрупкость.
labio. [**м.**] губа; (перен.) край; [**множ.**] рот, уста: * labio leporino, заячья губа; * cerrar los labios, замолкать, умолкнуть; * no despegar los labios, молчать, не раскрывать рот; * tener el corazón en los labios, быть откровенным; * estar colgado или pendiente de los labios de alguno, внимательно слушать.
labiodental. [**прил.**] (лингв.) лабиодентальный, губно-зубной.
labiógrafo. [**м.**] лабиограф.
labionasal. [**прил.**] (лингв.) губно-носовой.
labiosear. [**перех.**] (Амер.) льстить.
labiosidad. [**ж.**] (Амер.) см. lagotería.
labioso, sa. [**прил.**] (Амер.) словоохотливый; льстивый, вкрадчивый.
labirintodonte. [**м.**] (палеон.) лобиринтодонт (ископаемое гигантское пресмыкающееся).
labor. [**ж.**] работа; труд; дело; рукоделие; пахота, работы; тысяча кирпичей или черепиц; грена (шелковичная); [**множ.**] (горн.) выработка: * labores del campo полевые работы; * la labor, школа рукоделия; * meter la tierra en labor, обрабатывать землю.
laborable. [**прил.**] пригодный для обработки; рабочий (день): * día laborable, рабочий день; будний день.
laboral. [**прил.**] трудовой.
laborante. [**дейст. прич.**] к laborar; [**м.**] интриган, (-ка) (политический).
laborar. [**перех.**] обрабатывать, выделывать; [**неперех.**] интриговать.
laboratorio. [**м.**] лаборатория.
laborcica. [**ж. умен.**] к labor.
laborear. [**перех.**] обрабатывать, выделывать; [**перех.**] (мор.) травить; (горн.) разрабатывать.
laboreo. [**м.**] обработка земли; (горн.) разработка (недр); (мор.) работа с такелажем парусного судна.
laborera. [**прил.**] искусная (о рукодельнице).
laborero. [**м.**] (Амер.) штейгер.
laboría. [**ж.**] (обл.) см. laboreo.
laborio. [**м.**] работа, труд, дело.
laboriosamente. [**нареч.**] с трудом; старательно, трудолюбиво.
laboriosidad. [**ж.**] усердие, трудолюбие.
laborioso, sa. [**прил.**] трудолюбивый, работящий, усердный; тяжёлый, трудный, утомительный, трудоёмкий, тяжкий.
laborismo. [**м.**] лейборизм, лейбористская партия.
laborista. [**прил.**] (полит.) лейбористский; [**м.**] лейборист.
labra. [**ж.**] обтёсывание, обработка (камня, дерева).
labrada. [**ж.**] вспаханная земля; [**множ.**] (арг.) см. hebillas.
labradero, ra. [**прил.**] пахотный, удобный для пахания.
labradío, a. [**прил.**] см. labrantío.
labrado, da. [**страд. прич.**] к labrar; [**прил.**] узорчатый (о тканях); тонко, искусно сделанный; [**м.**] см. labra; [**множ.**] вспаханные поля; (арг.) см. botines.
labrador. [**м.**] [**прил.**] пашущий; работящий, трудоспособный; [**м. и ж.**] пахарь, земледелец, хлебопашец, крестьянин, (-ка); [**ж.**] (арг.) рука.
labradoresco, ca, labradoril. [**прил.**] относящийся к пахарю, деревенский.
labradorita. [**ж.**] (геол.) лабрадорит.
labrandera. [**ж.**] искусная рукодельница, вышивальщица.
labrante. [**м.**] (м. употр.) каменотёс; рабочий каменоломни.
labrantín. [**м.**] бедный пахарь.
labrantío, a. [**прил.**] пахотный.
labranza. [**ж.**] хлебопашество; земледелие; земельный участок; работа, труд.
labrar. [**перех.**] обрабатывать, выделывать; пахать, обрабатывать землю; вскопать, взрыхлить; обтёсывать; выделывать: рукодельничать; брать в аренду; строить; [**неперех.**] сильно волновать: * labrar los metales, чеканить.
labrero. [**прил.**] * red labrera, сорт рыболовной сети.
labriego, ga. [**м. и ж.**] пахарь, земледелец, хлебопашец, крестьянин, (-ка).
labro. [**м.**] губан (рыба).
labrusca. [**ж.**] дикий виноград.
labrosidad. [**ж.**] губообразное состояние.
laca. [**ж.**] лак; красная камедь, гуммилак, красная краска; китайский лак; лакированное художественное изделие.
lacado, da. [**прил.**] похожий на лак.
lacaya. [**ж.**] дом или хижина без крыши.
lacayesco, ca. [**прил.**] лакейский.
lacayo. [**м.**] лакей, ливрейный слуга.
lacayuno, na. [**прил.**] (разг.) лакейский.
laceador. [**м.**] (Амер.) гаучо, набрасывающий лассо на животных.
lacear. [**перех.**] украшать лентами, бантами; завязывать узлом; охотиться с помощью силка; (Амер.) набрасывать лассо на животных.
lacedemón, na, lacedemonio, nia. [**прил.**] лакедемонский; [**м. и ж.**] лакедемонец, (-онна).
lacena. [**ж.**] стенной шкаф, см. alacena.
laceración. [**ж.**] ушиб, увечье; повреждение; ранение; (перен.) ущерб; опозоривание.
lacerado, da. [**страд. прич.**] к lacerar; [**прил.**] несчастный, жалкий; см. lazarino.
lacerante. [**дейст. прич.**] к lacerar.
lacerar. [**перех.**] ушибать, увечить; (перен.) повреждать, наносить вред, ущерб; пятнать, чернить.
lacerar. [**неперех.**] страдать; бедствовать.
laceria. [**ж.**] бедность, нищета, нужда, стеснённые обстоятельства; страдание, мучение, несчастье; тяжёлый труд; (уст.) проказа.
lacería. [**ж.**] ленты, отделка.
laceriadamente. [**нареч.**] бедно, убого, нищенски.
laceriado, da. [**прил.**] бедный, нищий, убогий, малодушный, трусливый.
lacerioso, sa. [**прил.**] бедный, нищий, несчастный, жалкий.
lacerna. [**ж.**] епанча от дождя (у Римлян).
lacero. [**м.**] человек, хорошо владеющий лассо; браконьер.
lacertiano. [**прил.**] похожий на ящерицу.
lacertiforme. [**прил.**] имеющий форму ящерицы.
lacertoso, sa. [**прил.**] мускулистый, сильный, здоровый, могучий.
lacial. [**прил.**] латинский.

laciniado, da. [прил.] (бот.) глубокоразрезной.
laciniura. [ж.] (бот.) надрез.
laciniado, da. [прил.] (бот.) глубокоразрезной.
lacínula. [ж.] (бот.) долька.
lacio, cia. [прил.] увядший; вялый, слабый: * cabellos lacios, гладкие волосы.
lacivo, va. [прил.] (неупотр.) см. lascivo.
lacmus. [м.] (хим.) лакмус, см. tornasol.
lacolita. [м.] (геол.) лакколит.
lacón, na. [прил. и сущ.] (м. употр.) см. lacónico.
lacón. [м.] свиная лопатка.
lacónicamente. [нареч.] лаконично, лаконически.
lacónico, ca. [прил.] лаконический, краткий.
laconismo. [м.] лаконизм.
lacra. [ж.] след, последствие (болезни); недостаток; дефект.
lacrar. [перех.] заражать, вызывать заболевание; вредить здоровью; (перен.) вредить, наносить ущерб, вред; см. lacrear.
lacre. [м.] сургуч; (перен.) (м. употр.) красный цвет; [прил.] (чаще в Амер.) кирпично-красный.
lacr(e)ar. [перех.] запечатывать сургучом.
lácrima. [ж.] (уст.) слеза.
lacrimal. [прил.] (анат.) слёзный.
lacrimatorio. [м.] сосуд находимый в древних гробницах, будто бы служивший для собирания слёз; [прил.]: * vaso lacrimatorio, см. lacrimatorio.
lacrimógeno, na. [прил.] вызывающий слёзы; * gas lacrimógeno, слезоточивый газ.
lacrimosamente. [нареч.] плаксивым образом.
lacrimosidad. [ж.] слезоточивость, слезливость.
lacrimoso, sa. [прил.] слезливый, плаксивый, вызывающий слёзы.
lacro. [м.] (арг.) раб.
lacroi. [ж.] (арг.) наложница, любовница.
lacroso, sa. [прил.] с недостатками и т. д.
lactaciduria. [ж.] (пат.) присутствие молочной кислоты в моче.
lactación. [ж.] кормление грудью.
lactancia. [ж.] кормление грудью; время питания материнским молоком.
lactante. [действ. прич.] к lactar; [м. и ж.] грудной ребёнок, сосунок.
lactar. [перех.] кормить грудью; [неперех.] сосать грудь, питаться материнским молоком.
lactario, ria. [прил.] (м. употр.) молочный; [м.] (бот.) млечник (гриб).
lactato. [м.] (хим.) соль молочной кислоты, молочнокислая соль.
lactatorio, ria. [прил.] см. lácteo.
lacteado, da. [прил.] молочный: * harina lacteada, детская питательная мука.
lácteo, a. [прил.] молочный; млечный: * Vía láctea, (астр.) Млечный путь.
lactescencia. [ж.] свойст к lactescente.
lactescente. [прил.] похожий на молоко, имеющий вид молока, молочный.
lacticíneo, a. [прил.] см. lácteo.
lacticinio. [м.] молоко или кушанье из молока, молочная пища.
lacticinoso, sa. [прил.] молочный; млечный.
láctico, ca. [прил.] (хим.) молочный: * ácido láctico, молочная кислота.
lactífago, ga. [прил.] питающийся молоком.
lactífero, ra. [прил.] (анат.) млекоконосный.
lactífico, ca. [прил.] производящий обильное молоко.
lactiforme. [прил.] имеющий вид молока, похожий на молоко, молочный.

lactígeno, na. [прил.] отделяющий молоко, производящий молоко.
lactina. [ж.] (хим.) лактоза, молочный сахар.
lactodensímetro. [м.] ареометр для молока.
lactoglobulina. [ж.] (хим.) лактоглобулин.
lactolina. [ж.] (хим.) лактеин, сгущённое молоко.
lactómetro. [м.] лактометр.
lactosa. [ж.] (хим.) лактоза, молочный сахар.
lactoscopio. [м.] лактоскоп.
lactosuria. [ж.] (пат.) выделение лактозы с мочой (у родильниц).
lactucario. [м.] (фарм.) латуковый сок.
lactúceo, a. [прил.] (бот.) латуковый, латуковидный.
lactumen. [м.] молочная корка, экзема на голове грудных детей.
lacunario. [м.] (арх.) см. lagunar.
lacúnula. [ж.] маленькая лагуна.
lacustre. [прил.] озёрный; свайный (о постройках).
lacha. [ж.] анчоус (рыба).
lacha. [ж.] (обл.) стыд, стыдливость, вопрос, дело чести; неприятная внешность.
lach(e)ar. [неперех.] (Амер.) ухаживать, домогаться любви.
lacho, cha. [м. и ж.] (Амер.) влюблённый, возлюбленный, (-ая) [м.] (Амер.) см. pisaverde.
lada. [ж.] (бот.) см. jara.
ladanífero, ra. [прил.] производящий ладан.
ládano. [м.] ладан.
ladeada. [ж.] (Амер.) (прост.) см. ladeo.
ladeadamente. [нареч.] с наклонением.
ladeado, da. [страд. прич.] к ladear; [прил.] направленные к одной стороне (о листьях и т. д.).
ladeamiento. [м.] см. ladeo.
ladear. [перех.] клонить, наклонять, нагибать; склонять; надевать набекрень; [неперех.] подниматься по склону; идти и т. д. вдоль косогоров; (перен.) сбиваться с пути; идти окольным путём; ladearse. [возв. гл.] наклоняться набок, крениться, нагибаться; перекашиваться; (перен.) склоняться к чему-л; быть похожими друг на друга; (Амер.) влюбляться.
ladeo. [м.] наклон, наклонное положение; перекашивание.
ladera. [ж.] горный склон, скат, косогор.
ladería. [ж.] ровная площадка на склоне горы.
ladero, ra. [прил.] см. lateral; (Амер.) запряжённый справа (о лошади).
ladierno. [м.] (бот.) см. aladierna.
ladilla. [ж.] площица (вид клеща); (бот.) двурядный ячмень; * pegarse como una ladilla, приставать к кому-л.
ladillo. [м.] боковая стенка экипажа; (полигр.) маргиналия.
ladinamente. [нареч.] исподтишка, искусно и т. д.
ladinería. [ж.] способность к языкам; хитрость и т. д.; хитрый поступок.
ladino, na. [прил.] способность к языкам; хитрый, коварный, лукавый; (Амер.) грамотно говорящий по-испански (об индейце).
lado. [м.] бок; сторона, бок; поверхность, сторона (ткани и т. д.); место, местность; родословная линия (перен.) сторона (лицевая или оборотная) сторона; средство, способ; см. valimiento; (геом.) сторона угла и т. д.; [множ.] покровители, поручители; советники: * al lado de, рядом; * al lado de, рядом с, возле; * de lado, боком, криво, в сторону; * a un lado, в сторону; * dejar a un lado, пренебречь кем или чем; оставлять без внимания; * por otro lado, с другой сто-

роны, с другой точки зрения; * del lado paterno, materno, со стороны отца, матери, по отцу, по матери; * hacerse a un lado, сдвигаться, отходить в сторону; * de un lado para otro, там и сям; * mirar de lado, mirar de medio lado, смотреть свысока; смотреть искоса; * por todos lados, вокруг, кругом, со всех сторон.
ladón. [м.] (бот.) см. lada.
ladra. [ж.] лай, лаяние.
ladrado, da. [страд. прич.] к ladrar; [прил.] дурного поведения (о женщине).
ladrador, ra. [прил.] лающий; [м.] (уст.) собака: * perro ladrador poco mordedor, бойся не той собаки, что лает, а той, что кусает.
ladral. [м.] (чаще множ.) (обл.) борт (телеги, повозки).
ladrante. [действ. прич.] к ladrar, лающий.
ladrar. [неперех.] лаять, гавкать, тявкать; (перен.) (разг.) угрожать; ругаться: * ladrar a la luna, показать кукиш в кармане, лаять на слона.
ladrear. [неперех.] часто лаять.
ladrería. [ж.] (гал.) больница для прокажённых, лепрозорий; (вет.) парша у свиней.
ladrido. [м.] лай, (перен.) (разг.) см. murmuración.
ladrillado, da. [страд. прич.] к ladrillar; [м.] кирпичный пол или мостовая.
ladrillador. [м.] специалист по мощению кирпичом.
ladrillal. [м.] кирпичный завод.
ladrillar. [м.] кирпичный завод; [перех.] мостить кирпичом.
ladrillazo. [м.] удар кирпичом.
ladrillejo. [м. умен.] к ladrillo, кирпичик.
lodrillera. [ж.] форма для изготовления кирпича; (обл.) кирпичный завод.
ladrillería. [ж.] (Амер.) (прост.) форма для изготовления кирпича.
ladrillero, ra. [м. и ж.] продавец, (-щица) кирпича.
ladrillete. [м. умен.] к ladrillo, кирпичик; (Амер.) детская игра.
ladrillo. [м.] кирпич, кирпичина, плитка: * ladrillo de chocolate, плитка шоколада; * ladrillo azulejo, изразец; * ladrillo holandés, клинкер; * ladrillo hueco, пустотелый кирпич; * ladrillo refractario, огнеупорный кирпич.
ladrillo. [м.] (арг.) вор.
ladrilloso, sa. [прил.] кирпичный, похожий на кирпич.
ladrocinio. [м.] (уст.) latrocinio.
ladrón, na. [прил.] ворующий; [м. и ж.] вор, (-овка), разбойник, (-ица); отвод для хищения воды; (полигр.) см. lardón: * piensa el ladrón que todos son de su condición, каждый мерят на свои аршин; * ¡ladrones! грабят!.
ladronamente. [нареч.] украдкой.
ladroncillo. [м. умен.] к ladrón, воришка.
ladronear. [перех.] постоянно воровать.
ladronera. [ж.] воровской притон; отвод в канале для хищения воды; см. ladronicio, копилка; (воен.) бойница.
ladronería. [ж.] см. latrocinio.
ladronerío. [м.] (Амер.) воровская банда; множество краж.
ladronesca. [ж.] (соб.) (разг.) воры, шайка воров, воровская банда.
ladronesco, ca. [прил.] воровской.
ladronicio. [м.] см. latrocinio.
ladronzuelo, la. [м. и ж. умен.] к ladrón, воришка, воровка; карманник.
lagaña. [ж.] см. legaña.
lagañoso, sa. [прил.] см. legañoso.
lagar. [м.] давильня.
lagara. [ж.] (обл.) см. lamparón; пятно на одежде.

lagearearse. [возв. гл.] (обл.) раздавливаться при перевозке и т. д. (о винограде).
lagarejo. [м. умен.] к lagar: * hacerse lagarejo, (перен.) (разг.) см. lagearearse.
lagarero, ra. [м. и ж.] давильщик (винограда, маслин).
lagareta. [ж.] см. lagarejo; лужа, лужица; (обл.) свинарник.
lagarta. [ж.] ящерица (самка); ночная бабочка (одна из разновидностей); (перен.) (разг.) лукавая женщина.
lagartado, da. [прил.] см. alagartado.
lagartera. [ж.] нора ящерицы.
lagartero, ra. [прил.] ловящий ящериц (о птицах и т. д.).
lagartija. [ж.] мелкая ящерица.
lagartijero, ra. [прил.] ловящий мелких ящериц (о животных).
lagartijo. [м. умен.] к lagarto, маленькая ящерица (самец).
lagarto. [м.] (зоол.) ящерица; (анат.) бицепс; (перен.) (разг.) хитрый, лукавый человек; (арг.) сельский вор: * lagarto de Indias, кайман, аллигатор.
lagartona. [ж.] (прост.) хитрая, лукавая женщина.
lageniforme. [прил.] бутылковидный.
lago. [м.] озеро: * lago artificial, водохранилище.
lagoftalmia. [ж.] (мед.) заячий глаз, незакрытие век вследствие узости верхнего века или пучеглазия.
lagómido. [м.] (зоол.) чекушка, евражка, сеноставец (животное из отряда грызунов).
lagópedo, lagópodo. [м.] белая куропатка.
lagopo. [м.] (бот.) заячья капуста.
lagoqueilia. [ж.] заячья губа.
lagostoma. [ж.] заячья губа; вид ракообразного животного.
lagotear. [неперех.] льстить, кружить голову.
lagotería. [ж.] (разг.) льстивая ласка, лесть.
lagotero, ra. [прил.] льстивый; [м. и ж.] льстец, льстивая женщина.
lágrima. [ж.] слеза, капля (сока растении и т. д.); капля (вина и т. д.); [множ.] (перен.) горе, скорбь: * lágrimas de cocodrilo, крокодиловы слёзы; * llorar a lágrima viva, горько плакать, плакать горючими слезами; * deshacerse en lágrimas, горько плакать; расплакаться; * saltarle (saltársele) a uno las lágrimas; * con las lágrimas en los ojos, со слезами на глазах; * hecho un mar de lágrimas, заплаканный, в слезах; * lágrimas de David, de Job, (бот.) каменное семя, воробейник ;* lágrima batávica, de Batania, de Holanda, батавские слёзы.
lagrimable. [прил.] плачевный, достойный слёз.
lagrimacer. [неперех.] см. lagrimar; [непр. гл.] спрягается как nacer.
lagrimal. [прил.] (анат.) слёзный; [м.] (анат.) внутренний угол глаза.
lagrimar. [неперех.] плакать, лить слёзы.
lagrimear. [неперех.] часто проливать слёзы.
lagrimeo. [м.] хныканье; слезоточивость, слезотечение.
lagrimiento, ta. [прил.] (разг.) см. lagrimoso.
lagrimón. [м. увел.] к lágrima, большая слеза.
lagrimoso, sa. [прил.] слезливый, плаксивый; полный слёз, заплаканный; слезоточивый, слезящийся.
laguer. [м.] (Амер.) сорт кубинского пива.
laguna. [ж.] маленькое озеро, озерко; лагуна; пропуск, пробел.
lagunajo. [м.] лужа.
lagunato. [м.] (арх.) пустое место между брёвнами.
lagunato. [м.] (Амер.) лужа; болото.

lagunazo. [м.] см. lagunato.
lagunero, ra. [прил.] относящийся к маленькому озеру.
lagunero, ra. [прил.] относящийся к la Laguna; [м. и ж.] уроженец, (-ка) этого города.
lagunoso, sa. [прил.] изобилующий маленькими озерами.
lahuán. [м.] (Амер.) (бот.) чилийский кипарис.
lahuañe. [м.] (Амер.) вид большой ящерицы.
lahuí. [м.] чилийский ирис.
laical. [прил.] принадлежащий к послушникам, служкам; светский; мирской.
laicalización. [ж.] (Амер.) (вар.) см. desamortización. или secularización.
laicalizar. [перех.] (Амер.) (вар.) см. desamortizar или secularizar.
laicidad. [ж.] (ненуж. неол.) лаицизм.
laicismo. [м.] лаицизм, светский характер (образования и т. д.).
laicista. [прил. и сущ.] сторонник лаицизма.
laicización. [ж.] секуляризация.
laicizar. [перех.] секуляризировать.
laico, ca. [прил.] светский, мирской; не подлежащий духовному ведомству (о школах и т. д.).
laísta. [прил.] употребляющий la вместо le.
laja. [ж.] (Амер.) бечёвка из питы.
laja. [ж.] гладкий камень; (мор.) подводный камень, риф.
lakista. [прил.]: * escuela lakista, школа, созданная английскими поэтами конца XVIII века.
lalofobia. [ж.] боязнь речи вследствие заикания или нервной болезни гортани.
laloneurosis. [ж.] (пат.) невроз речи.
lalopatía. [ж.] затруднение речи.
laloplejía. [ж.] (пат.) недостаток речи при поражении мышц.
lama. [ж.] грязь, ил, тина; водоросль; (тех.) накипь; (обл.) мелкий песок; (Амер.) см. cardenillo.
lama. [ж.] парча; (Амер.) шерстяная ткань с бахромой; мох; ржавчина, тина.
lama. [м.] лама (монах-священник у буддистов-ламаистов): * gran lama, далай-лама.
lamaico, ca. [прил.] ламаистский, относящийся к ламаизму или к ламам.
lamaísmo. [м.] ламаизм, тибетский буддизм.
lamaísta. [пял.] ламаистский; [м. и ж.] ламаист.
lamantino. [м.] (гал.) ламантин, см. manatí.
lamarquismo. [м.] ламаркизм.
lamasería. [ж.] ламаистский монастырь.
lambarear. [неперех.] (Амер.) (прост.) бродить без дела.
lambareo. [м.] (Амер.) шатание (без дела).
lambarero, ra. [прил.] (Амер.) празднношатающийся.
lambda. [ж.] лямбда, 11-я буква греческого алфавита (служит для обозначения места соединения ламбдовидного шва с сагиттальным на черепе).
lambdacismo. [м.] дурное произношение буквы l, картавленье.
lambdoideo, a. [прил.] похожи на греческую букву ламбду, ламбдовидный: * sutura lambdoidea, ламбдовидный шов черепа.
lambear. [перех.] (обл.) см. lamer.
lambel. [м.] (герал.) гербовая связка.
lambeo. [м.] см. lambel.
lambeojismo. [м.] (Амер.) лакейская лесть, угодничество.
lambeplatos. [м. и ж.] см. lameplatos.
lamber. [перех.] (Амер.) см. lamer.
lamberete. [прил.] (Амер.) сладкое, лакомство.
lambeta. [прил.] (Амер.) льстивый; [м. и ж.] льстец.

lambetada, [ж.] **lambetazo.** [м.] (Амер.) см. lengüetada.
lambetear. [перех.] (Амер.) (прост.) см. lamer.
lambida. [ж.] (Амер.) лизание, облизывание.
lambido, da. [прил.] (Амер.) франтоватый; бесстыдный, наглый.
lambidura. [ж.] (Амер.) лизание, облизывание.
lambio, a. [прил.] (Амер.) (прост.) см. lameplatos; бесстыдный, наглый, назойливый.
lambis. [м.] крылорожка (раковина).
lambiscón, na. [прил.] (Амер.) см. goloso; лакейский, льстивый.
lambisconear. [перех.] (Амер.) льстить, угодничать.
lambisquear. [неперех.] (разг.) (Амер.) украдкой лакомиться (о детях); льстить, угодничать.
lambisquero, ra. [прил.] (Амер.) любящий полакомиться.
lambistón, na. [прил.] (обл.) любящий вкусно покушать, полакомиться.
lambón, na. [прил.] (разг.) (Амер.) льстивый, см. soplón.
lambraña. [ж.] (Амер.) см. cicatero; [м. и ж.] скряга.
lambrequín. [м.] (герал.) шлемовый покров.
lambriche. [прил.] (Амер.) льстивый, вкрадчивый, обольстительный.
lambrija. [ж.] дождевой червь; (разг.) худощавый человек.
lambrijo, ja. [прил.] (Амер.) худой, худощавый.
lambrión, na. [прил.] (обл.) ненасытный.
lambroto, ta. [прил.] (обл.) лакомый.
lambrución, na. [прил.] см. lambrión.
lambrusca. [ж.] (гал.) дикий виноград, см. labrusca.
lambrusco, ca. [прил.] (Амер.) прожорливый; лакомый.
lambrusquear. [неперех.] (Амер.) лакомиться.
lambucear. [перех.] (обл.) подбирать и съедать остатки пищи.
labuzo, za. [прил.] (Амер.) мордастый; прожорливый; лакомый.
lame. [м.] (Амер.) тюлень.
lameculos. [м. и ж.] (разг.) подхалим, (-ка); * ser lameculos, низкопоклонничать.
lamedal. [м.] грязь, трясина.
lamedor, ra. [прил.] облизывающий, вылизывающий (тже. сущ.); [м.] сироп; (перен.) лесть.
lamedura. [ж.] лизание, облизывание.
lamela. [ж.] пластинка, листок; покровное стекло.
lamelado, da. [прил.] пластинчатый.
lamelar. [прил.] листоватый, тонкопластинчатый.
lamelibranquios. [м. множ.] (зоол.) пластинчатожаберные.
lamelicornios. [м. множ.] пластинчатоусые (насекомые).
lameliforme. [прил.] пластинкообразный.
lamelirrostras. [ж. множ.] пластинкоклювые.
lameloso, sa. [прил.] пластинкообразный, пластинковидный, см. lamelar.
lamentable. [прил.] плачевный, жалкий, жалостный, прискорбный, достойный сожаления, печальный.
lamentablemente. [нареч.] жалобно, плачевно, жалко.
lamentación. [ж.] сетование, жалоба, вопль, стенание: * las lamentaciones de Jeremías, плач Иеремиин (книга Библии).

lamentador

lamentador, ra. [прил.] горюющий, сетующий, жалующийся и т. д.
lamentar. [перех.] оплакивать, жалеть, сожалеть о том, что; [неперех.] плакать о чём-л; стенать; причитать, сетовать, горевать; **lamentarse.** [возв. гл.] сетовать, горевать, жаловаться, вопить (о чём-л)
lamento. [м.] см. lamentación; [множ.] жалобы, сетования.
lamentoso, sa. [прил.] сетующий, жалующийся; плачевный, жалкий, печальный.
lameojos. [м. и ж.] (Амер.) льстивый человек, льстец.
lameplatos. [м.] (перен.) (разг.) лакомка; блюдолиз, прихлебатель.
lamer. [перех.] лизать, облизывать; (перен.) слегка касаться: * lamer el culo, (прост.) низкопоклонничать.
lamerón, na. [прил.] (разг.) лакомый; [м. и ж.] лакомка.
lametón. [м.] жадное облизывание, вылизывание.
lamia. [ж.] (миф.) сказочное чудовище; акула.
lamida. [ж.] (Амер.) лизание, облизывание, см. lamedura.
lamido, da. [страд. прич.] к lamer; [прил.] худой, тощий; очень бледный; (перен.) см. relamido, (жив.) тщательно отделанный.
lamiente. [дейст. прич.] к lamer.
lamilla. [ж.] (Амер.) вид морской водоросли.
lamin. [м.] (обл.) вкусное, лакомое блюдо.
lámina. [ж.] металлическая пластинка, лист; эстамп, гравюра; иллюстрация; (перех.) планка, пластина; (анат.) пластинчатая кость; (полигр.) клише; вид, наружность (о животных).
laminable. [прил.] поддающийся прокатке.
laminación. [ж.] прокат(ка), вальцовка, вальцевание.
laminado, da. [страд. прич.] к laminar; [прил.] снабжённый металлическими пластинками; [м.] прокат, прокатка, вальцевание.
laminador. [м.] прокатчик, вальцовщик; [м.] прокатный стан, блюминг.
laminar. [прил.] пластинчатый; слоистый.
laminar. [перех.] (тех.) прокатывать, вальцевать; плющить.
laminar. [перех.] (обл.) лизать, облизывать, наслаждаться запахом кушаний.
laminaria. [ж.] (бот.) ламинария, длиневидная морская водоросль.
laminectomía. [ж.] (хир.) иссечение дуги позвонка.
laminera. [ж.] (обл.) пчела, летающая впереди при собирании мёда.
laminero, ra. [прил.] лакомый; [сущ.] лакомка.
laminero. [м.] прокатчик, вальцовщик, плющильщик.
laminiforme. [прил.] пластинообразный.
laminilla. [ж. умен.] к lamina, тонкая (металлическая) пластинка.
laminoso, sa. [прил.] пластинчатый, слоистый.
lamiscar. [перех.] (разг.) быстро и жадно вылизывать.
lamoso, sa. [прил.] грязный, илистый; грязевой.
lampa. [ж.] качество, свойство; характер.
lampa. [ж.] (Амер.) кирка шахтёра.
lampacear. [перех.] (мор.) мыть, чистить, подтирать шваброй.
lampaceo. [м.] мытьё, подтирка шваброй.

lampacero. [м.] (мор.) тот, кто моет или чистит шваброй.
lampadación. [ж.] пытание преступника горящей лампадой, которую ставили под колена.
lampadario. [м.] металлический постамент для ламп и фонарей; сорт люстры; лампадчик, свещеносец.
lampadéforo. [м.] свещеносец (у Греков).
lampadita. [ж.] (мин.) медномарганцовая руда.
lampalagua. [м.] (Амер.) сказочное чудовище; [прил.] (Амер.) прожорливый.
lampallo, lla. [прил.] (Амер.) голодный, изголодавшийся; жадный.
lampante. [прил.] * aceite lampante, оливковое масло низкого сорта.
lampar. [неперех.] зариться на что-л, страстно желать.
lámpara. [ж.] лампа; светильник; (разг.) жирное пятно (на платье): * lámpara de Davy, рудничная лампа: * lámpara de soldar, сварочная горелка; * lámpara de arco, дуговая лампа.
lamparado, da. [прил.] (герал.) высунутый (о языке).
lamparazo. [м.] (Амер.) глоток ликёра.
lamparería. [ж.] мастерская по изготовлению и починке ламп; ламповая лавка; место хранения ламп и фонарей.
lamparero. [м.] ламповщик, фонарщик; делающий или продающий лампы.
lampariento, ta. [прил.] (Амер.) покрытый жирными пятнами.
lamparilla. [ж. умен.] к lámpara, лампочка; ночник, лампадка; плошка, шкалик (для иллюминации); осина; тонкая, шерстяная ткань; (обл.) см. retel.
lamparín. [м.] металлическая подставка для лампадки; (Амер.) см. candil.
lamparista. [м.] см. lamparero.
lamparo, ra. [прил.] (Амер.) разорившийся, оставшийся без гроша (тже. сущ.).
lamparón. [м. увел.] к lámpara; жирное, масляное пятно (на платье); (мед.) золотуха (на шее).
lamparonoso, sa. [прил.] (мед.) золотушный.
lamparoso, sa. [прил.] см. lamparonoso; (Амер.) покрытый жирными пятнами, отвратительный.
lampás. [м.] штоф (ткань).
lampasado, da. [прил.] (герал.) с высунутым языком.
lampatán. [м.] лекарственный корень, см. china.
lampazo. [м.] (бот.) репейник; швабра.
lampear. [неперех.] работать киркой.
lampear. [перех.] (Амер.) обтёсывать, обделывать брус по наугольнику.
lampero. [м.] (Амер.) тот, кто работает киркой.
lampeza. [ж.] штоф, шёлковая ткань (китайская).
lampiño. [прил.] (Амер.) см. lampiño.
lampiño, ña. [прил.] безбородый; безволосый: * trigo lampiño, озимая пшеница.
lampión. [м.] фонарь; большая лампа.
lampírido. [м.] (зоол.) светляк; [м. множ.] (зоол.) светящиеся жуки, светляки.
lampista. [м.] (гал.) см. lamparero.
lampistería. [ж.] (гал.) см. lamparería.
lampo. [м.] (поэт.) зарница; молния.
lampón. [м.] кирка.
lampón, na. [прил.] (Амер.) голодный, голодающий.
lampote. [м.] филиппинская хлопчатобумажная ткань.
lamprea. [ж.] (ихтиол.) морская минога.
lamprea. [ж.] (мед.) язва.
lampreada. [ж.] град ударов кнутом и т. д.
lampreado, da. [страд. прич.] к lamprear; [м.] кушанье из вяленого мяса и т. д.

lamprear. [перех.] (Амер.) тушить мясо (со специями).
lampreazo. [м.] удар бичом, кнутом.
lamprehuela. [ж. умен.] к lamprea, небольшая морская минога; см. lampreílla.
lampreílla. [ж.] (ихтиол.) сорт речной миноги, усач.
lampreo. [м.] (обл.) см. vapuleo.
lámpsana. [ж.] (бот.) бородавник, бородавочник, бородавочная трава.
lampuga. [ж.] (ихтиол.) сорт дорады.
lampuso, sa. [прил.] (Амер.) бесстыдный, наглый, дерзкий.
lana. [ж.] шерсть; шерстяная ткань; шерстяная одежда; lana artificial, de vidrio, искусственная шерсть; * lana de vidrio, стеклянная вата; * ir por lana y salir trasquilado, вернуться несолоно хлебавши.
lanada. [ж.] (воен.) банник.
lanado, da. [прил.] шерстистый, пушистый.
lanar. [прил.] шерстяной: * ganado lanar, животные дающие шерсть, овцы.
lanaria. [ж.] (бот.) сапонария, мыльнянка.
lancán. [м.] филиппинская лодка (большая).
lance. [м.] бросание, швыряние; метание; забрасывание (сети); пойманная рыба (в один приём); критическое положение, момент опасности; интересный случай, событие, решающий, критический момент; драматический эпизод; схватка, стычка, столкновение; дротик, копьё; ход (в игре); (тавр.) приём тореро, дразнящего плащом быка: * lance de honor, дуэль; * lance apretado, трудное положение; * de lance, приобретаемый по случаю; подержанный; * comprar de lance, купить по случаю; * lance de fortuna, игра случая; * a pocos lances, быстро, без затруднения; * de lance en lance, из огня да в полымя; * echar buen lance, добиться чего-л; * tener pocos lances, быть скучным.
lanceada. [ж.] (Амер.) см. lancetada.
lanceado, da. [прил.] (бот.) копьевидный, ланцетовидный.
lancear. [перех.] ранить копьём.
lancéola. [ж.] (бот.) подорожник.
lanceolado, da. [прил.] копьевидный, ланцетовидный.
lancera. [ж.] козлы для копий.
lancería. [ж.] совокупность копий; уланское войско.
lancero. [м.] (воен.) улан; мастер по изготовлению копий; [множ.] лансье (танец) и музыка к нему.
lanceta. [ж.] (хир.) ланцет; (Амер.) (прост.) см. aguijón.
lancetada. [ж.] надрез, сделанный ланцетом; (Амер.) (прост.) см. aguijonazo.
lancetero. [м.] футляр для ланцетов.
lanciada. [ж.] (Амер.) град ударов копьём.
lancifoliado, da. [прил.] (бот.) ланцетолистный.
lanciforme. [прил.] (бот.) см. lanceolado.
lancilla. [ж. умен.] к lanza, копьецо.
lancinante. [дейст. прич.] к lancinar; [прил.] пронизывающий, колющий, стреляющий (о боли): * dolores lancinantes, резь.
lancinar. [перех. и неперех.] колоть, покалывать, причинять колотье.
lancurdia. [ж.] маленькая форель.
lancha. [ж.] гладкий камень; баркас; см. barca; (Амер.) туман; мороз, иней.
lanchada. [ж.] груз, перевозимый баркой в один приём.
lanchaje. [м.] плата за перевозку груза в барке и т. д.
lanchar. [м.] каменоломня; место, изобилующее гладкими камнями.
lanchar. [неперех.] (Амер.) покрываться тучами; заиндеветь, подморозить; [перех.] (Амер.) см. lincear.
lanchazo. [м.] удар гладким камнем.

lanchero. [м.] лодочник.
lanchón. [м.] (мор.) лихтер, барка, шаланда.
lanchuela. [ж. умен.] к **lancha,** гладкий камешек.
landa. [ж.] пустошь, ланда.
lande. [м.] (обл.) жёлудь.
landgrave. [м.] (ист.) ландграф.
landgraviato. [м.] ландграфство.
landó. [м.] ландо (четырёхместная карета с раскрывающимся верхом).
landre. [м.] (мед.) желвак, воспаление желёз (на шее, подмышках); потайной карман.
landrero, ra. [прил.] прячущий деньги в **landre** (о нищем); [м.] (арг.) карманник.
landsturm. [м.] народное ополчение (в Германии).
landtag. [м.] ландтаг.
lanería. [ж.] магазин где продают шерсть.
lanero, ra. [прил.] шерстяной; [м.] торговец шерстью; место хранения шерсти.
langa. [ж.] треска, лабардан.
langanazo. [м.] (Амер.) колокольный звон, орудийный выстрел, взрыв, гром.
lángara. [прил.] (Амер.) умный, сметливый.
lángaro, ra. [прил.] (Амер.) см. **larguirucho;** лакомый, прожорливый, голодный; не занятый делом.
langarote, ta. [прил.] (Амер.) см. **larguirucho;** прожорливый, лакомый, голодный; флегматичный.
langarucho, cha. [прил.] см. **larguirucho.**
langaruto, ta. [прил.] (разг.) см. **larguirucho.**
langaruzo, za. [прил.] (Амер.) выгодный.
langosta. [ж.] саранча; лангуст(а) (морской рак); (перен.) бич, бедствие.
langostero, ra. [прил.] * red **langostera,** сеть для ловли лангуст.
langosticida. [прил.] служащий для истребления саранчи.
langostín. [м.] см. **langostino.**
langostíneo, a. [прил.] относящийся к лангусте.
langostino. [м.] большая (средиземноморская) креветка.
langostón. [м.] кузнечик.
languar. [перех.] (обл.) лизать, облизывать.
languceta. [прил.] (Амер.) см. **languciento.**
langucia. [ж.] (Амер.) прожорливость.
languciar. [перех.] (Амер.) лакомиться.
languciento, ta. [прил.] (Амер.) голодный, изголодавшийся; прожорливый, ненасытный; худой, тощий, хилый.
languncino, na. [прил.] с худым лицом.
languncio, cia. [прил.] см. **languciento.**
lánguidamente. [нареч.] немощно; вяло, томно.
languidecer. [неперех.] слабеть, чахнуть; изнывать, томиться, изнемогать, мучиться; [непр. гл.] спрягается как **agradecer.**
languidez. [ж.] слабость, изнеможение, упадок сил; томность, томление; истома; инертность.
lánguido, da. [прил.] немощный, бессильный, изнемогающий, слабый, изнурённый; подавленный; вялый; томный, томящийся.
languor. [м.] см. **languidez.**
languso, sa. [прил.] (Амер.) хитрый, проницательный; см. **lagarucho.**
laniario, ria. [прил.] * dientes **laniarios,** угловые зубы, клыки.
lanicio, cia. [прил.] происходящий из шерсти.
lanífero, ra. [прил.] (поэт.) шерстоносный; шерстистый, пушистый.
lanificación, lanificio. [м.] производство шерстяных тканей; шерстяной товар; (непр.) магазин шерстяных тканей и изделий.

lanifloro, ra. [прил.] (бот.) с пушистыми цветами.
lanígero, ra. [прил.] пушистый.
lanilla. [ж.] ворс; тонкая шерстяная ткань.
lanío, a. [прил.] см. **lanar.**
lanista. [м.] торгующий гладиаторами (у Римлян).
lanital. [м.] (хим.) искусственная шерсть.
lanol(e)ina. [ж.] (хим.) ланолин.
lanosidad. [ж.] пушок, пух (растений и т. д.).
lanoso, sa. [прил.] покрытый шерстью, шерстистый.
lansquenete. [м.] ландскнехт (воин).
lantaca. [ж.] сорт кулеврины.
lantana. [ж.] (бот.) железняковое растение.
lantano. [м.] (хим.) лантан.
lanteja, lantejuela. [ж.] см. **lenteja** и т. д.
lantén. [м.] (Амер.) см. **llantén.**
lanterno. [м.] (обл.) (бот.) вечнозеленая крушина.
lantisco. [м.] (бот.) мастиковое дерево.
lanudillo. [м.] (зоол.) пудель.
lanudo, da. [прил.] покрытый шерстью, шерстистый, пушистый; (Амер.) грубый, неотёсанный, невоспитанный.
lanuginoso, sa. [прил.] шерстистый, пушистый.
lanugo. [м.] волосы на теле зародыша.
lanza. [ж.] копьё, пика; копейщик; дышло; металлический наконечник шланга; * echar **lanzas** en la mar, напрасно делать что-л; * romper **lanzas** por alguien, algo, страстно защищать кого-л, что-л, ломать копья в защиту кого-л, чего-л; * a punta de **lanza,** со всей строгостью.
lanzabombas. [прил.] служащий для метания бомб.
lanzacabos. [прил.] (мор.) служащий для сбрасывания тросов.
lanzacohetes. [прил.] (воен.) ракетная пусковая установка.
lanzada. [ж.] удар копьём; рана, нанесённая копьём.
lanzadera. [ж.] челнок (ткацкой, швейной машины)
lanzador, ra. [прил.] бросающий, кидающий и т. д.; [м.] метатель: * **lanzador** de disco, дискобол.
lanzafuego. [м.] (воен.) пальник.
lanzagranadas. [прил.] (воен.) (служащий) для стрельбы гранатами.
lanzallama(s). [прил.] (воен.) огнемёт.
lanzamiento. [м.] бросание, кидание, сбрасывание, метание, пуск, выпуск; выпуск на свободу (птиц); (мор.) спуск на воду (судна и т. д.); (юр.) выселение по суду; лишение имущества; * **lanzamiento** de la jabalina, метание копья; * **lanzamiento** del peso, толкание ядра.
lanzaminas. [м.] (мор.) миномёт.
lanzar. [перех.] бросать, кидать, швырять, метать; запускать; толкать (ядро); (мор.) спускать на воду; выпускать на свободу (птиц); тошнить, рвать; пускать (листья и т. д.); (перен.) выбрасывать (товары на рынок); (юр.) выселять по суду; лишать по суду; лишать имущества; **lanzarse** [возв. гл.] бросаться, кидаться.
lanzatorpedos. [прил.] (мор.) * tubo **lanzatorpedos,** торпедный аппарат.
lanzazo. [м.] см. **lanzada.**
lanzón, m. [увел.] к **lanza;** толстое и короткое копьё.
lanzuela. [ж. умен.] к **lanza,** копьецо.
laña. [ж.] крюк; железная скоба, скрепа.
laña. [ж.] зелёный кокосовый орех.
lañador, ra. [м. и ж.] рабочий, занимающийся починкой посуды.
lañar. [перех.] скреплять скобами; склеивать, чинить посуду.

lapo 531

lañar. [перех.] (обл.) потрошить рыбу (при солке).
lañoso, sa. [прил.] имеющий форму железной скобы, скрепы (laña).
lapa. [ж.] плесень, зелень.
lapa. [ж.] морское блюдце (моллюск); (Амер.) любовница солдата: * agarrarse como una **lapa,** быть неотвязным, назойливым.
lapa. [ж.] см. **bardana;** (обл.) см. **almorejo.**
lapa. [ж.] ара (длиннохвостый попугай).
lapáctico, ca. [прил.] слабительный (о лекарстве).
lapachal. [м.] (Амер.) лес из **lapachos.**
lapachar. [м.] болото, топь.
lapacho. [м.] (бот.) южноамериканская текома.
lápade. [м.] морское блюдце (моллюск).
lapalapa. [ж.] (Амер.) мелкий дождь.
laparocele. [м.] (пат.) грыжа брюшная (в верхней части).
laparocolpohisterectomía. [ж.] (хир.) вскрытие шейки и нижнего сегмента матки.
laparohisterectomía. [ж.] (хир.) удаление матки через разрез живота.
laparomiomotomía. [ж.] (хир.) удаление миомы матки через разрез живота.
laparorrafia. [ж.] (хир.) брюшной шов.
laparosalpingotomía. [ж.] (хир.) вскрытие яйцеводов после лапаротомии.
laparotomía. [ж.] (хир.) вскрытие живота, чревосечение.
lape. [м.] (Амер.) уплотнённый (о шерсти и т. д.); очень забавный.
lapiaz. [м.] (геол.) карр.
lapicera. [ж.] (Амер.) карандаш; ручка (для пера).
lapicero. [м.] вставка для карандаша; карандаш.
lápida. [ж.] каменная плита: * **lápida** sepulcral, надгробная, могильная плита.
lapidación. [ж.] побивание камнями.
lapidador, ra. [прил.] избивающий и т. д. камнями (тже. сущ.).
lapidar. [перех.] побивать камнями; (Амер.) обрабатывать драгоценные камни.
lapidaria. [ж.] обработка драгоценных камней (искусство).
lapidario, ria. [прил.] относящийся к драгоценным камням; относящийся к надгробным камням (о надписи); лапидарный; [м.] гранильщик драгоценных камней; торгующий драгоценными камнями; (непр.) шлифовальный станок ювелира.
lapídeo, a. [прил.] каменный.
lapidescente. [прил.] твёрдый как камень.
lapidícola. [прил.] (зоол.) живущий среди камней или под камнями.
lapidificación. [ж.] окаменение.
lapidificar. [перех.] превращать в камень; **lapidificarse** [возв. гл.] превращаться в камень.
lapidífico, ca. [прил.] камнетворный.
lapidoso, sa. [прил.] каменный.
lapislázuli. [м.] (мин.) ляпис-лазурь, лазуревый камень.
lápiz. [м.] карандаш: * **lápiz** plomo, графит; * **lápiz** de color, цветной карандаш; пастель.
lapizar. [м.] шахта, карьер по добыче графита.
lapizar. [перех.] чертить, рисовать карандашом.
lapo. [м.] (разг.) удар палкой, саблей плашмя; (обл.) (Амер.) пощёчина; (перен.) глоток: * echar un **lapo,** выпить.

lapón, na. [прил.] лапландский; [м. и ж.] лопарь, лопарка; лапландец, (-ка).

lapso. [м.] промежуток времени; ляпсус, оплошность; оговорка, обмолвка; ошибка, описка.

lapsus. [м.] ляпсус, оплошность; оговорка, обмолвка; ошибка, описка; (мед.) падение: * lapsus linguae, оговорка; * lapsus calami, описка.

laptis. [м.] лапти.

laque. [м.] (Амер.) (чаще множ.) см. boleadoras.

laqueado, da. [прил.] лакированный.

laquear. [перех.] лакировать.

laquear. [перех.] (Амер.) охотиться при помощи болеадорас (оружие индейцев и гаучо).

laqui. [м.] (Амер.) см. boleadoras.

lar. [м.] лар, бог домашнего очага (у Римлян); [множ.] домашний очаг.

larca. [ж.] (Амер.) оросительный канал.

lardáceo, a. [прил.] похожий на свиное сало; (мед.) напоминающий своим видом сало.

lard(e)ar. [перех.] смазывать салом; шпиговать.

lardero, ra. [прил.]: * jueves lardero, четверг масленой недели.

lardiforme. [прил.] напоминающий своим видом сало.

lardo. [м.] свиное сало, шпик; сало, жир.

lardón. [м.] (полигр.) загиб (в печатном листе); заметка на полях.

lardoso, sa. [прил.] сальный, жирный.

lareira. [ж.] (обл.) см. hogar.

larga. [ж.] кусок кожи прибитый к колодке; длинный бильярдный кий; [множ.] задержка, промедление: * dar largas, затягивать, откладывать; * a la larga, с течением времени; в конце концов.

largamente. [нареч.] пространно, длинно, растянуто; долго; щедро, великодушно, с лихвой; на широкую ногу.

largar. [перех.] отпускать, ослаблять; (мор.) отпускать (паруса и т. д.); * largarse. [возв. гл.] (разг.) поспешно уходить, удаляться, удирать; (мор.) выходить в открытое море, отходить.

largo, ga. [прил.] долгий, длинный, продолжительный, длительный; многочисленный, обильный; щедрый, расточительный; (мор.) спущенный; открытый (о море); [м.] длина, протяжение; ларго; [нареч.] обильно: * a la larga, a lo largo, во всю длину; с течением времени; в конце концов; медленно; широко; * a lo largo, вдали; пространно; * de larga vista, дальнозоркий; * hablar largo y tendido, говорить пространно; * ¡largo!, ¡largo de aquí!, вон отсюда; * de largo, с длинной одеждой.

largomira. [ж.] подзорная труба.

largona. [ж.] (Амер.) отсрочка.

largor. [м.] длина.

largucho, cha. [прил.] (Амер.) см. larguirucho.

largueado, da. [прил.] полосатый.

larguero, ra. [прил.] (Амер.) обильный, обширный, широкий, чрезмерный; [м.] продольный брус; (ав.) лонжерон; ж. длинная подушка.

largueza. [ж.] см. largura; щедрость, обильность.

larguirucho, cha. [прил.] (разг.) долговязый.

largura. [ж.] длина.

lárice. [м.] (бот.) лиственница, см. alerce.

laricino, na. [прил.] (бот.) лиственничный.

larije. [прил.] см. alarije.

laringalgia. [ж.] (пат.) боль гортани.

laringe. [ж.] (анат.) гортань.

laringectomía. [ж.] (хир.) иссечение гортани.

laríngeo, a. [прил.] гортанный.

laringismo. [м.] спазм голосовой щели с последующей асфиксией.

laringítico, ca. [прил.] относящийся к воспалению гортани.

laringitis. [ж.] (мед.) воспаление гортани, ларингит.

laringoespasmo. [м.] (пат.) спазм голосовой щели.

laringofaríngeo, a. [прил.] гортанно-глоточный.

laringofaringitis. [ж.] воспаление гортани и глотки.

laringofisura. [ж.] продольное рассечение гортани (щитовидного хряща) по средней линии.

laringofonía. [ж.] (мед.) звук голоса при аускультации гортани.

laringología. [ж.] учение о гортани.

laringológico, ca. [прил.] (мед.) ларингологический.

laringólogo. [м.] ларинголог.

laringometría. [ж.] (мед.) измерение гортани.

laringoparálisis. [ж.] (пат.) паралич гортани.

laringopatía. [ж.] (пат.) болезнь гортани.

laringoplejía. [ж.] (пат.) паралич гортани.

laringorragia. [ж.] (пат.) кровотечение из гортани.

laringorrea. [ж.] (пат.) слизистые или серозные отделения из гортани (у певцов, дикторов, артистов).

laringoscopia. [ж.] (мед.) осмотр гортани.

laringoscopio. [м.] маленькое, вводимое за язычок, гортанное зеркало.

laringostenosis. [ж.] (пат.) сужение гортани.

laringotomía. [ж.] (хир.) вскрытие гортани.

laringótomo. [м.] (хир.) инструмент для ларинготомии.

laringotraqueitis. [ж.] (пат.) воспаление гортани и трахей.

laringotraqueotomía. [ж.] (хир.) вскрытие гортани и трахей.

laringoxerosis. [ж.] (пат.) сухость гортани.

larinoideo, a. [прил.] напоминающий своим видом сало.

laroide(o), a. [прил.] относящийся к чайке, похожий на чайку.

larra. [ж.] (обл.) луг.

larva. [ж.] (биол.) личинка; головастик.

larvado, da. [прил.] (мед.) скрытый, без определённых симптомов.

larval. [прил.] (биол.) личиночный.

larvario, ria. [прил.] см. larval; имеющий форму личинки.

larvicida. [прил.] убивающий личинки; [м.] средство, убивающее личинки.

larviforme. [прил.] имеющий форму личинки.

larvíparo, ra. [прил.] питающийся личинками, пожирающий личинки.

las. опред. арт. мн. ч. ж. р.; личн. мест. (вин. н. 3-го л. мн. ч. ж. р.) их.

lasamiento. [м.] усталость.

lasaña. [ж.] сорт оладьи.

lasca. [ж.] осколок камня, щебень.

lascadura. [ж.] (мор.) дейст. к lascar.

lascadura. [ж.] (Амер.) ушиб.

lascar. [перех.] (мор.) травить, отдавать, спускать (канат).

lascar. [перех.] (Амер.) ранить, повреждать, ушибить.

lascivamente. [нареч.] похотливо, сладострастно.

lascivia. [ж.] похотливость; сладострастие, похоть.

lascivo, va. [прил.] похотливый, сладострастный; весёлый, игривый, резвый.

lascón. [м.] (мор.) см. lascadura.

laserpicio. [м.] (бот.) гладыш (растение).

lasionita. [ж.] (мин.) вавеллит, девонит.

lasitud. [ж.] усталость, утомление.

laso, sa. [прил.] усталый, утомлённый; бессильный; слабый и бледный; некручёный (о шёлке, нитке).

lastar. [перех.] платить за другого (с последующим возмещением); (перен.) страдать по чужой вине.

lástima. [ж.] жалость, сострадание, сожаление; жалоба, сетование; предмет сожаления: * ¡qué lástima!, как жаль!; * es una (verdadera) lástima, (ужасно) жалко; * dar, hacer, poner lástima, estar echo una lástima, вызывать сожаление; иметь жалкий вид; * (él) me da lástima, мне его жалко; * tener lástima de, сжалиться над...

lastimada. [ж.] (Амер.) ушиб.

lastimado, da. [страд. прич.] к lastimar; [прил.] раненый.

lastimador, ra. [прил.] ранящий, повреждающий; причиняющий боль и т. д.

lastimadura. [ж.] ушиб; рана.

lastimar. [перех.] ранить; повреждать, ушибать; причинять боль; давить, жать (об обуви); сожалеть, сочувствовать; (перен.) оскорблять, обижать, задевать; **lastimarse.** [возв. гл.] ранить себя; ушибаться; жаловаться; болеть за другого.

lastimeramente. [нареч.] жалобно.

lastimativo, va. [прил.] вызывающий сострадание, жалость.

lastimero, ra. [прил.] жалобный, жалостный; причиняющий боль.

lastimón. [м.] (Амер.) трение, ушиб, см. lastimadura.

lastimosamente. [нареч.] жалко, жалобно.

lastimoso, sa. [прил.] жалкий, возбуждающий жалость.

lasto. [м.] вексель, заёмное письмо; платёжное обязательство.

lastón. [м.] (бот.) злаковое растение.

lastra. [ж.] гладкий камень, голыш.

lastrador. [м.] (мор.) рабочий, занимающийся балластированием.

lastraje. [м.] (мор.) нагрузка балластом, балластирование.

lastrar. [перех.] (мор.) нагружать балластом; (перен.) наполнять чем-л для устойчивости, укреплять.

lastre. [м.] камень низкого сорта, пустая порода.

lastre. [м.] балласт; щебень; (перен.) разум, благоразумие; см. balasto: * en lastre, (мор.) пустой, без груза (о судне).

lastrero. [м.] (обл.) каменоломня.

lastrero, ra. [прил.] (Амер.) балластный.

lastro. [м.] (обл.) гладкий камень, голыш.

lastrón. [м. увел.] к lastre, большой камень низкого сорта.

lasún. [м.] голец, вьюн (рыба).

lata. [ж.] планка, брусок.

lata. [ж.] жесть; жестяная (консервная) банка; стропило черепичной крыши; (арг.) песета.

lata. [ж.] см. tabarra: * dar la lata, надоедать; * ¡qué lata! какая скука!

latamente. [нареч.] пространно.

latania. [ж.] (бот.) латания.

latas. [м.] (Амер.) человек без гроша.

latastro. [м.] (арх.) плинтус.

lataz. [м.] (зоол.) тихоокеанская нутрия.

latazo. [м.] см. tabarra; (прост.) скучная речь или книга.

latear. [перех.] (Амер.) утомлять, надоедать разговором и т. д.

latebra. [ж.] потайное место, тайник, укрытие.

latebroso, sa. [прил.] прячущийся; таинственный, тайный.
latente. [прил.] скрытый, невыявленный; скрытый, латентный: * calor latente, (физ.) скрытая теплота.
lateral. [прил.] боковой; побочный.
lateralidad. [ж.] свойст. к боковой.
lateralmente. [нареч.] сбоку, со стороны, боком, стороною; по обеим сторонам, с обеих сторон.
latería. [ж.] (Амер.) мастерская жестяника (или лавка).
laterita. [ж.] (геол.) латерит.
latero. [м.] (обл.) (Амер.) жестяник, жестянщик.
latero, ra. [прил.] (разг.) скучный, утомительный, надоедливый; [м. и ж.] наводящий скуку, нудный, назойливый человек.
laterocidencia. [ж.] выпадение петли пупочного канатика сбоку от плода.
lateroflexión. [ж.] боковой изгиб.
lateroposición. [ж.] наклонение вбок (матки).
lateropulsión. [ж.] (пат.) склонность к падению на бок (при дрожательном параличе).
lateroversión. [ж.] (пат.) боковое наклонение.
latez. [ж.] (бот.) латекс, млечный сок.
latibarbo, ba. [прил.] широкобородый.
laticapitado, da. [прил.] с широкой головой.
laticaudo, da. [прил.] с широким хвостом.
laticífero, ra. [прил.] (бот.) * vaso latícífero, млечный сосуд, млечник (у растений).
laticlavia. [ж.] латиклавия (одежда римских сенаторов).
laticolio, lia. [прил.] с широкой шеею.
laticórneo, a. [прил.] имеющий широкие рога или усики.
latidentado, da. [прил.] широкозубый.
latido, da. [страд. прич.] к latir; [м.] отрывистый лай собак; биение, пульсация (сердца, пульса и т. д.); пульсирование.
latiente. [дейст. прич.] к latir.
latifloro, ra. [прил.] (бот.) с широкими цветами.
latifoliado, da. [прил.] (бот.) широколистный.
latifundio. [м.] поместье, латифундия.
latifundista. [м. и ж.] латифундист, крупный помещик, (-ица).
latigadera. [ж.] (обл.) ремень для прикрепления ярма к дышлу.
latigazo. [м.] удар бичом и т. д.; щёлканье кнута; (перен.) строгий и неожиданный выговор; неожиданный ущерб.
látigo. [м.] хлыст, кнут, бич; кожаный ремешок; верёвка.
latigueada. [ж.] (Амер.) см. azotaina.
latiguear. [неперех.] хлопать кнутом; (Амер.) бить хлыстом, кнутом и т. д.
latigueo. [м.] щёлканье кнута.
latiguera. [ж.] кожаный ремешок, верёвка; (Амер.) см. azotaina.
latiguero, ra. [прил.] тот, кто изготовляет или продаёт хлысты, кнуты, бичи.
latiguillo. [м.] подземный побег; (перен.) (разг.) пафос.
latilabio, bia. [прил.] широкогубый.
latín. [м.] латынь, латинский язык; (чаще множ.) латинская фраза: * latín vulgar, вульгарная латынь; * saber (mucho) latín, быть хитрым и т. д.; * bajo latín, испорченная латынь.
latinajo. [м.] (разг.) (презр.) исковерканная латынь; (чаще множ.) латинская фраза.
latinamente. [нареч.] по-латыни.
latinante. [дейст. прич.] к latinar.
latinar. [неперех.] читать, говорить или писать по-латыни.

latinazo. [м.] (обл.) см. latinajo.
latinear. [неперех.] см. latinar; [перех.] употреблять латинские фразы или слова.
latinidad. [ж.] латынь, латинский язык; * baja latinidad, испорченная латынь.
latiniparla. [ж.] злоупотребление латинскими фразами, словами.
latinismo. [м.] латинизм.
latinista. [м. и ж.] латинист, (-ка).
latinización. [ж.] латинизация.
latinizante. [дейст. прич.] к latinizar, латинизирующий.
latinizar. [перех.] латинизировать; [неперех.] см. latinear.
latino, na. [прил.] латинский; говорящий по латыни; [м.] латынь; [м. и ж.] человек, знающий латинский язык; латинянин, (-ка): * vela latina, (мор.) латинский парус.
latinoamericano, na. [прил.] латиноамериканский; [м. и ж.] латиноамериканец, (-ка).
latinoso, sa. [прил.] вульгарный, дурного вкуса.
latípedo, da. [прил.] широконогий, широколапый.
latipenneo, nea. [прил.] ширококрылый.
latir. [неперех.] лаять; визжать; биться (о сердце, пульсе); пульсировать; [перех.] (Амер.) надоедать, докучать.
látiro. [м.] (бот.) вика, журавлиный горох.
latirrostro, tra. [прил.] плоскоклювый.
latitud. [ж.] ширина; пространство; площадь; (гал.) свобода действий; (астр.) (геогр.) широта.
latitudinal. [прил.] поперечный.
latitudinario, ria. [прил.] веротерпимый; [м.] вольнодумец.
latitudinarismo. [м.] вольнодумство.
lato, ta. [прил.] широкий, пространный, обширный.
latomías. [ж.] каменоломня (служившая тюрьмой у древних).
latón. [м.] латунь, жёлтая медь.
latón. [м.] (обл.) см. almeza.
latonería. [ж.] мастерская или лавка латунных изделий.
latonero. [м.] тот, кто изготовляет или продаёт латунные изделия; (обл.) см. almez.
latoso, sa. [прил.] скучный, наводящий скуку, докучливый, утомительный.
latréutico, ca. [прил.] * culto latréutico, поклонение единому Богу.
latría. [ж.] поклонение единому Богу.
latrocinante. [дейст. прич.] к latrocinar.
latrocinar. [неперех.] (м. употр.) заниматься воровством.
latrocinio. [м.] воровство, кража; привычка воровать.
latvio, via. [прил.] латышский; [м. и ж.] латыш, (-ка).
lauca. [ж.] (Амер.) (прост.) стригущий лишай; плешь, лысина.
laucadura. [ж.] (Амер.) выпадение волос, облысение.
laucar. [перех.] (Амер.) стричь волосы или шерсть.
lauco, ca. [прил.] (Амер.) плешивый, лысый, облезлый.
laucha. [ж.] (Амер.) мышь; стальная проволока; (Амер.) сметливый человек; см. lauchón.
lauchón. [м.] (Амер.) долговязый, худой мальчик.
laúd. [м.] лютня; (мор.) фелюга, средиземноморская лодка.
lauda. [ж.] могильная плита.
laudable. [прил.] похвальный, достойный похвалы.

laudablemente. [нареч.] похвально.
laudanizado, da. [прил.] содержащий láudano (препарат опия).
láudano. [м.] (фарм.) препарат опия.
laudar. [перех.] (юр.) выносить арбитражное решение; (уст.) см. alabar.
laudatoria. [ж.] хвалебная речь и т. д.
laudatorio, ria. [прил.] см. laudable.
laude. [м.] могильная плита.
laudemio. [м.] (юр.) пошлина в пользу феодального владельца с продажи наследств в его владениях.
laudes. [ж. множ.] (церк.) часы отправляемые перед обеднею; (уст.) см. alabanza.
laudo. [м.] (юр.) постановление, решение арбитража.
launa. [ж.] металлическая пластинка; клинок.
laura. [ж.] лавра, первоклассная монашеская обитель.
lauráceo, a. [прил.] лавровидный; (бот.) лавровый; [ж. множ.] (бот.) лавровые растения.
laurea. [ж.] лавровый венец.
laureado, da. [прил.] увенчанный лаврами, удостоенный премии; [м.] лауреат.
laureando. [м.] дипломант (университета).
laurear. [перех.] венчать лаврами; (перен.) награждать, премировать.
lauredal. [м.] лавровая роща.
laurel. [м.] (бот.) лавр, лавровое дерево: * laurel cerezo, real, лавровишня; * laurel rosa, пуховник, олеандр; * dormir(se) sobre sus laureles, почить на лаврах.
laurenciano, na, laurentino, na. [прил.] (геол.) лаврентьевский.
láureo, a. [прил.] лавровый.
laureola. [ж.] см. auréola.
laureola. [ж.] см. auréola.
laurífero, ra. [прил.] (поэт.) носящий и т. д. лавры.
laurifoliado, da. [прил.] с лавровидными листьями.
lauríneo, a. [прил.] см. lauráceo.
laurino, na. [прил.] лавровый.
laurita. [ж.] (мин.) лаурит.
lauro. [м.] см. laurel; (перен.) лавры, слава, честь.
lauroceraso. [м.] (бот.) лавровишня, лавровишневое дерево.
lause. [м.] (Амер.) (герм.) вошь.
lautamente. [нареч.] (м. употр.) великолепно, блестяще, пышно, роскошно.
lauto, ta. [прил.] блестящий, великолепный, роскошный, пышный.
lava. [ж.] (геол.) лава: * lava cordada, волнистая лава.
lava. [ж.] промывка руды.
lavable. [прил.] моющийся, стирающийся, смываемый.
lavabo. [м.] умывальник; умывальная комната, туалет.
lavacara. [ж.] (Амер.) умывальный таз.
lavacaras. [м. и ж.] (перен.) (разг.) льстец, льстивая женщина.
lavación. [ж.] (фарм.) см. lavadura, loción.
lavada. [ж.] (жив.) раскрашивание акварелью, сепией; (обл.) см. aljerife; (Амер.) (непр.) промывка руды.
lavadero. [м.] прачечная; плотомойня (место стирки белья); место промывки руды.
lavadiente(s). [м.] (м. употр.) сосуд для полоскания зубов.

lavado, da. [страд. прич.] к lavar; [м.] мытьё, стирка, мойка; промывание (раны, руды); флотация (руды и т. д.); (жив.) размывка акварелью или гуашью.

lavador, ra. [прил.] моющий; стирающий; стиральный; [м.] (воен.) шомпол; [м. и ж.] мойщик, (-ица), стиральщик, (-ица); судомойка; прачка; промывальщик, (-ица); (Амер.) умывальник.

lavadora. [ж.] стиральная машина; (Амер.) прачка.

lavadura. [ж.] мытьё, стирка, мойка; промывание; помои, грязная вода, грязная, мыльная пена.

lavafrutas. [ж.] мисочка с тёплой водой для обмывания пальцев (после еды).

lavaje. [м.] промывка шерсти.

lavajo. [м.] непросыхающее болото, лужа.

lavajoso, sa. [прил.] топкий, илистый.

lavamanos. [м.] рукомойник; таз и кувшин для умывания.

lavamiento. [м.] мытьё, стирка, мойка; (уст.) см. lavativa.

lavanco. [м.] дикая утка, чирок.

lavanda. [ж.] (гал.) лаванда, см. espliego.

lavandera. [ж.] прачка; трясогузка (птица).

lavandería. [ж.] (Амер.) прачечная.

lavandero. [м.] рабочий, занимающийся стиркой белья.

lavándula. [ж.] (бот.) лаванда.

lavaojos. [м.] чашечка для примочки глаз.

lavaplatos. [м. и ж.] мойщик посуды, судомойка (в ресторане); [м.] (Амер.) растение, листья которого служат мылом; см. fregadero.

lavar. [перех.] мыть, обмывать; промывать; умывать; смывать; стирать; размывать, подкрасить рисунок акварелью, сепией, гуашью; (перен.) очищать: * lavar una injuria, смывать оскорбление; **lavarse.** [возвр. гл.] мыться, умываться: * yo me lavo las manos, (перен.) я умываю руки.

lavativa. [ж.] клизма, клистир; (перен.) надоедливость, досада.

lavatorio. [м.] см. lavamiento; омовение; (церк.) омовение ног; обмывание пальцев; см. lavamanos; (Амер.) умывальник.

lavazas. [ж. множ.] помои, грязная вода.

lave. [м.] (мин.) промывание руды.

lávico, ca. [прил.] имеющий свойства лавы.

lavotear. [перех.] (разг.) поспешно стирать наспех.

lavoteo. [м.] поспешная стирка.

laxación. [ж.] ослабление (чего-л натянутого); смягчение.

laxamiento. [м.] ослабление (чего-л натянутого); слабость.

laxante. [действ. прич.] к laxar, ослабляющий, смягчающий; [м.] слабительное.

laxar. [перех.] ослаблять, смягчать.

laxativo, va. [прил.] слабительный; [м.] слабительное.

laxidad. [ж.] см. laxitud.

laxismo. [м.] чрезмерная снисходительность в вопросах морали.

laxista. [м.] сторонник чрезмерной снисходительности в вопросах религии и нравственности.

laxitud. [ж.] слабость.

laxo, xa. [прил.] слабый, расслабленный; вялый, дряблый.

lay. [м.] небольшая лирическая или эпическая поэма в стихах.

laya. [ж.] лопата, заступ (железная); мотыга, цапка.

laya. [ж.] качество, свойство, сорт.

layador. [м.] рабочий копающий лопатой или заступом.

layar. [перех.] копать землю лопатой или заступом.

layo, ya. [прил.] (обл.) беловатый, белёсый.

lazada. [ж.] бант.

lazar. [перех.] ловить арканом; (Амер.) см. enlazar.

lazareto. [м.] карантинный дом; больница для прокажённых, лепрозорий; (Амер.) больница для оспенных больных.

lazarillo. [м.] поводырь слепого.

lazarino, na. [прил.] прокажённый; [м. и ж.] больной, (-ая) проказой.

lázaro. [м.] бедняк, покрытый рубцами.

lazaroso, sa. [прил.] см. lazarino.

lazo. [м.] бант; металлическое украшение в виде банта; узор из живых цветов (на клумбе); (в танце) некоторая фигура; затяжная петля; силок, лассо, аркан; подвох, ловушка; верёвка для прикрепления груза; (перен.) связь, узы, союз; (арх.) плетёный узор: * caer en el lazo, попадать в ловушку; * tender un lazo, устроить ловушку; * tener el lazo a la garganta, находиться в трудном положении.

lazulita. [ж.] (мин.) ляпис-лазурь, лазуревый камень.

le. [личн. мест.] (дат. п. з-го л. ед. ч. м. и ж. р.) ему, ей; (вин. п. з-го л. ед. ч. м. р.) его.

lea. [ж.] (разг.) проститутка, шлюха.

leader. [м.] (англ.) лидер.

leal. [прил.] верный, преданный; честный, лояльный, верный.

lealmente. [нареч.] лояльно, честно, верно.

lealtad. [ж.] верность, честность; прямодушие; лояльность; преданность (собаки и т. д.).

lear. [перех.] (Амер.) (прост.) см. liar.

lebeche. [м.] юго-восточный ветер.

lebello. [м.] (Амер.) род краба.

lebení. [м.] мавританский напиток из кислого молока.

leberisto. [м.] канадская гадюка.

leberquisa. [ж.] (мин.) магнитный пирит.

lebisa. [ж.] (Амер.) название одной кубинской рыбы (дерева также).

lebrada. [ж.] рагу из зайчатины.

lebranche. lebrancho. [м.] (Амер.) сорт большого вьюна (рыба).

lebrastón, lebrato, lebratón. [м.] молодой заяц, зайчонок.

lebrejear. [неперех.] (Амер.) шумно веселиться, кутить.

lebrel. [прил. и м.] борзая (собака).

lebrero, ra. [прил.] обученный заячьей охоте. [м.] собака, обученная заячьей охоте.

lebrillo. [м.] миска, глиняная чашка.

lebrón. [м. увел.] к liebre; (перен.) (разг.) трусливый, малодушный человек; (перен.) см. valentón.

lebroncillo. [м.] зайчонок.

lebruno, na. [прил.] заячий.

lec. [м.] (Амер.) тыква (плод).

lección. [ж.] чтение; урок; лекция; наставление; предостережение: * lección práctica, показ; * lección pública, лекция; * dar (la) lección, давать урок; отвечать урок; * tomar la lección, спрашивать урок; * dar lecciones a domicilio, бегать по урокам.

leccionista. [м. и ж.] человек, дающий частные уроки.

lecítico, ca. [прил.] относящийся или принадлежащий к желтку яйца.

lecito. [м.] желток яйца.

lecitoideo, a. [прил.] похожий на желток яйца.

lectitar. [перех.] часто читать.

lectivo, va. [прил.] посвящённый урокам, учебный (о днях).

lector, ra. [прил.] читающий; [м. и ж.] чтец, чтица, лектор; читатель, (-ница); [м.] профессор философии, теологии или морали.

lectoral. [прил.] * canónigo lectoral, каноник, профессор теологии.

lectoralía. [ж.] звание каноника, профессора теологии.

lectoría. [ж.] (церк.) должность лектора.

lectura. [ж.] чтение, читка; начитанность; материял для чтения; лекция.

lecha. [ж.] молока (рыбы).

lechada. [ж.] мел, известка (для побелки); бумажная масса.

lechal. [прил.] молочный, сосущий (о животных); молочный (о корове и т. д.); образующий и т. д. молоко.

lechar. [перех.] (Амер.) белить мелом и т. д.

lechaza. [ж.] см. lecha.

lechazo. [м.] сосущее животное; ягнёнок (отнятый от груди).

leche. [ж.] молоко; латекс, млечный сок; * leche condensada, сгущённое молоко; * leche esterilizada, стерилизованное молоко; * leche de los viejos, (разг.) вино; * como una leche, очень мягкий (о кушанье); * leche de gallina, птицемлечник (растение); * leche virginal, девье молоко; * de leche, молочный, сосущий (о животных); * (él) tiene en traje la leche en los labios, молоко на губах не обсохло у него; * pedir leche a las cabrillas, требовать невозможного; * mamar una cosa con la leche, всосать с молоком матери.

lechear. [перех.] (Амер.) доить.

lechearena. [ж.] (обл.) молочай (одна из разновидностей).

lechecillas. [ж. множ.] поджелудочная железа (у животных); см. asadura.

lechera. [ж.] молочница, сосуд для молока: * lechera amarga, (бот.) истод (растение).

lecherear. [неперех.] (Амер.) см. regatear.

lechería. [ж.] молочная лавка.

lechero, ra. [прил.] молочный: * vaca lechera, молочная корова; [м.] продавец молока, молочник.

lecherón. [м.] (обл.) сосуд для молока, молочник; детское фланелевое одеяло (для новорождённых).

lechetrezna. [ж.] (бот.) молочай (одна из разновидностей).

lechigada. [ж.] выводок, помёт; (перен.) (разг.) шайка плутов.

lechiguana. [ж.] (Амер.) оса (одна из разновидностей); соты, делаемые lechiguana.

lechín. [м.] сорт оливкового дерева или маслины; см. lechino.

lechino. [м.] (мед.) корпия; (вет.) фурункул.

lecho. [м.] кровать, постель, (уст.) ложе; подстилка; русло, ложе реки; дно (моря, озера и т. д.); (арх.) фундамент; (геол.) пласт, слой.

lechocino. [м.] (обл.) крестовник (растение).

lechón. [м.] поросёнок; (перен.) (разг.) неряха.

lechona. [ж.] свинья (самка); (перен.) (разг.) неряха.

lechonata. [ж.] (Амер.) свинья (самка).

lechosa. [ж.] плод папайи.

lechoso, sa. [прил.] молочного цвета, похожий на молоко; (бот.) млечный; [м.] папайя; (Амер.) см. lecherón.

lechucear. [неперех.] (Амер.) работать ночью.

lechudo, da. [прил.] (Амер.) счастливый, удачливый.

lechuga. [ж.] (бот.) салат-латук. см. lechuguilla: * ser más fresco que una lechuga, быть очень наглым.
lechugado, da. [прил.] похожий на салатный лист.
lechuguero, ra. [м. и ж.] продавец, (-ица) салата-латука.
lechuguilla. [ж.] (бот.) дикий салат-латук; жабо.
lechuguino. [м.] салатная рассада; (перен.) (разг.) молокосос; модник, щёголь.
lechuza. [ж.] (орни.) сова; (перен.) женщина, имеющая свойства совы; (Амер.) проститутка; (арг.) ночной вор.
lechuzo. [м.] сборщик обременительных налогов; (перен.) (разг.) мужчина, имеющий свойства совы (тже. сущ.).
lechuzo. [м.] в возрасте меньше одного года (о муле); [м.] мул в возрасте меньше одного года.
ledamente. [нареч.] (поэт.) весело, радостно.
ledino, na. [прил.] (Амер.) (прост.) см. ladino.
ledo, da. [прил.] (поэт.) весёлый, довольный, безмятежный.
ledro, dra. [прил.] (арг.) низкий, достойный презрения, презренный; левый.
leedor, ra. [прил.] читающий; [м. и ж.] читатель, (-ница)
leer. [перех.] читать, прочитывать, прочесть; преподавать, учить; истолковывать; (перен.) узнавать, угадывать: * leer la cartilla a uno, высказать кому-л. всю правду; * leer entre líneas, читать между строк.
lefio, fia. [прил.] (Амер.) глупый, дурашливый.
lefo. [м.] (Амер.) (прост.) (бот.) см. romaza.
lega. [ж.] послушница.
legacía. [ж.] должность, поручение или юрисдикция легата (папского).
legación. [ж.] миссия (дипломатическая); здание дипломатической миссии; персонал дипломатической миссии; см. legacía.
legado. [м.] завет; наследство (по завещанию); легат (папский): * legado a latere, папский посол.
legador. [м.] тот, кто вяжет ноги (овец и т. д.) при стрижке.
legadura. [ж.] верёвка и т. д. для вязания овец (при стрижке).
legajar. [перех.] (Амер.) связывать в кипы (бумаги).
legajo. [м.] связка, кипа бумаг.
legal. [прил.] законный, легальный; судебный; точный, верный.
legalidad. [ж.] законность, легальность.
legalización. [ж.] засвидетельствование (акта, подписи); легализация, узаконение.
legalizar. [перех.] засвидетельствовать (акт, подпись); легализировать, узаконить.
legalmente. [нареч.] законно, легально.
legamente. [нареч.] невежественным образом и т. д.
légamo. [м.] грязь, тина, ил; глинистая почва.
legamoso, sa. [прил.] грязный, тинистый, илистый.
leganal. [м.] топь, трясина.
légano. [м.] грязь, тина, ил.
legaña. [ж.] глазной гной.
legañil. [прил.] (м. употр.) см. legañoso.
legañoso, sa. [прил.] гноящийся (о глазах).
legar. [перех.] завещать, передавать по завещанию; посылать в качестве легата; (гал.) передавать.
legatario, ria. [м. и ж.] законный наследник, (-ица)

legenda. [м.] житие (святого).
legendariamente. [нареч.] легендарным образом.
legendario, ria. [прил.] легенд(ар)ный, сказочный; [м.] сборник житий святых.
legible. [прил.] чёткий, разборчивый, удобочитаемый.
legiblemente. [нареч.] чётко, разборчиво.
legiferar. [неперех.] (м. употр.) составлять законы, законодательствовать.
legífero, ra. [прил.] предписывающий, составляющий законы.
legífrago, ga. [прил.] нарушающий законы.
legión. [ж.] легион; бесчисленное множество, уйма.
legionario, ria. [прил.] относящийся к легиону; [м.] легионер; солдат иностранного легиона.
legionense. [прил.] относящийся к León; [м. и ж.] уроженец, (-ка) этого города.
legislación. [ж.] законодательство; кодекс законов; юриспруденция.
legislador, ra. [прил.] законодательный; [м. и ж.] законодатель, (-ница) ; член законодательного органа власти.
legislar. [неперех.] предписывать, составлять законы, законодательствовать.
legislativo, va. [прил.] законодательный; разрешённый законом.
legislatura. [ж.] легислатура (срок полномочий законодательного органа; время заседания законодательного собрания).
legisperito. [м.] юрист, законовед.
legista. [м.] законовед.
legítima. [ж.] часть наследства, обязательная доля (переходящая к законным наследникам).
legitimable. [прил.] отдающийся узаконению.
legitimación. [ж.] узаконение, придание законной силы.
legitimador, ra. [прил.] придающий законную силу и т. д. (тже. сущ.).
legitimamente. [нареч.] законно; справедливо.
legitimar. [перех.] узаконить, придавать законную силу (акту и т. д.); узаконить внебрачного ребёнка; натаскивать, обучать (неспособного человека).
legitimario, ria. [прил.] относящийся к законной части наследства; имеющий право на законную часть (тже. сущ.).
legitimidad. [ж.] законность.
legitimismo. [м.] легитимизм.
legitimista. [прил.] легитимистский; [м. и ж.] легитимист, (-ка).
legítimo, ma. [прил.] законный, действительный; настоящий, подлинный: * legítima defensa, самооборона.
lego, ga. [прил.] светский, мирской; невежественный, несведущий; [м.] мирянин; прислужник (в монастыре), послушник; белец.
legón. [м.] мотыга, кирка.
legra. [ж.] (хир.) резец, долото.
legración. [м.] legadura. [ж.] скобление кости резцом, долотом.
legrar. [перех.] (хир.) скоблить кость резцом, долотом.
legrón. [м. увел.] к legra; (вет.) большой резец, долото.
legua. [ж.] лига, лье (мера длины, равная 5572 м.): * legua marítima, мера, равная 5555 м.; * legua de posta, мера, равная 4000м.; * a la legua, a legua(s), de cien leguas, de mil leguas, desde media legua, издали, за версту.
leguaje. [м.] (Амер.) протяжённость в лигах (leguas).
leguario, ria. [прил.] относящийся или принадлежащий к лиге (legua). [м.] (Амер.) столб (верстовой и т. п.).

leguleyo. [м.] адвокатишка.
legumbre. [м.] овощ, зелень; стручковый плод.
legumbrera. [ж.] (Амер.) салатник, салатница.
legúmina. [ж.] (хим.) легумин.
leguminiforme. [прил.] похожий на стручок.
leguminívoro, ra. [прил.] питающийся овощами.
leguminoso, sa. [прил.] (бот.) овощной, бобовый, стручковый; [ж. множ.] (бот.) бобовые (растения).
leíble. [прил.] разборчивый, удобочитаемый, см. legible.
leída. [ж.] чтение.
leído, da. [страд. прич.] к leer; [прил.] начитанный (о человеке): * leído y escribido, (разг.) тот, кто считает себя культурным человеком.
leifemia. [ж.] (пат.) недостаток крови.
leila. [ж.] мавританский ночной праздник.
leiocoma. [ж.] (хим.) декстрин.
leishmania. [ж.] жгутиковый паразит.
leishmaniasis. [ж.] (пат.) лейшманиоз, бруцеллёз.
leísmo. [м.] употребление le единой формой винительного падежа м. р. л. место. él.
leísta. [прил. и сущ.] употребляющий le единой формой винительного падежа м. р. л. место. él.
leitón. [м.] (бот.) растение, похожее на лавр.
leja. [ж.] (обл.) нанесённая водой земля, нанос (речной).
leja. [ж.] (обл.) посудная полка.
lejanía. [ж.] большое расстояние между двумя местами.
lejano, na. [прил.] далёкий, дальний, отдалённый; неопределённый.
lejas. [прил.]: * lejas tierras, отдалённая местность.
lejía. [ж.] жавель; (перен.) (разг.) головомойка, нагоняй.
lejío. [м.] раствор, протрава, употребляемые для чистки.
lejísimos. [нареч.] очень далеко.
lejitos. [нареч.] немного далеко.
lejo, ja. [прил.] (обл.) см. lejano.
lejos. [нареч.] далеко; [м.] аспект, вид издали; (перен.) внешний вид, видимость; (жив.) задний план: * a lo lejos, вдаль; вдали, вдалеке; * de lejos, издали, издалека; вдали; * lejos de, далеко от; вдали от.
lejuelos. [нареч.] немного далеко.
lele. [прил.] (Амер.) см. lelo.
lelilí. [м.] воинственный крик (у Мавров).
lelo, la. [прил.] глупый, идиотский.
lema. [м.] девиз, лозунг; заголовок; (мат.) лемма, предложение.
lema. [ж.] глазной гной.
lema. [ж.] крикуша (жук).
lemanita. [ж.] (мин.) см. jade.
lembario. [м.] старинный морской солдат.
lembé. [м.] (Амер.) большой нож.
lémico, ca. [прил.] чумной.
leming. [м.] (зоол.) пеструшка или лемминг.
lemna. [ж.] (бот.) ряска.
lemnícola. [прил. и сущ.] житель, (-ница) Лемноса; см. lemnio.

lemnio, nia. [прил.] относящийся к Лемносу; уроженец, (-ка) этого острова.

lemniscata. [ж.] (мат.) узлообразная кривая линия, имеющая форму цифры 8, лемниската.

lemnisco. [м.] почётная лента (у лавровом венке победителя).

lemografía. [ж.] описание чума или других эпидемических болезней.

lemología. [ж.] наука о чуме или других эпидемических болезнях.

lempo, pa. [прил.] (Амер.) большой, непропорциональный; черноватый (о птицах); [м.] (Амер.) кусок, осколок; часть.

lemur. [м.] (зоол.) лемур.

lemures. [м. множ.] лемуры, злые духи (у Римлян); (перен.) призраки и т. д.

len. [прил.] плохо скрученный (о нитке и т. д.).

lena. [ж.] мужество, храбрость.

lencera. [ж.] торгующая полотном; жена торговца полотном.

lencería. [ж.] полотняный товар, полотняные изделия, бельё, бельевые ткани; торговля полотном и т. д.; полотняный, бельевой магазин; кладовая для белья.

lencero. [м.] торговец полотном.

lenco, ca. [прил.] (Амер.) заикающийся; [м. и ж.] заика.

lendrera. [ж.] частый гребень.

lendrero. [м.] место, изобилующее гнидами.

lendroso, sa. [прил.] полный гнид.

lene. [прил.] мягкий, нежный; лёгкий; приятный, сладкий; тихий.

leneas. [ж. множ.] празднество в честь Вакха.

lengón, na. [прил.] (Амер.) см. **deslenguado**.

lengua. [ж.] (анат.) язык; язык, речь, наречие; язык (блюдо); переводчик; известие, весть; колокольный язык; стрелка (весов); (уст.) см. **espía**; * **lengua canina**, чернокорень; * **lengua de gato**, язык (печенье); * **lengua de perro**, чернокорень; * **lengua de tierra**, коса; * **lengua materna**, родной язык; * **lengua viva**, живой язык; * **lengua muerta**, мёртвый язык; * **lengua santa**, еврейский язык, шпатель; * **lengua de estropajo, de trapo**, заика, косноязычный; * **mala lengua, lengua viperina**, злоязычный человек, злой язык, сплетник, (-ца), клеветник, (-ица); * **largo de lengua**, болтун; * **lengua del agua**, уровень воды; коса, отмель; * **media lengua**, заика, неправильное произношение; * **la noticia va de lengua en lengua**, эта новость повторяется всеми, облетает всех; * **írsele a uno la lengua**, разбалтывать секрет; * **hacerse lenguas**, чрезмерно хвалить; ° **tener la lengua larga**, не уметь держать язык за зубами; * **buscar la lengua**, вызывать на спор; * **no tener pelos en la lengua**, за словом в карман не полезть; * **morderse la lengua**, прикусить язычок; * **tengo la palabra en la punta de la lengua**; * **malas lenguas**, злые языки; * **sacar la lengua a uno**, насмехаться над кем-л; * **tomar la lengua(s)**, осведомляться, справляться; * **lengua de hacha, de escorpión**, злой язык; * **no mete la lengua en paladar**, он говорит без умолку; * **venírsele a uno a la lengua**, приходить в голову; * **tirar de la lengua**, см. **sonsacar**; * **echar la lengua al aire**, развязать язык; * **lengua** cerval, (cervina), олений язык (растение); **lengua sucia**, (мед.) обложенный язык.

lenguachuta. [прил.] (Амер.) заикающийся; [сущ.] заика.

lenguadeta. [ж.] маленькая камбала (рыба).

lenguado. [м.] камбала (морская рыба).

lenguaje. [м.] язык, речь; язык, манера выражаться, стиль речи; крик животных, пение птиц и т. д.; * **lenguaje de los ojos**, язык очей.

lenguarada. [ж.] см. **lengüetada**.

lenguaraz. [прил.] знающий несколько языков; дерзкий, наглый, бесстыдный; [м.] переводчик, знающий несколько языков.

lenguatón, na. [прил.] (обл.) дерзкий, наглый, бесстыдный.

lenguaz. [прил.] без умолку разговаривающий (глупо и дерзко).

lenguaza. [ж.] (бот.) воловик, см. **buglosa**.

lenguazo. [м.] (Амер.) сплетня, клевета.

lengudo, da. [прил.] (м. употр.) дерзкий, наглый, бесстыдный.

lengüeta. [ж. умен.] к **lengua**, язычок; стрелка (весов); нож, резак переплётчика; (муз.) клапан, язычок (в духовом инструменте); (тех.) шпонка; железный наконечник в форме крючка; затвор силка (для ловли птиц); лепное украшение; большое сверло; язычок (на обуви и т. д.); деревянный гвоздь; (хир.) компресс; (Амер.) нож для резки бумаги; оборка, бахрома (на нижней юбке); болтун.

lengüetada. [ж.] лизание, облизывание.

lengüetazo. [м.] (обл.) (Амер.) см. **lengüetada**.

lengüetear. [неперех.] лизать, облизывать; (Амер.) болтать, много и бессодержательно говорить.

lengüetería. [ж.] (муз.) (соб.) трубные регистры (в органе).

lengüezuela. [ж. умен.] к язык, язычок.

lengüilargo, ga. [прил.] (разг.) болтливый; [м. и ж.] болтун, (-ья).

lengüiño, na. [прил.] сплетничающий.

lengüista. [м. и ж.] (вар.) см. **lingüista**.

lengón, na. [прил.] (Амер.) бесстыдный, дерзкий, наглый.

lenidad. [ж.] мягкость, снисходительность, отсутствие строгости.

lenificación. [ж.] смягчение.

lenificar. [перех.] смягчать, облегчать.

lenificativo, va. [прил.] см. **lenitivo**.

leninismo. [м.] ленинизм.

leninista. [прил.] ленинский; [м. и ж.] ленинец, последователь, (-ница) Ленина.

lenitivo, va. [прил.] мягчительный, смягчающий; (мед.) смягчающее средство; (перен.) облегчение, отрада.

lenizar. [перех.] смягчать, облегчать, утолять, см. **lenificar**.

lenocinio. [м.] сводничество: * **casa de lenocinio**, публичный дом.

lentamente. [нареч.] медленно, тихо, спокойно.

lente. [м. и ж.] оптическое стекло; линза, лупа; [множ.] пенсне, очки.

lentecer. [неперех.] смягчается (тже. возв. гл.); [непр. гл.] спрягается как **agradecer**.

lenteja. [ж.] (бот.) чечевица: * **lenteja de agua**, ряска, водяная чечевица: * **vender por un plato de lentejas**, за чечевичную похлёбку продать.

lentejar. [м.] чечевичное поле.

lentejilla. [ж.] (Амер.) ряска, водяная чечевица.

lentejón. [м.] (Амер.) сорт большой чечевицы.

lentejuela. [ж.] блёстка (на одежде).

lentezuela. [ж. умен.] к **lente**.

lentícono. [м.] (пат.) конусовидное выпячивание хрусталика в переднюю камеру глаза.

lentícula. [ж.] (бот.) маленькая чечевица; водяная чечевица, ряска; чечевицеобразное ядро; см. **peca**.

lenticular. [прил.] чечевицеобразный; линзовидный.

lenticularia. [ж.] водяное растение.

lentífero, ra. [прил.] дающий чечевицы.

lentiforme. [прил.] чечевицеобразный.

lentigo. [м.] веснушка; кожная болезнь.

lentiscal. [м.] горная местность, покрытая мастиковыми деревьями.

lentisco. [м.] (бот.) фисташка-лентискус, мастиковое дерево.

lentísimamente. [нареч.] очень медленно.

lentisquina. [ж.] плод мастикового дерева.

lentitis. [ж.] (пат.) воспаление хрусталика.

lentitud. [ж.] медленность; медлительность: * **con lentitud**, медленно.

lento, ta. [прил.] медленный, нескорый; неповоротливый; медлительный, неторопливый; слабый, вялый, ленивый см. **correoso**; (фарм.) липкий, клейкий, вяжущий; (обл.) мягкий, нежный; сырой, влажный.

lentor. [м.] (мед.) липкость.

lenzuelo. [м.] большой отрез полотна; (уст.) носовой платок.

leña. [ж.] дрова; (перен.) взбучка, палочные удары: * **leña muerta, rodada**, хворост; * **echar leña al fuego**, подлить масла в огонь; * **cargar de leña**, бить палкой и т. д.

leñador, ra. [м. и ж.] дровосек, лесоруб; продавец, (-щица) дров.

leñame. [м.] древесина, дерево; запас дров.

leñar. [перех.] (обл.) рубить, колоть дрова.

leñateo. [м.] (Амер.) дровяной сарай.

leñatero. [м.] см. **leñador**.

leñatil. [прил.] (поэт.) деревянистый.

leñazo. [м.] (разг.) удар толстой палкой.

leñera. [ж.] дровяной сарай.

leñero. [м.] продавец дров; торговец дровами; дровяной сарай.

leño. [м.] полено; чурка; пень; древесина; средневековый корабль, (поэт.) судно, корабль, ладья; (разг.) тупица: * **el santo leño**, крест.

leñosidad. [ж.] свойст. к **leñoso**.

leñoso, sa. [прил.] деревянистый; древесный; твёрдый как дерево.

Leo. [м.] (астр.) созвездие Льва.

león. [м.] (зоол.) лев; муравьиный лев (насекомое); (перен.) смелый, волевой человек; (Амер.) пума; детская игра (типа шашек): (арг.) см. **rufián**; * **desquijarar leones**, угрожать; * **león marino**, морской лев; * **no es tan fiero el león como le pintan**, не так страшен черт, как его малюют.

leona. [ж.] львица; (перен.) смелая, волевая женщина; [множ.] (арг.) см. **calzas**.

leona. [ж.] (Амер.) см. **liorna**.

leonado, da. [прил.] рыжеватый, рыжий.

leoncito. [м.] порода обезьян.

leonera. [ж.] логово льва; (перен.) (разг.) игорный дом; неприбранное, запущенное помещение.

leonería. [ж.] смелость, храбрость, отвага, бравада.

leonero, ra. [м. и ж.] надсмотрщик за львами; завсегдатай игорного дома.

leonero, ra. [прил.] (Амер.) нарушающий тишины, спокойствия, общественного порядка; [м.] (Амер.) беспорядочный дом.

leonés, sa. [прил.] относящийся к **León**; [м. и ж.] уроженец, (-ка) этого города.

leónica. [прил.]: * **vena leónica**, подъязычная вена.

leonina. [ж.] сорт проказы.

leonino, na. [прил.] львиный; (юр.) кабальный: * **contrato leonino**, кабальный договор.

leonino, na. [прил.] леонинский (стих).
leontiasis. [ж.] (пат.) «львиное» обезображивание лица при проказе (lepra tuberosa).
leontina. [ж.] (гал.) цепочка для часов.
leontodón. [м.] (бот.) львиный зуб, одуванчик (растение).
leonuro. [м.] (бот.) львинохвост.
leopardo. [м.] (зоол.) леопард.
leopoldina. [ж.] сорт кепи; цепочка для часов.
lepadiforme. [прил.] имеющий форму морского блюдца.
lepar. [перех.] (арг.) обирать кого-л.
lepas. [м.] морская уточка (ракообразное животное).
lepe. [м.] (Амер.) щелчок по уху; глоток ликёра.
Lepe, saber más que lepe, быть хорошо осведомлённым, быть очень проницательным.
leperada. [ж.] (Амер.) гнусный поступок.
lépero, ra. [прил.] (Амер.) грубый, невоспитанный, гадкий; подлый, хитрый, лукавый; [м. и ж.] невоспитанный человек; плут, (-овка); пройдоха, хитрец, (-а); человек, принадлежащий черни.
leperuza. [ж.] (Амер.) проститутка.
lepidia. [ж.] (Амер.) расстройство желудка.
lepídico, ca. [прил.] относящийся к чешуям.
lepidio. [м.] (бот.) клоповник, кресс.
lepidocrocita. [ж.] (мин.) игольчатая железная руда.
lepidodendro. [м.] (палеонт.) лепидодендрон (древовидное ископаемое растение из класса плаунов).
lepidogloso, sa. [прил.] имеющий чешуйчатый язык.
lepidolita. [ж.] (мин.) лепидолит, литиевая слюда.
lepidomelana. [ж.] (мин.) лепидомелан.
lepidópodo, da. [прил.] чешуеногий.
lepidóptero, ra. [прил.] чешуекрылый; [м. мн.] чешуекрылые насекомые.
lepidopterología. [ж.] сочинение о чешуекрылых насекомых.
lepidopterólogo. [м.] специалист по изучению чешуекрылых насекомых.
lepidosirena. [ж.] лепидосирен (рыба).
lepidosis. [ж.] чешуйчатая или шелушащаяся сыпь.
lepidosomo, ma. [прил.] имеющий чешуйчатое тело (о животных).
lepisma. [ж.] вид насекомого.
lepisuro, ra. [прил.] имеющий чешуйчатый хвост.
lepóridos. [м. множ.] грызуны из семейства заячьих.
leporino, na. [прил.] заячий: * labio leporino, заячья губа.
lepra. [ж.] проказа: * lepra maculosa, пятнистая проказа: * lepra nodular или tuberculosa, бугорковая проказа с узлами в коже и слизистых оболочках.
lepralgia. [ж.] (пат.) мышечная боль при проказе.
leprería. [ж.] лепрозорий, см. **leprosería**.
léprico, ca. [прил.] относящийся к проказе; годный для лечения прокажённых.
leprocomio. [м.] см. **leprosería**.
leprógeno, na. [прил.] вызывающий проказу.
leprología. [ж.] изучение проказы.
leproma. [ж.] (пат.) грануляционная опухоль.
leprosería. [ж.] лепрозорий, больница для лечения прокажённых.
leprosidad. [ж.] (мед.) состояние прокажённого.
leproso, sa. [прил.] прокажённый; [м. и ж.] больной, (-ая) прокажённый, (-ая).
leptalis. [ж.] дневная бабочка.

leptinita. [ж.] (геол.) лептинит, гранулит.
leptíntico, ca. [прил.] смягчающий; [м.] смягчающее средство.
leptismo. [м.] истощение, ослабление.
leptocardios. [м. множ.] (зоол.) трубкосердые.
leptocefalia. [ж.] узкая голова.
leptocéfalo. [м.] узкоголовый урод.
leptodérmico, ca. [прил.] тонкокожий.
leptofonía. [ж.] слабость или тонкость голоса.
leptología. [ж.] обработанный стиль; тонкая речь.
leptomeninges. [ж. множ.] (анат.) мягкая мозговая оболочка.
leptomeningitis. [ж.] (пат.) воспаление мягкой мозговой оболочки.
leptopélico, ca. [прил.] с узким тазом.
leptoprosopo, pa. [прил.] узколицый.
leptosomo, ma. [прил.] имеющий тонкое, узкое тело.
leptospermo. [м.] (бот.) мелкосеменник.
lera. [ж.] см. **helera**; (обл.) огород; орошаемый участок земли.
lercha. [ж.] ивовый прут, на который нанизывают рыбу и т. д.
lerda. [ж.] (вет.) см. **lerdón**.
lerdamente. [нареч.] тяжело, неповоротливо.
lerdear. [неперех.] (Амер.) тяжело ходить.
lerdera. [ж.] (Амер.) лень, медлительность, неповоротливость.
lerdo, da. [прил.] тяжёлый, неповоротливый, неуклюжий; тупой.
lerdón. [м.] (вет.) синовиальная опухоль.
lerendo, da. [прил.] (Амер.) глупый; тупой, ограниченный.
lerense. [прил.] относящийся к реке **Lérez**; относящийся к **Pontevedra**; [м. и ж.] уроженец, (-ка) этого города.
leridano, na. [прил.] относящийся к **Lérida**; [м. и ж.] уроженец, (-ка) этого города.
lerna. [ж.] (Амер.) шило.
lernea. [ж.] (зоол.) лернея (паразитный рак).
les. [личн. мест.] (дат. п. 3-го л. мн. ч. м. и ж.) им.
lesa. [ж.] (обл.) вязкость угря.
lesbianismo. [м.] лесбосская любовь, половое влечение женщины к женщине.
lesbiano, na. [прил.] лесбийский; [ж.] лесбианка.
lesbio, bia. [прил.] относящийся к острову Лесбоса; [м. и ж.] уроженец (-ка) этого острова; (неир.) см. **lesbiano**.
lesear. [неперех.] (Амер.) дурить.
lesera. [ж.] (Амер.) дурость, глупость.
lesguiano, na. [прил.] лезгинский; [м. и ж.] лезгин, (-ка); [м.] лезгинский язык.
lesión. [ж.] (мед.) поражение, повреждение; (перен.) нанесение ущерба; вред, ущерб; (юр.) обманчивый вред: * lesión del corazón, порок сердца.
lesionador, ra. [прил.] наносящий рану; повреждающий.
lesionar. [перех.] поражать, ранить; повреждать, наносить ущерб, вред.
lesivo, va. [прил.] вредный, наносящий или способный наносить рану, ущерб, вред.
lesma. [ж.] (обл.) слизняк.
lesna. [ж.] шило, см. **lezna**.
lesnordeste. [м.] (мор.) восточно-северо-восточный ветер.
leso, sa. [прил.] поражённый, повреждённый; затронутый, задетый, оскорблённый; помутившийся (об уме); (Амер.) глупый, дурашливый: * lesa nación, преступление против народа; * crimen de lesa majestad, оскорбление величества.
lesquín. [м.] (Амер.) см. **liquidámbar**.
lessueste. [м.] восточноюговосточный ветер (тже. страна откуда дует он).

leste. [м.] (мор.) восток.
lesura. [ж.] (Амер.) дурость, глупость.
letal. [прил.] (поэт.) смертоносный; летальный, смертельный.
letalidad. [ж.] смертоносность, летальность.
letame. [м.] ил, тина, грязь, употр. как удобрение.
letanía. [ж.] (церк.) литания; крестный ход; (перен.) (разг.) докучливое перечисление, скучный перечень.
letargia. [ж.] летаргия, мнимая смерть, продолжительная потеря сознания.
letárgicamente. [нареч.] летаргическим образом.
letárgico, ca. [прил.] летаргический: * sueño letárgico, летаргический сон.
letargo. [м.] летаргия; (перен.) оцепенение, бесчувственность.
letargoso, sa. [прил.] усыпляющий, нудный.
leteo, a. [прил.] (миф.) относящийся к реке Лете.
Leteo. (миф.) Лета.
letífero, ra. [прил.] смертоносный; смертельный.
letificante. [действ. прич.] к **letificar**.
letificar. [перех.] радовать, веселить; оживлять, воодушевлять.
letífico, ca. [прил.] радующий, веселящий; воодушевляющий.
letón, na. [прил.] латышский, латвийский; [м. и ж.] латыш, (-ка); [м.] латышский язык.
letoniano, na, letonio, nia. [прил. и сущ.] см. **letón**.
letra. [ж.] буква; (полигр.) литера, шрифт; почерк; слова (к музыкальному произведению); вексель, девиз; [множ.] словесность, эрудиция: * letra capital, mayúscula, заглавная, прописная буква; * letra minúscula, строчная, маленькая буква; * letra historiada, florida, крупная литера в начале столбца, страницы, заглавная буква; * letra bastardilla, itálica, курсивная буква; * letra corrida, беглый почерк; * letra menuda, хитрость; * tener letra gorda, быть необразованным; * letra por letra, кропотливо, тщательно, буквально; * ser persona de letras, быть образованным человеком; * con todas las letras, целиком; откровенно; * al pie de la letra, в точности, в буквальном смысле, буквально; * bellas, buenas letras, художественная литература; * letras divinas, sagradas, священное писание; Библия; * atarse a la letra, придерживаться буквы; * meter letra, запутывать; * letras humanas, греческая и латинская литература; * a la letra, буквально, дословно; * letra abierta, доверенность на получение денег без ограничения суммы; * letra de cambio, вексель; * hombre de letras, литератор.
letrada. [ж.] (разг.) жена адвоката, юриста.
letrado, da. [прил.] образованный, учёный; просвещённый; самонадеянный, надменный; [м.] адвокат, юрист.
letrero. [м.] надпись; дощечка с надписью, объявление, вывеска.
letrilla. [ж.] слова (к музыкальному произведению); песенка.
letrina. [ж.] отхожее место; (перен.) грязная вещь.
letrita. [ж. умен.] к **letra**, буковка.

letrón. [м. увел.] к letra; [множ.] список отлученных от церкви (плакат).
letrudo, da. [прил.] (Амер.) см. letrado.
letuario. [м.] сорт варенья.
leu. [м.] лея, лей (румынская монета).
leucemia. [ж.] (пат.) лейкемия, белокровие.
leucémico, ca. [прил.] относящийся к белокровию; страдающий белокровием.
leucémide. [ж.] лейкемия с лимфомами в коже и подкожной клетчатке.
leucetiopia. [ж.] (мед.) альбинизм.
leucita. [ж.] (мин.) лейцит.
leucitita. [ж.] (геол.) лейцитит.
leucitis. [ж.] (мед.) воспаление белковой оболочки глаз (склеры).
leucoblasto. [м.] (мед.) лейкобласт, клетка из которой происходит лейкоцит.
leucocéfalo, la. [прил.] белоголовчатый.
leucocidina. [ж.] яд, вырабатываемый стафилококками и парализующий лейкоцитов.
leucocitario, ria. [прил.] относящийся к лейкоцитам.
leucocitemia. [ж.] (пат.) временное симптоматическое увеличение числа белых кровяных шариков (телец) свыше 10.000 в мм^3.
leucocito. [м.] (зоол.) лейкоцит.
leucocitogénesis. [ж.] образование лейкоцитов.
leucocitolisis. [ж.] (мед.) растворение лейкоцитов.
leucocitología. [ж.] изучение лейкоцитов.
leucocitoma. [ж.] круглоклеточная опухоль с волокнистой сеткой.
leucocitosis. [ж.] (пат.) лейкоцитоз, временное увеличение числа белых кровяных шариков.
leucocituria. [ж.] моча с обилием лейкоцитов.
leucodermia. [ж.] врожденные белые пятна на коже вследствие недостатка пигмента (ахромия).
leucolita. [ж.] (мин.) дипир, плавкий камень.
leucoma. [ж.] (мед.) лейкома, белое, непрозрачное пятно на роговице.
leucomatoso, sa. [прил.] относящийся к лейкоме.
leucomielitis. [ж.] (пат.) воспаление белого вещества спинного мозга.
leuconiquia. [ж.] белые пятна на ногтях.
leucopatía. [ж.] альбинизм.
leucopenia. [ж.] (пат.) уменьшение числа лейкоцитов.
leucopirita. [ж.] (мин.) лёллингит, лейкопирит.
leucoplaquia, leucoplasia. [ж.] (пат.) белые островки и полоски на слизистой оболочке вследствие хронического воспаления.
leucópodo, da. [прил.] (зоол.) белоногий.
leucopoyesis. [ж.] образование лейкоцитов.
leucopoyético, ca. [прил.] образующий лейкоциты.
leucoprofilaxis. [ж.] увеличение числа лейкоцитов (в крови).
leucorrea. [ж.] (мед.) бели, ненормальные некровянистые выделения из женских половых органов.
leucosia. [ж.] седина.
leucosis. [ж.] (мед.) лейкоз.
leucotoxina. [ж.] вещества кровяной сыворотки, ядовитые для лейкоцитов.

leucotriquia. [ж.] белая окраска волос.
leudar. [перех.] ставить тесто на дрожжах; leudarse. [возв. гл.] подниматься, подходить (о тесте).
leude. [м.] высшее сословие франков во времена Хлодовика.
leudo, da. [прил.] подошедший (о тесте).
lev, lew. [м.] лев (болгарская денежная единица).
leva. [ж.] (мор.) выход из гавани; (воен.) призыв, рекрутский набор; вставание, подъём; уход; подпорка; (тех.) лопасть водяного колеса.
leva. [ж.] (Амер.) (прост.) сюртук, редингот.
levada. [ж.] перемещаемые шелковичные черви; мулине (фехтовальный приём).
levadero, ra. [прил.] требуемый, подлежащий требованию, возвратимый.
levadizo, za. [прил.] подъёмный: * puente levadizo, подъёмный мост.
levador. [м.] (мор.) матрос поднимающий якорь; (тип.) работник снимающий готовые листы; (арг.) ловкий вор; см. álabe (лопасть).
levadura. [ж.] дрожжи; закваска: * levadura de cerveza, пивные дрожжи.
levantada. [ж.] вставание.
levantadamente. [нареч.] возвышенным образом и т. д.
levantadizo, za. [прил.] (обл.) подъёмный.
levantado, da. [страд. прич.] к levantar; (перен.) возвышенный, высокий.
levantador, ra. [прил.] поднимающий и т. д. (тже. сущ.); мятежный; [м.] бунтовщик, мятежник.
levantal. [м.] (обл.) передник, фартук.
levantamiento. [м.] поднимание, поднятие, повышение, возвышение; выпрямление; возведение; восстание; восстановление; возвышенность; (тех.) съёмка; (обл.) сведение счетов: * levantamiento de pesos, (спорт.) тяжёлая атлетика.
levantar. [перех.] поднимать; возвышать, повышать; ставить прямо, выпрямлять; строить, созидать, воздвигать, возводить; снимать, убирать; поднимать, вспугивать, спугивать (дичь); снимать карты; отменять, снимать; призывать в армию, производить набор; поднимать на восстание; увеличивать; приподнимать, ставить или класть выше; учреждать, основывать; повысить голос; возвалять; придавать силу; несправедливо вменять в вину; подталкивать; (Амер.) (прост.) воровать; levantarse. [возв. гл.] подниматься, вставать; возвышаться, выступать; восставать: * levantar un plano, снять план; * levantar la casa, переезжать на другую квартиру; * levantar un chichón, набить шишку; * levantar la multa, снять штраф; * levantar la tapa de los sesos, пустить пулю в лоб; * estar levantado, стоять; * levantar falso testimonio, лжесвидетельствовать; * levantar el ánimo, поднимать настроение; * se me levanta el estómago, меня тошнит; * levantar la voz, повысить голос; * levantar la mesa, убрать со стола; * levantarse con algo, захватить что-л; * levantarse en armas, браться за оружие * levantarse de la mesa, встать из-за стола.
levante. [м.] восток; восточный ветер; восточные средиземноморские страны; испанский средиземноморский (кроме каталонского) берег.
levante. [м.] (Амер.) оплата за право вырубки леса; (разг.) клевета, наговор.
levantino, na. [прил.] восточный, левантский; (мед.) бубонный; [м. и ж.] левантийский уроженец, (-ка), левантинец, (-ка).
levantisco, ca. [прил.] см. levantino (о жителях).

levantisco, ca. [прил.] беспокойный, мятежный.
levar. [перех.] (мор.) поднимать якорь; levarse. [возв. гл.] (арг.) уходить, уезжать; (мор.) поднять паруса; выходить из гавани.
levator. [м.] элеватор.
leve. [прил.] лёгкий (по весу); (перен.) лёгкий, незначительный, несущественный.
levedad. [ж.] лёгкость (по весу); (перен.) незначительность; лёгкость, изменчивость, непостоянство.
levemente. [нареч.] легко и т. д.
Leviatán. [м.] Левиафан (чудовище, в Библии).
levicelular. [прил.] (биол.) состоящий из гладких клеток.
levigación. [ж.] отмутка, отмучивание.
levigador, ra. [прил.] отмучивающий (тже. сущ.).
levigar. [перех.] отмучивать.
levirato. [м.] брак с женой умершего брата (у Евреев).
levirrostros. [м.] (зоол.) легкоклювые.
levisa. [ж.] название одной кубинской рыбы.
levita. [м.] левит (у древних Евреев священнослужитель или Еврей из колена Левитов); см. diácono.
levita. [ж.] сюртук, редингот.
levítico, ca. [прил.] левитский; клерикальный; [м.] Левит (книга Библии).
levitón. [м.] длинный сюртук.
levogiración. [ж.] вращение влево.
levogiro, ra. [прил.] (хим.) вращающий плоскость поляризации влево.
levosa. [ж.] (прост.) (теплый) длинный сюртук.
levulosa. [ж.] (хим.) левулёза, фруктоза.
levulosemia. [ж.] присутствие левулёзы в крови.
levulosuria. [ж.] присутствие левулёзы в моче.
levurasa. [ж.] пивные дрожжи.
lewisita. [ж.] (хим.) люизит.
lexicolizar. [перех.] включать в лексику.
léxico, ca. [прил.] лексический; [м.] греческий словарь; лексика, основной словарный фонд; лексикон, словарь; лексический запас.
lexicografía. [ж.] лексикография.
lexicográficamente. [нареч.] по правилам лексикографии.
lexicográfico, ca. [прил.] лексикографический, словарный.
lexicógrafo, fa. [м. и ж.] лексикограф; составитель, (-ница) лексикона.
lexicología. [ж.] лексикология.
lexicológicamente. [нареч.] по правилам лексикологии.
lexicológico, ca. [прил.] лексикологический.
lexicólogo, ga. [м. и ж.] лексиколог.
lexicón. [м.] лексикон, словарь.
lexigrafía. [ж.] лексиграфия, уменье правильно писать слова.
lexígrafo, fa. [м. и ж.] специалист по лексиграфии.
ley. [ж.] закон; законодательство; закон, необходимая связь между явлениями; проба (металла); верность, преданность, любовь (с глаголами tener, tomar); религия, вера; [множ.] право (наука); * ley natural, естественный закон; * ley marcial, закон военного времени; * ley fundamental, constitucional, основной закон, конституция; * a toda ley, строго по закону; * con todas las de la ley, точно; * de ley, de buena ley, чистопробный; * bajo de ley, низкопробный; * echar la ley, судить строго по закону; * tener ley, любить; * venir contra una ley, нарушить

закону; * fuera de la ley, вне закона; * la ley del embudo, произвол; * la ley del más fuerte, право сильного; * hombre de leyes, законник; * estudiar leyes, учиться на юридическом факультете, слушать, проходить курс юридических наук.

leyenda. [ж.] чтение, читка; житие (святого); книга, которая читают; легенда (надпись на монете и т. д.); легенда, сказание, предание; небылица.

leyendario, ria. [прил.] легендарный.

leyente. [действ. прич.] к leer, читающий.

leyodermo, ma. [прил.] гладкокожий.

leyomioma. [ж.] (пат.) опухоль по типу гладких мышечных волокон, особенно в матке.

lezda. [ж.] старинная пошлина.

lezdero. [м.] сборщик lezda.

lezna. [ж.] шило.

lezne. [прил.] хрупкий, ломкий; скользкий.

lia. [ж.] плетёная верёвка из испанского дрока.

lía. [ж.] (чаще множ.) выжимки (винограда).

liana. [ж.] (гал.) (Амер.) лиана, см. **bejuco.**

lianza. [ж.] (Амер.) счёт (у лавки и т. д.).

liar. [перех.] связывать верёвкой; упаковывать; (перен.) запутывать, сбивать, обманывать; **liarse.** [возв. гл.] вступать в (любовную) связь: * liarlas, удирать, умирать; * estar liado, сожительствовать вне брака.

liara. [ж.] см. **aliara.**

lias. [м.] (геол.) лейас, нижний отдел юрской системы или формации.

liásico, ca. [прил.] (геол.) лейасовый.

liatón. [м.] верёвка из испанского дрока.

liaza. [ж.] верёвки из дрока для привязки кожаных мехов (для вина); ивовые ветви (при изготовлении бурдюков, мехов для вина).

libación. [ж.] возлияние; (ист.) жертвенное возлияние (вина).

libamen. [м.] (приношение) жертва.

libamiento. [м.] жертва (приносимый в дар божеству предмет и т. д.).

libán. [м.] верёвка из дрока.

libanense, libanés, sa, libaniense, libanio, nia. [прил.] ливанский (тже сущ.).

libar. [перех.] совершать возлияние; высасывать сок (о пчеле и т. д.); пробовать ликёр.

libatorio. [м.] сосуд для возлияний (у древних).

libela. [ж.] римская серебряная монета.

libelar. [перех.] (юр.) составить и написать по форме жалобу, акт, прошение.

libelático, ca. [прил.] имеющий свидетельство об отступлении от веры (о древних христианах).

libelista. [м. и ж.] пасквилянт; памфлетист.

libelo. [м.] пасквиль, памфлет; (юр.) прошение: * libelo de repudio, прошение жене о желании мужа расторгнуть брак.

libélula. [ж.] стрекоза (насекомое).

libentísimamente. [нареч.] с большим удовольствием.

líber. [м.] (бот.) луб.

liberación. [ж.] освобождение; квитанция, расписка; (гад.) роды; (Амер.) освобождение от пошлины.

liberado, da. [страд. прич.] к liberar; [прил.] оплаченный услугами и т. д. (о акциях).

liberador, ra. [прил.] освободительный; [м. и ж.] освободитель, (-ница), избавитель, (-ница).

liberal. [прил.] щедрый; либеральный, свободомыслящий; [м.] либерал, (-ка).

liberales. [ж. множ.] празднество в честь бога вина и веселья Вакха.

liberalesco, ca. [прил.] (презр.) либеральный.

liberalidad. [ж.] щедрость, великодушие.

liberalismo. [м.] либерализм.

liberalizar. [перех.] сделать либеральным.

liberalmente. [нареч.] щедро; либерально; кратко, быстро, живо.

liberar. [перех.] освобождать от.

liberatorio, ria. [прил.] освобождающий.

liberiano, na. [прил.] (бот.) лубовый.

liberiano, na. [прил.] относящийся к Либерии; [м. и ж.] уроженец, (-ка) этой страны.

liberna. [ж.] грош, малоценная монета (вообще).

libérrimo, ma. [прев. степ.] к libre.

libertad. [ж.] свобода, воля; независимость; освобождение; смелость, вольность; непринуждённость, лёгкость; развязность; [множ.] фамильярность, непринуждённость в обращении: * libertad de conciencia, свобода совести; * libertad condicional, условно-досрочное освобождение; * libertad provisional, взятие на поруки, освобождение на поруки; * libertad de palabra, свобода слова; * libertad de prensa, свобода печати; * poner en libertad provisional, освобождать под залог на поруки; * poner en libertad, выпускать на свободу, выпустить из тюрьмы; * poner en libertad de, освобождать от обязательства; * tomarse la libertad, сметь, позволять себе, взять на себя смелость (сделать что-л); * tomarse excesivas libertades, поступать слишком вольно.

libertadamente. [нареч.] вольно; нагло, бесстыдно.

libertado, da. [страд. прич.] к libertar; [прил.] смелый, дерзкий; вольный.

libertador, ra. [прил.] освобождающий, освободительный; [м. и ж.] освободитель, (-ница), избавитель, (-ница).

libertar. [перех.] освобождать; освобождать, предохранять.

libertario, ria. [прил.] анархистский; [м. и ж.] анархист, (-ка).

liberticida. [прил.] губительный для свободы.

libertinaje. [м.] распущенность, распутство, своевольность, разврат; безбожность.

libertino, na. [прил.] распущенный, распутный, разнузданный, своевольный, развратный; [м. и ж.] распутник, (-ица), развратник, (-ица); сын вольноотпущенника; см. liberto.

liberto, ta. [м. и ж.] (ист.) вольноотпущенник, (-ица).

líbico, ca. [прил.] ливийский; [м. и ж.] уроженец, (-ка) Ливии, ливиец.

líbico, ca. [прил.] (бот.) осиновый.

libídine. [ж.] похоть, сладострастие, похотливость, сластолюбие (книж.).

libidinosamente. [нареч.] сладострастно.

libidinoso, sa. [прил.] сладострастный, похотливый, чувственный, сластолюбивый (книж.).

libio, bia. [прил.] ливийский; [м. и ж.] уроженец, (-ка) Ливии, ливиец.

libón. [м.] (обл.) кипящий ключ, источник; лужа.

libonoto. [м.] юго-западный ветер.

libra. [ж.] фунт (мера веса; название старинных монет в ряде стран); (Амер.) лист высокосортного табака: * libra esterlina, фунт стерлингов.

libración. [ж.] колебание предмета при потере равновесия; (астр.) качание (луны), либрация.

libraco, libracho. [м.] (презр.) книжонка.

librador, ra. [прил.] освобождающий, избавляющий; [м. и ж.] освободитель, (-ница), избавитель, (-ница); [м.] совок для развешивания сыпучих товаров; векселедатель, трассант; ветеринар королевского дома.

libramiento. [м.] освобождение, избавление (от опасности); накладная, ордер.

librancista. [м. и ж.] предъявитель ордера на выплату, переводного векселя.

librante. [действ. прич.] к librar.

libranza. [ж.] письменный приказ о выдаче денег; ордер на выплату, накладная.

librar. [перех.] освобождать, избавлять (от опасности); доверять кому-л, чему-л; издавать, выдавать (документы, вексель, чек); [неперех.] входить в приёмную (о монахине); родить; **librarse.** [возв. гл.] освобождаться, избавляться (от чего-л); избегать (опасности): * librar una batalla, давать бой; * (él) se libró de buena, он счастливо отделался; * librar bien, счастливо отделаться.

libratorio. [м.] приёмная (в монастыре или в тюрьме).

librazo. [м.] удар книгой.

libre. [прил.] свободный, вольный, независимый; свободный, незанятый; вакантный; свободный, вольный, распущенный, нестесняемый; непринуждённый, вольный, дерзкий, нескромный; развратный; ничем не связанный; уединённый (о здании); освобождённый, избавленный от; бесплатный; невинный; холостой; неженатый: * libre cambio, свобода торговли; * al aire libre, на вольном воздухе; * palabras или acción libres, вольность, непристойность; * entrada libre, свободный вход, бесплатный вход; * dejar el campo libre, предоставить свободу действий.

librea. [ж.] ливрея, лакейское платье; (перен.) ливрейный лакей; (охот.) качество шерсти (оленя и т. д.).

librear. [перех.] продавать, взвешивать на фунты.

librecambio. [м.] свобода торговли.

librecambista. [м.] сторонник свободной торговли (тже. прил.).

librecultista. [м.] сторонник свободного вероисповедания.

librejo. [м. умен.] к libro, книжка, книжица; (презр.) книжонка.

libremente. [нареч.] свободно, вольно; по своей воле, по своему усмотрению.

librepensador, ra. [прил. и сущ.] сторонник вольнодумства.

librepensamiento. [м.] вольнодумство, свободомыслие.

librería. [ж.] книжный шкаф; книжная полка; книжный магазин; профессия книгопродавца.

libreril. [прил.] относящийся к книготорговле.

librero, ra. [м. и ж.] книгопродавец; (Амер.) книжная полка.

libresco, ca. [прил.] книжный.

libreta. [ж. умен.] к libra; хлеб весом в один фунт.

libreta. [ж.] книжка (записная, сберегательная и т. д.).

libretín. [м. умен.] к libre, книжка, книжица, печурка.

libretín. [м. умен.] к libro, книжка, книжица.

libretista. [м.] либреттист.

libreto. [м.] либретто.

librillo. [м.] тетрадка курительной бумаги; (анат.) книжка (один из отделов желудка жвачных животных).

librillo. [м.] миска, таз, см. **lebrillo.**

libro. [м.] книга; том; предмет наглядного обучения; либретто; (перен.) налог; (зоол.) книжка (один из отделов желудка жвачных животных): * libro mayor, maestro, (бух.) главная книга, гроссбух; * libro borrador, (бух.) черновая книга; * libro de inventarios, (бух.) инвентарная книга; * libro de caja, (бух.) приходо-расходная книга; * libro de asiento, записная книжка; * libro de texto, учебник; * libro de oro, золотая книга, (в которую вписывались имена знатных родов итальянских резпублик); * libro de caballerías, рыцарский роман; * meterse en libros de caballerías, соваться не в своё дело; * libro de las cuarenta hojas, (разг.) колода карт; * ahorcar los libros, забросить ученье.

librote. [м. увел.] к libro, большая книга.

liburnia. [ж.] (уст.) (мор.) либурна, лёгкое судно с вёслами (у Римлян).

licantropía. [ж.] (пат.) сумасшествие, в котором больной считает себя превращённым в волка.

licántropo, pa. [м. и ж.] человек, страдающий licantropía.

licasta. [ж.] (бот.) орхидея (одна из разновидностей).

liceísta. [м.] член общества назыв. liceo.

licencia. [ж.] разрешение, позволение; лизенция; патент; распущенность, вольное обращение; вольность; степень лициациата; (воен.) роспуск; (спорт.) членский билет; * licencia absoluta, (воен.) белый билет, полное освобождение от военной службы; * licencia poética, поэтическая вольность.

licenciadillo. [м.] (перен.) (разг.) жеманный человек, который носил рясу.

licenciado, da. [страд. прич.] к licenciar; [прил.] щеголяющий своей учёностью; уволенный; [м. и ж.] лиценциат, кандидат (получивший первую учёную степень); (воен.) отпускник; тот, кто носит длинную одежду или студенческое платье; адвокат: * licenciado vidriera, (перен.) чрезмерно робкий человек.

licenciamiento. [м.] получение степени лиценциата; освобождение от военной службы.

licenciar. [перех.] давать освобождение; увольнять; давать диплом об окончании учебного заведения; (воен.) давать полное освобождение от военной службы; **licenciarse.** [возв. гл.] делаться развратным; получать диплом об окончании учебного заведения, учёную степень лиценциата.

licenciatura. [ж.] степень лиценциата; получение степени лиценциата; подготовка к получению степени лиценциата.

licenciosamente. [нареч.] непристойно, беспутно.

licenciosidad. [ж.] непристойность, распущенность, разнузданность; (неол.) см. libertinaje.

licencioso, sa. [прил.] вольный, непристойный, беспутный.

licénidos. [м. множ.] (зоол.) синяки или аргусы (дневные бабочки).

liceo. [м.] аристотелевская школа; литературное общество или клуб; (Амер.) лицей, дворец танцев; начальная школа.

licio, cia. [прил.] ликийский; [м. и ж.] уроженец, (-ка) Ликии.

lición. [ж.] (Амер.) см. lección.

licitación. [ж.] (юр.) продажа с торгов; надбавка цены на аукционе).

licitador, ra. [м. и ж.] набавляющий цену (на торгах).

lícitamente. [нареч.] законно.

licitante. [страд. прич.] к licitar, набавляющий цену (в торгах).

licitar. [перех.] на(д)бавлять цену (в торгах).

lícito, ta. [прил.] дозволенный законом, законный, справедливый.

licitud. [ж.] законность.

lícnide. [ж.] (бот.) зорька, татарское мыло.

licnobio, bia. [прил.] спящий днём и работающий ночью (тж. сущ.).

licoftalmo. [м.] (мин.) сорт агата.

licoperdó(n). [м.] (бот.) дождевик (гриб).

licopo. [м.] (бот.) зюзник, волконог.

licopodiáceas. [ж. множ.] (бот.) плауновые.

licopodio. [м.] (бот.) плаун.

licor. [м.] жидкость; напиток; ликёр, наливка.

licorera. [ж.] сервиз для ликёра.

licorería. [ж.] ликёрная лавка.

licorero, ra. [м. и ж.] (Амер.) см. licorista.

licorexia. [ж.] (пат.) волчий голод (болезнь).

licorista. [м. и ж.] тот, кто по ремеслу готовит или продаёт ликёры.

licornio. [м.] см. unicornio.

licoroso, sa. [прил.] ликёрный, сладкий (о вине).

licosa. [ж.] тарантул (паук).

lictor. [м.] (ист.) ликтор.

licuable. [прил.] превратимый в жидкость, растопляемый, плавкий.

licuación. [ж.] превращение в жидкость, растапливание, плавление, таяние и т. д.

licuante. [дейст. прич.] к licuar, обращающий в жидкость и т. д.

licuar. [перех.] превращать в жидкость, растоплять, растапливать.

licuefacción. [ж.] превращение в жидкость.

licuefacer. [см. licuar; непр. гл.] спрягается как hacer.

licuefaciente. [дейст. прич.] к licuefacer; [прил.] обращающий в жидкость.

licuefactible. [прил.] превратимый в жидкость, растопляемый, плавкий.

licuefactivo, va. [прил.] обращающий в жидкое состояние.

licuescencia. [ж.] жидкое состояние.

licuescente. [прил.] растворяющийся, расплывающийся.

licurgo, ga. [м. и ж.] ловкий, проворный человек; [м.] (перен.) законодатель.

lichera. [ж.] шерстяное одеяло.

lichigo. [м.] (Амер.) продовольствие.

lid. [ж.] сражение, бой; (перен.) спор, диспут, полемика: * en buena lid, честно.

líder. [м.] (англ.) лидер.

lidia. [ж.] сражение, бой; бой быков.

lidiadera. [ж.] (Амер.) спор, пререкание, ссора.

lidiador. [м.] боец; борец; тореро.

lidiana. [ж.] (муз.) греческая флейта.

lidiante. [дейст. прич.] к lidiar.

lidiar. [неперех.] бороться, вести борьбу; (уст.) вести тяжбу; [перех.] участвовать иметь дело с надоедливыми людьми; (уст.) вести тяжбу; [перех.] участвовать в бое быков и т. д.

lidio, dia. [прил.] относящийся к Лидии; [м. и ж.] уроженец, (-ка) этой страны.

lidioso, sa. [прил.] (Амер.) скучный, надоедливый.

lidita. [ж.] (хим.) лиддит.

liebrastón, liebratico, liebratón. [м.] зайчонок.

liebre. [ж.] (зоол.) заяц; (перен.) (разг.) пугливый человек; * coger una liebre, упасть; * comer liebre, быть пугливым.

liebrecilla. [ж. умен.] к liebre; (бот.) василёк.

liebrezuela. [ж. умен.] к liebre.

liego, ga. [прил. и сущ.] см. lleco.

liejense. [прил.] льежский; [м. и ж.] уроженец, (-ка) Льежа.

lien. [м.] (анат.) селезенка.

lienal. [прил.] (анат.) селезеночный.

liencillo. [м.] (Амер.) грубая бумажная ткань.

liendecilla. [ж.] (Амер.) гнида, см. liendre.

liendre. [ж.] гнида: * cascarle или machacarle a uno las liendres, (перен.) (разг.) бить палкой; задать головомойку.

lienitis. [ж.] (пат.) воспаление селезенки.

lienocele. [м.] (пат.) селезеночная грыжа.

lienter(í)a. [ж.] (мед.) понос (при котором пища выходит в непереваренном виде).

lientérico, ca. [прил.] (мед.) поносный (см. lientería.); страдающий lientería.

liento, ta. [прил.] влажный.

lienza. [ж.] узкая полоска ткани; (Амер.) плотная бумажная верёвка или шнур.

lienzo. [м.] полотно, холст; носовой платок; (жив.) стенное панно; фасад здания, лицевая сторона стены.

liga. [ж.] подвязка (для чулок); пояс, бандаж; (бот.) омела; клей из омелы; смесь; сплав; союз, лига; (арг.) дружба.

ligación. [ж.] связывание, перевязывание; соединение, смесь; сочетание; сплавка.

ligada. [ж.] (мор.) найтов, перевязка тросом.

ligado, da. [страд. прич.] к ligar; [м.] соединение букв (в письме); (муз.) лига.

ligadura. [ж.] перевязывание, перевязка, лигатура; (мор.) найтов; (перен.) подчинение, зависимость; оковы, узы; (муз.) лига; (хир.) шелковая, кишечная (струнная) или металлическая нить, употребляемая при хирургических операциях.

ligamaza. [м.] липкое вещество, покрывающее семена некоторых растений.

ligamento. [м.] перевязывание, перевязка; связывание, завязывание; (анат.) связка, плотная ткань, соединяющая кости (сочленения) между собой и с мышцами.

ligamentopexia. [ж.] операция укорочения круглой маточной связки.

ligamentoso, sa. [прил.] (анат.) связочный, обильный связками.

ligamiento. [м.] перевязывание, соединение; (перен.) связь.

ligar. [перех.] связывать, завязывать, соединять; перевязывать; соединять, объединять, сочетать; сплавлять (металли); (перен.) принуждать, обязывать; (уст.) брошюровать; (Амер.) запродать урожай (до сбора); **ligarse.** [возв. гл.] соединяться, объединяться, вступать в союз; обязываться.

ligarza. [ж.] (обл.) связка, кипа бумаг, см. legajo.

ligaterna. [ж.] (обл.) мелкая ящерица, см. lagartija.

ligazón. [ж.] соединение, сцепление, связь; спайка.

ligeramente. [нареч.] легко; слегка; легкомысленно, необдуманно.

ligerear. [неперех.] (Амер.) быстро ходить, ускорить шаг.

ligereza. [ж.] лёгкость, быстрота, проворство; см. levedad; (перен.) непостоянство, переменчивость; (важный) необдуманный поступок или слова.

ligero, ra. [прил.] лёгкий (по весу); быстрый, проворный, подвижный, живой; чуткий (о сне); лёгкий, малозначный; поверхностный; лёгкий, беременительный (о пище); лёгкий, легкомысленный, несерьёзный, непостоянный, переменчивый: * de ligero, необдуманно, легкомысленно; * a la ligera, быстро, легко, налегке; * ligero de cascos, легкомысленный.

ligeruelo, la. [прил. умен.] к ligero; ранний (о винограде).

ligio. [прил.] тесно обязанный одному феодалу.
lignario, ria. [прил.] древесный.
lignícola. [прил.] живущий в древесной коре (о насекомых, червях).
lignificación. [ж.] одревеснение.
lignificarse. [возв. гл.] одревеснеть.
ligniforme. [прил.] (мин.) древовидный.
lignina. [ж.] (хим.) лигнин.
lignito. [м.] (мин.) лигнит, бурый уголь.
lignívoro, ra. [прил.] древоядный.
lignoso, sa. [прил.] деревянистый; изобилующий древесиной.
ligón. [м.] **ligona.** [ж.] (обл.) сорт кирки.
ligrimo, ma. [прил.] (обл.) чистый, настоящий; здоровый и крепкий.
ligroína. [ж.] (хим.) лигроин.
ligua. [ж.] сорт филлипинского топора.
liguero, ra. [прил.] входящий в состав лиги.
liguilla. [ж.] сорт узкой полоски (ткани).
lígula. [ж.] (бот.) язычок у злаков.
ligulado, da. [прил.] (бот.) имеющий форму узкой полоски.
ligur, ligurino, na, ligústico, ca. [прил.] лигурийский; [м. и ж.] уроженец, (-ка) Лигурии, лигуриец.
ligustre. [м.] цветок бирючины.
ligustrino, na. [прил.] (бот.) относящийся или принадлежащий к бирючине.
ligustro. [м.] (бот.) бирючина, лигуструм.
lija. [ж.] акула (одна из разновидностей); кожа этой акулы: * papel de lija, наждачная бумага; [прил.] ловкий, хитрый, лукавый.
lijado, da. [прил.] (обл.) увечный.
lijadura. [ж.] (обл.) повреждение.
lijar. [перех.] чистить, тереть наждаком.
lijón, na. [прил.] (обл.) больной грыжей.
lijosamente. [нареч.] грязно.
lila. [ж.] (бот.) сирень; сиреневый цвет; [прил.] (разг.) глупый, глуповатый; [сущ.] глупец.
lila. [ж.] шерстяная ткань.
lilac. [м.] (бот.) сирень.
lilaila. [ж.] (чаще множ.) хитрость; плутня.
lilallas. [ж. множ.] (Амер.) хитрость; плутни.
lilao. [м.] (разг.) тщеславное хвастовство, самодовольство.
lile. [прил.] (Амер.) слабый, истощённый; разбитый параличом; дрожащий.
lilechuén. [м.] (Амер.) съедобная морская ракушка.
lilequear. [неперех.] (Амер.) дрожать (от страха или от болезни).
liliáceo, a. [прил.] (бот.) лилейный; [ж. множ.] (бот.) лилейный.
lilial. [прил.] лилейный.
lilifloro, ra. [прил.] (бот.) лилиецветный.
liliforme. [прил.] (бот.) похожий на лилию, лилиеобразный.
lililí. [м.] см. **lelilí**.
liliputiense. [прил.] лилипутский; [м. и ж.] лилипут, (-ка).
liliquear. [неперех.] (Амер.) см. **lilequear**.
liliquiento, ta. [прил.] (Амер.) см. **lile**.
lima. [ж.] (бот.) сорт лимона; раковина.
lima. [ж.] напильник, подпилок; (арх.) наугольное стропило, при соединении двух скатов кровли; (перен.) поправка (в работе).
lima. [ж.] (арг.) рубашка.
limaciforme. [прил.] имеющий форму слизняка.
limaco. [м.] (обл.) слизняк (улитка).
limachina. [ж.] (Амер.) детская игра.
limador, ra. [прил.] пилящий; [м. и ж.] опиловщик, (-ица).
limadura. [ж.] обработка, зачистка напильником, опиливание; [множ.] металлические опилки.
limalla. [ж.] металлические опилки.

limán. [м.] (геогр.) лиман, залив или устье реки.
limar. [перех.] пилить, подпиливать, шлифовать (напильником); (перен.) отшлифовать, отделывать; выправлять; ослаблять, подтачивать (силы и т. д.).
limar. [м.] (бот.) см. **limero**.
limatón. [м.] большой круглый напильник.
limaza. [ж.] слизняк.
limazo. [м.] густая слизь.
limbario, ria. [прил.] к **limbo**.
límbico, ca. [прил.] каёмочный и т. д.
limbo. [м.] (рел.) место, где души праведников ожидали пришествия Мессии и искупления; преддверие рая; (астр.) венчик, сияние (вокруг лика святых); лимб (дуга градусного круга); (бот.) отгиб, кайма, оторочка: * estar en el limbo, витать в облаках.
lime. [м.] (Амер.) клещ.
limen. [м.] (поэт.) порог, преддверие.
limenarca. [м.] (древ.) начальник пристани.
limenso. [м.] (Амед.) сорт маленькой дыни.
limeño, ña. [прил.] относящийся к Lima; [м. и ж.] уроженец, (-ка) этого американского города.
limera. [ж.] (мор.) гельмпорт.
limero, ra. [м. и ж.] продавец (-щица) limas (сорта сладких лимонов); [м.] (бот.) цитрон-лиметт, сладкий лимон (род лимонного дерева).
limeta. [ж.] бутылка, пузырёк: * no es soplar y hacer limetas, не так просто, как кажется.
limícola. [прил.] живущий в болотистых местах.
limiste. [м.] старинное сукно хорошего качества, которое ткали в Segovia.
limitable. [прил.] ограничиваемый, могущий быть ограниченным.
limitación. [ж.] ограничение, сокращение; определение границ; округ, район: * sin limitación, без ограничения.
limitadamente. [нареч.] ограниченно.
limitado. [страд. прич.] к **limitar**; [прил.] тупой, ограниченный.
limitador, ra. [прил.] ограничивающий (тже. сущ.).
limitáneo, a. [прил.] пограничный, смежный.
limitar. [перех.] устанавливать границы, определять границы; ограничивать, лимитировать, урезывать; **limitarse.** [возв. гл.] ограничиваться.
limitativo, va. [прил.] ограничивающий; ограничительный.
límite. [м.] (в разн. знач.) граница, предел, грань, рубеж, лимит; (мат.) предел; [множ.] границы, пределы: * pasar los límites, переходить за предел, преступать.
limítrofe. [прил.] пограничный, смежный, сопредельный (книж.), лимитрофный.
limnea. [ж.] (зоол.) пресноводная раковина.
limnímetro. [м.] лимниметр, прибор для измерения уровня озёр.
limnita. [ж.] (мин.) лимнит.
limnologia. [ж.] лимнология.
limnológico, ca. [прил.] лимнологический.
limo. [м.] грязь, ил, тина.
limón. [м.] (бот.) лимон; лимонное дерево. см. **limonera**.
limonada. [ж.] лимонад: * limonada de vino, напиток из вина, сахара с лимонным соком; * limonada purgante, слабительный лимонад.
limonado, da. [прил.] лимонный, лимонного цвета.
limonar. [м.] лимонная роща; (Амер.) лимонное дерево.

limonaria. [ж.] (Амер.) куст, дающий ароматические цветы.
limoncillo. [м. умен.] к **limón**; (бот.) дикорастущее дерево; кубинское дерево.
limonera. [ж.] оглобля; оглобли.
limonero, ra. [м. и ж.] продавец, (-щица) лимонов; [м.] (бот.) лимонное дерево.
limonero. [м.] коренник, коренная лошадь, коренной; [прил.] * caballo limonero, коренник.
limonita. [ж.] (мин.) лимонит.
limonza. [ж.] толстокожий кислый лимон.
limosidad. [ж.] илистость, свойст. к илистый, тинистый, грязный; камень (на зубах).
limosis. [ж.] сильный голод, большой аппетит (волчий аппетит).
limosna. [ж.] милостыня, подаяние; (ист.) земля, дарованная церкви: * dar limosna, подавать милостыню; * alzarse con el santo y la limosna, растратить общественные деньги.
limosnar. [перех.] (обл.) подавать милостыню.
limosneador, ra. [прил.] просящий милостыню (тже. сущ.).
limosnear. [неперех.] просить милостыню.
limosneo. [м.] дейст. к просить милостыню.
limosnera. [ж.] сума у пояса для раздачи милостыни.
limosnero, ra. [прил.] охотно подающий милостыню; [м.] распределяющий подаяния; (Амер.) нищий.
limoso, sa. [прил.] илистый, грязный, тинистый.
limoterapia. [ж.] лечение голодом.
limousine. [ж.] лимузин (закрытый автомобиль).
limpia. [ж.] очищение, очистка.
limpiabarros. [м.] скребок у двери для чистки обуви.
limpiabotas. [м.] чистильщик сапог.
limpiachimeneas. [м.] трубочист, чистильщик дымоходов.
limpiada. [ж.] очищение, очистка.
limpiadera. [ж.] рубанок; см. **aguijada**.
limpiador, ra. [прил.] очищающий и т. д.; [м. и ж.] чистильщик, (-ица).
limpiadura. [ж.] чистка, очищение; [множ.] мусор (после чистки помещения).
limpiamanos. [м.] (Амер.) ручное полотенце.
limpiamente. [нареч.] чисто; (перен.) ловко; откровенно; бескорыстно.
limpiamiento. [м.] очищение, чистка.
limpiapeines. [м.] инструмент для очищения гребней.
limpiaplumas. [м.] суконка для вытирания перьев, перочистка.
limpiapozos. [м. и ж.] тот, кто по ремеслу очищает колодцы и т. д.
limpiar. [перех.] чистить, очищать, прочищать, вычищать; (перен.) очищать, оправдывать; (про)гнать из...; подчищать, подстригать (деревья); (разг.) обворовывать, обчищать; обыгрывать (в азартных играх), **limpiarse.** [возв. гл.] чиститься.
limpiatubos. [м.] щётка для чистки ламповых стёкол.
limpiauñas. [м.] ногтечистка.
limpidez. [ж.] (поэт.) чистота, прозрачность, ясность; глянец.
límpido, da. [прил.] (поэт.) чистый, прозрачный, ясный.

limpieza. [ж.] чистота, опрятность, чистоплотность; очищение, чистка, уборка; (перен.) целомудрие, нравственная чистота, непорочность; честность; мастерство, точность, аккуратность (в выполнении работы); точное наблюдение правил (в играх); * **limpieza** de corazón, чистосердечность; * **limpieza** de bolsa, отсутствие денег; * hacer la **limpieza**, убирать квартиру, дом.

limpio, pia. [прил.] чистый, опрятный, чистоплотный; чистый, без примеси; непорочный; честный; [нареч.] см. limpiamentes * jugar **limpio**, честно играть; честно поступать, действовать; * poner en **limpio**, переписать начисто; * en **limpio**, начисто; * quedar **limpio**, остаться без гроша.

limpión. [м.] лёгкая чистка; (разг.) чистильщик; (Амер.) тряпка для чистки.

límulo. [м.] мечехвост (ракообразное животное).

lina. [ж.] (Амер.) грубая шерстяная нитка; [мн.] (Амер.) волосы.

linabera. [ж.] (обл.) см. cáñamo.

lináceo, a. [прил.] льнообразный; [ж. мн.] льнообразные растения.

linaje. [м.] род, порода, происхождение, поколение, племя, потомство; (перен.) свойство, качество; [мн.] знатные жители населённого пункта.

linajista. [м.] специалист по родословной.

linajudo, da. [прил.] кичащийся своей знатностью (тж. сущ.).

lináloe. [м.] алоэ.

linao. [м.] (Амер.) сорт игры в мяч.

linar. [м.] льняное поле.

linaria. [ж.] (бот.) льнянка.

linarita. [ж.] (мин.) линарит, свинцовая лазурь.

linaza. [ж.] льняное семя: * aceite de **linaza**, льняное масло.

lince. [м.] (зоол.) рысь; (перен.) хитрец, проныра; [прил.] проницательный: * ojos de **lince**, острое зрение.

lincear. [перех.] (перен.) (разг.) высмотреть, выследить.

linceo, a. [прил.] рысий; (перен.) (разг.) острое зрение: * ojos **linceos**, острое зрение.

linchador, ra. [прил.] линчующий (тж. сущ.).

linchamiento. [м.] линчевание, самосуд.

linchar. [перех.] линчевать, подвергать самосуду.

lindamente. [нареч.] красиво, изящно, мило, искусно.

lindante. [дейст. прич.] к lindar, прилегающий, граничащий.

lindar. [неперех.] граничить, соприкасаться с..., прилегать к.

lindazo. [м.] linde. [м. и ж.] граница, межа.

lindel. [м.] см. lintel.

lindera, linderia. [ж.] граница, предел.

lindero, ra. [прил.] смежный, соприкасающийся, прилегающий, граничащий; [м.] граница, межа, предел; (Амер.) межевой столб: * con **linderos** y arrabales, подробно.

lindeza. [ж.] миловидность, красота; грация; любезное поступок или слово; [мн.] (разг.) оскорбление, брань.

lindo, da. [прил.] красивый, миловидный; отличный, совершенный, хороший, превосходный; [м.] щёголь; * de lo **lindo**, см. lindamente, очень много; чудно.

lindón. [м.] (с.-х.) сорт подставки для спаржей и т. д.

lindura. [ж.] см. lindeza.

línea. [ж.] линия; черта; мера длины; строка, строчка; путь, линия, направление; род, ряд, сорт; родственная линия; (перен.) линия, граница, рубец, предел; (воен.) линия, цепь, развёрнутый строй; экватор; * **línea** recta, прямая линия; * **línea** curva, кривая линия; * **línea** quebrada, ломаная линия; * trazar una **línea**, провести черту; * **línea** aérea, авиалиния; * **línea** de flotación, (мор.) ватерлиния; * **línea** paterna, отцовская линия; * **línea** equinoccial, экватор; * **línea** meridiana, полуденная линия; * **línea** de loch, лаглинь; * en **línea** recta, прямой дорогой; * leer entre **líneas**, читать между строк; * en toda la **línea**, на всех фронтах.

lineal. [прил.] линейный: * dibujo **lineal**, черчение.

lineamento, lineamiento. [м.] очертание, контур.

linear. [прил.] (бот.): * hojas **lineares**, линейчатые листья.

linear. [перех.] линовать, графить; чертить; делать набросок.

líneo, a. [прил.] (бот.) льнообразный (тж. ж.).

linfa. [ж.] (физиол.) лимфа; (поэт.) вода.

linfadenitis. [ж.] (пат.) воспаление или припухание лимфатических узлов.

linfadeno. [м.] лимфатический узел.

linfadenoma. [ж.] (пат.) опухоль из аденоидной ткани селезёнки, лимфатических узлов и других органов.

linfadenomatosis. [ж.] (пат.) заболевание малокровием при опухании лимфатической системы.

linfagial. [прил.] относящийся к лимфатическому узлу.

linfangiectasis. [ж.] (пат.) расширение лимфатических сосудов.

linfangioma. [ж.] (пат.) лимфангиома.

linfangitis. [ж.] (пат.) воспаление лимфатических сосудов.

linfático, ca. [прил.] содержащий обильную лимфу; лимфатический.

linfatismo. [м.] (мед.) лимфатизм.

linfectasia. [ж.] расширение лимфатических щелей или сосудов в клетчатке.

linfeurisma. [ж.] органическое расширение лимфатических сосудов.

linfitis. [ж.] (мед.) воспаление лимфатич. сосудов.

linfocitemia. [ж.] (пат.) увеличение числа лимфоцитов в крови.

linfocito. [м.] (анат.) лимфоцит.

linfoducto. [м.] лимфатический сосуд.

linfogenia. [ж.] лимфообразование.

linfógeno, na. [прил.] лимфородный.

linfoglándula. [ж.] лимфатический узел.

linfoideo, a. [прил.] похожий на лимфу.

linfología. [ж.] наука о лимфатической системе.

linfoma. [м.] (пат.) новообразование по типу лимфатических узлов.

linfomatosis. [ж.] острые и хронические заболевания лимфатической системы, особенно лимфатическая лейкемия и алейкемия.

linforragia. [ж.] (мед.) сильное истечение лимфы после повреждения лимфатических сосудов.

linfosarcoma. [м.] (пат.) саркома лимфатических желёз.

linfosis. [ж.] лимфообразование.

linfoso, sa. [прил.] см. linfático.

linfuria. [ж.] (пат.) присутствие лимфы в моче.

lingo. [м.] (Амер.) детская игра.

lingote. [м.] брусок (металла), свинка, чушка, болванка; слиток (золота, серебра).

lingotera. [ж.] (тех.) изложница.

lingual. [прил.] (анат.) (лингв.) язычный.

linguátula. [ж.] (зоол.) пятиустка (паразитное паукообразное животное).

lingue. [м.] (Амер.) чилийское дерево; кора этого дерева.

linguete. [м.] (мор.) пал.

lingüifoliado, da. [прил.] (бот.) языколистный.

lingüiforme. [прил.] языкообразный, языковидный.

lingüista. [м. и ж.] лингвист, языковед, лингвистка.

lingüística. [ж.] лингвистика, языковедение, языкознание.

lingüístico, ca. [прил.] лингвистический.

língula. [ж.] (мед.) язычок; (зоол.) морской язычок (двустворчатораковинное животное).

linicuije. [прил.] (Амер.) худой; слабый, см. flaco.

linificio. [м.] льнопрядильня.

linígero, ra. [прил.] производящий лён.

linim(i)ento. [м.] мягчительная мазь (для втирания в кожу).

linio. [м.] см. liño.

linneta. [ж.] (мин.) кобальтовый блеск.

lino. [м.] лён; льняное полотно; (поэт.) парус.

linógrafo, fa. [м. и ж.] линотипист.

linoleato. [м.] (хим.) линолеат.

linoleico, ca. [прил.] (хим.) линолевый.

linóleo. [м.] линолеум.

linón. [м.] линон, батист (тонкое полотно).

linoso. [м.] (обл.) льняное семя.

linotipia. [ж.] (полигр.) линотип.

linotípico, ca. [прил.] линотипный.

linotipista. [м. и ж.] (полигр.) линотипист, (-ка).

lintel. [м.] см. dintel.

linter. [м.] см. lintel.

linterna. [ж.] ручной фонарь; (арх.) куполообразная башенка с окнами фонарь; маяк; (Амер.) светляк: * **linterna** mágica, проекционный (волшебный) фонарь; * **linterna** sorda, потайной фонарь.

linternazo. [м.] удар ручным фонарём; (перен.) (разг.) удар.

linternero, ra. [м. и ж.] фонарный мастер.

linternón. [м. увел.] к linterna; (мор.) сигнальный фонарь.

linudo, da. [прил.] (Амер.) см. lanoso.

linuezo. [м.] (разг.) льняное семя.

linzuelo. [м.] (обл.) простыня.

liño. [м.] ряд, линия деревьев, растений.

liñuelo. [м.] кусок верёвки и т. д.

liñudo, da. [прил.] (Амер.) см. lanoso.

lío. [м.] связка, узел; (перен.) (разг.) путаница; интрига; внебрачное сожительство: * hacerse un **lío**, запутаться.

lío. [м.] (Амер.) картофельный крахмал, см. chuño.

liocarpo, pa. [прил.] (бот.) гладкоплодный.

liodermo, ma. [прил.] (бот.) гладкокожий.

liona. [ж.] (Амер.) (вар.) см. liorna.

liofilo, la. [прил.] (бот.) гладколистный.

lionero, ra. [прил.] (Амер.) бурный, шумный, мятежный.

lionés, sa. [прил.] лионский; [м. и ж.] лионец, (-ка).

liorna. [ж.] (разг.) гам, крик, шум; суматоха, беспорядок.

liorrizo, za. [прил.] (бот.) с гладким корнем.

lioso, sa. [прил.] (разг.) запутывающий; путаный; лживый.

liótrico, ca. [прил.] имеющий гладкие волосы.

lipa. [ж.] (Амер.) брюхо, живот, пузо.

lipacidemia. [ж.] (пат.) появление в крови летучих жирных кислот (у больных диабетом).

lipaciduria. [ж.] (пат.) появление в моче летучих жирных кислот.

lipáride. [ж.] (бот.) орхидея (одна из разновидностей); (зоол.) вид чешуекрылого насекомого; вид рыбы.
liparita. [ж.] (мин.) липарит.
liparocele. [м.] (пат.) жирная опухоль.
liparoideo, a. [прил.] похожий на жир; (фарм.) содержащий масло и воск (о средствах).
liparótrico, ca. [прил.] (антро.) имеющий жирные волосы.
lipasa. [ж.] (хим.) липаза.
lipectomía. [ж.] (хир.) иссечение жира, покрывающего брюшные стенки.
lipegüe. [м.] (Амер.) см. alipego.
lipemanía. [ж.] (мед.) меланхолия.
lipemaníaco, ca. [прил.] (мед.) страдающий меланхолиею.
lipemia. [ж.] (пат.) увеличение содержания жира в крови.
lipes. [ж.] медный купорос.
lipidia. [ж.] (Амер.) упорство, упрямство; нищета; дерзость, надоедливость; надоедливый человек.
lipidiar. [перех.] (Амер.) надоедать, докучать, злить.
lipidioso, sa. [прил.] (Амер.) надоедливый, докучливый, назойливый, навязчивый; [м. и ж.] навязчивый, надоедный человек.
lipitud. [ж.] (мед.) увеличенное отделение из мейбомиевых желёз век.
lipoblastoma. [м.] (пат.) липобластома.
lipocardia. [ж.] (пат.) липоматозное сердце.
lipocele. [м.] (пат.) жировая грыжа.
lipodistrofia. [ж.] расстройство жирового обмена.
lipofibroma. [м.] (пат.) опухоль из жировой и плотной соединительной ткани.
lipogénesis. [ж.] образование жира.
lipógeno, na. [прил.] образующий жир.
lipogramacia. [ж.] (лит.) сочинение, в котором выпускаются некоторые буквы.
lipogramático, ca. [прил.] написанный с пропуском какой-л буквы.
lipoideo, a. [прил.] похожий на жир.
lipolisis. [ж.] расщепление жира.
lipolítico, ca. [прил.] расщепляющий жир.
lipoma. [ж.] липома, жировая опухоль жировик, опухоль доброкачественная.
lipomatoideo. [прил.] похожий на липому.
lipomatosis. [ж.] ожирение.
lipomeria. [ж.] (анат.) недостаток одной или многих частей тела.
lipón, na. [прил.] (Амер.) пузатый.
liposfixia. [ж.] временное отсутствие пульса в артериях.
lipostomia. [ж.] атрофия рта.
lipotimia. [ж.] временная потеря сознания, первая степень обморока, замирание.
lipotrofia. [ж.] увеличение жира в теле.
lipuria. [ж.] (пат.) выделение жира в моче.
liquefacción. [ж.] превращение в жидкое состояние (твёрдых тел).
liquelique. [м.] (Амер.) (англ.) блуза с карманами.
liquen. [м.] (бот.) лишай, лишайник; (мед.) лишай: * liquen de Islandia, исландский мох.
liquenáceo, a. [прил.] принадлежащий к лишаю; похожий на лишай.
liqueniasis. [ж.] образование лишая.
liquenívoro, ra. [прил.] (зоол.) питающийся лишайником.
liquidable. [прил.] превратимый в жидкое состояние; подлежащий ликвидации.
liquidación. [ж.] превращение в жидкое состояние; ликвидация; ликвидирование; распродажа (товара и т. д.).
liquidador, ra. [прил.] ликвидирующий (тже. сущ.).
liquidámbar. [м.] (бот.) ликвидамбар; жидкий стиракс.

liquidante. [дейст. прич.] к liquidar.
liquidar. [перех.] превращать в жидкое состояние; ликвидировать; распродавать; удалить, покончить с чем-л; (ком.) окончательно выверять, закрывать счёт.
liquidez. [ж.] жидкое состояние.
liquidificación. [ж.] превращение в жидкое состояние.
liquidificar. [перех.] превращать в жидкое состояние.
líquido, da. [прил.] (физ.) жидкий, текучий; (ком.) ликвидный; чистый от долгов; наличный (о деньгах); (грам.) плавный (о буквах); [м.] жидкость.
liquiforme. [прил.] похожий на жидкость.
liquiriche. [прил.] (Амер.) славый, худощавый, рахитичный.
lira. [ж.] лира (муз. инструмент); (перен.) вдохновение; (астр.) Лира (созвездие); (Амер.) ключа.
lira. [ж.] лира (итальянская денежная единица).
lirado, da. [прил.] (бот.) лировидный (о листьях).
liria. [ж.] клей (для ловли птиц).
lírica. [ж.] лирика.
lírico, ca. [прил.] лирический; музыкальный, оперный (о театре); [м.] лирик, лирический поэт: * esto lírico, лирическое
lirioideo, a. [прил.] (бот.) похожий на ирис.
lirismo. [м.] лиризм, лиричность; восторженность; * género lírico, лирический жанр.
liriforme. [прил.] лировидный.
lirio. [м.] (бот.) ирис: * lirio blanco, белая лилия; * lirio de los valles, ландыш; * lirio amarillo, жёлтая лилия.
lirista. [м. и ж.] играющий на лире.
lirón. [м.] (зоол.) соня; сурок; (перен.) соня, сонливец, сонуля (разг.); * lirón gris, садовая соня; * dormir como un lirón, спать как сурок.
lirón. [м.] (бот.) частуха; (обл.) см. almeza.
lirondo. [прил.] * mondo y lirondo, (перен.) (разг.) только и всего, ничего больше.
lironero. [м.] (обл.) см. almez.
liruro. [м.] (зоол.) тетерев.
lis. [ж.] (бот.) см. lirio; (герал.) гербовая лилия: * flor de lis, гербовая лилия.
lis. [ж.] (Амер.) осадок, отстой.
lisa. [ж.] пресноводная рыба.
lisa. [ж.] (пат.) опорный тяж в толще языка; водобоязнь, бешенство (собачье).
lisamente. [нареч.] гладко; lisa y llanamente, без обиняков, начистоту.
lisboa. [ж.] (Амер.) пользование.
lisboense, lisbonense, lisbonés, sa. [прил.] лиссабонский; [м. и ж.] лиссабонец, (-ка).
lisemia. [ж.] (пат.) расщепление крови.
lisera. [ж.] (воен.) берма, насыпь окопа.
lisiado, da. [страд. прич.] к lisiar; [прил.] увечный, искалеченный; страстно желающий чего-л, страстно приверженный к чему-л; [м. и ж.] калека, инвалид.
lisiar. [перех.] ранить, калечить.
lísico, ca. [прил.] к водобоязнь.
lísico, ca. [прил.] растворяющий.
lisimaquía. [ж.] (бот.) вербейник (растение).
lisímetro. [м.] лизиметр.
lisina. [ж.] лизин.
lisinosis. [ж.] (пат.) болезнь лёгких.
lisio. [м.] (Амер.) недостаток.
lisión. [м.] (Амер.) см. lesión.
lisis. [ж.] (пат.) лизис, медленное падение лихорадки.
liso, sa. [прил.] гладкий, ровный, плоский; гладкий, без рисунка или украшений (о тканях, платьях); цилиндрический (о стаканах); искренний, наивный; (арг.)

бесстыдный, дерзкий (тже. в Амер.); [м.] (арг.) атлас; [множ] спирт низкого качества: * liso y llano, совсем простой.
lisocima. [ж.] лизоцим, найден (Fleming, 1922) в тканях человека, животных и растений.
lisofobia. [ж.] страх перед заболеванием водобоязнью.
lisol. [м.] (хим.) лизол.
lisonja. [ж.] лесть.
lisonja. [ж.] (герал.) косоугольник.
lisonjeador, ra. [прил. и сущ.] см. lisonjero.
lisonjeante. [дейст. прич.] к lisonjear, льстящий.
lisonjear. [перех.] льстить, угождать; ласкать (слух, взор); услаждать; lisonjearse. [возв. гл.] обольщать себя (надеждой и т. д.).
lisonjeramente. [нареч.] лестно; льстиво.
lisonjero, ra. [прил.] льстивый, льстящий; лестный, приятный; ласкающий (взор, слух); [м. и ж.] льстец, льстивая женщина.
lista. [ж.] узкая полоска; список, перечень, опись, реестр; ведомость; каталог; перекличка; * lista civil, цивильный лист; * lista de correos, отделение почты, выдающее отправления до востребования; * lista de diana, (воен.) утренняя поверка; * lista de retreta, (воен.) вечерняя поверка; * pasar lista, делать перекличку.
listadillo. [м.] (Амер.) бумажная полосатая ткань.
listado, da. [страд. прил.] к listar; [прил.] полосатый, с полосками.
listadura. [ж.] занесение в список; (воен.) вербовка.
listar. [перех.] записывать, заносить в список; (воен.) вербовать.
listeado, da. [прил.] полосатый.
listel. [м.] (арх.) листель, полочка с выкружкой.
listero, ra. [м. и ж.] тот, кто записывает в список.
listeza. [ж.] (разг.) проворство, сноровка; хитрость; ловкость; сметливость.
listo, ta. [прил.] проворный, хлопотливый, ловкий, расторопный; находчивый, быстро соображающий, схватывающий; умный, сметливый, сообразительный; хитрый, готовый что-л сделать: * ¡listo!, готов!; * estoy lista, я готова.
listón. [м.] узкая шёлковая лента; (арх.) см. listel; (тех.) деревянная рейка, брусок.
listonado, da. [страд. прич.] к listonar; [м.] работа, состоящая из брусков.
listonar. [перех.] (тех.) изготовлять из брусков.
listonería. [ж.] совокупность брусков, узких шёлковых лент.
listonero, ra. [м. и ж.] ленточник, (-ица); тот, кто изготовляет бруски, рейки.
lisura. [ж.] гладкость, ровность; (перен.) простота, искренность, откровенность; (Амер.) наглость, дерзость, бесстыдство.
lisurero, ra. [прил.] (Амер.) бесстыдный, дерзкий, наглый.
litación. [ж.] жертва, приятная божеству.
litagogo, ga. [прил.] (фарм.) изгоняющий камень из мочевого пузыря; [м.] камнегонное средство.
litantrax. [м.] род смолистого угля.
litar. [перех.] сделать жертву, приятную божеству.

litarge. [м.] см. litargirio.
litargiriado, da. [прил.] содержащий окись свинца.
litargírico, ca. [прил.] относящийся к окиси свинца.
litargirio. [м.] (хим.) окись свинца, свинцовый глёт: * litargirio de plata, зильверглёт.
lite. [м.] тяжба, судебный процесс.
litectomía. [ж.] (хир.) иссечение камня.
litemia. [ж.] (пат.) мочекислый диатез.
liteósporo. [м.] сернокислый барит.
litera. [ж.] носилки, паланкин; (мор.) койка.
literal. [прил.] буквальный, дословный: * traducción literal, дословный перевод.
literalidad. [ж.] буквальность.
literalmente. [нареч.] буквально, слово в слово.
literariamente. [нареч.] с литературной точки зрения, литературно.
literario, ria. [прил.] литературный.
literatear. [неперех.] писать или говорить о литературе.
literato, ta. [прил.] сведущий в литературе; занимающийся литературой; [м. и ж.] литератор, беллетрист; литературовед.
literatura. [ж.] литература, словесность; беллетристика.
literero, ra. [прил.] тот, кто продает, нанимает ем тяжбы; сутяжный.
literomanía. [ж.] мания писать.
litiásico, ca. [прил.] (пат.) относящийся к каменной болезни.
litiasis. [ж.] (пат.) каменная болезнь.
lítico, ca. [прил.] каменный; растворяющий.
litigación. [ж.] тяжба, спор, оспаривание.
litigador, ra. [прил. и сущ.] (Амер.) см. litigante.
litigante. [действ. прич.] к litigar; [м. и ж.] тяжущийся, (-аяся).
litigar. [перех.] вести тяжбу, судиться; [неперех.] (перен.) пререкаться, спорить.
litigio. [м.] тяжба; (перен.) оспаривание, спор, противоречие, распря.
litigioso, sa. [прил.] спорный; являющийся предметом тяжбы; сутяжный.
litinífero, ra. [прил.] содержащий окись лития.
litio. [м.] (хим.) литий.
litionita. [ж.] (мин.) литионит.
litis. [ж.] (юр.) тяжба.
litisconsorte. [м. и ж.] (юр.) обоюдно заинтересованный, (-ая) (в тяжбе).
litiscontestación. [ж.] (юр.) ответ перед судом.
litisexpensas. [ж. множ.] (юр.) судебные издержки.
litispendencia. [ж.] (юр.) нахождение дела в судопроизводстве.
litocálamo. [м.] ископаемый тростник.
litocarpo. [м.] ископаемый плод.
litoclasa. [ж.] литоклаз, перелом пласта, щель, расщелина (в скале).
litocola. [ж.] китт, мастика, цемент (у гранильщиков).
litocromía. [ж.] литография различными цветами, хромолитография.
litocrómico, ca. [прил.] относящийся к литографии различными цветами.
litocromista. [м. и ж.] литограф различными цветами.
litófago, ga. [прил.] (зоол.) точащий камень (о моллюсках).

litofanía. [ж.] (тех.) литофания.
litofotografía. [ж.] фотолитография.
litofotografiar. [перех.] фотолитографировать.
litofotográfico, ca. [прил.] фотолитографический.
litofractor. [м.] динамит для взрывных работ.
litogenesia. [ж.] изучение законов образования камней, литогенез, литогенезис.
litogénesis. [ж.] образование камней в мочевом пузыре.
litoglifia. [ж.] литоглифия, резьба на камнях.
litoglífico, ca. [прил.] относящийся к литоглифии.
litóglifo. [м.] резчик на камне.
litografía. [ж.] литография; литографированный эстамп; литографическое заведение.
litografiar. [перех.] литографировать.
litográfico, ca. [прил.] литографический.
litógrafo. [м. и ж.] литограф.
litoide(o), a. [прил.] камнеподобный.
litolabo. [м.] (хир.) щипцы для вынимания камней из мочевого пузыря.
litolapaxia. [ж.] (хир.) выведение мочевых камней.
litolatría. [ж.] религиозное поклонение камням.
litólisis. [ж.] растворение образовавшихся в организме камней при помощи внутренних средств.
litología. [ж.] литология, петрография, наука о горных породах.
litológico, ca. [прил.] литологический.
litólogo, ga. [м. и ж.] специалист по литологии.
litomarga. [ж.] (мин.) землистый тальк.
litoral. [прил.] прибрежный, приморский; [м.] побережье, приморская полоса, взморье.
litorela. [ж.] береговка, прибрежник (растение).
litorina. [ж.] побережница (морская улитка).
litosfera. [ж.] литосфера, земная кора.
litosférico, ca. [прил.] относящийся к литосфере.
litospermo. [м.] (бот.) воробейник.
litote. [м.] смягчение (ритор. фигура).
litotipografía. [ж.] литотипография.
litotipográfico, ca. [прил.] относящийся к литотипографии.
litotomía. [ж.] (хир.) литотомия, камнесечение.
litotómico, ca. [прил.] (хир.) литотомический.
litótomo. [м.] (хир.) литотом (инструмент).
litotricia, ga. litotripsia. [ж.] (хир.) раздробление камней.
litotrítico, ca. [прил.] камнедробительный.
litotritor. [м.] камнедробитель.
litoxiduría. [ж.] увеличенное содержание мочевой кислоты в моче.
litoxilo. [ж.] (мин.) окаменелое дерево.
litro. [м.] литр.
litro. [м.] (Амер.) грубая шерстяная ткань.
lituano, na. [прил.] литовский; [м. и ж.] литовец, (-ка); [м.] литовский язык.
liituresis. [ж.] (пат.) выделение мочи с песком.
liturgia. [ж.] (церк.) литургия.
litúrgico, ca. [прил.] (церк.) литургический.
liturgista. [ж.] специалист по литургии.
liudez. [ж.] (Амер.) слабость.
liúdo, da. [прил.] (обл.) (Амер.) см. leudo; дряблый, вялый; слабый; непрочный.
liuto. [м.] (Амер.) чилийское растение.
livedo. [м.] (пат.) синюха.
liviana. [ж.] андалузская песня.
livianamente. [нареч.] беспечно; поверхностно; неосновательно.

liviandad. [ж.] лёгкость, невесомость; ветренность, непостоянство, легкомыслие; похотливость, сладострастие.
liviano, na. [прил.] лёгкий, невесомый; ветреный, непостоянный, легкомысленный; похотливый, сладострастный; [м.] осёл-вожак каравана; [множ.] лёгкие (животных).
lividecer. [неперех.] становиться синеватым.
lividez. [ж.] синеватость, багровость.
lívido, da. [прил.] синеватый, багровый; (непр.) мертвенно-бледный.
livonio, nia. [прил.] ливонский (тже. сущ.).
livor. [м.] фиолетовый цвет; (перен.) злоба, ненависть, злобная зависть.
lixiviación. [ж.] (хим.) выщелачивание.
lixiviador. [м.] (тех.) прибор для выщелачивания.
lixiviadora. [ж.] стиральная машина.
lixivial. [прил.] относящийся к щавелю.
lixiviar. [перех.] (хим.) выщелачивать.
lixivio. [м.] см. lejía.
liza. [ж.] (ихтиол.) см. mujol.
liza. [ж.] ристалище; поприще, арена; бой, схватка; (обл.) толстая нить (из конопли).
lizo. [м.] толстая нить; [множ.] (текст.) основа; (Амер.) палочка, заменяющая челноку.

Ll. [ж.] 14-я буква испанского алфавита.
llábana. [ж.] (обл.) гладкий камень.
lladral. [м.] (обл.) см. ladral, (чаще множ.).
llafón. [м.] (Амер.) кожаный мешок.
llaga. [ж.] язва; (перен.) язва, горе; шов (между двумя кирпичами): * renovar la llaga, разбередить рану; * poner el dedo en la llaga, угадать, попасть в точку.
llagar. [перех.] изъязвлять; (перен.) причинять горе.
llagativo, va. [прил.] причиняющий язву.
llalla. [ж.] (Амер.) маленькая язва, рана, язвочка, ранка.
llallí. [м.] (Амер.) жареная кукуруза: * harina de llallí, поджаренная кукурузная мука.
llama. [ж.] пламя; (перен.) горячность, страсть, пыл, любовь, страстное желание; (мор.) вымпел: * en llamas, пылающий; * entregar a las llamas, предать огню.
llama. [ж.] (м. в Америке) болотистая почва вокруг источника.
llama. [ж.] (зоол.) лама.
llamada. [ж.] зов, призыв; воззвание, обращение; вызов, звонок, стук в дверь; (воен.) сигнал сбора; пометка на полях: * batir llamada, (тру)бить сбор; * llamada telefónica, телефонный звонок.
llamadera. [ж.] длинная палка с железным наконечником, которой погоняют волов.
llamado, da. [страд. прич.] к llamar; [м.] призыв, воззвание.
llamador, ra. [м. и ж.] лицо, созывающее на собрание и т. д.; [м.] см. avisador; дверной молоток; кнопка (электрического звонка).
llamamiento. [м.] призыв, воззвание; божеское вдохновение.
llamante. [действ. прич.] к llamar.
llamar. [перех.] называть; звать; окликать; призывать; взывать; созывать; привлекать, притягивать; (юр.) назначать наследников (по завещанию); [неперех.] возбуждать жажду; стучать в дверь; звонить, llamarse. [возв. гл.] называться, именоваться: * ¿cómo se llama usted?, как вас зовут; * llamar la atención, привлекать внимание; обращать чьё-л внимание; * llamar por teléfono, звонить по телефону; телефонировать; * llamar a filas, (возн.) призывать в армию; * llamar las cosas por su nombre, называть вещи свои-

ми именами; * llamarse a engaño, поддаваться обману.

llamarada. [ж.] вспышка пламени; (перен.) жар в лице (от стыда и т. д.); внезапное душевное движение, вспышка.

llamargo. [м.] болотистое место.

llamazón. [ж.] (Амер.) см. llamarada.

llamativo, va. [прил.] возбуждающий жажду; (перен.) кричащий (о цвете).

llamazar. [м.] болотистое место.

llambria. [ж.] очень наклонная часть утёса.

llame. [м.] (Амер.) силок, западня (для птиц).

llamear. [неперех.] пылать, пламенеть.

llameante. [действ. прич.] к llamear, пылающий.

llamingo, llamo. [м.] (Амер.) (зоол.) лама.

llamón, na. [прил.] (Амер.) трусливый, малодушный.

llampo. [м.] (Амер.) мягкая или пылеобразная руда.

llana. [ж.] лопатка каменщика, штукатура, мастерок, дощечка с рукояткой (у штукатура).

llana. [ж.] лицевая сторона листа бумаги; равнина, см. llanura.

llanada. [ж.] равнина.

llanamente. [нареч.] откровенно, чистосердечно, простодушно, просто, попросту, напрямик.

llanca. [ж.] (Амер.) (мин.) малахит; камешки для украшения, ожерелья.

llancazoz. [м.] (Амер.) см. maleficio.

llanda. [ж.] (обл.) см. lata; жестяной поднос; (перен.) беспокойство, надоедливость.

llande. [м.] (бот.) жёлудь.

llanero, ra. [м. и ж.] житель, (-ница) равнины.

llaneza. [ж.] (перен.) простота, сдержанность, непринуждённость в обращении; чрезмерная простота (в стиле); прямота.

llano, na. [прил.] плоский, ровный, гладкий; (перен.) простой, доступный (о человеке); свободный, прямой; простой, без украшений; ясный, явный, очевидный; простой, понятный (о стиле и т. д.); не пользующийся привилегиями; (грам.) открытый (о звуке); [м.] равнина; [мн.] (Амер.) льяносы: * a la llana, попросту, без церемоний; * de llano, de llano en llano, откровенно, открыто; * estado llano, третье сословие; * palabra llana, слово, имеющее ударение на предпоследнем слоге; * canto llano, церковное пение.

llanoso, sa. [прил.] равнинный (о местности).

llanote. [прил. увел.] к llano.

llanque. [м.] (Амер.) грубая сандалия.

llanta. [ж.] капуста (один из сортов).

llanta. [ж.] железная шина; железная полоса: * llanta de goma, резиновая шина, * llanta de hierro, обручное железо.

llantén. [м.] (бот.) подорожник: * llantén de agua, частуха, водяной попутник.

llantén. [м.] (Амер.) длительный и беспричинный плач.

llantecillo. [м.] (бот.) сорт подорожника.

llantera. [ж.] (разг.) см. llorera.

llantería. [ж.] (Амер.) одновременный плач.

llantina. [ж.] (разг.) см. llorera.

llanto. [м.] плач, слёзы, рыдания: * anegarse en llanto, залиться слезами; * ocultar el llanto, глотать, удерживать слёзы; * el llanto sobre el difunto, надо немедленно действовать.

llanura. [ж.] ровность, гладкость; равнина, простор.

llanuroso, sa. [прил.] равнинный.

llapa. [ж.] (мин.) см. yapa; (Амер.) премия (в розничной торговле).

llapango, ga. [прил.] (Амер.) босой, босоногий; [м. и ж.] босоногий человек.

llapar. [перех.] (мин.) см. yapar.

llar. [м.] (обл.) очаг; [множ.] цепь с крюком для подвешивания котла над огнём.

llardo. [м.] (обл.) свиное сало.

llareta. [ж.] (Амер.) зонтичное растение (одна из разновидностей).

llatar. [м.] (обл.) изгородь из кольев.

llatir. [неперех.] (Амер.) лаять.

llauca. [ж.] (Амер.) (разг.) обман, надувательство.

llaucana. [ж.] (Амер.) железный прут.

llaucha. [ж.] (Амер.) свинец, содержащий серебро.

llaullau. [м.] (Амер.) (бот.) съедобный гриб.

llaulle. [прил.] (Амер.) нелюдимый, грубый.

llaupangue. [ж.] (Амер.) чилийское содовое растение.

llauquearse. [возвр. гл.] (Амер.) развалиться.

llauquetu. [м.] (Амер.) кусок мяса.

llavazo. [м.] удар ключом.

llave. [ж.] ключ; (тех.) ключ; кран; ключик от часов; (воен.) спуск, курок; клапан (духовых инструментов); зубоврачебные щипцы; выключатель, рубильник; (муз.) ключ (телеграфный); скобка, фигурная скобка; клин; (перен.) ключ, разгадка: * llave maestra, ключ к всем дверям дома; * llave de tuerca, гаечный ключ; * llave inglesa, французский ключ; * llave falsa, отмычка; подобранный ключ; * cerrar con llave, echar la llave, запереть на ключ; * (de)bajo llave, под замком; на запоре.

llavera. [ж.] (Амер.) домоправительница, экономка; ключница.

llavero, ra. [м. и ж.] ключарь, лицо, хранящее ключи от чего-л, ключник; [м.] кольцо для ключей.

llavín. [м.] ключик.

llecco, ca. [прил.] целинный; [сущ.] целина, новь.

llega. [ж.] (обл.) собирание, подбирание.

llegada. [ж.] прибытие; приезд; приход; наступление (весны и т. д.); (спорт.) финиш.

llegar. [неперех.] прибывать, приезжать, приходить, прилетать, приплывать; случаться, наступать (о весне и т. д.); достигать, доходить до...; подниматься; хватать, быть достаточным; [перех.] собирать, соединять, сближать, llegarse. [возвр. гл.] сближаться; соединяться; пойти, сходить; * llegó a ser jefe, он стал начальником; * llegar a las manos, доходить до драки; * el agua le llega a los hombros, вода доходит ему до плеч; * llegar a besar el santo, очень быстро чего-л добиться; * llegar a oír, услышать; * llegar a ver, увидеть; * llegado el caso, в случае надобности.

llena. [ж.] прибыль воды, подъём воды, паводок; разлив.

llenador, ra. [прил.] (Амер.) быстро насыщающий (о пище и т. д.).

llenamente. [нареч.] обильно и т. д.

llenante. [действ. прич.] к llenar; [ж.] (Амер.) время прилива.

llenar. [перех.] наполнять, нагружать (доверху), занимать, заполнять (место и т. д.); (перен.) занять (должность); заполнить (вакансию); удовлетворять; насыщать; осыпать (ругательствами и т. д.); [неперех.] достигать полнолуния; llenarse. [возвр. гл.] наполняться; наесться досыта, набить себе брюхо (прост.), напиваться; сердиться; выходить из себя.

llenazón. [ж.] (Амер.) обременение желудка, пресыщение.

llenero, ra. [прил.] законченный, совершенный, полный.

lleno, na. [прил.] полный, наполненный, переполненный; изобилующий; много знающий (о человеке); полная (о луне); всецело занятый; [м.] полнолуние; (театр.) аншлаг, полный сбор; (разг.) изобилие, избыток; совершенство: * de lleno, de lleno en lleno, целиком, полностью; * luna llena, полная луна, полнолуние; * lleno de faltas, полный ошибок; * lleno de vino, пьяный; * en lleno día, средь бела дня; * en llena calle, на улице; * dar llenos poderes, облечь полномочиями.

llenura. [ж.] изобилие, довольство.

llera. [ж.] место, покрытое гравием.

llerén. [м.] (бот.) кубинское щирицевое растение.

lleta. [ж.] росток.

lleudar. [перех.] см. leudar.

lleulle. [прил.] (Амер.) неумелый; [сущ.] неумелый человек; новичок, рекрут.

lleuque. [м.] чилийское дерево с съедобными плодами.

lleva(da). [ж.] дейст. и резул. к llevar.

llevadero, ra. [прил.] сносный, терпимый.

llevadizo, za. [прил.] легко переносимый; переносный; передвижной, перемещающийся.

llevador, ra. [прил.] несущий; [м. и ж.] носильщик, (-ица) и т. д.

llevar. [перех.] нести, носить, возить, донести, заносить; приносить, сносить; относить, везти, отвозить; разносить; переносить, перевозить; (разг.) таскать; носить (платье и т. д.); носить, держать в определённом положении; иметь при себе; переносить, сносить, претерпевать; подносить, приближать; проводить (время); запрашивать, взимать, брать (деньги за работу и т. д.); арендовать (землю); сносить, срывать; быть старше на; вести (о дороге); превосходить, превышать; брать с собой (кого-л); править (лошадью); заставлять, побуждать; (мат.) удерживать в уме (цифру); насчитывать; вводить (кого-л куда-л); см. lograr; llevarse. [возвр. гл.] относиться друг к другу; носиться; уносить, уводить; брать с собой, забирать; * llevar a cabo, предпринимать, доводить до конца, осуществлять; * llevar la cabeza (bien) alta, (перен.) высоко держать голову; * llevar a los labios, поднести к губам; * llevar a cuestas, таскать на спине; * llevar a efecto, приводить в исполнение; * llevar la cuenta, вести счёт; * llevar las cuentas, вести бухгалтерию; * llevar barba, носить бороду; * llevar consigo, иметь при себе; * llevar adelante, продолжать; * llevar el compás, отбивать такт; * llevar en coche, возить, перевозить; * llevar lo mejor, одерживать верх; * llevar la contraria, противоположить одно мнение другому; * llevar prisa, спешить; * llevar a mal, сердиться; * llevar a bien, не сердиться; * llevar dentro de sí, содержать, заключать в себе; * llevo ya diez días en la ciudad, я уже десять дней в городе; * llevar la broma demasiado lejos, слишком далеко зайти в своих насмешках; * llevarse bien, уживаться, ладить с кем-л.

llichi. [м.] (Амер.) росток.
lliella. [ж.] (Амер.) накидка индианки с нарядным рисунком.
lligues. [м. множ.] (Амер.) бобы (для азартной игры).
llimo, ma. [прил.] (Амер.) с маленькими ушами; см. desorejado.
llingue, llinhue. [м.] (Амер.) сигара из крепкого табака.
llipi. [м.] (Амер.) остаток ткани.
lloco. [м.] (Амер.) кляча.
lloglla. [ж.] (Амер.) половодье, разлив (реки и т. д.).
lloica. [ж.] см. loica.
llole. [м.] (Амер.) корзина.
llongo. [м.] (Амер.) гриб.
llora. [ж.] (Амер.) ночное бдение около покойника и танец к нему.
lloradera. [ж.] (Амер.) длительный плач из-за пустяка.
llorado, da. [страд. прич.] к llorar [м.] песня жителя равнины.
llorador, ra. [прил.] плачущий; [м. и ж.] плачущий человек.
lloraduelos. [м. и ж.] (разг.) плакса, нытик.
lloramico. [м.] хныканье.
llorar. [неперех.] плакать, хныкать; слезиться; падать, капать (о слёзах); сочиться (о растениях); [перех.] оплакивать; раскаиваться, сожалеть о том, что...; * llorar a lágrima viva, плакать горючими слезами; * llorar como una Magdalena, заливаться горючими слезами; * llorar de risa, смеяться до слёз; * llorar de alegría, плакать от радости; * llorar amargamente, горько плакать; * le lloran los ojos (a él), у него слезливые глаза; * llorar lástimas, петь лазаря; * llorar sus faltas, раскаиваться в своих ошибках.
lloredo. [м.] лавровая роща.
llorera. [ж.] (разг.) длительный плач из-за пустяка.
lloretas [м. и ж.] (Амер.) плакса.
llorido. [м.] (Амер.) хныканье.
llorisquear. [неперех.] (Амер.) см. lloriquear.
llorín, na. [прил.] склонный плакать (о детях).
lloriquear. [неперех.] хныкать, всхлипывать.
lloriqueo. [м.] хныканье, всхлипывание.
lloritar. [неперех.] (Амер.) тихо плакать.
lloro. [м.] плач.
llorón, na. [прил.] относящийся к плачу; часто плачущий, плаксивый; плакучий (о иве); [м. и ж.] плакса; [м.] султан (на шлеме и т. д.): * sauce llorón, плакучая ива.
llorona. [ж.] плакальщица.
llorosamente. [нареч.] в слёзах.
lloroso, sa. [прил.] заплаканный; слезливый; причиняющий плач, печальный.
llosa. [ж.] (обл.) обнесённое оградой место.
llovedero. [м.] (Амер.) длительный дождь.
llovedizo, za. [прил.] пропускающий дождь, протекающий (о крыше и т. д.): * agua llovedizada, дождевая вода.

llovedor, ra. [прил.] вызывающий дождь.
llover. [неперех.] идти (о дожде); (перен.) сыпаться, падать в изобилии; lloverse. [возв. гл.] протекать (о крыше и т. д.): * llover a cántaros, лить как из ведра (о дожде); * a secas y sin llover, внезапно, нечаянно, вдруг; * como llovido (del cielo), неожиданно; * llover sobre mojado, повторять одно и то же; [непр. гл.] спрягается как mover.
llovido, da. [страд. прич.] к llover; [м.] безбилетный пассажир, заяц (на пароходе).
llovioso, sa. [прил.] см. lluvioso.
llovizna. [ж.] мелкий дождик, изморось.
lloviznar. [неперех.] моросить.
lloviznoso, sa. [прил.] промокший от дождя.
llubina. [ж.] (обл.) морской окунь (одна из разновидностей).
llueca. [прил.] * gallina llueca, наседка; [ж.] наседка.
lluga. [ж.] (Амер.) мочевой пузырь (у животных).
llullo. [м.] * estar como llullo, (Амер.) быть очень слабым.
lluqui. [прил.] (Амер.) владеющий левой рукой лучше, чем правой.
lluro, ra. [прил.] (Амер.) изрытый оспой.
lluvacero. [м.] частый дождь.
lluvia. [ж.] дождь; дождевая вода; (перен.) дождь, град, обилие, множество: * lluvia radiactiva, радиоактивный дождь; * lluvia de estrellas, дождь, падение звёзд.
lluvio, a. [прил.] дождевой.
lluvioso, sa. [прил.] дождливый, ненастный.
lo. [опр. арт.] (ед. ч. средн. р); [лич. мест.] (вин. п. 3-го л. ед. ч. м. р.) его.
loa. [ж.] хвала, похвала; (театр.) (уст.) лоа, сорт пролога; короткая драматическая пьеса (похвальная).
loable. [прил.] похвальный, достойный похвалы.
loablemente. [нареч.] похвально.
loador, ra. [прил.] хвалебный; [м. и ж.] восхваляющий, (-ая).
loán. [м.] филиппинская мера земли, равная 4,79 арам.
loanda. [ж.] (мед.) сорт цынги.
loar. [перех.] хвалить, восхвалять, славословить.
loba. [ж.] (зоол.) волчица.
loba. [ж.] сутана, ряса, плащ: * loba cerrada, форма учащихся.
loba. [ж.] пласт земли между бороздами.
lobada. [ж.] (обл.) пласт земли между бороздами.
lobado, da. [прил.] см. lobulado.
lobado. [м.] (вет.) карбункулёзная опухоль.
lobagante. [м.] морской рак.
lobanillo. [м.] опухоль, шишка.
lobarro. [м.] (обл.) см. lobina.
lobato. [м.] (зоол.) волчонок.
lobatón. [м.] (арг.) вор, занимающийся кражей овец.
lobear. [неперех.] следить за чём-л (как волк).
lobectomía. [ж.] (хир.) иссечение дольки.
lobelia. [ж.] (бот.) лобелия (растение).
lobeliáceas. [ж. множ.] (бот.) лобелии (семейство).
lobera. [ж.] вольчье логово, чаща.
lobero, ra. [прил.] волчий; [м.] охотник на волков; (разг.) см. espantanublados.
lobezno. [м.] волчонок; небольшой волк.
lobina. [ж.] морской окунь.
lobizo, za. [прил.] (обл.) прожорливый; [м. и ж.] (обл.) обжора.
lobo. [м.] (зоол.) волк; (ихтиол.) голец; крюки; (перен.) (разг.) см. borrachera; (арг.) вор; (Амер.) лиса; (тех.) трепальная машина; (астр.) Волк (созвездие): * lobo cerval, рысь; * lobo marino, тюлень;

* lobo de mar, (перен.) (разг.) старый моряк, морской волк; * lobos de una misma camada, одного поля ягода; * desollar, dormir el lobo, проспаться после пьянства; * coger un lobo, напиваться; * meter el lobo en el redil, пустить козла в огород; * del lobo un pelo, с паршивой овцы хоть шерсти клок; * tener el lobo por las orejas, не знать, что делать; * meterse en la boca del lobo, подвергаться явной опасности; * ver las orejas al lobo, быть в крайней опасности.
lobo. [м.] (бот.) (анат.) см. lóbulo.
lobo, loba. [м. и ж.] метис, сын, дочь негра и индианки или наоборот.
loboso, sa. [прил.] наводнённый волками.
lóbrego, ga. [прил.] тёмный, мрачный; (перен.) печальный, грустный, меланхолический.
lobreguear. [неперех.] темнеть, вечереть.
lobreguecer. [перех.] омрачать; [неперех.] см. lobreguear; [непр. гл.] спрягается как agradecer.
lobreguez. [ж.] мрак, тьма; (перен.) беспросветность.
lobregura. [ж.] см. lobreguez; (уст.) грусть, меланхолия, задумчивость.
lobrihosco, ca. [прил.] тёмный, мрачный.
lobulado, da. [прил.] (анат.) (бот.) имеющий форму дольки, доли, лопасти; состоящий из долек; с долями, дольчатый; разделённый на доли, лопасти.
lobular. [прил.] (анат.) (бот.) имеющий форму доли, дольки, лопасти; лобулярный, дольчатый, лопастный.
lobulillo. [м. умен.] к lóbulo.
lóbulo. [м.] (анат.) доля (лёгких и т. д.); долька; (ушная) мочка; (бот.) лопасть, доля.
lobuloso, sa. [прил.] состоящий из долек; имеющий форму доли и т. д. (см. lóbulo).
lobuno, na. [прил.] волчий.
loca. [ж.] (Амер.) прихоть, фантазия, каприз.
locación. [ж.] (юр.) см. arrendamiento.
locadio, dia. [прил.] (Амер.) неразумный; (разг.) сумасшедший, безумный, помешанный.
locador, ra. [м. и ж.] (Амер.) лицо, отдающее внаём.
local. [прил.] местный, локальный; [м.] закрытое помещение: * color local, местный характер (нравов, обычаев и т. д.).
localidad. [ж.] местное обстоятельство; местность; населённый пункт; закрытое помещение; (театр.) место, кресло.
localismo. [м.] чрезмерная привязанность к родным местам; местное выражение, слово.
localización. [ж.] локализация, ограничение; определение местоположения; (воен.) засечка.
localizar. [перех.] локализировать, локализовать, ограничить данным местом; обнаруживать.
locamente. [нареч.] безумно; чрезмерно.
locántaro. [м.] см. lubrigante.
locar. [перех.] (Амер.) см. logar, alquilar.
locarias. [ж.] (разг.) (Амер.) сумасшедший, ветреник.
locatario, ria. [м. и ж.] (Амер.) арендатор, (-ша).
locativo, va. [прил.] относящийся к найму, аренде, жилищный; [м.] (грам.) предложный, местный падеж.
locería. [ж.] (Амер.) гончарная мастерская.
locero, ra. [м. и ж.] (Амер.) продавец, (-щица) фаянсовой посуды.
loción. [ж.] омовение; обмывание; промывка; туалетная вода, лосьон.
lock-out. [м.] (англ.) локаут.

loco. [м.] название некоторых бобовых растений.

loco. [м.] (Амер.) брюхоногий моллюск; (Амер.) шерстяная шляпа.

loco, ca. [прил.] сумасшедший, помешанный, безумный; безрассудный, рискованный, неблагоразумный; (перен.) чрезмерный, поразительный, крайне хороший; обильный, буйный (о растительности и т. д.); [м. и ж.] сумасшедший, (-ая) умалишённый, (-ая), безумец, безумный, (-ая); неблагоразумный человек: * loco de atar, de remate, буйный сумасшедший; * casa de locos, сумасшедший дом; * la loca de la casa, фантазия, скоропись; * a tontas y a locas, необдуманно; * cada loco con su tema, каждый по-своему с ума сходит; * un loco hace ciento (si le dan lugar y tiempo), одна паршивая овца всё стадо портит; * el loco padece pero no encanece, беззаботный человек не скоро стареет; * volver loco, сводить с ума; * volverse loco, сойти с ума; * un éxito loco, бешеный успех.

locomoción. [ж.] передвижение; (ж.-д.) тяга.

locomotividad. [ж.] способность к передвижению, мобильность.

locomotivo, va, locomotor, ra. [прил.] двигательный; [ж.] паровоз, локомотив; * locomotora eléctrica, электровоз; * locomotora Diesel, тепловоз.

locomotriz. [ж.] локомотив, паровоз.

locomovible, locomóvil. [прил.] местоизменяющий, передвижной; [м.] локомобиль.

locomovilidad. [ж.] способность переменять место.

locriento, ta. [прил.] (Амер.) (прост.) см. legañoso.

locrio. [м.] (Амер.) кушанье из варёного риса с кусочками мяса и т. д.

locro. [м.] (Амер.) тушёное мясо с овощами; блюдо из пшеницы с мясом.

locuacidad. [ж.] словоохотливость, болтливость, говорливость.

locuaz. [прил.] словоохотливый, болтливый, говорливый.

locuazmente. [нареч.] болтливо и т. д.

locución. [ж.] речение, выражение, оборот речи: * locución adverbial, адвербиальное выражение.

locuela. [ж.] личная манера выражаться.

locuelo, la. [прил. умен.] к loco; [прил.] (разг.) неосмотрительный и живой; [м. и ж.] дурачок, дурочка.

loculado, da. [прил.] (бот.) гнездовой.

lóculo. [м.] (бот.) ячейка.

locumba. [ж.] сорт водки.

locura. [ж.] безумие, сумасшествие, помешательство, психоз; безумство, безрассудство, сумасбродство, глупость; (перен.) экзальтация: * con locura, страстно, до безумия.

locusta. [ж.] (зоол.) саранча.

locustela. [ж.] славка камышевая (птица).

locutor, ra. [м. и ж.] диктор, (-ша).

locutorio. [м.] приёмная (в монастыре); телефонная будка.

locha, loche. [ж.] вьюн, голец (рыба).

locho, cha. [прил.] (Амер.) рыжий, яркорыжий.

lodacero, lodazal, lodazar. [м.] (Амер.) топь, трясина.

lodo. [м.] грязь, тина: * poner de(l) lodo, загрязнять; (перен.) обижать.

lodón. [м.] (обл.) головня.

lodoñero. [м.] (бот.) см. guayaco.

lodoño. [м.] (обл.) см. almez.

lodoso, sa. [прил.] грязный, топкий, илистый, тинистый.

loess. [м.] (геол.) лёсс (осадочное образование).

lofobranquio, quia. [прил.] пучкожаберный; [м. множ.] пучкожаберные рыбы.

loga. [ж.] (Амер.) см. loa.

logaditis. [ж.] (пат.) воспаление соединительной оболочки глаза.

logar. [перех.] отдавать внаём; (обл.) принимать на работу.

logarítmico, ca. [прил.] (мат.) логарифмический.

logaritmo. [м.] (мат.) логарифм.

logia. [ж.] масонская ложа.

lógica. [ж.] логика.

lógicamente. [нареч.] логически, логично.

lógico, ca. [прил.] логический, логичный; [м. и ж.] логик.

logística. [ж.] (воен.) см. estrategia; организация снабжения и перевозок; см. contabilidad.

logístico, ca. [прил.] относящийся к исчислению.

logizar. [перех.] рассуждать.

logofanía. [ж.] (бог.) воплощение (Сына).

logografía. [ж.] скорописание, скоропись.

logógrafo. [м.] логограф (древнегреческий прозаик); см. historiador; автор глоссария; писец.

logográfico, ca. [прил.] к логогриф; (перен.) загадочный, тёмный.

logogrifo. [м.] логогриф (перестановка букв слова).

logomanía. [ж.] психоз с болтливостью.

logomaquia. [ж.] словопрение.

logopatía. [ж.] (пат.) затруднение речи, вид психоневроза.

logopedia. [ж.] логопедия.

logorrea. [ж.] патологическое многословие.

logoteta. [м.] (ист.) управлявший финансами в Византийской Империи.

lograr. [перех.] достигнуть, добиться, добывать, получать; удаваться; пользоваться, обладать; * lograrse. [возв. гл.] дозреть; хорошо удаваться; достичь совершенства.

logrear. [неперех.] заниматься ростовщичеством.

logrería. [ж.] logrerismo. [м.] (Амер.) ростовщичество.

logrero, ra. [м. и ж.] ростовщик, (-ица); скупщик с целью спекуляции.

logro. [м.] достижение; получение, приобретение, успех, удача; см. lucro; пользование, употребление: * dar a logro, давать в долг за проценты.

logroñés, sa. [прил.] относящийся к Logroño; [м. и ж.] уроженец, (-ка) этого города.

loguero. [м.] (обл.) наёмный рабочий.

loica. [ж.] чилийский скворец.

loímico, ca. [прил.] чумной.

loimografía. [ж.] описание чумы и заразных болезней.

loimopira. [ж.] (пат.) чумная лихорадка.

loina. [ж.] (обл.) маленькая пресноводная рыба.

loinera. [ж.] (обл.) рыболовная сеть для ловли loinas.

loísta. [прил.] (грам.) употребляющий всегда lo как в винительный падеж мест. él.

loma, lomada. [ж.] холм, пригорок, косогор.

lomaje. [м.] (Амер.) холмистая местность.

lomar. [перех.] (арг.) давать и т. д., см. dar.

lomba. [ж.] (обл.) холм; (Амер.) см. loma.

lombagia. [ж.] люмбаго, прострел, растяжение поясничных мышц.

lombarda. [ж.] (ист.) бомбарда; красная капуста.

lombardada. [ж.] выстрел из бомбарды.

lombardear. [перех.] обстреливать из бомбарды.

lombardería. [ж.] совокупность бомбард.

lombardero. [м.] военнослужащий, который обстреливал из бомбарды.

lombárdico, ca. [прил.] ломбардский.

lombardo, da. [прил.] см. lombárdico; [м. и ж.] уроженец, (-ица) Ломбардии; [м.] ломбард.

lombarse. [возв. гл.] (обл.) ложиться.

lombo. [м.] (обл.) см. lomo.

lombricera. [ж.] (Амер.) (бот.) пижма.

lombriciento, ta. [прил.] (Амер.) страдающий кишечными глистами.

lombriciforme. [прил.] червеобразный.

lombrigón. [м. увел.] к lombriz.

lombriguera. [ж.] (бот.) см. lombricera; отверстие в земле (прорытое червём).

lombriz. [ж.] земляной червь, дождевой червь: * lombriz intestinal, глист; * lombriz solitaria, солитер.

lomear. [неперех.] сгибать хребет при ходьбе (о лошади).

lomentáceo, a. [прил.] (бот.) коленчатый (о растениях).

lomera. [ж.] наспинный ремень в упряжки, чересседельник; (полигр.) корешок (книжного блока); конёк (крыши).

lometa. [ж.] холм на равнине.

lomienhiesto, ta. [прил.] с выступающим хребтом (о животных); (перен.) (разг.) спесивый, чванный, тщеславный.

lomillería. [ж.] (Амер.) шорноседельная мастерская.

lomillo. [м.] вышивка крестиками; верхняя часть вьючного седла; (обл.) см. solomillo; [множ.] сорт вьючного седла.

lominhiesto, ta. [прил.] см. lomienhiesto.

lomo. [м.] поясница; хребет (у животных); филейная часть мяса; свинина из средней части хребта туши; корешок книги; обух, тыльная сторона; пласт земли между бороздами; [множ.] бока, поясница: * tracción a lomo, вьючный транспорт.

lomudo, da. [прил.] широкозадый, с широкими бедрами.

lona. [ж.] брезент, парусина.

lona. [ж.] (Амер.) (бот.) растение с съедобным корнем.

lonco. [м.] шея; (зоол.) рубец, второй желудок у жвачных.

loncha. [ж.] гладкий камень; ломоть, кусок; полоска (кожи, материи).

lonchar. [перех.] (Амер.) есть лёгкую закуску, завтракать.

lonche. [м.] (Амер.) лёгкая закуска, завтрак.

loncho. [м.] (Амер.) кусок, часть.

lóndiga. [ж.] см. albóndiga.

londinense. [прил.] лондонский; [м. и ж.] уроженец, (-ка) Лондона.

londonense. [прил. и сущ.] (чаще в Амер.) см. londinense.

londrina. [ж.] старинная лондонская ткань.

loneta. [ж.] (Амер.) тонкая парусина; холст.

longa. [ж.] (муз.) старинная нота.

longanimidad. [ж.] долготерпение, твёрдость духа.

longánimo, ma. [прил.] долготерпеливый, твёрдый духом.

longaniza. [ж.] длинная свиная колбаса.

longar. [прил.] (м. употр.) долгий, длинный.

longares. [м.] (арг.) трус.
longazo, za. [прил. увел.] к luengo.
longevidad. [ж.] долголетие, долговечность.
longevo, va [прил.] долговечный, долголетний; престарелый, маститый.
longicaudo, da. [прил.] (зоол.) длиннохвостый.
longicaule, longicaulo, la. [прил.] (бот.) длинностебельный, длинностебельчатый.
longicono, na [прил.] с коническим клювом (о птицах).
longicornio, nia. [прил.] (зоол.) длиннорогий.
longifloro, ra. [прил.] (бот.) длинноцветковый.
longifoliado, da. [прил.] (бот.) длиннолистный.
longimano, na. [прил.] (зоол.) длиннорукий.
longimetría. [ж.] (мат.) лонгиметрия.
longimétrico, ca. [прил.] (мат.) лонгиметрический.
longincuo, a. [прил.] далёкий, дальний.
longipedo, da. [прил.] (зоол.) длиннолапый, длинноногий, долгоногий.
longipenne. [прил.] (зоол.) длиннокрылый; [ж. множ.] длиннокрылые.
longipétalo, la. [прил.] (бот.) длиннолепестный.
longirrostro, tra. [прил.] длинноклювый, долгоносый.
longísimo, ma. [прил. прев. степ.] к luengo.
longispicio. [м.] подзорная труба.
longitud. [ж.] (геогр.) долгота: * longitud de onda, (физ.) длина волны.
longitudinal. [прил.] продольный.
longitudinalmente. [нареч.] в длину.
longo, ga. [м. и ж.] (Амер.) молодой, (-ая) индеец, индианка.
longobardo, da. [прил. и сущ.] см. lombardo.
longorón. [м.] кубинский морской моллюск.
longuera. [ж.] узкая полоса земли.
longuetas. [ж. множ.] (хир.) полотняный бинт.
longuísimo, ma. [прил. прев. степ.] к luengo.
longuiso. [м.] (арг.) трус.
lonja. [ж.] тонкая широкая полоса чего-л; кусок кожи; торговая биржа; бакалейная лавка; атриум, портик; подъезд.
lonjear. [перех.] (Амер.) скоблить мех, кожу.
lonjeta. [ж. умен.] к lonja, (тонкая широкая полоса чего-л); беседка (в саду).
lontananza. [ж.] (жив.) дальний план: * en lontananza, вдали.
loor. [м.] хвала, похвала.
López.: * esos son otros López, дерево дереву рознь, вещь вещи рознь.
lopigia. [ж.] выпадение волос, облысение.
lopista. [м.] специалист по литературному произведению Lope de Vega.
loquear. [неперех.] сумасшествовать, безумствовать; (перен.) резвиться, беситься.
loqueo. [м.] (Амер.) крик, шум; суматоха.
loquera. [ж.] сиделка, няня в доме сумасшедших; камера для буйных сумасшедших; (Амер.) (прост.) см. locura.
loquería. [ж.] (Амер.) см. manicomio.

loquero. [м.] надзиратель сумасшедшего дома.
loquescamente. [нареч.] безумно, безрассудно.
loquesco, ca. [прил.] см. alocado; (перен.) вышучивающий; шутливый, насмешливый, разговорчивый: * a la loquesca, безумно, безрассудно.
loquina. [ж.] (Амер.) глупость, бессмыслица.
loquiometra. [ж.] скопление послеродового очищения в матке, лохиометра.
loquiometritis. [ж.] (пат.) воспаление матки вследствие лохиометры.
loquiopira. [ж.] (пат.) родильная лихорадка.
loquiorragia. [ж.] чрезвычайно обильные послеродовые отделения из матки.
loquiorrea. [ж.] родовое очищение.
loquios. [м. множ.] (физиол.) лохии, послеродовое очищение.
lora. [ж.] (Амер.) самка попугая; попугай.
lorantáceo, a. [прил.] (бот.) ремнецветный; [ж. множ.] ремнецветные растения.
lorcha. [ж.] небольшая джонка.
lorcha. [ж.] (обл.) анчоус.
lord. [м.] (множ. lores) лорд.
lordosis. [ж.] (пат.) искривление позвоночного столба кпереди.
lorenzo. [м.] (разг.) (обл.) солнце; (Амер.) ветер, предвещающий дождь или бурю.
lori. [м.] (зоол.) полуобезьяна.
lorica. [ж.] (бот.) оболочка семянного зерна.
loriga. [ж.] кольчуга; военная попона; железный обруч.
lorigado, da. [прил.] в кольчуге; в попоне (тж. сущ.).
lorigón. [м.] кольчуга с короткими рукавами.
loriguero, ra. [прил.] кольчужный.
lormata. [ж.] топливо из кактуса.
loro. [м.] попугай; (Амер.) разведчик, шпион, соглядатай; ночной горшок; пытка: * el chocolate del loro, грошовая экономия; * más viejo que un loro, весьма старый.
loro, ra. [прил.] темнокоричневый; [м.] (бот.) см. lauroceraso.
lorquino, na. [прил.] относящийся к Lorca; [м. и ж.] уроженец, (-ка) этого города.
lorza. [ж.] см. alforza.
los. [опред. арт.] (мн. ч. м. р.); [лич. мест.] (вин. п. 3-го л. мн. ч. м. р.) их.
losa. [ж.] плита (каменная); ловушка из маленьких плиток для ловли птиц; (перен.) могила, гробница: * echar encima una losa, обещать хранить тайну.
losado, da. [страд. прич.] к losar. [м.] плиточный пол.
losange. [м.] (герал.) косоугольник.
losangeado, da. [прил.] (герал.) украшенный косоугольниками.
losar. [перех.] выстилать каменными плитами.
loseta. [ж. умен.] к losa, плитка; ловушка из маленьких каменных плиток для ловли птиц: * coger a uno en la loseta, ловко обмануть кого-л.
losilla. [ж.] см. loseta.
lote. [м.] доля, часть, порция; партия (товара и т. д.); участок земли; выигрыш; (каят.) взятка.
lotear. [перех.] (Амер.) делить на части, разделять (чтобы облегчить продажу); (вообще) делить на части.
lotería. [ж.] лотерея; бюро продажи лотерейных билетов; лото.
lotérico, ca. [прил.] лотерейный.
lotero, ra. [м. и ж.] продавец, (-щица) лотерейных билетов.

lotificar. [перех.] (Амер.) делить землю на мелкие участки.
lotiforme. [прил.] (бот.) имеющий форму лотоса.
lotización. [ж.] (Амер.) разделение земли на мелкие участки.
lotizar. [перех.] (Амер.) делить землю на мелкие участки.
loto. [м.] (бот.) лотос.
lotófago, ga. [прил.] (ист.) питающийся лотосом; [м. множ.] лотофаги.
lova. [ж.] проливной дождь.
lover. [неперех.] идти (о дожде).
loxartrosis. [ж.] (мед.) искривление суставов или членов.
loxia. [ж.] клёст (птица).
loxoclasa. [ж.] (мин.) ортоклаз, проросший альбитом.
loxodromia. [ж.] (мор.) локсодромия.
loxodrómico, ca. [прил.] локсодромический.
loxodromismo. [м.] косвенное направление.
loxoftalmo. [м.] косоглазие.
loxótico, ca. [прил.] косвенный.
loxotomía. [ж.] (хир.) косвенная ампутация.
loyo. [м.] (Амер.) (бот.) съедобный гриб.
loza. [ж.] фаянс; фаянсовая посуда.
lozanamente. [нареч.] молодцевато; богато, широко.
lozanear. [неперех.] пышно разрастаться (о растениях); быть цветущим (о человеке); чваниться.
lozanía. [ж.] пышность, густота (растительности); свежесть, цветущий вид; жизнерадостность; высокомерие, надменность, чванство, горделивость.
lozano. [прил.] пышно разросшийся, густой (о растениях); свежий, цветущий; жизнерадостный; надменный, высокомерный, горделивый, чванный.
lozna. [ж.] (обл.) см. alforza.
lúa. [ж.] рукавица для чистки лошадей; (обл.) меховая котомка для переноски шафрана.
lualua. [ж.] (Амер.) съедобная морская водоросль.
luan. [прил.] (Амер.) желтоватый; светлосерый.
lubigante. [м.] морской рак.
lubina. [ж.] морской окунь (одна из разновидностей).
lubricación. [ж.] смазка, смазывание.
lubricador, ra. [прил.] смазывающий.
lúbricamente. [нареч.] похотливо.
lubricán. [м.] сумерки.
lubricante. [дейст. прич.] к lubricar, смазывающий; [прил.] годный для смазки, смазочный (о веществе); [м.] смазочный материал.
lubricar. [перех.] смазывать.
lubricativo, va. [прил.] годный для смазки, смазочный.
lubricidad. [ж.] похотливость.
lúbrico, ca. [прил.] скользкий; похотливый, сладострастный.
lucánidos. [м. множ.] (энт.) семейство дупляков или рогачей.
lucano. [м.] (энт.) жук-олень, дупляк, рогач (жук).
lucas. [м. множ.] (арг.) (карт.) колода.
lucense. [прил.] относящийся к Lugo; [м. и ж.] уроженец (-ка) этого города.
lucentino, na. [прил.] относящийся к Lucena; [м. и ж.] уроженец (-ка) этого города.
lucentísimo, ma. [прил. прев. степ.] к luciente.
lucentor. [м.] старинное косметическое средство (для женщин).
lucera. [ж.] слуховое окно.
lucerina. [ж.] (обл.) керосин.
lucerna. [ж.] люстра; слуховое окно, отверстие для света или для проветрива-

ния; летучая рыба; (арг.) свеча; (м. употр.) светляк.
lucernario. [м.] (обл.) слуховое окно; молитва по усопшем.
lucerno. [м.] (арг.) подсвечник.
lucérnula. [ж.] (бот.) см. neguilla.
lucero. [м.] Венера (планета); яркая звезда; створка окна; звездочка (на лбу животных); (перен.) блеск, лоск; [множ.] (поэт.) глаза: * lucero del alba или de la mañana, утренняя звезда; * lucero de la tarde или vespertino, вечерняя звезда; * lucero molendero, (Амер.) утренняя звезда.
lúcidamente. [нареч.] ясно.
lucidamente. [нареч.] блистательно, блистяще.
lucidez. [ж.] блеск, глянец, лоск; (перен.) ясность (ума), трезвость (рассуждений, доводов), здравый ум.
lúcido, da. [прил.] (поэт.) см. luciente; (перен.) ясный, светлый, трезвый (об уме); * intervalo lúcido, возвращение рассудка (у душевнобольных).
lucido. [страд. прич.] к lucir; [прил.] грациозный, великолепный, пышный, блестящий, роскошный: * estar lucidos, находиться в затруднительном положении; попасть в переплёт.
lucidor, ra. [прил.] сияющий, светящийся, блестящий.
lucidura. [ж.] побелка.
luciente. [дейст. прич.] к lucir, светящийся, блестящий.
luciérnaga. [ж.] (энт.) светляк, светлячок.
lucifer. [м.] Люцифер (восставший ангел); денница, утренняя звезда; (перен.) высокомерный, гневный человек.
luciferino, na. [прил.] относящийся к Люциферу.
luciferismo. [м.] религиозное поклонение Люциферу.
lucífero, ra. [прил.] (поэт.) смеркающий, ослепительный; [м.] утренняя звезда, денница.
lucífugo, ga. [прил.] избегающий света.
lucilia. [ж.] (энт.) зелёная муха.
lucilina. [ж.] керосин (очищенный).
lucilinero, ra. [прил.] (обл.) продающий очищенный керосин (тже, сущ.).
lucillo. [м.] каменная погребальная урна.
lucimiento. [м.] сияние, блеск; глянец; * quedar con lucimiento, иметь блестящий успех.
lucina. [ж.] (уст.) соловей.
lucio. [м.] щука (рыба).
lucio, cia. [прил.] чистый, блестящий, сверкающий; [м.] лужа (во время отлива).
luciola. [ж.] (энт.) светляк.
lucir. [неперех.] светить, светиться, сиять, блистать, блестеть; сверкать, блестеть; (перен.) блистать, выделяться; приносить пользу; [перех.] освещать; блистать (нарядами); белить (стены и т. д.); lucirse. [возв. гл.] нарядно одеваться; удачно закончить дело; отличиться; [непр. гл.] ind. pres.: luzco, luces и т. д.; subj. prest.: luzca, -cas, -a и т. д.
luco. [м.] (уст.) чаща, густой лес.
lucrar. [перех.] см. lograr; lucrarse. [возв. гл.] извлекать пользу.
lucrativamente. [нареч.] прибыльно, выгодно.
lucrativo, va. [прил.] прибыльный, доходный, выгодный.
lucratorio, ria. [прил.] приносящий доход, прибыль.
lucro. [м.] доход, прибыль; нажива.
lucroso, sa. [прил.] приносящий большой доход, прибыль.

luctuosa. [ж.] старинный феодальный налог, состоящий из какой-л драгоценности покойника.
luctuosamente. [нареч.] печально и т. д.
luctuoso, sa. [прил.] печальный, траурный; прискорбный.
lucubración. [ж.] плод бессонных ночей; ночной умственный труд; измышление.
lucubrar. [перех.] проводить бессонные ночи за умственным трудом.
lucula. [ж.] (астр.) светлое пятно (на солнце).
lúcuma. [ж.] (бот.) см. lúcumo; плод lúcumo.
lúcumo. [м.] (бот.) южноамериканское дерево с плодами в виде яблочка.
lucha. [ж.] борьба; бой, сражение; (перен.) спор, дискуссия, контроверсия; (спорт.) борьба, состязание: * lucha grecorromana, классическая борьба, французская борьба; * lucha libre, вольная борьба; * lucha japonesa, джиу-джитсу; * lucha a brazo partido, напряжённая, ожесточённая борьба не на жизнь, а на смерть, смертный бой; * lucha de clases, борьба классов, классовая борьба.
luchador, ra. [м. и ж.] (прям.) (перен.) борец.
luchar. [перен.] бороться, вести борьбу; сражаться; (перен.) оспаривать.
lucharniego, ga. [прил.] обученный ночной охоте (о собаке).
luche. [м.] (Амер.) съедобная морская водоросль.
luche. [ж.] (Амер.) классы (детская игра).
luchicán. [м.] (Амер.) кушанье из luche.
luchón, na. [прил.] (Амер.) борющийся.
luda. [ж.] (Амер.) женщина.
ludada. [ж.] старинное женское украшение.
ludia. [ж.] (обл.) закваска.
ludiar. [перех.] (обл.) см. leudar.
ludibrio. [м.] насмешка, глумление, издевательство.
lúdicro, cra. [прил.] игральный, игорный.
ludimiento. [м.] трение.
ludio, dia. [прил.] (обл.) см. leudo; (арг.) см. bellaco; (арг.) грош.
ludión. [м.] (физ.) прибор для изучения явлений в водной среде, картезианский водолаз.
ludir. [перех.] тереть, задевать (один предмет за другой).
ludria. [ж.] (зоол.) см. nutria.
lúe. [ж.] инфекция, зараза, сифилис.
luego. [нареч.] тотчас, сейчас, немедленно; после, затем; [союз] то-есть, следовательно, стало быть, значит: * con tres luegos, поспешно; * de luego a luego, немедленно, тотчас; * hasta luego, до свидания, до скорого свидания; * desde luego, конечно; * luego que, tan luego como, как только.
lueguito. [нареч. умен.] к luego, тотчас, немедленно; * ¡lueguito!, [межд.] (ирон.) никогда!
luello. [м.] (обл.) см. joyo.
luengo, ga. [прил.] длинный, долгий; (арг.) главный.
lúes. [ж.] (мед.) см. lúe: * lúes canina, катар (у собак); * lúes venérea, сифилис.
luético, ca. [прил.] заразный, сифилитический.
lugano. [м.] чечётка (птица).
lugar. [м.] место; местность; местоположение; населённый пункт; город, посёлок, местечко, деревня; выдержка, кусок текста; повод, причина; место, должность; (обл.) хутор, ферма (отданная в аренду): * lugar común excusado, уборная; * dar lugar, давать повод; * hacerse lugar, втираться; * en lugar destacado, на видном месте (в газете); * en su lugar, descanso!, (воен.) вольно! команда;

* en lugar de, вместо; * en primer lugar, во первых.
lugarejo. [м. умен.] к lugar, местечко, деревушка, посёлок.
lugareño, ña. [прил.] деревенский, сельский; местный; [м. и ж.] деревенский житель, (-ница).
lugarete. [м. умен.] к lugar, местечко, деревушка, посёлок.
lugarote. [м. увел.] к lugar, большая деревня.
lugartenencia. [ж.] наместничество; заместительство.
lugarteniente. [м.] наместник; заместитель.
luge. [м.] салазки (спортивные).
lugo. [прил.] (Амер.) безрогий, комолый (о баране); [м.] безрогий баран.
lugre. [м.] (мор.) люггер (небольшое парусное судно).
lúgubre. [прил.] мрачный; скорбный; заунывный.
lúgubremente. [нареч.] мрачно; заунывно.
lugués, sa. [прил.] относящийся к Lugo; [м. и ж.] уроженец, (-ка) этого города.
luición. [ж.] (мор.) трение; (обл.) выкуп ренты.
luido, da. [страд. прил.] к luir; [прил.] (прост.) скользящий.
luir. [перех.] см. ludir; (обл.) выкупать ренту; (Амер.) морщить; глазировать (гончарные изделия); luirse. [возв. гл.] (Амер.) перетираться (о верёвке); протираться.
luis. [м.] луидор, золотая монета.
luisa. [ж.] (бот.) липпия.
luísmo. [м.] см. laudenio.
lujación. [ж.] вывих, см. luxación.
lujar. [перех.] (обл.) (Амер.) чистить обувь.
lujo. [м.] роскошь, великолепие, пышность; чрезмерное обилие, избыток: * de lujo, роскошный, парадный; * con gran lujo de detalles, чрезвычайно подробно; * permitirse el lujo, позволить себе роскошь.
lujosamente. [нареч.] роскошно, пышно.
lujoso, sa. [прил.] роскошный, пышный.
lujuria. [ж.] сладострастие, сластолюбие; (перен.) излишество.
lujuriante. [дейст. прич.] к lujuriar; [прил.] пышно разросшийся, пышный (о растительности).
lujuriar. [неперех.] предаваться сладострастию; совершать половой акт (о животных).
lujuriosamente. [нареч.] сладострастно.
lujurioso, sa. [прил.] сладострастный, сластолюбивый.
lula. [ж.] (обл.) кальмар.
lulero. [м.] (Амер.) скалка (кухонная).
luliano, na. [прил.] относящийся к Raimundo Lulio; см. lulista.
lulismo. [м.] философская система Raimundo Lulio.
lulista. [прил.] следующий учению Raimundo Lulio; [м. и ж.] последователь, (-ница) lulismo.
lulo. [м.] (разг.) (Амер.) небольшой цилиндрический пакет, рулон; валик (из волос).

lulo, la. [прил.] (Амер.) см. lelo; худой.
lulú. [м.] (зоол.) шпиц (порода собак); см. alondra.
luma. [ж.] (Амер.) чилийский мирт.
lumadero. [м.] (арг.) зуб.
lumaquela. [ж.] (мин.) плотный ракушечник, лумахелловый мрамор.
lumbago. [м.] люмбаго, прострел.
lumbar. [прил.] (анат.) поясничный.
lumbocostal. [прил.] (анат.) пояснично-реберный.
lumbodinia. [ж.] (пат.) люмбаго, прострел, боль в спине.
lumbodorsal. [прил.] (анат.) пояснично-спинной.
lumbosacro, cra. [прил.] (анат.) пояснично-крестцовый.
lumbrada. [ж.] пылающий огонь, большой костёр.
lumbral. [м.] порог, см. umbral.
lumbrarada. [ж.] см. lumbrada.
lumbre. [ж.] огонь, пламя; передняя часть, шип (у подковы); (воен.) запал; просвет, отверстие (дверное, оконное) свет; (перен.) сияние, блеск; (уст.) зрение; [множ.] кремень, огниво и трут; * lumbre del agua, поверхность воды, зеркало воды; * a lumbre mansa, на медленном огне; * dar lumbre, давать огонь; добиться; * ni por lumbre, никоим образом; * déme lumbre, разрешите прикурить.
lumbre. [м.] (Амер.) порог.
lumbrera. [ж.] светящееся тело; отверстие в потолке (для освещения и вентиляции), отдушина; отверстие в фуганке; (арх.) окно (XV и XVI в.); (перен.) светило, знаменитость; (мор.) иллюминатор; (Амер.) ложа; [м. множ.] (перен.) глаза.
lumbrerada. [ж.] см. lumbrarada.
lumbrical. [прил.] (анат.) червеобразный (о мышце).
lumbricida. [прил.] (служащий) для истребления червей; [м.] средство для истребления червей.
lumbricoideo, a. [прил.] червеобразный.
lumbroso, sa. [прил.] светящийся, светлый.
lumen. [м.] (физ.) люмен; (мед.) свет, просвет (сосуда, трубки).
lumia. [ж.] проститутка, публичная женщина.
lumiaco. [м.] (обл.) слизняк.
luminal. [прил.] относящийся к люмену.
luminar. [м.] светило, (перен.) знаменитость, светило.
luminaria. [ж.] неугасимая лампада; плошка, шкалик (для иллюминации); освещение (церкви); (арг.) окно [множ.] иллюминация.
lumínico, ca. [прил.] световой; [м.] начало или фактор света.
luminífero, ra. [прил.] имеющий или производящий свет.
luminiscencia. [ж.] люминесценция, лучеиспускание, свечение.
luminiscente. [прил.] (физ.) люминесцирующий, светящийся.
luminosamente. [нареч.] блестяще; ясно.
luminosidad. [ж.] блеск; сияние.
luminoso, sa. [прил.] светлый, светоносный, светящийся; (перен.) ясный, светлый, яркий; * rayo luminoso, луч света.
luminotecnia. [ж.] светотехника.

luminotécnico, ca. [прил.] светотехнический.
luna. [ж.] луна, месяц; лунный свет; см. lunación; (аст.) сателлит; зеркало; толстое стекло, стекло очков; каприз; (ихтиол.) блестун; внутренний двор; (арг.) рубашка; * luna nueva, новолуние; * luna llena, полнолуние; * luna menguante, луна на ущербе; * media luna, полумесяц; (воен.) люнет; * luna de miel, медовый месяц; * claro de luna, лунный свет; * ladrar a la luna, (разг.) показать кукиш в кармане; лаять на слона; * armario de luna, зеркальный шкаф; * luna de escaparate, зеркальное стекло; * estar de buena (mala) luna, быть в хорошем (плохом) настроении; * pedir la luna, требовать невозможного; * dejar a la luna de Valencia, обмануть чьи-л надежды.
lunación. [ж.] (астр.) лунный месяц.
lunado, da. [прил.] имеющий форму полумесяца.
lunanco, ca. [прил.] имеющий одну ляжку выше другой (о животных).
lunar. [м.] родинка; (перен.) недостаток, изъян; пятно.
lunar. [прил.] лунный.
lunarejo, ja. [прил.] (Амер.) пятнистый (о животных); [м. умен.] маленькая родинка.
lunaria. [ж.] (бот.) лунник, лунная трава, месячная рута.
lunario, ria. [прил.] относящийся к лунному месяцу; [м.] см. calendario.
lunarosidad. [ж.] множество родинок.
lunaroso, sa. [прил.] с родинками.
lunático, ca. [прил.] своенравный; странный, капризный, чудной; [м. и ж.] лунатик; чудак, (-чка), маньяк, (-чка).
lunch. [м.] (англ.) лёгкая закуска.
lunecilla. [ж.] драгоценность в виде полумесяца.
lunel. [м.] (герал.) лунки, четыре полумесяца.
luneta. [ж.] стекло очков; старинное женское украшение в виде полумесяца; (теат.) кресла первых рядов партера; круглое окошко (в своде); см. bocateja; (воен.) люнет.
luneto. [м.] (арх.) полукруг свода, полукруглое окно, круглое окошко (в своде).
lunfardo. [м.] (Амер.) вор; сутенёр; жаргон.
lunilla. [ж.] см. lumecilla.
lunisolar. [прил.] (астр.) лунно-солнечный.
lunita. [ж.] (мин.) псевдомалахит, фосфористая медь.
lúnula. [ж.] (геом.) луночка, площадь, ограниченная двумя пересекающимися дугами; белая лунка на ногтях.
lupa. [ж.] (гал.) см. lente; лупа, увеличительное стекло.
lupanar. [м.] публичный дом, дом терпимости.
lupanario, ria. [прил.] относящийся к дому терпимости.
lupercales. [ж. множ.] празднества в честь Пана (у Римлян).
lupia. [ж.] (мед.) мешочкообразная опухоль.
lupicia. [ж.] выпадение волос, облысение.
lupino, na. [прил.] волчий; [м.] (бот.) лупин, волчий боб.
lupoide. [прил.] волчанкообразный.
lupoma. [м.] отдельный узелок волчанки.
lupulina. [ж.] (бот.) хмелевидная люцерна.
lupulino. [м.] смолистый порох из хмеля.
lúpulo. [м.] (бот.) хмель.
lupus. [м.] (мед.) волчанка.

luquete. [м.] см. alguaquida; ломтик, долька лимона или апельсина; (Амер.) незапаханное место; плешь; дырка на платье.
luridoso, sa. [прил.] желтоватый, бледноватый.
lurio, ria. [прил.] (Амер.) сумасшедший, безумный; глупый; самодовольный.
lurte. [м.] (обл.) лавина.
luscinia. [ж.] соловей.
lusitanismo. [м.] (лингв.) португализм.
lusitano, na, luso, sa. [прил.] португальский; [м. и ж.] португалец, (-ка).
lussatita. [ж.] (мин.) люссатит.
lustrable. [прил.] поддающийся лощению.
lustrabotas. [м.] (Амер.) чистильщик сапог.
lustración. [ж.] очищение, приношение очистительных жертв (у Римлян).
lustrador. [м.] (текст.) лощильная машина; (Амер.) чистильщик сапог.
lustral. [прил.] очистительный.
lustrar. [перех.] лощить, наводить глянец (на что-л); полировать; лощить; приносить очистительные жертвы; странствовать.
lustre. [м.] лоск, глянец; блеск; (перен.) блеск, слава, знаменитость.
lustreador, ra. [прил.] наводящий глянец; [м.] (Амер.) чистильщик сапог.
lustrear. [перех.] (Амер.) лощить, наводить глянец.
lústrico, ca. [прил.] к lustración; (поэт.) пятилетний.
lustrina. [ж.] люстрин (ткань); золототканный шёлк; (Амер.) сапожный крем.
lustro. [м.] пятилетие, промежуток в пять лет.
lustrosamente. [нареч.] блестяще и т. д.
lustroso, sa. [прил.] блестящий, лоснистый, глянцевый, глянцевитый, лощёный.
lútea. [ж.] см. oropéndola.
luteciano, na. [прил.] парижский; [м. и ж.] парижанин, (-ка).
luteciense. [прил.] (геол.) лютетский; [м.] лютетский ярус среднего эоцена.
lutecita. [ж.] (мин.) лютецит.
lúteo, a. [прил.] сделанный из грязи, ила.
luteranismo. [м.] лютеранство.
luterano, na. [прил.] лютеранский; [м. и ж.] лютеранин, (-ка).
luto. [м.] траур; скорбь, печаль; * luto riguroso, глубокий траур; * estar de luto, llevar luto, носить траур.
lutocar. [м.] (Амер.) ручная тележка с приспособлением для уборки мусора.
lutona. [ж.] (Амер.) привидение, призрак, фантом.
lutoso, sa. [прил.] см. luctuoso.
lutria. [ж.] (зоол.) выдра.
luvia. [ж.] (обл.) (Амер.) дождь, см. lluvia.
luxación. [ж.] (хир.) вывих.
luxemburgués, sa. [прил.] люксембургский; [м. и ж.] люксембуржец, уроженец, (-ка) Люксембурга.
luz. [ж.] свет, освещение; день, дневной свет; огонь (для освещения), лампа, свеча и т. д.; источник света; (перен.) весть, известие, светоч, светило (о человеке); (разг.) деньги; (арх.) просвет; оконный проём; отверстие, окно и т. д. (чаще множ.); [множ.] познания, просвещение, осведомлённость; (жив.) освещение, свет; (Амер.) ночное празднество; * media luz, полусвет; * luz solar, солнечный свет; * luz de Bengala, бенгальский огонь; * luz de gas, газовый рожок, газовая горелка; * a la luz del día, среди бела дня; * a primera luz, на рассвете; *dar a luz, рождать, производить на свет; выпускать в свет (книгу); * dar luz, давать свет; выяснять; * dar

зажечь свет; *apagar la luz, погасить, выключить свет; *entre dos luces в сумерки; на рассвете; (разг.) навеселе, под мухой; *salir a luz, выходить в свет (о книге); *a todas luces, очевидно, во всяком случае; *sacar a luz, выпускать в свет (книгу); обнаруживать; *a buena luz, толково; *de pocas luces, малограмотный, ограниченный; *traje de luces, парадный костюм тореро.

luzbel. [м.] Люцифер (восставший ангел).

M m

m. [ж.] 15-я буква испанского алфавита.
ma. [ж.] (обл.) мать.
mabinga. [ж.] (Амер.) (прост.) навоз; табак низкого сорта.
mabita. [ж.] (Амер.) дурной глаз; [м. и ж.] человек обиженный судьбой.
mable. [м.] шарик (для игры).
maboya. [м.] (Амер.) злой дух.
mabuja. [ж.] (Амер.) ночная мелкая ящерица.
mabuya. [ж.] (Амер.) см. mabuja; дьявол, чёрт, бес.
maca. [ж.] пятно (на фруктах); небольшой изъян; обман, подлог; недостаток (о человеке).
maca. [ж.] (прост.) гамак.
macá. [ж.] сорт ныряющей птицы.
macabí. [м.] кубинская рыба.
macabisa. [ж.] (Амер.) весёлая девушка.
macábrico, ca, macabro, bra. [прил.] похоронный, погребальный; мрачный; адский: * danza macabra, пляска мертвецов, пляска смерти.
macaca. [ж.] макака (самка).
macacada. [ж.] (разг.) хулиганский поступок.
macacinas. [ж. множ.] (Амер.) мокасины.
macacinear. [перех.] (Амер.) украсть, воровать.
macacino, na. [прил.] вороватый; [м. и ж.] вор (-овка).
macaco, ca. [прил.] (Амер.) безобразный, [м.] (зоол.) макака (обезьяна); (Амер.) дьявол; (презр.) китайский поселенец.
macacoa. [ж.] (Амер.) печаль, грусть.
macadam. [м.] см. macadán.
macadamizar. [перех.] делать щебёночное покрытие (шоссейной дороги), макадамизировать.
macadán. [м.] макадам.
macagua. [ж.] (зоол.) макагуа (хищная птица; ядовитая змея); макагуа (дерево, приносящее плоды похожие на жёлуди).
macagual. [м.] (Амер.) лес из (деревьев) макагуа.
macagüita. [ж.] (бот.) вид пальмы, растущей в Венесуэле (и плод).
macal. [м.] (Амер.) заросли кустарников; иньям, ямс.
macana. [ж.] палица (старинное индейское оружие); (обл.) ложь, вымысел, враньё; шутка; (Амер.) полицейская дубинка; сорт кирки, мотыги; см. duro (монета): * de macana, (Амер.) без всякого сомнения.
macanazo. [м.] удар macana; удар крепкой палкой; (Амер.) глупый поступок; большая ложь; скучная вещь.

macanche. [прил.] (обл.) болезненный, хилый, слабый здоровьем, дряхлый.
macandá. [ж.] (Амер.) см. quid; колдовство.
macaneador, ra. [прил.] (Амер.) см. macanero; делающий плохо что-л.
macanear. [перех.] (Амер.) ударять, бить macana, палицей; [неперех.] (Амер.) говорить или делать глупости; macanearse. [возв. гл.] усердно работать.
macaneo. [м.] (Амер.) глупые, бессмысленные разговоры или поступки.
macanero, ra. [м. и ж.] (Амер.) враль; [м.] человек, вооружённый macana, палицей.
macano. [м.] (Амер.) тёмная краска (для шерсти).
macanudamente. [нареч.] очень хорошо, великолепно.
macanudo, da. [прил.] необыкновенный, чрезвычайный, удивительный; (обл.) (Амер.) превосходный, великолепный; сильный, крепкий.
macao. [м.] кубинское ракообразное животное.
macaquear. [неперех.] (Амер.) жеманиться; воровать, мошенничать.
macaquito. [м.] (Амер.) макака.
macar. [неперех.] покрываться пятнышками (о фруктах).
macarana. [м.] американский попугай.
macarela. [ж.] макрель (рыба).
macarelo. [м.] хвастун, задира.
macareno, na. [прил. и сущ.] живущий в севильском квартале la Macarena; (разг.) хвастливый, храбрый на словах; [м. и ж.] хвастун, (-ья), бахвал, фанфарон.
macareo. [м.] (мор.) столкновение речного течения с морским приливом.
macaribo. [м.] (зоол.) американский олень.
macarro, rra. [прил.] (обл.) перезрелый (о фруктах).
macarrón. [м.] (чаще множ.) макароны; см. mostachón.
macarrón. [м.] (прост.) сутенёр.
macarronea. [ж.] макароническое (шуточное) стихотворение.
macarrónicamente. [нареч.] макароническим образом.
macarrónico, ca. [прил.] макаронический.
macarronismo. [м.] макаронический род поэзии, макаронизм.
macarse. [возв. гл.] портиться (о фруктах).
macatrullo, lla. [прил.] (обл.) глупый, неловкий, неуклюжий.
macaurel. [м.] венесуэльская змея.
macaz. [м.] (Амер.) род перуанского грызуна.
macazuchil. [м.] (Амер.) перечное растение.

maceador, ra. [м. и ж.] человек, бьющий колотушкой.
macear. [перех.] бить колотушкой; [неперех.] (перен.) надоедать, докучать.
macedón, na, macedónico, ca, macedonio, nia. [прил.] македонский; [м. и ж.] македонец, (-ка).
macedonia. [ж.] (кул.) маседуан; (перен.) смесь.
macegual. [м.] (Амер.) индеец-бедняк.
macelo. [м.] скотобойня.
maceo. [м.] битьё колотушкой.
maceración, maceramiento. [ж. и м.] вымачивание, мацерация, размачивание; умерщвление плоти, строгий пост.
macerar. [перех.] вымачивать, размачивать, мацерировать; умерщвлять плоть; macerarse. [возв. гл.] умерщвлять плоть.
macerina. [ж.] см. mancerina.
macero. [м.] булавоносец.
maceta. [ж. умен.] к maza; рукоятка, ручка (инструмента); молот каменщика.
maceta. [ж.] цветочный горшок; ветвь, украшённая искусственными цветами; (обл.) сорт стакана для вина; (Амер.) густые волосы, пышная шевелюра.
maceta. [прил.] (Амер.) тяжёлый на подъём, медлительный; скупой, скаредный.
macetear. [перех.] мять кожи (колотушкой); (Амер.) бить колотушкой.
maceteo. [м.] мятьё кожей (колотушкой); (Амер.) битьё колотушкой.
macetero. [м.] подставка для цветочных горшков.
macetón. [м. увел.] к maceta, большой цветочный горшок.
macfarlán, macferlán. [м.] крылатка (мужское широкое пальто с пелериной).
macia. [ж.] скорлупа мускатного ореха.
macicez. [ж.] массивность; прочность.
maciega. [ж.] (бот.) южноамериканская трава, растущая на болотистых местах.
macies. [ж.] (пат.) худоба, исхудание.
maciforme. [прил.] имеющий форму палицы; (бот.) похожий на скорлупу мускатного ореха.
macilento, ta. [прил.] худой, худощавый, бледный, обесцвеченный, грустный, печальный.
macilla. [ж. умен.] к maza; (Амер.) ступица.
macillo. [м.] (муз.) молоточек (в рояле).
macintosh. [м.] (мед.) непромокаемый холст, тафта.
macío. [м.] (геол.) бут.
macío. [м.] (Амер.) (бот.) шпажник; пух из этого растения.
macis. [ж.] скорлупа мускатного ореха.
macizamente. [нареч.] плотно, массивно.

macizar. [перех.] плотно заполнять, набивать.

macizo, za. [прил.] массивный, плотный, наполненный; (перен.) основательный, солидный: [м.] массив (горный), кряж; (перен.) густой блок домов; (арх.) простенок; клумба; лесной и т. д. массив; (обл.) солёные сардинки.

macla. [ж.] см. espadilla; (крист.) двойник; (мин.) андалузит.

maclina. [ж.] (мин.) хиастолитовый или пятнистый сланец.

maco, ca. [прил.] (арг.) см. bellaco.

macocoa. [ж.] (Амер.) печаль, груст, меланхолия, хандра.

macolla. [ж.] ростки, побеги от одного семени.

macollado, da. [страд. прич.] к macollar; [прил.] (перен.) обильный.

macolladura, macollamiento. [ж. и м.] дейст. к macollar.

macollar. [неперех.] пускать ростки (от одного семени).

macón. [м.] пчелиные соты без мёда; (обл.) прополис.

macón, na. [прил.] (Амер.) очень большой, огромный.

macona. [ж.] большая корзина (без ручек).

macondo. [м.] (Амер.) азартная игра.

macono. [м.] (Амер.) певчая птица.

macota. [ж.] (Амер.) горожане.

macote. [прил.] (Амер.) большой, огромный.

macracanto, ta. [прил.] (бот.) с большими твёрдыми шипами.

macramé. [м.] нашивка из плетёного шнурка.

macro. приставка, обозначающая большой, крупный.

macrobacteria. [ж.] большая бактерия.

macrobia. [ж.] долголетие.

macrobiano, na. [прил.] см. macrobio.

macrobio, bia. [прил.] живший долее обыкновенного; (Амер.) очень старый.

macrobiosis. [ж.] долголетие.

macrobita. [ж.] наука о продлении жизни.

macrocarpeo, a. [прил.] (бот.) крупноплодный.

macrocefalia. [ж.] макроцефалия, макрокефалия, большеголовость.

macrocefálico, ca. [прил.] относящийся к макроцефалии; с удлиненным черепом; с большой головой, большеголовый.

macrocéfalo, la. [прил.] (зоол.) (большеголовый, головастый; [м. и ж.] макроцефал.

macrocerco, ca. [прил.] длиннохвостый.

macrocitemia. [ж.] (пат.) наличие макроцитов в крови.

macrocito. [м.] (пат.) макроцит.

macrocitosis. [ж.] образование макроцитов.

macrócomo, ma. [прил.] длинноволосый.

macrocosmo. [м.] макрокосм(ос), вселенная.

macrocosmología. [ж.] (фил.) описание макрокосма.

macrodactilia. [ж.] (мед.) уродливость состоящая в чрезмерно длинных пальцах.

macrodáctilo, la. [прил.] (зоол.) длиннопалый.

macrodonte. [прил.] (зоол.) крупнозубчатый.

macroestructura. [ж.] макроструктура.

macrófilo, la. [прил.] (бот.) крупнолистный.

macrofotografía. [ж.] макрофотография.

macroftalmo, ma. [прил.] с большими глазами.

macroglosia. [ж.] гипертрофия языка.

macrogloso, sa. [прил.] (пат.) страдающий гипертрофиею языка; (зоол.) длинноязычный.

macrognato, ta. [прил.] (зоол.) имеющий большой клюв.

macrología. [ж.] многословие.

macromastia. [ж.] (пат.) гипертрофия грудной железы.

macromelia. [ж.] (физиол.) уродливость состоящая в чрезмерной величине какого-л. члена.

macrómetro. [м.] (мор.) измеритель расстояния между двумя судами.

macronice. [прил.] с длинными ногтями.

macropétalo, la. [прил.] (бот.) с большими лепестками.

macropia. [ж.] (мед.) видение предметов увеличенными.

macropodia. [ж.] уродливость состоящая в чрезмерной длине ног.

macrópodo, da. [прил.] имеющий большие ноги; [м.] (зоол.) макропод (костистая рыба).

macroprosopía. [ж.] уродливость состоящая в чрезмерной величине лица.

macroquilia. [ж.] гипертрофия губ.

macróquiro, ra. [прил.] имеющий слишком большие руки.

macrorrinco, ca. [прил.] имеющий длинный клюв.

macrorrinia. [ж.] гипертрофия носа.

macrorrizo, za. [прил.] (бот.) с большими корнями.

macroscelia. [ж.] чрезмерная длина ног.

macrosis. [ж.] увеличение (о размерах).

macrosismo. [м.] (геол.) макросейсмическое колебание.

macrosísmico, ca. [прил.] (геол.) макросейсмический.

macrosomatia. [ж.] гигантский рост.

macrospermo, ma. [прил.] (бот.) крупносемянный, крупноплодный.

macróspora. [ж.] (бот.) макроспора.

macrosporangio. [м.] (бот.) макроспорангий.

macróstico, ca. [прил.] написанный длинными строками.

macróstomo, ma. [прил.] (зоол.) широкоротый.

macrotia. [ж.] чрезмерная величина ушей.

macuá. [м.] (Амер.) колдовство; хитрость, коварство.

macuache. [м.] индеец не говорящий по-испански.

macuachi. [м.] (Амер.) см. macuache; дурак, невежда.

macuba. [ж.] мартиникский табак (нюхательный); название одного испанского жесткокрылого насекомого.

macusa. [ж.] (бот.) зонтичное растение (один из видов); род груши.

macuco, ca. [прил.] (Амер.) хитрый, лукавый, лицемерный; [м.] (Амер.) большой парень.

macuche. [прил.] среднего качества, плохого вида.

macuenco, ca. [прил.] (Амер.) разг. тощий (о животных); очень большой, огромный.

macujear. [неперех.] (Амер.) см. mascullar.

mácula. [ж.] (перен.) изъян, недостаток; позорное клеймо; (разг.) обман, хитрость; (астр.) пятно (на солнце, на луне).

maculación. [ж.] маранье; образование пятен; состояние поверхности с пятнами.

maculado, da. [страд. прич.] к macular; [прил.] покрытый пятнами; (бот.) пятнистый, крапчатый.

macular. [прил.] см. maculoso.

macular. [перех.] марать, пачкать; (перен.) марать, пятнать.

maculario, ria. [прил.] пятнистый.

maculatura. [ж.] (полигр.) макулатура (дурно опечатанный лист).

maculiforme. [прил.] имеющий форму пятна, пятнообразный.

macumbé. [прил.] (Амер.) большой, огромный.

macundales. [м. множ.] (Амер.) инструменты; дела.

macuquero, ra. [м. и ж.] тот, кто тайно эксплуатирует заброшенный рудник.

macurca. [ж.] (Амер.) ломота, прострел.

macurcarse. [возв. гл.] (Амер.) страдать ломотой.

macurije. [м.] (бот.) кубинское дерево.

macuteno. [м.] вор.

macuto. [м.] (воен.) вещевой мешок, котомка; (Амед.) тростниковая корзина.

macha. [ж.] (Амер.) см. borrachera.

macha. [ж.] чилийский съедобный моллюск; (Амер.) мужеподобная женщина.

machaca. [ж.] мялка, дробилка; пестик; [м. и ж.] (перен.) надоедливый человек: * dále machaca!, ну и упрямец!

machacadera. [ж.] мялка, дробилка; пестик.

machacador, ra. [прил.] дробящий и т. д. (тже. сущ.).

machacamiento. [м.] размельчение, толчение, дробление, измельчение.

machacante. [м.] солдат, состоявший при сержантах для личных услуг; (разг.) дуро (монета).

machacar. [перех.] бить, дробить, толочь, разбивать; [неперех.] надоедать, докучать, приставать, твердить одно и то же; переливать из пустого в порожнее.

machacón, na. [прил.] надоедливый, невыносимо скучный; [м. и ж.] пустомеля, невыносимо скучный человек.

machaconería. [ж.] пережёвывание одного и того же; переливание из пустого в порожнее, невыносимая настойчивость.

machada. [ж.] стадо козлов; (разг.) глупость.

machado, da. [страд. прич.] к machar; [м.] топор дровосека.

machado, da. [прил.] (Амер.) пьяный.

machaje. [м.] (Амер.) (соб.) самцы стада.

machamartillo, (a). [нареч.] прочно, солидно, крепко.

machambrar. [перех.] см. machihembrar.

machanga. [ж.] см. machaquería.

machangada. [ж.] (обл.) нелепость, глупость, см. mamarrachada.

machongo. [м.] (Амер.) обезьяна; см. mamarracho; (Амер.) макака; кляча.

machaquear. [перех.] (Амер.) см. machacar.

machaqueo. [м.] толчение, дробление и т. д.

machaquería. [ж.] надоедливость, докучливость, невыносимое повторение чего-л.

machar. [перех.] см. machacar; macharse. [возв. гл.] (Амер.) напиться, опьянеть.

machascarse. [возв. гл.] (Амер.) напиться, опьянеть.

machazo, za. [прил.] (Амер.) очень большой, огромный; храбрый, смелый, мужественный.

machca. [ж.] ячменная мука.

machear. [неперех.] преимущественно метать самцев.

machera. [ж.] (обл.) питомник пробковых дубов.

machero. [м.] (обл.) молодой пробковый дуб.

macheta. [ж.] (обл.) топорик, см. destral.

machetazo. [м.] удар тесаком и т. д.

machete. [м.] палаш, тесак; большой тяжёлый нож; (Амер.) широкая складка: * machete bayoneta, кинжальный штык.

machetear. [перех.] рубить тесаком, багром и т. д.; (мор.) вбивать колья; (Амер.) дёшево продавать товары; [неперех.] (мор.) подвергаться килевой качке; (Амер.) упорствовать.

machetero. [м.] (Амер.) батрак, срезающий тростник (при помощи machete).
machetón. [м.] (Амер.) короткий machete.
machetón. [м.] (Амер.) (презр.) солдафон.
machetona. [ж.] (Амер.) большой складной нож.
machi. [м. и ж.] знахарь, знахарка.
machia. [ж.] (Амер.) мужественность.
máchica. [ж.] мука из жареной кукурузы.
machiega. [прил.] * abeja machiega, пчела-матка.
machigua. [ж.] (Амер.) помои (из кукурузы).
machihembrar. [перех.] вставлять в пазы, сколачивать (деревянные изделия).
machimbrado, da. [прил.] (Амер.) сожительствующий вне брака.
machimbrarse. [возв. гл.] (Амер.) сожительствовать вне брака.
Machín. [м.] Купидон, бог любви; (Амер.) см. mico.
machina. [ж.] (мор.) подъёмный кран; (тех.) копёр.
machinarse. [возв. гл.] (Амер.) сожительствовать вне брака.
machincuepa. [ж.] кувырканье: * dar la machincuepa, перейти из одной политической партии в другую.
machingüeta. [ж.] кувырканье.
machío, chía. [прил.] (обл.) бесплодный (о дереве).
macho. [м.] самец; мул; крючок (застёжки); оплодотворяющее растение; болт, шип; (арх.) столб, стойка; (разг.) дурак, глупец; (Амер.) зерно риса в кожуре; [прил.] крепкий, сильный: * macho cabrío, козёл; * macho del timón, (мор.) штырь руля.
macho. [м.] кузнечный молот; наковальня.
machón. [м.] бревно 5 м. в длину; (арх.) столб, стойка, опора.
machón, na. [прил.] (Амер.) огромный, необычного размера.
machona. [прил.] мужеподобная; [ж.] мужеподобная женщина.
machonga. [ж.] (Амер.) медный колчедан, халкопирит; железный колчедан.
machorra. [ж.] бесплодная самка.
machorro, rra. [прил.] бесплодный.
machota. [ж.] деревянный молот, колотушка; [ж.] (обл.) (Амер.) мужеподобная женщина.
machote. [м.] (презр.) сорт деревянного молота.
machote. [м.] (Амер.) (горн.) веха, столб (в шахтах); черновик.
machucador, ra. [прил.] ушибающий и т. д.
machucadura. [ж.] machucamiento. [м.] ушиб.
machucangú. [м.] деревянная ступка.
machucante. [м.] (разг.) (Амер.) тип, субъект.
machucar. [перех.] ударить, ушибить.
machucazo, machucón. [м.] (Амер.) см. machucadura.
machucho, cha. [прил.] разумный, благоразумный, рассудительный; зрелый, пожилой; (Амер.) дьявол.
machuelo. [м.] молодой мул; (биол.) зародыш; (бот.) завязь; (Амер.) см. sábalo.
machuno, na. [прил.] мужской.
machuqueo. [м.] плохая стирка.
madama. [ж.] госпожа, мадам; (Амер.) повивальная бабка; бальзамин.
madamisela. [ж.] барышня; мадемуазель.
madapolán. [м.] мадаполам (ткань).

madarosis. [ж.] выпадение волос, особенно ресниц.
madefacción. [ж.] (апт.) смачивание.
madefactar, madeficar. [перех.] (апт.) смачивать.
madeja. [ж.] моток (ниток), клубок; (перен.) клок, пучок (волос); немощный, дряхлый человек: * madeja sin cuenta, путаница; путаник; * enredarse la madeja, усложняться дело.
madejeta. [ж. умен.] к madeja.
madejo. [м.] (обл.) обморок, головокружение.
madejuela. [ж. умен.] к madeja.
madera. [ж.] древесина, лес, дерево (материал); пиломатериал; копыто (лошадей и т. д.); (перен.) (разг.) способность, склонность: * madera de construcción, строевой лес; * madera brava, твёрдое дерево; * madera contrachapada, madera compensada, madera laminada, madera multilaminar, madera terciada, фанера; * madera de pulpa, баланс; * de madera, деревянный; * madera fósil, лигнит; * madera seca, валежник; * madera del aire, рог; * madera en rollo, неотёсанные кряжи, брёвна; * madera de hilo, дерево, обтёсанное на четыре канта; * no holgar la madera, беспрерывно работать.
madera. [м.] мадера (сорт вина).
maderable. [прил.] строевой, пригодный для стройки.
maderación. [ж.] см. maderamen.
maderada. [ж.] сплавной лес.
maderaje, maderamen. [м.] (строительные) леса; остов (здания), деревянный остов, сруб; деревянная конструкция.
maderería. [ж.] склад лесных материалов.
maderero. [м.] торговец лесом; плотовщик, сплавщик леса; плотник, столяр.
maderero, ra. [прил.] относящийся к лесной промышленности.
maderista. [м.] (обл.) торговец лесом.
madero. [м.] бревно, балка, брус; (перен.) судно, корабль, ладья; (бран.) чурбан (о человеке): * madero de suelo, небольшая балка.
maderuelo. [м. умен.] к madero, обрубок, чурбан.
madescente. [прил.] немного влажный.
madi. [м.] (Амер.) см. almadia. [прил.] (Амер.) (прост.) серый.
madia. [ж.] (бот.) мадия.
madia. [ж.] паром, см. almadía.
madona. [ж.] мадонна, образ Богородицы; мадам.
mador. [м.] (мед.) влажность (кожи).
madoroso, sa. [прил.] (мед.) влажный (о коже).
madrás. [м.] мадрас (лёгкая полушелковая ткань).
madrastra. [ж.] мачеха; (перен.) досадная вещь; (арг.) тюрьма.
madraza. [ж.] (разг.) балующая мать, слишком нежная мать.
madre. [ж.] мать, матерь, родительница; матка, самка (животных); мать, жена принявшая пострижение монахиня (обычно присоединяется к имени или званию); заведующая больницей; (перен.) тётка, бабушка; (анат.) матка; источник, первопричина, начало; русло реки; главный оросительный канал; главный водосток; осадок сусла или винного уксуса; (тех.) матица: * madre de leche, кормилица; * madre política, тёща; свекровь; * la madre abadesa, мать-игуменья; * lengua madre, коренной, первоначальный язык; * madre patria, отечество, родина; * la ociosidad es la madre de todos los vicios, праздность есть мать пороков; * salir(se) de madre, выйти из берегов; * sacar de madre a uno, (разг.) вывести из себя, из терпения кого-л.

madrearse. [возв. гл.] плесневеть (о хлебе); становиться кислым (о вине).
madrecilla. [ж.] яйцевод (у птиц).
madreclavo. [м.] гвоздика, которая оставили два года в дереве.
madreña. [ж.] см. almadreña.
madreperla. [ж.] жемчужница (раковина); перламутр.
madrépora. [ж.] мадрепор, звездчатый коралл.
madreporáceo, a. [прил.] похожий на мадрепор.
madreporarios. [м. множ.] (зоол.) мадрепоровые полипы.
madrepórico, ca. [прил.] мадрепоровый.
madreporífero, ra. [прил.] изобилующий мадрепорами.
madreporita. [ж.] (уст.) мадрепорит, ископаемый мадрепоровый коралл.
madrero, ra. [прил.] очень любящий мать, привязанный к матери.
madreselva. [ж.] (бот.) жимолость (душистая), каприфоль.
madrigado, da. [прил.] состоящая во втором браке (о женщине); производящий на свет; (перен.) опытный, бывалый: * toro madrigado, бык, который уже покрывал.
madrigada. [прил.] состоящая во втором браке (о женщине).
madrigal. [м.] (лит.) мадригал (стихотворение).
madrigalesco, ca. [прил.] галантный (о речи).
madrigálico, ca. [прил.] мадригальный.
madrigalista. [м. и ж.] сочинитель, (-ница) мадригалов; человек, любящий мадригалы.
madriguera. [ж.] нора, логово; (перен.) притон.
madrileño, ña. [прил.] мадридский; [м. и ж.] мадридец, уроженец, (-ка) Мадрида.
madrillera. [ж.] (обл.) сеть для ловли мелкой рыбы.
madrina. [ж.] крёстная мать, восприёмница; посажёная мать; (перен.) покровительница, патронесса; подпор(к)а; вожак стада; (пряжечный) ремень; (уст.) (разг.) сводня; (Амер.) небольшое стадо ручных животных, служащее вожаком стада диких животных: * madrina de guerra, крёстная.
madrinazgo. [м.] титул крёстной матери.
madrinero, ra. [прил.] (Амер.) служащий вожаком (о стаде ручных животных).
madrona. [ж.] главная сточная труба; (разг.) см. madraza.
madroncillo. [м.] см. fresa (плод).
madroñal. [м.] роща земляничных деревьев.
madroñera. [ж.] см. madroñal; (бот.) земляничное дерево.
madroñero. [м.] (обл.) (бот.) земляничное дерево.
madroño. [м.] (бот.) земляничное дерево; плод земляничного дерева; (Амер.) см. lirio.
madroñuelo. [м. умен.] к madroño.
madrota. [ж.] (Амер.) женщина, ведущая дела публичного дома.
madrugada. [ж.] рассвет, утренняя заря; раннее вставание: * de madrugada, a la madrugada, рано, на рассвете, рано утром.
madrugador, ra. [прил.] привыкший рано вставать, рано встающий (тж. сущ.).
madrugante. [действ. прич.] к madrugar.
madrugar. [неперех.] вставать рано, на рассвете; (перен.) опередить других, выигрывать время.
madrugón, na. [прил.] см. madrugador; [м.] (разг.) очень раннее вставание: * darse un madrugón, очень рано вставать.

madruguero, ra. [прил.] (обл.) см. madrugador.
maduración. [ж.] вызревание; созревание.
maduradero. [м.] место, где кладут и т. д. плоды для вызревания.
madurador, ra. [прил.] способствующий созреванию.
maduramente. [нареч.] зрело, здраво.
madurante. [дейст. прич.] к madurar, созревающий, зреющий.
madurar. [перех.] способствовать созреванию, довести до спелости; способствовать созреванию (нарыва и т. д.); (перен.) обстоятельно обдумывать; вынашивать (план и т. д.); закалять; [неперех.] зреть, созревать, вызревать; назревать (о нарыве); достигать зрелости, мужать.
madurativo, va. [прил.] способствующий созреванию; гноющий, способствующий назреванию нарыва; [м.] средство, способствующее созреванию.
madurez. [ж.] зрелость; (перен.) зрелость ума, благоразумие.
maduro, ra. [прил.] зрелый, спелый, созревший; назревший (о нарыве); созревший, сложившийся (о человеке); зрелый, взрослый, пожилой; (перен.) благоразумный: * quien está a las maduras está a las duras, любишь кататься, люби и саночки возить.
maesa. [ж.] пчелиная матка.
maese. [м.] (уст.) учитель: * maese Coral, см. prestidigitación.
maesil. [прил.] см. maestril.
maestoso. [прил.] (муз.) маэстозо, торжественный.
maestra. [ж.] учительница, преподавательница; жена учителя; пчелиная матка; деревянная рейка; главная линия: * la maestra, школа девушек.
maestral. [прил.] учительский; [м.] мистраль (ветер); см. maestril.
maestralizar. [неперех.] (мор.) отклоняться в сторону мистраля (о буссоли).
maestramente. [нареч.] мастерски, в совершенстве, ловко.
maestrante. [м.] всадник maestranza.
maestranza. [ж.] общество верховой езды; артиллерийская мастерская и личный состав.
maestrazgo. [м.] магистерское достоинство; великое магистерство (мальтийского ордена).
maestre. [м.] магистр (ордена); (мор.) (уст.) капитан; боцман.
maestrear. [перех.] обучать чему-л; подрезать виноградную лозу; [неперех.] быть мастером, чваниться мастером.
maestresala. [м.] дворецкий.
maestrescolía. [ж.] звание схоластика.
maestrescuela [м.] схоластик, учитель богословия.
maestría. [ж.] мастерство, искусство; ловкость, умение; звание мастера; звание учителя.
maestril. [м.] ячейка пчелиной матки.
maestrillo. [м.] умен.] к maestro.
maestro, tra. [прил.] мастерской, образцовый; дрессированный; капитальный (о стене): * abeja maestra, пчелиная матка; * llave maestra, ключ ко всем дверям; * obra maestra, шедевр; [м.] учитель (начальной школы), преподаватель; мастер; знаток, специалист; музыкант, композитор, маэстро; (мор.) грот-мачта; * maestro de escuela, школьный учитель; * maestro de obras, производитель работ; * maestro de armas, учитель фехтования; * maestro de capilla, регент (над певчими); * maestro de ceremonias, церемониймейстер; * maestro de cocina, шеф-повар; * maestro de nave, (уст.) боцман; * maestro de altas obras, (уст.) палач.
mafafo. [м.] (Амер.) халтурщик.
mafia. [ж.] (Амер.) обман, западня, ловушка; шайка.
mafia. [ж.] мафия (тайное общество в Сицилии).
mafrito. [м.] (разг.) (Амер.) трусливый, малодушный; женоподобный.
magacería. [ж.] хитрость, лукавство.
magade. [ж.] (муз.) арфа; лира: * magade de viento, индейская флейта.
magallánico, ca. [прил.] к Магелланов пролив.
magancear. [неперех.] (Амер.) бездельничать, лодырничать.
magancería. [ж.] обман, плутня, мошенничество.
magancés. [прил.] (перен.) предательский; зловредный, подлый.
magancia. [ж.] см. magancería.
maganciero, ra. [прил.] (Амер.) см. magancés; плутоватый, жуликоватый.
maganel. [м.] древнее орудие для разрушения крепостных стен.
magano. [м.] (обл.) кальмар.
maganto, ta. [прил.] (Амер.) грустный, изможденный, бледный, слабый, болезненный.
maganza. [ж.] (Амер.) леность, праздность.
maganzón, na. [прил.] праздный; [м. и ж.] лентяй, (-ка), лодырь, бездельник, (-ица).
maganzonear. [неперех.] (Амер.) бездельничать, лодырничать.
maganzonería. [ж.] (Амер.) лень; леность.
magaña. [ж.] обман, западня, ловушка; хитрость, коварство; раковина (в канале ствола огнестрельного орудия).
magaña. [ж.] (обл.) глазной гной.
magañoso, sa. [прил.] (обл.) см. legañoso.
magarza. [ж.] (бот.) ромашка, маточная трава; (обл.) см. vagancia.
magarzuela. [ж.] ромашка (одна из разновидностей).
magaya. [ж.] (Амер.) окурок; небольшая сумка.
magdalena. [ж.] бисквитное пирожное; (перен.) кающаяся грешница: * llorar como una magdalena, заливаться слезами.
magdaleniense. [прил. и м.] магдаленская культура палеолита.
magdaleón. [м.] (апт.) палочка (мази, пластыря).
magdalón. [м.] (Амер.) (прост.) см. magdaleón.
magia. [ж.] магия, чародейство, волшебство, колдовство; (перен.) чарующее действие: * magia blanca, natural, натуральная магия, чудеса; * magia negra, чернокнижие, чёрная магия.
magiar. [прил.] мадьярский; [м. и ж.] мадьяр, (-ка).
mágicamente. [нареч.] магически, чудодейственно, как по волшебству.
mágico, ca. [прил.] магический, колдовской, волшебный; (перен.) чарующий, великолепный, восхитительный; [м.] см. mago.
magín. [м.] (разг.) воображение, фантазия.
magírico, ca. [прил.] кулинарный; (мед.) диетический.
magisterial. [прил.] учительский.
magisterio. [м.] преподавание, обучение; преподавательский состав, учительство; должность или звание учителя; (перен.) педантичность.
magistrado. [м.] высшее должностное лицо; судья, судейское лицо, член судейского сословия.
magistral. [прил.] учительский; мастерский; педантический; поучительный; внушительный (о тоне и т. д.); магистральный, главный, [м.] каноник-проповедник; лекарство (по рецепту); растворитель или реактив для извлечения металла из руды.
magistralía. [ж.] должность каноника-проповедника.
magistralmente. [нареч.] мастерски; тоном учителя.
magistratura. [ж.] магистратура, судейское звание; срок исправления судейской должности; судейское сословие.
magma. [м.] (хим.) магма; месиво, полужидкая масса; густые выжимки; (геол.) магма, силикатная масса.
magnánimamente. [нареч.] великодушно и т. д.
magnanimidad. [ж.] великодушие, благородство, возвышенность чувств; щедрость.
magnánimo, ma. [прил.] великодушный, благородный; щедрый.
magnate. [м.] магнат, вельможа.
magnesia. [ж.] (хим.) магнезия.
magnesiado, da. [прил.] содержащий магнезию.
magnesiano, na. [прил.] (хим.) см. magnesiado.
magnésico, ca. [прил.] мгневный.
magnésido, da. [прил.] похожий на магнезию.
magnesífero, ra. [прил.] содержащий магнезию.
magnesio. [м.] (хим.) магний.
magnesita. [ж.] (мин.) магнезит, горький шпат.
magnetes. [ж.] род голландского полотна.
magnéticamente. [нареч.] магнетически; по правилам магнетизма.
magnético, ca. [прил.] магнитный; магнетический, притягивающий; относящийся к магнетизму: * campo magnético, (физ.) магнитное поле; * mina magnética, магнитная мина.
magnetismo. [м.] магнетизм: * magnetismo animal, животный магнетизм; * magnetismo terrestre, земной магнетизм; * magnetismo remanente, residual, остаточный магнетизм.
magnetita. [ж.] (мин.) магнетит.
magnetizable. [прил.] поддающийся намагничиванию.
magnetización. [ж.] (физ.) намагничивание.
magnetizador, ra. [м. и ж.] тот, кто намагничивает.
magnetizante. [дейст. прич.] к magnetizar.
magnetizar. [перех.] намагничивать; (перен.) производить неотразимое впечатление; магнетизировать.
magneto. [м.] (эл.) магнето; магнит.
magnetoeléctrico, ca. [прил.] (физ.) магнитно-электрический.
magnetoestricción. [ж.] (физ.) магнитострикция.
magnetofónico, ca. [прил.] магнитофонный.
magnetófon(o). [м.] (эл.) магнитофон.
magnetogenerador. [м.] (физ.) магнитограф.
magnetología. [ж.] магнитология.
magnetológico, ca. [прил.] магнитологический.
magnetometría. [ж.] (физ.) магнитометрия.
magnetómetro. [м.] (физ.) магнитометр.
magnetón. [м.] (физ.) магнетон (единица магнитного момента).
magnetopirita. [ж.] (мин.) магнитный колчедан.

magnetrón. [м.] (физ.) (рад.) магнетрон.
magnicida. [прил. и сущ.] убийца знаменитого человека, магната.
magnicidio. [м.] убийство знаменитого человека, магната.
magnificable. [прил.] достойный восхваления, возвеличения.
magnificador, ra. [прил.] величающий, восхваляющий и т. д.
magníficamente. [нареч.] великолепно, пышно; совершенно.
magnificar. [перех.] величать, превозносить, восхвалять.
magníficat. [м.] (церк.) величание (гимн): * venir una cosa como magníficat a maitines, (перен.) (разг.) не во-время случаться что-л.
magnificencia. [ж.] великолепие, пышность, роскошь; щедрость.
magnificente. [прил.] (неол.) см. magnífico.
magnificentísimo, ma. [прил. прев. степ.] к magnífico.
magnífico, ca. [прил.] великолепный, прекрасный, превосходный; славный; блестящий, пышный.
magnitud. [ж.] величина, размеры; (перен.) важность, значение.
magno, na. [прил.] великий (как эпитет).
magnolia. [ж.] (бот.) магнолия.
magnoliáceas. [ж. множ.] (бот.) магнолиевые.
magnolio. [м.] (Амер.) (прост.) см. magnolia.
mago, ga. [прил. и сущ.] маг, волхв (у персов); маг, кудесник, волшебник, (-ица) чародей, (-ка); * los (tres) reyes magos, волхвы; * la adoración de los reyes magos, поклонение волхвов.
magosta. [ж.] (обл.) см. magosto.
magostar. [неперех.] поджаривать каштаны на вольном воздухе.
magosto. [м.] костёр для поджаривания каштанов на вольном воздухе и поджаренные каштаны.
magot. [м.] форфоровая фигурка.
magote. [м. и ж.] (обл.) грубиян, (-ка).
magra. [ж.] ломоть ветчины.
magrear. [перех.] (обл.) украшать цветами; съедать наиболее вкусную часть чего-л; (прост.) щупать женщину.
magrez. [ж.] худоба, худощавость, сухопарость.
magro, gra. [прил.] худой, худощавый, тощий; скудный, постный (о мясе). [м.] мяса без жира; свинина.
magrura. [ж.] см. magrez.
magua. [ж.] (Амер.) разочарование, обман, неудача.
maguarse. [возв. гл.] (Амер.) терпеть неудачу.
magüento, ta. [прил.] (обл.) опухший (о лице); неловкий, грубый.
maguer. [союз] хотя; [нареч.] несмотря на.
magüeto, ta. [м. и ж.] бычок, тёлка.
magüey. [м.] (Амер.) см. maguey.
maguey. [м.] (бот.) агава (одна из разновидностей).
maguilla. [ж.] плод maguillo.
maguillo. [м.] (бот.) дикая яблоня-скороспелка, служащая для прививок).
magüira. [ж.] (Амер.) кубинское дерево.
magüito, ta. [прил.] (обл.) кроткий, смирный; лицемерный.
magujo. [м.] (мор.) см. descalcador.
magullador, ra. [прил.] ушибающий.

magulladura. [ж.] magullamiento. [м.] ушиб, синяк, контузия.
magullar. [перех.] ушибить, контузить; magullarse. [возв. гл.] ушибиться; набить себе синяк.
magullón. [м.] (Амер.) ушиб, контузия.
maharajá. [м.] магараджа.
maharrana. [ж.] (обл.) свежее сало.
maherir. [перех.] указывать, предупреждать.
mahometano, na. [прил.] магометанский, [м. и ж.] магометанин, (-ка).
mahomético, ca. [прил.] магометанский.
mahometismo. [м.] магометанство.
mahometizar. [неперех.] исповедывать магометанскую веру.
mahón. [м.] грубая хлопчатобумажная ткань.
mahona. [ж.] (мор.) турецкое выгрузное судно.
mahonés, sa. [прил.] относящийся к Mahón; [м. и ж.] уроженец (-ка) этого балеарского города.
mahonesa. [ж.] (бот.) хвойное растение; кушанье с майонезом; (непр.) майонез.
maiceado, da. [прил.] (Амер.) выпивший, захмелевший; откормленный.
maicena. [ж.] кукурузная мука.
maicerada. [ж.] (Амер.) гипербола, преувеличение.
maicería. [ж.] (Амер.) магазин, лавка, где продают кукурузу.
maicero. [м.] (Амер.) торговец кукурузой.
maicillo. [м.] (бот.) род проса; (Амер.) крупный песок для мощения улиц.
maicono. [м.] (Амер.) горлица.
maiche. * hacer maiche, (Амер.) звать, подавать сигналы (рукой или платком).
maidismo. [м.] (мед.) пелагра.
maído. [м.] мяуканье.
mailla. [ж.] плод maguillo.
maíllo. [м.] (бот.) см. maguillo.
maimón. [м.] (зоол.) обезьяна; [множ.] (обл.) похлёбка.
mainel. [м.] (арх.) средник (оконной рамы); перила (лестницы).
maipuri. [м.] майпури (одна из разновидностей попугая).
mais. [м.] (Амер.) кукуруза, маис.
maisiar. [перех.] (Амер.) сзывать свиней для кормления маисом, кукурузой.
maistate. [м.] (Амер.) набедренная повязка, см. taparrabo.
maitén. [м.] (бот.) чилийское дерево.
maitecal. [м.] (Амер.) лес из maitenes.
maitencito. [м.] (Амер.) игра, похожая на жмурки.
maitinada. [ж.] рассвет; утренняя серенада.
maitinante. [м.] священник, который должен присутствовать на утрению.
maitines. [м. множ.] (церк.) утреня, заутреня.
maitu. [м.] (Амер.) свёрток, пачка.
maíz. [м.] (бот.) кукуруза, маис: * comer maíz, (Амер.) дать себя подкупить.
maizal. [м.] кукурузное поле.
maja. [ж.] (обл.) пестик.
majá. [ж.] (Амер.) маха (крупная змея).
majada. [ж.] овчарня; скотный двор; навоз; (обл.) см. braña; (Амер.) небольшое стадо овец.
majadal. [м.] пастбище, выпас; овчарня; скотный двор.
majadear. [неперех.] ночевать (о скоте); удобрять навозом.
majaderamente. [нареч.] глупо, нелепо и т. д.
majaderear. [перех.] (Амер.) докучать, надоедать.
majadería. [ж.] глупость; нелепость, вздор; навязчивость, надоедливость.
majaderico, majaderillo. [м.] коклюшка (для кружев).

majadero, ra. [прил.] глупый; навязчивый, назойливый (тже. сущ.); [м.] пестик; трамбовка; коклюшка (для кружев).
majaderote, ta. [прил. увел.] к majadero.
majadilla. [ж. умен.] к majada.
majado, da. [страд. прич.] к majar; [м.] (Амер.) растолчённая кукуруза или пшеница (тже. кушанье из них).
majador, ra. [прил. и сущ.] толкущий; толкач.
majadura. [ж.] толчение.
majagranzas. [м.] (перен.) (разг.) надоедливый и упрямый человек.
majagua. [ж.] кубинское дерево.
majagual. [м.] лес из majaguas.
majal. [м.] стая, косяк рыб.
majamama. [ж.] (Амер.) путаница, обман, надувательство.
majamiento. [м.] толчение.
majanillo. [м.] жест, гримаса, движение.
majano. [м.] груда камней (межевой знак).
majar. [перех.] толочь, истолочь, растолочь; (перен.) (разг.) надоедать, досаждать, докучать, донимать.
majarete. [м.] (Амер.) кукурузное печенье; волокита; суматоха, неразбериха.
majaretero, ra. [прил.] (Амер.) ловкий, изворотливый.
majaseador, ra. [прил.] (Амер.) лодырничающий и т. д. (тже. сущ.).
majasear. [неперех.] (Амер.) лодырничать, лениться.
majasera. [ж.] (Амер.) леность, бездельничанье.
majencia. [ж.] (обл.) окапывание виноградных лоз.
majencar. [перех.] (обл.) окапывать виноградные лозы.
majencia. [ж.] см. majeza.
majeño. [м.] (Амер.) банан фиолетового цвета.
majería. [ж.] собрание majos.
majestad. [ж.] величие, величество (титул): * Su divina Majestad, Бог.
majestoso, sa. [прил.] см. majestuoso.
majestuosamente. [нареч.] величественно, величаво.
majestuosidad. [ж.] величественность.
majestuoso, sa. [прил.] величественный, величавый.
majeza. [ж.] нарядность; франтоватость, щегольство.
majo, ja. [прил.] (разг.) нарядный; миловидный; красивый; франтоватый; [м. и ж.] франт, щёголь, франтиха.
majolar. [м.] участок, засаженный терновником.
majoleta. [ж.] (бот.) ягода терновника.
majoleto. [м.] куст терновника.
majoma. [прил.] (Амер.) глупый; назойливый, навязчивый, надоедливый.
majomía. [ж.] глупость, см. impertinencia.
majorca. [ж.] см. mazorca.
majorero, ra. [прил.] (Амер.) гордый, высокомерный.
majúa. [ж.] (Амер.) ничтожная женщина.
majuela. [ж.] ягода терновника.
majuela. [ж.] кожаный шнурок для обуви.
majuelo. [м.] (бот.) терновник; молодой виноградник; (обл.) молодая, новая лоза.
majunfia. [ж.] (Амер.) шулерство.
mal. [прил.] см. malo (употр. перед сущ. м. р.); [нареч.] дурно, худо, нехорошо, плохо, скверно; с трудом; неудачно, несчастно; недостаточно; [м.] зло; вред; горе; беда, бедствие; боль; болезнь; несчастье: * sentirse, encontrarse mal, (по) чувствовать себя дурно; * de mal en peor, всё хуже и хуже; * tomar a mal, принять что-л в дурную сторону; * mal que bien, хочешь не хочешь, волей-неволей; * ра-

rar en mal, плохо кончить; * mal que le pese, против (его) желания, насильно; estar a mal con, быть с кем-л в ссоре; * mal a mal, por mal, насильно; * decir mal, злословить о ком-л; * echar a mal, расточать; * por mal que venga, в худшем случае, на худой конец; * ¡mal haya!, тьфу, пропасть!; * parar en mal, иметь печальный конец; * no hay mal que por bien no venga, не было бы счастья, да несчастье помогло; нет худа без добра; * mal de ojo, дурной глаз; * mal de corazón, mal caduco, эпилепсия; * mal de la rosa, см. pelagra; * mal de S. Lázaro, элефантиазис; * mal de madre, истеричность; * mal de la tierra, тоска по родине; * mal de piedra, камни в мочевом пузыре; * del mal el menos, из двух зол меньшее; * hacer mal, вредить; причинять боль.
mala. [м.] почтовая сумка.
mala. [ж.] (карт.) манилья.
mala. [ж.] щека, скула.
malabarismo. [м.] жонглёрство.
malabarista. [м. и ж.] жонглёр, фокусник, жонглёрша; (перен.) (Амер.) ловкий вор.
malaca. [ж.] сорт женской причёски.
malacara. [прил.] (Амер.) имеющий белую полосу на лбу о лошади).
malacariento, ta. [прил.] (Амер.) нелюдимый, суровый.
malacate. [м.] (тех.) ворот, приводимый в движение лошадью; (Амер.) веретено.
malacia. [ж.] (мед.) развращение аппетита.
malacitano, na. [прил. сущ.] см. malagueño.
malacodermo, ma. [прил.] (зоол.) мягкокожий.
malacofilo, la. [прил.] (бот.) мягколистый.
malacolita. [ж.] (мин.) малаколит.
malacología. [ж.] малакология, наука о слизнях.
malacológico, ca. [прил.] малакологический.
melacólogo, ga. [м. и ж.] специалист по малакологии.
malacoma. [ж.] размягчение.
malacomeningitis. [ж.] (пат.) воспаление мягкой мозговой оболочки (pia mater).
malaconsejado, da. [прил.] получивший нехороший совет (тж. сущ.).
malacopterigio, gia. [прил.] мягкопёрый (о рыбах).
malacorrinco, ca. [прил.] (зоол.) мягкоклювый (о птицах).
malacosarcosis. [ж.] (мед.) вялость мышечной системы.
malacosis. [ж.] (мед.) размягчение.
malacosteosis. [ж.] (мед.) размягчение костей.
malacostumbrado, da. [прил.] имеющий дурные привычки; изнеженный, избалованный.
malacostumbrar. [перех.] прививать дурные привычки; избаловать.
maláctico, ca. [прил.] (мед.) мягчительный.
malacrianza. [ж.] (Амер.) грубость, невоспитанность.
malacuenda. [ж.] см. harpillera; кудель, пакля.
málaga. [м.] малага (вино): * salir de Málaga para entrar en Malagón, попасть из огня, да в полымя.
malagana. [ж.] (разг.) обморок.
malagma. [ж.] (фарм.) смягчающее, мягчительное средство, припарка.
malagradecido, da. [прил.] (Амер.) неблагодарный.
malagueña. [ж.] народная малагская песня.
malagueño, ña. [прил.] малагский, относящийся к Málaga; [м.] уроженец, (-ка) Málaga.
malagueta. [ж.] (бот.) стручковый перец, растение семейства паслёновых.
malal. [м.] частокол.

malaltoso, sa. [прил.] (Амер.) противный, надоевший.
malamente. [нареч.] плохо, дурно, нехорошо.
malamistado, da. [прил.] в ссоре; (Амер.) живущий в сожительстве.
malandante. [прил.] несчастный, неудачный.
malandanza. [ж.] несчастье, неудача.
malandar. [м.] не выходящая на пастбище свинья.
malandria. [ж.] (пат.) сорт элефантиазиса.
malandrín, na. [прил.] злодейский, дурной, подлый; [м. и ж.] злодей, (-ка), мошенник, плут.
malanga. [прил.] (Амер.) малодушный, трусливый; [м. и ж.] неловкий человек.
malango, ga. [прил.] (Амер.) неловкий, неуклюжий; [м.] сорт банана.
malangón, na. [прил.] (Амер.) ленивый.
malangrinar. [неперех.] (обл.) заболеть; см. encorarse (рану).
malaposta. [ж.] мальпост, почтовая карета.
malaquita. [ж.] (мин.) малахит.
malar. [прил.] (анат.) щёчный; [м.] (анат.) скула.
malaria. [ж.] (пат.) малярия.
malárico, ca. [прил.] малярийный.
malario, ria. [прил.] (Амер.) страдающий малярией.
malarrabia. [ж.] варенье из банана и т. д.
malasio, sia. [прил. и сущ.] см. malayo.
malatería. [ж.] больница для прокажённых.
malatía. [ж.] проказа; (уст.) болезнь.
malato, ta. [прил.] прокажённый; (уст.) больной.
malatoba, malatobo. [м.] (Амер.) петух красного оперения.
malatogo, ga. [прил.] (прост.) (Амер.) скверный, отвратительный.
malavenido, da. [прил.] сварливый, брюзгливый; несогласный.
malaventura. [ж.] несчастье, беда, неприятное приключение, злоключение.
malaventurado, da. [прил.] несчастный, злосчастный.
malaventuranza. [ж.] несчастье, беда, неудача.
malaxación. [ж.] разминание, дейст. к месить, разминать.
malaxador, ra. [прил.] месящий, месильный; [м.] месильная машина, месилка.
malaxar. [перех.] месить.
malaya. [ж.] (Амер.) часть мясной туши.
malayo, ya. [прил.] малайский; [м. и ж.] малаец, (-йка); [м.] малайский язык.
malbaratador, ra. [прил.] расточительный; [м. и ж.] расточитель, (-ница).
malbaratar. [перех.] распродавать по дешёвке; растрачивать, проматывать, расточать.
malbaratillo. [м.] лавка с дешёвыми товарами.
malbarato. [м.] распродажа по дешёвке; расточительность, мотовство.
malcarado, da. [прил.] имеющий отвратительное лицо или вид.
malcasado, da. [страд. прич.] к malcasar; [прил.] не исполняющий свой долг (о супругах); [м. и ж.] супруг, (-а) не исполняющий (-ая) свой долг.
malcasar. [перех.] неудачно женить; неудачно выдавать замуж.
malcaso. [м.] предательство, подлое действие.
malcocinado. [м.] внутренности вола и т. д.; лавка, где продают их.
malcocinador. [м.] (разг.) плохой повар.
malcocinar. [перех.] (разг.) плохо стряпать.
malcolocar. [перех.] плохо помещать, ставить и т. д.
malcomer. [перех.] плохо питаться, плохо или немного есть.

malcomido, da. [страд. прич.] к malcomer; [прил.] плохо или недостаточно напитанный.
malconsiderado, da. [прил.] см. desconsiderado.
malcontentadizo, za. [прил.] очень требовательный, прихотливый.
malcontento, ta. [прил.] недовольный; непокорный, мятежный; [м.] сорт карточной игры.
malcoraje. [м.] (бот.) многолетняя пролеска.
malcorazón. [прил.] (Амер.) жестокий.
malcorte. [м.] незаконная рубка леса.
malcote. [м.] (бот.) род дуба.
malcreer. [перех.] неосмотрительно поверить.
malcriadez. [ж.] (Амер.) невоспитанность; грубость.
malcriado, da. [прил.] невоспитанный, грубый, невежливый.
malcriar. [перех.] чрезмерно баловать ребёнка.
maldad. [ж.] злость, злоба; злой, незаконный поступок.
maldadoso, da. [прил.] (Амер.) злой, злобный.
maldecido, da. [страд. прич.] к maldecir; злой; [м. и ж.] злой человек: * maldecido de cocer, упрямый, злой.
maldecidor, ra. [прил.] злословный, злоречивый; [м. и ж.] злой язык.
maldecir. [перех.] проклинать, клясть; [неперех.] злословить, злоречить, поносить; (непр. гл.) спрягается как decir, кроме буд. вр.
maldiciente. [дейст. прич.] к maldecir; [прил.] злословящий, злоречивый; [м. и ж.] злой язык.
maldiciento, ta. [прил.] (Амер.) (вар.) см. maldiciente.
maldición. [ж.] проклятие; (уст.) злословие.
maldispuesto, ta. [прил.] нездоровый; нерасположенный к чему-л.
maldita. [ж.] (разг.) язык: * soltar la maldita, откровенно говорить.
malditamente. [нареч.] (разг.) очень плохо.
maldito, ta. [непр. страд. прич.] к maldecir; [прил.] злой; осуждённый, проклятый; (разг.) никакой; * maldito de cocer, (разг.) упрямый, злой; * ¡maldita sea! чёрт возьми!; * no sabe maldita la cosa, он ничего не знает.
maldoso, sa. [прил.] (Амер.) см. maldadoso.
maleabilidad. [ж.] ковкость, тягучесть.
maleabilizar. [перех.] делать ковким, тягучим.
maleable. [прил.] ковкий, тягучий; податливый.
maleaceo, a. [прил.] молотковидный.
maleador, ra. [прил. и сущ.] см. maleante.
maleamiento. [м.] порча; растление.
maleante. [дейст. прич.] к malear; [прил.] злой, преступный; бродячий; [м. и ж.] злой человек; бродяга.
malear. [прил.] (анат.) к молоточек.
malear. [перех.] портить; (перен.) развращать, портить; malearse [возв. гл.] портиться (о вине).
malecón. [м.] береговая насыпь; мол; дамба.
maledicencia. [ж.] злословие, злоречие.
maledicentísimo, ma. [прил. прев. степ.] к maldiciente.
maldiciente. [прил. и сущ.] см. maldiciente.
maléficamente. [нареч.] зловредно; пагубно.

maleficencia. [ж.] зловредность, склонность к нанесению вреда.
maleficiente. [прил.] зловредный, пагубный.
maleficiar. [перех.] причинять вред, делать зло (другим); сглазить, заколдовать, околдовать.
maleficio. [м.] колдовство, сглаз, порча; (уст.) вред.
maléfico, ca. [прил.] зловредный, пагубный, злотворный; злокозненный; колдовской; [м.] колдун, чародей.
maleiforme. [прил.] молотковидный.
malejo, ja. [прил. умен.] к malo.
malemplear. [перех.] плохо употреблять.
malenco, ca. [прил.] (обл.) болезненный, легко нездоровый.
malenconía. [ж.] (обл.) меланхолия.
malencónico, ca. [прил.] (обл.) меланхолический, грустный.
malentendido. [м.] (гал.) недоразумение.
maleo. [м.] (анат.) молоточек (кость внутреннего уха); (пат.) см. muermo.
maleolar, maleolario, ria. [прил.] (анат.) относящийся к лодыжке.
maléolo. [м.] (анат.) см. tobillo.
malero, ra. [м. и ж.] (Амер.) колдун, (-ья), чародей, (-ка).
malestar. [м.] нездоровье, недомогание; чувство беспокойства, тревоги.
maleta. [ж.] чемодан; (Амер.) сумка, котомка; (арг.) женщина, эксплуатированная мужчиной (сутенёром); (разг.) плохой тореадор; халтурщик: * hacer la maleta, собираться в путь; * largar, soltar la maleta, (Амер.) умирать.
maleta. [прил.] (Амер.) злой.
maletear. [перех.] (Амер.) воровать бумажники.
maletera. [ж.] (Амер.) см. maleta.
maletería. [ж.] (Амер.) чемоданная мастерская или магазин.
maletero, ra. [м. и ж.] мастер по производству чемоданов, продавец, (-щица) чемоданов; [м.] носильщик; (Амер.) карманник.
maletín. [м. умен.] к maleta, чемоданчик: * maletín de grupa, вещевой мешок кавалериста.
maletón. [м. увел.] к maleta, большой чемодан.
maletón, na. [м. и ж.] (Амер.) телёнок, тёлка отлучённая от груди.
maletudo, da. [прил.] (Амер.) горбатый.
malevaje. [м.] (Амер.) злонамеренные люди, сволочь, сброд, жульё.
malevo, va. [прил.] (Амер.) см. malévolo; [м.] злодей, преступник.
malevolencia. [ж.] недоброжелательство, зложелательство; злое чувство.
malevolente. [прил.] (Амер.) см. malévolo.
malévolo, la. [прил.] недоброжелательный, злорадный, зложелательный, злонамеренный.
maleza. [ж.] сорная трава, бурьян; заросль кустарника; (уст.) злость, злоба; (Амер.) гной.
malfamar. [перех.] (обл.) позорить, клеветать, чернить.
malformación. [ж.] органический, прирождённый недостаток.
malgache. [прил.] мадагаскарский; [м. и ж.] мадагаскарский уроженец, (-ка).
malgacho, cha. [прил. и сущ.] см. malgache; [м.] мадагаскарский язык.
malgama. [ж.] (хим.) амальгама.

malgastador, ra. [прил.] расточительный; [м. и ж.] мот, (-овка), расточитель, (-ница).
malgastar. [перех.] расточать, растрачивать, проматывать.
malgasto. [м.] растрата, расточение и т. д.; растраченные деньги и т. д.
malgeniado, da. [прил.] (Амер.) раздражительный.
malgenioso, sa. [прил.] (Амер.) раздражительный.
malhablado, da. [прил.] наглый, бесстыдный, дерзкий на язык (тже. сущ.).
malhadado, da. [прил.] несчастный, злополучный, неудачный.
malhecho, cha. [прил.] плохо сложённый, уродливый; [м.] злой поступок, преступление.
malhechor, ra. [прил.] злодейский; [м. и ж.] злодей, (-ка), преступник, (-ица).
malherir. [перех.] тяжело ранить; [непр. гл.] спрягается как herir.
malhojo. [м.] очистки, опавшая листва.
malhumorado, da. [страд. прич.] к malhumorar; [прил.] в плохом настроении, сердитый.
malhumorar. [перех.] вызывать дурное расстроение; malhumorarse. [возв. гл.] прийти в дурное настроение.
malicia. [ж.] злоба, озлобленность; злонамеренность, зловредность, злой умысел; злая насмешка; каверзность; извращённость; хитрость, лукавство; козни; (разг.) подозрение.
maliciable. [прил.] возбуждающий подозрение.
maliciar. [перех.] подозревать что-л дурное, сомневаться в чём-л; портить, вредить.
maliciosamente. [нареч.] насмешливо; лукаво, хитро.
malicioso, sa. [прил.] злой, злобный, злостный; насмешливый, колкий, язвительный; злонамеренный; хитрый, лукавый.
málico, ca. [прил.] (хим.) * ácido málico, яблочная кислота.
malicorio. [м.] (фарм.) гранатная корка.
malignamente. [нареч.] злобно.
malignar. [перех.] портить, повреждать, развращать; вредить; делать дурным; malignarse. [возв. гл.] портиться, ухудшаться.
malignidad. [ж.] злобность; злорадство; злонамеренность; вредоносность; злокачественность.
maligno, na. [прил.] злой, злобный; вредный, злокачественный; (гал.) см. malicioso: * espíritu maligno, злой дух, дьявол; * fiebre maligna, злокачественная лихорадка; * tumor maligno, злокачественная опухоль.
malilla. [ж.] (карт.) манилья.
malingrar. [перех.] (м. употр.) см. malignar.
malino, na. [прил.] (разг.) см. maligno.
malintencionadamente. [нареч.] злонамеренно, неблагонамеренно.
malintencionado, da. [прил.] злонамеренный, неблагонамеренный (тже. сущ.).
malmandado, da. [прил.] непослушный, не покорный.
malmariar. [перех.] (Амер.) дурманить.
malmaridada. [прил.] (тже. ж.) не исполняющая своего долга (о жене).
malmeter. [перех.] расточать, проматывать; подстрекать к чему-л дурному; ссорить.
malmirado, da. [прил.] на дурном счету, неуважаемый, нелюбимый, ненавидимый, враждебно настроенный; невежливый, грубый.
malmodiar. [перех.] (Амер.) дурно обращаться с кем-л.
malo, la. [прил.] плохой, скверный, нехороший, худой; дурной, злой; плохо, плохо сделанный, скверный; злокачествен-

ный; вредный; неудовлетворительный; неверный, неправильный; неприятный; больной; трудный; (разг.) озорной, проказливый; см. malicioso; серый, ничем не выдающийся; пришедший в негодность: * el malo, дьявол; * tener mala cara, плохо выглядеть; * lo malo es que, беда в том, что...; * estar de malas, быть неудачливым (в игре и т. д.); * por malas o por buenas, хочешь не хочешь; * por las malas, насильно, силою; * a malas, враждебно; * de malas, не к добру; * malo!, чёрт возьми!; * mala voluntad, неохота.
maloca. [ж.] (Амер.) набег, вторжение на индейскую территорию; неожиданное нападение, набег индейцев.
malófagos. [м. множ.] (зоол.) мехоеды.
malogrado, da. [страд. прич.] к malograr; [прил.] неудавшийся; безвременно погибший.
malogrador, ra. [прил.] упускающий возможности.
malogramiento. [м.] см. malogro.
malograr. [перех.] не использовать, упустить возможность, случай; malograrse. [возв. гл.] не удаваться, не осуществиться, потерпеть неудачу.
malogro. [м.] неудача, неуспех, провал.
maloja. [ж.] (Амер.) см. malojo.
malojal. [м.] (Амер.) плантация malojos.
malojo. [м.] (Амер.) род кормовой кукурузы.
maloliente. [прил.] вонючий, зловонный, смрадный.
malón. [м.] (Амер.) неожиданное нападение индейцев; (перен.) неожиданная измена.
malonear. [неперех.] (Амер.) совершать набеги (об индейцах).
malope. [ж.] (бот.) малопа, дырявка (растение).
maloquear. [неперех.] (Амер.) совершать набеги (об индейцах).
maloquero, ra. [прил. и сущ.] (Амер.) разбойник; тот, кто скупает краденые вещи (у индейцев).
malote, ta. [прил.] (Амер.) см. malucho; храбрый, смелый, доблестный; [м.] (Амер.) жар, лихорадка.
malparado, da. [страд. прич.] к malparar; [прил.] потерпевший неудачу и т. д.; разорившийся.
malparar. [перех.] наносить вред, портить.
malparida. [ж.] женщина, потерпевшая преждевременные роды, аборт.
malparido, da. [страд. прич.] к malparir; [прил.] (Амер.) недоношенный (о ребёнке).
malparir. [перех.] преждевременно родить, выкинуть.
malparto. [м.] преждевременные роды, аборт.
malpasar. [неперех.] бедно жить, жить помаленьку.
malpensado, da. [прил.] склонный строго судить.
malqueda. [м. и ж.] (обл.) человек, нарушающий данное слово.
malquerencia. [ж.] недоброжелательство, антипатия.
malquerer. [перех.] недолюбливать, питать неприязнь к кому-л, чувствовать антипатию; [непр. гл.] спрягается как querer.
malqueriente. [действ. прич.] к malquerer, питающий неприязнь к кому-л.
malquistador, ra. [прил.] ссорящий, вызывающий ссору между кем-л (тже. сущ.).
malquistamiento. [м.] дейст. к ссорить.
malquistar. [перех.] ссорить, вызывать ссору между кем-л; науськивать.
malquisto, ta. [прил.] в ссоре.
malro. [м.] (Амер.) репица.

malrotador, ra. [прил.] расточительный; [м. и ж.] расточитель, (-ница).
malrotamiento. [м.] расточение, мотовство.
malrotar. [перех.] расточать; растрачивать, проматывать.
malsano, na. [прил.] вредный для здоровья, нездоровый, вредный; болезненный.
malsín. [м.] сплетник, клеветник, доносчик.
malsinar. [перех.] (уст.) насплетничать.
malsonancia. [ж.] непристойность, неприличность.
malsonante. [прил.] непристойный, неприличный; несогласный с вероучением.
malsufrido, da. [прил.] нетерпеливый; плохо переносящий что-л, невыносливый.
malta. [ж.] солод; ячменный кофе; (мин.) род твёрдой горной смолы; цемент, известковый раствор: * de malta, солодовый.
malta. [ж.] (Амер.) сорт глиняного сосуда.
malte. [м.] солод.
maltería. [ж.] солодовня.
maltés. [прил.] мальтийский; [м. и ж.] уроженец, (-ка) Мальты, мальтиец.
maltobiosa. [ж.] (хим.) мальтоза.
maltón, na. [прил.] (Амер.) молодой, подрастающий (тже. сущ.).
maltosa. [ж.] (хим.) мальтоза, вид сахара.
maltosuria. [ж.] наличие мальтозы в моче.
maltrabaja. [м. и ж.] (разг.) лентяй, (-ка).
maltraca. [ж.] (обл.) (вар.) см. matraca.
maltraído, da. [прил.] (Амер.) неряшливый.
maltrapillo, lla. [прил.] оборванный, в лохмотьях.
maltratamiento. [м.] дурное обращение.
maltratar. [перех.] дурно, грубо обращаться, худо обходиться (с кем л.); обижать; прибить, поколотить кого-л; наносить вред, см. menoscabar: * maltratar de palabra, разбранить; * maltratar de obra, поколотить кого-л.
maltrato. [м.] дурное обращение.
maltrecho, cha. [прил.] потерпевший неудачу, вред, поражение и т. д.
maltusianismo. [м.] мальтузианство.
maltusiano, na. [прил.] мальтузианский; [м. и ж.] мальтузианец, (-ка).
malucho, cha. [прил.] (Амер.) болезненный, слабый, хилый.
malulo. [м.] (Амер.) дьявол.
malmacas. [ж., множ.] ласка (внешнее выражение в жесте, взгляде).
maluquera. [ж.] (Амер.) недомогание, нездоровье.
maluqueza. [ж.] (Амер.) см. maluquera; безобразие; злоба, злость.
maluquio. [м.] (обл.) маленькая земляника.
malva. [ж.] (бот.) мальва: * malva rosa, real, arbórea или loca, штокроза; * ser una malva, быть послушным, тихим.
malváceo, a. [прил.] (бот.) мальвовый; [ж. множ.] (бот.) мальвовые.
malvadamente. [нареч.] зло, злобно, со злостью.
malvado, da. [страд. прич.] к malvar; [прил.] очень злой, злодейский; [м. и ж.] злодей, (-ка).
malvar. [м.] место, изобилующее мальвой.
malvar. [перех.] портить, развращать.
malvarrosa. [ж.] (бот.) штокроза.
malvasía. [ж.] мальвазия (сорт винограда, сладкого вина).
malvavisca. [ж.] (Амер.) (вар.) см. malvavisco.
malvavisco. [м.] (бот.) алтея, просвирняк.
malvender. [перех.] продавать в убыток, продешевить; разбазарить.
malversación. [ж.] растрата.

malversadamente. [нареч.] с растратой.
malversador, ra. [прил.] растрачивающий казённые или чужие деньги.
malversar. [перех.] растрачивать казённые или чужие деньги.
malvezar. [перех.] заставить привыкнуть к дурным привычкам.
malvis. [м.] (орни.) ореховка; певчий дрозд (разновидность).
malvivir. [неперех.] плохо жить: * gente de malvivir, (разг.) пропащие люди.
malvón. [м.] (Амер.) герань.
malla. [ж.] петля, клетка (кружева, се(т)ки) колечко (кольчуги); звено (цепи); кольчуга; [множ.] трико (балетное и т. д.).
malla. [ж.] см. meaja.
malla. [ж.] (Амер.) картофель (одна из разновидностей); род настурции.
mallado, da. [прил.] носящий кольчугу.
mallar. [м.] делать петли; плести сетку; запутаться в сетях.
mallar. [перех.] (обл.) молотить; см. masticar.
mallero, ra. [м. и ж.] тот, кто делает сети и т. д.
malleta. [ж.] (рыб.) конопляная верёвка.
mallete. [м.] (гол.) деревянный молоток; (мор.) кусок дерева в форме клина.
malleto. [м.] колотушка.
mallico. [м.] (бот.) название одного чилийского растения.
mallín. [м.] (Амер.) заливной луг; трава покрывающая его, идущая в корм.
mallo. [м.] молот, деревянный молоток; игра шарами; место для игры шарами.
mallo. [м.] (Амер.) кушанье из картофеля с луковым соусом.
mallorquín, na. [прил.] относящийся к Mallorca; [м. и ж.] уроженец, (-ка) этого острова.
mallugar. [перех.] (Амер.) (вар.) см. magullar.
mama. [ж.] (анат.) женская грудь, грудная (молочная) железа; вымя; (разг.) мама.
mamá. [ж.] мама.
mamacallos. [м.] (перен.) (разг.) простак, глупец, дурень, простофиля, глупый, малодушный мужчина.
mamacona. [ж.] девственная жрица солнца (у древних перуанцев); (Амер.) сорт недоуздка.
mamacha. [ж.] (Амер.) Богородица.
mamada. [ж.] (разг.) кормление грудью; порция материнского молока: (Амер.) удачная сделка; см. borrachera.
mamadera. [ж.] прибор для сцеживания молока; (Амер.) соска (на бутылке).
mamadero, ra. [прил.] (перен.) хороший, прекрасный.
mamado, da. [прил.] (прост.) навеселе, пьяненький, под мухой.
mamador, ra [прил.] сосущий; [м.] сосун(ок).
mamaíta. [ж. умен.] к mamá, маменька, мамаша.
mamajuana. [ж.] (Амер.) см. damajuana.
mamalgia. [ж.] (пат.) боль в грудной железе.
mamalogía. [ж.] наука о млекопитающих.
mamalógico, ca. [прил.] к mamalogía.
mamálogo. [м.] специалист по mamalogía.
mamalón, na. [прил.] (Амер.) ленивый, живущий на чужой счёт.
mamamama. [ж.] (Амер.) бабка, бабушка.
mamancona. [ж.] (Амер.) толстая старуха.
mamandurria. [ж.] (Амер.) лёгкий заработок.
mamante. [дейст. прич.] к mamar, сосущий.
mamantear. [перех.] (Амер.) кормить грудью.
mamantón, na. [прил.] сосущий (о животных).
mamar. [перех.] сосать грудь; (разг.) проглатывать, глотать не прожёвывая; (перен.) всасывать с молоком матери что-л; (разг.) достигнуть, добиться чего-л; **mamarse.** [возв. гл.] получить; (Амер.) напиваться пьяным: * mamarse a uno, побеждать кого-л, сбивать с толку кого-л; (Амер.) убить кого-л; * mamarse el dedo, (разг.) дать себя обмануть.
mamario, ria. [прил.] (анат.) грудной: * glándulas mamarias, грудная железа.
mamarrachada. [ж.] (разг.) мазня; (перен.) нелепость, глупость.
mamarrachar. [неперех.] (Амер.) принимать участие в карнавальном шествии.
mamarracho. [м.] смешная фигурка, экстравагантное украшение; нелепая или экстравагантная вещь; (разг.) человечек, несерьёзный человек: * pintar mamarrachos, пачкать, марать.
mambla. [ж.] бугор, круглый холм.
mamboretá. [м.] (Амер.) прямокрылое насекомое (один из видов).
mambrina. [ж.] (зоол.) род козы.
mambrú. [м.] (мор.) труба очага.
mambullita. [ж.] (Амер.) жмурки (игра).
mame. [м.] (Амер.) высасывание из груди матери.
mameliforme. [прил.] сосцеобразный, сосцевидный.
mamelón. [м.] бугорок, круглый холмик.
mamelonado, da. [прил.] (хир.) покрытый сосочками.
mameloneo, a. [прил.] (бот.) пузыристый.
mameluca. [ж.] (Амер.) проститутка.
mameluco. [м.] (ист.) мамелюк (всадник); (перен.) (разг.) дурак, дурень; (Амер.) детский ночной комбинезон.
mamella. [ж.] длинный отросток на шее (у коз).
mamellado, da. [прил.] имеющий mamellas.
mamerria. [ж.] (Амер.) голова.
mamerro, rra [прил.] (Амер.) поразительный, дивный; полный до краёв.
mamerto. [м.] (Амер.) дурень, глупец, дурак.
mamey. [м.] (бот.) американское дерево; плод этого дерева (съедобный).
mameyazo. [м.] (разг.) (Амер.) удар рукой, предметом.
mami. [м.] (обл.) хлебный мякиш.
mamífero. [прил.] (зоол.) млекопитающий; [м. множ.] (зоол.) млекопитающие.
mamiforme. [прил.] сосцеобразный; (анат.) см. mastoides.
mamila. [ж.] часть вымени, молочная или грудная железа (без сосков); сосок (у мужчины).
mamilado, da. [прил.] см. mamelonado; бугорконосный.
mamilar. [прил.] к mamila.
mamilífero, ra. [прил.] (бот.) бугорконосный.
mamiliforme. [прил.] сосцевидный.
mamita. [ж.] (разг.) (Амер.) мамочка; [м.] (Амер.) см. marica.
mamitis. [ж.] грудница, воспаление грудных (молочных) желез; (вет.) воспаление вымени.
mammón. [м.] мамон, мамона.
mamoa. [ж.] (Амер.) бугор, круглый холм.
mamola. [ж.] ласка по подбородке (знак насмешки): * hacer la mamola, насмехаться, смеяться над кем-л.

mamón, na. [прил. и сущ.] сосущий; много или долго сосущий; [м. и ж.] грудной ребёнок, сосунок; (бот.) южноамериканское дерево и его плод; побег, росток; (Амер.) бисквит из картофельной муки.
mamona. [ж.] см. mamola.
mamoncito, ta. [прил. умен.] к mamón (тж. сущ.) [м.] поросёнок.
mamoneada. [ж.] (Амер.) град ударов, побои.
mamonear. [перех.] (Амер.) ударять палкой, бить кого-л.
mamonismo. [м.] см. mamonolatría; склонность копить деньги и т. д.; власть денег.
mamonolatría. [ж.] религиозное поклонение мамону.
mamoso, sa. [прил.] хорошо или с аппетитом сосущий.
mamotreto. [м.] записная книжка; (разг.) толстая книга; кипа бумаг.
mampara. [ж.] ширма; (Амер.) дверь.
mamparo. [м.] (мор.) переборка; * mamparo estanco, водонепроницаемая переборка.
mamparra. [ж.] (обл.) рыбная ловля с помощью огня.
mampato, ta. [прил.] (Амер.) толстотелый и коротконогий (о животных).
mamperlán. [м.] (обл.) ступень, ступенька; деревянная рейка на крае ступеньки.
mamperlaño. [м.] см. mamperlán.
mamplé. [м.] (Амер.) низкокачественный ром.
mamplora. [м.] (Амер.) педераст.
mamporra. [м.] (Амер.) ничтожный мужчина.
mamporro. [м.] (разг.) удар, оплеуха.
mamposta. [м. и ж.] (Амер.) разиня, ротозей; дурень.
mampostear. [перех.] производить каменную кладку.
mampostería. [ж.] каменная кладка, бутовая кладка стен.
mampostero. [м.] каменщик; сборщик податей; (обл.) парапет.
mampresar. [перех.] приручать, дрессировать (о лошадях).
mampuesta. [ж.] ряд кирпичей, камней в кладке.
mampuesto, ta. [прил.] каменный, кирпичный и т. д.; [м.] необтёсанный камень; парапет; (Амер.) опора для огнестрельного оружия (при прицеливании): * de mampuesto, в запасе.
mamúa. [ж.] (Амер.) опьянение, хмель.
mamujar. [перех.] неохотно сосать грудь.
mamulón, na. [прил.] (Амер.) ленивый, живущий на чужой счёт.
mamullar. [перех.] есть или жевать, как ребёнок сосущий грудь, чавкать; (перен.) (разг.) жевать слова, шамкать.
mamusear. [перех.] (Амер.) подбирать, собирать остатки.
mamut. [м.] мамонт.
man. [ж.] см. mano: * a mansalva, в безопасности.
mana. [ж.] (Амер.) источник, родник, ключ; (перен.) начало, источник, причина.
maná. [м.] манна.
manaca, manaco. [м.] пальма Центральной Америки.
manacal. [м.] место, изобилующее manacas.
manación. [ж.] дейст. и результат к бить ключом.
manada. [ж.] стадо, отара; пучок (сена и т. д.).
manadero. [м.] пастух.

manadero, ra. [прил.] бьющий ключом; [м.] источник, родник, ключ.
managua. [ж.] (Амер.) экипаж судна.
managuaco, ca. [прил.] сельский, крестьянский, грубый.
manajú. [м.] (Амер.) кубинское дикорастущее дерево.
manante. [дейст. прич.] к manar, бьющий ключом.
manantial. [прил.] родниковый, ключевой; [м.] источник, родник, ключ; (перен.) начало, первоисточник.
manantío, tía. [прил.] бьющий ключом.
manantivo. [м.] (обл.) родник, источник, ключ.
manar. [неперех. перех.] бить (о ключе); хлынуть; (перен.) изобиловать.
manare. [м.] (Амер.) сорт сита.
manatí, manato. [м.] (зоол.) ламантин, морская корова.
manaza. [ж. увел.] к mano, ручища.
manazo. [м.] (Амер.) удар рукой.
manca. [ж.] (Амер.) большой горшок.
mancamiento. [м.] дейст. к калечить руки; лишение, отсутствие чего-л.
mancaperro. [м.] название одного растения.
mancar. [перех.] портить, калечить руки; манкировать, не выполнять чего-л.; **mancarse.** [возв. гл.] калечить себя руки; (Амер.) осмеливаться.
mancarrón, na. [прил. увел.] к manco [м.] кляча; (Амер.) плотина (на ручье).
manceba. [ж.] любовница, наложница.
mancebete. [м. умен.] к mancebo.
mancebía. [ж.] публичный дом, дом терпимости; нечестное развлечение.
mancebo. [м.] молодой человек, парень; холостяк; подмастерье, подручный.
máncer. [м.] сын проститутки.
mancera. [ж.] обжа, рукоятка (у плуга).
macerina. [ж.] сорт блюдца.
mancil. [арг.] см. mandilandín.
mancilla. [ж.] позорное пятно, бесчестие.
mancillado, da. [страд. прич.] к mancillar; [прил.] внебрачный (о ребёнке).
mancillar. [перех.] пачкать, пятнать, марать (репутацию и т. д.).
mancipación. [ж.] торжественное отчуждение имущества; продажа и купля.
mancipar. [перех.] порабощать, покорять.
manclenco, ca. [прил.] слабый, хилый.
manco, ca. [прил.] однорукий; (перен.) неполноценный, дефектный; [м.] (Амер.) кляча; * no ser uno manco, (разг.) быть ловким; * no ser cojo ni manco, (разг.) быть очень умным, опытным; быть недоброхотным; * no es manco, он парень не промах.
mancomún (de). в согласии; совместно; солидарно.
mancomunadamente. [нареч.] в согласии; совместно; солидарно.
mancomunado, da. [страд. прич.] к mancomunar (тж. прил.).
mancomunar. [перех.] соединять, объединять, сплачивать; **mancomunarse.** [возв. гл.] объединяться.
mancomunidad. [ж.] объединение, соединение; союз разных провинций.
mancorna. [ж.] (Амер.) пара запонок; см. broche.
mancornar. [перех.] валить, схватывая за рога; связывать за рога (двух животных); (перен.) (разг.) связывать; [непр. гл.] спрягается как contar.
mancornear. [перех.] (Амер.) см. mancornar; **mancornearse.** [возв. гл.] (Амер.) подраться; сговариваться.
mancornia. [ж.] (Амер.) см. compinche.
mancuerda. [ж.] (уст.) скручивание верёвки (при пытке).
mancuerna. [ж.] пара связанных за рога животных; пара связанных вещей; верёвка, служащая для связывания скота; (Амер.) парный лист табака; (филипп.) пара связанных цепью каторжников; (Амер.) запонка.
mancuernillas. [ж. множ.] (Амер.) запонки.
mancha. [ж.] пятно; клочок земли, выделяющийся среди других; (перен.) пятно (на репутации и т. д.): * cundir como mancha de aceite, (разг.) быстро распространяться (о известии); * salir la mancha, исчезать или появляться вновь (о пятне).
mancha. [ж.] (обл.) воздуходувные мехи.
manchadizo, za. [прил.] маркий: * calidad de manchadizo, маркость.
manchado, da. [страд. прич.] к manchar; [прил.] покрытый пятнами; гнедой с яблоками (о масти лошади).
manchal. [м.] (Амер.) группа каучуковых деревьев.
manchancha. [ж.] (Амер.) раздача денег детям на свадьбах и крестинах; см. rebatiña.
manchar. [перех.] пятнать, пачкать, грязнить, марать; (перен.) пачкать, пятнать, порочить, осквернять; **mancharse.** [возв. гл.] пятнаться, пачкаться, мараться.
manchar. [перех.] раздувать мехи; надувать мехи; надувать органные мехи.
manchego, ga. [прил.] относящийся к la Mancha; [м. и ж.] уроженец, (-ка) этой испанской области.
mancheta. [ж.] крупный заголовок (в газете).
manchita. [ж.] (Амер.) детская игра.
manchón, na. [м. увел.] к mancha, большое пятно; участок с особенно густыми всходами.
manchón. [м.] (Амер.) (гал.) муфта (для рук).
manchoso, sa. [прил.] (обл.) маркий.
manchu. [м.] (прост.) вол.
manchú. [прил.] маньчжурский; [м. и ж.] маньчжур, (-ка).
manchuela. [ж. умен.] к mancha, пятнышко.
manchuriano, na. [прил. и сущ.] см. manchú.
manda. [ж.] обещание, предложение; дар, наследство; (Амер.) см. voto.
mandadero, ra. [м. и ж.] см. demandadero.
mandado, da. [страд. прич.] к mandar; [м.] приказ, распоряжение; поручение: * ser bien (mal) mandado, быть послушным (непослушным).
mandamás. [м.] (прост.) начальник.
mandamiento. [м.] распоряжение, приказ, приказание, предписание; (рел.) заповедь; (юр.) приказание, письменный приказ; [множ.] (разг.) пальцы; * los diez mandamientos, десять заповедей; * poner los cinco mandamientos en la cara de uno, дать пощёчину кому-л.
mandanga. [ж.] медлительность, апатия.
mandante. [дейст. прич.] к mandar. [м. и ж.] (юр.) уполномочивающий, дающий мандат, поручение.
mandar. [перех.] приказыват, велеть, распоряжаться; командовать; посылать; поручать; [неперех.] повелевать, властвовать, господствовать, начальствовать; **mandarse.** [возв. гл.] передвигаться самостоятельно (о больном и т. д.); быть смежными (о комнатах); пользоваться чем-л.; (Амер.) незаметно уходить, удирать: * mandar venir, позвать; вызвать; * mandar hacer, поручить сделать, заказать; * mandar a paseo, прогнать, отказать; * como Dios manda, по Божьим и мирским законам; * bien (mal) mandado, см. bienmandado, malmandado.
mandarín. [м.] мандарин (сановник в старом Китае).
mandarina. [ж.] мандарин (плод); китайс-

кий язык (книжный): * de mandarina, мандаринный, мандариновый.
mandarinato. [м.] должность мандарина.
mandarinero, mandarino. [м.] (бот.) мандарин (дерево).
mandarra. [ж.] (обл.) закрытый фартук.
mandarria. [ж.] (мор.) колотушка конопатчика.
mandatario. [м.] (юр.) уполномоченный, поверенный; (Амер.) представитель власти.
mandato. [м.] мандат, поручение, полномочие; приказ; (рел.) омовение ног и проповедь к нему; * mandato imperativo, избрание в депутаты под условием голосования за или против по данному вопросу.
manderecha. [ж.] правая рука: * buena manderecha, счастье, удача.
mandí. [м.] сорт аргентинской рыбы.
mandible. [прил.] (обл.) услужливый; послушный.
mandíbula. [ж.] челюсть: * reír a mandíbula batiente, громко, во всё горло смеяться, хохотать.
mandibulado, da. [прил.] имеющий челюсти.
mandibular. [прил.] челюстной.
mandibuliforme. [прил.] имеющий форму челюсти.
mandil. [м.] передник, фартук, закрытый фартук; суконка для чистки лошадей; густая рыболовная сеть; (арг.) см. mandilandín.
mandilandín. [м.] (арг.) слуга проститутки или сутенёра.
mandilandinga. [ж.] (арг.) см. hampa.
mandilar. [перех.] чистить лошадей суконкой.
mandilejo. [м. умен.] к mandil.
mandilete. [м.] часть доспехов, защищающая руку, латная рукавица; (форт.) дверца бойницы.
mandilón. [м.] (разг.) трус.
mandinga. [сущ.] негр, (-итянка) восточного Судана; [м.] язык этих негров; (обл.) см. baldragas; (Амер.) дьявол, чёрт; колдовство; озорник.
mandioca. [ж.] (бот.) маниока; мука из маниоки.
mandiocal. [м.] место, изобилующее маниокой.
mando. [м.] власть; (воен.) командование, боевое управление; [множ.] (воен.) командный состав; управление (в машинах); (арг.) ссылка: * alto mando, mando supremo, верховное командование; * tomar el mando, принять командование; * tener el mando y el palo, пользоваться абсолютной властью.
mandoble. [м.] удар холодным оружием (которое держат обеими руками); (разг.) большой меч (двуручный); (перен.) строгий выговор, нахлобучка, головомойка, нагоняй.
mandolín. [м.] mandolina. [ж.] (Амер.) (прост.) мандолина, см. bandolín.
mandolino. [м.] (Амер.) (прост.) мандолина, см. bandolín.
mandón, na. [прил.] властолюбивый, властный; [сущ.] властолюбивый человек; [м.] (Амер.) (горн.) надсмотрщик.
mandora. [ж.] (муз.) бандура (музыкальный инструмент).
mandra. [ж.] (уст.) пастушья хижина.
mandrache. [м.] см. mandracho.
mandrachero. [м.] (обл.) содержатель игорного дома.
mandracho. [м.] (обл.) игорный дом.
mandrágora, mandrágula. [ж.] (бот.) мандрагора, адамова голова (растение).
mandria. [прил.] трусливый, малодушный; (обл.) ленивый (тж. сущ.).

mandril. [м.] (зоол.) мандрил (порода обезьян).
mandril. [м.] токарная бабка; патрон станка; пробойник, оправка (сверла); (хир.) стержень.
mandrón. [м.] деревянный или каменный шар (старинный снаряд); древнее орудие для метания камней.
mandubí. [м.] арахис, земляной орех.
manduca. [ж.] см. manducatoria; (Амер.) кукурузная лепёшка.
manducable. [прил.] съедобный, пережёвываемый.
manducación. [ж.] (разг.) еда, принятие пищи.
manducar. [неперех.] (разг.) есть; [перех.] (разг.) есть, съедать.
manducativo, va. [прил.] съедобный.
manducatoria. [ж.] (разг.) еда, кушанье, съестное.
manducón, na. [прил.] прожорливый.
mandulete. [м.] (Амер.) см. badulaque, bellaco.
mandurria. [ж.] (обл.) см. bandurria.
manea. [ж.] лошадиные путы.
maneador. [м.] (Амер.) длинный узкий ремень.
manear. [перех.] одевать путы, стреноживать (лошадь); см. manejar; manejarse. [возв. гл.] заплетаться (о ногах); находиться в затруднительном положении.
manecilla. [ж. умен.] к mano; застёжка (у книги, альбома); стрелка часов, ручка, рукоятка; рука или указательный палец (знак), указывающий что-л; (бот.) усик.
manejabilidad. [ж.] удобоуправляемость.
manejable. [прил.] удобный в работе (об инструменте); (удобо)управляемый, легко управляемый.
manejadora. [ж.] (Амер.) няня.
manejar. [перех.] держать в руках; владеть; уметь обращаться (с прибором и т. д.); ловко править лошадью; (перен.) управлять, заведовать; * manejar a su antojo, распоряжаться по своему усмотрению; * manejar bien la pluma, владеть пером; manejarse. [возв. гл.] двигаться, приобретать ловкость.
manejo. [м.] обращение с чем-л; управление, заведование делом; искусство правления лошадьми; [множ.] (разг.) махинации.
maneo. [м.] галисийский народный танец.
maneota. [ж.] путы.
manera. [ж.] образ действий, способ, манера, приём; боковое отверстие (у юбки); разрез, прореха (у брюк); (жив.) фактура; [множ.] манеры: * a la manera de, вроде, подобно, на манер, подобно; * de esa manera, таким образом; * de mala manera, грубо; * a su manera, по своему; на свой лад; * de manera, que, так чтоб(ы); * sobre manera, чрезмерно, исключительно; * en gran manera, весьма, в значительной степени; * ¿de qué manera?, каким образом; * de otra manera, иначе; * de cualquier manera, кое-как.
manerismo. [м.] маньеризм.
manerista. [м. и ж.] живописец, писатель и т. д., произведения которого страдают отсутствием простоты, маньеризмом.
manes. [м. множ.] (миф.) маны, обоготворенные души умерших.
maneta. [ж.] (обл.) площица (вид клеща).
maneto, ta. [прил.] однорукий; кривоногий; косолапый.
manezuela. [ж. умен.] к mano. ручка, ручонка; застёжка; ручка, рукоятка (инструмента).
mánfanos. [м. множ.] (обл.) ломтики хлеба, которые обмакивают в соусе.

manferidor. [м.] контролёр.
manfla. [ж.] (разг.) любовница; (обл.) старая свинья; (арг.) дом терпимости, публичный дом.
manflor. [м.] (Амер.) см. manflorita.
manflórico, ca. [прил.] (Амер.) женоподобный.
manflorita. [м.] (Амер.) (вар.) см. hermafrodita, женоподобный мужчина.
manflota. [ж.] (арг.) публичный дом.
manflotesco ca. [прил.] (арг.) часто посещающий публичные дома.
manga. [ж.] рукав; конец оси, на который надевается колесо; дорожный мешок; (тех.) шланг, рукав; рыболовная сеть; (мор.) ширина судна; накидка из грубой ткани; смерч; матерчатая цедилка; вооружённый отряд; (Амер.) огороженный прогон для скота; [множ.] см. adehalas: * hacer mangas y capirotes, самовольно действовать; * en mangas de camisa, без пиджака, в рубашке; * tener la manga ancha, смотреть на что-л сквозь пальцы; кривить душой; * manga ancha, криводушие; * andar manga por hombro, быть в большом беспорядке (о доме и т. д.); * a buena hora mangas verdes, после ужина горчица; * mangas de viento, вихрь; * manga de agua, водяной смерч.
manga. [ж.] разновидность мангового дерева; плод этого дерева.
mangada. [ж.] (обл.) длинный узкий луг или участка земли.
mangado. [м.] (обл.) охапка (дров и т. д.).
mangajarro. [м.] грязный слишком длинный рукав.
mangajo. [м.] (Амер.) тряпка, безвольный человек; неуклюжий человек.
mangajón, na. [прил.] (обл.) оборванный (о человеке).
mangana. [ж.] аркан.
manganato. [м.] (хим.) манганат, соль марганцовистой кислоты.
manganear. [перех.] (Амер.) набрасывать аркан; приставать, надоедать; грабить, похищать.
manganes(i)a. [ж.] (мин.) двуокись марганца.
manganésico, ca. [прил.] (хим.) марганцевый, содержащий марганец.
manganesífero, ra. [прил.] см. manganésico.
manganeso. [м.] (хим.) марганец.
mangáneta. [ж.] (обл.) сеть для ловли птиц; (Амер.) см. manganilla.
mangangá. [м.] (Амер.) шмель; (перен.) (разг.) (Амер.) ворчун; вор, карманник; деньги.
mangánico, ca. [прил.] (хим.) марганцевый.
manganilla. [ж.] обман, ловушка, уловка; (обл.) сорт длинного шести для сбивания плодов с дубов.
manganina. [ж.] манганин (сплав меди, марганца и никеля).
manganita. [ж.] (мин.) манганит, водная окись марганца.
manganosita. [ж.] (мин.) манганозит.
mangante. [м.] (арг.) см. mendigo; (разг.) человек выманивающий деньги.
manganzón. [прил. и сущ.] см. magánzon.
manganzonear. [неперех.] (Амер.) лодырничать, бездельничать.
mangar. [перех.] (Амер.) насмехаться над кем-л, издеваться; [неперех.] (Амер.) выманивать деньги.
mangasinoro. [м.] (бот.) филиппинское дерево.
mangazo. [м.] (Амер.) удар тыльной стороной руки, кулаком.

562 **man**gla

mangla. [ж.] (обл.) см.ládano.
mangle. [м.] (бот.) манглия; плод манглии.
manglar. [м.] место, засаженное манглиями.
mango. [м.] рукоятка, ручка.
mango. [м.] (бот.) манго; манго (плод).
mangón. [м.] перепродавец.
mangón. [м.] (Амер.) загон для скота.
mangón, na. [прил.] (обл.) см. grandillón; ленивый, лодырничающий.
mangonada. [ж.] удар рукой (brazo).
mangoneador, ra. [прил.] любящий вмешиваться в чужие дела (тж. сущ.).
mangonear. [неперех.] (разг.) бродяжничать, бродить, блуждать; соваться не в своё дело; хозяйничать; (Амер.) похищать, грабить.
mangoneo. [м.] (разг.) неуместное вмешательство в чужие дела; хозяйничанье.
mangonero, ra. [прил.] склонный соваться не в своё дело, хозяйничать.
mangorrera. [ж.] (Амер.) небольшой нож.
mangorrero, ra. [прил.] грубый (о ноже); (разг.) часто находящийся в руках; (перен.) (разг.) негодный, малоценный.
mangorrillo. [м.] обжа.
mangosta. [ж.] (зоол.) мангуста, ихневмон, фараонова мышь.
mangostán. [м.] мангустан (плод).
mangostán. [м.] (бот.) мангустан.
mangosto. [м.] мангустан (плод) см. mangosta.
mangote. [м.] (разг.) длинный широкий рукав; нарукавник.
mangrino, na. [прил.] (Амер.) хилый, слабый.
mangrullar. [перех.] (Амер.) подстерегать, сторожить.
mangrullero. [м.] (Амер.) пожарный; часовой.
mangrullo. [м.] (Амер.) сторожевая вышка на дереве; дозорный.
mangual. [м.] старинный хлыст с железными шарами.
manguala. [ж.] (Амер.) обман, подлог; сговор.
manguardia. [ж.] (Амер.) авангард; (арх.) береговой устой (у моста).
manguarear. [неперех.] (Амер.) делать вид как будто работают.
mangudo, da. [прил.] с длинной рукояткой.
mangue. [мест.] (арг.) я.
manguear. [перех.] собирать, загонять разбежавшееся стадо.
manguear. [перех.] (Амер.) есть.
manguera. [ж.] (мор.) рукав, шланг, кишка; вентиляционная труба; водяной смерч; (Амер.) загон для скота.
manguero. [м.] тот, кто по ремеслу поливает из шланга.
manguero. [м.] (Амер.) манго (дерево).
mangueta. [ж.] клизма; дверная петля; кровельная балка; рычаг.
manguilla. [ж. умен.] к manga, рукавчик; (Амер.) нарукавник.
manguidó. [прил.] (Амер.) ленивый, живущий на чужой счёт.
manguita. [ж.] покрывало, чехол.
manguitería. [ж.] см. peletería.
manguitero, ra. [м. и ж.] см. peletero.
manguito. [м.] меховая муфта; женский нарукавник; сдобный хлеб в форме венца; длинная перчатка; (тех.) муфта.
maní. [м.] арахис, земляной орех.
manía. [ж.] мания, психическая болезнь; странность, причуда; мания, пристрастие, ненормальное стремление, страсть; (разг.) враждебность.

manía. [ж.] (Амер.) арахис, земляной орех.
maniabierto, ta. [прил.] (перен.) (разг.) щедрый.
maniaco, ca. [прил.] страдающий маниею; [м. и ж.] маньяк, (-чка).
manialbo, ba. [прил.] белоногий (о лошади).
maniatar. [перех.] связывать руки.
maniate. [м.] (Амер.) путы.
maniático, ca. [прил.] страдающий маниями, помешанный; [м. и ж.] маньяк, (-чка).
maniblaj. [м.] (арг.) см. mandilandín.
maniblanco, ca. [прил.] белоногий.
manicato, ta. [прил.] (Амер.) храбрый, бесстрашный, смелый.
manicero, ra. [м. и ж.] продавец, (-щица) арахисов.
manicomial. [прил.] к сумасшедший дом.
manicomio. [м.] сумасшедший дом.
manicordio. [м.] (муз.) см. monacordio.
manicorto, ta. [прил.] (разг.) скупой, скаредный; [м. и ж.] скупец.
manicú. [м.] североамериканский дикий кабан.
manicuro, ra. [м. и ж.] специалист по маникюру, маникюрша; [ж.] маникюр.
manida. [ж.] убежище, логово; (арг.) дом, место жительства.
manido, da. [страд. прич.] к manir; [прил.] старый, потрёпанный; избитый (о теме и т. д.); тухлый, несвежий (о мясе).
manido, da. [прил.] скрытый, тайный.
maniego, ga. [прил.] одинаково владеющий правой и левой рукой.
manierismo. [м.] (гал.) см. manerismo.
manierista. [м. и ж.] (гал.) см. manerista.
manifacero, ra. [прил.] сующийся не в своё дело (тж. сущ.).
manifactura. [ж.] см. manufactura; форма вещей.
manífero, ra. [прил.] (бот.) манноносный.
manifestación. [ж.] открытое проявление (какого-л. чувства); обнаруживание; изъявление, заявление, манифестация; (уличная) манифестация, демонстрация.
manifestador, ra. [прил.] открыто проявляющий и т. д.; принимающий участие в манифестации (тж. сущ.); [м.] место, где выставляют причастие.
manifestante. [дейст. прич.] к manifestar; [м. и ж.] демонстрант, (-ка), манифестант, (-ка).
manifestar. [перех.] открыто проявлять, обнаруживать, показывать; заявлять, объявлять; выставлять причастие; manifestarse. [возв. гл.] являться, обнаруживаться, проявляться, сказываться, открываться.
manifestativo, va. [прил.] содержащий в себе открытое проявление чего-л, обнаруживание и т. д.
manifiestamente. [нареч.] явно, очевидно.
manifiesto, ta. [непр. страд. прич.] к manifestar; [прил.] явный, очевидный; открытый; [м.] манифест, письменное объявление; декларация о привезённом на корабле грузе; выставление причастия: * poner de manifiesto, см. manifestar.
maniforme. [прил.] дланевидный.
maniganza. [ж.] интрига, происки, ухищрения, пронырство, махинация.
manigero. [м.] надсмотрщик, старший над группой сельскохозяйственных рабочих.
manigrafía. [ж.] (пат.) описание мании.
manígrafo. [м.] (пат.) психиатр.
manigua. [ж.] (Амер.) поле, заросшее сорняками.
manigual. [м.] сельва; см. manigua.
manigüero, ra. [прил.] (Амер.) восставший; [м. и ж.] (Амер.) повстанец, инсургент; игрок.
manigueta. [ж.] рукоятка, ручка.

manija. [ж.] рукоятка, ручка (инструмента); путы, оковы; железный обод; кожаная перчатка (для левой руки, при жатве).
manijar. [перех.] (Амер.) см. manejar.
manijero. [м.] вербовщик сельскохозяйственных рабочих.
manilargo, ga. [прил.] длиннорукий (перен.) дерзкий; щедрый.
manilense, manileño. [прил.] относящийся к Manila; [м. и ж.] уроженец (-ка) этого филиппинского города.
maniligero, ra. [прил.] (Амер.) драчливый.
manilo, la. [прил.] (Амер.) большой (о петухе или курице); трусливый, малодушный; [м. и ж.] большой петух, большая курица.
maniluvio. [м.] (мед.) ручная ванна (чаще множ.).
manilla. [ж.] браслет; наручники.
manilla. [ж.] (обл.) тетрадка; (Амер.) митенка; сорт штукатурной лопатки; ручка, рукоятка; [множ.] кольца (гимнастические).
maniobra. [ж.] ручная работа; (перен.) проделки, манёвры, махинации; (мор.) искусство управлять судном; манёвр, эволюция; снасти, такелаж; (воен.) манёвр, движение; манёвры, маневрирование.
maniobrar. [неперех.] работать ручным способом; маневрировать.
maniobrero, ra. [прил.] манёвренный; искусный в манёврах (о войске, полководце).
maniobrista. [прил.] (мор.) искусный в манёврах (тж. сущ.).
maniota. [ж.] путы.
maníparo, ra. [прил.] (бот.) производящий манну.
manipodio. [м.] (разг.) сводничество; махинация, хитрый замысел.
manipulable. [прил.] поддающийся манипуляции.
manipulación. [ж.] манипуляция; (перен.) манипуляция, махинация.
manipulador, ra. [прил.] манипулирующий (тж. сущ.); [м.] манипулятор (прибор для передачи телеграмм).
manipulante. [дейст. прич.] к manipular, манипулирующий (тж. сущ.).
manipular. [перех.] манипулировать; управлять вручную; (перен.) обделывать тёмные делишки; вмешиваться в чужие дела.
manipulario. [м.] (ист.) манипулярий (начальник манипулы).
manipulear. [перех.] (Амер.) см. manipular.
manipuleo. [м.] (разг.) дейст. к обделывать делишки (тёмные).
manípulo. [м.] орарь (носимый дьяконом); (ист.) манипула (подразделение римских войск); римский штандарт; (мед.) пригоршня (травы).
maniqueísmo. [м.] манихеизм, манихейство.
maniquete. [м.] сорт митенки; кожаная перчатка (до первой фаланги пальцев, носимая косарем).
maniquí. [м.] манекен; (перен.) безвольный человек.
manir. [перех.] выдерживать мясо и т. д. (для придания вкуса).
manirroto, ta. [прил.] расточительный, чересчур щедрый; [м. и ж.] расточитель, (-ница), мот, (-овка).
manis. [м.] (разг.) (Амер.) друг, приятель, товарищ, брат.
manis. [м.] (зоол.) ящер.
manisuelto, ta. [прил.] (Амер.) расточительный.
manita. [умен.] к mano, рученька, ручка, ручонка; * manitas de Dios, (обл.) (бот.)

жимолость; * dar una **manita**, (Амер.) помогать.
manita. [ж.] (хим.) сахаристое вещество извлекаемое из манны.
manital. [м.] (хим.) см. **manita**.
manitú. [м.] маниту (название божества у североамериканских индейцев).
manivacío, a. [прил.] с пустыми руками.
manivela. [ж.] (тех.) рукоятка, ручка (для вращения).
manizquierda. [ж.] (перен.) неудача, ошибка, промах.
manizuela. [ж. умен.] к **mano**; (Амер.) (в бочке) отверстие (у давильни).
manjaferro. [м.] хвастун, бахвал.
manjar. [м.] блюдо, кушанье, яство; (перен.) развлечение; отдых: * **manjar** blanco, бланманже; кушанье из белого мяса.
manjarejo. [м. умен.] к **manjar**.
manjarete. [м. умен.] к **manjar**; (Амер.) сладкое блюдо из кукурузной муки с молоком.
manjarria. [ж.] (Амер.) большой рычаг.
manjaurí. [м.] кубинская рыба, у которой яйца - ядовитые.
manjelín. [м.] индийская мера веса, равная 254 миллиграммам.
manjolino. [м.] (обл.) тёрн (плод).
manjorrada. [ж.] (презр.) изобилие обыкновенных кушаний.
manjúa. [ж.] (обл.) стая, косяк рыб; (Амер.) сорт кубинской рыбы.
manjuarí. [м.] см. **manjaurí**.
manlieva. [ж.] старинный налог.
mano. [ж.] рука (кисть); передняя лапа животных; хобот слона; отрезанная лапа; сторона, направление; стрелка часов, пест, трамбовка; мельничный длинный и цилиндрический камень для перетирания кукурузы и т. д. в муку; слой краски; десть бумаги; очередь, кон, партия (в игре); рабочий, работник, ловкость, уменье; игрок, играющий первым; выговор, замечание; сила, власть, рука, авторитет; покровительство; группа людей, объединившихся для какой-л. деятельности; обход; повторение (работы); средство, приём; исполнитель, помощь; (Амер.) авантюра, рискованное предприятие; четверо; (муз.) гамма; [множ.] ручная работа; * **mano** derecha (diestra), правая рука; * **mano** izquierda (siniestra, zurda, zoca), левая рука; * **mano** a **mano**, рука об руку; один на один; * de **mano** en **mano**, из рук в руки; * a **mano**, a **mano**, под рукой; * a **mano** derecha, направо; на правой стороне; * última **mano**, окончательная отделка; * a **mano** armada, вооружённой силой; * a **mano**, вручную; * ¡**manos** arriba! руки вверх; * llegar a las **manos**, сцепиться, подраться; * **mano** de obra, рабочая рука; * bajo **mano**, тайком, исподтишка, потихоньку; * **mano** de azotes, побои; * **mano** de coces, брыкание, лягание; * **mano** de mortero, пест; * dar de **mano**, оставлять, покидать; * de primera **mano**, из первых рук; новый (о покупке); * de segunda **mano**, из вторых рук, подержанный; * echar una **mano**, помогать; * tener **mano** en, быть причастным к чему-л; * a **manos** llenas, обильно; * en tu **mano** está, зависит только от тебя; * dar de **manos**, прекратить работу; * dar de **manos**, упасть ничком; * **manos** puercas, взяточник; * untar la **mano**, давать взятку; * sentar la **mano**, сурово обходиться, бить; * a la **mano**, под рукой, по близости; * ponerse de **manos**, сердиться; * a **mano** abierta, щедро; * estrechar la **mano**, сидеть сложа руки, бездельничать; * traer entre **manos**, заниматься чем-л; * poner

manos a la obra, приняться за дело; * echar **mano** de, воспользоваться чем-л; * con las dos **manos**, обеими руками; * en buenas **manos**, в хороших руках; * con **mano** pesada, строго; * ser **mano**, быть первым в игре; * tomar la **mano**, начинать (говорить и т. д.); * tener **mano** izquierda, быть ловким (в делах и т. д.); * en buenas **manos** esta el pandero, дело в хороших руках; * salir con las **manos** en la cabeza, терпеть неудачу; * ganar a uno por la **mano**, опережать; * **mano** de santo, верное средство; * buena **mano**, ловкость, успех, удача; * **manos** largas, человек, любящий бить; * con las **manos** en la masa, на месте преступления; * darse buena **mano**, ловко устраивать; * darse la **mano**, помогать друг другу; * ir a la **mano**, сдерживать.
mano. [м.] друг, приятель; товарищ; брат.
manobra. [ж.] (обл.) материал для какой-л работы.
manobrar. [неперех.] (Амер.) см. **maniobrar**.
manobre. [м.] (обл.) подручный каменщика, подносчик (кирпича).
manobrero. [м.] роботник, занимающийся чисткой боковых каналов.
manobriar. [неперех.] (Амер.) см. **maniobrar**.
manocordio. [м.] клавицимбал.
manojear. [перех.] (Амер.) собирать в пучки листья табака.
manojeo. [м.] собирание в пучки листьев табака.
manojera. [ж.] (соб.) вязанки виноградных лоз (сухих).
manojo. [м.] горсть, пучок; вязанка (сухих виноградных лоз и т. д.); (перен.) множество, обилие: * a **manojos**, обильно.
manojuelo. [м. умен.] к **manojo**.
manolarga. [прил.] (Амер.) драчливый; [м. и ж.] драчун, (-ья).
manolo, la. [м. и ж.] мадридский парень, мадридская девушка.
manométrico, ca. [прил.] (физ.) манометрический.
manómetro. [м.] (физ.) манометр.
manopla. [ж.] (ист.) латная рукавица; короткий хлыст; (обл.) большая рука (кисть).
manoscopio. [м.] (физ.) инструмент для определения плотности воздуха.
manoseador, ra. [прил.] постоянно щупающий и т. д.
manosear. [перех.] долго и грубо трогать, щупать, мять, перещупывать; лапать (груб.).
manoseo. [м.] грубое щупанье.
manota. [ж. увел.] к **mano**, большая рука, ручища.
manotada. [ж.] **manotazo**. [м.] удар рукой.
manoteado, da. [страд. прич.] к **manotear**; [м.] см. **manoteo**.
manoteador, ra. [прил.] ударяющий руками.
manotear. [перех.] ударять руками; [неперех.] жестикулировать.
manoteo. [м.] дейст. к ударять руками; жестикуляция, жестикулирование.
manoteo. [м.] дейст. к ударять руками; жестикуляция.
manotón. [м.] удар рукой.
manque. [союз] (обл.) хотя, несмотря, см. **aunque**.
manque. [м.] (Амер.) (прост.) кондор (птица).
manquear. [неперех.] притворяться одноруким.
manquedad, manquera. [ж.] отсутствие или паралич руки; (перен.) недостаток.
manresano, na. [прил.] относящийся к Manresa; [м. и ж.] уроженец этого города.
manró. [м.] (арг.) хлеб.
mansalino, na. [прил.] огромный, очень бо-

льшой; (Амер.) великолепный, прекрасный; храбрый, смелый.
mansalva (a). [нареч.] в безопасности; безнаказанно.
mansamente. [нареч] с кротостью; медленно, потихоньку; тихо, мягко.
mansar. [м.] (Амер.) (гал.) мансарда.
mansarda. [ж.] (Амер.) (гал.) мансарда, см. **buhardilla**.
mansedumbre. [ж.] кротость; тихость нрава, благодушие, добродушие.
mansejón, na. [прил.] очень покорный, послушный (о животных).
manseque. [м.] чилийский детский танец.
mansión. [ж.] остановка, временное проживание; жилище, обиталище (уст. шутл.); квартира: * hacer **mansión**, остановиться (где-л. у кого-л.).
mansito. [нареч.] тихо.
manso. [м.] см. **masada**; свободное от налогов имущество монастыря.
manso, sa. [прил.] кроткий, мягкий, смирный; тихий, ручной (о животных); [м.] вожак стада.
mansurrón, na. [прил.] (разг.) чересчур кроткий, тихий и т. д.
manta. [ж.] одеяло; плед; (Амер.) грубая хлопчатобумажная ткань; попона; (воен.) см. **mantelete**; (перен.) побои: * a **manta** de Dios, обильно; * dar una **manta**, см. **mantear**; tirar de la **manta**, раскрыть тайну; * liarse la **manta** a la cabeza, решиться на отчаянное средство; * parar la **manta**, (Амер.) убегать, удирать.
manta. [ж.] (Амер.) народный танец.
mantaca. [ж.] (Амер.) грубое одеяло, служащий пальто.
mantada. [ж.] (Амер.) содержание одеяла.
mantadril. [м.] (Амер.) грубая хлопчатобумажная ткань.
mantaterilla. [ж.] грубая ткань.
manteada. [ж.] (Амер.) подбрасывание вверх, качание с помощью одеяла.
manteado, da. [страд. прич.] к **mantear**; [м.] (Амер.) навес; палатка.
manteador, ra. [прил.] подбрасывающий вверх с помощью одеяла.
manteamiento. [м.] подбрасывание вверх с помощью одеяла.
mantear. [перех.] подбрасывать вверх, качать с помощью одеяла.
mantear. [неперех.] (обл.) часто бывать в людях, бродить по улицам (о женщине).
manteca. [ж.] топлёное свиное сало; животный жир; жир в молоке; помада; (обл.) главное: * **manteca** de leche или de vaca, сливочное масло.
mantecada. [ж.] ломоть хлеба с маслом и сахаром; сорт бисквита.
mantecado. [м.] сорт сдобной булочки; ванильное мороженое.
mantecón. [м.] (разг.) неженка.
mantecosidad. [ж.] жирность, маслянистость.
mantecoso, sa. [прил.] жирный, маслянистый; содержащий свиное сало; похожий на топлёное свиное сало.
mantehuelo. [м. умен.] к **manto**.
mantel. [м.] скатерть; напрестольная пелена: * vivir a mesa y **mantel**, быть домашним человеком.
mantelería. [ж.] столовый гарнитур (скатерть и салфетки).
mantelera. [ж.] вязаная накидка.
mantelete. [м.] (воен.) (ист.) мантелет (подвижной щит для прикрытия осадных работ или для атаки крепости).

mantelillo. [м.] маленькая скатерть, скатёрка.
mantelo. [м.] сорт фартука.
mantellina. [ж.] головной шарф.
mantención. [ж.] (прост.) см. manutención.
mantenedor, ra. [м. и ж.] тот, кто поддерживает турнир и т. д.
mantener. [перех.] кормить, питать, содержать, поддерживать; поддерживать в хорошем состоянии, (со)держать в порядке; защищать, поддерживать мнение; поддерживать турнир и т. д.: охранять, поддерживать (закон): * mantener correspondencia con, поддерживать переписку с кем-л; **mantenerse.** [возв. гл.] стоять; стоять на своём; кормиться, питаться; держаться (о войсках и т. д.): * mantenerse en sus trece, крепко держаться, стоять на своём; * mantenerse en el poder, стоять у власти.
mantenga. [ж.] (Амер.) (прост.) см. manutención.
mantenida. [ж.] любовница, живущая, на счёт любовника.
mantenido, da. [страд. прич.] к mantener; [м.] мужчина, живущий на счёт жены, (вообще) человек, живущий на чужой счёт.
manteniente: * a manteniente, изо всех сил; с двумя руками.
mantenimiento. [м.] содержание, пропитание; поддержание чего-л, поддержка; пищевое довольствие.
manteo. [м.] подбрасывание вверх с помощью одеяла.
manteo. [м.] одежда католического священника; сорт юбки.
mantequera. [ж.] торговля маслом, женщина, приготовляющая масло; маслёнка; маслобойка.
mantequería. [ж.] маслодельный завод, маслозавод.
mantequero, ra. [прил.] масляный; маслодельный; [м.] маслодел; продавец масла, маслёнка; см. corojo.
mantequilla. [ж. умен.] к manteca; сливочное масло; сливочное масло с сахаром; крем из масла.
mantequillazo. [м.] (Амер.) пощёчина.
mantequillera. [ж.] (Амер.) см. mantequera.
mantequillería. [ж.] (Амер.) маслодельный завод, маслозавод.
mantequillero. [м.] маслёнка; маслобойка.
mantequilloso, sa. [прил.] (Амер.) щепетильный.
mantera. [ж.] женщина, специалистка по шитью накидок, или одеялов, продавщица одеялов.
mantero. [м.] специалист по шитью одеялов; продавец одеялов.
mantés, sa. [прил.] (разг.) хитрый, плутовской, лукавый; [м. и ж.] плут, (-овка), лукавый человек.
mantidos. [м. множ.] (зоол.) богомолковые.
mantilla. [ж.] мантилья, головной кружевной шарф; детское фланелевое одеяло; попона; (полигр.) декельная обтяжка; [м.] (Амер.) трус: * estar en mantillas, быть в начале.
mantilleja. [ж. умен.] к mantilla.
mantillo. [м.] перегной, гумус; навоз.
mantillón, na. [прил.] (обл.) грязный, неряшливый, нечистоплотный; (Амер.) бесстыдный, наглый.
mantis. [м.] * mantis común, богомол (насекомое).
mantisa. [ж.] (мат.) мантисса.

manto. [м.] длинная женская накидка; большая мантилья; торжественный длинный плащ; очажный колпак, колпак над камином; почти горизонтальная рудная жила; эпанча (у моллюсков); (перен.) прикрытие, покров: * bajo el manto, под покровом, под видом.
mantón. [м.] большой платок, шаль.
mantoncito. [ж.] (разг.) (Амер.) девочка.
mantornar. [перех.] (обл.) двоить, вторично перепахивать (поле).
mantuano, na. [прил.] мантуанский; [м. и ж.] мантуанец, уроженец, (-ка) Мантуи.
mantudo, da. [прил.] с опущенными крыльями (о птице).
manuable. [прил.] портативный, удобный.
manual. [прил.] ручной; сделанный ручным способом; см. manuable; лёгкий, несложный; легко понятный; сговорчивый, кроткий, тихий; [м.] учебник, руководство; записная тетрадь.
manualizarse. [возв. гл.] (бол.) быть в дружеских отношениях.
manualmente. [нареч.] ручным способом.
manubrio. [м.] рукоятка (для вращения).
manucodiata. [ж.] царская парадизка.
manuela. [ж.] открытый экипаж.
manuella. [ж.] (мор.) шпилевой рычаг.
manufactura. [ж.] фабрика, завод; промышленное предприятие, промышленный товар; (уст.) мануфактура.
manufacturar. [перех.] обрабатывать, изготовлять, производить, выделывать, фабриковать.
manufacturero, ra. [прил.] фабричный (о городе и т. д.); * la clase manufacturera, рабочий класс.
manumisión. [ж.] отпуск на волю, увольнение, дарование свободы (рабу, крепостному).
manumiso, sa. [непр. страд. прич.] к manumitir; [прил.] вольноотпущенный.
manumisor, ra. [м. и ж.] (юр.) освободитель.
manumitir. [перех.] (юр.) освобождать (раба, крепостного).
manuscribir. [перех.] писать от руки.
manuscrito, ta. [прил.] рукописный, писанный рукой; [м.] рукопись, манускрипт.
manustupración. [ж.] рукоблудие, онанизм, мастурбация.
manutención. [ж.] материальная поддержка, содержание; поддержание, сохранение, защищение.
manutener. [перех.] (юр.) поддерживать, сохранять; содержать; защищать, предохранять; [непр. гл.] спрягается как tener.
manutigio. [м.] лёгкое растирание (рукой).
manutisa. [ж.] см. minutisa.
manvacío, cía. [прил.] см. manivacío.
manyar. [перех.] (шутл.) (Амер.) есть.
manzana. [ж.] яблоко; группа домов; головка эфеса, шпаги, шпажная головка; украшение в форме яблока; (Амер.) кадык; * manzana (de Adán), адамово яблоко, кадык; * manzana de la discordia, яблоко раздора; * manzana reineta, ранет; * manzana espinosa, дурман.
manzanahigo. [м.] сорт яблок.
manzanal. [м.] яблоня; яблоневый сад.
manzanar. [м.] яблоневый сад.
manzanera. [ж.] (обл.) дикая яблоня.
manzanero. [м.] (Амер.) яблоня.
manzanil. [прил.] похожий на яблоко.
manzanilla. [ж.] (бот.) ромашка; цветки этого растения; ромашка (настой); маленькой маслины; украшение в форме яблока или шишки; нижняя круглая часть подбородка; сорт белого вина: * manzanilla loca, красивая ромашка.
manzanillar. [м.] ромашковое поле.
manzanillo. [м.] (бот.) дерево из породы

маслин; дерево экваториальной Америки с ядовитым соком.
manzanita. [ж. умен.] к manzana, яблочко: * manzanita de dama, (обл.) см. acerola.
manzano. [м.] (бот.) яблоня.
maña. [ж.] ловкость, сноровка, проворство; коварство, лукавство; порок, дурная привычка, навык (чаще множ.) дурные привычки; пучок, связка; * darse maña, ухитриться, ухищряться; * el que malas mañas ha, tarde o nunca las perderá, горбатого могила исправит.
mañana. [ж.] утро; [м.] будущее; [нареч.] завтра; (перен.) скоро: * de mañana, рано утром; * por la mañana, утром; * muy mañana, ранним утром; * mañana por la mañana, завтра утром; * pasado mañana, послезавтра; * dejar para mañana, отложить на завтра; * tomar la mañana, вставать рано; пить водку утром; * de hoy a mañana, в течении сегодняшнего дня; * ¡hasta mañana!, до завтра!; спокойной ночи; * por las mañanas, по утрам; * de mañana en ocho días, через неделю от затрашнего дня; * mañana será otro día, сегодня будем веселиться.
mañanear. [неперех.] рано вставать; [перех.] отложить на завтра.
mañanero, ra. [прил.] привыкший рано вставать, рано встающий.
mañanica, ta. [ж.] начало утра, рассвет.
mañear. [перех.] ловко справляться с делом; [неперех.] ловко действовать.
mañeco, ca. [прил.] (Амер.) кривоногий, косолапый.
mañería. [ж.] бесплодность.
mañero, ra. [прил.] хитрый, коварный, проницательный, ловкий, проворный; лёгкий, несложный; сговорчивый.
mañeruelo, la. [прил. умен.] к mañero, хитрый, коварный, проницательный.
mañico, ca. [м. и ж.] (обл.) см. maño.
mañigal. [м.] (Амер.) лес из mañius.
mañiú. [м.] (Амер.) чилийское очень высокое дерево.
mañizo. [м.] (обл.) связка, см. manojo.
mañizu. [м.] (обл.) вязанка сухих виноградных лоз.
maño, ña. [м. и ж.] (разг.) арагонец, (-ка), (обл.) (Амер.) брат, сестра; голубчик, голубушка.
mañoca. [ж.] (Амер.) маниока.
mañoco. [м.] тапиока; (Амер.) тесто из кукурузной муки.
mañosamente. [нареч.] ловко, проворно, хитро.
mañosear. [неперех.] (Амер.) ловко, хитро поступать.
mañosería. [ж.] (Амер.) дурная привычка.
mañoso, sa. [прил.] ловкий, проворный; коварный, лукавый; имеющий дурные привычки; (Амер.) норовистый (о животном).
mañuela. [ж.] злая уловка; [множ. м. и ж.] хитрец, хитрый человек.
mañuso, sa. [прил.] имеющий дурные привычки.
mapa. [м.] географическая карта; [ж.] (перен.) (разг.) отличие: * llevarse la mapa, брать верх.
mapaceli. [м.] карта небесного свода.
mapache, mapachín. [м.] (Амер.) барсук.
mapalé. [м.] (Амер.) народный танец.
mapalia. [ж.] хижина.
mapamundi. [м.] карта обоих полушарий; (разг.) зад.
mapanare. [ж.] (зоол.) очень ядовитая змея.
mapo. [м.] кубинская пресноводная рыба.
mapola. [м.] филиппинский куст; (Амер.) см. amapola.
mapolear. [перех.] (Амер.) ударять, наносить удары.
mapora. [ж.] (Амер.) вид пальмы.

maporro. [м.] (Амер.) род кубинского угоря.
mapoteca. [ж.] коллекция географических карт.
mapuche. [прил.] арауканский; [м. и ж.] арауканец, (-ка).
mapucey. [м.] съедобное растение центральной Америки.
mapurita. [ж.] **mapurite.** [м.] жёлтая вонючка.
mapurito. [м.] (Амер.) см. **mapurite**; колючий кустарник.
maque. [м.] лак, политура; японский сумах; (Амер.) лакированная кожа.
maqueta. [ж.] макет, модель; * de **maqueta**, макетный.
maqui. [м.] чилийский куст с съедобным плодом.
maquiavélicamente. [нареч.] вероломно, коварно.
maquiavélico, ca. [прил.] макиавеллевский; коварный, вероломный.
maquiavelismo. [м.] макиавеллизм; вероломство, коварство.
maquiavelista. [прил. и сущ.] макиавеллист.
maquila. [ж.] доля муки, идущая мельнику за помол; мера равная ½ celemín.
maquilar. [перех.] брать плату мукой (за помол).
maquilear. [перех.] (Амер.) см. **maquilar**.
maquilero, ra. [м. и ж.] тот, кто получает плату мукой (за помол); (обл.) мера, равная ½ celemín.
maquillador, ra. [м. и ж.] гримёр, (-ша).
maquillaje. [м.] гримирование, грим, подкрашивание лица.
maquillar. [перех.] гримировать; подкрашивать лицо; **maquillarse**. [возв. гл.] гримироваться; краситься, румяниться.
máquina. [ж.] машина, станок; механизм; паровоз; (теа.) механизм для передвижки декораций; (перен.) совокупность; домище, махина; замысел, план; (разг.) множество, обилие; (Амер.) автомобиль: * **máquina** de vapor, паровой двигатель; * **máquina** hidráulica, infernal, гидравлическая, адская машина; * **máquina** de escribir, пишущая машинка; * **máquina** fotográfica, фотоаппарат; * **máquina** de coser, швейная машина; * **máquina** neumática, воздушный насос; * sala (cuarto) de **máquinas**, машинное отделение; * **máquina** eléctrica, электрическая.
maquinación. [ж.] махинация, хитрый замысел, козни, происки.
maquinador, ra. [прил. м. и ж.] зачинщик, (-ица); интриган, (-ка).
maquinal. [прил.] машинный; (перен.) машинальный.
maquinalmente. [нареч.] машинально.
maquinamiento. [м.] см. **maquinación**.
maquinante. [дейст. прич.] к **maquinar**.
maquinar. [перех.] замышлять, затевать, строить козни.
maquinaria. [ж.] машиностроение; машины, машинное оборудование; механическое устройство.
maquinismo. [м.] развитие машинного производства, применение, использование машин; (фил.) машинизм.
maquinista. [м.] машинист; (мор.) механик.
mar. [м.] или [ж.] море; (перен.) см. **marejada**; множество, изобилие: * alta **mar**, открытое море; * **mar** ancha, larga, открытое море; * **mar** en calma, (en lecho), спокойное море, штиль; * **mar** de fondo (de leva), бурное море; * **mar** jurisdiccional territorial, территориальные воды; * de **mar** a **mares**, в изобилии; * hacerse a la **mar**, уйти в море, в плавание; * echar, отплыть; * picarse el (la) **mar**, волноваться (о море); * brazo de **mar**, узкий морской залив; * eso es hablar de la **mar**, собака лает, ветер носит.
marabú. [м.] марабу (крупная птица); марабу (перья марабу как украшение).
marabuto. [м.] магометанский скит.
maraca. [ж.] музыкальный инструмент; (Амер.) игра в кости; проститутка.
maracá. [ж.] музыкальный инструмент (из бутылочной тыквы).
maracaná. [ж.] (Амер.) американский попугай.
maraco, ca. [м. и ж.] (Амер.) младший сын или дочь.
maragatería. [ж.] совокупность **maragatos**.
maragato, ta. [прил.] относящийся к одному району провинции León; [м. и ж.] уроженец, (-ка) этого района; [м.] старинное женское украшение.
maranta. [ж.] (бот.) маранта.
marantáceo, a. [прил.] похожий на маранту.
maraña. [ж.] чаща, заросль кустарников; шёлковые охлопки; грубая шёлковая ткань; (бот.) см. **coscoja**; (перен.) спутанные волосы и т. д.; путаница, запутанное дело; (арг.) проститутка.
marañal. [м.] см. **coscojar**.
marañar. [перех.] см. **enmarañar**.
marañero, ta, marañero, ra. [прил. и сущ.] склонный строить козни и т. д., интриган, (-ка).
marañón. [м.] (бот.) анакардия.
marañoso, sa. [прил. и сущ.] см. **marañero**; (м. употр.) запутанный.
marañuela. [ж.] (бот.) (Амер.) настурция.
marapa. [ж.] (Амер.) род сливы.
maraquero. [м.] (Амер.) содержатель игорного дома.
maraquito, ta. [м. и ж.] (Амер.) младший сын или дочь.
marasca. [ж.] мараска, род кислой вишни, из которой делают мараскин.
marasmo. [м.] (мед.) маразм, истощение, увядание, апатия, вялость.
marasmoideo, a. [прил.] похожий на маразм.
marasmopiria. [ж.] (пат.) изнурительная лихорадка при туберкулезе.
maravedí. [множ. maravedíes, -dises, -dis) [м.] мараведи (старинная испанская монета).
maravilla. [ж.] чудо, диво, диковина; восхищение, удивление, восторг; (бот.) чудоцвет: * a las mil **maravillas**, удивительно, чудесно, великолепно, прекрасно, очень хорошо; * por **maravilla**, редко; * ser la octava **maravilla**, быть необыкновенным и чудесным.
maravillar. [перех.] вызывать удивление или изумление, удивлять, поражать, изумлять, восхищать; **maravillarse**. [возв. гл.] изумляться, восхищаться.
maravillosamente. [нареч.] удивительно, превосходно, дивно, чудесно, замечательно.
maravillosidad. [ж.] свойст. к чудесный, чудный, поразительный и т. д.
maravilloso, sa. [прил.] чудесный, чудный, дивный, удивительный, превосходный, великолепный; восхитительный, поразительный, изумительный.
marayaba. [ж.] (бот.) род американской пальмы.
marbella. [ж.] кубинская водяная птица.
marbete. [м.] ярлык, ярлычок, этикетка; борт, край.
marca. [ж.] пограничная провинция, район; прибор для измерения роста; метка, отметка, значок; марка, сорт, качество; номер; наложение меток; (мор.) ориентир; (арг.) проститутка: * **marca** de fábrica, фабричная марка; * de **marca**, высокосортный, высшего качества; * de **marca** mayor, неслыханный, из ряда вон выходящий.
marcación. [ж.] (мор.) пеленг: * tomar **marcaciones**, брать пеленги.
marcador, ra. [прил.] отмечающий и т. д. (тже. сущ.); [м.] образец буквы для метки белья; контролёр мер и весов; (спорт.) счётчик очков.
marcar. [перех.] отмечать, обозначать; метить, делать отметку, замечать; ставить клеймо, клеймить, помечать, ставить знак, отмечать; делать метки на белье, метить бельё; применять, предназначать; (мор.) пеленговать, брать пеленги: * **marcar** a un adversario, (спорт.) сторожить противника.
marcasita. [ж.] (мин.) лучистый, белый колчедан, сернистое железо.
marceador, ra. [прил.] стригущий (скот).
marcear. [перех.] стричь скот.
marcear. [неперех.] быть похожей на мартовскую (о погоде).
marcela. [ж.] название одного аргентинского растения.
marceño, ña. [прил.] мартовский.
marceo. [м.] чистка сот.
marcescencia. [ж.] (бот.) увядание, отцветание (растения).
marcescente. [прил.] (бот.) увядающий, отцветающий, хиреющий, чахнущий (о растении).
marces(c)ible. [прил.] увядаемый, тленный.
marcial. [прил.] боевой, воинственный, военный, воинский; (перен.) откровенный, простой: * ley **marcial**, закон военного времени.
marcialidad. [ж.] воинственный вид, свойст. к военный, воинственность.
marcialmente. [нареч.] воинственно.
marciano, na. [прил.] к Марс; [м.] марсианин, обитатель Марса.
marcico, ca. [прил.] см. **marciano**; [м.] дрозд.
marcino, na. [прил.] мартовский.
marco. [м.] марка (мера веса для золота и серебра, равная 230 граммам); эталон, точный образец мер и весов; марка (монета); рама; кайма; мера брусов; измеритель размера ног (у сапожника); * **marco** de relumbrón, золочёная рама.
márcola. [ж.] (обл.) инструмент для подчистки оливковых деревьев.
marcolador, ra. [м. и ж.] рабочий, подчищающий оливковые деревья с помощью **márcola**.
marcos. [м.] (шутл.) (Амер.) голод.
marcha. [ж.] ходьба, хождение; ход, движение; течение; процесс, действие; скорость (движения, хода); (воен.) марш, переход, походное движение, передвижение; отъезд; (муз.) марш; костёр (у двери): * a **marchas** forzadas, форсированным маршем; * poner en **marcha**, пускать в ход, приводить в движение; * en **marcha**, на ходу; в ходу; грядущий; * ¡en **marcha**!, вперёд!; * ponerse en **marcha**, выступить, двинуться в путь; * a largas **marchas**, поспешно; * **marcha** atrás, обратный ход; * dar **marcha** atrás, дать задний ход; (перен.) идти на попятный; * sobre la **marcha**, немедленно; * a toda **marcha**, во весь ход; * a buena **marcha**, на большой скорости; * doblar las **marchas**, ехать не останавливаясь; * **marcha** atlética, спортивная ходьба.
marchador, ra. [прил.] (Амер.) хороший (о ходоке); идущий иноходью.
marchamar. [перех.] делать таможенные пометки.
marchamero. [м.] тот, кто делает таможенные пометки.

marchamo. [м.] штамп, пометка таможни.
marchantaje. [м.] (Амер.) клиентура, клиенты.
marchanta (a la). [адверб. выраж.] (Амер.) на драку.
marchante, ta. [прил.] торговый; [м.] торговец, купец; [м. и ж.] (Амер.) клиент, (-ка).
marchantería. [ж.] (Амер.) клиентура, клиенты.
marchantón. [м.] большое неуклюжее судно.
marchar. [неперех.] ходить, идти, ступать, шагать, двигаться; маршировать; ходить (о часах); уходить, отправляться, уезжать; пускаться в путь; (перен.) двигаться вперёд, развиваться; (Амер.) идти иноходью (о лошади); marcharse. [возв. гл.] отправляться, уезжать, уходить, пускаться в путь.
marchitable. [прил.] увядаемый, тленный.
marchitamiento. [м.] увядание, отцветание; истощение, упадок сил.
marchitar. [перех.] вызывать увядание; делать блёклым, тусклым; иссушать; обесцвечивать; ослаблять, докучать; marchitarse. [возв. гл.] вянуть, увядать, сохнуть, блёкнуть.
marchitez. [ж.] увядание, вялость, блёклость; ослабление.
marchito, ta. [прил.] увядший, поблёкший, выцветший, вялый.
mardal, mardano. [м.] (обл.) баран, V. morueco.
mardoño. [м.] (Амер.) (прост.) см. madroño.
marea. [ж.] чередование морского прилива и отлива; бриз, морской ветерок; мелкий дождь; отбросы (на улице, после очистки с помощью воды): * marea alta, полная вода; * marea creciente, прилив; * marea baja, отлив, малая вода; * contra viento y marea, невзирая ни на что.
mareaje. [м.] мореплавание, судоходство, навигация (наука); (мор.) румб, курс.
mareamiento. [м.] морская болезнь; раздражение, досада.
mareante. [действ. прич.] к marear; [прил.] морской; [м.] моряк, матрос.
marear. [перех.] управлять судном, вести корабль; продавать; (разг.) надоедать, раздражать, докучать; (обл.) тушить, томить; [неперех.] (уст.) плавать (о корабле); marearse. [возв. гл.] страдать морской болезнью; испытывать головокружение, тошноту; портиться (о грузе).
marejada. [ж.] сильное волнение (на море); (перен.) волнение; волнующаяся толпа людей.
marejadilla. [ж. умен.] к marejada.
maremagno, mare magnum. [м.] большая путаница; (перен.) множество, масса; толпа.
maremare. [м.] (Амер.) см. maremagno; крик, шум.
maremoto. [м.] подводное землетрясение.
mareo. [м.] морская болезнь; тошнота (от качки и т. п.); головокружение; (перен.) (разг.) утомление; хлопоты.
mareógrafo. [м.] мареограф.
marero. [прил.] дующий с моря (о ветре).
mareta. [ж.] зыбь на море, лёгкое волнение (на море) (перен.) ропот (толпы); волнение.
maretazo. [м.] шквал, большая волна.
maretérmico, ca. [прил.] относящийся к термической энергии моря.

márfaga. [ж.] грубый холст, дерюга; (обл.) одеяло.
márfega. [ж.] (обл.) грубый холст, дерюга; тюфяк из márfega.
marfil. [м.] слоновая кость; дентин, зубное вещество; изделие из слоновой кости; (уст.) слон.
marfilado, da. [прил.] из слоновой кости, похожий на слоновую кость.
marfileño, ña. [прил.] (поэт.) из слоновой кости; относящийся к слоновой кости.
marfilina. [ж.] вещество, похожее на слоновую кость, сорт искусственной слоновой кости.
marfilino. [м.] (Амер.) агат, похожий на слоновую кость.
marfuz, za. [прил.] презренный; лживый.
marga. [ж.] (геол.) мергель, рухляк.
marga. [ж.] грубый холст, дерюга.
margajita. [ж.] (мин.) маркизит, лучистый, белый колчедан, сернистое железо.
margal. [м.] почва, содержащая мергель, место добычи мергеля.
margullón. [м.] (бот.) пальма (одна из разновидностей).
margar. [перех.] удобрять мергелем.
margarina. [ж.] маргарин; искусственное масло из жира.
margarita. [ж.] жемчуг; маленькая полосатая раковина; (бот.) маргаритка; полевая маргаритка; (Амер.) (бот.) гиацинт: * echar margaritas a puercos, метать бисер перед свиньями.
margaritáceo, a. [прил.] похожий на жемчуг, жемчужный.
margaritífera. [ж.] жемчужница (раковина).
margarito. [м.] (геол.) маргарит.
margaritoides. [прил.] похожий на жемчуг, жемчужный.
margaritona. [ж.] лицемерная женщина, ханжа.
margaroideo, a. [прил.] (хим.) похожий на маргарин.
margay. [м.] (зоол.) тигрокот (хищный зверь из семейства кошачьих).
margen. [м.] край, берег; край, поле (листа бумаги); заметка на полях (рукописи и т. д.); см. apostilla; (перен.) удобный случай; прибыль: * andarse por las márgenes, обращать чрезмерное внимание на мелочи; кривить душой; * al margen de, вне чего-л; за пределами чего-л; * dar margen, дать повод.
margenar. [перех.] делать отметки на полях.
margesí. [м.] (Амер.) инвентарь корпорации.
marginado, da. [прил. страд. прич.] к marginar; [прил.] (бот.) имеющий края.
marginal. [прил.] краевой, крайний; написанный на полях.
marginar. [перех.] делать отметки на полях; см. apostillar; оставлять поле (на листе бумаги).
margoso, sa. [прил.] мергельный, содержащий мергель, рухляк.
margrave. [м.] маркграф.
margravial. [прил.] маркграфский.
margraviato. [м.] маркграфство.
margravina. [ж.] жена маркграфа.
marguera. [ж.] залежи мергеля; место добычи мергеля.
margullar. [перех.] (Амер.) отсаживать отводки.
margullo. [м.] (обл.) отводок.
marhojo. [м.] см. malhojo.
María. [имя. собст.] Мария, Марья; старинная монета; (разг.) сорт восковой свечи.
mariache. [м.] (Амер.) мексиканская группа музыкантов.
marialita. [ж.] (мин.) мариалит.
mariamba. [ж.] (Амер.) клетчатая ткань.
mariandá. [ж.] (Амер.) народный танец.

mariano, na. [прил.] относящийся к Богородице.
mariantonia. [ж.] (разг.) (Амер.) гитара.
marica. [ж.] сорока; [м.] (перен.) (разг.) неженка.
Maricastaña: * en los tiempos de Maricastaña, при царе Горохе.
maricela. [ж.] (Амер.) венесуэльский танец и песня.
marico. [м.] (Амер.) неженка.
maricón. [м.] (перен.) (разг.) см. marica, (тже. прил.); педераст.
mariconada. [ж.] поступок или выражение неженки, педераста.
maricueca. [ж.] (разг.) см. maricón.
maridable. [прил.] брачный, супружеский.
maridablemente. [наречн.] как супруги.
maridada. [прил. и ж.] замужняя (женщина).
maridaje. [м.] брак, женитьба, замужество; соответствие.
maridanza. [ж.] (обл.) отношение мужа к жене.
maridar. [неперех.] жениться; выходить замуж; жить в браке; [перех.] спаривать, соединять, сочетать.
maridazo. [м.] муж, находящийся под башмаком у жены.
maridillo. [м.] печурка.
marido. [м.] муж, супруг.
mariega. [ж.] (Амер.) густой кустарник.
mariguana. [ж.] (Амер.) конопля; конопляный наркотик.
marihuanza. [ж.] (Амер.) (у знахаря) суеверный обряд, насмешливая жестикуляция; пуруэт.
marihua. [ж.] (Амер.) пируэт; паясничанье.
marimacho. [м.] мужеподобная женщина.
marimandona. [ж.] (обл.) своевольная женщина.
marimanta. [ж.] (разг.) бука, страшилище.
marimarica. [ж.] (разг.) неженка.
marimba. [ж.] негритянский барабан; (Амер.) мексиканский ксилофон.
marimbear. [неперех.] (Амер.) шевелить ушами (о лошади и т. д.).
marimbero, ra. [прил.] (Амер.) неловкий.
marimonda. [ж.] (Амер.) род американской обезьяны; женщина с растрёпанными волосами; см. borrachera.
marimono. [м.] (Амер.) (зоол.) см. marimonda.
marimoña. [ж.] (бот.) садовый лютик.
marimorena. [ж.] драка; бурная ссора, см. camorra: * armarse una (la) marimorena, ссориться, драться.
marina. [ж.] морской берег, побережье; навигация (наука); морская служба; (жив.) марина; морской флот; военно-морское министерство; военно-морской состав; (Амер.) мореходное училище: * marina de guerra, военно-морской флот; * marina mercante, торговый флот.
marinaje. [м.] морское дело; (соб.) моряки.
marinar. [перех.] (рыбу) мариновать; набирать экипаж судна.
marinear. [неперех.] плавать на корабле; служить во флоте.
marinera. [ж.] матроска (сорт блузы); американский народный танец.
marinerado, da. [прил.] снабжённый экипажем (о судне).
marinerazo. [м.] морской волк.
marineresco, ca. [прил.] морской.
marinería. [ж.] профессия моряка, морская служба; экипаж, судовая команда, моряки.
marinero, ra. [прил.] быстроходный (о судне); морской; флотский; [м.] матрос; (зоол.) аргонавт (головоногий моллюск): * marinero de agua dulce, неопытный моряк; * a la marinera, по-морскому.

marinerote. [м. увел.] к marinero.
marinesco, са. [прил.] матросский: * a la marinesca, по-матросски.
marinismo. [м.] маринизм.
marinista. [сущ.] маринист (художник).
marino, na. [прил.] морской; [м.] моряк.
mariol. [м.] (м. употр.) педераст.
mariolatría. [ж.] культ Богородицы.
mariolo, la. [прил.] (обл.) опустившийся, плохо одетый, неуклюжий.
marión. [м.] осётр.
mariona. [ж.] старинный танец и музыка к нему.
marioneta. [ж.] (гал.) марионетка.
mariparda. [ж.] хитрая женщина.
maripérez. [ж.] сковородник.
mariposa. [ж.] бабочка; ночник, ночная лампа; лампада; (Амер.) (бот.) мексиканская орхидея; жмурки (детская игра); детская игрушка.
mariposeador, ra. [прил.] (Амер.) непостоянный, изменчивый, переменчивый, легкомысленный.
mariposear. [неперех.] порхать; быть изменчивым, легкомысленным.
mariposeo. [м.] порхание; легкомысленное поведение.
mariposero, ra. [м. и ж.] ветреник, (-ница), легкомысленный человек; [м.] прибор для ловли бабочек.
mariposón. [м.] (разг.) ухажёр.
mariquita. [ж.] божья коровка; листоед; (орни.) см. perico; [м.] неженка.
mariquito. [м.] (Амер.) неженка.
marisabida, marisabidilla. [ж.] (разг.) синий чулок (о женщине).
marisca. [ж.] (Амер.) любовное привлечение.
mariscada. [ж.] изобилие морских ракушек.
mariscador, ra. [прил.] собирающий ракушки (тже. сущ.).
mariscal. [м.] маршал; кузнец: * mariscal de campo, фельдмаршал; * mariscal de logis, унтер-офицер (в кавалерии).
mariscal. [прил.] (мед.) геморроидальный.
mariscala. [ж.] жена маршала.
mariscalato. [м.] mariscalía. [ж.] звание маршала, маршальство.
mariscante. [прил.] (арг.) ворующий; [м.] вор.
mariscar. [перех.] собирать ракушки; (арг.) воровать, красть.
marisco. [м.] морская ракушка; (арг.) краденое, краденый предмет.
mariselva, marisilva. [ж.] (обл.) (бот.) жимолость.
marisilvera. [ж.] (обл.) см. mariselva.
marisma. [ж.] низменный берег, заливаемый приливом.
marismeño, ña. [прил.] относящийся к marisma.
marismo. [м.] (бот.) см. orgaza.
marisquero, ra. [прил.] тот, кто по ремеслу собирает или продаёт морские ракушки.
marital. [прил.] мужнин, принадлежащий мужу; супружеский.
maritalmente. [нареч.] как надлежит мужу; по-супружески.
maritata. [ж.] (Амер.) (горн.) сорт канавки; (металлическое) решето.
maritates. [м. множ.] (Амер.) см. trebejos.
marítimo, ma. [прил.] морской; приморский.
maritornes. [ж.] (перен.) (разг.) неряшливая, грубая, некрасивая женщина, неряха.
marizarse. [возв. гл.] (обл.) совершать половой акт.
marjal. [м.] болотистая почва.
marjal. [м.] мера поверхности, равная 5,25 арам.
marjoleta. [ж.] плод marjoleto.

marjoleto. [м.] (бот.) сорт барбариса; см. majuelo.
markka. [ж.] марка, денежная единица в Финляндии.
marlita. [ж.] (мин.) разновидность кварца.
marlo. [м.] (Амер.) см. maslo; початок (кукурузы).
marlota. [ж.] мавританская одежда.
marlotar. [перех.] см. malrotar.
marmaja. [ж.] см. marcasita; [множ.] сернистое соединение содержащий золото или серебро.
marmajera. [ж.] песочница.
marmelo, la. [прил.] (обл.) глупый, тупой.
marmella, marmellado. см. mamella, mamellado.
marmita. [ж.] чугунок, котелок: * marmitas de Gigantes, исполиновы котлы.
marmitón. [м.] поварёнок.
mármol. [м.] мрамор; изделие из мрамора; чугунная доска: * mármol lumaquela, лумахеловый, раковинный мрамор; * mármol brocatel, брекчиевый мрамор.
marmolear. [перех.] мраморировать, мраморировать.
marmolejo. [м.] небольшая мраморная колонна.
marmoleño, ña. [прил.] мраморный.
marmolería. [ж.] мраморные изделия здания; мраморное изделие; мастерская мраморных изделий.
marmolero. [м.] (Амер.) мраморщик.
marmolillo. [м.] см. guardacantón; тупой человек.
marmolina. [ж.] (Амер.) см. marmoración.
marmolista. [м.] мраморщик.
mármor. [м.] (уст.) см. mármol.
marmoración. [ж.] штукатурка под мрамор.
marmóreo, a. [прил.] мраморный; мрамороподобный.
marmoroso, sa. [прил.] см. marmóreo.
marmosete. [м.] небольшая гравюра у конца главы (книги).
marmota. [ж.] (зоол.) сурок; шерстяная шапка; (перен.) соня: * dormir como una marmota, спать как сурок.
marmotear. [неперех.] (обл.) бормотать, ворчать сквозь зубы.
marmoto, ta. [прил.] (обл.) глупый, дурацкий.
marmullar. [перех.] (обл.) см. rezongar.
maro. [м.] (бот.) кошачья мята; см. amaro.
marocha. [ж.] (Амер.) ветреница.
marojal. [м.] место, изобилующее marojos.
marojo. [м.] (бот.) род омелы.
marola. [ж.] (мор.) см. marejada.
maroma. [ж.] канат; (Амер.) выступление канатоходца; побои.
maromear. [неперех.] (Амер.) плясать на канате, ходить по канату (о канатоходце); качаться в гамаке или на качелях; колебаться; см. contemporizar.
maromero, ra. [м. и ж.] (Амер.) канатоходец; двуличный человек; переменчивый политик.
marón. [м.] осётр.
marón. [м.] самец; баран.
maronita. [прил. и сущ.] католик ливанской горы.
marota. [ж.] (Амер.) мужеподобная женщина.
marote. [м.] (обл.) баран, см. morueco.
marote. [м.] (Амер.) аргентинский танец и народная песня.
marotear. [перех.] (Амер.) спутывать (лошадь и т. д.).
maroto. [м.] (обл.) баран-производитель; (зоол.) дикая утка.
marqués. [м.] маркиз.
marquesa. [ж.] маркиза; навес; (Амер.) деревянная кровать.
marquesado. [м.] титул маркиза; владения маркиза.

marquesina. [ж.] маркиза, навес (над входом в дом и т. д.); крытый перрон.
marquesita. [ж.] см. marcasita; небольшое кресло; (бот.) см. caléndula.
marquesota. [ж.] старинный стоячий воротничок.
marquesote. [м.] (презр.) маркиз.
marqueta. [ж.] круг чистого воска, вощина; (Амер.) тюк; кипа табачных листьев; шоколадная масса.
marqueta. [м.] (Амер.) (вар.) рынок, базар.
marquetear. [перех.] инкрустировать; украшать маркетри.
marquetería. [ж.] маркетри, инкрустация; см. ebanistería.
marquida. [ж.] (арг.) проститутка, шлюха.
marquilla. [ж. умен.] к marca; бумага среднего формата.
marquisa. [ж.] (арг.) проститутка.
marra. [ж.] недостаток, нехватка; см. almádena.
marracó. [м.] (Амер.) болотистая вода.
márraga. [ж.] дерюга, грубый холст.
marragón. [м.] (обл.) тюфяк.
marraguero. [м.] (обл.) см. colchonero.
marrajería. [ж.] хитрость, лукавство, коварство.
marrajo, ja. [прил.] коварный (о быке); хитрый, коварный, лукавый; (ихтиол.) акула.
marramao или -au. [м.] крик кошки (при течке).
marramizar. [неперех.] кричать (о кошке при течке).
marramuncia. [ж.] (Амер.) см. marrullería.
marrana. [ж.] свинья (самка); (перен.) (разг.) неряха; негодяйка.
marrana. [ж.] ось колеса (нории).
marranada. [ж.] (разг.) свинство, подлость, гадость.
marranalla. [ж.] (перен.) (разг.) сброд, жульё, сволочь.
marrancho. [м.] (обл.) боров.
marranchón, na. [м. и ж.] свинья, боров, поросёнок.
marranería. [ж.] (перен.) (разг.) свинство, подлость, гадость.
marraneta. [ж.] поросёнок (самка).
marranillo. [м.] поросёнок.
marrano. [м.] боров; (перен.) (разг.) свинья, негодяй, подлец.
marrano. [м.] балка, бревно (гидравлического колеса).
marraqueta. [ж.] (Амер.) батон; сайка; сильный щипок.
marrar. [неперех.] не попадать, промахнуться, бить мимо цели; дать осечку; (перен.) сбиться с пути истинного.
marras. [нареч.] * de marras, прежний, стародавний; пресловутый; упоминавшийся ранее; * hace marras, (Амер.) уже давно.
marrasquino. [м.] мараскин (ликёр).
marrazo. [м.] обоюдоострый топор.
marrear. [перех.] (обл.) ударять молотком каменотёса.
márrega. [ж.] (обл.) см. márfega; тюфяк.
marregón. [м.] (обл.) тюфяк.
marrillo. [м.] короткая дубина.
marro. [м.] игра в бабки, городки; игра в догонялки; промах; быстрое движение (тела) с целью ускользать; палка; (Амер.) см. mazo.
marrojar. [перех.] (обл.) подрезать нижние ветки дерева.
marrón. [прил.] (гал.) каштановый (о цвете); [м.] (гал.) засахаренный каштан.

marronazo. [м.] (тавр.) промах при ранении пикой.
marroquí. [прил.] марокканский; [м. и ж.] марокканец (-ка); [м.] сафьян.
marroquín, na. [прил.] марокканский; [м. и ж.] марокканец, (-ка).
marroquinería. [ж.] (Амер.) сафьянная мастерская.
marrosidad. [ж.] (Амер.) вяжущее свойство.
marroso, sa. [прил.] (Амер.) вяжущий, см. astringente.
marrubia. [ж.] (обл.) сорт дикой, небольшой земляники.
marrubial. [м.] место, покрытое marrubios.
marrubio. [м.] (бот.) шандра; конская мята: * marrubio fétido, белокудренник.
marrueco, ca. [прил. и сущ.] см. marroquí. [м.] (Амер.) см. bragueta (у брюк и т. д.).
marrulla, marrullería. [ж.] (Амер.) хитрость, лукавство; лесть.
marrullero, ra. [прил.] хитрый, лукавый, коварный; льстивый; [м. и ж.] хитрец, хитрая женщина, шельма; льстец, льстивая женщина.
marrumancia. [ж.] (Амер.) см. marrullería.
marsellés, sa. [прил.] марсельский; [м. и ж.] марселец, житель, (-ница) Марселя.
Marsellesa. [ж.] марсельеза.
marsop(l)a. [ж.] (зоол.) косатка, касатка.
marsupial. [прил.] (зоол.) сумчатый; [м.] сумчатый.
marsupiálidos. [м. множ.] (зоол.) сумчатые.
marsupífloro, ra. [прил.] имеющий цветы в форме сумочки.
Marta. [ж.] Марта: * Marta la piadosa, недотрога.
marta. [ж.] (зоол.) куница; куний мех: * marta cebellina, соболь; * marta de tejado, (разг.) кошка, кот; * marta del Canadá, канадская куница.
martagón. [м.] (бот.) царские кудри, красная лилия.
martagón, na. [м. и ж.] (разг.) хитрец, хитрая женщина.
Marte. [м.] (астр. мит.) Марс.
martellina. [ж.] молоток каменщика.
martes. [м.] вторник: * martes de carnaval, последний день карнавала; * dar a uno con la del martes, бросать обвинение, упрекать кого-л чем-л.
martillada. [ж.] удар молотом.
martillado, da. [страд. прич.] к martillar; [м.] (арг.) путь, дорога.
martillador. [м.] молотобоец.
martillar. [перех.] ударять молотом; ковать; (перен.) мучить, терзать, угнетать; [неперех.] (арг.) см. caminar.
martillazo. [м.] сильный удар молотом.
martillear. [перех.] см. martillar.
martillejo. [м. умен.] к martillo, молоточек.
martillero. [м.] дейст. к ударять молотом, ковка, битьё молотом; (перен.) постоянный шум.
martillero. [м.] (Амер.) аукционист.
martillo. [м.] молот, молоток; ключ для настройки фортепиано; аукцион, распродажа с молотка; (анат.) молоток (кость внутреннего уха; (зоол.) молот-рыба; (спорт.) молот; (арг.) путь, дорога; (Амер.) крыло (здания); (перен.) бич: * martillo neumático, пневматический молоток; * martillo de herrador, кузнечный молот; * martillo de vapor, паровой молот; * martillo pilón, пестовой молот; * martillo de dos peñas, молоток с двумя острыми концами; * a martillo, * a macha martillo, солидно, прочно.

Martín. [м.] Мартин: * San Martín, время забоя свиней; * llegarle, venirle a uno su San Martín, получить наказание.
martín. [м.] * martín del río, серая цапля; * martín pescador, зимородок.
martina. [ж.] (ихтиол.) род угря.
martinenco, ca. [прил.] * higo martinenco, сорт маленькой фиги.
martineta. [ж.] (орнт.) (Амер.) куропатка пампы.
martinete. [м.] (орнт.) стриж; касатка; хохол (у стрижа).
martinete. [м.] молоточек (в рояле); (тех.) паровой молот; копёр.
martinetes. [м. множ.] андалузские народные песенки, стихи.
martingala. [ж.] (в карточной игре) комбинация, двойная ставка (в игре); (перен.) (разг.) хитрость, западня, махинация.
martinico. [м.] (разг.) привидение; домовой.
martiniega. [ж.] старинный налог при забое свиней.
martinismo. [м.] мартиниз.
martinista. [м.] мартинист.
martinillo. [м.] ванька-встанька.
martín pescador. [м.] зимородок.
mártir. [м. и ж.] мученик, (-ница), великомученик, (-ница).
martirial. [прил.] относящийся к мученикам.
martirio. [м.] мука, мучение, мученичество.
martirizador, ra. [прил.] мучительный; [м. и ж.] мучитель, (-ница).
martirizar. [перех.] пытать, мучить, терзать; огорчать.
martirologio. [м.] мартиролог.
martirologista. [м.] сочинитель мартиролога.
martita. [ж.] (мин.) мартит.
martraza. [ж.] старинный испанский танец.
martujo. [м.] (обл.) удар рукой, кулаком.
marucha. [ж.] (Амер.) род чесотки.
marucho. [м.] (Амер.) каплун (петух); слуга, сопровождающий хозяина на лошади.
maruga. [ж.] (Амер.) марака (музыкальный инструмент); хлам, дрянь; погремушка.
marullo. [м.] (мор.) см. mareta.
marunga. [ж.] (Амер.) народный танец.
marunguero, ra. [прил.] (Амер.) любящий танцовать (тж. сущ.).
marusa. [ж.] (Амер.) мешок, рюкзак, ранец.
maruso, sa. [прил.] (fam.) галисийский; [сущ.] галисиец.
marxismo. [м.] марксизм.
marxista. [прил.] марксистский; [м. и ж.] марксист, (-ка).
marza. [ж.] (обл.) ночная песня в честь весны и т. д.
marzadga. [ж.] старинный налог (оплачиваемый в марте).
marzal. [прил.] мартовский.
marzante. [м.] (обл.) тот, кто поёт marzas.
marzo. [м.] март: * en (el mes de) marzo, в марте.
marzoleta. [ж.] плод majuelo.
mas. [союз] но.
más. [нареч.] более, больше; дольше; долее, дальше; еще; кроме того; лучше, скорее; [м.] наибольшее; (мат.) плюс: * permaneció en casa más de un mes, он сидел дома больше месяца; * más y más, cada vez más, всё больше и больше; * lo más posible, как можно больше; * de más, лишний; излишний; чересчур; излишне; * más o menos, более или менее; * lo más tarde posible, как можно позднее; * el más grande, самый большой, величайший; * el más largo, самый (наиболее) длинный; * ser más inteligente que, быть умнее кого-л; * a más no poder, изо

всех сил; * a más de, кроме того; сверх того; * no más, не больше; * más allá, дальше, за; * por más que, сколько бы ни; * sin más ni más, без всякой причины, вдруг; очертя голову; * a lo más, самое большое, всего-навсего; * a más y mejor, обильно; как можно больше чем; лишь; хотя бы; * a más correr, во весь опор; * más bien, скорее; лучше; * cuando más, не больше; * más tarde o más temprano, рано или поздно; * más pronto, раньше, скорее; * lo más pronto posible, как можно скорее; * por más que, что бы ни, сколько бы... ни; как бы... ни; * tanto más, тем более; * más vale un toma que dos te daré, лучше синицу в руки, чем журавля в небе; * ¿qué más? ну и что ж?; * poco más o menos, приблизительно, почти; * hace más de una hora que le estoy esperando, я жду вас более часу, слишком час; * en poco más de dos días, с небольшим, не с большим в два дня; * (él) tiene más de treinta años, ему слишком тридцать лет, ему за тридцать лет; * cuanto más se tiene, más se quiere, чем больше имеешь, тем более желаешь; * (él) es más rico que su hermano, он богаче своего брата; * el más sabio, самый учёный; * a más correr, опрометью; * el que más y el que menos, кто больше, кто меньше, одни больше, другие меньше; * una vez más, ещё раз; * a lo más, todo lo más, самое большое, всё; * los más, большинство; * a cual más, на пари.
mas. [союз] но.
masa. [ж.] (обл.) загородный дом, дача.
masa. [ж.] тесто, месиво; масса, множество; совокупность, сумма; масса (людская); (физ.) масса; (воен.) удержание за обмундирование; штукатурка (из смеси извести, песка, цемента); хороший характер; (Амер.) пирожное: * en masa, массою; * lo lleva en la masa de la sangre, это у него в характере; * tener buena masa, ser de buena masa, отличаться послушанием; * coger con las manos en la masa, взять с поличным.
masa. [ж.] (обл.) ферма, хутор; дача.
masacrar. [перех.] (гал.) производить массовое избиение, резню, избивать, истреблять.
masada. [ж.] хутор, сельский дом.
masadero. [м.] фермер.
masadilla. [ж.] кусок теста.
masadura. [ж.] (обл.) замешивание теста; тесто.
masaje. [м.] массаж, массирование, растирание.
masajear. [перех.] делать массаж, массировать, растирать.
masajista. [м. и ж.] массажист, (-ка).
masamuda. [прил.] принадлежащий одному берберскому племени.
masar. [перех.] см. amasar.
masarandiba. [м.] (бот.) род бразильской вишни.
masato. [м.] (Амер.) напиток из банана; напиток из кукурузы или риса; пат из кокосового ореха, кукурузы и сахара.
mascabado, da. [прил.] * azúcar mascabado, сахарный песок, сахар-сырец.
mascada. [ж.] (Амер.) комок жевательного табака; шейный платок: * largar la mascada, (Амер.) рвать, тошнить.
mascadeo. [м.] (Амер.) см. petimetre.
mascadón. [м.] (Амер.) шейный платок, шаль.
mascador, ra. [прил.] жующий (тже. сущ.).
mascadura. [ж.] жевание; (Амер.) булочка к кофе.
mascaladenitis. [ж.] (пат.) воспаление подмышечных лимфатических узлов.
mascapaja. [м. и ж.] (разг.) (перен.) осёл.

mascar. [перех.] жевать, прожёвывать, разжёвывать; (разг.) мямлить, шамкать, говорить невнятно, бормотать.

máscara. [ж.] маска; маскарадный костюм; (перен.) маска, личина; предлог, отговорка; маска, человек с маской; (мед.) внешность лица; [множ.] маскарад: * máscara antigás, противогаз; * quitar a uno la máscara, сорвать маску с кого-л; * quitarse la máscara, сбросить маску, перестать притворяться.

mascarada. [ж.] маскарад; маскарадная группа.

mascarana. [ж.] (рыбол.) сорт якоря.

mascarar. [перех.] (обл.) покрывать или пачкать копотью, сажей.

mascarero, ra. [м. и ж.] тот, кто продаёт или отдаёт в наём маскарадные костюмы.

mascareta. [ж. умен.] к máscara, небольшая маска.

mascarilla. [ж.] полумаска; гипсовый слепок с лица, маска: * quitarse la mascarilla, сбросить маску, перестать притворяться.

mascarita. [м. и ж.] человек в маскарадном костюме.

mascarón. [м. увел.] к máscara; (арх.) украшение в виде гротескной маски (на фонтанах и т. д.); * mascarón de proa, фигурное украшение на носу корабля.

mascatrapos. [м.] (Амер.) бродяга.

mascavidrios. [м. и ж.] (разг.) (Амер.) пьяница.

mascón. [м.] (Амер.) см. estropajo.

mascota. [ж.] (разг.) (Амер.) амулет.

mascujada. [ж.] жевание с трудом; (перен.) шамканье.

mascujar. [перех.] (разг.) жевать с трудом; (перен.) (разг.) мямлить; шамкать.

masculillo. [м.] детская игра.

masculinidad. [ж.] принадлежность к мужскому полу; (юр.) преимущественное право мужчины (на наследство и т. д.).

masculinizar. [перех.] (грам.) придать слову форму мужского рода; одеваться в мужской костюм (о женщине).

masculino, na. [прил.] мужской; мужественный; (грам.) мужского рода; [м.] (грам.) мужской род.

mascullamiento. [м.] шамканье, бормотание.

mascullar. [перех.] (разг.) шамкать, невнятно говорить, мямлить, говорить сквозь зубы.

masecoral, masejicomar. [м.] см. Maese Coral.

maselucas. [ж. множ.] игральные карты.

masera. [ж.] квашня; холст, покрывающий тесто.

masería. [ж.] ферма, хутор, дача.

masetérico, ca. [прил.] относящийся к жевательной мышце.

masetero. [м.] (анат.) жеватель, жевательный мускул.

mashorca. [ж.] (Амер.) тирания.

masi. [ж.] (Амер.) род белки.

masía. [ж.] (обл.) ферма, хутор, дача.

masicoral. [м.] см. Maese Coral.

masicote. [м.] массикот, красный свинцовый глет.

masilla. [ж.] замазка: * sujetar con masilla, замазывать.

masillar. [перех.] см. enmasillar.

masita. [ж.] (воен.) обмундировочный фонд; (Амер.) пирожное.

masitero, ra. [м. и ж.] продавец, (-щица) пирожных.

masito. [нареч.] (Амер.) почти, чуть ли не.

masivo, va. [прил.] (мед.) массивный, мощный.

maslo. [м.] репица; стебель.

masón. [м. увел.] к masa; месиво из теста.

masón, na. [м. и ж.] (франк)масон.

masonería. [ж.] (франк)масонство.

masónico, ca. [прил.] (франк)масонский.

masoquismo. [м.] мазохизм.

masoquista. [м. и ж.] человек, страдающий мазохизмом.

masora. [ж.] истолкование текста Библии.

masoreta. [м.] истолкователь Библии.

masorético, ca. [прил.] относящийся к истолкованию Библии.

masoterapia. [ж.] лечение массажем.

masoterápico, ca. [прил.] относящийся к лечению массажем.

masovero. [м.] (обл.) фермер.

mastadenites. [ж.] (пат.) воспаление грудной железы, грудница.

mastadenoma. [м.] (пат.) опухоль молочной железы.

mastalgia. [ж.] (пат.) боль в грудной железе.

mastatrofia. [ж.] (пат.) атрофия грудной железы.

mastauxa. [ж.] (пат.) гипертрофия грудной железы.

mastear. [перех.] (мор.) ставить мачты.

mastel. [м.] (уст.) см. maslo; см. mastelero, опора.

mastelerillo. [м.] (мор.) фор-стеньга.

mastelero. [м.] (мор.) стеньга.

mástic. [м.] (гал.) мастика, замазка.

masticación. [ж.] жевание, пережёвывание.

masticador. [м.] жевательный.

masticar. [перех.] жевать, прожёвывать, разжёвывать; (перен.) обдумывать, перебирать в уме.

masticatorio, ria. [прил.] (мед.) жевательный, служащий для жевания; [м.] жевательное средство.

masticino, na. [прил.] относящийся к мастике.

mástico. [м.] мастика, см. almáciga.

mastigoto, ta. [прил.] (зоол.) см. flagelado.

mástil. [м.] мачта; см. mastelero; опорный столб; стержень пера; гриф (гитары и т. д.); (бот.) стебель; длинный широкий пояс.

mastín, na. [прил.] сторожевой (о псе); [м.] сторожевой пёс; (арг.) см. alguacil.

mástique. [м.] см. almáciga; резиновый клей.

mastitis. [ж.] (пат.) воспаление грудной железы, грудница.

mastitoideo, a. [прил.] похожий на воспаление грудной железы.

masto. [м.] (обл.) подвой; самец.

mastodinia. [ж.] (пат.) боль в грудях.

mastodonte. [м.] (палеонт.) мастодонт.

mastoidal. [прил.] см. mastoideo.

mastoideo, a. [прил.] относящийся к сосцевидному отростку.

mastoides. [прил.] (анат.) сосцевидный; [сущ.] сосцевидный отросток.

mastoiditis. [ж.] (пат.) воспаление сосцевидного отростка, мастоидит.

mastongo. [м.] (пат.) опухоль грудной железы.

mastopatía. [ж.] болезнь грудной железы.

mastorragia. [ж.] (пат.) кровотечение из грудной железы.

mastorrágico, ca. [прил.] относящийся к кровотечению из грудной железы.

mastotomía. [ж.] (хир.) разрез грудной железы.

mastozoario, ria. [прил.] млекопитающий; [м.] млекопитающее.

mastrantal. [м.] место, изобилующее mastrantos.

mastranto, mastranzo. [м.] (бот.) дикорастущая мята.

mastuerzo. [м.] (бот.) кресс посевной, кресс-салат; см. berro, (перен.) дурак, болван, глупец; [прил.] глупый, дурацкий.

masturbación. [ж.] мастурбация, онанизм, рукоблудие.

masturbador, ra. [прил.] рукоблудничающий (тже. сущ.).

masturbarse. [возв. гл.] рукоблудничать.

masudo, da. [прил.] (Амер.) толстой (преимущ. о женщинах).

masvale. [м.] мальвазия (сорт винограда, сладкого вина).

mata. [ж.] куст, кустарник; побег; стебель; см. lentisco; заросли кустарника, кусты; плантация; (Амер.) роща; горка, горушка; дерево, куст; оболочка початка кукурузы: * mata parda, дубок; * mata de pelo, прядь волос; * seguir hasta la mata, ожесточённо преследовать кого-л; * mata rubia, см. coscoja; * saltar de la mata, показаться на люди; показать себя; * a salto de mata, бегло.

mata. [ж.] штейн (промежуточный продукт плавки цветных металлов).

mata. [ж.] см. matarrata и matadura.

matabuey. [м.] (бот.) см. amarguera.

mataburros. [м.] (Амер.) спиртной напиток.

matacaballo. [м.] (Амер.) род большого чёрного таракана; см. libélula.

matacabras. [м. множ.] северный ветер.

matacallos. [м. множ.] (Амер.) (бот.) род бессмертника.

matacán. [м.] яд для умерщвления собак; бойница; рвотный орех.

matacandelas. [м.] гасильник (свечи).

matacandil. [м.] (бот.) крестоцветное растение; (обл.) лангуст(а).

matacandiles. [м. множ.] (бот.) лилейное растение.

matacano. [м.] (Амер.) крепкий бычок.

matacía. [ж.] (обл.) убой скота.

matación. [ж.] (м. употр.) см. matanza.

mataco. [м.] (зоол.) (Амер.) род броненосца; упрямец.

matacuás. [м.] (Амер.) неумелый шофёр, водитель.

matachín. [м.] скоморох, плясун: * dejar hecho un matachín, стыдить.

matachín. [м.] мясник; (перен.) (разг.) забияка.

matada. [ж.] (Амер.) падение.

matadero. [м.] (ското)бойня; (перен.) (разг.) утомительная работа.

matador, ra. [прил.] убийственный, смертоносный, смертельный; разрушительный; [м. и ж.] убийца; [м.] матадор.

matadura. [ж.] потёртость (у упряжного скота): * dar en las mataduras, наступить на любимую мозоль.

matafalúa. [ж.] (обл.) (бот.) анис.

matafuego. [м.] насос (пожарный); пожарный.

matagallegos. [м.] (бот.) дерябка.

matagallina. [ж.] (обл.) (бот.) см. torvisco.

matagallos. [м.] (бот.) см. aguavientos.

mataguaro. [м.] (Амер.) речная рыба.

matagusano. [м.] (Амер.) варенье из апельсинной корки с мёдом.

matahambre. [м.] (Амер.) сорт марципана.

matahombres. [м.] (обл.) род шпанской мухи.

matahormigas. [м. и ж.] (перен. разг.) бедняк, ничтожный человек.

matalahuga, matalahuva. [ж.] (бот.) анис.

matajudío. [м.] см. mújol.

matalascallando. [м. и ж.] (перен. разг.) проныра, пролаза.

matalobos. [м.] (бот.) аконит, волчий корень.

matalón, na. [прил. и сущ.] кляча.

mataloté. [м.] (мор.) запас провизии; (Амер.) груда вещей;

matalote. [прил. и сущ.] кляча.

matalote. [м.] (мор.) мателот: * matalote de proa, передний мателот; * matalote de popa, задний мателот.
matamata. [м.] (Амер.) род черепахи.
matambo. [м.] (Амер.) аргентинский народный танец.
matambre. [ж.] (Амер.) слой (низшего сорта) мяса между кожей и рёбрами.
matamoros. [м.] (перен.) (разг.) хвастун, фанфарон; забияка.
matancero. [м.] (Амер.) боец (на бойне) мясник.
matancero, ra. [прил.] относящийся к Matanza; [м. и ж.] уроженец, (-ка) этого кубинского города.
matanga. [ж.] (Амер.) детская игра.
matanueces. [м.] (Амер.) щипцы для орехов
matanza. [ж.] убой, убийство; избиение, бойня; резня; забой свиней; время забоя свиней; свиньи предназначенные на забой; изделия из свинины; (разг.) неотступная просьба, упрямство.
matapalo. [м.] (бот.) каучуконосное дерево (растущее в Южной Америке).
matapasiegos. [м.] (обл.) низший сорт водки.
mataperico. [м.] (Амер.) щелчок.
mataperrada. [ж.] шалость, мальчишеская проделка.
mataperrear. [неперех.] (Амер.) шалить, проказничать.
mataperros. [м.] (перен. разг.) уличный мальчишка, проказник.
matapiojos. [м.] (Амер.) стрекоза.
matapobres. [м. и ж.] (обл.) ростовщик, (-щица).
matapolvo. [м.] мелкий дождь.
matapollo. [м.] (обл.) см. **torvisco**.
matapuerco. [м.] (обл.) см. **mondongo**; изделия из свинины.
matar. [перех.] убивать, уморить, умерщвлять; гасить (огонь); потереть, причинять потёртость; гасить (известь); (карт.) бить, убивать (чужую карту); бить (скот); (шахм.) дать мат; делать матовым; (жив.) смягчать тон; округлять; (перен.) мучить, изводить, утомлять, надоедать; уничтожать; **matarse**. [возв. гл.] лишить себя жизни; застрелиться; убивать друг друга; выполнять непосильную работу; надрываться; терзать себя, печалиться: * matar el tiempo, убивать время: * estar a matar con, быть во вражде с; * matar de un tiro, застрелить; * matar un pollo, un cordero, заколоть цыплёнка, ягнёнка; * matarse a estudiar, неутомимо трудиться над изучением; * matarse a trabajar, убивать себя, надсаживаться работой или над работой; * mátalas callando, проныра, пролаза.
matarife. [м.] мясник, резник.
matarrata. [ж.] сорт карточной игры.
matarratas. [ж.] (разг.) сивуха.
matarrotos. [м.] (Амер.) ломбард.
matarrubia. [ж.] (бот.) см. **coscoja**.
matasano. [м.] (бот.) рутообразное растение.
matasanos. [м.] (разг.) невежественный врач, лекарь-шарлатан.
matasapo. [м.] (Амер.) детская игра.
matasellos. [м.] прибор для погашения марок, почтовый штемпель.
matasiete. [м.] драчун, хвастун, забияка.
matasuelo. [м.] (Амер.) удар при падении.
matates. [м. множ.] см. **trastos**.
matate. [м.] (Амер.) мешок из агавы.

matatena. [ж.] (Амер.) булыжник, круглый камень; детская игра.
matatías. [м.] (разг.) ростовщик.
matatudo, da. [прил.] (Амер.) с длинной мордой; храбрый; ловкий, умелый.
matatús. [м.] **matatuza.** [ж.] (Амер.) см. **matanga**.
matavivos. [м.] (перен.) (разг.) см. **matasanos**; клеветник.
matazón. [ж.] (Амер.) убой скота; бойня; мясная (лавка).
matazonero, ra. [м. и ж.] (Амер.) мясник.
match. [м.] (спорт.) матч, соревнование, встреча.
mate. [прил.] матовый, тусклый; [м.] (шахм.) мат: * dar mate, издеваться над кем-л; * jaque mate, (шахм.) шах и мат.
mate. [м.] (Амер.) сосуд из тыквы; содержимое этого сосуда; сосуд для питья мате; мате, парагвайский чай; парагвайская трава; лысая голова; (разг.) голова; [множ.] детская игра: * cebar el mate, заваривать мате.
matear. [перех.] высаживать семена или рассаду; [неперех.] пускать ростки; искать дичь в кустах (о собаке); **matearse**. [возв. гл.] редеть (о посевах).
matear. [перех.] (Амер.) дать мат (в шахматной игре).
matear. [неперех.] (Амер.) пить мате; смешивать две жидкости.
matelina. [ж.] сорт шерсти.
matemática(s). [ж. множ.] математика.
matemáticamente. [нареч.] по правилам математики, математически; с математической точностью.
matemático, ca. [прил.] математический; (перен.) точный; [м.] математик.
materia. [ж.] (физ. фил.) материя; вещество; материал, вещество; предмет изучения, вопрос, тема (выступления); гной; повод, предлог; дело, вещь: * materia colorante, пигмент; * en materia de, в вопросе о...; * entrar en materia, приступить к предмету, перейти к сути дела; * perito en la materia, специализировавшийся по этим вопросам.
material. [прил.] вещественный, материальный, физический; имущественный; фактический; телесный, плотский; грубый, чувственный; [м.] материал; материальная часть, инвентарь; оборудование; имущество; рабочие инструменты, принадлежности; см. **ingrediente**: * material de guerra, боевая техника; * material agrícola, сельскохозяйственный инвентарь; * material escolar, школьные принадлежности, наглядные пособия; * material móvil, (ж. д.) подвижной состав; * es material, всё равно.
materialidad. [ж.] материальность, вещественность; видимость; материальный смысл; звук слов.
materialismo. [м.] материализм: * materialismo dialéctico, диалектический материализм; * materialismo histórico, исторический материализм.
materialista. [прил.] материалистический; [м. и ж.] материалист, -ка.
materialización. [ж.] материализация, осуществление.
materializar. [перех.] материализовать, претворять в жизнь, превращать в реальность, придавать вещественную, наглядную форму.
materialmente. [нареч.] материально; вещественно; физически, чувственно.
maternal. [прил.] материнский: * amor maternal, материнская любовь.
maternalmente. [нареч.] матерински.
maternidad. [ж.] материнство; родильный дом, акушерская клиника; * casa de maternidad, родильный дом.

materno, na. [прил.] материнский: * lengua materna, родной язык.
matero, ra. [прил.] (Амер.) любящий пить мате (тж. сущ.).
matete. [м.] смесь; (перен. разг.) (Амер.) драка, бурная ссора.
matico. [м.] (бот.) название одного перечного растения Южной Америки.
matidez. [ж.] матовость; (мед.) тупость звука (при перкуссии).
matiego, ga. [прил.]: * a la matiega, грубо.
matihuelo. [м.] ванька-встанька.
matinal. [прил.] утренний.
matiné. [м.] (гал.) матине (утренняя домашняя кофта); [м. и ж.] утренник, утренний, дневной спектакль.
matinée. [ж.] (Амер.) (гал.) утренник, утренний, дневной спектакль.
matiz. [м.] нюанс, оттенок.
matizar. [перех.] нюансировать, оттенять.
mato. [м.] см. **matorral**; род ящерицы.
matoco. [м.] (разг.) (Амер.) дьявол, чёрт.
matojal. [м.] (Амер.) заросли кустарника, роща.
matojo. [м. ухуд.] к **mata**; (бот.) вереск (одна из разновидностей); (Амер.) побег от пня; заросли кустарника.
matón. [м.] (перен.) (разг.) забияка, драчун, задира, хвастун, фанфарон.
matonada. [ж.] поступок свойственный забияке, драчуну и т. д.
matonear. [неперех.] см. **baladronear**; [перех.] (Амер.) см. **asesinar**.
matonismo. [м.] поведение забияки, драчуна.
matorral. [м.] заросли кустарника, место, поросшее кустарником.
matorralejo. [м. умен.] к **matorral**.
matoso, sa. [прил.] заросший кустарником.
matraca. [ж.] трещотка; (перен.) (разг.) насмешка; надоедание: * dar matraca, издеваться, высмеивать.
matracalada. [ж.] шумная толпа.
matraquear. [неперех.] (Амер.) разг. см. **matraquear**.
matraquear. [неперех.] (разг.) трещать (трещоткой); (перен. разг.) издеваться; надоедать.
matraqueo. [м.] (разг.) дейст. к трещать (трещоткой); насмешка; надоедание.
matraquista. [м. и ж.] (перен. разг.) насмешник, (-ица), надоедливый человек.
matraz. [м.] (хим.) стеклянная колба.
matreraje. [м.] (Амер.) см. **bandidaje**.
matreramente. [нареч.] коварно.
matrerear. [неперех.] (Амер.) разбойничать (на горах).
matrería. [ж.] хитрость, проницательность; обман, ловушка.
matrero, ra. [прил.] хитрый, коварный, опытный, искусный; (Амер.) подозрительный, мнительный; скрытый; разбойничий.
matriarcado. [м.] матриархат.
matriarcal. [прил.] матриархальный.
matrical. [прил.] (анат.) маточный.
matricaria. [ж.] (бот.) рошанка, маточная трава.
matricida. [ж.] матереубийца.
matricidio. [м.] матереубийство.
matrícula. [ж.] список, роспись, реестр; матрикул(а), матрикулярный список; приписка, надпись: * matrícula de mar, de marina, список военнообязанных моряков; * puerto de matrícula, порт приписки.
matriculación. [ж.] регистрация, внесение в список.
matriculado, da. [прил.] внесённый в список, зачисленный (тж. сущ.).
matriculador, ra. [м. и ж.] тот, кто вносит в список.
matricular. [перех.] регистрировать, заносить в список, в матрикул, зачислять;

matricularse. [возв. гл.] записываться, поступать (в школу и т. д.).
matrimonesco, ca. [прил.] (шутл.) брачный, супружеский.
matrimonial. [прил.] брачный, супружеский, матримониальный.
matrimonialmente. [нареч.] по-супружески, в браке.
matrimoniar. [неперех.] женить; выдавать замуж.
matrimonio. [м.] брак, женитьба, замужество; свадьба; венчание; бракосочетание (книж.); (разг.) супружеская чета; (Амер.) белая простынная материя: * matrimonio civil, гражданский брак; * matrimonio eclesiástico, брак, освящённый церковью; * matrimonio de conciencia, тайный брак; * matrimonio de la mano izquierda или morganático, морганатический брак; * matrimonio in extremis или in artículo mortis, брак на одре смерти; * pedir en matrimonio, просить руки, свататься; contraer matrimonio, жениться на..., выходить замуж за...; matrimonio por detrás de la iglesia, незаконное сожительство.
matritense. [прил.] мадридский; [м. и ж.] мадридец, уроженец, (-ка) Мадрида.
matrixitis. [ж.] (пат.) воспаление ногтевого ложа.
matriz. [ж.] (анат.) матка; (полигр. тех.) матрица; (мат.) матрица; гайка; корешок талона (квитанционной книжки); (мин.) жильная порода; перепел-вожак; [прил.] главный, центральный.
matrizar. [неперех.] занимать место матери.
matrona. [ж.] матрона, почтенная, немолодая женщина, мать семейства; акушерка; таможенная досмотрщица.
matronal. [прил.] свойственный матроне.
matronaza. [ж.] важная, толстая мать семейства.
matronímico, ca. [прил.] * nombre matronímico, именование по предкам материнской линии.
matropa. [ж.] (Амер.) см. histerismo.
matuasto. [м.] (Амер.) ядовитая ящерица.
matucho, cha. [прил.] (Амер.) ловкий в делах, дельный; шаловливый, живой (о детях); (уст.) испанский; [м.] (Амер.) дьявол, чёрт.
matufia. [ж.] (Амер.) обман, путаница, мошенничество; халтура.
matufiar. [перех.] (Амер.) (разг.) обманывать, мошенничать; халтурить.
matul. [м.] см. matulo.
matula. [ж.] (м. употр.) фитиль.
matulancia. [ж.] (Амер.) кипа, узел.
matulanga. [ж.] (Амер.) свёрток, пирог.
matulo. [м.] большая кипа (особенно табака); низенький, некрасивый толстяк.
matungo, ga. [прил.] (Амер.) худой, старый, заморённый (о лошади).
maturación. [ж.] созревание, вызревание.
maturo, ra. [прил.] зрелый, спелый.
maturranga. [ж.] см. marrullería; (арг.) проститутка.
maturrango, ga. [прил.] (Амер.) не умеющий ездить верхом; неуклюжий человек.
maturranguear. [неперех.] (Амер.) ездить верхом.
maturranguero, ra. [прил.] (Амер.) хитрый, коварный.
matusalén. [м.] глубокий старик.
matute. [м.] контрабанда (продуктов); притон.
matutear. [перех.] провозить контрабанду (продуктов).
matutero, ra. [м. и ж.] контрабандист, (-ка) (продуктов).
matutín. [м.] (Амер.) изгнание или заклинание злых духов.

matutinal. [прил.) утренний.
matutines. [м. множ.] (Амер.) см. exorcismo.
matutino, na. [прил.] утренний, ранний.
maula. [ж.] безделица, пустяк; остаток, лоскут (ткани и т. д.); обман, хитрость; [м. и ж.] плохой плательщик, (-ица); лентяй, (-ка).
maular. [неперех.] (шутл.): * ni paular ni maular, не промолвить (ни) слова, не пикнуть.
maulear. [неперех.] (Амер.) мошенничать, плутовать (в игре).
maulería. [ж.] лавка распродажи остатков; надувательство, хитрость, притворство.
maulero, ra. [м. и ж.] продавец, (-щица) остатков (материи и т. д.); притворщик, (-ица), обманщик, (-ица), плут, (-овка).
maulón. [м. увел.] к maula, лентяй, плохой плательщик.
maullador, ra. [прил.] часто мяукающий.
maullar. [неперех.] мяукать.
maullido, maúllo. [м.] мяуканье.
mauraca. [ж.] жаренье сушёных фруктов, мелкой рыбы (на чистом воздухе).
maure. [м.] см. chumbre.
mauretano, ni, mauritano, na. [прил.] мавританский; [м. и ж.] мавр, (-итанка).
mauseolo, mausoleo. [м.] мавзолей.
mavorcio, cia. [прил.] (поэт.) военный.
Mavorte. [м.] (поэт.) Марс.
maxila. [ж.] челюсть (у насекомых).
maxilar. [прил.] челюстной; [м.] челюстная кость.
maxilífero, ra. [прил.] челюстноносный.
maxiliforme. [прил.] челюстновидный.
maxilitis. [ж.] (пат.) воспаление челюсти.
máxima. [ж.] правило, максима, изречение; (уст.) четырехтактная нота.
maximalismo. [м.] максимализм.
maximalista. [прил.] максималистский; [м. и ж.] максималист, (-ка).
máximamente. [нареч.] главным образом, особенно.
máxime. [нареч.] главным образом.
máximo, ma. [прил. превосх.] к grande; величайший, наибольший, максимальный, предельный, наивысший: * máximo común divisor, общий наибольший делитель; [м.] максимум; предел.
maximum. [м.] предел.
maya. [ж.] (бот.) полевая маргаритка.
maya. [ж.] (обл.) детская игра, сорт жмурок.
maya. [ж.] (бот.) род ананасовидного растения (кубинского); маия.
mayada. [ж.] (обл.) овчарня.
mayador, ra. [прил.] мяукающий.
mayagua. [ж.] (Амер.) окурок сигары.
mayal. [м.] (с.-х.) цеп; шест (ворота и т. д.).
mayal. [м.] (Амер.) поле, покрытое маргаритками.
mayar. [неперех.] мяукать.
mayar. [перех.] (Амер.) мять, комкать (о растениях и т. д.).
mayate. [м.] название одного мексиканского жесткокрылого насекомого.
mayear. [неперех.] стоять майская погода.
mayén. [м.] (Амер.) сглаз.
mayestático, ca. [прил.] величественный.
mayeto. [м.] (обл.) небогатый виноградарь.
mayéutica. [ж.] (мед.) акушерство, гинекология.
mayido. [м.] мяуканье.
mayo. [м.] май; майское деревцо: * en (el mes) de mayo, в мае; [множ.] ночные песни (в последней ночи апреля).
mayo, ya. [прил.] высокого роста (тже. сущ.); (обл.) см. inepto.
mayocol. [м.] (Амер.) надсмотрщик, надзиратель.
mayólica. [ж.] майолика.
mayonesa. [ж.] майонез.
mayor. [прил. срав. степ.] больший, наибольший, величайший; высший; старший; важный, значительный; [м.] старший; майор; глава, начальник; начальник секретариата; (лог.) первая посылка (в силлогизме); [множ.] предки: * persona mayor, пожилой человек; * mayor de edad, совершеннолетний, (-яя); * por mayor, кратко, сокращённо; оптом; * palo mayor, гротмачта; * vela mayor, грот; * fuerza mayor, непреодолимое обстоятельство; * alzarse, levantarse или subirse a mayores, см. esoberbecerse.
mayora. [ж.] жена начальника.
mayoral. [м.] старший пастух; старший рабочий; кучер (дилижанса); сборщик податей; (Амер.) кондуктор трамвая; управляющий плантацией; (арг.) см. alguacil и corregidor.
mayorala. [ж.] жена mayoral.
mayoralía. [ж.] стадо старшего пастуха; заработная плата получаемая старшим пастухом.
mayorazga. [ж.] владелица майората; жена mayorazgo.
mayorazgo. [м.] майорат, майоратное имение; владелец майората; (разг.) старший сын, наследник; первородство.
mayorazgüelo, a. [м. и ж. умен.] к mayorazgo.
mayorazguista. [м. и ж.] автор произведений о майоратах.
mayordoma. [ж.] жена мажордома; домоправительница.
mayordomear. [перех.] управлять, заведовать хозяйством; (Амер.) быть надсмотрщиком над чернорабочими.
mayordomía. [ж.] должность мажордома; контора мажордома.
mayordomo. [м.] мажордом, дворецкий; метрдотель; начальник братства; член братства; (Амер.) слуга; надсмотрщик.
mayoría. [ж.] большинство; совершеннолетие; превосходство; контора генерал-майора: * mayoría absoluta, абсолютное большинство; * mayoría relativa, относительное большинство.
mayoridad. [ж.] совершеннолетие.
mayorista. [м. и ж.] оптовик; [прил.] оптовый.
mayoritario, ria. [прил.] (гал.) мажоритарный, основывающийся на большинстве; [м.] сторонник мажоритарной системы.
mayormente. [нареч.] главным образом, преимущественно.
mayu. [м.] название одного чилийского бобового растения.
mayueta. [ж.] (обл.) (бот.) дикая земляника.
mayúscula. [прил.] прописной (о букве); [ж.] прописная буква.
mayúsculo, la. [прил.] огромный, очень большой.
maza. [ж.] палица; булава; трепало для пеньки; деревянный молот, колотушка; толстый конец бильярдного кия; баба для вбивания свай; (Амер.) ступица (в колесе); (разг.) надоедливый человек; * maza de fraga, копёр; (перен.) (разг.) авторитетный человек; речь, производящий впечатление; * maza sorda, (бот.) шпажник; * son la maza y la mona, они всегда вместе.
maza. [ж.] пирог из ячменной муки; (анат.) см. placenta.
mazaco. [м.] (обл.) (стр.) строительный раствор, бетон, цемент.
mazacón, na. [прил.] грубый; неряшливый; вульгарный.

mazacote. [м.] зола, содержащая соду; строительный раствор, бетон, цемент; (перен.) (в искусстве) тяжёлый предмет; (разг.) жёсткая и вязкая пища; надоедливый человек; (Амер.) патока.

mazacotudo, da. [прил.] (Амер.) см. amazacotado.

mazacuate. [м.] (Амер.) боа, удав (одна из разновидностей).

mazada. [ж.] удар дубиной, деревянным молотом; * dar mazada, (разг.) причинить тяжёлый ущерб.

Mazagatos (la de). [ж.] драка, бурная ссора.

mazagrán. [м.] холодный чёрный кофе, разбавленный водой и ромом.

mazamorra. [ж.] каша из кукурузной муки; испорченные сухари; остатки сухарей, раскрошенные сухари; раскрошенная вещь; (Амер.) (разг.) жидкая грязь; гнусавое произношение.

mazapán. [м.] марципан.

mazar. [перех.] сбивать масло; (уст.) ударять.

mazarí. [прил.] * baldosa mazarí, глиняная плитка.

mazarota. [ж.] прибыль (в отливках).

mazatetes. [м.] (Амер.) валериана (один из видов).

mazato. [м.] (Амер.) порция кукурузной муки (взятая в дорогу); зрелый банан.

mazazo. [м.] см. mazada.

mazdeísmo. [м.] религиозное учение Зороастра, маздеизм.

mazdeísta. [прил. и сущ.] сторонник маздеизма.

mazico, ca. [прил.] плацентарный.

mazmodina. [ж.] старинная арабская золотая монета.

mazmorra. [ж.] подземная тюрьма; застенок.

maznar. [перех.] месить тесто руками; ковать горячее железо.

mazo. [м.] деревянный молот, колотушка; пачка; горсть; (перен.) надоедливый человек; (обл.) язык колокола: * a mazo y escoplo, крепко, непоколебимо.

mazodinia. [ж.] (пат.) боль в грудной железе.

mazoitis. [ж.] (пат.) воспаление грудной железы, грудница.

mazonado, da. [прил.] (гер.) в форме кирпичной кладки.

mazonear. [перех.] (м. употр.) трамбовать, утрамбовывать.

mazonería. [ж.] кирпичная кладка, каменная кладка; вышивка гладью.

mazonero. [м.] (обл.) каменщик.

mazorca. [ж.] моток пряжи на веретене; кукурузный початок; плод какаового дерева; центральное украшение у межевых балясин; (Амер.) тирания; пытки; рог.

mazorquero. [м.] (Амер.) член деспотичного правительства.

mazorra. [ж.] большой деревянный молот.

mazorral. [прил.] грубый, неотёсанный, резкий.

mazorralmente. [нареч.] грубо.

mazuelo. [м. умен.] к mazo.

mazurca. [ж.] мазурка (танец и музыка).

mazut. [ж.] мазут.

mazuzo, za. [прил.] (обл.) плотный.

mbaracayá. [м.] (Амер.) род дикого кота.

me. [лич. мест.] (1-го л. ед. ч. вин. и дат. п.) мне; меня; сь, ся; себя, себе, собой: * yo me lavo, я умываюсь; * no me reconozco, я не узнаю себя; * me sacrifico por la patria, я жертвую собой для отечества.

mea-culpa. [лат. выраж.] признание своей вины; раскаяние * entonar el mea-culpa, покаяться, повиниться.

meable. [прил.] проницаемый.

meada. [ж.] количество мочи испускаемой разом; след мочеиспускания.

meadero. [м.] писсуар.

meador, ra. [прил.] испускающий мочу.

meados. [м. множ.] моча.

meaja. [ж.] крошка: * meaja de huevo, зародыш яйца.

meaja. [ж.] старинная кастильская монета.

meajuela. [ж.] крошечка; маленькая часть удил.

meandrina. [ж.] (зоол.) мозговой коралл.

meandro. [м.] меандр, извилина, излучина, изгиб, поворот (реки); (арх.) меандр, излучистый орнамент.

mear. [неперех.] мочиться, испускать мочу: * mearse de risa, (рор.) умирать со смеху.

meato. [м.] (анат.) проход, проток, канал; (бот.) межклеточное пространство: * meato urinario, мочеиспускательный канал; * meato auditivo, acústico, наружный слуховой проход.

meatometría. [ж.] (хир.) измерение прохода, канала.

meatómetro. [м.] (хир.) измеритель прохода, канала.

meauca. [ж.] (орни.) род чайки.

meca. [ж.] (Амер.) дерьмо (груб.), помёт; проститутка.

Meca: * de Ceca en Meca, de la Ceca a la Meca, от одной крайности к другой.

meca. [ж.] (разг.) машинистка.

¡mecachis! [межд.] (разг.) чёрт возьми!

mecada. [ж.] (Амер.) глупость.

mecánica. [ж.] механика; механизм; (перен.) (разг.) пустяк; махинация; (воен.) очищение казармы.

mecánicamente. [нареч.] механически.

mecanicismo. [м.] механицизм.

mecanicista. [м. и ж.] механицист, механист.

mecánico, ca. [прил.] механический, автоматический; машинный; непристойный; машинальный; [м.] механик.

mecanístico, ca. [прил.] механистический, механистичный, относящийся к механицизму.

mecanización. [ж.] механизация.

mecanizar. [перех.] механизировать.

mecano. [м.] конструктор (игрушка).

mecanogimnasia. [ж.] гимнастика на снарядах.

mecanografía. [ж.] машинопись.

mecanografiar. [перех.] печатать на пишущей машинке.

mecanográfico, ca. [прил.] машинописный.

mecanografista. [м. и ж.] см. mecanógrafo.

manacógrafo, fa. [м. и ж.] человек, работающий на пишущей машинке, машинистка.

mecanograma. [м.] (м. употр.) машинопись (текст).

mecanoterapia. [ж.] механотерапия.

mecanoterápico, ca. [прил.] относящийся к механотерапии.

mecapal. [м.] (Амер.) кожаный головной обруч, к которому прикрепляют ношу на ремнях.

mecapalero. [м.] (Амер.) мужчина с mecapal.

mecasúchil. [м.] (Амер.) ваниль (одна из разновидностей).

mecatazo. [м.] (Амер.) удар mecate; глоток.

mecate. [м.] (Амер.) верёвка из питы; грубиян.

mecateada. [ж.] (разг.) взбучка.

mecatería. [ж.] (Амер.) мастерская mecatero.

mecatero. [м.] (Амер.) рабочий, скручивающий верёвки из питы.

mecedero. [м.] сбивалка (для жидкостей).

mecedor, ra. [прил.] качающий; [м.] качели; см. mecedero.

mecedora. [ж.] кресло-качалка.

mecedura. [ж.] укачивание, качание, раскачивание.

Mecenas. [м.] (перен.) меценат; de Mecenas, меценатский; * ser Mecenas, меценатствовать.

mecenazgo. [м.] меценатство.

mecer. [перех.] мешать, перевёртывать; раскачивать, качать, укачивать, убаюкивать; (обл.) доить.

meción. [ж.] (Амер.) сотрясение, толчок.

meco, ca. [прил.] рыжий с чёрным (о масти животных); [м. и ж.] дикий индеец, индианка.

mecocéfalo, la. [прил.] длинноголовый.

meconina. [ж.] (хим.) вещество извлекаемое из опиума.

meconio. [м.] первородный кал; (хим.) засушенный маковый сок.

meconismo. [м.] отравление опиумом.

meconología. [ж.] учение об опиуме.

mécora. [ж.] (Амер.) лёгкий обман.

mecual. [м.] (Амер.) корень агавы.

mecuate. [м.] (Амер.) почка агавы.

mecha. [ж.] фитиль; светильня (прост.); запальный шнур; клочок, прядь, пучок; моток хирургического шёлка; (мед.) тампон; шип, шпиг; (мор.) средняя штука составной мачты; ломтик сала; (Амер.) язвительная насмешка: * aguantar mecha, (разг.) терпеть.

mechar. [перех.] шпиговать (свиным салом).

mechazo. [м.] * dar mechazo, не взрываться (о мине).

mechera. [прил.] шпиговальная (игла); [м.] магазинная воровка.

mechero. [м.] лампадная чашечка; носок, рыльце (у лампы); горелка, рожок; трубка для фитиля зажигалки; зажигалка; магазинный вор; (Амер. разг.) шутник, насмешник.

mechificar. [неперех.] (Амер.) насмехаться, издеваться.

mechinal. [м.] гнездо (для лесов в стене); (перен.) (разг.) каморка, угол.

mechoacán. [м.] (бот.) слабительный корень.

mechón. [м. увел.] к mecha, толстый фитиль; прядь коротких волос и т. д.

mechonear. [перех.] (Амер.) трепать за волосы; рвать, вырывать волосы.

mechoneo. [м.] (Амер.) трёпка за волосы.

mechoso, sa. [прил.] (Амер.) изобилующий клочками и т. д.

mechudo, da. [прил.] (Амер.) см. mechoso.

mechusa. [ж.] (арг.) плешь, голова.

meda. [ж.] (обл.) см. almiar.

medalla. [ж.] медаль; бляха, жетон; (арх.) см. medallón; старинная монета; * de medalla, медальный; * el reverso de la medalla, оборотная сторона медали.

medallero. [м.] шкафчик для хранения медалей.

medallón. [м. увел.] к medalla; медальон.

medanal. [м.] (Амер.) болотистая, топкая местность.

médano. [м.] дюна, песчаный нанос; песчаная отмель.

medanoso, sa. [прил.] имеющий дюны; (Амер.) болотистый.

medaño. [м.] см. médano.

medar. [перех.] (обл.) см. hacinar.

medero. [м.] (обл.) куча снопов или виноградных лоз.

media. [ж.] чулок; среднее: * hacer media, вязать (на спицах); * media corta, (Амер.) носок; * media aritmética, среднее арифметическое; * media proporcional, средняя пропорциональная величина; * medias,

наполовину; * ir a medias, быть заодно с кем-л.
mediacaña. [ж.] жёлоб; выем; прорезь; щипцы для завивки волос; вогнутая стамеска; бильярдный кий с полукруглым концом.
madiacinta. [ж.] (Амер.) см. machete.
mediación. [ж.] посредничество.
mediacolumna. [ж.] (арх.) полуколонна.
mediado, da. [страд. прич.] к mediar; [прил.] наполненный до половины: * a mediados, в середине (месяца и т. д.).
mediador, ra. [прил.] посредничающий; [м. и ж.] посредник, (-ица).
mediafortuna. [м.] карета в одну лошадь.
mediagua. [ж.] (Амер.) односкатная крыша; дом с односкатной крышей.
mediahermana. [ж.] сводная сестра.
mediaholanda. [ж.] сорт белого холста.
mediana. [ж.] длинный бильярдный кий; ремень для прикрепления ярма к плугу; (обл.) тростник с заострённым концом; (геом.) медиана.
medianamente. [нареч.] посредственно.
medianejo, ja. [прил. умен.] к mediano, плохой.
medianería. [ж.] смежность; общая стена.
medianero, ra. [прил.] с(е)рединный; смежный, общий (о стене, строении); посредственный; [м. и ж.] посредник, (-ица); [м.] владелец дома с общей стеной; член сельскохозяйственного товарищества.
medianía. [ж.] среднее; посредственность; средний достаток; заурядный человек; (Амер.) смежная стена.
medianidad. [ж.] см. medianía.
medianil. [м.] пространство между высокой и низкой частями склона; общая стена.
mediano, na. [прил.] средний, посредственный, умеренный; среднего размера или качества; плохой; (Амер.) младший.
medianoche. [ж.] полночь; сорт сандвича.
mediante. [дейст. прич.] к mediar; [нареч.] посредством.
mediar. [неперех.] достигать середины чего-л.; быть посредником; вступаться за кого-л., ходатайствовать о ком-л; быть на середине; проходить, истекать (о времени).
mediastínico, ca. [прил.] (анат.) средостенный.
mediastinitis. [ж.] (пат.) воспаление грудного средостения.
mediastino. [м.] (анат.) средостение.
mediastinotomía. [ж.] оперативное вскрытие средостения.
mediatamente. [нареч.] посредственно.
mediatinta. [ж.] (жив.) переход от светлого тона к тёмному.
mediativo. [м.] (грам.) творительный падеж.
mediatización. [ж.] присоединение к другому государству (о владении и т. д.).
mediatizar. [перех.] присоединять к другому государству (владение и т. д.).
mediato, ta. [прил.] опосредствованный, посредственный.
mediator. [м.] карточная игра.
médica. [ж.] женщина-врач; жена врача.
medicable. [прил.] излечимый, исцелимый.
medicación. [ж.] лечение; назначение лекарств.
medicado, da. [страд. прич.] к medicar; [прил.] содержащий лекарственное вещество.
medical. [прил.] (гал.) медицинский, врачебный; лечебный.
medicamentación. [ж.] (Амер.) см. medicación.
medicamentar. [перех.] прописывать, давать лекарства, лечить.
medicamentario, ria. [прил.] лекарственный.

médicamente. [нареч.] по правилам медицины.
medicamento. [м.] лекарство, медикамент, врачебное средство, целебное средство.
medicamentoso, sa. [прил.] лечебный, целительный.
medicastro. [м.] невежественный врач, лекаришка, горе-врач; см. curandero.
medicina. [ж.] медицина; лекарство: * medicina legal, судебная медицина.
medicinal. [прил.] медицинский; лекарственный, целебный, лечебный.
medicinalmente. [нареч.] по правилам медицины.
medicinamiento. [м.] дейст. к давать лекарства.
medicinante. [м.] см. curandero; ученик медицинского факультета.
medicinar. [перех.] давать лекарства.
medición. [ж.] измерение, обмер.
médico, ca. [прил.] медицинский; [м.] врач, доктор, медик: * médico militar, военный врач; * médico de cabecera, домашний врач; * médico forense, судебный врач; * médico consultor, врач-консультант.
medicolegal. [прил.] судебно-медицинский.
medicopsicología. [ж.] психиатрия.
medicucho. [м. презр.] к médico, см. medicastro.
medida. [ж.] мера; мерка, размер; измерение, обмер; сдержанность; соразмерность; мера, мероприятие; размер (в стихе); осторожность; умеренность: * medidas de longitud, линейные меры; * medidas de superficie, квадратные меры; * medidas de volumen, кубические меры; * tomar las medidas, снять мерку с кого-л; * a medida, по мерке; * a medida que, по мере того, как; * tomar medidas, принимать меры.
medidamente. [нареч.] тщательно.
medidor, ra. [прил.] измерительный; [м.] измеритель, меритель, мерило; мерильщик; (Амер.) счётчик.
mediero. [м. и ж.] вязальщик, (-ица), продавец, (-щица) чулок; член сельскохозяйственного товарищества.
medieval. [прил.] средневековый.
medievalidad. [ж.] свойст. к средневековый.
medievalismo. [м.] медиевистика; интерес к средним векам.
medievalista. [м. и ж.] медиевист.
medievo. [м.] средние века, средневековье.
medimno. [м.] греческая мера (50 литров).
medinés, sa. [прил.] относящийся к Medina, [м. и ж.] уроженец, (-ка) этого города.
medio, dia. [прил.] половинный; средний; серединный; промежуточный; умеренный: * medio muerto, полумёртвый; [м.] середина; центр; медиум (у спиритов); средство; способ действия, приём; мера; среда; умеренность; (спорт.) полузащитник; (перен.) сфера, общественное окружение; (м. употр.) близнец; [множ.] ресурсы; средства к жизни; круги; [нареч.] наполовину, почти, пол..., полу...: * a medias, de por medias, пополам; * de medios, бедный; * de medio a medio, совершенно; * en medio, посреди, между; * por medio de, посредством, с помощью; * meter de por medio, посредничать; * término medio, средняя величина, среднее; * en medio de, однако, тем не менее; * quitar de en medio, уничтожить, убить; * quitarse de en medio, удаляться; лишить себя жизни, покончить с собой; * ¡quítate de en medio! убирайся отсюда! * estar de por medio, выступать посредником; * emplear todos los medios, нажать все пружины; * disponer de (los) medios para, быть в состоянии сделать что-л; * a medias, пополам; * estar dormido a medias,

быть в полусне; * dejar a medio hacer, не доделать, бросить на половине; * no hay medio, ничего не поделаешь.
mediocre. [прил.] посредственный; среднего качества или размера; недалёкий, заурядный (о человеке), см. mediano.
mediocremente. [нареч.] посредственно.
mediocridad. [ж.] посредственность; обыденность.
mediodía. [ж.] полдень, полуденное время; Юг, южные страны; * hacer mediodía, полдничать.
medioeval. [прил.] средневековый.
medioevo. [м.] см. medievo.
mediomundo. [м.] сорт рыболовной сети.
mediopaño. [м.] тонкая шерстяная ткань.
mediopelo. [м.] мулатский.
mediquillo. [м.] невежественный врач; филиппинский врач-индеец (без диплома).
mediquín. [м. умен.] к médico; начинающий врач.
medir. [перех.] мерить, измерять, вымерять, отмеривать; скандировать; (перен.) взвешивать, рассчитывать, сравнивать, соразмерять; medirse. [возв. гл.] быть умеренным: * medir la espada con, скрестить с кем-л шпагу; * medir las armas, драться на дуэли; * medir las costillas, las espaldas, бить, колотить палкой; * medir uno sus palabras, скупиться на слова, не тратить много слов; взвешивать свои слова; * medir el suelo, упасть; * medir sus fuerzas, помериться силами; соразмерять свои силы.
meditabundo, da. [прил.] задумчивый, размышляющий.
meditación. [ж.] размышление, обдумывание; созерцание.
meditador, ra. [прил.] обдумывающий, размышляющий (тже. сущ.).
meditar. [перех.] обдумывать; задумывать, замышлять, размышлять.
meditativamente. [нареч.] обдуманно; с размышлением и т. д.
meditativo, va. [прил.] относящийся к размышлению, обдумыванию и т. д.; (Амер.) см. meditabundo.
mediterráneo, nea. [прил.] средиземный, окружённый землёй; средиземноморский.
médium. [м.] медиум, человек выдающий себя за посредника между людьми и духами, душами умерших.
mediúmnico, ca. [прил.] медиумический.
mediumnismo. [м.] медиумизм.
medo, da. [прил.] мидийский; [м. и ж.] мидянин, -янка).
medolla. [ж.] (обл.) хлебный мякиш; (перен.) суть.
medorrea. [ж.] (пат.) течь из уретры.
medra. [ж.] увеличение, прирост; развитие, улучшение, прогресс.
medrado, da. [страд. прич.] к medrar; [прил.] выросший, увеличившись.
medrana. [ж.] (разг.) страх; боязнь; испуг.
medrar. [неперех.] расти, увеличиваться (о живых существах); (перен.) процветать, преуспевать: * ¡medrados estamos!, ну и дела!
medregal. [м.] (Амер.) название одной кубинской рыбы.
medriñaque. [м.] сорт филиппинской ткани; сорт широкой и короткой женской юбки.
medro. [м.] см. medra.
medrosamente. [нареч.] боязливо, робко.

medroso, sa. [прил.] боязливый, робкий, малодушный, пугливый; внушающий страх; [м. и ж.] боязливый человек, трус, (-иха).
medula, médula. [ж.] мозг; (бот.) сердцевина; (перен.) сущность, суть: * medula espinal, спинной мозг; * médula ósea, fetal, костный мозг; * médula oblonga(da), продолговатый мозг.
medulado, da. [прил.] содержащий мозговое вещество.
medular. [прил.] мозговой, медуллярный, костномозговой.
medulina. [ж.] (хим.) разновидность целлюлозы.
medulispinal. [прил.] относящийся к спинному мозгу.
medulitis. [ж.] (пат.) воспаление спинного мозга; воспаление костного мозга.
medulización. [ж.] образование мозгового вещества.
meduloespinal. [прил.] относящийся к спинному мозгу.
meduloso, sa. [прил.] заключающий мозг, сердцевину.
medusa. [м.] (зоол.) медуза (морское животное из типа кишечнополостных).
Medusa. [ж.] (миф.) Медуза.
meduseo, a. [прил.] (миф.) относящийся к Медузе.
medusoide. [прил.] (зоол.) похожий на медузу.
mefistofélicamente. [нареч.] мефистофельским образом.
mefistofélico, ca. [прил.] мефистофельский.
mefítico, ca. [прил.] зловонный; тлетворный (о запахе и т. д.).
mefitismo. [м.] испорченность, заражённость воздуха.
mega. [приставка] (в сочетании) большой, увеличенный.
megabacteria. [м.] большая бактерия.
megabizo. [м.] евнух.
megácero, ra. [прил.] с большими рогами.
megaciclo. [м.] мегацикл, мегагерц.
megacolon. [м.] (мед.) врождённое расширение толстой кишки.
megadonte. [прил.] имеющий большие зубы.
megáfono. [м.] мегафон, рупор.
megalanto, ta. [прил.] (бот.) дающий большие цветы.
megalegoría. [ж.] (ритор.) эмфаза.
megalgia. [ж.] (пат.) чрезмерная боль.
megalantrognesia. [ж.] мнимое искусство производить на свет умных детей и великих мужей.
megalítico, ca. [прил.] (археол.) мегалитический.
megalito. [м.] (археол.) мегалит.
megaloblastos. [м. множ.] большие, содержащие ядро эритроциты.
megalocardia. [ж.] (пат.) увеличение сердца.
megalocarpeo, a. [прил.] (бот.) имеющий большие плоды.
megalocefalia. [ж.] большая голова, макроцефалия.
megalocefálico, ca. [прил.] относящийся к макроцефалии.
megalocéfalo. [м.] макроцефал.
megalocito. [м.] большая клетка.
megalodactilia. [ж.] увеличение пальцев.
megaloftalmía. [ж.] врождённое увеличение глаза, особенно области роговицы.
megalogastría. [ж.] (анат.) увеличение желудка (до 1700 см³.) без функциональных расстройств.
megalografía. [ж.] изображение чего-л великого.
megalomanía. [ж.] мегаломания, мания величия.
megalómano, na. [прил.] страдающий манией величия; [м. и ж.] мегаломан.
megalópodo, da. [прил.] большеногий.
megalopsia. [ж.] видение предметов в увеличенном виде при спазме аккомодации, при истерии.
megalorrizo, za. [прил.] (бот.) имеющий большие корни.
megalospermo, ma. [прил.] имеющий большие семена.
megalosplacnia. [ж.] (мед.) ненормальное развитие одного из брюшных органов.
megalosplenia. [ж.] (мед.) опухоль селезёнки.
megámetro. [м.] (астр. мор.) мегаметр.
megasporo. [м.] (бот.) мегаспора.
megástomo, ma. [прил.] большеротый; [м.] большеротка.
megaterio. [м.] мегатерий (первобытное животное из семейства ленивцев).
mego, ga. [прил.] мирный, кроткий, смирный.
meguez. [ж.] (м. употр.) ласка, заискивание.
mehala. [ж.] корпус регулярной армии.
mehari. [м.] (зоол.) верховой верблюд, мегари, мехари.
meharista. [м.] арабский всадник на быстроходном верблюде.
meigo, ga. [м. и ж.] (обл.) колдун, (-ья).
mejana. [ж.] речной островок.
mejedor. [м.] (обл.) сбивалка (для жидкостей).
mejencia, mejenga. [ж.] (Амер.) опьянение, хмель.
mejengue. [м.] (Амер.) затруднение; деньги; см. talento.
mejer. [перех.] (обл.) мешать (жидкость).
mejicanismo. [м.] оборот речи и манера говорить, свойственные мексиканцам.
mejicano, na. [прил.] мексиканский; [м. и ж.] мексиканец, (-ка).
mejilla. [ж.] щека.
mejillón. [м.] съедобная ракушка.
mejor. [прил. срав.] лучший; [м.] самое лучшее; [нареч.] лучше; скорее, охотнее: * mejor que mejor, тем лучше; * a cual mejor, наперерыв, наперебой; * mucho mejor, гораздо лучше; * lo mejor, наилучший; * es mejor, лучше, предпочтительнее; * ir (estar) mejor, чувствовать себя лучше, поправляться; * a lo mejor, пожалуй, возможно; неожиданно; * lo mejor es..., лучше всего...
mejora. [ж.] улучшение; надбавка, наддача (прост.); (юр.) увеличение наследства (против законной части); издержки на содержание недвижимого имущества.
mejorable. [прил.] поддающийся улучшению.
mejoramiento. [м.] см. mejora.
mejorana. [ж.] (бот.) майоран.
mejorar. [перех.] улучшать; увеличивать; повышать; набавлять, набивать цену; (юр.) завещать наследнику больше его законной доли; [неперех.] улучшаться; поправляться (о здоровье).
mejoría. [ж.] улучшение; увеличение; выздоровление; превосходство; (уст.) увеличение наследства (против законной части).
mejunje. [м.] микстура (чаще презр.).
mela. [ж.] (обл.) капля мёда (у желудей); покрашенная смола для клеймения скота.
melaconita. [ж.] (мин.) меланонит.
melada. [ж.] медовая булочка; сухие куски мармелада.
melado, da. [прил.] цвета мёда; [м.] сгущённый сок сахарного тростника, патока; торт из мёда и конопляного семени.
meladucha. [прил.] * manzana meladucha, сорт сладковатого яблока.
meladura. [ж.] сгущённый сок сахарного тростника.
meláfido. [м.] (мин.) мелафир.
melagastro, tra. [прил.] имеющий чёрный живот.
melagra. [ж.] ревматические или подагрические боли в конечностях, особенно в коленях у больных туберкулезом.
melaína. [ж.] чёрный пигмент.
melaínico, ca. [прил.] содержащий melaína, (чёрный пигмент).
melalgia. [ж.] (пат.) боль в конечностях.
melalofo. [м.] (зоол.) имеющий чёрный хохолок.
melalomo, ma. [прил.] (бот.) с чёрными краями.
melampiro. [м.] (бот.) марьянник.
melampo. [м.] подсвечник суфлёра.
melananto, ta. [прил.] (бот.) черноцветковый.
melanclorosis. [ж.] (мед.) чёрная желчь.
melancolía. [ж.] меланхолия; грусть, тоска, задумчивость.
melancólicamente. [нареч.] меланхолически.
melancólico, ca. [прил.] меланхолический; грустный, печальный, задумчивый; [м. и ж.] меланхолик.
melancolizar. [перех.] делать меланхолическим, огорчать, печалить.
melandro. [м.] (зоол.) (обл.) барсук.
melanemia. [ж.] чернокровие, появление в крови меланина.
melanésico, ca. [прил.] см. melanesio.
melanesio, sia. [прил.] меланезийский; [м. и ж.] меланезиец, (-ийка).
melanina. [ж.] (хим. биол.) меланин.
melanita. [ж.] (мин.) меланит, чёрный гранат.
melano. частица служащая для образования многих слов и означающая чёрный цвет.
melanocaulo, la. [прил.] (бот.) черностебельчатый.
melanofilo, la. [прил.] (бот.) чернолистный.
melanofro, fra. [прил.] чернобровый.
melanoftalmo, ma. [прил.] черноглазый.
melanoide. [прил.] см. melanoideo; [м.] искусственный меланин.
melanoideo, a. [прил.] черноватый; похожий на меланин.
melanoleuco, ca. [прил.] черно-белый.
melanoma. [ж.] (пат.) пигментная саркома.
melánope. [прил.] черноглазый.
melanosis. [ж.] черное окрашивание кожи.
melanospérmeo, a. [прил.] (бот.) черноплодный.
melanóstomo, ma. [прил.] черноротый.
melanotrico, ca. [прил.] черноволосый.
melantería. [ж.] (мин.) железный купорос.
melanuresis, melanuria. [ж.] (пат.) наличие в моче меланина, черного пигмента.
melanuro, ra. [прил.] (зоол.) с черным хвостом.
melapia. [ж.] сорт яблока.
melar. [прил.] имеющий вкус мёда.
melar. [перех.] варить патоку; (обл.) клеймить скот; [неперех.] откладывать мёд (о пчёлах); [непр. гл.] спрягается как acertar.
melarchía. [ж.] (Амер.) меланхолия.
melárchico, ca. [прил.] (Амер.) бледный, ухудшающийся больной.
melasmo. [м.] (пат.) черное пятно, темная окраска кожи.
melasomo, ma. [прил.] (зоол.) имеющий черное тело.

melaspermo, ma. [прил.] (бот.) черносемянный.
melatrofia. [ж.] атрофия член (тела).
melaza. [ж.] патока, меласса.
melca. [ж.] (бот.) сорго, индийское просо.
melcocha. [ж.] варёный мёд; медовая коврижка.
melcochero, ra. [м. и ж.] тот, кто варит мёд или продаёт варёный мёд.
melcochudo, da. [прил.] липкий как варёный мёд.
meldengue. [прил.] (Амер.) глупый, дурацкий.
meleagrinas. [ж. множ.] индейки.
melear. [неперех.] (Амер.) собирать мёд.
melecina. [ж.] (обл.) см. medicina.
melectura. [ж.] ошибка при чтении.
melena. [ж.] густая шевелюра, грива; львиная грива; нечёсаные волосы; кожаная подушечка под ярмом (при запряжке волов); (мед.) кровотечение кишечника: * andar a la melena, см. andar a la greña.
melenémesis. [ж.] (пат.) чёрная рвота.
melenera. [ж.] часть воловьей головы, на которой сидит ярмо; подушечка над этим местом.
melengín, na. [прил.] (обл.) слабый, хилый.
meleno, na. [прил.] имеющий холку (гриву над лбом); [м.] (разг.) см. campesino.
melenudo, da. [прил.] волосатый, косматый.
méleo, a. [прил.] имеющий цвет или вкус мёда, медвяный; сладкий, приятный.
melequi. [м.] старинная испанская монета.
melera. [ж.] продавщица мёда; болезнь дынь (вызванная дождями); (бот.) воловик.
melero. [м.] продавец мёда; кладовая для мёда.
melga. [ж.] (Амер.) борозда.
melgacho. [м.] (ихтиол.) акула (одна из разновидностей) см. lija.
melgar. [м.] посев, плантация люцерны.
melgar. [перех.] (Амер.) проводить борозду.
melgarejo. [м.] боливийская монета.
melgo, ga. [прил.] * hermanos melgos, братья-близнецы.
melgrama. [ж.] (обл.) гранат (плод).
meliáceo, cea. [прил.] мелианковый.
melianto. [м.] (бот.) медоцвет.
mélico, co. [прил.] относящийся к пению; лирический.
melico. [м.] (обл.) см. ombligo.
melicrato. [м.] мёд с водой (напиток).
melicriso. [м.] (мин.) топаз.
melifago. [м.] питающийся мёдом.
melífero, ra. [прил.] медоносный.
melificación. [ж.] медотворение.
melificado, da. [страд. прич.] к melificar; [прил.] медоточивый, слащавый.
melificar. [перех.] вырабатывать мёд.
melífico, ca. [прил.] производящий мёд.
melifluamente. [нареч.] слащаво, мягко, деликатно, нежно.
melifluencia, melifluidad. [ж.] медоносность, медоточивость, слащавость.
melifluo, flua. [прил.] медоносный; медоточивый, слащавый, нежный, деликатный.
melilita. [ж.] (мин.) мелилит.
melilito. [м.] сорт плотной глины.
meliloto. [м.] (бот.) донник, буркум врачебный (растение из сем. мотыльковых).
meliloto, ta. [прил.] глупый, дурашливый; [м. и ж.] глупец, глупый человек, дурак, дура.
melilense. [прил.] относящийся к Melilla. [м. и ж.] уроженец, (-ка) этого африканского города.
melindre. [м.] медовый пряник; миндальное печенье; тонкое полотно; [множ.] жеманство.
melindrear. [неперех.] жеманиться, ломаться.

melindrería. [ж.] жеманство.
melindrero, ra. [прил. м. и ж.] см. melindroso.
melindrífero, ra. [прил.] см. melindroso.
melindrillo. [м.] (обл.) тонкое полотно.
melindrizar. [неперех.] жеманиться, ломаться.
melindrosamente. [нареч.] жеманно.
melindroso, sa. [прил.] жеманный; [м. и ж.] жеманник, (-ица).
melinita. [ж.] (хим.) мелинит.
melión. [м.] (орни.) орлан.
meliorativo, va. [прил.] (грам.) улучшающий.
melisa. [ж.] (бот.) мелисса, лимонная мята.
melisma. [м.] (муз.) короткая песня, песенка; фиоритура.
melismático, ca. [прил.] относящийся к melisma.
melisófago, ga. [прил.] питающийся мёдом.
melisografía. [ж.] пчелоописание, описание пчёл.
melisográfico, ca. [прил.] относящийся к пчелоописанию.
melisógrafo, fa. [м. и ж.] специалист по пчелоописанию.
melita. [ж.] (мин.) меллит, медовый камень.
melituria. [ж.] (пат.) диабет, сахарная болезнь.
melito. [м.] медовый сироп.
melitococcia. [ж.] (пат.) мальтийская лихорадка.
melitosa. [ж.] (хим.) мелитоза.
meliturgia. [ж.] пчелиная работа.
melitúrgico, ca. [прил.] относящийся к пчелиной работе.
melocacto. [м.] (бот.) сферовидный или арбузовидный кактус.
melocotón. [м.] персик (плод); (бот.) персик, персиковое дерево.
melocotonar. [м.] персиковый сад.
melocotonera. [ж.] продавщица персиков.
melocotonero. [м.] (бот.) персик, персиковое дерево.
melodía. [ж.] мелодия; мелодичность, благозвучие; музыкальное произведение.
melódicamente. [нареч.] мелодически, мелодично.
melódico, ca. [прил.] относящийся к мелодии.
melodio. [м.] (Амер.) см. armonio.
melodiosamente. [нареч.] мелодично, благозвучно, певуче.
melodioso, sa. [прил.] мелодичный, благозвучный, певучий.
melodista. [м. и ж.] сочинитель, (-ница) мелодий; человек, любящий музыку.
melodrama. [м.] мелодрама.
melodramáticamente. [нареч.] мелодраматическим образом.
melodramático, ca. [прил.] мелодраматический.
melodreña. [прил.] * piedra melodreña, точильный камень.
meloe. [м.] майка (бескрылый жук).
melófago. [м.] рунец (насекомое-паразит).
melografía. [ж.] (муз.) нотописание, искусство класть музыку на ноты.
melográfico, ca. [прил.] относящийся к нотописанию.
melógrafo, fa. [м. и ж.] нотописец.
meloja. [ж.] медовые помои.
melojar. [м.] роща melojos.
melojo. [м.] (бот.) род каменного дуба.
melolonta. [ж.] род жесткокрылого насекомого.
melomanía. [ж.] меломания, страсть к музыке.
melómano, na. [м. и ж.] меломан, (-ка).
melómelo, la. [прил.] с излишним числом членов (конечностей или пальцев) (тже. сущ.).
melón. [м.] дыня; (разг.) простофиля: * melón de agua, арбуз; * catar el melón, (разг.) зондировать почву; * decentar el melón, начинать, приступать к... (рискованному делу); * ser un melón, быть дубиной.
melón. [м.] (зоол.) род мангусты, ихневмона.
melonada. [ж.] (обл., Амер.) глупость, нелепость, вздор.
melonar. [м.] бахча.
meloncete. [м. умен.] к melón, маленькая дыня.
meloncillo. [м. умен.] к melón; (зоол.) род мангусты, ихневмона.
melonero, ra. [м. и ж.] тот, кто разводит или продаёт дыни.
melonhue. [м.] чилийская раковина.
melonita. [м.] (мин.) мелонит.
melopea. [ж.] см. melopeya; (перен.) (разг.) опьянение, хмель.
melopeya. [ж.] (муз.) мелодика; монотонное протяжное пение; речитатив.
meloplasto. [м.] (муз.) мелопластическая метода.
melopsítaco. [м.] (орни.) попугай (одна из разновидностей).
melosa. [ж.] (Амер.) травянистое растение.
melosalgia. [ж.] (пат.) боль в членостях.
melosamente. [нареч.] слащаво, медоточиво, нежно, мягко.
melosidad. [ж.] сладость, сахаристость; вещество, похожее на мёд; (перен.) сладость, мягкость, кротость, нежность.
melosilla. [ж.] болезнь дубов.
melosis. [ж.] (хир.) ощупывание, зондирование раны.
meloso, sa. [прил.] похожий на мёд, сладкий как мёд; (перен.) слащавый, медоточивый, медовый: * palabras melosas, медовые речи.
melote. [м.] меласса.
melotipia. [ж.] (полигр.) мелотипия.
melquisedeciano, na. [прил. и сущ.] член одной старинной еретической секты.
melsa. [ж.] (обл.) см. bazo; (перен.) (обл.) медлительность, флегматичность.
meltón. [м.] (Амер.) грубая шерстяная ткань.
melusa. [ж.] сок сахарного тростника.
melva. [ж.] (ихтиол.) род тунака.
melvera. [ж.] рыболовная сеть для ловли melvas.
mella. [ж.] зазубрина, щербина; отбитый угол; пробел, дыра; (перен.) ущерб: * hacer mella, производить впечатление; (перен.) наносить ущерб.
mellado, da. [страд. прич.] к mellar; [прил.] потерявший передний зуб (тже. сущ.).
melladura. [ж.] (Амер.) см. mella.
mellar. [перех.] зазубрить, выщербить; стёсывать углы; нанести ущерб, изъян; пятнать, марать.
mellico. [м.] (Амер.) болото, поросшее травой; название одного растения (возбуждающего средства).
melliza. [ж.] колбаса подслащённая мёдом.
mellizo, za. [прил.] одновременно рождённый одной и той же матерью; [м. и ж.] близнец.
mellón. [м.] пучок зажжённой соломы.
memada. [ж.] глупость.
membrana. [ж.] (анат.) плева, перепонка, плёнка; оболочка; мембрана: * membrana mucosa, слизистая оболочка; * membrana serosa, серозная оболочка; * membrana timpánica, барабанная перепонка.
membranáceo, ca. [прил.] см. membranoso.
membranela. [ж.] (анат.) перепоночка.

membranoideo, a. [прил.] похожий на перепонку, оболочку и т. д.
membranoso, sa. [прил.] обильный перепонками, перепончатый; похожий на перепонку.
membrete. [м.] заметка, пометка; записка; заголовок, штамп (бланка, конверта).
membrilla. [ж.] (обл.) айва (одна из разновидностей).
membrillada. [ж.] (Амер.) пластовой мармелад из айвы.
membrillar. [м.] айвовый сад.
membrillate. [м.] пластовой мармелад из айвы.
membrillero. [м.] (бот.) айва, айвовое дерево.
membrillete. [м.] (Амер.) дикорастущее растение.
membrillo. [м.] (бот.) айва, айвовое дерево (плод); пластовой мармелад из айвы: * carne de membrillo, пластовой мармелад из айвы.
membrudamente. [нареч.] сильно, мощно, крепко; с силой.
membrudo, da. [прил.] крепко сложённый, коренастый, сильный, крепкий.
memeches (a). [адвер. выраж.] (Амер.) верхом.
memela. [ж.] (Амер.) кукурузная лепёшка.
memento. [м.] напоминание (часть обедни); * hacer sus mementos, серьёзно размышлять.
memez. [ж.] глупость, тупость.
memo, ma. [прил.] глупый, дурацкий, тупой; [м. и ж.] глупец, дурак, простак, дура.
memorable. [прил.] достопамятный, памятный.
memorablemente. [нареч.] (досто)памятно.
memorando, da. [прил.] см. memorable.
memorandum. [м.] меморандум, дипломатическая нота; памятка; записная книжка.
memorar. [перех.] напоминать, припоминать, вспоминать.
memoratísimo, ma. [прил.] достопамятный, достойный вечной памяти.
memorativo, va. [прил.] памятный, мемориальный; совершаемый в память кого-чего.
memoria. [ж.] память; память, воспоминание; памятник; докладная записка; доклад, реферат; счёт, список, перечень; [множ.] мемуары, воспоминания, записки; привет, поклон: * memoria artificial, мнемотехника; * memoria de gallo или de grillo, беспамятный человек; * memoria infiel, куриная память; * de memoria, наизусть, на память; * borrarse de la memoria, изгладиться из памяти; * caerse, huirse de la memoria, исчезнуть из памяти; * hablar de memoria, говорить экспромтом; * hacer memoria, напоминать; * refrescar la memoria, припомнить что-л; * venir a la memoria, прийти на память; dar memorias, передать привет.
memorial. [м.] памятная книга, записная книжка; мемориал; прошение; докладная записка: * haber perdido los memoriales, исчезнуть из памяти, забыть о чём-л.
memorialesco, ca. [прил.] (шутл.) свойственный мемориалам, прошениям (о стиле).
memorialista. [м. и ж.] сочинитель, (-ница) записок.
memorión. [м. увел.] к memoria; человек с хорошей памятью.

memorioso, sa. [прил.] имеющий хорошую память, памятливый.
memorismo. [м.] злоупотребление памятью при преподавании.
memorista. [прил.] памятливый; относящийся к memorismo.
mena. [ж.] руда.
mena. [ж.] название одной средиземноморской рыбы.
mena. [мор.] толщина троса; (Филипп.) толщина сигары.
Ménade. [ж.] Менада, вакханка.
menador, ra. [прил.] (обл.) мотающий шёлк (тж. сущ.).
menaje. [м.] домашняя обстановка, мебель, утварь; наглядные пособия.
menar. [перех.] (обл.) мотать шёлк.
menarca. [ж.] время наступления первых месячных.
menarquia. [ж.] (физиол.) менструация.
mención. [ж.] упоминание; отзыв, оценка: * mención honorífica, почётный отзыв; * hacer mención, упомянуть о...
mencionar. [перех.] упоминать, коснуться; вспоминать, рассказывать.
menchevique. [прил.] меньшевистский; [м. и ж.] меньшевик, (-ичка).
menchevismo. [м.] меньшевизм.
menchuca. [ж.] (Амер.) обман, шутка.
menda. [мест.] (арг.) я.
mendacidad. [ж.] привычка к вранью.
mendacio. [м.] (уст.) враньё; ошибка.
mendaz. [прил. и сущ.] см. mentiroso.
mendelismo. [м.] (биол.) менделизм.
mendicación. [ж.] нищенство.
mendicante. [прил.] нищенствующий; [м. и ж.] нищий, (-ая).
mendicidad. [ж.] нищенство; дейст. к нищенствовать.
mendiganta. [ж.] нищая, нищенка.
mendigante. [дейст. прич.] к mendigar; [прил. и сущ.] см. mendicante.
mendigar. [перех.] просить милостыню, нищенствовать, ходить по миру; (перен.) вымаливать, выпрашивать, клянчить, выклянчивать, попрошайничать.
mendigo, ga. [м. и ж.] нищий, (-ая), нищенка.
mendigueador, ra. [прил.] назойливо просящий подаяния.
mendiguear. [перех.] назойливо просить подаяния.
mendigueo. [м.] назойливое прошение милостыни.
mendiguez. [ж.] нищенство.
mendingar. [перех.] (Амер.) см. mendigar.
mendipita. [ж.] (мин.) хлористый свинец.
mendos. [м. множ.] (обл.) детское бельё.
mendosamente. [нареч.] лживо, обманчиво, по ошибке.
mendoso, sa. [прил.] ложный, ошибочный.
mendrugo. [м.] кусок чёрствого хлеба; [прил.] (перен.) (разг.) глупый, грубый.
meneado, da. [страд. прич.] к menear; [прил.] (Амер.) пьяный.
meneador, ra. [прил.] двигающий и т. д.; [м.] (Амер.) лопатка или совок для углей.
menear. [перех.] двигать; шевелить, трясти; управлять, качать (головой и т. д.); руководить; вести (дело и т. д.); menearse. [возв. гл.] двигаться, не стоять на месте; (разг.) торопиться, суетиться.
menegilda. [ж.] (разг.) прислуга, домашняя работница.
meneguina. [ж.] (Амер.) деньги.
meneo. [м.] шевеление, покачивание; (перен.) (разг.) см. vapuleo.
meneón. [м.] (Амер.) быстрое шевеление.
menequear. [перех.] (разг.) (Амер.) двигать, перемещать, переносить.
menequeteo. [м.] (Амер.) походка вразвалку.

menester. [м.] нужда, надобность, потребность, необходимость; занятие, работа, профессия; [множ.] нужда, позыв; (разг.) инструменты, принадлежности: * es menester, должно, следует, надлежит, надо.
menesterosamente. [нареч.] бедно и т. д.
menesteroso, sa. [прил.] нуждающийся.
menestra. [ж.] тушёное мясо с овощами; (чаще множ.) сухие овощи.
menestral. [м.] ремесленник, мастеровой, кустар.
menestralería. [ж.] звание ремесленника.
menestralía. [ж.] ремесленное сословие; ремесленники.
menestrete. [м.] (мор.) гвоздодёр.
menestrón. [м.] (Амер.) см. menestra.
menfita. [прил.] мемфисский; [м. и ж.] уроженец, (-ка) Мемфиса.
menfítico, ca. [прил.] мемфисский.
mengajo. [м.] (обл.) ветошь, лоскут.
mengala. [ж.] (Амер.) индейская девушка.
mengano. [м. и ж.] такой-то.
mengrana. [ж.] (обл.) гранат (плод).
mengua. [ж.] убыль, снижение, уменьшение, недостаток; бедность, нужда; бесчестие, позор, унижение, потеря кредита.
menguadamente. [нареч.] позорно, постыдно; трусливо.
menguado, da. [страд. прич.] к menguar; [прил.] трусливый, боязливый, застенчивый; глупый; бедный, жалкий, скудный; [м.] спуск петель (при вязании).
menguamiento. [м.] см. mengua.
menguante. [дейст. прич.] к menguar; убывающий, нисходящий, спадающий, уменьшающийся; [прил.] (астр.) идущий на ущерб (о луне); [ж.] спад воды; иссякание источника; ущерб (луны); отлив, (перен.) упадок; * cuarto menguante, четверть луны.
menguar. [неперех.] убывать, уменьшаться, спадать; идти на ущерб (о луне); спускать петли (при вязании); [перех.] см. amenguar.
mengue. [м.] (разг.) дьявол.
menhidrosis. [ж.] (физиол.) периодический кровяной пот при задержке месячных.
menhir. [м.] менгир (доисторический памятник).
menilita. [ж.] (мин.) разновидность опала.
menina. [ж.] молодая фрейлина.
meninge. [ж.] (анат.) мозговая оболочка.
meníngeo, a. [прил.] (анат., пат.) относящийся к мозговой оболочке.
meningismo. [м.] (пат.) менингизм, ложный менингит.
meningítico, ca. [прил.] относящийся к оболочкам головного и спинного мозга или к менингиту.
meningitis. [ж.] (пат.) менингит, воспаление мозговых оболочек.
meningocele. [ж.] (пат.) грыжа мозговых оболочек.
meningococia. [ж.] (пат.) общее заражение менингококками.
meningoencefalitis. [ж.] (пат.) менингит с энцефалитом.
meningomalacia. [ж.] (пат.) размягчение мозговых оболочек.
meningomielitis. [ж.] (пат.) менингит с миэлитом.
meningopatía. [ж.] (пат.) болезнь оболочек головного и спинного мозга.
menino. [м.] паж.
menique. [прил. и сущ.] см. meñique.
menisco. [м.] (опт.) мениск; полулунный межсуставной хрящ.
meniscoideo, a. [прил.] имеющий форму мениска.
menispermo. [м.] (бот.) луносемянник.
menjuí. [м.] см. benjuí.
menjunje, menjurje. [м.] см. mejunje.

menografía. [ж.] описание менструаций.
menolipsis. [ж.] (пат.) прекращение месячных.
menología. [ж.] учение о менструации.
menologio. [м.] четьи минеи.
menopausal. [прил.] (физиол.) относящийся к прекращении месячных у пожилых женщин.
menopausia. [ж.] прекращение месячных у пожилых женщин.
menor. [прил. срав.] к pequeño; меньший, наименьший; младший; менее важный, менее значительный; несовершеннолетний; малолетний; (муз.) малый; [м. и ж.] несовершеннолетний, (-ая); [м.] францисканец (монах); (лог.) вторая посылка (в силлогизме): * al por menor, в розницу, поштучно: el menor, малейший, наименьший; * al menor ruido, при малейшем шуме; * menor que, меньше чем; * menor de edad, несовершеннолетний; por menor, подробно.
menorete. [прил.] (разг.) умен. к menor: * al menorete, por el menorete, по меньшей мере, по крайней мере, хотя бы.
menoría. [ж.] подчинённость, меньшая степень чего-л; несовершеннолетие.
menorista. [прил.] (Амер.) продающий в розницу; [м. и ж.] розничный, мелочный торговец, (-ка).
menorquín, na. [прил.] относящийся к Menorca; [м. и ж.] уроженец, (-ка) этого испанского острова.
menorragia. [ж.] сильное месячное кровотечение.
menorrea. [ж.] месячные крови, очищение.
menos. [нареч.] менее, меньше; кроме, исключая, [м.] наименьшее; минимальное; (мат.) минус; (полигр.) тире: * a menos que, разве только; * poco más o menos, приблизительно; * poco menos de, чуть ли не; * ni más ni menos, ни больше, ни меньше; * lo menos posible, как можно, сколь возможно менее; menos que, менее чем; al (a lo, por lo) menos, по крайней мере; * en menos que canta un gallo, в одно мгновение, в самое короткое время; * mucho menos, гораздо меньше; * nada menos que, всего-навсего; только лишь; не меньше чем; * echar de menos, скучать по; ir a menos, уменьшаться; ухудшаться; * las diez menos cuarto, без четверти десять; * eso es lo de menos, это пустяки; * cada vez menos, всё меньше и меньше; * más o menos, более или менее; * dar de menos, недодать; * haber de menos, не хватать.
menoscabador, ra. [прил.] повреждающий и т. д.
menoscabar. [перех.] уменьшать, снижать; повреждать, портить, наносить ущерб; (перен.) пачкать, марать; унижать, дискредитировать.
menoscuenta. [ж.] уплата части долга.
menoso, sa. [прил.] (обл.) изящный, элегантный.
menospreciable. [прил.] достойный презрения, презренный; ничтожный, не заслуживающий быть принятым во внимание.
menospreciablemente. [нареч.] презрительно, презренно.
menospreciador, ra [прил. и сущ.] презирающий, пренебрегающий.
menospreciar. [перех.] презирать, пренебрегать; недооценивать.
menospreciativo, va. [прил.] презирающий, спесивый.
menosprecio. [м.] презрение; пренебрежение; недооценка.
menostasia. [ж.] (мед.) остановка месячных кровей.
mensaje. [м.] послание; обращение; официальное сообщение; поручение; (гал.) идея, содержание (произведения).
mensajería. [ж.] почтово-пассажирская повозка и т. д.; (чаще множ.) почтово-пассажирская контора, предприятие по перевозке пассажиров и грузов.
mensajero, ra. [м. и ж.] вестник, (-ица); гонец; посыльный; посланец; предвестник, (-ица): * paloma mensajera, почтовый голубь.
menseja. [ж.] (обл. орни.) синица.
mensil. [прил.] (уст.) месячный.
menso, sa. [прил.] (Амер.) (разг.) глупый, тупой.
ménsola. [ж.] (арх.) см. ménsula.
menstruación. [ж.] (физиол.) менструация, месячные, регулы.
menstruada. [прил.] * mujer menstruada, женщина имеющая месячные.
menstrualmente. [нареч.] (физиол.) с месячным очищением.
menstruante. [дейст. прич.] к menstruar, менструирующая.
menstruar. [неперех.] (физиол.) менструировать.
menstruo, a. [прил.] (физиол.) менструальный; [м.] см. menstruación; (хим.) см. disolvente.
menstruoso, sa. [прил.] (физиол.) менструальный; менструирующая; [ж.] менструирующая женщина.
mensual. [прил.] ежемесячный, месячный.
mensualidad. [ж.] ежемесячный платёж.
mensualmente. [нареч.] ежемесячно.
ménsula. [ж.] (арх.) консоль; кронштейн.
mensurabilidad. [ж.] измеримость, измеряемость.
mensurable. [прил.] измеримый, измеряемый.
mensuración. [ж.] (неол.) измерение.
mensurador, ra. [прил. и сущ.] измеряющий.
mensural. [прил.] измерительный.
mensurar. [перех.] мерить, измерять и т. д. см. medir.
menta. [ж.] (бот.) мята; мятный напиток: * menta piperita, перечная мята.
menta. [ж.] (Амер.) слава, известность.
mentación. [ж.] (обл.) память, воспоминание.
mentado, da. [страд. прич.] к mentar; [прил.] известный, знаменитый.
mentagra. [ж.] (пат.) сыпь на подбородке.
mental. [прил.] мысленный, совершающийся в уме; умственный, мыслительный; психический: * cálculo mental, устный счёт, счёт в уме; * enfermedad mental, психическое расстройство.
mental. [прил.] (анат.) подбородочный.
mentalidad. [ж.] направление мыслей; направленность ума, умонастроение; ум, умственные способности; склад ума; развитие, умственный уровень.
mentalmente. [нареч.] мысленно, в мыслях; в уме; про себя.
mentar. [перех.] упоминать, коснуться.
mentastro. [м.] (бот.) дикорастущая мята.
mente. [ж.] ум; разум, интеллект; рассудок, способность суждения, мыслительная способность; мышление; намерение, желание; расположение: * tener en la mente, держать в уме.
mentecada, mentecatería, mentecatez. [ж.] глупость, вздор.
mentecato, ta. [прил.] глупый, слабоумный, придурковатый, безрассудный; [м. и ж.] глупец, дурак, дура; слабоумный человек.
mentesano, na. [прил.] относящийся к Mentesa; [м. и ж.] уроженец, (-ка) одного из двух городов Mentesa.
mentidero. [м.] (разг.) место, где собираются праздные люди для того, чтобы сплетничать.
mentido, da. [страд. прич.] к mentir; [прил.] лживый, обманчивый.
mentidor, ra. [прил.] лживый, ложный, обманчивый (тже. сущ.).
mentir. [неперех.] лгать, врать; обманывать, вводить в заблуждение; подделывать; подражать; не соответствовать; [перех.] не сдержать обещание: * mentir a sabiendas, лгать сознательно; * ¡miento! я ошибаюсь; * mentir más que la Gaceta, врать как сивый мерин; [непр. гл.] спрягается как sentir.
mentira. [ж.] ложь, выдумка; заблуждение обман, иллюзия; опечатка; [ж.] белое пятнышко на ногте: * ¡(es) mentira!, неправда!, неверно!, ложь!; * parece mentira!, странно, удивительно; невероятно!
mentirijillas, mentirillas (de). [адвер. выраж.] ради смеха, в шутку.
mentirón. [м. увел.] к mentira, большая ложь.
mentirosamente. [нареч.] лживо, обманчиво, ложно; притворно, деланно.
mentiroso, sa. [прил.] лгущий; лживый, ложный; обманчивый, призрачный; [м. и ж.] лжец, лгун, (-ья), враль.
mentirote. [м.] см. mentidero.
mentiruca. [ж. умен.] к mentira.
mentís. [м.] уличение, изобличение во лжи; опровержение.
mentol. [м.] (хим.) ментол.
mentolabial. [прил.] подбородочно-губной.
mentolado, da. [прил.] ментоловый; содержащий ментол.
mentón. [м.] подбородок.
mentor. [м.] наставник, ментор.
mentraños. [м. множ.] (обл.) лёгкие (убойного скота).
méntula. [ж.] см. pene; пиявка.
mentulomanía. [ж.] (мед.) онанизм.
menú. [м.] (гал.) меню.
menuceles. [м. множ.] (обл.) десятина.
menucio. [м.] (Амер.) болотистая местность; маленькое болото.
menudamente. [нареч.] мало, в малом количестве; в подробном изложении.
menudear. [перех.] часто делать что-л, повторять; [неперех.] часто происходить, случаться; подробно рассказывать; говорить пустяки; (Амер.) продавать в розницу.
menudencia. [ж.] мелочность; мелочь, пустяк; тщательность, кропотливость; незначительная подробность; [множ.] свиная колбаса; потроха.
menudeo. [м.] повторение; продажа в розницу.
menudero, ra. [м. и ж.] торговец потрохами.
menudillo. [м.] бабка; (обл.) см. moyuelo; [множ.] птичьи потроха.
menudísimamente. [нареч.] очень тщательно.
menudo, da. [прил.] мелкий; маленький, незначительный, ничтожный, пустяковый; плебейский, обыкновенный, вульгарный; мелкий (о деньгах); скрупулёзный; мелочный; кропотливый; [м. множ.] внутренности, потроха, требуха; мелочь (о деньгах): * a menudo, часто, зачастую; * por menudo, a la menuda, подробно; в розницу.
menufoliado, da. [прил.] (бот.) узколистный.
menura. [ж.] (орни.) лирохвост, птица-лира.
menuzo. [м.] кусочек.

meñique. [прил.] (разг.) очень маленький, мелкий: * dedo meñique, мизинец; [м.] мизинец.
meño. [м.] (Амер.) неожиданное происшествие, событие.
meo. [м.] (бот.) крылолистник, зонтичное растение.
meocuil. [м.] (Амер.) гусеница (у агавы).
meollada. [ж.] (обл.) мозги (животного).
meollo. [м.] мозг; костный мозг; (перен.) сущность, содержание; разум.
meón, na. [прил.] много или часто мочащийся; [сущ.] человек, часто мочащийся, ребёнок, мочащийся в постель; [ж.] новорождённый; женщина.
meple. [м.] (Амер.) см. palisandro.
meque. [м.] (Амер.) щелчок, подзатыльник.
mequerro. [м.] (обл.) телёнок, бычок.
mequetrefe. [м.] (разг.) назойливый и ничтожный мужчина; несолидный человек.
mequiote. [м.] (Амер.) стебель maguey.
meralgia. [ж.] (пат.) боль в бедре.
meramente. [нареч.] единственно, только; лишь, исключительно; чисто, просто.
merar. [перех.] смешивать (о двух жидкостях).
merca. [ж.] (разг.) покупка.
mercachifle. [м.] разносчик; торгаш.
mercadante. [м.] торговец.
mercadear. [неперех.] вести торговлю.
mercader. [м.] торговец, купец; продавец: * hacer oídos de mercader, прикидываться глухим.
mercadera. [ж.] торговка; жена торговца.
mercadería. [ж.] товар; (арг.) украденная вещь.
mercaderil. [прил.] относящийся к торговцу.
mercado. [м.] рынок, базар; базарная площадь; (эк.) рынок: * mercado negro, (гал.) чёрный рынок, биржа; * poder vender en un buen mercado, быть хитрым.
mercaduría. [ж.] см. mercancía.
mercancía. [ж.] торговля; товар.
mercante. [действ. прич.] к mercar; [прил.] торговый: * marina mercante, торговый флот; * barco mercante, торговое судно; [м.] торговец, купец; продавец.
mercantil. [прил.] торговый; товарный; меркантильный.
mercantilismo. [ж.] меркантилизм, торгашество, страсть к наживе.
mercantilista. [прил.] меркантилистский; [м.] меркантилист.
mercantilmente. [нареч.] по правилам торговли.
mercantivo, va. [прил.] см. mercantil.
mercantivol. [прил.] * escritura mercantivol, старинное купеческое письмо.
mercar. [перех.] покупать, см. comprar.
merced. [ж.] дар; милость; милосердие; помилование; милость (титул): * estar a la merced (de...), быть в власти (чьей-л, чего-л); * darse, entregarse a merced, сдаться на милость; * a merced de, за спасибо; по усмотрению; * merced a, благодаря.
mercenariamente. [нареч.] корыстолюбиво, продажно.
mercenario, ria. [прил.] наёмный; продажный, алчный; [м.] подёнщик, наёмный работник; наёмный солдат, наёмник; (перен.) наёмник, наймит.
mercería. [ж.] торговля галантереей; галантерейная лавка; галантерея.
mercerización. [ж.] (тех.) мерсеризация.
mercerizar. [перех.] (тех.) мерсеризовать.
mercero, ra. [м. и ж.] галантерейщик, продавщица галантереи.

mercocha. [ж.] (Амер.) (вар.) см. melcocha.
mercología. [ж.] учение торговли (вообще).
mercurial. [прил.] (миф.) относящийся к Меркурию; относящийся к среде; ртутный; [ж.] (бот.) многолетняя пролеска.
mercurialismo. [м.] (пат.) хроническое отравление ртутью.
mercurialización. [ж.] продолжительное назначение малых доз ртути (при сифилисе).
mercurializar. [перех.] подвергнуть ртутному лечению.
mercúrico, ca. [прил.] ртутный, содержащий ртуть.
mercuriesco, ca. [прил.] (миф.) относящийся к Меркурию.
mercurífero, ra. [прил.] см. mercúrico.
Mercurio. [м.] (миф. астр.) Меркурий.
mercurio. [м.] (хим.) ртуть.
mercurioso, sa. [прил.] (хим.) ртутный.
merchante. [прил.] см. mercante; [м.] бродячий торговец; разносчик.
merdellón, na. [м. и ж.] (разг.) грязный слуга, служанка.
merdoso, sa. [прил.] грязный, испачканный дерьмом.
mere. [нареч.] см. meramente.
merecedor, ra. [прил.] заслуженный, заслуживающий.
merecer. [перех.] заслуживать, стоить, быть достойным, удостаиваться; см. lograr. [неперех.] иметь заслуги перед..., удостаиваться: * la cosa no merece la pena, игра не стоит свеч.
merecida. [ж.] (Амер.) заслуженная кара.
merecidamente. [нареч.] по заслугам, заслуженно, достойно.
merecido, da. [страд. прич.] к merecer; заслуженная кара; * ha llevado su merecido, поделом ему, он получил по заслугам.
mereciente. [действ. прич.] к merecer, заслуживающий.
merecimiento. [м. действ.] к заслуживать; заслуга.
merejo, ja. [прил.] (Амер.) глупый, дурацкий.
meremere. [м.] (Амер.) побои.
merendar. [неперех.] полдничать; обедать; подглядывать, выслеживать; [перех.] закусить; merendarse. [возв. гл.] достичь, добиться; (непр. гл.) спрягается как acertar.
merendero. [м.] кабачок, ресторанчик, трактир; закусочная: * cuervo merendero, см. grajo.
merendilla. [ж. умен.] к merienda.
merendillar. [неперех.] см. merendar.
merendola. [ж.] (обл.) см. merendona.
merendona. [ж.] плотная, обильная закуска, полдник.
merengar. [перех.] сбивать сливки.
merengue. [м.] меренга, безе (сорт пирожного); слабый человек.
meretricar. [неперех.] быть проституткой.
meretricio, cia. [прил.] относящийся к проститутке; [м.] половой акт с проституткой.
meretriz. [ж.] проститутка, публичная женщина.
mergo. [м.] (орни.) баклан.
mergollina. [ж.] (Амер.) деньги.
merguinos. [м. множ.] крахалевые (водяные птицы).
mérgulo. [м.] (орни.) гренландский голубь.
mericarpio. [м.] (бот.) мерикарпий.
merideño, ña. [прил.] относящийся к Mérida; [м. и ж.] уроженец, (-ка) этого города.
meridiana. [ж.] кушетка, шезлонг; сиеста; полуденный отдых; послеобеденный сон.
meridiano, na. [прил.] полуденный; меридиональный; (перен.) очень ясный, светлый (астр.) меридиан; (геогр.) полуденная линия; * a la meridiana, в полдень.
meridional. [прил.] южный; полуденный; [м. и ж.] южанин, (-ка).
merienda. [ж.] лёгкий завтрак, полдник; (перен.) (разг.) см. corcova: * merienda de negros, беспорядок, неразбериха.
merindad. [ж.] (ист.) юрисдикция и должность merino; судебный округ.
merino, na. [прил.] мериносовый (о породе скота); [м.] меринос (тонкорунная овца); пастух; ткань из шерсти мериноса.
merino. [м.] (ист.) старинный судья, лицо, исполнявшее судейские обязанности по поручению короля.
meriñaque. [м.] см. miriñaque.
meristema. [м.] (бот.) меристема.
meristiforme. [прил.] (бот.) имеющий форму меристемы.
meritado, da. [прил.] (Амер.) известный, славный, знаменитый.
meritallo. [м.] (бот.) междоузлие.
méritamente. [нареч.] по заслугам, достойно.
meritar. [неперех.] (м. употр.) иметь заслуги перед.
meriterio. [м.] (палеонт.) меритерий.
meritísimo, ma. [прил.] очень достойный чего-л.
mérito. [м.] заслуга; достоинство: * hombre de mérito, заслуженный человек, человек, достойный уважения; * de mérito, достойный, рекомендуемый; * méritos del proceso, (юр.) совокупность доказательств и аргументов процесса.
meritoriamente. [нареч.] заслуженно, похвально.
meritorio, ria. [прил.] достойный похвалы, награды; [м.] стажёр (неоплачиваемый).
merituado, da. [прил.] (Амер.) славный, знаменитый.
merla. [ж.] (орни.) дрозд.
merláchico, ca. [прил.] (Амер.) бледный, больной.
merlan, merlango. [м.] (ихтиол.) небольшой мерлан.
merleta. [ж.] (герал.) птичка без ног и носа.
merlín. [м.] (мор.) марлинь (тонкий трос).
merlino, na. [прил.] (Амер.) легко смеющийся.
merlo. [м.] (ихтиол.) см. zorzal marino.
merlón. [м.] (форт.) место между двумя бойницами.
merlucera. [ж.] рыболовная сеть для ловли маленьких мерланов.
merluza. [ж.] (ихтиол.) мерлан; (перен.) (раяг.) опьянение, хмель.
merma. [ж.] уменьшение, сокращение, убыль, урон.
mermador, ra. [прил.] снижающий, уменьшающий и т. д.
mermar. [неперех.] уменьшаться, падать, убывать; [перех.] снижать, уменьшать, убавлять.
mermejuela. [ж.] (обл.) род мягкопёрая рыба (речная).
mermelada. [ж.] варение, варенье: brava mermelada, глупость.
mero. [м.] (ихтиол.) колючепёрая рыба.
mero, ra. [прил.] чистый, свободный от примеси: * por mera curiosidad, из простого любопытства.
merocele. [м.] (пат.) бедренная грыжа.
merocrino, na. [прил.] (физиол.) частично выделяющий.
merodeador, ra. [прил.] мародёрствующий; [м. и ж.] мародёр, грабитель, мародёрка.
merodear. [неперех.] (воен.) мародёрствовать; совершать мелкие кражи, кражи овощей и плодов (с огородов, деревьев).
merodeo. [м.] (воен.) мародёрство, грабёж; мелкие кражи, кражи овощей и плодов.

merodista. [м. и ж.] мародёр, (-ка).
merogénesis. [ж.] сегментация, деление.
merogenético, ca. [прил.] относящийся к сегментации.
meroluvio. [м.] (мед.) частичная ванна.
merostomía. [ж.] (биол.) сегментация.
merovingio, gia. [прил.] (ист.) меровингский; [сущ. множ.] Меровинги.
merquen. [м.] (Амер.) перечный соус.
mes. [м.] месяц; ежемесячный платёж; менструация: * meses mayores, последние месяцы беременности; * caer en el mes dinario или del obispo, явиться кстати.
mesa. [ж.] стол; стол, еда; президиум; плоскогорье, плато; площадка (лестницы); церковные, монастырские доходы; центральная грань в драгоценных камнях; бильярдная партия и цена за неё; сторона лезвия у шпаги; * mesa de noche, ночной столик; * mesa de juego, ломберный стол; * mesa redonda, круглый стол, общий стол; * poner la mesa, накрывать на стол; * mesa de batalla, стол для распределения корреспонденции (на почте); * quitar, levantar la mesa, убирать со стола; * a mesa puesta, без труда; * estar a mesa y mantel, жить на чужой счёт; * hacer mesa gallega, обыграть кого-л в игре; * mesa gallega, de gallegos, стол без хлеба.
mesada. [ж.] ежемесячный платёж, помесячная оплата за что-л.
mesadura. [ж.] дейст. к рвать волосы.
mesalina. [ж.] мессалина, распутная женщина.
mesalinesco, ca. [прил.] распутный.
mesana. [ж.] (мор.) бизань-мачта.
mesaortitis. [ж.] (пат.) воспаление средней оболочки аорты.
mesar. [перех.] рвать, вырывать волосы; **mesarse.** [возв. гл.] рвать на себе волосы.
mesarteria. [ж.] (анат.) средняя оболочка артерии.
mesarteritis. [ж.] (пат.) воспаление средней оболочки артерии.
mesaticéfalo, la. [прил.] * cráneo mesaticéfalo, череп средний между длинноголовым и широкоголовым.
mescanaucle. [м.] (Амер.) род дикой утки.
mescolanza. [ж.] (разг.) см. mezcolanza.
meseguería. [ж.] полевая охрана; часть оплачиваемая каждым пахарем за полевую охрану.
meseguero, ra. [прил.] жатвенный; [м.] полевой сторож.
mesembriantemo. [м.] (бот.) хрустальная травка.
mesenquima. [м.] зародышевая соединительная ткань.
mesentérico, ca. [прил.] (анат.) брыжеечный.
mesentéreo. [м.] (анат.) брыжейка.
mesenteriolo. [м.] (анат.) малая брыжейка (червеобразного отростка).
mesenteritis. [ж.] (пат.) воспаление брыжейки.
mesenteroideo, a. [прил.] похожий на брыжейку.
meseraico, ca. [прил.] (анат.) см. mesentérico.
mesero, ra. [м. и ж.] работник, (-ица) с помесячной оплатой.
meseta. [ж.] площадка (лестницы); плоскогорье, плато; стол для винограда (в прессовальном помещении).
mesiado, da. [прил.] см. mesiazgo.
mesial. [прил.] средний.
mesiánicamente. [нареч.] по правилам мессианства.
mesiánico, ca. [прил.] мессианский.
mesianismo. [м.] мессианизм, мессианство.
Mesías. [м.] Мессия: * del Mesías, мессиин.
mesícola. [прил.] (с.-х.) растущий среди злаков.

mesidor. [м.] (ист.) мессидор (десятый месяц республиканского календаря от 19 июня до 18 июля).
mesilla. [ж. умен.] к mesa, столик; площадка (лестницы); (перен.) замечание, лёгкий выговор; верхняя каменная плита (у балюстрады и т. д.).
mesillo. [м.] первая менструация после рождения.
mesingo, ga. [прил.] (обл.) слабый, хилый; см. melindroso.
mesino, na. [прил. и сущ.] (Амер.) см. sietemesino.
mesmedad. [ж.] * por su misma mesmedad, без чьей-л помощи.
mesmeriano, na. [прил.] относящийся к месмеризму; [м. и ж.] сторонник месмеризма.
mesmerismo. [м.] месмеризм, животный магнетизм.
mesnada. [ж.] (уст.) войско; (перен.) приверженцы; собрание.
mesnadería. [ж.] (ист.) жалованье наёмника.
mesnadero. [м.] (ист.) наёмник.
mesoapéndice. [м.] (анат.) брыжейка червеобразного отростка.
mesoapendicitis. [ж.] (пат.) воспаление mesoapéndice.
mesoblasto. [м.] (анат.) ядро клетки.
mesocardia. [ж.] положение сердца на средней линии.
mesocardio. [м.] брыжейка сердца.
mesocarpio. [м.] (бот.) межплодник.
mesocéfalo. [м.] мезоцефал.
mesocólico, ca. [прил.] (анат.) относящийся к брыжейке поперечноободочной кишки.
mesocolon. [м.] (анат.) брыжейка поперечноободочной кишки.
mesocracia. [ж.] власть среднего слоя населения; см. burguesía.
mesocráneo. [м.] (анат.) средняя часть черепа.
mesocrático, ca. [прил.] относящийся к mesocracia.
mesodermo. [м.] (анат.) мезодерма.
mesoduodenal. [прил.] (анат.) относящийся к mesoduodeno.
mesoduodeno. [м.] (анат.) брыжейка двенадцатиперстной кишки.
mesofilo. [м.] (бот.) мезофилл.
mesófito. [м.] (бот.) мезофит.
mesofítico, ca. [прил.] (бот.) относящийся к мезофиту.
mesoflebitis. [ж.] (пат.) воспаление средней оболочки вен.
mesofrión. [м.] (анат.) пространство между бровями.
mesogastrio. [м.] средняя часть живота; брыжейка желудка.
mesogloso, sa. [прил.] находящийся в средней части языка; [м.] средняя часть языка.
mesolabio. [м.] (мат.) старинный инструмент для отыскания двух средних пропорциональных линий.
mesolita. [ж.] (мин.) мезолит, томсонит.
mesolítico, ca. [прил.] (археол.) мезолитический.
mesómetro. [м.] (анат.) маточная брыжейка.
mesomorfo, fa. [прил.] мезоморфный.
mesón. [ж.] постоялый двор, трактир.
mesón. [м.] (физ.) мезон, мезотрон.
mesón. [м.] (Амер.) прилавок.
mesonaje. [м.] улица, место имеющее большое количество постоялых дворов.
mesonéfrico, ca. [прил.] относящийся к mesonefro.
mesonefro. [м.] (анат.) средняя почка (вольфово тело).
mesonero, ra. [прил.] содержатель; [м. и ж.] содержатель,

(-ница) постоялого двора, трактирщик, (-ица).
mesónfalo. [м.] (анат.) пуп, пупок.
mesonil. [прил.] относящийся к постоялому двору или к соредержателям постоялых дворов.
mesonista. [прил.] относящийся к постоялому двору.
mesopotámico, ca. [прил.] (ист.) месопотамский.
mesosalpinx. [м.] (анат.) брыжейка яйцевода, часть широкой связки матки.
mesosigmoide. [м.] (анат.) брыжейка сигмовидной кишки.
mesosigmoiditis. [ж.] (пат.) воспаление брыжейки сигмовидной кишки.
mesotarsiano, na. [прил.] (анат.) лежащий между частями предплюсны.
mesotrón. [м.] (физ.) мезон, мезотрон.
mesovario. [м.] (анат.) средний часть яичника.
mesozoarios. [м. множ.] промежуточные животные.
mesozoico, ca. [прил.] (геол.) мезозойский.
mesozoo. [м.] промежуточное животное.
mesta. [ж.] (ист.) корпорация скотоводов; [множ.] слияние рек.
mestal. [м.] лес из mestos.
mesteño, ña. [прил.] относящийся к mesta; см. mostrenco.
mester. [м.] (обл.) см. menester; * mester de clerecía, средневековая учёная поэзия; * mester de juglaría, средневековая народная поэзия.
mesticia. [ж.] печаль, грусть, уныние.
mestiza. [ж.] (Амер.) см. acemita.
mestización. [ж.] скрещивание пород; метизация.
mestizaje. [м.] (Амер.) см. mestización; (соб.) метисы.
mestizar. [перех.] скрещивать породы.
mestizo, za. [прил.] происходящий от брака между людьми разных рас; получившийся в результате метизации: * animal mestizo, полукровка, (уст.) ублюдок; [м. и ж.] метис, (-ка).
mesto. [м.] дерево, получившееся в результате скрещения пробкового дуба и дуба (encina); см. rebollo и aladierna; (обл.) смесь разных семян.
mestura. [ж.] смесь пшеницы и ржи.
mesura. [ж.] серьёзность, сдержанность, осторожность, осмотрительность; такт, чувство меры; почтение, уважение; вежливость, учтивость.
mesurable. [прил.] измеримый.
mesuradamente. [нареч.] осторожно, осмотрительно и т. д.
mesurado, da. [прил.] осторожный, осмотрительный; умеренный, воздерж(ан)ный.
mesurar. [перех.] внушать уважение, почтение, чувство меры; (уст. Амер.) см. medir; **mesurarse.** [возв. гл.] сдерживаться, воздерживаться; быть скромным и т. д.
mesuro, ra. [прил.] (обл.) грустный, печальный.
meta. [ж.] (спорт.) финиш; ворота (в футболе); (перен.) цель, мишень, мета: * meta suprema, высшая цель.
meta. [ж.] (обл.) см. mayueta.
metabiosis. [ж.] (биол.) метабиоз.
metabólico, ca. [прил.] (физиол.) относящийся к обмену веществ.
metábola. [ж.] (мед.) переход одной болезни в другую; (рит.) накопление однозначащих выражений.
metabolina. [ж.] продукт метаболизма.

metabolismo. [м.] (физиол.) обмен веществ, метаболизм.
metabolito. [м.] метаболит.
metacarpeo, a, metacarpiano, na. [прил.] (анат.) пястный, относящийся к пясти.
metacarpo. [м.] (анат.) пясть (руки).
metacarpofalángico, ca. [прил.] (анат.) пястно-фаланговый.
metacéntrico, ca. [прил.] относящийся к метацентру.
metacentro. [м.] (физ.) метацентр.
metacromatismo. [м.] неодинаковое окрашивание различных тканевых элементов одним и тем же химическим веществом.
metacronismo. [м.] ошибка в летосчислении.
metafisario, ria. [прил.] метафизический.
metafísica. [ж.] метафизика.
metafísicamente. [нареч.] метафизически.
metafísico, ca. [прил.] метафизический; [м.] метафизик.
metafisiquear. [неперех.] отвлеченно говорить о чём-л.
metaflogosis. [м.] (мед.) высшая степень воспаления.
metafonía. [ж.] (фонет.) метафония.
metáfora. [ж.] (лит.) метафора.
metafóricamente. [нареч.] (лит.) метафорически.
metafórico, ca. [прил.] (лит.) метафорический.
metaforista. [м. и ж.] человек, выражающийся метафорически.
metaforización. [ж.] частое употребление метафор.
metaforizar. [неперех.] выражаться метафорически, часто употреблять метафоры.
metafragma. [м.] (зоол.) перегородка, отделяющая у насекомых грудную полость от брюшной.
metáfrasis. [ж.] (рит.) метафраза.
metagalaxia. [ж.] (астр.) метагалактика, см. universo.
metagenésico, ca. [прил.] относящийся к метагенезу.
metagénesis. [ж.] (физиол.) метагенез, чередование поколений.
metagoge. [ж.] (рит.) риторическая фигура, дающая жизнь предметам.
metal. [м.] (хим.) металл; латунь, жёлтая медь; металлический тембр голоса; (перен.) качество; (Амер) цинковая обманка; * metal blanco, мельхиор; * metales preciosos, драгоценные, благородные металли; * el vil metal, деньги; * metal de imprenta, гарт.
metalada. [ж.] (Амер.) количество металла могущее быть использованным (у одной жиле).
metalado, da. [прил.] нечистый.
metalar. [перех.] ковать.
metalario. [м.] металлист.
metalepsis. [ж.] (рит.) фигура в которой берут предыдущее вместо последующего.
metalero. [м.] (Амер.) металлист.
metalescencia. [ж.] металлический блеск.
metalescente. [прил.] обладающий металлическим блеском.
metálica. [ж.] металлургия.
metálico, ca. [прил.] металлический; звучный; относящийся к медалям; [м.] металлическая монета; см. metalario.
metalífero, ra. [прил.] металлоносный.
metaliforme. [прил.] имеющий вид металла.
metalista. [м.] металлист.
metalistería. [ж.] искусство металлиста.
metalización. [ж.] металлизация, покрытие плёнкой металла; дейст. к metalizar.

metalizado, da. [страд. прич.] к metalizar; [прил.] жадный к деньгам; см. acaudalado.
metalizar. [перех.] придавать металлический блеск; металлизировать, metalizarse. [возв. гл.] быть жадным к деньгам.
metalófono. [м.] металлофон.
metalografía. [ж.] металлография.
metalográfico, ca. [прил.] металлографический.
metalógrafo. [м.] металлограф.
metaloide. [м.] металлоид.
metaloideo, a. [прил.] металлоидальный, металлоидный.
metalóidico, a. [прил.] металлоидный.
metaloterapia. [ж.] (мед.) металлотерапия.
metalurgia. [ж.] металлургия.
metalúrgicamente. [нареч.] по правилам металлургии.
metalúrgico, ca. [прил.] металлургический; [м.] металлург.
metalurgista. [м.] металлург.
metalla. [ж.] куски золотых фольг.
metamería. [ж.] метамерия.
metamérico, ca. [прил.] относящийся к метамерии.
metámero. [м.] (хим.) метамер.
metamórfico, ca. [прил.] метаморфический.
metamorfismo. [м.] метаморфизм.
metamorfoseable. [прил.] видоизменяемый, превращаемый.
metamorfosear. [перех.] изменять, преображать, превращать во что-л.
metamorfosis. [ж.] метаморфоза, превращение во что-л.
metanea. [ж.] (рит.) исправление.
metanefro. [м.] (анат.) задняя (постоянная) почка.
metano. [м.] (хим.) метан.
metanol. [м.] (хим.) метанол.
metapedio. [м.] (анат.) плюсна.
metaplasia. [ж.] (биол.) метаплазия, преобразование ткани.
metaplasma. [м.] (биол.) метаплазма.
metaplasmo. [м.] (грам.) изменение в слогах.
metapolítica. [ж.] теоретическая политика, политическая философия.
metaquisis. [ж.] переливание крови.
metasífilis. [м.] (пат.) поздние сифилитические проявления.
metástasis. [ж.] (пат.) метастаз, перенос болезни; (рит.) метастаз.
metastático, ca. [прил.] относящийся к метастазу.
metatarsalgia. [ж.] боль плюсны.
metatarsiano, na. [прил.] (анат.) плюсневой.
metatarso. [м.] (анат.) плюсна.
metate. [ж.] (в Америке) ручная мельница (для кукурузы и т. д.); (в Испании) наклонный камень (для изготовления шоколада).
metátesis. [ж.] (грам.) метатеза, перестановка буквы (в слоге).
metatizar. [перех.] (грам.) переставлять букву (в слоге).
metatórax. [м.] заднегрудие (у насекомых).
metazoarios. [м. множ.] (биол.) многоклеточные.
meteco. [м.] иноземный поселенец в древних Афинах; (перен.) чужак.
metedor. [м. и ж.] тот, кто вставляет что-л; контрабандист, (-ка.) [м.] детская подстилка; доска для бумаг при печатании.
meteduría. [ж.] контрабанда.
metejón. [м.] (Амер.) большой проигрыш; страсть (любовная); интрига; путаница.
metelón, na. [прил. и сущ.] (Амер.) см. entremetido.
metempsicosis. [м.] метемпсихоз, переселение душ.
metemptosis. [ж.] (астр.) солнечное уравнение для точного исчисления месяцев.

metemuertos. [м.] (теа.) рабочий сцены; (перен.) человек, всюду сующий свой нос.
metencéfalo. [м.] (анат.) задний мозг (мозговой, варолиев мост, мозжечок).
meteórico, ca. [прил.] метеорный.
meteorismo. [м.] метеоризм, вздутие живота скопившимися кишечными газами.
meteorítico, ca. [прил.] метеоритный, метеорический.
meteorito. [м.] метеорит.
meteorizar. [перех.] (мед.) пучить, вздувать живот; meteorizarse. [возв. гл.] получать влияние метеоров (о земле); страдать метеоризмом.
meteoro, metéoro. [м.] (физ.) атмосферное явление (снег, дождь, градь и т. д.); метеор.
meteorognomía. [ж.] метеорная астрология.
meteorografía. [ж.] метеорография.
meteorográfico, ca. [прил.] относящийся к метеорографии.
meteorógrafo. [м.] метеорограф.
meteorología. [ж.] (физ.) метеорология.
meteorológico, ca. [прил.] (физ.) метеорологический.
meteorologista. [м.] метеоролог, синоптик.
meteorólogo. [м.] см. meteorologista.
meteoronomía. [ж.] исследование законов воздушных явлений.
meteoroscopia. [ж.] наблюдение или изучение метеорных явлений.
meteoroscopio. [м.] (астр.) астролябия; название приборы для изучения метеорных явлений.
meter. [перех.] класть, вкладывать, всовывать, засовывать, вставлять, втискивать, запихивать; вводить, впускать; провозить контрабандой; причинять, вызывать; впутывать; понтировать, делать ставку (в игре); суживать, сжать, сплотить, сдвинуть, вводить в обман; см. poner; закладывать, отдавать в залог; погружать; (мор.) убирать паруса; * meterse [возв. гл.] проникать, вкрадываться; попадать (внутрь); вмешиваться, соваться, ввязываться; запутываться; делаться, становиться; впадать (о реке); пойти в...; пуститься в...; бросаться на врага; * meter en la cárcel, засадить в тюрьму; * meter miedo, нагонять страх; * meter ruido, шуметь; * meter chismes, сплетничать; * meter a uno en un negocio, впутать кого-л в дело; * meter en la cabeza, вбить что-л кому-л в голову; * él se mete en todo, он во всё вмешивается; * meter cizaña, сеять раздор; * meter en cintura, обуздать; * meter en vereda, заставить исправиться; * meter bulla, шуметь; * meter los renglones, сжать, сдвинуть строки; * meterse en todo, во всё вмешиваться; * métase en sus cosas!, занимайтесь своим делом; * meterse con uno, искать ссоры с кем-л; * meterse en dibujos, meterse en camisa de once varas, meterse uno donde no le llaman, meterse en lo que no le va ni le viene, вмешиваться в чужие дела; * meterse en la conversación, вмешаться в разговор; * meterse en todo, всюду совать свой нос; * meterse de hoz y coz, действовать очертя голову; * meterse en un atolladero, * meterse en un berenjenal, запутываться; * meterse en (por) medio, выступать посредником; * meterse (a) fraile, постричься, стать монахом; * meterse de mogollón, de gorra, заискивать; * meterse a docena, (ирон.) стараться выйти в люди; * meterse en sí mismo, замкнуться в себе.
metesillas y sacamuertos. [м.] см. metemuertos.
metete. [м. и ж.] (Амер.) человек, всюду сующий свой нос.

metical. [м.] старинная испанская монета; марокканская монета.
meticulosamente. [нареч.] кропотливо, боязливо, малодушно.
meticulosidad. [ж.] боязливость, робость; кропотливость; скрупулёзность; тщательность.
meticuloso, sa. [прил.] робкий, боязливый, малодушный; кропотливый, тщательный; скрупулёзный.
metiche. [м.] (Амер.) человек, всюду сующий свой нос.
metidillo. [м.] детская подстилка.
metido, da. [страд. прич.] к meter; [прил.] изобилующий, обильный; (Амер.) см. entremetido: * metido en carnes, толстый; * estar metido en, быть заинтересованным в чём-л.; * estar muy metido con alguien, быть в близких отношениях с кем-л.; [м.] удар кулаком; толчок, пинок; детская подстилка; сорт жавеля; (перен.) (разг.) резкий аргумент, довод против...
metilamina. [ж.] (хим.) метиламин.
metileno. [м.] (хим.) метилен: * de metileno, метиленовый.
metílico, ca. [прил.] (хим.) метиловый.
metilo. [м.] (хим.) метил.
metimiento. [м.] вкладывание, всовывание, втискивание (одного в другое), введение; взнос, вклад.
metiomanía. [ж.] (мед.) привычка к сильным напиткам; (пат.) психоз пьяниц.
metódicamente. [нареч.] методично.
metódico, ca. [прил.] методический, планомерный, размеренный; аккуратный.
metodismo. [м.] методизм.
metodista. [прил.] методистский; [м. и ж.] методист, (-ка).
metodizar. [перех.] систематизировать, приводить в определённый порядок, придавать последовательность.
método. [м.] метод, способ; способ действий; порядок, система.
metodología. [ж.] методология.
metodológico, ca. [прил.] методологический.
metedontiasis. [ж.] (мед.) неправильное развитие зубов.
metogastrosis. [ж.] (пат.) заболевания желудка, вызванные злоупотреблением алкоголя.
metol. [м.] (хим.) метол.
metomentodo. [м. и ж.] (разг.) человек, всюду сующий свой нос.
metonimia. [ж.] (рит.) метонимия.
metonímico, ca. [прил.] метонимический.
metonomasia. [ж.] изменение фамилии переводом.
metopa. [ж.] (арх.) метоп(а).
metópico, ca. [прил.] (анат.) лобный.
metopión. [м.] (анат.) надпереносье.
metopismo. [м.] аномалия черепа, незакрытие лобного шва.
metopodinia. [ж.] (пат.) лобный боль.
metoposcopia. [ж.] лицегадание.
metoposcópico, ca. [прил.] относящийся к лицегаданию.
metra. [ж.] (обл.) дикая земляника.
metra. [ж.] (анат.) матка.
metraje. [м.] метраж: * cinta de largo metraje, полнометражный фильм.
metralgia. [ж.] (пат.) невралгия матки.
metralla. [ж.] картечь; отбросы (в металлургии).
metrallar. [перех.] обстреливать из пулемётов, пулемётным огнём.
metrallazo. [м.] стрельба картечью.
metranemia. [ж.] анемия матки.
metratomía. [ж.] (хир.) вскрытие матки.
metratonía. [ж.] (пат.) вялость матки.
metratresia. [ж.] (пат.) атрофия матки.
metraucán. [м.] (Амер.) см. bazofia; хлеб, размоченный в молоке (для детей); неразбериха, путаница; коверканье (слов).

metrear. [неперех.] (разг.) измерять метрами.
metrectasia. [ж.] (пат.) расширение матки.
metrectomía. [ж.] (пат.) вырезывание матки.
metrenfrasis. [ж.] (мед.) закупорка, инфаркт матки, хроническая метропатия.
metreta. [ж.] мера для жидкостей (у древних).
metreurinter. [м.] (мед.) расширитель матки.
metreurisis. [ж.] (мед.) расширение матки (операция).
métrica. [ж.] (лит.) метрика.
métricamente. [нареч.] метрическим образом.
métrico, ca. [прил.] метрический: * sistema métrico, метрическая система.
metrificación. [ж.] стихосложение, версификация.
metrificador, ra. [м. и ж.] стихотворец.
metrificar. [неперех.] писать стихи.
metrir. [неперех.] см. temblar.
metrista. [сущ.] см. metrificador, versificador.
metritis. [ж.] (пат.) воспаление матки, метрит.
metro. [м.] размер (стихотворный); метр: * metro cuadrado, квадратный метр; * metro cúbico, кубический метр, кубометр.
metro. [м.] (разг.) метро.
metrocampsia. [ж.] (мед.) искривление матки.
metrocele. [ж.] (хир.) грыжа матки.
metrocolpocele. [м.] (пат.) выпадение беременной и искривленной назад матки через заднюю стенку влагалища.
mertodinia. [ж.] (пат.) боль в матке.
metroflebitis. [ж.] (пат.) воспаление вен матки при послеродовой лихорадке.
metrografía. [ж.] описание мер; (мед.) описание матки.
metrolinfangitis. [ж.] (пат.) воспаление лимфатических сосудов матки.
metrología. [ж.] метрология.
metrológicamente. [нареч.] по правилам метрологии.
metrológico, ca. [прил.] метрологический.
metrólogo. [м.] метролог.
metroloxia. [ж.] (пат.) косвенное положение матки.
metromanía. [ж.] метромания, страсть писать стихи; чрезмерное половое влечение у женщины.
metrón. [м.] (Амер.) название одного чилийского целебного растения.
metrónomo. [м.] (муз.) метроном.
metropatía. [ж.] заболевание матки.
metrópoli. [ж.] столица; епархиальный город; метрополия.
metropolita. [м.] митрополит (в России); * de metropolita, митрополичий, митрополитский.
metropolitano, na. [прил.] городской, столичный; архиепископский; [м.] архиепископ; метрополитен.
metroptosis. [ж.] (пат.) опущение матки.
metrorragia. [ж.] маточное кровотечение.
metrorrea. [ж.] (мед.) выделения из матки.
metrorrexis. [ж.] (мед.) разрыв матки.
metrosalpingitis. [ж.] (пат.) воспаление матки и труб.
metroscopia. [ж.] исследование матки.
metroscopio. [м.] прибор для исследования матки.
metrotomía. [ж.] (хир.) вскрытие матки.
meucada. [ж.] (Амер.) дрёма, чуткий и короткий сон.
meucar. [неперех.] (Амер.) вздремнуть, прикурнуть.
meucón. [м.] (Амер.) поклон.
meuqueo. [м.] (Амер.) качание головой, см. cabeceo.

mexicano, na. [прил.] мексиканский; [м. и ж.] мексиканец, (-ка).
meya. [ж.] см. noca.
meyolote. [м.] (Амер.) середина, сердцевина кукурузного початка.
mezcal. [м.] (бот.) разновидность агавы; водка из этого растения.
mezcla. [ж.] смешение, перемешивание; смесь, соединение; примесь; (текст.) меланж; (тех.) известковый раствор.
mezcable. [прил.] поддающийся смешению и т. д.
mezcladamente. [нареч.] в смешанном виде.
mezclado, da. [страд. прич.] к mezclar; [м.] старинный сорт ткани.
mezclador, ra. [м. и ж.] тот, кто смешивает, перемешивает; сплетник, (-ица); [м.] миксер, мешалка, смеситель.
mezcladora. [ж.] смеситель, аппарат для смешивания.
mezcladura. [ж.] mezclamiento. [м.] см. mezcla.
mezclar. [перех.] мешать, смешивать, перемешивать, соединять; (уст.) сеять раздор; mezclarse. [возв. гл.] смешаться (с толпой и т. д.); скрещиваться (породы и т. д.); вмешиваться во что-л.
mezclilla. [ж.] ткань легче меланжа.
mezcolanza. [ж.] (разг.) беспорядочная смесь, мешанина.
mezquinamente. [нареч.] бедно, скудно; мелочно; скаредно.
mezquinar. [неперех.] (Амер.) скряжничать, быть мелочным и т. д.; освобождать от наказания.
mezquindad. [ж.] бедность, нужда, скудость; мелочность; скаредность, скупость, скряжничество.
mezquino, na. [прил.] бедный, нуждающийся; жалкий, скудный; жадный, скупой; узкий, мелкий, мелочный; маленький, крошечный; скаредный; [м.] (Амер.) бородавка.
mezquita. [ж.] мечеть; (арг.) трактир, кабачок.
mezquital. [м.] лес из mezquites.
mezquite. [м.] (бот.) род американской акации.
mezuquear. [перех.] (обл.) любопытствовать.
mí. [лич. мест.] (род., дат., вин., п. 1-го л. ед. ч. м. и ж. р., употребляется только с предлогами) меня, мне.
mi, (mis). [прил. и мест.] усечённая форма от mío, mía, míos, mías) мой, моя, мое (мои); свой, своя, своё (свои): * llevo mi libro, я уношу свою книгу; * llevo mis libros, я уношу свои книги; * mi libro, моя книга.
mi. [м.] (муз.) ми.
mía. [ж.] группа марокканского регулярного войска.
miador, ra. [прил.] мяукающий.
miagar. [неперех.] мяукать.
miaja. [ж.] см. migaja; старинная испанская монета.
miajón. [м.] см. migajón.
mialgia. [ж.] (пат.) мышечный ревматизм, мышечный боль.
mialmas. (como unas). [разг. выраж.] прекрасно; удовлетворительно.
miañar, miar. [неперех.] мяукать.
miasma. [м.] (пат.) миазма.
miasmático, ca. [прил.] миазматический.
miastenia. [ж.] (пат.) мышечная слабость.
miotonía. [ж.] атония мышц.
miatrofía. [ж.] (пат.) атрофия мышц.

miau. [м.] мяуканье.
mica. [ж.] (мин.) слюда.
mica. [ж.] самка уистити (порода обезьян); (Амер.) кокетка.
micáceo, a. [прил.] слюдяной, слюдистый.
micácico, ca. [прил.] см. micáceo.
micacita. [ж.] (мин.) слюдистый сланец.
micada. [ж.] (Амер.) см. monada.
micado. [м.] микадо, титул японского императора.
micanita. [ж.] миканит.
micasquisto. [м.] (геол.) слюдистый сланец
micción. [ж.] мочеиспускание.
micela. [ж.] мицелла (коллоидная частица).
micelial, miceliano, na, micélico, ca. [прил.] (бот.) мицелий (гриб).
micelioideo, a. [прил.] имеющий форму мицелия.
micer. [м.] (ист.) господин (почётный титул).
micetemia. [ж.] наличие грибков в крови.
micetes. [м.] (зоол.) порода обезьян.
micetismo. [м.] (пат.) отравление грибами.
micetófago. [м.] грибоед.
micetógeno, na. [прил.] вызванный грибками.
micetología. [ж.] micetológico, ca. [прил.] см. micología, micológico.
mico. [м.] (зоол.) самец уистити (порода обезьян); (перен.) (разг.) сластолюбец; * dar, hacer mico, не прийти на свидание; не выполнить обещанного.
micoate. [м.] (Амер.) название одной мексиканской змеи.
micobacteria. [ж.] бактерия, занимающая среднее место между дробянками и нитчатками.
micodermo. [м.] грибок, вызывающий уксуснокислое брожение спирта (вина).
micodermoideo, a. [прил.] похожий на micodermo.
micofagia. [ж.] привычка есть грибы.
micófago, ga. [прил. и сущ.] питающийся грибами.
micogenia. [ж.] образование моха.
micografía. [ж.] описание и классификация грибов.
micología. [ж.] (бот.) микология.
micológico, ca. [прил.] (бот.) микологический.
micólogo. [м.] специалист по микологии.
micorriza. [ж.] (бот.) микориза.
micosis. [ж.] (пат.) болезнь, вызванная грибками.
micoterapia. [ж.] (неол.) лечение дрожжами.
micra. [ж.] (физ.) микрон.
microamperímetro. [м.] (физ.) микроамперметр.
microamperio. [м.] (физ.) микроампер.
microanálisis. [ж.] (хим.) микроанализ.
microanalítico, ca. [прил.] микроаналитический.
microbalanza. [ж.] (физ.) микровесы.
microbarógrafo. [м.] (физ.) микробарограф.
microbiano, na. [прил.] см. micróbico.
microbicida. [м.] (служащий) для истребления микробов (тже. м.).
micróbico, ca. [прил.] микробный.
microbiología. [ж.] микробиология.
microbiológico, ca. [прил.] микробиологический.
microbiólogo. [м.] микробиолог.
microbiótico, ca. [прил.] короткой жизни.
microblefaria. [ж.] недостаточное развитие век.
microcarpo, pa. [прил.] (бот.) мелкоплодный.

microcefalia. [ж.] микроцефалия, малоголовость.
microcéfalo, la. [прил.] человек с ненормально малым развитием черепа.
microcele. [м.] (пат.) маленькая опухоль.
microcentro. [м.] динамический центр клетки.
micrócero, ra. [прил.] (энт.) имеющий коротенькие сяжки.
microcitemia. [ж.] наличие в крови маленьких кровяных телец (при отравлении).
microclima. [м.] микроклимат.
microclino. [м.] (мин.) микроклин.
micrococo. [м.] микрококк.
microcórnea. [ж.] ненормально малая роговица.
microcosmo. [м.] микрокосм(ос).
microcosmología. [ж.] наука о микрокосме.
microcristalino, na. [прил.] микрокристаллический.
microcrit. [м.] (хим.) вес водородного атома.
microculombio. [м.] (физ.) микрокулон.
microcurie. [м.] (хим.) микрокюри.
microdactilia. [ж.] (мед.) ненормально малый размер пальцев.
microdonte. [прил.] (мед.) короткозубый.
microelemento. [м.] (биол.) микроэлемент.
microfarado. [м.] микрофарад.
microfilaria. [ж.] (мед.) личинка нитчатки.
microfilm. [м.] микрофильм.
microfilmación. [ж.] microfilmaje. [м.] микрофильмирование.
microfilmar. [перех.] микрофильмировать.
micrófilo, la. [прил.] (бот.) мелколистый.
microfonía. [ж.] изучение о разных системах микрофонов; (пат.) ослабление голоса.
microfónico, ca. [прил.] микрофонный.
micrófono. [м.] (физ.) микрофон.
microfotografía. [ж.] микрофотография.
microfotográfico, ca. [прил.] относящийся к микрофотографии.
microftalmio. [ж.] ненормально малые глаза.
microftalmo, ma. [прил.] имеющий маленькие глаза.
microgastro. [м.] малобрюшка (насекомое).
microglosia. [ж.] ненормально малый язык.
micrognatismo. [м.] (анат.) ненормально малые челюсти.
micrografía. [ж.] описание микроскопических предметов.
micrográfico, ca. [прил.] относящийся к описанию микроскопических предметов.
microgramo. [м.] (физ.) микрограмм.
microgranítico, ca. [прил.] (геол.) гранитный с мелкозернистым строением.
microhenrio. [м.] (физ.) микрогенри.
microhistología. [ж.] микроскопическая гистология.
microlepidópteros. [м. множ.] мелкие бабочки.
microlítico, ca. [прил.] (геол.) микролитический.
microlito. [м.] (геол.) микролит.
micrología. [ж.] рассуждение о микроскопических предметах.
micromanipulador. [м.] микроманипулятор.
micromelia. [ж.] (пат.) уродливость состоящая в умалении величины какого-л члена.
micromeria. [ж.] (бот.) микромерия.
micrometría. [ж.] микрометрия.
micrométrico, ca. [прил.] микрометрический.
micrómetro. [м.] микрометр.
micromicrofaradio. [м.] (физ.) микромикрофарад.
micromilímetro. [м.] (физ.) микромиллиметр.
micrón. [м.] (физ.) микрон.
micronda. [ж.] (физ.) микроволна.

micronésico, ca, micronesio, sia. [прил.] относящийся к Микронезии; [м. и ж.] уроженец, (-ка) Микронезии.
microorgánico, ca. [прил.] относящийся к микроорганизму.
microorganismo. [м.] микроорганизм.
micrópetalo, la. [прил.] (бот.) мелколепестный.
micropia. [ж.] (мед.) ненормальность зрения, при которой предметы представляются в уменьшенном виде.
micropilo. [м.] (бот.) микропил.
microporoso, sa. [прил.] микропористый.
micropsiquia. [ж.] (мед.) слабость духа.
micropsíquico, ca. [прил.] (мед.) слабый духа.
micropterigio, a. [прил.] (ихтиол.) имеющий маленькие плавники.
microquímica. [ж.] микрохимия.
microquímico, ca. [прил.] микрохимический.
microquiria. [ж.] (мед.) ненормально малые руки.
microradiografía. [ж.] микрорадиография.
microrrinia. [ж.] (мед.) ненормально малый нос.
microrrizo, zo. [прил.] (бот.) имеющий маленькие корни.
microscopia. [ж.] микроскопия.
microscópicamente. [нареч.] микроскопически.
microscópico, ca. [прил.] микроскопический.
microscopio. [м.] микроскоп: * microscopio electrónico, электронный микроскоп.
microsegundo. [м.] (физ.) микросекунда.
microsísmico, ca. [прил.] микросейсмический.
micrósficto, ta. [прил.] (мед.) имеющий малый пульс.
microsfigmia. [ж.] (мед.) малый пульс.
microsomía. [ж.] карликовость.
microsomo, ma. [прил.] (зоол.) малотелый.
microspermáceo, a. [прил.] (бот.) мелкосемянный.
micróspora. [ж.] (бот.) микроспора.
microsporangio. [м.] (бот.) микроспорангий.
micrósporo. [м.] (бот.) микроспора; род грибка.
micróstomo, ma. [прил.] малоротый.
microteléfono. [м.] (физ.) микротелефон.
microtia. [ж.] (мед.) ненормально маленькие уши.
micrótomo. [м.] микротом.
microvoltio. [м.] (физ.) микровольт.
microzoario. [м.] микроскопическое животное.
microzoonitos. [м. множ.] инфузории.
mictérico, ca. [прил.] носовой.
micterismo. [м.] (лит.) оскорбляющая ирония.
micturición. [ж.] мочеиспускание.
micha. [ж.] (разг.) кошечка.
micha. [ж.] (Амер.) большой хлеб.
micharro. [м.] (обл.) землеройка.
miche. [м.] (Амер.) детская игра; ссора, драка; водка.
michi. [м.] (Амер.) детская игра.
michinal. [м.] (вар.) см. mechinal.
michino, na. [м. и ж.] кошка.
micho. [м.] (разг.) кот.
michoso. [м.] (Амер.) свинцовый блеск.
michuriniano, na. [прил.] мичуринский: * agrobiología michuriniana, мичуринская агробиология.
mida. [ж.] травяная вошь, тля; (обл.) см. medida.
¡miéchica!. [межд.] (разг.) (Амер.) черт возьми!
mieditis. [ж.] (разг.) страх, боязнь; см. miedo.
miedo. [м.] страх, боязнь, опасение, испуг; подозрение; недоверие: * miedo cerval, ужас; * tener miedo, бояться, страшиться; * tengo miedo, мне страшно, я боюсь;

* morirse de miedo, до смерти перепугаться; * tener más miedo que vergüenza, отделаться испугом; * por miedo, из страха, из опасения; из страха, чтобы не...; * de miedo, огромный; * no conocer la cara al miedo, быть мужественным.

miedoso, sa. [прил.] боязливый, пугливый, трусливый; робкий, опасливый.

mieja. [ж.] (обл.) крошка.

miel. мёд; * panal de miel, соты; * luna de miel, медовый месяц; * miel de caña (de primas), патока; * quedarse a media miel, остаться неудовлетворённым; * haceos miel y pájaros han moscas, кроткая овца всегда волку по зубам.

mielalgia. [ж.] (пат.) боль в спинном мозге.

mielastenia. [ж.] (пат.) раздражительность спинного мозга.

mielatrofía. [ж.] атрофия спинного мозга.

mielero, ra. [прил.] (Амер.) см. melero.

mielga. [ж.] (бот.) люцерна.

mielga. [ж.] (ихтиол.) морской кот.

mielga. [ж.] (с.-х.) борозда; вилы, грабли.

mielgo, ga. [прил.] см. mellizo.

miélico, ca. [прил.] мозговой, медуллярный, костномозговой.

mielina. [ж.] (анат.) миелин.

mielínico, ca. [прил.] относящийся к миелину.

mielítico, ca. [прил. сущ.] страдающий мелитом.

mielitis. [ж.] (пат.) миелит.

mieloblastos. [м. множ.] зернистые миэлоциты с базофильной протоплазмой.

mielocele. [м.] (пат.) грыжа спинного мозга.

mielocisto. [м.] (пат.) киста в спинном мозгу.

mielocistocele. [м.] (пат.) врожденное расщепление позвоночника с кистовидным расширением центрального канала.

mielocito. [м.] (анат.) большая костномозговая нейтральная или эозинофильная клетка.

mieloesclerosis. [ж.] (пат.) склероз спинного мозга.

mieloideo, a. [прил.] (анат.) похожий на костный мозг.

mieloma. [м.] (пат.) опухоль по типу клеток костного мозга.

mielomalacia. [ж.] (пат.) размягчение спинного мозга вследствие заразного артериита (сифилис, брюшной тиф), тромбоза, эмболии сосудов позвоночника, воспаления.

mielomeningitis. [ж.] (пат.) воспаление спинного мозга и его оболочек.

mielomeningocele. [м.] (пат.) выпадение вещества спинного мозга и его кистозно растянутых оболочек из позвоночного канала.

mielopatía. [ж.] (пат.) заболевание спинного мозга.

mielosis. [ж.] (пат.) болезнь, возникающая вследствие разращения миелоидной ткани.

mielsa. [ж.] (обл.) см. melsa.

miembro. [м.] член (тела); конечность; член (семьи, общества, организации); (мат.) член (уравнения, неравенства); мужской орган; * miembro honorario, почётный член; * miembro podrido, (перен.) человек делающий бесчестье тому обществу, к которому принадлежит.

mienta. [ж.] (обл.) мята.

mientérico, ca. [прил.] относящийся к кишечной мускулатуре.

mienterón. [м.] (анат.) нервное сплетение, заложенное в стенке кишок.

mientes. [множ.] мысли; воображение: * en las mientes, мысленно, в душе, про себя; * parar mientes, задуматься над чем-л; * traer a las mientes, помнить, припоми-

нать, вспоминать; * venírsele a las mientes, приходить в голову.

mientra. [нареч.] см. mientras.

mientras. [нареч.] между тем как; тогда как; пока; * mientras que, в то время, как; между тем, как; * mientras que, чем больше; * mientras tanto, тем временем, в то время, как.

miera. [ж.] сосновая или можжевеловая смола; терпентин.

miércoles. [м.] среда; * miércoles de corvillo или de ceniza, первый день поста; * los miércoles, по средам.

mierda. [ж.] дерьмо, кал, навоз; (перен.) (разг.) грязь.

mierra. [ж.] тележка сани.

mies. [ж.] зрелые злаки; урожай, жатва; [множ.] посевы.

miga. [ж.] крошка, частица чего-л; хлебный мякиш; (разг.) суть; [множ.] сорт жаренья из хлебного мякиша: * hacer buenas migas, дружить; * hacer malas migas, враждовать; * no estar, no ser, para dar migas a un gato, (разг.) быть неспособным к чему-л, быть слабым; * hacer migas, разбить что-л на мелкие куски; уничтожить.

migaja. [ж.] хлебная крошка; (перен.) крошка, частица чего-л, капля, немножко чего-л.

migajada. [ж.] крошка, частица чего-л, капля, немножко чего-л.

migajón. [м. увел.] кусок хлебного мякиша; (перен.) (разг.) суть.

migajuela. [ж. умен.] к migaja.

migar. [перех.] крошить хлеб.

migración. [ж.] миграция.

migraña. [ж.] мигрень, головная боль.

migratorio, ria. [прил.] переселенческий, миграционный.

miguelear. [неперех.] (Амер.) влюблять в себя; ухаживать, говорить любезности.

migueleño, ña. [прил.] (Амер.) невежливый.

miguelero, ra. [прил.] (Амер.) влюбчивый.

miguelete. [м.] старинный каталонский горный стрелок; представитель баскской милиции.

miguero. [прил. м.] * el lucero miguero, утренняя звезда.

mihrab. [м.] ниша мечети.

miiasis. [ж.] (пат.) болезнь, вызванная мухами.

miitis. [ж.] воспаление мышц.

mijar. [м.] поле, засеянное просом.

mije. [м.] (бот.) кубинское дерево; (Амер.) низкосортный табак.

mijo. [м.] просо; (обл.) кукуруза, маис; * mijo ceburro, пшеница.

mil. [прил.] тысяча; тысячный; [м.] цифра тысяча; множество: * ¡a las mil maravillas!, великолепно!, чудесно!; * a las mil y quinientas, в неурочный час, к шапочному разбору.

miladi. [ж.] госпожа.

milagrear. [неперех.] совершать чудеса.

milagrería. [ж.] рассказ лживых чудес.

milagrero, ra. [прил.] легковерный; «совершающий» чудеса; (разг.) чудесный, чудотворный.

milagro. [м.] чудо; диво; см. ex-voto; * hacer milagros, творить чудеса; * de или por milagro, чудом; * colgar a uno el milagro, незаслуженно обвинять, сваливать вину на другого; * vivir de milagro, с трудом перебиваться.

milagrón. [м.] (разг.) преувеличенное выражение удивления.

milagrosamente. [нареч.] чудесно.

milagroso, sa. [прил.] чудесный, чудотворный; чудодейственный, чудный, чудесный, изумительный.

milamores. [ж.] (бот.) центрантус.

milán. [м.] старинная льняная ткань.

milanés, sa. [прил.] миланский; [м. и ж.] миланец, (-анка); [м.] (арг.) пистолет.

milano. [м.] (орни.) коршун; летучая рыба: * cola de milano, ласточкин хвост.

milaña. [ж.] (Амер.) малость, крошка, капля.

milañero, ra. [прил.] (Амер.) скаредный, скупой.

milapancle. [м.] (Амер.) борозда для поливки на кукурузном поле.

milcao. [м.] (Амер.) картофельная лепёшка.

mildeu. [м.] мильдью (болезнь винограда).

mildo. [м.] (Амер.) тесто с поджаренными орехами.

mildo, da. [прил.] (Амер.) робкий, боязливый, кроткий; см. lacio.

milenario, ria. [прил.] тысячный; тысячелетний; [м.] тысячелетие.

milenio. [м.] тысячелетие.

milenrama. [ж.] (бот.) тысячелистник.

milenta. [м.] (разг.) тысяча.

milépora. [ж.] миллепора.

milésima. [ж.] тысячная часть денежной единицы.

milésimo, ma. [прил.] тысячный; [м.] тысячная часть.

milesio, sia. [прил.] милетский; [м. и ж.] уроженец, (-ка) Милета.

milgranar. [м.] гранатовый сад.

milhojas. [м.] (бот.) тысячелистник; сорт пирожного.

milhombres. [м.] (разг.) ничтожный, никудышный человек.

mili-. [приставка] милли, тысячный.

miliamperímetro. [м.] (физ.) миллиамперметр.

miliamperio. [м.] миллиампер.

miliar. [прил.] (мед.) милиарный, просовидный.

miliárea. [ж.] тысячная часть ара.

miliarense. [м.] старинная серебряная монета.

miliaria. [ж.] (мед.) просовидная сыпь.

miliario, ria. [прил.] мильный, верстовой: * piedra miliaria, дорожный столб.

milibar. [м.] (физ.) миллибар.

milicia. [ж.] военное искусство; военная служба; ополчение; армия; войско; милиция; ангельский хор.

miliciano, na. [прил.] ополченческий; милицейский; [м.] ополченец; милиционер.

milicio. [м.] (разг.) (Амер.) солдат, военный.

milicurie. [м.] (хим.) милликюри.

milifoli. [ж.] (обл.) тысячелистник.

miligramo. [м.] миллиграмм.

miligrana. [ж.] гранат (плод).

milihenrio. [м.] (эл.) миллигенри.

mililitro. [м.] миллилитр, кубический сантиметр.

milimetrar. [перех.] делить на миллиметры.

milímetro. [м.] миллиметр.

milimicrón. [м.] миллимикрон.

milimo. [м.] см. milésima.

milisegundo. [м.] миллисекунда.

militante. [прил.] воинствующий; [м.] борец; активист, (-ка); член: * iglesia militante, воинствующая церковь.

militar. [прил.] военный, воинский, ратный (уст.); [м.] военнослужащий, военный; * los militares, военное сословие.

militar. [неперех.] отбывать военную службу; ратовать за что-л; убеждать в чём-л; (перен.) активно работать (в организации), быть активистом.

militara. [ж.] (разг.) жена, вдова или дочь военного.

militarismo. [м.] милитаризм.

militarista. [м.] милитарист; [прил.] милитаристский; милитаристический.
militarización. [ж.] милитаризация, военизация.
militarizar. [перех.] милитаризовать; военизировать.
militarmente. [нареч.] по-военному; в военном отношении.
militarote. [м. увел.] (през.) грубый военный, солдафон.
mílite. [м.] солдат.
milivolt. [м.] (физ.) милливольт.
milivoltímetro. [м.] (физ.) милливольтметр.
milo. [м.] (обл.) земляной, дождевой червь.
miloca. [ж.] (орни.) филин.
milocha. [ж.] бумажный змей.
miloguate. [м.] (Амер.) стебель кукурузы.
miloje. [м.] (обл.) см. buitre.
milonga. [ж.] (Амер.) народная песня и танец.
milonguero. [м.] певец milongas.
miloptasis. [ж.] (мед.) опущение нижней челюсти.
milord. [м.] (обл.) бумажный змей.
milord. [м.] милорд; сорт открытого экипажа.
milpa. [ж.] (Амер.) кукурузное поле.
milpear. [неперех.] (Амер.) обрабатывать поле.
milpesos. [м.] плод рода ceiba.
milpiés. [м.] (зоол.) сороконожка, многоножка.
milreis. [м.] португальская и бразильская монета.
milrosas. [м.] (Амер.) тысячелистник.
miltrán. [м.] (Амер.) тряпка, лохмотья; варёный горох.
miltraniento, ta. [прил.] (Амер.) оборванный, грязный.
milvinas. [ж. множ.] семейство коршунов.
milla. [ж.] миля: * milla marina, морская миля.
millaca. [ж.] см. cañota.
millar. [м.] тысяча; множество.
millarada. [ж.] число около тысячи; несметное число, пропасть: * a millaradas, тысячами.
millo. [м.] просо; (обл.) кукуруза; (Амер.) сорняк хлебного поля.
millón. [м.] миллион; (перен.) несметное число, пропасть, тьма: * un millón de..., несметное число... множество...
millonada. [ж.] число около миллиона; (перен.) несметное число, пропасть: * costar una millonada, стоить бешеных денег.
millonario, ria. [прил.] владеющий миллионами; миллионер, (-нерша).
millonésimo, ma. [прил.] миллионный; [м.] миллионная часть.
mimador, ra. [прил.] балующий и т. д.
mimar. [перех.] ласкать, нежить, лелеять, холить, баловать: * ser el niño mimado de, быть чьим-л любимчиком.
mimbar. [м.] амвом у мечети.
mimbral. [м.] см. mimbreral; (обл.) порог.
mimbrar. [перех.] обременять; докучать; унижать.
mimbre. [м. и ж.] ива, ивовый куст; ивовый побег: * de mimbre, плетёный (о мебели).
mimbrear. [неперех.] гибко двигаться, ходить и т. д.
mimbreño, ña. [прил.] ивовый.
mimbrera. [ж.] (бот.) ива; ивняк; название разных верб.
mimbreral. [м.] ивняк, ивовый кустарник.

mimbrón. [м.] ива, ивовый куст.
mimbroso, sa. [прил.] ивовый; изобилующий ивами.
mimeográfico, ca. [прил.] относящийся к мимеографу.
mimeógrafo. [м.] мимеограф.
mimería. [ж.] (Амер.) см. niñería.
mimesis. [ж.] (рет.) ироническое повторение чьих-л слов, с подражанием голосу и телодвижениям говорившего.
mimetesa. [ж.] (мин.) пёстрая свинцовая руда.
mimetismo. [м.] (биог.) миметизм, мимикрия.
mímica. [ж.] мимика.
mímico, ca. [прил.] мимический.
mimo. [м.] забавный актёр (у древних), мимист, мим; мим, забавная комедия; ласка; баловство.
mimodrama. [м.] драматическая пантомима, мимодрама.
mimografía. [ж.] сочинение о пантомимах и жестах.
mimógrafo, fa. [м. и ж.] сочинитель, (-ница) мимов.
mimología. [ж.] подражание человеческому голосу, или чьим-л жестам и тону.
mimólogo. [м.] тот, кто подражает человеческому голосу, или чьим-л жестам и тону.
mimosa. [ж.] (бот.) мимоза.
mimosamente. [нареч.] ласково, нежно.
mimosear. [перех.] (Амер.) ласкать, нежить, холить, лелеять, льстить.
mimóseas. [ж. множ.] (бот.) мимозовые растения.
mimoso, sa. [прил.] (из)балованный; нежный; любящий ласки.
mimulo. [м.] (бот.) губастик.
mina. [ж.] древняя мера и монета.
mina. [ж.] рудник, копи, шахта; прииск; подкоп, подземная галерея; графит (карандаша); (воен.) мина; (перен.) неисчерпаемый источник; лёгкий заработок; выгодная работа: * mina de oro, золотое дно; * mina flotante, плавучая мина; * mina magnética, магнитная мина; * volar la mina, (перен.) открыть заговор, тайные намерения; * mina mayor, (арг.) золото; * mina menor, (арг.) серебро.
minador, ra. [прил.] делающий подкоп; минирующий и т. д.; [м.] шахтёр, рудокоп; (воен.) минёр; минный заградитель (корабль).
minal. [прил.] рудниковый, рудничный, горный.
minar. [перех.] подводить подкоп, рыть подземную галерею; минировать; (воен.) вести сапы, подкапываться; подмывать, подтачивать (о воде); (перен.) подрывать (авторитет и т. д.); подкапываться под кого-л; истощать, изнурять, снедать; постепенно разрушать (о болезни).
minarete. [м.] (гал.) минарет.
minchar. [перех.] (обл.) убить.
minchón. [м.] (обл.) приношение, дар.
mindango, ga. [прил.] (обл.) см. camandulero.
mindanguear. [неперех.] (обл.) бездельничать, лодырничать.
mindoniense. [прил.] относящийся к Mondoñedo; [м. и ж.] уроженец, (-ка) этого города.
mineraje. [м.] горное дело.
mineral. [прил.] минеральный; [м.] минерал; руда; источник; годная часть рудника; (перен.) начало, источник, первопричина.
mineralizable. [прил.] обратимый в руду.
mineralización. [ж.] минерализация, превращение в руду.

mineralizador, ra. [прил.] превращающий в руду.
mineralizar. [перех.] минерализовать, минерализировать, превращать в руду; mineralizarse. [возв. гл.] минерализоваться, минерализироваться.
mineralogía. [ж.] минералогия.
mineralógicamente. [нареч.] по правилам минералогии.
mineralógico, ca. [прил.] минералогический.
mineralogista, mineralogo, ga. [м. и ж.] минералог.
minería. [ж.] горное дело, горная промышленность; (соб.) горняки; рудники области, страны.
minero, ra. [прил.] рудниковый, рудничный, горный; горнопромышленный; [м.] рудник, копи, горная разработка; шахтёр, рудокоп, горнорабочий, горняк; (перен.) начало, источник, первопричина; (Амер.) мышонок.
minerografía. [ж.] описание руд.
mineromedicinal. [прил.] минеральный, лечебный (о воде).
minerva. [ж.] голова, ум, разум; типографская машина.
Minerva. [ж.] (миф.) Минерва.
minervista. [м.] тот, кто работает с помощью minerva.
minga. [ж.] (Амер.) работа в праздничный день за угощение водкой; см. mingaco.
mingaco. [м.] (Амер.) общая работа в праздничный день.
mingitorio. [м.] общественная уборная, писсуар.
mingo. [м.] красный бильярдный шар: * poner el mingo, отличаться.
Mingo. [м.] * más galán que Mingo, разодетый в пух и прах.
mingón, na. [прил.] (Амер.) избалованный.
mingonear. [неперех.] (Амер.) избалованным образом поступать.
mingorra. [ж.] (обл.) (орни.) бекас.
mingranos. [м.] (обл.) гранат (плод).
minguí. [м.] (Амер.) напиток на закваске.
miniar. [перех.] рисовать миниатюры; раскрашивать суриком.
miniatura. [ж.] (иск.) миниатюра.
miniaturista. [м. и ж.] (иск.) миниатюрист, (-ка).
minificar. [перех.] уменьшать, убавлять.
minifundio. [м.] маленькое поместье.
mínima. [ж.] очень маленькая вещь; (муз.) полунота.
minimalismo. [м.] минимализм.
minimalista. [прил.] минималистский; [м. и ж.] минималист, (-ка).
mínimamente. [нареч.] по меньшей мере.
minímetro. [м.] (физ.) минимётр.
mínimo, ma. [прил.] мельчайший, минимальный, малейший; см. minucioso; [м.] минимальное количество, минимум, наименьшая степень: * reducir al mínimo, см. minificar; * mínimo común múltiplo, общее наименьшее кратное.
mínimum. [м.] минимум, наименьшая степень, наименьшее количество.
minina. [ж.] кошечка.
minino. [м.] котёнок.
minio. [м.] сурик.
ministerial. [прил.] министерский; [м.] сторонник министерства, кабинета.
ministerialismo. [м.] приверженность к министерству.
ministerio. [м.] министерство; кабинет министров, правительство; должность, звание министра; помещение министерства; должность, служба, ведомство: * ministerio público, прокуратура; * Ministerio de Asuntos Exteriores, Министерство иностранных дел; * Ministerio del Interior, Ми-

нистерство внутренних дел; * Ministerio de Educación Nacional, Министерство (народного) просвещения; * Ministerio de Agricultura, Министерство земледелия; * Ministerio de Marina, Морское министерство; * Ministerio del Aire, Министерство авиации.

ministra. [ж.] жена министра, (разг.) министерша.

ministrador, ra. [прил.] управляющий; снабжающий; предоставляющий; [сущ.] администратор, управляющий; поставщик.

ministral. [прил.] министерский, принадлежащий к министру.

ministrante. [дейст. прич.] к ministrar; [м.] практикант (больницы); фельдшер.

ministrar. [перех.] управлять, заведовать; прислуживать за столом; [перех.] снабжать, поставлять; выдавать, предоставлять.

ministrer. [м.] музыкант.

ministril. [м.] судебный исполнитель; музыкант.

ministro. [м.] министр; судья; член верховного суда; посланник; (дип.) министр; исполнитель; альгвасил; священник: * primer ministro, премьер-министр, министр-президент; * ministro plenipotenciario, полномочный представитель.

minnesinger. [м.] миннезингер.

mino. [м.] котёнок, кошечка.

minoración. [ж.] снижение, уменьшение, сокращение, убавление.

minorar. [перех.] уменьшать, снижать, сокращать, убавлять.

minorativo, va. [прил.] уменьшающий, сокращающий, снижающий, убавляющий; (мед.) лёгкое слабительное.

minoría. [ж.] меньшинство; несовершеннолетие, малолетство.

minoridad. [ж.] несовершеннолетие, малолетство.

minorista. [м.] (Амер.) розничный торговец; [прил.] продающий в розницу.

minoritario, ria. [прил. и сущ.] представитель, (-ница) меньшинства: * grupos minoritarios, меньшинство.

Minotauro. (миф.) Минотавр.

minotería. [ж.] мукомольный завод, мукомольня.

minotero, ra. [м. и ж.] владелец мукомольного завода.

minucia. [ж.] мелочь, пустяк, безделица; [множ.] старинная десятина.

minuciosamente. [нареч.] кропотливо, тщательно.

minuciosidad. [ж.] мелочность; кропотливость, тщательность; скрупулёзность.

minucioso, sa. [прил.] мелочный; кропотливый, тщательный; скрупулёзный.

minué. [м.] менуэт.

minuendo. [м.] (мат.) уменьшаемое.

minúsculo, la. [прил.] маленький, крошечный; строчной (о букве); [ж.] строчная буква.

minuta. [ж.] черновая запись, черновик (документа); запись для памяти; оригинал, подлинник, список; гонорар (адвоката, судьи, врача); меню.

minutar. [перех.] записывать начерно, вести протокол; составлять список.

minutario. [м.] черновая тетрадь (нотариуса и т. д.), собрание, хранилище текстов.

minutero. [м.] минутная стрелка.

minutisa. [ж.] (бот.) разновидность гвоздики.

minuto, ta. [прил.] мелкий; крошечный; [м.] минута: * a cada minuto, ежеминутно; * ¡un minuto!, сейчас!, погодите!, подождите минут(к)у!, одну минуту!, послушайте!

niñambre. [прил.] (обл.) слабый, тощий, худой.

miñango. [м.] (Амер.) кусочек.

miñaqué. [м.] (Амер.) кружево.

miñarse. [возв. гл.] (арг.) уходить, уезжать, удрать.

miñingo. [м.] (Амер.) крахмал из отрубей.

miñoco. [м.] (Амер.) жеманство, манерство.

miñón. [м.] (обл.) железный шлак; сорт провинциального жандарма; железная руда.

minón, na. [прил.] (Амер.) миленький, славный; крошечный.

miñon. [м.] (полигр.) миньон.

miñosa. [ж.] (обл.) земляной, дождевой червь.

mío, mía. [притяж. мест. и прил.] мой, моя, моё; свой, своя, своё: * lo mío y lo tuyo, моё и твоё; * a mía sobre tuya, поспешно, наперебой.

mio. [м.] киса, киска (кошка).

miocardiaco, ca. [прил.] относящийся к миокарду.

miocardio. [м.] (физиол.) миокард(ий).

miocarditis. [ж.] (пат.) миокардит.

mioceno, na. [прил.] (геол.) миоценовый.

mioclono. [м.] (мед.) мышечная судорога.

miocarditis. [ж.] (пат.) воспаление мышц голосовых связок.

miodegeneración. [ж.] (пат.) мышечное перерождение.

miodesopsia. [ж.] (пат.) летающие мушки, появление в поле зрения тёмных или блестящих подвижных точек или фигур.

miodinamia. [ж.] (физиол.) мышечная сила.

miodinia. [ж.] (пат.) мышечная боль.

miofagismo. [м.] (пат.) атрофия (мышечная).

miofibroma. [м.] (пат.) опухоль из мышечной соединительной ткани.

miografía. [ж.] описание мышц.

miógrafo. [м.] (физиол.) миограф.

mioja. [ж.] (обл.) хлебный мякиш; (перен.) суть.

miología. [ж.] миология, учение о мышцах.

miológico, ca. [прил.] миологический.

miólogo, ga. [м. и ж.] миолог.

mioma. [м.] миома, мышечная опухоль.

miomatoso, sa. [прил.] относящийся к миоме.

miomectomía. [ж.] (хир.) вырезывание миомы.

miometrio. [м.] (анат.) мышечный слой стенок матки, мускульная оболочка матки.

miomiotomía. [ж.] (хир.) разрезывание миомы.

mioncillo. [м.] (Амер.) кострец, часть туши.

mionitis. [ж.] (пат.) воспаление мышц.

miopalmo. [м.] (мед.) подёргивание мышц.

mioparálisis. [ж.] (пат.) мышечный паралич.

miopatía. [ж.] (пат.) первичная, или идиопатическая, боль мышц.

miope. [прил.] близорукий; [м. и ж.] близорукий человек.

miopía. [ж.] близорукость, миопия.

miópico, ca. [прил.] относящийся к близорукости.

miorrexia. [ж.] разрыв мышц.

miosalgia. [ж.] (мед.) мышечная боль.

miosarcoma. [м.] (пат.) мышечная саркома.

miosclerosis. [ж.] (пат.) склероз мышечной ткани.

mioseísmo. [м.] (пат.) судорожное сокращение мышц.

miosina. [ж.] (хим.) белковое вещество мышц, мышечный белок.

miosis. [ж.] (мед.) уменьшение, сужение зрачка.

miosota. [ж.] (бот.) незабудка.

miospasia. [ж.] (мед.) нервное подёргивание мышц лица.

miotomía. [ж.] рассечение мышцы как оперативный прием против мышечной контрактуры.

miotonía. [ж.] (пат.) мышечное напряжение, тоническая или клоническая судорога мышц.

miquear. [неперех.] (Амер.) см. travesear; кокетничать.

miquelete. [м.] см. miguelete.

miquicho. [м.] (презр.) (Амер.) рядовой солдат.

miquilo. [м.] (Амер.) (зоол.) выдра.

miquis. * con miquis, (разг.) со мною.

mira. [ж.] прицел; (геол.) нивелирная рейка; (перен.) намерение, цель, намеченная цель: * punto de mira, мушка; * ángulo de mira, угол прицела; * línea de mira, прицельная линия; * poner la mira, иметь что-л целью, нацеливаться, метить; * estar a la mira, быть на страже, следить; * con miras, с целью.

mirabel. [м.] (бот.) мирабель; подсолнух.

mirabilis. [ж.] (бот.) мирабилис.

mirabilita. [ж.] (мин.) мирабилит, самородная глауберова соль.

miracanto. [м.] (бот.) перекати-поле.

miración. [ж.] (обл.) уважение.

mirada. [ж.] взгляд, взор; заглядывание, смотрение сбоку; * echar una mirada, взглянуть, бросить взгляд.

miradera. [ж.] желание глядеть; смотрение; собрание глазеющих людей.

miradero. [м.] предмет или лицо, находящееся в центре внимания; наблюдательный пункт.

mirado, da. [страд. прич.] к mirar; [прил.] осмотрительный, осторожный: * estar bien mirado, быть на хорошем счету; * estar mal mirado, быть на плохом счету.

mirador, ra. [прил.] бросающий взгляды, глядящий; наблюдающий; [м.] зритель, наблюдатель; застеклённый балкон; бельведер.

miradura. [ж.] см. mirada.

miraguano. [м.] (бот.) разновидность пальмы, плод которой содержит сорт хлопка.

miraje. [м.] наблюдение, рассмотрение; (гал.) мираж.

miramelindos. [м.] (бот.) бальзамин.

miramiento. [м.] рассматривание, наблюдение; осмотрительность; уважение, внимание, внимательность: * sin miramientos, бесцеремонно.

miranda. [ж.] высокое место.

mirar. [перех.] смотреть, глядеть; рассматривать; обращать внимание; высматривать; заботиться, смотреть, ухаживать за кем-л, хлопотать о....; иметь в виду, преследовать цель; следить за кем-л; ценить; смотреть, быть обращённым к..., выходить (о здании и т. д.); касаться, относиться к кому-чему; (перен.) обдумывать, взвешивать; исследовать, расследовать, разузнавать: * mirarse [возв. гл.] смотреть друг на друга; рассматривать себя, смотреться (в зеркало): * mirar por la ventana, смотреть в окно; * mirar con buenos (malos) ojos, относиться к кому-л благожелательно (неблагожелательно); * mirar a la cara, смотреть в глаза; любоваться; * mirar de hito en hito, смотреть пристально, в упор; * mirar de través (de soslayo), косо смотреть; * mirar de reojo, коситься, смотреть свысока; * mirar de cerca, рассматривать вблизи; тщательно разбирать, вникать во что-л;

* mirar con el rabillo (rabo) del ojo, смотреть краешком глаза; * mirar al trasluz, рассматривать на свет (яйцо, материю); * mirar con seño, хмуриться, грозно смотреть; * mirar de alto abajo, смотреть сверху вниз, смотреть презрительно; * mirar de medio ojo, украдкой смотреть; * mirar por encima, бросать поверхностный взгляд; * mirar por la salud, беречь своё здоровье; * bien mirado, если хорошенько подумать; * no mirar el dinero, не считаться с расходами; * mirar bizco, косить; * ¡mira! эй!, послушай!, берегись!, осторожно!; * mirarse al espejo, смотреться в зеркало; * mirarse en uno, смотреть в глаза; любоваться; брать пример с кого-л.

mirasol. [м.] (бот.) подсолнечник; (Амер.) цапля (одна из разновидностей).
miria. приставка, означающая десять тысяч.
miríada. [ж.] несметное число, мириады.
miriagramo. [м.] мириаграмм.
mirialitro. [м.] десять тысяч литров.
miriámetro. [м.] мириаметр.
miriápodo. [м.] (энто.) многоножка; [множ.] многоножки.
mirificamente. [нареч.] (поэт.) чудесно, удивительно.
mirificar. [перех.] (м. употр.) хвалить.
mirífico, ca. [прил.] (поэт.) чудесный, удивительный.
mirilla. [ж. умен.] к mira; глазок, отверстие (в двери и т. д.); (воен.) смотровая щель.
miringe. [ж.] (анат.) барабанная перепонка.
miringectomía. [ж.] иссечение всей барабанной перепонки или её части.
miringitis. [ж.] (пат.) воспаление барабанной перепонки.
miringotomía. [ж.] (хир.) прокол или разрез барабанной перепонки.
miriñaque. [м.] безделушка, дешёвое украшение.
miriñaque. [м.] кринолин.
miriófilo. [м.] (бот.) уруть.
miriópodo. [прил. и сущ.] см. miriápodo.
miriquina. [м.] (Амер.) (зоол.) ночная обезьяна.
mirística. [ж.] (бот.) мускатное дерево.
mirla. [ж.] (орни.) см. mirlo; (арг.) ухо.
mirlado, da. [страд. прич.] к mirlarse; [прил.] чванливый, самонадеянный.
mirlamiento. [м.] важность, чванливость, самомнение.
mirlarse. [возв. гл.] (разг.) важничать, держать себя натянуто, с преувеличенной важностью.
mirlitón. [м.] сорт дудки.
mirlo. [м.] (орни.) дрозд; (перен.) (разг.) важность, напыщенность, кривлянье: * ser un mirlo blanco, быть белой вороной; * soltar el mirlo, заговорить, начать говорить.
mirmecia. [ж.] (мед.) бородавка на ладони и т. д.; паук (одна из разновидностей).
mirmecófago, ga. [прил.] питающийся гл. образом муравьями; [м.] (зоол.) муравьед.
mirmecomorfo, fa. [прил.] имеющий вид муравья.
mirmeleón. [м.] (энто.) муравьелев (насекомое из отряда суставчатокрылых).
mirmestesia. [ж.] мурашки по коже.
mirmidón. [м.] карлик, пигмей; (перен.) ничтожный, пустой человек, пигмей.

mirobálano. [м.] (бот.) терминалия; плод этого дерева.
mirobriguense. [прил.] относящийся к старинному городу Miróbriga (сегодня Ciudad Rodrigo); [м. и ж.] уроженец (-ка) этого города.
mirón, na. [прил.] глазеющий; глазеющий на чужие карты (не играя); [сущ.] ротозей, (-ка), зевака.
miroteca. [ж.] коробка для хранения духов.
mirotón. [м.] (Амер.) сердитый беглый взгляд.
miroxilo. [м.] (бот.) мироксилон.
mirra. [ж.] мирра, благовонная смола.
mirra. [ж.] (Амер.) крошка, капля.
mirrado, da. [прил.] содержащий мирру.
mirranga. [ж.] (Амер.) крошка.
mirrauste. [м.] сорт старинного соуса.
mirria. [ж.] (Амер.) крошка, кусочек.
mirrina. [ж.] мировая смола.
mirringa. [ж.] (Амер.) крошка, капля.
mirringo, ga. [м. и ж.] (Амер.) мальчик; девушка.
mirrino, na. [прил.] мирровый.
mirrología. [ж.] учение о мирре.
mirruña. [ж.] (Амер.) кусочек.
mirrusca. [ж.] (Амер.) кусочек.
mirsina. [ж.] (бот.) ягодник арабский.
mirtáceo, a. [прил.] (бот.) миртовый; [ж. множ.] (бот.) миртовые.
mirtidano. [м.] вино из плодов мирта; побег мирта.
mirtifoliado, da. [прил.] имеющий листья похожие на миртовые.
mirtiforme. [прил.] (анат.) имеющий форму миртового листа.
mirtilo. [м.] (бот.) см. arándano.
mirtino, na. [прил.] миртовый или похожий на мирт.
mirto. [м.] (бот.) мирт.
miruella. [ж.] miruello. [м.] (обл.) дрозд.
mirza. [ж.] мирза.
misa. [ж.] обедня, месса: * misa rezada, обедня без пения; * misa mayor, обедня с пением; * misa de gallo, рождественская обедня; * misa de requiem (de difuntos), заупокойная обедня, отпевание, панихида; * misa de parida, взятие молитвы (после родов); * cantar misa, служить первую обедню; * no saber de la misa la media, ничего не знать о чём-л.; * ya te lo dirán de misas, ты за это поплатишься.
misacantano. [м.] священник, служащий первую обедню; (арг.) петух.
misal. [м.] (церк.) молитвенник, требник.
misandria. [ж.] болезненное отвращение к мужскому полу.
misantropía. [ж.] мизантропия, нелюдимость, человеконенавистничество (книж.).
misantrópico, ca. [прил.] мизантропический, человеконенавистнический (книж.).
misántropo. [м. ж.] мизантроп, (-ка), (книж.) человеконенавистник, (-ица) нелюдим, (-ка).
misar. [неперех.] (разг.) служить обедню; слушать обедню.
misario. [м.] церковный служка.
miscelánea. [ж.] смесь чего-л.; смесь (отдел в журнале).
misceláneo, a. [прил.] смешанный.
miscibilidad. [ж.] смешиваемость, возможность смешиваться.
miscible. [прил.] могущий быть смешанным, поддающийся смешению.
miserabilísimo, ma. [прил. прев. степ.] к miserable.
miserable. [прил.] несчастный, униженный, жалкий; бедный; нищенский, убогий; бедственный, плачевный; дрянной, ничтожный; подлый, презренный.
miserablemente. [нареч.] бедно, убого, нищенски; подло; скаредно; скудно.

miseración. [ж.] сострадание.
míseramente. [нареч.] см. miserablemente.
miserando, da. [прил.] достойный сострадания.
mísere. [прил.] (обл.) бедный, скудный.
miserear. [неперех.] (разг.) скряжничать, прикидываться бедным.
miserere. [м.] помилуй мя Боже (50-й псалом): * cólico miserere, рвота калом.
miseria. [ж.] нищета, нищенство, крайняя бедность; скупость, скаредность; пустяк, малость; вшивость от нечистоплотности: * comerse de miseria, быть в нищете; * caer en la miseria, впасть в нищету.
misericordia. [ж.] милосердие, сострадание, жалость; пощада: * ¡misericordia!, пощадите!, помилуйте!
misericordiosamente. [нареч.] милосердно, сострадательно.
misericordioso, sa. [прил.] милосердный, сострадательный, милостивый.
miserioso, sa. [прил.] (обл.) скудный, скаредный.
miseriuca. [ж.] (презр.) умен. к miseria.
mísero, ra. [прил.] нищий, неимущий; бедный, несчастный; жалкий.
misérrimo, ma. [прил. прев. степ.] от mísero, беднейший, в высшей степени жалкий.
misia, misiá. [ж.] (Амер.) сударыня (форма обращения к замужным женщинам).
misión. [ж.] миссия; поручение, задание; полномочие; (воен.) задача, задание; (церк.) посылка на проповедь; проповедь; миссия для обращения в христианство.
misional. [прил.] миссионерский, относящийся к миссии или к миссионерам.
misionar. [неперех.] проповедовать для обращения в христианство.
misionario. [м.] миссионер; посланец, посланник.
misionera. [ж.] миссионерка.
misionero. [м.] миссионер, проповедник.
misiva. [ж.] послание, письмо.
mismamente. [нареч.] точно так же, таким же образом.
mismísimo, ma. [прил. (разг.) прев. степ.] от mismo.
mismito, ta. [прил. (разг.) умен.] к mismo.
mismo, ma. [прил.] тот самый, тот же, один и тот же; такой же, одинаковый; (после сущ. или мест.) сам, самый: * yo mismo, я сам; * ahora mismo, сейчас же; * así mismo, так же; * aquí mismo, здесь же, тут же; * allí mismo, там же; * lo mismo que, так же, как; * de la misma especie, такого же рода; * al mismo tiempo, en el mismo tiempo, в одно и то же время, одновременно; * del mismo modo, таким же образом; * eso es lo mismo, lo mismo da, это одно и то же; мне всё равно; * en la misma orilla, на самом берегу; * vivo en la misma casa que él, я живу в одном с ним доме; * viene a ser lo mismo, это выходит на то же.
misogamia. [ж.] ненависть к браку, мизогамия.
misógamo, ma. [прил.] ненавидящий брак.
misoginia. [ж.] женоненавистничество, отвращение к женщинам.
misigínico, ca. [прил.] относящийся к женоненавистничеству.
misógino, na. [прил.] женоненавистнический; [м.] женоненавистник.
misología. [ж.] ненависть к логике.
misoneísmo. [м.] ненависть к новому.
misoneísta. [прил. и сущ.] враг нововведений.
misopsiquia. [ж.] (мед.) ненависть к жизни.
míspero. [м.] (обл.) см. níspero.
mispiquel. [м.] (мин.) мышьяковый колчедан, арсенопирит, мистикель.
miss. [ж.] (англ.) мисс, барышня.

mistacíneo, a. [прил.] с ушами.
mistagógico, ca. [прил.] относящийся к толкователю таинств (у Древних).
mistagogo. [м.] толкователь таинств (у Древних).
místamente. [нареч.] см. **mixtamente**.
mistao. [м.] (Амер.) смесь ликёров.
mistar. [перех.] шептать: * sin mistar, без слова.
mistela. [ж.] см. **mixtela**.
mistelera. [ж.] (Амер.) графин для ликёра.
míster. [м.] (англ.) мистер, господин.
misterio. [м.] таинство, мистерия; тайна, тайность (прост.); секрет; таинственность; священная драма, мистерия: * hablar de misterio. скрытно говорить.
misteriosamente. [нареч.] таинственно; тайно, скрытно; загадочно.
misterioso, sa. [прил.] таинственный; загадочный; скрытный.
mística. [ж.] мистика.
místicamente. [нареч.] мистически.
misticismo. [м.] мистицизм.
místico, ca. [прил.] мистический; [м. и ж.] мистик.
místico. [м.] средиземноморский корабль.
misticón, na. [прил.] ханжеский; [м. и ж.] ханжа, святоша.
mistificación. [ж.] (гал.) мистификация.
mistificador, ra. [прил.] (гал.) мистифицирующий; [м. и ж.] мистификатор.
mistificar. [перех.] (гал.) мистифицировать, дурачить, одурачить.
mistifori. [м.] см. **mixtifori**.
mistilíneo, a. [прил.] (геом.) см. **mixtilíneo**.
mistión. [ж.] см. **mixtión**.
misto, ta. [прил. и сущ.] см. **mixto**.
mistol. [м.] (бот.) род американской юбы.
mistral. [м.] мистраль (ветер) см. **minstral**.
mistress. [ж.] (англ.) мистрис, госпожа.
mistura. [ж.] см. **mixtura**.
misturar. [перех.] см. **mixturar**.
misturero, ra. [прил. и сущ.] см. **mixturero**; (Амер.) ваза для цветов; продавец, (-щица) цветов.
mita. [ж.] (Амер.) жеребьёвка для назначения индейцев на общественные работы; налог на перуанских индейцев; сбор косовых листьев; порция воды на человека.
mitaca. [ж.] (Амер.) урожай.
mitad. [ж.] половина; середина; (перен.) половина (о жене): * a la mitad del camino, на полдороге; * a mitad de precio, за полцены; * a mitad y mitad, пополам; * cara mitad, (разг.) половина (супруг, супруга); * plantar en mitad del arroyo, выбрасывать на улицу.
mitadenco, ca. [прил.] уплаченный произведениями почвы; [м.] смесь пшеницы и ржи.
mitán. [м.] голландское полотно.
mitayar. [перех.] (Амер.) охотиться.
mitayo. [м.] (Амер.) индеец назначенный для общественных работ.
mítico, ca. [прил.] мифический.
mitigable. [прил.] поддающийся смягчению, облегчению.
mitigación. [ж.] смягчение, облегчение, успокоение.
mitigadamente. [нареч.] смягчительным образом.
mitigador, ra. [прил.] смягчающий, облегчающий, успокаивающий (тже. сущ.).
mitigante. [дейст. прич.] к mitigar, см. **mitigador**.
mitigar. [перех.] смягчать, послаблять, облегчать, успокаивать.
mitigativo, va, mitigatorio, ria. [прил.] смягчительный.
mitilicultura. [ж.] разведение съедобных ракушек.

mitilita. [ж.] (палеон.) окаменелая съедобная ракушка.
mitiloideo, a. [прил.] имеющий форму ракушки (almeja).
mitimiti. [нареч.] (Амер.) пополам; [прил.] (перен.) (Амер.) двуполый; [м.] (Амер.) гермафродит.
mitin. [м.] митинг; * de mitin, митинговый.
mitinguear. [непере́х.] (Амер.) митинговать.
mitiquería. [ж.] жеманство; ханжество.
mitiquero, ra. [прил.] (Амер.) жеманный, ханжеский, лицемерный.
mitísimo, ma. [прил.] очень кроткий, очень мягкий.
mito. [м.] миф, баснословное предание.
mito. [м.] (Амер.) смола рожкового дерева.
mitografía. [ж.] описание или толкование мифов, басен.
mitográfico, ca. [прил.] относящийся к описанию или толкованию мифов, басен.
mitógrafo. [м.] специалист по описанию или толкованию мифов, басен.
mitología. [ж.] мифология.
mitológicamente. [нареч.] по мифологии.
mitológico, ca. [прил.] мифологический.
mitologismo. [м.] мифологическое объяснение; мифологическая система.
mitologista, mitólogo. [м.] мифолог.
mitomanía. [ж.] склонность к лжи, к выдумкам.
mitón. [м.] митенка, перчатка без пальцев.
mitonero, ra. [м. и ж.] тот, кто занимается вязанием митенок или продаёт их.
mitosis. [ж.] (биол.) митоз.
mitote. [м.] старинный индейский танец; (Амер.) домашний праздник; крик, содом; притворное выражение чувств.
mitotear. [непере́х.] (Амер.) выражать притворные чувства.
mitra. [ж.] митра; архиепископский или епископский сан; (разг.) гузка (у птиц).
mitrado. [прил.] пожалованный митрой; посвящённый в архиепископский или епископский сан; [м.] архиепископ или епископ.
mitral. [прил.] * válvula mitral, (анат.) двустворчатый клапан сердца.
mitrar. [непере́х.] (разг.) получить епископский сан.
mitriforme. [прил.] имеющий форму митры.
mitridatismo. [м.] привычка к ядам.
mitridato. [м.] лекарственная кашка.
mitú. [м.] название одной аргентинской птицы.
mítulo. [м.] съедобная ракушка, см. **mejillón**.
miuro. [прил.] * pulso miuro, (мед.) пульс ослабляющийся до полного исчезновения и постепенно поднимающийся.
mixadenitis. [ж.] (инт.) воспаление околожелезистой ткани слизистых желез.
mixedema. [м.] (пат.) слизистый отёк.
mixina. [ж.] слизистая паразитная рыба из отряда круглоротых.
mixodermia. [ж.] (пат.) размягчение кожи.
mixoideo, a. [прил.] слизистый, похожий на слизь.
mixoma. [м.] (пат.) опухоль по типу зародышевой слизистой ткани.
mixomicetos. [м. множ.] слизистые грибки.
mixosarcoma. [м.] (пат.) саркома слизистой оболочки.
mixospongios. [м. множ.] (зоол.) слизистые губки.
mixosporidios. [м. множ.] миксоспоридии.
mixtamente. [нареч.] одновременно принадлежащий ведомству светского и духовного суда.
mixtear. [перех.] (Амер.) смеяться над кем-л.

mixtela. [ж.] сорт вина; сорт ликёра.
mixtificación. [ж.] (варв.) см. **mistificación**.
mixtificar. [перех.] (варв.) см. **mistificar**.
mixti fori. [лат. выраж.] принадлежащий ведомству светского и духовного суда.
mixtifori. [м.] (разг.) всякая всячина, смесь, мешанина.
mixtilíneo, a. [прил.] (геом.) составляющийся из прямой и кривой линии.
mixtión. [м.] смесь; смешение; (фарм.) микстура, см. **púrpura** (цвет).
mixto, ta. [прил.] смешанный, смешанного типа, разнородный; товаро-пассажирский (о поезде); [м.] спичка.
mixtura. [ж.] смесь, мешанина; (фарм.) микстура; хлеб из разных семян.
mixturar. [перех.] мешать, смешивать, размешивать, примешивать.
mixturero, ra. [прил.] смешивающий и т. д. (тже. сущ.).
miza. [ж.] (разг.) кошечка.
mizcal. [м.] марокканская монета.
mizesis. [ж.] сосание, всасывание.
mizo. [м.] (разг.) котик.
mizo, za. [м. и ж.] (арг.) однорукий человек; левша.
miztli. [м.] (Амер.) (зоол.) пума.
mnémico, ca. [прил.] относящийся к памяти.
mnemónica, mnemotecnia, mnemotécnica. [ж.] мнемотехника.
mnemotécnico, ca. [прил.] мнемотехнический.
moa. [ж.] (арг.) монета.
moaré. [м.] см. **muaré**.
mobiliario, ria. [прил.] движимый (об имуществе), заключающийся в движимости; [м.] мебель, меблировка, обстановка.
moblaje. [м.] мебель, меблировка, обстановка.
moblar. [перех.] меблировать; [непр. гл.] спрягается как **contar**.
moble. [прил.] см. **móvil**.
moca. [м.] кофе мокко; (Амер.) см. **atascadero**; стакан для вина.
mocador. [м.] носовой платок.
mocante. [м.] (арг.) носовой платок.
mocar. [перех.] сморкать, вытирать нос, сморкаться.
mocárabe. [м.] см. **almocárabe**.
mocarro. [м.] (разг.) сопли текущие из носу.
mocasín. [м.] **mocasina.** [ж.] мокасин.
mocear. [непере́х.] поступать, действовать юным, молодым; резвиться.
mocedad. [ж.] юность, молодость; резвость; распущенное приключение или развлечение.
mocejón. [м.] разновидность моллюска.
moceril. [прил.] (неол.) юношеский, молодой.
mocerío. [м.] молодёжь; неженатые люди.
mocero, ra. [прил.] сладострастный, сластолюбивый; [м.] ловелас, волокита.
mocete. [м.] (обл.) см. **mozalbete**.
mocetón, na. [м. и ж.] молодец, крепкий юноша, девушка.
mocetonada. [ж.] собрание молодых.
moción. [ж.] движение, импульс; вдохновение; предложение (на собрании, заседании).
mocionar. [перех.] (Амер.) внести предложение (на собрании, заседании).
mocito, ta. [прил.] юношеский; [м. и ж.] юноша, молодая девушка.

moco. [м.] слизь из носу; (мед.) сап; наплыв на свече; железный шлак; мясистое утощение (у индюка): * moco de pavo, (бот.) петуший гребешок; * no es moco de pavo, это (далеко) не пустяк.

moco, ca. [прил.] (Амер.) заикающийся.

mococo. [м.] (зоол.) лемур мококо (полуобезьяна).

mocococa. [ж.] (Амер.) см. murria.

mocora. [ж.] (Амер.) пальма (одна из разновидностей).

mocoso, sa. [прил.] сопливый; (перен.) ничтожный; [м. и ж.] сопляк.

mocosuelo, la. [прил. умен.] к mocoso; [м. и ж.] молокосос.

mocosuena. [нареч.] (разг.) * traducir mocosuena, переводить по звуку.

mocha. [ж.] поклон; (обл.) голова, башка.

mochada. [ж.] удар головой, рогами.

mochales. [прил.] (разг.): * estar mochales, быть сумасшедшим.

mochar. [перех.] ударять головой или рогами; (неупотр.) отрубать голову; срезать, снимать верхушку.

mochazo. [м.] удар прикладом оружия.

mocheta. [ж.] тупая сторона (ножа и т. д.); обух (топора); (арх.) слезник; подоконная стена.

mochete. [м.] (орни.) см. cernícalo.

mochiguán. [прил.] (Амер.) скаредный.

mochil. [м.] мальчик посыльный (на полевых работах).

mochila. [ж.] ранец, вещевой мешок, провиантский мешок (у солдата), рюкзак; (перен.) съестные припасы; (Амер.) чемодан.

mochilero, mochillero. [м.] путник с сумой, странник, бродяга.

mochín. [м.] палач.

mocho, cha. [прил.] безрогий, комолый; тупой, затупившийся; (перен.) (разг.) подстриженный; (Амер.) консервативный; [м.] рукоятка инструмента; приклад (ружья).

mochongada. [ж.] (Амер.) см. payasada.

mochongo. [м.] (Амер.) посмешище, шут гороховый.

mochuelo. [м.] старинный сосуд.

mochuelo. [м.] (орни.) лесная сова; (перен.) самая скучная или трудная часть чего-л.

moda. [ж.] мода: * estar de moda, быть в моде; * ir a la moda, одеваться по моде; * pasado de moda, вышедший из моды; * de moda, модный; * tienda de modas, магазин новомодных изделий.

modado, da. [прил.] (Амер.) * bien (mal) modado, имеющий хорошие (дурные) манеры.

modal. [прил.] модальный; [м. множ.] манеры.

modalidad. [ж.] особенность, свойство; модальность; (муз.) лад, тональность.

modelado, da. [страд. прич.] к modelar; [м.] лепка; изготовление моделей; моделировка.

modelador, ra. [прил.] моделирующий и т. д.

modelar. [перех.] лепить, моделировать; изготовлять модель, моделировать; modelarse. [возв. гл.] брать что-л за образец; поступать как...

modelista. [м.] формовщик; моделировщик.

modelo. [м.] модель, образец; пример для подражания; миниатюрная копия; натура, натурщик; * modelo vivo, нагая натура.

moderación. [ж.] умеренность, воздерж(ан)ность; сдержанность; смягчение; рассудительность.

moderadamente. [нареч.] умеренно, воздерж(ан)но; рассудительно.

moderado, da. [прил.] умеренный, воздерж(ан)ный; умеренный, доступный (о цене); принадлежащий умеренной политической партии (тже. сущ.).

moderador, ra. [прил.] умеряющий, успокаивающий, сдерживающий; [м.] модератор.

moderante. [действ. прич.] к moderar, умеряющий, сдерживающий.

moderantismo. [м.] умеренное поведение.

moderar. [перех.] умерять, смягчать; сдерживать.

moderativo, va, moderatorio, ria. [прил.] умеряющий, сдерживающий.

modernamente. [нареч.] недавно.

modernidad. [ж.] современность.

modernismo. [м.] модернизм.

modernista. [прил. и сущ.] модернист, (-ка).

modernización. [ж.] модернизация, обновление.

modernizador, ra. [прил.] модернизирующий и т. д. (тже. сущ.).

modernizar. [перех.] модернизировать, придавать современный вид.

moderno, na. [прил.] новый, новейший, современный, нынешний, модный, новейший; недавний; недавно поступивший на работу; (перен.) (Амер.) связанный в движениях; [м. множ.] современники: * a la moderna, по-новому, по-современному.

modestamente. [нареч.] скромно.

modestia. [ж.] скромность, непритязательность, простота; благородство; застенчивость; стыдливость, целомудрие.

modesto, ta. [прил.] скромный, простой, непритязательный; скромный, стыдливый, целомудренный (тже. сущ.).

módicamente. [нареч.] умеренно; мало, скудно.

modicidad. [ж.] умеренность; малость, скудность.

módico, ca. [прил.] умеренный, доступный (о цене).

modificable. [прил.] изменяемый.

modificación. [ж.] (видо)изменение, модификация.

modificador, ra. [прил. и сущ.] видоизменяющий.

modificante. [действ. прич.] к modificar.

modificar. [перех.] (видо)изменять, модифицировать.

modificativo, va. [прил.] изменяющий.

modificatorio, ria. [прил.] см. modificativo.

modillón. [м.] (арх.) кронштейн, консоль.

modio. [м.] старинная мера ёмкости.

modismo. [м.] идиом(а), идиоматизм, идиоматическое выражение.

modista. [ж.] модистка, дамская портниха; женщина торгующая модными товарами.

modistería. [ж.] (Амер.) магазин новомодных изделий.

modisto. [м.] дамский портной.

modo. [м.] манера, образ действий, способ, приём; порядок, форма; воздержание, умеренность (в словах и т. д.); вежливость, учтивость, воспитанность; (грам.) наклонение; (муз.) строй, лад, тон: * de otro modo, иначе, по-другому, иначе в противном случае; * de modo que, так что; * de un modo o de otro, так или иначе; * de ningún modo, никоим образом; * de todos modos, во всяком случае; * del mismo modo, таким же образом; точно так же; * en cierto modo, до некоторой степени; так сказать; * malos modos, плохие манеры; * modo de empleo, способ употребления; * a su modo, по-своему (о желании); на свой лад; * modo de ver, точка зрения; * a modo de, подобно, наподобие.

modorra. [ж.] см. mambla.

modorrar. [перех.] вызывать глубокий сон; modorrarse. [возв. гл.] перезревать (о фруктах).

modorrilla. [ж.] (разг.) третья (ночная) стража.

modorrillo. [м.] старинный сосуд.

modorro, rra. [прил.] (вет.) поражённый вертячкой (об овцах); отравленный парами ртути; перезревший (о фруктах); невежественный; [м. и ж.] человек отравленный парами ртути; невежда.

modoso, sa. [прил.] скромный, хорошо воспитанный, серьёзный.

modrego. [м.] (разг.) увалень, неловкий человек.

modulación. [ж.] (муз.) модуляция.

modulador, ra. [прил. и сущ.] (муз.) модулирующий.

modulante. [действ. прич.] к modular.

modular. [неперех.] (муз.) модулировать, переходить из тона в тон.

módulo. [м.] (арх.) (мат.) модуль.

moduloso, sa. [прил.] (м. употр.) благозвучный.

modus vivendi. [лат. выраж.] образ жизни.

moer. [м.] см. muaré.

mofa. [ж.] насмешка, издевательство, осмеяние: * hacer mofa, насмехаться, издеваться.

mofador, ra. [прил.] насмехающийся и т. д.; [м. и ж.] насмешник, (-ица).

mofadura. [ж.] см. mofa.

mofante. [действ, прич.] к mofar.

mofar. [неперех.] mofarse. [возв. гл.] насмехаться, смеяться над кем-л, издеваться.

mofeta. [ж.] рудничный газ, углекислый газ; (зоол.) вонючка, скунс: * piel de mofeta, скунс.

mofisto. [а. прил.] (Амер.) см. mofador.

moflete. [м.] (разг.) толстая щека.

mofletudo, da. [прил.] толстощёкий.

mofrado, da. [прил.] (Амер.) женоподобный.

mogataz. [м.] мавр, служащий у испанских каторг (в Африке).

mogate. [м.] лак, политура; глазурь

mogato, ta. [прил.] см. mojigato.

mogo. [м.] (Амер.) плесень, см. moho.

mogólico, ca. [прил.] монгольский.

mogolla. [ж.] (Амер.) мелкие отруби.

mogollar. [перех.] перехитрить, обмануть.

mogollón. [м.] непрошенное вмешательство; прихлебатель; [прил.] (м. употр.) ленивый; живущий на чужой счёт: * de mogollón, на даровщинку; бесплатно.

mogomogo. [м.] (Амер.) кушанье из банана и т. д.

mogón, na. [прил.] лишённый одного рога, однорогий; имеющий затуплённый рог.

mogosiar. [перех.] (разг.) (Амер.) покрывать плесенью.

mogoso, sa. [прил.] (разг.) (Амер.) покрытый плесенью, см. mohoso.

mogote. [м.] бугорок, холмик; пригорок; кочка, куча пирамидальной формы; молодые рога оленя.

mogrollo. [м.] см. gorrista; (разг.) грубый человек, грубиян.

mohada. [ж.] см. mojada (мера).

mohán. [м.] (Амер.) колдун, волшебник.

moharra. [ж.] остриё (копья).

moharrache, moharracho. [м.] человек в смехотворном костюме; (перен.) (разг.) см. mamarracho.

mohatra. [ж.] кабальная сделка; вымогательство, мошенничество, обман.

mohatrar. [неперех.] вымогать, мошенничать, совершать кабальные сделки.
mohatrante. [дейст. прич.] к mohatrar.
mohatrero, ra. [м. и ж.] тот, кто совершает кабальные сделки.
mohecer. [перех.] покрывать плесенью, см. enmohecer.
moheda. [ж.] mohedal. [м.] гора, заросшая кустарником.
moheña. [прил.] * hortiga moheña, крапива (одна из разновидностей).
mohiento, ta. [прил.] покрытый плесенью; ржавый.
mohín. [м.] гримаса, ужимка.
mohína, mohindad. [ж.] досада, недовольство.
mohíno, na. [прил.] грустный, печальный, задумчивый; недовольный, надутый; происшедший от скрещивания лошади и ослицы; [м.] (орни.) см. rabilargo.
moho. [м.] плесень; ржавчина; зелень (на меди): * criar moho, покрываться плесенью, плесневеть.
mohosearse. [возв. гл.] (Амер. прост.) покрываться плесенью, плесневеть.
mohoso, sa. [прил.] заплесневелый; покрытый плесенью; ржавый; позеленевший (о меди).
moisés. [м.] люлька, корзинка для новорождённого.
mojábana. [ж.] см. almojábana.
mojabobos. [м.] (Амер.) мелкий затяжной дождь.
mojada. [ж.] каталонская мера, равная 49 арам.
mojada. [ж.] смачивание, замачивание, увлажнение, намачивание; (разг.) колотая рана.
mojado, da. [страд. прич. и прил.] к mojar: * papel mojado, клочок бумаги (о документе), ненужная вещь.
mojador, ra. [прил. и сущ.] смачивающий; [м.] чашечка с губкой, с валиком (для смачивания марок, краёв конвертов и т. д.); (полигр.) мочильщик (бумаги).
mojadura. [ж.] смачивание, замачивание, увлажнение, намачивание; (разг.) колотая рана.
mojama. [ж.] копчёный тунец (рыба).
mojar. [перех.] мочить, смачивать, увлажнять; (перен.) (разг.) наносить удары кинжалом; [неперех.] участвовать в; mojarse. [возв. гл.] промокать.
mojarra. [ж.] род рыбы; (Амер.) короткий нож.
mojarrilla. [м. и ж.] (разг.) весельчак.
moje. [м.] соус.
mojera. [ж.] см. mostajo.
mojete. [м.] (обл.) соус.
mojí. [прил.] * cazuela mojí, сорт круглого пирога.
mojí. [м.] удар кулаком по лицу.
mojicón. [м.] сорт бисквита; (разг.) удар кулаком по лицу: * dar de mojicones, наносить удары кулаком по лицу.
mojiganga. [ж.] маскарад; (театр.) буффонада (тж. перен.).
mojigatería. [ж.] лицемерие, ханжество, притворная скромность, притворная стыдливость; ханжеский поступок.
mojigatez. [ж.] лицемерие, ханжество, притворная скромность, притворная стыдливость.
mojigato, ta. [прил.] лицемерный, ханжеский; [м. и ж.] ханжа, святоша, недотрога; тихоня; * hacer la mojigata, прикидываться недотрогой.
mojil. [прил.] см. mojí.
mojinete. [м.] (м. употр.) лёгкий удар по лицу.
mojinete. [м.] (арх.) крышка с двумя скатами на стене; конёк крыши; (Амер.) (арх.) см. hastial.

mojo. [м.] см. moje; (обл.) см. remojo.
mojón. [м.] дегустатор вин.
mojón. [м.] межевой знак; придорожный столб; дорожная веха; груда; кал, экскременты.
mojona. [ж.] межевание.
mojonación. [ж.] размежевание.
mojonar. [перех.] размежёвывать, межевать.
mojonera. [ж.] место для установки межевых знаков; граница, обозначенная межевыми знаками.
mojonero. [м.] см. aforador.
mojoso. [м.] (Амер.) нож гаучо.
mol. [м.] (физ. хим.) моль (граммолекула).
molacho. [прил.] (Амер.) беззубый.
molar. [прил.] коренной (зуб); годный для помола.
molcajete. [м.] трёхножная ступка.
moldar. [перех.] делать слепок; формовать, отливать в форму.
moldavo, va. [прил.] молдаванский, молдавский; [м. и ж.] молдаванин, (-ка).
molde. [м.] (литейная) форма; болванка, штамп; (полигр.) печатная форма; (перен.) человек, служащий примером: * de molde, напечатанный, печатный; кстати; как по мерке.
moldeado. [м.] формование, формовка; снятие слепка с предмета.
moldeador. [м.] формовщик, литейщик.
moldear. [перех.] см. moldurar; (полигр.) матрицировать.
moldura. [ж.] (арх.) карниз, лепка, лепной орнамент; (Амер.) сплошная стена из растений.
moldura. [ж.] (обл.) помол.
moldurar. [перех.] (арх.) делать лепные украшения.
mole. [прил.] мягкий, вялый; изнеженный.
mole. [ж.] громада.
mole. [м.] (Амер.) рагу.
molécula. [ж.] (физ.) молекула.
molecular. [прил.] (физ.) молекулярный.
moledera. [ж.] жёрнов; (перен.) (разг.) скука, утомление.
moledero, ra. [прил.] назначенный или годный для помола.
moledor, ra. [прил.] мелющий, перемалывающий, раздробляющий; (перен.) надоедливый, докучливый, утомительный.
moledura. [ж.] см. molimiento.
molejón. [м.] жёрнов; (Амер.) скала, выступающая из моря.
molendero, ra. [м. и ж.] мельник, (-чиха); рабочий шоколадного завода.
moleña. [ж.] кремень.
moleño, ña. [прил.] * roca moleña, камень, годный для мельничных жерновов.
moler. [перех.] молоть; растирать, дробить, толочь, раздроблять; (перен.) портить, повреждать; утомлять; надоесть; наскучить: * moler a palos, изрядно поколотить.
molero. [м.] рабочий, насекающий жёрнова; продавец жерновов.
molestador, ra. [прил.] скучный, наводящий скуку; надоедливый, утомляющий, утомительный; [м. и ж.] надоедливый человек.
molestamente. [нареч.] скучно и т. д.
molestar. [перех.] беспокоить, мешать; надоедать, докучать, утомлять, донимать, приставать, лезть; дразнить.
molestia. [ж.] беспокойство, неудобство; помеха; чувство беспокойства, тревоги; недомогание; утомление: * tomarse la molestia, брать на себя труд, стараться.
molesto, ta. [прил.] причиняющий беспокойство, неудобство, обременяющий; утомительный, трудный, докучливый, неудобный: * muy molesto, убийственно скучный.

molestoso, sa. [прил.] (обл.) (Амер.) см. molesto.
moleta. [ж.] маленький жёрнов; пестик (в виде конуса для растирания красок).
molibdeno. [м.] (хим.) молибден.
molicie. [ж.] мягкость; вялость, дряблость; изнеженность, вялость; сладострастие.
molienda. [ж.] помол; мельница; (перен.) беспокойство, неудобство; надоедливость, докучливость.
moliente. [дейст. прич.] к moler, мелющий и т. д.: * corriente y moliente, без помех, быстро.
molificable. [прил.] поддающийся размягчению.
molificación. [ж.] размягчение, смягчение.
molificante. [дейст. прич.] к molificar.
molificar. [перех.] размягчать, смягчать.
molificativo, va. [прил.] мягчительный, размягчающий, смягчающий.
molimiento. [м.] см. molienda.
molinaje. [м.] (обл.) плата за помол.
molinar. [м.] место, где находятся мельницы.
molinejo. [м. умен.] к molino.
molinera. [ж.] мельничиха; жена мельника.
molinería. [ж.] (собир.) мельницы; мельничное, мукомольное дело.
molinero. [м.] мельник.
molinés, sa. [прил.] относящийся к Molina de Aragón; [м. и ж.] уроженец этого города.
molinete. [м. умен.] к molino; вентилятор; бумажная мельница (игрушка); мулине (фехтовальный приём); кресть (фигура в танце); (мор.) брашпиль; горизонтальный ворот.
molinillo. [м.] ручная мельница; мутовка, колотовка для вспенивания шоколада: * traer picado el molinillo, желать есть.
molino. [м.] мельница; крупорушка; (тех.) дробилка; (перен.) непоседа, живчик (прост.); надоедливый человек; (разг.) рот; (арг.) телесное мучение: * molino de viento, ветряная мельница; * molino de agua, водяная мельница; * molino de aceite, маслобойка; * molino de sangre, мельница, проводимая в движение лошадью и т. д.; * tener picado el molino, желать есть; * empatársele a uno el molino, встретить препятствия, попасть в затруднительное положение; * hacer comulgar con ruedas de molino, уверить кого-л в какой-л небылице.
molitivo, va. [прил.] размягчающий, смягчающий.
molo. [м.] (Амер.) см. malecón.
moloc. [м.] (Амер.) картофельное пюре.
mololoa. [ж.] (Амер.) шумный разговор.
molón. [м.] (обл.) большой камень; мельничный жёрнов.
molondra. [ж.] (обл.) большая голова.
molondro. [м.] (разг.) лентяй, ленивец; невежда.
molondrón. [м.] см. molondro; (обл.) удар по голове или головой.
moloso. [м.] (лит.) стопа (греческая и латинская): * perro moloso, большая меделянская собака.
molote. [м.] (Амер.) скандал; пучок, узел (волос); сорт кулебяки.
molotera. [ж.] (Амер.) ссора, перебранка.
molso, sa. [прил.] (обл.) объёмистый и безобразный; грязный.
moltura. [ж.] см. molienda; (с.-х.) плата за помол.
molturación. [ж.] (с.-х.) помол.
molturar. [перех.] (с.-х.) молоть.

moluche. [м.] (Амер.) арауканец.
molusco. [прил. и м.] моллюск.
molla. [ж.] мякоть (мяса); мякиш.
mollar. [прил.] мягкий, ломкий, хрупкий; (перен.) прибыльный; легковерный, доверчивый.
molle. [м.] название разных южноамериканских деревьев.
mollear. [перех.] размягчаться; гнуться, сгибаться; уступать, поддаваться.
molledo. [м.] мякоть, мягкая часть ляжек, икр, рук; мякиш.
molleja. [ж.] зоб (у птиц).
[ж. умен.] к molla; мясистый нарост: *criar molleja, залениться.
mollejón. [м.] слабосильный толстяк; человек спокойного нрава.
[м.] жёрнов.
mollejuela. [ж. умен.] к molleja.
mollera. [ж.] (анат.) темя; родничок; ум, разум, рассудок: *cerrado de mollera, ограниченный, *duro de mollera, упрямый, тупой.
mollero. [м.] мясистая часть члена.
molletón. [м.] (арг.) стальной шлем.
molleta. [ж.] хлеб из крупчатой муки; серый хлеб.
molletas. [ж. множ.] см. despabiladeras.
mollete. [м.] мягкий хлеб; (обл.) мякоть руки.
[м.] толстая щека.
molletero, ra. [м. и ж.] тот, кто выпекает или продаёт molletes.
molletudo, da. [прил.] толстощёкий.
mollicio, cia. [прил.] мягкий, нежный.
mollificar. [перех.] размягчать, смягчать, см. molificar.
mollina. [ж.] мелкий дождь, изморось.
mollinear. [неперех.] моросить.
mollino, na. [прил.] мелкий (о дождике).
mollizna. [ж.] (обл.) см. mollina.
mollizn(e)ar. [неперех.] (обл.) см. mollinear.
moma. [ж.] (Амер.) жмурки (детская игра).
momeador, ra. [прил. и сущ.] делающий смешные гримасы.
momear. [неперех.] делать смешные гримасы.
momentáneamente. [нареч.] на короткое время, на минуту, мгновенно; немедленно, кратковременно.
momentáneo, nea. [прил.] мгновенный, минутный, моментальный; временный, мимолётный, скоропреходящий.
momento. [м.] момент, мгновение, миг; минута; значение, важность; (гал.) случай, возможность; (физ. тех.) момент: *al momento, en el momento, сейчас же, мгновенно; *por momentos, всё больше и больше; *a cada momento, ежеминутно, то и дело; *por el momento, пока; *en el momento preciso, в нужный момент; *en el mismo momento, в ту самую минуту; de poco momento, не имеющий никакого значения; *dentro de un momento, сию минуту, вскоре; *¡un momento!, сейчас!, погодите!, одну минуточку; *momento de fuerza, момент силы; *momento de inercia, момент инерции.
momería. [ж.] шутовство, фарс; гримаса, ужимка.
momero, ra. [прил. сущ.] делающий смешные гримасы и т. д.
momia. [ж.] мумия (тж. перен.).
momificación. [ж.] мумификация, превращение в мумию.
momificar. [перех.] мумифицировать, превращать в мумию; momificarse, [возв. гл.] мумифицироваться.
momio, mia. [прил.] тощий, очень худой, похожий на мумию; [м.] нежданная прибыль, см. ganga: ¡vaya momio! вот повезло! *de momio, бесплатно, даром.
momo. [м.] ужимка, смешная гримаса.
momórdiga. [ж.] (бот.) бальзамин.
mona. [ж.] обезьяна (самка); (перен.) обезьяна, гримасник, жеманница; опьянение; пьяный человек; карточная игра; (обл.) не прядущий шелковичный червь; (Амер.) манекен: *coger una mona, напиться; *dormir la mona, отсыпаться после опьянения; *ser muy mona, (разг.) быть очень красивой; *corrido como una mona, осмеянный, опозоренный; *mona de Pascua, сорт пирога.
monacal. [прил.] монашеский.
monacato. [м.] монашеская жизнь, монашество.
monacillo. [м.] (церк.) мальчик, служка.
monacordio. [м.] (муз.) клавицимбал.
monada. [ж.] обезьянничанье; кривлянье; крошечная искусно сделанная вещь; лесть, ласка; ребячество; глупость; забавная выходка.
mónada. [ж.] (фил.) монада.
monadelfo, fa. [прил.] (бот.) однобратственный.
monadología. [ж.] (фил.) монадология.
monago. [м.] (разг.) см. monaguillo.
monaquillo. [м.] (церк.) мальчик, служка.
monaquismo. [м.] см. monacato.
monarca. [м.] монарх.
monarquía. [ж.] монархия: *monarquía absoluta, абсолютная монархия; *monarquía constitucional, конституционная монархия.
monárquicamente. [нареч.] монархически.
monárquico, ca. [прил.] монархический; [м. и ж.] монархист, (-ка).
monarquismo. [м.] монархизм.
monasterial. [прил.] монастырский.
monasterio. [м.] монастырь.
monásticamente. [нареч.] по монастырским правилам.
monástico, ca. [прил.] монашеский; монастырский.
monda. [ж.] подрезывание (деревьев); очистка (от кожуры, шелухи); шелуха; выкапывание и перемещение костей в место хранения их (после некоторого времени).
mondadientes. [м.] зубочистка.
mondador, ra. [прил. и сущ.] подрезывающий деревья, очищающий от кожуры и т. д.
mondadura. [ж.] подрезывание (деревьев); очистка от кожуры; чистка (сточных труб и т. д.) [множ.] очистки, шелухи и т. д.
mondaoídos, mondaorejas. [м.] уховёртка.
mondapozos. [м.] чистильщик (колодцев).
mondar. [перех.] подрезывать, подстригать (деревья); прочищать, чистить, очищать, вычищать (канавы и т. д.); очищать, снимать кожуру; стричь; (перен.) (разг.) отнимать что-л (преимущественно деньги).
mondarajas. [ж. множ.] очистки, шелухи, кожицы и т. д.
mondo, da. [прил.] очищенный (от кожуры и т. д.); подстриженный (о дереве); прочищенный: *mondo y lirondo, чистый, без примеси.
mondón. [м.] ствол лишённый коры.
mondonga. [ж.] (презр.) грубая, неотёсанная служанка.
mondongo. [м.] внутренности (преимущественно свиные); (разг.) брюхо, нутро; (перен.) (Амер.) смешное платье или украшение; требуха как кушанье.

modonguería. [ж.] магазин, место, квартал, где торгуют требухой и т. д.
modonguero, ra. [м. и ж.] торговец, (-ка) требухой; тот, кто готовит требуху (кушанье).
mondonguil. [прил.] (разг.) относящийся к требухе.
monear. [перех.] обезьянничать; жеманиться, ломаться; кривляться; (Амер.) хвастаться, вызывать зависть других; monearse, [возв. гл.] упорно, усердно работать; бить друг друга, драться.
monecillo. [м.] (обл.) см. monacillo.
moneda. [ж.] монета; деньги; (перен.) (разг.) имущество: *moneda fiduciaria, бумажные деньги; *moneda de vellón, разменная неполноценная монета; *moneda corriente, ходячая монета; *moneda suelta, мелкие деньги, мелочь; *casa de la moneda, монетный двор; *pagar con la misma moneda, платить той же монетой.
moned(e)ar. [перех.] чеканить монету, отливать в монету.
monedería. [ж.] чеканка монеты.
monedero. [м.] кошелёк для монет; монетчик: *falso monedero, фальшивомонетчик.
monería. [ж.] обезьянничанье; (перен.) миленькое выражение лица (у детей); шалость; пустяк, мелочь.
monesco, ca. [прил.] (разг.) обезьяний.
monetario, ria. [прил.] монетный, денежный; валютный; [м.] нумизматическая коллекция.
monetización. [ж.] превращение в деньги, обращение в монету, отливка в монету (золота, серебра).
monetizar. [перех.] превращать в монету, отливать в монету (золото, серебро); превращать в деньги, пускать в оборот.
monfortino, na. [прил.] относящийся к Monforte; [м. и ж.] уроженец, (-ка) этого города.
mongol, la. [прил.] (гал.) монгольский; [м. и ж.] монгол, (-ка).
mongólico, ca. [прил.] (гал.) монгольский.
moni. [м.] (разг.) (Амер.) деньги.
moniato. [м.] (вул.) см. boniato.
monicaco. [м.] ничтожный человек, пигмей.
monición. [ж.] см. admonición.
monifato. [м.] (Амер.) чванный, напыщенный юноша.
monigote. [м.] послушник, белец; (перен.) (разг.) ничтожный человек, невежда; тупица; тряпичная кукла; урод, страшилище; (Амер.) (разг.) семинарист.
monillo. [м.] плотно облегающий камзол или кафтан (без рукавов).
monín, na. [прил. умен.] к mono.
monipodio. [м.] заговор, тайное сборище.
monís. [ж.] маленькая или изящная вещь; (разг.) деньги.
monismo. [м.] (фил.) монизм.
monista. [м.] монист, сторонник монизма.
monita. [ж. умен.] к mona; молодая обезьяна.
monitor. [м.] тот, кто делает выговор или предупреждает; (мор.) монитор; помощник учителя.
monitoria. [ж.] увещательное послание, см. admonición.
monitorio, ria. [прил.] увещательный, предупреждающий; [м.] (церк.) увещательное послание.
monja. [ж.] монахиня; (Амер.) сладкий хлеб; [множ.] искры остающиеся на бумаге (после сожжения).
monje. [м.] монах, (уст.) инок, чернец; (орни.) синица: *el hábito no hace al monje, не делают чернеца одне ризы.

monjía. [ж.] право и т. д. монаха (в монастыре).
monjil. [прил.] монашеский, относящийся к монахиням; платье монахини.
monjío. [м.] монашеское состояние; поступление в монастырь (о монахине).
monjita. [ж. умен.] к monja; (Амер.) род птички.
mono- приставка, имеющая значение: единственный, моно..., едино..., одно..
mono, na. [прил.] красивый, хорошенький; милый; нарядный, изящный; [м.] (зоол.) обезьяна (самец); (перен.) кривляка, подражатель; рабочая блуза, спецовка (синего цвета); комбинезон: * mono araña, прыгун (обезьяна); * mono de imitación, подражатель; * mono sabio, обезьяна фокусника; * estar de monos, быть в ссоре.
monoatómico, ca. [прил.] (хим.) одноатомный.
monobásico, ca. [прил.] (хим.) одноосновный.
monocero(n)te. [м.] (миф.) единорог.
monociclo. [м.] одноколёсный велосипед.
monoclamídea. [прил.] (бот.) однопологовый, однопокровный.
monocordio. [м.] (муз.) монохорд.
monocotiledón(eo), a. [прил.] (бот.) односемянодольный; [ж. множ.] (бот.) односемянодольные.
monocromo, ma. [прил.] одноцветный.
monóculo, la. [прил.] одноглазый; [м.] монокль.
monocultura. [ж.] (с.-х.) монокультура.
monodia. [ж.] заунывная песнь в один голос.
monódico, ca. [прил.] относящийся к заунывной песни в один голос.
monodonte. [м.] (зоол.) нарвал, морской единорог.
monofásico, ca. [прил.] (эл.) однофазный.
monofilo, la. [прил.] (бот.) однолистный.
monogamia. [ж.] единобрачие, моногамия.
monógamo, ma. [прил. и сущ.] единобрачный, моногамный.
monogenismo. [м.] (биол.) моногенизм.
monogenista. [прил.] сторонник моногенизма.
monografía. [ж.] монография.
monográfico, ca. [прил.] монографический.
monografista. [м. и ж.] автор монографий.
monograma. [м.] монограмма, вензель.
monoico, ca. [прил.] (бот.) однодомный.
monolítico, ca. [прил.] монолитный.
monolito. [м.] (полигр.) монолит.
monologar. [неперех.] произносить монологи; говорить с самим собой.
monólogo. [м.] монолог.
monomanía. [ж.] (мед.) навязчивая идея, мономания.
monomaníaco, ca. [прил.] помешанный на одном предмете; [м. и ж.] мономан, (-ка)
monomaquía. [ж.] поединок, единоборство.
monometalismo. [м.] монометаллизм.
monometalista. [м. и ж.] сторонник монометаллизма.
monomio. [м.] (мат.) одночлен, моном.
monona. [прил.] (разг.) хорошенькая (о молодой женщине).
monopastos. [м.] блок, ролик.
monopétalo, la. [прил.] (бот.) спайнолепестный.
monoplano. [м.] (ав.) моноплан.
monopolio. [м.] монополия: * de monopolio, монополистический.
monopolista. [м. и ж.] монополист.
monopolización. [ж.] монополизация.
monopolizar. [перех.] монополизировать.
monóptero, ra. [прил.] построенный на одних только столбах.
monorquidia. [ж.] (мед.) задержание одного яичка в брюшной полости.

monorrimo, ma. [прил.] на одну рифму.
monosépalo, la. [прил.] (бот.) однолепестковый.
monosilábico, ca. [прил.] состоящий из односложных слов.
monosilabismo. [м.] односложность (корней языка), моносиллабизм.
monosílabo, ba. [прил.] односложный; [м.] односложное слово.
monospastos. [м.] см. monopastos.
monospermo, ma. [прил.] (бот.) односемянный.
monóstrofe. [ж.] стих состоящий из одной строфы.
monote. [м.] (разг.) ротозей; (обл.) ссора.
monoteísmo. [м.] монотеизм, единобожие.
monoteísta. [прил.] монотеистический: [м. и ж.] монотеист, (-ка).
monotipia. [ж.] (полигр.) монотипия.
monotipo. [м.] (полигр.) монотип.
monótamente. [нареч.] монотонно, однообразно, однозвучно.
monotomía. [ж.] монотонность, однообразие, однозвучие.
monótono, na. [прил.] монотонный, однообразный, однозвучный.
monotrema. [прил.] (зоол.) однопроходный; [ж. множ.] однопроходные, птицезвери.
monovalente. [прил.] (хим.) одновалентный.
monronro, ra. [м. и ж.] (разг.) (Амер.) ласковое выражение.
monseñor. [м.] ваше высочество; ваша светлость; ваше высокопреосвященство; монсиньор.
monserga. [ж.] (разг.) галиматья.
monstruo. [м.] чудовище, чудище; урод; (перен.) чудовище, изверг.
monstruosamente. [нареч.] чудовищно.
monstruosidad. [ж.] чудовищность, уродливость, противоестественность, безобразие.
monstruoso, sa. [прил.] чудовищный; уродливый, противоестественный; отвратительный.
monta. [ж.] верховая езда; конский завод; (воен.) сигнал «по коням»; ценность, достоинство; итог, сумма: * asunto de poca monta, пустяк.
montacargas. [м.] грузовой подъёмник.
montada. [ж. см. desveno: * (policía) montada, (Амер.) конная полиция.
montadero. [м.] подставка для посадки на коня.
montado, da. [страд. прич.] к montar; [прил.] верховой, конный; [м.] кавалерист.
montador. [м.] всадник, наездник; скамья, подставка у дома для посадки на коня; приступок (чтобы сесть на лошадь); монтажник; сборщик.
montadura. [ж.] посадка на коня; принадлежности для верховой езды; оправа.
montaje. [м.] монтаж; установка, сборка; (воен.) артиллерийский лафет.
montanero. [м.] полевой сторож.
montano, na. [прил.] горный.
montantada. [ж.] бахвальство; множество.
montante. [м.] сорт большой шпаги, эспадрона; свая; стойка; оконная стойка; окно над комнатной дверью; (мор.) прилив; (Амер.) беспорядок, суматоха: * meter el montante, выступать посредником.
montantear. [неперех.] драться на эспадронах; (перен.) бахвалиться (прост.); вмешиваться в чужие дела.
montantero. [м.] тот, кто дрался на эспадронах.
montaña. [ж.] гора; горная местность: * montaña rusa, горы (для катанья).
montañero, ra. [м. и ж.] альпинист, (-ка).
montañés, sa. [прил.] горский; горный; [м.

и ж.] горец, горянка, житель, (-ница) гор; житель, (-ница) провинции Сантандера; (обл.) продавец вин.
montañeta. [ж. умен.] к montaña, горка.
montañismo. [м.] альпинизм, высокогорный туризм.
montañoso, sa. [прил.] горный, гористый.
monañuela. [ж. умен.] к montaña, горка.
montaplatos. [м.] подъёмник для посуды.
montar. [неперех.] садиться на..., в...' ездить верхом; сидеть верхом; (перен.) иметь значение, важность; [перех.] см. acaballar; составлять сумму; (тех.) монтировать, собирать; устанавливать; оправлять, вставлять в оправу; (мор.) командовать; огибать мыс; * montar en cólera, рассердиться; * tanto monta, это одно и то же; * montar en pelo, ехать верхом без седла.
montaraz. [прил.] горный; водящийся в кустах; дикий; (перен.) нелюдимый, дикий; [м.] полевой сторож.
montaraza. [ж.] (обл.) полевая сторожиха; жена полевого сторожа.
montarón. [м.] (Амер.) большой лес.
montazgar. [перех.] получить деньги за прогон скота через гору.
montazgo. [м.] плата за прогон скота через гору.
monte. [м.] гора; лес; местность заросшая кустарником; (перен.) помеха, препятствие; густая грязная шевелюра; см. banca, (игра); (карт.) прикуп; (Амер.) пастбище; (арг.) см. mancebía: * monte alto, мачтовый лес; * monte cerrado, заросший лес; * monte bajo, заросли, чаща кустарника; * monte blanco, вырубка; * monte pardo, дубовый лес; * monte de piedad, ломбард; * monte pío, касса взаимопомощи; * monte de Venus, касса взаимопомощи.
montea. [ж.] парфорсная охота, травля; (арх.) сечение камней см. esteorotomía; чертёж в натуральную величину; см. sagita (арки, свода).
monteador. [м.] тот, кто выгоняет из кустарника зверей; (арх.) тот, кто вычерчивает в натуральную величину.
montear. [перех.] травить, выгонять из кустарника зверей.
montear. [перех.] (арх.) вычерчивать в натуральную величину, выводить свод.
montecillo. [м.] бугор, круглый холм.
montenegrino, na. [прил.] черногорский; [м. и ж.] черногорец, (-орка).
montepío. [м.] касса взаимопомощи.
montera. [ж.] суконный берет или шапка; стеклянная крыша; конденсатор перегонного куба.
montera. [ж.] жена псового охотника; (Амер.) см. borrachera.
monterería. [ж.] мастерская суконных беретов и шапок; магазин, где продают их.
monterero, ra. [м. и ж.] тот, кто изготовляет или продаёт суконные береты и шапки.
montería. [ж.] псовая охота; искусство охоты.
montero. [м.] псовый охотник, егерь; ловчий: * montero mayor, обер-егермейстер.
monterón. [м. увел.] к montera (суконный берет).
monterrey. [м.] сорт пирога.
montés. [прил.] горный; лесной; дикий (о животных): * cabra montés, горная коза.
montesa. [ж. прил.] (поэт.) см. montés.
montesino, na. [прил.] см. montés.

montevideano, na. [прил.] относящийся к Montevideo; [м. и ж.] уроженец, (-ка) этого города.
montículo. [м.] холмик, пригорок, бугорок, горка.
montilla. [м.] сорт вина.
monto. [м.] итог, сумма.
montón. [м.] куча, груда, скопление; (перен.) куча, большое количество: * montón de tierra, дряхлый старик; * a montones, (разг.) обильно; * en montón, без разбора, гуртом: * del montón, заурядный, посредственный.
montoncillo. [м. умен.] к montón, грудка.
montonera. [ж.] (Амер.) партизанский отряд; стог.
montonero. [м.] тот, кто вызывает драку только тогда, когда составляет часть группы; (Амер.) партизан.
montoreño, ña. [прил.] относящийся к Montoro; [м. и ж.] уроженец, (-ка) этого города.
montoso, sa. [прил.] горный, лесной; гористый, холмистый; лесистый.
montubio, bia. [прил.] живущий на берегу; некультурный, невежественный.
montuca. [ж.] (Амер.) пирог из кукурузной муки.
montuno, na. [прил.] горный; (перен.) грубый, неотёсанный.
montuosidad. [ж.] гористость; лесистость.
montuoso, sa. [прил.] горный, лесной; гористый, холмистый; лесистый.
montura. [ж.] верховое животное; принадлежности для верховой езды; (астр.) механическая подставка; (разг.) оправа, пенсне.
monuelo, la. [прил. и сущ. умен.] к mono; ветреный, легкомысленный и тщедушный; [м.] легкомысленный и тщедушный парнишка.
monumental. [прил.] монументальный; (перен.) (разг.) превосходный, отличный.
monumento. [м.] памятник, монумент; алтарь при великом четверге; см. sepulcro.
monzón. [м. и ж.] муссон (ветер).
moña. [ж.] (разг.) хмель, опьянение.
moña. [ж.] кукла.
moña. [ж.] бант, украшение из лент; (обл.) детская шапка.
moñajo. [м. презр.] к moño.
moñiga. [ж.] (вул.) см. boñiga.
moñista. [прил.] (разг.) чванный, тщеславный, надутый.
moño. [м.] шиньон; бант из лент; хохолок (у птиц); (перен.) (Амер.) хохол на лбу; [множ.] вульгарные украшения (у женщин): * ponerse moños, чваниться, надуваться; * estar de moños, (разг.) быть в скверном настроении; * agarrarse del moño, вцепиться друг другу в волосы.
moñón, na, moñudo, da. [прил.] хохлатый.
moñuelo. [м.] (Амер.) см. buñuelo.
moquear. [неперех.] давать течь слизь из носу.
moqueo. [м.] обильное выделение слизи (из носу).
moquero. [м.] носовой платок.
moqueta. [ж.] трип (шерстяной мебельный плюш).
moquete. [м.] удар по лицу кулаком.
moquetear. [неперех.] (разг.) беспрестанно давать течь слизь из носу.
moquetear. [перех.] бить по лицу кулаком.
moquillo. [м.] катар (у собак и кошек); типун (болезнь птиц).

moquingana. [ж.] (Амер.) пчелиные соты (на ветвях деревьев).
moquita. [ж.] негустая слизь из носу.
mor. [м.] афереза к amor: * por mor de, из-за, по причине.
mora. [ж.] опоздание, задержка, замедление.
mora. [ж.] (бот.) ягода тутового дерева; ежевика; (Амер.) малина; см. morera, moral.
morabetino. [м.] старинная серебряная монета.
morabito, morabuto. [м.] марабут (мусульманин-отшельник); скит, хижина марабута.
moracho, cha. [прил.] бледнолиловый, сиреневый (о цвете).
morada. [ж.] жилище; местопребывание.
morado, da. [прил.] фиолетовый, темнолиловый (о цвете); [м.] фиолетовый цвет.
morador, ra. [прил.] живущий в данной местности; [м. и ж.] житель, (-ница), обитатель, (-ница).
moradura. [ж.] (обл.) кровоподтёк.
moradux. [м.] см. almoradux.
moraga. [ж.] пучок.
moragada. [ж.] поджаривание сосновых шишек для извлечения семени.
morago. [м.] пучок.
moral. [прил.] нравственный, моральный; [ж.] мораль; нравственность; (непр.) моральный дух.
moral. [м.] (бот.) тутовое дерево.
moraleja. [ж.] мораль (басни и т. д.), нравоучение.
moralidad. [ж.] нравственность, мораль; нравственные качества; мораль (басни и т. д.).
moralista. [м. и ж.] моралист, (-ка); учитель морали; тот, кто занимается учением морали.
moralización. [ж.] улучшение нравов; морализирование.
moralizador, ra. [прил.] проповедующий нравственность; [м. и ж.] наставляющий.
moralizar. [перех.] повышать нравственность; [неперех.] морализировать, рассуждать о нравственности.
moralmente. [нареч.] по правилам морали; нравственно.
moranza. [ж.] см. morada.
morapio. [м.] (вул.) красное вино.
morar. [неперех.] жить, проживать, пребывать.
morato. [прил.] * trigo morato, красной цвета пшеница.
moratoria. [ж.] мораторий, отсрочка уплаты.
moravio, via. [прил.] моравский; [м. и ж.] моравец (-авка).
moray. [м.] (Амер.) дуб.
morbidez. [ж.] мягкость, нежность.
mórbido, da. [прил.] нездоровый, болезненный; болезнетворный; (иск.) мягкий, нежный.
morbífico, ca. [прил.] болезнетворный, патогенный.
morbilidad. [ж.] (мед.) заболеваемость.
morbo. [м.] болезнь, недуг; боль; нездоровье: * morbo comicial, эпилепсия, * morbo regio, желтуха; * morbo gálico, сифилис.
morboso, sa. [прил.] больной, нездоровый; болезнетворный.
morcacho. [м.] (обл.) см. tranquillón.
morcajo. [м.] (обл.) см. tranquillón.
morcas. [ж. множ.] (обл.) осадок в масле.
morceguilla. [ж.] кал летучей мыши.
morcella. [ж.] искра.
morciguillo. [м.] летучая мышь.
morcilla. [ж.] кровяная колбаса с луком (и рисом, иногда); старинный яд для истребления собак; (перен.) (разг.) отсебяти-

на, выдумка (актёра); (Амер.) враньё: * meter morcillas, допускать отсебятины; * que te den morcilla, к чёрту.
morcillero, ra. [м. и ж.] колбасник, (-ница); (разг.) актёр, допускающий отсебятины; (Амер.) лжец, лгун, (-ья).
morcillo. [м.] бицепс.
morcillo, lla. [прил.] вороной (о масти лошади).
morcillón. [м. увел.] к morcilla; сорт большой кровяной колбасы.
morcón. [м.] большая кровяная колбаса с луком; (разг.) пузан; грязный человек.
morcuero. [м.] куча камней, см. majano.
mordacidad. [ж.] едкость; (перен.) едкость, колкость, язвительность; острота (о пище).
mordaga. [ж.] (разг.) опьянение, хмель.
mordante. [м.] (тип.) штемпель.
mordaz. [прил.] едкий, разъедающий; острый (о пище); (перен.) едкий, колкий, язвительный.
mordaza. [ж.] кляп; повязка на рот; (тех.) кусачки.
mordazmente. [нареч.] колко и т. д.
mordedor, ra. [прил.] кусающийся; (перен.) едкий, колкий, язвительный, злословящий.
mordedura. [ж.] укус; ранка от укуса.
mordente. [м.] (тех.) едкий; (муз.) мордент.
morder. [перех.] кусать, откусывать, прикусывать; кусаться; впиваться, вцепляться; см. mordicar; (тех.) морить, травить, протравливать; (перен.) разъедать, злословить; (Амер.) обманывать, мошенничать; (непр. гл.) спрягается как mover.
mordicación. [ж.] покусывание, покалывание; зуд.
mordicante. [дейст. прич.] к mordicar; [прил.] едкий, разъедающий; покалывающий; зудящий; (перен.) едкий, язвительный, колкий.
mordicar. [перех.] покусывать, пощипывать (зубами).
mordicativo, va. [прил.] едкий.
mordida. [ж.] (Амер.) (разг.) обман, мошенничество.
mordido, da. [страд. прич.] к morder; [прил.] неполный, сокращённый.
mordidura. [ж.] (Амер.) укус; ранка от укуса.
mordiente. [дейст. прич.] к morder, кусающийся; едкий; [м.] протрава; [множ.] (арг.) ножницы.
mordihuí. [м.] долгоносик (вредитель злаков).
mordimiento. [м.] укус; рана от укуса.
mordiscar. [перех.] покусывать, пощипывать (зубами); слегка кусаться; см. morder.
mordisco. [м.] покусывание; укус; надкус; откушенный кусок: * dar un mordisco, откусить; укусить.
mordisquear. [перех.] см. mordiscar.
mordoré. [прил.] (гал.) красновато-коричневый, с золотистым отливом.
morduyo. [м.] (Амер.) см. mordihuí.
moreda. [ж.] (бот.) шелковица, тутовое дерево; плантация тутовых деревьев; заросли ежевики.
morel de sal. [м.] (жив.) тёмно-красный цвет (употр. при фресковой живописи).
morena. [ж.] чёрный хлеб.
morena. [ж.] (ихтиол.) мурена (род угря).
morena. [ж.] копна, стог; (геол.) морена.
moreno, na. [прил.] коричневато-серый; темноволосый; смуглый, загорелый; мулатский; негритянский; [м. и ж.] брюнет, (-ка); (разг.) негр, негритянка; (Амер.) мулат, (-ка): * ponerse moreno, смуглеть,

morenote. [прил. увел.] к moreno, черноволосый; сильно смуглый.
móreo, a. [прил.] (бот.) тутовый; [ж. множ.] тутовые растения.
morera. [ж.] (бот.) шелковица, тутовое дерево.
moreral. [м.] плантация тутовых деревьев.
morería. [ж.] мавританский квартал; мавританская страна.
morete. [м.] (Амер.) кровоподтёк, синяк.
moreteado, da. [прил.] покрытый кровоподтёками; см. amoratado.
moretón. [м.] см. morete.
morfa. [ж.] гриб, паразитирующий на цитрусовых деревьях.
morfea. [прил.] * blanca morfea, (вет.) белая проказа, см. albarazo.
Morfeo. [м.] Морфей, бог сна.
morfina. [ж.] морфий.
morfinismo. [м.] морфинизм.
morfinomanía. [ж.] склонность к употреблению морфия, морфиномания.
morfinómano, na. [прил.] страдающий морфиноманией; [м. и ж.] морфинист, (-ка) морфиноман, (-ка).
morfología. [ж.] морфология.
morfológico, ca. [прил.] морфологический.
morga. [ж.] см. alpechín; (бот.) род коки.
morganático, ca. [прил.] морганатический.
morgaño. [м.] (обл.) см. musgaño.
moriángano. [м.] (обл.) земляника.
moribundo, da. [прил. и сущ.] умирающий.
morichal. [м.] плантация moriches.
moriche. [м.] вид пальмы; черная американская птица.
moriego, ga. [прил.] мавританский.
morigeración. [ж.] воздержание, воздерж(ан)ность; умеренность, трезвость.
morigerado, da. [прил.] благовоспитанный, хорошо воспитанный.
morigerar. [перех.] умерять, сдерживать; обуздывать; **morigerarse.** [возв. гл.] сдерживаться.
morilla. [ж.] (бот.) сморчок (гриб).
morillero. [м.] см. mochil.
morillo. [м.] подставка для дров (в камине).
moringa. [ж.] (Амер.) бука, пугало.
morir. [неперех.] умирать; погибать; сохнуть, увядать, чахнуть (о растениях); (перен.) умирать (от холода, голода и т. д.); пересекаться, прекращаться; гаснуть, замирать, исчезать; теряться (о тропе, реке и т. д.); **morirse** [возв. гл.] умирать, быть при смерти; неметь, деревянеть (о ноге и т. д.); угасать, замирать, мучиться голодом, умирать от голода; * morir(se) de risa, помирать со смеху; * morir de muerte natural, умереть своей смертью; * morir en olor de santidad, умереть святой смертью.
morisco, ca. [прил.] мавританский; [м. и ж.] мавр, мавританка.
morisma. [ж.] мавританская религия; мавританская толпа: * a la morisma, по-мавритански.
morisqueta. [ж.] хитрость свойственная маврам; (перен.) обман, насмешка; варёный рис (без соли) (Амер.) гримаса, ужимка.
morito. [м.] зелёноногий или европейский ибис.
morivivi. [м.] (Амер.) мимоза.
morlaco, ca. [прил.] прикидывающийся дураком; [м.] (Амер.) монета в одно песо.
morlés. [м.] старинная льняная ткань.
morlón, na. [прил.] см. morlaco (тже. сущ.), дурак, дура.
mormado, da. [прил.] (Амер.) см. amormado.
mormón. [прил.] (обл.) насморк.
mormón, na. [м. и ж.] мормон, (-ка).
mormónico, ca. [прил.] мормонский.
mormonismo. [м.] мормонство.

mormullar. [неперех.] см. murmurar.
mormullo. [м.] см. murmullo.
mormurar. [неперех.] (Амер.) см. murmurar.
moro, ra. [прил.] мавританский; магометанский; вороной с белым (о масти лошади); натуральный (о вине); [м.] мавр; магометанин; (муз.) фальшивая нота: * moro de paz, (перен.) мирный человек; * hay moros en la costa, надо быть настороже; moros van, moros vienen, почти пьяный.
morocada. [ж.] удар рогами (о баране).
morocoto. [м.] (Амер.) рыба блестящего цвета.
morocho, cha. [прил.] (Амер.) сохранившийся (о человеке); (перен.) (Амер.) см. moreno; двойной.
morojo. [м.] см. madroño (растение и его плод).
morolo, la. [прил.] (Амер.) глуповатый, простодушный.
morón. [м.] насыпь; небольшой холм; (обл.) посевная чернушка; (Амер.) речная рыба.
morona. [ж.] (Амер.) крошка, хлебный мякиш.
moronar. [перех.] (Амер.) (вар.) см. desmoronar.
moroncho, cha. [прил.] см. morondo.
morondanga. [ж.] (разг.) груда ненужных вещей, всякая всячина.
morondo, da. [прил.] подстриженный; лишённый листьев.
moronga. [ж.] (Амер.) кровяная колбаса.
moronía. [ж.] см. alboronía.
moroporán. [м.] (Амер.) растение, употр. против эпилепсии.
morosamente. [нареч.] с опозданием, медленно.
morosidad. [ж.] медлительность; промедление, проволочка; задержка (платежа).
moroso, sa. [прил.] медлительный; просрочивший платёж (о плательщике).
morpio. [м.] площица (вид клеща).
morquera. [ж.] (бот.) губовидное растение.
morra. [ж.] верхняя часть головы, темя.
morra. [ж.] игра пальцами.
morrada. [ж.] удар головой; (перен.) пощёчина.
morral. [м.] торба (для лошади); ягдташ, охотничья сумка; ранец, рюкзак, вещевой мешок; (перен.) (разг.) грубиян.
morralla. [ж.] мелюзга, мелкая рыба; (перен.) сволочь, толпа; хлам; (Амер.) мелкие деньги.
morrallita. [ж.] (Амер.) (разг.) мелочь, медные монеты.
morreras. [ж. множ.] (Амер.) болячка на губах.
morrilla. [ж.] (обл.) дикий артишок.
morrillo. [м.] загривок, загривок (у скота); (разг.) толстый затылок; отшлифованный водой камень.
morriña. [ж.] водянка (у животных); (перен.) (разг.) грусть, уныние, печаль, тоска по родине, хандра.
morriñoso, sa. [прил.] страдающий morriña; рахитичный, слабый.
morrión. [м.] шлем (в XVI в.); шишак.
morrionera. [ж.] (бот.) деревце похожее на жимолость.
morro. [м.] вещь в форме головы; набалдашник; небольшой холм; круглая галька, голыш; толстая губа; (разг.) морда, рыло: * andar de morros, дуться; * beber a morro, пить из бутылки; * jugar al morro, обманывать, не держать слова.
morrocota. [ж.] (Амер.) золотая унция (монета).
morrocotudo, da. [прил.] (разг.) важный, трудный, сложный; (Амер.) богатый, огромный, громадный, чудовищный,

скучный, несоразмерный (о произведении писателя).
morrocoy(o). [м.] черепаха (одна из разновидностей).
morrón. [прил.] большой (о перце); приспущенный (о флаге).
morrón. [м.] (разг.) удар.
morroncho, cha. [прил.] благодушный, мягкий, кроткий.
morronga. [ж.] (разг.) кошка; (Амер.) служанка.
morrongo. [м.] (разг.) кот; (Амер.) слуга; сорт сигара из одного листа.
morronguear. [неперех.] (Амер.) сосать, пить; дремать.
morroña. [ж.] (разг.) см. morronga.
morroño. [м.] (разг.) см. morrongo.
morroñoso, sa. [прил.] (Амер.) неровный, шероховатый; рахитичный, слабый.
morrudo, da. [прил.] округлый, в виде яблока; толстогубый, губастый; (обл.) см. goloso.
morsa. [ж.] (зоол.) морж.
morsana. [ж.] (бот.) деревце (растущее в Африке и Азии).
mortadela. [ж.] болонская колбаса.
mortaja. [ж.] саван, покров; (Амер.) лист папиросной бумаги.
mortaja. [ж.] (тех.) гнездо, паз.
mortal. [прил.] смертный; смертельный; гибельный, губительный; умирающий; опасный; (перен.) утомительный, надоедливый; неопровержимый; [м. и ж.] смертный, (-ая): * pecado mortal, смертный грех; * enemigo mortal, смертельный, непримиримый враг.
mortalidad. [ж.] смертность; падёж; число умерших.
mortalmente. [нареч.] смертельно.
mortandad. [ж.] повальная смертность.
mortecino, na. [прил.] павший, дохлый (о скоте); (перен.) умирающий, угасающий; обессилевший: * hacer la mortecina, прикидываться мёртвым.
morterada. [ж.] содержимое ступы; (воен.) заряд миномёта.
morterete. [м. умен.] к mortero; небольшая мортира, плошка (иллюминационная).
mortero. [м.] ступ(к)а; миномёт; (уст.) мортира; гранатомёт; известковый раствор, строительный раствор; бархатная шапочка: * mano de mortero, пестик.
morteruelo. [м. умен.] к mortero; детская игрушка; (кух.) сорт печёночного паштета.
mortífero, ra. [прил.] смертоносный, убийственный.
mortificación. [ж.] умерщвление плоти; омертвение (ткани); оскорбление; унижение, удар по самолюбию.
mortificador, ra. [прил.] см. mortificante.
mortificante. [дейст. прич.] к mortificar; умерщвляющий плоть; унижающий, оскорбительный.
mortificar. [перех.] вызывать омертвение (ткани); умерщвлять плоть; оскорблять, унижать, уязвлять.
mortiño. [м.] (Амер.) сорт черники.
mortual. [ж.] (Амер.) наследство.
mortuorio, ria. [прил.] погребальный, похоронный; [м.] похороны, погребение.
morucho. [м.] бычок.
morueco. [м.] баран-производитель.
morulla. [ж.] см. morcilla.
moruno, na. [прил.] мавританский.
moruro. [м.] (Амер.) разновидность акации.

morusa. [ж.] (разг.) деньги.
mosaico, ca. [прил.] Моисеев: * ley mosaica, Моисеев закон.
mosaico, ca. [прил.] мозаичный; (арх.) см. salomónico; [м.] мозаика, мозаичная работа.
mosaísmo. [м.] Моисеев закон: Моисеева культура.
mosca. [ж.] муха, мушка; волосы под нижней губой (человека); (разг.) деньги; (перен.) (разг.) очень назойливый человек; внутреннее беспокойство; досада, недовольство; (астр.) Муха (созвездие); [множ.] (перен.) (разг.) искры: * mosca de burro, овод; * mosca muerta, тихоня, недотрога, смиренник; * patas de mosca, каракули; * moscas blancas, хлопья снега; * peso mosca, (спорт.) наилегчайший вес; * soltar, aflojar la mosca, протранжирить деньги; * papar moscas, ротозейничать; * tener la mosca en la oreja, сильно тревожиться; * andar, estar, mosca, быть настороже.
moscabado, da. [прил.] см. mascabado.
moscada. [прил.] * nuez moscada, мускатный орех.
moscarda. [ж.] синяя мясная муха; яйца пчелиной матки.
moscardear. [неперех.] (обл.) класть яйца (о пчелиной матке).
moscardón, moscarrón. [м.] синяя мясная муха; овод, слепень; шмель; (разг.) навязчивый, назойливый человек.
moscareta. [ж.] (орни.) завирушка (певчая птица); мухоловка.
moscatel. [прил.] мускатный (о вине); [м.] мускатель, мускат (сорт вина и винограда).
moscatel. [м.] навязчивый, докучливый человек; (перен.) (разг.) наивный, легковерный человек; (обл.) см. zagalón.
moscella. [ж.] см. morcella.
mosco, ca. [прил.] (Амер.) чёрный с белыми волосами (о лошади); [м.] см. mosquito.
moscón. [м.] мясная муха; навозная муха; (бот.) см. arce; (разг.) назойливый человек; продувная бестия, пройдоха, шельма, ловкач.
moscona. [ж.] бесстыдная женщина.
mosconear. [перех.] приставать, лезть, надоедать, быть назойливым; назойливо и упорно добиваться чего-л.
mosconeo. [м.] надоедливость, назойливость; назойливая настойчивость.
moscorra. [ж.] (обл.) опьянение, хмель.
moscorrofio. [м.] (Амер.) безобразный человек; низкопробное золото; тростниковая водка.
moscovia. [ж.] (Амер.) дублёная кожа.
moscovita. [прил.] московский; русский; москвич, (-ка); русский, (-ая).
moscovítico, ca. [прил.] московский.
mosolina. [ж.] (обл.) водка.
mosqueado, da. [прил.] крапчатый, пёстрый; украшенный мушками (о ткани); (Амер.) засиженный мухами.
mosqueador. [м.] опахало или вентилятор от мух; (перен. разг.) хвост (лошади и т. д.).
mosquear. [перех.] отгонять мух, отмахиваться от мух; (перен.) здорово ответить; стегать, сечь; mosquearse. [возв. гл.] отгонять от себя мух; устранять препятствия; обижаться, сердиться.
mosqueo. [м.] дейст. к mosquear(se); досада.
mosquera. [ж.] мухоловка; (обл.) (бот.) см. olivarda.

mosquerío. [м.] (Амер.) мушиный рой.
mosquero. [м.] опахало от мух; мухоловка; (Амер.) см. mosquerío.
mosquerola, mosqueruela. [прил.] мускатный; [ж.] мускатная груша.
mosqueta. [ж.] (бот.) разновидность розового куста: * mosqueta silvestre, см. escaramujo.
mosquetazo. [м.] выстрел из мушкета.
mosquete. [м.] (уст.) мушкет; (Амер.) (теа.) партер.
mosquetear. [неперех.] (разг.) любопытствовать, ротозейничать.
mosquetería. [ж.] мушкетерская войсковая часть; зрители в стоячем положении.
mosquetero. [м.] зритель в стоячем положении.
mosquetero, ra. [прил.] (Амер.) праздный; [м. и ж.] любопытный, любопытствующий человек.
mosquetón. [м.] (воен.) карабин, винтовка; (уст.) мушкетон; крючок с пружиною.
mosquil. [прил.] мушиный.
mosquino, na. [прил.] см. mosquil.
mosquita. [ж.] пеночка (птица); маленькая муха: * mosquita muerta, недотрога, тихоня, смиренник.
mosquitera. [ж.] mosquitero. [м.] противомоскитная сетка, кисейная занавеска (от москитов).
mosquiticida. [прил.] (служащий) для истребления москитов; [м.] средство для истребления москитов.
mosquito. [м.] комар, москит; личинка саранчи; (перен. разг.) завсегдатай кабаков.
mostacera. [ж.] mostacero. [м.] горчичница.
mostacilla. [ж.] мелкая дробь; мелкая стеклянная бусинка.
mostacho. [м.] усы; (перен. разг.) красное родимое пятно (на лице).
mostachón. [м.] сорт пряника.
mostachoso, sa. [прил.] усатый.
mostagán. [м.] (разг.) вино.
mostajo. [м.] (бот.) см. mostellar.
mostaza. [ж.] горчица: * subírsele a uno la mostaza a las narices, сердиться.
mostazal. [м.] горчичное поле.
mostazo. [м.] густое сусло; горчица (растение).
moste. [межд.] см. moxte.
mostear. [неперех.] выделять сок (о винограде); заливать сусло в бочки; (тже. перех.) разбавлять старое вино суслом.
mostela. [ж.] сноп.
mostelera. [ж.] место, где кладут снопы.
mostellar. [м.] (бот.) боярышник (разновидность).
mostén, mostense. [прил.] (разг.) премонстранский; [м.] премонстранский монах.
mostillo. [м.] сусло, сваренное с пряностями; острый соус из виноградного сока и горчицы.
mosto. [м.] сусло, муст, молодое неперебродившее вино, виноградный сок; (Амер.) осадок сока сахарного тростника.
mostrable. [прил.] показываемый, могущий быть показанным.
mostrado, da. [страд. прич.] к mostrar; [прил.] приученный.
mostrador, ra. [прил.] указывающий на что-л, показывающий что-л; [м.] прилавок, стойка; циферблат; указатель.
mostrar. [перех.] показывать, указывать; выказывать, обнаруживать, проявлять; * mostrarse. [возв. гл.] проявлять себя; оказываться, показываться, появляться: * mostrar los dientes, огрызаться, оскалиться; * mostrarse favorable, высказываться за; [непр. гл.] спрягается как contar.
mostrenco, ca. [прил.] бесхозяйный; (перен. разг.) бездомный; тупоумный, грубый,

невежественный; грузный; [сущ.] грузный человек.
mota. [ж.] скаток шерсти, охлопок, узелок (в сукне); былинка; волокно; комочек (грязи и т. д.); лёгкий недостаток; ошибка; холм, возвышенность; (обл.) медная монета.
motacén. [м.] (обл.) см. almotacén.
motacila. [ж.] трясогузка.
motar. [перех.] (арг.) красть, воровать.
motate. [м.] (Амер.) название одного растения Гондураса.
mote. [м.] изречение; девиз; прозвище (Амер.) неправильность, ошибка.
mote. [м.] (Амер.) маисовая или пшеничная каша; мелкая жареная рыба: * pelar mote, (разг.) драть шкуру.
moteado, da. [прил.] (разг.) (Амер.) полный ошибок.
motear. [неперех.] набивать мушки (на ткань).
motear. [неперех.] (Амер.) говорить на ломаном языке.
motear. [неперех.] есть маисовую кашу.
motejador, ra. [прил.] дающий прозвищи, насмешливый; [м. и ж.] насмешник, (-ица).
motejar. [перех.] давать сатирические прозвищи; поднимать на смех, высмеивать, насмехаться.
motejo. [м.] дейст. к motejar; насмешка.
motera. [ж.] (Амер.) пудреница.
motero, ra. [прил.] любящий есть mote (тже. сущ.); относящийся к этому кушанью: [м. и ж.] (Амер.) продавец, (-щица) mote.
moteta. [ж.] (Амер.) голова.
motete. [м.] (муз.) мотет, церковная песнь; прозвище; оскорбление; (Амер.) пакет, свёрток; сорт большой корзины.
motil. [м.] см. mochil.
motilar. [перех.] стричь наголо.
motilidad. [ж.] подвижность; способность к самопроизвольной подвижности.
motilón, na. [прил.] см. pelón; [м.] (перен. разг.) белец.
motilona. [ж.] (перен. разг.) белица.
motín. [м.] мятеж, бунт.
motinista. [м. и ж.] (Амер.) мятежник, (-ица), бунтовщик, (-ица).
motivación. [ж.] изложение мотивов, мотивирование, мотивировка.
motivador, ra. [прил.] мотивирующий.
motivar. [перех.] мотивировать, обосновывать; обуславливать, вызывать необходимость.
motivo, va. [прил.] побуждающий, побудительный; [м.] мотив, побудительная причина, повод, основание; (муз.) тема, мотив, основная мелодия; [множ.] (Амер.) женские капризы: * sin motivo, без причины; * con motivo de..., в связи с, по причине, по случаю; * de mi propio motivo, добровольно.
moto. [м.] пограничный, межевой столб, веха.
moto. [ж.] (разг.) см. motocicleta.
moto, ta. [прил.] (обл. Амер.) осиротевший, сиротский; см. rabón.
motobomba. [ж.] мотопомпа.
motocicleta. [ж.] мотоцикл.
motociclismo. [м.] мотоциклетный спорт.
motociclista. [м. ж.] мотоциклист, (-ка).
motociclístico, ca. [прил.] мотоциклетный.
motociclo. [м.] мотовело, мотоцикл.
motocultivador. [м.] лёгкий сельскохозяйственный трактор.
motocultivo. [м.] motocultura. [ж.] мотокультура, машинная обработка земли.
motodromo. [м.] мотодром.
motolita. [ж.] трясогузка (птица).

motolito, ta. [прил.] глупый, глуповатый, простоватый; [м. и ж.] простак, простушка: * vivir de motolito, жить на чужой счёт.
motolo, la. [прил.] (Амер.) тупой; (тже. сущ.) см. motolito.
motón. [м.] (мор.) блок.
motonave. [ж.] теплоход.
motonería. [ж.] совокупность блоков, полиспастов.
motor, ra. [прил.] двигательный, движущий; ведущий; моторный; [м.] движущая сила, источник энергии; двигатель, мотор; двигательная сила, побудительная причина; [ж.] моторный катер: * motor eléctrico, электродвигатель; * motor hidráulico, гидравлический двигатель; * motor de gasolina, бензиновый двигатель; * motor de combustión interna, motor de explosión, двигатель внутреннего сгорания; * motor de cuatro tiempos, четырёхтактный двигатель (внутреннего сгорания); * eje motor, ведущий вал.
motorismo. [м.] мотоспорт.
motorista. [м. и ж.] автомобилист, автолюбитель; (Амер.) вагоновожатый (трамвая).
motorización. [ж.] моторизация; механизация.
motorizado, da. [страд. прич.] к motorizar; [прил.] моторизованный.
motorizar. [перех.] моторизовать; механизировать.
motorman. [м.] см. motorista.
motricidad. [ж.] (физиол.) двигательная функция; способность к движению.
motril. [м.] мальчик, подручный, посыльный; см. mochil.
motrilo, la. [прил.] (Амер.) тучный (о животном).
motríz. [прил.] движущий; * fuerza motriz, движущая сила.
motu propio. [нареч.] (лат.) по собственному побуждению.
motura. [ж.] (обл.) доля муки, идущая мельнику за помол.
movedizo, za. [прил.] подвижный, движущийся; перемещающийся; сыпучий (о песке); зыбкий, неустойчивый; (перен.) непостоянный, неуверенный: * arenas movedizas, зыбучие пески.
movedor, ra. [прил. и сущ.] движущий.
movedura. [ж.] движение; аборт, выкидыш.
mover. [перех.] двигать, приводить в движение; шевелить; передвигать; побуждать к чему-л, уговаривать, убеждать; возбуждать, вызывать (жалость и т. д.); волновать; выкинуть (родить раньше срока); [неперех.] пускать ростки; (арх.) начинаться, выступать (об арке, своде); **moverse** [возв. гл.] шевелиться, двигаться: [непр. гл.] ind. prest.: muevo, -es, -e, -en, subj. prest.: mueva, -as, -a, -an.
movible. [прил.] подвижный, передвижной, перемещаемый; (перен.) изменчивый, непостоянный; неустойчивый.
movición. [ж.] (разг.) движение.
movido, da. [страд. прич.] к mover; [прил.] (Амер.) без скорлупы (о яйце); рахитичный, хилый.
moviente. [действ. прил.] к mover, движущий; зависимый.
móvil. [прил.] см. movible; [м.] движущая сила, двигатель, пружина, побудительная причина; (тех.) движущееся тело.
movilidad. [ж.] подвижность, мобильность.
movilización. [ж.] (воен.) мобилизация: * movilización general, всеобщая мобилизация.
movilizar. [перех.] (воен.) мобилизовать, делать готовым к походу.

movimiento. [м.] (тже. перен.) движение; внутреннее движение, волнение, душевное движение, аффект; живость, сила воображения; движение, перемещение войск; (муз.) размер, темп: * movimiento uniformemente acelerado, равномерно-ускоренное движение; * movimiento de rotación, вращательное движение; * movimiento continuo, вечное движение; * poner en movimiento, привести в движение.
movizo, za. [прил.] (обл.) см. movible; мягкий.
moxa. [ж.] (мед.) мокса.
¡moxte! [межд.] вон!: * sin decir oxte ni moxte, не говоря ни слова.
moya. [ж.] (обл.) хлеб низкого сорта.
moyana. [ж.] старинная пушка; (перен. разг.) обман, враньё.
moyana. [ж.] хлеб из отрубей.
moyo. [м.] мера жидкостей, равная 258 л.
moyote. [м.] москит, комар.
moyuelo. [м.] мелкие отруби.
moza. [ж.] служанка; любовница; валёк для стирки; сковородник: * moza de fortuna, del partido, проститутка; * moza casadera, (разг.) девушка на выданье; * buena, real moza, красивая, представительная женщина; * moza de cámara, горничная.
mozada. [ж.] молодёжь; (обл.) маленькое поле, маленький участок земли.
mozalbete, mozalbillo. [м. умен.] к mozo, юнец.
mozallón, na. [м. и ж.] здоровяк, сильный, здоровый человек.
mozancón, na. [м. и ж.] крепкий, большой мужчина.
mozandero, ra. [прил.] (Амер.) влюбчивый.
mozárabe. [прил. и сущ.] испанский христианин происшедший от Мавров и Сарацин.
mozarrada. [ж.] (обл.) группа молодых.
mozarrón. [м. увел.] к mozo, здоровяк, большой парень.
mozcorra. [ж.] (разг.) проститутка, шлюха.
mozo, za. [прил.] молодой, юный; не состоящий в браке, холостой; см. mocero; [м.] молодой человек, юноша, парень; холостяк; юнга; слуга; допризывник; военнообязанный; ловелас; вешалка (крючок); кат; подпорка, опора; (арг.) см. garabato: * mozo de cuerda, de cordel, de esquina, носильщик; * mozo de cuadra, конюх; * mozo de tienda, приказчик, продавец (в лавке); * buen mozo, красивый, представительный мужчина; * mozo de tahona, пекарь; * mozo de labranza, батрак; * mozo de oficio, чернорабочий.
mozón, na. [прил. увел.] к mozo (тже. сущ.); [м.] см. bromista.
mozonada. [ж.] (разг.) ребячество, шутка, насмешка.
mozonear. [неперех.] (Амер.) шутить.
mozuco, ca. [прил.] (Амер.) кудрявый, курчавый.
mozuelo, la. [м. и ж. умен.] к mozo; см. muchacho: * muchacho de la primera tijera, юноша.
mu. [м.] мычание.
mu. [ж.] см. sueño (действ.): * ir a la mu, идти спать.
muaré. [м.] муар.
mua. [ж.] (Амер.) красная муха.
mucamo, ma. [м. и ж.] (Амер.) слуга, служанка, горничная.
mucamusa. [ж.] (Амер.) лавр (одна из разновидностей).
múcara. [ж.] совокупность песчаных отмелей.
mucedináceos. [м. множ.] (бот.) цвели, плесневые грибки, белая плесень.
mucepo. [м.] (Амер.) печаль, упадок духа.

muceta. [ж.] короткая мантия (у католического духовенства и т. д.).
muciforme. [прил.] похожий на слизь, слизистый.
mucilaginoso, sa. [прил.] слизистый.
mucilago. [м.] (хим.) растительная слизь.
mucina. [ж.] (хим.) муцин (слизистое вещество тела слизняков); белок, слизь.
mucinoideo, a. [прил.] похожий на муцин.
mucíparo, ra. [прил.] отделяющий слизь.
mucívoro, ra. [прил.] питающийся слизью.
mucle. [м.] (Амер.) несварение жедудка у новорождённого.
muco. [м.] (бот.) мальвовое растение.
mucocele. [м.] (пат.) слизистая ретенционная киста.
mucocito. [м.] клетка слизистой ткани.
mucoderma. [ж.] (анат.) слизистая оболочка.
mucodermatitis. [ж.] (пат.) воспаление слизистой оболочки.
mucoenteritis. [ж.] (пат.) воспаление слизистой оболочки кишок.
mucogastritis. [ж.] (пат.) воспаление слизистой оболочки желудка.
mucoide, mucoideo, a. [прил.] слизистоподобный.
mucopurulento, ta. [прил.] слизисто-гнойный.
mucor. [м.] (бот.) плесень, плесневый гриб.
mucoráceos. [м. множ.] (бот.) плесневые грибки.
mucosa. [ж.] (анат.) слизистая оболочка; (зоол.) вид змеи.
mucosidad. [ж.] слизь, слизистые выделения.
mucoso, sa. [прил.] слизистый: * membrana mucosa, слизистая оболочка.
mucostito. [м.] припарка.
mucre. [прил.] (Амер.) терпкий, вяжущий.
mucronado, da. [прил.] остроконечный, жаловидный.
mucronato, ta. [прил.] см. mucronado; (зоол.) см. xifoides.
múcura. [ж.] (Амер.) глиняный кувшин (для воды); (перен.) глупец, глупый человек.
mucus. [м.] (мед.) слизь.
mucuto. [м.] копилка.
mucuy. [м.] (Амер.) горлица.
muchacha. [ж.] девочка, девушка; служанка.
muchachada. [ж.] ребяческий поступок, проделка.
muchachear. [неперех.] совершать ребяческие поступки, ребячиться.
muchachería. [ж.] см. muchachada; шумная группа детей или подростков.
muchacherío. [м.] (Амер.) толпа подростков.
muchachez. [ж.] детство, юность.
muchachil. [прил.] детский, подростковый, юношеский.
muchacho. [м.] дитя, ребёнок; мальчик; подросток; юноша; парень; малый, молодец; слуга.
muchachuelo, la. [м. и ж. умен.] к muchacho.
muchay. [м.] (Амер.) барбарис.
muchedumbre. [ж.] множество, масса; толпа, сборище, скопление народа.
mucheta. [ж.] (Амер.) косяк (двери, окна).
muchi. [м.] кот.
muchigay. [м.] (Амер.) детвора; маленькие животные; фальшивая монета.
muchila. [ж.] (Амер.) см. mochila.

muchitanga. [ж.] (Амер.) (презр.) чернь, скопище.
muchísimo, ma. [прил. увел.] к mucho.
mucho. [м.] (Амер.) зонтичное растение.
mucho, cha. [прил.] обильный; многочисленный; [множ.] многие; [нареч.] много; гораздо; очень; долго; слишком, чересчур; * ni con mucho, ni mucho menos, далеко не, ни в какой мере; * no mucho, немного; * por mucho, сверх нужного; * por mucho que..., как бы ни...; * tener en mucho, высоко ценить; * quien mucho abarca poco aprieta, за двумя зайцами погонишься, ни одного не поймаешь; * mucho menos, гораздо менее; * mucho mejor, гораздо лучше.
muchote. [нареч.] (Амер.) (разг.) см. mucho.
muda. [ж.] перемена, изменение; преобразование, превращение; перемещение; замена, смена (караула и т. д.); линька (животных или птиц); ломка голоса (у мальчиков); косметическое средство; смена, перемена (белья и т. д.); гнездо хищных животных.
mudable. [прил.] изменяемый; превратный (уст.); изменчивый, непостоянный, переменчивый.
mudada. [ж.] (обл.) (Амер.) переезд (с квартиры на квартиру); смена (белья).
mudadizo, za. [прил.] непостоянный, изменчивый.
mudamente. [нареч.] не говоря ни слова, молчаливо, безмолвно.
mudamiento. [м.] см. mudanza.
mudancia. [ж.] (обл.) см. mudanza.
mudanza. [ж.] перемена; изменение; перемещение; переезд на другую квартиру, перевозка вещей на новую квартиру; изменчивость, непостоянство.
mudar. [перех.] менять, изменять; перемещать; сменять, заменять (караул и т. д.); сменять, переменять (бельё и т. д.); линять (о животных); скидать с себя кожу (о змее); ломаться (о голосе); (перен.) см. variar; mudarse [возв. гл.] переменить бельё; переезжать на другую квартиру, перевозить вещи на другую квартиру; меняться, переменяться; переезжать; переодеваться; (разг.) облегчиться; * mudar de opinión, изменять мнение.
muday. [м.] (Амер.) кукурузная, ячменная или пшеничная водка.
mudéjar. [прил. и сущ.] остающийся вассалом христианских королей (о маврах); стиль вводящий этими маврами.
mudenco, ca. [прил.] (Амер.) косноязычный; глупый.
mudengo, ga. [прил.] (Амер.) глупый, придурковатый (тже сущ.).
mudez. [ж.] немота; молчание.
mudo, da. [прил.] немой; бессловесный; (Амер.) глупый, придурковатый; (грам.) безгласный; [м. и ж.] немой, (-ая) : * a la muda, глухо, бесшумно; * quedar uno mudo de asombro, не быть в состоянии сказать ни слова, онеметь.
mueblaje. [м.] см. moblaje.
mueblar. [перех.] см. amueblar.
mueble. [прил.] движимый (об имуществе); [м.] мебель; (Амер.) неходкий товар.
mueblería. [ж.] мебельный магазин; мебельная фабрика или мастерская.
mueblero, mueblista. [м.] тот, кто изготовляет или продаёт мебель, мебельщик.

mueca. [м.] гримаса, ужимка; кривлянье: * hacer muecas, гримасничать, кривляться.
muecín. [м.] муэдзин.
mueco. [м.] (Амер.) подзатыльник.
muégano. [м.] (Амер.) сорт маисовой лепёшки; скопление песка или грязи; см. chulo.
muela. [ж.] мельничный жёрнов; точильный круг; коренной зуб, моляр; холм, бугор; (бот.) люпин, лупин, волчий боб: * muela cordal или del juicio, зуб мудрости.
muelar. [м.] люпиновое поле.
muelo. [м.] куча зерна после веяния.
muellaje. [м.] портовой сбор.
muelle. [прил.] мягкий; вялый; сладострастный; [м.] пружина, рессора; [множ.] большие клещи.
muelle. [м.] набережная, пристань; мол; дамба; платформа (вокзальная).
muellemente. [нареч.] мягко; изнеженно; вяло; сладострастно.
muenda. [ж.] (Амер.) побои, палочные удары.
muenga. [ж.] (Амер.) досада; беспокойство.
muengo, ga. [прил.] (Амер.) безухий, одноухий.
muequear. [неперех.] (Амер.) гримасничать, кривляться.
muer. [м.] муар.
muérdago. [м.] (бот.) омела.
muerdo. [м.] (разг.) дейст. к кусать; укус; см. bocado.
muérgano. [м.] (в. из уп.) орган; см. muergo; (Амер.) старомодно и плохо одетый человек; презренная личность.
muergo. [м.] пластинчатожаберный моллюск (одна из разновидностей).
muermera. [ж.] (бот.) лютиковое растение (разновидность).
muermo. [м.] (вет.) сап.
muermoso, sa. [прил.] (вет.) страдающий сапом.
muerte. [ж.] смерть, кончина; гибель; убийство; (перен.) разрушение; * muerte violenta, a mano airada, насильственная смерть; * muerte chiquita, судорога, нервная дрожь; * muerte civil, лишение гражданских прав; * de mala muerte, презренный, ничтожный; * dar muerte, убить, прикончить; * a muerte, смертельно; до смерти; * odiar a muerte, смертельно ненавидеть кого-л; * de muerte, свирепо, смертельно; * estar a la muerte, быть при смерти; * es mi muerte, это смерть моя; это мне точно нож острый; * tomarse uno la muerte por su mano, убить себя.
muertería. [ж.] (Амер.) похоронное бюро; притворная болезнь.
muerto, ta. [непр. страд. прич.] к morir; [прил.] мёртвый, умерший; безжизненный; увядший; потускневший; угасший; гашеная (о извести): [сущ.] мертвец, покойник, (-ица); (мор.) буй мёртвого якоря: * he muerto una liebre, я убил зайца; * hojas muertas, опавшие листья; * ni muerto ni vivo, ни жив ни мёртв; * hacerse el muerto, притворяться мёртвым; * más muerto que vivo, напуганный до полусмерти; * echar a uno el muerto, обвинять в чём-л; * el muerto al hoyo y el vivo al bollo, схоронили-позабыли; * naturaleza muerta, натюрморт; * bala muerta, пуля на излёте; * muerto el perro se acabó la rabia, околевший пёс не укусит; * no tener sobre qué caerse muerto, не иметь ничего; * tocar a muerto, звонить по усопшем; * estar muerto de cansancio, быть смертельно усталым.
muesca. [ж.] гнездо, паз.

mueso. [м.] (обл) укус; удила, узда; боль в животе (у родильницы).
mueso, sa. [прил.] рождающийся с маленькими ухами (о ягнёнке).
muestra. [ж.] вывеска, надпись (на магазине и т. д.); образчик, образец; модель; проявление; показатель, признак; циферблат; осанка; (воен.) смотр: * muestra de simpatía, проявление симпатии; * dar, hacer muestra, проявлять, обнаруживать; * pasar, tomar muestra, производить смотр; обозревать.
muestrario. [м.] коллекция, собрание образчиков.
muévedo. [м.] умерщвлённый плод, зародыш.
mufla. [ж.] (тех.) муфель.
muflón. [м.] (зоол.) баран-метис, см. musmón.
mufti. [м.] муфтий.
muga. [ж.] см. desove; оплодотворение икры.
muga. [ж.] межевой знак, пограничный или дорожный столб; граница, предел.
mugada. [ж.] (обл.) граница, обозначенная межевыми знаками.
mugante. [прил.] (обл.) пограничный, смежный.
mugar. [неперех.] метать (также оплодотворять) икру.
mugido. [м.] мычание, рёв.
mugidor, ra. [прил.] мычащий, ревущий.
mugiente. [дейст. прич.] к mugir, мычащий.
múgil. [м.] кефаль (рыба).
mugir. [неперех.] мычать; реветь; выть, завывать.
mugre. [ж.] жирная грязь (на одежде и т. д.).
mugriento, ta. [прил.] грязный, засаленный.
mugrón. [м.] (с.-х.) отводок, побег.
mugrosidad. [ж.] загрязненность, засаленность.
mugroso, sa. [прил.] см. mugriento.
muguete. [м.] (бот.) ландыш.
muharra. [ж.] см. moharra.
muir. [перех.] (обл.) доить.
mujada. [ж.] см. mojada (мера).
mujalata. [ж.] союз (сельскохозяйственный).
mujer. [ж.] женщина, жена, супруга: * mujer de su casa, хорошая хозяйка; * mujer de gobierno, экономка; * mujer casada, замужняя женщина; * mujer de digo y hago, решительная женщина; * mujer pública, mundana, perdida, del arte, del partido, de la vida airada, de mala vida, de mal vivir, de punto, публичная женщина, проститутка; * tomar mujer, жениться, de mujer, женский, дамский.
mujercilla. [ж.] женщина распутной жизни, потерянная женщина; жёнка, бабёнка.
mujerengo. [прил.] (Амер.) изнеженный, женоподобный.
mujerero. [прил.] (Амер.) женолюбивый.
mujeriego, ga. [прил.] см. mujeril; женолюбивый; [м.] сборище женщин: * a la mujeriega или a mujeriegas, сидя на спине (лошади) по-женски.
mujeril. [прил.] женский; женоподобный.
mujerilmente. [нареч.] женственным образом.
mujerío. [м.] сборище женщин.
mujerona. [ж. увел.] к mujer, представительная женщина; большая женщина; настоящая баба.
mujeruca. [ж. презр.] к mujer, жёнка, бабёнка.
mujerzuela. [ж. умен.] к mujer; см. mujercilla.
mujik. [м.] мужик.
mujo. [м.] (Амер.) см. musgo.
mújol. [м.] кефаль (рыба).

mula. [ж.] самка мула; (Амер.) стыдливость, застенчивость; неходовой, залежавшийся товар; обман, ловушка; подушка: * hacer la mula, бездельничать, лодырничать; * en la mula de San Francisco, пешком.

mula. [ж.] см. múleo; папская туфля.

mulada. [ж.] караван мулов, вьючных животных.

muladar. [м.] свалка мусора; навозная куча.

mulante. [м.] погонщик мулов.

mular. [прил.] относящийся к мулу.

mulata. [ж.] мулатка; ракообразное животное.

mulatada. [ж.] вспышка гнева, свойственная мулатам.

mulatear. [неперех.] (Амер.) зреть (о чёрных плодах).

mulatería. [ж.] (Амер.) квартал, заселённый мулатами.

mulatero. [м.] отдающий мулов внаём; погонщик мулов.

mulatero. [м.] (Амер.) белый мужчина, любящий ухаживать за мулатками.

mulato, ta. [прил.] мулатский; смуглый; [м. и ж.] мулат, (-ка).

mulcar. [перех.] (Амер.) склеивать и прокаливать на огне глиняную посуду; подпалить вещь во время глажения.

mulco. [м.] (Амер.) очень маленький кукурузный початок.

mulé (dar). [арг.] убить, убивать.

muleles. [м. множ.] (Амер.) см. trastos, cachivaches.

mulengo, ga. [прил. к сущ.] (Амер.) см. mulato.

múleo. [м.] старинная обувь патриция.

muleque. [м.] (Амер.) дикий негр (от 7 до 10 годов возраста).

mulero. [м.] погонщик мулов.

muleta. [ж.] костыль; (тавр.) мулета; (перен.) помощь, поддержка; закуска; * tener muletas, быть очень старым.

muletada. [ж.] стадо молодых мул.

muletazo. [м.] удар костылем; приём тореадора с помощью muleta.

muletero. [м.] см. mulatero.

muletilla. [ж.] мулета (тореадора); пуговица (позументное изделие); палка в форме костыля; фраза, повторяемая по привычке.

muletillero, ra. [м. и ж.] человек, употребляющий при разговоре фразы, повторяемые по привычке.

muleto, ta. [м. и ж.] маленький, молодой или дикий мул.

muletón. [м.] мольтон (шерстяная ткань).

muliebridad. [ж.] женственность.

mulilla. [ж.] см. múleo.

mulita. [ж.] (Амер.) (зоол.) броненосец; водяное насекомое; умен. к mula.

mulito. [м.] (Амер.) индюк.

mulo. [м.] мул.

mulón, na. [прил.] (Амер.) поздно начавший говорить (о ребёнке); косноязычный.

mulquite. [м.] (Амер.) очень маленький кукурузный початок.

mulso, sa. [прил.] подслащённый сахаром или мёдом.

multa. [ж.] штраф.

multar. [перех.] штрафовать.

multi- частица, служащая для образования многих слов и означающая много.

multiarticulado, da. [прил.] многосуставчатый, многочленистый.

multicapsular. [прил.] (бот.) многомешечный.

multicaule. [прил.] (бот.) многостебельный.

multicelular. [прил.] многоклеточный.

multicolor. [прил.] многоцветный, разноцветный, многокрасочный.

multifido, da. [прил.] (бот.) многораздельный.

multifloro, ra. [прил.] (бот.) многоцветковый.

multifolio, lia. [прил.] (бот.) многолистный.

multiforme. [прил.] многообразный.

multigrávida. [прил. и ж.] женщина, перенесшая большое количество беременностей.

multilateral. [прил.] многосторонний.

multilobulado, da. [прил.] (бот.) многолопастный.

multilocular. [прил.] многогнездный.

multimillonario. [м.] миллиардер (тже.).

multinomio. [м.] (мат.) многочлен.

multinuclear. [прил.] (физ.) многоядерный.

multípara. [прил.] многократно рожавшая.

multiparidad. [ж.] свойст. к многородящий.

múltiple. [прил.] сложный, многосложный; разнообразный; обильный; (мат.) кратный.

multiplicable. [прил.] умножаемый, могущий быть помноженным.

multiplicación. [ж.] (мат.) умножение; размножение; передаточное число.

multiplicador, ra. [прил.] умножающий; (мат.) множитель.

multiplicando. [м.] (мат.) множимое.

multiplicante. [м.] (физ.) многогранное стекло.

multiplicar. [перех.] умножать, множить; размножать; помножать: multiplicarse. [возв. гл.] размножаться.

multiplicativo, va. [прил.] умножающий; множительный.

multíplice. [прил.] см. múltiple.

multiplicidad. [ж.] множественность; множество, масса, многочисленность.

múltiplo, pla. [прил.] (мат.) кратный; [м.] (мат.) множитель: * mínimo común múltiplo, общее наименьшее кратное.

multipolar. [прил.] многополюсный; коренной (о зубе).

multitud. [ж.] множество, масса; толпа, народ.

multitudinario, ria. [прил.] относящийся к множеству, к толпе.

multivalvo, va. [прил.] многостворчатый.

multivibrador. [м.] мультивибратор.

mulla. [ж.] размягчение, смягчение; разрыхление, вскапывание.

mullible. [прил.] поддающийся размягчению, разрыхлению, вскапыванию.

mullicar. [перех.] (обл.) рыхлить, разрыхлять (землю).

mullida. [ж.] подстилка или постилка для скота.

mullido, da. [страд. прич.] к mullir; [м.] набивочный материал для мебели (волос, шерсть, солома).

mullidor. [м.] см. muñidor.

mullidor, ra. [прил. и сущ.] размягчающий и т. д.

mullir. [перех.] размягчать, смягчать; взрыхлять, рыхлить, разрыхлять (землю); [непр. гл.] pret. indef. (ind.): mulló, mulleron; imperf. subj.: mullera, mullese и т. д.

mullo. [м.] (Амер.) см. abalorio.

mumuga. [ж.] (Амер.) табачные отбросы.

mumurro. [м.] (обл.) бука, пугало.

mundación. [ж.] очищение.

mundanal. [прил.] см. mundano.

mundanalidad. [ж.] светскость.

mundanalmente, mundanamente. [нареч.] по светски, суетно.

mundanear. [неперех.] вести светскую жизнь.

mundanería. [ж.] светскость; светская суетность; светский поступок.

mundanero, ra. [прил.] светский; мирской.

mundanesca. [ж.] светские люди; светские манеры.

mundanesco, ca. [прил.] см. mundano.

mundanidad. [ж.] светскость; светская суетность; светская жизнь.

mundanismo. [м.] см. mundanidad; космополитизм.

mundano, na. [прил.] светский, мирской, суетный, житейский; публичная (о женщине).

mundear. [неперех.] (Амер.) ездить, бродить по свету.

mundial. [прил.] мировой, всемирный; (уст.) см. mundano.

mundialismo. [м.] космополитизм.

mundialista. [прил.] космополитический; [м. и ж.] космополит, (-ка).

mundializar. [перех.] делать космополитическим.

mundicia. [ж.] см. limpieza.

mundificación. [ж.] очищение, санация (раны, язвы).

mundificante. [дейст. прич.] к mundificar, очищающий.

mundificar. [перех.] очищать, санировать (рану, язву).

mundificativo, va. [прил.] (мед.) очищающий.

mundillo. [м.] сушильня; грелка (для постели); подушечка для вязанья кружев; (бот.) обыкновенная калина.

mundinovi. [м.] см. mundonuevo.

mundo. [м.] мир, свет, вселенная; земной шар; земля (планета); человечество, люди; человеческое общество; светская жизнь; сундук; (арг.) лицо; (бот.) калина обыкновенная: * correr или ver mundo, путешествовать; * medio mundo, масса людей; * este mundo y el otro, масса богатств; * el gran mundo, высший свет; * echar al mundo, родить, произвести на свет; * venir al mundo, родиться на свет * desde que el mundo es mundo, с тех пор, как стоит мир, испокон веку, с незапамятных времён; * vivir en el fin del mundo, жить на краю света; * echarse al mundo, проституироваться; стать развратным; * salir de este mundo, отправиться на тот свет, умереть; * no caber en este mundo, пыжиться, чваниться; tener mucho mundo, знать свет, обладать житейской мудростью; * por nada del mundo, ни за что на свете; * ponerse el mundo por montera, смеяться над всем; ни с чем не считаться; * el mundo antiguo древний мир; * la creación del mundo, сотворение мира.

mundología. [ж.] знание света; умение жить.

mundonón. [м.] (Амер.) множество, обилие, изобилие.

mundonuevo. [м.] сорт косморамы.

munición. [ж.] (воен.) снаряжение; боеприпасы; охотничья дробь; ружейный запас: * municiones de boca, провиант (уст.), продовольствие, фураж (для лошадей); * pan de munición, солдатский, пайковый хлеб; * municiones de guerra, боеприпасы; * de munición, пайковый; поспешно сделанный.

municionamiento. [м.] снабжение провиантом, боеприпасами.

municionar. [перех.] снабжать провиантом, боеприпасами.

municionera. [ж.] (Амер.) сумка для дроби.

municionero, ra. [м. и ж.] поставщик, (-ица).
municipal. [прил.] муниципальный, городской; [м.] полицейский, городовой; (Амер.) муниципальный советник.
municipalidad. [ж.] муниципалитет, городское самоуправление.
municipalizar. [перех.] муниципализировать.
munícipe. [м.] житель муниципального округа.
municipio. [м.] (ист.) муниципия (город с правом самоуправления); муниципальный округ; муниципалитет, городской совет.
munidad. [ж.] восприимчивость организма к заражению.
munido, da. [прил.] (Амер.) укреплённый, защищённый, вооружённый.
munificencia. [ж.] щедрость; великодушие.
munificente, munífico, ca. [прил.] щедрый; великодушный.
munitoria. [ж.] фортификация (военно-инженерная наука).
mununeque. [м.] (разг.) (Амер.) лесть, ласка.
munúscuio. [м.] малоценный подарок.
muñeca. [ж.] запястье; кукла, марионетка; манекен; мешочек с травами, с порошком и т. д.; ладанка; подушечка; указательный столб; см. hito; (перен. разг.) самовлюблённая девушка; неженка.
muñeco. [м.] кукла, марионетка, изображающая мальчика; (перен. разг.) пустой, самовлюблённый, изнеженный юноша: * tener muñecos en la cabeza, строить воздушные замки.
muñeira. [ж.] народный галисийский танец и напев.
muñequera. [ж.] (уст.) браслет; браслет у ручных часов.
muñequería. [ж.] крикливость (в нарядах).
muñequilla. [ж. умен.] к muñeca, куколка и т. д.; (Амер.) кукурузный початок (незрелый).
muñidor. [м.] церковный сторож; избирательный агент; посредник, интриган.
muñir. [перех.] созывать, приглашать куда-л; управлять; [непр. гл.] спрягается как mullir.
muñón. [м.] культя; культяпка, обрубок; бицепс; (воен.) цапфа (вставляемая в лафет).
muñonera. [ж.] (воен.) гнездо цапфы (у лафета).
muquición. [ж.] (арг.) еда, съестное.
muquir. [перех.] (арг.) есть, съедать.
mura. [ж.] см. amura.
muradal. [м.] см. muladar.
murajes. [м. множ.] (бот.) очный цвет.
muralista. [м. и ж.] специалист по стенной живописи.
mural. [прил.] стенной, настенный: * mapa mural, стенная карта.
muralla. [ж.] городская стена (крепостная); (Амер. гал.) см. pared; дом без наружных окон.
murallón. [м. увел.] к muralla; очень толстая стена.
murar. [перех.] обносить (окружать) каменной стеной.
murceguillo. [м.] летучая мышь.
murceo. [м.] (арг.) свиное сало.
murciada. [ж.] (арг.) шайка воров.
murciano, na. [прил.] относящийся к Murcia; [м. и ж.] уроженец, (-ка) этого города.
murciar. [перех.] (арг.) красть, воровать.
murciégalo, murciélago. [м.] летучая мышь.

murcigallero. [м.] (арг.) вор, ворующий под вечер.
murciglero. [м.] (арг.) вор, ворующий у спящих людей.
murcio. [м.] (арг.) вор.
murecillo. [м.] (зоол.) мышца.
murena. [ж.] мурена (род угря).
mureño. [м.] (обл.) см. majano.
murete. [ж.] низкая стена.
múrex. [м.] багрянка (раковина).
murga. [ж.] осадок (растительного масла).
murga. [ж.] бродячая труппа музыкантов: * dar murga, надоедать, докучать, приставать.
murgón. [м.] см. esguín.
murguista. [м. и ж.] член бродячей труппы музыкантов.
muriacita. [ж.] см. anhidrita.
murias. [м. множ.] (обл.) каменные скопления.
muriático, ca. [прил.] (хим.) см. clorhídrico.
muriato. [м.] (хим.) соль соляной кислоты.
múrice. [м.] багрянка (раковина); (поэт.) пурпуровый цвет.
múrido, da. [прил.] похожий на мышь; [множ.] порода грызунов.
muriente. [дейст. прич. и прил.] умирающий; (перен.) замирающий.
muriforme. [прил.] имеющий форму тутовой ягоды.
murmujear, murmullar. [неперех.] (перен. разг.) см. murmurar.
murmullo. [м.] журчание, рокот; шёпот; роптание; ропот (недовольство).
murmuración. [ж.] злословие, злоречие, пересуды.
murmurador, ra. [прил.] злоречивый (уст.), злословящий; журчащий; ропщущий; [м. и ж.] злословец, поноситель, (-ница), злой язык.
murmurante. [дейст. прич.] к murmurar.
murmurar. [перех.] журчать, рокотать; шептать, бормотать; роптать; жаловаться: * murmurar de, злословить о...
murmureo. [м.] непрерывное журчание, рокот и т. д.
murmurio. [м.] см. murmullo, злословие, пересуды; бормотание.
murmurón, na. [прил. и сущ.] (Амер.) см. murmurador.
muro. [м.] стена; см. muralla; (арг.) небольшой щит: * muro de contención, подпорная стена; * muro intermedio, внутренняя стена; * muro de sillería, divisorio, внутренняя стена здания.
murque. [м.] (Амер.) поджаренная мука.
murra. [ж.] (Амер.) ежевика (растение и ягода).
murrapo. [м.] (Амер.) (бот.) растение, листьями которого кроют крыши.
murraya. [ж.] (Амер.) кубинский куст.
murria. [ж.] печаль, грусть, сплин, меланхолия, хандра.
murrino, na. [прил.] (древн.) * vaso murrino, муринский сосуд.
murriña. [ж.] (Амер.) см. morriña; нечистота, грязь; грязная одежда.
murrio, rria. [прил.] грустный, печальный, меланхоличный, задумчивый.
murro. [м.] (Амер.) гримаса недовольства.
murrundanga [ж.] (Амер.) груда ненужных вещей; путаница.
murrungo, ga. [прил.] (Амер. прост.) см. morrongo.
murruñoso, sa. [прил.] (Амер.) маленький, крошечный.
murta. [ж.] (бот.) мирт, миртовое дерево; см. murtón; (арг.) маслина, олива.
murtal. [м.] **murtera.** [ж.] плантация миртовых деревьев.
murtilla, murtina. [ж.] черника.
murtón. [м.] плод мирта.

murucuca, murucuyá. [ж.] (бот.) страстоцвет.
murueco. [м.] (зоол.) см. morueco.
murumaca. [ж.] (Амер.) комическая жестикуляция.
mus. [м.] карточная игра.
mus, sin decir tus ni mus, не говоря ни слова.
musa. [ж.] муза; (перен.) муза, вдохновение; поэзия; [множ.] свободные искусства, науки: * soplarle a uno la musa, быть вдохновенным; * entender la musa, проникнуть в намерение.
musáceos. [ж. множ.] (бот.) банановые растения.
musar. [перех.] (обл.) бодать; [неперех.] (уст.) см. aguardar.
musaraña. [ж.] см. musgaño; насекомое, букашка; зверёк; червячок; (перен. разг.) безобразный человек; мелькание в глазах: * mirar a las musarañas, pensar en las musarañas, быть рассеянным.
muscardina. [ж.] болезнь шелковичного червя, обусловленная плесневым грибком.
muscardino. [м.] (зоол.) орешниковая сойя.
muscari. [м.] (бот.) косматый или мускатный гиацинт.
muscaria, muscícapa. [ж.] см. moscareta.
muscícola. [прил.] живущий во мху.
musciforme. [прил.] муховидный.
muscípula. [ж.] (бот.) смолянка клейкая (растение).
muscívoro, ra. [прил.] поедающий мух.
musco, ca. [прил.] темнокоричневый; [м.] (уст.) мускус; мускусная крыса.
musco. [м.] мох.
muscovita. [ж.] (мин.) слюда (один из видов).
musculación. [ж.] (Амер.) мускулатура, мышечная система.
musculado, da. [прил.] (Амер.) мускулистый.
muscular. [прил.] мышечный, мускульный.
muscularidad. [ж.] свойст. к мышечный.
musculatura. [ж.] мускулатура, все мышцы тела.
músculo. [м.] (анат.) мышца, мускул; см. rorcual.
musculocutáneo, a. [прил.] кожно-мышечный.
musculofrénico, ca. [прил.] мышечно-диафрагмальный.
musculoso, sa. [прил.] мускулистый.
muselina. [ж.] муслин, кисея.
museo. [м.] музей.
museografía. [ж.] описание музеев.
museógrafo, fa. [м. и ж.] специалист по описанию музеев.
museología. [ж.] музееведение.
museológico, ca. [прил.] относящийся к музееведению.
museólogo, ga. [м. и ж.] музеевед.
muserola. [ж.] переносье мундштука или уздечки.
musgaño. [м.] (зоол.) землеройка.
musgo. [м.] (бот.) мох.
musgo, ga. [прил.] темнокоричневый.
musgoso, sa. [прил.] покрытый, поросший мхом, мохом, мшистый.
música. [ж.] музыка; музыкальное произведение; музыканты; оркестр; ноты; пустые слова; неприятный шум: * música de cámara, камерная музыка; * música instrumental, инструментальная музыка; * música vocal, armónica, вокальная музыка; * música coreada, хоровая музыка; * música ratonera, скверная музыка; * música celestial, пустые слова; * ir con la música a otra parte, убраться подобру-поздорову; * no entender la música, притворяться незнающим и т. д.; * venírse con músicas, рассказывать небылицы, врать,

musicable. [прил.] переложимый на музыку.
musical. [прил.] музыкальный.
musicalidad. [ж.] музыкальность.
musicalmente. [нареч.] музыкально.
musicanga. [ж.] (Амер.) скверная музыка.
musicante. [действ. прич.] к musicar; [м.] (Амер.) музыкант, барабанщик.
musicar. [перех.] (м. употр.) переложить на музыку.
musicastro. [м.] скверный музыкант.
music-hall. [м.] мюзик-холл.
músico, ca. [прил.] музыкальный; [м. и ж.] музыкант, (-ша).
musicografía. [ж.] наука и искусство музыкального критика.
musicográfico, ca. [прил.] музыкальный.
musicógrafo. [м.] музыкальный критик.
musicología. [ж.] музыковедение, музыкознание.
musicológico, ca. [прил.] музыковедческий; относящийся к музыковеду.
musicologista. [м. и ж.] см. musicólogo.
musicólogo. [м.] музыковед.
musicomanía. [ж.] сильное пристрастие к музыке.
musiquero. [м.] этажерка для нот.
musirse. [возв. гл.] (обл.) покрываться плесенью, плесневеть.
musitación. [ж.] бормотание, шопот; (мед.) шевеление губами (у больных).
musitar. [неперех.] бормотать, шептать, говорить невнятно.
musivaria. [ж.] наука, изучающая мозаики; мозаичная работа.
musivo, va. [прил.] * oro musivo, сусальное золото.
muslime. [прил.] мусульманский; [м.] мусульманин.
muslímico, ca. [прил.] мусульманский.
muslo. [м.] ляжка.
musmón. [м.] муфлон, дикий баран.
musófago. [м.] бананоед (птица).
musolina. [ж.] (Амер.) муслин.
musquerola. [прил. и ж.] см. mosquerola.
mustaco. [м.] сорт сладкого пирога.

mustang(o). [м.] (Амер.) мустанг (дикая лошадь).
muste. [межд.] см. uste.
mustela. [ж.] съедобная рыба; (уст.) ласка (животное).
mustelino, na. [прил.] (зоол.) похожий на ласку.
mustiamente. [нареч.] грустно, печально, меланхолически, томно.
mustiarse. [возв. гл.] вянуть, блёкнуть, увядать.
mustio, tia. [прил.] грустный, меланхолический; вялый, увядший; (Амер.) лицемерный.
musuco, ca. [прил.] (Амер.) курчавый, кудрявый.
musulmán. [прил.] мусульманский; [м. и ж.] мусульманин, (-ка).
musurgia. [ж.] (муз.) искусство употреблять кстати созвучия и несозвучия (диссонансы).
muta. [ж.] свора охотничьих собак.
mutabilidad. [ж.] изменчивость, переменчивость, превратность.
mutable. [прил.] (уст.) изменяемый, превратный, переменчивый.
mutación. [ж.] изменение, перемена; замена (одного другим); (биол.) мутация; (театр.) смена декораций; переменчивость погоды.
mutacismo. [м.] употребление одних букв вместо других (недостаток произношения).
mute. [м.] (Амер.) кушанье из кукурузы и картофеля.
mutiflor. [ж.] (Амер.) см. multiflor.
mutilación. [ж.] нанесение увечья, калечение, уродование, изувечение; искажение.
mutilado, da. [страд. прич.] к mutilar; [прил.] изувеченный, искалеченный, изуродованный; [м. и ж.] калека, увечный; инвалид.
mutilador, ra. [прил.] калечащий, уродующий; искажающий.
mutilamiento. [м.] см. mutilación.
mutilar. [перех.] отрубать, отнимать (член); калечить, уродовать, изувечивать, увечить; искажать.
mútilo, la. [прил.] искалеченный, не полный.
mutis. [м.] (театр.) указание суфлёра на уход со сцены; уход со сцены: * hacer mutis, замолчать.
mutismo. [м.] немота; молчание.
mutre. [прил.] (Амер.) косноязычный; плохо выговаривающий слова (об иностранце); (перен.) глупый; см. acre.
mutro, tra. [прил.] (Амер.) см. mutre; безрогий, комолый.
mutual. [прил.] см. mutuo.
mutualidad. [ж.] взаимность, обоюдность; взаимопомощь; общество взаимопомощи.
mutualismo. [м.] система взаимопомощи; (зоол.) взаимничество.
mutualista. [прил.] к mutualismo; [м. и ж.] член общества взаимопомощи.
mutualmente, mutuamente. [нареч.] взаимно, обоюдно.
mutuante. [м. и ж.] заимодавец.
mutuario, ria. [м. и ж.] заёмщик, (-ица).
mútulo. [м.] (арх.) модильон.
mutún. [м.] (Амер.) род индюка.
mutuo, a. [прил.] взаимный, обоюдный; [м.] (юр.) договор о передаче взаймы.
muy. [нареч.] очень, весьма: * muy señor mío, милостивый государь (форма обращения).
muz. [м.] (мор.) таран (у судна).
muza. [ж.] (Амер.) кошка.
muzárabe. [прил. и сущ.] см. mozárabe.
muzo. [м.] (Амер.) ценное дерево, используемое в краснодеревном ремесле.
muzo. [м.] (Амер.) кот.
my. [ж.] 12-я буква греческого алфавита.

Nn

n. [ж.] 13-я буква испанского алфавита; (астр. мор.) норд; (хим.) азот.
naba. [ж.] (бот.) кольза, рапс, брюква; корень этого растения.
nabab(o). [м.] набоб; богач.
nababía. [ж.] набобское достоинство, набобство.
nabal, nabar. [прил.] брюквенным; [м.] поле, засеянное брюквой.
nabato. [м.] (арг.) позвоночный столб, позвоночник.
nabería. [ж.] совокупность реп; кушанье из реп.
nabestro. [м.] (обл.) дикая репа.
nabí. [м.] мусульманский пророк.
nabicol. [м.] (бот.) капуста полевая.
nabiforme. [прил.] реповидный.
nabina. [ж.] семя репы.
nabizas. [ж. множ.] репные листья; корешки брюквы.
nabla. [ж.] старинный музыкальный инструмент (сорт лиры).
nablio. [м.] музыкальный инструмент (наподобие гуслей).
nabo. [м.] репа; его корень; корнеплод; репица (хвоста); (арх.) стержень; (арг.) наложение ареста на имущество: * **nabo gallego**, см. **naba**.
naborí. [сущ.] индеец-слуга.
nácar. [м.] перламутр.
nácara. [ж.] старинные литавры; (обл.) перламутр.
nacarado, da. [прил.] перламутровый; похожий на перламутр; украшенный перламутром.
nacáreo, a. [прил.] см. **nacarino**.
nacarigüe. [м.] (Амер.) кушанье из мяса и т. д.
nacarino, na. [прил.] перламутровый, похожий на перламутр.
nacarón. [м.] перламутр низкого качества.
nacascolo. [м.] (Амер.) см. **dividivi**.
nacatamal. [м.] (Амер.) пирог из кукурузной муки с мясом.
nacatamalero, ra. [м. и ж.] (Амер.) тот, кто приготовляет или продаёт **nacatamales**.
nacatete. [м.] (Амер.) цыплёнок ещё не покрытый перьями.
nacatón. [м.] (Амер.) неоперившийся цыплёнок.
nacedero. [м.] место рождения чего-л; (перен.) начало, источник, первопричина; (Амер.) (бот.) дикое дерево.
nacela. [ж.] (арх.) лунка, отлогая выкружка.
nacencia. [ж.] (обл. уст.) рождение; (перен.) опухоль, желвак; (Амер.) молодняк (о скоте).

nacer. [неперех.] рождаться, родиться, появляться на свет; вылупливаться (из яйца); прорастать (о семенах); всходить (о посевах и т. д.); появляться (о листьях); пускать ростки; начинаться, возникать; происходить, проистекать; вытекать, брать начало (о реках); заниматься, светать; **nacerse**, [возв. гл.] пускать побеги; распарываться (о шве): * **al nacer**, при рождении: [непр. гл.] **prest.:** nazco, naces и т. д.; **prest. subj.** nazcas, -a и т. д.
nacida [ж.] (мед.) опухоль, желвак.
nacido, da. [страд. прич.] к **nacer** [прил.] прирождённый; происшедший от..., из..., пригодный к...; приложенный, приспособленный; [м.] человек; опухоль, желвак: * **mal nacido**, с дурными природными наклонностями, с дурными задатками; из плохой семьи; * **bien nacido**, с хорошими природными наклонностями; из хорошей семьи; * **recién nacido**, новорождённый; * **venir como nacido**, быть, как по мерке; быть кстати; * **haber nacido de pie**, родиться в сорочке; * **haber nacido en tal día (hora)**, (разг.) избежать крайней опасности в такой-то день (час).
naciente. [действ. прич.] к **nacer** [прил.] рождающийся, возникающий, начинающийся; [м.] восток: * **el sol naciente**, восходящее солнце; * **león naciente**, (герал.) лев, которого голова выходит поверх шлема.
nacimiento. [м.] рождение; рождество; род, происхождение; начало, возникновение; появление (листьев и т. д.); восход (светил); прорастание (семян); исток (реки): * **de nacimiento**, прирождённый, врождённый, от рождения; по происхождению: * **mudo de nacimiento**, немой от рождения; * **partida de nacimiento**, свидетельство о рождении, метрика.
nación. [ж.] нация; народ; государство; (разг.) рождение: * **ciego de nación**, слепой от рождения, слепорождённый; * **de nación**, по рождению.
nacional. [прил.] национальный, народный; государственный; отечественный; [м.] служащий национальной милиции; [множ.] коренные жители, туземцы, подданные.
nacionalidad. [ж.] национальность, народность; подданство, гражданство.
nacionalismo. [м.] национализм.
nacionalista. [прил.] националистический, националистичный; [м. и ж.] националист, (-ка).
nacionalización. [ж.] национализация.
nacionalizar. [перех.] национализ(ир)овать.

nacionalmente. [нареч.] народно, национально, в национальном масштабе.
nacionalsocialismo. [м.] национал-социализм.
nacionalsocialista. [прил.] национал-социалистский; [м. и ж.] национал-социалист.
naco. [м.] (Амер.) прессованный сухой лист табака.
nacre. [м.] (уст.) перламутр.
nacho, cha. [прил. и сущ.] см. **chato**.
nada. [ж.] небытие; ничто, пустяк; незначительная доля, вещь и т. д., [мест.] ничто, ничего; [нареч.] ничего; нет; нисколько, вовсе нет, никоим образом: * **no servir para nada**, ни на что не годиться; * **por nada**, даром, за пустяк; ни за что; * **para nada**, зря; * **por nada del mundo**, ни за что на свете; * **reducir a la nada**, свести на нет, обратить в ничто; * **no tener nada que ver con**, не иметь ничего общего с...; * **no hay nada más bello**, нет ничего прекраснее; * **no hay nada mejor**, нет ничего лучше; * **de nada**, очень маленький; не за что (в ответ на благодарность); * **un hombre de nada**, ничтожный человек; * **como si nada**, как ни в чём не бывало; * **sacar de la nada**, сделать человеком; * **nada de eso**, ничего подобного; * **nada más**, больше ничего; * **nada menos**, не меньше; не что иное; * **en nada**, почти нет; совсем нет; чуть было не; * **todo o nada**, всё или ничего; * **eso no conduce a nada**, это ни к чему не ведёт; * **no tienes nada que hacer**, тебе нечего делать; * **al que nada tiene el rey lo hace libre**, на нет суда нет; * **vendí la casa por nada**, я продал дом за даром, за ничто, за безделицу; * **no pensar en nada**, ни о чём не думать.
nadadera. [ж.] пузырь или пробковый пояс для плавания.
nadadero. [м.] бассейн для плавания.
nadador, ra. [прил.] плавающий; [м. и ж.] пловец; [м.] (Амер.) поплавок.
nadadura. [ж.] (уст.) плавание.
nadal. [м.] (уст.) рождество.
nadante. [действ. прич.] к **nadar**, (поэт.) плавающий.
nadar. [неперех.] плавать; всплывать; иметь в избытие, изобиловать; (разг.) носить широкое платье, утопить в нём: * **nadar en la abundancia**, утопать в изобилии; * **nadar entre dos aguas**, плавать под водой; (перен.) служить и нашим и вашим; стараться, чтобы и волки были сыты и овцы целы; * **nadar en sudor**, обливаться потом; * **nadar y guardar la ropa**, и волки сыты и овцы целы.
nadería. [ж.] пустяк, мелочь, безделица; ничтожество.

nadie. [мест.] никто; [м.] (перен.) ничтожный человек: * don nadie, ничтожный человек; * nadie es profeta en su tierra, нет пророка в своём отечестве.
nadilla. [умен.] (разг.) к nada.
nadir. [м.] (астр.) надир.
nado (a). [нареч.] вплавь.
nafa. [ж.] (обл.) см. azahar: * agua de nafa, вода, настоенная на цветах апельсинового дерева.
nafra. [ж.] (обл.) потёртость.
nafrar. [перех.] (обл.) ранить, вызывать потёртость.
nafta. [ж.] нефть; (разг.) бензин.
naftaleno. [м.] см. naftalina.
naftalina. [ж.] нафталин.
nafteno. [м.] (хим.) нафтен.
naftol. [м.] (хим.) нафтол.
naftolismo. [м.] (пат.) отравление нафтолом.
nagaika. [ж.] нагайка.
nagor. [м.] (зоол.) сенегальская антилопа.
nagual. [м.] (Амер.) колдун, чародей.
nagualear. [неперех.] (Амер.) льгать, обманывать; кутить (ночью).
nagualizar. [неперех.] (Амер.) воровать.
naguapate. [м.] (Амер.) (бот.) крестовное дерево.
naguas. [ж. множ.] см. enaguas.
nagüela. [ж.] (уст.) бедная хижина.
naguatle, nahuatle. [м.] язык мексиканских индейцев.
naide. [мест.] (вул.) см. nadie.
naife. [ж.] алмаз высшего качества.
naipada. [ж.] партия, кон (игры в карты); (дейст.) игра в карты.
naipe. [м.] игральная карта: * tener buen (mal) naipe, иметь (не иметь) удачу в игре; * dar (bien) el naipe, иметь удачу в игре.
naipera. [ж.] (обл.) женщина, работающая на фабрике игральных карт.
naipesco, ca. [прил.] относящийся к игральным картам.
naire. [м.] вожак слона; индийский дворянин.
naja. [ж.] (зоол.) кобра, очковая змея.
najarse. [возв. гл.] (арг.) уходить, уезжать, удирать.
¡najencia! [межд.] (арг.) убирайтесь!
najerano, najerino, na. [прил.] относящийся к Nájera; [м. и ж.] уроженец, (-ка) этого города.
nalga. [ж.] (анат.) ягодица.
nalgada. [ж.] окорок; удар по ягодицам.
nalgar. [прил.] ягодичный.
nalgatorio. [м.] (разг.) ягодицы.
nalgón, na. [прил.] (Амер.) nalgudo, da. [прил.] с большими ягодицами.
nalguear. [неперех.] ходить переваливаясь.
nalgudo, ta. [прил.] (Амер.) с большими ягодицами.
nambira. [ж.] (Амер.) большая тыква.
nana. [ж.] (уст.) замужняя женщина; (разг.) бабушка; колыбельная песня; (Амер.) няня; кормилица; мать.
nana. [ж.] (Амер.) см. pupa.
nanacate. [м.] (Амер.) гриб.
nanachas. [прил. множ.] (Амер.) парные, одинаковые.
nanacho, cha. [прил.] (Амер.) парный, одинаковый.
nance. [м.] (Амер.) название одного куста и его плода (съедобного).
nancear. [неперех.] (Амер.) см. coger.
nancer. [м.] (Амер.) см. nance.
nanear. [неперех.] ходить вперевалку.
nango, ga. [прил.] (Амер.) приезжий, чужой; глупый.
nanismo. [м.] (анат. пат.) нанизм, малорослость, карликовость.
nanita. [ж.] (Амер.) бабушка: * el año de la nanita, при царе Горохе.

nano, na. [прил.] (обл.) карликовый, малорослый; [м. и ж.] карлик, (-ица).
nanocefalia. [ж.] карликовая голова.
nanocéfalo, la. [прил. и сущ.] с карликовой головой.
nanomelia. [ж.] недоразвитие членов.
nanosomia. [ж.] карликовый рост, недоразвитие тела.
nanoya. [ж.] (Амер.) бабушка.
nanquín. [м.] нанка, китайка (ткань).
nansa. [ж.] см. nasa; садок, пруд для разведения рыбы.
nanzú. [м.] нансук (ткань).
nao. [ж.] (уст.) судно, корабль.
naonato, ta. [прил. и сущ.] рождающийся в судне (при плавании).
napa. [ж.] (арг.) ягодица.
napalm. [м.] напалм, сгущённый бензин, применяемый в авиабомбах: * bomba de napalm, напалмовая бомба.
napango. [м.] (Амер.) метис.
napea. [ж.] лесная нимфа.
napelo. [м.] (бот.) аконит, синий борец, волчий корень.
napeo, a. [прил.] свойственный лесным нимфам, относящийся к лесным нимфам.
napias. [ж. множ.] нос.
napiforme. [прил.] реповидный.
napo. [м.] (Амер.) американский ястреб.
napoleón. [м.] старинная серебряная монета в 5 франков.
napoleónico, ca. [прил.] наполеоновский.
napolitana. [ж.] туз, двойка и тройка одной масти (при игре).
napolitano, na. [прил.] неаполитанский; [м. и ж.] неаполитанец, (-ка).
naque. [м.] старинная труппа состоящая из двух комедиантов.
narango. [м.] см. moringa.
naqueracuza. [ж.] народная песня, напев.
naranja. [ж.] апельсин; старинное пушечное ядро; (Амер.) см. toronja: * naranja tangerina, гибрид апельсина с мандарином; * naranja de sangre, королёк; * media naranja, дражайшая половина, жена; * ¡naranjas!, (разг.) дудки! ни за что!
naranjada. [ж.] апельсиновый сок, оранжад; (перен.) грубый поступок.
naranjado, da. [прил.] оранжевый.
naranjal. [м.] апельсинная плантация; (Амер.) см. naranjo.
naranjazo. [м.] удар апельсином.
naranjera. [ж.] орудие среднего калибра.
naranjero, ra. [прил.] апельсинный, апельсиновый; [м. и ж.] продавец, (-щица) апельсинов; [м.] апельсиновое дерево: *trabuco naranjero, орудие среднего калибра.
naranjilla. [ж.] (бот.) маленький, недозрелый апельсин; плод naranjillo.
naranjillada. [ж.] (Амер.) напиток из плода naranjilla.
naranjillo. [м.] (Амер.) паслёновое растение с съедобным плодом.
naranjo. [м.] апельсиновое дерево; (разг.) грубиян, мужлан, невежда.
naranjuela. [ж.] вьющееся колючее растение.
narceína. [ж.] (хим.) нарцеин.
narcisismo. [м.] самолюбование, самовлюблённость.
narciso. [м.] самовлюблённый человек.
narciso. [м.] (бот.) нарцисс; (Амер.) см. adelfo; * de narciso, нарциссовый.
narcolepsia. [ж.] (мед.) спячка, болезненная неудержимая сонливость.
narcomanía. [ж.] наркомания, страсть к употреблению наркотиков.
narcomaníaco, ca, narcómano, na. [прил.] страдающий наркоманией; [сущ.] наркоман, (-ка).
narcosis. [ж.] (пат.) наркоз, усыпление.

narcótico, ca. [прил.] усыпительный, наркотический; [м.] наркотик.
narcotina. [ж.] (хим.) вещество добываемое из опиума.
narcotismo. [м.] злоупотребление наркотическими средствами.
narcotización. [ж.] (мед.) наркотизация.
narcotizador, ra. [прил.] наркотизирующий.
narcotizar. [перех.] наркотизировать, усыплять.
nardino, na. [прил.] состоящий из нарда; похожий на нард.
nardo. [м.] (бот.) нард, тубероза; см. espicanardo.
nares. [ж. множ.] (арг.) нос.
narguile. [м.] наргиле (род кальяна).
nariceado. [м.] (Амер.) кольцо, носимое в носу (животных).
narices. [ж. множ.] к nariz.
narigada. [ж.] (Амер.) щепотка, см. pulgarada; понюшка табаку.
narigón, na. [прил. и сущ.] см. narigudo; [м.] носище, большой нос; отверстие в носу для кольца и (Амер.) самое кольцо; отверстие в брусе (при вывозе из леса).
narigudo, da. [прил.] большеносый, носатый, носастый (прост.); имеющий форму носа: [сущ.] носач (прост.).
nariguera. [ж.] кольцо, носимое в носу.
narigueta. [ж. умен.] к nariz, носик, носок; [прил. и сущ.] (Амер.) см. narigudo.
nariguilla. [ж. умен.] к nariz, носик, носок.
nariz. [ж.] нос; ноздря; (перен.) обоняние, нюх, чутьё; скоба щеколды; запах тонких (тех.) носик; острый мыс: * nariz respingada, respingona, вздёрнутый нос; * nariz aguileña, орлиный нос; * narices remachadas, приплюснутый нос; * dar en la nariz, ударить в нос (о запахе); предчувствовать; * dejar a uno con tantas narices, оставить с носом, натянуть нос; * hablar uno por las narices, гнусавить; * hacerle a uno las narices, дурно обращаться с кем-л; * hacerse uno las narices, (разг.) получить сильный удар по носу; (перен.) разочароваться; * hincharsele a uno las narices, (разг.) надуться, рассердиться; * llenársele a uno las narices de mostaza, сильно рассердиться; * meter las narices en una cosa, совать свой нос куда не следует; * no saber uno donde tiene las narices, быть крайним невежественным; * no ver más allá de sus narices, не видеть дальше собственного носа; * dar con la puerta en las narices, захлопнуть дверь перед чьим-л. нос; * dejar con un palmo de narices, оставить с носом, натянуть нос; * tener narices largas или de perro perdiguero, обладать тонким нюхом; * tener agarrado por las narices, водить кого-л за нос; вить верёвки из кого-л; * de narices, лицом к лицу; * torcer las narices, сделать удивлённое лицо.
narizón, na. [прил.] (разг.) см. narigudo; [м.] (Амер.) носище.
narizota. [м. увел.] к nariz, носище.
narizudo, da. [прил.] (Амер.) (разг.) см. narigudo.
narota. [ж.] (шутл.) носище.
narra. [ж.] (бот.) бобовое дерево.
narra. [ж.] (Амер.) тормоз (в повозке).
narrable. [прил.] могущий быть рассказанным.
narración. [ж.] повествование, рассказ, изложение.

narrador

narrador, ra. [прил.] рассказывающий, повествующий; [м. и ж.] повествователь (-ница), рассказчик, (-ица).
narrar. [перех.] повествовать, рассказывать.
narrar. [перех.] (обл.) затащить; [неперех.] (обл.) скользить (о колесе).
narrativa. [ж.] см. narración; дар слова.
narrativo, va, narratorio, ria. [прил.] повествовательный.
narria. [ж.] тележка, сани (для перевозки тяжестей); (разг.) дебелая, дородная женщина; женщина носящая широкое платье.
narria. [ж.] (обл.) сорт грабель; большой нос, носище.
narros. [м. множ.] (обл.) хитрость.
narval. [м.] (зоол.) нарвал, морской единорог.
narvaso. [м.] (обл.) кукурузная солома для корма скота.
nasa. [ж.] верша (рыболовная); корзина для рыбы (с узким отверстием); корзина для хлеба.
nasal. [прил.] носовой; (лингв.) назальный, носовой; [м.] носовой звук.
nasalidad. [ж.] носовой характер звука, носовое качество или произношение.
nasalización. [ж.] (лингв.) назализация.
nasalizar. [перех.] (лингв.) назализировать, произносить в нос.
nasalmente. [нареч.] носовым звуком, в нос.
nasardo. [м.] носовой регистр (в органах).
nasial. [прил.] (анат.) принадлежащий к nasión.
nasicornio. [м.] (зоол.) носорог.
nasión. [м.] (анат.) место перекреста лобного шва.
nasitis. [ж.] (пат.) воспаление носа.
naso. [м.] (разг. шутл.) большой нос, носище; (Амер.) верша.
nasofaringe. [ж.] (анат.) носоглотка.
nasafaríngeo, a. [прил.] (анат. пат.) носоглоточный.
nasofrontal. [прил.] (анат.) носолобный.
nasolabial. [прил.] (анат.) носогубной.
nasolacrimal. [прил.] (анат.) носослезный.
nasopalatino, na. [прил.] (анат.) носо-небный.
nastar. [перех.] (обл.) смешивать, перемешивать.
nastuerzo, nasturcio. [м.] (бот.) кресс, см. mastuerzo.
nasudo, da. [прил.] большеносый, носатый.
nasus. [м.] (мед.) нос.
nata. [ж.] пенка; сливки; (перен.) главное; [множ.] см. natillas: * la flor y la nata, цвет, сливки (общества).
natación. [ж.] плавание; искусство плавания.
natal. [прил.] родимый, родной, отечественный; относящийся к рождению; [м.] рождение; день рождения.
natal. [прил.] (анат. зоол.) ягодичный.
natalicio, cia. [прил.] относящийся к дню рождения; [м.] день рождения.
natalidad. [ж.] рождаемость.
natátil. [прил.] могущий плавать.
natatorio, ria. [прил.] плавательный; предназначенный для плавания: * vejiga natatoria, (de los peces), плавательный пузырь (у рыб).
naterón. [м.] творог.
natiforme. [прил.] ягодицеобразный.
natillas. [ж. множ.] сбитые сливки (с сахаром и яйцами).

natío, a. [прил.] природный, естественный; самородный: * oro natío, самородное золото; [м.] рождение: * de su natío, естественно.
natividad. [ж.] Рождество Христово; рождество (время).
nativismo. [м.] (фил.) нативизм.
nativista. [прил.] нативистический; [м.] нативист.
nativitate (a). [лат. выраж.] с рождения.
nativo, va. [прил.] природный, натуральный; самородный, родимый, родной; врождённый: [м. и ж.] уроженец, (-ка), туземец, (-земка): * oro nativo, самородное золото.
nato, ta. [непр. страд. прич.] к nacer [прил.] родившийся, рождённый; урождённый; пожизненный.
natral. [м.] (Амер.) место, изобилующее natri(s).
natri. [м.] (бот.) чилийский куст (паслёновый).
natrón. [м.] (хим.) (едкий) натр, каустическая сода.
natura. [ж.] см. naturaleza; половые органы; * a, de natura, см. naturalmente.
natural. [прил.] природный, естественный, натуральный, подлинный, настоящий, прирождённый; непринуждённый, естественный, свойственный; гладкий, лёгкий, свободный, наивный, обыкновенный; [сущ.] уроженец, (-ка), природный житель, (-ница); [м.] натура, природа, прирождённый характер, нрав; свойство, наклонности, естественность, простота; (жив.) натура; (уст.) место рождения; * hijo natural, внебрачный ребёнок: * natural de Moscú, уроженец Москвы; * del natural, с натуры; * al natural, в натуральном виде; * tamaño natural, натуральная величина; * es natural, разумеется, конечно.
naturaleza. [ж.] природа, натура; естественность, безыскусственность, простота; сущность; свойство, характер; происхождение (место рождения); пол; сорт, род, тип; (жив.) натура; натурализация: * naturaleza humana, человеческая природа, натура; * naturaleza muerta, (жив.) натюрморт; * por naturaleza, по природе, от природы.
naturalidad. [ж.] естественность, натуральность; непринуждённость, естественность; врождённость; простота, прямота; национальная принадлежность, положение подданного данной страны.
naturalismo. [м.] естественность, соответствие природе; (лит. фил. иск.) натурализм.
naturalista. [прил.] натуралистический; [м.] натуралист, естествоиспытатель.
naturalístico, ca. [прил.] натуралистический.
naturalización. [ж.] натурализация, принятие в гражданство, в подданство; акклиматизация (животных, растений).
naturalizar. [перех.] натурализовать, принимать в гражданство, в подданство; вводить в язык и т. д.; акклиматизировать (животных, растений); **naturalizarse.** [возв. гл.] приобретать права гражданства.
naturalmente. [нареч.] естественно, натурально; легко, просто; ¡naturalmente!, конечно!, разумеется!
naturio, ria. [прил.] см. nativo, natural.
naturismo. [м.] (мед.) близость к природе.
naturista. [прил.] относящийся к naturismo; [м. и ж.] сторонник, (-ица) жизни на лоне природы.
nauclea. [ж.] (бот.) дикуша (растение).
naufragante. [дейст. прич.] к naufragar.
naufragar. [неперех.] потерпеть кораблекрушение; (перен.) потерпеть неудачу, крушение, погибнуть.
naufragio. [м.] кораблекрушение; (перен.) крушение, крак, провал, разорение, фиаско, гибель.
náufrago, ga. [прил. и сущ.] потерпевший, (-шая) кораблекрушение; потерпевший, (-шая) неудачу; разорившийся; [м.] акула.
naumanita, naumannita. [ж.] селенистое серебро.
naumaquia. [ж.] навмахия, зрелище морских битв (в древнем Риме).
naumaquiario. [прил.] относящийся к навмахии; [м.] тот, кто принимал участие в навмахиях.
naupatía [ж.] морская болезнь, проявляется головокружением, тошнотой, рвотой и т. д.
náusea. [ж.] (чаще множ.) тошнота, предшествующая рвоте; (перен.) отвращение, омерзение: * sentir náuseas, испытывать тошноту.
nauseabundo, da. [прил.] вызывающий тошноту, тошнотворный; отвратительный, тошнотворный, гадкий; склонный испытывать тошноту.
nauseante. [дейст. прич.] к nausear, испытывающий тошноту.
nausear. [неперех.] испытывать тошноту, тошнить.
nauseativo, va, nauseoso, sa. [прил.] см. nauseabundo.
nausiento, ta. [прил.] (Амер.) испытывающий тошноту.
nausiosis. [ж.] (мед.) тошнота, предшествующая рвоте.
nauta. [м.] моряк.
náutica. [ж.] мореходство, мореплавание.
náuticamente. [нареч.] по правилам навигации.
náutico, ca. [прил.] морской, мореходный, мореплавательный; навигационный.
nautilo. [м.] (зоол.) кораблик, ботик (моллюск).
nautiloideo, a. [прил.] имеющий форму кораблика.
nava. [ж.] равнина (вообще, среди гор).
navacero, ra. [м. и ж.] тот, кто занимается обработкой navazo.
navaja. [ж.] наваха (испанский складной нож); карманный нож; моллюск (один из видов); (перен.) клык кабана; (разг.) злой язык; жало (насекомого); (Амер.) перочинный нож: * navaja de afeitar, бритва.
navajada. [ж.] **navajazo.** [м.] удар навахой, бритвой, клыком; ранение, порез навахой, бритвой: * andar a navajazos, драться навахой, бритвой.
navajear. [неперех.] ранить, наносить удары навахой; (перен.) злословить.
navajeo. [м.] удары и т. д. навахой; (перен.) злословие.
navajero. [м.] футляр для бритвы; полотенце для бритья.
navajo. [м.] (презр.) см. nava; непросыхающее болото, лужа.
navajón. [м. увел.] к navaja.
navajonazo. [м.] ранение или порез с помощью navajón.
navajudo, da. [прил.] (Амер.) см. marrullero.
navajuela. [ж. умен.] к navaja.
naval. [прил.] морской, военно-морской, флотский; навигационный: * combate naval, морской бой; * escuela naval, военно-морская академия; * táctica naval, морская тактика; * fuerzas navales, военно-морские силы.
navarca. [м.] начальник греческого флота; римский флагман.
navarro, rra. [прил.] наваррский; [м. и ж.] наваррец, уроженец, (-ка) Наварры.

navazo. [м.] см. navajo; огород или сад на прибрежных песках.
nave. [ж.] судно, корабль; (арх.) неф (внутренняя часть храма): * nave de guerra, военное судно; * nave de San Pedro, католическая Церковь; * quemar las naves, принять окончательное решение.
navecilla. [ж. умен.] к nave; ладанница.
navegabilidad. [ж.] судоходность; годность к плаванию (о судне).
navegable. [прил.] судоходный.
navegación. [ж.] (море)плавание, судоходство, навигация; плавание (на корабле и т. д.); см. náutica: * navegación aérea, воздухоплавание; * navegación costera, de cabotaje, прибрежное, каботажное плавание; * navegación marítima, fluvial, морское, речное судоходство; * navegación submarina, подводное плавание, * navegación de altura, дальнее плавание; * navegación espacial, cósmica, космонавигация.
navegador, ra. [прил.] мореплавательный; [м.] мореплаватель; штурман.
navegante. [дейст. прич.] к navegar, плавающий; лётный (о личном составе); [м.] мореплаватель.
navegar. [неперех.] плавать (на судне); лететь (на самолёте); идти, плыть (о судне); (перен.) странствовать (о торговце); ходить или переезжать с места на место; [перех.] (м. употр.) перевозить водным путём.
naveta. [ж. умен.] к nave; судёнышко, кораблик; (церк.) ладанница; ящик письменного стола.
navicela. [ж.] фонтан в виде лодки; (зоол.) морское блюдечко (раковина).
navícula [ж. умен.] к nave, судёнышко, кораблик; (бот.) мелкая водоросль.
navicular. [прил.] ладьевидный.
naviculario. [м.] римский владелец или капитан торгового судна.
navichuela. [ж. умен.] к nave, судёнышко, кораблик.
navichuelo. [м.] см. navichuela.
navidad. [ж.] рождество; [множ.] (разг.) годы: * tener muchas navidades, быть пожилым.
navideño, ña. [прил.] рождественский.
naviero, ra. [прил.] судовой, корабельный; [м.] судовладелец.
naviforme. [прил.] ладьевидный.
navío [м.] корабль, судно: * navío de guerra, военный корабль; * navío mercante, торговое судно; * navío de línea, линейный корабль; * capitán de navío, капитан первого ранга.
nayadáceas [ж. множ.] (бот.) наядовых.
náyade. [ж.] (миф.) наяда.
nayuribe. [м.] (бот.) щирицевое растение.
nazarenas [ж. множ.] (Амер.) большие шпоры.
nazareno. [м.] христианин; изображение Христа; покаянник, в фиолетовой тунике (в Страстной неделе): * el (Divino) Nazareno, Христос; * cuando vengan los nazarenos, никогда; * estar hecho un nazareno, быть очень печальным.
nazi. [прил.] нацистский; [м.] нацист.
nazismo. [м.] нацизм.
názula. [ж.] (обл.) творог.
neanderthal. [прил.] неандертальский; * hombre del neanderthal, неандерталец.
nearca. [м.] см. navarca.
neartrosis. [ж.] (пат.) образование нового сустава.
nébeda. [ж.] (бот.) горная мята (растение сем. губоцветных).
nebí. [м.] (зоол.) см. neblí.
nebladura [ж.] вред, нанесённый посевам туманом; (вет.) см. modorra.

neblí. [м.] (зоол.) сокол (одна из разновидностей).
neblina. [ж.] стелющийся туман.
neblinear. [неперех.] (Амер.) накрапывать, моросить.
neblinoso, sa. [прил.] туманный, мглистый.
nebloso, sa. [прил.] см. nebuloso.
nebral. [м.] (уст.) см. enebral.
nebreda. [ж. ж.] (бот.) поросль можжевельника.
nebrina. [ж.] ягода можжевельника.
nebro. [м.] (бот.) можжевельник.
nébula. [ж.] (астр.) светящееся ядро туманности; (пат.) лёгкое помутнение роговицы; облачко.
nebulado. [прил.] (герал.) облачный.
nebulización [ж.] пульверизация.
nebulón. [м.] хитрый, лукавый человек.
nebulosa. [ж.] (астр.) туманность, туманное пятно.
nebulosamente. [нареч.] туманно.
nebulosidad. [ж.] облачность, туманность; (перен.) туманность, неясность.
nebuloso, sa. [прил.] облачный, туманный; пасмурный, тёмный, неясный, туманный; мрачный, печальный, грустный.
necear. [неперех.] говорить глупости, дурачиться; глупо спорить и т. д.
necedad. [ж.] дурачество, глупость; пустяки, вздор, нелепость.
necesaria. [ж.] отхожее место.
necesariamente. [нареч.] необходимо, непременно, обязательно; по необходимости.
necesario, ria. [прил.] нужный, необходимый, потребный: * es necesario, должно, следует, нужно, необходимо; * será necesario, надо будет, понадобится; * ha sido necesario, надо было, понадобилось.
neceser. [м.] несессер, футляр с туалетными принадлежностями.
necesidad. [ж.] необходимость, потребность, нужда, надобность, нужда, недостаток, бедность; голод; потребность, естественная надобность: * de necesidad, необходимо; * por necesidad, по необходимости; * en caso de necesidad, в случае надобности; * tengo necesidad, мне нужно, мне нужны; * tener necesidad de, нуждаться в...; * la necesidad tiene cara de hereje, привяжется сума, откажется родня; * hacer de la necesidad virtud, покориться необходимости; * la necesidad carece de ley, нужда закон изменяет.
necesitado, da. [страд. прич.] к necesitar; [прил.] нуждающийся, убогий, бедный, неимущий (тже. сущ.).
necesitar. [перех.] ставить в необходимость, вынуждать, заставлять; [неперех.] нуждаться в чём-л., иметь необходимость, быть вынужденным (сделать что-л.); **necesitarse.** [возв. гл.] быть нужным, требовать.
necezuelo, la. [прил. умен.] к necio.
neciamente. [нареч.] глупо, бестолково; нелепо.
neciarrón, na. [прил. увел.] к necio.
necio, cia. [прил.] невежественный, глупый, нелепый, дурацкий; упрямый, дерзкий; [м. и ж.] невежда, глупец, дурак, дура, упрямец, (-ица): * a necias, глупо; нелепо; * a palabras necias oídos sordos, нечего отвечать на глупости.
necrobiosis. [ж.] (пат.) некробиоз.
necrobiótico, ca. [прил.] относящийся к некробиозу.
necrocitosis. [ж] клеточная смерть.
necrodulia. [ж.] поклонение покойникам, предкам.
necrófago, ga. [прил.] трупоядный.
necrofilia. [ж.] (пат.) некрофилия.
necrófilo, la. [прил. и сущ.] (пат.) страдающий некрофилией; (зоол.) живущий в мёртвом организме.

necrofobia. [ж.] (пат.) некрофобия.
necrófobo, ba. [прил. и сущ.] (пат.) страдающий некрофобией.
necróforo, ra. [прил.] питающихся падалью (о жуках); [м.] жук-могильщик, могиляк (жук, питающийся падалью).
necrogénico, ca, necrógeno, na. [прил.] развивающийся в мёртвом организме.
necrografía [ж.] описание трупов; наука о трупах.
necrógrafo, fa. [м. и ж.] специалист по описанию трупов.
necrólatra. [прил. и сущ.] поклоняющийся мёртвым.
necrolatría. [ж.] некролатрия, поклонение мёртвым; чрезмерное сожаление об умерших.
necrolátrico, ca. [прил.] относящийся к некролатрии.
necrología. [ж.] некролог.
necrólogo. [м.] автор некролога.
necromancia, necromancía. [ж.] некромантия.
necrópolis. [ж.] (ист.) некрополь, кладбище.
necropsia, necroscopia. [ж.] осмотр, вскрытие трупа.
necroscópico, ca. [прил.] относящийся к осмотру, вскрытию трупа.
necrosemiótico, ca. [прил.] относящийся к признакам смерти.
necrosificar. [перех.] (мед.) вызывать костное омертвение.
necrosis. [ж.] (мед.) некроз, омертвение.
necrospermia. [ж.] выделение семени, содержащего только мертвые сперматозоиды.
necrosteosis. [ж.] омертвение кости.
necrótico, ca. [прил.] некротический, омертвевший.
necrotomía. [ж.] удаление омертвевшей части.
néctar. [м.] нектар (питьё богов); (бот.) нектар, сахаристый сок.
nectáreo, a. [прил.] производящий нектар, нектароносный; нектароподобный.
nectarífero, ra. [прил.] нектароносный.
nectarina. [ж.] (зоол.) нектарница.
nectario. [м.] (бот.) нектарник, медовник, медовая желёзка.
néctico, ca. [прил.] способный всплывать.
neculvedi. [м.] (Амер.) орхидея (одна из разновидностей).
neerlandés, sa. [прил.] нидерландский; [м. и ж.] нидерландец, нидерландка.
nefalismo. [м.] абсолютное воздержание от напитков.
nefandamente. [нареч.] гнусно, мерзко, отвратительно.
nefandario, ria. [прил.] совершающий гнусный грех.
nefando, da. [прил.] гнусный, мерзкий, презренный, отвратительный.
nefario, ria. [прил.] крайне злой и безбожный.
nefas. * por fas o por nefas, всеми правдами и неправдами.
nefasto, ta. [прил.] злосчастный, злополучный, роковой, фатальный, печальный.
nefato, ta. [прил.] (Амер.) глупый, дурашливый.
nefelina. [ж.] нефелин.
nefelínico, ca. [прил.] содержащий нефелин; нефелиновый.
nefelión. [м.] (пат.) маленькое пятно на роговице.
nefelismo. [м.] отличительные признаки облаков.
nefelometría. [ж.] нефелометрия.

nefelométrico, ca. [прил.] относящийся к нефелометрии.
nefelómetro. [м.] нефелометр.
nefógeno. [м.] пульверизатор.
nefoscopio. [м.] (метеор.) нефоскоп.
nefralgia. [ж.] почечная боль.
nefrectomía. [ж.] (хир.) операция удаления почки.
nefrendo, da. [прил.] (анат.) беззубый.
nefrenfraxis. [ж.] (мед.) завал в почках.
nefridio. [м.] (анат.) нефридий.
nefrismo. [м.] общее расстройство организма на почве заболевания почек.
nefrita. [ж.] (мин.) нефрит.
nefritis. [ж.] (пат.) нефрит, воспаление почек.
nefrocele. [ж.] (мед.) грыжа, при которой грыжевой мешок содержит почку.
nefrocistosis. [ж.] (пат.) образование почечных кист.
nefrógeno, na. [прил.] исходящий из почки.
nefrografia. [ж.] описание почек.
nefrohidrosis. [ж.] (пат.) водянка почек.
nefroideo, a. [прил.] почковидный.
nefrolisis. [ж.] (хир.) оперативное выделение почки из перинефритических сращений; (пат.) распад почечной ткани.
nefrolitiasis. [ж.] (мед.) образование камней в почках.
nefrolito. [м.] (хир.) камень в почках, почечный камень.
nefrolitotomía. [ж.] (хир.) почечное камнесечение.
nefrología. [ж.] учение о почках.
nefromegalia. [ж.] ненормальное увеличение почек.
nefronco. [м.] (пат.) опухоль почки.
nefroneurosis. [ж.] (мед.) невроз почек.
nefropatía. [ж.] (пат.) заболевание почек.
nefropexia. [ж.] (хир.) фиксация, пришивание блуждающей почки.
nefropielitis. [ж.] (пат.) воспаление почечной лоханки.
nefropiosis. [ж.] (мед.) нагноение почек.
nefroptosis. [ж.] (мед.) опущение почки.
nefrorragia. [ж.] (мед.) почечное кровотечение.
nefrosclerosis. [ж.] (пат.) склероз почки.
nefrosis. [ж.] (пат.) нефроз, болезнь почек с перерождением эпителия извитых мочевых канальцев.
nefrostomía. [ж.] (хир.) наложение почечного свища для отведения мочи.
nefrotomía. [ж.] (хир.) оперативное рассечение почки или почечной лоханки.
negable. [прил.] отрицаемый, отвергаемый.
negación. [ж.] отрицание; абсолютное отсутствие чего-л; (грам.) слово или частица, выражающие отрицание.
negado, da. [страд. прич.] к negar; [прил.] неспособный, никчёмный; вероотступный; [м. и ж.] никчёмный человек; вероотступник.
negador, ra. [прил.] отрицающий (тже. сущ.).
negamiento. [м.] см. negación.
negante. [действ. прич.] к negar, отрицающий.
negar. [перех.] отрицать, отвергать; оспаривать, опровергать; отказывать в чём-л; отрекаться, отпираться; пренебрегать; запрещать, утаивать что-л; **negarse.** [возв. гл.] отрекаться, отказывать себе, не желать вмешиваться в чём-л; не принимать кого-л: * negar la entrada, отказать от дома; * negar la fe, отступить от веры.

negativa. [ж.] отрицание, запирательство; отказ.
negativamente. [нареч.] отрицательно.
negativismo. [м.] (пат.) негативизм.
negativo, va. [прил.] отрицательный; * electricidad negativa, отрицательное электричество; * placa (clisé, película) negativa, (фот.) негатив.
negatoscopio. [м.] негатоскоп.
negat(r)ón. [м.] (физ. хим.) отрицательный электрон, негатрон; динатрон.
negligé. [прил.] (гал.) небрежный, запущенный; [м.] неглиже, утреннее платье.
negligencia. [ж.] небрежность, беззаботность, упущение: * por negligencia, по небрежности; * con negligencia, небрежно.
negligente. [прил.] небрежный, беспечный.
negligentemente. [нареч.] небрежно.
negociabilidad. [ж.] продажность.
negociable. [прил.] (фин.) продающийся (о векселе, акции и т. д.).
negociación. [ж.] сделка; передача или продажа векселя; поручение; [множ.] переговоры.
negociado, da. [страд. прич.] к negociar; [м.] отдел, управление, ведомство; см. negocio; (Амер.) торговое предприятие, магазин.
negociador, ra. [прил. и сущ.] ведущий, (-ая) переговоры, посредник, (-ица).
negociante. [действ. прич.] к negociar; [м.] негоциант, оптовый торговец, купец.
negociar. [неперех. и перех.] торговать, вести (крупную) торговлю; передавать, продавать вексель; заключать сделку; (дипл. ком.) договариваться о..., вести переговоры.
negocio. [м.] занятие, дело, работа, место; торговля, коммерция; см. negociación; хорошее, выгодное дело; доход, прибыль, барыш; (Амер.) магазин: * negocio redondo, хорошее, выгодное дело; * dedicarse a los negocios, заняться торговлей; * hacer su negocio, извлекать пользу; незаконно наживаться на чужом деле; * evacuar un negocio, заканчивать дело; * negocio de mala digestión, сложное дело; * ¡vaya negocio! ну и дела!, велико ли дело!.
negocioso, sa. [прил.] старательный, прилежный; хлопотливый, аккуратный, деятельный.
negondo. [м.] (Амер.) лиственница (одна из североамериканских разновидностей).
negozuelo. [м. умен.] к negocio.
negra. [ж.] рапира; (муз.) четверть (нотный знак); (арг.) см. caldera.
negrada. [ж.] (Амер.) (соб.) негры-рабы.
negral. [прил.] черноватый.
negralla. [ж.] (Амер.) (соб.) негры-рабы.
negreal. [м.] (обл.) вереск (одна из разновидностей).
negrear. [неперех.] чернеть; быть или казаться чёрным.
negrecer. [неперех.] чернеть, становиться чёрным; [непр. гл.] спрягается как agradecer.
negregor. [м.] (уст.) см. negror.
negregueado, da. [страд. прич.] к negreguear; [прил.] чёрный, несчастный; печальный.
negreguear. [неперех.] см. negrear; [перех.] (непр.) одевать в чёрное; приносить беду.
negregura. [ж.] см. negrura.
negrería. [ж.] негры-рабы.
negrero, ra. [прил.] торгующий неграми; [м.] торговец неграми, работорговец; человек, жестоко относящийся к подчинённым; (Амер.) любящий ухаживать за негритянками; (обл.) пастух чёрных мериносовых овец.
negrestino, na. [прил.] (м. употр.) черноватый.
negreta. [ж.] синьга (вид утки).

negrilla. [ж.] вид угря; паразит оливковых деревьев и т. д.
negrillera. [ж.] вязовая роща.
negrillo, lla. [прил. умен.] к negro; [м.] (бот.) вяз, ильм; (обл.) (бот.) головня; (Амер.) щеголь.
negrito, ta. [прил. умен.] к negro (тже. сущ.); [м.] (Амер.) кубинская птица.
negrizal. [м.] черноватая почва (вообще, плодородная).
negrizco, ca. [прил.] черноватый.
negro, gra. [прил.] чёрный; тёмный, смуглый; мрачный; хмурый; тёмный; пасмурный; очень грустный, неудачливый; [м.] негр; чёрный цвет; чёрная краска: * negro como el azabache, чёрный как смоль; * pan negro, чёрный, ржаной хлеб; * estorbarle a uno lo negro, (разг.) не уметь читать; * como negra en baño, высокопарно; * venirle a uno la negra, не посчастливиться; * negro de humo, сажа; * negro animal, костяной уголь.
negrófago, ga. [прил. и сущ.] борец за рабство негров.
negrófilo, la. [прил. и сущ.] борец за освобождение негров; друг негров.
negrofobia. [ж.] боязнь негров.
negroide, negroideo, a. [прил.] негроидный; [м. и ж.] негроид: * raza negroide, негроидная раса.
negror. [м.] чернота.
negrota. [ж.] (арг.) котёл.
negruno, na. [прил.] черноватый.
negrura. [ж.] чернота.
negruzco, ca. [прил.] черноватый.
neguijón. [м.] (мед.) кариес (болезнь зубов).
neguilla. [ж.] (бот.) куколь; (вет.) чёрное пятно у зубов животных (дающее знать о их возрасте); отрицание; [множ.] (обл.) хитрость: * más vale celemín de neguilla que fanega de trigo, лучше синицу в руки, чем журавля в небе.
neguillón. [м.] (бот.) куколь.
negus. [м.] негус, титул эфиопского императора.
neja. [ж.] (Амер.) см. nesga; маисовая лепёшка.
nejayote. [м.] (Амер.) отвар от маиса.
neldo. [м.] (бот.) см. eneldo.
nelumb(i)o. [м.] (бот.) лотос (одна из разновидностей).
nelúmula. [ж.] (бот.) вид жасмина.
nema. [ж.] печать (на клапане конверта).
nemalita. [ж.] (мин.) бруцит.
nematelmintos. [м. множ.] круглые глисты.
nemátodo, da. [прил. прил.] нитевидный; [м. множ.] (зоол.) струнниковые глисты.
nematoide. [прил.] нитевидный.
neme. [м.] (Амер.) битум, смола, асфальт.
nemeo, a. [прил.] * juegos nemeos, немейские игры (в древн.).
nenime contradicente, nenime discrepante. [лат. выраж.] единогласно, единодушно.
nemóceros. [м. множ.] (зоол.) длинноусяжковые двукрылые насекомые.
nemofila. [ж.] (бот.) лесолюбка (растение).
nemorada. [ж.] храм в лесу.
nemoral. [прил.] живущий, водящийся в лесах, лесной.
nemoroso, sa. [прил.] лесной, лесистый; (поэт.) лесистый.
nena. [ж.] девчурка, ребёнок.
nene, na. [м. и ж.] мальчуган, малютка, младенец, ребёнок, девчурка; (ласк.) детка; опасный человек.
neneque. [м.] (Амер.) болезненный человек, требующий ухода.
nenia. [ж.] погребальные песни (в Риме).
nenúfar. [м.] (бот.) кувшинка, водяная лилия.

neo. частица (служащая для образования многих терминов и означающая) ново.
neo. [м.] (хим.) неон; см. ultramontano.
neoberingo. [м.] негритянская борьба под аккомпанемент песни и музыки.
neocatolicismo. [м.] ново-католицизм.
neocitemia. [ж.] наличие в крови новообразованных клеток.
neocito. [м.] (биол.) новообразованная клетка.
neoclasicismo. [м.] неоклассицизм.
neoclásico, ca. [прил.] неоклассический.
neocor. [м.] (муз.) маленький музыкальный рожок.
neocristianismo. [м.] ново-христианство, новое учение, которым пробовали заменить католицизм.
neocristiano, na. [прил. и сущ.] ново-христианин, (-анка).
neocriticismo. [м.] (фил.) неокантианство.
neodarvinismo. [м.] (биол.) неодарвинизм.
neodarvinista. [прил.] неодарвинистский; [м.] неодарвинист.
neofascismo. [м.] неофашизм.
neofascista. [прил.] неофашистский; [м.] неофашист.
neofibrina. [ж.] новообразованный фибрин.
neófito, ta. [м. и ж.] неофит, новообращённый, (-ая); новокрещенец, (-щенка).
neofobia. [ж.] патологическая боязнь новшеств.
neófobo, ba. [прил. и сущ.] враг новшеств, рутинёр.
neoformación. [ж.] новообразование.
neoformativo, va. [прил.] относящийся к новообразованию.
neogala. [ж.] **neogalo,** [м.] первое молоко после молозива.
neógeno, na. [прил.] (геол.) неогеновый: * período neógeno, неоген.
neografía. [ж.] новое правописание.
neografismo. [м.] введение нового правописания.
neogranadino, na. [прил.] колумбийский; [м. и ж.] колумбиец, (-анка).
neogriego, ga. [прил.] новогреческий.
neoimpresionismo. [м.] неоимпрессионизм.
neoimpresionista. [прил.] неоимпрессионистский.
neokantiano, na. [прил.] неокантианский; [м.] неокантианец.
neokantismo. [м.] неокантианство.
neolamarckismo. [м.] (биол.) неоламаркизм.
neolatino, na. [прил.] новолатинский (о языках).
neolítico, ca. [прил.] (археол.) неолитический: * período neolítico, неолит.
neología. [ж.] (лингв.) введение новых слов.
neológico, ca. [прил.] (лингв.) неологический.
neologismo. [м.] (лингв.) неологизм, новое слово.
neólogo, ga. [м. и ж.] (лингв.) изобретатель новых слов.
neomaltusianismo. [м.] неомальтузианство.
neomembrana. [ж.] ложная перепонка.
neomenia. [ж.] (астр.) новолуние; [множ.] (в Риме) праздник при новолунии.
neón. [м.] (хим.) неон.
neonatal. [прил.] относящийся к новорождённому.
neonato, ta. [прил.] новорождённый.
neopalio. [м.] (анат.) отдел больших полушарий мозга более позднего происхождения.
neopitagorismo. [м.] (фил.) неопифагорейство.
neoplasia. [ж.] новообразование ткани.
neoplasma. [м.] (мед.) неоплазма, новообразование.
neoplatonismo. [м.] (фил.) неоплатонизм.

neorama. [м.] род панорамы, представляющей внутренность храма.
neorrealismo. [м.] (фил.) неореализм.
neorromanticismo. [м.] (лит.) неоромантизм.
neosalvarsán. [м.] (фарм.) неосальварсан.
neostomía. [ж.] (хир.) операция образования нового отверстия или соустья.
neotérico, ca. [прил.] (мед. фил.) новый, новейший.
neotia. [ж.] (бот.) гнездовка.
neotoma. [м.] (зоол.) водяная крыса (один из видов).
neovitalismo. [м.] (биол.) неовитализм.
neoyorquino, na. [прил.] ньюйоркский; [м. и ж.] уроженец, (-ка) Нью-Йорка.
neozelandés, sa. [прил.] новозеландский; [м. и ж.] уроженец, (-ка) Новой Зеландии.
neozoico, ca. [прил.] (геол.) неозойский.
nepalés, sa. [прил.] непальский; [сущ.] непалец.
nepalí. [м.] непальский язык.
nepente. [м.] (бот.) непентес.
nepotismo. [м.] непотизм, кумовство, семейственность.
neptúneo, a. [прил.] относящийся к Нептуну.
neptúnico, ca. [прил.] (геол.) нептунический, водного образования.
neptunio. [м.] (хим.) нептуний.
neptunismo. [м.] (геол.) нептунизм, учение, приписывающее действию воды образование земной коры.
neptunista. [прил. и сущ.] последователь нептунизма.
Neptuno. [м.] (миф. астр.) Нептун; (поэт.) морская пучина, море.
nequáquam. [нареч.] (разг.) никоим образом.
nequicia. [ж.] злобность, злость, злоба; злая выходка; распущенность.
nereida. [ж.] (миф.) нереида, морская нимфа.
nereido. [м.] (зоол.) нереида (морской червь).
nerio. [м.] (бот.) олеандр.
neris. [м.] (бот.) дикий нард.
nerita. [ж.] (зоол.) одностворчатораковинный моллюск.
nerol. [м.] (хим.) нерол.
neroli. [м.] эфирное масло из померанцевых цветов.
nerón. [м.] очень жестокий мужчина.
neroniano, na. [прил.] относящийся к Нерону; (перен.) жестокий, лютый.
nerterología. [ж.] сочинение об аде.
nervado, da. [прил.] (бот.) жилковатый, с жилками.
nervadura. [ж.] (арх.) стрелка, нервюра, ребро (свода); (бот.) жилки, прожилки.
nerval. [прил.] (анат.) нервный.
nérveo, a. [прил.] нервный.
nervezuelo. [м. умен.] к nervio.
nerviación. [ж.] (бот.) нервация, жилкование.
nerviadura. [ж.] (бот.) см. nervadura.
nerviecillo. [м. умен.] к nervio.
nervifoliado, da. [прил.] (бот.) жилколистный.
nervimuscular. [прил.] (анат.) нервно-мышечный.
nervino, na. [прил.] укрепляющий нервы.
nervio. [м.] нерв; сухожилие; прожилка (в дереве и т. д.); (муз.) струна; нитка для сшивания книг; (мор.) леер; (перен.) сила, энергия; характер; главный двигатель; (арх.) нервюра, стрелка, ребро (свода): * nervio de buey, хлыст (из бычьих жил); * nervio motor, двигательный нерв; * nervio sensitivo, чувствительный нерв.
nerviosamente. [нареч.] нервно.
nerviosidad. [ж.] нервность, нервозность.
nerviosismo. [м.] нервность.

nervioso, sa. [прил.] (анат.) нервный; нервный, раздражительный; (перен.) сильный, энергичный; жилковатый, волокнистый.
nervosamente. [нареч.] сильно, крепко.
nervosidad. [ж.] нервность, нервозность; волокнистость; (перен.) рассудочная сила, действенность.
nervoso, sa. [прил.] нервный.
nervudo, da. [прил.] с крепкими нервами; жилистый.
nérvula. [ж.] жилочки (у пестика цветка, на крыльях насекомых).
nérvulo. [м.] маленький нерв.
nervura. [ж.] ремешки (на корне книги).
nesciencia. [ж.] незнание, неведение; невежество.
nesciente. [прил.] несведущий; невежественный.
nescientemente. [нареч.] бессознательно, по неведению.
nesga. [ж.] клин; клин, вставка в платье (для ширины).
nesgado, da. [страд. прич.] к nesgar; [прил.] имеющий клины.
nesgar. [перех.] разрезать наискось, по диагонали.
nesgua. [ж.] американская змея.
néspera. [ж.] см. níspero (дерево).
nestorianismo. [м.] учение Нестория.
nestoriano, na. [прил.] несторианский; [сущ.] несторянец.
nestoterapia. [ж.] (мед.) лечение голодом.
netamente. [нареч.] чисто.
netantu. [м.] (Амер.) (разг.) простыня.
netezuelo, la. [м. и ж. умен.] к nieto, внучек, внученька.
neto, ta. [прил.] чистый, без примеси; цельный; чистый; (Амер.) незрелый (о фруктах); [м.] (арх.) пьедестал: * en neto, за вычетом расходов; * beneficio neto, чистая прибыль; * peso en neto, нетто, чистый вес.
neuma. [м.] (муз.) старинный нотный знак; выдерживание голоса на последнем слоге.
neuma. [м. и ж.] (рит.) выражение чувства или желания жестами и т. д.
neumartrosis. [ж.] (пат.) скопление воздуха в суставе.
neumatemia. [ж.] (пат.) проникновение воздуха в кровеносную систему, воздушная эмболия.
neumática. [ж.] (физ.) пневматика, наука о воздухе.
neumático, ca. [прил.] пневматический; [м.] пневматическая шина, баллон.
neumatocéfalo. [м.] (пат.) травматическая кожная эмфизема головы.
neumatocele. [м.] (пат.) кожная эмфизема.
neumatometría. [ж.] (мед.) измерение дыхания.
neumatómetro. [м.] аппарат для измерения давления выдыхаемого и вдыхаемого воздуха.
neumatosis. [ж.] (пат.) вздутие газами, эмфизема органа.
neumatoterapia. [ж.] лечение воздухом (сжатым).
neumectomía. [ж.] (хир.) удаление легкого или части, его.
neumobacilo. [м.] пневмобацилла, палочка, вызывающая воспаление легких.
neumocele. [м.] (пат.) грыжа легких.
neumocentesis. [ж.] прокол легких.
neumococo. [м.] пневмококк (бактерия пневмонии).

neumoconiosis. [ж.] (пат.) невмокониоз, запыление легких кальцием, железом, алюминием и т. д.
neumogástrico, ca. [прил.] (анат.) легочножелудочный (нерв.).
neumografía. [ж.] пневмография.
neumográfico, ca. [прил.] пневмографический.
neumógrafo. [м.] (мед.) пневмограф.
neumograma. [ж.] кривая дыхания.
neumohemorragia. [ж.] легочное кровотечение.
neumohidrotórax. [м.] скопление воздуха и жидкости в грудной полости.
neumolito. [м.] (пат.) окаменелый фиброзный свёрток в легочной альвеоле.
neumología. [ж.] описание легких.
neumomalacia. [ж.] размягчение легких.
neumomelanosis. [ж.] черная окраска легких вследствие отложения меланина.
neumonía. [ж.] (пат.) пневмония, воспаление легких.
neumónico, ca. [прил.] (мед.) относящийся к пневмонии.
neumonómetro. [м.] прибор для измерения емкости легких.
neumopericardio. [м.] (пат.) воздух в сердечной сумке.
neumopleuresía. [ж.] воспаление легких и грудной плевры.
neumopleuritis. [ж.] (пат.) сильный плеврит при пневмонии.
neumoterapia. [ж.] пневмотерапия, лечение легких.
neumotifus. [м.] (пат.) тиф с преимущественным поражением легких (устарелое).
neumotomía. [ж.] (хир.) оперативный разрез легкого.
neumotórax. [м.] (пат.) пневмоторакс.
neuragmia. [ж.] (физиол.) разрыв нерва.
neural. [прил.] нервный, невральный.
neuralgia. [ж.] (мед.) невралгия, нервная летучая боль.
neurálgico, ca. [прил.] невралгический.
neurastenia. [ж.] неврастения.
neurasténico, ca. [прил.] относящийся к неврастении; неврастенический; [м. и ж.] неврастеник, (-ичка).
neurectomía. [ж.] (хир.) иссечение куска нерва.
néurico, ca. [прил.] (анат.) нервный.
neurilema. [м.] (анат.) неврилемма, оболочка нервного волокна.
neurina. [ж.] неврин.
neurinoma. [м.] (пат.) опухоль из нервных волокнистых клеток.
neurisma. [ж.] см. aneurisma.
neurita. [ж.] (мин.) см. jade.
neurítico, ca. [прил.] относящийся к невриту; страдающий невритом.
neuritis. [ж.] (пат.) неврит, воспаление нерва.
neuroartritismo. [м.] (пат.) наклонность к заболеванию подагрой, ревматизмом и нервными болезнями.
neublastoma. [м.] (пат.) опухоль из нейробластов, особенно у клеток, образующих симпатический нерв.
neurocirugía. [ж.] нейрохирургия.
neurodermia. [ж.] (пат.) кожная болезнь с зудом (старческим).
neurodinia. [ж.] болезнь нерва.
neuroepitelioma. [м.] (пат.) глиома сетчатки.
neurofibroma. [м.] (пат.) новообразование вследствие разрастания соединительнотканных частей нерва.

neurogénesis. [ж.] развитие нервной системы.
neurógeno, na. [прил.] исходящий из нервов.
neuroglia. [ж.] (анат.) нейроглия, опорная и трофическая ткань центральной нервной системы, основное нервное склеивающее вещество мозга.
neuroglioma. [м.] (пат.) опухоль опорной ткани нервной системы.
neurografía. [ж.] (анат.) описание нервов.
neuroideo, a. [прил.] похожий на нерв.
neurolisis. [ж.] (пат) высвобождение нерва из окружающих тканей при его растяжении.
neurología. [ж.] неврология.
neurológico, ca. [прил.] неврологический.
neurólogo, ga. [м. и ж.] невролог.
neuroma. [м.] (мед.) неврома.
neurómera. [ж.] (анат.) сегментное расчленение нервной системы.
neuromialgia. [ж.] (пав.) мышечный ревматизм.
neuromiositis. [ж.] (пат.) миозит на нервной почве.
neurona. [ж.] (анат.) нейрон, неврон.
neuroparálisis. [ж.] (мед.) паралич нерва; паралич нервного происхождения.
neurópata. [м. и ж.] невропат, (-ка).
neuropatía. [ж.] (мед.) невропатия, общая слабость центральной нервной системы, нервное страдание.
neuropático, ca. [прил.] невропатический, нервнобольной.
neuropatología. [ж.] (мед.) учение о болезнях нервной системы, невропатология.
neuropatológico, ca. [прил.] невропатологический.
neuropira. [ж.] (мед.) нервная лихорадка.
neuróptero, ra. [прил.] (энто.) сетчатокрылый; [м. множ.] сетчатокрылые насекомые.
neuropterología. [ж.] (зоол.) описание сетчатокрылых насекомых.
neurorrafia. [ж.] (хир.) сшивание нерва.
neurósico, ca. [прил.] см. neurótico.
neurosis. [ж.] (мед.) невроз, функциональное расстройство нервной системы.
neuroso, sa. [прил.] (мед.) нервный.
neurótico, ca. [прил.] (мед.) невротический.
neurotomía. [ж.] невротомия, перерезка нерва.
neurotómico, ca. [прил.] относящийся к невротомии.
neurótomo. [м.] (хир.) скальпель для перерезки нерва.
neurotonía. [ж.] нервное растяжение.
neurotrófico, ca. [прил.] нервнотрофический.
neurovascular. [прил.] нервнососудистый.
neutonianismo. [м.] философия Ньютона.
neutoniano, na. [прил.] относящийся к философии Ньютона; [м.] последователь ньютоновской философии.
neutral. [прил.] нейтральный; безразличный, беспристрастный: * estado neutral, нейтральное государство.
neutralidad. [ж.] нейтралитет, невмешательство; нейтральность, беспристрастие, безразличие; (хим.) нейтральность.
neutralista. [прил. и сущ.] сторонник, (-ица) нейтралитета.
neutralización. [ж.] объявление (государства) нейтральным; (хим.) нейтрализация; (перен.) обезвреживание; (воен.) подавление (огнём).
neutralizador, ra. [прил.] нейтрализующий и т. д.
neutralizante. [дейст. прич.] к neutralizar.
neutralizar. [перех.] нейтрализовать, объявлять в положении нейтралитета; (хим. и т. д.) нейтрализовать; (перен.) обезвреживать; (воен.) подавлять.

neutralmente. [нареч.] нейтрально.
neutrifloro, ra. [прил.] (бот.) с бесполыми цветками.
neutrino. [м.] (хим.) нейтрино.
neutro, tra. [прил.] (грам.) средний (род, залог); непереходный (глагол); (хим.) нейтральный; (зоол.) бесполый: * género neutro, (грам.) средний род.
neutrodino. [м.] (радио) нейтродин.
neutrón. [м.] (физ.) нейтрон.
nevada. [ж.] снегопад; снеговой покров.
nevadilla. [ж.] (бот.) гвоздичное растение.
nevado, da. [страд. прич.] к nevar; [прил.] покрытый снегом, снежный; белоснежный; (Амер.) покрытый вечными снегами (о горах); рыжий с белыми пятнами (о животном).
nevar. [неперех.] снежить, идти (о снеге); [перех.] выбелить, сделать белым как снег; nevarse. [возв. гл.] (обл.) покрываться снегом: * nieva, está nevando, идёт снег; [непр. гл.] спрягается как acertar.
nevareta. [ж.] трясогузка (птица).
nevasca. [ж.] см. nevada; метель, буран.
nevatilla. [ж.] трясогузка (птица).
nevazo. [м.] сильный снегопад.
nevazón. [м.] (Амер.) см. nevada.
nevera. [ж.] ледник (погреб, шкаф со льдом); погреб для снега; продавщица льда или снега; (перен.) очень холодная комната; (Амер.) (прост.) тюрьма.
nevereta. [ж.] см. nevatilla.
nevería. [ж.] магазин, где продают лёд, снег или прохладительные напитки.
nevero. [м.] продавец снега, льда или прохладительных напитков; ледник, глетчер; снег ледника, глетчера; (обл.) см. pinzón (птица).
nevisca. [ж.] короткий снегопад.
neviscar. [неперех.] порошить.
nevo. [м.] (мед.) родимое пятно.
nevoideo, a. [прил.] похожий на родимое пятно.
nevoso, sa. [прил.] часто покрытый снегом, снеговой; снежный.
nexo. [м.] соединение, связь, узел.
nexo. [нареч.] (арг.) нет, см. no.
ni. [союз] ни, не, даже не, и не: * ni más ni menos, ни больше ни меньше; * no puedo ni leer ni escribir, я не могу ни читать, ни писать; * ni uno ni otro, ни тот, ни другой; * ni lo uno ni lo otro, ни то, ни другое; * ni que, как будто; * ni lo creo ni lo dejo de creer, я этому и верю, и не верю; * ni siquiera, даже не.
nial. [м.] (обл.) стог (сена), скирда; см. nidal.
niango, ga. [прил.] (Амер.) щепетильный.
niara. [ж.] (agr.) стог (соломы).
nícalo. [м.] см. níscalo.
nicandra. [ж.] (бот.) никандра.
nicaragua. [ж.] бальзамин (цветок).
nicaragüense, nicaragüeño, ña. [прил.] никарагуанский; [м. и ж.] никарагуанец, (-ка).
niceno, na. [прил.] никейский.
nicle. [м.] род кольчуги.
nicociana. [ж.] табак (растение).
nicótico, ca. [прил.] относящийся к отравлению никотином.
nicotina. [ж.] никотин.
nicotinismo. [м.] (хроническое) отравление никотином.
nicotismo. [м.] отравление никотином.
nicromo. [м.] нихром.
nictación. [ж.] мигание.
nictalgia. [ж.] (пат.) ночные боли.
nictalo. [м.] (зоол.) см. nictálope.
nictálope. [прил.] способный видеть в темноте лучше, чем при свете.
nictalopía. [ж.] способность видеть в темноте лучше, чем при свете.
nictémero. [м.] (мед.) сутки.

nicterino, na. [прил.] (пат.) ночной.
nictitante. [прил.] мигающий, мерцательный.
nictóbato, ta. [прил. и сущ.] V. somnámbulo.
nictofobia. [ж.] (пат.) патологическая боязнь темноты, особенно ночи.
nicturia. [ж.] (пат.) более обильное мочеотделение ночью, чем днём (при диабете).
nicho. [м.] ниша, альков.
nidada. [ж.] выводок птенцов.
nidal. [м.] гнездо (клетка) домашней птицы; корзина для кладки яиц; (перен.) гнездо, притон; основа, суть.
nidificar. [неперех.] вить гнездо, гнездиться.
nidiforme. [прил.] похожий на гнездо.
nidio, dia. [прил.] (обл.) скользкий; скользящий; чистый, белый, блестящий, сияющий.
nido. [м.] гнездо; нора; см. nidal; (перен.) родное гнездо; притон; гнездо: * nido de ametralladoras, пулемётное гнездо.
nidoroso, sa. [прил.] протухший, смердящий.
nidrio, dria. [прил.] (обл.) синеватый (о ушибе).
niebla. [ж.] туман; бельмо; (agr.) см. añublo; (перен.) туманность, неясность; мелкая охотничья дробь; (арг.) рассвет: * niebla meona, очень сырый туман.
niel. [м.] чернь, чёрная эмаль (в ювелирном деле).
nielado, da. [страд. прич.] к nielar; [м.] отделка чернью, чёрной эмалью, чернение.
nielar. [перех.] оправлять, отделывать чёрной эмалью.
niéspera, niéspola. [ж.] (обл.) см. níspola.
nietastro, tra. [м. и ж.] сын (дочь) пасынка, падчерицы кого-л.
nietecito, ta, nietezuelo, la. [м. и ж. умен.] к nieto, ta. внучек, внученька.
nieto, ta. [м.] внук, внучка; (перен.) [множ.] внучата, потомки.
nieve. [ж.] снег; снегопад; (поэт.) белизна; седина; (прост.) кокаин: * de nieve, снеговой; * copo de nieve, снежинка.
nifablepsia. [ж.] (пат.) снеговая слепота.
nife. [м.] (геол.) нифе, сокращённое обозначение предполагаемого состава земного ядра.
nigalión. [м.] (мед.) кошмар.
nigela. [ж.] (бот.) чернушка (растение).
nigola. [м.] (мор.) см. flechaste.
nigrescente. [прил.] черноватый.
nigricia. [ж.] скопление чёрного пигмента в коже; тёмная окраска кожи.
nigromancia, nicromancia. [ж.] некромантия.
nigromante. [м.] некромант.
nigromántico, ca. [прил.] относящийся к некромантии; [м. и ж.] некромант.
nigrosina. [ж.] (хим.) нигрозин.
nigua. [ж.] (зоол.) клещ (насекомое).
nihilismo. [м.] нигилизм.
nihilista. [прил.] нигилистический; [м. и ж.] нигилист, (-ка).
nilad. [м.] (бот.) куст Филиппинских островов.
nilgo. [м.] (зоол.) нильгау, раскрашенная антилопа.
nilhue. [м.] (Амер.) сорная трава, бурьян; заросль кустарника.
nilómetro. [м.] столб для измерения разливов реки Нила.
nilón. [м.] (хим.) нейлон.
nimbado, da. [страд. прич.] к nimbar; [прил.] окружённый нимбом, сиянием, ореолом.
nimbar. [перех.] окружать нимбом, сиянием, ореолом.
nimbo. [м.] нимб, сияние, венчик, венец (вокруг главы святых); (метеор.) дождевая или снеговая туча.

nimboso, sa. [прил.] облачный, дождливый, ветреный.
nimiamente. [нареч.] пространно, очень подробно; скаредно; мелочно.
nimiedad. [ж.] многословие, растянутость, излишняя подробность; (разг.) мелочность, малость; робость, застенчивость; ничтожность, пустячность.
nimio, mia. [прил.] многословный, пространный, растянутый; скрупулёзный; мелочный; скаредный, скупой.
ninfa. [ж.] (миф.) нимфа; (перен.) (молодая) красавица; куколка насекомых; [множ.] малые половые губы.
ninfal. [прил.] относящийся к нимфе.
ninfálidos. [м. множ.] (зоол.) нимфалиды.
ninfalo. [м.] дневная бабочка.
ninfea. [м.] см. nenúfar, белая водяная кувшинка.
ninfitis. [ж.] (пат.) воспаление малых половых губ.
ninfo. [м.] нарцисс, неженка.
ninfomanía. [ж.] (мед.) нимфомания.
ninfomaníaca. [ж.] нимфоманка (тж. прил.).
ninfosis. [ж.] образование куколки (у насекомых).
ningún. [прил.] (усечённая форма от ninguno, употребляемая только перед сущ. м. р.) см. ninguno.
ninguno, na. [прил.] никакой, ни один, ни одного, ни одной; [неопр. мест.] никто: * de ninguna manera, никаким, никоим образом.
niña. [ж.] девочка; детка; (Амер.) девушка, барышня; хозяйка, госпожа; (обл.) незамужняя; (анат.) зрачок; * niña del ojo, зрачок; * niñas de los ojos, зеница ока.
niñada. [ж.] ребячество.
niñamente. [нареч.] по-детски, ребячески, необдуманно.
niñatera. [ж.] няня.
niñear. [неперех.] ребячиться; резвиться; дурачиться как дитя.
niñera. [ж.] няня.
niñería. [ж.] ребячество, мальчишество; ребяческий поступок; (перен.) пустяк, безделица.
niñero, ra. [прил.] любящий детей; ребячливый.
niñeta. [ж.] зрачок.
niñez. [ж.] детство; детские годы; ребячество; (перен.) начало чего-л.
niño, ña. [прил.] детский, малолетний; юный; ребячливый; неопытный; опрометчивый; [м.] дитя, ребёнок; мальчик; (обл.) холостяк; (Амер.) господин, хозяин; барчук: * niño de teta, грудной ребёнок, сосунок; (разг.) молокосос; * niño de la Bola, * niño expósito, подкидыш; * niño de coro, певчий; * niño mimado, баловень; * niño zangolotino, bitongo, парень прикидывающийся моложе своих лет; * niño de la rollona, ребячливый человек; * desde niño, с малых лет, с детства; * como niño con zapatos nuevos, очень довольный.
niñón. [м.] (Амер.) лимон.
niobio. [м.] (хим.) ниобий.
niobita. [ж.] (мин.) ниобит.
nioto. [м.] (Амер.) небольшая акула.
nipa. [ж.] (бот.) пальма Филиппинских островов; лист этого растения.
nipe. (вар.) nipis. [м.] тонкая ткань Филиппинских островов.
nipólogo, ga. [м. и ж.] специалист по японской культуре и т. д.
nipón, na. [прил.] японский; [м. и ж.] японец, (-ка).
nipos. [м. множ.] (арг.) деньги.
níquel. [м.] (хим.) никель.
niquelado, da. [страд. прич.] к niquelar; [м.] никелировка, никелирование.

niquelador. [м.] никелировщик.
niqueladura. [ж.] никелирование, никелировка (дейст.).
niquelar. [перех.] никелировать.
niquélico, ca. [прил.] никелевый.
niquelífero, ra. [прил.] содержащий никель.
niquelina. [ж.] (мин.) никелин.
niquelizar. [перех.] [возв. гл.] никелировать.
niquiscocio. [м.] (разг.) пустяковое дело, ничтожная вещь.
niquitoso, sa. [прил.] (обл.) жеманный, манерный, разборчивый.
nirvana. [ж.] нирвана.
níscalo. [м.] (бот.) см. mízcalo.
niscome. [м.] (Амер.) котёл для варенья кукурузы.
níspero [м.] (бот.) мушмула: * níspero del Japón, японская мушмула, локва.
níspola. [ж.] мушмула (плод).
nispolero. [м.] см. níspero.
nistagmo. [м.] (пат.) нистагм, непроизвольное дрожание глаз.
nistágmico, ca. [прил.] (пат.) относящийся к нистагму.
nistagmoideo, a. [прил.] похожий на нистагм.
nisus. [м.] (мед.) усилие, побуждение, импульс.
nítidamente. [нареч.] чисто.
nitidez. [ж.] чистота; ясность.
nítido, da. [прил.] чистый; ясный, блестящий.
nito. [м.] папоротник (филиппинский); [множ.] (разг.) ничего.
nitón. [м.] (хим.) нитон.
nitor. [м.] см. nitidez.
nitral. [м.] селитряная копь, место добывания селитры.
nitratación. [ж.] (хим.) превращение азотистых веществ в селитру.
nitratado, da. [прил.] азотнокислый.
nitratina. [ж.] (мин.) натриевая селитра.
nitrato. [м.] (хим.) нитрат, соль азотной кислоты: * nitrato de plata, ляпис.
nitrería. [ж.] см. nitral.
nítrico, ca. [прил.] (хим.) азотный: * ácido nítrico, азотная кислота.
nitrificación. [ж.] (хим.) нитрификация.
nitrificante. [дейст. прич.] к nitrificar, нитрифицирующий (тж. сущ.).
nitrificar. [перех.] (хим.) нитрифицировать; **nitrificarse.** [возв. гл.] покрываться селитряным налётом.
nitrilo. [м.] (хим.) нитрил.
nitrito. [м.] (хим.) нитрит, соль азотистой кислоты.
nitro. [м.] (мин.) селитра.
nitrobacteria. [ж.] (хим.) нитробактерия.
nitrobenceno. [м.] **nitrobencina.** [ж.] **nitrobenzol.** [м.] (хим.) нитробензол.
nitrocelulosa. [ж.] (хим.) нитроцеллюлоза, пироксилин.
nitrofenol. [м.] (хим.) нитрофенол.
nitrogenado, da. [страд. прич.] к nitrogenar; [прил.] азотный.
nitrogenar. [перех.] пропитывать азотом.
nitrogénico, ca. [прил.] азотный, содержащий азот.
nitrógeno. [м.] (хим.) азот.
nitroglicerina. [ж.] (хим.) нитроглицерин.
nitromanita. [ж.] (хим.) нитроманнит.
nitrómetro. [м.] (хим.) нитрометр (инструмент определяющий содержание азота).
nitrosidad. [ж.] свойст. к nitroso.
nitrosificación. [ж.] (хим.) превращение в азотную или азотистую кислоту.

nitrosificar. [перех.] (хим.) превращать в азотную или азотистую кислоту.
nitroso, sa. [прил.] (хим.) селитряный, содержащий селитру; азотистый.
nitrotolueno, nitrotoluol. [м.] (хим.) нитротолуол.
nivel. [м.] нивелир, ватерпас, отвес; горизонтальная плоскость; уровень; (перен.) уровень, степень; * a nivel, горизонтально; * nivel de agua, уровень воды; * nivel de aire, ватерпас с воздушным пузырьком; * nivel de vida, жизненный уровень; * nivel intelectual, культурный уровень; * estar a un nivel, быть на одном уровне с...; * paso a nivel, (ж.-д.) переезд.
nivelación. [ж.] нивелировка, выравнивание; выверка по ватерпасу; (эл.) уравнивание, обезличка.
nivelador, ra. [прил.] нивелирующий, выравнивающий; [м.] нивелировщик.
nivelar. [перех.] нивелировать, выравнивать, выверять по ватерпасу; (перен.) равнять, уравнивать.
níveo, a. [прил.] (поэт.) (бело) снежный, похожий на снег, белый как снег.
nivéola. [ж.] (бот.) подснежник.
nivoso, sa. [прил.] часто покрытый снегом, снежный, снеговой; [м.] (ист.) нивоз.
nixquesa. [ж.] (Амер.) щёлок (для стирки).
no. [нареч.] нет, не; [м.] категорический отказ: * ni sí ni no, ни да ни нет; * no bien, ещё нет; лишь; как только; * no tal, совсем нет; * no más, только, больше ничего; * no lejos, недалеко; * no ya, не только; * no a fe, право же нет; * no ha mucho, недавно; * sin faltar un sí ni un no, аккуратно; * no por cierto, нет, нет уж, никак, дудки; * no sólo... sino, не только..., но и; * no sin motivo, не без причины; * por sí o por no, на всякий случай; * ¿pues no?, почему же нет; * que no y que no, ну, нет же; * no sin, не без; * ¿cómo no?, (Амер.) конечно.
nobiliario, ria. [прил.] дворянский; [м.] родословная дворянская книга.
nobilísimo, ma. [прил. увел.] к noble, благороднейший.
noble. [прил.] дворянский, великодушный; ценный; благородный; знатный; [сущ.] дворянин, (-янка): * metales nobles, благородные металлы.
noblemente. [нареч.] благородно; с достоинством.
nobleza. [ж.] дворянство, знать; (собир.) дворяне; благородство, великодушие; дамас, камка (ткань).
noblote. [прил.] великодушный, действующий благородно.
noca. [ж.] морское съедобное ракообразное животное.
nocaut. [м.] (спор.) нокаут.
noceda. [ж.] **nocedal.** [м.] ореховая роща.
nocente. [прил.] вредный; виновный, виноватый; [м. и ж.] виновник, (-ица).
nocible. [прил.] вредный.
nociblemente. [нареч.] вредно.
noción. [ж.] понятие; сведения; познание; [множ.] первоначальные представления.
nocional. [прил.] познавательный.
nocir. [перех.] (уст.) вредить, наносить вред, ущерб, убыток.
nocivamente. [нареч.] вредно.
nocividad. [ж.] вредность, вредоносность.
nocivo, va. [прил.] вредный.
nocla. [ж.] см. noca.
noco. [м.] (Амер.) щепотка табака.

noctambulación. [ж.] см. noctambulismo; сомнамбулизм.
noctambular. [неперех.] бродить ночью.
noctambulismo. [м.] свойст. к noctámbulo.
noctámbulo, la. [прил.] бродящий ночью (тже. сущ.).
noctifloro, ra. [прил.] (бот.) ночноцветный.
noctiluca. [ж.] см. luciérnaga; (зоол.) морская свечка.
noctíluco, ca. [прил.] светящийся ночью.
noctívago, ga. [прил. и сущ.] (поэт.) бродящий, гуляющий ночью.
nocturnal. [прил.] ночной.
nocturnamente. [нареч.] ночью.
nocturnidad. [ж.] отягчающее обстоятельство преступления совершаемого ночью.
nocturnino, na, nocturno, na. [прил.] ночной; замкнутый, грустный.
nocharniego, ga. [прил.] (arc.) V. noctámbulo.
noche. [ж.] ночь; ночь (продолжительность), вечер, вечернее время; (перен.) путаница, смешение, грусть, мрак, темнота, тьма; (арг.) смертная казнь; * media noche, полночь; * buenas noches, добрый вечер; спокойной ночи, * de noche, ночью, вечером, ночной порой; * de la noche a la mañana, вдруг, внезапно; * noche toledana, бессонная ночь; * a prima noche, a boca de noche, в сумерки; * día y noche, днём и ночью; * bien entrada la noche, далеко за полночь; * Noche buena, рождественская ночь, сочельник; * Noche vieja, новогодняя ночь; * prima noche, первые часы ночи; * a buenas noches, (fam.) в темноте; * alta noche, (poét.) полночь; * hacer noche, переночевать, заночевать; * noche cerrada, глубокая ночь; * de noche todos los gatos son pardos, ночью все кошки серы; * hacerse de noche, вечереть, темнеть; * hacerse noche, исчезнуть; * pasar de claro en claro, en claro, la noche, всю ночь не сомкнуть глаз.
Nochebuena. [ж.] рождественская ночь, сочельник.
nochebueno. [м.] рождественский торт.
nochecita. [ж.] (Амер.) сумерки.
nocherniego, ga. [прил.] бродящий ночью по улицам.
nochero, ra. [прил.] (Амер.) см. nocherniego; [м. и ж.] (Амер.) рабочий ночной смены; [м.] ночной дежурный; ночной столик; ночной шофёр.
nochizo. [м.] орешник.
nochote. [ж.] (Амер.) напиток из перебродившего сока смоквы.
nodación. [ж.] (мед.) утолщение, узловатость.
nodal. [прил.] (физ.) узловой.
nodo. [м.] (астр. физ.) узел; (мед.) узел, узловатая опухоль.
nodriza. [ж.] кормилица.
nodulación. [м.] образование узелков, бугорков.
nodulado, da. [прил.] имеющий узелки.
nodular. [прил.] относящийся к узелкам, похожий на узелок; см. nodulado.
nódulo. [м.] узелок; (анат.) бугорок; ядро.
noemático, ca. [прил.] относящийся к мысли.
noética. [ж.] теория познания.
noga. [м.] (обл.) ореховое дерево.
nogada. [ж.] соус из орехов и пряностей.
nogal. [м.] (бот.) орех, ореховое дерево.
nogalar. [м.] (Амер.) орешник.
nogalina. [ж.] красящее вещество (из ореха).
noguera. [ж.] (бот.) ореховое дерево.
noguerado, da. [прил.] орехового дерева (о цвете).
nogueral. [м.] орешник, ореховая заросль.
nogueruela. [ж.] (бот.) (мед.) род молочая.

noli. [м.] (Амер.) лишайник, заменяющий трут.
noli me tangere. [м.] (мед.) недотыка (травянистое растение).
nolición, noluntad. [ж.] действие к не хотеть.
noma. [м.] (пат.) водяной рак, гангрена щеки, лица, полости рта, больших половых губ.
nómada, nómade. [прил.] кочевой, кочующий.
nomadismo. [м.] кочевой характер, номадизм.
nomarca. [м.] начальник уезда (в Египте).
nombrada. [ж.] (обл.) прозвище.
nombradamente. [нареч.] по имени.
nombradía. [ж.] слава, имя, известность, репутация.
nombrado, da. [страд. прич.] к nombrar; [прил.] известный, знаменитый.
nombramiento. [м.] называние по имени; упоминание; назначение на должность; зачисление на службу; назначение наследника.
nombrar. [перех.] называть, звать, именовать; упоминать, назначать на должность; зачислять на службу; (юр.) назначать.
nombre. [м.] имя, название, термин; см. nombradía; власть, полномочие; прозвище, кличка, пароль; (грам.) (имя) существительное: * nombre de pila, имя, данное при крещении; * nombre postizo, прозвище, кличка; * nombre apelativo, см. sobrenombre; * nombre propio, имя собственное; * nombre abstracto, абстрактное имя; * nombre común, имя нарицательное; * mal nombre, прозвище; * en (el) nombre de, во имя; от имени; * eso ni tiene nombre. этому нет имени; * hacerse un nombre, составить себе имя, прославиться; * en nombre de la ley, именем закона.
nomenclador, nomenclátor. [м.] номенклатура, перечень, каталог; составитель номенклатуры.
nomenclatura. [ж.] см. nómina; номенклатура, перечень, терминология.
nomeolvides. [ж.] (бот.) незабудка.
nómina. [ж.] поимённый список; перечисление; платёжная список служащих (поимённый).
nominación. [ж.] см. nombramiento.
nominador, ra. [прил. сущ.] назначающий на должность.
nominal. [прил.] именной, поимённый; номинальный: * valor nominal, нарицательная, номинальная стоимость.
nominalismo. [м.] номинализм.
nominalista. [прил.] номиналистический; [м. и ж.] номиналист.
nominalmente. [нареч.] по имени; нарицательно.
nominar. [перех.] см. nombrar.
nominátim. [нареч.] по имени, поимённо.
nominativamente. [нареч.] поимённо, по имени.
nominativo, va. [прил.] номинативный; именной, поимённый; [м.] (грам.) именительный падеж, номинатив; [множ.] основы, начатки.
nominilla. [ж.] пенсионная записка, книжка.
nomocanon. [м.] номоканон, кормчая книга.
nomografía. [ж.] номография, сочинение о законах.
nomográfico, ca. [прил.] номографический.
nomógrafo, fa. [м. и ж.] сочинитель номографии.
nomograma. [ж.] (мат.) номограмма.
nomología. [ж.] законоведение.
nomparell. [м.] (типогр.) нонпарель.
non. [прил.] нечётный, непарный; [нареч.] (уст.) см. no; [множ.] категорический отказ: * de non, лишний; непригодный; * andar de nones, бездельничать, быть

единственным в своём роде; * estar de non, не иметь пары; быть непригодным; * quedar de non, оставаться без пары; не иметь пары; * decir nones, формально отказаться.

non plus ultra. [лат. выраж.] до нельзя, в высшей степени.

non sancta. [лат. выраж.] * gente non sancta, нечестные люди.

nona. [ж.] девятый час (молитва); (пат.) сонная болезнь (в Африке).

nonada. [ж.] чуточка, пустяк.

nonagenario, ria. [прил.] девяностолетний; [м. и ж.] девяностолетний старик, (-яя) старуха.

nonagésimo, ma. [прил.] девяностый.

nonagonal. [прил.] девятиугольный.

nonágono, na. [прил.] девятиугольный; [м.] девятиугольник.

nonato, ta. [прил.] (мед.) извлечённый при помощи кесарева сечения; находящийся в проекте.

noncuranza. [ж.] (Амер.) беззаботность.

noneto. [м.] (муз.) нонет.

nongentésimo, ma. [прил.] см. noningentésimo.

noningentésimo. [прил.] девятисотый.

nonio. [м.] (физ.) нониус.

nono, na. [прил.] девятый.

nónuplo, pla. [прил.] девятикратный.

noología. [ж.] учение о чистых понятиях разума.

noópsique. [м.] умственный процесс.

nopal. [м.] (бот.) кактус-олунция, индейская смоковница.

nopaleda, nopolera. [ж.] место усаженное индейскими смоковницами.

nopalito. [м.] (Амер.) колючий лист индейской смоковницы.

noque. [м.] яма в которой дубят кожу; (Амер.) мешок из коровьей кожи.

noquear. [нерох.] (спар.) нокаутировать.

noquero. [м.] кожевник, дубильщик.

norabuena. [ж. и нареч.] см. enhorabuena.

noramala. [нареч.] см. enhoramala.

nora tal, en tal. [нареч.] см. noramala.

norato, ta. [прил.] (Амер.) глупый, невежественный; упрямый.

noray. [м.] (мор.) причальная тумба.

nordesta. [ж.] (мор.) сильный северо-восточный ветер.

nordestal. [прил.] норд-остовый, северо-востовый.

nordestazo. [м.] (мор.) очень сильный северо-восточный ветер.

nordeste. [м.] северо-восток; норд-ост.

nordestear. [неперех.] (мор.) отклоняться в норд-ост.

nórdico, ca. [прил.] северный (о языке жителей северной Европы); [м.] северный язык: * países nórdicos, скандинавские страны.

nordoccidental. [прил.] северо-западный, нордвестовый.

nordoriental. [прил.] северо-восточный.

noreste. [м.] см. nordeste.

noria. [ж.] нория, ковшовый элеватор; (перен.) разг. тяжёлый труд.

norial. [прил.] относящийся к нории.

norma. [ж.] наугольник, угольник; норма, правило; пример, образец поведения.

normal. [прил.] нормальный, обыкновенный; правильный, образцовый; педагогический (о школе); перпендикулярный, вертикальный; [ж.] (мат.) нормаль; педагогический институт.

normalidad. [ж.] нормальность, правильность; нормальное состояние.

normalmente. [нареч.] нормально.

normalista. [м. и ж.] студент, (-ка) педагогического института; [прил.] относящийся к педагогическому институту.

normalización. [ж.] нормализация.

normalizar. [перех.] нормализовать.

normalmente. [нареч.] нормально.

normando, da. [прил.] нормандский; норманнский; [м. и ж.] нормандец, (-ка); норманн.

normánico, ca. [прил.] нормандский; нормандский (о языке).

normar. [перех.] (Амер.) направлять, вести; вводить нормы.

normativo, va. [прил.] нормативный.

noroestada. [ж.] (мор.) сильный норд-вест (ветер).

noroestazo. [м.] очень сильный норд-вест (ветер).

noroeste. [м.] северо-запад; (мор.) норд-вест; норд-вест (ветер).

noroestear. [неперех.] отклоняться в норд-вест.

norrada. [ж.] (обл.) упорство, упрямство.

norrio, a. [прил.] (обл.) см. muerto.

nortada. [ж.] период северных ветров.

nortazo. [м.] (мор.) очень сильный северный ветер.

norte. [м.] север; северный полюс; норд, северный ветер; Полярная звезда; (перен.) ориентир; направление; путеводная звезда: * polo norte, северный полюс.

norteamericano, na. [прил.] североамериканский; [м. и ж.] уроженец, (-ка) Северной Америки, американец.

nortear. [перех.] (мор.) идти на север; [неперех.] дуть на север (о ветре).

norteño, ña. [прил.] принадлежащий к северу.

nórtico, ca. [прил.] северный.

noruego, ga. [прил.] норвежский; [м. и ж.] норвежец, (-ка).

norueste. [м.] см. noroeste.

noruestear. [неперех.] (мор.) см. noroestear.

nos. [лич. мест.] (дат. и вин. п. мн. ч.) нам, нас; (уст.) мы.

noseana. [м.] (мин.) нозеан.

nosema. [ж.] боль, болезнь.

nosencefalia. [ж.] недоразвитие черепа и мозга.

nosetiología. [ж.] учение причин болезней.

nosocomial. [прил.] больничный, госпитальный.

nosocomio. [м.] больница, госпиталь, лечебница.

nosócomo. [м.] врач больницы; санитар больницы, заведующий лечением больных.

nosocrático, ca. [прил.] специфический.

nosogénesis, nosogenia. [ж.] (мед.) причины и происхождение болезни.

nosografía. [ж.] (мед.) нозография.

nosográfico, ca. [прил.] (мед.) нозографический.

nosología. [ж.] (мед.) нозология, наука о болезнях.

nosológico, ca. [прил.] (мед.) нозологический.

nosomanía. [ж.] (пат.) патологическая боязнь заболеть или заразиться.

nosonomía. [ж.] классификация болезней.

nosopoético, ca. [прил.] вызывающий болезни.

nosotrofia. [ж.] ухаживание за больными (питание больных).

nosotros, tras. [лич. мест.] (1-го л. мн. ч.) мы.

nostalgia. [ж.] ностальгия, тоска по родине; (перен.) тоска: * tener nostalgia de..., (за)тосковать по...

nostálgico, ca. [прил.] ностальгический, происходящий от тоски по родине; тоскующий.

nostoc. [м.] (бот.) возгрица, хмара (водоросль).

nostomanía. [ж.] (пат.) ностальгия.

nostramo, ma. [м. и ж.] см. nuestramo; [м.] (мор.) старший боцман (обращение).

nostras. [прил.] (пат.) здешний, туземный (холера).

nota. [ж.] отметка, знак; примечание, замечание; выписка, заметка; сообщение, записка; оценка, отметка, балл; счёт; пояснение, предисловие (в книге и т. д.); (муз.) нота; (дип.) нота; слава, известность; репутация; * caer en nota, обратить на себя внимание; * notas marginales, пометки на полях; * tomar nota, принять к сведению.

notabilidad. [ж.] значительность, видное положение, знатность, заметность; влиятельный, известный человек, знаменитость.

notabilísimo, ma. [прил. увел.] к notable.

notable. [прил.] заметный; значительный, заметный, видный, выдающийся; именитый, почётный, знаменитый, известный; [м.] школьная отметка «хорошо»; (агс.) предупреждение, замечание; [множ.] именитые граждане.

notablemente. [нареч.] значительно.

notación. [ж.] см. anotación; (муз.) музыкальная нотация; обозначение условными знаками, отметками.

notal. [прил.] спинной.

notalgia. [ж.] боль в спине.

notanencefalía. [ж.] отсутствие мозжечка.

notar. [перех.] отмечать; замечать, примечать; снабжать примечаниями; записывать; диктовать; аннотировать; делать замечание, порицать; ставить на вид.

notaría. [ж.] должность, звание нотариуса; нотариальная контора.

notariado, da. [прил.] засвидетельствованный в нотариальном порядке; [м.] должность, звание нотариуса; нотариусы.

notarial. [прил.] нотариальный; засвидетельствованный в нотариальном порядке.

notariato. [м.] должность, звание нотариуса.

notario. [м.] нотариус; см. amanuense.

noticia. [ж.] сведение, понятие, сообщение, новость; весть, известие; [множ.] познания, учёность; * noticias fidedignas, достоверные сведения; * noticias de la calle, сплетни; * noticias de última hora, последние известия.

noticiar. [перех.] давать сведения; извещать, сообщать, уведомлять, осведомлять.

noticiario. [м.] хроника (газетная, в кино).

noticiero, ra. [прил. и м. и ж.] распространитель, (-ница) новостей; газетный репортёр.

notición. [м. увел.] к noticia; (разг.) экстраординарное или невероятное известие.

noticioso, sa. [прил.] осведомлённый; образованный.

notificación. [ж.] (юр.) официальное извещение, уведомление; нотификация; извещение, сообщение, объявление.

notificado, da. [страд. прич.] к notificar; получающий официальное извещение.

notificador, ra. [прил. и сущ.] официально извещающий и т. д.

notificante. [дейст. прич.] к notificar.

notificar. [перех.] (юр.) официально извещать, уведомлять, сообщать; объявлять; доводить до сведения.

notificativo, va. [прил.] официально извещающий, сообщающий.

noto, ta. [прил.] внебрачный, незаконнорождённый.

noto. [м.] южный ветер; (зоол.) см. dorso.
noto, ta. [прил.] явный; общеизвестный.
notomielitis. [ж.] (пат.) воспаление спинного мозга.
notonecta. [ж.] (энто.) гладыш, гребляк, бокоплав (водяной клоп).
notopterigio, gia. [прил.] (зоол.) спиноперый, имеющий плавательные перья на спине.
notoriamente. [нареч.] явно; общеизвестно; заведомо.
notoriedad. [ж.] явность; (обще)известность, слава.
notorio, ria. [прил.] явный; общеизвестный, гласный.
notro. [м.] (бот.) чилийское дерево.
noúmeno. [м.] (фил.) ноумен.
novación. [ж.] (юр.) замена одного обязательства другим.
novaculita. [ж.] (геол.) точильный сланец.
novacha. [ж.] (разг. шутл.) большая новость.
novachero, ra. [прил.] любящий распространять большие новости (novachas).
novador, ra. [м. и ж.] новатор.
noval. [прил.] свежевспаханный: * tierra noval, поднятая целина.
novar. [перех.] (юр.) заменять одно обязательство другим.
novatada. [ж.] «цуканье», преследование новичка (в школе); промах (свойственный новичку); * pagar (sufrir) la novatada, (разг.) преследоваться новичком.
novato, ta. [прил.] начинающий, неопытный, неискусный; [м.] новичок.
novator, ra. [м. и ж.] новатор.
novecientos, tas. [прил.] девятьсот; девятисотый.
novedad. [ж.] новизна, новость, новое; нововведение; новшество; новости; перемена; свежее известие; (перен.) удивление, изумление; [множ.] модные товары: * sin novedad, без перемен; * hacer novedad, удивить новизной; вносить изменения в....; * tener novedad, быть беременной.
novedoso, sa. [прил.] (Амер.) новый, модный.
novel. [прил.] неопытный, начинающий.
novela. [ж.] роман, (перен.) выдумка, ложь; [множ.] новеллы (уставы Юстиниана, часть римского права): * novela corta, рассказ, повесть, новелла; * novela de amor, любовная история.
novelado, da. [страд. прич.] к novelar; [прил.] имеющий форму романа, повести, новеллы.
novelador, ra. [м. и ж.] см. novelista.
novelear. [неперех.] гоняться за новостями; распространять новости, небылицы.
novelar. [неперех.] писать роман, повесть, рассказ, новеллу; облекать в форму романа и т. д.; (перен.) рассказывать небылицы.
novelería. [ж.] склонность к новостям, романам, рассказам, небылицам.
novelero, ra. [прил.] склонный к новостям, небылицам, любящий сплетни; распространяющий новости, сплетни; непостоянный, переменчивый; [м. и ж.] охотник, (-ница) до новостей; сплетник, (-ица).
novelesco, ca. [прил.] свойственный романам, новеллам и т. д.; романический; мечтательный; придуманный, фиктивный.
novelista. [м. и ж.] романист, (-ка).
novelística. [ж.] трактат о романах, романическа литература.
novelístico, ca. [прил.] относящийся к роману, повести, новелле.
novelizar. [перех.] облекать в форму романа.
novelón. [м.] непомерно растянутый роман; бульварный роман.
novena. [ж.] девятины, молитвы в продолжение девяти дней; книга, содержащая такие молитвы; молитвы за покойников.
novenario. [м.] девятидневный срок; девятидневный срок после смерти кого-л; молитвы за покойника девять дней после его смерти.
noveno, na. [прил.] девятый; [м.] одна девятая (часть).
noventa. [прил.] девяносто; девяностый.
noventavo, va. [прил.] девяностый (о части, доле).
noventena. [ж.] совокупность девяноста единиц.
noventeno, ta. [прил.] девяностый.
noventón, na. [прил.] девяностолетний; [м. и ж.] девяностолетний старик, (-яя) старуха.
noviazgo. [м.] жениховство, сватовство; помолвка (уст.).
noviciado. [м.] искус, время искуса; дом для послушников; послушники; ученичество, время учения; испытательный срок; стаж.
novicio, cia. [м. и ж.] послушник, (-ица); новичок; [прил.] начинающий.
noviembre. [м.] ноябрь: * en (el mes de) noviembre, в ноябре.
noviero, ra. [прил.] (Амер.) влюбчивый.
novilunar. [прил.] относящийся к новолунию.
novilunio. [м.] новолуние.
novillada. [ж.] молодняк (рогатого скота); бой молодых быков.
novillaje. [м.] (Амер.) молодняк (рогатого скота).
novilleja. [ж. умен.] к novilla.
novillejo. [м. умен.] к novillo.
novillero. [м.] погонщик молодых быков; тореро, принимающий участие в боях молодых быков; хлев для молодняка (рогатого скота); прогульщик (о школьнике).
novillo, lla. [м. и ж.] телок, бычок, тёлка; [м.] (Амер.) дикий бык; (разг.) рогоносец (о муже); [множ.] бой молодых быков: * hacer novillos, прогулять занятия (в школе).
novio, via. [м. и ж.] жених, невеста; новобрачный, (-ая); молодожён: * pedir la novia, просить руки; * quedarse aderezada, или compuesta, y sin novio, провалиться.
Novísima. [ж.] последний сборник законов до гражданского кодекса.
novísimo, ma. [прил. прев. степ.] к nuevo; самый новый, новейший; последний; [множ.] смерть, суд Божий, ад, рай.
novocaína. [ж.] новокаин.
noyó. [м.] ореховый ликёр.
nubada. [ж.] ливень, проливной дождь; (fig.) изобилие, обилие.
nubado, da. [прил.] см. nubarrado.
nubarrada. [ж.] см. nubada.
nubarrado, da. [прил.] имеющий цветы или рисунки в форме облаков.
nubarrón. [м.] чёрная туча.
nube. [ж.] облако, туча; (перен.) туча, множество; (мед.) бельмо; пятно на драгоценном камне; лёгкий головной шарф (для театра); мимолётная ссора; (арг.) плащ: * nube de lluvia, дождевая туча; nube radiactiva, радиоактивное облако; * nube de polvo, облако пыли; * nube de verano, большая туча; (перен.) размолвка; * poner por las nubes, превозносить до небес; * estar por las nubes, быть по баснословной цене; * descargar la nube разразиться дождём (о туче); разразиться бранью, руганью; * ponerse por las nubes, чудовищно повыситься (о цене); * dicha sin nubes, безоблачное счастье; * ponerse uno por las nubes, разгневаться; * caer de las nubes, упасть с облаков.
nubécula. [ж.] (пат) бельмо.
nubiense. [прил.] нубийский; [м и ж.] нубиец (-бийка).
nubífero, ra. [прил.] (поэт.) сплошь покрытый тучами (о небе).
núbil. [прил.] возмужалый, достигший половой зрелости.
nubilidad. [ж.] возмужалость, половая зрелость.
nubiloso, sa. [прил.] (поэт.) облачный.
nubio, bia. [прил. и сущ.] см. nubiense.
nublado, da. [страд. прич.] nublar; [м.] грозовая туча; (перен.) гроза; туча, множество, тьма; (арг.) плащ: * descargar el nublado, разразиться дождём; (перен.) разразиться бранью, руганью.
nublar. [перех.] см. anublar; nublarse. [возв. гл.] покрываться тучами, облаками.
nublazón. [м.] (Амер.) см. nublado.
nublo, bla. [прил.] см. nubloso; [м.] nublado; (уст.) спорынья.
nubloso, sa. [прил.] облачный; (перен.) мрачный, несчастный.
nubosidad. [ж.] облачность.
nuboso, sa. [прил.] облачный.
nuca. [ж.] затылок, загривок.
nuciente. [действ. прич.] к nucir, вредный.
nucífero, ra. [прил.] (бот.) орехоносный.
nuciforme. [прил.] ореховидный.
nucífraga. [ж.] ореховка, кедровка.
nucipérsico. [м.] (бот.) гибрид персика с орехом.
nucir. [перех.] (уст.) вредить.
nuclear. [прил.] (биол. физ.) ядерный: * energía nuclear, ядерная энергия; * física nuclear, ядерная физика; * arma nuclear, ядерное оружие.
nucleario, ria. [прил.] ядерный.
nucleiforme. [прил.] ядроподобный, похожий на ядро.
nucleína. [ж.] (хим.) нуклеин.
núcleo. [м.] (бот.) ядро, косточка; (физ.) ядро; (перен.) основа, сущность; ядро, основная группа чего-л; (астр.) ядро кометы: * núcleo atómico, атомное ядро; * núcleo activo, активное ядро.
nucleol. [м.] ядрышко.
nucleolado, da. [прил.] содержащий ядрышко.
nucleoloideo, a. [прил.] похожий на ядрышко.
nucleón. [м.] (физ.) нуклон.
nucleónico, ca. [прил.] (физ.) нуклонный.
nucleoproteída, nucleoproteína. [ж.] (биол.) нуклеопротеид.
nuco. [м.] сова (одна из разновидностей).
núcula. [ж.] (бот.) ядро, косточка (в фруктах); зерновка (раковина).
nuclear. [прил.] (бот.) заключающий в себе ядро.
nuche. [м.] (Амер.) слепень (одна из разновидностей).
nudamente. [нареч.] см. desnudamente.
nudez. [ж.] нагота, обнажённость.
nudibranquios. [м. множ.] (зоол.) голожаберные.
nudicaudo, da. [прил.] (зоол.) голохвостый.
nudicaule, nudicaulo, la. [прил.] (бот.) голостебельный.
nudícolo, la. [прил.] (зоол.) имеющий голую шею.
nudillo. [м.] сочленение, сустав (пальцев); петля (в вязании); деревянная пробка в стене (для вбивания гвоздя).
nudípedo, da. [прил.] (зоол.) голоногий; [м.] голоногие.

nudismo. [м.] нюдизм.
nudista. [прил. и сущ.] сторонник нюдизма.
nudo. [м.] узел; (бот.) узел, утолщение; колено; желвак; (мор.) узел; главная трудность, гвоздь вопроса; (перен.) союз, связь, узы; (лит.) завязка: * nudo ciego, мёртвый узел; * nudo corredizo, затяжная петля; * nudo gordiano, гордиев узел; * nudo de la corbata, завязанный галстук; * atravesársele a uno un nudo en la garganta, чувствовать комок в горле; * hacer un nudo en el pañuelo, завязать на память узелок.
nudo, da. [прил.] голый, нагой, обнажённый, непокрытый.
nudosidad. [ж.] узловатость, сучковатость.
nudoso, sa. [прил.] узловатый.
nueca. [ж.] (обл.) затылок.
nuecero, ra. [м. и ж.] продавец, (-щица) орехов.
nuégado. [м.] торт из мёда и орехов; запеканка из сухарей с орехами; бетон.
nuera. [ж.] невестка; сноха.
nuerza. [ж.] (обл.) переступен (растение сем. огуречных).
nuestramo, ma. [м. и ж.] наш хозяин, наша хозяйка; (арг.) см. escribano.
nuestro, tra. [прит. мест.] наш (наша, наше, наши); свой (своя, своё, свои): * los nuestros, наши близкие, наши родные и т. д.
nueva. [ж.] новость, известие: * hacerse de nuevas, сделать удивлённый вид; * cogerle de nuevas, узнать неожиданно.
nuevamente. [нареч.] недавно, вновь, заново; снова, сызнова, опять.
nueve. [прил.] девять; девятый; [м.] цифра девять; девятка (игральная карта и т. д.).
nuevemesada. [ж.] (разг.) период беременности.
nuevo, va. [прил.] новый; молодой, свежий (о зелени и т. д.); начинающий, неопытный; неискушённый, новый, свежий; возникающий: * de nuevo, снова, опять, вновь, сызнова; * Año nuevo, Новый год; *¿que hay de nuevo?, что нового?
nuez. [м.] орех: (анат.) кадык, адамово яблоко; подвижная часть у конца смычка: * nuez de especia или moscada, мускатный орех; * nuez de ciprés, кедровая шишка; * nuez de coco, кокосовый орех; * nuez vómica, рвотный орех; * apretar a uno la nuez, удавить, удушить; * cascar a uno las nueces, дубасить кого-л; делать строгий выговор; * mucho ruido y pocas nueces, много шума из ничего.
nueza. [ж.] (бот.) переступен (растение сем. огуречных).
nugación. [ж.] дерзость; глупость; фривольность; бессодержательность; смехотворное отрицание истины; крушение надежд.
nugatorio, ria. [прил.] обманчивый, обманывающий надежды; фривольный; бессодержательный.
nuil. [м.] (Амер.) (разг.) орхидея.
nulamente. [нареч.] недействительно.
nulidad. [ж.] недействительность; ничтожность; никчёмность; неспособность; ничтожный человек.

nulificación. [ж.] нуллификация, отмена, уничтожение, аннулирование.
nulificar. [перех.] нуллифицировать, уничтожать, отменять, аннулировать.
nulípara. [прил. и ж.] нерожавшая женщина.
nulo, la. [прил.] никакой, ни один; недействительный; неспособный; ничтожный, никчёмный.
nullíus. [прил.] (юр.) никому не принадлежащий.
numantino, na. [прил.] относящийся к Numancia; [м. и ж.] уроженец (-нка) этого исторического города.
numen. [м.] божество; (перен.) вдохновение.
numerable. [прил.] исчислимый, исчисляемый.
numeración. [ж.] нумерация, счисление.
numerador. [м.] (мат.) числитель; нумератор.
numeral. [прил.] числительный, числовой: * adjetivo numeral cardinal, количественное числительное; * adjetivo numeral ordinal, порядковое числительное.
numeralmente. [нареч.] счётом, см. numéricamente.
numerar. [перех.] исчислять, считать; нумеровать.
numerario, ria. [прил.] числовой; цифровой; штатный; [м.] деньги находящиеся в обращении; звонкая монета.
numerata. [прил.] * numerata pecunia, (юр.) наличные деньги.
numerativo, va. [прил.] служащий для счёта, числовой.
numéricamente. [нареч.] счётом, по счёту; численно.
numérico, ca. [прил.] численный, числовой: * superioridad numérica, численное превосходство.
número. [м.] число, число, количество, численность, число, номер, цифра; (грам.) число; [множ.] Книга Чисел (в Библии): * número par, impar, чётное, нечётное число; * número entero, целое число; * número fraccionario, дробь, дробное число; * número primo, простое число; * número redondo, круглое число; * número de una cifra, número digito, однозначное число; * número arábigo, (de guarismo) арабская цифра; * número llano (romano), римская цифра; * número concreto, именованное число; * número singular, единственное число; * número plural, множественное число; * sin número, бесчисленный; * de número, постоянный, обыкновенный; * socio de número, действительный член (общества).
numerosamente. [нареч.] во множестве; стройно.
numerosidad. [ж.] многочисленная толпа, число.
numeroso, sa. [прил.] многочисленный; многолюдный; плавный, гармоничный, благозвучный, размеренный (о слоге).
numiforme. [прил.] монетообразный.
numisma. [ж.] монета.
numismática. [ж.] нумизматика.
numismático, ca. [прил.] нумизматический [сущ.] нумизмат.

numismatografía. [ж.] описание древних монет и медалей.
numismatología. [ж.] трактат о древних монетах и медалях.
numo. [м.] (арс.) монета, деньги.
numuláceo, a. [прил.] (зоол.) монетообразный.
numular. [прил.] (мед.) имеющий форму монеты (мокрота).
numulario. [м.] меняла; человек, торгующий деньгами.
numulita. [ж.] раковина первобытной корненожки.
numulítico, ca. [прил.] (геол.) нуммулитовый.
numulítidos. [м. множ.] (палеонт.) нуммулиты.
nunación. [ж.] носовой звук слов.
nunca. [нареч.] никогда: * nunca jamás, никогда в жизни, ввек, ни в коем случае.
nunciar. [перех.] (уст.) см. anunciar.
nunciatura. [ж.] нунциатура, должность нунция; резиденция нунция.
nuncio. [м.] посланец; нунций, папский посол; (перен.) предвестник, признак: * nuncio apostólico, нунций.
nuncupativamente. [нареч.] словесно.
nuncupativo, va. [прил.] устный, словесный: * testamento nuncupativo, словесное завещание.
nuncupatorio, ria. [прил.] заключающий посвящение; предоставляющий место, наследство (о документе).
nundinales. [множ.] первые восемь букв азбуки, соответствующие торговым дням (в Риме).
nuño. [м.] чилийское растение.
nupcial. [прил.] брачный; свадебный.
nupcialidad. [ж.] количество браков (по статистике).
nupcias. [ж. множ.] свадьба; брак: * segundas nupcias, второй брак.
nurse. [ж.] (англ.) няня; сиделка.
nutación. [ж.] (астр.) (мед.) нутация.
nutra. [ж.] (зоол.) см. nutria.
nutramina. [ж.] витамин.
nutria. [ж.] (зоол.) выдра, нутрия: * nutria de mar, морской бобёр, морская выдра.
nutricio, cia. [прил.] питательный.
nutrición. [ж.] питание, кормление.
nutrido, da. [страд. прич.] к nutrir; [прил.] (перен.) полный, обильный, насыщенный; частый (об огне).
nutriente. [дейст. прич.] к nutrir; [прил.] питательный.
nútriga. [ж.] (обл.) выдра, нутрия.
nutrimental. [прил.] пищевой, съестной.
nutrim(i)ento. [м.] см. nutrición; питательный сок; (перен.) пища.
nutrir. [перех.] кормить, питать; (перен.) питать, насыщать; укреплять; наполнять.
nutritividad. [ж.] питательность.
nutritivo, va. [прил.] питательный.
nutriz. [ж.] кормилица.
nutual. [прил.] сменяемый.
ny. [ж.] 13-я буква греческого алфавита.

ñ. [ж.] 17-я буква испанского алфавита.
ñacanina. [ж.] (Амер.) крупная ядовитая змея.
ñaco. [м.] (Амер.) кукурузная каша.
ñacunda. [ж.] (Амер.) серая ночная птица.
ñacurutú. [м.] (Амер.) сова (одна из разновидностей).
ñachi. [м.] (Амер.) приправа из крови барашка, соли и чеснока: * sacar ñachi, (разг.) раскровянить нос.
ñadi. [м.] (Амер.) неглубокое болото.
ñafas. [ж. множ.] (обл.) насмешки.
ñafiar. [перех.] (Амер.) обвешивать, обмеривать; красть.
ñafitear. [перех.] (Амер.) красть.
ñafiteo. [м.] (Амер.) кража, см. hurto.
ñafrar. [перех.] (арг.) прясть.
ñagaza. [ж.] (охот.) манок; (перен.) приманка.
ñaiqui. [м.] (Амер.) кот.
ñame. [м.] (бот.) ямс, иньям.
ñancu. [м.] (Амер.) орлёнок.
ñandú. [м.] американский страус.
ñandubay. [м.] (Амер.) (бот.) мимоза (разновидность).
ñandurie. [ж.] (Амер.) (зоол.) маленькая ядовитая змея.
ñandutí. [м.] лёгкая тонкая ткань.
ñanga. [ж.] (Амер.) болотистая сырая низина; крошка, малость.
ñangada. [ж.] (Амер.) см. mordisco.
ñangado, da. [прил.] (Амер.) немощный; кривоногий.
ñangar. [перех.] (Амер.) безобразить.
ñángara. [ж.] (Амер.) язва.
ñango, ga. [прил.] (Амер.) неуклюжий; см. ñangado; худой, слабый; придирчивый, щепетильный; глупый, пустой.
ñangotado, da. [прил.] (Амер.) льстивый; ленивый.
ñangotarse. [возв. гл.] (Амер.) садиться на корточки.
ñanguear. [неперех.] (Амер.) лодырничать, см. remolonear.
ñaña. [ж.] (Амер.) старшая сестра, подруга; няня; кормилица.
ñañacas. [ж. множ.] (Амер.) см. cachivaches.
ñañara. [ж.] (Амер.) след, шрам (оставшийся после болезни).
ñañería. [ж.] (Амер.) фамильярность.
ñaño, ña. [прил.] (Амер.) братский; избалованный; находящийся в близкой дружбе; глупый; [м.] старший брат.
ñapa. [ж.] (Амер.) поход при взвешивании товара.

ñapango, ga. [прил.] (Амер.) мулатский; [м. и ж.] мулат, (-ка), метис, (-ка).
ñapear. [перех.] (Амер.) см. hurtar.
ñapinda. [ж.] (Амер.) мимоза (одна из разновидностей).
ñapo. [м.] (Амер.) камыш идущий на изготовление корзин.
ñapunta. [ж.] (Амер.) низкорослый бамбук.
ñaque. [м.] (Амер.) хлам, старьё.
ñarra. [прил.] (Амер.) низкорослый, низкий; [ж.] (Амер.) жалованье.
ñarras (a). [нареч.] (Амер.) с трудом.
ñarrear. [неперех.] (Амер.) мяукать.
ñaruso, sa. [прил.] (Амер.) рябой, конопатый.
ñata. [ж.] (Амер.) смерть.
ñatas. [ж. множ.] (Амер.) ноздри.
ñatear. [неперех.] (Амер.) гнусавить.
ñato, ta. [прил.] (Амер.) (ласкат.) курносый.
ñauar. [неперех.] (Амер.) мяукать.
ñaucas (en tiempos de). [нареч.] (Амер.) при царе Горохе.
ñauido. [м.] (Амер.) мяукание.
ñaure. [м.] (Амер.) узловатое полено; палка (толстая).
ñausa. [прил.] (Амер.) слепой.
ñeca. [ж.] (Амер.) кулак.
ñecle. [прил.] (Амер.) косоглазый, кривой.
ñeco. [м.] (Амер.) удар кулаком.
ñemeo. [м.] (Амер.) (вул.) спекуляция.
ñengue. [прил.] (Амер.) идиотский, глупый; [м. и ж.] идиот, (-ка), глупец.
ñeñe. [прил.] (Амер.) см. ñengue; [м.] (Амер.) экскременты, кал.
ñeque. [м.] (Амер.) сила, крепость, энергия, храбрость, отвага; [прил.] (Амер.) сильный, крепкий, ловкий.
ñequear. [неперех.] (Амер.) проявлять энергию.
ñica. [ж.] (Амер.) крошка, малость, капля.
ñifle. [межд.] (разг.) (Амер.) нет!, никоим образом!.
ñilbo. [м.] (Амер.) лоскут старья; подвешенный кусок солёного мяса.
ñipo, ña. [м. и ж.] хозяин, хозяйка (обращение негров и мулатов к белым).
ñiquiñaque. [м.] (разг.) субъект, тип, презренный человек; пустяк.
ñire. [м.] чилийский бук.
ñisñil. [м.] (Амер.) разновидность камыша.
ñizca. [ж.] (Амер.) кусочек чего-л; кал, экскременты; [множ.] осколки чего-л.

ño. [м.] (Амер.) (разг.) (обращение) господин, хозяин.
ñoca. [ж.] (Амер.) щель, трещина в деревянном или плиточном полу.
ñoclo. [м.] бисквитное пирожное с вином и анисом.
ñoco, ca. [прил.] (Амер.) однорукий; с недостающим пальцем; [м.] (Амер.) удар кулаком; см. tocón.
ñocoy. [м.] (Амер.) разновидность камыша.
ñola. [ж.] (Амер.) экскременты, кал; язва.
ñonchi. [прил.] (Амер.) неизменяющийся; сморщенный (о фруктах и т. д.).
ñongareto, ta. [прил.] (Амер.) скрюченный, горбатый.
ñongarse. [возв. гл.] (Амер.) см. agacharse; см. torcerse.
ñongo, ga. [прил.] (Амер.) глупый, ленивый; (разг.) (Амер.) находящийся в плохом состоянии; увечный.
ñongue. [м.] (Амер.) лекарственное растение.
ñonguera. [ж.] (Амер.) лень, расслабленность.
ñoña. [ж.] (разг.) экскременты, кал.
ñoñería, ñoñez. [ж.] (Амер.) пустяки, вздор, нелепость, глупость.
ñoño, ña. [прил.] (Амер.) робкий, малодушный, тщедушный, слабосильный; пошлый.
ñoro, ra. [прил.] (Амер.) курносый; плоский; белокурый.
ñoqui. [м.] (Амер.) пельмени с картофельным пюре.
ñora. [ж.] (обл.) нория, водокачка; см. guindilla.
ñorba. [ж.] (Амер.) (бот.) страстоцвет.
ñoro. [м.] (обл.) очень горький перец.
ñubloso, sa. [прил.] облачный, покрытый тучами.
ñudo. [м.] см. nudo: * al ñudo, (Амер.) напрасно.
ñudoso, sa. [прил.] (Амер.) узловатый.
ñufla. [ж.] (Амер.) пустяк, ничтожная вещь.
ñugo. [м.] (обл.) ярмо для запряжки.
ñuña. [ж.] (Амер.) кормилица.
ñuridito, ta. [прил.] (Амер.) слабый, хилый, болезненный.
ñurumí. [м.] (Амер.) (зоол.) муравьед.
ñuscar. [перех.] (Амер.) см. arrugar.
ñutir. [перех.] (Амер.) ворчать, журить, бранить.
ñuto, ta. [прил.] (Амер.) молотый.

O o

o. 18-я буква испанского алфавита.
o. [союз] или (перед словами, начинающимися с о или ho принимает форму u).
¡o! [межд.] о!
oasis. [м.] оазис.
obaudición. [ж.] неверное слушание.
obcecación. [ж.] ослепление; затемнение.
obcecadamente. [нареч.] слепо.
obcecar. [перех.] ослеплять; затемнять; **obcecarse.** [возв. гл.] пристраститься, увлекаться.
obclaveo, a. [прил.] (бот.) опрокинуто-булавовидный.
obcomprimido, da. [прил.] (бот.) опрокинуто-сжатый.
obcónico, ca. [прил.] (бот.) имеющий вид опрокинутого конуса, обратно-конусовидный.
obduración. [ж.] упрямство, упорство; загрубелость.
obedecedor, ra. [прил.] послушный, покорный, повинующийся (тже. сущ.).
obedecer. [перех.] повиноваться, слушаться, подчиняться, находиться в зависимости; происходить, поддаваться; [неперех.] происходить, быть следствием.
obedecimiento. [м.] послушание, повиновение.
obediencia. [ж.] см. **obedecimiento**; покорность; позволение монаху отлучиться; предписание главы.
obediencial. [прил.] послушный, относящийся к повиновению или послушанию.
obediente. [дейст. прич.] к **obedecer**; [прил.] послушный, покорный.
obedientemente. [нареч.] послушно, покорно.
obeliscal. [прил.] относящийся к обелиску.
obelisco, obelo. [м.] обелиск; старинный знак на полях.
obencadura. [ж.] (мор.) ванты.
obenque. [м.] (мор.) ванта.
obertura. [ж.] (муз.) увертюра.
obesidad. [ж.] ожирение, тучность, чрезмерная полнота.
obesífugo, ga. [прил.] против ожирения (о средствах).
obesígeno, na. [прил.] причиняющий ожирение.
obeso, sa. [прил.] тучный, жирный, дородный; страдающий ожирением; [м. мн.] (зоол.) гиппопотамовые.
óbice. [м.] препятствие, помеха.
obispado. [м.] епископство (сан); архиерейство, епархия, епископия.
obispal. [прил.] епископский.
obispalía. [ж.] см. **obispado**; архиерейский дом.

obispar. [неперех.] получить епископский сан.
obispillo. [м.] дитя в епископском платье; большая кровяная колбаса (с рисом и луком); гузка (у птиц).
obispo. [м.] епископ, архиерей; большая кровяная колбаса (с рисом и луком); скат (одна из разновидностей); (арг.) петух: * **obispo** in pártibus, или in pártibus infidélium, епископ назначенный в епархию находящуюся во власти неверных; * trabajar para el **obispo**, (перен. разг.) работать без вознаграждения.
óbito. [м.] смерть, кончина.
obitorio. [м.] покойницкая, морг.
obituario. [м.] церковная ведомость об усопших, времени смерти и заупокойных обеден.
obiubí. [м.] (Амер.) американская обезьяна.
objeción. [ж.] возражение.
objetante. [дейст. прич.] к **objetar**.
objetar. [перех.] возражать; приводить в качестве возражения.
objetivamente. [нареч.] объективно.
objetividad. [ж.] объективность.
objetivo, va. [прил.] объективный; предметный; [м.] (физ., фот.) объектив; (воен.) цель, объект: * realidad **objetiva**, (фил.) объективная истина.
objeto. [м.] предмет, вещь; объект; цель; тема, сюжет: *con **objeto** de, с целью; для того, чтобы, с тем, чтобы.
oblación. [ж.] жертвоприношение.
oblada. [ж.] жертвоприношение.
oblativo, va. [прил.] принадлежащий жертвоприношению.
oblato, ta. [м. и ж.] человек, предоставляющий своё имущество монастырю и живущий в нём.
oblea. [ж.] облатка; вафля; (перен.) (разг.) очень худой человек.
obleera. [ж.] коробка для облаток.
obleero, ra. [м. и ж.] продавец, (-щица) вафель.
oblicuamente. [нареч.] вкось, наискось, в косом направлении; косвенно.
oblicuángulo. [прил.] (геом.) косоугольный.
oblicuar. [перех.] ставить косо, вкось; скашивать; [неперех.] (воен.) следовать косвенному направлению.
oblicuidad. [ж.] наклонное положение, покатость, косина, наклон: * **oblicuidad** de la eclíptica, наклонение эклиптики.
oblicuo, cua. [прил.] косой; наклонный; кривой; (грам.) косвенный (о падеже).
obligación. [ж.] обязанность, долг; обязательство; облигация; [мн.] семья, состоящая на чьём-л иждивении: * correr **obligación** a uno, быть кому-л обязанным.

obligacionista. [м. и ж.] держатель, (-ница) облигаций.
obligado, da. [страд. прич.] к **obligar**; [м.] поставщик; заведующий снабжением; (муз.) главная часть.
obligante. [дейст. прич.] к **obligar**.
obligar. [перех.] вынуждать, принуждать, заставлять; обязывать; делать одолжение; (Амер.) пить вино из одного стакана с кем-л: * tomo y **obligo**, за ваше здоровье (при чоканье); * **nobleza obliga**, дворянство налагает известные обязанности; **obligarse**. [возв. гл.] обязываться; взять на себя обязательство.
obligativo, va. [прил.] обязательный, принудительный.
obligatoriamente. [нареч.] обязательно.
obligatoriedad. [ж.] обязательность.
obligatorio, ria. [прил.] обязательный, принудительный.
obliteración. [ж.] патологическое закрытие, закупоривание, закупорка (сосудов).
obliterador, ra. [прил.] (мед.) закупоривающий.
obliterar. [перех.] (мед.) закупоривать (сосуды).
oblongada. [прил.] продолговатый (о мозге).
oblongo, ga. [прил.] продолговатый.
obmutescencia. [ж.] (пат.) потеря голоса.
obnubilación. [ж.] затемнение сознания, помрачение ума; ослепление.
obnubilar. [перех.] затемнять; помрачать.
oboe. [м.] (муз.) гобой.
oboísta. [м. и ж.] (муз.) гобоист.
óbolo. [м.] обол, мелкая монета и вес у Древних); (перен.) лепта.
obovoide. [прил.] (бот.) опрокинуто-яйцеобразный.
obpiramidal. [прил.] (бот.) опрокинуто-пирамидальный.
obra. [ж.] дело, работа, труд; деяние, поступок; творение, произведение, создание; постройка, строение, сооружение; стройка, строительные работы, строительство, деятельность, действие; средство; доходы (церковные): * **obra** de fábrики, каменная, кирпичная кладка; * **obra** maestra, шедевр, образцовое произведение; * **obra** viva, (мор.) подводная часть судна; * **obra** muerta, (мор.) надводная часть судна; (Амер.) внутренние работы (при постройке здания); * **obras** públicas, общественные работы; * **obra** prima, работа сапожника; * **obra** de El Escorial, очень длительные работы; * **obra** de caridad, богоугодное дело;

* **obra** de encargo, заказ, заказанный предмет; * **obra** de, приблизительно; * alzar de **obra**, прекратить работу (рабочие); * meter en **obra**, poner por **obra**, употребить в дело, пустить в ход, привести в действие; * hacer mala **obra**, принести ущерб; * **obra** del tiempo, дело времени; * **obras** completas, полное собрание сочинений; * **obras** escogidas, избранные сочинения; * por **obra** de, посредством, через; * **obras** son amores y no buenas razones, на посуле, как на стуле.

obrada. [ж.] дневная норма (в полевых работах); земельная мера в некоторых провинциях Испании.

obradera. [ж.] (Амер.) понос.

obradero, ra. [прил.] любящий действовать.

obrador. [м.] (обл.) задний проход.

obrador, ra. [прил.] действующий, работающий (тж. сущ.); [м.] мастерская.

obradura. [ж.] количество положенных под пресс маслин.

obraje. [м.] выработка, производство; мастерская по выработке тканей и т. д.

obrajero. [м.] (старший) мастер строительных работ.

obrante. [дейст. прич.] к **obrar**, действующий и т. д.

obrar. [перех.] делать что-л; действовать, оказывать действие, поступать; строить; производить, вырабатывать; работать; [неперех.] действовать (о желудке), испражняться; существовать; иметься: * **obrar** a lo loco, действовать необдуманно; * **obrar** mal, делать зло; * **obra** en nuestro poder su carta de... (ком.) мы получили ваше письмо от...

obrejuela. [ж.] см. **baratija**.

obrepción. [ж.] (юр.) искажение фактов.

obrepticiamente. [нареч.] посредством искажения фактов.

obrepticio, cia. [прил.] полученный путём искажения фактов, сокрытия истины.

obrerada. [ж.] (собир.) рабочие.

obrería. [ж.] церковные доходы; заведование ими; должность и контора церковного старосты заведующего доходами.

obrerismo. [м.] рабочий класс; режим рабочего класса.

obrero, ra. [прил.] рабочий; трудящийся: * clase **obrera**, рабочий класс; * movimiento **obrero**, рабочее движение; [м. и ж.] рабочий, (-ая), работник, (-ница); мастер; церковный староста, староста общины; * **obrero** agrícola, сельскохозяйственный рабочий, батрак; * **obrero** de villa, каменщик; * abeja **obrera**, рабочая пчела.

obrizo, za. [прил.] червлёный (о золоте).

obscenamente. [нареч.] непристойно, неприлично и т. д.

obscenidad. [ж.] непристойность, неприличие; распутство; сквернословие.

obsceno, na. [прил.] непристойный, похабный, порнографический, неприличный; распутный.

obscuración. [ж.] см. **obscuridad**.

obscuramente. [нареч.] неясно, смутно, неопределённо; в тиши; негласно.

obscurantismo. [м.] обскурантизм, мракобесие.

obscurantista. [прил.] обскурантский [м. и ж.] обскурант, мракобес.

obscurecer. [перех.] затемнять; помрачить, делать неотчётливым, неясным; затруднять (понимание); (жив.) оттенять, сгущать тени; [неперех.] вечереть, темнеть; хмуриться (о погоде); **obscurecerse.**

[возв. гл.] омрачаться, покрываться тучами; (перен. разг.) затеряться, задеваться; [непр. гл.] спрягается как **agradecer**; [м.] сумерки: * al **obscurecer**, в сумерках, под вечер.

obscurecimiento. [м.] потемнение; затемнение; помрачение.

obscuridad. [ж.] темнота, мрак; непонятность, неясность; низкое происхождение.

obscuro, ra. [прил.] тёмный, мрачный; смутный, неясный, непонятный, заумный; заурядный, серый (о человеке); неопределённый, опасный; [м.] (жив.): * claro **obscuro**, светотень; * a **obscuras**, в темноте, в потёмках; втёмную, вслепую, ощупью.

obsecración. [ж.] умоление, настойчивая просьба; домогательство.

obsecrar. [перех.] настойчиво просить, умолять.

obsecuencia. [ж.] послушание, повиновение, снисходительность, любезность.

obsecuente. [прил.] послушный, снисходительный, уступчивый, любезный.

obseder. [перех.] неотвязно, неотступно преследовать.

obsequiador, ra. [прил.] любезный, услужливый, заискивающий (тже. сущ.).

obsequiante. [дейст. прич.] к **obsequiar**.

obsequiar. [перех.] дарить, одаривать; преподносить, угощать (кого-л чем-л); ухаживать, угождать.

obsequio. [м.] подарок; угождение.

obsequiosamente. [нареч.] заискивающе; галантно.

obsequiosidad. [ж.] услужливость, любезность, угодливость.

obsequioso, sa. [прил.] услужливый, заискивающий; галантный; любящий дарить.

observable. [прил.] доступный наблюдению.

observación. [ж.] наблюдение; соблюдение, исполнение, выполнение; примечание, заметка; обсервация.

observador, ra. [прил.] наблюдающий, наблюдательный; [м. и ж.] наблюдатель, (-ница); блюститель, (-ница).

observancia. [ж.] соблюдение, выполнение, строгое следование (правил, законов); почтение, уважение: * poner en **observancia**, заставить строго выполнить.

observante. [дейст. прич.] к **observar**, соблюдающий, выполняющий; французский (о монахах); строго соблюдающий религиозные обряды.

observar. [перех.] наблюдать; соблюдать, исполнять, выполнять; замечать, примечать; выслеживать, наблюдать за..., присматривать.

observatorio. [м.] обсерватория; (воен.) наблюдательный пункт.

obsesión. [ж.] наваждение, одержимость; навязчивая идея, мысль, неодолимое желание.

obsesionar. [перех.] (непр.) неотступно преследовать (о мыслях).

obsesivo, va. [прил.] неотвязный.

obseso, sa. [прил.] одержимый.

obsidiana. [ж.] обсидиан, стекловатый камень, вулканическое стекло.

obsoleto, ta. [прил.] вышедший из употребления, устарелый.

obstaculizar. [перех.] (вар.) V. **obstruir**.

obstáculo. [м.] препятствие, помеха, преграда, противодействие.

obstante. [дейст. прич.] к **obstar**; * no **obstante**, однако, тем не менее, при всём том, всё же.

obstar. [неперех.] мешать, препятствовать, противодействовать; противоречить (чему-л).

obstetrical. [прил.] акушерский.

obstetricia. [ж.] акушерство, гинекология.

obstétrico, ca. [прил.] акушерский, родовспомогательный, гинекологический.

obstinación. [ж.] упрямство, упорство; настойчивость.

obstinadamente. [нареч.] упрямо, упорно, настойчиво.

obstinado, da. [прил.] упрямый, настойчивый; своевольный.

obstinarse. [возв. гл.] упрямиться, упорствовать, упорно добиваться.

obstipación. [ж.] см. **tortícolis**; упорный запор.

obstrucción. [ж.] обструкция; препятствие; (мед.) закупорка, засорение.

obstruccionar. [перех.] (вар.) см. **obstruir**.

obstruccionismo. [м.] обструкционизм.

obstruccionista. [м. и ж.] обструкционист, (-ка); [прил.] обструкционистский.

obstructivo, va. [прил.] относящийся к обструкции и т. д., см. **obstrucción**; вызывающий засорение и т. д.

obstructor, ra. [прил. и сущ.] загромождающий, затрудняющий проход; мешающий, препятствующий; (мед.) вызывающий закупорку, засорение.

obstruir. [перех.] загромождать, заграждать, загораживать, преграждать (путь); затруднять проход; (мед.) вызывать закупорку, засорение; **obstruirse.** [возв. гл.] засоряться, закупориваться.

obstruyente. [дейст. прич.] к **obstruir**; [прил.] см. **obstructivo**.

obtemperar. [перех.] повиноваться, подчиняться, исполнять.

obtención. [ж.] получение, приобретение, достижение.

obtener. [перех.] получить, достичь; добиться, выпросить, упросить; иметь, хранить, беречь.

obtento. [м.] церковный доход.

obtentor. [прил.] получающий, достигающий чего-л.

obturación. [ж.] закрывание, заделывание (отверстия); (фото и т. д.) обтюрация.

obturador, triz. [прил.] закрывающий, заделывающий (отверстие); (фото.) обтюрирующий; [м.] (фото) обтюратор; затвор; заслонка.

obturante. [дейст. прич.] к **obturar** и [прил.] закрывающий, заделывающий (отверстие); [м.] затвор, обтюратор.

obturar. [перех.] закрывать, заделывать, затыкать (отверстие).

obtusángulo. [прил.] (геом.) тупоугольный.

obtusería. [ж.] тупость, отсутствие острого восприятия.

obtusidad. [ж.] (прям. и перен.) тупость.

obtusífero, ra. [прил.] тупонепестковый.

obtusifido, da. [прил.] тупоразрезный.

obtusifoliado, da. [прил.] туполистный.

obtusión. [ж.] притупление (ума, чувствительности).

obtuso, sa. [прил.] затупленный, округлённый; (прям. перен.) тупой: * **ángulo obtuso**, тупой угол.

obús. [м.] (воен.) гаубица; (непр.) снаряд.

obusera. [прил.] гаубичный; лодка с гаубицей или миномётом.

obvención. [ж.] побочный доход.

obvencional. [прил.] относящийся к побочному доходу.

obviar. [перех.] устранять, предотвращать, отклонять; [неперех.] препятствовать, мешать, противодействовать.

obvio, via. [прил.] находящийся перед глазами; ясный, очевидный.

obyecto. [м.] возражение, реплика, опровержение.

oca. [ж.] гусь; гусёк (игра).

oca. [ж.] (бот.) перуанское растение, корень этого растения.

ocal. [прил.] очень вкусный и деликатный

ochavo 615

(о некоторых фруктах); [м.] (Амер.) евкалипт.
ocarina. [ж.] (муз. инструмент) окарина.
ocarinista. [м. и ж.] тот, кто играет на окарине (музыкант).
ocasión. [ж.] случай; оказия, удобный случай; случайность; повод, риск; причина, повод: * de ocasión, по случаю, приобретаемый по случаю; * asir, coger, o tomar la ocasión por el copete, por la melena, por los cabellos, не упустить случая; * en ocasiones, иногда, временами, порой; * en cierta ocasión, когда-то, однажды; * la ocasión hace al ladrón, не клади плохо, не вводи вора в грех; * perder la ocasión, упускать случай; * ponerse en ocasión de, подвергать себя опасности; * aprovechar la ocasión, воспользоваться случаем.
ocasionadamente. [нареч.] по этой причине.
ocasionado, da. [страд. прич.] к ocasionar; [прил.] вызывающий, беспокойный, докучливый; рискованный.
ocasionador, ra. [прил. и сущ.] вызывающий; дающий повод к чему-л; подвергающий опасности, риску.
ocasional. [прил.] случайный.
ocasionalmente. [нареч.] случайно; по случаю.
ocasionar. [перех.] причинять, вызывать; давать повод к чему-л; подвергать опасности, риску; побуждать к чему-л.
ocaso. [м.] заход, закат солнца; запад; (перен.) закат, упадок; старость.
occidental. [прил.] западный; закатывающийся до солнца (о планетах).
occidente. [м.] запад; Запад, западные страны: * en Occidente, на Западе.
occiduo, a. [прил.] закатный.
occipital. [прил.] (анат.) затылочный.
occipitomastoideo, a. [прил.] (анат.) затылочно-сосцевидный.
occipucio. [м.] (анат.) затылок.
occisión. [ж.] убийство, насильственная смерть.
occiso, sa. [прил.] умерщвлённый, убитый.
oceánico, ca. [прил.] океанский.
Oceánidas. (миф.) морские нимфы.
océano. [м.] океан; (перен.) океан, огромное пространство; море, множество.
oceanografía. [ж.] океанография.
oceanográfico, ca. [прил.] океанографический.
ocelado, da. [прил.] покрытый глазками (о перьях павлина, о крыльях бабочки).
ocelífero, ra. [прил.] (бот.) покрытый глазками.
ocelo. [м.] простой глаз (насекомых); очко, глазок (на крыльях бабочки и т. д.).
ocelote. [м.] (зоол.) оцелот.
ocena. [ж.] зловоние из носа, дурной запах из носу.
ocenoso, sa. [прил.] относящийся к зловонию из носа; см. fétido.
ociar. [неперех.] досуг, свободное время; безделье, праздность: * en los ratos de ocio, в часы досуга.
ociosamente. [нареч.] праздно, без дела.
ociosear. [неперех.] (Амер.) бездельничать.
ociosidad. [ж.] праздность, безделье.
ocioso, sa. [прил.] праздный, досужый; неиспользованный, бездействующий; бесполезный, ненужный; [м. и ж.] бездельник, (-ица), празднующий, (-ая-ся).
ocla, ocle. [ж.] (обл.) водоросль.
oclocracia. [ж.] охлократия, правление черни.
oclocrático, ca. [прил.] охлократический.
ocluir. [перех.] (мед.) закрывать, заделывать (отверстие), вызывать закупорку.

oclusión. [ж.] закрытие, запирание, запор, закупорка.
oclusivo, va. [прил.] замыкающий; (лингв.) взрывной.
oconal. [м.] (Амер.) болото.
ocosial. [м.] (Амер.) влажное место, покрытое растительностью.
ocotal. [м.] лес из ocotes.
ocote. [м.] мексиканская сосна.
ocotera. [ж.] (Амер.) см. ocotal.
ocotcli. [м.] (Амер.) род рыси.
ocozoal. [м.] (Амер.) гремучая змея.
ocráceo, a. [прил.] бледножёлтый.
ocrántoe, a. [прил.] (бот.) с бледножёлтыми цветками.
ocre. [м.] охра (краска).
ocreáceo, a. [прил.] жёлто-красный, цвета или свойств охры; см. ocráceo.
ocrocloro, ra. [прил.] (ест. ист.) желтозелёный.
ocrodermia. [ж.] (мед.) бледность кожи.
ocroleuco, ca. [прил.] (бот.) бледножёлтый.
ocropo, pa, ocrópodo, da. [прил.] желтоватоногий.
ocróptero, ra. [прил.] желтоватокрылый.
ocroso, sa. [прил.] охряный, охристый, охровый.
octacorde. [прил.] восьмиструнный.
octaédrico, ca. [прил.] (геом.) восьмигранный.
octaedrita. [ж.] (мин.) анатаз, октаэдрит.
octaedro. [м.] (геом.) октаэдр, восьмигранник.
octaetérida. [ж.] восьмилетие.
octagonal. [прил.] (геом.) восьмиугольный.
octágono, na. [прил.] (геом.) восьмиугольный; [м.] восьмиугольник.
octana. [ж.] (пат.) лихорадка с приступом на восьмой день.
cctandría. [ж.] (бот.) осьмимужие.
octangular. [прил.] (геом.) восьмиугольный.
octano. [м.] (хим.) октан.
octante. [м.] (геом. астр.) октант.
octava. [ж.] (муз. лит.) октава; восьмидневник, восьмидневный праздник; последний день восьмидневника.
octavario. [м.] восьмидневник, восьмидневный праздник.
octavilla. [ж.] листовка.
octavin. [м.] (муз.) малая флейта.
octavo, va. [прил.] восьмой; [м.] восьмая доля, часть: * en octavo, (полигр.) ин-октаво, в восьмую долю листа (о формате).
octeto. [м.] (муз.) октет.
octifolio, lia. [прил.] (бот.) осьмилистный.
octingentésimo, ma. [прил.] восьмисотый.
octodo. [м.] октод.
octofilo, la. [прил.] (бот.) осьмилистный.
octogenario, ria. [прил.] восьмидесятилетний; [м. и ж.] восьмидесятилетний старик, (-ая) старуха.
octogésimo, ma. [прил.] восьмидесятый.
octoginia. [ж.] (бот.) осьмиженство.
octogonal. [прил.] (геом.) восьмиугольный.
octógono, na. [прил. и м.] (геом.) см. octágono.
octomaculado, da. [прил.] (ест. ист.) имеющий восемь пятен, осьмипятнистый.
octoneo, a. [прил.] (бот.) осьмерной.
octonervado, da. [прил.] (бот.) осьмижилковый.
octopinado, da. [прил.] (зоол.) имеющий восемь перьев на хвосте.
octópodo. [м.] осьминог.
octorradiado, da. [прил.] (бот.) осьмилучистый.
octosilábico, ca. [прил.] восьмисложный.
octosílabo, ba. [прил.] см. octosilábico; [м.] восьмисложный стих.
octubre. [м.] октябрь: * en (el mes de) octubre, в октябре; * de octubre, октябрьский.

óctuple. [прил.] восьмеричный, восьмикратный.
octuplicar. [перех.] увеличить в восемь раз.
óctuplo, pla. [прил.] см. óctuple.
ocuje. [м.] (Амер.) орлиное дерево.
oculado, da. [прил.] (ест. ист.) глазчатый, имеющий круглые глазки.
ocular. [прил.] глазной: * nervio ocular, глазной нерв; [м.] (физ.) окуляр.
ocularmente. [нареч.] своими глазами, зрительно.
ocúleo, a. [прил.] (ест. ит.) глазчатый.
oculiforme. [прил.] глазовидный.
oculista. [м. и ж.] окулист, (-ка), глазной врач.
oculística. [ж.] офтальмология.
oculomotor, ra. [прил.] глазодвигательный.
ocultación. [ж.] скрывание, прятание, укрывательство; скрытность; маскировка; (астр.) сокрытие (звезды, планеты за луной).
ocultamente. [нареч.] исподтишка, втихомолку, тайно, скрытно, тайком.
ocultar. [перех.] прятать, скрывать, укрывать; утаивать, умалчивать; ocultarse. [возв. гл.] прятаться, скрываться.
ocultis (de). [нареч.] скрытно, тайком.
ocultismo. [м.] оккультизм.
oculto, ta. [прил.] скрытый, спрятанный, тайный, оккультный, сокровенный, потаённый: * de oculto, инкогнито; тайно, скрытно; * en oculto, тайно, тайком.
ocumo. [м.] венесуэльское съедобное растение.
ocupación. [ж.] занятие; дело; работа, должность, место; (воен.) оккупация, захват: * tropas de ocupación, оккупационные войска.
ocupada. [прил.] беременная.
ocupador, ra. [прил.] занимающий; владеющий (тже. сущ.).
ocupante. [дейст. прич.] к ocupar, занимающий (место); владеющий; [м. и ж.] оккупант, захватчик: * el primer ocupante, первый завладевший имуществом, занявший место первым.
ocupar. [перех.] занимать (место, должность, время); занимать, заполнять; занимать, давать работу и т. д.; мешать; привлекать чьё-л внимание; оккупировать, захватывать; ocuparse. [возв. гл.] заниматься чем-л, тратить своё время на...
ocurrencia. [ж.] случай, случайность; обстоятельство; встреча; неожиданная мысль; острота, удачное выражение.
ocurrente. [дейст. прич.] к ocurrir, случающийся, встречающийся; [прил.] острый, смешной.
ocurrido, da. [страд. прич.] к ocurrir; [прил.] (Амер.) острый, смешной.
ocurrir. [неперех.] случаться, происходить, вдруг наступать, встречаться; выходить навстречу; приходить в голову; обращаться к правосудию и т. д.; опережать; совпадать (два праздника).
ochar. [перех.] (Амер.) лаять; следить; подстрекать, побуждать.
ochava. [ж.] восьмая доля, часть; (церк.) восьмидневник.
ochavado, da. [прил.] восьмигранный.
ochavar. [перех.] придавать восьмигранную форму.
ochavo, va. [прил. сущ.] см. octavo; [м.] старинная медная монета, грош; восьмигранное здание и т. д.: * no tener un ochavo, не иметь ни гроша.

ochenta. [прил.] восемьдесят; восьмидесятый; [м.] (цифра) восемьдесят.
ochentavo, va. [прил.] восьмидесятый; [м.] восьмидесятая доля, часть.
ochenteno, na. [прил.] см. octogésimo.
ochentón, na. [прил.] (разг.) восьмидесятилетний; [м. и ж.] восьмидесятилетний старик, (-няя) старуха.
ocho. [прил.] восемь; восьмой; [м.] цифра восемь, восьмёрка (игральная карта); восьмое число: * dar, echar a uno con los ochos y los nueves, высказать кому-л всю правду.
ochocientos. [прил.] восемьсот; восьмисотый; [м.] цифра восемьсот.
oda. [ж.] (лит.) ода, лирическая песнь.
odalisca. [ж.] одалиска.
odaxema. [ж.] (пат.) жжение в десне при прорезывании зубов.
odeón. [м.] одеон (род театра у древних).
odiable. [прил.] ненавистный.
odiar. [перех.] ненавидеть; питать отвращение; odiarse. [возв. гл.] ненавидеть друг друга.
odible. [прил.] см. odioso.
odinofagia. [ж.] боль при глотании.
odinofobia. [ж.] страх перед болью.
odinopoético, ca. [прил.] причиняющий боль.
odio. [м.] ненависть, злоба, вражда: * con odio, с ненавистью, злобно; * por odio, из ненависти, по злобе.
odiosamente. [нареч.] с ненавистью, злобно; ненавистно, гнусно.
odiosear. [перех.] (Амер.) наводить скуку; надоедать.
odiosidad. [ж.] гнусность, отвратительность, одиозность (книж.).
odioso, sa. [прил.] ненавистный, постылый; гнусный, отвратительный; одиозный (книж.).
odisea. [ж.] одиссея (путешествие, изобилующее приключениями).
odógrafo. [м.] одограф.
odómetro. [м.] одометр.
odonatos. [м. множ.] (зоол.) стрекозы (насекомые).
odontagogo. [м.] щипцы для извлечения зубов.
odontagra. [ж.] подагрическая зубная боль.
odontalgia. [ж.] зубная боль.
odontálgico, ca. [прил.] относящийся к зубной боли; утоляющий зубную боль.
odontiasis. [ж.] прорезывание зубов; (мед.) трудное прорезывание зубов.
odóntico, ca. [прил.] зубной.
odontitis. [ж.] воспаление зуба, одонтит.
odontoblasto. [м.] клетка, участвующая в образовании дентина.
odontodinia. [ж.] зубная боль.
odontofia. [ж.] прорезывание зубов.
odontogénesis, odontogenia. [ж.] образование зубов.
odontografía. [ж.] описание зубов.
odontoideo, a. [прил.] зубовидный, зубообразный.
odontolito. [м.] одонтолит, зубной винный камень.
odontología. [ж.] одонтология, учение о зубных болезнях.
odontológico, ca. [прил.] одонтологический.
odontólogo. [м.] одонтолог.
odontoma. [м.] (пат.) одонтома, зубная опухоль.
odontonecrosis. [ж.] зубная костоеда.
odontorragia. [ж.] кровотечение вследствие извлечения зуба.
odontotecnia. [ж.] зубоврачебная техника.
odontotécnico, ca. [прил.] зубоврачебный.
odorante. [прил.] благоухающий, душистый, пахучий.
odorífero, ra, odorífico, ca. [прил.] благоухающий, душистый, пахучий.
odorimetría. [ж.] одориметрия.
odre. [м.] бурдюк; (перен. разг.) пьяница.
odrería. [ж.] бурдючная мастерская или магазин.
odrero. [м.] мастер, делающий бурдюки; продавец бурдюков.
odrina. [ж.] бурдюк (из шкуры вола): * hecho una odrina, покрытый язвами.
oeste. [м.] запад; (мор.) вест, западный ветер.
ofendedor, ra. [прил.] оскорбляющий, обижающий; [м. и ж.] обидчик (-ица), оскорбитель, (-ница).
ofendente. [действ. прич.] к ofender.
ofender. [перех.] повреждать; ранить; оскорблять, обижать; посягать (на честь и т. д.); надоедать, докучать; ofenderse. [возв. гл.] оскорбляться, обижаться.
ofendido, da. [страд. прич.] к ofender; [прил. и сущ.] оскорблённый, обиженный.
ofensa. [ж.] оскорбление, обида.
ofensión. [ж.] ущерб, вред; оскорбление; беспокойство.
ofensiva. [ж.] наступление, нападение, атака, наступательные действия: * tomar la ofensiva, быть первым в действии; * pasar a la ofensiva, перейти в наступление.
ofensivamente. [нареч.] наступательно.
ofensivo, va. [прил.] наступательный, агрессивный; нападающий; обидный, оскорбительный.
ofensor, ra. [прил.] оскорбляющий, обижающий; [м. и ж.] обидчик (-ица), оскорбитель, (-ница).
oferente. [прил. и сущ.] дающий, жертвующий.
oferta. [ж.] предложение; приношение, подношение, дар; (ком.) предложение, оферта: * ley de la oferta y la demanda, закон спроса и предложения.
ofertar. [перех.] (вар.) см. ofrecer.
ofertorio. [м.] (церк.) дароприношение.
ofiasis. [ж.] (пат.) выпадение волос местами.
oficéfalo. [м.] (зоол.) змееголовка (рыба).
oficial. [прил.] официальный; должностной; [м.] ремесленник, мастеровой; мелкий служащий, чиновник; (воен.) офицер; палач; мясник: * enseñanza oficial, очное обучение; * oficial subalterno, младший офицер; * oficial de reserva, офицер запаса; * oficial de carrera, офицер с высшим военным образованием; * oficial retirado, офицер в отставке.
oficiala. [ж.] работница, мастерица.
oficialía. [ж.] должность чиновника, служащего.
oficialidad. [ж.] официальность, официальный характер; офицерский состав, офицерство.
oficialización. [ж.] официальное признание.
oficializar. [перех.] официально признать; [неперех.] действовать чиновником и т. д.
oficialmente. [нареч.] официально.
oficiante. [действ. прич.] к oficiar; [м.] служитель культа, священнодействующий.
oficiar. [перех.] (церк.) служить, отправлять божественную службу, священнодействовать; официально сообщать; служить: * oficiar de, действовать в качестве (кого-л).
oficina. [ж.] рабочая комната; лаборатория при аптеке; контора, бюро, канцелярия; учреждение; отдел; служебное помещение: * oficina de colocación, контора по найму; * oficina de información, отдел, бюро информации.
oficinal. [прил.] лекарственный (о растении); аптекарский.
oficinesco, ca. [прил.] чиновничий, бюрократический.
oficinismo. [м.] (перен.) бюрократизм.
oficinista. [м.] служащий (канцелярский); чиновник.
oficio. [м.] служба, должность; ремесло, мастерство; профессия, специальность; занятие; контора, бюро; письменное сообщение служебного характера; (церковная) служба: * oficio de difuntos, заупокойная служба; * Santo Oficio, инквизиция; * de oficio, официально; (юр.) по назначению; * buenos oficios, услуги; * hacer uno su oficio, хорошо исполнять должность; * tomar por oficio una cosa, взять за правило.
oficiosamente. [нареч.] услужливо; официозно.
oficiosidad. [ж.] услужливость, готовность к услугам; усердие, прилежание; угодливость.
oficioso, sa. [прил.] прилежный, усердный; услужливый, угодливый, предупредительный; официозный; полезный: * periódico oficioso, официоз.
oficleido. [м.] (муз.) контр-тромбон.
ofídico, ca. [прил.] относящийся к змеям.
ofidio, dia. [прил.] змееобразный; [м. множ.] (зоол.) змееподобные.
ofidismo. [м.] отравление змеиным ядом.
ofiofagia. [ж.] питание змеями.
ofiófago, ga. [прил.] змееядный, питающийся змеями.
ofioglosita. [ж.] (палеонт.) змеиный язык (род папоротника).
ofiogloso. [м.] (бот.) обыкновенный ужовник: * ofiogloso portugués, ужовник.
ofiolatría. [ж.] змеепоклонство, змеепочитание.
ofiolátrico, ca. [прил.] относящийся к змеепоклонству.
ofiología. [ж.] учение о змеях.
ofiológico, ca. [прил.] относящийся к учению о змеях.
ofiosauro. [м.] (палеонт.) змееящер (пересмыкающееся).
ofioxilo. [м.] (бот.) змейник, змеедревник (растение).
ofita. [ж.] (геол.) офит.
Ofiuco. [м.] (астр.) Змееносец (созвездие).
ofiurideo, a. [прил.] в виде змеиного хвоста; [м. множ.] (зоол.) змеехвостки.
ofiuro. [м.] (зоол.) змеехвостка (род морской звезды).
ofrecedor, ra. [прил.] обещающий; предлагающий и т. д. (тже. сущ.).
ofrecer. [перех.] обещать; предлагать; подносить, вручать; дарить, преподносить; посвящать; выставлять напоказ; ofrecerse. [возв. гл.] представляться (о случае), происходить, случаться; предлагать свои услуги; вызываться; желать.
ofreciente. [действ. прич.] к ofrecer.
ofrecimiento. [м.] обещание; предложение; приношение, подношение, дар.
ofrenda. [ж.] подношение, приношение, дар, жертва, пожертвование.
ofrendar. [перех.] дарить, жертвовать; делать приношение; делать вклад в благотворительное дело.
ofrendista. [прил. и сущ.] делающий приношение, дающий, жертвующий.
oftalmagia. [ж.] (пат.) боль в глазу.
oftalmectomía. [ж.] (хир.) удаление глаза.
oftalmía. [ж.] (мед.) офтальмия, воспаление глаза.
oftálmico, ca. [прил.] глазной; (мед.) относящийся к офтальмии.

oftalmitis. [ж.] (пат.) воспаление глаза.
oftalmoblenorrea. [ж.] (пат.) гоноррейное заражение глаза.
oftalmocopia. [ж.] (пат.) слабость зрения.
oftalmodinia. [ж.] (пат.) боль в глазу.
oftalmodonesis. [ж.] (пат.) дрожание век.
oftalmografía. [ж.] (анат.) описание глаза.
oftalmología. [ж.] офтальмология.
oftalmológico, ca. [прил.] офтальмологический.
oftalmólogo. [м.] офтальмолог, окулист.
oftalmomalacia. [ж.] (пат.) размягчение глазного яблока.
oftalmomelanosis. [ж.] (пат.) пигментация глаз.
oftalmometría. [ж.] (мед.) измерение глаза, офтальмометрия.
oftalmométrico, ca. [прил.] офтальмометрический.
oftalmómetro. [м.] (мед.) прибор для измерения радиуса кривизны преломляющих сред глаза.
oftalmomiotomía. [ж.] (пат.) рассечение мышцы или сухожилия глаза.
oftalmopatía. [ж.] (пат.) болезнь глаза.
oftalmopiorrea. [ж.] (пат.) гноетечение из глаза.
oftalmoplejía. [ж.] (пат.) паралич нескольких ветвей глазодвигательного нерва, офтальмоплегия.
oftalmorragia. [ж.] наружное кровотечение из глаза.
oftalmorrexis. [ж.] разрыв глаза.
oftalmoscopia. [ж.] (мед.) офтальмоскопия, исследование зеркалом дна и среды глаза.
oftalmoscópico, ca. [прил.] офтальмоскопический.
oftalmoscopio. [м.] офтальмоскоп, глазное зеркало.
oftalmotonometría. [ж.] измерение внутриглазного давления.
ofuscación. [ж.] **ofuscamiento.** [м.] ослепление, ослабление зрения; помрачение, затемнение (рассудка).
ofuscar. [перех.] слепить, помрачать зрение, мешать видеть, затмевать; затемнять, помрачать (рассудок); спутывать (мысли).
ogaño. [нареч.] см. **hogaño**.
ogresa. [ж.] людоедка.
ogro. [м.] великан-людоед.
¡oh! [межд.] а!; ох!; ой!; ¡oh no! ну нет!
ohm. [м.] (физ.) ом.
óhmico, ca. [прил.] (физ.) омический.
ohmímetro. [м.] (физ.) омметр.
ohmio. [м.] (физ.) см. **ohm**.
oíble. [прил.] слышимый.
oída. [ж.] слушание; * de (por) oídas, по слухам.
oídio. [м.] (бот.) цвель (род плесневых грибов); * oídio de la vid, оидиум, мучнистая роса.
oído. [м.] слух, чувство слуха; ухо, слуховой аппарат; затравка (у ружья); * de oído, по слуху; * aplicar el oído, внимательно слушать; настораживаться; * duro de oído, тугой на ухо; лишённый музыкального слуха; * hacer oídos de mercader, притворяться, прикидываться глухим; * ser todo oídos, слушать со вниманием; * dar oídos, придавать значение, верить; выслушивать; * me zumban los oídos, у меня в ушах звенит; * al oído, на ухо.
oidor, ra. [сущ.] слушатель, (-ница) (тж. прил.).
oír. [перех.] слышать; слушать, внимать; выслушивать; прислушиваться внимательно (к чему-л); [возв. гл.] * oírse, раздаваться; слышаться; * oír decir, слышать о...; * ¡oye! послушай, посмотри; * ¡oiga(n)!, ¡oigan ustedes!, вы только послушайте!, возможно ли это!

oisanita. [ж.] анатаз, октаэдрит.
ojal. [м.] петля; петлица.
¡ojalá! [межд.] (разг.) дай бог!, хоть бы!.
ojaladera. [ж.] женщина, обметывающая петли.
ojalador, ra. [м. и ж.] человек, обметывающий петли; [м.] петельная машина.
ojaladura. [ж.] (соб.) петли.
ojalar. [перех.] обмётывать петли.
ojalatero. [м.] платонический сторонник партии.
ojanco. [м.] см. **cíclope**.
ojaranzo. [м.] (бот.) граб, грабина, белый бук; см. **adelfa**; (обл.) см. **redodendro**.
ojeada. [ж.] быстрый взгляд; * echar (dar) una ojeada, бросить взгляд, посмотреть.
ojeador. [м.] загонщик (на охоте).
ojear. [перех.] взглянуть, посмотреть; сглазить.
ojear. [перех.] гнать, загонять дичь; (перен.) прогонять; обращать в бегство.
ojén. [м.] сорт водки.
ojeo. [м.] (охот.) облава.
ojera. [ж.] синева, круги (под глазами), (чаще мн.); глазная ванночка; * tienes ojeras, у тебя круги под глазами.
ojeriza. [ж.] злоба, враждебность, неприязнь.
ojeroso, sa. [прил.] с тёмными кругами под глазами.
ojerudo, da. [прил.] (обыкновенно) с тёмными кругами под глазами.
ojete. [м. умен.] к ojo, глазок; петелька; дырочка, отверстие (для шнурка); глазок (в вышивке).
ojetear. [перех.] делать дырочки (для шнурков), петельки, глазки.
ojetera. [ж.] (соб.) место с дырочками (для шнурка).
ojialegre. [прил.] (разг.) с весёлым взглядом.
ojiblanco, ca. [прил.] с белыми глазами.
ojienjuto, ta. [прил.] редко плачущий.
ojigarzo, za. [прил.] см. **ojizarco**.
ojigrande. [прил.] с большими глазами.
ojim(i)el. [м.] уксусомёд, мёд с уксусом.
ojimoreno, na. [прил.] кареглазый.
ojinegro, gra. [прил.] черноглазый.
ojiprieto, ta. [прил.] (разг.) см. **ojinegro**.
ojito (de). [нареч.] (Амер.) даром, бесплатно.
ojituerto, ta. [прил.] косоглазый.
ojiva. [ж.] (арх.) стрелка готического свода.
ojival. [прил.] (арх.) стрельчатый, оживальный.
ojizaino, na. [прил.] (разг.) с злым, завистливым взглядом.
ojizarco, ca. [прил.] (разг.) голубоглазый.
ojo. [м.] глаз, око; ушко (иглы), отверстие, дырка, кольцо (для ручки в инструменте); глазок, блёстка (на бульоне); ноздря, глазок (хлеба, сыра); замочная скважина; глазок (на павлиньем хвосте); арка, пролёт моста; (полигр.) очко литеры; любимая вещь; источник, ключ; внимание; взгляд; зрение; мельничное отверстие; круглое окошко; * ojos hundidos, запавшие глаза; * ojos saltones, de sapo, глаза навыкате; * ¡ojo! осторожно!; * внимание!; * mal de ojo, сглаз; * a cierra ojos, в полусне; закрытыми глазами, не раздумывая, поспешно; вслепую; * a ojo, на глаз, глазом; * a ojos vistas, ясно, очевидно; * ojo de escalera, лестничный пролёт; * ojo médico (clínico), опытный глаз врача; * ojos tristes, усталые глаза; * tener mal de ojo, сглазить; * tener ojo, иметь намётанный глаз; * traer entre ojos, недолюбливать; * hasta los ojos, по горло; * no pegar ojo, el ojo, не сметь глаз; * cuatro ojos, (разг.)

человек в очках; * saltar a los ojos, бросаться в глаза; * el ojo del amo engorda al caballo, от хозяйского глаза скотина жиреет; * ojo por ojo, diente por diente, око за око, зуб за зуб; * ver con buenos ojos, чувствовать к кому-л, к чему-л расположение; * costar los ojos de la cara, дорого стоить; * entrar por los ojos, произвести на кого-л сильное впечатление; * tener buen ojo, иметь верный глазомер; * en un abrir y cerrar de ojos, в один миг; * más ven cuatro ojos que dos, ум хорошо, а два лучше; * pasar por ojo, (мор.) наскочить на другое судно и потопить его; * tener el ojo más grande que la tripa, иметь поповские глаза; * mirar con el rabillo del ojo, смотреть украдкой; * ojo de pollo, de gallo, мозоль; * ojo de gato, кошачий глаз, катафот; * ojo de buey, (мор.) бычий глаз; * ojo de boticario, склад ценных лекарств; * ojo de amura, (мор.) строп; * ojo de lince, проницательные глаза; * abrir los ojos, раскрыть глаза кому-л; * ojos que no ven, corazón que no siente, с глаз долой-из сердца вон.
ojoche. [м.] (Амер.) гигантское дерево.
ojoso, sa. [прил.] ноздреватый (о хлебе, сыре и т. д.).
ojota. [ж.] (Амер.) вид сандалии у индейцев.
ojotes. [м. множ.] (Амер.) глаза навыкате.
ojudo, da. [прил.] см. **ojoso**.
ojuelos. [м. множ.] весёлые глаза; (обл.) очки.
ola. [ж.] волна; (перен.) толпа; * ola de frío, похолодание; * ola grande, вал.
olaga. [ж.] (обл.) см. **aulaga**.
olaje. [м.] см. **oleaje**.
olbea. [ж.] (обл.) портик.
¡olé! [межд.] браво!; [м.] андалузский танец и музыка к нему.
oleáceo, a. [прил.] (бот.) масличный; [ж. множ.] масличные (растения).
oleada. [ж.] вал, большая волна; удар волны; движение толпы.
oleada. [ж.] обильный урожай маслин.
oleado, da. [м. и ж.] тот, кто соборовался (тже. прил.).
oleaginosidad. [ж.] маслянистость.
oleaginoso, sa. [прил.] маслянистый.
oleaje. [м.] прибой; волнение (на море).
oleandro. [м.] (бот.) олеандр; * de oleandro, олеандровый.
olear. [перех.] соборовать.
oleario, ria. [прил.] маслянистый.
oleastro. [м.] (бот.) см. **acebuche**.
oleato. [м.] (хим.) олеат, соль олеиновой кислоты.
olecranartrocace. [м.] (пат.) туберкулез локтевого сустава.
olecraniano, na. [прил.] (анат.) относящийся к локтевому отростку.
olecranoideo, a. [прил.] похожий на отросток локтевой кости.
olécranon. [м.] (анат.) отросток локтевой кости.
oledero, ra. [прил.] пахнущий, пахучий; чувствующий запах (тже. сущ.).
oleico. [прил.] (хим.) олеиновый.
oleícola. [прил.] относящийся к разведению маслин.
oleicultor. [м.] тот, кто занимается разведением маслин.
oleicultura. [ж.] разведение маслин.
oleífero, ra. [прил.] (бот.) содержащий масло; масличный.

oleificante. [прил.] (хим.) маслотворный.
oleificio. [м.] обработка масла; маслодельный завод.
oleiforme. [прил.] маслянистый, имеющий консистенцию масла.
oleína. [ж.] (хим.) олеин.
óleo. [м.] растительное масло; оливковое масло; соборование: * santos óleos, миро, елей; * al óleo, (жив.) маслом, масляными красками.
oleoducto. [м.] нефтепровод.
oleografía. [ж.] олеография.
oleosácaro. [м.] смесь сахару и эфирного масла.
oleosidad. [ж.] маслянистость.
oleoso, sa. [прил.] маслянистый, масляный.
oler. [перех.] нюхать; обонять; (перен.) предчувствовать, предугадывать, чуять; разнюхивать, разузнавать; [неперех.] пахнуть чем-л; казаться или быть подозрительным: *(él) huele a chotuno, от него воняет, как от козла; *(él) huele a aguardiente, от него несёт, воняет сивухой.
oleráceo, a. [прил.] (бот.) огородный.
olfacción. [ж.] обнюхивание.
olfatear. [перех.] нюхать, обнюхивать; чуять; (перен.) разнюхивать, разузнавать.
olfateo. [м.] нюханье и т. д.
olfativo, va. [прил.] (анат.) обонятельный.
olfato. [м.] нюх, чутьё; обоняние.
olfatología. [ж.] изучение обоняния.
olfatorio, ria. [прил.] обонятельный.
olíbano. [м.] лучший ладан.
oliente. [действ. прич.] к oler, пахнущий, пахучий.
oliera. [ж.] сосуд для мира.
olifán. [м.] рог (у древних рыцарей).
oligantropía. [ж.] недостаток мужчин (после войны и т. д.).
oligarca. [м.] олигарх.
oligarquía. [ж.] олигархия.
oligárquico, ca. [прил.] олигархический.
oligisto. [м.] красный железняк, гематит.
oligo- приставка, обозначающая недостаточность или уменьшение.
oligocardia. [ж.] (мед.) замедление сердечной деятельности.
oligocárpeo, a, oligocarpo, pa. [прил.] (бот.) малоплодный.
oligocéfalo, la. [прил.] (бот.) малоголовчатый.
oligoceno, na. [прил.] (геол.) олигоценовый; [м.] (геол.) олигоцен.
oligocitemia. [ж.] (пат.) уменьшение числа эритроцитов, недостаток форменных элементов в крови.
oligocolia. [ж.] (мед.) недостаточное отделение жёлчи.
oligocopria. [ж.] (мед.) запор.
oligocromemia. [ж.] уменьшение красящего вещества красных кровяных телец.
oligodactilia. [ж.] врождённое отсутствие нескольких пальцев рук или ног.
oligófilo, la. [прил.] (бот.) малолистный.
oligofrenia. [ж.] слабоумие.
oligogalactia. [ж.] уменьшение выделения молока.
oligohemia. [ж.] (пат.) недостаток крови в теле, малокровие.
oligohidramnios. [м.] ненормальный, уменьшенное количество околоплодной жидкости.
oligopnea. [ж.] замедленное дыхание.
oligosialia. [ж.] (пат.) недостаточное слюноотделение.

oligospermia. [ж.] недостаточное отделение мужского семени.
oligotriquia. [ж.] славый рост волос.
oligotrofia. [ж.] (пат.) недостаточное питание.
oligozoospermia. [ж.] (пат.) уменьшение количества живых сперматозоидов.
oliguria. [ж.] (пат.) олигурия, уменьшение суточного количества мочи.
olimpiada. [ж.] олимпиада.
olímpico, ca. [прил.] олимпийский; (перен.) величественный, олимпийский: * juegos olímpicos, олимпийские игра.
Olimpo. [м.] (миф. перен.) Олимп.
olingo. [м.] ревун (обезьяна).
olio. [м.] см. óleo.
oliscar, olisquear. [перех.] обнюхивать; (перен.) разузнавать, разнюхивать; [неперех.] начинать дурно пахнуть (о мясе и т. д.).
olisqueo. [м.] обнюхивание; (перен.) действ. к разнюхивать.
oliva. [ж.] олив(к)а, маслина, оливковое дерево; олив(к)а, маслина; (орни.) см. lechuza; (перен.) мир.
oliváceo, a. [прил.] оливкового цвета.
olivar. [м.] оливковая роща.
olivar. [прил.] (анат.) оливковидный.
olivar. [перех.] обрезать нижние ветви.
olivarda. [ж.] кречет.
olivarda. [ж.] (бот.) вид девясила.
olivarero, ra. [прил.] относящийся к маслинам, к выработке оливкового масла; [м.] тот, кто занимается разведением маслин.
olivarse. [возв. гл.] вздуться (о хлебе).
olivastro de Rodas. [м.] (бот.) алоэ.
olivenita. [ж.] (мин.) оливковая руда.
olivera. [ж.] (бот.) маслина, олив(к)а, оливковое дерево.
olivero. [м.] место для хранения оливок.
olivícola. [прил.] относящийся к разведению оливок.
olivicultor. [м.] см. olivarero.
olivicultura. [ж.] разведение маслин, выращивание масличных деревьев.
olivífero, ra. [прил.] изобилующий маслинами.
oliviforme. [прил.] оливкообразный, оливковидный.
olivillo. [м.] (бот.) название некоторого куста.
olivina. [ж.] (мин.) оливин.
olivo. [м.] маслина, олив(к)а, оливковое дерево: * olivo y aceituno es todo uno, что в лоб, что по лбу.
olivoso, sa. [прил.] см. olivífero.
olma. [ж.] большая и ветвистая вяз.
olmeda. [ж.] роща вязов.
olmedano, na. [прил.] относящийся к Olmedo; [м. и ж.] уроженец (-нка) этого города.
olmedo. [м.] см. olmeda.
olmo. [м.] (бот.) вяз: * pedir peras al olmo, просить, требовать невозможного.
ológrafo, fa. [прил.] (юр.) собственноручный: * testamento ológrafo, завещание целиком написанное рукой завещателя.
olomina. [ж.] (Амер.) речная рыбка (несъедобная).
olona. [ж.] бретанская парусина.
oloporo. [м.] (Амер.) сова (одна из разновидностей).
olor. [м.] запах, дух, букет; обоняние; (перен.) надежда, обещание; подозрение; репутация: * morir en olor de santidad, умереть святой смертью.
olorífero, ra. [прил.] см. odorífero.
olorizar. [неперех.] пахнуть.
oloroso, sa. [прил.] душистый, благоухающий, пахучий.
olote. [м.] (Амер.) маисовый початок без зёрен: * ser el olote de todos, быть посмешищем.

olotón, na. [прил.] (Амер.) (разг.) безобразно толстый.
olvidable. [прил.] легко забываемый.
olvidadizo, za. [прил.] забывчивый; (перен.) неблагодарный.
olvidado, da. [страд. прич.] к olvidar; [прил.] забывчивый; неблагодарный.
olvidar. [перех.] забывать; позабывать; разлюбить; olvidarse. [возв. гл.] см. olvidar.
olvido. [м.] забвение; забывчивость; упущение; пропуск (в наборе): * por olvido, по забывчивости; * ausencias causan olvido, где сердце лежит, туда и око бежит; * dar, echar en olvido, предавать забвению; * entregar al olvido, poner en olvido, см. olvidar.
olla. [ж.] котёл, горшок, чугун; горячее блюдо из мяса с овощами; водоворот: * olla podrida, испанское горячее блюдо из мяса, ветчины, птиц и т. д. с овощами; * olla ciega, копилка; * olla de cohetes, большой риск; * olla de grillos, шум, суматоха, беспорядок; * olla de barro, глиняный горшок; * hacer la olla gorda, доставлять барыш, прибыль, деньги и т. д.
ollado, ollao. [м.] (мор.) люверс.
ollar. [м.] ноздря (у животных).
ollaza. [ж. увел.] к olla.
ollera. [ж.] (орни.) см. herrerillo.
ollería. [ж.] горшечная мастерская или лавка.
ollero. [м.] горшечник, гончар.
olleta. [ж.] (Амер.) кушанье из кукурузы.
olluco. [м.] (Амер.) разновидность картофеля.
-oma. окончание. опухоль или новообразование.
omagra. [ж.] (пат.) ломота в плече (подагра).
omartritis. [ж.] (пат.) воспаление плечевого сустава.
omartrocace. [ж.] (пат.) туберкулез плечевого сустава.
omaso. [м.] третий желудок у жвачных животных.
ombligada. [ж.] часть кожи (шкуры) соответствующая пупу.
ombligar. [перех.] (Амер.) надевать пупочный бандаж.
ombligo. [м.] пуп, пупок; пуповина; (перен.) пуп, центр, середина, средоточие: * ombligo de Venus, (бот.) пупок; * encogérsele a uno el ombligo, падать духом.
ombligón, na. [прил.] (Амер.) пузатый.
ombliguera. [ж.] (бот.) омфалодес, (обл.) см. ombligo.
ombliguero. [м.] пупочный бандаж, повязка (для новорождённых).
ombría. [ж.] см. umbría.
ombrina. [ж.] усачка (рыба).
ombrógrafo. [м.] омброграф.
ombrómetro. [м.] омбрметр.
ombú. [м.] (Амер.) вид лаконоса.
omega. [ж.] омега, последняя буква греческого алфавита.
omental. [прил.] (анат.) сальниковый.
omentitis. [ж.] (пат.) воспаление сальника.
omento. [м.] (анат.) сальник.
ómicron. [ж.] 15-я буква греческого алфавита.
ominar. [перех.] предсказывать, предвещать.
ominoso, sa. [прил.] роковой, гибельный; ненавистный.
omisión. [ж.] опущение, небрежность, упущение; пропуск, пропущенное; невыполнение; замалчивание, умолчание.
omiso, sa. [прил. непр. страд. прич.] к omitir; [прил.] небрежный, невнимательный, беззаботный: * hacer caso omiso, оставлять без внимания; игнорировать.

omitir. [перех.] опускать, упускать, пропускать; пренебрегать, не исполнять; замалчивать.
ómnibus. [м.] омнибус: * tren ómnibus, товаро-пассажирский поезд.
omniforme. [прил.] разновидный.
omnígeno, na. [прил.] принадлежащий ко всем родам.
omnímodamente. [нареч.] всеобъемлющим образом.
omnívodo, da. [прил.] всеобъемлющий.
omnipotencia. [ж.] всемогущество.
omnipotente. [прил.] всемогущий.
omnipotentemente. [нареч.] всемогущим образом.
omnipresencia. [ж.] вездесущность.
omnipresente. [прил.] вездесущий.
omnisciente, omniscio, cia. [прил.] всеведущий, всезнающий.
omnívoro, ra. [прил.] всеядный.
omoclavicular. [прил.] лопаточно-ключичный.
omocotilo. [м.] (анат.) суставная впадина для головки плечевой кости.
omodinia. [ж.] (пат.) невралгическая или ревматическая боль плеча.
omofagia. [ж.] привычка есть сырое мясо.
omófago, ga. [прил.] питающийся сырым мясом.
omohioideo, a. [прил.] (анат.) лопаточно-подъязычный.
omoplato. [м.] (анат.) лопатка.
omphalus. [м.] (мед.) пупок.
onagra. [м.] (бот.) ослинник.
onagre, onagro. [м.] онагр, дикий осёл; (ист.) онагр (метательная машина).
onanismo. [м.] онанизм, рукоблудие.
once. [прил.] одиннадцать; одиннадцатый; [м.] цифра одиннадцать; одиннадцатое число; футбольная команда.
oncejera. [ж.] силок для птиц.
oncejo. [м.] (орни.) стриж.
oncemil. [м.] (арг.) кольчуга.
onceno, na. [прил.] одиннадцатый.
oncijera. [ж.] см. oncejera.
oncología. [ж.] (пат.) онкология, учение об опухолях.
oncológico, ca. [прил.] онкологический.
onda. [ж.] волна (на воде); (физ. радио) волна (у платья); [множ.] волны, завитки (волос); (Амер.) шахтная клеть (в виде корзины): * onda de choque, взрывная волна (снаряда, бомбы); * onda sonora, acústica, звуковая волна; * ondas cortas, короткие волны; * ondas extracortas, ультракороткие волны; * ondas amortiguadas, apagadas, затухающие волны; * ondas entretenidas, незатухающие волны; * de ondas cortas, коротковолновый.
ondado, da. [прил.] волнистый, волнообразный.
ondámetro. [ж.] (радио) волномер.
ondatra. [ж.] (зоол.) ондатра.
ondeante. [дейст. прич.] к ondear.
ondear. [неперех.] покрываться волнами, волноваться; виться волнами; развеваться; колыхаться; полоскаться (о парусе); ondearse. [возв. гл.] качаться в воздухе.
ondeo. [м.] движение, волнение волн; колыхание.
ondina. [ж.] (миф.) русалка, ундина.
ondisonante. [прил.] см. undísono.
ondógrafo. [прил.] ондограф.
ondoso, sa. [прил.] покрытый волнами, волнующийся, волнистый, волнообразный.
ondulación. [ж.] волнение, волнообразное движение, колыхание; завивка волос.
ondulado, da. [страд. прич.] к ondular. [прил.] волнистый.
ondulador. [м.] инвертор (для преобразования постоянного тока в переменный).
ondulante. [дейст. прич.] к ondular.

ondular. [неперех.] волноваться, струиться, колыхаться; развеваться; извиваться (о змее); [перех.] завивать волосы.
ondulatorio, ria. [прил.] волновой, волнообразный, волнующийся.
onecer. [неперех.] (обл.) см. aprovechar.
onerosamente. [нареч.] обременительно; тягостно.
oneroso, sa. [прил.] затруднительный, неудобный; обременительный, сопряжённый с расходами; (юр.) предоставляющий определённые имущественные права под условием исполнения известных обязательств.
onfacino, na. [прил.] * aceite onfacino, масло, приготовляемое из незрелых маслин.
onfalectomía. [ж.] (хир.) иссечение пупочного кольца при радикальной операции пупочной грыжи.
onfalelcosis. [ж.] (пат.) язва пупка.
onfálico, ca. [прил.] пупочный.
onfalitis. [ж.] (пат.) воспаление пупка.
onfalocarpo, pa. [прил.] (бот.) имеющий пуповидный плод.
onfalocele. [м.] (пат.) пупочная грыжа.
onfaloflebitis. [ж.] (пат.) воспаление пупочных вен у новорождённых.
onfaloideo, a. [прил.] пуповидный.
onfalomancia. [ж.] гадание по числу узлов в пуповине новорождённого младенца.
onfalomentérico, ca. [прил.] относящийся к пупку и брыжейке.
onfaloproptosis. [ж.] (пат.) выпадение пупочного канатика (во время родов); пупочная грыжа.
onfalorragia. [ж.] (пат.) кровотечение из пупка.
onfalotaxis. [ж.] (хир.) вправление пупочного канатика.
onfalotomía. [ж.] перерезание пуповины.
onfalotripsia. [ж.] зажим остатка пуповины (омфалотрибом) и наложение шелковой лигатуры.
ónice. [м.] (мин.) оникс.
onicocriptosis. [ж.] (пат.) врастание ногтя.
onicóforos. [м. множ.] (зоол.) когтеносцы.
onicoideo, a. [прил.] имеющий форму ногтя, ногтевидный.
onicopatía. [ж.] болезнь ногтей.
onicoptosis. [ж.] (пат.) выпадение ногтей.
onicorrexia. [ж.] хрупкость ногтей.
onicosis. [ж.] (пат.) неправильное образование ногтей.
oniquia. [ж.] (пат.) воспаление ногтевого ложа, ногтоеда.
onírico, ca. [прил.] относящийся к снам.
onirocrisia. [ж.] снотолкование.
onirocrítico, ca. [прил.] снотолковательный; [м.] снотолкователь.
oniromancia. [ж.] сногадание.
oniromántico, ca. [прил.] относящийся к сногаданию.
onix. [ж.] (мин.) оникс.
onoclea. [ж.] (бот.) оноклея.
onocrótalo. [м.] баба-птица, белый пеликан.
onomancia. [ж.] гадание по имени.
onomástica. [ж.] (грам.) ономастика.
onomástico, ca. [прил.] именной: * fiesta onomástica, именины.
onomasticón. [м.] см. vocabulario.
onomatología. [ж.] ономатология.
onomatológico, ca. [прил.] ономатологический.
onomatopeya. [ж.] ономатопея, звукоподражательное слово.
onomatopéyico, ca. [прил.] звукоподражательный.
onoquiles. [ж.] (бот.) воробейник.
onosma. [ж.] (бот.) оносма.
onoto. [м.] (Амер.) см. bija.
ontina. [ж.] (бот.) разновидность чернобыльника.

ontogenia. [ж.] (биол.) онтогенез(ис).
ontogénico, ca. [прил.] онтогенетический.
ontología. [ж.] (фил.) онтология.
ontológico, ca. [прил.] (фил.) онтологический.
ontologismo. [м.] (фил.) онтологизм.
ontologista, ontólogo. [м.] онтолог.
onubense. [прил.] относящийся к Huelva; [м.] и [ж.] уроженец, (-ка) этого города.
onza. [ж.] (зоол.) ягуар, гепард.
onza. [ж.] унция; * por onzas, по капле, понемногу.
onzavo, va. [прил.] одиннадцатый (о части, доле); [м.] одиннадцатая часть.
oociesis. [ж.] внематочная беременность.
ooforalgia. [ж.] (пат.) невралгия яичника, особенно при истерии.
ooforectomía. [ж.] вырезывание яичника.
ooforitis. [ж.] (пат.) воспаление яичника.
ooforocele. [м.] (пат.) грыжа, содержащая яичник.
ooforohisterectomía. [ж.] (хир.) частичное удаление яичников и матки (акушерская операция).
ooforoma. [м.] (пат.) опухоль яичника.
ooforomalacia. [ж.] (пат.) размягчение яичника.
ooforopexia. [ж.] (хир.) пришивание, фиксация яичника.
oofororrafia. [ж.] (хир.) зашивание яичника.
ooforosalpingectomía. [ж.] (хир.) иссечение яичника и яйцевода.
ooforotomía. [ж.] (хир.) удаление опухоли яичника после чревосечения, редко через влагалище.
oogénesis. [ж.] (биол.) оогенез.
oogonio. [м.] (бот.) оогоний (вместилище спор у водорослей).
oolítico, ca. [прил.] (геол.) оолитовый.
oolito. [м.] (геол.) оолит.
oología. [ж.] (зоол.) оология.
oológico, ca. [прил.] (зоол.) оологический.
oomancia. [ж.] гадание по яйцам.
oomicetos. [м. множ.] (бот.) оомицеты.
oosfera. [ж.] (бот.) оосфера.
oospora. [ж.] (бот.) ооспора.
opa. [прил.] (Амер.) немой; глупый, дурацкий, идиотски (тж. туш.).
opacamente. [нареч.] непрозрачно.
opacar. [перех.] (неол.) делать непрозрачным; opacarse. [возв. гл.] (Амер.) потерять прозрачность.
opacidad. [ж.] непрозрачность; мутность.
opaco, ca. [прил.] непрозрачный; мутный; тёмный, мрачный; (перен.) тоскливый, печальный, меланхолический.
opado, da. [прил.] см. hinchado.
opalescencia. [ж.] опалесценция, опаловый отлив.
opalescente. [прил.] опаловый, переливающийся как опал.
opalino, na. [прил.] опаловый, опаловидный.
ópalo. [м.] (мин.) опал, смоляной камень.
opción. [ж.] выбор; (ком.) опцион.
ópera. [ж.] опера: * de ópera, оперный; * teatro de la ópera, оперный театр.
operable. [прил.] исполнимый, возможный, выполнимый, осуществимый; пригодный для чего-л. оперируемый, могущий быть оперированным, операбильный.
operación. [ж.] операция, действие; дело; предприятие; манипуляция; (хир.) операция; (мат.) действие; [множ.] боевые действия: * sala de operaciones, операционная; * operación aritmética, арифметическое действие.

operador, ra. [прил.] (хир.) оперирующий; [м.] оператор (хирург).
operante. [действ. прич.] к operar.
operar. [перех.] (хир.) оперировать, делать операцию; [неперех.] действовать (о средствах); спекулировать; (ком.) см. maniobrar.
operario. [м.] рабочий; мастеровой, ремесленник.
operativo, va. [прил.] действующий, действенный, производящий известный эффект.
operatoria. [ж.] хирургия.
operatorio, ria. [прил.] действующий; (хир.) операционный.
operculado, da. [прил.] (ест. ист.) с крышкой.
opérculo. [м.] (ест. ист.) крышечка размножительной споры; жаберная крышка; придаток, служащий моллюску для закрывания раковины.
opereta. [ж.] оперетта, оперетка.
operista. [м. и ж.] оперный певец, оперная певица.
operístico, ca. [прил.] оперный.
operoso, sa. [прил.] трудолюбивый, усердно работающий; трудный, тяжёлый.
opiáceo, a. [прил.] содержащий опиум; успокаивающий, наркотический.
opiado, da. [прил.] содержащий опиум.
opiata. [ж.] (мед.) опиат.
opiático, ca. [прил.] опийный, опиумный; наркотический.
opiato, ta. [прил.] см. opiado; [м.] опиат.
opilación. [ж.] засорение (кишечника); см. anemorrea; (мед.) водянка.
opilado, da. [страд. прич.] к opilar; [прил.] бледный, желтоватый.
opilar. [перех.] (уст.) загораживать дорогу.
opilativo, va. [прил.] (мед.) засорительный.
opilio. [м.] (зоол.) сенокосец.
ópimo, ma. [прил.] обильный, богатый; плодородный.
opinable. [прил.] поддающийся суждению.
opinante. [действ. прич.] к opinar; [сущ.] подающий своё мнение.
opinar. [неперех.] быть какого-л мнения; высказывать своё мнение, суждение, высказываться; полагать, предполагать, считать; обсуждать.
opinión. [ж.] мнение, суждение, воззрение, взгляд, репутация; * opinión pública, общественное мнение.
opio. [м.] опий, опиум.
opíparamente. [нареч.] обильно, роскошно (о еде).
opíparo, ra. [прил.] обильный, роскошный (о еде).
opistobranquios. [м. множ.] (зоол.) заднежаберные моллюски.
opistocifosis. [ж.] (пат.) искривление позвоночника кзади.
opistótonos. [м.] (пат.) судорожное сведение тела назад; см. tétanos.
opitulación. [ж.] (м. употр.) помощь.
oploteca. [ж.] (военный ист.) музей старых оружий.
opodeldoc. [м.] оподельдок (мыльная мазь).
oponente. [действ. прич.] к oponer, противопоставляющий; [м. и ж.] оппонент, (-ка).
oponer. [перех.] противопоставлять, противополагать; противоречить, возражать; мешать; **oponerse.** [возв. гл.] противиться, противодействовать оказывать сопротивление; противоречить; участвовать в конкурсе (на замещение должности и т. д.).

oponible. [прил.] противопоставляемый.
opopánax. [м.] опопанакс.
opopónace. [ж.] см. pánace.
opopónaco. [м.] опопанакс.
oportunamente. [нареч.] своевременно, кстати, вовремя.
oportunidad. [ж.] своевременность, уместность, целесообразность; удобный случай.
oportunismo. [м.] оппортунизм.
oportunista. [прил.] оппортунистический, оппортунистский; [м.] оппортунист.
oportuno, na. [прил.] своевременный, уместный; целесообразный; надлежащий, подходящий, удобный.
oposición. [ж.] противопоставление, противоположение; оппозиция, противодействие, сопротивление; противоречие, возражение; конкурс (на замещение должности и т. д.); (астр.) противостояние (полит.) оппозиция.
oposicionista. [м. и ж.] оппозиционер, (-ка).
opósito, ta. [непр. страд. прич.] к oponer.
opositor, ra. [м. и ж.] противник, соперник, (-ница); претендент, (-ка), соискатель, (-ница) (на конкурсе).
opoterapia. [ж.] лечение вытяжками из органов.
opoterápico, ca. [прил.] относящийся к лечению вытяжками из органов.
opresión. [ж.] гнёт, угнетение, притеснение; сжимание, сжатие, стеснение (физическое); чувство беспокойства, тревоги; opresión de pecho, тяжёлое дыхание, удушье.
opresivamente. [нареч.] насильственно, гнетуще.
opresivo, va. [прил.] угнетающий, гнетущий, притесняющий.
opresor, ra. [прил.] угнетающий, гнетущий, притесняющий; [сущ.] угнетатель, гонитель, притеснитель.
oprimir. [перех.] надавливать, нажимать; давить, стеснять; угнетать, гнести, притеснять; вынуждать, принуждать.
oprobiar. [перех.] позорить, порочить, бесчестить, оскорблять.
oprobio. [м.] позор, бесчестие, посрамление, оскорбление.
oprobiosamente. [нареч.] с позором и т. д.
oprobioso, sa. [прил.] позорящий, бесчестный, поносительный; оскорбительный.
opsigamia. [ж.] поздний брак.
opsígono, na. [прил.] последний; [ж. множ.] зубы мудрости.
opsonina. [ж.] (физиол.) опсонин.
optación. [ж.] (рит.) горячее желание.
optante. [действ. прич.] к optar.
optar. [перех.] вступать к обязанностям; выбирать, предпочитать.
optativo, va. [прил.] желательный, предпочтительный; (грам.) желательный; [м.] (грам.) желательное наклонение.
óptica. [ж.] (физ.) оптика, наука о зрении и о свете.
ópticamente. [нареч.] по правилам оптики.
óptico, ca. [прил.] оптический; зрительный, глазной; [м.] оптик: * nervio óptico, зрительный нерв.
óptimamente. [нареч.] прекрасно, очень хорошо.
optimate. [м.] (чаще множ.) см. prócer.
optimismo. [м.] оптимизм, мнение, что всё к лучшему.
optimista. [прил.] оптимистический; [м. и ж.] оптимист, (-ка).
óptimo, ma. [прил.] отличный, наилучший, превосходный; оптимальный.
optómetro. [м.] (физ.) прибор для определения остроты зрения.
opuestamente. [нареч.] вопреки.
opuesto, ta. [непр. страд. прич.] к oponer;

[прил.] противоположный; противный, враждебный; (бот.) противолежащий.
opugnación. [ж.] сильное противодействие, сопротивление; возражение, противоречие, опровержение, оспаривание.
opugnador. [м.] сильно противодействующий, оказывающий сопротивление.
opugnante. [действ. прич.] к opugnar; [м.] (Амер.) см. opugnador.
opugnar. [перех.] сильно противодействовать, противиться; нападать, штурмовать, атаковать (крепость); возражать, противоречить, опровергать.
opulencia. [ж.] большое богатство, роскошь; изобилие, избыток.
opulentamente. [нареч.] роскошно; обильно, в изобилии.
opulento, ta. [прил.] роскошный, очень богатый, пышный; обильный, изобильный, избыточный.
opuncia. [ж.] (бот.) опунция, индийская смоква (род кактуса).
opuscular. [прил.] относящийся к маленькому по объёму труду (научному, литературному).
opúsculo. [м.] маленький по объёму труд (научный, литературный).
oque (de). [нареч.] бесплатно, даром.
oquedad. [ж.] полость, пустота; выемка; (перен.) бессодержательность, пустота.
oquedal. [м.] лес без подлеска, мачтовый лес.
oquigrafía. [ж.] стенография.
oquígrafo, fa. [м. и ж.] стенограф, стенографист, (-ка).
oquis (de). [нареч.] (Амер.) даром, бесплатно.
ora. [союз] (усечённая форма от ahora): * ora.... ora.... то.... то (выражает альтернативу).
oración. [ж.] речь (оратора); молитва, моление; (грам.) предложение; [множ.] вечерний звон: * oración fúnebre, надгробное слово; * oración dominical, «Отче наш» (молитва Господня); * partes de la oración, члены предложения; * elementos de la oración, части речи; * oración de ciего, песня слепцов; монотонная, невыразительная речь; * oración mental, безгласная молитва; * oración vocal, устная молитва.
oracional. [прил.] (грам.) относящийся к предложению; [м.] часослов, часовник.
oracular. [прил.] оракульский; см. misterioso.
oráculo. [м.] оракул.
orador. [м.] оратор; выступающий; [м.] см. predicador.
oraje. [м.] бурная погода.
oral. [прил.] словесный, устный.
oral. [прил.] ротовой, оральный.
oral. [м.] (обл.) прохладный ветер.
oral. [м.] (Амер.) место, изобилующее золотом; количество золота.
oralmente. [нареч.] устно.
orangután. [м.] (зоол.) орангутанг.
orante. [действ. прич.] к orar.
orar. [неперех.] произносить речь, выступать с речью; молиться [перех.] просить, умолять.
orario. [м.] большая эпитрахиль (у папы).
orate. [м. и ж.] сумасшедший, (-ая), безумный, (-ая), умалишённый, (-ая) (перен. разг.) безумный человек.
oratoria. [ж.] красноречие; риторика.
oratoriamente. [нареч.] ораторски.
oratorio. [м.] молельня; часовенка; оратория (монашеский орден, основанный Филиппом Нери); (муз.) оратория, духовная драма.
oratorio, ria. [прил.] ораторский.
orbe. [м.] округлость; круг; шар (земной); мир, вселенная; антильская рыба.
orbícola. [прил.] водящийся под всеми ши-

ротами земного шара, водящийся повсеместно (о растениях, животных).
orbicular. [прил.] кругообразный, круговой, округлый.
orbicularmente. [нареч.] кругообразно, вокруг.
órbita. [ж.] (астр.) орбита; (анат.) глазная впадина, орбита, глазница; (перен.) орбита, круг, сфера.
orbital. [прил.] орбитный, относящийся к орбите.
orbitario, ria. [прил.] (анат.) относящийся к орбите, глазничный.
orca. [ж.] касатка настоящая (китообразное животное).
orcaneta. [ж.] (бот.) красный корень.
orcinio, nia. [крил.] смертный, адский; [м.] раб, которому дарована свобода по духовному завещанию (в Риме).
orco. [м.] (зоол.) см. orca; (поэт.) ад, подземное царство.
orco. [м.] (обл.) связка лука.
orchilla. [ж.] (бот.) лакмусовый лишай.
ordalías. [ж. множ.] ордалия, испытание невиновности, суд Божий.
orden. [м.] порядок, последовательность, расположение, распорядок, порядок; расстановка; порядок, дисциплина; налаженность; строй, порядок, режим; разряд, категория, класс, ряд, ранг; сословие, корпорация; сан (духовный); (муз.) строй; (мат.) разряд; (арх.) орден, стиль, ордер; (воен.) построение, строй; орден; [ж.] приказ, приказание, распоряжение; (ком.) приказ о выдаче, ордер; орден (организация) : * poner en orden, убирать, приводить в порядок; * por orden, в порядке; по приказу; * orden del día, повестка, порядок дня; * por su orden, в свой черёд, постепенно; * por orden, de, по приказанию, по поручению; * de primer orden, перворазрядный; первостепенного значения; * de segundo orden, второразрядный; * orden cerrado, (воен.) сомкнутый строй; * orden de marcha, (воен.) походный порядок; * orden de combate, (de batalla), боевой порядок; * las órdenes sagradas, (церк.) священство; * orden dórico, (арх.) дорический ордер; * bajo las ordenes de, под начальством; * a las ordenes de alguien, быть в распоряжении, под начальством кого-л; * orden de caballería, письменное приказание; * orden por escrito, письменное приказание; * orden verbal, словесное приказание; * ¡a sus órdenes! слушаю(сь)!; * a la orden de (ком.) по приказу... (надпись на векселях); * orden de pago, ассигновка (документ); * en orden a, что касается до..., что до...
ordenación. [ж.] распорядок, распределение, расположение; приказ, распоряжение; рукоположение, посвящение в сан (духовный); контора; отдел.
ordenada. [ж.] (мат.) ордината.
ordenadamente. [нареч.] в порядке; методично.
ordenador, ra. [прил.] распоряжающийся; [м. и ж.] распорядитель, (-ница); [м.] начальник конторы.
ordenamiento. [м.] закон, постановление; распорядок, расположение, распределение.
ordenancista. [прил.] (воен.) строго соблюдающий устав; строгий (о начальнике).
ordenando. [м.] посвящаемый в духовный чин.
ordenante. [действ. прич.] к ordenar; [м.] избранный в духовный чин.
ordenanza. [ж.] правила, установленный порядок, регламент; [множ.] устав; [м.] (воен.) ординарец; денщик; курьер; посыльный.
ordenar. [перех.] приводить в порядок, устраивать; располагать, распределять в каком-л порядке; приказывать, предписывать, повелевать; распоряжаться; направлять к...; (церк.) посвящать в духовный сан; ordenarse. [возв. гл.] получать духовный сан.

ordeñadero. [м.] подойник.
ordeñador, ra. [прил.] дойльный; [м. и ж.] доильщик, доярка, доильщица.
ordeñar. [перех.] доить; срывать горстями с ветки.
ordeñejo. [м.] место, где доят.
ordeño. [м.] доение, дойка; срывание горстями с ветки.
ordiga! (¡la). [межд.] чёрт возьми!
ordinación. [ж.] (обл.) устав.
ordinal. [прил.] порядковый.
ordinariamente. [нареч.] часто, обычно, обыкновенно; грубо, невежливо.
ordinariez. [ж.] грубость, невежливость; неотёсанность.
ordinario, ria. [прил.] обыкновенный, обычный, всегдашний; рядовой; заурядный, ординарный, посредственный; обычный, очередной; грубый, невежливый; неотёсанный; простой; плебейский; вульгарный: * de ordinario, обыкновенно, обычно, часто, большей частью; paso ordinario, (воен.) тихий шаг; судья первой инстанции; почтальон; перевозчик (грузов и пассажиров); почтовый курьер; (епархиальный) епископ; ежедневный прожиточный минимум.
ordinativo, va. [прил.] относящийся к порядку.
ordo. [м.] требник (книга).
orea, oréada, oréade. [ж.] (миф.) ореада.
oreante. [действ. прич.] к orear.
orear. [перех.] проветривать, освежать; сушить, просушивать, осушать, удалять влагу (на воздухе); orearse. [возв. гл.] выходить на свежий воздух; просушиваться.
oreganal. [м.] (Амер.) место, изобилующее душицей.
orégano. [м.] (бот.) душица, майоран.
oreja. [ж.] ухо; ушко (башмака); лапа (якоря); сплетник, льстец; [множ.] концы наковальни: * oreja de ratón, (бот.) незабудка; * pabellón de la oreja, ушная раковина; * oreja de oso, (бот.) медвежье ушко, толокнянка; * ver las orejas al lobo, быть в большой опасности; * aguzar las orejas, слушать со вниманием, навострить уши, прислушиваться; * calentar las orejas, задать головомойку; * hacer orejas de mercader, прикидываться глухим; * mojar la oreja, посадить в лужу; * bajar las orejas, смиряться; * con las orejas gachas, печально, уныло; * poner las orejas coloradas, заставить краснеть; * asomar las orejas, выказывать свои намерения.
orejado, da. [прил.] с ушками.
orejano, na. [прил.] не клеймёный (о скоте).
orejeada. [ж.] (Амер.) дёрганье за уши.
orejeado, da. [прил.] предупреждённый, насторожённый.
orejear. [неперех.] двигать, шевелить ушами (о животных); делать что-л неохотно, с отвращением.
orejera. [ж.] отвал плуга; [множ.] наушники.
orejeta. [ж. умен.] к oreja, ушко.
orejón. [м.] сушёный ломтик персика; дёрганье за уши; старинный перуанский дворянин; [множ.] большие шпоры.
orejudo, da. [прил.] длинноухий, уша(с)тый; [м.] ушан.
orejuela. [ж. умен.] к oreja, ушко; ручка (сосуда и т. д.).
orenga. [ж.] (мор.) см. varenga.
orensano, na. [прил.] относящийся к Orense; [м. и ж.] уроженец, (-ка) этого города.

oreo. [м.] лёгкое дуновение ветра.
oreoselino. [м.] (бот.) горный горичник, горная петрушка.
orexia. [ж.] аппетит.
orexígeno, na. [прил.] возбуждающий аппетит.
orfanato. [м.] сиротский дом, приют.
orfandad. [ж.] сиротство; субсидия сиротам; (перен.) заброшенность, беспомощное состояние.
orfanocomio, orfanotrofio. [м.] сиротский дом.
orfebre. [м.] золотых и серебряных дел мастер.
orfebrería. [ж.] производство золотых и серебряных изделий; золотые и серебряные изделия.
orfelinato. [м.] (гал.) см. orfanato.
orfeón. [м.] хоровое общество.
orfeónico, ca. [прил.] относящийся к хоровому обществу.
orfeonista. [м. и ж.] член хорового общества.
órfico, ca. [прил.] орфейский.
orfo. [м.] род рыбы.
organdí. [м.] органди (ткань).
organero. [м.] мастер, делающий или ремонтирующий органы.
orgánicamente. [нареч.] органически.
orgánico, ca. [прил.] органический; организованный; согласованный; штатный: * química orgánica, органическая химия.
organícola. [прил.] (мед.) живущий в органе.
organillero. [м.] музыкант, играющий на шарманке.
organillo. [м.] (муз.) шарманка.
organino. [м.] (муз.) органчик.
organismo. [м.] организм; организация; учреждение.
organista. [м. и ж.] органист, (-ка).
organizable. [прил.] организуемый.
organización. [ж.] организация, формирование, образование; организация; организм; (перен.) расположение, размещение: * organización de las Naciones Unidas, Организация Объединённых Наций (сокр. О.О.Н.).
organizado, da. [прил.] органический.
organizador, ra. [прил.] организующий; организаторский; [м. и ж.] организатор.
organizar. [перех.] настраивать орган; организовывать; устраивать; (воен.) укреплять; * organizarse. [возв. гл.] (Амер.) быстро обогащаться.
órgano. [м.] (муз.) орган; (анат.) орган, часть тела; орган (управления); (перен.) орган, орудие, средство; проводник, посредник (о человеке и т. д.); орган (периодическое издание).
organogenético, ca. [прил.] органогенный.
organogenia. [ж.] (физиол. биол.) органогенез.
organografía. [ж.] (биол.) описание органов, органография.
organográfico, ca. [прил.] органографический, относящийся к описанию органов.
organoideo, a. [прил.] органообразный.
organología. [ж.] органология, учение об органах.
organonimia. [ж.] номенклатура органов животного и растительного царств.
organoscopia. [ж.] исследование органов.
organoterapia. [ж.] органотерапия.
organoterápico, ca. [прил.] органотерапевтический.

orgánulo. [м.] (биол.) рудиментарный орган.
orgasmo. [м.] оргазм.
orgástico, ca. [прил.] относящийся к оргазму.
orgía, orgia. [ж.] оргия.
orgiástico, ca. [прил.] относящийся к оргии.
orgullo. [м.] гордость, надменность, спесь, высокомерие: * abatir el **orgullo** (de uno), сбить с кого-л спесь.
orgullosamente. [нареч.] гордо, горделиво, спесиво, надменно.
orgulloso, sa. [прил.] гордый, горделивый, надменный, спесивый, высокомерный; [м. и ж.] гордец, гордячка.
¡ori! [межд.] (арг.) см. **bola.**
oriámbar. [м.] янтарь.
oribe. [м.] золотых и серебряных дел мастер.
orientación. [ж.] ориентирование, ориентировка; (перен.) ориентация, направление.
orientador, ra. [прил.] ориентирующий, направляющий (тже. сущ.).
oriental. [прил.] восточный, утренний: * pueblos **orientales**, восточные народы, народы Азии; [м. и ж.] житель стран Востока.
orientalismo. [м.] ориентализм.
orientalista. [м.] ориенталист, востоковед.
orientar. [перех., прям. перен.] ориентировать; направлять; (мор.) ставить по ветру (паруса); **orientarse** [возв. гл.] ориентироваться.
oriente. [м.] восток; восточный ветер; блеск жемчуга; рождение, начало; молодость, юность.
orificación. [ж.] дейст. к ставить золотые пломбы.
orificar. [перен.] ставить золотые пломбы.
orífice. [м.] золотых дел мастер.
oficial. [прил.] относящийся к отверстию.
orificio. [м.] отверстие, дыра; (анат.) выходное отверстие канала; см. **ano.**
oriflama. [ж.] (ист.) орифламма (знамя); хоругвь.
oriforme. [прил.] ротообразный.
orifrés. [м.] галун.
origen. [м.] начало, происхождение, источник, первопричина; возникновение; род: * ser **origen**, открывать; * alemán de **origen**, немецкого происхождения; * país de(1) **origen**, родина; * **origen** de las coordenadas, (геом.) начало координат.
originador, ra. [прил.] вызывающий, дающий начало (тже. сущ.).
original. [прил.] первоначальный; оригинальный, подлинный; самобытный; своеобразный, странный, причудливый; [сущ.] оригинал, подлинник; чудак, (-чка), оригинал, (-ка): * saber de buen **original**, знать из верного источника; * pecado **original**, первородный грех.
originalidad. [ж.] подлинность, оригинальность; самобытность; своеобразие; странность.
originalmente. [нареч.] оригинально, самобытно; своеобразно; с самого начала, в основе, первоначально.
originar. [перех.] вызывать, давать начало, быть причиной, причинять, порождать; **originarse** [возв. гл.] истекать, происходить; начинаться.
originariamente. [нареч.] первоначально, с самого начала.
originario, ria. [прил.] первоначальный; берущий или дающий начало, порождающий, происходящий, вытекающий из...; родом из..., уроженец.
orilla. [ж.] край; край, закраина; кромка; берег; грань, предел, конец; тротуар, панель.
orilla. [ж.] свежий ветер; (Амер.) погода.
orillar. [м.] см. **reborde.**
orillar. [перех.] устраивать, заканчивать, разрешать (дело); [неперех.] подойти к краю; окаймлять; подрубать (ткань).
orillo. [м.] кромка.
orín. [м.] ржавчина.
orín. [м.] (чаще множ.) моча.
orina. [ж.] моча.
orinal. [м.] ночной горшок.
orinar. [неперех.] мочиться, испускать мочу.
oriniento, ta. [прил.] ржавый, ржавеющий.
orinque. [м.] (мор.) буйреп.
oriol. [м.] иволга, см. **oropéndola.**
oriolano, na. [прил.] относящийся к Orihuela; [м. и ж.] уроженец, (-ка) этого города.
Orión. [м.] (астр.) Орион.
oriundez. [ж.] происхождение, род, восходящая линия родства.
oriundo, da. [прил.] происходящий из... родом из...
orizocultor. [м.] тот, кто занимается культурой риса.
orizocultura. [ж.] культура риса.
orla. [ж.] кайма (ткани); окаймление; украшение на полях книги (виньетка и т. д.); (герал.) край.
orladura. [ж.] кайма; бордюр.
orlar. [перех.] окаймлять; обшивать; подрубать.
orleanismo. [м.] орлеанизм.
orlo. [м.] сорт гобоя.
orlo. [м.] (арх.) плинтус, см. **plinto.**
ormesí. [м.] шёлковая ткань (муаровая).
ormino. [м.] (бот.) см. **gallocresta.**
ornadamente. [нареч.] с украшениями и т. д.
ornamentación. [ж.] украшение; орнаментация, орнаментирование, орнаментировка.
ornamental. [прил.] служащий украшением, орнаментальный, декоративный.
ornamentar. [перех.] украшать, орнаментировать, орнаментовать.
ornamentaria. [ж.] орнаментация, орнаментика.
ornamento. [м.] украшение; отделка; (перен.) прикрасы; орнамент; [множ.] церковное облачение.
ornar. [перех.] см. **adornar.**
ornato. [м.] украшение; пышность; нарядность; парадный наряд.
ornear. [неперех.] (обл.) реветь (об осле).
ornis. [м.] индийская кисея, с золотыми или серебряными полосами.
ornitívoro, ra. [прил.] птицеядный.
ornitólito. [м.] (палеонт.) ископаемая кость птица.
ornitología. [ж.] орнитология.
ornitológico, ca. [прил.] орнитологический.
ornitólogo. [м.] орнитолог.
ornitopo. [м.] (бот.) проломник, птиценожка (паразитное или чужеядное растение).
ornitorrinco. [м.] (зоол.) утконос, орниторинхус.
ornitotomía. [ж.] рассечение птиц.
ornitotrofia. [ж.] птицеводство.
oro. [м.] золото; золотая монета; золотые предметы; драгоценности; (перен.) деньги; богатство; капитал; червонная карта; [множ.] (карт.) черви: * **oro** de ley, пробное золото; * **oro** nativo, чистое золото; * **oro** en polvo, золотой песок; * **oro** en barras (en lingote), золото в слитках; * **oro** batido, листовое золото; * **oro** amonedado, чеканное золото; * **oro** guañín, низкопробное золото; * **oro** musivo, сусальное золото; * patrón **oro**, золотой стандарт; * **oro** fulminante, гремучее золото; * no es **oro** todo lo que reluce, не всё то золото, что блестит; * a peso de **oro**, на вес золота; * pico de **oro**, златоуст; * de **oro** y azul, щегольски одетый; * como **oro** en paño, тщательно; * hacerse de **oro**, богатеть; * el **oro** y el moro, чудеса в решете; * esa persona vale más **oro** que pesa, это человек золотой, неоценённый.
orobanca. [ж.] (бот.) заразиха, солнечный корень.
orobías. [м.] зернистый ладан.
orobo. [м.] (бот.) весенний сочевичник, весенняя чина.
orofobia. [ж.] боязнь высот.
orogenia. [ж.] орогенез(ис).
orogénico, ca. [прил.] относящийся к орогенезису.
orografía. [ж.] орография.
orográficamente. [нареч.] по правилам орографии.
orográfico, ca. [прил.] орографический.
orógrafo. [м.] специалист по орографии.
orohidrografía. [ж.] изучение проточных вод.
orología. [ж.] орология.
orológico, ca. [прил.] относящийся к орологии.
oromeningitis. [ж.] (пат.) воспаление сывороточной оболочки.
orondo, da. [прил.] круглый, пузатый (о сосуде); (перен.) пустой, чванный, надутый; самодовольный.
oronja. [ж.] (бот.) (гал.) разновидность съедобного гриба.
oropel. [м.] (прям. перен.) мишура; (перен.) пустой блеск; мишурный блеск: * gastar mucho **oropel**, жить не по средствам.
oropeladura. [ж.] украшение мишурой.
oropelar. [перех.] украшать мишурой; (перен.) прикидываться.
oropelero. [м.] тот, кто делает или продаёт мишуру (по ремеслу).
oropelesco, ca. [прил.] мишурный, ненастоящий, фальшивый.
oropéndola. [ж.] (орни.) иволга (птица).
oropimente. [м.] (мин.) аурипигмент.
orozuz. [м.] (бот.) солодка.
orquesta. [ж.] оркестр.
orquestación. [ж.] (муз.) оркестрование, оркестровка, инструментовка.
orquestador, ra. [прил.] оркеструющий (тже. сущ.).
orquestal. [прил.] (муз.) оркестровый.
orquestar. [перех.] оркестровать, инструментовать.
orquestrino. [м.] (муз.) оркестрино (музыкальный иструмент).
orquestrión. [м.] (муз.) оркестрион.
orquialgia. [ж.] (пат.) боль в яичке.
orquídea. [ж.] (бот.) орхидея.
orquídeo, a. [прил.] (бот.) орхидейный; [ж. множ.] орхидные растения, орхидеи.
orquiectomía. [ж.] (хир.) иссечение яичка.
orquiepidimitis. [ж.] (пат.) воспаление яичка и его придатка.
orquiocele. [м.] (пат.) паховомошоночная грыжа.
orquiopexia. [ж.] (хир.) фиксирование яичка ко дну мошонки после высвобождения его из пахового канала.
orquítico. [прил.] относящийся к воспалению яичка.
orquitis. [ж.] (пат.) воспаление яичка.
orre (en). [нареч.] кучей, без счёта.
ortega. [ж.] рябчик.
ortiga. [ж.] крапива.
ortigal. [м.] место, заросшее крапивой.
ortigar. [перех.] (разг.) тереть крапивой; (Амер.) жечь, кусать (о крапиве и т. д.).

ortivo, va. [прил.] (астр.) относящийся к появлению над горизонтом (солнца, светила).
orto. [м.] (астр.) восход, появление над горизонтом (солнца, светила).
ortocefalia. [ж.] пропорциональность черепа.
ortocentro. [м.] (геом.) ортоцентр.
ortocromático, са. [прил.] ортохроматический.
ortodontia. [ж.] исправление неправильности зубов.
ortodoxia. [ж.] ортодоксальность, ортодоксия, правоверность; православие, правоверие.
ortodoxo, ха. [прил.] ортодоксальный, правоверный, православный, ортодокс, православный, (-ая).
ortodromia. [ж.] (мор.) курс судна по дуге большого круга.
ortoepía. [ж.] орфоэпия, правильное произношение слов.
ortofonía. [ж.] правильное произношение слов.
ortogénesis. [ж.] (биол.) ортогенез.
ortogonal. [прил.] (геом.) ортогональный, прямоугольный.
ortogonio. [прил.] (геом.) прямоугольный.
ortografía. [ж.] орфография, правописание; (геом.) чертёж, плоскостное изображение.
ortografiar. [перех.] соблюдать орфографию, правильно писать.
ortográficamente. [нареч.] орфографически.
ortográfico, ca. [прил.] орфографический.
ortografista, ortógrafo, fa. [м. и ж.] человек, соблюдающий или знающий орфографию.
ortología. [ж.] искусство правильно говорить (произносить).
ortopedia. [ж.] ортопедия.
ortopédico, са. [прил.] ортопедический.
ortopedista. [М. и ж.] ортопед.
ortopnea. [ж.] (пат.) одышка с вынужденным сидячим положением.
ortóptero, ra. [прил.] (зоол.) прямокрылый; [м. множ.] прямокрылые насекомые.
ortosa. [ж.] (мин.) калевый полевой шпат.
ortoscopio. [М.] гортанное зеркало.
ortóstomo, ma. [прил.] прямокрытый.
ortotonía. [ж.] правильное ударение слов.
oruga. [ж.] (бот.) посевная эрука, индау; (зоол.) гусеница; (тех.) гусеница, гусеничная цепь.
orujo. [м.] выжимки (винограда или маслин).
orvallar. [неперех.] (обл.) моросить.
orvalle. [м.] (бот.) см. ormino.
orvallo. [м.] (обл.) моросящий дождь, изморось.
orza. [ж.] глиняный или фаянсовый сосуд (без ручек).
orza. [ж.] (мор.) лавирование: * a orza, против ветра.
orzar. [перех.] (мор.) лавировать, придерживаться к ветре.
orzaya. [ж.] няня.
orzuela. [ж. умен.] к orza (сосуд).
orzuelo. [м.] ячмень (на глазу).
orzuelo. [м.] силок для ловли куропаток; ловушка, западня.
orzura. [ж.] сурик.
os. [личн. мест.] (усечённая форма дат. и вин. п. от vosotros, vosotras) вам, вас.
osa. [ж.] медведица: * Osa mayor, Большая Медведица; * Osa menor, Малая Медведица.
osadamente. [нареч.] смело, отважно, дерзко.
osadía. [ж.] смелость, отвага, дерзость.
osado, da. [прил.] смелый, отважный, рискованный, дерзкий, дерзновенный (уст.).
osambre. [м.] osamenta. [ж.] костяк, скелет.

osar. [неперех.] отваживаться, сметь, смеливаться, дерзать, рисковать.
osar, osario. [м.] склад, груда костей.
oscedo. [м.] зевота, зевание.
oscense. [прил.] относящийся к Huesca; [м. и ж.] уроженец, (-ка) этого города.
oscilable. [прил.] могущий колебаться, качаться.
oscilación. [ж.] колебание, качание, вибрация; размах колебаний; (перен.) колебание, изменение.
oscilador. [м.] (физ.) вибратор, осциллятор.
oscilante. [дейст. прич.] к oscilar; [прил.] качающийся, колеблющийся, осциллирующий.
oscilar. [неперех.] колебаться, качаться, вибрировать; V. titubear.
oscilaria. [ж.] (бот.) живонитник (растение из класса водорослей).
oscilatorio, ria. [прил.] колебательный (движение).
oscilógrafo. [м.] осциллограф.
osciograma. [м.] осциллограмма.
osciloscopio. [м.] осциллоскоп.
oscitación. [ж.] (мед.) зевота, зевание.
oscitancia. [ж.] небрежность.
oscitante. [прил.] (пат.) зевающий.
osculación. [ж.] целование; (геом.) соприкосновение, касание.
osculatorio, ria. [прил.] относящийся к целованию; (геом.) относящийся к соприкосновению.
ósculo. [м.] поцелуй.
oscuramente. [нареч.] см. obscuramente.
oscurantismo. [м.] мракобесие, обскурантизм.
oscurecer, oscurecimiento, oscuridad. см. obscurecer, obscurecimiento, obscuridad.
osear. [перех.] см. oxear.
osecico, osecillo, osecito. [м. умен.] к hueso. косточка.
oseína. [ж.] (биол.) оссеин.
óseo, a. [прил.] костный.
osera. [ж.] медвежья берлога.
osero. [м.] склад костей.
osezno. [м.] медвежонок.
osezuelo. [м. умен.] к hueso. косточка.
osfialgia. [ж.] (пат.) боль в пояснице.
osfresiología. [ж.] учение об обонянии.
osfrético, ca. [прил.] обонятельный.
osiánico, ca. [прил.] оссиановский.
osicular. [прил.] см. osiforme.
osífero, ra. [прил.] содержащий кость или кости; с остатками ископаемых животных.
osificable. [прил.] поддающийся окостенению.
osificación. [ж.] окостенение.
osificar. [перех.] вызывать окостенение, превращать в кость. osificarse. [возв. гл.] окостенеть.
osiforme. [прил.] костеобразный.
osífrago. [м.] костолом, морской орёл.
osírico, ca. [прил.] (миф.) относящийся к Озирису.
Osiris. (миф.) Озирис.
osívoro, ra. [прил.] костоедный.
osmanlí. [прил. и сущ.] см. otomano.
osmidrosis. [ж.] (пат.) зловонный пот.
osmio. [м.] (хим.) осмий.
osmiridio. [м.] (хим.) осмистый иридий.
osmiuro. [м.] (хим.) соединение осмия с другим металлом.
osmófilo, la. [прил.] легко поддающийся осмосу.
osmógeno. [м.] (хим.) диализатор.
osmología. [ж.] сочинение о запахах.
osmómetro. [м.] осмометр.
ósmosis. [ж.] (физ.) осмос.
osmótico, ca. [прил.] осмотический.
osmunda. [ж.] (бот.) королевский чистоуст.
oso. [м.] (зоол.) медведь: * oso blanco, marítimo, белый медведь; * oso marino, морской котик; * oso hormiguero, муравьед; * oso pardo, común, europeo, бурый медведь; * hacer el oso, быть посмешищем; откровенно ухаживать.
ososo, sa. [прил.] костный; с костями; см. óseo.
osqueitis. [ж.] (пат.) воспаление мошонки.
osqueocele. [ж.] (пат.) мошоночная грыжа.
ostaga. [ж.] (мор.) канат, трос.
oste. [межд.] см. oxte.
osteal. [прил.] (мед.) костный.
ost(e)algia. [ж.] (пат.) боль в костях.
osteálgico, ca. [прил.] относящийся к боли в костях.
osteico, ca. [прил.] см. óseo.
osteitis. [ж.] (пат.) остеит, воспаление кости.
ostempiesis. [ж.] (пат.) нагноение кости.
ostensible. [прил.] нескрываемый, явный; показываемый.
ostensiblemente. [нареч.] явно, открыто, подчёркнуто.
ostensión. [ж.] обнаружение, выявление.
ostensivo, va. [прил.] явный; показательный.
ostentación. [ж.] выставление напоказ, хвастовство, чванство; выказывание, проявление; внешний блеск, показная роскошь.
ostentador, ra. [прил.] выставляющий напоказ; хвастливый; проявляющий; [м. и ж.] хвастун, (-ья).
ostentar. [перех.] проявлять, выказывать; выставлять напоказ; хвастать чем-л.
ostentativo, va. [прил.] выставляющий что-л напоказ.
ostento. [м.] чудо, диво, диковина; чудовищность.
ostentoso, sa. [прил.] пышный, роскошный, великолепный.
osteoartritis. [ж.] (пат.) воспаление кости и сустава.
osteoartropatía. [ж.] заболевание суставов и костей.
osteoartrotomía. [ж.] (пат.) иссечение куска кости внутри сустава.
osteoblasto. [м.] (анат.) костеобразовательная клетка.
osteocarcinoma. [м.] (пат.) костный рак.
osteoclasia. [ж.] (хир.) операция искусственного перелома кости.
osteocondroma. [м.] (пат.) смешанная опухоль из костной и хрящевой тканей.
osteocondrosarcoma. [ж.] (пат.) костно-хрящевая саркома.
osteodinia. [ж.] (пат.) боль в костях.
osteofibroso, sa. [прил.] (анат.) костноволокнистый.
osteogenia. [ж.] остеогенез, образование костной ткани; см. osificación.
osteógeno, na. [прил.] образующий кость, костеобразовательный.
osteografía. [ж.] остеография, описание костей скелета.
osteográfico, ca. [прил.] остеографический.
osteoideo, a. [прил.] костеподобный.
osteolito. [м.] окаменелая кость.
osteología. [ж.] остеология.
osteológico, ca. [прил.] остеологический.
osteoma. [м.] (пат.) остеома, опухоль кости.
osteomalacia. [ж.] (пат.) остеомаляция, размягчение костей.
osteomielalgia. [ж.] (пат.) боли в костном мозгу при малокровии.
osteomielitis. [ж.] (пат.) остеомиелит, воспаление костного мозга.
osteonecrosis. [ж.] костоеда, омертвение кости.

osteopatía. [ж.] (пат.) болезнь костей.
osteoperiostitis. [ж.] (пат.) воспаление костей и надкостницы.
osteoplastia. [ж.] (хир.) замещение костей при переломах, ампутациях.
osteoporosis. [ж.] (пат.) рыхлость, пористость костей.
osteosarcoma. [м.] (пат.) саркома с наклонностью к образованию костной ткани.
osteosclerosis. [ж.] остеосклероз.
osteospongioma. [м.] (пат.) губчатая вздутость костей.
osteotomía. [ж.] (хир.) остеотомия.
osteotomo. [м.] (хир.) костная пила.
osteozoario, ria. [прил.] позвоночный; [м.] позвоночное животное.
ostia. [ж.] устрица.
ostiñar. [перех.] (арг.) красть, воровать.
ostiolo. [м.] (ест. ист.) маленькое отверстие; (зоол.) круглое отверстие.
ostión. [м.] см. **ostrón**.
óstium. [м.] (анат.) отверстие, вход, устье.
ostra. [ж.] устрица: * de ostra, устричный; * ostra perlífera, жемчужница; * aburrirse como una ostra, сильно скучать.
ostráceos. [м. множ.] устрицеобразные животные.
ostracismo. [м.] остракизм, изгнание.
ostracita. [ж.] окаменелая устричная раковина.
ostracología. [ж.] история или описание раковин.
ostral. [м.] **ostrera.** [ж.] садок для устриц.
ostrero, ra. [прил.] устричный; [м. и ж.] продавец, (-щица) устриц; [м.] садок для устриц, устричный садок.
ostrícola. [прил.] устрицеводческий.
ostricultor. [м.] устрицевод, специалист по разведению устриц.
ostricultura. [ж.] устрицеводство, разведение устриц.
ostrífero, ra. [прил.] дающий или содержащий устриц.
ostro. [м.] см. **ostrón**; (зоол.) раковина-багрянка; пурпур.
ostro. [м.] полуденный ветер; юг.
ostrogodo, da. [прил.] (ист.) остготский; [сущ.] остгот.
ostrón. [м.] устрица больших размер.
ostugo. [м.] угол; см. **pizca**.
osudo, da. [прил.] см. **huesudo**.
osuno, na. [прил.] медвежий.
otaca. [ж.] (бот.) (обл.) см. **tojo**.
otacústico, ca. [прил.] способствующий слуху.
otalgia. [ж.] (пат.) отальгия, боль в ухе.
otálgico, ca. [прил.] (пат.) относящийся к отальгии; утоляющий ушную боль.
otaria. [ж.] (зоол.) ушастый тюлень.
otario, ria. [прил.] (Амер.) (fam.) глупый; [м. и ж.] глупец, дурак, дура.
otear. [перех.] наблюдать с высоты; доискиваться, выслеживать.
otectomía. [ж.] (хир.) иссечение ушных косточек.
otematoma. [ж.] (пат.) кровяная опухоль ушной раковины.
otero. [м.] холм (среди равнины).
oteruelo. [м. умен.] к **otero**, холмик.

otiatría. [ж.] (мед.) учение об ушных болезнях.
ótico, ca. [прил.] (анат.) ушной.
otilar. [неперех.] (обл.) выть (о волке).
otítico, ca. [прил.] на почве воспаления уха, относящийся к отиту.
otitis. [ж.] (пат.) отит, воспаление уха.

oto. [м.] ночная хищная птица, см. **autillo**.
otoblenorrea. [ж.] (пат.) гнойная течь из уха.
otoconia. [ж.] (пат.) ушная пыль.
otodinia. [ж.] (пат.) боль в ухе.
otófono. [м.] ушной резонатор.
otolito. [м.] ушной камень.
otología. [ж.] (мед.) отология, учение об ушных болезнях.
otológico, ca. [прил.] (мед.) отологический.
otólogo. [м.] специалист по ушным болезням.
otomana. [ж.] оттоманка, тахта.
otomano, na. [прил.] оттоманский, османский; [м. и ж.] оттоман, осман.
otomía. [ж.] (Амер.) жестокость; оскорбление, обида.
otomicosis. [ж.] (мед.) отомикоз.
otoñada. [ж.] осеннее время; осень; обилие кормов (осенью).
otoñal. [прил.] осенний.
otoñar. [неперех.] проводить осень где-л; расти (о траве осенью); * **otoñarse.** [возв. гл.] пропитываться осенней влагой (о земле).
otoñizo, za. [прил.] осенний.
otoño. [м.] осень; второй сенокос (осенью).
otopiesis. [ж.] (пат.) заболевание уха вследствие давления на лабиринт.
otorgadero, ra. [прил.] согласуемый.
otorgador, ra. [прил. и сущ.] соглашающийся на что-л; жалующий, предоставляющий; уступающий.
otorgamiento. [м.] согласие, разрешение; предоставление, пожалование; (юр.) акт о предоставлении чего-л.
otorgar. [перех.] жаловать, даровать; предоставлять; уступать; позволять, соглашаться на что-л, разрешать; присуждать (награду и т. д.): * quien calla, otorga, молчание знак согласия.
otorragia. [ж.] (мед.) кровотечение из уха.
otorrea. [ж.] (мед.) течь из уха.
otorrinolaringología. [ж.] (мед.) оториноларингология.
otorrinolaringológico, ca. [прил.] (мед.) относящийся к оториноларингологии.
otorrinolaringólogo. [сущ.] (мед.) оториноларинголог.
otosálpinx. [м.] (анат.) ушная (евстахиева) труба (глоточно-барабанная).
otosclerosis. [ж.] (пат.) отосклероз.
otoscópico, ca. [прил.] (мед.) отоскопический.
otoscopia. [ж.] (мед.) отоскопия, исследование уха зеркалом.
otoscopio. [м.] (мед.) отоскоп, ушное зеркало.
otramente. [нареч.] иначе, по-другому.
otro, tra. [прил.] другой, иной: * el otro día, недавно, (как-то) на днях; * al otro día, на другой (на следующий) день; * otra vez, снова, опять; ещё раз; * ¡otra!, вот ещё!; * ¡es otra!, это ещё не хватало!; * otro tanto, то же самое, столько же; * otro cualquiera, кто нибудь другой; * uno detrás de otro, один за другим, друг за другом; * uno y otro, тот и другой; * entre otras cosas, в числе прочих; * eso es harina de otro costal, это другое дело.
otrora. [нареч.] некогда, когда-то.
otrosí. [нареч.] кроме того, сверх того; [м.] (юр.) второстепенное прошение.
ova. [ж.] (бот.) водоросль (одна из разновидностей).
ovación. [ж.] (ист.) почести, воздаваемые полководцу (в древнем Риме); овация; восторженное приветствие.
ovacionar. [перех.] (вар.) см. **aplaudir**.
ovachón, na. [прил.] ленивый, бездеятельный.

ovado, da. [прил.] оплодотворённый (о яйце); яйцеобразный; овальный.
oval. [прил.] овальный, яйцевидный, яйцеобразный.
ovalado, da. [страд. прич.] к **ovalar**; [прил.] см. **oval**.
ovalar. [перех.] придавать овальную форму.
oválico, ca. [прил.] овальный.
óvalo. [м.] (геом.) овал.
ovante. [прил.] победоносный, торжествующий.
ovar. [неперех.] см. **aovar**.
ovarialgia. [ж.] (пат.) нервная боль в яичниках.
ovárico, ca. [прил.] яичниковый; относящийся к завязи.
ovariectomía. [ж.] (хир.) вырезывание яичника.
ovario. [м.] (анат.) яичник; (бот.) завязь; (арх.) яйцевидный орнамент.
ovariocele. [м.] (пат.) яичниковая грыжа.
ovariotomía. [ж.] (хир.) иссечение яичника и яичников.
ovaritis. [ж.] (пат.) воспаление яичников.
ovas. [ж.] [множ.] (обл.) см. **huevas**.
ovecico. [м. умен.] к **huevo**, яичко.
oveja. [ж.] овца; (fig.) овца, овечка; (церк.) [множ.] паства; (Амер.) лама: * carne de oveja, баранина; * cada oveja con su pareja, рыбак рыбака видит издалека; * oveja negra, паршивая овца; * encomendar las ovejas al lobo, пустить козла в огород; * oveja que bala pierde bocado, кто за обедом много болтает, тот голодный бывает.
ovejería. [ж.] (Амер.) овцеводство.
ovejero, ra. [м. и ж.] чабан.
ovejón. [м.] (Амер.) шерстяная шляпа.
ovejuela. [ж.] [умен.] к **oveja**, овечка.
ovejuno, na. [прил.] овечий.
overa. [ж.] яичник (у птиц).
overo, ra. [прил.] белёсый (о глазах); рыже-чалой масти; (Амер.) пятнистый, пёстрый.
ovetense. [прил.] относящийся к Oviedo; [м. и ж.] уроженец, (-ка) Oviedo.
ovezuelo. [м.] [умен.] к **huevo**, яичко.
ovídeos, óvidos. [м. множ.] (зоол.) животные овечьей породы.
oviducto. [м.] (анат.) яйцевод (у птиц); фаллопиева труба.
oviforme. [прил.] яйцеобразный, яйцевидный.
ovígero, ra. [прил.] несущий яйцо.
ovil. [м.] загон для овец, овчарня; (арг.) постель; ложе.
ovilladora. [ж.] сматывающая в клубок машина.
ovillar. [неперех.] сматывать в клубок, наматывать; **ovillarse**, [возв. гл.] свернуться, свёртываться клубочком.
ovillejo. [м. умен.] к **ovillo**; метрическое сочетание.
ovillo. [м.] клубок (ниток); (перен.) запутанное дело, положение; куча, груда: * hacerse un ovillo свернуться клубочком; запутываться.
ovino, na. [прил.] овечий: * ganado ovino, мелкий рогатый скот; * raza ovina, овечья порода, овцы.
ovio, via. [прик.] см. **obvio**.
oviparismo. [м.] характер яйценосного животного.
ovíparo, ra. [прил.] яйценосный; яйцекладущий, яйцеродный; [м.] яйценосное животное.
oviposición. [ж.] носка яиц.
ovívoro, ra. [прил.] яйцеядный.
ovogénesis. [ж.] образование яйца.
ovoide. [прил.] яйцеобразный, яйцевидный; [м.] угольное яйцо.
ovoideo, a. [прил.] см. **ovoide**.

óvolo. [м.] (арх.) четверной вал; яйцеобразное украшение.
ovología. [ж.] учение о строении яйца.
ovoscopio. [м.] овоскоп.
ovoso, sa. [прил.] поросший водорослями.
ovovivíparo, ra. [прил.] яйцеживородящий; [м.] яйцеживородящее животное.
ovulación. [ж.] (биол.) овуляция.
ovular. [прил.] относящийся к зародышевой клетке.
ovulígero, ra. [прил.] имеющий зародышевые клетки.
ovulifoliado, da. [прил.] имеющий яйцевидные листья.
óvulo. [м.] яичко, зародышевая клетка.
¡ox! [межд.] кш!, вон!
oxácido. [м.] (хим.) кислородная кислота.
oxalato. [м.] (хим.) оксалат, щавелевокислая соль.
oxálico, ca. [прил.] (хим.) щавелевый.
oxalide. [ж.] (бот.) кислица.
oxalídeo, a. [прил.] кислицевый; [ж.] [множ.] кислицевые растения.
oxaluria. [ж.] (пат.) выделение щавелевой кислоты с мочой.
¡oxe! [межд.] см. ¡ox¡
oxear. [перех.] прогонять (кур и т. д.).
oxhidrilo. [м.] (хим.) гидроксил.
oxiacanta. [ж.] (бот.) см. espino (дерево).
oxicedro. [м.] (бот.) красный можжевельник.
oxicefalia. [ж.] коническая голова.
oxicloruro. [м.] (хим.) *oxicloruro de carbono, фосген.
oxicrato. [м.] (фарм.) вода с уксусом.
oxidable. [прил.] окисляемый, окисляющийся; ржавеющий.
oxidación. [ж.] (хим.) окисление; оксидирование; ржавление.

oxidado, da. [страд. прич.] к oxidar; [прил.] (хим.) окислённый.
oxidante. [дейст. прич.] к oxidar, окисляющий; [м.] окислитель.
oxidar. [перех.] окислять, оксидировать; oxidarse, [возв. гл.] окисляться; ржаветь.
óxido. [м.] (хим.) окись; ржавчина.
oxiecoya. [ж.] (пат.) ненормальная острота слуха.
oxiestesia. [ж.] (пат.) повышенная чувствительность.
oxifonía. [ж.] звонкий голос.
oxigala. [ж.] кислое молоко.
oxigenable. [прил.] способный соединяться с кислородом.
oxigenación. [ж.] окисление.
oxigenado, da. [страд. прич.] к oxigenar; [прил.] напитанный кислородом: *agua oxigenada, перекись водорода.
oxigenar. [перех.] окислять, соединять с кислородом; насыщать кислородом; oxigenarse, [возв. гл.] дышать чистым воздухом.
oxígeno. [м.] (хим.) кислород.
oxigenoterapia. [ж.] лечение кислородом.
oxigonio. [прил.] (геом.) остроугольный.
oxihemia. [ж.] окисление крови.
oxilalia. [ж.] торопливая речь.
oxim(i)el. [м.] уксусомёд, мёд с уксусом.
oxiopia. [ж.] повышенная острота зрения вследствие гиперестезии сетчатки.
oxiosmia. [ж.] повышенное обоняние.
oxipétalo. [м.] (бот.) бразильское ползучее растение.
oxiregmia. [ж.] кислая отрыжка.
oxirrodón. [м.] розовый уксус.
oxisal. [м.] (хим.) соль кислородной кислоты.
oxisulfuro. [м.] (хим.) соединение серы с окисью.

oxiuro. [м.] острица или узкохвостка (круглая глиста).
oxiurosis. [ж.] (пат.) кожная сыпь, вызванная острицами.
oxizacre. [м.] сироп с уксусом.
¡oxte! [межд.] вон!: *sin decir ¡oxte! ni moxte, (разг.) не говоря ни слова.
oyanza. [ж.] (Амер.) подарок.
oyente. [дейст. прич.] к oír; [м.] слушатель; вольнослушатель; радиослушатель.
oyetón, na. [прил.] (Амер.) глупый, простоватый; [м. и ж.] глупец, дурак, дурень, дура.
ozenoso, sa. [прил.] дурно пахнущий.
ozocerita. [ж.] (мин.) озокерит.
ozono. [м.] (хим.) озон, действующий кислород.
ozónico, ca. [прил.] озоновый; похожий на озон; содержащий озон.
ozonífero, ra. [прил.] содержащий озон.
ozonización. [ж.] озонирование, озонизация.
ozonizado, da. [страд. прич.] к ozonizar, озонированный; [прил.] содержащий озон.
ozonizador, ra. [прил.] озонирующий; [м.] озонатор.
ozonizar. [перех.] (хим.) озонировать.
ozono. [м.] (хим.) озон, действующий кислород.
ozostomía. [ж.] плохой запах изо рта.

P p

p. 19-я буква испанского алфавита.
pabellón. [м.] конусообразная палатка, шатёр; полог; балдахин; национальный флаг; раструб (у духового инструмента); пирамида из ружей; павильон; корабельный флаг, национальность судна: * pabellón del oído, de la oreja, ушная раковина, наружное ухо.
pabia. [ж.] (обл.) большой нос.
pabilo, pábilo. [м.] фитиль; зажжённый кончик фитиля.
pabilón. [м.] моток пряжи.
pablar. [неперех.] (шутл.) говорить.
Pablo. [м.] имя собст. Павел: * ¡guarda, Pablo!, (разг.) осторожно!, берегись!
pabular. [прил.] см. alimenticio.
pábulo. [м.] пища, корм; питание; (перен.) пища для чего-л (невещественного): * dar pábulo, подливать масло в огонь.
paca. [ж.] кипа, тюк.
paca. [ж.] (зоол.) бразильская свинка.
pacana. [ж.] (бот.) пекан (тже. плод).
pacato, ta. [прил.] мирный, миролюбивый; добродушный; спокойный.
pacaya. [ж.] (Амер.) куст с съедобными побегами.
pacción. [ж.] (уст.) договор, пакт.
pacedero, ra. [прил.] пригодный для пастбища, пригодный под пастбище, луговой.
pacedura. [ж.] пастьба.
pacentador. [м.] (обл.) погонщик лошадей и т. д. на подножном корму.
pacentar. [перех.] (обл.) пасти, см. apacentar.
pacer. [неперех.] пастись; [перех.] есть, пожирать; глодать, грызть; пасти.
pacérnica. [ж.] точильный камень, орусок.
paciencia. [ж.] терпение; медлительность, спокойствие; чрезмерная снисходительность; миндальное печенье: * acallar, consumir, gastar, probar, tentar la paciencia, выводить кого-л из терпения; * revestirse de paciencia, вооружиться терпением, потерпеть; * con paciencia se gana el cielo, терпение и труд всё перетрут.
paciencioso, sa. [прил.] (Амер.) очень терпеливый.
paciente. [прил.] терпеливый; выносливый; многострадальный, страдательный, пассивный; [м. и ж.] пациент, (-ка), больной, (-ая); страдалец; рогоносец.
pacientemente. [нареч.] терпеливо.
pacienzudamente. [нареч.] очень терпеливо.
pacienzudo, da. [прил.] очень терпеливый.
pacífero, ra. [прил.] умиротворяющий.
pacificación. [ж.] умиротворение, замирение, примирение, успокоение; мир, покой.

pacificador, ra. [прил.] умиротворяющий, примирительный; [м. и ж.] умиротворитель, (-ница), примиритель, (-ница).
pacíficamente. [нареч.] миролюбиво, мирно, мирным путём; спокойно.
pacificante. [дейст. прич.] к pacificar, умиротворяющий.
pacificar. [перех.] умиротворять, успокаивать; примирять; замирять (уст. прост.); [неперех.] вести мирные переговоры; **pacificarse.** [возв. гл.] успокаиваться (о ветре и т. д.).
pacífico, ca. [прил.] миролюбивый, мирный, тихий, спокойный.
pacifismo. [м.] пацифизм.
pacifista. [прил.] пацифистский; [м. и ж.] пацифист, (-ка).
paco. [м.] (зоол.) альпака (порода коз); (Амер.) железистое серебро.
pacocha. [ж.] (Амер.) состояние, имущество.
pacolla. [ж.] (Амер.) большое количество денег.
pacómetro. [м.] инструмент для измерения толщины зеркальных стёкол.
pacón. [м.] (Амер.) мыльное дерево.
pacopaco. [м.] (Амер.) парень, юноша.
pacota. [ж.] (Амер.) свита.
pacotilla. [ж.] (мор.) мелкий товар, привозимый судовым экипажем для продажи: * hacer uno su pacotilla, собирать деньги; * ser de pacotilla, быть плохого качества.
pacotillero, ra. [прил. и сущ.] торгующий за свой счёт (о судовом экипаже); [м.] (Амер.) бродячий торговец.
pactar. [перех.] договариваться, соглашаться, заключать соглашение.
pacto. [м.] договор, пакт, соглашение; договор, контракт: * pacto de no agresión, пакт о ненападении.
pactolo. [м.] источник богатства.
pacú. [м.] (Амер.) речная рыба.
pácul. [м.] дикий платан.
pacuna. [ж.] (Амер.) духовое ружьё.
pachá. [м.] (гал.) см. bajá.
pachaco, ca. [прил.] (Амер.) слабый, вялый.
pachacho, cha. [прил.] коротконогий.
pachamama. [ж.] (Амер.) земля-мать.
pachamanca. [ж.] (Амер.) мясо, зажаренное между раскалёнными камнями.
pachamanga. [ж.] (Амер.) лёгкий обморок.
pachamanguear. [перех.] (Амер.) эксплуатировать.
pachango, ga. [прил.] (Амер.) маленький, недоразвитый.
pachocha. [ж.] (разг. Амер.) см. pachorra.
pachocento, ta. [прил.] (разг. Амер.) см. pachorrudo.

pachola. [ж.] (Амер.) кукурузная лепёшка.
pachón. [м.] такса (собака); (газг.) флегматик.
pachón, na. [прил.] (Амер.) волосатый, шерстистый.
pachorra. [ж.] (разг.) медлительность; флегматичность.
pachorrear. [неперех.] (Амер.) медлить.
pachorrudo, da. [прил.] (разг.) медлительный, флегматичный.
pachotear. [неперех.] говорить глупости.
pachucho, cha. [прил.] перезрелый; (перен.) слабый, вялый.
padecer. [перех.] страдать, болеть; страдать; выносить, терпеть: * padecer error, впадать в ошибку; * padecer una enfermedad, страдать какой-л болезнью; [непр. гл.] спрягается как agradecer.
padecimiento. [м.] страдание.
padilla. [ж.] сковородка; печь для выпечки хлеба.
padrada. [ж.] (разг.) действие свойственное нежному отцу.
padrastro. [м.] отчим; (перен.) жестокосердный отец; препятствие, помеха; заусеница; господствующая высота; (арг.) см. fiscal.
padrazo. [м.] (разг.) отец, балующий детей.
padre. [м.] отец, родитель, батюшка; отец, творец; родоначальник; (с-х.) производитель; отец, падре (тж в обращении к монаху, священнику); (перен.) источник, первопричина; автор, изобретатель; [множ.] родители; предки: * padre espiritual, духовный отец, исповедник; * el santo Padre, папа (римский); * padre de familia, отец семейства; * padre adoptivo, приёмный отец; * padre de pila, крёстный отец; * padre conscripto, сенатор древнего Рима; * padre del yermo, отшельник, пустынник; * padre de la Iglesia, святый отец; * sin padre ni madre, ni perro que me ladre, совершенно независимый.
padrear. [неперех.] походить на отца, быть похожим на отца; производить на свет (о животных).
padrenuestro. [м.] Отче наш.
padrillo. [м.] (Амер.) жеребец-производитель.
padrina. [ж.] крёстная мать.
padrinazgo. [м.] кумовство; обязанности крёстного; (перен.) протекция, покровительство.
padrino. [м.] крёстный отец; секундант; свидетель (при обрядах); (перен.) покровитель; [множ.] крёстные; секунданты; * padrino de bodas, дружка, шафер.

padrón. [м.] список жителей; модель, образец; мемориальная колонна; позор; (разг.) отец, балующий детей; (Амер.) жеребец-производитель.

padrote. [м.] (разг.) см. padrazo; жеребец-производитель; (Амер.) см. chulo.

paella. [ж.] (кул.) сорт пилава.

¡paf! [межд.] трах!, бац!

paflón. [м.] (арх.) см. sofito.

paga. [ж.] выплата, уплата, платёж; плата; заработная плата, жалованье, оклад, получка; вознаграждение; возмещение: * día de paga, день выдачи заработной платы, день получки.

pagable, pagadero, ra. [прил.] подлежащий оплате, выплачиваемый, уплачиваемый.

pagadero. [м.] условия выплаты, уплаты (место, время).

pagador, ra. [прил.] выплачивающий; [м. и ж.] плательщик, (-ица); кассир.

pagaduría. [ж.] касса.

pagam(i)ento. [м.] выплата, уплата, платёж.

paganamente. [нареч.] языческим образом.

paganero. [м.] (обл.) хитрый, лукавый, лицемерный.

paganismo. [м.] язычество.

paganización. [ж.] обращение в язычество.

paganizar. [перех.] обращать в язычество.

pagano, na. [прил.] языческий; [м. и ж.] язычник, (-ица), идолопоклонник; [м.] (разг.) человек, платящий за других.

pagar. [перех.] платить, уплачивать, оплачивать, заплатить; выплачивать; расплатиться; выдавать жалованье; (перен.) искупать (вину); платить, отплачивать: * pagar por anticipado, уплатить вперёд; * pagar la visita, возвращать визит; * pagar con la misma moneda, платить той же монетой, отплачивать; * pagar el pato, быть козлом отпущения; * amor con amor se paga, на любовь отвечают любовью; * ya me las pagarás, ты мне дорого за это заплатишь; * quien rompe paga, виноватого бьют; * pagarse. [возв. гл.] влюбляться; гордиться чем-л.

pagaré. [м.] долговое обязательство, расписка.

pagaya. [ж.] гребок, лопатообразное весло.

pagel. [м.] (ихтиол.) султанка.

página. [ж.] страница.

paginación. [ж.] (полигр.) пагинация, нумерование страниц.

paginar. [перех.] нумеровать страницы.

pago. [м.] уплата, платёж; уплачиваемая сумма, расчёт, оплата, вознаграждение: * pago al contado, расчёт наличными; * pago parcial или a cuenta, частичная уплата в счёт долга; задаток; * de pago, платный; * carta de pago, денежный ордер; * buen (mal) pago, благодарность, неблагодарность; * en pago, в награду, в уплату.

pago, ga. [прил.] тот, за кого уплатили.

pago. [м.] участок, поле; виноградник; оливковая роща.

pagoda. [ж.] пагода; идол (в пагоде).

pagoplexia. [ж.] (пат.) отмороженное место.

pagote. [м.] (разг.) козёл отпущения.

pagro. [м.] пагр, мрежник серебристый (рыба).

pagote. [м.] (разг.) козёл отпущения.

pagro. [м.] пагр, мрежник серебристый (рыба).

paguro. [м.] (зоол.) рак-отшельник.

paica. [ж.] (Амер.) проститутка.

paico. [м.] (Амер.) см. pazote.

paila. [ж.] металлический таз; котелок.

pailebot(e). [м.] (мор.) галета.

pailería. [ж.] лавка, где продают pailas.

pailero. [м.] (Амер.) медник.

pailón. [м.] (Амер.) круглая низина.

painel. [м.] см. panel.

pairar. [неперех.] (мор.) штилевать, лежать в дрейфе.

pairo (al). [м.] (мор.) в дрейфе.

pairón. [м.] (обл.) см. humilladero.

país. [м.] страна; земля; местность, территория; край, область, государство; (жив.) пейзаж (картина): * del país, местный (об изделиях); * vivir sobre el país, содержать войска за счёт завоёванной области; (перен.) жить на чужой счёт.

paisaje. [м.] пейзаж, ландшафт.

paisajista. [прил. и сущ.] пейзажист.

paisajístico, ca. [прил.] пейзажный, ландшафтный.

paisana. [ж.] старинный крестьянский танец и музыка к нему.

paisanaje. [м.] (соб.) соотечественники, земляки; крестьяне.

paisano, na. [прил. и сущ.] соотечественник, (-ица), земляк, (-ячка); крестьянин, (-ьянка); штатский: * de paisano, в штатском.

paisista. [м.] пейзажист.

paja. [ж.] солома; соломинка; (перен.) пустяк, чепуха; ненужное; лишние слова, пустословие; (мор.) болт; уголёк (пятнышко в бриллианте): * paja trigaza, пшеничная солома; * paja cebadaza, ячменная солома; * paja centenaza, ржаная солома; * paja de agua, (Амер.) водяной кран; * por un quítame allá esas pajas, * a humo de pajas, (разг.) из-за пустяков; * echar la paja, бросать жребий; * dormirse en las pajas, не заботиться о себе, довольствоваться малым; * buscar la paja en el oído, искать повода для ссоры; * no montar, no importar una paja, ничего не стоить; * sacar pajas de una albarda, исполнять нехитрую работу; * no pesar una paja, не иметь никакого значения.

pajada. [ж.] замоченная солома, смешанная с отрубями (для скота).

pajado, da. [прил.] соломенный, соломенного цвета.

pajar. [м.] двор или сарай для соломы, омёт.

pájara. [ж.] птица, птичка; бумажный змей; бумажный петушок; (перен.) хитрая, лукавая женщина; (обл.) куропатка (самка): * pájara pinta, игра в фанты.

pajarada. [ж.] (разг.) ложь, утка, выдумка.

pajaral. [м.] (Амер.) место, изобилующее птицами.

pajarar. [неперех.] (обл.) пищать, петь (о птицах).

pajarear. [перех.] ловить птиц; [неперех.] бродяжничать, бездельничать; (Амер.) замечать, обращать внимание; пугаться (о лошади).

pajarel. [м.] чечётка (птица).

pajarera. [ж.] помещение для птиц.

pajarería. [ж.] стая птиц.

pajarero, ra. [прил.] птичий; пёстрый, цветастый; весёлый, живой, шутливый; [м.] птицелов; продавец птиц; птицевод.

pajarete. [м.] сорт сладкого белого вина.

pajarica. [ж.] бумажный змей.

pajarico. [м.] [умен.] к pájaro, птичка.

pajarilla. [ж.] (бот.) водосбор, аквилегия; селезёнка (чаще свиная); (обл.) ночник, ночная лампа: * alegrársele a uno las pajarillas, обрадоваться, веселиться; * hoy se asan, se abrasan или se caen las pajarillas, сегодня очень жарко.

pajarita. [ж.] бумажный петушок; * pajarita de las nieves, трясогузка.

pajarito. [м.] [умен.] к pájaro, птичка: * quedarse como un pajarito, спокойно умереть.

pájaro. [м.] птица; (охот.) куропатка (самец); (перен.) хитрец; * pájaro mosca, resucitado, колибри; * pájaro carpintero, дятел; * pájaro bobo, гагара; * pájaro niño, пингвин; * pájaro del sol, райская птица; * pájaro comunero, воробей; * pájaro moscón, ремез; * pájaro de cuenta, человек с весом; * pájaro gordo, важная птица; * más vale pájaro en mano que ciento volando, лучше синицу в руки, чем журавля в небе; * matar dos pájaros de una pedrada, de un tiro, одним ударом (выстрелом) двух зайцев убить; * tener la cabeza a pájaros, быть рассеянным; * a vista de pájaros, с птичьего полёта; * a vuelo de pájaro, по прямой линии.

pajarolear. [неперех.] (Амер.) бродяжничать.

pajarota. [ж.] выдумка, утка, ложь.

pajarrote. [м.] [увел.] к pájaro, большая птица.

pajarraco, pajarruco. [м.] [увел.] к pájaro, (презр.) большая птица; (перен. разг.) лицемерный хитрец.

pajaza. [ж.] соломенные остатки.

pajazo. [м.] бельмо на глазу лошади.

paje. [м.] паж; юнга; домовый священник епископа; туалетный стол: * paje de armas (lanza), оруженосец.

pajear. [неперех.] есть много соломы (о скоте); действовать, поступать: cada uno tiene su modo de pajear, всяк молодец на свой образец.

pajecillo. [м.] см. palanganero.

pajel. [м.] (ихтиол.) султанка.

pajera. [ж.] сарайчик для соломы.

pajería. [ж.] лавка, где продают солому.

pajero, ra. [м. и ж.] продавец, (-щица) соломы.

paji. [м.] (Амер.) пума.

pajil. [прил.] пажеский.

pajilla. [ж.] сигарета, скрученная в кукурузный лист.

pajizo, za. [прил.] соломенного цвета, соломенный; покрытый соломой.

pajón. [м.] соломина; стебель у злаковых растений; (Амер.) дикая трава.

pajonal, na. [прил.] (Амер.) кудрявый.

pajonal. [м.] жнивьё.

pajoso, sa. [прил.] имеющий много соломы; соломенный; похожий на солому.

pajote. [м.] соломенный щит, соломенное покрытие (для растений).

pajucero. [м.] (обл.) место, где кладут солому (идущую на навоз).

pajuela. [ж.] [умен.] к paja, соломинка; серная спичка.

pajuerano, na. [прил.] (Амер.) приезжий из внутренних областей страны.

pajuncio. [м.] (презр.) паж.

pajuno, na. [прил.] пажеский.

pajuz. [м.] (обл.) мелкая солома, идущая на навоз.

pakistano, na. [прил.] пакистанский; [м. и ж.] пакистанец, (-нка).

pal. [м.] (герал.) кол.

pala. [ж.] лопата, лопатка, заступ; бита (для игры в мяч); ракетка; лопасть (весла, винта); союзка (обуви); нож кожевника; [множ.] передние зубы; резцы (у травоядных); (перен.) лукавство; ловкость: * hacer pala, отбивать (мяч).

palabra. [ж.] слово; речь; слово; обещание; слово; выступление; дар слова; [множ.] изречение: * bajo palabra на честное слово; * en una palabra, одним словом; * en pocas palabras, немногими словами; * no entiendo (ni) palabra, ни слова не понимаю; * palabra por palabra, слово в

628 palabrada

слово; * coger la palabra, поймать на слове; * alzar la palabra, кричать; * cuatro palabras, несколько слов; * de palabra, на словах; устно; * ahorrar palabras, не тратить времени даром; * faltar a la palabra, не сдержать слова; * palabra injuriosa, брань; * palabras mayores, обидные слова; * conceder la palabra, предоставить, дать слово; * dirigir la palabra, обратиться к кому-л; * pedir la palabra, просить слова; * tener la palabra, получить слово; * comerse las palabras, проглатывать слова; palabra de honor, честное слово; *no decir ni palabra, не промолвить (ни) слова, не пикнуть; * a media palabra, с полуслова; * palabra picante, колкость; * de pocas palabras, немногословный, немногоречивый; * remojar su palabra, сделать глоток (вина), промочить горло; * hombre de palabra, человек слова; * trabarse de palabras, побраниться с кем-л; * beber las palabras, внимательно слушать; * dejar con la palabra en la boca, прерывать на полуслове, отказываться выслушать; * faltar palabras, путаться, не находить слов; * hablar con palabras de doble sentido, говорить обиняками; * palabras cruzadas, кроссворд; * llevar la palabra, говорить от имени кого-л; * a palabras necias oídos sordos, нечего отвечать на глупости.
palabrada. [ж.] см. palabrota.
palabrear. [неперех.] болтать; [перех.] (Амер.) см. apalabrar; ругать, бранить.
palabreo. [м.] болтовня, многословие.
palabrería. [ж.] краснобайство, пустословие.
palabrero, ra. [прил.] болтливый, многообещающий; [м. и ж.] болтун, (-ья), пустослов.
palabrimujer. [прил.] (разг.) имеющий голос похожий на женский (о мужчине).
palabrista. [прил.] см. palabrero.
palabrita. [ж.] колкое, обидное слово.
palabrón, na. [прил.] см. palabrero.
palabrota. [ж.] божба; проклятие; брань; грубость.
palacete. [м.] небольшой дворец.
palacial. [прил.] (арх.) свойственный дворцу.
palaciano, na. [прил.] см. palaciego; [м.] (обл.) владелец замка, большого дома.
palaciego, ga. [прил.] дворцовый; придворный; [м.] придворный.
palacio. [м.] дворец; за́мок; резиденция короля; богатый, обширный дом, хоромы (разг.); поместье; двор (свита): palacio de justicia, суд, здание суда.
palacra, palagrana. [ж.] крупинка золота.
palada. [ж.] полная лопата; взмах веслом, удар веслом: * a paladas, в изобилии.
paladar. [м.] нёбо; чувство вкуса; (перен.) вкус; (бот.) язычок (у губоцветных): * a su paladar, по его вкусу; * hablar al paladar, говорить по желанию кого-л.
paladear. [перех.] пробовать, дегустировать, отведывать; смаковать; есть с удовольствием; очищать рот (животным); [неперех.] причмокивать (о грудном ребёнке).
paladeo. [м.] отведывание, смакование.
paladial. [прил.] (анат.) нёбный; (лингв.) палатальный.
paladín. [м.] (ист.) паладин, странствующий рыцарь, богатырь; (перен.) поборник, защитник.

paladinamente. [нареч.] открыто, гласно; ясно.
paladinescamente. [нареч.] рыцарским образом.
paladinesco, ca. [прил.] относящийся к паладинам, рыцарский.
paladino, na. [прил.] публичный, открытый, гласный, явный, ясный, очевидный, известный.
paladio. [м.] (хим.) палладий.
paladión. [м.] защита, охрана.
palado, da. [прил.] (герал.) обнесённый кольями.
palafítico, ca. [прил.] относящийся к свайной постройке.
palafito. [м.] свайная постройка.
palafrén. [м.] парадный конь (смирный); лошадь конюха, слуги.
palafrenero. [м.] конюх, конюший, стремянный.
palamallo. [м.] игра шарами.
palamenta. [ж.] (соб.) вёсла
palanca. [ж.] рычаг; лом (инструмент); (воен.) земляное укрепление; (мор.) тали; (перен.) влияние, давление: * palanca de báscula, коромысло (весов); * palanca de primer género, рычаг 1-го рода.
palancacoate. [м.] (Амер.) ядовитая змея.
palancada. [ж.] удар ломом.
palancana, palangana. [ж.] умывальный таз.
palanganero. [м.] подставка для умывального таза.
palangre. [м.] (мор.) перемёт, подпуск.
palangrero. [м.] рыбак с перемётом; рыболовное судно (с перемётами).
palanquear. [перех.] взламывать ломом; (Амер.) поднимать рычагом; поддерживать; беспокоить.
palanquearse. [возв. гл.] (Амер.) укрепляться.
palanquera. [ж.] деревянный забор.
palanquero. [м.] тот, кто работает рычагом; раздувальщик мехов (в кузнице); (Амер.) тормозной кондуктор.
palanqueta. [ж.] [умен.] к palanca, рычажок, лом; ядро; цепное ядро; * palanqueta de ladrón, лом с раздвоенным концом; * palanquetas de gimnasia, гантели, гири.
palanquín. [м.] носильщик; паланкин, носилки; (мор.) тали; (арг.) вор.
palao. [м.] (Амер.) глоток ликёра.
palasan. [м.] (бот.) см. rota.
palastro. [м.] (прокатное) толстое листовое железо; замочная коробка.
palatal. [прил.] нёбный, палатальный.
palatalización. [ж.] (грам.) палатализация.
palatalizar. [перех.] (грам.) палатализировать.
palatiforme. [прил.] похожий на нёбо.
palatina. [ж.] палантин.
palatinado. [м.] палатинат, пфальцграфство.
palatino, na. [прил.] (анат.) нёбный; см. palaciano: * conde palatino, пфальцграф.
palatitis. [ж.] (пат.) воспаление нёбной занавески.
palatizar. [перех.] (грам.) палатализировать.
palatofaríngeo, a. [прил.] (анат.) небно-глоточный.
palatogloso, sa. [прил.] (анат.) небно-язычный.
palatomaxilar. [прил.] (анат.) небно-челюстной.
palatosquisis. [ж.] нёбная расщелина.
palay. [м.] рис с шелухой.
palazo. [м.] удар лопатой.
palca. [ж.] (Амер.) перекрёсток; место слияния рек; развилина дерева.
palco. [м.] (театр.) ложа; трибуна: * palco escénico, сцена; * palco de platea, ложа бенуара; * entrada de palco, купон в ложу.
palde. [м.] (Амер.) кинжал; заострённая палка.
paleador. [м.] работающий лопатой.
paleaje. [ж.] (мор.) выгрузка (сыпучего товара) лопатами.
palear. [перех.] выбивать палкой; (Амер.) работать лопатой.
palemón. [м.] кревет (род рака).
palendra. [ж.] (Амер.) лопата, кирка, мотыга, заступ.
palenque. [м.] палисад, частокол, ограда; (театр.) подмостки.
palentino, na. [прил.] относящийся к Palencia; [м. и ж.] уроженец (-ка) этого города.
paleoantropología. [ж.] палеоантропология.
paleoantropológico, ca. [прил.] относящийся к палеоантропологии.
paleobiología. [ж.] палеобиология.
paleobotánica. [ж.] палеоботаника.
paleobotánico, ca. [прил.] палеоботанический; [м. и ж.] палеоботаник.
paleoceno. [м.] (геол.) палеоцен; [прил.] палеоценовый.
paleofitología. [ж.] палеофитология, палеоботаника.
paleogeografía. [ж.] палеогеография.
paleogeográfico, ca. [прил.] палеогеографический.
paleografía. [ж.] палеография.
paleográfico, ca. [прил.] палеографический.
paleógrafo. [м.] палеограф.
paleóla. [ж.] (бот.) застрёжка, шелуминка, плёночка, окружающая яичник некоторых злаков.
paleolítico, ca. [прил.] палеолитический; [м.] палеолит.
paleología. [ж.] наука о древних языках.
paleólogo, ga. [м. и ж.] говорящий по-древнему, знаток древних языков.
paleomanía. [ж.] склонность к древним предметам.
paleontografía. [ж.] история органических тел, известных только по одним ископаемым остаткам.
paleontología. [ж.] палеонтология.
paleontológico, ca. [прил.] палеонтологический.
paleontólogo. [м.] палеонтолог.
paleoterio. [м.] палеотерий, первобытное животное из отряда толстокожих.
paleozoico, ca. [прил.] (геол.) палеозойский.
paleozoología. [ж.] палеозоология.
palera. [ж.] (обл.) кактус, дающий плоды, похожие на смокву.
palería. [ж.] копание или очищение дренажных ям.
palero. [м.] мастер или продавец лопат; (воен.) сапёр; тот, кто выкапывает или очищает дренажные ямы.
palescencia. [ж.] бледность.
palestino, na. [прил. и сущ.] палестинский.
palestra. [ж.] (прям. перен.) арена; (поэт.) борьба; место диспута.
palestrico, ca. [прил.] относящийся к арене.
palestrita. [м.] упражняющийся на арене.
paleta. [ж.] [умен.] к pala, лопатка, совок; лопасть, плица; палитра; кочерга; лопатка каменщика; кельня, плица; скобель; (анат.) лопатка: * en dos paletas, быстро, мгновенно; * de paleta, кстати; под рукой.
paletada. [ж.] порция извести на лопатке штукатура: * en dos paletadas, быстро, молниеносно.
paletazo. [м.] удар рогами (о быке).
paletear. [перех.] (мор.) плохо грести (не продвигаясь вперёд).
paleteo. [м.] (мор.) плохая гребля.

paletero. [м.] (арг.) вор; двухгодовалая лань.

paletilla. [ж.] (анат.) лопатка; мечевидный придаток; см. palmatoria: * ponerle a uno la **paletilla** en su lugar, ставить кого-л на место, распекать; * levantarle a uno la **paletilla,** огорчать.

paleto. [м.] (зоол.) лань; грубиян, деревенщина.

paletó. [м.] пальто.

paletón. [м.] бородка ключа.

paletoque. [м.] сорт плаща.

palhuén. [м.] (Амер.) колючий куст.

pali. [прил. и м.] язык пали (один из среднеиндийских языков).

palia. [ж.] (церк.) воздух (покров на чашу).

paliacate. [м.] (Амер.) большой платок.

paliación. [ж.] временное облегчение, применение паллиативных средств; покрытие (проступка); смягчение (вину, проступка).

paliadamente. [нареч.] притворно; тайком.

paliar. [перех.] прикрывать, сглаживать (вину, проступок); временно облегчать (боль, страдание), применять паллиативные средства.

paliativo, va. [прил.] паллиативный, дающий временное облегчение; имеющий характер полумеры, паллиативный; см. paliatorio; [м.] паллиатив, полумера.

paliatorio, ria. [прил.] прикрывающий, приукрашивающий.

palidecer. [неперех.] бледнеть; (перен.) тускнеть, гаснуть.

palidez. [ж.] бледность, бледный цвет.

pálido. [прил.] бледный; бесцветный, тусклый, вялый, невыразительный, бледный; * ponerse **pálido,** бледнеть.

paliducho, cha. [прил.] бледненький, бледноватый.

palillero. [м.] мастер или продавец зубочисток; подставка, футляр для зубочисток.

palillo. [м.] палочка; вязальная спица; зубочистка; коклюшка; барабанная палочка; (перен.) см. **palique**; [множ.] начала, основы; (обл.) кастаньеты: * tocar todos los **palillos,** испробовать все пути, нажать все пружины.

palimpsesto. [м.] палимпсест, рукопись по стёртому письму на древнем пергаменте.

palinal. [прил.] движущаяся назад.

palindromía. [ж.] (пат.) рецидив, обострение болезни.

palíndromo, ma. [прил.] что можно читать прямо и наоборот, и что представляет одни и те же слова, и один и тот же смысл; [м.] палиндром.

palingenesia. [ж.] палингенез, возрождение, палингенезис.

palinodia. [ж.] публичное отречение от собственных слов, взглядов: * cantar la **palinodia**, публично отречься, отречься от прежнего.

palinodista. [м. и ж.] тот, кто публично отрекается.

palintocia. [ж.] второе рождение.

palinuro. [м.] (зоол.) лангуст (род морского рака).

palio. [м.] плащ древних греков; (церк.) омофор; балдахин.

palique. [м.] (разг.) болтовня; беседа, разговор.

paliquear. [неперех.] болтать, беседовать, разговаривать.

paliquero, ra. [прил.] (Амер.) любящий болтать, беседовать.

palisandro. [м.] якаранда, палисандровое дерево.

palito. [м.] (Амер.) глоток: * pegar un **palito,** пить стакан вина и т. д.

palit(r)oque. [м.] неотёсанная палочка; см. banderilla.

paliuro. [м.] (бот.) держи-дерево.

paliza. [ж.] палочные удары, град ударов, побои, взбучка, таска; поражение (в споре и т. д.).

palizada. [ж.] изгородь, частокол, дощатый забор, палисад(ник); запруда.

palma. [ж.] пальма (дерево); пальмовый лист; финиковая пальма; ладонь; (перен.) рука; слава, триумф; [множ.] рукоплескания, аплодисменты: * **palma** enana, real, капустная пальма; * batir palmas, (гал.) аплодировать; * llevar en palmas, лелеять, нежить; * llevarse la **palma,** одержать верх.

palmacristi. [ж.] (бот.) клещевина.

palmada. [ж.] удар ладонью, шлепок (рукой); [множ.] рукоплескания, аплодисменты.

palmadilla. [ж.] народный танец.

palmado, da. [прил.] (бот.) дланевидный, лапчатый; (зоол.) перепончатопалый.

palmar. [прил.] пальмовый; ладонный; (перен.) ясный, очевидный; [м.] пальмовая роща.

palmar. [неперех.] (арг.) умирать, кончаться; давать против воли.

palmariamente. [нареч.] ясно, очевидно.

palmario, ria. [прил.] ясный, очевидный.

palmatoria. [ж.] ферула, линейка; (ручной) подсвечник, шандал.

palmeado, da. [прил.] (бот.) дланевидный, лапчатый; (зоол.) перепончатолапый.

palmear. [неперех.] рукоплескать, аплодировать; [перех.] см. azotar; (мор.) отталкиваться руками (в лодке); (полигр.) выравнивать печатную форму.

palmejar. [м.] (мор.) внутренний обшивной пояс.

palmenta. [ж.] письмо.

palmentero. [м.] (арг.) почтальон.

palmeo. [м.] измерение пядями.

palmera. [ж.] (бот.) пальма.

palmeral. [м.] пальмовая роща.

palmero. [м.] паломник.

palmero, ra. [прил.] относящийся к Santa Cruz de la Palma; [м. и ж.] уроженец, (-ка) этого города.

palmesano, na. [прил.] относящийся к Palma de Mallorca; [м. и ж.] уроженец, (-ка) этого города.

palmeta. [ж.] ферула, линейка (для наказания, в школе) удар линейкой; (арх.) пальметта, украшение в виде пальмового листа: * ganar la **palmeta,** приходить раньше всех в школу; обгонять.

palmetazo. [м.] удар линейкой; строгое наказание, выговор.

palmetear. [перех.] ударять ладонью.

palmiche. [м.] капустная пальма и плод этой пальмы.

palmiche. [м.] (Амер.) лёгкая ткань.

palmífero, ra. [прил.] (бот.) пальмоносный; богатый пальмами.

palmiforme. [прил.] пальмовидный.

palmilla. [ж.] старинное сукно; стелька.

palmípedo, da. [прил.] (зоол.) перепончатолапый; [ж.] [множ.] перепончатолапые птицы.

palmita. [ж.] [умен.] к palma: * llevar, traer en **palmitas,** лелеять, нежить.

palmitina. [ж.] (хим.) маргарин; пальмитин.

palmito. [м.] (бот.) пальма (разновидность): * como un **palmito,** чисто, хорошо одетый.

palmito. [м.] (разг.) миловидное личико, женское лицо.

palmo. [м.] пядь (мера длины, равная 21 см.); детская игра: * dejar a uno con un **palmo** de narices, оставлять кого-л с носом; * **palmo** de tierra, клочок земли; * **palmo** a **palmo,** пядь за пядью; * con un **palmo** de lengua (fuera), высунув язык, запыхавшись.

palmotear. [неперех.] хлопать, аплодировать, рукоплескать.

palmoteo. [м.] рукоплескание.

palmus. [м.] (мед.) биение сердца, пульсация.

palo. [м.] палка, палочка, жердь; бревно; ствол; дерево, древесина; удар палкой; (мор.) мачта; виселица; гаррота; (карт.) масть; плодоножка; хвостик (буквы); (перен. разг.) вред, ущерб; злоключение; испытание: * de **palo,** деревянный; * **palo** mayor, грот-мачта; * **palo** mesana, бизань-мачта; * **palo** trinquete, фок-мачта; * **palo** de popa, см. **palo** mesana, * **palo** de escoba, верзила, дылда (о женщине); * a **palos,** насильно; andar a **palos,** драться; * **palo** de ciego, удар вслепую; * **palo** santo, палисандровое дерево, якаранда; * tanda de **palos,** побои, град ударов; * andar el **palo,** бить; * a **palo** seco, с убранными парусами; (перен.) без прикрас; * de tal **palo** tal astilla, каков поп, таков и приход.

paloapique. [м.] (Амер.) изгородь, частокол, палисад(ник), дощатый забор.

paloduz. [м.] (бот.) см. regaliz.

paloma. [ж.] голубь, голубка; (перен.) кроткий, добродушный человек; (разг.) анисовка с водой; (арг.) простыня; (мор.) пересечение или середина реи; [множ.] барашки (на волнах): * **paloma** torcaz или zurita, витютень, вяхирь; * **paloma** mensajera, почтовый голубь; * **paloma** duenda, домашний голубь.

palomar. [м.] голубятня; голубестанция, станция почтовых голубей: * alborotar el **palomar**, взволновать население.

palomar. [прил.] * bramante **palomar**, очень тонкая бечёвка.

palomariego, ga. [прил.] разведённый в голубятне (о голубе).

palomear. [неперех.] охотиться на голубей; заниматься разведением голубей; (Амер.) стрелять; убивать; обманывать.

palomeo. [м.] охота на голубей; разведение голубей, голубеводство.

palomera. [ж.] маленькая голубятня, голубятник; безлодная местность; (обл.) голубиное гнездо.

palomería. [ж.] охота на перелётных голубей.

palomero, ra. [м. и ж.] тот, кто покупает или продаёт голубей; голубевод, голубятник.

palometa. [ж.] см. japuta.

palomilla. [ж.] мотылёк, бабочка; (бот.) см. onoquiles; дымянка; очень белый конь; куколка насекомого; хребет лошади; подпорка; подпятник; [множ.] барашки (на волнах).

palomillada. [ж.] (Амер.) глупость, вздор; весёлая компания.

palomina. [ж.] высохший голубиный помёт; (бот.) дымянка.

palomino. [м.] птенец дикого голубя; пятно помёта (на рубашке).

palomita. [ж.] [множ.] (Амер.) жареная кукуруза.

palomo. [м.] голубь (самец); витютень, вяхирь (дикий голубь); (арг.) простофиля; интриган.

palón. [м.] (герал.) сорт знамени.

palonear. [перех.] (Амер.) см. aporcar.

palor. [м.] бледность.

palotada. [ж.] удар палкой или шомполом: * no dar **palotada,** (перен. разг.) ещё не приняться за что-л; не достичь чего-л.

palote. [м.] небольшая палка; шомпол; палочка.

paloteado, da. [страд. прич.] к palotear; [м.] крестьянский танец; (перен. разг.) ссора, спор.

palotear. [неперех.] бить, колотить палкой о палку; (перен.) много и громко говорить.

paloteo. [м.] см. paloteado.

palpable. [прил.] осязаемый, ощутимый; (перен.) явный, очевидный: * calidad de palpable, осязаемость, ощутимость.

palpablemente. [нареч.] явно, очевидно.

palpación. [ж.] см. palpamiento; (мед.) пальпация, пальпирование, прощупывание.

palpadura. [ж.] см. palpamiento.

palpamiento. [м.] осязание, ощупывание.

palpallén. [м.] чилийский куст, вид крестовника.

palpar. [перех.] ощупывать, щупать, прощупывать, ощупать, трогать рукой; прикасаться; пробираться ощупью; (мед.) пальпировать; точно знать.

palpario, ria. [прил.] см. palpable.

pálpebra. [ж.] (анат.) веко.

palpebración. [м.] мигание.

palpebral. [прил.] относящийся к веку, к глазным векам, пальпебральный.

palpi. [м.] (Амер.) чилийский куст.

palpicornios. [м.] [множ.] насекомые, имеющие рогообразные сяжки.

palpiforme. [прил.] щупальцевидный.

palpitación. [ж.] трепетание, биение; сердцебиение.

palpitante. [дейст. прич.] к palpitar, трепещущий, бьющийся.

palpitar. [неперех.] биться (о сердце); сильно и часто биться (о сердце); трепетать, дрожать.

palpitear. [неперех.] (обл.) см. palpitar.

pálpito. [м.] предчувствие.

palpo. [м.] щупальце (у насекомых).

palpotear. [перех.] неосторожно и часто ощупывать.

palpoteo. [м.] частое ощупывание.

palqui. [м.] (бот.) вид цеструма, южноамериканский куст.

palquista. [м. и ж.] (арг.) взломщик, (-ица).

palta. [ж.] авокадо (плод).

palto. [м.] (бот.) см. aguacate.

palucha. [ж.] (Амер.) (разг.) тщеславие; самомнение; легкомысленный разговор.

paluchero, ra. [м.] (Амер.) (разг.) тщеславный; болтливый, говорливый.

palúdico, ca. [прил.] болотный; малярийный; страдающий малярией; [м.] маляряк (разг.): * fiebre palúdica, болотная лихорадка, малярия.

paludícola. [прил.] водящийся на болоте.

paludina. [ж.] (зоол.) лужайка (пресноводная улитка).

paludismo. [м.] болотная лихорадка, малярия.

paludoso, sa. [прил.] (вар.) см. pantanoso.

palumbario. [прил.] * halcón palumbario, см. azor.

palurdo, da. [прил.] грубый, неотёсанный, тупой; [м. и ж.] грубиян, мужлан, деревенщина.

palustre. [м.] лопатка каменщика.

palustre. [прил.] болотный; болотистый.

palla. [ж.] (Амер.) см. paya.

pallador. [м.] (Амер.) бродячий певец, куплетист.

pallapar. [неперех.] (разг.) (Амер.) собирать колосья (после жатвы).

pallaquear. [перех.] (Амер.) см. pallar.

pallar. [м.] перуанская фасоль.

pallar. [перех.] сортировать руду.

pallas. [ж.] перуанский танец.

pallasa. [ж.] (Амер.) тюфяк.

pallaso. [м.] см. payaso; (Амер.) тюфяк с соломой.

pallete. [м.] (мор.) мат, цыновка.

palluca. [ж.] (Амер.) ложь, обман, утка.

pamandabuán. [м.] (мор.) сорт филиппинского судна.

pamba. [прил.] (Амер.) низкий, ровный; плоский; [ж.] (Амер.) озерцо; неглубокая речка.

pamela. [ж.] шляпа с большими полями.

pamema. [ж.] (разг.) пустяк, безделица, вздор.

pampa. [ж.] пампа, южноамериканская степь: * a la pampa, под открытым небом.

pampaco. [м.] (Амер.) подземный улей.

pámpana. [ж.] виноградный лист: * zurrar la pámpana, (перен. разг.) избивать.

pampanada. [ж.] сок из виноградных ветвей и листьев.

pampanaje. [м.] изобилие или совокупность виноградных ветвей (с листьями).

pampanilla. [ж.] см. taparrabo.

pámpano. [м.] ветвь виноградной лозы (с листьями); см. pámpana; см. salpa.

pampanoso, sa. [прил.] изобилующий ветвями с листьями (о виноградной лозе).

pampayo. [м.] (Амер.) неглубокое место (у реки и т. д.).

pampeano, na. [прил.] см. pampero; [м. и ж.] уроженец, (-ка) пампы.

pampear. [неперех.] (Амер.) объезжать пампу (степь).

pampelmusa. [ж.] (бот.): * pampelmusa de la India, пампельмус, грейпфрут.

pampero, ña. [прил.] относящийся к колумбийской пампе.

pampero, ra. [прил.] пампасный, пампасовый: * viento pampero, памперо (ветер, дующий из пампасов); [м. и ж.] житель, (-ница) пампасов; [м.] памперо (ветер).

pampiniforme. [прил.] лозообразный, имеющий вид виноградной лозы.

pampino, na. [прил.] (Амер.) см. pampero; живущий в северной пампе; [м. и ж.] житель, (-ница) северных пампасов.

pampirolada. [ж.] соус из чеснока и хлеба; (перен. разг.) глупость, вздор, нелепость; пошлость.

pampita. [ж.] (Амер.) поле небольших размеров.

pamplejia. [ж.] (пат.) полный паралич.

pamplemusa. [ж.] (бот.) пампельмусовое дерево, грейпфрутовое дерево; пампельмус, грейпфрут.

pamplina. [ж.] (бот.) воробьиное просо, курослеп; чепуха, пустяк, мелочь: * pamplina de agua, (бот.) ряска.

pamplinada. [ж.] чепуха, глупость, пустяк.

pamplinero, ra, pamplinoso, sa. [прил.] часто говорящий глупости.

pamplonés, sa, pamplonica. [прил.] относящийся к Pamplona; [м. и ж.] уроженец, (-ка) этого города.

pampón. [м.] (Амер.) большой двор.

pamponear. [перех.] (обл.) качать; pamponearse. [возв. гл.] см. contonearse.

pamporcino. [м.] (бот.) цикламен, альпийская фиалка.

pamposado, da. [прил.] вялый, апатичный, слабый.

pampringada. [ж.] гренок; (перен. разг.) глупость, пустяк, бессмыслица, нелепость, ерунда; тупость.

pan. [м.] хлеб; тесто; голова сахару; фольга (для тиснения книг); пшеница; [множ.] хлеба (о зерне): * pan ácimo, сенëно, пресный хлеб; * pan negro, чёрный хлеб; * pan de flor, floreado, aflorado, хлеб из крупчатки; * pan sentado, чёрствый хлеб; * pan de panadero, покупной хлеб; * pan casero, домашний хлеб; * pan de munición, солдатский хлеб; * pan porcino, циклямен; * pan moreno, ситный, пеклеванный хлеб; * pan de oro, золотая фольга; * a falta de pan buenas son tortas, на безрыбье и рак рыба; * llamar al pan, pan, y al vino, vino, называть вещи своими именами; * hacer un pan como unas hostias, потерпеть неудачу, * relativo al pan, хлебный.

Pan. (миф.) Пан.

pana. [ж.] вельвет.

pana. [ж.] (Амер.) печень; храбрость, спокойствие.

panabasa. [ж.] (мин.) тетраэдрит.

panace. [м.] (бот.) опопанакс.

panacea. [ж.] панацея, универсальное средство: * panacea universal, средство от всех бед.

panadear. [перех.] выпекать хлеб для продажи.

panadeo. [м.] хлебопечение (для продажи).

panadería. [ж.] пекарное ремесло; (хлебо)пекарня, булочная.

panadero, ra. [м. и ж.] пекарь; булочник, (-ица); [множ.] испанский танец.

panadizo. [м.] (пат.) панариций, ногтоеда; (перен. разг.) болезненно бледный человек.

panal. [м.] соты; сахар (один из сортов); см. azucarillo.

panamá. [м.] панама (шляпа).

panameño, ña. [прил.] панамский; [м. и ж.] уроженец, (-ка) Panamá (Панамы).

panamericanismo. [м.] панамериканизм.

panamericanista. [прил.] панамериканский.

panarabismo. [м.] панарабизм.

panarizo. [м.] см. panadizo.

panarra. [м.] (разг.) дурень, глупец, дурак, простак.

panarteritis. [ж.] (пат.) воспалительное утолщение всех оболочек артерии и ее влагалища.

panartritis. [ж.] (пат.) воспаление всех суставов.

panasiático, ca. [прил.] паназиатский.

panatela. [ж.] тонкий бисквит.

panateneas. [ж. множ.] празднества в честь Минервы.

panática. [ж.] (мор.) запас хлеба.

panatier. [м.] см. panetero.

panca. [ж.] (Амер.) см. perfolla.

panca. [ж.] филиппинская лодка.

pancada. [ж.] оптовая сделка; (обл.) резкий удар.

pancarditis. [ж.] (пат.) воспаление всего сердца (пери-миоэндокарда).

pancarpia. [ж.] венок из разных цветов.

pancarta. [ж.] плакат; пергаментная бумага, содержащая копию разных документов.

pancellar. [м.] pancera. [ж.] часть брони, прикрывающая живот.

pancista. [прил. и сущ.] приспособленец; себялюбец.

panclastita. [ж.] взрывчатое вещество.

pancoso, sa. [прил.] (Амер.) покрытый рубищем.

pancraciasta. [м.] специалист по борьбе и кулачному бою, борец (в древней Греции).

pancracio. [м.] борьба и кулачный бой (в древней Греции).

pancrático, ca. [прил.] см. pancreático.

pancreas. [м.] (анат.) поджелудочная железа, панкреас.

pancreatalgía. [ж.] (пат.) боль в поджелудочной железе.

pancreatectomía. [ж.] (хир.) удаление поджелудочной железы.
pancreático, са. [прил.] относящийся к поджелудочной железе, панкреатический.
pancreaticoduodenal. [прил.] поджелудочно--двенадцатиперстный.
pancreatina. [ж.] панкреатин.
pancreatitis. [ж.] (пат.) панкреатит, воспаление поджелудочной железы.
pancromático, са. [прил.] (фот.) панхроматический.
pancho. [м.] (разг.) см. panza.
pancho. [м.] (ихтиол.) маленький краснопёрый спар.
panchón. [м.] сорт ситного хлеба.
panda. [ж.] крытая галерея.
panda. [ж.] (зоол.) панда.
pandán. [м.] (гал.) парный предмет.
pandantif. [м.] (гал.) (арх.) см. pinjante.
pandar. [перех.] (арг.) плутовать (в игре).
pandear. [неперех.] гнуться, прогибаться (о балках и т. д.).
pandectas. [ж. множ.] пандекты (законы).
pandemia. [ж.] пандемия, повальная болезнь, охватывающая огромные пространства, в отличие от эндемии.
pandémico, са. [прил.] пандемический, повальный, эпидемический.
pandemónium. [м.] пандемониум.
pandeo. [м.] прогиб.
pandera. [ж.] бубен.
panderada. [ж.] совокупность или множество бубнов; (перен. разг.) невежество, ограниченность.
panderazo. [м.] удар бубном.
pandereta. [ж. умен.] к pandera; бубен, тамбурин.
panderetazo. [м.] см. panderazo.
panderete. [м. умен.] к pandero; (арх.) перегородка.
panderete. [м.] (арг.) мошеннический приём (в игре).
panderetear. [неперех.] бить в бубен; танцовать под бубен.
panderteo. [м.] звуки бубна; танцы под бубен.
panderetero, ra. [м. и ж.] человек, делающий или продающий бубны; музыкант, играющий на бубне.
panderetólogo. [м.] тот, кто искусно играет на бубне.
pandero. [м.] бубен; (перен. разг.) пустослов; бумажный змей.
pandiculación. [ж.] потягивание, потягота.
pandilla. [ж.] лига, союз; шайка, банда, клика; кружок; весёлая компания.
pandillaje. [м.] влияние клики.
pandillero, pandillista. [м.] главарь шайки, клики.
pando, da. [прил.] гнущийся, прогибающийся, выпуклый, согнутый; медленный, спокойный; (перен.) см. cachazudo; [м.] долина между двух гор.
pandora. [ж.] бандура (музыкальное орудие).
Pandora. (миф.) Пандора, женщина созданная Вулканом.
pandorada. [ж.] тайная надежда.
pandorga. [ж.] (разг.) дородная женщина, толстуха; бумажный змей; (обл.) см. zambomba; (Амер.) шутка.
pandorguear. [неперех.] насмехаться, шутить над кем-л; [перех.] обманывать.
panduro. [м.] венгерский пеший солдат.
pane. [ж.] (гал.) авария.
panecillo. [м.] свежая булка, свежий хлебец.
panegírico, ca. [прил.] панегирический, хвалебный; [м.] панегирик.
panegirista. [м. и ж.] панегирист (-ка).
panegirizar. [перех.] восхвалять.
panel. [м.] панель.
panela. [ж.] сорт бисквита; (герал.) тополевый лист.

panelear. [неперех.] (Амер.) говорить любезности.
panelero, ra. [прил.] (Амер.) льстивый, вкрадчивый.
panera. [ж.] хлебный амбар, житница; хлебная корзина.
panero. [м.] корзинка булочника; круглая подстилка, половичок.
paneslavismo. [м.] панславизм.
paneslavista. [прил.] панславистский; [м.] панславист.
panetela. [ж.] тюря, похлёбка; очень длинная и тонкая сигара.
panetería. [ж.] хлебохранилище; дворцовая пекарня.
panetero. [м.] раздаватель, раздатчик хлеба.
Paneuropa. [ж.] Пан-Европа.
panfilismo. [м.] крайнее благодушие.
pánfilo, la. [прил.] вялый, апатичный, безразличный; неповоротливый, медлительный; [м. и ж.] копун, (-ья), медлительный, апатичный человек.
panfletista. [м.] (Амер.) (гал.) памфлетист, см. libelista.
panfleto. [м.] (гал.) памфлет, см. libelo.
panga. [ж.] (Амер.) лодка.
pangarear. [неперех.] (Амер.) светать, рассветать.
pangelín. [м.] (бот.) бразильское дерево.
pangenesia. [ж.] пангенезия.
pangermanismo. [м.] пангерманизм.
pangermanista. [прил.] пангерманский; [м.] пангерманист.
panglosia. [ж.] см. verborrea.
pangolín. [м.] (зоол.) панголин, ящер.
panhelenismo. [м.] панэллинизм.
paniaguado, da. [м. и ж.] слуга, служанка; (перен.) протеже, ставленник, (-ица); свойственник.
paniaguarse. [возв. гл.] (Амер.) см. confabularse.
pánico, ca. [прил.] панический; [м.] паника.
panícula. [ж.] (бот.) метёлка (у злаков).
paniculado, da. [прил.] (бот.) метёлкообразный, метельчатый.
paniculitis. [ж.] (пат.) воспаление подкожной жировой клетчатки.
paniculo. [м.] подкожная жировая клетчатка.
paniego, ga. [прил.] любящий хлеб, поедающий много хлеба; хлебный (о почве); [м.] (обл.) мешок для угля.
panificable. [прил.] из чего можно делать хлеб.
panificación. [ж.] хлебопечение, превращение муки в хлеб.
panificar. [перех.] печь хлеб, превращать в хлеб; обрабатывать землю под хлеб.
panilla. [ж.] мера ёмкости (для оливкового масла); (обл.) бакалея.
panique. [м.] (зоол.) летучая мышь.
paniquera. [ж.] (обл.) ласка.
panislamismo. [м.] панисламизм.
panislamista. [прил.] к panislamismo; [сущ.] панисламист.
panizo. [м.] (бот.) могар; кукуруза; (Амер.) рудная жила.
panlogismo. [м.] (фил.) панлогизм.
panmastitis. [ж.] (пат.) флегмона всей грудной железы.
panneuritis. [ж.] (пат.) общее воспаление нервов.
panocha. [ж.] см. panoja.
panoftalmia. [ж.] (пат.) воспаление всего глаза.
panoja. [ж.] кукурузный початок; подвешенные для сушки или сохранения фрукты; связка мелкой рыбы; метёлка (проса).
panoli. [прил.] (прост.) глупый; [м. и ж.] глупец, дурак, дура.
panoniano, na. [прил.] (геол.) паннонский;

panónico, ca. [прил.] (геол.) см. panoniano; [м.] паннонский ярус, часть среднего миоцена.
panoplia. [ж.] рыцарские доспехи; щит с развешанным на нём оружием; коллекция оружия; изучение древних оружий.
panóptico. [м.] паноптикум, здание, построенное так, что ставши на одно место можно видеть все внутренние части.
panorama. [ж.] панорама.
panorámico, ca. [прил.] панорамный; панорамический: * pantalla **panorámica**, широкий экран.
panosidad. [ж.] мучнистость.
panoso, sa. [прил.] мучнистый.
panque. [м.] (Амер.) (бот.) дубильное растение.
pansa. [ж.] (обл.) изюм.
pansido, da. [прил.] (обл.) перезрелый.
pansofía. [ж.] всеобщая мудрость.
panspermia. [ж.] панспермия, панспермизм.
pantagruélico, ca. [прил.] прожорливый; чревоугоднический; обильный.
pantalón. [м.] брюки, штаны; панталоны: * ponerse los **pantalones**, верховодить в доме (о женщине).
pantalonera. [ж.] специалистка по шитью брюк.
pantalla. [ж.] абажур; ширма, экран (для камина); киноэкран; (перен.) подставное лицо: * servir de **pantalla**, заслонять; служить ширмой.
pantanal. [м.] болотистая местность.
pantano. [м.] болото, трясина, топь; водохранилище, водное пространство в долине; (перен.) затруднение, помеха, препятствие.
pantanoso, sa. [прил.] болотистый, топкий, очень трудный, неудобный.
pantasana. [ж.] рыболовная сеть.
panteísmo. [м.] пантеизм.
panteísta. [прил.] см. panteístico; [м. и ж.] пантеист, (-ка).
panteístico, ca. [прил.] пантеистический.
panteología. [ж.] история всех языческих богов.
panteón. [м.] пантеон.
panteonero. [м.] (Амер.) могильщик.
pantera. [ж.] (зоол.) пантера, барс.
pantiatría. [ж.] медицина, врачебная наука.
pantófago, ga. [прил.] всеядие; прожорливость.
pantófago, ga. [прил.] всеядный.
pantofobia. [ж.] всебоязнь, боязнь всего.
pantografía. [ж.] искусство копировать всяческие рисунки, увеличивая или уменьшая их.
pantográfico, ca. [прил.] пантографический.
pantógrafo. [м.] пантограф.
pantómetra. [ж.] пантометр.
pantomima. [ж.] пантомима.
pantomímico, ca. [прил.] пантомимический, пантомимный.
pantomimo. [м.] мим, мимический актёр.
pantopón. [м.] пантопон.
pantoque. [м.] (мор.) скула (корабля).
pantorra. [ж.] (разг.) икра (ноги).
pantorrilla. [ж.] икра (ноги); (Амер.) тщеславие.
pantorrilludo, da. [прил.] с толстыми икрами.
pantóstato. [м.] пантостат.
pantufla. [ж.] см. pantuflo.
pantuflazo. [м.] удар домашней туфлёй.
pantuflero, ra. [м. и ж.] туфельный мастер; торговец, (-ка) туфлями.
pantuflo. [м.] домашняя туфля (без задника и каблука).
panturquismo. [м.] пантюркизм.

panucar. [неперех.] есть жареную муку.
panuco. [м.] (Амер.) горсть жареной муки.
panucho. [м.] (Амер.) сорт кукурузной лепёшки.
panuira. [ж.] (Амер.) фламинго (птица).
panul. [м.] (Амер.) сельдерей.
panza. [ж.] брюхо, пузо, живот; брюшко (сосуда); (анат.) рубец: * panza al trote, (разг.) человек, который всегда ест за чужой счёт; * panza en gloria, очень спокойный человек.
panzada. [ж.] panzazo. [м.] удар брюхом; (разг.) пресыщение: * darse una panzada, наедаться до отвала.
panzón, na. [прил.] пузатый, толстопузый, брюхастый; [м. увел.] к panza.
panzudo, da. [прил.] см. panzón.
paña. [ж.] (Амер.) хлопкоуборка.
pañadora. [ж.] (Амер.) ложка, деревянная ложка.
pañal. [м.] пелёнка; пола рубашки; [множ.] детство: * estar uno en pañales, мало знать; * envolver en pañales, пеленать; * sacar de pañales, освободить от нищеты.
pañería. [ж.] (соб.) сукна; торговля сукном.
pañero, ra. [прил.] суконный; [м.] суконщик, торговец сукном; [ж.] жена суконщика.
pañete. [м.] умен. к paño; грубое сукно; тонкое сукно; [множ.] кальсоны.
pañi. [м.] (Амер.) солярий.
pañí. [ж.] (арг.) вода.
pañizuelo. [м.] см. pañuelo.
paño. [м.] сукно; ткань, материя; кусок полотна; ковёр; пятно на лице; тусклый налёт на чём-л; побелка; плесень; (мор.) паруса; [множ.] платье, одежда: * paño catorceno, грубое сукно; * paño de mesa, скатерть; * paño de manos, полотенце; * paño de lágrimas, утешитель; * paños de corte, ковёр; * paño de cocina, тряпка (в домашнем обиходе); * paño de altar, напрестольная пелена; * paño de billar, бильярдное зелёное сукно; * paños menores, нижнее бельё; * paños calientes, паллиативы; * poner paños calientes, утешать; * al paño, за кулисами; * el buen paño en el arca se vende, хороший товар сам себя хвалит; * conocer el paño, быть знатоком в чём-л.
pañol. [м.] (мор.) отделение трюма, кладовая.
pañolera. [ж.] продавщица платков.
pañolería. [ж.] торговля платками, косынками; лавка, где продают платки и т. д.
pañolero. [м.] продавец платков, косынок.
pañolero. [м.] (мор.) сторож при складочной камере (на судне).
pañoleta. [ж.] косынка, шейный платок.
pañolito. [м.] умен. к pañuelo, платочек.
pañolón. [м.] шаль, см. mantón.
pañosa. [ж.] (разг.) суконная накидка.
pañoso, sa. [прил.] оборванный, одетый в лохмотья.
pañuelera. [ж.] (Амер.) коробка, ящик для платков.
pañueleta. [ж.] см. pañoleta.
pañuelo. [м.] платок; косынка: * pañuelo de bolsillo, de la mano, носовой платок; * pañuelo de cabeza, головной платок.
papa. [м.] папа (римский); (разг.) отец: * ser más papista que el papa, быть большим католиком, чем сам папа.
papa. [ж.] картофель, см. patata.
papa. [ж.] (разг.) см. paparrucha; [множ.] кашица.

papá. [м.] (разг.) папенька, папа, отец, папаша, папаня (прост.), папка: * papá grande, (Амер.) дедушка.
papable. [прил.] могущий быть избранным папой.
papacara. [ж.] (Амер.) снег.
papacote. [м.] (Амер.) бумажный змей; (Амер.) влиятельный человек.
papachar. [перех.] (Амер.) растирать при лечении.
papacho. [м.] (Амер.) ласковое поглаживание, ласка.
papada. [ж.] зоб; двойной подбородок.
papadilla. [ж.] нижняя часть подбородка.
papado. [м.] папство.
papafigo. [м.] лесной жаворонок; (обл.) иволга; (мор.) брамсель.
papagaya. [ж.] попугай (самка).
papagayo. [м.] (орни.) попугай; (бот.) амарант (разновидность).
papahigo. [м.] суконная шапка с ушами; (мор.) брамсель.
papaíto. [м.] (разг.) папенька.
papal. [прил.] папский.
papal. [м.] (Амер.) картофельное поле.
papalba. [ж.] (обл.) дикий кот.
papalina. [ж.] шапка-ушанка; женский чепчик.
papalina. [ж.] (разг.) см. borrachera.
papalino, na. [прил.] папский; [м.] папский воин.
papalmente. [нареч.] папски.
papalón, na. [прил.] (Амер.) ленивый, неуклюжий.
papalota. [ж.] (Амер.) бабочка.
papalote. [м.] (Амер.) бумажный змей.
papamoscas. [м.] (орни.) мухолов; (перен.) см. papanatas.
papanatas. [м.] (разг.) разиня, ротозей; простак, легковерный человек.
papanduja. [ж.] пустота, пустяк.
papandujo, ja. [прил.] перезрелый.
papar. [перех.] есть кашу и т. д.); (разг.) есть; зевать, ротозейничать: * papar moscas, ротозейничать, считать ворон.
páparo. [м.] деревенский ротозей.
paparote, ta. [м. и ж.] набитый дурак, набитая дура.
paparrabias. [м. и ж.] (разг.) см. cascarrabias.
paparrasolla. [ж.] paparresollo. [м.] пугало, бука.
paparrucha. [ж.] (разг.) утка; пустая книга.
papasal. [м.] детская игра; (перен.) безделица, пустяк.
papatoste. [м.] см. papanatas.
papaver. [м.] (бот.) мак.
papaveráceo, a. [прил.] (бот.) маковидный; [ж. множ.] (бот.) маковые.
paperina. [ж.] (хим.) паперверин.
papavientos. [м.] (зоол.) см. chotacabras; [м. и ж.] (разг.) человек, сильно желающий чего-л.
papaya. [ж.] (бот.) плод papayo.
papayal. [м.] роща из papayos; (Амер.) дынное дерево; удобство, комфорт.
papayo. [м.] (бот.) дынное дерево.
papazgo. [м.] папство.
papazo. [м.] (Амер.) пощёчина.
papel. [м.] бумага; лист бумаги; бумага, документ; анонс; (театр.) роль; [множ.] документы, бумаги: * papel cebolla, бумага для прокладки гравюр (в книге); * papel de cartas, почтовая бумага; * papel de lija, наждачная бумага; * papel secante, пропускная, промокательная бумага; * papel de embalaje, de envolver, обёрточная бумага; * papel de fumar, папиросная бумага; * papel higiénico, туалетная бумага; * papel de tornasol, de cúrcuma, лакмусовая бумага; * papel de calco (ra calcar) калька; * papel sellado, гербовая бумага; * papel moneda, бумажные деньги; * papel de estraza, тряпичная бумага; * papel de música, нотная бумага; * papel del Estado, государственные бумаги; * papeles públicos, газеты; * papel Whatman, ватманская бумага; * papel filtro, de José, фильтровальная бумага; * papel pergamino, пергаментная бумага; * papel blanco, en blanco, чистая, неисписанная бумага; * papel pintado, обои; * hacer un papel, играть роль.
papelada. [ж.] (соб.) исписанные бумаги; (перен.) фарс.
papelear. [неперех.] просматривать, перерывать бумаги, рыться в бумагах; (перен.) играть роль.
papeleo. [м.] дейст. к рыться в бумагах.
papelera. [ж.] бюро (мебель); корзинка для бумаг; куча исписанных бумаг.
papelería. [ж.] куча, ворох бумаг; писчебумажный магазин.
papelero, ra. [прил.] тщеславный, пустой; [м. и ж.] тщеславный, пустой человек; [м.] бумажник (рабочий); бумагопромышленник; продавец, (-щица) бумаги.
papeleta. [ж.] записка; билет; (разг.) трудное дело, трудный вопрос: * papeleta de empeño, залоговая квитанция.
papelillo. [м. умен.] к papel, бумажонка; папироса; бумажный свёрток, содержащий дозу (в порошках).
papelina. [ж.] поплин; стакан.
papelista. [м.] деловой человек; бюрократ; владелец бумажной фабрики или склада; обойщик.
papelón, na. [прил.] (Амер.) тщеславный, пустой (о человеке); [м.] ненужная бумажка (о документе); тонкий картон.
papelonado, da. [прил.] (герал.) чешуйчатый.
papelonear. [неперех.] (разг.) важничать.
papelorio. [м.] (презр.) куча, ворох бумаг.
papelote. [м.] (презр.) бумажонка; (Амер.) бумажный змей.
papeluchero. [м.] (Амер.) см. picapleitos.
papelucho. [м.] (презр.) бумажонка.
papera. [ж.] зоб; [множ.] (мед.) свинка.
papero. [м.] кастрюлька для каши.
papialbillo. [м.] (зоол.) см. jineta.
papila. [ж.] сосочек, бугорочек; (бот.) сосочек.
papilar. [прил.] папиллярный, сосочковый.
papilífero, ra. [прил.] снабжённый сосочками.
papiliforme. [прил.] сосочковидный.
papilionáceo, a. [прил.] (бот.) мотыльковый; [ж. множ.] мотыльковые.
papilitis. [ж.] (пат.) воспаление слизистой оболочки языка.
papiloma. [м.] (пат.) папиллома.
papilomatoso, sa. [прил.] бородавчатый.
papilla. [ж.] каша; (перен.) коварство, хитрость: * dar papilla, обмануть кого-л; * hacer papilla, (разг.) избивать.
papillote. [м.] папильотка: * a la papillote, (сос.) в бумажной обёртке.
papín. [м.] сорт домашней сласти.
papión. [м.] (зоол.) замбо (американская обезьяна).
papiráceo, a. [прил.] бумагообразный.
papirífero, ra. [прил.] производящий бумагу, бумагоносный.
papiriforme. [прил.] похожий на бумагу, бумагообразный.
papiro. [м.] (бот.) папирус; папирус, манускрипт на листьях папируса.
papirografía. [ж.] искусство печатать литографию на бумаге или на картоне.
papirología. [ж.] папирология.
papirológico, ca. [прил.] относящийся к папирологии.

papirotada. [ж.] papirotazo [м.] щелчок: *dar papirotazos, давать щёлчки.
papirote. [м.] щелчок; (перен.) (разг.) набитый дурак, глупец.
papirusa. [ж.] (Амер.) бабочка.
papismo. [м.] папизм.
papista. [прил.] папистский; [сущ.] папист, католик.
papo. [м.] подгрудок (у животных и птиц); зоб.
papo. [м.] цветок репейника.
papón. [м.] пугало, бука, страшилище.
paporrear. [перех.] хлестать, бить, стегать.
papú. [прил.] папуасский; [м. и ж.] папуас, (-ка).
papudo, da. [прил.] зобастый.
papujado, da. [прил.] зобастый (о птицах); (перен.) вздутый, рыхлый.
pápula. [ж.] (пат.) папула, прыщ.
papulífero, ra. [прил.] (пат.) имеющий папулы.
papuliforme. [прил.] имеющий форму папулы.
papuloso, sa. [прил.] папулёзный, прыщеватый.
papurreta. [ж.] (Амер.) глупость, нелепость.
paquear. [перех.] стрелять из-за прикрытия.
paquebote. [м.] пакетбот, пассажирский пароход, теплоход.
paqueo. [м.] стрельба из-за прикрытия.
paquete. [м.] пакет, свёрток, связка (книг и т. д.); пачка; (мор.) пакетбот; (разг.) модник; * paquete postal, почтовая посылка.
paquetería. [ж.] мелкий товар; мелочная торговля.
paquetero, ra. [прил.] изготовляющий пакеты (тж. сущ.); [м. и ж.] раздатчик, (-ица) пакетов с газетами; (обл.) мелкий контрабандист.
paquiacría. [ж.] ненормальное утолщение фаланг.
paquiblefarosis. [ж.] (пат.) утолщение века.
paquicefalia. [ж.] толстая голова.
paquicolia. [ж.] сгущение желчи.
paquidermia. [ж.]: * paquidermia laríngea, (пат.) кожистое утолщение и ороговение эпителия истинных голосовых связок и межчерпаловидных складок гортани вследствие хронического ларингита.
paquidermo, ma. [прил.] толстокожий; [м. мн.] пахидермы, толстокожие животные.
paquimeningitis. [ж.] (пат.) пахименингит, воспаление твердой мозговой оболочки.
paquinsis. [ж.] (пат.) ненорнальное утолщение.
paquipleuritis. [ж.] (пат.) плеврит с утолщением ткани.
paquípodo, da. [прил.] (зоол.) толстоногий.
paquiquilia. [ж.] (пат.) ненормальное утолщение губ.
paquisalpingitis. [ж.] (пат.) хроническое воспаление яйцеводов с утолщением стенок.
par. [прил.] чётный; парный; одинаковый, равный, подобный; [м.] пара, чета; пара, упряжка; (арх.) (наслонное) стропило; [мн.] см. placenta: * a la par, наравне, так же, одинаково; одновременно; по нарицательной цене; * a pares, парами, попарно; * de par en par, (открытый) настежь; * sin par, несравненный, бесподобный; * a par, около, близко; подобно; * jugar a pares o nones, играть в чёт и нечет.
par. [м.] пэр (титул).
para. [предл.] указывает действие и предмет или явление, ради которых оно совершается, для, на: * escribir para la posteridad, писать для потомства; * ¿para qué? для чего?; действие и его цель: * para saber, чтобы, знать; обозначает место на вопрос куда?, в, к: * para París, в Париж; обозначает предмет и его назначение, от: * remedio para la fiebre, средство от лихорадки; обозначает время, срок, на, до: * para mañana, на (до) завтра; употребляется при сравнении: * es muy ágil para sus años, он очень подвижен для своих лет; после глагола estar обозначает готовность к чему-л, намерение, * está para morir, он при смерти; * está para marcharse, он готов к отъезду; * para siempre, навсегда; * para siglos, навеки; * para con, по отношению к; * ¿para eso?, из-за этого?
para. [предл.] (в сложных словах) возле, у.
paraba. [ж.] (Амер.) род попугая.
parabasis. [ж.] эпизод в древней комедии (у Греков).
parabién. [м.] поздравление: пожелание счастья: * dar el parabién, поздравлять; желать счастья.
parabiosis. [ж.] парабиоз.
parabiótico, ca. [прил.] относящийся к парабиозу.
parábola. [ж.] (геом. физ.) парабола; притча, парабола, иносказание.
parabolano. [м.] тот, кто любит говорить иносказательно; см. embustero; (ист.) прислужник у чумных.
parabólicamente. [нареч.] параболически.
parabolicidad. [ж.] иносказательность; параболическая форма предмета.
parabólico, ca. [прил.] иносказательный; (геом.) параболический.
parabolizadamente. [нареч.] иносказательно.
parabolizar. [перех.] говорить или изображать иносказательно.
paraboloide. [м.] (геом.) параболоид.
parabrisa(s). [м.] (авт.) ветровое стекло; козырёк.
paraca. [ж.] (Амер.) очень сильный бриз (в Тихом океане).
paracaídas. [м.] парашют.
paracaidista. [м. и ж.] парашютист, (-ка).
paracarpo. [м.] (бот.) пустоплод.
paracentesis. [ж.] (хир.) парацентез, прокол, прокалывание.
paracentral. [прил.] (анат.) находящийся возле центральной борозды полушарий большого мозга.
paraciesia. [ж.] (пат.) внематочная беременность.
paracistitis. [ж.] (пат.) воспаление клетчатки вблизи мочевого пузыря.
Paracleto, Paráclito. [м.] Дух Святой.
paracolitis. [ж.] (пат.) воспаление клетчатки и брыжейки толстой кишки.
paracolpitis. [ж.] (пат.) воспаление околовлагалищной клетчатки.
paracromía. [ж.] (пат.) неправильная пигментация кожи.
paracronismo. [м.] парахронизм, хронологическая ошибка, состоящая в отнесении события к позднейшему времени.
paracusia. [ж.] (пат.) ложное слуховое ощущение.
parachispas. [м.] (эл.) искрогаситель.
parachoques. [м.] буфер: * de parachoques, буферный.
parada. [ж.] остановка, станция, стоянка; остановка, задержка, прекращение; перерыв; пауза (чаще в музыке); перекладная (лошади и т. д.), конный завод; см. azud; (воен.) парад; крупная ставка (в игре): * parada de coches, стоянка машин; * parada discrecional, остановка по требованию; * hacer una parada, сделать остановку; передохнуть.
paradenitis. [ж.] (пат.) воспаление клетчатки вокруг железы.
paradera. [ж.] затвор (шлюза); сорт рыболовной сети.
paradero. [м.] место остановки; местопребывание; (перен.) конец, предел; (Амер.) станция.
paradeta. [ж.] умен. к parada; [множ.] старинный испанский танец.
paradigma. [м.] парадигма, образец, пример.
paradigmático, ca. [прил.] парадигматический.
paradina. [ж.] горка, где пасётся скот.
paradíseo. [м.] райская птица.
paradisíaco, ca. [прил.] райский.
paradislero. [м.] охотник на сторожке; (перен.) охотник до новостей, сплетен.
parado, da. [страд. прич.] к parar; [прил.] вялый, ленивый, медлительный; безработный; неловкий (Амер.) стоящий; [м.] безработный: * salir bien parado, выйти с честью; * estar parado, стоять.
paradoja. [ж.] парадокс, мнение противное общепринятому; (рит.) соединение в одном определении противоположных качеств.
paradójicamente. [нареч.] парадоксально.
paradójico, ca. [прил.] парадоксальный; склонный к парадоксам.
paradojismo. [м.] (рит.) соединение в одном определении противоположных качеств.
paradojo, ja. [прил.] парадоксальный.
parador, ra. [прил.] останавливающий(ся); покорный, послушный (о лошади); [м.] гостиница, постоялый двор; станция, база (туристическая, лыжная и т. д.); крупный игрок.
paradoxuro. [м.] (зоол.) свитохвост (млекопитающее животное).
paraelectronómico, ca. [прил.] противный законам электричества.
parafasia. [ж.] (пат.) неспособность правильно выражаться, искажение слов, фраз.
parafernales. [прил.] (юр.): * bienes parafernales, имения, составляющие исключительную собственность жены.
parafimosis. [м.] ущемление крайней плоти.
parafina. [ж.] (хим.) парафин.
parafinado, da. [страд. прич.] к parafinar; [прил.] покрытый парафином.
parafinar. [перех.] парафинировать, покрывать парафином: * acción de parafinar, парафинирование.
parafito, parafitón. [м.] (бот.) паразит.
parafonía. [ж.] (пат. физиол.) изменчивость голоса.
paraformaldehido. [м.] (хим.) параформальдегид.
paraformo. [м.] (хим.) параформ.
parafraseador, ra. [прил.] парафразирующий (тж. сущ.).
parafrasear. [перех.] парафразировать.
paráfrasis. [ж.] парафраз(а), свободное истолкование.
parafraste. [м.] сочинитель парафраз, толкований.
parafrásticamente. [нареч.] парафразированным образом.
parafrástico, ca. [прил.] парафрастический; содержащий в себе парафразу.
parafrenitis. [ж.] (пат.) воспаление серозного покрова диафрагмы.

parafuego. [м.] каменная стенка перед отверстиями плавильных печей.
paragoge. [ж.] (грам.) приставка (в конце слога).
paragógico, ca. [прил.] приставной.
paragolpes. [м.] буфер.
paragónfosis. [ж.] (хир.) несовершенное ущемление детской головки в тазе.
parágrafo. [м.] параграф, см. **párrafo**.
paragranizo. [м.] (с.-х.) навес для защиты растений от града.
paragranizos. [м.] градоотвод.
paraguas. [м.] зонт(ик) (дождевой); (Амер.) гриб.
paraguaya. [ж.] (Амер.) сорт персика.
paraguayano, na, paraguayo, a. [прил.] парагвайский; [м. и ж.] парагваец, парагвайка.
paragüería. [ж.] зонтичный магазин.
paragüero, ra. [м. и ж.] зонтичный мастер; [м.] стойка для зонтов.
paragüitas. [м.] (Амер.) гриб.
parahusar. [перех.] коловоротом делать в чём-л отверстие.
parahuso. [м.] коловорот.
paraíso. [м.] рай; галёрка, раёк (в театре).
paraje. [м.] место, местность, состояние, расположение.
parajismero, ra. [прил.] жеманный, кривляющийся.
parajismo. [м.] гримаса, ужимка; кривлянье.
paraláctico, ca. [прил.] (астр.) параллактический.
paralaje. [ж.] (астр.) параллакс.
paralalia. [ж.] (пат.) затрудненное произношение.
paralisis, paralax(i). [м. и ж.] см. **paralaje**.
paralela. [ж.] (форт.) траншея [множ.] (спорт.) параллельные брусья.
paralelación. [ж.] сравнение.
paralelamente. [нареч.] параллельно.
paralelar. [перех.] сравнивать.
paralelepípedo. [м.] (геом.) параллелепипед.
paralelismo. [м.] параллелизм, параллельность.
paralelo, la. [прил.] параллельный; соответствующий один другому, сходный, подобный, [м.] (геогр.) параллель; параллель, сравнение, сопоставление: * en **paralelo**, параллельно: * línea paralela, параллель.
paralelocinesia. [ж.] (пат.) расстройство координации.
paralelografía. [ж.] искусство о черчении параллельных линий.
paralelógrafo. [м.] линейка для черчения параллельных линий.
paralelogramático, ca. [прил.] имеющий форму параллелограмма.
paralelográmico, ca. [прил.] относящийся к параллелограмму.
paralelogramo. [м.] (геом.) параллелограмм.
paralipomenos. [м. множ.] паралипоменон (одна из книг Ветхого Завета).
parálisis. [ж.] паралич, онемение.
paraliticación. [ж.] дейст. к **paraliticarse**.
paraliticado, da. страд. прик к **paraliticarse**; [прил.] разбитый параличом, паралитический.
paraliticarse. [возв. гл.] парализоваться.
paralítico, ca. [прил.] параличный, парализованный; паралитический; [м. и ж.] паралитик, паралитичка.
paralización. [ж.] задержка, остановка.

paralizador, ra. [прил.] (прям. перен.) парализующий.
paralizante. дейст. прич. к **paralizar**; [прил.] парализующий; [м.] средство вызывающее паралич.
paralizar. [перех.] парализовать, поражать параличом; (перен.) парализовать, уничтожать действие, ослаблять.
paralogía. [ж.] (пат.) заговаривание.
paralogismo. [м.] паралогизм, ложное умозаключение: * relativo al **paralogismo**, паралогический.
paralogizar. [перех.] уговаривать (паралогизмами).
paralluvia. [м.] навес для защиты от дождя.
paramada. [ж.] (Амер.) мелкий дождь.
paramagnético, ca. [прил.] (физ.) парамагнитный.
paramagnetismo. [м.] (физ.) парамагнетизм.
paramal. [м.] выражение сочувствия.
paramastitis. [ж.] (пат.) воспаление клетчатки вокруг грудной железы.
paramastoideo, a. [прил.] (анат.) расположенный возле сосцевидного отростка.
paramecio. [м.] (зоол.) туфелька (инфузория).
paramediano, na. [прил.] см. **paramesial**.
paramentar. [перех.] украшать, убирать, отделывать.
paramento. [м.] украшение, убор; (церк.) напрестольная пелена; лицевая сторона (стены), чепрак, попона: * paramentos sacerdotales, священническое облачение.
paramera. [ж.] необитаемая местность.
paramesial. [прил.] лежащий вблизи срединной линии.
paramétrico, ca. [прил.] параметрический.
parametrio. [м.] (анат.) параметрий, рыхлая клетчатка вокруг шейки матки.
parametritis. [ж.] (пат.) воспаление околоматочной клетчатки, параметрит.
parámetro. [м.] (геом.) параметр.
paramnesia. [ж.] парамнезия, расстройство памяти, при котором действительность смешивается с вымыслом.
páramo. [м.] голая степь, пустошь; (перен.) безлюдная, холодная местность; (Амер.) мелкий дождь.
parancero. [м.] охотник, охотящийся при помощи лассо и т. д.
paranefrítico. [пдил.] околопочечный.
paranefritis. [ж.] (пат.) воспаление околопочечной клетчатки.
paranestesia. [ж.] (пат.) нечувствительность на обеих сторонах тела.
parangón. [м.] сравнение, сопоставление.
parangona. [ж.] (полигр.) сорт шрифта, парангон.
parangonable. [прил.] сравнимый.
parangonar. [перех.] сравнивать, сопоставлять; (полигр.) выравнивать шрифты.
paranieves. [м.] снегозащитное устройство, щит от снежных заносов.
paraninfo. [м.] шафер, дружка; добрый вестник; актовый зал.
paranoico, ca. [прил.] параноический; [м. и ж.] параноик.
paranomia. [ж.] паранóмия.
paranoya. [ж.] (пат.) паранойя, психическое заболевание.
paranza. [ж.] засада охотника.
parapara. [ж.] плод мыльнянки.
paraparo. [м.] (бот.) мыльнянка, мыльник.
parapegma. [ж.] (астр.) таблицы времени восхода и заката солнца и т. д.
parapétalo. [м.] (бот.) придаточный лепесток.
parapetarse. [возв. гл.] (воен.) окапываться; забаррикадироваться; (перен.) защищаться, ограждать себя от чего-л.
parapeto. [м.] (арх.) парапет, перила; (воен.) бруствер, (arc.) парапет.

paraplejía. [ж.] (мед.) параплегия, паралич обеих конечностей.
parapléjico, ca. [прил.] относящийся к параплегии.
parapoco. [м. и ж.] (разг.) простофиля, дурак, дура.
paraproctitis. [ж.] (пат.) воспаление клетчатки вокруг прямой кишки.
parapsis. [ж.] (пат.) нарушение осязания.
parar. [неперех.] останавливаться; остановиться, встать; достигать цели; попадать к кому-л, попадать в чьи-л руки; приводить к чему-л; жить, обитать; [перех.] останавливать, прекращать, задерживать; расположить, настроить; поставить на карту; отбивать, парировать (удар); **pararse** [возв.гл.] останавливаться; проявлять нерешительность, колебаться: * no **parar**, суетиться; * sin **parar**, безостановочно, не переставая; см. en seguida; * no poder **parar**, не иметь ни минуты покоя; * ¡para! стоп!; * se paró el reloj, часы остановились; * el golpe, отбить (парировать) удар; * pararse en tonterías, обращать внимание на пустяки; * venir a **parar** en, оказаться; * este camino va a **parar** a la ciudad, эта дорога идёт, ведёт в город: * ¿adónde va a **parar**?, к чему это приведёт.
parar. [м.] карточная игра.
pararrayo(s). [м.] громоотвод.
pararritmia. [ж.] (пат.) временная аритмия.
parasacro, cra. [прил.] (мед.) лежащий около крестцовой кости.
parasanga. [ж.] 5.250 м. у древних Персов.
parascenio. [м.] место за театром, где актёры одевались.
paraselene. [ж.] (метеор.) побочная или ложная луна.
parasemo. [м.] фигурное украшение на носу корабля (у древних).
parasinovitis. [ж.] (пат.) воспаление соединительной ткани вокруг сустава.
parasismo. [м.] см. **paroxismo**.
parasístole. [ж.] (пат.) промежуток времени между расширением и сокращением сердца.
parasitariamente. [нареч.] паразитическим образом.
parasitario, ria. [прил.] паразитический, паразитарный, паразитный; (эл.) паразитный.
parasiticida. [прил.] убивающий паразитов; [м.] средство от паразитов.
parasítico, ca. [прил.] см. **parasitario**.
parasitismo. [м.] паразитизм, чужеядность.
parásito, ta. [прил.] (зоол. бот.) паразитический, паразитный; чужеядны; (перен.) паразитарный, паразитарный; [м.] (прям. перен.) паразит.
parasitología. [ж.] паразитология.
parasitológico, ca. [прил.] относящийся к паразитологии.
parasitólogo. [м. и ж.] паразитолог.
parasol. [м.] зонт(ик) (солнечный).
parástade. [ж.] (арх.) пилястра за колонной.
parata. [ж.] грядка на склоне.
paratarso. [м.] (анат.) боковая часть плюсны.
paratáctico, ca. [прил.] (грам.) паратактический.
parataxis. [ж.] (грам.) паратаксис.
paratífico, ca. [прил.] (мед.) паратифозный.
paratiflitis. [ж.] (пат.) воспаление клетчатки позади слепой кишки.
paratifus. [м.] паратиф.
paratrima. [ж.] (пат.) ссадина на бедрах или ягодицах от ходьбы или верховой езды.
paraulata. [ж.] (Амер.) венесуэльская певчая птица.
paraumbilical. [прил.] околопупочный.

parauretral. [прил.] расположенный около мочеиспускательного канала.
paravaginal. [прил.] (анат.) околовлагалищный.
paravaginitis. [ж.] (пат.) воспаление вокруг влагалища.
paravertebral. [прил.] (анат.) околопозвоночный.
paravesical. [прил.] (анат.) околопузырный.
parazonio. [м.] сорт меча (у древних).
parca. [ж] (перен.) смерть.
parcamente. [нареч.] скупо, бережливо.
parcela. [ж.] парцелла, маленький участок земли; частица.
parcelación. [ж.] разбивка земли на мелкие участки, парцелляция.
parcelar. [перех.] парцеллировать, делить на участки; измерять участки (для регистрации).
parcelario, ria. [прил.] относящийся к парцелле.
parcial. [прил.] частичный, отдельный; парциальный; пристрастный; общительный.
parcialidad. [ж.] пристрастие, пристрастность; группа людей, группировка; дружба, фамильярность, непринуждённость в обращении.
parcialmente. [нареч.] пристрастно; частично; несправедливо.
parcidad. [ж.] см. parquedad.
parcionero, ra. [прил.] участвующий; [м. и ж.] участник, (-ица).
parcísimamente. [нареч.] очень бережливо, скупо.
parcísimo, ma. [прил.] превос. степ. к parco.
parco, ca. [прил.] бережливый, экономный; воздержанный, умеренный, сдержанный; скудный, бедный; скупой (рассказ и т. д.).
parcha. [ж.] название разных американских растений.
parchada. [ж.] (prov.) изобилие, избыток.
parchar. [перех.] (Амер.) латать, чинить.
parchazo. [м.] (мор.) хлестание парусов; (перен. разг.) шутка; проделка: * pegar un parchazo, выманивать деньги у кого-л.
parche. [м.] пластырь; заплата (для покрышки и т. д.); барабанная кожа; барабан; грубая отделка; кусок: * pegar un parche, см. pegar un parchazo.
parchista. [м.] (разг.) человек, который обыкновенно выманивает деньги у других.
pardal. [прил.] деревенский; [м.] (зоол.) леопард; воробей; коноплянка (птица); см. anapelo; (разг.) коварный, хитрый человек: * gato pardal, сервал.
pardear. [неперех.] виднеться (о предметах бурого цвета).
pardela. [ж.] (орни.) род чайки.
¡pardiez! [межд.] чёрт возьми! ещё бы!; ей-ей!, ей-Богу!
pardilla. [ж.] коноплянка (птица).
pardillo, lla. [прил.] деревенский; [м.] коноплянка (птица); деревенский житель.
pardina. [ж.] см. paradina.
pardisco, ca. [прил.] см. pardusco.
pardo, da. [прил.] бурый; тёмный, мрачный (о тучах); пасмурный (о небе); хриплый; (Амер.) мулатский; (зоол.) леопард.
pardusco, ca. [прил.] коричневатый.
pareado, da. [страд. прич.] к parear; [м.] двустишие, дистих.
parear. [перех.] спаривать, соединять в пары; подбирать под пару; дразнить быка бандерильями.
parecencia. [ж.] сходство, подобие.
parecer. [м.] мнение; заключение экспертов; вид, склад (лица и т. д.): * tomar parecer de uno, советоваться с кем-л; * arrimarse al parecer de uno, присоединяться к чьему-л мнению; * mudar de parecer, переменить намерение.
parecer. [неперех.] показываться, появляться; проявляться; казаться; думать, считать; обнаруживаться; parecerse. [возв. гл.] см. asemejarse: * al parecer, кажется, по-видимому, на вид; как видно * bien parecer, приличие; * ¿qué le parece a usted?, что вы об этом думаете?; * me parece bien, хорошо, я согласен; * me нравится, (él) se parece a, он похож на.
parecido, da. [страд. прич.] к parecer; [прил.] похожий, схожий, подобный: * bien parecido, красивый; * mal parecido, некрасивый; * algo parecido, нечто подобное; [м.] сходство, подобие: tener parecido con, походить.
pareciente. [действ. прич.] к parecer.
parecimiento. [м.] (Амер.) явка (в суд и т. д.); сходство, подобие.
pared. [ж.] стена; перегородка, переборка; забор; боковая поверхность: * pared divisoria, стена, разделяющая два владения * pared maestra, капитальная стена; * andar a tienta paredes, (разг.) идти ощупью; *hasta la pared de enfrente, без сомнения; * poner entre la espada y la pared, припереть кого-л к стенке; * entre cuatro paredes, в четырёх стенах; * pared en (por) medio, за стеной рядом; * las paredes oyen, и стены имеют уши; pegado a la pared, смущённый.
paredaño, ña. [прил.] за стеной, смежный, соседний.
paredón. [м.] толстая стена; (стена) остатки разрушенного строения.
paregórico, ca. [прил.] (мед.) успокаивающий боль.
pareiasauro. [м.] (палеонт.) парейазавр.
pareja. [ж.] пара; чета; дублет; партнёр (в танцах); * correr parejas, correr a las parejas, совпадать; походить, быть похожим.
parejo, ja. [прил.] одинаковый; подобный; сходный, похожий; ровный, гладкий: * por (un) parejo, одинаково, на равных правах.
parejuelo. [м.] (обл.) сорт бруса.
parejura. [ж.] сходство, подобие.
parella. [ж.] (обл.) тряпка (в домашнем обиходе).
paremia. [ж.] пословица; поговорка.
peremiografía. [ж.] сборник поговорок.
paremiología. [ж.] учение о поговорках.
parencefalitis. [ж.] (пат.) воспаление мозжечка.
parencéfalo. [м.] (анат.) мозжечок.
parencefalocele. [ж.] (хир.) грыжа мозжечка.
parenético, ca. [прил.] нравоучительный.
parénesis. [ж.] нравоучительное слово.
parénquima. [м.] (анат. бот.) паренхима.
parenquimatitis. [ж.] (пат.) воспаление паренхимы.
parenquimatoso, sa. [прил.] (анат. бот.) паренхиматозный.
parenquímula. [ж.] (биол.) паренхимула.
parentación. [ж.] погребальное торжество.
parentela. [ж.] родня.
parentérico, ca. [прил.] парэнтеральный, вне пищеварительного канала.
parentesco. [м.] родство, узы родства; (перен.) узы: * contraer parentesco, см. emparentar.
paréntesis. [м.] (грам.) вводное предложение; скобки: * entre paréntesis, por paréntesis, в скобках; между прочим; * abrir (cerrar) el paréntesis, открыть (закрыть) скобки.
pareo. [м.] подбирание под пару, спаривание.
parergon. [м.] приделка, украшение, как напр. барельефы.
paresia. [ж.] (пат.) парез.
parestesia. [ж.] (пат.) парестезия.
parético, ca. [прил.] (пат.) относящийся к парезу.
pareunia. [ж.] совокупление.
pargo. [м.] см. pagro.
parhelia. [ж.] parhelio. [м.] (метеор.) паргелий, ложное солнце.
parhilera. [ж.] основная (поперечная) балка конька двускатной крыши.
paria. [м. и ж.] пария.
parias. [ж. множ.] плацента; дань в знак подчинения: * dar, rendir parias, подчиняться.
parición. [ж.] время отёла; (уст.) см. parto.
parida. [прил. и ж.] родильница, роженица.
paridad. [ж.] сравнение; равенство, паритет; однородность.
paridera. [прил.] плодовитая (о самке); место, где животные мечут потомство; отёл; время отёла.
paridora. [прил.] плодовитая (о самке).
pariente. [прил.] родной; родственный; (перен.) схожий, близкий; [м. и ж.] родственник, свойственник; (перен. разг.) супруг, супруга.
paries. [ж.] (мед.) стенка.
parietal. [прил.] стенной; (анат.) париетальный, пристеночный; теменной; [м.] (анат.) теменная кость.
parietaria. [ж.] (бот.) постенница.
parieto(o)ccipital. [прил.] (анат.) теменно-затылочный.
parificación. [ж.] подтверждение примером.
parificar. [перех.] подтверждать примером; (Амер.) сравнивать.
parigual. [прил.] равный; очень похожий, подобный.
parihuela. [ж.] (чаще множ.) носилки; санитарные носилки.
parima. [ж.] (Амер.) род цапли.
paripé (hacer el). [м.] (разг.) важничать, задирать нос.
parir. [перех.] родить; (о животных) производить потомство, метать, телиться, жеребиться, щениться, котиться, пороситься; (перен.) разрешиться чем-л; объяснить; объясняться; обнаруживаться; [неперех.] родить; (о животных) метать, телиться и т. д.: * parir a medias, помогать в работе.
parisién. [прил. и сущ.] (гал.) см. parisiense.
parisiena. [ж.] (тип.) перловый шрифт.
parisiense. [прил.] парижский; [м. и ж.] парижанин, (-ка).
parisilábico, ca, parisílabo, ba. [прил.] (грам.) равносложный.
parisino, na. [прил. и сущ.] (вар.) см. parisiense.
paritario, ria. [прил.] паритетный.
paritorio. [м.] (Амер.) роды.
parla. [ж.] болтовня; словоохотливость, многословие; пустословие.
parlador, ra. [прил и сущ.] см. hablador.
parladuría. [ж.] болтовня; сплетня.
parlaembalde. [м. и ж.] пустослов.
parlamental. [прил.] парламентский.
parlamentar. [неперех.] говорить, беседовать, разговаривать; вести переговоры; парламентировать, договариваться о сдаче.
parlamentariamente. [нареч.] парламентски, по-парламентски, парламентским путём.
parlamentario, ria. [прил.] парламентский; парламентарный; парламентёр; парламентарий, член парламента.
parlamentarismo. [м.] парламентаризм, парламентская система.

parlamento. [м.] парламент; длинная речь; переговоры; (театр.) длинный монолог.
parlanchín, na. [прил.] болтливый, говорливый; [м. и ж.] болтун, (-ья).
parlanchinería. [ж.] болтовня.
parlante. [дейст. прич.] к parlar; [прил.] (герал.) выражающий имя фамилии.
parlar. [перех.] говорить, болтать; пустословить; щебетать (о птицах); проговариваться, пробалтываться.
parlatorio. [м.] говорение, дейст. к болтать; помещение для свиданий; приёмная, гостиная (в монастыре и т. д.).
parlería. [ж.] болтовня; сплетня.
parlero, ra. [прил.] болтливый, говорливый; см. chismoso; выбалтывающий; певчий, поющий (о птицах); выразительный (о глазах и т. д.), (перен.) говорливый (о ручье и т. д.).
parleruelo, la. [прил.] умен. к parlero.
parleta. [ж.] болтовня, пустословие.
parletero, ra. [прил.] (обл.) выразительный (о глазах и т. д.).
parlón, na. [прил.] (разг.) болтливый, говорливый; [м. и ж.] говорун, (-ья).
parlotear. [неперех.] (разг.) болтать, пустословить.
parloteo. [м.] (разг.) болтовня.
parma. [ж.] маленький щит (у древних).
parmacela. [ж.] (бот.) (зоол.) щитец, сухопутка (улитка).
parmesano, na. [прил.] пармский; * queso parmesano, пармезан.
parmulario. [м.] гладиатор вооружённый щитом.
parnasia. [ж.] (бот.) белозор (растение).
parnasiano, na. [прил.] парнасский.
parnasista. [ж.] (шутл.) поэт.
Parnaso. [м.] (миф.) Парнас; (перен.) сборник стихов различных поэтов.
parné. [м.] (арг.) деньги; имущество.
paro. [м.] (орни.) синица.
paro. [м.] прекращение (работы); стачка, забастовка: * paro forzoso (obrero), безработица.
parodia. [ж.] пародия.
parodiador, ra. [прил.] пародирующий; представляющий в смешном виде.
parodiar. [перех.] пародировать; высмеивать, представлять в смешном виде; подражать.
paródico, ca. [прил.] пародический, пародийный; содержащий в себе пародию.
parodinia. [ж.] трудные роды.
parodista. [м. и ж.] пародист, сочинитель пародий.
parodístico, ca. [прил.] пародический, пародийный.
parodontia. [ж.] (пат.) воспаление дёсен.
parola. [ж.] (разг.) болтовня, многословие; красноречивость.
parolar. [перех.] (обл.) беседовать, разговаривать.
parolero, ra. [прил.] (разг.) см. parlanchín.
paroli. [м.] пароли, двойная ставка (в игре).
parolina. [ж.] (разг.) см. parola.
paronfalocele. [м.] (пат.) брюшная грыжа (около пупка).
paronimia. [ж.] (грам.) сходство в звуковом отношении.
paronímico, ca. [прил.] (грам.) сходных в звуковом отношении.
parónimo, ma. [прил.] (грам.) сходных с другим (о словах).
paroniquia. [ж.] (пат.) ногтоеда края ногтевого ложа, вросший ноготь.
paroniria. [ж.] болезненная сонливость.

paronomasia. [ж.] парономазия.
paronomástico, ca. [прил.] принадлежащий парономазии.
parorexia. [ж.] (пат.) извращение вкуса.
parótico, ca. [прил.] околоушный.
parótida. [ж.] (анат.) околоушная слюнная железа.
parotideo, a. [прил.] (анат.) принадлежащий околоушной железе.
parotiditis. [ж.] (пат.) паротит, воспаление околоушной железы.
parovario. [м.] придаток яичника.
parovariotomía. [ж.] (хир.) удаление придатка яичника.
paroxismal. [прил.] относящийся к пароксизму.
paroxismo. [м.] (мед.) пароксизм; припадок, приступ, пароксизм.
paroxítono, na. [прил.] имеющий ударение на предпоследнем слоге.
parpadeante. [дейст. прич.] к parpadear; [прил.] мерцающий.
parpadear. [неперех.] мигать, моргать.
parpadeo. [м.] мигание, моргание.
párpado. [м.] (анат.) веко.
parpalla, parpallota. [ж.] старинная медная монета, равная 6 сантимам.
parpar. [неперех.] крякать.
parpayuela. [ж.] (обл.) перепел.
parque. [м.] парк; склад; * parque de bomberos, пожарное депо; * parque de artillería, артиллерийский парк: * parque zoológico, зоопарк.
parquedad. [ж.] умеренность, бережливость; скаредность.
parquet. [м.] (гал.) паркет.
parqui. [м.] см. palqui.
parra. [ж.] вьющиеся виноградные лозы: * subirse a la parra, рассердиться, гневаться; * parra de Corinto, коринка.
parrafada, da. [страд. прич. и прил.] см. aparrado.
parra. [ж.] сосуд для мёда.
parrafada. [ж.] подробный секретный разговор.
parrafear. [неперех.] дружески болтать, разговаривать.
párrafo. [м.] параграф, пункт; раздел: * echar un párrafo, см. parrafear; * echar párrafos, разглагольствовать.
parragón. [м.] звезда из серебра, каждый конец которой имеет различную пробу.
parral. [м.] беседка из виноградных лоз; запущенный виноградник.
parral. [м.] большой (глиняный) сосуд для мёда.
parranda. [ж.] (разг.) см. holgorio; компания музыкантов, разгуливающая вечером по городу: * andar de parranda, шумно веселиться.
parrandear. [неперех.] шумно веселиться, пировать, кутить.
parrandista. [м.] музыкант из parranda.
parrar. [неперех.] разветвляться, раскидывать ветви.
parricida. [м. и ж.] отцеубийца, матереубийца.
parricidio. [м.] отцеубийство, матереубийство.
parrilla. [ж.] глиняный кувшин.
parrilla. [ж.] решётка для жарения; колосниковая решётка, колосник(и) (в топке); решётка (в котле).
parriza. [ж.] дикий виноград.
parro. [м.] утка.
párroco. [м.] приходский священник.
parrocha. [ж.] маленькая сардина.
parrón. [м.] см. parriza.
parroquia. [ж.] церковный приход; прихожане; приходская церковь; клиентура, клиенты.
parroquial. [прил.] приходский, относящийся к церковному приходу.

parroquialidad. [ж.] принадлежность к приходу.
parroquiano, na. [прил.] принадлежащий приходу; [м. и ж.] прихожанин (-жанка); постоянный покупатель, клиент, (-ка).
parsis. [м. прил.] Гебры.
parsimonia. [ж.] экономия, бережливость, умеренность; осторожность, осмотрительность.
parsimoniosamente. [нареч.] бережливо; осмотрительно.
parsimonioso, sa. [прил.] скупой, бережливый; умеренный; осторожный, осмотрительный.
parsismo. [м.] маздеизм, религиозное учение Зороастра.
parte. [ж.] часть; доля, пай; участник; сторона, местность; группа, партия; часть, отдел, глава; (театр.) роль; певец; (юр.) участник, сторона, [множ.] половые органы; [м.] почта; сообщение, извещение; сводка; рапорт, донесение: * tener parte, участвовать в чём-л; * tomar parte, принимать участие, участвовать в чём-л; * por partes, по частям, отдельно; * a partes, частями, по частям; * por otra parte, впрочем; * por su parte, со своей стороны; * la mayor parte, большая часть, большинство; * de parte de, по поручению, от имени, от лица; * por la mayor parte, в большинстве случаев, обычно; * no tener arte ni parte, не иметь никакого отношения к чему-л; * de parte a parte, насквозь; * tomar a buena (mala) parte, истолковывать в хорошем (дурном) смысле; * ir a la parte, участвовать в чём-л; * en ninguna parte, нигде; * a ninguna parte, никуда; * por todas partes, везде, всюду, повсюду; * de todas partes, отовсюду, со всех сторон; * tener (ser) parte, иметь право на что-л; * parte por parte, подробно, полностью; * parte del león, львиная часть; * parte integrante, составная часть; * en parte, отчасти, частью, частично; * partes beligerantes, воющие стороны; * partes contraria, противная сторона; * dar parte, сообщить, известить; донести; * parte de guerra, оперативная сводка (для печати); * parte telegráfico, телеграмма, депеша.
partear. [перех.] принимать (во время родов).
partecilla. [ж.] умен. к parte; частица, частична.
parteluz. [м.] простенок, см. ajimez.
partencia. [ж.] выход в море; отправление.
partenogénesis. [ж.] (биол.) партеногенез, бесполое размножение.
partenogenésico, ca. [прил.] (биол.) относящийся к партеногенезу.
partenopeo, a. [прил.] неаполитанский.
partera. [ж.] акушерка.
partería. [ж.] акушерство.
partero. [м.] акушёр.
parterre. [м.] клумба, цветник.
partesana. [ж.] (ист.) протазан (копьё с широким лезвием).
partesanero. [м.] (ист.) солдат с протазаном.
partibalidad. [ж.] делимость.
partible. [прил.] делимый.
partición. [ж.] раздел, разделение, дележ, распределение; (мат.) деление: * partición colativa, (юр.) управление долей при дележе наследства.
particionero, ra. [прил.] см. partícipe.
participación. [ж.] участие, соучастие; сообщение, извещение.
participante. [дейст. прич.] к participar; [м. и ж.] участник, (-ница), участвующий, (-ая).

participar. [перех.] сообщать, извещать; [неперех.] принимать участие, иметь долю в, участвовать.
participativo, va. [прил.] сообщающий.
partícipe. [прил.] участвующий; [м. и ж.] участник, (-ца), участвующий, (-ая).
participial. [прил.] (грам.) причастный.
participio. [м.] (грам.) причастие: * participio activo или de presente, причастие настоящего времени; * participio pasivo или de pasado, причастие прошедшего времени.
partícula. [ж.] частица, частична; (грам.) неизменяемая частица: * partículas alfa, (физ. хим.) альфа-частицы; * partículas beta, (физ. хим.) бета-частицы; * partícula radiactiva, радиоактивная частица.
particulado, da. [прил.] состоящий из частиц.
particular. [прил.] особый; отдельный; частный; личный; индивидуальный; приватный, необыкновенный, особенный, необычный, исключительный, своеобразный, странный; [м.] частное лицо; вопрос, тема, предмет: * en particular, в частности, особенно, в особенности.
particularidad. [ж.] особенность, своеобразие, свойство; пристрастие, склонность, подробность.
particularismo. [м.] индивидуализм; партикуляризм.
particularización. [ж.] подробное изложение; обособление.
particularizadamente. [нареч.] подробно, обстоятельно.
particularizar. [перех.] точно описывать, определять, характеризовать; particularizarse, [возв. гл.] отличаться, выделяться.
particularmente. [нареч.] особенно, в особенности; в частности; подробно.
partida. [ж.] отъезд, уход, отбытие, отправление; отлёт; группа, отряд, команда; шайка, банда; партизанский отряд; партия (товара, в игре); (ком.) статья (счёта); метрическая запись, выписка, бухгалтерия; поступок, проделка; смерть, сторона, местность: * partida de nacimiento, метрика; * partida de campo, поездка за город, пикник; * partida de caza, выезд на охоту; * partida simple, (doble), (ком.) простая (двойная) бухгалтерия; * partida serrana, неблаговидный поступок; * jugar una mala partida, подвести кого-л; * estar de partida, собираться уйти, уехать; ganar la partida, выиграть (тже. перен.); [множ.] сборник законов Castilla.
partidamente. [нареч.] отдельно, раздельно.
partidario, ria. [прил.] приверженный; стоящий на (чьей-л) стороне; [сущ.] приверженец, сторонник, (-ица), последователь, (-ница); (Амер.) партизан; районный врач.
partidismo. [м.] партийность.
partido, da. [прил.] (герал.) разделённый сверху до низу на равные части; [м.] (полит.) партия, польза, выгода; покровительство, поддержка; условие; способ, средство; договор, пакт; (спорт.) команда; игра, встреча; область, округ, район: * sacar el mayor partido, использовать как можно лучше; * tomar el partido de uno, принять чью-л сторону; * no saber qué partido tomar, не знать что делать, с чего начать, растеряться; * del partido judicial, судебный округ; * del partido, партийный; * sin partido, беспартийный.
partidor, ra. [м. и ж.] распределитель, раскладчик; инструмент для раскалывания, расщепления; распределитель воды (в гидросооружениях); (мат.) делитель.

partidura. [ж.] см. crencha.
partija. [ж.] умен. к parte; (юр.) разделение, раздел, делёж.
partim(i)ento. [м.] см. partición; (уст.) отъезд, отбытие.
partiquino, na. [м. и ж.] второстепенный актёр или певец.
partir. [перех.] разделять, делить; распределять; раскалывать, колоть; ломать, разламывать, бить, разбивать; нападать (в бою); (мат.) делить; (перен. разг.) расстраивать, разрушать; [неперех.] исходить из чего-л; решаться; уходить, удаляться, отходить, отправляться, уезжать; пускаться в путь; partirse, [возв. гл.] отправляться; расходиться во мнениях: * a partir de..., начиная с...
partisano, na. [м. и ж.] (гал.) партизан, (-ка).
partitivo, va. [прил.] делимый; (грам.) частичный.
partitura. [ж.] (муз.) партитура: * de partitura, партитурный.
parto. [м.] см. parturición, роды; новорождённый; (перен.) произведение, происхождение, создание, творение: * estar de parto, рожать; * el parto de los montes, гора родила мышь.
parto, ta. [прил.] партянский; [м и ж.] партянин, (-ка).
partología. [ж.] акушерская наука.
parturición. [ж.] деторождение, разрешение от беременности (естественное).
parturienta, parturiente. [прил. и ж.] родильница, роженица.
parulis. [м.] (пат.) флюс, воспаление зубной надкостницы.
paruria. [ж.] болезненное мочеиспускание.
parva. [ж.] см. parvedad; (с.-х.) хлеб на току; (перен.) множество: * salirse de la parva, сбиваться с пути.
parvada. [ж.] (соб.) хлеба на току; выводок.
parvedad. [ж.] малость, ничтожное количество; утренний завтрак (при постных днях).
parvenu. [м.] (гал.) выскочка, парвеню, см. advenedizo.
parvero. [м.] скирда.
parvidad. [ж.] см. parvedad.
parvificar. [перех.] уменьшать, см. achicar.
parvificencia. [ж.] скудность, скаредность.
parvífico, ca. [прил.] скудный, скаредный.
parvifloro, ra. [прил.] (бот.) мелкоцветковый.
parvifoliado, da. [прил.] (бот.) мелколистный.
parvo, va. [прил.] маленький, небольшой.
parvulez. [ж.] см. pequeñez; наивность, простота.
parvuliforo, ra. [прил.] (бот.) см. parvifloro.
parvulista. [м. и ж.] учитель, (-ница) начальной школы.
párvulo, la. [прил.] маленький, небольшой, детский; (перен.) наивный, простодушный; скромный, смирный; [м.] ребёнок, дитя: * escuela de párvulos, начальная школа.
pasa. [ж.] изюм; [множ.] курчавые волосы (у негров): * pasa de Corinto, коринка; * estar hecho una pasa, (перен. разг.) стать тощим (о человеке).
pasa. [ж.] (мор.) узкий проход; перелёт птиц.
pasable. [прил.] (гал.) сносный, посредственный, приемлемый, удовлетворительный.
pasablemente. [нареч.] сносно, посредственно, удовлетворительно.
pasacaballo. [м.] старинное судно.
pasacalle. [м.] народный марш.
pasacintas. [м.] большая тупая игла.

pasacólica. [ж.] (мед.) см. cólica.
pasada. [ж.] прохождение, переправа; средства к жизни; партия (в игре), (разг.) дурное поведение; переезд, переправа, проход, переход; (Амер.) стыд; выговор: * de pasada, по пути; наспех; мимоходом; * mala pasada, дурное обращение с кем-л; * jugar una mala pasada, сыграть злую шутку; * dar pasada, разрешать; терпеть (кого-л, что-л).
pasadera. [ж.] камень (в ручье для переправы); переход, мостик; (мор.) см. meollar.
pasaderamente. [нареч.] сносно, посредственно, средне.
pasadero, ra. [прил.] (удобо)проходимый; см. pasable; [м.] см. pasadera.
pasadía. [ж.] средства к жизни.
pasadizo. [м.] узкий переход; коридор, проулок, улочка и т. д.
pasado, da. [страд. прич.] к pasar, прошедший, прошлый, прежний, былой; [прил.] обветшавший; перезрелый; [м.] прошлое, былое; (грам.) прошедшее время; (воен.) дезертир, перебежчик; [множ.] предки.
pasador, ra. [прил. и сущ.] прохожий, (-ая), проезжий, (-ая); перевозчик, (-ица), паромщик, (-ица); задвижка, засов; штифт; контрабандист; длинная головная шпилька; застёжка, крючок; ситечко; сито; цедилка; см. pasacintas; загнутое крючком шило; [множ.] запонки.
pasadura. [ж.] переход; судорожный плач (у детей).
pasagonzalo. [м.] (разг.) лёгкий удар рукой.
pasaje. [м.] прохождение, переход, проход, переезд, передёт, переправа, проезд; переезд, переправа, проезд, проход (место, время); место; отрывок в книге; (муз.) пассаж; плата за проезд, проход через чужие владения, земли; пролив; стоимость билета, проезда (на пароходе); пассажиры (на пароходе); приём, встреча.
pasajeramente. [нареч.] мимоходом.
pasajero, ra. [прил.] людный (о месте); перелётный (о птицах); проходящий, мимолётный, (кратко)временный, скоротечный; [м. и ж.] путешественник, (-ница); пассажир, (-ка).
pasamán. [м.] позумент, галун, басон, тесьма; бахрома.
pasamanar. [перех.] обшивать позументом, галуном.
pasamanería. [ж.] позументная работа, басонная работа; ремесло позументщика; позументная, басонная мастерская или лавка.
pasamanero, ra. [м. и ж.] позументщик, басонщик, (-ица).
pasamano. [м.] см. pasamán; обивка (на перилах); (мор.) поручень.
pasamiento. [м.] прохождение, транзит.
pasán. [м.] (зоол.) прямороган египетская антилопа.
pasamontaña. [м.] меховая шапка-ушанка, финка; шерстяная шапка.
pasante. действ. прич. к pasar; [м.] практикант; помощник; репетитор: * pasante de pluma, писец.
pasantía. [ж.] работа практиканта, практика.
pasapán. [м.] (разг.) гортань, горло.
pasapasa. [ж.] фокус, трюк.
pasaportar. [перех.] выдавать паспорт.
pasaporte. [м.] паспорт; пропуск: * dar el pasaporte, (разг.) отправить на тот свет.

pasar. [перех.] перевозить, переносить, переводить (по службе); переправляться; переезжать, переходить (реку и т. д.); опережать; превосходить; продеть, вставить; просунуть; пропускать, продевать (нитку и т. д.); миновать; перевозить контрабандой; пропустить, не упомянуть; умалчивать, обходить молчанием; выносить, терпеть; проводить (время); прожить (определённый срок); производить (смотр); просеивать; процеживать; провести по...; глотать (еду); поглощать; пройти через; сулить; просмотреть (книгу); повторять (урок); сушить, высушивать; быть практикантом; [неперех.] проникать, распространяться (о болезни); превращаться, ухудшаться, улучшаться; иметь хождение; считаться, слыть; жить, быть здоровым; умереть, скончаться; проходить; проезжать, пролетать; проплывать; пробегать мимо, проходить, истекать, миновать; переходить, переезжать из... в...; оканчиваться; перелезть; перешагнуть; стоить, иметь цену; перейти к...; прийти (в голову); изглаживаться из памяти; обходиться без..., сносить, терпеть; быть принятым; быть терпимым, приемлемым; [impers.] случаться; pasarse. [возв. гл.] менять убеждения; перейти в, к; кончаться, исчезать из памяти; загнивать, перезревать, начать портиться; протекать (о сосуде); испаряться; быть верхом (доброты и т. д.): * hacerse pasar por, выдавать себя за; * pasar por alto, опускать, пропускать; * pasar aviso, сообщать; * pasar la mano por la espalda, гладить; льстить; * pasar de largo, pasar por alto, не останавливаться, перескакивать; недосмотреть; * ir pasando, с трудом перебиваться, пробавляться; * pase lo que pase, будь что будет, во что бы то ни стало; * ¡pase!, ладно!; * dejar pasar, пропустить; * pasar por la cabeza, прийти в голов; * pasar de moda, выйти из моды; ¡que Vd. lo pase bien!, будьте здоровы!; pasarlo mal, находиться в беде; pasarlo bien, наслаждаться жизнью; pase, войдите!; допустим, пусть; paso; пас! (в карт. игре); pasar por las armas, расстрелять; pasarse de listo, чересчур хитрить; que pase por esta vez, на этот раз сойдёт.

pasarela. [ж.] (гал.) пешеходные мостки; (мор.) сходни; мостик.
pasarrato. [м.] (Амер.) см. pasatiempo.
pasatarde. [м.] см. merienda.
pasatiempo. [м.] приятное времяпрепровождение, развлечение: por pasatiempo, для развлечения.
pasativa. [ж.] (Амер.) см. vergüenza.
pasavante. [м.] (мор.) проходное свидетельство; пропуск; (уст. воен.) парламентёр.
pasavolante. [м.] необдуманный поступок; (воен.) сорт старинной пушки.
pasavoleo. [ж.] приём в игре в мяч.
pascana. [ж.] (Амер.) постоялый двор, гостиница; привал, стоянка.
pascar. [неперех.] (Амер.) располагаться лагерем.
pascua. [ж.] Пасха: * Pascua(s) de Navidad, рождество; * Pascua de flores, florida, Вербное воскресенье; * cumplir con pascua, причащаться на Страстной неделе; * de Pascua(s) a Ramos, время от времени; * alegre como unas pascuas, жизнерадостный.

pascual. [прил.] пасхальный; рождественский.
pascuala. * tal para cual, Pascuala con Pascual, два сапога-пара.
pascuala. [ж.] (Амер.) смерть.
pascueta. [ж.] (бот.) маргаритка.
pascuilla. [ж.] Фомино воскресенье, первое воскресенье после Пасхи.
pase. [м.] разрешение, пропуск; даровой железнодорожный билет, пропуск; паспорт; передача (в игре); выпад (в фехтовании); пасс (гипнотизёра).
paseadero. [м.] место для прогулок, место гуляния.
paseador, ra. [прил.] много гуляющий; [м.] место гулянья.
paseana. [ж.] (Амер.) остановка в пути, привал; постоялый двор.
paseante. [дейст. прич.] к pasear; [м. и ж.] гуляющий, (-ая): * paseante en corte, праздношатающийся.
pasear. [неперех.] гулять, прогуливаться, прохаживаться; кататься верхом, в экипаже и т. п.; идти шагом (о лошади); ехать шагом; [перех.] водить гулять, прогуливать; катать; перевозить с места на место; pasearse. [возв. гл.] гулять, прогуливаться; ходить без дела; кататься в экипаже и т. д.; поверхностно рассуждать о чём-л.: * pasear (la calle) a su dama, ухаживать за женщиной.
paseata. [ж.] (разг.) прогулка, гулянье.
paseo. [м.] прогулка, гулянье; место гулянья; короткое расстояние (годное для прогулки); шествие: * dar un paseo, пройтись, прогуляться; * ir de paseo, идти гулять; * enviar (mandar) a paseo, отвергать, прогнать, отказать; * ¡vaya usted a paseo!, (разг.) убирайтесь вон!, проваливайте!
pasera. [ж.] место для сушки фруктов; сушка фруктов; см. pasarela.
paserina. [ж.] (орни.) подорожник (птица из семейства конусоклювых).
pasero, ra. [прил.] приученный ходить шагом (о лошади).
pasero, ra. [м. и ж.] продавец, (-щица) изюма.
pasibilidad. [ж.] способность ощущать, чувствительность.
pasible. [прил.] способный ощущать, чувствительный.
pasicorto, ta. [прил.] идущий мелкими шагами.
pasiega. [ж.] кормилица.
pasiflora. [ж.] (бот.) пассифлора, диземма, страстоцвет.
pasifloráceo, a. [прил.] (бот.) пассифлоровый.
pasigrafía. [ж.] универсальное письмо.
pasil. [м.] (prov.) узкий проход, тропка.
pasilargo, ga. [прил.] идущий большими шагами.
pasillo. [м.] коридор; проход; одноактная пьеса.
pasión. [ж.] страдания, мучения; боль; страсти Христовы; страсть, страстное чувство; пыл; пристрастие к чему-л.
pasional. [прил.] страстный; внушённый страстью; любовный: * crimen pasional, убийство из ревности; преступление, совершённое под влиянием аффекта.
pasionaria. [ж.] (бот.) страстоцвет.
pasionario. [м.] книга о страстях Христовых.
pasioncilla. [ж.] мимолётное увлечение, страстишка.
pasionera. [ж.] (обл.) страстоцвет.
pasionero, ra. [прил.] (Амер.) непостоянный, изменчивый; [м.] духовник при больных.
pasitamente. [нареч.] осторожно, тихо.
pasito. [м.] умен. к paso; [нареч.] см. pasitamente.

pasitrote. [м.] иноходь.
pasivamente. [нареч.] пассивно, равнодушно, без интереса, бездеятельно; (грам.) в страдательной форме.
pasividad. [ж.] пассивность, безучастность, бездеятельность.
pasivo, va. [прил.] пассивный, страдательный (книж.), бездеятельный; недействующий; (грам.) страдательный; [м.] (ком.) пассив: * clases pasivas, отставные, вышедшие в отставку.
pasma. [м.] (арг.) часовой.
pasmado, da. [страд. прич.] к pasmar; [прил.] имеющий глубокую трещину в древесном стволе; (герал.) издыхающий.
pasmar. [перех. и неперех.] замерзать, коченеть, цепенеть; мёрзнуть (о растениях); изумлять, удивлять; приводить в оцепенение; pasmarse. [возв. гл.] млеть, замирать, быть вне себя от...; цепенеть, замерзать; изумляться; делаться тусклым, темнеть (о красках).
pasmarota, pasmarotada. [ж.] притворное изумление.
pasmarote. [м.] (разг.) ротозей, зевака.
pasmo. [м.] спазма, судорога; столбняк; (перен.) изумление, удивление; предмет удивления: * de pasmo, удивительно.
pasmón, na. [м. и ж.] ротозей, (-ка), зевака (тж. прил.).
pasmosamente. [нареч.] удивительно, восхитительно, чудесно, дивно.
pasmoso, sa. [прил.] удивительный, изумительный, поразительный, дивный, восхитительный, чудесный.
paso, sa. [прил.] сушёный (о фруктах).
paso. [м.] шаг; ступень; походка; ход; след (ноги); па (в танцах); узкий проход, ущелье; аллюр; движение; переход, переезд, проход, перелёт; переправа; улица; тропинка; (мор.) пролив, канал; перевод (из класса в класс); подход к кому-л; место (в книге); критический момент; повторение урока, объяснение; (театр.) одноактная пьеса; смерть; чехарда; [множ.] хлопоты: * paso a nivel, (ж.-д.) железнодорожный переезд; * paso gimnástico, беглый шаг с соблюдением равнения; * paso llano, иноходь; * paso de comedia, комический случай; * paso de la hélice, шаг винта; * paso doble, (муз.) марш; * paso acelerado, бег без соблюдения равнения; * a (al) paso, неспеша; * a buen paso, быстро, энергично; * a paso llano, спокойно; * a paso largo (tirado), наспех, поспешно; * al paso que, между тем как; * a paso de carga, безрассудно; опрометчиво; шаг, шаг за шагом; * más que de paso, очень быстро; * a paso de tortuga, de buey, медленно, черепашьим шагом; * a dos pasos, a pocos pasos, в двух шагах, рядом; * andar en malos pasos, дурно вести себя; * de paso, мимоходом; наспех; * más que de paso, поспешно; * dar paso, ceder el paso, уступать дорогу; * salir del paso, выйти из положения; * salir al paso, дать отпор; * apretar el paso, прибавить шагу, ускорить шаг; * paso en falso, промах, оплошность; * a cada paso, на каждом шагу; * seguir los pasos a uno, следить за кем-л; * seguir los pasos de uno, идти по чьим-л стопам; * abrirse paso, проложить себе дорогу; * no dar un paso, не делать ни шагу; не продвигаться (о деле); * a paso, таким образом; * al paso que, в то время как; в течение; * dar un paso, шагнуть, сделать шаг; a buen paso, быстрым шагом; dar el primer paso, принимать первые шаги; dar pasos, см. gestionar; * dar un paso en falso, оступиться, поскользнуться.

paso. [нареч.] слегка; тихо; [межд.] полегче! поосторожней!; стой!
pasoso, sa. [прил.] (Амер.) промокательный (о бумаге); потливый (о руках); заразный.
pasote. [м.] (бот.) см. pazote.
paspado, da. [прил.] (Амер.) обветренный.
paspadura. [ж.] (Амер.) шелушение (кожи).
paspartú. [м.] (гал.) см. orla.
paspié. [м.] старинный танец.
pasquín. [м.] листовка; памфлет.
pasquinada. [ж.] насмешка, издевательство (публичное).
pasquinar. [перех.] публично издеваться.
pasta. [ж.] тесто; масса; месиво; паста; бумажная масса; папка; переплёт; (уст.) лист железа; (жив.) сочетание красок; яркий колорит: * pastas para sopa или alimenticias, макаронные изделия; * buena pasta, добродушие.
pastadero. [м.] пастбище, выгон, выпас.
pastaflora. [ж.] тесто из яйца, муки и т. д.: * ser de pastaflora, быть добродушным.
pastar. [перех.] пасти; [неперех.] пастись.
pasteador, ra. [м. и ж.] (Амер.) шпион, (-ка).
pastear. [перех.] см. pastar; (Амер.) шпионить, выслеживать.
pasteca. [ж.] (мор.) канифас-блок.
pastecun. [ж.] (разг.) сильная пощёчина; см. reprimenda.
pastel. [м.] пирог; пирожное; (жив.) пастель; растительная синяя краска; плутовство в игре; (перен. разг.) коротышка; махинация; (воен.) укрепление: * descubrir el pastel, раскрывать козни; pastel en bote, коротышка.
pastelada. [ж.] (разг.) интрига, козни.
pastelear. [перех.] (разг.) приспосабливаться, приноравливаться.
pastelejo. [м.] умен. к pastel.
pasteleo. [м.] (презр.) приспособление.
pastelería. [ж.] кондитерская; ремесло кондитера; мучные кондитерские изделия.
pastelero, ra. [м. и ж.] кондитер, пирожник (уст.) (перен. разг.) приспособленец.
pastelillo. [м.] сорт пирожка.
pastelista. [м. и ж.] художник, (-ица), рисующие пастелью.
pastelón. [м.] пирог, волован.
pastenco, ca. [прил.] начинающий пастись (о животном).
pasterización. [ж.] пастеризация.
pasterizador, ra. [прил.] пастеризующий; [м.] пастеризатор.
pasterizar. [перех.] пастеризовать.
pastiche. [м.] (гал.) подражание.
pastilla. [ж.] плитка, лепёшка, таблетка: * pastillas para la tos, леденцы от кашля; * gastar pastillas de boca, сулить золотые горы; * pastilla de jabón, кусок мыла.
pastillería. [ж.] фабрика лепёшек, плиток, торговля лепёшками, плитками.
pastinaca. [ж.] скат иглистый (рыба); (бот.) пастернак.
pastizal. [м.] пастбище, выгон для лошадей.
pasto. [м.] пастьба; пастбище, выгон, выпас, луг (кормовой); корм; пища (животных); подножный корм; (перен.) материал, пища: * pasto verde, зелёный, свежий корм; * pasto seco, сухой корм; * a pasto, вдоволь, досыта; * a todo pasto, всегда; * de pasto, для обычного употребления.
pastoforio. [м.] жилище пастофоров.
pastor. [м.] пастух; (церк.) пастор; пастырь.
pastora. [ж.] пастушка.
pastoraje. [м.] см. pastoría.
pastoral. [прил.] пастушеский, пастораль-

ный; пастырский; [ж.] пастораль; (церк.) пастырское послание.
pastoralmente. [нареч.] пастырски; по-пастушески.
pastorcillo, lla. [м. и ж.] пастушок, пастушонок, пастушка.
pastorear. [перех.] пасти.
pastorela. [ж.] пастораль.
pastoreo. [м.] пастьба.
pastoría. [ж.] ремесло пастуха, см. pastoreo; (собир.) пастухи.
pastoricio, cia, pastoril. [прил] пастушеский, пастуший.
pastorilmente. [нареч.] по-пастушески.
pastosidad. [ж.] тестообразность, вязкость, мягкость; (жив.) мягкость, сочность.
pastoso, sa. [прил.] вязкий, клейкий, мягкий; тестообразный, жирный; (жив.) сочный, написанный сочными красками; глухой (о голосе).
pastueño, ña. [прил.] благородный (о быке).
pastura. [ж.] подножный корм; дача (корма); пастбище, выгон, выпас.
pasturaje. [м.] общественный выгон; плата за пользование пастбищем.
pata. [ж.] лапа, нога (у животных, разг. у человека); ножка, подставка; клапан (у платья); (Амер.) см. adulación; бука, пугало; чёрт, дьявол: * pata de araña, журавлиная нога; * pata de gallo, гусиные лапки (мелкие морщинки в уголках глаз); * pata de palo, деревянная нога; pata galana, coja, хромой; * a cuatro patas, (разг.) на четвереньках; * a pata, пешком; meter la pata, (разг.) вмешиваться; сделать промах, оплошность; * pata acá и pata allá, верхом (на стуле и т. д.); * patas arriba, навзничь; * poner patas arriba, переворачивать всё вверх дном; * a la pata coja, на одной ноге; * tener mala pata, (разг.) быть неудачником; * estar pata, быть в стачке с кем-л; * a la pata (la) llana, попросту, запросто.
pata. [ж.] утка; гусыня.
patabán. [м.] кубинское дерево.
pataca. [ж.] (бот.) топинамбур, земляная груша.
pataco, ca. [м. и ж.] см. patán.
patacón. [м.] старинная серебряная монета; старинная медная монета; (разг.) см. duro (монета).
patache. [м.] сторожевое таможенное судно.
patacho. [м.] (Амер.) небольшое стадо вьючного скота.
patada. [ж.] удар лапой, ногой; (разг.) шаг; (перен. разг.)) след (ноги): * a patadas, в изобилии; * en dos patadas, в один миг.
patagón, na. [прил.] патагонский; [м. и ж.] патагонец, (-ка).
patagónico, ca. [прил.] патагонский.
patagorrilla. [ж.] patagorrillo. [м.] сорт рагу из потрохов.
patagua. [ж.] чилийское дерево.
patagual. [м.] (Амер.) лес из paraguas.
pataje. [м.] см. patache.
patajú. [м.] (Амер.) банановое растение.
patalear. [неперех.] махать лапами; топать, стучать ногами; дрыгать ногами.
pataleo. [м.] топот, топанье; махание лапами.
pataleta. [ж.] притворная судорога; притворный обморок.
patalétilla. [ж.] старинный танец.
patán. [м.] (разг.) крестьянин; (перен. разг.) грубиян, мужлан, деревенщина, невежа.
patanal. [прил.] крестьянский, грубый, неотёсанный, невоспитанный, простой.
patanco. [м.] кубинское дикорастущее растение.

patanería. [ж.] (разг.) грубость, неотёсанность, невежество.
patango, ga. [прил.] (Амер.) приземистый.
patanismo. [м.] (разг.) см. patanería.
patao. [м.] кубинская съедобная рыба.
patarata. [ж.] нелепость; нелепое притворное выражение любви, дружбы, учтивости и т. д.
pataratero, ra. [прил.] любящий употреблять нелепые притворные выражения любви, учтивости и т. д. (тже. сущ.).
patarra. [ж.] (обл.) тупость; пошлость.
pataráez. [м.] (мор.) толстой трос.
patarroso, sa. [прил.] пошлый.
Patas. [м.] (разг.) дьявол, чёрт, нечистый, злой дух.
patasca. [ж.] (Амер.) жаркое из свинины с кукурузой; спор, ссора.
patata. [ж.] картофелина, клубень (картофеля); [множ.] картофель, картошка (разг.): patatas fritas, жареная картошка.
patatal, patatar. [м.] картофельное поле.
patatero, ra. [прил.] картофельный; торгующий картофелем; любящий картофель; [сущ.] торговец картофелем.
patatín-patatán (que). [м.] и то и другое, и пятое и десятое.
patato, ta. [прил.] (Амер.) малорослый, низкий.
patatús. [м.] (разг.) лёгкий обморок; приступ (болезни).
patavino, na. [прил. и сущ.] падуанский.
pate. [м.] дерево Гондураса.
pateador, ra. [прил.] (Амер.) брыкливый.
pateadura. [ж.] pateamiento. [м.] топтание; топот, топанье; удар ногой (о землю); сильное подавляющее порицание.
patear. [перех.] (разг.) топтать; топать, ударять ногами; грубо обращаться с кем-л; [неперех.] топать, стучать ногами; бить ногами; (Амер.) брыкаться (о животных); (разг.) хлопотать, очень стараться; приходить в ярость.
pateco, ca. [прил.] (Амер.) коротконогий.
patela. [ж.] (анат.) см. rótula; (зоол.) морское блюдце.
patelar. [прил.] (анат.) относящийся к коленной чашке.
pateliforme. [прил.] блюдечкообразный, имеющий форму блюдца.
patena. [ж.] большой медальон или медаль (для украшения); (церк.) дискос: * limpio como una patena, очень чистый.
patencia. [ж.] явность, очевидность.
patentado, da. [страд. прич.] к патентовать; [прил.] патентованный.
patentar. [перех.] патентовать.
patente. [прил.] явный, очевидный, несомненный, нескрываемый, открытый; [ж.] патент; свидетельство (торговое); диплом: * patente de navegación, патент судна на плавание; * patente de sanidad, свидетельство о приезде из незаражённого места; * patente de invención, патент на изобретение; * patente limpia, чистый карантинный патент.
patentemente. [нареч.] явно, очевидно.
patentizar. [перех.] открыто излагать, доказывать.
pateo. [м.] (разг.) топот, топанье; (театр.) провал.
pátera. [ж.] жертвенная чаша.
paternal. [прил.] отцовский, отеческий, отчий.
paternalmente. [нареч.] отечески, по-отечески.
paternidad. [ж.] отцовство, отцовское состояние.

paterno, na. [прил.] отцовский, отеческий; со стороны отца (о родстве): * casa paterna, отчий кров.
paternoster. [м.] Отче наш; молитва.
pateta. [м.] хромой, кривоногий человек: Pateta, дьявол, чёрт, нечистый.
patéticamente. [нареч.] трогательно, патетически.
patético, ca. [прил.] трогательный, патетический, волнующий, патетичный.
patetismo. [м.] патетичность.
patiabierto, ta. [прил.] (разг.) кривоногий.
patialbillo. [м.] см. papialbillo.
patialbo, ba, patiblanco, ca. [прил.] с белыми лапами.
patibulario, ria. [прил.] отвратительный, отталкивающий: * fisonomia patibularia, физиономия висельника, преступника.
patíbulo. [м.] виселица, эшафот.
pático, ca. [прил.] патологический.
paticojo, ja. [прил.] (разг.) хромой; [сущ.] (разг.) хромой человек.
patidifuso, sa. [прил.] (разг.) смущённый, изумлённый, удивлённый.
patiecillo. [м.] умен. к patio.
patiestevado, da. [прил. и сущ.] см. estevado.
patihendido, da. [прил.] (зоол.) парнокопытный.
patilla. [ж.] положение левой руки на гитаре; клапан (у платья); шпенёк (у пряжки); [множ.] бакенбарды; дьявол, чёрт, нечистый.
patilludo, da. [прил.] с большими бакенбардами.
patín. [м.] умен. к patio; (спорт.) конёк; ролик; (тех.) ролик, колёсико: * patín de cola, (ав.) хвостовой костыль.
patín. [м.] (орни.) морской стриж (птица).
pátina. [ж.] патина (окись меди на бронзе); налёт (на старых картинах и т. д.): * la pátina del tiempo, налёт времени.
patinación. [ж.] катание на коньках.
patinada. [ж.] см. patinazo.
patinadero. [м.] каток.
patinado, da. [прил.] покрытый патиной, налётом.
patinador, ra. [прил.] катающийся на коньках; [м. и ж.] конькобежец, конькобежка (разг.).
patinaje. [м.] катание на коньках; конькобежный спорт; буксование.
patinar. [неперех.] кататься на коньках; скользить, буксовать (о колесах): * pista de patinar, каток.
patinazo. [м.] скольжение (боковое), занос (колёс); (разг.) ошибка, ложный шаг; * pegar un patinazo, буксовать; оплошать (разг.).
patinejo, patinillo. [м.] дворик.
patineta. [ж.] самокат (детский).
patio. [ж.] патио (внутренний дворик); * patio de teatro, de butacas, партер.
patío. [м.] (Амер.) см. taparrabo.
patiquebrar. [перех.] сломать лапу.
patira. [ж.] (зоол.) американская свинья.
patita. [ж.] умен. к pata, лапка, ножка: * poner de patitas en la calle, выгнать кого-л из дому.
patitieso, sa. [прил.] (разг.) держащийся прямо, будто аршин проглотил; (перен. разг.) изумлённый, ошеломлённый, удивлённый.
patito. [м.] умен. к pato, утёнок.
patituerto, ta. [прил.] (разг.) кривоногий, кривой; (перен. разг.) искривлённый, кривой.
patizambo, ba. [прил.] кривоногий, колченогий (тже. сущ.).

pato. [м.] утка, селезень: * pagar el pato, расплачиваться за кого-л, быть козлом отпущения.
patoanatomía. [ж.] патологическая анатомия.
patobiología. [ж.] патология.
patochada. [ж.] глупость, нелепость.
patochear. [неперех.] говорить глупости.
patofobia. [ж.] (пат.) страх перед болезнью, боязнь заболевания.
patogenia. [ж.] патогенез, наука о происхождении болезней.
patogenicidad. [ж.] патогенность.
patogénico, ca. [прил.] патогенетический.
patógeno, na. [прил.] патогенный, болезнетворный.
patognomonía. [ж.] (пат.) характерный признак данной болезни.
patognomónico, ca. [прил.] (мед.) характеристический.
patografia. [ж.] описание болезней.
patojera. [ж.] косолапость.
patojo, ja. [прил.] косолапый, колченогий, ходящий вперевалку.
patología. [ж.] патология, учение о болезни.
patológico, ca. [прил.] патологический, ненормальный: * anatomía patológica, патологоанатомия.
patologicoanatómico, ca. [прил.] паталогоанатомический.
patólogo. [м.] патолог.
patón, na. [прил.] большеногий.
patopeya. [ж.] (рит.) возбуждение страстей.
patoso, sa. [прил.] считающий себя остроумным.
patraña. [ж.] ложь, выдумка, утка.
patrañero, ra. [прил.] лгущий; [м. и ж.] лжец, лгун, (-ья).
patrañuela. [ж.] умен. к patraña.
patria. [ж.] отечество, отчизна, родина: * la madre patria, родина-мать.
patriada. [ж.] (Амер.) смелый патриотический поступок; вооружённое сопротивление лицам, захватившим власть.
patriarca. [м.] патриарх; почтенный старец; основатель религиозного ордена; * vivir como un patriarca, наслаждаться всеми радостями жизни.
patriarcadgo, patriarcado. [м.] патриархат; область, подведомственная патриарху; сан патриарха.
patriarcal. [прил.] патриархальный; патриарший; [ж.] (церк.) патриархат, патриаршество.
patriarcalmente. [нареч.] патриархально.
patriciado. [м.] (ист.) патрициат, сословие патрициев.
patricial. [прил.] (ист.) патрицианский.
patricio, cia. [прил.] (ист.) патрицианский; [м. и ж.] патриций, (-нанка).
patrimonial. [прил.] (в)отчинный, родовой, наследственный; переходящий по наследству.
patrimonialmente. [нареч.] по родовому владению, по праву родового владения.
patrimonio. [м.] отчина, родовое имение; отцовское наследие; наследственное имущество; имущество; владение; достояние.
patrio, tria. [прил.] отечественный; отеческий: * patria potestad, отцовская власть.
patriota. [м. и ж.] патриот, (-ка) (уст.) земляк.
patriotería. [ж.] (разг.) шовинизм, квасной патриотизм, ура-патриотизм.
patriotero, ra. [прил.] ура-патриотический; [м. и ж.] ура-патриот, (-ка) шовинист.
patrióticamente. [нареч.] патриотически.
patriótico, ca. [прил.] патриотический.
patriotismo. [м.] патриотизм, любовь к отечеству.

patrística. [ж.] сочинение об Отцах Церкви, патристика.
patrístico, ca. [прил.] относящийся к патристике.
patrocinador, ra. [прил.] покровительственный, оказывающий покровительство; [м. и ж.] покровитель, (-ница), защитник, (-ица), патрон, (-есса) (уст.).
patrocinar. [перех.] оказывать протекцию, протежировать, покровительствовать, содействовать, шефствовать; защищать, выступать в защиту.
patrocinio. [м.] протекция, покровительство, поддержка, помощь, защита.
patrología. [ж.] патрология, патристика.
patrológico, ca. [прил.] относящийся к патрологии, патристике.
patrón, na. [м. и ж.] покровитель, (-ница), защитник, (-ица), заступник, (-ица), патрон, (-есса); хозяин, (-йка) дома; патрон, владелец; [м.] капитан небольшого судна; старшина шлюпки; эталон, модель, шаблон, лекало, образец; патрон, выкройка; (бот.) подвой: * patrón de bote (de lancha), старшина, шкипер небольшого судна; * patrón oro, золотой стандарт; * donde hay patrón no manda marinero, курице не петь петухом.
patrona. [ж.] (мор.) галера.
patronal. [прил.] хозяйский.
patronato, patronazgo. [м.] покровительство; шефство; благотворительное общество, патронат; объединение предпринимателей.
patronear. [перех.] командовать кораблём (о старшине).
patronía. [ж.] должность старшины (шлюпки), капитана (небольшого судна).
patronímico, ca. [прил.] * nombre patronímico, отчество; родовое название; [м.] отчество.
patrono, na. [м. и ж.] покровитель, (-ница), защитник, (-ица), заступник, (-ица), патрон, (-есса); попечитель; шеф; патрон, владелец, (-ица) предприятия, хозяин, предприниматель; местный святой.
patrulla. [ж.] дозор, патруль; разъезд; (ав.) звено: * buque de patrulla, сторожевой корабль.
patrullador, ra. [прил.] дозорный, патрульный, патрулирующий (тже. сущ.).
patrullar. [неперех.] патрулировать, идти дозором.
patrullero. [м.] (мор.) сторожевой корабль.
patucho, cha. [прил.] (Амер.) приземистый, малорослый.
patudo, da. [прил.] (разг.) большеногий.
patulea. [ж.] (разг.) дезорганизованное, недисциплинированное войско; сброд, разнузданная толпа, подонки.
patullar. [неперех.] с силой, неудачно ступать, топтать; хлопотать; (разг.) беседовать, болтать.
paturro, rra. [прил.] приземистый, малорослый, коренастый.
paucifloro, ra. [прил.] (бот.) малоцветковый.
paucifoliado, da. [прил.] (бот.) малолистный.
paucilocuo, cua. [прил.] мало говорящий.
paují(l). [м.] род перуанской куриной птицы.
paúl. [м.] болотистый луг.
paular. [м.] болото, топь, грязь.
paular. [неперех.] говорить, разговаривать, болтать.
paulatinamente. [нареч.] понемногу, мало-помалу, постепенно, медленно.
paulatino, na. [прил.] медленный, мало-помалу действующий; постепенный.
pauletiense. [м.] (геол.) часть сеномана (во Франции).
paulilla. [ж.] мотылёк, бабочка.
paulina. [ж.] папская грамота, содержащая

в себе отлучение от церкви; (разг.) жестокое порицание; оскорбительное анонимное письмо.
paulinia. [ж.] (бот.) бразильский куст.
paulino. [м.] (Амер.) индюк, индейский петух.
pauperismo. [м.] пауперизм, обнищание.
paupérrimo, ma. [прил. превос. степ.] к pobre, очень бедный.
pausa. [ж.] пауза, короткий перерыв; медлительность; (муз.) пауза: * a pausas, с перерывами.
pausadamente. [нареч.] медленно, не спеша.
pausado, da. [страд. прич.] к pausar; [прил.] медленный; [нареч.] медленно, не спеша: * hablar con voz pausada, размеренно говорить.
pausar. [неперех.] делать паузу, перерыв; замедлять.
pauta. [ж.] линейка, прибор для линования; [перен.] образец, правило, пример.
pautada. [ж.] (муз.) пентаграмма.
pautado, da. [страд. прич.] к pautar; [прил.] линованный: * papel pautado, нотная бумага.
pautador. [м.] линовальщик, тот, кто линует бумагу для нот и т. д.
pautar. [перех.] линовать; (перен.) давать правила, наставлять; (муз.) линовать бумагу для нот.
pava. [ж.] индюшка, индейка; (перен. разг.) нескладная, некрасивая женщина: * pelar la pava, (разг.) ворковать, любезничать.
pava. [ж.] большие кузнечные мехи.
pavada. [ж.] стадо индеек; детская игра; (разг.) нелепость.
pavana. [ж.] павана (старинный испанский танец).
pavera. [ж.] большая кастрюля для варки индеек.
pavero, ra. [м. и ж.] смотритель, (-ница) за индюшками; продавец, (-щица) индеек; [ж.] андалузская шляпа.
pavés. [м.] большой щит: * alzar или elevar sobre el pavés, (перен.) поднять на щит.
pavesa. [ж.] искра: [множ.] пепел: * reducir a pavesas, обратить в пепел; * ser una pavesa, быть кротким; * estar hecho una pavesa, быть очень слабым, слабосильным.
pavesada. [ж.] см. empavesada.
pavesero. [м.] солдат вооруженный большим щитом.
pavesina. [ж.] небольшой щит.
pavezno. [м.] см. pavipollo.
pavía. [ж.] персик (один из сортов).
Pavía (echar por las). невежливо, грубо говорить.
paviano, na. [прил.] павийский, относящийся к Павии; [м. и ж.] уроженец, (-ка) этого города.
pávidamente. [нареч.] испуганно.
pavidez. [ж.] страх, ужас.
pávido, da. [прил.] (поэт.) испуганный, робкий, пугливый, боязливый.
pavimentación. [м.] мощение плит(к)ами, настилание пола; мощение дорог.
pavimentada, da. [страд. прич.] к pavimentar; [м.] см. pavimentación.
pavimentar. [перех.] мостить плит(к)ами, класть, настилать пол; мостить дорогу.
pavimento. [м.] пол, настил; мощёная дорога, мостовая.
paviota. [ж.] чайка, см. gaviota.
pavipollo. [м.] индюшонок.
pavisoso, sa. [прил.] глуповатый, некрасивый, неуклюжий.
pavitonto, ta. [прил.] глупый, придурковатый, нелепый.
pavo. [м.] индюк; (перен.) тупица: * pavo real, павлин; * comer pavo, не танцевать

за неимением партнёра; * subírsele a uno el pavo, краснеть; * estar más hinchado que un pavo, пыжиться.
pavón. [м.] павлин; краска для предохранения от ржавчины; род бабочки.
pavonada. [ж.] (разг.) короткая увеселительная прогулка; (перен.) пышность: * darse una pavonada, развлекаться.
pavonado, da. [страд. прич.] к pavonar; [прил.] темносиний; [м.] см. pavonada (краска).
pavonadura. [ж.] pavonamiento. [м.] крашение для предохранения от ржавчины.
pavonar. [перех.] красить для предохранения от ржавчины.
pavonazo. [м.] тёмно-красная краска.
pavonear. [неперех.] важничать, кичиться, чваниться; (перен. разг.) вызывать желание; pavonearse. [возв. гл.] важничать, кичиться, чваниться.
pavoneo. [м.] важничанье, чванство.
pavor. [м.] страх, ужас; (обл.) краска на лице.
pavorde. [м.] (церк.) начальник, глава.
pavorido, da. [прил.] см. despavorido.
pavordía. [ж.] (церк.) начальство.
pavorosamente. [нареч.] ужасно и т. д.
pavorosidad. [ж.] свойст. к ужас; см. pavor.
pavoroso, sa. [прил.] ужасный, страшный.
pavura. [ж.] ужас, страх.
paya. [ж.] (Амер.) народная песня, исполняемая под гитару.
payacate. [м.] (Амер.) большой платок.
payada. [ж.] (Амер.) народная песня, исполняемая под гитару.
payador. [м.] (Амер.) гаучо, поющий под гитару.
payanar. [перех.] (Амер.) молоть кукурузу.
payar. [перех.] (Амер.) петь песни под гитару.
payasada. [ж.] паясничанье, шутовство.
payaso. [м.] паяц, шут, клоун, забавник: * hacer el payaso, балагурить.
payés, sa. [м. и ж.] каталонский крестьянин, (-ка).
payo, ya. [прил.] крестьянский, деревенский; [м. и ж.] мужлан, деревенщина; (арг.) пастырь.
payo. [м.] (обл.) чердак.
payuelas. [ж. множ.] (мед.) ветряная оспа.
paz. [ж.] мир; мир, согласие; примирение; мирный договор; мир, отдых, покой, душевное спокойствие; спокойствие, тишина: * dejar en paz, оставить в покое; * paz duradera, прочный мир; * quedar en paz, расквитаться; * juez de paz, мировой судья; * hacer las paces, помириться, поладить с кем-д; * a la paz de Dios, идите с миром; paz eterna, вечный покой, смерть; descanse en paz, мир праху твоему; ¡estamos en paz!, мы — квиты.
pazán. [зоол.] род дикой козы.
pazcón. [м.] (Амер.) сито, мелкое решето.
pazguatería. [ж.] простоватость, глупость; вздор, нелепость.
pazguato, ta. [прил.] простоватый, глупый, глуповатый; [м. и ж.] простак, простушка.
pazo. [м.] (обл.) дом в поместье.
pazote. [м.] (бот.) лебеда.
pazpuerca. [ж.] (разг.) грязная, неопрятная женщина.
pe. [ж.] название буквы p: * de pe a pa, с начала до конца; совершенно.
pea. [ж.] опьянение.
peaje. [м.] мостовой сбор, дорожная или мостовая пошлина; транзитная плата.
peajero. [м.] сборщик дорожной или мостовой пошлины.
peal. [м.] нижняя часть чулка; гамаш; портянка; (перен. разг.) неуклюжий, ненужный человек.

peán. [м.] пение, гимн.
peana или peaña. [ж.] пьедестал, подножие, основание; помост у престола; станина.
peatón. [м.] пешеход; деревенский, сельский почтальон.
pebete. [м.] фимиам; затравочный порох; (перен. разг.) зловонная вещь.
pebetero. [м.] курильница.
pebrada. [ж.] перечный соус, соус с перцем.
pebre. [м. или ж.] соус с перцем; (обл.) перец.
pebrina. [ж.] болезнь тутового шелкопряда, обусловленная микроспоридиями.
peca. [ж.] веснушка.
pecable. [прил.] греховный, грешный, подверженный греху.
pecadazo. [м.] увел. к pecado.
pecadillo. [м.] умен. к pecado, грешок.
pecado. [м.] грех; погрешность, ошибка; (перен.) дьявол: * pecado mortal, capital, grave, смертный грех; * pecado original, первородный, грех; * los siete pecados capitales, семь смертных грех; * pecado de comisión, соделанный грех (состоящий в совершении того, что запрещено); * pecado de omisión, грех упущения (состящий в неделении того, что предписано законом): * el pecado de la lenteja, грешок.
pecador, ra. [прил.] грешный; [м. и ж.] грешник, (-ица); [ж.] проститутка, см. ramera.
pecaminoso, sa. [прил.] грешный, греховный; содержащий в себе грех.
pecante. [страд. прич.] к pecar; [прил.] чрезмерный, крайний, непомерный, чрезвычайный.
pecar. [неперех.] грешить, погрешать, согрешить; ошибаться; впадать в крайность; * pecar de..., быть слишком...
pécari. [м.] (зоол.) пекари (американская дикая свинья).
pecblenda. [ж.] (мин.) уранинит, смоляная урановая руда.
peccata minuta. [лат. выраж.] (разг.) грешок.
pece. [м.] земля (между двумя бороздами); замешанная глина или известка; (уст.) рыба.
pececillo. [м.] умен к pez, рыбка, рыбёшка.
peceño, ña. [прил.] чёрный как смоль имеющий вкус смолы.
pecera. [ж.] аквариум (стеклянный сосуд).
pecezuela. [ж.] умен. к pieza.
pecezuelo. [м.] умен. к pie, ножка.
pecezuelo. [м.] умен. к pez, рыбка, рыбёшка.
peciento, ta. [прил.] чёрный как смоль.
pecilgo. [м.] см. pellizco.
peciluengo, ga. [прил.] с длинной плодоножкой.
pecina. [ж.] рыбный садок.
pecina. [ж.] черноватый ил (у прудах и т. д.).
pecinal. [м.] илистая лужа, пруд.
pecinoso, sa. [прил.] имеющий много pecina.
pecio. [м.] обломок судна после кораблекрушения.
peciolado, da. [прил.] (бот.) имеющий черешок.
peciolar. [прил.] (бот.) черешковый.
pecíolo. [м.] (бот.) черешок.
peco. [м.] (обл.) см. recelo; вина; погрешность.

pécora. [ж.] овца, животное, дающее шерсть: * ser buena или mala pécora, быть коварным, развратным (преим. о женщине).
pecorea. [ж.] (воен.) грабёж, мародёрство; (перен.) прогулка, развлечение.
pecorear. [перех.] угонять скот; [неперех.] мародёрствовать.
pecorero. [м.] (воен.) мародёр, грабитель.
pecoso, sa. [прил.] веснушчатый.
pectén. [м.] (анат.) лобок.
pectina. [ж.] (хим.) пектин.
pectinado, da. [прил.] гребневидный.
pectinasa. [ж.] (биохим.) пектиназа.
pectíneo. [прил.] (анат.) гребенчатый.
pectinibranquios. [м.] [множ.] гребнежаберные.
pectiniforme. [прил.] гребневидный.
pectolita. [ж.] (мин.) пектолит.
pectoral. [прил.] грудной; [м.] (церк.) нагрудный крест.
pectoralgia. [ж.] боль в груди.
pectosa. [ж.] (хим.) пектоза.
pectoso, sa. [прил.] похожий на пектин.
pectus. [м.] (мед.) грудь: * pectus carinatum, куриная грудь (у больных рахитом).
pecuario, ria. [прил.] относящийся к стадам.
peculado. [м.] (юр.) расхищение государственной казны; растрата казённых денег лицами, которым они вверены.
peculiar. [прла.] присущий, свойственный кому-л; особенный, характерный, отличительный, своеобразный.
peculiaridad. [ж.] особенность, своеобразие, особое свойство.
peculiarmente. [нареч.] особенно, своеобразно, в особенности.
peculio. [м.] частное собственность.
pecunia. [ж.] (разг.) деньги, наличные деньги.
pecuniariamente. [нареч.] деньгами, в денежном отношении.
pecuniario, ria. [прил.] денежный.
pecunioso, sa. [прил.] денежный, богатый.
pechada. [ж.] удар грудью.
pechar. [перех.] платить налог; [неперех.] брать на себя.
pechar. [перех.] (обл.) запереть на ключ.
pechblenda. [ж.] (мин.) см. pecblenda.
peche. [м.] см. pechina.
pechelingue. [м.] (м. употр.) пират, морской разбойник.
pechera. [ж.] манишка; пластрон; жабо (у рубашки); (разг.) женская грудь.
pechereque. [м.] (Амер.) ликёр.
pechería. [ж.] налоги, подати.
pechero. [м.] детский нагрудник, слюнявка.
pechero, ra. [прил.] облагаемый, оброчный; плебейский; [м. и ж.] налогоплательщик (-ица); плебей, (-ка).
pecherón, na. [прил.] (Амер.) очень хороший, превосходный.
pechiblanco, ca. [прил.] белогрудый (о животных).
pechicatería. [ж.] скупость, скаредность.
pechicato, ta. [прил.] скупой, скаредный.
pechicolorado, da. [прил.] (орни.) см. pardillo.
pechichón, na. [прил.]. (Амер.) избалованный.
pechigonga. [ж.] карточная игра.
pechil. [м.] (обл.) замок, запор.
pechina. [ж.] раковина, морской гребешок (арх.) парус свода.
pechirrojo, ja. [прил.] (орни.) см. pardillo.
pechisacado, da. [прил.] (перен. разг.) гордый, заносчивый.

pecho. [м.] грудь; бюст, женская грудь; лёгкие; см. repecho; голос; (перен.) внутренний мир, сердце, душа; мужество, отвага: * dar el pecho, кормить грудью; * a pecho descubierto, без прикрытия; * sacar el pecho, выпячивать грудь; * echar el pecho al agua, рисковать; * tomar a pechos, принимать близко к сердцу; * tener pecho, быть терпеливым; * abrir el pecho, fiar el pecho, доверять свою тайну; * a lo hecho pecho, назвался груздем-полезай в кузов.
pecho. [м.] (ист.) дань; налог.
pechón. [м.] (Амер.) удар, толчок.
pechuelo. [м.] умен. к pecho, грудка.
pechugonada. [ж.] (Амер.) бесстыдство, наглость.
pechuga. [ж.] грудинка, белое мясо (куриное и у дичи); (перен.) (разг.) грудь; см. cuesta.
pechuguera. [ж.] грудной кашель.
pedagogía. [ж.] педагогика.
pedagógicamente. [нареч.] педагогически.
pedagógico, ca. [прил.] педагогический.
pedagogo. [м.] педагог, учитель, наставник.
pedaje. [м.] см. peaje.
pedal. [м.] педаль; ножной привод.
pedalear. [неперех.] работать педалью.
pedaleo. [м.] работа педалью.
pedáneo, a. [прил.] деревенский, сельский: * juez pedáneo, деревенский, сельский судья.
pedante. [прил.] щеголяющий своей учёностью; педантский; [м. и ж.] педант, (-ка); [м.] домашний учитель.
pedantear. [неперех.] щеголять своей учёностью.
pedantería. [ж.] хвастовство своей учёностью; педантство.
pedantescamente. [нареч.] педантски.
pedantesco, ca. [прил.] педантский.
pedantismo. [м.] см. pedantería.
pedazo. [м.] кусок, кусочек; лоскут; осколок: (обл. группа, куча, количество): * pedazo de bruto!, дурак же ты!; * pedazo de bruto, de alcornoque, de animal, дурак, дубина, тупица; * hacer pedazos, разорвать в клочья; разбить на куски, вдребезги; * estar hecho pedazos, быть очень утомлённым, падать от усталости; * ser un pedazo de pan, быть очень добрым; * a pedazos, en pedazos, по частям; * morirse por sus pedazos, сохнуть по ком-л; * pedazo de pan, кусок хлеба, хлеб насущный; очень низкая цена; *pedazo del alma, de las entrañas, del corazón, зазноба.
pedazuelo. [м.] умен. к pedazo, кусочек.
pedegosa. [ж.] (обл.) древесная смола, камедь.
pederasta. [м.] педераст, см. maricón.
pederastía. [ж.] педерастия, мужеложство, (книж.), содомский грех.
pedernal. [м.] (мин.) кремень; (перен.) крепость, твёрдость: * de pedernal, кремнистый, твёрдый, кремнёвый.
pedernalino, na. [прил.] кремнёвый; крепкий, как кремень.
pederne. [прил.] (обл.) крепкий, твёрдый.
pedesis. [ж.] скакание, прыгание, пульсация.
pedestal. [м.] пьедестал, основание, подножие; (перен.) основное положение, тезис.
pedestre. [прил.] пеший, пешеходный; (перен.) обыденный, пошлый, плоский, вульгарный.
pedestremente. [нареч.] пешком; (перен.) вульгарно, пошло, плоско.
pedestrismo. [м.] (спорт.) беги.
pedi. [м.] (Амер.) ячмень (на глазу).
pediatra. [м. и ж.] (мед.) педиатр.
pediatría. [ж.] (мед.) педиатрия.

pediátrico, ca. [прил.] (мед.) педиатрический.
pedicelado, da. [прил.] (бот.) черешковый, стебельчатый.
pedicelo. [м.] (бот.) ножка, стебелёк, черешок.
pedición. [ж.] см. petición (дейст.)
pedicoj. [м.] прыжок на одной ноге.
pedicular. [перех.] вшивый.
pedicularia. [ж.] (бот.) вшивая трава, вшивица, мытник.
pediculicida. [прил.] (служащий) для истребления вшей; [м.] средство для истребления вшей.
pedículo. [м.] стебелёк, ножка, черешок.
pediculosis. [ж.] (мед.) вшивость.
pediculoso, sa. [прил.] вшивый.
pedicuro. [м. и ж.] мозольный оператор, педикюрша.
pedidera. [ж.] (Амер.) просьба, прошение.
pedido. [м.] старинная дань, налог; заказ; просьба.
pedidor, ra. [прил.] требовательный; [м.] попрошайка.
pedidura. [ж.] прошение, просьба.
pediforme. [прил.] имеющий форму ноги.
pedigón, na. [прил.] склонный попрошайничать; [м. и ж.] попрошайка.
pedigüeñar. [перех.] попрошайничать.
pedigüeño, ña. [прил. и сущ.] см. pedigón.
pediluvio. [м.] ножная ванна (чаще множ.).
pedimento. [м.] прошение; (юр.) ходатайство: * a pedimento, по просьбе: * pedimento fiscal, обвинительный акт, обвинение.
pedio, a. [прил.] (анат.) ножной.
pedipalpos. [м. множ.] (зоол.) ногощупальцевые (паукообразные животные).
pedir. [перех.] просить; испрашивать; просить милостыню; просить, назначать цену; требовать; желать; свататься: * a pedir de boca, сколько душе угодно; * pedir la palabra, просить слова; * pedir perdón, просить прощения; * pedir limosna, просить милостыню; * pedir en matrimonio, свататься, просить руки; * pedir justicia, подавать в суд; * pedir satisfacción, потребовать у кого-л объяснения по поводу чего-л; * pedir peras al olmo, требовать невозможного; * como se pide, по просьбе: [непр. гл.] ind pres.: pido, pides, pide, pedimos, pedís, piden, pret. indef.: pidió, pidieron, imperf. pide; pres. subj.: pida, -as, -a; pret. subj.: pidiera или pidiese; ger.: pidiendo.
pedo. [м.] (физиол.) ветры, газы: * pedo de lobo, (бот.) порховка, дождевик (гриб).
pedobarómetro. [м.] весы для детей.
pedófilo, la. [прил.] детолюбивый.
pedogamia. [ж.] (биол.) педогамия.
pedogénesis. [ж.] педогенез.
pedogenético, ca. [прил.] относящийся к педогенезу.
pedología. [ж.] педология; почвоведение.
pedológico, ca. [прил.] педологический.
pedólogo, ga. [м. и ж.] педолог.
pedómetro. [м.] педометр, шагомер.
pedorrera. [ж.] (физиол.) обильные ветры, газы.
pedorrero, ra. [прил. и сущ.] пердун, (-ья).
pedorro, rra. [прил. и сущ.] см. pedorrero.
pedotrofia. [ж.] наука о выкармливании детей.
pedrada. [ж.] метание камней; удар камнем; ушиб (от удара камнем); (перен.) намёк: * venir como pedrada en ojo de boticario, подходить.
pedral. [м.] (мор.) грузило.
pedrea. [ж.] побивание камнями; забрасывание камнями; побоище камнями; градобитие; совокупность маленьких выигрышей (в лотерее).
pedregada. [ж.] (обл.) градобитие.

pedregal. [м.] каменистая местность.
pedregoso, sa. [прил.] каменистый, кремнистый; (мед.) имеющий камни в мочевом пузыре.
pedregullo. [м.] гравий.
pedrejón. [м.] крупный камень.
pedreñal. [м.] сорт большого мушкетона, кремнёвое ружьё.
pedrera. [ж.] каменоломня.
pedrería. [ж.] (соб.) драгоценные камни.
pedrero. [м.] каменотёс; (воен.) старинная пушка (с каменными ядрами); пращник; (уст.) шлифовщик камней, ювелир; (обл.) подкидыш.
pedrés. [прил.] каменный (о соли).
pedrezuela. [ж.] умен. к piedra, камешек, камушек.
pedrisca. [ж.] крупный, сильный град.
pedriscal. [м.] каменистая местность.
pedrisco. [м.] крупный, сильный град; град камней; множество камней.
pedrisquero. [м.] крупный, сильный град.
pedrizal. [м.] множество камней.
pedrizo, za. [прил.] каменистый.
pedroche. [м.] каменистая местность.
pedrusco. [м.] (разг.) каменная глыба.
pedunculado, da. [прил.] (бот.) имеющий ножку, стебелёк.
peduncular. [прил.] (бот.) относящийся к ножке, к стебельку, к черешку.
pedunculillo. [м.] умен. к pedúnculo, стебелёк, ножка.
pedúnculo. [м.] (бот.) цветоножка; плодоножка; черешок.
peer или peerse. [неперех.] пукать, пердеть.
pega. [ж.] приклеивание, наклеивание; склеивание; прилипало (рыба, снабжённая на верхней части шипов присосательным аппаратом); (разг.) шутка, проделка; смазка смолой; трудный (мудрёный, каверзный) вопрос; (разг.) взбучка, побои: * poner pegas, задать трудные вопросы.
pega. [ж.] (орни.) сорока.
pegadillo. [м.] пластырь: * pegadillo de mal de madre, скучный, назойливый человек.
pegadizo, za. [прил.] клейкий, липкий, вязкий; заразный, прилипчивый; см. postizo; любящий есть и т. д. на другой счёт.
pegado. [м.] пластырь; [страд. прич.] к pegar: * pegado al cuerpo, облипающий.
pegador. [м.] (ихтиол.) прилипало.
pegadura. [ж.] приклеивание, наклеивание, склеивание; соединение, связь.
pegajosidad. [ж.] клейкость, липкость, вязкость.
pegajoso, sa. [прил.] клейкий, липкий, вязкий; заразный, плипчивый; (перен.) (разг.) мягкий, нежный; вкрадчивый, медоточивый; надоедливый; привлекательный.
pegamiento. [м.] наклеивание, приклеивание; склеивание.
pegar. [перех.] клеить, склеивать; наклеивать, приклеивать; скреплять, приклеплять; пришить к...; склеивать, ударять, бить, колотить (кого-л); нанести, влепить (удар); [неперех.] приниматься (о растениях); производить впечатление; быть подходящим; соприкасаться; сталкиваться; срастаться; pegarse, [возв. гл.] подгорать; приклеиваться; пристать как банный лист; втираться в доверие; драться, тузить друг друга: * pegar fuego, поджигать; * pegar voces, кричать, орать; * pegar saltos, прыгать, скакать; * no pegar los ojos, не смыкать глаз; * pegársela a uno, обмануть кого-л; злоупотреблять доверием; * pegársela a uno las sábanas, долго спать по утрам; * no pegar, не подходить; * pegársele al oído, легко запоминаться (о мелодии).

pegaseo, a. [прил.] (миф.) относящийся к Пегасу или к музам.
Pegásides. [ж. множ.] (миф.) музы.
Pegaso. [м.] (миф.) Пегас; (астр.) Крылатый конь (созвездие).
pegaso. [м.] (зоол.) морской дракон (рыба).
pegata. [ж.] обман, шутка, насмешка.
pegatoste. [м.] (м. употр.) липкий пластырь.
pegmático, ca. [прил.] относящийся к свёртыванию; свёртывающийся, створаживающийся.
pegmatita. [ж.] (геол.) пегматит, еврейский, письменный гранит.
pego. [м.] шулерский приём.
pegollo. [м.] столб.
pegomancia. [ж.] гадание ключевой водой (у Древних).
pegote. [м.] липкий пластырь; (перен. разг.) густая, вязкая каша; навязчивый человек; незваный гость; ненужная вставка; см. parche.
pegotear. [неперех.] (разг.) являться на обед без приглашения.
pegotería. [ж.] (разг.) явление на обед без приглашения.
pegotón, na. [м. и ж.] навязчивый, незваный гост.
pegual. [м.] (Амер.) сорт подпруги.
pegüen. [м.] (Амер. бот.) араукария.
peguera. [ж.] смолокурня.
peguero. [м.] смолокур; торговец смолой.
pegujal. [м.] см. peculio; маленькая усадьба; небольшое стадо; небольшая сумма денег.
pegujalero. [м.] мелкий землевладелец, скотовод.
pegujar. [м.] см. pegujal.
pegujarero. [м.] см. pegujalero.
pegujón, pegullón. [м.] клубок шерсти или волос.
pegullo. [м.] (обл.) стадо.
pegunta. [ж.] тавро, клеймо.
peguntar. [перех.] выжигать тавро, клеймить.
pehuén. [м.] (Амер. бот.) араукария.
peina. [ж.] (обл.) гребень (для украшения), см. peineta.
peinada. [ж.] причёсывание, чесание.
peinado, da. [страд. прич.] к peinar; [прил.] (разг.) выхоленный, изящный.
peinador, ra. [прил.] причёсывающий; [м. и ж.] парикмахер; [м.] полотенце или салфетка (у парикмахерских); пеньюар; чесальщик (шерсти и т. д.).
peinadura. [ж.] причёсывание, чесание; очёски.
peinar. [перех.] чесать, причёсывать, расчёсывать; прочёсывать; слегка касаться, слегка задевать; обрезывать в утёс; peinarse, [возв. гл.] причёсываться: * no peinarse para alguien, отвергать чью-л ухаживание.
peinazo. [м.] перекладина.
peine. [м.] гребень, гребёнка, расчёска; скребница; чесалка (для шерсти); (текст.) гребень; см. empeine; (разг.) хитрец, ловкач; (теа.) решётка; (зоол.) морской гребешок; * a sobre peine, слегка, поверхностно.
peinecillo. [м.] гребешок (для украшения).
peinero, ra. [м. и ж.] см. peinetero.
peineta. [ж.] гребень для украшения.
peinetero. [м.] тот, кто изготовляет или продаёт гребни.
peinilla. [ж.] частый гребень.
peinoterapia. [ж.] лечение голодом.
peje. [м.] рыба; хитрец, ловкач: * peje araña, Петрова рыба; * peje ángel, лягва (рыба).
pejegallo. [м.] (Амер.) чилийская рыба.
pejemuller. [м.] (ихтиол.) ламантин.

pejepalo. [м.] треска (копчёная).
pejerrey. [м.] род съедобной рыбы.
pejesapo. [м.] (ихтиол.) морской чёрт.
pejiguera. [ж.] (разг.) зацепка, забота, мелкие хлопоты, неприятности.
pejina. [ж.] (обл.) женщина из народа.
pel. [ж.] (уст.) см. piel.
pela. [ж.] шелуха; кора.
pela. [ж.] см. peladura; (Амер.) порка.
pelada. [ж.] необработанная баранья кожа.
peladar. [ж.] (Амер.) пустырь, пустошь.
peladera. [ж.] выпадение волос, облысение.
peladero. [м.] место, где ощипывают птиц и т. д.; (перен.) игорный дом, где обирают людей.
peladez. [ж.] (Амер.) (разг.) бедность, нищета.
peladilla. [ж.] обсахаренная миндалина; голыш.
peladillo. [м.] персик (один из видов); [множ.] сорт шерсти.
pelado, da. [страд. прич.] к pelar; [прил.] лысый; голый; круглый (о числе): * un pelado, человек без копейки.
pelador, ra. [м. и ж.] тот, кто снимает кожуру, кожицу и т. д.
peladura. [ж.] очистка от кожуры и т. д.; облупливание; см. mondadura, corteza.
pelafustán. [м. и ж.] (разг.) бездельник, (-ница); бродяга.
pelagallos. [м.] (разг.) бездельник, лодырь, оборванец.
pelagatos. [м.] (разг.) ничтожный человек, бедняк.
pelagia. [ж.] см. pelagra.
pelágico, ca. [прил.] пелагический, морской; глубоководный (о морской фауне и флоге).
pelagismo. [м.] морская болезнь.
pelagoscopia. [ж.] рассматривание морского дна.
pelagra. [ж.] (мед.) пеллагра.
pelagrógeno, na. [прил.] вызывающий пеллагру.
pelagrología. [ж.] изучение пеллагры.
pelagrosario. [м.] больница для больных пеллагрой.
pelagroso, sa. [прил.] относящийся к пеллагре; больной пеллагрой (тже. сущ.).
pelaire. [м.] чесальщик, ворсильщик сукна.
pelairía. [ж.] ремесло чесальщика, ворсильщика сукна.
pelaje. [м.] качество шерсти (у животных); (разг.) вид (человека или вещи).
pelambrar. [перех.] погружать кожи в известковый раствор.
pelambre. [м.] (соб.) кожи, обрабатываемые известковым раствором; волосы; известковый раствор; отсутствие волос.
pelambrera. [ж.] кожевенный завод; густые волосы; см. alopecia.
pelambrero. [м.] кожевник, тот, кто вытравливает шерсть с кож.
pelamen. [м.] (разг.) см. pelambre.
pelamesa. [ж.] драка, таскание друг друга за волосы или за бороду; волосы.
pelámide. [ж.] тунак, скумбря (рыба).
pelandusca. [ж.] проститутка, публичная женщина.
pelatrín. [м.] мелкий землевладелец.
pelar. [перех.] обрезать, уничтожить волосы; ощипывать перья; обдирать, снимать кожицу, кожуру, шелуху; (перен.) обирать; обыгрывать: * duro de pelar, труднодостижимый; * pelarse de fino, быть очень хитрым.
pelarela. [ж.] выпадение волос, облысение.
pelargonio. [м.] (бот.) аистник, пеларгония.

pelarruecas. [ж.] (разг.) бедная женщина, зарабатывающая прядением.

pelásgico, ca. [прил.] (ист.) относящийся к пеласгам.

pelasgos. [м. множ.] (ист.) пеласги.

pelaz(g)a. [ж.] драка; спор, перебранка; бурная ссора.

peldaño. [м.] ступенька, ступень; уступ.

pelde. [м.] см. **apelde**.

peldefebre. [м.] старинная шерстяная ткань.

pelea. [ж.] бой, сражение, борьба; рукопашная схватка; драка, ссора, спор; борьба (между животными); напряжение, усилие.

peleador, ra. [прил.] борющийся; придирчивый.

peleante. [дейст. прич.] к **pelear**; борющийся.

pelear. [перех.] бороться, вести борьбу; сражаться, биться, драться; вести бой, воевать; стараться; бороться со страстями; **pelearse.** [возв. гл.] биться; (перен.) враждовать.

pelechar. [неперех.] обрастать волосами или перьями.

pelegrina. [ж.] раковина морского гребешка.

pelegrino. [м.] (обл.) см. **peregrino**.

pelel. [м.] сорт пива.

pelele. [м.] соломенное чучело; детская пижама; (перен. разг.) болван, олух; простофиля.

peleón. [прил.] плохой (о вине); [м.] плохое вино.

peleona. [ж.] (разг.) ссора, драка.

pelerina. [ж.] (гал.) пелерина, накидка.

pelete. [м.] понтёр (стоящий); (перен. разг.) бедняк: * en **pelete**, голый, нагой.

peletería. [ж.] скорняжное ремесло; пушнина; меховая лавка; меховая торговля.

peletero, ra. [м. и ж.] скорняк, меховщик, (-ица); торговец пушниной.

pelgar. [м.] (разг.) см. **pelagallos**.

peliagudo, da. [прил.] имеющий длинную и тонкую шерсть; (перен. разг.) затруднительный; щекотливый; изобретательный.

peliazabache. [прил.] черноволосый.

peliblanco, ca. [прил.] беловолосый, белошёрстный.

peliblando, da. [прил.] мягкошёрстный.

pelicano, na. [прил.] седой.

pelícano. [м.] (орни.) пеликан; (хир.) щипцы (для удаления зубов).

pelicología. [ж.] изучение таза.

pelicometría. [ж.] измерение таза.

pelicorto, ta. [прил.] коротковолосый.

película. [ж.] тонкая кожица, оболочка, пелликула; см. **hollejo**; киноплёнка, кинолента, кинофильм; фотоплёнка: * **película** sonora, звуковой фильм; * **película** muda, немой фильм; * **película** en colores, цветной фильм; * **película** de largo metraje, полнометражный фильм; * **película** de corto metraje, короткометражный фильм; * **película** de dibujos animados, мультипликационный фильм; * **película** documental, документальный фильм; * **proyectar** (echar) una **película**, демонстрировать фильм; * **rodar una película**, снять фильм.

peliculario, ria. [прил.] плёнкообразный.

peliculero, ra. [прил.] (презр.) относящийся к кинофильму; [м. и ж.] киноартист.

peliculoso, sa. [прил.] покрытый перхотью.

peliforra. [ж.] (разг.) проститутка, шлюха.

peligrar. [неперех.] быть в опасности.

peligro. [м.] опасность, риск: * de **peligro**, опасно; * poner en **peligro**, подвергать опасности; * estar en **peligro**, подвергаться опасности; correr **peligro**, быть в опасности.

peligrosamente. [нареч.] с опасностью, с риском, опасно.

peligroso, sa. [прил.] опасный, рискованный; (перен.) мятежный, рискованный (о человеке).

pelilargo, ga. [прил.] длинноволосый.

pelillo. [м.] (разг.) пустяк, мелочь, причина размолвки: * reparar, pararse en pelillos, придираться к мелочам; * no tener pelillos en la lengua, за словом в карман не полезть; * echar pelillos a la mar, мириться.

pelilloso, sa. [прил.] мелочный, придирчивый.

pelinegro, gra. [прил.] черноволосый.

pelioma. [м.] (пат.) пятнистая высыпь, имеющая вид кровоподтёков.

peliosis. [ж.] (пат.) ревматические кровоподтёки.

pelirrojo, ja. [прил.] рыжеволосый.

pelirrubio, bia. [прил.] белокурый.

pelita. [ж.] (геол.) пелит.

pelitieso, sa. [прил.] косматый, лохматый.

pelitre. [м.] (бот.) долматская ромашка.

pelitrique. [м.] (разг.) пустяк, мелочь, безделица; побрякушка (разг.).

pelma. [м.] (разг.) см. **pelmazo**; (анат.) подошва, ступня.

pelmacería. [ж.] (разг.) медлительность, промедление.

pelmático, ca. [прил.] (анат.) относящийся к ступне.

pelmazo. [м.] тестообразная масса; тяжёлая пища; (перен.) (разг.) увалень.

pelo. [м.] волос, волосок; (соб.) волосы; пух; пушок (на плодах); волокно (шерсти, шёлка и т. д.); ворс; масть (животных); волоски (растений); прожилка (в драгоценных камнях); пружинка (курка); пузырёк (в металле); едва заметная трещина; ничтожность; шёлк-сырец; (мед.) грудница; * **pelo** de la dehesa, грубость, дурные привычки; * **pelo** de aire, лёгкое дуновение; * **pelo** malo, пух; * **pelo** de camello, верблюжья шерсть; * **pelo** de cofre, de Judas, рыжеволосый; * **pelo** de gato, (Амер.) мелкий дождь; * al **pelo**, прекрасно; * a contra **pelo**, против шерсти; против ворса; * hombre de **pelo** en pecho, храбрый, решительный человек; * estar hasta los **pelos**, смертельно надоесть; * tomar el **pelo**, дурачить кого-л, издеваться над кем-л; * con todos sus **pelos** y señales, со всеми подробностями; * cortar un **pelo** en el aire, быть очень умным; * buscar el **pelo** al huevo, придираться; * estar a medios **pelos**, быть навеселе; * tener **pelos** en el corazón, быть смелым; * a **pelo**, точно; немедленно; * **pelo** a **pelo**, без придачи, ухо на ухо; * largo como **pelo** de huevo, итти за шкурой, скупой, скаредный; * ir a **pelo**, идти с непокрытой головой; * montar en **pelo**, ездить без седла; * poner los **pelos** de punta, ужасать; * no venir a **pelo**, приходить не во-время; * no tener un **pelo** de tonto, быть очень умным; * no tener **pelos** en la lengua, не лезть за словом в карман; * roscase **pelos** arriba, делать что-л скрепя сердце; * agarrarse a un **pelo**, хвататься за соломинку; * soltarse el **pelo**, распускаться (о человеке); * gente de medio или de poco **pelo**, мелкая буржуазия; * en **pelo**, голый; без седла (о всаднике); * echar buen **pelo**, поправить (дела, здоровье).

pelón, na. [прил.] облезлый, лысый; плешивый; (перен.) (разг.) нуждающийся; бедный; [м. и ж.] лысый, плешивый человек; (разг.) бедняк.

pelona. [ж.] выпадение волос, облысение.

pelonería. [ж.] (разг.) бедность, нищета, нужда.

pelonía. [ж.] выпадение волос, облысение.

pelopatía. [ж.] грязелечение.

pelipio. [м.] (хим.) название одного очень редкого металла.

pelosa. [ж.] (арг.) юбка, пальто, покрывало, одеяло.

pelosilla. [ж.] (бот.) см. **vellosilla**.

peloso, sa. [прил.] волосистый, волосатый, обросший волосами, мохнатый, косматый.

pelota. [ж.] мяч; игра в мяч; ком; шар; (уст.) пуля, снаряд; лодка из бычьей кожи (в Америке); (разг.) проститутка; (перен.) куча (долгов и т. д.); * rechazar, volver la **pelota**, отбить мяч; (перен.) дать отпор.

pelota (en). [нареч.] нагишом, в чём мать родила, совсем голый, нагой: dejar a uno en **pelota**, обнажать; ограбить, обчистить до нитки, обокрасть.

pelotari. [м.] игрок в мяч.

pelotazo. [м.] удар мячом.

pelote. [м.] волос для набивки.

pelotear. [перех.] сличать (счёт); сравнивать, сопоставлять; [неперех.] играть в мяч (перед партиею); (перен.) спорить, ссориться; разбрасывать.

peloteo. [м.] перебрасывание, перекидывание мяча, игра в мяч (перед партиею).

pelotera. [ж.] ссора, перебранка; спор: * tener una **pelotera**, побраниться с кем-л.

peloterapia. [ж.] грязелечение.

pelotería. [ж.] (соб.) мячи.

pelotería. [ж.] волос, шерсть для набивки.

pelotero. [м.] тот, кто изготовляет мячи; тот, кто считает мячи (в игре); (разг.) **pelotera**: * escarabajo **pelotero**, жук.

pelotilla. [ж.] шарик; (разг.) подхалимство, подхалимаж: * hacer la **pelotilla**, (разг.) подхалимничать, подхалимствовать.

pelotillero, ra. [м. и ж.] подхалим, (-ка).

pelotístico, ca. [прил.] относящийся к игре в мяч.

peloto. [прил. и м.] озимая пшеница (разновидность).

pelotón. [увел. к **pelota**; клубок (из волос); куча, толпа; (воен.) отделение; взвод: * **pelotón** de ejecución, взвод, команда, назначенные для расстрела.

pelta. [ж.] (у Древних) круглый щит (в виде полумесяца).

peltación. [ж.] (мед.) иммунизация.

peltado, da. [прил.] щитовидный.

peltasta. [м.] щитоносец (у Древних).

peltoideo, a. [прил.] щитовидный.

peltraba. [ж.] (арг.) котомка, сума.

peltre. [м.] сплав олова со свинцом и цинком.

peltrero. [м.] мастер по изделиям из **peltre**.

peluca. [ж.] парик; (перен. разг.) человек в парике; выговор, нагоняй.

pelúcido, da. [прил.] прозрачный.

peluco. [м.] (арг.) карманные часы.

pelucón. [м.] увел. к **peluca**.

pelucona. [ж.] (разг.) золотая унция (монета).

peluche. [ж.] (гал.) плюш, см. **felpa**.

peludo, da. [прил.] волосатый, косматый, мохнатый; [м.] цыновка; рогожа.

peluquera. [ж.] парикмахерша (разг.).

peluquería. [ж.] парикмахерская; ремесло парикмахера.

peluquero. [м.] парикмахер, цырюльник (уст.).

peluquín. [м.] паричок.

pelusa. [ж.] пух, пушок (на плодах); (соб.) ниточки ворса; (разг.) зависть (у детей): * soltar **pelusa**, мохнатиться.

pelusilla. [ж.] пушок; см. **vellosidad**.

pelvi. [прил.] пехлевийский; [м.] пехлеви (литературный язык Ирана III — VII вв. н. э.).

pelviano, na. [прил.] (анат.) тазовый.

pelvicelulitis. [ж.] воспаление тазовой клетчатки.

pélvico, ca. [прил.] (анат.) тазовый.

pelvimetría. [ж.] измерение таза.

pelvímetro. [м.] тазомер, прибор для измерения таза.

pelvioscopia. [ж.] осмотр малого таза специальным прибором, вводимым после влагалищного чревосечения.

pelvis. [ж.] (анат.) таз; *pelvis del riñón, лоханка.

pella. [ж.] комок; свиное сало; кочан (цветной капусты и т. д.); (перен.) большая сумма (долга и т. д.); расплавленная масса (металла).

pella. [ж.] (орни.) серая цапля.

pellada. [ж.] порция извести на лопатке штукатура; комок.

pelleja. [ж.] содранная кожа, шкура; см. zalea; кожа; (разг.) проститутка; (арг.) юбка: *dar, dejar или perder la pelleja, умереть; *salvar la pelleja, спасаться.

pellejería. [ж.] скорняжная мастерская; скорняжное ремесло; скорняжное дело; (соб.) мехи, шкуры.

pellejero. [м.] скорняк.

pellejina. [ж.] маленькая кожа, шкура (животного).

pellejo. [м.] см. piel; бурдюк; (разг.) опьяневший человек; (арг.) см. sayo: *perder, dar или dejar el pellejo, умереть; *estar uno en el pellejo de, быть в чьей-л шкуре; *salvar el pellejo, спасать свою шкуру; *sacar el pellejo, злословить о ком-л; *soltar el pellejo, умереть; *no caber en el pellejo, быть очень толстым; быть очень довольным; *mudar el pellejo, круто изменить образ жизни; *no tiene más que el pellejo, у него кожа да кости; *pagar con el pellejo, поплатиться головой.

pellejudo, da. [прил.] имеющий мягкую или висящую кожу.

pellejuela. [ж.] умен. к pelleja.

pellejuelo. [м.] умен. к pellejo.

pelleta. [ж.] см. pelleja.

pelletería. [ж.] pelletero. [м.] см. pellejería, pellejero.

pellica. [ж.] меховое одеяло; меховое пальто или куртка.

pellico. [м.] овчинная шуба.

pellijero. [м.] скорняк.

pellín. [м.] (Амер.) род дуба; (перен.) очень крепкий человек или предмет.

pellingajo. [м.] (Амер.) тряпка, мочалка; (перен.) тряпка, ненужный или презренный человек.

pelliquero. [м.] тот кто шьёт или продаёт pellicas.

pelliza. [ж.] шуба; меховая куртка; доломан, венгерка, ментик.

pellizcar. [перех.] щипать, ущипнуть, ущемить; взять небольшую часть; pellizcarse. [возв. гл.] мучительно желать

pellizco. [м.] щипание; щипок; щепотка; небольшое количество или кусочек чего-л: *pellizco de monja, пончик.

pello. [м.] сорт меховой куртки.

pellón. [м.] (старинное) длинное меховое платье.

pellote. [м.] см. pellón.

pelluzgón. [м.] пучок (волос, шерсти и т. д.); см. mechón.

pemmicán. [м.] мясной концентрат.

pena. [ж.] наказание, кара; казнь; огорчение, горе, страдание; боль; забота, беспокойство; труд; затруднение, трудность: *pena capital, de la vida, смертная казнь; *pena pecuniaria, денежный штраф; *a duras penas, с большим трудом; *causar pena, огорчать; *so pena de, под страхом чего-л; *a penas, едва; *merecer, valer la pena, стоить того, чтобы, стоить труда; *ni pena ni gloria, бесстрастный человек.

pena. [ж.] маховое перо.

penable. [прил.] наказуемый, караемый, достойный наказания.

penachera. [ж.] penacho. [м.] хохолок (у птицы); плюмаж, султан; (перен.) высокомерие, тщеславие, самомнение.

penachudo, da. [прил.] украшенный плюмажем, султаном.

penachuelo. [м.] умен. к penacho, хохолок.

penadamente. [нареч.] с трудом, с усилием, тяжело.

penadilla. [ж.] сосуд с узким горлышком.

penado, da. [страд. прич.] к penar; [прил.] трудный, тягостный, тяжёлый; [м. и ж.] осуждённый, -ая: *vasija penada, см. penadilla.

penal. [прил.] уголовный; исправительный, пенитенциарный, тюремный; [м.] исправительная тюрьма.

penalidad. [ж.] тягостный труд; страдание, горе; карательная мера, кара; наказуемость.

penalista. [м.] (юр.) криминалист.

penalmente. [нареч.] в уголовном порядке.

péname. [м.] (обл.) выражение сочувствия.

penante. [дейст. прич.] к penar; [прил.] приговорённый, осуждённый.

penar. [перех.] налагать наказание; [неперех.] мучиться, страдать; долго быть в агонии: *penar por una cosa, страстно желать; penarse. [возв. гл.] огорчаться.

penates. [м. множ.] пенаты (домашние боги у древних).

penca. [ж.] мясистый лист растения; (перен.) кнут, плеть, бич палача; (Амер.) см. maslo: *hacerse de pencas, не легко соглашаться.

pencar. [перех.] (арг.) хлестать, стегать кнутом (о палаче).

pencazo. [м.] удар кнутом, бичом.

penco. [м.] (разг.) кляча.

pencudo, da. [прил.] с мясистыми листьями.

pencuria. [ж.] (арг.) проститутка.

pendanga. [ж.] (разг.) проститутка.

pendejada. [ж.] (Амер.) (разг.) грубость, глупость.

pendejear. [неперех.] (Амер.) говорить глупости.

pendejo. [м.] волосы на лобке; (перен.) (разг.) трус.

pendencia. [ж.] ссора, перебранка, брань, драка; (арг.) см. rufián.

pendenciar. [неперех.] ссориться, драться.

pendenciero, ra. [прил.] сварливый, придирчивый, драчливый.

pendenzuela. [ж.] умен. к pendencia.

pender. [неперех.] висеть; свешиваться, обвисать; зависеть; (перен.) тянуться, затягиваться (о деле и т. д.).

pendiente. [дейст. прич.] к pender, висячий, висящий; [прил.] ожидающий решения, не законченный, происходящий (о деле и т. д.); [м.] серьга; (горн.) верхний пласт горной породы; [ж.] склон, откос, скат, наклон, спуск: *pendiente suave, пологий скат.

pendil. [ж.] женский плащ; (обл.) см. candil. *tomar el pendil, удаляться, уходить; *tomar el pendil y la media manta, идти спать.

pendingue. (tomar el). (перен. разг.) удаляться, уходить, уезжать.

péndola. [ж.] перо (птицы).

péndola. [ж.] маятник; часы с маятником; (арх.) вертикальный брус; опора (моста).

pendolada. [ж.] размах маятника; (перен.) выражение, слово.

pendolario. [м.] переписчик.

pendolero. [м.] мастер маятников, часов с маятником.

pendolista. [м.] переписчик.

péndolo. [м.] (арх.) вертикальный брус.

pendón. [м.] знамя, стяг; (воен.) штандарт; рыцарское знамя; (мор.) вымпел; отпрыск, побег; (перен. разг.) дылда, верзила; презренный человек; [множ.] вожжи: *a pendón herido, изо всех сил.

pendonear. [неперех.] бродить по улицам, слоняться, фланировать.

pendoneta. [ж.] умен. к pendón, маленькое знамя и т. д.

pendular. [прил.] маятниковый; качающийся как маятник.

pendulino. [м.] синица-ремез (птица).

péndulo, la. [прил.] висячий, висящий, свесившийся; [м.] маятник: *péndulo de compensación, compensador, компенсационный маятник.

pendura (a la). [нареч.] висячий, висящий.

pene. [м.] (анат.) мужской половой орган.

peneal. [прил.] (анат.) к pene.

Penélope. [ж.] (миф.) Пенелопа.

peneo, a. [прил.] перистый.

peneque. [прил.] (разг.) выпивший, под хмельком: *estar, ir, ponerse peneque, быть навеселе.

penetrabilidad. [ж.] проницаемость, проходимость.

penetrable. [прил.] проницаемый, проходимый; постижимый, понятный.

penetración. [ж.] проникание, проникновение; внедрение; вторжение; проницательность; понятливость.

penetrado, da. [страд. прич.] к penetrar; [прил.] убеждённый.

penetrador, ra. [прил.] проницательный, прозорливый, дальновидный.

penetral. [м.] (м. употр.) внутренняя часть (здания и т. д.).

penetrante. [дейст. прич.] к penetrar; [прил.] проникающий; проницательный, прозорливый; резкий, пронзительный (о голосе); сквозной (о ранении).

penetrar. [перех.] проникать, проходить насквозь, пронизывать; пробиваться; постигать, угадывать; глубоко трогать; *penetrarse, [возв. гл.] убеждаться в чём-л.

penetrativo, va. [прил.] легко проникающий.

penetrómetro. [м.] пенетрометр.

pénfigo. [м.] (мед.) пузырчатая сыпь.

peniano, na. [прил.] к pene.

penicilado, da. [прил.] кисточковидный.

penicilina. [ж.] (фарм.) пенициллин.

penicilio. [м.] (бот.) кистевик (плеснёвый гриб).

penidio. [м.] ячменный сахар.

peniforme. [прил.] перовидный, перообразный.

penígero, ra. [прил.] (поэт.) крылатый.

peninervado, da. [прил.] (бот.) перистожилковатый.

península. [ж.] полуостров.

peninsular. [прил.] полуостровной; отечественный; испанский.

penique. [м.] пенни, пенс (монета).

penisla. [ж.] полуостров.

penisquisis. [ж.] трещина у мужского полового органа.

penitencia. [ж.] (церк.) епитимья; покаяние, раскаяние; наказание: *hacer penitencia, выполнить епитимью; (перен.) скудно есть.

penitenciado, da. [страд. прич.] к penitenciar; [прил. и сущ.] осуждённый инквизицией.
penitencial. [прил.] исповедный, кающийся, покаянный.
penitenciar. [прех.] (церк.) налагать епитимью.
penitenciaría. [ж.] церковный суд; должность великого исповедника в Риме; исправительное заведение, тюрьма.
penitenciario, ria. [прил.] (юр.) исправительный, пенитенциарный, тюремный, [м.] кардинал церковного суда (в Риме); духовник, исповедник.
penitenciero. [м.]: * penitenciero mayor, кардинал церковного суда (в Риме).
penitenta. [ж.] кающаяся грешница.
penitente. [прил.] кающийся; [м. и ж.] кающийся грешник, кающаяся грешница.
penitis. [ж.] (пат.) воспаление мужского полового органа.
pénitus. [нареч.] абсолютно, совершенно, целиком, полностью: * ni penitus, ничего.
penmicán. [м.] мясной концентрат.
pennatula. [ж.] (зоол.) морское перо (полипы).
peno, na. [прил. и сущ.] см. cartaginés.
penol. [м.] (мор.) конец реи.
penosamente. [нареч.] с трудом, с усилием, тяжело.
penoso, sa. [прил.] тягостный, мучительный; тяжёлый, трудный, многотрудный; страдающий (от боли и т. д.); (разг.) щеголеватый.
pensado, da. [страд. прич.] к pensar: * mal pensado, склонный истолковывать в дурную сторону; * de pensado, нарочно, с умыслом.
pensador, ra. [прил.] думающий, мыслящий; глубокомысленный; [м. и ж.] мыслитель, (-ница).
pensamiento. [м.] мышление, способность мыслить; мысль, дума; размышление; мнение, образ мыслей; замысел, проект, план; идея; подозрение; (жив.) первый набросок; (бот.) анютины глазки; (арг.) трактир, харчевня: * venir al pensamiento, прийти на ум; * no pasarle por el pensamiento, не прийти в голову; * en un pensamiento, мгновенно; быстро, скоро.
pensante. [дейст. прич.] к pensar, мыслящий, думающий (тж. прил.).
pensar. [перех.] мыслить, думать, помышлять; размышлять; обдумывать; иметь в виду, считать, полагать; думать о..., вспоминать; представлять себе, воображать; намереваться, думать, замышлять: * sin pensarlo, не подумав; того не замечая; неожиданно, вдруг; * ni pensarlo, ни в коем случае; * pensar en las musarañas, ротозейничать; * dar en que pensar, заставлять призадуматься; вызывать тревогу, заботить; [непр. гл.] спрягается как acertar.
pensar. [перех.] кормить скот, задавать корм; [непр. гл.] спрягается как acertar.
pensativamente. [нареч.] задумчиво.
pensativo, va. [прил.] задумчивый, поглощённый мыслью, мечтательный: quedar pensativo, задуматься.
pense. [м.] (бот.) анютины глазки.
penseque. [м.] (разг.) ошибка по легкомыслию, по небрежности.
pensil. [м.] висячий; подвесной; [м.] (перен.) сказочный сад.
pensión. [ж.] пенсия; плата за помещение и стол; пансион; (перен.) труд, забота.
pensión. [ж.] (Амер.) грусть, печаль; раскаяние.

pensionado, da. [страд. прич.] к pensionar; [прил.] получающий пенсию; [м. и ж.] пенсионер, (-ка).
pensionar. [перех.] налагать обязательства; назначать, выдавать пенсию.
pensionista. [м. и ж.] пенсионер, (-ка) пансионер, (-ка).
pentacarpo, pa. [прил.] (бот.) пятиплодный.
pentacordio. [м.] (муз.) пятиструнная лира, пентахорд.
pentacrino. [м.] (зоол. палеонт.) пентакрин.
pentadáctilo, la. [прил.] пятипалый.
pentaedro. [м.] (геом.) пятигранник, пентаэдр.
pentaginia. [ж.] (бот.) пятиженство, по Линнею отряд растений имеющих цветы о пяти пестиках.
pentagino, na. [прил.] (бот.) пятипестичный пяти пестиков.
pentaglota. [прил.] пятиязычный.
pentagonal. [прил.] (геом.) пятиугольный.
pentágono, na. [прил.] см. pentagonal; [м.] пятиугольник.
pentagrama. [м.] (муз.) пентаграмма, пять нотных линеек.
pentámero, ra. [прил.] (энт.) пятисуставчатый; (бот.) состоящий из пяти частей.
pentámetro. [м.] пентаметр; [прил.] пятистопный.
pentandría. [ж.] (бот.) пятимужство, пятимужские.
pentapétalo, la. [прил.] (бот.) пятилепестный.
pentápolis. [ж.] (ист.) пятиградская область.
pentarquía. [ж.] правительство, состоящее из пяти лиц.
pentasílabo, ba. [прил.] пятисложный.
Pentateuco. [м.] Пятикнижие.
pentatlo. [м.] пятиборство (у греков).
pentatlón. [м.] см. pentatlo; (спор.) пятиборье.
pentatoma. [ж.] древесный клоп.
Pentecostés. [м.] Троицын день.
pentélico, ca. [прил.] * mármol pentélico, мрамор из горы Пантеликос в Афинах.
pentodo. [м.] пентод.
penúltimo, ma. [прил.] предпоследний.
penumbra. [ж.] полутень; полусвет.
penumbroso, sa. [прил.] находящийся в полутени.
penuria. [ж.] крайний недостаток, нехватка; нужда.
peña. [ж.] скала, утёс; скалистая гора.
peña. [ж.] кружок, дружеская компания.
peñaranda. [ж.] (прост.) ломбард.
peñarse. [возв. гл.] (арг.) бежать, убегать, удирать.
peñascal. [м.] скалистая местность.
peñascaró. [м.] (арг.) водка.
peñascazo. [м.] (обл.) удар камнем.
peñasco. [м.] большой утёс; скала.
peñascoso, sa. [прил.] скалистый.
peñasquear. [перех.] (Амер.) бросать, швырять камни.
peñasqueño, ña. [прил.] относящийся к скале; (перен.) твёрдый; жестокий.
peñazo. [м.] (обл.) удар камнем.
peñera. [ж.] (обл.) сито.
peñerar. [перех.] (обл.) просеивать (через сито).
peñicio. [м.] (обл.) скалистая местность.
peño. [м.] (обл.) см. expósito.
peñol. [м.] см. peñón.
peñola. [ж.] гусиное перо (писчее).
peñolada. [ж.] росчерк; взмах пера.
peñón. [м.] увел. к peña; скалистая гора.
peñuela. [ж.] умен. к peña.
peón. [м.] пешеход; пехотинец; волчок (игрушка); (шахм.) пешка; шашка; (тех.) ось, стержень; улей; подёнщик, чернорабочий; * peón caminero, дорожный сторож; * peón de albañil, подруч-

ный каменщика, подносчик (кирпича); * a peón, пешком; * a torna peón, взаимно, обоюдно.
peón. [м.] старинная стопа (стиха).
peonada. [ж.] подённая работа; (соб.) подёнщики, чернорабочие; мера земли, равная 3.804 арам.
peonaje. [м.] (соб.) пехотинцы; подёнщики; чернорабочие.
peonería. [ж.] участок земли, запахиваемый за день; (уст.) пехотинцы.
peonía. [ж.] (бот.) пион.
peonía. [ж.] (ист.) солдатский земельный надел (в завоёванной стране); (обл.) подённая работа.
peonza. [ж.] волчок, кубарь (обл.); (перен. разг.) маленький беспокойный человек: * a peonza, пешком.
peor. [прил.] худший; [нареч.] хуже: * peor que peor, ещё хуже; * tanto peor, тем хуже; * lo peor que puede suceder, в худшем случае, на худой конец; * de mal en peor, всё хуже и хуже; * lo peor, худшее, самое прискорбное.
peoría. [ж.] ухудшение; см. empeoramiento.
peormente. [нареч.] хуже.
pepa. [ж.] (Амер.) крупная косточка (плода); зерно (плода); ложь, враки.
pepazo. [м.] (Амер.) ложь, враки; удар, пулевая рана, удар камнем.
pepe. [м.] (прост.) плохая, безвкусная дыня.
pepenado, da. [м. и ж.] (Амер.) приёмный сын, приёмная дочь.
pepenar. [перех.] (Амер.) собирать, подбирать.
pepián. [м.] см. pipián.
pepinar. [м.] гряда огурцов.
pepinillo. [м.] огурчик; корнишон.
pepino. [м.] огурец.
pepita. [ж.] типун (болезнь кур).
pepita. [ж.] зёрнышко, семечко, косточка (в плодах); крупинка золота.
pepitoria. [ж.] кушанье из дичи; (перен.) всякая всячина, смесь, мешанина.
pepitoso, sa. [прил.] имеющий множество зёрнышек (о плодах); страдающий типуном.
pepla. [ж.] (прост.) см. plepa.
peplo. [м.] (ист.) пеплум.
pepón. [м.] арбуз.
pepona. [ж.] большая картонная кукла.
pepónide. [ж.] (бот.) тыквина (плод).
pepsina. [ж.] (хим.) пепсин, фермент желудочного сока.
pepsinado, da. [прил.] содержащий пепсин.
pepsinífero, ra. [прил.] производящий пепсин.
péptico, ca. [прил.] пептический, содействующий пищеварению.
peptona. [ж.] пептон.
peptonificación. [ж.] превращение в пептон.
peptonificar. [перех.] превращать в пептон.
peptonoide, peptonoideo, a. [прил.] похожий на пептон.
pepú. [м.] (Амер.) (бот.) см. colonia.
pequén. [м.] чилийская хищная птица.
pequenada. [ж.] (Амер.) наклонение головы, кивок.
pequeñamente. [нареч.] (м. упогр.) мало и т. д.
pequeñez. [ж.] малость, ничтожность; ничтожество; мелочность; детство; пустяк, мелочь.
pequeñín, na. [прик.] крохотный; [м. и ж.] крошка, малыш.
pequeño, ña. [прил.] маленький, небольшой, малый; краткий; невысокий, низкий; незначительный, малый; неважный; малолетний; робкий: * en pequeño, в сокращённом виде.
pequeñuelo, la. [прил.] умен. к pequeño, ma

люсенький, крошечный; [м. и ж.] крошка, малыш, ребёнок, малютка.
pequiagra. [ж.] (пат.) подагра в локтях.
pequín. [м.] полосатая шёлковая ткань.
pequinés, sa. [прил.] пекинский; [м. и ж.] пекинец.
per- приставка, усиливающая значение слова.
pera. [ж.] груша (плод); эспанолка (бородка); (перен.) синекура: * pera de donguindo, бёре; * pera de agua, сочная груша; * pera cermeña, руселет, красноватая груша; * pera de otoño, жёлтая осенняя груша; * dar para peras, наказать; * pedir peras al olmo, требовать невозможного; * poner las peras a cuarto, a ocho, принуждать.
peracidez. [ж.] чрезмерная кислотность желудочного сока.
perada. [ж.] варенье или консервы из груш; настойка из груш.
peragudo, da. [прил.] очень острый.
peral. [м.] (бот.) груша (дерево).
peraleda. [ж.] грушевый сад.
peralejo. [м.] (бот.) американский тополь.
peraltar. [перех.] (арх.) повышать, круто сводить (свод).
peralte. [м.] (арх.) крутое сведение (свода).
peralto. [м.] высота (от основания до вершины).
perantón. [м.] (бот.) см. núrabel; большой веер; очень высокий человек, дылда, верзила.
perca. [ж.] (ихтиол.) окунь.
percador. [м.] (арг.) взломщик.
percal. [м.] перкаль (ткань), коленкор.
percalina. [ж.] лощёный перкаль.
percance. [м.] приработок, случайная, побочная прибыль; напасть; неудача; помеха, задержка; ущерб.
percatamiento. [м.] обдумывание; действ. к percatar, догадаться.
percatar. [перех.] обдумывать, размышлять; percatarse, [возв. гл.] додуматься догадаться.
percebe. [м.] морская уточка; (перен.) глупец, простак, невежда.
percebimiento. [м.] см. apercibimiento.
percentaje. [м.] (ком.) сумма, составившаяся из процентов.
percepción. [ж.] восприятие; способность восприятия; перцепция; взимание, получение; идея, понятие, представление.
percepta. [ж.] (физиол.) внешние влияния, действующие на чувства.
perceptibilidad. [ж.] ощутимость.
perceptible. [прил.] ощутимый, ощутительный; воспринимаемый; взимаемый.
perceptiblemente. [нареч.] заметно, ощутимо.
perceptivo, va. [прил.] воспринимающий.
perceptor, ra. [прил и сущ.] воспринимающий; сборщик (налогов и т. д.).
percibir. [перех.] получать, взимать (деньги); воспринимать, чувствовать, ощущать; понимать; знать.
percibo. [м.] получение (денег); выручка; доход.
pércidos. [м. множ.] (зоол.) окунёвые рыбы.
perciforme. [прил.] имеющий форму окуня.
perclorato. [м.] (хим.) соль хлорной кислоты.
perclórico, ca. [прил.] (хим.) хлорный.
percloruro. [м.] (хим.): * percloruro de hierro, хлорное железо, полуторахлористое железо.
percluso, sa. [прил.] (мед.) разбитый параличом.
percnóptero. [м.] (орни.) сип грязный.

percocería. [ж.] маленькое серебряное изделие.
percollar. [перех.] (арг.) красть; присваивать.
percontear. [перех.] (обл.) ставить опоры.
percuciente. [прил.] ударяющий, ранящий.
percudir. [перех.] обесцвечивать, делать тусклым; истреблять; мять, комкать; разорять; пачкать, грязнить; затемнять.
percusión. [ж.] удар, толчок; (мед.) перкуссия, выстукивание.
percusor, ra. [прил.] ранящий; [м.] см. percutor.
percutiente. [дейст. прич.] к percutir; [прил.] ударяющий.
percutir. [перех.] ударять, толкать, бить; (мед.) перкутировать, выстукивать.
percutor. [м.] ударник, боёк (в огнестрельном оружии); (мед.) перкуссионный молоточек.
percha. [ж.] вешалка (мебель); жердь, шест; насест; силок; блок (для подъёма тяжестей); ворсование (сукна); (арг.) см. posada.
percha. [ж.] окунь (рыба).
perchar. [перех.] ворсить, ворсовать (сукно).
perchel. [м.] (мор.) колья для рыболовных сетей; место установки рыболовных сетей.
perchero. [м.] (соб.) вешалки или место, где они находятся.
percherón. [м. и прил.] першерон (порода лошадей).
perdedero. [м.] причина потери и т. д.
perdedor, ra. [прил. и сущ.] теряющий; проигрывающий и т. д.
perder. [перех.] терять, утрачивать, лишаться чего-л.; упускать; растрачивать; затерять (вещь); (по)терять, (по)губить; портить; проигрывать, опоздать (на поезд и т. д.); [неперех.] линять (после стирки); perderse, [возв. гл.] теряться, затеряться; утратиться; заблудиться; погибать, исчезать; запутываться; предаваться порокам; оставаться неиспользованным; слепо любить; идти ко дну: * echar a perder портить; * echarse a perder, портиться; загнивать; * perder el tiempo, терять, тратить время; * perder la ocasión, упустить случай; * perder la cabeza, растеряться, потерять голову; * perder el conocimiento, лишиться чувств; * estar perdiendo, быть в проигрыше; ¡no se perderá!, он не пропадёт!; perder de vista, упустить, потерять в виду.
perdible. [прил.] легко могущий быть потерянным и т. д.
perdición. [ж.] утрата, полная потеря; (по)гибель; порок, порочность; необузданная страсть; причина потери.
pérdida. [ж.] утрата, потеря; убыток, урон; ущерб; проигрыш; трата; вред; повреждение; убыль, потеря; (юр.) потеря, лишение, утрата: * pérdida absoluta, чистый убыток; * a pérdidas y ganancia, в прибылях и убытках.
perdidamente. [нареч.] страстно, безумно, безрассудно; бесполезно.
perdidizo, za. [прил.] припрятанный: * hacer perdidizo, см. ocultar; * hacerse perdidizo, незаметно уходить; * hacerse perdidizo, по желанию проигрывать.
perdido, da. [страд. прич.] к perder; [прил.] заблудившийся, сбившийся с пути; беспутный, падший (о женщине): * perdido por, страстно влюблённый; * ser un perdido, быть чрезмерно расточительным; не пользоваться уважением.
perdidoso, sa. [прил.] теряющий; проигрывающий.

perdigana. [ж.] (обл.) молодая куропатка.
perdigar. [перех.] слегка поджаривать, подрумянивать; (перен. разг.) приготовлять.
perdigón. [м.] молодая куропатка; дробинка; (самец) куропатка, служащая манной птицей.
perdigón. [м.] (разг.) неудачный игрок; мот, расточитель.
perdigonada. [ж.] выстрел или ранение дробью.
perdigonera. [ж.] сумка для дроби.
perdiguero, ra. [прил.] * perro perdiguero, легавая собака; [м.] легавая собака; перекупщик дичи.
perdimiento. [м.] потеря, утрата; см. perdición, pérdida.
perdis. [м.] (разг.) безмозглый дурак: * ser (estar hecho) un perdis, быть безмозглым дураком.
perdiz. [ж.] (орни.) куропатка: * perdiz, o no comerla, либо пан, либо пропал; * perdiz de mar, жирнушка.
perdón. [м.] прощение, извинение; помилование; отпущение грехов: * con perdón, с вашего позволения; * ¡perdón!, простите; * pedir perdón, извиняться, просить прощения.
perdonable. [прил.] простительный, извинительный.
perdonadero, ra. [прил.] легко прощающий.
perdonante. дейст. прич. к perdonar, прощающий.
perdonar. [перех.] прощать, извинять что-л.; прощать, извинять кого-л.; щадить, отказываться (от права, выгоды); прощать, амнистировать; отпускать грехи; освобождать (от повинности и т. д.); * no perdonar, не упускать.
perdonavidas. [м.] (разг.) хвастун, фанфарон.
perdulario, ria. [прил. и сущ.] небрежный, неряшливый, неопрятный; неисправимо порочный, развратный.
perdurabilidad. [ж.] (долго)вечность.
perdurable. [прил.] (долго)вечный, продолжительный; прочный; [ж.] см. sempiterna.
perdurablemente. [нареч.] (долго)вечно, навсегда, навеки.
perdurar. [неперех.] долго длиться; оставаться в том же состоянии.
perecear. [перех.] (разг.) откладывать (по лени, по недосмотру).
perecedero, ra. [прил.] обречённый на смерть, на гибель; бренный, преходящий, тленный; портящийся; [м.] (разг.) нищета, нужда.
perecer. [неперех.] гибнуть, погибать, пропадать, умирать, приходить в упадок; разрушаться; терпеть, страдать; умирать с голоду; perecerse [возв. гл.] страстно желать; страстно любить; томиться любовью; [непр. гл.] спрягается как agradecer.
pereciente. дейст. прич. к perecer.
perecimiento. [м.] (по)гибель.
perecuación. [ж.] равномерное распределение, равномерное разложение (налогов).
pereda. [ж.] грушевый сад.
peregrinación. [ж.] дальнее странствование; паломничество; (перен.) человеческая жизнь.
peregrinaje. [м.] см. peregrinación.
peregrinamente. [нареч.] чрезвычайно, необыкновенно, необычно; прекрасно, совершенно, в совершенстве.

peregrinante. [дейст. прич.] peregrinar, странствующий.

peregrinar. [неперех.] странствовать; путешествовать; паломничать.

peregrinidad. [ж.] своеобразие, редкость, странность, необычность.

peregrino, na. [прил.] странствующий; паломничающий; перелётный (о птицах); (перен.) странный, необычайный, особенный, редкий; прекрасный; совершенный; экзотический; [м. и ж.] паломник, (-ица), странник, (-ица), пилигрим.

peregrino. [м.] (бот.) кубинский куст.

perejil. [м.] петрушка (растение); [множ.] (перен.) излишние украшения в женском наряде; знаки отличия: *perejil mal sembrado, (разг.) редкая борода.

perejila. [ж.] сорт карточной игры.

perejilera. [ж.] петрушечный горшок.

perejilero, ra. [м. и ж.] продавец, (-щица) петрушки.

perenal. [прил.] см. perennal.

perencejo. [м.] см. perengano.

perención. [ж.] (юр.) прекращение дела за давностью.

perendeca. [ж.] (разг.) публичная женщина.

perendengue. [м.] серьга; безделушка, украшение; старинная монета из сплава серебра и меди.

perene. [прил.] см. perenne.

perengano, na. [м. и ж.] некто, некий.

perennal, perennalmente. см. perenne, perennemente.

perenne. [прил.] постоянный, вечный, бессмертный, непрерывный; многолетний (о растениях).

perennemente. [нареч.] постоянно, непрерывно, вечно.

perennidad. [ж.] вечная продолжительность, постоянство, непрерывность.

perennizar. [перех.] делать длительным.

perentoriamente. [нареч.] решительно, безапелляционно.

perentoriedad. [ж.] спешность, неотложность; решительность.

perentorio, ria. [прил.] решительный, не допускающий возражений, безапелляционный, категорический; окончательный (о решении); последний (о сроке); неотложный.

pereza. [ж.] лень, леность, нерадивость; медлительность; сонливость; небрежность.

perezosamente. [нареч.] лениво; медлительно.

perezoso, sa. [прил.] ленивый, нерадивый, вялый, бездеятельный; медлительный; сонливый; [м. и ж.] лентяй, (-ка), соня; [м.] (зоол.) ленивец.

perfección. [ж.] полное завершение, законченность; совершенство, высшая степень; совершенствование; красота, праведность: *a la perfección, совершенно, в совершенстве, превосходно.

perfeccionamiento. [м.] усовершенствование, совершенствование; улучшение; завершение.

perfeccionar. [перех.] совершенствовать, усовершенствовать улучшать; завершать, доводить, заканчивать.

perfectamente. [нареч.] совершенно, в совершенстве; точно, безошибочно; (гал.) вполне; [межд.] совершенно верно! вот именно!; отлично! превосходно!

perfectibilidad. [ж.] способность к совершенствованию.

perfectible. [прил.] способный к совершенствованию.

perfectivar. [перех.] (грам.) делать совершенным.

perfectivo, va. [прил.] (грам.) совершенный.

perfecto, ta. [прил.] совершенный, безукоризненный; прекрасный; законченный; полный: *pretérito perfecto, прошедшее совершенное, перфект; *futuro perfecto, будущее совершенное.

perficiente. [прил.] совершенствующий.

pérfidamente. [нареч.] вероломно, коварно, предательски.

perfidia. [ж.] вероломство, коварство, измена.

pérfido, da. [прил.] вероломный, коварный, предательский; [м. и ж.] изменник, (-ница), предатель.

perfil. [м.] профиль; росчерк; профиль, вид сбоку, сечение; вертикальный разрез; очертание, контур; форма; [множ.] виньетка; окончательная отделка.

perfilado, da. [страд. прич.] к perfilar; [прил.] острый, длинный (о лице); резко очерченный (о носе).

perfiladura. [ж.] очерчивание, обрисовка, контурный рисунок; проведение последнего штриха.

perfilar. [перех.] очерчивать, обрисовывать; (перен.) окончательно отделывать; perfilarse. [возв. гл.] становиться в профиль; (гал.) вырисовываться, обрисовываться; (перен. разг.) наряжаться; (Амер.) бледнеть.

perfoliada. [ж.] (бот.) володушка.

perfoliado, da. [прил.] (бот.) пронзённолистный.

perfoliata. [ж.] (бот.) володушка.

perforación. [ж.] сверление, просверливание, пробуравливание, продырявливание, перфорация, бурение; (мед.) прободение, перфорация.

perforadora. [ж.] сверлильный станок; бурильная машина; буровой станок; бур; перфоратор.

perforante. [дейст. прич.] к perforar; [прил.] (анат.) прободающий.

perforar. [перех.] продырявливать, сверлить, просверливать, пробуравливать, перфорировать; бурить; пробивать (броню); (мед.) вызывать прободение.

perforativo, va. [прил.] служащий для просверливания, просверливающий и т. д.

perfricación. [ж.] трение.

perfumadero. [м.] курильница.

perfumado, da. [страд. прич.] к perfumar; [прил.] душистый, благоухающий, надушенный.

perfumador, ra. [прил.] изготовляющий духи; [м. и ж.] парфюмер [м.] пульверизатор для духов; курильница.

perfumar. [перех.] наполнять ароматом; душить духами; [неперех.] благоухать.

perfume. [м.] аромат, благоухание, благовоние; духи; благовонное вещество, фимиам; пряность, специя.

perfumear. [перех.] см. perfumar.

perfumería. [ж.] парфюмерия; парфюмерное производство; парфюмерный магазин.

perfumero, ra. perfumista. [м. и ж.] парфюмер; продавец, (-щица) парфюмерных товаров.

perfunctoriamente. [нареч.] (уст.) легкомысленно, небрежно.

perfusión. [м.] смазывание, см. baño.

pergal. [м.] обрезок кожи.

pergamíneo, a. [прил.] имеющий плотность пергамента.

pergaminería. [ж.] ремесло pergaminero; пергаментная фабрика.

pergaminero, ra. [м. и ж.] человек, делающий или продающий пергамент.

pergamino. [м.] пергамент, пергамен; [множ.] (ист.) дворянские грамоты.

pergeniar. [перех.] постигать в совершенстве.

pergenio. [м.] см. pergeño.

pergeñar. [перех.] (разг.) искусно делать; см. pergeniar.

pergeño. [м.] (разг.) внешний вид, внешность; осанка.

pérgola. [ж.] галерея, навес, терраса из ползучих растений.

perhidrol. [м.] пергидроль.

peri. [ж.] (миф.) пери.

peri-. [приставка, обозначающая] вокруг, кругом, около, со всех сторон.

periadenitis. [ж.] (пат.) периаденит, воспаление ткани вокруг желез.

perialienitis. [ж.] (пат.) воспаление в окружности инородного тела.

periambo. [м.] см. pirriquio.

perianal. [прил.] (анат.) лежащий вокруг заднего прохода.

periangiocolitis. [ж.] (пат.) воспаление в окружности желчных путей.

periantio. [м.] (бот.) цветочный покров, околоцветник.

periaortitis. [ж.] (пат.) воспаление вокруг аорты.

periarteritis. [ж.] (пат.) периартериит.

periartritis. [ж.] (пат.) воспаление ткани вокруг сустава.

periblema. [м.] (бот.) периблема.

periblepsia. [ж.] (мед.) испуганный взгляд, озирание.

períbolo. [м.] ограда около храмов; пространство между зданием и оградой.

peribronquial. [прил.] (мед.) лежащий вокруг бронхов.

peribronquitis. [ж.] (пат.) перибронхит.

pericárdico, ca. [прил.] (анат.) относящийся к перикарду.

pericardio. [м.] (анат.) перикард(ий), околосердечная сумка.

pericardiorrafía. [ж.] (хир.) зашивание перикарда.

pericardiotomía. [ж.] (хир.) разрез сердечной сумки для удаления жидкости (гноя).

pericarditis. [ж.] (мед.) перикардит, воспаление околосердечной сумки.

pericarpio. [м.] (бот.) перикарпий, околоплодник.

pericementitis. [ж.] (пат.) воспаление оболочки корня зуба.

pericentro. [м.] (аст.) перицентр.

pericia. [ж.] опыт, опытность; знание; способность, ловкость.

pericial. [прил.] знающий, сведущий; авторитетный.

pericialmente. [нареч.] по заключению экспертов.

periciclo. [м.] (бот.) перицикл.

periclitado, da. [прил.] см. experimentado, находящийся в опасности.

perico. [м.] попугайчик; (перен.) большой веер; большая спаржа.

pericolitis. [ж.] (пат.) воспаление брюшины и соединительной ткани вокруг толстой кишки (после колита).

pericón. [м.] упряжная лошадь (годная для всех мест); большой веер; (карт.) козырь; набитый дурак, простофиля; аргентинский танец с песней.

pericondrio. [м.] (анат.) надхрящевая плева.

pericote. [м.] (Амер.) полевая крыса.

pericráneo. [м.] (анат.) наружная надкостница черепа.

pericranitis. [ж.] (пат.) воспаление надкостницы черепа.

peridermo. [м.] (бот.) перидерма.

peridio. [м.] (бот.) перидий.

peridotita. [ж.] (геол.) перидотит.

peridoto. [м.] (мин.) оливин, перидот.
perídromo. [м.] (арх.) галлерея вокруг здания.
periégesis. [ж.] географическое описание; рассказ путешественника.
periencefalitis. [ж.] (пат.) воспаление коры мозга, обычно с менингитом.
periferia. [ж.] периферия, окружность.
periférico, ca. [прил.] периферический.
periflebitis. [ж.] (пат.) воспаление наружной оболочки вен.
perifollo. [м.] (бот.) кервель (растение семейства зонтичных); [множ.] безвкусные украшения.
perifonear. [перех.] передавать по радио.
perifonía. [ж.] радиопередача, радиовещание.
perifrasear. [неперех.] перифразировать; говорить перифразами, пространно выражаться.
perifraseo. [м.] перифразировка.
perifrasi(s). [ж.] (рит.) перифраз(а).
perifrástico, ca. [прил.] перифрастический, изобилующий перифразами; (грам.) описательный.
perigallo. [м.] кожа, свисающая с шеи; (перен. разг.) худой высокий человек, дылда, верзила; сорт пращи.
perigastritis. [ж.] (пат.) воспаление желудочной брюшины.
perigear. [неперех.] (астр.) находиться в перигее.
perigeo. [м.] (астр.) перигей.
perigino, na. [прил.] (бот.) околопестичный.
periglacial. [прил.] (геол.) перигляциальный.
perigonio. [м.] (бот.) перигоний.
perihélico, ca. [прил.] (астр.) относящийся к перигелию.
perihelio. [м.] (астр.) перигелий.
perihepatitis. [ж.] (пат.) воспаление серозного покрова печени.
perilinfa. [ж.] (анат.) серозная жидкость.
perilustre. [прил.] знаменитейший; светлейший.
perilla. [ж.] украшение в виде груши; остроконечная бородка, эспаньолка; шишка на луке седла: * de perilla(s), (разг.) кстати, во-время.
perillán, na. [м. и ж.] (разг.) плут, (-овка) мошенник, (-ица), шельма.
perillo. [м.] сорт сладкой булки.
perimeningitis. [ж.] (пат.) перименингит.
perimetría. [ж.] периметрия.
perimétrico, ca. [прил.] периметрический.
perimetrio. [м.] (анат.) брюшинный покров матки.
perimetritis. [ж.] (пат.) воспаление брюшинного покрова матки.
perímetro. [м.] (геом.) периметр; контур; (мед.) прибор для определения поля зрения.
perímetrosalpingitis. [ж.] (пат.) воспаление брюшинного покрова матки и фаллопиевой трубы.
perimielitis. [ж.] (пат.) воспаление оболочки спинного мозга.
perimisio. [м.] (анат.) соединительнотканная оболочка мышцы.
perimisitis. [ж.] (пат.) воспаление перимизия.
perínclito, ta. [прил.] большой, великий, знаменитый, героический.
perineal. [прил.] (анат.) промежностный.
perineo. [м.] (анат.) перинéй, промежность.
perineorrafia. [ж.] (хир.) сшивание промежности.
perineotomía. [ж.] (хир.) вскрытие со стороны промежности.
perineumonía. [ж.] (пат.) воспаление периферии лёгких.

perineumónico, ca. [прил.] (пат.) касающийся до воспаления лёгких.
perineuro. [м.] (анат.) соединительнотканная оболочка нерва.
periníctida. [ж.] (мед.) ночная сыпь, пропадающая днем.
perinola. [ж.] юла, волчок; украшение в виде груши; (перен. разг.) маленькая подвижная женщина.
perinquina. [ж.] см. inquina.
perinquinosamente. [нареч.] резко, сурово; назойливо.
perinquinosidad. [ж.] назойливость; суровость, жёсткость; раздражение.
perinquinoso, sa. [прил.] назойливый, несносный.
períoca. [ж.] резюме, краткое изложение (книги).
periódicamente. [нареч.] периодически.
periodicidad. [ж.] периодичность, повторяемость.
periódico, ca. [прил.] периодический; [м.] газета, журнал, периодическое издание.
periodicucho. [м.] (презр.) газетёнка.
periodinia. [ж.] (пат.) сильная местная боль.
periodismo. [м.] журналистика, газетное дело; пресса; профессия журналиста.
periodista. [м. и ж.] журналист, (разг.) газетчик; издатель газеты.
periodístico, ca. [прил.] газетный; журнальный; журналистский.
período. [м.] (в разн. знач.) период; эпоха; пора; (аст.) обращение; месячные, менструация.
periodontitis. [ж.] (мед.) воспаление надкостницы, периодонтит.
periórbita. [ж.] (анат.) надкостница глазной впадины.
periorquitis. [ж.] (пат.) воспаление ткани вокруг яичка.
perióstico, ca. [прил.] (анат.) надкостничный.
periostio. [м.] (анат.) надкостница, периост.
periostiosis. [ж.] (пат.) корковое утолщение кости.
periostitis. [ж.] (пат.) периостит, воспаление надкостницы.
peripaquimeningitis. [ж.] (пат.) воспаление твёрдой мозговой оболочки.
peripatéticamente. [нареч.] перипатетически и т. д.
peripatético, ca. [прил.] перипатетический, аристотелевский; (перен. разг.) нелепый, смешной; [м.] перипатетик.
peripatetismo. [м.] перипатетизм (философия Аристотеля).
peripato. [м.] см. peripatetismo; (соб.) перипатетики.
peripecia. [ж.] перипетия, превратность судьбы, неожиданная перемена.
periplasma. [м.] (бот.) периплазма.
periplo. [м.] кругосветное плавание; плавание вокруг материка; описание кругосветного плавания.
periploca. [ж.] (бот.) обвойник (греческий).
periproctitis. [ж.] (пат.) воспаление ткани вокруг прямой кишки.
periprostatitis. [ж.] (пат.) воспаление ткани вокруг предстательной железы.
peripsema. [м.] см. basura.
períptero. [прил.] (арх.) окружённый столбами; [м.] периптер.
peripuesto, ta. [прил.] (разг.) вылощенный, разодетый.
periquear. [неперех.]: * andar periqueando, позволять себе слишком большую свободу (о женщине).
periquete. [м.] мгновение, миг: * en un periquete, мгновенно, в один миг.
periquillo. [м.] сорт пряника; парик.
periquín. [м.] (обл.) народный танец.

periquito. [м.] попугай: * periquito entre ellas, любитель женского общества.
perirrenal. [прил.] (мед.) околопочечный.
perisalpingitis. [ж.] (пат.) воспаление брюшинного покрова фаллопиевых труб.
periscios. [прил.] обитатели полярных стран.
periscópico, ca. [прил.] перископический.
periscopio. [м.] перископ.
perisístole. [ж.] (физиол.) промежуток между сокращением и расширением сердца.
perisodáctilos. [множ.] (зоол.) непарнокопытные.
perisología. [ж.] (рит.) многословие, излишество в речах.
perispérmico, ca. [прил.] относящийся к перисперму.
perispermo. [м.] (бот.) перисперм.
perisplenitis. [ж.] (пат.) воспаление ткани, окружающей селезенку.
perisporio. [м.] (бот.) периспорий.
perista. [м.] (арг.) тот, кто покупает краденые вещи.
peristáltico, ca. [прил.] (физиол.) перистальтический.
peristalsis. [ж.] (физиол.) перистальтика.
per ístam. [лат. выраж.] не имея никокого представления о чём-л.
perístasis. [ж.] (рит.) сюжет, тема.
peristilo. [м.] (арх.) перистиль.
perístole. [ж.] (физиол.) червеобразное движение кишок.
peritación. [ж.] деятельность эксперта.
peritaje. [м.] экспертиза; жалованье эксперта; среднее техническое образование.
peritamente. [нареч.] умело, ловко.
peritazgo. [м.] см. peritaje.
peritecio. [м.] (бот.) перитеций.
peritiflitis. [ж.] (пат.) перитифлит.
perito, ta. [прил.] знающий, опытный, сведущий, искусный, практичный, учёный; [м.] знаток; эксперт; техник.
peritomía. [ж.] разрез конъюнктивы вокруг роговицы.
peritoneal. [прил.] (анат.) брюшинный.
peritoneo. [м.] (анат.) брюшина.
peritonismo. [м.] (пат.) признаки раздражения брюшины.
peritonitis. [ж.] (пат.) перитонит, воспаление брюшины.
peritriquia. [ж.] бактерии с ресничками по всему телу.
periuretral. [прил.] (мед.) окружающий мочеиспускательный канал.
perivasculitis. [ж.] (пат.) воспаление внешней оболочки артерий.
per jocum. [лат. выраж.] в шутку, шутя.
perjudicador, ra. [прил. и сущ.] наносящий вред, убыток.
perjudicante. [дейст. прич.] к perjudicar.
perjudicar. [перех.] вредить, наносить вред, убыток; повреждать.
perjudicial. [прил.] вредный, опасный.
perjudicialmente. [нареч.] вредно.
perjuicio. [м.] вред, убыток, ущерб: * en perjuicio, во вред, в ущерб, в убыток; * sin perjuicio de, не исключая; даже если.
perjurador, ra. [прил. и сущ.] см. perjuro.
perjuramente. [нареч.] с ложной клятвой.
perjurar. [перех.] приносить ложную клятву; клясться на каждом шагу; perjurarse, [возв. гл.] нарушать клятву.
perjurio. [м.] ложная клятва, (книж.) клятвопреступление.

perjuro, ra. [прил.] клятвопреступный; [м. и ж.] клятвопреступник, (-ница); [м.] (м. употр.) клятвопреступление.
perla. [ж.] жемчужина, перл (уст.); лучшее, отборное, сокровище; (тип.) перловый шрифт: * de perlas, превосходно.
perlado, da. [прил.] жемчужный, жемчужного цвета: * cebada perlada, перловая крупа.
perlático, ca. [прил.] расслабленный.
perlería. [ж.] жемчуга.
perlero, ra. [прил.] жемчужный: * ostra perlera, жемчужница.
perlesía. [ж.] см. parálisis: расслабленность.
perlético, ca. [прил.] см. perlático.
perlezuela. [ж., умен.] к perla, жемчужинка.
perlificar. [перех.] украшать жемчужинами.
perlino, na. [прил.] жемчужный, жемчужного цвета.
perlita. [ж.] (геол.) перлит.
perloideo, a. [прил.] жемчужный, имеющий форму жемчужины.
perlongar. [неперех.] (мор.) плыть вдоль берега.
permanecedero, ra. [прил.[см. estable.
permanecer. [неперех.] оставаться без изменения; оставаться, быть; пребывать, проживать; [непр. гл.] спрягается как agradecer.
permaneciente. [действ. прич.] к permanecer; [прил.] постоянный, непрерывный, бессменный, перманентный.
permanencia. [ж.] непрерывность, перманентность; постоянство, неизменяемость; пребывание.
permanente. [прил.] постоянный, непрерывный, бессменный, перманентный; [ж.] перманент (завивка).
permanentemente. [нареч.] постоянно, непрерывно, перманентно; безотлучно.
permanganato. [м.] (хим.) перманганат: permanganato potásico, марганцово-калиевая соль.
permansión. [ж.] см. permanencia.
permeabilidad. [ж.] проницаемость, проходимость.
permeable. [прил.] проницаемый.
permeámetro. [м.] пермеаметр.
permiano, na, pérmico, ca. [прил.] (геол.) пермский.
permisible. [прил.] позволительный, допустимый.
permisión. [ж.] позволение, разрешение; (рит.) уступление (фигура).
permisivamente. [нареч.] с разрешением.
permisivo, va. [прил.] позволяющий, разрешающий.
permiso. [м.] позволение, разрешение; (воен.) увольнение, отпуск: * con permiso de usted, с вашего разрешения.
permisor, ra. [прил.] см. permitidor.
permistión. [ж.] смешение.
permitente. [действ прич.] к permitir.
permitidero, ra. [прил.] позволительный, допустимый.
permitidor, ra. [прил.] позволяющий, разрешающий.
permitir. [перех.] позволять, дозволять, (уст.); разрешать; терпеть, допускать; давать возможность; permitirse, [возв. гл.] разрешать себе, позволять себе.
permuta. [ж.] замена; обмен.
permutabilidad. [ж.] заменяемость.
permutable. [прил.] годный для обмена, обмениваемый, заменяемый.

permutación. [ж.] мена, обмен; перемещение (по службе); (мат.) пермутация, перестановка.
permutar. [перех.] менять, обменивать, заменять; перестанавливать, перемещать; (юр.) обменять (одно долговое обязательство на другое).
perna. [ж.] (зоол.) род моллюска.
pernada. [ж.] движение или удар ногой; (мор.) лапа: * derecho de pernada, (ист.) право первой ночи.
pernaza. [ж. увелич.] ножища.
perneador, ra. [прил.] хорошо ходящий.
pernear. [неперех.] сильно дёргать ногами; (перен.) хлопотать о...; суетиться; выходить из себя; (разг.) обивать пороги.
pernera. [ж.] штанина.
pernería. [ж.] (мор.) запас болтов.
perneta. [ж.] ножка: * en pernetas, с голыми ногами.
pernete. [м.] небольшой болт.
perniabierto, ta. [прил.] кривоногий.
perniabrir. [перех.] расставить ноги.
perniciosamente. [нареч.] гибельно, вредно, опасно.
perniciosidad. [ж.] гибельность, вредность; пагубность; злокачественность.
pernicorto, ta. [прил.] коротконогий.
pernicho. [м.] (арг.) см. postigo.
pernigón. [м.] сорт засахаренной сливы.
pernil. [м.] ляжка, задняя нога; свиной окорок; см. pernera.
pernilargo, ga. [прил.] длинноногий.
pernio. [м.] дверная или оконная петля; (мед.) см. sabañón.
perniquebrar. [перех.] сломать ногу; [непр. гл.] спрягается как acertar.
pernituerto, ta. [прил.] кривоногий, колченогий.
perno. [м.] болт; (Амер.) (разг.) мошенничество.
pernoctación. [ж.] ночёвка.
pernoctador, ra. [прил.] ночующий где-л вне дома (тж. сущ.).
pernoctar. [неперех.] (пере)ночевать где-л вне дома.
pernochar. [неперех.] (уст.) см. pernoctar.
pernotar. [перех.] отмечать или записывать внимательно.
pero. [м.] красное и сладкое яблоко (тж. дерево): * ese pero no está maduro, ещё не время.
pero. [союз] но, а, только, однако, тем не менее, да; [м.] дефект, изъян, недостаток; трудность: * no hay pero que valga, никаких отговорок.
perogrullada. [ж.] (разг.) прописная истина, азбучная истина, общеизвестная истина.
perogrullear. [перех.] болтать глупости.
perogrullesco, ca. [прил.] относящийся к perogrullada.
Perogrullo. имя собст.: * verdad de Perogrullo, см. perogrullada.
perojimén(ez). [м.] см. pedrojiménez.
perojo. [м.] (обл.) скороспелый сорт груш.
perol. [м.] таз для варки варенья.
perolero. [м.] тот, кто изготовляет или продаёт тазы для варки варенья и т. д.
peroné. [м.] (анат.) малая берцовая кость, малоберцовая кость.
peroneal, peroneo, a. [прил.] (анат.) малоберцовый.
peronosporáceos. [м. множ.] (бот.) пероноспоровые грибы (ядерные грибы).
peróptero, ra. [прил.] (зоол.) бесперый.
peroración. [ж.] действ. к perorar; разглагольствование; заключительная часть речи.
perorador, ra. [прил.] произносящий речь; разглагольствующий; настоятельно умоляющий; [м. и ж.] краснобай, болтун, -ья.

peroral. [прил.] (мед.) применяемый через рот.
perorar. [неперех.] произносить речь; (разг.) разглагольствовать; настоятельно просить, умолять.
perorata. [ж.] скучная или несвоевременная речь.
peroxidado, da. [прил.] (хим.) перекисленный.
peroxidar. [перех.] (хим.) насыщать кислородом.
peróxido. [м.] (хим.) перекись: * peróxido de manganeso, бурый марганец.
perpalo. [м.] рычаг.
perpejana. [ж.] старинная медная монета.
perpendicular. [прил.] перпендикулярный, отвесный, вертикальный; [ж.] перпендикуляр, перпендикулярная линия.
perpendicularidad. [ж.] перпендикулярность.
perpendicularmente. [нареч.] перпендикулярно, отвесно, вертикально.
perpendículo. [м.] см. plomada; высота треугольника; маятник.
perpetración. [ж.] совершение (преступления).
perpetrador, ra. [прил. у сущ.] совершающий преступление.
perpetrar. [перех.] совершать преступление.
perpetua. [ж.] (бот.) бессмертник, иммортель.
perpetuación. [ж.] увековечение.
perpetuar. [перех.] увековечивать; делать вечным, длительным.
perpetuamente. [нареч.] вечно, постоянно.
perpetuán. [м.] см. sempiterna.
perpetuidad. [ж.] вечность, бесконечность.
perpetuo, a. [прил.] вечный, постоянный, бесконечный, непременный, пожизненный: * secretario perpetuo, непременный секретарь; * cadena perpetua, пожизненное заключение.
perplejamente. [нареч.] с недоумением, в недоумении.
perplejidad. [ж.] озадаченность, растерянность, смущение, замешательство; нерешительность.
perplejo, ja. [прил.] озадаченный, растерянный, смущённый; нерешительный.
perpulidura. [ж.] perpulimiento. [м.] полировка; обработка.
perpulir. [перех.] полировать; обрабатывать.
perpunte. [м.] защитная жакетка (при фехтовании); пасквиль.
perquiriente. [прил. и сущ.] разыскивающий.
perquirir. [перех.] разыскивать.
perquisidor, ra. [прил. и сущ.] разыскивающий.
perra. [ж.] сука; (разг.) опьянение, хмель; капризы ребёнка: * perra chica, пять сантимов; * perra gorda, десять сантимов; * ¡para ti la perra gorda!; (разг.) твоя взяла!; * soltar la perra, делить шкуру неубитого медведя; * la perra le parirá lechones, (разг.) ему везёт.
perrada. [ж.] свора; низкий поступок, гадость, мерзость, низость: * hacer una perrada, сыграть злую шутку.
perramente. [нареч.] очень плохо.
perranga. [ж.] (обл.) см. berrinche.
perrengue. [м.] (разг.) сварливый человек; негр.
perrera. [ж.] конура, собачья будка, псарня; (ж.-д.) отделение для собак (в вагонах); тяжёлая работа; (разг.) плохой плательщик; капризы ребёнка; (Амер.) ссора, спор.
perrería. [ж.] свора, стая собак; банда

(перен.) вспышка гнева, досады; низкий поступок, гадость, мерзость, низость.
perrero. [м.] церковный сторож; псарь; собачник; (Амер.) см. látigo.
perreta. [ж.] (Амер.) см. rabieta.
perrezno. [м.] собачка, щенок.
perrillo. [м.] собачка; курок, собачка (ружья); * perrillo dogo, моська, мопс; * perrillo de aguas, спаниель (собака); * perrillo faldero, болонка; * perrillo de todas bodas, любитель даровых развлечений.
perro. [м.] собака, пёс; (перен.) настойчивый человек; обман (в торговле): * perro de aguas, или de lanas, спаниель; * perro de ojeo, гончая собака; * perro de presa, дог; * perro galgo, борзая; * perro mastín, овчарка; * perro lobo, немецкая овчарка; * perro perdiguero, podenco, de muestra, sabueso, легавая; * perro Terranova, ньюфаундленд; * perro samoyedo, лайка; * perro ratonero, крысоловка; * perro faldero, болонка; * perro de policía, ищейка, полицейская собака; * perro estafeta, (воен.) посыльная собака; * perro ganadero, pastoral, овчарка; * perro marino, небольшая акула (одна из разновидностей); * perro sarnoso, (перен.) паршивая овца; * perro viejo, бывалый человек, стреляный воробей, старый волк; * perro sentado, такса; * perro chico, пять сантимов; * como perros y gatos, как кошка с собакой; * el perro del hortelano, собака на сене; * perro que ladra no muerde, не бойся собаки брехливой, бойся молчаливой; * vida de perros, собачья жизнь; * muerto el perro se acabó la rabia, околевший пёс не укусит; * a otro perro con ese hueso; расскажите это кому-л (другому); * a perro flaco todo son pulgas, где тонко, там и рвётся; * ponerse como un perro, hecho un perro, вспылить; * darse a perros, взбеситься, выходить из себя.
perro, rra. [прил.] отвратительный; собачий.
perrona. [ж.] (обл.) десять сантимов.
perruna. [ж.] хлеб для собак.
perruno, na. [прил.] собачий.
perruña. [ж.] (обл.) зловоние, смрад.
perruzo, za. [м. и ж.] злодей, злодейка; негодяй, негодяйка.
persa. [прил.] персидский; [м. и ж.] перс, персианка; [м.] персидский язык.
persecución. [ж.] преследование, погоня, гонение, травля; приставание, надоедание.
persecutorio, ria. [прил.] преследующий, надоедливый: * manía persecutoria, мания преследования.
Perséfone. (миф.) Персефона.
perseguidor, ra. [прил.] преследующий; [м. и ж.] преследователь, -ица; гонитель, -ница.
perseguimiento. [м.] см. persecución.
perseguir. [перех.] преследовать, гнать, гнаться за; подвергать гонениям; преследовать, добиваться; надоедать; надоедать просьбами; мучить, терзать.
Perseo. (миф. астр.) Персей.
perseverancia. [ж.] настойчивость, упорство, настоятельность, постоянство; твёрдость.
perseverante. [прил.] настойчивый, настоятельный, упорный, постоянный; твёрдый.
perseverantemente. [нареч.] упорно, настойчиво.
perseverar. [неперех.] быть настойчивым; настойчиво придерживаться чего-л; упорствовать; вечно продолжаться, долго длиться.
persiana. [ж.] шёлковая ткань в цветах; штора от солнца; жалюзи.

persiano, na. [прил. и сущ.] см. persa.
persicaria. [ж.] (бот.) почечуйная трава, почечуйный горец.
pérsico, ca. [прил.] персидский; [м.] персик, персиковое дерево; персик (плод).
persignar. [перех.] подписывать, поставить свою подпись; скреплять подписью; см. persignarse; persignarse, [возв. гл.] осениться крестом, крестным знамением, перекреститься; сделать почин.
pérsigo. [м.] (бот.) см. pérsico.
persistencia. [ж.] стойкость, твёрдость, настойчивость, упорство; постоянство; продолжительность.
persistente. [прил.] настойчивый, упорный, стойкий, твёрдый; постоянный; (бот.) неопадающий, постоянный.
persistentemente. [нареч.] настойчиво; постоянно.
persistir. [неперех.] упорствовать настаивать на, быть настойчивым, упорным, долго продолжаться, длиться, затянуться.
persona. [ж.] человек, лицо, особа, личность; важная особа, важное лицо; выдающийся человек; действующее лицо, персонаж; некто, некий; кто-то; (грам.) лицо; * en persona, por su persona, лично, сам, сама; * de persona a persona, с глазу на глаз.
personada. [прил.] (бот.) личинковый.
personaje. [м.] знаменитое лицо, знаменитая особа, важная особа, заметная личность; действующее лицо, персонаж.
personal. [прил.] личный, индивидуальный; собственный; [м.] личный состав, штат, персонал.
personalidad. [ж.] личность; индивидуальность, своеобразие; личный характер (замечаний); склонность или неприязнь к кому-л; (непр.) важная особа, выдающаяся личность, деятель.
personalismo. [м.] себялюбие, эгоизм; сатира, обида.
personalizar. [перех.] говорить личности; (грам.) употреблять безличные глаголы как личные.
personalmente. [нареч.] лично.
personarse. [возв. гл.] являться лично; видаться, встречаться.
personería. [ж.] обязанность поверенного.
personero. [м.] поверенный, уполномоченный.
personificación. [ж.] персонификация, олицетворение, воплощение; прозопопея, олицетворение.
personificar. [перех.] персонифицировать, олицетворять, воплощать, олицетворять собой.
personilla. [ж.] уменьш. к persona; презрительная особа.
personudo, da. [прил.] дородный, тучный.
perspectiva. [ж.] перспектива; (перен.) обманчивая внешность: * en perspectiva, в перспективе, вдали; в будущем; * perspectiva lineal, линейная, чертёжная перспектива.
perspectivo, va. [м. и ж.] тот, кто занимается перспективой.
perspicacia. [ж.] проницательность, дальновидность; острота зрения.
perspicaz. [прил.] острый (о зрении); (перен.) проницательный, дальновидный.
perspicazmente. [нареч.] проницательно.
perspicuamente. [нареч.] ясно, понятно.
perspicuidad. [ж.] ясность, понятность.
perspicuo, cua. [прил.] ясный, понятный.
perspiración. [ж.] перспирация, испарина.
perspirar. [перех.] испаряться через кожу.
perstricción. [ж.] (хир.) (уст.) остановка кровотечения (посредством лигатуры).

persuadidor, ra. [прил. и сущ.] убеждающий, уговаривающий.
persuadir. [перех.] убеждать, уговаривать.
persuasible. [прил.] убедительный, правдоподобный, поддающийся убеждениям.
persuasión. [ж.] убеждение; убедительность; убеждённость, уверенность.
persuasiva. [ж.] способность или умение убеждать, уговаривнть.
persuasivo, va. [прил.] убедительный.
persuasor, ra. [прил.] убеждающий (тже. сущ.).
persulfato. [м.] (хим.) персульфат.
pertenecer. [неперех.] принадлежать, относиться к чему-л; лежать на обязанности кого-л, возлагаться на.
pertenecido. [м.] см. pertenencia.
perteneciente. [действ. прич.] к pertenecer, принадлежащий, относящийся к чему-л.
pertenencia. [ж.] принадлежность, отношение к чему-л; собственность; право собственности; угодия; службы.
perterebrante. [прил.] сверлящий (о боли).
pértica. [ж.] мера земли, равная 2,57 м.
pértiga. [ж.] pertigal. [м.] шест, жердь.
pértigo. [м.] дышло.
pertiguear. [перех.] сбивать палкой с дерева плоды.
pertiguería. [ж.] обязанность жезлоносца (в церквах).
pertiguero. [м.] жезлоносец (в церквах).
pertinacia. [ж.] упрямство; упорство.
pertinaz. [прил.] упрямый, упорный; (перен.) продолжающийся, длящийся.
pertinencia. [ж.] правильность, существенность, уместность; соответствие.
pertinente. [прил.] относящийся, принадлежащий к чему-л; соответственный, надлежащий, подходящий, уместный.
pertinentemente. [нареч.] надлежащим образом, кстати, вовремя.
pertrechamiento. [м.] оснащённость.
pertrechar. [перех.] снабжать, наделять чем-л; вооружать; (мор.) оснащать, оборудовать.
pertrechos. [м. множ.] (воен.) боеприпасы; продовольствие; вещевое довольствие; оборудование, снаряжение.
perturbación. [ж.] беспорядок; смятение; (астр.) пертурбация; * perturbación de la aguja magnética, внезапное отклонение магнитной стрелки.
perturbadamente. [нареч.] беспорядочно.
perturbador, ra. [прил.] нарушающий (порядок и т. д.); [м. и ж.] нарушитель, -ница (порядка), возмутитель, -ница, смутьян, -ка.
perturbar. [перех.] нарушать (порядок и т. д.); волновать; прерывать (речь и т. д.).
Perú. [м.] * valer un Perú, цениться на вес золота.
peruanismo. [м.] оборот речи и манера говорить, свойственные перуанцам.
peruano, na. [прил.] перуанский; [м. и ж.] перуанец, -ка.
peruétano. [м.] дикая груша (дерево и плод); острый конец.
perulero, ra. [прил. и сущ.] см. peruano; [м.] богатый перуанец; глиняный кувшин.
peruviano, na. [прил. и сущ.] см. peruano.
perversamente. [нареч.] злобно, развратно.
perversidad. [ж.] испорченность; развращённость, порочность.
perversión. [ж.] разврат; развращение; растление.
perverso, sa. [прил.] развратный, испорченный, порочный, извращённый; злой, злобный; злостный; [м. и ж.] развратник, -ица.

pervertible. [прил.] склонный к разврату.
pervertidor, ra. [прил.] развращающий; [м. и ж.] развратитель, -ница, обольститель, -ница, соблазнитель, -ница; растлитель.
pervertimiento. [м.] нарушение порядка; обольщение, совращение.
pervertir. [перех.] нарушать порядок; обольщать, совращать; развращать; **pervertirse.** [возв. гл.] развращаться.
pervigilio. [м.] бессонница; бдение.
pervio, via. [прил.] проницаемый; пропускающий влагу и т. д.
pervivir. [неперех.] вечно жить, существовать.
pervulgar. [перех.] разглашать; опубликовывать, обнародовать.
pesa. [ж.] гиря (весов, часов); (Амер.) торговля мясом; мясная лавка; * como, conforme, или según caigan, или cayeron las pesas, по ходу обстоятельств.
pesaácidos. [м.] ацидиметр.
pesabebés. [м.] детские весы.
pesacartas. [м.] весы для писем, для взвешивания почтовых отправлений.
pesada. [ж.] количество взвешиваемого (разом).
pesadamente. [нареч] тяжело, грузно, тяжеловесно; неохотно, с сожалением; слишком медленно; серьёзно.
pesadez. [ж.] увесистость, тяжесть; см. **pesantez;** (разг.) тучность, чрезмерная полнота, ожирение; назойливость; дурнота; (разг.) крайняя усталость, тяжесть во всём теле: * pesadez de cabeza, тяжесть головы.
pesadilla. [ж.] кошмар, страшный сон; (перен.) озабоченность (тяжёлая), навязчивая идея.
pesado, da. [прил.] тяжёлый, тяжеловесный, грузный, увесистый; тучный, толстый; страдающий ожирением; тяжёлый (о сне); тяжкий, тяжелый; тяжёлый, спёртый (о воздухе); сильный, нестерпимый; докучливый несносный, навязчивый, нудный; оскорбительный; медлительный, ленивый: * hacer pesado, утяжелять; * broma pesada, грубая шутка; * agua pesada, (хим.) тяжёлая вода.
pesador, ra. [прил.] взвешивающий; [м. и ж.] весовщик, -ица; (Амер.) мясоторговец.
pesadumbre. [ж.] тяжесть; оскорбление, обида; (перен.) тяжесть, тяжёлое чувство; причина скорби и т. д.; распря, спор.
pesaje. [м.] взвешивание.
pesaleches. [м.] лактометр.
pesalicores. [м.] сорт ареометра.
pésame. [м.] сожаление, выражение сочувствия: * dar el pésame, выразить кому-л сожаление о смерти кого-л.
pesamedello. [м.] старинный испанский танец (XVI, XVII).
pesante. [дейст. прич.] к **pesar;** [прил.] см. **pesaroso;** мера веса, равная ½ г.; * pesante de oro, старинная золотая монета.
pesantez. [ж.] (физ.) сила тяготения.
pesar. [м.] сожаление; раскаяние; невзгода, несчастье; печаль, огорчение, горе; болезненное ощущение; неприятное чувство: * con pesar, неохотно, нехотя; * a pesar de, несмотря на; понеколь; * a pesar de todo, несмотря ни на что; * a pesar mío, к моему сожалению; * a pesar de toda su riqueza, как он ни богат.
pesar. [неперех.] весить, иметь (известный) вес; иметь значительный вес; (перен.) (со)жалеть о том, что; раскаиваться; иметь вес, значение; [перех.] взвешивать; (перен.) взвешивать, обдумывать: * me pesa no haber hecho eso, жалею, что я не сделал этого; * pese a, a pesar de, несмотря на..., вопреки; * pese a quien pese, вопреки всем препятствиям.
pesario. [м.] пессарий, маточное кольцо для поднятия и поддержания опущенного влагалища или матки.
pesaroso, sa. [прил.] расстроенный, огорчённый; раскаявшийся; (со)жалеющий о чём-л.
pesca. [ж.] рыболовство; рыбная ловля; улов рыбы: * pesca de altura, траловый лов рыбы; * brava, buena или linda pesca, ловкач; человек с плохими привычками.
pescada. [ж.] см. **merluza,** вяленая рыба; (арг.) отмычка: * pescada en rollo o fresca, см. **merluza.**
pescadería. [ж.] рыбная лавка; рыбный рынок.
pescadero, ra. [м. и ж.] рыботорговец, торговец, -ка рыбой.
pescadilla. [ж.] маленький мерлан (рыба).
pescado. [м.] рыба (пойманная); рыбное блюдо; треска.
pescador, ra. [прил.] занимающийся ловлею рыбы, [м. и ж.] рыбак, -чка, рыболов; см. **pejesapo.**
pescante. [м.] козлы (экипажа); кабина шофёра; (театр.) люк; (мор.) шлюпбалка.
pescantina. [ж.] (обл.) продавщица рыбы.
pescar. [перех.] ловить, удить рыбу; (перен. разг.) поймать, схватить; достигать (хитростью и т. д.); уличать; подцепить (болезнь); вытаскивать (из воды): * pescar en río revuelto, ловить рыбу в мутной воде; * no sabe lo que se pesca, ничего не смыслит (в каком-л деле); * pescar con caña, удить.
pescozada. [ж.] **pescozón.** [м.] подзатыльник.
pescozudo, da. [прил.] толстошеий.
pescuda. [ж.] вопрос.
pescudar. [перех.] спрашивать.
pescuezo. [м.] затылок; шея; горло; надменность, высокомерие, гордость, спесь: * andar al pescuezo, драться; * torcer a uno el pescuezo, свернуть шею; * agarrar por el pescuezo, схватить за горло; * torcer el pescuezo a uno, умирать; * apretar uno al estirar a uno el pescuezo, повесить кого-л.
pescuño. [м.] (с.-х.) клин.
pesebre. [м.] ясли, кормушка.
pesebrejo. [м.] уменьш. к **pesebre;** зубная лунка (у лошади).
pesebrera. [ж.] ряд яслей.
peseta. [ж.] песета (испанская монета); (Амер.) тупица: * cambiar la peseta, тошнить, рвать.
pésete. [м.] беда вам!
pesgua. [ж.] (Амер.) вид земляничного дерева.
pesiar. [неперех.] ругаться.
pesillo. [м.] уменьш. к **peso;** чувствительные весы для монет.
pésimamente. [нареч.] очень плохо.
pesimismo. [м.] пессимизм.
pesimista. [прил.] пессимистический; [м. и ж.] пессимист, -ка.
pésimo, ma. прев. степ. к **malo,** наихудший.
peso. [м.] вес, тяжесть, груз; (физ.) тяжести; бремя, ноша; весы; гиря; старинная монета в Испании; современная монета в странах иберийской Америки; важность, значительность, значение; (спорт.) ядро: * peso específico, удельный вес; * peso atómico, атомный вес; * peso bruto, вес брутто; * peso neto, вес нетто; * peso térmico, (физ.) энтропия; * peso gallo, вес петуха, легчайший вес; * peso pluma, вес пера, полулёгкий вес; * a peso de dinero, oro или plata, на вес золота; * de su precio, естественно; * de peso, веский, весомый; * persona de peso, человек с весом; рассудительный человек; * al peso, по весу; * tomar a peso, взвешивать на руке, прикинуть вес на руке; * en peso, целиком; * no valer a peso de oveja, ломаного гроша не стоить; * de su (propio) peso, само по себе; * el peso de los años, бремя лет.
pésol. [м.] см. **guisante.**
pesón. [м.] пружинный безмен.
pespuntar. [перех.] стегать, строчить.
pespunte. [м.] стёжка, строчка.
pespuntear. [перех.] см. **pespuntar.**
pesquera. [ж.] тоня, место ловли рыбы, ловля; (обл.) плотина, запруда.
pesquería. [ж.] рыболовство, рыбная ловля; тоня, место ловли рыбы, ловля.
pesquero, ra. [прил.] рыболовный (о судне): * barco pesquero, рыболовное судно.
pesquis. [м.] (разг.) проницательность; острота.
pesquisa. [ж.] расследование; разыскивание, разузнавание; (уст.) свидетель; (Амер.) полицейский.
pesquisante. [дейст. прич.] к **pesquisar.**
pesquisar. [перех.] производить расследование; расследовать; разыскивать, разузнавать; обыскивать.
pesquisición. [ж.] см. **pesquisa.**
pesquisidor, ra. [прил. и сущ.] расследующий; [м.] (уст.) следователь.
pestaña. [ж.] ресница; бахрома; кант, выпушка; [множ.] (бот.) волоски: * pestañas vibrátiles, мерцательные реснички.
pestañeada. [ж.] мигание, моргание.
pestañear. [неперех.] мигать, моргать; (перен.) жить: * sin pestañear, не моргнув.
pestañeo. [м.] мигание, моргание.
pestañoso, sa. [прил.] снабжённый длинными ресницами, ресничками, ресни(т)чатый, ресничный.
peste. [ж.] чума; чумная эпидемия; зараза; вонь, зловоние, смрад; (перен.) испорченная или плохая вещь; порча, падение нравов; (перен. разг.) чрезмерное изобилие; угроза; (арг.) игральная кость; [множ.] ругательства: * peste bubónica, levantina, бубонная чума; * echar pestes, разражаться бранью; ругаться; * decir или hablar pestes de uno, бранить кого-л на чём свет стоит.
pestíferamente. [нареч.] очень плохо, очень вредно.
pestífero, ra. [прил.] чумной, заразный; вонючий, зловонный, смрадный.
pestilencia. [ж.] см. **peste.**
pestilencial. [прил.] см. **pestífero.**
pestilencialmente. [нареч.] очень плохо, очень вредно.
pestilencioso, sa. [прил.] чумной.
pestilente. [прил.] чумной.
pestillo. [м.] засов, задвижка; щеколда; язычок замка: * pestillo de ventana, оконная щеколда, защёлка.
pestiñar. [перех.] печь оладьи; (перен.) смягчать.
pestiño. [м.] оладья.
pestorejazo. [м.] подзатыльник.
pestorejo. [м.] затылок.
pestorejón. [м.] подзатыльник.
pestorejudo, da. [прил.] с жирным затылком.
pesuña. [ж.] см. **pezuña.**
pesuño. [м.] копыто (парнокопытного животного).
petaca. [ж.] сундук; чемодан; кисет; портсигар; табакерка; кожаный мешок (для перевозки верхом): * echarse con las petacas, (Амер.) терять мужество, силу.
petacona. [ж.] (Амер.) полная женщина.
petalado, da. [прил.] (бот.) лепестковый.

petaliforme. [прил.] лепестковидный, лепесткообразный.
petalismo. [м.] пятилетняя ссылка (в Сиракузах).
petalita. [ж.] (мин.) петалит.
pétalo. [м.] (бот.) лепесток.
petalla. [ж.] (обл.) сорт маленькой кирки.
petanque. [м.] (мин.) серебронсная руда.
petar. [неперех.] (обл.) стучать в дверь.
petar. [неперех.] (разг.) нравиться; угождать.
petardear. [перех.] (воен.) взрывать петардой; обманывать; вымогать (деньги).
petardero. [м.] (воен.) солдат, взрывающий петардами; см. petardista.
petardista. [м. и ж.] обманщик; шулер; человек, выманивающий деньги.
petardo. [м.] (воен.) петарда, подрывная шашка; хлопушка; (перен.) обман, выманивание денег, вымогательство: * pegar un petardo, выманить деньги.
petaso. [м.] круглая шляпа (у древних).
petate. [м.] циновка, цыновка; койка; узел с постелью; (разг.) багаж пассажиров; см. petardista; презренный человек: * liar el petate, собрать свои пожитки; (разг.) умирать.
petenera. [ж.] народная андалузская мелодия: * salir por peteneras, говорить что-л. не относящееся к делу, делать, сказать глупости.
petequia. [ж.] точечное кровоизлияние, пятнышко.
petera. [ж.] (разг.) бурная ссора, спор; капризы, см. rabieta.
peteretes. [м. множ.] (разг.) лакомства, сласти.
peticano. [м.] (тип.) малый канон (шрифт).
petición. [ж.] прошение, петиция; просьба; требование, ходатайство; (юр.) иск: * petición de principio, (лог.) логическая ошибка, предложение требующее доказательства; * petición de mano, предложение (к женщине).
peticionario, ria. [прил.] подающий прошение, петицию; [м. и ж.] проситель, -ница, подающий петицию; истец, -тица.
petifoque. [м.] (мор.) бом-кливер.
petigris. [м.] (зоол.) белка.
petimetra. [ж.] щеголиха.
petimetre. [м.] щеголь, франт, модник.
petirrojo. [м.] малиновка (птица).
petiso, sa. [прил.] (Амер.) (гал.) маленький, малорослый, низкий.
petitoria. [ж.] см. petición.
petitorio, ria. [прил.] петиционный; [м.] (разг.) настойчивые, неподходящее требование; список лекарств (при аптеках): * juicio petitorio, иск о признании права собственности.
peto. [м.] нагрудник (у лат; для фехтования).
peto. [м.] (Амер.) кубинская (съедобная) рыба.
petra. [ж.] вид миртового растения.
petral. [м.] нагрудная шлея.
petraria. [ж.] баллиста (машина для метания камней и брёвен).
petrarquizar. [неперех.] писать в стиле Петрарки.
petrel. [м.] буревестник (птица).
pétreo, a. [прил.] каменный; каменистый.
petrera. [ж.] (уст.) побоище, бой камнями.
petrificación. [ж.] петрификация, окаменение, обызвествление.
petrificante. [дейст. прич.] к petrificar, петрифицирующий, обращающийся в камень.
petrificar. [перех.] превращать в камень, окаменять; (перен.) заставлять окаменеть от ужаса, ошеломлять, приводить в оцепенение.
petrífico, ca. [прил.] петрифицирующий, окаменяющий.

petrografía. [ж.] петрография.
petrográfico, ca. [прил.] петрографический.
petróleo. [м.] нефть; керосин: * depósito de petróleo, нефтехранилище; * derivados de petróleo, нефтепродукты.
petrolero, ra. [прил.] нефтяной, керосиновый; [м.] нефтяник; нефтеналивное судно, танкер.
petrolífero, ra. [прил.] нефтеносный; нефтяной.
petrología. [ж.] петрология.
petrológico, ca. [прил.] петрологический.
petrooccipital. [прил.] (анат.) каменисто-затылочный.
petrosílex, petrosílice. [м.] (мин.) роговик, роговой камень.
petrosilíceo, a. [прил.] роговиковый.
petroso, sa. [прил.] каменистый, покрытый камнями.
Petrus in cunctis. [лат. выраж.] всюду сующий свой нос.
petulancia. [ж.] резвость; дерзость; тщеславие, заносчивость.
petulante. [прил. и сущ.] резвый; тщеславный; дерзкий, наглый.
petulantemente. [нареч.] дерзко, нагло.
petunia. [ж.] (бот.) петунья.
penco. [м.] (Амер.) род грифа.
peumo. [м.] (Амер.) лавровое дерево.
peyorativo, va. [прил.] ухудшающий.
pez. [ж.] смола, вар: * pez griega, канифоль; * pez con pez, совершенно пустой, порожний.
pez. [м.] рыба; (перен. разг.) выгода, достигнутая с большим трудом: * pez espada, меч-рыба; * pez martillo, молот-рыба; * pez luna, луна-рыба; * pez mujer, ламантин; * pez sierra, пила-рыба; * pez volante, летающая рыба, летучая сельдь; * estar como el pez en el agua, кататься как сыр в масле, чувствовать себя как рыба в воде; * salga pez o salga rana, либо пан либо пропал; * picar el pez, (разг.) дать себя поймать на удочку.
pezón. [м.] черешок, ножка, стебелёк (цветка и т. д.); сосок; сосок (на вымени); конец оси; мыс.
pezonera. [ж.] чека (оси); накладной сосок (кормящей матери).
pezonoso, sa. [прил.] соскоковидный.
pezpalo. [м.] см. pejepalo.
pezpita. [ж.] (зоол.) трясогузка.
pezuña. [ж.] копыто.
phi. [ж.] фи (21-я буква греческого алфавита).
pi. [ж.] пи (16-я буква греческого алфавита).
piacular. [прил.] искупительный, умилостивительный.
piache. [м.]: * tarde piache, ты упустил случай, слишком поздно.
piada. [ж.] писк, визг; (перен. разг.) чужие мысли.
piador, ra. [прил.] пищущий; [м.] (арг.) любитель выпить, пьющий.
piadosamente. [нареч.] с жалостью, милосердно; благочестиво, набожно, благоговейно.
piadoso, sa. [прил.] смирный; жалостливый, сострадательный; благочестивый, набожный.
piafador. [прил.] бьющий копытом, приплясывающий (о лошади).
piafar. [неперех.] бить копытом землю, приплясывать (о лошади).
piafe. [м.] битьё копытом, припляс, приплясывание (о лошади).
pial. [м.] (Амер.) лассо, аркан (набрасываемые на задние ноги лошади).
pialar. [перех.] (Амер.) набрасывать лассо на задние ноги лошади.
piamadre, piamáter. [ж.] (анат.) мягкая мозговая оболочка.

piamente. [нареч.] см. piadosamente.
piamontés, sa. [прил.] пьемонтский; [м. и ж.] житель, жительница Пьемонта, пьемонтец.
pian, pian(o). [нареч.] понемногу, мало-помалу, постепенно.
pianista. [м. и ж.] пианист, -ка; мастер или продавец роялей.
pianístico, ca. [прил.] рояльный.
piano. [м.] фортепьяно, пианино: * piano de cola, рояль; * piano vertical, пианино; * piano de manubrio, см. organillo; * tocar el piano, (перен.) мыть посуду.
pianoforte. [м.] фортепьяно, пианино.
pianola. [ж.] пианола.
piante. [дейст. прич.] к piar, пищущий.
piar. [неперех.] пищать; призывать, взывать; (арг.) пить.
piara. [ж.] стадо свиней; стадо, табун.
piarada. [ж.] см. piara; толпа.
piarcón. [м. и ж.] (арг.) человек очень много пьющий.
piariego, ga. [прил.] имеющий стадо свиней и т. д.
piastra. [ж.] пиастр (турецкая, египетская монета).
piastrón. [м.] см. coraza.
pibe, ba. [м. и ж.] (Амер.) мальчонка, мальчишка, девочка.
pica. [ж.] пика, копьё; пика (мера глубины, равная 3'89 м.); копьеносец; (Амер.) возмущение, петушиный бой: * a pica seca, с неблагодарным трудом; * poner una pica en Flandes, достигнуть большого успеха.
picacho. [м.] вершина горы, пик.
picada. [ж.] клевок; укус (насекомого); клёв; (Амер.) тропа (в лесу); стук в дверь; брод; удар саблей: * dar una picada, (Амер.) выманить деньги.
picadero. [м.] манеж, школа верховой езды; (мор.) верфь.
picadillo. [м.] рубленое мясо.
picado, da. [страд. прич.] к picar: * vino picado, прокисшее вино; * en picado, с пикирования; [м.] рубленое мясо; (муз.) стаккато.
picador. [м.] наездник; (тавр.) пикадор; (горн.) забойщик; доска для рубки мяса.
picadura. [ж.] укус, укол; надрез; прорез; крошеный табак.
picafigo. [м.] лесной жаворонок, щеврица древесная.
picaflor. [м.] колибри (птица).
picagallina. [ж.] (бот.) см. álsine.
picagrega. [ж.] сорокопут (птица).
picajón, na, picajoso, sa. [прил.] обидчивый; щепетильный; [сущ.] недотрога.
pical. [м.] (обл.) перекрёсток, распутье, перепутье.
picamaderos. [м.] зелёный дятел.
picamiento. [м.] злопамятность.
picamulo. [м.] (арг.) погонщик вьючных животных.
picana. [ж.] (Амер.) длинная палка с железным наконечником, которой погоняют волов, стрекало.
picanear. [перех.] (Амер.) см. aguijar; погонять стрекалом (волов).
picante. [прил.] острый, пикантный колючий; колкий, обидный, едкий, язвительный; острота, соль; едкость, язвительность; (арг.) см. pimienta.
picantemente. [нареч.] едко, язвительно.
picaño. [м.] заплата на обуви.
picaño, ña. [прил.] подлый, низкий, ленивый, покрытый рубищем.

picapedrero. [м.] каменотёс.
picapinos. [м.] зелёный дятел.
picapleitos. [м.] (разг.) склочник; сутяга; адвокатишка.
picaporte. [м.] щеколда, защёлка; ключ для щеколды; молоток (у двери).
picaposte. [м.] зелёный дятел.
picapuerco. [м.] пёстрый дятел.
picar. [перех.] колоть, укалывать; колоть, рубить; толочь; ранить пикой (быка); клевать (о птицах, о рыбе); пришпоривать (коня); попадаться на удочку; бить, резать (скот) кусать, жалить; вызывать зуд; щипать (о перце и т. д.); отщипывать по ягодке; бить киркой; отведывать; (перен.) побуждать, сердить, огорчать; раздражать; объезжать лошадь; язвить; (воен.) преследовать врага, ударить в тыл; [неперех.] зудеть, чесаться; клевать; отведывать; переходить в..., перерастать в...; иметь поверхностное представление о чём-л; быстро ехать верхом; припекать (о солнце); [возв. гл.] уколоться, уколоть себе (палец и т. д.); прокисать (о вине); быть изъеденным молью; портиться; волноваться, покрываться белыми гребешками (о море); (перен.) хвастаться; обижаться; * picar muy alto, стремиться высоко; * al que le pique que se rasque, знает кошка, чьё мясо съела; * picado de viruelas, в оспе.
picarajo. [м.] (обл.) кружево.
pícaramente. [нареч.] подло, низко.
picaraza. [ж.] сорока.
picaramona. [ж.] (разг.) см. picardía; шайка мошенников, плутов.
picardear. [перех.] учить мошенничать, плутовать; [неперех.] плутовать, мошенничать; подличать; шутить, шалить; picardearse, [возв. гл.] становиться мошенником; приобретать плохие наклонности.
picardía. [ж.] плутовство, обман; подлость; шалость; шайка мошенников; [множ.] брань, ругательства.
picardihuela. [ж.] умен. к picardía.
picaresca. [ж.] шайка мошенников; жизнь мошенника.
picarescamente. [нареч.] плутовским образом, подло.
picaresco, ca. [прил.] плутовской; забавный: * novela picaresca, плутовской роман.
picaril. [прил.] плутовской.
picarizar. [перех.] см. picardear.
pícaro, ra. [прил.] низкий, подлый; хитрый, лукавый; плутовский; шутовской, вредный; забавный; [м.] плут, интриган; мошенник; (лит.) герой плутовского романа; * pícaro de cocina, поварёнок; * a pícaro, pícaro y medio, крепкий сук-острый топор.
picarón, na. [прил. и сущ.] увел. к pícaro; (Амер.) пончик.
picaronero. [м.] (Амер.) продавец пончиков.
picarote. [прил.] увел. к pícaro.
picarrelincho. [м.] зелёный дятел.
picarro. [м.] зелёный дятел.
picarúa. [ж.] (обл.) см. becada.
picatoste. [м.] гренок.
picaza. [ж.] сорока: * picaza chillona, manchada, сойка (птица); * picaza marina, фламинго.
picazo. [ж.] (обл.) маленькая мотыга.
picazo. [м.] удар клювом; клевок; удар чём-л острым; птенец сороки.

picazón. [ж.] зуд; (перен.) досада, раздражение: неудовольствие, огорчение.
picazuroba. [ж.] американская птица, принадлежащая к семейству кур.
picea. [ж.] (бот.) обыкновенная ель.
píceo, a. [прил.] смолистый, смоляной.
pícidos. [м.] [множ.] дятловые птицы.
piciete. [м.] (Амер.) табак.
Picio. [м.]: * más feo que Picio, безобразный, страшный как смертный грех.
pickeringita. [ж.] (мин.) пикерингит, магнезиальные квасцы.
pícnico. [прил.] пикнический.
picnómetro. [м.] пикнометр.
picnosfigmia. [ж.] (пат.) учащённый пульс.
picnosis. [ж.] (мед.) сгущение, отвердение.
pico. [м.] клюв; остриё; зубчик, мотыга, кайла, кирка; пик, остроконечная (горная) вершина; носик, носок; (перен. разг.) рот; словоохотливость; краснобайство; лишек, остаток: * pico de oro, краснобай; * pico de cantero, остроконечный молоток; * a pico de jarro, без меры; * hincar el pico, умирать; * pico barreno (carpintero), зелёный дятел; * cerrar el pico, замолчать, проглотить язык; * de pico, на словах, а не на деле; * y pico, с лишним; * ir de picos pardos, терять время по пустякам; кутить; шататься по притонам; * perderse por el pico, вредить себе болтовнёй.
pico. [м.] зелёный дятел: * pico rojo, пёстрый дятел; * pico duro, щур; * pico cruzado, клёст; * pico azul, поползень.
picoa. [ж.] (арг.) см. olla.
picofeo. [м.] (Амер.) (орни.) тукан, перцеяд.
picol. [нареч.] (арг.) мало, немного.
picoleta. [ж.] (обл.) см. pistero; заострённый молоток (у каменщика).
picón. [м.] насмешка, шутка; мелкий древесный уголь; дроблёный рис; пресноводная рыба; (арг.) вошь.
piconero, ra. [м. и ж.] продавец, продавщица мелкого древесного угля; (тавр.) пикадор.
picor. [м.] жжение, пощипывание во рту (от острой пищи); зуд.
picosa. [ж.] (арг.) солома.
picoso, sa. [прил.] изрытый оспой (о лице).
picota. [ж.] (ист.) позорный столб; (перен.) вершина, пик, остроконечная (горная) вершина: * poner en la picota, выставить, пригвоздить к позорному столбу.
picotada. [ж.] picotazo. [м.] клевок, удар клювом.
picote. [м.] ткань из козьей шерсти; шёлк (ткань).
picoteado, da. [прил.] зазубренный.
picoteadura. [ж.] (Амер.) оспина.
picotear. [перех.] клевать; [неперех.] мотать головой (о лошади); (перен. разг.) болтать, молоть вздор; picotearse, [возв. гл.] ссориться, браниться, переругиваться (о женщинах).
picoteo. [м.] клевание.
picotería. [ж.] (разг.) страсть к болтовне.
picotero, ra. [прил.] (разг.) болтливый, словоохотливый; не умеющий хранить тайну; [м. и ж.] болтун, -ья.
picótico. [прил.] зёрнышко.
picotijera. [ж.] (Амер.) чайка с длинным клювом.
picotín. [м.] мера овса и т. д.
picotón. [м.] клевок, удар клювом.
picrato. [м.] (хим.) соль пикриновой кислоты.
pícrico. [прил.]: * ácido pícrico, (хим.) пикриновая кислота.
pictografía. [ж.] пиктография.
pictográfico, ca. [прил.] пиктографический.
pictógrafo. [м.] пиктограмма.

pictórico, ca. [прил.] живописный, относящийся к живописи.
picudilla. [ж.] голенастая птица.
picudillo, lla. [прил.] умень. к picudo.
picudo, da. [прил.] с клювом, имеющий клюв; остроконечный, заострённый; носатый, длинноносый; (перен.) болтливый; [м.] см. espetón.
pichagua. [ж.] плод pichagüero.
pichagüero. [м.] (Амер.) тыква (одна из разновидностей).
pichana, pichanga. [ж.] (Амер.) метла.
piche. [м.] пшеница (одна из разновидностей) (тже. прил.); (Амер.) броненосец (разновидность); банан.
pichel. [м.] кувшинчик.
pichelería. [ж.] ремесло мастера кувшинчиков.
pichelero. [м.] мастер или продавец кувшинчиков.
pichelingue. [м.] пират, морской разбойник, корсар.
pichella. [ж.] (обл.) мера ёмкости (для вина), равная ½ л.
pichicatería. [ж.] (Амер.) скупость, скаредность.
pichicato, ta. [прил.] (Амер.) скупой, скаредный, скудный.
pichi. [м.] (Амер.) паслёновый куст.
pichicón, na. [прил.] (Амер.) изнеженный.
pichihuén. [м.] (Амер.) колючепёрая рыба.
pichilines. [м.] (обл.) (бот.) маргаритка.
pichincha. [ж.] (Амер.) неожиданная прибыль, удачная находка.
pichola. [ж.] (обл.) мера для вина, равная ½ л.
picholear. [неперех.] (Амер.) веселиться, забавляться; блудить, развратничать; рукоблудить.
pichón. [м.] молодой голубь; (перен.) (обращение) голубчик.
pichona. [ж.] (разг.) (обращение) голубка, голубушка.
pichonear. [перех.] (Амер.) уколоть; клюнуть.
pichopisque. [м.] (Амер.) свинопас.
pichoso, sa. [прил.] (Амер.) близорукий, подслеповатый; грязный, нечистый.
pidén. [м.] (Амер.) сорт лысухи.
pidientero. [м.] нищий.
pidón, na. [прил.] (разг.) см. pedigüeño.
pie. [м.] нога, стопа, ступня; лап(к)а, нога (животного); ножка (мебели); стебель, ножка, черенок; ствол; молодое дерево; осадок, отстой (в напитках и т. д.); основание, опора; подножие, подошва (горы); паголенок; возможность; (перен.) основание, опора; фут (мера длины); стопа (стиха); конец (страницы, реплики и т. д.); (тех.) стандарт; см. membrete; * pie de cabalgar, de montar, левая нога; * pie de ánade, дикая или собачья лебеда; * pie de cabra, лом с раздвоенным концом; * pie derecho, стойка, колонна; * pie de becerro, (бот.) аронник; * pie de león, (бот.) манжетка; * pie de altar, побочные случайные доходы (священника); * pie de banco, чепуха, вздор; * pie de paliza, см. paliza; * pie de imprenta, (полигр.) выходные данные; * pies de rey, штангенциркуль; * pie de alondra, (бот.) живокость (лютиковое растение); * pie de lobo, (бот.) зюзник, волконог; * pie de cabrito, камнеточец (моллюск двустворчатораковинных); * pie de alza, (воен.) основание прицела; * a pie, пешком; пеший, con pie firme, твёрдой поступью; твёрдо, уверенно; * dar pie, подавать повод; * a pie firme, неподвижно; постоянно; уверенно; * sin pies ni cabeza, бестолково, бессмысленно; * pie(s) juntillas, a pie juntillo, упрямо, с упорством; * a pie enjuto, посуху; бесстрашно; * a

quedo, без труда; неподвижно; * del pie a la mano, постоянно; * al pie, вблизи; у подножия; * pie de tierra, клочок земли; * al pie de la letra, буквально; * al pie de la obra, тотчас же, немедленно; * al pie de fábrica, по себестоимости; * pie con pie, рядом, очень близко; * con buen pie, легко; * con mal pie, несчастливо, неудачно; * pie de amigo, поддержка, (мор.) кница; * pie con pie, con pie derecho, счастливо; * pie con pie, очень, близко; * no dar pie con bola, постоянно ошибаться; * poner pies en polvoroso, бежать, убегать, удирать; * tomar pie, укрепляться; * por pies, бегом; * de pies a cabeza, с ног до головы; * de pie(s), en pie, стоя; упорно; ¡en pie!, встать!; * hacer una cosa con los pies, небрежно делать что-л; * levantar los pies del suelo, принуждать кого-л к действиям; saber de que pie cojea uno, знать чьё-л слабое место; * en un dar con el pie, (разг.) в один миг; * echar pie a tierra, высадиться, выйти (из вагона и т. д.), слезть, спешиться (с лошади); * dale el pie y se tomará la mano, посади свинью за стол-она и ноги на стол; * caer de pie, счастливо отделаться; * con pie(s) de plomo, неспеша; осторожно; * andar buscando tres pies al gato, искать ссоры; * tener muchos, buenos pies, быть хорошим ходоком; * haber nacido de pies, родиться в сорочке; * al pie de cuesta, в начале трудного предприятия; рядом; * sin pies ni cabeza, задом наперёд; * vestirse por los pies, быть мужчиной; * más viejo que andar a pie, старый-престарый; * volver pies atrás, (перен.) вернуться назад.

piececillo. [м.] умен. к pie, ножка, ножонка.
piececito. [м.] умен. к pie, см. piececillo.
piecezuela. [ж.] умен. к pieza.
piecezuelo. [м.] см. piececillo.
piedad. [ж.] набожность; почитание, любовь; жалость, сострадание, сожаление, сочувствие; (иск.) пиета (картина или скульптура, изображающая снятие со креста); * monte de piedad, ломбард; * sin piedad, безжалостно.

piedra. [ж.] камень; камень (в печени и т. д.); крупный град; жёрнов; кремень; (арг.) курица; * piedra afiladera, aguzadera, amolaredа, de afilar, de amolar, melodreña, точильный камень, брусок; * piedra alumbre, квасцовый камень; * piedra preciosa, драгоценный камень; * piedra de escopeta, кремень для ружья; * piedra pómez пемза; * piedra berroqueña, гранит; * piedra de toque, пробный камень; * piedra imán, магнит; * piedra loca, de pipas, морская пенка; * piedra arenisca, песчаник; * piedra fundamental, angular, краеугольный камень; * piedra sillar, проёмный камень; * mal de piedra, каменная болезнь; * a piedra y lodo, закрытый наглухо (о двери и т. д.); * piedra de escándalo, камень преткновения; * no dejar piedra sobre piedra, не оставить камня на камне; * hasta las piedras, все; * no dejar piedra por mover, пустить в ход все средства, употреблять все усилия.

piedrezuela. [ж.] умен. к piedra, камешек, камушек.

piedralodo (a). [нареч.] закрытый наглухо; упорно, настойчиво.

piel. [ж.] кожа; шкура; мех; опоек; кожица, корка (плодов): * abrigo de piel(es), шуба, меховое пальто; * piel de gallina, гусиная кожа; * piel de zapa, шагреневая кожа; piel de armiño, горностай; * soltar la piel, умирать; * de la piel del diablo, (разг.) сущий дьявол.

piélago. [м.] открытое море; (перен.) огромное множество.
pielgo. [м.] бурдюк.
pielítico, ca. [прил.] относящийся к пиелиту; страдающий пиелитом.
pielitis. [ж.] (пат.) пиелит, воспаление почечных лоханок.
pielocistitis. [ж.] (пат.) воспаление почечной лоханки и мочевого пузыря.
pielografía. [ж.] (мед.) рентгеновский снимок почечной лоханки.
pielonefrosis. [ж.] (пат.) заболевание почек и почечных лоханок.
piemesis. [ж.] (пат.) гнойная рвота.
pienso. [м.] сухой корм для скота; фураж.
pienso. [м.] (уст.) пo мнение: * ni por pienso, никоим образом, никак.
Piérides. [ж. мн.] (миф.) музы.
pierio, a. [прил.] (миф.) относящийся к музам.
pierna. [ж.] нога (от колена до ступни), голень; ножка (циркуля); ляжка (животного): * pierna de carnero, задняя ножка баранины; * pierna de vaca, крестец (часть туши); * pierna de ternera, филейная часть туши (телёнка); * a pierna suelta, спокойно; * dormir a pierna suelta, спать спокойно; * estirar las piernas, (разг.) прогуливаться; echar la pierna a uno, превзойти кого-л; * en piernas, без чулок, босыми ногами; * a media pierna, до колен, по колено; * hacer piernas, упорствовать, настаивать на своём; * echar piernas, бахвалиться; * ser una buena pierna, (Амер.) быть добрым малым; быть всегда в хорошем настроении.

piernitendido, da. [прил.] с вытянутыми ногами.
pietismo. [м.] пиетизм.
pietista. [прил.] относящийся к пиетизму; [сущ.] пиетист.
pieza. [ж.] часть, деталь; кусок, штука; монета; комната; рулон (бумаги); отрезок или промежуток времени; пространство; шахматная фигура; шашка; пьеса; произведение искусства; мебель; драгоценность; животное; орудие: * pieza por pieza, (перен.) по частям; pieza angular, наугольник; * pieza de encargo, образец материала, подлежащего испытанию; * hacer piezas, разбить; * pieza de artillería, артиллерийское орудие; * pieza de repuesto, запасная часть; * pieza de tela, штука полотна; * quedarse en una pieza, или hecho una pieza, оцепенеть от удивления, испуга и т. д.; * pieza de autos, (юр.) материалы (процесса); * pieza de examen, шедевр; * ser de una pieza, (Амер.) быть прямым, честным человеком; * buena, gentil, linda pieza, хитрый человек; * terciar una pieza, (воен.) осматривать орудие.
piezgo. [м.] бурдюк.
piezoelectricidad. [ж.] пьезоэлектричество.
piezoeléctrico, ca. [прил.] пьезоэлектрический.
piezométrico, ca. [прил.] пьезометрический.
piezómetro. [м.] пьезометр.
pífano. [м.] (муз.) флейта (высокого тона); флейтист.
pifar. [перех.] (арг.) пришпорить лошадь.
pifia. [ж.] ошибка, промах; (Амер.) насмешка.
pigargo. [м.] орлан (птица).
pigmentación. [ж.] пигментация.
pigmentario, ria. [прил.] пигментный.
pigmento. [м.] пигмент, красящее вещество.
pigmeo, a. [прил.] карликовый; ничтожный, мелкий; [м.] пигмей, карлик.
pignoración. [ж.] закладывание, заклад.
pignorar. [перех.] закладывать, отдавать в залог.

pignoraticio, cia. [прил.] относящийся к закладу, залоговый.
pigre. [прил.] ленивый; небрежный.
pigricia. [ж.] лень; небрежность; (Амер.) ничтожность, незначительность.
pigro, gra. [прил.] см. pigre.
pihua. [ж.] (обл.) сандалия.
pihuela. [ж.] (охот.) ремень; (перен.) затруднение; помеха, препятствие; [множ.] ножные кандалы.
piico, ca. [прил.] гноящийся, гнойный.
piído. [м.] писк, визг.
pijadilla. [ж.] (обл.) ночной горшок.
pijama. [м.] пижама.
pijibay. [м.] (Амер.) разновидность из corojo.
pije. [прил.] (Амер.) странный; смешной; чудаковатый.
pijería. [ж.] (Амер.) шутка, насмешка.
pijojo. [м.] (бот.) кубинское дикое дерево.
pijota. [ж.] см. pescadilla.
pijote. [м.] однофунтовая пушка.
pijotear. [неперех.] (Амер.) скупиться.
pijotería. [ж.] пустяк; неприятность.
pila. [ж.] штабель; водопроводная раковина; устой, бык (моста); купель; (физ.) гальванический элемент; (эл.) батарея; см. feligresía: * pila bautismal, купель; * pila de agua bendita, (церк.) резервуар со святой водой в католическом храме; * nombre de pila, имя; * sacar de pila, быть крёстным; * pila atómica, атомный котёл, атомный реактор; * pila seca, сухой элемент; * pila de uranio, урановый реактор.
pilar. [перех.] толочь зерно в ступке.
pilar. [м.] водоём; бассейн; верстовой столб, дорожный указатель; столб; устой, бык (моста); (перен.) устои.
pilarejo. [м.] умен. к pilar, столбик.
pilastra. [ж.] (арх.) пилястр.
pilastrón. [м.] увел. к pilastra.
pilatero. [м.] работник готовящий сукна к валянию.
pilca. [ж.] (Амер.) загородка, стенка.
pilcahue. [м.] (Амер.) дикорастущий картофель.
pilcha. [ж.] (Амер.) обноски, ветошь.
pilche. [м.] (Амер.) деревянный сосуд.
píldora. [ж.] пилюля; (разг.) неприятное известие: * tragar la píldora, проглотить пилюлю; * dorar la píldora, позолотить пилюлю.
pildorero. [м.] приспособление для изготовления пилюль.
pileflebitis. [ж.] (пат.) воспаление воротной вены.
píleo. [м.] римская шапочка.
piléolo. [м.] (бот.) чешуйка, первоначальный внешний лист, закрывающий другие листья почечки.
pilero. [м.] месильщик глины.
piles. [м. множ.] геморрой.
pileta. [ж.] к pila; маленький сосуд со святой водой; (Амер.) см. alcorque.
pilgüije. [м.] несчастный человек.
pilífero, ra. [прил.] покрытый волос(к)ами.
piliforme. [прил.] волосной, капиллярный.
pililo, la. [прил.] (Амер.) оборванный, рваный; грязный; [м. и ж.] оборванец, -нка.
pilimicción. [ж.] (пат.) нахождение волос в моче (из дермоидной кисты).
pilinque. [прил.] (Амер.) смятый: * ponerse pilinque, (перен. разг.) (Амер.) см. hartarse.
pilmama. [ж.] (Амер.) кормилица.
pilme. [м.] (Амер.) сорт шпанской мухи.

pilo. [м.] сорт копья.
pilo. [м.] (бот.) чилийский куст.
pilocarpina. [ж.] (хим.) пилокарпин.
pilón. [м.] (арх.) пилон.
pilón. [м.] увел. к pila; водоём; бассейн; голова сахара; ступка; гиря (у безмена); * llevar a uno al pilón, водить кого-л за нос; * beber del pilón, распространять слухи; * de pilón, (Амер.) бесплатно, даром.
piloncillo. [м.] (Амер.) голова паточного сахара.
pilonero, ra. [прил.] относящийся к сплетням.
pilongo, ga. [прил.] вялый; истощённый, ослабленный; сушёный (о каштанах).
pilorectomía. [ж.] (хир.) иссечение привратника.
pilórico, ca. [прил.] (анат.) принадлежащий привратнику.
piloritis. [ж.] (пат.) воспаление привратника.
píloro. [м.] (анат.) привратник желудка.
piloroespasmo. [м.] (мед.) спазм привратника.
pilorostenosis. [ж.] (мед.) сужение привратника.
pilorostomía. [ж.] (хир.) наложение искусственного свища на привратник желудка (опухоли, язвенные рубцы).
pilosis. [ж.] волосатость.
piloso, sa. [прил.] волосатый, лохматый.
pilotaje. [м.] лоцманское дело; пилотаж, пилотирование; свайное основание; сваи.
pilotar. [перех.] вести (судно, самолёт, автомашину), пилотировать.
pilote. [м.] свая.
pilotear. [перех.] см. pilotar; (Амер.) ввести в расход.
pilotín. [м.] (мор.) лоцманский ученик.
piloto. [м.] (мор.) лоцман; пилот, летчик, водитель, шофёр; старший офицер (торгового судна); (перен.) путеводитель; рыба лоцман.
pilpil. [м.] (Амер.) лиана (одна из разновидностей).
pilpilén. [м.] чилийская голенастая птица.
piltra. [ж.] (арг.) кровать; (обл.) глоток вина.
piltraca, piltrafa. [ж.] постное мясо; [множ.] обрезки мяса.
piltro. [м.] (арг.) комната, помещение, квартира.
pilular. [прил.] к píldora; имеющий форму пилюли.
pilvén. [м.] (Амер.) пресноводная рыба.
pilla. [ж.] (обл.) см. pillaje.
pillabán. [м.] (обл.) см. pillo.
pillada. [ж.] (разг.) плутовство, мошенничество; выходка, озорство.
pillador, ra. [прил.] грабящий, расхищающий; [м. и ж.] грабитель, -ница, похититель, -ница; [м.] (арг.) игрок.
pillaje. [м.] грабёж, расхищение, ограбление, разбой; военная добыча.
pillán. [м.] (Амер.) дьявол, чёрт; молния; гром; душа.
pillar. [перех.] грабить, похищать, расхищать; захватывать; застигать врасплох; (арг.) играть.
pillastre, pillastrón. [м.] мошенник, плут.
pillear. [неперех.] (разг.) плутовать, мошенничать.
pillería. [ж.] шайка плутов, сброд; (разг.) см. pillada.
pillete, pillín. умен. к pillo; см. pillo.

pillo. [м.] голенастая птица.
pillo, lla. [прил.] грубый, неотёсанный (о хитром человеке); [разг.] хитрый, лукавый; плутовской; [м. и ж.] мошенник, -ица, плут, -овка, мазурик; грубиян, -ка, негодяй.
pillopillo. [м.] (Амер.) (бот.) сорт лавра.
pilluelo, la. [прил. и сущ.] (разг.) умен. к pillo, повеса.
pimelosis. [ж.] (мед.) ожирение, тучность.
pimental. [м.] участок, засеянный перцем.
pimentero. [м.] перец (растение); перечница.
pimentón. [м.] молотый красный перец (душистый); (обл.) стручковый перец.
pimentonero. [м.] продавец молотого красного перца (душистого).
pimienta. [ж.] (бот.) перец: * pimienta blanca, белый, русский перец; * pimienta negra, чёрный, английский перец; * pimienta de Cayena, кайенский перец; * esto tiene mucha pimienta, это очень дорого, это кусается; * hacer pimienta, отлынивать от уроков, прогуливать уроки.
pimiento. [м.] стручковый перец; испанский перец; (бот.) головня.
pímpido. [м.] съедобная рыба.
pimpín. [м.] детская игра.
pimpina. [ж.] (Амер.) глиняная бутыль (для свежей воды).
pimpinela. [ж.] (бот.) синеголовник, бедренец.
pimplar. [перех.] (разг.) пить, потягивать.
Pimpleides. [ж. множ.] (миф.) Музы.
pímpleo, a. [прил.] принадлежащий музам.
pimplón. [м.] (обл.) водопад.
pimpollada. [ж.] pimpollar. [м.] питомник.
pimpollear, pimpollecer. [неперех.] распускаться, пускать побеги, почки.
pimpollo. [м.] молодая сосенка; молодое деревцо; побег, росток; бутон розы; (разг.) красавец, красавица.
pimpolludo, da. [прил.] покрытый побегами, ростками.
pina. [ж.] придорожный столб; часть обода (колеса).
pinabete. [м.] (бот.) канадская ель.
pinacate. [м.] (Амер.) сорт таракана.
pinacoteca. [ж.] пинакотека, картинная галерея.
pináculo. [м.] (архитектурное украшение) венчающая часть здания; (перен.) вершина, верх.
pinada. [прил.] перистый: * hoja pinada, перистый лист.
pinar. [м.] сосняк, сосновая роща.
pinarejo. [м.] умен. к pinar.
pinariego, ga. [прил.] сосновый.
pinastro. [м.] приморская сосна.
pinatar. [м.] сосняк, сосновая роща.
pinatero. [м.] (Амер.) см. cao.
pinaza. [ж.] рыбачья шлюпка.
pinacarrasca. [ж.] см. pinacarrasco.
pinacarrascal. [м.] лес из pinacarrascos.
pinacarrasco. [м.] сосна (одна из разновидностей).
pincel. [м.] кисть (художника; маляра); (перен.) кисть, манера письма художника; живописец; картина.
pincelada. [ж.] мазок кистью; (перен.) мазок, штрих.
pincelar. [перех.] писать (картину, портрет).
pincelero, ra. [м. и ж.] тот, кто изготовляет или продаёт кисти; см. brucero; коробка для кистей.
pincelote. [м.] увел. к pincel, большая кисть.
pincerna. [сущ.] виночерпий, стольник.
pinciano, na. [прил. и сущ.] см. vallisoletano.
pinchadura. [ж.] укол.
pinchar. [перех.] колоть; (перен.) побуждать, возбуждать; сердиться;

(Амер.) см. curiosear: * no pinchar ni cortar, не иметь влияния.
pinchaúvas. [м.] (перен. разг.) уличный мальчишка, ворующий виноград по ягодке; презренный человек.
pinchazo. [м.] укол; (перен.) шпилька.
pinche. [м.] поварёнок.
pincho. [м.] шип, колючка; таможенное шило.
pinchón. [м.] зяблик.
pinchoso, sa. [прил.] колкий.
pinchudo, da. [прил.] с шипами.
pindárico, ca. [прил.] пиндарический.
pindarismo. [м.] (перен.) высокопарность.
pindarizar. [неперех.] (перен.) высокопарно писать или говорить.
pindonga. [ж.] (разг.) уличная женщина в лохмотьях.
pindonguear. [неперех.] бродить по улицам, шляться.
pineal. [прил.] (анат.): * glándula pineal, мозговая железа.
pineda. [ж.] сосняк, сосновая роща.
pineda. [ж.] лента; подвязка.
pinga. [ж.] жердь.
pingajo. [м.] лоскут, тряпка; лохмотья; отребье.
pingajoso, sa. [прил.] оборванный, рваный, в лохмотьях, верх.
pinganello, pinganillo. [м.] (обл.) см. calamoco.
pinganitos (en). на вершине славы, в зените славы.
pingar. [неперех.] капать; прыгать, скакать; [перех.] наклонять.
pingo. [м.] см. pingajo; (Амер.) резвая скаковая лошадь; плохая лошадь; озорник; дьявол; [множ.] тряпки (о женской одежде): * andar, estar, ir de pingo, бродить по улицам.
pingopingo. [м.] (Амер.) хвойный куст.
pingorota. [ж.] остроконечная вершина (горы и т. д.).
pingorote. [м.] (разг.) остроконечная, выдающаяся часть чего-л.
pingorotudo, da. [прил.] взобравшийся, взгромоздившийся.
ping-pong. [м.] пинг-понг, настольный теннис.
pingüe. [прил.] жирный, жировой; (перен.) богатый, обильный; плодородный; выгодный, доходный.
pingüedinoso, sa. [прил.] жирный.
pingüemente. [нареч.] обильно, изобильно, плодовито.
pinguetear. [неперех.] (обл.) моросить.
pingüino. [м.] пингвин.
pinguosidad. [ж.] жирность; маслянистость.
pinífero, ra. [прил.] поросший соснами.
piniforme. [прил.] конусообразный.
pinillo. [м.] (бот.) живучка, дубница.
pinina. [ж.] сосновая смола.
pinípedo, da. [прил.] ластоногий; [м. мн.] ластоногие.
pinitos. [м. мн.] (прям. перен.) первые шаги.
pinjante. [м.] кулон; (арх.) парус свода.
pinnípedo, da. [прил.] см. pinípedo.
pino. [м.] (бот.) сосна; (перен.) корабль: * pino negral, сосна; * pino rodeno, marítimo, приморская сосна; * pino alerce, лиственница; * pino araucano, араукария; * como un pino de oro, нарядно одетый человек.
pino. [м.] (разг.) (Амер.) начинка для пирога.
pino, na. [прил.] очень прямой; очень крутой; [м. мн.] первые шаги: * hacer pinos, делать первые шаги (о ребёнке, выздоравливающем); * en pino, прямо.
pinocha. [ж.] хвоя; (обл.) початок (кукурузы).
pinocho. [м.] (обл.) (молодая) сосенка; сосновая шишка.

pinol. [м.] (Амер.) см. pinole; смесь поджаренной кукурузной муки с какао и сахаром.

pinolate. [м.] (Амер.) напиток из ванильного порошка, воды и сахара.

pinole. [м.] ванильный порошок (для шоколада); (Амер.) поджаренная и подслащённая кукурузная мука; порошок.

pinoso, sa. [прил.] имеющий сосны в изобилии.

pinótero. [м.] рак-горошек (маленький рак).

pinsapar. [м.] ельник (см. pinsapo).

pinsapo. [м.] (бот.) андалузская ель.

pinta. [ж.] кружка, пинта (мера ёмкости).

pinta. [ж.] пятно, крапинка; капля; рябина (от оспы); масть, окраска (животных); (разг.) внешность, вид, наружность; [множ.] игра в карты; (мед.) краснуха: *ser un pinta, быть наглым, бесстыдным.

pintacilgo. [м.] щегол (птица).

pintada. [ж.] цесарка.

pintadillo. [м.] щегол (птица).

pintado, da. [страд. прич.] к pintar; [прил.] крапчатый, пёстрый, разноцветный; пятнистый: *el más pintado, наиболее способный, опытный; *pintado, como pintado, весьма кстати; *no poder ver a uno ni pintado, не терпеть кого-л; *estar pintado, выходить.

pintamonas. [м. и ж.] (разг.) мазила, пачкун, -ья (о плохом художнике).

pintar. [перех.] красить; писать (красками); расписывать, разрисовывать; (перен.) описывать, живописать, изображать; преувеличивать; [неперех.] созревать; проявлять себя; иметь значение; [возв. гл.] краситься, румяниться, гримироваться: *pintarla, воображать о себе; *pintarse para algo, тяготеть к чему-л.

pintarraj(e)ar. [перех.] см. pintorrear.

pintarrajo. [м.] (разг.) мазня, маранье, пачкотня.

pintarroja. [ж.] акула (одна из разновидностей).

pintarrojo. [м.] чечётка (птица).

pintear. [неперех.] моросить.

pintiparado, da. [прил.] очень похожий, схожий; очень подходящий; идущий к лицу: *pintiparado para, очень подходящий для.

pintiparar. [перех.] уподоблять; (разг.) сравнять.

Pinto. [м.]: *estar entre Pinto y Valdemoro, (разг.) быть навеселе.

pintojo, ja. [прил.] крапчатый, пёстрый; пятнистый.

pintón, na. [прил.] начинающий зреть; плохо обожжённый (о кирпиче); [м.] вредитель кукурузы.

pintor, ra. [м. и ж.] живописец, художник, -ица; [ж.] жена хухожника: *pintor de brocha gorda, маляр; (разг.) мазилка, мазила, пачкун.

pintorescamente. [нареч.] живописно, картинно; выразительно.

pintoresco, ca. [прил.] живописный; картинный; (перен.) живой, красочный, выразительный (о слоге).

pintoresquismo. [м.] живописность; выразительность.

pintorrear. [перех.] (разг.) малевать, мазать, размалёвывать.

pintura. [ж.] живопись; картина; краска; описание, изображение: *pintura a la aguada, живопись гуашью; *pintura al óleo, масляная живопись; *pintura al fresco, фреска; *hacer pinturas, гарцевать; *no poder ver ni en pintura, ненавидеть кого-л.

pinturero, ra. [прил.] щеголяющий; [м. и ж.] щёголь, щеголиха.

pinturriento, ta. [прил.] (Амер.) трусливый, малодушный.

pinuca. [ж.] (Амер.) съедобная морская ракушка.

pínula. [ж.] диоптр (алидады).

pinzas. [ж. множ.] щипцы, щипчики; пинцет; клешни (у рака и т. д.).

pinzón. [м.] зяблик.

pinzote. [м.] (мор.) ось; шпиндель; (уст.) румпель.

piña. [ж.] еловая, сосновая шишка; ананас; прозрачная белая ткань (из листьев ананаса).

piñal. [м.] (Амер.) плантация ананасов.

piñata. [ж.] кухонный горшок.

piñazo. [м.] удар кулаком.

piños. [м. множ.] зубы.

piñón. [м.] сосновое семя; кедровый орешек; последний осёл каравана вьючных животных; см. piñoncillo: *a partir un piñón, на короткую ногу.

piño. [м.] (тех.) небольшая шестерня, зубчато колесо.

piñonata. [ж.] засахаренный миндаль.

piñonate. [м.] печенье из кедровых орешков.

piñoncillo. [м.] (маленькое) сокольё перо.

piñonear. [неперех.] позвякивать; кричать (о куропатках); молодиться (о мужчинах).

piñoneo. [м.] дейст. к гл. piñonear.

piñonero. [прил.] *pino piñonero, кедр.

piñonguear. [неперех.] (Амер. вул.) жениться; выходить замуж.

piñuela. [ж.] шёлковая ткань, шёлк; плод кипариса.

piñuelo. [м.] уголь из оливковых косточек.

pío, pía. [прил.] набожный, благочестивый; сострадательный, человеколюбивый, гуманный, милосердый.

pío, pía. [прил.] серый в яблоках (о масти лошади).

pío. [м.] писк; (разг.) страстное желание; (арг.) вино.

piocéfalo. [м.] (пат.) скопление гноя в мозговых желудочках.

piocele. [м.] (пат.) водяная грыжа с гнойным содержимым.

piociánico, ca. [прил.]: *bacilo piociánico, синегнойная бацилла.

piocito. [м.] гнойная клетка.

piocha. [ж.] головное украшение из драгоценных камней; кирка; (Амер.) козлиная бородка.

piodermia, piodermitis. [ж.] (пат.) гнойное воспаление кожи.

piogenia. [ж.] нагноение, образование гноя.

piógeno, na. [прил.] (пат.) пиогенный, гноеродный.

pioideo, a. [прил.] гноеподобный.

piojento, ta. [прил.] относящийся к вшам; вшивый.

piojera. [ж.] (бот.) вшивая трава, мыший перец.

piojería. [ж.] вшивость; (перен. разг.) нужда, нищета.

piojillo. [м.] вошь (на теле птицах).

piojo. [м.] вошь: *piojo resucitado, выскочка; *piojo pegadizo, надоедливый, неносный человек; *piojo de mar, киам (ракообразное животное); *como piojo(s) en costura, как сельди в бочке.

piojoso, sa. [прил.] вшивый; жалкий, презренный, убогий; [м. и ж.] нищий, -ая, бедняк.

piojuelo. [м.] умен. к piojo; вошка, тля, растительная вошь.

piola. [ж.] (мор.) сорт троса; (Амер.) бечёвка, верёвочка.

piolar. [неперех.] пищать (о птенцах и т. д.).

piolet. [м.] (спор.) ледоруб (альпиниста).

piometra. [м.] (мед.) гной в матке.

piometritis. [ж.] (пат.) гнойное воспаление матки.

pión, na. [прил.] часто пищущий.

pionefritis. [ж.] (пат.) гнойное воспаление почек.

pionefrosis. [ж.] (пат.) расширение почечных лоханок с перемежающейся пиурией.

pionero. [м.] (прям. перен.) пионер: *de pionero, пионерский.

pioneumopericardio. [м.] (пат.) скопление гноя и воздуха в сердечной сумке.

pioneumotórax. [м.] (пат.) скопление гноя и воздуха в грудной полости.

pionía. [ж.] (Амер.) семя búcare.

piopericardio. [м.] (пат.) гной в сердечной сумке.

piopericarditis. [ж.] (пат.) гнойное воспаление сердечной сумки.

piopollo. [м.] (обл.) см. birimbao.

pioptisis. [ж.] (мед.) извержение гноя при кашле.

piornal. [м.] piorneda [ж.] место, засаженное дроком, шильной травой.

piorno. [м.] (бот.) дрок, шильная трава.

piorno. [прил.] (арг.) пьяный, хмельной.

piorrea. [ж.] (пат.) пиорея, гноетечение: *piorrea alveolar, альвеолярная пиорея.

piosalpinx. [м.] (пат.) гной в фаллопиевых трубах (в яйцепроводах).

piotórax. [м.] (пат.) гной в грудной полости (плевры).

pipa. [ж.] (бот.) зёрнышко, семечко (плода).

pipa. [ж.] большая винная бочка; курительная трубка; дудка; язычёк (у духовных инструментов); см. espoleta: *tomar pipa, бежать, убегать, удирать.

pipar. [неперех.] курить трубку.

piperáceo, a. [прил.] перечный; [м. мн.] (бот.) перечные.

piperacina. [ж.] (хим.) пиперазин.

pipería. [ж.] (собир.) бочки.

pipeta. [ж.] (физ.) пипетка, воронковидная трубка.

pipí. [м.] щеврица (насекомоядная птица): *hacer pipí, мочиться, испускать мочу.

pipiar. [неперех.] пищать (о птенцах).

pipiciego, ga. [прил.] (Амер.) близорукий.

pipila. [ж.] (Амер.) индюшка, индейка.

pipilo. [м.] (Амер.) индюшонок.

pipiola. [ж.] (Амер.) сорт маленькой пчелы.

pipiolera. [ж.] (Амер.) куча ребятишек.

pipiolo. [м.] (разг.) новичок; (Амер.) либерал; крошка, малюка; (Амер.) [множ.] деньги.

pipirigallo. [м.] (бот.) эспарцет (трава).

pipirijaina. [ж.] (разг.) труппа бродячих актёров.

pipiripao. [м.] (разг.) пиршество; роскошный стол: *de pipiripao, (Амер.) незначительно.

pipi(ri)taña. [ж.] свирель.

pipirripi. [м.] pipirripita. [ж.] (обл.) мак (полевой).

pipistrelo. [м.] (зоол.) малоголовый нетопырь (летучая мышь).

pipo. [м.] пёстрый дятел; (Амер.) удар.

piporro. [м.] (муз.) (разг.) сорт фагота; фаготист.

pipote. [м.] бочонок.

pipudo, da. [прил.] (вул.) шикарный, превосходный, отличный.

pique. [м.] злопамятность; ненависть; неприязнь; стремление поставить на своём, сделать в пику кому-л; закладка; см. nigua: * estar a pique de, чуть было не; * a pique de morir, в минуту смерти или умирая; * echar a pique, топить, пускать ко дну; губить, разорить кого-л * irse a pique, затонуть, пойти ко дну; * hacer un pique, (Амер.) выманить деньги.

piqué. [м.] пике (ткань).

piquera. [ж.] леток (в улье); отверстие (в бочке); (тех.) лётка (доменной печи); лампадная чашечка.

piquería. [ж.] копьеносцы.

piquero. [м.] (воен.) копьеносец; (Амер.) водяная птица; забойщик.

piqueta. [ж.] кирка.

piquete. [м.] укол; укус (насекомого) дырка (на платье), веха, вешка; (Амер.) остриё (ножниц); небольшой оркестр; пикет, небольшой отряд.

piquetilla. [ж.] кирка (каменщика).

piquiamarillo, lla. [прил.] желторотый, с желтым клювом.

piquín. [м.] (Амер.) жених; ухажёр; малость, крошка.

piquinear. [неперех.] (Амер.) ухаживать; домогаться любви.

piquinini. [м.] (Амер.) малыш, малютка.

pira. [ж.] костёр (при сжигании трупов); костёр (перен.) (арг.) стачка, забастовка; бегство.

piragua. [ж.] пирога.

piragüero, ra. [м. и ж.] тот, кто веслом двигает пирогу.

pirálidos. [м. множ.] огнянки, язычковые (бабочки).

piramidal. [прил.] пирамидальный.

piramidalmente. [нареч.] в виде пирамиды, пирамидой.

pirámide. [ж.] пирамида: * pirámide regular, правильная пирамида.

piramidón. [м.] (фарм.) пирамидон.

pirantón. [м.] (разг.) прогульщик.

pirarse. [возв. гл.] (прост.) убегать, удирать, смыться, сбежать.

pirata. [м.] пират, морской разбойник, корсар; (перен.) злодей: * barco pirata, пиратское судно.

piratear. [неперех.] пиратствовать, заниматься разбоем (на море).

piratería. [ж.] пиратство, морской разбой, грабёж; разбой, грабёж.

piratesco, ca, pirático, ca. [прил.] пиратский.

piratona. [ж.] (разг.) несправедливость.

pirazol. [м.] (хим.) пиразол.

pirca. [ж.] (Амер.) каменная стена (сухой кладки).

pircar. [перех.] (Амер.) обносить каменной стеной.

pirco. [м.] блюдо из кукурузы, тыквы и бобов.

pirenaico, ca. [прил.] пиренейский.

pireno. [м.] (хим.) продукт перегонки дерева.

pirenomicetos. [м. множ.] (бот.) пиреномицеты, котомчатые грибы.

píreo, a. [прил.] огненный, огневой.

piresia. [ж.] (мед.) лихорадочное состояние.

pirético, ca. [прил.] (мед.) лихорадочный.

piretógeno, na. [прил.] (мед.) вызывающий лихорадку.

piretografía. [ж.] (мед.) описание лихорадки.

piretología. [ж.] (мед.) учение о лихорадке.

piretro. [м.] (бот.) долматская ромашка.

pirexia. [ж.] (мед.) лихорадочное состояние.

piréxico, ca. [прил.] лихорадочный.

pirheliómetro. [м.] (физ.) пиргелиометр.

pírico, ca. [прил.] фейерверочный.

piridina. [ж.] (хим.) пиридин.

piriforme. [прил.] грушевидный, грушеобразный.

pirimidina. [ж.] (хим.) пиримидин.

pirineo, a. [прил.] пиренейский.

pirita. [ж.] (мин.) пирит, серный колчедан.

piritoso, sa. [прил.] содержащий пирит, серный колчедан.

pirlitero. [м.] (бот.) куст терновника.

pirobolelogía. [ж.] пиротехника.

pirobolista. [м.] (воен.) специалист по минам.

pirobolo. [м.] огнеметательная машина (у Древних).

pirocloro. [м.] пирохлор.

piroelectricidad. [ж.] пироэлектричество.

piroeléctrico, ca. [прил.] пироэлектрический.

pirófano, na. [прил.] становящийся прозрачным при нагревании.

pirofilita. [ж.] (мин.) пирофиллит.

pirofórico, ca. [прил.] легко-загорающийся.

piróforo. [м.] возгорающееся огнём.

pirofosfato. [м.] (хим.) пирофосфат, пирофосфорнокислая соль

pirogállico, ca. [прил.] (хим.) пирогалловый.

pirogallol. [м.] (хим.) пирогаллол.

pirogenado, da. [прил.] (хим.) возникший из огня.

pirograbado. [м.] пирогравюра (рисунок, выжженный по дереву).

pirola. [ж.] (бат.) грушанка.

pirólatra. [м.] поклоняющийся огню; [м.] огнепоклонник.

pirolatría. [ж.] огнепоклонничество, огнепоклонство.

pirolátrico, ca. [прил.] огнепоклоннический.

piroleñoso, sa. [прил.] * ácido piroleñoso, (хим.) пригорело-древесная кислота.

pirología. [ж.] рассуждение об огне.

pirolusita. [ж.] (мин.) пиролюзит, перекись марганца.

piromancia. [ж.] огнегадание, огневолшебство.

piromanía. [ж.] пиромания.

piromántico, ca. [м. и ж.] огнегадатель, огневолшебник, -ница; [прил.] относящийся к огнегаданию.

pirometría. [ж.] (физ.) пирометрия.

pirométrico, ca. [прил.] пирометрический.

pirómetro. [м.] (физ.) пирометр.

piromorfita. [ж.] (мин.) пироморфит, полихром, фосфористый свинец.

pirón. [м.] (Амер.) тесто из муки маниоки.

pironomía. [ж.] искусство управлять огнём при химических работах.

piropear. [перех.] (разг.) сказать комплимент (незнакомой женщине).

piroplasma. [м.] пироплазм.

piroplasmosis. [ж.] пироплазмоз.

piropo. [м.] (мин.) пироп, карбункул, рубин; комплимент.

piróscafo. [м.] пароход.

piroscopio. [м.] (физ.) пироскоп.

pirosis. [ж.] (пат.) жжение, изжога.

pirosulfato. [м.] (хим.) пиросульфат.

pirotecnia. [ж.] пиротехника.

pirotécnico, ca. [прил.] пиротехнический; [м.] пиротехник.

pirótico, ca. [прил.] (мед.) едкий, прижигающий.

piroxeno. [м.] (мин.) пироксен.

piroxilina. [ж.] (хим.) пироксилин.

piróxilo. [м.] (хим.) пироклетчатка.

pirquén. [м.] * trabajar al pirquén, работать по своему усмотрению (в шахте).

pirquinear. [неперех.] (Амер.) см. pirquén (trabajar al pirquén).

pirquinería. [ж.] (разг.) (Амер.) скудость; скряжничество.

pirrarse. [возв. гл.] (por) страстно желать.

pírrico, ca. [прил.] * danza pírrica, пирриче-кая пляска.

pirriquio. [м.] пиррихий (стопа в стихе).

pirrol. [м.] (хим.) пиррол.

pirrónico, ca. [прил.] (фил.) пирронический; [м.] пирроник, крайний скептик.

pirronismo. [м.] (фил.) пирронизм, крайний скептицизм (учение Пиррона).

pirrotita. [ж.] (мин.) пирротит.

pirueta. [ж.] пируэт; вольт (лошади).

piruétano. [м.] (бот.) дикая груша (дерево).

piruetear. [неперех.] делать пируэты; (гал.) см. girar.

piruja. [ж.] (молодая) женщина лёгкого поведения, развязная женщина.

pisa. [ж.] дейст. к pisar, шаг (движение при ходьбе); выжимание (маслин, винограда); топтание; количество маслин или винограда, выжимаемых за один раз; (разг.) град ударов (ногой, лапой); (арг.) публичный дом; (Амер.) танец.

pisaca. [ж.] (Амер.) куропатка.

pisacardos. [м. и ж.] (разг.) грубиян, -ка, деревенщина.

pisada. [ж.] дейст. к pisar; шаг (движение при ходьбе); след ноги; выжимание маслин или винограда; топтание; удар лапой, ногой: * seguir las pisadas de uno, идти по чьим-л стопам.

pisadera. [ж.] давильня; (Амер.) пёстрый ковёр для пола.

pisador, ra. [прил.] попирающий; приплясывающий (о лошади); [м.] давильщик; (Амер.) см. ronzal.

pisadura. [ж.] см. pisada.

pisante. [м.] (арг.) нога; лапа; башмак, туфля.

pisapapeles. [м.] пресс-папье.

pisar. [перех.] ступать, выступать, шагать; попирать, топтать, мять; наступить кому-л на ногу; выжимать, давить, выдавливать (сок); покрывать (самку); перебирать (струны, клавиши); (перен.) топтать, попирать, давить виноград; * pisar los talones a, ходить, следовать за кем-л по пятам; * pisarle a uno una cosa, (разг.) отнять, отбить.

pisasfalto. [м.] сорт асфальта.

pisaúvas. [м.] давильщик винограда.

pisaverde. [м.] (разг.) франт, модник, щёголь.

piscator. [м.] календарь с указанием метеорологических сведений.

piscatorio, ria. [прил.] рыболовный; описывающий рыбацкую жизнь.

pisciceptología. [ж.] сочинение о рыболовстве.

piscícola. [прил.] рыбоводческий.

piscicultor. [м.] рыбовод.

piscicultura. [ж.] рыбоводство.

piscifactoría. [ж.] рыбоводческое хозяйство.

piscífago, ga. [прил.] рыбоядный.

pisciforme. [прил.] рыбовидный, рыбообразный.

piscina. [ж.] рыбный садок, пруд для рыбы; бассейн (для плавания).

piscinal. [прил.] живущий в рыбном садке.

Piscis. [ж.] (астр.) созвездие Рыб (знак зодиака); * ¡piscis! мне наплевать.

piscívoro, ra. [прил.] рыбоядный.

piscle. [м.] (Амер.) кляча.

pisco. [м.] американская водка.

piscoiro, ra. [прил.] (чаще сущ.) (Амер.) живой и смелый; влюблённый; см. amante.

piscolabis. [м.] лёгкая закуска.
pisgote, ta. [м. и ж.] (Амер.) презренный человек.
pisiforme. [прил.] гороховидный.
piso. [м.] дейст. к pisar, см. pisa; пол; мостовая; паркет; этаж; дно; (горн.) этаж; (театр.) ярус; комната в монастыре (для мирянина); приглашение на выпивку.
pisolita. [ж.] (мин.) пизолит, гороховый камень.
pisolítico, ca. [прил.] (мин.) пизолитовый.
pisón. [м.] ручная баба, трамбовка.
pisonear. [перех.] утаптывать; трамбовать.
pisoteadura. [ж.] см. pisoteo.
pisotear. [перех.] попирать, топтать; раздавливать ногой; (перен.) топтать, попирать, унижать.
pisoteo. [м.] топтание; утаптывание; (перен.) унижение.
pisotón. [м.] наступание на ногу.
pispajo. [м.] ветошь.
pispar. [перех.] (разг.) красть; присваивать; (Амер.) исследовать, разузнавать; pisparse. [возв. гл.] (Амер.) покрываться трещинами.
pispo, ра. [прил.] (Амер.) красивый, хорошенький.
pista. [ж.] след зверя; колея; скаковой круг, площадка; (спорт.) беговая дорожка: (перен.) следы: * seguir la pista, идти по следу.
pistacita. [ж.] (мин.) эпидот, пистацит.
pistache. [м.] сорт сластей.
pistachero. [м.] (бот.) фисташковое дерево.
pistacho. [м.] (бот.) фисташка.
pistadero. [м.] пестик; трамбовка.
pistadura. [ж.] выжимание.
pistar. [перех.] выжимать; (Амер.) см. degollar.
pistero. [м.] поильник для больных.
pistilario, ria. [прил.] (бот.) пестичный, пестиковый.
pistilífero, ra. [прил.] (бот.) пестичный.
pistilo. [м.] (бот.) пестик.
pisto. [м.] питательный мясной сок (для больных); блюдо из тушёных овощей; (перен.) всякая всячина; (Амер.) напиток, ликёр; имущество, деньги: * a pistos, понемногу, мало-помалу; * darse pisto, (разг.) важничать, кичиться.
pistola. [ж.] пистолет; пистоль (старинная золотая монета); (Амер.) [прил.] глупый; [сущ.] глупец; * pistola ametralladora пистолет-пулемёт; * pistola de arzón, седельный пистолет; * como a un santo Cristo un par de pistolas, пятое колесо в телеге.
pistolada . [ж.] глупость.
pistolera. [ж.] кобура.
pistolero. [м.] наёмный убийца.
pistoletazo. [м.] выстрел из пистолета; пистолетная рана.
pistolete. [м.] небольшой пистолет; карманный пистолет.
pistón. [м.] поршень; (воен.) пистон, капсюль; (муз.) пистон, клапан; (Амер. муз.) корнет; толстая кукурузная лепёшка: * cornetín de pistón, корнет-а-пистон.
pistonudo, da. [прил.] (прост.) великолепный, совершенный, шикарный.
pistoresa. [ж.] кинжал.
pistraje. pistraque. [м.] жижа, невкусное кушанье или напиток.
pistura. [ж.] см. pistadura.
pita. [ж.] пита, американская агава; верёвка из питы: * enredar la pita, (Амер.) запутывать дело; ссорить; * pedir pita, (Амер.) просить пощады; * fregar la pita, (Амер.) надоедать, наскучивать.
pita. [ж.] курица; [межд.] цып, цып!

pita. [ж.] шарик.
pita. [ж.] (разг.) свист.
pitaco. [м.] стебель питы.
pitada. [ж.] (разг.) свист; грубость, бестактность.
pitagórico, ca. [прил.] (фил.) пифагорейский.
pitagorismo. [м.] (фил.) пифагореизм, учение Пифагора.
pitahaya. [ж.] (Амер.) (бот.) сорт кактуса.
pitajaña. [ж.] (Амер.) (бот.) сорт ползучего растения.
pitancería. [ж.] место, где раздают питание; раздача питания.
pitancero. [м.] раздатчик питания.
pitanza. [ж.] раздача дневного пропитания; даровой обед (для бедных) (разг.) дневное пропитание; (перен.) цена; (Амер.) даровщина.
pitaña. [ж.] глазной гной.
pitañoso, sa. [прил.] см. legañoso.
pitar. [неперех.] свистеть; [перех.] платить долги; (Амер.) курить папиросу: * salir pitando, (разг.) удирать.
pitar. [перех.] раздавать питание, выдавать паёк.
pitarque. [м.] оросительный ров, канава.
pitarra. [ж.] глазной гной.
pitarroso, sa. [прил.] см. legañoso.
pitear. [неперех.] (Амер.) свистеть; курить.
pitecántropo. [м.] (зоол.) питекантроп.
piteco. [м.] (зоол.) человекообразная обезьяна.
pitecomorfo, fa. [прил.] обезьяноподобный.
pitera. [ж.] (бот.) пита, американская агава.
pitezna. [ж.] пружина (у капкана).
pitia. [ж.] см. pitonisa.
pítico, ca. [прил.] см. pitio.
pitido. [м.] свист; чириканье.
pitihué. [м.] (Амер.) лазящая птица.
pitillera. [ж.] портсигар.
pitillo. [м.] сигарета, папироса.
pítima. [ж.] пластырь; (перен. разг.) опьянение, хмель.
pitio, tia. [прил.] пифийский: * juegos pitios, пифийские игры.
pitipié. [м.] масштабная шкала.
pitiriasis. [ж.] (мед.) шелушение; шелушащаяся сыпь, струп: * pitiriasis simple, отрубевидный лишай, кожная болезнь с мелким отрубевидным шелушением.
pitiroideo, a. [прил.] отрубевидный.
pitirre. [м.] (Амер.) сорт воробья.
pitirrear. [неперех.] (Амер.) пищать.
pito. [м.] свисток, свистулька; вид клеща; бабка (для игры); сигарета; (обл.) цыплёнок; (Амер.) курительная трубка: pitos flautos, вздор, болтовня; * no dársele, no importarle un pito, не обращать внимания; * no valer un pito, не стоить ломаного гроша; быть незначительным; * tocar el pito inglés, (разг. Амер.) уходить не прощаясь.
pito. [м.] зелёный дятел.
pitoche. [м.] * no importar un pitoche, не обращать внимания; * no valer un pitoche, не стоить ломаного гроша.
pitoflero, ra. [м. и ж.] (разг.) плохой музыкант; сплетник, -ица.
pitometría. [ж.] искусство измерения ёмкости бочек.
pitómetro. [м.] инструмент для измерения ёмкости бочек.
pitón. [м.] молодой рог; носик (кувшина и т д.); (перен.) выступ, шишка; росток, побег; см. pitaco.
pitón. [м.] (зоол.) питон, удав, боа.
pitónico, ca. [прил.] см. pitio; (перен.) пророческий.
pitonisa. [ж.] (миф.) пифия; ворожея, предсказательница, гадалка.

pitora. [ж.] очень ядовитая змея.
pitoreque. [м.] (Амер.) волчок.
pitorra. [ж.] см. chochaperdiz.
pitorrearse. [возв. гл.] насмехаться, издеваться.
pitorreo. [м.] насмешка, издёвка.
pitorro. [м.] носик (кувшина и т. д.).
pitósporo. [м.] (бот.) мягкосеменник.
pitpit. [м.] щеврица (птица).
pitrén. [м.] (Амер.) табак.
pitreo, a. [прил.] см. pitaco.
pitticita. [ж.] (мин.) питтицит.
pituco. [м.] (Амер.) франт, модник, щёголь.
pituita. [ж.] слизь, мокрота.
pituitario, a. [прил.] слизистый.
pituitoso, sa. [прил.] слизистый, содержащий слизь.
pituso, sa. [прил.] миленький, славный; крошечный (тж. сущ.).
piular. [неперех.] пищать.
piulido. [м.] писк, дейст. к piular.
piuquén. [м.] (Амер.) сорт дрохвы.
piure. [м.] чилийский моллюск.
piuria. [ж.] (пат.) пиурия, отделение гноя с мочой.
piusa. [ж.] (Амер.) любовница.
píxide. [ж.] (церк.) дароносица.
piyama. [м.] пижама.
piyoica. [ж.] (Амер.) ложь, обман, выдумка.
piyoiquero, ra. [прил.] (Амер.) лживый.
pizarra. [ж.] (геол.) шифер, аспид, кровельный сланец; грифельная доска, аспидная доска; школьная доска.
pizarral. [м.] шиферная ломка, шиферный карьер.
pizarreño, ña. [прил.] шиферный; аспидный; сланцевый.
pizarrero. [м.] ломщик шифера; кровельщик.
pizarrín. [м.] грифель.
pizarroso, sa. [прил.] см. pizarreño; изобилующий шифером.
pizate. [м.] (бот.) лебеда.
pizca. [ж.] малость, капля, крошка, капелька, чуточку; (Амер.) сбор кукурузы: * ni pizca, ни капли.
pizcar. [перех.] (разг.) щипать, ощипывать; (Амер.) собирать кукурузу.
pizco. [м.] щипок.
pizmiento, ta. [прил.] загорелый, смуглый.
pizote. [м.] (Амер.) см. cuatí.
pizpereta. [прил.] (разг.) см. pizpireta.
pizpierno. [м.] (обл.) лопатка (у свиньи).
pizpireta. [прил.] (разг.) живая, искрящаяся остроумием (о женщине).
pizpirigaña. [ж.] детская игра.
pizpita. [ж.] pizpitillo, [м.] трясогузка (птица).
pizton. [м.] (Амер.) большая кукурузная лепёшка.
pizzicato. [м.] (муз.) пиццикато.
placa. [ж.] старинная мелкая монета; орден, орденский знак; плёнка, пластина; доска, дощечка; (т.) пластинка: * placa giratoria, (ж. д.) поворотный круг.
placabilidad. [ж.] умолимость.
placable. [прил.] умолимый.
placarte. [м.] (уст.) прибитое объявление, афиша.
placativo, va. [прил.] усмиряющий, утоляющий.
placear. [перех.] продавать в розницу; (уст.) см. divulgar.
placel. [м.] песчаная банка.
pláceme. [м.] поздравление.
placenta. [ж.] (анат.) плацента, послед, детское место; (бот.) плацента.

placentario, ria. [прил.] (анат.) плацентарный.
placentearse. [возв. гл.] играть, забавляться.
placenteramente. [нареч.] весело, приятно.
placentero, ra. [прил.] приятный; весёлый; покладистый.
placentiforme. [прил.] имеющий вид плаценты.
placentino, na. [прил.] относящийся к Plasencia; [м. и ж.] уроженец, -ка этого города.
placentitis. [ж.] (пат.) воспаление детского места.
placentoma. [м.] (пат.) раковая опухоль, исходящая из ворсинок последа.
placer. [м.] см. placel; риф; золотоносный участок, россыпь; ловля жемчуга.
placer. [м.] удовольствие, радость, удовлетворение; воля, желание, согласие; соизволение, одобрение; развлечение, наслаждение, забава.
placer. [перех.] нравиться, радовать, удовлетворять; [неперех.] ind. prest. plazco, places, и т. д.; pret. ind. plugo, pluguieron; pres. subj. plazca, -cas, -ca, или plegue, plega, plazcamos, и т. д.; imperf. placiera, placiese или pluguiera, pluguiese, и т. д.
placero, ra. [прил.] рыночный; рыночный (о продавце); бездельный; [м.] рыночный торговец, продавец; бездельник.
placeta. [ж.] умен. к plaza.
placetuela. [ж.] умен. к placeta.
placibilidad. [ж.] приятность; радостность.
placible. [прил.] приятный; радостный.
plácidamente. [нареч.] невозмутимо, спокойно; приятно.
placidez. [ж.] тихий, кроткий нрав, невозмутимость, спокойствие, безмятежность; приятность.
plácido, da. [прил.] кроткий, невозмутимый, спокойный, безмятежный; приятный.
placiente. [дейст. прич.] к placer; [прил.] приятный.
plácito. [м.] мнение, суждение, приговор.
plafón. [м.] (арх.) см. paflón.
plaga. [ж.] бич, бедствие; рана, язва; (перен.) несчастный случай; чрезмерное множество.
plaga. [ж.] климат; румб.
plagado, da. [страд. прич.] к plagar; [прил.] (уст.) раненый; наказанный.
plagal. [прил.] (муз.) плагальный.
plagar. [перех.] поражать (о болезни); обрушиваться (о беде); (уст.) см. llagar.
plagiar. [перех.] плагиировать, совершать плагиат; (Амер.) похищать с целью выкупа.
plagiario, ria. [прил.] совершающий плагиат; [м.] плагиатор.
plagio. [м.] плагиат, литературное воровство, плагиаторство; (Амер.) похищение с целью выкупа.
plagiocefalia. [ж.] косоголовость.
plagióstomo, ma. [прил.] (зоол.) косоротый; [м. множ.] (зоол.) хрящуны.
plagiotropismo. [м.] (бот.) плагиотропизм.
plagiuros. [м. мн.] (зоол.) плагиохвосты (животные из отряда китообразных).
plaid. [м.] (англ.) плед.
plajear. [перех.] (Амер.) курить.
plambera. [ж.] (обл.) равнина.
plan. [м.] высота, уровень; план; чертёж; план, замысел, проект; (Амер.) равнина; (горн.) этаж: * plan quinquenal, пятилетний план.
plana. [ж.] лопатка каменщика; страница (тетради и т. д.); равнина: * enmendar la plana, исправлять чьи-л ошибки; превосходить; * cerrar la plana, кончать, оканчивать; * plana mayor, (воен.) командование.
planada. [ж.] равнина.
planador. [м.] полировщик.
planco. [м.] (зоол.) см. planga.
plancton. [м.] (биол.) планктон.
planctónico, ca. [прил.] планктонный.
plancha. [ж.] железная пластина; утюг; неловкий, неуместный поступок, бестактность; выглаженное бельё; (обл.) брус: * tirarse una plancha, совершить бестактность, сделать промах.
planchada. [ж.] причал, пристань.
planchado. [м.] глаженье, утюжка; выглаженное или предназначенное для глаженья бельё.
planchador, ra. [м. и ж.] гладильщик, -ица.
planchadura. [ж.] глаженье, утюжка.
planchar. [перех] гладить, утюжить; (Амер.) см adular.
plancheado. [м.] глаженье, утюжка.
planchear. [перех.] обивать железом и т. д.
plancheta. [ж.] (геод. воен.) планшет: * echarla de plancheta, бахвалиться, кичиться, прикидываться храбрым.
planchón. [м.] увел. к plancha; [прил.] (Амер.) льстивый.
planchuela. [ж.] умен. к plancha.
planeado, da. [прил.] проектированный.
planeador, ra. [прил.] планирующий; [м.] планёр.
planear. [перех.] проектировать, составлять план, планировать.
planear. [неперех.] (ав.) планировать.
planeo. [м.] (ав.) планирование, планирующий полёт.
planeta. [ж.] планета; (церк.) короткая риза.
planetario, ria. [прил.] планетный; [м.] планетарий.
planetícola. [м. и ж.] обитатель, -ница планеты.
planetográfico, ca. [прил.] (астр.) планетографический.
planetoide. [м.] (астр.) планетоид, см. asteroide.
planga. [м.] сорт орла.
planicie. [ж.] равнина.
planidentado, da. [прил.] плоскозубый.
planifoliado, da. [прил.] (бот.) плосколистный.
planilla. [ж.] (Амер.) поимённый список; расчёт, подсчёт, подведение счетов.
planimetría. [ж.] (геом.) планиметрия.
planimétrico, ca. [прил.] (геом.) планиметрический.
planímetro. [м.] (геом.) планиметр.
planirrostro, tra. [прил.] (зоол.) с плоским клювом.
planisferio. [м.] планисфера.
plano, na. [прил.] ровный, плоский, гладкий; [м.] плоскость, ровная поверхность; (ав.) плоскость, крыло, план, чертёж, проект: * levantar un plano, снять план; * plano inclinado, наклонная плоскость; * plano horizontal, горизонтальная плоскость; * plano vertical, вертикальная плоскость; * plano de nivel, (геод. геогр.) уровень моря; * de plano, прямо, открыто, напрямик; * dar de plano, ударять плашмя.
planocito. [м.] см. leucocito.
planta. [ж.] ступня, подошва ноги; растение; черенок; засаженное место; план, вид сверху на чертеже; этаж; основание, фундамент; позиция (при фехтовании и т. д.); вид, наружность: * planta anual, однолетнее растение; * planta vivaz, renne, многолетнее растение; * planta de cultivo, черенок; * plantas medicinales, лекарственные растения; * buena planta, внушительный вид; * de planta, совсем заново; * poner en planta, привести в исполнение; * echar plantas, бравировать; * planta baja, нижний этаж.
plantación. [ж.] посадка растений; плантация.
plantado. [м.] (обл.) молодой виноградник.
plantador, ra. [прил.] сажающий растения; [м.] сажальщик; кол для сажания растений; (арг.) могильщик.
plantadora. [ж.] сажальная машина, сажалка (для посадки растений).
plantagináceo, a. [прил.] (бот.) похожий на попутник.
plantaje. [м.] (Амер.) растения.
plantar. [прил.] (анат.) подошвенный.
plantar. [перех.] сажать (растения); ставить, ставить прямо; устанавливать на место; учреждать, основывать; (разг.) наносить удар, давать (пощёчину); выгнать; водворить силой; наговорить дерзостей; (арг.) втыкать в землю; бросить; не кончить: * plantar un bofetón, влепить пощёчину; * plantar en la calle, вышвырнуть кого-л за дверь; plantarse. [возв. гл.] стоять столбом; быстро появляться где-л; ставить на своём; (Амер.) наряжаться: * dejar plantado, оставить, бросать кого-л; * bien plantado, твёрдо стоящий на ногах.
plantario. [м.] см. almáciga.
plante. [м.] коллективное выражение протеста.
planteamiento. [м.] постановка, выдвижение (вопроса, проблемы); составление плана; основание, учреждение.
plantear. [перех.] ставить, выдвигать (вопрос и т. д.); составлять план; основывать, учреждать.
plantel. [м.] (с.-х.) рассадник, питомник; (перен.) рассадник.
planteo. [м.] см. planteamiento.
plantífero, ra. [прил.] плодоносный (о земле).
plantificación. [ж.] учреждение, основание; (разг.) нанесение удара и т. д.
plantificar. [перех.] учреждать, основывать, устанавливать; (разг.) наносить удар, давать пощёчину; plantificarse. [возв. гл.] быстро появляться где-л; (Амер.) наряжаться.
plantígrado, da. [прил.] (зоол.) стопоходящий; [м. множ.] стопоходящие животные.
plantilla. [ж.] стелька; замок (ружейный); часть плана; (тех.) шаблон; лекало; штат, личный состав.
plantillar. [перех.] подбивать новые подмётки; [неперех.] (Амер.) см. fanfarronear.
plantillero, ra. [прил. и м.] бравирующий; (Амер.) храбрый на словах.
plantío. [прил.] годный для посадок (о земле); засаженный (о земле); [м.] посадка (растений); засаженное место; посаженные растения, посадки.
plantista. [м.] садовник; (разг.) хвастун.
plantívoro, ra. [прил.] питающийся растительной пищей.
plantón. [м.] саженец; (воен.) часовой; сторож у двери; вахтер: * estar de plantón, долго ждать; топтаться на месте; * dar un plantón, запаздывать на свидание.
plantosa. [ж.] (арг.) стакан или чашка.
plántula. [ж.] (бот.) росток.
planudo, da. [прил.] (мор.) плоскодонный.
planulita. [ж.] planulites. [м.] аммонитовая раковина.
plañidera. [ж.] наёмная плакальщица (на похоронах).
plañidero, ra. [прил.] плаксивый, жалобный.

plañido, da. [страд. прич.] к plañir; [м.] стон, жалоба, плач.
plañimiento. [м.] стоны, оханье, плач, жалобные вздохи.
plañir. [неперех.] плакать, стонать, охать, жаловаться.
plaqué. [м.] плаке (накладной металл).
plaquear. [перех.] накладывать тонкий слой металла, плакировать.
plaqueta. [ж.] (биол.) тромбоцит.
plaquín. [м.] старинное военное платье.
plasenciano, na. [прил.] относящийся к Plasencia; [м. и ж.] уроженец, -ка этого города.
plasma. [м.] (биол.) плазма; сыворотка.
plasma. [м.] см. prasma.
plasmador, ra. [прил.] творческий, созидательный (книж.) [м.] творец, Бог.
plasmar. [перех.] лепить (из глины и т.д.); воплощать.
plasmático, ca. [прил.] (биол.) плазматический.
plasmo. [м.] модель, шаблон; форма.
plasmodio. [м.] (биол.) плазмодий.
plasmólisis. [ж.] (биол.) плазмолиз.
plasta. [ж.] кашицеобразная масса; бесформенная вещь.
plaste. [м.] шпаклёвка (замазка).
plastecer. [перех.] шпаклевать.
plastecido. [м.] (дейст.) шпаклёвка.
plástica. [ж.] пластика, ваяние, скульптура.
plasticidad. [ж.] пластичность.
plástico, ca. [прил.] пластический; пластичный, гибкий; мягкий; растяжимый; формирующий, образующий.
plástida. [ж.] пластида.
plastogamia. [ж.] пластогамия, плазмогамия.
plastrón. [м.] (гал.) пластрон, см. pechera.
plata. [ж.] серебро; (перен.) серебряные монеты; столовое серебро; (Амер.) деньги: * de plata, серебряный; * plata sobredorada, вермель; * plata alemana, мельхиор; * en plata, без уверток, без обиняков, чистосердечно; в итоге; кратко, быстро; * hablar en plata, ясно говорить.
platabanda. [ж.] (гал.) грядка, куртина; см. arriate; (арх.) гладкий пояс.
plataforma. [ж.] помост; плоская кровля, крыша; (ж.-д.) платформа; площадка (вагона); (перен.) предлог.
platal. [м.] крупная сумма денег.
platalea. [ж.] (зоол.) пеликан.
platanal, platanar. [м.] платановый сад; банановая плантация.
platáneo, a. [прил.] (бот.) платановый; [м. множ.] платановые.
platanero, ra. [прил.] (Амер.) сильный (о ветре); [м.] (бот.) банановое дерево.
plátano. [м.] (бот.) платан; банановое дерево; банан (плод).
platea. [ж.] (театр.) партер.
plateado, da. [страд. прич.] к platear; [прил.] посеребрённый, серебряный (разг.); серебристый, серебряного цвета.
plateador. [м.] серебреник.
plateadura. [ж.] серебрение; плакировка (серебром).
platear. [перех.] серебрить; плакировать (серебром).
platel. [м.] поднос.
platelmintos. [м. мн.] (зоол.) плоские глисты.
platense. [прил.] относящийся к La Plata; [м. и ж.] уроженец, -ка этого города.
platería. [ж.] ремесло ювелира; ювелирный магазин или мастерская.
platero. [м.] серебряных дел мастер; продавец серебряных и золотых изделий; (Амер.) богач: * Juan Platero, (арг.) серебряная монета; * platero de oro, см. orifice.

plática. [ж.] разговор, беседа; проповедь, поучение: * libre plática, (мор.) разрешение сношения с берегом (после санитарного осмотра).
platicar. [перех.] беседовать, разговаривать.
platicefalia. [ж.] плоская голова, платицефалия.
platicéfalo, la. [прил. и сущ.] плоскоголовый, платицефал.
platificar. [перех.] обращать в серебро.
platija. [ж.] лиманда, ершоватка (рыба).
platilla. [ж.] тонкое полотно.
platillo. [м.] блюдце; тарелочка; тарелка, чашка весов; блюдо из мяса; сладкое блюдо; (перен.) злословие; [множ.] (муз.) тарелки.
platina. [ж.] см. platino; металлическая плита, доска под приборами; (полигр.) талер.
platinado. [м.] платинирование, покрытие платиной.
platinaje. [м.] см. platinado.
platinar. [перех.] платинировать, покрывать платиной.
platínico, ca. [прил.] содержащий платину.
platinífero, ra. [прил.] содержащий платину.
platinita. [ж.] (хим.) платинит.
platino. [м.] (хим.) платина: * de platino, платинный, платиновый.
platinotipia. [ж.] платинотипия.
platipodia. [ж.] плоскостопие, плоская стопа.
platirringo, ga. [прил.] (зоол.) с плоским клювом.
platirrinia. [ж.] плоское строение носа.
platirrino, na. [прил.] плоскоэносый; [м. множ.] американские обезьяны.
platirrostro, tra. [прил.] (зоол.) с плоским клювом или рылом.
platisma. [ж.] (анат.) пластинка, кожная мышца шеи.
plato. [м.] тарелка; тарелка, чашка весов; блюдо; блюдо, кушанье; (перен.) предмет злословия: * plato sopero (hondo), глубокая тарелка; * plato trinchero, плоское блюдо; * plato de segunda mesa, лицо или вещь, потерявшие прелесть новизны; * hacer plato, подавать на стол; * plato del día, дежурное блюдо; * estar al plato y a las tajadas, следить за всем; * plato fuerte, жаркое; * platos rotos, убытки; * casa y plato, кров и пища; * nada entre los platos, много шуму из ничего.
platón. [м.] (Амер.) умывальный таз; фонтан.
platonazo. [м.] увел. к plato.
platónicamente. [нареч.] платоническим образом.
platónico, ca. [прил.] платонов(ский); платонический; чистый, честный, бескорыстный; [м. и ж.] платоник: * amor platónico, платоническая любовь.
platonismo. [м.] (фил.) платонизм.
platudo, da. [прил.] (Амер.) богатый, денежный.
platuja. [ж.] см. platija.
plausibilidad. [ж.] похвальность; допустимость, приемлемость, возможность.
plausible. [прил.] похвальный; допустимый, приемлемый.
plausiblemente. [нареч.] с похвалой.
plausivo, va. [прил.] одобряющий.
plauso. [м.] см. aplauso.
plaustro. [м.] (поэт.) двухколёсная повозка.
plautino, na. [прил.] относящийся к Плавту.

playa. [ж.] пляж; плоский берег; (Амер.) открытое место; ночной загон для скота.
playado, da. [прил.] имеющий пляж.
playazo. [м.] обширный пляж.
playeras. [ж. множ.] народная андалузская мелодия.
playero. [м.] продавец живой морской рыбы (на берегу); [прил.] (Амер.) живущий на побережье.
playo, ya. [прил.] (Амер.) неглубокий.
playón. [м.] увел. к playa, большой пляж.
playuela. [ж.] умен. к playa, небольшой пляж.
plaza. [ж.] площадь; плац; рыночная площадь; рынок, торговый центр; (воен.) крепость; место; должность, служба, место; город (как торговый, деловой центр); торговцы города; арена; поверхность в печи: * plaza fuerte, крепость, укреплённый город; * plaza de toros, арена для боя быков; * plaza de armas, плацдарм; * sentar plaza поступать в солдаты; * pasar plaza de, слыть, прослыть.
plazo. [м.] срок: * a plazos, в рассрочку; * a corto plazo, краткосрочный; * a largo plazo, долгосрочный; * antes del plazo (fijado) досрочно.
plazoleta. [ж.] умен. к plaza, небольшая площадь, сквер.
plazuela. [ж.] умен. к plaza, небольшая площадь: * lenguaje de plazuela, грубые выражения.
ple. [м.] игра в мяч.
pleamar. [ж.] полная; время прилива.
plébano. [м.] приходский священник.
plebe. [ж.] простой народ; простонародье, плебс, чернь, подонки (общества).
plebeyamente. [нареч.] (по-)плебейски.
plebeyez. [ж.] свойство по прил. плебейский.
plebeyo, ya. [прил.] плебейский, простонародный; грубый; [м. и ж.] плебей, -ка.
plebiscitario, ria. [прил.] относящийся к плебисциту, всеобщий, поголовный; принятый по плебисциту.
plebiscito. [м.] плебисцит, всенародное голосование; единогласное голосование.
pleca. [ж.] (полигр.) линейка.
plectro. [м.] (муз.) плектр; (перен.) вдохновение, стиль.
plegable. [прил.] складной; гибкий, гнущийся.
plegadamente. [нареч.] неясно, смутно; оптом.
plegadera. [ж.] нож для разрезывания бумаги; фальцбейн (для фальцовки).
plegadizo, za. [прил.] см. plegable.
plegado, da. [прил.] фальцованный; [м.] складывание, сгибание.
plegador, ra. [прил.] складывающий; фальцующий; [м. и ж.] (полигр.) фальцовщик, -ица; [м.] (текст.) навой.
plegador. [м.] (обл.) сборщик пожертвований.
plegadora. [ж.] (теж.) фальцевальная машина.
plegadura. [ж.] складывание, сгибание; (тех.) фальцевание, фальцовка.
plegar. [перех.] сгибать, складывать; морщить; (полигр.) фальцевать; плиссировать; [возв гл.] plegarse, гнуться, подчиняться.
plegaria. [ж.] просьба, мольба; молитва; полдневный благовест.
plegatura. [ж.] см. plegadura.
pleguete. [м.] (бот.) усик.
pleistoceno. [м.] (геол.) плейстоцен.

pleita. [ж.] плетёнка (из камыша, пальмового листа и т. д.).
pleiteador, ra [прил.] тяжущийся; сварливый; [м. и ж.] тяжущийся, -аяся, судящийся, -аяся; истец, -ица; сутяга, сутяжник.
pleiteante. [дейст. прич.] тяжущийся.
pleitear. [перех.] судиться, вести тяжбу, процесс; сутяжничать.
pleitesía. [ж.] (уст.) договор, соглашение; см. acatamiento.
pleitista. [прил.] сутяжный; [м. и ж.] сутяга, сутяжник.
pleito. [м.] тяжба, судебный процесс, судебное дело; спор; дуэль; (уст.) договор, соглашение; * poner pleito, подать в суд на кого-л; * estar en pleito, вести судебное дело; * ver el pleito, рассматривать дело.
plena. [ж.] (Амер.) народный танец.
plenamar. [ж.] см. pleamar.
plenamente. [нареч.] вполне, совсем, совершенно, всецело, полностью.
plenariamente. [нареч.] см. plenamente; пленарным образом.
plenario, ria. [прил.] полный; пленарный; * indulgencia plenaria, (церк.) полное отпущение грехов; * sesión plenaria, пленум, пленарное заседание.
plenilunar. [прил.] относящийся к полнолунию.
plenilunio. [м.] полнолуние.
plenipotencia. [ж.] полномочие.
plenipotenciario, ria. [прил.] полномочный; [м.] полномочный представитель, полпред.
plenitud. [ж.] цельность, полнота.
plenirrostro, tra. [прил.] (орни.) полноклювый, гладкоклювый.
pleno, na. [прил.] полный, цельный; [м.] пленум.
pleocroísmo. [м.] плеохроизм.
pleomorfismo. [м.] плеоморфизм.
pleonasmo. [м.] (лит.) плеоназм.
pleonásticamente. [нареч.] (лит.) содержащий в себе плеоназм.
pleonástico, ca. [прил.] (лит.) плеонастический.
pleonasto. [м.] (мин.) плеонаст.
pleorama. [м.] (физ.) плеорама.
plepa. [ж.] (разг.) негодный человек, негодная вещь.
pleroma. [м.] плерома.
plerosis. [ж.] восстановление прежнего наружного вида после болезни.
plesímetro. [м.] (мед.) плессиметр, пластинка, употребляемая при выстукивании.
plesiosaur(i)o. [м.] (палеонт.) плезиозавр.
pletismografía. [ж.] (мед.) плетизмография.
pletismográfico, ca. [прил.] плетизмографический.
pletismógrafo. [м.] (мед.) плетизмограф.
plétora. [ж.] (мед.) плетора, полнокровие; (перен.) избыток, множество, изобилие.
pletórico, ca. [прил.] полнокровный.
pleura. [ж.] (анат.) плевра: * pleura costal, реберная плевра; * pleura pulmonar o visceral, внутренностная плевра; * pleura mediastínica, средостенная плевра.
pleural. [прил.] (анат.) плевральный, относящийся к плевре.
pleuralgia. [ж.] (мед.) плевральная боль.
pleuresía. [ж.] плеврит: * pleuresía seca, о fibrinosa, сухой плеврит; * pleuresía purulenta, гнойный плеврит.
pleurítico, ca. [прил.] (зоол.) относящийся к плевре, плевральный; [прил. и сущ.] больной, -ая плевритом.
pleuritis. [ж.] (мед.) плеврит.

pleurocarpo, pa. [прил.] бокоплодный.
pleurocele. [м.] грыжа плевры.
pleurocentesis. [ж.] (хир.) прокол плевры.
peuroclasa. [ж.] (мин.) вагнерит.
pleurodinia. [ж.] (мед.) болезненность плевры, колотье в боку.
pleurogínico, ca. [прил.] (бот.) бокопестичный.
pleuronéctidos. [м. множ.] камбаловые рыбы.
pleuronecto. [м.] (зоол.) камбала (рыба).
pleuropericarditis. [ж.] (патол.) воспаление плевры сердечной сумки.
pleurorrizo, za. [прил.] (бот.) краекорешковый.
pleurotomía. [ж.] (хир.) надрез плевры.
plexiforme. [прил.] (анат.) переплетенный, оплетенный.
plexiglás. [м.] плексиглас.
plexo. [м.] (анат.) сплетение (нервов, сосудов): * plexo aórtico, грудное сплетение, иннервирующее аорту и сердце; * plexo solar, солнечное сплетение.
pléyade. [ж.] плеяда.
Pléyades. [ж. множ.] (мит.) (астр.) Плеяды.
pleyocasio [м.] (бот.) плейохазий.
plica. [ж.] запечатанный документ (завещание, решение суда и т. д.); (мед.) складка, сгиб; (пат.) колтун.
pliego. [м.] лист (бумаги); депеша, пакет; (уст.) см. plegadura: * pliego de prensa, последняя корректура; * pliegos desaparejados, (полигр.) разрозненные листы; * formar los pliegos, (полигр.) верстать; * pliego de condiciones, технические требования; условия поставки.
pliegue. [м.] складка; морщина; фальц.
plinto. [м.] (арх.) основание (колонны, памятника).
plioceno, na. [прил.] (геол.) плиоценовый; [м.] плиоцен.
plisar. [перех.] (гал.) плиссировать.
plomada. [ж.] лот; грузило; нагайка; отвес.
plomador, ra. [прил. и сущ.] пломбирующий.
plomadura. [ж.] пломбирование, пломбировка.
plomar. [перех.] пломбировать, ставить пломбу.
plomazo. [м.] (Амер.) пулевая рана.
plombagina. [ж.] (мин.) графит.
plomería. [ж.] свинцовая крыша; склад свинца; мастерская свинцовых дел мастера.
plomero. [м.] свинцовых дел мастер.
plomífero, ra. [прил.] свинцовый, содержащий свинец; [м. и ж.] нудный человек; надоедливая вещь.
plomizo, za. [прил.] свинцовый; свинцового цвета; похожий на свинец.
plomo. [м.] свинец; грузило; пуля; ядро; (эл.) пробка предохранителя; (разг.) нудный человек; надоедливая вещь: * a plomo, отвесно; * caer a plomo, падать во весь рост; * ir con pies de plomo, поступать осторожно; действовать с оглядкой; * sellar con plomo, пломбировать.
plomo, ma. [прил.] (Амер.) свинцового цвета.
plomoso, sa. [прил.] см. plomizo.
pluma. [ж.] перо (птичье); перья, оперение; перо (писчее); стиль, манера писать; писатель; (мор.) подъёмная, грузовая стрела; штаг, весло; (разг.) ветры, газы; * pluma estilográfica, вечная ручка, авторучка; * al correr de la pluma, a vuela pluma, наспех, необдуманно; * echar pluma, (разг.) поправиться.
plumada. [ж.] росчерк пера; сделанная наскоро запись.
plumado, da. [прил.] пернатый, покрытый перьями.

plumaje. [м.] оперение, перья; плюмаж; султан на шлеме и т. д.
plumajero. [м. и ж.] торговец, -ка пухом и пером.
plumario. [м.] (Амер.) см. cortaplumas.
plumazo. [м.] пуховая подушка; перина, пуховик; росчерк пера: de un plumazo, одним росчерком пера.
plumazón. [м.] оперение, перья.
plumbado, da. [прил.] пломбированный.
plumbagina. [ж.] (мин.) см. plombagina.
plúmbeo, a. [прил.] свинцовый; (перен.) очень тяжёлый.
plúmbico, ca. [прил.] свинцовый.
plumbífero, ra. [прил.] свинцовый, содержащий свинец.
plumbismo. [м.] отравление свинцом.
plumboso, sa. [прил.] свинцовый, содержащий свинец.
plumeado. [м.] штриховка.
plumear. [перех.] штриховать; писать пером.
plúmeo, a. [прил.] пернатый.
plumería. [ж.] совокупность или изобилие перьев.
plumerío. [м.] см. plumería.
plumero. [м.] метёлка из больших перьев; пенал, коробка для перьев; плюмаж; султан; (Амер.) ручка (для пера).
plumífero, ra. [прил.] (поэт.) пернатый; [м.] писака, канцелярская крыса.
plumilla. [ж. умен. к pluma; (бот.) пёрышко.
plumión. [м.] пух, пушок.
plumista. [м.] писец; торговец пухом и пером.
plumón. [м.] пух, пушок; перина.
plumosita. [ж.] (мин.) серая сурьмяная руда.
plumoso, sa. [прил.] перистый.
plum pudding. [м.] плум-пудинг.
plúmula. [ж.] (бот.) пёрышко.
plural. [прил.] (грам.) множественный (о числе); [м.] множественное число.
pluralidad. [ж.] множественность, многочисленность, множество; большинство.
pluralismo. [м.] (филос.) плюрализм.
pluralizar. [перех.] (грам.) выражать (ставить) во множественном числе.
pluricelular. [прил.] многоклеточный.
plurifloro, ra. [прил.] (бот.) многоцветный.
plurilingüe. [прил.] говорящий на разных языках; написанный на нескольких языках.
pluripartido, da. [прил.] разделённый на несколько частей.
plus. [м.] прибавка к жалованью.
plus minusve. [лат. выраж.] более или менее.
plus ultra. [лат. выраж.] дальше.
pluscuamperfecto. [прил. и сущ.]: * pretérito pulscuamperfecto, давнопрошедшее время, плюсквамперфект.
plusmarca. [ж.] (спорт.) рекорд.
plusvalía. [ж.] (эк.) прибавочная стоимость.
plúteo. [м.] книжная полка.
plutocracia. [ж.] плутократия.
plutócrata. [м. и ж.] плутократ.
plutocrático, ca. [прил.] плутократический.
Plutón. [м.] (миф.) (астр.) Плутон.
plutoniano, na, plutónico, ca. [прил.] (геол.) плутонический.
plutonio. [м.] (хим.) плутоний.
plutonismo. [м.] (геол.) плутонизм.
pluvia. [ж.] (уст.) дождь.
pluvial. [прил.] дождевой: * capa pluvial, риза священника.
pluviátil. [прил.] дождевой.
pluvímetro, pluviógrafo. [м.] дождемер.
pluviométrico, ca. [прил.] относящийся к дождемеру.
pluviómetro. [м.] дождемер.

pluvioso, sa. [прил.] дождливый; [м.] (ист.) плювиоз.
¡po! [межд.] !вот ещё!
pobeda. [ж.] роща серебристых тополей; осиновая роща.
población. [ж.] заселение; население; населённый пункт.
poblacho. [м.] деревенька.
poblado. [м.] небольшой городок, посёлок.
poblador, ra. [прил.] населяющий; [м.] поселенец, колонист.
poblamiento. [м.] заселение.
poblano, na. [м. и ж.] (Амер.) сельский житель, -ница.
poblar. [перех.] населять, заселять; сажать (растения); poblarse, [возв. гл.] заселяться; покрываться листвой.
poblativo, va. [прил.] населяющий.
poblazo, va. [прил.] населяющий.
poblazo. [м.] см. poblacho.
poblezuelo. [м.] умен. к pueblo.
pobo. [м.] серебристый тополь; осина.
pobra. [ж.] (м. употр.) нищенка, нищая.
pobre. [прил.] бедный, неимущий, нищий; бедный, жалкий; ничтожный; несчастный, бедный; кроткий, простодушный; [м. и ж.] бедняк, бедная женщина, нищий, -ая: * pobre hombre, бедняга; * pobre de mí!, горе мне!; * pobre de espíritu, скудоумный; * más pobre que una rata, гол как сокол; * pobre Juan, мой милый Иван (в обращении — снисходительно); * pobre de solemnidad, очень бедный; * pobre limosnero, нищий; * hombre pobre todo es trazas, голь на выдумки хитра.
pobremente. [нареч.] по-бедняцки; бедно, скудно; неудачно.
pobrería. [ж. соб.] см. pobretería.
pobrero. [м.] (церк.) ведающий распределением пожертвований.
pobreta. [ж.] (разг.) проститутка, шлюха.
pobrete, ta. [прил.] бедненький; [м. и ж.] бедняжка; (разг.) простак.
pobretear. [неперех.] прикидываться бедным; побираться.
pobretería. [ж. соб.] беднота, нищая братия; скаредность.
pobreto. [м.] бедный малый, бедняк, горемыка, несчастный человек.
pobretón, na. [прил.] очень бедный; [м. и ж.] простак, глупец.
pobreza. [ж.] бедность, нужда; нищета; скудость, убожество; малодушие: * pobreza de espíritu, скудоумие; * pobreza no es vileza, бедность не порок.
pobrezuelo, la. [прил.] умен. к pobre.
pobrismo. [м. соб.] беднота, нищая братия.
pocear. [перех.] рыть колодцы.
pocero. [м.] землекоп, роющий или очищающий колодцы; рабочий, очищающий канализационные колодцы.
pocete. [м.] умен. к pozo.
pocilga. [ж.] свинарник (тже. перен).
pocillo. [м.] сточная яма; отстойник; небольшая чашка.
pócima. [ж.] отвар (лекарство); (разг.) бурда, пойло.
poción. [ж.] напиток; микстура, питьё (лекарство).
poco, ca. [прил.] малый, небольшой; немногочисленный; слабый; незначительный; недостаточный; [м.] немногое, малость; [нареч.] мало, немного: * a (al) poco rato, через некоторое время; * poca gente, мало народу; * poco tiempo, короткий срок; * poca salud, слабое здоровье; * poca cosa, незначительная вещь, малость, пустяк; * poco a menos o menos, около, приблизительно; * a poco, в короткий срок; * poco a poco, понемногу, мало-помалу; постепенно; * bien poco, довольно мало; * hace poco, недавно; * dentro de poco, вскоре; * por poco que sea, хоть сколько-нибудь; poco serio, не-

серьёзный; * un poco más alto, немного выше; * por poco, a pocas, едва; чуть-чуть не; * otro poco, ещё немного; hombre para poco, хилый человек; * tener en poco, не придавать значения; * ir poco a poco, идти медленным шагом.
pocotón. [м.] (Амер.) большое количество.
poculiforme. [прил.] чашевидный.
póculo. [м.] стакан.
pocha. [ж.] (обл.) ложь, обман, выдумка; (Амер.) головастик.
pochete. [м.] карманная скрипка (у учителя танцев).
pocho, cha. [прил.] бледный, бесцветный; выцветший; порченый (о фруктах).
poda. [ж.] стрижка, подчистка, подрезывание (деревьев); время стрижки (деревьев).
podadera. [ж.] садовые ножницы.
podador, ra. [прил. и сущ.] подрезающий деревья.
podadura. [ж.] (м. употр.) см. poda.
podagra. [ж.] (мед.) подагра.
podagraria. [ж.] (бот.) обыкновенная сныть.
podágrico, ca. [прил.] (мед.) подагрический.
podalgia. [ж.] (пат.) боль в ногах, особенно при плоской стопе.
podar. [перех.] подчищать, подстригать, подрезать (деревья); (перен.) очищать от лишнего; «Выжимать воду» (из статьи).
podartritis. [ж.] (пат.) воспаление сустава ноги.
podartrocace. [ж.] (пат.) туберкулёзное поражение голеностопного сустава.
podazón. [ж.] время стрижки деревьев.
podenco. [м.] спаньель (порода собак).
podenquear. [неперех.] (перен. разг.) выслеживать, разнюхивать.
podenquero. [м.] надсмотрщик за спаньелями.
poder. [м.] власть, господство; свойство, способность; сила, мощность, мощь; возможность; напор; полномочие, доверенность; [множ.] полномочия, права: * poder ejecutivo, исполнительная власть; * poder legislativo, законодательная власть; * poder adquisitivo, покупательная способность; * poder absoluto, деспотизм; de poder a poder, с напряжением всех сил; * poder judicial, судебная власть; * a poder de, настойчиво; * el cuarto poder, печать; por poder, по доверенности; * estar en el poder, находиться у власти, управлять государством; * renunciar al poder, отказываться от власти.
poder. [перех.] мочь, иметь возможность, быть в состоянии; иметь силу; располагать чем; иметь вес, значение; [безлич. гл.]: * puede suceder que, может случиться что: * a más no poder hasta no poder más, донельзя; * no poder con la carga, не справляться с нагрузкой; * no poder más, не быть в состоянии (от голода, усталости и т. д.); * ¡si yo pudiera! если бы я мог!; no se puede, нельзя; no puede ser, невозможно; не может быть; ¿se puede? разрешите войти?; * puede ser, может быть; * al que más pueda, наперебой; [непр. гл.] ind. puedo, -es, -e, podemos, -éis, pueden; pret. indef. pude, pudiste и т. д.; fut. podré и т. д.; pot. podría и т. д.; pres. sub. pueda, -as, -a, -an и т. д.; imperf. pudiera o pudiese и т. д.; ger. pudiendo.
poderdante. [м. и ж.] уполномочивающий, веритель.
poderhabiente. [м. и ж.] уполномоченный.
poderío. [м.] могущество, мощь; власть; влияние; богатство; возможность.
poderosamente. [нареч.] могущественно, мощно.
poderoso, sa. [прил.] могущественный, сильный, мощный; сильнодействующий;

влиятельный; очень богатый; многочисленный.
podestá [м.] (ист.) подеста, мэр (в городах Италии).
podio. [м.] (арх.) цоколь, подножие.
podobromhidrosis. [ж.] (пат.) зловонный пот ног.
podocarpo, pa. [м.] (бот.) подокарпус.
podofilo. [м.] (бот.) подофилл.
podogino. [м.] (бот.) подпестичник.
podología. [ж.] описание ноги.
podómetro. [м.] педометр, шагомер.
podón. [м.] садовый нож.
podonipsia. [ж.] (церк.) омывание ног.
podoscafo. [м.] байдарка.
podre. [ж.] гной.
podrecer. [перех.] гноить; [неперех.] загнивать, портиться.
podrecimiento. [м.] см. podredura.
podredumbre. [ж.] гниль; тоска, печаль, скорбь.
podredura. [ж.] гниль; гниение; разложение.
podricajo. [м.] (обл.) см. podredumbre; хилый или надоедливый человек.
podrición. [м.] см. podredura.
podridero. [м.] см. pudridero.
podrido, da. [страд прич к] podrir; гнилой, гнилостный.
podrigorio. [м.] (разг.) болезненный, хилый человек.
podrimiento. [м.] см. pudrimiento.
podrir. [перех. возв. гл.] см. pudrir.
poema. [м.] поэма (чаще эпическая); стихотворение.
poemático, ca. [прил.] относящийся к поэме.
poesía. [ж.] поэзия; стихотворение; стихи (чаще лирические).
poeta. [м.] поэт, стихотворец.
poetambre. [ж. соб.] голодные поэты; стихоплёты.
poetastro. [м.] (презр.) стихоплёт, рифмоплёт.
poética. [ж.] поэтика.
poéticamente. [нареч.] поэтически.
poético, ca. [прил.] поэтический; поэтичный; стихотворный.
poetisa. [ж.] поэтесса.
poetización. [ж.] поэтизация.
poetizar. [неперех.] писать стихи; [перех.] поэтизировать.
poetón. [м.] стихоплёт, рифмоплёт.
poeturria. [ж.] (разг. шутл.) см. poesía.
pogrom. [м.] погром.
poíno. [м.] подставка для бочки.
poi-poi. [прил.] (Амер.) * estar poi-poi, быть сытым; поесть досыта.
poiquiloblasto. [м.] красное кровяное тельце с ядром.
poiquilocitosis. [ж.] (пат.) разнообразие форм красных кровяных телец (при хлорозе).
polaca. [ж.] польская куртка.
polaco, ca. [прил.] польский; [м. и ж.] поляк, полька; [м.] польский язык.
polacra. [ж.] (мор.) трёхмачтовое торговое судно.
polaina. [ж.] гетра, гамаша; [множ.] краги.
polar. [прил.] полярный; * estrella polar, полярная звезда.
polaridad. [ж.] (физ.) полярность.
polarimétrico, ca. [прил.] поляриметрический.
polarímetro. [м.] (физ.) поляриметр.
polariscopio. [м.] (физ.) полярископ.
polarización. [ж.] (физ.) поляризация.
polarizador, ra. [прил.] поляризующий; [м.] поляризатор.

polarizante. [действ. прич. и прил.] поляризующий.
polarizar. [перех.] (физ.) поляризовать; (перен.) заострить внимание.
polatucha. [ж.] (зоол.) летучая белка, летяга, полетуха.
polca. [ж.] полька (танец).
polcar. [неперех.] танцевать польку.
polder. [м.] (геогр.) польдер.
polea. [ж.] (тех.) блок, шкив; ролик: * polea fija, глухой шкив; * poleas de gimnasia, экспандер.
poleada. [ж.] (обл.) клейстер.
poleadas. [ж. мн.] жидкая каша.
poleame. [м. соб.] (мор.) блоки.
polemarca. [м.] военачальник (у Греков).
polemarquía. [ж.] должность военачальника (у Греков).
polémica. [ж.] полемика; спор.
polémico, ca. [прил.] полемический.
polemista. [м. и ж.] полемист.
polemizar. [неперех.] полемизировать.
polemonio. [м.] (бот.) синюха.
polemoscopio. [м.] (физ.) полемоскоп (отражательный прибор).
polen. [м.] (бот.) пыльца.
polenta. [ж.] полента (каша из кукурузной муки).
poleo. [м.] (бот.) полей, грудная мята; (разг.) тщеславие, самомнение; хвастовство; (разг.) холодный ветер; (арг.) см. polinche.
poliadelfia. [ж.] (бот.) многобратство.
poliadelfo, fa. [прил.] (бот.) многобратственный.
poliadenitis. [ж.] (пат.) множественное воспаление желез, воспаление многих желез, полиаденит.
poliadenoma. [м.] (пат.) множественная гипертрофия желез.
poliandria. [ж.] полиандрия, многомужие.
poliandro, dra. [прил.] (бот.) многотычинковый.
poliarquía. [ж.] полиархия, многодержавие, многовластие, многоначалие.
poliarteritis. [ж.] (пат.) множественное узловатое острое воспаление сосудистой стенки.
poliarticular. [прил.] многосуставной.
poliartritis. [ж.] (пат.) множественное воспаление суставов.
poliatómico, ca. [прил.] многоатомный.
polibasita. [ж.] (мин.) серая серебряная руда, полибазит.
policárpico, ca. [прил.] многоплодный.
pólice. [м.] большой палец.
policéfalo, la. [прил.] многоголовый.
policía. [ж.] полиция; чистота; опрятность; вежливость; [м.] полицейский: * policía de seguridad, сыскная полиция; agente de policía, полицейский.
policíaco, ca. [прил.] полицейский; [м.] (Амер.) полицейский.
policial. [прил.] полицейский.
policitemia. [ж.] (пат.) обилие красных телец в крови.
policlado, da. [прил.] (бот.) многоветвистый.
policlínica. [ж.] поликлиника.
policolia. [ж.] (мед.) обилие желчи.
policopia. [ж.] гектограф.
policordo. [м.] (муз.) многострунный инструмент.
policracia. [ж.] см. poliarquía.
policroísmo. [м.] полихроизм, многоцветность.
policromasia. [ж.] (мед.) способность отдельных клеток окрашиваться в смешанные цвета.

policromático, ca. [прил.] см. policromo.
policromemia. [ж.] увеличение красящего вещества (гемоглобина) в крови.
policromia. [ж.] многоцветность, разноцветность.
policromo, ma. [прил.] многоцветный, разноцветный.
polichinela. [м.] полишинель.
polidactilia. [ж.] наличие лишних пальцев, полидактилия.
polidáctilo, la. [прил.] имеющий лишние пальцы; (бот.) многопальчатый.
polidipsia. [ж.] (пат.) полидипсия, чрезмерная жажда.
poliédrico, ca. [прил.] (геом.) многогранный.
poliedro. [м.] (геом.) многогранник, полиэдр.
poliembrionía. [ж.] (бот.) полиэмбриония.
poliemia. [ж.] полнокровие.
polifagia. [ж.] полифагия.
polífago, ga. [прил.] страдающий полифагией.
polifarmacia. [ж.] прописывание множества лекарств.
polifármaco, ca. [прил.] прописывающий множество лекарств.
polifásico, ca. [прил.] (эл.) многофазный.
Polifemo. (миф.) Полифем.
polífilo, la. [прил.] (бот.) многолистный.
polifonía. [ж.] (муз.) полифония, многоголосие.
polifónico, ca. [прил.] (муз.) полифонический, многоголосый.
polífono, na. [прил.] см. polifónico.
polifongo. [м.] (муз.) полифтонг.
polígala. [ж.] (бот.) истод.
poligalia. [ж.] увеличенное отделение молока.
poligamia. [ж.] полигамия, многобрачие.
poligámico, ca. [прил.] полигамический; (бот.) многобрачный.
poligastro, tra. [прил.] (зоол.) многобрюшный.
poligenismo. [м.] полигенизм.
poliginia. [ж.] (бот.) присутствие нескольких пестиков в одном цветке.
poliglobulia. [ж.] (пат.) увеличение числа красных телец.
Políglota. [ж.] многоязычная Библия.
poliglotía. [ж.] знание нескольких языков.
polígloto, ta. [прил.] многоязычный; говорящий на нескольких языках; [м. и ж.] полиглот.
poligonáceas. [ж. мн.] (бот.) гречишные растения.
poligonal. [прил.] (геом.) многоугольный, полигональный.
poligonia, fa. [прил.] имеющий много зуб.
polígono, na. [прил.] (геом.) многоугольный; [м.] многоугольник; (воен.) полигон.
poligrafía. [ж.] см. criptografía; искусство разбирать тайнопись; полиграфия.
poligráfico, ca. [прил.] тайнописный; полиграфический.
polígrafo, fa. [м. и ж.] специалист по poligrafía; разносторонний писатель, полиграфист.
poligrama. [м.] (геом.) многосторонник.
polihalita. [ж.] (мин.) полигалит.
polihidria. [ж.] (мед.) чрезмерный пот.
polilla. [ж.] моль; надоедливый человек: * no tener polilla en la lengua, не лезть за словом в карман.
polimatía. [ж.] учёность, эрудиция.
polimería. [ж.] (хим.) одинаковость пропорции атомных формул двух различных химических веществ, полимерия.
polimérico, ca. [прил.] (хим.) полимерный.
polimerización. [ж.] (хим.) полимеризация.
Polimnia. [ж.] (мнф.) Полимния, муза пения.

polimorfismo. [м.] полиморфизм.
polimorfo, fa. [прил.] полиморфный.
polín. [м.] (тех.) подкладной каток.
polinesiano, na. [прил.] полинезийский; [м. и ж.] житель Полинезии, полинезиец.
polinesio, sia. [прил.] см. polinesiano.
polineuritis. [ж.] (пат.) множественное воспаление нервов, полиневрит.
polinia. [ж.] (бот.) поллиний.
polinización. [ж.] (бот.) опыление.
polinizar. [перех.] (бот.) опылять.
polinomio. [м.] (мат.) многочлен.
polinuclear. [прил.] многоядерный.
polio. [м.] см. zamarrilla.
poliomielitis. [ж.] (пат.) полиомиелит.
polioniquia. [ж.] (анат.) наличие лишних ногтей.
poliopía. [ж.] множественное видение в одном глазу.
poliorcética. [ж.] искусство осады укреплённых пунктов.
polipasto. [м.] (тех.) полиспаст.
polípero. [м.] (зоол.) колония морских полипов.
polipétalo, la. [прил.] (бот.) многолепестковый.
polipiforme. [прил.] полипообразный.
pólipo. [м.] (зоол. мед.) полип.
polipodio. [м.] (бот.) многоножка.
polipodo, da. [прил.] многоногий.
polipoideo, a. [прил.] полипообразный.
poliporo. [м.] (бот.) трутовик.
poliposis. [ж.] (пат.) множественные полипы.
poliprisma. [м.] (физ.) составная призма.
políptero. [м.] (зоол.) полиптер.
poliquetos. [м. мн.] (зоол.) многощетинковые кольчатые черви.
polirrizo, za. [прил.] (бот.) многокорешковый.
polisarcia. [ж.] (мед.) тучность (чрезмерная), ожирение.
poliscopio. [м.] (физ.) множительное стекло.
polisemia. [ж.] многозначность, полисемия.
polisemo, ma. [прил.] многозначный.
polisépalo, la. [прил.] (бот.) многочашелистиковый.
poliserositis. [ж.] (пат.) воспаление многих серозных оболочек.
polisialia. [ж.] (пат.) слюнотечение.
polisilabismo. [м.] (грам.) многосложность.
polisílabo, ba. [прил.] (грам.) многосложный.
polisilogismo. [м.] (филос.) полисиллогизм.
polisíndeton. [м.] (рит.) полисиндетон, многосоюзие.
polisinodia. [ж.] замена министров советами.
polisintético, ca. [прил.] полисинтетический.
polisón. [м.] (уст.) подкладная подушечка, турнюр.
polispasto. [м.] (тех.) полиспаст.
polispermia. [ж.] полиспермия, оплодотворение одной яйцеклетки несколькими сперматозоидами.
polispermo, ma. [прил.] (бот.) многосемянный.
polista. [м.] игрок в поло.
polistilo, la. [прил.] (арх.) многостолбный.
politburó [м.] политбюро.
politecnia. [ж.] политехнизм.
politécnico, ca. [прил.] политехнический.
politeísmo. [м.] политеизм, многобожие.
politeísta. [прил.] политеистический; [м. и ж.] политеист, -ка.
política. [ж.] политика; вежливость, учтивость; политичность; хитрость, ловкость: * política económica, экономическая
politicamente. [нареч.] политически, в соответствии с политическими требованиями; с точки зрения политики.

politicastro. [м.] (презр.) плохой политик, политикан.
politicismo. [м.] см. taimería.
político, ca. [прил.] политический; учтивый, вежливый; [м.] политик, государственный деятель: * padre político, тесть; свёкор; * madre política, тёща; свекровь; * hijo político, зять; * hermano político, шурин.
politicoeconómico, ca. [прил.] политико-экономический.
politicomanía. [ж.] страсть говорить о политике.
politicón, na. [прил.] чрезмерно учтивый и т. д., чопорный; плохой (о политике); действующий из мелких, личных побуждений.
politipar. [перех.] (тип.) делать, печатать политипажные оттиски.
politipia. [ж.] политипаж.
politiquear. [неперех.] (разг.) политиканствовать; разглагольствовать о политике.
politiqueo. [м. дейст.] к politiquear, политиканство.
politiquería. [ж.] политиканство.
politiquilla. [ж.] мелкая политика.
politiquillo. [м.] мелкий политик.
politizar. [перех.] дать политический характер.
politrico. [м.] (бот.) кукушкин лён.
poliuria. [ж.] (мед.) полиурия.
polivalencia. [ж.] (хим.) поливалентность.
polivalente. [прил.] (хим.) поливалентный.
póliza. [ж.] чек; полис; входной билет, пропуск; гербовая марка; квитанция (об уплате пошлин): * póliza de seguro, страховой полис.
polizón. [м.] бродяга; (мор.) безбилетный пассажир, заяц.
polizonte. [м.] (разг.) полицейский; шпик.
polo. [м.] полюс; стержень: * polo ártico, o boreal, Северный полюс; * polo antártico, o austral; Южный полюс; * polo magnético, магнитный полюс; * polo negativo, отрицательный полюс; * de polo a polo, с начала до конца; от края до края, из края в край; полярно противоположно.
polo. [м.] андалузская песня.
polo. [м.] (спорт.) поло.
polografía. [ж.] описание полюсов.
pololа. [ж.] (рarг.) (Амер.) кокетка, вертушка.
pololear. [перех.] (разг.) (Амер.) ухаживать; кокетничать; мешать; надоедать.
pololeo. [м.] (разг.) (Амер.) ухаживание.
pololiento, ta. [прил.] (Амер.) несносный, надоедливый.
pololo. [м.] жесткокрылое насекомое; (Амер.) ухажёр; болтун.
polonés, sa. [прил и сущ.] см. polaco.
polonesa. [ж.] (муз.) полонез; польская куртка.
polonífero, ra. [прил.] (хим.) содержащий полоний.
polonio. [м.] (хим.) полоний.
polquista. [м. и ж.] тот, кто танцует польку.
poltra, poltre. [ж.] (Амер.) постельное бельё.
poltrón, na. [прил.] ленивый; вялый, бездеятельный; робкий; удобный, располагающий к лени; [м. и ж.] лентяй, -ка; [ж.] глубокое, удобное кресло.
poltronamente. [нареч.] лениво и т. д.
poltronear. [неперех.] (разг.) см. haraganear.
poltronería. [ж.] леность, лень; вялость.
poltronizarse [возв. гл.] обленится, предаваться лени, стать ленивым.
polución. [ж.] (физиол.) поллюция, извержение мужского семени во сне.
poluto, ta. [прил.] запачканный.
Polux. (миф.) Полюкс, сын Юпитера.
polvareda. [ж.] облако пыли, пыль столбом;

шумиха: * armar (levantar, mover) polvareda, поднять шумиху.
polvazal, polvazón. [м.] (Амер.) см. polvareda.
polvera. [ж.] пудреница.
polvero. [м.] (Амер.) облако пыли; носовой платок.
polveta. [ж.] (Амер.) пудреница.
polviento, ta. [прил.] (Амер.) пыльный, запылённый.
polvificar. [перех.] (разг.) см. pulverizar.
polvo. [м.] пыль; порошок; прах; щепотка; [множ.] пудра: * polvos de arroz, рисовая пудра; * polvos de Soconusco, ванильный порошок; * polvos de la madre Celestina, таинственное, чудесное средство; * morder el polvo, пасть, потерпеть поражение; * sacudir el polvo, крепко поколотить, выбить пыль из кого-л, вздуть; взгреть; * tomar el polvo, бежать, скрываться; * limpio de polvo y paja, чистый (прибыль и т. д.); * polvo de cartas, de salvadera, песок (для посыпания написанного); * sacudir el polvo de los pies, o de los zapatos, отрясти прах от своих ног.
pólvora. [ж.] порох; фейерверки; вспыльчивость; живость; (уст.) пыль: * pólvora sin humo, бездымный порох; * gastar la pólvora en salvas, стрелять из пушек по воробьям, тратить заряд даром; * no haber inventado la pólvora, пороху не выдумать; * ser una pólvora, быть очень быстрым; * pólvora para cazar, охотничий порох; * pólvora de algodón, хлопчатобумажный порох; * pólvora fulminante, o detonante, гремучий порох.
polvoraduque. [ж.] старинный соус.
polvoreamiento. [м.] покрывание пылью, пудрой.
polvorear. [перех.] пылить, покрывать пылью; пудрить.
polvorera. [ж.] (Амер.) пороховница, пороховой рог; пудреница.
polvorero. [м.] (Амер.) пиротехник.
polvoriento, ta. [прил.] пыльный, запылённый.
polvorificio. [м.] пороховой завод.
polvorilla. [ж. умен.] к pólvora; вспыльчивый человек.
polvorín. [м.] мелкий порох, пороховница, пороховой рог; пороховой склад, погреб; (Амер.) вспыльчивый человек; облако пыли.
polvorista. [м.] пиротехник.
polvorizable. [прил.] polvorización, [ж.] см. pulverizable, pulverización.
polvorizar. [перех.] покрывать пылью, пудрить; см. pulverizar.
polvorón. [м.] печенье (один из сортов); (Амер.) хлебец; бисквит.
polvorosa. [ж.]: * poner pies en polvorosa, навострить лыжи, удрать.
polvoroso, sa. [прил.] пыльный, запылённый.
polla. [ж.] курица-молодка, курочка, молодка; (перен. разг.) девушка; ставка (в игре): * polla de agua, водяная курочка.
pollada. [ж.] выводок.
pollancón, na. [м. и ж.] см. pollastro; (перен.) высокий, хорошо сложённый юноша.
pollastre, pollastro, tra. [м. и ж.] молодой петушок или курочка; хитрый, лукавый человек, шельма.
pollazón. [ж.] выводок птенцов.
pollera. [ж.] торговка курами; птичница; плетёный стул (в котором обучают детей ходить); (Амер.) юбка.
pollería. [ж.] птичий ряд (на рынке).
pollero. [м.] продавец птиц, торговец птицей; птичник.
pollerón. [м.] (Амер.) амазонка (платье).

pollinarmente. [нареч.] верхом на осле.
pollinejo, ja. [м. и ж.] (разг.) [умен.] к pollino.
pollino, na. [м. и ж.] молодой осёл, молодая ослица; осёл; (перен.) осёл, дурак, дура.
pollito, ta. [м. и ж.] цыплёнок; (перен.) [м.] мальчик; [ж.] девочка.
pollo. [м.] цыплёнок; птенец; детва (пчёл); (разг.) юнец; (перен.) шельма, хитрец; (Амер.) поджаренное свиное сало; (прост.) плевок.
polluelo. [м. умен.] к pollo, птенец.
poma. [ж.] яблоко (вообще); яблоко (один из сортов); флакон для духов.
pomáceas. [ж. множ.] (бот.) яблоневые.
pomada. [ж.] помада; мазь.
pomar. [м.] яблоневый сад.
pomarada. [ж.] яблоневый сад.
pomarrosa. [ж.] плод гвоздичного дерева.
pomarroso. [м.] (бот.) (Амер.) гвоздичное дерево.
pomelo. [м.] (бот.) см. toronja.
pómez. [ж.] (мин.) пемза.
pomicultor. [м.] плодовод.
pomicultura. [ж.] плодоводство.
pomífero, ra. [прил.] (поэт.) богатый яблоками.
pomo. [м.] плод, фрукт; рукоятка шпаги и т. д.; флакон, сосуд; (обл.) букет.
pomoideas. [ж. множ.] (бот.) см. pomáceas.
pomol. [м.] (Амер.) омлет с кукурузной мукой.
pomología. [ж.] помология (учение о плодовых деревьях).
pomológico, ca. [прил.] помологический.
Pomona. (миф.) Помона, богиня плодов.
pompa. [ж.] помпа, пышность, великолепие, торжественность, роскошь; торжественная процессия; пузырь (на воде); распущенный хвост павлина; (мор.) насос: * pompas de jabón, мыльные пузыри.
pompar. [неперех.] (Амер.) накачивать (насосом).
pompáticamente. [нареч.] пышно.
pompático, ca. [прил.] см. pomposo.
pompear. [неперех.] хвастаться, важничать; [возв. гл.] напускать на себя важность; (разг.) см. pavonearse.
pompeyano, na. [прил.] помпейский; [м. и ж.] житель Помпей.
pompro, ra. [прил.] (Амер.) тупой.
pompón. [м.] помпон.
pomponearse. [возв. гл.] напускать на себя важность.
pomposamente. [нареч.] пышно, великолепно; высокопарно.
pomposidad. [ж.] пышность; высокопарность.
pomposo, sa. [прил.] помпезный (книж.), пышный, торжественный; надутый, напыщенный, высокопарный (о стиле).
pómulo. [м.] скула.
pomuloso, sa. [прил.] скуластый.
ponceño, na. [прил.] относящийся к Ponce; [м. и ж.] уроженец или житель этого города.
poncí, poncidre, poncil. [м.] толстокожий кислый лимон.
poncha. [ж.] (Амер.) зимний плащ из фланели.
ponchazo. [м.] (Амер.) удар пончо.
ponche. [м.] пунш.
ponchera. [ж.] пуншевая чаша.

poncho. [м.] пончо, плащ; шинель: * perder el poncho, (Амер.) стараться; * alzar el poncho, (Амер.) удрать; восставать; * estar a poncho, (Амер.) быть не в курсе дела; * pisar el poncho, (Амер.) навязывать драку; * arrastrar el poncho, (Амер.) искать ссоры; * de poncho y pellón, кстати, во-время.

poncho, cha. [прил.] (Амер.) ленивый, медлительный; короткий; малорослый.

ponderabilidad. [ж.] весомость.

ponderable. [прил.] весомый; восхитительный, замечательный.

ponderación. [ж.] взвешивание: (перен.) обдумывание, взвешивание; преувеличение; уравнение.

ponderador, ra. [прил.] взвешивающий; уравновешивающий, приводящий в равновесие; преувеличивающий.

ponderal. [прил.] весовой.

ponderar. [перех.] взвешивать; (перен.) взвешивать, обдумывать, рассматривать; уравновешивать; преувеличивать; расхваливать.

ponderativo, va. [прил.] преувеличенный; хвалебный.

ponderosamente. [нареч.] см. pesadamente; осторожно, благоразумно.

ponderosidad. [ж.] тяжёловесность; осторожность, осмотрительность.

ponderoso, sa. [прил.] тяжёлый, тяжеловесный; осторожный, осмотрительный, благоразумный.

pondo. [м.] (Амер.) глиняный чан.

ponedero, ra. [прил.] несущийся (о курице); годный для носки; [м.] корзина для наседки, гнездо; место, где находится она.

ponedor, ra. [прил.] несущийся (о курице); [м.] см. postor.

ponencia. [ж.] доклад, отчёт референта; должность референта.

ponente. [м.] референт.

ponentino, na, ponentisco, ca. [прил.] западный.

ponepesares. [м.] (разг.) печаль, забота, горе, неприятность.

poner. [перех.] класть, ставить; помещать, подготовлять, приготовлять; выставлять; предполагать, определять, считать; ставить, делать ставку; биться об заклад; возлагать (поручение и т. д.); приводить (к чему); приспосабливать; осыпать (бранью); подвергать (опасности); налагать (штраф и т. д.) облагать (налогом); писать, излагать (на бумаге); прилагать (старание и т. д.), вносить; делать вклад; давать (прозвище, имя); прибавлять (от себя); вызывать, причинять; устанавливать; класть яйца: * poner en la mesa, положить на стол; * poner la mesa, накрывать на стол; * poner los periódicos en la mesa, положить газеты на стол; * poner la botella en la mesa, поставить бутылку на стол; * poner al sol, al aire, выставлять на солнце, на воздух; * poner a punto, налаживать; * poner la primera piedra, заложить первый камень; * poner en libertad, освободить; * poner a la sombra, арестовать, засадить; * poner atención, отнестись внимательно; * poner cuidado en algo, заботиться о; * poner a prueba, подвергнуть испытанию; * poner a galope, пустить вскачь; * poner de manifiesto, показывать; * poner en claro, выяснять, объяснять; * poner en duda, сомневаться, усомниться; * poner en peligro, (по)ставить под угрозу; * poner en circulación, пустить в обращение; * poner en marcha, пускать в ход; * poner término, класть конец; * poner una ópera, ставить оперу; * poner en evidencia, выставить наружу, показать; * poner colorado, заставить покраснеть; * poner fuera de combate, вывести из строя; * poner manos a la obra, начинать что-то делать, взяться за дело; * poner a parir, припереть к стенке; poner la pelota en juego, ввести мяч в игру; * ponerse [возв. гл.] начинать что-то делать, взяться за дело, приниматься; надевать; одеваться; становиться; состязаться; сопротивляться; спорить, противоречить; измараться; прибывать; заходить (о небесных светилах); * ponerse el sombrero, надеть шляпу; * ponerse en camino, двинуться в путь; * ponerse de acuerdo, соглашаться; * ponerse al corriente, входить в курс дела; выплачивать задолженность; * ponerse colorado, покраснеть; * ponerse a reír, расхохотаться; * ponerse bien, выздоравливать; * ponerse mal, заболевать; * ponerse a llorar, удариться в слёзы; [непр. гл.] pres. ind., pongo, pones и т. д.; pret. ind. puse, pusiste и т. д.; pot. pondría, ías и т. д.; pres. subj. ponga, -as и т. д.; imperf. subj. pusiera или pusiese и т. д.; part. puesto.

ponfo. [м.] (пат.) прыщ.

pongo. [м.] (Амер.) слуга-индеец; опасная переправа.

pongo. [м.] понго, человекообразная обезьяна.

ponientada. [ж.] западный ветер.

ponientazo. [м.] (мор.) сильный западный ветер.

poniente. [м.] запад; западный ветер; (арг.) шляпа; (Амер.) пекарь; помощник пекаря.

ponimiento. [м.] кладка; накладывание; (вообще) дейст. к poner; (уст.) налог.

ponina. [ж.] (Амер.) доля, пай; членский взнос.

ponos. [м.] боль; усталость.

ponqué. [м.] (Амер.) сдобный пирог.

pontaje. [м.] см. pontazgo.

pontana. [ж.] каменная плита для мощения оросительного канала.

pontazgo. [м.] мостовой сбор.

pontazguero, ra. [м. и ж.] сборщик мостовой пошлины.

pontear. [перех.] строить мост.

pontevedrés, sa. [прил.] относящийся к Pontevedra; [м. и ж.] уроженец или житель этой провинции.

pontezuela. [ж.] pontezuelo. [м.] умен. к puente, мостик.

pontificado. [м.] папство, понтификат; первосвященство.

pontifical. [прил.] папский; епископальный; [м.] (также множ.) епископское облачение; сборник молитв и служб: * de pontifical, (перен. разг.) в полной парадной форме, в полном облачении.

pontificalmente. [нареч.] в полном облачении (епископском).

pontificar. [неперех.] (разг.) (церк.) быть или стать первосвященником, епископом или архиепископом; выдавать за авторитет (в какой-л области).

pontífice. [м.] первосвященник; епископ, архиерей, архиепископ: * sumo, romano pontífice, римский папа.

pontificio, cia. [прил.] архиерейский; папский.

ponto. [м.] (поэт.) море.

pontocón. [м.] пинок ногой; (Амер.) сильный толчок.

pontón. [м.] понтон; баржа; старое негодное к плаванию судно (используемое для разных целей): * pontón flotante, плот.

pontonero. [м.] понтонёр.

ponzón. [м.] (Амер.) (украшение) большая булавка.

ponzoña. [ж.] яд, отрава; (перен.) вредное учение.

ponzoñífero, ra. [прил.] ядовитый, содержащий яд.

ponzoñosamente. [нареч.] ядовито.

ponzoñoso, sa. [прил.] ядовитый; (перен.) вредный.

popa. [ж.] корма (у судна): * ir viento en popa, идти с попутным ветром; (перен.) иметь удачу; * de proa a popa, вполне, целиком, полностью, совершенно.

popamiento. [м.] презрение; дейст. к ласкать; угождение.

popar. [перех.] пренебрежительно относиться, нежить, холить, лелеять, угождать.

pope. [м.] поп, священник.

popelín. [м.] popelina. [ж.] поплин.

poples. [ж.] (анат.) подколенная впадина.

poplíteo, a. [прил.] (анат.) подколенный.

popo. [м.] (Амер.) трубка.

popoche, popocho, cha. [прил.] (разг. Амер.) сытый, насытившийся.

popote. [м.] солома для метёлок; соломинка для питья.

populación. [ж.] (дейст.) население, народонаселение.

populachería. [ж.] дешёвая популярность.

populachero, ra. [прил.] плебейский, вульгарный; простонародный.

populacho. [м.] (презр.) чернь, простонародье, черняць.

popular. [прил.] народный; популярный, * frente popular, народный фронт.

popularidad. [ж.] популярность.

popularización. [ж.] популяризация.

popularizador, ra. [прил.] популяризирующий; [м.] популяризатор.

popularizar. [перех.] популяризировать, делать популярным; * popularizarse. [возв. гл.] делаться популярным.

popularmente. [нареч.] популярно, общедоступно; шумно, беспорядочно.

populazo. [м.] см. populacho.

populeón. [м.] (апт.) тополевая мазь.

populetano, na. [прил.] относящийся к монастырю Poblet (Tarragona).

populismo. [м.] (ист.) народничество.

populista. [ж.] (ист.) народник; [прил.] народный.

pópulo. [м.] народ: * hacer una de pópulo bárbaro, принять необдуманную меру.

populoso, sa. [прил.] многолюдный, перенаселённый.

popurrí. [м.] блюдо из мяса с зеленью; (муз.) попурри; (перен.) мешанина.

poquedad. [ж.] малость, безделица, трусость, робость, малодушие.

poquer. [м.] (карт.) покер.

poquito, ta. [прил.] умен. к poco: * a poquito, понемногу, мало-помалу; * a poquitos, понемногу, небольшими частями; * un poquito, совсем немного; * de poquito, неловкий, робкий.

por. [предл.] (при обозначении а) цели за: за свободу, por la libertad; b) пространства по+д. через+в: * pasar por el bosque, пройти по лесу, через лес; (при указании замены) вместо+р. за+в. * dar una cosa por otra, дать одну вещь вместо другой; * vender por nuevo, продать за (как) новое; (обозначает действующее лицо); * libro escrito por Chejov, книга написанная Чеховым; при указ. цены) за+в. на+в. * comprar por mil pesetas, купить за тысячу песет; * vender todo por cien pesetas, всего продать на сто песет; (при обозначь. причины) за + в. из-за + р.: * por robar, за кражу; * por falta de tiemро, из-за недостатка времени; из + р: * por vanidad, из тщеславия; (при обознач. доли, падающей на каждую единицу) на + в.: * por habitante, на жителя; * por kilómetro cuadrado, на квадратный километр; (временное отношение) на: * por tres meses, на три месяца; (при обознач. обмена) на + в.: * trocar el caballo por una vaca, менять лошадь на корову; (при обознач. образа или средства действия) перев. различно: * coger por la mano, взять за руку; * llamar por el nombre, назвать по имени; * mandar por correo, послать по почте (почтой); (при обознач. умножения) по, на + в.: * cinco por dos, пять на два; * por completo, совершенно; (в качестве кого-чего) в, за: * tomar por ayudante, брать в помощники; (образ действия) por la fuerza, силой; (обозначает направленность дейст. в чью-л пользу) за + р.: intervenir por, заступиться за кого-л; (с прил. обознач. признак, свойство): *darse por vencido, признавать себя побеждённым; * pasar por sabio, слыть учёным; (перед инфинитивом обозначает) а) намерение или предполагаемое действие; * la habitación está por arreglar, комната не убрана; * el libro está por vender, книга продаётся; с) цель (вместо): * por no caer en manos del enemigo, чтобы не попасть в руки врагов; d) следствие: * por haber llegado tarde, за опоздание; (обозначает склонность) к + д.: * pasión por el juego, страсть к игре; (при указ. направления действия) за + т.: * ir por pan, пойти за хлебом; (входит в состав многочисленных наречных и предложных оборотов): * por favor, пожалуйста; * por si acaso, на всякий случай; * por ejemplo, например; * por fin, наконец; * por lo menos, по крайней мере; * por poco, чуть не, едва; * por entre, между, среди; * por siempre, навсегда; * por medio de, средством; * por mi parte, с моей стороны; * por completo, совершенно; * por lo tanto, por eso, por esto, поэтому; * por lo contrario, наоборот; * por más (muy, mucho)... que, как бы... ни (не); * por amor de, ради, из любви к...; * por pobre que sea, при всей (своей) бедности; * por poco que, если хоть немного, стоит только; * palabra por palabra, дословно; * de por sí, сам по себе, и без того; * ¿por qué? почему?; * por sí o por no, на всякий случай; * por cierto, конечно, несомненно; * hoy por ti, mañana por mí, уступите, тогда и я вам уступлю; * por ende, поэтому, поэтому; * por falta de, за неимением, за отсутствием; * trabajar por horas, получать почасовую оплату; * por esta vez, на этот раз; * por suerte, к счастью.

porcachón, na. [м. и ж.] увел. к puerco (разг.) большая свинья; грязнуля, неряха; [прил.] увел. к puerco, очень грязный и т. д.

porcallón, na. [прил.] см. porcachón.

porcar [перех.] (Амер.) окапывать.

porcel. [м.] (обл.) шишка на голове.

porcelana. [ж.] фарфор; эмаль; изделие из фарфора; бело-синего цвета; (Амер.) умывальный таз.

porcelanita. [ж.] (геол.) фарфоровая яшма.

porcentaje. [м.] (гал.) процент, процентное отношение.

porcino, na. [прил.] свиной; [м.] поросёнок; шишка на голове.

porción. [ж.] часть, доля; порция, пай; (разг.) множество.

porcionero, ra. [прил. и сущ.] см. partícipe.

porcionista. [м. и ж.] участник, -ица; пансионер, -ерка.

porcipelo. [м.] (разг.) щетина.

porcuno, na. [прил] свиной; предназначенный для свиней.

porche. [м.] колоннада (у входа в здание); въезд; навес; см. atrio.

pordiosear. [неперех.] просить милостыню, побираться, нищенствовать; вымаливать.

pordioseo. [м.] pordiosería. [ж.] выпрашивание милостыни.

pordiosero, ra. [прил] нищенствующий; [м. и ж.] нищий, -ая, нищенка.

porfía. [ж.] дейст. к настаивать; надоедание; настойчивость, упорство; спор, ссора: *a porfía, наперебой.

porfiadamente. [нареч.] упрямо; упорно, настойчиво.

porfiado, da. [прил] упрямый; упорный, настойчивый.

porfiador, ra. [прил.] настаивающий; упорно добивающийся; упрямый; [м. и ж.] спорщик, -ица; упрямец, -мица.

porfiar. [неперех.] настаивать, упорно добиваться; упираться; приставать, надоедать; спорить.

porfídico, ca. [прил.] порфировый; похожий на порфир.

porfidización. [ж.] растирание на порфировой доске; дейст. к porfidizar.

porfidizar. [перех.] делать похожим на порфир; см. porfirizar.

pórfido. [м.] (геол.) порфир (горная порода); шлифованная плита.

porfidoideo, a. [прил.] похожий на порфир.

porfioso, sa. [прил.] см. porfiado.

porfirización. [ж.] см. porfidización.

porfirizar. [перех.] (апт.) растирать в порошок на порфировой доске.

pórforo. [м.] (гал.) порфир.

porgadero. [м.] (обл.) сито, решето, грохот.

porgar. [перех.] (обл.) просеивать через решето, грохот.

pormenor. [м.] деталь, подробность; мелочь: * con todos los pormenores, подробно, детально.

pormenorizar. [перех.] (неол.) подробно рассказывать; излагать, детально описывать.

pornografía. [ж.] порнография.

pornográfico, ca. [прил.] порнографический.

poro. [м.] пора.

poro. [м.] (Амер.) грушевидный тыквенный сосуд.

poroqueratosis. [ж.] (пат.) ороговение выходного отверстия потовых желез.

pororó. [м.] (Амер.) жареная кукуруза.

pororoca. [м.] (Амер.) столкновение речного течения с морским приливом.

porosidad. [ж.] пористость, ноздреватость, скважистость.

porosis. [ж.] (пат.) разрежение.

poroso, sa. [прил.] пористый, ноздреватый.

poroto. [м.] (Амер.) американская фасоль.

porpuen. [м.] см. jubón.

porque. [союз] потому что, так как, оттого что; ради того, чтобы; для того, чтобы: * no ha venido porque está enfermo, он отсутствует, так как болен.

porqué. [м.] причина, основание, повод; (разг.) часть, порция, определённое количество.

porquecilla. [ж.] умен. к puerca.

porquera. [ж.] место, где водятся дикие кабаны: * lanza porquera, короткое копьё.

porquería. [ж.] свинство; грязь, мерзость; гадость, подлость; низость; невоспитанность; несъедобная вещь; дрянь, дрянная вещь.

porqueriza. [ж.] свинарник, свиной хлев, свинарня.

porquerizo, za. [м. и ж.] свинопас, свинарка.

porquero, ra. [м. и ж.] см. porquerizo.

porquerón. [м.] (разг.) полицейский; шпик.

porqueta. [ж.] (зоол.) мокрица.

porquezuelo, la. [м. и ж.] умен. к puerco, поросёнок; [ж.] (м. употр.) гайка.

porra. [ж.] дубина, дубинка; (разг.) тщеславие, бахвальство; надоедливый человек; (арг.) лицо; (Амер.) спутанные волосы: *a la porra! к чёрту!

porracear. [перех.] (Амер.) дубасить.

porráceo, a. [прил.] темнозелёный.

porrada. [ж.] см. porrazo; (перен. разг.) глупость, бессмыслица; множество, масса.

porral. [м.] поле, засеянное пореем.

porrazo. [м.] удар дубиной; удар.

porrear. [неперех.] (разг.) настаивать, надоедать; досаждать.

porrección. [ж.] подношение (церковных вещей).

porrería. [ж.] (разг.) глупость, бессмыслица; грубость; медлительность, промедление.

porrero. [м.] маска (человек в маскарадном костюме).

porreta. [ж.] зелёный стебель, стрелка (лука-порея, чеснока): * en porreta, (разг.) в чём мать родила.

porretada. [ж.] множество, масса; толпа.

porricacha. [ж.] (обл.) дубина, палица.

pórrigo. [м.] (пат.) шелушащаяся сыпь, струп.

porrilla. [ж.] сорт молотка.

porrillo. [м.] * a porrillo, в избытке, во множестве.

porrina. [ж.] хлеб на корню; см. porreta.

porro. [м.] (бот.) порей.

porro, rra. [прил.] (перен. разг.) грубый, неотёсанный; глупый, тупоголовый.

porroco. [м.] (обл.) маска (человек в маскарадном костюме).

porrón. [м.] поррон (стеклянный кувшин с носиком; см. botijo.

porrón. [м.] (Амер.) порей.

porrón, na. [прил.] медлительный.

porrongo, ga. [прил.] коренастый, толстый.

porrudo. [м.] (обл.) пастушеский посох.

porsiacaso. [м.] (Амер.) вещевой мешок, см. morral.

porta. [ж.] (мор.) орудийный люк; (спорт.) ворота; см. mantelete; (уст.) дверь.

portaalmizcle. [м.] (зоол.) см. almizclero.

portaagujas. [м.] (хир.) игольная держалка.

portaaviones. [м.] (Амер.) авианосец; авиаматка.

portabotellas. [м.] ящик с клетками для перевозки бутылок.

portacartas. [м.] сумка почтальона.

portachuelo. [м.] ущелье.

portada. [ж.] портал; заглавный лист; передняя, лицевая сторона: * primera portada, шмуцтитул.

portadera. [ж.] см. aportadera.

portadilla. [ж.] (полигр.) шмуцтитул.

portado, da. [прил.] * bien (mal) portado, хорошо (плохо) одетый.

portador, ra. [прил.] несущий; [м. и ж.] носильщик, -ица; предъявитель; [м.] круглая доска для переноски тарелок и т. д: * portador de gérmenes, носитель, переносчик заразы.

portaestandarte. [м.] (воен.) знаменщик (в кавалерии).

portafolio. [м.] (гал.) см. cartera.

portafusil. [м.] ружейный ремень.

portaguión. [м.] (воен.) знаменосец (тот, кто несёт или носит ротный значок).

portaje. [м.] подорожный налог; (уст.) см. puerto.

portal. [м.] вестибюль, передняя, главный вход; портал, парадная дверь, подъезд; колоннада; портик; городские ворота.

portalada. [ж.] большой портал.

portalámparas. [м.] патрон (для электрической лампы).
portalápiz. [м.] вставка для карандаша.
portalejo. [м. умен.] к portal.
portalero. [м.] акцизный досмотрщик.
portalibros. [м.] ремни для переноски книг.
portalinterna. [м.] (ж. д.) фонарная скоба или стойка (у локомотива).
portalón. [м.] ворота; (мор.) выход на наружный трап.
portamantas. [м.] ремни для переноски пледа.
portamanteo. [м.] рюкзак, дорожный мешок.
portaminas. [м.] карандаш со вставным графитом.
portamonedas. [м.] кошелёк, портмоне.
portamorso. [м.] штрипка щёчного ремня, мундштучного оголовья.
portanario. [м.] (анат.) привратник.
portante. [м.] иноходь: * tomar el portante, дать тягу, удирать.
portanuevas. [м. и ж.] вестник, -ица.
portanveces. [м.] (обл.) наместник.
portañola. [ж.] (мор.) орудийный люк.
portaobjeto. [м.] (физ.) стёкла, между которыми помещаются предметы, наблюдаемые под микроскопом.
portapáginas. [м.] (тип.) бумажная подкладка.
portaparaguas. [м.] стойка для зонтов.
portapaz. [ж.] (церк.) дискос.
portapliegos. [м.] портфель.
portaplumas. [м.] ручка (для пера).
portar. [перех.] (уст.) нести, носить, [неперех.] надуваться ветром (о парусе); portarse, [возв гл.] поступать, вести себя: * portarse bien (mal), хорошо (плохо) вести себя.
portátil. [прил.] портативный, переносный, удобоносимый, карманный.
portaventanero. [м.] столяр, занимающийся изготовлением дверей и окон.
portaviandas. [м.] см. fiambrera.
portavoz. [м.] (перен.) рупор, выразитель мнений, интересов.
portazgar. [перех.] брать дорожную пошлину.
portazgo. [м.] дорожная (мостовая) пошлина; пошлинная застава.
portazguero, ra. [м. и ж.] сборщик дорожной (или мостовой) пошлины.
portazo. [м.] хлопанье, стук дверью; дейст. к захлопнуть дверь перед чьим-л носом: * dar un portazo, хлопнуть дверью.
porte. [м.] переноска, перевозка; плата за переноску, за перевозку; осанка, выправка, манеры, манера держать себя; поведение; знатность; (обл.) вместимость, ёмкость; (Амер.) именинный подарок: * porte debido, наложенный платёж; * a porte pagado, с оплаченной доставкой * buen porte, тж. garbo.
porteador, ra. [прил.] занимающийся переноской, перевозкой; [м. и ж.] носильщик, -ица; возчик.
portear. [неперех.] хлопать дверьми или окнами.
portear. [перех.] перевозить, переносить; portearse, [возв. гл.] эмигрировать, переселяться.
portegado. [м.] (обл.) навес.
portel. [м.] portela. [ж.] узкий проход.
portento. [м.] из ряда вон выходящее действие или событие, чудо, необыкновенное событие.
portentosamente. [нареч.] чудесно, изумительно.

portentoso, sa. [прил.] чудесный, необычайный, из ряда вон выходящий.
porteño, ña. [прил.] относящийся к Puerto de Santa María, или Buenos Aires; (тж. сущ.).
porteo. [м.] переноска, перевозка.
porterejo. [м. умен.] к portero.
portería. [ж.] помещение привратника, швейцара; швейцарская; обязанности привратника, швейцара; (спорт.) ворота.
portería. [ж. соб.] орудийные люки.
porteril. [прил.] относящийся к швейцару, к привратнику или к швейцарской, швейцарский.
portero, ra. [м. и ж.] швейцар; привратник, -ица, консьерж, -ка; [м.] (спорт.) вратарь.
portezuela. [ж. умен.] к puerta, дверка, калитка; дверца (автомобиля и т. д.); клапан кармана.
portezuelo. [м. умен.] к puerto.
pórtico. [м.] портик; колоннада; паперть.
portier. [м.] (гал.) портьера.
portilla. [ж.] проход, ворота в ограде; (мор.) иллюминатор.
portillar. [перех.] проламывать, пробивать стену.
portillera. [ж.] проход, ворота в ограде.
portillo. [м.] брешь, пролом, пробоина, трещина; дверца; узкий проход; лазейка; щербина (на тарелке и т. д.).
portón. [м. увел.] к puerta; внутренняя дверь.
portorriqueño, ña. [прил.] порторикский, пуэрториканский; [м. и ж.] пуэрториканец, -ка.
portuense. [прил.] относящийся к Puerto (название разных город); [м. и ж.] уроженец, житель этого города.
portugués, sa. [прил.] португальский; [м. и ж.] португалец, португалка; [м.] португальский язык; старинная золотая кастильская монета.
portuguesada. [ж.] преувеличение.
portuguesismo. [м.] (лингв.) см. lusitanismo.
portulano. [м.] (мор.) сборник портовых карт.
porvenir. [м.] будущее, будущность: * en lo porvenir, впредь.
¡pórvida! [межд.] клянусь Богом!
pos- приставка после, позади; [м.] десерт.
pos. [нареч.]: * en pos, после, за, по следам.
posa. [ж.] похоронный звон; (уст.) пауза; спокойствие; [множ.] зад.
posada. [ж.] жилище, квартира; постоялый двор; деревенская гостиница; лагерь; дорожный столовый прибор.
posaderas. [ж. множ.] ягодица, зад.
posadero, ra. [м. и ж.] содержатель, -ница постоялого двора, трактирщик, -ица; [м.] сиденье из испанского дрока; задний проход.
posadnik. [м.] посадник.
posar. [неперех.] располагаться где-л; квартировать; садиться, усаживаться; садиться (о птицах); сбрасывать груз; posarse, [возв. гл.] садиться (о птицах); оседать, отстаиваться (о жидкостях).
posbélico, ca. [прил.] послевоенный.
posca. [ж.] вода с уксусом (прохладительный напиток у Римлян).
poscafé. [м.] рюмка ликёра после кофе.
poscomunión. [ж.] запричастная молитва.
posdata. [ж.] постскриптум, приписка.
posdatar. [перех.] сделать приписку.
pose. [ж.] (гал.) поза; (фото) выдержка; [м.] сорт рыболовного крючка.
poseedor, ra. [прил.] владеющий, обладающий; [м. и ж.] владелец, обладатель, собственник.
poseer. [перех.] иметь в своей власти; вла-

деть, обладать; владеть, знать в совершенстве; poseerse, [возв. гл.] владеть собою.
poseído, da. [страд. прич.] к poseer; [прил.] одержимый; одержимый яростью и т. д.; [м. и ж.] бесноватый, -ая: * él está poseído de temor, страх обладел им.
posesión. [ж.] обладание, владение; земельное владение, большое имение, поместье; владения, собственность; одержимость: * entrar en posesión, вступить во владение; * dar posesión, вводить во владение; estar en posesión, владеть, пользоваться.
posesional. [прил.] касающийся владения: * acto posesional, акт во владении.
posesionar. [перех.] вводить во владение; posesionarse, [возв. гл.] вступить во владение, завладеть.
posesionero. [м.] скотовод, находящийся во владении пастбища.
posesivo, va. [прил.] притяжательный; относящийся к владению; касающийся владения; [м.] притяжательное местоимение, прилагательное.
poseso, sa. [непр. страд. прич.] к poseer; [прил. и сущ.] одержимый кем-л.
posesor, ra. [прил. и сущ.] см. poseedor.
posesoriamente. [нареч.] по праву владения.
posesorio, ria. [прил.] касающийся владения.
poseyente. [дейст. прич.] к poseer, владеющий, обладающий.
posfecha. [ж.] пометка задним числом.
posfijo, ja. [прил.] см. postfijo.
posguerra. [ж.] послевоенная эпоха.
posibilidad. [ж.] возможность; [множ.] средства.
posibilismo. [м.] (полит.) поссибилизм, соглашательство.
posibilista. [м. и ж.] (полит.) поссибилист, соглашатель.
posibilitar. [перех.] делать возможным, облегчать.
posible. [прил.] возможный, могущий случиться; [м.] возможное; [м. множ.] возможности, средства: * ¿es posible?, можно ли?, неужели это возможно? * hacer (todo) lo posible, (с)делать всё, возможное.
posiblemente. [нареч.] может быть, возможно.
posición. [ж.] положение, состояние, ситуация; положение, расположение, местоположение, место; (воен. муз. спорт.) позиция; исходное положение; вложение, вклад; см. suposición; [множ.] (муз.) расположение пальцев, позиция: * posición social, общественное положение; * posición militar, положение по команде «смирно!»; * posición de resistencia, главная полоса обороны; * regla de falsa posición, способ ложных допущений.
positivamente. [нареч.] положительно, именно, без сомнения, определённо, действительно.
positividad. [ж.] положительность; свойство тела, обнаруживающего положительное электричество.
positivismo. [м.] (филос.) позитивизм.
positivista. [прил.] (филос.) позитивистский; [м. и ж.] позитивист.
positivo, va. [прил.] положительный, утвердительный, верный, несомненный, реальный; позитивный; определённый, точный; практичный, практичный; [ж.] позитив: * de positivo, безусловно, подлинно, конечно.
positón, positrón. [м.] (физ. хим.) позитрон.
positura. [ж.] положение, поза; состояние, положение.
posma. [ж.] (разг.) медлительность, вялость; [м. и ж.] (разг.) медлительный человек; человек наводящий скуку.

posmeridiano. [м.] см. postmeridiano.
poso. [м.] осадок, отстой; покой, отдых.
posología. [ж.] (мед.) учение о лекарственных приёмах.
posológico, ca. [прил.] (мед.) относящийся к учению о лекарственных приёмах.
posón. [м.] см. posadero (сиденье).
pospalatal. [прил.] см. postpalatal.
pospelo (a). [нареч.]: * a pospelo, против шерсти; неохотно, против воли, против желания.
pospierna. [ж.] (вет.) ляжка.
pospolita. [ж.] всеобщее ополчение (в Польше).
posponer. [перех.] ставить сзади, ставить, считать ниже кого-чего; недооценивать, преуменьшать.
posposición. [дейст.] к считать или ставить ниже кого-чего, помещение сзади.
pospositivo, va. [прил.] (грам.) поспозитивный.
pospuesto, ta. [непр. страд. прич.] к posponer.
posta. [ж.] сменные, перекладные лошади; почтовая станция; перегон (между почтовыми станциями); кусок, ломоть; мелкокалиберная пуля; ставка (в игре); [м.] гонец: * a posta, нарочно, с умыслом; * por la posta, спешно; * maestro de posta, станционный смотритель; * correr la posta, ездить на почтовых; * hacer posta, (уст.) (воен.) быть на посту.
postal. [прил.] почтовый: * tarjeta postal, почтовая карточка, открытка; * giro postal, почтовый перевод; * servicio postal, служба почты.
postdata. [ж.] см. posdata.
postdiluviano, na. [прил.] послепотопный.
poste. [м.] столб: * poste fronterizo, пограничный столб; * dar poste, заставить ждать себя; * ser un poste, быть совершенно глухим или глупым.
postear. [неперех.] ездить на почтовых.
postelero. [м.] (мор.) сорт подпорки.
postema. [ж.] (мед.) нарыв, гнойник; (перен.) надоедливый человек; (Амер.) гной.
postemero. [м.] (хир.) хирургический нож.
postergación. [ж.] недооценка; отодвигание назад.
postergar. [перех.] ставить ниже, отодвигать назад, недооценивать, преуменьшать; обходить по службе.
posteridad. [ж.] последующие поколения, потомство: pasar a la posteridad, остаться в памяти потомства.
posterior. [прил.] последующий, позднейший.
posterioridad. [ж.] последующее, позднейшее; следование за чем-л (по времени).
posteriormente. [нареч.] позже, после.
posteta. [ж.] стопка бумажных листов.
postfebril. [прил.] см. apostilla.
pos(t)fijo. [м.] (также прил.) суффикс.
posthepático, ca. [прил.] находящийся позади печени.
postia. [ж.] (пат.) глазной ячмень.
postibial. [прил.] находящийся позади большой берцовой кости.
postigo. [м.] задняя дверь; створка (двери, окна); одностворчатая дверь; калитка (в воротах); форточка.
postila. [ж.] см. apostilla.
postilación. [ж.] составление заметок на полях.
postilador, ra. [м. и ж.] тот, кто делает пометки на полях.
postillar. [перех.] см. apostillar.
postilla. [ж.] струп.
postilla. [ж.] примечание, приписка, отметка на полях.
postillón. [м.] (уст.) почтальон (почтовой кареты).

postilloso, sa. [прил.] покрытый струпьями.
postimpresionismo. [м.] постимпрессионизм.
postín. [м.] (разг.) высокомерие, самомнение, хвастовство: * darse postín, воображать о себе.
postinero, ra. [прил. и сущ.] воображающий о себе.
postino. [м.] (Амер.) извозчик (экипаж).
postitis. [ж.] (мед.) воспаление крайней плоти.
postiza. [ж.] кастаньета.
postizo, za. [прил.] приставной; фальшивый, искусственный, поддельный; накладной (о волосах); [м.] накладка, парик: * dientes postizos, вставные зубы.
postliminio. [м.] (юр.) возвращение во владение.
postmeridiano, na. [прил.] пополуденный.
postmolar. [м.] (анат.) задний коренной зуб.
postmortal. [прил.] посмертный.
postnasal. [прил.] находящийся позади носа.
postónico, ca. [прил.] (лингв.) послеударный.
postoperatorio, ria. [прил.] послеоперационный.
postor. [м.] предлагающий цену: * mayor, mejor postor, дающий наибольшую цену.
postoral. [прил.] находящийся позади рта.
postpalatal. [прил.] (лингв.) заднеёбный.
postparto. [м.] (мед.) послеродовой период.
postpectoral. [прил.] (анат.) загрудный.
postposición. [ж.] (грам.) послелог.
postración. [ж.] прострация, угнетённое, подавленное состояние; расслабление, упадок сил; крайнее истощение; коленопреклонение.
postrador, ra. [прил.] унижающий; повергающий в прах; [м.] скамейка для молящихся.
postrar. [перех.] повергать, бросать на землю, повергать в прах; ослаблять, истощать; унижать; подавлять, угнетать; приводить в уныние; [неперех. и возв. гл.] преклонять колени; терять силы.
postre. [м.] см. postrero; [м.] десерт: * a la postre, al postre, в конце в конце концов, в заключение.
postrero, ra. [прил.] см. postrimero.
postremo, ma. [прил.] последний.
postrer. [прил.] см. postrero.
postreramente. [нареч.] наконец, в конце, в заключение.
postrero, ra. [прил.] последний; крайний; задний; последующий.
postrimer. [прил.] см. postrimero.
postrimeramente. [нареч.] в конце, в конце концов.
postrimería. [ж.] последние годы жизни; последний период чего-л; * postrimerías, [множ.] (рел.) смерть, божий суд, рай, ад.
postrimero, ra. [прил.] последний; задний; последующий.
potscenio. [м.] место за сценой.
postula(ción). [ж.] прошение, требование; ходатайство; домогательство.
postulado. [страд. прич.] к postular; [м.] (филос. мат.) постулат, предпосылка.
postulador. [м.] проситель; тот, кто защищает канонизацию кого-л.
postulante. [дейст. прич.] к postular; [м. и ж.] проситель, -ница, соискатель, -ница.
postular. [перех.] настойчиво просить, домогаться; ходатайствовать; требовать; искать.
póstumamente. [нареч.] после смерти отца или автора.
póstumo, ma. [прил.] родившийся после смерти отца; посмертный (о произведении): * obra póstuma, посмертное произведение.

postura. [ж.] положение (тела), поза, позитура, состояние; посадка (деревьев и т. д.); ставка (в пари); предлагаемая цена; договор, соглашение; яйцо; кладка яиц; саженец; (уст.) украшение.
potabilidad. [ж.] (при)годность для питья.
potable. [прил.] годный для питья, питьевой.
potación. [ж.] питьё; питьё, напиток.
potado, da. [страд. прич.] к potar; [м.] пьяный человек.
potador, ra. [прил. и сущ.] пьющий.
potaje. [м.] постный суп; похлёбка; сухие овощи; питьё, напиток; (перен.) смесь, мешанина.
potajería. [ж.] сухие овощи.
potala. [ж.] (мор.) камень служащая якорем; тяжелое судно.
Potámides. [множ.] (миф.) Потамиды, речные нимфы.
potamofobia. [ж.] болезненная боязнь воды.
potamogetón. [м.] (бот.) рдест.
potamografía. [ж.] описание рек.
potar. [перех.] пить.
potar. [перех.] клеймить, проверять меры, весы.
potasa. [ж.] (хим.) поташ.
potásico, ca. [прил.] (хим.) калиевый, калийный.
potasio. [м.] (хим.) калий.
pote. [м.] глиняный горшок; котелок для варки пищи; кушанье из овощей с мясом; вазон, горшок для цветов; эталон, точный образец меры; potes, [множ.] подёргивание губ (перед плачем); * a pote, обильно, много; * darse pote, важничать.
potencia. [ж.] сила, мощь, могущество; власть, господство, влияние, владычество; потенция, возможность, способность; авторитет; производительность; мощность; (мат.) степень; государство, держава; производительная сила; способность к деторождению: * potencia motriz движущая сила; * segunda potencia, вторая степень, квадрат; * tercera potencia, третья степень, куб; * elevar a potencia, возвести в степень; * de potencia a potencia, на равных началах.
potenciación. [ж.] возведение в степень.
potencial. [прил.] способный к; потенциальный, возможный; (грам.) условный; [м.] (физ.) потенциал; напряжение; (грам.) условное наклонение: * potencial eléctrico, электрический потенциал.
potencialidad. [ж.] потенциальность; возможность, способность.
potencialmente. [нареч.] возможно, в потенции; в потенциале.
potenciómetro. [м.] (эл.) потенциометр.
potentado. [м.] потентат, властелин, властитель; важная персона.
potente. [прил.] могущественный, мощный, сильный, могучий; способный к деторождению; (перен.) объёмистый, толстый; многочисленный; чрезмерный.
potentemente. [нареч.] могущественно; мощно; сильно.
potentilla. [ж.] (бот.) лапчатка.
potenzado, da. [прил.] * cruz potenzada, крюковый крест.
potería. [ж. соб.] (Амер.) глиняные горшки, флаконы.
poterna. [ж.] потайной ход, потайная дверь (в стене крепости).
potestad. [ж.] власть; право на власть; властелин; см. corregidor, potentado; (мат.) степень: * patria potestad, отцовская власть.

potestativo, va. [прил.] подвластный, факультативный.
potetería. [ж.] (обл.) льстивая ласка.
potetero, ra. [м. и ж.] (обл.) льстец, льстивая женщина.
potingue. [м.] (разг.) питьё, пойло.
potísimo, ma. [прил.] самый важный.
potista. [м. и ж.] (разг.) пьяница.
potiza. [ж.] (Амер.) см. botijo.
potoco, ca. [прил.] (Амер.) низкорослый, коренастый, приземистый.
potología. [ж.] учение о напитках.
potomanía. [ж.] пьянство; запойный бред, белая горячка.
potorro. [м.] (обл.) солонка.
potosí. [м.] огромное богатство, клад; (Амер.) зад.
potoyunco. [м.] (Амер.) зад.
potra. [ж.] молодая кобыла.
potra. [ж.] (разг.) грыжа: * tener potra, иметь удачу.
potrada. [ж.] табун жеребят.
potranca. [ж.] молодая кобыла (до 3 лет).
potranco. [м.] (Амер.) жеребёнок.
potrear. [неперех.] резвиться, скакать, прыгать; [перех.] (разг.) смертельно надоедать; (Амер.) бить, пороть, дубасить.
potrera. [ж.] узда (пеньковая).
potreraje. [м.] (Амер.) обширное пастбище для лошадей.
potrerero. [м.] (Амер.) владелец или управляющий potreraje.
potrero, ra. [м.] (Амер.) табунщик (при жеребятах); конный завод; см. potreraje.
potrero. [м.] хирург, специалист по грыже.
potril. [прил.] предназначенный для жеребят (о пастбище).
potrilla. [м.] (разг.) молодящийся старик.
potrillada. [ж.] табун молодых жеребят.
potrillo. [м.] умен. к potro; (Амер.) большой стакан.
potro. [м.] жеребёнок; станок для ковки лошадей; кобыла (орудие пыток); кресло для роженицы; (перен.) пытка; (Амер.) необъезженная лошадь; (уст.) ночной горшок.
potro, ca. [прил.] (Амер.) грыжа.
potrón. [м.] (Амер.) жеребёнок.
potroso, sa. [прил.] страдающий грыжей; (разг.) удачливый, счастливый.
poya. [ж.] (хлебом) плата за печение хлеба.
poyal. [м.] ткань, покрывающая скамью у ворот; каменная скамья у ворот.
poyar. [перех.] (хлебом) платить за печение хлеба.
poyata. [ж.] посудная полка; см. repisa.
poyete. [м.] умен. к poyo, каменная скамеечка у ворот.
poyo. [м.] каменная скамья у ворот.
poza. [ж.] лужа; мочильня для льна; (Амер.) большая лужа: * lamer la poza, разорять (постепенно).
pozal. [м.] бадья; край колодца; слив для стока жидкости.
pozalero. [м.] (обл.) бочар, бондарь.
pozanco. [м.] лужа около реки (после разлива).
pozar. [неперех.] черпать воду из колодца.
pozo. [м.] колодец; омут; узкая и глубокая яма; скважина, (перен.) бездна; (горн.) ствол: * pozo artesiano, артезианский колодец; * pozo negro, клоака; * pozo de nieve, погреб, ледник; * pozo airón, (разг.) бездонный колодец; * pozo de ciencia, (перен.) кладезь премудрости; * pozo de lobo, волчья яма.

pozol(e). [м.] (Амер.) кушанье из мяса с кукурузной мукой; напиток из подслащённой кукурузы.
pozuela. [ж.] умен. к poza.
pozuelo. [м.] умен. к pozo; слив для стока жидкости.
prácrito или pracrito. [м.] пракрит.
práctica. [ж.] практика, область применения; упражнение; применение, исполнение; сноровка; приёмы (в работе); (рел.) обряд; * prácticas, практикум; * poner en práctica, применить на деле, провести в жизнь, осуществить, практиковать (книж.); * la práctica hace maestro, дело делу учит; en la práctica, на деле.
practicable. [прил.] выполнимый, применимый, осуществимый; проходимый; проезжий.
practicador, ra. [прил.] практикующий; [м. и ж.] практикант, -ка.
practicaje. [м.] (мор.) лоцманское дело; плата, получаемая лоцманом.
prácticamente. [нареч.] практически, на практике; на самом деле; опытным путём.
practicanta. [ж.] фельдшерица; медицинская сестра.
practicante. [дейст. прич.] практикующий; [м.] фельдшер; практикант, стажёр; практикующий врач; ученик или помощник аптекаря.
practicar. [перех.] применять на деле, проводить в жизнь, практиковать (книж.); употреблять; практиковаться; заниматься; пробивать (отверстие).
práctico, ca. [прил.] практический; практичный, опытный, умелый, сведущий, знающий; [м.] (мор.) лоцман.
practicón, na. [м. и ж.] (разг.) человек, набивший руку на чём-л.
pradal. [м.] см. prado.
pradejón [м.] лужок.
pradeña, ña. [прил.] луговой.
pradería. [ж. соб.] луга; обширный луг.
praderoso, sa. [прил.] луговой.
pradial. [м.] (ист.) прериаль, (9-й месяц французского революционного календаря).
prado. [м.] луг; место для прогулки.
pragmática. [ж.] (ист.) специальный указ.
pragmático, ca. [прил.] прагматический; фактический.
pragmatismo. [м.] (филос.) прагматизм.
pragmatista. [прил.] прагматический, прагматичный; [м. и ж.] прагматист, прагматик.
prao. [м.] (мор.) малайское парусное судно.
praseodimio. [м.] (хим.) празеодим.
prasio. [м.] (мин.) зеленоватая разновидность кварца.
prasma. [м.] (мин.) разновидность кальцедона.
pratense. [прил.] луговой.
praticultor. [м.] луговод.
praticultura. [ж.] луговодство.
pravedad. [ж.] злость, злоба; порочность.
praviana. [ж.] астурийская песня.
pravo, va. [прил.] злой; испорченный, порочный.
pre. [м.] солдатское жалованье.
pre. [приставка] (обознач. предварительность, предшествование, положение пред... пре... до... и т. д.
preacción. [ж.] предыдущее действие.
preámbulo. [м.] введение, предисловие, преамбула; околичности, разглагольствования: * sin preámbulos, без лишних слов; * dejarse de preámbulos, приступить прямо к делу.
prebenda. [ж.] (церк.) пребенда (доход с церковного имущества); разные католические соборные звания; приход; пособие; (перен. разг.) синекура, доходное, тёплое местечко.
prebendado. [м.] высшее католическое соборное звание (каноник и т. д.).
prebendar. [перех.] давать пребенду; [неперех.] получать пребенду.
prebostal. [прил.] (ист.) относящийся к званию или должности preboste.
prebostazgo. [м.] (ист.) звание или должность preboste.
preboste. [м.] (ист.) глава объединения, корпорации.
precambriano, na. precámbico, ca. [прил.] (геол.) докембрийский.
precanceroso, sa. [прил.] (мед.) предраковый.
precardíaco, ca. [прил.] (мед.) предсердечный.
precariamente. [нареч.] (юр.) вследствие временной уступки.
precario, ria. [прил.] непрочный, ненадёжный, шаткий; (юр.) полученный в качестве заёма.
precativo, va. [прил.] (грам.) просительный.
precaución. [ж.] (пред)осторожность, осмотрительность: * con precaución, с осторожностью, с опаской, осторожно; * por precaución, из предосторожности; * tomar precauciones, принять меры предосторожности.
precaucionarse. [возв. гл.] принимать меры предосторожности, остерегаться; быть осторожным.
precautelar. [перех.] предупреждать, предостерегать, предохранять.
precautorio, ria. [прил.] предупредительный, предохранительный.
precaver. [перех.] предупреждать, предостерегать, предохранять; * precaverse. [возв. гл.] остерегаться, принимать меры предосторожности.
precavidamente. [нареч.] с осторожностью, с опаской, осторожно.
precavido, da. [прил.] осторожный, осмотрительный, предусмотрительный; дальновидный; благоразумный, трезвый.
precedencia. [ж.] предшествование, предварение; превосходство; преимущество; старшинство, первенство.
precedente. [дейст. прич.] к preceder, предыдущий, предшествующий; [м.] прецедент.
precedentemente. [нареч.] до того, перед тем, ранее, прежде, предварительно.
preceder. [перех.] идти впереди, предшествовать; находиться впереди, быть расположенным впереди; иметь преимущество, главенствовать над чем-л.
precentral. [прил.] находящийся перед центром.
preceptista. [м. и ж.] наставник, преподаватель, -ница; [прил.] наставительный, поучающий.
preceptivamente. [нареч.] поучительно и т. д.
preceptivo, va. [прил.] содержащий наставления, предписания, заветы или правила; наставительный.
precepto. [м.] предписание; правило, наставление; завет; заповедь.
preceptor, ra. [м. и ж.] наставник, -ица, учитель, -ница, воспитатель, -ница; преподаватель, -ница; преподаватель, -ница латинского языка.
preceptorado. [м.] учительство, звание, должность наставника, учителя.
preceptoral, preceptoril. [прил.] (презр.) учительский; наставительный, поучительный.
preceptuar. [перех.] поучать, давать наставления, правила, предписания.

preces. [ж. множ.] (церк.) молитва; молебен; (разг.) просьба.

precesión. [ж.] (рит.) умолчание; (астр.) прецессия: * precesión de los equinoccios, прецессия равноденствия.

preciado, da. [прил.] драгоценный, дорогой; превосходный; надменный, тщеславный, хвастливый.

preciador, ra. [прил. и сущ.] см. apreciador.

preciar. [перех.] см. apreciar; preciarse [возв. гл.] чваниться, кичиться чем-л., хвалиться.

precingir. [перех.] см. ceñir.

precinta. [ж.] узкая кожаная полоска для укрепления углов чемаданов и т. д.; бумажная лента на товаре (на таможне); (мор.) узкая доска; узкая парусиновая полоса (смолёная).

precintar. [перех.] укреплять с помощью кожаными полосками, перевязывать шнуром и т. д.; запечатывать, пломбировать; (мор.) набивать деревянную рейку.

precinto. [м.] запечатывание; таможенная пломба; печать, пломба (на товаре).

precio. [м.] цена, стоимость; награда, премия; (перен.) ценность, цена, значение; * precio alambicado, сниженная цена; * precio de coste, себестоимость; * precio corriente, рыночная цена; * precio exhorbitante, вздутая цена; * precio fijo, твёрдая цена; * lista de precios, прейскурант; * a bajo precio, по низкой цене; * tener en precio, ценить, уважать; * poner en precio, назначать цену; * poner precio a algo, обещать награду (за что-л.); * bajar los precios, снизить цены; * a vil precio, за бесценок; * a mitad de precio, за полцены; * último precio, последняя крайняя цена; * no tener precio, быть неоценимым.

preciosa. [ж.] (варв.) проститутка.

preciosidad. [ж.] ценность; прелесть, очарование; драгоценность, ценный предмет.

preciosilla. [ж.] чванная женщина.

precioso, sa. [прил.] драгоценный, дорогой; ценный; отличный; весёлый; остроумный; (разг.) красивый, прекрасный; приятный; любезный: * piedra preciosa, драгоценный камень.

preciosura. [ж.] (варв.) (Амер.) очень красивый человек или вещь.

precipicio. [м.] пропасть, бездна; упадок; (перен.) гибель, бедствие: * estar al borde del precipicio, быть на краю гибели.

precipitación. [ж.] сбрасывание; неосмотрительность, опрометчивость; стремительность, поспешность; безрассудство; образование осадка, осаждение; **precipitaciones,** [множ.] осадки.

precipitadamente. [нареч.] неосмотрительно, опрометчиво.

precipitadero. [м.] см. precipicio.

precipitado, da. [прил.] неосмотрительный, опрометчивый; безрассудный; обезумевший; [м.] (хим.) осадок: * precipitado rojo, (хим.) красная окись ртути.

precipitamiento. [м.] см. precipitación.

precipitante. [действ. прич.] к precipitar; [м.] (хим.) реактив, осаждающий тело из раствора.

precipitar. [перех.] свергать, низвергать, сбрасывать с высоты; ускорять; делать наскоро, спешить; подвергать опасности; (хим.) осаждать; * precipitarse [возв. гл.] низвергаться, бросаться; срываться, падать; опрометчиво поступать; мчаться.

precipitosamente. [нареч.] см. precipitadamente.

precipitoso, sa. [прил.] обрывистый, крутой, отвесный; опрометчивый, поспешный.

precipuamente. [нареч.] главным образом.

precipuo, pua. [прил.] главный, главный.

precisamente. [нареч.] точно, в точности; неизбежно; необходимо, обязательно.

precisar. [перех.] определять, уточнять, устанавливать (точно), точно указывать; принуждать, заставлять, обязывать; (Амер.) см. necesitar.

precisión. [ж.] принуждение; нужда, необходимость; точность, определённость, ясность, аккуратность: * instrumentos de precisión, точные измерительные приборы.

preciso, sa. [прил.] нужный, необходимый; неотложный; точный, определённый, ясный, отчётливый; абстрактный; (Амер.) тщеславный: * ser preciso, быть нужным, следовать, требоваться.

precitado, da. [прил.] вышеупомянутый, вышеприведённый, вышеназванный.

precitar. [перех.] выше упоминать.

precito, ta. [прил.] осуждённый на вечную муку; см. réprobo.

preclaramente. [нареч.] известным, славным образом.

preclaro, ra. [прил.] знаменитый, славный, уважаемый, почитаемый, известный.

precocidad. [ж.] скороспелость; раннее развитие; преждевременность.

precognición. [ж.] предварительные познания.

precolombino, na. [прил.] доколумбовский: * éroca precolombina, эпоха до открытия Америки Колумбом.

preconcebido, da. [страд. прич.] к preconcebir; [прил.] предвзятый; заранее обдуманный.

preconcebir. [перех.] заранее составлять план действия или мнение о чём-л.

preconcepción. [ж.] (м. употр.) предвзятая идея.

preconización. [ж.] восхваление; (церк.) дейст. к preconizar (см. preconizar).

preconizador, ra. [прил. и сущ.] превозноситель похвалами.

preconizar. [перех.] восхвалять, превозносить; (церк.) объявлять или провозглашать достойным возведения в сан.

preconocer. [перех.] знать заранее, предвидеть; [неп. гл.] спрягается как conocer.

precordia. [ж.] предсердечная область.

precordial. [прил.] околосердечный.

precordias. [ж. множ.] внутренности, кишки.

precoz. [прил.] скороспелый, ранний; преждевременный.

precozmente. [нареч.] скороспело; преждевременно.

precristiano, na. [прил.] дохристианский.

precursor, ra. [прил.] предвещающий, предшествующий, предвещающий; [м.] предвестник, предшественник, предвозвестник.

preda. [ж.] см. presa.

predación. [ж.] грабёж, ограбление, расхищение.

predator, ra. [прил.] хищнический, грабительский; [м.] хищник, грабитель.

predatorio, ria. [прил.] грабительский, хищнический.

predecesor, ra. [м. и ж.] предшественник, предтеча; предок.

predecir. [перех.] предсказывать, предвещать; [неп. гл.] спрягается как decir.

predefinición. [ж.] (теол.) предопределение.

predefinir. [перех.] (теол.) предопределять.

predela. [ж.] ступеньки (алтаря).

predestinación. [ж.] предназначение, предопределение; (теол.) предопределение свыше.

predestinado, da. [страд. прич.] к predestinar; [прил.] избранный; [м.] (перен.) рогоносец.

predestinante. [действ. прич.] к predestinar, предопределяющий.

predestinar. [перех.] предназначать, предопределять; (теол.) предопределять свыше.

predeterminación. [ж.] предназначение, предопределение, предрешение.

predeterminante. [действ. прич.] к determinar; [прил. и сущ.] предназначающий, предопределяющий.

predeterminar. [перех.] предрешать, предопределять.

predial. [прил.] относящийся к земельной собственности.

prédica. [ж.] проповедь; (Амер.) беседа-лекция.

predicable. [прил.] могущий быть предметом проповеди; [м.] (лог.) универсальное понятие.

predicación. [ж.] проповедование; проповедь.

predicadera. [ж.] (обл.) амвон; [множ.] (разг.) дар, талант проповедника.

predicado, da. [страд. прич.] к predicar; [м.] (лог.) сказуемое, предикат.

predicador, ra. [прил.] проповедующий; [м.] проповедник, наставник.

predicamental. [прил.] категориальный.

predicamento. [м.] (гол.) категория; репутация.

predicar. [перех.] разглашать; проповедовать, произносить проповеди; превозносить; (перен.) порицать, делать выговор; делать внушение, убеждать: * predicar con el ejemplo, служить примером; * una cosa es predicar y otra dar trigo, одно дело-говорить, другое дело-делать; * predicar en desierto, бросать слова на ветер.

predicativo, va. [прил.] (грам.) предикативный.

predicatorio. [м.] (уст.) (церк.) амвон.

predicción. [ж.] предсказывание; предсказание, пророчество.

predicho, cha. [неп. страд. прич.] к predecir.

predilección. [ж.] предпочтение; пристрастие, расположение к кому-л.

predilecto, ta. [прил.] излюбленный, любимый, избранный, [м. и ж.] любимец, любимица, фаворит, -ка.

predio. [м.] наследство; имение, земельная собственность; владение: * predio rústico, сельское земельное владение; * predio urbano, строение, здание, корпус; участок земли подлежащий постройке.

predisponente. [действ. прич.] к predisponer, (также прил.) предрасполагающий.

predisponer. [перех.] предрасполагать; [неп. гл.] спрягается как poner.

predisposición. [ж.] предрасположение, склонность; (перен.) подготовка почвы для чего-л.

predispositivo, va. [прил.] предрасполагающий.

predispuesto, ta. [страд. прич.] к predisponer; [прил.] склонный, расположенный.

predominación, predominancia. [ж.] преобладание, господство, превосходство.

predominante. [действ. прич.] к predominar, преобладающий, господствующий.

predominar. [перех.] превосходить; господствовать, преобладать; [м. и к.] брать верх, побеждать.

predominio. [м.] преобладание, господство.

predorsal. [прил.] (мед.) предспинный.

preelección. [ж.] (заранее) избрание, предварительные выборы.

preelegir. [перех.] избирать заранее.

preeminencia. [ж.] превосходство, преимущество; привилегия.
preeminente. [прил.] выдающийся; превосходящий, превосходный.
preestablecer. [перех.] заранее устанавливать, предрешать.
preexcelencia. [ж.] высшая степень превосходства.
preexcelente. [прил.] превосходный (в самой высшей степени).
preexcelso, sa. [прил.] в самой высшей степени благородный или знаменитый, прославленный; наивысший.
preexistencia. [ж.] предшествование.
preexistente. [дейст. прич.] к preexistir, предшествующий, ранее существовавший.
preexistir. [неперех.] предшествовать, существовать до.
prefabricado, da. [прил.] сборный (о доме).
prefacio. [м.] предисловие, вступление, введение, пролог.
prefecto. [м.] префект.
prefectoral. [прил.] относящийся к префекту.
prefectura. [ж.] префектура.
preferencia. [ж.] предпочтение; преимущество; отличие; расположение к кому-л, пристрастие: * de preferencia, предпочтительно, преимущественно.
preferente. [дейст. прич.] к preferir, предпочитаемый; излюбленный.
preferentemente. [нареч.] предпочтительно, преимущественно.
preferible. [прил.] предпочтительный.
preferiblemente. [нареч.] см. preferentemente.
preferir. [перех.] предпочитать, отдавать предпочтение; выделять; превосходить; **preferirse.** [возв. гл.] чваниться, гордиться.
prefiguración. [ж.] изображение сделанное заранее.
prefigurar. [перех.] изображать заранее.
prefijación. [ж.] префиксация.
prefijar. [перех.] заранее определять, назначать срок, устанавливать; предопределять; предписывать.
prefijo, ja. [непр. страд. прич.] к prefijar; [прил.] (грам.) стоящий в начале слова; [м.] приставка, префикс.
prefinición. [ж.] определение срока.
prefinir. [перех.] заранее определять, назначать срок.
preflamear. [неперех.] (мор.) начать надуваться.
prefloración. [ж.] (бот.) расположение цветочков в почке.
prefoliación. [ж.] (бот.) почкосложение, расположение листочков в почке.
preformación. [ж.] первичное образование, первообразование.
prefrontal. [прил.] (мед.) предлобный, лежащий впереди лба.
prefulgente. [прил.] сияющий, блестящий, сверкающий.
pregón. [м.] провозглашение; оповещение; выкрик (торговцев); (обл.) оглашение (о предстоящем браке).
pregonar. [перех.] провозглашать; оповещать; выкрикивать (об уличном торговце); расхваливать; изгонять, отправлять в ссылку.
pregonería. [ж.] должность глашатая; старинный налог.
pregonero, ra. [прил.] провозглашающий [м. и ж.]; разглашатель, -ница; болтун, -ья; [м.] глашатай: * sin dar un cuarto al pregonero, втихомолку, тайком.
preguerra. [ж.] довоенный период.

pregunta. [ж.] вопрос; вопросник, вопросный лист: * estar a la cuarta pregunta, не иметь ни гроша (за душой), сидеть без денег.
preguntador, ra. [прил.] спрашивающий; назойливый; нескромный (о человеке); [м. и ж.] охотник, -ица до расспросов; любопытный, -ая.
preguntante. [дейст. прич.] к preguntar, спрашивающий.
preguntar. [перех.] задавать вопросы; спрашивать о..., расспрашивать.
preguntón, na. [прил. и сущ.] пристающий с вопросами.
pregustación. [ж.] предвкушение.
pregustar. [перех.] предвкушать.
prehelénico, ca. [прил.] доэллинский.
prehensil. [прил.] цепкий, хватающий.
prehensión. [ж.] (физиол.) схватки, схватывание.
prehensor, ra. [прил.] (зоол.) см. prensor.
prehipófisis. [ж.] (анат.) передняя доля придатка мозга.
prehistoria. [ж.] доисторическая эпоха; труды по истории первобытного общества.
prehistórico, ca. [прил.] доисторический.
preinserto, ta. [прил.] введённый или включённый прежде.
prejudicio, prejuicio. [м.] предрассудок, предубеждение, предвзятое мнение.
prejudicial. [прил.] (юр.) предварительный, предшествующий решению.
prejuzgar. [перех.] заранее судить, решать, предрешать; составлять предвзятое мнение.
prelacía. [ж.] прелатство, архиерейство.
prelacial. [прил.] прелатский.
prelación. [ж.] предпочтение, преимущество.
prelada. [ж.] игуменья.
prelado. [м.] прелат; игумен; * prelado doméstico, священник находящийся в родстве с римской папой.
prelaticio, cia. [прил.] прелатский.
prelatura. [ж.] прелатство.
preliminar. [прил.] предварительный, прелиминарный; [м.] предисловие; предварительное замечание; [множ.] прелиминарии, предварительные переговоры.
preliminarmente. [нареч.] предварительно, заранее.
preludiar. [неперех.] (муз.) настраивать инструмент, пробовать голос (перед исполнением); подготовлять, начинать что-л.
preludio. [м.] (муз.) прелюдия, вступление; (перен.) введение, вступление; начало (дела).
prelusión. [м.] введение, вступление, вводная часть.
prematrimonial. [прил.] добрачный.
prematuramente. [нареч.] преждевременно.
prematuro, ra. [прил.] незрелый; преждевременный.
premaxilar. [прил.] (анат.) предчелюстной, лежащий впереди верхней челюсти.
premeditación. [ж.] предумышленность, преднамеренность, умысел: * con premeditación, умышленно, преднамеренно, с заранее обдуманным намерением; * sin premeditación, непреднамеренно.
premeditadamente. [нареч.] предумышленно, преднамеренно, умышленно, с заранее обдуманным намерением.
premeditar. [перех.] заранее обдумывать или подготовлять, замышлять.
premiador, ra. [прил. и сущ.] награждающий; дающий приз.
premiar. [перех.] премировать, награждать; давать приз.
premidera. [ж.] закрепка у станка для шёлковых материй.
premio. [м.] премия, награда; приз; выигрыш (в лотерее и т. д.); плата: * premio gordo, главный выигрыш (в лотерее); * a premio, в рост.
premiosamente. [нареч.] тесно и т. д.
premiosidad. [ж.] теснота; тяжеловесность; строгость, связанность; натянутость; обременительность.
premioso, sa. [прил.] тесный, узкий; тяжеловесный; строгий; неумолимый; тягостный; натянутый (о разговоре); связанный (о речи); с трудом говорящий или пишущий.
premisa. [ж.] (лог.) посылка (силлогизма); предположение; признак, указание.
premiso, sa. [прил.] (юр.) предварительный.
premolar. [прил.] малый коренной; [м.] малый коренной зуб.
premonitorio, ria. [прил.] предвещающий.
premoriencia. [ж.] смерть одного лица, наступившая раньше смерти другого.
premoriente. [дейст. прич.] к premorir; [м. и ж.] человек, умерший раньше другого.
premorir. [неперех.] умереть раньше другого лица.
premortal. [прил.] предсмертный.
premostrar. [перех.] заранее указывать; [непр. гл.] спрягается как contar.
premuerto, ta. [непр. страд. прич.] к premorir; [м. и ж.] человек, умерший раньше другого лица.
premura. [ж.] крайняя необходимость, срочность, спешность; притеснение: * con premura, спешно.
premurosamente. [нареч.] спешно, в спешном порядке.
premuroso, sa. [прил.] срочный, спешный.
prenatal. [прил.] предродовой.
prenda. [ж.] заклад, залог; фант (в игре); задаток; штука (мебели и т. д.); вещь; движимое имущество; часть одежды; (перен.) залог; дорогой человек (жена, сын и т. д.); [множ.] совершенства, хорошие качества, дар, талант: * juego de prendas, фант; * en prenda(s), в залог; * sacar prenda, см. embargar; meter prendas, вмешиваться в; * no dolerle prendas a uno, честно исполнять обязанности.
prendador, ra. [прил.] отдающий в заклад; [м. и ж.] закладчик, -ица.
prendamiento. [м.] залог (имущества); выдача под залог; дейст. к влюбляться или привязываться.
prendar. [перех.] закладывать; брать в залог; привлекать; очаровывать; **prendarse,** [возв. гл.] влюбляться, увлекаться; привязываться.
prendedera. [ж.] (Амер.) см. camarera.
prendedero. [м.] застёжка; крючок; брошка; лента, повязка.
prendedor, ra. [м. и ж.] тот, кто схватывает, удерживает и т. д. (см. prender); [м.] см. prendedero.
prendedura. [ж.] зародыш (в яйце).
prender. [перех.] хватать, схватывать; захватывать, брать; ловить, арестовывать; задерживать; покрывать (самку); украшать, наряжать; прикреплять, прикладывать (к платью и т. д.); (уст.) получать; [неперех.] укорениться, пустить корни; перекидываться (об огне); **prenderse,** [возв. гл.] наряжаться, украшаться.
prendería. [ж.] лавка старьёвщика.
prendero, ra. [м. и ж.] старьёвщик, -ица.
prendido, da. [страд. прич.] к prender, прикреплённый и т. д.; [м.] головной убор; убор; рисунок для кружева.
prendimiento. [м.] поимка, задержание, арест, захват; (Амер.) запор; лихорадка.
prenoción. [ж.] (филос.) предварительное знание, врождённая идея.

prenombrado, da. [прил.] (Амер.) вышеупомянутый, вышеназванный.
prenombre. [м.] (у Римлян) имя (в отличие от фамилии).
prenotar. [перех.] заранее отмечать, замечать и т. д. (см. **notar**).
prensa. [ж.] пресс; печатный станок, печатная машина; печать, пресса: * **prensa** hidráulica, гидравлический пресс; * dar a la **prensa**, печатать; посылать в набор; * meter en **prensa**, оказывать давление; * sudar la **prensa**, много или постоянно печатать; * tener buena (mala) **prensa**, получить хорошие (плохие) отзывы в печати, быть хорошо (плохо) встреченным критикой; * en **prensa**, под пресс.
prensado, da. [страд. прич.] к **prensar**; [м.] лоск, глянец; выделка.
prensador, ra. [прил.] прессующий (также сущ.).
prensadura. [ж.] прессовка, прессование.
prensapuré. [м.] картофелемялка.
prensatelas. [м.] зажим для материи (в швейной машине).
prensar. [перех.] прессовать, выжимать, давить под прессом; лощить (холст).
prensero. [м.] (Амер.) прессовщик (на сахарном заводе).
prensil. [прил.] цепкий, хватательный, служащий для хватания.
prensión. [ж.] хватание, схватывание.
prensista. [м.] (полигр.) печатник.
prenunciación. [ж.] предвещание, предсказывание.
prenunciador, ra. [прил.] предвещающий; [м. и ж.] предвестник, -ица.
prenunciar. [перех.] предвещать, предсказывать.
prenuncio. [м.] предвестие, предсказание; признак.
prenupcial. [прил.] добрачный.
preñado, da. [прил.] беременная; чреватый; уклоняющийся от отвесной линии (о стене); (перен.) изобилующий; наполненный; [м.] беременность; зародыш.
preñar. [перех.] см. **empreñar**; (перен.) наполнять.
preñez. [ж.] беременность; внешняя помеха; беспорядок; дело в нерешительном состоянии.
preocupación. [ж.] занятие или захват чего-л (сделанный заранее); предубеждение, предвзятое мнение; озабоченность, забота, беспокойство; забота, тревога.
preocupadamente. [нареч.] с предубеждением и т. д.
preocupar. [перех.] занимать или приобретать раньше других; (перен.) настраивать кого-л; сильно озабочивать, всецело занимать, проглощать; беспокоить, тревожить, заботить; **preocuparse**, [возв. гл.] составлять предвзятое мнение о чём-л; заботиться, беспокоиться, волноваться.
preopinante. [прил.] первый подающий своё мнение.
preopinar. [неперех.] прежде других подавать своё мнение.
preordinar. [перех.] предустанавливать, назначать заранее; предопределять.
preorganizar. [перех.] заранее организовывать.
prepalatal. [прил.] (лингв.) переднёнебный.
preparación. [ж.] приготовление, подготовка; (хим.) препарат; * sin **preparación**, неожиданно, вдруг.
preparado, da. [страд. прич.] к **preparar**, приготовленный, подготовленный, готовый; [прил.] (апт.) приготовленный; [м.] препарат.
preparador, ra. [м. и ж.] (также прил.) подготовитель, -ица; препаратор (спорт.) тренер.
preparam(i)ento. [м.] см. **preparación**.

preparar. [перех.] готовить, приготовлять, подготовлять; предрасполагать; препарировать; **prepararse**, [возв. гл.] приготовляться, готовиться, подготовляться; * **prepararse** para un viaje, готовиться к поездке.
preparativa, va. [прил.] см. **preparatorio**; [м.] приготовление.
preparatorio, ria. [прил.] приготовительный, подготовительный.
prepatelar. [прил.] (мед.) предчашечный.
preponderancia. [ж.] перевес, преобладание, превосходство: * tener la preponderancia, первенствовать.
preponderante. [дейст. прич.] к **preponderar**, преобладающий, имеющий перевес, превосходящий.
preponderar. [неперех.] перевешивать, весить больше; (перен.) преобладать, превосходить, господствовать; иметь перевес.
preponer. [перех.] предпосылать, ставить раньше; предпочитать, оказывать предпочтение перед; [непр. гл.] спрягается как **poner**.
preposición. [ж.] (грам.) предлог.
preposicional. [прил.] (грам.) предложный; [м.] предложный падеж.
prepositivamente. [нареч.] (грам.) в виде предлога, как предлог.
prepositivo, va. [прил.] (грам.) предложный; стоящий перед словом.
prepósito. [м.] глава объединения, корпорации; старший священник, настоятель.
prepositura. [ж.] звание или должность **prepósito**.
preposteración. [ж.] нарушение порядка; переворот.
prepósteramente. [нареч.] не во-время; беспорядочно.
preposterar. [перех.] нарушать порядок; (разг.) делать что-л шиворот-навыворот.
prepóstero, ra. [прил.] несвоевременный, неуместный; вывернутый наизнанку.
prepotencia. [ж.] всесилие, превосходящая сила, преобладание, господство.
prepotente. [прил.] всесильный, сильнейший, преобладающий, господствующий; высокомерный.
prepucial. [прил.] (анат.) относящийся к крайней плоти.
prepucio. [м.] (анат.) крайняя плоть.
prepuesto, ta. [непр. страд. прич.] к **preponer**.
prerrafaeli(s)ta. [м.] (иск.) прерафаэлит.
prerrogativa. [ж.] прерогатива, преимущество, исключительное право, привилегия.
prerromano, na. [прил.] доримский.
presa. [ж.] взятие, захват; приобретение; добыча; (мор.) приз; канал, ров; плотина, дамба; ломоть, кусок; жертва; (обл.) бульон; **presas** [множ.] клыки, когти; * hacer **presa**, крепко держать.
presada. [ж.] запас мельничной воды.
presado, da. [прил.] светлозелёный.
presagiar. [перех.] предвещать, предзнаменовать, предсказывать, угадывать будущее.
presagio. [м.] предзнаменование.
presagioso. [прил.] вещий, содержащий в себе предзнаменование.
présago, ga, presago, ga. [прил.] вещий, предсказывающий.
presbiacusia. [ж.] старческая глухота.
presbiatría. [ж.] раздел медицины, изучающий старческие болезни.
presbicia. [ж.] дальнозоркость.
presbiope. [прил. и сущ.] дальнозоркий.
presbiópico, ca. [прил.] относящийся к дальнозоркости.

présbita, présbite. [прил. и сущ.] дальнозоркий.
presbiterado. [м.] священство.
presbiteral. [прил.] священнический.
presbiterato. [м.] священство.
presbiterianismo. [м.] пресвитерианство.
presbiteriano, na. [прил.] пресвитерианский; [м. и ж.] пресвитерианец, пресвитерианин, пресвитерианка.
presbiterio. [м.] клирос; духовный или епархиальный совет.
presbítero. [м.] священник.
presbítico, ca. [прил.] относящийся к дальнозоркости.
presbitopia. [ж.] дальнозоркость.
presciencia. [ж.] предвидение.
presciente. [прил.] обладающий даром предвидения, предвидящий.
prescindencia. [ж.] (Амер.) отвлечённость, абстракция.
prescindente. [прил.] (Амер.) см. **independiente**.
prescindir. [неперех.] оставлять в стороне, не обращать внимания на, отбрасывать, обходить молчанием, исключать; абстрагироваться от: * **prescindiendo** de, не говоря о..., не считая, если не считать, оставляя это в стороне; за исключением.
prescito, ta. [прил. и сущ.] см. **precito**.
prescribir. [перех.] предписывать, приказывать, давать распоряжение; прописывать, назначать; (также неперех.) (юр.) приобретать или утрачивать за давностью; [неперех.] теряться, исчезать (с течением времени); сниматься, отпадать за давностью, терять сулу за давностью (о долгах и т. д.).
prescripción. [ж.] предписание, приказ, распоряжение; закон; назначение; (юр.) давность; срок давности; просрочка; приобретение за истечением срока давности; (мед.) рецепт (врача).
prescriptible. [прил.] (юр.) подлежащий закону о давности.
prescripto, ta. [непр. страд. прич.] к **prescribir**.
prescrito, ta. [непр. страд. прич.] к **prescribir**, предписанный, прописанный; устарелый; приобретённый или потерянный за давностью.
presea. [ж.] драгоценность, драгоценная вещь; ценный подарок; (уст.) удобный инструмент или предмет комнатной обстановки.
presencia. [ж.] присутствие; пребывание; внешний вид, наружность; образ; помпа, пышность; воспоминание; * **presencia** de ánimo, спокойствие, присутствие духа, хладнокровие; * en **presencia** de, в присутствии кого-л; * hacer acto de **presencia**, присутствовать; явиться из вежливости или по обязанности.
presencial. [прил.] присутствующий; личный: * testigo **presencial**, очевидец, свидетель.
presencialmente. [нареч.] в своём присутствии, лично.
presenciar. [перех.] присутствовать.
presenilidad. [ж.] преждевременная старость.
presentable. [прил.] приличный, презентабельный.
presentación. [ж.] представление, рекомендация; предъявление, подача; поднесение, дар; предложение должности; (Амер.) прошение; требование; ходатайство; (мед.) положение (плода в тазу); * carta de **presentación**, рекомендательное письмо.

presentador, ra. [прил.] показывающий; рекомендующий и т. д.; [м.] предъявитель.
presentalla. [ж.] приношение по обету.
presentáneamente. [нареч.] сейчас, немедленно.
presentáneo, a. [прил.] немедленный, быстро действующий.
presentante. [дейст. прич.] к presentar.
presentar. [перех.] предъявлять, показывать; представлять, подавать, передавать; дарить, представлять, назначать, рекомендовать (на должность); представлять, знакомить, подставлять кому-л; * **presentarse.** [возв. гл.] представляться, являться, приходить (о человеке); показываться; являться в суд; представляться начальству; предлагать себя в: * presentar armas, брать на караул; * si el caso se presenta, в случае надобности.
presente. [прил.] присутствующий; наличный; настоящий, современный, нынешний, теперешний; [м.] настоящее, нынешнее время, современность; (грам.) настоящее время; подарок, дар, подношение; * estar presente, присутствовать; * ¡presente!, здесь!, есть!, налицо!; * estar de cuerpo presente, лежать в гробу; * tener presente, иметь в виду, помнить; * hacer presente, извещать; помнить; напоминать кому-л; * hasta el presente, до сих пор; * al presente, в настоящее время, сейчас; теперь.
presentemente. [нареч.] теперь, сейчас, в настоящее время, ныне.
presentero. [м.] (церк.) тот, кто рекомендует кого-л на сан.
presentimiento. [м.] предчувствие.
presentir. [перех.] предчувствовать; [непр. гл.] спрягается как sentir.
presepio. [м.] ясли, кормушка; конюшня; хлев; стойло.
presera. [ж.] (бот.) подмаренник цепкий, лепчица.
presero. [м.] сторож на шлюзах.
preservación. [ж.] предохранение, защита, предупреждение; сохранение; покровительство; [мед.] см. profilaxia.
preservador, ra. [прил.] предохранительный; [м.] защитник.
preservante. [дейст. прич.] к preservar.
preservar. [перех.] (пред)охранять, защищать; сохранять; * **preservarse.** [возв. гл.] предохранять себя, остерегаться.
preservativamente. [нареч.] предохранительным образом.
preservativo, va. [прил.] предохранительный, защитный; оборонительный; [м.] (мед.) презерватив.
presidario. [м.] см. presidiario.
presidencia. [ж.] председательство; президентство; президиум; помещение, канцелярия президента, председателя.
presidencial. [прил.] относящийся к председательству, к президентству; относящийся к президиуму.
presidenta. [ж.] женщина-председатель; жена президента.
presidente. [дейст. прич.] к presidir; председательствующий; [м.] председатель; президент.
presidiable. [прил.] заслуживающий каторги.
presidiar. [перех.] (воен.) вводить гарнизон (в город).
presidiario. [м.] каторжник, каторжанин, каторжный.

presidio. [м.] гарнизон; крепость, форт; каторга; галеры; [множ.] каторжники; (перен.) помощь, содействие.
presidir. [перех.] председательствовать; возглавлять, руководить, управлять; преобладать.
presidium. [м.] президиум.
presilla. [ж.] петличный шнурок; завязка; сорт полотна.
presión. [ж.] давление; напор; сжатие; * presión atmosférica, атмосферное давление; * presión arterial, кровяное давление; * a presión, под давлением.
presionar. [перех.] (Амер.) сжимать; производить нажим, оказывать давление на, вынуждать.
preso, sa. [непр. страд. прич.] к prender; [прил.] арестованный, заключённый, заточённый (в тюрьму); [м. и ж.] заключённый, -ая, арестант, -ка, пленник, -ница; * poner preso, посадить в тюрьму; * estar preso, быть в тюрьме.
prest. [м.] (воен.) солдатское жалованье.
presta. [ж.] (обл.) мята.
prestable. [прил.] ссужаемый.
prestación. [ж.] передача взаймы, выдача ссуды; одолжение; содействие; налог, подать; арендная плата; * prestación personal, отработка.
prestado, da. [страд. прич.] к prestar; (уст.) заём; ссуда: * de prestado, непрочно; * pedir prestado, брать взаймы у кого-л, занимать.
prestador, ra. [прил.] одалживающий; [м.] кредитор, заимодавец.
prestamente. [нареч.] проворно, живо.
prestamera. [м.] руга, доход на содержание священника.
prestamero. [м.] священник, получающий доход на содержание.
prestamista. [м.] ростовщик.
préstamo. [м.] ссуда, заём; см. prestamera; * casa de préstamos, ломбард.
prestancia. [ж.] отличное качество, превосходство; высшая степень совершенства.
prestante. [прил.] превосходный; отличный.
prestar. [перех.] давать взаймы или в долг, одалживать, ссуживать; давать, оказывать, предоставлять, помогать; сдавать; приписывать; [неперех.] быть пригодным, годиться; вытягиваться (о ткани); (обл.) нравиться, доставлять удовольствие; * **prestarse.** [возв. гл.] предлагать свои услуги, соглашаться, пойти на что-л; * prestar atención, обращать внимание; * prestar sobre prenda, давать деньги под залог; * prestar ayuda, оказывать помощь.
prestatario, ria. [прил.] берущий ссуду, заём; [м. и ж.] заёмщик, -ица.
preste. [м.] священник, служащий обедню.
prester. [м.] стремительный вихрь.
presteza. [ж.] быстрота, скорость, проворство; поспешность.
prestidigitación. [ж.] умение показывать фокусы; ловкость рук.
prestiditador, ra. [м. и ж.] фокусник, -ица, престидижитатор.
prestidigitar. [перех.] показывать фокусы.
prestigiador, ra. [прил.] магнетизирующий; [м.] магнетизёр; шарлатан.
prestigio. [м.] магнетическое влияние; волшебство; (перен.) престиж, авторитет, влияние: * tener prestigio, иметь авторитет.
prestigioso, sa. [прил.] магнетизирующий; (перен.) имеющий влияние, престиж, авторитетный.
prestimonio. [м.] ссуда, заём.
prestiño. [м.] см. pestiño.
prestir. [перех.] (арг.) давать в долг, взаймы.
prestito. [нареч.] (разг.) проворно, живо.

presto, ta. [прил.] быстрый, скорый, проворный, живой; бойкий; готовый к чему; [нареч.] быстро, живо, проворно; * de presto, немедленно.
presumible. [прил.] предполагаемый, вероятный, возможный.
presumido, da. [страд. прич.] к presumir; [прил.] чванный, высокомерный; тщеславный.
presumir. [перех.] предполагать, догадываться; подозревать; (Амер.) ухаживать за женщиной; [неперех.] чваниться, быть слишком самонадеянным, хвастаться.
presunción. [ж.] предположение, основанное на вероятности; догадка; самонадеянность, самомнение; (юр.) презумпция: * tener presunción de, считать себя.
presunt(iv)amente. [нареч.] предположительно.
presuntivo, va. [прил.] предполагаемый.
presunto, ta. [непр. страд. прич.] к presumir.
presuntuosamente. [нареч.] надменно, высокомерно, самонадеянно.
presuntuosidad. [ж.] самомнение, самонадеянность, высокомерие, гордость.
presuntuoso, sa. [прил.] самонадеянный, высокомерный, надменный, тщеславный, надутый, чванный.
presuponer. [перех.] допускать, предполагать; предусматривать, устанавливать бюджет; [непр. гл.] спрягается как poner.
presuposición. [ж.] допущение, предположение; причина, основание, повод.
presupuestar. [перех.] (варв.) см. presuponer.
presupuestario, ria. [прил.] относящийся к бюджету и т. д.
presupuesto, ta. [непр. страд. прич.] к presuponer; [м.] причина, основание, повод; предположение, предпосылка; бюджет, смета; (уст.) см. designio; * presupuesto que, если предположить, что; полагая, что; * consignar en presupuesto, вписать, внести в бюджет.
presura. [ж.] тяжесть на душе, тревога, тоска, печаль; поспешность, спешка; скорость, проворство; упорство, настойчивость; упрямство.
presurosamente. [нареч.] (по)спешно, торопливо; на скорую руку.
presuroso, sa. [прил.] поспешный, торопливый, спешащий.
pretal. [м.] подгрудный ремень (сбруи).
pretencioso, sa. [прил.] (гал.) см. presuntuoso.
pretender. [перех.] требовать по праву, заявлять своё право на; домогаться; стремиться к чему-л, претендовать на что-л.
pretendido, da. [страд. прич.] к pretender; [прил.] (гал.) мнимый, так называемый.
pretendienta. [ж.] просительница, претендентка.
pretendiente. [дейст. прич.] к pretender; [м.] искатель; проситель; претендент.
pretensión. [ж.] притязание, требование, претензия; искание, домогательство; [множ.] стремления.
pretensioso, sa. [прил.] см. pretencioso.
pretenso, sa. [непр. страд. прич.] к pretender; [м.] (м. употр.) см. pretensión.
pretensor, ra. [прил. и сущ.] см. pretendiente.
preterición. [ж.] умолчание, опускание; неупоминание кого-л в завещании.
preterir. [перех.] пропускать, опускать, умалчивать, оставлять без внимания; не упоминать кого-л в завещании.
pretérito, ta. [прил.] (прошлый), прошедший; [м.] (грам.) прошедшее время, прошлое.
pretermisión. [ж.] упущение; умолчание (о чём-л).

pretermitir. [перех.] опускать, обходить молчанием, упускать, умалчивать.
preternatural. [прил.] противоестественный; сверхъестественный.
preternaturalizar. [перех.] изменять, нарушать порядок, положение вещей.
pretexta. [ж.] претекста (тога, отороченная пурпуром у древних римлян).
pretextar. [перех.] выставлять в качестве предлога, ссылаться на что-л, отговариваться чем-л, находить повод.
pretexto. [м.] повод, предлог, отговорка.
pretil. [м.] перила, парапет; шоссе вдоль перилы; (Амер.) паперть; приступок; колодец.
pretina. [ж.] ремень, кожаный пояс; (Амер.) дисциплина: * meter, poner en pretina, заставлять покоряться.
pretinazo. [м.] удар ремнём.
pretinero. [м.] мастер, изготовляющий кожаные пояса.
pretinilla. [ж.] старинный женский пояс.
pretónica. [ж.] см. protónica.
pretónico, ca. [прил.] см. protónico.
pretor. [м.] претор в древнем Риме.
pretoría. [ж.] см. pretura.
pretorial. [прил.] преторианский.
pretorianismo. [м.] политическое влияние военных кругов.
pretoriano, na. [прил.] преторианский; преторский; [м.] преторианец, телохранитель: * guardia pretoriana, преторианская стража.
pretoriense. [прил.] (ист.) преторский.
pretorio, ria. [прил.] см. pretoral; [м.] (ист.) резиденция претора.
pretura. [ж.] (ист.) преторство, должность претора.
prevalecer. [неперех.] брать верх, иметь или получать перевес, преимущество, превалировать, превышать, преобладать, проникать, пускать корни; (перен.) увеличиваться, расти; [непр. гл.] спрягается как agradecer.
prevaleciente. [действ. прич.] к prevalecer.
prevaler. [неперех.] см. prevalecer; prevalerse [возв. гл.] пользоваться чем-л.
prevaricación. [ж.] нарушение (своего) долга, (своих) обязанностей; должностное преступление; злоупотребление.
prevaricador, ra. [прил. и сущ.] нарушающий (свои) обязанности, (свой) долг, недобросовестный.
prevaricar. [неперех.] нарушать (свой) долг; совершать злоупотребление по должности; (разг.) ошибаться; бредить, говорить вздор.
prevaricato. [м.] нарушение обязанностей, долга службы, см. prevaricación.
prevención. [ж.] принятие мер; предохранение, предотвращение; уведомление; предубеждение; провизия, запасы (съестные и т. д.); полицейский участок; караул (помещение); (воен.) караульная; * a (de) prevención, на всякий случай, про запас.
prevenidamente. [нареч.] предварительно, заблаговременно.
prevenido, da. [страд. прич.] к prevenir и [прил.] предупреждённый, извещённый; подготовленный; хорошо снабжённый; изобильный; предусмотрительный.
preveniente. [действ. прич.] de prevenir, предупреждающий.
prevenir. [перех.] приготавливать, подготавливать, опережать; предостерегать, предвидеть, предупреждать, предусматривать; настраивать против или в пользу кого-л; неожиданно случаться; prevenirse, [возв. гл.] готовиться, приготавливаться к чему-л; [непр. гл.] спрягается как venir.

preventivamente. [нареч.] заранее, предварительно, заблаговременно.
preventivo, va. [прил.] предупредительный, превентивный, предохранительный; (мед.) профилактический: * prisión preventiva, предварительное заключение.
preventorio. [м.] (мед.) профилакторий; полицейский участок.
prever. [перех.] предвидеть, предусматривать; предчувствовать; [непр. гл.] спрягается как ver.
prevertebral. [прил.] (анат.) предпозвоночный.
previamente. [нареч.] заранее, предварительно, заблаговременно.
previco. [м.] (уст.) см. hechicero.
previo, via. [прил.] предыдущий, предварительный: * sin aviso previo, без предупреждения.
previsible. [прил.] предвидимый, могущий быть предусмотренным.
previsión. [ж.] предвидение; предусмотрительность.
previsor, ra. [прил. и сущ.] предвидящий; предусмотрительный.
previsoramente. [нареч.] предусмотрительно.
previsto, ta. [непр. страд. прич.] к prever.
prez. [м.] или [ж.] слава, репутация; [множ.] preces.
priado. [нареч.] быстро, живо, проворно.
priapismo. [м.] (мед.) болезненное напряжение члена.
priapitis. [ж.] воспаление крайней плоти.
príapo. [м.] крайняя плоть, см. falo.
priar. [перех.] (обл.) портить; priarse, [возв. гл.] (обл.) портиться.
priesa. [ж.] см. prisa: a (de) priesa, скоро, наспех.
prieta. [ж.] (Амер.) кровяная колбаса.
prieto, ta. [прил.] черноватый; сжатый; тесный; очень трудный, опасный; скудный, жалкий.
prietuzco, ca. [прил.] (Амер.) черноватый.
prima. [ж.] двоюродная сестра, кузина; первый час (молитва); вечернее время (от 9 до 11 ч. вечера); (муз.) квинта; (ком.) премия; (арг.) рубашка.
primacía. [ж.] первенство, главенство, превосходство, примат (книж.); достоинство примаса.
primacial. [прил.] относящийся к примасу или к достоинству примаса.
primada. [ж.] (разг.) одурачивание.
primado. [м.] первенство, примат (книж.); примас; достоинство примаса.
primado, da. [прил.] относящийся к примасу.
primal, la. [прил.] годовалый (об овцах и козах); [м.] шелковая плетёная тесьма или шнур.
primar. [неперех.] (гал.) занимать первое место, быть первым, первенствовать.
primariamente. [нареч.] главным образом, особенно, во-первых.
primario, ria. [прил.] начальный, первоначальный, первичный, главный; первый: * escuela primaria, начальная школа; circuito primario, (эл.) первичная обмотка; era primaria, (геол.) первичная эра.
primate. [м.] знатное лицо, высокопоставленное лицо; вельможа; магнат, (чаще множ.); [множ.] (зоол.) приматы.
primavera. [ж.] весна; весенняя пора (поэт.); юность; (бот.) примула, первоцвет; шёлковая ткань (с рисунком из цветов).
primaveral. [прил.] весенний, вешний (уст. обл.).
primazgo. [м.] родство между двоюродными братьями, сёстрами; достоинство примаса.
primearse. [возв. гл.] (разг.) называть друг друга двоюродным братом.

primer. [прил.] (усечённая форма от primero, употребляемая перед сущ.) первый.
primera. [ж.] сорт карточной игры.
primeramente. [нареч.] во первых; сначала, прежде всего.
primeriar. [неперех.] (Амер.) быть первым, первенствовать.
primeriza. [ж.] первородящая.
primerizo, za. [прил.] начинающий; [м.] новичок; [ж.] первородящая.
primero, ra. [прил. и сущ.] первый; наилучший, главнейший, основной; выдающийся; былой, прежний; первоначальный; предварительный; [нареч.] сначала; скорее, напротив; прежде; см. primeramente; [сущ.] первый среди других; de primero, прежде, в начале; сначала; * a las primeras, a las primeras de cambio, сразу; * primero que, скорей что; * el primero que llega, первый встречный; * de buenas a primeras, (разг.) ни с того ни с сего; en primer lugar, во-первых; a primera vista, на первый взгляд.
primeval. [прил.] первичный, первоначальный, первобытный.
primevalismo. [м.] первичность, первобытность.
primevo, va. [прил.] старший; (уст.) см. primitivo.
primicerio, ria. [прил.] первый, первый по рангу; [м.] (церк.) регент, кантор.
primicia. [ж.] первый, ранний плод; [множ.] (перен.) первые результаты.
primicial. [прил.] ранний, первый.
primiclerio. [м.] см. primicerio.
primigenio, nia. [прил.] первобытный.
primigrávida. [прил. и сущ.] беременная в первый раз.
primilla. [ж.] прощение чего-л (в первый раз); (обл.) см. cernícalo.
primípara. [ж.] первородящая женщина.
primitivamente. [нареч.] первоначально, сначала; примитивно.
primitividad. [ж.] первоначальность; первобытность.
primitivo, va. [прил.] первоначальный, первичный; основной, первобытный; примитивный; (иск.) относящийся ко времени до Ренессанса.
primitivismo. [м.] (иск.) примитивизм.
primo, ma. [прил.] превосходный, отличный; совершенный; [м.] двоюродный брат, кузен; испанский гранд; (разг.) простак; негр; (арг.) см. jabón; [нареч.] во первых: * primo hermano, carnal, двоюродный брат; * primo segundo, троюродный брат; * número primo, простое число; * prima noche, сумерки; * hacer el primo, легко поддаться обману; платить за чужие удовольствия; платить за издержки в деле, от которого другие получили пользу; * ser primo hermano, (разг.) быть очень похожим.
primogénito, ta. [прил.] первородный, перворождённый; [м.] первенец.
primogenitura. [ж.] первородство.
primógeno, na. [прил.] первый, первоначальный.
primor. [м.] ловкость, умение, искусство; совершенство; (уст.) первенство.
primordial. [прил.] первоначальный, первичный; первостепенный, главный, основной.
primordialmente. [нареч.] первоначально; главным образом.
primordio. [м.] начало, возникновение.
primorear. [неперех.] быть виртуозом.

primoreo

primoreo. [м.] дейст. к primorear; совершенство.
primorosamente. [нареч.] в совершенстве, превосходно; изысканно, утончённо.
primoroso, sa. [прил.] отличный; изысканный, изящный, утончённый; искусно сделанный, искусный, ловкий, умелый.
primula. [ж.] (бот.) примула.
primuláceas. [ж. множ.] (бот.) первоцветные.
princesa. [ж.] княгиня, княжна; принцесса.
principada. [ж.] (разг.) своевольный поступок.
principado. [м.] княжество; княжеское достоинство; превосходство, первенство; [множ.] начала (чин ангелов).
principal. [прил.] главный, основной, коренной, первый; самый важный; выдающийся, благородный, знатный, знаменитый, именитый (уст.); превосходный; [м.] начальник, хозяин, принципал (уст.); сущность (дела); основная сумма, капитал; (воен.); кордегардия: * piso principal, первый этаж (над бельэтажем); * edición principal, первое издание.
principalía [ж.] см. principalidad; сорт муниципального совета (в Филиппинских островах).
principalidad. [ж.] первый ранг; высшее качество.
principalmente. [нареч.] преимущественно, главным образом, особенно.
príncipe. [прил.] первый: * edición príncipe, первое (основное) издание; [м.] князь, принц; властитель, государь, монарх; первый среди других: príncipe heredero, наследный принц, príncipe de la iglesia, кардинал; * portarse como un príncipe, жить роскошно, по-царски; * príncipe de los Apóstoles, апостол Пётр; príncipe de (entre) los poetas, первейший поэт.
principescamente. [нареч.] по-княжески, по-царски.
principela. [ж.] старинная шерстяная ткань.
principesco, ca. [прил.] княжеский; царский.
principiador, ra. [прил. и сущ.] начинающий.
principianta. [ж.] начинающая.
principiante. [дейст. прич.] к principiar, начинающий; [м.] начинающий, новичок; ученик, подмастерье.
principiar. [перех.] начинать.
principio. [м.] начало; первопричина, первоистоник, основа; принцип; блюдо (первое); (полигр.) сборный лист; (хим.) простое тело, элемент; (научный) закон; * desde el principio, сначала; * al principio, a los principios, вначале; * dar principio, начинать; * del principio al fin, с начала до конца; * principio quieren las cosas, лиха беда начало; * es cosa начало трудно; * en principio, в принципе, как правило; * al principio de agosto, в начале августа; * principio activo, действующее начало.
principote. [м.] (разг.) человек, живущий роскошно, по княжески.
pringado, da. [страд. прич.] к pringar; [м.] гренок.
pringar. [перех.] намазывать жиром; замасливать, грязнить, марать; просаливать; (разг.) ранить до крови; заражать; [неперех.] участвовать в деле; pringarse [возв. гл.] извлекать незаконную пользу, растратить; пачкаться.
pringo. [м.] (Амер.) капля воды, капля, крошка.

pringón, na. [прил.] сальный, жирный; грязный; [м.] просаливание; сальное пятно.
pringor. [м.] просаливание.
pringoso, sa. [прил.] сальный, жирный.
pringue. [м.] жир; сало; грязь.
prionodonte. [м.] (зоол.) приодонт, броненосец.
prior. [прил.] предыдущий; [м.] (церк.) приор, настоятель, игумен; приходский священник; торговый судья.
priora. [ж.] настоятельница (монастыря), игуменья.
priorado. [м.] см. priorato.
prioral. [прил.] относящийся к приору, настоятельский; относящийся к настоятельнице монастыря.
priorato. [м.] достоинство настоятеля или настоятельницы (монастыря).
priorazgo. [м.] достоинство и церковный округ, управляемые приором.
prioridad. [ж.] приоритет, первенство; преимущество во времени.
priostazgo. [м.] должность старшины братства, общины.
prioste. [м.] старшина братства, общины.
prisa. [ж.] поспешность, спешка, торопливость; см. rebato; схватка; стечение народа: * de prisa, поспешно, торопливо, в спешке; * de prisa y corriendo, сломя голову; * de prisa y sin cuidado, на скорую руку; * a toda prisa, во весь дух, на всех парах; * dar prisa, торопить; * darse prisa, estar de prisa, торопиться, спешить; * andar de prisa, быстро идти; * ¡de prisa! живее!; * con las prisas, из-за спешки; * correr prisa, быть неотложным, срочным.
priscal. [м.] место ночёвки скота в поле.
priscar. [перех.] загонять (скот).
prisco. [м.] персик; персиковое дерево.
prisco, ca. [прил.] (перен. разг.) тупой, недалёкий, наивный.
prisión. [ж.] взятие, захватка; поимка, лов; арест, тюремное заключение; тюрьма (уст.); плен; добыча; препятствие; [множ.] оковы; кандалы: * prisión preventiva, предварительное заключение; * prisión mayor, заключение сроком от шести до двенадцати лет; * prisión menor, заключение сроком от шести месяцев до шести лет; * prisión de Estado, тюрьма для государственных преступников; * auto de prisión preventiva, постановление о задержании.
prisionero, ra. [м. и ж.] заключённый, -ая, пленник, -ица, пленный, -ая, узник, -ица (книж.).
prisma. [м.] (геом. физ.) призма.
prismáticamente. [нареч.] сквозь призму.
prismático, ca. [прил.] призматический; prismáticos, [м. множ.] полевой бинокль.
prismatización. [ж.] (физ.) расположение призмами.
prismatizar. [перех.] (физ.) располагать призмами.
prismatoide. [м.] (геом.) призматоид.
prismatoideo, a. [прил.] призматический.
priste. [м.] рыба-пила.
pristinamente. [нареч.] первоначально.
pristino, na. [прил.] первоначальный, первый.
privación. [ж.] лишение, утрата, потеря; недостаток, нужда в чём-л; отстранение от должности.
privada. [ж.] уборная, отхожее место; кучка грязи (на улице).
privadamente. [нареч.] частным образом, приватно; запросто, дружески; тайно.
privadero. [м.] рабочий, очищающий отхожие места.
privado, da. [прил.] частный, приватный; личный, внутренний, интимный; семейный; [м.] любимец, фаворит.

privanza. [ж.] близость к влиятельному лицу.
privar. [перех.] лишать, отнимать; оставлять без чего-л; снимать, отстранять от должности; запрещать; доводить до потери сознания; [неперех.] быть в милости; (арг.) пить: privarse, [возв. гл.] лишаться; лишать себя; воздерживаться, отказываться, отказывать себе в чём-л; падать в обморок.
privativamente. [нареч.] исключительно, за исключением.
privativo, va. [прил.] лишающий, устраняющий, исключающий; отнимающий; (грам.) выражающий отрицание; свойственный.
privilegiadamente. [нареч.] привилегированным образом.
privilegiado, da. [страд. прич.] к privilegiar, привилегированный; [прил.] необыкновенный.
privilegiar. [перех.] давать привилегию, предоставлять преимущество, оказывать предпочтение.
privilegiativo, va. [прил.] содержащий в себе привилегию.
privilegio. [м.] привилегия, преимущество, льгота; прерогатива (книж.); отличие: * privilegio de invención, патент на изобретение.
pro. [м. и ж.] польза, выгода: * el pro y el contra, за и против; * sostener el pro y el contra, быть за и против; * en pro, в пользу, за.
pro- [неот. предл.] за, вместо.
proa. [ж.] (мор.) носовая часть, нос (корабля); * poner la proa a, нацелиться на что-л; замышлять против кого-л.
proal. [прил.] (мор.) носовой.
probabilidad. [ж.] вероятность, правдоподобие; возможность.
probabilismo. [м.] пробабилизм.
probable. [прил.] вероятный, правдоподобный, возможный, доказуемый.
probablemente. [нареч.] вероятно.
probación. [ж.] проба, испытание; (церк.) послушание.
probada. [ж.] проба; испытание.
probado, da. [страд. прич.] к probar; [прил.] испытанный; проверенный; доказанный.
probador, ra. [прил.] пробующий, испытывающий; доказывающий и т. д.; [м.] экспериментатор, дегустатор; примерочная.
probadura. [ж.] проба; испытание.
probanza. [ж.] (юр.) доказательство; проверка.
probar. [перех.] (о)пробовать, испытывать, проверять; проводить испытание; доказывать, свидетельствовать; примерять (платье); пробовать делать что-л; пробовать (на вкус), отведывать (разг.); [неперех.] испытаться: * probar bien, идти на пользу; подходить; * probar mal, идти во вред; не подходить; * probarse unos zapatos, примерить ботинки; [непр. гл.] спрягается как contar.
probático, ca. [прил.]: * piscina probática, купель (при храме Саломона).
probatina. [ж.] (обл.) см. probatura.
probativo, va. [прил.] доказательный, убедительный.
probatoria. [ж.] срок, назначенный для подачи доказательств.
probatorio, ria. [прил.] проверочный, испытательный, доказательный.
probatura. [ж.] проба; испытание.
probeta. [ж.] (тех.) ртутный манометр; пробирка; (фот.) ванночка: * probeta graduada, мензурка.
probidad. [ж.] честность, безупречность, безукоризненность; прямота, правди-

вость; порядочность; лояльность; доброта.

problema. [ж.] задача, проблема; загадка; непонятное явление; вопрос, трудно объяснимая вещь; (мат.) задача: * resolver un problema, решить задачу.

problemáticamente. [нареч.] проблематично, сомнительно, мало вероятно.

problemático, ca. [прил.] проблематический, проблематичный, сомнительный, маловероятный, спорный; загадочный.

probo, ba. [прил.] честный, безупречный, безукоризненный, цельный (о человеке); правдивый, прямой.

probóscide. [ж.] (зоол.) хобот (слона); хоботок (у насекомых).

proboscidio, dia. [прил.] (зоол.) хоботоносный; [м. множ.] хоботоносные животные.

procacidad. [ж.] бесстыдство, дерзость, наглость, нахальство.

procatarxis. [ж.] предрасположение.

procaz. [прил.] бесстыдный, наглый, дерзкий, вызывающий.

procazmente. [нареч.] бесстыдно, нагло.

procedencia. [ж.] происхождение, род; возникновение; начало; пункт отправления; (юр.) обоснованность.

procedente. [дейст. прич.] к proceder, происходящий из..., от; следующий; надлежащий.

proceder. [м.] образ действия; поведение, поступок; обхождение; приём, способ, метод; подходы.

proceder. [неперех.] следовать друг за другом; происходить из..., от..., вести происхождение, начало от..., из; поступать, действовать, вести себя; обходиться с кем-л.; приступать к... приниматься за; надлежать: * proceder contra uno, возбуждать, начинать судебное дело против кого-л.; * procede, имеется основание; следует, уместно.

procedimiento. [м.] происхождение, приём, способ, метод; (юр.) судопроизводство, судебная процедура; процедура: * procedimiento Bessemer, бессемерование.

procela. [ж.] (поэт.) буря, шторм.

procelaria. [ж.] (зоол.) буревестник (птица).

proceloso, sa. [прил.] бурный.

prócer. [прил.] высокий, возвышенный; [м.] вельможа; магнат; пэр.

procerato. [м.] пэрство.

proceridad. [ж.] высота, возвышенность; пышность, расцвет.

prócero, ra, procero, ra. [прил.] высокий, возвышенный.

proceroso, sa. [прил.] высокий, высокого роста, внушительный, величественный.

procesado, da. [прил.] относящийся к судебному делу (также сущ.) обвиняемый, -ая, подсудимый, -ая, состоящий, -ая под следствием.

procesal. [прил.] (юр.) судебный, процессуальный.

procesamiento. [м.] (юр.) судебное преследование, процесс.

procesar. [перех.] преследовать по суду; отдавать под суд; возбуждать процесс против кого-л.

procesión. [ж.] происхождение; процессия, шествие; (церк.) крестный ход; длинный ряд идущих людей: * ir en procesión, шествовать, идти процессией; * andar, ir por dentro la procesión, скрывать гнев, тревогу и т. д.

procesional. [прил.] относящийся к шествию, процессии или крестному ходу; процессионный, имеющий характер торжественного шествия и т. д., идущий веренице.

procesionalmente. [нареч.] процессией, тор-

жественным маршем, крестным ходом, процессионально.

procesionaria. [ж.] (зоол.) походный шелкопряд.

procesionario, ria. [прил.] * libro procesionario, обрядная церковная книга.

proceso. [м.] движение вперёд; промежуток времени; процесс; (юр.) судебное дело, процесс; документы; (анат.) отросток, выступ; (гал.) постепенное развитие.

procidencia. [ж.] (анат.) выпадение.

Proción. (астр.) Прокион (звезда); (зоол.) гнот.

proclama. [ж.] обнародование, провозглашение, объявление, прокламация; краткая речь (политическая или военная); [множ.] объявление о бракосочетании (в церкви): * correr las proclamas, делать оглашение (о предстоящем браке).

proclamación. [ж.] торжественное объявление, провозглашение, (книж.) прокламирование, провозглашение; публичное восхваление; торжественное открытие, начало (режима и т. д.); приветствие.

proclamar. [перех.] торжественно объявлять, провозглашать, оповещать, прокламировать (книж.); см. aclamar, обнаруживать, проявлять.

proclamo. [м.] (обл.) объявление (о предстоящем браке).

proclisis. [ж.] (грам.) проклитика.

proclítico, ca. [прил.] (грам.) проклитический.

proclive. [прил.] готовый, склонный (к дурному).

proclividad. [ж.] тенденция, склонность (к дурному).

proco. [м.] (м. употр.) жених; сватающийся.

procomisario. [м.] заместитель комиссара.

procomún, procomunal. [м.] общее благо, общественная польза.

procónsul. [м.] (ист.) проконсул.

proconsulado. [м.] (ист.) проконсульство.

proconsular. [прил.] (ист.) проконсульский.

procreación. [ж.] воспроизведение, размножение; потомство.

procreador, ra. [прил.] производящий на свет; [м. и ж.] производитель, -ница.

procreante. [дейст. прич.] к procrear.

procrear. [перех.] (по)рождать, производить на свет.

procreativo, va. [прил.] относящийся к воспроизведению, размножению; способный (по)рождать, производить на свет.

proctitis. [ж.] (пат.) воспаление прямой кишки около заднего прохода.

proctocele. [м.] (пат.) грыжа или выпадение прямой кишки.

proctocistotomía. [ж.] (хир.) рассечение прямой кишки и мочевого пузыря.

proctodinia. [ж.] (пат.) боль в заднем проходе.

proctoplastia. [ж.] образование искусственного заднего прохода.

proctoptosis. [ж.] (мед.) опущение прямой кишки.

proctorragia. [ж.] (мед.) кровотечение из заднего прохода.

proctorrea. [ж.] (мед.) слизистое истечение из заднего прохода.

proctosigmoiditis. [ж.] (пат.) воспаление прямой и сигмовидной кишок.

proctospasmo. [м.] (мед.) судорога заднего прохода.

proctostenosis. [ж.] (мед.) сужение прямой кишки.

proctotomía. [ж.] (хир.) разрез прямой кишки или заднего прохода.

procura. [ж.] полномочие, доверенность; см. procuraduría.

procuración. [ж.] заботливое отношение к

чему-л.; полномочие; должность или кабинет procurador.

procurador, ra. [прил.] добивающийся чего-л.; [м.] поверенный, уполномоченный; (юр.) должностное лицо, состоящее при суде, ведущее дело от имени тяжущихся; эконом (в монастыре).

procuradora. [ж.] экономка (в монастыре).

procuraduría. [ж.] (юр.) должность или кабинет procurador.

procurante. [дейст. прич.] к procurar.

procurar. [перех.] стараться; добиваться чего-л., стремиться к чему-л.; (юр.) вести (дело).

Procusto. (миф.): * lecho de Procusto, Прокустово ложе.

prodición. [ж.] измена, предательство.

predictador. [м.] (ист.) продиктатор.

prodigación. [ж.] расточение.

prodigalidad. [ж.] расточительность, мотовство; (из)обилие, избыток.

prodigalizar. [перех.] см. prodigar.

pródigamente. [нареч.] расточительно; в изобилии.

prodigar. [перех.] расточать, проматывать, мотать; не щадить, не беречь; расточать, щедро раздавать, наделять; * prodigarse [возв. гл.] выставлять себя напоказ.

prodigio. [м.] чудо, необычайное явление.

prodigiosamente. [нареч.] чудесно, изумительно, необычайно, превосходно.

prodigiosidad. [ж.] чудесность; необычайность.

prodigioso, sa. [прил.] чудесный, необычайный, изумительный, поразительный, дивный, превосходный.

pródigo, ga. [прил.] расточительный, мотовской; щедрый; [м. и ж.] расточитель-ница, мот, -овка: * hijo pródigo, блудный сын.

proditor. [м.] (уст.) изменник, предатель.

prodrómico, ca. [прил.] (мед.) относящийся к продрому.

pródromo. [м.] (мед.) продром, предвестник болезни.

producción. [ж.] производство, выпуск; продукт, произведение; продукция; творение: * producción en serie, серийное производство; * medios de producción, средства производства.

producente. [дейст. прич.] к producir, производящий.

producibilidad. [ж.] производительность.

producible. [прил.] производимый.

producidero, ra. [прил.] способный производить, (по)рождать и т. д.

producidor, ra. [прил. и сущ.] см. productor.

produciente. [дейст. прич.] к producir, производящий и т. д.

producimiento. [м.] (уст.) см. producción.

producir. [перех.] производить, (по)рождать; вызывать, приносить, причинять; производить, изготовлять, выпускать; творить, создавать, основывать, устанавливать; давать; приносить доход (или плоды); (юр.) предъявлять, представлять, выдвигать (доказательства); * producirse [возв. гл.] объясняться, высказываться; [непр. гл.] спрягается как conducir.

productivamente. [нареч.] производительно.

productividad. [ж.] производительность, продуктивность.

productivo, va. [прил.] производительный, продуктивный; плодотворный; доходный.

producto, ta. [непр. страд. прич.] к producir; [м.] произведение, продукт, изделие; товар; доход, прибыль.
productor, ra. [прил.] производительный, производящий; плодовитый; [м. и ж.] производитель, -ница.
proejar. [неперех.] грести против течения или ветра.
proel. [прил.] (мор.) находящийся около носа; [м.] матрос, работающий носовым веслом.
proemial. [прил.] относящийся к предисловию или прологу, вступительный.
proemio. [м.] предисловие, пролог, введение.
proestro. [м.] период перед течкой у животных.
proeza. [ж.] смелый поступок, геройский подвиг, доблестный поступок.
profanación. [ж.] осквернение, наругательство, профанация, опошление, профанирование.
profanador, ra. [прил.] оскверняющий, оскорбляющий, профанирующий; [м. и ж.] осквернитель, -ница.
profanamente. [нареч.] осквернительно, богохульно; светским образом; как невежда, по неведению.
profanamiento. [м.] см. profanación.
profanar. [перех.] осквернять (святыню), профанировать, опошлять, надругаться.
profanidad. [ж.] светскость; склонность к светской жизни; нескромность; невежественность, незнание.
profanizar. [перех.] см. profanar.
profano, na. [прил.] мирской, светский; профанирующий, нечестивый, богохульный, совершающий надругательство; нескромный, непристойный, несведущий; [м. и ж.] профан, невежда; распутник, -ница.
profazar. [перех.] плохо отзываться (о ком-чем).
profecía. [ж.] пророчество; предсказание, предвидение, догадка.
proferente. [дейст. прич.] к proferir.
proferir. [перех.] произносить, выговаривать, высказывать, изрекать; [непр. гл.] спрягается как adquirir.
profesante. [дейст. прич.] к profesar.
profesar. [перех.] преподавать; давать монашеский обет; постоянно заниматься; исповедывать (веру); следовать (взглядам); верить, доверять; чувствовать (привязанность, интерес и т. д.).
profesión. [ж.] открытое признание, заявление; профессия, постоянное занятие, специальность; ремесло; вероисповедание; (церк.) обет: * de profesión, по профессии; * hacer profesión, претендовать на; * profesión de fe, исповедание веры.
profesional. [прил.] профессиональный; должностной; [м. и ж.] профессионал, -ка.
profesionalismo. [м.] профессионализм, профессиональный характер.
profeso, sa. [прил. и сущ.] давший монашеский обет, постриженный монах, постриженная монахиня.
profesor, ra. [м. и ж.] преподаватель, учитель, профессор.
profesorado. [м.] должность, звание преподавателя, учителя, профессора, профессорство; [собир.] педагогический персонал; профессура.
profesoral. [прил.] профессорский, учительский.

profeta. [м.] пророк; предсказатель, прорицатель: * nadie es profeta en su patria, нет пророка в своём отечестве; falso profeta, лжепророк.
profetal. [прил.] пророческий.
proféticamente. [нареч.] пророчески, как пророк.
profético, ca. [прил.] пророческий.
profetisa. [ж.] пророчица; предсказательница.
profetizador, ra. [прил.] пророчествующий; [м. и ж.] пророк, -чица.
profetizante. [дейст. прич.] к profetizar.
profetizar. [перех.] пророчествовать; предсказывать, пророчить, предвещать.
proficiente. [прил.] успевающий, делающий успехи.
proficuo, cua. [прил.] полезный; выгодный.
profiláctica. [ж.] профилактика.
profiláctico, ca. [прил.] профилактический, предохранительный.
profilaxis. [ж.] (мед.) предупреждение болезни.
prófugo, ga. [прил.] беглый, бежавший; [м. и ж.] беглец, беглянка; дезертир.
profundamente. [нареч.] глубоко; в высшей степени; крепко, сильно; в глубине души, в тайнике души.
profundar. [перех.] см. profundizar.
profundidad. [ж.] глубина, глубь; (перен.) глубина, основательность; глубокость (мысли и т. д.).
profundizar. [перех.] рыть, копать; углублять, рыть глубже; исследовать; измерять; углубляться в..., вникать в..., изучать вопрос.
profundo, da. [прил.] глубокий; глубоководный; проникающий вглубь, уходящий внутрь; достигший высшего предела; трудный для понимания; глубокомысленный; выдающийся (мыслитель); глубокий, сильный (о чувстве и т. д.); мрачный, тёмный.
profusamente. [нареч.] обильно, в изобилии.
profusión. [ж.] (из)обилие, излишество, избыток; расточительность.
profuso, sa. [прил.] обильный, изобильный, избыточный; расточительный.
progenie. [ж.] родовая линия, род, потомство.
progenitor. [м.] отец; прародитель, предок.
progenitura. [ж.] потомство, род, племя; первородство.
progeria. [ж.] преждевременная старость.
progimnasma. [м.] (рит.) ораторское упражнение.
proglosis. [ж.] (анат.) конец языка.
proglotis. [ж.] (мед.) отдельный членик ленточной глисты.
prognatismo. [м.] (анат.) прогнатизм.
prognato, ta. [прил. и сущ.] прогнатический, с выдающимися челюстями.
progne. [м.] (поэт.) ласточка.
prognosis. [ж.] прогноз.
programa. [м.] (в разн. знач.) программа: * programa radiofónico, радиопрограмма, программа радиовещания.
programación. [ж.] (Амер.) планирование.
programar. [перех.] (Амер.) планировать.
progresar. [неперех.] прогрессировать, делать успехи, продвигаться, идти вперёд.
progresión. [ж.] движение вперёд, постепенное развитие, продвижение; успех; (мат.) прогрессия: * progresión aritmética, арифметическая прогрессия.
progresismo. [м.] прогрессивное учение; (полит.) испанская прогрессивная партия.
progresista. [прил.] прогрессивный (о партии); [м. и ж.] прогрессист, -ка.
progresivamente. [нареч.] прогрессивно, постепенно.
progresivo, va. [прил.] прогрессирующий, развивающийся, идущий вперёд, посте-

пенно возрастающий, усиливающийся прогрессивный; * impuesto progresivo sobre la renta, прогрессивный подоходный налог.
progreso. [м.] прогресс, движение вперёд, успех; развитие.
prohibente. [дейст. прич.] к prohibir.
prohibible. [прил.] могущий быть запрещенным.
prohibición. [ж.] запрещение, воспрещение, запрет.
prohibicionismo. [м.] (эк.) запретительная система.
prohibicionista. [прил.] запретительный; [м. и ж.] сторонник, -ица запретительной системы.
prohibir. [перех.] запрещать, воспрещать.
prohibitivo, va, prohibitorio, ria. [прил.] запретительный.
prohijación. [ж.] усыновление, удочерение.
prohijador, ra. [прил. и сущ.] усыновляющий.
prohijamiento. [м.] см. prohijación.
prohijar. [перех.] усыновить; удочерить; присваивать, выдавать за своё.
prohombre. [м.] звание старшин или синдиков некоторых цехов; видное лицо.
pro indiviso. [лат. выраж.] нераздельно.
prójima. [ж.] женщина сомнительного поведения.
prójimo. [м.] ближний: * no tener prójimo, быть жестоким.
prolapso. [м.] (мед.) выпадение, отвисание: * prolapso del útero, выпадение матки.
prole. [ж.] потомство, дети; поколение.
prolegómenos. [м. множ.] пролегомены, введение, предварительные рассуждения.
prolepsis. [ж.] (рит.) предотвращение возражений.
proléptico, ca. [прил.] (рит.) относящийся к предотвращению возражений; (мед.) преждевременный.
proletariado. [м.] пролетариат.
proletario, ria. [прил.] пролетарский; [м. и ж.] пролетарий, -рка.
proletarización. [ж.] (неол.) пролетаризация.
proletarizar. [перех.] пролетаризировать; **proletarizarse.** [возв. гл.] пролетаризироваться.
proliferación. [ж.] (биол.) пролиферация, размножение делением; (бот.) пролификация, разрастание.
prolífero, ra. [прил.] размножающийся; плодовитый; (бот.) отпрысковый.
prolificación. [ж.] (бот.) пролификация.
proligeración. [ж.] см. proliferación.
prolijamente. [нареч.] растянуто, многословно, пространно.
prolijerar, ra. [прил. и сущ.] пространно говорящий.
prolijear. [неперех.] пространно говорить.
prolijidad. [ж.] многословие, растянутость, пространность; придирчивость.
prolijo, ja. [прил.] растянутый, многословный, пространный; придирчивый; надоедливый.
prologal. [прил.] относящийся к прологу.
prologar. [перех.] писать пролог.
prólogo. [м.] пролог, предисловие, введение, вступление.
prologuista. [м. и ж.] автор пролога.
prologuizar. [перех.] писать пролог.
prolonga. [ж.] (арт.) толстый канат.
prolongable. [прил.] удлиняемый; могущий быть продлённым или продолженным.
prolongación. [ж.] продолжение, продление; затягивание; продление, удлинение.
prolongadamente. [нареч.] долго; пространно.
prolongado, da. [страд. прич.] к prolongar; [прил.] продолговатый; удлинённый, продлённый.

prolongamiento. [м.] см. prolongación.
prolongar. [перех.] удлинять; продлевать, продолжать; затягивать; **prolongarse,** [возв. гл.] продолжаться, длиться, затягиваться.
proloquio. [м.] изречение, сентенция.
prolusión. [ж.] см. prelusión.
promanar. [неперех.] происходить, проистекать, иметь начало.
promediar. [перех.] делить, разделять; [неперех.] посредничать; быть посредником; быть в середине.
promedio. [м.] середина; средняя величина.
promesa. [ж.] обещание; (рел.) обет.
prometedor, ra. [прил. и сущ.] обещающий.
Prometeo. (миф.) Прометей.
prometer. [перех.] обещать, обязываться, сулить; заверять; [неперех.] обещать, подавать надежды, предвещать; **prometerse,** [возв. гл.] надеяться, питать надежду; свататься; (рел.) давать; * prometer el oro y el moro, сулить золотые горы; * prometer no es dar, обещать и слово держать, как небо и земля, одно дело-обещать, а другое-выполнять; * quien más promete menos cumple, много сулит, да мало даёт; * prometérselas uno felices, надеяться без оснований.
prometida. [ж.] невеста.
prometido, da. [страд. прич.] к prometer; [м.] жених; обещание; предложение.
prometiente. [дейст. прич.] к prometer. обещающий.
prometimiento. [м.] обещание; предложение.
prominencia. [ж.] выступ, возвышение; возвышенность; * prominencia laríngea, адамово яблоко.
prominente. [прил.] выдающийся, выступающий, возвышенный.
promiscuamente. [нареч.] вперемешку, смешанно.
promiscuar. [неперех.] есть мясо и рыбу вместе во время поста; участвовать в гетерогенных вещах.
promiscuidad. [ж.] смесь, смешение.
promiscuo, cua. [прил.] смешанный, перемешанный; спутанный; двусмысленный.
promisión. [ж.] обещание; предложение; * tierra de promisión, земля обетованная, обетованный край.
promisor, ra, promisorio, ria. [прил.] содержащий обещание, обещающий.
promoción. [ж.] продвижение (дела); ускорение; повышение (по службе); производство в чин; (воен.) присвоение (очередного) звания; выпуск (учащихся и т. д.).
promontorio. [м.] возвышенность; высокий мыс; (перен.) помеха.
promorfología. [ж.] проморфология.
promotor, ra. [прил.] способствующий; ускоряющий; [м. и ж.] главное действующее лицо; зачинщик, -ица: * promotor fiscal, прокурор.
promovedor, ra. [прил. и сущ.] см. promotor.
promover. [перех.] способствовать развитию; ускорять; продвигать, повышать (по службе); присваивать (очередное) звание; [непр. гл.] спрягается как mover.
promulgación. [ж.] обнародование, объявление, опубликование, провозглашение; промульгация (закона, декрета); распространение (слухов).
promulgador, ra. [прил.] опубликовавший, обнародовавший (также сущ.); [м. и ж.] распространитель, -ница (слухов).
promulgar. [перех.] обнародовать, провозглашать, объявлять; (перен.) распространять.
pronación. [ж.] (анат.) поворот ладони вниз.
pronador, ra. [прил.] поворачивающий ладонь вниз.

pronao(s). [м.] (арх.) предхрамие.
prono, na. [прил.] наклонённый вперёд, склонённый; очень склонный к...
pronombre. [м.] (грам.) местоимение.
pronominado, da. [прил.] (грам.) дополненный местоимением (о глаголе).
pronominal. [прил.] (грам.) местоименный; см. pronominado.
pronosticación. [ж.] предсказание, предвещание (дейст.).
pronosticador, ra. [прил.] предсказывающий; [м. и ж.] предсказатель, -ница, предвестник, -ица.
pronosticar. [перех.] предсказывать, предвещать, пророчествовать; (мед.) делать или ставить прогноз.
pronóstico. [м.] предсказание; предсказание; предзнаменование, признак; (мед.) прогноз; календарь.
prontamente. [нареч.] быстро, без промедления.
prontitud. [ж.] быстрота, скорость; проворство, живость, подвижность; вспыльчивость, пылкость.
pronto, ta. [прил.] быстрый, скорый; живой, проворный, подвижной; готовый, подготовленный; пылкий; [м.] (разг.) быстрое решение; порыв; [нареч.] быстро, без промедления; скоро; вскоре; * al pronto, в первый момент; * primer pronto, первый момент; * de pronto, не задумываясь; вдруг; * por el (lo) pronto, пока, для начала; * tan pronto como, как только, едва, после того, как; * pronto a enfurecerse, вспыльчивый, гневный; * pronto en las respuestas, быстрый на ответ; * hasta pronto, надеюсь скоро увидеться; * mejor pronto que tarde, чем скорее, тем лучше; * pronto y mal, на скорую руку; es pronto, рано.
prontuario. [м.] конспект; справочник; краткое руководство.
prónuba. [ж.] (поэт.) посажёная мать.
pronuncia. [ж.] (юр.) (обл.) объявление приговора.
pronunciable. [прил.] легко произносимый.
pronunciación. [ж.] произношение, выговор; (юр.) объявление приговора.
pronunciado, da. [страд. прич.] к pronunciar; [прил.] (гал.) выделяющийся, выдающийся, выступающий; заметный; [м.] участник военного мятежа.
pronunciador, ra. [прил. и сущ.] произносящий, выговаривающий; (юр.) объявляющий выговор.
pronunciamiento. [м.] военный мятеж; пронунсиаменто (в Испании и в Латинской Америке); (юр.) объявление приговора.
pronunciar. [перех.] произносить, выговаривать; говорить, высказывать, произносить; решать, определять; поднимать мятеж, восставать; (юр.) объявлять приговор; **pronunciarse,** [возв. гл.] решиться; взбунтоваться (о военных).
pronuncio. [м.] временный нунций.
propagación. [ж.] распространение, развитие (идей, знаний и т. д.); размножение; разведение.
propagador, ra. [прил.] распространяющий; размножающий; [м. и ж.] распространитель, -ница.
propaganda. [ж.] коллегия миссионеров (в Риме); пропаганда; агитация: * hacer propaganda, пропагандировать.
propagandista. [прил.] пропагандистский; [м. и ж.] пропагандист, -ка; агитатор.
propagante. [дейст. прич.] к propagar; распространяющий; размножающий.
propagar. [перех.] размножать; разводить; распространять; пропагандировать; * propagarse, [возв. гл.] размножаться; разводиться; распространяться, передаваться.
propagativo, va. [прил.] распространяющий, распространительский.

propagina. [ж.] (бот.) выводковая почка.
propagular. [прил.] (бот.) относящийся к выводковой почке.
propágulo. [м.] (бот.) выводковая почка.
propalador, ra. [прил.] разглашающий, распространяющий; [м. и ж.] распространитель, -ница того, чего должно сохраняться в секрете.
propalar. [перех.] распространять, делать известным, разглашать.
proparoxítono, na. [прил.] (грам.) см. esdrújulo.
propartida. [ж.] время перед отъездом.
propasación. [ж.] (обл.) см. atrevimiento.
propasar. [перех.] переходить, выходить, выступать за пределы чего-л; **propasarse** [возв. гл.] выходить из рамок приличия.
propedéutica. [ж.] пропедевтика.
propedéutico, ca. [прил.] пропедевтический.
propender. [неперех.] склоняться, быть склонным к...
propensamente. [нареч.] с расположением (склонностью).
propensión. [ж.] склонность, наклонность, влечение, расположение.
propenso, sa. [непр. страд. прич.] к propender; [прил.] склонный, расположенный.
properitoneal. [прил.] предбрюшинный.
propiamente. [нареч.] именно; точно, правильно.
propiciación. [ж.] умилостивление; жертва умилостивления, искупительная жертва.
propiciador, ra. [прил.] вызывающий к милости.
propiciamente. [нареч.] благосклонно.
propiciar. [перех.] умилостивлять, располагать к себе.
propiciatorio, ria. [прил.] умилостивляющий, вызывающий благосклонность; искупительный; [м.] (рел.) объекты культа; скамейка, на которую становятся на колени молящиеся.
propicio, cia. [прил.] милостивый, благосклонный, доброжелательный; благоприятный, подходящий, удобный.
propiedad. [ж.] собственность, владение, имение, имущество, достояние; право собственности; свойство, особенность, качество; точное подражание; (филос.) характерное свойство или качество; (грам.) значение слов и т. д.; точность, правильность (языка и т. д.): * hablando con propiedad, собственно говоря, именно, собственно; * pertenecer en propiedad, составлять собственность; * poseer en propiedad, владеть полностью.
propietariamente. [нареч.] с правом собственности.
propietario, ria. [прил.] собственнический; [м. и ж.] собственник, -ица; владелец, -ица; домовладелец, -ица.
propileo. [м.] (арх.) портик перед входом в храм (или во дворец), пропилеи.
propilita. [ж.] (геол.) пропилит.
propina. [ж.] приплата, наградные; чаевые: * de propina, на чай.
propinación. [ж.] поение; назначение лекарства; (разг.) битьё.
propinar. [перех.] поить; назначать лекарство; (разг.) бить, ударять.
propincuidad. [ж.] близость, соседство.
propincuo, cua. [прил.] близкий, соседний.

propio, pia. [прил.] собственный, свой; свойственный, присущий, характерный; подходящий, пригодный; настоящий, подлинный, действительный; точный, прямой. [м.] характерное свойство или качество, особенность; гонец; нарочный; [множ.] принадлежащее городу владение: * no ser propio, не подобать; * sentido propio, прямой смысл; * al propio, точно; amor propio, самолюбие; чувство собственного достоинства.
propóleos. [м.] прополис, пчелиный клей.
proponedor, ra. [прил. и сущ.] предлагающий, вносящий предложение.
proponente. [дейст. прич.] к proponer, предлагающий.
proponer. [перех.] предлагать; излагать; представлять (к награде и т. д.); выдвигать (кандидатуру); задавать; proponerse, [возв. гл.] предполагать, намечать, намереваться, иметь в виду что-л сделать.
proponible. [прил.] предлагаемый, могущий быть предложенным.
proporción. [ж.] пропорция, (со)отношение, соразмерность; (мат.) пропорция; подходящий момент, случай; благоприятное стечение обстоятельств; размер, величина; значение: * a proporción, соразмерно, соответственно, пропорционально; по мере того, как.
proporcionable. [прил.] соизмеримый.
proporcionalmente, proporcionadamente. [нареч.] пропорционально, соразмерно, соответственно.
proporcionado, da. [прил.] пропорциональный, подходящий, соразмерный, соответствующий.
proporcional. [прил.] пропорциональный, соразмерный; (грам.) кратный (о числительном): * representación proporcional, пропорциональное представительство.
proporcionalidad. [ж.] пропорциональность, соразмерность.
proporcionalmente. [нареч.] пропорционально, соразмерно.
proporcionar. [перех.] соразмерять, приводить в соответствие, делать пропорциональным; доставать, добывать для кого-л; причинять; proporcionarse, [возв. гл.] соразмеряться; доставать себе.
proposición. [ж.] предложение; (лог.) суждение, предложение; (филос) положение, тезис; (мат.) теорема: * sentar или emitir una proposición, выдвинуть предложение; * proposición enunciativa, повествовательное изложение.
propositadamente. [нареч.] намеренно, нарочно, с умыслом.
propositar. [неперех.] (Амер.) намереваться, иметь намерение.
propósito. [м.] намерение, решение; цель; умысел; тема, предмет (разговора, беседы и т. д.): * a propósito, кстати, уместно; * de propósito, (пред)намеренно, нарочно, с умыслом; * fuera de propósito, некстати, неуместно, невпопад; no es mi propósito, в мои намерения не входит.
propretor. [м.] пропретор (у римлян).
propretura. [ж.] пропреторство.
proprio marte. [лат. выраж.] без посторонней помощи.
proptisis. [ж.] (мед.) отхаркивание, выкашливание, удаление мокроты из легких.
proptosis. [ж.] (мед.) выпадение вперёд.
propuesta. [ж.] предложение; консультация по какому-л вопросу.

propuesto, ta. [непр. страд. прич.] к proponer.
propugnación. [ж.] защита; борьба за.
propugnáculo. [м.] бастион, крепость; (перен.) оплот.
propugnador, ra. [прил.] защищающий; [м. и ж.] защитник, -ица, поборник, -ица; борец.
propugnante. [дейст. прич.] к propugnar, защищающий.
propugnar. [перех.] (прям. перен.) защищать.
propulsa. [ж.] см. repulsa.
propulsar. [перех.] см. repulsar; продвигать, двигать вперёд.
propulsión. [ж.] см. repulsa; движение вперёд, тяга.
propulsivo, va. [прил.] сообщающий движение, толкающий, двигающий вперёд.
propulsor, ra. [прил.] сообщающий движение, приводящий в движение, толкающий; [м.] пропеллер, винт.
prora. [ж.] (поэт.) (мор.) нос.
pro rata. или prorrata. [ж.] пропорциональная, соответственная часть, доля, пай: * a prorrata, соответственно, соразмерно, в соответствии с..., пропорционально.
prorratear. [перех.] делить пропорционально.
prorrateo. [м.] пропорциональное деление.
prórroga. [ж.] отсрочка, продление действия.
prorrogable. [прил.] могущий быть продлённым или отсроченным.
prorrogación. [ж.] см. prórroga.
prorrogar. [перех.] продлить срок; отсрочивать, откладывать; (уст.) см. desterrar.
prorrogativo, va. [прил.] отсрочивающий, откладывающий.
prorrumpir. [перех.] стремительно выходить; разражаться: * prorrumpir en llanto, разразится слёзами.
prorrupción. [ж.] (мед.) см. erupción.
prosa. [ж.] (прям. перен.) проза; церковный гимн; (разг.) болтовня, бредни: en prosa, в прозе.
prosado, da. [прил.] прозаический, написанный прозой.
prosador, ra. [м. и ж.] прозаик; (перен. разг.) болтун, -нья.
prosaicamente. [нареч.] прозаически; (перен.) прозаично.
prosaico, ca. [прил.] прозаический; написанный прозой; (перен.) прозаичный, прозаический, будничный, обыденный.
prosaísmo. [м.] (лит.) прозаизм; прозаичность, будничность.
prosaizar. [неперех.] писать прозой; [перех.] делать прозаичным, будничным.
prosapia. [ж.] происхождение, род, племя.
proscénico, ca. [прил.] относящийся к просцениуму, авансцене.
proscenio. [м.] просцениум, авансцена, просцений.
proscribir. [перех.] ссылать, подвергать ссылке, высылать; изгонять; запрещать употребление чего-л; (ист.) подвергать проскрипции.
proscripción. [ж.] изгнание, ссылка; запрещение, запрет; (ист.) проскрипция.
proscripto, ta. [непр. страд прич.] к proscribir, изгнанный, высланный; запрещённый [м. и ж.] изгнанник, -ица, ссыльный, -ая.
proscriptor, ra. [прил. и сущ.] подвергающий изгнанию.
proscrito, ta. [непр. страд. прич.] к proscribir; см. proscripto.
prosear. [неперех.] (Амер.) болтать, говорить.
prosecretaría. [ж.] (Амер.) главное управление.

prosecretario. [м.] (Амер.) заместитель секретаря.
prosector. [м.] прозектор.
prosecución. [ж.] продолжение; преследование.
proseguible. [прил.] могущий продолжаться.
proseguimiento. [м.] см. prosecución.
proseguir. [перех.] продолжать (начатое); [непр. гл.] спрягается как seguir.
proselitismo. [м.] прозелитизм.
prosélito. [м.] прозелит.
prosencéfalo. [м.] передний мозг.
prosénquima. [м.] прозенхима.
Proserpina. (миф.) Прозерпина.
prosificación. [ж.] перевод прозой.
prosificador, ra. [прил. и сущ.] переводящий прозой (поэтическое произведение).
prosificar. [перех.] переводить прозой (поэтическое произведение).
prosiguiente. [дейст. прич.] к proseguir.
prosimio, mia. [прил.] (зоол.) лемурообразный; [м. множ.] лемуры (полуобезьяны).
prosista. [м. и ж.] прозаик.
prosístico, ca. [прил.] прозаический.
prosita. [ж.] отрывок (из прозаического произведения).
prosobranquios. [м. множ.] (зоол.) переднежаберные моллюски.
prosodia. [ж.] (грам.) просодия, просодика.
prosódico, ca. [прил.] (грам.) просодический.
prosopalgia. [ж.] (пат.) поражение тройничного нерва; боль лица.
prosopografía. [ж.] описание наружного вида человека, животного.
prosopopeya. [ж.] (рит.) просопопея, олицетворение; (разг.) аффектация, напыщенность.
prosoplejía. [ж.] (пат.) паралич лица, лицевых мышц, лицевого нерва.
prosoposquisis. [ж.] врождённая расщелина лица.
prospección. [ж.] (мин.) (геологическая) разведка, поиски.
prospectar. [перех.] (мин.) делать изыскания, производить разведку месторождений.
prospecto. [м.] объявление, проспект или краткое изложение.
prospector, ra. [м. и ж.] (мин.) изыскатель.
prósperamente. [нареч.] счастливо, процветая.
prosperar. [перх.] благоприятствовать; [неперех.] процветать, преуспевать; иметь успех.
prosperidad. [ж.] процветание, благосостояние; успех, удача, счастье.
próspero, ra. [прил.] цветущий, процветающий; благоденствующий; благополучный, счастливый; благоприятный.
próstata. [ж.] (анат.) простата, предстательная железа.
prostatalgia. [ж.] (пат.) боль в области простаты.
prostatectomía. [ж.] иссечение предстательной железы.
prostático, ca. [прил.] относящийся к простате.
prostatismo. [м.] (пат.) заболевание простаты.
prostatitis. [ж.] воспаление простаты.
prostatolito. [м.] камень простаты.
prostatorrea. [ж.] (пат.) болезненное истечение секрета простаты.
prostatotomía. [ж.] (хир.) рассечение простаты.
prosternación. [ж.] коленопреклонение.
prosternarse. [возв. гл.] преклонять колени, см. postrarse.
próstesis. [ж.] (грам.) добавление звука в начале слова (для благозвучия).

prostético, са. [прил.] (грам.) относящийся к добавлению звука в начале слова.
prostibulario, ria. [прил.] относящийся к дому терпимости.
prostíbulo. [м.] дом терпимости.
prostitución. [ж.] проституция; проституирование.
prostituir. [перех.] проституировать, продавать; * **prostituirse**, [возв. гл.] проституироваться, продаваться.
prostituta. [ж.] проститутка, распутная женщина.
prostituto, ta. [непр. страд. прич.] к **prostituir**.
prosudo, da. [прил.] (Амер.) церемонный, важный.
protagonista. [м. и ж.] главный герой, главное действующее лицо (литературного произведения); (перен.) главное действующее лицо (в каком-л событии).
protagonístico, са. [прил.] относящийся к главному действующему лицу.
protagonizar. [перех.] исполнять главную роль.
protal. [прил.] врождённый, прирождённый.
prótalo. [м.] (бот.) проталлий.
protaminas. [ж. множ.] (хим.) протамины (белковые вещества).
protargol. [м.] (апт.) протаргол.
prótasis. [ж.] первая часть, экспозиция драматического произведения; (рит.) протазис (часть условного предложения, содержащая условие).
protático, са. [прил.] относящийся к протазису, вступительный: * **personaje protático**, излагатель драмы.
protea. [ж.] (бот.) протея: * **protea mellifera**, медоносная протея.
proteáceo, a. [прил.] (бот.) протеевый; * **proteáceas.** [ж. множ.] (бот.) протеевые.
protección. [ж.] защита, предохранение, протекция, покровительство, поддержка: (воен.) прикрытие, обеспечение.
proteccionismo. [м.] протекционизм.
proteccionista. [прил.] протекционистский; [м. и ж.] протекционист.
protectivo, va. [прил.] защитный; предохранительный.
protector, ra. [прил.] оборонительный; защитный; предохранительный; покровительственный, защищающий; [м. и ж.] покровитель, -ница, защитник, -ница, протектор.
protectorado. [м.] протекторат; достоинство протектора.
protectoría. [ж.] достоинство протектора.
protectorio, ria. [прил.] покровительственный; предохранительный.
protectriz. [прил.] защитная и т. д.; [ж.] защитница, покровительница.
protecturía. [ж.] достоинство протектора.
proteger. [перех.] защищать, предохранять; покровительствовать, (воен.) прикрывать.
protegido, da. [страд. прич.] к **proteger**; [м. и ж.] протеже, пользующийся, -аяся чьим-л покровительством, ставленник, -ница.
proteico, ca. [прил.] изменчивый, постоянно меняющийся.
proteico, ca. [прил.] белковый.
proteidas. [ж.] (хим.) протеиды.
proteiforme. [прил.] постоянно меняющийся.
proteína. [хим.] протеин, белок.
proteinoterapia. [ж.] лечение белковыми веществами, протеинотерапия.
proteinuria. [ж.] белок в моче.
proteísmo. [м.] изменчивость формы.
Proteo. [м.] (перен.) изменчивый человек; протей (амфибия).
Proteo. (миф.) Протей.

proterandria. [ж.] (бот.) протерандрия.
proteroginia. [ж.] (бот.) протерогиния.
protervamente. [нареч.] злобно.
protervia, protervidad. [ж.] злобное упрямство, упорство.
protervo, va. [прил.] злобно упрямый; злой, злобный; [м. и ж.] злой человек.
prótesis. [ж.] (хир.) протезирование; протез; (грам.) добавление звука в начале слова.
protesta, protestación. [ж.] протест, возражение; уверение; публичное заявление; (ком.) протест, опротестование: * **protestación de la fe**, открытое заявление о своих убеждениях.
protestante. [дейст. прич.] к **protestar**, протестующий; [прил.] протестантский; [м. и ж.] протестант, -ка.
protestantismo. [м.] протестантизм, протестантство.
protestar. [перех.] оспаривать; возражать, протестовать; торжественно, публично заявлять; заверять; опротестовывать вексель; открыто заявлять о своих убеждениях.
protesto. [м.] см. **protesta**; (ком.) протест векселя.
protético, са. [прил.] (грам.) относящийся к добавлению звука в начале слова.
protistas. [м. множ.] протисты (простейшие животные).
protistología. [ж.] протистология, протозоология.
proto. (приставка, обозначающая первенствующее, выдающееся положение, превосходство).
protoalbéitar. [м.] первый коновал.
protobastita. [ж.] (мин.) энстатит.
protocanónico, са. [прил.] * **libro protocanónico**, протоканоническая книга.
protocolar. [перех.] см. **protocolizar**.
protocolar. [прил.] протокольный.
protocolario, ria. [прил.] протокольный, официальный.
protocolización. [ж.] протоколирование, внесение в протокол.
protocolizar. [перех.] протоколировать, вносить в протокол.
protocolo. [м.] протокол; книга записей (нотариальных, канцелярских); отчёт (заседания); (дип.) протокол; этикет; церемония.
protófito. [м.] (бот.) простейший растительный организм, низшее растение.
protógola. [ж.] см. **calostro**.
protógeno, na. [прил.] (геол.) протогенный, первичного происхождения.
protoginia. [ж.] (бот.) протогиния.
protohistoria. [ж.] последний доисторический период.
protohistórico, са. [прил.] относящийся к последнему доисторическому периоду.
protomaestro. [м.] выдающийся мастер.
protomártir. [м.] (церк.) первомученик.
protomédico. [м.] лейб-медик.
protón. [м.] (физ. хим.) протон.
protonefros. [м.] предпочка.
protonema. [м.] (бот.) протонема, предросток.
protónico, ca. [прил.] (лингв.) предударный, протонический.
protoorganismo. [м.] простейший организм.
protopatía. [ж.] (мед.) первоначальная болезнь.
protopecador. [м.] первый грешник.
protoplasma. [м.] протоплазма.
protoplasmático, ca. [прил.] относящийся к протоплазме.
prototípico, ca. [прил.] относящийся к прототипу.
prototipo. [м.] прототип, первообраз.

protovértebra. [ж.] (анат.) первичный позвонок.
protóxido. [м.] (хим.) закись.
protozoarios. [м. множ.] (зоол.) простейшие одноклеточные организмы.
protozoología. [ж.] протозоология, протистология.
protozoológico, ca. [прил.] относящийся к протозоологии.
protrusión. [ж.] (пат.) выпячивание.
protuberancia. [ж.] выпуклость; выступ; шишка, бугорок, утолщение; (астр.) протуберанец.
protuberante. [прил.] выпуклый; выступающий, выдающийся.
protutor. [м.] заместитель опекуна.
proustita. [ж.] (мин.) прустит, красная серебряная руда.
provecto, ta. [прил.] пожилой, знающий, опытный: * **en edad provecta**, в преклонном возрасте.
provecho. [м.] прибыль, выгода, барыш, польза; доход; успех, преуспевание; отличие; [множ.] дополнительные доходы: * **buen provecho**, на здоровье!, приятного аппетита; * **en provecho de**, для, ради; * **sacar provecho**, извлечь пользу из; * **sin provecho**, без пользы; * **ser de provecho**, быть полезным; служить для чего-л.
provechosamente. [нареч.] прибыльно, выгодно.
provechoso, sa. [прил.] полезный, приносящий пользу; выгодный, прибыльный; доходный.
proveedor, ra [м. и ж.] поставщик, -ица; (воен.) подносчик (патронов и т. д.).
proveeduría. [ж.] кладовая; должность поставщика.
proveer. [перех.] обеспечивать, снабжать; приготовлять, заготовлять, заготовлять вовремя; назначать (на должность); (юр.) постановлять; решать; * **proveerse**. [возв. гл.] запасаться необходимым, обеспечивать себя; испражняться.
proveído. [м.] приказ, постановление.
proveimiento. [м.] снабжение, поставка.
provena. [ж.] отводок винограда.
proveniente. [дейст. прич.] к **provenir**.
provenir. [неперех.] происходить, вести начало, проистекать.
provento. [м.] доход.
provenzalismo. [м.] провансальский оборот речи.
proverbiador. [м.] изборник изречений, пословиц.
proverbial. [прил.] (грам.) пословичный; поговорочный; (обще)известный: * **hacerse proverbial**, войти в поговорку, в пословицу.
proverbialmente. [нареч.] в виде поговорки или пословицы.
proverbiar. [неперех.] говорить пословицами, употреблять пословицы.
proverbio. [м.] пословица; поговорка; притча; маленькая пьеса, построенная на поговорке.
proverbista. [м. и ж.] собиратель пословиц; говорящий пословицами.
provicero. [м.] предсказатель, прорицатель.
próvidamente. [нареч.] предусмотрительно, осторожно; благосклонно, доброжелательно.
providencia. [м.] предусмотрительность, поправка, исправление; Провидение, Промысл Божий; (юр.) решение суда.

providencial. [прил.] провиденциальный; зависящий от Провидения; ниспосланный Провидением.
providencialismo. [м.] провиденциализм.
providencialmente. [нареч.] провиденциальным образом.
providenciar. [перех.] принимать меры; решать, постановлять.
providente. [прил.] осторожный, осмотрительный, благоразумный; предусмотрительный.
próvido, da. [прил.] предусмотрительный, действующий предусмотрительно (или осторожно, благоразумно); благожелательный; благоприятный.
provincia. [ж.] провинция, область (административная единица).
provincial. [прил.] провинциальный; [м.] духовное лицо, возглавляющее монастыри провинции или области.
provinciala. [ж.] настоятельница, возглавляющая монастыри провинции или области.
provincialato. [м.] достоинство provincial (священного начальника).
provincialismo. [м.] провинциализм, провинциальность; (лингв.) провинциализм, диалектизм.
provincianismo. [м.] провинциальность, провинциализм.
provinciano, na. [прил.] провинциальный, областной; [м. и ж.] житель, -ница провинции, провинциал, -ка.
provisión. [ж.] снабжение; заготовка; распоряжение; замещение (должности); [множ.] запасы, провизия.
provisional. [прил.] временный, неокончательный.
provisionalmente. [нареч.] временно, на время.
proviso (al). [нареч.] немедленно.
provisor. [м.] поставщик; (церк.) епархиальный судья.
provisora. [ж.] кладовщица (в монастырях).
provisorato. [м.] достоинство епархиального судьи; бюро епархиального судьи.
provisoría. [ж.] достоинство епархиального судьи; кладовая (в монастырях и т. д.).
provisoriamente. [нареч.] временно, на время.
provisorio, ria. [прил.] временный, провизорный.
provistar. [варв.] см. proveer.
provisto, ta. [непр. страд. прич.] к proveer, снабжённый, обеспеченный: * bien provisto, с хорошим ассортиментом товаров; * bien provisto de ropa, обеспеченный платьем.
provocación. [ж.] провокация; вызов.
provocador, ra. [прил.] вызывающий, подстрекающий, провокаторский, провокационный; [м.] провокатор, подстрекатель.
provocante. [дейст. прич.] к provocar, вызывающий; провоцирующий.
provocar. [перех.] провоцировать; вызывать, подстрекать; возбуждать (чувства); содействовать, способствовать; (разг.) вырвать, стошнить.
provocativamente. [нареч.] вызывающе; провокационно.
provocativo, va. [прил.] вызывающий, возбуждающий; провоцирующий; кокетливый.
provocatoria. [ж.] провоцирующий документ и т. д.

provocatorio, ria. [прил.] провоцирующий, вызывающий; провокационный.
proxeneta. [сущ.] сводник, -ица.
proxenético, ca. [прил.] относящийся к своднику или к своднице, сводничский.
proxenetismo. [м.] сводничество.
proximal. [прил.] центральный.
próximamente. [нареч.] скоро, в (самом скором времени; приблизительно, более или менее.
proximidad. [ж.] близость, близкое соседство, близость (по времени); близкое родство.
próximo, ma. [прил.] ближайший, соседний; ближайший, предстоящий; следующий (о годе, месяце и т. д.); * de próximo, см. próximamente; * próximo a morir, при смерти.
proyección. [ж.] бросание, метание; проектирование; демонстрирование, демонстрация, показ фильма; (мат.) проекция; * proyección ortogonal, ортогональная проекция.
proyectante. [дейст. прич.] к proyectar; [прил.] (геом.) проекционный.
proyectar. [перех.] бросать, метать, швырять; проектировать, планировать, задумывать, намереваться; показывать (на экране); демонстрировать (фильм); отбрасывать (тень); (геом.) наносить на плоскость, чертить проекцию.
proyectil. [м.] (метательный) снаряд; предмет, брошенный с силой.
proyectista. [м. и ж.] проектировщик; прожектёр.
proyecto, ta. [прил.] спроектированный; [м.] проект, замысел, план; предварительный набросок; * formar un proyecto, составить план; * proyecto de ley, законопроект.
proyector. [м.] прожектор; проекционный фонарь.
proyectura. [ж.] (арх.) выступ, выпуск, см. vuelo.
prudencia. [ж.] ум; осторожность, осмотрительность, благоразумие.
prudencial. [прил.] благоразумный, осторожный, осмотрительный.
prudencialmente. [нареч.] в виде предосторожности.
prudenciarse. [возв. гл.] (Амер.) вооружаться терпением, успокаиваться.
prudente. [прил.] умный; осторожный, осмотрительный, благоразумный.
prudentemente. [нареч.] осторожно, осмотрительно, с опасением.
prueba. [ж.] проба, проверка, опыт; попытка; испытательный срок; образчик, образец; корректурный лист; пробный оттиск; гравюрный оттиск; фотографический отпечаток, снимок; доказательство, довод, основание; знак чего-л, свидетельство; улика; примерка (платья); проба (на вкус); (спорт.) состязание, соревнование; [множ.] дворянская грамота; (Амер.) акробатический трюк: * poner a prueba, подвергнуть испытанию; * de prueba, пробный; * hacer una prueba, сделать попытку; * presentar pruebas, представить доказательство; * prueba negativa, негатив; * prueba positiva, позитив; * a prueba de agua, водонепроницаемый; * a prueba de bomba, (разг.) очень крепкий, солидно сделанный; * corregir pruebas, править корректуру; * en prueba de ello, доказательством тому служит то, что; * no hay pruebas, не доказано, не установлено.
pruebista. [м.] (Амер.) акробат.
pruína. [ж.] пруин, налёт (на плодах, грибах) и т. д.
pruna. [ж.] (обл.) (бот.) слива.

prunela. [ж.] (бот.) см. endrino.
pruno. [м.] (обл.) (бот.) слива, сливовое дерево.
pruriginoso, sa. [прил.] зудящий, сопровождающийся зудом.
prurigo. [м.] (мед.) зудящая сыпь, почесуха.
prurítico, ca. [прил.] относящийся к сильному зуду.
prurito. [м.] (мед.) сильный зуд; непреодолимое желание, зуд.
prusiano, na. [прил.] прусский; [м. и ж.] пруссак, -ачка.
prusiato. [м.] (хим.) соль синильной кислоты.
prúsico, ca. [прил.] синильный: * ácido prúsico, (хим.) синильная, цианистая кислота.
psa(m)moma. [ж.] (пат.) песочная опухоль, особенно мозговой оболочки.
psefita. [м.] (геол.) псефит.
pselafesia. [ж.] осязание.
pselismo. [м.] (пат.) косноязычие, заикание.
pseudacusis. [ж.] (мед.) слуховая галлюцинация.
pseudestesia. [ж.] ложное ощущение.
pseudo. [прил.] ложный, фальшивый, ненастоящий.
pseudoanemia. [ж.] бледность без аномалий крови.
pseudoapendicitis. [ж.] (мед.) ложный аппендицит.
pseudoblepsia. [ж.] (мед.) обман зрения.
pseudociesis. [ж.] ложная беременность.
pseudocobalto. (мин.) мышьяковистый никель.
pseudocrisis. [ж.] (мед.) ложный кризис, временное падение температуры.
pseudocristal. [ж.] (мин.) ложный кристалл.
peudodispepsia. [ж.] нервная диспепсия.
pseudomalaquita. [ж.] (мин.) псевдомалахит, фосфористая медь.
pseudomembrana. [ж.] (анат.) ложная перепонка без тканевого строения.
pseudomembranoso, sa. [прил.] ложноперепончатый.
pseudomorfosis. [ж.] (мин.) псевдоморфизм.
pseudónimo, ma. [прил.] выступающий под псевдонимом; [м. и ж.] псевдоним.
pseudoparaplejía. [ж.] (мед.) ложный паралич конечностей.
pseudopsia. [ж.] (мед.) обман зрения.
pseudoplasma. [м.] (мед.) новообразование, опухоль.
pseudópodo. [м.] ложноножка.
pseudotumor. [м.] (мед.) ложная опухоль.
psi. [ж.] 23-я буква греческого алфавита.
psicalgia. [ж.] душевные боли, неврастенические, истерические страдания.
psicastenia. [ж.] (пат.) психастения.
psicoanálisis. [м.] психоанализ.
psicoanalítico, ca. [прил.] психоаналитический.
psicofísica. [ж.] психофизика.
psicofísico, ca. [прил.] психофизический.
psicofisiología. [ж.] психофизиология.
psicogénesis. [ж.] психогенез.
psicógeno, na. [прил.] возникающий вследствие влияния психики.
psicología. [ж.] психология.
psicológicamente. [нареч.] психологически, с точки зрения психологии.
psicológico, ca. [прил.] психологический.
psicologismo. [м.] психология.
psicologista, psicólogo, ga. [м. и ж.] психолог.
psicometría. [ж.] психометрия.
psicométrico, ca. [прил.] психометрический.
psicomotor, ra. [прил.] психомоторный.
psicomotriz. [прил. ж.] психомоторная.
psiconeurosis. [ж.] (пат.) психоневроз.
psicópata. [прил.] психопатический; [м. и ж.] психопат.
psicopatía. [ж.] душевное расстройство, психоз, психопатия.

psicopático, ca. [прил.] психопатический.
psicopatología. [ж.] психопатология.
psicopatológico, ca. [прил.] психопатологический.
psicosensorial. [прил.] психосенсорный.
psicosis. [ж.] психоз (психическое заболевание).
psicotecnia. [ж.] психотехника.
psicoterapia. [ж.] психотерапия.
psicoterápico, ca. [прил.] психотерапевтический.
psicroalgia. [ж.] (пат.) патологическое ощущение холода с болью и сосудодвигательными расстройствами.
psicróforo. [м.] охлаждающий зонд для мочеиспускательного канала.
psicrolusia. [ж.] (мед.) холодное обмывание.
psicrómetro. [м.] (физ.) психрометр, прибор для определения влажности воздуха.
psilomelano. [м.] (мин.) псиломелан, чёрная марганцевая руда.
psilosis. [ж.] выпадение волос.
psilotrón. [м.] (мед.) депилятория для удаления волос.
psique. [ж.] (мед.) душа; большое зеркало с ножками.
psiquiatra. [м. и ж.] психиатр.
psiquiatría. [ж.] психиатрия, наука о психических болезнях.
psiquiátrico, ca. [прил.] психиатрический.
psíquico, ca. [прил.] психический; душевный.
psitácidas. [м. мн.] (орни.) семейство попугаев.
psitacismo. [м.] игра словами.
psítaco. [м.] (зоол.) попугай (разновидность).
psitacosis. [ж.] заразная болезнь попугаев и человека: пневмония, тифозная септицемия.
psoitis. [ж.] (пат.) воспаление или абсцесс большой поясничной мышцы.
psora. [ж.] (мед.) чесотка, парша.
psoriasis. [ж.] (мед.) чешуйчатый лишай.
psórico, ca. [прил.] (мед.) чесоточный.
psoroftalmía. [ж.] (пат.) чесоточное воспаление глаз.
ptármico, ca. [прил.] чихательный.
ptarmo. [м.] чихание.
ptelea. [ж.] (бот.) птелея, кожевет.
pteranodon(te). [м.] (палеонт.) птеранодон.
pterida. [ж.] (бот.) папоротник.
pteridofitas. [ж.] (бот.) папоротниковые.
pterigión. [м.] (хир.) крыловка, крыловидная плева на роговой оболочке глаза.
pterigoideo, a. [прил.] крыловидный.
pterigopalatino, na. [прил.] (анат.) крылонебный.
pterión. [м.] (анат.) крылышко (место соединения на черепе бокового шва с венечным).
pternalgia. [ж.] (пат.) пяточная невралгия.
pterodáctilo. [м.] (палеонт.) птеродактиль.
pterópodos. [м. мн.] (зоол.) крылоногие.
pterosaurio. [м.] (палеонт.) птерозавр.
pterospermo, ma. [прил.] (бот.) крылосемянный.
ptialina. [ж.] (хим.) фермент слюны, превращающий крахмал в сахар.
ptialismo. [м.] слюнотечение.
ptialito. [м.] камень в выводном протоке слюнной железы.
ptialocele. [м.] (пат.) киста после разрыва слюнного протока.
ptino. [м.] (зоол.) притворяшка (жук).
ptismagogo, ga. [прил.] отхаркивающий.
ptomaina. [ж.] (хим.) птомаин.
ptosis. [ж.] (мед.) отвисание верхнего века.
¡pu! [межд.] фу!
púa. [ж.] остриё; жало; шип; черенок; зубец (гребёнки); (муз.) медиатор; длинная игла (у дикобраза); ось (волчка); огорчение; (перен. разг.) хитрец, ловкач: * saber cuantas púas tiene un peine, не дать себя одурачить.
puado. [м.] зубцы (гребня и т. д.).
¡puah! [межд.] фу!
púber, ra, púbero. [прил. и сущ.] достигший половой зрелости.
pubertad. [ж.] половая зрелость; возмужалость: * pubertad precoz, преждевременная, ранняя возмужалость.
pubes. [м.] (зоол.) лобок.
pubescencia. [ж.] см. pubertad.
pubescente. [дейст. прич.] к pubescer; (прил.) (бот.) опушённый, пушистый.
pubescer. [неперех.] достигать половой зрелости.
pubiano, na. [прил.] (анат.) лобковый.
pubiotomía. [ж.] (хир.) рассечение лобковой кости.
pubiovesical. [прил.] (мед.) лобково-пузырный.
pubis. [м.] (анат.) лобок.
publicable. [прил.] публикуемый, могущий быть опубликованным.
publicación. [ж.] публикация, объявление, обнародование, оглашение, сообщение; опубликование, издание, выпуск в свет (книги); опубликованная работа; напечатанное, опубликованное произведение.
publicador, ra. [прил.] публикующий; [м.] издатель.
públicamente. [нареч.] публично, в присутствии людей, при всех, всенародно, гласно.
publicano. [м.] (ист.) сборщик налогов (в древнем Риме).
publicante. [дейст. прич.] к publicar.
publicar. [перех.] опубликовывать, объявлять к всеобщему сведению, оглашать, обнародовать, разглашать; опубликовывать, издавать, выпускать в свет (книгу); оглашать, делать оглашение о браке.
publicidad. [ж.] публичность, гласность, огласка; рекламирование, объявление реклама: * en publicidad, публично, всенародно.
publicista. [м. и ж.] публицист; специалист по публичному праву.
publicitario, ria. [прил.] рекламный.
público, ca. [прил.] общественный, публичный, общедоступный; общественный, общий; публичный, гласный, открытый; государственный; политический; коммунальный, известный, очевидный; [м.] люди, публика; зрители, слушатели: * en público, публично, при всех; * de público, общеизвестно; * fuerza pública, полиция; * obras públicas, работы проводимые государством или городским управлением; * dar al público, издавать; sacar al público, делать известным; opinión pública, общественное мнение.
publidifusión. [ж.] распространение новостей и т. д.
puccinia. [ж.] (бот.) головня.
pucela. [ж.] (уст.) девственница.
pucelana. [ж.] (мин.) см. puzolana.
puco. [м.] (Амер.) деревянная миска.
pucón. [м.] (Амер.) см. chala.
pucucho, cha. [прил.] (Амер.) пустой, полый.
pucuna. [ж.] (Амер.) см. cerbatana.
pucha. [ж.] (Амер.) букетик; мера жидкости около стакана; ¡pucha! (Амер. разг.) да ну? (удивление).
puchada. [ж.] болтушка из муки; пойло для откорма свиней.
puchas. [ж. мн.] жидкая каша, размазня (разг.).
puchera. [ж.] (уст.) горячее блюдо из мяса с овощами.

pucherazo. [м.] удар горшком, чугунком; (разг.) махинация при выборах.
pucherete. [м. умен.] к puchero, горшочек.
pucherico. [м.] подёргивание губ (перед плачем).
pucheril. [прил.] горшечный.
pucherito. [м.] подёргивание губ (перед плачем).
puchero. [м.] горшок, чугунок; блюдо из мяса, овощей и турецкого гороха; похлёбка; будничное кушанье; см. pucherito: * oler a puchero de enfermo, быть слишком известным.
puchero. [м.] (Амер.) человек, подбирающий окурки.
pucheruelo. [м. умен.] к puchero, горшочек.
puches. [ж. мн.] жидкая каша, размазня (разг.).
puchicanga. [ж.] (Амер.) прялка.
puchito. [м.] (Амер.) малость.
pucho. [м.] (Амер.) окурок; конец; остаток, ничтожное количество; младший ребёнок, последыш.
puchuela. [ж.] (Амер.) незначительная вещь.
puchusco. [м.] (Амер.) младший ребёнок, последыш.
pud. [м.] пуд (мера веса, равная 16,3 килограмма).
pudelación. [ж.] пудлингование (железа).
pudelador, ra. [прил.] пудлингующий; [м.] пудлинговщик.
pudelar. [перех.] пудлинговать.
pudendo, da. [прил.] стыдный.
pudente. [прил.] вонючий, зловонный, смрадный.
pudibundez. [ж.] притворная стыдливость.
pudibundo, da. [прил.] стыдливый, застенчивый, скромный.
púdicamente. [нареч.] стыдливо, скромно, целомудренно.
pudicia. [ж.] стыдливость; целомудренность.
púdico, ca. [прил.] чистый, целомудренный.
pudiente. [прил.] могущественный; обеспеченный, богатый, зажиточный.
pudín. (англ.) пудинг.
pudinga. [ж.] (геол.) песчаник; конгломерат.
pudor. [м.] стыдливость; застенчивость, скромность; целомудрие.
pudorosamente. [нареч.] стыдливо, скромно, целомудренно.
pudoroso, sa. [прил.] стыдливый, застенчивый; целомудренный.
pudrición. [ж.] см. putrefacción: * pudrición roja, (бот.) гниль.
pudridero. [м.] помойная яма; морг.
pudridor. [м.] чан для вымачивания тряпья на бумажной фабрике.
pudrigorio. [м.] см. podrigorio.
pudrimiento. [м.] гниение, гнилостное брожение, разложение, порча.
pudrir. [перех.] гноить, вызывать гниение; портить, развращать; (разг.) смертельно надоедать; огорчать; [неперех.] быть мёртвым, погребённым; * pudrirse. [возв. гл.] гнить, портиться, разлагаться; скорбеть, сокрушаться: * pudrir la sangre, возмущать до глубины души; [непр. гл. страд. прич.] podrido.
pudú. [м.] (Амер.) горная коза.
pueblada. [ж.] (Амер.) беспорядок, волнение; шум.
pueble. [м.] бригада горнорабочих.
pueblerino, na. [прил.] деревенский, сельский.

pueblo. [м.] поселение, населённый пункт, селение, городок, деревня, село; население; народ, нация.

puelco, puelche. [м.] (Амер.) восточный ветер.

puente. [м. или ж.] мост; (муз.) кобылка (на струнных инструментах); (арх.) балка; (эл.) мостик; (мор.) капитанский мостик; палуба, дек; * puente colgante, висячий мост; * puente fijo (no levadizo), постоянный мост; * puente de barcas, понтонный мост; * puente levadizo, подъёмный мост; * puente cerril, узкий мостик (для скота); * puente de báscula, мостовой кран; * puente de los asnos, (разг.) камень преткновения; * puente giratorio, разводной мост; * puente para peatones, пешеходный мост; * puente de dentadura, мост (зубной протез); * puente de mando, (мор.) капитанский (или командный) мостик; * cabeza de puente, предмостное укрепление, плацдарм; * a enemigo que huye, puente de plata, скатертью дорога.

puentecilla. [ж.] кобылка (на струнных инструментах).

puentezuela. [ж.] умен. к puente, мостик.

puerca. [ж.] свинья (самка); мокрица; см. escrófula; (тех.) гайка; грязнуля (разг.), неряшливая женщина; грубая женщина; жадная женщина: * puerca montés или salvaje, самка дикого кабана.

puercada. [ж.] (Амер.) свинство; гадость.

puercamente. [нареч.] по-свински; грязно.

puerco, ca. [прил.] свинский; грязный, отвратительный; грубый, невоспитанный; жадный; продажный, подкупный; [м.] боров, свинья; неряха; грубый, невоспитанный человек; кабан, вепрь; * puerco de simiente, см. verraco; * puerco montés или salvaje, кабан, вепрь; * puerco espín, или, espino, дикобраз; * puerco marino, дельфин; * puerco de mar, касатка; * carne de puerco, свинина; * echar margaritas a puercos, метать бисер перед свиньями.

puericia. [ж.] отрочество.

puericultor, ra. [м. и ж.] воспитатель, -ница детей младенческого возраста.

puericultura. [ж.] уход за детьми младенческого возраста.

pueril. [прил.] детский, младенческий; ребяческий, наивный; пустой, ничтожный.

puerilidad. [ж.] ребячество, мальчишество; ребяческий поступок; безделица, чепуха; наивность.

puerilismo. [м.] см. infantilismo.

puerilmente. [нареч.] до-детски, по-ребячески, наивно.

puérpera. [ж.] роженица, родильница.

puerperal. [прил.] послеродовой: * fiebre puerperal, родильная горячка.

puerperalidad. [ж.] **puerperio.** [м.] послеродовой период.

puerquezuelo, la. [прил. и сущ.] умен. к puerco.

puerro. [м.] (бот.) лук-порей.

puerta. [ж.] дверь, двери; дверца; ворота; калитка; отверстие, вход в пещеру; (перен.) ход, путь; [множ.] городская пошлина; * puerta cochera, ворота; * puerta lateral, боковая дверь, боковой вход; * puerta falsa или secreta, глухая дверь, потайная дверь; * puerta de la calle, дверь на улицу; * puerta vidriera, стеклянная дверь; * puerta de dos hojas, двустворчатая дверь; * puerta accesoria, задняя или боковая дверь; * puerta trasera, задняя дверь; * puerta principal, главная дверь, парадный подъезд; * poner en la puerta de la calle, прогнать; * a puertas cerradas, при закрытых дверях; * ir de puerta en puerta, просить милостыню; * dar con la puerta en las narices, захлопнуть дверь перед чьим-л носом; * a (por) puertas, в крайней нужде; в крайней бедности; * de puerta, en puerta, клянча, выпрашивая; * llamar a la puerta, стучать(ся) в дверь; просить о помощи; * volver la puerta, закрыть дверь; * fuera de puertas, за городской стеной; * puerta de servicio, чёрный ход; * puerta franca, свободный вход; право беспошлинного ввоза; * salir por la puerta de los carros или de los perros, удрать; * tomar la puerta, уйти; * enseñarle a uno la puerta de la calle, прогнать; * quedarse por puertas, разориться, обнищать; * con esa, a otra puerta, рассказывайте это другим; encontrar la puerta cerrada, не быть принятым; * a las puertas de la muerte, при смерти.

puertaventana. [ж.] наружный ставень.

puertecallera. [ж.] (Амер.) бездельница.

puertezuela. [ж.] умен. к puerta, дверка, дверца; калитка.

puertezuelo. [м.] умен. к puerto.

puerto. [м.] порт, гавань, пристань; горный перевал; плотина; (перен.) убежище, приют, обитель; (арг.) постоялый двор, харчевня: * puerto comercial, торговый порт; * puerto franco (libre) открытый порт; * puerto natural, естественный порт; * puerto de arribada, якорная стоянка; * puerto militar или de guerra, военный порт; * puerto de matrícula, порт приписки; * llegar a buen puerto, благополучно прибыть; * tocar en un puerto, войти в порт; * tomar puerto, входить в гавань; находить убежище.

puertorriqueño, ña. [прил.] пуэрториканский; [м. и ж.] пуэрториканец, -ка.

pues. [союз] так как, потому, что; конечно, правда; разве; итак, ну так вот: * pues que, так как, потому, что, ибо; * ¡ahora pues!, ну хорошо!; * pues sí, да, конечно; (ирон.) ну ещё бы; ¿pues no?, не так ли; * pues bien, como iba diciendo, итак (ну так вот), как я говорил; * ¿y pues?, разве?, что вы говорите.

puesta. [ж.] заход, закат; ставка (в игре); кусок (мяса, рыбы и т. д.); (Амер.) ничья (на скачках); * puesta del sol, заход, закат солнца; * a puesta(s) del sol, на закате солнца; * puesta en marcha, пуск; пусковой механизм.

puestear. [неперех.] (Амер.) см. acechar.

puestecillo. [м.] умен. к puesto, лоток (торговца).

puestera. [ж.] (Амер.) рыночная торговка.

puestero. [м.] (Амер.) животновод; работник, ухаживающий за скотом; (обл.) охотник с помощью манка.

puesto, ta. [непр. страд. прич.] к poner, поставленный, положенный и т. д.; [м.] место; пост, порт; служба, присутственное место, пост, должность, место; положение, состояние; палатка, ларёк; шалаш, засада (охотника); конный завод; * bien (mal) puesto, хорошо (плохо) одетый; * puesto que, (пред)полагая что, если, принимая во внимание; * estar en su puesto, быть на своём месте; * puesto de guardia, сторожевой пост; * puesto de mando, командный пункт.

puf. [междом.] фу!

puf. [м.] (гал.) украшение, пуф (мягкая круглая табуретка).

púgil. [м.] кулачный боец; боксёр.

pugilato. [м.] кулачный бой; (перен.) ожесточённая ссора.

pugilismo. [м.] см. pugilato.

pugilista. [м.] кулачный боец.

pugna. [ж.] борьба; бой, сражение, стычка; поединок; драка, столкновение, спор.

pugnacidad. [ж.] воинственность; ожесточение; ярость.

pugnante. [дейст. прич.] к pugnar; [прил.] боевой, принимающий участие в бою; враждебный, противоположный.

pugnar. [неперех.] бороться, сражаться, биться, воевать, драться; состязаться; стремиться, добиваться; настойчиво просить, умолять; хлопотать.

pugnaz. [прил.] воинственный, боевой.

puinaja. [ж.] (Амер.) кувшин, посуда (для воды или вина).

puja. [ж.] толчок, толкание: * sacar de la puja, превосходить, превышать; вывести из затруднения.

puja. [ж.] надбавка цены (на аукционе); новое повышение цен.

pujador, ra. [м. и ж.] набавляющий цену, надбавщик на торгах и т. д.).

pujaguante. [м.] (Амер.) см. azadón.

pujame(n). [м.] (мор.) нижний край паруса.

pujamiento. [м.] изобилие влаги (преимущ. крови).

pujante. [прил.] могущественный, сильный, мощный, крепкий.

pujantemente. [нареч.] сильно, мощно.

pujanza. [ж.] сила, мощь, могущество.

pujar. [перех.] толкать, проталкивать; [неперех.] с трудом объясняться; колебаться, затрудняться, быть в нерешительности; (разг.) делать плаксивое лицо.

pujar. [перех.] надбавлять цену, повышать цену, давать более другого; (уст.) превосходить; [неперех.] подниматься; возрастать.

pujavante. [м.] копытный нож.

pujo. [м.] потуга (при дефекации); (перех.) горячее, пламенное желание; (разг.) потуга, попытка.

pujón. [м.] (обл.) усилие, старание.

pujozó. [м.] (Амер.) плесень; ржавчина; зелень (на меди).

pul. [м.] (Амер.) влияние.

pulcritud. [ж.] чистота, опрятность; тщательность.

pulcro, cra. [прил.] красивый; чистый, опрятный; тщательный.

pulchinela. [м.] полишинель.

pulga. [ж.] блоха; болчок: * pulga acuática, вертячка-поплавок; * tener malas pulgas, обладать дурным характером; * sacudirse las pulgas, ответить тем же; * quitar las pulgas, ловить блох.

pulgada. [ж.] дюйм.

pulgar. [м.] большой палец (руки); побег виноградной лозы: * por sus pulgares, своими руками.

pulgarada. [ж.] щепотка; щелчок большим пальцем.

Pulgarcito. [м.] мальчик с пальчик (из сказки).

pulgaretas, pulgarillas. [ж. множ.] (обл.) кастаньеты.

pulgón. [м.] травяная вошь, тля: * pulgón de tierra, большая (жук).

pulgonear. [неперех.] (Амер.) см. gorronear.

pulgoso, sa. [прил.] блохастый, блошивый.

pulguera. [ж.] блошиное гнездо; место, полное блох; (бот.) см. zaragatona.

pulguerío. [ж.] множество, изобилие блох.

pulguero. [м.] (Амер.) место, полное блох; тюрьма.

pulguiento, ta. [прил.] (Амер.) блохастый, блошивый.

pulguillas. [м.] (перен. разг.) непоседа; придира.

pulicán. [м.] зубоврачебный ключ.

pulicaria. [ж.] (бот.) блошница; сыпь.

pulicidos. [м. множ.] блохи (семейство).
pulidamente. [нареч.] чисто, аккуратно, деликатно.
pulidez. [ж.] миловидность, привлекательность; опрятность, аккуратность; изящность.
pulido, da. [прил.] миловидный, привлекательный; опрятный, аккуратный; изящный, красивый.
pulidor, ra. [прил.] полирующий, шлифующий; [м.] инструмент для полировки; полировщик, шлифовщик.
pulidora. [прил.] полировочный, шлифовальный станок.
pulimentación. [ж.] полировка, шлифовка.
pulimentar. [перех.] полировать, шлифовать, лощить.
pulimento. [м.] полировка, шлифовка.
pulir. [перех.] см. pulimentar; отделывать, обрабатывать; украшать, просвещать; (перен.) шлифовать (человека), (арг.) продавать; закладывать; красть, воровать.
pulmón. [м.] (анат.) лёгкое: * gritar a pleno pulmón, кричать во всё горло; * pulmón marino, медуза.
pulmonado, da. [прил.] имеющий легкие.
pulmonal, pulmonar. [прил.] лёгочный.
pulmonaria. [ж.] (бот.) медуница.
pulmonectomía. [ж.] удаление легкого.
pulmonía. [ж.] (мед.) воспаление лёгких, пневмония.
pulmoníaco, ca. [прил.] относящийся к пневмонии; (также сущ.) страдающий воспалением лёгких.
pulmonitis. [ж.] (пат.) см. pulmonía.
pulpa. [ж.] (анат.) пульпа; мякоть (овощей, плодов); сердцевина (растения); размельчённая масса: * pulpa de madera, древесная масса.
pulpación. [ж.] (апт.) разминание, обращение в кашицеобразную массу.
pulpal. [прил.] относящийся к пульпе или к мякоти.
pulpar. [перех.] (апт.) разминать, превращать в кашицу.
pulpejo. [м.] мясистая часть, мякоть.
pulpería. [ж.] (Амер.) мелочная лавка; закусочная.
pulpero. [м.] (Амер.) владелец pulpería.
pulpero. [м.] ловец осьминогов.
pulpeta. [ж.] мясистый кусок.
pulpetón. [м.] увел. к pulpeta.
pulpital. [прил.] относящийся к амвону.
pulpitis. [ж.] (мед.) пульпит.
púlpito. [м.] (церк.) амвон; (перен.) достоинство проповедника.
pulpo. [м.] (зоол.) осьминог, спрут.
pulposo, sa. [прил.] мясистый.
pulque. [м.] (Амер.) пульке (алкогольный напиток из сока агавы).
pulquería. [ж.] (Амер.) лавка, где продают пульке.
pulquero, ra. [м. и ж.] продавец, -щица пульке.
pulquérrimo, ma. [прил.] увел. к pulcro, в высшей степени опрятный и т. д.
pulsa. [ж.] (Амер.) браслет.
pulsación. [ж.] пульсация, биение пульса; (физ.) пульсация; периодическое движение флюида.
pulsada. [ж.] пульсация, биение пульса.
pulsador, ra. [прил.] пульсирующий, бьющий; [м.] пульсовый выключатель.
pulsante. [дейст. прич.] к pulsar.
pulsar. [перех.] трогать, ударять; щупать пульс; ударять по струнам; (перен.) зондировать; [неперех.] пульсировать, биться.
pulsátil. [прил.] см. pulsativo.
pulsatila. [ж.] (бот.) прострел, сон-трава.
pulsativo, va. [прил.] бьющийся, пульсирующий.

pulsear. [неперех.] бороться (кистями рук).
pulsera. [ж.] браслет; компресс, повязка (вокруг запястья); локоны, завитки на висках: * pulsera de pedida, обручальный браслет.
pulseta. [ж.] (Амер. разг.) щупание пульса; профессия врача.
pulsista. [м.] врач, специалист по щупанию пульса.
pulso. [м.] пульс; (перен.) осторожность, осмотрительность; (Амер.) браслет: * pulso filiforme, нитевидный пульс; * pulso alternante, переменный, чередующийся пульс; * pulso duro, твёрдый, напряженный пульс; * tomar el pulso, щупать пульс; зондировать почву; * levantar a pulso, выжимать (штангу и т. д.); * quedarse sin pulso(s), см. inmutarse; * persona de pulso, рассудительный человек.
pulsógrafo. [м.] прибор для графического изображения пульса.
pulsómetro. [м.] прибор для измерения пульса.
pultáceo, a. [прил.] кашицеобразный.
pululación. [ж.] пускание побегов; кишение.
pululante. [дейст. прич.] к pulular, кишащий; дающий побеги, пускающий ростки.
pulular. [неперех.] пускать ростки, давать побеги; происходить; быстро размножаться; кишеть, копошиться, находиться в большом количестве.
pulverizable. [прил.] поддающийся распылению, растирающийся в порошок.
pulverización. [ж.] пульверизация, распыление; обращение в пыль; толчение, растирание в порошок.
pulverizador. [м.] пульверизатор, распылитель; форсунка; опрыскиватель.
pulverizar. [перех.] превращать в пыль, растирать в порошок, измельчать, размалывать, толочь; пульверизировать, распылять, разбрызгивать; (перен. разг.) уничтожать.
pulvurulencia. [ж.] порошкообразное состояние.
pulvurulento, ta. [прил.] пыльный.
pulvinado, da. [прил.] подушковидный.
pulvínula. [ж.] (бот.) подушечка.
pulla. [ж.] см. planga.
pulla. [ж.] непристойность; язвительная шутка; колкость.
pulla. [ж.] (Амер.) узкий нож, тесак.
pullista. [м. и ж.] человек любящий издеваться, говорить непристойности или отпускать колкости.
¡pum! [межд.] бум!
puma. [м.] (зоол.) пума.
pumarada. [ж.] см. pomarada.
pumente. [м.] (арг.) нижняя юбка.
pumita. [ж.] (мин.) пемза.
pumpá. [м.] (Амер.) цилиндр.
puna. [ж.] (Амер.) предгорье Андов; пустынная местность; горная болезнь.
punción. [ж.] (хир.) прокол, пункция.
puncionar. [перех.] (хир.) делать прокол, пункцию.
punctiforme. [прил.] точкообразный.
puncha. [ж.] остриё, шип.
punchar. [перех.] колоть, укалывать; * puncharse.** [возв. гл.] (Амер.) раскалываться от жары.
pundonor. [м.] вопрос чести.
pundonorosamente. [нареч.] с достоинством.
pundonoroso, sa. [прил.] достойный, полный достоинства; щепетильный в вопросах чести.
punga. [м. и ж.] (Амер.) вор-карманник.
pungente. [дейст. прич.] к pungir, колючий.
pungimiento. [м.] укол.
pungir. [перех.] колоть, протыкать (остриём); огорчать.
pungitivo, va. [прил.] колючий.

punguear. [перех.] (Амер.) красть, воровать.
punguista. [м.] (Амер.) вор-карманник.
punible. [прил.] наказуемый, подлежащий наказанию, караемый.
puníceas. [ж. множ.] (бот.) гранатовые растения.
punición. [ж.] наказание, кара.
púnico, ca. [прил.] (ист.) пунический, карфагенский.
púnico, ca. [прил.] (бот.) гранатовый.
punitivo, va. [прил.] карательный.
punta. [ж.] остриё, острый конец; конец, кончик, край; наконечник; верхушка, окурок; рог (быка); (геогр.) мыс; коса; кислый вкус (прокисшего вина и т. д.); (охот.) стойка; часть скота отделённая от стада; (перен.) малость, частичка; (Амер.) листик табака высокого качества; намёк; насмешка; плед; шаль (обл.): сапожный гвоздь; [множ.] кружево (с зубцами); первые притоки реки: * punta de París, гвоздь без головки; * punta de diamante, алмазная искра, алмаз (у стекольщиков); * a punta de lanza, со всей строгостью; * a punta de pistola, под угрозой оружия; * de punta a cabo, от начала до конца; от края до края; * estar de punta con, быть на ножах с кем-л; * sacar punta al lápiz, точить карандаш; * perder la punta, тупиться, притупляться; * de puntas, на носках, на цыпочках; * a torna punta (разг.) взаимно; * vestirse de punta en blanco, разодеться в пух и прах; * herir de punta y filo, колоть и рубить; * tener una punta de loco, (разг.) свихнуться; * por la otra punta! совсем напротив! * tener en la punta de la lengua, вертиться на языке; horas punta, часы пик.
puntada. [ж.] укол; стежок; намёк; (Амер.) колющая боль: * hasta darle a uno puntada (Амер.) до нельзя.
puntador. [м.] см. apuntador.
puntal. [м.] подпор(к)а, опора, стойка, распорка; (перен.) опора, поддержка; (мор.) высота (судна): * poner puntales, подпирать, ставить подпорки; * puntal de horquilla, рогатка.
puntalear. [перех.] (Амер.) ставить подпорки, подпирать.
puntapié. [м.] пинок, удар ногой: * mandar a puntapiés, властвовать над кем-л; держать под башмаком.
puntazo. [м.] удар остриём рога.
punteada. [ж.] отметка точками.
punteado, da. [страд. прич.] к puntear; [прил.] пунктирный (о рисунке); (Амер.) подвыпивший, выпивший; [м.] см. punteada; пунктир.
puntear. [перех.] рисовать, отмечать точками; наносить пунктир; шить; бренчать; сличать; [неперех.] (мор.) держать круче, лавироваться к ветру.
puntel. [м.] стеклодувная трубка.
puntera. [ж.] починка носка; носок (обуви); (разг.) пинок, удар ногой.
puntería. [ж.] прицеливание, наведение, наводка (орудия); меткость: * tener (buena) puntería, быть метким (в стрелке); * dirigir, poner la puntería, прицеливать, наводить орудие.
puntero, ra. [прил.] меткий (о стрелке); [м.] прут, жезл; указка; резец; шило.
puntiagudo, da, puntidelgado, da. [прил.] остроконечный, заострённый.
puntido. [м.] (обл.) лестничная площадка.
puntiforme. [прил.] точкообразный.

puntilla. [ж.] кружево; короткий кинжал которым приканчивают быка: * dar la **puntilla**, приканчивать кинжалом (быка); наносить последний удар; * de **puntillas** на цыпочках; * ponerse de **puntillas**, упрямиться.
puntillada. [ж.] пинок ногой.
puntillaje. [м.] массаж, массирование пальцами.
puntillazo. [м.] (разг.) пинок ногой.
puntillear. [перех.] покрывать точками.
puntillería. [ж.] (Амер.) галантерея.
puntillero. [м.] тореро, приканчивающий кинжалом быка.
puntillismo. [м.] (иск.) пуантиллизм.
puntillo. [м.] безделица, пустяк (в вопросах чести); (муз.) точка.
puntillón. [м.] (разг.) пинок ногой.
puntillosamente. [нареч.] с щепетильностью.
puntilloso, sa. [прил.] щепетильный, мелочный (в вопросах чести).
puntiseco, ca. [прил.] (бот.) с сухими концами.
puntizón. [м.] прозрачная линия (в бумаге); дыра.
punto. [м.] точка; конечная цель; прицел; стежок; пятнышко, точка; очко (в игре); точка, предел, состояние, положение; место, пункт, точка, предел, степень; вопрос, пункт, статья, параграф; петля (при вязании); дырка, пронора, колющая боль, колотьё; стоянка (такси и т. д.); момент; время; балл, экзаменационная отметка; (полигр.) пункт; каникулы; шип; (карт.) туз; удобный случай; мгновение; (спорт.) очко; см. **pundonor**; сущность, суть дела; вопрос чести; высшая степень совершенства; * **punto y coma**, точка с запятой; * **dos puntos**, двоеточие; * **puntos suspensivos**, многоточие; * **punto final**, точка в конце предложения; * **punto interrogante**, вопросительный знак; * **punto de apoyo**, точка опоры; * **punto de ebullición**, точка кипения; * **punto de referencia**, ориентир; * **punto de fusión**, точка плавления; * **punto de honor**, вопрос чести; * **punto de partida (de llegada)**, отправная (конечный) пункт; * **punto de reunión**, место собрания; * **medio punto**, полукруг; * **punto de vista**, точка зрения; * **punto muerto**, (тех.) мёртвая точка; * **punto radiante** (астр.) радиант; * **punto de mira**, точка прицеливания; * **punto de caída**, точка падения; * **hasta tal punto**, до такой степени; * **al punto**, тотчас; немедленно; * **a punto**, вовремя; своевременно; * **punto por punto**, подробно; со всеми подробностями; * **en punto**, точно; как раз; * **a punto fijo**, точно, достоверно; * **a punto de cruz**, вышивка крестом; * **artículo de punto**, трикотажное изделие; * **trabajo de punto**, вязание; * **se corrieron los puntos**, петли спустились; * **hacer punto**, вязать на спицах; * **punto de costado**, колотье в боку; * **subir de punto**, возрастать, увеличиваться; * **bajar de punto**, ухудшаться; * **de todo punto**, целиком; совсем; * **punto en boca!** тише!, молчать!; * **estar a punto de**, чуть, едва не; * **he estado a punto de caer**, я чуть не упал.
puntoso, sa. [прил.] колючий, усаженный колючками.
puntoso, sa. [прил.] заботящийся о своём добром имени; щепетильный (в вопросах чести).

puntuación. [ж.] пунктуация; знаки препинания.
puntual. [прил.] пунктуальный, точный, аккуратный; достоверный, несомненный; соответствующий, сообразный с, подходящий.
puntualidad. [ж.] пунктуальность, точность, аккуратность, достоверность, несомненность; соответствие.
puntualizar. [перех.] точно запоминать; подробно описывать; совершенствовать; отделывать.
puntualmente. [нареч.] пунктуально, точно, аккуратно, в точности.
puntuar. [перех.] расставлять знаки препинания.
puntuoso, sa. [прил.] щепетильный (в вопросах чести); заботящийся о своём добром имени.
puntura. [ж.] укол.
punzada. [ж.] укол; стреляющая, колющая боль, колотьё; тоска, огорчение.
punzador, ra. [прил.] колющий, колкий.
punzadura. [ж.] укол.
punzante. [действ. прич.] к **punzar**, колющий и т. д.
punzar. [перех.] колоть, протыкать (остриём); (перен.) колоть; терзать, огорчать.
punzó. [м.] пунцовый цвет.
punzón. [м.] шило, пробойник; чекан; штихель, гравёрный резец; рожок, молодой рог; (полигр.) пунсон.
punzonadora. [ж.] дыропробивной пресс.
punzonar. [перех.] пробивать (пробойником и т. д.).
punzonería. [ж.] (соб.) (полигр.) пунсоны.
puñada. [ж.] удар кулаком: * **andar a puñadas**, тузить друг друга.
puñado. [м.] горсть, пригоршня; (перен.) малость; * **a puñados**, пригоршнями; в изобилии; понемногу; * **¡gran puñado! ¡qué puñado! ¡buen, gran, valiente puñado son tres moscas!**, вот ещё!
puñal. [м.] кинжал: * **poner un puñal al pecho**, приступить к кому-л с ножом к горлу.
puñal. [прил.] относящийся к бою.
puñalada. [ж.] удар кинжалом; колотая рана; неожиданная неприятность: * **no es puñalada de pícaro**, это не к спеху; * **puñalada de misericordia**, см. **golpe de gracia**; * **coser a puñaladas**, приколоть кинжалом.
puñalear. [перех.] наносить удары, убивать кинжалом.
puñalejo. [м. умен.] к **puñal**.
puñalero, ra. [м. и ж.] человек, изготовляющий кинжалы; продавец, -щица кинжалов.
puñetazo. [м.] удар кулаком.
puñete. [м.] удар кулаком; браслет.
puño. [м.] кулак; горсть, пригоршня; обшлаг рукава, рукавчик, манжета; ручка, рукоятка; уловка, ухватка; * **de su puño y letra, de propio puño**, собственноручно; * **pegarla (jugarla) de puño**, обманывать, вводить в заблуждение; * **a puño cerrado**, со сжатыми кулаками; изо всех сил; * **meter en un puño**, держать в кулаке (в ежовых рукавицах); * **como un puño**, величиной с кулак; * **ser como un puño**, скупиться; быть низкорослым (о человеке); * **por sus puños**, своим трудом.
puoso, sa. [прил.] колючий (перен.) жёсткий, суровый.
pupa. [ж.] сыпь (на губах); болячка; боль, больное место, болячка (на детском языке); куколка бабочки; * **hacer pupa**, (разг.) давать почувствовать; причинять вред.
pupén. [м.] (Амер.) питание.
pupila. [ж.] опекаемая, воспитанница;

(анат.) зрачок; проститутка (публичного дома).
pupilaje. [м.] малолетство; опека; пансион; плата за пансион.
pupilar. [прил.] (юр.) относящийся к опекаемому; (анат.) зрачковый.
pupilero, ra. [м. и ж.] хозяин, хозяйка пансиона.
pupilo, la. [м. и ж.] опекаемый, воспитанник; пансионер: * **a pupilo**, на пансионе.
pupitre. [м.] пюпитр; парта.
pupívoro, ra. [прил.] кукольноядный; [м. множ.] кукольноядные (из группы перепончатокрылых насекомых).
pupo. [м.] (Амер.) пуп.
puposo, sa. [прил.] покрытый болячками.
puquio. [м.] (Амер.) родник.
puramente. [нареч.] чисто, целомудренно, только, единственно, исключительно, лишь; безусловно.
puré. [м.] **purea.** [ж.] пюре.
purear. [неперех.] (разг.) курить сигару.
purera. [ж.] портсигар.
pureza. [ж.] чистота, отсутствие примеси; девственность, непорочность.
purga. [ж.] (мед.) слабительное средство; (перен.) чистка; (тех.) отбросы.
purgable. [прил.] могущий быть очищенным.
purgación. [ж.] очищение желудка, принятие слабительного; регулы, менструации; [множ.] (мед.) выделения; гонорея.
purgador, ra. [прил.] очистительный; очищающий; искупительный; [м.] очиститель.
purgamiento. [м.] очищение желудка.
purgante. [действ. прич.] к **purgar**; [м.] слабительное.
purgar. [перех.] очищать, очищать желудок, давать слабительное; искупать (вину); (церк.) искупать (грех); заглаживать (проступок); отбывать наказание; умерять пыл; **purgarse**, [возв. гл.] очищать себе желудок, принимать слабительное; освобождаться (от чего-л тягостного).
purgativo, va. [прил.] очистительный; (мед.) слабительный, послабляющий, искупительный.
purgatorio, ria. [прил.] см. **purgativo**; [м.] (рел.) чистилище; место страданий; страдания.
puridad. [ж.] чистота; секрет, тайна: * **en puridad**, без обиняков; по секрету.
purificable. [прил.] могущий быть очищенным.
purificación. [ж.] очищение, очистка; Сретение Господне.
purificadero, ra. [прил.] очищающий, очистительный.
purificador, ra. [прил.] см. **purificadero**; [м.] очиститель; (церк.) плат для отирания потира.
purificante. [действ. прич.] к **purificar**, очищающий и т. д.
purificar. [перех.] очищать, чистить; проводить чистку.
purificativo, va, purificatorio, ria. [прил.] очистительный.
puriforme. [прил.] (мед.) гноевидный.
purín. [м.] навозная жижа.
purísima. Пресвятая дева, Богородица.
purismo. [м.] пуризм (излишняя строгость в правилах, в чистоте языка).
purista. [прил. и сущ.] пурист, -ка.
puritanismo. [м.] пуританизм; пуританство.
puritano, na. [прил.] пуританский; [м. и ж.] пуританин, -ка.
puro, ra. [прил.] чистый, свободный от примеси, цельный; чистый, ясный, прозрачный, свежий; белый; чистый, незапа-

тканный, целомудренный; крайний; неприкрашенный, простой; правильный (о языке); [м.] гаванская сигара: * cigarro puro, гаванская сигара; * a puro, de puro, в силу.
púrpura. [ж.] (зоол.) раковина-багрянка; пурпур, пурпуровая краска; пурпурная мантия; порфира (царская); багряница; багрянец; царское достоинство; (поэт.) кровь.
purpurado. [м.] кардинал.
purpurante. [дейст. прич.] к purpurar.
purpurar. [перех.] багрянить, обагрять, окрашивать багрянцем; облекать в пурпур.
purpúrea. [ж.] (бот.) см. lampazo.
purpurear. [неперех.] багрянеть; багроветь.
purpúreo, a. [прил.] пурпуровый, пурпурный, багряный, алый; пурпурного цвета.
purpurina. [ж.] (хим.) красильное начало в марене; истёртая в порошок бронза.
purpurino, na. [прил.] см. purpúreo.
purrela. [ж.] вино из виноградных выжимок.
purrete. [прил. и м.] подросток.
purriela. [ж.] (разг.) дрянь, дрянная вещь.
purulencia. [ж.] гноетечение; нагноение.
purulento, ta. [прил.] (мед.) гнойный, гноящийся.
puruloide, puruloideo, a. [прил.] гноевидный.
pus. [м.] гной.
pusilánime. [прил.] малодушный, трусливый, робкий.

pusilánimemente. [нареч.] малодушно, трусливо.
pusilanimidad. [ж.] малодушие, робость, трусливость.
pústula. [ж.] (мед.) пустула, гнойничок, прыщ: * pústula maligna, чирей, карбункул.
pustulación. [ж.] образование пустул, прыщей.
pustulante. [прил.] вызывающий образование пустул.
pustular, pustuloso, sa. [прил.] (мед.) пустулёзный, гнойничковый, прыщеватый.
puta. [ж.] проститутка, шлюха, потаскушка (прост.).
putaísmo, putanismo. [м.] непотребная жизнь; проституция; собрание проституток; дом терпимости.
putañear. [неперех.] (разг.) посещать проституток.
putañero. [прил.]: * hombre putañero, волокита, посетитель проституток.
putativamente. [нареч.] мнимо.
putativo, va. [прил.] мнимый, признанный законным: * padre putativo, мнимый отец.
putear. [неперех.] (разг.) см. putañear.
putería. [ж.] см. putaísmo; (разг.) лесть, ласка свойственная некоторым женщинам.
puterío. [м.] непотребная жизнь; собрание проституток.
putero. [прил.] (разг.) см. putañero.

putesco, ca. [прил.] относящийся к проституткам.
puto. [м.] см. maricón.
putrefacción. [ж.] гниение, гнилостное брожение.
putrefactible. [прил.] подверженный гниению.
putrefactivo, va. [прил.] вызывающий гниение.
putrefacto, ta. [прил.] сгнивший, гнилой, разложившийся.
putrescencia. [ж.] см. putridez.
putrescente. [прил.] загнивающий, разлагающийся.
putrescible. [прил.] подверженный гниению, гниющий, разлагающийся.
putridez. [ж.] гнилостность.
pútrido, da. [прил.] гнилой, гнилостный.
putrílago. [м.] гнильё.
putrívoro, ra. [прил.] (зоол.) гнилоядный.
putsch. [м.] путч.
putuela. [ж. умен.] к puta.
puya. [ж.] остриё копья (пикадора); щит.
puyazo. [м.] рана копьём.
puyo. [м.] (Амер.) шерстяной пончо; плащ.
puzol. [м.] puzolana. [ж.] пуццолан.

Q q

Q. 20-я буква испанского алфавита.
quantum. [м.] квант(а).
que. [относит. мест.] который (как подлежащее и прямое дополнение); который (в форме косв. пад.), когда; что, как; кто; тот, кто; который; тот, который; тот, что; [союз] что; чтобы; потому, что; так как; чтобы; для того, чтобы; с тем, чтобы; хотя; пусть; так, что; (употр. для усиления прилагательного или глагола): * el libro que leo, книга, которую я читаю; * el año que nació, год когда (в котором) он родился; * el que, тот, кто; тот самый, который; * de que, о чём; * ¿de que le sirve todo eso?, к чему ему всё это?; * no hay de que, не за что; * algo que, нечто; * digo que, я говорю, что; * que venga!, пусть придёт!; * más vale tarde que nunca, лучше поздно, чем никогда; * quiero que lo hagas, хочу, чтобы ты это сделал; * dile que venga, скажи ему, чтобы он пришёл; * a fin de que, для того, чтобы; a condición (de) que, при условии, что; * más que yo, больше меня; * antes (de) que, прежде чем; * a menos que, если только не; * a pesar de que, несмотря на то, что; * con tal que, если только; * así que, следовательно; * hasta que, до тех пор пока... que... хоть... что...; * fuerte que fuerte, сильно-сильно; * tan que, такой, что; * más (mayor) que, больше чем; * menor que, меньше чем; * tanto que, столько что.
qué. [вопрос. мест.] кто?, что?; какой?, который?: * qué haces? что ты делаешь?; * qué estás pensando? ¡о чём ты думаешь?; * qué es esto?, что это такое?; * de qué color es la mesa?, какого цвета стол?; * ¿qué hora es?, который час?; [нареч.] что?, как?; * ¿qué tal? как дела?, как поживаете?, как поживаешь?; * ¿qué te parece la ciudad?, как тебе нравиться город?; * ¿qué es de Vd.?, что с вами?; [восклиц. мест.] что за!, какой!, каков!; * ¿qué preciosidad de niño?, какой красивый ребёнок.
quebracho. [м.] кебрачо, квебрахо (дерево).
quebrada. [ж.] расселина, трещина; овраг, ложбина, ущелье; (Амер.) ручей; речка.
quebradero. [м.] см. **quebrador**: * quebradero de cabeza, забота, головоломка; предмет обожания, пассия.
quebradillo. [м.] высокий каблук; танцевальное движение.
quebradizo, za. [прил.] ломкий, хрупкий; (перен.) хрупкий (о здоровье); гибкий (о голосе); неустойчивый; кратковременный.
quebrado, da. [прил.] разбитый, сломанный; раздробленный; бледный, тусклый; обанкротившийся; страдающий грыжей; слабый; неровный; холмистый, гористый; (геом.) ломаный (о линии); (мат.) дробный [сущ.] страдающий грыжей; банкрот, несостоятельный должник, -ица; [м.] (мат.) дробь; продырявленный табачный лист (хорошего качества): * quebrado propio, правильная дробь; * quebrado impropio, неправильная дробь; * quebrado decimal, десятичная дробь; * línea quebrada, ломаная линия.
quebrador, ra. [прил. и сущ.] разбивающий, ломающий; (перен.) нарушающий закон; [м. и ж.] нарушитель, -ница (закона и т. д.).
quebradura. [ж.] расселина, расщелина; см. **rotura**; грыжа.
quebraja. [ж.] щель, трещина.
quebrajar. [перех.] см. **resquebrajar**.
quebrajoso, sa. [прил.] см. **quebradizo**; растрескавшийся, потрескавшийся, покрытый щелями.
quebramiento. [м.] см. **quebrantamiento**.
quebrantable. [прил.] ломкий и т. д. (см. **quebrantar**).
quebrantador, ra. [прил.] ломающий, разбивающий; (перен.) нарушающий (закон и т. д.); [м. и ж.] нарушитель, -ница (закона и т. д.); [ж.] дробилка.
quebrantadura. [ж.] см. **quebrantamiento**.
quebrantahuesos. [м.] (зоол.) ягнятник, ястреб-стервятник, (перен.) нахал.
quebrantamiento. [м.] битьё, ломание, (по)ломка; размельчение, толчение, дробление, измельчение; нарушение; смягчение, ослабление; приставание; утомление; (юр.) аннулирование завещания: * quebrantamiento de destierro, избег из местожительства назначенного отбывшему срок наказания каторжнику.
quebrantanueces. [м.] см. **cascanueces**.
quebrantante. [дейст. прич.] к **quebrantar**.
quebrantaolas. [м.] (мор.) утопленный корабль, ограждающий от волн; буёк.
quebrantar. [перех.] ломать, разбивать; дробить, размельчать, раздроблять; нарушать, преступать; смягчать, ослаблять; (перен.) досаждать, докучать, наскучивать, надоедать, приставать; вызывать сожаление; изматывать; (юр.) аннулировать завещание; **quebrantarse**, [возв. гл.] ломаться, разбиваться; надрываться; (мор.) прогибаться (о корпусе судна).
quebrante. [дейст. прич.] к **quebrar**.
quebranto. [м.] см. **quebrantamiento**; упадок сил, изнеможение; уныние, упадок духа; (перен.) жалость, сострадание; сожаление; ущерб, убыток; горе, скорбь.
quebrar. [перех.] ломать, разбивать; нарушать, преступать; гнуть; (перен.) прерывать, перебивать; ослаблять, смягчать; делать тусклым; портить (цвет лица); преодолевать; [неперех.] порывать с кем-л; уменьшаться, слабеть, терять силы; обанкротиться, потерпеть банкротство; **quebrarse**, [возв. гл.] заболеть грыжей; обрываться (о горах и т. д.); [непр. гл.] спрягается как **acertar**.
quebraza. [ж.] (обл.) трещинка (на коже); [множ.] трещинки (в мече).
queco. [м.] (Амер.) дом терпимости.
quecha. [ж.] (Амер.) окапывание картофеля.
queche. [м.] (мор.) небольшое одномачтовое судно.
queche. [м.] (Амер.) печёный картофель.
quechemarín. [м.] (мор.) люгер (двухмачтовое торговое судно).
quechera. [ж.] (Амер.) понос.
quechi. [м.] (Амер.) горный обвал.
quechol(e). [м.] (орни.) фламинго (одна из разновидностей).
quechua. [м.] см. **quichua**.
queda. [ж.] сигнал к затемнению, к тушению огня; (уст. воен.) см. **retreta**.
quedada. [ж.] пребывание.
quedamente. [нареч.] тихо, шопотом.
quedar. [неперех.] оставаться, продолжать находиться где-л; оставаться (в каком-л состоянии); продолжать существовать, сохраняться, оставаться; сидеть; остаться за, числиться за; оказываться; становиться кем-л; приобрести репутацию; **quedarse**, [возв. гл.] оставаться, продолжать находиться; задержаться, становиться; уменьшаться, спадать, утихать (о ветре и т. д.): * quedar en casa, остаться (сидеть) дома; * la casa queda a la derecha de, дом находится (расположен) направо от; * quedar en, условиться, уговориться; * quedar huérfano, остаться сиротой; * quedar para vestir imágenes, остаться старой девой; * quedar fuera de combate, выйти из строя; * quedar burlado, обмануться, разочароваться; * quedarse como quien ve visiones, быть крайне удивлённым; * quedarse con, сохранять за собой; присваивать что-л; надуть кого-л; * no me queda otro recurso,

мне больше ничего не остаётся как; *quedarse uno frío, прийти в крайнее изумление; *quede Vd. con Dios, прощайте! *quedar limpio, остаться без гроша; *quedar por dueño стать хозяином; *quedar bien (mal) en algo, преуспеть (не преуспеть) в чём-л; *quedarse yerto, испугаться до полусмерти; *quedarse a oscuras (en blanco, o con un palmo de narices) остаться с носом; *el asunto quedó resuelto, дело осталось решённым; *otra le queda dentro, он говорит против своей совести.

quedito. [нареч.] очень тихо.

quedo, da. [прил.] тихий, спокойный, мирный; [нареч.] тихо, шёпотом; осторожно; *de quedo, медленно.

quehacer. [м.] занятие, дело; (чаще множ.) дела, хлопоты.

queiranto. [м.] (бот.) левкой.

queja. [ж.] жалоба, сетование, стон; обида, досада; (юр.) жалоба, иск.

quejadera. [ж.] quejambre. [м.] (Амер.) см. quejumbre.

quejar. [перех.] см. aquejar, quejarse, [возв. гл.] жаловаться, сетовать, плакаться, стонать; (юр.) подавать жалобу: *quejarse de uno, жаловаться на кого-л; *quejarse de pobreza, жаловаться на нищету; *quejarse de vicio, жаловаться на бедность посреди изобилия.

quejicoso, sa. [прил.] часто жалующийся, ноющий.

quejido. [м.] жалобный стон, оханье; вопль; [множ.] жалобные вздохи.

quejigal, quejigar. [м.] дубовая роща.

quejigo. [м.] дуб (одна из разновидностей); дубок, молодой дуб.

quejilloso, sa. [прил.] см. quejicoso.

quejosamente. [нареч.] жалобно; недовольно.

quejoso, sa. [прил.] жалобный; недовольный.

quejumbre. [ж.] беспрерывные жалобы (или сетования), нытьё.

quejumbroso, sa. [прил.] постоянно жалующийся (вообще без причины).

quelenquelen. [м.] лекарственное растение.

quélido. [м.] (зоол.) хелида, губастая черепаха.

quelidonia. [ж.] (бот.) чистотел.

quelífero, ra. [прил.] (зоол.) клешненосный.

queliforme. [прил.] клешневидный.

quelite. [м.] (Амер.) см. bledo; любовник: *poner a uno como un quelite, (разг.) распекать.

quelitera. [ж.] (Амер.) зеленщица.

quelonio, nia. [прил.] (зоол.) черепахообразный; [м. множ.] (зоол.) черепахи (семейство).

quelonófago, ga. [прил.] питающийся черепахами.

quelonografía. [ж.] описание черепах.

quelotomía. [ж.] (хир.) грыжесечение.

quema. [ж.] жжение, сожжение, сжигание; кремация; пожар: *huir de la quema, избежать опасности; *hacer quema, (Амер.) попасть в цель.

quemada. [ж.] горелый лес; (Амер.) обман; пожар.

quemadero, ra. [прил.] подлежащий сожжению; [м.] костёр; кремационная печь.

quemado, da. [страд. прич.] к quemar, и [прил.] жжёный, сожжённый, сгоревший; обгоревший; подгорелый; палёный, обожжённый; загорелый (о коже); (арг.) негр; *oler a quemado, пахнуть горелым.

quemador, ra. [прил.] жгущий, сжигающий; [м. и ж.] поджигатель, -ница; [м.] горелка.

quemadura. [ж.] сожжение; ожог; увядание растений от жары и т. д.; головня, спорынья.

quemajoso, sa. [прил.] вызывающий жжение.

quemante. [дейст. прич.] к quemar; [м.] (арг.) глаз.

quemar. [перех.] жечь, сжигать, сожигать, обжигать, палить, спалить, опалить; печь; прожигать; опалять зноем; побить морозом; распродавать по дешёвку; спустить (деньги и т. д.); (разг.) выводить из терпения, раздражать; [неперех.] иметь высокую температуру; quemarse, [возв. гл.] гореть, пылать; пылать страстью; терять терпение: *quemarse la sangre, портить себе кровь; *quemar las naves, сжечь свои корабли; *quemar los últimos cartuchos, пускать в ход последнее средство.

quemarropa (a). [нареч.] в упор (о выстреле).

quemazón. [ж.] жжение, сожжение, сжигание; кремация; палящий зной; зуд; намёк; краска стыда; (шутл.) продажа в убыток; (Амер.) мираж в пампе.

quemí. [м.] (Амер.) кролик (кубинский).

quemón. [м.] (Амер.) сожжение, сжигание; ожог; пулевая рана.

quemosis. [ж.] (мед.) отечная припухлость конъюнктивы, особенно глазного яблока, с валиком вокруг роговицы.

quena. [ж.] (Амер.) индейская флейта.

quenado, da. [прил.] (Амер.) влюблённый.

quenco. [м.] (Амер.) цветочный горшок.

quenopoliáceas. [ж. множ.] (бот.) лебедовые.

quenopolio. [м.] (бот.) лебеда.

quepis. [м.] кепи, кепка.

quepucho, cha. [м. и ж.] (Амер.) младший сын, младшая дочь.

queque. [м.] (Амер.) булка.

queratalgia. [ж.] (пат.) боль в роговице.

queratina. [ж.] кератин (роговое вещество).

queratita. [ж.] (мин.) полевошпатный порфир.

queratitis. [ж.] (мед.) кератит, воспаление роговой оболочки глаза.

queratoangioma. [м.] (пат.) роговидное бородавкообразное красное образование на руках, ногах с расширенными сосудами.

queratocele. [ж.] (хир.) грыжевидное выпячивание роговой оболочки.

queratodermia. [ж.] (пат.) ороговение кожи.

queratoma. [м.] (пат.) роговой нарост.

queratomalacia. [ж.] размягчение роговой оболочки.

queratómetro. [м.] прибор для измерения кривизны роговицы.

queratomicosis. [ж.] (пат.) гнойное воспаление роговицы, вызванное грибками или пневмококками.

queratonosis. [ж.] (пат.) ороговение; кожная болезнь с аномалиями ороговения.

querella. [ж.] ссора, перебранка; распря, раздор; спор; (юр.) иск, жалоба.

querellador, ra. [прил.] жалующийся; подающий жалобу в суд; [м. и ж.] истец, истица.

querellante. [дейст. прич.] к querellarse; [м. и ж.] истец, истица.

querellarse. [возв. гл.] жаловаться, (юр.) подавать (жалобу) в суд.

querellosamente. [нареч.] жалобно.

quereloso, sa. [прил. и сущ.] жалующийся, подающий (жалобу) в суд; [м. и ж.] истец, истица, см. quejoso.

querencia. [ж.] любовь, привязанность; расположение к; привязанность к родным или привычным местам; излюбленное место.

querencioso, sa. [прил.] привязанный к родным или привычным местам; излюбленный (о месте).

querer. [м.] любовь; привязанность.

querer. [перех.] хотеть, желать; иметь желание, намереваться; любить; быть привязанным; требовать, настаивать; хотеть, требовать, любить (о растениях); соблаговолить, (со)изволить, решать; стремиться к чему-л; добиваться чего-л; соглашаться; [безлич. гл.] быть неизбежным; [возв. гл.] quererse, любить друг друга; *querer mal, желать зла кому-л; *¿qué quiere?, что вам угодно?; *tú lo has querido! поделом тебе!; *cuando quiera, когда угодно; *querer decir, означать; *sin querer, нечаянно, без умысла; *como quiera que, так как; *como quiera que sea, как бы то ни было; *donde quiera, где бы то ни было; *quieras que no, волей-неволей; *que si quieres! нет уж!, никак нельзя!; *querer es poder, где хотенье, там и уменье; *quien bien te quiere te hará llorar, кто любит, тот и наказует; [непр. гл.] ind. prest. quiero, -es, -e, queremos, queréis, quieren; pret. indef. quise, quisiste и т. д.; fut. querré, -ás и т. д.; cond. querría и т. д.; prest. subj. quiera, -as, -a, queramos, -áis, quieran; imperf. quisiera o quisiese и т. д.

queresa. [ж.] (зоол.) личинка.

querido, da. [страд. прич.] к querer; [м. и ж.] любовник, -ица.

queridura. [ж.] (Амер.) любовь, влюблённость.

queriente. [дейст. прич.] к querer, любящий; желающий, хотящий.

quermes. [м.] червец (насекомое); кермес (пурпурная краска).

quermese. [ж.] (варв.) ярмарка с гуляньем.

quermesita. [ж.] (мин.) минеральный кермес, картезианский порошок.

querocha. [ж.] см. queresa.

querosén (e), querosene, queroseno, querosín. (Амер.) [м.] querosina. [ж.] керосин.

querques, querrequerre. [м.] (Амер.) певчая птица.

quérsido, da. [прил.] земной.

quersoneso. [м.] полуостров.

querub(e). [м.] (поэт.) херувим.

querúbico, ca. [прил.] херувимский.

querubín. [м.] херувим.

querva. [ж.] см. cherva.

quesadilla. [ж.] пирог с сыром; сладкий пирожок.

quesear. [неперех.] делать сыр.

quesera. [ж.] женщина, занимающаяся изготовлением сыра; торговка сыром; тарелка с крышкой для сыра; сыроварня.

quesería. [ж.] сыроварня; сырная лавка; часть года, подходящая для изготовления сыра, сырная сезон.

quesero, ra. [прил.] см. caseoso; [м. и ж.] сыровар; продавец, -щица сыра.

quesiqués. [м.] см. quisicosa.

queso. [м.] сыр, головка сыру: *queso fresco, творог; *queso de bola, голландский сыр; *queso de Parma, пармезан; *queso de oveja, овечий сыр; *queso de cerdo, зельц; *queso rallado, тёртый сыр; *darla con queso, надувать; *medio queso, (у портных) форма для глажки.

quetodón(te). [м.] (ихтиол.) щетинозуб.

quetro. [м.] (зоол.) сорт чилийской утки.

quetzal. [м.] (зоол.) кетцаль (птица); кетцаль (денежная единица Гватемалы).
queul(e). [м.] (Амер.) плод, входящий в лекарственные составы.
quevedos. [м. множ.] пенсне.
¡quia! [межд.] никоим образом! ну вот ещё!; да что уж там!
quianti. [м.] кьянти (тосканское виноградное вино).
quicial. [м.] quicialera. [ж.] рама (двери, окна); см. quicio.
quicio. [м.] петля (дверная, оконная); (Амер.) крыльцо; * fuera de quicio, в беспорядке; вне себя; * sacar de quicio, выводить из терпения, из себя.
quiche. [м.] киче (гватемальский туземец).
quichua. [м.] кичуа (перуанский туземец).
quid. [м.] суть, сущность; основание; причина: * el quid de la cuestión, суть вопроса; * ahí está el quid, вот в чём суть, вот где собака зарыта, вот в чём загвоздка; * dar en el quid, попасть в точку.
quid pro quo. [м.] квипрокво, недоразумение.
quídam. [м.] (разг.) кто-то, некто; субъект, тип.
quiebra. [ж.] трещина, расщелина; овраг, ущелье; потеря, ущерб; несостоятельность, банкротство, крах: * hacer quiebra, обанкротиться; * declararse en quiebra, объявить себя банкротом; * quiebra fraudulenta, злостное банкротство.
quiebrahacha. [м.] (бот.) см. jabí.
quiebro. [м.] телодвижение; (муз.) трель, рулада.
quien. [относ. мест.] кто, тот, кто; который: * no sé quien, не знаю кто; кто-то; * no hay quien pueda hacerlo, нет никого, кто бы мог это сделать; * esta es la mujer a quien hemos prometido su ayuda, вот женщина, которой мы обещали вашу помощь.
¿quién?. [вопрос. мест.] кто: * ¿quién es? кто это?, кто там?; * ¿quién será?, кто бы это мог бы?; * ¿de quién?, чей?; * ¿quién vive?, кто идёт? (окрик часового).
quienesquiera. [множ.] к quinquiera.
quienquiera. [неопред. мест.] всякий, любой; какой-нибудь: * quienquiera que, кто бы ни; * quienquiera que sea, кто бы то ни был.
quiescencia. [ж.] неподвижность, спокойствие.
quiescente. [прил.] неподвижный, спокойный; безгласный (о буквах у Евреев).
quieta. [ж.] (Амер.) см. quiete.
quietación. [ж.] усмирение, успокоение.
quietador, ra. [прил.] усмиряющий; успокаивающий, умиротворяющий; [м. и ж.] умиротворитель, -ница.
quietamente. [нареч.] мирно, тихо; спокойно.
quietar. [перех.] см. aquietar.
quiete. [ж.] послеобеденный отдых.
quietismo. [м.] квиетизм.
quietista. [прил.] квиетический; [м. и ж.] квиетист, -ка.
quieto, ta. [прил.] неподвижный, спокойный, смирный, тихий: * no poder estarse quieto, быть непоседой.
quietud. [ж.] неподвижность, спокойствие; душевный покой, душевное равновесие; отдых; тишина.
quijada. [ж.] челюсть; тиски.
quijal. [м.] челюсть; коренной зуб.

quijar. [м.] коренной зуб.
quijarudo, da. [прил.] с большими челюстями.
quijera. [ж.] часть уздечки.
quijero. [м.] скат оросительной канава.
quijo. [м.] (Амер.) кварц, содержащий золотую или серебряную руду.
quijones. [м. множ.] (бот.) скандикс.
quijotada. [ж.] донкихотство.
quijote. [м.] набедренник (у лат); круп лошади.
quijote. [м.] донкихот, неисправимый идеалист.
quijotería. [ж.] донкихотство.
quijotesco, ca. [прил.] донкихотствующий.
quijotismo. [м.] донкихотство.
quila. [ж.] (Амер.) сорт бамбука.
quilamole. [м.] (Амер.) мыльное дерево.
quilatación. [ж.] дейст. к quilatar.
quilatador, ra. [м. и ж.] пробирер, пробирщик.
quilatar. [перех.] см. aquilatar.
quilate. [м.] карат (мера веса, равная 205 мг.); карат (проба золота); (перен.) степень совершенства: * por quilates, (разг.) в аптекарских дозах.
quilbo. [м.] (Амер.) продольный брус ткацкого станка; (зоол.) фламинго; [множ.] (разг.) длинные ноги.
quilcama. [ж.] (Амер.) (разг.) адвокатишка, чернильная душа.
quilco. [м.] (Амер.) большая корзина.
quilfe. [м.] (Амер.) дикая утка.
quilemia. [ж.] излишек хилуса в крови.
quilico. [м.] (Амер.) пустельга (птица).
quilifaciente, quilifactivo, va. [прил.] образующий млечный сок.
quilífero, ra. [прил.] содержащий млечный сок: * vaso quilífero, (анат.) млечный сосуд.
quilificación. [ж.] образование млечного сока.
quilificar. [перех.] превращать в млечный сок.
quilificativo, va. [прил.] превращающий в млечный сок.
quiliforme. [прил.] млекоподобный, хилоподобный.
quiligua. [ж.] вьюк для перевозки овощей.
quilín. [м.] (Амер.) конский волос.
quilinudo, da. [прил.] (Амер.) долгогривый.
quilma. [ж.] мешок для зерна.
quilo. [м.] хилус, млечный сок: * sudar uno el quilo, (перен. разг.) работать до изнеможения.
quilo. [м.] см. kilo.
quilográmetro. и т. д. см. kilográmetro и т. д.
quiloideo, a. [прил.] хило-, млекоподобный.
quilología. [ж.] учение о млечном соке.
quilombo. [м.] (Амер.) крестьянская хижина; дом терпимости; [множ.] отдалённые места, захолустье.
quilopericardio. [м.] хилусный выпот в сердечную сумку.
quilorrea. [ж.] (пат.) понос с обилием слизи.
quiloso, sa. [прил.] хилусный, хилозный, млечный.
quilotórax. [м.] (пат.) скопление млечного сока в грудной полости.
quilquil. [м.] (Амер.) папоротник (одна из разновидностей).
quiltonil. [м.] (Амер.) растение из семейства амарантовых.
quiltrear. [неперех.] (Амер.) см. importunar; слоняться по чужим домам.
quiltro. [м.] (Амер.) небольшая собака, дворняжка.
quiluria. [ж.] (мед.) жир в моче.
quilla. [ж.] (мор.) киль; гребень грудной кости (у птиц); (Амер.) друг, приятель: * quilla falsa, фальшкиль.

quillango. [м.] (Амер.) индейская одежда из шкур.
quillay. [м.] (Амер.) мыльное дерево.
quillotra. [ж.] (разг.) любовница.
quillotrador, ra. [прил.] (разг.) возбуждающий и т. д.
quillotranza. [ж.] (разг.) решающий, критический момент; огорчение, неприятность.
quillotrar. [перех.] (разг.) возбуждать, оживлять, воодушевлять, пленять; влюблять; обдумывать; украшать, наряжать; quillotrarse, [возв. гл.] возбуждаться, оживляться; наряжаться; жаловаться, плакаться.
quillotro. [м.] штука, штуковина (о вещи, название которой неизвестно говорящему); (разг.) возбуждение, оживление; поощрение, симптом, признак; ухаживание; комплимент; озабоченность, забота; украшение, наряд; друг, возлюбленный, любовник.
quima. [ж.] (обл.) ветвь, ветка.
quimba. [ж.] (Амер.) пируэт, грациозное движение; см. contoneo; изящество, грация; кожаный лапоть; гримаса; [множ.] долги, нужда.
quimbo. [м.] (Амер.) тесак, большой нож; удар тесаком.
quimbombó. [м.] (Амер.) см. quingombó.
quimera. [ж.] (миф.) химера (чудовище с головой льва); химера, несбыточная мечта; спор, ссора: * buscar quimera, затеять ссору.
quimerear. [неперех.] (м. употр.) затеять ссору.
quiméricamente. [нареч.] химерически, мечтательно.
quimérico, ca. [прил.] химерический, химеричный, несбыточный, фантастический: * carácter quimérico, химеричность.
quimerino, na. [прил.] см. quimérico.
quimerista. [м.] склонный к несбыточным мечтаниям; придирчивый; [м. и ж.] фантазёр, прожектёр; спорщик, -ица.
quimerizar. [неперех.] питаться несбыточными мечтами.
química. [ж.] химия: * química orgánica, inorgánica, органическая, неорганическая химия; * química biológica, биохимия; * química industrial, химическая технология; * química sintética, синтетическая химия; * química analítica, аналитическая химия; * química animal, зоохимия.
químicamente. [нареч.] химически.
químico, ca. [прил.] химический: * productos químicos, химикалии; [м.] химик.
quimífero, ra. [прил.] (анат.) содержащий пищевую кашицу.
quimificación. [ж.] превращение в пищевую кашицу.
quimificar. [перех.] превращать в пищевую кашицу; quimificarse, [возв. гл.] перевариваться.
quimiluminescencia. [ж.] (хим.) химилюминесценция.
quimiosíntesis. [ж.] химиосинтез.
quimiotaxis. [ж.] химиотаксис.
quimioterapia. [ж.] химиотерапия.
quimiotropismo. [м.] химиотропизм.
quimista. [м.] алхимик.
quimo. [м.] пищевая кашица (в желудке).
quimono. [м.] кимоно.
quimosina. [ж.] (физиол.) химозин, сычужный фермент.
quina. [ж.] см. quinterna; выигрыш (при игре в кости); (арг.) деньги; [множ.] португальский герб.
quina. [ж.] хинная корка, хина: * tragar quina, терпеть.
quinal. [м.] (мор.) толстой трос; (Амер.) хинное дерево.
quinaquina. [ж.] хинная корка, хина.

quinario, ria. [прил.] пятерной (состоящий из пяти частей); [м.] кинарий (древняя медаль).
quinato. [м.] (хим.) соль хинной кислоты.
quincalla. [ж.] скобяные изделия, скобяной товар.
quincallería. [ж.] скобяная мастерская, лавка или торговля.
quincallero, ra. [м. и ж.] торговец скобяным товаром.
quince. [прил.] пятнадцать; пятнадцатый; [м.] число пятнадцать; пятнадцатое число: * dar quince y raya, превосходить кого-л.
quincena. [ж.] полмесяца, две недели; двухнедельная зарплата; двухнедельное задержание.
quincenal. [прил.] двухнедельный.
quincenario, ria. [прил.] см. quincenal; [м. и ж.] тот, кто сидит в тюрьме две недели.
quinceno, na. [прил.] пятнадцатый; [м. и ж.] мул или самка мула в возрасте пятнадцати лет.
quincineta. [ж.] (орни.) см. ave fría.
quincuagena. [ж.] полсотни, пятьдесят.
quincuagenario, ria. [прил.] пятидесятилетний; [м. и ж.] пятидесятилетний человек.
quincuagésima. [ж.] последнее воскресенье на масленице (перед постом).
quincuagésimo, ma. [прил.] пятидесятый; [сущ.] пятидесятая доля, часть.
quincha. [ж.] (Амер.) тростниковая циновка; стена из плетёного тростника; колибри.
quinchamalí. [м.] чилийское растение.
quinchar. [перех.] (Амер.) покрывать или огораживать стенами из плетёного тростника; [неперех.] плести цыновки из тростника.
quinche. [м.] (Амер.) загородка из тростника; стена из плетёного тростника.
quinchonear. [перех.] см. agarrochar.
quinde. [м.] (Амер.) колибри.
quindecágono. [м.] (геом.) пятнадцатиугольник.
quindeceviro. [м.] один из пятнадцати хранителей сибилловых книг (у Римлян).
quindécimo, ma. [прил.] пятнадцатый; [м.] пятнадцатая доля, часть.
quindenial. [прил.] повторяющийся каждые 15 лет; пятнадцатилетний, длящийся 15 лет.
quindenio. [м.] пятнадцатилетие.
quinete. [м.] сорт старинного этамина.
quingentésimo, ma. [прил.] пятисотый; [м.] пятисотая доля, часть.
quingombó. [м.] американское растение, из стеблей к-рого получают прядильное волокно.
quingos. [м. множ.] (Амер.) зигзаг, излучина.
quínico, ca. [прил.] (хим.) хинный.
quiniela. [ж.] (Амер.) денежная лотерея.
quinientista. [м.] чинквечентист (деятель искусств XVI в.).
quinientos, tas. [прил.] пятьсот; пятисотый; [м.] пятисотое число, номер пятьсот.
quinina. [ж.] хинин.
quinismo. [м.] действие хинина и его солей.
quino. [м.] (бот.) хинное дерево.
quinoa. [ж.] (Амер.) дикая гречиха.
quínola. [ж.] (перен.) странность; [множ.] карточная игра.
quinolillas. [ж. множ.] карточная игра, см. quínola.
quinología. [ж.] описание различных родов хинина.
quinqué. [м.] керосиновая лампа.
quinquedentado, da. [прил.] (бот.) пятизубчатый.
quinquedigitado, da. [прил.] (бот.) пятилапчатый, пятипалый.

quinquefolio. [м.] (бот.) см. cincoenrama.
quinquenal. [прил.] пятилетний: * plan quinquenal, пятилетний план.
quinquenervia. [ж.] см. lancéola.
quinquenio. [м.] пятилетие, пятилетка.
quinquercio. [м.] пятиборство (у древних).
quinquevalvo, va. [прил.] (бот.) пятистворчатый.
quiquillería. [ж.] см. quincallería.
quinquillero, ra. [м. и ж.] см. quincallero.
quinquina. [ж.] хинная корка, хина.
quinta. [ж.] дача, вилла; дейст. к брать каждого пятого; пять карт одной масти; (мед.) приступ кашля; (воен.) рекрутский набор; жеребьёвка рекрутов; (муз.) квинта: * entrar en quintas, (воен.) тянуть жребий (о рекрутах).
quintador, ra. [прил. и сущ.] берущий каждого пятого; выплачивающий пятую часть; производящий жеребьёвку.
quintaesencia. [ж.] квинтэссенция, самая суть.
quintaesenciar. [перех.] извлекать из чего-л квинтэссенцию, самую сущность; (перен.) очищать; см. sutilizar.
quintal. [м.] квинтал (мера веса, равная 100 фунтам или 46 кг.): * quintal métrico, центнер, сто килограммов.
quintaleño, ña. [прил.] вместимостью или весом в один центнер (квинтал).
quintalera. [ж.] см. quintal.
quintalero, ra. [прил.] весом в один центнер (квинтал).
quintana. [ж.] дача, вилла; (пат.) пятидневная перемежающаяся лихорадка.
quintante. [м.] угломерный инструмент, используемый в мореходстве.
quintañón, na. [прил.] (разг.) столетний; [м. и ж.] столетний старец.
quintar. [перех.] брать каждого пятого; производить жеребьёвку; выплачивать пятую часть; вспахивать в пятый раз; [неперех.] достигать пятого (дня и т. д.).
quintería. [ж.] дача, вилла; хутор, ферма, мыза.
quinterna. [ж.] полный ряд (в лото).
quinterno. [м.] тетрадь (из пяти листов бумаги); полный ряд (в лото).
quintero. [м.] арендатор, фермер; работник на ферме.
quinteto. [м.] (муз.) квинтет.
quintil. [м.] пятая часть Зодиака; (Амер.) рожок, плод рожкового дерева.
quintilla. [ж.] (лит.) кинтилья, пятистишие.
quintillo. [м.] сорт ломбера (карточной игры).
quintín. [м.] старинное льняное полотно.
Quintín (San): * armarse la de San Quintín, драться, ссориться.
quinto, ta. [прил.] пятый; [м.] пятая часть; рекрут, новобранец, призывной, призывник; (юр.) пятая часть наследства; * quinta columna, пятая колонна.
quintral. [м.] (Амер.) сорт омелы; болезнь арбузов.
quintuplicación. [ж.] увеличение в пять раз.
quintuplicar. [перех.] умножать на пять, увеличивать в пять раз.
quíntuplo, pla. [прил.] пятерной, пятикратный, в пять раз больший; [м.] в пять раз большее число: * al quíntuplo, сам-пят, в пятикратном размере.
quiñón. [м.] надел.
quiñonero, ra. [м. и ж.] владелец, -ица надела.
quiosco. [м.] киоск: * quiosco de necesidad, уборная (общественная).
quiosquero, ra. [м. и ж.] содержатель, -ница киоска, киоскёр.
quiote. [м.] (Амер.) стебель агавы.
quipe. [м.] (Амер.) ноша; рюкзак.
quipos. [м. множ.] узелковое письмо древних перуанцев.

quique. [м.] (Амер.) сорт ласки; хорёк; вспыльчивый человек.
quiquiriquí. [м.] кукареку; человек, претендующий на название первого лица.
quiragra. [ж.] (мед.) хирагра, боль в руках (кистях) подагрического характера.
quiral. [прил.] относящийся к руке (кисти).
quiralgia. [ж.] (пат.) боль в руке.
quirapsia. [ж.] (мед.) массаж (рукой).
quirartritis. [ж.] (мед.) воспаление суставов руки.
quirartrocace. [м.] злокачественное (туберкулёзное) воспаление лучезапястного сустава.
quirguiz. [прил.] киргизский; [м. и ж.] киргиз, -ка.
quirie. [м.] см. kirie.
quirinal. [прил.]: * monte (colina) quirinal, Квиринал (одна из холмов Рима); [м.] Квиринал, итальянское государство.
quiritario, ria. [прил.] древнеримский.
quirite. [м.] (ист.) древнеримский горожанин.
quirófano. [м.] операционная (клиническая).
quirógrafo, fa. [прил.] относящийся к документу, совершённому частным порядком; [м.] документ, совершённый частным порядком.
quirología. [ж.] искусство разговаривать по пальцам, хирология.
quiromancia. [ж.] рукогадание, хиромантия.
quiromanía. [ж.] онанизм.
quiromántico, ca. [прил.] относящийся к рукогаданию; [м. и ж.] хиромант, -ка.
quironeo, a. [прил.] (мед.) злокачественный (о язве).
quironomía. [ж.] искусство телодвижений.
quiróptero, ra. [прил.] (зоол.) рукокрылый; [м. множ.] рукокрылые.
quiroteca. [ж.] перчатка.
quirotonía. [ж.] рукоположение, хиротония.
quirquincho. [м.] (Амер.) броненосец: * estar como un quirquincho, ser, volverse un quirquincho, не сдаваться, не поддаваться.
quirúrgico, ca. [прил.] хирургический.
quirurgo. [м.] хирург.
quisa. [ж.] (Амер.) мексиканский перец; жареный банан (очищенный от кожуры).
quisca. [ж.] (Амер.) см. quisco шип, колючка (quisco); колючий предмет.
quiscal. [м.] (Амер.) заросли киско (см. quisco); птица с чёрным оперением.
quisco. [м.] (Амер.) киско, вид кактуса.
quiscudo, da. [прил.] (Амер.) колючий, с шипами.
quisicosa. [ж.] (разг.) загадка.
quisque. [м.]: * cada quisque, (разг.) каждый, всякий.
quisquilla. [ж.] пустяк, мелочь; вздор; незначительное возражение; маленькая креветка.
quisquilloso, sa. [прил.] мелочный; обидчивый; щепетильный; [м. и ж.] мелочный, щепетильный человек.
quistarse. [возв. гл.] снискивать всеобщее уважение, любовь.
quiste. [м.] (мед.) киста: * quiste sebáceo, жировик.
quístico, ca. [прил.] (мед.) относящийся к кисте.
quistión. [ж.] (м. употр.) см. cuestión.

quistitis. [ж.] (пат.) цистит, воспаление мочевого пузыря или влагалища.

quisto, ta. [прил.]: * bien quisto, уважаемый, любимый, на хорошем счету; * mal quisto, нелюбимый, на дурном счету.

quita. [ж.] возмещение долга (полное или частичное).

quitación. [ж.] доход; зарплата, заработная плата; (юр.) см. quita.

quitada. [ж.] (Амер.) отнятие, удаление; лишение; похищение.

quitaguas. [м.] зонт(ик) (дождевой).

quitaipón. [м.] см. quitapón.

quitamanchas. [м. и ж.] см. sacamanchas; [м.] пятновыводитель (средство).

quitameriendas. [м.] (бот.) безвременник.

quitamiento. [м.] см. quita.

quitamotas. [м. и ж.] (разг. перен.) льстец, льстивая женщина, подхалим, -ка.

quitanieves. [м.] снегоочиститель.

quitante. [дейст. прич.] к quitar.

quitanza. [ж.] квитанция, расписка.

quitapelillos. [м. и ж.] (разг.) (перен.) подхалим, -ка.

quitapesares. [м.] (разг.) утешение, облегчение.

quitapiedras. [м.] (паровозный) башмак (для очистки рельсов).

quitapón. [м.] цветные кисти на уздечке: * de quitapón, сменяемый, съёмный, легко убирающийся.

quitar. [перех.] снимать; удалять, убирать; отнимать, лишать; похищать; устранять; сдирать; снимать, отменять (наказание); выкупать (заклад); мешать, препятствовать; вырывать; парировать удар; отменять (приказ и т. д.); избавлять от: * quitar la mesa, убрать со стола; * quitar las manchas, выводить, удалять пятна; * quitar el polvo, стереть пыль; * quitar de la cabeza, выбросить из головы; * quitar de en medio, убрать с пути; убить; * quitar el reloj, снять часы (украсть); * vender al quitar, продавать с правом выкупа; * ¡quita! ¡quite allá!, вон отсюда!; ну тебя!; * sin quitar ni poner, точно, буквально; * de quita y pon, легко убирающийся, разборный; quitarse, [возв. гл.] отстраняться; отходить в сторону, удаляться: * quitarse a uno de encima, избавиться от кого-л; * quitarse de en medio, убираться по добру по здорову; покончить с собой.

quitasol. [м.] зонт(ик) (солнечный).

quitasueño. [м.] вещь, лишающая сна.

quite. [м.] препятствие, помеха; парирование (удара); отвлечение быка плащом: * no tener quite, быть неизбежным; * ir al quite, оказать помощь кого-л; * estar al quite, быть готовым, чтобы оказать помощь кого-л.

quiteño, ña. [прил.] относящийся к городу Quito (столице) Эквадора; [м. и ж.] житель или уроженец этого города.

quitina. [ж.] (биол.) хитин.

quitinoso, sa. [прил.] (биол.) хитиновый.

quitón. [м.] (ист.) хитон; байдарка (брюхоногий моллюск).

quito, ta. [непр. страд. прич.] (уст.) к quitar; [прил.] свободный, избавленный от.

quizá(s). [нареч.] может быть, быть может, пожалуй, возможно: * quizá y sin quizá, наверняка.

quórum. [м.] кворум.

Rr

r. 21-я буква испанского алфавита.

raba. [ж.] рыбья икра.

rabada. [ж.] задняя часть туши.

rabadán. [м.] старший пастух, чабан; помощник старшего пастуха.

rabadilla. [ж.] (анат.) кончик, хвостец; гузка (у птиц).

rabal. [м.] (обл.) см. arrabal.

rabalero, ra. [прил.] см. arrabalero.

rabana. [ж.] индейский тамбурин.

rabanal. [м.] поле, засаженное редисом.

rabanera. [ж.] торговка редькой, редисом; (перен.) грубая, наглая женщина.

rabanero, ra. [прил.] короткий, подобранный, приподнятый (о платье); (перен.) грубый, наглый; [м.] торговец редькой, редисом.

rabanete. [м.] умен. к rábano.

rabanillo. [м.] дикая редька; (перен.) кисловатый вкус (вина); нелюбезность; (разг.) сильное желание.

rabaniza. [ж.] дикая редька; редечное семя.

rábano. [м.] редис(ка), огородная редька, кисловатый вкус (вина); * rábano silvestre, дикая редька; * tomar el rábano por las hojas, говорить не по существу дела.

rabárbaro. [м.] см. ruibarbo.

rabazuz. [м.] лакричный сок.

rabdología. [ж.] счисление прутиками, на которых изображены простые числа.

rabdomancia. [ж.] жезлогадание.

rabdomante. [м. и ж.] жезлогадатель, -ница.

rabdomántico, ca. [прил.] жезлогадательный; [м. и ж.] см. rabdomante.

rabear. [неперех.] вилять (хвостом); (мор.) качаться (о корме).

rabel. [м.] трёхструнная пастушеская скрипка.

rabel. [м.] (разг.) зад, задница.

rabeo. [м.] виляние (хвостом).

rabera. [ж.] зад, задняя часть чего-л; высевки, отсевки (зерна).

raberón. [м.] верхний конец ствола.

rabí. [м.] раввин.

rabia. [ж.] (мед.) бешенство, водобоязнь; (перен.) бешенство, ярость, неистовая злоба; досада: * dar rabia, бесить, злить; * tener rabia, питать отвращение к кому-л; * tomar rabia, болеть бешенством; злиться, беситься.

rabiada. [ж.] (разг.) (Амер.) припадок гнева, бешенства.

rabiacana. [ж.] (бот.) аронник, аронова борода.

rabiar. [неперех.] болеть бешенством, взбеситься, беситься; жестоко страдать; (перен.) терять терпение; взбеситься, беситься, выходить из себя, злиться, неистовствовать: * rabiar por, сильно, страстно желать; * a rabiar до крайности, чрезмерно, до безумия; * estar a rabiar con, быть взбешённым против кого-л; * hacer rabiar, дразнить; * (él) rabia de tonto, он набитый дурак; * rabiar de hambre, быть голодным.

rabiatar. [перех.] привязывать к хвосту.

rabiazorras. [м.] (разг.) восточный ветер.

rabicán, rabicano, na. [прил.] белохвостый.

rábico, ca. [прил.] относящийся к бешенству.

rabicorto, ta. [прил.] короткохвостый; куцый; (перен.) одетый в короткое платье.

rabiche. [ж.] (Амер.) голубь (кубинская разновидность).

rábido, da. [прил.] см. rabioso.

rabieta. [ж. умен.] к rabia; вспышка гнева, беспричинное раздражение.

rabífico, ca. [прил.] вызывающий бешенство.

rabihorcado. [м.] фрегат (водяная птица).

rabil. [м.] (обл.) рукоятка, ручка; ручная мельница.

rabillo. [м. умен.] к rabo, хвостик, хвостишко; черенок (плода и т. д.); цветоножка (цветка); головня (в хлебных злаках); (бот.) см. cizaña: * mirar con el rabillo del ojo, смотреть краешком глаза.

rabilargo, ga. [прил.] длиннохвостый; одетый в длинное, волочащееся по земле платье; [м.] длиннохвостка (птица).

rabínico, ca. [прил.] раввинский.

rabinismo. [м.] раввинское учение, талмудизм.

rabinista. [м. и ж.] талмудист, последователь, -ница раввинского учения.

rabino. [м.] раввин, (еврейский учитель или законник).

rabiojo: * mirar de rabiojo, (обл.) смотреть краешком глаза.

rabión. [м.] бурное течение реки, стремнина.

rabiosamente. [нареч.] неистово, злобно, гневно, яростно.

rabiosidad. [ж.] см. rabia.

rabioso, sa. [прил.] бешеный, взбесившийся (о собаке); бешеный, разъярённый, взбешённый; яростный, неистовый, чрезмерный; (Амер.) горячий (о лошади): * perro rabioso, бешеная собака.

rabisalsera. [прил.] наглая, дерзкая (о женщине).

rabisca. [ж.] см. rabieta.

rabiza. [ж.] конец удочки; (арг.) презренная проститутка, шлюха.

rabo. [м.] хвост; ножка, черенок, стебелёк (цветка, листа); (разг.) хвост, конец; (обл.) отбросы, высевки (зерна): * rabo del ojo, угол глаза; * rabo de junco (de pico), фаэтон (водяная птица); * mirar con el rabo de ojo, или de rabo de ojo, смотреть краешком глаза; относиться к кому-л неблагожелательно; * estar, faltar, o quedar, el rabo por desollar, ещё остаться хвост, не бойся начала, бойся конца; * ¡aún le ha de sudar el rabo!, ему ещё плохо придётся!; * con el rabo entre piernas, поджав хвост; * salir con el rabo entre piernas, вернуться несолоно хлебавши; * rabo de zorra, см. carricera; * rabos de gallo, перистое облако.

rabón, na. [прил.] куцый (о хвосте); (Амер.) короткий (о юбке); голый, раздетый.

rabona. [ж.] (Амер.) индианка-маркитантка: * hacer rabona, отлынивать от уроков, прогуливать уроки; не прийти (в назначенное место).

rabonada. [ж.] см. rabotada.

rabonear. [неперех.] дерзить; прогуливать уроки; не прийти (в назначенное место).

rabonero, ra. [м. и ж.] прогульщик, -ица.

rabopelado. [м.] см. zarigüeya.

raboseada, raboseadura. [ж.] комканье; увядание.

rabosear. [перех.] комкать, мять, приминать; лишать блеска; забрызгивать грязью.

rabotada. [ж.] (разг.) грубое возражение и т. д.; грубость.

rabotar. [неперех.] (Амер.) вилять (хвостом).

rabotear. [перех.] обрубать хвост.

raboteo. [м.] обрубка хвоста; время, когда обрубают хвост (овец и т. д.).

rabuda. [ж.] кубинский длиннохвостый голубь.

rabudo, da. [прил.] длиннохвостый, хвостатый.

rábula. [м.] адвокатишка, адвокат-шарлатан.

racamenta. [ж.] racamento. [м.] (мор.) ракс.

racémico, ca. [прил.]: * ácido racémico, (хим.) виноградная кислота.

racemiforme. [прил.] кистевидный.

racemoso, sa. [прил.] кистевидный.

racial. [прил.] расовый.

racima. [ж.] виноград, оставшийся в винограднике после сбора урожая.

racimado, da. [прил.] отягчённый гроздьями.

racimal. [прил.] относящийся к грозди; ветвистый: * trigo racimal, ветвистая пшеница.

racimar. [перех.] подбирать оставшийся после сбора виноград; **racimarse,** [возв. гл.] см. **arracimarse.**
racimeo. [м.] сбор остатков винограда.
racimiforme. [прил.] кистевидный.
racimo. [м.] гроздь, кисть винограда; гроздь, кисть, ветка с плодами; кучка одинаковых предметов; (бот.) кисть (соцветие): *racimo de horca, висельник, злодей.
racimoso, sa. [прил.] отягчённый большими гроздьями (о виноградной лозе).
racimudo, da. [прил.] с крупными гроздьями (о винограде).
raciocinación. [ж.] рассуждения.
raciocinador, ra. [прил.] рассуждающий; имеющий суждение.
raciocinar. [неперех.] рассуждать; иметь суждение.
raciocinativa. [ж.] рассудок, способность к рассуждению, мыслительная способность.
raciocinio. [м.] рассудок; рассудительность; см. **raciocinación;** аргумент, довод.
ración. [ж.] рацион, паёк; порция; суточное довольствие (в армии и т. д.); пребенда (доход с церковного имущества): *poner a ración, посадить на паёк; *ración de hambre, голодный паёк.
racionabilidad. [ж.] разум, разумность, рассудочность.
racional. [прил.] основанный на разуме, разумный; рациональный; правильный, разумный, целесообразный, дельный; [м.] слово судное (нагрудное украшение у первосвященника Евреев); разумное существо: *horizonte racional, действительный горизонт.
racionalidad. [ж.] рациональность; разумность; правильность, дельность.
racionalismo. [м.] (филос.) рационализм.
racionalista. [прил.] (филос.) рационалистический; [м. и ж.] рационалист, -ка.
racionalización. [ж.] рационализация.
racionalizar. [перех.] делать рациональным (о числах).
racionalmente. [нареч.] рационально, целесообразно; разумно; разумно, дельно.
racionamiento. [м.] пайковое распределение довольствия; нормирование продовольствия, карточная система.
racionar. [перех.] (воен.) выдавать паёк; нормировать, распределять (продукты).
racionero. [м.] тот, кто снабжает довольствием (в монастыре); тот, кто получает доход с церковного имущества.
racionista. [м. и ж.] тот, кто получает паёк, жалованье и т. д.; плохой актёр.
racismo. [м.] расизм.
racista. [прил.] расистский; [м. и ж.] расист, -ка.
racor. [м.] (гал.) см. **adaptación.**
racoma. [ж.] ссадина, повреждение кожи.
racuna. [ж.] (Амер.) барсук.
racha. [ж.] шквал, порыв ветра; (перен.) временное везение, удача.
racha. [ж.] трещина; большая щепка.
rachar. [перех.] (обл.) см. **rajar.**
rada. [ж.] (мор.) рейд: *estar en la rada, стоять на рейде.
radal. [м.] чилийское дерево.
radar. [м.] радар, радиолокатор.
radiación. [ж.] радиация, лучеиспускание, излучение; (мед.) облучение: *radiación térmica, тепловое излучение.
radiactividad. [ж.] радиоактивность.

radiactivo, va. [прил.] радиоактивный: *isótopo radiactivo, радиоактивный изотоп.
radiado, da. [страд. прич.] к **radiar;** [прил.] лучевой, лучеобразно расположенный, радиальный; [м. множ.] (зоол.) иглокожие.
radiador. [м.] радиатор; нагревательный прибор.
radial. [прил.] радиальный, лучевой; (анат.) лучевой.
radián. [м.] (мат.) радиан.
radiante. [прил.] излучающий, лучеиспускающий, испускающий лучи или тепло; лучезарный, сияющий, блестящий; (перен.) сияющий, радостный: *radiante de alegría, сияющий от радости.
radiar. [неперех.] (физ.) излучать свет или тепло; сиять, блистать; [перех.] передавать, транслировать по радио.
radicación. [ж.] укоренение, пускание корней; местонахождение, расположение; укоренение (обычая и т. д.).
radical. [прил.] корневой; радикальный, коренной, основной, полный; (полит.) радикальный; [м.] (грам.) основа, корень; (мат. хим.) радикал; (полит.) радикал.
radicalismo. [м.] (полит.) радикализм.
radicalmente. [нареч.] радикально, коренным образом, совершенно, в корне.
radicar. [неперех.] см. **arraigar;** быть, находиться; заключаться; **radicarse,** [возв. гл.] пускать корни, укореняться.
radicela. [ж.] (бот.) корешочек.
radicelario, ria. [прил.] (бот.) имеющий форму корешочка.
radiceo, a. [прил.] корневой; с длинным корнем.
radicícola. [прил.] живущий на корнях.
radiciforme. [прил.] (бот.) корневидный.
radícula. [ж.] (бот.) корешок, см. **rejo.**
radicular, radiculario, a. [прил.] (бот.) корешковый, радикулярный.
radiculitis. [ж.] (пат.) корешковый неврит.
radífero, ra. [прил.] радиевый.
radio. [м.] радиус; (анат.) лучевая кость; спица (колеса); (разг.) радиограмма; [м.] радио; радио(аппарат); радиостанция: *radio de acción, радиус действия; *transmitir por radio, транслировать, передать по радио; *radio de transistores, полупроводниковый радиоаппарат.
radio, a. [прил.] бродячий, скитающийся.
radiación. [ж.] см. **radiactividad.**
radioactinio. [м.] (хим.) радиоактиний.
ridioactivo, va. [прил.] см. **radiactivo.**
radioacústica. [ж.] радиоакустика.
radioaéreo, a. [прил.] *transmisiones radioaéreas, воздушная радиосвязь.
radioaficionado. [м. и ж.] радиолюбитель.
radioastronomía. [ж.] радиоастрономия.
radioautografía. [ж.] радиоавтография.
radioautógrafo. [м.] радиоавтограф.
radiobacteriología. [ж.] (неол.) радиобактериология.
radiobalizamiento. [м.] прокладка курсов радиомаяка по авиатрассам.
radiocanal. [м.] радиоканал.
radiocarpiano, na. [прил.] (анат. пат.) лучезапястный.
radiocentral. [ж.] радиотрансляционный узел.
radiocinema. [м.] передача кинофильмов по телевидению.
radiocompás. [м.] радиокомпас, радиопеленгатор.
radiocomunicación. [ж.] радиосвязь.
radiodermatitis. [ж.] (пат.) радиодерматит.
radiodiagnosis. [ж.] (мед.) рентгенодиагностика.

radiodifundir. [перех.] передавать, транслировать по радио.
radiodifusión. [ж.] радиовещание.
radiodirigir. [перех.] управлять по радио.
radioelectricidad. [ж.] радиоэлектричество.
radioeléctrico, ca. [прил.] радиоэлектрический.
radioelemento. [м.] радиоэлемент.
radioescucha. [м. и ж.] радиослушатель, -ница.
radiofaro. [м.] (физ.) радиомаяк.
radiofísica. [ж.] радиофизика.
radiofonía. [ж.] радиотелефония.
radiofónico, ca. [прил.] относящийся к радио.
radiófono. [м.] радиотелефон.
radiogénico, ca. [прил.] радиогенный.
radiogoniometría. [ж.] радиопеленгация.
radiogoniométrico, ca. [прил.] радиопеленгаторный.
radiogoniómetro. [м.] радиогониометр, радиопеленгатор.
radiografía. [ж.] рентгенография; рентгеновский снимок, рентгенограмма.
radiografiar. [перех.] делать рентгеновский снимок, просвечивать.
radiográfico, ca. [прил.] рентгенологический, рентгеновский.
radiograma. [м.] радиограмма; рентгенограмма.
radiogramola. [ж.] радиограммофон.
radioindicador. [м.] индикатор радиоактивности.
radioisótopo. [м.] (физ. хим.) радиоизотоп.
radiolarios. [м. множ.] радиоларии (одноклеточные, простейшие животные).
radiolocalización. [ж.] радиолокация.
radiología. [ж.] рентгенология.
radiológico, ca. [прил.] рентгеновский.
radiólogo. [м.] рентгенолог.
radioluminescencia. [ж.] радиолюминесценция.
radiometalografía. [ж.] рентгенография металлов.
radiometría. [ж.] радиометрия.
radiométrico, ca. [прил.] радиометрический.
radiómetro. [м.] радиометр.
radioonda. [ж.] радиоволна.
radioquímica. [ж.] (хим.) радиохимия.
radioquímico, ca. [прил.] радиохимический.
radiorreceptor. [м.] радиоприёмник.
radioscopia. [ж.] рентгеноскопия.
radioscópico, ca. [прил.] рентгеноскопический.
radioseñal. [ж.] радиосигнал.
radioso, sa. [прил.] лучистый, сияющий.
radiosonda. [м.] радиозонд.
radiosondeo. [м.] радиометеорология.
radioteatro. [м.] радиотеатр.
radiotecnia. [ж.] радиотехника.
radiotécnico, ca. [прил.] радиотехнический; [м.] радиотехник.
radiotelefonía. [ж.] (физ.) радиотелефония, радиотелефонная связь.
radiotelefónico, ca. [прил.] радиотелефонный.
radiotelefono. [м.] (физ.) радиотелефон.
radiotelefotografía. [ж.] радиофотография.
radiotelefotograma. [м.] фотография, переданная по радио.
radiotelegrafía. [ж.] радиотелеграфия.
radiotelegrafiar. [перех.] радировать, телеграфировать по радио.
radiotelegráfico, ca. [прил.] радиотелеграфный.
radiotelegrafista. [м. и ж.] радиотелеграфист, -ка, радист, -ка.
radiotelégrafo. [м.] радиотелеграф.
radiotelegrama. [м.] радиограмма.
radiotelescopio. [м.] (физ.) радиотелескоп.
radioterapia. [ж.] радиотерапия, рентгенотерапия.

radiotransmisión. [ж.] (физ.) радиопереда-ча; радиовещание.
radiotransmisor. [м.] радиопередатчик.
radioyente. [м. и ж.] радиослушатель, -ница.
raditerapia. [ж.] радиотерапия, рентгеноте-рапия.
radón. [м.] (хим.) радон.
rádula. [ж.] (бот.) рашпиль.
raedera. [ж.] скребок, шабер.
raedizo, za. [прил.] легко изнашивающий-ся.
raedor, ra. [прил.] скребущий и т. д.; [м.] скребок, шабер; гребло, палка для вы-равнивания сыпучих тел при измерении.
raedura. [ж.] скобление, соскребание; сос-кабливание, выскабливание; вычёркива-ние, стирание; [мн.] оскрёбки.
raer. [перех.] скоблить, скрести, чистить скребком, соскабливать, соскребать, сти-рать, вычёркивать; выравнивать с краями (меру зерна и т. д.); (перен.) иско-ренять, отделываться (от дурной привычки и т. д.); [непр. гл.] спрягается как traer.
rafa. [ж.] расщеп лошадиного копыта; от-водный канал; столб, стойка.
rafaelesco, ca. [прил.] (иск.) рафаэлевский.
ráfaga. [ж.] шквал, порыв ветра; вспышка света; молния; тучка на чистом небе; очередь: *ráfaga de ametralladora, пулс-мётная очередь.
rafal. [ж.] **rafalla.** [ж.] (обл.) ферма, хутор.
rafania. [ж.] злая корча, судорожные боли от отравления семенами полевой редь-ки, спорыньей.
rafanosmita. [ж.] (мин.) селенистый сви-нец.
rafe. [м.] (обл.) навес крыши.
rafe. [ж.] (анат. бот.) гребешок; шов.
rafear. [перех.] укреплять при помощи столба или подпорки.
rafia. [ж.] (бот.) рафия (вид пальмы); во-локно из листьев рафии.
rafidios. [м. мн.] (бот.) рафиды.
raga. [ж.] (Амер.) насмешка, шутка.
raglán. [м.] реглан (фасон пальто).
ragoideo, a. [прил.] имеющий форму вино-града.
ragú. [м.] (кул.) рагу.
ragua. [ж.] верх сахарного тростника.
rahez. [прил.] низкий, гнусный, подлый, презренный; (уст.) дешёвый; лёгкий.
raica. [ж.] род волынки (муз. инстр.).
raicear. [неперех.] (Амер.) укореняться, пускать корни.
raiceja, raicilla, raicita. [ж.] (бот.) корешок, росток.
raid. [м.] рейд, набег, налёт; (ав.) перелёт.
raído, da. [страд. прич.] к raer; [прил.] из-ношенный, потёртый, истрёпанный; (пе-рен.) наглый, бесстыд-ный.
raigal. [прил.] корневой; [м.] низ ствола.
raigambre. [ж.] корневая система растения; корни; (перен.) традиции.
raigón. [м. увел.] к raíz, корневище; коре-шок (зуба).
raijo. [м.] (обл.) почка (на деревьях); от-прыск, побег.
rail. [м.] рельс.
raimiento. [м.] скобление, соскребание; бес-стыдство, наглость.
rain. [ж.] (обл.) см. cortinal.
raíz. [ж.] корень; корешок; корешок; ко-рень, основа, начало; (перен.) источник, причина; зародыш, семена; (мат. грам.) корень: *raíz vertical, стержневой ко-рень; *bienes raíces, недвижимое имущество; *echar raíces, (прям. перен.) укореняться, пускать корни; *raíz cua-drada, квадратный корень; *extraer la raíz, (мат.) извлечь корень из; *de raíz, с

корнем, совершенно, целиком, оконча-тельно; *a raíz de, вскоре, близко к; в результате; *cortar de raíz, пресечь в корне.
raizal. [прил.] (Амер.) коренной (о жите-ле).
raizalismo. [м.] (Амер.) любовь к родным местам.
raja. [ж.] щель, трещина, расселина, рас-щелина; щепка; долька, кусок (арбуза, сыра и т. д.): *sacar raja, взять, навер-стать своё; сорвать барыш на чём-л так или иначе; поживиться около чего.
raja. [ж.] старинное дешёвое сукно.
rajá. [м.] раджа.
rajable. [прил.] легко поддающийся рас-калыванию.
rajabroqueles. [м.] (разг.) (м. употр.) хвас-тун, бахвал, фанфарон.
rajada. [ж.] (Амер.) трусость, малодушие.
rajadera. [ж.] косарь, большой нож.
rajadillo. [м.] колотый миндаль в сахаре.
rajadizo, za. [прил.] легко поддающийся раскалыванию.
rajador. [м.] дровокол.
rajadura. [ж.] раскалывание; (прост.) тре-щина.
rajante. [дейст. прич.] к rajar, раскалываю-щий и т. д.
rajamacana. [м.] (Амер.) тяжёлая работа; человек, опытный в каком-л деле; осмо-трительный, осторожный человек.
rajar. [перех.] раскалывать, колоть; сде-лать трещину или трещины; разрезать; делить что-л на дольки; (перен.) хвас-таться, бахвалиться; солгать; болтать всякий вздор; говорить без умолку; ra-jarse, (возв. гл.) треснуть, (рас)треска-ться, раскалываться; (Амер.) ошибаться; раскаиваться; сожалеть; напиться пья-ным, охмелеть.
rajatabla. (a). [нареч.] строго, сурово; кате-горически; сильно.
rajeta. [ж.] старинное сукно.
rajuela. [ж. умен.] к raja; неотёсанный ка-мень.
rajuñar. [перех.] (Амер.) см. rasguñar.
ral. [м.] (Амер.) см. rale.
ralbar. [перех.] (обл.) пропахивать (зем-лю).
rale. [м.] (Амер.) деревянное корыто или блюдо.
ralea. [ж.] род, вид; сорт, класс, качество; (презр.) порода; род, поколение, проис-хождение; добыча (хищной птицы): *de baja ralea, низкого происхождения; *de mala ralea, преступный; *de la misma ra-lea, одного пошиба.
ralear. [неперех.] редеть; плохо наливать-ся; (перен.) показывать свою низкую натуру; (Амер.) расстаться.
raleón, na. [прил.] (охот.) ловкий, умелый (о хищных птицах).
raleza. [ж.] редизна; редина.
ralo, la. [прил.] редкий (негустой); неплот-ный; жидкий (о волосах); слабый (об освещении); (?) редкий, редкостный.
rallador. [м.] см. rallo.
ralladura. [ж.] след, черта; царапина; ос-крёбки.
rallar. [перех.] тереть на тёрке; (перен. разг.) докучать, надоедать.
rallo. [м.] тёрка, металлическая пластинка с проколотыми мелкими отверстиями; скребница: *cara de rallo, рябое лицо.
rama. [ж.] (бот.) ветвь, ветка; ветвь, ли-ния, колено (родословной); отрасль, раздел; (полигр.) рамка для набора при средника: *en rama, сырой, необрабо-танный; непереплетённый; *algodón en rama, хлопок-сырец; *ramas desgajadas por el viento, валежник; *rama de bóveda, пазуха свода; *andarse por las ramas, об-

ращать чрезмерное внимание на мело-чи; *de rama en rama, от одного предме-та к другому, не останавливаясь ни на одном.
ramada. [ж.] см. ramaje; (уст.) навес из вет-вей; (Амер.) навес.
ramadán. [м.] рамадан, рамазан (пост у мусульман).
ramaje. [м.] ветви и листва.
ramal. [м.] конец верёвки; корда, недоуз-док, повод; лестничный марш; ответвле-ние (дороги и т. д.); горный отрог; же-лезнодорожная ветка; (воен.) ход сооб-щения; [мн.] (Амер.) концевые шары для набрасывания лассо.
ramalazo. [м.] удар верёвкой; рубец от это-го удара; резкая боль; пятно (на теле и т. д.); внезапное горе; (мор.) резкий порыв ветра.
ramalear. [неперех.] см. cabestrear.
ramazón. [ж.] срезанные или срубленные ветви.
rambla. [ж.] канава, овраг, лощина; набе-режная; бульвар.
ramblar. [м.] пересечение двух оврагов.
ramblazo, ramblizo. [м.] овраг; овражистая местность.
rameado, da. [прил.] разрисованный букс-тами (о ткани и т. д.).
rameal. [прил.] см. rámeo.
ramear. [перех.] (Амер.) укладывать шпа-лы.
rámeo, a. [прил.] (бот.) относящийся к ве-тви, веточки.
ramera. [ж.] проститутка.
ramería. [ж.] публичный дом, дом терпи-мости; проституция.
rameril. [прил.] относящийся к проститут-кам.
ramero, ra. [прил.] прыгающий с ветки на ветку (о маленьком соколе).
rameruela. [ж. умен.] к ramera.
ramial. [м.] плантация рами (см. ramio).
ramífero, ra. [прил.] ветвеносный, ветви-стый.
ramificación. [ж.] (прям. перен.) разветвле-ние, ответвление.
ramificado, da. [страд. прич.] к ramificar(se); [прил.] ветвистый.
ramificar. [перех.] разветвлять; ramificarse, [возв. гл.] (прям. перен.) разветвляться, ветвиться, ответвляться.
ramifloro, ra. [прил.] веткоцветный.
ramiforme. [прил.] (бот.) ветвеобразный.
rámila. [ж.] (обл.) (зоол.) каменная куни-ца.
ramilla. [ж.] (бот.) третьестепенные от-ветвления растения; веточка; (перен.) увёртка, отговорка.
ramillete. [м.] букет, пучок цветов; груда фруктов или сладостей; ваза с фрукта-ми; собрание однородных предметов.
ramilletero, ra. [м. и ж.] цветочник, -ица; [м.] ваза для цветов.
ramillo. [м.] (обл.) старинная монета.
ramina. [ж.] волокно рами.
ramio. [м.] (бот.) рами.
ramiro. [м.] (м. употр.) баран.
ramito. [м. умен.] к ramo веточка.
ramiza. [ж.] срезанные ветки, срублённые сучья с листьями; связка срезанных ве-ток.
ramnáceas. [ж. мн.] (бот.) крушиновые растения.

ramo. [м.] ветка, ветвь; букет; пучок, связка; шёлковая основа; отрасль, ветвь; начало болезни: * del ramo, отраслевой; * vender al ramo, продавать вино вразлив (о виноделе); * domingo de Ramos, Вербное воскресенье.

ramojo. [м.] обрезанные побеги; хворост.

ramón. [м.] лиственный корм (зимой); ветки, срезанные с деревьев.

ramonear. [неперех.] подрезывать, обрезывать ветви; обгладывать побеги (о козах и т. д.).

ramoneo. [м.] подрезка, обрезка, обрезание ветвей; объедание побегов.

ramoso, sa. [прил.] ветвистый, разветвлённый.

rampa. [ж.] судорога, спазма.

rampa. [ж.] покатость, скат, откос; лестничный пролёт; (театр.) рампа: * rampa de lanzamiento de misiles, ракетная пусковая установка.

rampante. [прил.] с поднятыми передними лапами: * león rampante, лев с поднятыми передними лапами (на гербах).

rampete. [м.] (обл.) сорт салата.

rampiñete. [ж.] (арт.) банник.

ramplón, na. [прил.] грубый, неуклюжий (об обуви); грубый, неотёсанный, некультурный, невежливый; неряшливый (о стиле); [м.] шип подковы; подкова.

ramplonamente. [нареч.] грубо, вульгарно и т. д.

ramplonería. [ж.] грубость, неуклюжесть (обуви); (перен.) грубость, вульгарность, неотёсанность.

rampojo. [м.] см. raspajo.

rampollo. [м.] саженец, черенок.

ramudo, da. [прил.] (Амер.) ветвистый, разветвлённый.

ramuja. [ж.] (обл.) срезанные оливковые ветки; см. ramojo.

ramujos. [м. множ.] хворост.

ramulla. [ж.] хворост; см. ramojo.

rana. [ж.] лягушка, лягва (обл.); (Амер.) прачка: * de rana, лягушачий, лягушечий, (разг.) лягушиный; * rana de zarzal, кваква; * rana pejesapo; * no ser rana, (разг.) не быть глупым; * cuando las ranas críen pelo, когда рак свистнет; [множ.] (мед.) ранула, подъязычная опухоль.

ranacuajo. [м.] см. renacuajo.

ranal. [м.] (обл.) см. ranero.

rancaca. [ж.] (зоол.) южноамериканская разновидность сокола.

rancajada. [ж.] вырывание или выдёргивание с корнем.

rancajado, da. [прил.] раненый занозой.

rancajo. [м.] заноза.

rancanca. [м.] (Амер.) см. rancaca.

ranciar. [перех.] см. enranciar.

rancidez, ranciedad. [ж.] прогорклость, затхлость; выдержанность (о вине); вещь, вышедшая из употребления.

rancio, cia. [прил.] прогорклый, затхлый, лежалый; выдержанный (о вине); древний, старинный (о роде); старомодный; устарелый; * см. rancidez; сальное пятно (на ткани): * volverse rancio, прогоркнуть; * oler a rancio, пахнуть прогорклым.

rancioso, sa. [прил.] см. rancio.

rancla. [ж.] (Амер.) бегство, побег.

ranclarse. [возв. гл.] (Амер.) убегать, удирать.

ranchada. [ж.] (Амер.) лодка с навесом из веток.

ranchar. [неперех.] (Амер.) располагаться лагерем; ночевать где-л. вне дома; **rancharse,** [возв. гл.] (Амер.) оставаться (где-л.); упрямиться (о лошади).

rancheadero. [м.] лагерь.

ranchear. [неперех.] стоять или располагаться лагерем; обыскивать посёлки в погоне за беглыми неграми; [перех.] (Амер.) грабить ранчо.

ranchería. [ж.] деревня, посёлок; (Амер.) дом, где живут батраки; грабёж, расхищение.

ranchero. [м.] (в армии и т. д.) повар; хуторянин.

rancho. [м.] (в армии и т. д.) общий котёл, общий стол; лагерь, лагерная стоянка; стан; хижина; (мор.) столовая (на корабле); кают-компания младшего комсостава; съестные припасы для команды; (Амер.) ранчо, животноводческая ферма; хутор; соломенная шляпа: * rancho en frío, холодный (сухой) паёк; * hacer rancho aparte, держаться особняком; * asentar el rancho, поселиться; остановиться (в пути); * alborotar el rancho, нарушать спокойствие.

randa. [ж.] гипюр (кружево); [м.] (разг.) мошенник, плут.

randado, da. [прил.] оторочный гипюром (кружевной).

randera. [ж.] кружевница.

ranear. [неперех.] свободно двигаться, поворачиваться; кривляться.

ranero. [м.] лягушечье болото.

raneta. [ж.] ранет (сорт яблок).

ranfasto. [м.] перцеяд (птица).

ranfla. [ж.] (Амер.) покатость, скат, откос.

ranga. [ж.] (Амер.) кляча, лошадёнка; небольшая черепаха.

rangífero. [м.] (зоол.) северный олень.

rango. [м.] ранг, чин, звание; (общественное) положение.

rangoso, sa. [прил.] (Амер.) щедрый, великодушный; великолепный.

rangua. [ж.] (тех.) (под)пятник; гнездо винта.

ránidos. [м. множ.] (зоол.) семейство настоящих лягушек.

ranilla. [ж.] (вет.) стрелка (в копыте).

ranino, na. [прил.] лягушечий, лягушачий; относящийся к рануле.

rano. [м.] (обл.) лягушка (самец); см. renacuajo.

ránula. [ж.] ранула, лягушечья (подъязычная) опухоль.

ranular. [прил.] относящийся к рануле.

ranunculáceas. [ж. множ.] (бот.) лютиковые растения.

ranúnculo. [м.] (бот.) лютик.

ranura. [ж.] желобок, выемка, борозда, бороздка, паз: * hacer ranuras, делать продольный паз, пазить, желобить.

raña. [ж.] крючок для ловли осьминогов.

raña. [ж.] лесная поросль (местность).

raño. [м.] (ихтиол.) морской окунь; острога, копьё.

rapa. [ж.] оливковый цветок.

rapabarbas. [м.] (разг.) парикмахер.

rapacejo, ja. [м. и ж. умен.] к rapaz, мальчишка, мальчуган, девчонка.

rapacería. [ж.] хищность; склонность к воровству.

rapacería. [ж.] см. muchachada.

rapacidad. [ж.] хищность; склонность к воровству.

rapador. [м. и ж.] стригущий, -ая; [м.] (разг.) парикмахер.

rapadura. [ж.] бритьё; стрижка; (Амер.) десерт из молока с мёдом; сахарный песок.

rapagón. [м.] (разг.) юноша, молокосос.

rapamiento. [м.] бритьё; стрижка.

rapante. [действ. прич.] к rapar; [прил.] см. rampante.

rapapiés. [м.] шутиха (фейерверк).

rapapolvo. [м.] (разг.) головомойка, нахлобучка, нагоняй.

rapar. [перех.] брить; коротко стричь, остричь наголо; (разг.) расхищать, грабить; rapado, бритый; наголо остриженный.

rapariga. [ж.] (Амер.) проститутка.

rapavelas. [м.] (разг.) пономарь; (церк.) мальчик, служка.

rapaz. [прил.] склонный к грабежу, воровству; хищный (о птицах); захватнический; [ж. множ.] хищные птицы.

rapaz, za. [м. и ж.] мальчик, паренёк, девочка.

rapazada. [ж.] см. muchachada.

rapazuelo, la. [м. и ж. умен.] к rapaz, мальчонок, девчурка.

rape. [м.] быстрое небрежное бритьё: * al rape, наголо, под корень; * dar un rape, небрежно брить.

rape. [м.] морской чёрт.

rapé. [м.] нюхательный табак.

rápidamente. [нареч.] быстро, скоро.

rapidez. [ж.] быстрота, стремительность, скорость.

rápido, da. [прил.] быстрый, скорый; стремительный; быстроходный; [м.] стремнина, бурное течение реки.

rapiego, ga. [прил.] хищный (о птицах).

rapiforme. [прил.] реповидный, репчатый.

rapingacho. [м.] (Амер.) запеканка с сыром.

rapiña. [ж.] хищение, грабёж: * ave de rapiña, хищная птица; * de rapiña, грабительский.

rapiñador, ra. [прил.] грабящий, расхищающий; [м.] грабитель, бандит.

rapiñar. [перех.] (разг.) грабить, расхищать, похищать.

rapista. [м.] (разг.) стригущий; цирюльник.

rapo. [м.] репа.

rapónchigo. [м.] (бот.) рапунцель, репчатый колокольчик.

rapóntico. [м.] (бот.) см. ruipóntico.

raposa. [ж.] лиса, лисица; (перен.) лиса, хитрец; (Амер.) корзинка для луков и т. д.

raposear. [неперех.] хитрить, лукавить.

raposeo. [м.] дейст. к хитрить, лукавить.

raposera. [ж.] лисья нора.

raposería. [ж.] хитрость; лукавство; см. raposeo.

raposero, ra. [прил.] годный для охоты на лис (о собаке).

raposía. [ж.] см. raposería.

raposino, na. [прил.] см. zorruno.

raposo. [м.] лиса (самец); (перен.) лиса, хитрец: * raposo ferrero, серебристая лиса.

raposuno, na. [прил.] см. zorruno.

rapsoda. [м.] (лит.) рапсод, странствующий певец; сказитель.

rapsodia. [ж.] (лит. муз.) рапсодия.

raptado, da. [страд. прич.] к raptar; [прил.] похищенная (о женщине).

raptar. [перех.] похищать, увозить, уводить (невесту и т. д.).

rapto. [м.] похищение, увоз; умыкание, восхищение, восторг; вступление, импульсивное действие в виде приступов; обморок.

raptor. [прил.] похищающий; [м.] похититель.

raque. [м.] собирание обломков кораблекрушения.

raquear. [перех.] собирать обломки кораблекрушения.

raqueo. [м.] см. raque.

raquero, ra. [прил.] (мор.) пиратский, грабительский; [м.] вор (в портах и т. д.).
raqueta. [ж.] ракетка; волан (игра); см. jaramago.
raquetero. [м.] мастер, выделывающий ракетки.
raqui. [м.] (Амер.) кораблекрушение.
raquial. [прил.] см. raquídeo.
raquialgia. [ж.] (мед.) боль в хребте.
raquiálgico, ca. [прил.] (мед.) относящийся к спинной боли.
raquicentesis. [ж.] (хир.) спинномозговая пункция.
raquídeo, a. [прил.] спиннохребетный, позвоночный; спинномозговой.
raquis. [м.] (анат.) позвоночный столб, позвоночник, спинной хребет; (бот.) ось колоса (у злаков).
raquisagra. [ж.] (мед.) ломотная спинная боль.
raquítico, ca. [прил.] рахитичный; рахитический; (перен.) скудный, бедный; чахлый, слабый, хилый; [м. и ж.] рахитик, -ичка.
raquitis. [ж.] raquitismo. [м.] (мед.) рахит, рахитизм, английская болезнь.
raquitismo. [м.] (мед.) рахит.
rara. [ж.] (орни.) (Амер.) сорт перепела.
raramente. [нареч.] редко, не часто; в виде исключения; смехотворно.
rarefacción. [ж.] разрежение; разжижение.
rarefacer. [перех.] разрежать, разжижать, см. enrarecer; [непр. гл.] спрягается как hacer.
rarefaciente. [действ. прич.] к rarefacer, разрежающий; разжижающий.
rarefacto, ta. [непр. страд. прич.] к rarefacer, разрежённый, разжиженный.
rareza. [ж.] редкость; редкость, редкостная вещь, диковинка; разреженность, неплотность; странность, необычность, экстравагантность, причуда, странность.
rari. [м.] чилийский кустарник.
raridad. [ж.] неплотность, разреженность, редкость; необычность; странность.
rarificante. [действ. прич.] к rarificar, разрежающий; разжижающий.
rarificar. [перех.] см. rarefacer.
rarificativo, va. [прил.] разрежающий; разжижающий.
rarísimo, ma. [прил. прев. степ.] к raro, редчайший.
raro, ra. [прил.] редкий, редкостный, редко появляющийся, редко встречающийся; редкий (негустой) неплотный, разрежённый; выдающийся, незаурядный; странный, экстравагантный, причудливый: * ¡qué raro! как странно!; * raras veces, редко.
ras. [м.] уровень: * a ras, почти на уровне чего-л; * ras con ras, ras en ras, в уровень с, вровень с; вплотную, касаясь друг друга.
rasa. [ж.] редина, разреженное место в ткани; широкая равнина в горах; гладкая, ровная местность.
rasador, ra. [прил.] уравнивающий; расчищающий и т. д.; [м.] см. rasero.
rasadura. [ж.] уравнение; действ. к прикасаться; наполнение до краёв.
rasamente. [нареч.] откровенно.
rasante. [действ. прич.] к rasar; [прил.] (почти) касающийся; бреющий (о полёте) настильный (об огне); [м.] поверхность, скат.
rasar. [перех.] уравнивать, выравнивать с краями (меру зерна и т. д.) слегка задевать, прикасаться; наполнять до краёв.
rasarse. [возв. гл.] очищаться, прояснаться.
rasca. [ж.] (Амер.) см. borrachera.
rascaboñigas. [м.] (перен. разг.) земледелец.

rascacielos. [м.] небоскрёб.
rascacio. [м.] (ихтиол.) скорпена.
rascadera. [ж.] скребок; (разг.) скребница.
rascadillar. [перех.] (Амер.) полоть, выпалывать.
rascador. [м.] скребок; головная булавка, приколка для волос.
rascadura. [ж.] царапанье; чесание; скобление; выскабливание; царапина.
rascalino. [м.] (бот.) повилика.
rascamiento. [м.] царапанье; чесание; скобление; выскабливание.
rascamoño. [м.] головная булавка, приколка для волос.
rascanubes. [м.] (мор.) небольшой парус.
rascar. [перех.] чесать; царапать, скрести (ногтями и т. д.); скоблить; очищать; (муз.) бренчать; rascarse, [возв. гл.] чесаться, почёсываться; (Амер.) см. emborracharse.
rascarrabias. [прил.] (Амер. разг.) раздражительный, заносчивый, вспыльчивый.
rascatripas. [м. и ж.] плохой скрипач, тот, кто неумело играет на музыкальном инструменте.
rascazón. [ж.] зуд.
rascolnismo. [м.] (рел. ист.) раскол, раскольничество.
rascolnista. [м.] (рел. ист.) раскольник.
rascón, na. [прил.] саднящий горло; [м.] водяная курочка.
rascuñar. [перех.] см. rasguñar.
rascuño. [м.] см. rasguño.
rasera. [ж.] шабер (род стамески); см. rasero; шумовка.
rasero. [м.] гребло: * medir por el mismo rasero, судить совершенно беспристрастно; * medir con el propio rasero, мерить на свой аршин.
rasete. [м.] сатин.
rasgadamente. [нареч.] дерзко, нагло.
rasgado, da. [страд. прич.] к rasgar; [прил.] большой, широкий; большой (о рте): * ojos rasgados, миндалевидные глаза; * boca rasgada, рот до ушей.
rasgador, ra. [прил.] рвущийся, раздирающий.
rasgadura. [ж.] разрывание, раздирание; см. rasgón; перебирание струн.
rasgal. [ж.] сеть для ловли лососей.
rasgar. [перех.] рвать, разрывать; раздирать; см. rasguear.
rasgo. [м.] черта, линия; (перен.) штрих, характерная черта; поступок (великодушный и т. д.); [множ.] черты лица: * a grades rasgos, в общих чертах.
rasgón. [м.] разрыв, разорванное место, дыра.
rasgueado. [м.] см. rasgueo.
rasgueador, ra. [прил.] делающий изящные росчерки.
rasguear. [перех.] перебирать струны; [неперех.] делать росчерки.
rasgueo. [м.] перебирание струн (гитары и т. д.).
rasguñar. [перех.] царапать; (жив.) делать набросок.
rasguño. [м.] царапина, ссадина; (жив.) набросок, эскиз.
rasguñón. [м.] царапина.
rasguñuelo. [м. умен.] к rasguño.
rasilla. [ж.] сорт шерстяной ткани; плоская черепица, плитка (для настила полов и т. д.).
rasión. [ж.] см. rasuración.
rasmillar. [перех.] (Амер.) оцарапать, ссадить (кожу).
rasmillón. [м.] см. rasguño.
raso, sa. [прил.] гладкий, плоский, ровный; безоблачный; без спинки (о сидения); бреющий, настильный (о полёте); рядовой (о солдате); открытый (о поле); [м.] атлас; (арг.) священник: * dormir al raso, en campo raso, спать под открытым небом.
rasolís. [м.] (обл.) атлас.
rasoliso. [м.] сорт атласа.
raspa. [ж.] (бот.) ость; рыбья кость; кисть винограда; кочючка колоса маиса; нежная кожица фруктов (граната и т. д.): * ir a la raspa, (разг.) ложиться спать.
raspabuche. [м.] (разг.) пшеничный хлеб простого размола.
raspaclavos. [м.] (Амер.) мелкий воришка.
raspada. [ж.] (Амер.) вред, ущерб; строгий выговор.
raspado. [м.] (хир.) выскабливание.
raspador. [м.] скребок.
raspadura. [ж.] скобление, соскабливание; оскрёбки.
raspajo. [м.] кисть винограда без ягод, гребень.
raspamiento. [м.] см. raspadura (действ.)
raspante. [прил.] терпкий (о вине).
raspar. [перех.] скрести, скоблить; давать терпкий вкус (о вине); (хир.) выскабливать; красть, воровать; слегка задевать, прикасаться; (Амер.) делать строгий выговор; увольнять; rasparse, [возв. гл.] уезжать, уходить.
raspear. [неперех.] царапать (о пере).
raspetón. (de). [нареч.] (Амер.) косо, вкось.
raspilla. [ж.] (бот.) лежачая острица.
raspín. [м.] (иск.) резец.
raspinegro, gra. [прил.] (обл.) см. arisnegro.
raspón. [м.] (Амер.) соломенная крестьянская шляпа; резкое изобличение; см. desolladura.
rasponera. [ж.] (обл.) черника.
raspudo, da. [прил.] (бот.) остистый.
rasqueta. [ж.] (мор.) скребок; (обл.) (Амер.) скребница.
rasquetas. [ж.] (Амер.) скребница.
rasquiña. [ж.] (Амер.) зуд.
rastel. [м.] перила, см. barandilla.
rastillar. [перех.] см. rastrillar.
rastillero. [м.] (арг.) вор.
rastillo. [м.] см. rastrillo; (арг.) рука (кисть).
rastra. [ж.] грабли; след, отпечаток; тележка, сани для перевозки тяжестей; борона; волокуша; большой деревянный щит для сгребания снопов; (мор.) трал; шлейф (платья); связка сухих фруктов; (перен.) след, последствие; сосун; пособник, приспешник (книж.) * a (la) rastra, a rastras, волоком; неохотно.
rastrallar. [неперех.] см. restallar.
rastreado. [м.] старинный испанский танец.
rastreador, ra. [прил.] идущий по следу; [м.] (мор.) тральщик.
rastrear. [перех.] идти по следу, следовать по пятам; (мор.) тралить; продавать мясом оптом; (перен.) выслеживать, исследовать; [неперех.] боронить; низко летать, летать над самой землёй.
rastrel. [м.] (арх.) опорная балка, лежень.
rastreo. [м.] (мор.) траление.
rastrera. [ж.] (мор.) см. arrastradera.
rastreramente. [нареч.] над самой землёй; низко, подло.
rastrero, ra. [прил.] волочащийся (по земле); вынюхивающий дичь (о собаке); бреющий; летающий над самой землёй; стелющийся (о растениях); (перен.) подлый, гнусный, низкий, презренный; [м.] рабочий скотобойни.
rastrilla. [ж.] сорт бороны.

rastrillada. [ж.] количество (сена, соломы), захваченное граблями; след (в поле) человека или животного.

rastrillador, ra. [прил.] чешущий (лён и т. д.); боронующий; сгребающий граблями; [ж. и ч.] чесальщик, -ица (льна и т. д.); грабельщик, -ица; боронильщик, -ица.

rastrillaje. [м.] сгребание граблями.

rastrillar. [перех.] чесать (лён, коноплю); сгребать граблями; боронить.

rastrillazo. [м.] удар граблями; (Амер.) закуска; лёгкий сон.

rastrillero, ra. [м. и ж.] (Амер.) вор, воровка, ворующий, -ая товар (из магазина).

rastrillear. [перех.] (Амер.) боронить; сгребать граблями; (Амер.) (разг.) воровать (из магазина).

rastrilleo. [м.] чесание (льна и т. д.); сгребание граблями; бороньба, боронование.

rastrillo. [м.] гребень для чесания (льна, пеньки); грабли; борона; (форт.) опускная решётка; запал (оружия); (воен.) дверь и т. д. набитая острыми гвоздями.

rastro. [м.] (прям. перен.) след, отпечаток; грабли; борона; отводок, побег (виноградной лозы); скотобойня; оптовая торговля мясом; толкучка: * seguir el rastro, идти по следу; * no dejar rastro, не оставить никакого следа.

rastrojal. [м.] см. rastrojera.

rastrojar. [перех.] скашивать жниво.

rastrojera. [ж.] женивьё, (обл.) жниво, жнитво.

rastrojo. [м.] остатки сжатых колосьев в поле; (Амер.) жнивьё.

rastroso, sa. [прил.] низкий, подлый, презренный.

rasura. [ж.] бритьё; см. raedura; [множ.] винный камень.

rasuración. [ж.] бритьё; см. raedura.

rasuradura. [ж.] rasuramiento. [м.] бритьё; см. raedura.

rasurar. [перех.] брить, выбривать; rasurado, бритый.

rata. [ж.] крыса; небольшая коса из волос; (арг.) карман; [м.] (разг.) карманник: * rata almizclada, ондатра; * rata de agua, водяная крыса; * rata de campo, оптовая крыса; * rata de Faraón, мангуста, ихневмон, фараонова мышь; * más pobre que una rata (que las ratas), бедный как церковная крыса.

rata parte. (лат.) см. prorrata.

rata por cantidad. [нареч.] соразмерно, в соответствии, пропорционально.

ratafía. [ж.] ратафия, вишнёвая наливка.

ratania. [ж.] (бот. Амер.) ратания.

rataplán. [м.] (подражание барабанному бою) тра-та-та.

ratear. [перех.] делить пропорционально; (прост.) подразделять.

ratear. [перех.] (ловко) совершать мелкие кражи.

ratear. [неперех.] ползти на животе.

ratel. [м.] (зоол.) ратель, индийский барсук.

rateo. [м.] см. prorrateo.

ratera. [ж.] см. ratonera.

rateramente. [нареч.] низко, подло; ловко.

ratería. [ж.] мелкая кража; умение ловко воровать.

ratería. [ж.] низость, гадость, подлость.

rateril. [прил.] относящийся к карманнику.

raterillo. [м.] мелкий воришка.

ratero, ra. [прил.] карманный (о воре); [м.] карманник.

ratero, ra. [прил.] низкий, стелющийся; низкий, подлый, гнусный, презренный; летающий над самой землёй.

rateruelo. [умен.] к ratero, [м.] мелкий воришка.

ratificación. [ж.] ратификация, утверждение.

ratificador, ra. [прил. и сущ.] ратифицирующий, утверждающий.

ratificar. [перех.] ратифицировать, утверждать.

ratificatorio, ria. [прил.] ратифицирующий, утверждающий.

ratigar. [перех.] увязывать поклажу.

rátigo. [м.] поклажа, кладь.

ratihabición. [ж.] (юр.) утверждение.

ratimago. [м.] (разг.) хитрость, обман.

ratina. [ж.] ратин (ткань).

ratino, na. [прил.] (обл.) мышастый, серый, цвета мыши (о масти).

rato. [м.] момент, мгновение, миг; минута: * buen rato, большое количество; * mal rato, сильный испуг; * a ratos, порою, временами; * pasar un buen (mal) rato, хорошо (плохо) проводить время; * hace un rato, только что; * ratos perdidos, досуг, свободное время; * a ratos perdidos, в часы досуга, на досуге; * de rato en rato, от времени до времени; * te he esperado un buen rato, я долго ждал тебя; * a cada rato, то и дело; * pasar el rato, терять время; напрасно работать; * al poco rato, немного спустя.

rato. [м.] (обл.) мышь.

ratón. [м.] мышь; (арг.) трусливый вор: * ratón almizclero, мускусная мышь; * ratón campesino, полёвка, полевая мышь.

ratona. [ж.] мышь (самка).

ratonar. [перех.] грызть (о мышах, (шутл.) о человеке); ratonarse, [возв. гл.] заболеть (о коте, котором переел много мышей).

ratoncillo. [м. умен.] к ratón, мышка.

ratonera. [ж.] мышеловка; мышиная нора; (перен.) ловушка: * caer en la ratonera, (разг.) попасть в ловушку, попасться.

ratonero, ra. [прил.] см. ratonesco: * música ratonera, кошачья музыка.

ratonesco, ca, ratonil. [прил.] мышиный.

raucedo. [м.] хрипота, сипота, охриплость.

rauco, ca. [прил.] (поэт.) хриплый.

rauda. [ж.] арабское кладбище.

raudal. [м.] стремительный, бурный поток; (перен.) изобилие, нагромождение; (Амер.) стремнина.

raudamente. [нареч.] быстро, стремительно.

raudo, da. [прил.] быстрый, бурный, стремительный, безудержный.

rauta. [ж.] (разг.) дорога, путь: * coger (tomar) la rauta, отправиться в путь.

ravenala. [ж.] (бот.) дерево путешественников.

ravioles. [м. множ.] равиоли, пельмени.

raya. [ж.] линия, черта, штрих; полоса, межа, борозда; рубец, граница, предел; нарез(ка) (в канале ствола оружия); пробор (в волосах); (с.-х.) противопожарная просека; (грам.) тире: * a raya, в границах; * tener a raya, подчинить себе; * dar quince y raya, превосходить; * hacer raya, усердствовать; * echar raya, см. competir; * pasar de (la) raya, выходить из границ, забываться.

raya. [ж.] скат (рыба).

rayadillo. [м.] полосатая хлопчатобумажная ткань.

rayado, da. [страд. прич.] к rayar; [прил.] (воен.) нарезной; линованный (о бумаге); [м.] полосы (на ткани, бумаге и т. д.); нарезка (винтовая и т. д.); линование, линовка; вычёркивание.

rayano, na. [прил.] пограничный, смежный, лимитрофный; доходящий до.

rayar. [перех.] чертить, проводить линии, полосы; вычёркивать, зачёркивать; подчёркивать; (Амер.) выплачивать рабочим; вонзать шпоры; останавливать лошадь на скаку; [неперех.] граничить, быть смежным; светать, заниматься (о заре, рассвете); (перен.) отличаться, выделяться, превосходить, доходить до; (Амер.) просить взаймы; rayarse, [возв. гл.] (Амер.) разбогатеть.

rayo. [м.] луч; проблеск, отблеск, луч; спица (колеса); молния; радуга; стремительный, подвижной человек; острая боль; неожиданный ущерб, несчастье; сильно действующая вещь; (арг.) глаза: * rayos X, икс-лучи; * rayos beta, бета-лучи; * rayos gamma, гамма-лучи; * rayo incidente, падающий луч; * rayos actínicos, актинические лучи; * rayos catódicos, катодные лучи; * rayos ultravioleta, ультрафиолетовые лучи; * echar rayos, метать громы; * rayo de esperanza, луч надежды; * como un rayo, с молниеносной быстротой.

rayón. [м.] вискоза, искусственное волокно, искусственный шёлк.

rayoso, sa. [прил.] полосатый.

rayuela. [ж. умен.] к raya, чёрточка, полоска; игра в палет.

rayuelo. [м.] (орни.) см. agachiza.

raza. [ж.] раса; род, племя; порода; качество, свойство.

raza. [ж.] щель, трещина; луч света; светлая полоса (на ткани); (вет.) расщеп (лошадиного копыта); (обл.) мелкий дождик, изморось.

razada. [ж.] (обл.) мелкий дождик, изморось.

razado, da. [прил.] со светлыми полосками (о ткани).

rázago. [м.] см. harpillera.

raziar. [перех.] делать набеги или налёты.

razón. [ж.] разум, рассудок; ум, интеллект; рассудительность, здравый смысл, благоразумие; довод, доказательство; основание, соображение, резон, причина, мотив, аргумент; правота, справедливость; (мат.) отношение, пропорция, учёт, подсчёт; качество: * dar razón, осведомлять, информировать; * con razón o sin ella, справедливо или нет; * hacer entrar en razón, уговорить, образумить, урезонить кого-л.; * perder la razón, потерять рассудок; * tener razón, asistir la razón a uno, быть правым; * razón de Estado, государственные интересы; * llamar a razón, взывать к благоразумию; * con razón, по праву, с полным основанием, справедливо; * a razón de, из расчёта; из процента; * razones de pie de banco, пустые, вздорные рассуждения; * llevar la razón, вести учёт; * atender a razones, внять доводам рассудка; * dar la razón, соглашаться; * razón directa, прямая пропорциональность; * razón inversa, обратная пропорциональность; * razón social, торговая фирма; por razones de, из соображений.

razonable. [прил.] разумный, основанный на разуме; (перен.) порядочный, неплохой; умеренный.

razonablete, ja. [прил.] (разг.) умен. к razonable.

razonablemente. [нареч.] разумно; порядочно: * hablar razonablemente, говорить здраво.

razonadamente. [нареч.] дельно, основательно.

razonado, da. [страд. прич.] к razonar; [прил.] обоснованный доводами, подтверждённый доказательствами.

razonador, ra. [сущ.] рассуждающий человек, диалектик.
razonamiento. [м.] рассуждение, умозаключение; суждение; вывод; разговор; аргументирование; аргументация.
razonante. [действ. прич.] к razonar.
razonar. [неперех.] рассуждать, судить; говорить, беседовать, разговаривать, дискутировать; [перех.] аргументировать, мотивировать, обосновывать.
razoncilla. [ж. умен.] к razón.
razonero, ra. [прил.]: * persona razonera, резонёр, -ка; болтун, -ья.
razzia. [ж.] набег, налёт.
re—. приставка, обозначающая повторение, отрицание, увеличение, противодействие, движение назад, возобновление действия, выраженного основой глагола.
re. [м.] (муз.) ре (нота).
rea. [ж.] обвиняемая, подсудимая, состоящая под следствием.
reabrir. [перех.] вновь открывать; разглаживать мех при окраске.
reabsorber. [перех.] вновь поглощать, всасывать.
reacción. [ж.] обратное действие, противодействие; реакция (тж. полит.): * motor de reacción, реактивный двигатель; * reacción en cadena, цепная химическая реакция; * de reacción, реактивный.
reaccional. [прил.] (хим.) реактивный; относящийся к реакцию.
reaccionar. [перех.] реагировать; противодействовать.
reaccionario, ria. [прил.] реакционный; [м. и ж.] реакционер, -ка.
reacio, cia. [прил.] строптивый, упрямый, непокорный.
reactancia. [ж.] (эл.) реактанс, реактивное сопротивление, реактивность: * reactancia inductiva, индуктивное сопротивление.
reactivación. [ж.] (хим.) реактивация.
reactivar. [перех.] вновь ускорять; (хим.) вновь активировать.
reactividad. [ж.] (хим.) реактивность, реактивная способность.
reactivo, va. [прил.] реагирующий, противодействующий; реактивный; [м.] реактив.
reactor, ra. [прил.] см. reactivo.
reacuñación. [ж.] перечеканка монеты.
reacuñar. [перех.] перечеканивать (монету).
readaptación. [ж.] новое приспособление.
readaptar. [перех.] приспособлять вновь.
readmitir. [перех.] вновь допускать; вновь принимать на работу.
reafirmar. [перех.] вновь подтверждать; вновь подчёркивать.
reagravar. [перех.] больше или вновь ухудшать; ухудшать.
reagudo, da. [прил.] очень острый.
real. [прил.] реальный, действительный; истинный; вещественный: * derecho real, вещное право; * derechos reales, налог, взимаемый при переходе права собственности к другому лицу.
real. [прил.] королевский, царский; прекрасный, великолепный, пышный; роялистский; роялистический; (разг.) очень хороший; [м.] роялист; место ярмарки; лагерь, стан (испанская сотня): * sentar el real, los reales, расположиться; * levantar los reales, снять, свернуть лагерь; águila real, беркут.
reala. [ж.] см. rehala.
realce. [м.] рельеф; блистательность, слава, великолепие: * bordar de realce, вышивать гладью.
realdad. [ж.] королевское или царское достоинство.

realegrarse. [возв. гл.] много радоваться.
realejo. [м. умен.] к real; регал (одна из перемен в органе); шарманка.
realengo, ga. [прил.] королевский, царский; принадлежащий государству (о землях).
realera. [ж.] ячейка пчелиной матки; (Амер.) прямой мачете (нож).
realeza. [ж.] королевское или царское достоинство; (уст.) см. magnificencia.
realidad. [ж.] реальность, действительность; правда, истина, искренность: * en realidad, в действительности, в самом деле; * en realidad de verdad, истинно, поистине.
realillo. [м. умен.] реал из сплава серебра и меди.
realismo. [м.] роялизм.
realista. [прил.] реалистический; [м. и ж.] реалист, -ка.
realista. [прил.] роялистский; [м. и ж.] роялист, -ка.
realito. [м.] см. realillo.
realizable. [прил.] осуществимый, выполнимый, возможный.
realización. [ж.] реализация, осуществление, выполнение; воплощение в жизнь; исполнение; реализация, обращение в деньги (продажа в убыток).
realizar. [перех.] реализовать, осуществлять; выполнять; реализовать, обращать в деньги (продавать в убыток).
realmente. [нареч.] действительно, в самом деле.
realquilado, da. [страд. прич.] к realquilar; [м. и ж.] жилец, -ица, снимающие часть помещения у нанимателя.
realquilar. [перех.] снова нанимать; нанимать помещение у нанимателя.
realzar. [перех.] (выше) поднимать, повышать; вышивать гладью; прославлять, восхвалять, превозносить, возносить; (жив.) оттенять, усиливать яркость краски.
reamar. [перех.] (уст.) очень любить.
reanimación. [ж.] оживление; прилив бодрости, воодушевление.
reanimar. [перех.] возвращать, восстанавливать (силы, бодрость); воодушевлять.
reanudación. [ж.] reanudamiento. [м.] возобновление; восстановление.
reanudar. [перех.] возобновлять; восстанавливать.
reaparecer. [неперех.] появляться вновь, снова показываться.
reaparición. [ж.] вторичное появление, новое появление.
reapertura. [ж.] открытие вновь.
reapretar. [перех.] вновь стягивать, подтягивать; сильно затягивать; [непр. гл.] спрягается как acertar.
rearar. [перех.] перепахивать.
rearmar. [перех.] перевооружать.
rearme. [м.] перевооружение.
reasegurar. [перех.] перестраховать.
reaseguro. [м.] перестрахование, перестраховка.
reasumir. [перех.] снова брать; вновь приступать к исполнению должности, вновь принимать (власть, работу и т. д.); брать на себя.
reasunción. [ж.] принятие вновь, обратно (власти и т. д.); возобновление (работы и т. д.).
reasunto, ta. [страд. прич.] к reasumir.
reata. [ж.] верёвка, которой связывают несколько лошадей; вереница лошадей; запряжка цугом: * de reata, гуськом; вслепую; за, после, по следам.
reatadura. [ж.] привязывание вновь, прикрепление вновь; сильное затягивание узла; запряжка цугом.

reatamiento. [м.] сильное затягивание (узла и т. д.).
reatar. [перех.] вновь привязывать или прикреплять, снова связывать, завязывать; связывать лошадей; сильно затягивать узел; запрягать цугом.
reavivar. [перех.] оживлять, воскрешать, возрождать.
rebaba. [ж.] зазубрина, шероховатый край; заусеница (на металле).
rebaja. [ж.] снижение, понижение; скидка, уступка в цене.
rebajado, da. [страд. прич.] к rebajar; [м.] человек, освобождённый от военной службы.
rebajador. [м.] (фот.) ослабитель изображений.
rebajamiento. [м.] понижение, снижение; унижение.
rebajante. [действ. прич.] к rebajar; [прил.] унижающий, унизительный.
rebajar. [перех.] снижать, убавлять; уменьшать, сбавлять цену, уступать (о цене); продавать дешевле; (перен.) принижать, унижать; (жив.) ослаблять (тон); подвергать виражу, вирировать; **rebajarse**, [возв. гл.] унижаться; освобождаться от военной службы.
rebajo. [м.] зарубка, врубка, выемка.
rebalaje. [м.] течение; водоворот.
rebalba. [ж.] (обл.) см. aguzanieves.
rebalgar. [неперех.] (обл.) расставить ноги при ходьбе.
rebalsa. [ж.] запруда; застой воды; (мед.) застой влаги (в теле).
rebalsar. [перех.] запруживать; **rebalsarse**, [возв. гл.] застревать (о деле); скопляться.
rebalse. [м.] напор (воды); застой (воды).
rebanada. [ж.] ломоть (хлеба, сыра и т. д.); (Амер.) см. picatoste: * rebanada de pan con mantequilla, тартинка.
rebanadura. [ж.] резание, нарезывание ломтями; деление; резание.
reban(e)ar. [перех.] резать ломтями; резать; делить.
rebañadera. [ж.] кошка, гарпун.
rebañadura. см. arrebañadura.
rebañal. [прил.] см. rebañego.
rebañar. [перех.] см. arrebañar.
rebañego, ga. [прил.] стадный.
rebaño. [м.] стадо, гурт; (церк.) паства; (перен.) толпа: * rebaño de ovejas, отара; * rebaño de caballos, ciervos, etc, табун.
rebañuelo. [м. умен.] к rebaño.
rebasadero. [м.] (мор.) место, пригодное для прохода (избегая опасности).
rebasar. [перех.] выходить за пределы, переходить границы; (мор.) проходить (избегая опасности); (Амер.) избегать опасности.
rebate. [м.] стычка, ссора, брань.
rebatible. [прил.] опровержимый.
rebatimiento. [м.] отбой, отбитие (удара и т. д.); уменьшение, снижение; опровержение.
rebatinga, rebatiña. [ж.] (Амер.) свалка: * andar a la rebatiña, вырывать силой.
rebatir. [перех.] отбивать, отражать; снова бить, колотить, хлопать; снова толочь; снова выколачивать, выбивать; снова сбивать; снижать, уменьшать (цену и т. д.); опровергать, противоречить.
rebato. [м.] набат; внезапная тревога; (воен.) неожиданное нападение: * de rebato, неожиданно; * tocar a rebato, ударить в набат.

rebautismo. [м.] новое крещение, переименование.
rebautizante. [дейст. прич.] к rebautizar.
rebautizar. [перех.] перекрещивать, снова крестить; переименовать.
rebeber. [перех.] перепить; впитывать; см. fruncir.
rebeco. [м.] (зоол.) серна.
rebeco, ca. [прил.] необщительный, нелюдимый.
rebelación. [ж.] см. rebelión, rebeldía.
rebelarse. [возв. гл.] восставать, бунтовать, взбунтоваться; противиться, сопротивляться; порывать с кем-чем.
rebelde. [прил.] мятежный; протестующий, сопротивляющийся; строптивый, непокорный; уклоняющийся от явки в суд; [м. и ж.] мятежник, бунтовщик, -ица, повстанец; человек, не явившийся в суд.
rebeldía. [ж.] мятеж, возмущение, восстание; строптивость, непокорность; (юр.) неявка в суд; * en rebeldía, (юр.) заочно.
rebelión. [ж.] мятеж, бунт, восстание, возмущение; сопротивление.
rebelón, na. [прил.] норовистый, с норовом (о лошади).
rebellada. [ж.] жеманство, гримасничанье.
rebellón, na. [прил.] (обл.) непокорный, строптивый.
rebencazo. [м.] (мор.) удар кнутом; (Амер.) суровое наказание.
rebenque. [м.] (мор.) кнут; (Амер.) хлыст наездника; плохое настроение.
rebina. [ж.] (с.-х.) третье окапывание (виноградника).
rebinadura. [ж.] (с.-х.) пахание в третий раз.
rebinar. [перех.] (с.-х.) пахать в третий раз; [перех.] обдумывать.
rebisabuelo, la. [м. и ж.] см. tatarabuelo.
rebisnieto, ta. [м. и ж.] см. tataranieto.
reblandecer. [перех.] размягчать, делать мягким, смягчать; [непр. гл.] спрягается как agradecer.
reblandecido, da. [страд. прич.] к reblandecer; [м. ж.] рамоли, старчески расслабленный.
reblandecimiento. [м.] размягчение, смягчение: * reblandecimiento cerebral, (мед.) размягчение мозга.
reblanquido, da. [прил.] беловатый.
reblar. [неперех.] (обл.) отступать перед чем-л.
reble. [м.] (арг.) ягодица.
rebocillo, rebociño. [м.] мантилья.
rebocrania. [ж.] ревматические боли в шее
rebojo. [м.] см. regojo.
rebolsa. [ж.] (мор.) внезапная смена ветра.
rebollar, rebolledo. [м.] дубовая роща (см. rebollo).
rebollidura. [ж.] раковина (в канале ствола).
rebollo. [м.] разновидность дуба; (обл.) ствол; (бот. обл.) см. alcanforada.
rebolludo, da. [прил.] коренастый.
rebombar. [неперех.] громко звучать.
rebombe. [м.] громкое звучание.
reboñar. [неперех.] останавливаться (о мельничном колесе).
reboño. [м.] тина, грязь (в мельничном шлюзе).
reborde. [м.] закраина, выступающий край; (обл.) закраек, закрайка.
rebordear. [перех.] окаймлять, оторачивать; см. orlar.
rebosadero. [м.] водослив, отверстие для стока лишней воды.

rebosar. [неперех.] переливаться через край; (перен.) изобиловать чем-л., быть переполненным; обнаруживать свои чувства: * rebosar de alegría, быть переисполненным радости.
rebosis. [ж.] (мед.) изгиб, искривление.
rebotación. [ж.] см. rebotadura.
rebotadamente. [нареч.] рикошетом; с раздражением.
rebotadera. [ж.] ворсильный гребень; чесалка для поднятия ворса.
rebotado, da. [страд. прич.] к rebotar; [прил.] сердитый, рассерженный.
rebotadura. [ж.] отскакивание рикошетом; отскок (мяча); сгибание острия (ножа и т. д.); отталкивание; отражение; искажение (цвета); поднятие ворса; раздражение; оскорбление.
rebotar. [неперех.] рикошетировать, отскакивать рикошетом; [перех.] сгибать остриё (ножа и т. д.); отталкивать; отражать; чесать против шерсти, против ворса; изменять, ухудшать (цвет и качество); заставить покраснеть; выводить из себя; раздражать; rebotarse, [возв. гл.] изменяться, ухудшаться (цвет, качество); выходить из себя.
rebote. [м.] отскакивание рикошетом; отскок (мяча); рикошет: * de rebote, рикошетом; косвенно.
rebotica. [ж.] комната за аптекой; комната за лавкой, за магазином.
rebotiga. [ж.] (обл.) комната за лавкой, за магазином.
rebozar. [перех.] закрывать лицом плащом; (кул.) обваливать в сбитом яйце, муке, обмазывать мёдом.
rebozadamente. [нареч.] пугливо, трусливо, с предлогом; стыдливо.
rebozadura. [ж.] прикрывание лица плащом; (кул.) обваливание в сбитом яйце, в муке и т. д.
rebozo. [м.] прикрывание лица плащом; мантилья; симуляция, притворство; предлог, повод, отговорка; (Амер.) шаль, большой платок: * de rebozo, тайком, тайно, секретно, украдкой; * sin rebozo, откровенно.
rebramar. [неперех.] вновь реветь, мычать; вновь кричать (об олени, лани); сильно мычать или кричать; отвечать криком на крик.
rebramo. [м.] ответное мычанье, рёв или крик оленя, лани.
rebrillar. [неперех.] ярко блестеть.
rebrotar. [перех.] см. retoñar.
rebrote. [м.] отросток, побег.
rebudiar. [неперех.] рычать, ворчать (о кабане).
rebudio. [м.] хрип кабана.
rebufar. [перех.] вновь или сильно фыркать.
rebufe. [м.] фырканье (быка).
rebujado, da. [страд. прич.] к rebujar; [прил.] см. enmarañado.
rebujar. [перех.] см. arrebujar.
rebujiña, rebujiña. [ж.] (разг.) шум, гам, гул (голосов вульгарных людей).
rebujo. [м.] мантилья; вуаль; капюшон; бумаги, тряпки и т. д. плохо завёрнутые в пачку; см. rebojo; путаница (в словах и т. д.).
rebultado, da. [прил.] см. abultado.
rebullicio. [м.] оглушительный шум, крик, гам, содом.
rebullir. [неперех.] закипеть; забурлить; начинать двигаться; [непр. гл.] спрягается как mullir.
rebumbar. [неперех.] жужжать (о пушечной пуле).
rebumbio. [м.] см. barullo.

reburujar. [перех.] свёртывать, завёртывать: обматывать.
reburujón. [м.] бумаги, тряпки и т. д. плохо завёрнутые в пачку.
rebusca. [ж.] искание, поиски, розыск, отыскивание; собирание колосьев после сбора; (перен.) отбросы, остатки.
rebuscador, ra. [м. и ж.] (тже. прил.) собиратель, -ница колосьев (после жатвы); подбиратель, -ница оставшегося после сбора винограда и т. д.
rebuscamiento. [м.] см. rebusca, (дейст. к rebuscar;) манерность; вычурность.
rebuscar. [перех.] разыскивать; собирать колосья после жатвы; подбирать оставшийся после сбора виноград и т. д.; rebuscado, манерный, жеманный, вычурный.
rebusco. [м.] см. rebusca; (Амер.) частичный урожай какао.
rebutir. [перех.] набивать, подбивать, начинять.
rebuznador, ra. [прил. и сущ.] ревущий.
rebuznar. [неперех.] реветь (об осле).
rebuzno. [м.] крик, рёв (осла).
recabable. [прил.] достижимый.
recabación. [ж.] достижение.
recabar. [перех.] достигать, добиться; получать.
recadero, ra, recadista. [м. и ж.] посыльный.
recado. [м.] извещение; поручение; подарок; подношение; провизия, запас; прибор, гарнитур; оправдательный документ; предосторожность, осмотрительность; безопасность; всё необходимое для—: * recado de escribir, письменные принадлежности; * mal recado, злая выходка; проделка; невнимательность; * a buen, a mucho, recado, наверняка; тщательно; * llevar recado, получать нагоняй и т. д.; * recados, [множ.] привет.
recaer. [неперех.] снова падать; вновь заболеть; снова впадать; вновь провиниться; ложиться, падать на (об ответственности, вине и т. д.); достаться, перейти в руки (о наследстве и т. д.); [непр. гл.] спрягается как caer.
recaída. [ж.] вторичное падение; рецидив.
recalada. [ж.] (мор.) подход, приближение к берегу.
recalar. [перех.] пропитывать, смачивать; просачиваться (о воде); [неперех.] (мор.) подходить к берегу.
recalcada. [ж.] (мор.) дейст. к крениться, крен.
recalcadamente. [нареч.] очень плотно.
recalcadura. [ж.] сжатие; прессовка; набивка; подчёркивание.
recalcar. [перех.] жать, сжимать, давить, прессовать; набивать; подчёркивать; [неперех.] (мор.) крениться; recalcarse [возв. гл.] твердить, повторять одно и то же см. arrellanarse.
recalce. [м.] обклаивание землёю (дерева и т. д.), окучивание (растения); укрепление (фундамента); раскраска.
recalcitrante. [прил.] упрямый, строптивый, упорный, сопротивляющийся; новористый, с норовом (о лошади).
recalcitrar. [неперех.] пятиться назад; упираться; упрямиться, упорствовать, сопротивляться.
recalentador. [м.] перегреватель, пароперегреватель.
recalentamiento. [м.] разогревание; дейст. к отогревать; перегрев(ание); возбуждение.
recalentar. [перех.] разогревать, подогревать; отогревать; перегревать, перекалять; возбуждать сладострастие; recalentarse [возв. гл.] портиться, перезревать;

коробиться (о дереве); прийти в возбуждение; перегреваться.
recalmón. [м.] (мор.) затишье, штиль.
recalvastro, tra. [прил.] (презр.) совершенно лысый.
recalzamiento. [м.] см. recalzadura.
recalzar. [перех.] (с.-х.) окучивать, обкладывать землёю (растения); укреплять (фундамент); раскрашивать (рисунок).
recalzo. [м.] см. recalzón; (арх.) укрепление фундамента.
recalzón. [м.] косяк обода колеса.
recamado. [м.] вышивка гладью.
recamador, ra. [м. и ж.] вышивальщик, -ица гладью.
recamar. [перех.] вышивать гладью; ткать золотом и т. д.
recámara. [ж.] задняя комната, смежная с гардеробной; запас драгоценностей и т. д.; (воен.) пороховая камера; патронник; минная камера, минный горн; углубление для пороха (в мине); (перен. разг.) осторожность, предосторожность; задняя мысль.
recamarera. [ж.] горничная.
recambiable. [прил.] сменяемый, заменяемый.
recambiar. [перех.] вновь менять, обменивать; (ком.) выдавать обратный вексель; вновь выдавать вексель.
recambio. [м.] смена, замена; (уст.) см. cambio, usura; (арг.) трактир, харчевня; * de recambio, запасной, сменный.
recamo. [м.] см. recamado.
recancamusa. [ж.] (разг.) см. cancamusa.
recancanilla. [ж.] (разг.) прыгание на одной ножке, ходьба хромая; см. énfasis.
recantación. [ж.] публичное отречение от сказанного.
recantar. [перех.] петь снова, петь ещё раз; recantarse, [возв. гл.] отрекаться.
recantón. [м.] каменная тумба (придорожная).
recapacitar. [перех.] припоминать, перебирать в памяти.
recapitulación. [ж.] сжатое повторение, сокращённое изложение, резюмирование.
recapitular. [перех.] вкратце повторять, резюмировать.
recarga. [ж.] новая или дополнительная нагрузка.
recargar. [перех.] снова нагружать; догружать; перегружать, обременять; (юр.) увеличивать (наказание, и т. д.); облагать дополнительным налогом; пёстро наряжать; recargarse, [возв. гл.] (мед.) усиливаться (о лихорадке).
recargo. [м.] см. recarga; перегрузка; увеличение (наказания и т. д.); новое обвинение; усиление (лихорадки): * recargo de servicio, наряд по службе, на работу.
recata. [ж.] новая дегустация.
recatadamente. [нареч.] скрытно; осмотрительно; скромно.
recatado, da. [прил.] скрытный; осмотрительный, осторожный; скромный, застенчивый (о женщине).
recatar. [перех.] прятать, скрывать, укрывать, утаивать; recatarse, [возв. гл.] скрываться; колебаться, быть в нерешительности; быть осмотрительным.
recatar. [перех.] опять, ещё раз попробовать, вновь отведывать.
recatería. [ж.] см. regatería.
recatear. [перех.] см. regatear.
recato. [м.] осторожность, осмотрительность, благоразумие; скрытность, сдержанность, осторожность, застенчивость.
recatón. [м.] см. regatón.
recatonazo. [м.] удар концом копья и т. д.
recatonear. [перех.] recatonería. [ж.] см. regatonear, regatonería.
recaudación. [ж.] сбор, взимание (налогов, денег); сбор, взимаемые деньги; контора по приёму налогов.
recaudador, ra. [м. и ж.] сборщик, -ица (денег, налогов и т. д.).
recaudamiento. [м.] см. recaudación; должность сборщика (денег, налогов и т. д.); территория сборщика.
recaudar. [перех.] взимать, собирать (налоги, деньги); хранить в надёжном месте.
recaudería. [ж.] (Амер.) бакалея.
recaudo. [м.] сбор, взимание (денег, налогов); осторожность, предосторожность, забота, внимание; надёжность: * a (buen) recaudo, в надёжном месте.
recavar. [перех.] снова рыть (копать), перекапывать.
recazo. [м.] гарда (шпаги и т. д.); тупая сторона ножа.
recebar. [перех.] посыпать песком, мелким гравием.
recebo. [м.] песок, мелкий гравий.
recechar. [перех.] (охот.) подстерегать.
rececho. [м.] (охот.) см. acecho.
recejar. [перех.] отступать, пятиться.
recela, recelador. [прил.] вызывающий влечение к удовлетворению полового чувства (о коне).
recelamiento. [м.] см. recelo.
recelar. [перех.] бояться, опасаться; не доверять, подозревать.
recelo. [м.] боязнь, опасение; недоверие, подозрение.
recelosamente. [нареч.] боязливо; подозрительно.
receloso, sa. [прил.] боязливый; недоверчивый, подозрительный.
recensión. [ж.] рецензия.
recentadura. [ж.] закваска.
recental. [прил.] молочный; [м. и ж.] молочный телёнок или ягнёнок.
recentamiento. [м.] см. recentadura.
recentar. [перех.] ставить тесто на дрожжах, заквашивать; recentarse, [возв. гл.] обновляться, возобновляться.
recentín. [прил.] см. recental.
recentísimo, ma. [прев. степ.] к reciente, новейший и т. д.
receñir. [перех.] перепоясывать, заново опоясывать; [непр. гл.] спрягается как ceñir.
recepción. [ж.] приём; встреча; приятие, получение; допущение (куда-л.); (юр.) допрос свидетелей.
receptáculo. [м.] вместилище, резервуар; приют, убежище.
receptador, ra. [м. и ж.] (юр.) укрыватель, -ница.
receptar. [перех.] (юр.) укрывать, давать приют, принимать.
receptividad. [ж.] восприимчивость, способность воспринимать.
receptivo, va. [прил.] воспринимающий; восприимчивый.
recepto. [м.] убежище, приют.
receptor, ra. [прил.] получающий, принимающий и т. д.; [м.] приёмник, приёмный аппарат; сборщик, казначей; * receptor telefónico, телефонная трубка.
receptoría. [ж.] см. recetadora; должность, доверенность, мандат или контора казначея, сборщика (денег).
recercar. [перех.] вновь окружать, огораживать; см. cercar.
recésit. [м.] см. recle.
receso. [м.] удаление, отстранение; (Амер.) остановка; временное прекращение.
receta. [ж.] рецепт; предписание, назначение врача; (юр.) список, перечень.
recetador, ra. [прил. и сущ.] прописывающий (лекарство).
recetante. [дейст. прич.] к recetar.
recetar. [перех.] прописывать (лекарство);
(перен. разг.) просить, требовать: recetar largo, требовать слишком многого.
recetario. [м.] сборник рецептов: фармакопея, рецептурная книга; неоплаченные рецепты.
recetista. [прил. и сущ.] см. recetador.
recetor. [м.] см. receptor; сборщик, казначей.
recetoría. [ж.] контора сборщика, казначея.
recial. [м.] стремнина, быстрое течение.
recial. [прил.] сетевой.
reciamente. [нареч.] сильно, мощно, с силой.
reciario. [м.] боец вооружённый сеткой.
recibí. [м.]: * poner el recibí, делать надпись об уплате.
recibidero, ra. [прил.] допустимый; который можно получить.
recibidor, ra. [прил.] получающий и т. д.; [м. и ж.] получатель, -ница; приёмщик, -ица; передняя, прихожая.
recibiente. [дейст. прич.] к recibir.
recibimiento. [м.] приём; встреча; приём, получение чего-л; передняя, прихожая.
recibir. [перех.] получать, принимать; брать; принимать, одобрять; встречать, идти навстречу; встречать, принимать (гостей); поджидать (врага); вмещать; укреплять (извёсткой и т. д.), переносить (убыток и т. д.); recibirse, [возв. гл.] получать учёное звание, степень: * recibir una ofensa, получить оскорбление; * recibir un castigo, быть наказанным.
recibo. [м.] приём, получение; приём, встреча; квитанция, расписка в получении: * estar de recibo, быть готовым к приёму (одетым для приёма); * ser de recibo, быть приемлемым; * día de recibo, приёмный день; * sala de recibo, приёмная; * acusar recibo, подтвердить получение чего-л.
recidiva. [ж.] (мед.) рецидив, повторение.
recidivar. [неперех.] совершить рецидив; (мед.) повторно болеть, иметь рецидив, рецидивировать, повториться (о болезни).
reciedumbre. [ж.] сила, крепость.
recién. [нареч.] (употребл. только перед причастием) недавно, только что: * recién nacido, новорождённый; * recién llegado, новоприбывший.
reciente. [прил.] недавний; новый, свежий; [м.] (обл.) закваска.
recientemente. [нареч.] недавно, в последнее время.
recinchar. [перех.] пеленать; опоясывать.
recincho. [м.] пояс; (обл.) пояс из испанского дрока.
recinto. [м.] огороженное пространство, ограниченное место.
recio, cia. [прил.] сильный, крепкий, могучий, здоровый; толстый, объёмистый; суровый, грубый; жестокий (о морозе); суровый, жёсткий (о климате); быстрый, стремительный: * de recio, [нареч.] сильно, мощно, с силой; быстро, стремительно.
récipe. [м.] знак на рецепте (R.); (разг.) рецепт; досада, недовольство.
recipiendario, ria. [м. и ж.] лицо, торжественно вступающее в какое-л общество.
recipiente. [прил.] принимающий; [м.] сосуд, вместилище, резервуар.
recíproca. [ж.] см. reciprocidad.
reciprocación. [ж.] см. reciprocidad.
recíprocamente. [нареч.] взаимно.

reciprocar. [перех.] устанавливать взаимность.
reciprocidad. [ж.] взаимность, обоюдность.
recíproco, ca. [прил.] взаимный, обоюдный; (мат.) обратный; (грам.) взаимный (о глаголе): * teorema recíproco, (мат.) обратная теорема.
recitación. [ж.] чтение наизусть, декламация; произнесение чего-л наизусть; рассказывание.
recitáculo. [м.] сцена для чтения и т. д. наизусть.
recitado. [м.] (муз.) речитатив.
recitador, ra. [прил.] читающий наизусть, декламирующий; [м. и ж.] декламатор; чтец, -ица.
recital. [м.] сольный концерт.
recitar. [перех.] говорить, произносить, читать наизусть, декламировать; рассказывать.
recitativo, va. [прил.] речитативный; [м.] (гал.) речитатив.
reciura. [ж.] сила, крепость, мощность, плотность; объёмистость; толщина; суровость, грубость; жёсткость (климата); жестокость (о морозе); стремительность.
reclamación. [ж.] требование, ходатайство, жалоба, претензия; протест, возражение; (юр.) иск, протест; (ком.) рекламация.
reclamante. [дейст. прич.] к reclamar, жалующийся, требующий, протестующий; [м. и ж.] жалобщик, -ица; истец, -ица.
reclamar. [неперех.] (мор.) поднимать. [перех.] требовать обратно; настойчиво просить, требовать; отстаивать свои права, интересы; умолять, взывать (о помощи); приманивать (птицу); (юр.) разыскивать укрывающееся лицо; reclamarse, [возв. гл.] перекликаться (о птицах): * reclamar contra, протестовать против; * reclamar en juicio, предъявлять иск.
reclamo. [м.] приманка птицы; приманка, манок (дудка для приманивания птиц); призыв; зов; реклама; см. llamada (знак) (перен.) приманка, заманчивая вещь; (юр.) иск, жалоба, апелляция: * de reclamo, привлекающий внимание, вызывающий интерес.
reclavar. [перех.] (мор.) дополнительно прибивать гвоздями.
reclinación. [ж.] наклонение·
reclinar. [перех.] наклонять, нагибать; прислонять, опирать; reclinarse, [возв. гл.] наклоняться, крениться; облокачиваться: * reclinarse sobre, en, опираться.
reclinatorio. [м.] под(локотник, поручень; скамейка, на которую становятся на колени молящиеся.
recluir. [перех.] заключать, запирать, заточать; [непр. гл.] спрягается как huir.
reclusión. [ж.] заключение, заточение; место заключения.
reclusionario, ria. [прил. и сущ.] заключённый; заточённый.
recluso, sa. [непр. страд. прич.] к recluir; [м. и ж.] заключённый, -ая, арестант.
reclusorio. [м.] место заключения.
recluta. [ж.] см. reclutamiento; [м.] призывник, новобранец, рекрут, призывной (уст.) (Амер.) собирание скота в стадо.
reclutador. [м.] тот, кто занимается рекрутским набором.
reclutamiento. [м.] призыв, рекрутский набор; контингент призывников, призывники.
reclutar. [перех.] набирать, вербовать, призывать новобранцев.
recobrante. [дейст. прич.] к recobrar.
recobrar. [перех.] возвращать себе; получать обратно, вновь получать, взыскивать; восстанавливать, поправлять: * recobrar la salud, восстановить здоровье; * recobrar la alegría, повеселеть; recobrarse, [возв. гл.] возмещать убытки; возвращать своё; прийти в себя: * recobrarse de la enfermedad, выздороветь.
recobro. [м.] получение обратно, взыскание; поправка; восстановление (сил, здоровья); возмещение (убытков и т. д.).
recocer. [перех.] перекипятить; переварить; (тех.) отпускать (металл); recocerse, [возв. гл.] мучиться, терзаться; [непр. гл.] спрягается как mover.
recocida. [ж.] вторая варка; переварка.
recocido, da. [страд. прич. и прил.] опытный, натёрелый; [м.] см. recocida.
recocimiento. [м.] см. recocida.
recocina. [ж.] подсобная комната при кухне.
recocho, cha. [прил.] переваренный.
recodadero. [м.] под(локотник, поручень.
recodar. [неперех.] recodarse. [возв. гл.] облокачиваться.
recodar. [неперех.] образовывать изгиб, излучину (о реке) поворачивать (о дороге и т. д.).
recodo. [м.] изгиб, излучина (реки и т. д.); поворот, угол (дороги и т. д.).
recogedero. [м.] склад, место для хранения отдельных предметов; инструмент для сгребания чего-л (совок и т. д.).
recogedor, ra. [прил.] дающий приют; [м.] большой деревянный щит для сгребания снопов.
recoger. [перех.] снова брать, соединять, собирать вместе; собирать (урожай); суживать, сокращать; поднимать, подбирать; принимать (в своём доме), приютить; посадить в смирительный дом; приберегать, припрятывать; изымать из обращения; (юр.) задерживать ход (жалобы и т. д.): * recoger velas, закрепить паруса; recogerse, [возв. гл.] уединяться; сторониться людей; быть бережливым; уйти к себе домой, в свою комнату; уйти на покой; собираться с мыслями, сосредоточиваться.
recogida. [ж.] задержка, приостановление хода (жалобы и т. д.); выемка (писем из почтового ящика).
recogidamente. [нареч.] сосредоточенно.
recogido, da. [прил.] сосредоточенный, собранный (о человеке); живущий в уединении (о женщине); с коротким туловищем; [м. и ж.] затворник, затворница; покаявшаяся.
recogimiento. [м.] собирание, соединение; суживание, сокращение; сбор урожая, жатва; сохранение, припрятывание; изъятие из обращения; приют, убежище; сосредоточение, сосредоточенность; монастырь.
recolar. [перех.] перецеживать, вновь процеживать, фильтровать.
recolección. [ж.] краткое изложение, резюме; сборник, собрание; свод (законов); сбор урожая, уборка урожая; жатва; урожай; обитель (книж.); получение прибылей, дохода; умственное сосредоточение.
recolectar. [перех.] собирать жатву, плоды.
recolector. [м.] см. recaudador.
recolegir. [перех.] соединять, объединять; [непр. гл.] спрягается как pedir.
recoleto, ta. [прил.] францисканский; сосредоточенный, собранный (о человеке); скромно одевающийся; [м. и ж.] францисканский монах, монахиня; собранный или скромно одевающийся человек.
recolta. [ж.] (Амер.) (гал.) урожай.
recomendable. [прил.] заслуживающий рекомендации; достойный уважения.
recomendación. [ж.] рекомендация; совет, наставление, указание; просьба, поручение; важность, значимость чего-л.: * recomendaciones, протекция, блат: * carta de recomendación, рекомендательное письмо.
recomendante. [дейст. прич.] к recomendar, и [сущ.] рекомендующий.
recomendar. [перех.] рекомендовать; советовать, наставлять; поручать, просить; [непр. гл.] спрягается как acertar.
recomendaticio, cia, recomendatorio, ria. [прил.] рекомендующий.
recomenzar. [перех.] снова начинать, возобновлять.
recomerse. [возв. гл.] см. concomerse.
recompartir. [перех.] (Амер.) делить, разделять, распределять.
recompensa. [ж.] вознаграждение, награда; компенсация, возмещение: * en recompensa, в награду, в виде премии.
recompensable. [прил.] могущий быть награждённым; достойный награды.
recompensación. [ж.] см. recompensa.
recompensar. [перех.] возмещать, компенсировать; возмещать, отплачивать; вознаграждать, награждать.
recomponer. [перех.] снова составлять, вновь соединять (разрозненные части чего-л); возобновлять, восстанавливать; сочинять заново; перерабатывать (сочинение и т. д.); переделывать; (полигр.) перебирать, набирать заново.
recomposición. [ж.] пересоставление; переустройство, переделка; восстановление, возобновление; (полигр.) переборка, заново сделанный набор.
recompuesto, ta. [непр. страд· прич.] к recomponer.
reconcentración. [ж.] reconcentramiento. [м.] соединение, сосредоточение; скрывание, затаивание (чувства).
reconcentrar. [перех.] соединять, сосредоточивать; таить, скрывать (чувство); reconcentrarse, [возв. гл.] углубляться, уходить в себя, предаваться размышлениям.
reconciliable. [прил.] примиримый.
reconciliación. [ж.] примирение: * de reconciliación, примирительный; (юр.) арбитражный.
reconciliador, ra. [прил.] примирительный, примиряющий; [м.] примиритель.
reconciliar. [перех.] мирить, примирять, связывать, устанавливать связь; reconciliarse, [возв. гл.] мириться, примиряться, восстанавливать дружеские отношения.
reconcomerse. [возв. гл.] подёргивать плечами, спиной (при ощущении зуда).
reconcomio. [м.] (разг.) подёргивание плечами, спиной (при ощущении зуда); непреодолимое желание, зуд; (разг.) подозрение, недоверие; душевный порыв; (обл.) развязность.
reconditez. [ж.] тайна.
recóndito, ta. [прил.] скрытый, тайный; сокровенный, потайной; затаённый.
reconducción. [ж.] возобновление договора (о найме, аренде).
reconducir. [перех.] возобновлять договор (на аренду и т. д.); [непр. гл.] спрягается как conducir.
reconfirmar. [перех.] вновь утверждать, укреплять.
reconfortar. [перех.] подкреплять: ободрять, воодушевлять, утешать.

reconocedor. [м.] надзиратель, -ница; ревизор.
reconocer. [перех.] узнавать, признавать, распознавать; признавать, считать; признавать, сознавать; осматривать, обозревать; обследовать, исследовать; (воен.) разведывать, производить разведку, рекогносцировку; быть благодарным за..., благодарить, признавать с благодарностью; (дипл. юр.) признавать: * reconocer rog, узнавать по; [возв. гл.] * reconocerse, ориентироваться, разбираться, угадывать по признакам; признаваться в чём-л; признавать себя; * reconocerse culpable, признать себя виновным.
reconocible. [прил.] узнаваемый; опознаваемый.
reconocidamente. [нареч.] с благодарностью.
reconocido, da, страд. прич. к reconocer; [прил.] признательный, благодарный.
reconociente. дейст. прич. к reconocer.
reconocimiento. [м.] узнавание (виденного прежде); распознавание, признание (факта); признание, сознание (ошибки и т. д.); признательность, благодарность; осмотр, обследование; исследование; (воен.) разведка, рекогносцировка: * reconocimiento de una deuda, признание долга; * reconocimiento médico, медицинский осмотр; * patrulla de reconocimiento, разведывательный отряд.
reconquista. [ж.] вторичный захват; восстановление; отвоевание; * Reconquista, войны испанцев против мавров (VIII-XV вв).
reconquistar. [перех.] вновь завоёвывать, отвоёвывать; вновь приобретать; снова завладевать; вернуть (земли; уважение и т. д.).
reconsejo. [м.] повторный совет.
reconsideración. [ж.] пересматривание.
reconsiderar. [перех.] передумывать, переосмысливать, пересматривать (решение и т. д.).
reconstitución. [ж.] восстановление.
reconstituyente. [прил.] восстанавливающий, укрепляющий; [м.] укрепляющее средство.
reconstrucción. [ж.] реконструкция, восстановление; перестройка; переоборудование; восстановление в памяти.
reconstruir. [перех.] реконструировать; перестраивать, переоборудовать; строить заново; [непр. гл.] спрягается как huir.
recontamiento. [м.] пересчёт; рассказ.
recontar. [перех.] пересчитывать; рассказывать.
recontento, ta. [прил.] очень довольный; [м.] полное удовлетворение.
reconvalecer. [неперех.] заново выздоравливать; [непр.гл.] спрягается как agradecer.
reconvencer. [перех.] изобличать; reconvencerse, [возв. гл.] полностью убедиться в чём-л.
reconvencimiento. [м.] см. reconvención; окончательное убеждение.
reconvención. [ж.] изобличение; упрёк; (юр.) встречный иск, встречная жалоба.
reconvenir. [перех.] побивать кого-л его же собственными словами, действиями; изобличать; (юр.) предъявлять встречный иск, выдвигать встречные обвинения.
recopilación. [ж.] резюме, краткое изложение содержания; свод, собрание.
recopilador. [м.] составитель сборника.
recopilar. [перех.] подбирать, составлять сборник; компилировать.
recoquearse. [возв. гл.] прятаться, скрываться.

recoquín. [м.] (разг.) карапуз.
record. [м.] (англ.) рекорд.
recordable. [прил.] памятный; незабываемый.
recordación. [ж.] воспоминание, память.
recordador, ra. [прил.] напоминающий.
recordante. [дейст. прич.] к recordar.
recordar. [перех.] помнить, вспоминать, припоминать; напоминать; (Амер.) будить; [неперех.] пробуждаться, просыпаться; помнить; [возв. гл.] recordarse, помнить; вспоминать, припоминать; [непр. гл.] спрягается как contar.
recordativo, va. [прил.] напоминающий о чём-л; [м.] см. recordatorio.
recordatorio. [м.] напоминание, извещение, письмо с извещением.
recorrer. [перех.] пробегать, проходить, проезжать; объезжать; пролетать; ходить по; бегло просматривать, пробегать глазами; обозревать; (полигр.) править набор; ремонтировать (капитально); (мор.) очищать (снасти и т. д.); [неперех.] прибегнуть к кому-л, к чему-л.
recorrida. [ж.] (мор.) очистка (талей и т. д.); (Амер.) см. repaso, examen.
recorrido. [м.] пробег; путь следования, прохождения, маршрут; ремонт; см. repasata; (полигр.) правка набора.
recortado. [прил.] вырезанная фигура; [прил.] (бот.) зубчатый (о листьях).
recortadura. [ж.] см. recorte; [множ.] обрезки.
recortar. [перех.] обрезать, удалять (лишнее); вырезывать; кроить; обрисовывать.
recorte. [м.] обрезывание, обрезка (лишнего); вырезывание; выкраивание; (газетная и т. д.) вырезка; [множ.] recortes, обрезки.
recorvar. [неперех.] см. encorvar.
recorvo, va. [прил.] см. corvo.
recoser. [перех.] снова пришивать, снова сшивать; перешивать; зашивать; штопать.
recosido. [м.] дейст. к recoser; перешивка; зашивание; штопка.
recostar. [перех.] склонять, наклонять; прислонять к...; [возв. гл.] recostarse, (contra), наклоняться; прислоняться, опираться; (en, sobre) прилечь; (мор.) крениться; [непр. гл.] спрягается как contar.
recova. [ж.] купля яиц и т. д. (для перепродажи); птичий рынок; свора собак; (Амер.) крытая галерея; мясная лавка; крыльцо с навесом.
recoveco. [м.] поворот, изгиб (улицы, реки и т. д.); извилина, излучина (реки); (перен.) увёртка.
recovero. [м.] перекупщик яиц и домашней птицы.
recreable. [прил.] забавный, доставляющий развлечение, увеселительный.
recreación. [ж.] см. recreo (дейст.).
recrear. [перех.] снова созидать, воссоздавать, создавать заново.
recrear. [перех.] веселить, развлекать, забавлять; [возв. гл.] recrearse, развлекаться; отдыхать.
recreativo, va. [прил.] см. recreable.
recrecer. [перех.] увеличивать, усиливать; прибавлять; [неперех.] увеличиваться, повторяться; [возв. гл.] recrearse, набираться сил.
recrecimiento. [м.] увеличение, прирост, рост, прибавление; прибавление сил, здоровья.
recremento. [м.] (мед.) отделения необходимые для целей организма.
recreo. [м.] развлечение, приятное время-

препровождение; перерыв, рекреация, перемена (в школе); место развлечений.
recriar. [перех.] откармливать, выхаживать (о животных и т. д.).
recriminación. [ж.] встречное обвинение; [множ.] взаимное обвинение.
recriminador, ra. [прил.] (тже. сущ.) обвиняющий, упрекающий.
recriminar. [перех.] выдвигать встречные обвинения, подавать встречный иск; [возв. гл.] recriminarse, упрекать, укорять друг друга.
recriminatorio, ria. [прил.] содержащий встречные обвинения, обвинительный.
recrudecimiento. [м.] см. recrudescencia; (мед.) обострение, усиление (болезни).
recrudescencia. [ж.] усиление, увеличение; обострение (болезни и т. д.).
recrudescente. [дейст. прич.] к recrudecer, усиливающийся, обостряющийся.
recrujir. [неперех.] сильно трещать, хрустеть.
recruzar. [перех.] вновь пересекать.
rectal. [прил.] (анат.) ректальный, прямокишечный.
rectamente. [нареч.] справедливо; честно; прямо.
rectangular. [прил.] прямоугольный.
rectángulo, la. [прил.] прямоугольный; [м.] прямоугольник.
rectar. [перех.] (м. употр.) см. rectificar.
rectificable. [прил.] исправимый, поправимый.
rectificación. [ж.] исправление; поправка, уточнение; выпрямление; (геом.) ректификация, очищение, очистка; (геом.) ректификация, спрямление (кривой).
rectificado, da. [страд. прич.] к rectificar, очищенный, ректифицированный.
rectificador, ra. [прил.] исправляющий и т. д.; [м.] (эл.) выпрямитель; (тех.) ректификационный аппарат.
rectificar. [перех.] исправлять, поправлять, улучшать; выпрямлять; очищать, ректифицировать.
rectificativo, va. [прил.] исправляющий; (хим.) очищающий, ректифицирующий.
rectilíneo, a. [прил.] прямолинейный.
rectinervio, via. [прил.] (бот.) пряможильный.
rectitis. [ж.] (пат.) воспаление прямой кишки.
rectitud. [ж.] прямота, прямизна; прямота, прямолинейность; правильность, правота, справедливость, честность.
recto, ta. [прил.] прямой; (перен.) правдивый, честный, прямолинейный, прямой; справедливый, правильный; буквальный, дословный; [м.] (анат.) прямая кишка.
rectocele. [м.] (пат.) грыжа прямой кишки.
rectococcígeo, a. [прил.] (анат.) прямокишечно-копчиковый.
rector, ra. [прил.] управляющий, руководящий, направляющий; [м.] ректор университета; приор (монастыря); настоятель (церкви), приходский священник.
rectorado. [м.] ректорство; ректорат.
rectoral. [прил.] ректорский; [прил.] к приходский священник; [ж.] дом приходского священника.
rectoría. [ж.] ректорство; ректорат.
rectoscopia. [ж.] осмотр прямой кишки ректоскопом.
rectoscopio. [м.] (мед.) ректоскоп.
rectouterino, na. [прил.] прямокишечно-маточный.

rectovaginal. [прил.] влагалищно-кишечный.

rectovesical. [прил.] прямокишечно-пузырный.

rectriz. [прил. и ж.] длинное перо в хвосте птиц: * pluma **rectriz**, рулевой, правильное перо (у птиц).

recua. [ж.] караван вьючных животных; вереница, цепь: * en **recua**, гуськом.

recuadrar. [перех.] разделять на квадраты, делать сетку.

recuadro. [м.] квадрат; клетка.

recuaje. [м.] плата за переход (о караванах вьючных животных).

recuarta. [ж.] (муз.) одна из струн vihuela (род гитары).

recubrir. [перех.] покрывать вновь, перекрывать; прикрывать; см. retejar.

recudimiento. [м.] доверенность на получение арендной платы.

recudir. [перех.] оплачивать; помогать; [неперех.] отскакивать.

recuelo. [м.] жавель; спитой кофе.

recuento. [м.] повторный подсчёт, проверка; (обл.) инвентарь, опись.

recuentro. [м.] см. reencuentro.

recuerdo. [м.] воспоминание; подарок на память, сувенир (уст.); [множ.] recuerdos, привет (передаваемый через третье лицо).

recuero. [м.] погонщик вьючных животных, мулов (см. recua).

recuesta. [ж.] требование, просьба; (уст.) ухаживание; вызов на дуэль: * a toda **recuesta**, (уст.) решительно, во что бы то ни стало.

recuestar. [перех.] просить.

recuesto. [м.] склон, спуск.

reculación. [ж.] см. reculamiento.

reculada. [ж.] отход назад, отступление; (тех.) движение назад, попятное движение, задний ход.

reculadamente. [нареч.] назад, вспять (книж.); пятясь, задом.

reculamiento. [м.] см. reculada.

recular. [неперех.] отступать, подаваться назад, пятиться, идти назад, идти задним ходом; (перен.) поступаться своим мнением.

reculón. [м.] см. reculada.

reculones (a). [нареч.] (разг.) задом, пятясь; вспять (книж.).

recuperable. [прил.] возвратимый, возместимый.

recuperación. [ж.] получение обратно; возвращение, возмещение, возврат; восстановление; (тех. хим.) рекуперация.

recuperador, ra. [прил.] восстанавливающий и т. д.; [м.] рекуператор.

recuperar. [перех.] получать обратно; возвращать, возмещать; восстанавливать; [возв. гл.] **recuperarse**, поправляться.

recuperativo, va. [прил.] восстанавливающий, возвращающий.

recurrente. [страд. прич.] к recurrir; [прил.] (мед.) возвратный, повторный, рецидивный; [м. и ж.] проситель, -ница.

recurrir. [перех.] прибегнуть, обратиться к...; возвращаться; возвращать на прежнее место: * **recurrir** al médico, обратиться к врачу; * **recurrir** contra, обжаловать, опротестовать.

recurso. [м. дейст.] к прибегнуть, обращение к...; средство, способ; прошение, апелляция, жалоба, обжалование; обращение на прежнее место: * **recurso** de casación, подача кассационной жалобы;

[множ.] **recursos**, средства существования; крайние средства; извороты.

recurvar. [перех.] загибать назад или вверх.

recusable. [прил.] (юр.) отводимый, подлежащий отводу; оспоримый, сомнительный.

recusación. [ж.] (юр.) отвод; отклонение.

recusante. [дейст. прич.] к recusar.

recusar. [перех.] отводить (состав суда, свидетелей и т. д.); отвергать, не признавать; отказываться от...

rechazar. [перех.] отражать, отбивать; опровергать; отвергать, отклонять, отбросить, отказываться: * **rechazar** un ataque, отбить, отразить атаку.

rechazamiento. [м.] отражение; опровержение; отказ.

rechazo. [м.] отталкивание; отдача: * de **rechazo**, рикошетом.

rechifla. [ж.] освистывание; осмеяние, издевательство.

rechiflar. [перех.] освистывать; осмеивать, издеваться, насмехаться, глумиться.

rechinador, ra. [прил.] скрипящий; скрежещущий, хрустящий.

rechinamiento. [м.] скрип; скрежет; хруст, треск.

rechinante. [дейст. прич.] к rechinar.

rechinar. [неперех.] скрежетать, скрипеть, лязгать; хрустеть, трещать; (перен.) с неохотой делать что-л: * **rechinar** los dientes, скрежетать зубами.

rechinido, rechino. [м.] см. rechinamiento.

rechistar. [неперех.] см. chistar: * sin rechistar, беспрекословно.

rechizar. [перех.] (обл.) сильно греть, печь (о солнце).

rechoncho, cha. [прил.] приземистый, коренастый; (разг.) кургузый.

rechupete (de). [разг.] очень вкусный, лакомый.

red. [ж.] (рыболовная и т. д.) сеть; сетка; сетчатая ткань; сеточка для волос; сетчатая ограда, решётка; (перен.) западня, ловушка; сети: * **red** de araña, паутина; * echar (tender) la(s) **red**(es), расставлять сети; употребить все средства; * caer en la **red**, попасться в сети.

redacción. [ж.] редактирование, редакция; составление, написание (документа и т. д.); (помещение, состав работников) редакция.

redactar. [перех.] составлять, написать (документ и т. д.); редактировать.

redactor, ra. [прил. и сущ.] составитель (документа и т. д.); редактор; сотрудник газеты и т. д.: * **redactor** jefe, главный редактор.

redada. [ж.] забрасывание сети; (перен.) облава.

redamación. [ж.] взаимная любовь.

redamar. [перех.] любить друг друга.

redaño. [м.] (анат.) сальник; [множ.] см. brío.

redar. [перех.] забрасывать сеть.

redargución. [ж.] опровержение аргумента; обращение довода противника против него самого.

redargüir. [перех.] опровергать (аргумент); побивать кого-л его же доводами, обращать довод противника против него самого; возражать; [непр. гл.] спрягается как huir.

redecilla. [ж. умен.] к сеть, мелкая сетка; сетчатая ткань; сеточка для волос; сетка (второй желудок жвачных животных).

redecir. [перех.] повторять (сказанное другим).

rededor. [м.] окрестность, округа: * al, en **rededor**, вокруг.

redejón. [м.] сорт сети.

redención. [ж.] (рел.) искупление, спасение; выкуп (из плена и т. д.); избавление, освобождение; (перен.) средство; приют.

redendija. [ж.] см. rendija.

redentor, ra. [прил.] избавительный, спасительный; [м.] избавитель, спаситель, освободитель; (рел.) искупитель.

redeña. [ж.] см. salabardo.

redero, ra. [прил.] сетчатый; [м.] плетельщик сети и силки; рыболов; птицелов; (арг.) вор.

redescuento. [м.] переучёт векселя.

redhibición. [ж.] требование о взятии назад проданной вещи по случаю её недостатков.

redhibir. [перех.] (юр.) аннулировать сделку.

redhibitorio, ria. [прил.] дающий право расторгнуть сделку: * vicio **redhibitorio**, недостаток, дающий право расторгнуть сделку.

redición. [ж.] повторение сказанного.

redicho, cha. [прил.] манерный.

redil. [м.] загон для овец.

redil(e)ar. [перех.] см. amajadar.

redimible. [прил.] могущий быть выкупленным или искупленным; искупимый.

redimir. [перех.] (из плена и т. д.) выкупать; искупать (вину); избавлять, освобождать (путём уплаты).

redingote. [м.] редингот, длинный сюртук.

rédito. [м.] рента, доход с капитала; (ком. мат.) проценты.

redituable. [прил.] рентабельный, приносящий пользу или выгоду.

redituar. [перех.] приносить доход, выгоду, пользу.

redivivo, va. [прил.] воскресший, вернувшийся к жизни.

redoblado, da. [страд. прич.] к redoblar; [прил.] коренастый, приземистый; крепкий: * paso **redoblado**, ускоренный шаг.

redobladura. [ж.] **redoblamiento.** [м.] удвоение; ускорение.

redoblante. [м.] малый барабан.

redoblar. [перех.] удваивать; загибать конец гвоздя; заклёпывать; повторять; [неперех.] отбивать дробь (на барабане): * **redoblar** el paso, прибавить шагу.

redoble. [м.] см. redoblamiento; барабанная дробь.

redoblegar. [перех.] сдваивать; сгибать, складывать.

redoblón. [прил.] могущий быть заклёпанным.

redolente. [прил.] наболевший.

redoler. [неперех.] дурно пахнуть; [перех.] постигать, понимать.

redolor. [м.] глухая, тупая боль.

redoma. [ж.] колба, бутылка; графин конической формы; (Амер.) большой фонарь; аквариум.

redomado, da. [прил.] очень хитрый, коварный.

redomazo. [м.] удар колбой (redoma).

redomón, na. [прил.] (Амер.) полудикий, ещё не совсем объезженный.

redonda. [ж.] окрестный район, окрестность; пастбище; прямой парус: * a la **redonda**, вокруг, кругом, в окружности.

redondamente. [нареч.] вокруг, кругом; (перен.) ясно; без уверток.

redondeado, da. [страд. прич.] к redondear; [прил.] (о)круглый.

redondear. [перех.] округлять, закруглять; (перен.) освобождаться от долгов и т. д.; [возв. гл.] округляться; освобождаться от долгов; увеличивать своё состояние, имение.

redondel. [м.] круг; кружок; арена для боя быков; широкий и короткий плащ.

redondeo. [м.] округление.
redondete. [прил. умен.] к redondo, кругленький.
redondez. [ж.] округлость шарообразность; шаровидная поверхность.
redondilla. [ж.] четверостишие.
redondo, da. [прил.] круглый, округлённый; шаровидный, шарообразный; огороженный, прямой, без уверток; ясный, прямой, без уверток (о цифре); [м.] круглый предмет; (разг.) монета; * en **redondo**, кругом, вокруг; наотрез; * cuenta **redonda**, ровный счёт, круглый счёт; * caerse **redondo**, упасть замертво.
redopelo. [м.] поглаживание против шерсти; (разг.) драка среди детей: * a **redopelo**, против ворса, против шерсти; (перен.) наперекор; * traer al **redopelo**, помыкать, презирать.
redor. [м.] маленькая, круглая циновка; (поэт.) см. rededor.
redova. [ж.] редова (танец и музыка).
redro [нареч.] (разг.) сзади, позади; [м.] кольцо ежегодно образующееся на рогах коз, овец.
redrojo. [м.] кисточка винограда оставленная на кусте; поздний цветок или плод; (разг.) тщедушный, неразвитой ребёнок.
redropelo. [м.] см. redopelo.
redruejo. [м.] см. redrojo.
reducción. [ж.] уменьшение, убавление, сокращение; (фин. эк.) обращение; доведение до...; (мат.) приведение к простейшему виду, сокращение, превращение; редукция; (хир.) вправление; подавление, покорение, уменьшенная копия; редукция; удаление кислорода, восстановление кислорода: * **reducción** para piano, переложение для рояля; * **reducción** al absurdo, доведение до абсурда.
reducibilidad. [ж.] уменьшимость, сократимость; (мат.) приводимость.
reducible. [прил.] уменьшаемый, сократимый; обратимый в более простую форму, в более простой вид; (мат.) приводимый; сократимый; вправимый (о вывихе и т. д.); укротимый.
reducimiento. [м.] см. reducción.
reducir. [перех.] возвращать к прежнему состоянию; отводить назад; уменьшать, сокращать, убавлять; (хир.) вправлять; доводить до, (хим.) редуцировать; (мат.) приводить, сокращать, ограничивать; стягивать, сужать; превращать, обращать; разменивать (деньги и т. д.); давать уменьшённое изображение, воспроизводить в уменьшённом виде; усмирять, укрощать, покорять; убеждать, приводить доводы, (хим.) раскислять, восстанавливать; дробить на мелкие части; кратко излагать: * **reducir** a la razón, образумить; [возв. гл.] **reducirse**, уменьшаться, сокращаться; ограничивать свои потребности; сокращать свои расходы; решаться на что-л.: * **reducido**, сокращённый; кратко изложенный.
[непр. гл.] спрягается как conducir.
reductibilidad. [ж.] см. reducibilidad.
reductible. [прил.] см. reducible.
reducto. [м.] (воен.) опорный пункт; (ист.) редут.
reductor, ra. [прил.] уменьшающий, сокращающий; раскисляющий; [м.] (тех.) редуктор; ограничитель хода; (хим.) раскислитель.
redundancia. [ж.] излишек; многословие.
redundante. [действ. прич.] к redundar, излишний; многословный; цветистый (о слоге).
redundar. [неперех.] переливаться через край; оказываться, становиться, быть; * **redundar** en beneficio, идти на пользу, быть полезным.
reduplicación. [ж.] удвоение, удваивание; усиление, увеличение; повторение; редупликация.
reduplicar. [перех.] удваивать; усиливать, увеличивать; повторять.
reedición. [ж.] переиздание; новое издание.
reedificación. [ж.] постройка заново; перестройка; восстановление.
reedificador, ra. [прил.] восстановительный; [м. и ж.] строитель, восстановитель.
reedificar. [перех.] вновь строить, перестраивать; восстанавливать.
reeditar. [перех.] переиздавать.
reeducación. [ж.] перевоспитание; переучивание.
reeducar. [перех.]. перевоспитывать; переучивать.
reelección. [ж.] переизбрание, перевыборы.
reelecto, ta. [непр. страд. прич.] к reelegir, переизбранный.
reelegible. [прил.] переизбираемый; могущий быть избранным вновь.
reelegir. [перех.] переизбирать; вновь избирать.
reembarcar. [перех.] снова грузить, снова нагружать (судно), снова сажать на судно.
reembarque. [м.] вторичная погрузка; новая посадка (на судно).
reembolsable. [прил.] подлежащий уплате, возмещению.
reembolsar. [перех.] возвращать долг, получать обратно долг; [возв. гл.] **reembolsarse**, получить обратно деньги.
reembolso. [м.] возмещение расходов; получение обратно долга: * envío contra **reembolso**, отправление наложенным платежом.
reemplazable. [прил.] заменимый, заместимый.
reemplazante. [действ. прич.] к reemplazar; [м. и ж.] заместитель, -ница.
reemplazar. [перех.] заменять, замещать кого-л.; заменять чем-л. однородным.
reemplazo. [м.] замещение, замена; (воен.) очередной призыв; смена: * de **reemplazo**, находящийся в распоряжении (об офицере).
reencarnación. [ж.] повторное заживание (раны); перевоплощение; врастание в тело.
reencarnar. [неперех.] вновь заживать (о ране); врастать в тело.
reencuadernación. [ж.] новое переплёт.
reencuadernar. [перех.] вновь переплетать (книгу).
reencuentro. [м.] столкновение, случайная схватка, встреча.
reenganchamiento. [м.] см. reenganche.
reenganchar. [перех.] (воен.) оставлять на сверхсрочную службу; **reengancharse**, [возв. гл.] остаться на сверхсрочную службу.
reenganche. [м.] (воен.) оставление на сверхсрочную службу; деньги, выдаваемые при оставлении на сверхсрочную службу.
reengendrar. [перех.] рождать, давать начало вновь, вторично.
reensayar. [перех.] пробовать, испытывать вновь, вторично.
reensaye. [м.] вторичная проба металла.
reensayo. [м.] повторная репетиция; вторичная проба, вторичное испытание (машины и т. д.).
reenviar. [перех.] снова посылать, отправлять.
reenvío. [м.] отправка вновь.
reestreno. [м.] (театр.) возобновление постановки.

reexaminación. [ж.] рассмотрение, испытание вновь; повторный экзамен.
reexaminar. [перех.] рассматривать, испытывать, экзаменовать вновь.
reexpedición. [ж.] пересылка.
reexpedir. [перех.] пересылать.
reexportación. [ж.] реэкспорт.
reexportar. [перех.] (ком.) реэкспортировать.
refacción. [ж.] лёгкая закуска, подкрепление; наградные деньги, выдаваемые солдатам; (ком.) см. añadidura; починка; ремонт; (Амер.) расходы по содержанию владения.
refaccionar. [перех.] (Амер.) переделывать, перестраивать здание.
refajo. [м.] нижняя юбка (у крестьянок).
refalar. [неперех.] (Амер.) см. resbalar; обирать, грабить.
refalosa. [ж.] (Амер.) чилийский танец с платком.
refaloso, sa. [прил.] (Амер.) скользкий.
refalsado, da. [прил.] обманчивый, фальшивый, лживый.
refección. [ж.] лёгкая закуска, подкрепление; починка; ремонт; реставрация.
refectolero. [м.] см. refitolero.
refectorio. [м.] столовая (в школах и т. д.); трапезная (в монастырях).
referee. [м.] (спорт.) судья, рефери.
referencia. [ж.] повествование, рассказывание; отношение, касательство; ссылка, сноска, примечание (в книге); (чаще множ.) референция: * buenas **referencias**, рекомендация; * hacer **referencia** a, ссылаться; касаться.
referendario. [м.] см. refrendario.
referendum. [м.] референдум, всенародный опрос; (дип.) депеша дипломатического представителя своему правительству.
referente. [прич. наст.] к referir, докладывающий, рассказывающий...
referimiento. [м.] рассказ, повествование; отношение, касательство.
referir. [перех.] сообщать, передавать; излагать; докладывать, делать доклад, делать донесение; повествовать, рассказывать; направлять; устанавливать связь, отношения; (Амер.) упрекать; **referirse**, [возв. гл.] относиться к чему-л, касаться чего-л, ссылаться на что-л, подразумеваться: * en lo que se **refiere** a este asunto, что касается этого вопроса.
refertero, ra. [прил.] сварливый, придирчивый, склонный к ссорам.
refigurar. [перех.] вновь представлять себе в воображении, воображать.
refilón (de): косо, вкось; наискось.
refinación. [ж.] отчистка, очищение, рафинирование; отбел (чугуна); тонкость; утончённость.
refinado, da. [прил.] очищенный, рафинированный; тонкий, утончённый; изысканный; изощрённый; тонкий, ловкий, хитрый; продувной: * azúcar **refinado**, рафинад.
refinador. [м.] рабочий, очищающий металл, перерабатывающий спирт и т. д.
refinadura. [ж.] очистка, рафинирование; отбел (чугуна).
refinamiento. [м.] тонкость, утончённость; изысканность.
refinar. [перех.] очищать, рафинировать; перерабатывать (нефть, спирт и т. д.); (перен.) делать более утончённым (изысканным); совершенствовать, доводить до совершенства.

refinería. [ж.] рафинировочный завод: * **refinería** de azúcar, рафинадный сахарный завод; * **refinería** de petróleo, нефтеочистительный (нефтеперегонный) завод; * **refinería** de alcohol, ректификационный завод.

refino, na. [прил.] высшего качества; изящный, тонкий, утончённый; [м.] см. **refinación;** (Амер.) водка; бакалейная лавка.

refirmar. [перех.] опирать, см. **estribar;** утверждать, ратифицировать.

refistolear. [неперех.] чваниться.

refistolería. [ж.] (Амер.) чванство, самомнение.

refitolero, ra. [прил. и сущ.] заведующий столовой, трапезой, трапезник; любопытный, мелочный человек; см. **entrometido;** (Амер.) угодливый, притворно услужливый.

reflectante. [прич. наст.] к **reflectar.**

reflectar. [неперех.] (физ.) см. **reflejar,** отражать лучи.

reflectómetro. [м.] рефлектометр.

reflector, ra. [прил.] отражающий; отражательный; [м.] (астр. опт.) рефлектор; прожектор.

refleja. [ж.] размышление, обдумывание.

reflejar. [неперех.] (физ.) отражать (звук, лучи, тепло); [перех.] размышлять, раздумывать, обдумывать; см. **manifestar; reflejarse,** [возв. гл.] отражаться.

reflejo, ja. [прил.] (физ.) отражённый; рефлекторный; [м.] отражение, отблеск, отсвет; рефлекс; * **reflejo** condicional, условный рефлекс.

reflexibilidad. [ж.] (физ.) отражательная способность.

reflexible. [прил.] (физ.) способный отражаться.

reflexión. [ж.] (физ.) отражение; размышление, обдумывание; мысль; рефлексия (книж.): * ángulo de **reflexión,** угол отражения.

reflexionar. [неперех.] размышлять, раздумывать о чём-л.

reflexivamente. [нареч.] обдуманно.

reflexivo, va. [прил.] отражающий; отражательный; размышляющий; рассудочный; (грам.) возвратный (о глаголе).

reflexología. [ж.] рефлексология.

reflexológico, ca. [прил.] рефлексологический.

reflorecer. [неперех.] снова зацветать; (перен.) снова процветать, приобретать прежнюю блеск и т. д.; [непр. гл.] спрягается как **agradecer.**

refluente. [прич. наст.] к **refluir.**

refluir. [неперех.] отливать, течь обратно; отхлынуть; оборачиваться в чью-л. пользу или вред.

reflujo. [м.] отлив (морской); движение назад, отход, отлив.

refocilación. [ж.] забава, удовольствие.

refocilar. [перех.] ободрять, утешать, радовать, забавлять.

refocilo. [м.] см. **refocilación.**

reforjar. [перех.] перековывать.

reforma. [ж.] реформа; преобразование, реформирование, переустройство; переделка; (ист.) Реформация: * **reforma** agraria, аграрная реформа.

reformable. [прил.] доступный, подлежащий преобразованию.

reformación. [ж.] реформа, преобразование, реформирование; переделка.

reformar. [перех.] преобразовывать, реформировать; исправлять, переделывать; приводить в порядок, устраивать, переустраивать; поправлять, сокращать (расходы, штат служащих); увольнять (со службы, с работы); **reformarse,** [возв. гл.] преобразовываться, изменяться к лучшему; сдерживаться в словах, действиях.

reformativo, va. [прил.] преобразовательный, преобразующий.

reformatorio, ria. [прил.] преобразовательный; [м.] исправительная тюрьма, исправительный дом (для несовершеннолетних).

reformista. [м. и ж.] реформист, -ка; [прил.] реформистский.

reforzada. [ж.] (муз.) двойная струна.

reforzado, da. [прил.] укреплённый; усиленный; утолщённый; с повышенной прочностью.

reforzador. [м.] (фото) усилитель, закрепитель.

reforzamiento. [м.] усиление, подкрепление; укрепление; см. **refuerzo;** воодушевление.

reforzar. [перех.] укреплять, усиливать, подкреплять; воодушевлять; **reforzarse,** [возв. гл.] воодушевляться; [непр. гл.] спряг. как **contar.**

refracción. [ж.] (физ.) преломление, рефракция, лучепреломление: * doble **refracción,** двойное лучепреломление.

refractado, da. [прил.] (физ.) преломлённый.

refractar. [перех.] (физ.) преломлять (лучи).

refractario, ria. [прил.] отказывающийся выполнить обещание, обязательство; непокорный, строптивый, не подчиняющийся; не поддающийся лечению; огнеупорный; тугоплавкий, жароустойчивый: * ladrillo **refractario,** огнеупорный кирпич.

refractivo, va. [прил.] (физ.) преломляющий.

refracto, ta. [прил.] (физ.) преломлённый: * rayo **refracto,** преломлённый луч.

refractómetro. [м.] рефрактометр.

refractor. [м.] (астр.) рефрактор.

refrán. [м.] пословица, поговорка: * tener muchos **refranes** или **refranes** para todo, не лезть за словом в карман.

refranero, ra. [прил.] часто употребляющий в разговоре поговорки; [м.] сборник поговорок, пословиц.

refrangibilidad. [ж.] (физ.) преломляемость.

refrangible. [прил.] (физ.) преломляемый.

refranista. [м.] человек, часто употребляющий в разговоре поговорки, пословицы.

refregadura. [ж.] см. **refregamiento;** след от трения.

refregamiento. [м.] натирание; трение.

refregar. [перех.] тереть одно о другое; натирать; слегка скоблить; (разг.) бросать в лицо оскорбление.

refregón. [м.] (разг.) см. **refregadura;** (мор.) шквал, порыв ветра.

refreír. [перех.] ещё раз жарить; пережаривать; хорошенько поджаривать; (перен. разг.) надоедать, докучать; [непр. гл.] спряг. как **reír.**

refrenable. [прил.] укротимый, подавляемый.

refrenada. [ж.] резкое торможение.

refrenamiento. [м.] обуздание, укрощение, сдерживание.

refrenar. [перех.] обуздывать, укрощать, сдерживать, умерять; **refrenarse,** [возв. гл.] сдерживать себя, сдерживаться.

refrenativo, va. [прил.] обуздывающий, сдерживающий.

refrenda. [ж.] (Амер.) см. **refrendación.**

refrendación. [ж.] скрепление подписью; проверка (паспорта); узаконение, легализация.

refrendar. [перех.] скреплять подписью, контрассигновать, свидетельствовать; узаконивать, легализировать; визировать; проверять (паспорт); (перен. разг.) ещё раз приниматься за что-л.

refrendario. [м.] скрепляющий своей подписью.

refrendata. [ж.] (подпись) скрепа, контрассигнация.

refrendo. [м.] см. **refrendación.**

refrescador, ra. [прил.] освежающий, охлаждающий; прохладительный.

refrescadura. [ж.] освежение, охлаждение; освежение, подновление; возобновление (дружбы и т. д.); освежение в памяти.

refrescamiento. [м.] см. **refresco.**

refrescante. [прич. наст. к **refrescar**] [прил.] освежающий; прохладительный.

refrescar. [перех.] освежать, охлаждать; подновлять; восстановить, освежать в памяти; возобновлять (дружбу и т. д.); [неперех.] свежеть (о погоде); спадать (о жаре); освежаться; остывать; прохлаждаться, пить прохладительные напитки; (мор.) крепнуть (о ветре); (Амер.) см. **merendar:** * por la tarde refrescó, вечером посвежело.

refresco. [м.] лёгкая закуска; прохладительное; лёгкое угощение (напитки, сладости и т. д.): * de **refresco,** снова.

refriega. [ж.] столкновение, стычка, схватка; (мор.) шквал, порыв ветра.

refrieguilla. [ж.] (мор.) шквал, порыв ветра.

refrigeración. [ж.] охлаждение, остуживание; лёгкая закуска.

refrigerador, ra. [прил.] охлаждающий; [м.] рефрижератор, ледник, холодильник; охладитель, хладагент.

refrigeramiento. [м.] см. **refrigeración.**

refrigerante. [прич. наст.] от **refrigerar,** охлаждающий; [м.] холодильник.

refrigerar. [перех.] охлаждать, остужать; (перен.) подкреплять силы (тже. возв. гл.); **refrigerarse,** [возв. гл.] свежеть.

refrigerativo, va. [прил.] прохладительный.

refrigerio. [м.] охлаждение; приятная прохлада; приятное чувство, облегчение; утешение; лёгкий завтрак, лёгкая закуска: * tomar un **refrigerio,** слегка закусить, перекусить.

refringencia. [ж.] (физ.) способность преломлять (лучи), преломляемость.

refringente. [прич. наст.] к **refringir.** (физ.) преломляющий (лучи).

refringir. [перех.] см. **refractar.**

refrito, ta. [неир. прич. страд.] к **refreír;** [м.] скучное повторение старого.

refucilar. [неперех.] (Амер.) сверкать (о молнии).

refuerzo. [м.] утолщение; укрепление; наслоение (для прочности); подкрепление, помощь; усиление снимка; (арх.) подпорка.

refugiado, da. [прич. страд.] от **refugiar;** [прил.] (гал.) см. **emigrado; refugiado** político, политический эмигрант.

refugiar. [перех.] прятать, укрывать; приютить; **refugiarse,** [возв. гл.] укрываться, прятаться.

refugio. [м.] убежище, укрытие; пристанище; высокогорный приют: * **refugio** antiaéreo, бомбоубежище; * **refugio** antigás, газоубежище; * **refugio** nocturno, ночлежка; **refugio** de montaña, высокогорный приют.

refulgencia. [ж.] блеск, сияние.

refulgente. [прил.] сияющий, блещущий, блестящий.

refulgir. [неперех.] сиять, блистать, блестеть.

refundición. [ж.] переплавка, переливка (металла); коренная переделка; включение; переработка (литературного произведения).

refundidor. [м.] плавильщик.

refundir. [перех.] переплавлять, переливать (металл); сильно изменять, переделывать (произведение); (перен.) включать в себя; [непeрех.] оборачиваться в чью-л пользу или во вред кому-л; (Амер.) теряться, пропадать.

refunfuñador, ra. [прил.] ворчливый; [м. и ж.] ворчун, ворчунья, брюзга.

refunfuñadura. [ж.] ворчание, бормотание под нос.

refunfuñar. [непeрех.] ворчать, брюзжать, цедить сквозь зубы, бормотать себе под нос.

refunfuño. [м.] см. refunfuñadura.

refutable. [прил.] опровержимый.

refutación. [ж.] опровержение; довод против чего-л.

refutar. [перех.] опровергать.

refutatorio, ria. [прил.] опровергающий.

regable. [прил.] орошаемый, орошаемый.

regacear. [перех.] см. arregazar.

regacho. [м.] оросительный канал, арык.

regadera. [ж.] лейка; оросительный канал, арык.

regadero. [м.] см. reguera.

regadío, a. [прил.] орошаемый, орошаемый, поливной; [м.] поливной участок.

regadizo, za. [прил.] см. regadío.

regador, ra. [прил.] поливающий, орошающий; [м. и ж.] поливальщик, -ица; (обл. Амер.) лейка.

regadura. [ж.] орошение, поливка, поливание; дождевание.

regaifa. [ж.] см. hornazo.

regajal, regajo. [м.] лужа, ручеёк.

regala. [ж.] (мор.) планшир.

regalada. [ж.] королевская конюшня.

regalado, da. [страд. прич к regalar]; [прил.] нежный, мягкий, приятный; изысканный, утончённый; доставляющий наслаждение; превосходный (о кушанье).

regalador, ra. [прил.] щедрый; [м.] валёк бурдючника.

regalamiento. [м.] дарование, дар, дарение.

regalar. [перех.] дарить, приносить в дар; нежить, лелеять; услаждать, угощать, развлекать, забавлять; **regalarse**, [возв. гл.] наслаждаться жизнью; доставлять себе удовольствие: * regalar el oído, (разг.) льстить кого-л по шёрстке.

regalar. [перех.] растапливать, расплавлять, распускать.

regalía. [ж.] (м. употр.) подарок, дар.

regalejo. [м. умен.] к regalo, скромный подарок.

regalía. [ж.] королевская прерогатива; регалия; привилегия, преимущество; (перен.) прибавка к жалованию, премиальные.

regalicia. [ж.] см. regaliz.

regalillo. [м. умен.] к regalo, скромный подарок; муфта.

regaliz. [м.] (бот.) лакричник, лакрица, солодка, солодковый корень: de regaliz, лакричный.

regaliza. [ж.] см. regaliz; (Амер.) см. peoría.

regalo. [м.] подарок, дар; большое удовольствие, наслаждение; любимое блюдо, лакомство, яства; удобство: * de regalo, подарочный; роскошно, пышно; * vivir con regalo, жить со удобствами; * regalo de la reina (бот.) амарантус (цветок).

regalón, na. [прил.] любящий полакомиться; изнеженный.

regante. [прич. наст.] к regar, поливающий; [м.] имеющий право поливать, орошать; поливальщик.

regantío. [прил.] см. regadío.

regañadiente (a). [нареч.] неохотно, скрепя сердце, против воли.

regañamiento. [м.] ворчание, оскаливание зубов; выговор; трескание при созревании (о плодах).

regañar. [непeрех.] ворчать, скалить зубы (о собаке); ворчать, браниться; трескаться при созревании (о плодах); спориться, противоречить; [перех.] (разг.) упрекать; делать выговор.

regañir. [непeрех.] визжать, визгливо кричать; [непр. гл.] спряг. как mullir.

regaño. [м.] ворчание; выговор, внушение; (Амер.) см. guiñapo.

regar. [перех.] поливать; орошать; протекать через что-л (о реке, ручье); смачивать; брызгать; (перен.) разбрасывать, рассеивать; (Амер.) см. pegar.

regata. [ж.] оросительная канава, арык.

regata. [ж.] (мор.) регата, лодочные гонки.

regate. [м.] быстрое, обманное движение тела; увёртка, уловка, отговорка.

regateamiento. [м.] см. regateo.

regatear. [перех.] торговаться (о цене), спорить о цене; перепродавать в розницу; отказываться от чего-л; [непeрех.] делать быстрые, обманные движения (тела); увиливать, изворачиваться; участвовать в регате; (Амер.) участвовать в скачках (о наездниках).

regateo. [м.] торг; розничная, мелочная торговля.

regatería. [ж.] розничная, мелочная торговля.

regatero, ra. [м. и ж.] перепродавец в розницу, розничный, мелочной торговец, -ка; [прил.] продающий в розницу (о перепродавце).

regato. [м.] см. regajo.

regatón. [м.] конец, остриё (копья, палки и т. д.); наконечник (у копья).

regatón, na. [сущ. и прил.] см. regatero; имеющий, -ая привычку торговаться.

regatonear. [перех.] покупать оптом для перепродажи в розницу.

regatonería. [ж.] мелочная торговля; перепродажа в розницу.

regazar. [перех.] см. arregazar.

regazo. [м.] подбор, складка подола; (перен.) лоно.

regencia. [ж.] регенство; управление, руководство.

regeneración. [ж.] регенерация, возрождение, восстановление, обновление; духовное перерождение.

regenerador, ra. [прил.] регенеративный, восстанавливающий; [м. и ж.] восстановитель, возродитель; (тех.) регенератор.

regenerar. [перех.] возрождать; восстанавливать; обновлять; духовно возрождать, перерождать.

regenta. [ж.] регентша, жена регента, управляющего.

regentar. [перех.] править, управлять; руководить, заведовать; временно управлять, исполнять обязанности руководителя; выполнять почётную работу; распоряжаться, командовать.

regente. [прич. наст.] к regir; [м. и ж.] регент, -ша, правитель, -ница; управляющий; временный заместитель.

regentear. [перех.] распоряжаться, командовать.

regiamente. [нареч.] по-царски; роскошно, пышно.

regicida. [м. и ж.] (тже. прил.) цареубийца.

regicidio. [м.] цареубийство.

regidor, ra. [прил.] руководящий, управляющий; [м.] член городского совета.

regidora. [ж.] жена regidor.

regidoría, reguiduría. должность или звание regidor.

régimen. [м.] строй, режим, форма правления; образ, уклад, распорядок; режим, порядок, диета, режим; (грам.) управление: * régimen estatal (político) государственный строй; * régimen interior, (воен.) внутренняя служба; * régimen alimenticio, пищевой режим, диета; * régimen lácteo, молочная диета; * régimen lactovegeteriano, молочно-растительная диета; estar a régimen, быть на диете.

regimentación. [ж.] формирование полков.

regimentar. [перех.] сводить в полки, формировать полки; [непр. гл.] спряг. как acertar.

regimiento. [м.] управление, руководство; регенство; (воен.) полк; муниципальный совет, магистрат; должность городского советника; (уст.) см. régimen.

regio, gia. [прил.] королевский; царский; царственный; великолепный, пышный, роскошный: * agua regia, (хим.) царская водка.

región. [ж.] область, район; край; местность; округ; (анат.) область, участок; сфера, область, круг: * región militar, военный округ; * región lumbar, поясничная область.

regional. [прил.] областной, региональный, районный.

regir. [перех.] править, управлять; руководить, заведовать; (грам.) управлять; направлять, вести; испражняться; [непeрех.] действовать (о законе); работать (о машине и т. п.); (мор.) подчиняться рулевому управлению (о судне); [непр. гл.] спряг. как pedir.

registrador, ra. [прил.] регистрирующий, записывающий; обыскивающий, осматривающий; [м.] регистратор, контролёр, инспектор: * registradora de caja, кассовый аппарат; * aparato registrador, самопишущий прибор.

registrar. [перех.] регистрировать, записывать; вносить в список, составлять опись; обыскивать, осматривать; рассматривать; вкладывать закладку в книгу; отмечать, констатировать; выходить прямо на соседнее имение (о здании); **registrarse**, [возв. гл.] регистрироваться.

registrero. [м.] (Амер.) владелец магазина.

registro. [м.] регистрация, запись; внесение в список; обыск, осмотр, наблюдательный пункт, реестр, список, ведомость; книга для записи протоколов; регистратура, закладка (для книги); регулятор (часов и т. д.); регистр, люк (сточной трубы и т. д.), глазок; (арг.) см. bodegón; (Амер.) магазин, где торгуют (оптом) тканями: * registro civil, запись актов гражданского состояния; * registro talonario, талонная книжка; * derechos de registro, государственная пошлина; гербовый сбор; * tocar todos los registros, нажимать на все педали.

registrón, na. [прил.] (Амер.) см. fisgón; назойливый.

regla. [ж.] линейка, правило, установленный порядок; устав (монастыря, монашеского ордена); правило, распорядок, действие (арифметическое); см. pauta; умеренность; менструация, регулы: * no hay regla sin excepción, нет правила без исключения; * en regla, в порядке; * todo está en regla, всё в порядке; * por regla (general) обычно; как правило; * regla de cálculo, счётная линейка; * falsa regla,

транспарант; * regla de oro, de tres, (мат.) тройное правило; * salir de regla, выходить из ряда; нарушать правило.
regladamente. [нареч.] умеренно.
reglado, da. [прил.] умеренный, воздержанный.
reglamentación. [ж.] упорядочение, урегулирование, регламентирование, регламентация, подчинение определённым правилам.
reglamentar. [перех.] регламентировать, упорядочивать, подчинять определённым правилам.
reglamentariamente. [нареч.] в соответствии с регламентом, соответственно регламенту; по уставу.
reglamentario, ria. [прил.] регламентарный, предписанный уставом; (воен.) форменный, установленного образца; уставной, принятый на вооружение.
reglamento. [м.] регламент, распорядок; устав, положение, правила, статут.
reglar. [прил.] монашеский.
reglar. [перех.] линовать, чертить, графить; приводить в порядок, упорядочивать, регулировать; reglarse, [возв. гл.] регулироваться, упорядочиваться, придерживаться правил, брать пример с кого-л; применяться к чему-л.
reglero. [м.] рейсшина; см. falsilla.
regleta. [ж.] (полигр.) шпон, реглет; четырёхгранная линейка.
regletear. [перех.] (полигр.) разбивать на шпоны, закладывать реглеты между строк набора.
reglón. [м. увел.] к regla.
regma. [ж.] разрыв, разлом.
regmato. [м.] (бот.) плод, растрескавшийся от зрелости.
regnícola. [прил. и сущ.] подданный (королевства).
regocijadamente. [нареч.] весело, радостно.
regocijado, da. [прил.] весёлый, радостный, забавный.
regocijador, ra. [прил.] забавный, забавляющий, веселящий; [м.] весельчак.
regocijar. [перех.] радовать, веселить, забавлять; развеселить; regocijarse, [возв. гл.] радоваться, веселиться; получать удовольствие.
regocijo. [м.] радость, веселье, ликование; удовольствие; гулянье.
regodear. [неперех.] (Амер.) скупиться; regodearse, [возв. гл.] наслаждаться; (разг.) подшучивать, насмехаться; (Амер.) щепетильничать.
regojo. [м.] огрызок хлеба, оставшийся на столе, недоеденным кусок хлеба; (перен.) см. redrojo.
regojuelo. [м. умен.] к regojo.
regola. [ж.] (мор.) водопроток; (Амер.) оросительный канал.
regolaje. [м.] хорошее настроение.
regoldano, na. [прил.]: * castaña regoldana, дикий каштан.
regoldar. [неперех.] рыгать: * regoldar a, вонять;' [непр. гл.] спряг. как contar.
regoldo. [м.] (бот.) дикий каштан (дерево).
regolfar. [неперех.] течь обратно; отхлынуть; изменять свое направление (о ветре).
regolfo. [м.] отлив, движение назад; бухта, заводь.
regona. [ж.] большой оросительный канал.
regordete, ta. [прил.] толстоватый, коренастый, кругленький, толстенький.

regordido, da. [прил.] (м. употр.) толстый, объёмистый.
regorgaya. [ж.] (Амер.) жаркое из почек с печёнкой.
regostarse. [возв. гл.] пристраститься к чему-л, см. arregostarse.
regosto. [м.] пристрастие к чему-л.
regotrar. [неперех.] (обл.) рыгать, отрыгивать.
regraciar. [перех.] (от)благодарить.
regresar. [неперех.] возвратиться, вернуться, приходить или приезжать обратно; получать обратно.
regresión. [ж.] движение назад, обратное движение, регресс; (мед.) превращение болезненных явлений.
regresivo, va. [прил.] регрессивный, обратный.
regreso. [м.] возвращение (откуда-л); регресс: * de regreso, возвратный; * al regreso, на обратном пути; * viaje de regreso, обратный путь.
regrosar. [перех.] увеличивать; [непр. гл.] спряг. как contar.
regruñir. [неперех.] хрюкать, ворчать (громко или непрерывно); [непр. гл.] спряг. как gruñir.
regüeldo. [м.] отрыжка.
reguera. [ж.] оросительная канава, арык; (мор.) см. codera.
reguero. [м.] поток, струя, ручеёк; след, дорожка (от просыпанного, пролитого); оросительная канава.
reguilete. [м.] см. rehilete.
regulable. [прил.] регулируемый.
regulación. [ж.] приведение в порядок, регулирование, упорядочение, регулировка; выверка.
regulado, da. [прич. страд.] к regular; [прил.] регулярный, правильный.
regulador, ra. [прил.] регулирующий; [м.] регулятор; контрольные часы.
regular. [прил.] регулярный, правильный, равномерный; упорядоченный; благоразумный, степенный; сносный, удовлетворительный; посредственный, средний; обычный, заурядный, средний; (геом. грам.) правильный; монашеский; [множ.] регулярные войска: * por lo regular, большей частью, обыкновенно, обычно.
regular. [перех.] приводить в порядок, регулировать, упорядочивать; (тех.) регулировать; выверять.
regularidad. [ж.] регулярность, правильность, упорядоченность; точность; точное, строгое соблюдение правил.
regularización. [ж.] регулировка, регулирование, упорядочение, приведение в определённый порядок.
regularizador, ra. [прил.] регулирующий; регулировочный; [м. и ж.] регулировщик, -ица.
regularizar. [перех.] регулировать, упорядочивать; приводить в определённый порядок.
regularmente. [нареч.] обычно, обыкновенно; в соответствии, с установленными правилами; удовлетворительно, сносно, посредственно.
regulativo, va. [прил.] регулирующий (тж. сущ.).
régulo. [м.] князёк; царёк; (миф.) василиск; королёк, зерно чистого металла.
regurgitación. [ж.] дейст. к срыгивать.
regurgitar. [неперех.] срыгивать; (мед.) разливаться, переливаться.
rehabilitable. [прил.] подлежащий реабилитации.
rehabilitación. [ж.] реабилитация.
rehabilitar. [перех.] реабилитировать, восстанавливать в прежних правах; rehabilitarse, [возв. гл.] реабилитироваться.

rehacer. [перех.] делать заново, переделывать; исправлять, починять, поправлять; вновь соединять, восстанавливать, воссоздавать; rehacerse, [возв. гл.] делаться снова; восстанавливаться; чиниться; владеть собой, сдерживаться; поправляться, набираться новых сил; подтягивать силы; укреплять своё здоровье; [непр. гл.] спряг. как hacer.
rehacimiento. [м.] переделка, перестройка; починка; ремонт; восстановление сил.
rehala. [ж.] общественное стадо.
rehalero. [м.] старший пастух общественного стада.
rehartar. [перех.] кормить, поить до отвала.
reharto, ta. [непр. прич. страд.] к rehartar.
rehecho, cha. [непр. прич. страд.] к rehacer. [прил.] коренастый, приземистый.
rehelear. [неперех.] горчить.
reheleo. [м.] горечь, горький вкус.
rehén. [м.] заложник; залог.
rehenchido, da. [прич. страд.] к rehenchir; [м.] набивка (материал).
rehenchimiento. [м.] наполнение; набивка.
rehenchir. [перех.] наполнять; набивать; [непр. гл.] спряг. как ceñir.
rehendija. [ж.] см. rendija.
reherimiento. [м.] отталкивание; отражение.
reherir. [перех.] отталкивать; отбивать, отражать; [непр. гл.] спряг. как herir.
reherrar. [перех.] перековывать; [непр. гл.] спряг. как acertar.
rehervir. [неперех.] вновь кипеть; гореть страстью; [перех.] перекипятить, кипятить вновь; rehervirse, [возв. гл.] портиться (о консервах и т. д.); [непр. гл.] спряг. как sentir.
rehiladillo. [м.] узкая лента (шелковая или нитяная).
rehilandera. [ж.] детская бумажная мельница (игрушка).
rehilar. [перех.] перекручивать нить; [неперех.] (дрожа) двигаться, дрожать; пролетать с жужжанием (о стрелах).
rehilero, rehilete. [м.] оперённая стрела; (тавр.) бандерилья; (игра) волан.
rehiletero. [м.] тореро, вонзающий в быка бандерильи.
rehilo. [м.] (лёгкое) дрожание, колебание, вибрирование.
rehogar. [перех.] варить на медленном огне, томить, тушить.
rehollar. [перех.] вновь топтать; см. pisotear; [непр. гл.] сипряг. как contar.
rehoya. [ж.] см. rehoyo.
rehoyar. [неперех.] вновь рыть яму (для посадки).
rehoyo. [м.] глубокий овраг, яма.
rehuída. [ж.] отодвигание, удаление, укрывание чего-л от чужих взглядов; отвращение; уклонение; (охот.) поворот на старый след (о преследуемом звере).
rehuir. [перех.] отводить, отодвигать; убирать с глаз, укрывать от чужих взглядов; см. repugnar; отклонять, уклоняться; [неперех.] поворачивать на старый след (о преследуемом звере); rehuirse, [возв. гл.] уклоняться от чего-л.
rehumectar, rehumedecer. [перех.] вполне увлажнять, смачивать; [непр. гл.] спряг. как agradecer.
rehundido, da. [прич. страд.] к rehundir.
rehundir. [перех.] погружать глубже; углублять, делать более глубоким; переплавлять; (перех.) проматывать, растрачивать.
rehurtarse. [возв. гл.] отворачиваться, бросаться в другую сторону (о преследуемом звере и т. д.).
rehusar. [перех.] отказываться, отвергать, отклонять; не принимать.

reichstag. [м.] рейхстаг.
reideras. [ж. множ.] склонность к смеху.
reidero, ra. [прил.] (разг.) смешной, смехотворный.
reidor, ra. [прил.] смешливый; [м. и ж.] хохотун, -ья.
reimpatriar. [перех.] (Амер.) см. repatriar.
reimportación. [ж.] реимпорт.
reimportar. [перех.] реимпортировать.
reimpresión. [ж.] перепечатывание, перепечатка; новое издание, переиздание.
reimpreso, sa. [непр. прич. страд.] к reimprimir, перепечатанный; переизданный.
reimprimir. [перех.] перепечатывать, вновь печатать; переиздавать.
reina. [ж.] королева, царица; пчелиная матка; (шахм.) ферзь; * reina del cielo, владычица, богоматерь; * reina de los prados, (бот.) спирея; * reina de las flores, (бот.) царица ночи; * reina regente, регентша.
reinado. [м.] царствование; правление; господство.
reinador, ra. [м. и ж.] царствующая особа.
reinal. [м.] верёвка (пеньковая).
reinante. [прич. наст.] к reinar, царствующий, правящий.
reinar. [неперех.] царствовать, править; господствовать, царить; преобладать; (обл.) размышлять, ломать себе голову над чем-л.
reincidencia. [ж.] рецидив, повторение.
reincidente. [прич. наст.] к reincidir, совершающий рецидив; [м. и ж.] рецидивист, -ка.
reincidir. [неперех.] (юр.) совершить рецидив, быть рецидивистом; вновь впадать в ошибку.
reincorporación. [ж.] повторное включение, присоединение.
reincorporar. [перех.] вновь включать, присоединять, вводить в состав.
reineta. [ж.] ранет (сорт яблок).
reinfección. [ж.] (мед.) реинфекция, повторное заражение.
reingresar. [неперех.] вновь вступать (в какую-л организацию).
reingreso. [м.] повторное вступление, поступление.
reino. [м.] королевство, царство, государство; (перен.) царство: * reino animal, vegetal, животный, растительный мир; * el reino de los cielos, небо.
reinoculación. [ж.] (мед.) повторная прививка.
reinstalación. [ж.] водворение вновь; восстановление (в должности); оборудование вновь.
reinstalar. [перех.] вновь водворять, вновь устраивать; переоборудовать.
reintegrable. [прил.] восстановимый.
reintegración. [ж.] восстановление, возмещение; возврат, возвращение (в правах владения, в должности); водворение на место; воссоединение (территориальное).
reintegrar. [перех.] восстанавливать, возмещать; восстанавливать (в правах владения, в должности и т. д.); возмещать (убытки); переносить на прежнее место; reintegrarse [возв. гл.] вновь пользоваться; пользоваться, получать обратно.
reintegro. [м.] см. reintegración; уплата, платёж; выигрыш, равняющийся стоимости билета.
reír. [неперех.] смеяться; (перен.) иметь весёлый, приятный, приветливый вид; шутить, говорить несерьёзно; [перех.] осмеивать, высмеивать; reírse, [возв. гл.] смеяться; шутить; рваться (о ткани); * reír para sus adentros, смеяться исподтишка, втихомолку; * reír de mala gana или de dientes afuera, принуж-

дённо смеяться; * reír a carcajadas, во всё горло смеяться, хохотать; * reír a mandíbula batiente, хохотать; * hacer reír, смешить; * reír en la cara de uno, смеяться в лицо кому-л; * reír sin ton ni son, смеяться без причины; reírse por dentro, para su capote, смеяться исподтишка [непр. гл.] pres. ind. río, -es, -e. reímos, -reís, -rien, pres. subj. ría, -as и т. д.; imper. riera, riese и т. д.; ger. riendo.
reiteración. [ж.] повторение.
reiteradamente. [нареч.] неоднократно, многократно.
reiterar. [перех.] повторять: * reiterar una promesa, подтвердить обещание.
reiterativo, va. [прил.] повторный, повторяющийся.
reitre. [м.] (ист.) рейтар.
reivindicación. [ж.] (юр.) возврат своих прав, чего-л.
reivindicar. [перех.] (юр.) получать обратно.
reivindicatorio, ria. [прил.] (юр.) относящийся к возврату чего-л.
reja. [ж.] решётка (ворот, ограды, оконная и т. д.); (Амер.) штопка; тюрьма: * estar entre rejas, сидеть в тюрьме.
reja. [ж.] (с.-х.) лемех; вспашка.
rejacar. [перех.] см. arrejacar.
rejada. [ж.] см. arrejada; (обл.) узкий лемех.
rejado. [м.] решётка (садовая и т. д.).
rejalgar. [м.] (хим.) реальгар, природный сернистый мышьяк.
rejazo. [м.] (мер.) удар кнутом.
rejeada. [ж.] (Амер.) побои, порка (наказание).
rejera. [ж.] (мор.) канат, кабельтов.
rejera. [ж.] (Амер.) см. azotaina; молочная корова.
rejería. [ж.] деятельность решёточника.
rejero. [м.] мастер-решёточник.
rejileto, ta. [прил.] (обл.) см. garboso.
rejilla. [ж.] мелкая решётка; жалюзи; ткань из сплетенных стеблей; грелка для ног (с решётчатой крышкой); багажная сетка (в вагоне); решётка для углей в жаровне: * de rejilla, плетёный (о стуле); * echar asientos de rejilla, переплетать стулья; * asiento de rejilla, плетёное сиденье (стула).
rejiñol. [м.] детская свистулька (в виде кувшина).
rejitar. [перех.] рвать, вырвать.
rejo. [м.] остриё, шип, колючка; жало (пчелы); (бот.) корешок; (перен.) крепость, сила; (Амер.) кнут; необработанная кожа; верёвка для привязывания телёнка к корове; дойка, доение.
rejollizo. [м.] (обл.) след.
rejonazo. [м.] (тавр.) удар копьём.
rejón. [м.] заостренная железная палка; (тавр.) копьё; сорт кинжала.
rejoncillo. [м. умен.] к rejón.
rejoneador. [м.] тореро, колющий быка копьём.
rejonear. [перех.] (тавр.) колоть быка копьём.
rejoneo. [м.] (тавр.) дейст. к rejonear.
rejucilo. [м.] (Амер.) зарница.
rejudo, da. [прил.] (Амер.) тягучий.
rejuego. [м.] (Амер.) западня, ловушка; путаница; приманка; шум, крик.
rejuela. [ж.] мелкая решётка; ножная грелка с решётчатой крышкой.
rejugado, da. [прил.] (Амер.) хитрый, лукавый, коварный.
rejuntado. [м.] соединение швов (каменной кладки).
rejuntar. [перех.] соединять, заливать швы (каменной кладки).
rejuvenecer. [перех.] молодить, омолажи-

вать; (перен.) обновлять, освежать; [неперех.] омолодиться, помолодеть; * rejuvenecerse [возв. гл.] омолодиться, помолодеть; [непр. гл.] спряг. как agradecer.
rejuvenecimiento. [м.] омоложение, омолаживание; обновление (природы и т. д.).
relabra. [ж.] обтёсывание, обтёска вновь.
relabrar. [перех.] вновь обтёсывать.
relación. [ж.] отношение, соотношение; связь, зависимость; увязка, согласование; рассказ, описание, сообщение, повествование; доклад, отчёт; реляция, донесение; список; (юр.) отзыв; заключение экспертов; (театр.) речь, тирада; (Амер.) зарытый клад; [множ.] relaciones, отношения, взаимоотношения: * en relación con, в связи с; * relaciones comerciales, торговые отношения; * relaciones diplomáticas, дипломатические отношения; * relaciones de parentesco, родственные отношения; * romper las relaciones, порвать отношения.
relacionar. [перех.] передавать, рассказывать; доносить, докладывать; делать сообщение; устанавливать связь, отношения; согласовывать; relacionarse [возв. гл.] иметь отношение.
relacionero. [м.] тот, кто сочиняет или продаёт рассказы и т. д.
reláfica. [ж.] (Амер. разг.) длинный рассказ.
relajación. [ж.] ослабление, уменьшение напряжения; ослабление, смягчение; упадок сил; развлечение; (мед.) растяжение; грыжа; освобождение от обещания и т. д.; разврат.
relajamiento. [м.] см. relajación.
relajante. [прич. наст.] к relajar; [прил.] послабляющий (о средстве).
relajar. [перех.] ослаблять, смягчать; уменьшать напряжение; (мед.) смягчать (боль); развлекать; доставлять отдых; смягчать (наказание и т. д.); освобождать (от обещания и т. д.); (Амер.) насмехаться, издеваться; relajarse, [возв. гл.] ослабевать, смягчаться; развратничать, распутничать; (мед.) заболевать грыжей.
relajo, ja. [прил.] (Амер.) суровый; пламенный, горячий, огневой; [м.] (Амер.) см. depravación; беспорядок; скандал; издевательство; расстройство желудка.
relajón, na. [прил.] (Амер.) развращённый; насмешливый; [м. и ж.] развратник, -ица; насмешник, -ица.
relamer. [перех.] вновь лизать, облизывать; relamerse, [возв. гл.] облизываться; прихорашиваться; хвалиться, хвастаться.
relamido, da. [прич. страд.] к relamer; [прил.] вылощенный, прилизанный; (слишком) изысканно одетый; (Амер.) бесстыжий, наглый.
relámpago. [м.] молния; (перен.) сверкание; вспышка; остроумная шутка, острота; (арг.) столкновение; день; (вет.) бельмо (у лошадей).
relampagueante. [прич. наст.] к relampaguear.
relampaguear. [неперех.] сверкать (о молнии) (также о глазах); вспыхивать.
relampagueo. [м.] сверкание (молний).
relance. [м.] вторичное забрасывание; случай(ность); везение, удача: * de relance, случайно.
relancina. [ж.] (Амер.) случайность: * de relancina, (Амер.) обыденный; случайно.

relancino, na. [прил.] (Амер.) проницательный, хитрый.
relanzar. [перех.] отражать, отбивать атаку; вновь опускать бюллетень (избирательный).
relapso, sa. [прил.] повторно совершивший (грех и т. д.); [м.] (мед.) рецидив (болезни).
relatador, ra. [прил.] рассказывающий, повествующий; сообщающий; [м. и ж.] докладчик, -ица; рассказчик, -ица.
relatante. [прич. наст.] к relatar.
relatar. [перех.] рассказывать, повествовать, излагать, описывать; сообщать, доносить, докладывать.
relativamente. [нареч.] относительно.
relatividad. [ж.] относительность: * teoría de la **relatividad,** теория относительности.
relativismo. [м.] (филос.) релятивизм.
relativo, va. [прил.] относящийся к; касающийся, соответствующий, относительный: * mayoría **relativa,** относительное большинство; * pronombre **relativo,** относительное местоимение.
relato. [м.] рассказывание, повествование; рассказ; сообщение; доклад.
relator, ra. [прил.] рассказывающий, повествующий; сообщающий; [м. и ж.] рассказчик, -ица, повествователь, -ница, докладчик, -ица: * **relator** del Consejo de Estado, докладчик в государственном совете.
relatoría. [ж.] должность или контора докладчика.
relavar. [перех.] перемывать, снова мыть.
relave. [м.] перемывание; (мин.) вторичная промывка.
relazar. [перех.] перевязывать.
relé. [м.] (эл.) реле.
releer. [перех.] перечитывать.
relegación. [ж.] ссылка, изгнание; (перен.) удаление.
relegar. [перех.] высылать, ссылать, изгонять; (перен.) удалять; отодвигать на задний план.
relej. [м.] см. releje.
relejar. [неперех.] утоняться кверху (о стене).
releje. [м.] колея, выбоина; зубной камень; уклон стены.
relente. [м.] ночная, вечерняя роса; (перен.) разг.) наглость, развязность, нахальство.
relentecer. [неперех.] см. lentecer; [непр. гл.] спряг. как agradecer.
relevación. [ж.] дейст. к делать выпуклым, рельефным; освобождение (от обязанности и т. д.); помощь, содействие; прощение; прославление, восхваление; смена (часового и т. д.).
relevador. [м.] (эл.) реле.
relevadura. [ж.] см. relieve.
relevante. [прил.] выдающийся, превосходный.
relevar. [перех.] делать выпуклым, рельефным; освобождать (от обязанности и т. д.); увольнять; помогать, содействовать; прощать, извинять; сменять (часового и т. д.); (жив.) изображать выпуклостью; [неперех.] быть рельефным, иметь рельефную форму.
relevo. [м.] (воен.) смена; (спорт.) * de **relevos,** эстафета.
relicario. [м.] хранилище реликвий, ларец для хранения реликвий; рака; (Амер.) медальон.

relieve. [м.] рельеф; рельеф, рельефная резьба; объёмность, выпуклость, рельефность; значимость, известность, слава; [множ.] остатки еды, объедки: * alto **relieve,** горельеф; * bajo **relieve,** барельеф; * medio **relieve,** полурельеф.
religar. [перех.] снова связывать, снова завязывать, перевязывать; окружать более плотно; снова сплавлять.
religión. [ж.] религия; вера; вероисповедание; монашеский орден; культ: * entrar en **religión,** постричься в монахи, вступать в монастырь; * **religión** reformada, протестантство.
religionario. [м.] протестант.
religiosamente. [нареч.] благоговейно; свято, строго, аккуратно, точно.
religiosidad. [ж.] религиозность, набожность, точность.
religioso, sa. [прил.] религиозный; верующий, набожный; монашеский; церковный; точный, скрупулёзный, добросовестный; умеренный; [м. и ж.] монах, -иня.
relimar. [перех.] вновь подпиливать; (перен.) отделывать.
relimpiar. [перех.] перечищать; **limpiarse,** [возв. гл.] перечищаться.
relimpio, pia. [прил.] (разг.) очень чистый.
relinchador, ra. [прил.] часто ржущий.
relinchante. [прич. наст.] к relinchar.
relinchar. [неперех.] ржать.
relinchido, relincho. [м.] ржание.
relindo, da. [прил.] очень красивый, очень миловидный.
relinga. [ж.] (мор.) ликтрос.
relingar. [перех.] (мор.) пришивать ликтросы (к парусу); [неперех.] заполаскивать (о парусах).
reliquiario. [м.] см. relicario.
reloj. [м.] часы: * **reloj** de pulsera, ручные часы; * **reloj** de bolsillo, карманные часы; * **reloj** despertador, будильник; * **reloj** de pared, стенные часы; * **reloj** de sobremesa, настольные часы; * **reloj** de péndola, стенные (маятниковые) часы; * **reloj** de repetición, часы с боем; * **reloj** de sol (solar), солнечные часы; * **reloj** de arena, песочные часы; * **reloj** de agua, клепсидра, водяные часы; * **reloj** de áncora o ancla, анкерные часы; * **reloj** de Flora, часы флоры; * dar cuerda al **reloj,** завести часы; * el **reloj** adelanta, часы спешат; * el **reloj** está parado, часы не идут; * el **reloj** atrasa, часы отстают; * poner en hora el **reloj,** выверить часы.
relojera. [ж.] футляр для часов; жена часовщика.
relojería. [ж.] ремесло часовщика; мастерская часовщика; часовой магазин.
relojero. [м.] часовщик, часовых дел мастер; торговец часами, хозяин часового магазина.
relso, sa. [прил.] (м. употр.) см. terso.
reluciente. [прич. наст.] к relucir, блестящий, сверкающий, сияющий.
relucir. [неперех.] блестеть, сверкать, искриться; сиять; блистать великолепием; являться во всем великолепии; светиться, отражаться: * sacar los trapos a **relucir,** неожиданно довести до всеобщего сведения; [непр. гл.] спряг. как lucir.
reluctancia. [ж.] (эл.) магнитное сопротивление.
reluctante. [прил.] сопротивляющийся, упорный, настойчивый.
reluctividad. [ж.] (физ.) удельное магнитное сопротивление.
reluchar. [неперех.] упорно бороться.
relujar. [перех.] (Амер.) чистить сапоги.
relumbrante. [прич. наст.] к relumbrar.
relumbrar. [неперех.] сиять, сверкать, блистать (ослепительно).
relumbre. [м.] блеск, сияние.

relumbro, relumbrón. [м.] ослепительный блеск, сверкание; яркий отблеск; мишура, сусальное золото: * de **relumbrón,** блестящий, но пустой.
relumbroso, sa. [прил.] блестящий, сверкающий.
rellanar. [перех.] вновь сравнивать, равнять; **rellanarse,** [возв. гл.] см. arrellanarse.
rellano. [м.] лестничная площадка; плоский уступ; горная равнина.
rellena. [ж.] (Амер.) кровяная колбаса; кукурузная лепёшка начинённая сыром.
rellenar. [перех.] наполнять, заполнять; переполнять; начинять, набивать; фаршировать; (разг.) пичкать; **rellenarse,** [возв. гл.] обваливаться, наесться досыта, набить себе брюхом (прост.)
relleno, na. [прил.] переполненный, наполненный до отказа; набитый (соломой и т. д.); начинка, фарш; заполнение; наполнение, набивка; плеоназм.
remachado, da. [прич. наст.] к remachar; [прил.] заклёпанный: * narices **remachadas,** приплюснутый нос.
remachador, ra. [прил.] заклёпывающий; [ж.] клепальный станок.
remachar. [перех.] клепать, заклёпывать; расплющивать; (перен.) подтверждать ещё раз; подкреплять сказанное или сделанное: * **remachar** el clavo, (перен.) подкреплять ещё раз.
remache. [м.] клёпка, заклёпывание; соединение посредством заклёпок; забивание; (Амер.) упорство.
remador, ra. [м. и ж.] гребец.
remadura. [ж.] гребля.
remaduro, ra. [прил.] (Амер.) перезрелый (о фруктах).
remallar. [перех.] штопать, чинить сеть; поднимать петли (чулок).
remamiento. [м.] см. remadura.
remanal. [м.] (обл.) см. hontanar.
remandar. [перех.] неоднократно приказывать (см. mandar.)
remandingo. [м.] (Амер.) беспорядочное бегство.
remanecer. [неперех.] вновь внезапно появляться, снова показываться; [непр. гл.] спряг. как agradecer.
remaneciente. [прич. наст.] к remanecer.
remanencia. [ж.] (физ.) реманентность, остаточный магнетизм.
remanente. [м.] остаток.
remanga. [ж.] сеть для ловли креветок.
remangar. [перех.] засучивать рукава; подбирать, приподнимать подол; **remangarse,** [возв. гл.] подбирать, поднимать (подол); засучивать (рукава); (перен.) (разг.) принимать решение.
remango. [м.] подбирание (платья); засучивание (рукавов).
remanoso, sa. [прил.] (обл.) см. manantío.
remansarse. [возв. гл.] застаиваться (о воде).
remanso. [м.] заводь; (перен.) см. flema, pachorra.
remante. [прич. наст.] к remar.
remar. [неперех.] грести (вёслами); (разг.) много трудиться, напрягаться, тянуть лямку.
remarcable. [прил.] (гал.) замечательный, см. notable.
remarcar. [перех.] снова метить, снова делать или ставить метки; снова клеймить; вновь замечать, примечать.
rematadamente. [нареч.] полностью, вполне, совершенно.
rematado, da. [прич. страд.] к rematar, законченный, оконченный; (перен.) законченный, завершённый; безнадёжный; неизлечимый; (юр.) приговорённый без права апелляции: * loco **rematado,** буйный сумасшедший.

rematador. [м.] (Амер.) аукционист, объявляющий цену на торгах.
rematamiento. [м.] см. remate.
rematante. [м.] купивший с торгов.
rematar. [перех.] кончать, заканчивать, завершать, заключать; заканчивать, отделывать (платье и т. д.); приканчивать, добивать, доконать; продавать с торгов; [неперех.] кончаться, прекращаться; перестaвaть; **rematarse**, [возв. гл.] разрушаться; (по)гибнуть.
remate. [м.] окончание, заключение, завершение, довершение; конец, предел; край; отделка; присуждение, отдача с торгов; распродажа с торгов; (арх.) верхушка; конёк кровли, шпиц (колокольни); (Амер.) кайма, кромка, см. orillo: * de remate, совершенно, полностью; безнадёжно; * por remate, в заключение, в завершение; * tonto de remate, набитый дурак; * poner en remate, продавать с аукциона.
rematista. [м.] (Амер.) см. rematador.
remecedor, ra. [м. и ж.] тот, кто сбивает палкой плоды с оливкового дерева.
remecer. [перех.] трясти, встряхивать; (Амер.) см. mover, agitar.
remedable. [прил.] поддающийся подражанию.
remedador, ra. [прил.] подражающий; [м. и ж.] подражатель, -ница; имитатор.
remedar. [перех.] подражать; подделывать, имитировать; следовать примеру; передразнивать.
remediable. [прил.] поправимый.
remediador, ra. [прил.] оказывающий помощь; исправляющий и т. д. (см. remediar).
remediar. [перех.] поправлять, налаживать, исправлять; помогать от чего-л; излечивать, помогать (о лекарстве и т. д.); устранять, предотвращать, избавлять, предохранять от.
remedición. [ж.] перемеривание, перемерка.
remedio. [м.] средство, способ, мера против чего-л; лечебное средство, лекарство; исправление, поправка; избавление, предохранение; помощь; (арг.) см. procurador; (мон.) ремедиум (терпимость в весе или пробе монеты); (юр.) обжалование судебных решений и приговоров: * remedio heroico, сильнодействующее средство; * remedio casero, домашнее средство; народное средство; * sin remedio, неизлечимо, безнадёжно; неизбежно; безысходно; * no hay remedio, нет выхода; * no tener remedio, быть в безнадёжном положении; * ser el remedio peor que la enfermedad, больше калечит, чем лечит.
remedión. [м.] (театр.) спектакль, даваемый в замену другого.
remedir. [перех.] перемеривать, перемерять.
remedo. [м.] неудавшееся подражание; грубое передразнивание.
remellado, da. [прил.] выщербленный, зазубренный.
remellar. [перех.] скоблить, очищать (кожу).
remellón, na. [прил. и сущ.] см. remellado.
remembranza. [ж.] далёкое, смутное воспоминание; воспоминание; память.
remembrar. [перех.] см. rememorar.
rememoración. [ж.] см. recuerdo.
rememorar. [перех.] вспоминать, воскрешать в памяти.
rememorativo, va. [прил.] напоминающий о чём-л; установленный в память кого-л, чего-л; устраиваемый в память кого-л, чего-л.

remendado, da. [прич. страд.] к remendar; [прил.] пятнистый.
remendar. [перех.] чинить, латать, класть заплаты, залатать (прост.); (перен.) исправлять что-л; [непр. гл.] спряг. как acertar.
remendón, na. [прил.] : * zapatero remendón, холодный сапожник, сапожник (занимающийся только починкой).
remera. [ж.] маховое перо.
remero, ra. [м. и ж.] гребец.
remesa. [ж.] отправка, посылка; денежный перевод; (уст.) каретный сарай.
remesar. [перех.] посылать, отправлять, отсылать.
remesar. [перех.] рвать, выдирать (волосы и т. д.).
remesón. [м.] выдирание (волос и т. д.); рваная прядь волос.
remesón. [м.] короткая пробежка лошади; (фехт.) выпад.
remeter. [перех.] снова класть, ставить (см. meter); глубже вкладывать, всовывать; вталкивать, впихивать; менять подстилку (детям).
remezón. [м.] (Амер.) подземный толчок, землетрясение: * a remezones, (Амер.) временами; местами.
remiel. [м.] вторично выжимаемая патока.
remiendo. [м.] заплата; пятно (на шкуре животных); починка; исправление, поправка; (разг.) значок (сшитый); небольшая книжка: * a remiendos, бессвязно; через пятое на десятое; * hechar un miendo a la vida; (разг.) слегка закусить.
rémige. [ж.] маховое перо.
remilgadamente. [нареч.] жеманно.
remilgado, da. [прич. страд.] к remilgarse; [прил.] жеманный, манерный.
remilgarse. [возв. гл.] жеманиться, ломаться, манерничать; гримасничать.
remilgo. [м.] жеманство, ломание, манерность; гримаса.
remilgoso, sa. [прил.] (Амер.) см. remilgado.
remington. [м.] ремингтон.
reminiscencia. [ж.] реминисценция, воспоминание; **reminiscencias**, [множ.] пережитки.
remiradamente. [нареч.] осторожно, осмотрительно, с опасением.
remirado, da. [прил.] осторожный, осмотрительный.
remirar. [перех.] переглядеть; внимательно пересматривать, пристально наблюдать, смотреть внимательно, всматриваться; **remirarse.** [возв. гл.] остерегаться; старательно заниматься чем-л, старательно поступать; любоваться.
remisamente. [нареч.] лениво, медленно, неохотно.
remisible. [прил.] извинительный, простительный, заслуживающий прощения.
remisión. [ж.] отсылка, отправка, посылка; пересылка; прощение, помилование; снисхождение; ссылка, выноска, сноска, примечание (в книге); (мед.) ремиссия, временное ослабление лихорадки; опущение; небрежность; ослабление.
remisivamente. [нареч.] с намёком.
remisivo, va. [прил.] пересылающий.
remiso, sa. [прил.] ленивый, неряшливый, небрежный, вялый, медлительный; слабый.
remisor, ra. [прил. и сущ.] см. remitente.
remisoria. [ж.] (чаще множ.) (юр.) передача дела в надлежащий суд.
remisorio, ria. [прил.] прощающий.
remitencia. [ж.] (мед.) перемежающийся характер болезни.
remitente. [действ. прич.] к remitir; [м. и ж.] экспедитор, отправитель, -ница; [прил.] (мед.) перемежающийся.
remitido. [м.] платная публикация в газете.

remitir. [перех.] посылать, отправлять, пересылать; прощать, миловать; откладывать, отсрочивать, медлить с...; предоставлять на усмотрение кого-л; уменьшаться, ослабевать; **remitirse**, [возв. гл.] ссылаться на что-л; уменьшаться, ослабевать; сдавать: * remitir(se) al juicio de otra persona, предоставить на чьё-л усмотрение.
remo. [м.] весло; гребля; [множ.] конечности тела; крылья; (перен.) трудная, каторжная работа: * a(l) remo, на вёслах; * a remo y vela, поспешно, быстро; * a remo y sin sueldo, с трудом.
remoción. [ж.] передвижение, перемещение, перестановка, переноска, смещение; удаление, устранение (препятствия); увольнение, отстранение; перемешивание; волнение, расстройство.
remocho. [м.] (бот.) отпрыск, побег.
remojadero. [м.] мочильный чан; мочило.
remojar. [перех.] размачивать, мочить; вспрыскивать, ознаменовать выпивкой что-л, какое-л событие и т. д.; * remojar la palabra, выпить.
remojo. [м.] размачивание, мочение; (разг. Амер.) обновка, подарок; чаевые.
remojón. [м.] см. mojadura.
remolacha. [ж.] свёкла: * remolacha azucarera, свекловица, сахарная свёкла; * remolacha forrajera, кормовая свёкла; de remolacha, свекловичный.
remolar. [м.] плотник, изготовляющий вёсла; мастерская по изготовлению вёсел.
remolar. [перех.] (арг.) подделывать игральные кости; [непр. гл.] спряг. как contar.
remolcador, ra. [прил.] буксирный; [м.] (мор.) буксирное судно, буксир.
remolcar. [перех.] (мор.) буксировать, тащить, вести на буксире; брать на буксир.
remolda. [ж.] (обл.) обрезка лишних ветвей, сучьев.
remoldar. [перех.] (обл.) обрезывать лишние ветви, сучья.
remoler. [перех.] перемалывать, размельчать; (Амер.) шумно веселиться; см. fastidiar.
remolienda. [ж.] (Амер.) шумное веселье, праздник.
remolimiento. [м.] перемалывание, размельчение.
remolinante. [прич. наст.] к remolinar.
remolinar. [неперех.] кружиться вихрем, вихриться; (перен.) толпиться (беспорядочно); **remolinarse**, [возв. гл.] см. arremolinarse.
remolinear. [перех.] вращать, кружить вихрем что-л; [неперех. и возв. гл.] см. remolinar.
remolino. [м.] вихревое движение; вихрь; водоворот; (перен.) сутолока, толкучка; см. disturbio.
remolón. [м.] передний клык кабана; конец коренного зуба (у лошади).
remolón, na. [прил.] ленивый, медлительный.
remolonear. [неперех.] бездельничать; медлить, мешкать.
remolque. [м.] (мор.) буксировка, буксирование; буксирный канат; прицеп: * coche de remolque, прицепной вагон трамвая; * dar remolque, брать на буксир; * a remolque, на буксире; на прицепе; поневоле.
remollar. [перех.] (арг.) см. forrar.

remollerón. [м.] (арг.) шлем.
remondar. [перех.] снова резать лишние и сухие ветки.
remonta. [ж.] починка обуви; набивка сёдел; (воен.) ремонтирование, ремонт; конский состав части; ремонтное депо.
remontamiento. [м.] (воен.) ремонтирование, ремонт.
remontar. [перех.] поднимать, вспугивать дичь; (вообще) вспугивать; (воен.) ремонтировать; набивать сёдла; починить обувь; (перен.) возвышать, поднимать; **remontarse**, [возв. гл.] подниматься, возноситься, возвышаться; углубляться, скрываться в лес (о рабах); (обл.) гордиться.
remonte. [м.] починка обуви; набивка сёдел; (воен.) ремонтирование, ремонт; дейст. к вспугивать (дичь); поднимание; углубление в чащу леса (о рабах).
remontista. [м.] (воен.) ремонтёр.
remontuar. [м.] (франц.) часы, заводящиеся без ключа.
remoque. [м.] (разг.) шпилька, колкость, язвительная шутка, острота.
remoquete. [м.] удар кулаком; язвительная шутка, острота; (разг.) ухаживание за женщиной: * dar **remoquete**, дразнить.
rémora. [ж.] (ихтиол.) прилипала; (перен.) препятствие, помеха.
remorar. [перех.] задерживать, останавливать.
remordedor, ra. [прил.] (перен.) гложущий.
remorder. [перех.] вновь кусать; кусаться, кусать друг друга; (перен.) грызть, мучить, терзать (о совести и т. д.); **remorderse**, [возв. гл.] мучиться, терзаться; [непр. гл.] спряг. как **mover**.
remordiente. [дейст. прич.] к **remorder**.
remordimiento. [м.] угрызения совести.
remosquearse. [возв. гл.] (разг.) проявлять опасение, недоверие; (полигр.) смазаться (об оттиске).
remostar. [перех.] (также неперех.) добавлять сусло в (выдержанное) вино; **remostarse**, [возв. гл.] слежаться (о винограде); иметь вкус сусла.
remostecerse. [возв. гл.] см. **remostarse**; [непр. гл.] спряг. как **agradecer**.
remosto. [м.] добавление сусла в (выдержанное) вино; дейст. к слежаться (о винограде); вкус сусла.
remotamente. [нареч.] отдалённо; неопределённо, туманно; маловероятно, невероятно.
remotidad. [ж.] (Амер.) отдалённое место, захолустье.
remoto, ta. [прил.] отдалённый, далёкий, дальний; неопределённый, неясный; маловероятный, неправдоподобный, невероятный: * en tiempos **remotos**, в глубокой древности.
remover. [перех.] передвигать, перемещать; устранять, удалять препятствия; перемешивать, ворошить; увольнять, отстранять (от должности); снимать (с работы); расстраивать, волновать; [непр. гл.] спряг. как **mover**.
removimiento. [м.] см. **remoción**.
remozadura. [ж.] омолаживание, омоложение.
remozamiento. [м.] см. **remozadura**.
remozar. [перех.] молодить; омолаживать; **remozarse**, [возв. гл.] молодеть.
rempujar. [перех.] (разг.) см. **empujar**; (Амер.) прилаживать.

rempujo. [м.] сила давления; сопротивление.
rempujón. [м.] (разг.) см. **empujón**.
remuda. [ж.] смена, замена; смена, сменяемое бельё или одежда.
remudamiento. [м.] смена, замена.
remudar. [перех.] сменять, заменять; **remudarse**, [возв. гл.] заменяться; (обл.) менять бельё.
remudiar. [неперех.] (обл.) мычать.
remudo. [м.] (обл.) смена, перемена (белья).
remugar. [перех.] см. **rumiar**.
remullir. [перех.] сильно размягчать; разрыхлять (почву).
remunerable. [прил.] достойный награды; могущий быть награждённым.
remuneración. [ж.] вознаграждение; оплата; заработная плата, зарплата.
remunerador, ra. [прил.] вознаграждающий; хорошо оплачиваемый; [м. и ж.] вознаграждающий, -ая.
remunerar. [перех.] вознаграждать, платить за..., оплачивать.
remuneratorio, ria. [прил.] служащий вознаграждением.
remusgar. [неперех.] подозревать; предполагать, предвидеть, предчувствовать, чуять.
remusgo. [м.] предчувствие, предположение, догадка; свежий ветерок.
renacentista. [прил.] относящийся к эпохе Возрождения.
renacer. [неперех.] вновь рождаться; возрождаться; воскресать; оживать (о природе); выздоравливать, поправляться.
renacimiento. [м.] возрождение; оживление, расцвет; **Renacimiento** (ист.) Ренессанс, эпоха Возрождения.
renacuajo. [м.] (зоол.) головастик; (разг.) карапуз; надоедливый мальчик; см. **mequetrefe**.
renadío. [м.] всход вторичного посева, отава.
renal. [прил.] (анат.) почечный.
Renania. (геогр.) Прирейнская область.
renano, na. [прил.] прирейнский, относящийся к Рейну.
rencilla. [ж.] раздор, разлад; лёгкое злопамятство.
rencilloso, sa. [прил.] сварливый, придирчивый; злопамятный.
renco, ca. [прил.] хромой, хромающий; [м. и ж.] хромой, -ая.
rencor. [м.] злопамятность, злоба: * guardar **rencor**, таить зло против кого-л.
rencorosamente. [нареч.] злобно, с ненавистью.
rencoroso, sa. [прил.] злопамятный, злобный.
rendaje. [м.] узда, повод.
rendajo. [м.] см. **arrendajo**.
rendar. [перех.] (с.-х.) вспахивать вторично; вторично окучивать виноград.
rendez-vous. [м.] (франц. выраж.) место свидания, встречи.
rendición. [ж.] отдача, возвращение; (воен.) сдача, капитуляция; преодоление; подчинение, покорение, утомление, изнурение; доходность, доход.
rendidamente. [нареч.] снисходительно, покорно.
rendido, da. [прич. страд.] к **rendir**; покорный услужливый, любезный; галантный.
rendija. [ж.] трещина, щель, скважина.
rendimiento. [м.] утомление, усталость; повиновение, подчинение; услужливость, готовность сделать что-л; преданность, рента, доход, доходность; производительность труда; (тех.) коэффициент полезного действия.
rendir. [перех.] побеждать, преодолевать;

подчинять, покорять; рвать, тошнить; приносить (доход и т. д.); утомлять, изнурять; см. **dar**, **entregar**; (мор.) приплывать, оказывать (услуги); воздавать (почести и т. д.); одолевать (о сне и т. д.); (воен.) сдавать; **rendirse**, [возв. гл.] подчиняться, утомляться, изнемогать; сдаваться; (мор.) ломаться (о мачте): * **rendir** favores, см. **favorecer**; * **rendir** consejos, см. **aconsejar**; * **rendir** la guardia, сдавать дежурство; * **rendir** cuentas, давать отчёт, отчитываться; * **rendir** armas, сложить оружие; * **rendir** gracias, отблагодарить; поблагодарить; * **rendirse** a la evidencia, убедиться собственными глазами; * **rendirse** de tanto trabajar, утомиться от долгой работы; [непр. гл.] спряг. как **pedir**.
rene. [ж.] см. **riñón**.
renegado, da. [прич. страд.] к **renegar**; [прил.] ренегатский; суровый, грубый, склонный к злословию; [м. и ж.] отступник, ренегат, -ка.
renegador, ra. [прил.] склонный богохульствовать, ругаться и т. д.; [м. и ж.] богохульник, ругатель, -ница.
renegar. [перех.] настоятельно отрицать, отвергать, не признавать; отрекаться, отказываться, отступаться от; ненавидеть, презирать; [неперех.] отрекаться от веры; богохульствовать; ругаться, браниться; [непр. гл.] спряг. как **acertar**.
renegón, na. [прил. и сущ.] см. **renegador**.
renegrear. [неперех.] чернеть (сильно).
renegrido, da. [прил.] свинцового цвета.
renga. [ж.] горб; (обл.) часть хребта (у животных).
rengífero. [м.] олень (северный).
rengle. [м.] **renglera.** [ж.] см. **ringlera**.
renglón. [м.] строка, строчка; статья (расхода, дохода); [множ.] (перен. разг.) рукопись, печатное произведение: * leer entre **renglones**, читать между строк; * a **renglón** seguido, сразу, немедленно; * dejar entre **renglones** una cosa, упустить, забыть что-л.
renglonadura. [ж.] совокупность линий, (раз)линовка.
rengo, ga. [прил.] хромой, хромающий; [м. и ж.] хромой, -ая: * hacer la de **rengo**, (перен. разг.) притворяться больным; * dar con la de **rengo**, надуть.
renguear. [неперех.] (Амер.) хромать, прихрамывать.
renguera. [ж.] (Амер.) хромота, см. **cojera**.
renículo. [м.] (анат.) почечка.
reniego. [м.] проклятие, брань, бранное слово, см. **blasfemia**.
reniforme. [прил.] почковидный.
renil. [прил.] oveja **renil**, бесплодная или оскоплённая овца.
renina. [ж.] химозин.
renio. [м.] (хим.) рений.
renitencia. [ж.] гладкость, упругость (кожи).
renitencia. [ж.] сопротивление, нежелание, несогласие.
renitente. [прил.] оказывающий сопротивление, несогласный.
reno. [м.] (зоол.) олень (северный).
renombrado, da. [прил.] известный, знаменитый, знатный.
renombre. [м.] прозвище; слава, известность, реноме; доброе имя.
renovable. [прил.] обновляемый; возобновляемый.
renovación. [ж.] обновление, подновление; возобновление, восстановление; повторение; возрождение; смена, замена, замена новым; переделка, преобразование; (мед.) улучшение.
renovador, ra. [прил.] обновляющий, обновительный; восстанавливающий; [м. и ж.] обновитель.

renoval. [м.] молодой лес на вырубке.
renovante. [дейтс. прич.] к renovar.
renovar. [перех.] обновлять, подновлять; сменять, заменять; заменять новым; возобновлять, начинать с н о в а, повторять; восстанавливать; возрождать; переделывать; [непр. гл.] спряг. как contar.
renovero, ra. [м. и ж.] ростовщик, -ица; старьёвщик, -ица.
renquear. [неперех.] ковылять, прихрамывать; renqueando, ковыляя, прихрамывая кое-как.
renta. [ж.] ежегодный доход, рента; арендная плата; пошлина, налог; государственный долг: * renta nacional, государственный доход; *renta vitalicia, пожизненная рента; * rentas generales, таможенные сборы; * renta de sacas, пошлина, таможенный сбор; * contribución sobre la renta, подоходный налог; * meterse en la renta del excusado, вмешиваться в чужие дела; * vivir de rentas, жить на ренту, стричь купоны.
rentabilidad. [ж.] рентабельность; доходность.
rentable. [прил.] рентабельный, доходный.
rentado, da. [прич. страд.] к rentar; [прил.] живущий на доходы с капитала, на ренту; обладающий рентой.
rentar. [перех.] приносить ежегодный доход.
rentero, ra. [прил.] платящий налог; [м. и ж.] фермер, -ша, арендатор, -ша.
rentista. [м.] специалист по государственному имуществу; финансист; рантье, лицо, живущее на доходы с капитала; тот, кто получает проценты с государственных бумаг.
rentístico, ca. [прил.] относящийся к государственным бумагам.
rento. [м.] ежегодная арендная плата (оплачиваемая фермером).
rentoso, sa. [прил.] рентабельный, доходный.
renuencia. [ж.] сопротивление, отвращение к..., нежелание что-л делать.
renuente. [прил.] непослушный, непокорный, неподчиняющийся.
renuevo. [м.] отпрыск, побег, отросток (дерева); см. renovación; (уст.) ростовщичество.
renuncia. [ж.] отказ, отречение, отставка.
renunciación. [ж.] см. renuncia.
renunciante. [прич. наст.] к renunciar; [м. и ж.] отказывающийся, -аяся от чего-л.
renunciar. [перех.] отказываться, отрекаться от; не признавать за; оставлять, пренебрегать; * renunciarse a sí mismo, отдать себя в жертву.
renunciatario. [м.] (юр.) лицо, в чью пользу отказываются (от права и т. д.).
renuncio. [м.] (карт.) ренонс; (перен. разг.) ложь, противоречие.
reñidamente. [нареч.] упорно; ожесточённо.
reñidero. [м.] арена (для петушиного боя и т. д.).
reñido, da. [прич. страд.] к reñir; [прил.] находящийся в неладах, в ссоре: * estar reñidos, быть в ссоре.
reñidor, ra. [прил.] склонный ссориться, придирчивый, сварливый.
reñidura. [ж.] (разг.) порицание, выговор, упрёк.
reñir. [неперех.] ссориться, ругаться; враждовать; сражаться, биться, драться; [перех.] бранить, делать выговор, внушение, отчитывать, намылить голову; задать головомойку: * reñir de bueno a bueno, честно сражаться; [непр. гл.] спряг. как ceñir.
reo. [м.] (ихтиол.) морская форель.

reo, a. [прил.] преступный; виновный; обвиняемый; [м. и ж.] обвиняемый, -ая подсудимый, -ая; преступник, -ица.
reo. [м.] очередь: * a reo y al reo, непрерывно, подряд.
reocordio. [м.] (эл.) реохорд.
reóforo. [м.] (физ.) клемма.
reojo: mirar de reojo, тайком, украдкой смотреть; смотреть презрительно, враждебно.
reología. [ж.] (физ.) реология.
reómetro. [м.] (физ.) реометр.
reorganización. [ж.] реорганизация, переустройство, преобразование.
reorganizador, ra. [прил.] реорганизационный, преобразовательный, преобразовывающий; [м. и ж.] реорганизатор, преобразователь, -ница.
reorganizar. [перех.] реорганизовывать, переустраивать, преобразовывать, переоборудовать.
reoscopio. [м.] (эл.) реоскоп.
reóstato. [м.] (эл.) реостат.
reostricción. [ж.] (эл.) реострикция.
reotaxis. [ж.] реотаксис.
reótomo. [м.] (эл.) прерыватель тока.
reotropismo. [м.] реотропизм, см. reotaxis.
reoxidación. [ж.] (хим.) вторичное превращение в окись.
repacer. [неперех.] выщипать луг (о скоте); [непр. гл.] спряг. как pacer.
repagar. [перех.] переплачивать.
repajo. [м.] участок, окружённый кустарником.
repanchigarse, repantigarse. [возв. гл.] усесться удобно, непринуждённо или раскинувшись.
repapilarse. [возв. гл.] объедаться, обжираться, наесться до отвала.
reparable. [прил.] исправимый, поправимый.
reparación. [ж.] исправление, ремонт, починка, поправка; удовлетворение, возмещение, репарация; заглаживание; отражение, парирование, предупреждение удара и т. д.: * reparación de una ofensa, удовлетворение за оскорбление; * en reparación, в ремонте.
reparada. [ж.] внезапный скачок, прыжок в сторону, рывок лошади.
reparado, da. [прич. страд.] к reparar; [прил.] с повышенной прочностью; снабжённый, косой, косоглазый.
reparador, ra. [прил.] исправляющий; улучшающий, восстанавливающий, подкрепляющий; придирчивый, склонный критиковать; дающий удовлетворение (за оскорбление и т. д.); [м. и ж.] восстановитель, -ница; критикан, -ка.
reparamiento. [м.] см. reparo и reparación.
reparar. [перех.] исправлять, ремонтировать, починять, поправлять; восстанавливать, исправлять, улучшать; заглаживать, искупать, удовлетворение (за оскорбление); вознаграждать, возмещать (убытки и т. д.); укреплять (силы); отбивать, парировать, отражать (удар); гарантировать себя от чего-л; отмечать, замечать; обдумывать; [неперех.] останавливаться; repararse, [возв. гл.] сдерживаться: * sin reparar en los gastos, невзирая, не обращая внимания на расходы; * reparar en pelillos, придираться к пустякам.
reparativo, va. [прил.] поправляющий; улучшающий, восстанавливающий, подкрепляющий.
reparista. [прил.] (Амер.) см. reparón.
reparo. [м.] исправление, ремонт, починка, поправка, восстановление; парирование, отражение (удара); замечание; возражение; сомнение; помеха, препятствие; средство, восстанавливающее силы; защита; (фехт.) парирование, отражение удара: * sin reparo, бесцеремонно, беспощадно.
reparón, na. [прил.] придирчивый, склонный критиковать; [м. и ж.] критикан, -ка, придирчивый человек.
repartible. [прил.] распределяемый; делимый, разложимый на части.
repartición. [ж.] распределение, р а з д е л-(ение), развёрстка, раскладка, делёжка (разг.); перераспределение; (Амер.) отдел, ведомство.
repartidamente. [нареч.] по частям, отдельно.
repartidor, ra. [прил.] распределяющий; [м. и ж.] разносчик, распределитель, раздатчик.
repartimiento. [м.] см. repartición (дейст.); налог.
repartir. [перех.] делить, разделять; раздавать, распределять; раскладывать (налоги и т. д.): * repartir entre los alumnos, раздать ученикам.
reparto. [м.] см. repartimiento; (театр.) исполнители, участники.
repasadera. [ж.] фасонный рубанок.
repasador. [м.] кухонное полотенце.
repasadora. [ж.] женщина, занимающаяся очисткой шерсти.
repasar. [(не)перех.] снова проходить, проезжать; [перех.] чистить и делать пористым (о шерсти); ещё раз просматривать; снова повторять; пробежать; вызывать в памяти, воспроизводить; повторять наизусть; перешивать, пересматривать, проверять; (мин.) амальгамировать; * repasar la lección, повторить урок; * repasar una cuenta, проверить счёт; * repasar un periódico, пробежать газету.
repasata. [ж.] (разг.) выговор, внушение, нахлобучка.
repaso. [м.] вторичный проход, проезд; беглый просмотр, проверка, новое повторение; восстановление в памяти; пересмотр; переделка, поправка; чистка (одежды и т. д.); головомойка, нахлобучка.
repastar. [перех.] снова пасти.
repatriación. [ж.] репатриация, возвращение на родину.
repatriado, da. [прич. страд.] к repatriar; [м. и ж.] репатриант, -ка.
repatriar. [перех.] репатриировать, отправлять (возвращать) на родину; repatriarse, [возв. гл.] репатриироваться, возвращаться на родину.
repechar. [неперех.] подниматься по откос. (см. repecho).
repeche. [прил.] (Амер.) очень хороший, превосходный, отличный.
repecho. [м.] откос (короткий, но крутой): * a repecho, в гору. [вый.
repegoso, sa. [прил.] упорный, надоедливый.
repeinar. [перех.] снова причёсывать; repeinarse, [возв. гл.] очень тщательно причёсываться.
repeladura. [ж.] плотное удаление волос или перьев; повторное обдирание шелухи.
repelar. [перех.] рвать, вырывать, выщипывать волосы; таскать за волосы, заставить пробегать немного; щипать траву (о лошади); обрезать, срезать, урезать, убавлять; (Амер.) пасти скот на лугу; делать выговор; раздражать.
repelencia. [ж.] (Амер.) см. impertinencia.
repelente. [дейст. прич.] к repeler, отталкивающий; (Амер.) см. impertinente.

repeler. [перех.] отталкивать от себя, отвергать, отказывать; отбивать, отражать (атаку).

repelo. [м.] обратная сторона ворса, шерсти; заусеница; прожилка в дереве; (перен. разг.) ссора, перебранка; отвращение; (Амер.) тряпка, лохмотья; изношенная одежда: * repelo de frío, озноб.

repelón. [м.] дёрганье за волосы, клочок, обрывок; стремительный бросок (о беге лошади); (Амер.) см. regaño, [мн.]; (тех.) пламя, вырывающееся из печей: * a repelones, понемногу, мало-помалу, постепенно; рывками; с трудом; * de repelón, бегло; без перерыва, безостановочно; * más viejo que el repelón, престарелый.

repeloso, sa. [прил.] с прожилками (о древесине); слишком обидчивый, щепетильный.

repeluzno. [м.] см. escalofrío.

repellar. [перех.] набрасывать известь на стену (при штукатурке).

repello. [м.] штукатурка.

repensar. [перех.] снова обдумывать, снова размышлять; [непр. гл.] спряг. как acertar.

repente. [м.] резкое, неожиданное движение; [нареч.] внезапно, неожиданно; * de repente, внезапно, неожиданно; наизусть.

repentinamente. [нареч.] вдруг, неожиданно, внезапно; скоропостижно.

repentino, na. [прил.] неожиданный, внезапный; необдуманный; скоропостижный; * muerte repentina, скоропостижная смерть.

repentista. [м. и ж.] импровизатор; (муз.) тот, кто играет с листа.

repentizar. [неперех.] (муз.) играть с листа.

repentón. [м. увел.] к repente.

repeor. [нареч.] гораздо хуже (тж. прил.).

repepenar. [перех.] (Амер.) собирать, подбирать.

repercudida. [ж.] см. repercusión.

repercudir. [перех.] см. repercutir.

repercusión. [ж.] обратный толчок, отскакивание; отражение (звука, света); отзвук, отголосок, отклик, резонанс; отдача (об огнестрельном оружии); (мед.) отвлечение (боли и т. д.); (перен.) отражённое действие; последствие; отклик.

repercusivo, va. [прил.] (мед.) отвлекающий.

repercutir. [неперех.] отскакивать; отражаться (звуковые волны, световые, тепловые лучи); отдавать (об огнестрельном оружии); (перен.) иметь влияние; (Амер.) дурно пахнуть; противоречить; [перех.] (мед.) отвлекать (боль и т. д.).

reperiquetear. [перех.] (разг.) (Амер.) см. emperejilar.

repertorio. [м.] перечень, список, опись, реестр; каталог; сборник; (театр.) репертуар: * hacer un repertorio, составить опись.

repesar. [перех.] вновь взвешивать, перевешивать.

repeso. [м.] вторичное взвешивание, перевешивание; помещение для взвешивания; контролёр весов.

repetición. [ж.] повторение; репетиция; часы с репетицией; (юр.) обратное требование; (рит.) накопление однозначащих выражений.

repetidamente. [нареч.] повторно, неоднократно.

repetidor, ra. [прил.] повторяющий; [м.] репетитор.

repetir. [перех.] повторять; твердить; (юр.) требовать обратно по праву; [неперех.] репетировать; отрыгивать; [непр. гл.] спряг. как pedir.

repicar. [перех.] мелко рубить, резать на мелкие куски; (повторно и равномерно) звонить в колокола; вновь колоть; (Амер.) наказывать; [неперех.] звонить, играть (о курантах); * repicarse, [возв. гл.] хвастаться, чваниться.

repicoteado, da. [прич. страд.] к repicotear; [прил.] зубчатый; украшенный зубцами, фестонами.

repicotear. [перех.] украшать фестонами, зубцами.

repinaldo. [м.] название некоторых сортов больших яблок.

repinarse. [возв. гл.] возноситься, подниматься, возвышаться.

repintar. [перех.] перекрашивать, красить заново; переписывать (картину); **repintarse**, [возв. гл.] подкрашиваться, румяниться.

repinte. [м.] реставрация (картин).

repique. [м.] мелкая рубка; непрерывный колокольный звон, трезвон; (разг.) ссора, размолвка; (Амер.) оскорбление, обида; хвастливая угроза.

repiquetear. [перех.] непрерывно и часто (тре)звонить в колокола; (разг.) браниться.

repiqueteo. [м.] непрерывный и частый колокольный звон, трезвон; перебранка, ссора.

repisa. [ж.] (арх.) консоль.

repisar. [перех.] вновь давить; см. apisonar.

repiso. [м.] низкосортное вино (из виноградных выжимок).

repitiente. [действ. прич.] к repetir.

repizcar. [перех.] см. pellizcar.

repizco. [м.] см. pellizco.

replantar. [перех.] снова сажать (растения).

replantigarse. [возв. гл.] (Амер.) см. repantigarse.

repleción. [ж.] переполнение, наполнение, перегрузка; тучность, полнота; переполнение, обременение желудка; (мед.) отёк.

replegar. [перех.] снова складывать, свёртывать, сгибать; (воен.) отводить назад (войска); **replegarse,** [возв. гл.] отходить, отступать (в порядке); [непр. гл.] спряг. как acertar.

repletar. [перех.] наполнять; переполнять; заполнять; переполнять желудок; **repletarse,** [возв. гл.] объедаться, обжираться.

repleto, ta. [прил.] переполненный, наполненный до отказа; битком набитый; пресыщенный; насытившийся; полный, дородный, тучный.

réplica. [ж.] реплика, возражение; (жив.) копия; опровержение; (муз.) реплика; [м.] (Амер.) экзаменатор: * sin réplica, без возражений; не рассуждая, * dar la réplica debida, дать достойный ответ.

replicador, ra. [прил. и сущ.] любящий возражать, противоречить; много рассуждающий; [сущ.] дух противоречия.

replicante. [действ. прич.] к replicar, возражающий.

replicar. [неперех.] возражать; противоречить; отвечать; * replicar agriamente, ответить едко.

replicato. [м.] опровержение.

replicón, na. [прил. и сущ.] (разг.) см. replicador.

repliegue. [м.] складка, сгиб; (воен.) отступление в полном порядке; (Амер.) неровность почвы; изгиб реки.

repo. [м.] (Амер.) чилийский куст(арник).

repoblación. [м.] новое заселение; разведение вновь (рыб, птиц и т. д.): * repoblación forestal (de montes), засаживание деревьями, лесонасаждение, облесение.

repoblar. [перех.] заселять вновь; вновь разводить (рыб, птиц и т. д.); засаживать (деревьями), облесить; [непр. гл.] спряг. как poblar.

repodar. [перех.] (с.-х.) вновь обрезывать лишние ветви, сучья.

repodrir. [перех.] см. repudrir.

repollar. [неперех.] кочаниться (о капусте).

repollo. [м.] кочанная капуста; кочан.

repolludo, da. [прил.] кочанный; имеющий вид кочана; (перен.) приземистый.

repolluelo. [м. умен.] к repollo.

reponer. [перех.] ставить, класть, сажать, помещать на прежнее место; откладывать про запас; восстанавливать в должности; ремонтировать; заменять; возражать; возобновлять театральную постановку или фильм; **reponerse,** [возв. гл.] выздоравливать, поправляться; поправлять свои дела; успокаиваться: * reponerse después de la enfermedad, оправиться от болезни; [непр. гл.] спряг. кнк poner.

reportación. [ж.] спокойствие, безмятежность, воздержание, осмотрительность.

reportaje. [м.] репортаж.

reportamiento. [м.] сдерживание, обуздание; умеренность, воздерж(ан)ность, сдержанность; достижение; принос.

reportar. [перех.] подчинять себе, укрощать, обуздывать, сдерживать; достигнуть, добиться; приносить; носить, переносить; **reportarse,** [возв. гл.] овладевать собой, обуздывать себя.

reporte. [м.] новость; весть, известие; сплетня.

reporter. [м.] см. reportero.

reporteril. [прил.] репортёрский.

reporterismo. [м.] репортёрство.

reportero. [м. и ж.] репортёр, -ша.

reportorio. [м.] см. almanaque.

reposadamente. [нареч.] тихо, спокойно; хладнокровно.

reposadera. [ж.] (Амер.) см. sumidero.

reposadero. [м.] (тех.) сточная яма для металла.

reposado, da. [прич. страд.] к **reposar**; [прил.] спокойный успокоенный; отстоявшийся, осевший.

reposar. [неперех.] отдыхать; пребывать в состоянии покоя; спать; опираться на что-л; быть похороненным, покоиться в могиле; **reposarse,** [возв. гл.] отстаиваться (о жидкостях); * hacer reposar, доставлять отдых.

reposición. [ж.] постановка на прежнее место; восстановление; замена; возражение; возобновление театральной постановки; выздоровление.

repositorio. [м.] место хранения.

reposo. [м.] отдых, отдохновение (уст.); восстановление сил; покой, спокойствие; отстаивание (жидкостей).

repostada. [ж.] (Амер.) грубый ответ.

reposte. [м.] (обл.) кладовая, помещение для хранения продуктов питания.

repostería. [ж.] кондитерская; буфетная, буфет; [соб.] мучные кондитерские изделия; должность дворецкого.

repostero. [м.] кондитер; буфетчик; (мор.) вестовой; дворецкий; (Амер.) буфетная; см. respondón.

repregunta. [ж.] (юр.) второй вопрос заданный адвокатом свидетелю обвинения.

repreguntar. [перех.] (юр.) задавать вопросы свидетелю; переспрашивать.

reprehender, reprehensible, reprehensión. reprender, и т. д.

reprendedor, ra. [прил. и сущ.] см. reprensor.
reprender. [перех.] порицать, упрекать; делать выговор, внушение.
reprendiente. [дейст. прич.] к reprender.
reprensible. [прил.] предосудительный, заслуживающий порицания, неблаговидный.
reprensión. [ж.] упрёк, порицание, выговор, внушение, замечание; (юр.) дисциплинарное взыскание.
reprensor, ra. [прил.] упрекающий, порицающий; [м. и ж.] тот, кто делает выговор или упрекает, порицатель.
represa. [ж.] отбитие захваченного врагом судна, плотина, запруда; (перен.) остановка, задержка.
represalia. [ж.] репрессия; мщение, месть, возмездие; [множ.] репрессалии.
represar. [перех.] запруживать; отбивать у врага судно; (перен.) останавливать, оставлять, задерживать.
representable. [прил.] исполнимый, могущий или достойный быть представленным на сцене.
representación. [ж.] (театр.) спектакль, представление, постановка; изображение, воспроизведение; представительство; (дипл.) протест, представление; (юр.) наследование по праву представления: * gastos de representación, расходы на представительство; * representación nacional, народное представительство.
epresentador, ra. [прил.] представляющий; изображающий; [м. и ж.] актёр, актриса.
representanta. [ж.] актриса.
representante. [дейст. прич.] к representar, представляющий и т. д.; [м. и ж.] представитель, -ница, уполномоченный, поверенный; актёр, актриса: * representante de comercio, торговый представитель.
representar. [перех.] объявлять; сообщать, уведомлять; выражать любовь и т. д.; представлять; являться представителем; изображать, представлять, показывать, исполнять на сцене; представлять собой: * no representa la edad que tiene, он кажется моложе своих лет, он молодо выглядит.
representativo, va. [прил.] представляющий, изображающий; типичный, показательный, характерный; представительный: * gobierno representativo, представительная форма правления.
represión. [ж.] сдерживание, подавление; репрессия; см. represa (дейст.).
represivo, va. [прил.] сдерживающий, подавляющий, обуздывающий, укрощающий; репрессивный.
represor, ra. [прил.] подавляющий, репрессивный.
reprimenda. [ж.] строгий выговор, внушение, нахлобучка, нагоняй, головомойка (разг.).
reprimir. [перех.] подавлять, усмирять; подавлять, обуздывать, сдерживать; **reprimirse,** [возв. гл.] сдерживать себя, сдерживаться.
reprise. [ж.] (гал.) (театр.) возобновление театральной постановки, см. reposición.
reprobable. [прил.] достойный порицания, предосудительный; заслуживающий выговора.
reprobación. [ж.] суровое порицание, осуждение, неодобрение.
reprobadamente. [нареч.] неодобрительно.
reprobado, da. [прич. страд.] к reprobar; [прил. и сущ.] см. réprobo.
reprobar. [перех.] не одобрять, порицать, осуждать; [непр. гл.] спряг. как contar.
reprobatorio, ria. [прил.] порицающий, неодобрительный, осуждающий.
réprobo, ba. [прил.] проклятый, грешный; [м. и ж.] грешник.

reprochable. [прил.] заслуживающий упрёка, порицания.
reprochador, ra. [прил. и сущ.] упрекающий; склонный упрекать, укорять, порицать.
reprochar. [перех.] упрекать, укорять, корить, попрекать кого-л чём-л, порицать; бросить в лицо обвинение и т. д.
reproche. [м.] упрёк, укор, укоризна; порицание; попрёк (разг.).
reproducción. [ж.] репродукция, воспроизведение; (эк.) воспроизводство; (биол.) размножение; репродукция, копия, оттиск.
reproducir. [перех.] производить вновь, воспроизводить; репродуцировать; **reproducirse,** [возв. гл.] размножаться; [непр. гл.] спряг. как conducir.
reproductibilidad. [ж.] воспроизводимость.
reproductible. [прил.] воспроизводимый.
reproductor, ra. [прил.] воспроизводящий; [м.] производитель (в животноводстве).
repromisión. [ж.] повторное обещание.
repropiarse. [возв. гл.] упрямиться, артачиться, брыкаться (о лошади).
repropio, pia. [прил.] норовистый, с норовом (о лошади).
reprueba. [ж.] новое, повторное доказательство.
reps. [м.] репс (ткань).
reptación. [ж.] ползание.
reptar. [неперех.] ползать, пресмыкаться.
reptil. [м.] (зоол.) пресмыкающееся, рептилия.
república. [ж.] республика; см. municipio; общественное благо: * república democrática, демократическая республика; * república federal, союзная республика, república presidencial, республика, где президент является также и примьером.
republicanismo. [м.] республиканский образ мыслей.
republicanizar. [перех.] обращать в республику; сделать республиканцем.
republicano, na. [прил.] республиканский; [м. и ж.] республиканец, -ка.
república. [м.] влиятельный человек; политический деятель, государственный деятель; патриот.
repudiación. [ж.] отказ жить с женой, развод с женой; (юр.) добровольный отказ, отречение; отрешение от.
repudiar. [перех.] разводиться с женой; (юр.) добровольно отказываться от чего-л; отвергать, отрекаться от чего-л; * repudiar la herencia, отказаться от наследства.
repudio. [м.] отказ жить с женой, развод с женой.
repudrir. [перех.] гноить, подвергать гниению, портить; **repudrirse,** [возв. гл.] гнить; разлагаться; болеть душою; [непр. гл.] спряг. как pudrir.
repuesto, ta. [непр. прич. страд.] к reponer; [прил.] удалённый, припрятанный; [м.] запас, резерв; съестные припасы; буфет (шкаф); буфет, закусочная: * de repuesto, запасной, запасный, про запас, на всякий случай; * piezas de repuesto, запасные, сменные части.
repugnancia. [ж.] несовместимость, несоответствие, противоречие; нежелание, сопротивление; отвращение, гадливость, антипатия; (фил.) несовместимость: * con repugnancia, неохотно, против воли, против желания.
repugnante. [прил.] отвратительный, отталкивающий; омерзительный, противный; несовместимый, находящийся в противоречии; (Амер.) неаппетитный.
repugnantemente. [нареч.] отвратительно.
repugnar. [перех.] противоречить; быть несовместимым с...; делать что-л с отвра-

щением; [неперех.] испытывать отвращение к..., вызывать отвращение, быть противным.
repujado. [м.] чеканка, выбивание узора.
repujar. [перех.] чеканить, выбивать узор.
repulgado, da. [прич. страд.] к repulgar; [прил.] неестественный, манерный, жеманный, деланный, наигранный: * labios repulgados, поджатые губы.
repulgamiento. [м.] подрубание, подрубка.
repulgar. [перех.] подрубать (материю); обшивать, делать опушку: * repulgar los labios, поджать губы.
repulgo. [м.] рубец (материи); кайма, опушка; (бот.) наплыв: * repulgos de empanada, (перен. разг.) пустяки.
repulido, da. [прил.] нарядный, вылощенный, разодетый.
repulir. [перех.] вторично полировать, шлифовать, лощить, перешлифовывать; заново отшлифовывать; тщательно наряжать, украшать.
repulsa. [ж.] отказ, отклонение, отпор; презрение.
repulsar. [неперех.] отвергать, отклонять, отказываться, презирать.
repulsión. [ж.] отталкивание; см. repulsa; отвращение, антипатия, неприязнь.
repulsivo, va. [прил.] отталкивающий; отвратительный, омерзительный, тошнотворный, гадкий.
repullo. [м.] см. rehilete; резкое движение (от ужаса или страха); бурное проявление удивления; (арг.) см. acetre.
repunta. [ж.] выступ, мыс; признак; (перен.) досада, неудовольствие; спор, ссора; (Амер.) прибыль (воды).
repuntar. [неперех.] (мор.) начинаться (прилив или отлив); (Амер.) подниматься (о воде в реке); показываться; [перех.] собирать; пересчитывать стадо на пастбище; **repuntarse,** [возв. гл.] закисать, прокисать (о вине); (перен. разг.) ссориться с кем-л; (Амер.) чувствовать себя нездоровым.
repunte. [м.] (мор.) начало прилива или отлива; (Амер.) подъём воды в реке; собирание стада, повышение, поднятие цен.
repurgar. [перех.] вновь очищать.
reputación. [ж.] репутация, известность, слава, имя, доброе имя: * manchar la reputación, замарать своё честное, доброе имя.
reputante. [дейст. прич.] к reputar.
reputar. [перех.] ценить, судить; считать, признавать, почитать, полагать; оценивать; **reputarse,** [возв. гл.] слыть; (кем-л) считать себя, приписываться себе.
requebrador, ra. [прил. и сущ.] склонный ухаживать или говорить комплименты (незнакомой женщине).
requebrajo. [м.] (презр.) см. requiebro.
requebrar. [перех.] ломать на мелкие куски, раскалывать; ухаживать за женщиной, любезничать; угодничать, льстить; [непр. гл.] спряг. как acertar.
requechete. [прил. и сущ.] (Амер.) см. rechoncho.
requel. [м.] (Амер.) зоб (у птиц).
requemado, da. [прил.] загорелый, смуглый; [м.] старинная чёрная ткань.
requemamiento. [м.] см. resquemo.
requemamiento. [дейст. прич.] к requemar.

requemar. [перех.] вновь жечь; поджигать; сушить, засушивать (растения), палить, жечь (о солнце); обжигать (рот); жечь, щипать язык (о кушаньях); (перен.) горячить (кровь и т. д.); **requemarse,** [возв. гл.] подгорать и засыхать (о растениях); загорать; страдать молча.

requemazón. [ж.] см. **resquemo.**

requemo. [м.] (обл.) безмолвное страдание, горе.

requeneto, ta. [прил.] (Амер.) приземистый, малорослый, жирный.

requerimiento. [м.] требование; просьба; (юр.) прошение; привлечение в принудительном порядке; запрос (сведений и т. д.); убеждение; ухаживание (за женщиной).

requerir. [перех.] требовать; просить; проверять, рассматривать; (юр.) привлекать в принудительном порядке; нуждаться в...; требовать; ухаживать (за женщиной); подстрекать; убеждать; * **requerir de amores,** признаться в любви, объясниться.

requesón. [м.] творог.

requeté. [м.] группа карлистов; доброволец-карлист.

requetebién. [нареч.] очень хорошо, отлично, прекрасно.

requiebro. [м.] ухаживание (за женщиной); комплимент, любезность; **requiebros.** [множ.] нежности; * **echar requiebros,** говорить комплименты.

réquiem. [м.] реквием, заупокойная служба; (муз.) реквием, молитва за упокой души; * **misa de réquiem,** заупокойная месса; * **cantar un réquiem,** молиться за упокой души.

requilorio. [м.] (разг.) (чаще множ.) обиняки.

requintador, ra. [м. и ж.] (вторично) повышающий, -ая цену на одну пятую часть.

requintar. [перех.] вторично набавлять, набивать цену на одну пятую часть; превосходить, превышать; (муз.) спускать или повышать тон на квинту; (Амер.) приниматься за какое-л дело; [неперех.] (Амер.) быть похожим, походить.

requintear. [перех.] (Амер.) отчитывать, выговаривать, бранить.

requinto. [м.] вторичная надбавка цены на одну пятую часть; небольшой кларнет; музыкант, играющий на нём; маленькая гитара.

requirente. [непр. действ. прич.] к **requerir.**

requisa. [ж.] обход, инспекция; реквизиция.

requisar. [перех.] реквизировать.

requisición. [ж.] реквизиция; (юр.) прошение; требование; (Амер.) обход, инспекция.

requisicionar. [перех.] (варв.) см. **requisar.**

requisito, ta. [непр. прич. страд.] к **requerir;** [м.] необходимое условие, обстоятельство.

requisitoria. [ж.] см. **requisitorio;** обвинение.

requisitorio. [м.] (юр.) поручение одного судебного учреждения другому (для последования и т. д.).

requive. [м.] см. **arrequive.**

rere. [м.] (Амер.) разновидность дятла.

res. [м.] голова скота; * **res vacuna,** рогатое животное.

resaber. [перех.] досконально знать; [непр. гл.] спряг. как **saber.**

resabiar. [перех.] прививать порок или дурную привычку; **resabiarse,** [возв. гл.] усвоить дурную привычку или порок; сердиться, досадовать; смаковать.

resabido, da. [страд. прич.] к **resaber;** [прил.] претендующий на знание, выдающий себя за учёного; (Амер.) имеющий дурные привычки или пороки, порочный.

resabio. [м.] неприятный вкус или ощущение; дурная привычка, порок; (перен.) след; (уст.) недовольство.

resabioso, sa. [прил.] (Амер.) лицемерный, хитрый.

resaca. [ж.] движение назад волн прибоя; (ком.) ретратта, обратный переводной вексель; ((Амер.) побои; водка хорошего качества; вторичный обмолот зерна; ил, приносимый прибоем.

resacado, da. [страд. прич.] к **resacar;** [прил.] (Амер.) скаредный, скупой; склонный торговаться; [м.] (Амер.) водка хорошего качества.

resacar. [перех.] (мор.) тянуть канат; (Амер.) очищать, ректифицировать; (уст.) см. **sacar.**

resalado, da. [страд. прич.] к **resalar;** [прил.] (разг.) очень остроумный, пикантный.

resalar. [перех.] вновь, ещё раз солить, пересаливать.

resalga. [ж.] рассол.

resaliente. [действ. прич.] к **resalir,** выступающий и т. д.

resalir. [неперех.] выступать, выдаваться; [непр. гл.] спряг. как **salir.**

resaltar. [неперех.] отскакивать, отпрыгивать; оторваться, отскочить; выступать, выдаваться (о детали в постройке и т. д.); (перен.) выделяться, отличаться, превосходить; * **hacer resaltar,** выдвигать на первый план, подчёркивать.

resalte. [м.] выступ.

resalto. [м.] отскакивание, отпрыгивание; см. **resalte.**

resaludar. [перех.] отвечать на поклон, на привет(ствие).

resalutación. [ж.] ответ на поклон, на привет(ствие).

resalvo. [м.] побег, оставляемый для лесовосстановления.

resallar. [перех.] перепалывать, заново ещё раз полоть.

resallo. [м.] вторичная прополка, выпалывание.

resanar. [перех.] заново позолотить недостаточные части позолоченной поверхности; см. **restaurar.**

resaque. [м.] (Амер.) водка хорошего качества.

resarcible. [прил.] возместимый, поправимый.

resarcimiento. [м.] возмещение за ущерб, вознаграждение за убытки, компенсация; удовлетворение за нанесённое оскорбление; починка.

resarcir. [перех.] возмещать (убытки, ущерб), компенсировать; давать удовлетворение (за оскорбление); починять, чинить, латать.

resbalada. [ж.] (Амер.) скольжение.

resbaladero, ra. [прил.] скользкий; [м.] скользкое место.

resbaladizo, za. [прил.] скользкий; скользящий; (перен.) рискованный, скользкий.

resbalador, ra. [прил.] скользящий.

resbaladura. [ж.] след скольжения.

resbalamiento. [м.] см. **resbalón.**

resbalante. [действ. прич.] к **resbalar,** скользящий.

resbalar. [неперех.] скользить (вдоль чего-л. по поверхности); поскользнуться; соскользнуть; выскользнуть, скользить; буксовать (о колёсах); (перен.) делать промах; **resbalarse,** [возв. гл.] см. **resbalar;**
* **resbalar con, en, sobre el hielo,** скользить по льду, поскользнуться на льду; * **resbalarse de entre, entre las manos,** выскользнуть из рук.

resbalera. [ж.] скользкое место.

resbalo. [м.] (Амер.) очень крутой склон.

resbalón. [м.] скольжение; (авт.) боковое скольжение, занос (колёс), буксование; (перен.) промах.

resbaloso, sa. [прил.] см. **resbaladizo.**

rescaldar. [перех.] см. **escaldar.**

rescaño. [м.] остаток, остальное, оставшаяся часть.

rescatador, ra. [прил. и сущ.] выкупающий, откупающий.

rescatar. [перех.] выкупать, освобождать, откупать; обменивать ценности, золото на товары; (Амер.) торговать, разъезжая по городам; перепродавать.

rescate. [м.] выкуп, освобождение за выкуп; выкуп (деньги); вознаграждение; обмен ценностей, золота на товары.

rescindir. [перех.] аннулировать, отменять, уничтожать; расторгнуть (договор, контракт).

rescisión. [ж.] (юр.) аннулирование, отмена; расторжение (договора, контракта).

rescisorio, ria. [прил.] обусловливающий расторжение (договора, контракта); подлежащий аннулированию (расторжению).

rescoldar. [перех.] (обл.) мешать горячий уголь в пепле.

rescoldearse. [возв. гл.] (Амер.) пылать страстью, гневом и т. д.; быть вне себя, злиться, беситься.

rescoldera. [ж.] (мед.) изжога.

rescoldo. [м.] жар, горячий уголь в пепле; сомнения, подозрения; угрызения совести.

rescripto, ta. [непр. прич. страд.] к **rescribir;** [м.] рескрипт.

rescriptorio, ria. [прил.] к рескрипт.

resecación. [ж.] высушивание; (мед.) рассечение, резекция.

resecamente. [нареч.] без пользы, бесплодно.

resecar. [перех.] высушивать, делать очень сухим; **resecarse,** [возв. гл.] пересохнуть.

resecar. [перех.] (хир.) производить резекцию.

resección. [ж.] (хир.) резекция.

reseco, ca. [прил.] слишком сухой, пересушенный; высохший; сухой, худой, сухопарый; [м.] сухая часть растения.

reseda. [ж.] (бот.) резеда, церва; желтоцвет: * **reseda gualda,** красильная резеда; * **de reseda,** резедовый.

resedá. [м. или ж.] (Амер.) см. **reseda.**

resedáceo, a. [прил.] (бот.) относящийся к резедовым растениям; [ж. множ.] резедовые растения.

resegar. [перех.] вновь косить, скашивать; [непр. гл.] спряг. как **segar.**

reseguir. [перех.] выпрямлять лезвие меча; [непр. гл.] спряг. как **seguir.**

resellante. [действ. прич.] к **resellar.**

resellar. [перех.] перечеканивать (монету, медаль); вновь запечатывать; **resellarse,** [возв. гл.] перемётываться из одной политической группировки в другую.

resello. [м.] перечеканка.

resembrar. [перех.] повторно засевать, пересевать.

resentimiento. [м.] растрескивание, раскалывание; негодование; злопамятство; досада; обида.

resentirse. [возв. гл.] раскалываться, трескаться; расшатываться (о здоровье и т. д.); ощущать последствия; негодовать, досадовать; * **resentirse de, por alguna cosa,** чувствовать себя задетым чем-л.

reseña. [ж.] (воен.) смотр, парад; описание примет; обозрение, обзор; отчёт; рассказец; статейка; краткое изложение; (м. употр.) знак, сигнал.

reseñar. [перех.] (воен.) производить смотр; описать приметы; сделать обзор; вкратце излагать.

resequido, da. [прил.] временно сухой.

resero. [м.] (Амер.) погонщик скота; торговец скотом.

reserva. [ж.] резерв, запас; ограничение, оговорка; осторожность, сдержанность, насторожённость; исключение; (воен.) резерв; резервация (в США): * reserva mental, мысленная оговорка; * reserva de, с намерением, с целью; * sin reserva, откровенно; * oficial de reserva, офицер запаса; * fondo de reserva, резервный фонд; * obrar con reserva, действовать осторожно.

reservación. [ж.] резервирование, резервация; бронирование; освобождение от чего-л; исключение.

reservadamente. [нареч.] тайно, тайком, секретно.

reservado, da. [страд. прич.] к reservar; [прил.] сдержанный, осторожный; скрытый; резервированный; забронированный; [м.] отдельный кабинет (в ресторане); бронированное отделение: * asientos reservados, забронированные места, броня.

reservar. [перех.] резервировать, сохранять, откладывать, приберегать, оставлять про запас; бронировать, оставлять (для); откладывать, отсрочивать; исключать, освобождать от; таить, утаивать, умалчивать; reservarse, [возв. гл.] воздерживаться до случая, временно воздерживаться; беречь себя чего-л; остерегаться: * reservar una habitación, забронировать комнату; * te he reservado una sorpresa, я приготовил тебе сюрприз; * reservarse su opinión, не высказывать своего мнения.

reservativo, va. [прил.] относящийся или принадлежащий к запасу; (воен.) запасной, запасный; (вообще прил. к reserva).

reservista. [прил.] запасной, запасный; [м.] резервист, военнослужащий запаса.

reservón, na. [прил.] (разг.) очень осторожный, сдержанный; лукавый, хитрый.

reservorio. [м.] (анат.) вместилище, пузырь.

resfriadera. [ж.] (Амер.) (возв.) см. fresquera.

resfriado, da. [страд. прич.] к resfriar(se), простуженный; [м.] простуда, насморк; поливка земли перед вспашкой: * coger un resfriado, простудиться; * pescar un resfriado; (разг.) схватить насморк.

resfriado, da. [прил.] (Амер.) не умеющий хранить тайну.

resfriador, ra. [прил.] охлаждающий, охладительный.

resfriadura. [ж.] (вет.) простуда.

resfriamiento. [м.] см. enfriamiento.

resfriante. [дейст. прич.] к resfriar, охлаждающий; [м.] см. corbato.

resfriar. [перех.] охлаждать, остужать; освежать; (перен.) расхолаживать, охлаждать, умерять пыл и т. д.; [неперех.] похолодать (о погоде); resfriarse, [возв. гл.] простудиться; охлаждаться; охладевать (о чувстве).

resfrío. [м.] см. resfriado.

resguardar. [перех.] защищать, предохранять, простерегать; resguardarse, [возв. гл.] принимать меры предосторожности, остерегаться, оберегаться.

resguardo. [м.] защита, охрана; (багажная и т. д.) квитанция; талон; пограничная застава; таможенный надзор.

residencia. [ж.] пребывание; постоянное место жительства, пребывание, место жительство; местопребывание, местонахождение; резиденция; должность резидента; здание (начальства и т. д.); требование отчёта.

residencial. [прил.] требующий постоянного места жительства (о должности).

residenciamiento. [м.] требование отчёта.

residenciar. [перех.] требовать отчёта.

residente. [дейст. прич.] к residir, живущий в данной местности; [м.] резидент (дипломатический представитель): * ministro residente, резидент, министр-резидент.

residir. [неперех.] иметь постоянное местожительство, постоянно пребывать, жительствовать; проживать; быть свойственным; состоять, заключаться, находиться: * aquí reside la dificultad, вот в чём трудность, вот где собака зарыта.

residual. [прил.] остаточный, ремонтный; * aguas residuales, сточные воды.

residuo. [м.] остаток, остальное, оставшаяся часть; остаточные продукты сгорания и т. д.; (мат.) остаток.

resiembra. [ж.] пересев, повторный посев; вторичный посев (где был снят урожай).

resigna. [ж.] (церк.) отказ от бенефиции в чью-л пользу.

resignación. [ж.] отказ, уступка в чью-л пользу; см. resigna; безропотное подчинение своей участи, смирение, покорность судьбе, благотерпеливость.

resignadamente. [нареч.] безропотно.

resignante. [дейст. прич.] к resignar.

resignar. [перех.] уступать, отказываться от бенефиции в чью-л пользу; слагать с себя власть; resignarse, [возв. гл.] смиряться, безропотно покоряться: * resignarse con su suerte, примириться с судьбой.

resignatario. [м.] (церк.) тот, кому уступается бенефиция; преемник по должности.

resina. [ж.] древесная смола, камедь.

resinación. [ж.] добыча древесной смолы, камеди.

resinar. [перех.] добывать камедь, подсекать деревья.

resinato. [м.] (хим.) резинат.

resinero, ra. [прил.] смолистый, камедистый; [м. и ж.] тот, кто добывает камедь из хвойных деревьев.

resinífero, ra. [прил.] (бот.) смолоносный.

resinificación. [ж.] смолообразование.

resiniforme. [прил.] смоловидный, похожий на смолу.

resinita. [ж.] (мин.) резинит, разновидность опала.

resinoide, resinoideo. [прил.] похожий на смолу, смоловидный.

resinoso, sa. [прил.] смолистый, смоляной, камедистый: * electricidad resinosa, отрицательное электричество.

resipiscencia. [ж.] дейст. к прийти в себя; раскаяние, исправление.

resisar. [перех.] вновь уменьшать меры.

resistencia. [ж.] сопротивление, противодействие; выносливость, стойкость; сопротивляемость; прочность (ткани); (эл. тех.) сопротивление; отражение, отпор; упругость: * resistencia de los materiales, сопротивление материалов; * resistencia al calor, жаростойкость; * resistencia al frío, морозоустойчивость, морозостойкость; * resistencia específica, (эл.) удельное сопротивление; * capacidad de resistencia, сопротивляемость; * oponer resistencia, оказать сопротивление, сопротивляться, противостоять.

resistente. [дейст. прич.] к resistir, сопротивляющийся, оказывающий сопротивление; неподдающийся; прочный, крепкий; стойкий, выносливый: * resistente a la fatiga, не знающий усталости; * poco resistente, некрепкий.

resistero. [м.] полдень, самое жаркое время дня; жара (от отражения солнца); солнцепёк.

resistible. [прил.] сносный, терпимый.

resistidero. [м.] см. resistero.

resistidor, ra. [прил.] сопротивляющийся; прочный, крепкий; стойкий, выносливый.

resistir. [неперех.] сопротивляться, оказывать сопротивление, защищаться, обороняться; противостоять, противиться, устоять, не поддаваться; [перех.] сносить, переносить; выдерживать, вытерпеть; отвергать; подавлять (страсть и т. д.): * resistirse, [возв. гл.] сопротивляться, защищаться, обороняться; добиваться, делать усилия: * resistir al frío, сносить холод; * resistir a la fatiga, не поддаваться усталости; * resistir el deseo de dormir, подавить желание уснуть.

resistividad. [ж.] сопротивляемость; (эл.) удельное сопротивление.

resistivo, va. [прил.] см. resistidor.

resistor. [м.] (эл.) резистор, сопротивление.

resma. [ж.] стопа бумаги.

resmilla. [ж.] пачка почтовой бумаги.

resobar. [перех.] см. manosear.

resobrar. [неперех.] быть в изобилии, в избытке, много остаться.

resobrino, na. [м. и ж.] сын или дочь племянника, -ницы.

resol. [м.] отражение солнечных лучей.

resolana. [ж.] солнцепёк; (Амер.) см. resol; нагоняй, головомойка.

resolano, na. [прил.] солнечный, освещённый солнцем, защищённый от ветра (о месте).

resoltarse. [возв. гл.] (разг. Амер.) см. desvergonzarse.

resoluble. [прил.] разрешимый; расторжимый.

resolución. [ж.] решение, разрешение; намерение, решение; резолюция, постановление; расторжение; сокращённое изложение, резюмирование; (хим.) разложение на составные части; решительность, твёрдость, решимость, смелость, живость, подвижность; расторжение, аннулирование; (мед.) рассасывание (опухоли): * resolución de un problema, (раз)решение проблемы, задачи; * tomar una resolución, принять решение, вынести постановление; * con resolución, решительно; * en resolución, одним словом, в итоге, в конечном счёте.

resolutivamente. [нареч.] решительно, без колебаний.

resolutivo, va. [прил.] аналитический; (мед.) рассасывающий.

resoluto, ta. [прил.] см. resuelto; краткий, сокращённый; знающий, сведущий, опытный.

resolutoriamente. [нареч.] решительно, смело.

resolutorio, ria. [прил.] решающий, решительный; резолютивный; расторгающий: * cláusula resolutoria, (юр.) условие, влекущее за собой уничтожение акта или прекращение его действия.

resolvente. [наст. прич.] к resolver.

resolver. [перех.] разрешать, решать; находить решение; принимать решение; разгадывать; постановлять, выносить резолюцию; см. resumir; рассеивать (сомнение); разъяснять; (мат.) решать задачу;

расторгать, аннулировать (договор и т. д.); (хим.) разлагать на составные части; устранять; **resolverse**, [возв. гл.] (хим.) разлагаться, распадаться на составные части, решаться, отваживаться, осмеливаться; разрешаться; (мед.) рассасываться; превращаться: * **resolverse a**, решаться на что-л; [непр. гл.] спряг. как **mover**.

resollar. [неперех.] сопеть, фыркать; прерывисто, тяжело дышать; говорить; отдыхать; давать о себе знать: * **no resollar**, хранить молчание; [непр. гл.] спряг. как **cintar**.

resollido. [м.] (Амер.) см. **resuello**.

resonación. [ж.] отражение звука, отзвук, отголосок.

resonador. [м.] (эл.) резонатор.

resonancia. [ж.] отклик, отголосок, отзвук, резонанс: * **tener resonancia**, вызывать отклики, иметь резонанс.

resonante. [дейст. прич.] к **resonar**, резонирующий, отражающий звуки, звонкий, звучный.

resonar. [неперех.] резонировать, отражать звук, звучать, греметь, отдаваться; [непр. гл.] спряг. как **contar**.

resondrar. [перех.] (Амер.) оскорблять, поносить, ругать.

resoplar. [неперех.] сопеть, пыхтеть, фыркать, храпеть.

resoplido, **resoplo**. [м.] сопение, фырканье, храп(ение), пыхтение: **dar un resoplido**, фыркнуть.

resorber. [перех.] всасывать в себя; поглощать; (мед.) вызывать рассасывание.

resorcina. [ж.] (хим.) резорцин.

resorción. [ж.] резорбция, всасывание; поглощение; (мед.) рассасывание.

resorte. [м.] пружина; рессора; эластичность, упругость; (перен.) средство, орудие (для достижения цели): * **resorte de retracción**, оттягивающая пружина.

respagilar. [перех.] (Амер.) изгонять, выгонять.

respailar. [неперех.] беспорядочно двигаться; возиться, суетиться (употр. с деепричастием **respailando**).

respaldar. [м.] спинка (стула), (бот.) вытекание растительного сока.

respaldar. [перех.] писать на обороте; (перен.) поддерживать, оказывать поддержку, ручаться; **respaldarse**, [возв. гл.] прислоняться к спинке стула и т. д.; (вет.) вывихнуть себе хребет.

respaldo. [м.] спинка (стула и т. д.); оборотная сторона чего-л, оборот; шпалера; надпись на обороте.

respe. [м.] жало (змеиное).

respectar. [неперех.] касаться, относиться, иметь отношение, принадлежать: * **por lo que respecta**... что касается, в отношении...

respectivamente, **respective**. [нареч.] соответственно, относительно.

respectivo, va. [прил.] касающийся, соответствующий каждому, присущий каждому.

respecto. [м.] отношение, соответствие: * **respecto a, de, con respecto a**, относительно, в отношении, по отношению к; * **respecto a mí**, по отношению ко мне; * **al respecto**, см. **respectivamente**.

résped(e). [м.] жало (у змеи, у пчёл); (перен.) злое намерение.

respeluzar. [перех.] см. **despeluzar**.

respetabilidad. [ж.] почтенность, респектабельность.

respetable. [прил.] почтенный, респектабельный, достойный уважения, уважаемый; внушительный, значительный (о количестве).

respetador, ra. [прил.] почтительный, (пре)исполненный уважения, почтения.

respetar. [перех.] уважать, чтить, почитать; щадить; соблюдать; [неперех.] см. **respectar**: **hacerse respetar**, внушать уважение, заставить себя уважать.

respetivo, va. [прил.] см. **respetuoso**.

respeto. [м.] уважение, почтение; внимание; соблюдение; (арг.) любовник: * **respeto humano**, боязнь людского мнения, внимание к суждению людей, ложный стыд; * **de respeto**, запасный, запасной; * **infundir respeto**, внушать уважение; * **campar por sus respetos**, хозяйничать, распоряжаться.

respetuosamente. [нареч.] почтительно, с уважением.

respetuoso, sa. [прил.] почтительный, (пре)исполненный почтения, уважения, благоговейный.

réspice. [м.] резкий, грубый ответ; выговор, нагоняй, головомойка.

respigador, ra. [прил.] подбирающий колосья (после жатвы); [м. и ж.] собиратель, -ница колосьев.

respigar. [перех.] подбирать колосья (после жатвы).

respigón. [м.] заусеница; (вет.) наминка в копыте (у лошади).

respingada. [прил.] см. **respingona**.

respingar. [неперех.] брыкаться, лягаться; (перен. разг.) упрямиться, с неохотой, против воли делать что-л; подниматься подол юбки и т. д.

respingo. [м.] брыкание, лягание; сопротивление, неохотное выполнение чего-л; резкое встряхивание тела; выражение неудовольствия; (Амер.) подоткнутый подол; локон колечком; обман, мошенничество.

respingona. [прил.] приподнятый кверху, вздёрнутый (о носе).

respirabilidad. [ж.] пригодность для дыхания.

respirable. [прил.] годный для дыхания.

respiración. [ж.] дыхание, вдох; выдох; вентиляция: * **respiración acelerada**, учащённое дыхание; * **respiración artificial**, искусственное дыхание.

respiradero. [м.] отдушина, отверстие для вентиляции; слуховое окно; воздушный вентиль; передышка; дыхательный путь.

respirador, ra. [прил.] дышащий; дыхательный.

respirante. [дейст. прич.] к **respirar**, дышащий.

respirar. [неперех.] дышать; вдыхать; выдыхать; пахнуть, издавать запах (изо рта); (перен.) отдыхать, отдышаться, делать передышку; переводить дух; жить; (перен.) говорить, шептать (преимуш. с отриц. не); [перех.] (гал.) проявлять, выражать: * **todavía respira**, он ещё дышит, он ещё жив; * **respirar el aire fresco**, дышать чистым воздухом; * **déjeme Vd. respirar**, дайте мне отдышаться (передохнуть); * **sin respirar**, беспрерывно, без отдыха; * **no tener por donde respirar**, не знать, что ответить; * **respirar salud**, пыхать здоровьем.

respiratorio, ria. [прил.] дыхательный: * **aparato respiratorio**, дыхательные пути.

respiro. [м.] дыхание; отдых, передышка; (перен.) передышка; отсрочка (платежа).

respirómetro. [м.] респирометр.

resplandecer. [неперех.] сиять, блистать, блестеть, сверкать.

resplandeciente. [дейст. прич.] к **resplandecer**, сияющий, блещущий, блестящий.

resplandecimiento. [м.] см. **resplandor**.

resplandina. [ж.] (разг.) строгий выговор, нагоняй, головомойка, проборка.

resplandor. [м.] яркий свет, сияние, сверкание, блеск; (Амер.) диадема.

respondedor, ra. [прил.] отвечающий (тже. сущ.)

responder. [перех.] отвечать что-л; говорить в ответ; возражать; [неперех.] отвечать, давать ответ, откликаться, отзываться; отдаваться, быть слышным; отвечать (об окне и т. д.); (перех.) приносить доход, прибыль; отвечать, соответствовать, отвечать, ручаться; нести ответственность; возражать, дерзко отвечать: * **responder a la carta**, ответить на письмо; * **responder a balazos**, отвечать выстрелами; * **yo no respondo por**, я не ручаюсь за...

respondiente. [дейст. прич.] к **responder**, отвечающий и т. д.

respondón. [прил.] (разг.) любящий дерзко отвечать, противоречить; [м.] дерзкий человек.

responsabilidad. [ж.] ответственность; вменяемость: * **responsabilidad civil**, (юр.) денежная ответственность (за убытки); * **asumir la responsabilidad**, взять на себя ответственность за что-л; * **imputar la responsabilidad**, свалить ответственность на кого-л.

responsabilizar. [перех.] (Амер.) возлагать ответственность на; **responsabilizarse**, [возв. гл.] (Амер.) быть ответственным за что-л, отвечать.

responsable. [прил.] ответственный.

responsar, **responsear**. [неперех.] молиться по усопшем.

responseo. [м.] (дейст.) молитва по усопшем.

responsiva. [ж.] (Амер.) см. **fianza**, **caución**.

responsorio. [м.] молитва, молитвенный стих.

respuesta. [ж.] ответ; возражение; опровержение; реплика: * **respuesta satisfactoria**, удовлетворительный ответ; * **respuesta viva**, быстрый, остроумный ответ; * **en respuesta a su carta**, в ответ на ваше письмо; * **que contiene una respuesta**, (юр.) ответный, содержащий ответ.

resquebradura. [ж.] щель, трещина, расселина.

resquebradizo, za. [прил.] см. **resquebrajoso**.

resquebrajadura. [ж.] см. **resquebradura**.

resquebrajar. [перех.] вызывать трещины; расщеплять, раскалывать; * **resquebrajarse**, [возв. гл.] покрываться трещинами; трескаться, раскалываться.

resquebrajo. [м.] см. **resquebradura**.

resquebrajoso, sa. [прил.] легко дающий трещины, хрупкий, ломкий.

resquebrar. [неперех.] начать покрываться трещинами (трещинками), трескаться; [непр. гл.] спряг. как **acertar**.

resquemar. [перех.] жечь, щипать язык или нёбо (о кушаньях или напитках) (тже. неперех.); пережаривать; огорчать, вызывать досаду.

resquemazón. [ж.] см. **resquemo**.

resquemo. [м.] жжение, пощипывание языка (о острых кушаний или напитков); вкус или запах горелого.

resquemor. [м.] досада, неудовольствие; (обл.) см. **resquemo**.

resquicio. [м.] щель между дверью и косяком; (перен.) удобный случай.

resquilar. [неперех.] (обл.) влезать на дерево.

resta. [ж.] (мат.) вычитание; остаток.

restablecer. [перех.] восстанавливать; снова учреждать, вводить вновь; **restablecerse,** [возв. гл.] выздоравливать, поправляться.
restablecimiento. [м.] восстановление; выздоровление: * **restablecimiento** de las relaciones diplomáticas, восстановление дипломатических отношений.
restado, da. [прил.] см. **arrestado**.
restallar. [неперех.] щёлкать бичом и т. д.; трещать.
restallido. [м.] щёлканье бичом и т. д.; треск.
restampar. [перех.] вновь печатать, перепечатывать.
restante. [дейст. прич.] к **restar**, остающийся; остаток, оставшаяся часть.
restañadero. [м.] см. **estuario**.
restañadura. [ж.] вторичное лужение.
restañar. [перех.] вторично лудить.
restañar. [перех.] останавливать кровь; [неперех. и возв. гл.] переставать сочиться (о крови).
restañar. [неперех.] см. **restallar**.
restañasangre. [ж.] (мин. употр.) сердолик.
restaño. [м.] остановка, останавливание крови, остановка утечки (сока, жидкости).
restaño. [м.] старинная парча.
restar. [перех.] (мат.) вычитать, отнимать; уменьшать, убавлять; [неперех.] оставаться.
restauración. [ж.] реставрирование, реставрация; укрепление, восстановление: * trabajos de **restauración**, реставрационные работы; * de **restauración**, реставрационный.
restaurador, ra. [прил.] реставрирующий, восстанавливающий; укрепляющий; [м. и ж.] реставратор, восстановитель, -ница; * de **restaurador**, реставраторский.
restaurante. [дейст. прич.] к **restaurar**; [м.] ресторан; укрепляющее средство.
restaurar. [перех.] реставрировать, восстанавливать; укреплять, восстанавливать (здоровье, силы).
restaurativo, va. [прил.] реставрирующий, укрепляющий, восстанавливающий (силы и т. д.).
restauro. [м.] (м. употр.) см. **restauración**.
restiforme. [прил.] канатовидный, верёвчатый.
restinga. [ж.] мель, банка, отмель.
restingar. [м.] место, изобилующее мелями, банками, отмелями.
restio. [м.] (бот.) рестио.
restitución. [ж.] возвращение, возврат, отдача; реституция; восстановление; возмещение убытков.
restituible. [прил.] подлежащий возврату; восстановимый.
restituidor, ra. [прил.] возвращающий; восстанавливающий; [м. и ж.] восстановитель, -ница.
restituir. [перех.] возвращать, отдавать обратно; восстанавливать в прежнем виде; возмещать убытки; **restituirse,** [возв. гл.] возвращаться: * **restituirse** a la patria, вернуться на родину; [непр. гл.] спряг. как **huir**.
restitutorio, ria. [прил.] (юр.) направленный на возвращение; касающийся возмещения, возвращения чего-л.
resto. [м.] остаток; остальное, оставшаяся часть; сдача; (мат.) разность; [множ.] (бренные) останки, прах: * echar, envidar el **resto**, поставить всё на карту; (перен.) прилагать все силы; * a **resto** abierto, беспредельно, неограниченно; * **restos** mortales, бренные останки; * **restos** de comida, остатки еды, объедки.
restorán. [м.] (гал.) ресторан.
restregadura. [ж.] **restregamiento.** [м.] (сильное, энергичное) трение, натирание; оттирание; растирание.

restregar. [перех.] (сильно, энергично) тереть, натирать; оттирать; растирать; [непр. гл.] спряг. как **acertar**.
restregón. [м.] см. **estregón**.
restrellar. [перех.] (Амер.) бросать обо что-л., разбивать.
restribar. [неперех.] сильно опираться, упираться, прислоняться к.
restricción. [ж.] ограничение; оговорка (ограничивающая условие), исключение: * **restricción** mental, мысленная оговорка.
restrictivamente. [нареч.] ограничительно.
restrictivo, va. [прил.] ограничительный.
restricto, ta. [прил.] ограниченный; сокращённый; уменьшенный; сдержанный.
restringa. [ж.] см. **restinga**.
restringente. [дейст. прич.] к **restringir**; [м.] вяжущее средство.
restringir. [перех.] уменьшать, сокращать; ограничивать; см. **restriñir**.
restriñidor, ra. [прил.] сжимающий; принуждающий; закрепляющий.
restriñir. [перех.] см. **astringir**.
restrojo. [м.] (м. употр.) см. **rastrojo**.
resucitación. [ж.] **resurrección**.
resucitador, ra. [прил.] воскрешающий; восстанавливающий.
resucitar. [перех.] воскрешать, возвращать к жизни; (перен. разг.) восстанавливать, воскрешать, возрождать, возобновлять; [неперех.] воскресать, возвращаться к жизни; оживать.
resudación. [ж.] лёгкое потение; см. **resudar**.
resudar. [неперех.] слегка вспотеть; см. **rezumar**.
resudor. [м.] мелкий пот.
resueltamente. [нареч.] решительно, смело.
resuelto, ta. [непр. страд. прич.] к **resolver**; [прил.] решительный, полный решимости, смелый, отважный, бесстрашный; быстрый, проворный.
resuello. [м.] дыхание; (арг.) деньги: * meter el **resuello** en el cuerpo, заставить замолчать, запугать; * tomar **resuello**, перевести дух; * sin **resuello**, без передышки; * hasta perder el **resuello**, до изнеможения.
resulta. [ж.] результат; следствие, последствие; заключение; решение; вакансия (из за повышения по службе); * de **resultas**, из-за, вследствие.
resultado. [м.] **resultancia.** [ж.] результат, следствие; итог; (Амер.) успех, удача, достижение; (мат.) результат; * dar (buen) **resultado**, удаваться; иметь успех; * como **resultado**, в результате; * en último **resultado**, в конце концов, в конечном счёте.
resultando. [м.] (юр.) мотивировка (решения и т. д.).
resultante. [дейст. прич.] к **resultar**, вытекающий, являющийся следствием, происходящий, следующий; [прил.] (мех.) равнодействующий; [ж.] (мех.) равнодействующая сила.
resultar. [неперех.] см. **resaltar**, **resurtir**; оборачиваться в чью-л пользу или вред; следовать, вытекать, проистекать, происходить, брать начало; явствовать, оказываться; получаться, выходить; (вулг.) подходить; нравиться: * **resulta** que, получается, выходит, из этого следует, что; * **resultar** bien, удаваться; * **resultar** mal, не удаваться; * eso no me **resulta**, это меня не устраивает.
resumen. [м.] резюме, сокращённое изложение, краткий обзор; вывод: * en **resumen**, в итоге, в конечном счёте, в общей сложности, резюмируя всё.
resumidamente. [нареч.] в итоге, в общей сложности, резюмируя всё; * кратко, сокращённо, вкратце.

resumidero. [м.] (Амер.) см. **sumidero**.
resumir. [перех.] резюмировать, вкратце излагать; подводить итог; **resumirse,** [возв. гл.] излагаться вкратце, в общих чертах; содержаться.
resunta. [ж.] (Амер.) см. **resumen**.
resurgimiento. [м.] возрождение, обновление, новое появление; воскресение, воскрешение.
resurgir. [неперех.] возрождаться, вновь появляться; воскресать.
resurrección. [ж.] воскресение; воскрешение; (разг.) восстановление; возрождение; (церк.) пасха.
resurtido, da. [страд. прич.] к **resurtir**; [ж.] отскакивание, рикошет.
resurtir. [перех.] отскакивать, отпрыгивать, рикошетировать.
resurtivo, va. [прил.] отскакивающий, отпрыгивающий.
retabillo. [м.] (ошл.) грабли.
retablo. [м.] (театр.) вертеп; запрестольное украшение.
retacar. [перех.] дважды ударять кием шар (при игре в бильярд); **retacarse,** [возв. гл.] (Амер.) см. **esparrancarse**; бездельничать; отказаться исполнить обещание.
retacería. [ж.] остатки разных сортов ткани.
retaco. [м.] штуцер; короткий и толстый бильярдный кий; приземистый человек.
retacón, na. [прил.] толстый, коренастый, приземистый; [м. и ж.] приземистый человек, толстяк.
retador, ra. [прил.] вызывающий на дуэль и т. д., бросающий вызов; [м.] провокатор.
retaguard(i)a. [ж.] (воен.) арьергард: * de **retaguardia**, арьергардный; * a **retaguardia**, отстающийся позади; * picar la **retaguardia**, преследовать врага по пятам.
retahila. [ж.] непрерывный ряд, вереница; длинный скучный рассказ, канитель; скучный перечень.
retajar. [перех.] обрезать кругом, округлять; вновь чинить перо (гусиное); (рел.) обрезать.
retajo. [м.] обрезание, обрезка; чинка пера (гусиного).
retal. [м.] кусок, остаток, обрезок, отрез(ок) (ткани и т. д.).
retaliación. [ж.] (Амер.) отплата, возмездие.
retallar. [перех.] вторично обрабатывать резцом.
retallar, retallecer. [неперех.] (м. употр.) пускать новые ростки.
retallo. [м.] (арх.) выступ стены.
retallo. [м.] отпрыск, побег, отросток.
retallones. [м. множ.] (Амер.) остатки еды, объедки.
retama. [ж.] (бот.) дрок, шильная трава: * **retama** de tintes, de tintoreros, красильный дрок (растение сем. мотыльковых); * mascar **retama**, злиться, злобствовать.
retamal, retamar. [м.] заросли дрока.
retamero, ra. [прил.] (бот.) дроковый.
retamilla. [ж. умен.] к **retama**; (Амер.) (бот.) барбарис.
retamo. [м.] (обл.) (Амер.) (бот.) дрок, шильная трава.
retamón. [м.] (бот.) см. **piorno**.
retar. [перех.] вызывать на дуэль и т. д.; бросать вызов; (перен.) упрекать, корить, укорять, бросать в лицо упрёк, делать выговор; (Амер.) см. **denostar**.

retardación. [ж.] замедление, задержка, промедление; откладывание, отсрочка.

retardador, ra. [прил.] замедляющий (движение); приостанавливающий (действие, движение и т. д.).

retardar. [перех.] задерживать; замедлять; откладывать, отсрочивать; **retardarse** [возв. гл.] опаздывать, запаздывать.

retardatario, ria. [прил.] замедляющий (движение); (гал.) опаздывающий.

retardatriz. [прил. ж.] замедляющая (сила).

retardo. [м.] см. retardación.

retartalillas. [ж. мн.] болтливость; длинный скучный рассказ.

retasa, retasación. [ж.] переоценка (товаров и т. д.).

retasar. [перех.] переоценивать (товары и т. д.).

retazar. [перех.] разрывать что-л; разделять стадо на hatajos (см. hatajo).

retazo. [м.] отрез, кусок, остаток (ткани); обрывок; (Амер.) см. piltrafa.

rete- [прист.] очень: retebién, очень хорошо.

rete. [м.] (мед.) сеть.

retejador, ra. [прил. и сущ.] тот, кто чинит крышу.

retejar. [перех.] поправлять, чинить крышу; (разг.) обеспечивать одеждой, обувью.

retejer. [перех.] очень плотно вязать.

retejo. [м.] очень плотное вязание.

retel. [м.] (обл.) сеть для ловли речных раков.

retemblar. [непрех.] дрожать; вибрировать, колебаться; [непр. гл.] спряг. как acertar.

retemplar. [перех.] (Амер.) оживлять, см. reanimar.

retén. [м.] запас, резерв; пополнение; (воен.) резерв; второй эшелон.

retención. [ж.] сохранение, удержание; задержка, задерживание, арест; (тех.) стопор; (мед.) задержание: *retención de la orina*, задержание мочи.

retener. [перех.] сохранять, удерживать; задерживать, запоминать; сохранять в памяти, держать в уме; арестовывать; удерживать часть жалования (тех.) застопорить; [непр. гл.] спряг. как. tener.

retenida. [ж.] (мор.) оттяжка; (обл.) тормоз.

retenimiento. [м.] см. retención.

retentado, da. [страд. прич.] к retentar; [прил.] (Амер.) раздражительный, вспыльчивый.

retentar. [перех.] снова угрожать (о болезни); [непр. гл.] спряг. как. acertar.

retentiva. [ж.] память, способность запоминать.

retentivo, va. [прил.] задерживающий, удерживающий.

reteñir. [перех.] перекрашивать; [непр. гл.] спряг. как ceñir.

retesamiento. [м.] натягивание.

retesar. [перех.] натягивать, делать напряжённым (тугим).

reteso. [м.] см. retesamiento; вершина горки.

reticencia. [ж.] намеренное умолчание, недоговаривание, недомолвка; (ритор.) умолчание; уклончивость.

reticente. [прил.] намеренно умалчивающий; недоговаривающий; уклончивый; содержащий в себе недомолвку.

retícula. [ж.] см. retículo.

reticulación. [ж.] сетчатое расположение.

reticulado, da, reticular. [прил.] сетчатый, плетёный; (анат.) ретикулярный.

reticulina. [ж.] ретикулин.

retículo. [м.] (бот.) волокнистая ткань растений, клетчатка; визирные нити (оптических приборов); (анат.) сетка (второй желудок (у жвачных животных).

retiforme. [прил.] сетчатый, ретикулярный.

retijeretear. [перех.] осторожно вырезать ножницами.

retín. [м.] см. retintín.

retina. [ж.] (анат.) ретина, сетчатка, сетчатая оболочка глаза.

retinal. [прил.] (анат.) относящийся к ретине, сетчатке.

retinencia. [ж.] память.

retiniano, na. [прил.] см. retinal.

retinitis. [ж.] (пат.) ретинит, воспаление сетчатки, сетчатой оболочки глаза.

retinte. [м.] перекраска.

retinte. [м.] звон, гул колокола и т. д.; передразнивание: *retintín en los oídos*, звон, шум в ушах.

retintinear. [непрех.] (Амер.) передразнивать.

retinto, ta. [непр. страд. прич.] к reteñir; [прил.] караковый (о масти); тёмно-ричневый.

retiñir. [непрех.] звенеть, гудеть; [непр. гл.] спряг. как mullir.

retiración. [ж.] удаление, отстранение; форма для печатания оборотной стороны листа.

retirada. [ж.] удаление, отстранение; уход; убежище, пристанище, укромное место; (воен.) вечерняя заря (signal); отступление, отход: *tocar a retirada*, играть вечернюю зарю; *cortar la retirada*, отрезать путь к отступлению.

retiradamente. [нареч.] тайком.

retirado, da. [страд. прич.] к retirar; [прил.] уединённый, малопосещаемый, удалённый; (воен.) отставной; *vida retirada*, уединённая жизнь, замкнутый образ жизни; [м.] (воен.) отставной военный.

retiramiento. [м.] см. retiro.

retirar. [перех.] удалять, отделять; уносить; уводить; убирать с глаз, отодвигать; снимать, брать обратно; удалять, прогонять; (воен.) отводить, оттягивать; отзывать; изымать (из обращения); печатать на оборотной стороне печатного листа: [непрех.] походить, быть похожим; **retirarse.** [возв. гл.] отстраняться; удаляться, ретироваться; уединяться; отхлынуть; (воен.) отступать, отходить; уходить в отставку; отказываться (от договора и т. д.): *retirar la mano*, отдёрнуть руку; *retirar un libro de la mesa*, убрать книгу со стола; *retirar uno su palabra*, взять назад своё слово; *retirar un embajador*, отозвать посла; *retirarse de los negocios*, удалиться, отойти от дел; *retirarse precipitadamente*, отступать в беспорядке; *retirarse del mundo*, замкнуться, удалиться от света.

retiro. [м.] удаление, отстранение; уединение; уединённое, укромное место; возвращение домой; удаление на покой; сосредоточенность; (воен.) выход на пенсию: *en retiro*, в отставке.

reto. [м.] вызов на дуэль, на поединок и т. д.; угроза; (Амер.) оскорбление; выговор.

retobado, da. [прил.] (Амер.) любящий противоречить; ворчливый; дикий; упорный, упрямый; лицемерный; лукавый.

retobar. [перех.] (Амер.) подбивать или покрывать кожей, упаковывать; **retobarse.** [возв. гл.] дуться, сердиться; стать угрюмым, недовольным.

retobear. [непрех.] (Амер.) упрямиться, упорствовать.

retobo. [м.] (Амер.) негодная вещь; покрывание или подбивка кожей; см. harpillera; ворчание; дурная привычка.

retocador, ra. [м. и ж.] ретушёр; [прил.] ретуширующий; отделывающий.

retocamiento. [м.] ретушь, ретушёвка, ретуширование; небольшая поправка; отделка; подрисовка.

retocar. [перех.] снова трогать, ещё раз касаться; повторно трогать; ретушировать, подрисовывать; подправлять; отделывать, отшлифовывать, завершать; реставрировать (картину и т. д.).

retoñar. [непрех.] пускать новые ростки; (перен.) снова появляться.

retoñecer. [непрех.] см. retoñar; [непр. гл.] спряг. как agradecer.

retoño. [м.] отпрыск, побег, отросток; (перен.) отпрыск, потомок.

retoque. [м.] ретушь; отделка, небольшая поправка, завершение; лёгкий приступ болезни, симптом.

retor. [м.] грубая хлопчатобумажная ткань.

retorcedura. [ж.] см. retorcimiento.

retorcer. [перех.] перекручивать; выжимать (бельё); обращать довод противника против него самого, побивать кого-л его же доводами; извращать слова: *retorcerse el bigote*, закручивать усы; [непр. гл.] спряг. как mover.

retorcido, da. [страд. прич.] к retorcer, перекрученный, закрученный (об усах); [м.] фруктовое пирожное.

retorcijo. [м.] см. retorcimiento.

retorcimiento. [м.] перекручивание; обращение довода противника против него самого.

retórica. [ж.] риторика, ораторское искусство; [множ.] (разг.) витиеватый (напыщенный, цветистый) слог, пустые слова.

retóricamente. [нареч.] по правилам риторики.

retoricar. [непрех.] говорить по правилам риторики; строить софизмы.

retórico, ca. [прил.] риторический; [м.] знаток риторики.

retornamiento. [м.] см. retorno.

retornante. [дейст. прич.] к retornar.

retornar. [перех.] возвращать, отдавать назад; поворачивать назад; снова скручивать, скатывать, крутить; [непрех.] возвращаться; приходить, приезжать обратно, возвращаться, приходить (появляться) вновь; вновь приниматься; приходить в прежнее состояние: *retornar en sí*, прийти в себя.

retornelo. [м.] припев, ритурнель.

retorno. [м.] возвращение (откуда-л); возврат; отдача; компенсация, возмещение; обмен, мена; возвращающаяся повозка или лошадь; (мор.) отводной блок.

retoro. [м.] (обл.) см. tuero.

retorsión. [ж.] перекручивание; скручивание; возмездие; обращение довода противника против него самого; обращение обвинения против обвинителя.

retorsivo, va. [прил.] обращённый против противника.

retorta. [ж.] (хим.) реторта; льняная ткань.

retortero. [м.] круговое движение, оборот: *andar al retortero*, (тревожно) сновать; *traer al retortero*, таскать за собой кого-л; держать в руках; заваливать работой; обманывать посулами.

retortijar. [перех.] сильно перекручивать, искривлять; завивать в локоны.

retortijón. [м.] сильное перекручивание, искривление: *retortijón de tripas*, (мед.) заворот кишок.

retostado, da. [страд. прич.] к retostar; [прил.] сильно загорелый, смуглый, коричневый.

retostar. [перех.] вновь или сильно жарить,

поджаривать, подрумянивать; [непр. гл.] спряг. как contar.

retozador, ra. [прил.] радостно прыгающий, скачущий; игривый, резвый, резвящийся, шалящий.

retozar. [неперех.] радостно прыгать, скакать; резвиться; шалить; пробуждаться, кипеть (о страстях).

retozo. [м.] радостное прыганье, скакание; дейст. к шалить, резвиться: * retozo de risa, приступ смеха.

retozón, na. [прил.] склонный радостно прыгать, скакать; шаловливый, резвый, игривый.

retracción. [ж.] возвращение на прежнее место; представление в своём воображении; дейст. к отговорить; перекупка; (мед.) ретракция, сокращение, стягивание.

retractación. [ж.] отрицание своих слов, отпирательство, отказ от своих слов, отречение от сказанного или обещанного.

retractar(se). [перех. и возв. гл.] отрекаться, отпираться от сказанного или обещанного, отказываться от своих слов; (юр.) перекупать (см. retracto).

retráctil. [прил.] втягивающийся; сокращающийся, сжимающийся; (тех.) убирающийся (о шасси и т. д.).

retractilidad. [ж.] сократимость, способность сокращаться, втягиваться.

retracto. [м.] (юр.) возмещение третьим лицом расходов по покупке с целью стать на место приобретателя.

retractor. [м.] (хир.) ретрактор.

retraducir. [перех.] вновь переводить; делать обратный перевод.

retraer. [перех.] снова приносить или приводить; представлять в своём воображении; см. disuadir; (юр.) возмещать третьим лицом расходы по покупке с целью стать на место приобретателя; retraerse. [возв. гл.] разубеждаться; скрываться; отступать, уходить; вести уединённый образ жизни.

retraído, da. [страд. прич.] к retraer; [прил.] приютившийся; любящий одиночество; (перен.) замкнутый, с трудом входящий в общение с другими.

retraimiento. [м.] дейст. к retraerse; уединение, замкнутый образ жизни; потайная комната; убежище, пристанище; нелюдимость, необщительность.

retranca. [ж.] наспинный ремень в упряжи; (обл.) тормоз (в экипаже); (Амер.) тормоз.

retranquear. [перех.] (арх.) передвигать каменные плиты до правильной укладки.

retranqueo. [м.] (арх.) правильная укладка каменных плит.

retranquero. [м.] (Амер.) тормозной кондуктор.

retransmisión. [ж.] трансляция (по радио).

retransmitir. [перех.] передавать по радио.

retrasar. [перех.] задерживать; замедлять; откладывать, отсрочивать; retrasarse. [возв. гл.] отставать; запаздывать, запаздывать, отставать.

retraso. [м.] опоздание, задержка, запаздывание, откладывание, отсрочка; отставание, замедление, промедление.

retratador, ra. [сущ.] см. retratista.

retratar. [перех.] писать портрет; фотографировать, снимать; изображать; подражать, имитировать; походить, быть похожим; отпираться, отрекаться (от сказанного и т. д.); retratarse. [возв. гл.] отпираться, отрекаться (от сказанного и т. д.).

retratería. [ж.] (Амер.) фотография (ателье).

retratista. [м.] портретист; фотограф.

retrato. [м.] портрет, изображение; снимок, фотография; описание; (перен.) двойник; (юр.) см. retracto: * retrato de cuerpo entero, ростовой портрет, портрет во весь рост; * es el vivo retrato de su padre, этот ребёнок вылитый отец.

retrayente. [дейст. прич.] к retraer.

retrechar. [неперех.] отступать, подаваться назад, пятиться (о лошади).

retrechería. [ж.] притворство, увёртка, уловка, отговорка; отписка; (разг.) см. zalamería; (Амер.) скупость.

retrechero, ra. [прил.] хитрый, прибегающий к увёрткам, уловкам; (разг.) очень привлекательный, пленительный; (Амер.) скупой, скаредный.

retrepado, da. [прил.] откинутый, отклонённый назад.

retreparse. [возв. гл.] откидываться, отклоняться назад; откидываться на спинку стула.

retreta. [ж.] (воен.) вечерняя заря (сигнал); ночной военный праздник по улицам (с уличными фонарями и т. д.); отбой; (Амер.) вереница, ряд; серия.

retrete. [м.] отхожее место, уборная.

retribución. [ж.] вознаграждение, возмещение, жалованье; гонорар; заработная плата, зарплата.

retribuir. [перех.] вознаграждать, оплачивать; платить жалованье; оплачивать труд; воздавать должное; (Амер.) отвечать взаимностью.

retributivo, va. [прил.] вознаграждающий, оплачивающий.

retribuyente. [дейст. прич.] к retribuir.

retrillar. [перех.] перемолотить.

retro- [прист.] имеющая значение: обратно, назад.

retroacción. [ж.] обратное движение, регрессия.

retroactividad. [ж.] ретроактивность, обратное действие.

retroactivo, va. [прил.] ретроактивный, имеющий обратное действие, обратную силу (о законе).

retrobar. [перех.] (Амер.) см. rezongar.

retrobón, na. [прил.] (Амер.) см. rezongón.

retrobulbar. [прил.] (мед.) лежащий позади глазного яблока.

retrocarga. [ж.] (арт.) заряжание с казённой части.

retrocecal. [прил.] (мед.) лежащий позади слепой кишки.

retroceder. [неперех.] отступать, подаваться назад, пятиться; (воен.) откатываться (об орудии).

retrocesión. [ж.] см. retroceso (дейст.); (юр.) переуступка (прав и т. д.).

retroceso. [м.] попятное движение, отступление, отход; отступательное движение; регресс; (воен.) откат (орудия); (мед.) обострение болезни.

retroflexión. [ж.] (мед.) сгибание назад: * retroflexión de la matriz, перегиб матки кзади.

retrogradación. [ж.] (астр.) обратный ход, обратное движение.

retrogradar. [неперех.] см. retroceder; (астр.) двигаться обратно.

retrogradismo. [м.] ретроградство.

retrógrado, da. [прил.] движущийся назад, идущий назад, попятный; ретроградный, реакционный; [м. и ж.] реакционер, -ка.

retrogresión. [ж.] см. retroceso.

retromandibular. [прил.] (мед.) лежащий позади нижней челюсти.

retronar. [неперех.] раскатываться греметь, грохотать (о громе); [непр. гл.] спряг. как contar.

retronasal. [прил.] (мед.) носоглоточный.

retropilastra. [ж.] (арх.) пилястр, находящийся позади колонны.

retroposición. [ж.] отклонение назад, смещение кзади.

retropropulsión. [ж.] реактивное действие.

retropróximo, ma. [прил.] (Амер.) прошлый.

retrospección. [ж.] ретроспективный взгляд в прошлое.

retrospectivamente. [нареч.] ретроспективно, оглянувшись назад.

retrospectivo, va. [прил.] ретроспективный, обращённый к прошлому.

retrotracción. [ж.] (юр.) отнесение к более раннему времени.

retrotraer. [перех.] относить к более раннему времени.

retrovendendo: * contrato de retrovendendo, контракт на продажу с правом выкупа проданного имущества.

retrovender. [перех.] (юр.) перепродать купленное бывшему владельцу.

retroversión. [ж.] (мед.) отклонение, поворот назад: * retroversión de la matriz, загиб матки.

retrovisor. [м.] зеркало (перед шофёром, водителем).

retrucar. [неперех.] сыграть от борта (в бильярде); см. envidar; (обл.) (Амер.) возражать.

retruco. [м.] см. retruque.

retruécano. [м.] игра слов, каламбур.

retruque. [м.] отскакивание, рикошет (в бильярде): * de retruque, рикошетом.

retuelle. [м.] (обл.) сорт рыболовной сети.

retuerta. [ж.] (обл.) излучина, изгиб (дороги, реки).

retuerto, ta. [прил. непр. страд. прич.] к retorcer, перекрученный.

rétulo. [м.] надпись.

retumbante. [дейст. прич.] к retumbar; [прил.] пышный, роскошный.

retumbar. [неперех.] раздаваться; звучать, греметь, грохотать, рокотать (о громе и т. д.).

retumbo. [м.] (грохот)ание, отзвук, раскат, отголосок (грома и т. д.).

retundir. [перех.] выравнивать облицовку; (мед.) отвлекать.

reuma. [м.] (тже. ж.) см. reumatismo; воспалительное процесс.

reúma. см. reuma.

reumartritis. [ж.] (пат.) суставной ревматизм.

reumatalgia. [ж.] (пат.) ревматическая боль.

reumático, ca. [прил.] ревматический; страдающий ревматизмом; [м. и ж.] ревматик, -ичка.

reumátide. [ж.] ревматический дерматоз.

reumatismo. [м.] (мед.) ревматизм: * reumatismo muscular, мышечный ревматизм; * reumatismo articular, суставной ревматизм.

reumatizante. [прил.] страдающий ревматизмом; [м. и ж.] ревматик, -ичка.

reumatoide(o), (a). [прил.] похожий на ревматизм.

reumatosis. [ж.] (пат.) заболевание ревматического характера.

réumico, ca. [прил.] ревматический.

reunión. [ж.] объединение, соединение, присоединение; собрание; сближение; (мед.) срастание краёв раны.

reunir. [перех.] соединять, объединять, присоединять; собирать; созвать; группировать; reunirse. [возв. гл.] соединяться, объединяться; собираться, встречаться.

reuntar. [перех.] вновь натирать, смазывать жиром, маслом и т. д.
reusense. [прил.] относящийся к Reus; [м. и ж.] уроженец этого города.
reusina. [ж.] (мин.) выветрившаяся смесь глауберовой соли с горькою.
revacunación. [ж.] (мед.) повторная прививка, ревакцинация.
revacunar. [перех.] (мед.) повторно прививать.
reválida. [ж.] окончание учебного заведения, получение диплома.
revalidación. [ж.] утверждение, ратификация.
revalidar. [перех.] утверждать, узаконивать, ратифицировать; revalidarse, [возв. гл.] оканчивать учебное заведение, получать диплом.
revancha. [ж.] (гал.) реванш, см. desquite.
revecero, ra. [прил.] (с.-х.) очередной; [м. и ж.] тот, кто следит за работающим поочерёдно скотом.
reveedor. [м.] см. revisor.
revejecer. [неперех.] преждевременно стариться (тже. возв. гл.); [непр. гл.] спряг. как agradecer.
revejecido, da. [прил.] преждевременно состарившийся.
revejirse. [возв. гл.] (Амер.) стареть.
revelación. [ж.] разоблачение, раскрытие; откровение; (фот.) проявление.
revelado, da. [страд. прич.] к revelar; [м.] (фот.) проявление.
revelador, ra. [прил.] разоблачающий; [м. и ж.] разоблачитель, -ница; [м.] (фот.) проявитель.
revelamiento. [м.] см. revelación.
revelante. [действ. прич.] к revelar.
revelar. [перех.] разоблачать, раскрывать, обнаруживать; (фот.) проявлять: * revelar talento, обнаружить (проявить) талант.
revelente. [действ. прич.] к reveler; [прил.] отвлекающий.
reveler. [перех.] (мед.) отвлекать.
revellín, revellinejo. [м.] равелин.
revenar. [неперех.] давать новые ростки, (о пне и т. д.).
revendedera. [ж.] см. revendedora.
revendedor, ra. [прил.] перепродающий; [м. и ж.] перепродавец, -щица, барышник.
revender. [перех.] перепродавать.
revendón, na. [прил.] (обл.) см. revendedor.
revenimiento. [м.] действ. к revenirse; (мин.) (частичный) осыпь, обвал.
revenirse. [возв. гл.] сморщиваться, съёживаться; уменьшаться; скисать, прокисать (о вине и т. д.); сочиться, выделять влагу; отсыреть; отступаться от своего мнения; (обл.) выгорать, сохнуть (о растениях); [непр. гл.] спряг. как venir.
reveno. [м.] побег, вырастающий от пня.
reventa. [ж.] перепродажа.
reventadero. [м.] труднопроходимое место; трудная работа.
reventador. [м.] клакёр, лицо, нанятое для того, чтобы свистками и т. д. создавать впечатление провала пьесы, артиста.
reventar. [неперех.] лопнуть, треснуть, разорваться; взорваться; разбиваться с силой, бушевать (о волнах); бить (о ключе); лопнуть, прорваться (о нарыве); (перен.) сгорать от желания; загораться (страстью и т. д.); (разг.) умереть насильственной смертью; * reventar de risa, лопнуть со смеху; * reventar de gordo, заплыть жиром; [перех.] (разг.) раздавливать; загнать лошадь; надоедать, досаждать, докучать, бесить, злить; изнурять непосильной работой; вредить, наносить ущерб; [непр. гл.] спряг. как acertar.
reventazón. [ж.] взрыв, разрыв; прибой (волн).
reventón. [прил.] готовый лопнуть; выпуклые (о глазах); [м.] взрыв, разрыв; (перен.) крутой подъём; стеснённое положение, нужда; переутомление; непосильная работа; (Амер.) вспышка (страсти и т. д.); сильный толчок; рецидив.
rever. [перех.] снова рассматривать, пересматривать, пересматривать; (юр.) пересматривать (дело).
reverberación. [ж.] отражение (звуковых волн, световых лучей); отблеск; (хим.) обжигание (в отражательной печи).
reverberadero. [м.] см. reverbero.
reverberante. [действ. прич.] к reverberar, отражающий световые и т. д. лучи, звуковые волны (тже. прил.).
reverberar. [неперех.] реверберировать, отражать (звуковые волны, световые лучи); отражаться.
reverbero. [м.] см. reverberación; рефлектор, отражатель; уличный фонарь; (Амер.) керосинка, спиртовка: * horno de reverbero, отражательная печь.
reverdecer. [неперех.] вновь зазеленеть (о полях); (перен.) помолодеть; [перех.] делать зелёным; молодить; [непр. гл.] спряг. как agradecer.
reverdeciente. [действ. прич.] к reverdecer, вновь позеленевший (о дереве) и т. д.
reverencia. [ж.] глубокое почтение, уважение, благоговение; почтительный поклон; реверанс; преподобие (титул священника).
reverenciable. [прил.] достойный глубокого почтения, уважения, почтенный.
reverenciador, ra. [прил.] почтительный, подобострастный.
reverencial. [прил.] почтительный.
reverencialmente. [нареч.] почтительно, подобострастно.
reverenciar. [перех.] чтить, почитать, уважать.
reverendísimo, ma. [прил.] преосвященнейший (титул).
reverendas. [ж. множ.] епископская грамота, передающая власть другому епископу; хорошие качества достойные глубокого почтения, уважения.
reverendo, da. [прил.] достойный почтения, уважения, уважаемый; преподобный; (разг.) слишком осмотрительный, осторожный; [м.] священник, аббат.
reverente. [прил.] почтительный, исполненный глубокого почтения, уважения.
reverentemente. [нареч.] почтительно, с глубоким уважением.
reversar. [неперех.] отрыгивать.
reversibilidad. [ж.] обратимость.
reversible. [прил.] обратимый, (юр. тех.) реверсивный; двухсторонний (о ткани).
reversión. [ж.] возвращение (или возврат) к прежнему состоянию; (юр.) реверсия; возврат имущества прежнему владельцу.
reverso, sa. [прил.] обратный; [м.] оборот, обратная сторона, изнанка; оборотная сторона медали, монеты; * reverso de la medalla, (перен.) оборотная сторона медали.
reverter. [неперех.] переливаться через край; [непр. гл.] спряг. как entender.
revertir. [перех.] (юр.) возвращать имущество прежнему владельцу; возвращаться к прежнему состоянию.
revés. [м.] оборот, обратная сторона, изнанка; лацкан, отворот (одежды и т. д.); удар тыльной стороной руки; (фех. в теннисе и т. д.) удар слева; (перен.) неудача, невзгода; перемена в обращении с кем-л.; * al revés, наоборот, напротив; * de revés, наоборот, напротив; слева; * el revés de la medalla, оборотная сторона медали; * al (del) revés, наизнанку; * al revés me las calcé, я сделал обратное.
revesa. [ж.] (арг.) обман, надувательство; (мор.) встречный ток (воды).
revesado, da. [прил.] запутанный, неясный, мудрёный; (перен.) непослушный, непокорный, озорной; трудный (о родах).
revesar. [перех.] см. vomitar.
revesero, ra. [прил.] (Амер.) неверный; вероломный; колкий, едкий.
revesino. [м.] реверси (карточная игра, где выигрывает партию тот, кто менее возьмёт взяток).
revestido, da. [страд. прич.] к revestir; [м.] см. revestimiento.
revestimiento. [м.] обшивка, облицовка; покрытие (улиц); одежда (укреплений); обклейка.
revestir. [перех.] надевать одно платье на другое; облицовывать, обшивать; обкладывать, покрывать; обклеивать; revestirse, [возв. гл.] надевать на себя одно платье на другое; увлечься идеей; чваниться; [непр. гл.] спряг. как pedir.
revez. [м.] (Амер.) см. revés.
reveza. [ж.] (мор.) см. revesa.
revezar. [неперех.] заменять, сменять.
revezo. [м.] замена, смена (одного другим); пара (две лошади и т. д.) сменяющая другую на работе; (обл.) третья часть obrada.
reviejo. [прил.] очень старый; [м.] сухая ветка.
revientacaballo. [м.] (Амер. бот.) антильское растение.
revirada. [ж.] (мор.) изменение направления.
revirar. [перех.] крутить, закручивать; [неперех.] (мор.) менять направление (о судне; revirarse. [возв. гл.] (Амер.) восставать.
reviro. [м.] сгибание; искривление; (мор.) изменение направления.
revirón, na. [прил.] (Амер. разг.) склонный восставать; [м.] восстание.
revisable. [прил.] могущий быть пересмотренным.
revisación, revisada. [ж.] (Амер.) см. revisión.
revisador, ra. [прил.] см. revisor.
revisar. [перех.] пересматривать, проверять, ревизовать.
revisión. [ж.] ревизия; пересмотр, проверка.
revisionismo. [м.] (полит.) ревизионизм.
revisionista. [прил.] (полит.) ревизионистский; [м. и ж.] ревизионист, -ка.
revisita. [ж.] вторый осмотр, обыск.
revisor, ra. [прил.] пересматривающий, ревизующий; [м.] ревизор; контролёр.
revisoría. [ж.] должность ревизора, контролёра.
revista. [ж.] пересмотр, просмотр, проверка; обзор; (воен.) смотр, парад; обозрение; журнал; (театр.) обозрение, ревю: * revista militar, военный смотр; * pasar revista a un regimiento, произвести смотр полку.
revistar. [перех.] (воен.) делать смотр войскам.
revisteril. [прил.] принадлежащий или относящийся к обозрению, ревю или журналу.
revistero. [м.] обозреватель; автор ревю.
revisto, ta. [непр. страд. прич.] к rever.
revivar. [перех. и неперех.] см. reavivar.
vividero. [м.] питомник для разведения шелковичных червей.

revivificación. [ж.] оживление.
revivificar. [перех.] оживлять, возрождать, пробуждать к жизни.
revivir. [неперех.] оживать, воскресать; возрождаться.
reviviscencia. [ж.] (биол.) способность оживать; возвращение жизненых свойств.
reviviscente. [прил.] (биол.) способный оживать.
revocable. [прил.] отменимый; сменяемый.
revocación. [ж.] отмена, аннулирование.
revocador, ra. [прил.] отменяющий, аннулирующий, отрешающий; [м.] штукатур.
revocadura. [ж.] оштукатуривание (стен и т. д.); (жив.) холст, натянутый на подрамник.
revocante. [дейст. прич.] к revocar.
revocar. [перех.] отменять, аннулировать, отсоветовать, отговаривать; разгонять назад; снова оштукатуривать (стену).
revocatoria. [ж.] (Амер.) см. revocación.
revocatorio, ria. [прил.] отменяющий, аннулирующий, отрешающий.
revoco. [м.] разгон назад; см. revoque.
revolante. [дейст. прич.] к revolar.
revolar. [неперех.] опять взлететь; порхать, перепархивать.
revolcadero. [м.] место где некоторые животные (обычно) валяются по поверхности чего-л.
revolcado, da. [страд. прич.] к revolcar; [м.] (Амер.) сорт рагу.
revolcadura. [ж.] дейст. к валяться по поверхности чего-л.
revolcar. [перех.] опрокидывать, валить; валять (по земле и т. д.); (перех. разг.) переспорить, победить в споре; (разг.) провалить (на экзамене); revolcarse, [возв. гл.] валяться (по земле, в грязи и т. д.); (перен.) упрямиться; [непр. гл.] спряг. как contar.
revolcón. [м.] (разг.) см. revuelco.
revolear. [неперех.] кружиться в воздухе, летать описывая круги; [перех.] (Амер.) размахивать лассо и т. д.
revoleo. [м.] (обл.) беспорядок, тревога, смятение.
revoletear. [неперех.] (Амер.) см. revolotear.
revolica. [ж.] revolisco. [м.] (Амер.) беспорядок, путаница; суматоха.
revolotear. [неперех.] см. revolear, порхать; возвращаться, описывая круги; [перех.] подбрасывать в воздух что-л.
revoloteo. [м.] быстрый полёт, описывая круги; порхание; возвращение, описывая круги; подбрасывание в воздух чего-л.
revoltear. [неперех.] быстро кружиться.
revoltijo, revoltillo. [м.] всякая всячина, смесь, мешанина; заплетенные кишки; (перен.) путаница, беспорядок, неразбериха.
revoltón. [м.] (арх.) сводчатый промежуток между двумя балками (потолка); (арх.) сгиб лепного украшения.
revoltoso, sa. [прил.] непокорный, мятежный; шумливый, шаловливый, резвый; запутанный; [м. и ж.] бунтовщик, -ица, смутьян; нарушитель порядка.
revoltura. [ж.] (Амер.) см. revoltijo.
revolución. [ж.] дейст. к revolver(se); революция; волнение, тревога, беспорядок, мятеж, бунт; (астр.) обращение, полная перемена; (астр.) обращение, вращение, полный оборот (планеты); (геом.) вращение; (тех.) оборот.
revolucionar. [перех.] революционировать, поднимать на восстание, возмущать; нарушать порядок; производить коренной переворот в чём-л.
revolucionario, ria. [прил.] революционный;

нарушающий порядок; [м. и ж.] революционер, -ка; нарушитель порядка.
revolvedero. [м.] см. revolcadero.
revolvedor, ra. [прил.] беспокоящий, тревожащий; нарушающий порядок; [м. и ж.] смутьян, -ка; нарушитель порядка.
revólver. [м.] револьвер.
revolver. [перех.] перебирать; переворачивать, перевёртывать, перевёртывать вверх дном, перебирать; обёртывать, завёртывать; повернуть на врага; будоражить, возмущать, поднимать на восстание; перебирать в памяти; размышлять; возвращаться назад; подать в суд на кого-л; делать полный оборот; revolverse, [возв. гл.] обёртываться; повернуться на врага; возвращаться назад: делать полный оборот: двигаться, поворачиваться; меняться (о погоде); [непр. гл.] спряг. как mover.
revolvimiento. [м.] дейст. к revolver(se), переворачивание, перевёртывание.
revolvino. [м.] (обл.) см. remolino; неспокойный человек, шалун, -ья.
revoque. [м.] штукатурка (на стену); штукатурка, штукатурный намёт (наружных стен).
revotarse. [возв. гл.] изменить свой голос (при голосовании).
revuelco. [м.] опрокидывание, перевёртывание, переворачивание; дейст. к валяться по земле, в грязи, перекатывание по поверхности чего-л.
revuelo. [м.] вторичный полёт птицы; (перен.) беспорядок, волнение, смятение.
revuelta. [ж.] вторичный оборот.
revuelta. [ж.] бунт, мятеж, возмущение; поворот, поворотный пункт; перемена направления; окольный (или обходной) путь; перемена состояния или мнения; ссора, драка; (Амер.) см. escarda.
revueltamente. [нареч.] в беспорядке, вперемешку.
revuelto, ta. [непр. страд. прич.] к revolver; [прил.] покорно вертящийся (о лошади); неспокойный, шаловливый (о ребёнке); запутанный, мудрёный: * pescar en río revuelto, ловить рыбу в мутной воде.
revuelvepiedras. [м.] морская птица, питающийся моллюсками.
revulsar. [неперех.] (Амер.) см. vomitar.
revulsión. [ж.] (мед.) отвлечение.
revulsivo, va. [прил.] (мед.) отвлекающий; [м.] отвлекающее лекарство.
rey. [м.] король, царь; государь; (шахм.) (карт.) пчелиная матка; (зоол.) свинопас; [множ.] reyes король и королева: * los Reyes magos, (рел.) Волхвы; * rey de banda, куропатка-вожак; * ni rey ni roque, ни царь, ни улица; * la del rey, улица; * del tiempo del rey que rabió, в незапамятные времена; * el día de los Reyes, (рел.) богоявление; * al que no tiene, el rey le hace libre, (посл.) на нет и суда нет; * servir al rey, быть солдатом.
reyerta. [ж.] ссора, спор, пререкание, стычка.
reyezuelo. [м. умен.] к rey царёк; королёк (птица).
reyunar. [перех.] (Амер.) остригать кончик уха скоту в знак принадлежности государству.
reyuno, na. [прил.] (Амер.) см. tronzo.
rezado, da. [страд. прич.] к rezar; [м.] церковная служба.
rezador, ra. [прил. и сущ.] молящийся.
rezaga. [ж.] см. retaguardia.
rezagado, da. [страд. прич.] к rezagar; [прил.] остающийся позади; ленивый; (Амер.) невостребованный (о письме).
rezagante. [дейст. прич.] к rezagar.
rezagar. [перех.] обгонять, оставлять позади; отсрочивать, откладывать; rezagarse, [возв. гл.] отстать позади.

rezago. [м.] остаток; осадок; залежи (товаров); (обл.) отставший от стада скот; (Амер.) плохо откормленный скот; табунщик (при плохо откормленном скоте).
rezandero, ra. [прил. и сущ.] (Амер.) молящийся.
rezar. [перех.] молиться; (церк.) служить (обедню и т. д.); (разг.) говориться; [неперех.] бормотать, ворчать, брюжать; * rezar con, касаться: * rezar por los difuntos, молиться за усопших.
rezmila. [ж.] (обл.) см. rámila.
rezno. [м.] личинка овода; (бот.) клещевина.
rezo. [м.] моление; церковная служба; молитва.
rezón. [м.] (мор.) кошка.
rezondrar. [перех.] (Амер.) оскорблять, ругать, обижать.
rezongador, ra. [прил.] ворчливый; [м. и ж.] ворчун, -ья, брюзга.
rezongar. [неперех.] бормотать, брюзжать; делать что-л с неохотой; (Амер.) см. regañar.
rezonglón, na. [прил. и сущ.] (разг.) см. rezongador.
rezongo. [м.] брюзжание, ворчание; см. refunfuño.
rezongón, na. [прил. и сущ.] (разг.) см. rezongador.
rezonguero, ra. [прил.] к ворчание, брюзжание.
rezumadero. [м.] течь, отверстие; жидкость, которая просочилась куда-л; лужа (из течи), протёк.
rezumamiento. [м.] течь, просачивание, протекание.
rezumarse. [возв. гл.] сочиться, просачиваться, протекать; (перех. разг.) просачиваться (о слухах и т. д.).
rezumbador. [м.] (Амер.) полый волчок (издающий звук при вращении).
rezungo. [м.] см. rezongo.
rezurcir. [перех.] вновь штопать; (перен.) возобновлять.
rho. [ж.] 17-я буква греческого алфавита.
ría. [ж.] устье реки.
riacho, riachuelo. [м.] речушка.
riada. [ж.] наводнение, прибыль воды, паводок (в реках).
riba. [ж.] см. ribazo.
ribadense. [прил.] относящийся к Ribadeo; [м. и ж.] уроженец этого города.
ribagorzano, na. [прил. и сущ.] относящийся к Ribagorza; [м. и ж.] уроженец этого района.
ribaldería. [ж.] плутовство, мошенничество; сводничество.
ribaldo, da. [прил.] хитрый, лукавый, плутоватый; [м. и ж.] плут, -овка, мошенник, пройдоха.
ribazo. [м.] холм (наклонный).
ribazón. [м.] путина.
ribera. [ж.] берег; побережье; см. ribero.
riberano, na. [прил. сущ.] (Амер.) (обл.) см. ribereño.
ribereño, ña. [прил.] береговой, побережный, прибрежный; [м. и ж.] прибрежный житель, -ница.
riberiego, ga. [прил.] (о скоте) не перебирающийся в горы (на летнее пастбище); см. ribereño.
ribero. [м.] сорт плотины.
ribete. [м.] кромка, обшивка; кайма; увеличение, прирост; (карт.) процент получаемый при ссуде; прикрасы, прибавления в рассказе; ribetes, [множ.] (перен.) знак, симптом, показатель, признак.

ribeteador, ra. [прил. и сущ.] обшивающий, делающий кромку, опушку.
ribetear. [перех.] делать кромку, опушку; обшивать, окаймлять.
ribeteo. [м.] обшивание, окаймление.
rica. [ж.] (обл.) зерновое бобовое растение (сорт чечевицы).
ricacho, cha; ricachón, na. [прил.] (разг.) богач, -ка, толстосум (прост.).
ricadueña, ricahembra. [ж.] дворянка, жена или дочь дворянина.
ricamente. [нареч.] богато; великолепно, дивно, восхитительно; очень удобно.
ricazo, za. [прил.] богатейший.
ricial. [прил.] дающий отаву (о поле); засеянный травой (о поле).
ricino. [м.] (бот.) клещевина: * aceite de ricino, касторовое масло, касторка.
rico, ca. [прил.] богатый; обильный, изобильный; плодородный; вкусный; превосходный, отличный; пышный, великолепный; знатного происхождения; (разг.) милейший; [м. и ж.] человек знатного происхождения; добрый человек; богач; * nuevo rico, нувориш, выскочка; * rico en, богатый чем-л; * comida rica, вкусная еда; * los ricos y los pobres, богатые и бедные; * hacerse rico, обогащаться, богатеть.
ricohombre. [м.] сеньор очень знатного происхождения.
ricota. [ж.] (Амер.) творог.
ricote. [прил.] (разг.) богатейший; [м. и ж.] богач, -ка, толстосум.
rictus. [м.] оскал.
ricura. [ж.] (разг.) свойст. к богатый, вкусный, хороший или превосходный.
richardia. [ж.] (бот.) ричардия.
ridículamente. [нареч.] смехотворно.
ridiculez. [ж.] смехотворность; нелепость, нелепица, вздор, чепуха; смешная щепетильность.
ridiculización. [ж.] дейст. к высмеивать.
ridiculizar. [перех.] осмеивать, высмеивать, поднимать на смех.
ridículo. [м.] женская ручная сумочка, (уст.) ридикюль.
ridículo, la. [прил.] смешной, смехотворный, уморительный; достойный насмешки; нелепый; странный; экстравагантный; скупой, скаредный; смехотворно щепетильный; [м.] смех: * poner en ridículo, высмеивать кого-л; поднять на смех; * quedar en ridículo, оказаться в смешном (глупом, дурацком) положении.
riego. [м.] орошение; ирригация; дождевание; поливка (улиц и т. д.): * de riego, ирригационный.
riel. [м.] слиток (золота, серебра); брусок (металла); рельс.
rielar. [неперех.] (поэт.) переливаться, мерцать, сверкать.
rielera. [ж.] (тех.) литейная форма.
rienda. [ж.] узда (чаще мн. riendas, узды); [мн.] (перен.) бразды правления: * a rienda suelta, во весь опор; * dar rienda suelta, дать полную волю; * a toda rienda, галопом, вскачь.
riente. [действ. прич.] к reír, смеющийся; улыбающийся; весёлый, радостный.
riesgo. [м.] риск, опасность; риск (при страховке): * con riesgo, с риском; * correr riesgo, рисковать, подвергаться риску; * con riesgo de, рискуя.
riesgoso, sa. [прил.] (Амер.) рискованный.
riestra. [ж.] (обл.) см. ristra.

rifa. [ж.] вещевая лотерея; драка; бурная ссора.
rifador, ra. [м. и ж.] тот, кто разыгрывает в лотерее; спорщик, -ица.
rifadura. [ж.] (мор.) дейст. к разрываться (о парусах и т. д.).
rifar. [перех.] разыгрывать в лотерее; [неперех.] ссориться, браниться; rifarse. [возв. гл.] (мер.) разрываться, прорываться (о парусах и т. д.); * rifarse a uno, приглашать, зазывать наперебой.
rifeño, ña. [прил.] относящийся к Rif; [м. и ж.] уроженец этого района.
rifirrafe. [м.] (разг.) неважный спор, перебранка, суматоха.
rifle. [м.] винтовка.
riflero. [м.] (Амер.) солдат, вооружённый винтовкой.
rigente. [прил.] (поэт.) см. rígido.
rígidamente. [нареч.] твёрдо, негибко; непреклонно, сурово.
rigidez. [ж.] твёрдость, негибкость; ригидность, окоченение, окочевелость, неподвижность; (перен.) несгибаемость, непреклонность; суровость; * rigidez cadavérica, трупное окоченение.
rígido, da. [прил.] твёрдый, тугой, жёсткий; негибкий, негнущийся; ригидный, окоченелый, одеревенелый, застывший; (перен.) несгибаемый, непреклонный, неподатливый; суровый.
rigodón. [м.] ригодон (старинный танец).
rigola. [ж.] (Амер.) оросительный ров, канава.
rigor. [м.] строгость, суровость; жестокость; строгое, точное соблюдение, пунктуальность, точность; неукоснительность, безусловность; предел чего-л; (мед.) окоченелость; озноб: * en vigor, в действительности; * ser de rigor, быть необходимым (обязательным); требоваться; * ser el rigor de las desdichas, быть самым несчастным из людей.
rigorismo. [м.] ригоризм.
rigorista. [прил.] ригористический; [м. и ж.] ригорист, -ка.
rigorosamente. [нареч.] см. rigurosamente.
rigoroso, sa. [прил.] см. riguroso.
riguridad. [ж.] (обл. Амер.) см. rigor.
rigurosamente. [нареч.] строго, сурово; точно, неукоснительно.
rigurosidad. [ж.] см. rigor.
riguroso, sa. [прил.] строгий, суровый (о человеке); суровый, тяжёлый (о наказании и т. д.); резкий, суровый; точный, пунктуальный; неукоснительный.
rija. [ж.] бурная ссора; шум, суматоха.
rijador, ra. [прил.] см. rijoso.
rijo. [м.] похоть.
rijosidad. [ж.] сварливость; похотливость, сладострастие.
rijoso, sa. [прил.] сварливый; похотливый, сладострастный.
rilar. [неперех.] трястись, дрожать (от холода и т. д.); rilarse. [возв. гл.] вздрагивать, содрогаться.
rima. [ж.] см. rimero.
rima. [ж.] рифма; rimas. [мн.] стихи.
rima. [ж.] трещина, расщелина.
rimado, da. [страд. прич.] к rimado; [прил.] рифмованный.
rimador, ra. [прил.] пописывающий стишки; [м. и ж.] рифмоплёт, стихоплёт.
rimar. [неперех.] сочинять стихи; подбирать рифмы, быть созвучным; [перех.] перелагать в стихи.
rimbombancia. [ж.] звучность, звонкость.
rimbombante. [действ. прич.] к rimbombar; [прил.] звучный, звонкий, гулкий, (перен.) пышный.
rimbombar. [неперех.] звучать, греметь; раздаваться; отдаваться (о звуке).

rimbombe, rimbombo. [м.] звучание; отзвук, отголосок.
rimero. [м.] куча, груда.
rímica. [ж.] (лит.) метрика.
rimilla. [ж.] умен. к rima; см. rendija.
rimu. [м.] (бот.) дакридиум.
rinal. [прил.] носовой.
rinalgia. [ж.] (мед.) боль в носу.
rinanto. [м.] (бот.) погремок, петуший гребень.
rincón. [м.] угол; уединённое, скрытое место; тайник; (перен. разг.) жилище; (Амер.) узкая долина.
rinconada. [ж.] угол улицы и т. д.
rinconera. [ж.] угловой стол или шкаф; (арх.) угол.
rinculera. [ж.] (обл.) см. ringlera.
rinche, cha. [прил.] наполненный.
rinchola. [ж.] (обл.) отшлифованный водой камень.
rinde. [м.] (Амер.) прибыль, доход.
rinenquisis. [ж.] орошение, промывание носа, носовой душ.
ring. [м.] (спорт.) ринг.
ringar. [перех.] (обл.) см. derrengar.
ringla, ringle. [ж.] (разг.), ringlera [ж.] линия, ряд, вереница: * en ringla (Амер.) совершенно; очень хорошо.
ringlero. [м.] линия, линейка (на бумаге).
ringlete. [м.] (Амер.) мельница, вертушка (игрушка); праздношатающийся, фланёр.
ringletear. [неперех.] (разг.) слоняться, бродить, фланировать по улицам.
ringorrango. [м.] (разг.) росчерк; (перен. разг.) экстравагантное украшение; [мн.] пышная, безвкусная отделка.
ringrave. [м.] рейнграф.
ringuelete. [м.] (Амер.) см. ringlete.
rínico, ca. [прил.] носовой.
rinitis. [ж.] (мед.) воспаление слизистой оболочки носа.
rinobato. [м.] рохля, долгоносый скат (рыба).
rinoceronte. [м.] (зоол.) носорог.
rinocleisis. [ж.] (пат.) закупорка носа.
rinodinia. [рат.] боль в носу.
rinolalia. [ж.] гнусавость.
rinología. [ж.] (мед.) ринология.
rinoplastia. [ж.] (хир.) ринопластика.
rinorrea. [ж.] (мед.) обильное слизетечение из носа.
rinoscopia. [ж.] (мед.) исследование носа зеркалом, риноскопия.
rinoscopio. [м.] носовое зеркало.
rinostegnosis. [ж.] (мед.) закладывание носа.
riña. [ж.] спор; ссора; драка, столкновение, схватка.
riñón. [м.] (анат.) почка; riñones, [мн.] поясница; (перен.) центр страны, дела и т. д.: riñón ectópico или flotante, блуждающая почка; * riñón de bóveda, (арх.) пазуха свода; * costar un riñón, (разг.) дорого обойтись, * tener (bien) cubierto el riñón, (перен. разг.) быть богатым; tener riñones, (разг.) быть храбрым.
riñonada. [ж.] (анат.) жировая ткань, покрывающая почки; почечные лоханки: жаркое из почек.
río. [м.] река; (перен.) поток, изобилие: * río arriba (abajo), вверх (вниз) по течению; * a río revuelto, беспорядочно; * pescar en río revuelto, ловить рыбу в мутной воде; * bañarse en el río Jordán, (перен.) молодеть.
riojano, na. [прил.] относящийся к La Rioja; [м. и ж.] житель этого испанского края.
riolada. [ж.] (разг.) поток, изобилие.
rioplatense. [прил.] относящийся или принадлежащий к бассейну реки Río de la Plata; [м. и ж.] уроженец или житель побережья этой реки.

riosellano, na. [прил.] относящийся к Ribadesella; [м. и ж.] уроженец этого города.
riostra. [ж.] раскос.
riostrar. [перех.] (арх.) раскосить.
ripa. [ж.] (обл.) холм, возвышенность.
riparia. [ж.] (мед.) камень (на зубах); грязь, нечистота.
ripia. [ж.] необструганная доска.
ripiar. [перех.] см. enripiar; (перен.) (разг.) попусту тратить слова; (Амер.) трепать (лён, коноплю и т. д.); крошить; ударять, расточать.
ripidolita. [ж.] (мин.) рипидолит.
ripiento, ta. [прил.] (Амер.) см. guijoso.
ripio. [м.] остаток; щебень, строительный мусор, засыпка; лишние слова, длинноты (в стихотворном произведении): * no perder ripio, (разг.) не упускать случая, внимательно слушать.
riqueza. [ж.] богатство; изобилие; плодородие; riqueza imponible, сумма, подлежащая обложению.
riquísimo, ma. [прил.] богатейший.
risa. [ж.] смех; хохот; посмешище; (обл.) плеск волн: * risa del conejo un falsa, смех сквозь слёзы; * risa sardónica, sardesca, злобная, горькая усмешка; * risa irónica, насмешка; * desternillarse de risa, смеяться до слёз, хохотать до упаду; * mover a risa, вызвать смех; * contener la risa, сдерживать смех; * tomar a risa, не принимать всерьёз; caerse (reventar, morirse) de risa, смеяться до упаду, покатиться со смеху.
risada. [ж.] взрыв смеха, хохот.
riscal. [м.] скалистое место.
riscar. [перех.] см. arriesgar.
risco. [м.] труднодоступная скала; печенье на меду с фруктами.
riscoso, sa. [прил.] изобилующий труднодоступными скалами; относящийся к труднодоступным скалам.
risibilidad. [ж.] способность смеяться.
risible. [прил.] способный смеяться; смешной, смехотворный; достойный осмеяния.
risiblemente. [нареч.] смехотворно.
risica, risilla, risita. [ж.] фальшивый смех.
riso. [м.] (поэт.) лёгкая улыбка.
risorio, ria. [прил.] (músculo) risorio, мышца смеха.
risotada. [ж.] хохот, хохотня (прост.).
risotear. [неперех.] хохотать.
risoteo. [м.] хохот, хохотание.
risotón. [м.] любящий хохотать: persona risotona, хохотун, -ья.
rispiar. [перех.] (обл.) красть; присваивать.
rispar. [неперех.] (Амер.) внезапно, поспешно уходить, выходить.
rispidez. [ж.] строгость, суровость; см. aspereza, dureza.
ríspido, da. [прил.] строгий, суровый.
rispión. [м.] (обл.) см. rastrojo.
rispo, pa. [прил.] строгий, суровый; нелюдимый, дикий.
risquera. [ж.] большая труднодоступная скала; гряда труднодоступных скал.
risquería. [ж.] (Амер.) см. riscal.
ristolero, ra. [прил.] (обл.) весёлый, жизнерадостный.
ristra. [ж.] связка чеснока или лука; (перен.) (разг.) непрерывный ряд.
ristre. [м.] (ист.) щиток на панцире (в который упиралось древко копья).
ristra. [ж.] (обл.) см. ristra.
ristrel. [м.] тесина.
ristro. [м.] (м. употр.) см. ristra.
risueño, ña. [прил.] смеющийся, улыбающийся; смешливый; весёлый, радостный; приятный для глаз; (перен.) благоприятный; счастливый: *porvenir risueño, счастливое будущее.
ritardando. (муз.) ритардандо.

ritmar. [перех.] подчинять определённому ритму.
rítmica. [ж.] ритмика.
rítmico, ca. [прил.] ритмический, ритмичный.
ritmo. [м.] ритм, темп; такт; равномерное чередование.
rito. [м.] обряд, ритуал.
rito. [м.] (Амер.) толстое шерстяное покрывало.
ritón. [м.] сосуд для питья в виде рога.
ritoruelo. [м.] (муз.) см. retoruelo.
ritual. [прил.] ритуальный, обрядовый; [м.] ритуал; (церк.) требник.
ritualidad. [ж.] соблюдение формальностей.
ritualismo. [м.] ритуализм.
rival. [м. и ж.] соперник, -ица.
rivalidad. [ж.] соперничество.
rivalizar. [неперех.] соперничать, состязаться, соревноваться.
rivera. [ж.] ручеёк, небольшая речка, ручей.
riza. [ж.] остатки сжатых ячменных колосьев в поле; остаток сухого корма в кормушке.
riza. [ж.] повреждение, порча: * hacer riza, нанести большой урон (на войне).
rizado, da. [страд. прич.] к rizar; вьющийся, курчавый; [м.] завивка (действие).
rizagra. [ж.] (хир.) инструмент для выдергивания корней зубов.
rizal. [прил.] см. ricial.
rizamiento. [м.] (дейст.) завивка; плиссировка; гофрировка.
rizar. [перех.] завивать; плиссировать; гофрировать; вызывать рябь (на воде); rizarse, [возв. гл.] виться (о волосах); завиваться кольцами.
rizo, za. [прил.] кудрявый, завитой; [м.] локон, завиток; (мор.) риф (часть паруса): * rizar el rizo, (ав.) делать мёртвую петлю; * tomar rizos, (мор.) брать рифы.
rizocárpico, ca. [прил.] (бот.) корнеплодный.
rizófago, ga. [прил.] корнеядный, питающийся корнями.
rizófilo, la. [прил.] живущий на корнях растений.
rizóforo, ra. [прил.] (бот.) корненосный.
rizoideo, a. [прил.] корневидный.
rizolito. [м.] ризолит, ископаемые корни растений.
rizoma. [м.] (бот.) корневище.
rizópodos. [м. множ.] (зоол.) корненожки.
rizoso, sa. [прил.] кудрявый, вьющийся (о волосах).
rizospermo, ma. [прил.] (бот.) корнесеменной.
rizostoma. [м.] (зоол.) корнерот (полип).
rizotomía. [ж.] (хир.) перерезка задних корешков спинномозговых нервов.
roa. [ж.] (мор.) см. roda.
roano, na. [прил.] пегий (о масти лошади).
rob. [м.] (апт.) густой сок из плодов.
robada. [ж.] мера земли; (Амер.) кража; супружеская неверность.
robadera. [ж.] дорожный каток.
robadizo. [м.] земля, легко поддающаяся размыванию, водомоина.
robaliza. [ж.] самка морского окуня (см. róbalo).
róbalo, robalo. [м.] (ихтиол.) разновидность морского окуня.
robar. [перех.] красть, воровать, обкрадывать, обворовывать; похищать, уносить; уводить силой; размывать, уносить землю (о реках); (перен.) восхищать, очаровывать, увлекать: robar en el peso, обвешивать; robar en la medida, обмеривать; robar el corazón, обворожить.
robda. [ж.] старинный налог.
robeco. [м.] (обл.) см. rebeco.
robellón. [м.] (бот.) рыжик.

robezo. [м.] (зоол.) см. rebeco.
robín. [м.] ржавчина.
robinia. [ж.] (бот.) белая акация.
robiñano. [м.] (м. употр.) некто, некий.
robla. [ж.] старинный налог (натурой).
robladura. [ж.] загибание конца гвоздя.
roblar. [ж.] загибать конец гвоздя, заклёпывать.
roble. [м.] (бот.) дуб (каменный, зимний); сильный, крепкий человек или вещь; * (fuerte) como un roble, крепкий как дуб.
robleda. [ж.] robledal. [м.] обширная роща каменных дубов.
robledo. [м.] роща каменных дубов.
roblería. [ж.] (Амер.) см. robledal, robledo.
roblizo, za. [прил.] сильный, крепкий, твёрдый.
roblón. [м.] (тех.) заклёпка; см. cobija.
roblonado, da. [страд. прич.] к roblonar; заклёпочное соединение, соединение посредством заклёпок.
roblonar. [перех.] клепать, заклёпывать, приклёпывать.
robo. [м.] воровство, кража; увоз, похищение; грабёж; краденая вещь: * robo con fractura, кража со взломом; * robo a mano armada, вооружённый грабёж.
robo. [м.] мера ёмкости.
robo. [м.] (Амер.) см. pecina.
roboración. [ж.] подкрепление, укрепление; подтверждение.
roborante. [дейст. прич.] к roborar, (мед.) укрепляющий.
roborar. [перех.] подкреплять, укреплять; подтверждать.
roborativo, va. [прил.] укрепляющий.
robot. [м.] робот.
robra. [ж.] см. alboroque.
robrar. [м.] роща каменных дубов.
robre. [м.] каменный, зимний дуб.
robredal. [м.] см. robledal.
robredo. [м.] роща каменных дубов.
robu. [м.] (Амер.) см. rovo.
roburita. [ж.] (хим.) робурит.
robustamente. [нареч.] крепко, солидно.
robustecedor, ra. [прил.] укрепляющий, усиливающий.
robustecer. [перех.] укреплять; усиливать; robustecerse, [возв. гл.] укрепляться, становиться сильным, здоровым; [непр. гл.] спряг. как agradecer.
robustecimiento. [м.] укрепление; усиление.
robustez(a). [ж.] крепость, сила, мощность.
robusto, ta, robustoso, sa. [прил.] крепкий, сильный, могучий; крепкий, сильный, здоровый.
roca. [ж.] скала, утёс; выдающийся из земли большой камень; (перен.) твёрдость: * rocas eruptiva, изверженная порода; * rocas metamórfica, метаморфическая порода; * rocas sedimentaria, осадочная порода; * rocas neptúnicas, нептуническая порода; * corazón de roca, (перен.) каменное сердце.
rocadero. [м.] см. coroza; часть rueca, на которую надевают пучок шерсти.
rocalla. [ж.] мелкий камень, неправильные куски камней; большая стеклянная бусина.
rocalloso, sa. [прил.] изобилующий неправильными кусками камней.
rocambola. [ж.] (бот.) рокамболь (испанский чеснок).
rocambolesco, ca. [прил.] в стиле Рокамболя (героя романов Понсона дю Террайля): * aventuras rocambolescas, невероятные, необыкновенные приключения.

rocambor. [м.] (Амер.) карточная игра (сорт ломбера).
rocano, na. [прил.] (Амер.) очень старый.
roce. [м.] трение; соприкосновение; (тех.) касание; (перен.) продолжительное знакомство, общение.
rocela. [ж.] (бот.) красильный лишайник.
rocera. [прил.] * leña rocera, трава и корни вырванные скребком и т. д.
rocero, ra. [прил.] (обл.) плебейский.
rociada. [ж.] опрыскивание, окропление, обрызгивание, сбрызгивание; рассыпание; роса; скошенная трава, покрытая росой; (перен.) дождь, град, ливень; выговор, внушение (многим); нахлобучка, головомойка.
rociadera. [ж.] лейка.
rociado, da. [страд. прич.] к rociar; [прил.] росистый.
rociador. [м.] приспособление для сбрызгивания белья; (Амер.) пульверизатор, распылитель.
rociadura. [ж.] rociamiento. [м.] опрыскивание, окропление, сбрызгивание; рассыпание.
rociar. [неперех.] падать (о росе); [перех.] кропить, опрыскивать, обрызгивать сбрызгивать; (перен.) рассыпать, разбрасывать.
rocín. [м.] кляча; ломовая лошадь; (перен. разг.) грубиян, невежа: * ir или venir de rocín a ruin, идти всё хуже и хуже; * rocín y manzanas, во что бы то ни стало.
rocina. [ж.] (Амер.) вьючный мул.
rocinal. [прил.] к rocín.
rocinante. [м.] (перен.) кляча, росинант.
rocino. [м.] см. rocín.
rocío. [м.] роса; росинки; дождик, непродолжительный дождь: * rocío del sol, (бот.) росянка.
roción. [м.] брызги (волн); (обл.) см. rociada.
rococó. [прил.] * estilo rococó, (стиль) рококо.
rocón. [м. увел.] к roca, большая скала.
rocoso, sa. [прил.] скалистый, утёсистый.
rocote. [м.] (Амер.) сорт перца.
rocha. [ж.] участок земли, расчищенный под пашню; (обл.) склон горы: * hacer rocha, прогуливать уроки.
rochar. [перех.] поймать, захватить с поличным, на месте преступления.
rochela. [ж.] (Амер.) оглушительный шум, крик, гам, см. algazara.
rochelear. [неперех.] (Амер.) резвиться, шалить.
rochelero, ra. [прил.] шаловливый, резвый; любящий шумно веселиться.
rocho. [м.] рок (птица-в восточных сказках).
rochuno, na. [прил.] (Амер.) фальшивый (о монете).
roda. [ж.] старинный налог (см. robla); (обл.) самглав, луна-рыба; (мор.) форштевень.
rodaballo. [м.] (ихтиол.) тюрбо, калкан; (перен.) (разг.) хитрый, лукавый человек, хитрец.
rodachina. [ж.] (Амер.) см. girándula.
rodada. [ж.] колея, рытвина; (Амер.) падение лошади на передние ноги.
rodadero, ra. [прил.] легко катящийся; колёсный.
rodadizo, za. [прил.] легко катящийся.
rodado, da. [страд. прич.] к rodar; [прил.] чубарый (о масти лошади); отшлифованный водой (о камне); колёсный; гладкий (о фразе); [м.] (обл.) нижняя юбка; (Амер.) повозка: * artillería rodada, лёгкая артиллерия.
rodador, ra. [прил.] катящийся; колёсный; лёгкий на ходу (о экипаже); [м.] (зоол.) разновидность москита; (ихтиол.) см. rueda.
rodadura. [ж.] вращательное движение; движение катящегося предмета; вращение.
rodaja. [ж.] диск, колесо; колёсико шпоры; кружок, круглый ломтик; кусок рыбы.
rodaje. [м.] система колёс, колёса, колёсный ход; съёмка кинокартины.
rodajear. [перех.] вонзать шпоры.
rodal. [м.] небольшой участок земли выделяющийся среди остальных; пятно; (обл.) сорт двухколёсной повозки.
rodamiento. [м.] шарикоподшипник.
rodamina. [ж.] (хим.) родамин.
rodamundos. [м. и ж.] см. trotamundos.
rodana. [ж.] (обл.) круг для ношения тяжестей на голове.
rodancha. [ж.] (обл.) кружок, круглый ломтик.
rodancho. [м.] (арг.) небольшой щит.
rodante. [дейст. прич.] к rodar катящийся; [прил.] (Амер.) бродячий, скитающийся.
rodapelo. [м.] см. redopelo.
rodapié. [м.] подзор кровати, стола и т. д.; плинтус; фриз; нижняя часть балконной решётки.
rodar. [неперех.] вращаться, вертеться, кружиться; катиться; (ав.) рулить; лететь кубарем, падать; (перен.) бродить; скитаться; сменяться; следовать один за другим; изобиловать: * echarlo todo a rodar, всё испортить; * rodar por otro, (перен.) постоянно проявлять заботу о ком-л; [перех.]; (неол.) производить (киносъёмку), снимать (фильм); демонстрировать (фильм); (Амер.) сажать в тюрьму; убить наповал.
rodeabrazo (a). [нареч.] с размаху, со всего размаху, размахнувшись.
rodeador, ra. [прил.] обкладывающий; окружающий.
rodear. [неперех.] ходить вокруг; кружить, идти окольным путём; говорить обиняками; [перех.] обкладывать; окружать; опоясывать; обносить; обложить, окружить, осаждать, обходить; кружить, вертеть что-л; rodearse, [возв. гл.] двигаться, поворачиваться, возиться.
rodela. [ж.] круглый щит, тарч (уст.); (Амер.) см. rodaja.
rodelero. [м.] солдат, вооружённый круглым щитом (см. rodela).
rodenal. [м.] лес красных елей.
rodeno, na. [прил.] красный (о земле, скалах и т. д.): * pino rodeno, красный ель.
rodeo. [м.] кружение; обкладывание; окружение; обход; окольный (или обходный) путь, обход, крюк; увёртка, уловка, предлог, ухищрение; отговорка; уклончивый ответ; обиняк (р.); собирание скота в одно стадо; загон для скота: * andar con rodeos, действовать окольными путями, ходить вокруг да около, говорить обиняками; * sin rodeos, прямо, начистоту, открыто, без обиняков.
rodeón. [м. увел.] к rodeo; поворот кругом.
rodero. [м.] сборщик налога roda.
rodero, ra. [прил.] колёсный.
roderón. [м.] (обл.) глубокая колея.
rodete. [м.] причёска короной; кружок для ношения тяжестей на голове; горизонтальное водяное колесо; замочный диск; (герал.) обвясло на шлеме.
rodezno. [м.] мельничное колесо; шестерня жернова.
rodezuela. [ж. умен.] к rueda. колёсико и т. д.
rodil. [м.] (обл.) луг среди вспаханных полей.
rodilla. [ж.] колено; кружок для ношения тяжестей на голове; тряпка (в домашнем обиходе): * de rodillas, на коленях; на колени; * hincar las rodillas, hincarse (ponerse) de rodillas, становиться на колени; * estar de rodillas, стоять на коленях; * a media rodilla, на одном колене.
rodillada. [ж.] см. rodillazo; коленопреклонение.
rodillazo. [м.] пинок коленом.
rodillera. [ж.] наколенник; заплата или двойная накладка материи на коленях; рана на колене (у лошади); выпуклость на штанах (у колен); (обл.) кружок для ношения тяжестей на голове.
rodillero, ra. [прил.] коленный; [м.] сорт скамеечки для стирки белья на коленях (у прачки).
rodillo. [м.] (тех.) прокатный вал, валик, каток; дорожный каток; скалка (для теста); ролик; цилиндр; см. rodil.
rodilludo, da. [прил.] с большими коленями.
rodio. [м.] (хим.) родий (металл).
rodo. [м.] см. rodillo; (обл.) сорт плаща: * a rodo, обильно, в изобилии.
rodocrosita. [ж.] (мин.) родохрозит.
rododafne. [ж.] (бот.) см. adelfa.
rododendro. [м.] рододендрон.
rodomiel. [м.] розовый мёд.
rodomontada. [ж.] хвастовство, бахвальство.
rodomonte. [м.] бахвал, фанфарон.
rodón. [м.] (Амер.) сорт багета.
rodona. [ж.] (разг.) шлюха, проститутка.
rodonita. [ж.] (мин.) родонит.
rodriga. [ж.] подпорка, жердь (для подвязывания растений).
rodrigar. [перех.] подвязывать, подпирать жердями, подпорками (растения).
rodrigón. [м.] см. rodriga; (перен. разг.) старый слуга, сопровождающий даму.
rodrigonar. [перех.] см. rodrigar.
roedor, ra. [прил.] грызущий; (перен.) гложущий; [м.] (зоол.) грызун.
roedura. [ж.] глодание, обгладывание; изъеденное место.
roel. [м.] (герал.) круглая бляха.
roela. [ж.] золотой или серебряный диск.
roer. [перех.] грызть, обгрызать; глодать; разъедать; (перен.) грызть, мучить, терзать, тревожить (о мыслях, чувствах и т. д.): * dar que roer, (разг.) наделать кому-л хлопот.
roete. [м.] лечебное гранатовое вино.
rogación. [ж.] просьба; мольба; молитва; rogaciones [множ.] публичные молитвы.
rogado, da. [страд. прич.] к rogar; [прил.] любящий заставлять себя просить.
rogador, ra. [прил.] просящий, молящий, умоляющий; [м. и ж.] проситель, -ница.
rogante. [дейст. прич.] к rogar, просящий; умоляющий.
rogar. [перех.] просить, умолять, молиться: * hacerse de rogar, заставлять себя просить; * se lo ruego, прошу вас, пожалуйста; * rogar por los muertos, молиться за усопших.
rogativa. [ж.] (чаще множ.) публичные молитвы, крестный ход с молением (об урожае и т. д.).
rogativo, va. [прил.] просительный.
rogatorio, ria. [прил.] просительный, умоляющий.
rogo. [м.] (поэт.) костёр.
rogón, na. [прил.] (Амер.) умоляющий; кокетливый.
roguetear. [неперех.] (Амер.) ежедневно немного ходить; ежедневно посещать ближнее селение (для закупок и т. д.).

roído, da. [страд. прич.] к roer, обглоданный, изъеденный; [прил.] мелкий, скудный, недостаточный.
rojal. [прил.] красноватый; [м.] красноватая почва.
rojeante. [действ. прич.] к rojear, краснеющий.
rojear. [неперех.] краснеть, алеть; иметь красноватый оттенок.
rojete. [м.] румяна.
rojez. [ж.] краснота.
rojinegro, gra. [прил.] красно-чёрный.
rojizo, za. [прил.] красноватый.
rojo, ja. [прил.] красный, алый; ярко-рыжий (о волосах); [м.] красный цвет, алый цвет; * al rojo, докрасна, до красного каления; * al rojo blanco, до белого каления.
rojura. [ж.] краснота.
rol. [м.] список, реестр, опись, перечень, каталог; (мор.) список личного состава судна.
rola. [ж.] (Амер.) полиция, полицейский участок; [м. и ж.] грубиян, -ка, дубина.
rolada. [ж.] (мор.) кружение (о ветре).
rolar. [неперех.] (мор.) кружить (о ветре); (обл.) кружиться, вращаться; (Амер.) разговаривать, беседовать; бывать в обществе кого-л.
roldana. [ж.] (мор.) блок, шкив.
roldar. [неперех.] см. rondar, circular (тж. перех.).
rolde. [м.] круг (людей, вещей); (обл.) круг (вообще).
roleta. [ж.] (Амер.) см. ruleta.
rolla. [ж.] коса (из шпажника), подкладываемая под ярмо (при запряжке); (обл.) няня.
rollar. [перех.] см. arrollar.
rollar, rolletal. [м.] (обл.) см. pedregal.
rollete. [м. уменьш.] к rollo; (Амер.) морда (животного).
rollizo, za. [прил.] круглый, округлённый; толстый, жирный, упитанный; [м.] бревно, кругляк.
rollo. [м.] свиток; рулон; моток; ролик, валик; скалка (для теста); бревно, кругляк; отличительный столбик (при городах); см. rolla (коса); (перен. разг.) надоедливость.
rollón. [м.] отруби с мукой.
rollona. [ж.] (разг.) няня.
Roma. [ж.] (перен.) папство: * a Roma por todo, (разг.) смело, отважно.
romadizarse. [возв. гл.] простудиться, получить насморк.
romadizo. [м.] насморк.
romaico, ca. [прил.] ромейский или новогреческий (о языке).
romana. [ж.] безмен: * hacer romana, приводить в равновесие; entrar con todas, como la romana del diablo, быть недобросовестным.
romanador. [м.] см. romanero.
romanar. [перех.] см. romanear.
romanata. [ж.] romanato. [м.] свес кровли над мансардой.
romance. [прил.] романский (о языках); [м.] испанский язык; романский язык; рыцарский роман; (лит.) романс; [множ.] romances, отговорки: * romance de ciego, песня слепцов; * romance de gesta, испанская эпическая песня; * hablar uno en romance, ясно, откровенно говорить; * en buen romance, ясно, чистосердечно, со всей откровенностью, без обиняков.
romanceador, ra. [прил.] переводящий на испанский язык; [м.] переводчик на испанский язык.
romancear. [перех.] переводить на испанский язык; (Амер.) ухаживать; [неперех.] (Амер.) витиевато говорить; играть с мышью (о коте).
romanceresco, ca. [прил.] см. novelesco.
romancerista. [м. и ж.] автор сборника испанских эпических песен.
romancero, ra. [м. и ж.] певец, певица романсов; [м.] романсеро (сборник испанских эпических песен).
romancesco, ca. [прил.] см. novelesco.
romancillo. [м.] (лит.) небольшой романс.
romancista. [прил. и сущ.] пишущий по-испански; [м. и ж.] см. romancerista.
romanche. [прил.] реторороманский; [м.] реторороманский язык.
romanear. [перех.] взвешивать на безмене; (мор.) перемещать груз, нагрузку (на судне); [неперех.] перевешивать, перетягивать в одну сторону.
romaneo. [м.] взвешивание на безмене.
romanero. [м.] (присягнувший) весовщик.
romanesco, ca. [прил.] римский, романский; см. novelesco.
románico, ca. [прил.] (арх.) романский; новолатинский.
romanidad. [ж.] римский дух, римский характер (по отношению к древнему Риму); католичество.
romanilla. [ж.] (Амер.) сорт жалюзи.
romanillo, lla. [прил.] латинский прямой (о шрифте).
romanismo. [м.] стремление к романизации (по отношению к древнему Риму).
romanista. [м. и ж.] (тж. прил.) романист (филолог); знаток римского права.
romanización. [ж.] романизация.
romanizar. [перех.] романиз(ир)овать; romanizarse. [возв. гл.] романиз(ир)оваться.
romano, na. [прил.] романский, древнеримский; [м.] римлянин; житель Рима: romano rústico, вульгарная латынь; * obra de romanos, египетская работа.
romanoeslavo, va. [прил. и сущ.] см. rumano.
romanticismo. [м.] романтизм; романтика, романтичность.
romántico, ca. [прил.] романтический; романтичный, романический; [м.] романтик.
romanza. [ж.] (муз.) романс.
romanzador, ra. [прил. и сущ.] см. romanceador.
romanzar. [перех.] см. romancear.
romaza. [ж.] (обл.) щавель.
rombal, rómbico, ca. [прил.] ромбический; имеющий форму ромба.
rombo. [м.] (геом.) ромб.
rombododecaedro. [м.] (крист.) ромбододекаэдр.
romboédrico, ca. [прил.] (геом.) ромбоэдрический.
romboedro. [м.] (геом.) ромбоэдр.
romboidal. [прил.] (геом.) ромбоидальный, ромбовидный.
romboide. [м.] (геом.) ромбоид.
romboideo, a. [прил.] имеющий форму ромбоида.
romear. [перех.] (обл.) см. rumiar.
romeo, a. [прил.] греко-византийский.
romeraje. [м.] см. romería.
romeral. [м.] розмариновая заросль.
romería. [ж.] паломничество; народное гуляние (на месте паломничества); (перен.) скопление народа, толпа.
romeriego, ga. [прил.] любящий странствовать по святым местам и т. д., паломничать.
romero. [м.] (бот.) розмарин.
romero, a. [прил. и сущ.] паломник, -ица.
romí(n). [прил.] * azafrán romí, красильный сафлор.
romo, ma. [прил.] тупой, притуплённый, тупоносый; курносый; [м.] (Амер.) ром.
rompecabezas. [м.] кастет; головоломка.
rompecaldera. [ж.] (обл.) клён.
rompecamisa. [м.] (Амер.) хрящ.
rompecoches. [м.] толстая шерстяная ткань.
rompedera. [ж.] (полигр.) пу(а)нсон; сорт решета.
rompedero, ra. [прил.] ломкий, хрупкий.
rompedor, ra. [прил. и сущ.] быстро изнашивающий обувь, одежду и т. д. (о человеке).
rompedura. [ж.] см. rompimiento.
rompegalas. [м. и ж.] неряшливо одевающийся человек.
rompehielos. [м.] ледорез, ледокол; * rompehielos de puente, ледолом, ледорез.
rompehuelgas. [м. и ж.] (Амер.) штрейкбрехер.
rompenueces. [м.] щипцы для орехов.
rompeolas. [м.] волнорез, волнолом.
rompepoyos. [м.] (разг.) (м. употр.) бездельник, лентяй, -ка.
romper. [перех.] ломать, разбивать; разламывать, пробить, бить; переламывать, разрывать; отрывать; проламывать, пробивать насквозь; изнашивать; истрёпывать; (воен.) нарушать; разрушать снарядами; прорывать; поднимать целину; переходить что-л. через что-л.; рассекать (волны); раздвигать (толпу); разомкнуть, разъединить; прерывать, нарушать; [неперех.] разбиваться с силой, бушевать (о волнах); начинать, разражаться; решаться; чуть пробиваться, всходить (о растениях); распускаться (о цветах); перестать: * romper el discurso, прервать речь; * romper las relaciones diplomáticas, порвать дипломатические отношения; * romper con alguien, порвать с кем-л.; * romper las hostilidades, начинать военные действия; * quien rompe paga, сам заварил кашу, сам и расхлёбывай; * romper el fuego, открыть огонь; * de rompe y rasga, смелый, отважный; * romper en llanto, разразиться слезами; зарыдать; romperse. [возв. гл.] сломаться; разбиться; сломать себе что-л; изнашиваться; развязать себе руки.
rompesacos. [м.] (бот.) название одного злакового растения.
rompesquinas. [м.] забияка, фанфарон.
rompible. [прил.] ломкий, хрупкий.
rompido, da. [страд. прич.] к romper; [м.] новь, новина.
rompiente. [действ. прич.] к romper; [м.] подводная скала, о которую разбиваются волны.
rompigual. [прил.] (обл.) быстро изнашивающий, рвущий одежду и т. д.
rompimiento. [м.] ломанье, разламывание; ломка; обламывание; разрыв(ание); разлом; разбивание; ссора, разрыв; прекращение; нарушение; (жив.) горизонт, фон; проход.
rompope, rompopo. [м.] (Амер.) напиток из молока, водки, яиц и сахара.
ron. [м.] ром.
ronca. [ж.] крик лани; течка (у лани); (перен.) хвастливая угроза, выговор, внушение, нахлобучка: * echar roncas, бравировать.
ronca. [ж.] сорт бердыша (копья с широким лезвием).
roncadera. [ж.] шпора (с большим колесиком).
roncador, ra. [прил.] храпящий; [м. и ж.] храпящий, -ая; храпун, -ья; [м.] колючепёрая рыба; управляющий; (обл.) большая ракета.

roncadora. [ж.] (Амер.) шпора с большим колесиком.
roncal. [м.] соловей.
roncamente. [нареч.] грубо.
roncar. [перех.] храпеть; кричать (о лани); грохотать, греметь, рокотать; (перен. разг.) хвастливо грозить.
ronce. [м.] лицемерие, лесть.
roncear. [неперех.] медлить, мешкать; улещать; (мор.) медленно двигаться; [перех.] (Амер.) espiar.
roncería. [ж.] медлительность; (разг.) лесть, лицемерие; (мор.) замедленный ход судна; медлительность.
roncero, ra. [прил.] медлительный, неторопливый; ворчливый, брюзгливый; (разг.) льстивый; (мор.) медленно движущийся.
ronco, ca. [прил.] охриплый; хриплый (о голосе).
roncón. [прил.] (Амер.) хвастливый, хвастливо грозящий; [м.] трубка волынки, издающая низкий звук.
roncha. [ж.] волдырь; синяк, ушиб; (перен. разг.) надувательство, плутовство: * levantar ronchas, огорчать.
roncha. [ж.] кружок, ломтик.
ronchar. [перех.] грызть; [неперех.] хрустеть (на зубах).
ronchar. [неперех.] вызывать волдыри; вредить; (обл.) вертеться, вращаться; скользить.
ronda. [ж.] дозор, ночной осмотр, обход; проверка часовых, постов; шатание по улицам (ночью); ночной патруль; шумная ночная компания молодых людей; дорога вдоль стены; угощение всех присутствующих (в компании).
rondacalles. [м.] гуляющий (ночью).
rondador. [м.] (ночной) патрульный; гуляющий ночью; член шумной (ночной) компании молодых людей.
rondalla. [ж.] фантастический рассказ; ложь, выдумка; струнный оркестр (преимущ. из гитар); (обл.) компания (играющих и поющих по улицам) молодых людей.
rondamundos. [м. множ.] см. trotamundos.
rondante. [дейст. прич.] к rondar.
rondar. [неперех.] обходить дозором, патрулировать, совершать ночной обход; ночью гулять по улицам; (разг.) произвести поверку постов; [перех.] вертеть кого-л; грозить (смерть и т. д.); ться, ходить вокруг, увиваться, обхаживать кого-л (о сне и т. р.).
rondel. [м.] (лит.) рондо.
rondeño, ña. [прил.] относящийся к Ronda; [м. и ж.] уроженец этого города.
rondín. [м.] (воен.) поверка часовых, постов; (арг.) солдат муниципальной гвардии; (Амер.) надзиратель; полуночник.
rondís, rondiz. [м.] центральная грань в драгоценных камнях.
rondó. [м.] (муз.) рондо.
rondón (de). [нареч.] неустрашимо, отважно; сразу, внезапно, неожиданно.
roneo. [м.] (обл.) бука, пугало.
rongigata. [ж.] см. rehilandera.
ronquear. [неперех.] хрипеть.
ronquedad. [ж.] хрипота, сипота, охриплость.
ronquera. [ж.] хрипота, охриплость.
ronquido. [м.] хрип; [множ.] ronquidos, храп.
ronronear. [неперех.] мурлыкать (о кошке).
ronroneo. [м.] мурлыканье.

röntgenización. [ж.] рентгенизация, облучение рентгеновыми лучами.
röntgenografía. [ж.] (физ.) рентгенография.
röntgenográfico, ca. [прил.] (физ.) рентгенографический.
röntgenograma. [м.] (физ.) рентгенограмма.
röntgenología. [ж.] (физ.) рентгенология.
röntgenológico, ca. [прил.] рентгенологический.
röntenólogo, ga. [м. и ж.] рентгенолог.
röntgenometría. [ж.] (физ.) рентгенометрия.
röntgenoscopia. [ж.] (физ.) рентгеноскопия.
röntgenoterapia. [ж.] рентгенотерапия.
ronza (ir a la). (мор.) дрейфовать.
ronzal. [м.] недоуздок; (мор.) тали.
ronzar. [перех.] грызть.
ronzar. [перех.] (мор.) поднимать на талях; оттягивать булинями.
roña. [ж.] овечья парша; липкая грязь; мох (на металлах); сосновая кора; (перен.) нравственная зараза; см. roñería; (перен.) хитрость, уловка; (обл.) злоба, враждебность.
roñar. [перех.] (обл.) ворчать, делать выговор.
roñería. [ж.] (разг.) скупость, скряжничество, скаредность.
roñero, ra. [прил.] (Амер.) ленивый.
ronia. [ж.] (обл.) злоба, враждебность.
roñica. [м. и ж.] (разг.) скупец, скряга.
roñoso, sa. [прил.] паршивый, грязный, нечистый; ржавый, заржавленный; (перен. разг.) скупой, скаредный; (Амер.) грубый, неотёсанный.
ropa. [ж.] одежда: * ropa blanca, бельё; * ropa interior, нижнее бельё; * ropa de mesa, столовое бельё; * ropa de cama, постельное бельё * ropa hecha, готовое платье; * ropa de casa, домашнее платье; * ropa vieja, старьё; жаркое из варёного мяса; * a quema ropa, в упор; вдруг, неожиданно; * proveer de ropa, одеть, снабдить одеждой; * acomodar de ropa limpia, грязнить, пачкать кого-л; * a toca ropa, очень близко; на ухо; * de buena ropa, достойный; хорошо одетого; * de poca ropa, бедный, плохо одетый; (перен.) отрицательных качеств (о человеке); * la ropa sucia se lava en casa, (посл.) не выносить сора из избы; * nadar y guardar la ropa, и волки сыты, и овцы целы; * poner como ropa de pascua, задать взбучку кому-л; * tentarse uno la ropa, раздумывать.
ropaje. [м.] платье, костюм, парадный вечерний костюм; одежда; (перен.) язык, стиль.
ropálico, ca. [прил.] * verso ropálico, греческие стихи, в которых первое слово односложное, второе двусложное, и так далее, увеличиваясь на один слог.
ropalóceros. [м. множ.] (зоол.) булавоусые или дневные бабочки.
ropavejería. [ж.] лавка старьёвщика.
ropavejero, ra. [м. и ж.] старьёвщик, -ица.
ropería. [ж.] занятия торговца готовым платьем; магазин готового платья, конфекцион; кладовая для белья; * ropería de viejo, см. ropavejería.
ropero, ra. [м. и ж.] торговец, -вка готовым платьем; заведующий кладовой для белья; гардероб (шкаф); благотворительное общество, снабжающее одеждой бедных.
ropeta. [ж.] см. ropilla.
ropilla. [ж. умен.] к ropa старинная куртка с накидкой сзади: * dar una ropilla, (разг.) делать дружеское замечание.
ropo. [м.] (Амер.) верёвка, канат.
ropón. [м.] сорт длинной верхней одежды; (Амер.) амазонка (платье).
roque. [м.] ладья, тура (в шахматах).
roguedal. [м.] roguedal) скалистая местность.

roquedo. [м.] скала.
roqueño, ña. [прил.] скалистый; твёрдый, как скала.
roquero, ra. [прил.] к roca; построенный на скале.
roqueta. [ж. умен.] к roca.
roquete. [м.] (церк.) стихарь с узкими рукавами.
roquete. [м.] железный наконечник турнирного копья; (арт.) банник.
roquín. [м.] (Амер.) запас провизии на дорогу.
rorcual. [м.] (зоол.) гиббар, головач (китообразное животное).
rorro. [м.] (разг.) младенец, малыш, малютка; (Амер.) кукла.
ros. [м.] (воен.) кепи.
rosa. [ж.] роза, розан (разг.); розетка; круглое узорчатое окно (в готических церквах); алмазная роза; резонансное отверстие (в деке гитары и т. д.); розеола (обл.) шафранный цветок; [множ.] жареная кукуруза; [м.] розовый цвет: * rosa de Jericó, иерихонская роза или ааронов жезл; * rosa albardera, maldita или montés, см. saltaojos; * rosa damascena, (бот.) олеандр; * rosa francesa, (Амер.) см. rosa de Navidad, чемерица; * rosa del azafrán, шафранный цветок; * rosa de te, чайная роза; * rosa de los vientos или náutica, роза ветров; *como las propias rosas, (разг.) очень хорошо, отлично; * de color de rosa, розовый; * no hay rosa sin espinas, нет розы без шипов; * verlo todo de color de rosa, видеть всё в розовом свете.
rosáceo, a. [прил.] розоватый; (бот.) розовидный; [бот. множ.] розоцветные.
rosada. [ж.] см. escarcha.
rosadelfa. [ж.] (бот.) азалия.
rosadillo. [м.] (обл.) горностай.
rosado, da. [прил.] розовый, составленный с примесью роз; (Амер.) см. rubicán.
rosal. [м.] (бот.) розовый куст.
rosalaurel. [м.] (бот.) олеандр.
rosaleda, rosalera. [ж.] розарий, плантация роз.
rosamaría. [ж.] (Амер.) см. cáñamo.
rosanilina. [ж.] (хим.) розанилин: * de rosanilina, розанилиновый.
rosar. [неперех.] (обл.) падать, ложиться (о росе).
rosariero, ra. [м. и ж.] тот, кто изготовляет или продаёт чётки.
rosarino, na. [прил.] относящийся к Rosario; [м. и ж.] уроженец этого аргентинского города.
rosario. [м.] чётки; молитва с помощью чёток; (перен.) непрерывный ряд; водоотливная машина; (разг.) см. espinazo; rezar el rosario; молиться перебирая чётки.
rosarse. [возв. гл.] см. sonrosarse.
rosbif. [м.] (англ.) ростбиф.
rosca. [ж.] болт (с гайкой); виток; винт, спираль; нарезка (винта); баранка, крендель; (обл.) см. oruga; (Амер.) см. rodete; спор: * hacer la rosca, (разг.) обхаживать кого-л; * pasarse de rosca, не держать (о гайке, винте); (перен.) выходить за пределы дозволенного.
roscadero. [м.] (обл.) большая ивовая корзина (носимая на спине).
roscado, da. [прил.] винтообразный, спиральный.
roscar. [перех.] снабжать винтовой нарезкой, нарезать (винт): * máquina de roscar, винторезный станок.
rosco. [м.] витой хлеб; [прил.] (Амер.) см. anciano.
roscón. [м. увел.] к rosca; большая баранка, витой хлеб.
rosear. [неперех.] розоветь.

rosedal. [м.] см. rosaleda.
rosegar. [перех.] (обл.) грызть, глодать; [неперех.] (мор.) см. rastrear.
róseo, a. [прил.] розовый, светло-красный.
roséola. [ж.] (мед.) разновидность сыпи.
roseólico, ca. [прил.] к roséola.
rosero, ra. [м. и ж.] сборщик, -ица шафранных цветков.
roseta. [ж. умен.] к rosa; красное пятно на щеке; (гал.) розетка; [множ.] жареная кукуруза: * roseta de regadera, ситечко лейки; * roseta de espuela, колёсико (шпоры).
rosetón. [м. увел.] к roseta; (арх.) круглое узорчатое окно; розетка (лепное украшение на потолке).
rosicler. [м.] алый цвет зари; (мин.) прусросиенте. [прил.] см. rojo.
rosigar. [перех.] (обл.) грызть, [неперех.] (обл.) бормотать.
rosigo. [м.] (обл.) ветки, срезанные с деревьев.
rosigón. [м.] (обл.) кусок чёрствого хлеба.
rosillo, lla. [прил.] светлокрасный; светлорыжий (о лошади); (Амер.) седой, седоватый (книж.).
rosita. [ж. умен.] к rosa; (Амер.) серьга; [множ.] жареная кукуруза: * de rositas, бесплатно, даром.
rosjo. [м.] (обл.) дубовый лист.
rosmarino. [м.] (бот.) розмарин; [прил.] светлокрасный.
rosmaro. [м.] (зоол.) морж.
rosnar. [неперех.] (обл.) см. rebuznar.
roso, sa. [прил.] обтрёпанный, потёртый; красный: * a roso y velloso, без исключения.
rosolí. [м.] сладкая водка.
rosón. [м.] см. rezno.
rosqueado, da. [прил.] спиральный, винтообразный.
rosqueadura. [ж.] rosqueamiento. [м.] извивание.
rosquear. [неперех.] змеиться, извиваться, виться.
rosquete. [м.] витой хлеб.
rosquilla. [ж.] баранка из сдобного теста: сорт личинки: * saber a rosquillas, радовать, доставлять удовольствие.
rosquillero, ra. [м. и ж.] тот, кто выпекает или продает баранки из сдобного теста (rosquillas).
rosquituerto, ta. [прил.] (Амер.) нахмуренный.
rostrado, da. [прил.] клювообразный, клювовидный; (арх.) ростральный (о колонне).
rostrado, da; rostrata. [прил.] (арх.) ростральный.
rostriforme. [прил.] клювообразный, клювовидный.
rostrillo. [м.] старинное украшение обрамляющее лицо; мелкий жемчуг.
rostritorcidamente. [нареч.] с выражением неудовольствия.
rostritorcido, da; rostrituerto, ta. [прил.] (разг.) нахмуренный, недовольный.
rostrizo. [м.] (обл.) жареный поросёнок.
rostro. [м.] птичий клюв; кончик; лицо; (мор.) рострум; (уст.) маска: * a rostro firme, лицо к лицу, смело; * encapotar el rostro, нахмуриться; * conocer de rostro знать в лицо; * hacer rostro, сопротивляться; * dar en rostro, бросать в лицо; * причинять неприятности; * rostro a rostro, лицо к лицу; * robarse el rostro, меняться в лице.
rota. [ж.] (мор.) курс, путь корабля; (воен.) поражение; рота (судилище в Риме); (бот.) индейский тростник: * de rota (batida), (разг.) бесцеремонно; неожиданно.
rotable. [прил.] способный вращаться.

rotáceo, a. [прил.] колесообразный.
rotación. [ж.] вращение; круговое движение; чередование: * rotación de cosechas или de cultivos, севооборот.
rotacismo. [м.] неправильное, нечистое произношение буквы r (p).
rotador, ra. [прил.] (анат.) вращающий; **rotadores.** [м. множ.] (зоол.) коловратки.
rotal. [прил.] относящийся к роте (судилище в Риме).
rotalia. [ж.] (зоол.) корненожка (животное из типа простейших).
rotamente. [нареч.] беспорядочно; без стеснения.
rotante. [дейст. прич.] к rotar.
rotar. [перех.] см. rodar; (обл.) рыгать; (Амер.) см. romper.
rotativo, va. [прил.] (полигр.) ротационный; [ж.] ротация, ротационная машина; [м.] газета.
rotatorio, ria. [прил.] вращающийся, вращательный.
roten. [м.] (бот.) см. rota.
rotería. [ж.] (Амер.) сброд, нищая братия.
rotíferos. [м. множ.] (зоол.) коловратки.
rotiforme. [прил.] колесообразный.
rotivestido, da. [прил.] ходящий в изорванной одежде, оборванный.
roto, ta. [непр. страд. прич.] к romper; [прил.] оборванный, ходящий в изорванной одежде; развратный, разгульный; [м.] оборванец; (Амер.) индеец-бедняк; индеец, одетый по-европейски: * nunca falta un roto para un descosido, два сапога пара.
rotocosido. [м.] заштопанная часть одежды.
rotograbado. [м.] клише для печатания на ротационной машине.
rotonda. [ж.] (арх.) ротонда; заднее отделение (в дилижансе).
rotor. [м.] (тех.) ротор.
rotórico, ca. [прил.] (тех.) роторный.
rotoso, sa. [прил.] (Амер.) оборванный, в лохмотья.
rótula. [ж.] (анат.) коленная чашка; (апт.) шарик, пилюля.
rotulación. [ж.] этикетаж, приклеивание ярлы(ч)ка, этикетки; надписывание.
rotulado, da. [страд. прич.] к rotular; [м.] см. rotulación.
rotulador, ra. [прил. и сущ.] наклеивающий, -ая ярлы(ч)ки, этикетки.
rotuladura. [ж.] см. rotulación.
rotular. [перех.] наклеивать или прикреплять ярлык, ярлычок, этикетку; делать надпись.
rotular. [прил.] (анат.) относящийся к коленной чашке, коленный.
rotulata. [ж.] этикетки; (разг.) см. rótulo.
rotuliano, na. [прил.] похожий на коленную чашку; относящийся к коленной чашке.
rótulo. [м.] ярлык, ярлычок, этикетка, надпись; объявление, афиша.
rotunda. [ж.] (арх.) ротонда.
rotundamente. [нареч.] твёрдо, решительно.
rotundidad. [ж.] округлость; полнозвучность; категоричность.
rotundifoliado, da. [прил.] круглолистный.
rotundo, da. [прил.] см. redondo; полнозвучный; прямой, твёрдый, категорический; полный.
rotuno, na. [прил.] (Амер.) плебейский.
rotura. [ж.] см. rompimiento, (дейст. к romper); перелом; прорванное место; разрыв, дыра, трещина, (воен.) прорыв; (обл.) поднятая целина.
roturación. [ж.] (с.-х.) подъём целины, расчистка под пашню; поднятая целина.
roturador, ra. [прил. и сущ.] распахивающий новь, целинник; [ж.] машина для распашки новых земель.
roturar. [перех.] поднимать целину, распахивать новь.

round. [м.] (спорт.) раунд.
ravo. [м.] (Амер.) чёрная глина (для окраски шерсти).
roya. [ж.] (бот.) ржавчина, ржа (уст.), головня.
royal. [ж.] (обл.) сорт винограда.
royarse. [возв. гл.] (бот.) покрываться ржавчиной.
royo, ya. [прил.] (обл.) белокурый, рыжий; незрелый.
roza. [ж.] расчистка под пашню, выкорчёвывание; расчищенное под пашню поле.
rozable. [прил.] поддающийся расчистке под пашню.
rozadera. [ж.] см. rozón.
rozador, ra. [м. и ж.] тот, кто расчищает под пашню.
rozadura. [ж.] трение, прикосновение; (бот.) болезнь дерева; ссадина.
rozagante. [прил.] (роскошный) со шлейфом (о платье); привлекающий внимание; см. ufano.
rozamiento. [м.] см. roce; разногласие; ссора.
rozar. [перех.] расчищать под пашню, корчевать; щипать (траву); разрубать на части (дрова), скоблить; [неперех.] слегка прикасаться; **rozarse**, [возв. гл.] засекаться; (перен.) фамильярно обращаться, посещать друг друга; запинаться; иметь касательство к чему-л; походить.
rozavillón. [м.] (арг.) охотник закусить на чужой счёт; паразит.
roznar. [перех.] грызть.
roznar. [неперех.] реветь (об осле).
roznido. [м.] хруст; крик, рёв (осла).
rozno. [м.] ослёнок.
rozo. [м.] см. roza. (дейст.); щепка; (арг.) еда.
rozón. [м.] (с.-х.) сорт косы.
rúa. [ж.] деревенская улица; проезжая дорога: * hacer la rúa, прогуливаться по улицам.
ruana. [ж.] шерстяная материя; (Амер.) сорт пончо (плаща).
ruano, na. [прил.] (уст.) уличный; выездной (о лошади); (Амер.) гнедой, с белыми ногами; с белой гривой и хвостом.
ruante. [дейст. прич.] к ruar.
ruar. [неперех.] фланировать, бродить, прогуливаться, праздно прохаживаться по улицам; гарцевать по улицам.
rubato. (муз.) рубато.
rubedo. [м.] красноватость кожи.
rubefacción. [ж.] покраснение кожи, краснота.
rubefaciente. [прил.] (мед.) вызывающий красноту.
rubela. [ж.] (мед.) см. roséola.
rubelita. [ж.] (мин.) благородный турмалин.
rúbeo, a. [прил.] красноватый.
rubéola. [ж.] (мед.) корь; краснуха.
ruberoide. [м.] (стр.) * de ruberoide, руберойдный, руберойдовый.
rubescencia. [ж.] красноватость.
rubescente. [прил.] красноватый; краснеющий.
rubeta. [ж.] (зоол.) лягушка-древесница.
rubí. [м.] рубин: * rubí espinela, шпинель; * rubí oriental, см. corindón.
rubia. [ж.] (бот.) красильная марена; марена, крап (краситель).
rubiáceo, a. [прил.] (бот.) относящийся к мареновым; **rubiáceas** [ж. множ.] (бот.) мареновые.

rubial. [м.] поле, засеянное мареной; [прил.] золотистый; **rubiales** [м. и ж.] (разг.) молодой блондин, -ка.
rubicán. [прил.] белый с рыжим; рыжечалый с проседью (о лошади).
rubicela. [ж.] (мин.) рубицелл, жёлтая шпинель.
Rubicón. [м.]: * pasar el **Rubicón,** перейти Рубикон, решиться на что-л бесповоротно.
rubicundez. [ж.] свойство к рыжий, румяный; (мед.) краснота кожи (болезненная).
rubicundo, da. [прил.] рыжий; румяный; покрытый здоровым румянцем.
rubidio. [м.] (хим.) рубидий.
rubiel. [м.] (обл. ихтиол.) султанка.
rubiera. [ж.] безалаберность; деревенская пирушка.
rubificación. [ж.] окраска в красный цвет.
rubificar. [перех.] окрашивать в красный цвет.
rubiginoso, sa. [прил.] ржавый: * esputo rubiginoso, (мед.) ржавая мокрота.
rubigo. [м.] см. **orín.**
rubilla. [ж.] (бот.) см. **asperilla.**
rubín. [м.] рубин; см. **robín.**
rubina. [ж.] (хим.) фуксин.
rubinejo. [м. умен.] к **rubí.**
rubio, a. [прил.] белокурый, золотистый; [м.] морская рыба: * hombre **rubio,** блондин; * mujer **rubia,** блондинка.
rubión. [м.] пшеница (один из сортов); (обл.) см. **alforfón.**
rublo. [м.] рубль.
rubor. [м.] пунцовый цвет; краска стыда; (перен.) стыд, смущение, застенчивость.
ruborizado, da. [страд. прич.] к **ruborizar;** [прил.] краснеющий от стыда.
ruborizar. [перех.] (от стыда) заставить покраснеть, пристыдить; **ruborizarse,** [возв. гл.] краснеть (от стыда); (перен.) краснеть, стыдиться чего-л.
ruboroso, sa. [прил.] краснеющий (от стыда); стыдливый.
rúbrica. [ж.] пометка красным; росчерк; рубрика, раздел (книги и т. д.); заголовок; (рел.) ритуал: * **rúbrica** sinópica, сурик; киноварь; * ser de **rúbrica,** быть исполненным по правилам.
rubricante. [дейст. прич.] к **rubricar.**
rubricar. [перех.] подписывать; (перен.) скреплять печатью и подписью.
rubro, bra. [прил.] красный (цвета мяса); [м.] (Амер.) заголовок.
ruc. [м.] рок (птица -в восточных сказках).
ruca. [ж.] (обл.) посевная эрука, индау; (Амер.) индейская хижина: * ir a la **ruca,** (Амер.) ложиться спать.
rucar. [перех.] (обл.) грызть.
rucear. [перех.] (Амер.) см. **rociar.**
ruciango, ga. [прил.] (Амер.) белокурый.
ruciharto, ta. [прил.] (разг.) закормленный (о животном); изнеженный (о человеке).
rucio, cia. [прил.] серый (о животном) сивый; (разг.) с сединой, с проседью; (Амер.) белокурый; [м.] осёл.
ruco, ca. [прил.] (Амер.) старый, негодный от старости, дряхлый (об осле и т. д.).
ruchar. [перех.] (обл.) распускаться, пускать почки.
ruche. [м.] молодой осёл; (обл.) (разг.) деньги: * a **ruche,** без денег.
ruche. [ж.] (Амер. гал.) рюш (платья).
ruchique. [м.] (Амер.) деревянное блюдце.
rucho. [м.] (обл.) молодой осёл; почка.

rucho, cha. [прил.] (Амер.) неровный, шероховатый; перезрелый.
ruda. [ж.] (бот.) рута.
rudamente. [нареч.] строго, сурово, жёстко.
rudbeckia. [ж.] (бот.) рудбекия, эхинацея.
rudera. [ж.] щебень, строительный мусор.
rudeza. [ж.] грубость, неотёсанность; тупость, невосприимчивость; суровость, жёсткость; невежливость.
rudeza. [ж.] грубость, неотёсанность; тупость, невосприимчивость; суровость, жёсткость; невежливость.
rudimental, rudimentario, ria. [прил.] начальный, элементарный, рудиментарный, зачаточный.
rudimento. [м.] зачаток; рудимент; **rudimentos,** [множ.] начала, элементарные понятия.
rudo, da. [прил.] грубый, неотёсанный; тупой, невосприимчивый; (перен.) невежливый, невоспитанный; суровый.
rueca. [ж.] ручное прядильное орудие в виде прута; прялка; (перен.) искривление, изгиб.
rueda. [ж.] колесо; круг; распущенный хвост павлина; хоровод; кружок, ломтик; круговая очерёдность; (ихтиол.) луна-рыба; кринолин; (обл.) нория, водокачка; (арг.) небольшой щит: * **rueda** de molino, жёрнов; * **rueda** catalina, зубчатое колесо; * juego de **ruedas,** система колёс, колёса; * **rueda** del timón, штурвал; * **rueda** de escape или de estrella, храповое колесо; * hacer la **rueda,** распускать (веером) хвост (о птицах); * hacer la **rueda** a uno, ухаживать за кем-л, льстить, угождать; * comulgar con **ruedas** de molino, быть легковерным, верить глупым вымыслам.
ruedero. [м.] колесник, колесный мастер.
ruedo. [м.] вращение; оборот; опушка платья; круглая цыновка, циновка; круг, округлость; арена для боя быков; конец, предел, граница: * a todo **ruedo,** всегда.
ruego. [м.] просьба, мольба.
ruejo. [м.] (обл.) жёрнов (мельничный).
rueño. [м.] (обл.) кружок, для ношения тяжестей на голове.
ruerno, na. [прил.] (мор.) медлительный, неповоротливый.
ruezno. [м.] скорлупа ореха.
rufa. [ж.] (Амер.) дорожный каток.
rufeta. [ж.] (обл.) чёрный виноград (один из сортов).
rufián. [м.] сводник, сутенёр; (перен.) негодяй.
rufián, na. [прил.] (Амер.) насмешливый, шутливый; весёлый, радостный.
rufianada. [ж.] низость, подлость; поступок свойственный своднику, сутенёру; (Амер.) клоунада.
rufianear. [перех. или неперех.] см. **alcahuetear.**
rufianería. [ж.] см. **alcahuetería;** см. **rufianada.**
rufianesco, ca. [прил.] относящийся к сутенёру; сводническй.
ruficarpo, pa. [прил.] (бот.) красноплодный.
rufo. [м.] (арг.) сутенёр.
rufo, fa. [прил.] красный; рыжий; кудрявый; (обл.) сильный, крепкий; привлекающий внимание.
rufón. [м.] (арг.) огниво.
ruga. [ж.] (м. употр.) см. **arruga.**
rugar. [перех.] см. **arrugar.**
rugby. [м.] (спорт.) регби.
rugeo. [м.] (обл.) см. **bureo.**
rugido, da. [страд. прич.] к **rugir** [м.] рычание, рыкание, рёв; урчание в желудке.
rugidor, ra. [прил.] рычащий, рыкающий; ревущий.
rugiente. [дейст. прич.] к **rugir,** см. **rugidor.**
rugimiento. [м.] см. **rugido.**

ruginoso, sa. [прил.] ржавый.
rugir. [перех.] рычать; рыкать; реветь; выть.
rugosidad. [ж.] шероховатость, неровность, морщинистость; см. **arruga.**
rugoso, sa. [прил.] шероховатый, неровный, бугорчатый; морщинистый.
ruibarbo. [м.] (бот.) ревень.
ruidajo. [м.] (разг.) (Амер.) шумок, слабый шум.
ruido. [м.] шум; стук, треск; громыхание; (перен.) спор, ссора, брань, крик, скандал, перебранка; слух, отголосок; (арг.) сутенёр: * hacer, meter **ruido,** шуметь; (перен.) нашуметь, привлечь внимание; * querer uno **ruido,** быть драчливым; * más es el **ruido** que las nueces, много шума из ничего.
ruidosamente. [нареч.] шумно.
ruidoso, sa. [прил.] шумный, шумящий; нашумевший.
ruin. [прил.] низкий, гнусный, подлый, презренный; маленький, хилый, чахлый; злой; мелочный, скупой; коварный (о животном); [м.] конец кошачьего хвоста: * a **ruin, ruin** y medio, с лисой приходится хитрить.
ruina. [ж.] падение, разрушение; разорение, распад, упадок, гибель; банкротство; **ruinas,** [множ.] руины, развалины: * correr a la **ruina,** (разг.) идти на верную гибель; * batir en **ruina,** (воен.) пробивать брешь; * estar hecho una **ruina,** (перен.) выглядеть усталым, больным.
ruinar. [перех. и возв. гл.] см. **arruinar(se).**
ruindad. [ж.] низость, подлость, гнусность, мерзость; хилость; скупость, коварность.
ruinera. [ж.] (обл.) упадок сил.
ruiniforme. [прил.] руинообразный.
ruinmente. [нареч.] подло, низко; скудно; коварно.
ruinosamente. [нареч.] разорительно.
ruinoso, sa. [прил.] разрушающийся, разваливающийся, грозящий падением; разорительный; маленький, хилый, негодный.
ruiponce. [м.] см. **rapónchigo.**
ruipóntico. [м.] (бот.) большеголовник.
ruis. [м.] (Амер.) последний ребёнок в семье.
ruiseñor. [м.] (зоол.) соловей.
rujiada. [ж.] (обл.) внезапный ливень; опрыскивание, сбрызгивание; основательная нахлобучка.
rujiar. [перех.] (обл.) см. **rociar, regar.**
rula. [ж.] (обл.) сорт игры; (Амер.) охотничий нож.
rulante. [дейст. прич.] к **rular,** катящийся и т. д.
rular. [неперех. и перех.] см. **rodar.**
rule. [м.] (разг.) зад, задница.
rulenco, ca; rulengo, ga. [прил.] хилый, чахлый (о животном).
ruleta. [ж.] рулетка (азартная игра).
rulo. [м.] шар; вал; дорожный каток; [м.] (Амер.) поливной участок.
ruma. [ж.] (Амер.) куча, груда.
ramano, na. [прил.] румын, -ка; [м. и ж.] румын, -ка; [м.] румынский язык.
rumantela. [ж.] (обл.) пирушка, кутёж.
rumazo. [м.] (Амер.) куча, груда, ворох.
rumazón. [м.] (мор.) облака на горизонте.
rumba. [ж.] (Амер.) см. **rumazo;** пирушка, кутёж; (танец) румба.
rumbada. [ж.] см. **arrumbada.**
rumbanchear. [неперех.] (Амер.) пировать, кутить.
rumbantela. [ж.] (разг.) (Амер.) пирушка, кутёж.
rumbar. [неперех.] (обл.) быть щедрым, великодушным; ворчать (о собаке); (Амер.) см. **zumbar;** ориентироваться; забрасывать.
rumbático, ca. [прил.] пышный, великолепный.

rumbeador. [м.] (Амер.) см. baqueano.
rumbear. [неперех.] (Амер.) (мор.) прокладывать курс по карте; ориентироваться (в лесу); кутить, пировать.
rumbero. [м.] см. baqueano.
rumbo. [м.] (мор.) румб; курс, направление; (разг.) пышность, помпа; бескорыстие; ворчание (собака); (Амер.) кутёж; праздник; (арг.) опасность: * cambiar de rumbo, менять курс, направление; * rumbo a, в направлении.
rumbón, na. [прил.] (разг.) щедрый; великодушный.
rumbosamente. [нареч.] пышно.
rumen. [м.] (анат.) рубец.
rumenitis. [ж.] (вет.) воспаление рубца.
rúmex. [м.] (бот.) щавель.
rumi. [м.] христианин.
rumia. [ж.] жвачка.
rumiación. [ж.] жвачка.
rumiador, ra. [прил.] жвачный; [м.] жвачное животное.
rumiadura. [ж.] жвачка.
rumiante. [дейст. прич.] к rumiar; [прил.] (зоол.) жвачный; **rumiantes.** [м. множ.] жвачные животные.
rumiar. [перех.] жевать, пережёвывать жвачку; (перен.) (разг.) обдумывать, перебирать в уме, передумывать; ворчать.
rumor. [м.] гомон, ропот толпы; слух, молва; **rumores** [множ.] слухи.
rumorearse. [безлич. гл.] пройти (о слухе).
rumoroso, sa. [прил.] шумный, шумливый.
rumpiata. [ж.] чилийский куст.
rumpo, pa. [прил.] (Амер.) коротко подстриженный.
runa. [прил.] (Амер.) обыкновенный, заурядный; [множ.] (филол.) руны.
runchera. [ж.] (Амер.) глупость.
runcho, cha. [прил.] (Амер.) невежественный; скупой; [м.] (Амер.) сумчатое животное, сорт двуутробки.
rundel. [м.] (обл.) головной шарф.
rundir. [перех.] (Амер.) прятать, скрывать.
rundún. [м.] (Амер.) (зоол.) колибри; трещётка.
runfla, runflada. [ж.] (разг.) ряд, вереница.
runflante. [дейст. прич.] к runflar; (обл.) высокомерный, надменный.
runflar. [неперех.] (обл.) см. resoplar
rungo, ga. [прил.] (Амер.) приземистый; [м.] (обл.) поросёнок.

rúnico, ca; runo, na. [прил.] (филол.) рунический.
runrún. [м.] (разг.) гул, шум голосов; гомон; (Амер.) трещётка; чилийская птица.
runrunear. [неперех.] шуметь; жужжать; журчать; **runrunearse.** [возв. гл.] пройти (о слухе).
ruñar. [перех.] уторить, проуторить (бочку).
rupestra, rupestre. [прил.] выполненный на скалах (о росписи и т. д.).
rupia. [ж.] рупия; (мед.) струпная высыпь.
rupicabra. rupicapra. [ж.] (зоол.) серна.
rupícola. [прил.] живущий на скалах.
ruptor. [м.] (эл.) размыкатель, разъединитель.
ruptura. [ж.] спор, ссора, разрыв, разлад; разламывание; щель, трещина.
ruqueta. [ж.] (зоол.) гусеница; (бот.) сурепица.
rural. [прил.] сельский, деревенский, полевой; (перен.) грубый, неотёсанный.
ruralmente. [нареч.] грубо, по-деревенски.
rurrú. [м.] см. runrún.
rurrupata. [ж.] (Амер.) колыбельная песня.
rus. [м.] (бот.) см. zumaque.
rusalca. [ж.] русалка.
rusco. [м.] (бот.) см. brusco.
rusel. [м.] шерстяная ткань.
rusentar. [перех.] раскалять докрасна.
rusia. [ж.] (Амер.) грубая ткань.
rusiente. [прил.] могущий быть раскалённым докрасна.
rusificación. [ж.] русификация.
rusificar. [перех.] русифицировать; **rusificarse.** [возв. гл.] русифицироваться.
ruso, sa. [прил.] русский; [м. и ж.] русский, -ая; [м.] русский язык.
rusófilo, la. [прил.] русофильский; [м.] русофил.
rusófobo, ba. [прил.] русофобский; [м.] русофоб.
rusticación. [ж.] жизнь в деревне.
rustical. [прил.] см. rural.
rústicamente. [нареч.] грубо; некультурно.
rusticano, na. [прил.] дикий, дикорастущий; (уст.) см. rural.
rusticar. [неперех.] жить в деревне.
rusticidad. [ж.] грубость, неотёсанность; простота.
rústico, ca. [прил.] сельский, деревенский; простой, безыскусственный; грубый, неотёсанный; [м.] крестьянин: * a la (или en) rústica, без переплёта.
rustiquez. [ж.] см. rusticidad.
rustir. [перех.] (обл.) подрумянивать (жаркое и т. д.); жарить; (Амер.) терпеть, претерпевать.
rustrir. [перех.] (обл.) поджаривать хлеб; жарить; пастись; пожирать, с жадностью есть.
ruta. [ж.] маршрут, направление; путь к цели; (гал.) дорога, путь: * hoja de ruta, путёвка.
rutáceo, a. [прил.] (бот.) рутовый; [ж. множ.] рутовые.
rutar. [неперех.] (обл.) бормотать; шуршать, шелестеть; вертеться, вращаться; рыгать.
rute. [м.] (обл.) см. rumor, susurro.
rutel. [м.] (обл.) небольшое стадо овец или коз.
rutenio. [м.] рутений (химический элемент).
rutiar. [неперех.] (обл.) фланировать, слоняться, бродить по улицам.
rutilante. [дейст. прич.] к rutilar, сверкающий, блестящий; красноватый.
rutilar. [неперех.] сверкать, блестеть.
rútilo, la. [прил.] золотистый; блестящий, сверкающий, сияющий.
rutilo. [м.] (мин.) рутил.
rutina. [ж.] рутина, косность, старая привычка.
rutinariamente. [нареч.] по навыку.
rutinario, ria. [прил.] рутинный, действующий по навыку; [м. и ж.] рутинёр, -ка.
rutinero, ra. [прил.] действующий по навыку; [м. и ж.] рутинёр, -ка.
rutinismo. [м.] (мед.) рутинёрство.
rutista. [м.] гонщик-велосипедист, шоссейник; водитель грузовой машины (на дальних маршрутах).
rutón, na. [прил.] (обл.) ворчливый, брюзгливый; [м. и ж.] брюзга, ворчун, -ья.

Ss

S. 22-я буква испанского алфавита.
sabadilla. [ж.] см. cebadilla.
sábado. [м.] суббота: * el sábado, в субботу; * los sábados, по субботам; * sábado de gloria, страстная суббота.
sabalar. [м.] сеть для ловли бешенок.
sabalero. [м.] ловец бешенок.
sábalo. [м.] (ихтиол.) бешенка (сельдевая рыба).
sábana. [ж.] простыня;: * sábana santa, плащаница; * pegársele a uno las sábanas, поздно вставать.
sabana. [ж.] (геогр.) саванна.
sabanal. [м.] (Амер.) саванна.
sabandija. [ж.] насекомое, пресмыкающееся; червь; (перен.) презренный человек.
sabanear. [неперех.] пасти скот, ездить по саваннам (о пастухах).
sabanera. [ж.] (Амер.) уж саванн.
sabanero, ra. [прил.] саванный; [м.] обитатель саванн; (Амер.) сорт скворца.
sabanilla. [ж. умен.] к sábana, простынка; полотенце; платок; салфетка; (Амер.) вязаное одеяло (шерстяное); (обл.) свиной жир.
sabanilla. [ж.] (Амер.) небольшая саванна.
sábano. [м.] (обл.) простыня из кудели.
sabañón. [м.] отмороженное место, пятно от мороза: * comer como un sabañón, есть за четверых.
sabatorio, ria. [прил. и сущ.] наблюдающий субботу.
sabático, ca. [прил.] субботний: * año sabático, седьмой год (у Евреев).
sabatina. [ж.] субботняя (церковная) служба; словопрение, диспут в философии и т. д. (по субботам); (Амер.) (разг.) драка, взбучка; суматоха.
sabatino, na. [прил.] субботний.
sabatismo. [м.] соблюдение субботы, субботничанье; отдых.
sabatizar. [неперех.] соблюдать субботу.
sabaya. [ж.] (обл.) см. desván.
sabedor, ra. [прил.] знающий, осведомлённый, сведущий.
sabeísmo. [м.] сабеизм, поклонение огню, солнцу и звёздам.
sabeísta. [прил.] к сабеизм; [сущ.] сабеист.
sabelotodo. [сущ.] (разг.) всезнайка.
saber. [перех.] знать, ведать; уметь; иметь в виду; [неперех.]; знать; быть догадливым, проницательным; иметь вкус чего-л, отзываться чем-л; быть знакомым, иметь понятие; быть схожим, походить; (Амер.) см. soler: * a saber, а именно; * hacer saber, уведомить; * sin saberlo, без ведома; * saber al dedillo, знать что-л как свои пять пальцев; * saber más que Lepe, быть очень проницательным; * que yo sepa, насколько мне известно;

* saber de memoria, знать что-л наизусть;
* saber por experiencia, знать по опыту;
* un no sé qué, что-то, кое-что, нечто непонятое; [непр. гл.] prest. ind. sé, sabes, sabe и т. д.; pret. indef. supe, supiste и т. д.; fut. sabré и т. д.; cond. sabría и т. д.; prest. subj. sepa, -as, и т. д.; imperf. subj. supiera или supiese и т. д.
saber. [м.] знания, учёность; умение.
sabiamente. [нареч.] умно, разумно; благоразумно.
sabicú. [м.] кубинская акация.
sabichoso, sa. [прил.] (Амер.) см. sabihondo.
sabido, da. [прил.] знающий, опытный; [м.] (обл.) подённая оплата.
sabidor, ra. [прил.] см. sabedor; [м. и ж.] знаток; мудрец.
sabiduría. [ж.] мудрость, благоразумие; учёность, знание.
sabiendas: * a sabiendas, заведомо, умышленно, сознательно.
sabiente. [действ. прич.] к saber, знающий.
sabieza. [ж.] (уст.) см. sabiduría.
sabihondez. [ж.] всезнайство, шарлатанство.
sabihondo, da. [м. и ж.] (тже. прил.) всезнайка, шарлатан, умник.
sábila. [ж.] (Амер.) алоэ.
sabina. [ж.] (бот.) можжевельник казацкий.
sabinar. [м.] заросли можжевельника (казацкого).
sabino, na. [прил.] сабинский; [м.] сабинянин.
sabio, bia. [прил.] мудрый; учёный; ловкий (о животных); см. cuerdo; [м.] мудрец; учёный.
sablazo. [м.] удар саблей; (разг.) выманивание денег: * dar un sablazo, вымогать деньги.
sable. [м.] сабля; (герал.) чёрный цвет.
sablear. [перех.] брать в долг без отдачи, выманить деньги.
sablista. [прил. и сущ.] выманивающий деньги; охотник поживиться на чужой счёт.
sablón. [м.] крупный песок.
saboga. [ж.] (ихтиол.) см. sábalo.
sabogal. [м.] сеть для ловли бешенок.
sabonera. [ж.] (бот.) см. sayón.
sabor. [м.] вкус, вкусовое ощущение; привкус; стиль, манера; [множ.] удила.
saborado. [м.] (обл. бот.) см. hisopillo.
saboreamiento. [м.] смакование; приправа, проба (на вкус).
saborear. [перех.] придавать вкус, приправлять; смаковать; завлекать; заранее предвкушать; вкусить, наслаждаться; грызть удила; saborearse, [возв. гл.] смаковать; наслаждаться.
saboreo. [м.] смакование; проба (на вкус).
saborete. [м. умен.] к sabor.
sabotaje. [м.] саботаж, саботирование; вредительство: * acto de sabotaje, подрывное действие, диверсионный акт.
saboteador, ra. [прил.] саботажник, -ница; диверсант, -ка.
sabotear. [перех.] саботировать, заниматься саботажем, вредительством.
saboteo. [м.] см. sabotaje.
saboyana. [ж.] сорт женской юбки; ромовый сладкий пирог.
saboyano, na. [прил.] савойский; [м. и ж.] савойяр, -ка.
sabrosamente. [нареч.] вкусно, приятно на вкус; смачно, со смаком.
sabrosear. [перех.] см. saborear; рафинировать, очищать.
sabroso, sa. [прил.] вкусный, приятный на вкус, смачный; (перен.) приятный, доставляющий удовольствие; (разг.) слегка присоленный.
sabucal. [м.] бузинник, заросли бузины.
sabuco. [м.] (бот.) бузина.
sabueso. [м.] ищейка (собака); (разг.) сыщик, шпик: * perro sabueso, собака-ищейка.
sabugal, sabugo. [м.] см. sabucal, sabuco.
sábulo. [м.] крупный песок.
sabuloso, sa. [прил.] песчаный.
saburra. [ж.] (мед.) нечистота первых путей (пищеварения); налёт на языке (при несварении желудка).
saburral. [прил.] относящийся к нечистоте первых путей (пищеварения).
saburrar. [перех.] (уст.) нагружать балластом (судно).
saburroso, sa. [прил.]: * lengua saburrosa, обложенный язык.
saca. [ж.] извлечение, вытаскивание; выемка; вывоз; первая копия нотариального документа: * de saca, (Амер.) поспешно; * estar de saca, (Амер.) быть на выданье (о девушке); предназначаться к продаже.
saca. [ж.] большой мешок.
sacabala. [м.] (хир.) пулевые щипцы.
sacabolas. [м.] специальный шомпол.
sacabasura. [м.] (Амер.) совок для мусора.
sacabera. [ж.] (обл.) саламандра.
sacabocado(s). [м.] пробойник.
sacabotas. [м.] колодка для снимания сапог.
sacabuche. [м.] (муз.) тромбон; (перен. разг.) презренный человечек.
sacaclavos. [м.] гвоздодёр.
sacacorchos. [м.] штопор, пробочник.
sacacuartos. [м.] см. sacadineros.

sacadera. [ж.] (обл.) корзиночка (при сборе винограда); грабли (для угля).
sacadilla. [ж.] (охот.) облава.
sacadinero(s). [м.] безделушка.
sacaliña. [ж.] копьё, дротик; см. socaliña.
sacamanchas. [м. и ж.] выводящий, -ая пятна; [м.] пятновыводитель (средство).
sacamantas. [ж.] (разг.) судебный исполнитель.
sacamantecas. [м. и ж.] (разг.) убийца, вспарывающий живот.
sacamiento. [м.] отнимание; выемка, вынимание; извлечение, вытаскивание; сдирание, снятие; передвижение, перемещение; отделение от чего-л; (уст.) ложь, выдумка.
sacamolero, sacamuelas. [м.] (разг.) зубодёр; (перен.) шарлатан.
sacapelotas. [м.] сорт старинного шомпола.
sacapotras. [м.] (перен. разг.) коновал (о хирурге).
sacapuntas. [м.] машинка для чинки карандашей.
sacar. [перех.] отнимать, отбирать; вынимать, извлекать, вытаскивать; стаскивать, снимать; изымать, исключать; выводить; извлекать, добывать, доставать; получать; выведывать, узнавать (тайну и т. д.); освобождать; списывать, копировать; вывозить; выигрывать (в лотерее и т. д.); подсчитывать, проверять; приобретать; получать прибыль; ссылаться на что-л; прополаскивать бельё (после щелочения); выставлять вперёд, выпячивать; разводить (животных и т. д.); заимствовать; вынимать из ножен; делать вывод, выводить из...; проявлять; (спорт.) отбивать мяч от сетки; давать кличку, прозвище и т. д.; печатать; * sacar un diente, вырвать зуб; * sacar un clavo, выдернуть гвоздь; * sacar provecho, извлекать доход; * sacar agua, черпать воду; * sacar del saco, вынуть из мешка; * sacar una cita, приводить цитату; * sacar copia, снимать копию; * sacar en claro, сделать заключение; * sacar de la cárcel, освобождать из тюрьмы; * sacar de un error, вывести из заблуждения; * sacar la lengua, показать язык; * sacar la espada, обнажить шпагу; * sacar a paseo, водить на прогулку; * sacar a bailar, приглашать на танец; * sacar de quicio, de sus casillas, вывести из себя; * sacar mala nota, получать плохую отметку; * sacar de apuros, вывести из затруднения, выручить; * sacar mal, ошибаться, давать маху; * sacar los ojos, выколоть глаза; * sacar el pecho, выпячивать грудь; * sacar raja, извлечь пользу из...; * sacar la cara, встречать лицом к лицу.
sacarato. [м.] (хим.) сахарат, соединение сахара с основанием.
sacarífero, ra. [прил.] сахаристый, сахароносный.
sacarificación. [ж.] превращение в сахар, сахарообразование.
sacarificar. [перех.] превращать в сахар.
sacarimetría. [ж.] (хим.) сахариметрия.
sacarímetro. [м.] (хим.) сахариметр.
sacarina. [ж.] сахарин.
sacarino, na. [прил.] сахарный, сахаристый.
sacaro. [м.] (бот.) сахарный тростник, сахарное растение.
sacaroideo, a. [прил.] сахаровидный, похожий на сахар: * mármol sacaroideo, каррарский мрамор.
sacarolado. [м.] (апт.) порошок из лекарственных веществ с сахаром.
sacaromicetáceos. [м. множ.] сахаромицеты.
sacaroso. [м.] сахароза, тростниковый или свекловичный сахар.
sacaroso, sa. [прил.] сахаристый.

sacasillas. [м.] (разг.) см. metemuertos.
sacatapón. [м.] см. sacacorchos.
sacatín. [м.] (Амер.) перегонный куб.
sacatrapos. [м.] шомпол.
sacciforme. [прил.] сумкообразный, см. saceliforme.
saceliforme. [прил.] мешковидный.
sacerdocio. [м.] священство; жречество.
sacerdotal. [прил.] священнический, жреческий.
sacerdote. [м.] священник; жрец.
sacerdotisa. [ж.] жрица.
sácere. [м.] (бот.) см. arce.
saciar. [перех.] насыщать; утолять; удовлетворять; saciarse, [возв. гл.] (прям. перен.) насыщаться: * saciado, сытый, насытившийся; удовлетворённый.
saciedad. [ж.] сытость; пресыщение: * hasta la saciedad, досыта, вдоволь.
saciña. [ж.] (бот.) козья верба, бредина.
sacio, cia. [прил.] сытый, насытившийся; (перен.) пресытившийся.
saco. [м.] мешок; содержимое мешка; грубый шерстяной плащ; подача (мяча); (мор.) узкая бухта; грабёж, ограбление; (Амер.) куртка; (мед.) мешочек: * saco de noche, de viaje, саквояж, дорожный мешок; * saco terrero, (воен.) мешок с землёй; * saco lagrimal, слёзный мешочек; * saco embrionario, (бот.) плодовая сумочка; * entrar a saco грабить; * no echar en saco roto, не упускать удобного случая; ничего не упустить (из сказанного); * la codicia rompe el saco, лишнего не бери, кармана не дери.
sacocha. [ж.] (арг.) см. faltriquera.
sacoime. [м.] (арг.) мажордом, дворецкий.
sacomano. [м.] см. saqueo.
sacón, na. [прил.] (Амер.) льстивый, вкрадчивый; см. acusón.
saconería. [ж.] (разг. Амер.) лесть, вкрадчивость.
sacralgia. [ж.] (пат.) боль в крестце.
sacramentación. [ж.] соборование; причащение.
sacramental. [прил.] относящийся к таинствам; обрядовый, сакраментальный, священный; (перен.) освящённый традициями.
sacramentalmente. [нареч.] таинственно.
sacramentar. [перех.] (церк.) совершать таинства; соборовать; причащать; прятать, скрывать, утаивать.
sacramentario, ria. [прил.] еретический; [м. и ж.] еретик, -чка (протестант).
sacramente. [нареч.] см. sagradamente.
sacramento. [м.] (церк.) таинство; клятва; тайна: * Santísimo Sacramento, причастие, евхаристия: * recibir los sacramentos, исповедываться, причащаться и соборотаться; * últimos sacramentos, исповедь, причастие и соборование; * con todos los sacramentos, по всем правилам.
sacratísimo, ma. [прил. прев. степ.] к sagrado.
sacre. [м.] кречет (одна из разновидностей); (ист.) большое артиллерийское орудие; (перен.) вор.
sacrificable. [прил.] которым можно пожертвовать.
sacrificadero. [м.] жертвенник.
sacrificador, ra. [прил.] совершающий жертвоприношение, приносящий жертву; [м. и ж.] жрец, жрица, совершающие жертвоприношение.
sacrificante. [дейст. прич.] к sacrificar, приносящий жертву.
sacrificar. [перех.] приносить в жертву, жертвовать что-л, чем-л; забивать, колоть (скот); бросать на произвол судьбы; sacrificarse, [возв. гл.] жертвовать собой; отдаваться целиком чему-л: * sacrificarse por los hijos, пожертвовать собой ради детей.
sacrificatorio, ria. [прил.] жертвенный.
sacrificio. [м.] жертва; жертвоприношение; самопожертвование; самоотверженный поступок; (перен.) риск, опасность: * sacrificio del altar, обедня.
sacrílegamente. [нареч.] кощунственно, святотатственно.
sacrilegio. [м.] святотатство, осквернение святыни, кощунство; профанация.
sacrílego, ga. [прил.] святотатственный, кощунственный; нечестивый.
sacrista, sacristán. [м.] (церк.) пономарь, ризничий; фижмы; см. tontillo: * bravo (gran) sacristán, шельма, бестия; * sacristán de amén, (перен. разг.) человек, живущий чужим умом.
sacristana. [ж.] жена пономаря; монахиня, выполняющая обязанности пономаря.
sacristanesco, ca. [прил.] пономарский, относящийся к ризничему.
sacristanía. [ж.] звание пономаря, ризничего.
sacristía. [ж.] (церк.) ризница.
sacro, cra. [прил.] см. sagrado; (анат.) крестцовый; [м.] (анат.) крестец, крестцовая кость.
sacrocoxígeo, a. [прил.] (анат.) крестцово-копчиковый.
sacroxitis. [ж.] (пат.) воспаление крестцово-подвздошного сочленения.
sacroilíaco, ca. [прил.] (анат.) крестцово-подвздошный.
sacrolumbar. [прил.] крестцово-поясничный.
sacrosantamente. [нареч.] свято, нерушимо.
sacrosanto. [прил.] пресвятой, святейший.
sacudida. [ж.] см. sacudimiento: * a sacudidas: скачкообразно; рывками.
sacudidamente. [нареч.] толчком, резко.
sacudido, da. [страд. прич.] к sacudir: [прил.] грубый, строптивый, нелюдимый; см. desenfadado.
sacudidor, ra. [прил.] встряхивающий и т. д.
sacudidura. [ж.] встряхивание, выбивание, вытряхивание, стирание (пыли).
sacudimiento. [м.] встряхивание, качание, трясение, сотрясение, толчок.
sacudir. [перех.] трясти, встряхивать; стряхнуть, отряхнуть; вытряхивать, выбивать (пыль); качать; отталкивать, отбрасывать: * sacudir un golpe, наносить удар; * sacudir el yugo, свергать иго; * sacudirse, [возв. гл.] отряхиваться; отвергать; отстранять от себя.
sacudón. [м.] (Амер.) см. sacudida.
sáculo. [м.] мешочек; (анат.) перепонка среднего уха.
sachador, ra. [м. и ж.] полольщик, -ица.
sachadura. [ж.] полка, прополка.
sachar. [перех.] полоть, выпалывать.
sacho. [м.] полольник, мотыга для прополки; (Амер.) деревянный якорь.
sádico, ca. [прил.] садистский; [м. и ж.] садист, -ка.
sadismo. [м.] садизм.
saduceísmo. [м.] учение саддукеев.
saeta. [ж.] стрела; стрелка часов; магнитная стрелка; саэта, народная песня; ломоть свиного сала (для жаркого): * echar saetas uno, рвать и метать.
saetada. [ж.] см. saetazo.
saetazo. [м.] выстрел из лука; ранение стрелой; рана от стрелы.
saetear. [перех.] см. asaetear.
saetera. [ж.] бойница; узкое оконце.

saetero, ra. [прил.] относящийся к стрелам; [м.] стрелок из лука.
saetía. [ж.] (мор.) трёхмачтовое судно; бойница.
saetín. [м.] мельничный лоток; сапожный гвоздь.
saetín. [м.] атлас.
saetilla. [ж. умен.] к saeta; (бот.) лягушечья трава, стрелолист.
saetón. [м. увел.] к saeta.
safacoca. [ж.] (Амер.) оглушительный шум, крик, гам, содом; драка, ссора.
safado, da. [прил.] (Амер.) отважный, смелый.
safar. [перех.] см. zafar.
safena. [прил.] : * vena safena, скрытая вена.
sáfico, ca. [прил.] (лит.) сапфический.
safio. [м.] (Амер. ихтиол.) сорт угря.
safirina. [ж.] (мин.) синий халцедон.
Safo. [ж.] (истор.) Сафо.
safrol. [м.] (хим.) сафрол.
saga. [ж.] колдунья, волшебница.
saga. [ж.] сага, предание (у скандинавских народов).
sagacidad. [ж.] проницательность, прозорливость; предусмотрительность; тонкость обоняния.
sagapeno. [м.] (хим.) персидская камедь.
sagardúa. [ж.] (обл.) сидр.
sagarmín. [м.] (обл.) дикое яблоко.
sagarrera. [ж.] (Амер.) шум, ссора.
sagatí. [м.] сагати, шерстяная ткань.
sagaz. [прил.] проницательный, прозорливый; предусмотрительный; обладающий тонким чутьём (о собаке).
sagazmente. [нареч.] проницательно, прозорливо; предусмотрительно.
sagena. [ж.] (перен.) карцер; тюрьма.
sagina. [ж.] (бот.) мшанка.
sagita. [ж.] (геом.) высота сегмента.
sagitado, da. [прил.] (бот.) стреловидный.
sagital. [прил.] стреловидный.
sagitaria. [ж.] (бот.) стрелолист.
sagitario. [м.] стрелок из лука; Sagitario (астр.) созвездие Стрельца.
sagitifoliado, da. [прил.] (бот.) стрелолистный.
ságoma. [ж.] см. escantillón, plantilla.
sagradamente. [нареч.] с уважением; почтенно, достопочтенно.
sagrado, da. [прил.] священный, нерушимый; святой; [м. употр.] проклятый; [м.] убежище; * el Sagrado Corazón de Jesús (de María), праздники в честь сердца Иисусова или Прс. Девы Марии.
sagrario. [м.] (церк.) дарохранительница; приходская часовня.
sagú. [м.] (бот.) саго.
saguaipe. [м.] (Амер.) паразитный червь.
sagüino. [м.] (Амер.) сагуин (обезьяна).
ságula. [ж.] см. sayuelo.
sagundil. [м.] (обл.) мелкая ящерица.
sahariana. [ж.] форменная куртка (колониальных войск).
sahina. [ж.] (бот.) см. zahina.
sahinar. [м.] см. zahinar.
sahornarse. [возв. гл.] (от трения) краснеть, воспаляться (о коже), ссадить кожу.
sahorno. [м.] воспаление кожи (от трения).
sahumador. [м.] курильница.
sahumadura. [ж.] см. sahumerio.
sahumar. [перех.] курить благовониями, кадить.
sahumerio, sahúmo. [м.] окуривание; благовонное вещество, курение.
saibor. [м.] (Амер.) буфет.

saiga. [ж.] (зоол.) сайга (антилопа).
saín. [м.] жир, сало (животного); жир сардин (употребляемый для освещения); жирное пятно.
sainar. [перех.] откармливать; [неперех.] (зоол.) кровоточить, истекать кровью.
sainete. [м. умен.] к saín; соус, приправа; лакомый кусок; вкус; украшение; популярная комическая пьеса, одноактная пьеска.
sainetear. [неперех.] играть одноактные пьески.
sainetero. [м.] автор одноактных пьесок (см. sainete).
sainetesco, ca. [прил.] относящийся к sainete, фарсовый.
sainetista. [м.] см. sainetero.
saíno. [м.] (зоол.) сорт дикого кабана.
saja. [ж.] см. sajadura.
saja. [ж.] черешок (листа) манильской конопли.
sajador. [м.] см. sangrador; (хир.) скарификатор.
sajadura. [ж.] надрез, насечка.
sajar. [перех.] разрезать; насекать, надрезать; (мед.) вскрывать нарыв.
sajía. [ж.] см. sajadura.
sajón, na. [прил.] саксонский; [м. и ж.] саксонец, -ка.
sajú. [м.] (зоол.) сапажу (обезьяна).
sajuriana. [ж.] (Амер.) старинный танец.
sal. [ж.] соль; (перен.) соль, остроумие, пикантность; грация: * sal común, blanca, de cocina, поваренная соль; * sal gema, каменная соль; * sal marina, морская соль; * sal amoníaco, нашатырь; * sal de la Higuera, (апт.) английская соль; *sal ática, аттическая соль, тонкое остроумие; * sal y pimienta, язвительно; * con su sal y pimienta, язвительно; с трудом; * tener sal, быть грациозным; * poner sal a uno en la mollera, проучить; * deshacerse como la sal en el agua, hacerse sal y agua, уплыть (о деньгах и т. д.); * estar hecho de sal, быть остроумным.
sala. [ж.] зал, зала (уст.); большое помещение; зал заседаний; заседание, суд; * sala de espera, зал ожидания; * hacer sala, заседать; * sala de recibido, гостиная.
salabardo. [м.] сачок для подхватывания рыб при ужении.
salabre. [м.] см. salabardo.
salacidad. [ж.] похотливость, сильное сладострастие.
salacot. [м.] шляпа (в колониальных странах).
saladamente. [нареч.] остроумно.
saladar. [м.] солончак; соляное озеро; см. salobral.
saladero. [м.] солильня; старинная тюрьма (в Мадриде).
saladillo, lla. [прил. умен.] к salado, малосольный; свежепросоленный (о сале); [м.] свежепросоленное сало.
salado, da. [страд. прич.] к salar; [прил.] солёный; пересоленный; (пере.) остроумный; (Амер.) несчастный; дорогостоящий; см. salar.
salador, ra. [прил.] занимающийся солением чего-л; [м. и ж.] солильщик, -ица; солильня.
saladura. [ж.] соление, солка, проссаливание; засол(ка).
salamanca. [ж.] (Амер.) пещера (в горах); саламандра (одна из разновидностей).
salamandra. [ж.] саламандра.
salamandria. [ж.] см. salamanquesa.
salamandrino, na. [прил.] саламандровый.
salamanqueja. [ж.] (Амер.) см. salamanquesa.
salamanquero, ra. [м. и ж.] (Филип.) фокусник, -ица.

salamanqués, sa. [прил. и сущ.] см. salmantino.
salamanquesa. [ж.] (зоол.) ящерица (одна из разновидностей), тритон.
salamanquina. [ж.] (Амер.) см. lagartija.
salamanquino, na. [прил. и сущ.] см. salamantino.
salamántica. [ж.] (обл.) водяная саламандра.
salangana. [ж.] (орни.) салангана.
salar. [м.] (Амер.) см. salina; солончак; соляное озеро.
salar. [перех.] солить, засаливать впрок, (по)солить; пересолить; (Амер.) давать соль скоту; портить; бесчестить, пятнать.
salariado. [м.] наёмный труд.
salariar. [перех.] см. asalariar.
salario. [м.] заработная плата, зарплата.
salaz. [прил.] похотливый, сладострастный.
salazón. [м.] соление, солка; соленье, солёные продукты.
salbanda. [ж.] см. yanca.
salce. [м.] (бот.) ива.
salceda. [ж.] salcedo. [м.] ивняк, заросли ивы.
salcinar. [м.] (обл.) ивняк, заросли ивы.
salciña. [ж.] (обл.) см. sargatillo.
salcochado, da. [страд. прич.] к salcochar; [м.] (Амер.) варка в солёной воде.
salcochar. [перех.] варить в солёной воде.
salcocho. [м.] (Амер.) варка в солёной воде.
salchicha. [ж.] тонкая свиная сосиска; (воен.) фашина; «колбаса» (привязной аэростат).
salchichería. [ж.] колбасная (уст.).
salchichero. [м.] колбасник.
salchichón. [м. увел.] к salchicha; ветчинная колбаса; (воен.) большая фашина.
salchucho. [м.] (обл.) см. estropicio.
saldar. [перех.] уплачивать долг, оплачивать счёт; (рас)продавать со скидкой, по дешевке: * saldar una cuenta, оплатить счёт.
salderita. [ж.] (обл.) см. lagartija.
saldista. [м.] перекупщик, продавец уценённых товаров.
saldo. [м.] (ком.) сальдо; остаток (материала и т. д.).
saledizo, za. [прил.] выступающий, выдающийся; [м.] (арх.) см. salidizo.
salega. [ж.] salegar. [м.] место, где дают соль скоту.
salegar. [неперех.] лизать соль (о скоте).
salema. [ж.] (ихтиол.) см. salpa.
salep. [м.] салеп.
salera. [ж.] бочка или сосуд для соли; (обл.) см. especiero.
salero. [м.] солонка; см. salegar; склад для соли; (перен. разг.) остроумие; грация; изящество; пикантность; грациозный человек.
saleroso, sa. [прил.] (перен. разг.) грациозный; остроумный.
saleta. [ж. умен.] к sala; апелляционный зал суда.
salgada, salgadera. [ж.] (бот.) лебеда.
salgar. [перех.] давать соль скоту.
salgue. [м.] (обл.) фураж.
salguera. [ж.] salguero. [м.] (бот.) ива.
salicaria. [ж.] (бот.) дербенник иволистный, плакун-трава.
salicilato. [м.] (хим.) салицилат, соль салициловой кислоты.
salicílico, ca. [прил.] (хим.) * ácido salicílico, салициловая кислота.
salicina. [ж.] (хим.) салицин.
salicíneo, a. [прил.] (бот.) ивовый; множ. salicíneas, (бот.) ивовые.
sálico, ca. [прил.] (ист.) салический: * ley

sálica, салический закон (лишающий женщин права престолонаследия).
salicor. [м.] (бот.) солерос.
salida. [ж.] выход; выезд, отъезд; отход; вылет; восход; разлив (реки); местность за городскими воротами; выступ; (место) уход; сбыт, продажа; вывоз (товаров); первый ход (в игре); (бухг.) расход; (воен.) вылазка; выпуск (учащихся); (перен.) лазейка; отговорка; остроумная выходка; окончание; (мор.) скорость; * salida de baño, купальный халат; * salida de pie de banco, (разг.) нелепость, вздор; * salida de tono, бестактность, вздор; * salida del agua, выход (сток) воды; * a la salida, при выходе.
salidero, ra. [прил.] не любящий сидеть дома; [м.] (место) выход.
salidizo. [м.] выступ (на фасаде здания).
salido, da. [страд. прич.] к salir; [прил.] выступающий, выдающийся; находящийся в течке.
salidor, ra. [прил.] (Амер.) см. salidero.
saliente. [дейст. прич.] к salir, выступающий, выдающийся; [м.] восток, восход; выступ.
salífero, ra. [прил.] соленосный, солончаковый; соляной.
salificable. [прил.] обратимый в соль, высаливающийся.
salificación. [ж.] солеобразование.
salificar. [перех.] превращать в соль.
salimiento. [м.] (дейст.) выход; выезд.
salín. [м.] склад для соли.
salina. [ж.] соляная копь; солеварня, градирня.
salinero, ra. [прил.] рыжий с белым (о быке); [м.] торговец солью; лицо, занимающееся перевозкой соли.
salinidad. [ж.] солёность.
salino, na. [прил.] соляной, содержащий соль; с белыми пятнами (о быке).
salio, lia. [прил.] (ист.) салийский; * sacerdote salio, салийский жрец (в Риме).
salipirina. [ж.] (хим.) салипирин.
salir. [неперех.] выходить, выезжать, выступать; вытекать, течь; вылезать, выползать, вылетать; выбираться, выкарабкиваться; уходить, уезжать, отходить, отправляться (о поезде и т. д.); восходить (о светилах); всходить (о посевах); выходить в свет; печататься; издаваться; выйти, оказаться; получаться; удаваться; освободиться; избавляться; отделываться; выступать, торчать; происходить; выпадать (о лотерейном билете и т. д.); случаться; стоить; преуспеть, не преуспеть; кончаться; быть похожим; отходить; быть избранным; [возв. гл.] salirse, выливаться; протекать (о жидкости); протекать, давать течь (о сосуде); достигнуть; * salir de casa, выйти из дому; * salir del colegio, окончить коллеж; * salir bien (mal), удаться, не удаться, получаться хорошо (плохо); * salir del apuro (del paso), выпутаться (выйти) из затруднения; * salir airoso, выйти с честью из чего-л.; * salir(se) con la suya, поставить на своём; * salir con una majadería, наглупить; * salir de sus casillas, выйти из себя, разозлиться; * hacer salir, попросить убраться, уйти; * dejar salir, выпустить; * salir con, добиться чего-л.; * salir pitando, удрать, разгневаться; * salir a, выходить куда-л.; выходить (в на); * a lo que salga, наудачу; наугад; * salir de cuidados, быть вне школьной скамьи; новоиспечённый; * salga como saliere, будь, что будет; наудачу; * salirse de madre, выступать из берегов; [непр. гл.] pres. ind.: salgo, sales, etc; fut.: saldré, etc.; cond.: saldría, etc.; pres. subj.: salga, -as, -a, etc.
salitrado, da. [прил.] содержащий селитру, селитряный.
salitral. [прил.] см. salitrado; [м.] селитряная копь.
salitre. [м.] селитра.
salitrera. [ж.] селитряная копь.
salitrería. [ж.] селитряный завод.
salitrero, ra. [прил.] селитряный; [м.] торговец селитрой.
salitroso, sa. [прил.] селитряный, содержащий селитру.
saliva. [ж.] слюна: * tragar saliva, прикусить язык; проглотить оскорбление; смущаться; * gastar saliva en balde, напрасно тратить слова; говорить попусту.
salivación. [ж.] слюнотечение; плевание; см. tialismo.
salivadera. [ж.] (Амер.) плевательница.
salivajo. [м.] плевок.
salival. [прил.] слюнный; * glándulas salivales, слюнные железы.
salivar. [неперех.] пускать слюни; плевать.
salivatorio, ria. [прил.] вызывающий выделение слюны, слюногонный.
salivazo. [м.] плевок.
salivoso, sa. [прил.] слюнявый.
salma. [ж.] см. tonelada; (обл.) см. enjalma.
salmantino, na, salmanticense. [прил.] саламанкский; [м. и ж.] житель или уроженец Salamanca.
salmear. [неперех.] читать, петь псалмы.
salmeo. [м.] псалмопение.
salmer. [м.] (арх.) начальный, пятовый камень свода.
salmista. [м.] псалмопевец, псаломник.
salmo. [м.] псалом.
salmodia. [ж.] пение псалмов, псалмопение; (перен. разг.) монотонное (однообразное) пение.
salmodiar. [неперех.] см. salmear; [перех.] монотонно петь.
salmografía. [ж.] собрание псалмов; сочинение о псалмах.
salmón. [м.] (ихтиол.) лосось; сёмга; (кул.) лососина; * color salmón, цвета сомон.
salmonado, da. [прил.]: * trucha salmonada, таймень (рыба).
salmonera. [ж.] сеть для ловли лососей.
salmonete. [м.] (ихтиол.) барабулька.
salmorejo. [ж.] острый соус с уксусом, перцем, солью; запас чего-л; выговор; предупреждение.
salmuera. [ж.] рассол; раствор соли.
salobral. [прил.] см. salobreño; [м.] солончаковая почва, солончак.
salobre. [прил.] солёный; солоноватый; * agua salobre, солоноватая вода.
salobreño, ña. [прил.] солончаковый (о почве).
salobridad. [ж.] солоноватость.
salol. [м.] (хим. апт.) салол.
saloma. [ж.] (мор.) песня или возгласы матросов (для дружной работы).
salomar. [неперех.] (о матросах) петь при дружной работе.
salomón. [м.] учёный.
salomónico, ca. [прил.]: * columna salomónica, витая колонна.
salón. [м.] зал; большой зал; (гал.) салон (выставка); (м. употр.) солонина; солёные отруби (корм для свиней) * salón de baile, танцевальный зал.
saloncillo. [м. умен.] к sala, небольшой зал; артистическое фойе.
salpa. [ж.] (ихтиол.) морская рыба.
salpicadero. [м.] кожаный фартук.
salpicadura. [ж.] обрызгивание; брызги.
salpicar. [перех.] обрызгивать; забрызгивать; (перен.) перескакивать с пятого на десятое; * salpicar de tinta, забрызгать чернилами.
salpicón. [м.] см. salpicadura; винегрет; рубленое мясо; мелко нарезанная вещь.
salpimentado, da. [страд. прич.] к salpimentar, [прил.] пикантный, острый, увлекательный.
salpimentar. [перех.] приправлять солью и перцем; (перен.) делать увлекательным (речь и т. д.); [непр. гл.] спрягается как acertar.
salpimienta. [ж.] соль с перцем.
salpingitis. [ж.] (мед.) воспаление маточной (фаллопиевой) или слуховой (евстахиевой) трубы.
salpinx. [ж.] (анат.) труба маточная (фаллопиева), яйцевод; труба слуховая (евстахиева).
salpique. [м.] см. salpicadura.
salpor. [м.] (Амер.) кукуруза (один из сортов).
salpresamiento. [м.] прессование засоленного мяса и т. д.
salpresar. [перех.] засолить и положить под пресс.
salpreso, sa. [непр. страд. прич.] к salpresar.
salpuga. [ж.] (обл.) ядовитый муравей.
salpullido. [м.] сыпь.
salpullir. [перех.] вызывать сыпь; [непр. гл.] спряг. как mullir.
salsa. [ж.] соус, подливка; приправа: * salsa de tomate, томатный соус; * salsa de San Bernardo, хороший аппетит; * vale más la salsa que los perdigones, игра не стоит свеч; * en su propia salsa, как рыба в воде.
salsear. [неперех.] (разг. обл.) вмешиваться.
salsedumbre. [ж.] высшая степень солёности.
salsera. [ж.] соусник; чашечка для разведения красок.
salsereta, salserilla. [ж.] чашечка для разведения красок.
salsero. [м.] (обл.) см. entremetido; (обл.) брызги, водяная пыль.
salserón. [м.] мера сыпучих тел.
salseruela. [ж. умен.] к salsera; см. salserilla.
salsifí. [м.] (бот.) козлобородник: * salsifí de España или negro, козелец, сладкий корень.
salsoláceas. [ж. множ.] (бот.) сем. маревых, маревые.
saltabanco(s). [м.] уличный лекарь, шарлатан; уличный гимнаст; (разг.) шумливый и бессодержательный человек.
saltabardales. [м. и ж.] (перен. разг.) вертопрах, ветреный человек.
saltabarrancos. [м. и ж.] (перен. разг.) непоседа.
saltación. [ж.] прыганье, скакание; пляска, танец; (пат.) пляска святого Витта.
saltadero. [м.] площадка для прыганья; струя воды, фонтан.
saltado, da. [страд. прич.] к saltar; [прил.] выпученный, на выкате (о глазах).
saltador, ra. [прил.] прыгающий, скачущий; [м.] (уличный) прыгун, -ья; [м.] прыгалка, скакалка; [м. множ.] (зоол.) прыгающие насекомые.
saltadura. [ж.] отбитый угол (у камня).
saltaembanco(s). [м.] см. saltabanco(s).
saltaembarca. [ж.] старинная куртка с накидкой сзади.
saltagatos. [м.] (Амер.) см. saltamontes.
saltamontes. [м.] (зоол.) кузнечик.
saltanejoso, sa. [прил.] (Амер.) волнистый (о местности).

saltante. [действ. прич.] к saltar, прыгающий и т. д.; [прил.] замечательный, очевидный.

saltaojos. [м.] (бот.) лютиковое растение.

saltapajas. [м.] (обл.) кузнечик.

saltaparedes. [м. и ж.] (разг.) см. saltabardales.

saltaprados. [м.] (обл.) кузнечик.

saltar. [неперех.] прыгать, скакать; спрыгивать, соскакивать; взрываться, взлетать на воздух; выплеснуться (о жидкости); треснуть, лопнуть; выделяться (о жидкости); отрываться; сердиться; отвечать или сказать что-л некстати; (эл.) перегорать, [перех.] перескакивать, перепрыгивать; покрывать (о жеребце); перескакивать с пятого на десятое; пропускать (слова при чтении и т. д.): *saltar a la vista, бросаться в глаза; * saltar de la cama, вскочить с постели; * saltar por la ventana, выпрыгнуть из окна; * saltar una página, пропустить страницу; * saltar un ojo, удалить глаз; * saltar a la comba, скакать через верёвочку.

saltarel(o). [м.] (муз.) сальтарелла.

saltarén. [м.] старинная мелодия; кузнечик.

saltarín, na. [прил.] танцующий; ветреный; [м. и ж.] плясун, -ья; ветреник, -ица.

saltarregla. [ж.] см. falsarregla.

saltarrostro. [м.] (обл.) тритон.

saltatrás. [м. и ж.] см. tornatrás.

saltatriz. [ж.] танцовщица; канатная плясунья.

salteador. [м.] (de caminos) разбойник.

salteamiento. [м.] грабеж, разбой; нападение.

saltear. [перех.] грабить, разбойничать; нападать, набрасываться; (перен.) перескакивать с пятого на десятое; внезапно случаться; перехватить; тушить (кушанье); поражать.

salteo. [м.] см. salteamiento.

salterio. [м.] (церк.) псалтырь; большие чётки; (муз.) гусли, цитра.

salterio. [м.] (арг.) см. salteador.

salticar. [неперех.] танцевать, плясать; прыгать.

sáltico. [прил.] танцевальный, плясовой.

saltigallo. [м.] (обл.) см. saltamontes.

saltígrado, da. [прил.] передвигающийся прыжками.

saltijón. [м.] (обл.) см. saltamontes.

saltimbanco, saltimbanqui. [м.] (разг.) см. saltabanco.

salto. [м.] прыжок, скачок; чехарда; горка, вышка для прыжка; глубокий обрыв; водопад; сильное сердцебиение; см. asalto (действ.); пропуск (в тексте); [уст.] грабеж: * salto de agua, водопад * salto de longitud, прыжок в длину; * salto de altura, прыжок в высоту; * salto con pértiga, прыжок с шестом; triple salto, тройной прыжок (с последовательным приземлением на одну ногу, на другую ногу и на обе ноги); * salto con paracaídas, прыжок с парашютом; * salto mortal, сальтоморталь; * salto de mata, бегство; * salto de cama, женский ночной халат; * salto de la carpa, прыжок с сохранением горизонтального положения тела; * a saltos, скачками; с перерывами; * por salto, с пятого на десятое; * en un salto, в один миг; andar a saltos, ходить вприпрыжку.

saltón, na. [прил.] передвигающийся прыжками; подпрыгивающий, скачущий; [м.]

см. **saltamontes**; трихина: * ojos sáltones, глаза навыкате.

salubérrimo, ma. [прил.] увел. степ. к salubre.

salubre. [прил.] здоровый, целебный, полезный для здоровья.

salubridad. [ж.] благоприятные для здоровья условия, целебность, целебные свойства.

salud. [ж.] здоровье; спасение, избавление; (арг.) церковь; [множ.] приветы: * salud delicada, слабое здоровье; * curarse en salud, принимать чрезмерные меры предосторожности; * gastar salud, обладать хорошим здоровьем; * rebosar, vender, verter salud, иметь крепкое здоровье; * ¡salud!, привет!; * a su salud, за ваше здоровье!; * beber или brindar a la salud de, пить за чьё-л здоровье; * por razones de salud, по болезни.

saludable. [прил.] целебный, полезный для здоровья; (перен.) спасительный, благотворный.

saludablemente. [нареч.] спасительно, благотворно.

saludación. [ж.] (м. употр.) см. salutación.

saludador, ra. [прил.] приветствующий; указательный (о пальце); [м.] лекарь-шарлатан.

saludar. [перех.] приветствовать, кланяться, здороваться; салютовать; отдавать честь (приветствовать); провозглашать сувереном; лечить путём заговора.

saludo. [м.] приветствие, поклон, привет; салют.

salutación. [ж.] см. saludo: salutación angélica, Богородице Дево, радуйся; молитва в честь Пресвятой Девы.

salutativo, va. [прил.] к здоровье.

salutíferamente. [нареч.] см. saludablemente.

salutífero, ra. [прил.] см. saludable.

salva. [ж.] приветствие; орудийный салют; залп; торжественная клятва, присяга: * salva de aplausos, гром аплодисментов.

salvabarros. [м.] крыло автомобиля.

salvable. [прил.] могущий быть спасённым.

salvación. [ж.] спасение, избавление; спасение души; (уст.) см. saludo.

salvachia. [ж.] (мор.) сорт стропа, петли (каната).

salvada. [ж.] (Амер.) см. salvación.

salvadera. [ж.] песочница (для присыпки чернил).

salvado, da. [страд. прич.] к salvar; [м.] отруби.

salvador, ra. [прил.] спасающий, спасительный; [м. и ж.] спаситель, -ница, избавитель, -ница.

salvadoreño, ña. [прил.] сальвадорский; [м. и ж.] житель или уроженец Сальвадора.

salvaguarda. [ж.] см. salvaguardia.

salvaguardar. [перех.] (гал.) охранять, защищать, беречь.

salvaguardia. [м.] сторож; [ж.] охранная грамота; пропуск; защита, охрана.

salvajada. [ж.] дикая выходка; жестокость.

salvaje. [прил.] дикий, дикорастущий; дикий; зверский; (перен.) очень глупый, невежественный или упрямый; [м. и ж.] дикарь, дикарка.

salvajería. [ж.] см. salvajada.

salvajez. [ж.] дикость.

salvajina. [ж.] множество диких животных; мясо диких животных; совокупность их кож; дикое животное.

salvajino, na. [прил.] дикий.

salvajismo. [м.] дикость, дикий нрав; см. salvajez.

salvajuelo, la. [прил. умен.] к salvaje.

salvamano (a). [нареч.] в безопасности.

salvamanteles. [м.] кружок, подставка для блюд, кружок под бутылкой и т. д. (на скатерти).

salvamente. [нареч.] в безопасности, неопасно.

salvam(i)ento. [м.] спасение; приют, убежище: * de salvamento, спасательный; * lancha de salvamento, спасательная лодка.

salvante. [действ. прич.] к salvar; [нареч.] (разг.) кроме, за исключением.

salvar. [перех.] спасать, избавлять; сохранять, соблюдать; избегать; преодолевать; заверять исправленные места в документе и т. д.; доказывать невиновность обвиняемого; [неперех.] пробовать кушанья (королей и т. д.); salvarse; [возв. гл.] спасаться; убегать; * salvar las apariencias, соблюдать приличия; * salvar las dificultades, преодолеть трудности; * salvarse por pies, спасаться бегством; * sálvese el que pueda, спасайтесь.

salvarsán. [м.] (фарм.) сальварсан.

salvavidas. [м.] (мор.) спасательный круг или пояс.

salve. [ж.] молитва в честь Пресвятой Девы.

salvedad. [ж.] оговорка, условие.

salvia. [ж.] (бот.) шалфей.

salvilla. [ж.] поднос; (Амер.) см. vinagreras.

salvo, va. [прил.] спасённый; целый, невредимый; составляющий исключение; пропущенный, [нареч.] кроме, за исключением, исключая, помимо: * sano y salvo, цел и невредим; * estar a salvo, быть в безопасности; * dejar a salvo, исключать; * en salvo, на свободе, в безопасности; * a su salvo, без хлопот; вне опасности; * salvo que, кроме того, что.

salvoconducto. [м.] пропуск, охранное свидетельство.

salvohonor. [м.] (разг.) зад, задняя часть.

salzmimbre. [м.] (обл.) вид ивы.

sallador, ra. [м. и ж.] полольщик, -ица (тоже прил.).

salladura. [ж.] прополка, выпалывание.

sallar. [перех.] полоть, выпалывать.

sallete. [м.] полольник.

sámago. [м.] отходы древесины.

samán. [м.] сорт американского кедра.

samanta. [ж.] (обл.) вязанка, охапка хвороста.

sámara. [ж.] (бот.) крылатка (плод).

samarilla. [ж.] (бот.) обыкновенный тимьян, трава богородская.

samarita, samaritano, na. [прил.] самаритянский; [м. и ж.] самаритянин, -нка.

samaruco. [м.] (Амер.) охотничья сумка, ягдташ.

samarugo. [м.] (обл.) головастик; (перен. обл.) см. zote.

samaruguera. [ж.] частая сеть.

sambenitar. [перех.] обвинять в чём.

sambenitar. [перех.] см. ensambenitar; (перех.) позорить, лишать доверия.

sambenito. [м.] одежда для осуждённых инквизицией; список осуждённых инквизицией; (перен.) см. descrédito, difamación.

sambeque. [м.] (Амер.) шумное веселье, ликование.

samblaje. [м.] см. ensambladura.

sambuca. [ж.] род старинного струнного инструмента; древнее орудие.

sambumbia. [ж.] (Амер.) медовый напиток.

samotana. [ж.] (Амер.) см. bullanga.

samovar. [м.] самовар.

samoyedo, da. [прил.] самоедский; [м. и ж.] самоед, -ка; [множ.] самодийцы, самоеды.

sampa. [ж.] (Амер.) название одного ветвистого куста.

sampaguita. [ж.] (бот.) сорт жасмина.

sampsuco. [м.] майоран.

samuga. [ж.] см. jamuga.

samugo. [м.] (обл.) упрямый молчаливый человек.

samuro. [м.] (Амер.) разновидность ястреба.

san. (усечённое santo; употр. перед именами муж. рода) святой: San Antonio, святой Антоний.
sanable. [прил.] исцелимый, излечимый.
sanabria. [ж.] (Амер.) (прост.) морковь.
sanaco, ca. [прил.] (Амер.) глупый, придурковатый; [м. и ж.] глупец.
sanador, ra. [прил.] исцеляющий; [м. и ж.] исцелитель, -ница.
sanalotodo. [м.] пластырь; (перен.) средство от всех бед, панацея.
sanamente. [нареч.] здорово; (перен.) искренне, чистосердечно.
sananica. [ж.] (обл.) божья коровка.
sanatona. [ж.] (обл.) трясогузка.
sanapudio. [м.] (обл.) см. arraclán.
sanar. [перех.] исцелять, вылечивать, излечивать; [неперех.] выздоравливать.
sanativo, va. [прил.] целебный, целительный.
sanatorio. [м.] санаторий.
sanción. [ж.] (в. разн. знач.) санкция.
sancionable. [прил.] достойный санкций.
sancionador, ra. [прил. и сущ.] санкционирующий; наказывающий.
sancionar. [перех.] санкционировать, утверждать, одобрять; применить санкции к...; наказывать.
sancirole. [м. и ж.] (разг.) см. sansirolé.
sanco. [м.] (Амер.) сорт мучной каши; (перен.) густая грязь.
sancochar. [перех.] не доварить или дожарить.
sancocho. [м.] недоваренная или недожаренная пища; (Амер.) похлёбка с мясом и овощами.
sanctus. [м.] часть обедни.
sanchecia. [ж.] (Амер. бот.) норичниковое растение.
sanchete. [м.] старинная серебряная монета.
sanchina. [ж.] (обл.) клещ (насекомое).
sancho. [м.] (обл.) свинья, боров.
sanchopancesco, ca. [прил.] относящийся к Sancho Panza.
sandalia. [ж.] сандалия.
sandalino, na. [прил.] к сандал, сандальный.
sándalo. [м.] (бот.) сандал, сандаловое дерево, сантал.
sándalo. [м.] (Амер.) подкладочная материя.
sandáraca. [ж.] (хим.) сандарак: * de sandáraca, сандарачный.
sandez. [ж.] глупость; тупость.
sandía. [ж.] (бот.) арбуз.
sandial. [м.] см. sandiar.
sandialero, ra. [м. и ж.] (Амер.) бахчевод (тот, кто занимается разведением арбузами).
sandiar. [м.] бахча (поле, на котором выращиваются арбузы).
sandiego. [м.] (Амер.) щирицевое растение (садовое).
sandilla. [ж.] железняковое растение.
sandio, dia. [прил.] глупый, простоватый; тупой; [м. и ж.] глупец простофиля; тупица.
sandola. [ж.] (мор.) большая барка, шаланда.
sandunga. [ж.] прелесть, грация, изящество, привлекательность; остроумие; (Амер.) см. holgorio.
sanducero, ra. [прил.] относящийся к Paysandú; [м. и ж.] уроженец этого парагвайского города.
sandunguear. [неперех.] см. jaranear.
sandunguero, ra. [прил.] (разг.) грациозный, привлекательный; остроумный.
sandwich. [м.] (англ.) сандвич, тартинка.
saneado, da. [страд. прич.] к sanear; [прил.] чистый от долгов и т. д.
saneamiento. [м.] дейст. к гарантировать;

исправление; оздоровление; осушение, осушка; ассенизация.
sanear. [перех.] гарантировать; ручаться за; исправлять, поправлять; оздоровлять: * sanear un pantano, осушить болото.
sanedrín. [м.] синедрион (еврейское судилище).
sanfasón. [м.] (разг.) см. desfachatez.
sanfrancia. [ж.] (разг.) драка, ссора, перебранка.
sango. [м.] (Амер.) сорт каши.
sangonera. [ж.] (обл.) пиявка.
sangordilla. [ж.] (обл.) см. lagartija.
sangradera. [ж.] ланцет; сосуд для крови при кровопускании; (перен.) отводный оросительный ров; водоспуск; (Амер.) сгиб руки около локтя.
sangradero. [м.] (Амер.) горло; глотка.
sangrador. [м.] тот, кто пускает кровь; (перен.) отверстие для спуска воды и т. д.
sangradura. [ж.] кровопускание; разрез вены; спускание воды.
sangrante. [дейст. прич.] к sangrar (тж. прил.) кровоточащий, кровоточивый.
sangrar. [перех.] пускать кровь; спустить воду; добывать камедь, подсекать деревья; (перен. разг.) обворовывать; [неперех.] кровоточить; sangrarse; [возв. гл.] пустить себе кровь: * está sangrando, это ещё свежо.
sangre. [ж.] кровь, происхождение, племя: * sangre arterial, артериальная кровь; sangre venosa, o negra, венозная кровь; * circulación de la sangre, кровообращение; * sangre coagulada, свернувшаяся кровь; * flujo de sangre, кровотечение; * transfusión de sangre, переливание крови; * donante de sangre, донор; * de sangre azul, благородного рода, благородной крови; * sangre fría, хладнокровие; * a sangre fría, хладнокровно; * lavar con sangre, смыть кровью; * hospital de sangre, военный госпиталь; * derramar, verter sangre, пролить кровь; * bautismo de sangre, боевое крещение; * subirse la sangre a la cabeza, броситься в голову (о крови); * a sangre y fuego, огнём и мечом; * no llegará la sangre al río, всё обойдётся; * hacer sangre, ранить; * pudrirse, quemarse la sangre, портить себе кровь; * tener sangre de chinches, иметь тяжёлый характер; * a sangre caliente, в порыве гнева; * tener sangre en el ojo, быть бесстрашным; * sudar sangre, изнуряться, изнывать (от тяжёлой работы и т. д.); * tener la sangre caliente, быть горячим, вспыльчивым; * mala sangre, дурной или мстительный характер; * chupar la sangre, сосать чью-л кровь, эксплуатировать кого-л; * llorar lágrimas de sangre, плакать кровавыми слезами, горько раскаиваться.
sangredo. [м.] (обл.) (бот.) см. arraclán и aladierna.
sangría. [ж.] кровопускание; кровотечение; сгиб руки около локтя; (перен.) спускание воды; мелкие кражи; подсочка (деревьев); лимонад (с вином); (тех.) струя расплавленного металла.
sangricio. [м.] (обл.) вечнозелёная крушина.
sangrientalidad. [ж.] кровопролитие.
sangrientamente. [нареч.] кровавым образом.
sangriento, ta. [прил.] кровавый, кровоточивый, кровоточащий; кровавый, окровавленный; обагрённый кровью; кровожадный; (поэт.) кровавый, ярко-красный, цвета крови: * ofensa sangrienta, кровная обида.
sangriligero, ra. [прил.] (разг.) см. sangriliviano.
sangriliviano, na. [прил.] (Амер.) милый, симпатичный.

sangripesado, da. [прил.] (разг.) (Амер.) несимпатичный, ненавистный.
sangriza. [ж.] менструация.
sanguaraña. [ж.] (Амер.) народный танец; [множ.] обиняки.
sangüeño. [м.] (бот.) см. cornejo.
sangüesa. [ж.] малина (ягода).
sangüeso. [м.] (бот.) малиновый куст.
sanguicola. [прил. и сущ.] живущий в крови.
sanguifaciente. [прил.] образующий кровь.
sanguífero, ra. [прил.] кровеносный.
sanguificación. [ж.] кровотворение, кровообразование.
sanguificar. [перех.] образовать кровь.
sanguijolero, ra. [м. и ж.] см. sanguijuelero.
sanguijuela. [ж.] (зоол.) (перен.) пиявка.
sanguijuelero, ra [м. и ж.] тот, кто ловит, продаёт или ставит пиявки.
sanguimotor, ra. [прил.] относящийся к кровообращению.
sanguina. [ж.] (жив.) санг(в)ина; (мин.) землистый гематит.
sanguinaria. [ж.] sanguinaria mayor, (бот.) см. centinodia; sanguinaria menor, см. nevadilla.
sanguinariamente. [нареч.] кровожадно.
sanguinario, ria. [прил.] кровожадный, жестокий.
sanguíneo, a. [прил.] кровяной; кровеносный; кровянистый; полнокровный, сангвинический; кровавого цвета, кроваво-красный.
sanguinívoro, ra. [прил.] питающийся кровью.
sanguino, na. [прил.] см. sanguíneo; [м.] (бот.) см. aladierna и cornejo.
sanguinolencia. [ж.] своист. по знач. прил. кровянистый, кровянистость.
sanguinolento, ta. [прил.] кровянистый; смешанный с кровью; кровоточивый.
sanguinoso, sa. [прил.] кровяной; кровожадный.
sanguiñuelo. [м.] (бот.) см. cornejo.
sanguisorba. [ж.] (бот.) кровохлебка; черноголовник.
sanguisuela, sanguja. [ж.] пиявка.
sanícula. [ж.] (бот.) подлесник, целительная трава.
sanidad. [ж.] здоровье; здравоохранение: * visita de sanidad, (мор.) осмотр судна.
sanidina. [ж.] (мин.) санидин, стекловатый полевой шпат.
sanidófido. [геол.] санидофир.
sanie(s). [ж.] (мед.) сукровица.
sanioso, sa. [прил.] сукровичный.
sanitario, ria. [прил.] санитарный, гигиенический; [м.] санитар: * cordón sanitario, санитарный кордон.
sanjaco. [м.] турецкий губернатор.
sanluqueño, ña. [прил.] относящийся к San lúcar de Barrameda; [м. и ж.] уроженец этого города.
sano, na. [прил.] здоровый; безопасный; целебный, полезный для здоровья; целый, непобитый (о плодах, посуде и т. д.); (перен.) полезный; искренний: * sano y salvo, цел и невредим; * cortar por lo sano, вырвать (зло) с корнем.
sansa. [ж.] (обл.) выжимки маслин.
sanscrítico, ca. [прил.] санскритский.
sanscritismo. [м.] (м. употр.) санскритология.
sanscritista. [м. и ж.] санскритолог.
sanscrito, ta. [прил.] санскритский; [м.] санскрит.
sanseacabó. [разг. выраж.] баста, всё, конец.

sansimoniano, na. [прил.] сен-симонистский; [м. и м.] сен-симонист.

sansimonismo. [м.] сен-симонизм.

sansirolé. [м. и ж.] (разг.) простак, дурень, ротозей, -ка, зевака.

Sansón. [м.] (перен.) силач.

santabárbara. [ж.] (мор.) (уст.) пороховой погреб.

santafecino, na. [прил.] относящийся к Santa Fe; [м. и ж.] уроженец этого аргентинского города.

santafereño, na. [прил.] относящийся к Santa Fe de Bogotá; [м. и ж.] уроженец этого колумбийского города.

santalina. [ж.] (хим.) красильное начало сандала.

santamente. [нареч.] свято; просто.

santanderiense, santanderino, na. [прил.] относящийся к Santander; [м. и ж.] уроженец этого города.

santanica. [ж.] (Амер.) разновидность муравья.

santelmo. [м.] огни Св. Эльма (блуждающие огни).

santera. [ж.] жена santero.

santería. [ж.] святость; (уст.) ханжество.

santero, ra. [прил.] ханжеский; [м. и ж.] церковный сторож (при храме).

santiago. [м.] старинный испанский воинственный клич; [м.] нападение, атака.

santiaguero, ra. [прил.] относящийся к Santiago de Cuba; [м. и ж.] уроженец этого кубинского города.

santiagués, sa. [прил.] относящийся к Santiago de Compostela; [м. и ж.] уроженец этого города.

santiaguino, na. [прил.] относящийся к Santiago de Chile; [м. и ж.] уроженец этого города.

santiamén. [м.] мгновение, миг: * en un santiamén, (разг.) в один миг.

santidad. [ж.] святость; святейшество (титул).

santificable. [прил.] достойный освящения.

santificación. [ж.] освящение; чествование; празднование.

santificador, ra. [прил.] освящающий; [сущ.] освятитель.

santificante. [дейст. прич.] к santificar, освящающий; святящий.

santificar. [перех.] святить, освящать; прославлять; чествовать; (перен. разг.) прощать, извинять.

santiguada. [ж.] дейст. к крестить(ся) рукой; (перен.) наказание, порицание, дурное обращение.

santiguamiento. [м.] дейст. к крестить(ся) рукой.

santiguar. [перех.] крестить рукой; давать пощёчину; santiguarse, [возв. гл.] креститься рукой; (перен. разг.) изумляться.

santiguo. [м.] см. santiguamiento; (обл.) см. santiamén.

santimonia. [ж.] святость.

santiscario. [м.] (разг.) выдумка.

santísimo, ma. [увел. стп.] к santo, святейший; [м.] причастие, евхаристия.

santo, ta. [прил.] святой, священный; свящённый, нерушимый; целительный (о лекарстве и т. д.); простодушный; [м. и ж.] святой, -ая; [м.] картинка, гравюра, эстамп, виньетка; изображение святого: * santo y seña, (воен.) пароль и отзыв; * a santo de, под тем предлогом; * a santo de qué, в имя чего; * santo suelo, голый пол; * dar uno con el santo en tierra, уронить что-л; * no es santo de mi devoción, этот человек мне не по душе; * el santo sepulcro, гроб Господен; * todo el santo día, день-деньской, весь божий день; * desnudar a un santo para vestir a otro, урезать полы, чтобы надставить рукава; * alzarse con el santo y la limosna, захватить всё; * celebrar el santo, праздновать именины; * tener el santo de cara, иметь удачу; * él tiene el santo de cara, ему везёт; * írsele a uno el santo al cielo, терять нить речи; * llegar y besar el santo, очень быстро чего-л добиться; * pasar el santo, (Амер.) бить, пороть.

santol. [м.] плодовое дерево.

santolina. [ж.] (бот.) глистогон.

santón. [м.] турецкий монах; (перен. разг.) ханжа, святоша; влиятельный человек.

santónico. [м.] (фарм.) цытварное семя.

santonina. [ж.] (хим. фарм.) сантонин.

santonismo. [м.] отравление сантонином.

santoñés, sa. [прил.] относящийся к Santoña; [м. и ж.] уроженец этого города.

santopié. [м.] (бот.) сороконожка.

santoral. [м.] книга, содержащая жития святых; календарь святых; церковная книга.

santuario. [м.] храм, святилище, святыня; (Амер.) сокровище, клад.

santucho, cha. [прил. и сущ.] (разг.) см. santurrón.

santulón, na. [прил.] (Амер.) см. santurrón.

santurrón, na. [прил.] ханжеский; [м. и ж.] ханжа, святоша.

santurronería. [ж.] ханжество.

saña. [ж.] ярость, гнев; ожесточение; злое намерение; (арг.) бумажник.

sañosamente. [нареч.] см. sañudamente.

sañoso, sa. [прил.] см. sañudo.

sañudamente. [нареч.] яростно, гневно, ожесточённо.

sañudo, da. [прил.] разъярённый, яростный, разгневанный злопамятный.

sao. [м.] (бот.) см. labiérnago; (Амер.) небольшая степь.

sapada. [ж.] (обл.) падение ничком.

sapallo. [м.] (бот.) см. zapallo.

sapance. [прил.] (Амер.) дикий.

sapaneco, ca. [прил.] (Амер.) см. rechoncho.

sapería. [ж.] хитрость, лисьи уловки.

sapidez. [ж.] способность вызывать вкусовые ощущения.

sápido, da. [прил.] обладающий вкусовыми свойствами; вкусовой.

sapiencia. [ж.] мудрость, премудрость.

sapiencial. [прил.] относящийся к мудрости; [м. множ.] поучительные книги (пять книг Библии).

sapiente. [прил.] (м. употр.) мудрый; [сущ.] мудрец.

sapientísimo, ma. [увел. степ. прил.] к sabio, учёнейший и т. д.

sapillo. [м. умен.] к sapo; (вет.) см. ránula.

sapina. [ж.] (бот.) см. salicor.

sapindáceas. [ж. множ.] (бот.) мыльниковые растения.

sapino. [м.] (бот.) ель; пихта.

sapo. [м.] (зоол.) жаба; (Амер.) удачный удар (при игре в бильярд); пятно на драгоценных камнях; шлюха; парный танец: * sapo marino, морской чёрт; * echar sapos y culebras, изрыгать проклятия.

sapo, pa. [прил.] (Амер.) лукавый, притворный; [м. и ж.] см. soplón; [м.] счастливый случай (при игре в бильярд).

saponáceo, a. [прил.] мыльный, мыловатый.

saponado, da. [прил.] мыльный, содержащий мыло.

saponaria. [ж.] (бот.) сапонария, мыльнянка.

saponífero, ra. [прил.] мыльный, содержащий мыло.

saponificable. [прил.] превратимый в мыло.

saponificación. [ж.] превращение в мыло.

saponificar. [перех.] превращать в мыло.

saponificio. [м.] мыловарение; мыловарня.

saponina. [ж.] (хим.) сапонин.

saponita. [ж.] (мин.) мыловка, жировик.

saponoso, sa. [прил.] похожий на мыло или обладающий свойствами мыла.

saporífero, ra; saporífico, ca. [прил.] вкусоносный, вкусный.

sapote. [м.] см. zapote.

saporro, rra. [прил.] (Амер.) приземистый, коренастый.

sapotear. [перех.] (Амер.) щупать, ощупывать, трогать.

sapremia. [ж.] (пат.) гнилокровие, гнилостное отравление крови.

saprofito. [м.] (бот.) сапрофит.

saque. [м.] (спорт.) подача (мяча); подающий (мяч): * tener buen saque, есть с большим аппетитом.

saque. [м.] (Амер.) водочный завод.

saqueador, ra. [прил.] грабящий; [м. и ж.] грабитель, -ница, громила, мародёр; разоритель, -ница.

saqueamiento. [м.] см. saqueo.

saquear. [перех.] грабить, разграбить.

saqueo. [м.] грабёж, ограбление, разграбление.

saquería. [ж.] изготовление мешков; (собир.) мешки.

saquerío. [м.] (собир.) мешки.

saquero, ra. [м. и ж.] мастер, -ица по изготовлению мешков; продавец, -щица мешков.

saquete. [м. умен.] к saco, мешочек; (воен.) зарядный картуз.

saquí. [м.] (Амер.) агава (одна из разновидностей).

saquilada. [ж.] содержимое мешка.

saquillo. [м. умен.] к saco, мешочек.

saquín. [м.] (Амер.) избалованный, изнеженный человек; любимец.

saraguate. [м.] (Амер.) разновидность обезьяны.

saragüete. [м.] (разг.) вечеринка.

sarama. [ж.] (обл.) см. basura.

sarampión. [м.] (мед.) корь.

sarán. [м.] (обл.) корзина.

sarango. [м.] (обл.) корь.

sarao. [м.] танцевальный вечер, вечер с танцами.

sarape. [м.] (Амер.) шерстяной плащ (с прорезом для головы).

sarapico. [м.] (зоол.) см. zarapito.

sarasa. [ж.] (разг.) неженка, см. marica.

saratearse. [возв. гл.] (Амер.) скатиться с горы.

sarateo. [м.] (Амер.) скат с горы.

saraviado, da. [прил.] пёстрый (о птицах).

sarazo, -za; sarazón, na. [прил.] (Амер.) дозревающий (о кукурузе).

sarcasmo. [м.] сарказм.

sarcásticamente. [нареч.] саркастическим образом, язвительно, едко.

sarcástico, ca. [прил.] саркастический, язвительный, едкий.

sarcia. [ж.] груз, багаж; см. fardería.

sarcocarpiano, na. [прил.] мясистоплодный.

sarcocarpio. [м.] (бот.) мясистоплодник.

sarcocele. [ж.] (пат.) мясная или мышечная грыжа, жесткая опухоль яичка.

sarcocola. [ж.] сархоколин, смолистое вещество или смола.

sarcoda. [ж.] саркода, протоплазма.

sarcófago. [м.] саркофаг, гроб или могильный памятник в виде гроба.

sarcohidrocele. [ж.] (пат.) водяная мясная грыжа.

sarcoide. [м.] (пат.) саркомообразная опухоль в коже.

sarcoideo, a. [прил.] мясистый; похожий на мясо.
sarcolema. [м.] (анат.) сарколемма, оболочка мышечного волокна.
sarcolito. [м.] (пат.) мышечный камень.
sarcología. [ж.] наука о мясистых частях тела.
sarcoma. [м.] (пат.) саркома.
sarcomatoideo, a. [прил.] похожий на саркому.
sarcomatosis. [ж.] (пат.) множественная саркома.
sarcomatoso, sa. [прил.] (пат.) саркоматозный.
sarcopto. [м.] (зоол.) клещ, вызывающий суд.
sarcospermo, ma. [прил.] (бот.) мясосемянный.
sarcosporidios. [м. множ.] (зоол.) саркоспоридии, микроскопические животные.
sarcótico, ca. [прил.] (мед.) производящий мясо.
sarda. [ж.] (ихтиол.) см. caballa; (обл.) речная рыбка; густой кустарник; ткань из прутьев.
sardana. [ж.] сардана, каталонский народный танец.
sarde. [обл.] грабли или вилы для сена, соломы.
sardesco, ca. [прил.] маленького роста (о лошади и т. д.); (перен. разг.) несговорчивый, грубый; сардонический (о смехе).
sardina. [ж.] сардин(к)а: * como sardinas en banasta, как сельди в бочке.
sardinal. [м.] сеть для ловли сардинок.
sardinel. [м.] кирпичная кладка (ребром); (обл.) ступень под дверью.
sardinero, ra. [прил.] сардиновый, сардиночный; [м. и ж.] продавец, -щица сардинок.
sardinella. [ж. умен.] к sardina; обрезки сыра; (воен.) галун на мундире; щелчок.
sardio. [м.] (мин.) см. sardónice.
sardioque. [м.] (арг.) солонка; соль.
sardo, da. [прил.] чёрный с рыжим и белым (о корове); [м.] см. sardónice; (обл.) ткань из прутьев.
sardo, da. [прил.] сардинский; [сущ.] сардинец; [м.] сардинский диалект.
sardón. [м.] (обл.) маленький дуб; густой кустарник.
sardonia. [прил.] (мед.) сардонический, язвительный (о смехе).
sardónica, sardónice. [ж.] (мин.) сардоникс.
sardónico, ca. [прил.] (мед.) сардонический, язвительный (о смехе).
sardonio, sardónique. [ж.] сардоникс.
sarga. [ж.] саржа (ткань); (жив.) произведение живописи на холсте.
sarga. [ж.] (бот.) разновидность ивы.
sargal. [м.] заросли sargas.
sargantana, sargantesa. [ж.] (обл.) см. lagartija.
sargatilla. [ж.] (бот.) см. sarga.
sargazo. [м.] саргассо, разновидность морской водоросли.
sargenta. [ж.] сержантская алебарда; жена сержанта; см. sargentona.
sargentear. [перех.] командовать (о сержанте); муштровать.
sargentía. [ж.] сержантское звание.
sargento. [м.] сержант.
sargentona. [ж.] (разг.) мегера, злая женщина.
sargo. [м.] (ихтиол.) лещ.
sarguero, ra. [прил.] относящийся к sarga (растению); [м.] художник, занимающийся живописью sargas (см. sarga).
sariana. [ж.] (Амер.) голенастая птица.
sariga. [ж.] (зоол. гал.) двуутробка (сумчатое животное).
sarilla. [ж.] (бот.) майоран.

sarillo. [м.] (обл.) см. devanadera.
sármata. [прил.] сарматский; [м. и ж.] сармат, -ка.
sarmático, ca. [прил.] сарматский.
sarmentador, ra. [прил.] тот, кто подбирает срезанные с виноградной лозы ветки.
sarmentar. [перех.] подбирать срезанные с виноградной лозы ветки; [непр. гл.] спрягается как acertar.
sarmentazo. [м. увел.] к sarmiento; удар побегом виноградной лозы.
sarmentera. [ж.] сарай для срезанных с виноградной лозы веток; подбирание срезанных с виноградной лозы веток.
sarmentillo. [м. умен.] к sarmiento.
sarmentoso, sa. [прил.] лозовидный.
sarmiento. [м.] побег виноградной лозы.
sarna. [ж.] (мед.) чесотка; * más viejo que la sarna, очень старый, древний; * no faltar sino sarna que rascar, жить в полном довольстве.
sarnoso, sa. [прил.] чесоточный.
sarpullido. [м.] (мед.) сыпь.
sarracena. [ж.] (бот.) сарраценя.
sarracénico, ca. [прил.] сарацинский.
sarraceno, na. [прил.] см. sarrácénico; [сущ.] сарацин: * trigo sarraceno, гречиха.
sarracín, na. [прил. и сущ.] см. sarraceno.
sarracina. [ж.] бурная ссора; драка, схватка.
sarracino, na. [прил. и сущ.] см. sarraceno.
sarria. [ж.] сетка или корзина для переноски соломы; (обл.) большая плетёная корзина.
sarrieta. [ж. умен.] к sarria; сор торбы.
sarrillo. [м.] предсмертное хрипение, хрип.
sarrio. [м.] (обл.) см. gamuza.
sarro. [м.] осадок, накипь, котельный камень; зубной камень; налёт (на языке); см. roya.
sarroso, sa. [прил.] имеющий осадок, налёт.
sarruján. [м.] (обл.) младший пастух, подпасок.
sarta. [ж.] бусы; чётки; вереница, непрерывный ряд.
sartal. [м.] вереница, непрерывный ряд.
sartén. [ж.] сковорода; содержимое сковороды: * tener la sartén por el mango, распоряжаться всем, заправлять делом; * saltar de la sartén y dar en las brasas, попадать из огня да в полымя.
sartenada. [ж.] содержимое сковороды.
sartenazo. [м.] удар сковородой; (перен. разг.) сильный удар.
sarteneja. [ж.] к sartén, сковородка; (обл.) (Амер.) расщелина.
sartenero. [м.] сковородный мастер; продавец сковород.
sartenil. [прил.] сковородный.
sartorio. [м.] (анат.) портняжная мышца ноги.
sartorita. [ж.] (мин.) склероклаз.
sasafrás. [м.] (бот.) сассафрас.
sastra. [ж.] жена портного; портниха.
sastre. [м.] портной; * buen sastre, знаток; * corto sastre, тот, кто не обладает сведениями в какой-л области; * entre sastres no se pagan hechuras, свой своему поневоле брат; * el buen sastre conoce el paño, старого воробья на мякине не обманешь; * será lo que tase un sastre, это неизвестно.
sastrería. [ж.] портновская мастерская; портновское ремесло.
sastresa. [ж.] (обл.) портниха.
Satán, Satanás. [м.] сатана, дьявол.
satandera. [ж.] (обл. зоол.) см. comadreja.
satánico, ca. [прил.] сатанинский, сатанинский.
satanismo. [м.] сатанизм.
satelitario, ria. [прил.] относящийся к сателлитам.
satélite. [м.] (прям. перен.) сателлит, спут-

ник: * satélite artificial de la tierra, искусственный спутник земли.
satén. [м.] сатэн, шёлковая ткань.
satinación. [ж.] сатинирование, лощение.
satinado, da. [страд. прич.] к satinar; [прил.] атласный, атласистый; [м.] см. satinación.
satinador, ra. [прил. и сущ.] сатинирующий, -ая.
satinar. [перех.] (тех.) сатинировать, лощить, глазировать.
sátira. [ж.] сатира.
satiriasis. [ж.] (пат.) сатириаз(ис).
satíricamente. [нареч.] сатирически.
satírico, ca. [прил.] сатирический; [м.] сатирик.
satirio. [м.] (зоол.) название одного грызуна.
satirión. [м.] (бот.) кокушник.
satirizante. [действ. прич.] к satirizar.
satirizar. [неперех.] писать сатиры; [перех.] поднимать на смех, высмеивать.
sátiro, ra. [прил.] язвительный, колкий; [м.] (миф.) [перен.] сатир.
satis. [м.] см. asueto.
satisdacción. [ж.] (юр.) ручательство, порука, гарантия.
satisfacción. [ж.] удовольствие; удовлетворение; сатисфакция; самодовольство, самомнение, хвастовство; самонадеянность; * a satisfacción, вдоволь, в своё удовольствие; * tomar satisfacción, получать удовлетворение.
satisfacer. [перех.] оплачивать, погашать; отдавать должное; смывать, искупить вину; умерять, унимать (страсти и т. д.), удовлетворять, давать удовлетворение; угождать; satisfacerse, [возв. гл.] отомстить за обиду; получать удовлетворение: * satisfacer una necesidad, удовлетворить потребность.
satisficiente. [действ. прич.] к satisfacer, удовлетворяющий.
satisfactoriamente. [нареч.] удовлетворительно.
satisfactorio, ria. [прил.] удовлетворительный, удовлетворяющий; приятный, цветущий.
satisfecho, cha. [непр. страд. прич.] к satisfacer, удовлетворённый; [прил.] самодовольный: * quedar satisfecho, удовлетвориться.
sativo, va. [прил.] (бот.) * plantas sativas, посевные растения, культурные растения.
sato. [м.] (м. употр.) посев, засеянное поле; [м.] (Амер.) сор шавки (собаки).
sátrapa. [м.] (ист.) сатрап; пройдоха.
satrapía. [ж.] сатрапия.
saturabilidad. [ж.] (хим.) способность насыщаться, насыщаемость.
saturable. [прил.] (хим.) насыщаемый.
saturación. [ж.] (хим.) сатурация, насыщение.
saturado, da. [страд. прич.] к saturar и [прил.] (хим.) насыщенный.
saturador. [м.] (хим.) сатуратор.
saturante. [действ. прич.] к saturante; впитывающий в себя.
saturar. [перех.] см. saciar; (хим.) насыщать.
saturativo, va. [прил.] впитывающий в себя.
satureja. [ж.] (бот.) чабер.
saturnal. [прил.] см. saturnio; saturnales; [ж. множ.] сатурналии; оргия.
saturnino, na. [прил.] мрачный, молчаливый, печальный; (хим.) свинцовый.

saturnio, nia. [прил.] относящийся к Сатурну.
saturnismo. [м.] (мед.) сатурнизм, хроническое отравление парами, или пылью свинца.
Saturno. [м.] (миф. астр.) Сатурн.
saturno, na. [прил.] мрачный, молчаливый, печальный.
sauce. [м.] (бот.) ива: * sauce llorón, плакучая ива.
sauceda. [ж.] saucedal, saucedo. [м.] ивняк, ивовая заросль.
saucera. [ж.] ивняк, ивовая заросль.
saucillo. [м.] (бот.) см. centinodia.
saúco. [м.] (бот.) бузина.
sauguillo. [м.] (бот.) калина.
saurios. [м. множ.] (зоол.) ящерицы (подотряд).
saurología. [ж.] наука о ящерицах.
saurópsidos. [м. множ.] (зоол.) ящероптицы (первобытные животные).
sautor. [м.] андреевский крест (в гербах).
sauz. [м.] см. sauce.
sauzal. [м.] ивняк, ивовая заросль.
sauzgatillo. [м.] (бот.) авраамово дерево.
savia. [ж.] (растительный) сок; (перен.) сила, жизненность.
saxafrax. [м.] см. saxífraga.
saxeo, a. [прил.] каменный.
saxífraga. [ж.] (бот.) камнеломка.
saxifragia. [ж.] (бот.) камнеломка.
saxifrago, a. [прил.] разбивающий камень.
saxofón, saxófono. [м.] (муз.) саксофон.
soxoso, sa. [прил.] каменистый.
saya. [ж.] юбка.
sayal. [м.] грубая шерстяная ткань.
sayala. [ж.] (обл.) юбка.
sayalería. [ж.] ремесло sayalero.
sayalero. [м.] рабочий, вырабатывающий sayales (см. sayal).
sayalesco, ca. [прил.] к sayal.
sayalete. [м. умен.] к sayal.
sayama. [ж.] (Амер.) сорт змеи.
sayo. [м.] куртка, блуза; (обл.) см. capote: * sayo baquero, одежда с зажтёжкой на спине; * para su sayo, про себя, в сторону; * cortar un sayo, злословить.
sayón. [м.] судебный исполнитель; палач; (перен. разг.) изверг, зверь.
sayuela. [ж.] шерстяная рубашка.
sayugo. [м.] (бот.) (обл.) бузина.
sayuguina. [ж.] (обл.) бузинный цвет.
saz. [м.] (бот.) ива.
sazón. [ж.] зрелость; время, пора, сезон; своевременность; вкус: * en sazón, во-время, кстати; * a la sazón, тогда, в те времена; * fuera de sazón, некстати, несвоевременно, не вовремя.
sazonadamente. [нареч.] кстати, во-время, впору.
sazonado, da. [страд. прич.] к sazonar; [прил.] остроумный, выразительный.
sazonador, ra. [прил.] приправляющий и т. д.
sazonar. [перех.] приправлять; придавать вкус; доводить что-л до совершенства; **sazonarse.** [возвр. гл.] созревать.
se. [возвр. мест.] (3-е л. ед. и мн. ч. м. и ж. р. дат. и вин. пад. себя, себе (я, ты, он, мы, вы, они); [взаим.] друг друга; [лич.] ему, ей (он, она) (вы) им (они); [приставка] se dice, говорят.
sebáceo, a. [прил.] жировой, сальный.
sebácica, ca. [прил.] * ácido sebácico, жирная кислота.
sebastiano. [м.] (бот.) см. sebestén.
sebe. [ж.] высокая плетёная изгородь.

sebear. [перех.] (Амер.) ухаживать (за женщиной).
sebero, ra. [прил.] относящийся к животному жиру.
sebesta. [ж.] (бот.) плод кордии.
sebestén. [м.] (бот.) кордия.
sebil. [м.] (Амер.) южноамериканская разновидность мимозы.
sebillo. [м.] очищенное животное сало; смягчающее кожу мыло.
sebiento, ta. [прил.] (Амер.) см. seboso.
sebo. [м.] животное сало, животный жир: * volver, hacer un sebo, (Амер.) уничтожать, разрушать, истреблять, смущать.
sebolito. [м.] конкремент в сальных железах и в мешотчатых опухолях.
seboro. [м.] (Амер.) речной рак.
seborragia, seborrea. [ж.] (пат.) себорея, увеличенное отделение из сальных желёз.
seborreico, ca. [прил.] себорейный; относящийся к себорее; страдающий себореею.
sebosear. [перех.] засаливать, пачкать (руками).
seboso, sa. [прил.] содержащий животное сало; жирный, сальный; (перен.) влюблённый (сильно).
seca. [ж.] см. sequía; (мед.) период шелушения или подсыхания струпьев; воспаление железы; сухая морская банка или островок.
secación. [ж.] (обл.) см. sequía.
secácul. [м.] ароматный корень.
secadal. [м.] см. sequedad и secano; (при черепичном заводе) место, где производится сушка черепиц и т. д. перед обжигом.
secadero, ra. [прил.] подлежащий сушке (о фруктах и т. д.); [м.] сушильня, сушилка, сушило (уст.).
secadillo. [м.] миндальное сладкое.
secado, da. [страд. прич.] к secar; [м.] см. secamiento.
secador. [м.] сушильный аппарат.
secadora. [ж.] прибор для отжимания белья; сушилка; зерносушилка.
secadura. [ж.] (Амер.) см. secamiento.
secamente. [нареч.] сухо, нелюбезно.
secamiento. [м.] просушка, сушка; просушивание, высушивание.
secano. [м.] суходол; сухая морская банка или островок; засохшая вещь.
secante. [дейст. прич.] к secar; высушивающий; (разг.) скучный; [м.] сиккатив; промокательная бумага; * papel secante, промокательная бумага.
secante. [прил.] (геом.) секущий; [ж.] секанс; секущая.
secaño. [м.] (обл.) сухость во рту; сильная жажда.
secar. [перех.] сушить, высушивать; осушать; вытирать; (перен.) надоедать; (тех.) обезвоживать; **secarse,** [возвр. гл.] сохнуть, высыхать, засыхать; иссякать (об источнике); вянуть (о растении); чахнуть (о человеке); испытывать сильную жажду; черстветь.
secaral. [м.] см. sequedal.
secarrón, na. [прил.] увел. к seco (о характере).
secatón, na. [прил.] (разг.) безвкусный; пошлый, банальный.
secatura. [ж.] банальность; скука.
sección. [ж.] сечение, разрез; отдел(ение); секция, часть; (воен.) отряд, взвод: * sección de personal, отдел кадров; sección áurea, золотое сечение.
seccionador. [м.] (эл.) выключатель, разъединитель.
seccionar. [перех.] (хир.) см. cortar; разделить на части, участки.

secesión. [ж.] отделение, отпадение (части территории).
secesionista. [прил.] вызывающий отделение, отпадение; [м. и ж.] сторонник, -ица отделения, отпадения.
seceso. [м.] испражнение.
seclusión. [ж.] см. apartamiento, separación: * seclusión de la pupila, отделение передней камеры глаза от задней кольцевидными синехиями.
seco, ca. [прил.] сухой, высохший; высушенный, сушёный; сухой, худой, сухопарый; сухощавый; исхудалый, иссохший; сухой, засушливый (о климате); суровый, жёсткий; (перен.) сухой, чёрствый, бесчувственный; скудный; ясный, отчётливый; отрывистый, резкий (о звуке): * vino seco, сухое вино; * pan seco, сухой, чёрствый хлеб; * clima seco, сухой климат; * respuesta seca, сухой ответ; * ama seca, няня; * a secas, ни больше ни меньше, всего лишь; * en seco, на суше; без причины; неожиданно, внезапно; * dejar seco, убить наповал; * quedar seco, быть убитым наповал.
secón. [м.] (обл.) пустые соты.
secoya. [ж.] (бот.) секвоя.
secreción. [ж.] отделение; секреция, выделение; продукт выделения: * secreción interna или endocrina, внутренняя секреция.
secreta. [ж.] экзамен; тайное следствие; тайная полиция; тихая молитва (перед обеднею); см. letrina.
secreta. [м. множ.] секрет, отделяемое.
secretamente. [нареч.] тайно, тайком, секретно.
secretar. [перех.] (физиол.) выделять, секретировать.
secretaria. [ж.] жена секретаря; секретарша.
secretaría. [ж.] секретарство; секретариат, канцелярия.
secretariado. [м.] секретарство; секретариат; см. secretaría.
secretario. [м.] секретарь, письмоводитель; писец; писарь; (в США) министр: * secretario particular, личный секретарь; * secretario de Estado, государственный секретарь, министр иностранных дел; * primer secretario de Estado y del Despacho, см. ministro de Estado.
secretear. [неперех.] секретничать.
secreteo. [м.] (разг.) дейст. к секретничать.
secreter. [м.] секретер.
secretina. [ж.] секретин.
secretista. [м.] натуралист, специалист по секретам природы; [прил.] любящий секретничать.
secreto. [м.] секрет, тайна; секрет (потайное устройство в механизме); см. misterio: * en secreto, без свидетелей, см. secretamente; * secreto de Anchuelos, a voces, con chirimías, секрет полишинеля; * secreto de Estado, государственная тайна; * echar un secreto en la calle, разглашать тайну.
secreto, ta. [прил.] тайный, сокровенный, скрытый, секретный; потайной; замкнутый (о человеке): * policía secreta, тайная полиция; * salida secreta, потайной выход.
secretor, ra, secretorio, ria. [прил.] (физиол.) секреторный, выделяющий, выделительный.
secta. [ж.] секта.
sectador, ra, sectario, ria. [прил.] сектантский; [м. и ж.] сектант, -ка.
sectarismo. [м.] сектантство.
sectil. [прил.] удобораздельный.
sector. [м.] (геом.) (эл.) сектор; округ, район, участок; (воен.) боевой участок: * sector esférico, сферический сектор.
secua. [ж.] (Амер.) тыквенное растение.

secuaz. [прил.] являющийся сторонником или приверженцем; [м. и ж.] сторонник, -ница, приверженец.
secuela. [ж.] последствие, следствие чего-л.
secuencia. [ж.] секвенция; (кино) эпизод.
secuestración. [ж.] см. secuestro.
secuestrador, ra. [прил. и сущ.] налагающий арест на имущество; незаконно лишающий свободы.
secuestrar. [перех.] (юр.) секвестрировать, секвестровать, накладывать арест на имущество; незаконно лишать свободы; похищать (человека, для получение выкупа); заточить.
secuestro. [м.] (юр.) секвестрование, секвестрация, секвестр; секвестрированное имущество; похищение (человека, для получения выкупа).
secular. [прил.] см. seglar; вековой, столетний; случающийся раз в столетие: исконный; (церк.) белый.
secularización. [ж.] секуляризация; освобождение от влияния церкви.
secularizar. [перех.] секуляризовать, секуляризировать; освобождать от влияния церкви.
secularmente. [нареч.] по-светски, по-мирски.
secundar. [перех.] помогать, оказывать содействие, способствовать.
secundariamente. [нареч.] вторично.
secundario, ria. [прил.] второстепенный; вторичного образования: * escuela secundaria, средняя школа.
secundinas. [ж. множ.] послед, детское место, плацента.
securiforme. [прил.] топоровидный.
sed. [ж.] жажда; (перен.) жажда, стремление к..., сильное желание: * apagar, matar la sed, напиться, утолить жажду; * tener sed de, жаждать чего-л.
seda. [ж.] шёлк; шёлковая ткань, шёлк; щетина (свиная): * seda cruda, шёлк-сырец; * seda artificial, искусственный шёлк; * seda granadina, гренадин (сорт шёлка); * seda marina, улиточный, раковинный, морской шёлк; * de seda, шёлковый; мягкий; послушный, податливый; * ir como una seda, идти как по маслу.
sedación. [ж.] успокоение боли.
sedadera. [ж.] частая чесалка (для льна, пеньки).
sedal. [м.] леса, леска; (мед.) дренаж: * sedal de zapatero, дратва.
sedalina. [ж.] полушёлковая ткань.
sedalino, na. [прил.] шёлковый; (перен.) шелковистый.
sedante. [дейст. прич.] к sedar.
sedaño. [м.] шёлковая лента.
sedar. [перех.] смягчать, унимать, ослаблять (боль); (обл.) см. hender.
sedativo, va. [прил.] болеутоляющий.
sede. [ж.] сиденье; резиденция; местопребывание, местонахождение; центр, средоточие; епархия: * sede apostólica, Santa Sede, папский престол.
sedear. [перех.] чистить щёточкой (драгоценности).
sedentariamente. [нареч.] оседло.
sedentario, ria. [прил.] сидячий, оседлый: * vida sedentaria, сидячий образ жизни.
sedente. [прил.] щетинистый.
sedeña. [ж.] льняная кудель, льняная пряжа; (обл.) леса, леска.
sedeño, ña. [прил.] шёлковый; щетинистый.
sedera. [ж.] щетинная кисть.
sedería. [ж.] торговля шёлком; шёлковые товары, шёлковые ткани, шелка; шёлковый магазин.
sedero, ra. [прил.] шёлковый; [м. и ж.] ткач-шелкопрядильщик; продавец, -щица шёлковых изделий.

sedes. [ж.] (мед.) см. deposición: * sedes cruenta, (мед.) кровавый стул.
sedicente, sediciente. [прил.] так называемый, мнимый, самозванный, именующий себе кем-л.
sedición. [ж.] бунт, мятеж, возмущение, восстание.
sedicioso, sa. [прил.] мятежный; [м. и ж.] мятежник, бунтовщик, -ица, бунтарь (уст.).
sedientes. [прил.] к земельные угодья.
sediento, ta. [прил.] (прям. перен.) жаждущий; пересохший (о земле).
sedimentación. [ж.] осаждение; (геол.) образование осадочных пород.
sedimentador, ra. [прил.] дающий осадок; [м.] отстойник.
sedimentar. [перех.] давать осадок.
sedimentario, ria. [прил.] осадочный.
sedimento. [м.] осадок, отстой: * sedimento latericio, кирпичный осадок мочи (из мочекислых солей).
sedimentoso, sa. [прил.] осадочный; мутный, с большим осадком (о моче).
sedoso, sa. [прил.] шелковистый; шелковидный.
seducción. [ж.] обольщение, прельщение, соблазн; совращение.
seducir. [перех.] обольщать, прельщать; пленять; соблазнять; совращать; [непр. гл.] спрягается как. conducir.
seductivo, va. [прил.] соблазнительный, обольстительный; обворожительный; пленительный.
seductor. [прил.] соблазнительный, обольстительный; обольщающий; [м. и ж.] обольститель, -ница, соблазнитель, -ница.
seductoramente. [нареч.] соблазнительно.
seferadita, sefardí, sefardita. [прил. и сущ.] еврейский (испанского происхождения).
sefli. [прил.] нижний.
segable. [прил.] зрелый (о хлебах и т. д.).
segada. [ж.] см. siega.
segadera. [ж.] серп.
segadero, ra. [прил.] см. segable.
segador, ra. [м. и ж.] косец, косарь, жнец, сенокосец (паукообразное животное).
segadora. [ж.] косилка, сенокосилка, жнейка; жница.
segallo. [м.] (обл.) козлёнок.
segar. [перех.] косить, скашивать, жать; [непр. гл.] спрягается как acertar.
segazón. [ж.] косьба, покос; жатва.
seglar. [прил.] светский, мирской.
seglareño, ña. [прил.] см. seglar.
segmentación. [ж.] деление на части; (анат.) сегментация.
segmentar. [перех.] делить на части, на сегменты.
segmentario, ria. [прил.] сегментный.
segmento. [м.] отрезок; (зоол.) (геом.) сегмент.
segote. [м.] (обл.) сорт серпа.
segoviano, na, segoviense. [прил.] относящийся к Segovia; [м. и ж.] уроженец этого города.
segregación. [ж.] отделение; сегрегация.
segregar. [перех.] выделять; отделять.
segregativo, va. [прил.] сегрегационный, отделяющий.
segrí. [м.] старинная шёлковая ткань.
segueta. [ж.] лобзик.
seguetear. [неперех.] пилить лобзиком.
seguida. [ж.] продолжение, ряд, последовательный порядок; старинный танец: * de seguida, непрерывно, подряд; * en seguida, тотчас, следом, немедленно, сейчас.
seguidamente. [нареч.] непрерывно, подряд; тотчас, следом, немедленно, сейчас.
seguidero. [м.] транспарант.
seguidilla. [ж.] (чаще множ.) сегедилья,

испанский народный танец и песня; (разг.) понос.
seguido, da. [страд. прич.] к seguir; [прил.] непрерывный, постоянный, безостановочный; прямой, прямолинейный; [нареч.] непрерывно, подряд.
seguidor, ra. [прил.] следующий кому-чему; [м. и ж.] последователь, -ница; [м.] транспарант.
seguimiento. [м.] продолжение; преследование, погоня; следование; сопровождение.
seguir. [перех.] следовать, идти за; сопутствовать, сопровождать; продолжать; преследовать; следить, наблюдать за; придерживаться, следовать; внимательно слушать; идти, ехать (в известном направлении); seguirse, [возв. гл.] следовать друг за другом, проистекать: * seguir con la mirada, следить взглядом.
según. [предл.] по, согласно, смотря по, сообразно, по мнению, соответственно: * según comunican, по, согласно сообщениям; * según los méritos, по заслугам; * según mi modo de ver, по-моему; * según la ley, согласно закону; * según y conforme, (разг.) смотря по тому,..., посмотрим, видно будет; * según lo como, в точности, точно так.
segunda. [ж.] второй поворот ключа; (разг.) задняя мысль.
segundar. [перех.] вторить; повторять; [неперех.] быть вторым.
segundariamente. [нареч.] см. secundariamente.
segundario, ria. [прил.] см. secundario.
segundear. [перех.] (обл.) вторично пропахивать землю.
segundero, ra. [прил.] второй, повторный (об урожае); [м.] секундная стрелка.
segundilla. [ж.] колокольчик; (обл.) см. lagartija.
segundino. [м.] (Амер.) напиток с желтком яйца.
segundo, da. [прил.] второй; (м. употр.) благоприятный; [м.] помощник; секунда: * en segundo lugar, во-вторых; * sin segundo, бесподобный, несравненный; * segundo de a bordo, (мор.) старший помощник капитана.
segundogénito, ta. [прил. и сущ.] второй ребёнок.
segundón. [м.] второй ребёнок.
seguntino, na. [прил.] относящийся к Sigüenza; [м. и ж.] уроженец этого города.
segur. [ж.] секира, топор; серп.
segurador. [м.] поручитель.
seguramente. [нареч.] наверно, конечно, непременно безусловно.
seguranza. [ж.] (обл.) см. seguridad.
seguridad. [ж.] безопасность; уверенность; гарантия, обеспечение; заверение: * tener la seguridad, быть уверенным; * de seguridad, предохранительный.
seguro, ra. [прил.] безопасный; достоверный; точный; несомненный, неоспоримый; уверенный, твёрдый; надёжный, верный; обеспеченный, гарантированный; [м.] уверенность; доверие; безопасное место; страховой полис; страхование; пропуск; разрешение; предохранительный взвод: * en seguro, в безопасности; * sobre seguro, без риска; * a buen seguro, al seguro, de seguro, несомненно, наверняка; * estar seguro, быть уверенным; * el tiempo no está seguro, погода ненадёжна; * seguro de vida, страхование жизни; * seguro social, социальное обеспечение.

seiche. [м. или ж.] (геол.) сейш, стоячая волна (сейсм).
seidad. [ж.] (филос.) сущность.
seide. [м.] (гал.) см. sectario.
seis. [прил.] шесть; шестой; [м.] (цифра) шесть; шестёрка (игральная карта): * el día seis, шестого числа; * el número seis, шестой номер, номер шесть.
seisavado, da. [прил.] шестиугольный.
seisavo, va. [прил.] шестой (о части, доле); шестиугольный; [м.] шестая (доля, часть); шестиугольник.
seiscientos. [прил.] шестьсот; шестисотый.
seiseno, na. [прил.] шестой.
seísmo. [м.] подземный толчок, землетрясение.
seje. [м.] (бот.) южноамериканская кокосовая пальма.
sel. [м.] (обл.) луга, где скот отдыхает в полдень.
selacios. [м. мнж.] хрящевые (рыбы).
selaginela. [ж.] (бот.) плаунок.
selagita. [ж.] (мин.) селажит.
selbita. [ж.] (мин.) сельбит.
selección. [ж.] выбор, отбор; подбор; (с.-х.) селекция; (спорт.) сборная команда: * selección natural, естественный отбор; * selección nacional, национальная сборная команда.
seleccionar. [перех.] отбирать, выбирать; селекционировать, улучшать путём отбора; (спорт.) составлять сборную команду.
selectas. [ж. мнж.] собрание, отрывки мелких сочинений.
selectividad. [ж.] возможность отбора, выбора; (радио) селективность, избирательность.
selectivo, va. [прил.] отборный, селекционный; (радио) селективный, избирательный.
selecto, ta. [прил.] отборный, избранный.
selector, ra. [прил.] избирательный, выбирающий, отбирающий; классифицирующий; [м.] селекторный аппарат, селектор; селективный аппарат.
selenélatra. [прил.] поклоняющийся Луне как божеству (тже. сущ.).
selenelatría. [ж.] культ Луны.
seleniasis. [ж.] сумасшествие, безумие; см. sonambulismo.
seleniato. [м.] (хим.) соль селеновой кислоты.
selénico, ca. [прил.] селеновый; * ácido selénico, селеновая кислота.
selenífero, ra. [прил.] селенистый, селеновый.
selenio. [м.] (хим.) селен.
selenita. [м. и ж.] селенит, -ка; [м.] (мин.) селенит.
selenitoso, sa. [прил.] содержащий гипс.
selenografía. [ж.] (астр.) селенография, описание поверхности Луны.
selenográfico, ca. [прил.] (астр.) селенографический.
selenógrafo. [м. и ж.] селенограф.
selenosis. [ж.] белое пятно на ногте.
selenostato. [м.] (астр.) инструмент для наблюдения Луны.
selenotopografía. [ж.] селенотопография, топография Луны.
self. [м.] (эл.) дроссельная катушка.
selfactina. [ж.] (мех.) сельфактор.
selfinducción. [ж.] (эл.) самоиндукция.
selva. [ж.] сельва, тропический лес; дикий большой лес.
selvático, ca. [прил.] лесной; дикий; некультурный.

selvatiquez. [ж.] дикость; некультурность.
selvicultura. [ж.] лесоводство.
selvoso, sa. [прил.] лесистый.
sellado, da. [страд. прич.] к sellar: * papel sellado, гербовая бумага.
sellador, ra. [прил. и сущ.] прикладывающий печать, штемпелющий.
selladura. [ж.] запечатывание, наложение печати; штемпелевание; завершение.
sellar. [перех.] запечатывать, прилагать печать; опечатывать, штемпелевать; завершать; закрывать, покрывать.
sellenco, ca. [прил.] характерный, отличительный, специальный, редкий; (шутл.) странный, чудной.
sello. [м.] печать, штемпель, клеймо; марка; см. sellador; гербовое управление; печать, отпечаток; след; (мед.) облатка: * sello de correos, почтовая марка; * echar, poner el sello, доводить до совершенства.
semafórico, ca. [прил.] семафорный.
semaforista. [м.] семафорщик.
semáforo. [м.] семафор.
semana. [ж.] неделя; недельная плата: * Semana Santa, Страстная неделя; * mala semana, см. menstruo; * la semana que no tenga viernes, после дождичка в четверг; * entre semana, в течение недели.
semanal. [прил.] недельный; еженедельный.
semanalmente. [нареч.] еженедельно.
semanario, ria. [прил.] см. semanal; [м.] еженедельник.
semanero. [прил. м. и ж.] дежурный, -ая в течение недели; [м.] недельный, очередной священник.
semanilla. [ж.] книга с молитвами для страстной недели.
semántica. [ж.] (лингв.) семантика, семасиология.
semanticista. [м. и ж.] семасиолог.
semántico, ca. [прил.] (лингв.) семантический, семасиологический.
semasiología. [ж.] семантика, семасиология.
semasiológico, ca. [прил.] см. semántico.
semblante. [м.] выражение лица, мина, лицо; вид, внешность, наружность: * beber el semblante, очень внимательно слушать, быть очень предупредительным с кем-л.
semblantear. [перех.] (Амер.) смотреть в глаза; читать в глазах.
semblanza. [ж.] биографический очерк.
sembrada. [ж.] см. sembrado.
sembradera. [ж.] сеялка.
sembradero. [м.] (Амер.) пахотная земля.
sembradío, día. [прил.] годный для посева, засеваемый; посевной.
sembrado, da. [страд. прич.] к sembrar; [м.] засеянное поле, посев.
sembrador, ra. [прил.] занимающийся сеянием; [м. и ж.] сеяльщик, сеятель.
sembradora. [ж.] сеялка.
sembradura. [ж.] засев, сев, засевание, сеяние, посев.
sembrar. [перех.] сеять, засеивать; бросать, разбрасывать; сеять, распространять: * sembrar dinero, сорить деньгами; * sembrar discordias, сеять раздор; * sembrar de (con) flores, усыпать цветами; [непр. гл.] спрягается как acertar.
sembrío. [м.] (Амер.) см. sembrado.
semeja. [ж.] сходство, подобие; знак, признак.
semejable. [прил.] сравнимый.
semejado, da. [страд. прич.] к semejar; [прил.] см. semejante.
semejante. [прил.] сходный, похожий; подобный; [м. и ж.] себе подобный, -ая; [м.] см. semejanza; подражание.
semejantemente. [нареч.] одинаково, подобно, равным образом, так же.
semejanza. [ж.] сходство подобие, одина-

ковость, (мат.) подобие; (рит.) уподобление.
semejar. [неперех.] быть похожим, походить; **semejarse,** [возв. гл.] походить, быть похожим друг на друга.
semejos: * darse semejos, (Амер.) см. asemejarse.
semelina. [ж.] (мин.) титанит, сфен.
semelincidente. [прил.] атакующий только однажды.
semen. [м.] (биол.) сперма, семенная жидкость; (бот.) семя.
semencera. [ж.] см. sementera.
semencina. [ж.] semencontra. [м.] (апт.) цытварное семя.
sementa. [прил.] семенной; племенной (о домашних животных); [м.] жеребец-производитель.
sementar. [перех.] сеять, засеивать.
sementera. [ж.] засев, сев, засевание, сеяние, посев; посев, засеянное поле; посеянные семена; посевная кампания, посевная (разг.); (перен.) рассадник.
sementero. [м.] сумка сеятеля (для зерна); см. sementera.
sementina. [ж.] семя.
sementino, na. [прил.] к сем, семенной.
semestral. [прил.] семестровый, шестимесячный, полугодовой, полугодичный.
semestralmente. [нареч.] (через) каждые шесть месяцев.
semestre. [прил.] см. semestral; [м.] полугодие, семестр; полугодовая плата, полугодовой взнос; пенсия, выплачиваемая по полугодиям.
semi-. приставка, обозначающая полу-, наполовину.
semibaño. [м.] поясная ванна.
semibárbaro, ra. [прил.] полудикий.
semibreve. [ж.] (муз.) половинная нота.
semicaballo. [м.] кентавр.
semiciclo. [м.] полупериод.
semicilíndrico, ca. [прил.] полуциркульный.
semicircular. [прил.] полукруглый.
semicírculo. [м.] (геом.) полукруг.
semicopado, da. [прил.] см. sincopado.
semicorchea. [ж.] (муз.) двувязная нота.
semicupio. [м.] (мед.) сидячая ванна, поясная ванна.
semideidad. [ж.] полубогиня.
semideo. [м.] (поэт.) полубог.
semidesierto, ta. [прил.] полупустынный.
semidiáfano, na. [прил.] полупрозрачный.
semidiámetro. [м.] (геом.) радиус круга.
semidifunto, ta. [прил.] полумёртвый.
semidiós. [м.] (миф.) полубог.
semidiosa. [ж.] (миф.) полубогиня.
semidormido, da. [прил.] полусонный.
semieje. [м.] (геом.) полуось.
semiesfera. [ж.] (геом.) полушарие, гемисфера.
semiesférico, ca. [прил.] полусферический.
semiespinal. [прил.] (анат.) полуостистый.
semiespinoso, sa. [прил.] (анат.) полуостистый: * músculos semiespinosos, полуостистые мышцы, глубокие спинные мышцы.
semifinal. [ж.] (спорт.) полуфинал.
semiflexión. [ж.] полусогнутое положение.
semiflósculo. [м.] (бот.) язычковый цветок (сложноцветных).
semiflosculoso, sa. [прил.] (бот.) полуцветочковый.
semifusa. [ж.] (муз.) четырёхвязная нота.
semiglobo. [м.] см. semiesfera.
semigola. [ж.] (форт.) полуперешеек, линия от угла куртины до центра бастиона.
semihombre. [м.] пигмей.
semiluna. [ж.] полумесяц (изображение).
semilunar. [прил.] в виде полумесяца; (анат.) полулунный.
semilunio. [м.] (астр.) первая (или четвертая) четверть Луны.

semilla. [ж.] семя, зерно; (бот.) (перен.) зародыш.
semillero. [м.] питомник; хранилище для семян; (перен.) зародыш.
semimembranoso, sa. [прил.] (анат.) полуперепончатый (мышца бедра).
seminación. [ж.] (биол.) осеменение.
seminal. [прил.] семенной.
seminar. [неперех.] разливать семенную жидкость.
seminario. [м.] питомник; закрытое учебное зеведение; семинария.
seminarista. [м.] семинарист.
seminífero, ra. [прил.] (биол.) семеноносный.
semínima. [ж.] (муз.) четвертная нота; [множ.] пустяки.
seminoma. [м.] (пат.) опухоль семенной железы.
seminómada. [прил.] полукочевой.
seminomadismo. [м.] полукочевая жизнь.
seminuevo, va. [прил.] почти новый.
semiografía. [ж.] описание признаков болезней.
semiología. [ж.] см. semiótica.
semiotecnia. [ж.] (муз.) знание нот.
semiótica. [ж.] семиотика, наука о признаках болезней.
semiótico, ca. [прил.] семиотический.
semipermeable. [прил.] полупроницаемый.
semipesado, da. [прил.] полутяжёлый.
semiplejía. [ж.] (пат.) гемиплегия, односторонний паралич.
semiplena. [прил.] * prueba semiplena, (юр.) неполное, недостаточное доказательство.
semipoeta. [м.] стихоплёт.
semiprovanza. [ж.] (юр.) неполное, недостаточное доказательство.
semirrecto: * ángulo semirrecto, угол в 45°, половина прямого угла.
semirrígido, da. [прил.] полужёсткий.
semirrima. [ж.] см. asonancia.
semis. [м.] старинная римская монета.
semita. [прил.] семитский, семитический; [м. и ж.] семит, -ка.
semitendinoso, sa. [прил.] полусухожильный: * músculo semitendinoso, сгибательный мускул бедра.
semítico, ca. [прил.] семитский, семитический.
semitismo. [м.] семитизм.
semitista. [м.] семитолог.
semitono. [м.] (муз.) полутон.
semitransparente. [прил.] полупрозрачный.
semivacío, cía. [прил.] полупустой.
semivivo, va. [прил.] полуживой.
semivocal. [ж.] (лингв.) полугласная; [прил.] полугласный.
semnopiteco. [м.] (зоол.) тощавка (род обезьян).
sémola. [ж.] манная крупа.
semoviente. [прил.] самодвижущийся: * bienes semovientes, живой инвентарь.
sempiterna. [ж.] толстая шерстяная ткань; (бот.) бессмертник.
sempiternamente. [нареч.] вечно, бесконечно.
sempiterno, na. [прил.] вечный, беспрестанный.
sen. [м.] sena. [ж.] (бот.) кассия; (мед.) александрийский лист.
sena. [ж.] шестёрка (на грани костей).
senado. [м.] сенат.
senador. [м.] сенатор.
senadoconsulto. [м.] сенатское решение.
senaduría. [ж.] сенаторство.
senario, ria. [прил.] шестерный.
senarmontita. [ж.] (мин.) сенармонтит.
senatorial, senatorio, ria. [прил.] сенаторский, сенатский.

sencido, da. [прил.] (обл.) не скошенный (о лугах и т. д.).
senciente. [непр. дейст. прич.] к sentir, чувствующий и т. д.
sencillamente. [нареч.] просто, попросту; только, единственно; искренне.
sencillez. [ж.] простота; простодушие; наивность.
sencillo, lla. [прил.] простой, лёгкий, несложный; простой, не составной; простой, естественный; простодушный, чистосердечный; простоватый, наивный; простой, заурядный; ординарный; [м.] (Амер.) мелочь, мелкие деньги.
sencillote. [прил. увел.] к sencillo; простоватый, наивный.
senda. [ж.] тропа; тропинка, дорожка; (перен.) путь.
senderar, senderear. [перех.] вести; указывать дорогу; прокладывать тропу; [неперех.] искать окольных путей.
sendero. [м.] тропинка.
senderuela. [ж.] (обл.) сорт съедобного гриба.
senderuelo. [м. умен.] к sendero, дорожка.
sendos. [прил. множ.] каждый (из нескольких): * beber sendos vasos, пить каждый по стакану.
Séneca. [м.] (перен.) учёнейший человек.
senecio. [м.] (бот.) крестовник.
senectud. [ж.] старость, дряхлость.
senegalense, senegalés, sa. [прил.] сенегальский; [м. и ж.] сенегалец, -лка.
senescal. [м.] сенешаль, должностное лицо отправлявшее правосудие от имени короля или ленных владельцев.
senescalado. [м.] сенешальство; округ в ведении сенешаля.
senescalía. [ж.] сенешальство.
senescencia. [прил.] свойст. к senescente; см. envejecimiento.
senescente. [прил.] начинающий стареть.
senil. [прил.] старческий.
senilidad. [ж.] старость, дряхлость.
senilismo. [м.] преждевременная старость.
seno. [м.] впадина, углубление; грудь; чрево, утроба; недра, лоно; пазуха; бухта; (анат.) матка; полость; (мат.) синус; * seno frontal, лобная пазуха; * seno de la iglesia, недра церкви; * seno de la duramadre, пазуха твердой мозговой оболочки.
senoidal. [прил.] синусоидальный.
sensación. [ж.] ощущение, чувство; восприятие, впечатление; сенсация: * causar sensación, произвести сенсацию.
sensacional. [прил.] сенсационный.
sensatamente. [нареч.] рассудительно, толково, благоразумно.
sensatez. [ж.] рассудительность, благоразумие, здравомыслие, разумность.
sensato, ta. [прил.] рассудительный, толковый, благоразумный, здравомыслящий, разумный.
senserina. [ж.] (бот.) тимьян.
sensibilidad. [ж.] чувствительность, восприимчивость, склонность к; мягкосердечие; (физ.) точность, чувствительность (приборов).
sensibilizador, ra. [прил.] (фото) сенсибилизирующий; [м.] сенсибилизатор; (фото) эмульсия.
sensibilizar. [перех.] (фото) сделать светоточувствительным, сенсибилизировать; (с)делать чувствительным.
sensibilización. [ж.] (фото) придание светочувствительности, сенсибилизация.
sensible. [прил.] чувствительный, восприимчивый, впечатлительный; ощутимый, осязаемый, ощутимый, заметный; мягкосердечный; точный (о весах и т. д.); (физ.) чувствительный.

sensiblemente. [нареч.] чувствительно; осязательно, заметно; с болью.
sensiblería. [ж.] (разг.) сентиментальность, чувствительность (притворная).
sensiblero, ra. [прил.] сентиментальный, притворно чувствительный.
sensitiva. [ж.] (бот.) мимоза.
sensitividad. [ж.] повышенная чувствительность.
sensitivo, va. [прил.] чувственный, относящийся к органам чувств; способный к восприятию; вызывающий чувствительность.
sensitivomotor, ra. [прил.] (мед.) двигательно-чувствительный.
sensitizar. [перех.] см. sensibilizar.
sensitometría. [ж.] (фото) сенситометрия.
sensitómetro. [м.] (фото) сенситометр.
sensomovilidad. [ж.] зависимость нормальных движений от ненарушенного проведения чувствительных раздражений.
sensorial. [прил.] см. sensorio.
sensorio, ria. [прил.] сензорный, чувствительный; [м.] средоточие ощущений.
sensual. [прил.] чувственный, относящийся к органам чувств; чувственный, сенсуальный; плотский.
sensualidad. [ж.] чувственность.
sensualismo. [м.] склонность к чувственности; (филос.) сенсуализм.
sensualista. [прил.] (филос.) сенсуалистический; сенсуалистичный; [м. и ж.] сенсуалист, -ка.
sensualmente. [нареч.] чувственно.
sentada. [ж.] * de una sentada, в один присест, за один присест, за один раз.
sentadero. [м.] сидение, место, предмет, на котором сидят.
sentadillas (a). [нареч.] см. a asentadillas.
sentado, da. [страд. прич.] к sentar, сидячий; [прил.] рассудительный, толковый, здравомыслящий, разумный; чёрствый (о хлебе); (бот.) сидячий (без стебля, о цветах и листьях): * espéreme usted sentado, после дождичка в четверг.
sentador, ra. [прил.] (Амер.) идущий к лицу.
sentamiento. [м.] (арх.) осадка.
sentar. [перех.] сажать, посадить, усаживать; (стр.) класть (камни и т. д.); (Амер.) см. apabullar; обуздывать, сдерживать (лошадь); [неперех.] перевариваться, усваиваться; сидеть (об одежде); быть к лицу (об украшениях); идти на пользу (во вред); нравиться; **sentarse.** [возв. гл.] садиться, усаживаться: * sentar a la mesa, усадить за стол; * sentar los cascos, становиться благоразумным, рассудительным; * sentar bien, хорошо сидеть, идти, быть к лицу (об одежде); идти на пользу; * sentar mal, плохо сидеть, беспокоить (об одежде); идти во вред; жать, резать (об обуви); * sentarse a la mesa, садиться за стол;
[непр. гл.] спрягается как acertar.
sentazón. [м.] (Амер.) обвал, см. derrumbamiento.
sentenciador, ra. [прил. и сущ.] выносящий приговор.
sentencia. [ж.] сентенция, изречение, притча; судебный приговор: * sentencia de muerte, смертный приговор; * dictar, fulminar, pronunciar la sentencia, выносить приговор.

sentenciar. [перех.] изрекать, высказывать; судить, решать; выносить приговор, приговаривать; высказывать суждение; (перен. разг.) предназначать: * sentenciar a muerte, приговорить к смерти.

sentención. [м. увел.] к sentencia; (разг.) строгий или жестокий приговор.

sentenciosamente. [нареч.] сентенциозно, поучительно: * hablar sentenciosamente, изрекать сентенции.

sentencioso, sa. [прил.] изобилующий сентенциями; сентенциозный, нравоучительный.

senticar. [м.] (бот.) см. espinar.

sentidamente. [нареч.] грустно, печально; с сожалением.

sentido, da. [страд. прич.] к sentir; [прил.] прочувствованный; обидчивый; [м.] чувство; чувство, сознание, рассудок, смысл; смысл, значение; сторона, направление; * los cinco sentidos, пять чувств; * sentido común, buen sentido, здравый смысл; sentido propio, прямой смысл; * sentido figurado, переносный смысл; * perder el sentido, лишиться чувств, потерять сознание; * abundo en su sentido, я одного мнения с вами; * aguzar el sentido, (разг.) очень осторожно действовать; обращать большое внимание; * con todos los sentidos, с полным вниманием; * en todo el sentido de la palabra, в полном смысле слова; * costar un sentido, стоить очень дорого; * en todos los sentidos, во всех направлениях; * en sentido contrario, в обратном направлении.

sentimental. [прил.] сентиментальный, чувствительный.

sentimentalismo. [м.] напускная сентиментальность; (лит.) сентиментализм.

sentimentalmente. [нареч.] сентиментально.

sentimentero, ra. [прил.] (Амер.) см. sensiblero.

sentimiento. [м.] чувство, ощущение; восприятие; раскаяние, сожаление, печаль, огорчение; * sentimientos [множ.] (перен.) сердце, благородные чувства: * cantar con sentimiento, петь с чувством.

sentina. [ж.] (мор.) льяло; (перен.) клоака; вертеп.

sentir. [м.] чувство, ощущение; мнение, отзыв; рассудок: * a mi sentir, насколько мне известно.

sentir. [перех.] чувствовать, ощущать, испытывать; слышать; (со)жалеть, сочувствовать; полагать; высказывать мнение, суждение; чувствовать, понимать, оценивать; страдать, предчувствовать; **sentirse,** [возв. гл.] чувствовать себя; страдать; трескаться (о посуде); портиться (о фруктах и т. д.): * sentir hambre, испытывать голод; * sin sentir, см. inadvertidamente; * lo siento mucho, очень жалею; * sentirse enfermo, чувствовать себя больным; [непр. гл.] prest. ind. siento, sientes, siente, sentimos, sentís, sienten; indef. sentí, sentiste, sintió, sentimos, sentisteis, sintieron; prest. subj. sienta, -as, -a, sintamos, sintáis, sientan; imperf. sintiera или sintiese и т. д.; ger. sintiendo.

sentón. [м.] (Амер.) см. sofrenada; сильный удар при падении.

seña. [ж.] знак, примета; знак, признак; знак, сигнал, жест; пароль; [множ.] адрес: * hablar por señas, объясняться знаками; * señas mortales, несомненные признаки; * por más señas, точнее.

señal. [ж.] сигнал; знак; знак, признак, симптом; межевой знак; знак, метка, отметка, отметина; след, шрам; пятно; изображение; чудо; задаток: * señal de alarma, сигнал тревоги, бедствия; сигнал о подаче помощи; ni señal, ни малейшего признака; * no dar señales de vida, не подавать признаков жизни; * hacer la señal de la cruz, перекреститься, осенить себя крестом, крестным знамением; * en señal de, в знак.

señala. [ж.] (Амер.) метка на ухе (скота).

señaladamente. [нареч.] специально; особенно, в особенности.

señalado, da. [страд. прич.] к señalar; [прил.] замечательный, выдающийся, знаменитый.

señalamiento. [м.] определение, назначение, установление; (юр.) вызов в суд.

señalar. [перех.] отмечать, обозначать; метить, делать отметку; подписывать, парафировать; привлекать внимание на; указывать, показывать; устанавливать, назначать; ранить (особенно в лицо); **señalarse,** [возв. га.] отличиться, выделяться: * señalar con el dedo, пальцем показывать на...; * señalarse en el combate, отличиться в бою.

señalización. [ж.] сигнализация.

señalizar. [перех.] сигнализировать.

señero, ra. [прил.] одинокий; бесподобный.

señolear. [неперех.] охотиться на птиц с приманкой.

señor, ra. [прил.] владеющий чем-л; (разг.) собственнический; большой, важный, сильный; [м.] собственник, владелец; господин, сударь, хозяин; барин; сеньор; (разг.) свёкор; тесть: * El Señor, Бог, Господь; * la casa del Señor, храм божий, церковь; * de padre y (muy) señor mío, огромный, громадный; * señor mayor, старик; * señor de salva, благовоспитанный или выдающийся человек; * descansar, dormir en el Señor, умереть; * a tal señor tal honor, всякому почёт по заслугам; по месту и почёт.

señora. [ж.] замужняя женщина, дама; госпожа, барыня, сеньора; хозяйка; (разг.) свекровь; тёща: * señora mayor, пожилая женщина; * señora de compañía, спутница обычно сопровождающая девушку; * Nuestra Señora Богородица.

señorada. [ж.] рыцарский поступок.

señoreador, ra. [прил.] господствующий, властвующий; управляющий; подчиняющий; [м. и ж.] владелец, -лица, владыка, господин, госпожа.

señoreante. [действ. прич.] к señorear.

señorear. [перех.] господствовать, властвовать, владычествовать (уст.); повелевать; присваивать; завладеть; доминировать, возвышаться над...; покорять, подчинять, управлять своими страстями; **señorearse,** [возв. гл.] присваивать; завладеть; разыгрывать из себя важное лицо.

señorete. [м. умен.] к señor.

señoría. [ж.] власть, господство; (ист.) синьория, небольшое княжество: * su, vuestra señoría ваша милость; ваше благородие (обращение).

señorial. [прил.] господский, барский; см. señorial; благородный, аристократический, величественный.

señoril. [прил.] принадлежащий сеньору; помещичий.

señorío. [м.] сеньория, власть, сеньория, поместье; право, власть сеньора; барственность; важность; сдержанность; (перен.) высший свет; господа.

señorita. [ж.] девушка, барышня (тже. как обращение); (разг.) хозяйка.

señoritingo. [м. презр.] к señorito.

señorito. [м.] барчук, сын барина; (разг.) хозяин; богатый и праздный молодой

señorón, na. [м. и ж.] знатный и богатый барин, -ня.

señuelo. [м.] манок, приманка; (перен.) приманка; (Амер.) бык-вожак: * caer en el señuelo, попасться в ловушку.

seo. [ж.] (разг.) кафедральный собор.

sépalo. [м.] (бот.) чашелистник.

sepaloideo, a. [прил.] имеющий форму чашелистника.

sepancuantos. [м.] (разг.) наказание, трёпка; взбучка, нагоняй.

separable. [прил.] отделимый.

separación. [ж.] отделение, разделение; сепарация; разлука; прекращение сожительства (супругов); отдаление; смещение, увольнение.

separadamente. [нареч.] отдельно, раздельно, сепаратно; в стороне.

separado, da. [страд. прич.] к separar: * por separado, [нареч.] см. separadamente.

separador, ra. [прил.] разделяющий; [м.] сепаратор.

separante. [действ. прич.] к separar.

separar. [перех.] отделять; разделять; разъединять, разлучать; разводить; разнимать (дерущихся); сепарировать; раздвигать; отстранять; устранять, удалять; увольнять (с работы и т. д.); **separarse,** [возв. гл.] расходиться, раздвигаться; отделяться; удаляться; расстаться; разлучаться.

separata. [ж.] отдельное печатание.

separatismo. [м.] сепаратизм.

separatista. [прил.] сепаратистский; сепаративный; [м. и ж.] сепаратист, -ка.

separativo, va. [прил.] разделяющий; отделительный.

separatorio, ria. [прил.] см. separativo; [м.] (хим.) сепаратор.

sepe. [м.] (Амер.) см. comején.

sepedón. [м.] см. eslizón.

sepelio. [м.] похороны, погребение.

sepia. [ж.] (зоол.) каракатица; сепия (краска).

sepiolita. [м.] (мин.) сепиолит, морская пенка.

sepsia. [ж.] см. putrefacción.

sepsis. [ж.] см. sepia; (мед.) сепсис, септицемия, гнилокровие.

septana. [ж.] перемежающаяся лихорадка с приступом на 7-й день.

septectomía. [ж.] (хир.) ринопластическая операция с иссечением носовой перегородки.

septembrino, na. [прил.] сентябрьский.

septena. [ж.] семёрка.

septenario, ria. [прил.] семерной; [м.] семидневный молитвенный обет.

septenio. [м.] семилетие.

septeno. [м.] см. séptimo.

septentrión. [м.] Большая Медведица (созвездие); север.

septentrional. [прил.] северный.

septeto. [м.] (муз.) септет.

septicemia. [ж.] (мед.) сепсис, септицемия, гнилокровие.

septicémico, ca. [прил.] (мед.) относящийся к септицемии.

séptico, ca. [прил.] (мед.) септический, гнилостный.

septiembre. [м.] сентябрь: * en septiembre, в сентябре.

septifolio, lia. [прил.] состоящий из семи листьев.

septigrávida. [прил. и ж.] беременная в седьмой раз.

séptima. [ж.] (муз.) септима.

séptimo, ma. [прил.] седьмой; [м.] седьмая доля, часть.

septingentésimo, ma. [прил.] семисотый; [м.] семисотая доля, часть.

septípara. [ж.] женщина, рожавшая семь раз.

septisílabo, ba. [прил.] см. heptasílabo.
septuagenario, ria. [прил.] семидесятилетний; [м. и ж.] семидесятилетний старик. -уха.
septuagésima. [ж.] неделя о блудном сыне.
séptulo. [м.] перегородка.
septum. [м.] (анат.) перегородочка.
septuplicación. [ж.] умножение на семь.
septuplicar. [перех.] умножать на семь, усемерить, увеличивать в семь раз; septuplicarse, [возв. гл.] возрасти в семь раз.
séptuplo, pla. [прил.] семикратный; [м.] в семь раз большее количество.
sepulcral. [прил.] гробовой, надгробный, могильный: * voz sepulcral, замогильный голос.
sepulcro. [м.] гробница, склеп; надгробие, надгробный памятник: * el Santo Sepulcro, гроб Господень.
sepultación. [ж.] (Амер.) погребение.
sepultador, ra. [прил.] погребающий; [м.] могильщик.
sepultar. [перех.] хоронить, погребать, зарывать; скрывать под...; (перен.) ввергать.
sepulto, ta. [непр. страд. прич.] к sepultar, похороненный, погребённый.
sepultura. [ж.] погребение; место погребения, могила; dar sepultura, погребать; tener un pie en la sepultura, стоять одной ногой в могиле.
sepulturero. [м.] могильщик.
sequedad. [ж.] сухость; (перен.) сухость, черствость; резкость, грубость (слово, выражение).
sequeal. [м.] сухая земля, сушь.
sequera. [ж.] см. sequía.
sequeral. [м.] сухая земля, сушь.
sequero. [м.] см. secano, secadero.
sequerosidad. [ж.] сухость, отсутствие достаточной влаги.
sequeroso, sa. [прил.] сухой, не содержащий достаточной влаги.
sequete. [м.] сухой кусок хлеба; толчок; (перен.) сухость, грубость.
sequía. [ж.] засуха; (Амер.) (обл.) жажда.
sequillo. [м.] сорт печенья.
sequío. [м.] см. secano.
séquito. [м.] свита; одобрение.
ser. [м.] существование, бытие, жизнь; существо, ценность, значимость; существование, образ жизни.
ser. [неперех.] быть, существовать, жить; принадлежать; годиться, быть пригодным для чего-л; стоить; соответствовать; случаться; участвовать в..., входить в...; происходить из; (при переводе на русский язык в наст. вр. часто опускается); (время): * es medianoche, полночь; * es tarde, поздно; (состояние): * soy casado, я женат; (профессия): * es pintor, он художник; (происхождение): * soy español, я испанец; (принадлежность): * este lápiz es de mi hermana, это карандаш моей сестры; (построенный, сделанный из): * la mesa es de hierro, стол железный; (в безличных конструкциях): * es imposible, невозможно; * es verdad, это правда; (в сочетании с вопросительными словами): * ¿quién es? кто?; * qué es?, что?; (вспомогательный гл., употребляется для образования форм страдательного залога): * fue dicho, было сказано; (вообще в сочетаниях): * a no ser que, если нет; * no ser, хотя, несмотря на; * o sea, es decir, то есть, иначе говоря; * sea como sea, будь что будет; * a no ser así, иначе; * ¡así sea!, да будет так!; * un (si) es, no es, очень немного, малость; * ¿qué será de mí?, что со мной будет?; * ¡cómo ha de ser!, терпение!; * ¡cómo es eso!, ну, да же!, ну-ка!, полноте!; * ¡sea!, согласен, ладно; [непр. гл.] prest. ind. soy, eres, es, somos, sois, son; imperf. era, -as и т. д.; indef. fui, fuiste и т. д.; imperf. subj. fuera или fuese и т. д.
sera. [ж.] большая плетёная корзина.
serado. [м.] см. seraje.
seráficamente. [нареч.] по-бедности, по скромности.
seráfico, ca. [прил.] серафический, ангельский; (перен. разг.) бедный, смиренный, покорный.
serafín. [м.] серафим (ангел первой степени); (перен.) очень красивый человек.
serafina. [ж.] сорт шерстяной ткани.
seraje. [м.] (собир.) большие плетёные корзины.
serano. [м.] (обл.) вечер.
serasquier. [м.] сераскир (генерал, военачальник у турок).
serba. [ж.] рябина (ягода).
serbal, serbo. [м.] (бот.) рябина (дерево).
serbio, bia. [прил.] см. servio.
serbo. [м.] (бот.) рябина (дерево).
serebo, ba. [прил.] (Амер.) липкий, клейкий.
serena. [ж.] (разг.) вечерняя роса: * dormir a la serena, спать под открытым небом.
serenamente. [нареч.] ясно, тихо, спокойно.
serenar. [перех.] прояснять, успокаивать; усмирять; очищать, осветлять (жидкость); охлаждать воду ночью (под открытым небом); (перен.) успокаивать, смягчать (гнев и т. д.); serenarse; [возв. гл.] успокаиваться; проясняться; утихать (о гневе и т. д.); очищаться, становиться прозрачным (о жидкости); охлаждаться (о воде, ночью) под открытым небом.
serenata. [ж.] серенада.
serenatero. [м.] тот, кто исполняет серенады.
serenero. [м.] (Амер.) старинный головной убор; головной платок.
sereni. [м.] старинная лодка; (Амер.) заячий щавель (растение).
serenidad. [ж.] ясность, просветление (о погоде и т. д.); спокойствие; выдержка, безмятежность, тишина; светлость (титулование).
serenísimo, ma. [прил.] светлейший.
sereno. [м.] ночная роса; ночной сторож: * al sereno, под открытым небом.
sereno, na. [прил.] ясный, светлый, безоблачный; ясный, безмятежный, спокойный; тихий; успокоенный; (нрг.) бесстыдный, наглый.
sereña. [ж.] см. sedeña.
serete. [м.] плетёная корзинка.
sergas. [ж. множ.] геройские подвиги.
serial. [прил.] расположенный сериями.
seriamente. [нареч.] серьёзно; всерьёз, не на шутку.
seriar. [перех.] распределять рядами, сериями.
sericícola. [прил.] шелководческий.
sericicultor. [м.] шелковод.
sericicultura. [ж.] шелководство.
sericina. [ж.] (хим.) серицин, шёлковый лубок, шёлковая клеевина, камедь.
sericita. [ж.] (мин.) серицит.
sérico, ca. [прил.] см. sedeño.
sericultura. [ж.] шелководство.
serie. [ж.] последовательный порядок, ряд, серия; серия, партия: * producir en serie, производить серийно; * fabricación en serie, серийное производство; * fuera de serie, высшего качества; необычайный; * montaje en serie, (эл.) последовательное включение; * serie aromática, (хим.) ароматический ряд; * serie eliminatoria, (спорт.) забег.
seriedad. [ж.] серьёзность, важность; искренность.
serija. [ж. умен.] к sera.
serijo. [м.] плетёная корзинка.
serímetro. [м.] (текст.) сериметр.

seringa. [ж.] (Амер.) каучук, резина.
serio, ria. [прил.] серьёзный, рассудительный, положительный, степенный; суровый; искрений, чистосердечный; важный, серьёзный, значительный; торжественный (о танце): * en serio, всерьёз; * tomar en serio, принимать всерьёз; * ponerse serio, принять важный вид.
sermón. [м.] проповедь; нравоучение, наставление; (м. употр.) см. habla.
sermonador, ra. [прил. и м.] см. predicador.
sermonar. [неперех.] проповедовать, см. predicar.
sermonario, ria. [прил.] к sermón; [м.] сборник проповедей.
sermoncete. [м. умен.] к sermón.
sermonear. [неперех.] проповедовать; [перех.] (разг.) читать кому-л наставления, журить.
sermoneo. [м.] (разг.) проповедование; порицание.
serna. [ж.] участок земли для посева.
seroja. [ж.] serojo. [м.] сухие листья; хворост.
serología. [ж.] серология, учение о сыворотках.
serológico, ca. [прил.] серологический.
serólogo. [м.] серолог.
serón. [м.] продолговатая корзина.
serondo, da. [прил.] поздний (о фруктах).
seronero, ra. [м. и ж.] тот, кто изготовляет или продаёт продолговатые корзины (см. serón).
seropurulento, ta. [прил.] сывороточно-гнойный.
serosidad. [ж.] (физиол.) серозная жидкость.
serositis. [ж.] (пат.) воспаление серозных оболочек.
seroso, sa. [прил.] водянистый, сывороточный.
seroterapia. [ж.] лечение сывороткой (противодифтерийной и т. д.).
serótino, na. [прил.] см. serondo.
serovacunación. [ж.] прививка сыворотки.
serpa. [ж.] побег, отводок (бесплодный).
serpeante. [дейст. прич.] к serpear. и [прил.] извивающийся, извилистый, пресмыкающийся.
serpear. [неперех.] см. serpentear.
serpentaria. [ж.] (бот.) драконов корень, змейка.
Serpentario. [м.] (астр.) Змееносец; змееяд (вид орла).
serpenteado, da. [страд. прич.] к serpentear; [прил.] извилистый.
serpentear. [неперех.] извиваться; змеиться.
serpenteo. [м.] дейст. к serpentear.
serpentiforme. [прил.] змеевидный.
serpentín. [м.] змеевик (спиральная трубка в перегонном кубе); курок (у ружья); (вин.) змеевик, серпентин; кулеврина (пушка).
serpentina. [ж.] курок (у ружья); (мин.) змеевик; серпантин; сорт копья.
serpentino, na. [прил.] змеиный; (поэт.) извивающийся.
serpentón. [м. увел.] к serpiente, большая змея; серпент (инструмент).
serpeta. [ж.] маленький садовый нож.
serpezuela. [ж.] змеёныш.
serpia. [ж.] (обл.) см. serpa.
serpiente. [ж.] (зоол.) змея; (перен.) демон: * serpiente de anteojos, очковая змея; * serpiente de cascabel, гремучая змея.
serpiginoso, sa. [прил.] (мед.) ползучий.

serpigo. [м.] (мед.) стригущий лишай.
serpol. [м.] (бот.) обыкновенный тимьян, богородская трава.
serpollar. [неперех.] давать побеги, ростки.
serpollo. [м.] побег, отросток, отпрыск.
serradella. [ж.] (бот.) сераделла (разновидность).
serradizo, za. [прил.] поддающийся пилке.
serrado, da. [страд. прич.] к serrar; [прил.] зубчатый, пилообразный.
serrador, ra. [прил.] пилящий; [м.] пильщик.
serraduras. [ж. множ.] (соб.) опилки.
serrallo. [м.] сераль, гарем.
serrana. [ж.] поэтическое произведение.
serranada. [ж.] злая шутка, измена.
serranía. [ж.] гористая местность.
serraniego, ga. [прил.] см. serrano.
serranil. [м.] сорт ножа.
serranilla. [ж.] лирическое стихотворение (деревенское).
serranillo. [м.] (обл.) юго-восточный ветер.
serrano, na. [прил.] горный; [м. и ж.] горец, горянка, житель, -ница гор.
serrar. [перех.] пилить; [непр. гл.] спрягается как acertar.
serrátil. [прил.] (мед.) неровный, частый (о пульсе); пилообразный.
serratilla. [ж.] часть горной цепи.
serrato, ta. [прил.] зазубренный, зубчатый (мышца).
serrátula. [ж.] (бот.) серпуха.
serrería. [ж.] лесопилка, лесопильня.
serreta. [ж. умен.] к sierra, маленькая пила; часть узды; зубчатый галун.
serretazo. [м.] (перен.) выговор, нагоняй.
serrezuela. [ж. умен.] к sierra.
serrijón. [м.] цепь гор, занимающая небольшое пространство.
serrín. [м.] (соб.) опилки (древесные).
serrino, na. [прил.] относящийся к пиле; пилообразный; (мед.) неровный, частый (о пульсе).
serrón. [м. увел.] к sierra, большая пила; см. tronzador.
serroso, sa. [прил.] (обл.) см. herrumbroso.
\ serrote. [м.] (обл.) (Амер.) ручная пила, ножовка.
serruchar. [перех.] (Амер.) пилить ножовкой.
serrucho. [м.] ручная пила, ножовка; (Амер.) вид большой рыбы; (вул.) шлюха: * al serrucho, пополам.
serta. [ж.] (арг.) рубашка.
seruendo, da. [прил.] (обл.) поздний (о фруктах).
servador. [прил.] (поэт.) покровитель, защитник (Юпитер).
serval. [м.] (зоол.) сервал, дикая кошка.
servato. [м.] (бот.) горичник.
serventesio. [м.] сатирическое сочинение (у трубадуров).
servible. [прил.] пригодный, полезный.
serviciador. [м.] старинный сборщик налогов.
servicial. [прил.] услужливый; [м.] см. lavativa.
servicialismo. [м.] услужливость.
servicialmente. [нареч.] услужливо.
serviciar. [перех.] взимать, собирать некоторые налоги.
servicio. [м.] работа по найму; работа, служба; обслуживание; служение; услуга, помощь, содействие; сервиз; столовый прибор; ночной горшок; клизма, клистир; военная служба; служба (учреждение); обслуживающий орган; персонал обслуживания госта-

ринный налог; (церк.) богослужение; (спорт.) подача; работа, должность слуги; (гал.) (церк.) служба: * servicio militar, военная служба; * servicio de comunicaciones, служба связи; * servicio secreto, разведка; * entrada de servicio, служебный ход; * escalera de servicio, чёрная лестница; * servicio de té, чайный сервиз; * en acto de servicio, при исполнении служебных обязанностей; * flaco servicio, медвежья услуга; * prestar servicio, оказать услугу.
servidor, ra. [м. и ж.] слуга, служитель, служанка, прислуга; обслуживающее лицо; тот, кто ухаживает за женщиной; ночной горшок; покорный слуга.
servidumbre. [ж.] рабство; холопство; (собир.) челядь, прислуга, слуги.
servil. [прил.] рабский; сервильный, рабский, угодливый, раболепный.
servilismo. [м.] сервилизм, рабское повиновение, раболепство, низкопоклонство.
servilmente. [нареч.] рабски, раболепно; буквально.
servilón, na. [прил. увел.] к servil.
servilla. [ж.] см. zapatilla.
servilleta. [ж.] салфетка: * doblar la servilleta, (разг.) умереть.
servilletero. [м.] кольцо для салфетки.
servio, via. [прил.] сербский; [м. и ж.] серб, -ка; [м.] сербский язык.
serviola. [ж.] (мор.) стальная балка на судне для спуска якоря в воду, и подъема его обратно.
servir. [неперех.] служить, находиться на службе; быть в чём-л распоряжении; служить, приносить пользу; способствовать; годиться; служить в армии; прислуживать; (спорт.) подавать; (карт.) ходить той же мастью; подавать на стол; прислуживать за столом; [перех.] служить, находиться на службе; служить кому-л; оказывать услуги; обслуживать; прислуживать; (церк.) служить; жертвовать средства государству; ухаживать за женщиной; подать напиться, кушанье; servirse, (возв. гл.) соблаговолить, изволить; пользоваться чем-л; брать себе, класть себе (кушанье), угощаться; наливать себе (напиток): * servir a la patria, служить родине; * servir de, служить, быть чем-л; * servir de ejemplo, служить примером; * servir la comida, подавать обед; * servir para, служить для чего-л; ¡sírvase!, кушайте, пожалуйста! кладите себе!; будьте любезны; * para servir a usted, к вашим услугам; * ¿en que puedo servirle?, чем могу служить?; [непр. гл.] спрягается как pedir.
servomotor. [м.] (тех.) сервомотор.
ses. [м.] (обл.) см. sieso.
sesada. [ж.] (кул.) мозги; мозг (животного).
sesámeo, a. [прил.] (бот.) кунжутный; [ж. множ.] (бот.) кунжутные растения.
sésamo. [м.] (бот.) сезам, кунжут.
sesamoideo, a. [прил.] (анат.) сезамовидный.
sescuncia. [ж.] старинная римская монета.
sesear. [неперех.] произносить c как s.
seseli. [м.] (бот.) горный укроп.
sesén, sesena. [ж.] старинная арагонская монета.
sesenta. [прил.] шестьдесят; шестидесятый; [м.] (цифра) шестьдесят.
sesentavo, va. [прил.] шестидесятый (о доле, части); [м.] шестидесятая доля, часть.
sesentén. [м.] брус длиной в 12 м.
sesentón, na. [прил. и сущ.] (разг.) см. sexagenario.
seseo. [м.] произношение с как s.

sesera. [ж.] череп животного; мозг.
sesga. [ж.] см. nesga.
sesgadamente. [нареч.] наискось, вкось; см. sosegadamente.
sesgado, da. [страд. прич.] к sesgar; [прил.] (м. употр.) см. sosegado.
sesgadura. [ж.] косой срез; отклонение от прямой линии; наклонение.
sesgamente. [нареч.] наискось, вкось, в косом направлении.
sesgar. [перех.] срезать наискось; пересекать по диагонали; наклонять.
sesgo, ga. [прил.] косой, кривой; (перен.) имеющий суровый, строгий вид; [м.] косое направление; компромиссный выход: * al sesgo, наискось, вкось.
sesgo, ga. [прил.] (м. употр.) спокойный, тихий.
sesguear. [перех.] см. sesgar.
sesí. [м.] кубинская рыба.
sesil. [прил.] (бот.) сидячий (без стебля, о цветах и листьях).
sesillo. [м. умен.] de seso; мозг (птицы, рыбы и т. д.).
sesión. [ж.] заседание, совещание; конференция; сессия; * período de sesiones, сессия; * abrir la sesión, открыть заседание; * levantar la sesión, закрыть заседание, совещание; * celebrar sesión, заседать.
sesionar. [неперех.] (Амер.) заседать.
sesma. [м.] см. sexma.
sesmero. [м.] см. sexmero.
sesmo. [м.] см. sexmo.
seso. [м.] мозг; голова, рассудок, ум, благоразумие; sesos, мозг: * cambiar, perder el seso, сойти с ума; * levantar la tapa de los sesos, застрелить кого-л; * sorber el seso a uno, захватить власть над кем-л; иметь большое влияние.
sesqui- приставка обозначающая полтора.
sesquiáltero, ra. [прил.] полуторный.
sesquihora. [ж.] полтора часа.
sesquicarbonato. [м.] (хим.) полуторноуглекислая соль.
sesquióxido. [м.] (хим.) полуторная окись.
sesquipedal. [прил.] полуторафутовый.
sesquiplano. [м.] (ав.) полутораплан.
sesteadero. [м.] место, где скот отдыхает в полдень.
sestear. [неперех.] отдыхать в полдень.
sesteo. [м.] (Амер.) отдых в полдень; см. sesteadero.
sestercio. [м.] сестерций (римская монета).
sestero, sestil. [м.] см. sesteadero.
sesudamente. [нареч.] разумно; благоразумно.
sesudez. [ж.] благоразумие, рассудительность, осмотрительность.
sesudo, da. [прил.] благоразумный, рассудительный, осмотрительный.
seta. [ж.] щетина (свиная).
seta. [ж.] гриб; нагар.
setabense, setabino, na. [прил.] относящийся к Játiva (Setabis); [м. и ж.] уроженец этого города.
setáceo, a. [прил.] щетинообразный.
setal. [м.] грибное место.
setaria. [ж.] (бот.) щетинник.
setecientos. [прил.] семьсот; см. septingentésimo; [м.] (цифра) семьсот.
setena. [ж.] см. septena.
setenado. [м.] семилетие, семилетний срок.
setenario, ria. [прил. и м.] см. septenario.
setenio. [м.] см. septenio.
setenta. [прил.] семьдесят; семидесятый; [м.] (цифра) семьдесят.
setentavo, va. [прил.] семидесятый; [м.] семидесятая доля, часть.
setentón, na. [прил. и сущ.] (разг.) см. septuagenario.
setero, ra. [прил.] * cardo setero, перекати-поле.

setiembre. [м.] см. septiembre.
setífero, ra. [прил.] щетинистый.
setiforme. [прил.] щетиновидный, щетинообразный.
setígero, ra. [прил.] щетинистый, щетиноносный.
sétimo. [прил. сущ.] см. séptimo.
seto. [м.] плетень, изгородь:* seto vivo, живая изгородь.
setter. [м.] сеттер (порода собак).
setura. [ж.] (обл.) см. seto, vallado.
seudo, приставка псевдо-.
seudónimo, ma. [прил.] выступающий под псевдонимом; [м.] псевдоним.
severamente. [нареч.] строго, сурово.
severidad. [ж.] строгость, суровость; пунктуальность, точность; опасность.
severo, ra. [прил.] строгий, суровый; пунктуальный, точный; серьёзный, опасный.
sevicia. [ж.] крайняя жестокость, зверство; грубое, жестокое обращение.
sevicia. [ж.] (зоол.) разновидность цапли, речная птица.
sevillanas. [ж. множ.] севильский танец и песня к нему.
sevillano, na. [прил.] севильский; [м. и ж.] уроженец Sevilla.
sexagenario, ria. [прил.] шестидесятилетний; [м. и ж.] шестидесятилетний старик, -уха.
sexagésima. [ж.] мясопустная неделя.
sexagésimo, ma. [прил.] шестидесятый; [м.] шестидесятая доля, часть.
sexagonal. [прил.] (геом.) см. hexagonal.
sexángulo, la. [прил.] шестиугольный; [м.] шестиугольник.
sexcentésimo, ma. [прил.] шестисотый; [м.] шестисотая часть, доля.
sexdigitado, da. [прил.] шестипалый.
sexenal. [прил.] случающийся каждые шесть лет.
sexenio. [м.] шестилетие.
sexma. [ж.] одна шестая доля, часть.
sexmero. [м.] заведующий округом (подразделением территории).
sexmo. [м.] округ (подразделение территории).
sexo. [м.] (биол.) пол: * bello sexo, sexo débil, (разг.) слабый пол, женщины; * sexo feo, или fuerte, сильный пол, мужчины.
sexta. [ж.] (муз.) секста.
sextaferia. [ж.] (обл.) общественная повинность.
sextana. [ж.] (мед.) шестидневная лихорадка.
sextante. [м.] (астр.) секстант; старинная римская монета (медная).
sextavado, da. [прил.] см. hexagonal.
sextavar. [перех.] придавать шестиугольную форму.
sexteto. [м.] (муз.) секстет.
sextifolio, lia. [прил.] шестилистный.
sextigrávida. [прил. и ж.] беременная в шестой раз.
sextil. [прил.] (астр.): * aspecto sextil, аспект в 60-ти градусах.
sextilla. [ж.] шестистрочная строфа.
sextina. [ж.] (лит.) сестина.
sextípara. [ж.] женщина, рожавшая шесть раз.
sexto, ta. [прил.] шестой; [ж.] шестая доля, часть.
sextuplicación. [ж.] увеличение вшестеро.
sextuplicar. [перех.] ушестерять, увеличивать вшестеро.
séxtuplo, pla. [прил.] шестеричный, вшестеро больший; [м.] вшестеро больше число.
sexuado, da. [прил.] (биол.) имеющий половые признаки.
sexual. [прил.] половой, сексуальный.
sexualidad. [ж.] совокупность половых признаков.

si. [м.] (муз.) си.
si. [союз] если; в случае если; si viene; если придёт, (конструкции с союзом si выражают условие и вывод): * si lo hubiera sabido, если бы я знал это; * si bien, даже если, хотя бы; * si no fuera porque, если бы не; * como si, как будто, словно; как если бы; * si es verdad que, если только, если правда; * si no, если нет, иначе.
si. [приставка] ли, как (в косвенном вопросе): * pregunte si ha venido, спросите, пришёл ли он; * no sé si es verdad, я не знаю, правда ли это.
sí. [лич мест.] (в предложных конструкциях) себя; себе; с собой, собою: * a sí, себе; * de sí, само собой, * fuera de sí, вне себя; * volver en sí, прийти в себя; * de por sí, по отдельности; * tener cuidado de sí, заботиться о себе; * dar de sí, растягиваться, раздаваться; * sobre sí, предупреждённый; * para sí, для себя, про себя; de por sí, отдельно.
sí. [нареч.] да; [м.] утвердительный ответ, согласие: * por sí o por no, во всяком случае; * dar el sí, соглашаться; * sí tal, sí, por cierto, ну да!, конечно!, от всего сердца!
siagonagra. [ж.] (пат.) ревматизм в суставе нижней челюсти.
sial. [м.] (геол.) сиаль.
sialadenitis. [ж.] (пат.) воспаление слюнных желез.
siálico, ca. [прил.] слюнный.
sialismo. [м.] (пат.) обильное слюнотечение.
sialofagia. [ж.] привычное глотание слюны.
sialología. [ж.] рассуждение о слюне.
sialorrea. [ж.] (мед.) слюнотечение.
siamanga. [ж.] (зоол.) вид обезьяны.
siamés, sa. [прил.] сиамский; [м. и ж.] сиамец, житель, -ница Сиама: * hermanos siameses, сиамские близнецы.
sibarita. [прил.] сибаритский, изнеженный; [м. и ж.] сибарит, -ка: * ser un sibarita, сибаритствовать, сибаритничать.
sibarítico, ca. [прил.] сибаритский; см. sensual.
sibaritismo. [м.] сибаритство.
siberiano, na. [прил.] сибирский; [м. и ж.] сибиряк, -чка.
siberita. [ж.] (мин.) турмалин.
sibil. [м.] погреб для хранения продуктов; грот, подземная пещера.
sibila. [ж.] сивилла, предсказательница.
sibilante. [прил.] свистящий, шипящий.
sibilino, na, sibilítico, ca. [прил.] к сивилла; (перен.) загадочный, туманный.
sibucao. [м.] красильное дерево.
sicalipsis. [ж.] похотливость, сладострастие.
sicalíptico, ca. [прил.] похотливый, сладострастный, непристойный; остроумный, пикантный.
sicario. [м.] наёмный убийца.
sicativo, va. [прил.] высушивающий.
sicigia. [ж.] (астр.) время полнолуния и новолуния.
siciliano, na. [прил.] сицилийский; [м. и ж.] сицилиец, -ка.
siciliense. [прил.] (геол.): * subpiso siciliense, сицилийская терраса; верхняя часть плиоцена.
siclo. [м.] шекель (вес и монета у евреев).
sicofanta, sicofante. [м.] доносчик, клеветник.
sicólogo, ga. [м. и ж.] см. psicólogo.
sicoma. [ж.] бородавка, кондилома.
sicómoro, sicomoro. [м.] (бот.) сикомор, смоковница.
sículo, la. [прил. и сущ.] см. siciliano.
sidecar. [м.] коляска мотоцикла.
sideración. [ж.] (астрол.) внезапное влияние звезды на жизнь и здоровье человека; фульгурация, лечение электричеством; (мед.) резкий упадок сил.
sideral, sidéreo. [прил.] звёздный.
siderita. [ж.] (мин.) сидерит, шпатовый железняк, железный шпат.
sideritis. [ж.] (бот.) железница, сидеритис; (мин.) см. siderosa.
siderocromita, siderocromo. [м.] (мин.) хромит, хромистый железняк.
siderografía. [ж.] гравирование по стали.
siderolito. [м.] сидеролит, железный метеорит.
siderosa. [ж.] (мин.) сидерит, железный шпат.
siderosis. [ж.] сидероз, отложение железа в крови и органах.
sideróstato. [м.] сидеростат, гелиостат.
siderotecnia. [ж.] см. siderurgia.
siderurgia. [ж.] чёрная металлургия.
siderúrgico, ca. [прил.] металлургический, железоделательный: industria metalúrgica, чёрная металлургия, железоделательная промышленность.
sidra. [ж.] сидр (яблочный напиток).
sidrería. [ж.] торговое заведение, где продают и пьют сидр.
sidrero, ra. [прил.] сидровый.
siega. [ж.] жатва; косьба, покос; укос; покос, время косьбы.
siembra. [ж.] сев, посев; время посева, пора сева; посев, засеянное поле.
siempre. [нареч.] всегда: * para sí siempre, навсегда; * siempre que, если только, лишь бы, только бы; * casi siempre, большей частью, обыкновенно; * siempre lo mismo, вечно одно и то же.
siempretieso. [м.] см. dominguillo.
siempreviva. [ж.] (бот.) бессмертник, иммортель.
sien. [ж.] висок.
siena. [ж.] (арг.) лицо; выражение лица; сиена, сиенская земля.
sienita. [ж.] (мин.) сиенит: * sienita nefelínica, нефелиновый сиенит; * sienita eleolítica, элеолит, нефелин, масляный камень; de sienita, сиенитовый.
sierpe. [ж.] (зоол.) змея; (перен.) змея, аспид; урод; (обл.) бумажный змей; (арг.) см. ganzúa; (бот.) корневой отпрыск.
sienítico, ca. [прил.] (мин.) сиенитовый, содержащий сиенит.
sierra. [ж.] пила; сиерра, часть горной цепи; (обл.) холм: * sierra circular, круглая пила; * sierra de mano, ножовка; * sierra de cinta, или sin fin, ленточная пила; * sierra de arco, лучковая пила; * sierra mecánica, механическая пила; * sierra de leñador, para tronzar, или sacar tablas, поперечная пила; * pez sierra, пила-рыба.
sierro. [м.] (обл.) см. risco.
siervo, va. [м. и ж.] раб, рабыня, невольник, -ица; слуга: * siervo de la gleba, крепостной.
sieso. [м.] (анат.) задний проход.
siesta. [ж.] сиеста, полуденный отдых; послеобеденный сон; самое жаркое время дня, полдень, мёртвый, тихий час; (церк.) музыка после обеда: * dormir, echar la siesta, отдыхать после обеда; * siesta del carnero, дообеденный отдых.
siete. [прил.] семь; седьмой; [м.] (цифра) семь; семёрка; (разг.) прореха; (Амер.) задний проход; (тех.) зажим, скоба: * más que siete, (разг.) чрезмерно.
sietecolores. [м.] (обл.) см. jilguero; чилийская птица.

sietecueros. [м.] (Амер.) опухоль на пятке; нарыв на пальце.
sietecuchillos. [м.] (Амер.) см. sietecolores.
sieteenrama. [м.] (бот.) см. tormentilla.
sietemesino. na. [прил.] семимесячный (о недоношенном ребёнке); [м. и ж.] недоношенный семимесячный ребёнок; молокосос.
sieteñal. [прил.] семилетний.
sietesangrías. [ж.] (обл.) золототысячник.
sifílide. [ж.] (мед.) сифилитическая сыпь кожи и слизистой оболочки во вторичном периоде.
sífilis. [ж.] (мед.) сифилис.
sifilítico, ca. [прил.] (мед.) сифилитический; [м. и ж.] сифилитик, -тичка.
sifilología. [ж.] сифилидология.
sifilológico, ca. [прил.] сифилидологический.
sifilólogo. [м. и ж.] сифилидолог.
sifiloma. [м.] (пат.) сифилома.
sifón. [м.] (физ.) сифон; сифон (для газированных вод).
sifosis. [ж.] горб.
sifué. [м.] верхняя подпруга.
siga. [м.] (Амер.) преследование человека или животного: * a la siga, преследуя.
sigilación. [ж.] приложение печатей, запечатание.
sigilar. [перех.] прикладывать печать, запечатывать; таить, скрывать.
sigilo. [м.] печать, штемпель; печать, оттиск (на чём-л); секрет, тайна: * sigilo sacramental, тайна исповеди; * sigilo profesional, профессиональная тайна.
sigilografía. [ж.] сфрагистика, изучение печатей.
sigilográfico, ca. [прил.] относящийся к сфрагистике.
sigilosamente. [нареч.] тихонько, тайно, секретно.
sigilosidad. [ж.] секретность; таинственность.
sigiloso, sa. [прил.] секретный; таинственный.
sigisbeo. [м.] ухаживатель.
sigla. [ж.] начальная буква; [множ.] начальные буквы, заменяющие слово или группу слов.
sigleño, ña. [прил.] (обл.) см. secular.
siglo. [м.] столетие, век; век, очень долгое время, вечность; мирская, светская жизнь; * dejar el siglo, удалиться от света; * siglo de oro, или dorado, золотой век; * en, por los siglos de los siglos, во веки веков; * los siglos futuros, будущее.
sigma. [ж.] сигма, 18-я буква греческого алфавита.
sigmatismo. [м.] частое употребление буквы s; (пат.) неправильное произношение буквы s.
sigmoideo, a. [прил.] имеющий форму буквы сигмы, сигмообразный.
sigmoiditis. [ж.] (пат.) воспаление сигмообразного отдела толстой кишки.
signa. [ж.] (мед.) знак, признак, примета.
signáculo. [м.] печать; знак.
signamiento. [м.] отметка; обозначение; приложение печати; подписывание, подписание; (рел.) дейст. к крестить.
signar. [перех.] отмечать, помечать, обозначать; прилагать печать; подписывать; (рел.) крестить, осенять крестным знамением; signarse, [возв. гл.] (рел.) креститься.
signatario, ria. [прил. и сущ.] подписавший

(-ся), -ая(ся), давший, -ая свою подпись.
signatura. [ж.] отметка; знак; марка; папский суд; (полигр.) сигнатура.
signífero, ra. [прил.] носящий знак (отличительный и т. д.); [м.] знаменосец.
significación. [ж.] значение, смысл.
significado, da. [страд. прич.] к significar; [прил.] важный, известный; [м.] значение, смысл.
significador, ra. [прил.] значащий, означающий (тж. сущ.).
significacia. [ж.] см. significación.
significante. [дейст. прич.] к significar, значащий, означающий.
significar. [перех.] значить, означать; символизировать, означать; объявлять, выражать, уведомлять; [неперех.] значить, иметь значение; significarse, [возв. гл.] обращать на себя внимание.
significativamente. [нареч.] значительно и т. д.
significativo, va. [прил.] значащий, означающий; (много)значительный; выразительный, знаменательный.
signo. [м.] знак, значок; обозначение: литера, типографский знак; крестное знамение; судьба, рок, участь; (мат.) знак; признак, симптом; (муз.) нотный знак, нота; * signos del Zodíaco, знаки Зодиака; * signos convencionales, условные знаки; * signo positivo (más), знак плюса; * signo negativo (menos) знак минуса.
sigua. [ж.] (Амер.) улитка (разновидность).
siguana. [ж.] (Амер.) см. iguana.
siguanea. [ж.] (Амер.) топкая прибрежная почва.
siguapa. [ж.] (Амер.) хищная птица (ночная).
siguiente. [дейст. прич.] к seguir, следующий, последующий; [прил.] см. posterior.
sijú. [м.] ночная хищная птица.
sil. [м.] охра (краска).
sílaba. [ж.] слог (в слове).
silabación. [ж.] произношение по слогам.
silabante. [дейст. прич.] к silabar.
silabar. [неперех.] см. silabear.
silabario. [м.] букварь, азбука.
silabear. [неперех.] произносить по слогам.
silabeo. [м.] произношение по слогам.
silábico, ca. [прил.] силлабический, слоговой.
silabismo. [м.] (линг.) силлабическое (слоговое) письмо.
sílabo. [м.] каталог, указатель, конспект.
silanga. [ж.] (Фил.) пролив между островами.
silba. [ж.] (дейст.) свист; освистывание, свистки, возгласы неодобрения.
silbador, ra. [прил.] свистящий; [м. и ж.] свистун, -ья.
silbante. [дейст. прич.] к silbar, свистящий; [прил.] см. sibilante; (разг.) см. majadero; [м.] бедный франт.
silbar. [неперех.] свистеть, свистать; шипеть (о змеях и т. д.); (тж. перех.) освистать, ошикать.
silbatería. [ж.] возгласы неодобрения, шиканье, свистки.
silbatina. [ж.] (Амер.) см. silba.
silbato. [м.] свисток; свистулька; трещина.
silbido. [м.] см. silbo: * silbido de oídos, звон, шум в ушах.
silbo. [м.] свист, свисток; шипение (змеи и т. д.); шелест (ветра).
silbón. [м.] (зоол.) перепончатолапая птица (разновидность).
silboso, sa. [прил.] свистящий, шипящий.
silenciador. [м.] глушитель (в моторе).
silenciar. [перех.] (Амер.) замалчивать, обходить что-л молчанием; см. acallar.

silenciario, ria. [прил.] молчаливый, безмолвный; [м.] глушитель (в моторе); тот, кто заставляет замолчать.
silenciero, ra. [прил. и сущ.] заставляющий замолчать.
silencio. [м.] молчание, безмолвие; тишина, тишь, безмолвие; замалчивание; (муз.) пауза: * guardar silencio, хранить молчание, безмолвствовать; * romper el silencio, прервать молчание; * pasar en silencio, замолчать; * imponer silencio, заставить замолчать; * en silencio, молча; ¡silencio!, тише!, молчать!
silencioso, sa. [прил.] молчаливый, безмолвный; бесшумный, тихий; [м.] (тех.) глушитель.
silenciosamente. [нареч.] молчаливо, безмолвно, в молчании; тайно, тайком, притворно.
silene. [ж.] (бот.) смолёвка, хлопушка.
silente. [прил.] (поэт.) см. silencioso; спокойный.
siléptico, ca. [прил.] (грам.) относящийся к силлепсису, силлептический.
silepsis. [ж.] (грам.) силлепсис.
silería. [ж.] место, где находятся силосы.
silero. [м.] см. silo.
sílex. [м.] (мин.) кремень; * de sílex, кремнистый.
silfa. [ж.] см. silfo.
sílfide. [ж.] (миф.) сильфида.
silfo. [м.] (миф.) сильф, дух воздуха.
silga. [ж.] см. sirga.
silgado, da. [прил.] (Амер.) очень худой, тощий.
silgar. [перех.] (мор.) см. sirgar; [неперех.] (мор.) грести кормовым веслом.
silgo, ga. [прил.] (обл.) см. sirgo.
silguero. [м.] см. jilguero.
silicatado, da. [прил.] содержащий силикаты.
silicatización. [ж.] силикатизация.
silicatizar. [перех.] силикатировать.
silicato. [м.] силикат.
sílice. [ж.] (хим.) кремнезём.
silíceo, a. [прил.] (хим.) из кремнезёма, похожий на кремнезём.
silícico, ca. [прил.] (хим.) кремнезёмный.
silicífero, ra. [прил.] содержащий кремнезём.
silicio. [м.] (хим.) кремний, силиций.
silicispongias. [ж. множ.] (зоол.) кремнёвые губки.
siliciuro. [м.] (хим.) соединение кремния.
silicua. [ж.] (бот.) стручок.
silicosis. [ж.] (мед.) силикоз.
silícula. [ж.] (бот.) короткий стручок.
silimanita. [ж.] (мин.) силлиманит.
silo. [м.] подземное зернохранилище; (перен.) подземная пещера; силос; силосная башня; (Амер.) силос (корм для скота).
silogismo. [м.] (филос.) силлогизм, умозаключение.
silogística. [ж.] (филос.) силлогистика.
silogísticamente. [нареч.] силлогистически.
silogístico, ca. [прил.] силлогистический.
silogizar. [неперех.] доказывать силлогизмами, строить силлогизмы, умозаключать.
silonia. [ж.] (бот. обл.) переступень.
silueta. [ж.] силуэт; очертания.
siluriano, na; silúrico, ca. [прил.] (геол.) силурийский.
silúridos. [ж. множ.] (зоол.) сомовые рыбы.
siluro. [м.] сом (рыба).
silva. [ж.] отдельные рукописи; отдельные стихотворения; (обл.) рябина; см. zarza.
silvanar. [м.] (бот.) см. zarzaparrilla.
silvana, silvanita. [ж.] (мин.) сильванит.
silvano. [м.] (миф.) лесной бог.
silvano, na. [прил.] см. selvático.

silvestre. [прил.] лесной, дикий, полевой, растущий в лесах, полях и т. д.; дикий, грубый.

silvícola. [прил.] лесной, обитающий в лесах; лесоводческий.

silvicultor. [м.] лесовод.

silvicultura. [ж.] лесоводство.

silvina, silvinita. [ж.] silvino. [м.] (мин.) сильвин.

silvoso, sa. [прил.] см. selvoso.

silla. [ж.] стул; седло; папский и т. д. престол; (перен. разг.) задний проход: * silla coche, o de ruedas, кресло на колёсах; * silla de tijera, складной стул; * silla de montar, седло; * silla de manos, носилки, портшез; * silla eléctrica, электрический стул; * silla de poltrona, глубокое кресло; * de silla a silla, наедине; * quien va a Sevilla pierde su silla, кто место своё покидает, тот его теряет; * dar silla, усадить, предложить сесть.

sillar. [м.] каменная плита; место в спине лошади для седла.

sillarejo. [м.] небольшая каменная плита.

sillera. [ж.] заведующая стульями в церкви.

sillería. [ж.] (соб.) гарнитур стульев; мастерская, где изготовляют стулья или магазин, где их продают; седельная мастерская; скамьи в церкви (на хорах); ремесло sillero; * piedra de sillería, каменная плита.

sillería. [ж.] кладка из каменных плит; совокупность каменных плит.

sillero. [м.] мастер, изготовляющий стулья; продавец стульев; седельник.

silleta. [ж. умен.] к silla. стулик, стульчик; ночной горшок для больных; плита для приготовления шоколада; (Амер.) стул; [мн.] см. jamugas.

silletazo. [м.] удар стулом.

sillete. [м.] (обл.) сорт стулика с соломенным сиденьем.

silletero. [м.] носильщик портшеза; (обл.) см. sillero.

silletín. [м. умен.] к silleta; (обл.) скамеечка для ног.

sillico. [м.] ночной горшок.

sillín. [м.] дамское разукрашенное седло; лёгкое седло; седёлка (в упряжи); велосипедное седло.

sillón. [м.] кресло; дамское седло (со спинкой); * sillón de hamaca, (Амер.) кресло-качалка.

sillón, na. [прил.] (Амер.) осёдланный (о лошади).

sima. [ж.] пропасть, бездна; глубокая яма; (арх.) скоция; (геол.) сима.

simado, da. [прил.] (обл.) низменный (о месте).

simal. [м.] ветвь, ветка.

simar. [перех.] см. abismar.

simarruba. [ж.] (Амер.) (бот.) квассия симарубе.

simbiosis. [ж.] (биол.) симбиоз.

simbiótico, ca. [прил.] (биол.) относящийся к симбиозу.

simbléfaron. [м.] (пат.) рубцовое сращение век с глазным яблоком.

simbol. [м.] аргентинское злаковое растение.

simbólicamente. [нареч.] символически.

simbólico, ca. [прил.] символический, символичный.

simbolismo. [м.] символизм.

simbolista. [м.] символист.

simbolizable. [прил.] который можно символизировать.

simbolización. [ж.] символизация.

simbolizar. [перех.] символизировать.

símbolo. [м.] (разн. знач.) символ; эмблема, изображение; * símbolo de la fe, de los Apóstoles, символ веры.

simetría. [ж.] симметрия; симметричность; соразмерность.

simétricamente. [нареч.] симметрично.

simétrico, ca. [прил.] симметричный, симметрический, соразмерный.

simetrizar. [перех.] симметрично располагать.

simiaco, ca, símico, ca. [прил.] обезьяний.

simiente. [ж.] семя: * simiente de papagayos, (бот.) сафлор.

simienza [ж.] см. sementera.

simiesco, ca. [прил.] обезьяноподобный, обезьяний.

símil. [прил.] (м. употр.) сходный, подобный; [м.] сравнение; сходство, подобие; (лингв.) сравнение, метафора.

similar. [прил.] сходный, похожий, подобный, аналогичный.

similicadencia. [ж.] (лит.) аллитерация.

similitud. [ж.] подобие, сходство.

similitudinario, ria. [прил.] см. similar.

similor. [м.] сплав меди и цинка, поддельное золото: * similor, (перен.) мишурный.

simiñoca. [ж.] (Амер.) см. embrollo.

simio. [м.] (зоол.) обезьяна (самец).

simón. [м.] извозчик, фиакр, наёмный экипаж.

simonía. [ж.] (церк.) симония (продажность и продажа званий и мест духовных).

simoniaco, ca; simoniático, ca. [прил.] относящийся к симонии; продающий духовные звания или места.

simpa. [ж.] (Амер.) см. trenza.

simpar. [перех.] (Амер.) заплетать косы.

simpatía. [ж.] симпатия, влечение; сочувствие; (мед.) корреляция, связь между функциями двух органов.

simpáticamente. [нареч.] с симпатией.

simpaticectomía. [ж.] (хир.) иссечение симпатического нерва или одного из его узлов.

simpático, ca. [прил.] симпатичный, приятный, привлекательный; (анат.) симпатический; [м.] (анат.) симпатическая нервная система; * tinta simpática, симпатические чернила; * gran simpático, симпатическая нервная система.

simpatismo. [м.] повышенная возбудимость симпатической нервной системы.

simpatizante. [дейст. прич.] к simpatizar, (тже. сущ.) сочувствующий, симпатизирующий.

simpatizar. [неперех.] сочувствовать, симпатизировать.

simple. [прил.] простой; простой, не составной; простой, естественный; простодушный, чистосердечный; простоватый; простой, заурядный, ординарный; пресный, безвкусный; [м.] простодушный человек; простак; простое, образец; [мн.] лечебные травы: * cuerpo simple, (хим.) простое тело; * tiempos simples, (грам.) простые времена; * es muy simple, это очень просто, само собой разумеется; * a simple vista, невооружённым глазом.

simplemente. [нареч.] просто, попросту.

simpleza. [ж.] простота, простоватость, недалёкость; грубость, неотёсанность, некультурность; (уст.) см. simplicidad.

simplicísimo, ma. [прил. увел. степ.] к simple, простейший.

simplicista. [прил. и сущ.] см. simplista.

simplificable. [прил.] упростимый.

simplificación. [ж.] упрощение.

simplificador, ra. [прил. и сущ.] упрощающий.

simplificar. [перех.] упрощать; (мат.) сокращать (дробь).

simplísimo, ma. [прил. увел.] к simple, кроткий, наивный, простоватый, глупый.

simplismo. [м.] упрощенчество.

simplista. [прил.] упрощенческий; [м. и ж.] упрощенец; знаток лекарственных трав.

simplón, na. [прил. увел. степ.] к simple; простоватый, наивный (тже. сущ.).

simplote, ta. [прил. увел.] к simple; кроткий, наивный, простоватый, глупый; [м. и ж.] кроткий, наивный человек, простак, глупец.

simposio, simposium. [м.] симпозиум.

simulación. [ж.] симуляция, притворство.

simulacro. [м.] изображение, образ, статуя (святого); призрак, (при)видение; подобие, видимость; примерный бой и т. д. (на практических учениях).

simuladamente. [нареч.] притворно, фальшиво.

simulado, da. [страд. прич.] к simular; [прпл.] симулированный, притворный, фальшивый, ложный.

simulador, ra. [прил.] симулирующий; [м. и ж.] симулянт, -ка, притворщик, -ица.

simular. [перех.] симулировать, притворяться: * simular un ataque, предпринять ложное наступление.

simulcadencia. [ж.] ровность, регулярность.

simultáneamente. [нареч.] одновременно, в то же время.

simultanear. [перех.] совмещать, совместительствовать.

simultaneidad. [ж.] одновременность.

simultáneo, a. [прил.] одновременный.

simún. [м.] самум (ветер).

sin. [предл.] без; (глагольные конструкции): * desaparecer sin dejar rastro, пропасть без вести; (с инфитивом переводн. деепричастием в отрицательной форме): * sin decir nada, ничего не говоря; * sin querer, не желая; * sin pensar, не думая; * sin saludar, не кланяясь; * sin vacilar, не колеблясь; (именные конструкции); * sin preámbulos, без околичностей; (адвербиальные выражения); * sin embargo, однако; * sin falta, непременно; * sin más ni más, (разг.) без причины, без повода; * sin duda, без сомнения; * sin saberlo él, без его ведома.

sin- приставка (предл.) со-, вместе.

sinagoga. [ж.] синагога.

sinaláctivo, ca. [прил.] примирительный.

sinalagmático, ca. [прил.] (юр.) взаимнообязывающий, заключающий двухстороннее обязательство (о договоре и т. д.).

sinalefa. [ж.] (грам.) соединение двух слогов.

sinalgia. [ж.] (пат.) рефлекторная, симпатическая боль.

sinamay. [м.] филиппинская тонкая ткань (из манильской пеньки).

sinantema. [м.] (пат.) сыпь, сливающаяся из отдельных пятен.

sinantéreo, a. [прил.] (бот.) сростнопыльниковый; [ж. мн.] сложноцветные растения.

sinántropo. [м.] (палеонт.) синантроп.

sinapirina. [ж.] (хим.) горчичная эссенция.

sinapismo. [м.] (мед.) горчичник; (перен. разг.) скучный человек.

sinapizado, da. [прил.] содержащий горчицу.

sinario. [м.] (м. употр.) судьба, рок, участь.

sinartrosis. [ж.] (анат.) неподвижный сустав.

sinascidias. [ж. мн.] (бот.) сложные асцидии.

sincerador, ra. [прил.] оправдывающий, извиняющий (тж. сущ.).
sinceramente. [нареч.] искренне, чистосердечно.
sincerar. [перех.] оправдывать, извинять; **sincerarse;** [возв. гл.] извиняться, оправдываться; открывать душу.
sinceridad. [ж.] искренность, чистосердечие, откровенность.
sincero, ra. [прил.] искренний, чистосердечный, откровенный.
sincipital. [прил.] (анат.) теменной.
sincipucio. [м.] (анат.) темя.
sincitio. [м.] (биол.) многоядерная, протоплазматическая масса.
sinclasa. [ж.] (геол.) синклаз, трещина сокращения или усыхания.
sinclinal. [прил.] (геол.) синклинальный;
sinclitismo. [м.] изменения в соотношении костей головки плода во время родов.
síncopa. [ж.] (грам.) (муз.) синкопа.
sincopadamente. [нареч.] с синкопой.
sincopado, da. [прил.] (муз.) синкопированный, синкопический.
sincopar. [перех.] (грам.) синкопировать, сокращать слово, выпуская букву, слога; (муз.) синкопировать, исполнять синкопами; (перен.) сокращать.
síncope. [м.] (грам.) синкопа, глубокий обморок, вызванный внезапным упадком сердечной деятельности.
sincopizar. [перех.] вызывать глубокий обморок (см. **síncope**).
sincrasis. [ж.] (физиол.) смешение, соединение.
sincrético, ca. [прил.] (филос.) относящийся к синкретизму.
sincretismo. [м.] (филос.) синкретизм.
sincretista. [прил.] синкретический, синкретичный; [м.] синкретист.
sincrisis. [ж.] (физ.) сгущение двух жидкостей при смешении; (хим.) см. **solidificación**; (рит.) сравнение.
sincro-ciclotrón. [м.] (физ. и хим.) синхроциклотрон.
sincrónicamente. [нареч.] одновременно.
sincrónico, ca. [прил.] синхронный, одновременный.
sincronismo. [м.] синхронизм, одновременность (синхронность) действия.
sincronización. [ж.] синхронизация.
sincronizar. [перех.] синхронизировать, приводить в одновременное действие.
sincrono, na. [прил.] (тех.) см. **sincrónico**.
sincronoscopio. [м.] (эл.) синхроноскоп, синхроскоп.
sincrotrón. [м.] (физ. и хим.) синхротрон.
sindactilia. [ж.] (мед.) сращение пальцев.
sindéresis. [ж.] здравый смысл, рассудок.
sindesis. [ж.] (мед.) артродоз, искусственный анкилоз.
sindesmitis. [ж.] (пат.) воспаление связок.
sindesmología. [ж.] учение о связках и суставах.
sindicación. [ж.] дейст. к **sindicar**.
sindicado. [м.] собрание síndicos (см. **síndico**).
sindicador, ra. [прил.] обвиняющий; [м. и ж.] обвинитель, -ница, доносчик, -ица.
sindical. [прил.] профсоюзный; синдикальный.
sindicalismo. [м.] синдикализм.
sindicalista. [прил.] синдикалистский; [м. и ж.] синдикалист, -ка.

sindicar. [перех.] обвинять; выдавать, доносить; подозревать; критиковать; (ком.) ставить условием; объединять в профсоюз, записывать в члены профсоюза; организовывать профсоюз; **sindicarse,** [возв. гл.] объединяться в профсоюз; записываться в профсоюз, примкнуть к профсоюзу.
sindicato. [м.] профессиональный союз, профсоюз; синдикат.
sindicatura. [ж.] контора или должность síndico.
síndico. [м.] (юр.) представитель, уполномоченный кредиторов несостоятельного должника; сборщик.
síndrome. [м.] (мед.) синдром.
sinécdoque. [ж.] (рит.) синекдоха.
sine qua non. [лат. выраж.]: * condición sine qua non, непременное условие.
sinecura. [ж.] синекура.
sinedrio. [м.] см. **sanedrín**.
sinequia. [ж.] (мед.) сращение радужной оболочки.
sinéresis. [ж.] (грам.) соединение двух слогов.
sinergético, ca. [прил.] действующий сообща.
sinergia. [ж.] (физиол.) (мед.) содействие, совместная деятельность органов или лекарств в одном общем направлении.
sinfín. [м.] **sinfinidad.** [ж.] (разг.) бесчисленное множество, количество.
sínfisis. [ж.] (анат.) симфиз, соединение двух костей.
sínfito. [м.] (бот.) окопник.
sinfonía. [ж.] симфония.
sinfónico, ca. [прил.] симфонический.
sinfonista. [м. и ж.] симфонист, автор симфоний; исполняющий симфонии.
singana. [ж.] см. **desgana**.
singani. [м.] (Амер.) сорт водки.
singénesis. [ж.] (бот.) купнородство.
singénico, ca. [прил.] см. **congénito**.
singladura. [ж.] (мор.) суточное плавание; суточный срок.
singlar. [неперех.] (мор.) идти, плыть, держать курс на...
singular. [прил.] единственный; особенный, своеобразный; редкий, необыкновенный; * número singular, (грам.) единственное число.
singularidad. [ж.] особенность, своеобразие, исключительность, редкость.
singularizar. [перех.] выделять, отличать; (грам.) переводить в единственное число; **singularizarse,** [возв. гл.] отличаться от других, оригинальничать, выделяться.
singularmente. [нареч.] особенно, в особенности; отдельно.
singulto. [м.] см. **sollozo**; икота, икание.
sínico, ca. [прил.] китайский (о предметах).
siniestra. [ж.] см. **izquierda**.
siniestrado, da. [прил. и сущ.] пострадавший от несчастного случая, потерпевший от наводнения, землетрясения, от стихийного бедствия; потерпевший убытки; погорелец.
siniestramente. [нареч.] мрачно, зловеще.
siniestro, tra. [прил.] левый; зловещий, мрачный; пагубный, роковой; зломеренный, злой, жестокий; [м.] (чаще множ.) наклонность к дурному; см. **resabio**; убытки (от несчастного случая, стихийного бедствия); стихийное бедствие.
siniquitate. [м.] (Амер.) презренная личность.
sinistral. [прил.] относящийся к левой стороне.
sinistrocardia. [ж.] левостороннее смещение сердца.
sinistrómano, na. [прил.] см. **zurdo**.

sinistrórsum. [нареч.] влево (о вращающемся движении).
sinistrorsión. [ж.] вращение влево.
sinjusticia. [ж.] (Амер.) (обл.) см. **injusticia**.
sinnúmero. [м.] бесчисленное число.
sino. [м.] рок, судьба, участь.
sino. [союз] (после отрицания) но, а; [приставка] только, всего лишь: * no solo..., sino también, не только..., но и...
sinocal, sinoco, ca. [прил.] (мед.) продолжительная, без заметных послаблении (о лихорадке).
sinodal. [прил.] синодальный.
sinodalmente. [нареч.] синодально, собором.
sinodático. [м.] доходы от священства епископу.
sinódico, ca. [прил.] синодальный; (астр.) синодический.
sínodo. [м.] синод; расположение небесных тел относительно Солнца или относительно друг друга.
sinología. [ж.] синология, китаеведение.
sinológico, ca. [прил.] синологический.
sinólogo. [м.] синолог, китаист, китаевед.
sinonimia. [ж.] синонимика; синонимичность.
sinonímico, ca. [прил.] синонимический, синонимичный.
sinónimo, ma. [прил.] синонимический, синонимичный, однозначащий; [м.] синоним.
sinople. [м.] зелёный цвет (в геральдике) (тже. прил.); (мин.) тёмно-красный кварц.
sinopsis. [ж.] обзор, синопсис (уст.).
sinóptico, ca. [прил.] синоптический, сводный: * cuadro sinóptico, синоптическая таблица.
sinostosis. [ж.] соединение черепных костей.
sinovia. [ж.] (физиол.) синовия, синовиальная жидкость (в полости суставов).
sinovial. [прил.] (физиол.) синовиальный.
sinovitis. [ж.] воспаление синовиальной оболочки.
sinquehacer. [м.] см. **ocio**.
sinrazón. [ж.] несправедливость, несправедливый поступок; безрассудство: * a sinrazón, несправедливо.
sinsabor. [м.] см. **desabor**; огорчение, неприятность; досада.
sinsílico, ca. [прил.] (Амер.) см. **bobalicón**.
sinsonte. [м.] (орни.) дрозд-пересмешник (американская птица).
sinsorgo, ga. [прил.] бессодержательный (о человеке).
sinsubstancia. [м. и ж.] (разг.) бессодержательный или легкомысленный человек.
sintáctico, ca. [прил.] синтаксический, синтактический.
sintagma. [ж.] (лингв.) синтагма.
sintaxis. [ж.] (грам.) синтаксис.
sintermo, ma. [прил.] (физ.) см. **isotermo**.
síntesis. [ж.] синтез.
sintéticamente. [нареч.] синтетически.
sintético, ca. [прил. в разн. знач.] синтетический.
sintetismo. [м.] (хир.) совокупность действий для излечения переломленных или вывихнутых членов.
sintetizable. [прил.] поддающийся синтезированию.
sintetizar. [перех.] синтезировать.
sintoísmo. [м.] синтоизм.
síntoma. [м.] (мед.) (перен.) симптом, признак.
sintomático, ca. [прил.] симптоматический; симптоматичный.
sintomatología. [ж.] (мед.) симптоматика, симптоматология.
sintonía. [ж.] см. **sintonismo**.
sintónico, ca. [прил.] (физ.) одинаковой волны.

sintonismo. [м.] свойст. к sintónico.
sintonización. [ж.] (радио) настройка.
sintonizador. [м.] (радио) устройство (или блок) настройки.
sintonizar. [перех.] (радио) настраивать.
sinulótico, ca. [прил.] зарубцовывающий.
sinuosidad. [ж.] извилистость; извилина, изгиб, излучина.
sinuoso, sa. [прил.] извилистый.
sinusitis. [ж.] (пат.) воспаление пасухи (синуса), особенно лобной.
sinusoidal. [прил.] (геом.) синусоидальный.
sinusoide. [ж.] (геом.) синусоида.
sinvergüencería. [ж.] бесстыдство, наглость, нахальство.
sinvergüenza. [прил.] бесстыдный, наглый; [м. и ж.] бесстыдник, -ица; наглец, наглая женщина; мошенник, плут.
sionismo. [м.] сионизм.
sionista. [прил.] сионистский; [м.] сионист.
sipia. [ж.] (обл.) каракатица; кальмар.
sipo, pa. [прил.] (Амер.) см. picoso.
siquiera. [союз] по меньшей мере, хотя бы, по крайней мере; (ni) siquiera, даже не; si (tan) siquiera, добро бы еще.
sir. [м.] (англ.) сэр.
siraguo, gua. [прил.] (Амер.) см. pío (о лошади).
sirca. [ж.] (Амер.) рудная жила.
sircar. [перех.] (Амер.) выкапывать с корнем.
sire. [м.] ваше величество (в обращении).
sirena. [ж.] (миф.) сирена; сирена, гудок, паровой ревун.
sirga. [ж.] (мор.) трос, толстая верёвка: * a la sirga, на буксире; * camino de sirga, бечевник.
sirgar. [перех.] тянуть бечевой.
sirgo. [м.] кручёный шёлк; шёлковая ткань.
sirguero. [м.] (м. употр.) щегол.
siriaco, ca. [прил.] сирийский; [м. и ж.] сириец, сирийка; [м.] древнесирийский язык.
siríasis. [ж.] солнечный удар.
sirigmo. [м.] звон, шум в ушах.
sirigote. [м.] (Амер.) седло.
sirilla. [ж.] (Амер.) танец с платочком.
sirimba. [ж.] (Амер.) обморок.
sirimbombo, ba. [прил.] (Амер.) малодушный, трусливый.
sirimiri. [м.] (обл.) мелкий затяжной дождь.
siringa. [ж.] (поэт.) пастушеская свирель; (Амер.) (бот.) каучуковое дерево.
siringadenoma. [ж.] (пат.) доброкачественная опухоль потовых желез.
siringoideo, a. [прил.] свищеподобный, трубчатый.
siringoscopia. [ж.] осмотр трубчатых органов.
siringótomo. [м.] (хир.) нож для вскрытия свищевых ходов прямой кишки.
sirio, ria. [прил. и сущ.] см. siríaco.
siripita. [ж.] (Амер.) сверчок.
sirle. [м.] козий помёт.
siro, sira. [прил. и сущ.] см. siríaco.
siró. [м.] (Амер.) сироп.
siroco. [м.] сирокко (ветер).
sirón. [м.] (обл.) медянка.
sirope. [м.] (Амер.) сироп.
sirria. [ж.] см. sirle.
sirte. [ж.] мель.
sirvienta. [ж.] служанка, прислуга, домашняя работница, домработница.
sirviente. [действ. прич.] к servir, служащий, прислуживающий; [м.] слуга: * sirviente de cañón, канонир, рядовой артиллерист.
sisa. [ж.] барыш от закупки провизии (у кухарок и т. д.); надсечка, надрез материи (при кройке).
sisa. [ж.] протрава (при позолоте).
sisa. [ж.] (обл.) см. sisón.

sisador, ra. [прил. и сущ.] получающий барыш от закупки (у кухарок и т. д.).
sisadura. [ж.] надсечка, надрез материи (при кройке).
sisal. [м.] вид агавы.
sisar. [перех.] плутовать, наживаться на закупке провизии (о кухарке и т. д.); делать надсечки, надрезы (при кройке); протравлять металл (под позолоту).
sisardo. [м.] (обл.) пиренейская серна.
sisca. [ж.] (обл.) см. cisca.
sisear. [неперех.] шикать (в театре и т. д.); сюсюкать, пришепётывать.
sisella. [ж.] (обл.) вяхирь (дикий голубь).
siseo. [м.] шиканье; сюсюканье.
sisero. [м.] сборщик акциза (косвенного налога).
Sísifo. [м.] (миф.) Сизиф.
sisimbrio. [м.] (бот.) гулявник, водяная режуха.
sisiones. [ж. множ.] перемежающаяся лихорадка.
sísmico, ca. [прил.] сейсмический.
sismo. [м.] подземный толчок.
sismografía. [ж.] сейсмография.
sismográfico, ca. [прил.] сейсмографический.
sismógrafo. [м.] сейсмограф.
sismograma. [ж.] сейсмограмма.
sismología. [ж.] сейсмология.
sismológico, ca. [прил.] сейсмологический.
sismologista, sismólogo. [м. и ж.] сейсмолог.
sismómetro. [м.] сейсмометр.
sisón. [м.] голенастая птица.
sisón. [м.] (разг.) часто получающий барыш от закупки провизии (о кухарке и т. д.) (тже. сущ.).
sistema. [м.] система; порядок; система, устройство, строй; система, метод: * sistema métrico, метрическая система; * sistema nervioso, нервная система; sistema planetario, планетная система.
sistemáticamente. [нареч.] систематически.
sistemático, ca. [прил.] систематический, систематичный.
sistematización. [ж.] систематизация, систематизирование.
sistematizador, ra. [прил.] систематизирующий; [м. и ж.] систематизатор.
sistematizar. [перех.] систематизировать.
sístilo, la. [прил.] (арх.) с частыми колоннами.
sístole. [ж.] (физиол.) систола.
sistólico, ca. [прил.] (физиол.) систолический.
sitiado, da. [страд. прич.] к sitiar, осаждённый (тже. сущ.).
sitiador, ra. [прил. и сущ.] осаждающий.
sitial. [м.] трон, почётное место.
sitiar. [перех.] осаждать; устраивать облаву.
sitibundo, da. [прил.] (поэт.) жаждущий.
sitiería. [ж.] sitierío. [м.] (Амер.) посёлок.
sitiero. [м.] (Амер.) мелкий фермер (тже. прил.).
sitio. [м.] место, местность; загородный дом, имение: * quedar (muerto) en el sitio, быт убитым на месте; * cambiar de sitio, перемещать, передвигать, переставлять.
sitio. [м.] осада, окружение, обложение (крепости, города и т. д.): * levantar el sitio, снимать осаду; * poner sitio, осаждать.
sitiología. [ж.] учение о питательных веществах.
sitiomanía. [ж.] ненасытность, волчий аппетит.
sitios. [прил. множ.] см. sedientes.
sito, ta. [прил.] находящийся, расположенный, лежащий.
situación. [ж.] помещение, размещение; местоположение; положение, расположение; положение, состояние; ситуация, положение, обстановка.
situado, da. [страд. прич.] к situar; [м.] доход, (о)плата.
situar. [перех.] располагать, класть, помещать, размещать; ставить; назначать фонды; situarse, [возв. гл.] располагаться, помещаться; занимать место.
síu. [м.] (Амер.) сорт щегола.
siútico, ca. [прил.] (Амер.) см. cursi.
sky. [м.] см. esquí.
slogan. [м.] лозунг.
sloop. [м.] (мор.) шлюп, одномачтовое судно.
smoking. [м.] смокинг.
snob. [м.] (англ.) сноб.
snobismo. [м.] (англ.) снобизм.
so. [предл.] под: * so pretexto, под предлогом.
¡so! [межд.] тпру!, стой!, стоп!
so. [м.] (с некоторыми прилагательными для выделения, подчёркивания; выражает презрение) какой-то: * ¡so imbécil! дурак же ты!
soalzar. [перех.] слегка приподнимать.
soasar. [перех.] слегка поджаривать, подрумянивать.
soba. [ж.] разминание; размягчение; мятьё; щупанье; побои, взбучка, таска: * dar una (buena) soba, задать кому-л трёпку.
sobacal. [прил.] подмышечный.
sobaco. [м.] подмышечная впадина, подмышка.
sobada. [ж.] (Амер.) взбучка, таска.
sobadero, ra. [прил.] поддающийся разминанию и т. д.; [м.] валяльня.
sobado, da. [страд. прич.] к sobar; [прил.] содержащий масло или топлёное свиное сало (о булке и т. д.); (перен.) избитый, затасканный.
sobadura. [ж.] см. soba (действ.)
sobajadura. [ж.] sobajamiento. [м.] мятьё.
sobajar. (Амер.) sobajear. [перех.] комкать, мять, измять; (перен.) унижать.
sobajeo. [м.] см. sobajadura.
sobandero. [м.] (Амер.) знахарь.
sobaquera. [ж.] подмышник, подмышка (часть одежды).
sobaquillo. [м. умен.] к sobaco.
sobaquina. [ж.] пот с подмышки.
sobar. [перех.] разминать, размягчать; мести; мять (кожу); (перен.) поколотить, вздуть, взгреть; ощупывать; (перен. разг.) надоедать, наскучивать; (перен.) побеждать; растирать, массировать; льстить; вправлять кость: * sobar la mano, (Амер.) см. sobornar.
sobarba. [ж.] узда; двойное подбородок.
sobarbada. [ж.] см. sofrenada; выговор, нахлобучка.
sobarbo. [м.] (тех.) лопасть (водяного колеса).
sobarcar. [перех.] брать под мышку, носить под мышкой; подбирать платье.
sobejos. [м. множ.] остатки еды, объедки.
sobeo. [м.] ремень соединяющий дышло с ярмом.
soberanamente. [нареч.] самодержавно; как владыка; в высочайшей степени, крайне, чрезмерно.
soberanear. [неперех.] поступать самодержавно.
soberanía. [ж.] суверенитет, верховная власть, верховенство.
soberano, na. [прил.] верховный, суверенный; высочайший, высший; [м. и ж.] монарх, государь, -ыня; [м.] соверен (золотая монета в один фунт стерлингов).

soberbia. [ж.] высокомерие, надменность, гордость, гордыня, спесь; тщеславие; великолепие, пышность; запальчивость, гнев, ярость.

soberbiamente. [нареч.] высокомерно, надменно; великолепно, пышно, роскошно.

soberbiar. [перех.] (Амер.) пренебрегать, отвергать.

soberbio, bia. [прил.] гордый, высокомерный, надменный; великолепный; пышный; высокий, сильный, чрезмерный; горячий, запальчивый (о лошади).

soberbiosamente. [нареч.] см. soberbiamente.

soberbioso, sa. [прил.] см. soberbio.

sobermejo, ja. [прил.] тёмно-алый.

soberna. [ж.] (Амер.) см. sobornal.

sobijo, sobijón. [м.] (Амер.) см. soba; см. escoriación.

sobina. [ж.] деревянный гвоздь.

sobo. [м.] см. soba (дейст.)

sobón, na. [прил.] надоедливый, наводящий скуку, слишком ласковый или нежный; (разг.) избегающий работы; [м.] лодырь; надоедливый человек: * de un sobón. (Амер.) за один раз.

sobordo. [м.] сличение нагрузки парохода с реестром; (мор.) инвентарь, реестр; (мор.) приплата (во время войны).

sobornable. [прил.] подкупный.

sobornación. [ж.] см. soborno.

sobornador, ra. [прил.] подкупающий; [м. и ж.] совратитель, -ница, соблазнитель, -ница.

sobornal. [м.] дополнительный груз.

sobornar. [перех.] подкупать, совращать.

soborno. [м.] подкуп, совращение; взятка; соблазн; чары; *de soborno, (Амер.) в дополнение.

sobra. [ж.] излишек, избыток, остаток; дерзость, тяжкое оскорбление, обида; [множ.] остатки еды, объедки: * de sobra, обильно; более чем достаточно; слишком, чересчур.

sobradamente. [нареч.] см. de sobra.

sobradar. [перех.] надстраивать чердак.

sobradero. [м.] (обл.) водоотводный канал.

sobradillo. [м.] крыша, навес.

sobrado, da. [страд. прич.] к sobrar; [прил.] излишний, чрезмерный; смелый, дерзкий, наглый; богатый, роскошный [м.] чердак; (Амер.) полка для посуды; [множ.] (обл.) объедки; [нареч.] см. sobradamente.

sobral. [м.] лес или роща пробковых дубов.

sobrancero, ra. [прил.] не имеющий определённого занятия, лодырничающий; [м. и ж.] лодырь, бездельник, -ница, лентяй -ка; [м.] (обл.) (замещающий) батрак.

sobrante. [дейст. прич.] к sobrar, оставшийся, излишний; [м.] остаток, излишек; [прил.] богатый, роскошный, обильный.

sobrar. [неперех.] быть в избытке; хватать; быть лишним, оставаться; [перех.] превышать, превосходить.

sobrasada. [ж.] свиная колбаса с перцем.

sobrasar. [перех.] окружать котёл жаром.

sobre. [предл.] на; над; о(б); приблизительно, около; кроме того, сверх того; после: *¿sobre qué?, о чём?; * tomar sobre sí, брать на себя; * sobre todo, особенно; * sobre manera, чрезмерно, крайне; [м.] конверт; адрес (на конверте и т. д.); (обл.) прятки (игра).

sobreabierto, ta. [прил.] широко раскрытый.

sobreabundancia. [ж.] чрезмерное изобилие, избыток.

sobreabundante. [дейст. прич.] к sobreabundar избыточный; изобилующий.

sobreabundantemente. [нареч.] с избытком, в изобилии; больше, чем надо.

sobreabundar. [неперех.] изобиловать, иметь(ся) в избытке.

sobreactividad. [ж.] (мед.) повышенная функция.

sobreaguar. [неперех.] держаться на поверхности воды, всплывать.

sobreagudo, da. [прил.] (муз.) очень высокий (о звуке).

sobrealiento. [м.] прерывистое дыхание.

sobrealimentación. [ж.] усиленное питание.

sobrealimentar. [перех.] усиленно питать.

sobrealzar. [перех.] возвышать.

sobreañadir. [перех.] делать добавления (к чему-л); добавлять с излишком.

sobreañal. [прил.] годовалый.

sobrearar. [перех.] перепахивать (плугом).

sobrearco. [м.] (арх.) арка над дверью.

sobreasada. [ж.] см. sobrasada.

sobreasar. [перех.] поджаривать вновь; пережаривать.

sobrebarato, ta. [прил.] очень дешёвый.

sobrebarrer. [перех.] слегка подметать.

sobrebeber. [перех.] пить ещё раз; перепивать.

sobrebota. [ж.] (Амер.) кожаная гетра.

sobrecalentar. [перех.] см. recalentar.

sobrecalza. [ж.] гетра, гамаша.

sobrecama. [ж.] покрывало для кровати.

sobrecarga. [ж.] дополнительный груз; перегрузка; верёвка для укрепления груза.

sobrecargar. [перех.] перегружать; обременять, отягощать.

sobrecargo. [м.] (мор.) суперкарго, судовой приказчик.

sobrecaro, ra. [прил.] очень дорогой.

sobrecarta. [ж.] конверт.

sobrecédula. [ж.] дубликат удостоверения.

sobreceja. [ж.] надлобье.

sobrecejo. [м.] хмурение.

sobrecena. [ж.] время, проведённое за столом после ужина.

sobrecenar. [(не)перех.] ужинать ещё раз.

sobreceño. [м.] хмурение (у взбешённого человека).

sobrecielo. [м.] (перен.) см. dosel, toldo.

sobrecincha. [ж.] sobrecincho. [м.] верхняя подпруга.

sobreclaustra. [ж.] sobreclaustro. [м.] комната над крытой галереей (в монастыре).

sobrecoger. [перех.] застать, захватить врасплох, застигнуть; sobrecogerse, [возв. гл.] испугаться.

sobrecogimiento. [м.] внезапный испуг.

sobrecomida. [м.] десерт, сладкое блюдо.

sobrecopa. [ж.] крышка бокала.

sobrecoser. [перех.] снова шить.

sobrecrecer. [неперех.] разрастаться; перерастать; расти, увеличиваться сверх меры; [непр. гл.] спрягается как agradecer.

sobrecreciente. [дейст. прич.] к sobrecrecer.

sobrecubierta. [ж.] двойная оболочка или (по)крышка.

sobrecuello. [м.] второй воротник; см. alzacuello.

sobrecurar. [перех.] не долечить.

sobredicho, cha. [прил.] вышесказанный, вышеназванный.

sobrediente. [м.] зуб выросший сверх других.

sobredintel. [м.] (арх.) украшение покрывающее притолоку.

sobredorar. [перех.] золотить; (перев.) прикрашивать.

sobreedificar. [перех.] надстраивать.

sobreeminente. [прил.] превосходящий, выдающийся, очень знаменитый.

sobreempeine. [м.] часть гетры, покрывающая подъём ноги.

sobreesdrújulo, la. [прил.] см. sobresdrújulo.

sobreexceder. [перех.] см. sobrexceder.

sobreexcitación. [ж.] перевозбуждение, чрезмерное возбуждение.

sobreexcitar. [перех.] чрезмерно возбуждать, раздражать.

sobrefaz. [ж.] поверхность.

sobrefino, na. [прил.] см. superfino; исключительно тонкий (о металлической нитке).

sobrehaz. [ж.] см. sobrefaz; покрышка, покров; (перев.) предлог.

sobreherido, da. [прил.] легкораненый.

sobreherir. [перех.] легко ранить; [непр. гл.] спрягается как herir.

sobrehilado, da. [страд. прич.] к hilar; [м.] см. sobrehilo.

sobrehilar. [перех.] обмётывать (петли и т. д.).

sobrehilo. [м.] шов через край.

sobrehueso. [м.] костяной нарост; помеха; тягота.

sobrehumano, na. [прил.] сверхчеловеческий, нечеловеческий.

sobrehúsa. [ж.] (обл.) кушанье из мелко нарезанной рыбы, тушенного с острой приправой; (перен.) (обл.) см. apodo.

sobreintendencia. [ж.] см. superintendencia.

sobreirritación. [ж.] чрезмерное раздражение.

sobrejalma. [ж.] плед, покрывающий вьючное седло.

sobrejuanete. [м.] (мор.) бом-брамсель.

sobrelecho. [м.] (арх.) нижняя сторона камня.

sobrellave. [ж.] второй замок; должность лица, хранящего ключ второго замка.

sobrellenar. [перех.] переполнять.

sobrelleno, na. [прил.] переполненный, избыточный.

sobrellevar. [перех.] помогать нести (груз и т. д.); облегчать, помогать; сносить, выносить, терпеть; брать на себя (чью-л вину и т. д.).

sobremanera. [нареч.] чрезмерно, крайне.

sobremano. [м.] (вет.) костяной нарост (на ноге лошади).

sobremesa. [ж.] скатерть; время, проведённое за столом после еды; (м. употр.) десерт, сладкое блюдо; * de sobremesa, настольный; [нареч.] немедленно после еды; не вставая из-за стола.

sobremodo. [нареч.] чрезмерно, крайне.

sobremuñonera. [ж.] верхняя лодыга на цапфы пушки.

sobrenadar. [неперех.] держаться на поверхности воды, всплывать.

sobrenatural. [прил.] сверхъестественный, необыкновенный.

sobrenaturalizar. [перех.] делать сверхъестественным.

sobrenaturalmente. [нареч.] сверхъестественно.

sobrenjalma. [ж.] см. sobrejalma.

sobrenoche. [ж.] глубокая ночь.

sobrenombrar. [перех.] дать прозвище, прозвать.

sobrenombre. [м.] прозвище; кличка.

sobrentender. [перех.] подразумевать; sobrentenderse, [возв. гл.] подразумеваться.

sobreño, ña. [прил.] (обл.) см. sobreañal.

sobrepaga. [ж.] приплата, денежная прибавка.

sobrepagar. [перех.] приплачивать, заплатить лишнее.

sobreparto. [м.] послеродовой период.

sobrepasar. [неперех.] превосходить, превышать; обгонять.

sobrepaso. [м.] (Амер.) иноходь.

sobrepeine. [нареч.] (разг.) легко; небрежно.

sobrepelo. [м.] (Амер.) подседельник: * de sobrepelo, поверхностно.

sobrepelliz. [м.] (церк.) стихарь.

sobrepeso. [м.] см. sobrecarga.
sobrepié. [м.] (вет.) костяной нарост (на ноге лошади).
sobrepintarse. [возв. гл.] см. repintarse.
sobreponer. [перех.] накладывать одно на другое, сверху; sobreponerse, [возв. гл.] преодолевать (препятствие и т. д.); овладевать собой; превзойти кого-л; [непр. гл.] спрягается как poner.
sobreprecio. [м.] повышение цены, надбавка к цене.
sobreprima. [ж.] страховая премия.
sobreprimado, da. [прил.] (обл.) в возрасте двух лет.
sobreproducción. [ж.] перепроизводство.
sobrepuerta. [ж.] деревянный прут для портьер; портьера, драпри.
sobrepuesto, ta. [непр. страд. прич.] к sobreponer; [прил.] положенный сверху; [м.] наслойка сот; корзина, служащая для прикрытия улья; накладка; (перен.) вымышленный предлог.
sobrepujamiento. [м.] преодоление; превышение.
sobrepujante. [дейст. прич.] к sobrepujar (тже. прил.).
sobrepujanza. [ж.] чрезмерная сила, крайнее могущество.
sobrepujar. [перех.] превосходить, превышать; преодолевать, побеждать.
sobrequilla. [ж.] (мор.) резен-киль.
sobrero. [м.] (обл.) пробковый дуб.
sobrero, ra. [прил.] см. sobrante.
sobrero, ra. [м. и ж.] тот, кто делает конверты.
sobrerronda. [ж.] см. contrarronda.
sobrerropa. [ж.] пальто.
sobresabido, da. [прил.] (обл.) предвиденный.
sobresalario. [м.] см. sobresueldo.
sobresalienta. [ж.] (театр.) дублёрша.
sobresaliente. [дейст. прич.] к sobresalir, выдающийся; [прил.] отличный (об отметках); [м.] дублёр; отличная отметка; отличник; выдающийся, превосходный человек.
sobresalir. [неперех.] выделяться, превосходить, отличаться; [непр. гл.] спрягается как salir.
sobresaltar. [перех.] внезапно напасть, набрасываться, атаковать; испугать, смущать; [неперех.] бросаться в глаза; sobresaltarse, [возв. гл.] содрогаться, испугаться.
sobresaltear. [перех.] см. sobresaltar.
sobresalto. [м.] неожиданность; внезапный испуг; вздрагивание; внезапный скачок, резкое движение лошади; * de sobresalto, неожиданно, внезапно, вдруг; врасплох.
sobresanar. [неперех.] затянуться, закрыться (о ране); [перен.] прикрывать, сглаживать (проступок и т. д.).
sobresano. [нареч.] поверхностно, наружно (залечивать); (перен.) притворно.
sobresano, na. [прил.] поверхностно залеченный.
sobresaturación. [ж.] (хим.) перенасыщение.
sobresaturar. [перех.] (хим.) перенасыщать.
sobrescribir. [перех.] надписывать; писать адрес.
sobrescri(p)to, ta. [непр. страд. прич.] к sobrescribir; [м.] надпись; адрес (на конверте и т. д.).
sobresdrújulo, la. [прил.] (грам.) имеющий ударение на четвёртом и более слоге от конца.
sobreseer. [неперех.] отсрочивать, откладывать; отменять; отказываться от претензии.
sobreseguro. [нареч.] без риска, не рискуя ничем.
sobreseimiento. [м.] отсрочка; отказ от претензии; (юр.) прекращение уголовного дела.
sobresellar. [перех.] вторично запечатать.
sobresello. [м.] вторичная или двойная печать.
sobresembrar. [перех.] пересевать, вновь засевать (поле).
sobresingular. [прил.] см. extraordinario.
sobresolado, da. [страд. прич.] к sobresolar; [м.] подбивка новых подмёток; вторичное настилание кирпичного пола.
sobresolar. [перех.] ставить новые подмётки; вторично настилать кирпичный пол; [непр. гл.] спрягается как contar.
sobrestada. [ж.] (мор.) см. estadía.
sobrestadía. [ж.] (мор.) простой (парохода).
sobrestante. [м.] управляющий, надсмотрщик.
sobrestantía. [ж.] контора или должность управляющего, надсмотрщика.
sobrestar. [неперех.] быть настойчивым, упорным, настаивать, упорно добиваться; [непр. гл.] спрягается как estar.
sobresueldo. [м.] надбавка к зарплате, приплата; сверхурочные.
sobresuelo. [м.] второй пол.
sobretarde. [ж.] сумерки (вечера).
sobretasa. [ж.] дополнительный налог; сверхобложение.
sobretejer. [перех.] вышивать гладью; укреплять завязку.
sobretendón. [м.] (вет.) опухоль на сухожилии.
sobretensión. [ж.] перенапряжение.
sobretodo. [м.] пальто.
sobreveedor. [м.] старший инспектор, смотритель, надзиратель.
sobrevenida. [ж.] внезапный, неожиданный приход, приезд; внезапное появление.
sobrevenidero, ra. [прил.] неожиданно пришедший.
sobrevenir. [неперех.] случаться одновременно или одно за другим; нечаянно приходить, приезжать; нечаянно появляться; [непр. гл.] спрягается как venir.
sobreverterse. [возв. гл.] обильно разливаться, рассыпаться; [непр. гл.] спрягается как entender.
sobrevesta, sobreveste. [ж.] супервест, камзол без рукавов.
sobrevestir. [перех.] надевать одно поверх другого; [непр. гл.] спрягается как pedir.
sobrevida. [ж.] см. supervivencia.
sobrevidriera. [ж.] решётка в виде сетки для предохранения стёкол; двойные стёкла (рамы).
sobrevienta. [ж.] резкий порыв ветра; (перен.) порыв; неожиданность: * a sobrevienta, внезапно, необдуманно.
sobreviento. [м.] резкий порыв ветра.
sobreviviente. [дейст. прич.] к sobrevivir, и [сущ.] переживший кого-л, оставшийся в живых.
sobrevivir. [неперех.] пережить кого-л, что-л; остаться в живых; (перен.) испытывать, выносить (болезнь, горе и т. д.).
sobrevolar. [перех.] перелетать, летать над...; [непр. гл.] спрягается как contar.
sobrexcedente. [дейст. прич.] к sobrexceder.
sobrexceder. [перех.] превосходить, превышать.
sobrexcitación. [ж.] см. sobreexcitación.
sobrexcitar. [перех.] см. sobreexcitar.
sobriamente. [нареч.] трезво, скромно; сдержанно, умеренно.
sobriedad. [ж.] трезвость воздерж(ан)ность; сдержанность, умеренность; строгость (стиля).
sobrinazgo. [м.] см. nepotismo.
sobrino. [м. и ж.] племянник, -ица.
sobrio, bria. [прил.] трезвый, скромный, воздерж(ан)ный; сдержанный, умеренный; строгий, без прикрас (о стиле).
sobros. [м. множ.] (Амер.) остатки еды, объедки.
socaire. [м.] (мор.) подветренный борт: * estar, о ponerse, al socaire, увиливать от работы.
socairero. [прил.] (мор.) увиливающий от работы (о матросе).
socala. [ж.] (Амер.) вырубка леса на горе.
socalar. [перех.] (Амер.) см. socolar.
socaliña. [ж.] уловка, хитрость, приём, обман; мошенничество; вымогательство.
socaliñar. [перех.] выманивать хитростью, воровским, мошенническим способом, выклянчивать; вымогать.
socaliñero, ra. [прил.] выманивающий хитростью, воровским способом; [м. и ж.] жулик, плут, -овка, пройдоха.
socalzar. [перех.] укреплять фундамент.
socaño. [м.] (обл.) большой кусок хлеба.
socapa. [ж.] предлог, повод, отговорка: * a или de socapa, втихомолку, тайком, притворно.
socapiscol. [м.] см. sochantre.
socar. [перех.] (мор.) затягивать узлы; надоедать, докучать; см. emborrachar.
socarra. [ж.] поджаривание; подпаливание.
socarrén. [м.] свес кровли.
socarrena. [ж.] вогнутость; (арх.) пролёт между балками.
socarrina. [ж.] см. chamusquina.
socarrón, na. [прил.] хитрый, лукавый; [м. и ж.] хитрец, хитрая женщина, продувная бестия.
socarronamente. [нареч.] хитро, лукаво, не подавая виду, тайно.
socarronería. [ж.] хитрость, лукавство, скрытность.
socava. [ж.] подкапывание, подкоп, подкопка; подрывание, подрывка; углубление около дерева для задержания воды.
socavación. [ж.] подкапывание, подкоп(ка); подрывание, подрывка.
socavar. [перех.] подкапывать; подрывать (тже. перен.).
socavón. [м.] (горн.) наклонная шахта; провал (углубление).
socaz. [м.] спуск для воды (под мельницей).
socesto. [м.] (обл.) см. recental.
sociabilidad. [ж.] общительность.
sociable. [прил.] общительный.
social. [прил.] социальный, общественный; принадлежащий или относящийся к членам общества: * ciencias sociales, общественные науки; * capital social, капитал коммерческого общества; * domicilio (sede) social, помещение (организации и т. д.).
socialismo. [м.] социализм: * socialismo utópico, утопический социализм.
socialista. [прил.] социалистический; [м. и ж.] социалист, -ка.
socialización. [ж.] социализация.
socializar. [перех.] социализировать, обобществлять.
sociedad. [ж.] общество; общество, товарищество; общество, ассоциация, объединение: * sociedad anónima, акционерное общество; * sociedad comanditaria или en comandita, коммандитное товарищество, товарищество на вере.
societario, ria. [прил.] принадлежащий или относящийся к рабочим союзам.
socinianismo. [м.] социнианская ересь (отвергающая Троицу и божественность Христа).

socio, cia. [м. и ж.] член общества; (ком.) член общества, товарищ, участник, компаньон, -ка (в деле).
sociología. [ж.] социология.
sociológico, ca. [прил.] социологический.
sociólogo. [м.] социолог.
soco, ca. [прил.] (Амер.) однорукий; пьяный; (Амер.) культя, обрубок; удар кулаком.
socobe. [м.] (Амер.) разновидность тыквы.
socola. [ж.] (обл.) см. ataharre; (Амер.) расчистка леса; см. sembrado.
socolar. [перех.] (Амер.) расчищать лес.
socolor. [м.] предлог; [нареч.] под предлогом, под видом.
socollón. [м.] (Амер.) резкий толчок.
socollonear. [перех.] (Амер.) резко трясти.
soconusco. [м.] сорт шоколада; (вообще) шоколад.
socoro. [м.] (арх.) место под хорами.
socorredor, ra. [прил. и сущ.] готовый помочь, готовый оказать помощь.
socorrer. [перех.] помогать, оказывать помощь, выручать; прийти на помощь, на выручку; помогать в нужде; поддерживать; давать (деньги) в счёт.
socorrido, da. [прил.] см. socorredor; обильный, снабжённый.
socorro. [м.] помощь, поддержка, содействие; частичная уплата в счёт долга, задаток; (воен.) выручка, подкрепление; (арг.) воровство, кража; (Амер.) аванс (в счёт зарплаты): * ¡socorro! на помощь!, помогите!; спасите!
socoyote. [м.] (Амер.) младший сын.
socrático, ca. [прил.] сократический.
socrocio. [м.] шафранный пластырь; (Амер.) сорт сахарного печенья.
socucho. [м.] угол, каморка.
sochantre. [м.] регент.
soche. [м.] (Амер. зоол.) американское жвачное животное.
soda. [ж.] сода; содовая вода.
sodado, da. [прил.] содержащий соду.
sodalita. [ж.] (мин.) содалит.
sódico, ca. [прил.] натриевый, натровый.
sodio. [м.] (хим.) натрий: * bicarbonato de sodio, бикарбонат; * carbonato de sodio, сода, карбонат натрия.
sodomía. [ж.] педерастия, мужеложство (книж.), содомский грех.
sodomi(s)ta. [прил. и сущ.] педерастический, педераст, мужеложник (книж.).
sodomítico, ca. [прил.] педерастический.
soez. [прил.] низкий, подлый, гадкий, мерзкий, непристойный.
soezmente. [нареч.] низко, подло, грубо, непристойно.
sofá. [м.] софа, диван.
sofaldar. [перех.] подбирать, приподнимать (подол); (перен.) приоткрывать что-л.
sofaldo. [м.] подбирание (подола); дейст. к приоткрывать что-л.
sofión. [м.] грубый окрик; большой мушкетон.
sofisma. [м.] софизм.
sofista. [прил.] прибегающий к софизмам; [м.] софист.
sofistería. [ж.] софистика; употребление софизмов.
sofisticación. [ж.] дейст. к sofisticar; фальсификация, подделка.
sofisticar. [перех.] прибегать к софизмам, увёрткам; фальсифицировать, подделывать.
sofístico, ca. [прил.] софистический.
sofito. [м.] (арх.) соффит.
soflama. [ж.] небольшое пламя; отражение пламени; румянец, краска на лице (от стыда, волнения); лицемерные слова; (перен.) лицемерие; лесть; хитрость; томительная, скучная речь.
soflamación. [ж.] (дейст.) обман; дейст. к пристыдить; румянец, краска на лице (от стыда, волнения и т. д.).
soflamar. [перех.] обманывать, употреблять притворные слова; пристыдить, заставить краснеть; **soflamarse**, [возв. гл.] поджариться, подрумяниться.
soflamería. [ж.] см. palabrería.
soflamero, ra. [прил.] употребляющий лицемерные слова, ласки, и т. д. (тже. сущ.).
sofocación. [ж.] удушье; затруднённое дыхание; заглушение; подавление; сильное волнение; краска (стыда и т.д.); (перен.) надоедание.
sofocar. [перех.] душить, вызывать удушье, удушать; сильно взволновать; захватить дух; не давать покоя; заставить покраснеть, пристыдить; подавлять, заглушать; **sofocarse**, [возв. гл.] краснеть.
sofoco. [м.] см. sofocación; сильное волнение, огорчение.
sofocón. [м.] **sofoquina.** [ж.] (разг.) сильное волнение, раздражение, огорчение.
sófora. [ж.] (бот.) софора.
sofregar. [перех.] слегка тереть, [непр. гл.] спрягается как acertar.
sofreír. [перех.] слегка поджаривать, [непр. гл.] спрягается как freír.
sofrenada. [ж.] натяжение поводьев; (перех.) укрощение; резкое порицание.
sofrenar. [перех.] натягивать поводья; (перен.) резко порицать, отчитывать, укрощать, обуздывать.
sofrenazo. [м.] см. sofrenada.
sofrito, ta. [непр. страд. прич.] к sofreír.
soga. [ж.] канат, верёвка из испанского дрока; земельная мера; (Амер.) сыромятный ремень; (перен. разг.) пройдоха, хитрец: * dar soga, (перен. разг.) давать волю, потакать; провести кого-л; смеяться над кем-л; * echar la soga tras el caldero, бросить начатое; махнуть на всё рукой; * hacer soga, замешкаться; * no hay que mentar la soga en casa del ahorcado, в доме повешенного не говорят о верёвке; * con la soga tras el caldero, они неразлучные (друзья и т. д.); * con la soga a la garganta, al cuello, в безысходном положении.
sogalinda. [ж.] (обл.) см. lagartija.
soguear. [перех.] (обл.) измерять что-л верёвкой, (Амер.) дать говорить.
soguería. [ж.] ремесло верёвочника; место, где скручивают или продают верёвки (см. soga).
soguero, ra. [м. и ж.] тот, кто скручивает или продаёт верёвки; [м.] носильщик.
soguilla. [ж.] коса (из волос или из испанского дрока); мальчик для посылок.
soja. [ж.] соя.
sojuzgador, ra. [прил.] порабощающий; покоряющий; [м. и ж.] поработитель, -ница.
sojuzgamiento. [м.] покорение, порабощение; подчинение.
sojuzgar. [перех.] покорять, порабощать, закабалять; подчинять.
sol. [м.] солнце; (перен.) см. día; (уст.) золото; солнцепёк; * tomar el sol, tenderse de justicia, греться на солнце; * sol de las Indias, подсолнечник; * al sol puesto, al ponerse el sol, на закате; * la puesta del sol, заход, закат солнца; * a la salida del sol, al salir el sol, на рассвете; * la salida del sol, восход солнца; * de sol a sol, от зари до зари; * campear de sol a sombra, работать от зари до зари; * no dejar ni a sol ni a sombra, надоедать, докучать; * sentarse al sol, загорать (о лице).
sol. [м.] (муз.) соль.
solacear. [перех.] см. solazar.
solada. [ж.] осадок, отстой (в напитках и т. д.).
solado, da. [страд. прич.] к solar; [м.] настил пола, мощение плит(к)ами.
solador. [м.] мостильщик.
soladura. [ж.] см. solado; каменные плиты, кирпич и т. д.
solamente. [нареч.] только, единственно, лишь: * solamente que, с условием, чтобы.
solana. [ж.] солнцепёк; галерея или помещение для приёма солнечных ванн.
solanáceo, a. [прил.] (бот.) паслёновый; [ж. множ.] паслёновые.
solanar. [м.] (обл.) см. solana.
solanazo. [м. увел.] к solano; (мор.) сильный восточный ветер.
solanera. [ж.] солнечный обжог; солнцепёк.
solano. [м.] сухой восточный ветер.
solano. [м.] (бот.) паслён.
solapa. [ж.] лацкан, отворот (одежды); (перен.) обман, предлог, притворство; [множ.] борта: * de solapa, тайком.
solapadamente. [нареч.] тайно, не подавая виду; лицемерно.
solapado, da. [страд. прич.] к solapar; [прил.] притворный, неискренний, лицемерный.
solapar. [перех.] отгибать лацканы; скрывать; скрыть, таить (намерение и т. д.).
solape. [м.] см. solapa.
solapo. [м.] см. solapa; черепицевидное наслоение, покрытая часть чего-л; (перен. разг.) оплеуха: * a solapo (перен. разг.) тайком.
solar. [ж.] пустырь; опора, основание; фундамент; (Амер.) жилой дом; задний двор: * casa solar, родовое имение, родовой за́мок.
solar. [прил.] солнечный: * luz solar, солнечный свет.
solar. [перех.] настилать плиточный, кирпичный пол; подбивать подмётки; [непр. гл.] спрягается как contar.
solariego, ga. [прил.] родовой; старинный, родовитый: * casa solariega, дом в поместье, средневековая усадьба.
solario. [м.] квадрант, солнечные часы; см. solana; солярий.
solaz. [м.] удовольствие, развлечение, отрада: * a solaz, с удовольствием.
solazar. [перех.] веселить, развлекать, доставлять удовольствие, радость, утешить; **solazarse**, [возв. гл.] развлекаться.
solazo. [м.] (разг.) палящее солнце.
solazoso, sa. [прил.] доставляющий удовольствие, радость.
soldada. [ж.] заработная плата, жалованье; солдатское имущество.
soldadesca. [ж.] солдатчина; (разг.) (соб.) солдатня; недисциплинированные войска.
soldadesca, ca. [прил.] солдатский: * a la soldadesca, по солдатски.
soldado. [м.] солдат; боец; рядовой: * soldado raso, рядовой; * soldado veterano, ветеран; * soldado de infantería de marina, солдат морской пехоты; * sentar plaza de soldado, поступать в солдаты.
soldador. [м.] паяльщик, сварщик; паяльник.
soldadote. [увел.] к soldado, (презр.) солдафон.

soldadura. [ж.] паяние, пайка, сварка; поправка, починка, исправление; припой, сплав для паяния: * soldadura autógena, автогенная сварка, газовая сварка; * soldadura eléctrica, электросварка.

soldán. [м.] см. sultán.

soldar. [перех.] паять, спаивать, сваривать; плотно соединять; (перен.) поправлять; исправлять; починять; [непр. гл.] спрягается как contar.

soldura. [ж.] см. soldadura.

soleado, da. [страд. прич.] к solear; [м.] (обл.) см. insolación.

soleamiento. [м.] дейст. к подвергать(ся) действию солнца.

solear. [перех.] выставить на солнце, подвергать действию солнечных лучей; solearse, [возв. гл.] подвергаться действию солнечных лучей.

solecismo. [м.] (грам.) солецизм.

soledad. [ж.] одиночество; уединение; уединённое место, глушь; тоска по ком-л; протяжная песня и танец.

soledoso, sa. [прил.] см. solitario; тоскующий.

soledumbre. [ж.] (неупотр.) уединённое место, глушь.

solejar. [м.] см. solana.

solemne. [прил.] ежегодный; торжественный; пышный, напыщенный; важный.

solemnemente. [нареч.] торжественно.

solemnidad. [ж.] торжественность; торжество, церемония; (церк.) праздник.

solemnización. [ж.] торжественное празднование.

solemnizar. [перех.] торжественно праздновать, отмечать; прославлять.

solen. [м.] (зоол.) морской черенок (моллюск).

solenoide. [м.] (физ.) соленоид.

soler. [неперех.] иметь обыкновение, привычку; обычно случаться.

solera. [ж.] балка; основание (стойки и т. д.); мельничный жёрнов (нижний); под (печи); (Амер.) кирпич; метлахская плитка.

solercia. [ж.] ловкость, сноровка.

solería. [ж.] строительный материал для настила; настил пола.

solero. [м.] подмёточная кожа.

solero, ra. [прил.] (Амер.) скучный, докучливый.

solerte. [прил.] хитрый, лукавый, коварный.

soleta. [ж.] новая пятка, ступня (чулка и т. д.): * apretar, picar de или tomar soleta, быстро ходить, бегать; навострить лыжи, удирать, дать тягу, улепётывать.

soletear. [перех.] надвязывать пятки (чулка и т. д.).

soletero, ra. [м. и ж.] тот, кто по ремеслу надвязывает пятки (чулков и т. д.).

soleto. [м.] см. soleta.

solevación. [ж.] solevamiento. [м.] дейст. к приподнять, поднятие, поднимание; возмущение, дейст. к подстрекать.

solevantado, da. [страд. прич.] к solevantar; [прик.] см. soliviantado.

solevantamiento. [м.] см. solevación.

solevantar. [перех.] приподнимать, поднимать; (перен.) см. soliviantar; solevantarse, [возв. гл.] приподниматься, привставать; (перен.) возмущаться, взбунтоваться.

solevar. [перех.] (при)поднимать; см. sublevar; solevarse, [возв. гл.] взбунтоваться.

solfa. [ж.] (муз.) сольфеджио; музыка; (перен. разг.) взбучка, трёпка, побои: * poner en solfa, (перен. разг.) выставлять на смех; * tocar la solfa a uno, настойчиво упрекать, порицать.

solfatara. [ж.] (геол.) сольфатара, дымящаяся серная сопка.

solfatárico, ca. [прил.] к сольфатара.

solfeador, ra. [прил. и сущ.] поющий сольфеджио.

solfear. [перех.] сольфеджировать, петь сольфеджио; (перен. разг.) поколотить; настойчиво упрекать, порицать.

solfeo. [м.] (муз.) сольфедж(ио); (перен. разг.) взбучка, побои, трёпка, потасовка.

solferino, na. [прил.] красновато-фиолетовый (о цвете).

solfista. [м. и ж.] тот, кто занимается сольфедж(ио).

solía. [ж.] привычка; способ.

solicitable. [прил.] испрашиваемый.

solicitación. [ж.] ходатайство, просьба; ухаживание за женщиной.

solicitador, ra. [прил.] просящий, обращающийся с просьбой, с требованием; [м. и ж.] ходатай, проситель, -ница.

solícitamente. [нареч.] заботливо, старательно, с готовностью; услужливо; участливо.

solicitante. [дейст. прич.] к solicitar, просящий; [м. и ж.] ходатай, проситель, -ница.

solicitar. [перех.] просить, хлопотать, ходатайствовать; добиваться, домогаться; ухаживать (за женщиной); * solicitado, пользующийся большим спросом.

solícito, ta. [прил.] заботливый, старательный; услужливый, готовый к услугам, предупредительный.

solicitud. [ж.] заботливость, забота, усердие, внимательность; заявление, прошение.

solidago. [м.] (бот.) золотарник.

sólidamente. [нареч.] твёрдо, прочно; основательно.

solidar. [перех.] укреплять, делать устойчивым, консолидировать; (перен.) обосновывать.

solidariamente. [нареч.] солидарно.

solidaridad. [ж.] солидарность, единомыслие, общность интересов; солидарная ответственность, круговая порука.

solidario, ria. [прил.] взаимно обязывающий, солидарный; действующий заодно.

solidarizar. [перех.] делать солидарным; объединять; solidarizarse, [возв. гл.] солидаризироваться, солидаризоваться; объединяться.

solideo. [м.] скуфья, ермолка (священника).

solidez. [ж.] твёрдость, крепость, прочность; плотность; долговечность; солидность, основательность, надёжность; (обл.) см. soledad.

solidificación. [ж.] отвердевание, отвердение, застывание; замерзание.

solidificar. [перех.] делать твёрдым, обращать в твёрдое состояние; solidificarse, [возв. гл.] твердеть, обращаться в твёрдое состояние.

sólido, da. [прил.] твёрдый, крепкий, прочный; плотный, крепкий, долговечный; солидный, основательный, надёжный; устойчивый; [м.] (физ.) твёрдое тело; (мат.) геометрическое тело.

solifluccíón. [ж.] (геол.) солифлюкция.

soliloquiar. [неперех.] (разг.) разговаривать с самим собой.

soliloquio. [м.] разговор с самим собой; монолог.

solimán. [м.] сулема.

solimancillo. [м.] (бот.) перечный горец, перец водяной.

solio. [м.] трон под балдахином.

solípedo, da. [прил.] (зоол.) однокопытный; [м. множ.] однокопытные.

solista. [м. и ж.] солист, -ка.

solitaria. [ж.] (одноместная) почтовая карета; (мед.) солитёр, ленточный червь;
* tener la solitaria, (перен.) очень много есть.

solitariamente. [нареч.] уединённо; одиноко, в уединении.

solitario, ria. [прил.] одинокий; уединённый; отдельный, расположенный особняком; пустынный; [м.] пустынник, отшельник.

sólito, ta. [прил.] привычный, обычный.

soliviadura. [ж.] (при)поднимание, поднятие.

soliviantado, da. [страд. прич.] к soliviantar; [прил.] беспокойный, тревожный; старательный; взволнованный.

soliviantar. [перех.] возмущать, подстрекать, вызывать волнение, мятеж.

soliviar. [перех.] приподнимать; soliviarse, [возв. гл.] приподниматься, привставать.

solivio. [м.] см. soliviadura.

solivo. [м.] (обл.) балка, брус.

solmenar. [перех.] (обл.) трясти.

solo, la. [прил.] один, единый, единственный; одинокий; уединённый; [м.] (муз.) соло: * a solas, самостоятельно; наедине, с глазу на глаз; * a mis (tus, sus,) solas, уединённо.

sólo. [нареч.] см. sólamente.

solombría. [ж.] (обл.) см. umbría.

solomillo. [м.] филе, филейная часть говядины и т. д.

solomo. [м.] см. solomillo; хребтовая часть свинины (приправленная).

solsonense. [прил.] относящийся к Solsona; [м. и ж.] уроженец этого города.

solsticial. [прил.] (астр.) относящийся к солнцестоянию.

solsticio. [м.] (астр.) солнцестояние.

soltar. [перех.] развязывать, распускать, отпускать, ослаблять; выпускать; бросать, кидать; освобождать; разразиться (смехом и т. д.); испускать (вздох и т. д.); (разг.) говорить, сказать: * soltar el perro, спустить собаку; * soltar a un preso, освободить заключённого; * soltar un despropósito, сказать нелепость; * soltar una majadería, сболтнуть глупость; * soltar una carcajada, расхохотаться; soltarse, [возв. гл.] развязываться; выпутываться; приобрести развязность, навык в чём-л; * soltarse a, начинать, [непр. гл.] спряг. как contar.

soltería. [ж.] безбрачие, целибат, холостое состояние.

soltero, ra. [прил.] не состоящий в браке; холостой; неженатый; незамужняя; свободный; [м. и ж.] холостяк; девица, незамужняя.

solterón, na. [прил. и сущ.] старый холостяк, старая девица.

soltura. [ж.] развязывание; распускание; ловкость, развязность; распущенность; непринуждённость в речи; освобождение (заключённого); (Амер.) слабость кишечника.

solubilidad. [ж.] растворимость; разрешимость.

soluble. [прил.] растворимый; разрешимый.

solución. [ж.] растворение; распад, распадение; раствор; решение, разрешение, выход; исход дела, развязка; (лит.) развязка; вознаграждение: * solución de continuidad, нарушение связи, перерыв.

solucionar. [перех.] разрешать, решать (вопрос и т. д.).

solutivo, va. [прил.] слабительный (о средстве и т. д.).

solvencia. [ж.] платёжеспособность; оплата; (раз)решение;

solventar. [перех.] рассчитаться с кем-л, уплатить кому-л; (раз)решать.
solvente. [действ. прич.] к solver; [прил.] свободный от долгов; платёжеспособный; способный удовлетворительно выполнять обязательства; [м.] растворитель.
solver. [перех.] (раз)решать; [непр. гл.] спряг. как mover.
solla. [ж.] (обл.) сорт камбалы.
sollado. [м.] (мор.) кубрик.
sollamar. [перех.] жечь, палить; обжарить.
sollar. [перех.] (обл.) дуть (ртом, мехами)
sollastre. [м.] поварёнок; пройдоха, плут.
sollastría. [ж.] ремесло поварёнка.
sollisparse. [возв. гл.] (обл.) не доверять, относиться недоверчиво, остерегаться.
sollo. [м.] (ихтиол.) осётр.
sollozante. [действ. прич.] к sollozar.
sollozar. [неперех.] рыдать, плакать навзрыд; всхлипывать.
sollozo. [м.] рыдание, всхлипывание.
soma. [ж.] мука простого размола; (обл.) хлеб из муки простого размола; (арг.) курица; [м.] тело.
somalí. [прил.] сомалийский; [м. и ж.] сомалиец, -ийка.
somanta. [ж.] (разг.) побои, взбучка, трёпка.
somantar. [перех.] (Амер.) поколотить, вздуть, взгреть.
somarrar. [перех.] (обл.) см. socarrar.
somastenia. [ж.] (мед.) общая слабость, лёгкая истощаемость.
somatalgia. [ж.] боль в теле.
somatar. [перех.] (Амер.) см. zurrar.
somatén. [м.] ополчение; набат, тревога; (перен.) (разг.) тревога, шум, крик, гам: * tocar a somatén, бить, ударить в набат.
somatenista. [м.] ополченец.
somático, ca. [прил.] соматический, телесный.
somatógeno, na. [прил.] соматогенный.
somatología. [ж.] соматология.
somatopleura. [ж.] соматоплевра.
somatoscopia. [ж.] наружный осмотр тела.
sombra. [ж.] (чаще множ.) темнота, мрак, потёмки; тень; тень, призрак; (перен.) темнота, мрак; покровительство, поддержка, защита, сень (книж.); тень, видимость; изъян, недостаток; (жив.) тень; сходство, схожесть; (Амер.) транспарант; зонтик от солнца; удача: * sombras chinescas, китайские тени; * a la sombra, в тюрьме; * poner a la sombra, засадить в тюрьму; * tener buena sombra, быть приятным, симпатичным; иметь удачу; * hacer sombra, заслонять; мешать; * ni por sombra, ничуть, никоим образом; ни намёка; * mirarse a la sombra, (разг.) быть чванным.
sombraje. [м.] укрытие от солнца (из листьев и т. д.).
sombrajo. [м.] см. sombraje; (чаще множ.) (разг.) тень от человека (мешающая кому-л видеть и т. д.).
sombrar. [перех.] давать тень, затенять.
sombrático, ca, sombrátil. [прил.] тенистый; (перен.) загадочный.
sombreado, da. [страд. прич.] к sombrear; [м.] (жив.) действ. к оттенять; штриховка.
sombrear. [перех.] затенять; класть тени, оттенять; штриховать.
sombrero. [м.] см. sombraje.
sombrera. [ж.] (Амер.) женская шляпа.
sombrerada. [ж.] содержимое шляпы.

sombrerazo. [м. увел.] к sombrero; удар шляпой; снимание шляпы в знак приветствия.
sombrerera. [ж.] жена шляпника; шляпница; коробка для шляп.
sombrerería. [ж.] ремесло шляпника; шляпная мастерская; шляпный магазин.
sombrerero. [м.] шляпник.
sombrerete. [м. умен.] к sombrero; колпак; (бот.) шляпка у гриба.
sombrerillo. [м. умен.] к sombrero; (бот.) умбиликус.
sombrero. [м.] шляпа; балдахин амвона; шляпка гриба; право испанского гранда надевать шляпу в присутствии короля: * sombrero de tres picos, треуголка; * sombrero hongo, котелок; * sombrero de copa (alta), цилиндр; * quitarse el sombrero, снять шляпу, обнажить голову перед кем-л; * tomar el sombrero, уходить.
sombrerón. [м. увел.] к sombrero, широкая шляпа.
sombría. [ж.] см. umbría.
sombrilla. [ж.] зонтик (от солнца).
sombrillazo. [м.] удар зонтиком (см. sombrilla).
sombrío, a. [прил.] тенистый; тёмный; мрачный, угрюмый; печальный.
sombroso, sa. [прил.] тенистый, дающий густую тень; мало освещённый.
someramente. [нареч.] суммарно; поверхностно.
somero, ra. [прил.] поверхностный.
someter. [перех.] покорять, подчинять; порабощать; закабалять; представлять, предлагать на рассмотрение; **someterse.** [возв. гл.] покоряться, подчиняться: * sometido a, платящий дань.
sometimiento. [м.] подчинение, покорение; закабаление, порабощение; подчинённое состояние.
somier. [м.] см. sommier.
somita. [ж.] (мин.) нефелин.
sommier. [м.] пружинный матрац.
somnambulancia. [ж.] somnambulismo. [м.] сомнамбулизм, лунатизм.
somnambulista, somnámbulo. [прил.] сомнамбулический; [м. и ж.] сомнамбула, лунатик.
somnifaciente. [прил.] снотворный, усыпляющий.
somnífero, ra. [прил.] см. somnifaciente; [м.] снотворное (средство).
somnífico, co. [прил.] см. somnifaciente.
somnílocuo, cua. [прил. и сущ.] говорящий во сне.
somnolencia. [ж.] сонная апатия, сонливость, дремота; вялость; истома.
somnolento, ta, somnolente. [прил.] см. soñoliento.
somnolismo. [м.] см. hipnotismo.
somonte (de). [выраж.] грубый.
somorgujador. [м.] водолаз.
somorgujar. [перех.] погружать, окунать; **somorgujarse.** [возв. гл.] погружаться, уходить под воду, нырять.
somorgujo, somorgujón. [м.] нырок (птица) (перен.) притворство; водолаз: * a (lo) somorgujo, под водой; скрытно, осторожно.
sompesar. [перех.] см. sopesar.
somporo. [м.] (Амер.) большеголовый жёлтый муравей; рагу.
son. [м.] звук, звон; звучание, звуки; (перен.) слух, молва; предлог, повод, отговорка; способ: * a son de qué? ¿a qué son?, на каком основании?; * al son de, под звуки, при звуках; * sin ton ni son, ни с того ни с сего; * en son de, вроде как; * en son de burla, шутовским тоном; * bailar al son que tocan, приспособиться к обстоятельствам; * quedarse al son de buenas noches, (разг.) терпеть неудачу.

son. [м.] негритянская песня и танец.
sonable. [прил.] звонкий; шумный; известный, знаменитый.
sonada. [ж.] (муз.) соната.
sonadera. [ж.] сморкание.
sonadero. [м.] носовой платок.
sonadía. [ж.] (обл.) слава, известность.
sonado, da. [страд. прич.] к sonar; [прил.] известный; знаменитый; нашумевший: hacer una que sea sonada, (разг.) скандалить, наделать шуму.
sonador, ra. [прил.] звонкий, звучный; шумный (тж. сущ.); [м.] см. sonadero.
sonaja. [ж.] сорт бубенчика.
sonajera. [ж.] (Амер.) см. sonaja, sonajero.
sonajero. [м.] погремушка.
sonambulismo, sonámbulo. [м.] см. somnambulismo, somnámbulo.
sonancia. [ж.] см. sonoridad.
sonante. [действ. прич.] к sonar, звучащий; [прил.] см. sonoro; [ж.] (арг.) см. nuez: * dinero sonante, звонкая монета.
sonar. [неперех.] звучать, звенеть; гудеть, слышаться, звучать; произноситься; звонить, бить (о часах); вспоминать; напоминать о чём-л знакомом и т. д.; (Амер.) умирать; терпеть неудачу; [перех.] играть (на музыкальном инструменте); звонить; **sonarse.** [возв. гл.] сморкаться; иметь отголосок: * como suena, буквально; [непр. гл.] спряг. как contar.
sonata. [ж.] (муз.) соната.
sanatina. [ж.] (муз.) сонатина.
soncle. [м.] (Амер.) мера дров.
sonco. [м.] (Амер.) печень (преимущ. животных).
soncho. [м.] (Амер.) см. coatí.
sonda. [ж.] зондирование, зондаж, измерение глубины; (тех.) бурение; геологическая разведка; (перен.) зондирование, разведывание, опрос; (мор.) лот, грузило; (хир.) зонд, щуп, зонд, бур (земляной).
sondable. [прил.] измеримый.
sondaleza. [ж.] (мор.) лот.
sond(e)ar. [перех.] измерять глубину (воды), бросать лот, исследовать при помощи лота; (горн.) зондировать зондом; (разн. знач.) зондировать.
sondeable. [прил.] см. sondable.
sondeo. [м.] зондирование, зондаж; геологическая разведка; (перен.) зондирование, разведывание.
sonecillo. [умен.] к son; [м.] шумок, слабый звук; весёлая мелодия.
sonería. [ж.] колокольный звон; механизм боя (часов).
soneta. [ж.] см. sonetillo.
sonetada. [ж.] язвительный сонет.
sonetear. [перех. и неперех.] сочинять сонеты.
sonetico. [м. умен.] к son и soneto; частая дробь пальцев (по столу и т. д.).
sonetillo. [м. умен.] к soneto; сорт сонета.
sonetista. [м. и ж.] сочинитель сонетов.
sonetizar. [неперех. и перех.] сочинять сонеты.
soneto. [м.] (лит.) сонет.
songa. [ж.] (Амер. разг.) насмешка, притворная угроза: * a la songa, притворно.
songuear. [неперех.] (Амер.) насмехаться, издеваться.
sónico, ca. [прил.] звуковой.
soniche. [м.] (арг.) молчание.
sonido. [м.] звук; звучание; (грам.) звук; буквальное значение слова; (перен.) слава, молва: * sonido agudo, высокий звук; * sonido grave, низкий звук; * grabación del sonido, звукозапись; * localización por el sonido, звукометрия; * sonido estereofónico, стереозвук; * ingeniero de sonido, звукооператор.

sonípide. [прил.] шумящий ногами; [м.] (поэт.) конь.
sonique. [м.] (обл.) см. follador.
soniquete. [м. презр.] к son; шумок, слабый звук; см. sonsonete.
sonlocado, da. [прил.] см. alocado.
sonochada. [ж.] начало ночи; бодрствование до полуночи.
sonochar. [неперех.] полуночничать, бодрствовать до полуночи.
sonómetro. [м.] сонометр.
sonoramente. [нареч.] звонко, звучно.
sonoridad. [ж.] звучность, звонкость; гулкость.
sonorización. [ж.] (грам.) дейст. к делать сонорным (о звуке).
sonoro, ra. [прил.] звонкий, звучный; гулкий; звуковой; благозвучный; (грам.) сонорный; * cine sonoro, звуковое кино.
sonorizar. [перех.] (грам.) делать сонорным (о звуке); (кино) озвучивать.
sonoroso, sa. [прил.] м. употр. см. sonoro.
sonreír. [неперех.] улыбаться; усмехаться; вселять радость; (перен.) улыбаться, благоприятствовать; **sonreírse,** [возв. гл.] улыбаться: * la fortuna le sonríe, счастье ему улыбается; [непр. гл.] спряг. как reír.
sonriente. [дейст. прич.] к sonreír, улыбающийся.
sonrisa. [ж.] **sonriso.** [м.] улыбка; усмешка: * sonrisa benévola, благосклонная улыбка.
sonrisueño, ña. [прил. и сущ.] улыбающийся.
sonrodarse. [возв. гл.] застрять, завязнуть (о колёсах); [непр. гл.] спряг. как contar.
sonrojamiento. [м.] см. sonrojo.
sonroj(e)ar. [перех.] вогнать в краску, заставить покраснеть, пристыдить; **sonrojarse,** [возв. гл.] краснеть, стыдиться чего-л.
sonrojo. [м.] краска стыда, стыд.
sonrosado, da. [страд. прич.] к sonrosar; [прил.] розовый, светло-красный.
sonros(e)ar. [перех.] окрашивать в розовый цвет; **sonros(e)arse,** [возв. гл.] становиться розовым.
sonroseo. [м.] румянец.
sonsaca. [ж.] **sonsacamiento.** [м.] дейст. к выведывать, выпытывать; выманивание; переманивание (на другую работу и т. д.).
sonsacar. [перех.] выпытывать, выведывать; выманивать что-л.; сманивать, переманивать (на другую работу и т. д.).
sonsaque. [м.] см. sonsaca.
sonsonete. [м.] частое ритмическое постукивание; монотонный слабый шум; насмешливый тон.
sonsorito. [м.] (Амер.) народный танец.
sonto, ta. [прил.] (Амер.) лишённый одного уха.
soñación. [ж.] см. ensueño: ni por soñación, и во сне не снилось.
soñador, ra. [прил.] задумчивый, мечтательный; [м. и ж.] мечтатель, -ница.
soñante. [дейст. прич.] к soñar.
soñar. [перех.] видеть что-л. во сне (перен.) замышлять; [неперех.] видеть сон; (перен.) мечтать о чём-л., страстно чего-л желать: * soñar despierto, погружаться в мечты, грезить наяву; * ni soñarlo, ничего подобного.
soñarrera. [ж.] (разг.) мечтания; тяжёлый сон; сонливость.
soñera. [ж.] сонливость, склонность ко сну.
soñolencia. [ж.] см. somnolencia.
soñolientamente. [нареч.] сонливо.
soñoliento, ta. [прил.] сонливый, сонный; дремлющий; снотворный; (перен.) медлительный, вялый, ленивый.
sopa. [ж.] суп; бульон, молоко и т. д. с ломтиками хлеба; похлёбка; тюря; бесплат-

ный обед беднякам; [множ.] ломтики хлеба (чтобы залить их бульоном): * sopa(s) de ajo, похлёбка с чесноком; * sopa de pescado, уха; * sopa en vino, ломтики хлеба намоченные в вине; * estar como una sopa, estar hecho una sopa, (разг.) промокнуть до костей; * a la sopa boba, (разг.) на чужой счёт.
sopalancar. [перех.] поднимать рычагом.
sopalanda. [ж.] см. hopalanda.
sopanda. [ж.] подпорка; (Амер.) пружинный матрац; [множ.] (Амер.) рессора.
sopapear. [перех.] (разг.) ударить ладонью по подбородке; дать пощёчины; (перен. разг.) грубо обращаться, с пренебрежением относиться.
sopapié. [м.] (Амер.) пинок, удар ногой.
sopapina. [ж.] (разг.) удары по подбородку.
sopapo. [м.] удар по подбородке; (разг.) пощёчина, оплеуха; (гал.) клапан.
sopar. [перех.] см. ensopar; (Амер.) обмакивать хлеб в чернила; [неперех.] (Амер.) вмешиваться в разговор.
sopear. [перех.] см. ensopar; топтать ногами; (перен.) подчинять, угнетать.
sopeña. [ж.] углубление под скалой.
sopera. [ж.] суповая миска.
sopero, ra. [прил.] глубокий (о тарелке); (Амер.) любопытный, любящий сплетничать: * plato sopero, глубокая тарелка; [м.] глубокая тарелка.
soperón. [м.] большая суповая миска.
sopesar. [перех.] взвешивать на руке, прикинуть вес на руке.
sopetear. [перех.] макать кусочки хлеба в соус, подливку; грубо обращаться с кем-л.
sopeteo. [м.] макание хлеба в соус, подливку; грубое обращение с кем-л.
sopetón. [м.] хлеб, поджаренный в постном масле.
sopetón. [м.] (внезапный) сильный удар рукой; пощёчина: * de sopetón, внезапно, нечаянно, вдруг, неожиданно.
sopicaldo. [м.] очень наваристый суп, похлёбка.
sopista. [м. и ж.] нищий; [м.] нищий студент.
sopita. [ж. умен.] к sopa: * sopita de pan, ломтик хлеба, обмакиваемый в бульон и т. д.
sopitipando. [м.] (разг.) потеря сознания; обморок.
sopladero. [м.] отдушина.
soplado, da. [страд. прич.] к soplar; [прил.] (перен. разг.) изящный, нарядный, опрятный; надменный, надутый, чванный; [м.] (горн.) очень глубокая расщелина.
soplador, ra. [прил.] дующий, раздувающий; подстрекающий; [м.] раздувало (для огня); отдушина; (Амер.) суфлёр.
sopladura. [ж.] дейст. к soplar; раздувание (мехами).
soplagaitas. [м. и ж.] (разг.) ничтожество, ничтожный человек.
soplamocos. [м.] (разг.) удар рукой по носу, оплеуха.
soplapitos. [м. и ж.] (разг.) см. azotacalles.
soplar. [неперех.] дуть (ртом); (по)дуть, повеять (о ветре); тяжело дышать, отдуваться, пыхтеть; раздувать; [перех.] уносить, сдувать, надувать, раздувать; выдувать; отнять, отбить, украсть; (перен.) вдохновлять, подсказывать; доносить, выдавать; фукнуть (пешку и т. д.); (Амер.) суфлировать; **soplarse** [возв. гл.] (разг.) объедаться, переливаться, чваниться: ¡sopla! чёрт возьми!
sopleque. [м.] (Амер.) надутый, высокомерный, надменный, чванный.
soplete. [м.] паяльная трубка; (Амер.) подсказчик.

soplido. [м.] см. soplo.
soplillo. [м. умен.] к soplo; раздувало (для огня); невесомая вещь; шёлковая прозрачная ткань; воздушный бисквит; (Амер.) вид муравья.
soplo. [м.] дыхание; дуновение, веяние; (перен.) миг, мгновение, минута; (разг.) секретное извещение, уведомление; донос; см. soplón; * soplo divino, вдохновение.
soplón, na. [м. и ж.] ябедник, -ица; доносчик, "наседка", "стукач"; [м.] (Амер.) суфлёр; шпик; полицейский.
soplonear. [перех.] (разг.) ябедничать, доносить.
soplonería. [ж.] ябедничество.
soplonesco, ca. [прил.] ябеднический.
soplonizar. [перех.] ябедничать, доносить, раскрывать.
sopón. [м. увел.] к sopa; (разг.) см. sopista.
soponcio. [м.] (разг.) обморок, головокружение, потеря сознания; большой ломтик хлеба, обмакиваемый в бульон и т. д.
sopor. [м.] сопор, сопорозное состояние; спячка; тяжёлый сон; (перен.) дремота сонливость.
soporífero, ra, soporífico, ca. [прил.] усыпительный, усыпляющий, снотворный.
soporoso, sa. [прил.] (м.) сонный, сонливый; (м. употр.) усыпляющий, снотворный.
soportable. [прил.] сносный, терпимый.
soportador, ra. [прил.] выносливый, терпеливый (тже.).
soportal. [м.] колоннада (у входа в здание).
soportante. [дейст. прич.] к soportar.
soportar. [перех.] поддерживать; сносить, выносить, терпеть; выдерживать.
soporte. [м.] подпорка, подставка, стойка, опора; суппорт; штатив.
soprano. [м.] сопрано; дискант.
sopuntar. [перех.] отмечать точками, пунктиром.
sor. [ж.] монахиня.
sorber. [перех.] пить прихлёбывая; (перен.) втягивать, тянуть, всасывать в себя; глотать; поглощать.
sorbete. [м.] шербет; (Амер.) прихлёбывание, питьё прихлёбывая; большой ломтик, втягивание в себя; (разг.) цилиндр (шляпа).
sorbetera. [ж.] форма для приготовления шербета; (Амер.) цилиндр (шляпа).
sorbetón. [м. увел.] к sorbo, большой глоток: * a sorbetones, большими глотками.
sorbo. [м.] питьё прихлёбывая, прихлёбывание; всасывание, втягивание в себя; глоток; капелька.
sorbo. [м.] (уст.) см. serbal.
sorche. [м.] (разг.) новобранец, рекрут, призывник, призывной.
sorda. [ж.] (орни.) см. agachadiza.
sordamente. [нареч.] глухо; тайно, скрытно.
sordera, sordez. [ж.] глухота.
sórdidamente. [нареч.] гнусно, мерзко; корыстно.
sordidez. [ж.] отталкивающая грязь; гнусность, мерзость; корысть; скаредность.
sórdido, da. [прил.] грязный; (перен.) нечистый, непристойный, гнусный, мерзкий; корыстный; скаредный.
sordina. [ж.] (муз.) сурдина; модератор; пружина для приостановки звонка будильника: * a la sordina, под сурдинку втихомолку.

sordino. [м.] (муз.) сорт скрипки.
sordo, da. [прил.] (прям. перен.) глухой; глухой, приглушённый (о звуке); тихий, бесшумный; (перен.) глухой к чему-л; (линг.) глухой; [м. и ж.] глухой, -ая: * linterna sorda, потайной фонарь; * a la sorda, a lo sordo, a sordas, бесшумно, тихо; *hacerse el sordo, притворяться глухим; sordo como una tapia, глухая тетеря; * no hay peor sordo que el que no quiere oír, чего не хочешь, того не слышишь.
sordomudez. [ж.] глухонемота.
sordomudo, da. [прил. и сущ.] глухонемой.
sordón. [м.] сорт старого фагота.
sorgo. [м.] (бот.) сорго, индийское просо.
sorianense. [прил.] относящийся к Soria; [м. и ж.] уроженец этого города.
soriano, na. [прил. и сущ.] см. sorianense.
sorimba. [ж.] (обл.) страх, боязнь; испуг.
sorites. [м.] сорит (логический довод).
sorna. [ж.] медлительность; (перен.) флегматичность; ехидство; (арг.) ночь; золото.
sornar. [неперех.] (арг.) спать; покоиться.
soro. [м.] кучка, сорус.
sorocharse. [возв. гл.] (Амер.) задыхаться; (по)краснеть, зардеться.
soroche. [м.] горная болезнь из-за разреженного воздуха; (горн.) смертоносная эманация; краска на лице (от стыда, жары и т. д.).
sorocho, cha. [прил.] (Амер.) незрелый; zorocho; [м.] см. soroche.
soror. [ж.] см. sor.
sororicida. [прил.] [м. и ж.] сестроубийца.
sororicidio. [м.] сестроубийство.
sorosis. [ж.] (бот.) соплодие типа шелковицы.
sorprendente. [дейст. прич.] к sorprender. [прил.] удивительный, поразительный; изумительный; захватывающий; странный, необычный.
sorprendentemente. [нареч.] удивительно, поразительно; странно, необычно.
sorprender. [перех.] застать, захватить врасплох, застигнуть; удивлять, поражать; улавливать, подмечать; sorprenderse [возв. гл.] удивляться.
sorprendido, da. [страд. прич.] к sorprender, удивлённый, поражённый и захваченный врасплох.
sorpresa. [ж.] удивление, изумление; неожиданность; сюрприз.
sorpresivo, va. [прил.] (Амер.) неожиданный, внезапный.
sorqui. [ж.] (обл.) см. rodete.
sorquín. [м.] (Амер.) подзатыльник.
sorra. [ж.] крупный песок (употр. в качестве балласта).
sorrajar. [перех.] ударять, ранить.
sorrasear. [перех.] (Амер.) поджаривать, обжаривать в поверхности.
sorregar. [перех.] наводнять, орошать; [непр. гл.] спряг. как acertar.
sorriego. [м.] орошение, поливка.
sorrongar. [неперех.] (Амер.) см. rezongar.
sorrostrada. [ж.] наглость, бесстыдство.
sorrostrar. [перех.] бросать обвинение.
sorrostricar. [перех.] (Амер.) надоедать, докучать, беспокоить.
sorteamiento. [м.] см. sorteo.
sortear. [перех.] тянуть по жребию, бросать жребий; разыгрывать в лотерее; (тавр.) дурачить быка; избегать, уклоняться.
sorteo. [м.] жеребьёвка; разыгрывание в лотерее, розыгрыш; тираж.
sortero, ra. [м. и ж.] предсказатель, -ница; порицатель; жеребьёвщик.

sortiaria. [ж.] гадание на картах.
sortija. [ж.] кольцо, перстень; см. anilla; завиток.
sortijero. [м.] шкатулка для колец.
sortijilla. [ж. умен.] к sortija, колечко; завиток, локон.
sortilegio. [м.] гадание, ворожба; колдовство, магия.
sortílego, ga. [прил.] колдовской; [м. и ж.] чародей, -ка, колдун, -ья, знахарь, -рка.
sorullo, soruyo. [м.] (Амер.) пограничный столб.
sosa. [ж.] сода; (хим.) натрий.
sosaina. [м. и ж.] человек, лишённый остроумия.
sosal. [м.] см. sosar.
sosamente. [нареч.] безвкусно.
sosar. [м.] barrillar.
sosco. [м.] (Амер.) кусок.
sosegadamente. [нареч.] спокойно; медленно, не спеша.
sosegado, da. [страд. прич.] к sosegar; [прил.] спокойный, тихий.
sosegado, da. [страд. прич.] к sosegar; [прил.] спокойный, тихий.
sosegador, ra. [прил. и сущ.] успокаивающий.
sosegar. [перех.] успокаивать, унимать, смягчать; усмирять; [неперех.] отдыхать, спать; sosegarse. [возв. гл.] успокаиваться; [непр. гл.] как acertar.
sosera, sosería. [ж.] отсутствие остроумия; безвкусица, пошлость, банальность; плоская острота.
sosero, ra. [прил.] (бот.) дающий соду.
sosia(s). [м.] двойник.
sosiega. [ж.] отдыха (после работы); глоток вина или водки (после обеда и т. д.).
sosiego. [м.] спокойствие; отдых, покой.
sosio. [м.] (хим.) натрий.
soslayar. [перех.] ставить поперёк или наискось; избегать, обходить.
soslayo, yo. [прил. у нареч.] косой: * al (de) soslayo, наискось, поперёк; * mirar de soslayo, глядеть искоса.
soso, sa. [прил.] несолёный, пресный; (перен.) пресный, пошлый.
sospecha. [ж.] подозрение; (арг.) см. mesón.
sospechable. [прил.] возбуждающий подозрение.
sospechado, da. [страд. прич.] к sospechar; [прил.] см. sospechoso.
sospechar. [перех.] подозревать; [неперех.] сомневаться, остерегаться.
sospechosamente. [нареч.] подозрительно.
sospechoso, sa. [прил.] подозрительный, возбуждающий подозрение; подозрительный, недоверчивый; [м.] подозрительная личность.
sospesar. [перех.] см. sopesar.
sosquín. [м.] (Амер.) удар наискось; косой угол (у дома).
sostén. [м.] поддерживание, поддержка подпирание; (тже. перен.) поддержка, опора, подпорка; бюстгальтер.
sostenedor, ra. [прил.] (прям. и перен.) поддерживающий, подпирающий; [м.] опора; защитник.
sostener. [перех.] поддерживать, подпирать; выносить, выдерживать; поддерживать, помогать; защищать; содержать; утверждать, уверять; sostenerse. [возв. гл.] подпираться; [непр. гл.] спряг. как tener.
sostenido, da. [страд. прич.] к sostener; [прил.] (муз.) повышенный (о звуке); [м.] (муз.) диез.
sosteniente. [дейст. прич.] к sostener.
sostenimiento. [м.] поддерживание, поддержка, подпирание; содержание.
sota. [ж.] (карт.) валет; (перен.) базарная торговка, наглая женщина; [м.] (обл.) закройщик (кожи); (Амер.) см. sobrestante: * sota, caballo y rey, суп, разварное мясо с овощами и первое блюдо.
sota- приставка, обозначающая: заместитель.
sotabanco. [м.] основание свода, арки; антресоль; чердак.
sotabarba. [ж.] (разг.) бакенбарды с бородой.
sotabasa. [ж.] (обл.) (арх.) плинтус.
sotacola. [ж.] подпруга.
sotacoro. [м.] socoro.
sotacura. [м.] (Амер.) см. coadjutor.
sotalugo. [м.] второй обруч.
sotaministro. [м.] см. sotominisrto.
sotamontero. [м.] заместитель обер-егермейстера.
sotana. [ж.] сутана, ряса.
sotana. [ж.] (разг.) взбучка, побои.
sotanear. [перех.] (разг.) взбучить, поколотить, выпороть.
sotaní. [м.] сорт юбки.
sótano. [м.] подвал; погреб; подземелье.
sotavento. [м.] (мор.) подветренный борт; подветренная сторона.
sote. [м.] (Амер.) см. nigua.
sotechado. [м.] навес, открытый сарай.
soteño, ña. [прил.] лесной, растущий в рощах.
sotera. [ж.] (обл.) сорт кирки.
soterramiento. [м.] зарывание в землю.
soterrar. [перех.] зарывать, закапывать; (перен.) прятать в надёжном месте; [непр. гл.] спряг. как acertar.
sotierre. [м.] см. soterramiento.
sotileza. [ж.] (обл.) тончайшая часть рыболовной снасти; бечёвка.
sotillo. [м. умен.] к soto.
soto. приставка, обозначающая место под.
soto. [м.] роща: * batir el soto, (охот.) гнать, преследовать дичь.
sotole. [м.] (Амер.) широкий пальмовый лист.
sotominisrto. [м.] член иезуитского ордена, заведующий кухней.
sotreta. [ж.] (Амер.) кляча.
sotrozo. [м.] металлическое кольцо; задвижка.
soturno, na. [прил.] см. saturnino.
sotuto. [м.] (Амер. зоол.) см. nigua.
soviet. [м.] совет (орган) государственной власти в С. С. С. Р.
soviético, ca. [прил.] советский: * Unión Soviética, Советский Союз.
sovietista. [прил.] советский; [м. и ж.] советский человек.
sovietización. [ж.] советизация.
sovietizar. [перех.] советизировать.
sovjos. [м.] совхоз.
sovoz (a). [нареч.] вполголоса, тихо.
soya. [ж.] (бот.) см. soja.
soyate. [м.] (Амер.) невысокая пальма.
stalinista. [прил.] сталинский.
stand. [м.] стенд.
stock. [м.] (ком.) наличный запас товаров (на складе, на рынке); запасы.
su- см. sub-.
su, sus. [прил.] его (её); свой (своя, своё, свои); их; ваш (ваша, ваши).
suampo. [м.] (Амер.) см. ciénaga.
suarda. [ж.] жир на овечьей шерсти.
suasorio, ria. [прил.] убедительный.
suave. [прил.] мягкий, нежный, приятный, сладкий; мягкий, бархатистый; умеренный; слабый, некрепкий, лёгкий (о табаке и т. д.); тихий, спокойный, пленительный; покорный, сговорчивый, податливый; [м.] огромный.
suavemente. [нареч.] мягко, нежно, приятно, сладко; тихо, медленно; пленительно.
suavidad. [ж.] мягкость, нежность, приятность, пленительность; кротость, податливость; медленность.

suavizador, ra. [прил.] смягчающий; [м.] ремень для правки бритв.
suavizar. [перех.] смягчать; придавать гибкость; смирять; править (бритву).
sub- приставка, обозначающая второстепенность, вторичность или подчинённость, меньшая, более слабая степень.
suba. [ж.] повышение цен.
subacidez. [ж.] уменьшение соляной кислоты.
subacuático, ca, subacuo, a. [прил.] подводный.
subafluente. [м.] приток, впадающий в другой приток.
subagudo, da. [прил.] подострый.
subalpino, na. [прил.] субальпийский; расположенный у подножия Альп.
subalquilar. [перех.] см. subarrendar.
subalternamente. [нареч.] подчинённо; как подчинённый.
subalternante. [дейст. прич.] к subalternar.
subalternar: [перех.] подчинять; помещать внизу.
subalterno, na. [прил.] подчинённый, зависимый, низший, подначальный; второстепенный; подсобный; [м.] подчинённый, подначальный, младший служащий; младший офицер.
sudandino, na. [прил.] расположенный у подножия Анд.
subarrendador, ra. [м. и ж.] субарендатор.
subarrendamiento. [м.] субаренда; поднаём.
subarrendar. [перех.] сдавать в субаренду; брать в субаренду.
subarrendatario, ria. [м. и ж.] субарендатор.
subarriendo. [м.] субаренда.
subártico, ca. [прил.] субарктический.
subasta. [ж.] аукцион; продажа с торгов; * sacar a pública subasta, продавать с аукциона, с торгов.
subastar. [перех.] продавать с аукциона, с торгов.
subaxilar. [прил.] (анат.) подмышечный.
subcalloso, sa. [прил.] расположенный под мозолистым телом.
subcecal. [прил.] (анат.) находящийся под слепой кишкой.
subcentral. [прил.] находящийся под центром; [ж.] подстанция.
subclase. [ж.] подкласс.
subclavicular, subclavio, via. [прил.] (анат.) подключичный.
subcomisión. [ж.] подкомиссия.
subconjuntival. [прил.] (анат.) лежащий под соединительной оболочкой глаза.
subconsciencia. [ж.] подсознательность, подсознание.
subconsciente. [прил.] подсознательный.
subcortical. [прил.] (анат.) подкорковый.
subcutáneo, a. [прил.] подкожный.
subcutis. [м.] подкожица.
subdelegación. [ж.] передоверие, передача своих полномочий; должность и т. д. наместника.
subdelegado, da. [страд. прич.] к subdelegar; [м.] наместник.
subdelegar. [перех.] передавать или передоверять свои полномочия другому лицу.
subdiaconado, subdiaconato. [м.] иподьяконство.
subdiácono. [м.] иподьякон.
subdiafragmático, ca. [прил.] поддиафрагмальный.
subdirección. [ж.] должность помощника директора или вице-директора.
subdirector, ra. [м.] помощник, -ица директора, вице-директор.
subdistinción [ж.] более точное различение.
subdistinguir. [перех.] делать более точное различение, подразделять, различать.

súbdito, ta. [прил.] подчинённый, подвластный; [м.] подданный.
subdividir. [перех.] подразделять.
subdivisible. [прил.] подразделяемый.
subdivisión. [ж.] подразделение.
subdominante. [ж.] (муз.) субдоминанта.
subduplo, pla. [прил.] (мат.) половинный.
subdural. [прил.] (анат.) находящийся под твердой мозговой оболочкой.
subentender. [перех.] см. sobreentender.
subeo. [м.] см. sobeo.
súber. [м.] (бот.) корковатое растительное вещество.
suberoso, sa. [прил.] пробкообразный, корковатый.
subestación. [ж.] станция, зависимая от главной.
subestimación. [ж.] недооценка, преуменьшение.
subestimar. [перех.] недооценивать, преуменьшать.
subestratorfera. [ж.] субстратосфера.
subfascial. [прил.] (анат.) находящийся под фасцией (оболочкой мышц).
subfiador, ra. [м. и ж.] вспомогательный поручитель.
subfiguración. [ж.] см. apariencia.
subflavo, va. [прил.] желтоватый.
subfluvial. [прил.] находящийся под поверхностью реки.
subforo. [м.] (юр.) договор о субаренде.
subfósil. [прил.] субфоссильный.
subfrontal. [прил.] (анат.) подлобный.
subgénero. [м.] подвид.
subgobernador. [м.] вице-губернатор.
subida. [ж.] восход, восхождение, подъём; повышение, продвижение (по службе); повышение (цен); дорога и т. д. идущая в гору, подъём.
subidero. [м.] подъёмный; [м.] ступенька; приступок.
subido, da. [страд. прич.] к subir; [прил.] наилучший; резкий (о цвете, запахе); возвышенный.
subidor. [м.] лицо, занимающееся подъёмом грузов.
subienda. [ж.] (Амер.) см. cardumen.
subiente. [дейст. прич.] к subir; [м.] (поднимающийся) орнамент в виде листьев.
subigüela. [ж.] (обл.) жаворонок.
subilla. [ж.] см. lezna.
subimiento. [м.] подъём, восход, восхождение; повышение.
subinflamación. [ж.] (мед.) лёгкое воспаление.
subinquilino, na. [м. и ж.] жилец, -ица, снимающие помещение или часть его у нанимателя.
subinspector. [м.] субинспектор, помощник инспектора.
subintendencia. [ж.] должность помощника интенданта.
subintendente. [м.] помощник интенданта.
subinterventor. [м.] помощник контролёра.
subintrante. [прил.] fiebre subintrante, (мед.) сливающаяся лихорадка.
subinvolución. [ж.] (мед.) недостаточное обратное развитие; * subinvolución uterina, недостаточное обратное развитие матки после родов.
subio (a). [нареч.] (обл.): * ponerse a subio, укрыться от дождя.
subir. [неперех.] подниматься, всходить, въезжать; взлетать, возноситься; возрастать, повышаться (о ценах); садиться на..., в...; возвышаться; (перен.) продвигаться; обостряться (о болезни); распространяться (о эпидемии); [перех.] восходить, подниматься на..., по...; вносить, втаскивать наверх, поднимать; выпрямлять;

* **subirse.** [возв. гл.] подниматься: * subirse a predicar, subirse a la cabeza, (разг.) ударить в голову (о вине и т. д.).
súbitamente, subitáneamente. [нареч.] внезапно, вдруг; скоропостижно.
subitaneidad. [ж.] внезапность.
subitáneo, a. [прил.] внезапный, нечаянный.
súbito, ta. [прил.] внезапный, нечаянный, неожиданный; скоропостижный; неосмотрительный, опрометчивый; [нареч.] внезапно, вдруг; скоропостижно: * de súbito, внезапно, вдруг.
subjefe. [м.] помощник или заместитель заведующего, начальника.
subjetivamente. [нареч.] субъективно.
subjetividad. [ж.] субъективность.
subjetivismo. [м.] субъективизм.
subjetivista. [м.] субъективист.
subjetivo, va. [прил.] субъективный.
subjuntivo, va. [прил.] (грам.) сослагательный; [м.] сослагательное наклонение.
sublevación. [ж.] sublevamiento. [м.] восстание, мятеж, бунт, возмущение (уст.).
sublevar. [перех.] поднимать на восстание, призывать, подстрекать к мятежу, возмущать; (перен.) вызывать негодование, протест; sublevarse. [возв. гл.] восставать, взбунтоваться, бунтовать.
sublimación. [ж.] возвеличивание, прославление, восхваление; (хим.) сублимация, возгонка.
sublimado, da. [страд. прич.] к sublimar; [м.] (хим.) сублимат, продукт возгонки: * sublimado corrosivo, сулема.
sublimar. [перех.] возвеличивать, прославлять; (хим.) сублимировать, возгонять.
sublimatorio, ria. [прил.] к сублимация.
sublime. [прил.] возвышенный, высокий, выспренний, величественный; в высшей степени, поразительно прекрасный.
sublimemente. [нареч.] высоко, величественно.
sublimidad. [ж.] выспренность, возвышенность, высота (мыслей, чувств и т. д.).
sublingual. [прил.] (анат.) подъязычный.
sublobular. [прил.] (анат.) поддольковый.
sublunar. [прил.] подлунный: * el mundo sublunar, подлунный мир.
subluxación. [ж.] (мед.) неполный вывих.
submarinista. [м.] матрос подводного флота, подводник.
submarino, na. [прил.] подводный; [м.] подводная лодка, субмарина (уст.).
submaxilar. [прил.] (анат.) подчелюстной, лежащий под верхней челюстью.
submental. [прил.] (анат.) лежащий под подбородком.
submersión. [ж.] см. sumersión.
submucoso, sa. [прил.] (мед.) подслизистый; submucosa, [ж.] (анат.) подслизистая ткань.
submúltiplo, pla. [прил.]: * número submúltiplo, (мат.) множитель.
subnasal. [прил.] (анат.) лежащий под носом.
subnormal. [прил.] меньше нормы; [ж.] (геом.) поднормаль.
suboccipital. [прил.] (анат.) подзатылочный.
suboficial. [м.] унтер-офицер; фельдфебель.
suboficialidad. [ж. соб.] унтер-офицеры.
suborbitario, ria. [прил.] (анат.) подглазничный.
subordinación. [ж.] подчинение, подчинённость, зависимость, субординация, повиновение.
subordinadamente. [нареч.] подчинённо.

subordinado, da. [страд. прич.] к subordinar; [прил.] подчинённый; подначальный (тж. сущ.).
subordinar. [перех.] подчинять, делать зависимым; ставить ниже; **subordinarse.** [возв. гл.] подчиняться.
subprefecto. [м.] субпрефект.
subprefectura. [ж.] субпрефектура.
subproducto. [м.] побочный продукт.
subpubiano, na. [прил.] (анат.) подлобковый.
subrayar. [перех.] (тж. перен.) подчёркивать.
subrepción. [ж.] злостное сокрытие; обман; (юр.) введение кого-л в заблуждение сокрытием важного обстоятельства (напр. суда).
subrepticiamente. [нареч.] обманным путём, тайком.
subrepticio, cia. [прил.] подложный; полученный, добытый, совершённый обманом, тайком.
subrogación. [ж.] subrogamiento. [м.] (юр.) замена, замещение.
subrogar. [перех.] (юр.) заменять, замещать.
subrogativo, va. [прил.] (юр.) заменяющий.
subsanable. [прил.] извинительный, простительный; поправимый.
subsanación. [ж.] извинение; исправление.
subsanar. [перех.] извинять, прощать; исправлять; возмещать.
subscapular. [прил.] (анат.) подлопаточный.
subscribir. [перех.] подписывать; (перен.) соглашаться с...; **subscribirse.** [возв. гл.] подписываться; абонироваться.
subscripción. [ж.] подписывание, подпись; подписка, абонемент.
subscripto, ta. [непр. страд. прич.] к subscribir.
subscriptor, ra. [м. и ж.] подписчик, -ница.
subsecretaría. [ж.] должность и контора помощника или заместителя секретаря.
subsecretario. [м.] помощник или заместитель секретаря.
subsecuente. [прил.] см. subsiguiente.
subseguir. [перех.] следовать одно за другим; **subseguirse.** [возв. гл.] следовать, вытекать из...; [непр. гл.] спряг. как pedir.
subseroso, sa. [прил.] (анат.) подсерозный.
subsidiariamente. [нареч.] добавочно, в дополнение, в подкрепление.
subsidiario, ria. [прил.] вспомогательный, добавочный.
subsidio. [м.] налог; субсидия, денежная помощь, пособие.
subsiguiente. [дейст. прич.] к subseguirse; [прил.] последующий.
subsistencia. [ж.] существование, дальнейшее существование; (чаще множ.) средства к существованию, продовольствие, припасы.
subsistente. [дейст. прич.] к subsistir.
subsistir. [неперех.] существовать; продолжать существовать; жить, кормиться; (Амер.) отсутствовать.
subsolano. [м.] восточный ветер.
substancia. [ж.] субстанция, вещество; питательный сок, экстракт (из мяса и т. д.); существо, сущность, суть; имущество; ценность; (перен. разг.) разум, благоразумие; **substancia blanca**, белое вещество (мозга); * en **substancia**, вкратце.
substanciación. [ж.] краткое изложение; (юр.) следствие.
substancial. [прил.] существенный, содержательный; питательный.

substancialmente. [нареч.] существенно, содержательно; вкратце.
substanciar. [перех.] сокращать, резюмировать, вкратце излагать, извлекать суть; (юр.) производить следствие, расследовать.
substancioso, sa. [прил.] существенный; питательный, сытный; важный, значительный.
substantiva(da)mente. [нареч.] как существительное, в качестве существительного.
substantivar. [перех.] (грам.) субстантивировать.
substantivo, va. [прил.] (грам.) субстантивный; [м.] имя существительное.
substitución. [ж.] замена, замещение, перемена, подмена.
substituible. [прил.] заменимый, заменяемый.
substituidor, ra. [прил.] заменяющий, замещающий (тж. сущ.).
substituir. [перех.] заменять, замещать; назначать на место другого; [непр. гл.] спряг. как huir.
substitutivo, va. [прил.] заменяющий.
substituto, ta. [непр. страд. прич.] к substituir; [м. и ж.] заместитель, -ница.
substracción. [ж.] отделение; изъятие; похищение; (мат.) вычитание.
substraendo. [м.] (мат.) вычитаемое.
substraer. [перех.] отделять, изымать; похищать; отвлекать; (мат.) вычитать; **substraerse.** [возв. гл.] избавиться; уклоняться от...; избегать.
substrato. [м.] субстрат, основа.
substratosfera. [ж.] субстратосфера.
substrucción. [ж.] фундамент, подземная часть строения.
subsuelo. [м.] подпочва; недра земли; (Амер.) полуподвал.
subsulto. [м.] (мед.) вздрагивание.
subtangente. [ж.] (геом.) подкасательная.
subtender. [перех.] (геом.) стягивать (о хорде).
subtenencia. [ж.] звание младшего лейтенанта.
subteniente. [м.] (воен.) младший лейтенант; подпоручик.
subtensa. [ж.] (геом.) хорда (дуги).
subtenso, sa. [непр. страд. прич.] к subtender.
subterfugio. [м.] увёртка, уловка, отговорка.
subterráneamente. [нареч.] под землёю; тайно, скрытно.
subterráneo, a. [прил.] подземный; [м.] подземелье, подземный ход; (Амер.) подземная железная дорога.
subtitular. [перех.] снабжать подзаголовком.
subtítulo. [м.] подзаголовок.
subtropical. [прил.] субтропический.
subtrópico. [м.] субтропики.
subúber. [м.] грудной ребёнок.
subulado, da. [прил.] (бот.) шиловидный, остроконечный.
subunguinal. [прил.] (анат.) подногтевой.
suburbano, na. [прил.] пригородный.
suburbicario, ria. [прил.] находящийся в римской епархии.
suburbio. [м.] предместье, пригород, слобода.
subvención. [ж.] помощь деньгами; пособие, субсидия, дотация.
subvencionar. [перех.] субсидировать, оказывать денежную помощь, предоставлять дотацию.
subvenir. [неперех.] помогать, приходить на помощь; [непр. гл.] спряг. как venir.
subversión. [ж.] ниспровержение; разрушение.
subversivo, va. [прил.] ниспровергающий, разрушительный, пагубный, подрывной.

subversor, ra. [прил. и сущ.] см. subversivo.
subvertir. [перех.] ниспровергать, разрушать; подрывать.
subyacente. [прил.] нижележащий (о слое).
subyugación. [ж.] покорение, порабощение; подчинение.
subyugador, ra. [прил.] покоряющий; подчиняющий; [м. и ж.] покоритель, -ница.
subyugamiento. [м.] см. subyugación.
subyugar. [перех.] покорять, порабощать; подчинять.
suca. [ж.] (бот.) см. espadaña.
succenturiado, da. [прил.] побочный; дополнительный.
succinita. [ж.] (мин.) род вениссы или граната янтарного цвета.
succino. [м.] (мин.) янтарь.
succión. [ж.] сосание; высасывание.
succionar. [перех.] сосать; всасывать.
sucedáneo, a. [прил.] заменяющий; [м.] заменитель, суррогат.
suceder. [неперех.] заступать место, замещать, заменять; следовать за; идти по стопам; наследовать; иметь начало, происходить; [безлич.] случаться, происходить: * **suceder en el trono**, наследовать трон.
sucedido, da. [страд. прич.] к suceder; [м.] (разг.) происшествие, событие, случай.
sucedido, da. [прил.] (Амер.) грязный, загрязнённый; жеманный, манерный.
sucediente. [дейст. прич.] к suceder.
sucesibilidad. [ж.] (юр.) право наследования.
sucesible. [прил.] (юр.) наследующий, дающий право на наследование.
sucesión. [ж.] следование; последовательность, непрерывный ряд; преемственность; наследование; наследство; см. prole.
sucesivamente. [нареч.] последовательно, постепенно, один за другим; сряду.
sucesivo, va. [прил.] последовательный; последующий, следующий; (юр.) наследственный: * **en lo sucesivo**, в дальнейшем, впредь.
suceso. [м.] происшествие, событие, случай; течение времени; результат, конец; (гал.) успех, удача, достижение.
sucesor, ra. [прил.] заменяющий; [м. и ж.] преемник, -ница, наследник.
sucesorio, ria. [прил.] наследственный.
suciamente. [нареч.] грязно; гадко, мерзко, гнусно.
suciedad. [ж.] грязь, неопрятность, нечистота; мерзость, гадость, подлость; сквернословие; сальность.
sucinda. [ж.] (обл.) жаворонок.
sucintamente. [нареч.] кратко, вкратце, сжато, лаконично.
sucintarse. [возв. гл.] становиться кратким, лаконичным.
sucinto, ta. [прил.] подобранный; краткий, сжатый, лаконичный; (Амер.) подробный, обстоятельный.
sucio, cia. [прил.] грязный, нечистый, испачканный; непристойный; сальный; гнусный, мерзкий; грязноватый (о цвете): * **jugar sucio**, нечестно играть.
suco. [м.] сок; (Амер.) топкий, вязкий грунт.
sucoso, sa. [прил.] сочный.
sucre. [м.] (Амер.) эквадорская монета.
sucrosa. [ж.] (хим.) см. sacarosa.
suctorio, ria. [прил.] сосательный.
sucu. [м.] (обл.) кукурузная каша с молоком.
súcubo. [м.] злой дух под видом женщины.
sucuchazo. [м.] (разг. Амер.) см. sopapo.
sucuchear. [неперех.] (Амер.) см. ocultar.
sucucho. [м.] угол; (Амер.) см. socucho.
súcula. [ж.] лебёдка, горизонтальный ворот.

suculencia. [ж.] сочность.
suculentamente. [нареч.] сочно, питательно.
suculento, ta. [прил.] сочный; питательный; вкусный.
sucumbiente. [действ. прич.] к sucumbir.
sucumbir. [неперех.] уступать, поддаваться, сдаваться; не выдерживать; погибнуть от; умереть, скончаться; (юр.) просрочить.
sucursal. [прил.] филиальный; [ж.] вспомогательное отделение какого-л учреждения, филиал, отделение.
sucusión. [ж.] (мед.) сотрясение.
sucusumucu (a lo). [нареч.] (Амер.) прикидываясь дурачком.
suche. [прил.] (Амер.) кислый, незрелый; [м.] (Амер.) см. súchil; прыщ.
súchel. [м.] (Амер.) (бот.) магнолия.
súchil. [м.] (Амер.) (бот.) магнолия; прохладительный напиток.
sud. [м.] юг.
sudación. [ж.] (мед.) действ. к вызывать выделение пота.
sudadera. [ж.] sudadero. [м.] полотенце для обтирания пота; потник; парная (в бане); течь; (обл.) загон для скота перед стрижкой.
sudador, ra. [прил.] потливый; [м.] (Амер.) потник.
sudafricano, na. [прил.] южноафриканский; [м. и ж.] южноафриканец, -нка.
sudamericano, na. [прил.] южноамериканский; [м. и ж.] южноамериканец, -нка.
sudamina. [ж.] потница.
sudanés, sa. [прил.] суданский; [м. и ж.] суданец, -нка.
sudante. [действ. прич.] к sudar.
sudar. [неперех.] потеть, обливаться потом; выделять сок (о растениях); сочиться, просачиваться; (перен. разг.) много трудиться, потеть над, стараться; [перех.] пропитывать потом; потом давать: * sudar la gota gorda, обливаться потом; трудиться до седьмого пота.
sudario. [м.] саван: * santo sudario, плащаница.
sudatorio, ria. [прил.] см. sudorífico; [м.] парная (в бане).
sudeslavo, va. [прил.] югославский; [м. и ж.] житель, -ница Югославии.
sudestada. [ж.] (Амер.) юго-восточный ветер несущий дождь.
sudeste. [м.] юго-восток; юго-восточный ветер.
sudista. [м.] сторонник Юга (во время войны между Северными и Южными штатами Америки).
sudoccidental. [прил.] юго-западный.
sudoeste. [м.] юго-запад; юго-западный ветер.
sudón, na. [прил.] (Амер.) см. sudoroso.
sudor. [м.] пот, испарина; (перен.) сок растений; пот, влажный налёт; трудная работа: * ganar el pan con el sudor de su frente, добывать хлеб в поте лица.
sudoral. [прил.] потовой.
sudoresis. [ж.] обильное потение.
sudoriental. [прил.] юго-западный.
sudoriento, ta. [прил.] потный, пропотевший.
sudorífero, ra, sudorífico, ca. [прил.] потогонный; [м.] потогонное средство.
sudoríparo, ra. [прил.] (анат.) потовой: * glándulas sudoríparas, потовые железы.
sudoroso, sa. [прил.] потеющий, потливый.
sudoso, sa. [прил.] пропитанный потом.
sudsudeste. [м.] зюйд-зюйд-ост.
sudsudoeste. [м.] зюйд-зюйд-вест.
sudvietnamita. [прил.] юго-вьетнамский; [м. и ж.] южновьетнамец, -ка.
sueco, ca. [прил.] шведский; [м. и ж.] швед, -ка; [м.] шведский язык: * hacerse el sueco, (разг.) и ухом не вести, прикидываться глухим.
suegra. [ж.] тёща; свекровь.
suegro. [м.] тесть; свёкор.
suela. [ж.] подошва, подмётка; подошвенная кожа; соль (морская рыба); (стр.) цоколь здания; [множ.] сандалии (монашеские): * media suela, подмётка; * de tres, de cuatro или de siete suelas, крепкий, прочный; отъявленный, закоренелый, отпетый; * tunante de siete suelas, отъявленный плут.
suelada. [ж.] (Амер.) см. batacazo.
suelda. [ж.] (бот.) живокость; см. soldadura.
sueldacostilla. [ж.] (бот.) денная красавица, трёхцветный вьюнок.
sueldo. [м.] сольдо (монета); жалованье, заработная плата или зарплата, оклад.
suelear. [перех.] (Амер.) бросать, кидать; метать.
suelo. [м.] почва, грунт, земля; низ; дно; осадок; пол; помост, дощатый настил; мостовая; этаж; район, территория; подошва копыта; (перен.) земля, мир, свет; предел, конец; [множ.] прошлогоднее зерно: * suelo natal, родина; * arrastrarse por el suelo, унижаться; * besar el suelo, упасть ничком, лицом вниз; * dar consigo en el suelo, упасть; * faltar el suelo, споткнуться, упасть; * sin suelo, без конца, чрезмерно, нагло; * estar por los suelos, быть дешёвым; прийти в упадок; dar con el suelo con una cosa, уронить.
suelta. [ж.] выпускание (из рук и т. д.); освобождение; развязка, развязывание; распускание; путы (лошади); помеха: * dar suelta, дать свободу.
sueltamente. [нареч.] развязно, непринуждённо; добровольно; непристойно.
suelto, ta. [непр. страд. прич.] к soltar; [прил.] лёгкий, проворный, ловкий; бойкий; освобождённый; лёгкий, свободный; отдельный, разрозненный; дерзкий (о стихе); страдающий поносом; [м.] газетная заметка; мелочь, мелкие деньги: * dinero suelto, мелочь; * suelto de lengua, бойкий на язык.
sueño. [м.] сон (состояние); сон, сновидение; желание спать, сонливость; (перен.) сон, мечта, грёза: * tener sueño, хотеть спать; * sueño ligero, чуткий сон; * enfermedad del sueño, сонная болезнь; * sueño eterno, смерть; * me caigo de sueño, смерть, я спать хочется; * coger el sueño, заснуть; * conciliar el sueño, заснуть; * dormir a sueño suelto, спокойно спать; * echar un sueño, (разг.) поспать; * en sueños, во сне; * espantar el sueño, разогнать сон; * ni por sueños, никоим образом; * no dormir sueño, потерять сон; * tener un sueño, видеть во сне.
suero. [м.] сукровица; сыворотка.
sueroso, sa. [прил.] см. seroso.
sueroterapia. [ж.] серотерапия.
suerte. [ж.] судьба, рок, участь, доля, жребий; удача, счастье; везение; удачный или неудачный момент или случайность, состояние, положение, способ, образ, манера; приём; выигрыш; участок земли; (Амер.) лотерейный билет: * desear suerte, желать счастья; * ¡buena suerte!, желаю счастья, успеха!; * tengo suerte, мне везёт; * caer o tocar en suerte, выпадать на долю, доставаться; * caer en suerte, получить в удел; * de suerte que, так что; * echar suertes, или a suerte, бросать жребий; * por suerte, случайно; счастливо.
suertero, ra. [прил.] (Амер.) счастливый; [м.] (Амер.) продавец лотерейных билетов.
suestada. [ж.] (Амер.) сильный юго-восточный ветер.
sueste. [м.] см. sudeste; [м.] непромокаемая шляпа.
suéter. [м.] свитер.
sufete. [м.] градоправитель (в Карфагене).
suficiencia. [ж.] достаточность; самодовольство, самонадеянность, зазнайство: * a suficiencia, достаточно, довольно.
suficiente. [прил.] достаточный; пригодный; самодовольный, самонадеянный.
suficientemente. [нареч.] довольно, достаточно.
sufijo. [м.] (грам.) суффикс.
sufismo. [м.] суфизм.
sofocación. [ж.] см. sofocación.
sufra. [ж.] чересседельник.
sufragáneo, a. [прил.] подвластный; викарный; [м.] викарий.
sufragante. [действ. прич.] к sufragar.
sufragar. [перех.] помогать, способствовать, защищать; оплачивать расходы; [неперех.] (Амер.) голосовать.
sufragio. [м.] помощь, поддержка, содействие, защита; голосование; избирательный голос: * sufragio universal, всеобщее избирательное право; всеобщее голосование.
sufragismo. [м.] суфражизм.
sufragista. [прил.] суфражистский; [ж.] суфражистка.
sufrencia. [ж.] (обл.) страдание; терпение.
sufrible. [прил.] сносный, терпимый, переносимый.
sufrida. [ж.] (арг.) кровать, постель.
sufridero, ra. [прил.] см. sufrible.
sufrido, da. [страд. прич.] к sufrir; [прил.] терпеливый; выносливый; снисходительный (о муже); [м.] рогоносец.
sufridor, ra. [прил.] страдающий; [м. и ж.] страдалец, -ица.
sufriente. [действ. прич.] к sufrir.
sufrimiento. [м.] страдание, мучение, мука, боль; терпение; выносливость.
sufrir. [перех.] страдать, мучиться; терпеть, выносить; претерпевать, переносить; пережить, выстрадать; позволять, допускать; пострадать за что-л; держать, сдать (экзамен); [неперех.] (уст.) сдерживаться: * no poder sufrir a uno, не выносить кого-л.
sufrutescente. [прил.] (бот.) полукустарный.
sufumigación. [ж.] окуривание.
sufusión. [ж.] (мед.) катаракта; разлитие; подтёк.
sugerencia. [ж.] (Амер.) внушение; побуждение.
sugerente. [действ. прич.] к sugerir.
sugeridor, ra. [прил.] (тж. сущ.) внушающий определённые мысли.
sugerir. [перех.] внушать, подсказывать; побуждать к чему-л: * sugerir una idea, подать мысль; [непр. гл.] спряг. как sentir.
sugestibilidad. [ж.] внушаемость.
sugestible. [прил.] поддающийся внушению.
sugestión. [ж.] внушение; побуждение; внушённая мысль; подстрекательство; (мед.) внушение, гипноз; наущение, внушение.
sugestionable. [прил.] легко поддающийся внушению, внушаемый.
sugestionador, ra. [прил.] (тж. сущ.) внушающий определённую мысль и т. д. (см. sugestionar).

sugestionar. [перех.] внушать определённые мысли, действия или слова.
sugestivo, va. [прил.] внушающий определённые мысли, вызывающий какие-л представления, суггестивный: * libro sugestivo, будящая книга.
sugilación. [ж.] (мед.) кровоподтёк.
suicida. [м. и ж.] самоубийца; [прил.] самоубийственный.
suicidarse. [возв. гл.] лишить себя жизни, покончить с собой, кончать жизнь самоубийством.
suicidio. [м.] самоубийство.
suicidiomanía. [ж.] стремление к самоубийству.
suiche. [м.] (неол.) (Амер.) выключатель.
suideo, a. [прил.] свиноподобный; [множ.] см. suidos.
suidos. [м. множ.] (зоол.) парнокопытные млекопитающие с крупным телом, короткими ногами и удлиненной мордой с круглым хрящевидным носом (домашний вид которого-свинья).
suita. [ж.] (Амер.) вид злакового растения.
suite. [ж.] (муз.) сюита.
suiza. [ж.] драка; бурная ссора; (Амер.) прыганье через скакалку; взбучка.
suizo, za. [прил.] швейцарский; [м. и ж.] швейцарец, -ка; приспешник; сорт сдобной булки.
sujeción. [ж.] покорение, подчинение, порабощение; скрепа; укрепление, или удержание силой.
sujetador, ra. [прил.] покоряющий, подчиняющий; укрепляющий; [м.] покоритель.
sujetapapeles. [м.] скрепка.
sujetar. [перех.] подчинять, покорять; укреплять, закреплять; укреплять или удерживать силой; sujetarse. [возв. гл.] покоряться.
sujeto, ta. [непр. страд. прич.] к sujetar; [прил.] подверженный, склонный, расположенный; [м.] сюжет, тема, предмет; лицо, субъект; (грам.) подлежащее.
sujo, ja. [м. и ж.] (презр.) субъект.
sujuncar. [перех.] (мор.) см. lastrar.
sula. [ж.] (зоол.) сорт большой морской птицы: * sula loca, альбатрос.
sulacre. [м.] (Амер.) см. zulaque.
sulciforme. [прил.] бороздчатый.
súlculo. [м.] бороздка.
sulfamidas. [ж. множ.] сульфамиды.
sulfamídeo, a, sulfamídico, ca. [прил.] сульфамидный.
sulfatación. [ж.] опрыскивание сульфатом.
sulfatado, da. [страд. прич.] к sulfatar; [м.] см. sulfatación; (с-х.) опрыскивание купоросом (железным или медным).
sulfatador, ra [прил.] опрыскивающий сульфатом; [ж.] опрыскиватель, опыливатель (для опрыскивания сульфатом).
sulfatar. [перех.] обрабатывать (т.е. опрыскивать, опылять) сульфатом.
sulfatiazol. [м.] сульфазол.
sulfático, ca. [прил.] сульфатный.
sulfato. [м.] (хим.) сульфат: * sulfato de cobre, медный купорос; * sulfato de hierro, железный купорос.
sulfhidrato. [м.] сульфо-гидрат.
sulfhídrico, ca. [прил.]: * ácido sulfhídrico, (хим.) сернистый водород.
súlfido. [м.] (хим.) сульфид.
sulfimida. [ж.] (хим.) см. sacarina.

sulfitar. [перех.] обрабатывать сернистым ангидридом.
sulfito. [м.] (хим.) сульфит.
sulfocianuro. [м.] (хим.) sulfocianuro de cobre, роданистая медь.
sulfonal. [м.] (хим.) сульфонал.
sulforato. [м.] (хим.) сульфонат.
sulfugador. [м.] марля, пропитанная серой (для окуривания).
sulfuración. [ж.] (хим.) превращение в сернистое соединение, раздражение.
sulfurado, da. [страд. прич.] к sulfurar; [прил.] (хим.) серный; (перен.) раздражённый.
sulfurador, ra. [прил.] соединяющий с серой; [м.] прибор для окуривания серными парами.
sulfurar. [перех.] (хим.) соединять с серой; (перен.) раздражать, приводить в ярость; sulfurarse. [возв. гл.] злиться, беситься, раздражаться.
sulfúreo, a. [прил.] серный.
sulfureto. [м.] (хим.) см. sulfuro.
sulfúrico, ca. [прил.] серный: * ácido sulfúrico, (хим.) серная кислота.
sulfuro. [м.] (хим.) сернистое соединение, сульфид.
sulfuroso, sa. [прил.] серный; сернистый.
sulky. [м.] (англ.) беговые дрожки, двуколка.
sultán. [м.] султан.
sultana. [ж.] султанша.
sultanato, [м.] sultanía. [ж.] султанат, султанство.
sultánico, ca. [прил.] султанский.
sulú. [м.] (бот.) сорт пальмы.
sulla. [ж.] (бот.) сорт злакового растения.
suma. [ж.] сумма; итог, совокупность; (мат.) сложение, суммирование; сущность: * en suma, в итоге; в общем и целом.
sumaca. [ж.] (Амер.) небольшое двухмачтовое судно.
sumador, ra. [прил. и сущ.] складывающий, делающий сложение; резюмирующий.
sumamente. [нареч.] крайне, чрезмерно.
sumando. [м.] (мат.) слагаемое.
sumar. [перех.] сокращать, резюмировать, кратко излагать; складывать, делать сложение, суммировать; sumarse. [возв. гл.] присоединяться.
sumaria. [ж.] протокол; (воен. юр.) предварительное следствие.
sumarial. [прнл.] (воен. юр.) относящийся к предварительному следствию.
sumariamente. [нареч.] кратко, сокращённо, вкратце; коротким судом.
sumariar. [перех.] (юр.) производить следствие.
sumario, ria. [прил.] краткий, сокращённый, сжатый; обобщённый, суммарный; [м.] краткое изложение, краткий обзор; оглавление, перечень; (юр.) предварительное следствие.
sumarísimo, ma. [прил. увел.] к sumario, поспешный, ускоренный: * juicio sumarísimo, (юр.) военно-полевой суд.
sumergible. [прил.] затопляемый; погружающийся в воду; способный плавать под водой; [м.] подводная лодка, подлодка (разг.).
sumergido, da. [страд. прич.] к sumergir; [прил.] (обл.) подчиняющийся, подчинённый.
sumergimiento. [м.] см. sumersión.
sumergir. [перех.] погружать в воду, покрывать водой, затоплять, наводнять, потоплять; (перен.) ввергать; sumergirse. [возв. гл.] погружаться, тонуть.
sumersión. [ж.] погружение в воду, затопление, наводнение.

sumidad. [ж.] вершина, высшая точка, верхушка.
sumidero. [м.] сточная труба или канал; (Амер.) болотистая почва; выгреб, выгребная яма.
suministración. см. suministro.
suministrador, ra. [прил.] доставляющий необходимое; [м.] поставщик.
suministrar. [перех.] снабжать, доставлять, давать необходимое; предоставлять.
suministro. [м.] снабжение, доставка, поставка; suministros. [множ.] съестные припасы (военные).
sumir. [перех.] погружать в воду; закапывать, зарывать в землю; потреблять, ввергать; повергать в...; sumirse. [возв. гл.] ввалиться (о щеках и т. д.); погружаться в воду; зарываться в землю; всецело предаваться чему-л.
sumisamente. [нареч.] смиренно, покорно, униженно.
sumisión. [ж.] подчинение, повиновение, покорность; уважение, почтение, почтительное отношение.
sumiso, sa. [прил.] послушный; покорный, подчиняющийся, смирный, смиренный; негромкий, тихий (о голосе): * sumiso a las leyes, соблюдающий законы.
sumista. [прил.] к сумма; [м. и ж.] тот, кто умело делает сложения; автор кратких учебников.
súmmum. [м.] верх чего-л, предел.
sumo, ma. [прил.] высший, высочайший; верховный, высший, величайший, важнейший; огромный, наибольший; великий: * a lo sumo, максимум, самое большее, не больше; * de sumo, целиком; * el sumo Pontífice, верховный жрец; папа.
sumóscapo. [м.] (арх.) верхняя часть колонны.
súmulas. [ж. множ.] начатки логики.
sumulista. [м. и ж.] тот, кто занимается преподаванием или изучением начатков логики.
sumulístico, ca. [прил.] к súmulas.
sunción. [ж.] (рел.) потребление.
sunco, ca. [прил.] (Амер.) однорукий.
suncho. [м.] см. zuncho; (Амер.) (бот.) астра.
sundín. [м.] (Амер.) вечеринка, танцевальный вечер.
sunsuniar. [перех.] (Амер.) поколотить, вздуть, взгреть.
suntuario, ria. [прил.] к роскошь: * ley suntuaria, закон против роскоши.
suntuosamente. [нареч.] роскошно, пышно.
suntuosidad. [ж.] роскошь, пышность, великолепие.
suntuoso, sa. [прил.] роскошный, пышный, великолепный, царственный.
supedáneo. [м.] сорт пьедестала.
supeditación. [ж.] покорение, подчинение, угнетение.
supeditar. [перех.] подчинять, покорять, угнетать.
súper- приставка, обознач. над..., сверх..., пре..., чрезмерно.
superable. [прил.] преодолимый.
superabundancia. [ж.] чрезмерное изобилие, избыток.
superabundante. [дейст. прич.] к superabundar, изобилующий.
superabundantemente. [нареч.] с избытком, в изобилии; с лихвой.
superabundar. [неперех.] изобиловать, иметь(ся) в избытке.
superacidez. [ж.] повышенная кислотность.
superácido, da. [прил.] очень кислый.
superación. [ж.] превышение; преодолевание, преодоление.
superactividad. [ж.] повышенная деятельность, повышенная функция.

superádito, ta. [прил.] прибавленный, добавленный.
superagudo, da. [прил.] очень высокий (о звуке); чрезвычайно острый, обострённый.
superalimentación. [ж.] усиленное питание.
superalimentar. [перех.] усиленно питать.
superante. [дейст. прич.] к superar.
superar. [перех.] превосходить, превышать; преодолевать, побеждать.
superávit. [м.] (ком.) положительное сальдо.
supercarburante. [м.] топливо сверхвысокой калорийности.
superciliar. [прил.] (анат.) надбровный.
superconductividad. [ж.] (физ.) сверхпроводимость.
superconductor. [м.] (физ.) сверхпроводник.
superchería. [ж.] обман, мошенничество, плутовство, подлог.
superchero, ra. [прил.] обманный, плутоватый, мошеннический; [м. и ж.] обманщик, -ица, мошенник, -ица, плут, -овка.
superdominante. [ж.] (муз.) секста, шестая нота гаммы.
supereminencia. [ж.] превосходство, преобладание, преимущество.
supereminente. [прил.] наивысший; превосходящий.
superentender. [перех.] надзирать, присматривать, инспектировать, заведовать.
supererogación. [ж.] сделанное сверх должного, обещанного.
supererogatorio, ria. [прил.] то, что сделано сверх должного, обещанного.
superestructura. [ж.] надстройка.
superfetación. [ж.] (физиол.) образование второго зародыша.
superexcitación. [ж.] чрезмерное возбуждение.
superficial. [прил.] к поверхность; наружный, поверхностный, внешний; (перен.) поверхностный.
superficialidad. [ж.] поверхность, несерьёзность.
superficialmente. [нареч.] поверхностно, слегка.
superficie. [ж.] поверхность, внешняя часть, внешняя сторона; площадь, поверхность: * calcular la superficie, (мат.) вычислить площадь.
superfino, na. [прил.] тончайший; изысканный, самого высокого качества.
superfluamente. [нареч.] излишне.
superfluencia. [ж.] изобилие, избыток, множество.
superfluidad. [ж.] бесполезность; лишнее, излишек, избыток.
superfluo, a. [прил.] ненужный, бесполезный; лишний, излишний.
superfortaleza. [ж.]: * superfortaleza volante, (ав.) сверхмощная летающая крепость.
superfosfato. [м.] (хим.) суперфосфат.
superfunción. [ж.] повышенная деятельность, повышенная функция.
supergenual. [прил.] надколенный.
superheterodino, na. [прил.] (радио) супергетеродинный; [м.] супергетеродин, супергетеродинный приёмник.
superhombre. [м.] сверхчеловек.
superhumeral. [м.] эфуд, пояс (у Еврейских первосвященников).
superintendencia. [ж.] главное управление, инспекция, дирекция; главный надзор; должность, контора главного надзирателя.
superintendente. [м.] главный инспектор, директор, заведующий, надзиратель.
superior, ra. [прил.] верхний, высший; лучший, высший (по качеству); превышающий, превосходящий; более высокой степени; вышестоящий, старший по службе.
superior, ra. [м. и ж.] (церк.) игумен, игуменья; (м. употр.) начальник, -ица.
superiorato. [м.] игуменский сан.
superioridad. [ж.] превосходство, преобладание, преимущество; верховная власть; начальство.
superiormente. [нареч.] в высшей степени; превосходно.
superlación. [ж.] свойство к превосходный.
superlactación. [ж.] повышенное молокоотделение.
superlativamente. [нареч.] в высшей степени.
superlativo, va. [прил.] превосходящий, наивысший; превосходный [м.] (грам.) превосходная степень.
supermaxilar. [прил.] (анат.) надчелюстной.
superno, na. [прил.] наивысший.
supernumerario, ria. [прил.] превышающий положенное число; сверхкомплектный; сверхштатный; [м. и ж.] сверхштатный служащий.
supernutrición. [ж.] чрезмерное питание, перекармливание.
súpero, ra. [прил.] (бот.) расположенный выше: * ovario súpero, верхняя завязь.
superpoblación. [ж.] перенаселение, перенаселённость.
superpoblado, da. [прил.] перенаселённый.
superponer. [перех.] накладывать одно на другое, класть сверху; ставить выше; [непр. гл.] спряг. как poner.
superposición. [ж.] наложение, накладывание одного на другое, сверху; наслаивание.
superproducción. [ж.] перепроизводство.
superrealismo. [м.] (иск. лит.) сюрреализм.
superrealista. [прил.] (иск. лит.) сюрреалистический; [м. и ж.] сюрреалист.
superregenerador. [м.] (радио) суперрегенератор.
superrenal. [прил.] (анат.) надпочечный.
supersaturación. [ж.] (хим.) перенасыщение, перенасыщенность.
supersaturar. [перех.] (хим.) перенасыщать.
supersecreción. [ж.] (физиол.) гиперсекреция, повышенная секреция.
supersónico, ca. [прил.] сверхзвуковой.
superstición. [ж.] суеверие.
supersticiosamente. [нареч.] суеверно.
supersticioso, sa. [прил.] суеверный; [м. и ж.] суеверный человек.
supérstite. [прил.] (юр.) переживший, оставшийся в живых.
superstructura. [ж.] надстройка: * superstructura de un buque, сооружения, возвышающиеся над верхней палубой.
supervacáneo, a. [прил.] (м. употр.) см. superfluo.
supervención. [ж.] (юр.) новое обстоятельство.
superveniencia. [ж.] неожиданное появление.
superveniente. [дейст. прич.] к supervenir.
supervenir. [неперех.] вдруг наступать, неожиданно случаться, см. sobrevenir.
supervivencia. [ж.] пережитие; сохранение (традиций и т. д.); право на ренту и т. д. (по наследству).
superviviente. [прил. и сущ.] переживший кого-л, уцелевший, оставшийся в живых.
supervivir. [неперех.] см. sobrevivir.
supinación. [ж.] положение тела, лежащего на спине; супинация, положение руки ладонью кверху.
supinador, ra. [прил.]: * músculo supinador, (анат.) супинатор.
supino, na. [прил.] лежащий на спине; [м.] (грам.) супин: * ignorancia supina, грубое невежество.

súpito, ta. [прил.] см. súbito; (разг.) см. brusco.
suplantable. [прил.] поддающийся вытеснению, выживанию; поддающийся подделке (о тексте).
suplantación. [ж.] вытеснение, выживание; подделка, искажение (текста).
suplantador, ra. [прил. и сущ.] вытеснивший, выживший другого; искажающий (текст).
suplantar. [перех.] вытеснять, выживать, занимать чужое место (обманным путём); подделывать, искажать (текст).
suple. [м.] приплата, прибавка.
supleausencias. [м. и ж.] заместитель, -ница.
suplefaltas. [м. и ж.] козёл отпущения.
suplemental. [прил.] см. suplementario.
suplementario, ria. [прил.] дополнительный, добавочный; сверхурочный.
suplementero, ra. [м. и ж.] (Амер.) газетчик, -ца.
suplemento. [м.] добавление, дополнение; приложение (к газете и т. д.); прибавка; (геом.) дополнительный угол: * suplemento ilustrado, иллюстрированное приложение.
suplencia. [ж.] замещение, замена; временная служба, заместительство.
suplente. [дейст. прич.] к suplir, замещающий; [м. и ж.] заместитель, -ница.
supletivo, va. [прил.] (грам.) супплетивный.
supletorio, ria. [прил.] добавочный, дополнительный, дополняющий.
súplica. [ж.] моление, мольба, просьба, прошение, ходатайство, челобитная: * a súplica, по просьбе.
suplicación. [ж.] см. súplica; вафля; (юр.) апелляция.
suplicacionero, ra. [м. и ж.] продавец, -щица вафель.
suplicante. [дейст. прич.] к suplicar, умоляющий, молящий, просящий; [м. и ж.] проситель, -ница.
suplicar. [перех.] умолять, молить, просить, упрашивать; (юр.) апеллировать.
suplicatoria. [ж.] (юр.) поручение одного судебного учреждения другому.
suplicatorio, ria. [прил.] умоляющий, просительный; [м.] (юр.) см. suplicatoria.
supliciar. [перех.] предать казни, казнить; мучить, терзать, пытать.
suplicio. [м.] (телесное) наказание, казнь; место для казни; эшафот; (перен.) мучение, муки, пытка: * último suplicio, смертная казнь.
suplidor, ra. [прил.] замещающий, заменяющий; [м. и ж.] заместитель, -ница.
suplir. [неперех.] дополнять, добавлять; заменять, замещать, заступать место; мириться с чьими-л недостатками.
suponer. [перех.] полагать, допускать, предполагать; измышлять; выдавать за правду; вызывать, влечь за собой; [неперех.] обладать властью, влиянием; [непр. гл.] спряг. как poner.
suportar. [перех.] см. soportar.
suposición. [ж.] предположение, допущение; гипотеза, догадка; власть, влияние, вес, авторитет; измышление; выдумка, вымысел; обман, ложь.
supositar. [перех.] см. substituir, suponer.
supositicio, cia. [прил.] подложный; вымышленный.
supositivo, va. [прил.] предположительный.
supositorio. [м.] (мед.) суппозиторий, свеча.
supra- приставка, обознач. над-, выше.
supraciliar. [прил.] (анат.) надбровный.

supraclavicular. [прил.] (анат.) надключичный.
supranuclear. [прил.] (анат.) лежащий выше мозгового ядра.
supraorbital. [прил.] (анат.) надглазничный.
suprapubiano, na. [прил.] (анат.) надлобковый.
suprarrenal. [прил.] (анат.) надпочечный.
suprascapular. [прил.] (анат.) надлопаточный.
suprasensible. [прил.] сверхчувственный.
supravaginal. [прил.] (анат.) надвлагалищный.
suprema. [ж.] верховный совет инквизиции; (Амер.) блюдо из птицы.
supremacía. [ж.] первенство, главенство, превосходство, примат, господство.
supremamente. [нареч.] в высшей степени.
supremo, ma. [прил.] верховный, высший; превосходный; последний; крайний: * el (tribunal) supremo, верховный трибунал; * esfuerzo supremo, последнее усилие.
supresión. [ж.] отмена, уничтожение, упразднение, ликвидация; пропуск, умолчание; (мед.) задержка, задержание.
supresivo, va. [прил.] упраздняющий, отменяющий.
supreso, sa. [непр. страд. прич.] к suprimir.
supresor, ra. [прил.] упраздняющий, отменяющий; пропускающий.
suprimir. [перех.] отменять, уничтожать, упразднять, ликвидировать; изымать; вычёркивать; пропускать; умалчивать: * suprimir pormenores, опустить подробности.
suprior. [м.] заместитель приора, игумена.
supriora. [ж.] заместительница игуменьи.
supriorato. [м.] сан заместителя игумена.
supuesto, ta. [непр. страд. прич.] к suponer; [м.] предполагаемое; предположение, гипотеза: * por supuesto, конечно, разумеется; * supuesto que, полагая, что; так как.
supuración. [ж.] нагноение, гноетечение.
supurante. [действ. прич.] к supurar, гноящийся; вызывающий нагноение.
supurar. [неперех.] гноиться.
supurativo, va. [прил.] вызывающий нагноение; [м.] средство, ускоряющее нарывание.
supuratorio, ria. [прил.] гноящийся; гнойный.
suputación. [ж.] вычисление, расчёт, подсчёт; калькуляция.
suputar. [перех.] вычислять, делать расчёт, подсчёт, подсчитывать; калькулировать.
sur. [м.] юг; южный ветер.
sura. [ж.] глава Корана.
surá. [ж.] сюра (шёлковая ткань).
surada. [ж.] сильный южный ветер.
sural. [прил.] относящийся или принадлежащий икре.
surazo. [м.] (Амер.) сильный южный ветер.
súrbana. [ж.] (Амер. бот.) кубинское злаковое растение.
surbia. [ж.] (обл.) яд, отрава.
surcación. [ж.] действ. к бороздить, проведение борозд.
surcador, ra. [прил.] бороздящий; [м.] пахарь, земледелец.
surcaño. [м.] (обл.) межа.
surcar. [перех.] (прям. перен.) (из)бороздить; чертить; * surcar los mares, (перен.) избороздить, изъездить моря.
surco. [м.] борозда; след, черта; морщина;

surcos. [множ.] нивы: * echarse en el surco, (перен. разг.) бросить дело, работу.
surculación. [ж.] (бот.) почкование.
surculado, da. [прил.] (бот.) с одним стеблем.
súrculo. [м.] (бот.) волчок.
surdimutismo. [м.] см. sordomudez.
surculoso, sa. [прил.] (бот.) см. surculado.
sureño, ña. [прил.] (Амер.) южный, живущий на юге страны.
surero, ra. [прил.] (Амер.) см. sureño; принадлежащий южной части страны; [м.] (Амер.) южный ветер.
sureste. [м.] см. sudeste.
surgente. [действ. прич.] к surgir.
surgidero. [м.] якорное место, рейд.
surgimiento. [м.] появление, возникновение; действ. к становиться на якорь.
surgir. [неперех.] бить (о воде); становиться на якорь; (перен.) показываться, внезапно появляться; возникать.
suri. [м.] (Амер.) разновидность страуса.
suri. [м.] (Амер.) шерсть высокого качества.
suriano, na. [прил.] (Амер.) живущий на юге страны.
suricacina. [ж.] (Амер.) страусовое яйцо; (перен.) трус, -иха.
surimba. [ж.] (Амер.) побои, порка.
surimbo, ba. [прил.] (Амер.) глупый, невежественный.
suripanta. [ж.] (разг.) (театр.) статистка; (презр.) проститутка, шлюха.
surmenaje. [м.] переутомление.
suroeste. [м.] см. sudoeste.
surrealismo. [м.] (иск. лит.) сюрреализм.
surrealista. [прил.] сюрреалистический; [м. и ж.] сюрреалист.
surrección. [ж.] см. surgimiento; восстание.
surrunguear. [перех.] (Амер.) см. rasguear.
sursuncorda. [м.] (перен. разг.) важная безымённая персона.
surtida. [ж.] (воен.) вылазка; потерна; потайной ход; потайная дверь; причал; см. varadero.
surtidero. [м.] отверстие для стока воды из пруда; бьющая вверх струя.
surtido, da. [страд. прич.] к surtir; [прил.] отборный; разнообразный; [м.] снабжение; выбор; подбор, отбор, комплект, ассортимент, набор: * de surtido, для обычного употребления.
surtidor, ra. [прил.] снабжающий; [м.] снабженец, поставщик; фонтан; бьющая вверх струя, бензозаправочная (или бензиновая) колонка.
surtimiento. [м.] снабжение; действ. к бить фонтаном (о воде).
surtir. [перех.] снабжать, поставлять, доставлять; [неперех.] бить фонтаном (о воде); (обл.) отскакивать рикошетом;
surtirse. [возв. гл.] снабжаться, запасаться.
surto, ta. [непр. страд. прич.] к surgir, стоящий на якоре; [прил.] спокойный, тихий.
súrtuba. [ж.] (Амер.) гигантский папоротник.
suruca. [ж.] (Амер.) шум, свалка, ссора, драка, см. embriaguez, borrachera.
¡sus! [межд.] ну!, ну же!, вперёд!
susano, na. [прил.] (обл.) близкий, ближний, ближайший.
suscepción. [ж.] принимание (духовного сана).
susceptibilidad. [ж.] восприимчивость, чувствительность; обидчивость.
susceptible, susceptivo, va. [прил.] способный к восприятию, восприимчивый чувствительный; поддающийся чему-л, допускающий; обидчивый, обидчивый.
suscitación. [ж.] возбуждение.
suscitar. [перех.] создавать, порождать, вызывать, возбуждать.

suscribir. [перех.] см. subscribir; suscribirse. [возв. гл.] см. subscribirse.
suscripción. suscripto, suscriptor, suscrito, suscritor. см. subscripción. и т. д.
susidio. [м.] беспокойство, тревога.
suslik. [м.] (зоол.) суслик.
suso. [нареч.] наверху.
susodicho, cha. [прил.] вышеупомянутый, вышеуказанный, вышепоименованный, вышеназванный.
suspender. [перех.] подвешивать, вешать; прерывать, приостанавливать, останавливать, прекращать, задерживать; откладывать, отсрочивать; (перен.) удивлять, поражать, изумлять; временно отрешать от должности; срезать, проваливать (на экзаменах); suspenderse. [возв. гл.] останавливаться, приостанавливаться, прерываться, прекращаться; стать на дыбы.
suspensión. [ж.] подвешивание, вешание; остановка, временное прекращение; откладывание, отсрочка; изумление; удивление; временное отрешение от места, от должности; (хим.) суспензия, пребывание во взвешенном состоянии; нерешительность, колебание; (рит.) намеренное умалчивание; (тех.) подвес рессоры: * suspensión de pagos, приостановка, прекращение платежей.
suspensivo, va. [прил.] останавливающий; отсрочивающий: * puntos suspensivos, (грам.) многоточие.
suspenso, sa. [непр. страд. прич.] к suspender, подвешенный, повисший, висячий; прекращённый, приостановленный, прерванный; отсроченный, отложенный; [прил.] удивлённый, изумлённый; [м.] провал (на экзамене): * en suspenso, в неизвестности, в неопределённом положении; * dejar en suspenso, отложить что-л, оставить что-л в неопределённом положении.
suspensores. [м.] (Амер.) см. suspensorio; [множ.] (Амер.) помочи.
suspensorio, ria. [прил.] подвешивающий; [м.] (мек.) суспензорий.
suspicacia. [ж.] подозрительность, недоверчивость.
suspicaz. [прил.] недоверчивый, подозрительный.
suspirado, da. [страд. прич.] к suspirar; [прил.] (перен.) страстно желанный, желаемый, долгожданный.
suspirar. [неперех.] вздыхать, испускать вздохи: suspirar por, вздыхать по; [перех.] страстно желать: * suspirar por una persona, быть влюблённым в, вздыхать о...
suspiro. [м.] вздох; безе (пирожное); стеклянный свисток; (муз.) короткая пауза: * último suspiro, смерть; конец.
suspirón, na. [прил.] часто вздыхающий.
suspiroso, sa. [прил.] тяжело вздыхающий.
sustancia и т. д. см. substancia и т. д.
sustantivo. [м.] (грам.) имя существительное.
sustentable. [прил.] утверждаемый, защищаемый.
sustentación. [ж.] поддержка, поддерживание; поддерживание питания; см. sustentáculo; (рит.) намеренное умалчивание: * base de sustentación, (физ.) опорное основание; * fuerza de sustentación, (ав.) поддерживающая сила.
sustentáculo. [м.] подпорка, подставка, опора.
sustentador, ra. [прил.] поддерживающий (питанием и т. д.); [м.] кормилец; защитник, сторонник.
sustentamiento. [м.] поддержка, поддерживание; поддерживание питания.
sustentante. [действ. прич.] к sustentar, под-

держивающий; [м.] диссертант; защитник заключения и т. д.
sustentar. [**перех.**] содержать, поддерживать (питанием и т. д.); сохранять; выдерживать (тяжесть и т. д.); подпирать; защищать, поддерживать (выводы, заключения и т. д.); **sustentarse.** [**возв. гл.**] питаться, кормиться.
sustento. [**м.**] поддержка; содержание, пропитание; см. **sustentáculo.**
sustitución и т. д. см. **substitución** и т. д.
susto. [**м.**] страх, испуг: * dar un susto, наводить страх; * dar un susto al miedo, (разг.) быть уродливым.
sustracción. и т. д. см. **substracción** и т. д.
susunga. [**ж.**] (Амер.) дуршлаг.
susurración. [**ж.**] шёпот, злословие (тайное).
susurrador, ra. [**прил.**] шепчущий; [м. и ж.] шептун, -ья, сплетник, -ица.
susurrante. [**дейст. прич.**] к **susurrar.**
susurrar. [**неперех.**] шептать; шушукаться на чей-л счёт, нашёптывать; (перен.) шептать, шелестеть.
susurrido. [**м.**] шёпот, шелест, журчание.
susurro. [**м.**] см. **susurrido;** шёпот (тихая речь).
susurrón. [**прил.**] шепчущий; [м. и ж.] шептун, -ья.
sutás. [**м.**] сутаж.
sute. [**прил.**] (Амер.) тщедушный, щуплый, хилый, болезненный; [**м.**] поросёнок.
sutil. [**прил.**] тонкий, слабый; (перен.) тонкий, острый, остроумный, проницательный.
sutileza, sutilidad. [**ж.**] тонкость, слабость; (перен.) тонкость, проницательность, хитрость, изворотливость; инстинкт; излишняя тонкость: * sutileza de manos, ловкость рук.
sutilizador, ra. [**прил.** и **сущ.**] вдающийся в излишние тонкости.
sutilizar. [**перех.**] утончать, делать тоньше; делать более утончённым, изысканным; (перен.) мудрить, вдаваться в тонкости.
sutilmente. [**нареч.**] тонко, остроумно.
sutorio, ria. [**прил.**] к сапожничеству.

sutura. [**ж.**] (бот. зоол.) шов; (хир.) шов, наложение шва.
sutural. [**прил.**] шовный.
suturar. [**перех.**] (хир.) накладывать шов.
suyate. [**м.**] (Амер.) финиковая пальма.
suyo, ya, suyos, as. [**притяж. мест.**] его (её, их); свой; Ваш (Ваша, Ваше, Ваши); * lo suyo. [**м.**] его, ему принадлежащее, его достояние; * la suya. [**ж.**] воля: * un pariente suyo, один из его родственников; * de suyo, само собой; * salirse con la suya, поставить на своём; * hacer de las suyas, напроказить; * los suyos, сообщники, сторонники.
suzón. [**м.**] (бот.) см. **zuzón.**
svástica. [**ж.**] свастика.
swertia. [**ж.**] (бот.) трипутник.

Tt

T, t. 23-я буква испанского алфавита.
¡ta! (ta!). [межд.] см. **tate**; осторожнее!; ну и что же!, о!, вот так так!, ну!
taba. [ж.] (анат.) таранная кость; бабка; игра в бабки: * menear las **tabas**, быстро ходить; * menear la **taba**, (Амер.) болтать, беседовать; * tirar la **taba**, (Амер.) рисковать; * tomar la **taba**, (разг.) взять слово.
tabacal. [м.] табачная плантация.
tabacalera. [ж.] см. **tabaquería**; (Амер.) табачный магазин.
tabacalero, ra. [прил.] табачный; табаководческий; занимающийся возделыванием табака; см. **tabaquero**; [м.] тот, кто возделывает табак.
tabaco. [м.] табак; сигара; тёртый нюхательный табак; (Амер.) пощёчина: * tabaco de montaña, (бот.) арника; * tabaco de humo, курительный табак; * tabaco de pipa, трубочный табак; * tabaco picado, крошеный табак; * tabaco de regalía, высший сорт табака; * tabaco mabinga, (Амер.) табак плохого качества; * tabaco rapé, нюхательный табак; * acabarse el tabaco, (Амер.) остаться без гроша; * tomar tabaco, нюхать табак.
tabacosis. [ж.] (пат.) см. **tabaquismo**.
tabacoso, sa. [прил.] часто нюхающий табак; испачканный табаком.
tabacuno, na. [прил.] хриплый (о голосе).
tabahúnda. [ж.] см. **barahúnda**.
tabal. [м.] (обл. Амер.) бочонок для сельдей.
tabalada. [ж.] пощёчина, оплеуха; (разг.) ушиб при падении.
tabalario. [м.] (разг.) зад, ягодицы.
tabalear. [перех.] двигать, трясти; качать, укачивать; [неперех.] барабанить пальцами.
tabaleo. [м.] (продолжительное) качание; дейст. к барабанить пальцами.
tabana. [ж.] (Амер.) сильный удар рукой; подзатыльник.
tabanazo. [м.] (разг.) см. **tabana**; (разг.) пощёчина, оплеуха.
tabanco. [м.] продовольственный ларёк; (Амер.) чердак, чердачное помещение; антресоль.
tabanera. [ж.] место, изобилующее слепнями.
tabanesco, ca. [прил.] к слепень, овод.
tábano. [м.] (зоол.) слепень, овод.
tabanque. [м.] гончарный круг: * levantar el **tabanque**, (разг.) прервать заседание; покидать место.
tabaola. [ж.] см. **bataola**.
tabaque. [м.] корзинка для рукоделия.
tabaque. [м.] обойный гвоздь.

tabaquear. [неперех.] (разг.) (Амер.) курить табак.
tabaquera. [ж.] табакерка; чашечка курительной трубки; (Амер.) кисет; кожаный портсигар.
tabaquería. [ж.] табачная лавка; (Амер.) сигарная фабрика.
tabaquero, ra. [прил.] табачный; [м. и ж.] рабочий табачной промышленности, табачник, -ица (разг.); продавец, -щица табака; (Амер.) носовой платок.
tabaquillo. [м. умен.] к **tabaco**; (Амер.) вид макового растения; паслёновое растение.
tabaquismo. [м.] отравление табаком; отравление никотином.
tabaquista. [м.] специалист по табаку; любитель нюхательного табака.
tabardete. (м. употр.), **tabardillo.** [м.] сорт тифозной горячки; солнечный удар; (перен. разг.) вертопрах: * **tabardillo** pintado, (мед.) сыпной тиф.
tabardina. [ж.] короткий армяк.
tabardo. [м.] сорт армяка.
tabarra. [ж.] надоедливый разговор и т. д.; навязчивость: * dar la **tabarra**, (разг.) смертельно надоесть кому-л.
tabarrera. [ж.] (разг.) смертельно надоедливый, скучный разговор и т. д.; (обл.) осиное гнездо.
tabarro. [м.] см. **tábano**; (обл.) оса.
tabea. [ж.] (обл.) сорт колбасы.
tabear. [неперех.] (Амер.) играть в бабки; (Амер.) (перен.) болтать.
tabefacción. [ж.] (пат.) табес, сухотка спинного мозга.
tabella. [ж.] (апт.) таблетка.
taberna. [ж.] таверна, трактир, кабачок; (Амер.) см. **pulpería**.
tabernacle, tabernáculo. [м.] (церк.) скиния; дарохранительница.
tabernario, ria. [прил.] трактирный, кабацкий; (перен.) низкий, грубый, подлый.
tabernera. [ж.] жена кабатчика, трактирщика; кабатчица, трактирщица.
tabernería. [ж.] ремесло кабатчика, трактирщика.
tabernero. [м.] кабатчик, трактирщик; (уст.) посетитель таверны.
tabernil. [прил.] (разг.) см. **tabernario**.
tabernizado, da. [прил.] свойственный таверне, трактиру.
tabernizar. [неперех.] часто посещать таверны, трактиры.
tabernucha. [ж. презр.] к **taberna**, кабачок, кабак.
tabernucho. [м. презр.] см. **tabernucha**.
tabes. [м.] (мед.) табес, сухотка спинного мозга: * **tabes** dorsal, спинная сухотка.

tabescencia. [ж.] исхудание (на почве нервного заболевания).
tabescente. [прил.] вызывающий истощение.
tabético, ca. [прил.] к табес; страдающий табесом; [м. и ж.] табетик, страдающий, -ая табесом.
tabetiforme. [прил.] (мед.) похожий на табес.
tabí. [м.] муарированная шёлковая ткань.
tabicado, da. [страд. прич.] к **tabicar**; [м.] отделение перегородкой.
tabicamiento. [м.] отделение перегородкой.
tabicar. [перех.] отделять перегородкой, ставить перегородку; (перех.) затыкать.
tabicón. [м.] толстая перегородка; (обл.) см. **adobe**.
tabidez. [ж.] гнилость.
tábido, da. [прил.] (мед.) гнилой; чахлый, чахоточный.
tabificación. [ж.] см. **consunción**.
tabífico, ca. [прил.] (мед.) вызывающий худосочие.
tabilla. [ж. умен.] к **taba**; (обл.) см. **tabina**.
tabina. [ж.] (обл.) зелёный стручок.
tabinete. [м.] сорт шёлковой ткани.
tabique. [м.] перегородка; переборка; (анат.) мембрана, перепонка.
tabiquería. [ж.] совокупность перегородок.
tabiquero. [м.] строитель перегородок.
tabla. [ж.] деревянная доска; планка, доска; пластинка; широчайшая поверхность бревна; плоский алмаз; складка платья, борт бильярдного стола; указатель; таблица; (мат.) таблица; список; полоса пахотной земли; гряда; сухопутная таможня; мясной прилавок; мясная лавка; картина на доске; поверхность картины; [множ.] ничья (в шахматах, шашках); сценическое искусство; театр, подмостки; барьер арены для боя быков: * **tabla** de logaritmos, логарифмическая таблица; * **tabla** de multiplicar, таблица умножения; * **tabla** de mármol, мраморная доска; * **tabla** de río, de agua, перекат (на реке); * **tabla** de planchar, гладильная доска; * **tabla** de lavar, стиральная доска; * **tabla** de salvación, последняя надежда; * **tabla** de la ley, декалог; * **tabla** de materias, оглавление; * a raja **tabla**, сильно; во что бы то ни стало; * a la **tabla** del mundo, публично; * escapar, salvarse en una **tabla**, спастись чудом; * trabajar en las **tablas**, быть артистом; * tener (muchas) **tablas**, обладать сценическим опытом; * hacer **tablas**, сыграть ничью; * hacer **tabla** rasa, всё смести; начать заново.

tablachero. [м.] (обл.) смотритель за шлюзами.
tablachina. [ж.] деревянный щит.
tablacho. [м.] ворота шлюза: * echar, hacer el tablacho, прерывать речь.
tablada. [ж.] (обл.) гряда; (Амер.) место, где совершают ветеринарное исследование убойного скота.
tablado. [м.] дощатый пол; подмостки; эстрада; эшафот; доски кровати; (арг.) лицо: * sacar al tablado, разглашать.
tablaje. [м. соб.] доски; игорный дом.
tablajería. [ж.] обычай посещать игорный дом; мясная лавка.
tablajero. [м.] плотник; сборщик податей; завсегдатай игорного дома; мясник; (обл.) фельдшер.
tablantes. [м. множ.] (арг.) скатерти.
tablar. [м.] грядки (сада и т. д.); перекат на реке; см. adral.
tablatura. [ж.] (муз.) нотная таблица (обозначение звуков условными знаками).
tablazo. [м.] удар доской; широкий и мелководный участок реки или моря; (обл.) плоскогорье.
tablazón. [ж. соб.] доски; деревянная обшивка (в судах); дощатый настил палубы.
tableado. [а. [страд. прич.] к tablear.] [м.] (на материи) совокупность складок.
tablear. [перех.] распиливать на доски; делать грядки; боронить; плиссировать, укладывать в складки; (Амер.) раскатывать тесто.
tableo. [м.] распил(ивание) на доски; дейст. к делать грядки; грядки; бороньба, боронование; плиссировка, плиссе.
tablero. [м.] доска; доска, плита, планка; дощатый настил; шахматная доска; прилавок; игорный дом; портновский стол; см. tablar; (классная доска) (орни.) сорт буревестника; (арх.) абак(а); дверной или оконный проём; (мор.) непроницаемая переборка; * tablero contador, счёты; * tablero de dibujo, чертёжная доска; * poner, traer al tablero, рисковать, подвергать опасности, риску что-л.
tablestaca. [ж.] крепкая доска заострённая с одного конца, забитая в грунт.
tablestacado. [м. соб.] совокупность tablestacas (см. tablestaca).
tableta. [умен.] к tabla, дощечка; табличка; плитка; таблетка: * tableta de chocolate, плитка шоколада; * quedarse tocando tabletas, остаться с носом.
tableteado. [м.] стук досок.
tabletear. [неперех.] стучать досками.
tableteo. [м.] стуканье досок; см. tableteado.
tablilla. [ж.] см. tableta; доска объявлений и т. д.; борт биллиардного стола; плитка шоколада.
tablizo. [м.] см. teguillo.
tablón. [м.] толстая доска, брус(ок); см. borrachera; (арг.) стол: * coger un tablón, (разг.) напиться до доски.
tablonaje. [м. соб.] толстые доски, брусы.
tabloncillo. [м. умен.] к tablón, брусок, планка; балкон перед ареной для боя быков.
tabloza. [ж.] палитра.
tabo. [м.] (филипп.) сосуд из кокосовой скорлупы.
taboca. [ж.] (Амер.) сосуд из бамбука.
tabón. [м.] (обл.) ком земли.
tabor. [м.] (уст.) батальон, состоящий из марроканских солдат (в испанском Марокко).
tabora. [ж.] (обл.) топь, трясина.
taborga. [ж.] (Амер.) кофе с гущей.
tabre. [м.] (Амер.) см. tahur.
tabú. [м.] табу, запрет; [прил.] запретный; неприкосновенный.
tabuco. [м.] угол, небольшая комната, каморка, конура; (Амер.) см. matorral.
tabula. [ж.] см. taba.

tabulador. [м.] табулятор (в пишущей машинке).
tabuladora. [ж.] табулятор (счётная машина).
tabular. [прил.] табличный, в виде таблицы.
tabulatura. [ж.] (муз.) см. tablatura.
tabulete. [умен.] стенной табурет.
taburó. [м.] (зоол.) акула.
tac, tac. [м.] тиканье.
taca. [ж.] (обл.) пятно.
taca. [ж.] стенной скафчик.
tacaco. [м.] (Амер.) (вьющееся) тыквенное растение.
tacada. [ж.] удар по биллиардному шару; ряд карамболей.
tacalote. [м.] (Амер.) американский боб.
tacán. [прил.] (Амер.) упрямый, упорный, своенравный, капризный.
tacana. [ж.] сереброносная руда.
tacana. [ж.] (Амер.) пест.
tacanear. [перех.] утрамбовывать; толочь, мять; сплющивать.
tacañamente. [нареч.] скупо.
tacañear. [неперех.] скупиться, скряжничать.
tacañería. [ж.] хитрость, коварство; уловка; скупость, скаредность, скряжничество, скопидомство.
tacaño, ña. [прил.] скупой, скаредный. [м. и ж.] скупец, скупая женщина, скряга, скаред, скаредная женщина, скопидом (разг.); (м. употр.) хитрый, лукавый; хитрец.
tacar. [перех.] метить, делать пометки.
tacar. [перех.] (Амер.) забивать пыж; ударять кием; наполнять; сжимать; tacarse. [возв. гл.] (Амер.) удовлетворять (аппетит), объедаться.
tacarigua. [ж.] (Амер. бот.) королевская пальма.
tacazo. [м.] удар кием; (Амер.) большой глоток ликёра.
taceta. [ж.] медный котелок (для переливания оливкового масла).
tacibundo, da. [прил.] молчаливый.
tacifiro. [м.] (Амер.) кинжал, нож(ик).
tacita. [ж.] к taza, чашечка: * tacita de plata, (перен.) чрезмерно чистая вещь.
tácitamente. [нареч.] безмолвно, молча, в молчании; незаметно, потихоньку, тайно.
tácito, ta. [прил.] безмолвный, молчаливый; подразумеваемый.
taciturnidad. [ж.] молчаливость, безмолвие; меланхолия, печаль, грусть.
taciturno, na. [прил.] молчаливый, безмолвный; немногословный; (перен.) грустный, меланхоличный.
taco. [м.] кусочек дерева или металла, кусок дерева; затычка; пыж; шомпол; биллиардный кий; духовая трубка (оружие); (перен. разг.) лёгкая закуска; глоток вина; путаница; ругательство; бранное слово; (арг.) отрыжка; (м.) страх, боязнь; маленький приземистый человек; * soltar tacos, (разг.) ругаться; * meter los tacos, (Амер.) пугать.
taco. [м.] (Амер.) каблук.
tacómetro. [м.] (тех.) тахометр.
tacón. [м.] каблук.
taconazo. [м.] удар каблуком.
taconear. [неперех.] (при ходьбе) стучать каблуками; высокомерно ходить.
taconear. [перех.] (Амер.) наполнять, заполнять; затыкать.
taconeo. [м.] стук(ание) каблуков (при ходьбе).
tacotal. [м.] (Амер.) густой кустарник, чаща; топь, трясина.
táctica. [ж.] тактика.
tácticamente. [нареч.] тактически.
táctico, ca. [прил.] [м.] тактик.

tacticografía. [ж.] (воен.) обозначение расположения войск на картах и планах.
táctil. [прил.] тактильный, осязательный.
tactilidad. [ж.] способность осязать.
tactivo, va. [прил.] к осязание; осязательный.
tacto. [м.] чувство осязания; осязание; такт, чувство меры, тактичность; ловкость, хитрость; деликатность, вежливость: * tacto de codos, (воен.) касание локтей; (перен.) объединение, союз.
tactómetro. [м.] измеритель способности осязать.
tactor. [м.] орган осязания.
tactual. [прил.] принадлежащий чувству осязания.
tacú. [м.] (Амер.) деревянная ступка.
tacuacín. [м.] (Амер.) см. zarigüeya.
tacuaco, ca. [прил.] (Амер.) коренастый, приземистый; короконогий (о цыплёнке): * ¡tacuaco!, уже сделано, готово!
tuacara. [ж.] (бот.) разновидность бамбука.
tucuaral. [м.] роща из tacuaras.
tacuarembó. [м.] (Амер.) разновидность камыша.
tacuazín. [м.] (Амер.) см. zarigüeya.
tacuro. [м.] (Амер.) чашечка для игральных костей.
tacurú. [м.] (Амер.) чёрный муравей; покинутый муравейник.
tacha. [ж.] изъян, недостаток, дефект; обойный гвоздь.
tacha. [ж.] (Амер.) см. tacho.
tachable. [прил.] заслуживающий упрёка, порицания.
tachador, ra. [прил. и сущ.] марающий, вычёркивающий, зачёркивающий; критикующий, порицающий; порицатель.
tachadura. [ж.] зачёркивание, вычёркивание, вымирание, помарка.
tachar. [перех.] запятнать, марать; зачёркивать, вычёркивать, вымарывать, стирать; обвинять, критиковать, порицать, осуждать.
tacheografía. [ж.] см. taquigrafía.
tachería. [ж.] (Амер.) см. hojalatería.
tachero. [м.] (Амер.) жестянщик; рабочий-котельщик сахарного завода.
tachigual. [м.] (Амер.) ткань, напоминающая своим видом кружево.
tacho. [м.] (Амер.) котёл; большой сосуд для варки патоки; жесть; мусорный ящик; карманные часы: * irse al tacho, (разг. Амер.) прогореть; умирать; * pasar las penas del tacho. (разг. Амер.) тяжело страдать.
tachómetro. [м.] (шутл.) часы.
tachón. [м.] черта, зачёркивающая что-л; галун.
tachón. [м.] большой обойный гвоздь.
tachonado, da. [страд. прич.] к tachonar; [м.] (арг.) пояс.
tachonar. [перех.] обшивать галуном; обивать обойными гвоздями; украшать.
tachonería. [ж.] обшивка, украшение галунами; отделка обойными гвоздями.
tachoso, sa. [прил.] имеющий недостаток или изъян; дефектный.
tachuela. [ж.] обойный гвоздь; сорт шипа (на подошвах обуви); (перен. разг. Амер.) малорослый человек.
tachuela. [ж.] (Амер.) сорт миски; металлическая чашка (для черпания воды).
tadorna. [ж.] (орни.) каголка, казарка (род утки).
tael. [м.] китайская серебряная монета.
tafanario. [м.] (разг.) зад.

tafetán. [м.] тафта; (женский) праздничный наряд; [множ.] знамёна: * tafetán inglés, английский пластырь.

tafia. [ж.] (Амер.) тростниковая водка.

tafilete. [м.] сафьян.

tafiletear. [перех.] изготовлять или украшать сафьяном.

tafiletería. [ж.] выделка сафьяна; завод, вырабатывающий сафьян; лавка, где продают сафьяновые изделия.

tafite. [м.] (Амер.) см. papirotazo.

tafo. [м.] (обл.) резкий запах, вонь; обоняние.

tafón. [м.] вид морского моллюска.

taforada. [ж.] (обл.) см. tuforada.

tafurea. [ж.] плоскодонная барка для перевозки лошадей.

tafurero, ra. [м. и ж.] человек, всюду сующий свой нос.

tagajuelo. [м. умен.] к tagajo.

tagarete. [м.] (Амер.) ручеёк.

tagarinio, nia. [прил.] (обл.) твёрдый, жёсткий.

tagarnia. [ж.] (разг.) см. hartazgo.

tagarnina. [ж.] (бот.) см. cardillo; (разг. шутл.) дешёвая сигара; (Амер.) опьянение, хмель.

tagarno. [м.] (Амер.) пайковый хлеб; мексиканский народный танец и песня.

tagarote. [м.] (зоол.) разновидность сокола; писец, писарь; (разг.) бедный дворянин-прихлебатель; (разг.) дылда, верзила; (Амер.) ловкий мужчина.

tagarotear. [неперех.] быстро и красиво писать.

tagne. [м.] (Амер.) см. garza.

tagua. [м.] (Амер.) сорт водяной курочки; плод кокосовой пальмы: * hacer taguas, (Амер.) окунаться, нырять.

taguán. [м.] (зоол.) см. guigui.

tagüita. [ж.] (Амер. зоол.) сорт водяной курочки: * hacer tagüitas, (Амер.) окунаться, нырять.

tahalí. [м.] портупея, перевязь.

taharal. [м.] см. tarayal.

tahéño, ña. [прил.] рыжий; рыжебородый.

tahona. [ж.] мельница приводимая в движение лошадью; пекарня; (Амер.) сорт посоха.

tahonera. [ж.] мельничиха; владелица или работница в пекарне; жена мельника или пекаря.

tahonero, ra. [м.] мельник; пекарь.

tahúr. [прил.] любящий играть или ловко играющий; [м.] игрок; картёжник; завсегдатай игорного дома; шулер.

tahurear. [неперех.] часто посещать игорные дома.

tahurería. [ж.] игорный дом; склонность посещать игорные дома; шулерство.

tahuresco, ca. [прил.] свойственный игроку, завсегдатаю игорного дома; свойственный шулеру.

taifa. [ж.] приверженность к определённой партии; (перен. разг.) клика; сброд.

tailandés, sa. [прил.] таиландский; [м. и ж.] таиландец, таиландка.

taima. [ж.] см. taimería; (Амер.) упорство, упрямство.

taimado, da. [прил.] хитрый, коварный, лукавый; изворотливый; притворный; (Амер.) мрачный, угрюмый, сердитый, неприветливый; ленивый; [м. и ж.] хитрец, хитрая женщина, лукавец.

taimarse. [возв. гл.] (Амер.) становиться хитрым, лукавым и т. д. (см. taimado); упорствовать.

taimería. [ж.] хитрость, коварство, лукавство, притворство.

taina. [ж.] (обл.) навес для скота; лягание, брыкание; удар ногой.

taino, na. [прил.] (Амер.) см. zaino.

taire. [м.] (обл.) удар рукой по лицу; пощёчина, оплеуха.

taita. [м.] папочка; содержатель дома терпимости; отец; старик-негр.

taja. [ж.] разрез разрезание; см. tarja; (обл.) стиральная доска.

tajá. [ж.] (Амер.) дятел.

tajada. [ж.] ломоть, кусок; (разг.) хрипота, кашель; (прост.) опьянение, хмель; (Амер.) разрез: * sacar tajada, (разг.) сорвать куш; * hacer tajadas, (разг.) нанести много ран (ножом и т. д.).

tajadera. [ж.] сечка (нож); доска для рубки мяса; зубило; [множ.] (обл.) щит, водоспуск (шлюза).

tajadero. [м.] чурбан для рубки мяса; (обл.) доска для рубки мяса.

tajadilla. [ж.] рагу из лёгкого; (обл.) ломтик апельсина, лимона.

tajado, da. [страд. прич.] к tajar; [прил.] крутой, разрезанный по вертикали; разделённый по вертикали (о гербе).

tajador, ra. [прил.] разрезающий; [м.] чурбан для рубки мяса.

tajadura. [ж.] разрезание, разрез.

tajalán, na. [прил. и сущ.] (Амер.) см. holgazán.

tajeo. [м.] (Амер.) еда; скандал; ссора, брань; драка.

tajamanil. [м.] (Амер.) еловая доска для покрытия потолка.

tajamar. [м.] (мор.) водорез; часть оконечности быка моста, рассекающая воду; (Амер.) дамба, мол; (арг.) сорт ножа.

tajamiento. [м.] см. tajadura.

tajante. [дейст. прич.] к tajar, режущий, острый; (перен.) решительный, смелый, категорический; [м.] резак; мясник.

tajaplumas. [м.] перочинный ножик.

tajar. [перех.] резать, разрезать, перерезать; чинить перо.

tajarrazo. [м.] (Амер.) разрез.

tajarria. [ж.] (Амер.) см. ataharre; см. pelliza.

tajo. [м.] разрез, порез; перемещающийся конец (при жатве и т. д.); задание; обрыв, крутой спуск, крутизна; лезвие; чурбан для рубки мяса; грубая скамеечка; (ист.) плаха; (обл.) стиральная доска.

tajón. [м.] чурбан для рубки мяса; (обл.) прожилка; (арг.) см. mesón.

tajona. [ж.] (Амер.) кнут, бич; кубинская народная песня.

tajonear. [неперех.] (Амер.) бродить по улицам.

tajuela. [ж.] грубая скамеечка; (обл.) плот для стирки белья.

tajuelo. [м. умен.] к tajo; грубая скамеечка; (тех.) см. tejuelo.

tajugo. [м.] (обл.) барсук.

tal. [мест.] такой, таковой; подобный; некий, некоторый; средний; [нареч.] так, таким образом: * tal cual, такой же, точно такой; * tal como, так, как, как; * con tal que, если, в том случае, если; * tal para cual, два сапога-пара; * tal vez, может быть, быть может; * un tal, какой-то; * no hay tal, не слова правды; * de tal manera que, таким образом, что; * tal por cual, более или менее; * una tal, (разг.) одна шлюха.

tala. [ж.] (вы)рубка леса; разрушение (воен.) завал; (Амер.) топор; огород; чижик (детская игра и палочка, употребляемая в этой игре).

talabarte. [м.] портупея (для шпаги).

talabartería. [ж.] седельная, шорная мастерская или лавка.

talabartero. [м.] седельник, шорник.

talabricense. [прил.] относящийся к Talavera de la Reina; [м. и ж.] уроженец или житель этого города.

talache, talacho. [м.] (Амер.) мотыга.

talador, ra. [прил.] сводящий (лес); разрушительный; истребительный; [м. и ж.] лесоруб; разрушитель, -ница; истребитель, -ница.

taladrador, ra. [прил.] просверливающий; [м. и ж.] пробивальщик (отверстий), рабочий на сверлильных (или буровых) работах.

taladradora. [ж.] сверлильный станок.

taladrante. [дейст. прич.] к taladrar.

taladrar. [перех.] сверлить, буравить, просверливать; продырявливать, прокалывать; пронзать, протыкать; (перен.) сверлить уши; вникать.

taladrilla. [ж.] древесный червь.

taladro. [м.] бур, бурав, сверло; пробойник; просверленное отверстие.

talaje. [м.] (Амер.) дейст. к пастись; общественный выгон, лишённый подножного корма; см. pasturaje; клоп.

talalgia. [ж.] (пат.) пяточная невралгия.

talámico, ca. [прил.] относящийся к зрительным буграм.

talamifloro, ra. [прил.] (бот.) ложецветковый.

talamite. [м.] гребец на галере.

tálamo. [м.] брачное ложе; (бот.) цветоложе: * tálamo óptico, (анат.) зрительные бугры.

talamoco, ca. [прил.] (Амер.) белёсый.

talán. [м.] (чаще множ.) колокольный звон.

talanquera. [ж.] деревянная изгородь; частокол; (перен.) убежище; защита; безопасное пристанище; (перен. разг.) хмель (состояние опьянения).

talante. [м.] приём, способ действия, осуществления чего-л; настроение, расположение; вид, внешность; воля, желание: * de buen (mal) talante, в хорошем (дурном) настроении.

talantoso, sa. [прил.] (м. употр.) в хорошем настроении; (разг.) см. garboso.

talar. [прил.] длиной до пят (об одежде): * traje talar, (церк.) сутана: talares. [м. множ.] крылышка на ногах (у Меркурия).

talar. [перех.] валить, рубить лес, деревья; опустошать, разрушать; (арг.) см. quitar, arrancar.

talasibio, bia. [прил.] морской, живущий в море.

talasocracia. [ж.] господство на море.

talasómetro. [м.] лот.

talasoterapia. [ж.] (мед.) талассотерапия, лечение морскими купаниями.

talasoterápico, ca. [прил.] к талассотерапия.

talaverano, na. [прил.] относящийся к Talavera; [м. и ж.] уроженец этого города.

talaya. [ж.] (обл.) дубок, молодой дуб.

talayote. [м.] (Амер.) разновидность тыквы.

talayote. [м.] мегалитический памятник Балеарских островов.

talca. [ж.] (Амер.) гром.

tálcico, ca. [прил.] тальковый.

talco. [м.] (мин.) тальк; блёстка.

talcoso, sa. [прил.] тальковый.

talcualillo, lla. [прил.] (разг.) сносный, посредственный, удовлетворительный; выздоравливающий.

talchocote. [м.] (Амер.) (бот.) высокое дерево, приносящее овальный плод, употребляемый для лечения дизентерии.

tálea. [ж.] частокол, изгородь (при римских лагерях).

taled. [м.] повязка которою евреи покрываю голову в синагоге.

talega. [ж.] сумка, мешок; содержимое сумки, мешка; сеточка для волос; пелёнка, подстилка; (разг.) грехи (при исповеди); [множ.] деньги, состояние; (обл.) ивовая корзина.
talegada. [ж.] содержимое сумки, мешка; (обл.) см. **costalada**.
talegazo. [м.] удар talego (узким длинным мешком); (перен.) см. **chasco**.
talego. [м.] узкий длинный мешок; (разг.) неуклюжий человек; (арг.) см. **calza**: * tener talego, (разг.) припрятать деньги; * dormir como un talego, спать как убитый, мёртвым сном.
talegón, na. [прил.] (Амер.) см. **flojo**.
taleguero. [м.] монах, ведающий подаяниями.
taleguilla. [ж.] умен. к **talega**, мешочек; короткие штаны тореро: * **taleguilla** de la sal, (разг.) ежедневные расходы на хозяйство.
talento. [м.] (ист.) талант (старинная монета); талант, дарование, способность: * de talento, талантливый, одарённый, даровитый, умный; * con talento, талантливо.
talentoso, sa; talentudo, da. [прил.] талантливый, одарённый, даровитый, умный.
taler, tálero. [м.] талер (монета).
talero. [м.] (Амер.) сорт кнута, хлыста.
talía. [ж.] (поэт.) комедия.
Talía. [ж.] (миф.) Талия.
taliáceos. [м. множ.] (зоол.) сальпы.
tálico, ca. [прил.] к таллий, похожий на таллий.
talín. [м.] (обл.) сорт лесной канарейки.
talingo. [м.] (Амер.) негр.
talio. [м.] (хим.) таллий.
talión. [м.] отплата, возмездие: * ley del talión, око за око, зуб за зуб, наказание преступника за причинённое зло той же мерой.
talionar. [перех.] наказать преступника за причинённое зло той же мерой.
talismán. [м.] талисман.
talita. [ж.] (мин.) эпидот, арендалит.
talma. [ж.] тальма, пелерина.
talmente. [нареч.] так, таким образом; в такой степени.
talmud. [м.] талмуд.
talmúdico, ca. [прил.] талмудический.
talmudismo. [м.] талмудизм.
talmudista. [м.] талмудист.
talo. [м.] (бот.) слоевище; (анат.) таранная кость; (обл.) кукурузная лепёшка.
talocalcáneo, a. [прил.] (анат.) таранно-пяточный.
talocha. [ж.] дощечка с рукояткой (у штукатура).
talofitas. [ж. множ.] (бот.) таллофиты.
taloide. [прил.] похожий на слоевище.
talón. [м.] пята, пятка; каблук, задник (обуви); мясистая часть копыта; талон, купон; (арх.) лепное украшение (извилистое); (мор.) задний конец киля; (Амер.) корешок талона (квитанционной книги): * a talón, пешком; * apretar или levantar los talones, (разг.) навострить лыжи, дать тягу, удирать, убегать; * pisar los talones, (разг.) гнаться, следовать по пятам (за кем-л.); * darse con los talones en el culo, (разг.) удирать.
talón. [м.] шаблон для изготовления монет; (арг.) см. **mesón**.
talona. [ж.] таверна, кабачок.
talonada. [ж.] удар каблуками по бокам лошади.
talonario, ria. [прил.] талонный; [м.] талонная книжка.
talonavicular. [прил.] (анат.) таранно-пяточно-ладьевидный.
talonazo. [м.] удар каблуком, задником (обуви).
talonear. [неперех.] (разг.) быстро ходить,

семенить (ногами); [перех.] ударять каблуком, задником (обуви); (Амер.) пришпоривать (лошадь).
talonero. [м.] (арг.) хозяин постоялого двора, корчмарь.
talonesco, ca. [прил.] (разг.) пяточный.
talotibial. [прил.] (анат.) таранно-большеберцовый.
talque. [м.] сорт огнеупорной глины.
talqueza. [ж.] (Амер.) кровельная трава.
talquina. [ж.] (Амер. разг.) обман, измена, предательство: * jugar la **talquina**, (Амер. разг.) обманывать, изменять, предавать, злоупотреблять доверием.
talquita. [ж.] (геол.) сланцеватый камень, содержащий тальк.
taltacahuate. [м.] (Амер.) см. **cacahuete**.
taltal. [м.] (Амер.) см. **gallinazo**.
taltusa, taltuza. [ж.] (Амер.) сорт крысы.
talud. [м.] откос, скат, склон.
taludín. [м.] (Амер. зоол.) сорт каймана.
talvina. [ж.] каша на миндальном молоке.
talla. [ж.] скульптура (преимущ. из дерева); резьба по дереву; выкуп, освобождение за выкуп; вознаграждение за поимку преступника; талия, круг (в азартных играх); рост; антропометр, станок для измерения человеческого роста; (хим.) камнесечение, удаление камней; (уст.) подать; * media **talla**, барельеф; * a media **talla**, невнимательно; * de poca **talla**, маленького роста; * operación de la **talla**, (хир.) камнесечение.
talla. [ж.] (обл.) пористый глиняный сосуд, большой кувшин.
talla. [ж.] (мор.) блок; полиспаст.
tallada. [ж.] (мор.) рыболовная сеть.
tallado, da. [страд. прич.] к **tallar**; [прил.]: * bien **tallado**, статный, высокого роста, хорошо сложённый; * mal **tallado**, нескладный; [м.] резьба, (вообще) дейст. к **tallar**.
tallador. [м.] резчик; гравёр; (воен.) тот, кто измеряет человеческий рост; (Амер.) банкомёт.
talladura. [ж.] см. **entalladura**.
tallante. [дейст. прич.] к **tallar**.
tallar. [прил.] годный для вырубки (о лесе); [м.] лесная поросль; лесосека.
tallar. [перех.] (карт.) держать банк; облагать податью, налогом; ваять, высекать, резать (по дереву, камню и т. д.), обтёсывать камни; гранить, шлифовать (драгоценные камни); оценивать; измерять человеческий рост; (Амер.) беспокоить, досаждать; болтать; ворковать.
tallarines. [м. множ.] домашняя лапша.
tallarola. [ж.] инструмент для резания основы бархата.
talle. [м.] сложение, телосложение, комплекция; талия; стан; покрой (платья); (перен.) внешность, вид; (Амер.) безрукавка: * largo de **talle**, с лишним, с лишком.
tallecer. [неперех.] см. **entallecer**; [непр. гл.] спрягается как **agradecer**.
táller. [м.] см. **tálero**.
taller. [м.] мастерская, ателье, студия; цех.
taller. [м.] уксусница, уксусник.
talleta. [ж.] сухое пирожное.
tallista. [м.] скульптор, резчик, гравёр.
tallo. [м.] ствол, стебель, росток, побег; засахаренный кусок тыквы и т. д.; (Амер.) капуста; * echar **tallo**, прорастать.
tallón. [м.] выкуп, освобождение за выкуп; (арг.) см. **mesón**.
talludo, da. [прил.] с длинным стеблем; тонкий, стройный, высокий; неисправимый, с укоренившимися пороками; (перен.) зрелый, взрослый.
talluelo. [м. умен.] к **tallo**, стебелёк.
tallullo. [м.] (Амер.) пирог из кукурузной муки с мясом и специями.

tamajagua. [м.] (Амер.) см. **damajuana**.
tamal. [м.] (Амер.) см. **tallullo**; варёная свинина; большой тюк; козни, путаница.
tamalayote. [м.] (Амер.) разновидность тыквы.
tamalear. [перех.] (разг.) щупать, ощупывать, трогать руками.
tamalería. [ж.] (Амер.) лавка, где продают **tamales, tallullos**.
tamalero, ra. [м. и ж.] (Амер.) тот, кто изготовляет или продаёт **tamales, tallullos**; шулер.
tamandoa, tamanduá. [м.] (зоол.) четырехпалый муравьед.
tamango. [м.] (Амер.) меховая покрышка для ног; кожаный сапог гаучо.
tamañamente. [нареч.] столько же.
tamañito, ta. [прил. умен.] к **tamaño**; (перен.) оглушённый, ошеломлённый, испуганный, смущённый, сконфуженный.
tamaño, ña. [прил.] подобный, такой же, как; очень большой, очень маленький; [м.] величина, размер, крошка.
tamañuelo, la. [прил. умен.] к **tamaño**.
támara. [ж.] канарская финиковая пальма; пальмовая роща; [множ.] гроздь фиников; связка тонких дров.
tamaral. [м.] (обл.) ясеневая роща.
tamarigal. [м.] (обл.) см. **tarayal**.
tamarindo. [м.] (бот.) тамариндовое дерево; тамариндовый плод.
tamarisco. [м.] (бот.) тамарикс, гребенщик.
tamarrizquito, ta, tamarrisquito, ta. [прил.] (разг.) крошечный, очень маленький.
tamarugal. [м.] (Амер.) лес из **tamarugos**.
tamarugo. [м.] (бот.) сорт прозописа.
tamazul. [м.] (Амер. зоол.) большая жаба.
tamba. [ж.] (Амер.) набедренная повязка индейцев; (арг.) см. **manta**.
tambache, tambachi. [м.] (Амер.) большой тюк.
tambaleante. [дейст. прич.] к **tambalear**.
tambalear. [неперех.] **tambalearse.** [возв. гл.] шататься; качаться, колебаться.
tambaleo. [м.] шатание, качание, колебание.
tambaleque. [м. и ж.] (Амер.) человек, ходящий нетвёрдой походкой.
tambalisa. [ж.] (Амер.) (бот.) кубинское бобовое растение.
tambanillo. [м.] (арх.) фронтон (над окнами или дверями).
tambar. [перех.] (Амер.) глотать не прожёвывая или торопливо.
támbara. [ж.] (обл. с.-х.) подпорка для подвязывания растений.
tambarilla. [ж.] (обл. бот.) вересковое растение.
tambarillo. [м.] (обл.) шкатулка (с круглой крышкой).
tambarimba. [ж.] (обл.) ссора, перебранка, драка.
tambarria. [ж.] (Амер.) празднество, шумное веселье; кабачок.
tambembe. [м.] (Амер.) зад, ягодицы.
tambero, ra. [прил.] (Амер.) ручной (о животном); относящийся к постоялому двору; [м. и ж.] содержатель, -ница постоялого двора.
tambesco. [м.] (обл.) качели.
también. [нареч.] также, тоже, точно так же; даже.
tambo. [м.] (Амер.) постоялый двор; молочная лавка; гостиница; публичный дом; вечеринка с танцами (у негров): * **tambo** de tios, (Амер.) суматоха, шум.
tambor. [м.] барабан; барабанщик; сито для просеивания сахара; жаровня (для

кофе и т. д.); пяльцы; (арх.) барабан, тамбур; (тех.) барабан, ворот; валик; (арх.) каморка; центральная часть коринфской капители; (анат.) полость среднего уха; (Амер.) пружинный матрац; холстина; большая жестянка: * a tambor, con tambor, batiente, с барабанным боем; * tambor mayor, старший барабанщик; тамбурмажор; * tocar el tambor, бить в барабан.

tambora. [ж.] большой барабан; (разг.) барабан; (Амер.) ложь, выдумка.

tamborear. [неперех.] барабанить (пальцами).

tamboreo. [м.] дейст. к барабанить (пальцами).

tamborete. [м. умен.] к tambor; (мор.) эзельгофт.

tamboril. [м.] (муз.) тамбурин: * tamboril por gaita, мне всё равно.

tamborilada. [ж.] **tamborilazo.** [м.] удар задом при падении; (перен. разг.) удар рукой по спине или по голове.

tamborilear. [неперех.] бить в барабан; [перех.] восхвалять, превозносить; (полигр.) выравнивать шрифт.

tamborileo. [м.] битьё в барабан, барабанный бой.

tamborilero. [м.] тот, кто играет на тамбурине.

tamborilete. [м. умен.] к tamboril; (полигр.) равняльная дощечка (для околачивания формы).

tamborín. [м.] см. tamboril.

tamborinazo. [м.] (обл.) см. tamborilada.

tamborinero. [м.] см. tamborilero.

tamborino. [м.] тамбурин; тот, кто играет на тамбурине.

tamboritear. [неперех.] см. tamborilear.

tamboritero, ra. [м. и ж.] человек, играющий на тамбурине.

tamborón. [м. увел.] к tambora.

tambre. [м.] (Амер.) плотина, шлюз.

tambucho. [м.] (мор.) бортовой щит.

tambula. [ж.] негритянский барабан.

tamburino. [м.] (муз.) см. pandereta.

tamia. [ж.] (зоол.) бурундук (род белки).

tamil. [прил.] тамильский; [м.] тамильский язык.

tamisa. [ж.] сорт шерстяной ткани.

tamir. [м.] сито, мелкое решето.

tamización. [ж.] просеивание (сквозь сито).

tamizador, ra. [прил. и сущ.] просеивающий (сквозь сито).

tamizar. [перех.] просеивать (сквозь сито).

tamo. [м.] волокно (льна и т. д.); полова, мякина, высевки; комочки пыли (под мебелью); (Амер.) солома.

tamojal. [м.] вересковые заросли.

tamojo. [м.] см. matojo.

tampoco. [нареч.] тоже не, также не.

tampón. [м.] подушечка с чернилами (для печати).

tam-tam. [м.] там-там (музыкальный ударный инструмент); гонг.

tamuja. [ж.] отпавшие еловые и т. д. иглы.

tamujal. [м.] заросли из tamujos.

tamujo. [м.] (бот.) разновидность вереска (из которого изготовляют мётлы).

tan. [союз] так же; так, столь, до такой степени, до того, настолько: * un ejemplo tan raro, такой редкий пример; * tan siquiera, см. siquiera.

tan. [м.] звук барабана. * tan-tan, тра-та-та (подражание барабанному бою).

tan. [м.] дубовая кора (обл.) см. tanino.

tanaceto. [м.] (бот.) пижма.

tanalbina. [ж.] (хим.) танальбин.

tanate. [м.] (Амер.) см. mochila; узел, связка; [множ.] (Амер.) вещи; пожитки: * cargar con los tanates, (Амер.) переезжать, уходить.

tanato. [м.] (хим.) дубильнокислая соль.

tanatobiológico, ca. [прил.] относящийся к жизни и смерти.

tanatoideo, a. [прил.] похожий на смерть.

tanatología. [ж.] танатология.

tancar. [м.] (Амер.) сорт барабана.

tanda. [ж.] очередь, черед; работа, задание (по работе); слой, пласт; бригада; смена; партия, кон (преимущ. в бильярд), ряд, серия; (Амер.) порок, дурная привычка; отделение (концерта); драматическое представление; смешное положение: * tanda de azotes, побои.

tandear. [неперех.] (Амер.) см. bromear.

tandem. [м.] (англ.) тендем, двухместный велосипед.

tandeo. [м.] (Амер.) (с.-х.) распределение оросительной воды по очереди.

tandero. [м. и ж.] (Амер.) шутник, -ица, балагур.

tanela. [ж.] (Амер.) слоёное тесто (с мёдом).

tanga. [ж.] (обл.) см. tángana; (Амер.) побои.

tángana. [ж.] (обл.) игра, состоящая в сбивании с пробки монет.

tangana. [ж.] (Амер.) длинное весло.

tanganear. [перех.] (Амер.) см. zurrar; **tanganearse.** [возв. гл.] (Амер.) ходить вразвалку.

tanganillas (en). [нареч.] неустойчиво.

tanganillo. [м.] подпор(ка), подставка; (обл.) см. tángana.

tángano. [м.] см. tángana; (обл.) палка, сухая ветвь; [прил.] (Амер.) низкорослый, низкого роста; коренастый, приземистый.

tangencia. [ж.] свойство по знач. прил. касательный; касание: * punto de tangencia, (геом.) точка касания.

tangencial. [прил.] к касание: * punto tangencial, (геом.) точка касания.

tangencialmente. [нареч.] по касательной к данной кривой.

tangente. [дейст. прич.] к tangir, касающийся; (геом.) касательный; [ж.] (геом.) касательная, тангенс: * escapar(se) (irse, salir) por la tangente, (разг.) вывернуться, ускользнуть.

tangentoide. [ж.] (геом.) тангенсоида.

tangerino. [прил.] танжерский; [м. и ж.] уроженец или житель Танжера.

tangibilidad. [ж.] осязаемость.

tangible. [прил.] осязаемый, ощутимый, ощутительный.

tango. [м.] см. tángana; танго (танец); (Амер.) свёрнутый табачный лист; музыкальный инструмент.

tango, ga. [прил.] (Амер.) приземистый, коренастый.

tánico, ca. [прил.] танинный, таниновый, содержащий танин: * ácido tánico, дубильная кислота.

tanífero, ra. [прил.] танинный, таниновый, содержащий танин.

tanino. [м.] (хим.) танин, дубильное вещество.

tano, na. [прил.] (Амер.) неаполитанский; [м. и ж.] неаполитанец, -ка.

tanque. [м.] танк; резервуар для перевозки жидкостей; (мор.) бак для перевозки или хранения пресной воды, нефти и т. д.; (обл.) небольшой сосуд; большая жаба; (Амер.) (обл.) пруд.

tanqueta. [ж.] (воен.) танкетка.

tanta. [ж.] (Амер.) кукурузный хлеб.

tantálico, ca. [прил.] танталовый.

tantalio. [м.] (хим.) тантал.

tantalita. [ж.] (мин.) танталит.

Tántalo. [м.] (миф.) Тантал; тантал (вид аиста).

tantán. [м.] см. tam-tam.

tantarantán. [м.] тра-та-та (подражание барабанному бою); (перен. разг.) сильный удар.

tanteador, ra. [м. и ж.] (спорт) счётчик, -ица; маркёр; [м.] счётчик очков.

tantear. [перех.] сопоставлять; подсчитывать очки (в игре); ощупывать; испытывать, пробовать; продумывать; зондировать; нащупывать; (жив.) набрасывать; (Амер.) приблизительно калькулировать; следить; подстерегать; выманивать деньги.

tanteo. [м.] сопоставление; подсчёт очков (в игре); испытание; продумывание; зондирование (перен.); (жив.) набрасывание; количество полученных очков (в игре): * al tanteo, приблизительно, на глаз.

tantico. [прил.] недостаточный; [нареч.] мало, немного.

tanto. [прил.] столько (же), сколько; такой большой, очень большой; такой, таковой; [м.] количество, сумма; копия (документа); фишка, марка в игре); очко (в игре); [множ.] столько-то; [нареч.] столько, так много; столь (же), в такой степени; до того, что; так долго: * este diamante vale tanto como este rubí, алмаз стоит столько же, сколько и этот рубин; * había tantos hombres como mujeres, там было столько же мужчин, сколько и женщин; * (él) come tanto, он ест так много, что; * no debes beber tanto, ты не должен столько (так много) пить; * un tanto por ciento, количество в процентах; * un tanto por ciento, столько-то процентов; * a tanto el kilo, столько-то за кило; * treinta y tantos kilómetros, тридцать с лишним километров; * a tantos de mes, такого-то числа; * en (entre) tanto, пока, между тем; * tanto más que, тем более, что; * tanto mejor, тем лучше; * tanto peor, тем хуже; * por lo tanto, следовательно; * ser uno de tantos, быть одним из многих; * algún tanto, немного, несколько; * en su tanto, пропорционально; * estar al tanto, быть в курсе чего-л.; * yo haré otro tanto, я сделаю столько же, то же; * tanto más cuanto, тем более, что; * tanto por tanto, ровно столько же; * tanto como, столько же; * tanto de ello, без ограничения; * al tanto, por el tanto, по той же цене; * con tanto que, если только.

tanza. [ж.] (обл.) рыболовная леса.

tañedor, ra. [м. и ж.] (муз.) звонарь.

tañente. [дейст. прич.] к tañer.

tañer. [перех.] (муз.) играть на музыкальном инструменте; звонить (в колокол); [неперех.] барабанить (пальцами).

tañida. [ж.] игра на музыкальном инструменте; дейст. к звонить в колокол.

tañido, da. [страд. прич.] к tañer; [м.] звучание, звук музыкального инструмента, колокола и т. д.: * el tañido de la campana, звон колокола.

tañimiento. [м.] см. tañida.

taño. [м.] дубовая кора (для выделки кожи).

tapa. [ж.] крышка, покрышка; (разг.) копыто (роговая оболочка); набойка (каблука); покрышка, обложка (книги); затвор, заградительный щит (шлюза или плотины); филейная часть туши (телёнка); [множ.] tapas, маринады и т. д. чем закусывают что-л выпитое (вино и т. д.); (Амер.) пробка: осиное гнездо; манишка; (Фил.) см. tasajo; [множ.] (обл.) одеяла: * tapa de los sesos, (разг.) череп; * saltar a uno la tapa de los sesos, (разг.)

разломать голову; * saltarse la tapa de los sesos, (разг.) пустить себе пулю в лоб, застрелиться.
tapa. [ж.] (Амер. бот.) дурман.
tapabalazo. [м.] (мор.) пробка для затыкания пробоин; (Амер.) см. bragueta.
tapabarro. [м.] (Амер.) см. guardabarros.
tapaboca. [м.] зуботычина; довод, заставляющий замолчать.
tapabocas. [м.] кашне; (мор.) крышка клюза.
tapacamino. [м.] (Амер.) сорт козодоя.
tapacete. [м.] (мор.) сорт тента; (Амер.) зонт (экипажа).
tapacubos. [м.] (тех.) крышка ступицы.
tapaculo. [м.] плод шиповника; (Амер.) вид птицы; (обл.) сорт камбалы.
tapachiche. [м.] (Амер.) сорт большой саранчи.
tapachín. [м.] (Амер.) укрыватель.
tapadera. [ж.] крышка, покрышка, (перен.) ширма (о человеке).
tapadero. [м.] затычка; пробка; крышка, покрышка.
tapadillo. [м.] закутывание лица вуалью и т. д.: * de tapadillo, тайком, украдкой.
tapadizo. [м.] (обл.) см. cobertizo.
tapado, da. [страд. прич. к tapar; прил.] (Амер.) одноцветной масти (о лошади); [м.] (Амер.) лошадь одноцветной масти; блюдо из мяса с бананами; женское или детское пальто; клад, кубышка; mentís.
tapador, ra. [прил.] закрывающий, покрывающий; [м.] крышка; (Амер.) женское платье; содержатель дома терпимости.
tapadura. [ж.] покрывание; закрывание, закрытие; дейст. к закутывать(ся); укрытие.
tapagujeros. [м.] плохой каменщик; (перен.) затычка.
tapalcate. [м.] (разг.) старая, вышедшая из употребления вещь.
tápalo. [м.] (Амер.) женская шаль, большой платок.
tapalodo. [м.] (Амер.) см. guardabarros.
tapallagua. [ж.] (Амер.) период дождей и ветров.
tapamiento. [м.] см. tapadura.
tápana. [ж.] (обл.) см. alcaparra.
tapanca. [ж.] (Амер.) попона; зад.
tapaojo(s). [м.] (Амер.) см. quitapón.
tapapiés. [м.] старинное женское шелковое платье.
tapar. [перех.] покрывать; накрывать; прикрывать, закрывать; закутывать; (перен.) укрывать, скрывать (проступок); (Амер.) пломбировать, зубы; taparse. [возв. гл.] закутываться, окутываться.
tapara. [ж.] тыквообразный плод (плод taparo).
tápara. [ж.] см. alcaparra; (обл.) см. alcaparrón.
taparo. [м.] американское дерево (дающий тыквообразные плоды).
táparo, ra. [прил.] (Амер.) одноглазый; неловкий; упрямый; [м.] см. yesquero; очень умный человек.
taparote. [м.] (обл.) см. alcaparrón.
taparrabo. [м.] набедренная повязка (у жителей тропиков); плавки.
tapatarro. [м.] дьявол, чёрт.
tapate. [м.] (Амер.) (бот.) дурман.
tapaya. [ж.] (зоол.) вид ящерицы.
tapayagua. [ж.] (Амер.) мелкий дождь.
tapayagüe, tapayayuá. [м.] (Амер.) мелкий затяжной дождь.
tapegua. [ж.] (Амер.) западня.
tápena. [ж.] (обл.) см. alcaparra.
tapeque. [м.] (Амер.) дорожные принадлежности.
tapera. [ж.] (Амер.) развалины (поселения); заброшенный дом; мокрая тряпка для затыкания отдушины.
taperujarse. [возв. гл.] (разг.) неряшливо закутываться или закрывать лицо плащом (о женщине).
taperujo. [м.] грубая затычка, пробка; неряшливое закрывание лица плащом.
tapescle. [м.] (Амер.) ручные носилки; см. tapesco.
tapescle, tapesco. [м.] (Амер.) кровать или посудная полка из сплетённых прутьев.
tapetado, da. [прил.] тёмный (о цвете).
tapete. [м.] коврик; ковровая скатерть: * pete verde, (разг.) зелёное сукно, игорный стол; * estar sobre el tapete, быть предметом разговора, рассмотрения, подлежать решению.
tapeteado, da. [прил.] (Амер.) капризный, упрямый.
tapetusa. [ж.] (Амер.) контрабандная водка.
tapextle. [м.] (Амер.) см. angarillas.
tapia. [ж.] глинобитная стена; битая глина (для строения), оградная стена: * más sordo que una tapia, глухая тетеря.
tapiador. [м.] каменщик возводящий глинобитные стены.
tapial. [м.] форма для глинобитных стен; глинобитная стена; (обл.) борт телеги.
tapialero. [м.] (Амер.) см. tapiador.
tapiar. [перех.] обносить (или окружать) глинобитной стеной; замуровывать.
tapicería. [ж. соб.] ковры; помещение для хранения ковров; ковровая мастерская; ковровая ткань.
tapicero, ra. [м. и ж.] ковровщик, ковровщица; обойщик.
tapido, da. [прил.] плотный (о ткани).
tapiería. [ж.] глинобитные стены (дома и т. д.).
tapiero. [м.] (Амер.) см. tapiador.
tapín. [м.] (обл.) дёрн.
tapinga. [ж.] (Амер.) сорт подпруги.
tapiñar. [перех.] (арг.) см. comer.
tapioca. [ж.] тапиока, маниочная мука.
tapir. [м.] (зоол.) тапир.
tapiramo. [м.] (Амер.) красная фасоль.
tapiro. [м.] (зоол.) тапир.
tapiroideo, a. [прил.] похожий на рот тапира.
tapis. [м.] (Фил.) широкая полоса ткани, облегающая часть женской тела от талии книзу.
tapisca. [ж.] (Амер.) сбор урожая маиса.
tapiscar. [перех.] (Амер.) вымолачивать кукурузу.
tapisote. [м.] (бот.) дикий горох.
tapiz. [м.] стенной ковёр, гобелен.
tapizar. [перех.] см. entapizar; обивать коврами, обоями или материей; обвешивать коврами; оклеивать чем-л.
tapón. [м.] пробка, затычка; втулка; (хир.) тампон: * tapón fusible, (эл.) предохранительная пробка.
taponamiento. [м.] (хир.) тампонация, тампонирование.
taponar. [перех.] затыкать, закупоривать пробкой; (хир.) тампонировать.
taponazo. [м.] удар пробкой; хлопанье пробки.
taponería. [ж. соб.] пробки; лавка, где продают пробки, мастерская, где изготовляют их; производство пробок.
taponero, ra. [м. и ж.] тот, кто изготовляет или продаёт пробки; [прил.] к taponería.
taponificio. [м.] изготовление пробок; мастерская, где изготовляются пробки.
tapsia. [ж.] (бот.) тапсия, злая трава.
tapucho, cha. [прил.] бесхвостый, лишённый хвоста (о петухе и т. д.).
tapujarse. [возв. гл.] (разг.) закутывать лицо плащом.
tapujero. [м.] (Амер.) контрабандист.
tapujo. [м.] часть плаща, которой закрывают лицо; маска; притворство, утайка: * sin tapujo, без утайки.
taque. [м.] хлопанье двери; стук, удар в дверь.
taquear. [перех.] (Амер.) см. taconear; заряжать ружьё и т. д.; насыщать; играть на бильярде; модничать; taquearse [возв. гл.] богатеть, обогащаться.
taquera. [ж.] полка для бильярдных киев.
taquería. [ж.] бесстыдство, наглость, нахальство; злой поступок.
taquero. [м.] (Амер.) чистильщик сточных труб.
taquicardia. [ж.] (мед.) тахикардия.
taquigénesis. [ж.] ускорение развития.
taquigrafía. [ж.] стенография.
taquigrafiar. [перех.] стенографировать.
taquigráficamente. [нареч.] скорописно.
taquigráfico, ca. [прил.] стенографический.
taquígrafo, fa. [м. и ж.] стенограф, стенографист, стенографистка.
taquilita. [ж.] (мин.) тахилит, базальтовое стекло.
taquilla. [ж.] шкафчик, этажерка с отделениями для бумаг; билетная касса; (теат.) сбор; (мор.) шкафчик, ящик; (Амер.) таверна; сапожный гвоздь.
taquillero, ra. [м. и ж.] билетный кассир или кассирша.
taquillo. [м.] (Амер.) вафля.
taquimecanógrafo, fa. [м. и ж.] машинист-стенограф, машинистка-стенографистка.
taquimetría. [ж.] тахиметрия.
taquimétrico, ca. [прил.] тахиметрический.
taquímetro. [м.] (геод.) тахеометр; тахиметр.
taquín. [м.] бабка (для игры); игра в бабки.
taquinero. [м.] (обл.) игрок в бабки.
taquipnea. [ж.] учащённое дыхание.
tara. [ж.] тара, укупорка, упаковка; бирка.
tara. [ж.] недостаток, порок, изъян; (мед.) сибирская язва.
tara. [ж.] (Амер.) крупная саранча; ядовитая змея.
tarabilla. [ж.] мельничный толкач; (перен. разг.) болтун, болтунья, трещотка, пустослов; скучная бесконечная болтовня; (обл.) трещотка (маленькая); (Амер.) приспособление для кручения верёвок.
tarabita. [ж.] язычок (пряжки).
taracea. [ж.] инкрустация; см. tatuaje.
taraceado, da. [страд. прич.] к taracear; [м.] инкрустация; (перен.) мозаика.
taracear. [перех.] инкрустировать; оттенять.
taracol. [м.] (Амер.) вид краба.
tarado, da. [прил.] с пороком, с изъяном; порочный.
tarafana. [ж.] (арг.) таможня.
tarafe. [ж.] (арг.) игральная кость.
taragallo. [м.] см. trangallo; (Амер.) очень большой.
taragira. [м.] (зоол.) вид ящерицы.
tarajallo, lla. [прил.] (Амер. разг.) очень большой; (Амер.) верзила.
taraje. [м.] (бот.) см. taray.
taramba. [ж.] (Амер.) музыкальный инструмент.
tarambana. [м. и ж.] (разг.) вертопрах, ветреник, -ица.
tarando. [м.] (зоол.) олень (северный).
tarangallo. [м.] см. trangallo.
tarángana. [ж.] сорт дешёвой кровяной колбасы.
taranta. [ж.] (обл.) народная песня; (Амер.) обморок; тарантул; см. borrachera; вспышка гнева.

tarantela. [ж.] тарантелла.
tarantera. [ж.] (Амер.) головокружение; обморок.
tarantín. [м.] (Амер.) см. cachivache; лавчонка, мелочная лавочка.
tarántula. [ж.] (зоол.) тарантул.
tarantulado, da. [прил.] см. atarantado.
tarar. [перех.] взвешивать тару.
tarara. [ж.] завывание, вой (в трубах); (с.-х.) (обл.) веялка.
tarará. [м.] завывание, вой (в трубах).
tararear. [перех.] напевать, петь вполголоса, мурлыкать песню.
tarareo. [м.] напевание, пение вполголоса.
tararira. [ж.] (разг.) забава, шумное веселье; вертопрах; (Амер.) рыба, водящаяся в реках Аргентины.
tarasa. [ж.] (Амер.) (бот.) мальвовое растение.
tarasca. [ж.] дракон; (перен. разг.) мегера, злая женщина, ведьма; (обл.) старая свинья; огромный рот; (перен.) (Амер.) обжора; бумажный змей.
tarascada. [ж.] укус; (перен. разг.) резкий, грубый ответ.
tarascadura. [ж.] кусание.
tarascar. [перех.] кусать (о собаке).
tarasco. [м.] укус.
tarascón. [м. увел.] к tarasca; (Амер.) укус.
tarasí. [м.] портной.
taratántara. [м.] см. tarará.
taray. [м.] (бот.) тамариск.
tarayal. [м.] место, изобилующее тамариском.
tarazana. [ж.] **tarazanal.** [м.] см. atarazana.
tarazar. [перех.] см. atarazar; (перех.) волновать, смущать, надоедать, уязвлять.
tarazón. [м.] ломоть, кусок (мяса, рыбы).
tarbea. [ж.] большой зал.
tarcos. [м. множ.] туфли; башмаки.
tardador, ra. [прил. и сущ.] запаздывающий, запоздалый.
tardamente. [нареч.] медленно.
tardanaos. [м.] (зоол.) прилипала.
tardanza. [ж.] опоздание, задержка, запаздывание; задержка, замедление, промедление.
tardante. [дейст. прич.] к tardar.
tardar. [неперех.] опаздывать, запаздывать; медлить, мешкать, затрачивать, тратить; * tardar en contestar, медлить с ответом; * tardaré tres horas, я затрачу три часа; * a más tardar, не позднее, самое позднее.
tarde. [ж.] время после полудня; вечер, вечернее время; [нареч.] поздно; * buenas tardes, добрый день!, добрый вечер!; * a las cinco de la tarde, в пять часов дня; * a las seis de la tarde, в шесть часов вечера; * llegar tarde, опоздать; * más tarde, позже; * lo más tarde posible, как можно позднее; * a la tarde, por la tarde, вечером; * de tarde en tarde, изредка; время от времени; * tarde o temprano, рано или поздно; * hasta la tarde, до вечера; * días más tarde, несколько дней спустя; * más vale tarde que nunca, лучше поздно, чем никогда; * tarde piache, слишком поздно; * luego es tarde, немедленно, без промедления.
tardecer. [неперех.] вечереть.
tardecica, tardecita. [ж.] наступление ночи.
tardecico, llo, to. [прил.] умен. к tarde.
tardiamente, tardíamente. [нареч.] поздно, с запозданием, несвоевременно.
tardígrado, da. [прил.] (зоол.) тихо, медленно ходящий; [м.] тихоход, тихоходка.

tardilocuo, cua. [прил.] медленно говорящий.
tardío, a. [прил.] поздний, запоздалый; медленный (о походке); [множ.] посев и т. д. дающий поздние плоды; (обл.) см. otoñada.
tardísimo. [нареч.] очень поздно.
tardo, da. [прил.] медлительный; поздний, запоздалый; тупой, тупоумный.
tardón, na. [прил.] очень медлительный; (разг.) тупой, тупоумный; [м. и ж.] очень медлительный человек; тупица.
tarea. [ж.] дело, работа, труд; задача, задание; (перен.) напряжение, усилие (в работе).
tareco. [м.] (Амер.) см. cachivache; (перен. разг.) (Амер.) некрасивая или преждевременно состарившаяся женщина.
tareero. [м.] (обл.) сборщик маслин, выполняющий сдельную работу.
tarefero. [м.] (Амер.) сдельщик.
targe. [м.] см. taray.
targum. [м.] халдейское толкование Ветхого Завета для евреев забывших родной язык в Вавилонском пленении.
tarifa. [ж.] тариф, такса.
tarifar. [перех.] применять тариф; [неперех.] (разг.) порвать отношения.
tarifeño, ña. [прил.] относящийся к Tarifa; [м. и ж.] уроженец или житель этого города.
tarificación. [ж.] тарификация.
tarificar. [перех.] тарифицировать.
tarima. [ж.] дощатый настил (передвижной).
tarimaco. [м.] (Амер.) старая, вышедшая из употребления вещь.
tarimera. [ж.] (Амер.) сводня, сводница, пособница.
tarimón. [м. увел.] к tarima.
tarín. [м.] старинная серебряная монета.
tarín barín. [нареч.] (разг.) едва; приблизительно.
tarja. [ж.] (ист.) большой щит; контрамарка; бирка; (разг.) удар; (обл.) (Амер.) визитная карточка; * beber sobre tarja, (разг.) пить в кредит.
tarjador, ra. [м. и ж.] тот, кто делает зарубки на бирке.
tarjar. [перех.] делать зарубки на бирке; (Амер.) вычёркивать.
tarjero, ra. [м. и ж.] см. tarjador.
tarjeta. [ж. умен.] к tarja, (щит) карточка; таблица условных знаков; удостоверение; (арх.) картуш: * tarjeta de visita, визитная карточка; * tarjeta postal, открытое письмо, почтовая открытка; * tarjeta de identidad, удостоверение личности.
tarjetearse. [возв. гл.] (разг.) обмениваться визитными карточками.
tarjeteo. [м.] (разг.) обмен визитных карточек.
tarjetera. [ж.] (Амер.) см. tarjetero; поднос для визитных карточек.
tarjetero. [м.] сумка для визитных карточек.
tarjetón. [м. увел.] к tarjeta.
tarlatan. [м.] (Амер.) см. tarlatana.
tarlatana. [ж.] тарлатан (род кисеи).
tarope. [м.] (Амер.) водяное растение.
tarpu. [ж.] (арг.) дверь.
tarquín. [м.] ил, тина.
tarquina. [прил.]: * vela tarquina, (мор.) сорт трапецевидного паруса.
tarquinada. [ж.] (разг.) изнасилование.
tarquino, na. [прил.] породистый, хорошей породы (о корове и т. д.).
tarrabasquiña. [ж.] (Амер.) см. rabieta, гнев.
tarraconense. [прил.] относящийся к Tarragona; [м. и ж.] уроженец или житель этого города.
tarrada. [ж.] содержимое банки.
tárraga. [ж.] старинный испанский танец.

tarraga. [ж.] (бот.) вид стальника.
tarrago. [м.] (бот.) вид шалфея.
tarraguense. [прил.] относящийся к Tárrega; [м. и ж.] уроженец или житель этого города.
tarraja. [ж.] см. terraja; (Амер.) кожаная узкая полоска для нанесения нарезок, отмечающих счет.
tarrajazo. [м.] (Амер.) несчастье, несчастный случай; большая рана; удар; рана.
tarramenta. [ж.] (Амер.) рога.
tarrañuela. [ж.] (обл.) см. tarreña.
tarrasbaquiña. [ж.] (Амер.) см. tarrabasquina.
tarraya. [ж.] (обл.) (Амер.) невод.
tarraza. [ж.] (обл.) см. grupa.
tarrear. [перех.] наставлять рога.
tarreña. [ж.] сорт старинной кастаньеты.
tarrico. [м.] см. caramillo.
tarriza. [ж.] (обл.) см. barreño.
tarro. [м.] банка (для варенья и т. д.); (Амер.) рог (шляпа) цилиндр; запутанное дело; * tarro de unto, (разг. Амер.) (шляпа) цилиндр.
tarrudo, da. [прил.] рогатый.
tarsal. [прил.] см. tarsiano.
tarsalgia. [ж.] (пат.) боль в ступне.
tarsectomia. [ж.] (хир.) иссечение переднего или заднего ряда костей предплюсны.
tarsiano, na. [прил.] предплюсневой, хрящевой.
tarsitis. [ж.] воспаление хряща век.
tarso. [м.] (анат.) плюсна.
tarsofalángico, ca. [прил.] предплюсне-фаланговый.
tarsorrafia. [ж.] (хир.) операция уменьшения глазной щели сшиванием части век.
tarta. [ж.] форма для торта; большой торт.
tártago. [м.] (бот.) молочай, молочайник; (перен. разг.) несчастье, насмешка: * tártago de Venezuela, (бот.) клещевина.
tartaja. [прил. и сущ.] (разг.) см. tartajoso.
tartajear. [неперех.] заикаться, запинаться, говорить запинаясь.
tartajeo. [м.] заикание.
tartajoso, sa. [прил.] заикающийся; запинающийся; [м. и ж.] заика.
tartalear. [неперех.] (разг.) трястись; запинаться, смущаться.
tartamudear. [неперех.] говорить невнятно, запинаться.
tartamudeo. [м.] заикание.
tartamudez. [ж.] свойст. к tartamudo.
tartamudo, da. [прил.] заикающийся; трудный, затруднительный; колеблющийся; [м. и ж.] заика.
tartán. [м.] шотландка, тартан (ткань).
tartana. [ж.] (мор.) тартана (одномачтовое судно); род небольшой крытой повозки на двух колёсах.
tartancho, cha. [прил.] (Амер.) см. tartamudo.
tartanero. [м.] кучер tartana.
tártano. [м.] (обл.) соты.
tartáreo, a. [прил.] (поэт.) адский, инфернальный.
tartárico, ca. [прил.] (хим.) виннокаменный.
tartarinesco, ca. [прил.] тартареновский, хвастливый, болтливый.
tártaro. [м.] (поэт.) тартар, ад, преисподняя.
tártaro. [м.] (хим.) винный камень; зубной камень.
tártaro, ra. [прил.] татарский; [м. и ж.] татарин, татарка; [м.] татарский язык.
tartaroso, sa. [прил.] содержащий винный камень.
tartera. [ж.] форма для торта; судок.
tartesio, sia. [прил.] относящийся к Tartéside.
tarto, ta. [прил.] (Амер.) см. tartajoso.
tartrato. [м.] (хим.) соль виннокаменной кислоты.

tártrico, ca. [прил.] (хим.) виннокаменный.
tartufo. [м.] тартюф, лицемер, ханжа, святоша.
taruga. [ж.] (зоол.) разновидность ламы.
tarugo. [м.] деревянный шип, гвоздь; см. zoquete; деревянный брусок, торец; (Амер. разг.) обманщик, мошенник; глупец; подлиза; ошеломление; испуг.
tarumba. [ж.]: * volverle a uno tarumba, ошеломлять, огорашивать.
tarusa. [ж.] (обл.) игра, состоящая в сбивании с пробки монет.
tárzano. [м.] (обл.) приспособление для вешания котла над огнём.
tas. [м.] небольшая, ручная наковальня.
tasa. [ж.] оценка, таксация; такса, твёрдая цена; норма; такса: * sin tasa, без меры.
tasación. [ж.] оценка, расценка.
tasadamente. [нареч.] скупо, скудно; мелочно.
tasador, ra. [прил.] делающий оценку; [м.] оценщик.
tasajear. [перех.] (Амер.) см. atasajar; (перен. разг.) (Амер.) зверски убить мачете, тесаком, кинжалом.
tasajera. [ж.] (Амер.) место для хранения вяленого мяса.
tasajería. [ж.] (Амер.) место, где приготовляют или продают вяленое мясо.
tasajo. [м.] вяленое мясо; кусок мяса; (Амер.) сухопарый человек.
tasajón, na, tasajudo, da. [прил.] (Амер.) очень высокий и сухопарый.
tasar. [перех.] оценивать; устанавливать твёрдую цену; расценивать; нормировать; (перен.) ограничивать.
tasca. [ж.] притон; см. taberna; (Амер.) бурун.
tascador. [м.] трепало (для льна, конопли).
tascar. [перех.] трепать, мять (лён, коноплю); (шумно) щипать траву; (Амер.) жевать: * tascar el freno, закусить удила.
tasco. [м.] костр(ик)а.
tasconio. [м.] см. tal que.
tasi. [м.] (Амер.) (бот.) вьюнок.
tasín. [м.] (Амер.) гнездо; валик, круг для ношения тяжестей на голове.
tasmanita. [ж.] (мин.) тасманит.
tasquera. [ж.] (Амер.) ссора; брань; драка; (арг.) см. taberna.
tasquero. [м.] индеец, помогающий выгружать на пароход.
tasquil. [м.] осколок камня.
tastana. [ж.] (с.-х.) засохший слой земли; перегородка в орехе и т. д.
tástara. [ж.] (обл.) крупные отруби.
tastarazo. [м.] (Амер.) см. testarazo.
tastazo. [м.] (Амер.) см. capirotazo.
tastillo. [м.] привкус.
tasto. [м.] затхлый вкус.
tasugo. [м.] (зоол.) барсук.
tata. [м.] (разг.) няня; (обл.) младшая сестра; (Амер.) папа.
tatagua. [ж.] (Амер.) ночная бабочка.
tataibá. [ж.] (Амер.) тутовое дерево; плод этого дерева.
tatarabuelo, la. [м. и ж.] прапрадед, прапрабабушка.
tataradeudo, da. [м. и ж.] предок.
tataranieto, ta. [м. и ж.] праправнук, праправнучка.
tataré. [м.] (Амер.) вид мимозового дерева.
tatarrete. [м. презр.] к tarro (банка).
tatas: * andar a tatas, начинать ходить (о ребёнке); ползать на четвереньках.
¡tate! [межд.] стой!, берегись!, осторожно!
tatemar. [перех.] (Амер.) поджаривать коренья или фрукты.
tatetí. [м.] (Амер.) игра в классы.
tato. [м.] (зоол.) см. tatú.
tato, ta. [м. и ж.] (обл. разг.) (Амер.) младший брат, младшая сестра; ребёнок; [прил.] косноязычный.
tatole. [м.] (Амер.) (разг.) заговор; конспирация.
tatolear. [неперех.] (Амер.) (разг.) сговариваться.
tatú. [м.] (Амер.) броненосец (разновидность: dasypus unicinctus).
tatuaje. [м.] татуировка.
tatuar. [перех.] татуировать.
tatuca. [ж.] (Амер.) большой сосуд; череп, голова.
tatuejo. [м. умен.] к tatú.
taturo. [м.] кувшин, кружка пива, вина и т. д.
tau. [м.] последняя буква еврейского алфавита; 19-я буква греческого алфавита; орудие похожее на литеру т.
taúca. [ж.] (Амер.) куча; мешочек для денег; складочка, мелкая складка.
taujel. [м.] большая линейка (у каменщика).
taujía. [ж.] см. ataujía.
taumaturgia. [ж.] чудотворство.
taumatúrgico, ca. [прил.] чудотворный.
taumaturgo. [м.] чудотворец.
táurico, ca. [прил.] бычий.
taurino, na. [прил.] бычий; относящийся к бою быков.
Tauro. [м.] (астр.) Телец, созвездие Тельца.
taurobolio. [м.] (древ.) приношение тельца в жертву.
tauródromo. [м.] арена для боя быков.
taurófilo, la. [прил. и сущ.] любящий бой быков.
tauromaco, ca. [прил.] см. tauromáquico; [м.] тореадор.
tauromaquia. [ж.] искусство боя быков.
tauromáquico, ca. [прил.] к tauromaquia.
tautocronismo. [м.] одновременность.
tautócrono, na. [прил.] одновременный.
tautograma. [м.] тавтограмма, стихотворение, в котором все слова начинаются одною и тою же буквою.
tautología. [ж.] (лит.) тавтология.
tautológico, ca. [прил.] (лит.) тавтологический.
tautomería. [ж.] (хим.) таутомерия.
taxativamente. [нареч.] ограничительным образом.
taxativo, va. [прил.] ограничительный, точный.
taxi. [м.] (разг.) такси.
taxidermia. [ж.] искусство набивания чучел.
taxidérmico, ca. [прил.] относящийся к искусстве набивания чучел.
taxidermista. [м. и ж.] чучельник.
taxiforme. [прил.] имеющий форму тисса.
taxímetro. [м.] таксометр, счётчик (у такси); такси, таксомотор.
taxis. [ж.] (хир.) вправление грыжи.
taxista. [м.] шофёр такси.
taxodio. [м.] (бот.) таксодиум.
taxología. [ж.] наука о классификациях.
taxonomía. [ж.] таксономия.
taxonómico, ca. [прил.] к таксономия.
tayacán. [м.] (Амер.) батрак.
tayara. [ж.] (Амер.) вид каладиума.
tayuyá. [ж.] (Амер.) стелющееся растение.
taz a taz. [нареч.] (разг.) так на так (при мене).
taza. [ж.] чашка; содержимое чашки; бассейн фонтана; гарда эфеса; (Амер.) умывальный таз.
tazar. [перех.] изнашивать, протирать; tazarse. [возв. гл.] изнашиваться, протираться.
tazo. [м.] (обл.) см. astilla.
tazón. [м.] большая чашка без ручки, пиала; (обл.) умывальный таз.
te. [ж.] название буквы t.

te. [лич. мест.] (дат. и вин. п. 2-е л. ед. ч.) тебе, тебя; (с мест. me, se, nos, os в сочетании с глаголом): * tú te lavas, ты моешься.
té. [м.] чайное дерево; чай: * tomar el té, пить чай; * dar el té, смертельно надоесть кому-л.
tea. [ж.] факел; (Амер.) вид пальмы; (перен. разг.) см. borrachera.
team. [м.] (англ.) (спорт.) команда.
teatinería. [ж.] лицемерие, притворство.
teatino. [м.] театинец (монах).
teatral. [прил.] театральный.
teatralidad. [ж.] театральность.
teatralmente. [нареч.] театрально.
teátrico, ca. [прил.] (м. употр.) см. teatral.
teatro. [м.] театр; сцена; театральное искусство; драматургия; собрание сочинений (драматурга), драматические произведения; место действия: * teatro de feria, балаган.
tebaida. [ж.] пустыня, уединённое место.
tebaísmo. [м.] отравление опием.
teca. [ж.] ларец, в котором хранятся мощи святых; (бот.) тиковое дерево; тека.
tecali. [м.] алебастр (разновидность).
tecla. [ж.] клавиша; (перен.) щекотливый вопрос: * dar en la tecla, находить удачный выход; приобрести привычку делать что-л или пристрастие к чему-л; * tocar una tecla, затронуть вопрос.
teclado. [м.] клавиатура.
tecle. [м.] (мор.) сорт блока.
tecleado, da. [страд. прич.] к teclear; [м.] дейст. выстукивать пальцами.
teclear. [неперех.] пробегать по клавишам, перебирать клавиши; выстукивать пальцами; (Амер.) быть при смерти; проиграться; [перех.] нащупывать почву.
tecleo. [м.] дейст. к пробегать по клавишам или выстукивать пальцами.
tecnecio. [м.] (хим.) технеций.
tecnia. [ж.] см. tecnicismo.
técnica. [ж.] техника; техника, мастерство.
técnicamente. [нареч.] технически.
tecnicidad. [ж.] технический характер, техничность.
tecnicismo. [м.] совокупность технических слов; техническое слово.
técnico, ca. [прил.] технический; [м. и ж.] техник; специалист.
tecnología. [ж.] технология.
tecnológico, ca. [прил.] технологический.
teco, ca. [прил.] (Амер.) см. borracho.
tecolero. [м.] (Амер.) см. carbonero.
tecolines. [м. множ.] (разг.) деньги.
tecolota. [ж.] (Амер.) окурок сигары.
tecolote. [м.] (Амер.) филин.
tecoma. [м.] (бот.) текома.
tecomal. [м.] (Амер.) глиняная или каменная посуда.
tecomate. [м.] сосуд из кокосового ореха или тыквы; сорт глиняной чашки.
tecorral. [м.] (Амер.) каменная стена, сложенная без раствора.
tectiforme. [прил.] крышеподобный; покровный.
tectología. [ж.] тектология.
tectológico, ca. [прил.] тектологический.
tectónica. [ж.] тектоника.
tectónico, ca. [прил.] тектонический.
tectorial. [прил.] покровный, покрывающий.
tecuan. [м.] (Амер.) леопард.
tecuco, ca. [прил.] (Амер.) жадный, скупой, скаредный.
techado, da. [страд. прич.] к techar; [м.] кровля, крыша.

techador

techador. [м.] кровельщик.
techar. [перех.] настилать кровлю, крыть крышу.
techo. [м.] кровля, крыша; потолок (тж. ав.) (перен.) дом, жилище, приют, кров (уст.).
techumbre. [ж.] кровля, крыша.
teda. [ж.] (обл.) факел.
tedero. [м.] подставка для факела; (обл.) продавец факелов.
Tedéum. [м.] (церк.) благодарственная песнь: Тебе Бога хвалим.
tediar. [перех.] чувствовать отвращение, омерзение.
tedio. [м.] отвращение, омерзение; скука.
tediosamente. [нареч.] скучно; отвратительно, противно.
tedioso, sa. [прил.] скучный, надоедливый; отвратительный, противный.
tefes. [м. множ.] (Амер.) полоски из кожи или ткани.
tefrosia. [ж.] (бот.) тефрозия.
tefrosis. [ж.] см. incineración.
tegmen. [м.] (бот.) кровелька (непосредственная оболочка миндалин); чешуя покрывающая почки (дерева); (анат.) покров, оболочка.
tegmental. [прил.] к tegmen, покровный.
tegmento. [м.] (анат.) покров, крыша; верхний, дорсальный отдел мозговой ножки.
tegminado, da. [прил.] (бот.) покрытый чешуёю.
tegua. [м.] (Амер.) знахарь.
tegual. [м.] старинный налог на рыбу.
teguillo. [м.] сорт бруска (дерева).
tegumentario, ria. [прил.] (бот. анат.) покровный.
tegumento. [м.] (анат. бот.) покров, оболочка.
teiforme. [прил.] похожий на чай; чайный.
teína. [ж.] (хим.) теин.
teinada. [ж.] загон для скота.
teísmo. [м.] отравление теином; (рел.) теизм.
teísta. [прил.] исповедующий теизм; [м. и ж.] теист.
teístico, ca. [прил.] теистический.
teja. [ж.] черепица; чашка эфеса; головной убор священника; (обл.) количество воды для орошения определённого участка; (Амер.) шайба для игры: * teja de cumbrera, коньковая черепица; * de tejas abajo, (разг.) естественно; на этом свете, в этом мире; * de tejas arriba, (разг.) чудом, сверхъестественно; в небесах; * a toca teja, (разг.) звонкой монетой; * sombrero de teja, головной убор священника; * de teja(s), черепичный.
teja. [ж.] (бот.) липа.
tejadillo. [м.] откидной верх экипажа.
tejado. [м.] черепичная крыша; выход (породы, пласта): * tejado a dos aguas, дву(х)скатная крыша.
tejamaní, tejamanil. [м.] (Амер.) кровельный материал в виде доски.
tejar. [м.] черепичный или кирпичный завод.
tejar. [перех.] крыть черепицей.
tejaroz. [м.] навес черепичной крыши.
tejavana. [ж.] навес.
tejazo. [м.] удар черепицей.
tejedera. [ж.] см. tejedora; (зоол.) водяной паук.
tejedor, ra. [прил.] ткущий; [м. и ж.] ткач, -иха; [м.] полужесткокрылое насекомое; [м. и ж.] (Амер.) интриган, -ка.

tejedura. [ж.] тканьё; структура, строение ткани.
tejeduría. [ж.] ткачество, ткацкое ремесло; ткацкий цех, ткацкая мастерская.
tejemaneje. [м.] (разг.) ловкость, проворство; сноровка, умение, сметливость; интриги.
tejer. [перех.] ткать; плести; вязать; вить; (перен.) составлять, сочинять, интриговать, плести (козни): * tejer y destejer, создавать и разрушать созданное: tejérselas, (Амер.) удирать, убегать; дать стрекача.
tejera. [ж.] женщина, изготовляющая черепицу; черепичный или кирпичный завод.
tejería. [ж.] см. tejar.
tejeringo. [м.] (обл.) блинник, блинчатый пирог.
tejero. [м.] изготовитель черепицы.
tejido, da. [страд. прич.] к tejer, тканный и т. д.; [м.] ткань, материя; (анат.) ткань; * tejido adiposo, жировая ткань; * tejido celular, клетчатка; * tejido conjuntivo, соединительная ткань.
tejillo. [м.] узкий плетёный пояс.
tejo. [м.] осколок черепицы, кирпича, камня и т. д. (для игры); метательный диск; шайба (для игры); игра в палет; слиток золота; (тех.) см. tejuelo.
tejo. [м.] (бот.) тисс.
tejoleta. [ж.] осколок черепицы; черепок; см. tarreña.
tejuela. [ж. умен.] к teja; осколок черепицы.
tejuelo. [м. умен.] к tejo; надпись (на корешке книги); (тех.) (под)пятник.
tela. [ж.] ткань, материя, материал; трикотажная ткань; (анат.) перепонка, оболочка; плесень; пенка; паутина; (мед.) бельмо; (перен.) путаница, обман, интрига; дело, тема, предмет; (гал. жив.) полотно: * tela de araña, паутина; * tela de cebolla, луковая шелуха; очень тонкая ткань; * tela metálica, проволочная сетка; * poner en tela de juicio, ставить под сомнение; * haber (или sobrar) tela de cortar, иметь в избытке; * llegarle a uno a las telas del corazón, задеть.
telabrejo. [м.] (Амер.) см. trebejo.
telalgia. [ж.] (пат.) чувствительность грудного соска.
telamón. [м.] (арх.) кариатида.
telangiectasis. [ж.] (мед.) расширение капилляров, сосудистая опухоль.
telangitis. [ж.] (пат.) воспаление капилляров.
telar. [м.] ткацкий станок; (театр.) колосники (сцены); (арх.) подоконная стена.
telar. [перех.] покрывать материей.
telaraña. [ж.] паутина; (перен.) пустяк: * tener telarañas en los ojos, быть недальновидным или непроницательным.
telarañoso, sa. [прил.] покрытый паутинами.
telarejo. [м. умен.] к telar.
telautografía. [ж.] телефотография.
telautógrafo. [м.] фототелеграф.
tele. [приставка] теле-; (разг.) см. televisión.
telebrejo. [м.] (Амер.) см. trasto, chisme или mequetrefe.
telecomunicación. [ж.] связь (радио, телеграф, телефон).
telediastólico, ca. [прил.] (мед.) происходящий в конце диастолы.
teledirigido, da. [прил.] телеуправляемый.
teleférico. [м.] канатная подвесная дорога.
telefonazo. [м.] (вул.) телефонный звонок; телефонный разговор.
telefonear. [перех.] телефонировать, звонить по телефону; говорить по телефону.
telefonema. [м.] телефонограмма.
telefonía. [ж.] телефония.

telefónicamente. [ж.] по телефону.
telefónico, ca. [прил.] телефонный.
telefonista. [м. и ж.] телефонист, -ка.
teléfono. [м.] телефон.
telefonograma. [м.] телефонограмма.
telefoto. [ж.] телефото, бильдаппарат.
telefotografía. [ж.] телефотография.
telegrafía. [ж.] телеграфия: * telegrafía sin hilos, беспроволочная телеграфия, радиотелеграфия, радио.
telegrafiar. [перех.] телеграфировать.
telegráficamente. [нареч.] по телеграфу, телеграфно.
telegráfico, ca. [прил.] телеграфный.
telegrafista. [м. и ж.] телеграфист, -ка.
telégrafo. [м.] телеграф.
telegrama. [м.] телеграмма.
telele. [м.] (Амер. разг.) обморок; испуг; мексиканский народный танец.
telemando. [м.] телеуправление, управление на расстоянии.
telemecánica. [ж.] телемеханика.
telemedición. [ж.] телеизмерение.
telemetría. [ж.] телеметрия.
telémetro. [м.] телеметр, дальномер.
telencéfalo. [м.] (анат.) конечный мозг.
telendo, da. [прил.] стройный, изящный, грациозный.
telenque. [прил.] (Амер.) слабый, хилый, тщедушный, чахлый; глупый, глуповатый, простоватый.
teleobjetivo. [м.] (фото) телеобъектив.
teleología. [ж.] (филос.) телеология.
teleológico, ca. [прил.] (филос.) телеологический.
telesaurio. [м.] (палеонт.) телеозавр.
teleósteos. [м. множ.] (зоол.) костистые рыбы.
telepatía. [ж.] телепатия, передача мыслей на расстояние.
telepático, ca. [прил.] телепатический.
telera. [ж.] соединительная стойка, связь, поперечина, тяга, тяж; щека (тисков, пресса); (Амер.) меняла; галета; пшеничный хлеб.
telerín. [м.] (обл.) боковая решётка, дощатая стенка повозки.
telescópico, ca. [прил.] телескопический.
telescopio. [м.] телескоп.
telespectador, ra. [м. и ж.] телезритель, -ница.
telesquí. [м.] подъёмник для горнолыжников.
telestereoscopio. [м.] телестереоскоп.
teleta. [ж.] промокательная бумага; сетка, применяемая при ручной выработке бумаги.
teletipo. [м.] телетайп.
teleutospora. [ж.] (бот.) зимняя спора.
televidente. [м. и ж.] см. telespectador.
televisado, da. [страд. прич.] к televisar; [прик.] переданный по телевидению.
televisar. [перех.] передавать по телевидению.
televisión. [ж.] (физ.) телевидение: * televisión en color, цветное телевидение.
televisivo, va. [прил.] телевизионный.
televisor. [м.] (физ.) телевизор.
teliforme. [прил.] стреловидный.
telilla. [ж. умен.] к tela; тонкая шерстяная ткань; пенка (на молоке и т. д.).
telina. [ж.] песчанка (съедобный моллюск), см. almeja.
telio. [м.] сосок.
telitis. [ж.] (пат.) воспаление грудных сосков.
telón. [м.] главный занавес (театральный); * telón de boca, второй занавес; * telón de foro, задник.
telonio. [м.] старинное учреждение, ведающее взиманием налогов: * a manera de telonio, беспорядочно, наспех.

telurato. [м.] (хим.) соль теллуровой кислоты.
telúrico, ca. [прил.] земной, теллурический, относящийся к земле; (хим.) теллуровый: * ácido telúrico, теллуровая кислота.
telurífero, ra. [прил.] содержащий теллур.
telurio. [м.] (хим.) теллур.
telurismo. [м.] животный магнетизм.
telurita. [ж.] (мин.) теллурит.
teluro. [м.] (хим.) теллур.
tellina. [ж.] песчанка (раковина).
telliz. [м.] попона.
telliza. [ж.] см. sobrecama.
tema. [м.] тема, предмет рассуждений; содержание; учебное задание; (грам.) корень, основа (слова); (муз.) тема; [ж.] упорство, упрямство, настойчивость; навязчивая мысль; неприязнь: * a tema, наперебой; * tomar tema, упорствовать; упрямиться; * cada loco con su tema, всяк по-своему с ума сходит; * volver a tema, возвратиться к главной теме разговора.
temar. [неперех.] (Амер.) см. cavilar.
temario. [м.] совокупность тем.
temascal. [м.] (Амер.) паровая баня (у индейцев).
temática. [ж.] тематика.
temático, ca. [прил.] тематический; упрямый; (грам.) [прил.] к основа.
tembeta. [м.] (Амер.) камушек или палочка (украшение для губ у индейцев гуарани).
tembladal. [м.] см. tremedal.
tembladera. [ж.] широкий сосуд с двумя ручками (из тонкого стекла или металла); сорт ювелирного изделия; (зоол.) электрический скат (рыба); (Амер.) см. tremedal.
tembladeral. [м.] (Амер.) см. tembladero.
tembladerilla. [ж.] (Амер.) мотыльковое растение; зонтичное растение.
tembladero, ra. [прил.] дрожащий; [м.] см. tremedal.
temblador, ra. [прил.] дрожащий; [м. и ж.] робкий, боязливый человек; квакер, квакерша.
tembladora. [ж.] (Амер.) см. tremedal.
temblante. [действ. прич.] к temblar, дрожащий, трепещущий; [м.] сорт старинного браслета.
temblar. [неперех.] дрожать, трепетать; дрожать, мерцать, мигать; трястись; (перен.) бояться; * temblar de frío, дрожать от холода; * temblar de miedo, дрожать от страха; * temblar por su vida, бояться за свою жизнь.
tembleque. [прил.] см. tembloroso; дрожащий всем телом; [м.] сорт ювелирного изделия.
temblequeador, ra. [прил. и сущ.] дрожащий всем телом; мерцающий.
temblequear. [неперех.] (разг.) дрожать всем телом; прикидываться дрожащим.
temblequeo. [м.] дрожание; мерцание.
temblequera. [ж.] (Амер.) см. temblor.
templetear. [неперех.] (разг.) см. temblequear.
templeteo. [м.] (обл.) см. temblor.
temblón, na. [прил.] см. temblador; [м.] осина; * álamo temblón, осина.
temblor. [м.] дрожь, дрожание, трепет: * temblor de tierra, землетрясение.
tembloroso, sa; tembloso, sa. [прил.] дрожащий, трепетный, трепещущий; мерцающий.
temboruco. [м.] (Амер.) см. hechicero.
temedero, ra. [прил.] грозный, опасный, страшный.
temedor, ra. [прил.] боязливый, робкий, пугливый (тж. сущ.).
temer. [перех.] бояться, опасаться, бояться; предчувствовать (беду и т. д.);

[неперех.] бояться, страшиться: * temer por su vida, бояться за свою жизнь.
temerariamente. [нареч.] отважно, смело, дерзко.
temerario, ria. [прил.] смелый, отважный, бесстрашный; безрассудный; отчаянный; опрометчивый: * juicio temerario, неосторожное (или необдуманное) суждение.
temerón, na. [прил.] храбрый на словах; [м. и ж.] фанфарон, бахвал.
temerosamente. [нареч.] боязливо, робко; неуверенно.
temeroso, sa. [прил.] внушающий страх, грозный; пугливый, боязливый, трусливый, малодушный, робкий; нерешительный: * temeroso de Dios, богобоязненный.
temible. [прил.] страшный, грозный, опасный.
temiente. [действ. прич.] к temer.
temor. [м.] страх, боязнь, опасение, подозрение; предчувствие (беды и т. д.); (арг.) тюрьма: * temor de Dios, страх Божий; * por temor a, из страха, из опасения, что(бы).
temosidad. [ж.] упрямство, упорство.
temoso, sa. [прил.] упрямый, упорный.
tempanador. [м.] приспособление для открытия улеев.
tempanar. [перех.] затыкать улей; вставлять днище (у бочки).
tempanil. [м.] (обл.) свиной окорок.
témpano. [м.] (муз.) литавры; половина свиной туши (без окорков); барабанная кожа; глыба; днище бочки; улейная крышка; (арх.) тимпан, поле фронтона.
tempate. [м.] (Амер.) молочайный куст.
tempe. [м.] (перен.) рай.
temperación. [ж.] ослабление, смягчение, уменьшение; приспособление; (муз.) темперирование.
temperadamente. [нареч.] см. templadamente.
temperado, da. [страд. прич.] к temperar; [прил.] (Амер.) см. templado.
temperamental. [прил.] к temperamento; темпераментный.
temperamento. [м.] см. temperie; разрешение (спора, недоразумения); улаживание; темперамент; характер, нрав, склад, комплекция; (Амер.) см. temperatura.
temperancia. [ж.] см. templanza.
temperante. [действ. прич.] к temperar, смягчающий, умеряющий; [прил.] (Амер.) трезвый.
temperar. [перех.] умерять, смягчать, ослаблять, унимать; [неперех.] выезжать за город.
temperatura. [ж.] температура; погода.
temperie. [ж.] состояние, температура воздуха.
tempero. [м.] хорошее состояние земли для посевов.
tempestad. [ж.] буря, шторм; сильный дождь, ветер, град; душевная буря; приступ гнева; несчастье, злосчастье, бедствие.
tempestear. [неперех.] разражаться (о буре); (перен.) рвать и метать, ругаться.
tempestivamente. [нареч.] вовремя, своевременно, кстати.
tempestividad. [ж.] своевременность, уместность.
tempestivo, va. [прил.] своевременный, уместный.
tempestuosamente. [нареч.] бурно.
tempestuoso, sa. [прил.] бурный, бурливый; грозовой.
templa. [ж.] (жив.) темпера.
templa. [ж.] (анат.) висок.
templadamente. [нареч.] умеренно, сдержанно.

templadera. [ж.] (обл.) затвор, заградительный щит, подъёмный затвор (шлюза).
templado, da. [страд. прич.] к templar; [прил.] умеренный, воздержанный, сдержанный; тёплый; умеренный, мягкий (о климате); (тех.) закалённый; (разг.) спокойный, выдержанный, храбрый; (Амер.) сведущий; влюблённый; строгий: * estar bien (mal) templado, (перен.) быть в хорошем (плохом) настроении.
templador, ra. [прил. и сущ.] смягчающий, умеряющий; [м.] (муз.) ключ для настройки.
templadura. [ж.] смягчение, ослабление; дейст. к умерять, сдерживать, успокоение; лёгкое нагревание (жидкости); закаливание, закалка; (муз.) настройка; воздержание.
templanza. [ж.] воздержание, воздерж(ан)ность, умеренность; мягкость (климата); (жив.) гармония цветов.
templar. [перех.] умерять, сдерживать, смягчать; успокаивать, унимать; нагревать, делать тепловатым; закалять (металл); (муз.) настраивать; разбавлять; (жив.) создавать гармонию цветов; (Амер.) сбивать с ног; убить; бить, пороть; [неперех.] начать греться; templarse. [возв. гл.] сдерживаться; (Амер.) влюбляться; напиваться; выходить из рамок приличия, рисковать; умирать; лечь.
templario. [м.] (ист.) тамплиер, рыцарь-храмовник.
temple. [м.] см. temperie; температура (тела); (тех.) закалка; (перен.) настроение, расположение; среднее; (перен.) закалка; мужество, отвага, храбрость; энергия; (муз.) настройка; (жив.) темпера: * al temple, клеевой краской, темперой.
Temple. [м.] орден тамплиеров.
temple. [м.] (Амер.) (бот.) батат.
templete. [м.] церковка; беседка.
templista. [м. и ж.] (жив.) художник, пишущий темперой.
templo. [м.] храм.
temporada. [ж.] период времени; время, пора; сезон: * temporada de lluvias, дождливое время, дождливая пора; * pasar una temporada en el mar, провести некоторое время на море; * de temporada, несколько времени.
temporal. [прил.] временный; временный, преходящий; светский, мирской; [м.] буря, гроза, ураган, шторм; погода; период дождей; (обл.) сезонный рабочий: * correr un temporal, попасть в шторм; * temporal de nieve, вьюга; * temporal marítimo, шторм; * temporal de viento, буря; poder temporal, светская власть.
temporal. [прил.] (анат.) височный; * temporales, [м. множ.] височные кости.
temporalidad. [ж.] временность, временный характер; светскость, мирской характер; (чаще множ.) доходы церковнослужителей, бенефиции.
temporalización. [ж.] temporalizamiento. [м.] дейст. к делать временным.
temporalizar. [перех.] делать временным.
temporalmente. [нареч.] временно, на время.
temporáneo, a. [прил.] временный.
temporariamente. [нареч.] временно.
temporario, ria. [прил.] временный.
témporas. [ж. множ.] (анат.) виски.

temporajear. [перех.] (мор.) лежать в дрейфе (в шторме).
temporero, ra. [прил. и сущ.] временно исполняющий обязанности и т. д.
temporil. [м.] (обл.) сезонный рабочий, временный работник.
temporizar. [неперех.] см. contemporizar; проводить время.
tempranal. [прил.] ранний, скороспелый.
tempranamente. [нареч.] рано.
tempranero, ra. [прил.] ранний, преждевременный.
tempranilla. [прил.] скороспелый (о винограде); [ж.] скороспелый виноград.
tempranito. [нареч.] (разг.) очень рано.
temprano, na. [прил.] ранний, преждевременный; [нареч.] рано; преждевременно; [м.] поле, дающее ранние плоды: * por la mañana temprano, ранним утром, в ранний час, рано-рано; * muy temprano, очень рано; преждевременно.
temulencia. [ж.] опьянение, хмель.
temulento, ta. [прил.] пьяный, хмельной.
ten: ten con ten, (разг. выраж.) осторожность, предусмотрительность.
tena. [ж.] навес для скота.
tenace. [прил.] (поэт.) см. tenaz.
tenacear. [перех.] пытать калёными щипцами; (перен.) терзать, мучить, раздирать.
tenacear. [неперех.] упорствовать, упрямиться.
tenacero. [м.] мастер по изготовлению щипцов; продавец щипцов.
tenacidad. [ж.] цепкость, вязкость, клейкость; твёрдость, прочность (материала); (перен.) упорство, стойкость, неуступчивость; * con tenacidad, упорно, настойчиво, стойко.
tenacillas. [ж. множ.] щипцы, щипчики.
tenáculo. [м.] (хир.) щитодержатель.
tenada. [ж.] стойло; навес для скота (обл.) см. henal.
tenalgia. [ж.] (пат.) сухожильная боль.
tenallón. [м.] (форт.) тенальон.
tenamaste. [м.] (разг.) (Амер.) см. cachivache; упрямый человек, упрямец.
tenante. [м.] (герал.) щитодержатель.
tenar. [прил.] (анат.) ладонный: * eminencia tenar, выступ на наружном крае ладони, образуемый мышцами большого пальца; [м.] ладонь; ступня.
tenardita. [ж.] (мин.) тенардит.
tenaz. [прил.] вязкий, липкий, клейкий, цепкий; прочный, крепкий, твёрдый (о материале); (перен.) упорный, стойкий, настойчивый, неуступчивый.
tenaza. [ж.] (чаще множ.) щипцы, клещи; (форт.) тенапь, клещи; (Амер.) жадный человек.
tenazada. [ж.] захват клещей, щипцов; (перен.) сильный укус.
tenazazo. [м.] удар щипцами.
tenazmente. [нареч.] настойчиво, упорно, стойко.
tenazón (a, или de). без подготовки; сразу.
tenazuelas. [ж. множ. умен.] к tenazas, щипчики.
tenca. [ж.] (ихтиол.) линь; (Амер.) певчая птица (сорт жаворонка); ложь.
tención. [м.] владение, обладание, (вообще дейст. к tener.)
tencolote. [м.] (Амер.) большая клетка для домашней птицы.
tendajo. [м.] см. tendejón.
tendal. [м.] парусиновый навес; подстилка на которую стряхивают маслины; см. tendedero; (Амер.) площадка для сушки кофе; ровное поле; см. tendalera; черепичный или кирпичный завод.
tendalada. (Амер.) tendalera. [ж.] (разг.) куча разбросанных вещей.
tendalero. [м.] см. tendedero.
tendedera. [ж.] (Амер.) верёвка для просушки белья; см. tendalada.
tendedero. [м.] верёвки, жерди и т. д. для развешивания белья и т. д. (при (про)сушке).
tendedura. [ж.] растягивание; развешивание; протягивание; прокладка; дейст. к ложиться.
tendejón. [м.] лавчонка.
tendencia. [ж.] тенденция, стремление, тяга, наклонность, склонность.
tendencioso, sa. [прил.] тенденциозный.
tendente. [прил.] стремящийся, клонящийся к чему-л.
ténder. [м.] (ж.-д.) тендер.
tender. [перех.] растягивать, расправлять; тянуть; протягивать, вытягивать; расстилать, раскладывать, простирать; развешивать; прокладывать; проводить; наводить, склоняться, быть склонным к...; штукатурить, * tenderse, [возв. гл.] ложиться, растягиваться, вытягиваться; выкладывать все карты; (перен. разг.) небрежно относиться к делу; (Амер.) стелить постель: * tender un puente, навести мост; * tender a, стремиться к; * tender un lazo, устроить ловушку, расставить сети; [непр. гл.] спряг. как entender.
tendereta. [ж.] (Амер.) множество.
tenderete. [м.] карточная игра; палатка, ларёк; (разг.) см. tendalera.
tendero, ra. [м. и ж.] лавочник, -ица; розничный торговец, торговка, разносчик; мастер по изготовлению походных палаток; (Амер.) вор, грабящий лавки.
tendezuela. [ж. умен.] к tienda.
tendidamente. [нареч.] пространно, многословно.
tendido, da. [страд. прич.] к tender; [прил.] * galope tendido, быстрый галоп; [м.] проведение, проводка, прокладка, наводка; (тавр.) ближайшие к арене ряды; развешанное бельё; тесто, разделанное в хлебы; слой штукатурки; (обл.) чистое, безоблачное небо; (Амер.) постельное бельё; кручёная верёвка.
tendiente. [дейст. прич.] к tender.
tendinoso, sa. [прил.] сухожильный.
tendón. [м.] сухожилие; * tendón de Aquiles, ахиллово (ахиллесово) сухожилие.
tenducha. [ж.] tenducho. [м.] лавчонка.
tenebrario. [м.] подсвечник, подставка для 15 свечей.
tenebrio. [м.] (зоол.) мучной хрущак или мучной жук (насекомое).
tenebrosamente. [нареч.] мрачно; непонятно.
tenebrosidad. [ж.] тьма, мрачность; туманность, неясность.
tenebroso, sa. [прил.] мрачный, тёмный; угрюмый; (перен.) тёмный, непонятный, туманный, неясный.
tenedero. [м.] (мор.) удобная якорная стоянка.
tenedor. [м.] держатель, владелец, обладатель; предъявитель векселя; вилка: * tenedor de libros, бухгалтер; счетовод.
tenedorcillo. [м. умен.] к tenedor; (арг.) подвязка для чулок.
teneduría. [ж.] ведение торговых (бухгалтерских) книг, бухгалтерия; счетоводство; контора бухгалтера.
tenelín, na. [прил.] (Амер.) см. cicatero.
tenencia. [ж.] владение, обладание, пользование; лейтенантский чин.
tener. [перех.] держать; удерживать; иметь; обладать, владеть; иметь определённый возраст; держать; содержать; иметь; держать (в каком-л состоянии); иметь на иждивении, соблюдать; быть занятым чем-л.; считать, полагать, хотеть; брать; принимать; [неперех.] быть богатым, состоятельным: * tener éxito, иметь успех; * él tiene suerte, ему везёт; * tener tiempo libre, иметь свободное время; * no tener donde caerse muerto, не иметь ни кола ни двора; * tengo tres hermanos, у меня три брата; * tener fe, хранить верность; * tener presente, иметь в виду, учитывать; * tener por amigo, считать другом; * tener por inteligente, считать умным; * tener a bien, счесть целесообразным; * tener a mano, иметь под рукой; * tener cuidado, быть осторожным; * tener en poco, пренебрегать; * tener en menos, гнушаться; * tener en mucho, уважать; * tengo calor, мне жарко; * tengo frío, мне холодно; * tener ganas, хотеть; * tener hambre, испытывать голод, быть голодным; * tener sed, чувствовать жажду; * tengo sed, мне хочется пить; * tener sueño, хотеть спать; * tener paciencia, (по)терпеть; * tener razón, быть правым; * tener confianza, доверять; * tener visitas, принимать гостей; * tener lugar, иметь место, происходить; * tener aversión, чувствовать отвращение к; * tener la seguridad de, быть уверенным в; * hoy he tenido un buen día, у меня сегодня удачный день; * tener lástima, жалеть; * tener prisa, торопиться; * tener el presentimiento, предчувствовать; * tener miedo, бояться; * tener vergüenza, стыдиться; * tener para sí, считать, полагать; * no tener nada suyo, быть чрезмерно щедрым; * no tenerlas todas consigo, быть настороже; * tengo que, мне надо, нужно, необходимо; * teniendo en cuenta, принимая во внимание, в соображение, в виду; * al que no tiene el rey le hace libre на нет и суда нет; * tenerse, [возв. гл.] держаться за; держаться, не уступать, не поддерживаться; примыкать; * tener(se) tieso, стоять на своём; [непр. гл.] prest. ind. tengo, tienes, tiene, tenemos, tenéis, tienen; indef. tuve, tuviste и т. д.; fut. tendré, tendrás и т. д.; cond. tendría, -as и т. д.; pres. sub. tenga, -as и т. д.; imp. tuviera или tuviese и т. д.
tenería. [ж.] кожевенный завод, см. curtiduría.
tenesmo. [м.] потуга, натуга (при испражнении).
tengerita. [ж.] (мин.) тенгерит.
tengue. [м.] (Амер.) дикая акация.
tenguerengue: en tenguerengue, (разг.) неустойчиво.
tenia. [ж.] (зоол.) солитёр, ленточный глист; (арх.) выступ.
teniado, da. [прил.] имеющий форму солитёра.
tenicida. [прил. и м.] см. tenífugo.
tenida. [ж.] (Амер.) заседание, собрание.
tenienta. [ж.] жена старшего лейтенанта.
tenientazgo. [м.] лейтенантский чин.
teniente. [дейст. прич.] к tener, обладающий, имеющий и т. д.; [прил.] зелёный, незрелый (о фруктах); (перен.) тугоухий; (перен.) скупой, скуповатый; скудный; [м.] заместитель; (воен.) (старший) лейтенант: * teniente coronel, подполковник; * teniente general, генерал-лейтенант; * teniente de navío, (мор.) капитан-лейтенант; * teniente de alcalde, вице-мэр.
teniforme. [прил.] имеющий форму солитёра.
tenífugo, ga. [прил.] изгоняющий солитёра; [м.] средство, изгоняющее солитёра.
teniola. [ж.] (зоол.) маленький солитёр.

tenis. [м.] (спорт.) теннис; теннисный корт: * **tenis** de mesa, настольный теннис, пинг-понг; * perteneciente o relativo al tenis, теннисный; * pelota de **tenis,** теннисный мяч.
tenista. [м. и ж.] теннисист, теннисистка.
tenodinia. [ж.] (пат.) сухожильная боль.
tenomioplastia. [ж.] (хир.) пластическая операция на сухожилиях.
tenonectomía. [ж.] (хир.) иссечение сухожилий.
tenontitis. [ж.] (пат.) воспаление сухожилия.
tenor. [м.] расположение, порядок; содержание (письма, документа): * a este **tenor,** в том же духе.
tenor. [м.] (муз.) тенор: * **tenor** lírico, лирический тенор; * **tenor** dramático, драматический тенор.
tenorio. [м.] донжуан, волокита, сердцеед.
tenorita. [ж.] (мин.) тенорит, природная окись меди.
tenorizar. [неперех.] петь тенором (о баритоне).
tenostosis. [ж.] окостенение сухожилия.
tenotomía. [ж.] (хир.) перерезка сухожилия.
tenótomo. [м.] (хир.) прибор для перерезывания сухожилий.
tensar. [перех.] натягивать, напрягать.
tensión. [ж.] напряжение, натяжение; (физ.) напряжение; (мед.) давление; (перен.) напряжение, напряжённость * alta **tensión,** (эл.) высокое напряжение; * baja **tensión,** низкое напряжение; * **tensión** arterial, (физиол.) кровяное давление; * **tensión** superficial, (физ.) поверхностное натяжение.
tensivo, va. [прил.] тянущий, ноющий (о боли).
tenso, sa. [прил.] натянутый, напряжённый, тугой; (перен.) обострённый (об отношениях).
tensón. [ж.] поэтическое произведение, выражающее одно из мнений в споре между стихотворцами.
tensor, ra. [прил. и сущ.] напрягающий, натягивающий; [м.] прибор для натягивания: músculo **tensor,** (анат.) тензор.
tentable. [прил.] поддающийся испытанию (или искушению).
tentabuey. [м.] (обл.) см. gatuña.
tentación. [ж.] соблазн, искушение; искуситель, соблазнитель: * caer en la **tentación,** поддаться искушению.
tentaculado, da. [прил.] снабжённый щупальцами.
tentacular. [прил.] щупальцевый.
tentaculiforme. [прил.] имеющий форму щупальца.
tentáculo. [м.] (зоол.) щупальце.
tentadero. [м.] (тавр.) место для испытания молодых быков.
tentado, da. [страд. прич.] к tentar; [прил.] (Амер.) непоседливый, резвый.
tentador, ra. [прил.] соблазнительный, искушающий, заманчивый, соблазняющий; [м. и ж.] соблазнитель, -ница, искуситель, -ница; [м.] дух искушения, сатана.
tentadura. [ж.] (мин.) испытание руды; взбучка.
tentalear. [перех.] ощупывать, щупать; узнавать на ощупь.
tentar. [перех.] щупать, ощупывать, искушать, соблазнять, прельщать; манить, подстрекать, побуждать; пробовать, пытать; подвергнуть испытанию; исследовать; проверять; (хир.) зондировать: * caminar **tentando,** ходить ощупью; [непр. гл.] спряг. как acertar.
tentaruja. [ж.] (разг.) см. manoseo: * a la **tentaruja,** (обл.) ощупью, вслепую.

tentativa. [ж.] попытка: * **tentativa** de robo, покушение на кражу.
tentativo, va. [прил.] испытывающий, зондирующий.
tentebonete: a **tentebonete,** [нареч.] в изобилии.
tentemozo. [м.] опора, подпорка; стойка; см. dominguillo.
tentempié. [м.] (разг.) закуска; см. dominguillo.
tentetieso. [м.] см. dominguillo.
téntigo. [м.] (пат.) повышенное половое влечение у мужчин.
tentón. [м.] (разг.) внезапное ощупывание.
tentorio. [м.] (анат.) мозжечковый намёт.
tentredo. [м.] (зоол.) листогрыз (насекомое).
tenue. [прил.] очень тонкий, разреженный, редкий; малый, слабый; незначительный; простой, естественный.
tenuemente. [нареч.] тонко; редко; слабо; незначительно; естественно.
tenuidad. [ж.] разреженность, тонкость, слабость; лёгкость, незначительность; незначительная вещь.
tenuirrostro, tra. [прил.] тонкоклювый.
tenuta. [ж.] (юр.) предварительное право пользования.
tenutario, ria. [прил.] к tenuta.
tenzón. [ж.] см. tensón.
teña. [ж.] (обл.) гусеница.
teñido, da. [страд. прич.] к teñir; [м.] см. **teñidura.**
teñidor, ra. [прил. и сущ.] окрашивающий; [м.] красильщик.
teñidura. [ж.] крашение, окрашивание, окраска.
teñir. [перех.] красить, окрашивать; (жив.) смягчать тона: * **teñir** con (de, en) negro, выкрасить в чёрный цвет.
teño, ña. [прил.] (Амер.) бежевый.
teobroma. [м.] (бот.) шоколадное дерево, какао.
teobromina. [ж.] (хим.) теобромин.
teocalli. [м.] старинный мексиканский храм.
teocracia. [ж.] теократия, богоправление.
teócrata. [м.] теократ.
teocrático, ca. [прил.] теократический.
teodicea. [ж.] теодицея.
teodolito. [м.] (геод.) теодолит.
teofobia. [ж.] ненависть к Богу.
teogonía. [ж.] теогония, родословие языческих богов.
teogónico, ca. [прил.] теогонический.
teologal. [прил.] теологический: * virtud **teologal,** богословская добродетель.
teología. [ж.] теология, богословие.
teológicamente. [нареч.] теологически, богословски.
teológico, ca. [прил.] теологический, богословский.
teologismo. [м.] злоупотребление религиозными прениями.
teologizar. [неперех.] вести богословские споры, рассуждать о религиозных вопросах.
teólogo, ga. [прил.] теологический; [м.] теолог, богослов.
teomel. [м.] (Амер.) разновидность агавы.
teorema. [м.] теорема.
teoremático, ca. [прил.] к теорема.
teorético, ca. [прил.] теоретический, спекулятивный, умозрительный; см. teoremático.
teoría. [ж.] теория, умозрение; процессия: * **teoría** de Isostasia, (геол.) теория изостазии; * **teoría** atómica, (физ.) теория атомного ядра; * **teoría** de la relatividad, (физ.) теория относительности.
teórica. [ж.] теория, теоретические взгляды.
teoricamente. [нареч.] теоретически.
teórico, ca. [прил.] теоретический.

teorización. [ж.] теоретизирование.
teorizante. [действ. прич.] к teorizar, теоретизирующий (тже. прил.); [м. и ж.] теоретик.
teorizar. [перех.] теоретизировать; [неперех.] теоретически рассуждать.
teoso. [прил.] факельный; смолистый (о дереве).
teosofía. [ж.] теософия.
teosófico, ca. [прил.] теософический, теософский.
teósofo, fa. [м. и ж.] теософ, теософка.
tepacle, tepache. [м.] (Амер.) контрабандная продажа вина.
tepalcate. [м.] (Амер.) глиняная посуда.
tepalcatero. [м.] (Амер.) см. alfarero.
tépalo. [м.] (бот.) листочек околоцветника.
tepate. [м.] (Амер.) (бот.) см. estramonio.
tepe. [м.] дёрн.
tepeizcuinte. [м.] (Амер.) (зоол.) бразильская свинка.
tepemechín. [м.] (Амер.) пресноводная рыба.
teperete. [прил.] (Амер.) см. alocado (тже. сущ.).
tepescuincle. [м.] (Амер.) см. **tepeizcuinte.**
tepocate. [м.] (Амер.) головастик; см. **rechoncho.**
tepor. [м.] (мед.) тепловатость.
tepú. [м.] (Амер.) миртовое деревцо.
tequiche. [м.] кушанье из кукурузной муки с кокосовым молоком и сливочным маслом.
tequila. [ж.] (Амер.) водка из агавы.
tequioso, sa. [прил.] надоедливый.
teramorfo, fa. [прил.] уродливый.
terapeuta. [м.] член еврейской монашествующей секты; терапевт.
terapéutica. [ж.] (мед.) терапевтика, терапия.
terapéutico, ca. [прил.] терапевтический, лечебный.
terapia. [ж.] см. terapéutica.
terápico, ca. [прил.] (мед.) терапевтический.
teras. [ж.] см. monstruo.
teratología. [ж.] тератология, учение об уродствах.
teratológico, ca. [прил.] тератологический.
teratoma. [м.] (пат.) тератома.
terbio. [м.] (хим.) тербий.
tercamente. [нареч.] упрямо; упорно, настойчиво.
tercena. [ж.] склад (табака и т. д.) (казённой монополии); (Амер.) мясная лавка.
tercenista. [м.] заведующий складом (табака и т. д.) (см. tercena); (Амер.) мясник.
tercer. [прил.] (усечённая форма от tercero, употр. перед сущ. м. р.) см. tercero.
tercera. [ж.] сводница; (муз.) терция.
terceramente. [нареч.] (м. употр.) в третьих.
tercerear. [неперех.] (м. употр.) посредничать; сводничать; (обл.) пахать в третий раз.
tercería. [ж.] посредничество; сводничество; третейский суд.
tercerilla. [ж.] (поэт.) сорт терцета.
tercero, ra. [прил.] третий; [м.] третий человек, третье лицо; посредник; сводник: * **tercero** en discordia, третейский судья; * a la **tercera** vez, (в) третий раз.
tercerola. [ж.] короткий карабин; бочёнок; короткая флейта.
tercerón. [м.] сын белого и мулатки; [м. и ж.] третий сын или третья дочь в семье; сводник, -ница.

terceto. [м.] (лит.) терцет, терцина; см. tercerilla; терцет, трио.
tercia. [ж.] треть, третья часть; (муз.) терция; (с.-х.) третье пахание.
terciado, da. [страд. прич.] к terciar; [прил.] сырец (о сахаре); [м.] короткий меч; лента шире listón; бревно.
terciador, ra. [прил.] посредничающий; [м. и ж.] посредник, -ница.
terciana. [ж.] (мед.) лихорадка, возвращающаяся на третьи сутки.
tercianario, ria. [прил. и сущ.] страдающий трёхдневной лихорадкой; трёхдневный (о лихорадке и т. д.).
tercianela. [ж.] сорт атласа.
terciar. [перех.] класть что-л криво, вкось, на один бок, через плечо; троить, разделять на три части; уравновешивать (груз); (с.-х.) пахать в третий раз, троить; подрезать на одну треть (растения); (Амер.) нагружать ношу на спину; разбавлять вино водой; [непрех.] вмешиваться; выступать посредником, посредничать; быть третьим (пайщиком и м. д.); terciarse, [возв. гл.] прийтись, случиться кстати.
terciario, ria. [прил.] третий; (геол.) третичный.
terciazón. [ж.] (с.-х.) третье пахание.
tercigrávida. [прил. и сущ.] беременная третий раз.
tercio, cia. [прил.] третий; [м.] третья часть, треть; половина вьюка; (рел.) третья часть чёток; (воен.) полк; пехотный батальон; дивизия гражданской гвардии (жандармерии в Испании); пивная кружка; общество владельцев рыболовных судов; часть чулка, покрывающая икру; [множ.] конечности (мужчины); (Амер.) вязанка хвороста; тюк табака: * tercio de Marruecos, иностранный легион (в испанском Марокко); * hacer buen tercio, помогать; * hacer mal tercio, мешать, препятствовать; * en tercio y quinto, намного.
terciodécuplo, pla. [прил.] увеличенный в тринадцать раз (тже. [м.]).
terciopelado, da. [прил.] см. aterciopelado; [м.] сорт бархата.
terciopelero. [м.] мастер, вырабатывающий бархат.
terciopelo. [м.] бархат: * terciopelo de algodón, вельвет.
terco, ca. [прил.] упрямый, упорный; (перен.) трудно поддающийся обработке.
tere. [м.] (Амер.) плаксивый, капризный ребёнок.
terebela. [ж.] (зоол.) буравочник (род морского червя).
terebelo. [м.] (хир.) трепан для прободения черепа.
terebintáceo, a. [прил.] (бот.) скипидарный.
terebinto. [м.] (бот.) кевовое дерево, скипидарное дерево.
terebra. [ж.] сверло.
terebración. [ж.] сверление, прободение, просверливание, пробуравливание.
terebrante. [прил.] (мед.) пронизывающий, буравящий, сверлящий (о боли).
terebrátula. [ж.] (зоол.) сверлянка (морское двустворчатораковинное животное из класса плеченогих).
tereco. [м.] (Амер.) см. trasto, cachivache.
tereniabín. [м.] слабительное вещество.
terenita. [ж.] (мин.) род глинистого сланца.
tereque. [м.] (Амер.) см. trebejo.
teresiana. [воен.] сорт кепи.

tergal. [прил.] (анат.) спинной.
tergiversación. [ж.] искажение фактов и т. д.; увёртка, уловка; увиливание.
tergiversador, ra. [прил. и сущ.] искажающий (факты и т. д.); прибегающий к увёрткам.
tergiversar. [перех.] искажать (факты и т. д.); вилять, прибегать к увёрткам.
tergo. [м.] (анат.) тыл, спина.
teriaca. [ж.] противоядие от укуса ядовитых животных.
teriacal. [прил.] см. triacal.
teriatra. [м.] ветеринар.
teriatría. [ж.] ветеринария.
teridio. [м.] (бот.) орляк.
terina. [ж.] (Амер.) умывальный таз.
teriodontos. [м. множ.] (пал.) териодонты, зверозубые.
teriotomía. [ж.] анатомия млекопитающих животных.
terliz. [м.] (ткань) тик.
termal. [прил.] тёплый (о минеральных водах).
termalidad. [ж.] свойство тёплых вод.
termas. [ж. множ.] тёплые минеральные ванны; термы, общественные бани (у древних); водолечебница.
térmico, ca. [прил.] термический, тепловой.
termidor. [м.] (ист.) термидор (11-й месяц французского революционного календаря).
termidoriano, na. [прил.] термидорианский.
terminación. [ж.] окончание, заключение; конец; (грам.) окончание; (мед.) выздоровление.
terminacho. [м.] (разг.) скверное слово, грубость; варваризм.
terminador, ra. [прил. и сущ.] заканчивающий.
terminajo. [м.] (разг.) см. terminacho.
terminal. [прил.] конечный, концевой; последний; (бот.) верхушечный (о ветке, побеге); [м.] (эл.) наконечник.
terminante. [действ. прич.] к terminar; [прил.] решительный, заключительный, ясный, точный, категорический.
terminantemente. [нареч.] определённо, категорически, безусловно.
terminar. [перех.] кончать, оканчивать, заканчивать, класть конец; окончательно отделывать; [непрех.] оканчиваться, кончаться, приходить к концу; terminarse, [возв. гл.] оканчиваться, кончаться, заканчиваться.
terminativo, va. [прил.] к конец.
término. [м.] конец, окончание; предел, граница; срок; конечный пункт; пограничный столб; межевой знак; район, округ (муниципальный); цель; выражение, слово; термин; обстановка, состояние; вид, внешность; (фил.) член (силлогизма); (грам.) член (предложения); (муз.) тон, нота; (жив. теа.) план; [множ.] выражения; образ действий; * término medio, среднее арифметическое; * poner término, положить конец; * en el término de, в срок; * en primer término, во-первых, в первую очередь, прежде всего; * en buenos términos, мягко выражаясь; * estar en buenos términos, быть в хороших отношениях; * en propios términos, дословно; * medios términos, увёртки.
terminología. [ж.] терминология.
terminológico, ca. [прил.] терминологический.
terminote. [м.] увел. к término; (разг.) высокопарное или вышедшее из употребления выражение или слово.
termión. [м.] (физ. хим.) термион.
termita. [хим.] термит.
termita. [ж.] (зоол.) термит.
termo. [м.] термос.

termoanestesia. [ж.] утрата тепловых ощущений.
termocauterio. [м.] (хир.) прибор для прижигания.
termocouple. [м.] (эл.) (гал.) термопара, термоэлемент.
termodifusión. [ж.] термодиффузия.
termodinámica. [ж.] термодинамика.
termodinámico, ca. [прил.] термодинамический.
termoelectricidad. [ж.] термоэлектричество.
termoeléctrico, ca. [прил.] термоэлектрический.
termoelemento. [м.] (физ.) термоэлемент, термопара.
termoestesia. [ж.] температурное (тепловое) чувство.
termoestesiómetro. [м.] (мед.) измеритель тепловых ощущений.
termofilita. [ж.] (мин.) термофиллит, антигорит.
termogénesis. [ж.] теплотворность.
termógeno, na. [прил.] теплотворный.
termógrafo. [м.] термограф, пишущий термометр.
termograma. [м.] термограмма.
termoión. [м.] (физ. хим.) термоион.
termoiónico, ca. [прил.] термоионный.
termoionización. [ж.] термоионизация.
termología. [ж.] учение о теплоте.
termoluminescencia. [ж.] термолюминесценция.
termomagnético, ca. [прил.] термомагнитный.
termomagnetismo. [м.] термомагнетизм.
termometría. [ж.] (физ.) термометрия.
termométrico, ca. [прил.] термометрический.
termómetro. [м.] термометр; градусник (разг.): * termómetro de máxima, максимальный термометр; * termómetro de mínima, минимальный термометр.
termomultiplicador. [м.] (физ.) термомультипликатор.
termonuclear. [прил.] термоядерный.
termopenetración. [ж.] (мед.) электрическое погребание, диатермия.
termopila. [ж.] (физ.) термобатарея; термоэлемент.
termoquímico, ca. [прил.] термохимический.
termorregulador. [м.] (физ.) терморегулятор.
termos. [м.] термос.
termoscopio. [м.] (физ.) термоскоп.
termosifón. [м.] термосифон.
termostato. [м.] (физ.) термостат.
termotaxis. [ж.] термотаксис.
termoterapia. [ж.] термотерапия.
termotropismo. [м.] термотропизм.
terna. [ж.] тройка кандидатов на какой-л пост; тройки (на игральных костях).
ternado, da. [прил.] (бот.) тройной, тройчатый.
ternario, ria. [прил.] тройной, состоящий из трёх частей и т. д.; [м.] трёхдневка, трёхдневный промежуток; (муз.) терцина.
ternasco. [м.] (обл.) молочный ягнёнок; козлёнок.
terne. [прил.] (разг.) см. valentón; (разг.) упрямый, упорный, настойчивый; сильный, крепкий, здоровый; [м.] (Амер.) длинный карманный нож.
ternecico, ca, to, ta. [прил. умен.] к tierno.
ternejal. [прил.] (разг.) см. valentón.
ternejo, ja. [прил.] (разг.) (Амер.) энергичный, сильный, крепкий.
ternera. [ж.] тёлка; мясо тёлки как пища.
terneraje. [м.] (Амер.) стадо телят.
ternero. [м.] телёнок, бычок: * ternero recental, сосунок, молочный телёнок.
ternerón, na. [прил.] сентиментальный; [м.] сентиментальный человек.
terneruela. [ж. умен.] к ternera.

terneza. [ж.] см. ternura; [множ.] ласки, комплименты.
ternezuelo, la. [прил. умен.] к tierno.
ternilla. [ж.] хрящ.
ternilloso, sa. [прил.] хрящевой; хрящевидный.
ternísimo, ma. [прил. увел.] к tierno.
terno. [м.] три, тройка; терна (в лото); тройка (мужской костюм); ругательство, бранное слово; (перен. разг.) редкая, неожиданная удача.
ternura. [ж.] нежность, мягкость; умиление; ласка, комплимент, лестное слово; любовь.
tero. [м.] (Амер.) (зоол.) см. teruteru.
terófitas. [ж. множ.] (бот.) терофиты.
terpina. [ж.] (хим.) терпингидрат.
terquear. [неперех.] упрямиться, упорствовать.
terquedad, terquería, terqueza. [ж.] упрямство, упорство.
terracota. [ж.] терракота, изделие из обожжённой глины.
terrada. [ж.] сорт битума.
terrado. [м.] плоская крыша.
terraja. [ж.] шаблон; сверло с насечками, метчик.
terraje. [м.] арендная плата.
terrajero. [м.] см. terrazguero.
terral. [прил.] : * viento terral, береговой ветер.
terramicina. [ж.] сорт антибиотика.
terraplén. [м.] земляная насыпь, земляной вал.
terraplenación. [ж.] terraplenamiento. [м.] дейст. к terraplenar.
terraplenar. [перех.] насыпать насыпь, делать земляную насыпь.
terrapleno. [м.] см. terraplén.
terráqueo, a. [прил.] состоящий из земли и воды: * globo terráqueo, земной шар.
terrario. [м.] террариум, террарий.
terrateniente. [м. и ж.] помещик, -ица, землевладелец, -ица.
terraza. [ж.] глазированный кувшин с двумя ручками; насыпь вдоль стены сада для посадки кустарников; терраса, веранда.
terrazgo. [м.] участок посевной площади; см. terraje.
terrazguero. [м.] фермер, арендатор фермы и т. д.
terrazo. [м.] (жив.) первый план (у ландшафта).
terrazuela. [ж. умен.] к terraza (кувшин).
terrear. [неперех.] проглядывать (о земле при редких посевах).
terrecer. [перех.] страшить, приводить в ужас; [неперех.] (обл.) страшиться, бояться; [непр. гл.] спряг. как agradecer.
terregoso, sa. [прил.] комковатый; покрытый комками.
terremoto. [м.] землетрясение.
terrenal. [прил.] земной, мирской, житейский (в противоположность небесному).
terrenidad. [ж.] свойст. к земной.
terreno, na. [прил.] земной; наземный; [м.] участок земли, местность; почва, грунт, земля; (перен.) область, сфера; место действия и т. д.: * terreno de acarreo, наносная земля, почва; * terreno turbáceo, торфяник; * ganar terreno, продвинуться вперёд; * perder terreno, отступить; * reconocer el terreno, зондировать, нащупывать почву; * saber uno de qué pisa, хорошо знать среду; * sobre el terreno, на месте; * llevar a uno al terreno del honor, вызывать на дуэль.
terreño, ña. [прил.] (обл.) местный.
térreo, a. [прил.] земляной, землистый; землистый, землистого цвета; см. alondra.
terrero, ra. [прил.] земляной; (о полёте птиц) низкий; (перен.) низкий, униженный; [м.] см. terrado; куча земли; нанос земли; цель, мишень; * cesto terrero, корзина для переноски земли.
terrestre. [прил.] земной; наземный; сухопутный: * magnetismo terrestre, земной магнетизм; * superficie terrestre, поверхность земли, земная поверхность.
terrezuela. [ж. умен.] к tierra; бедная земля.
terribilidad. [ж.] свойст. к ужасный, страшный, грозный, мощный, сильный; ужас.
terribilísimo, ma. [прил. увел.] к terrible.
terrible. [прил.] ужасный, страшный, грозный; необычайный; сильный, мощный.
terriblemente. [нареч.] ужасно, страшно, грозно; колоссально, сильно.
terriblez. [ж.] terribleza. [ж.] см. terribilidad.
terrícola. [м. и ж.] обитатель, -ница Земли.
terrier. [прил.] : * (perro) terrier, терьер (порода собак).
terrífico, ca. [прил.] ужасающий, страшный, ужасный.
terrígeno, na. [прил.] рождённый землёй; (геол.) терригенный.
terrino, na. [прил.] земляной, сделанный, состоящий из земли; см. terreño.
territorial. [прил.] территориальный, земельный.
territorialidad. [ж.] территориальность.
territorio. [м.] территория, область; край.
terrívomo, ma. [прил.] извергающий тину.
terriza. [ж.] глиняная миска, таз.
terrizo, za. [прил.] земляной, сделанный из земли; [м.] глиняная миска, таз.
terrollo. [м.] (обл.) сорт хомута.
terromontero. [м.] холмик, пригорок.
terrón. [м.] ком земли; ком, кусок (сахару и т. д.); выжимки из маслин; [множ.] земельные угодья: * terrón de tierra, куча земли; * a rapa terrón, (разг.) под корень.
terronazo. [м.] удар комом земли.
terronera. [ж.] (Амер.) см. terror.
terrontera. [ж.] расселина.
terroña. [м.] (обл.) куча камней.
terror. [м.] ужас, страх; террор.
terrorífico, ca. [прил.] см. terrífico.
terrorismo. [м.] терроризм, террор, террористическая деятельность.
terrorista. [м. и ж.] террорист, -ка.
terroroso, sa. [прил.] см. terrorífico.
terrosidad. [ж.] землистость.
terroso, sa. [прил.] землистый; содержащий землю, смешанный с землёй; [м.] (арг.) ком земли.
terruño, terruzo. [м.] ком земли; родная земля; земля.
tersador, ra. [прил.] полирующий.
tersar. [перех.] полировать.
tersidad. [ж.] см. tersura.
terso, sa. [прил.] гладкий, полированный, чистый, блестящий; отделанный, изящный, безупречный (о языке, стиле).
tersura. [ж.] гладкость, полировка; чистота; изящество, безупречность (языка).
tertel. [м.] (Амер.) твёрдый слой земли, находящийся под подпочвой.
tertigrávida. [прил. и сущ.] беременная третий раз.
tertípara. [ж.] женщина, рожающая третий раз.
tertulia. [ж.] компания; кружок; галёрка (в театре); часть кафе для игры в карты, бильярд и т. д.; (Амер.) кресло в партере; сорт дивана.
tertuliano, na; tertuliante. [сущ.] член компании, кружка.
tertuliar. [неперех.] (Амер.) беседовать, разговаривать (в компании).
tertulio, lia. [сущ.] см. tertuliano.
teruncio. [м.] старинная римская монета.
terutero, terutera. [ж.] (орнт.) (Амер.) голенастая птица.
terzón, na. [прил. и сущ.] трёхлетний бычок.

terzuelo. [м.] третья часть, треть; самец (ястреба, сокола).
tesar. [перех.] натягивать; [неперех.] отступать, идти назад, пятиться.
tesaurizar. [перех.] см. atesorar.
tesauro. [м.] словарь.
tescal. [м.] (Амер.) местность, покрытая базальтом.
tescalera. [ж.] (Амер.) см. pedregal.
tesela. [ж.] смальтовый кубик (в мозаике).
teselado, da. [прил.] мозаичный, мощённый разноцветными плитками.
Teseo. (миф.) Тезей.
tésera. [ж.] знак отличия, опознавательный знак (у древних).
tesio. [м.] (бот.) ленец.
tesis. [ж.] тезис; диссертация: * tesis doctoral, дипломная работа.
tesitura. [ж.] (муз.) тесситура.
tesmóforo, ra. [прил. и сущ.] см. legislador.
tesmoteta. [м.] законохранитель (в Афинах).
teso, sa. [прил.] тугой, натянутый, напряжённый; жёсткий, твёрдый; [м.] вершина холма; выступ; (обл.) ярмарочная площадь.
tesón. [м.] твёрдость, решительность, постоянство, упорство, непоколебимость.
tesoneramente. [нареч.] твёрдо, непоколебимо; упрямо, настойчиво.
tesonería. [ж.] упрямство, упорство, настойчивость.
tesonero, ra. [прил.] (Амер.) настойчивый, упорный, постоянный.
tesonudo, da. [прил.] см. testarudo.
tesorería. [ж.] казначейство; контора казначея; должность казначея.
tesorero, ro. [м.] казначей.
tesoro. [м.] сокровище, клад; сокровищница; казна, казначейство.
Tespíades. [ж. множ.] Музы.
test. [м.] тест, испытание.
testa. [ж.] голова, башка; лоб; (перен. разг.) голова, ум, разум: * testa coronada, монарх; * testa de ferro, см. testaferro.
testáceo, a. [прил.] заключённый в раковину (о моллюске); [м. множ.] панцирные.
testación. [ж.] помарка, вычёркивание; завещание; свидетельское показание.
testada. [ж.] см. testarada.
testado, da. [страд. прич.] к testar; [прил.] делающий завещание до смерти.
testador, ra. [м. и ж.] завещатель, -ница.
testadura. [ж.] см. testación.
testaférrea, testaferro. [м.] подставное лицо.
testamentar. [перех.] завещать, составлять завещание.
testamentaría. [ж.] выполнение завещания; наследство; собрание душеприказчиков; завещательное досье.
testamentario, ria. [прил.] завещательный; [м. и ж.] душеприказчик: * ejecutor testamentario, душеприказчик.
testamentificación. [ж.] право на завещание.
testamento. [м.] завещание, духовное; (рел.) завет: * testamento ológrafo, завещание, написанное рукой завещателя; * Antiguo Testamento, ветхий завет; * Nuevo Testamento, новый завет.
testar. [неперех.] завещать, составлять завещание; [перех.] зачёркивать, вычёркивать; см. subrayar.
testar. [перех.] ударять головой.
testarada. [ж.] удар головой; упрямство.
testarazo. [м.] удар головой.
testarón, na. [прил.] (разг.) см. testarudo.
testarronería, testarudez. [ж.] упрямство, упорство.

testarudo, da. [прил.] упрямый, упорный, напористый; [м. и ж.] упрямец, -ица.

teste. [м.] см. testículo.

testera. [ж.] лицевая сторона, перёд; заднее сиденье в экипаже; украшение на лбу животного; верхняя и передняя часть головы (животного); (тех.) печная стенка.

testerada. [ж.] см. testarada.

testero. [м.] см. testera; чугунная доска камина.

testicular. [прил.] (анат.) относящ. или принадл. яичку.

testículo. [м.] (анат.) мужское яичко, тестикул, семенник.

testificación. [ж.] свидетельское показание, свидетельство; подтверждение.

testifical. [прил.] свидетельское.

testificante. [действ. прич.] к testificar.

testificar. [перех.] свидетельствовать, давать свидетельские показания; заверять на основании свидетельских показаний и т. д.; свидетельствовать, удостоверять, утверждать.

testificata. [ж.] (юр. обл.) нотариальное свидетельство.

testificativo, va. [прил.] свидетельствующий; утверждающий.

testiforme. [прил.] имеющий форму яичка.

testigo. [м. и ж.] свидетель, -ница; доказательство, свидетельство (факт и т. д.); межевой знак; (спорт.) эстафета (палочка); (анат.) яичко; * testigo de cargo, свидетель обвинения; * testigo de descargo, свидетель защиты; * testigo de vista (ocular), очевидец, очевидица; * testigo falso, лжесвидетель; * testigo de oídas, свидетель слышавший своими ушами; * examinar testigos, выслушать свидетелей; * poner al cielo por testigo, призывать небо во свидетели; * tomar por testigo, брать, призывать кого-л в свидетели.

testimonial. [прил.] свидетельский.

testimoniar. [перех.] давать свидетельские показания, свидетельствовать.

testimoniero, ra. [прил.] лжесвидетельствующий; лицемерный; [м. и ж.] свидетель, -ница, клеветник, -ица лицемер, -ка.

testimonio. [м.] свидетельство, свидетельское показание, свидетельство (документ); знак, доказательство, проявление, свидетельство; ложное обвинение; лжесвидетельство; (уст.) свидетель; * falso testimonio, ложное обвинение; (юр.) лжесвидетельство.

testimoñero, ra. [прил. и сущ.] см. testimoniero.

testitis. [ж.] (пат.) воспаление яичка.

testo, ta. [прил.] (Амер.) см. lleno.

testón. [м.] старинная французская серебряная монета.

testudinaria. [ж.] (бот.) тестудинария.

testudíneo, a. [прил.] черепаший; черепаховидный: * paso testudíneo, черепаший ход.

testudo. [м.] (воен.) черепаха (прикрытие из щитов).

testuz. [м.] лоб или затылок (у некоторых животных).

tesura. [ж.] см. tiesura.

teta. [ж.] женская грудь; вымя; сосок (груди); бугор, круглый холм: * dar la teta, кормить грудью; * niño de teta, грудной ребёнок; * quitar la teta, отнимать, отлучать от груди.

tetania(o). [ж.] (пат.) тетания.

tetánico, ca. [прил.] (мед.) столбнячный, тетанический.

tetaniforme, tetanoideo, a. [прил.] похожий на столбняк.

tétanos(s). [м.] (мед.) столбняк, тетанус: * tétanos apirético, intermitente или parcial, тетания; * tétanos puerperal или uterino, столбняк родильниц.

tetanotoxina. [ж.] токсин столбнячных палочек.

tetar. [перех.] кормить грудью; [неперех.] (обл.) сосать грудь.

tetartoedria. [ж.] (крист.) тритетраэдрический класс.

tetelque. [прил.] (Амер.) стягивающий, терпкий, вяжущий.

tetepón, na. [прил.] (Амер.) см. rechoncho.

tetera. [ж.] чайник; (Амер.) см. mamadera; кофейник.

tetero. [м.] (Амер.) детский рожок, соска.

teteu. [м.] (Амер.) см. terutero.

tetigonia. [ж.] (зоол.) разновидность цикады.

tetilla. [ж.] (анат.) сосок (у мужчины); соска (на бутылке).

tetón. [м.] обрубок сучка; (обл.) поросёнок.

tetona. [прил.] (разг.) грудастая, полногрудая.

tetra- приставка, обозначающая четыре.

tetraatómico, ca. [прил.] четырёхатомный.

tetrabranquio, quia. [прил.] (зоол.) четырёхжаберный.

tetraciclina. [ж.] (хим.) тетрациклин.

tetracordio. [м.] (муз.) кварта.

tetradracma. [ж.] четыре драхмы (монета).

tetraédrico, ca. [прил.] (геом.) четырёхгранный.

tetraedrita. [ж.] (мин.) тетраэдрит.

tetraedro. [м.] (геом.) тетраэдр, четырёхгранник.

tetraguata. [ж.] (зоол.) тетрагнат (паук).

tetrágono. [прил.] (геом.) четырёхугольный; [м.] четырёхугольник.

tetragonolobo. [м.] (бот.) четырёхкрыльник.

tetragrámaton. [м.] слово, состоящее из четырёх букв; (ист.) мистическое речение, которое выражает имя божества четырьмя буквами.

tetralogía. [ж.] (хит.) тетралогия.

tetralógico, ca. [прил.] тетралогический.

tetramero, ra. [прил.] (бот.) четырёхчленный; (зоол.) четырёхсуставчатый (у насекомых).

tetramétrico, ca. [прил.] (крист.) четырёхосный.

tetrámetro. [прил.] четырёхстопный; [м.] тетраметр, четырёхстопный стих.

tetramorfo, fa. [прил.] имеющий четыре формы.

tetramotor, ra. [прил.] четырёхмоторный (тж. сущ.).

tetrandro, dra. [прил.] (бот.) четырёхтычиночный.

tetrao. [м.] (зоол.) тетерев-глухарь.

tetraonidas. [ж. множ.] (зоол.) семейство тетеревов.

tetrapétalo, la. [прил.] (бот.) четырёхлепестный.

tetrápodo, da. [прил.] четвероногий.

tetrapolar. [прил.] четырёхполюсный.

tetrarca. [м.] (ист.) тетрарх.

tetrarquía. [ж.] (ист.) тетрархия.

tetrás. [м.] (зоол.) см. tetrao.

tetrasépalo, la. [прил.] (бот.) имеющий четыре чашелистика.

tetrasílabo, ba. [прил.] четырёхсложный.

tetrástilo, la. [прил.] (арх.) четырёхколонный; [м.] тетрастиль, четырёхстолбный храм.

tetravalente. [прил.] четырёхвалентный.

tetráxono, na. [прил.] четырёхосный.

tétricamente. [нареч.] печально, мрачно, угрюмо.

tétrico, ca. [прил.] печальный, тёмный, мрачный, унылый, угрюмый.

tetrilo. [м.] (хим.) тетрил.

tetrodo. [м.] тетрод.

tetrodón. [м.] (ихтиол.) четырёхзубка.

tetuán, tetuaní. [прил.] относящийся к Tetuán; [м. и ж.] уроженец или житель этого города.

tetumen. [м.] (обл.) см. ubre; высокая грудь.

tetunte. [м.] (Амер.) махина.

teucrio. [м.] (бот.) дубровник.

teucro, cra. [прил.] (ист.) троянский; [м.] троянец.

teúrgia. [ж.] теургия.

teúrgico, ca. [прил.] теургический.

teúrgo. [м.] теург.

teutón, na. [прил.] тевтонский; [м. и ж.] тевтонец, -ка; (разг.) см. alemán.

teutónico, ca. [прил.] тевтонский: * orden teutónica, тевтонский орден; [м.] тевтонский язык.

texasita. [ж.] (мин.) техазит, заратит.

texis. [м.] см. parto.

textiforme. [прил.] тканевидный.

textil. [прил.] годный для тканья; прядильный, текстильный; ткацкий: * industria textil, текстильная промышленность.

texto. [м.] текст; место (в книге); учебник; цитата из Библии; (полигр.) корпус: * libro de texto, учебник.

textor. [прил. и сущ.] см. tejedor.

textorio, ria. [прил.] ткацкий.

textual. [прил.] текстуальный, буквальный, дословный.

textualmente. [нареч.] текстуально, буквально, дословно.

textular. [прил.] см. textil.

textura. [ж.] структура, строение ткани (органической); тканьё; построение, расположение (какого-л произведения).

textural. [прил.] к textura.

teyolote. [м.] (Амер.) щебень, мелкий камень, мусор.

teyú. [м.] (зоол.) разновидность ящерицы.

tez. [ж.] поверхность (лица); цвет лица.

tezado, da. [прил.] см. atezado.

tezar. [перех.] (Амер.) см. tesar.

tezcucano, na. [прил.] относящийся к Tezcuco; [м. и ж.] уроженец этого мексиканского города.

theta. [ж.] 8-я буква греческого алфавита.

ti. [лич. мест.] (2-е л. ед. ч. дат. и вин.) тебя, тобой: * (él) pensaba en ti, он думал о тебе; * (él) se acordó de ti, вспомнил о тебе; * te oí a ti, я тебя услышал.

tía. [ж.] тетя, тётка, тётушка; (разг.) баба, необразованная женщина; проститутка; (обл.) мачеха: * de la tía, тётин, тёткин; * tía carnal, родная тетя; * tía segunda, двоюродная тётка; * no hay tu tía! забудь и думать!, никогда; * quedar(se) para tía, (разг.) остаться старой девой; засидеться в девках.

tialina. [ж.] фермент слюны, превращающий крахмал в сахар.

tialismo. [м.] обильное выделение слюны.

tialito. [м.] камень в выводном протоке слюнной железы.

tialocele. [м.] (мед.) киста после разрыва слюнного протока.

tialorrea. [ж.] см. tialismo.

tiangue. [м.] (Амер.) базар.

tianguez, tianguis. [м.] (Амер.) базарная площадь.

tiara. [ж.] тиара; папское достоинство.

tiatina. [ж.] (Амер.) (бот.) куколь.

tibaldo, da. [прил.] см. cobarde.

tibante. [прил.] (Амер.) гордый, горделивый, надменный, спесивый.

tíbar: * oro de tíbar, высокопробное золото.

tibe. [м.] (Амер.) корунд; вид сланца точильный камень.

tiberino, na. [прил.] тибрский.

tiberio. [м.] (разг.) шум, возня, гам, содом; (Амер.) см. **francachela**.

tibetano, na. [прил.] тибетский; [м. и ж.] тибетец, житель Тибета.

tibia. [ж.] флейта, свирель; (анат.) большая берцовая кость, большеберцовая кость.

tibial. [прил.] (анат.) большеберцовый.

tibiamente. [нареч.] вяло, безразлично; небрежно.

tibiar. [перех.] см. **entibiar; tibiarse**, [возв. гл.] (Амер.) разгорячиться, раздражаться.

tibiera. [ж.] (разг.) (Амер.) надоедливость, докучливость, скука.

tibieza. [ж.] тепловатость; вялость; безразличность.

tibio, bia. [прил.] тепловатый; (перен.) вялый, безразличный, равнодушный; нерадивый; (Амер.) вспыльчивый.

tibiocalcáneo. [прил.] (анат.) большеберцово-пяточный.

tibiotarsiano, na. [прил.] голеностопный.

tibisí. [м.] (Амер.) тростник, идущий на изготовление рыболовных сетей.

tibor. [м.] большая китайская или японская ваза; (Амер.) ночной горшок; чашечка для шоколада.

tiborna. [ж.] (обл.) ломтик поджаренного хлеба.

tiburón. [м.] (зоол.) акула.

tic. [м.] (мед.) тик, судорожное подёргивание.

ticket. [м.] (англ.) билет (трамвайный и т. д.); чек.

tico, ca. [прил. и сущ.] (Амер. разг.) см. **costarricense**.

tictac. [м.] тиканье.

tictología. [ж.] см. **obstetricia**.

tichar. [непереx.] (обл.) отступать, пятиться (о волах).

tichela, tichelina. [ж.] (Амер.) сосуд для собирания каучука.

ticholo. [м.] (Амер.) мармелад из гуайявы.

tiemblo. [м.] (бот.) осина.

tiemple. [ж.] (Амер.) любовь, страсть; см. **amante**.

tiempo. [м.] время; время, срок, период, эпоха, век; момент, пора; время, досуг; погода; время года; (грам.) время; (воен.) ружейный приём; (мор.) буря, шторм; (муз.) ритм, темп; такт; * **tiempo** (solar) verdadero, солнечное (астрономическое) время; * buen **tiempo**, хорошая погода; * hace buen (mal) **tiempo**, плохая погода, ненастье, (хорошая) погода; * **tiempo** de lluvias, дождливая погода; * **tiempo** de fortuna, период дождей, снегопадов или бурь; * **tiempo** claro, ясная погода; * **tiempo** cargado, пасмурная погода; * abrir el **tiempo**, проясняться; * **tiempo** compuesto (presente, pasado, futuro), (грам.) сложное (настоящее, прошедшее, будущее) время; * en **tiempo** de paz, в мирное время; * en **tiempo** de guerra, во время войны; * pasar bien el **tiempo**, darse buen **tiempo**, хорошо проводить время, развлечься; * engañar или matar el **tiempo**, убить время; * al poco **tiempo**, немного спустя; * a su **tiempo**, в срок; кстати, вовремя; * con **tiempo**, заранее; * fuera de **tiempo**, не вовремя, некстати; * hace **tiempo**, давно, с давних пор; * como en otros **tiempos**, как раньше; * **tiempo** en **tiempo**, время от времени; * en **tiempo** de, во времена, в эпоху; * a un **tiempo**, одновременно; * antes de **tiempo**, преждевременно, раньше срока; * hacer **tiempo**, дождаться; * andar con el **tiempo**, не отставать от жизни; * tener **tiempo**, иметь время; * no tengo **tiempo**, у меня нет и не располагаю временем; * es **tiempo**, пора, настало время; * ganar **tiempo**, выиграть время; * hacer a mal **tiempo** buena cara, искусно скрывать своё раздражение и т. д.; * en **tiempo** de Maricastaña, del rey que rabió, или del rey Perico, во время оно; * a largo **tiempo**, спустя много времени; * andando el **tiempo**, после; * a **tiempos**, временами; * dar **tiempo** al **tiempo**, дождаться удобного случая; * sin perder **tiempo**, не мешкая, не теряя времени; * todo el **tiempo**, постоянно; * el **tiempo** cura al enfermo, que no el ungüento, время-великий целитель; * cada cosa en su **tiempo**, всё в своё время.

tienda. [ж.] палатка, шатёр; тент, навес; торговая лавка, лавочка; продуктовый или галантерейный магазин: * **tienda** de campaña, палатка; * **batir tiendas**, (воен.) снять палатки; * abrir **tienda**, начать торговать; * alzar, levantar **tienda**, закрыть лавочку.

tienta. [ж.] пробный бой молодых быков; проницательность, хитрость, лукавство; (хир.) зонд; см. **tientaguja**: a tientas, ощупью; неуверенно.

tientaguja. [ж.] (арх.) зонд, металлический стержень для исследования почвы.

tiento. [м.] осязание; палка слепца; балансир канатоходца; уверенность (руки); (перен.) осторожность, осмотрительность, благоразумие, предусмотрительность; (разг.) удар; (зоол.) щупальце; муштабель; (муз.) пробные аккорды; (Амер.) узкий ремень (кожаный): * a **tiento**, por el **tiento**, на ощупь; * tomar el **tiento**, зондировать, рассматривать; * sin **tiento**, неосторожно; * dar un **tiento**, рассматривать, осматривать; * sacar de **tiento**, ошеломить.

tiernamente. [нареч.] нежно.

tierno, na. [прил.] нежный, мягкий; податливый; гибкий; (перен.) новый, свежий; нежный, чувствительный, плаксивый; ласковый, сердечный, любовный, вежливый; (Амер.) неспелый: * **tierna** edad, юный или нежный возраст.

tierra. [ж.] земля, земной шар; суша, материк; берег; земная поверхность; земля (рыхлое вещество); земля, почва, участок земли; земля, территория; край, страна; земельное владение, угодье; родная земля; (Амер.) пыль: * **tierra** firme, суша; * **tierra** fértil, плодородная земля; * **tierra** negra, чернозём; * **tierra** campa, поле (для посевов); * **tierra** de miga, глинистая земля; * **tierra** de pan llevar, хлебопашная земля; * **tierra** de batán, сукновальная глина; * **tierra** erial, целина, необработанная земля, залежь, пар; * **tierra** labrada, вспаханная земля; * **tierra** de China, каолин; * **tierra** de infusorios, диатомит, кизельгур; * **tierra** de Segovia, см. **greda**; * **tierra** de Siena, умбра; * **tierra** pesada, сернокислый барит, тяжёлый шпат; * **tierra** verde, глауконит; * **tierra** arcillosa, суглинок, глинистая почва; * **tierra** vegetal, растительная земля, перегной; * **tierra** natal, родной край; * **tierra** de promisión, или prometida, обетованная земля; * tomar **tierra**, высадиться на берег; приземлиться; * dar en **tierra**, упасть; * poner **tierra** por medio, спасаться бегством; замять дело; * besar la **tierra**, падать ниц; * en **tierra** de ciegos el tuerto es rey, меж слепых и кривой зрячий; * navegar **tierra** a **tierra**, плыть вдоль берега; * como **tierra**, обильно; * de la **tierra**, местный; * echar en **tierra**, см. **desembarcar**; * descubrir **tierra**, исследовать почву; зондировать; * poner por **tierra**, разрушить; * por debajo de **tierra**, хитро, лукаво.

tierral, terrazo. [м.] (Амер.) облако пыли.

tiesamente. [нареч.] сильно, крепко, твёрдо.

tieso, sa. [прил.] тугой, жёсткий, негибкий; негнущийся, ригидный; натянутый, тугой, напряжённый; сильный, крепкий, здоровый; (перен.) смелый, храбрый, мужественный; непреклонный, твёрдый; серьёзный; упрямый, упорный, стойкий, твёрдо стоящий на своём; [нареч.] см. **tiesamente**; * **tieso** que **tieso**, упрямо; изо всех сил.

tiesto. [м.] черепок (глиняный); цветочный горшок; (Амер.) сосуд; (уст.) см. **cráneo**.

tiesto, ta. [прил.] см. **tieso**.

tiesura. [ж.] твёрдость, негибкость, жёсткость, ригидность; натянутость; строгость, серьёзность, непреклонность.

tifa. [ж.] (бот.) рогоз.

tifáceo, a. [прил.] (бот.) похожий на рогоз: [ж. мн.] рогозовые растения.

tifemia. [ж.] (пат.) присутствие тифозных палочек в крови.

tifia. [ж.] брюшной тиф.

tifiar. [перех.] (Амер.) см. **robar**.

tífico, ca. [прил.] (мед.) тифозный; (тже. сущ.) тифозный больной, -ная.

tifingo, ga. [прил.] (Амер.) чёрный.

tifitili. [м.] (Амер.) см. **robo**.

tiflectasia. [ж.] расширение слепой кишки.

tíflico, ca. [прил.] (анат.) относящийся к слепой кишке.

tiflitis. [ж.] (пат.) тифлит, воспаление слепой кишки.

tiflógrafo. [м.] тифлограф, аппарат, с помощью которого пишут слепые.

tiflopexia. [ж.] (хир.) пришивание подвижной слепой кишки к брюшной стенке.

tiflosis. [ж.] (пат.) слепота.

tifo. [м.] (пат.) см. **tifus**: * **tifo** asiático, холера; * **tifo** de Oriente, бубонная чума; * **tifo** amarillo, icteroides или de América, жёлтая лихорадка.

tifo, fa. [прил.] (Амер.) сытый, насытившийся; переполненный.

tifoideo, a. [прил.] (мед.) тифозный, тифоидный; [ж.] тифозная горячка, брюшной тиф.

tifoídico, ca. [прил.] тифозный.

tifomanía. [ж.] род бреда при тифе.

tifón. [м.] тайфун, смерч.

tifoso, sa. [прил.] тифозный.

tifus. [м.] (пат.) тиф: * **tifus** abdominal, брюшной тиф; * **tifus** exantemático или petequial, сыпной тиф; * **tifus** icteroides, жёлтая лихорадка.

tigana. [ж.] (Амер.) (орни.) тигана.

tigiciar. [перех.] (Амер.) красть; см. **ahorrar**.

tigra. [ж.] (Амер.) самка ягуара.

tigre. [м.] (зоол.) тигр; (перен.) жестокий, кровожадный человек; (Амер.) ягуар; вид птицы; кофе с молоком.

tigrero. [м.] тигролов; [прил.] обученная охотиться на ягуаров (о собаке); смелый, храбрый.

tigresa. [ж.] (гал.) тигрица.

tigrina. [ж.] тонкая ткань для дамских платьев.

tigrito. [м.] (Амер.) см. **calabozo**.

tigroideo, a. [прил.] тигровый, полосатый.

tija. [ж.] стержень, трубка (ключа).

tijera. [ж.] (чаще мн.) ножницы; сточный канал; (Амер.) стригальщик овец; козлы; злой язык, сплетник, -ица; (спорт.) ножницы (стиль): * buena **tijera**, хороший закройщик; (перен.) злой язык; обжора; * silla de **tijera**, складной стул; * echar или meter la **tijera**, начинать кроить или стричь; (перен.) устранять помехи.

tijerada. [ж.] см. tijeretada.
tijeral. [м.] (Амер.) стропило.
tijerazo. [м.] (Амер.) см. tijeretada.
tijereta. [ж. умен.] к tijera(s); усик винограда; (зоол.) уховёртка; (Амер.) водоплавающая птица: * decir tijeretas, настаивать спорить из-за пустяков.
tijeretada. [ж.] tijeretazo. [м.] разрез ножницами.
tijeretear. [перех.] резать или кромсать ножницами; (перен. разг.) распоряжаться другими делами по своему усмотрению; (Амер.) см. murmurar.
tijereteo. [м.] резание ножницами; лязг ножниц.
tijerilla, tijeruela. [ж. умен.] к tijera; усик винограда.
tila. [ж.] (бот.) липа; липовый цвет; липовый отвар, настой липого цвета.
tilbe. [м.] (Амер.) рыболовная сеть индейцев.
tilburi. [м.] тильбюри (лёгкий двухколёсный экипаж).
tildar. [перех.] ставить тильду; зачёркивать (написанное): * tildar de, обзывать.
tilde. [м. или ж.] (полигр.) тильда; (перен.) недостаток, дефект; мелочь.
tildón. [м.] черта (зачёркивающая что-л.).
tilia. [ж.] (бот.) липа.
tiliáceas. [ж. множ.] (бот.) семейство липовых.
tilico, ca. [прил.] (Амер.) болезненный, хилый, тощий.
tiliche. [м.] (Амер.) см. baratija.
tilichero. [м.] (Амер.) см. buhonero.
tilín. [м.] звук колокольчика: * hacer tilín, (разг.) нравиться; * tener tilín, (разг.) быть привлекательным; * en un tilín, (разг. Амер.) в один момент.
tilinches. [м. множ.] (Амер.) лохмотья.
tilingo, ga. [прил.] глупый, придурковатый.
tilinguear. [неперех.] (Амер.) говорить глупости.
tilintar. [перех.] (Амер.) натягивать.
tilinte. [прил.] (Амер.) красивый, очень элегантный, изящный; натянутый; сытый; переполненный.
tilintear. [неперех.] звонить (о колоколах).
tilma. [ж.] (Амер.) плед который крестьяне носят на плече.
tilmo. [м.] см. espasmo.
tilo. [м.] (бот.) липа; (Амер.) цветочная почка кукурузы.
tiloma. [ж.] мозоль, затверделость.
tilosis. [ж.] процесс омозоления.
tiltil. [м.] (Амер.) см. almiar.
tilla. [ж.] (мор.) верхняя палуба.
tillado, da. [страд. прич.] к tillar; [м.] паркетный или дощатый пол.
tillar. [перех.] настилать пол, паркет, дощатый пол.
timador. [м.] мошенник, обманщик, плут.
timalo. [м.] (ихтиол.) сиг.
timar. [перех.] (разг.) обмануть, облапошить; timarse, [возв. гл.] перемигиваться, кокетничать.
timba. [ж.] (разг.) партия в карты; игорный дом; (Амер.) живот; (фил.) ведро.
timba. [ж.] (Амер.) мармелад из гуайявы.
timbal. [м.] (муз.) литавры; тамбурин.
timbalero. [м.] литаврщик.
timbar. [неперех.] (прос.) играть в азартную игру.
timbembe. [прил.] (Амер.) дрожащий, трепетный.
timbero. [м.] (Амер.) игрок; развратный человек.

timbiriche, timbirichi. [м.] прохладительный напиток; лавчонка; пивная плохого пошиба.
timbirimba. [ж.] (Амер.) (разг.) кон, партия в карты; игорный дом.
timbo. [м.] (Амер.) африканский негр; домовой, видение, призрак.
timbrador. [м.] штемпелёвщик; штемпель.
timbrar. [перех.] (герал.) украшать шлемом, ставить девиз (на щите); штемпелевать.
timbrazo. [м.] сильный звонок.
timbre. [м.] (герал.) шлем, девиз (на щите и т. д.); штемпель; печать, гербовая печать; звонок; тембр (голоса); звучание, звук (инструмента); (перен.) слава; славный подвиг; гербовый сбор: * timbre eléctrico, электрический звонок; * tocar el timbre, звонить (в звонок); * timbre móvil, гербовая марка.
timbrofilia. [ж.] филателия.
timbrofilista, timbrófilo, la. [м. и ж.] филателист, -ка.
timbusca. [ж.] (Амер.) наваристый суп или бульон; блюдо из овощей, мяса и т. д.
timectomía. [ж.] (хир.) оперативное удаление вилочковой железы.
timelea. [ж.] (бот.) тимелея.
timiama. [м.] фимиам, душистое вещество.
timiánico, ca. [прил.] * ácido timiánico, (хим.) тимол.
timiatecnia. [ж.] искусство составлять духи; (мед.) употребление душистых вещей и курений во врачевании.
timiaterio. [м.] (археол.) курильница.
tímico, ca. [прил.] (анат.) принадлежащий к зобной железе.
tímico, ca. [прил.] (хим.): * ácido tímico, тимол.
tímidamente. [нареч.] робко, застенчиво, неуверенно, боязливо.
timidez. [ж.] робость, застенчивость, боязливость, неуверенность.
tímido, da. [прил.] робкий, застенчивый, боязливый, неуверенный.
timión. [м.] бородавка.
timitis. [ж.] (пат.) воспаление зобной железы.
timo. [м.] (ихтиол.) см. tímalo.
timo. [м.] обман, надувательство, ловушка, мошенничество: * dar un timo, см. timar.
timo. [м.] (анат.) вилочковая (зобная) железа; (бот.) тимьян.
timocracia. [ж.] см. plutocracia.
timócrata, timocrático, ca. [прил. и сущ.] plutócrata, pultocrático.
timol. [м.] (хим.) тимол.
timón. [м.] дышло, оглобля; ракетный прут или стержень; см. pértigo; (перен.) управление, руль; (мор.) руль: * timón de profundidad, (ав.) руль высоты.
timonear. [неперех.] управлять, править рулём.
timonel. [м.] (мор.) рулевой.
timonera. [ж.] или pluma timonera, (зоол.) маховое перо; (мор.) рулевое отделение.
timonero. [м.] (мор.) рулевой: * arado timonero, плуг.
timopatía. [ж.] душевное заболевание.
timorato, ta. [прил.] богобоязненный; робкий, боязливый.
timpánico, ca. [прил.] (анат.) барабанный.
timpaniforme. [прил.] похожий на барабанную перепонку.
timpanillo. [м.] (полигр.) небольшой декель ручного станка.
timpanitis. [ж.] (мед.) метеоризм, вздутие живота (от кишечных газов); воспаление барабанной перепонки.
timpanización. [ж.] (мед.) вздутие живота.

timpanizarse. [возв. гл.] (мед.) вздуться (живот).
tímpano. [м.] литавры, тимпаны; (анат.) барабанная перепонка; (архи.) тимпан (поле фронтона); (полигр.) декель ручного станка; днище бочки.
tina. [ж.] см. tinaja; ушат, чан, кадка; корыто, лохань; ванна (сосуд).
tinaco. [м.] большой чан; см. alpechín.
tinada. [ж.] куча дров; навес для скота.
tinado(r). [м.] навес для скота.
tinaja. [ж.] большой глиняный кувшин; содержимое этого кувшина; (фил.) мера жидкостей, равная 48,4 л.
tinajera. [ж.]; tinajería. [ж.] (Амер.) место для хранения кувшинов (см. tinaja) с маслом и т. д.
tinajero, ra. [м. и ж.] гончар (выделывающий tinajas); продавец -щица tinajas; [м.] см. tinajera.
tinajón. [м. увел.] к tinaja; сорт глиняной кадки.
tinajuela. [ж. умен.] к tinaja.
tinao, tinaón. [м.] (обл.) загон для волов.
tinapá. [ж.] (Фил.) копчёная рыба.
tincada. [ж.] (Амер.) предчувствие.
tincalcita. [ж.] (мин.) боронкальцит.
tincanque. [м.] (Амер.) щелчок.
tincar. [перех.] (Амер.) давать щелчки; предчувствовать.
tincazo. [м.] (Амер.) щелчок.
tinción. [ж.] окрашивание.
tindío. [м.] (Амер.) разновидность чайки.
tinelar. [прил.] к tinelo.
tinelo. [м.] столовая для слуг.
tinento, ta. [прил.] (Амер.) см. mellado.
tinerfeño, ña. [прил.] относящийся к Тенерифе; [м. и ж.] уроженец этого города.
tineta. [ж. умен.] к tina.
tinga. [ж.] (чаще множ.) (Амер.) см. molestia.
tingar. [перех.] (Амер.) давать щелчки.
tingazo. [м.] (Амер.) щелчок, удар.
tinge. [м.] (зоол.) крупный филин.
tingible. [прил.] поддающийся окрашиванию.
tingladillo. [м.] (мор.) обшивка кромка на кромку, черепицевидное наслоение.
tinglado. [м.] навес; подмостки; (перен.) махинации, козни, интрига.
tinglar. [перех.] (Амер.) крыть досками в виде черепиц, внахлёстку.
tingle. [м.] волочильное колесо, на котором вытягивают свинцовые рамки (у стекольщиков).
tingo. [м.] (м. употр.) место слияния двух рек; (Амер.) щелчок.
tingre. [м.] (Амер.) дворняжка.
tingue. [м.] (Амер.) щелчок.
tínico, ca. [прил.] (обл.) см. atónito.
tinieblas. [ж. множ.] сплошной мрак, сплошная темнота, потёмки; (перен.) темнота, невежество, духовная скудость; утреня на Страстной неделе.
tinillo. [м.] сосуд, в который стекает сусло.
tino. [м.] способность ощупью разыскать вещи; меткость; (перен.) благоразумие: * a tino, ощупью, вслепую; * a buen tino, на глаз, приблизительно; * sin tino, без толку; * sacar de tino, ошеломить.
tino. [м.] см. tina; (обл.) см. lagar.
tino. [м.] (бот.) вечнозелёная калина.
tinoco. [м.] (Амер.) мусорный ящик.
tinola. [ж.] (Фил.) сорт супа.
tinta. [ж.] краска; чернила; окрашивание; (перен.) настроение, расположение; (прост.) стакан вина; [множ.] оттенки; (жив.) краски: * tinta china, тушь; * tinta de imprenta, печатная, типографская краска; * tinta simpática, симпатические чернила; * tinta indeleble, несмываемые чернила; * media tinta, полутон; грунтовка под темперу; * medias tintas, (перен.

разг.) обиняки; * de buena tinta, в хорошем настроении; (м. употр.) действительно, живо, ловко; * saber de buena tinta, (перен. разг.) знать из первых рук; * sudar tinta, трудиться до седьмого пота; * recargar las tintas, сгустить краски; * meter tintas, (жив.) раскрасить.
tintar. [перех.] см. teñir; (обл.) см. madurar.
tinte. [м.] окрашивание; краситель; красильня, красильная; (перен.) прикрашивание.
tinterazo. [м.] удар чернильницей.
tinterillada. [ж.] (Амер.) кляуза.
tinterillo. [м.] (разг.) писака; (Амер.) адвокатишка, плохой адвокат.
tintero. [м.] чернильница; (вет.) кариес: * dejar(se) en el tintero, quedársele a uno en el tintero, забыть написать.
tintilla. [ж.] тёмно-красное вино.
tintillo. [прил.] светло-красный (о вине); [м.] светло-красное вино.
tintín. [м.] звяканье, звук колокольчика, звон бокалов и т. д.
tintin(e)ar. [непрех.] звенеть, звякать, позванивать.
tintineo. [м.] звяканье, звяк (прост.), позванивание, позвякивание.
tintirintín. [м.] звук рожка и т. д.
tinto, ta. [непр. страд. прич.] см. teñir, окрашенный, выкрашенный, раскрашенный; [прил.] чёрный (о винограде); красный (о вине); (Амер.) тёмно-красный; [м.] чёрный виноград, красное вино (столовое).
tintóreo, a. [прил.] красильный, красящий: * plantas tintóreas, красящие растения.
tintorera. [ж.] красильщица; жена красильщика; (Амер.) акула (самка).
tintorería. [ж.] красильное ремесло; красильня.
tintorero. [м.] красильщик.
tintura. [ж.] крашение, окрашивание; краситель; притирание (для лица); (мед.) раствор, тинктура, настойка; (перен.) поверхностные знания: * tintura de yodo, йод, йодная настойка.
tinturar. [перех.] см. teñir; (перен.) давать поверхностные знания, ознакомлять в общих чертах.
tiña. [ж.] паучок, наносящий вред ульям; (мед.) парша; лишай; (перен. разг.) нищета, скудость, недостаток, нужда: * tiña mucosa, см. eczema; * tiña nudosa, грибковое заболевание волос.
tiñería. [ж.] нищета, скудость, скупость.
tiñoso, sa. [прил. и сущ.] паршивый, страдающий паршей, лишаями, (перен. разг.) нищенский; убогий, скаредный, скудный, скупой; (обл.) счастливый (игрок).
tiñuela. [ж.] (бот.) повилика.
tío. [м.] дядя; дядя, дядька, дедушка, дядюшка, папаша (обращение к мужчине); (разг.) грубый мужчина; (разг.) см. so; (обл. разг.) отчим; тесть; свёкор: * tío carnal, родной дядя; * tío segundo, двоюродный дядя; * tío vivo, карусель; * no hay "tío, páseme el río", забудь и думать!.
tiocianico, ca. [прил.] (хим.) тиоциановый.
tiorba. [ж.] род лютни.
tiocol. [м.] (хим.) тиокол.
tiorbista. [м.] музыкант, играющий на тиорбе.
tiovivo. [м.] карусель.
tipa. [ж.] (бот.) бобовое дерево; (Амер.) презрительная женщина.
tipache(s). [м. множ.] (Амер.) род игры, похожей на орлянку.
tipeja. [ж.] (Амер.) презрительная женщина.
tipejo. [м.] тип, субъект.
tiperrita. [ж.] (Амер.) машинистка.

tipiadora. [ж.] (Амер.) пишущая машинка; машинистка.
tipiar. [(не)перех.] переписывать на пишущей машинке.
típicamente. [нареч.] типично, характерно.
típico, ca. [прил.] типичный, типический, характерный; символический.
tipificación. [ж.] типизация.
tipificar. [перех.] типизировать.
tipil. [м.] корзина.
tiple. [м.] сопрано; маленькая гитара; (арг.) вино; (мор.) парус фелуки; мачта; [м. и ж.] сопрано (о певице).
tiplido. [м.] пронзительный крик.
tiplisonante. [прил.] (разг.) с голосом сопрано.
tipo. [м.] тип, вид; модель, образец; прообраз, прототип; фигура, телосложение; тип, разряд (людей); (полигр.) литера; шрифт; (презр.) тип, субъект; чекан (медалей, монет).
tipocromía. [ж.] цветная печать, хромотипия.
tipografía. [ж.] книгопечатание, типографское дело; типография.
tipográficamente. [нареч.] типографским способом.
tipográfico, ca. [прил.] типографский.
tipógrafo. [м.] типограф, печатник.
tipolita. [ж.] (мин.) образный камень, с отпечатками органических тел.
tipolitografía. [ж.] типолитография.
tipología. [ж.] типология.
tipológico, ca. [прил.] типологический.
tipomanía. [ж.] страсть напечатать свои сочинения.
tipómetro. [м.] (полигр.) типометр.
tipoy. [м.] (Амер.) длинная рубаха индейских женщин.
típula. [ж.] долгоножка (насекомое).
tique. [м.] (Амер. бот.) молочайное дерево.
tiquet, tiquete. [м.] (Амер.) билет; талон, чек.
tiquimiquis. [м. множ.] см. tiquismiquis.
tiquín. [м.] (Фил.) бамбуковый шест, при помощи которого приводят в движение речные лодки.
tiquismiquis. [м. множ.] мелочь, пустяк; (разг.) церемонии.
tira. [ж.] узкая полоска, узкий ремень, лента; сбор при подаче апелляции; (арг.) неоплаченный долг; дорога; [м.] (Амер.) полицейский, сыщик.
tirabala. [м.] пукалка (детская игрушка).
tirabeque. [м.] бобы и горох (который едят не лущёными); (обл.) рогатка с резинкой.
tirabotas. [м.] крючок для снимания сапог.
tirabotón. [м.] см. abotonador.
tirabrasas. [м.] (обл.) кочерга.
tirabuzón. [м.] штопор, пробочник; локон.
tiracantos. [м.] (разг.) см. echacantos.
tiracol. [м.] см. tiracuello; (обл.) см. baticola.
tiracuello. [м.] портупея, перевязь.
tiracuero. [м.] (презр.) сапожник.
tirachinas. [м.] tirachinos. [м.] (обл.) рогатка с резинкой.
tirada. [ж.] бросание, швыряние, метание; бросок; выстрел, стрельба; расстояние; промежуток; (полигр.) печатание; тираж, ряд; тирада: * de una tirada, не останавливаясь, за один раз.
tiradera. [ж.] (Амер.) очень длинная стрела; (обл.) длинный гвоздь; (Амер.) см. sufra; (арг.) цепь.
tiradero. [м.] шалаш, засада (охотника).
tirado, da. [страд. прич.] к tirar; [прил.] продающийся по дешёвке; обильный; беглый (о почерке); длинный и невысокий (о почерке); длинный и невысокий (о судне); [м.] волочение (проволоки); (полигр.) печатание.
tirador, ra. [м. и ж.] стрелок; волочильщик; ручка (ящика); шнурок звонка;

(полигр.) печатник; железная линейка; сорт рейсфедера; рогатка с резинкой; (Амер.) кожаный пояс (гаучо); [множ.] (Амер.) подтяжки, помочи: * tirador de oro, волочильщик золота.
tirafondo. [м.] винт, шуруп с квадратной головкой; (хир.) щипцы для удаления инородных тел.
tirafuera. [м.] (обл.) сорт четырёхугольной сети для ловли речных рыб.
tiragomas. [м.] (обл.) рогатка с резинкой.
tiraje. [м.] (гал.) см. tirada.
tiralíneas. [м.] рейсфедер.
tiramiento. [м.] вытягивание, растягивание.
tiramira. [ж.] узкая и длинная (горная) цепь; ряд, серия; расстояние; промежуток.
tiramollar. [неперех.] (мор.) ослаблять.
tirana. [ж.] старинная народная испанская песня.
tiranamente. [нареч.] тирански, тиранически.
tiranía. [ж.] тирания.
tiránicamente. [нареч.] см. tiranamente.
tiranicida. [м. и ж.] (тже. прил.) тираноубийца.
tiranicidio. [м.] тираноубийство.
tiránico, ca. [прил.] тиранический.
tiranidad. [ж.] тирания.
tiranismo. [м.] тиранство, жестокость.
tiranización. [ж.] дейст. к tiranizar.
tiranizar. [перех.] управлять (о тиране); тиранить, тиранствовать, мучить, терзать.
tirano, na. [прил.] тиранический; [м.] тиран, деспот; (орни.) тиран.
tirante. [дейст ч прич.] к tirar; [прил.] натянутый; тугой; напряжённый, обострённый, натянутый (об отношениях); [м.] постромка; (тех.) перекладина, тяга; [множ.] помочи, подтяжки; (арг.) см. calzas.
tirantear. [перех.] (Амер.) управлять полётом бумажного змея; натягивать; (разг.) неровно относиться к кому-л.
tirantez. [ж.] напряжение, натяжение; (перен.) напряжение, напряжённость; промежуток между двумя концами.
tiranuelo, la. [прил. и сущ. умен.] к tirano; [м.] самодур.
tirapié. [м.] шпандырь.
tirar. [перех.] бросать, кидать, швырять, метать; опрокидывать; пускать; стрелять; валить, опрокидывать; тянуть, натягивать; тащить; волочить (проволоку); провести, начертить; заслуживать право на получение чего-л; приобретать, получать; (перен.) растрачивать, сорить (деньгами); (полигр.) печатать, (Амер.) отверзать, [неперех.] тянуть, тащить; дёргать; обладать силой притяжения; иметь тягу (о печке и т. д.); поворачивать, сворачивать; держаться; с трудом сохраниться; протянуть, выдержать; (перен.) стремиться к чему-л; отливать, походить на...; tirarse, [возв. гл.] бросаться, кидаться; накинуться; бросаться, лечь, развалиться; (Амер.) выходить за пределы дозволенного: * tirar piedras, бросать камни; * tirar una flecha, пустить стрелу; * tirar un cañonazo, выстрелить из пушки; * tirar al suelo, опрокинуть кого-л; * tirar de cartera, вынуть бумажник из кармана; * tirar de pistola, выхватить пистолет; * la estufa no tira, в печке нет тяги; * ir tirando, перебиваться,

тянуть лямку; * tirar un mordisco, кусать; * tirar al blanco, стрелять в цель, по цели; * tirar de las orejas, надрать уши; * tirar del pelo, притянуть за волосы; * tirar de una cuerda, тянуть (за) верёвку; * tirar a verde, отливать зелёным; * tirar la espada, владеть шпагой; * tirar de (por) largo, тратить без счёта; преувеличивать; * a tira más tira, чья возьмёт; * tira y afloja, то так, то этак; * a todo tirar, не больше; * tirarla de, (разг.) бахвалиться; * tirarse al suelo, броситься на пол.

tirasol. [м.] см. quitasol.

tirata. [ж.] (разг.) (Амер.) шутка, подтрунивание, насмешка, проделка.

tiratacos. [м.] см. tirabola.

tiratiros. [м.] (обл.) см. colleja.

tiratrón. [м.] (физ.) тиратрон.

tirela. [ж.] полосатая ткань.

tiricia. [ж. ж.] (обл.) (Амер.) см. ictericia.

tirilla. [ж. умен.] к tira; полоска; петличка, ворот рубахи к которому прикрепляется пристежной воротник; (Амер.) оборванное платье.

tirillento, ta. [прил.] (Амер.) оборванный, одетый в лохмотьях.

tirina. [ж.] казеин.

tirisuya. [ж.] свирель.

tiritaña. [ж.] шёлковая ткань; (перен.) (разг.) мелочь, пустяк.

tiritar. [неперех.] трястись, дрожать от холода.

tiritera. [ж.] дрожь (от холода, болезненного состояния).

tiritón. [м.] озноб: * dar tiritones, см. tiritar.

tiritona. [ж.] (разг.) притворная дрожь: * hacer la tiritona, (разг.) притворно дрожать.

tirlanga. [ж.] (Амер.) см. guiñapo.

tiro. [м.] бросание, швыряние, метание; бросок; выстрел, стрельба, пальба; огонь; (воен.) орудие; заряд; дальность выстрела, броска; тир, стрельбище; упряжка; постромка; верёвка, канат (блока); тяж; тяга (в трубе и т. д.); длина штуки материи (при кройке); пролёт (лестницы); (перен.) вред, ущерб; насмешка, шутка, издёвка; кража; намёк; (горн.) колодец шахты; глубина колодца (шахты); [множ.] португея; (Амер.) помочи, подтяжки: * tiro rasante, настильный огонь; * tiro directo стрельба прямой наводкой; * tiro indirecto, стрельба непрямой наводкой или по невидимой цели; * tiro curvo, навесной огонь, навесная стрельба; * tiro al blanco, стрельба в цель; * tiro en blanco, холостой выстрел; * tiro de neutralización, подавление огнём; * a tiro de fusil, на расстоянии ружейного выстрела; * tiro de corrección, пристрелка; * a tiro hecho, наверно, без промаха, умышленно; * errar el tiro, не попасть в цель, промахнуться; (перен.) дать маху; * de tiros largos, в полной парадной форме, одежде; * matar dos pájaros de un tiro, одним ударом (быть) двух зайцев убить; * salir el tiro por la culata, получить обратный результат; * a tiro de ballesta, (разг.) издали, (разг.) расстреливать; * ni a tiros, (разг.) никоим образом; * poner a tiro, поставить близко к кому-л; * ponerse a tiro, применяться к кому-л; * принимать хороший оборот; * de(l) tiro, (Амер.) вследствие; * al tiro, (Амер.) немедленно; * tiro par, четвёрка лошадей; * tiro entero, шестёрка лошадей; * tiro de caballos, конный привод; * llegar, salir a tiro, прийтись кстати.

tiro. [м.] (обл.) (Амер.) см. salamandra.

tiroadenitis. [ж.] (пат.) воспаление щитовидной железы.

tirocinio. [м.] учение, обучение (ремеслу); время обучения, испытательный срок.

tiroidectomía. [ж.] (хир.) оперативное удаление щитовидной железы.

tiroideo, a. [прил.] щитовидный; (анат.) относящийся к щитовидной железе.

tiroideo, a. [прил.] похожий на сыр, сыровидный, творожистый, казеозный.

tiroides. [м.] (анат.) щитовидная железа.

tiróidico, ca. [прил.] (анат.) см. tiroideo.

tirolés, sa. [прил.] тирольский; [м. и ж.] тиролец, -лька; [м.] см. quincallero.

tirolesa. [ж.] тирольская песня.

tirolita. [ж.] (мин.) тиролит, медная пена.

tiroma. [м.] (пат.) сыровидная опухоль лимфатических узлов.

tirón. [м.] подмастерье, ученик (обучающийся ремеслу); новичок.

tirón. [м.] (сильный) рывок; дерганье, отрывание, растягивание: * de un tirón, за один раз, одним махом; * ni a dos (tres) tirones, никоим образом; * al tirón, (Амер.) с предварительным вычетом процентов (о ссуде); * ganar el tirón, (Амер.) опережать, делать что-л раньше другого.

tirona. [ж.] сорт рыболовной сети.

tironear. [перех.] (Амер.) см. estironear; вовлекать во что-л; привлекать; побуждать, подстрекать, толкать на...

tirosina. [ж.] (хим.) тирозин.

tirosis. [ж.] створаживание, свёртывание, сыровидное (казеозное) перерождение органов или тканей.

tirotear. [неперех.] вести перестрелку.

tiroteo. [м.] перестрелка.

tirotomía. [ж.] (хир.) рассечение щитовидного хряща.

tirreno, na. [прил.] тирренский.

tirria. [ж.] неприязнь, неприязненное чувство, отвращение, враждебность: * tomar tirria, невзлюбить кого-л.

tirso. [м.] (миф.) тирс (жезл Вакха); (бот.) тирс (цветорасположение в виде пирамидальной кисти).

tirulato, ta. [прил.] (разг.) см. turulato.

tirulo. [м.] внутренняя часть сигары.

tisana. [ж.] отвар, декокт, целебный настой из трав, снадобье.

tisanuros. [ж. множ.] вилохвостые насекомые.

tiseras. [ж. множ.] (обл.) (Амер.) см. tijeras.

tísico, ca. [прил.] чахоточный; [м. и ж.] чахоточный больной, -ая.

tisiofobia. [ж.] (пат.) боязнь заболеть туберкулёзом.

tisiología. [ж.] учение о туберкулёзе, фтизиатрия.

tisiológico, ca. [прил.] фтизиатрический.

tisiólogo. [м.] фтизиатр.

tisioterapeuta. [м. и ж.] специалист по лечению туберкулёза.

tisioterapia. [ж.] лечение туберкулёза.

tisiquez, tisis. [ж.] (мед.) туберкулёз лёгких, чахотка; худосочие: * tisis galopante, скоротечная чахотка.

tiste. [м.] (Амер.) напиток из какао, кукурузной муки и сахара; прохладительный напиток из какао и т. д.

tisú. [м.] парча.

titán. [м.] титан, исполин; (перен.) мощный подъёмный кран.

titanato. [м.] (хим.) титанокислая соль.

titánico, ca. [прил.] титанический, исполинский.

titanífero, ra. [прил.] (хим.) титанистый, содержащий титан, титановый.

titanio. [м.] (хим.) титан.

titanio, nia. [прил.] относящийся к титанам.

titanita. [ж.] (мин.) титанит, титанистый железняк.

titano. [м.] (хим.) титан.

titanomagnetita. [ж.] (мин.) титаномагнетит.

titar. [неперех.] (обл.) курлыкать (об индюке).

titear. [перех.] (Амер.) насмехаться, смеяться над кем-л, осмеивать, высмеивать, поднимать на смех.

titeo. [м.] (Амер.) (разг.) дейст. к titear; насмешка.

títere. [м.] марионетка (тже. перен.); (перен.) назойливый человек; навязчивая идея; [множ.] уличное представление, (бродячих акробатов и т. д.): * echar los títeres a rodar, (разг.) порывать с кем-л; * no dejar títere con cabeza, (разг.) вносить полный беспорядок.

titerero, ra. [м. и ж.] см. titiritero.

titeretada. [ж.] (разг.) дурашливый или легкомысленный поступок.

titerista. [м. и ж.] см. titiritero.

tití. [м.] (зоол.) уистити (порода обезьян).

titilación. [ж.] лёгкое дрожание; см. titileo; (мед.) лёгкое щекотание.

titilador, ra. [прил.] дрожащий (о части тела); мерцающий.

titilante. [дейст. прич.] к titillar.

titilar. [неперех.] легко дрожать (о части тела); мерцать; сверкать.

titileo. [м.] мерцание, сверкание.

titímalo. [м.] (бот.) см. lechetrezna.

titímico, ca. [прил.] (Амер.) выпивший, под хмельком, подвыпивший.

titingó. [м.] (Амер. Вул.) скандал, ссора, драка.

titipuchal. [м.] (Амер.) изобилие, избыток.

titirimundi. [м.] см. mundonuevo.

titiritaina. [ж.] (разг.) нестройные флейтовые и т. д. звуки; шумное веселье.

titiritar. [неперех.] трястись, дрожать (от холода, страха), трепетать (от страха).

titiritero, ra. [м. и ж.] тот, кто управляет марионетками; см. volatinero.

tito. [м.] см. almorta; ночной горшок; (обл.) косточка (в плодах); горох; чечевица; цыплёнок.

titubación. [ж.] шатание (при ходьбе), пошатывание, нетвёрдая походка.

titubante. [дейст. прич.] к titubar.

titubar. [неперех.] см. titubear.

titubeante. [дейст. прич.] к titubear, шатающийся, пошатывающийся; (тже. перен.) колеблющийся; запинающийся.

titubear. [неперех.] шататься, качаться, пошатываться, идти нетвёрдой походкой; запинаться; (неперех.) колебаться, быть в нерешительности, не решаться: sin titubear, ничуть не колеблясь.

titubeo. [м.] шатание, качание; пошатывание; (тже. перен.) колебание; запинка (в речи).

titulación. [ж.] озаглавливание; называние; приобретение титула; (хим.) титрование.

titulado, da. [страд. прич.] к titular, титулованный; [м. и ж.] дипломированное лицо; [м.] титулованное лицо, дворянин.

titular. [прил.] титулярный; занимающий штатную должность, штатный; заглавная (буква); [м.] глава: * profesor titular, штатный профессор; * titular de la cartera, министр, глава министерства.

titular. [перех.] титуловать, давать титул; называть; озаглавливать; [неперех.] приобретать титул, родовое звание.

titular. [перех.] (хим.) титровать.

titulillo. [м.] (полигр.) колонтитул: * andor

en titulillos, (разг.) придираться к мелочам.
título. [м.] заглавие, заголовок, титул; звание; титул; диплом; ранг; мотив, причина; (юр.) основание; документ удостоверяющий (право и т. д.); титул, родовое звание; дворянин; титулованное лицо; раздел; ценная бумага: * a título de, на основании; под предлогом, в качестве; * título al portador, бумага на предъявителя; con justo título, по праву; * título académico, учёное звание; * título de abogado, звание адвоката.
tiza. [ж.] мел; гипсовая паста для смазки бильярдных киев.
tizana. [ж.] см. tizón.
tizana. [ж.] (обл.) угольная пыль.
tizar. [м.] (Амер.) см. tiza.
tizar. [перех.] (Амер.) чертить, рисовать, делать набросок.
tizate. [м.] (Амер.) мел.
tizna. [ж.] фабра (краска); сажа, копоть.
tiznado, da. [страд. прич.] к tiznar; [прил.] (Амер.) пьяный, хмельной.
tiznadura. [ж.] нафабривание; пачканье сажей, копотью; (перен.) чернение.
tiznajo. [м.] разг.] см. tiznón.
tiznar. [перех.] фабрить; пачкать сажей, копотью; (перен.) чернить, марать; tiznarse. [возв. гл.] (Амер.) напиться пьяным, охмелеть.
tizne. [м.] (тже. ж.) сажа, копоть; см. tizo.
tiznero, ra. [прил.] пачкающий копотью, сажей.
tiznón. [м.] запачканное копотью, сажей и т. д. место.
tizo. [м.] головешка, головня.
tizón. [м.] см. tizo; [м.] головня, спорынья; (перен.) пятно (на репутации): * a tizón, (арх.) уложенный тычком; * tizón del trigo, (бот.) куколь.
tizona. [ж.] (перен. высок.) см. espada.
tizonada. [ж.] tizonazo. [м.] удар головешкой; tizonazos, [множ.] (разг.) ад, адское наказание.
tizoncillo. [м. умен.] к tizón; (бот.) головня, спорынья.
tizonear. [неперех.] мешать дрова, угольки.
tizonera. [ж.] угольная яма для обжига угля; (обл.) зимняя вечеринка (у огня).
tlaco. [м.] (Амер.) старинная монета.
tlaconete. [прил.] (Амер.) см. chaparro.
tlacote, tlacotillo. [м.] (Амер.) фурункул, чирей.
tlacoyo. [м.] (Амер.) запеканка из фасоли.
tlacuache. [м.] (Амер.) двуутробка (сумчатое животное).
tlachar. [перех.] (Амер.) осторожно наблюдать, подсматривать.
tlachique. [м.] (Амер.) напиток из сока агавы.
tlanquiquitly. [м.] мексиканский глиняный свисток.
tlapalería. [ж.] магазин масляных красок и т. д.
tlazol. [м.] (Амер.) конец сахарного тростника, идущий на зелёный корм.
tlemole. [м.] (Амер.) томатный соус с индейским перцем.
tmesis. [ж.] (грам.) грамматическая фигура латинского языка, состоящая в разделении сложного нераздельного слова.
¡to! [междом.] (обл.) чёрт возьми!
toa. [ж.] (Амер.) трос, толстая верёвка, канат.
toalla. [ж.] полотенце; накидка для подушек.
toallero. [м.] вешалка для полотенец.
toalleta. [ж. умен.] к toalla; салфетка.
toar. [перех.] (мор.) буксировать.
toast. [м.] (англ.) тост.

toba. [ж.] (мин. геол.) туф; зубной камень; (бот.) чертополох; корка.
toballa. [ж.] см. toalla.
toballeta. [ж.] см. toalleta.
tobar. [м.] место выемки туфа.
tobar. [перех.] (Амер.) буксировать.
tobera. [ж.] струйное сопло; фурма.
tobillera. [ж.] (разг.) девушка.
tobillo. [м.] (анат.) щиколотка, лодыжка.
toboba. [ж.] ведро.
toboba. [ж.] вид гадюки.
tobogán. [м.] тобогган (спортивные сани); деревянная горка для катания.
toboseño, ña. [прил.] относящийся к El Toboso; [м. и ж.] уроженец этого городка.
toboso, sa. [прил.] содержащий туф (в изобилии).
toca. [ж.] головной убор; капор; монашеский чепец; чепец; [множ.] вдовья пенсия.
tocadiscos. [м.] проигрыватель, патефон.
tocado, da. [страд. прич.] к tocar, (причёсывать); [м.] женский головной убор; причёска; головное украшение.
tocado, da. [страд. прич.] к tocar, поражённый, задетый; подгнивший; [прил.] свихнувшийся, тронутый (психически).
tocador. [м.] головная повязка; туалет, туалетный столик; туалетная комната; см. neceser.
tocador, ra. [прил.] играющий на...; [м.] музыкант; (обл.) ключ для настройки: * tocador de guitarra, гитарист.
tocadura. [ж.] причёска; головное украшение.
tocadura. [ж.] (обл.) см. matadura.
tocamiento. [м. дейст.] к трогать, дотрагиваться, ощупывать, касание, прикосновение; (перен.) вдохновение.
tocante. [дейст. прич.] к tocar; tocante a, [нареч.] что касается, относительно, касательно.
tocante. [прил.] (Амер.) трогательный, патетический.
tocaor. [м.] (разг. вульг.) гитарист.
tocar. [перех.] трогать, дотрагиваться до...; (при)касаться; ощупывать; играть (на инструменте); звонить; бить (тревогу); слегка задевать (один предмет о другим); проверять по звону; приводить в контакт; пробировать (металл); (перен.) знать что-л. по опыту; трогать, волновать; растрогать, подталкивать, побуждать; касаться, затрагивать какой-л вопрос; настать время; (арг.) обмануть; (жив.) ретушировать; (мор.) задевать за дно (килем); [неперех.] заходить мимоходом куда-л; заходить в порт; относиться к...; надлежать, следовать, доставаться лежать на чьей-л обязанности, выпасть на долю; касаться, относиться; быть в родстве; * tocar con la mano, дотронуться, потрогать, пощупать; * tocar la guitarra, играть на гитаре; * tocar el timbre, позвонить (в звонок); * tocar arrebato, ударить в набат; * le toca a usted! ваша очередь!; * tocárselas, удирать; * tocar de cerca, быть в родстве; иметь сведения; * estar tocado de locura, сойти с ума; * en lo que toca a, что касается.
tocar. [перех.] причёсывать; tocarse. [возв. гл.] надевать шляпу, головной убор; прихорашиваться.
tocasalva. [ж.] поднос.
tocata. [ж.] (муз.) токката; (разг.) взбучка, побои.
tocata. [ж.] (Амер., разг.) см. tocamiento; (обл.) множество.
tocateca. [м.] (Амер.) неграмотный солдат.
tocatoca. [ж.] (Амер.) мальчишеская игра.
tocatorre. [м.] (обл.) см. marro (игра).
tocay. [м.] (Амер., зоол.) колумбийская разновидность обезьяны.

tocayo, ya. [м. и ж.] тёзка.
tocía. [ж.] (мин.) заводская копоть (окись цинка, осевшая в печах при обжигании цинковой руды).
tocina. [ж.] (обл.) свинья (самка).
tocinera. [ж.] продавщица свиного сала; жена tocinero; толстая доска для засола свиной туши.
tocinería. [ж.] лавка, где продают свиное сало, свиную тушу; (Амер.) мясная лавка.
tocinero. [м.] продавец свиного сала, свиной туши.
tocino. [м.] свиное сало, шпик или шпиг; свиная туша; (обл.) свинья; (арг.) кнут, плеть, розга; (Амер.) ползучее деревце: * tocino saladillo, свежепросоленный шпик.
tocio, a. [прил.] (бот.) низкорослый; [м.] (обл.) см. melojo.
toco. [м.] (бот.) разновидность кедра; (Амер.) ниша; кусок; см. tocón; (Амер.) табурет.
toco, ca. [м. и ж.] (Амер.) тёзка.
tococo, ca. [прил.] (Амер.) темнокофейного цвета (о масти животных); [м.] (Амер.) пеликан.
tococó. [м.] (Амер.) народный танец.
tocografía. [ж.] описание родов.
tocología. [ж.] учение о родах, акушерство, токология.
tocológico, ca. [прил.] акушерский, токологический.
tocólogo. [м.] акушёр, токолог.
tocoloro. [м.] (Амер.) см. tocororo.
tocón. [м.] пень; культя, обрубок; [прил.] (Амер.) см. rabón.
tocona. [ж.] пень (большого диаметра).
toconal. [м.] место, изобилующее пнями, вырубка; оливковый молодняк, выросший на месте пней.
tocororo. [м.] кубинская лазящая птица.
tocotecnia. [ж.] искусство о родах.
tocotín. [м.] (Амер.) старинный мексиканский танец и песня.
tocotoco. [м.] (Амер.) пеликан.
tocro. [зоол.] куриная птица.
tocto. [м.] кушанье из варёного риса с мясом.
tocuyo. [м.] (Амер.) грубая хлопчатобумажная ткань.
tocha. [ж.] (Амер.) неряшливая женщина.
toche. [ж.] конусоклювая птица.
tochedad. [ж.] грубость, некультурность, невоспитанность, глупость, невежество.
tochimbo. [м.] плавильная печь.
tocho, cha. [прил.] грубый, некультурный, невоспитанный; глупый, дурашливый; невежественный; [м.] железный брус; (обл.) круглая палка.
tochura. [ж.] (обл.) см. tochedad.
todabuena, todasana. [ж.] (бот.) полевой шалфей.
todavía. [нареч.] ещё, всё ещё; до сих пор; несмотря на это, однако, тем не менее: * todavía más, больше, ещё больше.
todo, da. [прил.] весь, вся, всё; все; целый, полный; (в множ. числе. и опре. арт.) весь, каждый; (с неопре. арт.) целый; настоящий; (перед сущ.) всякий каждый; [м.] всё, целое, [нареч.] всё, целиком, полностью: * todo el día, весь день; * todos los presentes, все присутствующие; * de todas partes, со всех сторон; * todos los días, каждый день; * es todo un hombre, это настоящий мужчина; * todo el mundo, все, весь мир; всякий; * hacer todo lo po-

sible, делать всё возможное; * eso es todo, вот и всё; * todo depende de, всё зависит от...; * todo lo más, самое большее, всего-навсего; * con todo, тем не менее; * ante todo, прежде всего; в первую очередь; * en todo caso, в любом случае; * a todo, максимально; * a todo correr, во весь опор (дух); * a todo trapo, на всех парусах; * a toda prisa, с крайней поспешностью; * del todo, целиком; * a toda prueba, испытанный; * a toda costa, любой ценой; во что бы то ни стало; * a esto, a estas, между тем; * sobre todo, особенно; * así y todo, con todo (eso), даже если так; всё же, однако; тем не менее; * en un todo, вообще; * y todo, даже.

todopoderoso, sa. [прил.] всемогущий; [м.] Бог.

toesa. [ж.] туаза (старинная французская мера длины).

tofaceo, a. [прил.] похожий на костяной нарост.

tofana. [ж.]: * agua tofana, яд.

tofo. [м.] опухоль, отложение солей в суставах; (Амер.) белая глина.

tofoso, sa. [прил.] (Амер.) изобилующий белой глиной.

toga. [ж.] тога.

togado, da. [прил.] облачённый в тогу; [м.] человек, носящий тогу.

toisón. [м.] орден золотого руна; золотое руно.

tojal. [м.] место, поросшее дроком.

tojino. [м.] деревянный клин.

tojo. [м.] (бот.) дрок; (Амер.) жаворонок.

tojo. [м.] (обл.) см. cadozo; [прил. и сущ.] (Амер.) близнец.

tojosa. [ж.] (Амер.): * paloma tojosa, см. tojosita.

tojosita. [ж.] (Амер.) лесной голубь.

tol. [м.] (Амер.) тыква, разрезанная пополам.

tolano. [м.] (чаще множ.) подъязычная шишка (у лошади): * picarle a uno los tolanos, испытывать голод.

tolda. [ж.] (мор.) шканцы; (Амер.) см. toldo; хижина, палатка; брезентовая крыша на телегах и т. д.; парусина, брезент; парусиновый мешок (для зерна); небо, покрытое тучами.

toldadura. [ж.] парусиновый навес.

toldar. [перех.] см. entoldar; toldarse. [возв. гл.] (Амер.) см. nublarse.

toldería. [ж.] (Амер.) индейский лагерь.

toldero. [м.] (обл.) продавец соли в розницу.

toldilla. [ж.] (мор.) полуют; кормовая часть палубы.

toldillo. [м. уменьш.] к toldo; сорт покрытого портшеза; (Амер.) полог для защиты от москитов.

toldo. [м.] тент, парусиновый навес; см. entalamadura; (Амер.) полог от москитов; хижина индейцев; (перен.) хвастовство; (обл.) лавка, где продают соль в розницу.

tole. [м.] шум, крик; (перен.) всеобщее шумное неодобрение: * tomar el tole, (разг.) удрать.

toledano, na. [прил.] относящийся к Toledo; [м. и ж.] уроженец этого города: * noche toledana, бессонная ночь.

tolena. [ж.] (обл.) см. tollina.

tolerable. [прил.] терпимый, сносный.

tolerablemente. [нареч.] терпимо, сносно.

tolerancia. [ж.] терпимость, толерантность; терпение; допущение; (тех.) допуск; допускаемая скидка (на качество, вес и т. д.): * casa de tolerancia, дом терпимости; * tolerancia religiosa, веротерпимость.

tolerante. [действ. прич.] к tolerar; [прил.] терпимый, снисходительный.

tolerantismo. [м.] дух веротерпимости.

tolerar. [перех.] терпеть, переносить, сносить; проявлять терпимость; выносить, допускать.

toletazo. [м.] (Амер.) удар уключиной.

tolete. [м.] (мор.) уключина; (Амер.) кусок; дубина; грубиян.

toletero, ra. [прил. и сущ.] см. camorrista.

toletole. [м.] шум, крик; (Амер.) упрямство; бездельничанье.

tolinga. [ж.] (Амер.) смерть.

tolmera. [ж.] место, изобилующий tolmos.

tolmo. [м.] уединённый утёс.

tolo. [м.] (обл.) шишка (на голове).

tolo, la. [прил.] (обл.) безрассудный; сумасбродный; (Амер.) глупый, придурковатый.

tolobojo. [м.] (зоол.) см. pájaro bobo.

tololoche. [м.] (Амер.) контрабас.

tolón. [м.] (обл.) см. tolano (болезнь).

toloncho. [м.] (Амер.) кусок, обрубок.

tolondro, dra. [прил.] безрассудный; сумасбродный; бестолковый; неосмотрительный, неосторожный; [м.] шишка (на голове и т. д.): * a tora tolondro, неосмотрительно, неосторожно.

tolondrón, na. [прил. и м.] см. tolondro: * a tolondrones, толчками; необдуманно; с шишками.

tolonguear. [перех.] (Амер.) ласкать; лелеять.

tolosano, na. [прил.] относящийся к Tolosa; [м. и ж.] уроженец этого города.

tolteca. [прил.] тольтекский (тж. сущ.); [м.] тольтекский язык.

tolueno, toluol. [м.] (хим.) толуол.

tolva. [ж.] насып (мельничный).

tolvanera. [ж.] облако пыли, вихрь (пыли).

tolla. [ж.] топь, болотистая почва; (ихтиол. обл.) см. mielga; (Амер.) большое водопойное корыто.

tolladar. [м.] топь, болотистая почва.

tollina. [ж.] (разг.) побои, взбучка, трёпка, потасовка.

tollo. [м.] (ихтиол.) разновидность акулы; морской кот (рыба); (охот.) засада; топь, болотистая почва; грязь, тина; (обл.) лужа.

tollón. [м.] узкий проход.

tolloso, sa. [прил.] (обл.) см. fangoso.

toma. [ж.] взятие, захват; принятие; приём(ка); приём, доза; соприкосновение; отверстие; отвод воды, водопроводный кран; штепсельное соединение (Амер.) ручеёк; оросительный канал: * toma de posesión, вступление, ввод во владение; * toma del poder, захват власти, приход к власти; * toma de hábito, церемония пострижения в монахи; * toma de corriente, штепсельное соединение; * toma de tierra, заземление; приземление.

tomada. [ж.] взятие, захват.

tomadero. [м.] рукоятка, ручка; отвод воды.

tomado, da. [страд. прич.] к tomar; [прил.] охрипший, хриплый (о голосе); (разг.) пьяный: * estar tomado, (разг.) быть пьяным.

tomador, ra. [прил.] берущий; получающий; [м. и ж.] берущий, -ая, получатель, -ница, (Амер.) карманник; пьяница; [м.] (ком.) ремитент векселя.

tomadura. [ж.] см. toma (действие); (Амер.) опьянение: * tomadura de pelo, (разг.) насмешка, издёвка; обман.

tomahawk. [м.] томагавк.

tomaína. [ж.] птомаин, яд гниющих органических веществ.

tomajón, na. [прил. и сущ.] нагло берущий, -ая; [м.] (арг.) см. alguacil.

tomar. [перех.] брать, взять; схватывать; брать, набирать; принимать, получать, воспринимать; брать, захватывать; овладевать; занимать; принимать (внутрь); пить, есть; принимать (меры и т. д.); брать, усваивать, перенимать, заимствовать что-л у кого-л; приобретать (привычку, и т. д.); нанимать; брать, принимать на службу; садиться (на тот или иной транспорт); истолковывать, понимать; принимать за, считать; подражать, имитировать; отнимать, красть, воровать; покупать; овладевать, охватывать (о сне и т. д.); выбирать из чего-л; покрывать самку; брать взятки (в игре); (с сущ. tomar образует ряд устойчивых словосоч., которые часто перев. гл. со знач. этих сущ.): * tomar odio, возненавидеть кого-л; * tomar nota, записать; (в сочетании с названием орудий труда) начинать, браться, приниматься за, принимать в свою компанию; (Амер.) надоедать, докучать; см. filmar; (мор.) прибывать (в порт); убирать или крепить (паруса); см. fondear; зарифлять (паруса); [неперех.] направляться; tomarse. [возв. гл.] ржаветь, * tomar agua de la fuente, взять воду, набрать воды из источника; * tomar el té, пить чай; * tomar un baño, принять ванну; * tomar las medidas, снять мерку; * tomar una medicina, принять лекарство; * tomar asiento, занять место; * tomar medidas, принять меры; * tomar una costumbre, взять привычку; * tomar una fortaleza, взять крепость; * tomar el tren, сесть в поезд; * tomar el sol, греться на солнце; * tomar el aire, проветриться, погулять; * tomar en mala parte, истолковать в дурную сторону; * tomar a la letra, понимать буквально; * tomar a broma, принять в шутку; * tomar a mal, подумать плохо; * tomar por francés, принимать за француза; * tomar a pechos, принять близко к сердцу; * tomar en consideración, принимать во внимание; * tomar frío, простудиться * tomar la pluma, браться за перо; * ¡toma!, постой!; * tomar tabaco, нюхать табак; * tomar el hábito, принять духовное звание; постричься в монахини; * tomar valor, приободриться; * tomarla con uno, схватиться с кем-л * tomar el portante, soleta, pipa, las de Villadiego, навострить лыжи, удрать; * tomar tierra, (ав.) приземляться; (мор.) приставать к берегу; * más vale un toma que dos te daré, не сули журавля в небе, а дай синицу в руки; * tomar a (hacia, por) la derecha, направиться направо; * tomarse la libertad, взять на себя смелость сделать что-л, позволить себе.

tomata. [ж.] (разг. Амер.) издевательство, насмешка, подтрунивание.

tomatada. [ж.] кушанье из пережаренных помидоров.

tomatal. [м.] помидорное поле; (Амер.) помидор (растение).

tomatazo. [м. увел.] к tomate; удар помидором.

tomate. [м.] томат, помидор (растение и плод); (разг.) дырка (на чулке и т. д.): * ojo como un tomate, (разг.) подбитый глаз.

tomatera. [ж.] (бот.) помидор; (Амер.) см. borrachera.

tomatero, ra. [м. и ж.] продавец, -щица помидоров: * pollo tomatero, маленький и мягкий цыплёнок.

tomaticán. [м.] (Амер.) кушанье из пережаренных помидоров, мяса, перца, лука и т. д.

tomatillo. [м. умен.] к tomate; (обл.) разновидность вишни.
tomavistas. [м.] кинематограф, киноаппарат, аппарат для съемки и т. д.; [м. и ж.] кинооператор.
tomayona. [м.] см. rufián.
tomaza. [ж.] (обл.) сорт тимьяна.
tómbola. [ж.] томбола, вещевая лотерея.
tome. [м.] (Амер.) сорт шпажника.
tomento. [м.] пакля; пух на растениях.
tomentoso, sa. [прил.] пушистый, покрытый пушком (о растении).
tomero. [м.] (Амер.) сторож на шлюзах.
tomillar. [м.] поле, поросшее тимьянами.
tomillo. [м.] (бот.) тимьян, тимиан, чабрец: * tomillo blanco, см. santónico.
tomín. [м.] мера веса; (Амер.) старинная серебряная монета.
tomineja. [ж.]; **tominejo.** [м.] колибри.
tominero, ra. [прил.] (Амер.) см. miserable.
tomiñiclo. [м.] колибри.
tomismo. [м.] учение св. Фомы Аквинского о благодати и предопределении.
tomista. [прил.] относящийся к tomismo; [м. и ж.] последователь tomismo (тже. прил.).
tomiza. [ж.] верёвка из испанского дрока.
tomo. [м.] том; (перен.) важность, значение; (м. употр.) толщина: * de tomo y lomo, объёмистый; важный, значительный.
tomón, na. [прил. и сущ.] см. tomajón; (Амер.) насмешник.
tomotocia. [ж.] (хир.) кесарево сечение.
tompeate, tompiate. [м.] (Амер.) корзинка из пальмовой коры; (анат.) яичко.
tomuza. [ж.] (Амер.) густая и жёсткая шевелюра.
ton. [усеч.] к tono: * sin ton ni son, (разг.) без всякого смысла, ни с того ни с сего; * ¿a qué ton o a qué son viene eso?, (разг.) с чего бы это?
tona. [ж.] (обл.) пенка на молоке.
tonada. [ж.] песня, напев; (Амер.) акцент в произношении; обман; преувеличение.
tonadilla. [ж. умен.] к tonada; весёлая песня; (в старинной оперетте) куплеты.
tonadillero, ra. [м. и ж.] автор tonadillas; артист, -ка, исполняющий, -ая tonadillas, куплетист, -ка.
tonaira. [ж.] сеть для ловли тунцов.
tonal. [прил.] (муз.) тональный.
tonalidad. [ж.] (муз.) тональность.
tonante. [действ. прич.] к tonar: * Júpiter tonante, Зевс громовержец.
tonar. [неперех.] (поэт.) метать громы и молнии.
tonario. [м.] (церк.) книга антифонов, осмигласник.
tonca. * haba tonca, боб тонки (пахучий) который кладут в нюхательный табак).
toncado, da. [прил.] (Амер.) увядший.
toncarse. [возв. гл.] (Амер.) см. marchitarse.
tonco. [м.] деревянное блюдо.
tonda, tondegada. [ж.] (обл.) см. tanda.
tondero. [м.] (Амер.) народный танец.
tondino. [м.] (арх.) см. astrágalo.
tondiz. [м.] см. tundizno.
tondo. [м.] (арх.) круглое украшение.
tonel. [м.] бочка.
tonelada. [ж.] тонна; склад бочек.
tonelaje. [м.] (мор.) тоннаж, водоизмещение.
tonelería. [ж.] бочарное ремесло; бочарная мастерская, бочарня, бондарня; склад бочек.
tonelero, ra. [прил.] бочарный, бондарный; [м.] бондарь, бочар.
tonelete. [м. умен.] к tonel, бочонок; см. brial; короткая широкая юбка; (балетная) пачка; детское платьице; часть доспехов в виде короткой юбки.
tonga. [ж.] см. tongada; (Амер.) штабель; (Амер.) задание.

tonga. [прил.] (Амер.) см. tonca; [ж.] сорт напитка; (Амер.) см. estramonio; сон.
tongada. [ж.] слой, кладка.
tongo, ga. [прил.] (Амер.) см. manco; [м.] обман (в игре); (Амер.) котелок (шляпа); прохладительный напиток; грубое сиденье.
tongonearse. [возв. гл.] (разг. Амер.) см. contonearse.
tongoneo. [м.] (разг. Амер.) см. contoneo.
tongorí. [м.] (Амер.) потроха.
tónica. [ж.] (муз.) тоника, основной тон.
tonicidad. [ж.] (мед.) тонус, тон.
tónico, ca. [прил.] (мед.) тонизирующий, укрепляющий; тонический, ударяемый; [ж.] (муз.) тоника; [м.] (мед.) тонизирующее средство.
tonificación. [ж.] (физиол.) тонизация.
tonificador, ra. [прил.] (физиол.) тонизирующий, укрепляющий.
tonificante. [дейст. прич.] к tonificar; [прил. и м.] (мед.) см. tónico.
tonificar. [перех.] (мед.) повышать тонус, тонизировать, укреплять.
tonillo. [м. умен.] к tono: монотонный тон; акцент (в произношении); высокопарная интонация.
tonina. [ж.] свежепойманный тунец; дельфин.
tono. [м.] (в разв. знач.) тон; тон, лад, звук; тон, стиль, характер; манера говорить; см. tonada; сила, крепость, энергия; (мед.) тонус; (муз.) тон; интервал; (жив.) тон, цвет, колорит; оттенок: * darse tono, важничать, зазнаваться; * buen tono, хорошие манеры; * de buen tono, хорошего тона; изысканный; * bajar el tono, сбавить тон; прикусить язык; * mudar de tono, изменить тон, сдерживаться; * subir(se) de tono, повышать голос; жить на широкую ногу; * en todos los tonos, на все лады; * tono mayor, (муз.) мажор, мажорный тон; * tono menor, (муз.) минор, минорный тон.
tonología. [ж.] наука о звуках.
tonometría. [ж.] (мед.) измерение тонометром.
tonómetro. [м.] (мед.) тонометр.
tonotecnia. [ж.] (муз.) механическая звукозапись.
tonsila. [ж.] (анат.) миндалевидная железа, миндалина.
tonsilar. [прил.] (анат.) относящийся к миндалевидным железам.
tonsilectomía. [ж.] (хир.) операция удаления миндалин.
tonsilitis. [ж.] (мед.) тонзилит, воспаление миндалин.
tonsura. [ж.] пострижение (в духовный сан); подрезание волос; подстригание шерсти; тонзура.
tonsurado, da. [страд. прич.] к tonsurar; [м.] духовное лицо (у католиков).
tonsurando. [м.] тот, кто собирается принять духовное звание (у католиков).
tonsurante. [дейст. прич.] к tonsurar (тже. сущ. и прил.); [прил.] (мед.) стригущий (о лишае).
tonsurar. [перех.] подрезать волосы; подстригать шерсть; (церк.) постригать, посвящать в духовный сан.
tontada. [ж.] глупость; нелепость; вздор.
tontaina. [м. и ж.] (разг.) глуповатый человек, дурачок.
tontamente. [нареч.] глупо, бестолково, по-дурацки, нелепо.
tontarrón. [прил. и сущ. увел.] к tonto.
tontear. [неперех.] дурить, глупить, делать, говорить глупости.
tontedad. [ж.] см. tontería.
tontería. [ж.] глупость; нелепость, дурость; глупая выходка, нелепица, вздор; пустяк.

tontiloco, ca. [прил.] взбалмошный, безрассудный, глупый.
tontillo. [м.] кринолин, фижмы.
tontina. [ж.] тонтина, учреждение пожизненного дохода.
tontito. [м.] (Амер.) см. chotacabras.
tontivano, na. [прил.] глупый и тщеславный, надменный.
tonto, ta. [прил.] глупый, дурацкий, придурковатый, нелепый, простоватый; [м. и ж.] глупец, дурак, дура, простофиля, балда, болван, простак, простушка, дурень: * tonto de capirote, набитый дурак; * a tontas y a locas, вкривь и вкось; кстати и некстати; * hacerse el tonto, притворяться ничего не знающим (не понимающим), прикидываться дурачком: * ponerse tonto или tonta, тщеславиться и упрямиться.
tonto. [м.] (Амер.) см. boleadoras (обл.) большой платок, шаль.
tontolear. [неперех.] (Амер.) см. tontear.
tontón, na. [прил. и сущ. увел.] к tonto.
tontucio, cia. [прил.] презр. к tonto, дурашливый, глуповатый.
tóntuelo, la. [прил. умен.] к tonto, глуповатый.
tontuna. [ж.] см. tontería.
tontuneco, ca. [прил. и сущ.] (Амер.) см. simplón.
tonudo, da. [прил.] (Амер.) блестящий, великолепный, роскошный, пышный; самонадеянный; статный (тже. сущ.).
toña. [ж.] чижик (детская игра); (обл.) большой хлеб.
toñequería. [ж.] (Амер.) каприз.
toñina. [ж.] (обл.) свежепойманный тунец; взбучка.
¡top! [межд.] (мор.) стоп!
topacio. [м.] (мин.) топаз: * topacio ahumado, дымчатый горный хрусталь; * topacio oriental, восточный топаз, жёлтая разновидность корунда.
topada. [ж.] см. topetada.
topadizo, za. [прил.] см. encontradizo.
topador, ra. [прил.] бодливый.
topar. [перех.] сталкиваться; наталкиваться, натыкаться; (тже. неперех.) находить; отыскать; (мор.) соединять концы; [неперех.] ударять лбом; бодаться; ставить на карту; заключаться в; (перен.) сталкиваться с чем-л; (разг. перен.) удаваться; (Амер.) стравливать (бойцовых петухов).
toparca. [м.] владетель небольшой территории.
toparquía. [ж.] территория, управляемая toparca.
topazolita. [ж.] (мин.) топазолит.
tope. [м.] конец; верхушка; пуговка, шишечка (рапиры и т. д.); упор, задерживающее приспособление; (ж. д.) упор; (тех.) буфер; выступ; (мор.) топ мачты; препятствие, помеха, задержка; см. topetón; (перен.) ссора, спор; (мор.) наблюдатель: * hasta el tope, доверху; битком; * estar hasta los topes, (мор.) быть перегруженным (о пароходе); быть сытым по горло; * unir a(l) tope, спаять концы; * de topa a tope, (мор.) с начала до конца.
topera. [ж.] кротовая нора.
topestesia. [ж.] местное ощущение.
topetada. [ж.] удар лбом, головой, рогами (о животных); (перен. разг.) удар головой.

topetar. [перех. и неперех.] бодать(ся); [перех.] сталкиваться; наталкиваться, натыкаться.

topetazo. [м.] см. topetada.

topetón. [м.] столкновение, толчок, удар одного предмета о другой; см. topetada.

topetudo, da. [прил.] бодливый.

tópico, ca. [прил.] местный; (мед.) топический, местный; [м.] (мед.) топическое лекарство; штамп; [множ.] общие места.

topil. [м.] (Амер.) судебный пристав, см. alguacil.

topinada. [ж.] (разг.) промах, оплошность; неловкий, неуместный, бестолковый поступок.

topinambur. [м.] (Амер.) топинамбур, земляная груша.

topinaria. [ж.] (мед.) абсцесс, нарыв (внутри головы).

topinera. [ж.] кротовая нора: * beber como una topinera, пить мёртвую.

topino, na. [прил.] : * caballo topino, лошадь с прямым копытом.

topo. [м.] (зоол.) крот; (перен. разг.), очень близорукий человек; человек, часто спотыкающийся; ограниченный человек.

topoalgia. [ж.] (пат.) боли в ограниченной области.

topocho, cha. [прил.] (Амер.) см. rechoncho.

topofobia. [ж.] (мед.) боязнь определённого места.

topografía. [ж.] топография.

topográficamente. [нареч.] топографически.

topográfico, ca. [прил.] топографический.

topógrafo. [м.] топограф.

topolino. [м.] (разг.) малолитражка.

topología. [ж.] топология.

topológico, ca. [прил.] топологический.

topón. [м.] (Амер.) см. topetón.

toponarcosis. [ж.] (мед.) местная анестезия.

toponimia. [ж.] топонимия, топонимика.

toponímico, ca. [прил.] топонимический.

topónimo. [м.] название местности.

toponomástico, ca. [прил.] топонимический; [ж.] топонимика.

toporo. [м.] (Амер.) см. jícara.

toque. [м.] касание, прикосновение, соприкосновение; пробирование металла; пробный камень; звон (колокола и т. д.); (перен.) испытание, экзамен; сигнал, знак; (разг.) удар; (жив.) мазок; суть дела и т. д.: * toque de tambor, барабанный бой; * piedra de toque, пробный камень; * toque de luz, световой блик; * toque de diana, подъём; * toque de alarma, сигнал тревоги; * toque de retreta, заря; * toque de silencio, отбой; * toque de asamblea, сбор; * toque de oscuro, (жив.) тень; * toque del alba, звон колокола при утренней молитве к Пресвятой Богородице (у католиков); * dar un toque a uno, испытать кого-л; * ahí está el toque, вот в чём суть, вот где собака зарыта, вот в чём загвоздка.

toqueado. [м.] ритмические удары ногами, руками, палками и т. д.

toquería. [ж.] головные уборы, чепцы и т. д. (см. toca); ремесло шапочника (см. toquero).

toquero, ra. [м. и ж.] портной, портниха, шьющий, -ая tocas (см. toca); продавец, -щица tocas.

toquetear. [перех.] часто или беспорядочно трогать, ощупывать.

toqui. [м.] (Амер.) индейский князёк во время войны; каменный топор, служащий символом звания этого князька.

toquiato. [м.] (Амер.) звание toqui.

toquijo. [м.] женский головной убор.

toquilo. [м.] (обл.) дятел.

toquilla. [ж.] лента на шляпе; головной платок, косынка; (перен. разг.) см. borrachera; (Амер.) солома, идущая на изготовление шляп; (м.) шляпа из этой соломки.

toquinear. [перех.] (обл.) щупать, ощупывать.

toquitear. [перех.] см. toquinear.

tora. [ж.] (у евреев) налог; тора (книга).

tora. [ж.] (бот.) заразиха.

toracalgia. [ж.] боль в груди.

toracentesis. [ж.] (хир.) прокол груди.

torácico, ca. [прил.] (анат.) грудной.

toracolumbar. [прил.] (анат.) грудно-поясничный.

toracometría. [ж.] (мед.) измерение грудной клетки.

toracomiodinia. [ж.] (пат.) боль в мышцах груди.

toracoscopia. [ж.] (мед.) исследование грудной полости.

toracotomía. [ж.] (хир.) вскрытие грудной клетки.

torada. [ж.] стадо быков.

toral. [прил.] главный, основной; сырой; [м.] литейная форма для полосовой меди; медная полоса; (обл.) площадка: * arco toral, главная арка.

tórax. [м.] (анат.) грудь, грудная клетка.

torbellino. [м.] вихрь; (перен.) круговорот; (разг.) непоседа.

torbera. [ж.] (обл.) см. turbación.

torca. [ж.] круглая крутобокая впадина, полость (в земле).

torcal. [м.] местность, изобилующая torcas.

torcaz. [прил.]: * paloma torcaz, лесной голубь, вяхирь.

torcaza. [ж.] (Амер.) лесной голубь, вяхирь, витютень.

torcazo, za. [прил. и ж.] см. torcaz; (Амер. разг.) глупый.

torce. [м.] один круг ожерелья; (м. употр.) ожерелье.

torcecuello. [м.] (зоол.) вертишейка (птица).

torcedero, ra. [прил.] кривой; [м.] приспособление для кручения.

torcedor, ra. [прил.] крутильный, крутящий; [м.] веретено; (перен.) причина мучения, огорчения; (обл.) см. acial.

torcedura. [ж.] скручивание; кручение; вращение; сгибание; извращение, искажение; плохое вино из виноградных выжимок; (хир.) смещение (кости); растяжение.

torcer. [перех.] крутить, скручивать, закручивать; вращать; кривить, искривлять, сгибать, гнуть, выгибать; смещать, вывихивать; повёртывать в сторону (голову, шею); (перен.) извратить, исказить; сворачивать с дороги; изменять (мнение и т. д.), отклонять, отводить; совращать; крутить (сигар); подкупать, влиять на судей; [неперех.] поворачивать, (о дороге и т. д.); сбиваться с пути; **torcerse.** [возв. гл.] крутиться, сгибаться; кривиться; сбиваться с пути; прокиснуть (о вине); свернуться (о молоке); вывихнуть себе что-л: * torcer un clavo, согнуть гвоздь; * torcer el hocico, la boca, скривить физиономию; * no dar el brazo (la mano) a torcer, не отступать; * torcer a la derecha, (свернуть) направо; * andar (estar) torcido con uno, быть в натянутых отношениях с кем-л. [непр. гл.] спряг. как mover.

torcida. [ж.] фитиль.

torcidillo. [м. умен.] к torcido, кручёная нитка из шёлка.

torcido, da. [страд. прич.] к torcer; [прил.] кручёный, закрученный, сучёный; кривой; искривлённый; гнутый, изогнутый; (перен.) окольный; нечестный, ложный; прокисший (о вине и т. д.); (Амер.) desdichado; [м.] см. aguapié (vino); рулет из теста с фруктами; толстая кручёная нитка из шёлка.

torcijón. [м.] см. retorcimiento; резь в животе, заворот кишок.

torcimiento. [м.] кручение, искривление, сгибание; извращение (смысла и т. д.); уклончивое объяснение.

torco. [м.] (обл.) выбоина, ухаб, рытвина.

torcuata. [ж.] (разг. Амер.) см. pescozón.

torculado, da. [прил.] винтовой.

tórculo. [м.] маленький пресс, тиски.

torda. [ж.] (орни.) дрозд (самка).

tordancha. [ж.] (обл.) см. estornino.

tordella. [ж.] (орни.) разновидность дрозда.

tórdiga. [ж.] см. túrdiga.

tordillo, lla. [прил. и сущ.] серый в яблоках (о лошади).

tordo, da. [прил. и сущ.] серый в яблоках (о лошади); [м.] (орни.) дрозд; (Амер.) см. estornino: * tordo alirrojo, ореховка; * tordo de Castilla (de campanario) (обл.) см. estornino; * tordo serrano, разновидность скворца.

toreador. [м.] тореадор.

torear. [неперех.] участвовать в бое быков (о тореро); (перен.) обманывать, водить за нос; высмеивать, издеваться; беспокоить, надоедать, обременять; (Амер.) науськивать, натравливать.

toreo. [м.] бой быков; (перен.) обман; издевательство.

torera. [ж.] женская кофточка.

torería. [ж.] участники боя быков; (Амер.) озорство.

torero, ra. [прил.] тореадорский; [м.] тореадор.

torés. [м.] (арх.) полукруглый вал у базы.

toresano, na. [прил.] относящийся к Toro; [м. и ж.] уроженец этого города.

torete. [м. умен.] к toro, молодой бычок; (перен. разг.) трудное, запутанное дело.

toreumatografía. [ж.] барельефное искусство.

toréutica. [ж.] искусство вырезывать (на дереве).

toréutico, ca. [прил.] относящийся к искусству вырезывать (на дереве и т. д.).

torga. [ж.] род колодки, которую надевают на шею свиньям и т. д.

torgo. [м.] (обл.) пень.

toril. [м.] загон, где содержатся быки перед боем.

torillo. [м. умен.] к toro; (тех.) шип; (анат.) см. rafe; тема, предмет разговора.

torio. [м.] (хим.) торий.

toriondez. [ж.] свойство к toriondo.

toriondo, da. [прил.] находящийся в состоянии течки.

torita. [ж.] (мин.) торит.

torito. [м. умен.] к toro, молодой бык; (Амер.) жук-носорог; разновидность орхидеи; парусиновый навес; конической шляпа.

tormagal. [м.] tormellera. [ж.] см. tolmera.

tormén. [м.] (пат.) боль, мучение.

tormenta. [ж.] буря, шторм, гроза, ураган; (перен.) беда, несчастье, бедствие; буря.

tormentario, ria. [прил.] артиллерийский.

tormentila. [ж.] (бот.) могущник, завязный корень, узик (растение из сем. розоцветных).

tormentín. [м.] (мор.) фор-стеньги-стаксель.

tormento. [м.] пытка, мука, мучение, терзание; (физическое насилие) пытка; тоска, огорчение; (воен.) орудие; (перен.) мучитель: * someter a tormento(s), подверг-

нуть пытке (пыткам); * tormento de cuerda, см. mancuerda.
tormentoso, sa. [прил.] бурный, грозовой.
tormera. [ж.] см. tolmera.
tormo. [м.] см. tolmo; ком.
torna. [ж.] возвращение (откуда-л); возвращение, возврат; препятствие, служащее для отведения воды (в оросительном канале); (обл.) заводь (реки): * volver las tornas, (перен.) отплатить тем же; * se han vuelto las tornas, счастье изменилось.
tornaboda. [ж.] следующий день после свадьбы.
tornachile. [м.] (Амер.) большой перец.
tornada. [ж.] возвращение (откуда-л); возвращение, возврат; старинный припев.
tornadera. [ж.] (с.-х.) сорт вил (из двух зубьев).
tornadero. [м.] (обл.) препятствие, служащее для отведения воды (в оросительном канале).
tornadizo, za. [прил.] переменчивый, изменчивый, непостоянный (о мнении и т. д.), [м.] (обл.) пробковый дуб.
tornado, da. [страд. прич.] к tornar; [м.] торнадо (тропический вихрь, ураган).
tornadura. [ж.] возвращение, возврат; возвращение (откуда-л).
tornagallos. [м.] (обл. бот.) см. lechetrezna.
tornaguía. [ж.] расписка в получении товара.
tornalecho. [м.] балдахин (над кроватью).
tornamiento. [м.] возвращение.
tornapunta. [ж.] опора, подпорка.
tornar. [перех.] возвращать, отдавать обратно; [неперех.] возвратиться, вернуться: * tornar a, повторять.
tornasol. [м.] (бот.) подсолнечник; (хим.) лакмусовый настой из лепестков подсолнуха; перелив (цвета, красок); игра (света); (Амер.) славка (птица).
tornasolado, da. [страд. прич.] к tornasolar; [прил.] переливающийся, отливающий разными цветами (о цвете и т. д.); играющий (о цвете); (перен.) см. adulador.
tornasolarse. [возв. гл.] отливать разными цветами.
tornátil. [прил.] точёный; (поэт.) вращающийся, вертящийся; (перен.) см. tornadizo.
tornatrás. [м. и ж.] потомок метиса.
tornavía. [ж.] поворотный круг.
tornaviaje. [м.] обратный путь; подарки, привезённые из путешествия.
tornavirón. [м.] см. torniscón.
tornavoz. [м.] резонатор.
torneador. [м.] токарь; участник турнира.
torneadura. [ж.] стружка (от точения).
torneante. [дейст. прич.] к tornear, участвующий в турнире (тж. м.).
tornear. [перех.] точить на станке, обрабатывать на токарном станке; обтачивать; [неперех.] вертеться, вращаться; участвовать в турнире; (перен.) фантазировать.
torneo. [м.] турнир; (вет.) вертячка (болезнь овец).
tornera. [ж.] привратница (в монастыре); жена токаря.
tornería. [ж.] токарная мастерская, токарня (уст.); токарное дело.
tornero. [м.] токарь; станкостроитель.
tornillazo. [м.] удар винтом; (перен.) см. burla.
tornillero. [м.] (разг.) дезертир.
tornillo. [м.] винт, болт с нарезкой; шуруп; тиски; (перен.) (разг.) дезертирство: * tornillo sin fin, бесконечный винт, червяк, червячная передача; * tornillo de banco, тиски; * le falta un tornillo (a él), у него какой-то (или одной) клёпки не хватает; * apretarle a uno los tornillos, держать кого-л в ежовых рукавицах; взять в оборот.
torniquete. [м.] турникет, вертящийся крест; (хир.) турникет.
torniscón. [м.] (разг.) удар рукой, шлепок, турмак.
tornizco. [м.] (Амер.) см. pellizco.
torno. [м.] (тех.) токарный станок; ручной ворот; вал, кабестан; прялка; тиски; ручной тормоз экипажа; оборот; излучина (реки); окрестность, округа, вертушка: * torno revólver, револьверный станок; * torno paralelo, горизонтальный токарный станок; * en torno, вокруг, кругом; * dar torno, победить.
toro. [м.] (зоол.) бык; (перен.) здоровенный детина; (астр.) Телец; [множ.] бой быков: * toro mejicano, см. bisonte; * toro corrido, (разг.) видавший виды человек; * corrida de toros, бой быков; * soltarle a uno el toro, высказать кому-л всю правду; * dejar a uno en las astas del toro, покинуть кого-л на явную опасность; * ciertos son los toros, (разг.) это достоверно.
toro. [м.] (арх.) полукруглый вал у базы; (геом.) тор: * en forma de toro, кольцеобразной формы; * toro occipital, (анат.) затылочный вал.
torolico. [м.] (Амер.) лисий хвост.
torombolo, la. [прил. и сущ.] (Амер.) см. rechoncho.
toronja. [ж.] грейпфрут (плод).
toronjil. [м.] toronjina. [ж.] (бот.) мелисса, медовка (трава).
toronjo. [м.] (бот.) грейпфрут (дерево).
toroso, sa. [прил.] здоровый, сильный, могучий, крепкий.
torozón. [м.] беспокойство, тревога, сильное волнение; (вет.) судорожное движение; (Амер.) кусок, ломоть.
torpe. [прил.] связанный в движениях; неловкий, неуклюжий; тупой, невосприимчивый; неумелый; похотливый, сладострастный; позорный, постыдный; безобразный, грубый; (юр.) противоречащий закону.
torpedad. [ж.] (м. употр.) см. torpeza.
torpedeamiento. [м.] см. torpedeo.
torpedear. [перех.] (мор.) атаковать торпедами, торпедировать.
torpedeo. [м.] (мор.) торпедирование.
torpedero, ra. [прил.] торпедоносный, миноносный; [м.] (мор.) миноносец: * lancha torpedera, катер.
torpedista. [м.] (мор.) торпедист, торпедник.
torpedo. [м.] (ихтиол.) электрический скат; (мор.) торпеда; торпедо (открытый автомобиль).
torpemente. [нареч.] медленно, неловко; тупо; неумело; похотливо; постыдно; грубо.
torpeza. [ж.] связанность в движениях; неловкость, неуклюжесть; тупоумие, тупость, невосприимчивость, неумелость, непристойность, сладострастность; промах, неловкость, глупость: * torpeza de oído, тугоухость.
tórpido, da. [прил.] вялый.
torpor. [м.] (м. употр.) вялость, онемение, оцепенение.
torrado, da. [страд. прич.] к torrar; [м.] жареный горох.
torrar. [перех.] жарить, поджаривать (кофе и т. д.).
torre. [ж.] башня; вышка; (воен.) турель, орудийная башня; (мор.) рубка; ладья, тура (в шахматах); (обл.) дача, поместье; (Амер.) печь на сахарном заводе: * torre de iglesia, колокольня; * torre de agua, водонапорная башня; * torre de mando (de combate), (мор.) боевая рубка; * torre de Babel, вавилонское столпотворение; * torre blindada, бронебашня.
torrear. [перех.] окружать башнями.
torrear. [перех.] см. torrar.
torrecilla. [ж. умен.] к torre; башенка, (обл.) см. azud.
torrefacción. [ж.] поджаривание (кофе и т. д.).
torrefacto, ta. [непр. страд. прич.] к torrefactar, поджаренный (о кофе).
torreja. [ж.] (Амер.) долька, ломтик (лимона и т. д.).
torrejón. [м.] башенка.
torrencial. [прил.] проливной; текущий потоками: * lluvia torrencial, проливной дождь.
torrendo. [м.] (обл.) см. torrezno.
torrente. [м.] поток, стремительное течение, стремнина, ручей (образовавшийся от дождя и т. д.); (перен.) поток чего-л: * torrente de voz, могучий голос.
torrentera. [ж.] ложе потока.
torrentícola. [прил.] живущий в потоке.
torrentoso, sa. [прил.] (Амер.) стремительный, бурный.
torreón. [м. увел.] к torre; большая башня; башня (замка); главная крепостная башня.
torrero. [м.] башенный сторож; смотритель маяка.
torreta. [ж. умен.] к torre, башенка, (ав.) турель.
torreznada. [ж.] блюдо из поджаренного свиного сала.
torreznero, ra. [прил.] (разг.) ленивый и изнеженный; [м. и ж.] лентяй, лентяйка, ленивый и изнеженный человек.
torrezno. [м.] поджаренное свиное сало.
tórrido, da. [прил.] (разг.) жаркий, знойный: * la zona tórrida, жаркий пояс.
torrificado, da. [прил.] (Амер.) см. torrefacto.
torrija. [ж.] ломоть хлеба, смоченный вином, молоком и т. д. и мёдом.
torrontera. [ж.] (обл.) см. torrontero.
torrontero. [м.] куча земли нанесённой водой.
torrontés. [прил.]: * uva torrontés, сорт белого душистого винограда.
torsión. [ж.] скручивание, закручивание; кручение; вращение; вращение туловища (в гимнастике).
torso. [м.] торс, туловище; (иск.) торс.
torta. [ж.] торт; круглый пирог; (перен.) (разг.) шлепок (рукой) оплеуха; опьянение; (полигр.) комплект шрифта; (Амер.) см. tortilla; крупный боб: * costar la torta un pan, дорого обойтись кому-л; * a falta de pan buenas son tortas, на безрыбье и рак рыба.
tortada. [ж.] большой пирог; известковый раствор.
tortedad. [ж.] искривлённость; косоглазие.
tortera. [ж.] приспособление для кручения пряжи (у веретена).
tortera. [ж.] форма для большого торта.
tortero. [м.] приспособление для кручения пряжи (у веретена); [м. и ж.] тот, кто печет или продаёт торты; [м.] корзина для тортов.
tortero, ra. [прил.] (Амер.) имеющий вид диска.
torteruelo. [м.] (бот.) разновидность люцерны.
torticeramente. [нареч.] несправедливо.
torticero, ra. [прил.] несправедливый.
tortícolis. [м.] (мед.) ревматические боли в шее.
tortilla. [ж.] омлет; (Амер.) кукурузная лепёшка: * hacer tortilla, раздавить; раздроблять; уничтожить; * volverse la tortilla, (разг.) произойти непредвиденный случай; измениться к лучшему.

tortillero, ra. [м. и ж.] (Амер.) тот, кто приготовляет или продаёт кукурузные лепёшки.
tortillo. [м.] (герал.) круглая бляха.
tortita. [ж. умен.] к torta; [множ.] детская игра.
tortol. [м.] (Амер.) см. acial.
tórtola. [ж.] (орни.) горлица.
tortolear. [перех.] (Амер.) убить.
tórtolo. [м.] (орни.) самец горлицы; (перен. разг.) влюблённый; (Амер.) глупец.
tortosino, na. [прил.] относящийся к Tortosa; [м. и ж.] уроженец этого города.
tortozón. [м.] сорт винограда.
tortuga. [ж.] (зоол.) черепаха: * a paso de tortuga, черепашьим шагом, как черепаха, черепахой; sopa de tortuga, черепаховый суп.
tortugo. [м.] (Амер.) водовоз.
tortuosamente. [нареч.] окольными путями.
tortuosidad. [ж.] извилистость.
tortuoso, sa. [прил.] извилистый, искривлённый, кривой; (перен.) лицемерный, осторожный.
tortura. [ж.] свойст. к одноглазый; пытка; мука, мучение.
torturador, ra. [прил.] мучительный; [м. и ж.] мучитель, -ница, истязатель, -ница.
torturar. [неперех.] пытать, мучить, истязать.
toruliforme. [прил.] бугроватый; узловатый.
torunda. [ж.] корпия.
toruno. [м.] (Амер.) вол.
torva. [ж.] дождевой, снежный вихрь.
torvamente. [нареч.] гневно; свирепо, жестоко.
torvisca. [ж.] (бот.) см. torvisco.
torviscal. [м.] место, изобилующий torvisco.
torvisco. [м.] (бот.) волчье лыко.
torvo, va. [прил.] свирепый, грозный; зловещий, мрачный.
tory. [м.] (ист.) тори.
torismo. [м.] (полит.) торизм, система ториев.
torzadillo. [м.] тонкая нитка кручёного шёлка.
torzal. [м.] кручёная шёлковая нитка; (Амер.) плетёное лассо.
torzón. [м.] (вет.) см. torozón.
torzonado, da. [прил.] (вет.) страдающий судорогами.
torzuelo. [м.] (орни.) самец сокола.
tos. [ж.] кашель: * tos convulsiva, ferina, коклюш; * tos blanca, húmeda, кашель с мокротой; * tener tos, кашлять.
tosa. [ж.] сорт пшеницы.
tosca. [ж.] (мин.) туф; камень на зубах.
toscamente. [нареч.] грубо; некультурно.
toscano, na. [прил.] тосканский; [м.] тосканец; итальянский язык.
tosco, ca. [прил.] грубый, неотёсанный, топорный; грубый, необразованный, некультурный, непросвещённый; [м. и ж.] некультурный человек.
tosedera. [ж.] постоянный кашель.
tosegoso, sa. [прил. и сущ.] страдающий кашлем.
tosejar. [неперех.] часто и сильно кашлять.
toser. [неперех.] кашлять, кашлянуть.
toseta. [ж.] (обл.) см. tosa.
tosido. [м.] (Амер.) см. tosidura.
tosidura. [ж.] кашляние, покашливание.
tosigar. [перех.] см. atosigar.
tósigo. [м.] яд, отрава; скорбь; огорчение, мучение.
tosigoso, sa. [прил.] страдающий кашлем и стеснением (в груди).

tosquedad. [ж.] грубость, неотёсанность; необразованность, некультурность, непросвещённость.
tostada. [ж.] ломтик поджаренного хлеба с маслом, мёдом и т. д., гренок; (Амер.) надоедливость, утомительный, скучный разговор: * dar (pegar) la tostada, (разг.) обмануть, разыгрывать.
tostadera. [ж.] прибор, жаровня для поджаривания кофе и т. д.; (перен.) (разг.) (Амер.) см. riña.
tostadero, ra. [прил.] годный на поджаривание; [м.] место, где поджаривают кофе и т. д.
tostadillo. [м.] сорт вина: * horno de tostadillo, отражательная печь.
tostado, da. [страд. прич.] к tostar, поджаренный; [прил.] загорелый; (Амер.) темнорыжей масти (о лошади); [м. см. tostadura.]; [ж.] поджаренная кукуруза: * tostado de manteca, (Амер.) поджаренная кукуруза с маслом.
tostador, ra. [прил. и сущ.] поджаривающий; [ж.] жаровня для поджаривания кофе и т. д.
tostadura. [ж.] поджаривание.
tostar. [перех.] поджаривать, жарить (кофе и т. д.), подрумянивать; перекалять; (перен.) делать смуглым; (обл.) см. zurrar; tostarse. [возв. гл.] поджариваться; загорать.
toste. [м.] (обл.) тумак, оплеуха.
tostelería. [ж.] (Амер.) см. pastelería.
tostón. [м.] жареный горох; ломтик поджаренного хлеба; жареный поросёнок; сорт дротика; подгорелая вещь; скучный разговор и т. д.: * dar el tostón, надоедать.
tostón. [м.] португальская монета, равная 100 рейсам; боливийская монета, равная 75 сентимо; мексиканская серебряная монета, равная 50 сентаво.
tota. [ж.] (Амер.) сорт рыболовного крючка: * a la tota, на спине, на плечах.
total. [прил.] весь, полный, тотальный, целый; [прил.]; [м.] всё, целое, итог, сумма; * en total, в итоге, в общем, в целом.
totalidad. [ж.] тотальность, совокупность, вся сумма, общий итог.
totalitario, ria. [прил.] тоталитарный.
totalitarismo. [м.] тоталитаризм.
totalización. [ж.] суммирование, подведение итогов.
totalizador, ra. [прил.] подводящий итог; [м.] тотализатор (механический счётчик).
totalizar. [перех.] суммировать, подводить итог; подытоживать.
totalmente. [нареч.] совершенно, совсем, полностью.
totano. [м.] (орни.) лонзик (голенастая птица).
totay. [м.] (Амер.) разновидность пальмы.
totazo. [м.] (Амер.) удар головой; сильный удар; см. reventón.
totear. [неперех.] (Амер.) см. reventar.
totem. [м.] тотем.
totémico, ca. [прил.] тотемистический.
totemismo. [м.] тотемизм.
totilimundi. [м.] см. mundonuevo.
totipotencial. [прил.] всемогущий.
totolate. [м.] (Амер.) см. piojillo.
totolear. [перех.] (разг.) (Амер.) баловать, лелеять.
totopo, pa. [прил.] (Амер.) неловкий, неуклюжий; (Амер.) см. totoposte.
totoposte. [м.] (Амер.) (поджаренная) кукурузная галета или витая булка.
totora. [ж.] (Амер.) (бот.) разновидность камыша.
totoral. [м.] (Амер.) заросли totoras (см. totora).
totoreco, ca. [прил.] (Амер.) см. aturdido.
totovía. [ж.] (орни.) хохлатый жаворонок.

totuma. [ж.] totume. [м.] (Амер.) см. güira (плод и растение); сосуд из плода güira.
totumear. [неперех.] (Амер.) припоминать; мудрствовать.
totumo. [м.] (Амер. бот.) см. güira (растение); сосуд из плода güira.
totum revolútum. [лат. выраж.] беспорядочная смесь, мешанина.
tova. [ж.] (обл.) см. totovía.
toxemia. [ж.] (мед.) токсемия.
toxicación. [ж.] отравление.
toxicante. [дейст. прич.] к toxicar; [прил.] ядовитый, токсический.
toxicar. [перех.] отравлять.
toxicida. [ж.] противоядие.
toxicidad. [ж.] токсичность, ядовитость.
tóxico, ca. [прил.] ядовитый, токсический; [м.] отравляющее вещество, отрава.
toxicodendro. [м.] (бот.) ядовитый желтник (деревцо).
toxicógeno, toxicogénico, ca. [прил.] вызывающий отравление.
toxicografía. [ж.] описание ядов.
toxicográfico, ca. [прил.] ядоописательный.
toxicoideo, a. [прил.] похожий на яд.
toxicología. [ж.] токсикология.
toxicológico, ca. [прил.] токсикологический.
toxicólogo. [м.] токсиколог.
toxicomanía. [ж.] наркомания.
toxicomaníaco, ca, toxicómano, na. [м. и ж.] наркоман, -ка.
toxina. [ж.] токсин, яд, особенно бактериальный.
toxis. [ж.] отравление.
toyuyo. [м.] (Амер.) (орни.) птица, похожая на аиста.
toza. [ж.] кусок древесной коры, особенно сосновой; (обл.) см. tocón; ярмо (для запряжки).
tozal. [м.] (обл.) вершина горки, холма.
tozalbo, ba. [прил.] (обл.) белолобый (о животном).
tozar. [неперех.] (обл.) бодаться; глупо спорить.
tozazo. [м.] (обл.) удар головой.
tozo. [м.] (обл.) см. tozuelo.
tozo, za. [прил.] низкорослый.
tozolada. [ж.] tozolón. [м.] подзатыльник; (обл.) см. costalada.
tozoludo, da. [прил.] (обл.) см. tozudo.
tozudez. [ж.] упрямство, упорство.
tozudo, da. [прил.] упрямый, упорный.
tozuelo. [м.] жирный загривок, затылок.
traba. [ж.] соединение, сцепление, связь; путы (на ногах лошади); (юр.) наложение запрещения; (перен.) помеха, препятствие; камень или клин подкладываемый под колесо; (анат.) связка; (Амер.) боевой петух.
trabacuenta. [ж.] ошибка в счёте; (перен.) ссора, разногласие, расхождение (во мнениях).
trabadero. [м.] бабка (у лошади).
trabado, da. [страд. прич.] к trabar; [прил.] с белыми передними лапами (о лошади и т. д.); с двумя белыми ногами (о лошади и т. д.); крепкий, сильный, мускулистый.
trabador. [м.] (Амер.) разводка (инструмент).
trabadura. [ж.] см. trabamiento.
trabajadamente. [нареч.] см. trabajosamente.
trabajado, da. [страд. прич.] к trabajar; [прил.] усталый, утомлённый, измученный (работой); тщательно отделанный, обработанный.
trabajador, ra. [прил.] работящий, трудящийся; трудолюбивый; [м. и ж.] работник, -ица, трудящийся, -аяся; труженик, -ица.
trabajante. [дейст. прич.] к trabajar, работающий, трудящийся; [м. и ж.] работник, -ица, трудящийся, -аяся.

trabajar. [неперех.] работать; трудиться; заниматься; настойчиво добиваться, хлопотать о чём-л; приносить прибыль; (перен.) упорно трудиться, действовать, функционировать, быть в ходу; коробиться (о дереве); (арг.) красть, воровать; обрабатывать, отделывать; выделывать, вырабатывать; объезжать (лошадь); (перен.) терзать, мучить; волновать, беспокоить; **trabajarse.** [возв. гл.] упорно трудиться, добиваться, успеха: trabajar a destajo, работать сдельно.

trabajo. [м.] работа, труд; деятельность, занятие, дело; действие, функционирование; работа; литературный труд; научная работа, произведение; (физ.) (тех.) работа; (перен.) трудность, препятствие; вред, убыток; тягостный труд; страдание, мука, мучение; несчастный случай; см. **desmayo.** [множ.] (перен.) бедность, нужда: * trabajo manual, физический труд; * trabajo intelectual, умственный труд; * trabajo asalariado, наёмный труд; * jornada de trabajo, рабочий день; * de trabajo, рабочий; * trabajos forzados, принудительные или каторжные работы; * trabajo útil, полезная работа, полезное действие.

trabajosamente. [нареч.] с трудом, с усилием, тяжело.

trabajoso, sa. [прил.] трудоёмкий; тяжёлый, трудный, тягостный, утомительный; болезненный, хилый; написанный вымученным слогом.

trabajuelo. [м. умен.] к trabajo.

trabal. [прил.]: * clavo trabal, большой гвоздь.

trabalenguas. [м.] скороговорка.

trabamiento. [м.] соединение, сцепление, связывание, связка; хватание; надевание пут.

trabanca. [ж.] род стола в виде широкой доски на двух козлах.

trabar. [перех.] соединять; сцеплять; связывать; схватить, вцепиться, хватать; спутывать (лошадь и т. д.); сгущать (жидкость); разводить пилу; (перен.) начинать, завязывать, заводить; увязывать, согласовывать, сообразовывать; (Амер.) обмануть; (юр.) налагать арест на имущество; **trabarse.** [возв. гл.] заплетаться (о языке): * trabar amistad, завязать дружбу; * trabarse de palabras, браниться с кем-л.

trabazón. [ж.] соединение, сцепление, связь; (стр.) перевязка; густота (жидкости или теста); (перен.) общение.

trabe. [м.] балка.

trábea. [ж.] торжественное одеяние (у римлян).

trabilla. [ж.] штрипка; хлястик.

trabina. [ж.] (обл.) плод sabina.

trabón. [м. увел.] к traba; толстое железное кольцо; (Амер.) колотая рана.

trabuca. [ж.] петарда.

trabucación. [ж.] переворачивание; нарушение порядка; путаница; смущение; смешение; прерывание разговора; произношение слов вместо нужных.

trabucaire. [м.] каталонский партизан, вооружённый большим мушкетоном; [прил.] смелый, дерзкий.

trabucante. [дейст. прич.] к trabucar; [прил.] с походом, полновесный (о монете).

trabucar. [перех.] переворачивать, опрокидывать, нарушать порядок, перепутывать; приводить в замешательство, смущать, сбивать с толку, путать; мешать, переменять, прерывать разговор; путать (слова и т. д.); **trabucarse.** [возв. гл.] переворачиваться; (перен.) смущаться, сбиваться с толку; путаться; оговариваться.

trabucazo. [м.] выстрел из мушкета, из большого мушкетона; (перен.) неожиданное огорчение, испуг.

trabuco. [м.] катапульта; (уст.) большой мушкетон; см. **trabucación:** * trabuco naranjero, большой мушкетон с дулом в виде колокола.

trabuco. [прил.] (Амер.) узкий; тесный.

trabuquete. [м.] катапульта; рыболовная сеть.

traca. [ж.] верёвка с нанизанными на ней петардами.

tracal. [м.] (Амер.) большой бурдюк.

trácalo. [ж.] (Амер.) обман, хитрость; см. **tracalada.**

tracalada. [ж.] (Амер.) множество; беспорядочная толпа.

tracalería. [ж.] (Амер.) обман, жульничество; вымыслы.

tracalero, ra. [прил. и сущ.] см. **tramposo.**

tracamandanga. [ж.] (Амер.) обмен (малоценных вещей).

tracamundana. [ж.] (разг.) см. **tracamandanga;** (разг.) шум, крик, шумное веселье.

tracción. [ж.] (физ.) тяга, сила тяги: * tracción eléctrica, электротяга.

tracería. [ж.] (арх.) геометрические украшения.

tracista. [м.] планировщик завода; (перен.) хитрец.

tracoma. [м.] (пат.) трахома.

tracomatoso, sa. [прил.] (пат.) трахоматозный.

tracto. [м.] расстояние; промежуток времени.

tractor. [м.] трактор: * tractor de remolque, тягач; * tractor oruga, гусеничный трактор.

tractriz. [прил.] тянущий: * fuerza tractriz, тянущая сила; * máquina tractiz, тянущая или влекущая машина.

trade-unión. [ж.] тред-юнион, профсоюз.

tradeunionismo. [м.] тред-юнионизм.

tradición. [ж.] традиция, предание; традиция, обычай, порядок; (юр.) передача.

tradicional. [прил.] традиционный, исконный; привычный.

tradicionalismo. [м.] традиционализм, приверженность к традициям.

tradicionalista. [прил.] к традиционализм; строго придерживающийся традиций; [м. и ж.] сторонник, -ица традиций.

tradicionalmente. [нареч.] по традиции.

traducción. [ж.] (дейст.) перевод с языка на язык; перевод; толкование.

traducibilidad. [ж.] годность для перевода.

traducible. [прил.] переводимый, годный для перевода.

traducir. [перех.] переводить с языка на язык; превращать, менять, обменивать; (перен.) толковать, разъяснять; [непр. гл.] спряг. как **conducir.**

traductor, ra. [м. и ж.] переводчик, -ица.

traedizo, za. [прил.] удобный для переноски.

traedor, ra. [прил.] приносящий, подносящий, привозящий; [м. и ж.] податель, -ница; подносчик, -ица.

traedura. [ж.] (м. употр.) см. **traída.**

traer. [перех.] приносить, доставлять; привозить; приводить, притягивать к себе; носить (платье и т. д.); вызывать, причинять, быть причиной; влечь за собой; ссылаться на что-л; приводить (доказательства и т. д.); вынуждать, заставлять, вести (дело и т. д.); (м. употр.) см. **manejar; traerse.** [возв. гл.] вести себя (хорошо, плохо); одеваться (хорошо, плохо и т. д.): * traer luto, носить траур; * traer ejemplos, привести примеры; * traer a la memoria, припомнить; * traer en bocas (en lenguas), злословить; * traer a mal traer, грубо обращаться с кем-л; надоесть; * traer y llevar, сплетничать; * traer arrastrado, изнурять, мучить непосильной работой; * traer de acá para allá (de aquí para allí), причинять беспокойство и т. д.; * traer al caso, припомнить при удобном случае; * traer malas consecuencias, вызывать плохие последствия; [непр. гл.] prest. ind. traigo, traes и т. д.; indef. traje, trajiste, и т. д.; trajera или trajese и т. д.; ger. trayendo.

traeres. [м. множ.] см. **atavío.**

trafagador. [м.] торговец; делец, торгаш.

trafagante. [дейст. прич.] к trafagar.

trafagar. [неперех. и перех.] торговать, вести торговлю; [неперех.] путешествовать.

tráfago. [м.] см. **tráfico;** дела, хлопоты.

trafagón, na. [прил.] (разг.) предприимчивый; [м. и ж.] старательный торговец.

trafalgar. [м.] хлопчатобумажная ткань.

trafalmeja(s). [прил.] ветреный, беспокойный; подвижной; [м. и ж.] вертопрах, ветреник, -ица.

trafalmejo, ja. [прил.] нахальный, наглый, дерзкий; беспокойный, подвижной, ветреный.

trafasía. [ж.] (Амер.) см. **trapacería.**

traficación. [ж.] см. **tráfico.**

traficante. [дейст. прич.] к traficar; [м.] торговец, купец; делец, торгаш; спекулянт.

traficar. [неперех.] торговать, вести торговлю; спекулировать; путешествовать.

tráfico. [м.] торговля; (перен.) движение (езда, ходьба), уличное движение.

trafulla. [ж.] (разг.) см. **trampa** (в игре).

tragaavemarías. [м. и ж.] (разг.) см. **tragasantos.**

tragable. [прил.] поддающийся глотанию.

tragacanta. [ж.] **tragacanto.** [м.] трагакант (кустарник); адрагантовая камедь.

tragacete. [м.] сорт дротика, стрелы.

tragadal. [ж.] (Амер.) см. **lodazal.**

tragaderas. [ж. множ.] глотка, гортань; легковерие; терпимость.

tragadero. [м.] глотка, гортань; пропасть; сточный канал; легковерие.

tragador, ra. [м. и ж.] обжора (тж. прил.): * tragador de leguas, см. **tragaleguas.**

tragahombres. [м.] (разг.) см. **matón.**

tragaldabas. [м. и ж.] (разг.) обжора.

tragaleguas. [м. и ж.] (разг.) хороший ходок, скороход.

tragaluz. [м.] слуховое окно; подвальное окно.

tragallón, na. [м. и ж.] (обл.) (Амер.) см. **tragón.**

tragamallas. [м.] (разг.) обжора.

tragantada. [ж.] большой глоток.

tragante. [дейст. прич.] к tragar; [м.] колошник (шахтной печи).

tragantina. [ж.] (хим.) адрагантовая камедь.

tragantón, na. [м. и ж.] (разг.) обжора (тж. прил.).

tragantona. [ж.] (разг.) обжора; см. **comilona;** пичкание.

tragaperras. [м.] автомат (выбрасывающий папиросы и т. д.).

tragar. [перех.] глотать, проглатывать, поглощать; с жадностью глотать; обжираться, пожирать, поглощать (о земле и т. д.); легко доверять всему и всем; претерпевать; (перен.) поглощать; * no tragar, не переваривать кого-чего.

tragasangre. [м.] (перен.) см. rufián.
tragasantos. [м. и ж.] ханжа, святоша.
tragasopas. [м. и ж.] прихлебатель, -ница.
tragavenado. [м.] (Амер.) вид удава.
tragavino. [м.] большая воронка для разливки вина.
tragavirotes. [м.] (разг.) чопорный человек.
tragazón. [ж.] прожорливость, обжорство, невоздержанность в еде и питье.
tragedia. [ж.] трагедия; несчастное событие.
tragiano, na. [прил.] к козелок (в ухе).
trágicamente. [нареч.] трагически.
trágico, ca. [прил.] трагический; трагичный, ужасный, потрясающий; [м. и ж.] трагик (автор трагедии; актёр).
tragicomedia. [ж.] трагикомедия.
tragicómico, ca. [прил.] трагикомический.
trago. [м.] глоток; (перен.) несчастье, злосчастье; огорчение; (Амер. прост.) водка: * **trago** amargo, (перен.) горькая пилюля; * a **tragos**, глотками; мало-помалу; * de un **trago**, одним глотком.
trago. [м.] (анат.) козелок (в ухе).
tragón, na. [прил.] (разг.) прожорливый, обжорливый; [м. и ж.] обжора.
tragonear. [перех.] (разг.) обильно и часто есть.
tragonería, tragonía. [ж.] (разг.) прожорливость, обжорство.
tragontina. [ж.] (бот.) аронник, аронова-борода (растение сем. аронниковых).
tragopán. [м.] (бот.) козлобородник.
traguearse, traguetearse. [возв. гл.] (Амер.) см. emborracharse.
tragus. [м.] (анат.) козелок (в ухе).
traición. [ж.] измена, предательство: * alta **traición**, государственная измена; * a **traición**, см. traidoramente.
traicionar. [перех.] изменять, предавать; выдавать, обнаруживать.
traicionero, ra. [прил. и сущ.] см. traidor.
traída. [ж.] принос, привоз, привод; подача, передача (воды и т. д.).
traído, da. [страд. прич.] к traer; [прил.] поношенный (о платье).
traidor, ra. [прил.] изменнический, предательский; злодейский; коварный; [м. и ж.] предатель, -ница, изменник -ица.
traidoramente. [нареч.] предательски, изменнически, злодейски.
traílla. [ж.] (охот.) свора (ремень); см. tralla; свора (пара охотничьих собак); дорожный каток.
traillar. [перех.] укатывать землю катком.
traína. [ж.] сеть для ловли сардин.
trainel. [м.] (арг.) слуга или рассыльный (у проститутки и т. д.).
trainera. [ж.] рыбачья лодка для ловли сардин и т. д.
traiña. [ж.] см. traína.
traite. [м.] расчёсывание шерстяной ткани.
traja. [ж.] (Амер.) палубный груз; см. sobrecarga.
traje. [м.] одежда, платье, костюм, одеяние: * **traje** civil, штатское платье; * **traje** militar, военная форма; * **traje** de gala, парадный костюм; * **traje** de ceremonia или de etiqueta, парадная форма; фрак; * **traje** de baño, купальный костюм; * **traje** de baile, бальное платье; * **traje** de luces, костюм торреро.
trajeado, da. [страд. прич.] к trajear; bien (mal) **trajeado**, хорошо (плохо) одетый.
trajear. [перех.] одевать, снабжать платьем, одеждой.
trajedizo, za. [прил.] хорошо одетый.
trajín. [м.] перевозка товаров; хождение или переезд с места на место (по каким-л делам): * **trajín** diario, обычный ход вещей, рутина.
trajinante. [действ. прич.] к trajinar; [м.] (пере)возчик (перевозящий товары).
trajinar. [перех.] возить, перевозить товары; (Амер.) обманывать; беспокоить, докучать; [неперех.] ходить или переезжать с места на место (по каким-л делам).
trijinería. [ж.] перевоз(ка) товаров, занятие перевозчика.
trajinero. [м.] см. trajinante.
trajino. [м.] см. trajín.
tralca. [ж.] (Амер.) гром.
tralquear. [неперех.] (Амер.) греметь (о громе).
tralla. [ж.] пеньковый канат, верёвка; плетёный конец бича; бич с плетёным концом; (арг.) цепочка для часов.
trallazo. [м.] удар бичом (см. tralla); щёлканье бича (см. tralla); (перен.) строгий выговор.
tralleta. [ж.; умен.] к tralla.
trama. [ж.] (текст.) уток, уточина; шёлк для снования; (перен.) заговор; козни; нить, интрига (литературного произведения); цветение деревьев.
tramador, ra. [прил. и сущ.] (текст.) снующий; замышляющий заговор и т. д.
tramar. [перех.] (текст.) сновать; (перен.) замышлять, строить козни и т. д.; плести интригу; [неперех.] расцветать (о растениях).
tramazón. [ж.] (Амер.) беспорядок, свалка, ссора.
trambucar. [неперех.] (Амер.) потерпеть кораблекрушение; потерять рассудок.
trambuque. [м.] (Амер.) кораблекрушение.
trámil. [прил.] (Амер.) со слабыми ногами.
tramilla. [ж.] см. bramante.
tramitación. [ж.] продвижение дела по инстанциям.
tramitador, ra. [м. и ж.] тот, кто продвигает дело по инстанциям.
tramitar. [перех.] продвигать дело по инстанциям.
trámite. [м.] переход отчего-л к чему-л; отдельная ступень (в деле).
tramo. [м.] участок (земли и т. д.); пролёт (лестницы, моста и т. д.); отрывок (книги и т. д.).
tramojo. [м.] перевясло; [множ.] (разг.) беда.
tramontana. [ж.] север, северный ветер; (перен.) тщеславие; надменность; (обл.) см. reyerta: * perder la **tramontana**, (перен. разг.) терять голову; выходить из себя.
tramontano, na. [прил.] находящийся по ту сторону гор.
tramontar. [неперех.] переходить через горы; закатываться, заходить (о солнце); [перех.] способствовать побегу (тже. возв. гл.).
tramonte. [м.] переход через горы; заход, закат солнца (за горы).
tramoya. [ж.] (театр.) механизм для передвижки декораций; совокупность механизмов (сцены); (перен.) вымысел, уловка, хитрость, ловушка.
tramoyista. [м. и ж.] машинист сцены; обманщик; враль.
tramoyón, na. [прил.] (разг.) лживый, обманчивый.
trampa. [ж.] западня, ловушка, капкан; откидная дверь (в полу); откидная дверь прилавка; глазок (в двери); (перен.) уловка; приём; жульничество, обман, плутовство; неоплаченный долг: * **tram pa** legal, юридическая уловка; * **trampa** pa ratones, мышеловка; * caer en la **trampa**, попасть в ловушку; * armar **trampa**, ставить ловушку; * llevarse la **trampa**, терпеть неудачу.
trampal. [м.] топь; трясина.
trampantojo. [м.] обман, ловушка.
trampapillo. [м.] (Амер.) продувная бестия.
trampeador, ra. [прил.] выманивающий мошенническим способом; [м. и ж.] мошенник, -ица.
trampear. [неперех.] (разг.) выманивать воровским, мошенническим способом; ухитряться; [перех.] обманывать: * ir **trampeando**, терпеть недуги.
trampera. [ж.] (Амер.) западня.
trampería. [ж.] выманивание воровским, мошенническим способом; мошенничество, жульничество.
trampero. [м.] охотник (с помощью западней); (Амер.) западня (для ловли птиц).
trampero, ra. [прил.] (Амер.) см. tramposo.
trampilla. [ж.] смотровое отверстие (в полу); дверца (печки и т. д.); ширинка (полоса ткани).
trampista. [прил.] мошеннический, нечестный; неисправимый (о должнике); [м. и ж.] мошенник; неисправимый должник.
trampolín. [м.] трамплин.
tramposería. [ж.] (Амер.) см. trampería.
tramposo, sa. [прил. и сущ.] см. trampista; [прил.] занимающийся шулерством; [м. и ж.] шулер.
tranca. [ж.] дубина; большой деревянный засов; (перен. разг.) (Амер.) см. borrachera.
trancada. [ж.] большой шаг; (обл.) удар дубиной.
trancado, da. [прил.] неровный, неловкий (о шаге лошади).
trancahilo. [м.] узел (на нитке или на верёвке).
trancanil. [м.] (мор.) стрингер.
trancaperros. [м.] (Амер.) ссора, драка.
trancar. [перех.] запирать на (большой деревянный) засов; [неперех.] (разг.) ходить большими шагами; (Амер.) запирать на ключ; **trancarse** [возв. гл.] (Амер.) напиться, стать пьяным; страдать запором.
trancazo. [м.] удар дубиной; (перен. разг.) грипп; (Амер.) глоток ликёра.
trance. [м.] критический момент; опасность; (юр.) распродажа конфискованного имущества; транс: * el último или postrer **trance**, смертный час; * **trance** de armas, сражение; * a todo **trance**, решительно.
trancenil. [м.] см. trencellín.
tranco. [м.] большой шаг, прыжок, скачок; порог (двери): * a **trancos**, (разг.) наспех; * en dos **trancos**, мигом.
trancha. [ж.] наковальня жестянщика.
tranchete. [м.] сапожный нож.
trancho. [м.] сорт морской рыбы.
trangallo. [м.] род колодки, которую надевают на шею собакам.
tranquear. [неперех.] (разг.) ходить большими шагами; перемешивать с помощью больших колов.
tranquera. [ж.] изгородь, частокол; (Амер.) калитка в частоколе.
tranquero. [м.] (Амер.) калитка в частоколе.
tranquil. [м.] (арх.) вертикаль, вертикальная, отвесная линия.
tranquilamente. [нареч.] тихо, спокойно, безмятежно.
tranquilidad. [ж.] спокойствие; покой, тишина; безмятежность, душевный покой.
tranquilino, na. [прил.] (Амер.) см. borracho.
tranquilizador, ra. [прил.] успокаивающий, успокоительный (тже. лицо).
tranquilizar. [перех.] успокаивать, утихомиривать, утишать (уст.), унимать; tran-

quilizarse, [возв. гл.] успокаиваться, утихомиряться.

tranquilo, la. [прил.] тихий, спокойный; (с)мирный: sueño tranquilo, безмятежный сонь * esté tranquilo, не волнуйтесь, будьте спокойны.

tranquilla. [ж. умен.] к tranca; словесная ловушка; увёртка; чека (стержень).

tranquillo. [м.] ловкий приём; (обл.) порог (двери).

tranquillón. [м.] смесь ржи с пшеницей (при посеве или помоле).

tranquiza. [ж.] (разг. Амер.) взбучка, побои.

trans- приставка, обозначающая: через, по ту сторону, транс; пере, пре, про, за; превращение.

transacción. [ж.] уступка; мировая сделка, соглашение; сговор, соглашение: * una mala transacción vale más que un buen pleito, худой мир лучше доброй ссоры.

transaccional. [прил.] мировой, полюбовный.

transafricano, na. [прил.] трансафриканский; пересекающий Африку (о дороге и т. д.).

transalpino, na. [прил.] заальпийский, трансальпийский.

transandino, na. [прил.] находящийся за Андами; пересекающий район Анд.

transanimación. [ж.] воскрешение новорождённого.

transar. [неперех.] (Амер.) см. dirimir.

transatlántico, ca. [прил.] трансатлантический, заатлантический; [м.] океанский пароход.

transbordador, ra. [прил.] перегружающий; (товары); делающий пересадку; [м.] пароход-паром; катер (для перевозки пассажиров).

transbordar. [перех.] перегружать (товары); пересаживать (пассажиров).

transbordo. [м.] перегрузка (товаров); пересаживание, пересадка (пассажиров): * sin transbordo, беспересадочно, без пересадки.

transcaspiano, na. [прил.] закаспийский.

transcaucásico, ca. [прил.] закавказский.

transcendencia. [ж.] см. trascendencia.

transcendental. [прил.] см. trascendental; (филос.) трансцендентальный.

transcedetalismo. [м.] (филос.) трансцендентализм; свойст. к transcendental.

transcendente. [дейст. прич.] к transcender; (мат.) трансцендентный.

transcender. [перех.] см. trascender; [непр. гл.] спряг. как entender.

transcontinental. [прил.] трансконтинентальный, пересекающий континент.

transcortical. [прил.] (анат.) проходящий через кору мозги.

transcribir. [перех.] переписывать, списывать; (лингв.) (муз.) транскрибировать.

transcripción. [ж.] переписывание, переписка, списывание; транскрибирование; транскрипция.

transcri(p)to, ta. [непр. страд. прич.] к transcribir.

transcurrente. [дейст. прич.] к transcurrir.

transcurrir. [неперех.] проходить, протекать.

transcurso. [м.] течение времени: * en el transcurso de un año, в течение года.

transcutáneo, a. [прил.] проходящий через кожу.

tránseat. [лат. выраж.] пусть!, ладно!

transepto. [м.] (арх.) трансепт, поперечный неф.

transeúnte. [прил.] проходящий, проезжающий; временный, преходящий; [м. и ж.] прохожий, -ая, проезжий, -ая.

transferencia. [ж.] перенесение, перемещение; передача; откладывание; перевод; объяснение.

transferible. [прил.] переносимый, перемещаемый, подлежащий перемещению, передаче, переводу; с правом передачи.

transferir. [перех.] переносить; перемещать; откладывать; задерживать; уступать (права); передавать (власть и т. д.); распространять значение слова; переводить; [непр. гл.] спряг. как sentir.

transfiguración. [ж.] изменение, преображение; (рел.) Преображение (праздник).

transfigurar. [перех.] видоизменять, преображать; transfigurarse. [возв. гл.] преображаться.

transfijo, ja. [прил.] проколотый.

transflor. [м.] (жив.) живопись на металле.

transflorar. [неперех.] просвечивать; (жив.) см. transflorear; копировать рисунок на свет.

transflorear. [перех.] (жив.) разрисовывать красками металл.

transforación. [ж.] пробуравливание.

transformabilidad. [ж.] (видо)изменяемость, способность преобразываться.

transformable. [прил.] (видо)изменяемый, поддающийся изменению.

transformación. [ж.] превращение одной формы в другую, видоизменение, преобразование; трансформация; переделка, переработка.

transformador, ra. [прил.] преобразовывающий, трансформирующий; перерабатывающий, переделывающий; трансформаторный; [м.] (тех.) преобразователь; трансформатор.

transformamiento. [м.] см. transformación.

transformante. [дейст. прич.] к transformar.

transformar. [перех.] преобразовывать, превращать, (видо)изменять, переделывать, перерабатывать; (тех.) трансформировать; transformarse. [возв. гл.] (видо)-изменяться, преобразовываться; перерастать в...; перерабатываться.

transformativo, va. [прил.] преобразующий, переделывающий, перерабатывающий; трансформирующий.

transformismo. [м.] (биол.) трансформизм, теория изменяемости видов.

transformista. [прил.] относящийся к трансформизму; [м. и ж.] сторонник, -ица теории изменяемости видов.

transfregar. [перех.] сильно втирать, натирать; [непр. гл.] спряг. как acertar.

transfretano, na. [прил.] находящийся за проливом.

transfretar. [перех.] пересекать море; [неперех.] см. extenderse.

tránsfuga. [м. и ж.] **tránsfugo;** [м.] перебежчик, -ица.

transfundición. [ж.] см. transfusión.

transfundir. [перех.] переливать; (перен.) передавать, распространять: transfundir ideas, передавать или распространять идеи.

transfusible. [прил.] поддающийся переливанию.

transfusión. [ж.] переливание; (перен.) распространение, передача: * transfusión de sangre, трансфузия, переливание крови.

transfusor, ra. [прил. и сущ.] переливающий; (перен.) распространяющий; [м. и ж.] распространитель, -ница.

transgredir. [перех.] нарушать, преступать.

transgresión. [ж.] нарушение (правила, закона).

transgresivo, va. [прил.] нарушающий.

transgresor, ra. [прил.] нарушающий, преступающий (закон и т. д.); [м. и ж.] нарушитель, -ница (закона и т. д.).

transiberiano, na. [прил.] пересекающий Сибирь.

transición. [ж.] переход в другое состояние; переход, переходное состояние, переходная ступень; резкое изменение (тона и т. д.).

transido, da. [прил.] усталый, утомлённый; огорчённый, полный тоски, тревоги; (перен.) жалкий; смешной; скупой: * transido de frío, оцепеневший от холода; * transido de dolor, убитый горем; * transido de hambre, изнурённый голодом.

transigencia. [ж.] уступчивость, уступка.

transigente. [дейст. прич.] к transigir.

transigir. [неперех.] заключать мировую сделку; уступать; идти на компромисс; примиряться, проявлять уступчивость.

transilvano, na. [прил.] трансильванский (тже. сущ.).

transistor. [м.] (радио) транзистор, полупроводниковый триод.

transitable. [прил.] проходимый.

transitación. [ж.] расхаживание по улицам; путешествие, делая остановки в пути.

transitar. [неперех.] (про)ходить, разхаживать по общественным местам, по улицам; путешествовать, делая остановки в пути.

transitivo, va. [прил.] (юр.) передаваемый; (грам.) переходный (о глаголе).

tránsito. [м.] см. transitación; проход, переход, проезд; транзит; остановка в пути; переход из одного состояния в другое; смерть, переход в иной мир: * Tránsito de la Virgen, успение Богородицы; * hacer tránsitos, останавливаться для отдыха.

transitoriamente. [нареч.] временно.

transitoriedad. [ж.] временность, недолговечность, преходящий характер.

transitorio, ria. [прил.] временный, недолговечный; переходный, переходящий.

translación. [ж.] см. traslación.

translaticiamente, translaticio, cia, translativo, va. см. traslaticiamente, traslaticio, traslativo.

translimitación. [ж.] нарушение границы; переход через границу.

translimitar. [перех.] нарушать границу, переходить границу; вторгаться в...; преступать пределы.

transliteración. [ж.] транслитерация.

translucidez. [ж.] просвечивание, полупрозрачность.

translúcido, da. [прил.] просвечивающий, полупрозрачный.

transluciente. [прил.] см. trasluciente.

transmarino, na [прил.] заморский.

transmediterráneo, a. [прил.] находящийся по ту сторону Средиземного моря; пересекающий Средиземный море.

transmigración. [ж.] переселение, эмиграция; переселение душ.

transmigrar. [неперех.] переселяться, эмигрировать; переселяться (о душе).

transmigratorio, ria. [прил.] относящийся к переселению.

transmisibilidad. [ж.] способность передаваться, передаваемость; право передачи.

transmisible. [прил.] передаваемый, передающийся; транслируемый; (мед.) заразный.

transmisión. [ж.] передача; перенесение; (тех.) передача, привод; трансмиссия; связь; (радио) передача, радиопередача, трансляция: * transmisión de Cardán, Карданная передача; * transmisión de movimiento, передача движения; * de transmisión, приводной; * servicio de transmisión, служба связи; * transmisión por cadena, цепная передача; * transmisión por correas, ремённая передача, ремённый привод;

transmisor, ra. [прил.] передаточный, передающий; [м.] передатчик.
transmitir. [перех.] передавать, пересылать; перемещать, переносить; (радио) передавать по радио, транслировать; (юр.) передавать имущество и т. д.
transmontano, na. [прил.] см. trasmontano.
transmontar. [перех. и неперех.] см. tramontar.
transmonte. [м.] (м. употр.) см. tramonte.
transmudación. [ж.] transmudamiento [м.] см. transmutación.
transmudar. [перех.] перемещать, передвигать, переносить; см. transmutar; менять (привычки и т. д.).
transmundano, na. [прил.] потусторонний, загробный.
transmutable. [прил.] изменяемый, поддающийся изменению.
transmutación. [ж.] изменение, преобразование, превращение: * transmutación de los elementos, превращение элементов.
transmutar. [перех.] изменять, превращать, преобразовывать.
transmutativo, va, transmutatorio, ria. [прил.] изменяющий, превращающий.
transoceánico, ca. [прил.] заокеанский.
transpacífico, ca. [прил.] находящийся по ту сторону Тихого океана.
transparencia. [ж.] прозрачность.
transparentarse. [возв. гл.] просвечивать, сквозить; (перен.) проявляться.
transparente. [прил.] прозрачный, сквозящий; [м.] транспарант; прозрачная занавеска (с рисунками); сорт стеклянного окна.
transperitoneal. [прил.] (мед.) чрезбрюшинный.
transpirable. [прил.] способный потеть.
transpiración. [ж.] потение, испарение.
transpirar. [неперех.] (por) испаряться; потеть; выходить наружу, выявляться, обнаруживаться.
transpirenaico, ca. [прил.] запиренейский.
transplantación. [ж.] см. trasplantación.
transpleural. [прил.] (мед.) чрезплевральный.
transponedor, ra. [прил.] перемещающий, переносящий и т. д. (тже сущ.).
transponer. [перех.] перемещать, переносить; переставлять; перекладывать; передвигать; переводить; спрятать (позади чего-л); см. trasplantar; **transponerse.** [возв. гл.] перемещаться; спрятаться (позади чего-л) спрятаться за горизонт (о солнце и т. д.); вздремнуть; [непр. гл.] спряг. как **poner**.
transportable. [прил.] способный выдержать перевозку, транспортабельный; перевозимый: *calidad de **transportable**, транспортабельность.
transportación. [ж.] транспортировка, перевозка, транспортирование, транспорт; перемещение, переноска; (муз.) транспонирование.
transportador, ra. [прил.] транспортирующий, перевозящий; [м. и ж.] лицо, занимающееся транспортировкой, перевозкой; [м.] (геом.) транспортир.
transportamiento. [м.] см. **transportación**; неожиданная потеря рассудительности, самообладания.
transportar. [перех.] переносить; перевозить, транспортировать; (муз.) транспонировать; **transportarse.** [возв. гл.] неожиданно терять рассудительность, самообладание, восплылать.

transporte. [м.] см. **transportación**; (воен.) транспортное судно, транспорт; (муз.) транспонирование, транспонировка; восторг, душевный порыв: * **transporte** blindado, (воен.) бронетранспортёр; * medios de **transporte**, средства передвижения; * agencia de **transportes**, транспортная контора, экспедиционная контора; * **transporte** ferroviario, железнодорожный транспорт; * **transporte** por carretera, автотранспорт, автомобильный транспорт; * **transporte** marítimo, морской транспорт; * **transporte** fluvial, речной транспорт; * **transporte** a domicilio (puerta a puerta), доставка на дом.
transportista. [м. и ж.] лицо, занимающееся транспортированием, перевозкой; транспортник.
transportivo, va. [прил.] транспортировочный.
transposición. [ж.] перемещение, перестановка; пересадка (растений); (муз.) транспонирование, транспонировка; (мед.) смещение (внутренних органов); (грам.) инверсия; (перен.) неожиданная потеря рассудительности и т. д.
transpositivo, va. [прил.] перемещаемый.
transpositor. [м.] (муз.) специалист по транспонированию; см. transmisor.
transpuesta. [ж.] см. traspuesta.
transpuesto, ta. [непр. страд. прич.] к transponer.
transterminante. [дейст. прич.] к transterminar.
transrenano, na. [прил.] зарейнский.
transterminar. [перех.] переезжать в другую местность.
transtiberino, na. [прил.] живущий по ту сторону Тибра (тже сущ.).
transubstanciación. [ж.] (бог.) пресуществление.
transubstanciar. [перех.] (бог.) пресуществлять.
transudación. [ж.] см. trasudación.
transvasar. [перех.] переливать из сосуда в сосуд.
transversal. [прил.] пересекающий, поперечный, косой, боковой; не имеющий потомства по прямой линии; отклоняющийся от прямого направления, [ж.] (геом.) пересекающая линия.
transversalmente. [нареч.] поперёк, косо, вкось.
transverso, sa. [прил.] расположенный вкось, косой; (анат.) поперечный.
transvertir. [перех.] см. transtornar, trocar.
tranvía. [м.] трамвай.
tranviario, ria [прил.] трамвайный; [м.] трамвайщик, трамвайный служащий.
tranviero. [м.] трамвайщик.
tranza. [ж.] (обл.) распродажа конфискованного имущества.
tranzadera. [ж.] плетёная верёвка или лента.
tranzado, da. [страд. прич.] к tranzar.
tranzar. [перех.] резать, разрезать; с силой ломать; отрубать, отсекать; отрезать; плести, заплетать косы; (обл.) продавать с торгов; **tranzarse.** [возв. гл.] раскалываться.
tranzón. [м.] земельный участок, надел.
trapa. [ж.] (мор.) оттяжка.
Trapa. [ж.] монашеский орден траппистов.
trapacear. [неперех.] обманывать, мошенничать.
trapacería. [ж.] см. trapaza.
trapacero, ra. [прил. и сущ.] см. trapacista.
trapacista. [м. и ж.] жуликоватый, обманчивый, плутоватый [м. и ж.] обманщик, -ица, жулик.
trapajería. [ж.] комплект парусов, паруса; (обл.) лохмотья.
trapajo. [м. презр.] к trapo.

trapajoso, sa. [прил.] рваный, оборванный, покрытый лохмотьями, грязный.
trápala. [ж.] суматоха, шум; цокот копыт.
trápala. [ж.] (разг.) обман; ложь, выдумка; (арг.) тюрьма; [м. и ж.] (разг.) болтун, -нья; обманщик, лгун, -нья; [м.] (разг.) болтовня.
trapalear. [неперех.] шаркать ногами; (разг.) врать; болтать.
trapalón, na. [м. и ж.] (разг.) болтун, -нья; лгун, -нья.
trapalonear. [неперех.] (Амер.) врать, лгать; болтать, трещать.
trápana. [ж.] (арг.) тюрьма.
trapatiesta. [ж.] (разг.) спор, ссора, свалка, драка.
trapaza. [ж.] мошенничество, обман, надувательство, подлог.
trapazar. [неперех.] см. trapacear.
trape. [м.] сорт бортовки, подкладочного холста.
trapeada. [ж.] (Амер.) брань, инвектива.
trapeador. [м.] (Амер.) см. estropajo.
trapear. [безлич. гл.] (обл.) см. nevar; [перех.] (Амер.) чистить пол тряпкой или мочалкой; чистить пол; (Амер. разг.) избивать; распекать.
trapecial. [прил.] (геом.) относящийся к трапеции; трапециевидный.
trapeciforme. [прил.] трапециевидный.
trapecio. [м.] (спорт. геом.) трапеция; (анат.) трапециевидная мышца.
trapecista. [м. и ж.] воздушный гимнаст, -ка.
trapén. [м.] болотистая долина.
trapense. [м.] траппист (монах).
trapera. [ж.] (Амер.) см. trapería.
trapería. [ж.] тряпьё, тряпки, ветошь; лавка старьёвщика.
trapería. [м.] (Амер.) тряпьё, тряпки, ветошь.
trapero, ra. [м. и ж.] тряпичник, -ица; старьёвщик, -ица; (Амер.) мелкий вор (в магазинах).
trapezoedro. [м.] (крист.) трапецоэдр, тетрагонтриоктаэдр.
trapezoidal. [прил.] (геом.) относящийся к разностороннему четырёхугольника; имеющий вид разностороннего четырёхугольника.
trapezoide. [м.] (геом.) разносторонний четырёхугольник.
trapezoideo, a. [прил.] трапециевидный.
trapi. [м.] (Амер.) острая еда.
trapicán. [м.] (Амер.) чеснок с водой и солью.
trapicar. [неперех.] (Амер.) резать на мелкие дольки; жечь рот или глаза (как перец); **trapicarse.** [возв. гл.] поперхнуться.
trapiche. [м.] мельница для оливок или сахарного тростника; (Амер.) дробилка для руды; небольшой сахарный завод.
trapichear. [неперех.] изощряться; торговать в розницу.
trapicheo. [м.] (разг.) изощрение; торговля в розницу.
trapichero. [м.] рабочий на маслобойном или сахарном заводе; торговец в розницу.
trapiento, ta. [прил.] см. andrajoso.
trapilcar. [неперех.] (Амер.) см. trapicar.
trapillo. [м. умен.] к trapo, тряпочка; [м. и ж.] вульгарный кавалер или дама; незначительные сбережения; de **trapillo**, в затрапезном виде.
trapío. [м.] (разг.) величественная осанка (о быке); свирепость быка (во время боя).
trapisonda. [ж.] (разг.) шум, ссора, скандал, беспорядок; путаница, обман, интрига.

trapisondear. [неперех.] (разг.) вздорить; обманывать, склочничать.
trapisondista. [м. и ж.] скандалист, любитель, -ница ссориться; склочник, -ица.
trapista. [м.] (Амер.) см. trapero.
trapito. [м. умен.] к trapo, тряпочка: * los trapitos de cristianar, самая красивая одежда.
trapo. [м.] тряпка, лоскут; паруса; (разг.) плащ тореро; [множ.] тряпки, женские наряды: * los trapos de cristianar, самая хорошая одежда; * a todo trapo, (мор.) на всех парусах; (перен.) действенно; * poner como un trapo, ругать, поносить (кого-л); * soltar el trapo, (разг.) разразиться (слезами или смехом).
traposiento, ta, traposo, sa. [прил.] (Амер.) см. trapiento.
trapujear. [неперех.] (Амер.) заниматься контрабандой.
trapujero, ra. [м. и ж.] (Амер.) контрабандист, -ка.
traque. [м.] взрыв ракеты; пороховой шнур; (перен. разг.) ветры: * a traque barraque, постоянно; по всякому поводу.
tráquea. [ж.] (анат.) трахея, дыхательное горло.
traqueal. [прил.] (анат.) трахеальный.
traquealgia. [ж.] (пат.) боль в дыхательном горле.
traquear. [неперех.] см. traquetear; (Амер.) пить ликёр; [перех.] (Амер.) часто посещать место (о людях); обучать, тренировать.
traquearteria. [ж.] (анат.) трахея, дыхательное горло.
traqueítis. [ж.] (пат.) воспаление трахеи, трахеит.
traquelectomía. [ж.] (хир.) разрез шейки матки.
traquelitis. [ж.] (пат.) воспаление шейки матки.
traquelodinia. [ж.] (пат.) боль в шее.
traqueo. [м.] см. traqueteo.
traqueobronquitis. [ж.] (пат.) трахеобронхит.
traqueotomía. [ж.] (хир.) трахеотомия.
traqueótomo. [м.] (хир.) инструмент для вскрытия гортани.
traquetear. [неперех.] трещать; потрескивать; грохотать, лопаться; [перех.] трясти; (перен. разг.) ощупывать: * traquetear un líquido, взбалтывать.
traqueteo. [м.] трескотня ракет; тряска (при езде); (Амер.) неясный и сильный шум.
traquiandesita. [ж.] (геол.) трахиандезит.
traquido. [м.] звук выстрела; грохот, шум от взрыва; треск; [прил.] шум, гомон.
traquifonía. [ж.] грубость или хриплость голоса.
traquita. [ж.] (мин.) трахит.
traquítico, ca. [прил.] (мин.) трахитовый.
traquitoide. [прил.] трахитоподобный.
trarigüe, trarihue. [м.] (Амер.) индейский пояс.
trarilonco, trarilongo. [м.] (Амер.) шерстяная головная повязка.
traro. [м.] (Амер.) чилийская хищная птица.
tras. [ж.] хлоп!; [м.] (разг.) зад.
tras. [предл.] за+твор. падеж.; позади+ род. падеж.; вслед за+твор. падеж.; после+ род. падеж.: * tras de mí, позади меня; * tras una casa или la casa, за домом.
tras. de. tras. trans.
trasalcoba. [ж.] комната позади спальни.
trasalpino, na. [прил.] см. transalpino.
trasandino, na. [прил.] см. transandino.
trasandosco, ca. [прил. и сущ.] более чем двухгодовалый (о мелком скоте).
trasanteanoche. [нареч.] три ночи тому назад.

trasanteayer, trasantier. [нареч.] три дня тому назад.
trasañejo, ja. [прил.] имеющий трёхлетнюю или более давность.
trasatlántico, ca. [прил. и м.] см. transatlántico.
trasbarrás. [м.] шум при падении.
trasbocar. [перех.] (разг.) (Амер.) рвать, вырвать.
trasbordar. [перех.] см. transbordar.
trasbordo. [м.] см. transbordo.
trasbucar. [перех.] (Амер.) см. trasegar; см. trabucar.
trasca. [ж.] крепкий ремешок; (самка) свиньи предназначенная на убой.
trascabo. [м.] см. zancadilla.
trascantón. [м.] см. guardacantón; носильщик.
trascantonada. [ж.] см. guardacantón.
trascendencia. [ж.] проницательность, дальновидность; результат; последствие; важность, значительность.
trascendental. [прил.] имеющий влияние; очень важный или значительный; чреватый последствиями.
trascendentalismo. [м.] (фил.) трансцендентализм.
trascendente. [дейст. прич.] к trascender.
trascender. [неперех.] благоухать; распространяться (о новости и т. д.); иметь следствия; (фил.) находиться за пределами возможного опыта; [перех.] проникнуть (понять суть чего-л).
trascendido, da. [страд. прич.] к trascender; [прил.] проницательный, дальновидный.
trascocina. [ж.] помещение при кухне.
trascolar. [перех.] цедить, процеживать; переваливать через горы; [непр. гл.] спряг. как contar.
trasconejarse. [возв. гл.] (охот.) дать опередить себя собакам (о зайцах); (разг.) потеряться.
trascordadamente. [нареч.] небрежно.
trascordarse. [возв. гл.] запамятовать; [непр. гл.] спряг. как acordar.
trascoro. [м.] часть церкви за хорами.
trascorral. [м.] задний двор; (разг.) зад.
trascribir. [перех.] см. transcribir.
trascripción. [ж.] см. transcripción.
trascri(p)to, ta. [непр. страд. прич.] к trascribir.
trascuarto. [м.] задняя комната.
trascuenta. [ж.] см. trabacuenta.
trascurrir. [неперех.] см. transcurrir.
trascurso. [м.] см. transcurso.
trasdobladura. [ж.] утроение.
trasdoblar. [перех.] утраивать.
trasdoble, trasdoblo. [м.] тройное количество.
trasdós. [м.] (арх.) внешняя поверхность свода, шалыга; пилястра за колонной.
trasdosear. [перех.] (арх.) укреплять что-л с обратной стороны.
trasechador, ra. [прил. и сущ.] см. asechador.
trasechar. [перех.] см. asechar.
trasegador, ra. [прил. и сущ.] переливающий из сосуда в сосуд.
trasegadura. [ж.] см. trasiego.
trasegar. [перех.] переворачивать, передвигать, перемещать; переливать из сосуда в сосуд; [непр. гл.] спряг. как calentar.
traseñalar. [перех.] перемечать, делать новую метку.
trasera. [ж.] задняя часть; задок (кареты и т. д.)
trasero, ra. [прил.] задний; [м.] зад, задница; [множ.] предки.
trasferencia. [ж.] см. transferencia.
trasferible. [прил.] см. transferible.
trasferidor, ra. [прил. и сущ.] см. transferidor.
trasferir. [перех.] см. transferir; [непр. гл.] спряг. как sentir.

trasfigurable. [прил.] см. transfigurable.
trasfiguración. [ж.] см. transfiguración.
trasfigurar. [перех.] см. transfigurar.
trasfijo, ja. [прил.] см. transfijo.
trasfixión. [ж.] см. transfixión.
trasflor. [м.] (жив.) см. transflor.
trasflorar. [перех.] (жив.) см. transflorar.
trasflorear. [перех.] (жив.) см. transflorear.
trasfollado, da. [прил.] (вет.) страдающий trasfollos.
trasfollo. [м.] (вет.) опухоль в изгибе скакательного сустава.
trasformación. [ж.] см. transformación.
trasformador, ra. [прил. и сущ.] см. transformador.
trasformamiento. [м.] см. transformamiento.
trasformar. [перех.] см. transformar.
trasformativo, va. [прил.] см. transformativo.
trasfregar. [перех.] см. transfregar.
trasfretano, na. [прил.] см. transfretano.
trasfuga, trásfugo. [м.] см. tránsfuga, tránsfugo.
trasfundición. [ж.] см. transfundición.
trasfundir. [перех.] см. transfundir.
trasfusión. [ж.] см. transfusión.
trasfusor, ra. [прил. и сущ.] см. transfusor.
trasga. [ж.] (обл.) дышло (при парной запряжке волов).
trasgo. [м.] домовой, весёлый домашний дух; (перен.) резвый, живой мальчик, чертёнок, шалунишка.
trasgredir. [перех.] см. transgredir.
trasgresión. [ж.] см. transgresión.
trasgresor, ra. [прил. и сущ.] см. transgresor.
trasguear. [неперех.] шалить, резвиться.
trasguero, ra. [м. и ж.] шалун, -ья.
trashoguero, ra. [прил.] любящий лодырничать и оставаться дома во время работы; [м.] чугунная доска камина; большое полено.
trashojar. [перех.] перелистывать, листать, бегло просматривать.
trashumación. [ж.] дейст. к trashumar.
trashumante. [дейст. прич.] к trashumar.
trashumar. [неперех.] перебираться в горы с зимних пастбищ на летние или наоборот.
trasiego. [м.] переливание из сосуда в сосуд; перемещение, передвижка.
trasigar. [перех.] (Амер.) см. trasegar.
trasijado, da. [прил.] очень худой, тощий.
traslación. [ж.] перемещение, перенесение, перенос(ка); переброска (войск и т. д.); перевод (на другую должность); перенесение срока на другой день, отсрочка, отложение; перевод на другой язык; (грам.) замена наклонений и времён; (рит.) метафора: * movimiento de traslación, (мех.) прямолинейное поступательное движение.
trasladable. [прил.] переносимый, перемещаемый.
trasladación. [ж.] см. traslación.
trasladador, ra. [прил. и сущ.] перемещающий; переводящий (на другую должность); [м. и ж.] переписчик, -ица; (уст.) переводчик, -чица.
trasladante. [дейст. прич.] к trasladar.
trasladar. [перех.] переносить, перевозить; перемещать; перебрасывать (войска и т. д.); переводить (по службе); переносить на другой день; переводить с языка на язык; списывать, переписывать; сообщать; **trasladarse.** [возв. гл.] переезжать с места на место, переселяться; (ав.) перелетать.

traslado. [м.] перемещение, перенесение, перенос(ка); переброска (войск и т. д.); перевод (на другую должность); дубликат, копия; (юр.) сообщение.
traslapar. [перех.] прикрывать, закрывать.
traslapo. [м.] прикрытая часть чего-л, см. solapo.
traslaticiamente. [нареч.] в переносном смысле, фигурально, метафорически.
traslaticio, cia. [прил.] метафорический, фигуральный.
traslativo, va. [прил.] передаточный, дающий право (о документах).
traslato, ta. [прил.] метафорический, фигуральный.
transliteración. [ж.] (лингв.) транслитерация.
traslúcido, da, trasluciente. [прил.] см. translúcido.
traslucimiento. [м.] дейст. к traslucirse.
traslucirse. [возв. гл.] быть прозрачным, просвечивать; (перен.) угадываться, выходить наружу; [непр. гл.] спряг. как lucir.
traslumbramiento. [м.] ослепление (от яркого света) (перен.) помрачение.
traslumbrar. [перех.] (прям. перен.) ослеплять; **traslumbrarse** [возв. гл.] исчезнуть, скрыться; промелькнуть.
trasluz. [м.] просвечивание; свет с противоположной стороны; отражённый свет: * al trasluz, против света, на свет.
trasmallo. [м.] тройная рыболовная сеть.
trasmallo. [м.] железное кольцо (укрепляющее деревянный молоток).
trasmano. [м.] второй, вторая рука (в игре): * a trasmano, вне пределов досягаемости руки; не по пути, далеко (от центра, в глухом месте).
trasmañana. [нареч.] послезавтра.
trasmañanar. [перех.] откладывать со дня на день.
trasmarino, na. [прил.] см. transmarino.
trasmigración. [ж.] см. transmigración.
trasmigrar. [перех.] см. transmigrar.
trasminante. [дейст. прич.] к trasminar; [прил.] (Амер.) пронизывающий (о холоде).
trasminar. [перех.] вести подкоп; проникать (о запахе); просачиваться (о жидкости).
trasmisible. [прил.] см. transmisible.
trasmisión. [ж.] см. transmisión.
trasmitir. [перех.] см. transmitir.
trasmochar. [перех.] коротко подстригать, подчищать деревья.
trasmontana. [ж.] см. tramontana.
trasmontano, na. [прил.] см. transmontano.
trasmontar. [перех. и неперех.] см. transmontar.
trasmosto. [м.] **trasmota.** [ж.] (обл.) вино из виноградных выжимок.
trasmudación. [ж.] **trasmudamiento.** [м.] см. transmudación, etc.
trasmudar. [перех.] см. transmudar; (обл.) переливать из сосуда в сосуд.
trasmutable. [прил.] см. transmutable.
trasmutación. [ж.] см. transmutación.
trasmutar. [перех.] см. transmutar.
trasmutativo, va; trasmutatorio, ria. [прил.] см. transmutativo, transmutatorio.
trasnochada. [ж.] минувшая ночь; бодрствование в течение ночи; (воен.) ночная вылазка, ночное нападение.
trasnochado, da. [прил.] простоявший ночь (о еде и т. д.); (перен.) исхудалый, истощённый; т. д.) давно известный, устаревший.
trasnochador, ra. [прил.] полуночничающий; [м. и ж.] полуночник, -ница.

trasnochar. [неперех.] полуночничать; проводить бессонную ночь; переночевать.
trasnoche, trasnocho. [м.] (разг.) дейст. к полуночничать или проводить бессонную ночь.
trasnombrar. [перех.] перепутать имена.
trasnominación. [ж.] (рит.) метонимия.
trasoír. [перех.] ослышаться; [непр. гл.] спряг. как oír.
trasojado, da. [прил.] со впалыми, усталыми глазами.
trasoñar. [перех.] иметь ошибочное представление; [непр. гл.] спряг. как contar.
traspalar, traspalear. [перех.] ворошить, перемещать лопатой; (перен.) перемещать; переворашивать.
traspaleo. [м.] перемещение лопатой; (перен.) перемещение.
traspapelarse. [возв. гл.] затеряться в бумагах (о документе).
traspared. [ж.] потайное место.
trasparencia. [ж.] см. transparencia.
trasparentarse. [возв. гл.] см. transparentarse.
trasparente. [прил.] см. transparente.
traspasable. [прил.] перемещаемый; переносимый, переводимый; передаваемый (о правах и т. д.); что может быть уступлено.
traspasación. [ж.] уступка, передача имущества и т. д.
traspasador, ra. [прил. и сущ.] см. transgresor.
traspasamiento. [м.] см. traspaso.
traspasar. [перех.] переносить, перемещать, переправлять; переходить, переступать; переправляться; пересекать, переезжать; обгонять; пробивать, проколоть насквозь; пронзать, прокалывать; промочить до костей (о дожде); пробрать (о холоде); передавать, уступать; владение и т. д.), вновь проходить, или проезжать; нарушать, преступать; превышать, переходить границы чего-л; давать себя знать (о боли и т. д.).
traspaso. [м.] перенесение, перемещение, перенос, перевоз; переход, переправа; пересечение; обгон; прокол; передача; уступка (имущества и т. д.) плата за передачу (магазина и т. д.); нарушение (закона и т. д.); см. ardid; тревога, печаль, скорбь; тот, кто причиняет скорбь, печаль и т. д.
traspatio. [м.] (Амер.) задний двор.
traspeinar. [перех.] вновь причёсывать, перечёсывать, поправлять причёску.
traspellar. [перех.] навешивать створки (дверей, окон); монтировать.
traspié. [м.] скольжение; спотыкание; подножка (удар ногой по ноге другого): * dar uno traspiés, поскользнуться, спотыкаться; (перен.) сделать промах.
traspilastra. [ж.] (арх.) см. contrapilastra.
traspillar. [перех.] см. traspellar; **traspillarse.** [возв. гл.] осунуться, терять силы, истощаться.
traspintar. [перех.] жульничать в игре (о банкомёте); **traspintarse.** [возв. гл.] (разг.) случаться против ожидания.
traspintarse. [возв. гл.] быть видным на свет.
traspirable. [прил.] см. transpirable.
traspiración. [ж.] см. transpiración.
traspirar. [перех.] см. transpirar.
traspirenaico, ca. [прил.] см. transpirenaico.
trasplantable. [прил.] см. transplantable.
trasplantación. [ж.] пересаживание, пересадка; переселение; (хир.) пересадка (ткани).
trasplantar. [перех.] пересаживать (растения); **trasplantarse.** [возв. гл.] переселяться.
trasplante. [м.] пересаживание, пересадка; переселение.

trasponedor, ra. [прил. и сущ.] см. transponedor.
trasponer. [перех.] см. transponer; [непр. гл.] спряг. как poner.
traspontín. [м.] см. traspuntín; (разг.) ягодицы, зад.
trasportación. [ж.] см. transportación.
trasportador, ra. [прил. и сущ.] см. transportador.
trasportamiento. [м.] см. transportamiento.
trasportar. [перех.] см. transportar.
trasporte. [м.] см. transporte.
trasportín. [м.] см. traspuntín.
trasposición. [ж.] см. transposición.
traspositivo, va. [прил.] см. transpositivo.
traspuesta. [ж.] см. transposición (дейст. к trasponer); укрытие (за поворотом горы и т. д.); бегство; скрывание; надворная постройка.
traspuesto, ta. [непр. страд. прич.] к trasponer.
traspunte. [м.] (театр.) помощник режиссёра.
traspuntín. [м.] тюфяк; откидное сиденье.
trasquero. [м.] торговец ремнями.
trasquila. [ж.] см. trasquiladura.
trasquiladero. [м.] см. esquiladero.
trasquilado, da. [прич.] к trasquilar; [м.] (разг.) см. tonsurado: * como trasquilado por iglesia, (разг.) попросту, без стеснения.
trasquilador, ra. [м. и ж.] стригальщик, -щица (овец и т. д.).
trasquiladura. [ж.] стрижка (волос; овец).
trasquilar. [перех.] стричь кое-как (волосы); стричь (овец); (перен. разг.) см. menoscabar; **trasquilarse.** [возв. гл.] стричься.
trasquilimocho, cha. [прил.] (разг.) остриженный наголо.
trasquilón. [м.] (разг.) см. trasquiladura: a trasquilones кое-как; в беспорядке.
trasroscarse. [возв. гл.] см. pasarse de rosca.
trastabillado, da. [страд. прич.] к trastabillar; [прил.] трудный, неясный, смутный, беспорядочный.
trastabillar. [неперех.] см. trastrabillar.
trastabillón. [м.] (Амер.) см. traspié.
trastada. [ж.] (разг.) проделка, штука, дурное обращение с кем-л: * hacer una trastada, сыграть с кем-л штуку.
trastajo. [м.] старая, вышедшая из употребления вещь.
trastazo. [м.] (разг.) удар.
traste. [м.] лад (гитары и т. д.); (обл.) стаканчик для дегустирования (вин): * sin trastes, беспорядочно.
traste. [м.] (обл.) (Амер.) см. trasto; (перен. разг. Амер.) зад: * dar al traste con una cosa, испортить, провалить.
trasteado, da. [страд. прич.] к trastear; [м.] лады (гитары и т. д.).
trasteante. [дейст. прич.] к trastear.
trastear. [перех.] снабжать ладами (о гитаре и т. д.); перебирать лады (гитары и т. д.).
trastear. [неперех.] перебирать старьё; перемещать мебель и т. д.; оживлённо болтать; (Амер.) см. mudarse; [перех.] дразнить быка плащом; (перен. разг.) водить за нос; ловко обращаться с чем-л.
trastejador, ra. [прил. и сущ.] чинящий крышу.
trastejadura. [ж.] см. trastejo.
trastejar. [перех.] чинить крышу; осматривать что-л перед починкой.
trastejo. [м.] починка крыши; непрерывное и беспорядочное движение.
trasteo. [м.] дейст. к дразнить быка плащом; ловкое обращение с кем-чем.
trastera. [ж.] (Амер.) куча старья.
trastería. [ж.] см. trastera; (перен. разг.)

проделка, штука, дурное обращение с кем-л.

trasterminar. [перех.] см. transterminar.

trastero. [м.] помещение для хранения старой мебели, старья и т. д.; чулан.

trastesado, da. [прил.] затверделый, тугой.

trastesón. [м.] изобилие молока во вымени.

trastienda. [ж.] комната за лавкой, за магазином; (перен. разг.) осторожность, осмотрительность, ловкость.

trasto. [м.] предмет комнатной обстановки или домашнего обихода; старая, вышедшая из употребления вещь; (театр.) часть декорации; (перен. разг.) никчёмный, никуда не годный человек; неаккуратный человек; [множ.] **trastos**, мебель; скарб; домашняя утварь; холодное оружие; рабочие инструменты, принадлежности; * tirarse los trastos a la cabeza, пререкаться, драться.

trastocar. [перех.] (м. употр.) приводить в беспорядок; **trastocarse.** [возв. гл.] (м. употр.) потерять рассудок; [непр. гл.] спряг. как contar.

trastornable. [прил.] легко переворачивающийся и т. д. (см. trastornar).

trastornado, da. [страд. прич.] к trastornar; [прил.] (Амер.) свихнувшийся, помешанный.

trastornadura. [ж.] **trastornamiento.** [м.] см. trastorno.

trastornar. [перех.] переворачивать, перевёртывать вверх дном; приводить в беспорядок, расстраивать; (перен.) нарушать порядок, вызывать волнения в городе; вызывать тошноту и т. д.; отговорить, разубедить; [неперех.] кружиться вокруг чего-л.

trastorno. [м.] переворачивание; приведение в расстройство; нарушение общественного порядка; расстройство; [множ.] помехи; тревога, смятение; (мед.) расстройство.

trastrabarse. [возв. гл.] заплетаться (о языке).

trastrabillar. [неперех.] спотыкаться, оступаться; качаться, шататься; заикаться.

trastrocamiento. [м.] коренное изменение, коренная перемена.

trastrocar. [перех.] переменять, изменять (коренным образом); [непр. гл.] спряг. как almorzar.

trastrueco, trastrueque. [м.] см. trastrocamiento.

trastuelo. [м. умен.] к trasto.

trastulado, da. [прил.] смехотворный.

trastulo. [м.] развлечение, игрушка.

trastumbamiento. [м.] падение; падение с высоты; разрушение; упадок.

trastumbar. [перех.] уронить; повалить.

trasudación. [ж.] выделение лёгкого пота; (мед.) выделение жидкости.

trasudadamente. [нареч.] с трудом.

trasudar. [перех.] выделять испарину, лёгкий пот (из страха, из опасения).

trasudor. [м.] испарина, лёгкий пот (из страха и т. д.).

trasuntar. [перех.] переписывать, списывать; конспектировать, вкратце излагать; сокращать (текст).

transutivamente. [нареч.] вкратце.

trasunto. [м.] копия (документа и т. д.); точное изображение, лик; * ser evidencia.

trasvasar. [перех.] см. transvasar.

trasvase. [м.] переливание из сосуда в сосуд.

trasvasijar. [перех.] (Амер.) переливать из сосуда в сосуд.

trasvasijo. [м.] (Амер.) переливание из сосуда в сосуд.

trasvenarse. [возв. гл.] изливаться (о крови); разливаться.

trasver. [перех.] видеть сквозь что-л.; плохо разглядеть, не разглядеть как следует; [непр. гл.] спряг. как ver.

trasverberación. [ж.] см. transverberación.

trasversal. [прил.] см. transversal.

trasverso, sa. [прил.] см. transverso.

trasverter. [неперех.] переливаться через край; [непр. гл.] спряг. как entender.

trasvinarse. [возв. гл.] просачиваться из сосуда (о вине); (перен. разг.) проглядывать; см. trascender.

trasvolar. [перех.] перелетать через; [непр. гл.] спряг. как contar.

trata. [ж.] торговля неграми: * trata de negros, торговля неграми; * trata de blancas, торговля женщинами.

tratable. [прил.] поддающийся обработке; обходительный; сговорчивый.

tratación. [ж.] (обл.) общение, дружба.

tratadista. [м.] автор трактатов, исследований, научных трудов.

tratado. [м.] договор, соглашение; трактат; научный труд, исследование: * tratado de paz, мирный договор; * tratado de no agresión, договор о ненападении; * firmar un tratado, заключить договор.

tratador, ra. [прил. и сущ.] ведущий переговоры.

tratamiento. [м.] обращение, обхождение; титул; уход, лечение; режим; приём; (тех.) обработка, переработка.

tratante. [действ. прич.] к tratar; [м. и ж.] торговец, -ка.

tratar. [перех.] обращаться, обходиться; относиться к... (хорошо, плохо); заниматься; быть в хороших отношениях; беседовать; лечить; заботиться, ухаживать за кем-л: * tratar con, беседовать; * tratar de, титуловать; считать, обзывать; именовать, называть; (хим.) * tratar con, por, обрабатывать; [неперех.] * tratar de, стараться, стремиться к чему-л; * tratar de, sobre, рассуждать, обсуждать, трактовать; говорить о чём-л * tratar con, быть в любовных отношениях с кем-л; * tratar en, торговать; **tratarse.** [возв. гл.] общаться; питаться, содержать себя; вести себя; * tratarse con, быть в хороших отношениях; ¿de que se trata?, в чём дело?; * se trata de, речь идёт о, дело касается.

tratero, ra. [м. и ж.] см. destajista.

trato. [м.] см. trato (действ.); договор, соглашение; титул; торговля, коммерция; (Амер.) см. destajo: * trato de cuerda, дурное отношение к кому-л; * trato de gentes, такт; * trato doble, двуличие; * cerrar el trato, заключить сделку; * malos tratos, жестокое, грубое обращение; * tener trato con, быть в любовных отношениях с; * trato hecho, согласен!

trauco. [м.] (Амер.) леший.

trauma. [м.] см. traumatismo.

traumático, ca. [прил.] раневой, травматический.

traumatismo. [м.] травматизм, травма, последствие повреждения.

traumatizado, da. [страд. прич.] к traumatizar; [прил.] раненый, страдающий травматизмом.

traumatizar. [перех.] ранить, причинять травматизм.

traumatología. [ж.] травматология.

traumatológico, ca. [прил.] травматологический.

traumatólogo, ga. [м. и ж.] травматолог.

traumatopnea. [ж.] свистящее вхождение и выхождение воздуха при грудной ране.

traumatosis. [ж.] см. traumatismo.

trauque. [м.] компаньон по коммерческим делам; близкий друг, домашний человек.

trauquinto. [м.] (Амер.) обмен товарами; мена, выменивание.

trautrau. [прил.] (Амер.) недостаточно варёный.

traversa. [ж.] укрепительная поперечина (у повозки); (мор.) см. estay.

través. [м.] наклон; кривизна, неправильность очертаний; (перен.) несчастье, неудача, беда; превратность судьбы; (мор. воен. тех.) траверс: * a(l) través, через, сквозь; посредством, через; * al (de) través, поперёк, косо, вкось; * dar al través con, испортить; * dar al través, подвергаться опасности; * mirar de través, косо смотреть.

travesaño. [м.] перекладина, поперечный брус, поперечина, траверса, траверза; длинная подушка на двухспальной кровати; (Амер.) шпала.

travesar. [перех.] (м. употр.) см. atravesar; [непр. гл.] спряг. как acertar.

travesear. [неперех.] двигаться, не стоять на месте, резвиться, шалить; живо и искусно размышлять; вести беспутную жизнь; жить по старым привычкам; [непр. гл.] спряг. как calentar.

travesero, ra. [прил.] поперечный; [м.] длинная подушка на двухспальной кровати.

travesía. [ж.] поперечная улица, переулок; часть шоссе, проходящая через населённый пункт; расстояние между двумя пунктами пути, переезд; путешествие по морю; перелёт; наклонное положение; (в игре) сумма выигрыша или проигрыша; (Амер.) обширная засушливая область; западный ветер, дующий с моря; (мор.) ветер, дующий к берегу.

travesío, a. [прил.] (о скоте) выгоняемый на пастбище; (о ветре) боковой; [м.] проход; проходной двор; перекрёсток; переезд.

travestido, da. [страд. прич.] к travestir; [прил.] переодетый, переряженный; замаскированный.

travestir. [перех.] переодевать (женщину мужчиной или наоборот); **travestirse**, [возв. гл.] переодеваться.

travesura. [ж.] шалость, баловство; озорство; острота ума, живость; хитроумная проделка.

traviesa. [ж.] расстояние между двумя пунктами; пари; (ж.-д.) шпала; балка; строительная стойка; поперечная стена (кроме фасадной): * a campo traviesa, напрямик; полем.

travieso, sa. [прил.] поперечный; (перен.) проницательный; хитроумный; шаловливый; резвый; живой; озорной; распущенный: * de travieso, поперёк; наискось.

travo. [м.] (арг.) учитель фехтования.

travolcar. [перех.] перевёртывать (вверх дном); [непр. гл.] спряг. как contar.

trayecto. [м.] промежуток, расстояние между двумя станциями и т. д., перегон; пробег; проезд, переезд, путь, поездка: * durante el trayecto, в пути, в дороге.

trayectoria. [ж.] траектория.

trayente. [действ. прич.] к traer.

traza. [ж.] план, проект; (перен.) план, средство для осуществления чего-л; чрезвычайное средство, выход; вид, наружность, внешность; (Амер.) разновидность моли: * darse uno trazas, ловко сделать что-л; изощряться; * por las trazas, по виду, на вид; * tener buena (mala) traza, хорошо (плохо) выглядеть.

trazado. [м.] черчение; проведение (линии); набрасывание (плана и т. д.); планировка (города); трассирование, трассировка; набросок; план, чертёж; трасса (линия); [прил.] * bien (mal) trazado, хорошо (плохо) сложённый.

trazador, ra. [прил.] трассирующий; составляющий план и т. д.; [м.] планировщик: * proyectil trazador, трассирующий снаряд.

trazar. [перех.] чертить, вычерчивать; проводить (линию и т. д.); трассировать, намечать направление линии, пути; прокладывать трассу (дороги и т. д.); (прям. перен.) набрасывать (план и т. д.); находить средства (для достижения чего-л); описывать.

trazo. [м.] эскиз, набросок; линия, штрих, черта; (жив.) складка; черта (буквы).

trazumarse. [возв. гл.] см. rezumarse.

trébede. [ж.] сорт духовной, подземной печи; **trébedes** [множ.] треножник, таган.

trebejar. [неперех.] (уст.) шалить, резвиться; (м. употр. ч.) jugar.

trebejo. [м.] (чаще множ.) инструмент, орудие; игрушка; шахматная фигура; [множ.] инструменты: * trebejos de cocina, посуда, утварь.

trebejuelo. [м. умен.] к trebejo.

trebeliánica. [ж.] или * cuarta trebeliánica, (юр.) четвёртая часть наследства, условно вверяемая наследнику.

trébol. [м.] (бот.) клевер: * trébol común, белый (ползучий) клевер; * trébol de los prados, луговой клевер; * trébol de agua (acuático), вахта трёхлистная, трифоль.

trebolado, da. [прил.] (герал.) крестовый.

trebolar. [м.] поле, засеянное клевером.

trece. [прил.] тринадцать; тринадцатый; [м.] (цифра) тринадцать: * estarse, mantenerse или seguir en sus trece, настойчиво продолжать начатое; настаивать на своём.

trecemesino, na. [прил.] тринадцатимесячный.

trecén. [м.] налог в период феодализма в размере тринадцатой части стоимости проданных продуктов и т. д.

trecenario. [м.] тринадцатидневный период.

treceno, na. [прил.] см. tredécimo.

trecentista. [м. и ж.] см. tricentista.

trecento. [м.] XIV век.

trecésimo, ma. [прил.] см. trigésimo.

trecientos, tas. [прил. и сущ.] см. trescientos.

trecha. [ж.] уловка, хитрость.

trecheador, ra. [м. и ж.] (горн.) человек, переносящий в корзинах (землю и т. д.), см. trechear.

trechear. [перех.] (горн.) передавать корзины из рук в руки (при переноске земли и т. д.).

trechel. или * trigo trechel, сорт яровой пшеницы.

trecheo. [м.] (горн.) дейст. к trechear.

trecho. [м.] промежуток (пространство или время); участок (пути): * a trechos, временами, местами; * de trecho a или en trecho, от времени до времени; местами.

tredécimo, ma. [прил.]

trefe. [прил.] слабый, тонкий, хилый; неполноценный; поддельный, фальшивый; (уст.) см. tísico.

trefilado, da. [страд. прич.] к trefilar; [м.] волочение (проволоки).

trefilador. [м.] волочильщик.

trefiladora. [ж.] (тех.) волочильный стан.

trefilar. [перех.] (гал.) волочить (проволоку).

trefilería. [ж.] проволочный завод.

trefina. [ж.] (хир.) трефеин, род трепана.

trefinación. [ж.] (хир.) см. trepanación.

tregua. [ж.] перемирие; (перен.) передышка; перерыв; отдых: * sin tregua, неустанно, непрерывно; * dar treguas, (временно) прекращаться, ослабевать (о боли); (перен.) не быть срочным.

treílla. [ж.] см. traílla.

treinta. [прил.] тридцать; тридцатый; [м.] (цифра) тридцать; тридцатое число; род карточной игры: * treinta y cuarenta, название азартной карточной игры; * treinta y una, род азартной карточной игры.

treintaidosavo, va. [прил.] тридцать второй; [м.] тридцать вторая часть: * en treintaidosavo, (полигр.) формат в $1/_{32}$.

treintaidoseno, na. [прил.] тридцать второй.

treintanario. [прил.] тридцать один, тридцать первый.

treintañal. [прил.] тридцатилетний.

treintavo, va. [прил.] тридцатый (о части и т. д.); [м.] тридцатая доля, часть.

treintena. [ж.] три десятка, тридцатая часть.

treintenario, ria. [прил.] (Амер.) тридцатилетний.

treinteno, na. [прил.] см. trigésimo.

treja. [ж.] отскок шара (на бильярде).

trelarcarse. [возв. гл.] (Амер.) ездить верхом без седла; ложиться на живот на полу.

trelenco. [м.] (Амер.) отвислый с одной стороны.

tremadal. [м.] см. tremedal.

tremátodos. [м. множ.] сосальщики (плоские одиночные глисты).

tremebundo, da. [прил.] страшный, ужасный, жуткий. [травой].

tremedal. [м.] болотистая почва, заросшая

tremeloide. [прил.] студенистый.

tremendo, da. [прил.] ужасный, страшный, грозный, внушающий страх; уважаемый; (перен. разг.) необыкновенный, чрезвычайный: * echar por la tremenda, добиваться чего-л силой и т. д.

tremente. [дейст. прич.] к tremer.

trementinado, da. [прил.] содержащий терпентин.

trementina. [ж.] терпентин, скипидар.

trementinismo. [м.] отравление скипидаром.

tremer. [неперех.] см. temblar.

tremés. [прил.] см. tremesino; яровой (о пшенице).

tremesino, na. [прил.] трёхмесячный.

tremidera. [ж.] (обл.) см. tremedal.

tremielga. [ж.] (зоол.) торпеда, электрический скат.

trenús. [м.] старинная монета.

tremó, tremol. [м.] рама стенного зеркала.

tremolante. [дейст. прич.] к tremolar, развевающийся (о флаге и т. д.).

tremolar. [перех.] поднимать, развёртывать, водружать (флаг и т. д.); (перен.) выставлять напоказ; [неперех.] развеваться, колыхаться, колебаться от ветра (о флаге и т. д.); (муз.) tremolado, дрожащий, дребезжащий (о звуке).

tremolín. [м.] (обл.) осина.

tremolina. [ж.] порыв ветра (перен. разг.) крик, шум, суматоха.

tremolita. [ж.] (мин.) тремолит.

trémolo. [м.] (муз.) тремоло.

tremor. [м.] дрожание, трепет(ание); начало дрожания.

tremoso, sa. [прил.] дрожащий, трепетный.

tremotiles. [м. множ.] (Амер.) см. bártulos.

tremulación. [ж.] дрожь, дрожание, вибрирование.

trémulamente. [нареч.] с дрожанием.

tremulante, trémulo, la. [прил.] дрожащий, трепещущий; мерцающий (о свете).

tren. [м.] комплект, набор; помпа, пышность; поезд; обоз; вереница повозок, экипажей; (спорт.) ход, шаг; (Амер.) см. tráfago: * tren mixto (carreta), товаро-пассажирский поезд; * tren correo, почтовый поезд; * tren de recreo (botijo), специальный поезд для туристов и т. д.; * tren expreso (directo), экспресс; * tren de escala (ómnibus), пассажирский поезд (со всеми остановками); * tren especial, поезд особого назначения; * tren rápido, скорый поезд; * tren de mercancías, товарный поезд; * tren eléctrico, электропоезд; электричка (разг.); * tren sanitario, санитарный поезд; * tren blindado, бронепоезд; * tren ascendente, поезд идущий из побережья; * tren de cercanías, дачный поезд; * horario de trenes, расписание движения поездов; * tren de artillería, артиллерийский обоз; * tren de aterrizaje, (ав.) шасси; * tren de vida, образ жизни.

trena. [ж.] сорт пояса (военных); жареное серебро; (обл.) см. trenza; (арг.) тюрьма.

trenado, da. [прил.] переплетённый, сплетённый; заплетённый.

trenca. [ж.] подпорка под сотами (в улье); корневище виноградной лозы.

trenca. [ж.] (Амер. орни.) небольшая певчая птица.

trencellín. [м.] золотая или серебряная лента, отделанная камнями и т. д. (для шляп).

trencilla. [ж.] узкая шёлковая или шерстяная тесьма.

trencillar. [перех.] обшивать узкой шёлковой или шерстяной тесьмой.

trencillo. [м.] см. trencilla; золотая или серебряная лента, отделанная камнями и т. д. (для шляп).

trencha. [ж.] (мор.) стамеска.

treno. [м.] погребальное пение; плач, вопли; (арг.) пленник.

trenodia. [ж.] (муз.) см. treno.

trente. [м. или ж.] (обл.) сорт грабель (тже. множ.).

trenza. [ж.] плетёная тесьма; коса (из волос); (Амер.) рукопашный бой.

trenzadera. [ж.] узел, при плетении верёвки; (обл.) нитяная лента или тесьма; (разг. обл.) см. borrachera.

trenzado, da. [страд. прич.] к trenzar; [м.] см. trenza; антраша; приплясывающий шаг лошади: * al trenzado, неряшливо.

trenzar. [перех.] плести, заплетать косы; [неперех.] делать антраша; приплясывать (о лошади); (Амер.) схватиться врукопашную; схватиться, вступить в драку или в спор.

treo. [м.] (мор.) четырёхугольный, штормовой парус при латинском вооружении.

trepa. [ж.] дейст. к влезать, лазанье вверх, карабканье; (разг.) перекувыркивание; отделывание; оборка (платья); прожилки (на дереве); (разг. разг.) хитрость, хитроумие; обман; порка, град ударов, побои; (обл.) (бот.) узел; ссора; (Амер.) см. borrachera.

trepado, da. [страд. прич.] к trepar; [прил.] пьяный; [м.] оборка (платья).

trepado, da. [страд. прич.] к treparse; [прил.] см. retrepado; толстый, коренастый, сильный (о животном).

trepador, ra. [прил.] (вверх) лазящий, ползающий, карабкающийся; ползучий, вьющийся (о растении); (о птицах); [м.] место, по которому взлезают; крюк (для лазанья); [ж. множ.] лазящие парнопалые птицы.

trepador, ra. [прил.] украшающий оборкой.

trepajuncos. [м.] (орни.) насекомоядная птица.
trepak. [м.] (муз.) трепак.
trepanación. [ж.] (хир.) трепанация.
trepanar. [перех.] (хир.) трепанировать.
trepang. [м.] (зоол.) трепанг.
trépano. [м.] (хир.) трепан, сверло, инструмент для прободения черепа.
trepante. [дейст. прич.] к **trepar**, лазящий вверх, карабкающийся; [прил. и сущ.] прибегающий к уловкам и т. д.
trepar. [неперех.] влезать, лазить вверх, карабкаться, взбираться (тже. неперех.); ползти, виться (о растениях); **treparse.** [возв. гл.] (Амер.) ударить в голову.
trepar. [перех.] сверлить, просверливать, буравить, пробуравливать; украшать оборкой.
treparse. [возв. гл.] см. **retreparse**; (обл.) падать, упасть.
trepatroncos. [м.] (орни.) поползень (птица).
trepe. [м.] (разг.): * echar un trepe, делать выговор.
trepidación. [ж.] сотрясение; трепет, трепетание, дрожь; (астр.) колебание.
trepidante. [дейст. прич.] к **trepidar**, трепещущий, трепетный, дрожащий.
trepidar. [неперех.] дрожать, трепетать, сотрясаться; содрогаться; (Амер.) колебаться.
trépido, da. [прил.] см. **trémulo**.
treponema. [м.] вид спирохет.
trepsis. [ж.] (мед.) см. **nutrición**.
trepsología. [ж.] наука о питании.
tres. [прил.] три; трое; третий; [м.] (цифра) три; тройка (игральная карта; отметка); третье число; [множ.] * las tres, три часа; * regla de tres, (мат.) тройное правило; * multiplicar por tres, умножать на три; * son las tres y media, уже полчетвёртого; * el tres de marzo, третье марта; *como tres y dos son cinco, явно, очевидно; * tres de menor, (арг.) осёл или мул.
tresalbo, ba. [прил.] с тремя белыми ногами (о лошади).
tresañal. [прил.] трёхлетний.
tresañejar. [перех.] выдерживать три года (о вине).
tresañejo, ja. [прил.] трёхлетний.
tresbolillo (a, al). [нареч.] в шахматном порядке, косыми рядами (о рассадке деревьев).
trescientos, tas. [прил. числ. колич.] триста; трёхсотый; [м.] треченто, XIV в.
tresdoblar. [перех.] утраивать; складывать втрое.
tresdoble. [прил.] тройной; [м.] тройное количество.
tresdós. [м.] см. **intradós**.
tresillero, ra. [м. и ж.] (Амер.) см. **tresillista**.
tresillista. [м. и ж.] игрок в ломбер.
tresillo. [м.] ломбер (карточная игра); (муз.) триоль; кольцо с тремя камнями; софа и два кресла.
tresis. [ж.] просверливание, отверстие.
tresmesino, na. [прил.] см. **tremesino**.
tresnal. [м.] (обл.) копна.
trespeleque. [м.] (Амер.) см. **mequetrefe**.
trespiés. [м.] треножник, таган.
tresquila. [ж.] (Амер.) см. **esquileo**.
trestanto. [нареч.] втрое, втройне; [м.] тройное количество.
treta. [ж.] хитрость, уловка, западня, ловушка; ложный выпад (в фехтовании): * dar en la treta, приобрести привычку говорить, делать что-л.
treza. [ж.] (арг.) см. **bestia**.
trezavo, va. [прил.] тринадцатый (о доле, части); [м.] тринадцатая доля, часть.
tri—. приставка, обозначающая трёх-, втройне, тройной.

tría. [ж.] выборка, отбор, сортировка; вход и выход пчёл из улья; (обл.) колея.
triaca. [ж.] (апт.) опийная настойка, противоядие (от укуса ядовитых животных); (перен.) лекарство, средство, противоядие.
triacal. [прил.] к **triaca**; противоядный.
triacetileno. [м.] (хим.) см. **benzol**.
triache. [м.] кофе низкого сорта.
tríada, tríade. [ж.] триада, тройка; (муз.) мажорное трезвучие; (хим.) трёхвалентный элемент.
triadelfo, fa. [прил.] (бот.) трёхбратственный.
triádico, ca. [прил.] к **tríada**, тройственный; [м.] церковный стих в честь Троицы и Богоматери.
trial. [прил.] (грам.) обозначающий совокупность трёх предметов, лиц и т. д. понимаемых как единое целое.
triandria. [ж.] (бот.) тримужество.
triandro, dra. [прил.] (бот.) трёхтычинковый.
triangulación. [ж.] (арх. геод.) триангуляция.
triangulado, da. [страд. прич.] к **triangular**; [прил.] треугольный.
triangular. [прил.] треугольный, трёхугольный.
triangular. [перех.] производить триангуляцию.
triangularmente. [нареч.] в виде треугольника.
triángulo, la. [прил.] треугольный, трёхугольный; [м.] (геом.) треугольник; (муз.) триангль, треугольник (инструмент): * triángulo acutángulo (или oxigonio), остроугольный треугольник, * triángulo equilátero, равносторонний треугольник, * triángulo isósceles, равнобедренный треугольник; * triángulo escaleno, разносторонний треугольник, * triángulo rectángulo (или ortogonio), прямоугольный треугольник; * triángulo obtusángulo (или ambligonio), тупоугольный треугольник.
trianular. [прил.] (зоол.) трёхкольчый.
triar. [перех.] выбирать, отбирать, сортировать, перебирать, разбирать; [неперех.] сновать (о пчёлах); **triarse.** [возв. гл.] становиться прозрачным (о ткани); (обл.) свёртываться (о молоке).
trías. [м.] (геол.) триасовая формация.
triásico, ca. [прил.] (геол.) триасовый.
triatómico, ca. [прил.] (хим.) трёхатомный.
triáxono, na. [прил.] трёхосный.
tríbada. [ж.] лесбиянка, женоложница.
tribádico, ca. [прил.] лесбийский.
tribadismo. [м.] лесбийская любовь.
tribal. [прил.] см. **tribual**.
tribasicidad. [ж.] (хим.) трёхосновность.
tribásico, ca. [прил.] (хим.) трёхосновный.
tribeño, ña. [прил.] см. **tribuario**.
tribilín. [м.] (Амер.) малыш, карапуз, маленький ребёнок или человек; разгульная женщина.
tribilinero, ra. [прил.] изменчивый, переменчивый.
triboluminiscencia. [ж.] (физ.) триболюминесценция.
tribometría. [ж.] (физ.) трибометрия.
tribómetro. [м.] (физ.) трибометр, измеритель степени трения (инструмент).
tribraquio. [м.] трибрахий (стопа из трёх коротких слогов).
tribu. [ж.] племя; род, колено (народное).
tribual, tribuario, ria. [прил.] племенной, родовой.
tribuente. [дейст. прич.] к **tribuir**.
tribuir. [перех.] см. **atribuir**; [непр. гл.] спряг. как **muir**.
tribulación. [ж.] горе, скорбь, нравственные муки, терзание; несчастье, напасть.

tríbulo. [м.] (бот.) якорцы (множ.); см. **abrojo**.
tribuna. [ж.] трибуна, кафедра; галерея (в собрании и т. д.); хоры; закрытый балкон; (спорт.) трибуна для зрителей; политические ораторы.
tribunada. [ж.] (вул.) (Амер.) см. **turbonada**.
tribunado. [м.] должность трибуна.
tribunal. [м.] трибунал, суд, судилище, судебное место; трибунал, судьи; экзаменаторы: * tribunal popular, народный суд; * tribunal Supremo, верховный суд; * tribunal de honor, суд чести; * tribunal de la conciencia, суд совести, голос совести; * tribunal de casación, кассационный суд; * tribunal de Cuentas, государственный контроль; * llevar a los tribunales, привлечь к судебной ответственности.
tribunicio, cia. [прил.] к трибун (оратор); см. **tribúnico**.
tribúnico. [прил.] относящийся к должности трибуна.
tribuno. [м.] трибун.
tributable. [прил.] могущий платить дань, налог.
tributación. [ж.] выплата налога; налоговая система.
tributante. [дейст. прич.] к **tributar**, платящий налог, дань; выказывающий уважение, восторг и т. д.; [м. и ж.] налогоплательщик, -щица.
tributar. [перех.] платить налог, дань; (перен.) отдавать дань, выказывать (восторг, уважение, благодарность и т. д.); воздавать (почести).
tributario, ria. [прил.] относящийся к налоговой системе, налоговый; платящий налог; (перен.) впадающая в другую (о реке и т. д.); [м. и ж.] налогоплательщик, -щица.
tributo [м.] подать, налог; дань; арендная плата; повинность. (перен.) дань; долг.
tricahue. [м.] (Амер.) зелёный попугай.
tricahuera. [ж.] (Амер.) гнездо **tricahues** (зелёных попугаев).
tricangiectasia. [ж.] (пат.) расширение капилляров.
tricéfalo, la. [прил.] трёхголовый, трёхглавый.
tricelular. [прил.] с тремя клетками.
tricenal. [прил.] тридцатилетний.
tricentenario. [м.] трёхсотлетие.
tricentésimo, ma. [прил.] трёхсотый.
tríceps. [прил.] трёхглавый; [м.] трёхглавая мышца.
tricésimo, ma. [прил. и сущ.] см. **trigésimo**.
triciclo. [м.] трёхколесный велосипед.
tricípite. [прил.] см. **tricéfalo**.
triclínico, ca. [прил.] (мин.) триклинный.
triclinio. [м.] триклиний, столовая (у Римлян).
trico- приставка, (в сочетании) волосяной.
tricocéfalo. [м.] (зоол.) власоглав, тонкоголов, хлыстовик (глист), кишечный паразит.
tricodecto. [м.] (зоол.) власоед.
tricodo. [м.] (зоол.) трихода, власовидка (инфузория).
tricoestesia. [ж.] чувствительность волосистых частей кожи.
tricofitia. [ж.] (меж.) стригущий лишай.
tricoideo, a. [прил.] волосовидный.
tricoloma. [м.] (бот.) зеленушка.
tricolor. [прил.] трёхцветный.
tricoma. [м.] трихома; (мед.) колтун.
tricomatosis [ж.] (мед.) колтун, болезнь волосистой части головы.

tricomatoso, sa. [прил.] к колтун; (тже. сущ.) страдающий колтуном.
tricomicetos. [м. множ.] волосяные грибы.
tricomicosis. [ж.] (пат.) грибковая болезнь волос.
tricomonas. [м.] (зоол.) волосяная монада (глист).
tricopatía. [ж.] (пат.) болезнь волос.
tricordio, na, tricordio, dia. [прил.] трёхструнный; [м.] (муз.) трёхструнный инструмент.
tricorne, tricórneo, a. [прил.] (поэт.) трёхрогий.
tricornio. [прил.] трёхрогий; tricornio или sombrero tricornio, треуголка.
tricosanten. [прил.] (бот.) трихозантес.
tricosis. [ж.] (пат.) болезнь волос; появление волос на необычном месте.
tricot. [м.] трикотажное изделие.
tricotomía. [ж.] трихотомия.
tricótomo, ma. [прил.] (бот.) делящийся натрое.
tricotosa. [ж.] вязальная машина.
tricroico, ca. [прил.] трёхцветный.
tricromía. [ж.] (полигр.) трёхцветная литография; трихроизм, трёхцветность.
tric-trac. [м.] трактрак (игра).
tricúrido. [м.] см. tricocéfalo.
tricúspide. [прил.] (анат.) трёхстворчатый (о клапане сердца).
tridacio. [м.] (апт.) сок латука (болеутоляющее средство).
tridáctilo, la. [прил.] трёхпалый.
tridente. [прил.] трезубый, трёхзубый, имеющий три зуба; [м.] трезубец; трёхзубые вилы; (обл.) острога (рыбачья).
tridentífero, ra. [прил.] вооружённый трезубцем.
tridentino, na. [прил.] триентский.
tridimensional. [прил.] трёхмерный; стереоскопический.
tridimita. [ж.] (мин.) тридимит.
tridínamo, ma. [прил.] (хим.) см. trivalente.
trido, da. [прил.] бегущий рысцой (о лошади).
triduano, na. [прил.] трёхдневный.
triduo. [м.] (церк.) трёхдневное богослужение.
triedro. [прил.] (геом.) трёхгранник.
trienal. [прил.] трёхлетний, трёхгодичный.
trienalidad. [ж.] трехлетнее управление.
trienio. [м.] трёхлетие.
trieñal. [прил.] см. trienal.
trifacial. [прил.] см. triple; [м.] (анат.) тройничный нерв.
trierarquía. [ж.] триерархия, начальство над галерой (в Афинах).
trietérico, ca. [прил.] см. trienal.
trifacial. [прил.] см. triple; [м.] (анат.) тройничный нерв.
trifana. [ж.] (мин.) трифан, сподумен.
trifásico, ca. [прил.] (физ.) трёхфазный (о токе).
trífido, da. [прил.] рассечённый в трёх местах.
trifilina, trifilita. [ж.] (мин.) трифилит, перовскит.
trifolio, la. [прил.] (бот.) трилистный, трёхлистный.
trifloro, ra. [прил.] (бот.) трёхцветковый.
trifolio. [м.] (бот.) трилистник, клевер.
triforio. [м.] (арх.) галерея вокруг хоров (в церкви).
triforme. [прил.] существующий в трёх видах (или в трёх формах).
trifulca. [ж.] подпорка кузнечных мехов; (перен. разг.) драка, ссора.
trifurca. [ж.] (Амер.) драка, ссора.

trifurcado, da. [прил.] разветвляющийся на три части.
trifurcar. [перех.] разветвлять в три стороны.
triga. [ж.] тройка (три лошади...); экипаж...).
trigal. [м.] пшеничное поле.
trigamia. [ж.] троебрачие, троебрачность; троеженство.
trígamo, ma. [прил.] троебрачный; женатый на третьей жене или замужняя в третий раз; [м.] троеженец.
trigaza. [прил.] пшеничная (о соломе).
trigeminado, da. [прил.] трёхпарный.
trigémino, ma. [прил.] (анат.) тройничный нерв.
trigésimo, ma. [прил.] тридцатый; [м.] тридцатая доля, часть.
triginia. [ж.] (бот.) троеженство, класс растений с тремя пестниками.
trigino, na. [прил.] (бот.) трёхпестичный, с тремя пестниками.
trigla. [ж.] см. salmonete.
triglifo. [м.] (арх.) триглиф.
trigloquino, na. [прил.] (анат.) см. tricúspide.
triglotismo. [м.] трёхъязычное слово; слово составленное из трёх различных языков.
trigo. [м.] (бот.) пшеница; (перен. разг.) деньги, имущество, состояние: * trigos, [множ.] пшеничные поля: * trigo otoñal (de invierno) озимая пшеница; * trigo sarraceno, греча, гречиха; * trigo trechel (tremés, tremesino, marzal), яровая пшеница; * no ser trigo limpio, внушать подозрение, недоверие.
trigón. [м.] треугольная арфа.
trigonal. [прил.] к trígono; см. triangular.
trigonocéfalo. [м.] треугольный череп; треугольно-головая ядовитая змея (в Америке).
trigonometría. [ж.] тригонометрия: * trigonometría plana, прямолинейная тригонометрия; * trigonometría esférica, сферическая тригонометрия.
trigonométrico, ca. [прил.] тригонометрический.
trigrama. [м.] слово из трёх букв.
trigueño, ña. [прил.] темнорусый (о волосах); смуглый (о цвете лица).
triguera. [ж.] (бот.) канареечник; (обл.) зяблик; сито, решето.
triguero, ra. [прил.] (бот.) растущий среди пшеницы; годный для посева пшеницы; [м.] сито, решето; торговец пшеницей.
triguillo. [м. умен.] к trigo, пшеничка; (обл.) см. ahechaduras.
trihue. [м.] (Амер.) см. laurel.
trilátero, ra. [прил.] (геом.) трёхсторонний; [м. и. употр.] треугольник.
trilingüe. [прил.] трёхъязычный; написанный, говорящий на трёх языках.
trilio. [м.] (бот.) триллиум.
trilítero, ra. [прил.] состоящий из трёх букв.
trilito. [м.] (археол.) два камня накрытые третьим так, что всё образует род дверей.
trilobado, da. [прил.] см. trilobulado.
trilobites. [м.] трилобит (ископаемое ракообразное животное).
trilobulado, da. [прил.] трёхлопастный.
trilogía. [ж.] трилогия.
trilógico, ca. [прил.] к трилогия.
trilla. [ж.] (ихтиол.) краснобородка.
trilla. [ж.] см. trillo; (Амер.) тропинка, дорожка.
trilla. [ж.] молотьба (дейст.); молотьба, время, когда молотят; (перен. разг.) Амер.) побои.
trilladera. [ж.] см. trillo.
trillado, da. [прил.] торный (о дороге);

(перен.) пошлый, избитый, общеизвестный.
trillador, ra. [прил.] молотящий; [м. и ж.] молотильщик, -ица.
trilladora. [ж.] молотилка, молотильная машина.
trilladura. [ж.] молотьба, дейст. к молотить.
trillar. [перех.] молотить хлеб; (перен.) постоянно посещать, бывать; см. hollar.
trillizo, za. [м. и ж.] (тже прил.) тройняшка; trillizos, [множ.] тройня.
trillo. [м.] молотильный инструмент (сорт широкой и толстой доски); (Амер.) тропинка, дорожка.
trillón. [м.] число 1.000.000.000.000.000.000; (в других странах) триллион.
trimembre. [прил.] трёхчленный.
trimensual. [прил.] повторяющийся три раза в месяц.
trimestral. [прил.] трёхмесячный, квартальный, триместровый.
trimestralmente. [нареч.] каждые три месяца.
trimestre. [прил.] см. trimestral; [м.] триместр, квартал; трёхмесячная плата, плата за три месяца.
trimétrico, ca. [прил.] трёхмерный, троемерный.
trímetro, tra. [прил.] (муз.) трёхмерный; трёхстопный.
trimielga. [ж.] (ихтиол.) торпеда, электрический скат.
trimorfo, fa. [прил.] см. triforme.
trimotor, ra. [прил.] трёхмоторный; [м.] трёхмоторный самолёт.
trimpel. [ж.] (обл.) см. dulzaina.
Trimurti. [ж.] (рел.) троица индусов (Брама, Вишну и Шива).
trinacrio, cria. [прил.] сицилийский; [м. и ж.] сицилиец, сицилианец, -ка.
trinado, da. [страд. прич.] к trinar; [м.] трель; горловая трель, колоратура.
trinar. [неперех.] (муз.) издавать трели; (перен. разг.) беситься, гневаться; горячиться.
trinca. [ж.] тройка; (мор.) найтов; канат; (Амер.) см. borrachera; клика: * a la trinca, (Амер.) бедно; * estar a la trinca, (мор.) штилевать.
trincadura. [ж.] (мор.) большая двухмачтовая лодка.
trincaesquinas. [м.] см. parahúso.
trincapiñones. [м.] дурья голова.
trincar. [перех.] разбивать, дробить.
trincar. [перех.] крепко связывать, завязывать; (мор.) принайтовить; крепить; (обл.) кривить, нагибать, наклонять; красть; (Амер.) поймать с поличным; [неперех.] см. pairar.
trincar. [неперех.] (разг.) пить (вино и т. д.); (разг. Амер.) напиваться.
trinco, ca. [прил.] (Амер.) см. borracho.
trincha. [ж.] застёжка, пряжка; сорт стамески.
trinchador, ra. [прил. и сущ.] разрезающий на куски (о мясе) (Амер.) сорт маленького буфета.
trinchante. [прил.] (дейст. прич.) к trinchar, разрезающий на куски (о мясе) (тже. сущ.); [м.] стольник; см. escoda; большая кухонная вилка; (Амер.) большой нож; см. trinchero.
trinchar. [перех.] разрезать на куски (жаркое, мясо); (перен. разг.) распоряжаться.
trinche. [м.] (Амер.) вилка; сорт серванта (на котором разрезают мясо и т. д.).
trinchera. [ж.] (воен.) траншея, окоп; дорожная траншея, выемка; габардиновый плащ; (Амер.) см. valla: * guerra de trincheras, окопная война.

trinchero. [м.] сорт серванта (на котором разрезают мясо и т. д.); * plato trinchero, блюдо для разрезания мяса и т. д.).

trincherón. [м. увел.] к trinchera.

trinchete. [м.] см. trincheta; столовый нож.

trincheta. [ж.] (Амер.) сапожный нож.

trincho. [м.] (Амер.) заграждение.

trineo. [м.] сани, санки, салазки: * ir en trineo, кататься на санках; * trineo automóvil, автосани; * trineo de hélice, аэросани.

trinidad. [ж.] (рел.) троица; троица, троицын день; (перен.) трое, троица.

trinitaria. [ж.] (бот.) анютины глазки.

trinitario, ria. [прил. и сущ.] тринитарий.

trinitrina, trinitroglicerina. [ж.] (хим.) нитроглицерин.

trinitrotolueno, trinitrotoluol. [м.] тринитротолуол.

trino, na. [прил.] (рел.) троичный, триединый; [м.] трель.

trinomio. [м.] (мат.) трёхчлен.

trinque. [м.] (Амер.) водка; спиртный напиток.

trinquetada. [ж.] (мор.) плавание (на корабле) фок-мачтой; (Амер.) период невезения; опасное событие.

trinquete. [м.] (мор.) фок-мачта; фок, передний латинский парус; (Амер.) верзила, дылда.

trinquete. [м.] (тех.) собачка, шип, палец (на колесе и т. д.): * trinquete de rueda, храповое колесо: * a cada trinquete, в любой момент.

trinquete. [м.] (спорт.) четырёхугольное и обнесённое стенами место, где играют в мяч; игра в мяч.

trinquetilla. [ж.] (мор.) кливер.

trintre. [прил.] (разг. Амер.) пышный (об оперении); [м. и ж.] (Амер.) птица из куриных.

triodio. [м.] триодь (церковная книга).

triodo. [м.] (радио) триод.

triolet. [м.] триолет.

Triones. [м.] (астр.) созвездие Большой Медведицы.

triónix. [м.] (зоол.) вид речной черепахи.

triórquido. [прил. и м.] имеющий три яичка.

trióxido. [м.] (хим.) трёхокись.

tripa. [ж.] кишка; живот (у беременной); живот, брюхо; выпуклость (некоторых предметов); внутренняя часть сигары; [мн.] внутренности; сердцевина (плода, стебля); документы; (Амер.) баллон: * tripa del cagalar, прямая кишка; * hacer de tripas corazón, покориться необходимости; * tener malas tripas, быть жестоким; * sacar las tripas, разорять; * sin tripas ni cuajar, очень худой, истощённый; * echar tripa, обзавестись брюшком; * sacar la tripa de mal año, (разг.) утолять голод; * echar las tripas, стошнить.

tripada. [ж.] (разг.) см. panzada.

tripal. [м.] (Амер.) кишки, требуха.

tripanosoma. [м.] (зоол.) трипаносома (простейшее животное).

tripanosomiasis. [ж.] (мед.) сонная болезнь (в Африке).

trípara. [ж.] женщина, рожавшая три раза.

tripartición. [ж.] деление на три части.

tripartido, da. [страд. прич.] к tripartir; [прил.] см. tripartito.

tripartir. [перех.] делить на три части.

tripartito, ta. [прил.] разделённый на три части, состоящий из трёх частей; тройственный, трёхсторонний (о союзе и т. д.).

tripe. [м.] шерстяной бархат.

tripería. [ж.] кишки, требуха; магазин, где продаются кишки, внутренности и т. д., место продажи кишок.

tripero, ra. [м. и ж.] торговец, -ка требухой, кишками, продавец, -щица требухи; накладка на живот для тепла.

tripesis. [ж.] (хир.) см. trepanación.

tripétalo, la. [прил.] (бот.) трёхлепестковый.

tripicallero, ra. [м. и ж.] продавец, -щица tripicallos.

tripicallos. [м. мн.] кусочки рубца (для приготовления кушанья).

triplano. [м.] (ав.) триплан.

triplaza. [прил.] трёхместный; [м.] трёхместный самолёт.

triple. [прил.] тройной, тройственный; [м.] тройное количество: * al triple, втройне, * pagar el triple, заплатить втридорога.

triplejía. [ж.] (мед.) паралич руки и обеих ног.

triplemente. [нареч.] втройне.

tripleta. [м.] трёхместный велосипед.

triplete. [м.] триплекс, триплет.

tríplica. [ж.] (юр. обл.) вторичное возражение.

triplicación. [ж.] утраивание, утроение.

triplicador, ra. [прил. и сущ.] утраивающий.

triplicar. [перех.] утраивать, множить на три; повторять три раза; (юр. разг.) вторично возражать.

tríplice. [прил.] см. triple.

triplicidad. [ж.] тройственность.

triplita. [ж.] (мин.) смоляная железная руда.

tríplo, pla. [прил. и м.] см. triple.

tripoca. [ж.] (Амер.) вид дикой утки.

trípode. [м. и ж.] треножник (жреца); треножник.

tripodo, da. [прил.] трёхстопный.

trípol(i). [м.] (мин.) диатомовая земля.

tripolino, na. [прил. и сущ.] см. tripolitano.

tripolitano, na. [прил.] триполитанский; [м. и ж.] триполитанец, -ка.

tripón, na. [прил. и сущ.] (разг.) см. tripudo.

tripote. [м.] (обл.) см. morcilla.

tripsina. [ж.] (физиол.) трипсин.

tripsis. [ж.] трение, раздробление.

tríptico. [м.] триптих.

tríptico, ca. [прил.] к tripsis, или к tripsina.

triptongar. [перех.] (лингв.) образовать трифтонг.

triptongo. [м.] (лингв.) трифтонг.

tripto, ta. [прил.] (грам.) имеющий три падежа (о слове).

tripudiante. [дейст. прич.] к tripudiar, танцующий т. д.

tripudiar. [неперех.] танцевать, плясать.

tripudio. [м.] танец, пляска, пляс.

tripudo, da. [прил.] пуза(с)тый, толстопузый; [м. и ж.] пузан.

tripulación. [ж.] (мор. ав.) экипаж, команда: * tripulación de un buque, судовая команда; * tripulación de un avión, лётный экипаж.

tripulante. [м.] член экипажа, команды.

tripular. [перех.] набирать экипаж, команду; служить на судне или на самолёте; брать с собой (кого-что); (Амер.) смешивать две жидкости.

tripulina. [ж.] (Амер.) суматоха, путаница, шум, крик.

trique. [м.] лёгкий взрыв; классы (детская игра); уловка; **triques.** [мн.] (Амер.) см. trebejos, trastos; * a cada trique, то и дело, по всякому поводу.

triquetro, tra. [прил.] см. triangular.

triquiasis. [ж.] (пат.) противоположное направление ресниц (к поверхности глаза).

triquilina. [ж.] (Амер.) см. triquiñuela.

triquín. [м.] (Амер.) отруби; мука' простого помола.

triquina. [ж.] (зоол.) трихина (круглая глиста).

triquinado, da. [прил.] трихинозный.

triquinización. [ж.] заражение трихинами.

triquinosis. [ж.] трихиноз (болезнь, вызываемая трихинами).

triquiñuela. [ж.] (перен. разг.) увёртка, уловка, отговорка, хитрость; **triquiñuelas**, [мн.] плутни.

triquinoso, sa. [прил.] трихинозный.

triquitraque. [м.] стук; (тех.) петарда: * a cada triquitraque, (разг.) то и дело, по всякому поводу.

trirrectángulo. [прил.] имеющий три прямые угла.

trirreme. [м.] (ист.) трирема.

tris. [м.] звяканье (стекла); (перен. разг.) момент, миг, мгновение; ничто, пустяк, незначительная доля: * en un tris, чуть не; * estuvo en un tris, чуть было; * estuvo en un tris de caer, чуть чуть не упал.

trisa. [ж.] (ихтиол.) см. sábalo.

trisacramental, trisacramentario, ria. [прил.] (рел.) признающий только три таинства (употр. чаще как м. мн.).

trisagio. [м.] трисвятое (церковный гимн).

trisanual, trisanuo, nua. [прил.] происходящий раз в три года; трёхгодичный; трёхлетний (о растении).

trisar. [неперех.] щебетать (о ласточках и т. д.); [перех.] (Амер.) образовывать трещины.

trisarquía. [ж.] правительство из трёх лиц.

trisca. [ж.] треск; хруст; см. bulla, algazara; (Амер.) скрытая насмешка.

triscador, ra. [прил.] шумливый; топчущий; шалящий; [м.] разводка (инструмент).

triscar. [неперех.] топать, топотать; шаркать (ногами); резвиться, веселиться, шалить; (обл.) см. crujir; (Амер.) сплетничать; исподтишка насмехаться; [перех.] перемешивать, смешивать; (перен.) разводить (пилу).

triscón, na. [м. и ж.] (Амер.) клеветник, -ица; хохотун, -ья.

trisecar. [перех.] (геом.) делить на три равные части.

trisección. [ж.] (геом.) сечение, деление на три равные части.

triseccionar. [перех.] см. trisecar.

trisector, triz. [прил.] (геом.) разделяющий на три равные части; [сущ.] разделитель на три равные части.

trisemanal. [прил.] происходящий три раза в неделю или раз в три недели.

trisépalo, la. [прил.] (бот.) трёхчашелистиковый.

trisílabo, ba. [прил.] (грам.) трёхсложный; [м.] трёхсложное слово.

trismo. [м.] (мед.) тризм (скрежетание, сведение челюстей, особенно при столбняке).

trisnado, da. [прил.]: * bien (mal) trisnado хорошо (плохо) упитанный; красивый, некрасивый.

trispasto. [м.] сорт полиспаста (из трёх блоков).

trisplácnico, ca. [прил.] (анат.) большой симпатический.

triste. [прил.] грустный, огорчённый, печальный, прискорбный, скорбный; унылый, скучный, невесёлый; меланхолический; пагубный, гибельный, плачевный, жалкий; достойный сожаления; несчастный; мучительный, раздражающий; незначительный, ничтожный; (Амер.) робкий, боязливый; (Амер.) меланхолическая песня под аккомпанемент гитары: * estar triste, грустить; * estoy triste, мне грустно.

tristemente. [нареч.] грустно, печально; уныло; жалко.

tristeza. [ж.] грусть, печаль, уныние; меланхоличность; гибельность; плачевность; (арг.) приговор к смертной казни.

tristimanía. [ж.] см. melancolía.

tristón, na. [прил.] немного грустный, печальный, унылый, меланхолический.

tristoño, ña. [прил.] (Амер.) мрачный; скорбный.

tristura. [ж.] см. tristeza.

trisulcado, da; trisulco, ca. [прил.] трёхконечный; имеющий три жала или острия; имеющий три щели: *lengua trisulca, расщеплённый натрое язык (у змей).

trisurco, ca. [прил.] с тремя отвалами.

triterio. [м.] (хим.) см. tritio.

triternado, da. [прил.] (бот.) утроеннотройчатый.

triticeo, a. [прил.] пшеничный.

triticina. [ж.] (хим.) клейковина.

tritio, tritium. [м.] (хим.) тритий.

tritón. [м.] ядро трития.

trítono. [м.] (муз.) несозвучный аккорд из трёх целых тонов.

tritón. [м.] (миф. и зоол.) тритон.

tritóxido. [м.] (хим.) см. trióxido.

triturable. [прил.] поддающийся растиранию, измельчению.

trituración. [ж.] размалывание, размельчение, дробление, раздробление, растирание; пережёвывание, разжёвывание, жевание.

triturador, ra. [прил.] размельчающий, дробящий, дробильный; [м.] дробилка, дробильная машина.

trituradora. [ж.] дробилка, дробильная машина.

triturante. [дейст. прич.] к triturar; [прил.] дробильный; пережевывающий.

triturar. [перех.] размельчать, дробить, раздроблять, толочь, растирать, (из)мельчить; разжёвывать, пережёвывать, жевать.

triunfador, ra. [прил.] победоносный; [м. и ж.] (ист. и т. д.) триумфатор; победитель, -ница: *de triunfador, триумфаторский.

triunfal. [прил.] триумфальный, торжественный.

triunfalmente. [нареч.] триумфально, с триумфом; торжественно.

triunfante. [дейст. прич.] к triunfar; [прил.] победивший, победоносный.

triunfantemente. [нареч] см. triunfalmente.

triunfar. [неперех.] выйти победителем, торжествовать победу; восторжествовать над..., одержать верх, победить; победоносно вступать; (карт.) козырять, ходить с козыря.

triunfo. [м.] триумф; победа, торжество; (карт.) козырь; трофей; (Амер.) народная песня под аккомпанемент гитары: *en triunfo, с триумфом.

triunviral. [прил.] (ист.) к триумвир, триумвирский.

triunvirato. [м.] (ист.) (тже. перен.) триумвират.

triunviro. [м.] (ист.) триумвир.

trivalencia. [ж.] (хим.) трёхвалентность.

trivalente. [прил.] (хим.) трёхвалентный.

trivalvo, va. [прил.] трёхстворчатый.

trivial. [прил.] к trivio; проторённый, людный (о дороге); (перен.) тривиальный, избитый; пошлый, вульгарный; заурядный, обычный.

trivialidad. [ж.] тривиальность, пошлость; избитость; заурядность, обычность.

trivialmente. [нареч.] тривиально, пошло.

trivio. [м.] перекрёсток трёх развилок, разделение дороги на три развилки; (лит.) тривий (учебный цикл из грамматики, риторики, и диалектики).

triza. [ж.] маленький кусочек, кроха: *hacer trizas, дробить; разнести на куски.

trizar. [перех.] см. destrizar.

trizonal. [прил.] состоящий из трёх зон.

trocable. [прил.] поддающийся обмену, меновой.

trocada (a la). [нареч.] наоборот; в обмен, без придачи.

trocadamente. [нареч.] наоборот.

trocadilla (a la). см. trocada (a la).

trocado, da. [прил.] мелкий (о деньгах).

trocador, ra. [прил.] (тже. сущ.) меняющий, выменивающий, обменивающий.

trocaico, ca. [прил.] (лит.) трохеический.

trocamiento. [м.] см. trueque.

trocante. [дейст. прич.] к trocar: меняющий и т. д.

trocánter. [м.] (анат.) вертел, вертлюг.

trocantéreo, a; trocanteriano, na; trocantérico, ca. [прил.] (анат.) вертлужный.

trocantín. [м.] см. trueque; (анат.) малый вертел.

trocar. [м.] (хир.) инструмент для прокалывания.

trocar. [перех.] менять, выменивать, обменивать, променивать, меняться, поменяться, промениться (чем); изменять; тошнить, рвать; путать, принимать одно за другое, перепутывать; менять аллюр (о лошади); (Амер.) купить; продавать; **trocarse.** [возв. гл.] изменяться (об образе жизни); обмениваться (местами); измениться; (непр. гл.) спряг. как contar.

trocatinta. [ж.] (разг.) запутанный или ошибочный обмен, мена.

trocatinte. [м.] переливающийся, отливающая разными цветами окраска.

troceo. [м.] (мор.) толстой трос.

trociscar. [перех.] (апт.) делить на мелкие части (о тесте).

trocisco. [м.] (апт.) часть, кусок (лекарственного теста); пилюля.

trocla. [ж.] см. polea.

tróclea или **troclea.** [ж.] (анат.) блок, суставная поверхность на нижнем конце плечевой кости.

trocleador, ra. [прил.] (анат.): *músculo trocleador, верхняя косая мышца глаза.

trocleariforme. [прил.] (анат.) блоковидный.

troco. [м.] (ихтиол.) луна-рыба.

trococardia. [ж.] (анат.) поворот сердца по оси.

trocoide. [ж.] (геом.) трохоида.

trocoideo, a. [прил.] колесовидный: *articulación trocoidea (анат.) блоковидное сочленение.

trocoides. [ж.] (анат.) блоковидное сочленение.

trócola. [ж.] см. trocla.

trocha. [ж.] тропинка, дорожка (сокращающая путь); тропинка, проложенная через кустарник; (Амер.) железнодорожная колея; длинный переход; упражнение.

trochar. [перех.] (Амер.) см. trozar; бежать рысью; прокладывать дорогу.

troche. [м.] (Амер.) см. trote.

trochemoche (a). [нареч.] ветрено, необдуманно, невпопад.

trochuela. [ж. умен.] к trocha.

trofeo. [м.] трофей, добыча; арматура; триумф, победа.

trófico, ca. [прил.] (физиол.) трофический, питающий, питательный.

trofismo. [м.] (мед.) трофизм.

trofología. [ж.] наука о питании.

trofoneurosis. [ж.] (пат.) расстройство питания в связи с поражением нервов.

troglodita. [прил.] пещерный (о человеке); прожорливый; жестокий; [м.] троглодит; обжора; жестокий человек; (зоол.) зубчатоклювая птица.

troglodítico, ca. [прил.] к троглодиты.

troica. [ж.] тройка (экипаж).

troj. [ж.] хлебный амбар, житница (обл.); хранилище для оливок.

troje. [м.] см. troj.

trojero. [м.] смотритель хлебных амбаров.

trojezado, da. [прил.] разрезанный на куски.

trola. [ж.] обман, ложь, выдумка, враньё.

trola. [ж.] (Амер.) кусок древесной коры (чаще множ.); длинный кожаный ремешок; ломтик ветчины: *sacar una buena trola, (Амер.) сорвать куш.

trole. [м.] троллей, токоприёмник; (Амер.) см. tranvía.

trolebús. [м.] троллейбус.

trolero, ra. [прил.] (разг.) лгущий; [м. и ж.] лжец, лгун, -ья, враль.

trolio. [м.] (бот.) купальница.

troltro. [м.] (Амер.) вид чертополоха.

tromba. [ж.] водяной смерч.

trombina. [ж.] тромбин.

trombo. [м.] (пат.) тромб.

trombocito. [м.] тромбоцит.

tromboembolia. [ж.] (мед.) тромбоэмболия.

tromboflebitis. [ж.] (пат.) тромбофлебит.

trombón. [м.] (муз.) тромбон; тромбонист: *de trombón, тромбонный.

trombonista. [прил.] (муз.) играющий на тромбоне; [м.] тромбонист.

trombosis. [ж.] (пат.) тромбоз.

trombótico, ca. [прил.] к тромбоз.

tromomanía. [ж.] (пат.) белая горячка.

trompa. [ж.] труба, валторна; охотничий рог, охотничья труба; волчок, юла; хобот (слона); хоботок (насекомых); см. tromba; (тех.) гидравлический вентилятор; (перен. разг.) опьянение; (Амер.) см. jeta; [м.] трубач: *trompa aspirante, всасывающий насос; *trompa de Eustaquio, (анат.) евстахиева труба; *trompa de Falopio, (анат.) фаллопиева труба; *trompa de París или gallega, (муз.) варган; *a trompa tañida, во всеуслышание; *a trompa y talega, (разг.) вкривь и вкось, беспорядочно, неосмотрительно, опрометчиво.

trompada. [ж.] (разг.) см. trompazo; столкновение двух встречных; (перен. разг.) удар кулаком, тумак; пинок; (Амер.) удар, ушиб: *andar a trompadas, завязать драку.

trompar. [неперех.] играть с волчком, юлой.

trompazo. [м.] удар волчком, юлой; удар хоботом; сильный удар (вообще).

trompear. [неперех.] см. trompar; (обл.) ударять; (Амер.) драться; есть.

trompero, ra. [м. и ж.] тот, кто изготовляет волчки.

trompero, ra. [прил.] обманчивый, ложный; фальшивый.

trompeta. [ж.] небольшая труба, горн (муз. инструмент); (муз.) см. clarín; (Амер.) опьянение; [м.] трубач, горнист; см. chisgarabís; (Амер. разг.) нахал, наглец: *trompeta de amor, подсолнечник.

trompetada. [ж.] неуместные слова, глупость; (резкий) звук трубы, горна; (Амер.) наглая выходка.

trompetazo. [м.] резкий звук трубы и т. д.; удар трубой; (перен. разг.) см. trompetada.

trompetear. [неперех.] (разг.) трубить; кричать (об орле).

trompeteo. [м. дейст.] к trompetear.

trompetería. [ж.] совокупность труб, горнов.

trompetero. [м.] мастер по изготовлению труб, горнов; трубач, горнист; (Амер.) певчая птица; комар.

trompetilla. [ж. умен.] к trompeta; слуховая трубка (для глухих); филиппинская сигара: * trompetilla acústica, слуховая трубка.

trompetista. [прил.] (муз.) играющий на трубе, на горне; [м.] трубач, горнист.

trompeto, ta. [прил.] (Амер.) пьяный.

trompicadero. [м.] место, где легко спотыкаться.

trompicar. [перех.] заставить часто спотыкаться, подставлять ножку кому-л; незаслуженно повышать по службе; [неперех.] спотыкаться (часто).

trompicón. [м.] спотыкание; удар кулаком по лицу.

trompillar. [перех. и неперех.] см. trompicar.

trompillón. [м.] (арх.) ключ, камень свода.

trompis. [м.] (разг.) тумак, удар кулаком.

trompiscón. [м.] (Амер.) см. tropezón.

trompista. [ж.] трубач, горнист.

trompiza. [ж.] (Амер.) кулачный бой.

trompo. [м.] волчок, юла; кубарь (обл.); полый волчок; морская улитка; болван, невежда, увалень.

trompón. [м. увел.] к trompo; столкновение двух судов, столкновение судна с берегом; (бот.) нарцисс (цветок); (Амер.) удар кулаком, тумак: * a (de) trompón, беспорядочно, кое-как.

trompón, na, trompudo, da. [прил.] (Амер.) мордастый.

tronada. [ж.] гроза (с громовыми раскатами).

tronado, da. [страд. прич.] к tronar; [прил.] изношенный, истрёпанный; обедневший, разорившийся.

tronador, ra. [прил.] гремящий; грохочущий.

tronadora. [ж.] (Амер.) бегония.

tronamenta. [ж.] см. tronada.

tronante. [дейст. прич.] к tronar; гремящий, грохочущий.

tronar. [безл.] греметь (о громе); [неперех.] греметь, грохотать; (перен. разг.) разориться, обеднеть; громить кого-л; [перех.] (Амер.) см. fusilar: * tronar con uno, (разг.) поссориться; [непр. гл.] спряг. как contar.

tronazón. [м.] (Амер.) см. tronada.

tronca. [ж.] см. truncamiento.

troncada. [ж.] столкновение судна с берегом или с другим судном; см. troncazo.

troncal. [прил.] к tronco.

troncar. [перех.] см. truncar.

troncazo. [м.] удар стволом дерева.

tronco. [м.] (геом.) усечённая фигура; (бот.) ствол (дерева); туловище, торс; дышловая запряжка; главный канал; (перен.) род, колено, родословное древо; ветвь (линия родства); дубина; нечувствительный человек; см. troncho: * estar echo un tronco, (разг.) спать как убитый; * tronco de cono, (геом.) усечённый конус; * tronco de columna (арх.), обломок (колонны).

troncón. [м. увел.] к tronco толстый ствол (дерева); туловище без головы; см. tocón.

troncular. [прил.] (анат.) относящийся к туловищу.

troncha. [ж.] (Амер.) см. tajada; везение: * sacar troncha, (Амер.), повезти.

tronchar. [перех.] с силой ломать (ствол, ветви и т. д.); (Амер.) вывихнуть; **troncharse.** [возв. гл.] с силой сломаться (о стволе, ветви и т. д.).

tronchazo. [м.] удар кочерыжкой.

troncho. [м.] (бот.) кочерыжка.

troncho, cha. [прил.] (Амер.) обрубленный, обломанный; [м.] (Амер.) кусок.

tronchudo, da. [прил.] с толстой кочерыжкой.

tronera. [ж.] амбразура, оконный проём, бойница; луза (на бильярде); (обл.) буря; (Амер.) дымовая труба; [м. и ж.] (разг.) ветреник, -ица.

tronerar. [перех.] см. atronerar.

tronero, ra. [прил.] см. tronador; [м.] (обл.) кучевые облака.

tronga. [ж.] возлюбленная, любимая женщина.

trónica. [ж.] слух; сплетня; ложь, выдумка.

tronido. [м.] громовой раскат, гром, грохот.

tronitoso, sa. [прил.] (разг.) грохочущий, гремящий; (бот.) см. juerguista.

trono. [м.] трон, престол; (церк.) престол; **tronos,** [множ.] престолы (чин ангелов): * del trono, тронный, престольный; * sala del trono, тронная; * subir al trono, вступить в престол; * renunciar al trono, отречься от престола.

tronquear. [перех.] (обл.) окапывать виноградные лозы.

tronquista. [м.] кучер.

tronzadera. [ж.] большая пила.

tronzar. [перех.] ломать, разламывать на куски; закладывать складки (на платье); (перен.) изнурять.

tronzo, za. [прил.] с остриженным кончиком уха в знак непригодности.

troostita. [ж.] (мин.) трустит.

tropa. [ж.] толпа; ватага; войсковая часть; (презр.) см. gentecilla; (воен.) войска; сигнал к сбору, сбор; (Амер.) движущееся стадо; [м.] (Амер.) ветреник; **tropas,** [множ.] войска: * en tropa, толпой.

tropear. [неперех.] (Амер.) перегонять скот.

tropel. [м.] быстрое беспорядочное движение (людей, вещей); толкотня, толкучка, спешка, беспорядок, куча; скопление; (арг.) тюрьма: * en (de) tropel, беспорядочным движением, в беспорядке; гурьбой.

tropelero. [м.] (арг.) см. salteador.

tropelía. [ж.] беспорядочное ускорение; спешка, поспешность; насилие, бесчинство; дурное обращение, притеснение; произвол; умение показывать фокусы; иллюзия, обман (фокусника и т. д.).

tropelista. [м.] фокусник, престидижитатор.

tropéolo. [м.] (бот.) капуцин, настурция.

tropero. [м.] погонщик скота.

tropezadero. [м.] место, где легко споткнуться.

tropezador, ra. [прил. и сущ.] часто спотыкающийся.

tropezadura. [ж.] спотыкание.

tropezar. [неперех.] спотыкаться, оступаться; наталкиваться, сталкиваться; задерживаться (из-за препятствия); (перен.) сплоховать, оплошать, делать ложный шаг; не сходиться с чьим-л мнением; замечать недостаток или трудность задачи и т. д.; (перен. разг.) встречаться, сталкиваться с..., наталкиваться на...; * tropezar con(tra) en una piedra, споткнуться о камень, наткнуться на камень; * tropezar con dificultades, столкнуться с трудностями.

tropezón, na. [прил.] (разг.) см. tropezador; [м.] спотыкание; см. tropiezo: * dar un tropezón, споткнуться; * leer a tropezones, запинаться при чтении; * a tropezones, с трудом.

tropezoso, sa. [прил.] (разг.) часто спотыкающийся.

tropical. [прил.] тропический.

tropicar. [перех.] (обл.) см. tropezar.

trópico, ca. [прил.] к троп; [м.] (астр.) тропик: * trópico de Cáncer, тропик Рака; * trópico de Capricornio, тропик Козерога.

tropiezo. [м.] препятствие, помеха, преграда; (перен.) ошибка, промах; причина ошибки; соучастник заблуждения, ошибки и т. д.; затруднение, трудность, ссора; разлад; * sin tropiezos, беспрепятственно, благополучно.

tropilla. [ж.] (Амер.) косяк лошадей; стадо вигоней.

tropillo. [м.] (Амер.) (зоол.) см. aura.

tropismo. [м.] (биол.) тропизм.

tropo. [м.] (рит.) троп.

tropología. [ж.] иносказание.

tropológico, ca. [прил.] образный, иносказательный; метафорический.

tropopausa. [ж.] (метеор.) тропопауза.

troposfera. [ж.] (метеор.) тропосфера.

troposférico, ca. [прил.] (метеор.) тропосферный.

troquel. [м.] чекан, штемпель, штамп (для монет, медалей и т. д.).

troquelar. [перех.] см. acuñar.

troquelero. [м.] мастер, по изготовлению чеканов.

troqueo. [м.] (лит.) трохей.

troquilo. [м.] (арх.) см. mediacaña; (орни.) колибри.

trotacalles. [м. и ж.] (разг.) см. azotacalles.

trotaconventos. [ж.] (разг.) сводня.

trotada. [ж.] езда рысью; катание на лошади.

trotador, ra. [прил.] рысистый.

trotamundos. [м. и ж.] бродяга, любитель странствовать.

trotanubes. [ж.] (разг.) см. bruja.

trotar. [неперех.] бежать (или идти) рысцой; ехать рысцой, трусить; (перен. разг.) много и быстро ходить.

trote. [м.] рысистый бег, рысь; хлопоты, беготня: * trote cochinero, (разг.) быстрый и короткий рысь; * al (a) trote, (перен.) бегом; без отдыха; * amansar el trote, (разг.) сдерживаться; * para todo trote, (разг.) будничный (о платье и т. д.).

trotear. [неперех.] см. trotar.

trotinar. [неперех.] (Амер.) см. trotar.

trotón, na. [прил.] рысистый; [м.] рысистая лошадь, рысак; лошадь, боевой конь.

trotona. [ж.] спутница (обычно сопровождающая девушку).

trotonería. [ж.] непрерывная рысь.

trousa. [ж.] см. alud.

trova. [ж.] стихотворение; фаблио; старинная сказка в стихах; любовная песня трубадура; (Амер.) (разг.) ложь, обман, вымысел.

trovador, ra. [прил.] слагающий стихи или любовные песни; [м. и ж.] поэт, стихотворец, поэтесса; (ист.) трубадур, провансальский певец.

trovadoresco, ca. [прил.] относящийся к трубадуру.

trovar. [неперех.] слагать стихи; слагать любовные песни (о трубадуре); [перех.] пародировать, подражать; (перен.) неправильно толковать.

trovero. [м.] трубадур, провансальский певец.

trovero, ra. [прил.] (Амер.) склонный лгать (тж. сущ.).

trovista. [сущ.] (м. употр.) см. trovador.

trovo. [м.] старинное любовное стихотворение.

trox. [ж.] см. troj.

troyano, na. [прил.] (ист.) троянский; [м.] троянец.

troza. [ж.] бревно; (мор.) бейфут.

trozar. [перех.] ломать, делить на куски; резать или распиливать на куски; (Амер.) см. tronzar.

trozar. [перех.] (мер.) натягивать бейфут.

trozo. [м.] кусок; обломок, обрубок; отрезок, отрез, часть, отрывок; [м.] (Амер.) гурт свиней.

trúa. [ж.] (Амер.) опьянение.

truc. [м.] (ж.-д.) высокобортная товарная платформа.

truca. [ж.] (разг. Амер.) см. trueque.

trucar. [неперех.] прибавить к ставке (в truque); шаром загнать шар противника в лузу; (обл.) стучать в дверь; **trucarse.** [возв. гл.] (Амер.) бежать, убежать.

truco. [м.] удар в бильярдной игре, когда шар одного из игроков загоняет шар противника в лузу; хитрость, уловка, трюк, ловкая проделка; (обл.) большой колокольчик (у скота); (Амер.) удар кулаком; большой кусок; **trucos.** [множ.] бильярд (с лузами).

truculencia. [ж.] свирепость, жестокость, кровожадность, зверство.

truculento, ta. [прил.] свирепый, жестокий, кровожадный, зверский.

trucha. [ж.] (ихтиол.) форель; пеструшка (обл.); (тех.) см. cabria; лебёдка, подъёмный кран; [м. и ж.] (перен. разг.) хитрец, хитрая женщина; * **trucha de mar**, морская форель; * **trucha salmonada**, ласкфорель; * ayunar, o comer trucha, пан или пропал; либо пан либо пропал; * no se cogen truchas a bragas enjutas, без труда не выловить и рыбку из пруда.

trucha. [ж.] (Амер.) лавочка.

truchano. [м.] (обл.) молочный ослёнок.

truche. [прил.] (Амер.) щегольской, франтоватый; [м. и ж.] (Амер.) щеголь, щеголиха, франт.

truchero. [м.] (Амер.) лавочник.

truchero. [м.] рыбак или продавец форелей.

truchimán, na. [м. и ж.] (разг.) см. trujamán; хитрец, хитрая женщина, пройдоха, плут, плутовка.

truchimanear. [неперех.] см. alcahuetear.

truchuela. [ж. умен.] к trucha; треска (тонкая).

trueco. [м.] см. trueque; * a trueco de, предполагая, что; если только; * a (en) trueco, в обмен, взамен.

trueno. [м.] гром; грохот (орудий и т. д.), звук выстрела; (перен. разг.) ветреник, кутила; (Амер.) петарда; см. parranda; * correr un trueno, шумно веселиться; * escapar del trueno y dar en el relámpago, из огня да в полымя; * dar un trueno, или el trueno gordo, наделать шуму; наговорить дерзостей.

trueque. [м.] мена, обмен, промен (уст.); перемена, изменение; **trueques.** [множ.] (Амер.) сдача: * a (en) trueque, взамен; * de trueque, меновой.

trufa. [ж.] (бот.) трюфель; (перен.) ложь, выдумка, вздор; * de trufa, (бот.) трюфельный.

trufador, ra. [прил.] лгущий; [м. и ж.] лжец, лгун, -ья.

trufar. [перех.] начинять трюфелями.

trufar. [неперех.] замышлять лжи, лгать, обманывать.

trufera. [ж.] место, где растут трюфели.

truhán, na. [прил.] бессовестный, жульнический; шутовской, потешно, склонный разыгрывать шута; [м. и ж.] жулик, мошенник, -ица, плут, -овка; наглец; шут, гаер.

truhanada. [ж.] см. truhanería.

truhanamente. [нареч.] обманным путём, жульнически; потешно.

truhanear. [неперех.] обжуливать, выманивать воровским, мошенническим способом, плутовать, мошенничать; разыгрывать шута, гаерничать, (уст.) балаганить (прост.).

truhanería. [ж.] мошенничество, жульничество; забавная, шутовская выходка.

truhanesco, ca. [прил.] мошеннический, плутовской; шутовской.

truismo. [м.] трюизм, избитая истина, общее место.

truja. [ж.] отделение для оливок (на мельнице).

trujal. [м.] жом, пресс (для винограда или маслин); мельница (для маслин); чан (для варки мыла); для давильня.

trujamán, na. [м. и ж.] (м. употр.) переводчик, -ица, толмач; советчик (при сделках).

trujamanear. [неперех.] (устно) переводить с иностранного языка, толмачить (ист.); советовать (при сделках); заменять одно другим.

trujamanía. [ж.] переводческая деятельность.

trujamante. [прил.] см. truchimán; [м.] фокусник, престидижитатор.

trujano, na. [прил.] (Амер.) см. truhán.

trujar. [перех.] (обл.) разделить комнату перегородками.

trujimán, na. [м. и ж.] (м. употр.) см. trujamán.

trulla. [ж.] крик, шум; беспорядочная шумная толпа, орава (прост.): * **trulla de palos** (Амер.) см. paliza.

trulla. [ж.] лопатка каменщика, штукатура.

trullada. [ж.] (Амер.) беспорядочная шумная толпа, орава (прост).

trullar. [перех.] (обл.) покрывать стены грязью для образования гладкой поверхности; (перен.) (обл.) см. embadurnar.

trullista. [м. и ж.] вор, воровка (на поездах).

trullo. [м.] (орни.) утка-мандаринка.

trullo. [м.] давильня (винограда).

trullo. [м.] (арг.) поезд.

trumajoso, sa. [прил.] (Амер.) туфовый (о почве).

trumao. [м.] (Амер.) туф.

trumó. [м.] трюмо, большое зеркало.

trumulco. [м.] (Амер. зоол.) улитка, живущая в песке.

truncado, da. [страд. прич.] к truncar; [прил.] (геом.) усечённый.

truncadura. [ж.] (крист.) притупление угла.

truncamiento. [м.] усечение; отсечение; урезывание, обруб(ание), обламывание; обезглавливание; пропуск слова и т. д. (в тексте); прекращение, пресечение.

truncar. [перех.] усекать; обрубать, обламывать, отрубать, отрезать, отсекать; обезглавливать; (перен.) пропускать слово и т. д. (в тексте); прерывать, прекращать, пресекать.

trunco, ca. [прил.] искалеченный, изуродованный; (Амер.) неполный.

truncho, cha. [прил.] (Амер.) см. rabón.

truntunear. [неперех.] (Амер.) звучать (о басовых струнах гитары).

trupa. [ж.] (Амер.) см. tupa.

trupial. [м.] (орни.) трупиал.

trúpita. [ж.] (прост.) опьянение.

truque. [м.] карточная игра, сорт игры в классы.

trusa. [ж.] (Амер.) купальный костюм.

trusas. [ж. множ.] короткие шаровары.

trusión. [ж.] толчок; тяга; (мед.) неправильное положение зубов.

trust. [м.] трест.

tsetsé. [ж.] муха це-це.

tú. [лич. мест.] (с личным глаголом) ты: * de tú por tú, на ты; * hablar, tratar de tú, обращаться на ты, тыкать (прост.); * discutir a tú por tú, ссориться, ожесточённо спорить с кем-л.

tu, tus. (усечённая форма притяж. мест. tuyo, -a, tuyos, -as) твой (свой), твои (свои).

tuatúa. [ж.] (бот.) ятрофа.

tuáutem. [м.] (разг.) фактотум; необходимая или важная вещь.

tuba. [ж.] (муз.) туба; филиппинский ликёр.

túber. [м.] (мед.) нарост, бугор, шишка, выступ.

tuberáceo, a. [прил.] трюфельный.

tuberculado, da. [прил.] бугорчатый.

tubercular. [прил.] клубневой, клубневидный.

tuberculígeno, na. [прил.] вызывающий туберкулёз.

tuberculina. [ж.] туберкулин.

tuberculinización. [ж.] (мед.) применение туберкулина.

tuberculinizar. [перех.] (мед.) применять туберкулин.

tubérculo. [м.] (бот.) клубень; (мед.) бугорок, туберкул.

tuberculoide, a. [прил.] похожий на туберкулёз.

tuberculoma. [м.] (мед.) туберкулёзная опухоль.

tuberculosis. [ж.] (мед.) туберкулёз; * **tuberculosis miliar**, милярный туберкулёз; * **tuberculosis pulmonar**, туберкулёз лёгких; * **tuberculosis ósea**, костный туберкулёз.

tuberculoso, sa. [прил.] клубневой; клубневидный; (мед.) туберкулёзный; бугорковый; [м. и ж.] туберкулёзный больной, -ая; туберкулёзник (разг.).

tubería. [ж.] трубопровод, система труб; трубопроводная сеть; труба; совокупность труб; трубопрокатный завод: * **tubería del agua**, водопроводная труба, водопровод; * **tubería del aire**, воздухопровод; * **tubería del vapor**, паропровод.

tuberiforme. [прил.] (бот.) имеющий форму трюфеля, клубневидный.

tuberosa. [ж.] (бот.) тубероза.

tuberosidad. [ж.] шишка, бугорок, нарост; (анат.) выступ на кости.

tuberoso, sa. [прил.] бугристый.

tubícola. [прил.] живущий в трубке.

tubo. [м.] труба, трубочка, трубка; ламповое стекло; (анат.) канал: * **tubo de ensayo**, пробирка; * **tubo flexible**, гибкий шланг; * **tubo de tiro**, вытяжная труба; * **tubo luminoso**, люминесцентная трубка; * **tubo capilar**, капиллярная трубка; * **tubo digestivo**, (анат.) кишечник; * **tubo lanzatorpedos**, торпедный аппарат; * **tubo de escape**, выхлопная труба.

tubulado, da. [прил.] см. tubular; состоящий из труб.

tubuladura. [ж.] отверстие для трубки; (тех.) патрубок.

tubular. [прил.] трубочный; трубчатый; трубообразный, трубковидный; жаротрубный.

tubulatura. [ж.] см. tubuladura.

tubulifloro, ra. [прил.] (бот.) трубчатоцветковый.

túbulo. [м.] трубочка; (анат.) гистологическое образование в почках.

tubuloso, sa. [прил.] трубчатый, трубообразный, трубковидный.

tubulura. [ж.] см. tubuladura.

tucán. [м.] (орни.) тукан, перцеяд.
tucía. [ж.] см. atutía.
tuco. [м.] (Амер.) см. cocuyo; разновидность филина.
tuco, ca. [м. и ж.] тёзка.
tuco. [прил.] (Амер.) однорукий; [м.] (Амер.) культя; фрагмент, кусок, отрывок; зуб.
tucú. [м.] (Амер.) см. cocuyo.
tucumano, na. [прил.] относящийся к Tucumán; [м. и ж.] уроженец этого города.
tucúquere. [м.] (Амер.) разновидность филина: * hacer tucúquere a un niño, (разг. Амер.) запугивать ребёнка, подражая крику филина.
tucura. [ж.] (Амер.) см. saltamontes; священник дурного поведения.
tucurpilla. [ж.] (Амер.) разновидность горлицы.
tucusito. [м.] (Амер.) сорт славки.
tucuso. [м.] (Амер.) колибри.
tuche. [м.] (Амер.) остаток; американская белка.
tudel. [м.] язычок (у некоторых духовых инструментов).
tudelano, na. [прил.] относящийся к Tudela; [м. и ж.] уроженец, -ка этого города.
tudense. [прил.] относящийся к Tuy; [м. и ж.] уроженец, -ка этого города.
tudesco, ca. [прил.] немецкий; [м. и ж.] немец, немка; [м.] немецкая шинель.
tueca. [ж.] пень.
tueco. [м.] пень; червоточина (в дереве).
tuerca. [ж.] гайка: * tuerca de palomilla, барашек, крыльчатая гайка; * tuerca de seguridad, контргайка.
tuerce. [м.] см. torcedura (дейст.); (Амер.) несчастье, беда, бедствие; вред.
tuero. [м.] полено; дрова; (Амер.) прятки (игра).
tuertar, tuertear. [перех.] (Амер.) см. entortar.
tuerto, ta. [непр. страд. прич.] к torcer; [прил.] одноглазый, кривой (разг.) (уст.) см. bizco; [м.] обида, вина, неправота; кривой, одноглазый человек: tuertos. [множ.] колики, резь (в животе); * a tuertas, (разг.) наоборот; вкось, наискось, в косом направлении; * a tuerto, несправедливо; * a tuerto o a derecho, a tuertas o derechas, вкривь и вкось; необдуманно; * en tierra de ciegos el tuerto es rey, на безрыбье и рак рыба.
tueste. [м.] см. tostadura.
tuétano. [м.] костный мозг; сердцевина (нескольких растений): * hasta los tuétanos, (разг.) до мозга костей; до глубины души: * sacar los tuétanos, (разг.) убить; разорить кого-л, причинить большой вред.
tufarada. [ж.] (внезапный) резкий и неприятный запах.
tufillas. [м. и ж.] раздражительный человек.
tufillo. [м.] (разг.) см. tufo (запах).
tufo. [м.] запах гари; вонь (резкая); (перен. разг.) высокомерие, надменность, гордость; тщеславие; подозрение.
tufo. [м.] (мин.) туф.
tufo. [м.] пучок, прядь волос (на висках).
tufoso, sa. [прил.] распространяющий резкую вонь; надутый, чванный, заносчивый.
tugar. [м.] (Амер.) детская игра.
tugurio. [м.] пастушеская хижина; (перен.) лачуга, каморка.
tui. [м.] (Амер.) светлозелёный попугай.
tuición. [ж.] (юр.) охрана, защита.
tuina. [ж.] широкая длинная куртка.
tuita. [м.] (Амер.) мексиканский зяблик.
tuitivo, va. [прил.] (юр.) защитный, защищающий, предохраняющий.

tul. [м.] тюль.
tul. [м.] (Амер.) разновидность камыша.
tula. [ж.] (Амер.) белая цапля.
tularemia. [ж.] (мед.) туляремия, инфекционная болезнь, вызванная бактериями Tularense.
tule. [м.] (Амер.) разновидность камыша.
tulenco, ca. [прил.] слабый, хилый, болезненный; косолапый, кривоногий.
tulio. [м.] (хим.) тулий.
tulipa. [ж.] небольшой тюльпан; тюльпан (сорт абажура).
tulipán. [м.] (бот.) тюльпан.
tulipanero, tulipero или tulipero de Virginia, (бот.) тюльпанное дерево.
tulomuco. [м.] (Амер.) см. paca (животное).
tulunco. [м.] (Амер.) фрагмент, кусок, отрывок; недоразвитый кукурузный початок.
tuluncona. [ж.] (Амер.) (разг.) тучная женщина.
tullecer. [перех.] см. tullir; [непрех.] см. tullirse. [непр. гл.] спряг. как agradecer.
tullidez. [ж.] см. tullimiento.
tullido, da. [страд. прич.] к tullir; [прил.] разбитый параличом, параличный; [м. и ж.] паралитик, -ая, паралитик (разг.) паралитичка (разг.).
tulliduras. [ж. множ.] помёт хищных птиц.
tullimiento. [м.] парализация, паралич.
tullir. [непрех.] испражняться (о хищных птицах); [перех.] парализовать; tullirse. [возв. гл.] быть разбитым параличом, парализоваться; [непр. гл.] спряг. как mullir.
tumba. [ж.] гробница, склеп; могила; катафалк; толчок; падение; куполообразный верх (экипажа); поворот в воздухе; старинный андалузский рождественский танец; (Амер.) рубка леса; африканский барабан; кусок постного мяса; общий котёл (в армии).
tumbacuartillos. [м.] (разг.) завсегдатай кабаков.
tumbacuatro. [м.] (Амер.) см. matasiete.
tumbadero. [м.] (Амер.) участок, где производится рубка леса; дом терпимости.
tumbadillo. [м.] (мор.) сорт рубки; (Амер.) юбка, кринолин; потолок (комнаты).
tumbado, da. [страд. прич.] к tumbar; [прил.] выпуклый, выгнутый; [м.] (Амер.) потолок (комнаты).
tumbador, ra. [прил.] валящий, опрокидывающий и т. д.
tumbaga. [ж.] томпак, красная латунь; томпаковое кольцо; кольцо, перстень.
tumbago. [м.] (Амер.) см. tumbaga.
tumbagón. [м. увел.] к tumbaga; томпаковый браслет.
tumbal. [прил.] склепный, могильный.
tumbaollas. [м. и ж.] (разг.) обжора.
tumbar. [перех.] (по)валить, сваливать, опрокидывать, заставить упасть; косить, скашивать (луг и т. д.); (перен. разг.) лишать чувств (о запахе, вине); (Амер.) наклонять; вырубать (лес); [непрех.] упасть на пол, наземь, покатиться; (мор.) кренить (судно); tumbarse. [возв. гл] (разг.) ложиться спать; охладевать к чему-л; бросать работу: * a tumba y aguanta, (Амер.) на авось, наудачу.
tumbear. [непрех.] (Амер.) слоняться бродить, фланировать.
túmbilo. [м.] (Амер.) тыква.
tumbilla. [ж.] грелка (для постели).
tumbo. [м.] сильная тряска, сильное колебание из стороны в сторону; падение (из-за сильной тряски); колебание (воды, почвы и т. д.); см. estruendo: * tumbo de dado, неизбежная опасность.
tumbo. [м.] (Амер. бот.) страстоцвет; плод страстоцвета; горшок, банка, сосуд.
tumbo, ba. [прил.] (Амер.) см. desorejado.

tumbón. [м. увел.] к tumba; экипаж с куполообразным верхом; сундук с выгнутой крышкой.
tumbón, na. [прил.] (разг.) см. socarrón; ленивый; [м. и ж.] (разг.) хитрец; лентяй, -ка.
tumefacción. [ж.] опухоль; опухание, вздутие.
tumefacer. [перех.] вызывать опухоль; [непр. гл.] спряг. как hacer.
tumefaciente. [прил. и м.] вызывающий опухоль.
tumefacto, ta. [прил.] опухший.
tumescencia. [ж.] припухлость; опухоль; опухание, вздутие.
tumescente. [прил.] опухающий, распухающий, опухший, вздувшийся.
tumi. [м.] мексиканский кривой (большой) нож.
túmido, da. [прил.] опухший; распухший; вздутый; куполообразный.
tumo. [м.] (обл.) тимьян.
tumor. [м.] опухоль; (пат.) опухоль, новообразование: * tumor benigno, доброкачественная опухоль; * tumor maligno, злокачественная опухоль; * tumor adiposo, липома.
tumoral. [прил.] опухолевый.
tumoroso, sa. [прил.] покрытый опухолями.
tumucho. [м.] (Амер.) (ж. - д.) смазчик.
tumulario, ria. [прил.] надгробный, могильный; курганный: * piedra tumularia, надгробная плита.
túmulo. [м.] гробница, надгробное сооружение; курган, могильный холм; катафалк.
tumulto. [м.] волнение, беспорядок, возбуждение, смута; суматоха, шум; людской водоворот.
tumultuar. [перех.] вызывать беспорядок, волнение, возбуждать, возмущать.
tumultuante. [дейст. прич.] к tumultuar.
tumultuariamente. [нареч.] шумно, беспорядочно; бурно.
tumultuario, ria. [прил.] вызывающий беспорядок, волнение; беспорядочный, шумный; бурный.
tumultuosamente. [нареч.] шумно, беспорядочно; бурно.
tumultuoso, sa. [прил.] шумный, беспорядочный; бурный.
tun. [м.] (Амер.) деревянный барабан.
tuna. [ж.] (бот.) кактус опунция; плод этого дерева, смоква; (Амер.) шип, колючка.
tuna. [ж.] праздная жизнь; студенческий музыкальный кружок; (Амер.) опьянение; * correr la tuna, (разг.) см. tunar.
tunal. [м.] (бот.) кактус опунция; место, где растут эти кактусы.
tunamil. [м.] (Амер.) кукурузное поле.
tunanta. [прил. и сущ.] (разг.) хитрая (женщина).
tunantada. [ж.] плутовство, обман, мошенническая проделка.
tunante. [дейст. прич.] к tunar, бродяжничающий, бездельничающий; [прил.] хитрый, плутовской; [м. и ж.] хитрец, хитрая женщина; плут, -овка, пройдоха; бездельник, -ица, лентяй, -ка.
tunantear. [непрех.] см. tunear.
tunantería. [ж.] хитрость, плутовство; см. tunantada.
tunantesco, ca. [прил.] хитрый, плутовской.
tunantuelo. [прил. и сущ.] (разг.) умен. к tunante.
tunar. [непрех.] бродяжничать, слоняться, бездельничать; tunarse. [возв. гл.] (Амер.) наткнуться на колючку.

tunco. [м.] (Амер.) (муз.) ударный инструмент.
tunco, ca. [прил.] (Амер.) см. manco; увечный; [м.] (Амер.) свинья.
tunda. [ж.] стрижка ворса сукна.
tunda. [ж.] (разг.) побои, трёпка, потасовка, взбучка, таска.
tundear. [перех.] поколотить, вздуть, взгреть, задать взбучку, таску.
tundente. [дейст. прич.] к tundir; [прил.] причиняющий ушиб.
tundición. [ж.] стрижка ворса сукна.
tundidor. [м.] тот, кто по ремеслу подстригает ворс сукна.
tundidora. [прил.] (тех.) стригальная (о машине); [ж.] стригальная машина, машина для стрижки сукон; женщина по ремеслу подстригающая ворс сукна; каток для стрижки травы, дёрна, газона.
tundidura. [ж.] стрижка ворса сукна.
tundir. [перех.] стричь, подстригать ворс сукна.
tundir. [перех.] (разг.) бить, колотить, взгревать.
tundizno. [м.] очёски, отходы при стрижке ворса сукна.
tundra. [ж.] тундра.
tunduque. [м.] (Амер.) сорт большой мыши.
tunear. [неперех.] жить плутовством; хитрить, плутовать.
tunecí, tunecino, na. [прил.] тунисский; [м. и ж.] тунисец, -ска.
túnel. [м.] туннель, тоннель: * de túnel, туннельный, тоннельный; * construcción de túneles, туннелестроение, тоннелестроение: * túnel aerodinámico, аэродинамическая труба.
tunela. [ж.] (разг.) см. tunante.
tunera. [ж.] (бот.) см. tuna.
tunería. [ж.] хитрость, плутовство.
tunero. [м.] (Амер. бот.) см. tuna; поросль ежевики.
tunes. [м. множ.] (Амер.) первые шаги ребёнка.
tungaro. [м.] американская разновидность жабы.
tungo. [м.] (разг. Амер.) см. testuz; двойной подбородок; шея (коровы, лошади).
tungo. [м.] (Амер.) кляча; кусок.
tungstato. [м.] (хим.) (мин.) соль вольфрамовой кислоты.
tungsteno. [м.] (хим.) вольфрам.
túngstico, ca. [прил.] (хим.) вольфрамовый.
tungstita. [ж.] (мин.) вольфрамовая окись.
tungúsico, ca [прил.] тунгусский.
tunguso, sa. [прил.] тунгусский; [м. и ж.] тунгус, -ка.
túnica. [ж.] туника, хитон, подрясник; длинный мундир; плева, перепонка; (анат.) (бот.) оболочка, плева, перепонка; (зоол.) епанча или мантия: * túnica adventicia, (анат.) нежная оболочка из рыхлой соединит. ткани.
tunicado, da. [прил.] (бот. и т. д.) покрытый плевой (оболочкой); tunicados. [м. множ.] (зоол.) оболочники.
tunicela. [ж.] туника, хитон; сорт стихаря.
tunicero, ra. [прил. и сущ.] см. tunicado.
túnico. [м.] (теат.) длинная одежда; (Амер.) длинное дамское платье; длинная одежда у духовенства.
tuno, na. [прил. и сущ.] см. tunante.
tunoso, sa. [прил.] колючий, с колючками.
tuntún. [м.] (обл.) тамбурин; (Амер.) лихорадка: * al (buen) tuntún, (разг.) наудачу; на авось; наобум.

tuntuniento, ta. [прил.] (Амер.) малокровный, анемичный.
tuntunita. [ж.] (Амер.) скучное перечисление.
tunturuntún (al). [нареч.] (разг.) наудачу; на авось; наобум.
tuñeco, ca. [прил.] (Амер.) потерявший способность двигаться (от болезни и т. д.); паралитичный; однорукий.
tupa. [ж.] сжимание, стягивание; (перен. разг.) см. hartazgo; (Амер.) стыд, смущение.
tupé. [м.] чуб (над лбом), чёлка; (разг.) нахальство, наглость.
tupelo. [м.] (бот.) нисса.
tupi. [м.] (Амер.) кафе.
tupia. [ж.] (Амер.) плотина; см. hartazgo.
tupiar. [перех.] (Амер.) строить плотины; отводить русло оросительной канавы.
tupidez. [ж.] (Амер.) плотность (ткани и т. д.); густота; частота, тупость, недалёкость.
tupido, da. [страд. прич.] к tupir; [прил.] густой, частый; плотный, тупой, тупоумный; (Амер.) обильный; [нареч.] (Амер.) часто.
tupinambo. [м.] (бот.) топинамбур, земляная груша.
tupir. [перех.] делать плотным; сжимать; густить; **tupirse** [возв. гл.] наедаться до отвала, объедаться; (Амер.) смущаться.
tupitaina. [ж.] (обл.) см. hartazgo.
tupo. [м.] (Амер.) серебряная булавка.
tupo. [м.] (Амер.) сосуд для мёда.
tuqueque. [м.] (Амер.) ящерица (самец).
tuquiar. [перех.] (Амер.) отводить русло оросительной канавы.
turba. [ж.] (мин.) торф; торфяной брикет; кизяк.
turba. [ж.] беспорядочное, шумное сборище, толпа, орава (прост.).
turbáceo, a. [прил.] торфяной, торфянистый.
turbación. [ж.] смущение, чувство замешательства, неловкости; растерянность, замешательство; беспорядок.
turbadamente. [нареч.] с смущением.
turbador, ra. [прил.] смущающий, волнующий; нарушающий спокойствие; [м. и ж.] нарушитель, -ница порядка, смутьян, -ка.
turbal. [м.] см. turbera.
turbamiento. [м.] см. turbación.
turbamulta. [ж.] (разг.) шумная толпа, орава (прост.).
turbantada. [ж.] проделка, шутка.
turbante. [дейст. прич.] к turbar.
turbante. [м.] тюрбан, чалма.
turbar. [перех.] прерывать, нарушать (состояние, развитие); нарушать порядок; делать мутным, мутить; возмущать (перен.), смущать, тревожить; (перен.) ошеломлять, поражать; **turbarse.** [возв. гл.] нарушаться, мутнеть; смущаться, приходить в замешательство.
turbativo, va. [прил.] смущающий, волнующий; беспокоящий.
turbelarios. [м. множ.] (зоол.) вьюрушки (плоские черви).
turbera. [ж.] торфяник, торфяные разработки.
turbia. [ж.] мутное состояние воды.
turbiamente. [нареч.] мутно, смутно.
turbidímetro. [м.] (тех.) турбидиметр.
túrbido, da. [прил.] см. turbio.
turbiedad, turbieza. [ж.] мутность, смутность; неясность, запутанность.
turbina. [ж.] (тех.) турбина: * turbina hidráulica, гидротурбина; * turbina de vapor, паровая турбина; * turbina de aire, пневмотурбина; turbina de Francis, радиально-осевая турбина; * de turbina, турбинный.

turbinado, da. [прил.] (бот.) кеглевидный.
turbinal. [прил.] (анат-зоол.) спиральный; см. **turbinado**; (анат.) касающийся нижней носовой раковины.
turbinela. [ж.] (зоол.) кубарвик (раковина).
turbinto. [м.] (бот.) американское терпентиновое дерево.
turbio, bia. [прил.] мутный; (перен.) смутный, тревожный, беспокойный, беспорядочный, опасный; смутный, неясный; тёмный, непонятный; **turbios.** [множ.] подонки (масла и т. д.).
turbión. [м.] внезапный ливень с ветром; (перен.) поток (неожиданностей и т. д.).
turbit. [м.] (бот.) болотный молочай.
turboalternador. [м.] (эл.) турбогенератор переменного тока.
turbobomba. [ж.] (физ.) турбонасос.
turbocompresor. [м.] (тех.) турбокомпрессор.
turbodinamo. [м.] (эл.) турбогенератор постоянного тока.
turbogenerador. [м.] турбогенератор.
turbohélice. [м.] (ав.) см. turbopropulsor.
turbomotor. [м.] (тех.) газотурбинный двигатель.
turbonada. [ж.] ливень с ветром и молниями; (Амер.) шквал.
turbopropulsor. [м.] турбинный пропеллер; (ав.) турбовинтовой двигатель: * **turbopropulsor nuclear**, ядерный турбовинтовой двигатель.
turborreactor. [м.] (ав.) турбореактивный двигатель.
turborrefrigerador. [м.] (неол.) турбохолодильная установка.
turboso, sa. [прил.] торфяной; торфянистый.
turbo-ventilador. [м.] (тех.) турбовентилятор.
turbulencia. [ж.] потускнение, помутнение; (перен.) беспорядок; путаница; суматоха; мятеж, волнение; смятение; (метеор.) завихренность потока воздуха, турбулентность.
turbulentamente. [нареч.] мутно; беспорядочно; стремительно.
turbulento, ta. [прил.] см. turbio; турбулентный; (перен.) беспорядочный, запутанный, шумный.
turco, ca. [прил.] турецкий; [м. и ж.] турок, турчанка; [м.] турецкий язык: * cabeza de turco, козёл отпущения.
turca. [ж.] (разг.) опьянение.
turcómano, na. [прил.] туркменский; [м. и ж.] туркмен, -ка.
turcople. [сущ.] потомок от турка и гречанки.
túrdiga. [ж.] полоска меха; (перен. разг.) опьянение.
tureca. [ж.] (Амер.) силок.
turgencia. [ж.] припухлость; (мед.) вздутие, вспученность, набухлость, воспалённость.
turgente. [прил.] (поэт.) объёмистый, круглый, возвышенный; вспухший, припухший.
turgidez. [ж.] воспалённость, припухлость, вспученность.
túrgido, da. [прил.] (поэт.) см. turgente.
turgor. [м.] см. turgencia.
turibular. [прил.] см. turiferario.
turíbulo. [м.] кадило.
turiego, ga. [прил.] (Амер.) опьяневший, пьяный.
turiferario. [м.] (церк.) кадильщик, кадилоносец; (перен. разг.) льстец, подхалим.
turífero, ra. [прил.] ладаноносный (о растениях).
turificación. [ж.] каждение.
turificar. [перех.] кадить.

turión. [м.] (бот.) побег, росток (спаржи и т. д.).
turismo. [м.] туризм.
turista. [м. и ж.] турист, -ка.
turístico, ca. [прил.] туристский, туристический.
turma. [ж.] (анат.) тестикул, яичко: * turma de tierra, трюфель.
turmalina. [ж.] (мин.) турмалин.
turnar. [неперех.] чередоваться, сменяться.
túrnice. [ж.] (орни.) триперстка.
turnio, nia. [прил.] косящий, косой (о глазах); косоглазый, с косящими глазами; (перен.) нахмуренный, строгого вида; [м. и ж.] косоглазый человек.
turnipa. [ж.] (Амер.) турнепс.
túrnix. [м.] (орни.) см. túrnice.
turno. [м.] очередь, черёд; смена: * por turno(s), по очереди, в порядке очереди; * yo trabajo en el segundo turno, я работаю во второй смене; farmacia de turno, дежурная аптека.
turolense. [прил.] отосящийся к Teruel; [м. и ж.] уроженец, -ница этого города.
turón. [м.] (зоол.) хорёк, хорь, вонючка.
turoniense. [прил.] (геол.) туронский; [м.] туронский ярус.
turpial. [м.] (орни.) трупиал.
turquearse. [возв. гл.] (Амер.) утомиться.
turquesa. [ж.] форма для отливки пуль; (вообще) форма.
turquesa. [ж.] (мин.) бирюза.
turquesado, da. [прил.] см. turquí.
turquí; turquino, na. [прил.] см. turquesco; тёмно-синий; [м.] тёмно-синий цвет.
turrada. [ж.] (Амер.) см. picatoste.
turrar. [перех.] жарить или поджаривать на углях.
turril. [м.] большой сосуд.
turrilites. [м. множ.] ископаемые раковинки, класса головоногих.
turrón. [м.] (жареный миндаль в сахаре и в меду) нуга, халва; косхалва; (перен. разг.) место, выгода, предоставляемые государством; (арг.) камень, скала.
turronada. [ж.] (Амер.) удар камнем.
turronería. [ж.] место, где изготовляют или продают нугу или халву, халвичный цех или лавка.
turronero. [м.] специалист по изготовлению нуги, халвы; продавец нуги, халвы.

turrujal. [м.] (Амер.) мусорщик.
turrutín, na. [прил. и сущ.] (Амер.) см. chiquitín.
turulato, ta. [прил.] (разг.) опешивший, ошеломлённый, растерянный, одурелый: * dejar turulato, приводить в оцепенение, поражать, ошеломлять.
turuleta. [ж.] turulete. [м.] (Амер.) колыбельная песня.
turulo. [м.] см. chichón.
turullo. [м.] пастуший рожок.
turumbaco. [м.] см. birrete.
turumbón. [м.] шишка (на лбу).
turunda. [ж.] суппозиторий, свеча.
turupe, turupo. [м.] (Амер.) шишка (на лбу).
¡tus!: sin decir tus ni mus, (разг.) ни слова не говоря.
tusa. [ж.] (разг.) сука.
tusa. [ж.] (Амер.) стрижка (скота); кукурузный початок (без зёрен); см. zuro; подстриженная грива лошади; сильное желание; мармелад из гуайявы; след от оспы; народный танец с пристукиванием каблуками; презренный человек; проститутка; легкомысленная женщина; беспокойство, тревога.
tusanga. [ж.] (Амер.) большой кукурузный початок.
tusar. [перех.] (Амер.) см. trasquilar; подстригать гриву; злословить.
tusca. [ж.] (Амер.) разновидность акации.
tusco, ca. [прил.] этрусский; [м.] этруск.
tusícula. [ж.] небольшой кашель.
tusiculación. [ж.] сухое покашливание.
tusicular. [прил.] относящийся к кашлю.
tusígeno, na. [прил.] вызывающий кашель.
tusílago. [м.] (бот.) мать-и-мачеха, камчужная трава.
tusíparo, ra. [прил.] см. tusígeno.
tusivo, va. [прил.] относящийся к кашлю.
tuso. [м.] (разг.) собака, пёс.
tuso, sa. [прил.] (Амер.) рябой от оспы; см. rabón.
tusón. [м.] руно.
tusona. [ж.] (разг.) проститутка.
tusor. [м.] (Амер.) лёгкая шёлковая ткань.
tutaniento, ta. [прил.] (Амер.) сопливый.
tutano. [м.] (Амер.) слизь.
tute. [м.] карточная игра; (перен.) работа: * darse un tute, (разг.) сильно и непрерывно работать.
tuteador, ra. [прил.] говорящий ты кому-л.

tuteamiento. [м.] см. tuteo.
tutear. [перех.] говорить ты кому-л; тыкать (разг.); tutearse. [возв. гл.] говорить друг другу ты, быть на ты с кем-л.
tutela. [ж.] опека; опекунство; (перен.) защита, покровительство, охрана.
tutelar. [прил.] опекающий; опекунский; (перен.) защищающий, охраняющий.
tutelar. [перех.] руководить, охранять, защищать.
tuteo. [м.] обращение на ты.
tutilimundi. [м.] см. mundonuevo.
tutiplén (a). [нареч.] обильно, в изобилии, вдоволь.
tutor, ra. [м. и ж.] опекун, -ша; подпорка (для растений); (перен.) защитник, -ица.
tutoría. [ж.] опека, опекунство.
tutriz. [ж.] опекунша.
tutú. [м.] (Амер.) хищная птица.
tutuma. [ж.] (Амер.) тыква; см. chichón; нарыв, гнойник.
tutumito, ta. [прил.] см. turulato.
tutumpote. [м.] (Амер.) важная персона, шишка, влиятельный человек.
tutuquear. [перех.] науськивать собак.
tuturaco. [м.] (Амер.) цветок шпажника.
tuturuto, ta. [прил.] (Амер.) см. turulato; подвыпивший; [м. и ж.] (Амер.) сводник, -ица.
tuturutú. [м.] звук корнета и т. д.
tuya. [ж.] (бот.) туя.
tuyo, ya, tuyos, yas. [притяж. мест.] твой (твоя, твоё, твои); свой (своя, своё, свои); [м.] lo tuyo, твоё, твоё, тебе принадлежащее, твоё достояние: * lo tuyo y lo mío, твоё и моё; * los tuyos, твои близкие, родные.
tuyol. [м.] (хим.) эссенция из тутового масла.
tuyú. [м.] американский страус.
tuyuyú. [м.] (Амер.) разновидность аиста.
tuza. [ж.] (Амер.) небольшой грызун: * tuza real, (Амер.) агути.
tuzar. [перех.] (Амер.) см. tusar.

Uu

u. 24-я буква испанского алфивита.

u. [союз] (употр. вместо о перед словами, начинающимися ha или ho) или.

uacari. [м.] (Амер. зоол.) порода обезьян.

uapití. [м.] (зоол.) североамериканский олень.

uanas. [м. множ.] индейское племя, живущее в Никарагуа.

ubajay. [м.] (Амер.) миртовое дерево; плод этого дерева.

uberoso, sa. [прил.] плодородный; плодовитый; обильный.

ubérrimo, ma. [прил. превосх. степ.] плодороднейший; обильнейший.

ubí. [м.] (Амер.) разновидность лианы.

ubicación. [ж.] местоположение, местонахождение; (Амер.) определение к месту.

ubicar. [неперех.] (чаще возв. гл. ubicarse), находиться в определённом месте; [перех.] (Амер.) помещать, распологать; назначать кандидату округ где он будет избираться; выдвигать кандидата; ubicarse. [возв. гл.] (Амер.) получать должность.

ubicuidad. [ж.] вездесущность; повсеместность.

ubicuo, cua. [прил.] вездесущий; повсеместный.

ubio. [м.] (обл.) ярмо.

ubiquidad. [ж.] см. ubicuidad.

ubre. [ж.] сосок; вымя.

ubrera. [ж.] (мед.) молочница.

ucase. [м.] царский указ; (перен.) несправедливый закон.

ucear. [неперех.] (Амер.) ударять руками.

ucle. [м.] (Амер.) растение из кактусовых.

ucraniano, na, ucranio, nia. [прил.] украинский; [м. и ж.] украинец, -ка; [м.] украинский язык.

ucucha. [ж.] (Амер.) мышь.

uchucas. [м. множ.] индейское племя, живущее в Перу.

uchuvito, ta. [прил.] (разг.) (Амер.) пьяный, хмельной.

udométrico, ca. [прил.] относящийся к измерению количества атмосферных осадков.

udómetro. [м.] дождемер.

uesnorueste. [м.] см. oesnorueste.

uessudueste. [м.] см. oessudueste.

ueste. [м.] см. oeste.

¡uf! [межд.] уф!, ух! (выражение облегчения, усталости, истомы, отвращения).

ufanamente. [нареч.] гордо.

ufanarse, ufanearse. [возв. гл.] гордиться, хвастаться, чваниться, хвалиться, бахвалиться.

ufanía. [ж.] спесь, чванство, надменность; самовлюблённость.

ufano, na. [прил.] чванный, высокомерный, надменный; самовлюблённый; (перен.) довольный, удовлетворившийся, удовлетворённый; развязный, проворный.

ufo (a). [нареч.] даром, на даровщинку, на чужой счёт: * comer a ufo, наедаться на чужой счёт.

ugriofinés, sa. [прил.] угро-финский.

ujier. [м.] привратник; судебный исполнитель.

ulalgia. [ж.] боль десны.

ulani. [м.] улан.

ulatrofia. [ж.] атрофия десны.

úlcera. [ж.] (мед.) язва: * úlcera del estómago, gástrica, язва желудка.

ulceración. [ж.] изъязвление; язва.

ulcerado, da. [страд. прич.] к ulcerar; [прил.] уязвлённый, язвенный, покрытый язвами.

ulcerante. [дейст. прич.] к ulcerar, вызывающий изъязвление.

ulcerar. [перех.] (мед.) изъязвлять; вызывать изъязвление (или язву); ulcerarse. [возв. гл.] покрываться язвами; изъязвляться.

ulcerativo, va. [прил.] вызывающий язву, способствующий изъязвлению; язвенный.

ulceroide, a. [прил.] похожий на язву.

ulceroso, sa. [прил.] (мед.) язвенный.

ule. [м.] (Амер.) резина.

ulema. [м.] улем, мусульманский богослов--законовед.

ulerear. [перех.] (Амер.) раскатывать тесто (скалкой).

ulero. [м.] (Амер.) скалка для теста.

ulesis. [ж.] (мед.) см. cicatrización.

ulético, ca. [прил.] (мед.) относящийся к дёснам.

uletomia. [ж.] (мед.) разрез рубца.

ulex. [м.] дрок, шильная трава.

ulexita. [ж.] (мин.) улексит, боронатрокальцит.

uliginoso, sa. [прил.] болотный, болотистый.

ulitis. [ж.] (мед.) воспаление десны.

ulive. [м.] (Амер.) сокол.

ulmáceo, a. [прил.] (бот.) вязоподобный, ильмовидный; ulmáceas. [ж. множ.] (бот.) ильмовые или вязовые растения.

ulmanita. [ж.] (мин.) ульманит, сурьмянистый никель.

ulmaria. [ж.] (бот.) спирея.

ulmén. [м.] (Амер.) влиятельный человек.

úlmico, ca. [прил.] (хим.) ульминовый.

ulmina. [ж.] (хим.) ульминовое (гуминовое) соединение.

ulmo. [м.] (бот.) вечнозелёное дерево.

ulna. [ж.] (ант.) локоть, локтевая кость предплечья.

ulosis. [ж.] (мед.) см. cicatrización.

ulpo. [м.] (Амер.) кукурузный напиток.

ulterior. [прил.] (геогр.) лежащий по ту сторону; позднейший, последующий; дальнейший.

ulteriormente. [нареч.] затем, после, в дальнейшем.

ultílogo. [м.] послесловие.

ultimación. [ж.] завершение, доведение до конца.

ultimador, ra. [прил. и сущ.] заканчивающий и т. д.

últimamente. [нареч.] под конец, в конце, в конце концов, наконец, в конечном счёте; в последнее время, недавно.

ultimar. [перех.] заканчивать, кончать, завершать; (Амер.) приканчивать.

ultimatum. [м.] ультиматум.

ultimidad. [ж.] свойст. к последний (см. último).

último, ma. [прил.] (в разн. знач.) последний; крайний; прошедший (о годе и т. д.); конечный (о цели); наилучший: * el último día del mes, последний день месяца; * a la última (moda), по последней моде; * la última voluntad, последняя воля; * estar en las últimas, быть при смерти; * dar la última mano, отделать работу начисто, окончательно, отшлифовать; * los últimos serán los primeros, остатки сладки; * por último, наконец; в конце концов, в конечном счёте.

ultra. [нареч.] кроме того, сверх того.

ultra- приставка ультра..., сверх.

ultracorto, ta. [прил.] ультракороткий.

ultradino. [м.] ультрадин.

ultrafiltración. [ж.] ультрафильтрация.

ultrafiltro. [м.] ультрафильтр.

ultraísmo. [м.] преувеличение политических мнений, доведение их до крайности.

ultrajador, ra. [прил.] оскорбляющий, оскорбительный; позорящий; [м. и ж.] оскорбитель, -ница; обидчик, -ица.

ultrajamiento. [м.] (дейст.) тяжкое оскорбление.

ultrajante. [дейст. прич.] к ultrajar.

ultrajar. [перех.] глубоко оскорблять, позорить, бесчестить; презирать.

ultraje. [м.] тяжкое оскорбление; презрение.

ultrajosamente. [нареч.] оскорбительно.

ultrajoso, sa. [прил.] глубоко оскорбительный.

ultraliberalismo. [м.] либерализм доведённый до крайности.

ultralimitar. [перех.] см. extralimitar, exceder.

ultramar. [м.] заморские страны: * azul de ultramar, ультрамарин.
ultramarino, na. [прил.] заморский; ультрамариновый: ultramarinos, [м. множ.] колониальные товары; * tienda de ultramarinos, бакалейный магазин.
ultramaro. [прил.] ультрамариновый (о цвете).
ultramicrobio. [м.] ультрамикроб.
ultramicroquímica. [ж.] (хим.) ультрамикрокрохимия.
ultramicroscopia. [ж.] ультрамикроскопия.
ultramicroscópico, ca. [прил.] ультрамикроскопический.
ultramicroscopio. [м.] ультрамикроскоп.
ultramontanismo. [м.] ультрамонтанство, учение о непогрешимости папы; система неограниченной власти папы.
ultramontano, na. [прил.] живущий или расположенный по ту сторону гор; относящийся к ультрамонтанству; [м. и ж.] ультрамонтан, -ка (католик, преданный папской курии).
ultramundano, na. [прил.] потусторонний, загробный; * los espacios ultramundanos, пространство за пределами мира.
ultranacionalismo. [м.] национализм доведённый до крайности.
ultranza (a). [нареч.] до смерти; не на жизнь, а насмерть; до крайности, до последней степени.
ultrapasar. [перех.] переходить за предел, преступать, превышать.
ultrapirenaico, ca. [прил.] см. transpirenaico.
ultrapuertos. [м.] место по ту сторону перевалов.
ultrarrápido, da. [прил.] сверхскоростной.
ultrarrojo, ja. [прил.] (физ.) инфракрасный.
ultrasolar. [прил.] находящийся по ту сторону солнца.
ultrasónico, ca. [прил.] ультразвуковой; см. supersónico.
ultrasonido. [м.] (физ.) ультразвук.
ultrasonoro, ra. [прил.] (физ.) ультразвуковой, ультраакустический.
ultrasonoterapia. [ж.] (мед.) лечение ультразвуком.
ultratumba. [нареч.] за гробом: *de ultratumba, загробный, замогильный.
ultraviolado, da, ultravioleta. [прил.] ультрафиолетовый.
ultróneo, a. [прил.] добровольный; спонтанный.
úlula. [ж.] (орни.) лесная сова.
ululación. [ж.] испускание криков и т. д.; совиный крик.
ulular. [неперех.] испускать крики, жалобные крики, вопли; выть, кричать (о сове).
ululato. [м.] крик, вопль; жалобный крик, вопль.
ulva. [ж.] (бот.) мешочница: * ulva lactuca, морская капуста.
ulluco. [м.] (бот.) сорт картофеля.
umareo. [м.] (Амер.) первое орошение.
umbela. [ж.] (бот.) цветочный зонтик.
umbelado, da, umbelífero, ra. [прил.] (бот.) зонтичный; [ж. множ.] (бот.) зонтичные.
umbélula. [ж.] (бот.) маленький зонтик, зонтичек.
umbilicado, da. [прил.] пупообразный.
umbilical. [прил.] (анат.) пупочный: * cordón umbilical, пуповина.
umbo. [м.] (анат.) выступ (преимущ. барабанной перепонки).
umbra. [ж.] (уст.) тень.
umbráculo. [м.] навес из веток для защиты растений от солнца.
umbral. [м.] дверной порог; (перен.) вступление, начало; (арх.) перекладина: * en el umbral, в преддверии; * atravesar (pisar) los umbrales, обивать пороги.
umbralada. [ж.] (Амер.) см. umbral.
umbralado, da. [страд. прич.] к umbralar; [м.] (Амер.) дверной порог.
umbraladura. [ж.] (Амер.) см. umbral.
umbralar. [перех.] (арх.) класть перекладину.
umbrático, ca. [прил.] к тень; дающий тень: * muy umbrático, тенистый.
umbrátil. [прил.] см. umbroso; имеющий вид чего-л.
umbrela. [ж.] (зоол.) зонтик (у медуз).
umbría. [ж.] тень, тенистое место.
umbrífero, ra. [прил.] тенистый, дающий тень.
umbrío, a. [прил.] теневой, находящийся в тени, затененный, тенистый.
umbrio, bria. [прил. и сущ.] см. umbro; [м.] умбрийский диалект.
umbro, bra. [прил.] умбрийский; [м. и ж.] житель, -ница Умбрии.
umbroso, sa. [прил.] находящийся в тени, тенистый, теневой; дающий тень.
umeche. [м.] (Амер.) растительный воск.
umita. [ж.] (Амер.) кушанье из кукурузной муки, томатов и перца.
umpé. [м.] (Амер.) рудничный газ.
un, una. [неопр. артикль]: un (м. р. ед. ч.) употр. тоже как ж. р. перед сущ. начинающимися с гласных букв или h); una (ж. р. ед. ч.): (означают: предмет неизвестный говорящему): * me dieron un libro, мне дали книгу; (употребляются в сравнениях): * dormir como una marmota, спать как сурок; [м.] см. uno.
unalbo, ba. [прил.] с одной белой ногой (о лошади).
unánime. [прил.] единогласный, единодушный.
unánimemente. [нареч.] единогласно, единодушно.
unanimidad. [ж.] единодушие, единогласие: * por unanimidad, единогласно, единодушно.
unanufa. [ж.] (бот.) растение, употребляемое как жаропонижающее.
uncia. [ж.] старинная римская монета.
uncial. [прил.]: * escritura uncial, уставное письмо; * letra uncial, уставная буква.
uncidor, ra. [прил. и сущ.] запрягающий.
unciforme; uncinado, da. [прил.] крючковатый, крючковидный.
uncir. [перех.] запрягать, закладывать; надевать ярмо на волов.
undante. [прил.] (поэт.) см. undoso.
undecágono, na. [прил. и м.] см. endecágono.
undécimo, ma. [прил.] одиннадцатый; [м.] одиннадцатая часть, доля; [ж.] (муз.) ундецима.
undécuplo, pla. [прил.] одиннадцатикратный.
undena. [м.] см. ondina.
undísono, na. [прил.] (поэт.) певучий (о реке и т. д.).
undívago, ga. [прил.] (поэт.) волнистый.
undoso, sa. [прил.] волнующийся (о реке и т. д.).
undulación. [ж.] волнение, волнообразное движение, колыхание; (физ.) волна.
undulante. [дейст. прич.] к undular, волнующийся, колеблющийся.
undular. [неперех.] волноваться, струиться, колыхаться; змеиться.
undulatorio, ria. [прил.] волнообразный (о движении, колебании).
ungido, da. [страд. прич.] к ungir; [м.] помазанник божий.
ungimiento. [м.] смазывание, смазка, натирание, втирание; (рел.) помазание, миропомазание.
ungir. [перех.] натирать, смазывать жиром, маслом; (рел.) помазать.
ungueal. [прил.] см. unguinal.
unguenoso, sa. [прил.] относящийся к жиру, жировой; (анат.) жирный, сальный.
ungüento. [м.] мазь; помада; ароматическая мазь; (перен.) бальзам.
unguicula. [ж.] ноготок.
unguiculado, da. [прил.] с ногтями, когтистый.
unguífero, ra. [прил.] с ногтями.
unguiforme. [прил.] ногтевидный.
unguinal. [прил.] ногтевой.
unguinoso, sa. [прил.] (анат.) см. unguenoso.
unguis. [м.] (анат.) ноготь, коготь.
ungula. [ж.] копыто.
ungulado, da. [прил.] (зоол.) копытный; [м. множ.] (зоол.) копытные животные.
ungular. [прил.] ногтевой.
unialado, da. [прил.] однокрылый.
uniangular. [прил.] одноугольный.
unianular. [прил.] однокольчатый.
uniarticulado, da. [прил.] одночленный, односуставчатый.
uniaxial, uniaxil. [прил.] одноосный.
unible. [прил.] соединимый.
unicamarista. [прил.] (Амер.) см. unicameral.
únicamente. [нареч.] единственно, только, исключительно.
unicameral. [прил.] однопалатный (о системе).
unicapsular. [прил.] (бот.) однокоробочный.
unicaule. [прил.] (бот.) одностебельный.
unicelular. [прил.] (биол.) одноклеточный.
unicidad. [ж.] единство; единичность.
único, ca. [прил.] единственный; единичный; единственный в своём роде; необычайный, единственный, непревзойдённый, редкий, уникальный, небывалый.
unicolor. [прил.] одноцветный.
unicorde. [прил.] однострунный.
unicornio, nia. [прил.] (зоол.) однорогий; [м.] (миф.) единорог; (зоол.) носорог: * unicornio de mar или marino, (зоол.) нарвал.
unidad. [ж.] единица; единство; цельность; гармония; союз, согласие; (воен.) войсковая единица, часть: * unidad de acción, единство действий.
unidamente. [нареч.] вместе, сплочённо, совместно; согласно.
unidentado, da. [прил.] однозубый.
unidimensional. [прил.] одномерный.
unidireccional. [прил.] (эл.) однонаправленный.
unido, da. [страд. прич.] к unir; [прил.] (гал.) см. liso.
unidor, ra. [прил.] объединяющий.
unificación. [ж.] объединение, воссоединение; унификация.
unificador, ra. [прил.] объединяющий, объединительный; [м. и ж.] объединитель, -ница.
unificar. [перех.] объединять; унифицировать; unificarse. [возв. гл.] объединяться.
unifilar. [прил.] (эл.) унифилярный, однопроводный.
uniflorígeno, na; unifloro, ra. [прил.] (бот.) одноцветковый.
unifocal. [прил.] однофокусный.
unifoliado, da. [прил.] (бот.) однолистный.
uniformar. [перех.] придавать единообразие; одевать в одинаковую одежду, в форму; uniformarse. [возв. гл.] становиться однообразным.

uniforme. [прил.] единообразный, однообразный, одинаковый; неизменный; равномерный (о движении); сообразный; [м.] форма, форменная одежда; мундир; военная форма: * uniforme de gala, парадная форма.

uniformemente. [нареч.] однообразно, одинаково; ровно, равномерно (о движении): * movimiento uniformemente acelerado, равномерно ускоренное движение.

uniformidad. [ж.] единообразие, однообразие, одинаковость; неизменность, постоянство; равномерность.

unigamia. [ж.] единобрачие, моногамия.

unígamo, ma. [прил.] единобрачный, моногамный.

unigénito, ta. [прил.] единственный (о ребёнке).

unigrávida. [прил. и ж.] беременная в первый раз.

unilabiado, da. [прил.] одногубый.

unilaminar. [прил.] однослойный.

unilateral. [прил.] односторонний; (бот.) однобокий.

unilobulado, da; unilobular. [прил.] (бот.) однолопастный.

unilocular. [прил.] (бот.) одногнёздный, однокамерный.

unimismar. [перех.] (м. употр.) см. unificar.

uninuclear. [прил.] одного ядра.

unión. [ж.] союз, объединение, соединение; единение, единодушие, согласие; скрепление, соединение, сращивание, слияние; (хир.) соединение краёв раны; брак, супружество; близость, соседство; сочетание: * Unión de Repúblicas Socialistas Soviéticas, Союз Советских Социалистических Республик; * la unión hace la fuerza, в единении - сила.

unionista. [м. и ж.] унионист.

unionita. [ж.] (мин.) разность эпидота.

uníparo, ra. [прил.] рождающий одного детёныша; (тж. ж.) (женщина) рожавшая один раз.

unípede. [прил.] одноногий.

unipersonal. [прил.] единоличный.

unipétalo, la. [прил.] (бот.) однолепестный.

unipolar. [прил.] (физ.) однополюсный.

unipolaridad. [ж.] (физ.) однополюсность; униполярность.

unir. [перех.] объединять, соединять, складывать вместе, собирать воедино; смешивать, соединять; связывать, соединять, сочетать; сращивать; сближать, сплачивать, объединять, согласовывать; см. casar; (хир.) соединять края раны: * unir en matrimonio, сочетать браком; **unirse.** [возв. гл.] объединяться, соединяться, заключать союз; примыкать; присоединяться.

unirrefringerante. [прил.] однопреломляющий.

uniseminado, da. [прил.] (бот.) односемянный.

unisexual. [прил.] (бот.) однополый.

unisexualidad. [ж.] см. homosexualidad; (бот.) однополость.

unisón. [прил.] см. unísono; [м.] (муз.) унисон.

unisonancia. [ж.] унисон; монотонность.

unisonar. [неперех.] (муз.) звучать в унисон.

unísono, na. [прил.] звучащий в унисон, однозвучный: * al unísono, в унисон, единодушно, единогласно.

unispermo, ma. [прил.] односемянный.

unitario, ria. [прил.] унитарный; единый; [м.] сторонник унитаризма.

unitarismo. [м.] (рел.) унитаризм.

unitivo, va. [прил.] соединительный, соединяющий, связывающий.

univalencia. [ж.] одновалентность.

univalente. [прил.] одновалентный.

univalvo, va. [прил.] (зоол. бот.) одностворчатый.

universal. [прил.] универсальный, всеобщий, всеобъемлющий; всемирный; повсеместный; разносторонний: * Juicio Universal, (рел.) Страшный суд.

universalidad. [ж.] универсальность, всеобщность; всемирность; разносторонность.

universalismo. [м.] универсализм; см. cosmopolitismo.

universalización. [ж.] дейст. к делать универсальным, всеобщим; обобщение.

universalizar. [перех.] делать универсальным, всеобщим, всеобъемлющим; обобщать.

universalmente. [нареч.] повсеместно; всесторонне.

universidad. [ж.] университет; корпорация, ассоциация; мир, вселенная; универсальность, всеобщность.

universitario, ria. [прил.] университетский; [м.] преподаватель университета, профессор.

universo, sa. [прил.] см. universal; [м.] мир, вселенная.

univocación. [ж.] согласование.

univocarse. [возв. гл.] согласоваться.

univocidad. [ж.] одноимённость; однозначность.

unívoco, ca. [прил.] одноимённый; однозначный.

uno, na. [прил.] один, единый, цельный; тож(д)ественный, одинаковый, идентичный; единственный в своём роде; [множ.] некоторые, немногие, несколько; приблизительно, около, более или менее; [мест.] один, какой-то, кто-то; некто; [м.] один, единица; (цифра) один: * uno solo, единый; * uno e indivisible, единый и нераздельный; * de uno en uno, uno por uno, uno a uno, по одному, поодиночке; * unos años, несколько лет; * unos cuantos, несколько, сколько-то; * son unos cinco hombres, их около пяти мужчин; * ni uno, ни один, ни одного; * uno cualquiera, либо из... любой; * uno de los dos, один из двух; * uno de estos días, на днях; * uno entre mil, один из тысячи; * uno tras otro, один за другим, по очереди; * cada uno, каждый; * es todo uno, это одно и то же, это то же самое; * a una, одновременно, зараз; * de una, разом; * en una, единогласно; вместе; * uno a otro, друг друга; один другого, взаимно; * unos cuantos, несколько, некоторые; * uno de tantos, одно из многих; * uno y otro, оба, ambos; * уna que otra vez, иногда; * de una vez para siempre, раз и навсегда; * una de dos, либо... либо; * uno no puede saberlo todo, нельзя всё знать.

untador, ra. [прил. и сущ.] смазывающий, натирающий жиром, маслом и т. д.

untadura. [ж.] смазывание, смазка, натирание жиром, маслом; мазь, смазка; жир.

untamiento. [м.] смазывание, смазка, натирание жиром, маслом.

untar. [перех.] натирать, смазывать жиром, маслом, намазывать, намасливать; (перен. разг.) подмазать, подкупить, задобрить кого-л, дать взятку; **untarse.** [возв. гл.] вымазаться, запачкаться (чем-л жирным); (перен. разг.) нагреть руки; * untar la mano, el carro, (перен.) подкупать, дать взятку.

untaza. [ж.] внутренний жир.

unto. [м.] мазь, смазка; см. untaza; (перен.) бальзам; (Амер.) вакса: * unto de Méjico, de rana, взятка.

untuosidad. [ж.] жирность, маслянистость; тучность; слащавость, елейность, умильность.

untuoso, sa. [прил.] жирный, маслянистый; тучный; слащавый, елейный; умильный.

untura. [ж.] см. untadura.

uña. [ж.] ноготь; коготь; копыто; хвост скорпиона; колючка загнутая крючком (растений); обрубок сучка; короста (у животных); изогнутое остриё (у инструментов); (анат.) слезная складка; (зоол.) морской финик, пластинчатожаберный моллюск; колпачок, надеваемый на палец при изготовлении сигарет; зарубка (для ногтя); (перен. разг.) ловкость или наклонность к краже; (мор.) носки якоря: * uña encarnada, вросший ноготь; * de uñas, враждебно; * a uña de caballo, во весь опор; * largo de uñas, склонный к краже; * tener las uñas largas, быть вороватым; * son uña y carne, их водой не разольёшь; * comerse uña morderse las uñas, кусать ногти; * tener uña en la palma, быть склонным к краже; * mirarse las uñas, (разг.) играть в карты; * tener uñas, быть трудным (о деле); * verse en las uñas del lobo, быть в крайней опасности; * sacar las uñas, использовать все средства; * enseñar или mostrar las uñas, (разг.) огрызаться; * recibir de uñas, принять в штыки; * uña de caballo, (бот.) мат-и-мачеха.

uña. [ж.] (Амер.) ядовитый паук.

uñada. [ж.] царапина ногтем или когтем; царапина (след); толчок, удар ногтем.

uñado, da. [прил.] см. unguiculado.

uñar. [перех.] (Амер.) воровать, красть.

uñarada. [ж.] царапина ногтем или когтем.

uñate. [м.] детская игра; давление ногтем.

uñatear. [перех.] (Амер.) ловко, незаметно стащить, воровать.

uñazo. [м.] (обл.) царапина ногтем.

uñero. [м.] ногтоеда.

uñeta. [ж. умен.] к uña, коготок; резец каменотёса; детская игра.

uñetas. [м.] (Амер.) вор, карманник.

uñetear. [перех.] (Амер.) см. uñatear.

uñi. [м.] (Амер.) (бот.) черника.

uñidura. [ж.] запряжка.

uñir. [перех.] (обл.) см. uncir.

uñoso, sa. [прил.] с длинными ногтями или когтями, когтистый.

uñuela. [ж. умен.] к uña, коготок.

¡upa! [межд.] вставай!: * a upa, на руках.

upar. [перех.] см. aupar.

upas. [м.] упас (ядовитое дерево; сок этого дерева, которым отравляют стрелы).

upispa, upupa. [ж.] см. abubilla.

uraconisa, uraconita. [ж.] (мин.) урановая охра.

uracracia. [ж.] (пат.) недержание мочи.

uragogo, ga. [прил.] (мед.) мочегонный.

urajear. [неперех.] см. grajear.

uralaltaico, ca. [прил.] урало-алтайский.

uralense. [прил. и сущ.] см. uraliano.

uraliano, na. [прил.] уральский; [м. и ж.] уралец.

urálico, ca. [прил.] уральский.

uralita. [ж.] (мин.) уралит.

uranálisis. [ж.] исследование мочи.

uranato. [м.] (хим.) уранат.

Urania. [ж.] (миф.) Урания.

urania [ж.] (зоол.) урания (бабочка).

uránico, ca. [прил.] (хим.) урановый.

uránico, ca. [прил.] (анат.) нёбный.

uranífero, ra. [прил.] содержащий уран, ураносодержащий.

uranílico, ca. [прил.] урановый.

uranilo. [м.] (хим.) уранил.

uraninita. [ж.] (мин.) уранинит.
uranio. [м.] (хим. физ.) уран.
uranio, nia. [прил.] космический.
uranisco. [м.] (анат.) нёбо.
uranismo. [м.] гомосексуализм.
uranista. [прил.] страдающий гомосексуализмом; [м. и ж.] гомосексуалист, -ка.
uranita. [ж.] (мин.) уранит.
Urano. [м.] (астр.) Уран.
uranocircita. [ж.] (мин.) ураноциркит.
uranófana, uranofano. [м.] уранофан.
uranografía. [ж.] уранография, космография.
uranográfico, ca. [прил.] уранографический, космографический.
uranógrafo, fa. [м. и ж.] специалист, -ка по уранографии.
uranología. [ж.] уранология.
uranólogo, ga. [м. и ж.] специалист, -ка по уранологии.
uranometría. [ж.] (астр.) уранометрия.
uranométrico, ca. [прил.] (астр.) относящийся к уранометрии.
uranoplastia. [ж.] (хир.) ураноpластика.
uranorama. [м.] объяснение планетной системы посредством подвижного глобуса.
uranorrafia. [ж.] оперативное сшивание трещины в твердом небе, восстановление его свода.
uranoscopia. [ж.] (м. употр.) ураноскопия, астрология.
uranóscopo. [м.] (ихтиол.) звездочёт, верхогляд.
uranosferita. [ж.] (мин.) ураносферит.
uranospinita. [ж.] (мин.) ураноспинит.
uranosquisis. [ж.] расщепление нёба, волчья пасть.
uranotalita. [ж.] (мин.) ураноталит.
uranotilo. [м.] (мин.) уранотил.
uranotorita. [ж.] (мин.) уранотopит.
urape. [м.] (Амер. бот.) бобовое растение.
urari, urare. [м.] кураре, смертельный яд (которым отравляют стрелы).
urato. [хим.] соль мочевой кислоты.
uraturía. [ж.] (пат.) выделение уратов в моче.
urbanamente. [нареч.] вежливо, учтиво.
urbanidad. [ж.] вежливость, учтивость, (благо)воспитанность.
urbanismo. [м.] градостроительство; урбанизм.
urbanista. [прил.] градостроительный; [м.] инженер-градостроитель.
urbanística. [ж.] градостроительство.
urbanístico, ca. [прил.] относящийся к застройке городских районов или к воспитанию вежливости.
urbanización. [ж.] воспитание вежливости; застройка городских районов, превращение (села) в город.
urbanizar. [перех.] воспитывать вежливость, учтивость; превращать (село) в город; расширять пределы города.
urbano, na. [прил.] городской; (перен.) вежливый, учтивый, воспитанный; [м.] член городской милиции.
urbe. [ж.] многолюдный современный город.
urbícola. [прил.] живущий в городе; [м. и ж.] горожанин, -ка.
urca. [ж.] (мор.) большое транспортное судно.
urce. [м.] (бот.) см. brezo.
urceiforme. [прил.] имеющий форму сосуда.
urcelado, da, urceolar. [прил.] (бот.) кувшинчатый.
urceolo. [м.] (бот.) кувшинчик.
urcitano, na. [прил. и сущ.] см. almeriense.
urchilla. [ж.] (бот.) лакмусовый лишай (из которого добывается фиолетовая краска); фиолетовая краска.

urdemalas. [м. и ж.] см. trapisondista, tramposo.
urdidera. [ж.] см. urdidora; сновальный барабан, мотовило.
urdidor, ra. [прил.] навивающий основу; [м. и ж.] (текст.) навивальщик, -ица основы; сновщик, -ица; [м.] сновальный барабан.
urdidura. [ж.] (текст.) навивание основы; подготовка к заговору.
urdiembre. [ж.] см. urdimbre.
urdimbre. [ж.] (текст.) основа; см. urdidura.
urdir. [перех.] (текст.) набирать, навивать основу; (перен.) подготовлять, замышлять, затевать, строить (козни и т. д.).
urea. [ж.] (хим.) мочевина.
ureal. [прил.] к мочевина.
uredíneos. [м. множ.] (бот.) ржавчинные грибы.
uredo. [м.] ощущение жжения; см. urticaria.
uremia. [ж.] (мед.) уремия.
urémico, ca. [прил.] (мед.) уремический.
urente. [прил.] (мед.) жгучий (о боли).
ureómetro. [м.] см. urómetro.
uresis. [ж.] мочеиспускание.
uréter. [м.] (анат.) мочеточник.
uretera. [ж.] (анат.) см. uretra.
ureteral, uretérico. [прил.] мочеточниковый.
ureteritis. [ж.] воспаление мочеточника.
ureterolitiasis. [ж.] (пат.) камни в мочеточнике.
urético, ca. [прил.] см. uretral; мочевой.
uretra. [ж.] уретра, мочеиспускательный канал, мочевой канал.
uretral. [прил.] (анат.) уретральный, относящийся к уретре.
uretralgia. [ж.] (пат.) невралгическая боль уретры.
uretrismo. [м.] (пат.) спазмы уретры.
uretrocistitis. [ж.] (пат.) воспаление уретры и мочевого пузыря.
uretroscopia. [ж.] (мед.) уретроскопия, исследование уретры зеркалом.
uretroscopio. [м.] (мед.) уретроскоп, прибор для осмотра уретры.
uretrotomía. [ж.] (хир.) операция рассечения уретры.
uretrovaginal. [прил.] уретро-влагалищный.
uretrovesical. [прил.] уретро-пузырный.
urgencia. [ж.] крайняя необходимость; срочность, спешность, неотложность, безотлагательность: *con toda urgencia, в порядке особой спешности; *llamada de urgencia, срочный вызов (по телефону и т. д.).
urgentemente. [нареч.] срочно, спешно, немедленно, неотложно.
urgínea. (marítima). [ж.] (бот.) морской лук.
urgir. [неперех.] срочно требоваться, быть срочным; [перех.] требовать, обязывать.
uricemia. [ж.] (мед.) урицемия.
úrico, ca. [прил.] мочевой; мочекислый; мочеточниковый: *ácido úrico, (хим.) мочевая кислота.
urinación. [ж.] выделение мочи.
urinal. [прил.] мочевой.
urinario, ria. [прил.] мочевой; [м.] уборная, писсуар: *vías urinarias, (анат.) мочевая система.
urinativo, va. [прил.] см. diurético.
urinífero, ra. [прил.] отводящий мочу.
urinífico, uriníparo, ra. [прил.] вырабатывающий мочу.
urinoso, sa. [прил.] мочевой; содержащий мочу.
uriñe. [м.] (Амер.) тюлень.
urna. [ж.] урна; урна, избирательный ящик; стеклянная коробочка (для хранения различных вещей); (бот.) урна.
uro. [м.] (зоол.) зубр, бизон, тур.

urobilina. [ж.] (хим.) уробилин.
urobilinuria. [ж.] (мед.) выделение мочой уробилина.
urocele. [м.] просачивание мочи в мошонку.
urocistitis. [ж.] (мед.) воспаление мочевого пузыря.
urodelo. [прил.] (зоол.) хвостатый; [м. множ.] (зоол.) хвостатые амфибии, земноводные.
urodinia. [ж.] (пат.) боль при мочеиспускании.
urogallo. [м.] (зоол.) глухарь (птица).
urogenital. [прил.] мочеполовой.
urógeno, na. [прил.] вырабатывающий мочу.
urogravímetro. [м.] см. urómetro.
uroide. [прил.] имеющий форму хвоста.
urolitiasis. [ж.] (пат.) образование мочевых камней.
urología. [ж.] (мед.) урология.
urológico, ca. [прил.] (мед.) урологический.
urólogo, ga. [м. и ж.] уролог, врач-уролог.
urómetro. [м.] (мед.) урометр.
uropoyesis. [ж.] (мед.) образование мочи.
uropsamo. [м.] (пат.) мочевой песок.
urorrea. [ж.] (пат.) непроизвольное выделение мочи.
uros. [м. множ.] индейское племя, живущее в Боливии.
uroscopia. [ж.] исследование мочи.
uroscopio, uróscopo. [м.] прибор для исследования мочи.
urosepsis. [ж.] (пат.) заражение организма через мочевые пути.
urotropina. [ж.] (хим.) уротропин.
urpila. [ж.] (Амер.) разновидность голубя.
urque. [м.] (Амер.) сморщенный картофель старого урожая.
urraca. [ж.] (орни.) сорока.
ursiense. [прил.] *piso ursiense, (геол.) часть верхнего девона (Шпицберген).
ursina. [прил.]: *branca ursina, (бот.) см. acanto.
ursino, na. [прил.] (зоол.) медвежий.
ursulina. [прил.] урсулинский; [ж.] урсулинская монахиня, урсулинка.
urtica. [ж.] (бот.) крапива.
urticáceo, a. [прил.] (бот.) крапивный; urticáceas, [ж. множ.] (бот.) крапивные.
urticación. [ж.] ожог крапивой.
urticante. [прил.] стрекательный, жгучий (о крапиве и т. д.).
urticaria. [ж.] крапивница, уртикария, крапивная лихорадка.
urú. [м.] (орни.) сорт куропатки.
urubitinga. [ж.] (Амер.) бразильский головатый ястреб.
urubú. [м.] (орни.) южноамериканский ястреб.
urucú. [м.] (Амер.) (бот.) орлянка.
uruguayo, ya. [прил.] уругвайский; [м. и ж.] уругваец, -йка.
urus. [м. множ.] см. uros.
urutaú. [м.] (орни.) ночная птица.
usable. [прил.] см. usual.
usadamente. [нареч.] по обычаю.
usado, da. [страд. прич. к usar; прил.] поношенный, потрёпанный, изношенный; истрёпанный; опытный в чём-л.
usante. [действ. прич.] к usar.
usanza. [ж.] обычай, обыкновение, привычка; манера, мода: *a usanza, по обычаю.

usar. [перех.] употреблять, применять, пользоваться; носить (платье и т. д.); практиковать, постоянно заниматься чем-л; служить, исполнять обязанности; [неперех.] иметь привычку, обыкновение: * usar de prudencia, проявлять осторожность.
usarcé, userced. [м.] см. usted.
usencia. [м. и ж.] ваше преподобие.
useñoría. [м. и ж.] ваша милость.
usgo. [м.] отвращение.
usía. [ж.] см. useñoría.
usier. [м.] см. ujier.
usillo. [м.] (обл.) дикий цикорий; (Амер.) род кустарника.
usiría. [м. и ж.] см. useñoría.
uso. [м.] употребление, применение, пользование; навык, опыт; практика; способность, дар; исполнение, отправление должности, обязанностей; обычай, обыкновение, привычка; право пользования: * hacer uso de, пользоваться, употреблять что-л, действовать чем-л; * usos y costumbres, обычаи и нравы; * hacer uso de la palabra, взять слово; * uso corriente, принятый обычай; * para uso interno, (мед.) для внутреннего употребления; * para uso externo, (мед.) для наружного употребления; * el uso hace maestro, дело делу учит; * al uso, согласно, по, соответственно; * andar al uso, приноравливаться.
ustaga. [ж.] (мор.) см. ostaga.
¡uste! [межд.] см. ¡oxte!
usté. [м. и ж.] (усечение) к usted.
usted. [м. и ж.] вы (форма вежливости); [множ.] (Амер.) см. vosotros.
ustible. [прил.] горючий.
ustilagináceos. [м. множ.] (бот.) головнёвые грибы.
ustión. [ж.] сжигание; горение; (хир.) прижигание, каутеризация, прожигание.
ustorio. [прил.] (физ.) espejo ustorio, зажигательное стекло.
ustrino. [м.] (археол.) крематорий; урна (для хранения праха).
ustulación. [ж.] сушение белья.
usual. [прил.] (общеe) употребительный; обычный, обиходный; обходительный, мягкий в обращении, сговорчивый.
usualmente. [нареч.] обычно, обыкновенно.
usuario, ria. [прил.] пользующийся чем-л; [м. и ж.] (юр.) пользователь, -ница, чужим имуществом.
usucapión. [ж.] (юр.) приобретение по праву давности, присвоение давностью.
usucapir. [перех.] (юр.) приобретать по праву давности.
usufructo. [м.] (юр.) узуфрукт, право пользования (имуществом, доходами с чужого имущества).
usufructuar. [перех.] (юр.) пользоваться доходами с чужого имущества, чужим имуществом; [неперех.] приносить пользу, доход.
usufructuario, ria. [прил. и сущ.] (юр.) пользующийся доходами с чужого имущества, чужим имуществом.
usura. [ж.] ростовщичество; лихоимство (уст.); лихва (уст.); рост (уст.); ростовщический процент; процент с ростовщической ссуды; всякая корыстная, чрезмерная прибыль при денежных и иных расчётах; (Амер.) см. ventaja: * pagar con usura, оплатить с лихвой.
usurar. [неперех.] см. usurear.
usurariamente. [нареч.] с лихвой, вдвойне.
usurario, ria. [прил.] ростовщический.
usurear. [неперех.] заниматься ростовщичеством; отдавать (или брать) в рост; получать чрезмерную прибыль.
usurero, ra. [м. и ж.] ростовщик, -ица; тот, кто получает чрезмерную прибыль.
usurpación. [ж.] узурпация, захват, присвоение (насильственное); похищение земли или власти; похищенная земля.
usurpador, ra. [прил.] совершающий узурпацию чего-л; [м. и ж.] узурпатор, захватчик; похититель, -ница.
usurpar. [перех.] совершать узурпацию чего-л, захватывать, присваивать (незаконно); узурпировать (книж.): * usurpar la corona, завладеть престолом.
usurpatorio, ria. [прил.] захватнический, противозаконный.
usuta. [ж.] (Амер.) сандалия из одного куска кожи.
ut. [м.] (уст.) (муз.) до.
uta. [ж.] (Амер.) кожное заболевание; (обл.) свинья (самка).
utave. [м.] (Амер.) сноп.
utempe. [м.] (Амер.) голец (пресноводная рыба).
utensilio. [м.] инструмент, орудие (чаще множ.); (воен.) паёк, содержание (на посте); utensilios, [множ.] орудия, снасти для какого-л промысла; набор инструментов; дела; домашняя утварь, посуда.
uteralgia. [ж.] (пат.) боль матки.
uterino, na. [прил.] (анат.) маточный; единоутробный: * furor uterino, бешенство матки.
uteritis. [ж.] (пат.) метрит, воспаление матки.
útero. [м.] (анат.) матка: * útero didelfo, двойная матка; * útero infantil, недоразвитая, инфантильная матка.
uteroscopia. [ж.] исследование матки зеркалом.
útil. [прил.] (при)годный, полезный; подходящий; выгодный, удобный; [м.] польза; выгода; прибыль; útiles, [множ.] инструменты, орудия: * días útiles, (юр.) срочные дни; * es útil, полезно.
utilidad. [ж.] полезность, выгодность; выгода; польза; доход.
utilitariamente. [нареч.] утилитарным образом.
utilitario, ria. [прил.] утилитарный, практический, прикладной, заботящийся о пользе.
utilitarismo. [м.] (фил.) утилитаризм.
utilitarista. [прил.] утилитаристский; [м. и ж.] утилитарист, -ка.
utilizable. [прил.] утилизируемый, используемый, могущий быть использованным, пригодный.
utilización. [ж.] использование, утилизация.
utilizar. [перех.] использовать, употреблять в пользу, утилизировать.
útilmente. [нареч.] полезно, с пользой, впрок.
utiloso, sa. [прил.] (Амер.) полезный, годный.
utillaje. [м.] (гал.) оборудование, снаряжение, оснащение, инвентарь; набор инструментов, инструментарий.
utopía. [ж.] утопия.
utópico, ca. [прил.] утопический, несбыточный, утопичный, нереальный.
utopismo. [м.] утопизм; утописты.
utopista. [прил.] увлекающийся утопиями; [м. и ж.] утопист, -ка.
utopístico, ca. [прил.] свойственный, присущий утопистам.
utrero, ra. [м. и ж.] двухгодовалый бычок, двухгодовалая тёлка.
utrícula. [ж.] см. utrículo.
utriculado, da, utricular. [прил.] (бот.) мешкообразный, пузырьный, сумчатый.
utricularia. [ж.] (бот.) пузырчатка.
utrículo. [м.] небольшой бурдюк; (бот.) мешочек, сумочка, пузырёк: * utrículo prostático или uretral, (анат.) малое углубление на середине семенного бугорка.
utriculoso, sa. [прил.] см. utricular.
utriforme. [прил.] мешковидный, мешкообразный.
uturunco. [м.] (Амер.) см. yaguar.
uva. [ж.] виноград; виноградина; ягода других растений; ячмень; бородавка; (обл.) виноградная гроздь: * uva tinta, чёрный виноград; * racimo de uvas, виноградная гроздь, кисть винограда; * uva de oso, (бот.) толокнянка; * uva verga или lupina, (бот.) чёрный паслён, аконит; * uva pasa, изюм, коринка; * uva crespa или espina, (бот.) крыжовник; * uva albilla, шашла (сорт сладкого винограда); * uva(s) de mar, саргасова водоросль; * yaya caracatizas; * entrar por uvas, (разг.) рисковать, подвергаться опасности; * hecho una uva, (разг.) мертвецки пьяный; * meter uvas con agraces, (разг.) пугать; * conocer las uvas de su majuelo, знать, с кем имеешь дело.
uvada. [ж.] хороший урожай винограда.
uvaduz. [м.] (бот.) см. gayuba.
uvaguemaestre. [м.] см. vaguemaestre.
uval. [прил.] похожий на виноград(ину).
uvate. [м.] консервированный виноград.
uvayema. [ж.] дикий виноград.
uve. [ж.] название буквы V.
úvea. [прил.]: * túnica úvea, (анат.) пигментная плёнка радужной оболочки глаза, сосудистая оболочка глаза.
uveítis. [ж.] (мед.) воспаление сосудистой оболочки глаза.
uvero, ra. [прил.] виноградный; [м. и ж.] продавец, -щица винограда.
uviforme. [прил.] имеющий форму виноградины; гроздевидный.
uvilla. [ж. умен.] к uva; (Амер.) род смородины.
uviolizar. [перех.] подвергать действию ультрафиолетовых лучей.
úvula. [ж.] (анат.) язычок: * úvula vesical, язычок пузыря.
uvular. [прил.] (анат.) язычковый, относящийся к язычку; (линг.) увулярный, язычковый.
uvularia. [ж.] (бот.) увулярия.
uvulitis. [ж.] (пат.) воспаление язычка.
uvulotomía. [ж.] (хир.) удаление язычка (при его гипертрофии).
uxoricida. [м.] (тж. прил.) женоубийца.
uxoricidio. [м.] женоубийство.
uxorio, ria. [прил.] женин; любящий жену.
uyama. [ж.] (Амер.) род тыквы.
uzbeco, ca, yzbego, ga. [прил.] узбекский; [м. и ж.] узбек, -чка.
uzear. [перен.] (Амер.) хлопать, ударять руками.

Vv

V. [ж.] 25-я буква испанского алфавита.

vaca. [ж.] корова; говядина; общая ставка (на азартных играх); коровья кожа (выделанная); (Амер.) шайка воров; (обл.) бумажный змей: * vaca de San Antón, божья коровка; * vaca de leche, дойная корова; * vaca marina, морская корова, ламантин; * vaca de montaña, de anta, тапир; * vaca tembladera, электрический скат; * hacer vaca, (Амер.) прогуливать уроки.

vacación. [ж.] (чаще множ.) перерыв (в занятиях, заседаниях и т. д.); (чаще множ.) каникулы, вакации (уст.); отпуск; вакансия, незамещённая должность.

vacada. [ж.] стадо коров, волов.

vacaje. [м.] (Амер.) см. vacada.

vacancia. [ж.] вакансия, незамещённая должность.

vacante. [действ. прич.] к vacar; [прил.] вакантный, свободный, незанятый (о должности и т. д.): * bienes vacantes, ничейное имущество; [ж.] вакансия, незамещённая должность; перерыв (в занятиях, работе); отпуск.

vacar. [неперех.] прервать занятия; располагать свободным временем; быть вакантным, незанятым; заниматься чем-л; см. carecer: * vacar a sus ocupaciones, заниматься своими делами.

vacaray. [м.] (Амер.) телёнок извлечённый из утробы коровы.

vacarí. [прил.] сделанный из коровьей кожи или покрытый ей.

vacatura. [ж.] время, в течение которого место вакантно.

vaccinación. [ж.] см. vacunación.

vaccinar. [перех.] см. vacunar.

vaccíneo, a; vaccínico, ca. [прил.] вакцинный, прививочный.

vaccinieas. [ж. множ.] (бот.) брусничные растения.

vaccino. [м.] (мед.) вакцина.

vaccinofobia. [ж.] (пат.) вакцинобоязнь.

vaccinoterapia. [ж.] вакцинотерапия.

vaciadero. [м.] сток, сточный канал, сточная труба, канава; отвал.

vaciadizo, za. [прил.] отлитый, литой; (перен.) пустой.

vaciado, da. [страд. прич.] к vaciar; [м.] литьё, отлив, отливание, отливка, формовка, формование; (арх.) см. excavación; гипсовый слепок, муляж.

vaciador. [м.] литейщик; точильщик; черпалка, черпак; ковш.

vaciamiento. [м.] опорожнение, выливание; вынимание (содержимого); отлив(ание), отливка, формовка, формование; выдалбливание; точка, оттачивание, вытачивание, обточка; спад воды (в море, реке); впадение (реки и т. д.).

vaciante. [действ. прич.] к vaciar; [ж.] спад воды (в море).

vaciar. [перех.] опоражнивать, опорожнять, освобождать от содержимого; вынимать (содержимое), опустошать (разг.), опростать (прост.); осушать, выпивать; выливать (содержимое); формовать, отливать в форму; выдалбливать; точить, оттачивать, вытачивать, обтачивать; исчерпывающе излагать, выражать; [неперех.] впадать (о реке); спадать (о море, реке); **vaciarse.** [возв. гл.] опоражниваться, опорожняться, опростаться (прост.) (разг.) выбалтывать, выбалтываться, проговариваться.

vaciedad. [ж.] (перен.) вздор, нелепость, пустяки, глупость.

vaciero. [м.] пастух при стаде яловых овец и т. д.

vacilación. [ж.] колебание, шатание, покачивание; (перен.) колебание, нерешительность, нерешимость.

vacilante. [действ. прич.] к vacilar, колеблющийся, шатающийся.

vacilatorio, ria. [прил.] неуверенный, нерешительный, шатающийся.

vacilar. [неперех.] колебаться, качаться, быть неустойчивым; (перен.) колебаться, быть в нерешительности; мерцать; (Амер.) см. emborracharse; шумно веселиться.

vacilón, na. [прил.] (Амер.) см. parrandero; подвыпивший; [м.] (Амер.) шумное веселье.

vacinal. [прил.] см. vacunal.

vacío, a. [прил.] пустой, порожний, незанятый; яловый (о самках); пустой, бесплодный, бесполезный; пустой, незаселённый, ненаселённый, безлюдный; пустынный; бессодержательный; полый; пустой, тщеславный; надменный, высокомерный; (Амер.) не сдобренный (о пище и т. д.); [м.] впадина, углубление; полость; выемка; (анат.) см. ijada; вакансия; тоска по кому-л, по чему-л; (физ.) пустота, безвоздушное пространство; вакуум; разрежение; па (в танце); пропуск, пробел: * sitio vacío, свободное место; * estómago vacío, пустой желудок; * con las manos vacías, с пустыми руками; * medio vacío, наполовину пустой; * vacío de Torricelli, торичеллиева пустота, порожняком; без дела; * irse de vacío, уйти с пустыми; * en vacío, зря, впустую, бесполезно, напрасно; * caer en el vacío, (разг.) не принимать (о предложении и т. д.).

vaco. [м.] (разг.) вол.

vaco, ca. [прил.] вакантный, свободный.

vacuidad. [ж.] пустота; вакантность; (мед.) полость.

vacuna. [ж.] вакцина; коровья оспа; коровья оспенная лимфа.

vacunable. [прил.] восприимчивый к прививке; подлежащий вакцинации.

vacunación. [ж.] оспопрививание; вакцинация, прививание, прививка (предохранительная).

vacunador, ra. [прил.] занимающийся оспопрививанием; [м. и ж.] оспопрививатель, -ница.

vacunal. [прил.] вакцинный, относящийся к вакцине.

vacunar. [перех.] (мед.) прививать оспу; вакцинировать, делать предохранительные прививки.

vacuno, na. [прил.] коровий, воловий, бычий; сделанный из коровьей кожи: * ganado vacuno, крупный рогатый скот.

vacunoprofiláxis. [ж.] впрыскивание вакцины с профилактической целью.

vacunoterapia. [ж.] вакцинотерапия.

vacuo, cua. [прил.] см. vacío; вакантный, свободный; [м.] впадина; полость.

vacuola. [ж.] вакуоль, пузырёк в клетке, наполненный светлой жидкостью.

vacuolado, da; vacuolar. [прил.] вакуольный.

vacuolización. [ж.] вакуолизация.

vacuolo. [м.] см. vacuola.

vacuómetro. [м.] (физ.) вакуумметр.

vade. [м.] см. vademecum.

vadeable. [прил.] переходимый вброд; (перен.) преодолимый.

vadeador. [м.] тот, кто указывает броды на реки.

vadeamiento. [м.] переход вброд; (перен.) преодоление, препятствия; зондирование; дейст. к разбираться в чём-л трудном.

vadeante. [действ. прич.] к vadear; [прил.] обильный.

vadear. [перех.] переходить вброд; (перен.) преодолеть трудности; зондировать, нащупывать; разбираться в чём-л трудном; **vadearse.** [возв. гл.] руководствоваться чём-л, действовать сообразно с чем-л.

vademecum. [м.] карманный справочник, ученическая сумка, ранец.

vadeo. [м.] см. vadeamiento.

vadera. [ж.] широкий брод (на реке).

vado. [м.] брод; (перен.) выход, средство, способ; * tentar el vado, (перен.) зондировать; * al vado о a la puente, надо выбрать.

vadoso, sa. [прил.] с бродами (о реке и т. д.), опасный из-за множества бродов.

vaga. [ж.] (Амер.) проститутка.

vagabundear. [неперех.] бродяжничать, бродяжить (прост.), скитаться; бездельничать.

vagabundeo. [м.] дейст. к бродяжничать; бродяжничество; скитание; праздношатание; бездельничанье.

vagabundería. [ж.] см. vagabundeo; бродяжничество (образ жизни бродяги).

vagabundo, da. [прил.] бродячий, странствующий; бродяжнический; праздношатающийся; [м. и ж.] бродяга, бродяжка; праздношатающийся, -аяся; бездельник.

vagada (de una). [нареч.] (Амер.) разом, с одного раза.

vagal. [прил.] относящийся к блуждающему нерву.

vagamente. [нареч.] неясно, неопределённо, туманно.

vagamundear. [неперех.] см. vagabundear.

vagamundo, da. [прил. и сущ.] см. vagabundo.

vagancia. [ж.] бездельничанье, праздность, незанятость трудом, делом.

vagante. [дейст. прич.] к vagar, блуждающий; праздношатающийся.

vagar. [неперех.] иметь досуг, располагать временем; бездельничать, шататься без дела; бесцельно слоняться, блуждать, бродить; бродяжничать.

vagar. [м.] досуг, свободное время; (н. употр.) перерыв, пауза; * andar или estar de vagar, ничего не делать, быть в праздности.

vagoroso, sa. [прил.] (чаще поэт.) блуждающий, скитающийся; (уст.) см. tardo.

vagido. [м.] крик или плач новорождённого.

vagina. [ж.] (анат.) влагалище, маточный рукав.

vaginado, da. [прил.] (бот.) снабжённый влагалищем.

vaginal. [прил.] (анат.) влагалищный, вагинальный.

vaginela. [ж.] (бот.) влагальце.

vaginismo. [м.] (пат.) вагинизм.

vaginitis. [ж.] (мед.) вагинит, воспаление влагалища.

vaginofijación. [ж.] (хир.) пришивание искривлённой назад матки к передней влагалищной стенке.

vaginoscopia. [ж.] вагиноскопия, исследование влагалища с помощью особых приборов с зеркалами.

vaginovesical. [прил.] влагалищно-пузырный.

vagínula. [ж.] (бот.) влагальце.

vagneriano, na. [прил.] вагнеровский; [м. и ж.] поклонник, -ица музыки Вагнера.

vagnerismo. [м.] музыкальная система Вагнера.

vago, ga. [прил.] ничем не занятый, праздный, живущий без работы, без дела; [м.] (обл.) см. erial; яма, углубление; [м. у ж.] бездельник, -ница, лентяй, -ка; * en vago, неустойчиво; бесцельно; напрасно, бесплодно.

vago, ga. [прил.] блуждающий; странствующий; неопределённый, неясный, смутный, туманный; беспредметный; неопределённый, лёгкий, воздушный (о тонах, красках); (анат.) блуждающий; [м.] (анат.) блуждающий нерв.

vagón. [м.] (ж. -д.) вагон: * vagón postal, почтовый вагон; * vagón de carga, abierto, платформа; * vagón furgón, багажный вагон; * vagón cisterna, вагон-цистерна; * vagón de pasajeros, пассажирский вагон; * vagón de carga, cerrado, товарный вагон.

vagoneta. [ж.] вагонетка.

vagotomía. [ж.] иссечение блуждающего нерва.

vagotonía. [ж.] (мед.) повышенная возбудимость блуждающего нерва.

vaguada. [ж.] лощина.

vagueación. [ж.] рассеянность, расплывчатость мыслей; блуждание.

vagueante. [дейст. прич.] к vaguear.

vaguear. [неперех.] блуждать, бродить; бродяжничать.

vaguedad. [ж.] незанятость.

vaguedad. [ж.] неопределённое, неопределённость; всеобщность; неясность (фразы и т. д.); туманная, неопределённая фраза или выражение.

vaguemaestre. [м.] (воен.) начальник обозов.

vaguido, da. [прил.] страдающий головокружениями; смущённый [м.] см. vahído.

vahaje. [м.] ветерок.

vahar. [неперех.] см. vahear.

vaharada. [ж.] выдыхание; испарение; выделение испарины.

vaharina. [ж.] (разг.) пар; испарина; дымка; туман.

vahear. [неперех.] выделять испарину, дымить(ся); куриться (о лугах).

vahído. [м.] головокружение, обморок.

vaho. [м.] пар; испарение; испарина.

vaina. [ж.] ножны; футляр, кобура; (бот.) стручок; кожура стручка; (анат.) оболочка; (бот.) влагалище; (мор.) рубец паруса; (воен.) гильза; стакан снаряда; (Амер.) случайность; строгий выговор; счастливый случай; досадное, неприятное обстоятельство; напиток с шампанским; vainas, [множ.] (Амер.) бобы и горох (которые едят не лущёными); [м.] субъект, тип, пройдоха: * buena vaina! хорош тип!; * echarle a uno la vaina, (Амер.) помешать успеху; * salirse de la vaina, (Амер.) выходить из себя; проявлять нетерпение.

vainazas. [м.] (разг.) слабый, долговязый или неряшливый человек.

vainero. [м.] изготовитель ножен.

vainetilla. [ж.] (Амер.) досадное, неприятное обстоятельство.

vainica. [ж.] ажурная строчка; мережка.

vainilla. [ж.] ваниль (растение и плод); американский гелиотроп; см. vainica; (обл.) зелёная фасоль.

vainillar. [перех.] (Амер.) прошивать ажурным швом; делать мережку.

vainillina. [ж.] (хим.) ванилин.

vainillón. [м.] (Амер.) ваниль (плод); (бот.) род ванили.

vainiquera. [ж.] женщина по-ремеслу делающая мережку, прошивающая ажурным швом.

vainita. [ж.] (Амер.) зелёная фасоль.

vaivén. [м.] колебательное движение, движение взад и вперёд, из угла в угол, колебание, шатание; (перен.) непостоянство; толчёк; (мор.) выбленочный трос.

vaivoda. [м.] князь.

vajear. [неперех.] (обл.) (Амер.) см. vahear.

vajilla. [ж.] столовая посуда.

val. [усечение] к valle.

valaco, са. [прил.] валашский.

valar. [прил.] относящийся к изгороди, к частоколу; стенной.

valdepeñas. [м.] сорт красного вина.

valdiviano. [м.] (Амер.) блюдо из копчёного мяса и лука.

vale. [м.] бона, чек, вексель; талон; расписка; похвальная грамота; (Амер.) друг, приятель, товарищ; * recoger un vale, оплатить вексель и т. д.

vale. [межд.] (лат. выраж.) прощай!: * último, postrero vale, последнее прости.

valedero, ra. [прил.] действительный, законный.

valedor, ra. [м. и ж.] покровитель, -ница, защитник, -ица; (Амер.) друг, приятель, товарищ; поручитель.

valedura. [ж.] (Амер.) см. privanza, valimiento; денежный подарок проигравшему (от выигравшего).

valencia. [ж.] (хим.) валентность, атомность; название разных городов: * quedarse a la luna de Valencia, (разг.) остаться с носом.

valenciana. [ж.] (Амер.) валансьен (кружева); штрипка.

valencianismo. [м.] слово или выражение, свойственное валенсийцам.

valenciano, na. [прил.] валенсийский; [м. и ж.] уроженец Валенсии.

valente. [прил.] (хим.) валентный.

valentía. [ж.] энергия, сила, храбрость, мужество, смелость, доблесть, отвага; подвиг, геройство; бахвальство, хвастовство; живость, жар, увлекательность, смелость кисти (художника).

valentinita. [ж.] (мин.) белая сурьмяная руда.

valentino, na. [прил.] валенсийский (см. valenciano).

valentísimo, ma. [увел.] к valiente; [прил.] очень искусный или опытный.

valentón, na. [прил.] вызывающий, храбрый на словах; [м.] хвастун, храбрец на словах.

valentona. [ж.] (разг.) valentonada [ж.] бахвальство, хвастовство.

valer. [перех.] оказывать протекцию, протежировать, покровительствовать, защищать, содействовать; приносить, давать доход, пользу; составлять сумму; подытоживать; иметь цену; быть равноценным; [неперех.] см. equivaler; стоить, иметь стоимость (или цену); представлять ценность, быть ценным; иметь силу, значение; быть важным; годиться, подходить; быть полезным; иметь вес, считаться авторитетом (в каком-л области); иметь хождение; превосходить; служить защитой; **valerse.** [возв. гл.] пользоваться, употреблять, прибегать к помощи кого-л: * valer la pena, стоить того, чтобы; * hacer valer sus derechos, отстаивать свои права; * más vale, tarde que nunca, лучше поздно, чем никогда; * no vale, не считается; * más valiera, лучше бы было; * darse a valer, заставлять себя уважать; * valer para, годиться, быть; ¡válgame! ¡válgate! чёрт побери!; * nada que valga la pena, ничего путного; * vale más oro que vale, это человек золотой, неоценённый; [непр. гл.] prest. ind. valgo, vales и т. д; fut. valdré, -as и т. д.; pot. valdría, -as и т. д.; prest. subj. valga, -as, -a и т. д.

valer. [м.] стоимость; цена; ценность.

valeriana. [ж.] (бот.) валерьяна.

valeriáceo, a. [прил.] валерьяновый; [ж. множ.] валерьяновые.

valerianato. [м.] (хим.) валерьянокислая соль.

valeriánico, са. [прил.] * ácido valeriánico, (хим.) валерьяновая кислота.

valerilato. [м.] (хим.) см. valerianato.

valerosamente. [нареч.] мужественно, храбро, доблестно; действенно.
valerosidad. [ж.] действенность; храбрость, мужество, доблесть; ценность.
valeroso, sa. [прил.] действенный; храбрый, доблестный, мужественный; ценный.
valetudinario, ria. [прил.] слабый, болезненный, хворый, хилый.
valgo, ga. [прил.] см. patizambo; pie valgo, наружная косолапость.
valí. [м.] мусульманский губернатор.
valía. [ж.] стоимость; ценность; благосклонность, милость, расположение; см. facción: * mayor valía, (эк.) прибавочная стоимость; * a las valías, по дорогой цене.
valichú. [м.] (Амер.) злой дух.
validación. [ж.] утверждение, узаконение, ратификация; признание действительным, законным; законность (документа).
válidamente. [нареч.] законным образом, законно; крепко, сильно.
validar. [перех.] утверждать, узаконивать; признавать действительным, имеющим законную силу.
validez. [ж.] действительность, законность, сила; крепость.
validirrostro, tra. [прил.] (зоол.) с крепким клювом.
válido, da. [прил.] действительный, законный, узаконенный, утверждённый; крепкий, сильный, работоспособный, трудоспособный.
valido, da. [страд. прич.] к valer; [прил.] всюду принятый, признанный; [м.] любимец, фаворит; премьер-министр.
valiente. [прил.] сильный, крепкий, мощный; храбрый, доблестный; действенный, эффективный, активный; превосходный, отличный; чрезмерный, сильный; см. valentón.
valientemente. [нареч.] сильно, действенно, эффективно; энергично; храбро, мужественно, доблестно, смело; превосходно, отлично; чудесно; чрезмерно.
valija. [ж.] чемодан; почтовая сумка, почтовый мешок; почта (письма и т. д.): * valija diplomática, сумка дипкурьера, дипломатическая почта.
valijero. [м.] сельский почтальон.
valijón. [м. увел.] к valija.
valimiento. [м.] пользование, употребление, применение; помощь; влияние, близость к влиятельному лицу; покровительство, защита.
valioso, sa. [прил.] ценный, драгоценный, дорогостоящий; влиятельный, уважаемый; богатый, имеющий много денег, изобильный.
valisoletano, na. [прил. и сущ.] см. vallisoletano.
valón, na. [прил.] валлонский; [м. и ж.] валлонец, жительница Валлона; [м.] валлонский язык.
valona. [ж.] пелерин(к)а; (Амер.) подстриженная грива; услуга, помощь, содействие: * hacer la valona, см. valonar.
valonar. [перех.] (Амер.) подстригать гриву.
valor. [м.] стоимость; цена; ценность; значение, достоинство, ценность, важность; храбрость, доблесть, мужество, отвага; дерзость, бесстыдство, наглость; твёрдость; сила действия, действенность; доход, польза, выгода; равноценность, эквивалентность; (муз.) длительность (ноты); (мат.) величина; [множ.] ценные бумаги, облигации, акции; ценности: * valor nominal, номинальная стоимость; * valor intrínseco, (реальная) ценность; * objeto de valor, ценная вещь; * carta con valores declarados, письмо с объявленной ценностью; * de valor, храбрый, отважный; ценный.
valoración. [ж.] оценка; повышение ценности.
valoría. [ж.] стоимость, цена; почтение, уважение.
valorizar. [перех.] ценить, оценивать; определять стоимость; повышать цену; (Амер.) реализовать, обращать в деньги, продавать по низкой цене.
valquiria. [ж.] (миф.) валькирия.
vals. [м.] вальс.
valsador, ra. [м. и ж.] тот, кто вальсирует.
valsar. [неперех.] вальсировать, танцевать вальс.
valse. [м.] (Амер.) вальс.
valúa. [ж.] (обл.) см. valía.
valuación. [ж.] valuamiento. [м.] оценка.
valuar. [перех.] ценить, оценивать; определять стоимость.
valuminoso, sa. [прил.] (Амер.) сочный, густой (о растительности).
valumoso, sa. [прил.] (Амер.) объёмистый; см. vanidoso.
valuta. [ж.] курс (биржевой).
valutario, ria. [прил.] курсовой.
valva. [ж.] (бот.) (зоол.) створка.
valváceo, a. [прил.] (бот.) створчатый.
valvado, da. [прил.] створчатый, со створками.
valvar. [прил.] относящийся к створкам.
valvasor. [м.] (ист.) вассал вассала, подвассал, см. infanzón.
valviforme. [прил.] имеющий форму створки.
válvula. [ж.] (тех.) клапан, вентиль; (анат.) клапан, заслонка; радиолампа: * válvula de seguridad, предохранительный клапан; * válvula de admisión, впускной клапан; * válvula de descarga, выхлопной (выпускной) клапан; * válvula termoiónica, электронная лампа; * válvula mitral, (анат.) двустворчатый клапан сердца; * válvula semilunar, (анат.) полулунная складка.
valvulado, da. [прил.] снабжённый клапанами.
valvular. [прил.] относящийся к клапанам; снабжённый клапанами.
valvulina. [ж.] смазочное вещество.
valvulitis. [ж.] (пат.) воспаление клапана, сердечной заслонки.
valla. [ж.] частокол, изгородь из кольев; см. vallado; (перен.) препятствие, помеха; (Амер.) арена для боя петухов; канава, ров; (тавр.) см. barrera; (спорт.) барьер: * carrera de vallas, (спорт.) барьерный бег; * salto de una valla, взятие барьера; * (carrera de) 110 metros vallas, бег на 110 метров с препятствиями.
vallado. [м.] vallado; (перен.) преграда, препятствие.
valladear. [перех.] огораживать; заграждать.
vallado. [м.] вал, заграждение; оборонительное сооружение полевого типа.
vallar. [прил.] см. valar; [м.] см. vallado.
vallar. [перех.] см. valladear.
valle. [м.] долина, лощина; дол (поэт.); бассейн реки; хутора, расположенные в долине: * valle de lágrimas, юдоль слёз, печали; * valle seco, суходол.
vallejo. [м. умен.] к valle, небольшая долина, ложбина.
vallejuelo. [м. умен.] к vallejo.
vallero, ra. [прил.] долинный; [м. и ж.] житель, -ница долины.
valleta. [ж.] (обл.) небольшая долина.
vallico. [м.] сорная трава.
vallisoletano, na. [прил.] относящийся к Valladolid; [м. и ж.] уроженец или житель этого города.

vallista. [прил.] см. vallero, (тже. сущ.); [м.] (спорт.) барьерист.
vamp. [ж.] (разг.) см. vampiresa.
vampira, vampiresa. [ж.] роковая женщина.
vampírico, ca. [прил.] к вампир; имеющий вид вампира.
vampiro. [м.] вампир.
vanádico, ca. [прил.] ванадиевый.
vanadífero, ra. [прил.] ванадиевый, содержащий ванадий.
vanadio. [м.] (хим.) ванадий.
vanadita. [ж.] (мин.) ванадит.
vanagloria. [ж.] тщеславие; самохвальство, хвастовство.
vanagloriarse. [возв. гл.] тщеславиться, кичиться, хвастаться, хвалиться.
vanagloriosamente. [нареч.] тщеславно.
vanaglorioso, sa. [прил.] тщеславный, хвастливый; [м. и ж.] человек воображающий о себе.
vanamente. [нареч.] напрасно, тщетно, зря; впустую; с педантичной точностью; необоснованно; тщеславно, кичливо, заносчиво, спесиво.
vanarse. [возв. гл.] (Амер.) становиться пустым.
vandalaje. [м.] (Амер.) бандитская шайка; см. vandalismo.
vandálicamente. [нареч.] варварским образом.
vandálico, ca, vandalio, vandalia. [прил.] вандальский, варварский.
vandalismo. [м.] вандализм, варварство.
vándalo, la. [прил.] вандальский; [м.] вандал.
vandeano, na. [прил.] вандейский; [м.] вандеец.
vanear. [нареч.] болтать вздор.
vanguardia. [ж.] (воен.) авангард; (перен.) авангард, передовой отряд: * de vanguardia, (воен.) авангардный; передовой; * a vanguardia, в авангарде, впереди, во главе.
vanguardismo. [м.] «авангард», модернистское направление в современном искусстве.
vanguardista. [прил.] относящийся к «авангарду» (см. vanguardismo); проникнутый идеями «авангарда»; [м. и ж.] последователь, -ница «авангарда».
vanidad. [ж.] суета, суетность, тщета; тщеславие, высокомерие, кичливость, чванство; самонадеянность; пустяк, вздор, пустое слово: * hacer vanidad de una cosa, чваниться, кичиться чем-л; * vanidad y pobreza, en una pieza, на брюхе шёлк, а в брюхе щёлк; * ajar la vanidad a uno, сбить с кого-л спесь.
vanidosamente. [нареч.] тщеславно, кичливо.
vanidoso, sa. [прил.] тщеславный; самонадеянный; [м. и ж.] тщеславный человек, хвастун, -ья.
vanilina. [ж.] см. vainillina.
vanilocuencia. [ж.] пустая болтовня; разглагольствование, пустословие; многословие, говорливость, болтливость, многоречивость.
vanilocuente, vanílocuo, cua. [прил.] болтливый, многословный, многоречивый; [м. и ж.] пустослов.
vaniloquio. [м.] пустословие, разглагольствование.
vanistorio. [м.] (разг.) смешное тщеславие; тщеславный человек.

vano, na. [прил.] напрасный, тщетный, бесполезный, несбыточный, иллюзорный, пустой; ненаполненный, пустой (о плодах и т. д.); бесполезный, непригодный, безрезультатный; тщеславный, пустой, суетный, гордый, надменный, высокомерный; неосновательный, несущественный; * esfuerzos vanos, тщетные, бесплодные усилия; * en vano, напрасно, бесплодно, тщетно, попусту; бессмысленно; [м.] проём (в стене), оконный, дверной проём, амбразура.

vánova. [ж.] (обл.) одеяло, покрывало.

vapor. [м.] пар; испарение; отрыжка; обморок, головокружение; пароход; [множ.] истерические припадки: * vapor saturado (recalentado), насыщенный, (перегретый) пар; * de vapor, паровой; * máquina de vapor, паровая машина; паровоз; * caldera de vapor, паровой котёл; * vapor correo, пакетбот; * buque de vapor, пароход; * caballo de vapor, лошадиная сила; * línea de vapores, пароходная линия; * al vapor, (разг.) поспешно; * a todo vapor, на всех парах, полным ходом; * tener, llevar mucho vapor, (Амер.) быть пьяным.

vapora. [ж.] (разг.) паровой катер.

vaporable. [прил.] легко испаряющийся, испаряемый.

vaporación. [ж.] см. evaporación.

vaporar. [перех.] см. evaporar; vaporarse. [возв. гл.] см. evaporarse.

vaporario. [м.] аппарат испускающий пар (в бане); паровая баня, парильня.

vaporear. [м.] см. vaporar; [неперех.] испаряться, выпускать пар.

vaporífero, ra. [прил.] паропроизводящий.

vaporímetro. [м.] пароизмеритель.

vaporización. [ж.] испарение превращение в пар; парообразование; распыление жидкости пульверизатором; применение водяных паров для прижигания с целью остановки кровотечения.

vaporizador. [м.] пульверизатор; (хим.) вапоризатор; испаритель.

vaporizar. [перех.] выпаривать, превращать в пар; распылять жидкость пульверизатором; vaporizarse. [возв. гл.] испаряться.

vaporosidad. [ж.] насыщенность парами; (перен.) туманность; лёгкость, воздушность; прозрачность.

vaporoso, sa [прил.] паропроизводящий, испаряющийся; (перен.) туманный, неясный, неопределённый; лёгкий, воздушный; прозрачный.

vapulación. [ж.] vapulamiento. [м.] хлестание, бичевание, стегание.

vapular. [перех.] хлестать, бить, стегать, пороть, сечь; vapularse. [возв. гл.] хлестаться, бить, стегать, хлестать себя.

vapuleador, ra. [прил.] бичующий (тже. сущ.).

vapuleamiento. [м.] см. vapulamiento.

vapulear. [перех.] см. vapular.

vapuleo, vápulo. [м.] см. vapulación.

vaquear. [перех.] покрывать корову (о быке); [перех.] собирать стадо; [неперех.] (Амер.) см. pastorear.

vaqueiro. [м.] (обл.) пастух при стаде коров.

vaquera. [ж.] (Амер.) сорт седла.

vaquerear. [неперех.] (Амер.) отлынивать от уроков, прогуливать уроки.

vaquería. [ж.] см. vacada; коровник; молочная.

vaqueril. [м.] пастбище для коров.

vaqueriza. [ж.] коровник, хлев для коров и т. д.

vaquerizo, za. [прил.] коровий; [м. и ж.] пастух, пастушка при стаде коров.

vaquero, ra. [прил.] свойственный пастуху (при стаде коров); [м. и ж.] пастух, пастушка (при стаде коров); [м.] нож мясника.

vaqueruno, na. [прил.] (тавр.) коровий.

vaqueta. [ж.] выделенная коровья кожа; [м. и ж.] плутоватый, несерьёзный человек: * tener cara de vaqueta, иметь суровый вид.

vaquetear. [перех.] выделывать, дубить коровью кожу.

vaquetilla. [ж.] (Амер.) тонкая коровья кожа; [м.] (разг.) (Амер.) несерьёзный, легкомысленный человек.

vaquetón, na; vaquetudo, da. [прил.] (Амер.) бесстыдный, наглый, нахальный.

vaquí. [ж.] (обл.) коров.

vaquigüela. [ж.] (обл.) саламандра.

vaquilla. [ж. умен.] к vaca коровка; (Амер.) тёлка от 1½ до 2 лет.

vaquillona. [ж.] (Амер.) корова от 2 до 3 лет.

vara. [ж.] прут, ветка без листьев; хлыст; розга; длинная и тонкая палка, шест; жезл (судебной власти); вара, мера длины, равная 83,5 см.; ранение пикой (быка); пика, копьё; стадо свиней (в 40-50 голов); удочка: * vara de alcalde, жезл алькальда; * vara alcándara, оглобля; * vara alta, власть, влияние, вес; * tener vara alta, иметь власть над...; * vara de José, туберозa; * vara de premio, (Амер.) см. cucaña; * caballo de varas, коренник, коренная лошадь; * vara de guardia, вага (дышла); * vara de luz, луч света; * tomar varas, (тавр.) получать ранения (пикой); * poner varas, (тавр.) колоть пикой (быка); * picar de vara larga, не рисковать.

varada. [ж.] посадка на мель; стояние на мели.

varada. [ж.] (горн.) измерение работ, произведённых в шахте; сдельная оплата работы; бригада подёнщиков; (обл.) стадо свиней (в 40-50 голов).

varadera. [ж.] кранец.

varadero. [м.] док, слип; * varadero del ancla, якорная подушка.

varadura. [ж.] посадка на мель.

varal. [м.] шест, жердь; оглобля; (театр.) боковой софит; (перен. разг.) дылда, верзила.

varamiento. [м.] см. varadura.

varan(o). [м.] (зоол.) варан.

varapalo. [м.] длинный толстый шест; удар палкой; (перен. разг.) вред, ущерб; огорчение, тяжесть, тяжёлое чувство.

varar. [перех.] (мор.) вытаскивать на берег; (обл.) сбивать плоды с деревьев с помощью шеста; [перех.] (мор.) сесть на мель, быть выброшенным на берег; (перен.) застревать, останавливаться (о деле).

varaseto. [м.] плетёная изгородь.

varazo. [м.] удар палкой, прутом.

varazón. [м.] (Амер.) стая рыб.

varbasco. [м.] см. verbasco.

vardasca. [ж.] см. verdasca.

vardascazo. [м.] см. verdascazo.

vare. [м.] (Амер.) обман, проделка, шутка.

varea. [ж.] сбивание плодов с деревьев с помощью шеста.

vareador, ra. [м. и ж.] тот, кто сбивает плоды с деревьев с помощью шеста.

vareaje. [м.] см. varea, измерение ткани варами (см. vara).

varear. [перех.] сбивать плоды с деревьев с помощью шеста; колоть быка длинной пикой; мерить ткань варами; продавать ткань на вары (см. vara); (Амер.) готовить лошадь к скачкам; varearse. [возв. гл.] худеть.

varec. [м.] (бот.) фукус, морская водоросль.

varejón. [м.] длинная толстая палка; (обл.) см. verdasca.

varejonazo. [м.] удар длинной толстой палкой.

varenga. [ж.] (мор.) флор.

vareo. [м.] см. vareaje.

vareta. [ж. умен.] к vara, палочка, прутик; ветка, намазанная клеем (для ловли птиц); цветная полоса (на ткани); (перен.) насмешка; язвительная шутка; намёк: * irse или estar de vareta, страдать поносом.

varetazo. [м.] удар рогами (о быке).

varetear. [перех.] наносить цветные полосы (на ткань).

varetón. [м.] молодой олень.

varga. [ж.] самая крутая часть косогора.

varganal. [м.] частокол.

várgano. [м.] кол (в частоколе).

vargueño. [м.] см. bargueño.

vari. [м.] дневная хищная птица.

variabilidad. [ж.] изменчивость, непостоянство; переменчивость, изменяемость; неравномерность.

variable. [прил.] изменчивый, непостоянный, переменный, переменчивый; изменяемый; неравномерный; (мат.) переменный; (грам.) изменяющийся.

variación. [ж.] изменение, перемена; колебание; отклонение (магнитной стрелки); (муз.) вариация; (мат.) вариация, изменение.

variadamente. [нареч.] разнообразно.

variado, da. [страд. прич.] к variar; [прил.] разнообразный, различный, пёстрый; непостоянный (о движении).

variamente. [нареч.] разно, различно, различным образом, по-разному; неодинаково.

variante. [действ. прич.] к variar; (юр.) сбивающийся в показаниях; [ж.] вариант, разночтение; (Амер.) см. vereda, atajo.

variar. [перех.] менять, изменять, переменять (разг.); разнообразить, видоизменять, варьировать; [неперех.] изменяться, меняться, видоизменяться, быть различным; отличаться, разниться; (мор.) отклоняться (о магнитном стрелке).

varicación. [ж.] варикозное состояние.

várice, varice. [ж.] (мед.) расширение вен, венозный узел.

varicela. [ж.] (мед.) ветряная оспа.

varicobléfaron. [м.] (пат.) сосудистая губчатая опухоль.

variconfalo. [м.] (пат.) варикозная опухоль пупка.

varicosidad. [ж.] варикозное состояние; см. varice.

varicosis. [ж.] (мед.) ряд расширенных вен в виде чёток.

varicoso, sa. [прил.] варикозный, с расширенными венами.

varicotomía. [ж.] (хир.) иссечение варикозных узлов.

variedad. [ж.] разнообразие; различие; разновидность; переменчивость, непостоянство, изменчивость; см. variación; (зоол.) (бот.) вид.

variedades. [ж. множ.] эстрада; эстрадный театр, варьете.

varilarguero. [м.] (тавр.) см. picador.

varilla. [ж.] палочка, прутик, хлыстик; тонкий деревянный или из слоновой кости стержень (у веера); спица (у зонтика); (разг.) челюстная кость: * varilla de virtudes или mágica, волшебная палочка.

varillaje. [м.] остов (у веера, зонтика и т. д.).
varillar. [м.] (Амер.) см. varillaje; место, изобилующее varillas.
varillar. [перех.] (Амер.) готовить лошадь к скачкам.
varillero, ra. [прил.] (Амер.) приготовленный к скачкам (о лошади); [м.] (Амер.) см. buhonero.
vario, ria. [прил.] различный, разный; разнообразный; непостоянный, изменчивый; неопределённый; [множ.] несколько.
variolación. [ж.] см. variolización.
variolado, da; variolar. [прил.] см. varioloso.
variólico, ca. [прил.] оспенный.
varioliforme. [прил.] оспоподобный.
variolita. [ж.] (геол.) вариолит, оспенный камень.
variolización. [ж.] оспопрививание.
varioloide. [ж.] (мед.) лёгкая форма оспы.
varioloso, sa. [прил.] оспенный; больной оспой (тж. сущ.).
variómetro. [м.] (эл.) вариометр.
varíscico, ca. [прил.] см. varisco.
variscita. [ж.] (мин.) варисцит.
varisco, ca. [прил.] (геол.) варисцийский.
varita. [ж. умен.] к vara, палочка, прутик; * varita de virtudes, волшебная палочка.
varitero, ra. [м. и ж.] свинопас, который сбивает жёлуди с помощью шеста.
variz. [ж.] см. varice.
varo, ra. [прил.] (мед.) выгнутый, кривой, косой, вывернутый наружу; см. estevado.
varón. [м.] человек мужского пола; мужчина; важная особа, выдающийся, уважаемый или почтенный человек: * varón de Dios, праведный, непорочный человек; * buen varón, умный, рассудительный, опытный человек; * santo varón, простак.
varona. [ж.] женщина; мужеподобная женщина.
varonesa. [ж.] женщина.
varonía. [ж.] мужская линия (родства и т. д.).
varonil. [прил.] мужественный; храбрый, отважный, бесстрашный, сильный.
varonilazo. [м. увел.] к varón; (перен.) грубая, мужеподобная женщина.
varonilidad. [ж.] мужественность.
varonilmente. [нареч.] мужественно; как мужчина, по-мужски.
varraco. [м.] см. verraco.
varraquear, varraquera. см. verraquear, verraquera.
vasa. [ж.] (обл.) столовая посуда.
vasal. [прил.] см. vascular.
vasalgia. [ж.] (пат.) боль, исходящая из стенки кровеносных сосудов.
vasallaje. [м.] (ист.) вассальная зависимость, положение вассала, ленная зависимость; (перен.) зависимость, рабство, подчинение; подать, выплачиваемая вассалом.
vasallo, lla. [прил.] находящийся в ленной зависимости; [м. и ж.] вассал.
vasallona. [ж.] плоская коврига хлеба.
vasar. [м.] посудная полка.
vasco, ca. [прил.] баскский; [м. и ж.] баск, -онка; [м.] баскский язык.
vascongado, da. [прил.] см. vasco.
vascuence. [прил.] см. vasco; * lengua vascuence, баскский язык; [м.] баскский язык; (перен. разг.) непонятная речь и т. д.; [множ.] (арг.) см. grillos.
vascuencia. [ж.] (Амер.) вздор, ахинея, чепуха.
vascular. [прил.] (анат. бот.) сосудистый.
vascularización. [ж.] новообразование сосудов, прорастание сосудов.
vasculitis. [ж.] (пат.) воспаление сосудов.
vásculo. [м.] (анат.) сосудец.

vasculoso, sa. [прил.] (анат. бот.) сосудистый.
vasectomía. [ж.] иссечение сосудов.
vaselina. [ж.] вазелин: * de vaselina, вазелиновый.
vasera. [ж.] см. vasar; ящик с отделениями для стеклянной посуды.
vasiforme. [прил.] сосудообразный.
vasija. [ж.] сосуд, посудина; большой сосуд; (соб.) бочки; (обл.) столовая посуда.
vasillo. [м.] ячейка (пчелиных сот).
vaso. [м.] сосуд, чаша, стакан; содержимое стакана; корабль, судно; ночной горшок; ваза; водохранилище; унитаз; копыто лошади; (анат. бот.) сосуд: * dame un vaso de agua, дай мне стакан воды; * vaso excretorio, ночной горшок; * vaso de elección, избранник Божий; * vaso de cristal tallado, гранёный стакан; * vaso graduado, мензурка; * vasos comunicantes, (физ.) сообщающиеся сосуды; * vasos linfáticos, (анат.) лимфатические сосуды; * vasos sanguíneos, (анат.) кровеносные сосуды; * vaso arterial, см. arteria; * vaso venoso, см. vena; ahogarse en un vaso de agua, (разг.) захлебнуться в стакане воды.
vasoconstricción. [ж.] (мед.) сжимание сосудов.
vasoconstrictor, ra. [прил.] (мед.) сосудосуживающий; [м.] сосудосуживатель.
vasodilatación. [ж.] расширение сосудов.
vasodilatador, ra. [прил.] (мед.) сосудорасширяющий; [м.] сосудорасширитель.
vasomoción. [ж.] сокращение и расширение сосудов.
vasomotor, ra. [прил.] (мед.) вазодвигательный; [м. множ.] вазомоторы, сосудодвигательные нервы.
vástago. [м.] отпрыск, побег, росток, отросток; (перен.) отпрыск, потомок; (тех.) стержень, штанга; шпиндель, шток.
vastedad. [ж.] обширность.
vástiga. [ж.] отпрыск, молодой побег, росток, отросток.
vasto, ta. [прил.] обширный, широкий, большой, просторный, огромный.
vate. [м.] пророк, предсказатель; поэт.
vaticanista. [прил.] относящийся к ватиканской политике; [м. и ж.] последователь, -ница Ватикана.
vaticano, na. [прил.] ватиканский; [м.] Ватикан.
vaticinador, ra. [прил.] предсказывающий; [м. и ж.] предсказатель, -ница, пророк, -чица, прорицатель, -ница.
vaticinante. [дейст. прич.] к vaticinar.
vaticinar. [перех.] предсказывать, пророчить, пророчествовать, предвещать, прорицать.
vaticinio. [м.] предсказание, прорицание, пророчество.
vatídico, ca. [прил. и сущ.] см. vaticinador; относящийся к предсказанию, прорицанию.
vatímetro, vatiómetro. [м.] (эл.) ваттметр.
vatio. [м.] (эл.) ватт.
vatro, vatru. [м.] (Амер.) шпажник.
vauda. [ж.] (Амер.) птица, крик которой считается плохим предзнаменованием.
vaudeville. [м.] водевиль.
vaudevillesco, ca. [прил.] водевильный.
vaya. [ж.] насмешка, издёвка, злая шутка: * dar vaya, насмехаться, издеваться над кем-л; ¡vaya! [межд.] чёрт возьми! да ну!, ну конечно!, вот как!, вот ещё, ещё бы!
ve. [ж.] название буквы v.
vealdense, veáldico, ca, vealdiense. [прил.] (геол.) вельдский; вельд, вельдские отложения.

vecera, vecería. [ж.] общественное стадо (обычно свиней).
vecero. [прил.] очерёдный; плодоносящий через год; [м. и ж.] завсегдатай, постоянный клиент, посетитель, -ница; человек, стоящий в очереди.
vecinal. [прил.] общинный: * camino vecinal, просёлочная дорога.
vecinalmente, vecinamente. [нареч.] очень близко.
vecindad. [ж.] соседи; жители города или части его; право проживания; соседство, близость, смежность; * hacer mala vecindad, ссориться с соседями.
vecindario. [м.] жители города или части его; реестр жителей; право проживания.
vecino, na. [прил.] соседний; живущий, проживающий в данном месте; (перен.) близкий, ближайший, смежный, непосредственный; подобный, похожий; совпадающий; [м. и ж.] жилец, сосед, -ка по квартире и т. д.; житель, -ница.
vectación. [ж.] перевозка (в экипаже и т. д.).
vector. [м.] (геом.) вектор; (мед.) носитель инфекции: * radio-vector, радиус-вектор.
vectorial. [прил.] векторный, векториальный.
veda. [ж.] запрет, запрещение; время запрета охоты или рыбной ловли.
Veda. [м.] Веда, священная книга (у Индусов).
vedado, da. [страд. прич.] к vedar; [м.] заповедник, заповедное поле, место и т. д.
vedamiento. [м.] запрет, запрещение.
vedar. [перех.] запрещать; мешать, препятствовать; (обл.) отнимать от груди.
vedeja. [ж.] см. guedeja.
vedejoso, sa, vedejudo, da. [прил.] см. vedijoso.
védico, ca. [прил.] ведийский.
vedija. [ж.] короткий пучок шерсти; запутанный клок шерсти или волос; космы.
vedijero. [м.] собиратель шерсти (при стрижке овец).
vedijoso, sa, vedijudo, da. [прил.] курчавый, всклокоченный; запутанный (о волосах, шерсти).
vedijuela. [ж. умен.] к vedija.
vedismo. [м.] ведизм, ведаизм.
veedor, ra. [прил.] любопытный; [м. и ж.] любопытный, всюду сующий свой нос человек; [м.] инспектор; (Амер.) сторож.
veeduría. [ж.] должность или контора инспектора, контролёра.
vega. [ж.] плодородная долина; (Амер.) табачное поле; пойма.
vegada. [ж.] (обл.) раз, см. vez.
vegetabilidad. [ж.] способность произрастания.
vegetable. [прил. и сущ.] см. vegetal.
vegetación. [ж.] произрастание, рост, вегетация; растительность; флора; прозябание; (мед.) нарост, (патологическое) разрастание тканей; * vegetaciones adenoideas или adenoides, аденоидные разращения в полости носоглотки.
vegetal. [прил.] растущий; растительный; древесный; [м.] растение: * reino vegetal, растительный мир; * tierra vegetal, плодородный слой почвы; растительная земля, гумус; * carbón vegetal, древесный уголь.
vegetalismo. [м.] см. vegetarismo.

vegetalista. [прил.] см. vegetariano.
vegetante. [дейст. прич.] к vegetar.
vegetar. [неперех.] произрастать, расти; прозябать, влачить жалкое существование.
vegetarianismo. [м.] вегетарианство.
vegetariano, na. [прил.] вегетарианский; [м. и ж.] вегетарианец, -ка.
vegetarismo. [м.] см. vegetarianismo.
vegetativo, va. [прил.] вегетативный; растительный; * vida vegetativa, растительная жизнь; * sistema neuro-vegetativo, вегетативная нервная система.
vegeto, ta. [прил.] мужественный, сильный, крепкий.
vegetoálcali. [м.] (хим.) см. alcaloide.
vegetoanimal. [прил.] растительно-животный.
vegetomineral. [прил.] растительно-минеральный.
vegoso, sa. [прил.] (Амер.) сырой, болотистый (о почве).
veguer. [м.] см. corregidor.
veguero, ra. [прил.] относящийся к плодородной долине, долинный; [м.] земледелец долины, засеянной табаком; сигара из одного листа.
vehemencia. [ж.] пылкость, горячность; порывистость: * hablar con vehemencia, говорить горячо, пылко.
vehemente. [прил.] пылкий, горячий; сильный, буйный, неистовый; порывистый: * palabras vehementes, запальчивые слова.
vehementemente. [нареч.] горячо, пылко, очень сильно; в высокой степени.
vehículo. [м.] перевозочное, транспортное средство; средство передвижения; повозка; экипаж; тележка; проводник, передатчик (звука и т. д.); (мед.) составная часть лекарства, служащая лишь для приготовления его; * llevar en vehículo, возить, перевозить.
veintavo, va. [прил.] (о части) двадцатый; [м.] двадцатая доля, часть.
veinte. [прил.] [м.] двадцать; двадцатый; (цифра) двадцать; двадцатое число: * el veinte de agosto, двадцатое августа, двадцатого августа; * a las veinte, (разг.) в неудобное время, в неурочное время, очень поздно.
veintén. [м.] (старинная монета) маленькое эскудо (золотое).
veintena. [ж.] два десятка.
veintenar. [м.] см. veintena.
veintenario, ria. [прил.] двадцатилетний, возрастом в двадцать лет.
veintenero. [м.] (обл.) см. sochantre.
veinteno, na. [прил.] см. vigésimo.
veinteñal. [прил.] двадцатилетний, продолжающийся двадцать лет.
veinteocheno, na. [прил.] см. veintiocheno.
veinteseiseno, na. [прил.] см. veintiseiseno.
veintésimo, ma. [прил. и сущ.] см. vigésimo.
veinticinco. [прил.] [м.] двадцать пять; (цифра) двадцать пять; двадцать пятое число.
veinticuatreno, na. [прил.] двадцать четвёртый; [м.] сукно, которого основа состоит из 2400 ниток.
veinticuatro. [прил.] [м.] двадцать четыре; двадцать четвёртый; [м.] (цифра) двадцать четыре; двадцать четвёртое число.
veintidós. [прил.] [м.] двадцать два; двадцать второй; [м.] (цифра) двадцать два; двадцать второе число.
veintidoseno, na. [прил.] сукно, которого основа состоит из 2200 ниток.

veintinueve. [прил.] двадцать девять; двадцать девятый; [м.] (цифра) двадцать девять; двадцать девятое число.
veintiocheno, na. [прил.] двадцать восьмой; [м.] сукно, которого основа состоит из 2800 ниток.
veintiocho. [прил.] [м.] двадцать восемь; двадцать восьмой; [м.] (цифра) двадцать восемь; двадцать восьмое числа.
veintiséis. [прил.] [м.] двадцать шесть; двадцать шестой; [м.] (цифра) двадцать шесть; двадцать шестое число.
veintiseiseno, na. [прил.] двадцать шестой; [м.] сукно, которого основа состоит из 2600 ниток.
veintisiete. [прил.] двадцать семь; двадцать седьмой; [м.] (цифра) двадцать семь; двадцать седьмое число.
veintitrés. [прил.] [м.] двадцать три; двадцать третий; [м.] (цифра) двадцать три; двадцать третье число.
veintiún. усечение к veinte.
veintiuno, na. [прил.] двадцать один; двадцать первый; [м.] (цифра) двадцать один; двадцать первое число.
vejación. [ж.] притеснение, угнетение; дурное обращение; насмешка.
vejador, ra. [прил.] притесняющий; тесниительный; [м.] притеснитель.
vejamen. [м.] см. vejación; шуточное стихотворение или речь (в университете).
vejaminista. [м.] тот, кто читал шуточное стихотворение и т. д. в университете (см. vejamen).
vejancón. [м.] [прил.] (разг. увел.) к viejo, престарелый; [м.] глубокий старик.
vejar. [перех.] дурно обращаться с кем-л, притеснять, преследовать; досаждать; истязать; издеваться, насмехаться.
vejarano, na. [прил.] (разг. Амер.) старый, престарелый.
vejarrón, na. [прил. и сущ. увел.] к viejo; (разг.) см. vajancón.
vejatorio, ria. [прил.] притеснительный; обидный, оскорбительный, издевательский.
vejazo, za. [прил. и сущ. увел.] к viejo, см. vejancón.
vejear. [перех.] (Амер.) называть старной, стариканом.
viejecito, ta. [прил. и сущ. умен.] к viejo, старичок, старичонка, старушка.
vejete. [прил.] (през.) к viejo; [м. и ж.] (Амер.) см. vejestorio.
vejestorio, ria. [м. и ж.] (презр.) старикашка, старикашка, старичишка, старичонка, старушонка старушенция.
vejeta. [прил. умен.] к vieja; [ж.] (орни.) см. cogujada.
vejete. [прил. умен.] к viejo; [м.] (театр.) смешной старикашка.
vejez. [ж.] старость, старческий возраст; старость, ветхость, изношенность (о вещах); см. senectud; (перен.) слово или поступок некстати совершенный стариком; давно известный рассказ.
vejezuelo, la. [прил. и сущ. умен.] к viejo.
vejiga. [ж.] мочевой пузырь; пузырь; волдырь; (жив.) мешочек (из кишки), наполненный краской: * vejiga de la bilis, de la hiel, жёлчный пузырь; * vejiga natatoria, плавательный пузырь (у рыб); * vejiga de perro, (бот.) жидовская вишня, мяхунка.
vejigatorio, ria. [прил.] (мед.) нарывной; [м.] нарывной пластырь из шпанских мушек.
vejigazo. [м.] удар пузырем.
vejigón. [м. увел.] к vejiga.
vejigoso, sa. [прил.] пузырчатый, пузыристый.
vejigüela. [прил. умен.] к vejiga, пузырик, пузырёк.

vejiguilla. [ж.] (бот.) жидовская вишня, мяхунка; (мед.) пузырь, волдырь.
vela. [ж.] ночное бдение, бодрствование; ночь без сна; ночное дежурство; ночная работа; ночь около покойника; бодрствование (у постели больного); паломничество; свеча; ночная стража; (тавр.) рог (у быка); (Амер.) см. reconvención; [множ.] слизь из носу; * en vela, без сна; * no dar vela en un entierro, не разрешать вмешиваться в разговор и т. д.; * estar a dos velas, быть без гроша; * poner una vela a San Miguel y otra al diablo, сидеть между двух стульев; * estar a la vela, быть начеку.
vela. [ж.] (мор.) парус: парусиновый навес, тент; парусное судно: * de vela, парусный; * barco de vela, парусник, парусное судно; * vela mayor, грот; * vela cuadra, прямой парус; * vela latina, латинский (треугольный) парус; * vela de cuchillo, большой парус; * vela áurica, косой парус; * dar (la) vela, hacer a la vela, hacerse a la vela, largar las velas, отправиться в плавание; * levantar velas, (разг.) убраться, уйти; * estar a dos velas, (разг.) сидеть без денег; * a toda vela, a todas velas, a velas desplegadas или llenas или tendidas, на всех парусах; * alzar velas, приготовиться к отплытию; (разг.) удирать; * apocar las velas, свернуть паруса; * a la vela, готовый; * a la vela llena, с попутным ветром; * recoger velas, сдерживаться.
velación. [ж.] ночное бдение, ночь без сна.
velaciones. [ж. множ.] покрывание супружеской четы вуалью (после венчания).
velacho. [м.] (мор.) парус фок-мачты; (Амер.) см. tenducho.
velada. [ж.] ночное бдение, ночь без сна; вечер (собрание); вечеринка; вечер (на воздухе).
velado, da. [страд. прич.] к velar; [м. и ж.] супруг, супруга.
velador, ra. [прил.] бодрствующий ночью; следящий за чем-л; [м. и ж.] бодрствующий, -ая ночью; ночной дежурный (при больном и т. д.), сиделка; [м.] подсвечник; круглый столик на одной ножке; (Амер.) стеклянный ламповый колпак; тумбочка, ночной столик.
veladura. [ж.] (жив.) тонкий слой прозрачной краски с целью смягчить тон.
velaje, velamen. [м.] паруса, парусность (судна).
velamen. [м.] (анат.) перепонка, оболочка.
velamentoso, sa. [прил.] плёночный, перепоночный.
velante. [дейст. прич.] к velar.
velar. [неперех.] бодрствовать; дежурить (или работать) ночью; (перен.) заботиться о..., смотреть, наблюдать за..., присматривать; (мор.) возвышаться (о рифе и т. д.); продолжаться ночью (о ветре); [перех.] дежурить ночью; караулить (ночью); находиться при больном, дежурить ночью у постели больного; оставаться при покойнике.
velar. [перех.] покрывать вуалью; (церк.) покрывать супружескую чету вуалью (после венчания); (перен.) скрывать, прятать, вуалировать; затушёвывать; (фот.) завуалировать; (жив.) наносить тонкий слой прозрачной краски с целью смягчить тон; **velarse.** [возв. гл.] покрываться вуалью; (фот.) завуалироваться; венчаться.
velar. [прил.] (грам.) задненёбный (звук).
velario. [м.] театральный тент (у древних).
velarte. [м.] чёрное сукно, употребляемое на плащи и т. д.
velatorio. [м.] ночь около покойника.

¡velay! [межд.] (обл.) (Амер.) ей-богу!, ей-ей!

¡velé! [межд.] (Амер.) см. ¡velay!

veleidad. [ж.] слабое желание, поползновение, робкая попытка; непостоянство, изменчивость, ветреность.

veleidosamente. [нареч.] непостоянно, ветрено.

veleidoso, sa. [прил.] непостоянный, изменчивый, ветреный.

¡veleita! [межд.] (Амер.) см. ¡velay!

velejar. [неперех.] плыть под парусами.

velería. [ж.] магазин или лавка восковых свечей.

velería. [ж.] (мор.) парусная мастерская; шитьё парусов.

velero. [м.] полуночник, -ница; [м. и ж.] мастер, изготовляющий свечи; торговец, -вка свечами.

velero, ra. [прил.] (мор.) быстрый; [м. и ж.] мастер, -ица, изготовляющий паруса; [м.] парусник, парусное судно.

veleta. [ж.] флюгер; пёрышко (у поплавка); значок на пиках (у кавалерии); [м. и ж.] вертопрах, ветреник, -ица.

velete. [м.] вуалетка.

veletería. [ж.] (Амер.) непостоянство, изменчивость, ветреность, см. veleidad.

veleto, ta. [прил.] крутоногий.

velicación. [ж.] (мед.) прокол, пункция.

velicar. [перех.] (мед.) делать прокол, пункцию.

vélico, ca. [прил.] (мор.) парусный: * punto или centro vélico, центр парусности.

velicomen. [м.] большой бокал, чаша, кубок.

veliforme. [прил.] имеющий форму вуали.

velilla. [ж. умен.] к vela; (обл.) спичка.

velillo. [м.] вуаль (ткань).

vélites. [м. множ.] велиты, легковооружённые воины (у Римлян).

velívolo, la. [прил.] (поэт.) скорый (см. velero).

veliz. [м.] (Амер.) чемоданчик.

velmez. [м.] одежда, поверх которой носили доспехи.

velo. [м.] вуаль; вуалетка; флёр; фата; чадра; газовый, тюлевый шарф; вуаль, которой покрывают супружескую чету после венчания; занавеска (из тонкой ткани), постриг (в монахини) (перен.) плёнка, пелена; тонкий слой; завеса, покров; предлог, отговорка: * velo del paladar, (анат.) нёбная занавеска, мягкое нёбо; * correr el velo, приподнять завесу, раскрыть тайну; * correr, echar un velo, предать что-л забвению; заглушить; * tomar el velo, постричься в монахини.

velocidad. [ж.] скорость, быстрота; поспешность; ловкость; * velocidad máxima, максимальная скорость; * velocidad media, средняя скорость; * velocidad mínima, минимальная скорость; * velocidad inicial, начальная скорость (снаряда и т. д.); * velocidad de la luz, скорость света, световая скорость; * velocidad del sonido, скорость звука, звуковая скорость; * velocidad a la ю или por hora, скорость в час; * velocidad supersónica, сверхзвуковая скорость; * velocidad del viento, сила ветра; * velocidad angular, угловая скорость; * a toda velocidad, очень быстро; полным ходом; * en gran (pequeña) velocidad, (ж.-д.) большой (малой) скоростью.

velocífero. [м.] (уст.) скорый дилижанс.

velocímano. [м.] трёхколёсный детский велосипед в виде лошадки.

velocímetro. [м.] скоростемер.

velocipedia. [ж.] см. velocipedismo.

velocipédico, са. [прил.] велосипедный.

velocipedismo. [м.] велосипедный спорт.

velocipedista. [м. и ж.] велосипедист, -ка.

velocípedo. [м.] велосипед (старинный).

velódromo. [м.] велодром.

velomotor. [м.] велосипед с моторчиком.

velón. [м.] масляная лампа; (Амер.) короткая свеча; толстая свеча.

velonera. [ж.] подставка для (масляной и т. д.) лампы.

velonero. [м.] мастер, по изготовлению масляных ламп; продавец масляных ламп.

velorio. [м.] сельская вечеринка; ночь около покойного ребёнка; (Амер.) ночь около покойника; грёзы; скучная вечеринка.

velorio. [м.] (церк.) постриг (в монахини); (Амер.) см. ventorrillo.

velorta. [ж.] см. vilorta.

velorto. [м.] см. vilorto.

veloz. [прил.] быстрый, скорый; проворный, бойкий, расторопный, ловкий.

velozmente. [нареч.] быстро, скоро; проворно.

veludillo. [м.] см. velludillo.

veludo. [м.] см. velludo.

velutina. [ж.] велютин (ткань).

velvético, ca. [прил.] бархатистый.

vellera. [ж.] мастерица, занимающаяся удалением волос с кожи.

vellido, da. [прил.] см. velloso; [м.] (арг.) бархат.

vello. [м.] волосы на теле, пух; пух (на фруктах, листьях и т. д.).

vellocino. [м.] овечья шерсть, руно; овчина: * vellocino de oro, (миф.) золотое руно.

vellón. [м.] овечья шерсть, руно; овчина; запутанный клок шерсти.

vellón. [м.] биллон, сплав серебра и меди; биллон, разменная неполноценная монета.

vellonero. [м.] человек, собирающий руна (при стрижке).

vellora. [ж.] узелок в изнанке ткани.

vellorí. [ж.] vellorín. [м.] сорт старинного сукна.

vellorio, ria. [прил.] см. pardusco (о лошади).

vellorita. [ж.] (бот.) примула; полевая маргаритка.

vellosidad. [ж.] волосатость, мохнатость.

vellosilla, vellosita. [ж.] (бот.) ястребинка полосатая, мышьи ушки (сложноцветное растение).

velloso, sa. [прил.] покрытый пухом, волосатый, мохнатый; [м.] (арг.) баран.

velludillo. [м.] бумажный бархат.

velludo, da. [прил.] покрытый густым пухом (о теле и т. д.), волосатый; [м.] плюш, бархат.

vena. [ж.] вена; рудная жила; жилка (на листе, в дереве, камне); прожилка (в дереве, камне); естественный поток (в дереве, камне); естественный поток подземных вод; (перен.) вдохновение; (Амер.) ветвь лианы; волокно: * vena yugular, яремная вена; * vena cava, полая вена; * estar en vena, picarle a uno la vena, быть в ударе; * dar en la vena, hallar la vena, найти средство; * coger, hallar a uno de vena, застать кого-л в хорошем расположении или хорошо настроенный; * picar en la vena пустить кровь; * él tiene vena de loco, он немного тронут, повреждён в уме.

venablada. [ж.] venablazo. [м.] удар метательным копьём, дротиком.

venablo. [м.] дротик, метательное копьё: * echar venablos, рвать и метать.

venable. [прил.] продажный, подкупный.

venación. [ж.] расположение вен.

venada. [ж.] (обл.) см. locura.

venado. [м.] (зоол.) олень; (Амер.) выделанная оленья кожа; проститутка.

venaje. [м.] источники реки.

venal. [прил.] (анат.) венозный.

venal. [прил.] продажный; (перен.) продажный, подкупный.

venalidad. [ж.] продажность, подкупность; взяточничество.

venar. [перех.] охотиться.

venático, са. [прил.] безумный, экстравагантный, сумасбродный.

venatorio, ria. [прил.] охотничий.

vencedero, ra. [прил.] истекающий (о сроке): * letra vencedera a, вексель сроком до.

vencedor, ra. [прил.] победоносный; победивший; [м. и ж.] победитель, -ница.

vencejo. [м.] свясло (снопа); (орни.) стриж.

vencer. [перех.] побеждать; (пре)одолевать, пересиливать; побороть, превозмочь, сломить; обуздывать, покорять, подчинять; укрощать; провозходить, сгибать, наклонять; выигрывать; [неперех.] истекать, кончаться, наступать (о сроке); vencerse [возв. гл.] владеть собой, побороть себя; наклоняться, сгибаться: * vencer el miedo, преодолеть страх; * vencer la resistencia, сломить чьё-л сопротивление; * dejarse vencer por la ira, поддаться чувству гневу; * confesarse (или darse por) vencido, сдаться.

vencestósigo. [м.] (бот.) разновидность ваточника.

vencible. [прил.] победимый; преодолимый.

vencida. [ж.] vencimiento; * a las tres или a la tercera va la vencida, терпение и труд всё перетрут; * ir de vencida, быть на грани поражения; приходить к концу, кончаться.

vencido, da. [страд. прич.] к vencer, побеждённый (тж. сущ.).

vencimiento. [м.] победа; (перен.) наклонение, сгибание; истечение срока.

venda. [ж.] бинт, повязка; бандаж; царский венец; * tener una venda en los ojos, (перен.) быть слепым, ничего не замечать; * caérsele a uno la venda de los ojos, (перен.) прозреть.

vendaje. [м.] забинтовывание, перевязывание, перевязка, накладывание повязки: * vendaje enyesado, гипсовая повязка.

vendaje. [м.] (м. употр.) куртаж, комиссионный процент; (Амер.) см. yapa.

vendar. [перех.] перевязывать, бинтовать, забинтовывать; (перен.) затемнять (рассудок и т. д.).

vendaval. [м.] сильный южный ветер; сильный ветер, шквал.

vendavalazo. [м.] (мор.) см. ventarrón.

vendedera. [ж.] продавщица.

vendedor, ra. [прил.] продающий; [м. и ж.] продавец, -щица, торговец, торговка: * vendedor ambulante, бродячий торговец.

vendeja. [ж.] рыночная торговля.

vender. [перех.] продавать; торговать; (перен.) продавать, предавать, изменять; выдавать; venderse. [возв. гл.] (прям. перен.) продавать себя, закабалить себя, предавать из корысти (чему, кому); давать себе подкупить; жертвовать собой; выдавать тайну, проговориться: * vender caro, продавать дорого; * vender barato, продавать дёшево; * vender al contado, продавать за наличные; * vender a plazos, продавать в рассрочку; * vender palabras, расточать слова; * vender cara la vida, дорого продать свою жизнь; * venderse por, выдавать себя за кого-л; * venderse caro, набивать себе цену.

vendetta. [ж.] (итал.) вендетта, месть, мщение.
vendí. [м.] удостоверение на право продажи (продукта и т. д.).
vendible. [прил.] продающийся, продажный.
vendiente. [дейст. прич.] к vender.
vendija. [ж.] см. vendeja.
vendimia. [ж.] сбор винограда; время сбора винограда; (перен.) польза, выгода.
vendimiador, ra. [м. и ж.] сборщик, -ица винограда.
vendimiar. [перех.] собирать виноград; (перен.) пожинать плоды, пользоваться (несправедливо и т. д.); (разг.) убить.
vendimiario. [м.] (ист.) вандемьер (1-й месяц французского революционного календаря).
vendo. [м.] кромка (ткани).
venduta. [ж.] (Амер.) аукцион, публичный торг; см. verdulería.
vendutero. [м.] (Амер.) хозяин зеленной палатки; зеленщик, аукционист.
venecero. [м.] (обл.) см. vasar.
veneciano, na. [прил.] венецианский; [м. и ж.] венецианец, -ка.
venenación. [ж.] отравление.
venencia. [ж.] трубочка для пробы сусла или вина.
venenífero, ra. [прил.] (поэт.) см. venenoso.
venenífico, ca. [прил.] ядовитый, вырабатывающий яд.
veneno. [м.] яд, отрава; (перен.) злоба, жёлчь, ненависть, зависть.
venenosamente. [нареч.] ядовито, злобно.
venenosidad. [ж.] ядовитость; злобность; вредность.
venenoso, sa. [прил.] ядовитый; (перен.) ядовитый, язвительный, едкий.
venepunción, venepuntura. [ж.] (мед.) прокол вены.
venera. [ж.] раковина; отличительный знак (у рыцаря): * empeñar la venera, пустить в ход все средства.
venera. [ж.] источник, родник.
venerable. [прил.] (досто)почтенный, достойный уважения; преподобный.
venerablemente. [нареч.] (досто)почтенно, благоговейно.
veneración. [ж.] почитание, поклонение, почтение, глубокое уважение.
venerador, ra. [прил.] почитающий, глубоко уважающий; [м. и ж.] почитатель, -ница.
venerando, da. [прил.] (досто)почтенный.
venerante. [дейст. прич.] к venerar, почитающий.
venerar. [перех.] почитать, чтить, глубоко уважать; благоговеть; (церк.) поклоняться (мощам и т. д.).
venéreo, a. [прил.] венерический.
venereología. [ж.] венерология.
venereológico, ca. [прил.] венерологический.
venereólogo. [м.] венеролог.
venero. [м.] источник, родник, ключ; черта (солнечных часов); (перен.) начало; (геол.) жила.
veneruela. [ж. умен.] к venera.
venesección. [ж.] (хир.) разрез, вскрытие вены.
venezolanismo. [м.] слово или выражение, свойственное испанскому языку в Венесуэле.
venezolano, na. [прил.] венесуэльский; [м. и ж.] венесуэлец, -ка.
vengable. [прил.] достойный мщения, такой, который подлежит наказанию.

vengador, ra. [прил.] мстящий, карающий; [м. и ж.] мститель, -ница.
venganza. [ж.] месть, мщение, возмездие: * tomar venganza, отомстить за что-л; * por venganza, в отместку, из мести.
vengar. [перех.] мстить; **vengarse**, [возв. гл.] мстить за себя: * vengar una ofensa, отомстить за обиду.
vengativo, va. [прил.] мстительный.
venia. [ж.] прощение, извинение; разрешение, позволение; лёгкий поклон, кивок в знак приветствия; (Амер.) (воен.) приветствие; (юр.) введение несовершеннолетнего во владение собственностью): * con la venia, с вашего разрешения.
venial. [прил.] простительный, извинительный, лёгкий (о проступке): * pecado venial, грешок.
venialidad. [ж.] лёгкость, незначительность (проступка и т. д.).
venialmente. [нареч.]: * pecar venialmente, погрешать, допускать небольшие погрешности.
venida. [ж.] прибытие, приезд, приход; наступление (весны и т. д.); (рел.) пришествие; возвращение; прибыль воды, паводок, половодье; натиск, напор.
venidero, ra. [прил.] будущий, грядущий, наступающий; [м. множ.] наследники, потомки.
venilla. [ж.] (анат.) см. vénula.
venimécum. [м.] см. vademécum.
venipuntura. [ж.] (хир.) прокол вены.
venir. [неперех.] прибывать; приезжать; приходить; приплывать; прилетать; (по)являться; прибегать к кому-чему; предстать перед кем-л; соответствовать, годиться; уступать, соглашаться; постановлять, решать; приближаться, подходить, наступать; происходить, проистекать; проистекать, следовать из чего-л; возникать (о желании и т. д.); проявляться, начинаться; приходить на ум; происходить, случаться; возбуждаться (об аппетите); возвращаться к предмету; расти, произрастать; идти (о дожде); (в предложных конструкциях): * venir a caballo, приехать верхом; * venir por mar, приехать морем; * venir en busca de, заехать за; * venga a verme!, заходите!; * venir al mundo, родиться; * venir al caso, быть кстати; * en lo por venir, в будущем; * venir en conocimiento, узнать; * venir en, решать, постановлять; * venir de, происходить; * venir a, достигать; * venir a las manos, дойти до драки, перейти к драке; * venir (muy) mal, быть слишком трудным для кого-л; * la semana que viene, на будущей неделе; * venir rodado, неожиданно случиться; * venir a, доходить до...; * venir angosto, быть недостаточным; * venir bien, быть нужного размера (об одежде и т. д.); * me viene de perillas, меня это очень устраивает; * venir a morir, умирать; * venir corriendo, прибежать; * venir nadando или a nado, приплывать; * venir volando, прилетать; * venirse, [возв. гл.] бродить (о вине); подниматься (о тесте и т. д.); * venirse a buenas, внять доводам рассудка; * venirse abajo, обрушиваться, обваливаться; * el que venga detrás, que arree, после меня хоть потоп или хоть трава не расти: [непр. гл.] prest. ind. vengo, vienes, viene, venimos, venís, vienen; pret ind. vine, viniste, vino и т. д.; fut. vendré, vendrás, -á и т. д.; cond. vendría и т. д.; prest subj. venga, -as и т. д.; imperf. subj. viniera или viniese и т. д.; ger. viniendo.
venoesclerosis. [ж.] (пат.) склероз вены.
venoso, sa. [прил.] венозный; с (про)жилками.
venta. [ж.] продажа, сбыт; контракт на продажу чего-л; постоялый двор; незащищённое от непогоды место; (Амер.) продуктовый ларёк: * venta pública, торги, аукцион; * poner en venta, пустить в продажу; * estar de или en venta, продаваться, быть в продаже.

ventada. [ж.] порыв ветра.
ventaja. [ж.] преимущество, превосходство; приработок; фора; (Амер.) польза, выгода: * sacar ventaja, одержать верх; * dar ventaja, дать фору; * dar dos metros de ventaja, дать два метра форы.
ventajear. [перех.] (Амер.) см. aventajar.
ventajero, ra. [прил. и сущ.] см. ganguero.
ventajista. [м.] шулер.
ventajosamente. [нареч.] выгодно; с выгодной стороны.
ventajoso, sa. [прил.] выгодный; полезный.
ventalla. [ж.] клапан; (бот.) створка.
ventalle. [м.] веер.
ventana. [ж.] окно, оконный проём; рама; ставня; ноздря; (мех.) отверстие, дыра: * ventana fija, глухое окно; * asomarse a la ventana, выглянуть в окно; * dormir con las ventanas abiertas, спать с открытыми окнами; * arrojar или echar por la ventana, бросать на ветер; * arrojar el dinero por la ventana, безумно сорить деньгами; * salir por la ventana, вылететь в трубу; * entrar por la ventana, войти через окно; * las ventanas dan a la calle, окна выходят на улицу; * tener la ventana al cierzo, быть слишком гордым; * estar asomado a buena ventana, (разг.) готовиться к получению выгодной должности.
ventanaje. [м.] совокупность окон здания.
ventanal. [м.] большое окно.
ventanazo. [м.] захлопывание окна; стук захлопываемого окна.
ventanear. [неперех.] (разг.) часто выглядывать из окна.
ventaneo. [м.] дейст. к часто выглядывать из окна.
ventanero. [м.] тот, кто по ремеслу изготовляет окна; [ж.] женщина, часто выглядывающая из окна.
ventanico. [м.] см. ventanillo.
ventanilla. [ж. умен.] к ventana, оконце, окошечко, окошко; окошко (кассы); дверка (экипажа); ноздря.
ventanillo. [м.] умен. к ventana, оконце, окошечко, окошко; форточка, фортка (разг.); глазок (в двери); см. trampilla.
ventano. [м.] оконце, окошечко, окошко.
ventanuco. [м.] презр. к ventana.
ventanucho. [м.] (разг.) некрасивое оконце.
ventar. [неперех.] дуть (о ветре); [перех.] чуять (о собаке); [непр. гл.] спряг. как. acertar.
ventarrón. [м.] сильный ветер; (мор.) шквал.
ventazo. [м.] (мор.) шквал.
venteado, da. [прил.] (Амер.) чванный.
venteadura. [ж.] небольшая трещина; пузырь (в кирпиче и т. д.); порча (еды).
ventear. [неперех.] дуть (о ветре); [перех.] чуять, вынюхивать (о животных); проветривать; (перен.) обнаруживать, раскрывать, проведать, чуять; (Амер.) см. aventar; выискивать жениха (о женщинах); **ventearse**, [возв. гл.] колоться, раскалываться (о предметах); пузыриться (о кирпиче и т. д. при обжиге); портиться, засыхать; см. ventosear.
venteril. [прил.] (презр.) относящийся к постоялому двору.
venternero, ra. [прил.] прожорливый.
ventero, ra. [прил.] имеющий хорошее чутьё (о животных).
ventero, ra. [м. и ж.] содержатель, -ница постоялого двора, корчмарь, корчмарка.
venticuatrino, na. [прил.] (Амер.) см. perdulario.

ventifarde, ventifardo, ventifarel(a). [м.] (обл.) см. **cínife.**
ventífero, ra. [прил.] вызывающий ветер.
ventilabro. [м.] см. **bieldo.**
ventilación. [ж.] вентиляция, проветривание; ток воздуха (при проветривании).
ventilador. [м.] вентилятор; воздуходувка.
ventilar. [перех.] вентилировать; проветривать; выставлять на ветер; махать; обсуждать (вопрос); рассматривать.
ventisca. [ж.] метель, вьюга.
ventiscar. [безлич. гл.] мести, вьюжить; кружиться вихрем (о снеге).
ventisco. [м.] см. **ventisca.**
ventiscoso, sa. [прил.] вьюжный.
ventisquear. [безлич. гл.] см. **ventiscar.**
ventisquera. [ж.] см. **ventisquero.**
ventisquero. [м.] вьюга, метель; вершина, покрытая снегом; горный ледник, глетчер.
ventolera. [ж.] сильный порыв ветра; см. **rehilandera;** (перен. разг.) тщеславие, хвастовство, высокомерие; каприз, прихоть; (разг.) (Амер.) ветры.
ventolina. [ж.] (мор.) лёгкий ветерок; (Амер.) см. **ventolera.**
ventor, ra. [прил.] легавый (о собаке); [м.] легавая собака; ищейка (собака).
ventorrero. [м.] ветреное место.
ventorrillo. [м.] см. **ventorro,** трактир, харчевня в окрестностях города; (Амер.) лавчонка.
ventorro. [м.] дешёвый постоялый двор; (Амер.) лавчонка.
ventosa. [ж.] отдушина; (мед.) банка; (зоол.) присоска; вантуз: * **ventosas** escarificadas или sajadas, кровососные банки; * **ventosas** secas, сухие банки.
ventosear. [неперех.] пукать.
ventoseo. [м.] дейст. к пукать.
ventosidad. [ж.] (физиол.) скопление газов; метеоризм, вздутие живота; кишечные газы.
ventoso, sa. [прил.] содержащий ветер; ветреный; см. **flatulento;** легавый (о собаке); [м.] (ист.) вантоз (6-й месяц французского революционного календаря).
ventral. [прил.] (анат.) брюшной.
ventrecillo. [м. умен.] к **vientre,** животик.
ventrecha. [ж.] внутренности (рыбы).
ventregada. [ж.] помёт (выводок); (перен.) скопление, множество.
ventregudo, da. [прил.] см. **ventrudo.**
ventreñero, ra. [прил.] прожорливый; пузатый.
ventrera. [ж.] подпруга; набрюшник; часть доспехов, защищающая живот.
ventrezuelo. [м. умен.] к **vientre,** животик.
vetriagudo, da. [прил.] см. **ventrudo.**
ventricular. [прил.] (анат.) желудочковый.
ventrículo. [м.] (анат.) желудок; желудочек (сердца, мозга).
ventrifijación. [ж.] (хир.) укрепление желудка при его опущении.
ventrílocuo, cua. [прил.] чревовещательный; [м. и ж.] чревовещатель, -ница.
ventriloquia. [ж.] **ventriloquismo.** [м.] чревовещание.
ventrodorsal. [прил.] (анат.) брюшно-спинной.
ventroinguinal. [прил.] (анат.) относящийся к паховой области живота.
ventrolateral. [прил.] расположенный на боковой брюшной стороне.
ventrón. [м. увел.] к **vientre,** большой живот; (анат.) сальник.
ventroscopia. [ж.] (мед.) осмотр брюшной полости цистоскопом.
ventosidad. [ж.] чрезмерное развитие живота.
ventrudo, da. [прил.] пузатый, толстобрюхий, толстопузый.

ventura. [ж.] счастье, благополучие, удача; случай, случайность; возможность; риск, опасность: * buena **ventura,** удача, счастье; гаданье; * mala **ventura,** неудача, несчастье; * a (la) **ventura,** наугад, наудачу; * por **ventura,** может быть, случайно: * probar **ventura,** пытать счастья; echar la buena **ventura,** гадать.
venturado, da. [прил.] см. **venturoso.**
venturanza. [ж.] счастье, благополучие, удача.
venturero, ra. [прил.] готовый работать где бы то ни было (о безработном); см. **venturoso;** ищущий приключений; [м. и ж.] искатель, -ница приключений.
venturo, ra. [прил.] будущий, наступающий, грядущий.
venturón. [м. увел.] к **ventura.**
venturosamente. [нареч.] счастливо, удачно.
venturoso, sa. [прил.] счастливый, удачливый; везучий (разг.).
vénula. [ж.] маленькая вена, венозное ответвление, корешок.
Venus. (миф. астр.) Венера; [ж.] красота, красавица; чувственное наслаждение; медь (у алхимиков).
venusiano, na. [прил.] (астр.) относящийся к (планете) Венере; [м.] обитатель Венеры.
venusio. [м.] (хим.) сорт меди.
venustez, venustidad. [ж.] красота, совершенство, прелесть, изящество, шарм.
venusto, ta. [прил.] красивый; совершенный.
ver. [перех.] видеть, увидеть; смотреть; взглянуть; рассматривать; осматривать; видеть, понимать; судить о, считать; видеть, испытать, пережить; видеть, предвидеть; бывать, посещать; (юр.) разбирать (дело); иметь отношение к: **verse.** [возв. гл.] видеться; виднеться; оказаться, быть, находиться; чувствовать себя; видеться, встречаться; смотреться (в зеркало); видеть себя, смотреть на себя; бывать, случаться: * **ver** a lo lejos, видеть издалека; * a **ver,** посмотрим; * dejarse **ver,** показываться; * si viera!, если бы вы видели; * quisiera **verte** en mi lugar, хотел бы я видеть тебя на моём месте; * hasta más **ver,** (разг.) до свидания; * ir a **ver** a alguien, идти к кому-л, сходить к кому-л; * no tener (nada) que **ver,** не иметь отношения к...; * **ver** las estrellas, испытывать острую боль; * ¡hábrase **visto**!, неужели это возможно? * **está** por **ver,** остаётся видеть, посмотрим!; * eso lo **ve** un ciego, яснее ясного; * se **ve** bien, хорошо видно; * ya se **ve,** ясно видно, * **verse** obligado a, быть вынужденным; * **verse** negro, оказаться в трудном положении; [непр. гл.] prest. ind. veo, ves и т. д.; imperf. veía и т. д.; prest. subj. vea, vas и т. д.; part. visto.
ver. [м.] зрение; вид, внешность; мнение, взгляд: * a mi **ver,** на мой взгляд, по-моему; * tener buen **ver,** хорошо выглядеть.
vera. [ж.] см. orilla: * a la **vera** de, близ, рядом, возле.
vera. [ж.] (Амер.) дерево твёрдой породы.
veracidad. [ж.] правдивость; правдоподобность; истинность.
veranada. [ж.] летний сезон (пастьбы).
veranadero. [м.] летнее пастбище.
veranar. [неперех.] см. **veranear.**
veranda. [ж.] веранда.
veraneante. [дейст. прич.] к **veranear;** [м. и ж.] дачник, дачница; отдыхающий на море и т. д. (летом).
veranear. [неперех.] проводить лето где-л, отдыхать на даче, на море (летом).
veraneo. [м.] летний отдых, пребывание на даче, на море и т. д.; см. **veranero.**

veranero. [м.] летнее пастбище; (Амер.) конопля́нка (птица); [прил.] см. **veraniego.**
veraniego, ga. [прил.] летний; (перен.) пустой.
veranillo. [м.] тёплая осень: * **veranillo** de San Martín, бабье лето.
verano. [м.] (обл.) сбор, уборка урожая; жатва: * de **verano,** (разг.) не хотеть ничего знать, слушать.
veras. [ж. множ.] действительность, реальность, правда, истина; пыл; активность: * de **veras,** правдиво; поистине, на самом деле; всерьёз; * ¿de **veras?,** правда?; * esto va de **veras,** это серьёзно.
verascopio. [м.] вераскоп.
veratrina. [ж.] (хим.) вератрин.
veratro. [м.] (бот.) чемерица; белая чемерица.
veraz. [прил.] правдивый; чистосердечный.
verba. [ж.] см. **labia.**
verbal. [прил.] словесный, устный; (грам.) глагольный; отглагольный; (дип.) вербальный.
verbalmente. [нареч.] устно, словесно, на словах.
verbásceo, a. [прил.] (бот.) коровяковый.
verbasco. [м.] (бот.) коровяк, см. **gordolobo.**
verbena. [ж.] (бот.) вербена; ночное веселье (накануне некоторых праздников).
verbenear. [неперех.] кишеть, копошиться; толпиться.
verbenero, ra. [прил.] относящийся к **verbena.** см. **verbena** (ночное веселье).
verberación. [ж.] хлестание.
verberar. [перех.] хлестать, стегать, сечь; хлестать (о дожде, ветре и т. д.).
verbigeración. [ж.] бессмысленное повторение слов и т. д.
verbigracia. [нареч.] например; [м.] пример.
verbo. [м.] (врам.) глагол; сын божий, Слово, второе лицо Св. Троицы; слово; дар слова; проклятие, ругательство: * **verbo** auxiliar, вспомогательный глагол; * **verbo** transitivo, переходный глагол; * **verbo** intransitivo, непереходный глагол; * **verbo** impersonal, безличный глагол; * **verbo** irregular, неправильный глагол; * **verbo** regular, правильный глагол; * **verbo** defectivo, дефективный глагол; * **verbo** reflexivo (reflejo), возвратный глагол; * en un **verbo,** (разг.) сразу, мигом.
verbomanía. [ж.] см. **logomanía.**
verborragia. [ж.] многословие, говорливость, многоречивость, болтливость; пустословие, разглагольствование.
verborrágico, ca. [прил.] относящийся к многословию.
verborrea. [ж.] см. **verborragia.**
verborreico, ca. [прил.] см. **verborrágico.**
verbosamente. [нареч.] болтливо и т. д.
verbosear. [неперех.] пустословить, молоть (прост.).
verbosidad. [ж.] многословие, многоречивость.
verboso, sa. [прил.] многословный, многоречивый.
verdacho. [м.] светлозелёная глина.
verdad. [ж.] правда, истина; см. **veracidad;** реальность, действительность, правота: * la pura **verdad, verdad** desnuda, сущая правда, чистейшая правда; * **verdad** amarga, горькая правда (истина); * a decir **verdad,** a la **verdad,** по правде говоря, правду сказать, по правде сказать; * de

verdad, правдиво, на самом деле; * verdad de Perogrullo, см. perogrullada; * a mala verdad, неискренне, обманчиво; * decir a uno las cuatro verdades или las verdades del barquero, сказать кому-л всю правду-матку; отчитать кого-л; * de verdad, по правде говоря; правдиво; всерьёз; * en verdad, поистине; * faltar a la verdad, см. mentir; * la verdad amarga, правда глаза колет; * por cierto y por verdad, наверняка; * verdades como puños, неоспоримые истины; * ajeno a la verdad, далёкий от истины.
verdaderamente. [нареч.] действительно, поистине, подлинно, в самом деле.
verdadero, ra. [прил.] верный, истинный, настоящий, подлинный; реальный, действительный; правдивый, искренний; чистосердечный.
verdal. [прил.] зелёный (о зрелых плодах).
verdasca. [ж.] тонкая зелёная веточка.
verdascazo. [м.] удар тонкой зелёной веточкой.
verde. [прил.] зелёный; недозрелый, зелёный, незрелый, неспелый; сырой, сочный, свежий (о растениях); (перен.) молодой, зелёный; зелёный, неопытный; недозрелый; вольный, игривый; непристойный, похабный; [м.] зелень; свежий корм, зелёный корм; зелёный цвет; терпкий привкус вина; зелёная краска; (Амер.) см. pasto; * verde botella, бутылочного цвета; * verde mar, цвета морской волны; * verde claro, ярко-зелёный; * verde oscuro, тёмно-зелёный; * verde esmeralda, изумрудный, ярко-зелёный; * judías verdes, бобы и горох (которые едят не лущёными); * viejo verde, молодящийся старик; * poner verde, задать взбучку, сильно выругать; * darse un verde, развлекаться (короткое время); * verde de montaña (de tierra), медная зелень (краска).
verdea. [ж.] зеленоватое вино.
verdeante. [дейст. прич.] к verdear, зеленеющий и т. д.
verdear. [неперех.] зеленеть(ся); иметь зелёный оттенок; покрываться листвой; всходить (о посевах); (Амер.) пастись.
verdeceledón. [м.] бледно-зелёный цвет.
verdecer. [неперех.] зазеленеть; [непр. гл.] спряг. как agradecer.
verdecillo. [м.] (орни.) см. verderón.
verdegal. [м.] зеленеющее место в поле.
verdegay. [прил.] светло-зелёный; [м.] светло-зелёный цвет.
verdegris. [м.] см. verdete.
verdegueante. [дейст. прич.] к verdeguear; [прил.] зеленеющий.
verdeguear. [неперех.] см. verdear.
verdejo, ja. [прил.] см. verdal.
verdel. [м.] (обл.) зеленюшка (птица).
verdemar. [м.] цвет морской волны.
verdemontaña. [м.] медная зелень (краска).
verderol. [м.] (орни.) зеленюшка; см. berberecho.
verderón. [м.] (орни.) зеленюшка.
verderón. [м.] (зоол.) см. berberecho.
verdete, na. [прил.] см. verdino.
verdete. [м.] окись меди; ярь-медянка.
verdezuela. [ж.] (обл. бот.) см. colleja.
verdezuelo, la. [прил. умен.] к verde; [м.] (орни.) зеленюшка.
verdiazul. [прил.] голубовато-зелёный.
verdimoreno, na. [прил.] тёмнозелёный.
verdín. [м.] см. verdina. зелёненький цвет; зелень, плесень (на воде и т. д.); окись меди; сорт зелёного табака; (Амер.) красивая зелёная птица.
verdina. [ж.] зелёненький цвет, цвет недозрелых растений.
verdinal. [м.] см. fresquedal.
verdinegro, gra. [прил.] темно-зелёный.
verdino, na. [прил.] яркозелёный; зеленоватый.
verdiñal. [прил.] зеленоватый: * pera verdinal, сорт груши (зеленоватого цвета).
verdipardo, da. [прил.] зеленовато-коричневый.
verdiseco, ca. [прил.] недосушенный (об овощах и т. д.).
verdolaga. [ж.] (бот.) портулак.
verdolagar. [м.] поросль портулака.
verdón. [м.] (орни.) зеленушка; (арг.) поле, большой луг.
verdor. [м.] ярко-зелёный цвет; зелень, зелёный цвет; (перен.) крепость, сила, свежесть; годы юности; verdores. [множ.] распущенность.
verdoso, sa. [прил.] зеленоватый; [м.] (арг.) см. higo.
verdoyo. [м.] см. verdina.
verdugada. [ж.] (арх.) ряд кирпичей.
verdugado. [м.] фижмы.
verdugal. [м.] поросль леса.
verdugazo. [м.] удар хлыстом и т. д.
verdugo. [м.] отпрыск, росток, побег (дерева); тонкая длинная шпага; хлыст, прут, розга; бич; след (от удара прутом, хлыстом); палач (тже. перен.); кольцо; фижмы; см. alcaudón; (перен.) мука, терзание; (арх.) ряд кирпичей.
verdugón. [м.] отпрыск, побег (дерева); след (от удара бичом, хлыстом и т. д.); (Амер.) потёртость (от ботинка); дыра (на платье).
verduguillo. [м.] (бот.) сорт нароста, пузыря (на поверхности листьев); небольшая узкая бритва; длинная тонкая шпага; кольцо, серьга; (тавр.) сорт шпаги.
verdulera. [ж.] зеленщица; (перен. разг.) грубая, бесстыдная женщина: * lenguaje de verduleras, площадной язык.
verdulería. [ж.] зеленная лавка.
verdulero. [м.] зеленщик.
verdura. [ж.] зелень, зелёный цвет; (чаще множ.) зелень, некоторые овощи и травы; (жив.) листва, непристойность.
verdusco, ca. [прил.] тёмно-зелёный.
vereco, ca. [прил.] (Амер. шутл.) см. bizco.
verecundia. [ж.] стыдливость, стыд, застенчивость, робость.
verecundo, da. [прил.] стыдливый, застенчивый.
vereda. [ж.] тропинка, тропка, узенькая дорожка; узкий проход (между кустами и т. д.); циркулярное распоряжение (для сельских местностей); маршрут; (Амер.) тротуар, панель: * hacer entrar en vereda, заставить исполнить долг.
veredero. [м.] посыльный, разносящий циркуляры в сельские местности.
veredicto. [м.] (юр.) приговор; вердикт, решение присяжных заседателей; мнение, отзыв; * veredicto de inculpabilidad, оправдательный приговор.
veredón. [м.] (Амер.) широкий тротуар, широкая панель.
verendo, da. [прил.] стыдливый, застенчивый, робкий.
verfeniano, na; verfeniense. [прил.] (геол.) верфенский, скифский.
verga. [ж.] член, мужской половой орган; свинцовый прут; (мор.) рей, рея; лук самострела.
vergajazo. [м.] удар бычьей жилой.
vergajeada. [ж.] (Амер.) см. azotaina, zurra.
vergajear. [перех.] (Амер.) см. azotar, zurrar.
vergajo. [м.] хлыст (из бычьих жил), бычья жила.

vergé. [прил.] * papel vergé, бумага берже.
vergel. [м.] фруктовый сад, цветник.
vergeta. [ж.] прутик, палочка; (герал.) колышек.
vergeteado, da. [прил.] (герал.) полосатый.
vergonzante. [прил.] стыдливый; (Амер.) разорившийся: * pobre vergonzante, человек, скрыто просящий милостыню, совестливый нищий.
vergonzosa. [ж.] (Амер.) мимоза.
vergonzosamente. [нареч.] постыдно, позорно, бесславно.
vergonzoso, sa. [прил.] постыдный, позорный; стыдящийся, стыдливый, застенчивый; [м.] (зоол.) броненосец (разновидность).
verguear. [перех.] бить палкой; сбивать плоды из деревьев (с помощью шеста).
vergüenza. [ж.] стыд, стыдливость; вопрос, дело, чувство чести; стыдливость, застенчивость, робость, стеснительность; стыд, срам, позор, бесчестье; позорный столб; (арг.) женский головной убор; [множ.] срам (о половых органах): * tener vergüenza, стыдиться; * sentir vergüenza, стыдиться; испытывать чувство стыда; * morirse de vergüenza, сгорать от стыда; * me da vergüenza, мне стыдно; * ¿no le da (a usted) vergüenza?, не стыдно ли вам?; * es una vergüenza, стыдно!, позор!, позор и срам!; * sin vergüenza, бесстыдный; * sacar a la vergüenza, выставить к позорному столбу; * para vergüenza de, к стыду; * perder la vergüenza, пренебречь правилами приличия, потерять всякий стыд; становиться бесстыдным; утратить стыдливость.
vergueta. [ж.] прутик, палочка.
vergueteado, da. [прил.] см. vergé.
verguío, a. [прил.] гибкий, упругий и жёсткий (о дереве).
verguiza. [ж.] (Амер.) см. azotaina, zurra.
vericueto. [м.] высокая, опасная, трудная дорога.
verídicamente. [нареч.] правдиво, достоверно.
verídico, ca. [прил.] правдивый; достоверный.
verificación. [ж.] проверка, сверка, сличение; подтверждение; реализация, осуществление, выполнение.
verificador, ra. [прил.] проверяющий, сличающий что-л; [м.] проверщик, -ица.
verificativo, va. [прил.] проверочный; оправдательный (о документе).
verija. [ж.] (анат.) таз; (Амер.) см. ijares.
verijón, na. [прил.] (Амер.) см. perezoso.
veril. [м.] (мор.) край мели.
verilear. [перех.] (мор.) плавать вдоль края мели.
veringuearse. [возв. гл.] (Амер.) раздеваться.
verinjusto, ta. [прил.] см. injusto.
verisimil. [прил.] см. verosímil.
verisimilitud. [ж.] см. verosimilitud.
verismo. [м.] (лит.) веризм.
verista. [прил.] веристский; [м.] веризм, последователь веризма.
verja. [ж.] решётка (ограды и т. д.).
verjería. [ж.] совокупность решёток.
verjurado, da. [прил.] см. vergé.
verlita. [ж.] (мин.) верлит.
verme. [м.] (мед.) червь, глист.
vermetoideo, a. [прил.] червеобразный.
vermicida. [прил.] глистогонный, противоглистный; [м.] глистогонное средство.
vermiculado, da. [прил.] (арх.) червоточный, дырявый.
vermicular. [прил.] с червями; червеобразный: * apéndice vermicular, (анат.) червеобразный отросток.
vermículo. [м.] червячок; (анат.) червеобразная часть чего-л.

vermiculoso, sa. [прил.] червеобразный; червивый, с червями.
vermiforme. [прил.] червеобразный: * apéndice vermiforme, (анат.) червеобразный отросток.
vermífugo, ga. [прил.] глистогонный, противоглистный; [м.] глистогонное средство.
vermilingüe. [прил.] червеязычный.
verminación. [ж.] (мед.) скопление глистов.
verminosis. [ж.] (мед. вет.) глистная болезнь.
verminoso, sa. [прил.] (мед.) глистный, вызываемый глистами, с глистами.
vermis. [м.] см. gusano.
vermívoro, ra. [прил.] червеядный, питающийся червями.
vermix. [м.] (анат.) червеобразный отросток.
vermut. [м.] вермут; полуденный спектакль.
vernación. [ж.] (бот.) листосложение, листовое почкосложение.
vernacular, vernáculo, la. [прил.] местный, домашний: * lengua vernácula, местное наречие.
vernal. [прил.] весенний, вешний (уст.).
vernalizar. [перех.] яровизировать: * acción de vernalizar, яровизация.
vernerita. [ж.] (мин.) вернерит, скаполит.
vernier. [м.] (физ.) верньер, нониус.
vernonia. [ж.] (бот.) растение из семейства сопыльниковых.
vero. [м.] соболь (мех); veros [множ.] (герал.) железные шляпки.
veronal. [м.] (фарм.) веронал.
veronense, veronés, sa. [прил.] веронский; [м.] веронец.
verónica. [ж.] (бот.) вероника; (тавр.) один из приёмов; (Амер.) чёрная накидка или плащ.
verosímil. [прил.] правдоподобный; вероятный.
verosimilitud. [ж.] правдоподобие, правдоподобность, вероятность.
verosímilmente. [нареч.] правдоподобно, вероятно.
verraco. [м.] кабан-производитель (самец свиньи); (Амер.) дикий кабан, вепрь.
verraco, ca. [прил.] (Амер.) глупый, дерзкий, назойливый.
verraquear. [неперех.] (разг.) хрюкать; брюзжать, ворчать; (перен. разг.) реветь (о дитях).
verraquera. [ж.] рёв ребёнка; (Амер.) опьянение.
verriondez. [ж.] период половой активности (у самца свиньи); вялость (о фруктах); недозрелость (об овощах).
verriondo, da. [прил.] находящийся в периоде половой активности (о животных), вялый (о фруктах); недоваренный (об овощах).
verrón. [м.] кабан-производитель, самец свиньи.
verrucaria. [ж.] (бот.) см. girasol.
verruciforme. [прил.] имеющий форму бородавки.
verruga. [ж.] бородавка; (перен. разг.) наводящий скуку, назойливый человек, надоеда; порок, недостаток.
verrugo. [м.] (разг.) скряга, скупец.
verrugoso, sa. [прил.] бородавчатый.
verruguete. [м.] (арг.) шулерский приём.
verruguetear. [перех.] (арг.) заниматься verruguetas (в игре).
verruguetas. (в игре).
verruguiento, ta. [прил.] бородавчатый.
verruguilla. [ж.] (арг.) см. verrugueta.
versación. [ж.] перемена; полный оборот, круговращение.
versado, da. [прил.] сведущий, искусный в чём-л; осведомлённый в чём-л.

versal. [прил.] прописная; [ж.] прописная буква.
versalilla, versalita. [ж.] прописная буква, не отличающейся от строчной высотой.
versallesco, ca. [прил.] (прям. и перен.) версальский.
versar. [неперех.] вертеться, поворачиваться, вращаться, кружиться; (Амер.) разглагольствовать: * versar sobre или acerca de, трактовать, обсуждать, говорить о чём-л; versarse, [возв. гл.] специализироваться в чём-л.
versátil. [прил.] подвижный; (перен.) переменчивый, изменчивый, непостоянный.
versatilidad. [ж.] подвижность; (перен.) переменчивость, изменчивость, непостоянство.
versear. [неперех.] (разг.) сочинять, писать, слагать стихи.
versecillo. [м. умен.] к verso, стишок.
versería. [ж.] совокупность старинных мелкокалиберных пушек (versos).
versete. [м. умен.] к verso, стишок; старинная мелкокалиберная пушка.
versicolor, ra. [прил.] разноцветный; переливчатый.
versicorde. [прил.] сводящий с ума.
versícula. [ж.] место для церковных книг (на хорах).
versiculario. [м.] церковный певец (стихов из Библии и т. д.); хранитель церковных книг (находящихся на хорах).
versículo. [м.] строфа, стих (в Библии, молитвеннике).
versificación. [ж.] стихосложение, версификация.
versificador, ra. [прил.] пишущий, слагающий стихи.
versificante. [действ. прич.] к versificar.
versificar. [неперех.] писать, слагать стихи; [перех.] перелагать в стихи, придавать стихотворную форму.
versífico, ca. [прил.] стиховой.
versiforme. [прил.] имеющий форму стихов, в стихах.
versión. [ж.] перевод; версия; толкование, вариант; (мед.) оборот, поворот: * versión combinada, сочетание наружного и внутреннего поворота; * versión interna, поворот плода рукой, введенной в матку.
versista. [м.] см. versificador; человек, страдающий стихоманией; рифмоплёт.
verso. [м.] стих; стихи; стихотворение; см. **versículo:** * verso suelto, blanco или libre, белые стихи; * verso alejandrino, александрийский стих; * en verso, в стихах.
verso. [м.] старинная мелкокалиберная пушка.
versta. [ж.] верста.
vértebra. [ж.] (анат.) позвонок: vértebra cervical, шейный позвонок; vértebra lumbar, поясничный позвонок.
vertebrado, da. [прил.] (анат.) позвоночный; [м. множ.] (зоол.) позвоночные.
vertebral. [прил.] позвоночный: * columna vertebral, позвоночник.
vertebrario. [м.] позвоночник.
vertedera. [ж.] отвал (у плуга).
vertedero. [м.] куча мусора, нечистот, свалка; сточный жёлоб, сточная канавка, водосток; (тех.) водослив.
vertedor, ra. [прил.] выливающий; сливающий; [м.] сточная канавка; водосточная труба; совок для развешивания сыпучих товаров; тот, кто черпает воду.
vertello. [м.] (мор.) ракс-клот.
verter. [перех.] лить, выливать, наливать, разливать; переливать; проливать; сыпать, насыпать; рассыпать; высыпать; опрокидывать посуду для стекания жид-

кости; переводить (с языка на язык); (перен.) излагать (мысли и т. д.); [неперех.] стекать, сбегать (о жидкости) [непр. гл.] спряг. как entender.
vertex. [м.] (анат.) темя, верхняя часть головы.
vertibilidad. [ж.] подвижность; текучесть (жидкости); изменчивость, непостоянство, переменчивость.
vertible. [прил.] подвижный, подвижной; текучий (о жидкости); изменчивый, непостоянный, переменчивый.
vertical. [прил.] (геом.) вертикальный, отвесный; [ж.] вертикаль, вертикальная линия.
verticalidad. [ж.] вертикальность, отвесность.
verticalmente. [нареч.] вертикально, отвесно.
vértice. [м.] (геом.) вершина; темя, макушка (головы).
verticidad. [ж.] подвижность, вращаемость.
verticilado, da. [прил.] (бот.) кольчатый, мутовчатый.
verticilo. [м.] (бот.) цветочное кольцо, мутовка.
vertiente. [действ. прич.] к verter; [прил.] стекающий; [м. или ж.] склон, косогор, скат; водосток; (Амер.) источник, родник, ключ.
vertiginosamente. [нареч.] с головокружительной быстротой.
vertiginosidad. [ж.] свойст. к vertiginoso.
vertiginoso, sa. [прил.] относящийся к головокружению; головокружительный; подверженный головокружениям.
vértigo. [м.] головокружение; кратковременное душевное расстройство; помутнение разума; (перен.) бред.
vertigoso, sa. [прил.] см. vertiginoso.
vertimiento. [м.] выливание, налив, наливание, разливание, перелив(ание); ссыпание; пролитие; стекание (жидкости); опрокидывание (посуды для стекания жидкости); перевод.
vesania. [ж.] (мед.) помешательство, душевное расстройство, психоз.
vesánico, ca. [прил.] относящийся к душевному расстройству; душевнобольной.
vesica. [ж.] (мед.) см. vejiga: * vesica fellea, жёлчный пузырь.
vesicación. [ж.] образование пузырей.
vesical. [прил.] (анат.) относящийся к мочевому пузырю.
vesicante. [прил.] нарывной.
vesicatorio, ria. [прил.] см. vejigatorio.
vesicocele. [м.] (пат.) грыжа мочевого пузыря.
vesicoumbilical. [прил.] пузырно-пупочный.
vesicuterino, na. [прил.] пузырно-маточный.
vesícula. [ж.] (анат.) пузырь, пузырёк; (бот.) пузырёк; (биол.) клеточка: * vesícula biliar, жёлчный пузырь; * vesícula germinativa, зародышевый пузырёк; * vesícula seminal, семенной пузырёк.
vesiculación. [ж.] образование пузырьков при нарывании.
vesiculado, da. [прил.] пузырчатый.
vesicular. [прил.] везикулярный; имеющий форму пузыря.
vesiculiforme. [прил.] имеющий форму пузыря.
vesiculitis. [ж.] (пат.) воспаление семенных пузырьков.
vesiculografía. [ж.] радиография семенных пузырьков.

vesiculoso, sa. [прил.] пузырчатый.
veso. [м.] (зоол.) см. **turón.**
vespa. [ж.] "веспа" (марка мотороллера).
vespasiano. [м.] (Амер.) общественный писсуар.
vesperal. [прил.] вечерний; [м.] церковная книга для вечерни.
véspero. [м.] (астр.) вечерняя звезда, см. **Venus.**
vespertilio. [м.] (м. употр.) летучая мышь; нетопырь.
vespertina. [ж.] вечерние занятия (в университете); вечерняя проповедь.
vespertino, na. [прил.] вечерний; * **lucero vespertino,** вечерняя звезда; [м.] вечерняя проповедь.
vespiforme. [прил.] имеющий форму осы.
Vesta. [ж.] (миф.) Веста.
vestal. [прил.] (миф.) относящийся к Весте; [ж.] весталка; [множ.] весталии, праздники в честь Весты (у Римлян).
vestalias. [ж. множ.] весталии, праздники в честь Весты (у Римлян).
veste. [ж.] (поэт.) одежда, платье.
vestibular. [прил.] (анат.) относящийся к преддверию (внутреннего уха).
vestíbulo. [м.] вестибюль, передняя; приёмный зал (гостиницы); (анат.) преддверие (в ушном лабиринте): * **vestíbulo de la laringe,** преддверие гортани.
vestido, da. [страд. прич.] к **vestir,** одетый: * **vestido de,** одетый как; [м.] одежда, костюм, платье; женское платье.
vestidura. [ж.] см. **vestido;** (церк.) облачение.
vestigial. [прил.] рудиментарный, недоразвитый, зачаточный.
vestigio. [м.] след ноги; (перен.) след, признак; остаток; [множ.] остатки, развалины; пережитки: * **los vestigios de una antigua civilización,** остатки древней культуры.
vestiglo. [м.] фантастическое чудовище.
vestimenta. [ж.] см. **vestido; vestimentas,** [множ.] (церк.) облачение.
vestir. [перех.] одевать, наряжать; надевать; облачать; снабжать одеждой; обшивать (разг.); покрывать (зеленью, травой, шерстью и т. д.); (перен.) украшать (речь); украшать (факты и т. д.); шить (на кого-л.); делать вид; [неперех.] одеваться; одеваться, покрываться (зеленью, листвой, снегом и т. д.); важничать; **vestirse, возв. гл.**] одеваться, наряжаться: * **le viste** (a él) **un buen sastre,** ему шьёт хороший портной, он шьёт у хорошего портного; * **vestir de negro,** одеваться в чёрное; * **vestir de luto,** носить траур; * **vestido de negro,** одетый в чёрное; * **el mismo que viste y calza,** он и она сама и т. д.; [непр. гл.] спряг. как **pedir.**
vestón. [м.] (Амер. гал.) пиджак.
vestuario. [м.] гардероб; театральный гардероб; (театр.) костюмерная; (воен.) обмундирование, обмундировка (комплект форменной одежды); **vestuarios,** [возв. гл.] гардероб (ная), раздевальня.
vestugo. [м.] побег оливкового дерева.
vesubiana, vesubianita. [ж.] (мин.) идокраз, везувиан.
veta. [ж.] (разн. знач.) жила; рудная жила; (про)жилка (в дереве, камне); (Амер.) лента; верёвка для додерживания поклажи; * **dar en la veta,** найти средство.
vetado, da. [прил.] см. **veteado.**
vetar. [перех.] налагать вето.

vetativo, va. [прил.] запретительный.
vetazo. [м.] (Амер.) см. **latigazo.**
veteada. [ж.] (Амер.) побои, порка (наказание).
veteado, da. [страд. прич.] к **vetear;** [прил.] в прожилках, с прожилками, с жилками (о дереве, камне и т. д.).
vetear. [перех.] проводить жилки, раскрашивать под дерево, под мрамор; (Амер.) см. **zurrar.**
veteranía. [ж.] ветеранство, свойст. к ветеран.
veterano, na. [прил.] ветеранский; [м.] ветеран.
veterinaria. [ж.] ветеринария.
veterinario. [м.] ветеринар.
vetilla. [ж.] (гал.) см. **fruslería.**
vetisesgado, da. [прил.] с (про)жилками наискось (о дереве, камне).
vetiver. [м.] (бот.) индийский нард.
veto. [м.] вето, запрет, запрещение; право вето; * **dejst. к** налагать вето.
vetolio, lia. [прил.] (Амер.) старый, очень старый.
vetustez. [ж.] древность, свойст. к старинный; ветхость, дряхлость.
vetusto, ta. [прил.] древний, старинный; ветхий, дряхлый.
vez. [ж.] раз; очередь, черёд; случай; см. **vecera; veces.** [множ.] заместительство: * **una vez,** однажды; * **una vez al día,** раз в день; * **dos veces,** два раза, дважды; * **a su vez,** в свою очередь; * **de una vez para siempre,** раз и навсегда; * **otra vez,** опять; * **la mayor parte de las veces,** большей частью, по большей части; * **ni una sola vez,** ни разу, ни одного раза; * **de una vez,** разом, сразу; * **a la vez,** одновременно; * **de vez en cuando,** иногда; изредка; время от времени; * **la próxima vez,** в следующий раз; * **cada vez más,** всё больше; * **en vez de,** вместо, * **en vez de ti,** вместо тебя; * **tal vez,** может быть, пожалуй; * **rara vez,** редко; * **cada vez que,** всякий раз как, каждый раз; * **que sea la última vez,** пусть, это будет в последний раз; * **érase una vez,** давным-давно; жил-был, жил да был (начало сказки); * **tomar la vez,** (разг.) опередить; * **toda vez que,** поскольку; * **otra vez,** ещё раз, снова, опять в другой раз.
veza. [ж.] (бот.) вика.
vezar. [перех.] см. **avezar.**
vía. [ж.] дорога, путь; колея; (ж. - д.) путь, линия, колея; ширина хода (у повозки); см. **carril;** (анат.) канал, путь; проспект; направление; образ жизни (духовная); (юр.) ход (дела); (перен.) путь; способ, средство; посредник; [множ.] пути: * **vía férrea,** железная дорога; * **vía ancha,** широкая колея; * **vía estrecha,** узкая колея; * **vía sencilla,** одноколейная линия; * **vía doble,** двухколейная линия; * **vía muerta,** тупик; запасной путь; * **de vía estrecha,** узкоколейный; * **de vía ancha,** ширококолейный; * **vía de agua,** (мор.) течь, пробоина; * **la vía pública,** улицы; * **Vía Láctea,** (астр.) Млечный путь; * **vías de comunicación,** пути сообщения; * **vías respiratorias,** дыхательные пути; * **vía sacra, vía crucis,** крестный путь страдания; * **vías de hecho,** насильственные действия; * **vía París,** через Париж; * **por vía aérea,** воздушным путём; * **en vías de,** на пути в, в процессе; * **por vía de,** путём, посредством; при помощи, с помощью; * **¡timón a la vía!** (мор.) прямо руля!
viabilidad. [ж.] жизнеспособность, живучесть; осуществимость.
viable. [прил.] жизнеспособный; осуществимый.

viable. [прил.] см. **transitable.**
viada. [ж.] (мор.) начало движения, старт.
viador. [м.] (теол.) путешественник.
viaducto. [м.] виадук.
viajador, ra. [м. и ж.] путешественник -ица; путешественник-писатель.
viajante. [действ. прич.] к **viajar,** путешествующий, странствующий, разъездной; [м.] путешественник; коммивояжёр.
viajar. [неперех.] путешествовать, странствовать, разъезжать; ехать: * **viajar por Europa,** путешествовать по Европе; * **viajar en tren,** ехать (ездить) поездом, в поезде; * **viajar en barco,** плавать на пароходе (пароходом); * **viajar en avión,** летать самолётом (на самолёте); * **viajar por mar,** ехать морем; * **viajar por aire,** лететь.
viajata. [ж.] (разг.) см. **caminata.**
viaje. [м.] путешествие, поездка; путь; езда; груз, доставленный разом из одного места в другое; переезд, переправа; дорожный блокнот; водоснабжение: * **viaje por mar,** путешествие по морю; * **estar de viaje,** путешествовать; быть в отъезде; * **emprender viaje,** отправиться в путь; * **de viaje,** проездом; * **¡buen viaje!,** счастливого пути!; * **compañero de viaje,** спутник, попутчик; * **viaje de ida y vuelta** или **redondo,** поездка туда и обратно; хорошее, выгодное дело.
viaje. [м.] косой разрез; (разг.) удар ножом, кинжалом; (Амер.) см. **reprimenda.**
viajero, ra. [прил.] путешествующий, странствующий; [м. и ж.] путешественник, -ица; пассажир, -ка; (Амер.) конный посыльный.
vial. [прил.] путевой, дорожный; [м.] аллея.
vialidad. [ж.] дорожное дело; надзор за путями сообщения, их устройством и содержанием.
vianda. [ж.] еда, пища, кушанье (уст.); обед; [множ.] (Амер.) отварные фрукты или овощи (в качестве приправы или закуски); см. **fiambrera.**
viandante. [м. и ж.] прохожий, -ая, проезжий, -ая, путник; путешественник, -ница, странник, -ица; (Амер.) см. **transeúnte.**
viandista. [м.] официант.
viaraza. [ж.] понос; (Амер.) гнев; безрассудный, необдуманный поступок.
viaticar. [перех.] (рел.) причащать умирающего.
viático. [м.] съестные припасы взятые с собой в дорогу, подорожник (разг.); прогоны, прогонные; подъёмные деньги (у дипломатов); (рел.) предсмертное причащение.
víbora. [ж.] (прям. перен.) гадюка; (перен.) ехидна, змея.
viborear. [неперех.] (Амер.) см. **serpentear;** метить карты.
viborera. [ж.] (бот.) синяк.
viborezno, na. [прил.] гадючий; [м.] молодая гадюка.
vibración. [ж.] вибрирование, вибрация, дрожание, колебание; отдельное вибрирующее движение.
vibrador, ra. [прил.] вибрирующий, дрожащий; [м.] (тех.) вибратор.
vibrante. [действ. прич.] к **vibrar,** вибрирующий, дрожащий; взволнованный, волнующий (о речи и т. д.); [ж.] (лингв.) вибранта.
vibrar. [перех.] заставить вибрировать, потрясти; метать, бросать (с силой); [неперех.] вибрировать, колебаться, дрожать; (перен.) содрогаться.
vibrátil. [прил.] вибрирующий.
vibratilidad. [ж.] свойст. к вибрирующий, способность вибрировать, сотрясаться.

vibratorio, ria. [прил.] вибрирующий, вибрационный.
vibrio, vibrión. [м.] (биол.) вибрион, зародыш (бактерия).
vibrisas, vibrizas. [ж. мн.] волосы в ноздрях.
vibrófono. [м.] (физ.) виброфон.
vibrógrafo. [м.] (физ.) виброграф.
vibrómetro. [м.] см. vibrógrafo; виброметр.
vibroscopio. [м.] (физ.) виброскоп.
viburno. [м.] (бот.) калина.
vicaria. [ж.] помощница или заместительница настоятельницы; (Амер.) садовое растение.
vicaría. [ж.] должность или канцелярия заместителя, помощника; область, управляемая им; (церк.) должность или канцелярия викария.
vicarial. [прил.] к заместитель; (церк.) викарный.
vicariato. [м.] см. vicaría.
vicario, ria. [прил.] заменяющий, замещающий; (мед.) заменяющий, [м.] викарий; помощник или заместитель игумена; [мн.] см. sueldacostilla; * Vicario de Jesucristo, наместник Христа (римский папа); * vicario perpetuo, см. párroco.
vicarizar. [неперех.] исправлять должность викария; заменять, замещать.
vice-. вице-.
vicealmiranta. [ж.] вице-адмиральский корабль.
vicealmirantazgo. [м.] вице-адмиральский чин.
vicealmirante. [м.] вице-адмирал.
vicecanciller. [м.] вице-канцлер.
vicecancillería. [ж.] вице-канцлерский чин или канцелярия.
vicecónsul. [м.] вице-консул.
viceconsulado. [м.] вице-консульство.
vicecristo, vicediós. [м.] см. vicario de Jesucristo.
vicegerente. [м.] заместитель заведующего.
vicegobernador. [м.] вице-губернатор.
vicenal. [прил.] двадцатилетний.
vicense. [прил. и сущ.] см. vigitano.
vicepresidencia. [ж.] вице-президентство.
vicepresidente. [м.] вице-президент, заместитель председателя.
vicerrector. [м.] проректор.
vicerrectorado. [м.] проректорский чин или должность.
vicerrectoría. [ж.] проректорская должность.
vicesecretaría. [ж.] должность или чин заместителя секретаря.
vicesecretario. [м.] заместитель секретаря.
vicésimo, ma. [прил. и сущ.] см. vigésimo.
vicetesorero. [м.] заместитель казначея.
viceversa. [нареч.] наоборот, обратно; взаимно; [м.] противоположное чему-л действие и т. д.
vicia. [ж.] (бот.) вика.
viciable. [прил.] поддающийся порче.
viciación. [ж.] несовершенство; недостаток; развращение.
viciado, da. [страд. прич.] к viciar; [прил.] испорченный (о воздухе); см. deforme.
viciar. [перех.] портить, испортить, повреждать; искажать, извращать; (юр.) делать недействительным, лишать юридической силы (договор, акт); подделывать, фальсифицировать; (перен.) развращать; **viciarse.** [возв. гл.] портиться; развращаться; пристраститься; перекашиваться, коробиться.
vicio. [м.] порок, недостаток; изъян, дефект; подделка, фальсификация; порок, порочность, разврат; скверная привычка; пристрастие; выгиб, кривизна; пышность, густота, чрезмерный рост (растительности); баловство; избалованность;

норов (у животных); нежность, ласка: * vicio orgánico, органический порок; * vicio de fumar, привычка или страсть к курению; * de vicio, по скверной привычке, без основания; из каприза; * quejarse de vicio, жаловаться по пустякам; * hablar de vicio, быть болтливым.
viciosamente. [нареч.] порочно; ошибочно.
viciosidad. [ж.] дефектность; порочность; ошибочность; крепость; обильность.
vicioso, sa. [прил.] с пороком, с изъяном, дефектный, испорченный; ошибочный; порочный, развратный; крепкий, производительный, обильный; доставляющий наслаждение; (разг.) избалованный (о детях).
vicisitud. [ж.] смена, перемена; превратность, непостоянство; переменчивость: * vicisitudes de la fortuna или de la suerte, превратности судьбы.
vicisitudinario, ria. [прил.] изменчивый, непостоянный, переменный, превратный.
víctima. [ж.] (прям. перен.) жертва.
victimación. [ж.] (Амер.) жертвоприношение.
victimar. [перен.] приносить в жертву; убить.
victimario. [м.] жрец, приносящий жертвы; убийца.
victo. [м.] ежедневная пища.
¡víctor! [межд. и сущ.] см. vítor.
victorear. [перех.] см. vitorear.
victoria. [ж.] победа; достижение, успех: * cantar la victoria, ликовать, торжествовать победу; * cantar victoria, хвалиться успехом; торжествовать.
victoria. [ж.] виктория, открытая коляска: * victoria regia, [бот.] виктория-регия.
victoriosamente. [нареч.] победоносно.
victorioso, sa. [прил.] победный, победоносный; решающий, неопровержимый; [м.] победитель.
vicuña. [ж.] (зоол.) вигонь, лама-викунья; вигонь, вигоневая шерсть.
vichadero. [м.] (Амер.) см. mangrullo.
vichador. [м.] (Амер.) шпион.
vichar. [перех.] (Амер.) см. bichear.
viche. [прил.] (Амер.) см. biche; обнажённый, голый; очищенный от кожуры.
vichear. [неперех.] (Амер.) см. bichear.
vichoco, ca. [прил.] (Амер.) слабый на ноги.
vichy. [м.] сорт хлопчатобумажной ткани.
vid. [ж.] (бот.) виноград, виноградный куст, виноградная лоза: * vid salvaje, silvestre, или labrusca, дикий виноград.
vida. [ж.] жизнь; существование; быт, житьё; жизнь, образ жизни; жизненная сила; бодрость, живость; оживление; жизненность; пища; человек; жизнеописание; состояние души после смерти; беспорядочная, распутная жизнь; источник счастья, радости; блаженство: * vida airada, распутная жизнь; * vida canonical, de canónigo, papal, зажиточная жизнь; * vida de perros, собачье житьё, трудная или тяжёлая жизнь; * vida privada, частная жизнь; * la otra vida, la vida futura, будущая жизнь; * buena, gran vida, зажиточная жизнь; * amargar la vida, испортить жизнь; * escapar con vida, спастись чудом, спасти жизнь; * quitarse la vida, покончить с собой; * no dar señales de vida, не подавать признаков жизни; * vender cara la vida, дорого отдать свою жизнь; * a vida, con vida, живьём; * de por vida, на всю жизнь; * en vida, при жизни; * malgastar la vida, прожигать жизнь; * perdonar la vida, пощадить жизнь; * nunca en la (en mi) vida, никогда в жизни; * entre la vida y la muerte, между жизнью и смертью; * enterrarse en vida, чуждаться общества, жить отшельником; * volver a la vida, вернуться к

жизни; * darse buena vida, жить припеваючи; * tener la vida en un hilo, быть в большой опасности; * nivel de vida, уровень жизни, жизненный уровень; * ¡mi vida!, ¡vida mía!, моя жизнь!; * pasar a mejor vida, умирать; * pasar la vida a tragos, вести тяжёлую жизнь; * meterse en vidas ajenas, вмешиваться в чужую жизнь; * cambiar de vida, зажить по-новому; * de mala vida, распутный, беспорядочный; * hacer por la vida, есть; * ¡por vida de...!, чёрт возьми!
vidala, vidalita. [ж.] (Амер.) заунывная песня любовного характера.
vidarra. [ж.] (бот.) род ломоноса.
vidarria. [ж.] (бот.) хмель.
videncia. [ж.] проницательность, прозорливость, дальновидность.
vidente. [действ. прич.] к ver, видящий, зрячий; [м. и ж.] ясновидящий, -ая; см. profeta.
vidoquín. [ж.] (Амер.) разновидность картофеля.
vidornia. [ж.] (разг.) простая и бездельная жизнь.
vidorra. [ж.] (разг.) праздная и приятная жизнь.
vidorria. [ж.] (Амер.) жалкое и печальное существование; (разг. Амер.) жизнь, образ жизни.
vidriado, da. [прил.] хрупкий, ломкий (как стекло), (перен.) деликатный, слабый; [м.] глазурное гончарное изделие; глазурь; глазурная посуда.
vidriar. [перех.] глазуровать, глазировать, покрывать глазурью (посуду); **vidriarse**, [возв. гл.] становиться стекловидным.
vidriera. [ж.] витраж; застеклённая дверь; (обл.) (Амер.) витрина, (Амер.) лоток для торговли табаком, спичками и т. д.; владелица этого лотка.
vidriería. [ж.] стекольный завод или магазин.
vidriero, ra. [м. и ж.] стекольщик; стеклодув; продавец, -щица стекла, стеклянных изделий; (Амер.) владелец лотка для торговли табаком, спичками и т. д.)
vidrio. [м.] стекло (как материал); стекло (изделие); (перен.) хрупкая вещь, хрупкий предмет; обидчивый и вспыльчивый человек; сиденье (в экипаже): * vidrio de aumento, увеличительное стекло; * pagar los vidrios rotos, возместить убытки.
vidriola. [ж.] (обл.) копилка.
vidriosidad. [ж.] обидчивость, вспыльчивость.
vidrioso, sa. [прил.] хрупкий, ломкий (как стекло); стекловидный, прозрачный (как стекло); (перен.) скользкий, обледеневший; хрупкий, обидчивый, вспыльчивый: * ojos vidriosos, неподвижные стеклянные глаза.
vidual. [прил.] вдовий.
vidueño, [м.] **viduña.** [ж.] сорт винограда.
vidurria. [ж.] (Амер.) см. vidornia; см. vidorria.
vieira. [ж.] (обл.) см. venera (раковина).
vieja. [ж.] (обл.) пост (период) (Амер.) морская рыба; окурок; жареный банан; (в играх) последняя рука; шутиха (фейерверк).
viejarrón, na. [прил. и сущ.] (разг.) см. vejarrón.
viejezuelo, la. [прил. и сущ.] умен. к viejo.

viejo, ja. [прил.] старый; старинный, старый, древний; пожилой; поношенный, старый, потёртый; [м.] старик; [ж.] старуха; [м. и ж.] (Амер.) старина, дружище (в обращении): * viejo verde, молодящийся старик.

vienés, sa. [прил.] венский; [м. и ж.] венец, -ка.

viento. [м.] ветер; воздух; атмосфера; запах (преследуемого животного и т. д.); нюх, чутьё; (у собак) кость между ушами; (перен.) побуждение (сильное); тщеславие, чванство; (тех.) оттяжка; (разг.) кишечные газы; (мор.) румб; (арт.) зазор (между снарядом и стволом); (арг.) см. soplón: * viento contrario, встречный ветер; * viento en popa, попутный ветер; * viento de costado, боковой ветер; * viento de proa, встречный ветер; * viento fresco, сильный ветер; * viento terral, береговой ветер; * vientos alisios, пассат; * ráfaga de viento, порыв ветра; * instrumento de viento, духовой инструмент; * molino de viento, ветряная мельница; * contra viento y marea, вопреки всем препятствиям; * a los cuatro vientos, на все четыре стороны; * echarse el viento, утихать (о ветре); * dejar atrás los vientos, лететь быстрее ветра; * dar el viento de una cosa, узнать, проведать; * quien siembra vientos, recoge tempestades, кто сеет ветер, пожнёт бурю; * correr viento, сильно дуть (о ветре); * marchar(se) con viento fresco, (разг.) убираться подобру-поздорову; * beber los vientos por, страстно желать, жаждать чего-л; * moverse a todos los vientos, быть непостоянным; * hace viento, ветрено; * tomar el viento, почуять след; * proclamar a los cuatro vientos, громко рекламировать.

vientre. [м.] живот, брюшко; утроба, чрево, лоно; брюхо, пузо (груб.); (анат.) брюшная полость; беременность; выпуклость (некоторых предметов); выпуклая часть (бочки и т. д.); (юр.) мать; плод, зародыш; * de vientre, племенной (о самке); * sacar el vientre de mal año, (разг.) утолять голод; * descargar, exonerar, mover, evacuar el vientre, hacer de(l) vientre, испражняться.

viernes. [м.] пятница: * Viernes Santo, Великая, Страстная пятница; * el viernes, в пятницу; * comer de viernes, постничать; * haber aprendido algo en viernes, часто повторять.

vierteaguas. [м.] желобок (у окна).

vietnameño, ña, vietnamita. [прил.] вьетнамский; [м. и ж.] вьетнамец, -ка.

viga. [ж.] балка, брус, стропило; дрожина (у повозки); пресс: * viga maestra, основная балка, прогон.

vigencia. [ж.] действительность, законность, сила; срок действия (закона).

vigente. [прил.] имеющий силу, действующий (о законе).

vigesimal. [прил.] кратный двадцати.

vigésimo, ma. [прил.] двадцатый; [м.] двадцатая доля, часть.

vigía. [ж.] сторожевая или наблюдательная вышка; [м.] (мор.) наблюдатель (на берегу); марсовый (на судне); передовой наблюдатель; [ж.] надзор, наблюдение; скала, выступающая из воды.

vigiar. [перех.] наблюдать, охранять.

vigígrafo. [м.] береговой семафор; управляющий им.

vigil. [м.] ночной сторож (в Риме).

vigilancia. [ж.] бдительность; надзор; наблюдение; стража, охрана.

vigilante. [дейст. прич.] к vigilar, наблюдающий; [прил.] бдительный, неусыпный; [м.] наблюдатель, сторож, охранник; надсмотрщик, надзиратель; полицейский.

vigilantemente. [нареч.] бдительно, неусыпно.

vigilar. [неперех.] бодрствовать, быть бдительным, смотреть, следить, наблюдать за; [перех.] следить, наблюдать за, охранять.

vigilativo, va. [прил.] не дающий спать.

vigilia. [ж.] бодрствование, бдение (уст.); ночная умственная работа; (церк.) канун; вечерня; заупокойная служба; ночь без сна, бессонница; (воен.) ночное дежурство; постная пища: * día de vigilia, постный день; * comer de vigilia, постничать.

vigitano, na. [прил.] относящийся к Vich; [м. и ж.] уроженец этого города.

vignita. [ж.] (мин.) разновидность магнетита.

vigolón. [м.] (муз.) см. vihuela.

vigor. [м.] крепость, сила, мощь, энергия, бодрость; энергичность; (юр.) действие, сила; (перен.) строгость: * en vigor, в силе; действующий; * entrar en vigor, входить в силу (о законе, договоре); * estar en vigor, иметь силу, быть в силе.

vigorizador, ra. [прил.] укрепляющий, придающий силу.

vigorizar. [перех.] укреплять, придавать силу, крепость, мощь; (перен.) ободрять; * vigorizarse, [возв. гл.] крепнуть, набирать силы; укрепляться; ободряться.

vigorosamente. [нареч.] сильно, крепко, мощно, с силой, энергично.

vigorosidad. [ж.] крепость, сила, энергия, бодрость.

vigoroso, sa. [прил.] сильный, мощный; крепкий, энергичный; бодрый.

vigota. [ж.] (мор.) сорт блока.

viguería. [ж.] совокупность балок (здания и т. д.).

vigués, sa. [прил.] относящийся к Vigo; [м. и ж.] уроженец, -ка этого города.

vigueta. [ж. умен.] к viga; брёвнышко.

viguetaje. [м.] см. viguería.

vihuela. [ж.] (муз.) род гитары.

vihuelista. [м.] музыкант, играющий на vihuela.

vijua. [ж.] (Амер.) каменная соль.

vil. [прил.] подлый, гнусный, презренный, низкий: * un alma vil, дрянная, низкая душонка.

vilano. [м.] (бот.) пушок (одуванчика и т. д.); цветок чертополоха.

vileza. [ж.] подлость, низость, гнусность.

vílico. [м.] управляющий усадьбой (в Риме).

vilipendiador, ra. [прил.] унижающий, презирающий, пренебрегающий (тже. сущ.).

vilipendiar. [перех.] унижать, презирать, пренебрегать, поносить, смешивать с грязью.

vilipendio. [м.] унижение, презрение, пренебрежение; поношение.

vilipendioso, sa. [прил.] презренный, постыдный, позорный, подлый.

vilmente. [нареч.] подло, низко, гадко, гнусно.

vilo. (en). [нареч.] повисший в воздухе; лишённый опоры, ни на что не опираясь; (перен.) с тревогой: * coger (agarrar, levantar) en vilo, поднимать в воздух.

vilordo, da. [прил.] ленивый, медлительный, вялый.

vilorta. [ж.] кольцо из гибкого дерева; железное кольцо (у плугового дышла); шайба; (бот.) см. vilorto; сорт игры в мяч.

vilorto. [м.] (бот.) разновидность ломоноса; кольцо из гибкого дерева; сорт ракетки.

vilos. [м.] (мор.) филиппинское двухмачтовое судно.

vilote. [прил.] (Амер.) трусливый, пугливый, малодушный.

vilque. [м.] (Амер.) большой глиняный кувшин с широким горлом для хранения кукурузы или пшеницы.

viltrotear. [неперех.] (разг.) слоняться по городу, шататься по улицам (о женщинах).

viltrotero, ra. [прил. и сущ.] празношатающийся (преимущ. о женщинах).

villa. [ж.] вилла, загородная дача, усадьба; местечко, городок; посёлок; городской совет.

villabarquín. [м.] (обл.) см. berbiquí.

Villadiego. [ж.] coger или tomar las de Villadiego, удирать, убираться вон, пуститься наутёк, дать тягу.

villaje. [м.] деревня, село.

villanada. [ж.] подлость, подлый поступок.

villanaje. [м.] (ист.) крестьянство; люди, не принадлежащие к дворянству, выходцы из других сословий, разночинцы.

villanal. [прил.] обыкновенный, обычный, заурядный.

villanamente. [нареч.] грубо, по-хамски; гадко, мерзко.

villancejo, villancete, villancico. [м.] старинная испанская народная песенка (рождественская).

villanciquero, ra. [м. и ж.] тот, кто сочиняет или поёт villancicos.

villanchón, na. [прил.] (разг.) грубый, неотёсанный.

villanela. [ж.] пастушеская песня.

villanería. [ж.] см. villanía; см. villanaje.

villanesca. [ж.] старинная деревенская песенка; старинный народный танец и песня.

villanescamente. [нареч.] грубо, по-хамски.

villanesco, ca. [прил.] сельский, деревенский.

villanía. [ж.] низость (происхождения); (перен.) подлость, подлый поступок, гадость, низость, низкий, отвратительный поступок; неприличное выражение.

villanismo. [м.] см. villanaje.

villano, na. [прил.] сельский, деревенский; (перен.) грубый, неотёсанный, невоспитанный; низкий, подлый; неприличный, неподобающий; [м. и ж.] виллан, -ка; деревенский, сельский житель, -ница; [м.] старинный испанский напев и танец: * villano harto de ajos, (разг.) деревенщина; грубый, неотёсанный человек, мужлан; * el villano en su rincón, человек, любящий одиночество, букв. нелюдим.

villanote. [прил. и сущ.] увел. к villano.

villar. [м.] см. villaje.

villcun. [м.] (Амер.) ящерица.

villoría. [ж.] хутор.

villorrio. [м.] (презр.) небольшая деревня.

vimbre. [м.] см. mimbre.

vimbrera. [ж.] см. mimbrera.

viminal. [прил.] ивовый.

vinagrada. [ж.] вода с уксусом и сахаром (прохладительный напиток).

vinagrar. [перех.] см. avinagrar.

vinagre. [м.] уксус; (перен. разг.) брюзга: * (él) tiene cara de vinagre, у него кислый вид.

vinagrera. [ж.] уксусница, уксусник; (бот.) щавель; (Амер.) отрыжка кислым;

[множ.] судок (столовый прибор); см. angarillas.
vinagrería. [ж.] уксусный завод или магазин.
vinagrerita. [ж.] (бот.) кислица (трава).
vinagrero. [м.] уксусовар; продавец уксуса.
vinagreta. [ж.] соус или приправа из уксуса, масла, лука, соли.
vinagrillo. [м.] слабый уксус; туалетный уксус; ароматный уксус; ароматный нюхательный табак; (бот.) кислица (трава).
vinagrón. [м.] кислое вино (низкосортное).
vinagroso, sa. [прил.] кислый как уксус; (перен. разг.) неприветливый, кислый, брюзгливый.
vinajera. [ж.] церковный графинчик для вина или воды; vinajeras [множ.] церковные графинчики.
vinal. [м.] (Амер.) (бот.) сладкий рожок.
vinar. [прил.] винный, винодельческий.
vinariego. [м.] виноградарь.
vinario, ria. [прил.] винный.
vinarra. [ж.] см. vinazo.
vinatería. [ж.] виноторговля; винный магазин.
vinatero, ra. [прил.] винный; винодельческий; [м.] виноторговец.
vinaza. [ж.] остатки вина в бочке.
vinazo. [м.] очень крепкое густое вино.
vinca. [ж.] (бот.) барвинок; см. nopal.
vincapervinca. [ж.] (бот.) барвинок.
vinculación. [ж.] (юр.) неотчуждаемость недвижимого имущества; связывание.
vincular. [перех.] (юр.) объявлять неотчуждаемым недвижимое имущество; (перен.) связывать, обосновывать; увековечивать что-л.
vincular. [прил.] к vínculo.
vínculo. [м.] связь; (юр.) неотчуждаемость, неотчуждаемое имущество; vínculos. [множ.] узы.
vincha. [ж.] (Амер.) головная повязка, лента для волос.
vinchuca. [ж.] (Амер.) ночное кровососущее насекомое.
vindicación. [ж.] месть, мщение, возмездие; защита, оправдание в печати; (юр.) возмещение незаконно взысканной суммы.
vindicador, ra. [прил.] мстящий, мстительный; защитительный; [м.] мститель, -ница; защитник, -ица.
vindicar. [перех.] мстить; защищать, оправдывать в печати, (юр.) получать обратно незаконно взысканную сумму; vindicarse. [возв. гл.] отомстить за себя; защищаться в печати и т. д.
vindicativamente. [нареч.] мстительно.
vindicativo, va. [прил.] мстительный; защитительный (о речи и т. д.).
vindicatorio, ria. [прил.] несущий мщение, возмездие или опровержение; требующий возместить незаконно взысканную сумму.
vindicta. [ж.] месть, мщение: * vindicta pública, гражданская казнь.
vinería. [ж.] винный магазин, винная лавка.
vinero, ra. [прил.] (Амер.) винный; [м.] виноторговец.
vínico, ca. [прил.] винный.
vinícola. [прил.] винодельческий, винодельный; [м.] см. vinariego.
vinicultor. [м.] винодел.
vinicultura. [ж.] виноделие.
viniebla. [ж.] (бот.) чернокорень.
vinífero, ra. [прил.] производящий вино.
vinificación. [ж.] ферментация, брожение виноградна.
vinilacetileno. [м.] (хим.) винилацетилен.
vinilita. [ж.] (хим.) винилит.
vinilo. [м.] (хим.) винил.

vinillo. [м. умен.] к vino, винцо; лёгкое вино.
vino. [м.] вино; наливка: * vino tinto, темнокрасное вино; * vino blanco, белое вино; * vino clarete, светлокрасное вино; * vino aloque, светлокрасное вино, смесь светлокрасного и белого вина; * vino de mesa или de pasto, столовое вино; * vino de postre, десертное вино; * vino seco, сухое вино; * vino cristiano, разбавленное вино; * vino cubierto, тёмное вино; * vino nuevo, молодое вино; * vino generoso, выдержанное, благородное вино; * vino de dos orejas, хорошее крепкое вино; * vino de dos hojas, двухлетнее вино; * vino moro, чистое вино (без воды); * vino de co secha, местное вино; * vino de marca, марочное вино; вино высшего качества; * vino de cabezas, см. aguapié; * vino de aguias, шипучее вино; * vino peleón, (разг.) скверное вино; * vino de una oreja, тонкое выдержанное вино; * bautizar или cristianar el vino, (разг.) разбавлять вино водой; * dormir el vino, проспаться; * tener mal vino, становиться драчливым в пьяном виде; * tomarse del vino, напиться пьяным, охмелеть.
vinolencia. [ж.] злоупотребление вином, пьянство.
vinolento, ta. [прил.] любящий выпить.
vinosidad. [ж.] винные свойства (чего-л.)
vinoso, sa. [прил.] имеющий вид, крепость или свойства вина; см. vinolento.
vinote. [м.] осадок после перегонки вина.
vinotera. [ж.] (обл.) см. carraleja.
vinotería. [ж.] (Амер.) см. vinatería.
vinteniar. [перех.] (Амер.) эксплуатировать, использовать.
viña. [ж.] виноградник: * arropar las viñas, прикрывать лозы мусором, тряпками; * como hay viñas, (разг.) ей-богу; * como por viña vendimiada, беспрепятственно; * tomar (las) viñas, (арг.) удирать; * de mis viñas vengo, (разг.) я ничего об этом не знаю.
viñadero. [м.] сторож виноградника.
viñal. [м.] (обл.) виноградник.
viñador. [м. и ж.] виноградарь; [м.] сторож виноградника.
viñal. [м.] (Амер.) виноградник.
viñatero, ra. [м. и ж.] см. viñero; [м.] (Амер.) виноградарь.
viñedo. [м.] виноградник.
viñero, ra. [м. и ж.] владелец, -ица виноградников.
viñeta. [ж.] виньетка.
viñetero. [м.] (полигр.) шкаф для хранения форм (виньеток).
viñetofilia. [ж.] собирание виньеток для коллекции.
viñuela. [ж. умен.] к viña.
viola. [ж.] (муз.) виола; фиалка.
violáceo, a. [прил.] фиолетовый, лиловый; фиалковый; [ж. множ.] фиалковые растения.
violación. [ж.] нарушение; насилие; изнасилование; осквернение.
violado, da. [прил.] фиолетовый; настоянный на фиалках.
violado, da. [страд. прич.] к violar; [прил.] нарушенный; изнасилованный.
violador, ra. [прил.] нарушающий; насилующий; [м. и ж.] нарушитель, -ница; насильник; осквернитель.
violar. [м.] клумба фиалок.
violar. [перех.] нарушать, преступать; насиловать; осквернять (священные места); пачкать; * violar la ley, преступать закон; * violar un templo, осквернить храм.
violencia. [ж.] неистовая сила, буйность, свирепость; жестокость; необузданность; горячность, вспыльчивость; насилие; изнасилование.

violentamente. [нареч.] неистово, с большой силой; насильно; насильственным путём; жестоко.
violentar. [перех.] неволить, принуждать силой, насиловать; извращать (смысл и т. д.); вторгаться; violentarse. [возв. гл.] заставлять себя, преодолевать отвращение к чему-л.: * violentar la conciencia, принуждать идти против совести.
violento, ta. [прил.] сильный, неистовый, бурный, неудержимый, мощный, буйный; свирепый, жестокий; горячий, вспыльчивый; необузданный; отвращающий, насильственный, насильнический; искажённый (о словах и т. д.): * muerte violenta, насильственная смерть; * pasión violenta, сильная, неистовая страсть; * carácter violento, бешеный характер.
violero. [м.] скрипичный мастер; продавец скрипок; комар.
violeta. [ж.] (бот.) фиалка; [м.] фиолетовый цвет.
violetal. [м.] клумба фиалок.
violetera. [ж.] продавщица фиалок.
violetero. [м.] ваза для фиалок.
violeto. [м.] сорт персика.
violinista. [м. и ж.] скрипач, -ка.
violinístico, ca. [прил.] скрипичный.
violino. [м.] (муз.) небольшая скрипка.
violista. [м. и ж.] музыкант, -ка, играющий, -ая на виоле.
violón. [м.] (муз.) контрабас: * tocar el violón, действовать или говорить невпопад.
violoncelista. [м. и ж.] см. violonchelista.
violoncelo. [м.] см. violonchelo.
violoncillo. [м.] плохой контрабасист.
violonchelista. [м. и ж.] виолончелист, -ка.
violonchelo. [м.] (муз.) виолончель.
víbora. [ж.] (зоол.) ядовитая змея; гадюка.
vipéreo, a. [прил.] см. viperino.
vipéridos. [м. множ.] виперовые, змеи из семейства гадюк.
viperina. [ж.] (бот.) синяк (растение).
viperino, na. [прил.] гадючий; (перен.) ехидный, злой, ядовитый: * lengua viperina, змеиный, злой язык.
vira. [ж.] острая стрела; стелька.
viracho, cha. [прил.] (Амер.) см. bizco.
virada. [ж.] (мор.) вираж, поворот (судна).
virador. [м.] (мор.) гордень; (фот.) вираж (раствор).
viraginidad. [ж.] мужские ухватки (у женщине).
virago. [ж.] мужеподобная женщина, бой-баба, женщина с мужскими ухватками.
viraje. [м.] (спорт.) вираж, поворот; место поворота; (фот.) вирирование.
viral. [прил.] к вирус.
virar. [перех.] (мор.) поворачивать (корабль) другим бортом, на другой галс; выбирать канат лебёдкой, вертеть ворот; (фот.) вирировать; [неперех.] (мор.) повернуться (другим бортом); поворачиваться (о машине); virarse. [возв. гл.] (Амер.) оказывать сопротивление.
viratón. [м.] метательное копьё, дротик.
viravira. [ж.] (Амер. бот.) сушеница (разновидность).
virazón. [ж.] ветер, дующий днём с моря.
víreo. [м.] (орни.) иволга.
virgaza. [ж.] (бот.) см. vidarra.

virgen. [прил.] девственный; нетронутый, незапятнанный, чистый; целинный, невозделанный (о земле); ярый (о воске); самый чистый (о масле); не бывший в употреблении: * tierra virgen, целина; * selva virgen, девственный лес; тропический лес; [ж.] девственница, дева; монахиня; (астр.) дева: * la (Santísima) Virgen, Пресвятая дева, Богородица, Богоматерь; * ¡Virgen!, Пресвятая дева!; * un viva la Virgen, беззаботный человек.
virgiliano, na. [прил.] к Виргилий.
virginal, virgíneo, a. [прил.] девичий, девственный, девический; (перен.) чистый, девственный, нетронутый, непорочный, незапятнанный.
virginidad. [ж.] девственность; чистота.
virgo. [м.] см. virginidad; Virgo (астр.) Дева.
vírgula. [ж.] палочка, прутик; чёрточка, штрих; (мед.) холерная запятая, холерный вибрион.
virgular. [перех.] отмечать запятыми.
virgulilla. [ж.] диакритический знак; штрих.
virgulosa. [ж.] дуля (сочная груша).
vírico, ca. [прил.] относящийся к вирусу.
viricultura. [ж.] воспитание человека.
virigaza. [ж.] (обл.) см. clemátide.
viril. [м.] стекло; небольшая дароносица.
viril. [прил.] мужественный; мужской.
virilidad. [ж.] мужественность; возмужалость; мужество, стойкость, душевная твёрдость.
virilígeno, na. [прил.] придающий мужественность.
virilismo. [м.] (пат.) вирилизм.
virilizar. [перех.] придавать мужественность, укреплять; virilizarse [возв. гл.] становиться мужчиной.
virilmente. [нареч.] как мужчина, по-мужски; мужественно, стойко.
viringo, ga. [прил.] обнажённый, голый; лысый.
virio. [м.] (орни.) иволга.
viripotencia. [ж.] достижение брачного возраста.
viripotente. [прил.] достигшая брачного возраста; сильный, крепкий, мощный.
viroca. [ж.] (Амер.) крупная ошибка.
virofijador. [м.] (фот.) вираж-фиксаж.
virol. [м.] (герал.) обручик.
virola. [ж.] кольцо, металлический наконечник (ножа, шпаги); (Амер.) серебряное украшение сбруи.
virolento, ta. [прил. и сущ.] больной, -ая оспой; рябой, в оспинах.
virón. [м. увел.] к vira, большая острая стрела.
viroso, sa. [прил.] ядовитый.
virotada. [ж.] см. virotazo; (Амер.) глупость.
virotazo. [м.] рана от арбалетной стрелы.
virote. [м.] арбалетная стрела; металлическое копьё; колодка (на шее раба); (перен. разг.) тщеславный гуляка; напыщенный человек; (Амер.) назойливый человек; * mirar el virote, (разг.) внимательно следить за...
virotillo. [м.] подпорка.
virotismo. [м.] гордость, высокомерие, надменность, тщеславие, хвастовство.
virreina. [ж.] жена вице-короля; вице-королева.
virreinal. [прил.] вице-королевский.
virreinato, virreino. [м.] вице-королевство.
virrey. [м.] вице-король.
virrioso, sa. [прил.] (Амер.) см. vicioso.

virruncha. [ж.] (Амер.) бычок, тёлка; барашек.
virtual. [прил.] виртуальный, возможный, потенциальный; скрытый.
virtualidad. [ж.] виртуальность, потенциальность, практическая возможность; мнимость.
virtualmente. [нареч.] предположительно, возможно, в потенции; тайно, потихоньку.
virtud. [ж.] свойство, способность; достоинство, качество; сила, крепость, мощь; ценность; правдивость, прямота; честность; добродетель; virtudes [мн.] силы (чин ангельский): * en virtud de, на основании, в силу, по праву (чего-л).
virtuosamente. [нареч.] добродетельно; целомудренно.
virtuosidad. [ж.] свойст. к добродетельности.
virtuosismo. [м.] виртуозность.
virtuoso, sa. [прил.] добродетельный; целомудренный; виртуозный; [м. и ж.] виртуоз.
viruela. [ж.] (чаще мн.) оспа: * viruela hemorrágica, negra или maligna, черная оспа; * viruelas confluentes, оспа с обильной высыпью; * viruelas locas, ветряная оспа; * picado de viruelas, рябой, в оспинах.
virulencia. [ж.] вирулентность, ядовитость; (перен.) злобность, резкость, язвительность, едкость.
virulentamente. [нареч.] ядовито.
virulento, ta. [прил.] вирулентный, болезнетворный, ядовитый; заразный; (перен.) злобный, резкий, язвительный, едкий.
virus. [м.] (мед.) вирус, болезнетворный яд, заразное начало, фильтрующийся микроб; (перен.) зараза: * virus animado, живой, животный яд; * virus humanizado, вакцинная лимфа, полученная от человека.
virusología. [ж.] вирусология.
virusológico, ca. [прил.] вирусологический.
viruta. [ж.] стружка; лучинка; (перен.) (разг.) обман; (Амер.) (разг.) деньги; сладкая галета (в форме спирали).
vis. [ж.] сила, энергия: * vis a fronte, сила, действующая спереди; * vis a tergo, сила, действующая сзади; * vis cómica, комизм.
visación. [ж.] визирование; прицеливание, визирование, наводка.
visado, da. [страд. прич.] к visar, визированный; [м.] см. visación.
visaje. [м.] гримаса; выражение лица, мина.
visante. [м.] (арг.) глаз.
visar. [перех.] визировать, ставить визу; целить, наводить, визировать.
víscera. [ж.] внутренний орган; [мн.] внутренности.
visceral. [прил.] (анат.) висцеральный, относящийся к внутренностям.
visceralgia. [ж.] (пат.) колики, боль в животе.
visceromotor. [прил.] посылающий двигательные импульсы к внутренностям.
viscina. [ж.] (хим.) висцин.
visco. [м.] клей для ловли птиц; (бот.) омела; см. muérdago.
viscoide. [прил.] viscosa. [ж.] (хим.) вискоза.
viscosidad. [ж.] липкость, клейкость, вязкость.
viscosilla. [ж.] (хим.) вискоза.
viscosimetría. [ж.] вискозиметрия.
viscosímetro. [м.] вискозиметр.
viscosina. [ж.] вискозин.
viscoso, sa. [прил.] липкий, вязкий, клейкий.
visear. [перех.] (м. употр.) смутно предвидеть.

visera. [ж.] забрало (у шлема); козырёк (головного убора); будка (сторожа голубятни); (Амер.) наглазник, шоры (у лошади).
visibilidad. [ж.] видимость; очевидность: * mala visibilidad, плохая видимость.
visible. [прил.] видимый, видный; очевидный, явный, заметный, видимый; видный, выдающийся, известный.
visiblemente. [нареч.] видимо, явно, очевидно.
visigodo, da, visigótico, ca. [прил.] визиготский.
visillo. [м.] занавеска (закрывающая нижнюю часть окна).
visión. [ж.] дейст. к видеть; просмотр; зрение, острота зрения; видение, призрак, привидение; (перен. разг.) чучело: * ver visiones, иметь пустые видения; * quedarse como quien ve visiones, опешить.
visionario, ria. [прил.] экстравагантный, фантастичный; [м. и ж.] мечтатель, -ница, фантазёр, -ка.
visir. [м.] визирь: * gran visir, верховный визирь.
visirato. [м.] визирство.
visita. [ж.] посещение, визит; гость, посетитель, визитёр; врачебный осмотр, освидетельствование; (таможенный и т. д.) д(осмотр); судебная следственная комиссия: * visita pastoral, (церк.) объезд (епархии, епископства); * visita de médico, краткий визит; * visita domiciliaria, обыск на дому; * visita de cumplido, или de cumplimiento, светский визит вежливости; * tarjeta de visita, визитная карточка; * pagar la visita, отдать визит кому-л; * de visita, визитный.
visitación. [ж.] посещение; обход (больных и т. д.); (бог.) посещение Богородицею Св. Елисаветы.
visitador, ra. [прил.] часто посещающий кого-чего; [м. и ж.] посетитель, -ница, гость, -я, визитёр (уст.); [м.] (таможенный и т. д.) досмотрщик; следователь.
visitadora. [ж.] (Амер.) см. lavativa.
visitandina. [ж.] монахиня ордена Визитации.
visitante. [дейст. прич.] к visitar, посещающий и т. д.; [м. и ж.] посетитель, -ница.
visitar. [перех.] посещать, навещать кого-л; побывать у кого-л (с определённой целью); посещать (церковь); осматривать, навещать больного; досматривать (в таможне); осматривать, обозревать (музеи и т. д.); опрашивать, допрашивать; обходить, объезжать (с инспекционной целью); ревизовать.
visiteo. [м.] частое посещение; частое приём посетителей, гостей.
visitero, ra. [прил.] (разг.) часто посещающий; [м. и ж.] частый посетитель, -ница.
visitón. [м.] увел. к visita; (разг.) длинный визит.
visivamente. [нареч.] своими собственными глазами.
visivo, va. [прил.] зрительный.
vislumbrar. [перех.] неясно видеть; (перен.) смутно предвидеть, догадываться, предчувствовать.
vislumbre. [ж.] отблеск, слабый свет; (перен.) поверхностные знания, слабое понятие о чём-л; слабое сходство; [мн.] предположения, догадки.
viso. [м.] высота, возвышенность, возвышение; гладкая поверхность, отсвет; переливчатость (о тканях); цветная подкладка, чехол (под прозрачное легкое платье); (перен.) внешность, внешний вид, видимость: * mirar al viso, смотреть боковым взглядом; * de viso, выдающийся (о человеке); * a dos visos, с двойной

целью; * hacer visos, отливать разными цветами; * hacer viso, занимать положение.
visón. [м.] (зоол.) норка.
visor. [м.] (фот.) видоискатель.
visorio, ria. [прил.] зрительный; [м.] осмотр, исследование.
víspera. [ж.] (прям. перен.) канун; [множ.] вечерня: * en víspera(s), накануне.
visperal. [м.] (церк.) церковная книга для вечерни.
vista. [ж.] зрение; дейст. к ver; внешний вид, внешность, наружность; вид (местности), пейзаж, ландшафт; взгляд, взор; поле зрения; глаз, глаза, свидание, встреча, видение, призрак; вид (изображение); точное знание жизни, вещей; дальновидность; отношение, намерение, цель, виды; беглый поверхностный взгляд; появление; (уст.) забрало (шлема); (юр.) рассмотрение, разбор; открытая часть разных вещей; световой проём, окно, дверь, форточка; [м.] таможенный досмотрщик; [множ.] встреча; обмен подарками (жениха и невесты); окна и т. д. (здания); воротник, манжеты и манишка рубашки; * vista cansada, larga, дальновидность; * vista de lince, острое зрение; * vista de águila, дальновидность; * a vista de ojos, por vista de ojos, своими собственными глазами; * corto de vista, близорукий; * a vista de, на виду у; в присутствии, перед; в сравнении; напротив; * a la vista, немедленно, на виду; (ком.) на предъявителя; подлежащий уплате по предъявлению; * a primera vista, a simple vista, a media vista, на первый взгляд, с первого взгляда; * en vista de, ввиду, учитывая; * a vista de pájaro, с птичьего полёта; * aguzar la vista, напрягать зрение; * bajar la vista, потупить взгляд; * perder la vista, потерять зрение; * torcer, или trabar, la vista, скосить глаза; * apartar la vista, отвести взгляд; * clavar, fijar, poner la vista, устремить взгляд; * hacer la vista gorda, закрыть глаза на; * saltar a la vista, броситься в глаза; * írsele la vista, помутиться в глазах; * conocer de vista, знать в лицо; * punto de vista, точка зрения; * como la vista, очень быстро; * vista a la derecha (a la izquierda), видение направо (налево); * no quitar la vista de, не спускать глаз; * perder de vista, потерять из виду; * hasta la vista, до свидания; * tener vistas a, выходить (о двери и т. д.); * no perder de vista, присматривать за кем-чем; * dar una vista, взглянуть; * dar vista, см. avistar; extender la vista, бросить взгляд; * irse de vista, потеряться из виду; * tener vista, иметь хороший вид.
vistazo. [м.] беглый, поверхностный взгляд: * echar un vistazo, взглянуть.
vistillas. [ж. множ.] возвышение, возвышенность, открытое высокое место.
visto, ta. [непр. страд. прич.] к ver; * visto bueno, виза, разрешение, одобрение; * bien visto, хорошо принятый; * mal visto, плохо принятый; * visto que, принимая во внимание, учитывая, ввиду того, что; * es или está visto, несомненно.
vistor, ra. [прил. и сущ.] см. espectador.
vistosamente. [нареч.] ярко, привлекательно.
vistosidad. [ж.] эффектность, яркость.
vistoso, sa. [прил.] привлекающий внимание, яркий, броский, бросающийся в глаза (о цвете и т. д.).
visturia. [ж.] (Амер.) контора таможенного досмотрщика.
visu (de). [лат. выраж.] своими собственными глазами.

visual. [прил.] зрительный, относящийся к зрению; [м.] визирная линия: * перцепсión visual, зрительное восприятие; * rayo visual, луч зрения.
visualidad. [ж.] приятная внешность.
visualizar. [перех.] делать видимым.
visura. [ж.] осмотр; см. visorio.
vitáceas. [ж. множ.] семейство виноградных.
vital. [прил.] жизненный, витальный; (перен.) жизненный, насущный, необходимый.
vitaliciamente. [нареч.] пожизненно.
vitalicio, cia. [прил.] пожизненный; [м.] страхование жизни; пожизненная пенсия.
vitalicista. [м. и ж.] тот, кто получает пожизненную пенсию; лицо, которое страхует пожизненно себя.
vitalidad. [ж.] жизненность, жизнеспособность, живучесть, жизненная сила.
vitalio. [м.] виталлий (сплав).
vitalismo. [м.] (биол.) витализм.
vitalista. [м. и ж.] (биол.) виталист, -ка; [прил.] виталистический.
vitalización. [ж.] оживление.
vitalizar. [перех.] оживить, вдохнуть жизнь.
vitalmente. [нареч.] жизненно.
vitamina. [ж.] витамин: * rico en vitaminas, витаминозный.
vitaminado, da. [прил.] содержащий витамины.
vitamínico, ca. [прил.] витаминный.
vitaminizar. [перех.] витаминизировать.
vitaminoide. [прил.] похожий на витамин.
vitaminología. [ж.] витаминология.
vitaminológico, ca. [прил.] к витаминология.
vitaminoterapia. [ж.] витаминотерапия.
vitaminosis. [ж.] произведение или изобилие витаминов.
vitando, da. [прил.] которого надо избегать; гнусный, отвратительный, ненавистный.
vitar. [перех.] см. evitar.
vitela. [ж.] тонкий пергамент, велень.
vitelina. [прил.] желтковый, желточный; [ж.] составная часть яичного желтка: * membrana vitelina, оболочка яичного желтка.
vitelino, na. [прил.] (физиол.) желточный.
vitelo. [м.] (физиол.) желток (яйца): * vitelo nutritivo, питательный желток (яйца в утробной жизни).
vitex. [м.] (бот.) дикий перец: * vitex agnus-castus, авраамово дерево.
vitícola. [прил.] виноградарский, относящийся к виноградарству, к разведению винограда; [м.] см. viticultor.
viticultor. [м.] виноградарь.
viticultura. [ж.] виноградарство, разведение винограда.
vitífero, ra. [прил.] производящий виноград.
vitíligo. [м.] (пат.) белые кожные пятна, белая проказа.
vitis. [ж.] (бот.) виноград.
vitivinicultura. [ж.] разведение винограда и изготовление вина.
vito. [м.] андалузский танец и песенка.
vitoco, ca. [прил.] (Амер.) чванный, тщеславный, самодовольный, пустой.
vitola. [ж.] калибр на пули; бумажное кольцо (марка у сигары); (перен.) облик человека.
vitoquímica. [ж.] биохимия.
¡vítor! [межд.] ура!, да здравствует!, браво!; [м.] чествование; похвальная афиша.
vitorear. [перех.] приветствовать (криками).

vitoriano, na. [прил.] относящийся к Vitoria; [м. и ж.] уроженец, -ка этого города.
vitral. [м.] церковный витраж.
vitre. [м.] (мор.) тонкая парусина.
vítreo, a. [прил.] стеклянный; стекловидный; (физ.) положительный.
vitrescible, vitrificable. [прил.] обратимый в стекло.
vitrificación. [ж.] превращение в стекло.
vitrificar. [перех.] превращать в стекло; делать стекловидным; vitrificarse, [возв. гл.] превращаться в стекло; остекленеть.
vitrificativo, va. [прил.] превращающий в стекло.
vitrina. [ж.] витрина; горка (для посуды).
vitriólico, ca. [прил.] (хим.) купоросный.
vitriolo. [м.] (хим.) купорос: * aceite de vitriolo, серная кислота; * vitriolo blanco, цинковый купорос, сернокислый цинк; * vitriolo azul, медный купорос, серно-слая окись меди; * vitriolo de hierro, железный купорос, сернокислое железо; * vitriolo de plomo, свинцовый купорос, англезит.
vitualla. [ж.] (чаще множ.) съестные припасы; (разг.) изобилие еды (преимущ. зелени, овощей); (Амер.) варёные овощи или фрукты.
vituallar. [перех.] см. avituallar.
vitular. [прил.] коровий, телячий.
vituperable. [прил.] достойный порицания, критики.
vituperación. [ж.] резкое порицание, осуждение, хула.
vituperador, ra. [прил.] резко порицающий, хулящий; [м. и ж.] порицатель, -ница, хулитель.
vituperante. [дейст. прич.] к vituperar, резко порицающий, хулящий.
vituperar. [перех.] резко порицать, осуждать, хулить.
vituperio. [м.] резкое порицание, резкий упрёк, хула, позор.
vituper(i)oso, sa. [прил.] содержащий в себе резкое порицание, хулу.
viuda. [ж.] вдова; (бот.) род тюльпана; (Амер.) разновидность ястреба; бумажный змей; (арг.) виселица.
viudal. [прил.] вдовий, принадлежащий вдове или вдовцу.
viudedad. [ж.] вдовья пенсия.
viudez. [ж.] вдовство.
viudita. [ж. умен.] к viuda, вдовушка; (Амер.) разновидность попугая; см. viudito (птица).
viudito. [м.] (Амер.) разновидность канарейки.
viudo, da. [прил.] вдовый, вдовствующий; [м. и ж.] вдовец; вдова: * estar viudo, вдовствовать.
¡viva! [межд.] браво!, ура!, да здравствует!
vivac. [м.] см. vivaque.
vivace. (муз.) виваче.
vivacidad. [ж.] долгая жизнь; живость, резвость, подвижность; оживлённость; яркость (красок).
vivamente. [нареч.] живо; горячо, сильно.
vivandería. [ж.] ремесло, занятие маркитанта.
vivandero, ra. [м. и ж.] маркитант, -ка.
vivaque. [м.] (воен.) бивак, бивуак (уст.); главное караульное помещение: * estar al vivaque, см. vivaquear.
vivaquear. [неперех.] (воен.) стоять, располагаться биваком; ночевать под открытым небом.

vivar. [м.] нора, где живет молодняк (преимущ. крольчата); рыбий садок.
vivar. [перех.] (Амер.) приветствовать криками «да здравствует!, ура!».
vivaracho, cha. [прил.] (разг.) шустрый, проворный, живой, весёлый, игривый.
vivario. [м.] рыбий садок.
vivaz. [прил.] долго живущий, долголетний; сильный, крепкий, активный; хитроумный, дальновидный, остроумный.
vivencia. [ж.] психический опыт.
vivera. [ж.] см. vivar.
viveral. [м.] см. vivero.
víveres. [м. множ.] съестные припасы, продовольствие; запас продовольствия (для одного человека).
vivero. [м.] питомник, рассадник (деревьев и т. д.); живорыбный садок; (устричный и т. д.) садок; (перен.) рассадник.
viverra. [ж.] (зоол.) см. civeta.
viveza. [ж.] живость, резвость, подвижность, проворность, быстрота; смелость; проницательность, дальновидность; горячность; острота (выражение); привлекательность (глаз); необдуманный поступок или слово, (Амер.) злая шутка.
vivianita. [ж.] (мин.) вивианит.
vividero, ra. [прил.] обитаемый, жилой; пригодный для жилья; живучий.
vividizo. [м.] (разг.) приживальщик.
vívido, da. [прил.] (поэт.) крепкий, сильный; остроумный, проницательный.
vivido, da. [страд. прич.] [прил.] собственной жизни (рассказ и т. д.).
vividor, ra. [прил.] живущий; живучий; долго живущий, многолетний; трудолюбивый, хозяйственный, работающий; [м.] живое существо; трудолюбивый, хозяйственный человек; человек живущий на чужой счёт, проходимец, мошенник, аферист.
vivienda. [ж.] жилище, жильё, квартира; образ жизни.
viviente. [дейст. прич.] к vivir, живущий; [прил.] живой; [м.] живое существо.
vivificación. [ж.] оживление.
vivificador, ra. [прил.] оживляющий, живительный.
vivificante. [дейст. прич.] к vivificar, оживляющий.
vivificar. [перех.] давать жизнь; оживлять; укреплять.
vivificativo, va. [прил.] живительный, животворный, бодрящий.
vivífico, ca. [прил.] животворный, живительный.
viviparidad. [ж.] (зоол.) живорождение.
vivíparo, ra. [прил.] живородящий; [м.] живородящее животное.
vivir. [неперех.] жить, существовать; переживать, проживать, жительствовать, иметь жительство; обитать, постоянно жить; вести (известный) образ жизни; сохраняться в памяти; сожительствовать; [перех.] верно исполнять роль: * vivir de, кормиться, питаться; ¿quién vive?, кто идёт? (оклик часового); ¡viva!, да здравствует!; * ¡si él viviera!, если бы он был жив!; * vivir de su trabajo, жить своим трудом; * no sólo de pan vive el hombre, не хлебом единым жив человек; * vivir al día, день да ночь, и сутки прочь.
vivir. [м.] жизнь, существование, образ жизни: * de mal vivir, распутный; * retirarse или recogerse a buen vivir, исправляться.

vivisección. [ж.] вивисекция.
vivisector. [м.] вивисектор.
vivo, va. [прил.] живой, живущий; оживлённый; сильный, напряжённый, резкий; подвижной, энергичный, яркий; насыщенный (о цвете); занимающий должность, место; живой, резвый, быстрый; проницательный, хитроумный, остроумный; живой, подлинный, самый настоящий; быстрый, опрометчивый, необдуманный; действительный; незабываемый, памятный; быстрый, проворный; бойкий; выразительный, убедительный; вылитый (о сходстве); (арх.) острый (о угле); [м.] край, сторона, борт; тесьма, галун; кромка; живое существо; (вет.) короста; хитрец: * lo vivo, живое место; главное, основное, суть, сущность; * tocar или pinchar en lo vivo, задеть за живое; * a lo vivo, al vivo, живо, выразительно; * en vivo, живым весом; * de viva voz, словесно, на словах, устно; * en carnes vivas, нагишом; ¡vivo!, поскорей!
vizcacha. [ж.] (зоол.) американский грызун.
vizcachera. [ж.] (Амер.) нора vizcacha; неприбранное помещение.
vizcainada. [ж.] поступок, оборот речи свойственные бискайцам; (перен.) путаница.
vizcaínamente. [нареч.] неясно, запутанно.
vizcaíno, na. [прил.] бискайский; [м. и ж.] бискаец, бискаянка.
vizcaitarra. [м. и ж.] бискайский сепаратист.
vizcondado. [м.] виконтство.
vizcondal. [прил.] виконтский.
vizconde. [м.] виконт.
vizcondesa. [ж.] виконтесса.
vocablista. [прил.] любящий играть словами; [м. и ж.] каламбурист.
vocablo. [м.] слово, вокабула: * jugar del vocablo, играть словами, каламбурить.
vocabulario. [м.] словарь, лексикон; совокупность терминов какой-л области знания; запас слов: * hablar por vocabulario, (перен. разг.) толковать или повторять другие слова.
vocabulista. [м.] автор или составитель словаря; лексикограф.
vocación. [ж.] призвание к религии; призвание к чему-л; склонность; см. advocación; * errar la vocación, не попасть в свою дорогу.
vocacional. [прил.] относящийся к призванию.
vocal. [прил.] голосовой; вокальный; (грам.) гласный; член собрания с решающим голосом, гласный; [ж.] гласная буква, гласный звук.
vocálico, ca. [прил.] относящийся к гласным.
vocalismo. [м.] вокализм.
vocalista. [м. и ж.] артист, исполняющий песенки с помощью микрофона.
vocalización. [ж.] (муз.) вокализация; вокализ; (грам.) переход в гласный звук.
vocalizador, ra. [прил.] поющий без слов, вокализ.
vocalizar. [неперех.] (муз.) петь вокализы, петь без слов; [перех.] (грам.) превращать в гласную.
vocalmente. [нареч.] устно, словесно, на словах.
vocativo. [м.] (грам.) звательный падеж.
voceador, ra. [прил.] кричащий, орущий; взывающий; крикливый; [м.] см. **pregonero**; [м. и ж.] (Амер.) газетчик, -ица, уличный продавец, -щица газет.
vocear. [неперех.] кричать, орать; [перех.] громко возвещать; громко звать кого-л; приветствовать и т. д. шумными возгла-

сами; провозглашать; (разг.) публично хвастаться чем-л.
vocejón. [м.] грубый, хриплый голос.
voceo. [м.] дейст. к кричать, оранье; громкое объявление; дейст. к громко звать; одобрение шумными возгласами; провозглашение.
vocería. [ж.] см. **gritería**.
vocería. [ж.] должность vocero.
vocero. [м.] человек, говорящий от чьего-л имени; (уст.) адвокат.
vociferación. [ж.] хвастливое объявление, провозглашение; дейст. к кричать, оранье.
vociferador, ra. [прил.] орущий, кричащий на кого-л; [м. и ж.] крикун, -ья.
vociferante. [дейст. прич.] к vociferar.
vociferar. [перех.] хвастливо объявлять, провозглашать; [неперех.] кричать, орать; вопить.
vocinglear. [перех.] чрезмерно кричать, вопить.
vocingleo. [м.] беспорядочный крик, галдёж.
vocinglería. [ж.] крикливость; см. **vocingleo**.
vocinglero, ra. [прил.] крикливый; разглагольствующий; [м. и ж.] крикун, -ья; человек, любящий разглагольствовать.
vodka. [м.] водка.
vola. [ж.] ладонь; ступня.
volada. [ж.] короткий полёт; (обл.) порыв ветра, шквал; (Амер.) удобный случай; газетная утка; обман, надувательство: * a las voladas, на лету.
voladero, ra. [прил.] летающий, летучий, способный летать; (перен.) проходящий, мимолётный, (кратко)временный; [м.] пропасть, бездна, обрыв.
voladizo, za. [прил.] выступающий, выдающийся; [м.] балкончик.
volado, da. [страд. прич.] к volar; [прил.] (Амер.) изумлённый, свихнувшийся, помешанный; [м.] см. **bolado**; (Амер.) волан (на платье): * estar volado, (перен. разг.) сидеть как на углях.
volador, ra. [прил.] летающий, летучий, висящий в воздухе; развевающийся, лёгкий; [м.] ракета; летучая рыба; (Амер.) детская бумажная мельница (игрушка); дикая лиана.
voladora. [ж.] (тех.) маховик; (Амер.) пощёчина.
volamiento. [м.] полёт; взрыв, подрыв.
volamiento. [м.] (Амер.) см. **chifladura**.
volandas (en). не касаясь земли, на лету; быстро, мигом.
volandear. [неперех.] кружиться по воле ветра.
volandera. [ж.] шайба; жёрнов; (перен. разг.) обман, ложь, враки (прост.); (полигр.) наборная доска.
volandero, ra. [прил.] см. **volantón**; висящий в воздухе; (перен.) случайный, неожиданный, непредвиденный, нечаянный, непоседливый.
volandillas (en). [нареч.] см. **volandas (en)**.
volanta. [ж.] (Амер.) сорт коляски.
volante. [дейст. прич.] к volar. летающий, летящий; [прил.] летучий, бродячий, непоседливый; [м.] волан, оборка (на платье); передвижная ширма; руль (автомобиля); (тех.) маховик, маховое колесо; маятник (часовой); чеканная машина; записка; слуга, сопровождающий господина (верхом и т. д.); волан (игра); [ж.] шарабан: * platillo volante, летающая тарелка; * volante de agua, (бот.) уруть.
volantín, na. [прил.] неприкреплённый, переносный; непоседливый; [м.] леска с несколькими крючками; (Амер.) кувырканье; бумажный змей; ракета (фейерверк).

volantón, na. [прил. и сущ.] начинающий летать (о птице); (Амер.) см. vagabundo.
volantuzo. [м.] (Амер.) см. mequetrefe; франт.
volapié. [м.] (тавр.) удар на бегу: * correr a volapié, бежать, махая крыльями (о птице).
volapuk. [м.] волапюк.
volar. [неперех.] летать, лететь; взлетать; лететь, мчаться; спешить; быстро исчезать; выдаваться, выступать (наружу); нестись по воздуху; быстро делать что-л; быстро распространяться (слухи); (перех.) взрывать, подрывать, (перен.) сердить, раздражать, озлоблять; поднимать дичь; (Амер.) обманывать, обольщать, прельщать; домогаться любви (для развлечения); пускать утки; **volarse.** [возв. гл.] (Амер.) раздражаться сердиться; (перех.) спряг. как contar.
volar. [прил.] ладонный; относящийся к ступне.
volateo (al). [нареч.] на лету (стрелять).
volatería. [ж.] соколиная охота, охота с соколом, с ястребом; (соб.) птицы, живность; (перен.) способность улавливать на лету; образы, проносящиеся в воображении; * de volatería, случайно и как будто на лету; * hablar de volatería, говорить на ветер, болтать всякий вздор.
volatero. [м.] охотник на дичь; (Амер.) ракета.
volátil. [прил.] летающий, способный летать; [хим.] летучий; улетучивающийся, легко испаряющийся; (перен.) непостоянный, изменчивый, переменчивый; [м.] летающее животное и т. д.
volatilidad. [ж.] (хим.) летучесть.
volatilizable. [прил.] (хим.) способный улетучиваться.
volatilización. [ж.] (хим.) возгонка; улетучивание; выделение летучих веществ.
volatilizar. [перех.] (хим.) возгонять; **volatilizarse.** [возв. гл.] улетучиваться, испаряться.
volatilizativo, va. [прил.] способный вызывать улетучивание.
volatín. [м.] см. volatinero; упражнение канатоходца; (Амер.) представление гимнастов, канатоходцев; [прил.] (Амер.) пьяный.
volatina. [ж.] канатная плясунья.
volatinear. [неперех.] танцевать как канатные плясуны.
volatineo. [м.] дейст. к танцевать как канатные плясуны.
volatinero, ra. [м. и ж.] канатоходец, канатный плясун, -ья.
volatizar. [перех.] (хим.) см. volatilizar.
vol-au-vent. [м.] (гал.) волован, слоёный пирог.
volcable. [прил.] опрокидываемый; могущий быть опрокинутым.
volcador, ra. [прил.] опрокидывающий, перевёртывающий.
volcadura. [ж.] опрокидывание, перевёртывание.
volcán. [м.] вулкан; (перен.) сильное пламя; пылкая страсть (пылкая любовь, злоба); (Амер.) см. precipicio; куча, множество: * volcán apagado, extinto, потухший вулкан; * estar sobre un volcán, (перен.) как на вулкане.
volcanada. [ж.] (Амер.) порыв ветра; см. tufarada; (перен.) куча, множество.
volcancito. [м.] (Амер.) небольшой грязевой вулкан.
volcanejo. [м. умен.] к volcán.
volcánicamente. [нареч.] страстно, пылко, бурно.
volcanicidad. [ж.] (геол.) вулканизм.
volcánico, ca. [прил.] вулканический; (перен.) бурный, страстный, пылкий.

volcanización. [ж.] образование вулканических пород.
volcar. [перех.] опрокидывать; перевёртывать; вызывать головокружение, одурманивать; (перех.) переубеждать; сердить, раздражать; [неперех.] опрокинуться; **volcarse.** [возв. гл.] распинаться, стараться изо всех сил; [непр. гл.] спряг. как contar.
volea. [ж.] валёк для постромок; удар с воздуха (по мячу и т. д.).
volear. [перех.] бить на лету; разбрасывать семена, сеять (вручную); (обл.) звонить во все колокола.
volear. [перех.] (Амер.) см. bolear.
voleo. [м.] удар с воздуха (по мячу и т. д.); сильная пощёчина, сбивающая с ног: * a(l) voleo, вручную (о сеянии); * del primer или de un voleo, (разг.) быстро, разом.
volfram. [м.] вольфрам.
volframato, volframiato. [м.] (хим.) см. tungstato.
volfrámico, ca. [прил.] (хим.) вольфрамовый.
volframio. [м.] (хим.) вольфрам.
volframita. [ж.] (хим.) вольфрамит, тунгстенит.
volición. [ж.] проявление воли, волевой акт.
volido. [м.] (вар.) полёт.
volitar. [неперех.] см. revolotear.
volitivo, va. [прил.] волевой.
volotear. [неперех.] см. voltear.
volovelismo. [м.] (спорт.) планеризм.
volovelista. [м. и ж.] планерист, -ка.
volquearse. [возв. гл.] опрокидываться.
volquete. [м.] самосвал.
volquetero. [м.] водитель самосвала.
volt. [м.] (физ.) вольт.
voltaico, ca. [прил.] (эл.) вольтов, гальванический: * arco voltaico, вольтова дуга.
voltaje. [м.] (эл.) вольтаж, напряжение.
voltámetro. [м.] (эл.) вольтаметр.
voltamperímetro. [м.] (эл.) вольтамперметр.
voltamperio. [м.] (физ.) вольт-ампер.
voltariedad. [ж.] непостоянство, изменчивость, переменчивость.
voltario, ria. [прил.] непостоянный, изменчивый, переменчивый; (Амер.) своенравный, капризный; прихотливый, упрямый; нарядный, элегантный.
volt-culombio. [м.] (физ.) джоуль.
volteada. [ж.] (Амер.) объединение в стадо, производимое наездником (галопом).
voltear. [перех.] вертеть, вращать; выворачивать; менять порядок, ставить и т. д. на другое место, перемещать; изменять состояние чего-л; (Амер.) опрокидывать, перевёртывать; валить, заставлять изменить мнение; (арх.) возводить свод или арку; [неперех.] кувыркаться; опрокидываться (об экипаже и т. д.); **voltearse.** [возв. гл.] (Амер.) см. chaquetear; обмануть (о жене).
voltejear. [перех.] вертеть, вращать; (мор.) лавировать.
voltejeo. [м.] (мор.) лавирование.
volteleta. [ж.] см. voltereta.
volteo. [м.] вращение; переворачивание.
voltereta. [ж.] перевёртывание через голову, кувырканье.
volterianismo. [м.] вольтерьянство.
volteriano, na. [прил.] вольтеровский; [м.] вольтерьянец.
volteta. [ж.] см. voltereta.
voltimétrico, ca. [прил.] (физ.) относящийся к вольтметру.
voltímetro. [м.] (физ.) вольтметр.
voltio. [м.] (эл.) вольт.
voltizo, za. [прил.] закрученный, вьющийся, кудрявый, завитой; (перен.) переменчивый, изменчивый, непостоянный.

voltmetro. [м.] (эл.) вольтметр.
volubilidad. [ж.] подвижность; (перен.) переменчивость, изменчивость, непостоянство; (бот.) способность виться.
voluble. [прил.] подвижный; (перен.) переменчивый, непостоянный, изменчивый; (бот.) вьющийся (о растениях).
volumen. [м.] объём; том; (перен.) важность, значение: * en un volumen, однотомный.
volumenómetro. [м.] (физ.) волюминометр, волюметр, объёмомер.
volumetría. [ж.] измерение объёмов.
volumétrico, ca. [прил.] объёмный.
volúmetro. [м.] см. aerómetro.
voluminoso, sa. [прил.] объёмистый.
volumómetro. [м.] (физ.) см. volumenómetro.
voluntad. [ж.] воля; проявление воли; сила воли; божья воля; свобода воли; свободная воля; добровольность; намерение, замысел; решение; готовность; охота, желание; любовь, расположение к кому-л; приказ, распоряжение; согласие, одобрение: * voluntad de hierro, железная воля; * mala voluntad, недоброжелательство; * última voluntad, последняя воля, завещание; * a voluntad, по желанию; на выбор; * de (buena) voluntad, охотно, с удовольствием; по доброй воле; * sin voluntad, безвольный; * zurcir voluntades, см. alcahuetear; * hombres de buena voluntad, люди доброй воли; * ganar la voluntad, заручиться поддержкой.
voluntariado. [м.] (воен.) добровольчество.
voluntariamente. [нареч.] добровольно, без принуждения, по доброй воле; сознательно.
voluntariedad. [ж.] добровольность, свобода воли; своеволие, своевольность, своевольство, каприз.
voluntario, ria. [прил.] добровольный, свободный; см. voluntarioso; своевольный; добровольно вступающий в армию; [м.] (воен.) доброволец; волонтёр (уст.); добровольщик.
voluntariosamente. [нареч.] своевольным образом, прихотливо: * obrar voluntariosamente, своевольничать; * el que obra voluntariosamente, своевольник.
voluntarioso, sa. [прил.] своевольный; прихотливый, капризный; (м. употр.) усердный, старательный.
voluntarismo. [м.] (филос.) волюнтаризм.
voluntativo, va. [прил.] (грам.) см. volitivo.
voluptad. [ж.] см. voluptuosidad; блаженство, нега, душевное наслаждение.
voluptuosamente. [нареч.] сладострастно; с наслаждением.
voluptuosidad. [ж.] сладострастие; наслаждение.
voluptuoso, sa. [прил.] сластолюбивый, сладострастный; полный неги; [м. и ж.] сладострастник, -ица, сластолюбец.
voluta. [ж.] (арх.) волюта, завиток; (зоол.) свиток (раковина).
volutiforme. [прил.] имеющий форму волюты.
volváceo, a. [прил.] (анат.) похожий на мешочек, мешковидный.
volvedor, ra. [прил.] (Амер.) норовистый (о лошади).
volver. [перех.] поворачивать, повёртывать, перевёртывать, переворачивать; возвращать, отдавать обратно; оплачивать; отплачивать; направлять; восстанавливать; переводить с языка на язык; приводить в какое-л состояние; изме-

нять вид; выворачивать; вырвать, стошнить; переубедить; дать сдачу с...; двоить (пар); отражать (удар); не принимать (о подарке); [неперех.] возвращаться, снова появляться; вернуться (к предмету разговора); сворачивать (о дороге); повторять, делать ещё раз то же самое; volverse, [возв. гл.] становиться; свёртываться, скисать; переубедиться; поворачивать; * volver a+inf.: снова; * volver a empezar, снова начать; * volver triste, опечалить; * volver loco, вскружить голову; * volver por, защищать кого-л; * volver en sí, прийти в себя, очнуться; * volver sobre sí, одуматься; * volver la espalda, повернуться спиной к кому-л; (перен.) покинуть, бросить кого-л; * volver la puerta, притворить дверь; * volver atrás, вернуться назад, с дороги; * volverse atrás, отречься от своих слов, не выполнить обещания и т. д.; [непр. гл.] спряг. как mover.
volvible. [прил.] возвратимый.
volvo, vólvulo. [м.] (мед.) заворот кишок.
vómer. [м.] (анат.) сошник, плоская ромбовидная кость.
vomeriano, na. [прил.] (анат.) относящийся к сошнику.
vómica. [ж.] (мед.) гнойная полость.
vómico, ca. [прил.] рвотный: * nuez vómica, рвотный орех, целибуха, чилибуха.
vomicoso, sa. [прил.] (мед.) см. ulceroso.
vomipurgante, vomipurgativo, va. [прил.] рвотно-слабительный (о лекарстве).
vomitado, da. [страд. прич.] к vomitar; [прил.] (разг.) хилый, бледный.
vomitar. [перех.] рвать, вырвать, стошнить; (перен.) изрыгать, извергать, выбрасывать; (разг.) разоблачать; возвращать что-л незаконно удерживаемое: * ganas de vomitar, позыв к рвоте, томнота; * vomitar lava, извергать лаву; * vomitar blasfemias, изрыгать хулу; * vomitar injurias, изрыгать ругательства.
vomitativo, va. [прил.] рвотный; [м.] рвотное.
vómito. [м.] рвота: * provocar a vómito, (перен. разг.) внушать отвращение; * volver al vómito, (перен. разг.) вновь провиниться, повторно впасть в ошибку.
vomitona. [ж.] (разг.) обильная рвота.
vomitorio, ria. [прил.] рвотный; [м.] рвотное; выход из цирка, из театра (у древних).
vomiturición. [ж.] частая рвота; см. regurgitación.
voquible. [м.] (разг.) см. vocablo.
vorace. [прил.] см. voraz.
voracidad. [ж.] прожорливость, жадность, ненасытность; (перен.) алчность.
vorágine. [ж.] омут, водоворот (стремительный).
voraginoso, sa. [прил.] изобилующий стремительными водоворотами.
vorahúnda. [ж.] см. barahúnda.
voraz. [прил.] прожорливый, ненасытный; (перен.) алчный: * llama voraz, всепожирающее пламя.
vorazmente. [нареч.] прожорливо, жадно; (перен.) алчно.
vormela. [ж.] (зоол.) животное, похожее на хорька.
vórtice. [м.] вихрь, водоворот; центр циклона.
vorticela. [ж.] (зоол.) сувойка (инфузория).

vorticoso, sa. [прил.] вихреобразный, звездообразный.
vortiginoso, sa. [прил.] вихревой, кружащийся вихрем.
vos. [лич. мест.] вы (в обращении); (Амер.) ты.
vosear. [неперех.] обращаться на вы; (Амер.) обращаться на ты.
voseo. [м.] обращение на вы; (Амер.) обращение на ты.
vosotros, tras. [лич. мест.] (2-го л. мн. ч.) вы.
votación. [ж.] голосование; голоса.
votada. [ж.] см. votación.
votador, ra. [прил.] голосующий; проклинающий; [сущ.] избиратель, -ница, голосующий; ругатель.
votante. [действ. прич.] к votar; [м. и ж.] избиратель, -ница, голосующий.
votar. [неперех.] давать обет, зарок (тж. перех.); проклинать, ругать; голосовать, подавать голос; вотировать, принимать голосованием; * votar por, голосовать за.
votiacos. [м. множ.] вотяки, устарелое название удмуртов.
votivo, va. [прил.] (церк.) сделанный по обету; относящийся к обету: * lámpara votiva, лампадка.
voto. [м.] обет; зарок; избирательный голос; голос, решение, принятое путём голосования, вотум; отзыв, мнение; избиратель, -ница; просьба, мольба; проклятие, ругательство, бранное слово; желание, пожелание; см. exvoto: * voto consultivo, совещательный голос; * voto decisivo, решающий голос; * voto activo, избирательный голос (право подавать голос на выборах); * voto pasivo, право быть избранным (но не избирать); * voto secreto, тайное голосование; * voto de censura, вотум недоверия; * voto de confianza, вотум доверия; * tener, ser, иметь право голосовать; * echar votos, проклинать, ругать; * pronunciar los votos, принять обет, постричься; * formular un voto, выражать пожелание.
voz. (множ. voces). [ж.] голос; (муз.) голос; звук; слово, вокабула; певец; избирательный голос; мнение, взгляд; молва, слух; внутренний голос, побуждение; приказ; (грам.) залог; (арг.) утешение; [множ.] крики: * voz aguda, резкий голос; * voz argentada или argentina, серебристый голос; * voz cascada, надтреснутый голос; * voz de pecho, грудной голос; * voz de cabeza, см. falsete; * voz de trueno, громовой голос; * voz empañada, parda, opaca или tomada, глухой голос; * voz activa, избирательный голос (право подавать голос на выборах); (грам.) действительный залог; * voz pasiva, право быть избранным (но не избирать); (грам.) страдательный залог; * voz común, общественное мнение; * voz de la conciencia, голос совести; * voz vaga, молва, слух; * de viva voz, устно; * a media voz, вполголоса; * en voz baja, тихо; * en voz alta, громко * voz del pueblo, voz del cielo, глас народа, глас божий; * alzar la voz, повышать голос; * dar voces, кричать; * a voces, во весь голос; * a voz en grito, a voz en cuello; благим матом; * voz de mando, (воен.) команда; * a una voz, единогласно, единодушно; * corre la voz, есть слух, ходят слухи; * echar, soltar la voz, разглашать слухи; * estar pidiendo a voces, требовать немедленно; * tomar la voz, взять слово, заговорить.
vozarrón. [м.] громкий, грубый голос.

vozarrona. [ж.] см. vozarrón.
voznar. [неперех.] см. graznar.
vudu. [ж.] (Амер.) куропатка.
vuecelencia, vuecencia. [ж.] ваше сиятельство.
vuelapié (a). [нареч.] см. volapié (a).
vuelapluma (a). [нареч.] наспех, необдуманно.
vuelco. [м.] опрокидывание, перевёртывание; падение: * a vuelco de dado, рискуя; * dar un vuelco el corazón, ёкать (о сердце); иметь внезапное предчувствие (счастья или несчастья).
vuelillo. [м.] кружевная отделка на обшлаге.
vuelo. [м.] полёт; лёт, летание; перелёт; взлёт; вылет; (чаще множ.) маховые перья; крыло; ширина фалды (платья); см. vuelillo; деревья (леса); (арх.) выступ; (охот.) охотничья птица: * vuelo a vela, полёт без мотора; планеризм; * vuelo ciego, instrumental или sin visibilidad, слепой полёт, полёт по приборам; * vuelo planeado, планирующий полёт; * vuelo entre nubes, полёт в облаках; * a(l) vuelo, мигом, быстро; * alzar el vuelo, взлететь, подняться в воздух; улететь; (перен.) сбежать; исчезнуть, улетучиться, смыться (груб.); * cazarlas или cogerlas al vuelo, получить неожиданно, случайно и т. д.; * cortar los vuelos, подрезать крылья кому-л, чинить препятствия; * de un vuelo, de vuelo, en un vuelo, быстро, без задержки; * echar, tocar a vuelo las campanas, звонить во все колокола, трезвонить; * levantar el vuelo, см. alzar el vuelo; (перен.) гордиться; * tirar al vuelo, стрелять по птице на лету.
vuelta. [ж.] оборот; поворот (дороги, улицы и т. д.); изгиб; сгиб; возвращение (откуда-л); возврат, отдача; возмещение; повторение; перечитывание, перечитка, повторение урока, пройденного; очередь, чередование, последовательность; оборот, обратная сторона, изнанка; взбучка, побои; отделка на манжетах и т. д.; часть плаща, которой закрывают лицо; перемена, изменение; неожиданный, резкий поступок или выражение; сдача (о деньгах); вспышка, пахота (спорт.) тур; ряд петель (на носке и т. д.); (чаще множ.) свод; потолок; изгиб; (муз.) ритурнель; * media vuelta, полуоборот; * una vuelta completa, полный оборот; * vuelta de carnero, кувырок, перевёртывание через голову; падение; * vuelta de podenco, побои; строгое наказание; * a la vuelta, по возвращении, на обратном пути; * a la vuelta, возвратный; * a la vuelta, на обороте; * dar vueltas, вращаться; * dar una vuelta, прогуляться, совершить прогулку; * dar la vuelta al mundo, совершить кругосветное путешествие; * a la vuelta de, через, по истечении; * estar de vuelta, вернуться; знать все ходы и выходы; * no tener vuelta de hoja, быть безответным; * vuelta de puños, обшлаг, расшитый отворот рукава; * a la vuelta de la esquina, очень близко; * andar a las vueltas, выслеживать; * a vuelta de correo, с обратной почтой; * andar a vueltas, ссориться; * a vuelta de cabeza, в один миг; * a vueltas de, помимо, кроме; * a vuelta de ojo, в мгновение ока; * a vuelta de dado, рискуя; * dar vueltas, вращаться, искать; перебирать в уме; * de ida y vuelta, обратный (о билете); * coger la(s) vuelta(s), изворачиваться; * dar cien vueltas, превосходить чем-л; * tener vueltas, быть ветреным; * la vuelta de, к... (направление); * no hay que darle vueltas, ничего не поделаешь,

* poner de vuelta y media, разделать или отделать под орех; * coger la(s) vuelta(s), кривить душой; * cogerle a uno las vueltas, читать в сердцах, в душе, угадывать чьи-л мысли и т. д.; * vuelta de campana, сальто-мортале.

vueltero, ra. [прил.] (Амер.) притворный, лицемерный, лукавый.

vuelto, ta. [непр. страд. прич.] к volver; [м.] (Амер.) сдача (мелочь).

vueludo, da. [прил.] широкий (о нижней части платья).

vuesarced, vuesasted. [м. и ж.] (обращение) ваша милость.

vueseñoría. [м. и ж.] (обращение) ваше благородие, ваша милость.

vuestro, tra, tros, tras. [мест. притяжат.] (2-го л. мн. ч.) ваш (ваше, ваша, ваши); свой (своё, своя, свои).

vulcaniano, na. [прил.] (геол.) вулканский.
vulcanicidad. [ж.] (геол.) вулканизм.
vulcanio, nia. [прил.] к Вулкан; огненный.
vulcanismo. [м.] (геол.) см. plutonismo.
vulcanista. [м. и ж.] см. plutonista.
vulcanita. [ж.] (хим.) эбонит.
vulcanización. [ж.] (тех.) вулканизация.
vulcanizar. [перех.] (тех.) вулканизировать, вулканизовать.
Vulcano. [м.] (миф.) (астр.) Вулкан.
vulcanología. [ж.] вулканология.
vulcanológico, ca. [прил.] вулканологический.
vulcanologista, vulcanólogo, ga. [м. и ж.] специалист по вулканологии.
vulgacho. [м.] (презр.) подонки человечества, отребье.
vulgar. [прил.] простонародный, народный; обыденный, обыкновенный, простой; заурядный; общераспространённый; вульгарный, пошлый, тривиальный; неолатинский: * lenguas vulgares, неолатинские языки.

vulgarejo, ja. [прил.] (Амер.) см. vulgar.
vulgaridad. [ж.] простонародность; вульгарность, пошлость, грубость; вульгарный поступок или выражение.
vulgarismo. [м.] (лингв.) вульгаризм.
vulgarización. [ж.] популяризация; распространение; введение в общее употребление; вульгаризация; перевод (с латинского, греческого).
vulgarizador, ra. [прил.] популяризирующий; [м. и ж.] популяризатор.
vulgarizar. [перех.] популяризировать, делать общедоступным; популярно излагать; вульгаризировать; переводить (с латинского, греческого); vulgarizarse [возв. гл.] впадать в вульгарность.
vulgarmente. [нареч.] в просторечии; популярно; вульгарно, грубо, тривиально.
Vulgata. [ж.] (церк.) Вульгата (латинский перевод Библии).
vulgo. [м.] простонародье, чернь; лица, обладающие поверхностными сведениями в какой-л области; [нареч.] см. vulgarmente.
vulgoso, sa. [прил.] см. vulgar.
vulnerabilidad. [ж.] ранимость, уязвимость.
vulnerable. [прил.] ранимый, уязвимый.
vulneración. [ж.] уязвление; (перен.) вред, ущерб; (мед.) см. traumatismo.
vulnerado, da. [страд. прич.] к vulnerar; [прил.] (мед.) раненый.
vulnerante. [действ. прич.] к vulnerar; [прил.] наносящий рану, ранящий.

vulnerar. [перех.] (перен.) вредить, наносить ущерб; (уст.) уязвлять, ранить.
vulneraria. [ж.] (бот.) язвенник.
vulnerario, ria. [прил.] (юр.) совершивший убийство или ранящий (о священнике); (мед.) целительный, исцеляющий раны; [м.] убийца (священник); (мед.) заживляющее средство.
vulnus. [м.] (мед.) рана.
vulpécula, vulpeja. [ж.] (зоол.) лисица.
vulpinita. [ж.] (мин.) безводная сернокислая известь.
vulpino, na. [прил.] лисий.
vultuosidad. [ж.] (мед.) краснота и отёчность лица.
vultuoso, sa. [прил.] (мед.) багровый и опухший (о лице).
vultur. [м.] (зоол.) ястреб.
vultúridas. [ж.] vultúridos. [м. множ.] семейство ястребиных.
vulturín. [м.] (обл.) см. buitrón.
vulturno. [м.] летний зной, знойный воздух.
vulva. [ж.] (анат.) женские наружные половые органы.
vulvar. [прил.] относящийся к женским наружным половым органам.
vulvaria. [ж.] (бот.) вонючая лебеда, жминда.
vulvovaginitis. [ж.] (пат.) одновременное воспаление вульвы и влагалища.

W. буква употребляемая в некоторых словах иностранного происхождения.
wagneriano, na. [прил.] вагнеровский; [м. и ж.] поклонник, -ица музыки Вагнера.
wagnerismo. [м.] музыкальная система Вагнера.
wagnerita. [ж.] (мин.) фосфорноплавиковокислый горькозём.
wagon. [м.] см. vagón.
wainica. [ж.] (муз.) волынка.

wapiti. [м.] (зоол.) большой североамериканский олень.
warandol. [м.] (Амер.) тонкая хлопчатобумажная ткань.
wat. [м.] (физ.) ват.
water, water-closet. [м.] ватерклозет.
waterpolista. [м. и ж.] (спорт.) ватерполист, -ка.
water-polo. [м.] (спорт.) ватерполо.
waterproof. [м.] ватерпруф, непромокаемое пальто, дождевик.

watt. [м.] (физ.) ват.
wattman. [м.] вагоновожатый (электрического поезда, трамвая).
week-end. [м.] уикэнд (отдых с середины субботы до понедельника).
whiski, whisky. [м.] виски.
whist. [м.] (карт.) вист.
witerita. [ж.] (мин.) витерит.
wolframio. [м.] (хим.) вольфрам.
wollastonita. [ж.] (мин.) волластонит.
wurtemburgués. [прил.] вюртембергский.

X. -ж.] 26-я буква испанского алфавита, встречается в словах греч. и лат. происхождения; (мат.) икс, неизвестная величина: * rayos X, рентгеновы лучи.
xalapa. [ж.] см. jalapa.
xantato. [м.] (хим.) ксантогенат (соль или эфир ксантогеновой кислоты).
xantelasma. [м.] (пат.) маленькая желтая опухоль на коже.
xantico, ca. [прил.] жёлтый; относящийся к xantina (жёлтый пигмент).
xantina. [ж.] (хим.) жёлтый пигмент.
xantocarpo, pa. [прил.] (бот.) желтоплодный.
xantocromía. [ж.] окраска ткани и жидкостей тела в жёлтый цвет.
xantodonte. [прил.] (зоол.) желтозубый.
xantofilo. [м.] (бот.) ксантофилл.
xantoma. [м.] (пат.) ксантома.
xantonoto, ta. [прил.] с жёлтой спиной.
xantópodo, da. [прил.] с жёлтыми ногами, желтолапый.
xantopsia. [ж.] (мед.) ксантопсия.
xantospermo, ma. [прил.] (бот.) жёлтосемянный.
xantoxilo. [м.] (бот.) ксантоксилум.
xaurado, da. [прил.] (уст.) печальный, плачущий.
xenofilia. [ж.] любовь к иностранцам.
xenofilo, la. [прил.] любящий иностранцев.
xenofobia. [ж.] ненависть, неприязнь к иностранцам.
xenófobo, ba. [прил.] испытывающий ненависть к иностранцам.

xenógeno, na. [прил.] вызванный инородным телом.
xenografía. [ж.] изучение иностранных языков.
xenolita. [ж.] (мин.) ксенолит.
xenón. [м.] (хим.) ксенон.
xenotima. [ж.] (мин.) ксенотим.
xerántico, ca. [прил.] см. secante.
xerasia. [ж.] (мед.) сухость волос.
xeroderma. [м.] (пат.) сухость кожи.
xerofagia. [ж.] сухоядение.
xerofágico, ca. [прил.] относящийся к сухоядению.
xerófago, ga. [прил.] питающийся всухомятку; [м. и ж.] сухоядец.
xerófilo, la. [прил.] (бот.) сухолюбивый.
xeroformo. [м.] (хим.) (фарм.) ксероформ.
xeroftalmía. [ж.] (мед.) сухость глаза.
xerografía. [ж.] ксерография, моментальная (сухая) фотография.
xerostomía. [ж.] сухость рта.
xerotocia. [ж.] сухие роды.
xerotribia. [ж.] (мед.) трение сухой рукой.
xifoideo, a. [прил.] (анат.) мечевидный: * apéndice xifoideo, мечевидный отросток.
xifoides. [прил.] относящийся к мечевидному отростку; [м.] мечевидный отросток.
xifosuros. [м. множ.] (зоол.) мечехвостые раки.
xilema. [м.] (бот.) ксилема.
xileno. [м.] (хим.) ксилол.
xilino, na. [прил.] (бот.) древесный.

xilo- приставка, обозначающая древесный.
xilocarpo, pa. [прил.] (бот.) древесноплодный.
xilófago, ga. [прил.] (зоол.) древоядный; [м.] древоточец.
xilofón, xilofono. [м.] (муз.) ксилофон: * el que toca el xilofón, ксилофонист, -ка.
xiloglifia. [ж.] см. xilografía.
xilóglifo, fa. [м. и ж.] резчик на дереве.
xilograbado, da. [страд. прич.] к xilograbar; [м.] гравирование на дереве, ксилография.
xilograbar. [перех.] гравировать на дереве.
xilografía. [ж.] ксилография.
xilográfico, ca. [прил.] ксилографический.
xilógrafo, fa. [м. и ж.] ксилограф, резчик на дереве.
xiloide, xiloideo, a. [прил.] древовидный.
xilol. [м.] (хим.) ксилол.
xilología. [ж.] (неол.) ксилология (наука о свойствах и применении леса).
xilometría. [ж.] ксилометрия.
xilómetro. [м.] ксилометр.
xilórgano. [м.] см. xilófono.
xiloteca. [ж.] (неол.) собрание образцов древесных пород.
xión. [нареч.] (арг.) да.
xister. [м.] (хир.) напильник; скребок.
xisto. [м.] крытая галерея (у древних).
xococo. [м.] (Амер.) разновидность барбариса.
xocoyote. [м.] (Амер.) младший сын.

Y y

y. 27-я буква испанского алфавита; (мат.) (мат.) игрек, знак второго неизвестного.

y. [союз] и; а.

ya. [нареч.] (прежде, раньше, до этого) уже, уж; (в настоящее время) уже; (окончательное совершение) уже; сейчас, сию минуту; потом: * ya..., ya..., то,... то; как..., так и...; * ya lo creo, конечно, разумеется; * pues ya, (ирон.) (уж) конечно; * ya es hora, (уже) пора; * ya es hora de ir a la cama, (уже) пора спать; * si ya, если, если только.

¡ya! [межд.] так!, понятно!; да!; наконец-то!; ¡ya, ya! ну и ну!

yaacabó. [м.] (орни.) род американского коршуна.

yaba. [ж.] (Амер.) (бот.) яба (андира).

yabirú. [м.] см. jabirú.

yabuna. [ж.] (Амер.) (дикорастущее) злаковое растение.

yac. [м.] (зоол.) як, тибетский бык.

yaca. [ж.] (бот.) сулейниковое растение.

yacaré. [м.] (Амер.) кайман.

yacatiang. [м.] (Амер.) горный индюк.

yacedor. [м.] табунщик, присматривающий за лошадьми в ночном.

yacente. [дейст. прич.] к yacer, лежащий, покоящийся; находящийся; [прил.] (юр.) неразделённый; [м.] (горн.) нижний слой рудного пласта.

yacer. [неперех.] лежать; покоиться (в могиле); находиться, пребывать; быть в любовных отношениях; пастись в ночном (о лошадях): * aquí yace, злесь погребён..., здесь покоится прах; [непр. гл.] prest. ind. yazco, yazgo или yago, yaces и т. д.; prest. subj. yazca, yazga или yaga и т. д.

yaciente. [дейст. прич.] к yacer, см. yacente.

yacija. [ж.] кровать, ложе; койка, нары; могила: * ser de mala yacija, плохо спать; (перен.) быть беспокойным; быть лукавым, иметь дурные привычки.

yacimiento. [м.] (геол.) месторождение, залегание, залежь, рудное месторождение: * yacimiento petrolífero, нефтяное месторождение; * yacimiento aurífero, золотые россыпи; золоторудное месторождение.

yack. [м.] (зоол.) як, тибетский бык.

yacón. [м.] (Амер.) американские клубни, употребляемые в пищу.

yacopollo. [м.] (Амер.) (зоол.) молодой yacú.

yactura. [ж.] вред, ущерб, убыток.

yacú. [м.] (Амер. бот.) растение из семейства крестоцветных.

yacú. [м.] (Амер. зоол.) куриная птица.

yacumamá. [ж.] (Амер. зоол.) крупная змея.

yacuputa. [ж.] (Амер.) род небольшой пантеры.

yacuta. [прил.] якутский; [м. и ж.] якут, -ка.

yacutinga, yacutoro. [м.] (Амер. зоол.) см. yacú.

yacht. [м.] (мор.) (англ.) яхта.

yachting. (мор.) (англ.) парусный спорт.

yagruma. [ж.] (Амер. бот.): * yagruma macho, женьшень (разновидность); * yagruma hembra, цекропия (разновидность).

yagua. [ж.] (Амер.) род пальмы; волокно королевской пальмы.

yagual. [м.] (Амер.) кружок, подкладываемый на голову для ноши; см. cernedor.

yaguana. [ж.] (Амер.) сосуд для кипячения молока.

yaguané. [м.] (Амер.) вонючка.

yaguar. [м.] (зоол.) ягуар.

yaguareté. [м.] (Амер. зоол.) ягуар.

yaguarú. [м.] (Амер. зоол.) разновидность тюленя.

yaguas. [м. множ.] индейское племя, живущее в Перу.

yaguasa, yaguaza. [ж.] (Амер. зоол.) дикая утка.

yaguré. [м.] (Амер. зоол.) вонючка.

yahuilma. [ж.] (Амер. зоол.) небольшой попугай.

yaicua, yaicuage, yaicuaje. [м.] (Амер. бот.) мыльниковое растение с плодами, идущими на корм свиньям.

yaiti. [м.] (Амер. бот.) дикое молочайное дерево.

yak. [м.] (зоол.) як, тибетский бык.

yal. [м.] (Амер. орни.) певчая птица.

yali. [м.] (Амер.) разновидность комара.

yamacal, yamacay. [м.] (Амер. орни.) зубчатоклювая птица.

yámbico, ca. [прил.] (лит.) ямбический.

yambo. [м.] (лит.) ямб.

yana. [ж.] (Амер.) колючее карликовое дерево.

yamacón, yamacona. [м.] (Амер.) индеец-арендатор.

yanaiguas. [м. множ.] индейское племя, живущее в Боливии.

yanal. [м.] (Амер.) роща из yanas (см. yana).

yanca. [ж.] (Амер.) см. salbanda, (глинистый слой почвы); см. yanqui.

yang. [м.] (муз.) сорт гонга.

yanga. [ж.] (Амер.) минеральная пыль, образующаяся в результате разрушения скалы; небрежный, неряшливый человек, неряха.

yangada. [ж.] (мор.) спасательный плот.

yanolita. [ж.] (мин.) аксинит.

yanqui. [прил.] американский; [м. и ж.] янки, американец, -ка.

yantar. [перех.] (уст.) есть; обедать.

yantar. [м.] (уст.) подать, дань; кушанье.

yara. [ж.] (Амер. мин.) примесь ртути к серебру; см. adehala; утолщённая часть лесы.

yarar. [перех.] (Амер. мин). добавлять ртуть к серебру; отпускать товар с походом.

yapú. [м.] (Амер.) род дрозда.

yáquil. [м.] (Амер.) колючий кустарник.

yaquis. [м. множ.] индейское племя, живущее в Мексике.

yarará. [ж.] (Амер.) крупная ядовитая змея.

yaraví. [м.] (Амер.) индейская меланхолическая песня.

yarda. [ж.] ярд.

yare. [м.] ядовитый сок юкки.

yarey. [м.] (Амер.) кубинская пальма, из волокон которой плетут шляпы.

yareyal. [м.] (Амер.) место, изобилующее yareyes (см. yarey).

yariguis. [м. множ.] индейское племя, живущее в Колумбии.

yaro. [м.] (бот.) см. aro.

yarquen. [м.] (Амер.) сова.

yaruma. [ж.] (Амер.) род змеи; американская пальма.

yarumba. [ж.] (Амер.) см. yagruma hembra.

yarumo. [м.] (Амер.) см. yagruma hembra.

yaruros. [м. множ.] индейское племя, живущее в Венесуэле.

yatagán. [м.] ятаган.

yátaro. [м.] (Амер.) см. tucán.

yatay. [м.] (Амер. бот.) род пальмы, из волокон которой плетут шляпы.

yate. [м.] (мор.) яхта.

yatismo. [м.] (спорт.) парусный спорт.

yatralíptica. [ж.] (мед.) лечение мазями.

yatralíptico, ca. [прил.] относящийся к лечению мазями.

yatralipto. [м.] врач, специалист по лечению мазями.

yatreusis. [ж.] терапевтическое лечение.

yátrico, ca. [прил.] медицинский.

yatrofa. [ж.] (бот.) ятрофа.

yatrolexia. [ж.] медицинская терминология.

yatrología. [ж.] медицина (наука).

yatrológico, ca. [прил.] медицинский.

yatrólogo. [м.] медик, врач, доктор.

yaua. [ж.] (обл.) бабушка.

yaya. [ж.] (Амер.) кубинское дерево твёрдой породы; язва; лёгкая боль; рана; палка: * dar yaya, (разг.) бить палкой, наказать, обижать.

yayero, ra. [прил. и сущ.] (Амер.) см. entrometido.

yayo. [м.] (обл.) дед, дедушка.

ye. [ж.] название буквы у.

yebo. [м.] (обл.) см. yezgo.

yeco. [м.] (Амер.) род ворона (морского); баклан (птица).

yeco, ca. [прил.] см. lleco.

yedra. [ж.] (бот.) плющ.

yegua. [ж.] (зоол.) кобыла; кобылица; (Амер.) окурок сигары: * yegua de vientre, племенная заводская кобыла; * carne de yegua, кобылятина (прост.).

yeguada. [ж.] табун кобыл.

yeguar. [прил.] кобылий.

yeguería. [ж.] см. yeguada.

yeguerío. [м.] (Амер.) см. yeguada.

yegüerizo, za. [прил.] кобылий; [м.] см. yegüero.

yegüero. [м.] табунщик, пастух табуна кобыл.

yegüezuela. [ж. умен.] к yegua, кобылка.

yeísmo. [м.] произношение ll как у.

yelmo. [м.] шлем, шишак.

yema. [ж.] (бот.) почка (на деревьях); яичный желток; бисквит из желтков; (перен.) середина; цвет, отборная часть, лучшее; * yema del dedo, кончик пальца; * yema mejida, гоголь-моголь; * dar en la yema, (перен. разг.) попасть в точку.

yemenita. [прил.] йеменский; [м. и ж.] йеменец, -ка.

yen. [м.] иена (японская денежная единица).

yente. [дейст. прич.] к ir: * yentes y vinientes, приходящие и уходящие.

yeral. [м.] поле из дикой чечевицы.

yerba. [ж.] трава, см. hierba.

yerbajo. [м.] (презр.) сорная трава.

yerbal. [м.] (Амер.) см. hierbal.

yerbar. [неперех.] (Амер.) заваривать мате с добавлением сахара и кофе.

yerbazal. [м.] см. herbazal.

yerbear. [неперех.] (Амер.) пить мате.

yerbero, yerbonal. [м.] (Амер.) см. herbazal.

yerbuno. [м.] (Амер.) трава на лугу.

yermar. [перех.] обезлюдить; опустошать, запускать (поле).

yermo, ma. [прил.] пустынный, безлюдный; невозделанный; [м.] пустыня, безлюдная местность.

yerno. [м.] зять.

yero. [м.] (бот.) дикая чечевица.

yerro. [м.] заблуждение; ошибка, погрешность; [множ.] грехи, пороки; * yerro de imprenta, опечатка; * deshacer un yerro, исправить ошибку.

yertez. [ж.] твёрдость; окоченелость; несгибаемость, твёрдость.

yerto, ta. [прил.] твёрдый; окоченелый, окоченевший, застывший, негнущийся, негибкий, несгибающийся.

yervo. [м.] (бот.) дикая чечевица.

yesal, yesar. [м.] гипсовая гора, месторождение гипса; гипсовая разработка.

yesca. [ж.] трут; (перен.) легко воспламеняющееся, сухое вещество; предмет страсти; (разг.) закуски и т. д., возбуждающие желание пить (вино); (Амер.) денежный долг; yescas, [множ.] огниво, кремень и трут.

yesera. [ж.] обжигательница гипса; продавщица гипса; см. yesar.

yesería. [ж.] гипсовый завод или магазин; гипсовое изделие, гипс.

yesero, ra. [прил.] гипсовый; [м.] обжигатель гипса; продавец гипса.

yesífero, ra. [прил.] см. gipsífero; (геол.) меловой.

yeso. [м.] (мин.) гипс; (жив.) гипс.

yesón. [м.] обломок штукатурки (строительной).

yesoso, sa. [прил.] гипсовый; гипсообразный; содержащий гипс.

yespa. [ж.] (обл.) см. avispa.

yesque. [м.] (Амер.) головная шпилька.

yesquero. [м.] тот, кто делает или продаёт трут; мешочек для огнива, кремня и трута; (Амер.) огниво; зажигалка.

yesquero, ra. [прил.]: * hongo yesquero, (бот.) трутовик (древесный гриб); * cardo yesquero, (бот.) чертополох.

yeta. [ж.] (Амер.) несчастье, неудачливость.

yeyunal. [прил.] (анат.) относящийся к верхнему отделу тонкой кишки.

yeyunitis. [ж.] (пат.) воспаление верхнего отдела тонкой кишки.

yeyuno. [м.] (анат.) верхний отдел тонкой кишки.

yezgo. [м.] (бот.) род бузины.

yin. [м.] джин (водка).

yira, yiranta. [ж.] (Амер.) проститутка.

yo. [лич. мест.] (1-го л. ед. ч.) я: * así soy yo, вот я каков; * yo mismo, я сам; [м.] el yo, я (моя личность).

yodado, da. [прил.] йодистый, содержащий йод.

yodar. [перех.] приготовлять, смешивать с йодом.

yódico, ca. [прил.] (хим.) йодный.

yodífero, ra. [прил.] йодистый, содержащий йод.

yodismo. [м.] отравление йодом.

yodo. [м.] (хим.) йод: * tintura de yodo, настойка йода.

yodoformismo. [м.] (пат.) отравление йодоформом.

yodoformizar. [перех.] давать йодоформ.

yodoformo. [м.] (хим.) йодоформ.

yodometría. [ж.] йодометрия.

yodoterapia. [ж.] лечение йодом.

yoduración. [перех.] дейст. к yodurar.

yodurado, da. [страд. прич.] к yodurar; [прил.] йодистый.

yodurar. [перех.] превращать в йодистое соединение; приготовлять с йодистым соединением.

yoduro. [м.] (хим.) йодистое соединение.

yofobia. [ж.] (пат.) боязнь яда.

yoga. [м.] религиозно-философское учение йога.

yogh(o)urt. [м.] кефир.

yog(u)i. [м.] йог.

yogur. [м.] кефир.

yol. [м.] (Амер.) корзина с ручками для переноски винограда или кукурузы.

yola. [ж.] (мор.) ялик, ял.

yole. [м.] (мор.) ялик; (Амер.) см. yol.

yolero. [м.] (Амер.) см. esportillero, лицо, занимающееся переноской винограда или кукурузы.

yolillo. [м.] (Амер. бот.) невысокая пальма.

yolof. [ж.] (Амер.) чёрная ядовитая муха.

yonidio. [м.] (бот.) растение из фиалковых.

yoquey. [м.] жокей.

yoqui. [м.] (Амер.) крепкий pulque (см. pulque, напиток).

yos. [м.] (Амер. бот.) молочное растение, сок которого употребляют для ловли птиц.

yperita. [ж.] (хим.) иприт.

ypsiliforme. [прил.] имеющий форму ипсилона.

ypsilon. [ж.] ипсилон (20-я буква греческого алфавита).

yuambu. [м.] (Амер.) птица из сем. куриных.

yubarta. [ж.] (зоол.) полосатик-головач (водяное млекопитающее из сем. китов).

yuca. [ж.] (бот.) юкка; (прост.) маниока; (Амер.) бедность; обман, ложь; неприятное известие.

yucal. [м.] посадки юкки.

yucateco, ca. [прил.] относящийся к Yucatán; [м. и ж.] уроженец, -ка этой области.

yucuma. [ж.] (Амер.) намордник, проволочная сетка, надеваемая на морду осла.

yugada. [ж.] площадь земли, которую распахивает одна упряжка волов за день; упряжка волов.

yugal. [прил.] (анат.) щёчный.

yugo. [м.] ярмо (на шее у волов); строп для колокола; венчальный покров; (перен.) ярмо, иго, гнёт, рабство; (мор.) транец, поперечина: * sacudir el yugo, сбросить, свергнуть иго; * sujetarse al yugo, подчиниться.

yugoeslavo, va. [прил. и сущ.] см. yugoslavo.

yugoslavo, va. [прил.] югославский; [м. и ж.] югослав, -ка.

yuguero. [м.] пахарь (пашущий землю с помощью упряжки волов).

yugulación. [м.] пресечение, удушение; (мед.) пресечение болезни.

yugular. [прил.] (анат.) яремный, шейный, горловой: * venas yugulares, яремные вены; [ж.] яремная, шейная вена.

yugular. [перех.] пресечь, удушать; (мед.) пресечь болезнь.

yuncas. [м. множ.] индейское племя, живущее в Перу.

yuncir. [перех.] см. uncir.

yungos. [ж. множ.] (Амер.) солнечные долины в Перу и Боливии; люди, постоянно живущие в этих долинах.

yungas. [м. множ.] индейское племя, живущее в Эквадоре.

yungla. [ж.] джунгли.

yunque. [м.] наковальня; (перен.) упорный, настойчивый, выносливый, стойкий человек; настойчивый, трудолюбивый человек; (анат.) наковальня (косточка в среднем ухе): * estar al yunque, терпеливо выносить.

yunta. [ж.] упряжка, пара волов; (Амер.) пара запонок.

yuntería. [ж.] несколько пар волов; хлев для них.

yuntero. [м.] см. pegujalero; см. yuguero.

yunto, ta. [непр. страд. прич.] к yuntar, см. junto; [нареч.] тесно, вплотную друг к другу.

yupe. [м.] (Амер.) (зоол.) морской ёж.

yuquerí. [м.] (Амер.) колючее растение (мимозовое); ягоды этого растения.

yuqui. [м.] (Амер.) пояс.

yuquilla. [ж.] (Амер.) саговая пальма.

yuquisé. [м.] напиток из сока пальмы.

yuracarés. [м. множ.] индейское племя, живущее в южной Америке.

yuraguano. [м.] (Амер.) см. miraguano.

yuré. [м.] (зоол.) небольшой голубь.

yurimaguas. [м. множ.] индейское племя, живущее в Бразилии.

yurro. [м.] (Амер.) источник, ключ, родник.

yurta. [ж.] юрта.

yuruma. [ж.] (Амер.) сердцевина пальмы, из которой индейцы приготовляют сорт хлеба.

yurumí. [м.] (Амер. зоол.) муравьед.

yurunas. [м. множ.] индейское племя, живущее в Бразилии.

yus. [нареч.] внизу, под: * ni tan yus, ni tan sus, никоим образом.

yusera. [м.] нижний жёрнов.

yusión. [ж.] (юр.) приказание, повеление; приказ.
yusivo, va. [прил.] (грам.) повелительный.
yuso. [нареч.] см. ayuso.
yuta. [ж.] (Амер. зоол.) слизняк: * hacer la yuta, (Амер.) отлынивать от уроков, прогуливать уроки; делать прогул.

yute. [м.] (бот.) джут; джутовая ткань.
yutificio. [м.] выработка ткани из джута; предприятие, занятое выработкой ткани и т. д. из джута.
yuxtalineal. [прил.] подстрочный (о переводе).
yuxtaponer. [перех.] распологать рядом; приставлять одно к другому; сопоставлять; **yuxtaponerse,** [возв. гл.] помещаться рядом.
yuxtaposición. [ж.] сопоставление; расположение рядом.

yuyal. [м.] (Амер.) место, поросшее сорной или дикой травой, **yuyos.**
yuyo. [м.] (Амер.) сорная или дикая трава; лечебная трава; см. **jaramago**; травяной соус; волдырь на ногах; [множ.] (Амер.) съедобные травы.
yuyo, ya. [прил.] (Амер.) невкусный, несолёный; глупый, пошлый.
yuyuba. [ж.] грудная ягода (плод) см. **azufaifa.**
yuyuscar. [перех.] (Амер.) полоть сорную траву.

Zz

z. [ж.] 28-я буква испанского алфавита.
zabacequia. [м.] (обл.) см. acequiero.
zabarcero, ra. [м. и ж.] продавец, -щица фруктов и т. д.
zabatán. [м.] (обл.) см. mastranzo.
zabida, zabila. [ж.] алоэ.
zaborda, zabordación. [ж.] zabordamiento. [м.] (мор.) посадка на мель.
zabordar. [неперех.] (мор.) сесть на мель.
zabordo. [м.] (мор.) посадка на мель.
zaborrero, ra. [прил.] (обл.) халтурящий.
zaborro. [м.] толстяк, толстый мужчина или мальчик.
zabra. [ж.] (мор.) старинное двухмачтовое судно.
zabucar. [перех.] см. bazucar.
zabulón. [м.] плут, пройдоха, мошенник.
zabullida, zabullidura. [ж.] см. zambullidura.
zabullir. [перех.] см. zambullir.
zabuqueo. [м.] см. bazuqueo.
zaca. [ж.] (горн.) большой бурдюк (предназначенный для осушки ствола).
zacapela, zacapella. [ж.] драка, перебранка, шум.
zacatal. [м.] (Амер.) см. pastizal.
zacate. [м.] (Амер.) трава, корм, фураж.
zacateca. [м.] (Амер.) ливрейный слуга при похоронных процессиях.
zacatecas. [м.] (разг. Амер.) см. zascandil.
zacatecla. [м.] см. zacateca.
zacateco, ca. [прил.] относящийся к Zacateco; [м. и ж.] уроженец, -ка этого мексиканского города (или штата).
zacatilla. [ж.] первосортная кошениль (краска).
zacatín. [м.] ветошный ряд; (Амер.) водочный завод.
zacatón. [м.] (Амер.) высокая кормовая трава.
zacear. [перех.] спугать; [неперех.] см. cecear.
zaceo. [м.] см. ceceo.
zaceoso, sa. [прил.] см. ceceoso.
zacuara. [ж.] (Амер.) род бамбука.
zacuto. [м.] (обл.) мешочек.
zadorija. [ж.] (бот.) см. pamplina.
zafa. [ж.] (обл.) умывальный таз.
zafacoca. [ж.] (обл.) (Амер.) драка, шум, скандал; возбуждение; побои, взбучка.
zafacón. [м.] (Амер.) мусорный ящик; неряха.
zafada. [ж.] (мор.) уничтожение препятствий.
zafado, da. [страд. прич.] к zafar; [прил.] (обл.) дерзкий, бесстыдный, наглый; (разг. Амер.) шустрый, живой (о детях).
zafadura. [ж.] (Амер.) вывих.

zafar. [перех.] покрывать, украшать, наряжать.
zafar. [перех.] (мор.) освобождать дорогу от препятствий; травить (канат); (Амер.) делать исключение; zafarse, [возв. гл.] спрятаться (от встречи с кем-л); отделяться от чего-л; избегать (опасности); избавляться (от чего-л неприятного); соскочить со шкива (о приводном ремне); (Амер.) вывихнуть; делать ложный шаг.
zafareche. [м.] см. estanque.
zafariche. [м.] (обл.) см. cantarera.
zafarrancho. [м.] (мор.) уборка корабля; аврал; (разг.) ссора, спор; шум, суматоха, свалка; драка: * zafarrancho de combate, приготовления к бою (на военном суде).
zafería. [ж.] деревня, хутор.
zafiamente. [нареч.] грубо.
zafiedad. [ж.] грубость, неотёсанность, невежество, необразованность.
zafio, fia. [прил.] грубый, неотёсаннный, невежественный; (Амер.) безжалостный.
zafío. [м.] (ихтиол.) см. negrilla.
zafir. [м.] zafira. [ж.] см. zafiro.
zafireo, a. [прил.] сапфировый, синий, цвета сапфира.
zafirina. [ж.] (мин.) синий халцедон.
zafirino, na. [прил.] сапфировый, синий, цвета сапфира.
zafiro. [м.] (мин.) сапфир.
zafo, fa. [прил.] (мор.) свободный; (перен.) целый и невредимый; [нареч.] (Амер. разг.) за исключением, кроме: * salir zafo, уцелеть.
zafón. [м.] см. zahón.
zafra. [ж.] бидон для растительного масла; цедилка для растительного масла (при продаже).
zafra. [ж.] (обл.) см. sufra.
zafra. [ж.] сбор урожая сахарного тростника; производство, изготовление тростникового сахара; время производства сахара; (Амер.) продажа скота; сезон торговли скотом.
zafra. [ж.] (горн.) щебень.
zafre. [м.] (хим.) синяя кобальтовая краска.
zafrero. [м.] (горн.) рабочий, переносящий в корзинах щебень.
zaga. [ж.] зад, задняя часть; задок; груз (в задке кареты и т. д.); [м.] последняя рука (в игре): * a (la) zaga, en zaga, сзади; * no ir(le) a uno en zaga, no quedarse en zaga, не отставать от кого-л в чём-л.
zagal. [м.] юноша, парень; крепкий, мужественный парень; младший пастух, подпасок; младший кучер.
zagal. [м.] широкая женская юбка.
zagala. [ж.] девушка; пастушка; (обл.) няня.
zagaleja. [ж. умен.] к zagala.
zagalejo. [м.] широкая женская юбка; умен. к zagal, (парень, юноша).
zagaletón, na. [м. и ж.] (Амер.) юноша, девушка высокого роста.
zagalón, na. [м. и ж.] см. zagaletón.
zagua. [ж.] (бот.) солянковое растение.
zagual. [м.] короткое весло; (Амер.) сточный желоб.
zaguán. [м.] сени, подъезд, вход, передняя, прихожая.
zaguanete. [м. умен.] к zaguán; караульное помещение (во дворце); лейб-гвардия.
zaguera. [ж.] (обл.) см. zaga.
zaguero, ra. [прил.] отстающий; находящийся позади; перевозящий чрезмерный груз в задке; [м.] (спорт.) защитник.
zagüí. [м.] (Амер.) род обезьянки.
zahareño, ña. [прил.] трудно (или не) поддающийся приручению (о птице); (перен.) надменный, нелюдимый, необщительный.
zaheridor, ra. [прил. и сущ.] (колко, лукаво) порицающий; уязвляющий.
zaherimiento. [м.] колкое порицание; колкость; уязвление.
zaherir. [перех.] лукаво, колко порицать; уязвлять; придираться; [непр. гл.] спряг. как sentir.
zahína. [ж.] (бот.) сорго; (обл.) см. coz.
zahinar. [м.] поле, засеянное сорго.
zahinas. [ж. множ.] (обл.) жидкая каша.
zahón. [м.] (чаще множ.) кожаные или суконные штаны (охотничьи или крестьянские).
zahondamiento. [м.] углубление (ямы и т. д.).
zahondar. [перех.] углублять (яму и т. д.); [неперех.] погружаться в землю; утонуть.
zahor. [м.] белизна жемчуга.
zahorí. [м.] жезлогадатель, колдун, гадатель; (перен.) проницательный человек.
zahoriar. [перех.], (м. употр.) см. escudriñar.
zahorra. [ж.] (мор.) балласт.
zahuate. [м.] (Амер.) поджарая, худощавая собака.
zahumar. [перех.] см. sahumar.
zahúrda. [ж.] см. pocilga.
zahurna. [ж.] (Амер.) шум, гал; шумное веселье.
zaida. [ж.] разновидность журавля.
zaina. [ж.] (арг.) кошелёк.

zaino, na. [прил.] предательский, изменнический, фальшивый (тж. о лошади): * a lo zaino, de zaino, косо, осторожно, подозрительно (смотреть).

zaíno, na. [прил.] гнедой, без отметин (о масти лошади); чёрный (о крупном рогатом скоте).

zainoso, sa. [прил.] (Амер.) фальшивый, лицемерный, предательский.

zaite. [м.] (Амер.) см. aguijón.

zajarí. [прил.] о сорте апельсина.

zalá. [ж.]: * hacer la zalá, (перен. разг.) отвешивать низкие поклоны, рассыпаться в любезностях (стараясь добиться чего-л), ухаживать.

zalagarda. [ж.] засада; стычка, сшибка, схватка; (перен.) ловушка, западня, силок; (перен.) (разг.) ловушка, западня; крик, шум; симулированная драка.

zalama. [ж.] см. zalamería.

zalamelé. [м.] см. zalamería.

zalameramente. [нареч.] вкрадчиво.

zalamería. [ж.] вкрадчивость, льстивость, льстивая ласка, слащавое притворное выражение любви.

zalamero, ra. [прил.] вкрадчивый, слащаво, притворно выражающий любовь.

zalea. [ж.] овчина.

zalear. [перех.] (легко) тащить или трясти; см. zacear.

zalema. [м.] салам алейкум, низкий, церемонный поклон; см. zalamería.

zaleo. [м.] таскание; вытряхивание; см. zalea.

zaloma. [ж.] см. saloma.

zalomar. [неперех.] см. salomar.

zallada. [ж.] (мор.) раскатывание чего-л вдоль палубы.

zallar. [перех.] (мор.) раскатывать вдоль палубы.

zamacuco. [м.] (разг.) дурень; хитрец; см. borrachera.

zamacueca. [ж.] южноамериканский индейский танец и песня.

zamanca. [ж.] (разг.) см. somanta.

zamarra. [ж.] бараний полушубок; овчина.

zamarrada. [ж.] грубость, грубый поступок; плутовство.

zamarreada. [ж.] (Амер.) см. zamarreo.

zamarrear. [перех.] трясти добычу из стороны в сторону (о волке, собаке); (перен. разг.) дурно обращаться, сильно бить, ударять; не давать защититься (при споре).

zamarreo. [м.] трясение добычи из стороны в сторону (о волке, собаке); (перен. разг.) дурное обращение, побои.

zamarrico. [м.] овчинная котомка, сума.

zamarro. [м.] бараний полушубок; ягнячья шкура; (перен. разг.) неряшливый, грубый человек; хитрец, плут, пройдоха; [множ.] кожаные штаны для верховой езды.

zamarrón. [м. увел.] к zamarra.

zamarronear. [перех.] (Амер.) см. zamarrear; порицать, упрекать.

zamba. [ж.] (Амер.) см. zamacueca.

zambaigo, ga. [м. и ж.] сын или дочь негра и индианки (или наоборот) (Амер.) сын или дочь индейца и китаянки (или наоборот).

zambapalo. [м.] старинный гротескный танец и музыка к нему.

zambarco. [м.] подгрудный ремень (сбруи); см. francalete.

zambardo. [м.] (Амер.) притеснитель; неловкость; случайная удача (в игре).

zambe. [м.] (Амер.) старинный народный танец и музыка к нему.

zambeque. [прил.] (Амер.) глупый, дурацкий; см. jarana.

zambi. [м. и ж.] сын или дочь американца и негритянки.

zámbigo, ga. [прил.] кривоногий.

zambo, ba. [прил.] кривоногий; косолапый; [м. и ж.] сын или дочь негра и индианки (или наоборот); см. mulato; порода обезьян.

zamboa. [ж.] см. azamboa.

zambomba. [ж.] род барабана; [межд.] (выражение удивления) чёрт возьми!

zambombazo. [м.] (разг.) удар; взрыв.

zambombo. [м.] мужлан, деревенщина, грубиян.

zambón. [м.] сорт айвы.

zamborondón, na, **zamborotudo**, da. [прил.] (разг.) грубый, толстый и некрасиво сложенный; халтурный; [м.] халтурный рабочий и т. д.

zambra. [ж.] шумное мавританское веселье; цыганский (андалузский) танец; (перен. разг.) шум, крик.

zambra. [ж.] мавританское судно.

zambrera. [ж.] (Амер.) драка, спор, ссора, перебранка.

zambucar. [перех.] (разг.) смешивать с другими вещами (прятать).

zambuco. [м.] (разг.) смешивание с другими вещами (тайком), утаивание.

zambuir. [перех.] (Амер.) см. zambullir.

zambullida. [ж.] см. zambullidura; ложный выпад (в фехтовании); (спорт.) прыжок в воду.

zambullidor, ra. [прил.] ныряющий; окунающий.

zambullidura. [ж.] **zambullimiento**. [м.] ныряние; окунание; быстрое погружение в воду, прыжок в воду.

zambullir. [перех.] внезапно погружать, окунать в воду; **zambullirse**, [возв. гл.] внезапно нырять, окунаться, погружаться в воду; (перен.) спрятаться, исчезать.

zambullo. [м.] большой ночной горшок; (Амер.) бочка для вывоза нечистот; нечистоты.

zambullo. [м.] (бот.) дикое оливковое дерево.

zambullón. [м.] (Амер.) см. zambullidura.

zambutirse. [возв. гл.] (Амер.) см. zambullirse.

zamorano, na. [прил.] относящийся к Zamora; [м. и ж.] уроженец, -ка этого города.

zampa. [ж.] свая, свайная опора.

zampabollos. [м. и ж.] (разг.) см. zampatortas.

zampacuartillos. [м. и ж.] пьяница.

zampadura. [ж.] см. zampamiento.

zampalimosnas. [м. и ж.] попрошайка, бесстыдный, назойливый паразит.

zampamiento. [м.] дейст. к засунуть, утаивание; еда с жадностью.

zampapalo. [м. и ж.] (разг.) см. zampatortas.

zampaplús. [м. и ж.] (разг.) см. zampabollos.

zampar. [перех.] быстро засунуть, утаить; есть быстро, с жадностью, много, уплетать; **zamparse**, [возв. гл.] прокрасться, пробраться, прокрадываться.

zampatortas. [м. и ж.] (разг.) обжора; мужлан, деревенщина.

zampeado, da. [страд. прич.] к zampear; [м.] (арх.) свайное основание.

zampear. [перех.] (арх.) укреплять грунт сваями.

zampón, na. [прил.] (разг.) прожорливый; [м.] (разг.) обжора.

zampoña. [ж.] свирель; (перен. разг.) пошлость, пошлое выражение.

zampuzadura. [ж.] быстрое погружение в воду, окунание; быстрое утаивание.

zampuzar. [перех.] внезапно погружать, окунать в воду; (перен. разг.) быстро засовывать, утаивать.

zampuzo. [м.] см. zampuzadura.

zamucos. [м. множ.] индейское племя.

zamurgido, da. [страд. прчи.] к **zamurgir**. [м.] погружение в воду, затопление.

zamurgir. [перех.] см. sumergir.

zamuro. [м.] (Амер. орни.) см. aura.

zanahoria. [ж.] (бот.) морковь; (Амер.) слуга; дурень.

zanahoriate. [м.] см. azanahoriate.

zanate. [м.] (Амер. орни.) зубчатоклювая птица (чёрная).

zanca. [ж.] птичья нога; (перен. разг.) тощая нога; ножка насекомого; (арх.) прогон лестницы; (обл.) большая булавка: * andar en zancas de araña, (перен. разг.) вилять, ходить вокруг да около por zancas o por barrancas, всеми возможными средствами.

zancada. [ж.] большой шаг: * en dos zancadas, вмиг, мигом.

zancadilla. [ж.] подножка; (перен. разг.) обман, хитрость, козни: * echar la zancadilla, подставить ножку, дать подножку (тж. перен.); * armar zancadilla, (разг.) устроить ловушку.

zancajada. [ж.] см. zancada или zancadilla.

zancajear. [неперех.] быстро и много ходить, трусить.

zancajera. [ж.] подножка (экипажа).

zancajiento, ta. [прил.] см. zancajoso.

zancajo. [м.] пяточная кость (ноги); (перен. разг.) большая обнажённая кость; пятка (чулка и т. д., особенно продырявленная); маленький или уродливый человек: * no llegar a los zancajos или al zancajo, не выдержать сравнения с кем-л в каком-л отношении; * roer los zancajos, (перен.) злословить.

zancajoso, sa. [прил.] кривоногий, колченогий; с большими или продырявленными пятками.

zancajudo, da. [прил.] (Амер.) см. zancajoso.

zancaraña. [ж.] (Амер.) кубинское дикое растение.

zancarrón. [м.] обнажённая кость ноги; (перен. разг.) большая обнажённая кость; (перен. разг.) худой, уродливый, неряшливый старик; малосведущий преподаватель.

zanclense. [прил.] (тж. прил.) (геол.) часть нижнего плиоцена (Мессина).

zancleo, a. [прил. и сущ.] (поэт.) см. siciliano.

zanco. [м.] ходуля; (мор.) рея; (уст.) птичья нога: * en zancos, в хорошем, высоком, выгодном положении.

zancón, na. [прил.] (разг.) длинноногий; (Амер.) короткий (о платье); [м.] (Амер.) юноша; дикий жеребёнок.

zancudo, da. [прил.] длинноногий; (зоол.) голенастый; [м.] американский москит; [ж. множ.] (зоол.) голенастые.

zandía. [ж.] см. sandía.

zandunga. [ж.] (Амер.) шумное веселье, ликование; сорт мексиканского вальса.

zanfonía. [ж.] (муз.) старинный струнный инструмент, рыли.

zanga. [ж.] карточная игра; (обл.) инструмент для сбивания плодов с дубов (encina).

zangaburra. [ж.] (обл.) см. cigoñal.

zangala. [ж.] прорезиненное полотно.

zangamanga. [ж.] (разг.) см. treta.

zángana. [ж.] ленивая, неуклюжая женщина.

zanganada. [ж.] дерзость, наглость, нахальство.

zangandongo, ga, zangandullo, lla. [м. и ж.] (разг.) см. zangandungo.

zangandungo, ga. [м. и ж.] бездарный, ленивый, неуклюжий человек, увалень.

zanganear. [неперех.] шататься, бродить без дела, бездельничать.

zanganeo. [м.] шатание, бездельничанье.

zanganería. [ж.] бродяжничество, праздность, безделье.

zángano. [м.] (зоол.) трутень; (перен. разг.) трутень; см. zangandungo; (Амер.) плут, хитрец.

zangarilla. [ж.] (обл.) летняя мельница.

zangarillejo. [м.] (разг.) замарашка (о молодом бродяжке).

zangarillejo. [м.] (разг.) неряха (о молодом юноше).

zangarrear. [неперех.] (разг.) бренчать на гитаре.

zangarriana. [ж.] (вет.) вертячка (болезнь овец); (разг.) недомогание; грусть, уныние, огорчение, меланхолия.

zangarro. [м.] (Амер.) см. tendejón; временная мельница (для сахарного тростника).

zangarullón. [м.] (разг.) см. zangón.

zangoloteada. [ж.] (Амер.) см. zangoloteo.

zangolotear. [перех.] (разг.) постоянно трясти; [неперех.] (перен. разг.) шататься из угла в угол; zangolotearse, [возв. гл.] постоянно трястись; (разг.) стоять непрочно, шататься.

zangoloteo. [м.] (разг.) продолжительное качание, трясение; быстрые суетливые движения; дейст. к кататься, стоять непрочно.

zangón. [м.] (разг.) великовозрастный оболтус, дылда.

zangorrear. [неперех.] (Амер.) бренчать на гитаре.

zangotear. [перех.] (разг.) см. zangolotear.

zangoteo. [м.] (разг.) см. zangoloteo.

zanguanga. [ж.] (разг.) притворная болезнь, симуляция заболевания; см. langotería.

zanguango, ga. [прил.] (разг.) отупевший от безделья; [сущ.] оболтус, лежебока (прост.).

zanguayo. [м.] дылда, прикидывающийся глупым.

zanja. [ж.] ров; канава; (Амер.) рытвина, ложбина, промоина (после сильного дождя); забор: * zanja de cimentación, котлован для фундамента; * zanja de desagüe сток, канава; * abrir las zanjas, начать постройку; (перен.) положить начало чему-л.

zanjar. [перех.] рыть канавы, котлованы; (перех.) устранять препятствия.

zanjear. [перех.] (Амер.) рыть котлованы или канавы.

zanjón. [м.] (Амер.) большой глубокий ров по которым протекает вода; обрывистый ров; обрыв: * echar al zanjón, (Амер. разг.) прятать или исчезнуть.

zanqueador, ra. [прил.] (и сущ.) кривоногий, косолапый, много и быстро ходящий.

zanqueamiento. [м.] дейст. к zanquear.

zanquear. [неперех.] кривить, расставить ноги при ходьбе, косолапить; много и быстро ходить.

zanquilargo, ga. [прил.] (разг.) длинноногий, голенастый (тже. сущ.).

zanquilla(s), zanquita(s). [м. и ж.] (перен. разг.) человек с короткими, тонкими ногами, коротконожка.

zanquituerto, ta. [прил.] (разг.) кривоногий, косолапый (тже. сущ.).

zanquivano, na. [прил.] (разг.) с короткими худыми ногами (тже. сущ.).

zanza. [ж.] (муз.) ксилофон.

zapa. [ж.] мотыга, кирка; (воен.) сапа, апрош, подкоп: * caminar a la zapa, (воен.) ходить по сапам; * labor de zapa, подрывная работа.

zapa. [ж.] акулья кожа; кожа выделанная под акулью; шагрень.

zapador. [м.] (воен.) сапёр.

zapalota. [ж.] (обл.) кувшинка, водяная лилия.

zapallada. [ж.] (разг. Амер.) везение, удача; глупость, нелепость, вздор.

zapallar. [м.] (Амер.) тыквенная бахча.

zapallazo. [м.] (Амер.) удар тыквой; счастливый случай.

zapallero, ra. [м. и ж.] (Амер.) торговец- ка тыквой; [прил.] (Амер. разг.) любящий есть тыквы; удачливый (о человеке).

zapallo. [м.] (Амер.) тыква; толстяк; случайный выигрыш, везение.

zapallón, na. [прил.] (Амер. разг.) жирный, толстый.

zapapico. [м.] большая кирка-мотыга.

zapaquilda. [ж.] кошка.

zapar. [неперех.] работать киркой; вести сапы.

záparos. [м. множ.] индейское племя, живущее в Эквадоре.

zaparrada. [ж.] см. zarpazo.

zaparrastrar. [неперех.] (разг.) волочить подол платья.

zaparrastroso, sa. [прил. и сущ.] (разг.) см. zarrapastroso.

zaparrazo. [м.] (разг.) см. zarpazo.

zapata. [ж.] сорт ботинка, башмака; (тех.) подпорка, башмак; (Амер.) цоколь здания: * zapata de freno, тормозной башмак, тормозная колодка; * zapata de la quilla, фальшкиль.

zapatada. [ж.] множество башмаков; см. zapatazo.

zapatazo. [м.] удар башмаком; (перен.) падение; сильный удар (о звонкий предмет); удар копытом (о мостовую и т. д.): * tratar a zapatazos, (разг.) грубо обращаться; * mandar a zapatazos, (разг.) держать под башмаком.

zapateado. [м.] испанский народный танец с пристукиваньем каблуками; музыка к нему.

zapateador, ra. [прил. и сущ.] пристукивающий каблуками.

zapatear. [перех.] ударять башмаком; пристукивать башмаками, каблуками; прихлопывать ладошами по коленям в такт танцу; быстро ударить лапами о почву (о кролике); засекаться (о лошади); (перен.) скверно, грубо обращаться с кем-л, третировать; (фехт.) часто ударять противника пуговкой рапиры; [неперех.] перебирать ногами (о лошади); (мор.) полоскаться (о парусах); (Амер.) танцевать zapateado; zapatearse, [возв. гл.] крепко держаться, не поддаваться.

zapateo. [м.] дейст. к ударять башмаком, пристукивать башмаками, каблуками или прихлопывать ладошами по коленям в такт танцу; неприятный звук; топотня; грубое обращение с кем-л (фехт.) дейст. к часто ударять противника пуговкой рапиры; (мор.) полоскание (о парусах); (вет.) засечка ноги (о лошади); (Амер.) исполнение zapateo (танец).

zapatera. [ж.] жена сапожника; мастерица по шитью и починке обуви; продавщица обуви: * quedarse zapatera, (разг.) не набрать очков в карточной игре.

zapatería. [ж.] сапожная мастерская; магазин обуви; место или улица, где расположены магазины обуви; сапожничество, ремесло сапожника.

zapateril. [прил.] сапожничий.

zapatero, ra. [прил.] затвердевший при варке (об овощах); жёсткий (о преждевременно жареном мясе и т. д.); (перен.) обескураженный.

zapatero. [м.] сапожник; обувщик; продавец обуви; морская рыба; водяной паук: * zapatero de viejo, сапожник, занимающийся только починкой; * quedarse zapatero, (разг.) не взять ни одной взятки (в карточной игре).

zapateta. [ж.] удар ладонью по ноге или по башмаку (при прыжке); ¡zapateta!, чёрт возьми! (выражает удивление, восторг).

zapatilla. [ж.] лёгкая туфля, лёгкий башмак; лодочка; домашняя туфля; кожаная прокладка (на бильярдном кие); копыто (у парнокопытных); (фехт.) кожаный шарик (на рапире): * zapatilla de la reina, (бот.) см. pamplinas; * zapatillas de la Virgen, (обл.) см. madreselva.

zapatillazo. [м.] удар туфлей.

zapatillero, ra. [м. и ж.] туфельный мастер; торговец, -ка туфлями.

zapato. [м.] башмак, (полу)ботинок, туфля: * zapatos papales, галоши; * zapato botín, высокий ботинок; * como tres en un zapato, как сельди в бочке; * meter en un zapato, запугивать; * saber dónde le aprieta el zapato, знать чьё-л слабое место.

zapatón, na. [прил.] (Амер.) твёрдый, жёсткий; [м.] (Амер.) галоша.

zapatudo, da. [прил.] в больших башмаках; (Амер.) жёсткий (о фруктах).

zapatudo, da. [прил.] укреплённый башмаком, подпоркой.

¡zape! [межд.] брысь!; пас! (в карточной игре).

zapear. [перех.] прогонять (кошку или человека); (перен. разг.) пасовать (в карточной игре); (Амер.) выслеживать.

zapera. [ж.] zaperoco. [м.] (Амер.) шум, крик, спор, скандал, ссора, брань.

zapita. [ж.] zapito. [м.] (обл.) деревянная лохань.

zaporavios. [м. множ.] см. zaporogos.

zaporogos. [м. множ.] запорожцы.

zapotol. [м.] сад из ахрасов.

zapote. [м.] (бот.) сапотиловое дерево, ахрас; сапота, плод этого дерева (род продолговатого яблока).

zapotear. [перех.] (обл.) см. chapotear.

zapotero. [м.] (бот.) ахра(с).

zapotillo. [м.] (бот.) род ахрата, ахры.

zapoyol. [м.] (Амер.) ядро сапоты (см. zapote).

zapoyolito. [м.] (Амер.) лазящая птица.

zapupe. [м.] (Амер.) см. maguey.

zapuzar. [перех.] см. chapuzar.

zaque. [м.] бурдюк (небольшой); (перен. разг.) пьяница.

zaquear. [перех.] переливать жидкость из бурдюка в бурдюк; перевозить жидкость в бурдюках.

zaqueo. [м.] переливание из бурдюка в бурдюк; перевозка жидкости в бурдюках.

zaquizamí. [м.] чердачная комната; убогое жилище, каморка, конура.

zar. [м.] царь.

zara. [ж.] кукуруза, маис.

zarabanda. [ж.] сарабанда (танец и музыка к нему); (перен.) шум, крик, шумное веселье.

zarabandista, zarabando, da. [прил.] (тже. сущ.) танцующий или поющий сарабанду (см. zarabanda); шумный, шумливый, весёлый.

zarabeto. [прил.] (обл.) см. tartamudo.
zarabutear. [перех.] (разг.) см. zaraguatear.
zaragalla. [ж.] мелкий древесный уголь.
zaragata. [ж.] (разг.) ссора, спор, шум, драка, свалка; (Амер.) см. zalamería.
zaragate. [м.] (Амер.) презренный человек; льстец.
zaragatero, ra. [прил.] (тж. сущ.) (разг.) шумный, шумливый, весёлый любящий шум, суматоху; (Амер.) см. zalamero.
zaragatona. [ж.] (бот.) комарник, блошник, богатинка; семя этого растения.
zaragocés, sa. [прил. и сущ.] см. zaragozano.
zaragocí. [прил.] ciruela zaragocí, жёлтая слива (из Zaragoza).
zaragozano, na. [прил.] относящийся к Zaragoza; [м. и ж.] уроженец, -ка этого города.
zaragüelles. [м. множ.] широкие штаны (плохо сшитые).
zaraguatear. [перех.] (разг.) делать что-л плохо, наспех.
zaraguatero, ra. [прил.] работающий наспех, наскоро, кое как; [м. и ж.] халтурщик, -ица.
zaramagullón. [м.] см. somorgujo.
zarambeque. [м.] шумный весёлый негритянский танец.
zarambote. [м.] (Амер.) см. revoltillo.
zarambutear. [перех.] (Амер.) ворошить, перемешивать.
zaramullo. [м.] (Амер. разг.) см. zascandil; бессмыслица; безрассудство.
zaranda. [ж.] решето, сито; грохот (Амер.) гудящий волчок; труба, валторна.
zarandador, ra. [м. и ж.] человек, занимающийся просеиванием.
zarandaja. [ж.] (разг.) (чаще множ.) безделушка; (Амер.) презренная женщина.
zarandajo, ja. [прил.] (Амер.) низкий, презренный, достойный презрения; [м.] старая, вышедшая из употребления вещь; тесёмка, нитка, висящая на платье.
zarandar. [перех.] просеивать, провеивать зерно; процеживать желе и т. д.; (перен. разг.) встряхивать что-л; расшевелить, растрясти; выделить самое основное из чего-л; zarandearse, [возв. гл.] (Амер.) см. contonearse.
zarandear. [перех.] см. zarandar; (перен.) заставить работать, как каторжный; zarandearse, [возв. гл.] (разг. Амер.) см. contonearse.
zarandeo. [м.] просеивание зерна; встряхивание; (Амер.) см. contoneo.
zarandero. [м. и ж.] см. zarandador.
zarandilla. [ж.] (обл.) см. lagartija.
zarandillo. [м.] маленькое решето, сито; (перен. разг.) проворный, хлопотливый человек; юла; чертёнок.
zarando, da. [прил.] (Амер.) легкомысленный; подвыпивший.
zarandón. [м.] см. zaranda.
zaranga. [ж.] (обл.) блюдо из жареных овощей.
zarantán. [м.] (мед.) см. zaratán.
zarapatel. [м.] (кулин.) сорт маседуана.
zarape. [м.] (Амер.) см. sarape.
zarapico. [м.] (Амер.) см. zarapito.
zarapito. [м.] (орн.) кулик.
zarapón. [м.] (обл. бот.) см. lampazo.
zaratán. [м.] рак груди (у женщин); (Амер.) трихина; трихиноз.
zarate. [м.] (Амер.) чесотка.
zaratita. [ж.] (мин.) заратит.
zaraza. [ж.] ситец, выбойка (уст.)

zarazas. [ж. множ.] яд для истребления животных.
zarazo, za. [прил.] (обл.) (Амер.) недозрелый, недоспелый.
zarazón, na. [прил.] (Амер.) наливающийся (о колосе); созревающий, зреющий (о плодах); (перен.) подвыпивший.
zarcear. [перех.] прочищать (трубы); [неперех.] (охот.) искать в зарослях (о собаке); проворно ходить взад и вперёд.
zarbo. [м.] (обл.) речная рыбка.
zarceño, ña. [прил.] ежевичный.
zarceo. [м.] прочистка (канализационных и т. д. труб); (охот.) искание в зарослях (о собаке); проворное хождение взад и вперёд; (Амер.) запутанный спор.
zarcera. [ж.] (обл.) подвальное окно; см. zarzamora.
zarcero, ra. [прил.] * perro zarcero, такса (собака).
zarceta. [ж.] (орни.) чирок.
zarcillitos. [м. множ.] (бот.) трясучка.
zarcillo. [м.] серьга; (бот.) усик (виноградной лозы и т. д.); (Амер.) клеймение скота (надрезыванием уха); (обл.) обод бочки: * de zarcillo, (Амер.) (взявшись) под руку.
zarcillo. [м.] мотыга, садовая кирка, полольник.
zarco, ca. [прил.] голубой (о глазах, воде); (Амер.) близорукий; с белёсыми глазами (о животном); белый, белой расы.
zarevich, zarevitz. [м.] царевич.
zargatona. [ж.] см. zaragatona.
zariano, na. [прил.] царский.
zarigüeya. [ж.] (зоол.) двуутробка (сумчатое животное).
zarina. [ж.] царица.
zarismo. [м.] царизм; [прил.] к zarismo, царистский.
zarista. [м.] сторонник царизма.
zarpa. [ж.] (мор.) подъём якоря; лапа хищных животных; см. cazcarria: * echar la zarpa, (перен. разг.) хватать; взять, присвоить себе что-л; * hacerse una zarpa, (перен. разг.) промокнуть до костей.
zarpa. [ж.] (арх.) цоколь фундамента.
zarpada. [ж.] удар лапой (о хищных животных).
zarpanel. [прил.] см. carpanel.
zarpar. [перех.] (мор.) выбирать, поднимать якорь; [неперех.] сниматься с якоря, отчаливать.
zarpazo. [м.] см. zarpada; сильный удар при падении и т. д.
zarpe. [м.] (Амер.) подъём якоря.
zarpear. [перех.] (Амер.) обрызгивать грязью; обрызгивать, опрыскивать.
zarposo, sa. [прил.] испачканный, забрызганный грязью.
zarrabete. [м.] (обл.) см. zanfonía.
zarracotería. [ж.] притворная ласка, притворное выражение привязанности.
zarracatín. [м.] (разг.) мелочной торговец-спекулянт.
zarramagalo. [м.] (обл.) летучая мышь.
zarramplín. [м.] (обл.) щавель.
zarramplín. [м.] (разг.) халтурщик, 1 работник; бедняк, бедняга.
zarramplinada. [ж.] небрежная, плохая работа, халтура; мазня.
zarrapastra. [ж.] (разг.) см. cazcarria; [ж.] грязнуля.
zarrapastrón, na. [прил.] очень грязный или неряшливый, оборванный; [м. и ж.] неряха, грязнуля, оборванец, -ка.
zarrapastrosamente. [нареч.] нечистоплотно, неряшливо.
zarrapastroso, sa. [прил.] (разг.) грязный, нечистоплотный, неряшливый; оборванец; [м. и ж.] неряха, грязнуля, оборванец, -ка.
zarria. [ж.] см. cazcarria; тряпка, лохмотья.

zarria. [ж.] кожаный ремешок для обуви.
zarriento, ta, zarrioso, sa. [прил.] грязный, забрызганный грязью.
zarza. [ж.] (бот.) ежевика; колючий кустарник: * zarza lobera, (обл.) см. escaramujo.
zarzagán. [м.] северный ледяной ветер.
zarzaganete. [м. умен.] к zarzagán.
zarzaganillo. [м.] северный ветер, вызывающий бурю.
zarzahán. [м.] полосатая шёлковая ткань.
zarzaidea. [ж.] см. frambuesa.
zarzal. [м.] ежевичник, поросль ежевики.
zarzaleño, ña. [прил.] к ежевичнику.
zarzamora. [ж.] ежевика (ягода); см. zarza: * de zarzamora, ежевичный.
zarzamoral. [м.] см. zarzal.
zarzaparrilla. [ж.] (бот.) род сассапариля (растение, корень которого употребляется в медицине); отвар из корня этого растения; прохладный напиток, приготовленный из этого корня.
zarzayarrillar. [м.] заросли сассапариля (см. zarzaparrilla).
zarzaperruna. [ж.] (бот.) шиповник (растение и плод).
zarzarrosa. [ж.] цветок шиповника.
zarzo. [м.] плетень.
zarzoso, sa. [прил.] поросший кустами ежевики; поросший колючим кустарником.
zarzuela. [ж. умен.] к zarza.
zarzuela. [ж.] сарсуэла, вид испанской оперетты; музыка к ней.
zarzuelero, ra. [прил.] относящийся к zarzuela.
zarzuelista. [м.] автор zarzuela.
¡zas! хлоп!, бац!, трах!, бух!
zascandil. [м.] назойливое презренное лицо, интриган.
zascandilear. [неперех.] интриговать, вмешиваться, поднимать шум, важничать.
zata(ra). [ж.] сорт плота для перевозки грузов.
zato. [м.] кусок хлеба; кусок чёрствого хлеба.
zato, ta. [прил.] (Амер.) малорослый, приземистый (о животных).
zazo, za, zazoso, sa. [прил.] см. ceceoso, tartajoso.
zea. [ж.] кукуруза, маис.
zebra. [ж.] (зоол.) зебра.
zeda. [ж.] название буквы z.
zedilla. [ж.] старинная буква ç; графический знак под буквой с (ç).
zelandés, sa. [прил.] зеландский; [м. и ж.] зеландец, -ка.
zendavesta. [м.] священная книга Персов.
zendo, da. [прил.] зендский; [м.] зендский язык.
zenit. [м.] (астр.) зенит, см. cenit.
zénzalo, la. [прил.] см. cínife.
zepelín. [м.] цеппелин.
zeta. [ж.] название буквы z; 6-я буква греческого алфавита.
zetética. [ж.] изыскательный метод; (фил.) см. escepticismo; (мат.) изыскание, исследование.
zeugma, zeuma. [ж.] (грам.) зевгма.
zigano, na. [прил. и сущ.] цыганский; [м. и ж.] цыган, -ка.
zigurat. [м.] (археол.) ассирийская башня.
zigzag. [м.] зигзаг: * en zigzag, зигзагообразно.
zigzaguear. [неперех.] делать зигзаги.
zima. [ж.] бродило, закваска, дрожжи, фермент.
zimasa. [ж.] (хим.) комплекс ферментов, содействующих анаэробному распаду углеводов.
zímico, ca. [прил.] относящийся к ферментации.
zimina. [ж.] zimo. [м.] (хим.) см. zima.

zimología. [ж.] отдел химии, изучающий брожение органических веществ.
zimológico, ca. [прил.] к zimología.
zimosímetro. [м.] инструмент для определения степени брожения.
zimosis. [ж.] брожение.
zinc. [м.] (хим.) цинк.
zingíber. [м.] (бот.) имбирь.
zinguiberáceas. [ж. множ.] (бот.) имбирные растения.
zipizape. [м.] (разг.) шумная ссора, скандал.
¡zis, ¡zas! [разг.] стук-стук.
zitogala. [ж.] напиток из пива и молока.
zizaña. [ж.] см. cizaña.
zizifo. [м.] (бот.) ююба.
zloty. [м.] злотый (польская денежная единица).
zoantropía. [ж.] сумасшествие, в котором больной считает себя превращённым в животное.
zoántropo, pa. [прил. и сущ.] сумасшедший, который считает себя превращённым в животное.
zoca. [ж.] площадь (города); (обл.) пень.
zócalo. [м.] (арх.) цоколь; фриз; сорт пьедестала; (эл.) цоколь; (Амер.) центр площади.
zocatearse. [возв. гл.] желтеть, становиться жёлтым не дозрев (о плодах).
zocato, ta. [прил.] жёлтый (о незрелых плодах); (разг.) см. zurdo, (тже. сущ.).
zoclo. [м.] деревянный башмак; башмак на деревянной подошве.
zoco. [м.] см. zueco; (арх.) цоколь; * andar de zocos en colodros, (перен. разг.) попадать из огня да в полымя.
zoco. [м.] (в Марокко) базар, рынок; (уст.) площадь (города).
zoco, ca. [прил.] владеющий левой рукой лучше, чем правой; (разг.) левый (о руке); (Амер.) однорукий; [м. и ж.] левша; [ж.] левая рука; [м.] (Амер.) хрипота, кашель.
zocolar, zocollar. [перех.] (Амер.) см. socolar.
zocotrollo. [м.] (Амер.) большая вещь.
zodiacal. [прил.] (астр.) зодиакальный; * signos zodiacales, знаки зодиака.
zodiaco. [м.] (нстр.) зодиак.
zoético, ca. [прил.] относящийся к животной жизни.
zofra. [ж.] сорт мавританского ковра; столик для кофе, закусок и т. д.
zofralí. [м.] мавританский ковёр.
zoiatría. [ж.] см. veterinaria.
zoico, ca. [прил.] см. zoético.
zoilo. [м.] зоил, придирчивый, завистливый критик.
zoísmo. [м.] отличительные черты животного жизни.
zolocho, cha. [прил.] глуповатый, придурковатый, недалёкий; [м. и ж.] простак, глуповатый человек.
zollipar. [неперех.] (разг.) всхлипывать, рыдать.
zollipo. [м.] (разг.) всхлипывание; рыдание.
zoma. [ж.] см. soma.
zomoterapia. [ж.] лечение сырым мясом.
zomoterápico, ca. [прил.] относящийся к лечению сырым мясом.
zompancle, zompantle. [м.] (бот.) мексиканское ядовитое растение.
zompo, pa. [прил. и сущ.] см. zopo.
zompopo. [м.] (Амер.) большеголовый муравей.
zompopo, pa. [прил.] (Амер.) глупый, глуповатый.
zona. [ж.] (геор.) зона, пояс, полоса; зона, полоса, район, пространство; (геом.) сегмент; (мед.) пояс: * zona de influencia, сфера влияния; * zona franca, свободная

зона; * zona avanzada, (воен.) передовая полоса района армии; * zona de retaguardia, (воен.) тыловой район; * zona glacial, полярная зона; * zona templada, умеренная зона; * zona tórrida, тропическая зона; * zona de altas (bajas) presiones, область высокого (низкого) атмосферного давления.
zonado, da. [прил.] разделённый на концентрические пояса.
zonaje. [м.] разделение на пояса.
zonal. [прил.] с поперечными поясами.
zoncera, zoncería. [ж.] (Амер.) см. sosera.
zonchiche. [м.] (Амер.) красноголовый ястреб.
zonda. [ж.] (Амер.) горячий северный сильный ветер.
zongorrear. [неперех.] (разг.) см. zangarrear.
zoniforme. [прил.] поясовидный.
zonismo. [м.] разделение на пояса.
zonote. [м.] пещерный естественный водоём.
zónula. [ж.] поясок: * zónula de Zinn, (анат.) цинновая связка, поддерживающая хрусталик.
zonular. [прил.] относящийся к пояску.
zonzamente. [нареч.] безвкусно; нелепо, пошло.
zonzear. [неперех.] (Амер.) молоть вздор.
zonzo, za. [прил.] безвкусный, пресный; пошлый; глуповатый, дурашливый; [м. и ж.] пошлый человек; простак, дурак.
zonzoreco, ca, zonzoreno, na, zonzorrio, rria. [прил.] (Амер.) см. zopenco.
zonzorrión, na. [прил.] (разг.) очень глупый; [м. и ж.] набитый дурак.
zoo. [м.] (разг.) зоопарк.
zoobiología. [ж.] зообиология.
zoocarpo. [м.] (бот.) см. zoósporo.
zoodinámica. [ж.] животная физиология.
zoocrastia. [ж.] совокупление с животными.
zoófago, ga. [прил.] плотоядный (тже. сущ.).
zoofilia. [ж.] любовь к животным; см. zoocrastia.
zoófilo, la. [прил.] любящий животных.
zoófitos. [м. множ.] (зоол.) зоофиты, животнорастения.
zoofitolito. [м.] ископаемый зоофит.
zoofitología. [ж.] история зоофитов, животнорастений.
zoofobia. [ж.] патологический страх перед животными.
zoóforo. [м.] (арх.) фриз с фигурами зверей.
zoógeno, na. [прил.] животного происхождения.
zoogeografía. [ж.] зоогеография.
zoogeográfico, ca. [прил.] зоогеографический.
zooglea. [ж.] слизистые или студенистые скопления микробов в жидкой среде.
zoografía. [ж.] зоография.
zooide. [м.] (зоол.) зооид.
zooideo, a. [прил.] имеющий вид животного, зверовидный.
zoólatra. [прил. и сущ.] поклоняющийся животным, звероклонник.
zoolatría. [ж.] зоолатрия, культ животных, звероклонство.
zoolítico, ca. [прил.] содержащий окаменелые остатки животных.
zoolito. [м.] окаменелые остатки животного.
zoología. [ж.] зоология.
zoológico, ca. [прил.] зоологический.
zoólogo. [м. и ж.] зоолог.
zoomorfia. [ж.] наука о внешней форме животных.
zoomorfismo. [м.] зооморфизм.
zoopaleontología. [ж.] зоопалеонтология.

zoopeleontológico, ca. [прил.] (неол.) зоопалеонтологический.
zooparasitario, ria. [прил.] относящийся к паразитам на животном теле.
zooparásito. [м.] паразит на животном теле.
zooparque. [м.] зоопарк, зоосад.
zoopatología. [ж.] зоопатология.
zoopatólogo. [м. и ж.] зоопатолог.
zooplancton. [м.] зоопланктон.
zooplasma. [м.] животная плазма.
zoosplasta. [м.] (физиол.) сперматозоид.
zoopsicología. [ж.] зоопсихология.
zooquímica. [ж.] зоохимия.
zooquímico, ca. [прил.] зоохимический.
zoospermo. [м.] (физиол.) сперматозоид, семенная нить.
zoospora. [ж.] (бот.) зооспора.
zoosporangio. [м.] (бот.) зооспорангий.
zoosporo. [м.] (бот.) зооспоро.
zootaxia. [ж.] (зоол.) классификация животных.
zootecnia. [ж.] зоотехния, зоотехника.
zootécnico, ca. [прил.] зоотехнический.
zootecnista. [м. и ж.] зоотехник.
zooterapia. [ж.] зоотерапия.
zootomía. [ж.] зоотомия.
zootoxina. [ж.] животный яд.
zootrofía. [ж.] питание животных.
zopas. [м. и ж.] сюсюкающий человек.
zope. [м.] (Амер.) разновидность ястреба.
zopenco, ca. [прил.] глупый, грубый, отупевший, одуревший; [м. и ж.] глупец, дурак, дура, тупица.
zopetero. [м.] см. ribazo.
zopilote. [м.] (Амер.) см. aura (разновидность ястреба).
zopisa. [ж.] смола; дёготь; сосновая смола.
zopitas. [м.] (разг.) см. zopas.
zopo, pa. [прил.] кривой, скрюченный (о руке, ноге); косолапый; неловкий.
zoqueta. [ж.] сорт деревянной перчатки (у косаря).
zoquetada. [ж.] грубость, глупость.
zoquete. [м.] чурбан, колода; (перен.) большой огрызок хлеба; (перен. разг.) приземистый, плохо сложённый человек; грубиян, глупец, тупица.
zoquete. [м.] (Амер.) короткий носок.
zoquetear. [перех.] тыкать кулаком в лицо (при споре); дурно обращаться; [неперех.] (Амер.) говорить или делать глупости.
zoquetero, ra. [прил.] нищенствующий; [м. и ж.] нищий, -ая.
zoquetudo, da. [прил.] грубо сделанный, топорный.
zorcico. [м.] баскский народный танец; музыка и песня к нему.
zorenco, ca. [прил.] (разг.) см. alelado.
zorito, ta. [прил.] см. zurito.
Zoroastro. [м.] Зороастр.
zorocho. [м.] (мин.) сорт талька.
zorocho, cha. [прил.] (Амер.) см. zorollo; недоваренный, недожаренный.
zorollo, lla. [прил.] сжатый недозревшим (о злаках).
zorongo. [м.] головной платок (у арагонцев); широкий шиньон; народный андалузский танец; музыка к нему; аргентинский танец.
zorores. [м. множ.] индейское племя, живущее в Венесуэле.
zorra. [ж.] (зоол.) лиса, лисица; лиса (самка); (перен.) разг.) лицемер, -ка, хитрец, плут, плутовка; опьянение, хмель: * desollar или dormir la zorra, (разг.) проспаться после пьянства; pi-

llar una zorra, (разг.) напиться; * la zorra perderá los dientes, pero no las mientes, как волка ни корми, он всё в лес глядит; * no ser la primera zorra que uno ha desollado, (разг.) собаку съесть на чём-л.

zorra. [ж.] ломовые дроги.

zorra. [ж.] (перен. разг.) проститутка, потаскушка, шлюха.

zorral. [прил.] (Амер.) надоедливый, назойливый, навязчивый; упрямый.

zorrastrón, na. [прил.] (разг.) лисий, хитрый, лукавый; лицемерный; [м. и ж.] лицемер; хитрец; плут, -овка, шельма.

zorreada, zorreadura. [ж.] (Амер.) охота на лис.

zorrear. [неперех.] охотиться на лис; обметать пыль метёлочкой из меха.

zorrera. [ж.] лисья нора; (разг.) см. *azorramiento*; дымное жильё.

zorrería. [ж.] лисья хитрость; (перен.) (разг.) хитрость, лукавство, коварство.

zorrero, ra. [прил.] используемый для охоты на лис, на лисиц (о собаке); (перен.) хитрый, коварный, лукавый; [м.] собака для охоты на лис, на лисиц; лесник, занимающийся охотой на лисиц, волков и мелких животных.

zorrero, ra. [прил.] неповоротливый, тяжёлый, тяжеловесный (о судне); отстающий.

zorrillo. [м.] (Амер.) (зоол.) вонючка.

zorrillo, lla. [прил.] (Амер.) ленивый; глупый.

zorrino. [м.] (Амер.) (зоол.) вонючка.

zorro. [м.] (зоол.) самец лисицы, лис (обл.); лиса, лисий мех; (перен. разг.) лентяй, притворяющийся глупым; хитрец лиса, лиса патрикеевна; (Амер.) вонючка; мука из поджаренной пшеницы; [мн.ж.] метёлка из меха для обметания пыли: * zorro azul, голубой песец; zorro chingue, (Амер.) вонючка; * zorro de agua, (Амер.) см. *martinete*; * zorro de monte, hediondo, (Амер.) вонючка; * estar hecho un zorro, (перен. разг.) сильно хотеть спать; упорно молчать; * hacerse el zorro, (разг.) притворяться глупым или рассеянным.

zorro, rra. [прил.] см. *zorrero*.

zorrocloco. [м.] (разг.) человек, притворяющийся глупым; хитрец; см. *arrumaco*.

zorrón. [м.] увел. к zorra (проститутка или хитрец).

zorronglón, na. [прил. и сущ.] ворчливо исполняющий что-л.

zorruela. [ж. умен.] к zorra, лисичка.

zorruelo. [м. умен.] к zorro.

zorrullo. [м.] см. *zurullo*.

zorruno, na. [прил.] лисий, лисиный (прост.).

zorzal. [м.] (орни.) дрозд; (перен.) хитрец; (Амер.) глупец, простофиля, балда, дурень: * zorzal charlo, сероголовый дрозд.

zorzala. [ж.] (Амер.) дрозд (самка).

zorzalada. [ж.] (Амер.) глупость, нелепость, вздор.

zorzalear. [неперех.] (разг. Амер.) выманивать деньги у кого-л.

zorzaleño, ña. [прил.]: * aceituna zorzaleña, сорт мелкой маслины.

zorzalino, na. [прил.] (Амер.) доставляющий наслаждение, приятный.

zoster. [ж.] (мед.) опоясывающий лишай.

zote. [прил.] невежественный, тупой, глупый; [м. и ж.] глупец, дурак, дура.

zozobra. [ж.] опасность на море (о судне); кораблекрушение; (перен.) непрестанная внутренняя тревога, беспокойство.

zozobrado, da. [страд. прич.] к zozobrar; [прил.] см. *zozobroso*.

zozobrante. [действ. прич.] к zozobrar.

zozobrar. [неперех.] подвергаться опасности, находиться в опасности (о судне); тонуть, идти ко дну, опрокинуться, терпеть кораблекрушение; (перен.) находиться в опасности; тревожиться, непрестанно думать о чём-л; [перех.] топить, пускать ко дну.

zozobroso, sa. [прил.] беспокойный, тревожный, огорчённый.

zúa. [ж.] см. *azud*.

zuaca. [ж.] (Амер.) язвительная шутка, насмешка; побои: * hacer la zuaca, (Амер.) ухаживать, говорить любезности.

zuacate. [м.] (Амер.) удар кулаком; толчок.

zuavo. [м.] зуав.

zubia. [ж.] водосток; место стока воды.

zuca. [ж.] индейская погремушка из тыквы, наполненной камешками.

zucarino, na. [прил.] см. *sacarino*.

zucca. [ж.] см. *zuca*.

zucucho. [м.] (Амер.) см. *socucho*.

zúchil. [м.] (Амер.) магнолия.

zuda. [ж.] см. *azuda*.

zueca. [ж.] (Амер.) см. *zueco*.

zueco. [м.] деревянный башмак; башмак на деревянной (или коре пробкового дуба) подошве.

zuela. [ж.] см. *azuela*.

zuequero. [м.] мастер, изготовляющий zuecos.

zuinana. [ж.] zuinandí. [м.] (Амер.) сейбо, хлопчатное дерево.

zuindó. [м.] (Амер.) разновидность совы.

zuiza. [ж.] (Амер.) suiza; (Амер.) прыганье через верёвочку (игра); побои.

zulacar. [перех.] заделывать щели с помощью zulaque.

zulaque. [м.] замазка из пакли, извести, шлака и т. д.

zulaquear. [перех.] см. *zulacar*.

zulú. [прил.] зулусский; [м. и ж.] зулус, зулуска.

zulla. [ж.] (бот.) эспарцет.

zulla. [ж.] экскременты.

zullarse. [возв. гл.] (разг.) испражняться; (разг.) пердеть.

zumacar. [перех.] дубить кожи сумахом.

zumacaye. [ж.] (зоол.) см. *zumaya*.

zumaque. [м.] (бот.) сумах; (перен. разг.) вино: * zumaque falso, (бот.) айлант.

zumas. [м. мн.ж.] индейское племя, живущее в Никарагуа.

zumaya. [ж.] (орни.) см. *autillo*; козодой (птица).

zumba. [ж.] колокольчик, бубенчик (на шее вожака табуна); волчок (игрушка); см. *vaya*; (Амер.) побои, порка; опьянение, хмель.

zumbador, ra. [прил.] жужжащий; [м.] (Амер.) волчок (игрушка); зуммер телефона; колибри (птица).

zumbar. [неперех.] жужжать, гудеть; (перен. разг.) предстоять, приближаться; [перех.] (разг.) бить, наносить удар; (перен.) подшучивать, насмехаться над кем-л.; (Амер.) бросать, метать; zumbarse. [возв. гл.] (Амер.) удирать; выходить из рамок приличия.

zumbel. [м.] (разг.) шпагат у волчка.

zumbel. [м.] (разг.) нахмуренное лицо.

zumbido. [м.] жужжание, гудение, звон в ушах; (разг.) сильный удар: * zumbido de oídos, звон или шум в ушах.

zumbilín. [м.] сорт филиппинского копья.

zumbo. [м.] см. *zumbido*.

zumbón, na. [прил.] жужжащий (о колокольчике на шее вожака табуна); (перен. разг.) весёлый, шутливый, насмешливый; [м.] жужжащий колокольчик (на шее вожака табуна) [м. и ж.] насмешник, -ица, шутник, -ица.

zumel. [м.] (Амер.) сапог из одного куска кожи (чаще мн.ж.).

zumiento, ta. [прил.] см. *zumoso*.

zumillo. [м.] (бот.) см. *dragontea*; злая трава, тапсия.

zumo. [м.] сок (фруктовый и т. д.); (перен.) выгода, польза: * zumo de cepas, или de parras, (перен. разг.) вино.

zumoso, sa. [прил.] сочный (о плоде и т. д.).

zum-zum. [м.] (Амер.) колибри (птица); детская игра.

zunchar. [перех.] скреплять (железными) обручами, кольцами и т. д.

zuncho. [м.] (железный) обруч, обойма, кольцо, скоба.

zunteco. [м.] (Амер.) род чёрной осы.

zunzún. [м.] (Амер.) см. *zum-zum*.

zuño. [м.] нахмуривание.

zupia. [ж.] подонки, осадок вина; жидкость, имеющая плохой вид или вкус; (перен.) негодная часть чего-л; (Амер.) водка низкого сорта.

zuque. [м.] (Амер.) сильный удар.

zurano, na. [прил.] дикий (о голубе): * palomo zurano, вяхирь (дикий голубь).

zurcidera. [ж.] см. *zurcidora*.

zurcido, da. [страд. прич.] к zurcir; [м.] штопка, заштопанное место.

zurcidor, ra. [прил.] штопающий; [м. и ж.] штопальщик, -ица: * zurcidor de voluntades, (разг.) см. *alcahuete*.

zurcidura. [ж.] штопанье, штопка; штопка, заштопанное место.

zurcir. [перех.] штопать; заштопывать, (перен.) соединять; (разг.) замышлять, строить: * zurcir mentiras, искусно лгать.

zurdal. [м.] (обл.) см. *azor*.

zurdera, zurdería. [ж.] преобладающее развитие левой руки по сравнению с правой.

zurdo, da. [прил.] владеющий левой рукой лучше, чем правой; левый (о руке); [м. и ж.] левша; левая рука: * a zurdas, левой рукой; с левой руки; наоборот, шиворот-навыворот; * no ser zurdo, (перен. разг.) быть ловким, умным.

zurear. [неперех.] ворковать (о голубях).

zureo. [м.] воркование, воркованье (о голубях).

zurita. [ж.] (обл.) см. *tórtola*.

zurito, ta. [прил.] дикий (о голубях).

zuriza. [ж.] спор, перебранка, схватка, драка, скандал.

zuro. [м.] колючка колоса кукурузы; (обл.) см. *corcho*.

zuro, ra. [прил.] дикий (о голубях).

zurra. [ж.] дубление, выделка кож; (перен. разг.) побои, потасовка, взбучка; длительная работа; драка, склока, схватка: * dar una zurra, избивать.

zurrado, da. [страд. прич.] к zurrar; [м.] (разг.) перчатка (кожаная).

zurrador, ra. [прил.] дубящий, выделывающий кожи; [м. и ж.] дубильщик, кожевник.

zurrapa. [ж.] осадок, отстой, подонки (чаще мн.ж.); (перен. разг.) дрянь, что-л ненужное, негодное, презренное; некрасивый, тощий, неотёсанный мальчик: * con zurrapas, (перен. разг.) грязно, нечистоплотно.

zurrapelo. [м.] (разг.) см. rapapolvo.
zurrapiento, ta, zurraposo, sa. [прил.] мутный (о жидкости).
zurrar. [перех.] дубить, выделывать кожи; (перен. разг.) отколотить, поколотить, избить, вздуть, взгреть; грубо обращаться; помыкать; жестоко порицать.
zurrarse. [возв. гл.] невольно испражняться; (перен. разг.) дрожать от страха.
zurraverbos. [м.] (разг. шутл.) студент.
zurriaga. [ж.] см. zurriago; (обл.) жаворонок.
zurriagada. [ж.] удар плетью, кнутом; (перен.) схватка, драка, скандал, раздор.
zurriagar. [перех.] стегать, бить плетью, кнутом; пороть, хлестать.
zurriagazo. [м.] удар плетью, кнутом; (перер.) удар гибким предметом; неожиданное несчастье, беда; неожиданное дурное обращение или пренебрежение.
zurriago. [м.] плеть, кнут, хлыст, бич; см. zumbel.

zurriar. [неперех.] см. zurrir.
zurribanda. [ж.] (разг.) жестокий побои, порка; (разг.) потасовка, схватка, драка.
zurriburri. [м.] грубиян, хам, негодяй; сброд, сволочь; беспорядок, неразбериха.
zurrido. [м.] хриплый звук, жужжание.
zurrido. [м.] (разг.) удар (палкой).
zurrir. [неперех.] неприятно (хрипло) звучать, жужжать, гудеть.
zurrón. [м.] котомка для хлеба и т. д. (у пастуха); кожаная сумка; кожура; (анат.) плацента, послед; (мед.) киста.
zurrona. [ж.] проститутка; мошенница.
zurronada. [ж.] содержимое котомки (у пастуха и т. д.).
zurrumbera. [ж.] (обл.) см. bramadera.
zurruscarse. [возв. гл.] (разг.) см. zurrarse.
zurrusco. [м.] (разг.) см. churrusco; (обл.) холодный пронизывающий ветер.

zurullo. [м.] (разг.) кусок теста и т. д. (цилиндрической формы); твёрдый кал (человека).
zurumato, ta. [прил.] (Амер.) см. zurumbático.
zurumbático, са. [прил.] удивлённый, изумлённый, оторопелый.
zurupeto. [м.] биржевой заяц.
zutano, na. [м. и ж.] (разг.) некто, кто-то, некий человек (в отношении третьего лица).
¡zuzo! [межд.] см. ¡chucho!
zuzón. [м.] (бот.) крестовник.

СПИСОК ГЕОГРАФИЧЕСКИХ НАЗВАНИЙ

A

Abazia. (с.) Абхазия.
Abidzhan. (г.) Абиджан.
Abisinia. (с.) Абиссиния.
Abjasia. (с.) Абхазия; República de Abjasia, Абхазская Республика.
Ac(c)ra. (г.) Аккра.
Aconcagua. (гора) Аконкагуа.
Addis-Abeba. (г.) Аддис-Абеба.
Adén. (территория, г.) Аден; Golfo de Adén, Аденский залив.
Adiguées (Región Autónoma). Адыгейская автономная область.
Adjamé. (г.) Абиджан.
Adriático (Mar). (м.) Адриатическое море.
Adserbeiyán. (с.) Азербайджан.
Adzharia. (с.) Аджария; República de Adzharia, Аджарская Республика.
Afganistán. Афганистан.
África. Африка.
Alasca. (с.) Аляска.
Alaska. (с.) Аляска.
Álava. (пров.) Алава.
Albacete. (про. г.) Альбасете.
Albania. (с.) Албания.
Alejandría. (г.) Александрия.
Alemania. Германия.
Alepo. (г.) Халеб, Алеппо.
Aleutinas или Aleutianas или Aleutas. (о.) Алеуты, Алеутские о-ва.
Algeciras. (г.) Альхесирас.
Alicante. (пров. г.) Аликанте.
Alma-Ata. (г.) Алма-Ата.
Almería. (про. г.) Альмерия.
Almirantes (Islas). (о.) Адмиралтейские о-ва.
Alpes. (г. м.) Альпы.
Alsacia. Эльзас.
Altai. (г. м.) Алтай.
Amarillo (Río). (р.) Хуанхэ; Mar Amarillo, Жёлтое море.
Amazonas. (р.) Амазонка.
Amberes. (г.) Антверпен.
América. Америка; América Latina, Латинская Америка; América Central, Центральная Америка; América del Norte, Северная Америка; América del Sur, Южная Америка.
Ammán. (г.) Амман.
Amsterdam. (г.) Амстердам.
Amú-Daria. (р.) Аму-Дарья.
Amur. (р.) Амур.
Andalucía. Андалусия.
Andamán (Islas). Андаманские о-ва; Mar Andamán, Андаманское море.
Andes. (г. м.) Анды.
Andorra. (г. и г.) Андорра.
Angará. (р.) Ангара.
Angola. Ангола.
Angora. (г.) Анкара.
Ankara. (г.) Анкара.
Antártica. Антарктика.
Antillas. Антильские о-ва; Pequeñas Antillas, Малые Антильские о-ва; Mar de las Antillas, Карибское море.
Apalaches. Аппалачи, Аппалачские горы.
Apeninos (Montes). Апеннины, Апеннинские горы.
Apia. (г.) Апия.
Arabia. (с.) Аравия.
Arabia Saudita. Саудовская Аравия.
Arafura (Mar). Арафурское море.
Aragón. (обл.) Арагон.
Aral (Mar). Аральское море.
Ararat. (гора) Арарат.
Ardenas. Арденны.
Argel. (г.) Алжир.
Argelia. (с.) Алжир.
Argentina. Аргентина.
Arjángel. (г.) Архангельск.
Arjánguelsk. (г.) Архангельск.
Armenia. Армения; República de Armenia, Армянская Республика.
Artico. Арктика.
Ashjabad. (г.) Ашхабад.
Asia. (к.) Азия; Asia Central, Средняя Азия; Asia Menor, Малая Азия.
Astracán. (г.) Астрахань.
Asturias. (обл.) Астурия.
Asunción. (г.) Асунсьон.
Atacama (Desierto de). Атакама.
Atenas. (г.) Афины.
Atlántico (Océano). Атлантический океан.
Atlas (Montes). Атлас (горы).
Australia. (с.) Австралия.
Austria. (с.) Австрия.
Ávila. (пров. и г.) Авила.
Avilés. (г.) Авилес.
Azerbaidzhán. (с.) Азербайджан; República de Azerbaidzhán, Азербайджанская Республика.
Azerbayán. (с.) Азербайджан.
Azof (Azov) (Mar de). Азовское море.
Azores (Islas). (о.) Азорские о-ва.

B

Bab-el-Mandeb (Estrecho de). Баб-эль-Мандебский пролив.
Badajoz. (пров. г.) Бадахос.
Baffin (Mar de). Баффина море, баффинов залив.
Bagdad. (г.) Багдад.
Bahamas (Islas). Багамские о-ва.
Bahrein (Islas). Бахрейнские о-ва.
Baical или Baikal. (оз.) Байкал.
Bakú. (г.) Баку.
Balatón (Lago). (оз.) Балатон.
Balcanes. (горы) Балканы.
Baleares (Islas). (о-ва) Балеарские о-ва.
Baljash или Balkach (Lago). Балхаш.
Báltico (Mar). Балтийское море; Canal del Báltico, Беломорско-Балтийский канал.
Bamako. (г.) Бамако.
Bandong или Bandung. (г.) Бандунг.
Bangkok или Bankok. (г.) Бангкок.
Bangui. (г.) Банги.
Barcelona. (пров. и г.) Барселона.
Barentz (Mar de). Баренцово море.
Barnaúl. (г.) Барнаул.
Bashkiria. Башкирия; República de Bashkiria, Башкирская Республика.
Bass (Estrecho de). Бассов пролив.
Basutoland(ia). Басутоленд.
Batavia (г.) Джакарта.
Batum. (г.) Батуми.
Bechuanaland(ia). Бечуаналенд.
Beirut. (г.) Бейрут.
Bélgica. Бельгия.
Belgrado. (г.) Белград.
Bengala (Golfo de). Бенгальский залив.
Bengasi или Benghazi. (г.) Бенгази.
Be(h)ring (Mar de). Берингово море; Estrecho de Be(h)ring, Берингов пролив.
Berlín. (г.) Берлин.
Bermudas (Islas). Бермудские о-ва.
Berna. (г.) Берн.
Bielaya. (р.) Белая.
Bielor(r)usia. Белоруссия; República de Bielor(r)usia, Белорусская Республика.
Bikini (Islote). (о-в) Бикини.
Bilbao. (г.) Бильбао.
Birmania. Бирма.
Birmingham. (г.) Бирмингем.
Bizerta. (г.) Бизерта.
Blanco (Mar). Белое море.
Bogotá. (г.) Богота.
Bolivia. Боливия.
Bolonia. (г.) Болонья.
Bombay. (г.) Бомбей.
Bonn. (г.) Бонн.
Borneo. Калимантан о-в, Борнео.
Borodino. Бородино.
Bósforo. Босфор.
Boston. (г.) Бостон.
Botnia (Golfo de). Ботнический залив.
Brahmaputra. (р.) Брамапутра, Брахмапутра.
Brasil. Бразилия.
Brasilia. (г.) Бразилия.
Bratislava. (г.) Братислава.
Bratsk. (г.) Братск.
Brazzaville. (г.) Браззавиль.
Bremen или Brema. (г.) Бремен.
Brest. (г.) Брест.
Brianck. (г.) Брянск.
Bristol. (г.) Бристоль.
Británicas (Islas). Британские о-ва.
Brno или Brunn. (г.) Брно.
Bruselas. (г.) Брюссель.
Bucarest. (г.) Бухарест.
Budapest. (г.) Будапешт.
Buenos Aires. (г.) Буэнос-Айрес.
Bug. (р.) Буг.

Bujará. (г.) Бухара.
Bulgaria. Болгария.
Burdeos. (г.) Бордо.
Burgos. (пров. и г.) Бургос.
Buriatia. Бурятия; **República de Buriatia,** Бурятская Республика.
Burundi. Бурунди.
Bután. Бутан.

C

Cabo Verde (Islas de). Зелёного Мыса о-ва.
Cabul. (г.) Кабул.
Cáceres. (пров. и г.) Касерес.
Cádiz. (пров. и г.) Кадис.
Cairo (El). (г.) Каир.
Calais. (г.) Кале; **Paso de Calais,** Па-де-Кале.
Calcuta. (г.) Калькутта.
California. Калифорния.
Calmucos (República. de los). Калмыцкая Республика.
Callao. (г.) Кальяо.
Camboya, Cambogdje, Cambodia. Камбоджа.
Cambridge. (г.) Кембридж.
Camerún, Camerón. Камерун.
Canadá. Канада.
Canarias (Islas). Канарские о-ва.
Cannes. (г.) Канн(ы).
Cantón. (г.) Кантон, Гуанчжоу.
Capri. (о-в) Капри.
Caracas. (г.) Каракас.
Carelia. Карелия; **República de Carelia,** Карельская Республика; **Istmo de Carelia,** Карельский перешеек.
Caribe (Mar). Карибское море.
Carlsbad. (г.) Карлови-Вари.
Carolinas (Islas). Каролинские о-ва.
Cárpatos. Карпаты.
Casablanca. (г.) Касабланка.
Cascadas (Cordillera de las). Каскадные горы.
Caspio (Mar). Каспийское море.
Castellón. (пров. и г.) Кастельон.
Castilla. Кастилия.
Cataluña. Каталония.
Cattegat (Estrecho de). (пролив) Каттегат.
Cáucaso. Кавказ.
Cayena. (г.) Кайенна.
Ceilán. (о-в, и гос-во) Цейлон.
Célebes. (о-в) Сулавеси.
Cerdeña. (о-в) Сардиния.
Chad. (оз. и гос-во) Чад.
Cheboksari. (г.) Чебоксары.
Checa, República. Чено Республика.
Checheno-Ingusia. Чечено-Ингушетия; **República de Checheno-Ingusia,** Чечено-Ингушская Республика.
Cheliabinsk. (г.) Челябинск.
Cherburgo. (г.) Шербург.
Chicago. (г.) Чикаго.
Chile. Чили.
China. Китай; **República Popular de China,** Китайская Народная Республика (КНР).
Chipre. Кипр.
Chita. (г.) Чита.
Chung-King. (г.) Чунцин.
Chuvachia. Чувашия; **República de Chuvachia** или **Chuvashia,** Чувашская Республика.
Ciudad Real. (пров. и г.) Сьюдад-Реаль.

Cleveland. (г.) Кливленд.
Colombia. Колумбия.
Colombo. (г.) Коломбо.
Colonia. (г.) Кёльн.
Colorado. (р.) Колорадо.
Constanza. (г.) Констанца.
Copenhague. (г.) Копенгаген.
Coral (Mar del). Коралловое море.
Córcega. (о-в) Корсика.
Córdoba. (пров. и г.) Кордова.
Corea. Корея; **Estrecho de Corea,** Корейский пролив; **República Democrática Popular de Corea,** Корейская Народно-Демократическая Республика (КНДР).
Corfú. (о-в) Корфу.
Corinto (Golfo de). Коринфский залив.
Costa Rica. Коста-Рика.
Cracovia. (г.) Краков.
Creta. (о-в) Крит.
Crimea. (п-ов) Крым.
Cuba. Куба.
Cuenca. (пров. и г.) Куэнка.

D

Daguestán. Дагестан; **República de Daguestán,** Дагестанская Республика.
Dahomé(y). Дагомея.
Dairen. (г.) Дальний, Далянь.
Dakar. (г.) Дакар.
Damasco. (г.) Дамаск.
Danubio. (р.) Дунай.
Danzig. (г.) Данциг, Гданьск.
Dardanelos (Estrecho). Дарданеллы.
Dar-es-Salam. (г.) Дар-эс-Салам.
Delhi. (г.) Дели.
Detroit. (г.) Детройт.
Dinamarca. Дания; **Estrecho de Dinamarca,** Датский пролив.
Djakarta. (г.) Джакарта.
Dniéper, Dniepr. (р.) Днепр.
Dniepropetrovsk. (г.) Днепропетровск.
Dniéster, Dniestr. (р.) Днестр.
Dominicana (República). Доминиканская Республика.
Don. (р.) Дон.
Dortmund. (г.) Дортмунд.
Dover. (г.) Дувр.
Dresde(n). (г.) Дрезден.
Dublín. (г.) Дублин.
Duero. (р.) Дуэро.
Dunkerque. (г.) Дюнкерк.
Düsseldorf. (г.) Дюссельдорф.

E

Ebro. (р.) Эбро.
Ecuador. Эквадор, Экуадор.
Edimburgo. (г.) Эдинбург.
Egeo (Mar). Эгейское море.
Egipto. Египет.
El Aaiún. (г.) Элб-Аюн.
Elba. (р.) Эльба; **Isla de Elba,** Эльба.
Elbrús, Elbruz. Эльбрус.
Elche. (г.) Эльче.
Elista. (г.) Элиста.
Eltón. (оз.) Эльтон.
Ereván. (г.) Ереван.
Erie. (оз.) Эри.
Escandinavia. Скандинавия; **Península Escandinava,** Скандинавия, Скандинавский п-ов.
Escocia. Шотландия.
España. Испания.
Esperanza (Cabo de Buena). Доброй Надежды мыс.
Essen. (г.) Эссен.
Estados Unidos de América (EE.UU.). Соединенные Штаты Америки (США).

Estambul. (г.) Стамбул.
Estocolmo. (г.) Стокгольм.
Estonia. Эстония; **República de Estonia,** Эстонская Республика.
Etiopía. Эфиопия.
Etna. Этна.
Eubea. (о-в) Эвбея.
Eufrates. (р.) Евфрат.
Europa. Европа.
Everest. (гора) Эверест, Чомолунгма.
Extremadura. Эстремадура.

F

Falkland (Islas). см. **Malvinas.**
Fernando Poo. (о-в) Фернандо-По.
Ferrrol (El). (г.) Эл-Ферроль.
Fidji. (о-ва) Фиджи.
Filadelfia. (г.) Филадельфия.
Filipinas. (гос-во) Филиппины; **Islas Filipinas,** Филиппинские о-ва.
Finlandia. Финляндия; **Golfo de Finlandia,** Финский залив.
Fiyi. (о-ва) Фиджи.
Florencia. (г.) Флоренция.
Florida. (п-ов) Флорида.
Formosa. (о-в) Формоза, Тайвань.
Fort-Lamy. (г.) Форт-Лами.
Francfort del Main (Mein). Франкфурт-на-Майне.
Francia. Франция.
Francisco José (Tierra de). Земля Франца-Иосифа.
Freetown. (г.) Фритаун.
Frunze. (г.) Фрунзе.

G

Gabón. Габон.
Galápagos (Islas). Галапагос.
Gales (País de). Уэльс.
Gambia. Гамбия.
Galicia. Галисия.
G(h)ana. Гана.
Ganges. (р.) Ганг.
Garona. (р.) Гаронна.
Gdansk. (г.) Гданьск.
Génova. (г.) Генуя.
Georgetown. (г.) Джорджтаун.
Georgia. Грузия; **República de Georgia,** Грузинская Республика.
Gerona. (г.) Жерона.
Gibraltar. Гибралтар; **Estrecho de Gibraltar,** Гибралтарский пролив.
Gijón. (г.) Хихон.
Ginebra. (г.) Женева; **Lago de Ginebra,** Женевское озеро.
Glasgow. (г.) Глазго.
Gobi (Desierto). Гоби.
Golfo Pérsico. Персидский залив.
Gorki. (г.) Горький.
Gotland или **Gotaland (Isla)** (о-в) Готланд.
Granada. (г.) Гранада.
Gran Bretaña. Велико-Британия.
Grecia. Греция.
Groenlandia. (о-в) Гренландия; **Mar de Groenlandia,** Гренландское море.
Grozny. (г.) Грозный.
Guadalajara. (пров. и г.) Гвадалахара.
Guadalquivir. (р.) Гвадалквивир.
Guadalupe. Гваделупа.
Guadarrama. Гвадарама.
Guadiana. (р.) Гвадиана.
Guatemala. (гос-во и г.) Гватемала.
Guayana. Гвиана.
Guayaquil. (г.) Гуаякиль.
Guinea. Гинея; **Golfo de Guinea,** Гвинейский залив.

Guipúzcoa. (пров.) Гипускоа.
Gulf-Stream. Гольфстрим.

H

Habana (La). (г.) Гавана.
Haiderabad. (г.) Хайдарабад.
Haifong. (г.) Хайфон.
Hainán. (о-в) Хайнань.
Haití. Гаити.
Hamburgo. (г.) Гамбург.
Hanoi. (г.) Ханой.
Havre (El). (г.) Гавр.
Hawai (Islas). Гавайские о-ва.
Haya (La). (г.) Гаага.
Hébridas (Islas). Гебридские о-ва, гебриды.
Helsinki. (г.) Хельсинки.
Himalayos (Cordillera del) Himalaya. Гималаи, Гималайские горы.
Hiroshima. (г.) Хиросима.
Hoang-Ho. (р.) Хуанхэ.
Holanda. Голландия.
Hollywood. (г.) Голливуд.
Honduras. Гондурас.
Hong-Kong. (г.) Гонконг, Сянган.
Honolulú. (г.) Гонолулу.
Hudson (Golfo de). Гудзонов залив; Estrecho de Hudson, Гудзонов пролив.
Huelva. (пров. и г.) Уэльва.
Huesca. (пров. и г.) Уэска.
Hungría. Венгрия.
Hurón (Lago). (оз.) Гурон.

I

Ifni. Ифни.
Ilmen (Lago). (оз.) Ильмень.
India. Индия.
Indias Occidentales. Вест-Индия.
Índico (Océano). Индийский океан.
Indo. (р.) Инд.
Indochina. (п-ов) Индокитай.
Indonesia. Индонезия.
Indostán. (п-ов) Индостан.
Inglaterra. Англия.
Irak. Ирак.
Irán. Иран.
Irauadi, Irawadi. (р.) Иравади.
Irkutsk. (г.) Иркутск.
Irlanda. Ирландия.
Islandia. Исландия.
Israel. Израиль.
Issuk-Kyl. (оз.) Иссык-Куль.
Italia. Италия.
Ivánovo. (г.) Иваново.
Izevsk. (г.) Ижевск.

J

Jabarovsk. (г.) Хабаровск.
Jacarta. (г.) Джакарта.
Jaén. (пров. и г.) Хаэн.
Jaffa. (г.) Яффа.
Jamaica. (о-в и гос-во) Ямайка.
Japón. Япония; Islas del Japón, Японские о-ва; Mar del Japón, Японское море.
Jarkov. (г.) Харьков.
Java. (о-в) Ява.
Jerez de la Frontera. (г.) Херес-де-ла-Фронтера.
Jerusalén. (г.) Иерусалим.
Jibiny. (горы) Хибины.
Johannesburgo. (г.) Иоганнесбург, Иоханнесбург.
Jónicas (Islas). Ионические о-ва.

Jónico (Mar). Ионическое море.
Jordán. (р.) Иордан.
Jordania. Иордания.

K

Kabardia-Balkaria. Кабардино-Балкария, República de Kabardia-Balkaria, Кабардино-Балкарская Республика.
Kalinin. (г.) Калинин.
Kaliningrado. (г.) Калининград.
Kaluga. (г.) Калуга.
Kama. (р.) Кама.
Kamchatka. Камчатка.
Kampala. (г.) Кампала.
Kara (Estrecho de). (пролив) Карские ворота; Mar de Kara, Карское море.
Karachi. (г.) Карачи.
Karaganda. (г.) Караганда.
Kara-Kalpakia. Кара-Калпакия; República de Kara-Kalpakia, Кара-Калпакская Республика.
Kara-Kum(i) (Desierto). Каракумы (пустыня).
Karlovy Vary. (г.) Карлови-Вари.
Katmandú. (г.) Катманду.
Kaunas. (г.) Каунас.
Kazakstán, Kasán, Kazajia. Казахстан; República de Kazajia, Казахская Республика.
Kazán, Kasán. (г.) Казань.
Kazbek. Казбек.
Kenia. Кения.
Kerch (Estrecho de). Керченский пролив.
Khabarovsk. (г.) Хабаровск.
Khartum. (г.) Хартум.
Kiev. (г.) Киев.
Kigali. Кигали.
Kilimanjaro. (гора) Килиманджаро.
Kingston. (г.) Кингстон.
Kioto. (г.) Киото.
Kirguizia. Киргизия; República de Kirguizia, Киргизская Республика.
Kishinev. (г.) Кишинёв.
Kislovodsk. (г.) Кисловодск.
Kiusiu. (о-в) Кюсю.
Kizil. (г.) Кызыл.
Kizil-Kym. (пустыня) Кызылкум.
Koro-Nor. (оз.) Кукунор.
Kola (Península de). Кольский п-ов.
Kolyma. (р.) Колыма.
Komi (República de los). Коми Республика.
Konakry. (г.) Конакри.
Kongo (El). (р. и гос-во) Конго.
Konsomolsk del Amur. (г.) Комсомольск-на-Амуре.
Koweit. (г.) Эль-Кувейт.
Koweit, Koveit. Кувейт.
Krasnodar. (г.) Краснодар.
Krasnoyarsk. (г.) Красноярск.
Kronstadt. (г.) Кронштадт.
Kuala Lumpur. (г.) Куала-Лумпур.
Kubán. (р.) Кубань.
Kura. (р.) Кура.
Kuriles (Islas). Курильские о-ва.
Kuzbás. Кузбасс, Кузнецкий угольный бассейн.

L

Labrador. (п-ов) Лабрадор.
La Coruña. (пров и г.) Ла-Корунья.
Ladoga (Lago). (оз.) Ладожское озеро.
Lagos. (г.) Лагос.
Lahore. (г.) Лахор.
La Meca. (г.) Мекка.

Laos. Лаос.
La Paz. (г.) Ла-Пас.
La Perouse (Estrecho de). Лаперуза пролив.
La Plata. (г. и залив) Ла-Плата.
Laptev (Mar de). Лаптевых море.
Las Palmas. (пров и г.) Лас-Пальмас.
Lausana, Lausanne. (г.) Лозанна.
Leipzig. (г.) Лейпциг.
Leman (Lago). Женевское озеро.
Lena. (р.) Лена.
Leningrado. (г.) Ленинград.
León. (пров. и г.) Леон.
Leopoldville. (г.) Леопольдвиль.
Lérida. (пров. и г.) Лерида.
Letonia. Латвия; República de Letonia, Латвийская Республика.
Lhasa. (г.) Лхаса.
Liajov (Islas). Новосибирские о-ва.
Líbano. Ливан.
Liberia. Либерия.
Libia. Ливия; Desierto de Libia, Ливийская пустыня.
Libreville. (г.) Либревиль.
Liechtenstein (Principado de). Лихтенштейн.
Lieja. (г.) Льеж.
Liguria (Mar de). Лигурийское море.
Lila. (г.) Лилль.
Lille. (г.) Лилль.
Lima. (г.) Лима.
Limpopo. (р.) Лимпопо.
Linares. (г.) Линарес.
Liorna. (г.) Ливорно.
Lípari (Islas). Липарские о-ва.
Lisboa. (г.) Лисабон.
Lituania. Литва; República de Lituania, Литовская Республика.
Liverpool. (г.) Ливерпул.
Livorno. (г.) Ливорно.
Lodz, Loods. (г.) Лодзь.
Logroño. (пров. и г.) Логроньо.
Loira. (р.) Луара.
Lomé. (г.) Ломе.
Londres. (г.) Лондон.
Lorena. Лотарингия.
Lorenzo Marqués. (г.) Лоуренсу-Маркиш.
Los Angeles. (г.) Лос-Анжелос, Лос-Анжелес.
Lu-Chu. (о-ва) Рюкю.
Lugo. (пров. и г.) Луго.
Lusaka. (г.) Лусака.
Lushunkow. (г.) Люйшунь.
Luxemburgo. Люксембург.
Luzón (Isla). (о-в) Лусон.
Lwow. (г.) Львов.
Lyon. (г.) Лион.

M

Mackenzie. (р.) Макензи.
Madagascar. (о-в) Мадагаскар.
Madera. (о-в и р.) Мадейра.
Madrás. (г.) Мадрас.
Madrid. (пров. и г.) Мадрид.
Mafeking. (г.) Мафекинг.
Magallanes (Estrecho de). Магелланов пролив.
Magnitogorsk. (г.) Магнитогорск.
Majach-Kalá. (г.) Махачкала.
Malaca. (п-ов) Малака; Estrecho de Malaca, Малаккский пролив.
Málaga. (пров. и г.) Малага.
Malasia. Малайзия.
Malavi. Малави.

Malaya

Malaya (Federación). Малайская Федерация; Archipiélago Malayo, Малайский архипелаг.
Malgaches (República de los). Мальгашская Республика.
Malí. Мали.
Malta. (о-в) Мальта.
Malvinas (Islas). (о-ва) Фолклендские о-ва.
Mallorca. (о-в) Майорка, Мальорка.
Managua. (г.) Манагуа.
Mancha (Canal de la). (пролив) Ла-Манш.
Manchester. (г.) Манчестер.
Manila. (г.) Манила.
Maracaibo. (оз. и г.) Маракайбо.
Marbella. (г.) Марбелья.
Marfil (Costa del). Берег Слоновой Кости.
Marianas (Islas). (о-ва) Марианские о-ва.
Mari(s) (República de los). Марийская Республика.
Mármara (Mar de). Мраморное море.
Marne. (р.) Марна.
Marquesas (Islas). Маркизские о-ва.
Marruecos. Марокко.
Marsella. (г.) Марсель.
Marshall (Islas). Маршалловы о-ва.
Martinica. (о-в) Мартиника.
Mascareñas (Islas). Маскаренские о-ва.
Mascate. (г.) Маскат.
Maseru. (г.) Масеру.
Matanzas. (г.) Матансас.
Mauricio. (о-в) Маврикий.
Mauritania. Мавритания.
Mbabane. (г.) Мбабане.
Medina. (г.) Медина.
Mediterráneo (Mar). Средиземное море.
México. Мексика, Мехико.
Mekong. (р.) Меконг.
Melanesia. (о-ва) Меланезия.
Melbourne. (г.) Мельбурн.
Menorca. (о-в) Менорка.
Mérida. (г.) Мерида.
Mesina (Estrecho de). Мессинский пролив.
México, Мексика, Мехико; Golfo de México, Мексиканский залив.
Micronesia. (о-ва) Микронезия.
Michigan (Lago). (оз.) Мичиган.
Milán. (г.) Милан.
Mindanao. (о-в) Минданао.
Minsk. (г.) Минск.
Mississipí, Mississippí. (р.) Миссисипи.
Missouri. (р.) Миссури.
Mitilene. (о-в) Митилини.
Mogadixo, Mogadiscio. Могадишо.
Moldavia. Молдавия; República de Moldavia, Молдавская Республика.
Molucas (Islas). Молуккские о-ва.
Mónaco. (г.) Монако.
Mongolia. Монголия; República Popular de Mongolia, Монгольская Народная Республика (МНР).
Monrovia. (г.) Монровия.
Montecarlo. (г.) Монте-Карло.
Montblanc. Монблан.
Montevideo. (г.) Монтевидео.
Montreal. (г.) Монтреаль.
Mordovia. Мордовия; República de Mordovia, Мордовская Республика.
Moscova. (р.) Москва.
Moscú. (г.) Москва.
Mozambique. Мозамбик.
Mudken. (г.) Мукден, шеньян.
Muerto (Mar). Мёртвое море.
Munich. (г.) Мюнхен.
Murcia. (пров. и г.) Мурсия.
Múrmansk. (г.) Мурманск.
Murray. (р.) Муррей.

N

Nagasaki. (г.) Нагасаки.
Nairobi. (г.) Найроби.
Najicheván (República de). Нахичеванская Республика. Najichevàn (г.) Нахичевань.
Nalchik. (г.) Нальчик.
Nankín, Nanquín. (г.) Нанкин.
Nápoles. (г.) Неаполь.
Nasa. (оз.) Ньяса.
Navarra. Наварра.
Negro (Mar). Чёрное море.
Nepal. Непал.
Neva. (р.) Нева.
Niágara. (р.) Ниагара; Cataratas del Niágara, Ниагарский водопад.
Niamey. (г.) Ниамей.
Nias(s)a. (оз.) Ньяса.
Nicaragua. (гос-во и оз.) Никарагуа.
Nicobar (Islas). Никобарские о-ва.
Nicosia. (г.) Никозия, Никосия.
Niemen. (р.) Неман.
Níger. (р. и гос-во) Нигер.
Nigeria. Нигерия.
Nilo. (р.) Нил.
Niza. (г.) Ницца.
Norte (Mar del). Северное море.
Norteamérica. Северная Америка.
Noruega. Норвегия.
Novgorod. (г.) Новгород.
Novorossiisk. (г.) Новороссийск.
Novosibirsk. (г.) Новосибирск.
Nubia (Desierto de). Нубийская пустыня.
Nucus. (г.) Нукус.
Nueva Guinea. (о-в) Новая Гвинея.
Nueva Orleans. (г.) Новый Орлеан.
Nuevas Hébridas. (о-ва) Новые Гебриды.
Nueva York. (г.) Нью-Йорк.
Nueva Zeland(i)a. (о-ва) Новая Зеландия.
Nueva Zembla. (о-ва) Новая Земля.
Nuremberg. (г.) Нюрнберг.

O

Obi. (р.) Обь.
Oceanía. Океания.
Océano Glacial Ártico. Северный Ледовитый океан.
Oder. (р.) Одер, Одра.
Odesa. (г.) Одесса.
Ohio. (р.) Огайо.
Ojotsk (Mar de). Охотское море.
Oká. (р.) Ока.
Okinawa. (о-з) Окинава.
Omán. Оман.
Omsk. (г.) Омск.
Onega. (р.) Онега; Lago de Onega, Онежское озеро.
Ontario. (оз.) Онтарио.
Orange. (р.) Оранжевая.
Orcadas (Islas). Оркнейские о-ва.
Ordjonikidze, Ordionikidze. (г.) Орджоникидзе.
Orel, Oriol, Oryol. (г.) Орёл.
Oremburg(o). (г.) Оренбург.
Orense. (пров. и г.) Оренсе.
Oriente. Восток; Extremo Oriente, Дальний Восток; Cercano или Próximo Oriente, Ближний Восток; Oriente Medio, Средний Восток.
Orinoco. (р.) Ориноко.
Ormuz (Estrecho de). Хормузский пролив.
Osaka. (г.) Осака.
Osetia (República de Osetia Septentrional). Северо-Осетинская Республика.
Oslo. (г.) Осло.
Otranto (Canal de). (пролив) Отранто.
Ottawa. (г.) Оттава.
Oviedo. (пров. и г.) Овьедо.
Oxford. (г.) Оксфорд.

P

Pacífico (Océano). Тихий океан.
Padua. (г.) Падуя.
Países Bajos. Нидерланды, Голландия.
Pakistán. Пакистан.
Palencia. (пров. и г.) Паленсия.
Palermo. (г.) Палермо.
Palestina. Палестина.
Palma de Mallorca. (г.) Пальма.
Pamir. Памир.
Pamplona. (г.) Памплона.
Panamá. (гос-во и г.) Панама; Canal de Panamá, Панамский канал.
Papuasia. Папуа.
Paquistán. Пакистан.
Paraguay. Парагвай.
Paramaribo. (г.) Парамарибо.
Paraná. (р.) Парана.
París. (г.) Париж.
Pechora. (р.) Печора.
Peipus (Lago). (оз.) Чудское озеро.
Pekín(g). (г.) Пекин.
Penza, Pensa. (г.) Пенза.
Pequín. (г.) Пекин.
Perekop (Istmo de). Перекопский перешеек.
Perm. (г.) Пермь.
Perpiñán. (г.) Перпиньян.
Persia. Персия, Иран.
Perú. Перу.
Pescadores (Islas). Пескадорские о-ва.
Petrozavodsk. (г.) Петрозаводск.
Pieng-Jang. (г.) Пхеньян.
Pirineos. Пиренеи, Пиренейские горы.
Pitiusas (Islas). Питиусские о-ва.
Plovdiu. (г.) Пловдив.
Plymouth. (г.) Плимут.
Pnom-Penh. (г.) Пном-Пень.
Po. (р.) По.
Polinesia. Полинезия.
Polonia. Польша.
Pontevedra. (пров. и г.) Понтеведра.
Port-Luis. (г.) Порт-Луи(с).
Porto Novo. (г.) Порто-Ново.
Port Said. (г.) Порт-Саид.
Portsmouth. (г.) Портсмут.
Portugal. Португалия.
Posnania. (г.) Познань.
Potsdam. (г.) Потсдам.
Poznan. (г.) Познань.
Praga. (г.) Прага.
Presburgo. (г.) Братислава.
Pretoria. (г.) Претория.
Prut(h). (р.) Прут.
Pskof, Pskov. (г.) Псков.
Puerto (Port) Arthur. (г.) Порт Артур, Люйшунь.
Puerto de España. (г.) Порт-оф-Спейн.
Puerto Príncipe. (г.) Порт-о-Пренс.
Puerto Rico. Пуэрто-Рико.

Q

Quebec. Квебек.
Quito. (г.) Кито.

R

Rabat. (г.) Рабат.
Rangún. (г.) Рангун.
Rawalpindi. (г.) Равалпинди.
Recife. (г.) Ресифи.
República Árabe Unida (RAU). Объединённая Арабская Республика (ОАР).
Reunión (Isla de la). (о-в) Реюньон.
Reykjavik. (г.) Рейкьявик.
Riazán. (г.) Рязань.
Riga. (г.) Рига; Golfo de Riga, Рижский залив.
R(h)in. (р.) Рейн.
Río de Janeiro. (г.) Рио-де-Жанейро.

Río Muni. Рио-Муни.
Ródano. (р.) Рона.
Rodas. (о-в) Родос.
Rodesia. Родезия.
Rojo (Mar). Красное море.
Roma. (г.) Рим.
Rosario. (г.) Росарио.
Rostov del Don. (г.) Ростов-на-Дону.
Rot(t)erdam. (г.) Роттердам.
Ruán. (г.) Руан.
Ruanda. Руанда.
Ruhr. Рур.
Rumania. Румыния.
Rusia. Россия.
Ryazan. (г.) Рязань.

S

Sabadell. (г.) Сабадель.
Sahara (Desierto). (пустыня) Сахара; **Sahara Español**, Сахара Западная.
Saigón. (г.) Сайгон.
Saima. (оз.) Сайма.
Sajalín. (о-в) Сахалин.
Sakhalin. (о-в) Сахалин.
Salado (Lago). Большое Солёное озеро.
Salamanca. (пров. и г.) Саламанка.
Salisbury. (г.) Солсбери.
Salomón (Islas). Соломоновы о-ва.
Salónica. (г.) Салоники.
Saluen. (р.) Салуин.
Salvador. Сальвадор.
Samarcanda. (г.) Самарканд.
Samoa. (о-ва) Самоа.
San Francisco. (г.) Сан-Франциско.
San José. (г.) Сан-Хосе.
San Juan. (г.) Сан-Хуан.
San Marino. Сан-Марино.
San Pablo. (г.) Сан-Паулу.
San Pablo de Loanda. (г.) Луанда.
San Salvador. (г.) Сан-Сальвадор.
San Sebastián. (г.) Сан-Себастьян.
Santa Cruz de Tenerife. (пров. и г.) Санта-Крус-де-Тенерифе.
Santa Elena. (о-в) Святой Елены остров.
Santa Isabel. Санта-Исабель.
Santander. (пров. и г.) Сантандер.
Santiago. (г.) Сантьяго.
Santo Domingo. (г.) Санто-Доминго.
São Paulo. (г.) Сан-Паулу.
Saransk. (г.) Саранск.
Saratov, Saratof. (г.) Саратов.
Sarawak. Саравак.
Sarre (Territorio del). Саарская область.
Sayanes. (горы) Саяны.
Sebastopol. (г.) Севастополь.
Seeland. (о-в) Зеландия.
Segovia. (пров. и г.) Сеговия.
Sena. (р.) Сена.
Senegal. Сенегал.
Seúl. (г.) Сеул.
Seván. (оз.) Севан.
Sevilla. (пров. и г.) Севилья.
Shang(h)ai. (г.) Шанхай.
Shenyang. (г.) Шэньян.
Shetland (Islas). Шетлендские о-ва.
Siberia. Сибирь.
Sierra Leona. Сьерра-Леоне.
Sierra Nevada. (горы) Сьерра-невада.
Sikhota Alin. (горы) Сихотэ-Алинь.
Si-Kiang. (р.) Сицзян.
Sikok. (о-в) Сикоку.
Siktiukar. (г.) Сыктывкар.
Sinaí. (п-ов) Синайский п-ов.
Singapur. (о-в., гос-во и г.) Сингапур.
Sir-Daria. (р.) Сыр-дарья.
Siria. Сирия.
Smolensk. (г.) Смоленск.
Sociedad (Islas de la). Общества о-ва.
Sochi. (г.) Сочи.

Sofía. (г.) София.
Somalia. Сомали.
Sonda (Estrecho de la). Зондский пролив.
Soria. (пров. и г.) Сория.
Spitzberg. (о-ва) Шпицберген.
Stavropol. (г.) Ставрополь.
Stuttgart. (г.) Штутгарт.
Sucre. (г.) Сукре.
Sudamérica. Южная Америка.
Sudán. Судан.
Suecia. Швеция.
Suez (Canal de). Суэцкий канал.
Suiza. Швейцария.
Sujumi. (г.) Сухуми.
Sumatra. (о-в) Суматра.
Sund. (пролив) Эресунн.
Surabaya. (г.) Сурабая.
Sverdlovsk. (г.) Свердловск.
Swaziland. Свазиленд.
Sydney. (г.) Сидней.

T

Tadzhikistán. Таджикистан; **República de Tadzhikistán**, Таджикская Республика.
Tahití. (о-в) Таити.
Taimir. (п-ов) Таймыр.
Taiwán. (о-в) Тайвань.
Tajo. (р.) Тахо.
Tallín. (г.) Таллин.
Támesis. (р.) Темза.
Tananarive. (г.) Тананариве.
Tanganica. (оз.) Танганьика.
Tánger. (г.) Танжер.
Tanzania. Танзания.
Tarragona. (пров. и г.) Таррагона.
Tartaria. Татария; **República de Tartaria**, Татарская Республика.
Tashkent. (г.) Ташкент.
Tasmania. (о-в) Тасмания.
Terranova. (о-в) Ньюфаундленд.
Tierra de Fuego. (архипелаг) Огненная Земля.
Tierras del Norte. (архипелаг) Северная Земля.
Thailandia. Таиланд.
Thar. (пустыня) Тар.
Tbilisi. (г.) Тбилиси.
Tegucigalpa. (г.) Тегусигальпа.
Teherán. (г.) Тегеран.
Tel-Aviv. (г.) Тель-Авив.
Terek. (р.) Терек.
Teruel. (пров. и г.) Теруэль.
Tian-Shan. (горы) Тянь-Шань.
Tíber. (р.) Тибр.
Tibet. Тибет.
Tientsin. (г.) Тяньцзинь.
Tigris. (р.) Тигр.
Tirana. (г.) Тирана.
Tirreno (Mar). Тирренское море.
Titicaca. (оз.) Титикака.
Togo. Того.
Tokio. (г.) Токио.
Toledo. (пров. и г.) Толедо.
Tolón. (г.) Тулон.
Tortosa. (г.) Тортоса.
Transbaikalia. Забайкалье.
Transcarpatia. Закарпатье.
Transcaucasia. Закавказье.
Trieste. (г.) Триест.
Trípoli. (г.) Триполи.
Tselini (Territorio de). Целинный край.
Tselinogrado. (г.) Целиноград.
Tsu-Sima. (о-ва) Цусима.
Tula. (г.) Тула.
Túnez. (гос-во и г.) Тунис.
Turín. (г.) Турин.
Turkmenia. Туркмения; **República de Turkmenia**, Туркменская Республика.

Turquía. Турция.
Tuva (Tanno-Tuva) (República de). Тувинская Автономная Республика.
Tuz-Gölü. (оз.) Туз.

U

Uagudugu. (г.) Уагадугу.
Ucrania. Украина: **República de Ucrania**, Украинская Республика.
Udmurtia Удмуртия: **República de Udmurtia** Удмуртская Республика.
Ufá. (г.) Уфа.
Uganda. Уганда.
Ulianovsk. (г.) Ульяновск.
Ural. (р.) Урал.
Urmia (Lago). (оз.) Резайе.
Urales. (горы) Урал.
Uruguay. Уругвай.
Usumbura. (г.) Бужумбура, Усумбура.
Usuri, Ussuri. (р.) Уссури.
Uzbekistán. Узбекистан: **República de Uzbekia**, Узбекская Республика.

V

Vaduz. (г.) Вадуц.
Valencia. (пров. и г.) Валенсия.
Valparaíso. (г.) Вальпараисо.
Valladolid. (пров. и г.) Вальядолид.
Van (Lago). Ван оз.
Varna. (г.) Варна.
Varsovia. (г.) Варшава.
Vascongadas. (пров.) Страна Басков.
Vaticano. Ватикан.
Venecia. (г.) Венеция.
Véner. (оз.) Венерн.
Venezuela. Венесуэла.
Veracruz. (г.) Веракрус.
Versalles. (г.) Версаль.
Vesubio. Везувий.
Vetter (Lago). Веттерн (озеро).
Viena. (г.) Вена.
Viet-Nam. Вьетнам.
Vilnius, Vilna или Vilno. (г.) Вильнюс.
Vístula. (р.) Висла.
Vitebsk. (г.) Витебск.
Vitoria. (г.) Витория.
Vizcaya. (пров.) Бискайя: **Golfo de Vizcaya**, Бискайский залив.
Vladimir. (г.) Владимир.
Vladivostok. (г.) Владивосток.
Volga. (р.) Волга.
Volgogrado. (г.) Волгоград.
Volta (Alto). Верхняя Вольта.
Voronezh, Voronesch или Voroneye. Воронеж.
Vosgos. Вогезы.

W

Washington. (г.) Вашингтон.
Wellington. (г.) Уэллингтон.
Wellington. (г.) Веллингтон.
Wi(n)nipeg. (оз.) Виннипег.
Wranguel (Isla de). Врангелия о-в.

Y

Yacutia. Якутия: **República de Yacutia,** Якутская Республика.
Yakytsk. (г.) Якутск.
Yalta. (г.) Ялта.
Yamal. (п-ов) Ямал.
Yaroslav(l). (г.) Ярославль.
Yaundé. (г.) Яунде.

Yemen. Йемен.
Yeniséi. (р.) Енисей.
Yokohama. (г.) Йокогама, Йокохама, Иокогама.
Yoshkar-Olá. (г.) Йошкар-Ола.
Yucatán. (п-ов) Юкатан.
Yucón. (р.) Юкон.
Yugoeslavia. Югославия.
Yutlandia. (п-ов) Ютландия.

Z

Zambeze. (р.) Замбези.
Zambia. Замбия.
Zamora. (пров. и г.) Самора.
Zanzíbar. (о-в) Занзибар.
Zaporozhe. (г.) Запорожье.
Zaragoza. (пров. и г.) Сарагоса.
Zomba. (г.) Зомба.
Zurich. (г.) Цюрих.

СПИСОК ИСТОРИЧЕСКИХ НАЗВАНИЙ

A

Abasidas. Абасси′ды.
Abdelkader. Абделькаде′рь.
Abderramán. Абдера′м.
Abelardo. Абела′рд.
Absalón. Авессало′м.
Addison. Адисо′н.
Adriano. Адриа′н.
Agátocles. Агато′кл.
Agripa. Агри′ппа.
Ajax. Ая′кс.
Akenside. Акенсе′йд.
Alarico. Ала′рих.
Alba. А′льба.
Albuino. Ал(ь)буи′н.
Albuquerque. Альбукм′рк.
Alcibíades. Алкивиа′д.
Almagro. Альма′гро.
Almanzor. Альманзо′р.
Américo Vespucio. Аме′рик-Веспу′ций.
Amílcar. Гамилька′р.
Ampere. Ампе′р.
Amurates. Амура′т.
Anaxágoras. Анаксаго′р.
Anaximandro. Анаксима′ндр.
Andrómaco. Андрома′ха.
Aníbal. Анниба′л.
Anquises. Анхи′з.
Antígona. Антиго′на.
Antioco. Антио′х.
Antonino. Антони′н.
Apeles. Апелле′с.
Aquiles. Ахи′лл.
Arconte. Архо′нт.
Argonautas. Аргона′вты.
Ariosto. Арио′ст.
Ariovisto. Ариови′ст.
Arístide. Аристи′д.
Aristodemo. Аристоде′м.
Aristófanes. Арисофа′н.
Aristóteles. Аристо′тел.
Arquímedes. Архиме′д.
Arsacio. Арса′к.
Artajerjes. Артаксе′ркс.
Asdrúbal. Аздруба′л.
Aspasio. Аспа′зия.
Astiages. Астиа′г.
Atalia. Ата′лия.
Atenea. Атине′й.
Atila. Атти′ла.
Augias. А′вгий.
Augusto. А′вгуст.
Augustulo. Августу′л′.
Aulo Gelio. Авль-Ге′ллий.
Aureliano. Авремиа′н.

B

Balduino. Балдуи′н.
Baliol. Бальо′л.
Baltasar. Валтаса′р.
Balzac. Бальза′к.
Barante. Бара′нт.
Barbarroja. Барбаро′сса.
Bayaceto. Баязе′т.
Bayar. Бая′рд.
Beauharnais. Богарне′.

Beethoven. Бетго′вен.
Belisario. Велиза′рий.
Beranger. Беранже′.
Berenice. Берени′ка.
Bernadotte. Бернадо′т.
Bernini. Берни′ни.
Berthier. Бертье′.
Bismarck. Би′смарк.
Blanca de Castilla. Ъиа′нка′ Касти′льская.
Boccaccio. Бокка′чио.
Boecio. Боэ′ций.
Bonaparte. Бонапа′рт.
Borgia. Бо′рджия.
Bossuet. Боссюэ′т.
Brama. Бра′ма.
Bruno. Брюн.
Buckingham. Бу′ингам.
Buda. Бу′дда.
Buenaventura. Бонавенгу′ра.
Buffon. Бюффо′н.
Byron. Ба′йрон.

C

Cabral Alvarez. Кабра′л Альваре′с.
Cadmo. Ка′дв(ий).
Calderón. Кальдеро′н.
Calígula. Кали′гула.
Calpurnio. Кклпу′рний.
Calvino. Кальви′н.
Callistenes. Каллисте′н.
Cambises. Камби′з.
Camoens. Камое′нс.
Capetos (dinastía). Капети′нги.
Capitolio. Капито′лии.
Caracalla. Карака′лла.
Carlomagno. Карл Вели′кий.
Carlos Quinto. Карл Пя′тый.
Carnot. Карно′.
Carolingios (dinastía) Карлови′нги.
Cartier. Картье′;.
Casio. Ка′ссий.
Catilina. Катили′на.
Catón. Като′н.
Cátulo. Кату′л.
Cervantes. Церва′нтес.
Cicerón. Цицеро′н.
Cid. Сид.
Ciro. Кир.
Claudiano. Клавдиа′н.
Claudio. Кга′вдий.
Clearco. Клеа′рк.
Cleóbulo. Клеову′л.
Cleombroto. Клеомврот.
Cleopatra. Клеопа′тра.
Clotario. Клота′рий.
Colbert. Кольбе;рт.
Coliseo. Кализе′й.
Colón (Cristóbal) Колу′мб (Христо′фор)
Cómodo. Коммо′д.
Confucio. Конфу′ций.
Copérnico. Копе′рник.
corán, alcorán. Кора′н.
Corneille. Корне′ль.
Cornelio Nepote. Корне′лий Не′пот.
Correggio. Корре′джио.

Craso. Красс.
Creso. Крез.
Cristóbal Colón. Христофо′р Колу′мб.
Cromwell. Кро′мел.
Cruzada. Кресто′вый пход.

CH

Champollion. Шампольо′н.
Chateaubriand. Шатобриа′н.

D

Damasceno. Дамаски′н.
Damocles. Камо′кл.
Dante. Да′нте.
Dantón. Данто′н.
Darío. Да′рий.
Decalión. Девкалио′н.
Decio. Де′ций.
Demóstenes. Демосте′н.
Descartes. Дека′рт.
Diderot. Дкдро′.
Diocleciano. Диоклециа′н.
Domiciano. Домициа′н.
Durero. Кю′рер.

E

Edipo. Эди′п.
Emiliano. Эмилиа′н.
Eneas. Эне′й.
Epaminondas. Эпамино′нд.
Erastosteno. Эратосте′н.
Eróstrato. Геростра′т.
Esasú. Иса′в.
Escipión. Сципио′н.
Esdras. Е′здра.
Esopo. Есо′п.
Esoyo. Эзо′п.
Espartaco. Спарта′к.
Espinosa. Спино′за.
Esquilo. Эсхи′л.
Estuardos. Стюа′рты.
Euclides. Эвкли′д.
Eurídice. Эвриди′ка.
Eurípides. Эврипи′д.
Eutropo. Евтро′пий.
Ezequiel. Езекии′ль.

F

Fabio. Фа′бий.
Fabricio. Фабри′ций.
Faraday. Фараде′й.
Faramundo. Фарамуг′нд.
Federico Barbarroja. Фри′дрих Барбаро′сса.
Fedra. Фе′дра.
Fenelón. Фенело′н.
Ferécides. Фереки′д.
Fidias. Фи′дий.
Flaubert. Флобе′р.

Flavianos (dinastía). Фла'вии.
Foción. Фокио'н.
Franklin. Франкли'н.

G

Galba. Га'льба.
Galileo. Галиле'й.
Garibaldi. Гариба'льди.
Goethe. Гёте.
Goya. Го'жа.
güelfos y gibelinos. Гве'льфы и Гибели'ны.
Guttemberg. Гу'тенберг.

H

Habsburgo. Габсбу'рг.
Haydn. Гайдн.
Héctor. Ге'ктор.
Heliogábalo. Гелиогаба'л.
Helvecio. Гельве'циус.
Heraclio. Гера'клий.
Heraclio. Ира'клий.
Herodes. Ирод.
Hiparco. Гаппа'рк.
Hipías. Ги'ппий.
Hipócrates. Гиппокра,т.
Hipócrates. Иппокра'т.
Hobbes. Гобс.
Homero. Гоме'р.
Honorio. Leae"уп".
Horacio. Гора'ций.

I

Idomeneo. Идомене'й.
Ifigenia. Ифиге'ния.
Iliada. Илиа'да.
Ilión. Илио'н.
Ilotas. Ило'ты.
Ismael. Изман'л.
Israel. Изра'ил.

J

jacobinos. Якоби'нцы.
Jafet. Иафе'т.
Jenofonte. Ксенофо'нт.
Jeroboam. Иеровоа'м.
Juana de Arco. Иоа'нна д'Арк.
Julián. Юлиа'н.
Julio César. Ю'лий Це'зая.
Justiniano. Юстиниа'н.
Juvenal. Ювена'л.

K

Kepler. Ке'плер.
Krusenstern. Кру'зенштерн.

L

La Fontaine. Лафонте'и.
Lamartine. Ламарти'н.
Laplace. Лапла'с.
Lavoisier. Лавуазье'.
Leibnitz. Ле'йбниц.
León (Corazón de). Льви'ное Сердце.
Leónidas. Леони'д.
Lépido. Лепи'д.
Licinio. Лици'ний.
Licurgo. Лкку'рг.
Lincoln. Линко'льн.
Linneo. Линне'й.
Lisandro. Лиза'ндр.
Lisímaco. Лизима'х.
Livia. Ли'вия.

Locke. Локк.
Lope de Vega. Лопе'-де-Ве'га.
Loyola. Лойо'ла.
Lucano. Лука'н.
Lucrecia. Лукре'ция.
Lucrecio. Лукре'ций.
Lúculo. Лу'кулл.
Lutero. Лю'тер.

M

Macrino. Мкри'н.
Magallanes. Магелла'н.
Mahabarata. Магабграа'та.
Mahoma. Магоме'т.
Maistre (de). Местр (де).
Majencio. Макце'нций.
mamelucos. Мамелю'ки.
Manetón. Мането'н.
Manuel Comneno. Мануи'л Комне'н.
Maquiavelo. Макиаве'лли.
Marat. Мара'т.
Marcial. Марциа'л.
Marco Aurelio. Марк-Авре'лий.
Mario. Ма'рий.
Marlborough. Ма'рльборо.
Martel (Carlos). Марте'л (Карл).
Matusalén. Матусаи'л.
Maximiliano. Максимилиа'н.
Maximino. Максими'н.
Mazzarino. Мазари'ни.
Mecenas. Мецена'т.
Médicis (los). Ме'дичи.
Menandro. Мена'ндр.
Menelao. Менела'й.
Merovingios (dinastía). Мерови'нги.
Mesalina. Мессали'на.
Metternich. Ме'ттерних.
Mickiewicz. Мицке'вич.
Miguel Angel. Ми'кел-Андже'ло.
Milton. Мильто'н.
Mirabeau. Мирабо'.
Mitridates. Митрида'т.
Mogol (El Gran). Мого'л (Вели'кий).
Moliére. Молье'р.
Montaigne. Монте'н.
Montesquieu. Монтескьё.
Mozart. Моца'рт.
Murillo. Мури'льо.
Musset. Мюсе'.

N

Nabucodonosor. Набуходоносо'р.
Narváez. Нарваэ'з.
Nearco. Неа'рк.
Necker. Не'ккер.
Nehemías. Нееми'я.
Nemrod. Ни'мврод.
Nerón. Неро'н.
Nerva. Не'рва.
Newton. Ныото'н.
Nibelungos. Нибелу'нги.
Noé. Ной.
Numa Pompilio. Ну'ма Помпи'лий.

O

Octavio. Окта'вий.
Odoacro. Одоа'кр.
Omar. Ома'р.
Otón. Отто'н.
Ovidio. Ови'дий.

P

Pacuvio. Паку'вий.
Palestrina. Палестри'на.
Palmerston. Пальмерсто'н.
Parías. Па'рии.
Paris. Пари'с.

Parrasio. Парра'зий.
Pascal. Паска'ль.
Pericles. Пери'кл.
Perugino. Перуджи'но.
Píndaro. Нинда'р.
Pirro. Пирр.
Pitágoras. Питаго'р.
Pizarro. Пиза'ро.
Plantagenet. Плантагене'т.
Platón. Плато'н.
Plauto. Пла'вт.
Plinio. Пли'ний.
Plutarco. Плута'рх.
Polibio. Поли'бий.
Pompeyo. Помпе'й.
Poniatowski. Поня'товский.
Popea. Попе'я.
Porsena. Порсе'на.
Probo. Проб.
Propercio. Пропе'рций.
Ptolomeo. Птоломе'й.

Q

Quijote (Don). Кихо'т (Дон).
Quintiliano. Квинтилиа'н.
Quinto Curcio. Квинт-Ку'рций.

R

Rabelais. Рабле'.
Racine. Раси'н.
Rafael. Рафаэ'ль.
Ramayana. Рамая'на.
Ramsés. Рамзе'с.
Régulo. Ре'гул.
Rembrandt. Рембра'ндт.
Ribera. Рибе'йра.
Ricardo Corazón de León. Ри'чард Льви'ное Се'рдце.
Richelieu. Ришелье'.
Rienzi. Рие'нзи.
Robespierre. Робеспье'р.
Roboam. Ровоа'м.
Rómulo. Ро'мул.
Rousseau. Руссо'.
Rubens. Ру'бенс.
Rurik. Рю'рик.

S

Safo. Са'фо.
Sakia Muni. Сакиаму'ни.
Saladino. Салади'н.
Salomón. Соломо'н.
Salustio. Саллю'стий.
Santa Hermandad. Св. Германда'да.
Santa Sede. Св. Престо'л.
Santo Sepulcro. Гроб Госпо'ден.
Saturnino. Сатурни'н.
Saúl. Сау'л.
Savonarola. Савонаро'ла.
Schiller. Ши'ллер.
Sedecías. Седеки'я.
Seleuco. Селе'вк.
Selim. Сели'м.
Sem. Сим.
Semiramis. Семирами'да.
Séneca. Сене'ка.
Septimio Severo. Септи'м Севе'р.
Servio Tulio. Се'рвий Ту'ллий.
Set. Сит.
Sforza. Сфо'рца.
Shakespeare. Шекспи'р.
Sixto Quinto. Сикст V.
Sócrates. Сокра'т.
Solón. Соло'н.
Sófocles. Софо'кл.
Solimán. Сулейма'н.
Suetonio. Свето'ний.

T

Tácito. Та'цит.
Tales. Тале'с.
Talleyrand. Талейра'н.
Tamerlán. Тамерла'н.
Tarquino. Таркви'ний.
Tasso. Та'сс(о).
Teglatfalasar. Туклатпаласа'р.
Tell (Guillermo). Телл (Вильге'льм).
Temistocles. Темисто'кл.
Teodorico. Теодори'к.
Teodosio. Теодо'сий.
Teofrasto. Теофра'ст.
Terencio. Тере'нций.
Tertuliano. Тертулиа'н.
Tiberio. Тиве'рий.
Tibulo. Тибу'л.
Ticiano. Тициа'н.
Tito. Тит.
Tito Livio. Тит-Ли'вий.
Tomás de Aquino. Тома' Кемпи'йский.
Torricelli.Ториче'лли.
Trajano. Трая'н.
Trasea. Тразе'й.
Trasibulo. Трaзиву'л.
Trivulcio. Триву'льций.
Tucídides. Тукиди'д.
Tudor (dinastía). Тюдо'ры.
Tulo Hostilio. Ту'ллий Гости'лий.
Turgot. Тюрго'.

U

Ulfilas. У'льфила.
Ulises. Одиссе'й.
Ulises.Ули'сс.

V

Valentiniano. Валентиниа'н.
Valerio Máximo. Вале'рий Макси'м.
Van Dyck. Ванди'к.
Vario. Вар.
Vasco de Gama. Ва'ско-де-Га'ма.
Vedas, libros sagrados de las hindúes. Ве'ды.
Velázquez. Веласкэ'з.
Vespasiano. Веспасиа'н.
Vigny (Alfredo de). Виньи' (Альфред-де).
Vinci (Leonardo de). Ви'нчи (Леонардо-де-).
Virgilio. Вирги'лий.
Visconti. Виско'нти.
Vitelio. Вите'лий.
Voltaire. Вольте'р.

W

Walpole. Вальпо'л.
Walter Scott. Вальтер Скотт.
Washington. Ва'шингтон.
Washington. Вашингтон.

Z

Zendavesta. Зенд-Аве'ста.
Zoroastro. Зороа'стр.
Zorobabel. Зорова'вел.

СПИСОК ФАМИЛЬНЫХ НАЗВАНИЙ

A

Aarón. Ааро́н.
Abdias. А́вдий.
Abel. Авель.
Abigail. Авиге́я.
Abrahán. Авраа́м.
Adalberto. Адальбе́рт.
Adán. Ада́м.
Adela. Аде́л.
Adelaida. Аделаи́да.
Adolfo. Адо́льф.
Adrián. Адриа́н.
Adriana. Адриа́на.
Agatón. Агато́н.
Agripina. Агриппи́на.
Agueda. Ага́та.
Agustín. Августи́н.
Agustina. Августи́на.
Alberto. Альбе́рт.
Alejandra. Алекса́ндра.
Alejandro. Алекса́ндр.
Alejo. Але́кси́й.
Alfonso. Альфо́нс.
Alfredo. Альфре́д.
Amadeo. Амеде́й.
Amalia. Ама́лия.
Ambrosio. Амвросий.
Ana. А́нна.
Anastasia. Анаста́сия.
Anastasio. Анаста́сий.
Anatolio. Анато́лий.
Andrés. Аадре́й.
Angélica. Анжели́ка.
Aniceto. Аники́та.
Anita. Аню́та.
Anselmo. Ансе́льм.
Antonia. Анто́ния.
Antonina. Антони́на.
Antonio. Акто́н.
Apolinar. Аполлина́рий.
Arnoldo. Арно́льд.
Arsenio. Арсе́ний.
Atanasio. Атана́сий.
Atenodoro. Атинодо́р.
Augusto. А́вгуст.
Aurelia. Авре́лия.
Aureliano. Аврелиа́н.
Aurelio. Авре́лий.
Aurora. Авро́ра.

B

Baltasar. Валтаса́р.
Bárbara. Варва́ра.
Bartolomé. Варфоломе́й.
Basilio. Васи́лий.
Bautista. Бати́ст.
Beatriz. Беатри́са.
Benito. Венеди́кт.
Benjamín. Вениами́н.
Bernabé. Варна́ва.
Bernardo. Бернга́рд.
Berta. Бе́рта.
Blanca. Бла́нка.
Blas. Вла́сий.
Boleslao. Болесла́в.
Bonifacio. Вонифа́тий.
Boris. Бори́с.
Brígida. Бриги́тта.

C

Carlota. Шарло́тта.
Camila. Ками́лла.
Camilo. Ками́лл.
Caridad. Любо́вь.
Carlos. Карл.
Carolina. Кароли́на.
Casimiro. Казими́р.
Catalina. Екатери́на.
Cecilia. Цеци́лия.
Celestino. Целести́н.
Cipriano. Киприа́н.
Cirilo. Кири́лл.
Clara. Кла́ра.
Claudio. Кла́вдий.
Clemente. Кли́мент.
Clementina. Клменти́на.
Cleopatra. Клеопа́тра.
Clotilde. Клоти́льда.
Conegunda. Кунигу́нда.
Conrado. Конра́д.
Constantino. Константи́н.
Constancia. Конста́нция.
Cosme. Косьма́.
Crisóstomo. Хрисосто́м.
Crispín. Криспи́н.
Cristián. Христиа́н.
Cristina. Христи́на.
Cristóbal. Христофо́р.

D

Damián. Демья́н.
Damián. Дамиа́н.
Daniel. Дании́л.
David. Дави́д.
David. Давы́д.
Demetrio. Дими́трий.
Desiderio. Дисиде́рий.
Dionisio. Диони́сий.
Dominga. Домини́ка.
Domingo. Домини́к.
Dorotea. До́роти.
Dorotea. Дороте́я.

E

Edmundo. Эдму́нд.
Eduardo. Эдуа́рд.
Elías. Илия́.
Elías. Илья́.
Elisa. Эли́за.
Eloy. Эли́гий.
Emiliano. Эмилиа́н.
Emilia. Эми́лия.
Emilio. Эми́лий.
Emma. Эмма.
Enrique. Ге́нри(х).
Enriqueta. Генрие́тта.

Ernesto. Эрне́ст.
Esperanza. Наде́жда.
Estanislao. Станисла́в.
Esteban. Стефа́н.
Estefanía. Стефани́да.
Eudoxia. Евдоки́я.
Eufemia. Афи́мья.
Eufemia. Евфи́мия.
Eufemio. Евфи́мий.
Eufrosina. Евфроси́ния.
Eufrosina. Афроси́нья.
Eugenia. Евге́ния.
Eugenio. Евге́ний.
Eulalia. Евла́лия.
Eustaquio. Евста́фий.
Eustaquio. Аста́фий.
Eva. Ев(в)а.
Ezequiel. Езеки́л.

F

Fabián. Фа́бий.
Fabricio. Фабри́ций.
Fé. Ве́ра.
Federica. Фридери́ка.
Federico. Фри́дерик.
Felicidad. Филица́та.
Felipe. Фили́пп.
Félix. Фи́ликс.
Félix. Фели́кс.
Fermín. Фирми́н.
Fernando. Фердина́нд.
Filiberto. Филибе́рт.
Flaviano. Флавиа́н.
Florentino, Florencio. Флор.
Francisca. Франци́ска.
Francisco. Франц.
Francisco. Фракци́ск.

G

Gabriel. Гаврии́л.
Gaspar. Каспа́р.
Genoveva. Женевье́ва.
Germán. Ге́рман.

H

Honorio. Гонори́й.
Hortensia. Горте́нзия.
Hugo. Гуго́н.

I

Inés. Агни́я.

J

Jeremías. Иереми́я.
Jerónimo. Иерони́м.
Joaquín. Иоаки́м.
Job. Иов.
Jonás. Ио́на.
Jorge. Егор.

Jorge. Гео'ргий.
José. Ио'сиф.
Josefina. Жозефи'на.
Josué. На'вин.
Josué. Иисус.
Juan. Иоа'нн.
Juana. Иоа'нна.
Juanita. Жанне'та.
Judit. Иуди'т.
Julia. Юлия.
Julián. Юлиа'н.
Juliana. Юлиа'на.
Julio. Ю'лий.
Justina. Юсти'на.
Justiniano. Юстиниа'н.
Justino. Юсти'н.
Justo. Юст.

L

Lamberto. Ламбе'ят.
Laura. Ла'вра.
Lázaro. Ла'заяь.
Leocadia. Леока'дия.
León. Лёв.
Leonardo. Леона'рд.
Leonor. Элеоно'ра.
Leopoldo. Леопольд.
Lidia. Ли'дия.
Longinos. Ло'гин.
Lorenzo. Лавре'итий.
Lucas. Лука'.
Lucía. Лю'ция.
Lucía. Лу'кия.
Luciano. Луциа'н.
Lucrecia. Лукре'ция.
Luis. Людо'вик.
Luisa. Людви'ка.
Luisa. Луи'за.

M

Macario. Мака'р.
Macario. Мака'рий.
Magdalena. Магдали'на.
Marcos. Марк.
Margarita. Маргари'та.
María. Мари'я.
Marta. Ма'рта.
Martín. Марти'н.
Mateo. Матве'й.
Matías. Мати'й.
Matilde. Мати'льда.
Mauricio. Мо'риц.
Mauricio. Маври'кий.
Maximiliano. Максимилиа'н.
Máximo. Макси'м.
Medardo. Меда'рд.
Melania. Мела'ния.
Melchor. Мельхио'р.
Metodio. Мето'дкй.
Miguel. Михаи'л(а).
Modesto. Моде'ст.
Moisés. Моисе'й.

N

Napoleón. Наполео'н.
Narciso. Нарки'с.
Natalia. Ната'лья.
Néstor. Не'стор.
Nicéforo.Ники'фор.
Nicolás. Никола'й.
Nicomedes. Никоди'м.

O

Octaviano. Октавиа'н.
Octavio. Окта'вий.
Olga. О'льга.
Otón, Odón. Отто'н.

P

Pablo. Па'ел.
Pancracio. Панкра'тий.
Pascual. Паска'л.
Patricio. Патри'кий.
Paula. Па'вла.
Paulina. Павли'на.
Paulino. Павли'н.
Pedro. Пётр.
Pelagia. Пелаге'я.
Pío. Пий.
Policarpo. Полика'рп.
Procopio. Проко'пий.
Próspero. Евти'хий.
Pulqueria. Пульхе'рия.

Q

Quintín. Кве'нтин.

R

Raquel. Рахи'ль.
Rebeca. Реве',кка.
Reina, Regina. Регк'на.
Remigio. Реми'гий.
Renata. Рена'та.
Renato. Рена'т.
Ricardo. Ри'хард.
Roberto. Робе'рт.
Rodolfo, Raúl. Рудольф.
Rogelio. Роже'р.
Román. Рома'н.
Rosa. Ро'за.
Rosalía. Роза'лия.
Roseta. Розе'тта.

S

Sabina. Саби'на.
Salomón. Соломо'н.

Samuel. Самуи'л.
Sara. Са'рра.
Sebastián. Севастья'н.
Segismundo. Сигизму'нд.
Serafina. Серафи'ма.
Sergio. Се'ргий.
Silvestre. Сильве'стр.
Simeón. Симео'н.
Simón. Си'мон.
Sofía. Софи'я.
Susana. Суса'нна.

T

Tadeo. Тадде'й.
Tatiana. Татиа'на.
Tecla. Тёкла.
Teobaldo. Теоба'льд.
Teodora. Теодо'ра.
Teodoro. Тео'дор, Тёдор.
Teodosio. Теодо'сий.
Teófilo. Теофи'л.
Teresa. Тере'за.
Tobías. Те'вий.
Tomás. Тома'.

U

Ulrico. У'льрих.
Urbano. Урва'н.
Ursula. Урсу'ла.

V

Valentín. Валенти'н.
Valeriano. Валериа'н.
Verónica. Веро'ника.
Vicente. Винке'нткй.
Víctor. Ви'ктор.
Victoria. Вихто'риа.
Vito. Гай.
Vito. Вит.

W

Wenceslao. Виачесла'в.

Y

Yvo. Иво'н.

Z

Zacarías. Заха'рия.
Zaqueo. Закхе'й.
Zaqueo. Захе'й.
Zenobia. Зино'вия.
Zenobio. Зино'вий.
Zoe. Зо'я.

СПИСОК МИФОЛОГИЧЕСКИХ НАЗВАНИЙ

A

Abelio. Бе'лен.
Abelio. Абе'ллион.
Arpías. Га'рпии.

B

Baal. Баа'л.
Baal. Ваал.
Bacantes. Вакха'нки.
Baco. Ба'хус.
Baco. Вакх.
Balder. Ба'льдер.
Bardos. Ба'рды.
Belcebú. Вельзеву'л.
Belisana. Белиза'на.
Belona. Белло'на.
Boreas. Боре'й.
Brahma. Бра'хма.
Brahma. Бра'ма.
Buda. Бу'дда.

C

Caliope. Каллио'па.
Calipso. Кали'пса.
Campos Elíseos. Елисе'йские поля'.
Camula. Каму'л.
Cancerbero. Це'рбер.
Canope, símbolo del Nilo. Кано'п.
Caribdis. Хари'бда.
Carón(te). Харо'н.
Céfiro. Зе'фир.
Centauro. Цента'вр.
Ceres. Цере'ра.
Cibeles. Цибе'лла.
Cíclopes. Цикло'пы.
Circe. Цирце'я.
Clio. Кли'о.
Cloto. Кло'то.
Cocito. Коци'т.
Como. Комус.
Conditor. Кондите'р.
Coribantes. Кориба'нты. 6
Cronos. Хро'нос.
Cuernoboj, espíritu maligno. Чернобо'г.
Cupido. Купидо'н
Cuvera. Куве'ра.

CH

Chisloboj, dios del tiempo. Числобо'г.

D

Diana. Диа'на.
Dioscuros. Диоску'ры.
Dríades. Дриа'ды.
Druidas. Друи'ды.
Durga. Ду'рга.

E

Eaco. Эак.
Elfos. Э'льфы.
Eolo. Эо'л.
Erebo. Эре'б.
Eros. Эро'т.
Escila, abismo marino. Сци'лла.
Esculapio. Эскула'п.
Esfinge. Сфи'нкс.
Esteno, una de las gorgonas. Сте'но.
Estigia, río y laguna del infierno. Стикс.
Eufrosina. Евфроси'ния.
Euménides. Евмени'ды.
Euriale. Эвриа'ла.
Euterpe. Евте'рпа.

F

Faunos. Фа'вны.
Febea. Фебе'я.
Flegetón, río del infierno. Флегето'н.
Flora. Фло'ра.
Fortuna. Форту'на.
Freya. Фре'я.
Freyr. Фрейр.
Frigga. Фри'гга.
Furias. Фу'рии.

G

Galatea. Галате'я.
Ganesa. Га'неша.
Ganímedes. Ганиме'д.
Gorgonas. Горго'ны.
Gracias. Гра'ции.

H

Hamadríades. Гамадриа'ды.
Harpócrates. Гарпокра'т.
Hebe. Ге'ба.
Hécate. Гека'та.
Helicón. Геликo'н.
Hércules. Геркуле'с.
Hermanubis. Герману'бис.
Hermes. Герме'с.
Hertha. Ге'рта.
Hesus. Э'ссус.
Higieya. Гиге'я.
Higieya. Гигие'я.
Himeneo. Гимене'й.
Hipocampo. Гиппока'мп.
Hipocrene. Гиппокре'на.
Horas. Го'ры.
Horus. Го'рус.
Horus. О'рус.

I

Iaga-Baba, diosa de la guerra. Ба'ба-Яга'.
Iarovit, dios de la guerra. Ярови'т.
Indra. И'ндра.
Ipabog, dios de la caza. Ипабо'г.
Iris. Ири'да.
Isis. Изи'да.

J

Jano. Я'нус.
Jasón. Язо'н.

Juno. Юно'на.
Júpiter. Ю'питер.
Júpiter. Зев(с')с.

K

Kali. Ка'ли.
Kama. Ка'ма.
Krixna, encarnación de Vichnú. Кри'шна.

L

Lamias. Ла'мии.
Lares. Ла'ры.
Lémures. Лему'ры.
Leteo. Ле'та.
Lucina. Луци'на.

M

Marte. Марс.
Medusa. Меду'за.
Megera. Меге'ра.
Melpomene. Мельпоме'на.
Ménades. Мена'ды.
Mercurio. Мерку'рий.
Minerva. Мине'рва.
Minos. Мино'с.
Minotauro. Минота'вр.
Mithras. Ми'тра.
Mnemosina. Мнемози'на.
Morfeo. Морфей.
Musas. Му'зы.

N

Napeas. Напе'й.
Náyades. Ная'ды.
Néctar. Не'ктар.
Neita. Не'йта.
Némesis. Немези'да.
Nemisa. Неми'за.
Neptuno. Посейдо'н.
Neptuno. Непту'н.
Nereidas. Нере'иды.
Nereo. Нере'й.

O

Océano. Океа'н.
Oceánidas. Океани'ды.
Odin. Оди'н.
Olimpo. Оли'мп.
Osiris. Озири'с.
Ondina. Унди'на.
Oréades. Ореа'ды.
Ormuz. Орму'зд.

P

Palas. Палла'да.
Pales. Па'лесса.
Pan. Пан.
Parcas. Па'рки.
Parnaso. Парна'сс.
Parténope. Партено'па.
Parvati. Парва'ти.

Pegaso. Пега'с.
Penates. Пена'ты.
Permeso. Перме'с.
Persefone. Персефо'на.
Perseo. Персе'й.
Perún. Перу'н.
Pitonisa. Пи'тия.
Pluto. Плу'тус.
Plutón. Плуто'н.
Plutón. Га'дес.
Polimnia. Поли'мния.
Pólux. По'люкс.
Pomona. Помо'на.
Potámides. Потами'ды.
Prosperina, mujer de Plutón. Прозерпи'на.
Proteo, divinidad marina. Проте'й.
Psiquis. Психе'я.

Q

Quimera. Химе'ра.

R

Radamanto, uno de los jueces del infierno. Радама'нт.
Rusalcas, ninfas acuáticas. Руса'лки.

S

Sarasvati, diosa de las Artes. Сарасва'ти.
Sátiros, divinidades campestres. Сти'ры.
Saturno, dios del tiempo y de la fertilidad. Сату'рн.
Serapis. Сера'пис.
Sileno. Силе'н.
Sílfide. Си'льфи'да.
Silfo, genio del aire. Сильф.
Silvano, dios de los rebaños. Сильва'н.
Sirenas. Сире'ны.
Suria, dios solar. Су'рия.

T

Talía, musa de la comedia y una de las gracias. Та'лиа.
Tártaro, infierno. Та'ртар.
Temis, diosa de la justicia. Теми'да.
Término, dios de los límites campestres. Терм.
Terpsícora, musa de la danza. Терпсихо'ра.
Teseo, héroe o semidiós. Тезе'й.
Tetis. Тети'да.
Teutates. Теута'тес.
Tifón. Тифо'н.
Tor, el más poderoso de los dioses. Тор.
Tritones, divinidades marinas. Трито'ны.

U

Urano, dios del cielo. Уран.
Urania, musa de la astronomía. Ура'ния.

V

Valquirias, doncellas del palacio de Odín. Валкири'я.
Venus. Вене'ра.
Vertumno, dios de los jardines. Верту'мн.
Vesta, diosa del fuego. Ве'ста.
Vestales, sacerdotisas de Vesta. Веста'лки.
Victoria. Викто'рия.
Vichnú, una de las personas de la trinidad indú. Ви'шну.
Volos, dios de los rebaños. Воло'с.
Voltumna, diosa de la benevolencia. Волту'мна.
Vulcano. Вулка'н.
Vulcano. Гефе'ст.

Y

Yama, juez del infierno. Ия'ма.

Z

Ziva, tercera persona de la trinidad hindú. Ши'ва.

ОГЛАВЛЕНИЕ

   стр.

Предисловие ... 5
Лексикографические источники ... 6
Испанский алфавит ... 7
Сведения по испанской грамматике ... 8
Структура словаря ... 41
Условные сокращения ... 43
Список географических названий ... 847
Список исторических названий ... 853
Список фамильных названий ... 856
Список мифологических названий ... 858

EDITORIAL RAMÓN SOPENA, S. A.

En 1869 nace Ramón Sopena, que había de fundar en 1894 la **Editorial Ramón Sopena**, que sigue llevando su nombre. Su objetivo fue **«Poner el Libro al alcance de todo el mundo»**, y de ahí su lema NULLA DIES SINE LINEA (ningún día sin una línea).

El nombre Sopena alcanzó en poco tiempo un sólido prestigio, muy especialmente debido a sus diccionarios y enciclopedias, de los que dispone una extensa gama, y que pusieron al alcance del gran público todos los conocimientos universales. En la dirección de esta tarea eminentemente cultural intervinieron, entre otras, figuras tan prestigiosas como José Alemany y Bolufer, de la Real Academia Española, y Florencio I. Sebastián Yarza, relevante filólogo.

Hoy día, Sopena, se ha convertido en sinónimo de diccionarios para el mundo de habla hispana y de todos aquellos que se interesan por el español, ya que su especialización le ha llevado no sólo a la publicación de diccionarios en lengua española, sino también a la de bilingües, que abarcan la totalidad de las más importantes lenguas que se hablan en el mundo.

La enciclopedia Sopena, que es la más amplia de entre las que publica es equivalente, por su gran extensión, a una biblioteca de más de setecientos libros especializados de las más diversas disciplinas, constituyendo un inapreciable caudal del saber humano puesto a disposición de la consulta rápida y dirigida al más amplio sector de público, tónica que ha seguido en todos los diccionarios y libros publicados por la editorial. Sus tratados de divulgación científica, literaria, histórica, artística, así como las colecciones recreativas, libros infantiles y varias otras de sus colecciones han alcanzado un sólido prestigio en todo el mundo de habla hispana para el que especialmente están dirigidos.

El hijo del fundador, Joaquín Sopena, siguió impulsando la Editorial siempre con el empeño de **«Poner el Libro al alcance de todo el mundo»**, y consiguió hacer realidad una nueva frase **«Vale la pena tener un Sopena»**, naciendo así el lema que prestigia nuestra Editorial.